D1694925

Münchener Kommentar zur Zivilprozessordnung

Herausgegeben von

Dr. Thomas Rauscher
Professor an der
Universität Leipzig

Peter Wax
Präsident des Landgerichts
Hechingen a. D.

und

Dr. Joachim Wenzel
Vizepräsident des Bundesgerichtshofs a. D.
Karlsruhe

Die einzelnen Bände
des Münchener Kommentars zur ZPO

Band 1
Einleitung, §§ 1–510c

Band 2
§§ 511–945

Band 3
§§ 946–1086
EGZPO · GVG · EGGVG · UKlaG
Internationales Zivilprozessrecht

Münchener Kommentar zur Zivilprozessordnung

mit Gerichtsverfassungsgesetz
und Nebengesetzen

Band 3
§§ 946–1086
EGZPO · GVG · EGGVG · UKlaG
Internationales Zivilprozessrecht

Herausgegeben von

Dr. Thomas Rauscher
Professor an der
Universität Leipzig

Peter Wax
Präsident des Landgerichts
Hechingen a. D.

und

Dr. Joachim Wenzel
Vizepräsident des Bundesgerichtshofs a. D.
Karlsruhe

3. Auflage

Verlag C. H. Beck München 2008

Zitiervorschlag:
MünchKommZPO/*Eickmann* § 946 Rn. 1

Verlag C. H. Beck im Internet:
beck.de

ISBN 978 3 406 55293 9

© 2008 Verlag C. H. Beck oHG
Wilhelmstraße 9, 80801 München
Satz: Druckerei C. H. Beck Nördlingen
(Adresse wie Verlag)

Gedruckt auf säurefreiem, alterungsbeständigem Papier
(hergestellt aus chlorfrei gebleichtem Zellstoff)

Die Bearbeiter des dritten Bandes

Dr. Jens Adolphsen
Professor an der Universität Gießen

Dieter Eickmann
em. Professor an der Fachhochschule für
Verwaltung und Rechtspflege in Berkin

Dr. Dr. h. c. Peter Gottwald
Professor an der Universität Regensburg

Dr. Urs Peter Gruber
Professor an der Universität Halle an der Saale
Richter am Oberlandesgericht Naumburg

Dr. Christian Heinrich
Professor an der Katholischen Universität Eichstätt-Ingolstadt

Dr. Hans-Wolfgang Micklitz
Professor an der Universität Bamberg/Europäisches Hochschulinstitut Florenz

Dr. Joachim Münch
Professor an der Universität Göttingen

Steffen Pabst LL.M.
wissenschaftlicher Mitarbeiter, Universität Leipzig

Dr. Thomas Rauscher
Professor an der Universität Leipzig

Dr. Hans-Jörg Schultes
Rechtsanwalt in Bonn

Dr. Walter Zimmermann
Vizepräsident des Landgerichts Passau a. D.
Honorarprofessor an der Universität Regensburg

Im Einzelnen haben bearbeitet:

§§ 946–1024	Dieter Eickmann
§§ 1025–1061	Dr. Joachim Münch
Anhang zu § 1061. Internationale Schiedsgerichtsbarkeit	Dr. Jens Adolphsen
§§ 1062–1066	Dr. Joachim Münch
§§ 1067–1078	Dr. Thomas Rauscher
§§ 1079–1086	Dr. Jens Adolphsen
Anhang zum Buch 11	Dr. Thomas Rauscher
§§ 1–30 EGZPO	Dr. Urs Peter Gruber
§ 31 EGZPO	Dr. Hans-Jörg Schultes
§ 32 EGZPO	Dr. Urs Peter Gruber
§ 33 EGZPO	Dr. Joachim Münch
§§ 34–36 EGZPO	Dr. Urs Peter Gruber
GVG	Dr. Walter Zimmermann
EGGVG	Dr. Thomas Rauscher/ Steffen Pabst, LL.M.
UKlaG	Dr. Hans-Wolfgang Micklitz
Schlussanhang. Internationales Zivilprozessrecht	
A. 1–C.2	Dr. Dr. h.c. Peter Gottwald
C.3	Dr. Christian Heinrich
C.4	Dr. Thomas Rauscher
C.5, 6	Dr. Dr. h.c. Peter Gottwald
Sachregister	Bettina Resch, LL.M. Eur.

Vorwort zur dritten Auflage

Seit dem Erscheinen der 2. Auflage hat der Gesetzgeber die ZPO in vielen Bereichen tiefgreifend umgestaltet. Das Gesetz zur Reform des Zivilprozesses, das am 1. Januar 2002 in Kraft getreten ist, hat das Rechtsmittelsystem und das Verfahren erster Instanz schwerpunktmäßig neu geregelt. Das seit Inkrafttreten der ZPO nahezu unverändert gebliebene Zustellungsrecht wurde durch das am 1. Juli 2002 in Kraft getretene Zustellungsreformgesetz auf eine völlig neue Grundlage gestellt. Die Gesetzesänderungen konnten bereits im Ergänzungsband zur 2. Auflage, der 2002 erschienen ist, erläutert werden. Seitdem haben Literatur und Rechtsprechung vieles, was zunächst unklar oder streitig war, klären oder unstreitig stellen können. Zu nennen sind weiter das OLG-Vertretungsänderungsgesetz vom 23. 7. 2002, das Erste Justizmodernisierungsgesetz vom 24. 8. 2004, das auf eine Entscheidung des BVerfG zurückgehende Gesetz über die Rechtsbehelfe bei Verletzung des Anspruchs auf rechtliches Gehör vom 9. 12. 2004, das EG-Prozesskostenhilfegesetz vom 15. 12. 2004, das Justizkommunikationsgesetz vom 22. 3. 2005, das Gesetz zur Einführung von Kapitalanleger-Musterverfahren vom 16. 8. 2005, das Zweite Gesetz zur Modernisierung der Justiz vom 22. 12. 2006, das Gesetz zur Stärkung der Selbstverwaltung der Rechtsanwaltschaft vom 26. 3. 2007 und das Gesetz zur Änderung des Wohnungseigentumsgesetzes und anderer Gesetze vom 26. 3. 2007. Diese und weitere Gesetzesänderungen machten in vielen Bereichen eine umfassende Überarbeitung der Kommentierung erforderlich, die zugleich in sämtlichen Bereichen auf den aktuellen Stand von Literatur und Rechtsprechung gebracht wurde.

Das internationale Prozessrecht, das einen Schwerpunkt des vorliegenden dritten Bandes bildet, steht im Zeichen europarechtlicher Bestimmungen, die zunehmend zu einem Europäischen Zivilprozessrecht (EuZPR) reifen, das längst über die ursprünglichen Materien der Zuständigkeit, Anerkennung und Vollstreckung hinauswirkt. Insbesondere das Exequatur-Erfordernis und mit ihm die Kontrolle des ordre public wird zurückgedrängt. Mit dem Europäisches Mahn- und Bagatellverfahren werden eigenständige Erkenntnisverfahren etabliert, die in ähnlicher Weise wie die Bestätigung eines herkömmlichen Titels als Europäischer Vollstreckungstitel zu in jedem Mitgliedstaat unmittelbar vollstreckbaren Titeln führen. Mehrere EG-Verordnungen auf Grundlage der Art. 61 lit c, 67 EGV sind in den letzten Jahren in Kraft getreten, weitere Projekte stehen an. Soweit hierzu Ausführungsbestimmungen im 11. Buch der ZPO eingefügt wurden (EG-ZustellVO, EG-BeweisVO, EG-VollstrTitelVO) oder einzufügen sein werden (EG-MahnVO, EG-BagatellVO), sind die EG-Verordnungen dort behandelt. Dadurch wird der Blickwinkel des deutschen Praktikers betont, da die Anwendung der Verordnungen jeweils bei ausgehenden und bei eingehenden Ersuchen bzw. Titeln geschlossen erörtert wird. Die dem EuGVÜ nachfolgende Brüssel I-VO und die nunmehr für Ehesachen und Elterliche Verantwortung geltende Brüssel IIa-VO sind samt den Ausführungsgesetzen im Schlussanhang eigenständig kommentiert.

Gerhard Lüke, der zunächst an der Konzeption der 3. Auflage noch beteiligt war, hat den Kreis der Herausgeber und Autoren aus gesundheitlichen Gründen auf eigenen Wunsch verlassen. Mit seinem Ausscheiden hat das Werk nach Alfred Walchshöfer den zweiten Gründungsherausgeber verloren. Gerhard Lüke hat sich unschätzbare Verdienste um den Münchener Kommentar zur Zivilprozessordnung erworben. Als Herausgeber hat er von Beginn an die Konzeption des Gesamtwerks seit den ersten Planungen mit großem Geschick und überragender Sachkunde geprägt und damit entscheidend zum Erfolg des Werks beigetragen. Darüber hinaus hat er als Autor in zentralen Bereichen des Kommentars Maßstäbe für das gesamte Werk gesetzt. Seine souveräne Beherrschung des Stoffes und dessen überzeugende und klare Vermittlung sind von Benutzern wie von Rezensenten vielfach als Glanzpunkte des Kommentars gerühmt worden. Wer das Glück hatte, als Mitherausgeber, als Autor oder im Verlag mit Gerhard Lüke zusammenarbeiten zu dürfen, erinnert sich dankbar an die stets zwanglose, freundliche und kollegiale Art des Umgangs, mit der er anderen diese Zusammenarbeit zur Freude gemacht hat.

An die Stelle von Gerhard Lüke ist Thomas Rauscher getreten, der die 3. Auflage zusammen mit Joachim Wenzel und Peter Wax als Herausgeber betreut und als Autor neben Teilen des internationalen Verfahrensrechts auch die Einleitung im ersten Band übernommen hat.

Der Kreis der Autoren des dritten Bandes, der die §§ 946 ff., zivilprozessuale Nebengesetze sowie EuZPR und IZPR umfasst, hat sich seit der Vorauflage erheblich geändert. Von den Autoren der zweiten Auflage wirken Dieter Eickmann, Peter Gottwald und Joachim Münch weiter mit. Hinzugekommen sind Jens Adolphsen, Urs Peter Gruber, Christian Heinrich, Steffen Pabst,

Vorwort

Thomas Rauscher, Hans-Wolfgang Micklitz, Hans-Jörg Schultes und Walter Zimmermann. Wir gedenken in Dankbarkeit dem verstorbenen Autor Manfred Wolf, der sich seit der 1. Auflage der EGZPO, dem GVG und dessen Einführungsgesetz gewidmet hat und so maßgeblich am Erfolg des Bandes 3 beteiligt war.

Der dritte Band ist auf dem Stand vom 1. Dezember 2007 mit einzelnen Nachträgen bis Mitte Januar 2008. Mit seinem Erscheinen befindet sich das gesamte Werk auf den aktuellen Stand von Gesetzgebung, Literatur und Rechtsprechung. Für konstruktive Kritik sind Herausgeber, Autoren und Verlag auch weiterhin dankbar.

München, im Februar 2008   Herausgeber und Verlag

Inhaltsverzeichnis

	Seite
Verzeichnis der Abkürzungen	XIII
Verzeichnis der abgekürzt zitierten Literatur	XLIII

Zivilprozessordnung

	§§	Seite
Buch 9. Aufgebotsverfahren	946–1024	3
Buch 10. Schiedsrichterliches Verfahren		
Abschnitt 1. Allgemeine Vorschriften	1025–1028	45
Abschnitt 2. Schiedsvereinbarung	1029–1033	100
Abschnitt 3. Bildung des Schiedsgerichts	1034–1039	182
Abschnitt 4. Zuständigkeit des Schiedsgerichts	1040, 1041	254
Abschnitt 5. Durchführung des schiedsrichterlichen Verfahrens	1042–1050	281
Abschnitt 6. Schiedsspruch und Beendigung des Verfahrens	1051–1058	374
Abschnitt 7. Rechtsbehelf gegen den Schiedsspruch	1059	444
Abschnitt 8. Voraussetzung der Anerkennung und Vollstreckung von Schiedssprüchen	1060, 1061	471
Anh zu § 1061. Internationale Schiedsgerichtsbarkeit		492
1. New Yorker UN-Übereinkommen über die Anerkennung und Vollstreckung ausländischer Schiedssprüche vom 10. Juni 1958 (UNÜ)		493
2. Genfer Europäisches Übereinkommen über die internationale Handelsschiedsgerichtsbarkeit vom 21. April 1961 (EuÜ)		540
3. Pariser Vereinbarung über die Anwendung des Europäischen Übereinkommens über die internationale Handelsschiedsgerichtsbarkeit vom 17. Dezember 1962 (Auszug)		567
4. Genfer Abkommen zur Vollstreckung ausländischer Schiedssprüche vom 26. September 1927		567
5. Abkommen über allgemeine Fragen des Handels- und der Seeschiffahrt zwischen der Bundesrepublik Deutschland und der Union der Sozialistischen Sowjetrepubliken und Anlage zum Abkommen (Auszug)		571
6. Freundschafts-, Handels- und Schiffahrtsvertrag zwischen der Bundesrepublik Deutschland und den vereinigten Staaten von Amerika (Auszug)		572
Abschnitt 9. Gerichtliches Verfahren	1062–1065	574
Abschnitt 10. Außervertragliche Schiedsgerichte	1066	596
Buch 11. Justizielle Zusammenarbeit in der Europäischen Union		
Abschnitt 1. Zustellung nach der Verordnung (EG) Nr. 1348/200	1067–1071	605
Anh. zu 1067ff. Verordnung (EG) Nr. 1348/2000 des Rates vom 29. Mai 2000 über die Zustellung gerichtlicher und außergerichtlicher Schriftstücke in Zivil- und Handelssachen in den Mitgliedsstaaten *(EG-ZustellVO)*		628
Abschnitt 2. Beweisaufnahme nach der Verordnung (EG) Nr. 1206/2001	1072–1075	636
Anh. zu 1072ff. Verordnung (EG) Nr. 1206/2001 des Rates vom 28. Mai 2001 über die Zusammenarbeit zwischen den Gerichten der Mitgliedsstaaten auf dem Gebiet der Beweisaufnahme in Zivil- oder Handelssachen *(EG-BeweisVO)*		663
Abschnitt 3. Prozesskostenhilfe nach der Richtlinie 2003/8/EG	1076–1078	673
Abschnitt 4. Europäische Vollstreckungstitel nach der Verordnung (EG) Nr. 805/2004	1079–1081	684
Titel 1. Bestätigung inländischer Titel als Europäische Vollstreckungstitel	1079–1081	696
Titel 2. Zwangsvollstreckung aus Europäischen Vollstreckungstiteln im Inland	1082–1086	721

Inhaltsverzeichnis

	§§	Seite

Anhang zu Buch 11.
I. EG-MahnVO (Einführung)		727
II. EG-BagatellVO (Einführung)		745
III. Gesetzentwurf der Bundesregierung für ein Gesetz zur Verbesserung der grenzüberschreitenden Forderungsdurchsetzung und Zustellung vom Januar 2008		763

Gesetz, betreffend die Einführung der Zivilprozessordnung 767

Gerichtsverfassungsgesetz 801

Erster Titel. Gerichtsbarkeit	1–21	803
Zweiter Titel. Allgemeine Vorschriften über das Präsidium und die Geschäftsverteilung	21a–21j	887
Dritter Titel. Amtsgerichte	22–27	936
Vierter Titel. Schöffengerichte	28–58	959
Fünfter Titel. Landgerichte	59–78	959
5a. Titel. Strafvollstreckungskammern	78, 78b	974
Sechster Titel. Schwurgerichte	79–92	974
Siebenter Titel. Kammern für Handelssachen	93–114	974
Achter Titel. Oberlandesgerichte	115–122	1003
Neunter Titel. Bundesgerichtshof	123–140	1017
9a. Titel. Zuständigkeit für Wiederaufnahmeverfahren in Strafsachen	140a	1032
Zehnter Titel. Staatsanwaltschaft	141–152	1032
Elfter Titel. Geschäftsstelle	153	1033
Zwölfter Titel. Zustellungs- und Vollstreckungsbeamte	154, 155	1036
Dreizehnter Titel. Rechtshilfe	156–168	1042
Vierzehnter Titel. Öffentlichkeit und Sitzungspolizei	169–183	1061
Fünfzehnter Titel. Gerichtssprache	184–191a	1116
Sechzehnter Titel. Beratung und Abstimmung	192–198	1130
Siebzehnter Titel. Gerichtsferien	199–200	1137

Einführungsgesetz zum Gerichtsverfassungsgesetz 1139

Erster Abschnitt. Allgemeine Vorschriften	1–11	1140
Zweiter Abschnitt. Verfahrensübergreifende Mitteilungen von Amts wegen ..	12–22	1147
Dritter Abschnitt. Anfechtung von Justizverwaltungsakten	23–30a	1168
Vierter Abschnitt. Kontaktsperre	31–38a	1199
Fünfter Abschnitt. Insolvenzstatistik	39	1200
Anhang. Gesetz über den Zahlungsverkehr mit Gerichten und Justizbehörden (ZahlVGJG)	1, 2	1204

Gesetz über Unterlassung bei Verbraucherschutz- und anderen Verstößen (Unterlassungsklagengesetz – UKlaG)

Vorbemerkungen		1207
Abschnitt 1. Ansprüche bei Verbraucherrechts- und anderen Verstößen	1–4	1226
Abschnitt 2. Verfahrensvorschriften	5–12	1298
Unterabschnitt 1. Allgemeine Vorschriften	5–7	1298
Unterabschnitt 2. Besondere Vorschriften für Klagen nach § 1	8–11	1316
Unterabschnitt 3. Besondere Vorschriften für Klagen nach § 2	12	1332
Abschnitt 3. Auskunft zur Durchführung von Unterlassungsklagen	13, 13a	1333
Abschnitt 4. Behandlung von Kundenbeschwerden	14	1337
Abschnitt 5. Anwendungsbereich	15	1338
Abschnitt 6. Überleitungsvorschriften	16	1339
Anhang. Rechtsberatungsgesetz und Rechtsdienstleistungsgesetz		1340

Inhaltsverzeichnis

Schlussanhang. Internationales Zivilprozessrecht

	Seite
A. Einführung	1347
B. Europäisches Zivilprozessrecht	1354
1. Verordnung (EG) Nr. 44/2001 des Rates über die gerichtliche Zuständigkeit und die Anerkennung und Vollstreckung von Entscheidungen in Zivil- und Handelssachen (EuGVO) vom 22. 12. 2000 mit	1354
a) Brüsseler Übereinkommen über die gerichtliche Zuständigkeit und die Vollstreckung gerichtlicher Entscheidungen in Zivil- und Handelssachen	1547
b) Luxemburger Protokoll betreffend die Auslegung des EuGVÜ	1547
2. Luganer Übereinkommen über die gerichtliche Zuständigkeit und die Vollstreckung gerichtlicher Entscheidungen in Zivil- und Handelssachen	1550
3. Gesetz zur Ausführung zwischenstaatlicher Verträge und zur Durchführung von Verordnungen in der Europäischen Gemeinschaft auf dem Gebiet der Anerkennung und Vollstreckung in Zivil- und Handelssachen (AVAG)	1553
4. Verordnung (EG) Nr. 2201/2003 des Rates über die Zuständigkeit und die Anerkennung und Vollstreckung von Entscheidungen in Ehesachen und in Verfahren betreffend die elterliche Verantwortung und zur Aufhebung der Verordnung (EG) Nr. 1347/2000 (EheGVO) vom 27. 11. 2003	1569
5. Gesetz zur Aus- und Durchführung bestimmter Rechtsinstrumente auf dem Gebiet des internationalen Familienrechts (IntFamRVG) vom 26. 1. 2005	1653
C. Völkerrechtliche Verträge	1669
1. Internationales Unterhaltsprozessrecht	1669
a) Haager Übereinkommen über die Anerkennung und Vollstreckung von Unterhaltsentscheidungen (HUVÜ 1973) (Auszug)	1669
b) Haager Übereinkommen über die Anerkennung und Vollstreckung von Entscheidungen auf dem Gebiet der Unterhaltspflicht gegenüber Kindern (HUVÜ 1958) (Auszug)	1680
c) Ausführungsgesetz zu dem Haager Übereinkommen 1958	1683
d) New Yorker Übereinkommen über die Geltendmachung von Unterhaltsansprüchen im Ausland (UNUÜ 1956) (Auszug)	1686
e) Gesetz zur Geltendmachung von Unterhaltsansprüchen im Verkehr mit ausländischen Staaten (Auslandsunterhaltsgesetz – AUG)	1690
2. Internationales Transportrecht	1696
a) Genfer Übereinkommen über den Beförderungsvertrag im internationalen Straßengüterverkehr (CMR) (Auszug)	1696
b) Gesetz zu dem Übereinkommen vom 19. 5. 1956 (CMRG) (Auszug)	1697
c) Übereinkommen zur Vereinheitlichung bestimmter Vorschriften über die Beförderung im internationalen Luftverkehr (Montrealer Übereinkommen) (Auszug)	1699
d) Übereinkommen über den internationalen Eisenbahnverkehr (COTIF) mit Anhang A Einheitliche Rechtsvorschriften für den Vertrag über die internationale Eisenbahnbeförderung von Personen und Gepäck (CIV) und Anhang B Einheitliche Rechtsvorschriften für den Verkehr über die internationale Eisenbahnbeförderung von Gütern (CIM) (Auszug)	1702
e) Revidierte Rheinschifffahrtsakte (Mannheimer Akte) (Auszug)	1708
f) Internationales Übereinkommen zur Vereinheitlichung von Regeln über die zivilgerichtliche Zuständigkeit bei Schiffszusammenstößen (Auszug)	1709
g) UN-Übereinkommen über die Güterbeförderung auf See	1710
3. Internationales Beweisrecht	1711
a) Haager Übereinkommen über die Beweisaufnahme im Ausland in Zivil- oder Handelssachen	1712
b) Gesetz zur Ausführung des Haager Übereinkommens vom 15. November 1965 über die Zustellung gerichtlicher und außergerichtlicher Schriftstücke im Ausland in Zivil- oder Handelssachen und des Haager Übereinkommens vom 18. März 1970 über die Beweisaufnahme im Ausland in Zivil- oder Handelssachen (Auszug)	1753

Inhaltsverzeichnis

	Seite
c) Haager Übereinkommen über den Zivilprozeß (Auszug)	1754
d) Gesetz zur Ausführung des Haager Übereinkommens vom 1. 3. 1954 über den Zivilprozeß (Auszug)	1756
4. Völkervertragliches Zustellungsrecht	1757
5. Vollstreckungserklärung von Kostenentscheidungen nach Haager ZPÜ	1789
6. Bilaterale Anerkennungs- und Vollstreckungsverträge	1793
a) Vertrag zwischen der Bundesrepublik Deutschland und dem Staat Israel (Auszug)	1793
b) Vertrag zwischen der Bundesrepublik Deutschland und der Tunesischen Republik	1801
c) Restbedeutung der übrigen Verträge	1814
Sachverzeichnis	1817

Verzeichnis der Abkürzungen

a.	auch
aA	anderer Ansicht
AAA	American Arbitration Association
aaO	am angegebenen Ort
AbgG	Gesetz über die Rechtsverhältnisse der Mitglieder des Deutschen Bundestages (Abgeordnetengesetz) idF d. Bek. v. 21. 2. 1996 (BGBl. I S. 326)
abgedr.	abgedruckt
Abh.	Abhandlung(en)
Abk.	Abkommen
ABl.	Amtsblatt
abl.	ablehnend
ABl. EU	Amtsblatt der Europäischen Union
Abs.	Absatz
Abschn.	Abschnitt
Abt.	Abteilung
abw.	abweichend
abwM	abweichende Meinung
AcP	Archiv für die civilistische Praxis (Zeitschrift; zitiert nach Band und Seite; in Klammer Erscheinungsjahr des jeweiligen Bandes)
ADS	Allgemeine Deutsche Seeversicherungsbedingungen
ADSp.	Allgemeine Deutsche Spediteurbedingungen
AdVermiG	Gesetz über die Vermittlung der Annahme als Kind und über das Verbot der Vermittlung von Ersatzmüttern (Adoptionsvermittlungsgesetz – AdVermG) idF d. Bek. v. 22. 12. 2001 (BGBl. 2002 I S. 354)
aE	am Ende
aF	alte Fassung
AfP	Archiv für Presserecht (Zeitschrift)
AG	Aktiengesellschaft; Die Aktiengesellschaft (Zeitschrift); Amtsgericht (mit Ortsnamen)
AGB	Allgemeine Geschäftsbedingungen
AGBG	Gesetz zur Regelung des Rechts der Allgemeinen Geschäftsbedingungen (AGB-Gesetz) idF d. Bek. vom 29. 6. 2000 (BGBl. I S. 946), außer Kraft 31. 12. 2001
AGBGB	Ausführungsgesetz zum BGB
AGH	Anwaltsgerichtshof
AGHZPÜ	Ausführungsgesetz zum Haager Übereinkommen für den Zivilprozeß 1954
AGJ	Arbeitsgemeinschaft für Jugendhilfe
AGJJ	Arbeitsgemeinschaft für Jugendpflege und Jugendfürsorge
AG § 15a EGZPO	Gesetz zur Ausführung von § 15a des Gesetzes betreffend die Einführung der Zivilprozeßordnung (Ausführungsgesetz zu § 15a EGZPO – AG § 15a EGZPO) vom 9. 5. 2000 (GVBl. NRW S. 476)
AgrarR	Agrarrecht, Zeitschrift für das gesamte Recht der Landwirtschaft, der Agrarmärkte und des ländlichen Raumes (nun: Zeitschrift für Agrar- und Umweltrecht – AUR, siehe dort)
AGS	Anwaltsgebühren Spezial (Zeitschrift)
AHB	Allgemeine Versicherungsbedingungen für die Haftpflichtversicherung
AHK	Alliierte Hohe Kommission
AHKBl.	Amtsblatt der Alliierten Hohen Kommission in Deutschland
AJCL	American Journal of Comparative Law
AktG	Aktiengesetz v. 6. 9. 1965 (BGBl. I S. 1089)
allgM	allgemeine Meinung
ALR	Allgemeines Landrecht für die Preußischen Staaten von 1794 (zitiert nach §, Teil und Titel)

Abkürzungen

Alt.	Alternative
aM	anderer Meinung
Am.J. Comp. L.	American Journal of Comparative Law
amtl.	amtlich
Amtl. Begr.	Amtliche Begründung
Amtl. Mitt.	Amtliche Mitteilung(en)
ANBA	Amtliche Nachrichten der Bundesagentur für Arbeit
ÄndG	Gesetz zur Änderung
AnfG	Gesetz betreffend die Anfechtung von Rechtshandlungen eines Schuldners außerhalb des Insolvenzverfahrens v. 5. 10. 1994 (BGBl. I S. 2911)
Anh.	Anhang
Anl.	Anlage
Anm.	Anmerkung
AnwBl.	Anwaltsblatt (Zeitschrift)
anwendb.	anwendbar
AO	Abgabenordnung (AO 1977) idF d. Bek. v. 1. 10. 2002 (BGBl. I S. 3866)
AOK	Allgemeine Ortskrankenkasse
AöR	Archiv des öffentlichen Rechts (Zeitschrift)
ArbG	Arbeitsgericht (mit Ortsnamen)
ArbGeb.	Der Arbeitgeber (Zeitschrift)
ArbGG	Arbeitsgerichtsgesetz idF d. Bek. v. 2. 7. 1979 (BGBl. I S. 853, ber. S. 1036)
Arb. Int.	Arbitration International
Arb. J.	The Arbitration Journal
ArbMin.	Arbeitsministerium
ArbN	Arbeitnehmer
ArbnErfG	Gesetz über Arbeitnehmererfindungen v. 25. 7. 1957 (BGBl. I S. 756)
ArbPlSchG	Gesetz über den Schutz des Arbeitsplatzes bei Einberufung zum Wehrdienst (Arbeitsplatzschutzgesetz – ArbPlSchG) idF d. Bek. v. 14. 2. 2001 (BGBl. I S. 3002)
ArbRBl.	vgl. AR-Blattei
ArbRspr.	Die Rechtsprechung in Arbeitssachen
ArbuR	s. AuR
ArbZG	Arbeitszeitgesetz (ArbZG) v. 6. 6. 1994 (BGBl. I S. 1170)
Arch.	Archiv
ArchBürgR	Archiv für Bürgerliches Recht (Zeitschrift)
ArchivPT	Archiv für Post und Telekommunikation (Zeitschrift)
arg.	argumentum
ARS	Arbeitsrechts-Sammlung, Entscheidungen des Reichsarbeitsgerichts und der Landesarbeitsgerichte (1928–1944)
ARST.	Arbeitsrecht in Stichworten (Entscheidungssammlung)
Art.	Artikel
AsylVfG	Asylverfahrensgesetz idF d. Bek. v. 27. 7. 1993 (BGBl. I S. 1361)
AT	Allgemeiner Teil
ATZG	Altersteilzeitgesetz v. 23. 7. 1996 (BGBl. I S. 1078)
Auff.	Auffassung
Aufl.	Auflage
AUG	Gesetz zur Geltendmachung von Unterhaltsansprüchen im Verkehr mit ausländischen Staaten (Auslandsunterhaltsgesetz) v. 19. 12. 1986 (BGBl. I S. 2563)
AÜG	Gesetz zur Regelung der gewerbsmäßigen Arbeitnehmerüberlassung (Arbeitnehmerüberlassungsgesetz – AÜG) idF d. Bek. v. 3. 2. 1995 (BGBl. I S. 158)
AuR	Arbeit und Recht, Zeitschrift für die Arbeitsrechtspraxis, hrsg. vom Deutschen Gewerkschaftsbund
AUR	Zeitschrift für Agrar- und Umweltrecht – AUR
ausf.	ausführlich
AusfG	Ausführungsgesetz
AusfGHBewÜ	Gesetz zur Ausführung des Haager Übereinkommens vom 15. 11. 1065 über die Zustellung gerichtlicher und außergerichtlicher Schriftstücke im

Abkürzungen

	Ausland in Zivil- oder Handelssachen und des Haager Übereinkommens vom 18. 3. 1070 über die Beweisaufnahme im Ausland in Zivil- oder Handelssachen vom 22. 12. 1977 (BGBl. I S. 3105)
AusfGHZPÜ	Gesetz zur Ausführung des Haager Übereinkommens vom 1. März 1954 über den Zivilprozess vom 18. 12. 1958 (BGBl. I S. 939), in der Fassung vom 27. 7. 2001 (BGBl. I S. 1887)
AusfVO	Ausführungsverordnung
AuslInvestmG	Auslandsinvestment-Gesetz idF d. Bek. v. 9. 9. 1998 (BGBl. I S. 2820), aufgehoben d. G. v. 15. 12. 2003 (BGBl. I S. 2676)
AuslG	Gesetz über die Einreise und den Aufenthalt von Ausländern im Bundesgebiet (Ausländergesetz) v. 9. 7. 1990 (BGBl. I S. 1354), außer Kraft
AVAG	Gesetz zur Ausführung zwischenstaatlicher Verträge und zur Durchführung von Verordnungen und Abkommen der Europäischen Gemeinschaft auf dem Gebiet der Anerkennung und Vollstreckung in Zivil- und Handelssachen (Anerkennungs- und Vollstreckungsausführungsgesetz – AVAG) vom 19. 2. 2001 (BGBl. I S. 288)
AV	Allgemeine Verfügung
AVB	Allgemeine Versicherungsbedingungen; Allgemeine Vertragsbedingungen
AVO	Ausführungsverordnung
AVV	Allgemeine Verwaltungsvorschrift
AWD	Außenwirtschaftsdienst des Betriebsberaters (Zeitschrift, 4. 1958–20. 1974; vorher und anschließend RIW)
AWG	Außenwirtschaftsgesetz idF d. Bek. v. 26. 6. 2006 (BGBl. I S. 1386)
Az.	Aktenzeichen
BABl.	Bundesarbeitsblatt (Zeitschrift)
BadNotZ	Badische Notar-Zeitschrift
BAFöG	Bundesgesetz über individuelle Förderung der Ausbildung (Bundesausbildungsförderungsgesetz) idF d. Bek. v. 26. 8. 1971 (BGBl. I/1983 S. 645)
BAG	Bundesarbeitsgericht
BAGE	Entscheidungen des Bundesarbeitsgerichts
BAnz.	Bundesanzeiger
BarwertVO	Verordnung zur Ermittlung des Barwerts einer auszugleichenden Versorgung nach § 1587a Abs. 3 Nr. 2, Abs. 4 des Bürgerlichen Gesetzbuchs (Barwert-Verordnung) v. 24. 6. 1977 (BGBl. I S. 1014), außer Kraft 31. 5. 2006
BauFdgG	Gesetz zur Sicherung der Bauforderungen v. 1. 6. 1909 (RGBl. S. 449)
BauGB	Baugesetzbuch idF d. Bek. v. 23. 9. 2004 (BGBl. I S. 2414)
BauR	Baurecht (Zeitschrift)
BaWü.	Baden-Württemberg
Bay., bay.	Bayern, bayerisch
BayAGGVG	Bayerisches Gesetz zur Ausführung des Gerichtsverfassungsgesetzes und von Verfahrensgesetzen des Bundes v. 23. 6. 1981 (BayRS 300-1-1-J)
BayBS	Bereinigte Sammlung des bayerischen Landesrechts
BayGVBl.	Bayerisches Gesetz- und Verordnungsblatt
BayJMBl.	Bayerisches Justizministerialblatt
BayNotZ	Bayerische Notariats-Zeitung und Zeitschrift für die freiwillige Rechtspflege der Gerichte in Bayern
BayObLG	Bayerisches Oberstes Landesgericht
BayObLGZ	Amtliche Sammlung von Entscheidungen des Bayerischen Obersten Landesgerichts in Zivilsachen
BaySchlG	Bayerisches Gesetz zur obligatorischen außergerichtlichen Streitschlichtung in Zivilsachen und zur Änderung gerichtsverfassungsrechtlicher Vorschriften (Bayerisches Schlichtungsgesetz) v. 25. 4. 2000 (GVBl. S. 268, BayRS 300-1-5-J, 300-1-1-J)
BayVBl.	Bayerische Verwaltungsblätter (Zeitschrift)
BayVerfGH	Bayerischer Verfassungsgerichtshof
BayVerfGE	Sammlung von Entscheidungen des Bayerischen Verfassungsgerichtshofes
BayVGH	Bayerischer Verwaltungsgerichtshof

Abkürzungen

BayZ	Zeitschrift für Rechtspflege in Bayern
BB	Der Betriebs-Berater (Zeitschrift)
BBankG	Gesetz über die Deutsche Bundesbank idF d. Bek. v. 22. 10. 1992 (BGBl. I S. 1782)
BBauBl.	Bundesbaublatt
BBesG	Bundesbesoldungsgesetz idF d. Bek. v. 6. 8. 2002 (BGBl. I S. 3020)
BBG	Bundesbeamtengesetz idF d. Bek. v. 31. 3. 1999 (BGBl. I S. 675)
BbgVerfG	Brandenburgisches Verfassungsgericht
BBiG	Berufsbildungsgesetz v. 23. 3. 2005 (BGBl. I S. 931)
Bd. (Bde.)	Band (Bände)
BDH	Bundesdisziplinarhof
BDO	Bundesdisziplinarordnung idF d. Bek. v. 20. 7. 1967 (BGBl. I S. 750, ber. S. 984), außer Kraft
BDSG	Bundesdatenschutzgesetz (Art. 1 Gesetz zur Fortentwicklung der Datenverarbeitung und des Datenschutzes) idF d. Bek. v. 14. 1. 2003 (BGBl. I S. 66)
BeamtVG	Gesetz über die Versorgung der Beamten und Richter in Bund und Ländern (Beamtenversorgungsgesetz) idF d. Bek. v. 16. 3. 1999 (BGBl. I S. 322, ber. S. 847 und S. 2033)
Bearb., bearb.	Bearbeitung/Bearbeiter; bearbeitet
BEG	Bundesgesetz zur Entschädigung für Opfer der nationalsozialistischen Verfolgung (Bundesentschädigungsgesetz) v. 29. 6. 1956 (BGBl. I S. 559)
Begr.	Begründung
begr. (v.)	begründet (von)
Beih.	Beiheft
Beil.	Beilage
Bek.	Bekanntmachung
Bem.	Bemerkung
ber.	berichtigt
BerHG	Gesetz über Rechtsberatung und Vertretung für Bürger mit geringem Einkommen v. 18. 6. 1980 (BGBl. I S. 689)
BerlVerfGH	Berliner Verfassungshof
BErzGG	Gesetz über die Gewährung von Erziehungsgeld und Erziehungsurlaub (Bundeserziehungsgeldgesetz) idF d. Bek. v. 9. 2. 2004 (BGBl. I S. 206)
bes.	besonders, besondere(-r, -s)
Beschl.	Beschluss
bestr.	bestritten
betr.	betreffend
BetrVG	Betriebsverfassungsgesetz idF d. Bek. v. 25. 9. 2001 (BGBl. I S. 2518)
BeurkG	Beurkundungsgesetz v. 28. 8. 1969 (BGBl. I S. 1513)
BewG	Bewertungsgesetz idF d. Bek. v. 1. 2. 1991 (BGBl. I S. 230)
BezG	Bezirksgericht (DDR)
BfA	Bundesagentur für Arbeit
BFH	Bundesfinanzhof
BFHE	Sammlung der Entscheidungen (bis 1963: und Gutachten) des BFH (zitiert nach Band u. Seite)
BFH/NV	Sammlung amtlich nicht veröffentlichter Entscheidungen des BFH
BG	Bezirksgericht
BGB	Bürgerliches Gesetzbuch idF d. Bek. v. 2. 1. 2002 (BGBl. I S. 42)
BGBl. I – III	Bundesgesetzblatt, Teil I–III (zitiert nach Jahr, sofern es nicht mit dem Jahr des Gesetzeserlasses übereinstimmt, Teil u. Seite)
BGE	Entscheidungen des Schweizer Bundesgerichts
BGH	Bundesgerichtshof
BGHGZs	Bundesgerichtshof, Großer Senat in Zivilsachen
BGHR	Systematische Sammlung der Entscheidungen des Bundesgerichtshofes, Loseblatt (zitiert nach Gesetz, sofern nicht die ZPO gemeint ist, §, sofern sich die Gesetzesstelle nicht auf den gerade kommentierten Paragraphen bezieht, und Stichwort)
BGHReport	BGHReport (Jahr und Seite)
BGHSt	Entscheidungen des Bundesgerichtshofs in Strafsachen

Abkürzungen

BGHVGS	Bundesgerichtshof, Vereinigte Große Senate
BGHWarn.	Rechtsprechung des Bundesgerichtshofs in Zivilsachen, Fortsetzung von WarnR (zitiert nach Jahr u. Nr.)
BGHZ	Entscheidungssammlung des Bundesgerichtshofs in Zivilsachen
BinnSchVerfG	Gesetz über das gerichtliche Verfahren in Binnenschiffahrtssachen v. 27. 9. 1952 (BGBl. I S. 641)
BJM	Bundesjustizminister; Bundesjustizministerium
BKartA	Bundeskartellamt
BKGG	Bundeskindergeldgesetz idF d. Bek. v. 22. 2. 2005 (BGBl. I S. 458)
Bl.	Blatt
BLeistG	Bundesleistungsgesetz v. 27. 9. 1961 (BGBl. I S. 1769)
BlfRA	Blätter für Rechtsanwendung, zunächst in Bayern (Zeitschrift, 1. 1836–71. 1906, danach SeuffBl.)
BlGBW	Blätter für Grundstücks-, Bau- und Wohnungsrecht (Zeitschrift, 1. 1952–34. 1985)
BlGenW	Blätter für Genossenschaftswesen (Zeitschrift, 13. 1866–119. 1973, vorher – seit 1853 – Die Innung der Zukunft)
BlIntPR	Blätter für internationales Privatrecht (Beilage zur LZ, 1. 1926–6. 1931)
BlPMZ	Blatt für Patent-, Muster- und Zeichenwesen (Zeitschrift)
BMinG	Gesetz über die Rechtsverhältnisse der Mitglieder der Bundesregierung (Bundesministergesetz) idF d. Bek. v. 27. 7. 1971 (BGBl. I S. 1166)
BMJ	Bundesminister(ium) der Justiz
BNotO	Bundesnotarordnung idF d. Bek. v. 24. 2. 1961 (BGBl. I S. 98)
BORA	Berufsordnung der Rechtsanwälte
BPatA	Bundespatentamt
BPatG	Bundespatentgericht
BPersVG	Bundespersonalvertretungsgesetz v. 15. 3. 1974 (BGBl. I S. 693)
BRAGO	Bundesrechtsanwaltsgebührenordnung v. 26. 7. 1957 (BGBl. I S. 907), außer Kraft 30. 6. 2004; siehe nun RVG
BRAK-Mitt.	BRAK-Mitteilungen (12. 1981 ff.; vorher: Mitteilungen der Bundesrechtsanwaltskammer)
BRAO	Bundesrechtsanwaltsordnung v. 1. 8. 1959 (BGBl. I S. 565)
BRat	Bundesrat
BRatE	Entwurf des Deutschen Bundesrates
BR-Drucks.	Drucksache des Deutschen Bundesrates
BreVerf	Verfassung der Freien und Hansestadt Bremen
BR-Prot.	Protokoll des Deutschen Bundesrates
BRRG	Beamtenrechtsrahmengesetz idF d. Bek. v. 31. 3. 1999 (BGBl. I S. 654)
Brüssel I-VO	Verordnung (EG) Nr. 44/2001 des Rates vom 22. 12. 2000 über die gerichtliche Zuständigkeit und die Anerkennung und Vollstreckung von Entscheidungen in Zivil- oder Handelssachen (ABl. L Nr. 12/1 v. 16. 1. 2001)
Brüssel II-VO	Verordnung (EG) Nr. 1347/2000 des Rates vom 29. 5. 2000 über die Zuständigkeit und die Anerkennung und Vollstreckung von Entscheidungen betreffend die elterliche Verantwortung für die gemeinsamen Kinder der Ehegatten (ABl. L Nr. 160/19 v. 30. 6. 2000), aufgehoben durch die Brüssel IIa-VO
Brüssel IIa-VO	Verordnung (EG) Nr. 2201/2003 des Rates vom 27. 11. 2003 über die Zuständigkeit und die Anerkennung und Vollstreckung von Entscheidungen in Ehesachen und in Verfahren betreffend die elterliche Verantwortung und zur Aufhebung der Verordnung (EG) Nr. 1347/2000 v. 23. 12. 2000 (ABl. L Nr. 338/1 v. 23. 12. 2003)
BrZ	Britische Zone
BSG	Bundessozialgericht
BSGE	Entscheidungssammlung des BSG (zitiert nach Band u. Seite)
BSHG	Bundessozialhilfegesetz idF d. Bek. v. 23. 3. 1994 (BGBl. I S. 646, ber. S. 2975); außer Kraft 31. 12. 2004, danach: SGB XII
Bsp.	Beispiel
BStBl. I–III	Bundessteuerblatt, Teil I–III
BT	Besonderer Teil

Abkürzungen

BTag	Bundestag
BT-Drucks.	Drucksache des Deutschen Bundestages
BtÄndG	Gesetz zur Änderung des Betreuungsrechts sowie weiterer Vorschriften (Betreuungsrechtsänderungsgesetz) v. 25. 6. 1998 (BGBl. I S. 1580)
BtG	Gesetz zur Reform des Rechts der Vormundschaft und Pflegschaft für Volljährige (Betreuungsgesetz) v. 12. 9. 1990 (BGBl. I S. 2002), außer Kraft
BT-Prot.	Protokoll des Deutschen Bundestages
Buchst.	Buchstabe
Bull. ASA	Bulletin l'Association Suisse de L'Arbitrage
BVerfG	Bundesverfassungsgericht
BVerfGE	Entscheidungen des Bundesverfassungsgerichts
BVerfGG	Bundesverfassungsgerichtsgesetz idF d. Bek. v. 11. 8. 1993 (BGBl. I S. 1473)
BVerwG	Bundesverwaltungsgericht
BVerwGE	Entscheidungen des Bundesverwaltungsgerichts
BVFG	Gesetz über die Angelegenheiten der Vertriebenen und Flüchtlinge (Bundesvertriebenengesetz) idF d. Bek. v. 2. 6. 1993 (BGBl. I S. 829)
BVG	Gesetz über die Versorgung der Opfer des Krieges (Bundesversorgungsgesetz) idF d. Bek. v. 22. 1. 1982 (BGBl. I S. 21)
BVwVfG	Verwaltungsverfahrensgesetz des Bundes v. 25. 5. 1976 (BGBl. I S. 1253); s. auch VwVfG
BWNotZ	Mitteilungen aus der Praxis, Zeitschrift für das Notariat in Baden-Württemberg (früher WürttNotV)
bzgl.	bezüglich
BZRG	Bundeszentralregistergesetz idF d. Bek. v. 21. 9. 1984 (BGBl. I S. 1229, ber. 1985 I S. 195)
bzw.	beziehungsweise
cc	code civile; codice civile
CIEC	Luxemburger CIEC-Übereinkommen über die Anerkennung von Entscheidungen in Ehesachen v. 8. 9. 1967
c. i. f.	cost, insurance, freight
CIM	(Convention internationale concernant le transport des marchandises par chemins de fer) Internat. Übk. v. 7. 2. 1970 ü. d. Eisenbahnfrachtverkehr (BGBl. 1974 II S. 381)
CISG	Übereinkommen der Vereinten Nationen über Verträge über den internationalen Warenkauf v. 11. 4. 1980 (BGBl. 1989 II S. 588)
CIV	(Convention internationale convernant le transport des voyageurs et des bagages par chemins de fer) Internat. Übk. v. 7. 2. 1970 ü. d. Eisenbahn-, Personen- u. Gepäckverkehr (BGBl. 1974 II S. 493)
Clunet	Journal du Droit international, begr. von *Clunet*
CMR	(Convention relative an Contract de transport international de marchandises par route) Übk. v. 19. 5. 1956 ü. d. Beförderungsvertrag im internationalen Straßengüterverkehr (BGBl. 1961 II S. 1120)
Cod.	Codex
Comp. L. Yearb.	Comparative Law Yearbook
COTIF	Übereinkommen v. 9. 5. 1980 über den internationalen Eisenbahnverkehr, G v. 23. 1. 1985 (BGBl. II S. 130), in Kraft getreten am 1. 5. 1985 aufgrund Bek. v. 24. 7. 1985 (BGBl. II S. 1001)
CPO	Civilprozeß-Ordnung von 1877
CR	Computer und Recht (Zeitschrift) oder Commission Report – Abschlussbericht der (UNCITRAL-)Arbeitsgruppe für ein Modellgesetz über die Internationale Handelsschiedsgerichtsbarkeit
DAR	Deutsches Autorecht (Zeitschrift)
DAVorm.	Der Amtsvormund, Rundbrief des Deutschen Instituts für Vormundschaftswesen (Zeitschrift)
DB	Der Betrieb (Zeitschrift)
DDR-FGB	s. FamGB

Abkürzungen

Denkschr.	Denkschrift
DepotG	Gesetz über die Verwahrung und Anschaffung von Wertpapieren (Depotgesetz) idF d. Bek. v. 11. 1. 1995 (BGBl. I S. 34)
ders.	derselbe
DGB	Deutscher Gewerkschaftsbund
DGH	Dienstgerichtshof
dgl.	desgleichen; dergleichen
DGVZ	Deutsche Gerichtsvollzieher-Zeitung
dh.	das heißt
dies.	dieselbe(n)
DIS	Deutsche Institution für Schiedsgerichtsbarkeit e. V.
DiskE	Diskussionsentwurf zur Neufassung des Zehnten Buchs der ZPO der Kommission zur Neuordnung des Schiedsverfahrensrechts
Diss.	Dissertation
DIV	Deutsches Institut für Vormundschaftswesen
DJ	Deutsche Justiz (Zeitschrift)
DJT	Deutscher Juristentag
DJZ	Deutsche Juristenzeitung
DMBilG	Gesetz über die Eröffnungsbilanz in Deutscher Mark und die Kapitalneufestsetzung (D-Markbilanzgesetz – DMBilG) v. 28. 7. 1994 (BGBl. I S. 1842)
DNotV	Zeitschrift des Deutschen Notarvereins (1901–1933), dann DNotZ
DNotZ	Deutsche Notar-Zeitschrift
DÖD	Der öffentliche Dienst (Zeitschrift)
DöKVAG	s. AGDöK
DONot	Dienstordnung für Notare – Bundeseinheitliche Verwaltungsvorschrift der Landesjustizverwaltungen idF d. Bek. v. 21. 5. 1970, außer Kraft
DÖV	Die öffentliche Verwaltung
DPA	Deutsches Patentamt
DR	Deutsches Recht (Zeitschrift)
DRiG	Deutsches Richtergesetz idF d. Bek. v. 19. 4. 1972 (BGBl. I S. 713)
DRiZ	Deutsche Richterzeitung
DRpfl	Deutsche Rechtspflege (mit) Rechtsprechungsbeilage
DRspr.	Deutsche Rechtsprechung, Entscheidungssammlung und Aufsatzhinweise
DRW	Deutsche Rechtswissenschaft
DRZ	Deutsche Rechts-Zeitschrift
DStR	Deutsches Steuerrecht (Zeitschrift)
Drucks.	Drucksache
DS	Der Sachverständige (Zeitschrift)
dt.	deutsch
DtZ	Deutsch-deutsche Rechtszeitschrift
DV	Deutsche Verwaltung (Zeitschrift)
DVBl.	Deutsches Verwaltungsblatt (Zeitschrift)
DVO	Durchführungsverordnung
DWW	Deutsche Wohnungswirtschaft (Zeitschrift; herausgegeben vom Zentralverband der deutschen Haus-, Wohnungs- und Grundeigentümer)
DZWiR	Deutsche Zeitschrift für Wirtschafts- und Insolvenzrecht (1991–1998: Deutsche Zeitschrift für Wirtschaftsrecht)
E	Entwurf, Entscheidung (in der amtlichen Sammlung); Erwägung
EA	ersetzt die Abkürzung „EAGV" für die ab 1. 5. 1999 geltenden Bestimmungen dieses Vertrages, s. NJW 2000, 52
EAG	Europäische Atom Gemeinschaft (EURATOM)
EAGV	Vertrag v. 25. 3. 1957 zur Gründung der Europäischen Atomgemeinschaft, G v. 27. 7. 1957 (BGBl. II S. 753, 1014, 1678), in Kraft getreten am 1. 1. 1958 aufgrund Bek. v. 27. 12. 1957 (BGBl. 1958 II S. 1); s. a. EGV; für die ab dem 1. 5. 1999 geltenden Vorschriften wird die Abkürzung „EA" verwendet, s. NJW 2000, 52
ebd.	ebenda
EBE	Eildienst Bundesgerichtliche Entscheidungen (Zeitschrift)

Abkürzungen

EFG	Entscheidungen der Finanzgerichte
EFSlg.	(österreichische) Ehe- und familienrechtliche Entscheidungen
EFTA	European Free Trade Association (Europäische Freihandelsassoziation)
EFZG	Gesetz über die Zahlung des Arbeitsentgelts an Feiertagen und im Krankheitsfall (Entgeltfortzahlungsgesetz) v. 26. 5. 1994 (BGBl. I S. 1014)
EG	Einführungsgesetz; Europäische Gemeinschaften; ersetzt die Abkürzung „EGV" für die ab 1. 5. 1999 geltende Bestimmung dieses Vertrages, s. NJW 2000, 52
EG-BeweisVO	Verordnung (EG) Nr. 1206/2001 des Rates vom 28. 5. 2001 über die Zusammenarbeit zwischen den Gerichten der Mitgliedstaaten auf dem Gebiet der Beweisaufnahme in Zivil- und Handelssachen (ABl. L Nr. 174/1 v. 27. 6. 2001)
EGBGB	Einführungsgesetz zum Bürgerlichen Gesetzbuch idF d. Bek. v. 21. 9. 1994 (BGBl. I S. 2494)
EGGVG	Einführungsgesetz zum Gerichtsverfassungsgesetz v. 27. 1. 1877 (RGBl. S. 77)
EGH	Ehrengerichtshof; Entscheidungen der Ehrengerichtshöfe der Rechtsanwaltschaft
EGInsO	Einführungsgesetz zur Insolvenzordnung v. 5. 10. 1994 (BGBl. I S. 2911)
EGInsOÄndG	Gesetz zur Änderung des Einführungsgesetzes zur Insolvenzordnung und anderer Gesetze
EG-InsVO	Verordnung (EG) Nr. 1346/2000 des Rates vom 29. 5. 2000 über Insolvenzverfahren (ABl. L Nr. 160/1 v. 30. 6. 2000)
EGKSV	Vertrag v. 18. 4. 1951 über die Gründung der Europäischen Gemeinschaft für Kohle und Stahl, G v. 29. 4. 1952 (BGBl. II S. 445), in Kraft getreten am 23. 7. 1952 aufgrund Bek. v. 14. 10. 1952 (BGBl. II S. 978); s. a. EGV; für die ab dem 1. 5. 1999 geltenden Vorschriften wird die Abkürzung „KS" verwendet, s. NJW 2000, 52, außer Kraft 23. 7. 2002
EG-MahnVO	Verordnung (EG) Nr. 1896/2006 des Europäischen Parlaments und des Rates vom 12. 12. 2006 zur Einführung eines Europäischen Mahnverfahrens (ABl. L Nr. 399/1 v. 30. 12. 2006)
EGMR	Europäischer Gerichtshof für Menschenrechte
EGStGB	Einführungsgesetz zum Strafgesetzbuch v. 2. 3. 1974 (BGBl. I S. 469)
EGStPO	Einführungsgesetz zur Strafprozeßordnung v. 18. 2. 1877 (RGBl. S. 346)
EGV	Umbenennung des EWGV (s. dort) seit dem Vertrag über die Europäische Union v. 7. 2. 1992 (BGBl. II S. 1251, 1255); für die ab dem 1. 5. 1999 geltenden Vorschriften wird die Abkürzung „EG" verwendet, s. NJW 2000, 52
EG-VollstrTitelVO	Verordnung (EG) Nr. 805/2004 des Europäischen Parlaments und des Rates vom 21. 4. 2004 zur Einführung eines europäischen Vollstreckungstitels für unbestrittene Forderungen (ABl. L 143/15 v. 21. 4. 2004, ber. ABl. L 97/64 v. 15. 4. 2005,)
EGZPO	Einführungsgesetz zur Zivilprozeßordnung v. 30. 1. 1877 (RGBl. S. 244)
EG-ZustellVO	Verordnung (EG) Nr. 1348/2000 des Rates vom 29. 5. 2000 über die Zustellung gerichtlicher und außergerichtlicher Schriftstücke in Zivil- und Handelssachen in den Mitgliedstaaten (ABl. L Nr. 160/37 v. 30. 6. 2006)
EheGVO	siehe Brüssel II a-VO
EheVO	siehe Brüssel II-VO
EheNÄndG	Ehenamensänderungsgesetz v. 27. 3. 1979 (BGBl. I S. 401)
EhelAnfKl.	Ehelichkeitsanfechtungsklage
1. EheRG	Erstes Gesetz zur Reform des Ehe- und Familienrechts v. 14. 6. 1976 (BGBl. I S. 1421)
EhrRiEG	Gesetz über die Entschädigung ehrenamtlicher Richter idF d. Bek. v. 1. 10. 1969 (BGBl. I S. 1753), außer Kraft 30. 5. 2004, siehe nun JVEG
Einf.	Einführung
Einl.	Einleitung (ohne Zusatz: am Anfang dieses Buches)
einschl.	einschließlich

Abkürzungen

einschr.	einschränkend
einstw.	einstweilig
einstw. AnO	einstweilige Anordnung
einstw. Vfg.	einstweilige Verfügung
EJF	Entscheidungen aus dem Jugend- und Familienrecht (Abschnitt und Nummer)
EKG	Einheitliches Gesetz über den Abschluß von internationalen Kaufverträgen über bewegliche Sachen v. 17. 7. 1973 (BGBl. I S. 868) iVm. Bek. v. 12. 1. 1974 (BGBl. I S. 358)
EKMR	Europäische Kommission für Menschenrechte
EMRK	Konvention zum Schutz der Menschenrechte und Grundfreiheiten idF der Bek. v. 17. 5. 2002 (BGBl. II 2006 S. 138)
Entsch.	Entscheidung
entspr.	entsprechend, entspricht
Entw.	Entwurf
ErbbauVO	Verordnung über das Erbbaurecht v. 15. 1. 1919 (RGBl. S. 72, 122)
ErbGleichG	Gesetz zur erbrechtlichen Gleichstellung nichtehelicher Kinder (Erbrechtsgleichstellungsgesetz) v. 16. 12. 1997 (BGBl. I S. 2968, ber. 1998 I S. 583)
Erg.	Ergänzung
Erl.	Erläuterung
EStG 1997	Einkommensteuergesetz idF d. Bek. v. 19. 10. 2002 (BGBl. I S. 4210)
EU	Europa, Europäische Union
EuAdÜbk.	Europäisches Übereinkommen v. 24. 4. 1967 über die Adoption von Kindern, G v. 25. 8. 1980 (BGBl. II S. 1093), in Kraft getreten am 11. 2. 1981 aufgrund Bek. v. 21. 1. 1981 (BGBl. II S. 72)
EuBVO	Verordnung (EG) Nr. 1206/2001 des Rates vom 28. 5. 2001 über die Zusammenarbeit zwischen den Gerichten der Mitgliedstaaten auf dem Gebiet der Beweisaufnahme in Zivil- oder Handelssachen (ABl. Nr. L 174/1 v. 27. 6. 2001)
EuEheVO	siehe Brüssel IIa-VO
EuEheVO a. F.	siehe Brüssel II-VO
EuGH	Gerichtshof der Europäischen Gemeinschaft
EuGHE	Entscheidungen des Gerichtshofes der Europäischen Gemeinschaften
EuGHMR	Europäischer Gerichtshof für Menschenrechte
EuGRZ	Europäische Grundrechte (Zeitschrift)
EuGVO/EuGVO I	siehe Brüssel I-VO
EuGVO II	siehe Brüssel IIa-VO
EuGVVO	siehe Brüssel I-VO
EuGVÜ	Übereinkommen v. 27. 9. 1968 über die gerichtliche Zuständigkeit und die Vollstreckung gerichtlicher Entscheidungen in Zivil- und Handelssachen, G v. 24. 7. 1972 (BGBl. II S. 773), in Kraft getreten am 1. 2. 1973 aufgrund Bek. v. 12. 1. 1973 (BGBl. II S. 60); idF d. Übk. v. 26. 5. 1989, G v. 20. 4. 1994 (BGBl. II S. 518), in Kraft getreten am 1. 12. 1994 aufgrund Bek. v. 25. 10. 1994 (BGBl. II S. 3707)
EuInsVO	siehe EG-InsVO
EuR	Europarecht (Zeitschrift)
EuRAG	Gesetz über die Tätigkeit europäischer Rechtsanwälte in Deutschland v. 9. 3. 2000 (BGBl. I S. 182)
Eur. L. Rev.	European Law Review
EuroEG	Gesetz zur Einführung des Euro (Euro-Einführungsgesetz) v. 9. 6. 1998 (BGBl. I S. 1242) neue Gesetze, länderabhängig
EuSorgRÜbk.	Europäisches Übereinkommen v. 20. 5. 1980 über die Anerkennung und Vollstreckung von Entscheidungen über das Sorgerecht für Kinder und die Wiederherstellung des Sorgeverhältnisses, G v. 5. 4. 1990 (BGBl. II S. 206, 220), in Kraft getreten am 1. 2. 1991 aufgrund Bek. v. 19. 12. 1990 (BGBl. 1991 II S. 392); zum Ausführungsgesetz s. SorgeRÜbkAG
EuÜ	Europäisches Übereinkommen über die Internationale Handelsschiedsgerichtsbarkeit vom 21. 4. 1961 (BGBl. 1964 II S. 426)
EuZW	Europäische Zeitschrift für Wirtschaftsrecht

Abkürzungen

e. V.	eingetragener Verein
EVertr.	Vertrag zwischen der Bundesrepublik Deutschland und der Deutschen Demokratischen Republik über die Herstellung der Einheit Deutschlands – Einigungsvertrag – (BGBl. II 1990 S. 889)
EVO	Eisenbahn-Verkehrsordnung idF d. Bek. v. 20. 4. 1999 (BGBl. I S. 782)
evtl.	eventuell
EVÜ	Römisches EWG-Übereinkommen über das auf vertragliche Schuldverhältnisse anzuwendende Recht v. 19. 6. 1980 (BGBl. 1986 II S. 810)
EWG	Europäische Wirtschaftsgemeinschaft, jetzt EG (s. dort und EGV)
EWGV	Vertrag v. 25. 3. 1957 zur Gründung der Europäischen Wirtschaftsgemeinschaft, G v. 27. 7. 1957 (BGBl. II S. 753, 1678; 1958 II S. 64), in Kraft getreten am 27. 7. 1958 aufgrund Bek. v. 27. 12. 1957 (BGBl. 1958 II S. 1); jetzt EGV
EWiR	Entscheidungen zum Wirtschaftsrecht (Zeitschrift)
EWIV	Europäische wirtschaftliche Interessenvereinigung, vgl. EWG-NO Nr. 2137/85 v. 25. 7. 1985 (ABl. EG Nr. L 199 S. 1) und Gesetz zur Ausführung der EWG-Verordnung über die europäische wirtschaftliche Interessenvereinigung (EWIV-Ausführungsgesetz) v. 14. 4. 1988 (BGBl. I S. 514)
EWIV-AG	EWIV-Ausführungsgesetz, s. EWIV
EWR	Europäischer Wirtschaftsraum
EWS	Europäisches Wirtschafts- und Steuerrecht (Zeitschrift)
EzA	Entscheidungssammlung zum Arbeitsrecht, Loseblatt (zitiert nach Gesetz, sofern nicht die ZPO gemeint ist, §, sofern sich die Gesetzesstelle nicht auf den gerade kommentierten Paragraphen bezieht, und Nr.)
EzFamR	Entscheidungssammlung zum Familienrecht, Loseblatt (zitiert nach Gesetz, sofern nicht die ZPO gemeint ist, §, sofern sich die Gesetzesstelle nicht auf den gerade kommentierten Paragraphen bezieht, und Nr.)
f., ff.	folgend(e)
FA	Finanzamt
FAG	Gesetz über Fernmeldeanlagen idF d. Bek. v. 3. 7. 1989 (BGBl. I S. 1455); tritt nach § 28 FAG mit Ablauf des 31. 12. 1997 außer Kraft)
FamFG	Gesetz über das Verfahren in Familiensachen und in Angelegenheiten der freiwilligen Gerichtsbarkeit (Entwurf v. 7. 9. 2007, BT-Drucks. 16/6308)
FamG	Familiengericht
FamGB	Familiengesetzbuch der DDR v. 20. 12. 1965 (GBl. (DDR) 1966 I S. 1), zuletzt geändert durch das 1. Familienrechtsänderungsgesetz v. 20. 7. 1990 (GBl. (DDR) I S. 1038)
FamRÄndG	Familienrechtsänderungsgesetz v. 11. 8. 1961 (BGBl. I S. 1221)
FamRefK/*Bearbeiter*	Familienrechtsreformkommentar, 1998
FamRZ	Zeitschrift für das gesamte Familienrecht
FamS	Familiensache/Familiensenat
FernUSG	Gesetz zum Schutz der Teilnehmer am Fernunterricht (Fernunterrichtsschutzgesetz) v. 4. 12. 2000 (BGBl. I S. 1670)
FEVG	Gesetz über das gerichtliche Verfahren bei Freiheitsentziehungen v. 29. 6. 1956 (BGBl. I S. 599)
FEVS	Fürsorgerechtliche Entscheidungen der Verwaltungs- und Sozialgerichte
FF	Forum Familien- und Erbrecht (Zeitschrift)
FG; fG	Finanzgericht; freiwillige Gerichtsbarkeit
FGB (DDR)	s. FamGB
FGG	Gesetz über die Angelegenheiten der freiwilligen Gerichtsbarkeit idF d. Bek. v. 20. 5. 1898 (RGBl. I S. 771)
FG-Gericht	Gericht der freiwilligen Gerichtsbarkeit
FGO	Finanzgerichtsordnung v. 28. 3. 2001 (BGBl. I S. 442)
FGPrax	Praxis der Freiwilligen Gerichtsbarkeit (Zeitschrift), vereinigt mit OLGZ
FLF	Finanzierung, Leasing, Factoring (Zeitschrift)
FlurbG	Flurbereinigungsgesetz idF d. Bek. v. 16. 3. 1976 (BGBl. I S. 546)
Fn.	Fußnote

Abkürzungen

FNA	Fundstellennachweis A, Beilage zum Bundesgesetzblatt Teil I
FNB	Fundstellennachweis B, Beilage zum Bundesgesetzblatt Teil II
fob.	free on bord
FÜR	Familie Partnerschaft Recht (Zeitschrift)
FreihEntzG	Gesetz über das gerichtliche Verfahren bei Freiheitsentziehungen v. 29. 6. 1956 (BGBl. I S. 599)
FRES	Entscheidungssammlung zum gesamten Bereich von Ehe und Familie
FS	Festschrift
FStrG	Bundesfernstraßengesetz idF d. Bek. v. 20. 2. 2003 (BGBl. I S. 286)
FuR	Familie und Recht (Zeitschrift)
FWW	Die freie Wohnungswirtschaft (Informationsdienst des Verbandes Freier Wohnungsunternehmer; Zeitschrift)
G	Gesetz
GA	Genfer Abkommen; Goldtammers Archiv für Strafrecht (1953 ff.)
GAnwZ	Geschäftsanweisung für die Geschäftsstellen der Gerichte in Zivilsachen
GB	Grundbuch
GBA	Grundbuchamt
GBl. (DDR)	Gesetzblatt (der DDR)
GBO	Grundbuchordnung idF d. Bek. v. 26. 5. 1994 (BGBl. I S. 1114)
GbR	Gesellschaft bürgerlichen Rechts
GBV	Verordnung zur Durchführung der Grundbuchordnung (Grundbuchverfügung) idF d. Bek. v. 24. 1. 1995 (BGBl. I S. 114)
GebrMG	Gebrauchsmustergesetz idF d. Bek. v. 28. 8. 1986 (BGBl. I S. 1455)
GedS	Gedenkschrift
gem.	gemäß
GemO	Gemeindeordnung
GemS	Gemeinsamer Senat der obersten Gerichtshöfe des Bundes
Genf. Abk.	Genfer Abkommen v. 26. 9. 1927 zur Vollstreckung ausländischer Schiedssprüche, G v. 28. 7. 1930 (RGBl. II S. 1067), in Kraft getreten am 1. 12. 1930 aufgrund Bek. v. 5. 11. 1930 (RGBl. II S. 1269); s. a. UNÜbkSchdG
Genf. Prot.	Genfer Protokoll v. 24. 9. 1923 über die Schiedsklauseln, in Kraft getreten am 27. 12. 1924 aufgrund Bek. v. 7. 2. 1925 (RGBl. II S. 47); s. a. UNÜbkSchdG
GenG	Gesetz betreffend die Erwerbs- und Wirtschaftsgenossenschaften idF d. Bek. v. 16. 10. 2006 (BGBl. I S. 2230)
German Arb. J.	German Arbitration Journal – s. a. SchiedsVZ
GerVollz.	Der Gerichtsvollzieher (Zeitschrift)
GerOrgG	Gerichtsorganisationsgesetz (Landesrecht), Bayern: Gesetz vom 25. 4. 1973 (GVBl. S. 189; BayRS 300–2-2-J)
GeschmMG	Gesetz über den rechtlichen Schutz von Mustern und Modellen (Geschmacksmustergesetz – GeschmMG) vom 12. 3. 2004 (BGBl. I S. 390)
GeschO	Geschäftsordnung
GesEinhG	Gesetz zur Wiederherstellung der Gesetzeseinheit auf dem Gebiete des bürgerlichen Rechts v. 5. 3. 1953 (BGBl. I S. 33), außer Kraft
GewA	Gewerbe-Archiv (Zeitschrift)
GewO	Gewerbeordnung idF d. Bek. v. 22. 2. 1999 (BGBl. I S. 202)
GG	Grundgesetz für die Bundesrepublik Deutschland v. 23. 5. 1949 (BGBl. I S. 1)
ggf.	gegebenenfalls
ggü.	gegenüber
GKG	Gerichtskostengesetz vom 5. 5. 2004 (BGBl. I S. 718)
GleichberG	Gesetz über die Gleichberechtigung von Mann und Frau auf dem Gebiete des bürgerlichen Rechts v. 18. 6. 1957 (BGBl. I S. 609)
2. GleichberG	Gesetz zur Durchsetzung der Gleichberechtigung von Frauen und Männern v. 24. 6. 1994 (BGBl. I S. 1406)
GmbH	Gesellschaft mit beschränkter Haftung

Abkürzungen

GmbH & Co. (KG)	Gesellschaft mit beschränkter Haftung und Kompanie (Kommanditgesellschaft)
GmbHG	Gesetz betreffend die Gesellschaften mit beschränkter Haftung idF d. Bek. v. 20. 5. 1898 (RGBl. I S. 846)
GmbHR	GmbH-Rundschau (Zeitschrift)
GMBl.	Gemeinsames Ministerialblatt
GmS-OBG	Gemeinsamer Senat der Obersten Gerichtshöfe des Bundes
GoCoI	IBA – Guidelines on Conflicts of Interest von 2004 – IBA-Leitlinien
grdl.	grundlegend
grds.	grundsätzlich
GrdstVG	Gesetz über Maßnahmen zur Verbesserung der Agrarstruktur und zur Sicherung land- und forstwirtschaftlicher Betriebe (Grundstückverkehrsgesetz) v. 28. 7. 1961 (BGBl. I S. 1091)
GrS	Großer Senat
GrundE	Das Grundeigentum (Zeitschrift)
GrünhutsZ	Zeitschrift für das Privat- und öffentliche Recht der Gegenwart, begr. v. *Grünhut*
GRUR	Gewerblicher Rechtsschutz und Urheberrecht (Zeitschrift)
GRUR Ausl.	Gewerblicher Rechtsschutz und Urheberrecht, Auslands- und internationaler Teil (Zeitschrift), 1952–1969
GRUR Int.	Gewerblicher Rechtsschutz und Urheberrecht, Internationaler Teil (Zeitschrift) 1970 ff.
GS	Großer Senat
GSZ	Großer Senat in Zivilsachen
GüKG	Güterkraftverkehrsgesetz v. 22. 6. 1998 (BGBl. I S. 1485)
GüschlG NRW	Gesetz über die Anerkennung von Gütestellen im Sinne des § 794 Abs. 1 Nr. 1 der ZPO und die obligatorische außergerichtliche Streitschlichtung in Nordrhein-Westfalen vom 9. 5. 2000 (GVBl. S. 476)
GV	Gerichtsvollzieher
GVBl.	Gesetz- und Verordnungsblatt
GVG	Gerichtsverfassungsgesetz idF d. Bek. v. 9. 5. 1975 (BGBl. I S. 1077)
GVGA (Bay.)	Bayerische Geschäftsanweisung für Gerichtsvollzieher (BayBSVJu II 210; JMBl. 1958, 26; 1963, 336; 1969, 60; 1971, 21; 1973, 158; 1980, 39)
GVKostG	Gesetz über Kosten der Gerichtsvollzieher v. 19. 4. 2001 (BGBl. I S. 623, Ber. 1959 I S. 155)
GVKostGr.	Gerichtsvollzieherkostengrundsätze (bundeseinheitlich), BayJMBl. 1976 S. 55
GVO	Gerichtsvollzieherordnung; Neufassung 1968, bundeseinheitlich vereinbart, VO v. 8. 7. 1976 (BGBl. I S. 1783)
GVO (Bay.)	Bayerische Gerichtsvollzieherordnung idF d. Bek. v. 7. 3. 1980 (BayJMBl. S. 43)
GVOBl./(GVBl.)	Gesetz- und Verordnungsblatt
GVVO	Verordnung über die einheitliche Regelung der Gerichtsverfassung
GWB	Gesetz gegen Wettbewerbsbeschränkungen idF d. Bek. v. 15. 7. 2005 (BGBl. I S. 2114)
HaagAbk.	Haager Abkommen
HaagBeweisÜbk.	Haager Übereinkommen v. 18. 3. 1970 über die Beweisaufnahme im Ausland in Zivil- oder Handelssachen, G v. 22. 12. 1977 (BGBl. II S. 1452, 1472), in Kraft getreten am 26. 6. 1979 aufgrund Bek. v. 21. 6. 1979 (BGBl. II S. 780)
HaagEntmündAbk.	Haager Abkommen über die Entmündigung usw. v. 17. 7. 1905 (RGBl. 1912 S. 463)
HaagKindEÜbk.	Haager Übereinkommen v. 25. 10. 1980 über die zivilrechtlichen Aspekte internationaler Kindesentführung, G v. 5. 4. 1990 (BGBl. II S. 206), in Kraft getreten am 1. 12. 1990 aufgrund Bek. v. 11. 12. 1990 (BGBl. 1991 II S. 329); zum Ausführungsgesetz s. SorgeRÜbkAG
Habil.	Habilitation
Halbbd.	Halbband
Halbs.	Halbsatz

Abkürzungen

HandwO	Gesetz über die Ordnung des Handwerks (Handwerksordnung) idF d. Bek. v. 24. 9. 1998 (BGBl. I S. 3074)
HansGZ	Hanseatische Gerichtszeitung
HansOLG	Hanseatisches Oberlandesgericht
HansRGZ	Hanseatische Rechts- und Gerichtszeitschrift
HansRZ	Hanseatische Rechtszeitschrift für Handel, Schiffahrt und Versicherung Kolonial- und Auslandsbeziehungen
HausratsVO	Verordnung über die Behandlung der Ehewohnung und des Hausrats nach der Scheidung v. 21. 10. 1944 (RGBl. S. 256)
HaustürWG	Gesetz über den Widerruf von Haustürgeschäften und ähnlichen Geschäften v. 29. 6. 2000 (BGBl. I S. 955), außer Kraft 13. 12. 2001
HBewÜ	Haager Übereinkommen über die Beweisaufnahme im Ausland usw. v. 18. 3. 1970 (BGBl. II 1977 S. 1472)
HbgVerf	Verfassung der Freien und Hansestadt Hamburg
Hdb.	Handbuch
HeimArbG	Heimarbeitsgesetz v. 14. 3. 1951 (BGBl. I S. 191)
HessBG	(HBG) Hessisches Beamtengesetz idF d. Bek. v. 11. 1. 1989 (GVBl. I S. 26)
HessJMBl.	Hessisches Justizministerialblatt
HessRspr.	Hessische Rechtsprechung
HessStGHE	Entscheidungen des Hessischen Staatsgerichtshofs
HessVerf	Verfassung des Landes Hessen
HEZ	Höchstrichterliche Entscheidungen in Zivilsachen
HFR	Höchstrichterliche Finanzrechtsprechung
HGB	Handelsgesetzbuch v. 10. 5. 1897 (RGBl. S. 219)
HHG	Häftlingshilfegesetz idF d. Bek. v. 2. 6. 1993 (BGBl. I S. 838)
HintO (HO)	Hinterlegungsordnung v. 10. 3. 1937 (RGBl. I S. 285)
Hinw.	Hinweis
hL	herrschende Lehre
hM	herrschende Meinung
HMR	Handbuch des gesamten Miet- und Raumrechts, Loseblatt (1. 1948– 4. 1951, dann ZMR)
HOAI	Verordnung über die Honorare für Leistungen der Architekten und Ingenieure (Honorarordnung für Architekten und Ingenieure) idF d. Bek. v. 4. 3. 1991 (BGBl. I S. 533)
HöfeO	Höfeordnung idF d. Bek. v. 26. 7. 1976 (BGBl. I S. 1933)
HPflG	Haftpflichtgesetz idF v. 4. 1. 1978 (BGBl. I S. 145)
HRefG	Gesetz zur Neuregelung des Kaufmanns- und Firmenrechts und zur Änderung anderer handels- und gesellschaftsrechtlicher Vorschriften (Handelsrechtsreformgesetz) v. 22. 6. 1998 (BGBl. I S. 1474)
HRR	Höchstrichterliche Rechtsprechung (Zeitschrift)
Hrsg., hrsg.	Herausgeber, herausgegeben
h. Rspr.	herrschende Rechtsprechung
HUVÜ 1958	Haager Übereinkommen über die Anerkennung und Vollstreckung von Entscheidungen auf dem Gebiet der Unterhaltspflicht gegenüber Kindern v. 15. 4. 1958 (BGBl. 1961 II S. 1006)
HUVÜ 1973	Haager Übereinkommen über die Anerkennung und Vollstreckung von Unterhaltsentscheidungen v. 2. 10. 1973 (BGBl. 1986 II S. 826)
HWB	Handwörterbuch
HZPÜ 1954	Haager Übereinkommen über den Zivilprozeß v. 1. 3. 1954 (BGBl. II 1958 S. 577)
HZÜ	Haager Übereinkommen über die Zustellung gerichtlicher und außergerichtlicher Entscheidungen im Ausland in Zivil- und Handelssachen v. 15. 11. 1965 (BGBl. II 1977 S. 1453)
i. a.	im allgemeinen
IBA	International Bar Association
ICC	International Chamber of Commerce (Paris) [siehe auch unter IHK]
I. C. L. Q.	International and Comparative Law Quaterly
idF	in der Fassung

Abkürzungen

IDR	Journal of International Dispute Resolution (früher: RPS)
idR	in der Regel
idS	in diesem Sinne
iE	im Ergebnis
i. e.	im einzelnen
ieS	im engeren Sinne
IGH	Internationaler Gerichtshof (Weltgerichtshof) in Den Haag
IHK	Industrie- und Handelskammer [siehe auch unter ICC]
iHv.	in Höhe von
i. L.	in Liquidation
insb.	inbesondere
InsO	Insolvenzordnung v. 5. 10. 1994 (BGBl. I S. 2866)
InsVV	Insolvenzrechtliche Vergütungsverordnung v. 19. 8. 1998 (BGBl. I S. 2205)
internat.	international
IntGesR	Internationales Gesellschaftsrecht
IntHK	Internationale Handelskammer
IntRDipl.	Internationales Recht und Diplomatie (Zeitschrift)
InVo	Insolvenz und Vollstreckung (Zeitschrift)
IPG	Gutachten zum internationalen und ausländischen Privatrecht
IPR	Internationales Privatrecht
IPRax	Praxis des Internationalen Privat- und Verfahrensrechts (Zeitschrift)
IPRG	Gesetz zur Neuregelung des Internationalen Privatrechts v. 25. 7. 1986 (BGBl. I S. 1142)
IPRG	(Schweizerisches) Bundesgesetz über das Internationale Privatrecht
IRO	International Refugee Organization
iS (d.)	im Sinne (des, der)
iSv.	im Sinne von
IuR	Informatik und Recht (Zeitschrift)
i. Ü.	im Übrigen
iVm.	in Verbindung mit
IVR	Internationales Vertragsrecht
IWB	Internationale Wirtschaftsbriefe
iwS	im weiteren Sinne
IZPR	Internationales Zivilprozessrecht
IzRspr	Sammlung der deutschen Entscheidungen zum interzonalen Privatrecht
JA	Juristische Arbeitsblätter
JahrbAkDR	Jahrbuch der Akademie für Deutsches Recht
JahrbIntR	Jahrbuch für internationales Recht
JahrbOstR	Jahrbuch für Ostrecht
JAO	Juristische Ausbildungsordnung
JAPO	Juristische Ausbildungs- und Prüfungsordnung
JArbSchG	Jugendarbeitsschutzgesetz v. 12. 4. 1976 (BGBl. I S. 965)
Jb.	Jahrbuch
JBeitrO	Justizbeitreibungsordnung v. 11. 3. 1937 (RGBl. I S. 298)
JbfOstR	Jahrbuch für Ostrecht (Zeitschrift)
JbJZW	Jahrbuch Junger Zivilrechtswissenschaftler
J. B. L.	Journal of Business Law
JBlSaar.	Justizblatt des Saarlandes
JbPrSch.	Jahrbuch für die Praxis der Schiedsgerichtsbarkeit
JbRSoz.	Jahrbuch für Rechtssoziologie und Rechtstheorie (1. 1979–5. 1978) (Zeitschrift)
jew.	jeweils
JFG	Jahrbücher für Rechtsprechung in der freiwilligen Gerichtsbarkeit
Jg.	Jahrgang
JGG	Jugendgerichtsgesetz idF d. Bek. v. 11. 12. 1974 (BGBl. I S. 3427)
Jh.	Jahrhundert
JherJb.	*Jherings* Jahrbuch für die Dogmatik des bürgerlichen Rechts (Zeitschrift)
J. Int. Arb.	Journal of International Arbitration

Abkürzungen

JKMO	Justizkostenmarkenordnung
JKomG	Gesetz über die Verwendung elektronischer Kommunikationsformen in der Justiz v. 22. 3. 2005 (BGBl. I S. 837)
JM	Justizminister
JMBl.	Justizministerialblatt (Zeitschrift)
JMBlLSA	Justizministerialblatt für das Land Sachsen-Anhalt (Zeitschrift)
JMBlNRW	Justizministerialblatt von Nordrhein-Westfalen (Zeitschrift)
JMBlSaar	Justizministerialblatt für das Saarland (Zeitschrift)
JöR	Jahrbuch des öffentlichen Rechts der Gegenwart
JR	Juristische Rundschau (Zeitschrift)
JRfPrV	Juristische Rundschau für die Privatversicherung (Zeitschrift)
JuMiG	Justizmitteilungsgesetz und Gesetz zur Änderung kostenrechtlicher Vorschriften und anderer Gesetze v. 18. 6. 1997 (BGBl. I S. 1430)
jur.	juristisch(e)
1. JuMoG	Erstes Gesetz zur Modernisierung der Justiz (Justizmodernisierungsgesetz) v. 24. 8. 2004 (BGBl. I S. 2198)
2. JuMoG	Zweites Gesetz zur Modernisierung der Justiz (Justizmodernisierungsgesetz) v. 22. 12. 2006 (BGBl. I S. 3416)
Jura	Juristische Ausbildung (Zeitschrift)
JurA	Juristische Analysen (Zeitschrift)
JurBüro	Das Juristische Büro (Zeitschrift)
JurJb.	Juristen-Jahrbuch
JuS	Juristische Schulung (Zeitschrift)
Justiz	Die Justiz, Amtsblatt des Justizministeriums Baden-Württemberg
JustVA	Justizverwaltungsabkommen
JVBl.	Justizverwaltungsblatt (Zeitschrift)
JVEG	Gesetz über die Vergütung von Sachverständigen, Dolmetscherinnen, Dolmetscher, Übersetzerinnen und Übersetzer sowie die Entschädigung von ehrenamtlichen Richterinnen, ehrenamtlichen Richtern, Zeuginnen, Zeugen und Dritten (Justizvergütung- und -entschädigungsgesetz – JVEG), verkündet als Art. 2 Kostenrechtsmodernisierungsgesetz vom 5. 5. 2004 (BGBl. I S. 718, 776)
JVKostO	Justizverwaltungskostenordnung v. 14. 2. 1940 (RGBl. I S. 357)
JW	Juristische Wochenschrift (Zeitschrift)
JWG	Jugendwohlfahrtsgesetz idF d. Bek. v. 25. 4. 1977 (BGBl. I S. 633, 795)
JZ	Juristenzeitung
JZ-GD	Juristenzeitung Gesetzgebungsdienst (monatliche Beilage der Juristenzeitung über die Bundesgesetzgebung)
KAGG	Gesetz über Kapitalanlagegesellschaften idF d. Bek. v. 9. 9. 1998 (BGBl. I S. 2726), außer Kraft 31. 12. 2003
Kap.	Kapitel
KapErhG	Gesetz über steuerrechtliche Maßnahmen bei Erhöhung des Nennkapitals aus Gesellschaftsmitteln und bei Überlassung von eigenen Aktien an Arbeitnehmer v. 30. 12. 1959 (BGBl. I S. 789) idF d. Bek. v. 10. 10. 1967 (BGBl. I S. 977), außer Kraft
KF	Karlsruher Forum (Beil. zu VersR)
KfH	Kammer für Handelssachen
KfzPflVV	Verordnung über den Versicherungsschutz in der Kraftfahrzeug-Haftpflichtversicherung (Kraftfahrzeug-Pflichtversicherungsverordnung) v. 29. 7. 1994 (BGBl. I S. 1837)
KG	Kammergericht (Berlin); Kommanditgesellschaft
KGaA	Kommanditgesellschaft auf Aktien
KGBl.	Blätter für Rechtspflege im Bereich des Kammergerichts in Sachen der freiwilligen Gerichtsbarkeit in Kosten-, Stempel- und Strafsachen (Zeitschrift)
KindRG	Gesetz zur Reform des Kindschaftsrechts (Kindschaftsrechtsreformgesetz) v. 16. 12. 1997 (BGBl. I S. 2942), außer Kraft 1. 7. 2003
KindUG	Gesetz zur Vereinheitlichung des Unterhaltsrechts minderjähriger Kinder (Kindesunterhaltsgesetz) v. 6. 4. 1998 (BGBl. I S. 666)

Abkürzungen

KindUVV	Verordnung zur Einführung von Vordrucken für das vereinfachte Verfahren über den Unterhalt minderjähriger Kinder (Kindesunterhalts-Vordruckverordnung) v. 19. 6. 1998 (BGBl. I S. 1364)
KiStG	Kirchensteuergesetz
KJHG	Gesetz zur Neuordnung des Kinder- und Jugendhilferechts (Kinder- und Jugendhilfegesetz) v. 26. 6. 1990 (BGBl. I S. 1163); s. SGB VIII
KO	Konkursordnung vom 10. 2. 1877 idF d. Bek. v. 20. 5. 1898 (RGBl. S. 612); aufgehoben durch Art. 2 Nr. 4 EGInsO
Kom.-Ber.	Bericht der Kommission zur Neuordnung des Schiedsverfahrensrechts mit einem Diskussionsentwurf zur Neufassung des Zehnten Buchs der ZPO
Komm.	Kommentar; Kommission
KonkTreuh.	Konkurs-, Treuhand- und Schiedsgerichtswesen (Zeitschrift)
KonsG	Gesetz über die Konsularbeamten, ihre Aufgaben und Befugnisse (Konsulargesetz) v. 11. 9. 1974 (BGBl. S. 2317)
Konv.	Konvention
KostÄndG	Gesetz zur Änderung und Ergänzung kostenrechtlicher Vorschriften v. 26. 7. 1957 (BGBl. I S. 861)
KostGErmAV	Verordnung zur Anpassung der für die Kostengesetzte in dem in Artikel 3 des Einigungsvertrages genannten Gebiet geltenden Ermäßigungssätze v. 15. 4. 1996 (BGBl. I S. 604), außer Kraft
KostO	Gesetz über die Kosten in Angelegenheiten der freiwilligen Gerichtsbarkeit (Kostenordnung) idF d. Bek. v. 26. 7. 1957 (BGBl. I S. 960)
KostRÄndG 1994	Gesetz zur Änderung von Kostengesetzen und anderen Gesetzen (Kostenrechtsänderungsgesetz 1994) v. 24. 6. 1994 (BGBl. I S. 1325, ber. S. 2591 und 3471)
KostRMoG	Gesetz zur Modernisierung des Kostenrechts (Kostenrechtsmodernisierungsgesetz) v. 5. 5. 2004 (BGBl. I S. 718)
KostRspr.	Kostenrechtsprechung, Entscheidungssammlung mit Anm., Loseblatt (zitiert nach Gesetz, sofern nicht die ZPO gemeint ist, §, sofern sich die Gesetzesstelle nicht auf den gerade kommentierten Paragraphen bezieht, und Nr.)
KostVfg.	Kostenverfügung idF d. Bek. v. 1. 3. 1976 und 1. 8. 1985 (bundeseinheitlich vereinbart), BayJMBl. 1976, 41; 1985, 246
KR	Alliierter Kontrollrat
KrG	Kreisgericht (DDR)
krit.	kritisch
KritJ	Kritische Justiz (Zeitschrift)
KrVjschr.	Kritische Vierteljahresschrift für Gesetzgebung und Rechtswissenschaft
KS	ersetzt die Abkürzung „EGKSV" für die ab 1. 5. 1999 geltenden Bestimmungen dieses Vertrages, s. NJW 2000, 52
KSchG	Kündigungsschutzgesetz idF d. Bek. v. 25. 8. 1969 (BGBl. I S. 1317)
KStZ	Kommunale Steuer-Zeitschrift
KTS	Zeitschrift für Konkurs-, Treuhand- und Schiedsgerichtswesen
KUG	Gesetz betreffend das Urheberrecht an Werken der bildenden Künste und der Photographie v. 9. 1. 1907 (RGBl. 7), aufgehoben durch § 141 Nr. 5 des Urheberrechtsgesetzes v. 9. 9. 1965 (BGBl. I S. 1273), soweit es nicht den Schutz v. Bildnissen betrifft
KV	Kostenverzeichnis (Anlage zum GKG)
KVO	Kraftverkehrsordnung für den Güterfernverkehr mit Kraftfahrzeugen v. 23. 12. 1958 (BAnz. Nr. 249), zuletzt geändert durch Art. 3 der VO vom 11. 10. 1995 (BGBl. I S. 1414)
KWG	Gesetz über das Kreditwesen idF d. Bek. v. 9. 9. 1998 (BGBl. I S. 2776)
LAG	Landesarbeitsgericht (mit Ortsnamen); Gesetz über den Lastenausgleich (Lastenausgleichsgesetz) idF d. Bek. v. 2. 6. 1993 (BGBl. I S. 845)
LAGE	Entscheidungen der Landesarbeitsgerichte
LCIA	London Court of International Arbitration
LFGZ	Lohnfortzahlungsgesetz v. 27. 7. 1969 (BGBl. I S. 946), außer Kraft
LFGG	Landesgesetz über die freiwillige Gerichtsbarkeit (Baden-Württemberg) v. 12. 2. 1975 (GBl. S. 116)

Abkürzungen

LG	Landgericht (mit Ortsnamen)
LGEntlG	Gesetz zur Entlastung der Landgerichte und zur Vereinfachung des gerichtlichen Protokolls v. 20. 12. 1974 (BGBl. I S. 3651)
LGZ	(österreichisches) Landgericht für Zivilrechtssachen
li. Sp.	linke Spalte
Lit.; lit	Literatur; Litera
LJV	Landesjustizverwaltung
LS	Leitsatz
LSG	Landessozialgericht
LuftfzRG	Gesetz über Rechte an Luftfahrzeugen v. 26. 2. 1959 (BGBl. I S. 57, 223)
LuftRegV	Verordnung über die Einrichtung und die Führung des Registers für Pfandrechte an Luftfahrzeugen (Luftfahrzeugpfandrechtsregisterverordnung) v. 2. 3. 1999 (BGBl. I S. 279)
LuftVG	Luftverkehrsgesetz idF d. Bek. v. 27. 3. 1999 (BGBl. I S. 550)
LUG	Gesetz betr. das Urheberrecht an Werken der Literatur und der Tonkunst v. 19. 6. 1901 (RGBl. S. 227)
LugÜ	Lugano-Übereinkommen v. 16. 9. 1988 über die gerichtliche Zuständigkeit und die Vollstreckung gerichtlicher Entscheidungen in Zivil- und Handelssachen, G v. 30. 9. 1994 (BGBl. II S. 2658, 3772), in Kraft getreten am 1. 3. 1995 aufgrund Bek. v. 8. 2. 1995 (BGBl. II S. 221)
LVA	Landesversicherungsanstalt
LwG	Landwirtschaftsgericht
LwVG	Gesetz über das gerichtliche Verfahren in Landwirtschaftssachen v. 21. 7. 1953 (BGBl. I S. 667)
m. abl. Anm.	mit ablehnender Anmerkung
MaBV	Verordnung über die Pflichten der Makler, Darlehens- und Anlagenvermittler, Bauträger und Baubetreuer (Makler- und Bauträgerverordnung) idF d. Bek. v. 7. 11. 1990 (BGBl. I S. 2479)
m. Anm.	mit Anmerkung
MarkenG	Gesetz über den Schutz von Marken und sonstigen Kennzeichen (Markengesetz) v. 25. 10. 1994 (BGBl. I S. 3082, ber. 1995 I S. 156)
maW	mit anderen Worten
MBl.	Ministerialblatt
MDR	Monatsschrift für Deutsches Recht (Zeitschrift)
mE	meines Erachtens
MedSach	Der medizinische Sachverständige (Zeitschrift)
MedR	Medizinrecht (Zeitschrift)
MHbeG	Gesetz zur Beschränkung der Haftung Minderjähriger (Minderjährigenhaftungsbeschränkungsgesetz) v. 25. 8. 1998 (BGBl. I S. 2487)
MHG	Gesetz zur Regelung der Miethöhe (Art. 3 des 2. WKSchG v. 18. 12. 1974, BGBl. I S. 3604), außer Kraft 1. 9. 2001
Mio.	Million(en)
Mitt.	Mitteilung(en)
Mitt. AGJ	Mitteilungen der Arbeitsgemeinschaft für Jugendhilfe (Zeitschrift)
Mitt. AGJJ	Mitteilungen der Arbeitsgemeinschaft für Jugendpflege und Jugendfürsorge (Zeitschrift)
MittBayNot.	Mitteilungen des Bayerischen Notarvereins (Zeitschrift)
MittPat.	Mitteilungen der deutschen Patentanwälte (Zeitschrift)
MittRhNotK	Mitteilungen der Rheinischen Notarkammer (Zeitschrift)
m. krit. Anm.	mit kritischer Anmerkung
MiZi	Allgemeine Verfügung über Mitteilungen in Zivilsachen v. 29. 7. 1998 (BAnz. Nr. 10 705)
MMR	MultiMedia und Recht (Zeitschrift)
ModG	UNCITRAL-Modellgesetz über die internationale Handelsschiedsgerichtsbarkeit
Mot.	Motive

Abkürzungen

Mot. I–V	Motive zu dem Entwurf eines Bürgerlichen Gesetzbuches für das Deutsche Reich (Bd. I Allgemeiner Teil; Bd. II Recht der Schuldverhältnisse; Bd. III Sachenrecht; Bd. IV Familienrecht; Bd. V Erbrecht)
MPI	Max-Planck-Institut für internationales und ausländisches Privatrecht
MRG	Gesetz der Militärregierung
MRK	s. EMRK
MRVO	Verordnung der Militärregierung
MSA	Übereinkommen über die Zuständigkeit und das anzuwendende Recht auf dem Gebiet des Schutzes von Minderjährigen (Haager Minderjährigenschutzabkommen) v. 5. 10. 1961 (BGBl. 1971 II S. 217)
MSchutzG	Mutterschutzgesetz idF d. Bek. v. 20. 6. 2002 (BGBl. I S. 2318)
m. umf. Nachw.	mit umfangreichen Nachweisen
MuW	Markenschutz und Wettbewerb (Zeitschrift)
m. weit. Nachw.	mit weiteren Nachweisen
MWSt.	Mehrwertsteuer, s. UStG
m. zahlr. Nachw.	mit zahlreichen Nachweisen
m. zust. Anm.	mit zustimmender Anmerkung
nachf.	nachfolgend
Nachw.	Nachweis
NachwG	Gesetz über den Nachweis der für ein Arbeitsverhältnis geltenden wesentlichen Bedingungen (Nachweisgesetz) v. 20. 7. 1995 (BGBl. I S. 946)
NATO	North Atlantic Treaty Organization (Nordatlantikpakt)
NblLVABa.	Nachrichtenblatt, Zeitschrift der Landesversicherungsanstalt Baden
NDBZ	Neue Deutsche Beamtenzeitung (Zeitschrift)
NdsRpfl.	Niedersächsische Rechtspflege (Zeitschrift)
NdsVBl.	Niedersächsisches Verwaltungsblatt (Zeitschrift)
NDV	Nachrichtendienst des deutschen Vereins für öffentliche und private Fürsorge
NEhelG	Gesetz über die rechtliche Stellung der nichtehelichen Kinder v. 19. 8. 1969 (BGBl. I S. 1243)
nF	neue Fassung
NichtehelG	s. NEhelG
niederl.	niederländisch
NiemeyersZ	Niemeyers Zeitschrift für internationales Recht (25. 1915–52. 1937/38; vorher s. BöhmsZ)
NJ	Neue Justiz (DDR-Zeitschrift)
NJOZ	Neue Juristische Online Zeitschrift
NJW	Neue Juristische Wochenschrift (Zeitschrift)
NJW-CoR	NJW-Computerreport (Zeitschrift)
NJWE-FER	NJW-Entscheidungsdienst-Familien- und Erbrecht (Zeitschrift)
NJWE-MietR	NJW-Entscheidungsdienst-Miet- und Wohnungsrecht (Zeitschrift)
NJWE-VHR	NJW-Entscheidungsdienst-Versicherungs- und Haftungsrecht (Zeitschrift)
NJWE-WettbR	NJW-Entscheidungsdienst-Wettbewerbsrecht (Zeitschrift)
NJW-RR	Neue Juristische Wochenschrift Rechtsprechungs-Report (Zeitschrift)
NMV	Verordnung über die Ermittlung der zulässigen Miete für preisgebundene Wohnungen (Neubaumietenverordnung 1970) idF d. Bek. v. 12. 10. 1990 (BGBl. I S. 2203)
NN	nomen nescio
NotBZ	Zeitschrift für notarielle Beratungs- und Beurkundungspraxis
NotO	Notarordnung für Rheinland-Pfalz v. 3. 9. 1949 (GVBl. S. 391)
Nov.	Novelle
Nr.	Nummer
NRW	Nordrhein-Westfalen
NStE	Neue Entscheidungssammlung für Strafrecht (zitiert nach Gesetz, § u. Nr.)
NStZ	Neue Zeitschrift für Strafrecht (1981 ff.)
NStZ-RR	Neue Zeitschrift für Strafrecht Rechtsprechungs-Report (Zeitschrift)
NTS	Nato-Truppen-Statut v. 19. 6. 1951 (BGBl. 1961 II S. 1190)

Abkürzungen

NTS-ZA	Zusatzabkommen v. 3. 8. 1959 zu dem Abkommen zwischen den Parteien des Nordatlantikvertrages v. 19. 6. 1951 über die Rechtsstellung ihrer Truppen hinsichtlich der in der Bundesrepublik Deutschland stationierten ausländischen Truppen, G v. 18. 8. 1961 (BGBl. II S. 1183, 1218), in Kraft getreten am 1. 7. 1963 aufgrund Bek. v. 16. 6. 1963 (BGBl. II S. 745); s. a. NTS
NVwZ	Neue Zeitschrift für Verwaltungsrecht
NVwZ-RR	Neue Zeitschrift für Verwaltungsrecht – Rechtsprechungs-Report
NWVBl.	Nordrhein-Westfälische Verwaltungsblätter (Zeitschrift)
NZA	Neue Zeitschrift für Arbeits- und Sozialrecht
NZA-RR	Neue Zeitschrift für Arbeits- und Sozialrecht – Rechtsprechungs-Report
NZBau	Neue Zeitschrift für Baurecht und Vergaberecht
NZG	Neue Zeitschrift für Gesellschaftsrecht
NZI	Neue Zeitschrift für Insolvenzrecht und Sanierung
NZM	Neue Zeitschrift für Miet- und Wohnungsrecht
NZS	Neue Zeitschrift für Sozialrecht
NZV	Neue Zeitschrift für Verkehrsrecht
o.	oben
o. a.	oben angegeben
o. Ä.	oder Ähnliches
ObG	Obergericht
obj.	objektiv
öff.	öffentlich
OECD	Organization of Economic Cooperation and Development
OEG	Gesetz über die Entschädigung für Opfer von Gewalttaten v. 7. 1. 1985 (BGBl. I S. 1)
o. g.	oben genannt(e)
OG	Oberster Gerichtshof (der DDR)
OGH	Oberster Gerichtshof (Österreich)
OGH-BrZ	Oberster Gerichtshof für die Britische Zone
OGHSt.	Entscheidungen des Obersten Gerichtshofes für die Britische Zone in Strafsachen (Band u. Seite)
OGHZ	Entscheidungen des Obersten Gerichtshofes für die Britische Zone in Zivilsachen (Band u. Seite)
OHG	offene Handelsgesellschaft
ÖJZ	Österreichische Juristenzeitung (Zeitschrift)
OLG	Oberlandesgericht
OLG-NL	OLG-Rechtsprechung Neue Länder (Zeitschrift)
OLGR	OLG-Report (Zeitschrift)
OLGRspr.	OLG Rechtsprechung (Zeitschrift)
OLGZ	Rechtsprechung der Oberlandesgerichte in Zivilsachen, Amtliche Entscheidungssammlung
ÖNotZ	Österreichische Notariats-Zeitung
OR	Schweizerisches Obligationsrecht
ÖRiZ	Österreichische Richterzeitung
österr.	österreichisch
ÖstHPraxintauslR	Österreichische Hefte für die Praxis des internationalen und ausländ. Rechts
(öst) JBl.	Juristische Blätter (Österreich)
(öst) ZVerkR	Zeitschrift für Verkehrsrecht (Österreich)
OVG	Oberverwaltungsgericht
OWiG	Gesetz über Ordnungswidrigkeiten idF d. Bek. v. 19. 2. 1987 (BGBl. I S. 602)
ParteienG	Gesetz über die politischen Parteien (Parteiengesetz) idF d. Bek. v. 31. 3. 1994 (BGBl. I S. 149)
PartGG	Gesetz über Partnerschaftsgesellschaften Angehöriger Freier Berufe (Partnerschaftsgesellschaftsgesetz) v. 25. 7. 1994 (BGBl. I S. 1744), s. a. PRV

Abkürzungen

PatAnwO	Patentanwaltsordnung v. 7. 9. 1966 (BGBl. I S. 557)
PatG	Patentgesetz idF d. Bek. v. 16. 12. 1980 (BGBl. 1981 I S. 1)
PBefG	Personenbeförderungsgesetz idF d. Bek. v. 8. 8. 1990 (BGBl. I S. 1690)
PersV	Die Personalvertretung (Zeitschrift)
PflegeVG	Gesetz zur sozialen Absicherung des Risikos der Pflegebedürftigkeit (Pflege-Versicherungsgesetz) v. 26. 5. 1994 (BGBl. I S. 1014), s. a. SGB XI
PflVG	Gesetz über die Pflichtversicherung der Kraftfahrzeughalter (Pflichtversicherungsgesetz) idF d. Bek. v. 5. 4. 1965 (BGBl. I S. 213)
PKH	Prozesskostenhilfe
PKHB 2007	Bekanntmachung zu § 115 der Zivilprozeßordnung (Prozeßkostenhilfebekanntmachung 2007) v. 11. 6. 2007 (BGBl. I S. 1058)
PKHG	Gesetz über die Prozesskostenhilfe v. 13. 6. 1980 (BGBl. I S. 677)
PKV	Prozesskostenvorschuss
PostG	Gesetz über das Postwesen idF d. Bek. v. 22. 12. 1997 (BGBl. I S. 3294)
PostUmwG	Gesetz zur Umwandlung der Unternehmen der Deutschen Bundespost in die Rechtsform der Aktiengesellschaft (Postumwandlungsgesetz, Art. 3 des PostNeuOG) v. 14. 9. 1994 (BGBl. I S. 2325)
PostV	Postdienstverordnung idF d. Bek. v. 31. 1. 1994 (BGBl. I S. 335)
PrGS	Sammlung des in Nordrhein-Westfalen geltenden preußischen Rechts (1806–1945)
PrJMBl	Justizministerialblatt für die Preußische Gesetzgebung und Rechtspflege
ProdHaftG	Gesetz über die Haftung für fehlerhafte Produkte (Produkthaftungsgesetz) v. 15. 12. 1989 (BGBl. I S. 2198)
ProdSG	Gesetz zur Regelung der Sicherheitsanforderungen an Produkte und zum Schutz der CE-Kennzeichnung (Produktsicherheitsgesetz) v. 22. 4. 1997 (BGBl. I S. 934), außer Kraft 30. 4. 2004
Prot.	Protokolle
Prot. I – VI	Protokolle der Kommission für die zweite Lesung des Entwurfs des BGB (Bd. I und IV 1897; Bd. II 1898; Bd. III, V und VI 1899)
ProtRA	Protokolle des Rechtsausschusses
PrOVG	Preußisches Oberverwaltungsgericht
PRV	Verordnung über die Einrichtung und Führung des Partnerschaftsregisters (Partnerschaftsregisterverordnung) v. 16. 6. 1995 (BGBl. I S. 808), s. a. PartGG
PStG	Personenstandsgesetz idF d. Bek. v. 8. 8. 1957 (BGBl. I S. 1125)
PStV	Verordnung zur Ausführung des Personenstandsgesetzes idF d. Bek. v. 25. 2. 1977 (BGBl. I S. 377)
RabattG	Gesetz über Preisnachlässe (Rabattgesetz) v. 25. 11. 1933 (RGBl. S. 1011), außer Kraft 25. 7. 2001
RabelsZ	Zeitschrift für ausländisches und internationales Privatrecht (Band und Seite)
RABerufsNeuOG	Gesetz zur Neuordnung des Berufsrechts der Rechtsanwälte und Patentanwälte v. 2. 9. 1994 (BGBl. I S. 2278)
RADG	Erstes Gesetz zur Änderung des Gesetzes zur Durchführung der Richtlinie des Rates der Europäischen Gemeinschaften vom 22. 3. 1977 zur Erleichterung der tatsächlichen Ausübung des freien Dienstleistungsverkehrs der Rechtsanwälte (Rechtsanwaltsdienstleistungsgesetz) v. 14. 3. 1990 (BGBl. I S. 479), außer Kraft
RAG	Reichsarbeitsgericht, zugleich amtliche Sammlung der Entscheidungen (Band und Seite)
RAGE	Sammlung der Entscheidungen des RAG (zitiert nach Band u. Seite)
RAnwG DDR	Gesetz über die Anwendung des Rechts auf internationale zivil-, familien- und arbeitsrechtliche Beziehungen sowie auf internationale Wirtschaftsverträge – Rechtsanwendungsgesetz (DDR) v. 5. 12. 1975 (GBl. DDR I S. 748)
RAnz.	Deutscher Reichs-Anzeiger
RBerG	Rechtsberatungsgesetz v. 13. 12. 1935 (RGBl. S. 1478)
RdA	Recht der Arbeit (Zeitschrift)

Abkürzungen

RdE	Recht der Energiewirtschaft (Zeitschrift)
RdErl.	Runderlass
RdJ	Recht der Jugend (Zeitschrift)
RdJB	Recht der Jugend und des Bildungswesens (Zeitschrift)
RdK	Das Recht des Kraftfahrers (Zeitschrift, ab 1952: Deutsches Autorecht)
RdL	Recht der Landwirtschaft (Zeitschrift)
RdSchr.	Rundschreiben
RE	Rechtsentscheid
Recht	Das Recht (Zeitschrift)
Rechtstheorie	Rechtstheorie (Zeitschrift)
Red.	Redaktion
RefE	Referentenentwurf
Reg.	Regierung
RegBedarfsV	Verordnung zur Neufestsetzung des Regelbedarfs v. 30. 7. 1976 (BGBl. I S. 2042)
RegBetrVO	Regelbetrag-Verordnung (Art. 2 des KindUG) v. 6. 4. 1998 (BGBl. I S. 666, 668) idF d. 1. VO zur Änderung der RegBetrVO v. 25. 5. 1999 (BGBl. I S. 1100)
RegBl.	Regierungsblatt
RegE	Regierungsentwurf
RegUnterhV	Regelunterhalt-Verordnung v. 27. 6. 1970 (BGBl. I S. 1010)
RegVBG	Gesetz zur Vereinfachung und Beschleunigung registerrechtlicher und anderer Verfahren (Registerverfahrensbeschleunigungsgesetz) v. 20. 12. 1993 (BGBl. I S. 2182)
re. Sp.	rechte Spalte
Rev. Arb.	Révue de l'Arbitrage
Rev. crit. dr. int. pr.	Revue critique de droit international prive
RFH	Reichsfinanzhof; zugleich amtliche Sammlung der Entscheidungen (Band u. Seite)
RFHE	Sammlung der Entscheidungen und Gutachten des RFH (Band u. Seite)
RG	Reichsgericht
RGBl.	Reichsgesetzblatt
RGRK/*Bearbeiter*	Das Bürgerliche Gesetzbuch, hrsg. v. Mitgliedern des Bundesgerichtshofs, 12. Aufl. 1974–2000
RGSt.	Amtliche Sammlung von Entscheidungen des Reichsgerichts in Strafsachen
RGZ	Amtliche Sammlung von Entscheidungen des Reichsgerichts in Zivilsachen
RheinSchA	Revidierte Rheinschiffahrtsakte v. 17. 10. 1868 (Mannheimer Akte) (BGBl. II 1969 S. 598)
RheinZ	Rheinische Zeitschrift für Zivil- und Prozeßrecht
RhSchiffG	Rheinschiffahrtsgericht
RiA	Das Recht im Amt (Zeitschrift)
RichtlRA	Grundsätze der anwaltlichen Standesrichtlinien, Richtlinie gemäß § 177 BRAO, festgestellt von der Bundesrechtsanwaltskammer
RiVASt	Richtlinien für den Verkehr mit dem Ausland in strafrechtlichen Angelegenheiten v. 18. 9. 1984 (BAnz.-Beilage Nr. 176a)
RIW	Recht der internationalen Wirtschaft (Zeitschrift, 1. 1954/55–3. 1957 u. 21. 1975 ff.; früher AWD)
RJA	Entscheidungen in Angelegenheiten der freiwilligen Gerichtsbarkeit und des Grundbuchrechts, zusammengestellt im Reichsjustizamt (1. 1900–17. 1922)
RJM	Reichsminister der Justiz
RKG	Reichsknappschaftsgesetz idF d. Bek. v. 1. 7. 1926 (RGBl. I S. 369)
RLA	Rundschau für den Lastenausgleich (1. 1952 ff.)
RMBl.	Reichsministerialblatt
Rn.	Randnummer(n)
RNotO	Reichsnotarordnung
RoE	IBA-Rules of Ethics for International Arbitrators von 1986 – IBA-Standesregeln

Abkürzungen

ROHG	Reichsoberhandelsgericht; auch Entscheidungssammlung (Band und Seite)
RoToE	IBA-Rules on Taking of Evidence in International Commercial Arbitration von 1999 – IBA-Beweisregeln
ROW	Recht in Ost u. West (Zeitschrift)
Rpfl.	Rechtspfleger
RpflAnpG	Gesetz zur Anpassung der Rechtspflege im Beitrittsgebiet (Rechtspflege-Anpassungsgesetz) v. 26. 6. 1992 (BGBl. I S. 1147), außer Kraft
RpflBl	Rechtspflegerblatt (Zeitschrift)
Rpfleger	Der Deutsche Rechtspfleger (Zeitschrift)
3. RPflegerÄndG	Drittes Gesetz zur Änderung des Rechtspflegergesetzes und anderer Gesetze v. 6. 8. 1998 (BGBl. I S. 2030)
RpflEntlG	Gesetz zur Entlastung der Rechtspflege v. 11. 1. 1993 (BGBl. I S. 50)
RpflG	Rechtspflegergesetz v. 5. 11. 1969 (BGBl. I S. 2065)
RpflJB	Rechtspflegerjahrbuch
Rpfl. Stud.	Rechtspfleger-Studienhefte (1. 1977 ff.) (Zeitschrift)
RpflVereinfG	Rechtspflege-Vereinfachungsgesetz v. 17. 12. 1990 (BGBl. I S. 2847)
RPS	Recht und Praxis der Schiedsgerichtsbarkeit (BB-Beilage, nun: IDR)
r+s	Recht und Schaden (Zeitschrift)
Rspr.	Rechtsprechung
RsprEinhG	Gesetz zur Wahrung der Einheitlichkeit der Rechtsprechung der obersten Gerichtshöfe des Bundes v. 19. 6. 1968 (BGBl. I S. 661)
RTierärzteO	Reichstierärzteordnung
RÜG	Gesetz zur Herstellung der Rechtseinheit in der gesetzlichen Renten- und Unfallversicherung (Renten-Überleitungsgesetz – RÜG) v. 25. 7. 1991 (BGBl. I S. 1606)
RuG	Recht und Gesellschaft (Zeitschrift)
RuStAG	Reichs- und Staatsangehörigkeitsgesetz v. 22. 7. 1913 (RGBl. S. 583); jetzt StAG
RuW	Recht und Wirtschaft (Zeitschrift)
RV	Die Rentenversicherung (Zeitschrift)
RVG	Gesetz über die Vergütung der Rechtsanwältinnen und Rechtsanwälte (Rechtsanwaltsvergütungsgesetz – RVG), verkündet als Art. 3 Kostenrechtsmodernisierungsgesetz vom 5. 5. 2004 (BGBl. I S. 718, 788)
RvglHWB	Rechtsvergleichendes Handwörterbuch für das Zivil- und Handelsrecht des In- und Auslandes (Band u. Seite)
RVO	Reichsversicherungsordnung idF d. Bek. v. 15. 12. 1924 (RGBl. S. 779); teilweise aufgehoben durch Art. 35 Nr. 1 UVEG, s. SGB VI
RWiG	Reichswirtschaftsgericht RzW Rechtsprechung zum Wiedergutmachungsrecht
RWP	Rechts- und Wirtschaftspraxis (Loseblatt-Ausgabe)
RzW	Rechtsprechung zum Wiedergutmachungsrecht (Zeitschrift)
S.	Seite; Satz
s.	siehe; section
s. a.	siehe auch
SaBl.	Sammelblatt für Rechtsvorschriften des Bundes und der Länder
SaBremR	Sammlung des bremischen Rechts
SachenRBerG	Gesetz zur Sachenrechtsbereinigung im Beitrittsgebiet (Sachenrechtsbereinigungsgesetz, Art. 1 des Gesetzes zur Änderung sachenrechtlicher Bestimmungen – SachenRÄndG) v. 21. 9. 1994 (BGBl. I S. 2457)
SächsAnn.	Annalen des Sächsischen Oberlandesgerichts zu Dresden
SächsArch.	Sächsisches Archiv für Bürgerliches Recht und Prozeß (Zeitschrift)
SächsVBl.	Sächsische Verwaltungsblätter (Zeitschrift)
SAE	Sammlung arbeitsrechtlicher Entscheidungen, Österreich (Zeitschrift)
ScheckG	Scheckgesetz v. 14. 8. 1933 (RGBl. I S. 597)
SchiedsVfG	Gesetz zur Neuregelung des Schiedsverfahrensrechts (Schiedsverfahrens-Neuregelungsgesetz) v. 22. 12. 1997 (BGBl. I S. 3224)
SchiedsVZ	Zeitschrift für Schiedsverfahren – SchiedsVZ (Zeitschrift), s. a. German Arb. J.

Abkürzungen

SchiffG	Schiffahrtsgericht
SchiffsRegO	Schiffsregisterordnung idF d. Bek. v. 26. 5. 1994 (BGBl. I S. 1133)
SchiffsRG	Gesetz über Rechte an eingetragenen Schiffen und Schiffsbauwerken (Schiffsrechtegesetz) v. 15. 11. 1940 (RGBl. I S. 1499)
SchlG	Schlichtungsgesetz
SchlH	Schleswig-Holstein
SchlHA	Schleswig-Holsteinische Anzeigen (NF 1. 1837 ff. Zeitschrift)
SchlHOLG	Schleswig-Holsteinisches Oberlandesgericht
Schlußanh.	Schlußanhang
SchO	(UNCITRAL-) Schiedsgerichtsordnung
SchweizAG	Schweizerische Aktiengesellschaft, Société anonyme suisse (Zeitschrift)
Schweiz. IPRG-Entwurf	Entwurf zum schweizerischen internationalen Privatrechtsgesetz
SchweizJZ	Schweizerische Juristenzeitung
SchwJbIntR	Schweizerisches Jahrbuch für internationales Recht
s. d.	siehe dort
1. SED-UnBerG	Erstes Gesetz zur Bereinigung von SED-Unrecht (Erstes SED-Unrechtsbereinigungsgesetz) v. 29. 10. 1992 (BGBl. I S. 1814)
SG	Sozialgericht; Schiedsgericht
SGB	Sozialgesetzbuch – SGB I: (1. Buch) Allgemeiner Teil v. 11. 12. 1975 (BGBl. I S. 3015); SGB IV: (4. Buch) Gemeinsame Vorschriften für die Sozialversicherung v. 23. 12. 1976 (BGBl. I S. 3845); SGB X: (10. Buch) Verwaltungsverfahren v. 18. 1. 2001 (BGBl. I S. 130), Zusammenarbeit der Leistungsträger und ihre Beziehungen zu Dritten v. 4. 11. 1982 (BGBl. I S. 1450); SGB XII (12. Buch) Sozialhilfe v. 22. 12. 2003 (BGBl. I S. 3022)
SGb	Die Sozialgerichtsbarkeit (Zeitschrift)
SGG	Sozialgerichtsgesetz idF d. Bek. v. 23. 9. 1975 (BGBl. I S. 2535)
SGVNW	Sammlung des bereinigten Gesetz- und Verordnungsblattes für das Land Nordrhein-Westfalen, 1962 ff., Loseblatt-Sammlung
SGVO	Verordnung über das schiedsgerichtliche Verfahren vom 18. 12. 1975 (DDR-GBl. 1976 I S. 8)
SiG	Gesetz über die Rahmenbedingungen für elektronische Signaturen (Signaturgesetz) v. 16. 5. 2001 (BGBl. I S. 179)
SJZ	Süddeutsche Juristenzeitung (Zeitschrift)
s. o.	siehe oben
SN	Secretariat Note – Arbeitspapiere des (UNCITRAL-) Sekretariats für ein Modellgesetz über die Internationale Handelsschiedsgerichtsbarkeit
sog.	sogenannt(e)
SoldatenG	Gesetz über die Rechtsstellung der Soldaten (Soldatengesetz) idF d. Bek. v. 30. 5. 2005 (BGBl. I S. 1482)
SoldVersG	Gesetz über die Versorgung für die ehemaligen Soldaten der Bundeswehr und ihrer Hinterbliebenen (Soldatenversorgungsgesetz) idF d. Bek. v. 9. 4. 2002 (BGBl. I S. 1258, ber. S. 1909)
SorgerechtsÄndG	Gesetz zur Neuregelung des Rechts der elterlichen Sorge v. 18. 7. 1979 (BGBl. I S. 1061)
SorgeRÜbkAG	Gesetz zur Ausführung des Haager Übereinkommens v. 25. 10. 1980 über die zivilrechtlichen Aspekte internationaler Kindesentführung und des Europäischen Übereinkommens v. 20. 5. 1980 über die Anerkennung und Vollstreckung von Entscheidungen über das Sorgerecht für Kinder und die Wiederherstellung des Sorgeverhältnisses (Sorgerechtsübereinkommens-Ausführungsgesetz) v. 5. 4. 1990 (BGBl. I S. 701), außer Kraft; s. a. HaagKindEÜbk. u. EuSorgeRÜbk.
SozR	Sozialrecht, Rechtsprechung und Schrifttum, bearbeitet von den Richtern des Bundessozialgerichts
SozVers	Die Sozialversicherung (Zeitschrift)
Sp.	Spalte
SR	Summary Record – Diskussionsprotokolle der (UNCITRAL-)Kommissionssitzungen
st.	ständig

Abkürzungen

Staat	Der Staat. Zeitschrift für Staatslehre, öffentliches Recht und Verfassungsgeschichte (Band u. Seite)
StAG	Staatsangehörigkeitsgesetz, früher RuStAG, Bezeichnung geändert durch das Gesetz zur Reform des Staatsangehörigkeitsrechts v. 15. 7. 1999 (BGBl. I S. 1618)
StAnz.	Staatsanzeiger
StAZ	Das Standesamt (Zeitschrift)
StB	Der Steuerberater (Zeitschrift)
StBerG	Steuerberatungsgesetz idF d. Bek. v. 4. 11. 1975 (BGBl. I S. 2735)
Sten. Prot.	Stenographisches Protokoll
StGB	Strafgesetzbuch idF d. Bek. v. 13. 11. 1998 (BGBl. I S. 3322)
StGH	Staatsgerichtshof
stillschw.	stillschweigend
StPO	Strafprozeßordnung idF d. Bek. v. 7. 4. 1987 (BGBl. I S. 1074)
str.	streitig
Strafrechtl. RehabilitierungsG	s. StrRehaG
StrEG	Gesetz über Entschädigung für Strafverfolgungsmaßnahmen v. 8. 3. 1971 (BGBl. I S. 157)
st. Rspr.	ständige Rechtsprechung
StrRehaG	Gesetz über die Rehabilitation und Entschädigung von Opfern rechtsstaatswidriger Strafverfolgungsmaßnahmen im Beitrittsgebiet (Strafrechtliches Rehabilitierungsgesetz, Art. 1 des 1. SED-UnBerG) v. 29. 10. 1992 (BGBl. I S. 1841) idF d. Bek. v. 17. 12. 1999 (BGBl. I S. 2664)
StrVollstrO	Strafvollstreckungsordnung (StVollstrO) idF d. Bek. v. 23. 3. 2001 (BAnz S. 9157)
StuR	Staat und Recht (DDR-Zeitschrift)
StuW	Steuer und Wirtschaft (Zeitschrift)
StV	Strafverteidiger (Zeitschrift)
StVG	Straßenverkehrsgesetz v. 5. 3. 2003 (BGBl. I S. 310)
StVO	Straßenverkehrsordnung idF d. Bek. v. 16. 11. 1970 (BGBl. I S. 1565; 1971 I S. 38)
StVollzG	Strafvollzugsgesetz v. 16. 3. 1976 (BGBl. I S. 581)
StVZO	Straßenverkehrs-Zulassungs-Ordnung idF d. Bek. v. 28. 9. 1988 (BGBl. I S. 1793)
s. u.	siehe unten
SZ	Entscheidungen des Obersten Gerichtshofes in Zivil- und Justizverwaltungssachen (Österreich)
TierSG	Tierseuchengesetz idF d. Bek. v. 22. 6. 2004 (BGBl. I S. 2360, ber. S. 3587)
TierSchG	Tierschutzgesetz idF d. Bek. v. 18. 5. 2006 (BGBl. I S. 1206, ber. S. 1313)
TKG	Telekommunikationsgesetz v. 22. 6. 2004 (BGBl. I S. 1190)
TransportR	Transport- und Speditionsrecht (Zeitschrift)
TRG	Gesetz zur Neuregelung des Fracht-, Speditions- und Lagerrechts (Transportrechtsreformgesetz) v. 25. 6. 1998 (BGBl. I S. 1588)
TzWrG	Gesetz über die Veräußerung von Teilzeitnutzungsrechten an Wohngebäuden idF d. Bek. v. 29. 6. 2000 (BGBl. I S. 957), außer Kraft 31. 12. 2001
u.	und; unten; unter
u. a.	unter anderem; und andere
u. a. m.	und andere(s) mehr
UÄndG	Gesetz zur Änderung unterhaltsrechtlicher, verfahrensrechtlicher und anderer Vorschriften v. 20. 2. 1986 (BGBl. I S. 86, 301)
u. Ä.	und Ähnliche(s)
überwM	überwiegende Meinung
Übk.	Übereinkommen
UFITA	Archiv für Urheber-, Film-, Funk- und Theaterrecht (Zeitschrift)
ULR	Uniform Law Review
umst.	umstritten

Abkürzungen

UmwBerG	Gesetz zur Bereinigung des Umwandlungsrechts v. 28. 10. 1994 (BGBl. S. 3210, ber. 1995 I S. 428)
UmweltHG	Gesetz über die Umwelthaftung (Art. 1 des Gesetzes über die Umwelthaftung) vom 10. 12. 1990 (BGBl. I S. 2634)
UmwG	Umwandlungsgesetz v. 28. 10. 1994 (BGBl. I S. 3210, ber. 1995 I S. 428)
UN	United Nations
UNCITRAL	United Nations Commission on International Trade Law – Kommission der Vereinten Nationen für Internationales Handelsrecht
UNCTAD	United Nations Conference of Trade and Development
UNIDROIT	Institut International pour l'Unification du Droit Privé
UNO	United Nations Organization
unstr.	unstreitig
UntÄndG	Gesetz zur vereinfachten Abänderung v. Unterhaltsrenten v. 29. 7. 1976 (BGBl. I S. 2029)
UntVorschG	Gesetz zur Sicherung des Unterhalts von Kindern alleinstehender Mütter und Väter durch Unterhaltsvorschüsse oder Ausfallleistungen (Unterhaltsvorschußgesetz) idF d. Bek. v. 2. 1. 2002 (BGBl. I S. 2)
UNÜ	(New Yorker UN-)Übereinkommen über die Anerkennung und Vollstreckung ausländischer Schiedssprüche vom 10. 6. 1958 (BGBl. 1961 II S. 122)
UNÜbkSchdG	UN-Übereinkommen v. 10. 6. 1958 über die Anerkennung und Vollstreckung ausländischer Schiedssprüche, G v. 15. 3. 1961 (BGBl. II S. 121), in Kraft getreten am 28. 9. 1961 aufgrund Bek. v. 23. 3. 1962 (BGBl. II S. 102)
UNUÜ 1956	UN-Übereinkommen über die Geltendmachung von Unterhaltsansprüchen im Ausland v. 20. 6. 1956
UrhG	Gesetz über Urheberrecht und verwandte Schutzrechte (Urheberrechtsgesetz) v. 9. 9. 1965 (BGBl. I S. 1273)
Urk.	Urkunde
Urt.	Urteil
USG	Gesetz über die Sicherung des Unterhalts der zum Wehrdienst einberufenen Wehrpflichtigen und ihrer Angehörigen (Unterhaltssicherungsgesetz) idF d. Bek. v. 20. 2. 2002 (BGBl. I S. 972)
usf.	und so fort
usw.	und so weiter
uU	unter Umständen
UWG	Gesetz gegen den unlauteren Wettbewerb (UWG) v. 3. 7. 2004 (BGBl. S. 1414)
v.	vom; von
VAG	Gesetz über die Beaufsichtigung der privaten Versicherungsunternehmen idF d. Bek. 17. 12. 1992 (BGBl. 1993 I S. 2)
VAHRG	Gesetz zur Regelung von Härten im Versorgungsausgleich v. 21. 2. 1983 (BGBl. I S. 105)
VAÜA	Versorgungsausgleichs-Überleitungsgesetz
vAw	von Amts wegen
VB	Vollstreckungsbescheid
VBl.	Versorgungsanstalt des Bundes und der Länder
VBlBW	Verwaltungsblätter für Baden-Württemberg (Zeitschrift)
VEB	Volkseigener Betrieb (DDR)
VerBAV	Veröffentlichungen des Bundesaufsichtsamtes f. das Versicherungs- und Bausparwesen (Zeitschrift)
Verb. Komm.	Verbandskommentar, Kommentar zur Reichsversicherungsordnung (4. und 5. Buch), hrsg. v. Verband Deutscher Rentenversicherungsträger
VerbrKrG	Verbraucherkreditgesetz v. 29. 6. 2000 (BGBl. I S. 940), außer Kraft 31. 12. 2001
VereinfNov.	Gesetz zur Vereinfachung und Beschleunigung gerichtlicher Verfahren (Vereinfachungsnovelle) v. 3. 12. 1976 (BGBl. I S. 3281)
VereinfVerf.	Vereinfachtes Verfahren (zur Unterhaltstiteländerung), siehe UntÄndG

Abkürzungen

VereinsG	Gesetz zur Regelung des öffentlichen Vereinsrechts (Vereinsgesetz) v. 5. 8. 1964 (BGBl. I S. 593)
Verf.	Verfahren; Verfassung
VerfGH	Verfassungsgerichtshof
VerfOEGMR	Verfahrensordnung des Europäischen Gerichtshofes für Menschenrechte v. 26. 1. 1989 idF d. Bek. v. 27. 11. 1989 (BGBl. II S. 955)
VerfOEKMK	Verfahrensordnung der Europäischen Kommission für Menschenrechte v. 4. 9. 1990, idF d. Bek. v. 29. 5. 1991 (BGBl. II S. 838)
VerfOEuGH	Verfahrensordnung des Gerichtshofes der Europäischen Gemeinschaften v. 19. 6. 1991 (AblEG Nr. L 176 v. 4. 7. 1991 S. 7, ber. Nr. L 383 v. 29. 12. 1992 S. 117)
VerfOEuGMR	Verfahrensordnung des Europäischen Gerichtshofes für Menschenrechte v. 18. 9. 1959, d. Neubek. v. 17. 1. 1979 (BGBl. II S. 212)
VerfOEuKMK	Verfahrensordnung der Europäischen Kommission für Menschenrechte v. 2. 4. 1959, idF d. Bek. v. 13. 12. 1974 (BGBl. II 1977 S. 1277)
VerkBl.	Verkehrsblatt, Amtsblatt des Bundesministers für Verkehr
VerkMitt.	Verkehrsrechtliche Mitteilungen (Zeitschrift); s. a. VR
VerkRdsch.	Verkehrsrechtliche Rundschau (Zeitschrift); s. a. VR
VerlG	Gesetz über das Verlagsrecht v. 19. 6. 1901 (RGBl. S. 217)
5. VermBG	Fünftes Gesetz zur Förderung der Vermögensbildung der Arbeitnehmer (Fünftes Vermögensbildungsgesetz) idF d. Bek. v. 4. 3. 1994 (BGBl. I S. 406)
VermG	Gesetz zur Regelung offener Vermögensfragen (Vermögensgesetz) idF d. Bek. v. 9. 2. 2006 (BGBl. I S. 205)
VersArch.	Versicherungswissenschaftliches Archiv (Zeitschrift)
VerschG	Verschollenheitsgesetz idF d. Bek. v. 15. 1. 1951 (BGBl. I S. 63)
VersN	Versicherungsnehmer
VersorgAusglHärteG	s. VAHRG
VersR	Versicherungsrecht (Zeitschrift)
VersRdsch	Versicherungsrundschau (Zeitschrift)
VersW	Versicherungswirtschaft (Zeitschrift)
VerwArch.	Verwaltungsarchiv (Zeitschrift)
VerwG	Verwaltungsgericht
VerwGH	Verwaltungsgerichtshof
VerwRdsch.	Verwaltungsrundschau
VerwRspr.	Verwaltungsrechtsprechung in Deutschland (Band und Seite)
Vfg.	Verfügung
VG	Verwaltungsgericht
VGH	Verfassungsgerichtshof
vgl.	vergleiche
VIZ	Zeitschrift für Vermögens- und Immobilienrecht (bis 1996: für Vermögens- und Investitionsrecht)
vH	von (vom) Hundert
VHG	Gesetz über die richterliche Vertragshilfe (Vertragshilfegesetz) v. 26. 3. 1952 (BGBl. I S. 198), außer Kraft 30. 6. 2000
VMBl.	Ministerialblatt des Bundesministers für (ab 1962: der) Verteidigung
VO	Verordnung
VOB Teil A/B	Verdingungsordnung für Bauleistungen, Teil A: Allg. Best. für die Vergabe von Bauleistungen, Teil B: Allg. Vertragsbedingungen für die Ausführung von Bauleistungen v. 9. 7. 1996 (BAnz. Nr. 125a, in der Fassung des Ergänzungsbandes 1998, BAnz. Nr. 125)
VOBl.	Verordnungsblatt
VOBlBrZ	Verordnungsblatt für die britische Zone
Vol.	Volume (= Band)
VolljG	Gesetz zur Neuregelung des Volljährigkeitsalters v. 31. 7. 1974 (BGBl. I S. 1713)
Vollstr.	Vollstreckung
VollstVergV	Verordnung über die Vergütung von Beamten im Vollstreckungsdienst (Vollstreckungsvergütungsverordnung) v. 6. 1. 2003 (BGBl. I S. 8)
Voraufl.	Vorauflage

Abkürzungen

Vorb.	Vorbemerkung
VormG	Vormundschaftsgericht
VPB	Verwaltungspraxis der Bundesbehörden (früher VEB)
VRS	Verkehrsrechts-Sammlung (Zeitschrift)
VRÜ	Verfassung und Recht in Übersee (Zeitschrift)
VSSR	Vierteljahresschrift für Sozialrecht
VVaG	Versicherungsverein auf Gegenseitigkeit
VVDStRL	Veröffentlichungen der Vereinigung Deutscher Staatsrechtslehrer
VVG	Gesetz über den Versicherungsvertrag v. 30. 5. 1908 (RGBl. S. 263)
VwGO	Verwaltungsgerichtsordnung v. 19. 3. 1991 (BGBl. I S. 686)
VwKostG	Verwaltungskostengesetz v. 23. 6. 1970 (BGBl. I S. 821)
VwVfG	Verwaltungsverfahrensgesetz des Bundes idF d. Bek. v. 23. 1. 2003 (BGBl. I S. 102)
VwVG	Verwaltungs-Vollstreckungsgesetz v. 27. 4. 1953 (BGBl. I S. 157)
VwZG	Verwaltungszustellungsgesetz v. 12. 8. 2005 (BGBl. I S. 2354)
VZOG	Gesetz über die Feststellung der Zuordnung von ehemals volkseigenem Vermögen (Vermögenszuordnungsgesetz) idF d. Bek. v. 29. 3. 1994 (BGBl. I S. 709)
VZS	Vereinigte Zivilsenate
WährG	Währungsgesetz v. 20. 6. 1948 (WiGBl. Beilage Nr. 5 S. 1), außer Kraft 1. 1. 2002
WahlO	Wahlordnung v.
WahrnG	Gesetz über die Wahrnehmung von Urheberrechten und verwandten Schutzrechten (Urheberrechtswahrnehmungsgesetz) v. 9. 9. 1965 (BGBl. I S. 1294)
Warn.	s. BGHWarn.
WarschAbk.	Warschauer Abkommen v. 12. 10. 1929 zur Vereinheitlichung von Regeln über die Beförderung im internationalen Luftverkehr; Bek. der Neufassung v. 7. 8. 1958 (BGBl. II S. 312), in Kraft getreten am 1. 8. 1963 aufgrund Bek. v. 14. 8. 1964 (BGBl. II S. 1295)
WasStrG	Bundeswasserstraßengesetz idF d. Bek. v. 4. 11. 1998 (BGBl. I S. 3294)
WEG	Gesetz über das Wohnungseigentum und das Dauerwohnrecht (Wohnungseigentumsgesetz) v. 15. 3. 1951 (BGBl. I S. 175)
wg.	wegen
WG	Wechselgesetz v. 21. 6. 1933 (RGBl. I S. 399)
WGO	WGO-Monatsheft für Osteuropäisches Recht
WGR	Working Group Report – Arbeitsberichte der (UNCITRAL-)Arbeitsgruppe für ein Modellgesetz über die Internationale Handelsschiedsgerichtsbarkeit
WHG	Gesetz zur Ordnung des Wasserhaushalts (Wasserhaushaltsgesetz) idF d. Bek. v. 19. 8. 2002 (BGBl. I S. 3245)
WiPO	Gesetz über eine Berufsordnung der Wirtschaftsprüfer (Wirtschaftsprüferordnung) idF d. Bek. v. 5. 11. 1975 (BGBl. I S. 2803)
WiSta	Wirtschaft und Statistik (Zeitschrift)
wistra	Zeitschrift für Wirtschaft, Steuer und Strafrecht
2. WKSchG	Zweites Gesetz über den Kündigungsschutz für Mietverhältnisse über Wohnraum (Zweites Wohnraumkündigungsgesetz) v. 18. 12. 1974 (BGBl. I S. 3603)
WM	Wertpapiermitteilungen für Wirtschafts- und Bankrecht (Zeitschrift)
WobauG	Erstes Wohnungsbaugesetz idF d. Bek. v. 25. 8. 1953 (BGBl. I S. 1047)
2. WobauG	Zweites Wohnungsbaugesetz (Wohnungsbau- und Familiengesetz) idF d. Bek. v. 19. 8. 1994 (BGBl. I S. 2137), außer Kraft
WoGG	Wohngeldgesetz idF d. Bek. v. 23. 1. 2002 (BGBl. I S. 474)
WoGV	Wohngeldverordnung idF d. Bek. v. 19. 10. 2001 (BGBl. I S. 2722)
WoM	Wohnungswirtschaft und Mietrecht (Zeitschrift)
WP	Wahlperiode
WpflG	Wehrpflichtgesetz idF d. Bek. v. 30. 5. 2005 (BGBl. I S. 1465)
WPg	Die Wirtschaftsprüfung (Zeitschrift)
WRP	Wettbewerb in Recht und Praxis (Zeitschrift)

Abkürzungen

WRV	Weimarer Reichsverfassung v. 11. 8. 1919 (RGBl. S. 1383)
WuB	Entscheidungssammlung zum Wirtschafts- und Bankrecht
WÜD	Wiener Übereinkommen über diplomatische Beziehungen v. 18. 4. 1961 (BGBl. 1964 II S. 957, 1006, 1018)
WÜK	Wiener Übereinkommen über konsularische Beziehungen v. 24. 4. 1963 (BGBl. 1969 II S. 1585, 1674, 1688)
WuM	vgl. WoM
WuR	Die Wirtschaft und das Recht (Zeitschrift)
WürttNV	Mitteilungen aus der Praxis, herausgegeben vom Württembergischen Notarverein (bis 20. 1954), dann BWNotZ
WürttRpflZ	Württembergische Zeitschrift für Rechtspflege und Verwaltung
WuV	Wirtschaft und Wettbewerb (Zeitschrift)
WuW	Wirtschaft und Wettbewerb (Zeitschrift)
WuW/E	Wirtschaft und Wettbewerb – Entscheidungssammlung zum Kartellrecht
Yb.	Yearbook of UNCITRAL
YCA	Yearbook of Commercial Arbitration
z.	zur, zum
ZAkDR	Zeitschrift der Akademie für Deutsches Recht
ZaöRV	Zeitschrift für ausländisches öffentliches Recht und Völkerrecht (zitiert nach Band u. Seite)
ZAP	Zeitschrift für Anwaltspraxis
ZAS	Zeitschrift für Arbeits- und Sozialrecht (Österreich)
zB	zum Beispiel
ZBB	Zeitschrift für Bankrecht und Bankwirtschaft
ZBergR	Zeitschrift für Bergrecht
ZBlFG	Zentralblatt für freiwillige Gerichtsbarkeit und Notariat (ab 1911/12: für freiwillige Gerichtsbarkeit, Notariat und Zwangsversteigerung), 1900/01–1921/22
ZBlHR	Zentralblatt für Handelsrecht
ZBlJugR	s. ZfJ
ZblSozVers.	Zentralblatt für Sozialversicherung, Sozialhilfe und -versorgung
ZBR	Zeitschrift für Beamtenrecht
ZDG	s. ZivildienstG
ZDJ	Zeitschrift des Bundes Deutscher Justizamtmänner
ZEuP	Zeitschrift für Europäisches Privatrecht
ZevKR	Zeitschrift für evangelisches Kirchenrecht
ZfA	Zeitschrift für Arbeitsrecht
ZfBR	Zeitschrift für deutsches und internationales Baurecht (1978 ff.)
ZfF	Zeitschrift für das Fürsorgewesen
ZfgG	s. ZgesGenW
ZfJ	Zentralblatt für Jugendrecht [früher: und Jugendwohlfahrt] (Zeitschrift)
ZfIR	Zeitschrift für Immobilienrecht
ZfRV	Zeitschrift für Rechtsvergleichung
ZfS	Zeitschrift für Schadensrecht
ZfSH	Zeitschrift für Sozialhilfe (ab 1983) und Sozialgesetzbuch
ZfSozW	Zeitschrift für Sozialwissenschaft
ZfV	Zeitschrift für Versicherungswesen
ZGB	Schweizerisches Zivilgesetzbuch v. 10. 12. 1907
ZGB-DDR	Zivilgesetzbuch der Deutschen Demokratischen Republik v. 19. 6. 1975 (GBl. DDR I S. 465)
ZgesGenW	Zeitschrift für das gesamte Genossenschaftswesen
ZgesKredW	Zeitschrift für das gesamte Kreditwesen
ZgesStaatsW	Zeitschrift für die gesamte Staatswissenschaft
ZgesStrafW	s. ZStrW
ZGR	Zeitschrift für Unternehmens- und Gesellschaftsrecht
ZHR	Zeitschrift für das gesamte Handelsrecht und Wirtschaftsrecht, begr. v. *Goldschmidt* (früher Zeitschrift für das gesamte Handelsrecht und Konkursrecht)
Ziff.	Ziffer(n)

Abkürzungen

ZInsO	Zeitschrift für das gesamte Insolvenzrecht
ZIP	Zeitschrift für Wirtschaftsrecht und Insolvenzpraxis
ZIR	Zeitschrift für internationales Recht (früher NiemeyersZ)
ZivildienstG	Gesetz über den Zivildienst der Kriegsdienstverweigerer (Zivildienstgesetz – ZDG) idF d. Bek. v. 17. 5. 2005 (BGBl. I S. 1346)
ZJJ	Zentralblatt für Jugendrecht und Jugendwohlfahrt (Zeitschrift)
ZKM	Zeitschrift für Konflikt-Management
ZKredW	Zeitschrift für das gesamte Kreditwesen
ZLR	Zeitschrift für Luftrecht
ZLW	Zeitschrift für Luftrecht und Weltraumrechtsfragen
ZMR	Zeitschrift für Miet- und Raumrecht
ZNotP	Zeitschrift für die Notarpraxis
ZöffR	Zeitschrift für öffentliches Recht
ZPO	Zivilprozessordnung idF d. Bek. v. 5. 12. 2005 (BGBl. I S. 3202)
ZPO-RG	Gesetz zur Reform des Zivilprozesses (Zivilprozessreformgesetz – ZPO-RG) v. 27. 7. 2002 (BGBl. I S. 1887)
ZRG	Zeitschrift der Savigny-Stiftung für Rechtsgeschichte (germ. Abt. = germanistische Abteilung; rom. Abt. = romanistische Abteilung; kanon. Abt. = kanonistische Abteilung)
ZRHO	Rechtshilfeordnung für Zivilsachen idF d. Bek. v. 26. 2. 1976
ZRP	Zeitschrift für Rechtspolitik (Beil. zur NJW, 1. 1968 ff.)
ZS	Zivilsenat
ZSchweizR	Zeitschrift für schweizerisches Recht
ZSEG	Gesetz über die Entschädigung von Zeugen und Sachverständigen idF d. Bek. v. 1. 10. 1969 (BGBl. I S. 1756); außer Kraft (siehe nun JVEG)
ZSR	Zeitschrift für Sozialreform
ZStrW	Zeitschrift für die gesamte Strafrechtswissenschaft (Band und Seite)
ZSW	Zeitschrift für das gesamte Sachverständigenwesen
zT	zum Teil
ZugabeVO	Verordnung des Reichspräsidenten zum Schutze der Wirtschaft (Zugabeverordnung) v. 9. 3. 1932 (RGBl. I S. 121), außer Kraft
ZUM	Zeitschrift für Urheber- und Medienrecht
ZusAbkNTS	s. NTS-ZA
zust.	zuständig, zustimmend
ZustG	Zustimmungsgesetz
ZustG/MSA	(deutsches) Gesetz vom 30. 4. 1971 zu dem Haager Übereinkommen vom 5. 10. 1961 über die Zuständigkeit der Behörden und das anzuwendende Recht auf dem Gebiet des Schutzes von Minderjährigen
zutr.	zutreffend
ZustUrk.	Zustellungsurkunde
ZVerkR	Zeitschrift für Verkehrsrecht (Österreich)
ZVersWes.	Zeitschrift für Versicherungswesen
ZVersWiss.	Zeitschrift für die gesamte Versicherungswissenschaft, s. a. VersArch.
ZVG	Gesetz über die Zwangsversteigerung und Zwangsverwaltung idF d. Bek. v. 20. 5. 1898 (RGBl. S. 369, 713)
ZVglRWiss.	Zeitschrift für vergleichende Rechtswissenschaft (Band, Jahr u. Seite)
ZVOBl.	Zentralverordnungsblatt, sowjetische Besatzungszone in Deutschland (1947–1949, dann GBl. (DDR)
ZVölkR	Zeitschrift für Völkerrecht
ZVP	Zeitschrift für Verbraucherpolitik
ZWE	Zeitschrift für Wohnungseigentumsrecht
ZwVerst.	Zwangsversteigerung
ZwVerw.	Zwangsverwaltung
zZ	zur Zeit
ZZP	Zeitschrift für Zivilprozeß (Band u. Seite)
ZZPInt.	Zeitschrift für Zivilprozeß International (zitiert nach Band u. Seite; in Klammern Erscheinungsjahr des jeweiligen Bandes)

Verzeichnis der abgekürzt zitierten Literatur

AGBGE	*Bunte*, Entscheidungssammlung zum AGBG, Bd. I: Entscheidungen aus 1977–1980, Bd. II: Entscheidungen aus 1981, Bd. III: Entscheidungen aus 1982, Bd. IV: Entscheidungen aus 1983, Bd. V: Entscheidungen aus 1984, Bd. VI: Entscheidungen aus 1985 (zitiert nach Band, §, Nr.)
AK-BGB/*Bearbeiter*	Alternativkommentar zum Bürgerlichen Gesetzbuch, hrsg. v. *Wassermann*, 1980 ff., 2. Aufl. 1988 ff.
AK-ZPO/*Bearbeiter*	Alternativkommentar zur Zivilprozeßordnung, hrsg. v. *Ankermann/Wassermann*, 1987
Amend	*Amend*, Insolvenzrecht in der anwaltlichen Praxis, 3. Aufl. 2002
Anders/Gehle	*Anders/Gehle*, Antrag und Entscheidung im Zivilprozeß, 3. Aufl. 1999
Anders/Gehle Assessor	*Anders/Gehle*, Das Assessorexamen im Zivilrecht, 8. Aufl. 2005
Anders/Gehle Streitwert	*Andes/Gehle*, Streitwert-Lexikon, 4. Aufl. 2002
AnwK-BGB/*Bearbeiter*	Anwaltskommentar BGB, hrsg. von *Dauner-Lieb* u. a., 2002 ff.
AP	Arbeitsrechtliche Praxis, Nachschlagewerk des Bundesarbeitsgerichts (Sammlung der Entscheidungen des Bundesarbeitsgerichts, der Landesarbeitsgerichte und der Arbeitsgerichte; zitiert nach Gesetz, sofern nicht die ZPO gemeint ist, § und Nr., ggf. zusätzlichem Stichwort)
AR-Blattei	Arbeitsrecht-Blattei, Handbuch für die Praxis, begr. v. *Sitzler*, hrsg. v. *Oehmann* u. *Dieterich*
Arens	*Arens*, Zivilprozessrecht, 8. Aufl. 2003
Arnold/Meyer-Stolte/Bearbeiter	*Arnold/Meyer-Stolte*, Rechtspflegergesetz, 6. Aufl. 2002
Bamberger/Roth	*Bamberger/Roth*, Kommentar zum BGB, 3 Bände, 2003
Bärmann/Pick/Merle	*Bärmann/Pick/Merle*, Wohnungseigentumsgesetz, 9. Aufl. 2003
Bassenge/Herbst	*Bassenge/Herbst*, Gesetz über die Angelegenheiten der Freiwilligen Gerichtsbarkeit, Rechtspflegergesetz, 11. Aufl. 2007
Bauer/v. Oefele/Bearbeiter	Grundbuchordnung, hrsg. v. *Bauer/v. Oefele*, 2. Aufl. 2006
Baumbach/Hefermehl	*Baumbach/Hefermehl*, Wechselgesetz und Scheckgesetz, 22. Aufl. 2000
Baumbach/Hefermehl Wettbewerbsrecht	*Baumbach/Hefermehl*, Wettbewerbsrecht, 25. Aufl. 2007
Baumbach/Hopt	*Baumbach/Hopt*, Handelsgesetzbuch, 32. Aufl. 2006
Baumbach/Hueck	*Baumbach/Hueck*, GmbHG, 18. Aufl. 2006
Baumbach/Lauterbach/Bearbeiter	*Baumbach/Lauterbach/Albers/Hartmann*, Zivilprozessordnung, 66. Aufl. 2008
Baumgärtel/Bearbeiter	*Baumgärtel*, Handbuch der Beweislast im Privatrecht, 1981 ff.; 2. Aufl. Bd. 1 2206 u. 3. Aufl. Bd. 2 2007
Baur/Grunsky ZivilprR	*Baur/Grunsky*, Zivilprozessrecht, 12. Aufl. 2006
Baur/Stürner	*Baur/Stürner*, Zwangsvollstreckungs-, Konkurs- und Vergleichsrecht, 11. Aufl. 1983 (jetzt: *Stürner*, 13. Aufl. 2006, Bd. 1)
Beck'sches Richterhandbuch/*Bearbeiter*	Beck'sches Richterhandbuch, hrsg. v. *Seitz* und *Büchel*, 2. Aufl. 1999
Beitzke FamR	*Lüderitz/Dethloff*, Familienrecht, 28. Aufl. 2007
Beitzke Reform	*Beitzke* (Hrsg.), Vorschläge und Gutachten zur Reform des deutschen internationalen Personen-, Familien- und Erbrechts, 1981
Bender/Nack	*Bender/Nack*, Tatsachenfeststellung vor Gericht, 2. Aufl. 1995, Bd. I: Glaubwürdigkeits- und Beweislehre, Bd. II: Vernehmungslehre
Berger	*Berger*, Einstweiliger Rechtsschutz im Zivilrecht, 2006
Bergerfurth	*Bergerfurth*, Der Zivilprozeß, 6. Aufl. 1991
Bergerfurth Anwaltzw.	*Bergerfurth*, Der Anwaltszwang und seine Ausnahmen, 2. Aufl. 1988 mit Nachtrag 1991
Bergerfurth Eheverf.	*Bergerfurth*, Der Ehescheidungsprozeß und die anderen Eheverfahren, 15. Aufl. 2006

Literatur

Bergmann/Ferid	Internationales Ehe- und Kindschaftsrecht mit Staatsangehörigkeitsrecht, hrsg. v. *Bergmann/Ferid*, Loseblatt, 6. Aufl. 1983, Stand 2007
Bienwald	*Bienwald*, Betreuungsrecht, 4. Aufl. 2005
Binz/Dörndorfer/Petzold/ Zimmermann	*Binz/Dörndorfer/Petzold/Zimmermann*, GKG, JVEG, 2007
Blomeyer	*Blomeyer*, Zivilprozeßrecht – Erkenntnisverfahren, 2. Aufl. 1985
Blomeyer ZVR	*Blomeyer*, Zivilprozeßrecht – Vollstreckungsverfahren, 1975
Böttcher	*Böttcher*, Gesetz über die Zwangsversteigerung und Zwangsverwaltung (ZVG), 4. Aufl. 2005
BonnerKomm/Bearbeiter	Bonner Kommentar zum Grundgesetz, von *Dolzer/Vogel/Graf* (Hrsg), Loseblatt, Stand 2006
Borgmann/Haug	*Borgmann/Haug*, Anwaltshaftung, 4. Aufl. 2005
Bork	*Bork*, Einführung in das Insolvenzrecht, 4. Aufl. 2005
Breuer	*Breuer*, Insolvenzrechts-Formularbuch, 3. Aufl. 2007
Brox/Walker	*Brox/Walker*, Zwangsvollstreckungsrecht, 7. Aufl. 2003
Bruckmann	*Bruckmann*, Die Praxis der Zwangsvollstreckung, 4. Aufl. 2002
Brüggemann	*Brüggemann*, Kommentar zum Gesetz zur vereinfachten Abänderung von Unterhaltsrenten, 1976
Bruns/Peters	*Bruns/Peters*, Zwangsvollstreckungsrecht, 3. Aufl. 1987
Buchholz	*Buchholz*, Sammel- und Nachschlagewerk zur Rechtsprechung des Bundesverwaltungsgerichts
Bülow/Böckstiegel/Bearbeiter	*Bülow/Böckstiegel/Geimer/Schütze*, Der Internationale Rechtsverkehr in Zivil- und Handelssachen, Loseblatt, 4. Aufl., Stand 2000
Büttner	*Büttner*, Wiedereinsetzung in den vorigen Stand, 2. Aufl. 1999
Bumiller/Winkler	*Bumiller/Winkler*, Freiwillige Gerichtsbarkeit, 8. Aufl. 2006
Burhoff	*Burhoff*, Handbuch der nichtehelichen Lebensgemeinschaft, 2. Aufl. 1998
Coester-Waltjen	*Coester-Waltjen*, Internationales Beweisrecht, 1983
Dallmayer/Eickmann	*Dallmayer/Eickmann*, Rechtspflegergesetz, 1996
Dassler/Bearbeiter	*Dassler/Schiffhauer/Gerhart/Muth*, Gesetz über die Zwangsversteigerung und Zwangsverwaltung, 12. Aufl. 1991
Demharter	*Demharter*, Grundbuchordnung, 25. Aufl. 2005
Doukoff	*Doukoff*, Die zivilrechtliche Berufung nach dem neuen Recht, 3. Aufl. 2005
Drischler/Oestreich/Winter	*Drischler/Oestreich/Winter*, Gerichtskostengesetz, Loseblatt
Enders	*Enders*, RVG für Anfänger, 13. Aufl. 2006
Erman/Bearbeiter	Handkommentar zum Bürgerlichen Gesetzbuch, begr. v. *Erman*, 11. Aufl. 2004
Eyermann/Bearbeiter	*Eyermann/Bearbeiter*, Verwaltungsgerichtsordnung VwGO, 12. Aufl. 2006
Festg. BGH	50 Jahre Bundesgerichtshof, Festgabe aus der Wissenschaft, Bände I-IV, 2000
Finke/Garbe/Bearbeiter	Familienrecht in der anwaltlichen Praxis, hrsg. v. *Finke/Garbe*, 5. Aufl. 2003
Firsching/Graba	*Firsching/Graba*, Familienrecht, 1. Halbband: Familiensachen, 6. Aufl. 1998
Firsching/Dodegge	*Firsching/Dodegge*, Familienrecht, 2. Halbband, Kindschaftssachen, 6. Aufl. 1999
Frankfurter KommInsO/ Bearbeiter	Frankfurter Kommentar zur Insolvenzordnung, 4. Aufl. 2006
Flume AT	*Flume*, Allgemeiner Teil des Bürgerlichen Rechts, 1. Bd. 1. Teil: Die Personengesellschaft, 1998, 1. Bd. 2. Teil: Die juristische Person, 1983, 2. Bd.: Das Rechtsgeschäft, 4. Aufl. 1992
Furtner	*Furtner*, Das Urteil im Zivilprozeß, 5. Aufl. 1985
Geigel/Bearbeiter	Der Haftpflichtprozeß, hrsg. v. *Schlegelmilch*, 24. Aufl. 2004
Geimer	*Geimer*, Internationales Zivilprozeßrecht, 5. Aufl. 2005
Geimer Beweisaufnahme	*Geimer*, Internationale Beweisaufnahme, 1998
Geimer/Schütze	*Geimer/Schütze*, Internationale Urteilsanerkennung, I 1 1996, I 2 1996, II 1996

Literatur

Geimer/Schütze EuGVÜ	*Geimer/Schütze*, Europäisches Zivilverfahrensrecht, 2. Aufl. 2004
Germelmann/Matthes/ Prütting/Müller-Glöge	*Germelmann/Matthes/Prütting/Müller-Glöge*, Arbeitsgerichtsgesetz 5. Aufl. 2004
Gernhuber/Coester-Waltjen ..	*Gernhuber/Coester-Waltjen*, Lehrbuch des Familienrechts, 5. Aufl. 2006
Gerold/Schmidt/v. Eicken/ Madert/Müller-Rabe	*Gerold/Schmidt/v. Eicken/Madert/Müller-Rabe*, Rechtsanwaltsvergütungsgesetz, RVG, 17. Aufl. 2006
Gießler/Soyka	*Gießler/Soyka*, Vorläufiger Rechtsschutz in Ehe-, Familien- und Kindschaftssachen, 4. Aufl. 2005
Glossner/Bredow/Bühler	*Glossner/Bredow/Bühler*, Das Schiedsgericht in der Praxis, 4. Aufl. 2004
GoltdArch.	*Goltdammers* Archiv für Strafrecht (zitiert nach Band und Seite; ab 1. 1954: Jahr und Seite)
Göppinger/Börger	Vereinbarungen anläßlich der Ehescheidung, begr. v. *Göppinger*, 8. Aufl. 2005
Göppinger/Wax/Bearbeiter ...	Unterhaltsrecht, hrsg. v. *Wax*, 8. Aufl. 2003
Göttlich/Mümmler/Bearbeiter KostO	Kostenordnung, begr. v. *Göttlich/Mümmler*, 15. Aufl. 2003
Gottwald/Bearbeiter	Insolvenzrechts-Handbuch, hrsg. v. *Peter Gottwald*, 3. Aufl. 2006
Gottwald	*Gottwald, Uwe*, Zwangsvollstreckung, Kommentierung der §§ 704–915h ZPO, 5. Aufl. 2005
Gottwald Zivilurteil	*Gottwald, Uwe*, Das Zivilurteil, 2. Aufl. 2005
Graba	*Graba*, Die Abänderung von Unterhaltstiteln, 3. Aufl. 2004
Gross/Diepold/Hintzen	*Gross/Diepold/Hintzen*, Musteranträge für Pfändung und Überweisung, 8. Aufl. 2006
Granzow	Das UNCITRAL-Modellgesetz über die internationale Handelsschiedsgerichtsbarkeit, 1998
Grunsky	*Grunsky*, Grundlagen des Verfahrensrechts, 2. Aufl. 1974
Grunsky ArbGG	*Grunsky*, Arbeitsgerichtsgesetz, 7. Aufl. 1995
Grziwotz	*Grziwotz*, Nichteheliche Lebensgemeinschaft, 4. Aufl. 2006
GVGA	Geschäftsanweisung für Gerichtsvollzieher; in Kraft getreten am 1. 5. 1999, abgedruckt bei *Hintzen/Wolf*
Haarmeyer/Wutzke/Förster ..	*Haarmeyer/Wutzke/Förster*, Insolvenzrechtliche Vergütung (InsVV), 4. Aufl. 2007
Haarmeyer/Wutzke/Förster/ Hintzen	*Haarmeyer/Wutzke/Förster/Hintzen*, Zwangsverwaltung, 4. Aufl. 2007
Haegele/Schöner/Stöber	*Haegele/Schöner/Stöber*, Grundbuchrecht, 13. Aufl. 2004
Hahn/Stegemann	*Hahn/Stegemann*, Die gesamten Materialien zur Zivilprozessordnung, 1. Abteilung, Bd. 2, 2. Aufl. Berlin 1881, Neudruck Aalen 1983
Hannich/Meyer-Seitz	Die ZPO-Reform 2002, hrsg. von *Hannich/Meyer-Seitz*, 2002
Hansens	*Hansens*, Bundesgebührenordnung für Rechtsanwälte, 9. Aufl. 2007
Hartmann	*Hartmann*, Kostengesetze, 37. Aufl. 2007
Hartung/Holl	Anwaltliche Berufsordnung, hrsg. v. *Hartung/Holl*, 2. Aufl. 2001
Hartung/Römermann	*Hartung/Römermann*, Praxiskommentar zum Rechtsanwaltsvergütungsgesetz, 2004
Hauck	*Hauck*, Arbeitsgerichtsgesetz, 3. Aufl. 2006
Hausmann/Hohloch/ Bearbeiter	Das Recht der nichtehelichen Lebensgemeinschaft, hrsg. v. *Hausmann/Hohloch*, 2. Aufl. 2004
Hdb. FamR/*Bearbeiter*	Handbuch des Fachanwalts – Familienrecht, hrsg. v. *Gerhardt/ v. Heintschel-Heinegg/Klein*, 6. Aufl. 2007
Heiß/Bearbeiter	*Heiß*, Unterhaltsrecht, Ein Handbuch für die Praxis, Loseblatt, 30. Aufl., Stand 2006
Henn	*Henn*, Schiedsverfahrensrecht, 3. Aufl. 2000
Henssler/Prütting/Bearbeiter ..	Kommentar zur Bundesrechtsanwaltsordnung, hrsg. v. *Henssler/Prütting*, 2. Aufl. 2004
Hess	*Hess*, Kommentar zur Insolvenzordnung mit EGInsO und InsVV, 2. Aufl. 2000

Literatur

Hess/Binz	Hess/Binz, Formulare und Muster zum Insolvenzrecht, 2. Aufl. 2001
Hillach/Rohs	Hillach/Rohs, Handbuch des Streitwerts in Zivilsachen, 9. Aufl. 1995
Hintzen	Hintzen, Handbuch der Immobiliarvollstreckung, 3. Aufl. 1999
Hintzen/Wolf	Hintzen/Wolf, Handbuch der Mobiliarvollstreckung, 2. Aufl. 1999
Hk-ZPO/Bearbeiter	Handkommentar zur ZPO, herausgegeben von Saenger, 2006; auch Saenger/Bearbeiter
HKInsO/Bearbeiter	Heidelberger Kommentar zur Insolvenzordnung, hrsg. v. Eickmann/Flessner/Irschlinger, 4. Aufl. 2006
Hoppenz	Hoppenz, Familiensachen, Kommentar anhand der Rechtsprechung des Bundesgerichtshofes, 9. Aufl. 2007
Huber	Huber, Michael, Anfechtungsgesetz, 10. Aufl. 2006
Huber, Zivilurteil	Huber, Michael, Das Zivilurteil, 2. Aufl. 2003
Huhnstock	Huhnstock, Abänderung und Aufhebung der Prozeßkostenhilfe (§ 120 Abs. 4 ZPO und § 124 ZPO), 1995
Hußlein/Stich	Hußlein/Stich, Das UNCITRAL-Modellgesetz über die internationale Handelsschiedsgerichtsbarkeit von 1985, 1990
HWBRWiss.	Handwörterbuch der Rechtswissenschaft, hrsg. v. Stier-Somlo und Elster (Band u. Seite)
Immenga/Mestmäcker	Immenga/Mestmäcker, Kommentar zum Gesetz gegen Wettbewerbsbeschränkungen, 4. Aufl. 2007
Insolvenzrechts-Handbuch	Beck'sches Insolvenzrechts-Handbuch, hrsg. v. Gottwald, 3. Aufl. 2006
IPRspr.	Makarov/Gamillscheg/Müller/Dierk/Kropholler, Die deutsche Rechtsprechung auf dem Gebiet des internationalen Privatrechts, 1952 ff.
Jaeger	Jaeger/Lent/Weber, Konkursordnung, 8. Aufl. 1958–1973; 9. Aufl. 1977–1997 (nur §§ 1–42 erschienen) bearbeitet von Henckel/Weber, 1977 ff.
Jansen FGG	Jansen, Freiwillige Gerichtsbarkeit, Band I 1969, Band II 1970, Band III 1971 (2. Aufl.)
Jarass/Pieroth	Jarass/Pieroth, Grundgesetzkommentar, 8. Aufl. 2006
Jaeger/Henckel/Gerhardt	Jaeger/Henckel/Gerhardt, Großkommentar zur Insolvenzordnung, 2004 ff. (früher: Jaeger/Weber, Konkursordnung, 9. Aufl. 1977 ff.)
Jauernig ZPR	Jauernig, Zivilprozessrecht, 28. Aufl. 2003
Jauernig ZVR	Jauernig, Zwangsvollstreckungs- und Insolvenzrecht, 22. Aufl. 2007
Jauernig-Bearbeiter	Jauernig, Bürgerliches Gesetzbuch, 12. Aufl. 2007
Jessnitzer	Jessnitzer, Der gerichtliche Sachverständige, 12. Aufl. 2007
Johannsen/Henrich	Johannsen/Henrich, Eherecht, 4. Aufl. 2003
Kalthoener/Büttner	Kalthoener/Büttner, Die Rechtsprechung zur Höhe des Unterhalts, 9. Aufl. 2004
Kalthoener/Büttner/ Wrobel-Sachs PKH	Kalthoener/Büttner/Wrobel-Sachs, Prozesskostenhilfe und Beratungshilfe, 4. Aufl. 2005
Kegel/Schurig	Kegel/Schurig, Internationales Privatrecht, 9. Aufl. 2004
KEHE/Bearbeiter	Kuntze/Ertl/Hermann/Eickmann, Grundbuchrecht, 6. Aufl. 2006
Keidel/Kuntze/Winkler	Keidel/Kuntze/Winkler, Freiwillige Gerichtsbarkeit, 15. Aufl. 2003
Keidel/Winkler BeurkG	Keidel/Winkler, Beurkundungsgesetz, 15. Aufl. 2003
Kilger/Schmidt	Kilger/K. Schmidt, Insolvenzgesetze, 17. Aufl. 1997
Kissel/Mayer	Kissel/Mayer, Gerichtsverfassungsgesetz, 4. Aufl. 2005
KK/Bearbeiter	Kölner Kommentar zum Aktiengesetz, 2. Aufl. 1988
Kleinknecht/Meyer-Goßner	Kleinknecht/Meyer-Goßner, Strafprozeßordnung, 49. Aufl. 2006 (nun: Meyer-Goßner, siehe dort)
Knöringer	Knöringer, Die Assessorklausur im Zivilrecht, 11. Aufl. 2005
Knöringer FGG	Knöringer, Freiwillige Gerichtsbarkeit, 4. Aufl. 2005
Kopp VwGO	Kopp, Verwaltungsgerichtsordnung, 14. Aufl. 2005
Korintenberg/Bearbeiter	Korintenberg/Lappe/Bengel/Reimann, Kostenordnung, 16. Aufl. 2005
KostRspr/Bearbeiter	Kostenrechtsprechung, Loseblatt, bearbeitet von Lappe, von Eicken, Noll, E. Schneider, Herget
Kropholler	Kropholler, Europäisches Zivilprozeßrecht, Kommentar zum EuGVÜ, 8. Aufl. 2005
Lachmann	Lachmann, Handbuch für die Schiedsgerichtspraxis, 2. Aufl. 2002
Lackmann	Lackmann, Zwangsvollstreckungsrecht, 7. Aufl. 2005

Literatur

Lappe Familiens.	*Lappe*, Kosten in Familiensachen, 5. Aufl. 1994
Larenz I	*Larenz*, Lehrbuch des Schuldrechts, Band I Allg. Teil, 14. Aufl. 1987
Larenz II/1	*Larenz*, Lehrbuch des Schuldrechts, Band II I. Halbbd. Bes. Teil, 13. Aufl. 1986
Larenz/Canaris	*Larenz/Canaris*, Lehrbuch des Schuldrechts, Band II, Halbbd. 2, Bes. Teil, 13. Aufl. 1994
Larenz/Wolf	*Larenz/Wolf*, Allgemeiner Teil des deutschen Bürgerlichen Rechts, 9. Aufl. 2004
LdR	Lexikon des Rechts, Band: Zivilverfahrensrecht, 2. Aufl. 1995
Lechner/Zuck	*Lechner/Zuck*, Bundesverfassungsgerichtsgesetz, 5. Aufl. 2006
Lionnet	*Lionnet*, Handbuch der internationalen und nationalen Schiedsgerichtsbarkeit, 3. Aufl. 2005
LM	*Lindenmaier/Möhring*, Nachschlagewerk des Bundesgerichtshofs (Nr. ohne Gesetzesstelle bezieht sich auf den gerade kommentierten Paragraphen)
Lörcher/Lörcher	*Lörcher/Lörcher*, Das Schiedsverfahren – national/international – nach neuem Recht, 2. Aufl. 2001
Löwe/Rosenberg/Bearbeiter	*Löwe/Rosenberg*, Die Strafprozeßordnung und das Gerichtsverfassungsgesetz, 26. Aufl. 2006 ff.
Lüderitz	*Lüderitz*, Familienrecht, begr. v. *Beitzke*, 28. Aufl. 2007
Lüke	*Lüke*, Zivilprozessrecht, 9. Aufl. 2006
Madert	*Madert*, Der Gegenstandswert in bürgerlichen Rechtsangelegenheiten, 4. Aufl. 1998
Markl	*Markl/Meyer*, Gerichtskostengesetz, 8. Aufl. 2006
Mat.	*Hahn*, Materialien zu den Reichsjustizgesetzen (s. auch *Hahn*)
Maunz/Dürig/Bearbeiter	Kommentar zum Grundgesetz, Loseblattsammlung, Stand 2007
Meyer-Goßner	*Meyer-Goßner*, Strafprozessordnung, 49. Aufl. 2006
Meyer-Ladewig	*Meyer-Ladewig*, Sozialgerichtsgesetz, 8. Aufl. 2005
Mohrbutter/Mohrbutter	*Mohrbutter/Mohrbutter*, Handbuch der Insolvenzverwaltung, 8. Aufl. 2007
MRS	Mietrechtssammlung, Rechtsprechung des BVerfG, des BGH, des BayObLG, des Kammergerichts und der OLGe zum Mietrecht, hrsg. von *Otto*, 1980 ff.
Mümmler	*Mümmler*, Kostenrechtsprechung seit 1945, Loseblatt
v. Münch/Bearbeiter	Grundgesetz-Kommentar, begr. von *v. Münch*, Band 1 (Präambel bis Art. 19) 5. Aufl. 2000, Band 2 (Art. 20 bis Art. 69) 4./5. Aufl. 2001, Band 3 (Art. 70 bis Art. 146) 5. Aufl. 2003
MünchKommBGB/ Bearbeiter	Münchener Kommentar zum BGB, 4. Aufl. 2000
Mugdan	Die gesamten Materialien zum Bürgerlichen Gesetzbuch für das Deutsche Reich, hrsg. v. *Mugdan*, Bd. I–V, 1899
Musielak	*Musielak*, Die Grundlagen der Beweislast im Zivilprozeß, 1975
Musielak, Examenskurs BGB	*Musielak*, Examenskurs BGB, 2007
Musielak, GK BGB	*Musielak*, Grundkurs BGB, 10. Aufl. 2007
Musielak, GK ZPO	*Musielak*, Grundkurs ZPO, 9. Aufl. 2007
Musielak/Bearbeiter	*Musielak* (Hrsg.), Kommentar zur ZPO, 5. Aufl. 2007
Musielak/Stadler, BewR	*Musielak/Stadler*, Grundfragen des Beweisrechts, Beweisaufnahme – Beweiswürdigung – Beweislast, 1984
Nagel/Gottwald	*Nagel/Gottwald*, Internationales Zivilprozessrecht, 6. Aufl. 2007
Nerlich/Niehus	*Nerlich/Niehus*, Anfechtungsgesetz, 2000
Nerlich/Römermann/ Bearbeiter	Insolvenzordnung, hrsg. v. *Nerlich/Römermann*, Loseblatt, Stand 2006
Neuhaus	*Neuhaus*, Die Grundbegriffe des internationalen Privatrechts, 2. Aufl. 1977
Nies	*Nies*, Praxis der Mobiliarvollstreckung, 1998
Oelkers	*Oelkers*, Sorge- und Umgangsrecht in der Praxis, 2. Aufl. 2004
Oestreich/Winter/Hellstab	*Oestreich/Winter/Hellstab*, Gerichtskostengesetz, Loseblatt, Stand 2006
Olivet	*Olivet*, Die Kostenverteilung im Zivilurteil, 4. Aufl. 2006

Literatur

Palandt/Bearbeiter	Palandt, Bürgerliches Gesetzbuch, 66. Aufl. 2006
Pastor/Ahrens	Pastor/Ahrens, Der Wettbewerbsprozeß, 5. Aufl. 2005
Paulus	Paulus, Zivilprozessrecht, Erkenntnisverfahren und Zwangsvollstreckung, 3. Aufl. 2004
Peters	Peters, Zivilprozeßrecht einschließlich Zwangsvollstreckung und Konkurs, 4. Aufl. 1986
Pfennig	Pfennig, Die internationale Zustellung in Zivil- und Handelssachen, 1988
Piller/Hermann	Piller/Hermann, Justizverwaltungsvorschriften, begr. v. Piller, fortgef. v. Hermann, Loseblatt, 66. Aufl., Stand 2006
Podlech/Trappmann	Podlech/Trappmann, BRAGO-Basiswissen, 3. Aufl. 2002
Prölss/Martin/Bearbeiter	Versicherungsvertragsgesetz, begr. v. Prölss/Martin, 27. Aufl. 2004
Prütting/Wegen/Weinrich/Bearbeiter	Prütting/Wegen/Weinrich, BGB, 2. Aufl. 2007
Pukall	Pukall, Der Zivilprozess in der Praxis, 6. Aufl. 2006
Raeschke-Kessler/Berger	Raeschke-Kessler/Berger, Recht und Praxis des Schiedsverfahrens, 4. Aufl. 2007
Raeschke-Kessler/Berger Rechtsfragen	Raeschke-Kessler/Berger, Aktuelle Rechtsfragen der Schiedsgerichtsbarkeit, 3. Aufl. 1999
Rahm/Künkel/Bearbeiter	Rahm/Künkel, Handbuch des Familiengerichtsverfahrens, Loseblatt, Stand 2006
Rauscher/Bearbeiter	Rauscher (Hrsg.), Europäisches Zivilprozessrecht, 2. Aufl. 2006
Redeker/von Oertzen	Redeker/von Oertzen, Verwaltungsgerichtsordnung, 14. Aufl. 2005
RES	Sammlung der Rechtsentscheide in Wohnraummietsachen, hrsg. v. Landfermann/Herde, Band 1 ff., 1980 ff.
Riedel/Sußbauer	Riedel/Sußbauer, BRAGO, Bundesgebührenordnung für Rechtsanwälte, 9. Aufl. 2005
RiM	Rechtsentscheide im Mietrecht (Müller/Oske/Becker/Blümmel), Loseblatt
Rimmelspacher	Rimmelspacher, Zivilprozessreform 2002, 2002
Rinsche	Rinsche, Die Haftung des Rechtsanwalts und des Notars, 7. Aufl. 2005
Rohs/Wedewer/Blechhaus	Rohs/Wedewer/Blechhaus, Kostenordnung, Loseblatt, Stand 2006
Rolland/Bearbeiter	Rolland, Familienrecht-Kommentar (Fortführung des Kommentars zum 1. Eherechtsreformgesetz, 2. Aufl. 1982), hrsg. v. Rolland, Loseblatt, Stand 2000
Rosenberg/Gaul/Schilken	Rosenberg/Gaul/Schilken, Zwangsvollstreckungsrecht, 11. Aufl. 1997
Rosenberg/Schwab/Gottwald	Rosenberg/Schwab/Gottwald, Zivilprozessrecht, 16. Aufl. 2004
Sachs/Bearbeiter	Grundgesetz, hrsg. v. Sachs, 4. Aufl. 2007
Saenger/Bearbeiter	Saenger (Hrsg.) Kommentar zur ZPO, 2006; auch Hk-ZPO/Bearbeiter
Schack	Schack, Internationales Zivilverfahrensrecht, 4. Aufl. 2006
Schaub	Schaub, Arbeitsrechts-Handbuch, 12. Aufl. 2007
Schellhammer	Schellhammer, Zivilprozess, 12. Aufl. 2007
Schilken GVR	Schilken, Gerichtsverfassungsrecht, 3. Aufl. 2003
Schilken ZPR	Schilken, Zivilprozessrecht, 5. Aufl. 2006
Schlosser	Schlosser, Das Recht der internationalen privaten Schiedsgerichtsbarkeit, 2. Aufl. 1989
Schlosser Bd. I	Schlosser, Zivilprozeßrecht, Bd. I, 2. Aufl. 1991
Schlosser Bd. II	Schlosser, Zivilprozeßrecht, Bd. II, 1984
Schlosser EuGVÜ	Schlosser, EuGVÜ, 1996
Schmeel	Schmeel, Anwalts-Taschenbuch Gebührenrecht, 1999
Schmidt-Räntsch	Schmidt-Räntsch, Deutsches Richtergesetz, 6. Aufl. 2007
Schneider/Herget	Schneider/Herget, Streitwert-Kommentar für den Zivilprozess in ABC-Form, 12. Aufl. 2004
Schneider Beweis	Schneider, Beweis und Beweiswürdigung, 5. Aufl. 1994
Schoch/Schmidt-Aßmann/Pietzner/Bearbeiter	Verwaltungsgerichtsordnung, hrsg. v. Schoch/Schmidt-Aßmann/Pietzner, Loseblatt, Stand 2006
Scholz/Stein/Bearbeiter	Praxishandbuch Familienrecht, hrsg. v. Scholz/Stein, Loseblatt, Stand 2006

Literatur

Schoreit/Dehn	*Schoreit/Dehn,* Beratungshilfegesetz – Prozesskostenhilfegesetz, 8. Aufl. 2004
Schrader/Steinert	*Schrader/Steinert,* Handbuch der Rechtspraxis, Zwangsvollstreckung in das bewegliche Vermögen, 8. Aufl. 2006 (s. nun *Steinert/Theede*)
Schrader/Uhlenbruck/Delhaes	*Schrader/Uhlenbruck/Delhaes,* Konkurs- u. Vergleichsverfahren, 5. Aufl. 1990
Schröder/Kay/Bearbeiter	*Schröder/Kay/Bearbeiter,* Das Kostenwesen der Gerichtsvollzieher, begr. v. *Schröder/Kay,* 12. Aufl. 2006
Schütze	*Schütze,* Internationales Zivilprozeßrecht, 1985
Schütze Schiedsrecht	*Schütze,* Schiedsgericht und Schiedsverfahren, 4. Aufl. 2007
Schütze/Tscherning/Wais	*Schütze/Tscherning/Wais,* Handbuch des Schiedsverfahrens, 2. Aufl. 1990
SchuldRAnpG	Gesetz zur Anpassung schuldrechtlicher Nutzungsverhältnisse an Grundstücken im Beitrittsgebiet (Schuldrechtsanpassungsgesetz, Art. 1 des Gesetzes zur Änderung schuldrechtlicher Bestimmungen im Beitrittsgebiet – SchuldRÄndG) v. 21. 9. 1994 (BGBl. I S. 2538)
Schulze Rechtspr.	Rechtsprechung zum Urheberrecht; Entscheidungssammlung mit Anm. von *E. Schulze*
Schumann/Kramer	*Schumann/Kramer,* Die Berufung in Zivilsachen, 6. Aufl. 2007
Schuschke/Walker	*Schuschke/Walker,* Vollstreckung und vorläufiger Rechtsschutz, Band 1: Zwangsvollstreckung: §§ 704–915h ZPO, 3. Aufl. 2002; Band 2: Arrest, Einstweilige Verfügung, §§ 916–945 ZPO, 3. Aufl. 2005
Schwab/Bearbeiter Familienrecht	Das neue Familienrecht, hrsg. v. *Schwab,* 1998
Schwab/Bearbeiter ScheidungsR	Handbuch des Scheidungsrechts, hrsg. v. *D. Schwab,* 5. Aufl. 2004
Schwab/Walter	*Schwab/Walter,* Schiedsgerichtsbarkeit, 7. Aufl. 2005
Schwab/Weth/Bearbeiter	*Schwab/Weth* (Hrsg.), Kommentar zum Arbeitsgerichtsgesetz, 2004
SeuffA	*Seufferts* Archiv für Entscheidungen der obersten Gerichte in den deutschen Staaten (Zeitschrift; 1. 1847–98. 1944 zitiert nach Band u. Nr.)
SeuffBl.	*Seufferts* Blätter für Rechtsanwendung (Zeitschrift, zitiert nach Band u. Seite)
Seuffert/Walsmann	*Seuffert/Walsmann,* Kommentar zur ZPO, 12. Aufl. 1932/1933
Smid	*Smid,* Grundzüge des neuen Insolvenzrechts, 4. Aufl. 2002
Smid/Bearbeiter	Insolvenzordnung, hrsg. v. *Smid,* 2. Aufl. 2001
Sodan/Ziekow/Bearbeiter	Nomos-Kommentar zur Verwaltungsgerichtsordnung, hrsg. v. *Sodan/Ziekow,* Loseblatt, Stand 2003
Soergel/Bearbeiter	Bürgerliches Gesetzbuch mit Einführungsgesetz und Nebengesetzen, begründet von *Soergel,* 13. Aufl. 1999 ff.
Staub/Bearbeiter	Großkommentar zum HGB und seinen Nebengesetzen, hrsg. v. *Canaris/Schilling/Ulmer,* 4. Aufl. 1983 ff.
Staudinger/Bearbeiter	Kommentar zum Bürgerlichen Gesetzbuch, 12. Aufl. 1978–1999, 13. Bearbeitung 1993 ff. (erscheinen parallel)
Stein/Jonas/Bearbeiter	Zivilprozeßordnung, begr. v. *Gaupp/Stein/Jonas,* 22. Aufl. 2002 ff.
Steiner/Bearbeiter	Zwangsversteigerung und Zwangsverwaltung, begr. v. *Steiner,* 9. Aufl. 1984–1986
Steinert/Theede	*Steinert/Theede,* Zivilprozess, 8. Aufl. 2004
Stöber	*Stöber,* Forderungspfändung, 14. Aufl. 2005
Stöber ZVG	*Stöber,* Handbuch der Rechtspraxis, Zwangsvollstreckung in das unbewegliche Vermögen, 8. Aufl. 2007
Stollenwerk	*Stollenwerk,* Praxishandbuch Unterhaltsrecht, 2. Aufl. 1998
Storz	*Storz,* Praxis des Zwangsversteigerungsverfahrens, 10. Aufl. 2007
Tempel Bd. I	*Tempel,* Mustertexte zum Zivilprozess, Band I: Erkenntnisverfahren erster Instanz, 6. Aufl. 2006
Tempel Bd. II	*Tempel,* Mustertexte zum Zivilprozess, Band II: Arrest, einstweilige Verfügung, Zwangsvollstreckung, Kostenwesen, Rechtsmittel und Prozessvergleich – Relationstechnik, 6. Aufl. 2007
Thomas/Putzo/Bearbeiter	*Thomas/Putzo,* Zivilprozessordnung mit Gerichtsverfassungsgesetz und den Einführungsgesetzen, 28. Aufl. 2007

Literatur

Tschischgale/Satzky	Tschischgale/Satzky, Das Kostenrecht in Arbeitssachen, 3. Aufl. 1982
Uhlenbruck	Uhlenbruck, Insolvenzordnung, 12. Aufl. 2002 (früher: Kuhn/Uhlenbruck, Konkursordnung, 11. Aufl. 1994)
Uhlenbruck/Delhaes	Uhlenbruck/Delhaes, Handbuch der Rechtspraxis, Konkurs- und Vergleichsverfahren, 5. Aufl. 1990
Walker	Walker, Der einstweilige Rechtsschutz im Zivilprozeß und im arbeitsgerichtlichen Verfahren, 1993
WarnJ	Jahrbuch der Entscheidungen zum bürgerlichen Gesetzbuch und den Nebengesetzen, begr. *Warneyer*
WarnR	Rechtsprechung des Reichsgerichts, herausgegeben von *Warneyer* (Band u. Nr.), ab 1961: Rechtsprechung des Bundesgerichtshofs in Zivilsachen
Weigand	Weigand, Practitioner's Handbook on International Arbitration, 2002
Weise	Weise, Praxis des selbständigen Beweisverfahrens, 1994
Weisemann/Smid/Bearbeiter	Handbuch Unternehmensinsolvenz, hrsg. v. *Weisemann/Smid*, 1999
Weitnauer/Bearbeiter	Weitnauer/Hauger/Lüke/Mansel, Wohnungseigentumsgesetz, 9. Aufl. 2004
Wendl/Staudigl/Bearbeiter	Das Unterhaltsrecht in der familienrichterlichen Praxis, begr. v. *Wendl/Staudigl*, 6. Aufl. 2004
Wenz	Wenz, Zwangsvollstreckungsrecht, 3. Aufl. 1999
Werner/Pastor	Werner/Pastor, Der Bauprozess, 11. Aufl. 2005
Wieczorek/Schütze/Bearbeiter	Zivilprozeßordnung und Nebengesetze, begr. von *Wieczorek*, hrsg. von *Schütze*, 3. Aufl. 1994 ff.
Wohlfahrt Bd. 1	Wohlfahrt, Familienrecht, Band 1: Scheidungs-, Sorge-, Umgangs-, Hausrats- und Kindschaftssachen, 2. Aufl. 2001
Wohlfahrt Bd. 2	Wohlfahrt, Familienrecht, Band 2: Unterhalts- und Güterrecht, 2. Aufl. 2001
Wolf Chr.	Wolf Christian, Die institutionelle Handelsschiedsgerichtsbarkeit, 1992
Wolf M.	Wolf Manfred, Gerichtsverfassungsrecht aller Verfahrenszweige, 6. Aufl. 1987
Wolf/Horn/Lindacher	Wolf Manfred/Horn/Lindacher, AGB-Gesetz, 4. Aufl. 1999
Wolfsteiner	Wolfsteiner, Die vollstreckbare Urkunde, 2. Aufl. 2006
Zeiss	Zeiss, Zivilprozeßrecht, 10. Auflage 2003
Zeller/Stöber	Nun: *Stöber*, Zwangsversteigerungsgesetz, 18. Aufl. 2006
Zerbe	Zerbe, Die Reform des deutschen Schiedsverfahrensrechts auf der Grundlage des UNCITRAL-Modellgesetzes über die internationale Handelsschiedsgerichtsbarkeit, 1995
Zimmermann	Zimmermann, ZPO, 8. Aufl. 2007
Zimmermann FG	Zimmermann, Praktikum der freiwilligen Gerichtsbarkeit, 6. Aufl. 2004
Zimmermann PKH	Zimmermann, Prozeßkostenhilfe, 3. Aufl. 2007
Zöller/Bearbeiter	Kommentar zur ZPO, begr. v. *Zöller*, 26. Aufl. 2007

Zivilprozessordnung

vom 30. Januar 1877 (RGBl. S. 83)
in der Fassung der Bekanntmachung vom 5. Dezember 2005 (BGBl. S. 3202)
(BGBl. III 310-4)

Zuletzt geändert durch Gesetz vom 21. 12. 2007
(BGBl. I S. 3189)

**Buch 9. Aufgebotsverfahren bis
Buch 11. Justizielle Zusammenarbeit in
der Europäischen Union
(§§ 946–1086)**

Buch 9. Aufgebotsverfahren

§ 946 Statthaftigkeit; Zuständigkeit

(1) Eine öffentliche gerichtliche Aufforderung zur Anmeldung von Ansprüchen oder Rechten findet mit der Wirkung, dass die Unterlassung der Anmeldung einen Rechtsnachteil zur Folge hat, nur in den durch das Gesetz bestimmten Fällen statt.

(2) Für das Aufgebotsverfahren ist das durch das Gesetz bestimmte Gericht zuständig.

Übersicht

	Rn.		Rn.
I. Normzweck	1–3	III. Der Begriff des Aufgebotes	15–20
II. Regelungsbereich; ähnliche Verfahren	4–14	1. Definition	15
		2. Die einzelnen Begriffselemente	16–20
1. Regelungsbereich	4, 5	a) Gericht	16
2. Landesrechtliche Regelungen	6, 7	b) Öffentlichkeitsgebot	17
3. Bundesrechtliche Sonderregelungen	8–13	c) Gegenstand der Aufforderung	18
a) Ausschließung eines unbekannten Berechtigten	8	d) Unterlassen der Anmeldung	19
b) Verlust eines Grundpfandrechtsbriefs	9	e) Gesetzlichkeit des Verfahrens	20
c) Maßnahmen anderer Staaten	10	IV. Die gerichtliche Zuständigkeit	21–25
d) Postsparbücher	11	1. Sachliche Zuständigkeit	21
e) Ermittlung des Eigentümers	12	2. Örtliche Zuständigkeit	22
f) Aufgebot nach Restitution	13	3. Funktionelle Zuständigkeit	23, 24
4. Außergerichtliche Aufgebote	14	4. Zuständigkeitsmängel	25

I. Normzweck

Die Vorschrift definiert in Abs. 1 den **Begriff** des Aufgebotsverfahrens (s. Rn. 14) und verweist in Abs. 2 hinsichtlich der gerichtlichen **Zuständigkeit** auf die in den Folgevorschriften oder in Spezialgesetzen getroffenen Regelungen (s. Rn. 20). **1**

Durch die Aufnahme in die ZPO ist das Aufgebotsverfahren Teil der ordentlichen **streitigen Gerichtsbarkeit,** wenngleich es seiner Rechtsnatur nach eher der freiwilligen Gerichtsbarkeit zuzuordnen wäre,[1] weil es weder über das Bestehen rechtlicher Beziehungen entscheidet, noch solche durchsetzt, sondern lediglich ein Verfahren der Mitwirkung beim Untergang von Rechten darstellt. Hingegen ist ein so bedeutsames Aufgebotsverfahren wie das der Todeserklärung (§§ 13 ff. VerschG) der freiwilligen Gerichtsbarkeit zugewiesen, was angesichts der dort flexibleren Möglichkeiten der Verfahrensgestaltung sinnvoller erscheint. **2**

Die Ausgestaltung als Verfahren der streitigen Gerichtsbarkeit bedingt systematisch, dass **Lücken** innerhalb des 9. Buches nicht aus dem FGG, sondern aus den anderen Büchern der ZPO zu schließen sind. **3**

II. Regelungsbereich; ähnliche Verfahren

1. Regelungsbereich. Das Gesetz regelt in den §§ 946 bis 959 das **Verfahren allgemein,** dh. für alle Aufgebotsarten; soweit keine speziellen Regelungen bestehen, gelten die des ersten bis dritten Buches (Rn. 3). **4**

Sodann regelt das Gesetz verschiedene **Aufgebotsarten:** **5**
(1) in den §§ 977 bis 981 die Ausschließung von Grundstückseigentümern,
(2) in § 981 a die Ausschließung von Schiffseigentümern,
(3) in den §§ 982 bis 987 die Ausschließung von Grundpfandrechtsgläubigern,
(4) in § 987 a die Ausschließung von Schiffshypothekengläubigern,
(5) in § 988 die Ausschließung anderer dinglich Berechtigter,
(6) in den §§ 989 bis 1000 die Ausschließung von Nachlassgläubigern,

---

[1] *Meyer-Stolte* Rpfleger 1981, 333; *Baumbach/Lauterbach/Hartmann* Vor § 946 Rn. 1; *Stein/Jonas/Schlosser* Vor § 946 Rn. 8.

(7) in § 1001 die Ausschließung von Gesamtgutsgläubigern,
(8) in § 1002 die Ausschließung von Schiffsgläubigern
(9) sowie in den §§ 1003 bis 1023 das Aufgebot zum Zwecke der Kraftloserklärung von Urkunden.

6 **2. Landesrechtliche Regelungen.** Wie kein anderes Verfahren der ZPO wird das Aufgebotsverfahren durch landesrechtliche Besonderheiten beeinflusst. Dabei ist zu unterscheiden: In vielen Fällen ist das Verfahren zwar den §§ 946 ff. zugeordnet; es bestehen jedoch in Bezug auf **Einzelheiten** besondere **landesrechtliche Regelungen.** Darauf wird in der Kommentierung der betroffenen Vorschriften jeweils hingewiesen.

7 Daneben bestehen, auf Grund der Ermächtigung in § 11 EGZPO, einige wenige eigenständige **landesrechtliche Verfahren** besonderer Art, auf die die §§ 946 ff. insgesamt nicht anwendbar sind. Zu den landesrechtlich beeinflussten bzw. landesrechtlichen Verfahren gehören in erster Linie die Vorschriften für die Kraftloserklärung der in § 808 BGB genannten Urkunden (Art. 102 Abs. 2 EGBGB),[2] für Kuxscheine[3] oder für Fischereigerechtigkeiten.[4]

8 **3. Bundesrechtliche Sonderregelungen.** Kraft Bundesrechts bestehen Sonderverfahren, für die zum Teil die §§ 946 ff. insgesamt unanwendbar oder doch teilweise durch Sonderregelungen suspendiert sind. Zu nennen sind:

a) Das dem Vollstreckungsgericht zugewiesene **Aufgebotsverfahren** zur Ausschließung eines **unbekannten Berechtigten** nach §§ 138, 140, 141 ZVG. Es wird von dem im Verteilungsplan des Zwangsversteigerungs- oder Zwangsverwaltungsverfahrens als sog. Hilfsberechtigtem bezeichneten Inhaber eines nachrangigen, nicht gedeckten Befriedigungsanspruches betrieben, um den unbekannten Berechtigten eines vorrangigen Anspruches ausschließen zu lassen und damit die eigene Befriedigung zu ermöglichen.

9 b) Ist der für ein **Grundpfandrecht** erteilte **Brief** infolge **Kriegseinwirkung,** im Zusammenhang mit besatzungsrechtlichen oder besatzungshoheitlichen Enteignungen von Banken oder Versicherungen im Beitrittsgebiet, oder, was gleichgestellt wird,[5] anlässlich der Vertreibung der Deutschen aus den Gebieten östlich der Oder-Neiße-Linie oder bei einer Plünderung durch Besatzungstruppen vernichtet worden oder abhanden gekommen, so kann vor dem Grundbuchamt gem. § 26 GBMaßnG v. 20. 12. 1963 (BGBl. I S. 986) ein vereinfachtes Verfahren zur Erteilung eines neuen Briefes betrieben werden. Eines Verfahrens nach § 1162 BGB, § 1003 bedarf es nicht; für einen darauf gerichteten Antrag fehlt das Rechtsschutzbedürfnis.

10 c) Kann ein **Grundpfandrechtsbrief** nicht vorgelegt werden, weil ihn der Berechtigte infolge von **Maßnahmen anderer Staaten** (insbesondere Enteignungsmaßnahmen), die im Bundesgebiet nicht wirksam sind, nicht mehr in Besitz hat, so bietet das „Gesetz über die Kraftloserklärung von Hypotheken-, Grundschuld- und Rentenschuldbriefen in besonderen Fällen" v. 18. 4. 1950 (BGBl. I S. 88), v. 20. 12. 1951 (BGBl. I S. 830), v. 25. 12. 1955 (BGBl. I S. 867) und v. 29. 4. 1960 (BGBl. I S. 297) ein besonderes Verfahren.[6]

11 d) Für **Postsparbücher** besteht nach Nr. 36 AGB der Postbank ein vereinfachtes Verfahren bei dieser;[7] der Kunde kann dem jedoch widersprechen, dann ist das Verfahren nach §§ 1003 ff. zulässig.

12 e) Wird für ein bisher nicht gebuchtes Grundstück ein Grundbuchblatt angelegt, so kann das Grundbuchamt gemäß §§ 120, 121 GBO zur **Ermittlung des Eigentümers** ein Aufgebotsverfahren besonderer Art (von Amts wegen) anordnen und durchführen.

---

[2] **Baden-Württemberg:** § 34 SparkassenG v. 19. 7. 2005 (GBl. S. 587); **Bayern:** Art. 33 ff. AGBGB v. 20. 9. 1982 (GVBl. S. 803 u. 2003 S. 497); **Berlin:** § 7 AGZPO v. 6. 10. 1899 (PrGS S. 325, geänd. dch. G. v. 17. 3. 1994, GVBl. S. 86); **Bremen:** § 2 AGZPO u. AGZVG v. 13. 9. 1963 (GBl. S. 51, geänd. dch. G. v. 28. 5. 2002, GBl. S. 131); **Hamburg:** § 4 AGZPO v. 22. 12. 1899 (Slg. I 3210-6, geänd. dch. G. v. 1. 7. 1993, GVBl. S. 141); **Niedersachsen:** § 2 G. v. 18. 12. 1959 (GVBl. S. 149), §§ 53 ff. StaatsbankG v. 20. 12. 1919 (GVBl. Sb II, S. 760); **Nordrhein-Westfalen:** § 7 AGZPO v. 24. 3. 1879 (SGV NW 321, geänd. dch. G. v. 18. 5. 2004, GVBl. S. 248); **Rheinland-Pfalz:** § 2 AGZPO v. 30. 8. 1974 (GVBl. S. 371, geänd. dch. G. v. 5. 4. 2005, GVBl. S. 95); **Saarland:** § 38 AGJusG v. 5. 2. 1997 (ABl. S. 258, geänd. dch. G. v. 7. 11. 2001, ABl. S. 2158); **Schleswig-Holstein:** § 7 AGZPO v. 24. 3. 1879 (GS S. 310, geänd. dch. G. v. 17. 12. 1991, GS S. 693).
[3] § 10 PreußAGZPO, fortgeltend in Berlin, Nordrhein-Westfalen und im Saarland.
[4] § 9 PreußAGZPO (vgl. Fn. 3).
[5] Vgl. MünchKommBGB/*Eickmann* § 1162 Rn. 16 m. weit. Nachw.
[6] Vgl. dazu *Fabian* NJW 1952, 925 und *Dohse* HW 1955, 463 (allgemein) sowie BGH MDR 1959, 100; LG Kiel DNotZ 1950, 343; LG Nürnberg-Fürth DNotZ 1950, 477; LG Berlin DNotZ 1951, 87 (Einzelfragen).
[7] *Wieczorek/Schütze/Weber* Vor § 946 Rn. 22.

Statthaftigkeit; Zuständigkeit 13–24 § 946

f) In § 15 **GBBerG** (eingefügt dch. Art. 2 Abs. 17 der 2. Zwangsvollstreckungsnovelle) ist ein Aufgebotsverfahren vor dem Bundesamt zur Regelung offener Vermögensfragen vorgesehen. Es dient der Ausschließung unbekannter Eigentümer von restitutionsbefangenen Vermögensgegenständen i. Falle v. § 10 Abs. 1 S. 1 Nr. 7 EntschG. 13

4. Außergerichtliche Aufgebote. Ungeachtet der vereinzelten Bezeichnung als „Aufgebot" oder „Aufgebotsverfahren" fallen die nachstehenden Verfahren, die nicht vor dem Gericht, sondern vor Verwaltungsbehörden oder gar ohne hoheitliche Mitwirkung durchzuführen sind, nicht unter die Bestimmungen des 9. Buches: 14
(1) das Aufgebot bei **Kraftfahrzeugbriefen** nach § 25 Abs. 2 StVZO;
(2) die **öffentlichen Aufforderungen** (Aufgebote) nach § 267 AktG, § 82 Abs. 2 GenG, § 65 Abs. 2 GmbHG;
(3) das Aufgebot der **Nachlassgläubiger** nach § 2061 BGB.
(4) Die aufgrund Art. 102 Abs. 2 EGBGB nach Landesrecht zulässigen Aufgebote von **Sparbüchern** bei den jeweiligen Kreditinstituten, vgl. die Hinweise in Fn. 2.

III. Der Begriff des Aufgebotes

1. Definition. Als Aufgebotsverfahren im Sinne des 9. Buches der ZPO ist anzusehen die öffentliche gerichtliche Aufforderung an unbestimmte oder unbekannte Beteiligte zur Anmeldung bestimmter Rechte, wobei für den Fall der Nichtanmeldung (Verschweigung) ein bestimmter Rechtsnachteil, insbesondere der Verlust oder die Minderung des Rechts angedroht wird.[8] 15

2. Die einzelnen Begriffselemente. a) Die Aufforderung muss vom **Gericht** (der streitigen Gerichtsbarkeit, s. Rn. 2) ausgehen, ohne dass es auf die Rechtsnatur des infrage stehenden Rechtsverhältnisses ankäme. Zur gerichtlichen Zuständigkeit s. Rn. 20, 21. 16

b) Die Aufforderung muss **öffentlich** sein, dh. sie muss sich allgemein an die Öffentlichkeit wenden, weil der Betroffene unbestimmt oder unbekannt ist. Das Öffentlichkeitsgebot wird durch die Bekanntmachungs-(Veröffentlichungs-)regeln der §§ 948, 949 konkretisiert. 17

c) Die Aufforderung muss die Anmeldung von Ansprüchen oder Rechten bei dem Gericht zum **Gegenstand** haben. Zur Anmeldung s. § 951 Rn. 2ff. Sie ist die bloße Behauptung der Rechtsinhaberschaft; Geltendmachung, die Glaubhaftmachung oder gar der Nachweis des Rechts werden nicht verlangt. Die Anmeldung muss jedoch beim Aufgebotsgericht geschehen; die Anmeldung innerhalb eines anderen Verfahrens, wenngleich bei demselben Amtsgericht, genügt nicht. 18

d) Das **Unterlassen** der Anmeldung muss einen – in der öffentlichen Bekanntmachung genau zu bezeichnenden (vgl. § 947 Abs. 2 Nr. 3) – **Rechtsnachteil** zur Folge haben. Er kann in der künftigen Erschwerung der Rechtsverfolgung bestehen, oder aber in einem Verlust des Rechts. Der Eintritt des Rechtsnachteils ist nicht zwingend mit dem Erlass eines Ausschlussurteils verknüpft; bei Verfahren auf Grund landesrechtlicher Vorschriften (s. Rn. 7) wird zuweilen auf das Urteil verzichtet und der Rechtsnachteil tritt von selbst ein. 19

e) Das Verfahren muss **gesetzlich** (§ 12 EGZPO), dh. durch Rechtsnorm angeordnet bzw. zugelassen sein. 20

IV. Die gerichtliche Zuständigkeit

1. Sachliche Zuständigkeit. Nach Bundesrecht ist gemäß § 23 Nr. 2h GVG das Amtsgericht ohne Rücksicht auf die Höhe des Streitgegenstandes zuständig. Das Landesrecht kann abweichende Regelungen treffen. 21

2. Örtliche Zuständigkeit. Sie ist, je nach Aufgebotsart, in den §§ 978, 983, 990, 1001, 1002, 1005 gesondert geregelt. § 1006 enthält Ermächtigungen für die Justizverwaltung (Abs. 1) und den Landesgesetzgeber (Abs. 3) zur Zuständigkeitszentralisierung in den Fällen des Aufgebots von Inhaberpapieren bzw. Schuldverschreibungen auf den Inhaber. Eine Zuständigkeitsbestimmung gemäß § 36 (ohne dessen hier nicht denkbare Nr. 3) ist möglich. 22

3. Funktionelle Zuständigkeit. Nach § 20 Nr. 2 RpflG ist das Aufgebotsverfahren dem Rechtspfleger übertragen; dem Richter sind jedoch vorbehalten die Wahrnehmung des Aufgebotstermins und die darin ergehenden Entscheidungen, sowie das Anfechtungsverfahren. 23

Die **Richterzuständigkeit** wurde mit der angeblichen Notwendigkeit begründet, den Erlass von Urteilen allein dem Richter vorzubehalten. Diese wohl mehr ständischer Rücksichtnahme als juris- 24

---

[8] Ähnlich: *Stein/Jonas/Schlosser* Vor § 946 Rn. 1; *Rosenberg/Schwab/Gottwald* § 172 I 1.

tischer Notwendigkeit entsprechende Aufteilung der Zuständigkeit erweist sich als äußerst unpraktisch. Da der Richter vor Urteilserlass Zulässigkeit und Wirksamkeit des Aufgebotes selbständig prüfen muss (vgl. § 952 Rn. 9 bis 11), bedarf es im Vorfeld des Aufgebotserlasses bei Zweifeln oder dem Auftauchen streitiger Fragen des ständigen Kontakts zwischen Rechtspfleger und Richter, damit im Sinne der richterlichen Auffassung verfahren werden kann und somit dem Antragsteller eine mögliche Zurückweisung des Antrages auf Urteilserlass erspart bleibt. Das ist an sich unnötiger Zeit- und Arbeitsaufwand in einer ohnehin überlasteten Justiz.

25 **4. Zuständigkeitsmängel.** Wird ein unzuständiges Gericht angegangen und die Unzuständigkeit bemerkt, so kann auf Antrag an das zuständige Gericht **verwiesen** werden; eine mündliche Verhandlung ist gemäß § 128 Abs. 4 nicht erforderlich. Wird die Unzuständigkeit nicht bemerkt, so ist das ergangene Ausschlussurteil trotzdem **wirksam**. Da die Unzuständigkeit des Gerichts keinen Nichtigkeitsgrund darstellt, käme nur eine Anfechtbarkeit in Frage. Nach § 957 Abs. 1 findet jedoch gegen das Ausschlussurteil ein Rechtsmittel nicht statt; eine Anfechtungsklage (§ 957 Abs. 2) scheidet gleichfalls aus, weil keiner der enumerativ aufgezählten Anfechtungsgründe eingreift (vgl. auch § 957 Rn. 10).

§ 947 Antrag; Inhalt des Aufgebots

(1) ¹Der Antrag kann schriftlich oder zum Protokoll der Geschäftsstelle gestellt werden. ²Die Entscheidung kann ohne mündliche Verhandlung ergehen.

(2) ¹Ist der Antrag zulässig, so hat das Gericht das Aufgebot zu erlassen. ²In das Aufgebot ist insbesondere aufzunehmen:
1. die Bezeichnung des Antragstellers;
2. die Aufforderung, die Ansprüche und Rechte spätestens im Aufgebotstermin anzumelden;
3. die Bezeichnung der Rechtsnachteile, die eintreten, wenn die Anmeldung unterbleibt;
4. die Bestimmung eines Aufgebotstermins.

Übersicht

	Rn.		Rn.
I. Normzweck	1, 2	3. Inhalt des Antrages	10
II. Der Antrag	3–12	4. Antragsrücknahme	11, 12
1. Antragsberechtigung	3–8	III. Die gerichtliche Prüfung und Entscheidung	13–16
a) Grundsatz	3		
b) Mehrere gleichartige Antragsberechtigte	4, 5	1. Die Prüfung	13, 14
		2. Die möglichen Entscheidungen	15, 16
c) Tod des Antragstellers; andere Unterbrechungsfälle	6, 7	a) Zulässigkeitsmängel	15
		b) Anordnung des Aufgebots	16
d) Beitrittsrecht	8		
2. Form	9	IV. Der Inhalt des Aufgebots	17–21

I. Normzweck

1 Die Norm regelt, dass das Aufgebotsverfahren, seiner Einordnung als Verfahren der streitigen Gerichtsbarkeit entsprechend (vgl. § 946 Rn. 2), als **Antragsverfahren** ausgestaltet ist. Charakteristisch für die gesetzliche Regelungssystematik ist jedoch, dass die Regelungen von Antragsberechtigung und Antragsinhalt sich nicht hier, sondern bei den Vorschriften über die einzelnen Aufgebotsverfahren finden (vgl. die Hinweise Rn. 3).

2 In Abs. 2 enthält die Norm Mindestforderungen (vgl. Rn. 17) des **Aufgebotsinhaltes;** Ergänzungen ergeben sich aus dem materiellen Recht oder aus landesrechtlichen Vorschriften zu den verschiedenen Aufgebotsarten.

II. Der Antrag

3 **1. Antragsberechtigung. a) Grundsatz.** Das Gesetz regelt, der Vielgestaltigkeit der Aufgebotsfälle entsprechend, die Antragsberechtigung nicht einheitlich, sondern bei den einzelnen Aufgebotsarten. Entscheidender Zeitpunkt ist der der Antragstellung. Hinzuweisen ist auf die Fälle des Aufgebots des Grundstückseigentümers: §§ 977 bis 981a Rn. 6; Aufgebots von Grundpfandrechtsgläubigern: §§ 982 bis 988 Rn. 10 bis 12; Ausschließung von Nachlassgläubigern: §§ 989 bis 1000 Rn. 6 bis 10; Ausschließung von Schiffsgläubigern: § 1002 Rn. 3; Kraftloserklärung von Urkunden: §§ 1003 bis 1024 Rn. 17 bis 20.

b) Sind **mehrere gleichartige Antragsberechtigte** (zB mehrere Eigentümer im Falle des § 984 Abs. 1) vorhanden, so üben sie ihr Antragsrecht grundsätzlich selbständig aus; bei gesamthänderischer Berechtigung freilich müssen sie – ausgenommen §§ 997, 999 – gemeinsam handeln.

Davon zu unterscheiden ist die vereinzelte Zulassung **verschiedenartiger Antragsberechtigter** (zB in §§ 984 Abs. 2, 991 Abs. 2, 1000); sie handeln stets selbständig und unabhängig von anderen Antragsberechtigten, auch wenn das Verfahren notwendig ein einheitliches ist.

c) Beim **Tod** eines Antragstellers oder Eintritt **anderer Unterbrechungsfälle** ist die entsprechende Anwendung der §§ 239 ff. heute im Grundsatz allgemein anerkannt.[1] Tritt das maßgebliche Ereignis nach Antragstellung (vgl. Rn. 1) aber vor dem Aufgebotstermin ein, so bedarf es jedoch keiner Unterbrechung, weil bis zum Termin eine weitere Mitwirkung des Antragstellers weder notwendig noch möglich ist. Zwischenzeitlich eintretende Umstände sind bei der Entscheidung über den Antrag auf Ausschlussurteil zu berücksichtigen (vgl. § 952 Rn. 3), der Rechtsnachfolger usw. ist dann insoweit antragsberechtigt, weil für den Antrag auf Urteilserlass die Rechtslage im Zeitpunkt dieses Antrages maßgeblich ist (vgl. § 952 Rn. 3).

Wird der **Aufgebotstermin** jedoch nicht wahrgenommen, so müsste der Rechtsnachfolger usw. Rechtsnachteile hinnehmen, begänne die Frist des § 954 S. 2 gegen ihn zu laufen oder liefe sie weiter: Der Eintritt der Unterbrechungsgründe wirkt sich somit auf den Fristbeginn bzw. -lauf des § 954 S. 2 aus.[2] Die Aufnahme geschieht, mangels Gegenpartei, durch Erklärung gegenüber dem Gericht.

d) Sind mehrere Antragsberechtigte vorhanden, betreiben aber nicht alle das Verfahren, so war bis zur Übernahme der Todeserklärung in das VerschG in § 967 (heute gleichlautend: § 17 VerschG) ein **Beitrittsrecht** der anderen statt des ursprünglichen Antragstellers oder neben ihm vorgesehen. Eine entsprechende Anwendung dieses § 17 VerschG auf alle Aufgebotsarten ist im Hinblick auf die ausdehnende Wirkung des Verfahrens (vgl. zB § 997 Abs. 1) und die Notwendigkeit einheitlicher Erledigung geboten.[3]

2. Form. Die Antragsform entspricht § 496: Der Antrag kann schriftlich oder zu Protokoll der Geschäftsstelle gestellt werden.

3. Inhalt des Antrages. Auch hier trifft das Gesetz keine allgemeine Regelung, sondern differenziert zwischen den Aufgebotsarten, wobei die erforderlichen Erklärungen auch häufig dem materiellen Recht zu entnehmen sind. Hinweise darüber finden sich: für das Aufgebot des Grundstückseigentümers in §§ 977 bis 981a Rn. 8; für das Aufgebot von Grundpfandrechtsgläubigern usw. in §§ 982 bis 988 Rn. 13 bis 17; für das Aufgebot von Nachlassgläubigern in §§ 989 bis 1000 Rn. 11, 12; für das Aufgebot von Schiffsgläubigern in § 1002 Rn. 4; für das Aufgebot zum Zwecke der Kraftloserklärung von Urkunden in §§ 1003 bis 1024 Rn. 21, 22.

4. Antragsrücknahme. Der Antrag kann zurückgenommen werden; eine Zurücknahme nach Erlass des Aufgebots ist jedoch begrifflich nicht möglich, weil dann die Antragswirkung bereits eingetreten ist. Wird erst nach diesem Zeitpunkt die „Zurücknahme" erklärt, so ist dies als Verzicht auf den Antrag nach § 952 Abs. 1 und auf den Verfahrensfortgang zu werten, sodass der Aufgebotstermin abgesetzt wird und ein Verfahren nach § 954 ausscheidet.[4]

Zu beachten ist jedoch, dass bei einem Nebeneinander mehrerer Antragsteller bzw. Beigetretener (s. Rn. 4 bis 8) die Antragsrücknahme durch einen von ihnen, analog § 61, nur dessen Prozessrechtsverhältnis betrifft, sodass der Verfahrensfortgang als solcher nicht gehindert ist.

III. Die gerichtliche Prüfung und Entscheidung

1. Die Prüfung. Das Gericht hat nach Abs. 2 die Zulässigkeit des Antrages zu prüfen. Diese Entscheidung kann nach Abs. 1 S. 2 **ohne mündliche Verhandlung** geschehen, wovon in der Praxis wohl ausnahmslos Gebrauch gemacht wird. Es gibt jedoch durchaus Fälle, in denen eine mündliche Verhandlung (Erörterung) mit dem Antragsteller sachgerecht erscheint, so zB in den erfahrungsgemäß nicht seltenen Fällen, in denen dem Gericht erkennbar der Antragsteller die Vor-

---
[1] *Stein/Jonas/Schlosser* Vor § 946 Rn. 9; *Wieczorek/Weber* Vor § 946 Rn. 45.
[2] Die in Fn. 1 Genannten.
[3] *Stein/Jonas/Schlosser* Vor § 946 Rn. 10 bis 12; *Wieczorek/Weber* § 946 Rn. 51; *Musielak/Ball* Rn. 3 (Letztere ohne Bezug auf § 17 VerschG).
[4] Ähnlich *Stein/Jonas/Schlosser* § 947 Rn. 3.

§ 948   1   Buch 9. Aufgebotsverfahren

und Nachteile der unterschiedlichen Aufgebotsarten nach §§ 1170 bzw. 1171 BGB nicht gegeneinander abzuwägen verstand. Hier ist eine Belehrung nach § 139 geboten, die zwar auch durch Hinweisverfügung geschehen kann, jedoch in bestimmten Fällen besser mündlich geschieht.

14   Die **Zulässigkeitsprüfung** umfasst
– die Zulässigkeit der begehrten Aufgebotsart schlechthin (vgl. dazu § 946 Rn. 4, 5 und § 957 Rn. 11);
– die gerichtliche Zuständigkeit (vgl. § 946 Rn. 21 mit Weiterverweisung);
– die Antragsberechtigung des Antragstellers (vgl. Rn. 3);
– die allgemeinen Handlungsvoraussetzungen beim Antragsteller, wie Partei- und Prozessfähigkeit, auch Prozessführungsbefugnis (zB Insolvenzeröffnung) sowie ordnungsgemäße Vertretung;
– schließlich den vorgeschriebenen Antragsinhalt (Rn. 10).

15   **2. Die möglichen Entscheidungen. a)** Bei **Zulässigkeitsmängeln** hat das Gericht, nachdem dem Antragsteller Gelegenheit zur Ergänzung gegeben war, den Antrag durch begründeten Beschluss zurückzuweisen. Gegen ihn ist die sofortige Beschwerde (§ 567 Abs. 1 Nr. 2, § 11 Abs. 1 RpflG) statthaft. Der zurückgewiesene Antrag kann jederzeit mit besserer Begründung und zulässigem Inhalt wiederholt werden.

16   **b)** Ist der Antrag zulässig, so ergeht die Positiventscheidung durch **Anordnung des** – inhaltsmäßig festzulegenden – **Aufgebots**. Auch sie ergeht in Beschlussform; sofern sie nicht ausnahmsweise verkündet wurde (vgl. Rn. 13), ist sie gemäß § 329 Abs. 2 S. 2 zuzustellen.

IV. Der Inhalt des Aufgebots

17   Soweit **Abs. 2** Inhalte des Aufgebots festlegt, sind dies nur die nach allgemeiner Auffassung unerlässlichen Mindestinhalte.[5] Fehlen sie oder sind sie falsch, so darf ein Ausschlussurteil nicht ergehen. Wurde es trotzdem erlassen, so ist ein Klagegrund nach § 957 Nr. 2 gegeben (vgl. § 957 Rn. 12). Im Einzelnen ist zu bemerken:

18   **Nr. 1:** Die Bezeichnung des Antragstellers sollte den Regeln des § 130 Nr. 1 entsprechen,[6] damit eine eindeutige Identifizierung möglich ist.

19   **Nr. 2:** Die Anmeldungsaufforderung kann mit den Worten des Gesetzes vorgenommen werden, sie kann aber auch – durch Erläuterung iSv. § 951 und durch Hinweis auf die Zulässigkeit schriftlicher Anmeldungen – ausführlicher gestaltet werden.

20   **Nr. 3:** Die Rechtsnachteile, die beim Unterbleiben einer Anmeldung eintreten, sind in den §§ 981, 986 Abs. 4, 987 Abs. 2, 995, 1002 Abs. 6, 1008 je nach Aufgebotsart bezeichnet. Das Aufgebot muss genau den entsprechenden Hinweis enthalten; allgemein gefasste Hinweise auf den „Verlust des Gläubigerrechts" o. Ä. sind unzureichend.

21   **Nr. 4:** Der Aufgebotstermin ist nicht nur nach Tag und Stunde, sondern auch unter Angabe der Gerichtsanschrift und des Saales in dem er durchgeführt werden wird, zu bezeichnen.

§ 948 Öffentliche Bekanntmachung

(1) ¹Die öffentliche Bekanntmachung des Aufgebots erfolgt durch Anheftung an die Gerichtstafel und durch einmalige Einrückung in den elektronischen Bundesanzeiger, sofern nicht das Gesetz für den betreffenden Fall eine abweichende Anordnung getroffen hat. ²Zusätzlich kann die öffentliche Bekanntmachung in einem von dem Gericht für Bekanntmachungen bestimmten elektronischen Informations- und Kommunikationssystem erfolgen.

(2) Das Gericht kann anordnen, dass die Einrückung noch in andere Blätter und zu mehreren Malen erfolge.

I. Normzweck

1   Die Norm regelt die erforderliche öffentliche Bekanntmachung des Aufgebots. Die Regelungen gelten jedoch nur subsidiär; sie werden in großem Umfang durch die in § 948 selbst, sowie in §§ 1023, 1024 vorbehaltenen Sonderregeln des Bundes- und Landesrechts überlagert. Auf diese Sonderregelungen wird bei der Kommentierung der jeweiligen Aufgebotsarten hingewiesen.

---

[5] *Stein/Jonas/Schlosser* Rn. 5; *Wieczorek/Weber* Rn. 10.
[6] Großzügiger RGZ 32, 139; ihm folgend *Stein/Jonas/Schlosser* Rn. 5: Ermessen des Gerichts.

II. Die öffentliche Bekanntmachung

1. Zuständigkeit. Die Bekanntmachung wird vom Urkundsbeamten der Geschäftsstelle auf 2
Grund der Verfügung des Gerichts ausgeführt; Nachweise darüber sind zu den Akten zu bringen.

2. Art. Die Bekanntmachung geschieht – vorbehaltlich der in Rn. 1 angesprochenen Sonder- 3
regelungen – wie folgt:
(1) durch Anheftung des Aufgebots an die Gerichtstafel;
(2) durch einmalige Einrückung in den elektronischen Bundesanzeiger, wobei das Aufgebot, vollständig einzurücken ist;
(3) außerdem kann gemäß Abs. 2, wenn das Gericht das besonders anordnet, wiederholt in den BAnz. oder (einmalig oder wiederholt) in andere Blätter eingerückt werden.

3. Weitere Bekanntmachungen. Neben der öffentlichen Bekanntmachung sind gesonderte 4
Mitteilungen nur vorgesehen an den Antragsteller (vgl. § 947 Rn. 4, 5) sowie in §§ 986 Abs. 5, 994
Abs. 2, 1001 an bekannte Interessenten.

4. Verstöße. Wird die – in § 948 oder in den vorerwähnten (Rn. 1) Sonderregelungen – vorge- 5
schriebene Form der Veröffentlichung nicht eingehalten, so darf ein Ausschlussurteil nicht ergehen;
wurde es trotzdem erlassen, so begründet dies nach § 957 Abs. 2 Nr. 2 die Anfechtungsklage.

§ 949 Gültigkeit der öffentlichen Bekanntmachung

Auf die Gültigkeit der öffentlichen Bekanntmachung hat es keinen Einfluss, wenn das anzuheftende Schriftstück von dem Ort der Anheftung zu früh entfernt ist oder wenn im Falle wiederholter Bekanntmachung die vorgeschriebenen Zwischenfristen nicht eingehalten sind.

I. Normzweck

Es soll verhindert werden, dass Irrtümer der Geschäftsstelle, insbesondere bei der Fristberech- 1
nung, die öffentliche Bekanntmachung zu Fall bringen.

II. Norminhalt

Die öffentliche Bekanntmachung (§ 948 Abs. 1) ist wirksam, auch wenn landes- oder bundes- 2
rechtlich vorgeschriebene Aushangsfristen nicht ausgeschöpft oder sog. Zwischenfristen nicht beachtet werden. Zwischenfristen sind die für den Fall mehrfacher Bekanntmachung vorgeschriebenen Fristen zwischen den einzelnen Bekanntmachungen. Sie sind nicht mit den Aufgebotsfristen
(vgl. § 950) oder den in §§ 1010 bis 1014 vorgesehenen Fristen zu verwechseln.

§ 950 Aufgebotsfrist

Zwischen dem Tag, an dem die Einrückung oder die erste Einrückung des Aufgebots in den elektronischen Bundesanzeiger erfolgt ist, und dem Aufgebotstermin muss, sofern das Gesetz nicht eine abweichende Anordnung enthält, ein Zeitraum (Aufgebotsfrist) von mindestens sechs Wochen liegen.

I. Normzweck

Die Norm schreibt eine **Mindestfrist** vor, die zwischen der ersten Einrückung der öffentlichen 1
Bekanntmachung und dem Aufgebotstermin liegen muss, und bezeichnet diese Frist im Wege der
Legaldefinition als **Aufgebotsfrist**. Sie soll, angesichts der meist weitreichenden Folgen des Ausschlusses, die Chance der Kenntniserlangung und Rechtswahrung gewähren.

Die Regelung gilt jedoch nur **subsidiär**; sie wird in großem Umfange durch die in §§ 1023, 2
1024 sowie § 11 EGZPO vorbehaltenen **Sonderregeln** des Landesrechts überlagert. Auch in den
§§ 987 Abs. 3, 994 Abs. 1, 1002 Abs. 5, 1010 bis 1015 sowie Art. 59 ScheckG finden sich Sonderregelungen. Auf die für die verschiedenen Aufgebotsarten geltenden Fristen wird bei deren Kommentierung jeweils hingewiesen.

II. Die Aufgebotsfrist

3   Aufgebotsfrist ist der Zeitraum, der zwischen der einmaligen oder der ersten von mehreren Einrückungen in den elektronischen Bundesanzeiger (§ 948) bzw. das anderweitig bestimmte Publikationsorgan (vgl. § 948 Rn. 3) und dem Aufgebotstermin liegt. Ohne Belang ist der Aushang an der Gerichtstafel oder die fakultative Einrückung nach § 948 Abs. 2.

4   Die **Verletzung** der Vorschriften über die Aufgebotsfrist ist Klagegrund für die Anfechtungsklage, § 957 Abs. 2 Nr. 3.

§ 951 Anmeldung nach Aufgebotstermin

Eine Anmeldung, die nach dem Schluss des Aufgebotstermins, jedoch vor Erlass des Ausschlussurteils erfolgt, ist als rechtzeitig anzusehen.

I. Normzweck

1   Das Gesetz regelt die zeitliche Zulässigkeit von Anmeldungen, ohne diesen Begriff selbst jedoch zu erläutern (vgl. dazu Rn. 2).

II. Der Begriff der Anmeldung

2   1. Rechtsnatur. „Anmeldung" ist die dem Gericht gegenüber abzugebende Erklärung, dass dem Anmeldenden ein Recht zustehe, das durch das Verfahren ausgeschlossen werden soll.[1] Sie hat die Rechtsfolgen des § 953 oder die urteilsmäßige Aufrechterhaltung des angemeldeten Rechts zum Ziel, ist also Prozesshandlung in der Form der sog. Erwirkungshandlung.

3   2. Voraussetzungen. a) Der Anmeldende muss die allgemeinen prozessualen **Handlungsvoraussetzungen** erfüllen.

4   b) Die Anmeldung muss gegenüber dem **Aufgebotsgericht** geschehen; „Anmeldungen" in anderen Verfahren (zB von Nachlassgläubigern im Nachlassverfahren) genügen nicht.[2]

5   c) Die Anmeldung kann vor dem Termin **schriftlich** oder zu **Protokoll** der Geschäftsstelle erklärt werden; im Termin ist sie in die Sitzungsniederschrift aufzunehmen.

6   d) **Inhalt** der Anmeldung ist die bloße Rechtsbehauptung; eine Begründung wird grundsätzlich nicht verlangt, vgl. jedoch §§ 996, 1001, auch § 1008.

7   e) Die Anmeldung muss **rechtzeitig** geschehen. In Abweichung von § 296a kann sie angebracht werden, solange das Ausschlussurteil noch nicht verkündet ist.

§ 952 Ausschlussurteil; Zurückweisung des Antrags

(1) Das Ausschlussurteil ist in öffentlicher Sitzung auf Antrag zu erlassen.

(2) Einem in der Sitzung gestellten Antrag wird ein Antrag gleichgeachtet, der vor dem Aufgebotstermin schriftlich gestellt oder zum Protokoll der Geschäftsstelle erklärt worden ist.

(3) Vor Erlass des Urteils kann eine nähere Ermittlung, insbesondere die Versicherung der Wahrheit einer Behauptung des Antragstellers an Eides Statt angeordnet werden.

(4) Gegen den Beschluss, durch den der Antrag auf Erlass des Ausschlussurteils zurückgewiesen wird, sowie gegen Beschränkungen und Vorbehalte, die dem Ausschlussurteil beigefügt sind, findet sofortige Beschwerde statt.

I. Normzweck

1   Die Norm regelt – im Zusammenwirken mit §§ 953, 954 – die Vorgänge im Aufgebotstermin, die Voraussetzungen des Urteilserlasses und – in Abs. 4 – eine an sich systemfremde, aber aus § 957 Abs. 1 erklärbare Urteilsanfechtung durch den Antragsteller mittels sofortiger Beschwerde, sofern das Urteil Beschränkungen und Vorbehalte enthält, mithin dem Antrag nicht im vollen Umfang entspricht.

---

[1] *Stein/Jonas/Schlosser* Rn. 1.
[2] OLG Karlsruhe OLGRspr. 42, 22; *Stein/Jonas/Schlosser* Rn. 1.

II. Das Verfahren im Termin

1. Verhandlung. Die Verhandlung im Aufgebotstermin ist öffentlich (Abs. 1); für sie gelten die §§ 136 ff. entsprechend, wobei als Besonderheit zu beachten ist, dass auch bei Nichterscheinen des Antragstellers verhandelt wird, sofern er nur vorher den Antrag auf Urteilserlass (Abs. 1; dazu Rn. 3) gestellt hat, Abs. 2.[1] Die Verhandlung führt der Richter, vgl. § 946 Rn. 22.

2. Antrag auf Urteilserlass. Neben dem Antrag auf Erlass des Aufgebotes (§ 947) verlangt das Gesetz einen zweiten Antrag, den in Abs. 1 bezeichneten Antrag auf Urteilserlass. Er kann in der Sitzung oder vorher (mithin also auch schon im Erstantragsschriftsatz)[2] gestellt werden, Abs. 2. Hierfür ist die – jeweilige (§ 947 Rn. 3) – **Antragsberechtigung** im **jetzigen** Zeitpunkt erforderlich.

3. Verhandlungsgang. Das Verfahren ist, deutlich vom regulären Zivilprozess abweichend, eigenartig strukturiert:

a) Ist der Antragsteller **säumig** (dh. er hat weder im Termin noch vorher Antrag auf Urteilserlass gestellt, vgl. Rn. 3), so wird er nicht etwa abgewiesen, sondern das Verfahren kommt zum Stillstand, § 954 (vgl. dort Rn. 3).

b) Ist ein Antrag nach Abs. 1 und 2 gestellt, so hat das Gericht die **Voraussetzungen** des Aufgebots wie auch des Urteils (erneut) **zu prüfen** (s. Rn. 9). Dabei können nähere Ermittlungen angeordnet werden (Rn. 11), die unter Umständen zu einer Vertagung führen; ist das Gericht von der Unzulässigkeit des Antrages (Verfahrens) – bereits jetzt – überzeugt, hat es den Antrag durch Beschluss zurückzuweisen, Abs. 4 (vgl. dazu Rn. 12).

c) Hält das Gericht das bisherige Verfahren und den Antrag für **ordnungsgemäß**, so kommt es darauf an, ob eine Anmeldung (§ 951) vorliegt:

aa) Liegt **keine** oder eine unwirksame **Anmeldung** vor, so ergeht ein uneingeschränktes Ausschlussurteil, Rn. 13.

bb) Liegt eine **ordnungsgemäße** (vgl. § 951 Rn. 3 bis 7) **Anmeldung** vor, so kann ein Vorbehaltsurteil mit Beschränkung oder ein solches mit Vorbehalt ergehen, es kann aber auch das Verfahren ausgesetzt werden. Vgl. zu alledem die Erläuterung zu § 953.

4. Überprüfung der Zulässigkeit des Verfahrens. Aus Abs. 3 wird allgemein abgeleitet, dass das Gericht an die das Aufgebot zulassende Entscheidung nicht gebunden ist, sondern bei Vorliegen eines ordnungsgemäßen Urteilsantrages die **Voraussetzungen** des Aufgebotes (vgl. dazu § 947 Rn. 14) erneut und selbständig zu prüfen hat.[3]

Daneben sind, wie immer alle **Tatsachen** zu beachten, die bis zum **Schluss** der mündlichen Verhandlung eintreten, so zB Rechtsnachfolge beim Antragsteller, Insolvenzeröffnung, nunmehrige unbeschränkte Haftung des Erben (vgl. § 991 Abs. 1).

Hinsichtlich aller dieser Prüfungsgegenstände kann das Gericht nach Abs. 3 vom Antragsteller (weitere) Darlegungen verlangen, es kann **Ermittlungen** anstellen und Beweisantritt anregen. Zugelassen ist, kraft ausdrücklicher Erwähnung, auch die Versicherung an Eides Statt.

III. Die Sachentscheidung im Aufgebotstermin

1. Antragszurückweisung. Hält das Gericht das Verfahren für unzulässig (vgl. Rn. 9), so wird der Antrag auf Urteilserlass durch Beschluss zurückgewiesen. Der Beschluss wird verkündet; er ist gem. § 329 Abs. 3 zuzustellen. Nach Wegfall der Sonderregelung in § 577 Abs. 2 aF beginnt auch in diesem Fall die Beschwerdefrist mit der Zustellung, § 569 Abs. 1 S. 2.

2. Ausschlussurteil. Hält das Gericht das Verfahren für zulässig, so ergeht antragsgemäß das Ausschlussurteil. Es spricht die Rechtsnachteile aus, die gemäß § 947 Abs. 2 Nr. 3 angedroht wurden, ist mithin ein **Gestaltungsurteil**.[4]

Die §§ 309 bis 315 gelten auch für das Ausschlussurteil. Wegen § 957 Abs. 1 wird es mit **Verkündung** wirksam,[5] eine Zustellung an den Antragsteller unterbleibt. Wegen einer öffentlichen Bekanntmachung s. Erläuterung zu § 956.

---

[1] Stein/Jonas/Schlosser Rn. 1.
[2] Stein/Jonas/Schlosser Rn. 1.
[3] Rosenberg/Schwab/Gottwald § 172 Rn. 16; Stein/Jonas/Schlosser Rn. 3; Baumbach/Lauterbach/Hartmann Rn. 1.
[4] Rosenberg/Schwab/Gottwald § 172 Rn. 13; Musielak/Ball Rn. 7.
[5] BGH NJW 1980, 1521.

15   Eine **Anfechtung** des Urteils findet nur im Falle von Abs. 4 statt (§ 957 Abs. 1), vgl. zu den Fragen von Beschränkungen und Vorbehalten u. zur Anfechtung nach Abs. 4 bei § 953 Rn. 5 ff.

§ 953 Wirkung einer Anmeldung

Erfolgt eine Anmeldung, durch die das von dem Antragsteller zur Begründung des Antrags behauptete Recht bestritten wird, so ist nach Beschaffenheit des Falles entweder das Aufgebotsverfahren bis zur endgültigen Entscheidung über das angemeldete Recht auszusetzen oder in dem Ausschlussurteil das angemeldete Recht vorzubehalten.

I. Normzweck

1   Die Norm unterscheidet zunächst die in ihr angesprochenen **rechtsbestreitenden Anmeldungen** (s. Rn. 4) von den nur in ihrer Rechtsfolge („Beschränkungen" iSv. § 952 Abs. 4) geregelten **einschränkenden** Anmeldungen (vgl. Rn. 3). Für die erstgenannte Anmeldeart regelt sie deren Auswirkungen auf das Verfahren. Zusammen mit § 952 Abs. 4 wird klargestellt, dass bei Vorliegen einer wirksamen Anmeldung ein uneingeschränktes oder vorbehaltloses Urteil nicht ergehen kann.

II. Anmeldungsarten

2   **1. Uneigentliche Anmeldung.** Sie liegt dann vor, wenn der „Anmelder" kein eigenes Recht behauptet, das vom angedrohten Rechtsnachteil erfasst würde, sondern Verfahrensvoraussetzungen bestreitet oder den Verfahrensgang rügt. In einem solchen Falle liefert sein Vorbringen lediglich Material für die ohnehin gebotene Amtsprüfung (vgl. dazu § 952 Rn. 9 bis 11).

3   **2. Echte Anmeldungen. a)** Eine lediglich **einschränkende** Anmeldung liegt vor, wenn das behauptete Recht das des Antragstellers nicht ausschließt, also mit dessen Recht nicht kollidiert. Hauptfall ist die Anmeldung einer Nachlassverbindlichkeit im Verfahren nach §§ 989 ff. Hier liegt kein Fall des § 953, sondern ein Fall der in § 952 Abs. 4 angesprochenen Beschränkungen vor, vgl. Rn. 5, 6.

4   **b)** Die in § 953 angesprochene **rechtsbestreitende** Anmeldung ist dadurch gekennzeichnet, dass sie mit dem Recht des Antragstellers kollidiert: nur eine der beiden Rechtsbehauptungen kann richtig sein (Beispiel: Im Falle des § 991 meldet sich ein näherer Erbe[1]), oder das angemeldete Recht – besteht es – ist stärker als das Recht des Antragstellers (Beispiel: Im Falle des § 977 meldet sich der Eigentümer). Nur diese Fälle regelt § 953; zur gerichtlichen Entscheidung vgl. Rn. 7 ff.

III. Verfahrensfolgen der echten Anmeldungen

5   **1. Einschränkende Anmeldung.** Eine wirksame einschränkende Anmeldung (zum Begriff Rn. 3) führt zwingend dazu, dass das Ausschlussurteil mit einer Beschränkung iSv. § 952 Abs. 4 versehen wird. Es wird also zB der Rechtsnachteil des § 995 ausgesprochen, jedoch beschränkt auf die Gläubiger, die sich verschwiegen haben, dh. mit Ausnahme der namentlich zu benennenden Anmelder.

6   Diese Beschränkung kann nach § 952 Abs. 4 mit der sofortigen Beschwerde angefochten werden. Im Beschwerdeverfahren kann jedoch angesichts des Ausschlusses jeder materiellen Rechtsprüfung aus dem Aufgebotsverfahren[2] nur gerügt werden, es habe keine wirksame Anmeldung vorgelegen oder der angemeldete Anspruch sei zweifelsfrei keine Nachlassverbindlichkeit.

7   **2. Rechtsbestreitende Anmeldungen. a)** Auch hier gilt, dass das Aufgebotsverfahren nicht über die geltend gemachten bzw. behaupteten materiellen Rechte zu entscheiden hat; dies bleibt auf jeden Fall dem ordentlichen Zivilprozess vorbehalten. Dem Gericht stehen bei Vorliegen einer wirksamen rechtsbestreitenden Anmeldung (zum Begriff s. Rn. 4) **zwei Entscheidungsmöglichkeiten** zur Verfügung: Aussetzung (Rn. 8) oder Erlass des Ausschlussurteils mit Vorbehalt (Rn. 11).

8   **b) Auszusetzen** ist dann, wenn Antrag und Anmeldung dergestalt kollidieren, dass von den beiden Rechtsbehauptungen nur eine richtig sein kann.[3] Die Aussetzung geschieht durch Beschluss, der im Termin verkündet, ansonsten gemäß § 329 Abs. 2 mitgeteilt wird. Nach § 252 kann die Aussetzung mit der sofortigen Beschwerde angefochten werden. Im Beschwerdeverfahren kann nur

---

[1] So auch *Stein/Jonas/Schlosser* Rn. 2.
[2] BGHZ 76, 169 = NJW 1980, 1521 = LM Nr. 1.
[3] Ähnlich: *Stein/Jonas/Schlosser* Rn. 3; *Baumbach/Lauterbach/Hartmann* Rn. 1.

gerügt werden, dass überhaupt keine wirksame Anmeldung vorliege, oder dass die Anmeldung zwar wirksam sei aber nach oben Rn. 3 bzw. nach unten Rn. 11 zu behandeln gewesen wäre.

Die Aussetzung gibt den Beteiligten Gelegenheit, im **ordentlichen Verfahren** die Rechtslage 9 einer Klärung zuzuführen. Regelmäßig wird der Anmelder Kläger sein, denn Streitgegenstand ist das Recht des Anmeldenden, nicht das des Antragstellers (vgl. den Wortlaut der Norm: „... Entscheidung über das angemeldete Recht ..."); die Zulässigkeit einer negativen Feststellungsklage des Antragstellers wird jedoch allgemein bejaht.[4]

Obsiegt der **Anmelder**, so wird der Antrag auf Erlass des Ausschlussurteils zurückgewiesen. Ob- 10 siegt der **Antragsteller**, so ergeht ein vorbehaltloses Ausschlussurteil.

c) Liegt eine wirksame rechtsbestreitende Anmeldung vor, die jedoch **nicht** zur **Aussetzung** 11 nötigt (Rn. 8), so ergeht **Ausschlussurteil**, in dem das angemeldete Recht vorbehalten wird.

Gegen den **Vorbehalt** ist die **sofortige Beschwerde** des § 952 Abs. 4 statthaft. Auch hier kann 12 jedoch das Beschwerdegericht nicht in der Sache entscheiden; der Beschwerdeführer kann nur vorbringen, es habe keine wirksame Anmeldung vorgelegen oder, die Anmeldung hätte wie in Rn. 8 behandelt werden müssen. Der Vorbehalt verschafft dem Anmelder keine materielle Position, die er nicht ohnehin innehat; sie wahrt ihm diese nur gegenüber dem Antragsteller, so sie besteht. Auch hier kann endgültige Klärung nur im ordentlichen Zivilprozess gesucht werden. Dessen Gegenstand sind nicht die Ausschlussvoraussetzungen,[5] sondern das angemeldet Recht. Ist es stärker als das Recht des Antragstellers, so obsiegt der Anmelder, die Ausschlusswirkung tritt ihm gegenüber nicht ein und er kann sein Recht weiter verfolgen. Obsiegt der Antragsteller, so wird er so behandelt, als ob zu seinen Gunsten ein vorbehaltloses Ausschlussurteil ergangen wäre.[6]

§ 954 Fehlender Antrag

¹Wenn der Antragsteller weder in dem Aufgebotstermin erschienen ist noch vor dem Termin den Antrag auf Erlass des Ausschlussurteils gestellt hat, so ist auf seinen Antrag ein neuer Termin zu bestimmen. ²Der Antrag ist nur binnen einer vom Tag des Aufgebotstermins laufenden Frist von sechs Monaten zulässig.

I. Normzweck

Die Vorschrift enthält eine eigenständige Regelung für den Fall der Säumnis des Antragstellers. 1 Weder gilt § 330 noch kann Wiedereinsetzung gewährt werden. Das Gesetz erhält dem Antragsteller vielmehr befristet die Wirkungen des aufwändigen Aufgebots.

II. Das Recht auf Terminswiederholung

1. Säumnis. Der Antragsteller ist säumig, wenn er im Termin nicht erscheint (oder zwar er- 2 scheint, jedoch keinen Antrag nach § 952 Abs. 1 stellt) und auch keinen schriftlichen Antrag gestellt hat.

2. Neuer Termin. Im Säumnisfalle kommt das Verfahren tatsächlich zum Stillstand, dh. der Ter- 3 min wird beendet und die Akte mit einer Wiedervorlagefrist von sechs Monaten weggelegt; einer förmlichen Anordnung nach § 251 bedarf es nicht.

Innerhalb der vom Terminstage an laufenden (nicht verlängerbaren, § 224 Abs. 2) Frist kann der 4 Antragsteller einmal die Anberaumung eines neuen Termines beantragen. Wird ein Antrag nicht gestellt, so ist nach § 7 Abs. 3 lit. e AktO zu verfahren (= Aktenweglegung nach sechs Monaten).

§ 955 Neuer Termin

Wird zur Erledigung des Aufgebotsverfahrens ein neuer Termin bestimmt, so ist eine öffentliche Bekanntmachung des Termins nicht erforderlich.

I. Weitere Termine

Nach dem im Aufgebot bestimmten (§ 947 Abs. 2 Nr. 4) Termin kann es zu weiteren Terminen 1 kommen,

---

[4] RG JW 1892, 496; *Stein/Jonas/Schlosser* Rn. 3; *Baumbach/Lauterbach/Hartmann* Rn. 3.
[5] BGH (Fn. 2).
[6] RGZ 67, 95, 100; *Zöller/Geimer* Rn. 2; *Stein/Jonas/Schlosser* Rn. 2.

§§ 956, 957

- wenn der Aufgebotstermin auf Antrag oder zur Durchführung weiterer Ermittlungen vertagt wurde (vgl. § 952 Rn. 5),
- wenn das Verfahren nach den allgemeinen Regeln unterbrochen war und nunmehr fortgeführt wird,
- wenn gemäß § 953 ausgesetzt war und nach Erledigung des Kollisionsstreites das Verfahren fortgeführt wird (vgl. § 953 Rn. 8 bis 10),
- wenn nach Säumnis des Antragstellers ein neuer, rechtzeitiger Terminsantrag gestellt wird, § 954.

II. Behandlung der Terminsbestimmung

2 Die Norm stellt klar, dass eine öffentliche Bekanntmachung des neuen Termines nicht erforderlich ist; das Aufgebot wirkt für alle Termine in demselben Verfahren.

3 Unberührt bleiben die allgemeinen Vorschriften, dh. dass die nicht verkündete Terminsbestimmung dem Antragsteller und anderen bekannten Beteiligten (Anmeldern) von Amts wegen zuzustellen ist.

§ 956 Öffentliche Bekanntmachung des Ausschlussurteils

Das Gericht kann die öffentliche Bekanntmachung des wesentlichen Inhalts des Ausschlussurteils durch einmalige Einrückung in den elektronischen Bundesanzeiger anordnen.

I. Die Bekanntmachung des Ausschlussurteils

1 Das Ausschlussurteil ist zu **verkünden**, vgl. § 952 Abs. 1. Die allgemein in § 317 vorgeschriebene **Urteilszustellung** erscheint im Aufgebotsverfahren entbehrlich,[1] da die mit ihr verbundenen Funktionen hier nicht eingreifen: das Ingangsetzen einer Rechtsmittelfrist scheidet wegen § 957 Abs. 1 aus; die Klagefrist gemäß §§ 957 Abs. 2, 958 wird durch Kenntnis von Urteil bzw. Anfechtungsgrund in Lauf gesetzt (vgl. § 958 Rn. 6, 7), der nach § 957 Abs. 2 Klagebefugte ist ohnehin im Aufgebotsverfahren nicht zwingend bereits bekannt; eine Vollstreckung des Ausschlussurteils scheidet aus.

2 Durch § 956 wird das Gericht ermächtigt, eine auszugsweise **öffentliche Bekanntmachung** des Urteils durch Einrückung in den elektronischen Bundesanzeiger anzuordnen; den Umfang des Auszuges bestimmt das Gericht.

II. Besonderheiten

3 Nach § 1017 Abs. 2 ist die öffentliche Bekanntmachung für das Aufgebot von Urkunden obligatorisch. Freilich ermächtigen die §§ 1023, 1024 die Landesgesetzgebung, von § 1017 Abs. 2 abzuweichen und zu § 956 Ergänzendes zu bestimmen. Bei der Kommentierung der einzelnen Aufgebotsarten wird darauf jeweils hingewiesen.

§ 957 Anfechtungsklage

(1) Gegen das Ausschlussurteil findet ein Rechtsmittel nicht statt.

(2) Das Ausschlussurteil kann bei dem Landgericht, in dessen Bezirk das Aufgebotsgericht seinen Sitz hat, mittels einer gegen den Antragsteller zu erhebenden Klage angefochten werden:
1. wenn ein Fall nicht vorlag, in dem das Gesetz das Aufgebotsverfahren zulässt;
2. wenn die öffentliche Bekanntmachung des Aufgebots oder eine in dem Gesetz vorgeschriebene Art der Bekanntmachung unterblieben ist;
3. wenn die vorgeschriebene Aufgebotsfrist nicht gewahrt ist;
4. wenn der erkennende Richter von der Ausübung des Richteramts kraft Gesetzes ausgeschlossen war;
5. wenn ein Anspruch oder ein Recht ungeachtet der Anmeldung nicht dem Gesetz gemäß in dem Urteil berücksichtigt ist;

---

[1] *Stein/Jonas/Schlosser* § 956 Rn. 2.

Anfechtungsklage 1–7 § 957

6. wenn die Voraussetzungen vorliegen, unter denen die Restitutionsklage wegen einer Straftat stattfindet.

Übersicht

	Rn.		Rn.
I. Normzweck	1	2. Klageberechtigung	6
II. Die Rechtskraft des Ausschlussurteils	2–4	3. Rechtsschutzbedürfnis	7
1. Formelle Rechtskraft	2	4. Zuständigkeit	8
2. Materielle Rechtskraft	3, 4	5. Klagefrist	9
		6. Anfechtungsgründe	10–16
III. Die Anfechtungsklage	5–19	7. Urteil	17
1. Rechtsnatur	5	8. Anfechtung; Rechtskraft	18, 19

I. Normzweck

Die Norm regelt die Rechtsbehelfe gegen das Ausschlussurteil. Der Ausschluss einer unmittelbaren Anfechtung (Abs. 1) rechtfertigt sich nach den Motiven aus dem Fehlen eines Verfahrensgegners und der Unmöglichkeit einer gerechten Lösung des Fristproblems bei Zulassung von Berufung oder Einspruch.[1] **1**

II. Die Rechtskraft des Ausschlussurteils

1. Formelle Rechtskraft. Da nach Abs. 1 gegen das Ausschlussurteil kein Rechtsmittel statthaft ist – die sofortige Beschwerde des § 952 Abs. 4 richtet sich nur gegen beigefügte Beschränkungen und Vorbehalte – wird es mit Verkündung rechtskräftig.[2] **2**

2. Materielle Rechtskraft. Sie umfasst **objektiv** in erster Linie die ausgesprochenen Rechtsnachteile, aber auch die Zulässigkeit von Aufgebot und Verfahren, sowie die Rechtmäßigkeit der kraft Gesetzes mit dem Ausschlussurteil verknüpften Folgemaßnahmen, zB Grundbucheintragungen nicht aber die Existenz des Rechts auf das sich das Aufgebot bezieht.[3] Die Rechtskraft des Ausschlussurteils ist ferner Rechtsgrund iSd. §§ 812 ff. für einen an es anknüpfenden Erwerb, so zB nach § 927 Abs. 2 BGB; dem ausgeschlossenen Berechtigten steht deshalb kein Kondiktionsanspruch zu.[4] Anderes gilt beim Urkundenaufgebot, vgl. §§ 1003 bis 1024 Rn. 45. **3**

Subjektiv wirkt die Rechtskraft gegen jeden, an den das Aufgebot gerichtet war. **4**

III. Die Anfechtungsklage

1. Rechtsnatur. Die Anfechtungsklage ist der einzige Rechtsbehelf zur Beseitigung des rechtskräftigen Ausschlussurteils. Nichtigkeits- und Restitutionsklage sind unzulässig.[5] Die Anfechtungsklage ist eine **Rechtsgestaltungsklage;** ihr Ziel ist die Beseitigung oder Änderung des ausgesprochenen Rechtsnachteils mit rückwirkender Kraft; sie ist gegen den Antragsteller des Aufgebotsverfahrens zu richten. **5**

2. Klageberechtigung. Klageberechtigt ist jeder, dessen Rechtsstellung durch das Urteil berührt wird,[6] weil sich das Aufgebot gegen ihn gerichtet hat. **6**

3. Rechtsschutzbedürfnis. Die allgemeinen Grundsätze gelten auch hier. Soweit darüber hinaus vereinzelt ein besonderes, im Einzelfall nachzuweisendes Rechtsschutzbedürfnis verlangt wird,[7] ist eine Notwendigkeit nicht erkennbar. In dem überall zitierten Fall[8] der Vereitelung eines zuerkannten Löschungsanspruches ohne eigenes schutzwürdiges Interesse fehlte das Rechtsschutzbedürfnis auch nach den allgemeinen Regeln. **7**

---

[1] *Hahn/Mugdan* Bd. 2, S. 484.
[2] BGH NJW 1980, 2529 u. DtZ 1994, 214; *Stein/Jonas/Schlosser* Rn. 1; *Zöller/Geimer* Rn. 1; *Baumbach/Lauterbach/Hartmann* Rn. 1.
[3] *Stein/Jonas/Schlosser* Rn. 2; *Baumbach/Lauterbach/Hartmann* Rn. 1.
[4] LG Koblenz NJW 1963, 254; MünchKommBGB/*Kanzleiter* § 927 Rn. 8; *Baumbach/Lauterbach/Hartmann* Rn. 1; *Stein/Jonas/Schlosser* Rn. 2.
[5] BGH NJW 1994, 214; RG SeuffA 42, 121; *Stein/Jonas/Schlosser* Rn. 1.
[6] BGH NJW 1956, 1320.
[7] *Bettermann* JZ 1969, 35.
[8] RGZ 155, 72.

§ 957 8–19

8   **4. Zuständigkeit.** Ohne Rücksicht auf den Wert des Streitgegenstandes ist **ausschließlich**[9] das **Landgericht** zuständig, in dessen Bezirk das Aufgebotsgericht seinen Sitz hat. Dies gilt auch dann, wenn das Aufgebotsgericht unzuständig war.[10]

9   **5. Klagefrist.** Die Klage muss innerhalb der Notfrist des § 958 erhoben werden, vgl. dort Rn. 2 ff.

10   **6. Anfechtungsgründe.** In Abs. 2 sind enumerativ diejenigen Gründe aufgezählt, auf die die Anfechtungsklage gestützt werden kann; andere Gründe rechtfertigen die Klage nicht.[11] Insbesondere ist dem Gericht jede materiell-rechtliche Überprüfung verwehrt. Aber auch die formale Prüfung beschränkt sich auf die Gründe des Abs. 2; selbst schwerwiegende Verfahrensfehler, die dort nicht genannt sind, wie etwa die Unzuständigkeit des Aufgebotsgerichts,[12] rechtfertigen die Klage nicht.

11   Die einzelnen Anfechtungsgründe:

Nr. 1: Unzulässigkeit des Aufgebots liegt vor, wenn das materielle Recht für den infragestehenden Fall ein Aufgebotsverfahren überhaupt nicht vorsieht, wenn also eine gesetzliche Verfahrensgrundlage überhaupt fehlt.[13] Nicht hierher gehört, ob das Aufgebotsgericht ein an sich mögliches Verfahren gesetzmäßig geführt hat, sofern nicht einer der Fälle der Nr. 2 bis 6 vorliegt. Gleichgestellt wird dem vom Gesetz nicht vorgesehenen Verfahren die Feststellung eines gesetzlich nicht vorgesehenen Rechtsnachteils.[14]

12   **Nr. 2:** Sie bezieht sich auf die Vorschriften der §§ 948 Abs. 1, 949, 1006 Abs. 2, 1009, sowie auf die gemäß § 1023, § 11 EGZPO vorbehaltenen landesrechtlichen Vorschriften. Nach ihrem eindeutigen Wortlaut erfasst sie nicht nur die öffentliche, sondern jede vorgeschriebene Art der Bekanntmachung. In den Fällen der §§ 994 Abs. 2, 1001 ist die Benachrichtigung bekannter Interessenten zwar nur mit Sollvorschrift vorgeschrieben. Trotzdem ist eine Verletzung Anfechtungsgrund, denn sie wiegt schwerer als eine unterlassene öffentliche Bekanntmachung.[15] Zur „öffentlichen Bekanntmachung" gehört auch ihr Inhalt; ein Verstoß gegen § 947 Abs. 2 fällt somit unter Nr. 2. Ordnet das Urteil einen anderen Rechtsnachteil an als das Aufgebot, so liegt gleichfalls ein Fall der Nr. 2 vor, denn der verhängte Rechtsnachteil war nicht öffentlich bekannt gemacht.

13   **Nr. 3:** Gemeint ist die in § 950 bzw. in den an seine Stelle tretenden Vorschriften (vgl. § 950 Rn. 2) vorgesehene Mindestfrist.

14   **Nr. 4:** Entspricht § 547 Nr. 2 und § 579 Nr. 2, jedoch fehlt der dort jeweils beigefügte, mit „sofern nicht ..." beginnende einschränkende Halbsatz, der hier keine Bedeutung haben kann, weil der nicht zum Verfahren beigezogene Aufgebotsgegner keine Ablehnungsmöglichkeit hat. „Erkennender Richter" ist der Richter, der das Ausschlussurteil erlassen hat.

15   **Nr. 5:** Die Nichtberücksichtigung einer Anmeldung setzt eine wirksame Anmeldung voraus (vgl. § 951 Rn. 3 bis 7) voraus, deren Berücksichtigung vorgeschrieben ist, vgl. dazu § 953 Rn. 5 bis 11.

16   **Nr. 6:** Verweist auf die in § 580 Nr. 1 bis 5 genannten Fälle. § 581 ist entsprechend anwendbar.

17   **7. Urteil.** Das Urteil kann die Klage als unzulässig oder unbegründet abweisen; es kann auf Aufhebung des Ausschlussurteils (ggf. nur gegenüber dem Kläger, vgl. Rn. 19) lauten. Liegt ein Fall von Abs. 2 Nr. 5 (Rn. 15) vor, so kann das Ausschlussurteil dahin ergänzt werden, dass das durch §§ 952 Abs. 4, 953 Gebotene (Beschränkung oder Vorbehalt, vgl. § 953 Rn. 5 ff.) angeordnet wird. Andere Ergänzungen oder Änderungen sind im Hinblick auf die eingetretene Gestaltungswirkung unzulässig.

18   **8. Anfechtung; Rechtskraft.** Gegen das Urteil ist **Berufung** und nach Maßgabe von § 543 **Revision** statthaft. Die formelle Rechtskraft tritt somit nach den allgemeinen Regeln ein.

19   Die **materielle** Rechtskraft wirkt nach den allgemeinen Regeln nur zwischen den Parteien. Eine Aufhebung des Ausschlussurteils beseitigt dessen Wirkungen nur gegenüber dem Kläger, nicht aber gegenüber anderen, mit ausgeschlossenen Dritten.[16] Ggf. empfiehlt es sich, den Urteilstenor entsprechend zu fassen, obwohl die geschilderte Wirkung davon nicht abhängt.

---

[9] RGZ 78, 377.
[10] *Stein/Jonas/Schlosser* Rn. 10.
[11] RGZ 78, 377, BGH NJW 1980, 2529; *Stein/Jonas/Schlosser* Rn. 4; *Musielak/Ball* Rn. 4.
[12] RGZ 78, 377.
[13] RGZ 48, 349; BGH (Fn. 11).
[14] *Stein/Jonas/Schlosser* Rn. 4.
[15] *Reimer* ZZP 72 (1959), 787; *Rosenberg/Schwab/Gottwald* § 172 Rn. 24; *Stein/Jonas/Schlosser* Rn. 5; *Thomas/Putzo* Rn. 5; aA OLG Karlsruhe OLGRspr. 42, 22; *Baumbach/Lauterbach/Hartmann* Rn. 5.
[16] *Rosenberg/Schwab/Gottwald* § 172 Rn. 29; *Zöller/Geimer* Rn. 2; *Musielak/Ball* Rn. 8; aA *Stein/Jonas/Schlosser* Rn. 11, die zwischen Gestaltungswirkung und Rechtskraft unterscheiden. Das ist richtig, aber auch die Gestaltungswirkung tritt nur inter partes ein.

§ 958 Klagefrist

(1) ¹Die Anfechtungsklage ist binnen der Notfrist eines Monats zu erheben. ²Die Frist beginnt mit dem Tage, an dem der Kläger Kenntnis von dem Ausschlussurteil erhalten hat, in dem Falle jedoch, wenn die Klage auf einem der im § 957 Nr. 4, 6 bezeichneten Anfechtungsgründe beruht und dieser Grund an jenem Tage noch nicht zur Kenntnis des Klägers gelangt war, erst mit dem Tage, an dem der Anfechtungsgrund dem Kläger bekannt geworden ist.

(2) Nach Ablauf von zehn Jahren, von dem Tage der Verkündung des Ausschlussurteils an gerechnet, ist die Klage unstatthaft.

I. Normzweck

Die Norm schreibt für die Erhebung der in § 957 geregelten Anfechtungsklage eine Notfrist vor. Sie stimmt mit der des § 586 Abs. 1 überein und beruht auf denselben Erwägungen, vgl. dort Rn. 1. **1**

II. Notfrist zur Klageerhebung

1. Bedeutung der Frist. Die Norm schreibt eine Frist vor, innerhalb der die Anfechtungsklage zu erheben ist. Sie ist **von Amts wegen** zu prüfen; wegen der sachlichen Nähe zu § 586 dürfte auch § 589 Abs. 2 entsprechend anzuwenden sein.[1] **2**

Zur **Fristwahrung** genügt bei Erfüllung der Voraussetzungen des § 167 die Einreichung der Klage. **3**

Eine **Verlängerung** oder **Verkürzung** der Frist scheidet gemäß § 224 Abs. 2 aus. Wiedereinsetzung (§ 233) ist jedoch zulässig. **4**

Ebenso wie bei § 586 genügt die Klageerhebung vor einem **unzuständigen** Gericht, wenn gemäß § 281 an das zuständige Gericht weiterverwiesen wird. Dass die Verweisung erst nach Fristablauf geschieht, schadet nicht, vgl. § 586 Rn. 15. **5**

2. Fristbeginn. In den Fällen des § 957 Abs. 2 Nr. 1, 2, 3 und 5 beginnt sie mit dem Tage, an dem der Kläger bzw. sein gesetzlicher Vertreter **Kenntnis** von dem **Ausschlussurteil** erlangt hat. Kennenmüssen genügt nicht; bloße Kenntnis vom Termin ist somit unerheblich. **6**

In den Fällen des § 957 Abs. 2 Nr. 4 und 6 beginnt die Frist mit **Kenntnis** vom **Anfechtungsgrund**. Lag diese Kenntnis schon vor dem Zeitpunkt der Kenntniserlangung vom Ausschlussurteil, so gilt der letztgenannte Zeitpunkt.[2] Wegen des Begriffes „Kenntnis des Anfechtungsgrundes" vgl. § 586 Rn. 9. **7**

Die Vorschrift des Abs. 2 entspricht, abgesehen von der Fristlänge, der Regelung in § 586 Abs. 2 S. 2. **8**

§ 959 Verbindung mehrerer Aufgebote

Das Gericht kann die Verbindung mehrerer Aufgebote anordnen, auch wenn die Voraussetzungen des § 147 nicht vorliegen.

Verbindung mehrerer Aufgebote ist auch zulässig ohne Vorliegen der Voraussetzungen des § 147, also auch bei ungleichartigen Gegenständen und Fehlen jeder Beziehung zwischen den Verfahren. Begründet wird diese merkwürdige Regelung mit möglicher Kostenersparnis. Eine solche tritt jedoch bei ungleichartigen Gegenständen kaum ein, weil die Aufgebote inhaltlich zu unterschiedlich sind, um zusammengefasst werden zu können. Etwas anderes mag gelten, wenn mehrere Anträge auf Aufgebote zB von Hypothekenbriefen vorliegen, bei denen ein weitgehend einheitliches Aufgebot möglich ist, sodass Veröffentlichungskosten gespart werden können. **1**

§§ 960–976 (weggefallen)

---

[1] *Stein/Jonas/Schlosser* Rn. 1.
[2] *Stein/Jonas/Schlosser* Rn. 2.

§§ 977–981

§ 977 Aufgebot des Grundstückseigentümers

Für das Aufgebotsverfahren zum Zwecke der Ausschließung des Eigentümers eines Grundstücks nach § 927 des Bürgerlichen Gesetzbuchs gelten die nachfolgenden besonderen Vorschriften.

§ 978 Zuständigkeit

Zuständig ist das Gericht, in dessen Bezirk das Grundstück belegen ist.

§ 979 Antragsberechtigter

Antragsberechtigt ist derjenige, der das Grundstück seit der im § 927 des Bürgerlichen Gesetzbuchs bestimmten Zeit im Eigenbesitz hat.

§ 980 Glaubhaftmachung

Der Antragsteller hat die zur Begründung des Antrags erforderlichen Tatsachen vor der Einleitung des Verfahrens glaubhaft zu machen.

§ 981 Inhalt des Aufgebots

In dem Aufgebot ist der bisherige Eigentümer aufzufordern, sein Recht spätestens im Aufgebotstermin anzumelden, widrigenfalls seine Ausschließung erfolgen werde.

Übersicht

	Rn.		Rn.
I. Materielle Voraussetzungen	1–4	III. Das Aufgebot	9–11
1. Eigenbesitz	2	1. Inhalt	9
2. Unrichtige Grundbucheintragung	3	2. Bekanntmachung	10
3. Weitere Voraussetzungen	4	3. Frist	11
II. Voraussetzungen des Aufgebots	5–8	IV. Das Ausschlussurteil	12–14
1. Zuständigkeit	5	1. Inhalt	12
2. Antrag	6–8	2. Wirkung	13, 14
a) Antragsberechtigung	6, 7	V. Besonderheiten im Beitrittsgebiet	15
b) Voraussetzungen	8		

I. Materielle Voraussetzungen

1 Nach § 927 BGB kann der Eigentümer eines Grundstücks (grundstücksgleichen Rechts, Miteigentumsanteiles)[1] mit seinem Recht ausgeschlossen werden. Auf das fortgeltende Gebäudeeigentum ist § 927 BGB nicht anwendbar, Art. 233 § 4 Abs. 1 EGBGB. Voraussetzungen dafür sind:

2 **1. Eigenbesitz** (§ 872 BGB) des Antragstellers (§ 979; s. Rn. 6), der seit mindestens 30 Jahren andauert. Für die Fristberechnung gelten nach § 927 Abs. 1 S. 2 BGB die §§ 989 ff. BGB entsprechend. Besitzzeiten von Rechtsvorgänger und Rechtsnachfolger im Besitz werden zusammengerechnet (§ 943 BGB).[2]

3 **2.** Hinzukommen muss ein im Hinblick auf das Eigentum entweder **unrichtiges** bzw. inhaltlich **unzulässiges Grundbuch,** dann bestehen über die Erfordernisse in Rn. 2 hinaus keine weiteren Voraussetzungen. Unrichtig ist das Grundbuch, wenn ein Nichteigentümer eingetragen ist.[3] Dies kann auch der Eigenbesitzer sein; ist er jedoch bereits seit 30 Jahren eingetragen, so erwirbt er das Eigentum gemäß § 900 BGB, sodass es eines Aufgebotsverfahrens nicht bedarf. Inhaltlich unzulässig ist das Grundbuch, wenn überhaupt kein oder ein nach der Rechtsordnung nicht möglicher Eigentümer eingetragen ist, was freilich kaum vorkommen dürfte.

---

[1] AllgM; vgl. MünchKommBGB/*Kanzleiter* § 927 Rn. 3; str. bei „Anteil" eines Gesamthänders: bejahend *Kanzleiter* u. *Soergel/Stürner* § 927 BGB Rn. 1; ablehnend LG Aurich NJW-RR 1994, 1170; *Palandt/Bassenge* § 927 Rn. 1; *Stein/Jonas/Schlosser* § 977 Rn. 1.

[2] OLG Bamberg NJW 1966, 1413 für Erbfolge.

[3] BGH WM 1978, 194; OLG Schleswig SchlHA 1954, 52; LG Bielefeld RdL 1960, 185.

Inhalt des Aufgebots

3. Ist der **wahre Eigentümer** (oder sein Rechtsvorgänger) **eingetragen,** so treten zum Eigen- 4
besitz- und Zeiterfordernis (Rn. 2) gemäß § 927 Abs. 1 S. 3 BGB **weitere Voraussetzungen:** der
Eigentümer muss tot[4] oder verschollen sein (ohne dass es bei Verschollenheit eines förmlichen To-
deserklärungsverfahrens bedürfte) und es darf seit 30 Jahren keine Eintragung im Grundbuch vorgenommen worden sein, die der Zustimmung des Eigentümers bedurfte. Dabei ist unerheblich, ob
eine solche Zustimmung vorlag oder ob sie ordnungswidrig nicht eingeholt wurde, es genügt, dass
sie nach den Vorschriften des Grundbuchverfahrensrechts erforderlich war.[5] Vom Sinn und Zweck
der Regelung her muss es zur Fristunterbrechung auch genügen, dass für den Eigentümer ein Bevollmächtigter (auch mit über den Tod hinaus fortgeltender Vollmacht) gehandelt hat,[6] denn dann
hat der Eigentümer Einfluss auf die Verwaltung des Grundstücks genommen, weil das Bevollmäch-
tigtenhandeln ihm unmittelbar zugerechnet wird. Anderes gilt deshalb beim Handeln eines Abwesenheitspflegers,[7] es unterbricht den Fristablauf nicht.

II. Voraussetzungen des Aufgebots

1. Zuständigkeit. Nach § 978 ist zuständig das Gericht, in dessen Bezirk das Grundstück gele- 5
gen ist. Ggf. ist § 36 Nr. 4 entsprechend anwendbar.

2. Antrag. a) Antragsberechtigt ist nach § 979 der die Voraussetzungen oben Rn. 2 erfüllen- 6
de Besitzer. Mehrere Antragsberechtigte handeln grundsätzlich selbständig, vgl. § 947 Rn. 4.

Im Gegensatz zur Rechtslage beim Aufgebot von Grundpfandrechtsgläubigern kann hier die 7
Pfändbarkeit der Antragstellerrechte bejaht werden,[8] denn es handelt sich nicht nur um ein Ab-
wehr-, sondern um ein Erwerbsrecht. Nach Überweisung (§ 835) kann auch der Pfandgläubiger
den Antrag stellen.

b) Der Antrag muss neben den allgemeinen inhaltlichen **Voraussetzungen** (Bezeichnung des 8
Antragstellers, Bezeichnung des Grundstückes in grundbuchmäßiger Form, Aufgebotsbegehren)
nach § 980 eine Glaubhaftmachung der materiellen Aufgebotsvoraussetzungen (Rn. 1 bis 4) enthalten bzw. anbieten, dh. er muss entsprechenden Sachvortrag enthalten und Mittel der Glaubhaftmachung (§ 294) dafür bezeichnen.

III. Das Aufgebot

1. Inhalt. Neben dem allgemein vorgeschriebenen Inhalt (vgl. § 947 Rn. 17 bis 21) enthält das 9
Aufgebot die Androhung des in § 981 bezeichneten Rechtsnachteiles.

2. Bekanntmachung. Grundsätzlich gilt § 948; vgl. Erl. dort. Durch **Landesrecht** ist jedoch 10
auf Grund der Ermächtigung in § 1024 überwiegend Abweichendes bestimmt:
Bayern: Anheftung an Gerichtstafel und Gemeindetafel sowie Veröffentlichung im Amtsblatt des je-
weiligen Gerichts (Art. 59 bayAGBGB);
Baden-Württemberg: Anheftung an Gerichtstafel und Veröffentlichung im Staatsanzeiger (§§ 24, 30
bwAGGVG);
Berlin: Anheften an Gerichtstafel und Veröffentlichung im Berliner Amtsblatt (§§ 7, 8 berlAGZPO);
Bremen: AGZPO, ZVG und KO enthält lediglich Fristregelung (unten Rn. 11);
Hamburg: Anheftung an Gerichtstafel und Veröffentlichung im Amtsblatt (§§ 4, 6 hambAGZPO);
Niedersachsen: G zur Ergänzung der Vorschriften über das Aufgebotsverfahren, enthält lediglich
Fristregelung (unten Rn. 11);
Nordrhein-Westfalen: Anheftung an Gerichtstafel und Veröffentlichung im Amtsblatt (§§ 7, 8 PrAG-
ZPO idF d. BerGes. v. 7. 11. 1961);
Rheinland-Pfalz: Anheftung an Gerichtstafel und Veröffentlichung im Amtsblatt (§ 2 rhpfAGZPO,
ZVG u. KO);
Saarland: wie NRW;
Sachsen: § 13 JustAG. Anheften an Gerichtstafel und Veröffentlichung im Amtsblatt.
Schleswig-Holstein: wie Berlin.

---

[4] Bei Handelsgesellschaften ist maßgebend der Tod des letzten Gesellschafters, LG Köln RhNotZ 1931, 71 u.
MittRhNotK 1985, 215. Bei juristischen Personen kann auf das Erlöschen abgestellt werden, so *Stein/Jonas/
Schlosser* § 977 Rn. 1.
[5] MünchKommBGB/*Kanzleiter* § 927 Rn. 4; *Staudinger/Pfeifer* § 927 Rn. 11.
[6] MünchKommBGB/*Kanzleiter* (Fn. 5).
[7] AG Berlin-Schöneberg MittBayNot 1975, 22.
[8] RGZ 76, 357; MünchKommBGB/*Kanzleiter* § 927 Rn. 5.

§ 981a 1–4 Buch 9. Aufgebotsverfahren

11 **3. Frist.** Auch hier wird die grundsätzliche Regelung in § 950 durch das **Landesrecht** weitgehend verdrängt.
Drei Monate beträgt die Frist in Bayern, Baden-Württemberg, Berlin, Hamburg, Niedersachsen, Nordrhein-Westfalen, Saarland, Sachsen, Schleswig-Holstein (s. die in Rn. 10 genannten Fundstellen); in Bremen und Rheinland-Pfalz beträgt sie mindestens **6 Wochen** (s. Rn. 10).

IV. Das Ausschlussurteil

12 **1. Inhalt.** Das Urteil schließt den Eigentümer aus. Wird das Eigentümerrecht angemeldet, so ist nach § 953 zu verfahren, vgl. dort Rn. 4, 7 ff. Die Geltendmachung rein schuldrechtlicher Ansprüche auf **Eigentumsverschaffung** ist unbehelflich und führt nicht zu einer Einschränkung des Ausschlussurteils.[9]

13 **2. Wirkung.** Mit der Rechtskraft des Ausschlussurteils (vgl. § 957 Rn. 2) wird das Grundstück **herrenlos**, es sei denn, der **Antragsteller** war als Eigentümer **eingetragen,** dann geht das Eigentum zum gleichen Zeitpunkt ohne weiteres auf ihn über.[10] An dem herrenlosen Grundstück erwirbt der Antragsteller das Eigentum, indem er sich **eintragen** lässt, § 927 Abs. 2 BGB. Enthält das Ausschlussurteil einen Vorbehalt (§ 953), so setzt die Eintragung des Antragstellers (oder der Eigentumserwerb des bereits Eingetragenen) voraus, dass der Dritte zustimmt oder rechtskräftig zur Zustimmung verurteilt wurde.[11]

14 Das Ausschlussurteil wirkt jedoch auch dann nicht gegen den Dritten, der das Eigentum beansprucht, wenn er **vor** Urteilserlass **seine** Eintragung als Eigentümer oder doch jedenfalls die Eintragung eines **Widerspruchs** gegen den Eingetragenen erwirkt, § 927 Abs. 3 BGB.

V. Besonderheiten im Beitrittsgebiet

15 Soweit ein ehemals volkseigener Betrieb an einem vertraglich genutzten Grundstück durch Erweiterungs- und Erhaltungsmaßnahmen gem. § 459 ZGB einen volkseigenen Miteigentumsanteil begründete, besteht nach **§ 114 SachenRBerG** ein besonderes Aufgebotsverfahren, das den noch nicht eingetragenen Anteil zum Erlöschen bringt.[12]

§ 981a Aufgebot des Schiffseigentümers

[1] Für das Aufgebotsverfahren zum Zwecke der Ausschließung des Eigentümers eines eingetragenen Schiffes oder Schiffsbauwerks nach § 6 des Gesetzes über Rechte an eingetragenen Schiffen und Schiffsbauwerken vom 15. November 1940 (RGBl. I S. 1499) gelten die §§ 979 bis 981 entsprechend. [2] Zuständig ist das Gericht, bei dem das Register für das Schiff oder Schiffsbauwerk geführt wird.

I. Materielle Voraussetzungen

1 Nach dem mit § 927 BGB im Wesentlichen inhaltsgleichen § 6 SchiffsRG kann der Eigentümer eines Schiffes ausgeschlossen werden, wenn das Schiff sich zehn Jahre im Eigenbesitz eines anderen befunden hat. Nach § 6 Abs. 1 S. 2 SchiffsRG wird auch hier die Frist nach den Regeln der §§ 938 ff. BGB berechnet (vgl. §§ 977 bis 981 Rn. 2).

2 Die Norm gilt nur für **eingetragene** Schiffe oder Schiffsbauwerke (*Stein-Jonas-Schlosser* Erl. zu § 981a); eintragungsfähige, aber nicht eingetragene Schiffe oder Schiffsbauwerke unterliegen dem Fahrnisrecht.

3 Das Verfahren setzt, wie in § 927 BGB, voraus, dass der eingetragene Eigentümer **verstorben** oder **verschollen** ist und eine Eintragung, die seiner Zustimmung bedurft hätte (dazu §§ 977 bis 981 Rn. 4), seit zehn Jahren nicht erfolgt ist. Zu diesen Eintragungen vgl. §§ 29, 30, 31, 32, 35 SchiffsregO.

II. Verfahren

4 **Zuständig** ist das Gericht, bei dem das Register für das Schiff oder Schiffsbauwerk geführt wird.

---

[9] BGHZ 76, 169 = NJW 1980, 1521 = LM § 953 Nr. 1.
[10] *Wolff* § 62 Nr. 5; *Süß* AcP 151 (1950), 1, 13; MünchKommBGB/*Kanzleiter* § 927 Rn. 7; *Staudinger/Pfeifer* § 927 Rn. 26; *Palandt/Bassenge* § 927 Rn. 7.
[11] BGH (Fn. 9); RGZ 67, 95; 76, 360.
[12] Vgl. dazu: *Böhringer* Rpfleger 1995, 51 und NotBZ 2003, 85.

Aufgebot des Grundpfandrechtsgläubigers u. a. §§ 982–987

Im Übrigen gelten die §§ 979 bis 981 entsprechend. Landesrechtliche Besonderheiten in Bezug 5
auf Veröffentlichung des Aufgebots und Aufgebotsfrist gelten hier nicht.

§ 982 Aufgebot des Grundpfandrechtsgläubigers

Für das Aufgebotsverfahren zum Zwecke der Ausschließung eines Hypotheken-, Grundschuld- oder Rentenschuldgläubigers auf Grund der §§ 1170, 1171 des Bürgerlichen Gesetzbuchs gelten die nachfolgenden besonderen Vorschriften.

§ 983 Zuständigkeit

Zuständig ist das Gericht, in dessen Bezirk das belastete Grundstück belegen ist.

§ 984 Antragsberechtigter

(1) Antragsberechtigt ist der Eigentümer des belasteten Grundstücks.

(2) Im Falle des § 1170 des Bürgerlichen Gesetzbuchs ist auch ein im Range gleich- oder nachstehender Gläubiger, zu dessen Gunsten eine Vormerkung nach § 1179 des Bürgerlichen Gesetzbuchs eingetragen ist oder ein Anspruch nach § 1179a des Bürgerlichen Gesetzbuchs besteht, und bei einer Gesamthypothek, Gesamtgrundschuld oder Gesamtrentenschuld außerdem derjenige antragsberechtigt, der auf Grund eines im Range gleich- oder nachstehenden Rechts Befriedigung aus einem der belasteten Grundstücke verlangen kann, sofern der Gläubiger oder der sonstige Berechtigte für seinen Anspruch einen vollstreckbaren Schuldtitel erlangt hat.

§ 985 Glaubhaftmachung

Der Antragsteller hat vor der Einleitung des Verfahrens glaubhaft zu machen, dass der Gläubiger unbekannt ist.

§ 986 Besonderheiten im Fall des § 1170 des Bürgerlichen Gesetzbuchs

(1) Im Falle des § 1170 des Bürgerlichen Gesetzbuchs hat der Antragsteller vor der Einleitung des Verfahrens auch glaubhaft zu machen, dass nicht eine das Aufgebot ausschließende Anerkennung des Rechtes des Gläubigers erfolgt ist.

(2) ¹Ist die Hypothek für die Forderung aus einer Schuldverschreibung auf den Inhaber bestellt oder der Grundschuld- oder Rentenschuldbrief auf den Inhaber ausgestellt, so hat der Antragsteller glaubhaft zu machen, dass die Schuldverschreibung oder der Brief bis zum Ablauf der im § 801 des Bürgerlichen Gesetzbuchs bezeichneten Frist nicht vorgelegt und der Anspruch nicht gerichtlich geltend gemacht worden ist. ²Ist die Vorlegung oder die gerichtliche Geltendmachung erfolgt, so ist die im Absatz 1 vorgeschriebene Glaubhaftmachung erforderlich.

(3) Zur Glaubhaftmachung genügt in den Fällen der Absätze 1, 2 die Versicherung des Antragstellers an Eides Statt, unbeschadet der Befugnis des Gerichts, anderweitige Ermittlungen anzuordnen.

(4) In dem Aufgebot ist als Rechtsnachteil anzudrohen, dass der Gläubiger mit seinem Recht ausgeschlossen werde.

(5) Wird das Aufgebot auf Antrag eines nach § 984 Abs. 2 Antragsberechtigten erlassen, so ist es dem Eigentümer des Grundstücks von Amts wegen mitzuteilen.

§ 987 Besonderheiten im Fall des § 1171 des Bürgerlichen Gesetzbuchs

(1) Im Falle des § 1171 des Bürgerlichen Gesetzbuchs hat der Antragsteller sich vor der Einleitung des Verfahrens zur Hinterlegung des dem Gläubiger gebührenden Betrages zu erbieten.

(2) In dem Aufgebot ist als Rechtsnachteil anzudrohen, dass der Gläubiger nach der Hinterlegung des ihm gebührenden Betrages seine Befriedigung statt aus dem Grund-

§ 987 1–3

stück nur noch aus dem hinterlegten Betrag verlangen könne und sein Recht auf diesen erlösche, wenn er sich nicht vor dem Ablauf von dreißig Jahren nach dem Erlass des Ausschlussurteils bei der Hinterlegungsstelle melde.

(3) Hängt die Fälligkeit der Forderung von einer Kündigung ab, so erweitert sich die Aufgebotsfrist um die Kündigungsfrist.

(4) Das Ausschlussurteil darf erst dann erlassen werden, wenn die Hinterlegung erfolgt ist.

Übersicht

	Rn.		Rn.
I. Materielle Voraussetzungen	1–8	a) Antragsberechtigung	10–12
1. Aufgebot nach § 1170 BGB	1–5	b) Weiterer Inhalt des Antrags	13–17
a) Gläubiger unbekannt; Zehnjahresfrist	1	3. Rechtsschutzbedürfnis	18
b) Unbekannter Aufenthalt des Gläubigers	2	**III. Das Aufgebot**	19–23
c) Kalendermäßige Fälligkeit	3	1. Inhalt	19–21
d) Eintragungen iSv. § 1170 Abs. 1 S. 1 BGB	4	2. Bekanntmachung	22
e) Anerkennungshandlungen	5	3. Frist	23
2. Aufgebot nach § 1171 BGB	6–8	**IV. Das Ausschlussurteil**	24–30
a) Grundsatz	6	1. Inhalt	24
b) Berechtigung des Eigentümers	7	2. Wirkungen	25–30
c) Hinterlegung	8	a) § 1170 BGB	25
		b) § 1171 BGB	26–30
II. Voraussetzungen des Aufgebots	9–18	**V. Besonderheiten**	31–34
1. Zuständigkeit	9	1. Verfahren nach §§ 1170, 1171 BGB	31, 32
2. Antrag	10–17	2. Ablösungshinterlegung	33
		3. Andere Rechte	34

I. Materielle Voraussetzungen

1 **1. Aufgebot nach § 1170 BGB. a)** Vorausgesetzt ist, dass der Gläubiger der Hypothek oder Grundschuld **unbekannt** ist (Rn. 2) und dass eine **Zehnjahresfrist** verstrichen ist, die entweder mit kalendermäßiger Fälligkeit (Rn. 3), mit der letzten sich auf das Grundpfandrecht beziehenden Eintragung (Rn. 4) oder mit der letzten, das Gläubigerrecht anerkennenden Eigentümerhandlung (Rn. 5) beginnt, § 1170 Abs. 1 BGB. Fristbeginn ist der **späteste** der genannten Zeitpunkte.[1]

2 **b)** Unbekannt ist der Gläubiger nach Auffassung des BGH nur, wenn er in der Person nicht bekannt ist, nicht jedoch dann, wenn er zwar der Person nach bekannt, aber **unbekannten Aufenthalts** ist.[2] Der Hinweis bei unbekanntem Aufenthalt könne die Grundbuchberichtigungsklage öffentlich zugestellt werden, ist wenig hilfreich, weil § 1170 BGB bei einer Hypothek keineswegs voraussetzt, dass die Forderung bereits erloschen ist, was jedoch Voraussetzung eines Berichtigungsanspruches wäre. Bei einer Grundschuld wäre der Eigentümer weitgehend schutzlos, denn vor Rückgewähr des Rechts ist das Buch ohnehin nicht unrichtig, sieht man von den – seltenen – Fällen der Leistung „auf die Grundschuld" ab. Der Hinweis des BGH, es könne die Rückgewähr durch eine Klage nach § 894 BGB herbeigeführt werden, hilft jedenfalls bei einer Briefgrundschuld nicht weiter, weil ohne Briefvorlage die Berichtigung des Grundbuchs nicht möglich ist (bei Verzicht) und Abtretung bzw. Aufhebung ohnehin erst mit Eintragung wirksam werden, die ebenfalls Briefvorlage voraussetzt.[3] Die Auffassung des BGH ist abzulehnen.

3 **c) Kalendermäßige Fälligkeit** liegt vor, wenn der Fälligkeitszeitpunkt nach dem Kalender bestimmt oder berechenbar ist. § 1170 Abs. 1 S. 3 BGB liegt somit nie vor, wenn die Fälligkeit erst durch Kündigung herbeigeführt werden muss. Bei der heute üblichen Vereinbarung, „jederzeit fälliger" Grundschulden ist Fälligkeitszeitpunkt der Eintragungstag.

---

[1] KG Rpfleger 1970, 90.
[2] BGH NJW-RR 2004, 664. Ebenso: LG Bückeburg Rpfleger 1958, 320; *Palandt/Bassenge* § 1170 BGB Rn. 2; *Zöller/Geimer* Rn. 1; *Wenckstern* DNotZ 1993, 547, 549; *Schöne* Rpfleger 2002, 131. Wie hier in Kenntnis der BGH-Entsch.: *Musielak/Ball* § 982 Rn. 2; *Baumbach/Lauterbach/Hartmann* § 985 Rn. 1. Wie hier noch vor der gen. Entsch.: *Staudinger/Wolfsteiner* § 1170 BGB Rn. 9; *Stein/Jonas/Schlosser* § 985 Rn. 2.
[3] So dezidiert *Staudinger/Wolfsteiner* § 1170 BGB Rn. 8.

d) Eintragungen iSv. § 1170 Abs. 1 S. 1 BGB sind solche, an denen der Gläubiger des Rechts **4** in irgendeiner Form mitgewirkt hat.[4] Ein Mitwirken liegt vor, wenn der Gläubiger den Antrag stellte, die Eintragung bewilligte, wenn er eine Zustimmungserklärung abgab oder auch nur den Brief vorlegte.

e) Anerkennungshandlungen sind solche Handlungen, aus denen sich ergibt, dass der Eigen- **5** tümer den Handlungsadressaten als Gläubiger anerkennt. Hierunter fällt somit nicht eine Hinterlegung, die gerade wegen des Unbekanntseins des Gläubigers geschah.

2. Aufgebot nach § 1171 BGB. a) Voraussetzung ist auch hier das **Unbekanntsein** des Gläu- **6** bigers (dazu Rn. 2). Hinzu kommt, dass der Eigentümer **zur Befriedigung** des Gläubigers **berechtigt** sein muss (s. Rn. 7) und dass er den (noch) geschuldeten Betrag **hinterlegt** (s. Rn. 8).

b) Der Eigentümer muss zur **Befriedigung** des Gläubigers oder zur **Kündigung berechtigt** **7** sein. Das Befriedigungsrecht ist in § 1142 BGB geregelt. Ob der Eigentümer zur Kündigung berechtigt ist, ergibt sich aus den im Grundbuch eingetragenen entsprechenden Vereinbarungen. Fehlen solche, so gelten die gesetzlichen Kündigungsregeln (§§ 271, 489, 490, 1193 BGB).

c) Der Eigentümer hat den geschuldeten Betrag zu **hinterlegen**. Zinsen, die für eine frühere **8** Zeit als das vierte Kalenderjahr vor Erlass des Ausschlussurteils geschuldet werden, sind nicht zu hinterlegen, § 1171 Abs. 1 S. 2 BGB. Die Hinterlegung muss unter Rücknahmeverzicht (§ 376 Abs. 2 Nr. 1 BGB) geschehen. Nach § 987 Nr. 4 genügt es, wenn die Hinterlegung vor Erlass des Ausschlussurteils geschieht: das Aufgebotsverfahren als solches setzt zunächst nur voraus, dass sich der Eigentümer zur Hinterlegung erbietet, § 987 Abs. 1 (vgl. dazu auch Rn. 17).

II. Voraussetzungen des Aufgebots

1. Zuständigkeit. Zuständig ist nach § 983 das Gericht, in dessen Bezirk das belastete Grund- **9** stück liegt. Eine Anwendung von § 36 Nr. 4 kann insbesondere bei einem Gesamtrecht in Frage kommen, bei dem die belasteten Grundstücke in verschiedenen Gerichtsbezirken liegen.

2. Antrag. a) Antragsberechtigt ist in allen Fällen der Eigentümer des belasteten Grundstücks; **10** bei einem Gesamtrecht jeder Eigentümer für sich, § 984 Abs. 1.

Für die **Fälle des § 1170 BGB** (Rn. 1 bis 5) sind in § 984 Abs. 2 **weitere** Antragsberechtigun- **11** gen geregelt: Das Recht steht jedem dinglichen Berechtigten zu, der gegen das betroffene Recht auch nur auf einem der Grundstücke einen Vormerkungsgesicherten (§ 1179 BGB) oder gesetzlichen (§ 1179a BGB) Löschungsanspruch hat.

Bei einem Gesamtgrundpfandrecht steht das Recht ferner jedem zu, der an einem der belasteten **12** Grundstücke ein Recht auf Befriedigung aus dem Grundstück hat, das nach § 10 ZVG dem Gesamtrecht im Range gleichsteht oder nachgeht. Das sind zunächst natürlich alle gleich- oder nachrangigen Grundpfandrechte. Hierher gehört jedoch auch derjenige, der durch Beschlagnahme ein Befriedigungsrecht in der Rangklasse 5 des § 10 ZVG erworben hat,[5] denn auch sein Anspruch „rückt auf", wenn das Gesamtrecht gem. § 1175 Abs. 2 BGB erlischt. Der in § 984 Abs. 2 letzter Halbs. verlangte vollstreckbare Titel ist grundsätzlich ein Titel über den dinglichen Anspruch. Bei dem persönlichen Gläubiger in Rangklasse 5 gibt es jedoch einen solchen nicht; hier genügt der Titel über die schuldrechtliche Forderung in Verbindung mit dem Beschlagnahmebeschluss. Auch der Gläubiger einer nach dem 31. 12. 1998 eingetragenen **Zwangshypothek** bedarf zur Befriedigung aus dem Grundstück keines dinglichen Titels mehr, § 867 Abs. 3. Mithin muss auch hier der persönliche Titel genügen, auf dem die Eintragung vermerkt ist.

b) Der Antrag muss neben den **allgemeinen Inhalten** (vgl. dazu § 947 Rn. 17 bis 21) **weiteres** **13** enthalten:

aa) Nach § 985 ist glaubhaft zu machen, dass der Gläubiger **unbekannt** (vgl. Rn. 2) ist.

bb) In den **Fällen des § 1170 BGB** (Rn. 1 bis 5) sind dessen Voraussetzungen glaubhaft zu ma- **14** chen. Dazu gehört auch die negative Tatsache, dass keine das Aufgebot ausschließende Anerkennungshandlung (Rn. 5) geschehen ist, § 986 Abs. 1.

Handelt es sich um **Rechte** gemäß §§ 1188, 1195 BGB (Inhaberrechte), so bedarf es nach **15** § 986 Abs. 2 der Glaubhaftmachung, dass die Vorlegungsfrist (§ 801 BGB) abgelaufen ist, ohne dass

---

[4] *v. Lübtow* JW 1929, 2120; *Staudinger/Wolfsteiner* § 1170 BGB Rn. 11; MünchKommBGB/*Eickmann* § 1170 Rn. 9; aA (genügend ist jede sich auf das Recht beziehende Eintragung auch ohne Mitwirkung): *Soergel/Konzen* § 1170 BGB Rn. 3; RGRK/*Thumm* § 1170 Rn. 4.
[5] Wie hier wohl auch *Baumbach/Lauterbach/Hartmann* § 984 Rn. 1. AA *Stein/Jonas/Schlosser* § 984 Rn. 2 („... jeder dinglich Berechtigte ..."); *Musielak/Ball* § 984 Rn. 1.

der Anspruch geltend gemacht oder die Urkunde vorgelegt wurde. Geschah eines von beiden, so muss glaubhaft gemacht werden, dass seither die Verjährung eingetreten ist. Dazu vgl. § 801 BGB.

16 Für die in § 986 vorgeschriebenen Fälle der **Glaubhaftmachung** genügt nach Abs. 3 die eidesstattliche Versicherung des Antragstellers. Das Gericht ist zwar befugt, weitere Ermittlungen vom Amts wegen anzustellen, kann jedoch vom Antragsteller weitere Nachweise nicht verlangen. Die Versicherung des Antragstellers wird freilich regelmäßig dann nicht ausreichen, wenn er nicht der Eigentümer ist, weil er dann zu den Voraussetzungen des § 1170 BGB zumeist keine eigenen Kenntnisse haben kann. In diesen Fällen sollte das Gericht den Eigentümer als Zeugen vernehmen.

17 cc) In den **Fällen des § 1171 BGB** (Rn. 6 bis 8) ist auch glaubhaft zu machen, dass der Antragsteller zur Befriedigung oder Kündigung berechtigt ist (Rn. 7). Außerdem hat er sich gemäß § 987 Abs. 1 zur Hinterlegung des geschuldeten Betrages (Rn. 8) zu erbieten. Die Hinterlegung ist somit nicht Verfahrensvoraussetzung, sondern erst Urteilsvoraussetzung, vgl. § 987 Abs. 4.

18 3. **Rechtsschutzbedürfnis.** Während grundsätzlich der Antragsteller das Vorliegen eines Rechtsschutzbedürfnisses nicht dartun muss, dieses vielmehr bei Vorliegen der Aufgebotsvoraussetzungen unterstellt wird, sind in den **Fällen des § 1171** weitergehende Überlegungen veranlasst: Bei einem Buchrecht (§ 1116 Abs. 2 BGB) kann der Gläubiger des Rechts nur der Eingetragene oder dessen Erbe sein. Ist der Eingetragene unbekannten Aufenthaltes oder verschollen, so kann für ihn ein Abwesenheitspfleger (§ 1911 BGB) bestellt werden; ist der Erbe unbekannt, so ist eine Nachlasspflegschaft (§§ 1960, 1961 BGB) einzuleiten. In beiden Fällen kann dann, ggf. nach Kündigung, die (noch) geschuldete Leistung gegenüber dem Pfleger erbracht werden, sodass für das Aufgebotsverfahren das Rechtsschutzbedürfnis fehlt.[6] Können die allgemeinen Hinterlegungsvoraussetzungen (§ 372 BGB) dargetan werden, so ist sogar die mit Befriedigungsfiktion (§ 378 BGB) ausgestattete einfache Hinterlegung genügend.

III. Das Aufgebot

19 1. **Inhalt.** Im Falle des § 1170 BGB ist gemäß § 986 Abs. 4 als Rechtsnachteil anzudrohen, dass der Gläubiger mit seinem Recht ausgeschlossen werde.

20 Im Falle des **§ 1171 BGB** ist gemäß § 987 Abs. 2 anzudrohen die Verweisung des Gläubigers auf den hinterlegten Betrag anstelle der Befriedigung aus dem Grundstück sowie das Erlöschen des Rechts auf den hinterlegten Betrag nach Ablauf von 30 Jahren.

21 Im Übrigen hat das Aufgebot die in § 947 vorgeschriebenen allgemeinen Inhalte, vgl. dort Rn. 17 bis 21.

22 2. **Bekanntmachung.** Die Grundsatzregelung des § 948 wird auch hier weitgehend von Landesrecht verdrängt:
In Baden-Württemberg, Bayern, Berlin, Hamburg, Nordrhein-Westfalen, Rheinland-Pfalz, Saarland, Schleswig-Holstein gelten die in §§ 977 bis 981 Rn. 10 dargestellten Veröffentlichungsformen auf Grund der dort zitierten landesrechtlichen Vorschriften.

23 3. **Frist.** Auch hier gilt, dass die grundsätzliche Regelung des § 950 weitgehend durch Landesrecht verdrängt wird.
Es gelten die in §§ 977 bis 981 Rn. 11 dargestellten Fristen. Hinzu kommt Niedersachsen (Ges. v. 18. 12. 1959, GVBl. S. 149), gleichfalls mit einer Frist von 3 Monaten. Ist im Falle des **§ 1171 BGB** eine **Kündigung** erforderlich, so verlängert sich die Aufgebotsfrist um die Kündigungsfrist, § 987 Abs. 3.

IV. Das Ausschlussurteil

24 1. **Inhalt.** Das Urteil spricht die in Rn. 19, 20 bezeichneten Rechtsnachteile (§ 986 Abs. 4, § 987 Abs. 2) aus. Anmeldungen Dritter werden nach § 953 behandelt.

25 2. **Wirkungen. a)** In den Fällen des **§ 1170 BGB** erwirbt der Eigentümer mit der Urteilsverkündung das dingliche Recht, § 1170 Abs. 2 S. 1 BGB. Zugleich wird der Brief kraftlos, Abs. 2 S. 2. Die **Forderung** bleibt bestehen;[7] sie unterliegt den allgemeinen Regeln über Verjährung und Verwirkung. **Rechte Dritter** am dinglichen Recht (Nießbrauch, Pfandrecht) werden vom Ausschlussurteil gleichfalls erfasst, sie müssen angemeldet werden, damit sie gemäß § 953 vorbehalten werden können. Das Ausschlussurteil ist **Berichtigungsgrundlage** gemäß § 22 GBO zur Um-

---

[6] AA *Staudinger/Wolfsteiner* § 1171 Rn. 2.
[7] *Staudinger/Wolfsteiner* § 1170 Rn. 25.

schreibung des Rechts auf den Eigentümer. Enthält das Urteil einen Vorbehalt, so muss der Dritte der Umschreibung zustimmen.[8]

b) In den Fällen des **§ 1171 BGB** ist zu unterscheiden, ob nur der Hinterlegungsgrund des § 1171 BGB vorlag, oder ob auch die Hinterlegungsvoraussetzungen des § 372 BGB erfüllt waren. 26

Im **letzteren Falle** galt der Gläubiger bereits im Zeitpunkt der Hinterlegung als befriedigt (§ 378 BGB), das dingliche Recht ging dann in diesem Zeitpunkt gemäß § 1163 Abs. 1 S. 2 BGB (= Hypothek) bzw. nach den Regeln über die dingliche Ablösung der Grundschuld auf den Eigentümer über. Das Ausschlussurteil ist dann nur für das Kraftloswerden des Briefes (§ 1171 Abs. 2 S. 2 BGB) von Bedeutung. 27

Konnte sich die Hinterlegung **nicht** auf § 372 BGB stützen, so tritt mit der Hinterlegung die Wirkung des § 378 BGB nicht ein. In diesem Fall bewirkt **erst** der **Erlass** des Ausschlussurteils, dass der Gläubiger als befriedigt gilt, § 1171 Abs. 2 S. 1 BGB. In diesem Zeitpunkt erwirbt der Eigentümer das dingliche Recht. 28

Wegen der **Berichtigung** des Grundbuches vgl. MünchKomm/*Eickmann* § 1171 BGB Rn. 12, 13. 29

Erscheint der **frühere Gläubiger** wieder (oder ein Rechtsnachfolger), so kann er Befriedigung nur mehr aus dem hinterlegten Betrag, nicht jedoch aus dem Grundstück verlangen. Auch der Anspruch auf den hinterlegten Betrag erlischt nach 30 Jahren, § 1171 Abs. 3 BGB. Nach Ablauf eines weiteren Jahres (§ 19 HintO) kann der Hinterleger trotz seines Rücknahmeverzichtes die Rückgabe verlangen, § 1171 Abs. 3, 2. Halbs. BGB.[9] 30

V. Besonderheiten

1. Verfahren nach §§ 1170, 1171 BGB. Für die in den **neuen Bundesländern** nach dem Einigungsvertrag **fortgeltenden Hypotheken** des ZGB (vgl. Art. 233 § 3 Abs. 1, Art. 233 § 7 Abs. 2 S. 3 EGBGB) war zwar im ZGB ein Aufgebotsverfahren nicht vorgesehen; nach den allgemeinen Regeln des Einigungsvertrages findet es – wie in § 6 Abs. 1a GBBerG klargestellt wird – auch in Bezug auf solche Rechte statt. 31

Rechtsfolge des Ausschlussurteils ist jedoch nicht der Übergang des Rechts auf den Eigentümer (Rn. 25, 28), sondern das **Erlöschen** des Rechts. Die Hypotheken des ZGB gehen in keinem Falle auf den Eigentümer über; bei Gläubigerbefriedigung erlöschen sie, § 454 Abs. 2 ZGB. Da sie mit diesem wesenstypischen Inhalt in das BGB integriert wurden (Art. 233 § 3 Abs. 1 EGBGB), kann als Aufgebotsfolge auch nur das Erlöschen und nicht der diesen Rechten wesensfremde Eigentümererwerb eintreten. 32

2. Ablösungshinterlegung. Ein vor dem 1. 7. 1990 in den **neuen Bundesländern** bestelltes Grundpfandrecht erlischt gem. § 10 GBBerG auch ohne Aufgebot, wenn sein umgerechneter Nennbetrag nicht höher als 6000,– EURO ist **und** der Eigentümer den umgerechneten Nennbetrag zuzüglich einer Zinspauschale i.H. eines Drittels des Nennbetrages unter Rücknahmeverzicht hinterlegt. Das Verfahren setzt weder Verzug des Gläubigers noch dessen Unbekanntsein voraus. 33

Für Rechte mit höherem Nennbetrag oder nach dem 30. 6. 1990 liegendem Bestellungszeitpunkt gelten die §§ 1170, 1171 BGB.

3. Andere Rechte. Wegen des Aufgebots bei Nießbrauch, beschränkter persönlicher Dienstbarkeit oder Mitbenutzungsrecht s. § 988 Rn. 8. 34

§ 987a Aufgebot des Schiffshypothekengläubigers

[1]Für das Aufgebotsverfahren zum Zwecke der Ausschließung eines Schiffshypothekengläubigers auf Grund der §§ 66, 67 des Gesetzes über Rechte an eingetragenen Schiffen und Schiffsbauwerken vom 15. November 1940 (RGBl. I S. 1499) gelten die §§ 984 bis 987 entsprechend; an die Stelle der §§ 1170, 1171, 1179 des Bürgerlichen Gesetzbuchs treten die §§ 66, 67, 58 des genannten Gesetzes. [2]Zuständig ist das Gericht, bei dem das Register für das Schiff oder Schiffsbauwerk geführt wird.

---

[8] Vgl. ausf. MünchKommBGB/*Eickmann* § 1170 Rn. 23.
[9] Wie hier: *Staudinger/Wolfsteiner* § 1171 BGB Rn. 15; *Erman/Wenzel* § 1171 BGB Rn. 3. AA (= bereits nach 30 Jahren): *Stein/Jonas/Schlosser* Rn. 2.

§ 988 1–4

I. Materiell-rechtliche Voraussetzungen

1 Nach § 66 **SchiffsRG** kann der Gläubiger einer Schiffshypothek ausgeschlossen werden, wenn er unbekannt ist, seit der letzten auf das Recht sich beziehenden Eintragung zehn Jahre verstrichen sind und das Recht des Gläubigers in der Zwischenzeit auch nicht gem. § 208 BGB anerkannt worden ist. Die Norm ist somit inhaltlich übereinstimmend mit § 1170 BGB; vgl. dazu §§ 982 bis 987 Rn. 1 bis 5.

2 Nach § 67 **SchiffsRG** kann der Gläubiger ferner ausgeschlossen werden, wenn der befriedigungs- oder kündigungsberechtigte Eigentümer den Forderungsbetrag nebst Zinsen hinterlegt. Die Norm stimmt mit § 1171 BGB überein; vgl. dazu §§ 982 bis 987 Rn. 6 bis 8.

II. Das Verfahren

3 **Zuständig** ist das Gericht, bei dem das Register für das Schiff oder Schiffsbauwerk geführt wird.
4 Wegen der **Verweisung** auf die §§ 984 bis 987 gilt das dazu Gesagte entsprechend.
5 **Landesrechtliche** Sonderregelungen in Bezug auf Angebotsveröffentlichung und Aufgebotsfrist sind unanwendbar.
6 **Unterschiede** ergeben sich hinsichtlich der **Urteilswirkungen** einmal daraus, dass die Schiffshypothek stets ein briefloses Recht ist, zum anderen aber insbesondere hinsichtlich der Folgen für das dingliche Recht: Im Falle des § 66 SchiffsRG **erlischt** das Recht mit dem Erlass des Urteils, § 66 Abs. 2 SchiffsRG. Freilich gilt auch hier das für das Schiffsrecht typische Rangstellen-Wiederbelegungsrecht des § 57 Abs. 3 SchiffsRG. Im Falle des § 67 SchiffsRG gilt der Gläubiger gemäß Abs. 2 mit Urteilserlass als befriedigt, sofern er dies nicht schon früher nach Hinterlegungsrecht war (dazu §§ 982 bis 987 Rn. 27). Die Befriedigung führt nach § 57 Abs. 1 SchiffsRG gleichfalls das **Erlöschen** der Hypothek herbei.

§ 988 Aufgebot des Berechtigten bei Vormerkung, Vorkaufsrecht, Reallast

[1]Die Vorschriften des § 983, des § 984 Abs. 1, des § 985, des § 986 Abs. 1 bis 4 und der §§ 987, 987a gelten entsprechend für das Aufgebotsverfahren zum Zwecke der in den §§ 887, 1104, 1112 des Bürgerlichen Gesetzbuchs, § 13 des Gesetzes über Rechte an eingetragenen Schiffen und Schiffsbauwerken vom 15. November 1940 (RGBl. I S. 1499) für die Vormerkung, das Vorkaufsrecht und die Reallast bestimmten Ausschließung des Berechtigten. [2]Antragsberechtigt ist auch, wer auf Grund eines im Range gleich- oder nachstehenden Rechts Befriedigung aus dem Grundstück oder dem Schiff oder Schiffsbauwerk verlangen kann, sofern er für seinen Anspruch einen vollstreckbaren Schuldtitel erlangt hat. [3]Das Aufgebot ist dem Eigentümer des Grundstücks oder des Schiffes oder Schiffsbauwerks von Amts wegen mitzuteilen.

I. Materielle Voraussetzungen

1 Das BGB sieht vor, dass der Gläubiger einer Vormerkung, eines subjektiv-persönlich bestellten Vorkaufsrechts und einer subjektiv-persönlich bestellten Reallast, jeweils unter den Voraussetzungen des § 1170 BGB (vgl. dazu §§ 982 bis 987 Rn. 1 bis 5), ausgeschlossen werden kann, §§ 887, 1104, 1112 BGB. Auch hier muss Unbekanntsein des Aufenthaltes, entgegen der herrschenden Meinung,[1] genügen. Die Möglichkeit einer öffentlich zuzustellenden Berichtigungsklage hilft nicht in allen Fällen, weil eine solche Klage den Nachweis des Nichtbestehens des Rechts voraussetzt, während das Aufgebotsverfahren, wie sich aus §§ 887 S. 2, 1104 Abs. 1 S. 2 BGB ergibt, gerade auch zum Ziele hat, das Recht erst zum Erlöschen zu bringen.

2 In §§ 13, 77 SchiffsRG ist für die Vormerkung im Schiffsregister und Schiffsbauregister gleichfalls das Aufgebot vorgesehen.

II. Verfahren

3 Es finden nach **Satz 1** alle Vorschriften der §§ 983 bis 987 entsprechende Anwendung, mit Ausnahme des Drittantragsrechts in § 984 Abs. 2 (und des darauf sich beziehenden § 986 Abs. 5).
4 In **Satz 2** wird gleich- oder nachrangigen Befriedigungsberechtigten ein Antragsrecht eingeräumt, sofern ihr Anspruch bereits vollstreckbar tituliert ist, dazu vgl. §§ 982 bis 987 Rn. 12.

---

[1] *Staudinger/Gursky* § 887 Rn. 3; *MünchKommBGB/Wacke* § 887 Rn. 2a.

Für **Aufgebot** und **Frist** gelten auch hier die oben §§ 982 bis 987 Rn. 22, 23 dargestellten landesrechtlichen Besonderheiten, ansonsten die allgemeinen Vorschriften.

Als **Wirkung** des Ausschlussurteils bestimmen § 887 S. 2, § 1187 Abs. 1 S. 2 BGB das Erlöschen der dinglichen Rechte. § 1112 BGB enthält keine eigene Regelung, die herrschende Meinung nimmt wegen der Verweisung auf § 1104 BGB auch hier das Erlöschen des Rechts an.[2] Mit *Joost*[3] ist jedoch, da dies dem Wesen der Reallast als dinglichem Verwertungsrecht besser entspricht, das Entstehen einer Eigentümerreallast anzunehmen.

III. Besonderheiten

1. **Vorkaufsrechte.** Von den in der Norm angesprochenen Rechtstypen kennt das in den **neuen Bundesländern** insoweit fortgeltende Recht der ehem. DDR (vgl. Art. 233 § 3 Abs. 1 EGBGB) nur das **Vorkaufsrecht**, § 3 Abs. 1 lit. b der Grundstücksdokumentationsordnung. Insoweit gelten die vorstehenden Ausführungen.

2. **Andere Rechte in Abt. II.** Nach § 6 GBBerG ist bei Nießbrauch, beschränkter persönlicher Dienstbarkeit, Grunddienstbarkeit oder Mitbenutzungsrecht ein Aufgebotsverfahren im Falle eines nach Person oder Aufenthalt unbekannten Berechtigten zulässig, für das die §§ 982–986 sinngemäß anzuwenden sind. Die Regelung ist auf das Gebiet der **neuen Bundesländer** beschränkt, sie kann aber als Landesrecht auch im übrigen Bundesgebiet eingeführt werden. Geschehen ist dies bisher in **Bayern** (VO v. 6. 9. 1994, GVBl. 928, VO v. 5. 4. 1995, GVBl. 157, geänd. dch. VO v. 27. 12. 1996, GVBl. 577) und in **Nordrhein-Westfalen** (VO v. 13. 2. 2001, GVBl. 69).

§ 989 Aufgebot von Nachlassgläubigern

Für das Aufgebotsverfahren zum Zwecke der Ausschließung von Nachlassgläubigern auf Grund des § 1970 des Bürgerlichen Gesetzbuchs gelten die nachfolgenden besonderen Vorschriften.

§ 990 Zuständigkeit

¹Zuständig ist das Amtsgericht, dem die Verrichtungen des Nachlassgerichts obliegen. ²Sind diese Verrichtungen einer anderen Behörde als einem Amtsgericht übertragen, so ist das Amtsgericht zuständig, in dessen Bezirk die Nachlassbehörde ihren Sitz hat.

§ 991 Antragsberechtigter

(1) Antragsberechtigt ist jeder Erbe, sofern er nicht für die Nachlassverbindlichkeiten unbeschränkt haftet.

(2) Zu dem Antrag sind auch ein Nachlasspfleger und ein Testamentsvollstrecker berechtigt, wenn ihnen die Verwaltung des Nachlasses zusteht.

(3) Der Erbe und der Testamentsvollstrecker können den Antrag erst nach der Annahme der Erbschaft stellen.

§ 992 Verzeichnis der Nachlassgläubiger

Dem Antrag ist ein Verzeichnis der bekannten Nachlassgläubiger mit Angabe ihres Wohnortes beizufügen.

§ 993 Nachlassinsolvenzverfahren

(1) Das Aufgebot soll nicht erlassen werden, wenn die Eröffnung des Nachlassinsolvenzverfahrens beantragt ist.

(2) Durch die Eröffnung des Nachlassinsolvenzverfahrens wird das Aufgebotsverfahren beendigt.

---

[2] *Stein/Jonas/Schlosser* Rn. 1.
[3] MünchKommBGB/*Joost* § 1112 Rn. 2.

§ 994 Aufgebotsfrist

(1) Die Aufgebotsfrist soll höchstens sechs Monate betragen.

(2) ¹Das Aufgebot soll den Nachlassgläubigern, die dem Nachlassgericht angezeigt sind und deren Wohnort bekannt ist, von Amts wegen zugestellt werden. ²Die Zustellung kann durch Aufgabe zur Post erfolgen.

§ 995 Inhalt des Aufgebots

In dem Aufgebot ist den Nachlassgläubigern, die sich nicht melden, als Rechtsnachteil anzudrohen, dass sie, unbeschadet des Rechts, vor den Verbindlichkeiten aus Pflichtteilsrechten, Vermächtnissen und Auflagen berücksichtigt zu werden, von dem Erben nur insoweit Befriedigung verlangen können, als sich nach Befriedigung der nicht ausgeschlossenen Gläubiger noch ein Überschuss ergibt.

§ 996 Forderungsanmeldung

(1) ¹Die Anmeldung einer Forderung hat die Angabe des Gegenstandes und des Grundes der Forderung zu enthalten. ²Urkundliche Beweisstücke sind in Urschrift oder in Abschrift beizufügen.

(2) Das Gericht hat die Einsicht der Anmeldungen jedem zu gestatten, der ein rechtliches Interesse glaubhaft macht.

§ 997 Mehrheit von Erben

(1) ¹Sind mehrere Erben vorhanden, so kommen der von einem Erben gestellte Antrag und das von ihm erwirkte Ausschlussurteil, unbeschadet der Vorschriften des Bürgerlichen Gesetzbuchs über die unbeschränkte Haftung, auch den anderen Erben zustatten. ²Als Rechtsnachteil ist den Nachlassgläubigern, die sich nicht melden, auch anzudrohen, dass jeder Erbe nach der Teilung des Nachlasses nur für den seinem Erbteil entsprechenden Teil der Verbindlichkeit haftet.

(2) Das Aufgebot mit Androhung des im Absatz 1 Satz 2 bestimmten Rechtsnachteils kann von jedem Erben auch dann beantragt werden, wenn er für die Nachlassverbindlichkeiten unbeschränkt haftet.

§ 998 Nacherbfolge

Im Falle der Nacherbfolge ist die Vorschrift des § 997 Abs. 1 Satz 1 auf den Vorerben und den Nacherben entsprechend anzuwenden.

§ 999 Gütergemeinschaft

¹Gehört ein Nachlass zum Gesamtgut der Gütergemeinschaft, so kann sowohl der Ehegatte, der Erbe ist, als auch der Ehegatte, der nicht Erbe ist, aber das Gesamtgut allein oder mit seinem Ehegatten gemeinschaftlich verwaltet, das Aufgebot beantragen, ohne dass die Zustimmung des anderen Ehegatten erforderlich ist. ²Die Ehegatten behalten diese Befugnis, wenn die Gütergemeinschaft endet. ³Der von einem Ehegatten gestellte Antrag und das von ihm erwirkte Ausschlussurteil kommen auch dem anderen Ehegatten zustatten.

§ 1000 Erbschaftskäufer

(1) ¹Hat der Erbe die Erbschaft verkauft, so kann sowohl der Käufer als der Erbe das Aufgebot beantragen. ²Der von dem einen Teil gestellte Antrag und das von ihm erwirkte Ausschlussurteil kommen, unbeschadet der Vorschriften des Bürgerlichen Gesetzbuchs über die unbeschränkte Haftung, auch dem anderen Teil zustatten.

(2) Diese Vorschriften gelten entsprechend, wenn jemand eine durch Vertrag erworbene Erbschaft verkauft oder sich zur Veräußerung einer ihm angefallenen oder anderweit von ihm erworbenen Erbschaft in sonstiger Weise verpflichtet hat.

Übersicht

	Rn.		Rn.
I. Materielle Voraussetzungen, Zweck	1–4	b) Alleinerbe	16
II. Voraussetzungen des Aufgebots	5–14	c) Mehrere Erben	17
1. Zuständigkeit	5	d) Teilhaftung	18
2. Antrag	6–12	2. Bekanntmachung	19, 20
a) Antragsberechtigung	6–10	3. Frist	21
b) Weitere Voraussetzungen	11, 12	IV. Das Ausschlussurteil	22–28
3. Aufgebotssperre bei Insolvenzverfahren	13, 14	1. Inhalt	22, 23
III. Das Aufgebot	15–21	2. Wirkungen	24–28
1. Inhalt	15–18		
a) Allgemeine Angaben	15	V. Besonderheiten im Beitrittsgebiet	29

I. Materielle Voraussetzungen, Zweck

Das in **§ 1970 BGB** vorgesehene Aufgebot der Nachlassgläubiger dient zunächst dazu, dem Erben eine zuverlässige Übersicht über den Stand des Nachlasses zu verschaffen, damit er sich zwischen der Selbstabwicklung oder einer amtlichen Liquidation entscheiden kann. Die sog. Ausschlusseinrede oder Erschöpfungseinrede (§ 1973 BGB, vgl. dazu Rn. 24) sichert den Erben gegenüber sich verschweigenden Gläubigern insoweit, als er, sofern er nicht schon allen Gläubigern gegenüber unbeschränkbar haftet, die ausgeschlossenen Gläubiger auf den Nachlassüberschuss verweisen kann, der nach Befriedigung der nicht betroffenen und nicht ausgeschlossenen Gläubiger verbleibt. 1

Aus § 1970 BGB ergibt sich somit die **Zulässigkeit** des Aufgebotsverfahrens. Die Einschränkung des § 991, dass nur der noch nicht unbeschränkt haftende Erbe das Verfahren in Anspruch nehmen kann (vgl. Rn. 6) folgt aus dem Aufgebotszweck. **§ 2013 Abs. 1 BGB** schließt deshalb für den Fall unbeschränkter Haftung das Verfahren aus, soweit der Erbe es betreiben will. Anderes gilt für Nachlassverwalter und Testamentsvollstrecker, bei denen nach herrschender Meinung bereits das Unterrichtungsinteresse genügt, das Verfahren zuzulassen.[1] 2

Die Verfahrensvoraussetzungen **fallen weg**, wenn der Erbe in einem von ihm betriebenen Verfahren während dessen Anhängigkeit die Beschränkbarkeit der Haftung verliert. Der Antrag auf Erlass des Ausschlussurteils ist dann abzulehnen, es sei denn es wird auf das Verfahren nach § 997 Abs. 2 (vgl. Rn. 6, 18) übergegangen. 3

Adressaten des Aufgebots sind grundsätzlich alle Nachlassgläubiger. Ausgenommen sind nur die in den §§ 1971, 1972 BGB genannten Gläubiger. Nicht ausgenommen sind, wenn sie nicht unter §§ 1971, 1972 BGB fallen, jedoch die im Inventar (§ 992, Rn. 12) aufgeführten oder sonst bekannten Gläubiger, auch nicht diejenigen, die bereits einen Vollstreckungstitel gegen den Erben erwirkt haben. 4

II. Voraussetzungen des Aufgebots

1. Zuständigkeit. Nach § **990** ist zuständig das **Nachlassgericht**,[2] das ist nach § 73 FGG das Amtsgericht, in dessen Bezirk der Erblasser im Todeszeitpunkt seinen Wohnsitz oder, in Ermangelung eines solchen, seinen Aufenthalt hatte. Bei Fehlen von Wohnsitz und Aufenthalt im Inland vgl. § 73 Abs. 2 und 3 FGG. Sofern die Landesgesetzgebung auf Grund Art. 147 EGBGB die Verrichtungen des Nachlassgerichts anderen Behörden überträgt (vgl. § 38 bawüLFGG) ist das Amtsgericht zuständig, in dessen Bezirk die Behörde ihren Sitz hat. 5

2. Antrag. a) Die **Antragsberechtigung** ist in den §§ 991, 997, 999, 1000 geregelt. Daraus ergibt sich, dass antragsberechtigt sind: 6

aa) Der noch nicht unbeschränkt haftende **Erbe**, § 991 Abs. 1. Ist die unbeschränkte Haftung gegenüber allen Gläubigern bereits eingetreten, so gestattet § 997 Abs. 2 nur noch das sog. beschränkte („kleine") Aufgebot, das nur den in § 997 Abs. 1 S. 2 (§ 2060 Nr. 1 BGB) genannten

---

[1] *Lange/Kuchinke* § 48 IV 3 Rn. 59; *Staudinger/Marotzke* § 1970 Rn. 7; *MünchKommBGB/Siegmann* § 1970 Rn. 4; aA *Stein/Jonas/Schlosser* § 991 Rn. 4; *Soergel/Stein* § 1970 Rn. 1.

[2] Nach neuerer Auff. soll § 990 nur die örtliche u. sachliche Zuständigkeit regeln; funktionell sei die allgem. Zivilabteilung zuständig (*Harder* ZEV 2002, 90; *Palandt/Edenhofer* § 1970 BGB Rn. 4, dagegen überzeugend *MünchKommBGB/Siegmann* § 1970 Rn. 3. Vgl. weit. Nachw. bei *Staudinger/Marotzke* § 1970 BGB Rn. 3).

§ 1000

Rechtsnachteil zur Folge hat (vgl. dazu Rn. 18). Der Antrag des Erben kann erst nach **Annahme** der Erbschaft gestellt werden, § 991 Abs. 3.

7   bb) Der **Nachlasspfleger** (§§ 1960, 1961 BGB) – § 991 Abs. 2 – und zwar auch schon vor Annahme der Erbschaft. Entsprechendes wird auch für den im Gesetz nicht genannten **Nachlassverwalter** zu gelten haben.³ Wegen des Vorliegens unbeschränkter Haftung beim Erben s. Rn. 6.

8   cc) Der **Testamentsvollstrecker**, dem die Verwaltung des Nachlasses zusteht, jedoch erst von der **Annahme** der Erbschaft an, § 991 Abs. 2 und 3. Wegen des Vorliegens unbeschränkter Haftung beim Erben vgl. Rn. 6.

9   dd) Gehört der Nachlass zum **Gesamtgut** einer Gütergemeinschaft, so kann neben dem Ehegatten, der Erbe ist (§ 991), auch der **Ehegatte**, der nicht Erbe ist, aber das Gesamtgut alleine verwaltet oder mitverwaltet, ohne Zustimmung des anderen das Aufgebot beantragen, § 999. Das Antragsrecht besteht auch nach Beendigung der Gütergemeinschaft fort, Satz 2 aaO.

10   ee) Ist die Erbschaft **verkauft** oder sonst rechtsgeschäftlich **veräußert**, so gibt § 1000 (mit Rücksicht auf § 2382 Abs. 2 BGB) neben dem Erben auch dem **Erwerber** das Antragsrecht, sofern nicht bereits zurzeit der Veräußerung für beide oder später für einen von ihnen die unbeschränkte Haftung eingetreten ist.⁴

11   b) Neben den allgemeinen **inhaltlichen Voraussetzungen** muss der Antrag auch dartun, ob der Antragsteller das uneingeschränkte Aufgebotsverfahren oder das nur beschränkte („kleine") Verfahren nach § 997 Abs. 2 begehrt. Er muss sich also insbesondere zur Frage der **unbeschränkten** oder noch **beschränkten Haftung** erklären. Ggf. sind dazu Ermittlungen nach § 952 Abs. 3 erforderlich. Die zum Antrag berechtigende **Rechtsstellung** ist darzutun, auf Verlangen des Gerichts durch Versicherung an Eides Statt zu bekräftigen; andere Ermittlungen (insbesondere die wohl unerlässliche Beiziehung der Nachlassakten) bleiben unberührt.

12   Nach § 992 ist dem Antrag ein **Verzeichnis** der bekannten Nachlassgläubiger beizufügen, soweit sie von dem Aufgebot erfasst werden, dazu vgl. Rn. 4.

Das Gericht kann nach § 952 Abs. 3 den Antragsteller die Vollständigkeit des Verzeichnisses an Eides Statt versichern lassen.

13   **3. Aufgebotssperre bei Insolvenzverfahren.** Nach § **1975 BGB** hat die Eröffnung der Nachlassinsolvenz die Beschränkung der Erbenhaftung zur Folge. Das Aufgebotsverfahren, das ja nur der Herbeiführung der Beschränkung dienen soll, verliert dann seinen Sinn. Ist das Insolvenzverfahren **beantragt**, so soll nach § 993 Abs. 1 das Aufgebot nicht erlassen werden. Ob dies bereits zur Antragszurückweisung nötigt,⁵ erscheint zweifelhaft. Es ist zweckmäßiger, zunächst die Entscheidung des Insolvenzgerichts abzuwarten.

14   Durch die **Eröffnung** des Nachlassinsolvenzverfahrens wird das Aufgebotsverfahren beendigt, § 993 Abs. 2. Ist das Aufgebot noch nicht erlassen (so auch Rn. 13), so wird der Antrag zurückgewiesen. Ist das Aufgebot bereits erlassen, so ist die Beendigung durch Beschluss festzustellen.

III. Das Aufgebot

15   **1. Inhalt. a)** Das Aufgebot enthält zunächst die in § 947 Abs. 2 bezeichneten **allgemeinen Angaben** nach den Nrn. 1, 2 und 4 (vgl. § 947 Rn. 16 bis 20).

16   b) Ist nur ein **Alleinerbe** vorhanden, so enthält das Aufgebot den in § **995** (§ 1973 BGB) formulierten Rechtsnachteil.

17   c) Sind **mehrere Erben** vorhanden, so tritt zu dem in § 1973 BGB beschriebenen und gemäß § 995 hier anzudrohenden Rechtsnachteil noch die Wirkung des § **2060 Nr. 1 BGB**, dass die Miterben von der Teilung an dem ausgeschlossenen Gläubiger nicht mehr gesamtschuldnerisch, sondern nur noch für einen ihrem Erbteil entsprechenden Teil der Verbindlichkeit haften. Auch dieser Rechtsnachteil ist deshalb nach § **997 Abs. 1 S. 2** anzudrohen.

18   d) In § 997 Abs. 2 wird eine spezielle Aufgebotsart zugelassen, die im BGB nicht vorgesehen ist: Haftet der Antragsteller bereits endgültig **unbeschränkt**, so kann er das reguläre Aufgebot nicht mehr beantragen (vgl. Rn. 2, 3). Er kann jedoch gegenüber allen Gläubigern, die vom Aufgebot erfasst werden, immer noch die Rechtswohltat des § 2060 Nr. 1 BGB herbeiführen. In einem solchen Falle ist dann **nur** der Rechtsnachteil der **Teilhaftung** anzudrohen. Die Teilhaftung erfasst auch die in § 1972 BGB genannten Gläubiger.

---

³ *Stein/Jonas/Schlosser* § 991 Rn. 4; *Baumbach/Lauterbach/Hartmann* § 991 Rn. 2.
⁴ *Stein/Jonas/Schlosser* Anm. § 1000.
⁵ So *Stein/Jonas/Schlosser* § 993 Rn. 1.

Aufgebot der Gesamtgutsgläubiger § 1001

2. Bekanntmachung. Es gilt § 948; landesrechtliche Besonderheiten bestehen **nicht**. 19
Nach **§ 994 Abs. 2** ist das Aufgebot zusätzlich den gem. § 992 angezeigten Gläubigern von 20
Amts wegen **zuzustellen;** die Zustellung kann durch Aufgabe zur Post vorgenommen werden.
Wegen des zwingenden Charakters der Norm trotz ihrer Formulierung als Soll-Vorschrift vgl.
§ 957 Rn. 12.

3. Frist. Es gelten §§ 950, 994 Abs. 1: Mindestfrist ist **sechs Wochen,** Höchstdauer sind **6 Mo-** 21
nate. Eine Fristüberschreitung begründet jedoch die Anfechtungsklage des § 957 nach allgemeiner
Meinung nicht. **Landesrechtliche** Besonderheiten bestehen **nicht**.

IV. Das Ausschlussurteil

1. Inhalt. Das Ausschlussurteil enthält die angedrohten **Rechtsnachteile,** dazu Rn. 16–18. Lie- 22
gen ordnungsgemäße **Anmeldungen** (dazu Rn. 23) vor, so handelt es sich um sog. einschränkende
Anmeldungen (vgl. § 953 Rn. 3); es ist gem. § 953 Rn. 5 zu verfahren.

Für die **Anmeldung** von Nachlassverbindlichkeiten gelten neben den in den Erläuterungen zu 23
§ 951 dargestellten Voraussetzungen noch die in **§ 996** geregelten: Die Anmeldung muss die in Anspruch genommene Forderung individualisieren[6] und urkundliche Beweisstücke (Schuldscheine,
Rechnungen, Verträge usw.) mit vorlegen.

2. Wirkungen. Sie bestehen zunächst in der **Erschöpfungseinrede** des § 1973 BGB, die der 24
Erbe jedem vom Aufgebot erfassten (Rn. 4) und nicht durch eine Beschränkung nach § 952 Abs. 4
gesicherten Gläubiger entgegenhalten kann. Wegen der **Geltendmachung** der Einrede vgl.
MünchKomm/*Siegmann* § 1973 Rn. 6 bis 8. Nach § 2060 Nr. 1 BGB haftet jeder Miterbe nach
der Teilung nur für den seinem Erbteil entsprechenden Teil einer Nachlassverbindlichkeit; dieser
Rechtsnachteil tritt auch hinsichtlich solcher Gläubiger ein, die in § 1972 BGB genannt sind oder
denen der Miterbe unbeschränkt haftet.

Sind **mehrere Erben** vorhanden, so ordnet § 997 Abs. 1 S. 1 an, dass – vergleichbar § 2063 25
Abs. 1 BGB – das von einem Miterben erwirkte Ausschlussurteil zugunsten aller anderen wirkt, soweit sie nicht schon für ihre Person unbeschränkt haften. Auch die Teilhaftung des § 2060 Nr. 1
wird durch einen Miterben für alle herbeigeführt.

Ist **Nacherbfolge** angeordnet, so schreibt § 998 vor, dass das vom Vorerben erwirkte Ausschluss- 26
urteil auch zugunsten des Nacherben wirkt.

Vergleichbare Rechtsfolgen regelt § 999 S. 2, wenn der Nachlass zum **Gesamtgut** einer Güter- 27
gemeinschaft gehört und § 1000 Abs. 1 S. 2 für den **Erbschaftskauf** im Verhältnis Erbe/Erb-
schaftskäufer.

Daneben erlangt jeder Erbe schon bei Einleitung des Verfahrens die sog. **Aufgebotseinrede** des 28
§ 2015 BGB, er kann bis zum Abschluss des Aufgebotsverfahrens den Aufschub der Auseinandersetzung verlangen (§ 2045 BGB).

V. Besonderheiten im Beitrittsgebiet

Für Erbfälle **vor dem 3. 10. 1990** gelten nach Art. 235 § 1 Abs. 1 EGBGB die „bisherigen erb- 29
rechtlichen Verhältnisse" fort. Das Erbrecht des ZGB sieht ein Aufgebotsverfahren für Nachlassgläubiger nicht vor. Da jedoch nach § 409 ZGB der Erbe grundsätzlich beschränkt haftet, besteht
die Rn. 1 dargestellte Interessenlage hier nicht.[7]

§ 1001 Aufgebot der Gesamtgutsgläubiger

**Die Vorschriften der §§ 990 bis 996, 999, 1000 sind im Falle der fortgesetzten Güter-
gemeinschaft auf das Aufgebotsverfahren zum Zwecke der nach dem § 1489 Abs. 2 und
dem § 1970 des Bürgerlichen Gesetzbuchs zulässigen Ausschließung von Gesamtgutsgläubigern entsprechend anzuwenden.**

---

[6] Da der Wortlaut des § 996 Abs. 1 weitgehend mit § 174 InsO übereinstimmt, werden die dort entwickelten Grundsätze auch hier angewendet, so *Stein/Jonas/Schlosser* § 996 Rn. 1.
[7] Vgl. *Staudinger/Marotzke* (Lieferung 2002) Vorbem. 55 zu §§ 1967–2017 für den vergleichbaren Fall der Nachlassverwaltung.

I. Materielle Voraussetzungen

1 Nach § 1489 Abs. 1 BGB haftet bei Eintritt der fortgesetzten Gütergemeinschaft (§ 1483 BGB) der überlebende Ehegatte persönlich (also nicht nur mit dem Gesamtgut) für die Gesamtgutsverbindlichkeiten des § 1488 BGB. Besteht diese Haftung nur wegen des Eintritts der fortgesetzten Gütergemeinschaft, dh. also, dass der Ehegatte vor Beendigung der ehelichen Gütergemeinschaft nicht gehaftet hatte oder dass seine Haftung bei einer Beendigung der ehelichen Gütergemeinschaft durch den Tod des anderen Ehegatten gem. §§ 1437 Abs. 2 S. 2, 1459 Abs. 2 S. 2 BGB weggefallen wäre, so gilt § 1489 Abs. 2 BGB: der überlebende Ehegatte kann, da allgemein das Erben-Haftungsrecht gilt, die Haftung auf den Bestand des Gesamtgutes beschränken. Mithin steht ihm auch die Möglichkeit des § 1970 BGB zu.

II. Verfahren

2 Das Gesetz verweist uneingeschränkt auf das in den §§ 990 ff. geregelte Verfahren; dass die §§ 997, 998 von der Verweisung nicht erfasst werden, folgt daraus, dass sie Miterbschaft und Nacherbschaft zum Gegenstand haben, mithin im Verweisungszusammenhang nicht anwendbar sein können. Auf die Erläuterung zu §§ 990 bis 1000 wird im Übrigen verwiesen.

§ 1002 Aufgebot der Schiffsgläubiger

(1) Für das Aufgebotsverfahren zum Zwecke der Ausschließung von Schiffsgläubigern auf Grund des § 110 des Gesetzes betreffend die privatrechtlichen Verhältnisse der Binnenschifffahrt, gelten die nachfolgenden besonderen Vorschriften.

(2) Zuständig ist das Gericht, in dessen Bezirk sich der Heimathafen oder der Heimatort des Schiffes befindet.

(3) Unterliegt das Schiff der Eintragung in das Schiffsregister, so kann der Antrag erst nach der Eintragung der Veräußerung des Schiffes gestellt werden.

(4) Der Antragsteller hat die ihm bekannten Forderungen von Schiffsgläubigern anzugeben.

(5) Die Aufgebotsfrist muss mindestens drei Monate betragen.

(6) In dem Aufgebot ist den Schiffsgläubigern, die sich nicht melden, als Rechtsnachteil anzudrohen, dass ihre Pfandrechte erlöschen, sofern nicht ihre Forderungen dem Antragsteller bekannt sind.

I. Materielle Voraussetzungen

1 Nach § 110 BinnSchG kann der rechtsgeschäftliche Erwerber eines **Binnenschiffes** den Ausschluss der ihm unbekannten Schiffsgläubiger mit ihren Pfandrechten (§ 103 Abs. 1 BinnSchG) beantragen. Für **Seeschiffe** fehlt seit der Aufhebung von § 765 HGB durch das SeerechtsÄndG v. 21. 6. 1972 ein entsprechendes Verfahren; **§ 759 HGB** regelt anstelle dessen ein automatisches Erlöschen der Pfandrechte, wenn sich der Gläubiger über bestimmte Zeit hinweg verschweigt. Die von der Norm erfassten **Schiffsgläubigerforderungen** sind in § 102 BinnSchG aufgezählt.

II. Das Verfahren

2 **1. Zuständigkeit.** Nach Abs. 2 ist zuständig das Gericht des Heimathafens oder Heimatorts, vgl. dazu § 6 BinnSchG.

3 **2. Antragsrecht, Antragsinhalt.** Antragsberechtigt ist nur der **Erwerber**. Der Antrag muss neben den allgemeinen Angaben die dem Antragsteller bekannten Gläubiger bezeichnen, Abs. 4. Ist das Schiff im **Binnenschiffsregister** eingetragen oder eintragungsbedürftig, so setzt das Verfahren voraus, dass die Eintragung geschehen ist, Abs. 3.

4 **3. Aufgebot.** Das Aufgebot enthält neben den allgemeinen Voraussetzungen (§ 947 Rn. 17 bis 21) als Rechtsnachteil das Erlöschen der Pfandrechte. Wegen der persönlichen Haftung des Schiffsveräußerers bzw. Erwerbers vgl. §§ 113, 114 BinnSchG.

5 Nach § 1024 kann auch hier das **Landesrecht** für Aufgebotsveröffentlichung und Aufgebotsfrist Sonderregelungen enthalten. Solche Regelungen sind getroffen – an den in §§ 977 bis 981 Rn. 10,

11 genannten Fundstellen – in Baden-Württemberg, Bayern, Berlin, Hamburg, Nordrhein-Westfalen, Rheinland-Pfalz, Saarland und Schleswig-Holstein.
Im Übrigen gilt **Abs. 5** mit der dort genannten Mindestfrist von drei Monaten.

§ 1003 Aufgebot zur Kraftloserklärung von Urkunden
Für das Aufgebotsverfahren zum Zwecke der Kraftloserklärung einer Urkunde gelten die nachfolgenden besonderen Vorschriften.

§ 1004 Antragsberechtigter
(1) Bei Papieren, die auf den Inhaber lauten oder die durch Indossament übertragen werden können und mit einem Blankoindossament versehen sind, ist der bisherige Inhaber des abhanden gekommenen oder vernichteten Papiers berechtigt, das Aufgebotsverfahren zu beantragen.

(2) Bei anderen Urkunden ist derjenige zu dem Antrag berechtigt, der das Recht aus der Urkunde geltend machen kann.

§ 1005 Gerichtsstand
(1) ¹Für das Aufgebotsverfahren ist das Gericht des Ortes zuständig, den die Urkunde als den Erfüllungsort bezeichnet. ²Enthält die Urkunde eine solche Bezeichnung nicht, so ist das Gericht zuständig, bei dem der Aussteller seinen allgemeinen Gerichtsstand hat, und in Ermangelung eines solchen Gerichts dasjenige, bei dem der Aussteller zur Zeit der Ausstellung seinen allgemeinen Gerichtsstand gehabt hat.

(2) Ist die Urkunde über ein im Grundbuch eingetragenes Recht ausgestellt, so ist das Gericht der belegenen Sache ausschließlich zuständig.

§ 1006 Bestelltes Aufgebotsgericht
(1) ¹Die Landesregierungen werden ermächtigt, durch Rechtsverordnung einem Amtsgericht für die Bezirke mehrerer Amtsgerichte die Zuständigkeit zu übertragen für die Erledigung der Anträge, das Aufgebot zum Zwecke der Kraftloserklärung eines auf den Inhaber lautenden Papiers zu erlassen. ²Die Landesregierungen können die Ermächtigung durch Rechtsverordnung auf die Landesjustizverwaltungen übertragen. ³Auf Verlangen des Antragstellers wird der Antrag durch das nach § 1005 zuständige Gericht erledigt.

(2) Wird das Aufgebot durch ein anderes als das nach § 1005 zuständige Gericht erlassen, so ist das Aufgebot auch durch Anheftung an die Gerichtstafel oder Einstellung in das Informationssystem des letzteren Gerichts öffentlich bekannt zu machen.

(3) Unberührt bleiben die landesgesetzlichen Vorschriften, durch die für das Aufgebotsverfahren zum Zwecke der Kraftloserklärung von Schuldverschreibungen auf den Inhaber, die ein deutsches Land oder früherer Bundesstaat oder eine ihm angehörende Körperschaft, Stiftung oder Anstalt des öffentlichen Rechts ausgestellt oder für deren Bezahlung ein deutsches Land oder früherer Bundesstaat die Haftung übernommen hat, ein bestimmtes Amtsgericht für ausschließlich zuständig erklärt wird.

§ 1007 Antragsbegründung
Der Antragsteller hat zur Begründung des Antrags:
1. entweder eine Abschrift der Urkunde beizubringen oder den wesentlichen Inhalt der Urkunde und alles anzugeben, was zu ihrer vollständigen Erkennbarkeit erforderlich ist;
2. den Verlust der Urkunde sowie diejenigen Tatsachen glaubhaft zu machen, von denen seine Berechtigung abhängt, das Aufgebotsverfahren zu beantragen;
3. sich zur Versicherung der Wahrheit seiner Angaben an Eides Statt zu erbieten.

§ 1008 Inhalt des Aufgebots

¹In dem Aufgebot ist der Inhaber der Urkunde aufzufordern, spätestens im Aufgebotstermin seine Rechte bei dem Gericht anzumelden und die Urkunde vorzulegen. ²Als Rechtsnachteil ist anzudrohen, dass die Urkunde für kraftlos erklärt werde.

§ 1009 Ergänzende Bekanntmachung in besonderen Fällen

¹Betrifft das Aufgebot ein auf den Inhaber lautendes Papier und ist in der Urkunde vermerkt oder in den Bestimmungen, unter denen die erforderliche staatliche Genehmigung erteilt worden ist, vorgeschrieben, dass die öffentliche Bekanntmachung durch bestimmte andere Blätter zu erfolgen habe, so muss die Bekanntmachung auch durch Einrückung in diese Blätter erfolgen. ²Das Gleiche gilt bei Schuldverschreibungen, die von einem deutschen Land oder früheren Bundesstaat ausgegeben sind, wenn die öffentliche Bekanntmachung durch bestimmte Blätter landesgesetzlich vorgeschrieben ist. ³Zusätzlich kann die öffentliche Bekanntmachung in einem von dem Gericht für Bekanntmachungen bestimmten elektronischen Informations- und Kommunikationssystem erfolgen.

§ 1010 Wertpapiere mit Zinsscheinen

(1) Bei Wertpapieren, für die von Zeit zu Zeit Zins-, Renten- oder Gewinnanteilscheine ausgegeben werden, ist der Aufgebotstermin so zu bestimmen, dass bis zu dem Termin der erste einer seit der Zeit des glaubhaft gemachten Verlustes ausgegebenen Reihe von Zins-, Renten- oder Gewinnanteilscheinen fällig geworden ist und seit seiner Fälligkeit sechs Monate abgelaufen sind.

(2) Vor Erlass des Ausschlussurteils hat der Antragsteller ein nach Ablauf dieser sechsmonatigen Frist ausgestelltes Zeugnis der betreffenden Behörde, Kasse oder Anstalt beizubringen, dass die Urkunde seit der Zeit des glaubhaft gemachten Verlustes ihr zur Ausgabe neuer Scheine nicht vorgelegt sei und dass die neuen Scheine an einen anderen als den Antragsteller nicht ausgegeben seien.

§ 1011 Zinsscheine für mehr als vier Jahre

(1) ¹Bei Wertpapieren, für die Zins-, Renten- oder Gewinnanteilscheine zuletzt für einen längeren Zeitraum als vier Jahre ausgegeben sind, genügt es, wenn der Aufgebotstermin so bestimmt wird, dass bis zu dem Termin seit der Zeit des glaubhaft gemachten Verlustes von den zuletzt ausgegebenen Scheinen solche für vier Jahre fällig geworden und seit der Fälligkeit des letzten derselben sechs Monate abgelaufen sind. ²Scheine für Zeitabschnitte, für die keine Zinsen, Renten oder Gewinnanteile gezahlt werden, kommen nicht in Betracht.

(2) ¹Vor Erlass des Ausschlussurteils hat der Antragsteller ein nach Ablauf dieser sechsmonatigen Frist ausgestelltes Zeugnis der betreffenden Behörde, Kasse oder Anstalt beizubringen, dass die für die bezeichneten vier Jahre und später etwa fällig gewordenen Scheine ihr von einem anderen als dem Antragsteller nicht vorgelegt seien. ²Hat in der Zeit seit dem Erlass des Aufgebots eine Ausgabe neuer Scheine stattgefunden, so muss das Zeugnis auch die im § 1010 Abs. 2 bezeichneten Angaben enthalten.

§ 1012 Vorlegung der Zinsscheine

¹Die Vorschriften der §§ 1010, 1011 sind insoweit nicht anzuwenden, als die Zins-, Renten- oder Gewinnanteilscheine, deren Fälligkeit nach diesen Vorschriften eingetreten sein muss, von dem Antragsteller vorgelegt werden. ²Der Vorlegung der Scheine steht es gleich, wenn das Zeugnis der betreffenden Behörde, Kasse oder Anstalt beigebracht wird, dass die fällig gewordenen Scheine ihr von dem Antragsteller vorgelegt worden seien.

§ 1013 Abgelaufene Ausgabe der Zinsscheine

Bei Wertpapieren, für die Zins-, Renten- oder Gewinnanteilscheine ausgegeben sind, aber nicht mehr ausgegeben werden, ist, wenn nicht die Voraussetzungen der §§ 1010, 1011 vorhanden sind, der Aufgebotstermin so zu bestimmen, dass bis zu dem Termin seit der Fälligkeit des letzten ausgegebenen Scheines sechs Monate abgelaufen sind.

§ 1014 Aufgebotstermin bei bestimmter Fälligkeit

Ist in einer Schuldurkunde eine Verfallzeit angegeben, die zur Zeit der ersten Einrückung des Aufgebots in den elektronischen Bundesanzeiger noch nicht eingetreten ist, und sind die Voraussetzungen der §§ 1010 bis 1013 nicht vorhanden, so ist der Aufgebotstermin so zu bestimmen, dass seit dem Verfalltag sechs Monate abgelaufen sind.

§ 1015 Aufgebotsfrist

¹Die Aufgebotsfrist muss mindestens sechs Monate betragen. ²Der Aufgebotstermin darf nicht über ein Jahr hinaus bestimmt werden; solange ein so naher Termin nicht bestimmt werden kann, ist das Aufgebot nicht zulässig.

§ 1016 Anmeldung der Rechte

¹Meldet der Inhaber der Urkunde vor dem Aufgebotstermin seine Rechte unter Vorlegung der Urkunde an, so hat das Gericht den Antragsteller hiervon zu benachrichtigen und ihm die Einsicht der Urkunde innerhalb einer zu bestimmenden Frist zu gestatten. ²Auf Antrag des Inhabers der Urkunde ist zu ihrer Vorlegung ein Termin zu bestimmen.

§ 1017 Ausschlussurteil

(1) In dem Ausschlussurteil ist die Urkunde für kraftlos zu erklären.

(2) ¹Das Ausschlussurteil ist seinem wesentlichen Inhalt nach durch den elektronischen Bundesanzeiger bekannt zu machen. ²Die Vorschriften des § 1009 Abs. 3 gelten entsprechend.

(3) In gleicher Weise ist nach eingetretener Rechtskraft das auf die Anfechtungsklage ergangene Urteil, soweit dadurch die Kraftloserklärung aufgehoben wird, bekannt zu machen.

§ 1018 Wirkung des Ausschlussurteils

(1) Derjenige, der das Ausschlussurteil erwirkt hat, ist dem durch die Urkunde Verpflichteten gegenüber berechtigt, die Rechte aus der Urkunde geltend zu machen.

(2) Wird das Ausschlussurteil infolge einer Anfechtungsklage aufgehoben, so bleiben die auf Grund des Urteils von dem Verpflichteten bewirkten Leistungen auch Dritten, insbesondere dem Anfechtungskläger, gegenüber wirksam, es sei denn, dass der Verpflichtete zur Zeit der Leistung die Aufhebung des Ausschlussurteils gekannt hat.

§ 1019 Zahlungssperre

(1) ¹Bezweckt das Aufgebotsverfahren die Kraftloserklärung eines auf den Inhaber lautenden Papiers, so hat das Gericht auf Antrag an den Aussteller sowie an die in dem Papier und die vom Antragsteller bezeichneten Zahlstellen das Verbot zu erlassen, an den Inhaber des Papiers eine Leistung zu bewirken, insbesondere neue Zins-, Renten- oder Gewinnanteilscheine oder einen Erneuerungsschein auszugeben (Zahlungssperre); mit dem Verbot ist die Benachrichtigung von der Einleitung des Aufgebotsverfahrens zu verbinden. ²Das Verbot ist in gleicher Weise wie das Aufgebot öffentlich bekannt zu machen.

(2) Das an den Aussteller erlassene Verbot ist auch den Zahlstellen gegenüber wirksam, die nicht in dem Papier bezeichnet sind.

(3) Die Einlösung der vor dem Verbot ausgegebenen Zins-, Renten- oder Gewinnanteilscheine wird von dem Verbot nicht betroffen.

§ 1020 Zahlungssperre vor Einleitung des Verfahrens

¹Ist die sofortige Einleitung des Aufgebotsverfahrens nach § 1015 Satz 2 unzulässig, so hat das Gericht die Zahlungssperre auf Antrag schon vor der Einleitung des Verfahrens zu verfügen, sofern die übrigen Erfordernisse für die Einleitung vorhanden sind. ²Auf den Antrag sind die Vorschriften des § 947 Abs. 1 anzuwenden. ³Das Verbot ist durch Anheftung an die Gerichtstafel und durch einmalige Einrückung in den elektronischen Bundesanzeiger öffentlich bekannt zu machen.

§ 1021 Entbehrlichkeit des Zeugnisses nach § 1010 Abs. 2

Wird die Zahlungssperre angeordnet, bevor seit der Zeit des glaubhaft gemachten Verlustes Zins-, Renten- oder Gewinnanteilscheine ausgegeben worden sind, so ist die Beibringung des im § 1010 Abs. 2 vorgeschriebenen Zeugnisses nicht erforderlich.

§ 1022 Aufhebung der Zahlungssperre

(1) ¹Wird das in Verlust gekommene Papier dem Gericht vorgelegt oder wird das Aufgebotsverfahren in anderer Weise ohne Erlass eines Ausschlussurteils erledigt, so ist die Zahlungssperre von Amts wegen aufzuheben. ²Das Gleiche gilt, wenn die Zahlungssperre vor der Einleitung des Aufgebotsverfahrens angeordnet worden ist und die Einleitung nicht binnen sechs Monaten nach der Beseitigung des ihr entgegenstehenden Hindernisses beantragt wird. ³Ist das Aufgebot oder die Zahlungssperre öffentlich bekannt gemacht worden, so ist die Erledigung des Verfahrens oder die Aufhebung der Zahlungssperre von Amts wegen durch den elektronischen Bundesanzeiger bekannt zu machen.

(2) Im Falle der Vorlegung des Papiers ist die Zahlungssperre erst aufzuheben, nachdem dem Antragsteller die Einsicht nach Maßgabe des § 1016 gestattet worden ist.

(3) Gegen den Beschluss, durch den die Zahlungssperre aufgehoben wird, findet sofortige Beschwerde statt.

§ 1023 Hinkende Inhaberpapiere

¹Bezweckt das Aufgebotsverfahren die Kraftloserklärung einer Urkunde der im § 808 des Bürgerlichen Gesetzbuchs bezeichneten Art, so gelten die Vorschriften der §§ 1006, 1009, 1017 Abs. 2 Satz 2 und der §§ 1019 bis 1022 entsprechend. ²Die Landesgesetze können über die Veröffentlichung des Aufgebots und der im § 1017 Abs. 2, 3 und in den §§ 1019, 1020, 1022 vorgeschriebenen Bekanntmachungen sowie über die Aufgebotsfrist abweichende Vorschriften erlassen.

§ 1024 Vorbehalt für die Landesgesetzgebung

(1) Bei Aufgeboten auf Grund der §§ 887, 927, 1104, 1112, 1162, 1170, 1171 des Bürgerlichen Gesetzbuchs, des § 110 des Gesetzes betreffend die privatrechtlichen Verhältnisse der Binnenschifffahrt, der §§ 6, 13, 66, 67 des Gesetzes über Rechte an eingetragenen Schiffen und Schiffsbauwerken und der §§ 13, 66, 67 des Gesetzes über Rechte an Luftfahrzeugen können die Landesgesetze die Art der Veröffentlichung des Aufgebots und des Ausschlussurteils sowie die Aufgebotsfrist anders bestimmen, als in den §§ 948, 950, 956 vorgeschrieben ist.

(2) Bei Aufgeboten, die auf Grund des § 1162 des Bürgerlichen Gesetzbuchs ergehen, können die Landesgesetze die Art der Veröffentlichung des Aufgebots, des Ausschlussurteils und des im § 1017 Abs. 3 bezeichneten Urteils sowie die Aufgebotsfrist auch anders bestimmen, als in den §§ 1009, 1014, 1015, 1017 vorgeschrieben ist.

Übersicht

	Rn.		Rn.
I. Materielle Voraussetzungen	1–10	**III. Das Aufgebot**	24–34
1. Aufbietbare Papiere	1–8	1. Inhalt	24
a) Wechsel	1	2. Bekanntmachung	25, 26
b) Schecks	2	a) Bundesrecht	25
c) Schuldverschreibungen auf den Inhaber	3	b) Landesrecht	26
d) Aktien und Zwischenscheine	4	3. Fristen	27–34
e) Kaufmännische Orderpapiere	5	a) Bundesrecht	27
f) Schuldverschreibungen	6	b) Urkunden, Grundpfandrechtsbriefe	28
g) Qualifizierte Legitimationspapiere	7, 8	c) Terminsfrist	29–34
2. Die Aufgebotsgründe	9, 10	**IV. Das Ausschlussurteil**	35–46
II. Voraussetzungen des Aufgebots	11–23	1. Besondere Urteilsvoraussetzungen	35–37
1. Zuständigkeit	11–16	2. Urteilsinhalt	38–41
a) Grundsatz	11, 12	3. Urteilswirkungen	42–46
b) Allgemeiner Gerichtsstand des Ausstellers	13	a) Kraftloserklärung	42
c) Eingetragene Rechte	14	b) Dritten gegenüber	43
d) Anleihen	15	c) Ausstellung einer neuen Urkunde	44
e) Schuldverschreibungen auf den Inhaber	16	d) Rechtskraft	45, 46
2. Antrag	17–23	**V. Zahlungssperre**	47–53
a) Grundsatz	17–20		
b) Antragsinhalt	21–23		

I. Materielle Voraussetzungen

1. Aufbietbare Papiere. Unter §§ 1003 f. fallen:

a) Wechsel, Art. 90 WG. Er kann aufgeboten werden, wenn er abhandengekommen oder vernichtet ist (dazu Rn. 10). Es ist ohne Belang, ob der Wechsel akzeptiert, protestiert, verfallen oder verjährt ist. **1**

b) Schecks, Art. 59 ScheckG. Auch hier sind Aufgebotsgründe Abhandenkommen oder Vernichtung. Die Norm gilt auch für Blankoschecks.[1] Strittig ist, ob sie auch für nicht unterschriebene Euroscheck-Vordrucke und Euroscheckkarten gilt.[2] Da Art. 59 ScheckG nur gegen die spezifisch wertpapierrechtlichen Gefahren schützen will, ist er nicht anwendbar, wenn mangels Unterschrift des Ausstellers keine wertpapierrechtliche Haftung begründet ist. Sind Schecks im Einzugsverkehr **verloren gegangen,** so haben die Kreditinstitute ein vereinfachtes Verfahren vereinbart, das das Aufgebotsverfahren entbehrlich macht;[3] wird trotzdem in einem solchen Fall das Aufgebot beantragt, so fehlt das Rechtsschutzbedürfnis. **2**

c) Schuldverschreibungen auf den Inhaber, § 799 BGB. Hierunter fallen: Bankschuldverschreibungen (Pfandbriefe, Kommunalobligationen); Industrieobligationen; öffentliche Anleihen, sofern sie noch verbrieft und nicht nur im Schuldbuch eingetragen sind; Grundpfandrechtsbriefe die ausnahmsweise auf den Inhaber ausgestellt sind (§§ 1195, 1199 BGB); Investmentzertifikate; auf den Inhaber ausgestellte Lagerscheine; Lotterielose nach Ziehung und darauf entfallenem Gewinn. Kraft Gesetzes **ausgenommen** sind gemäß § 799 Abs. 1 S. 2 BGB die auf Sicht zahlbaren unverzinslichen Schuldverschreibungen sowie Zins-, Renten- und Gewinnanteilscheine. Erneuerungsscheine (Talons) gehören nicht hierher, weil sie einfache Legitimationspapiere sind.[4] Aufgebotsgründe sind auch hier Abhandenkommen oder Vernichtung, dazu Rn. 9, 10. Das Verfahren ist ausgeschlossen, wenn dies in der Urkunde ausdrücklich bestimmt ist. **3**

d) Aktien und Zwischenscheine, sofern nicht in der Urkunde etwas anderes bestimmt ist, § 72 AktG. Zu den Aufgebotsgründen vgl. Rn. 9, 10. **4**

e) Kaufmännische Orderpapiere, §§ 363, 365 HGB. Hierher gehören: Kaufmännische Anweisung, § 363 Abs. 1 S. 1 HGB; kaufmännische Verpflichtungsscheine, § 363 Abs. 11 S. 2 HGB; **5**

---

[1] BGH WM 1974, 558; *Pleyer/Müller-Wüsten* WM 1975, 1102.
[2] Bejahend: *Zöller/Geimer* § 1003 Rn. 1; verneinend: *Pleyer/Müller-Wüsten* (Fn. 1); *Kümpel* NJW 1975, 1549; *Stein/Jonas/Schlosser* § 1003 Rn. 10; *Musielak/Ball* § 1003 Rn. 5; *Thomas/Putzo/Reichold* § 1003 Rn. 1.
[3] RG JW 1912, 861.
[4] *Wieczorek/Weber* § 1003 Rn. 11.

Konossemente, §§ 642 ff. HGB; Ladescheine der Frachtführer, §§ 444 ff. HGB, § 72 BinnSchG; Lagerscheine der Lagerhäuser, § 475 c HGB; Bodmereibriefe, §§ 682 ff. HGB; Beförderungsversicherungsscheine, § 784 HGB, § 3 VVG. Aufgebotsgründe s. unten Rn. 9, 10.

6 f) Auf den Namen oder an Order lautende **Schuldverschreibungen** und **Schatzanweisungen** des Reiches und des Bundes. Zu den Aufgebotsgründen vgl. Rn. 9, 10.

7 g) **Qualifizierte Legitimationspapiere,** § 808 BGB. Es handelt sich um Urkunden, die ein Recht derart verbriefen, dass der Schuldner nicht jedem Inhaber, sondern nur einer bestimmten Person zur Leistung verpflichtet ist, aber durch Leistung an den Inhaber grundsätzlich frei wird. Hierher gehören: Fahrkarten, wenn sie den Berechtigten namentlich bezeichnen[5] (Wochen-, Monats-, Netzkarten; Flugscheine;[6] Sparbücher [dazu Rn. 8]; Versicherungsscheine mit Inhaberklausel; Leihhausscheine [Pfandscheine]).

8 Bei **Sparbüchern** findet sich auf Grund des Vorbehalts in Art. 102 Abs. 2 EGBGB vielfach eine abweichende **landesrechtliche** Regelung, die die Ablösung des gerichtlichen Verfahrens durch ein diesem nachgebildetes Verfahren der Sparkassen bestimmt.[7] Sie verdrängt dann die Regelungen der ZPO generell.

9 2. **Die Aufgebotsgründe.** Sie sind übereinstimmend in den verschiedenen Vorschriften als **Abhandenkommen** und **Vernichtung** bezeichnet. Der Begriff des **Abhandenkommens** ist umstritten. Nach der einen Ansicht wird er, in Anlehnung an § 935 BGB, mit dem unfreiwilligen Verlust unmittelbaren Besitzes bezeichnet.[8] Nach anderer Auffassung ist die Urkunde abhanden gekommen, wenn der Inhaber den Besitz derart verloren hat, dass er nicht mehr auf sie zugreifen, insbesondere sie auch im Wege der Zwangsvollstreckung nicht mehr erlangen kann.[9] Letztere Auffassung ist sachgerechter, weil sie den wertpapierrechtlichen Gegebenheiten besser entspricht und auch bei bekanntem Verbleib der Urkunde die Schaffung der Voraussetzungen für eine Neuausstellung ermöglicht.

10 **Vernichtet** ist die Urkunde im Falle völligen Substanzverlustes (zB Verbrennen) sowie dann, wenn sie derart beschädigt ist, dass die wesentlichen Unterscheidungsmerkmale nicht mehr zuverlässig feststellbar sind. Ist die Urkunde trotz Beschädigung noch identifizierbar, so besteht ein Umtausch- bzw. Erneuerungsanspruch, vgl. § 798 BGB, § 74 AktG, § 67 GBO.

II. Voraussetzungen des Aufgebots

11 1. **Zuständigkeit. a)** Nach § 1005 Abs. 1 S. 1 ist **grundsätzlich** zuständig das Amtsgericht des Ortes, den die Urkunde als **Erfüllungsort** bezeichnet. Diese Bezeichnung muss freilich keine ausdrückliche sein; es genügt, wenn die Urkunde Angaben enthält, die es nach den allgemeinen Regeln (Art. 2 Abs. 3, Art. 4 WG; § 269 BGB) gestatten, den Erfüllungsort festzustellen.

12 Wird am Sitz des zuständigen Gerichts **keine deutsche Gerichtsbarkeit** mehr ausgeübt, so ist das Amtsgericht Berlin-Schöneberg zuständig, § 11 Gesetz v. 7. 8. 1952 (BGBl. I S. 407).

13 b) Ist aus der Urkunde **kein Erfüllungsort** zu entnehmen, oder scheidet das schon deswegen aus, weil sie (wie zB die Aktie) keine Verpflichtung beurkundet,[10] dann gilt gemäß § 1005 Abs. 1 S. 2 der **allgemeine Gerichtsstand** des Ausstellers. Bei mehreren Ausstellern ist § 35 anwendbar. Die Zuständigkeit nach § 1005 Abs. 1 können bei Inhaberpapieren zentralisiert werden, § 1006 Abs. 1.

14 c) Bei Urkunden über **eingetragene Rechte,** also Grundpfandrechtsbriefe, ist nach § 1005 Abs. 2 das Gericht der Grundstücksbelegenheit zuständig. Bei Zuständigkeit mehrerer Gerichte (insbesondere bei Gesamtrechten auf unterschiedlich belegenen Grundstücken) ist § 36 Nr. 4 entsprechend anwendbar.[11]

15 d) Für **Anleihen** des Bundes, der ehem. Bundesbahn und Bundespost ist das Amtsgericht Bad Homburg zuständig, § 16 Gesetz v. 13. 2. 1924 (RGBl. S. 95) iVm. Gesetz v. 13. 7. 1948 (WiGBl. S. 73) u. VO v. 13. 12. 1949 (BGBl. 1950 I S. 1).

---

[5] MünchKommBGB/*Hüffer* § 808 Rn. 10.
[6] BGHZ 62, 71 = LM § 631 Nr. 26 = NJW 1974, 852, 853.
[7] Zusammenstellung vorne § 946 Fn. 2.
[8] RGZ 101, 224; RGRK/*Steffen* § 808 Rn. 5.
[9] OLG Stuttgart NJW 1955, 1155; LG Koblenz NJW 1955, 506; LG Frankfurt/M. Rpfleger 1986, 187; *Erman/Heckelmann* § 799 Rn. 1; *Palandt/Sprau* § 799 Rn. 3; MünchKommBGB/*Hüffer* § 808 Rn. 19, § 799 Rn. 5; MünchKommBGB/*Eickmann* § 1162 Rn. 2.
[10] So zu Recht *Stein/Jonas/Schlosser* § 1005 Rn. 2.
[11] BayObLG Rpfleger 1977, 448.

e) Bei Schuldverschreibungen auf den Inhaber, die von einem Bundesland (früheren Bundesstaat) oder von Körperschaften, Stiftungen oder Anstalten des öffentlichen Rechts eines Landes ausgestellt bzw. garantiert sind, können gemäß § 1006 Abs. 2 landesrechtlich Zuständigkeitsregeln getroffen werden. Vgl. dazu: Art 26 bayAGGVG (AG München für Schuldverschreibungen des Freistaates Bayern; AG des allgemeinen Gerichtsstandes des Ausgebers bei den Körperschaften usw.); § 27 bawüAGGVG (AG Karlsruhe für Schuldverschreibungen des Landes, Gericht des Sitzes des Ausgebers bei Körperschaften usw.). 16

2. Antrag. a) Der Grundsatz für die **Antragsberechtigung** findet sich in § 1004 Abs. 2: antragsberechtigt ist, wer das Recht aus der Urkunde geltend machen kann. Das sind: beim **Wechsel** dessen legitimierter Inhaber (Art. 16 WG); beim **Scheck** der Inhaber oder die ausdrücklich benannte Person (Art. 5 ScheckG), bei einem Scheck mit Indossament der Indossator (Art. 19 ScheckG); bei **Aktien** die in ihnen bezeichnete Person (§ 10 AktG), wegen der Inhaberaktie s. Rn. 19; bei **Grundpfandrechtsbriefen** der Inhaber des dinglichen Rechts, das kann auch der Eigentümer des Grundstücks sein oder der persönliche Schuldner, wenn auf sie ein Rechtsübergang gemäß §§ 1153, 1163, 1164 BGB stattgefunden hat; dasselbe gilt wenn dem Eigentümer in Erfüllung der Rückgewährpflicht die Löschungsunterlagen ausgehändigt worden sind;[12] bei **kaufmännischen Orderpapieren** der legitimierte Inhaber (§ 365 Abs. 1 HGB, Art. 16 WG). 17

Den genannten Personen stehen gleich der rechtsgeschäftliche **Pfandgläubiger** (§ 1294 BGB) und der **Pfändungsgläubiger** nach Überweisung, § 936 ZPO. 18

Bei **Inhaberpapieren** und bei indossablen Papieren mit Blankoindossament gilt § 1004 Abs. 1, der dem bisherigen Inhaber das Antragsrecht zuweist, ohne dass es auf seine Legitimation ankäme. 19

Für die **qualifizierten Legitimationspapiere** des § 808 BGB (Rn. 7) findet sich in § 1023 eine Verweisung auf verschiedene Vorschriften für Inhaberpapiere; § 1004 ist dabei insgesamt nicht in Bezug genommen. Das kann sinnvollerweise nur dahin verstanden werden, dass er insoweit nicht gilt, als er eine Regelung für Inhaberpapiere trifft, also bezüglich Abs. 1. Anwendbar ist jedoch § 1004 Abs. 2, sodass antragsberechtigt entsprechend § 808 Abs. 1 S. 2 BGB nur die in der Urkunde genannte Person ist. Das oben Rn. 18 Gesagte gilt auch hier. 20

b) Für den **Antragsinhalt** gelten neben den allgemeinen Grundsätzen folgende Besonderheiten: Der Antragsteller hat entweder eine **Abschrift** der Urkunde beizubringen oder sie sonst erschöpfend inhaltlich und tatsächlich zu beschreiben, § 1007 Nr. 1. 21

Der **Verlust** der Urkunde (zum Begriff s. Rn. 9, 10) sowie die das Antragsrecht rechtfertigenden **Tatsachen** sind **glaubhaft** zu machen, § 1007 Nr. 2. Der Antragsteller hat sich zur Versicherung an Eides Statt zu erbieten, § 1007 Nr. 3. 22

Wegen **weiterer** Erfordernisse, die jedoch erst **vor Ende** des Ausschlussurteils vorliegen müssen, vgl. Rn. 35 bis 37. 23

III. Das Aufgebot

1. Inhalt. Nach § 1008 ist der Inhaber aufzufordern, spätestens im Aufgebotstermin seine Rechte anzumelden und die Urkunde vorzulegen. Als Rechtsnachteil (§ 947 Abs. 2 Nr. 3) ist die Kraftloserklärung der Urkunde anzudrohen. 24

2. Bekanntmachung. a) Bundesrechtlich gilt § 1009 Abs. 1: Zu den in **§ 948** vorgeschriebenen Maßnahmen tritt die **Anheftung** im Lokal der Börse hinzu, sofern eine solche am Sitz des Aufgebotsgerichts besteht. Weitergehende **Einrückungen** können nach § 1009 Abs. 2 angeordnet werden. Ist in einem Inhaberpapier oder in der staatlichen Emissionsgenehmigung eine **Veröffentlichung** in anderen Blättern angeordnet, so hat sie – neben Abs. 1 – auch dort zu geschehen, § 1009 Abs. 3 S. 1. 25

b) Landesrechtlich bestehen Sondervorschriften auf Grund der **Vorbehalte** in § 1009 Abs. 3 S. 2, §§ 1023, 1024: 26
Baden-Württemberg: Bei Grundpfandrechtsbriefen und Urkunden nach § 808 BGB Veröffentlichung neben der Anheftung im Staatsanzeiger (§§ 25, 26, 30 AGGVG); bei landesrechtlichen Schuldverschreibungen in Staats- u. Bundesanzeiger (§ 27 AGGVG).
Bayern: Bei Grundpfandrechten u. Urkunden nach § 808 BGB neben Anheftung die Bekanntmachung im Amtsblatt (Art. 27 AGGVG).
Berlin: Bei Grundpfandrechtsbriefen und Urkunden nach § 808 BGB neben Anheftung die Bekanntmachung im Amtsblatt (§ 7 AGZPO). Letztere unterbleibt, wenn wegen § 1009 Abs. 3 (Rn. 25) eine Einrückung im Bundesanzeiger erforderlich ist.

---

[12] LG Flensburg SchlHA 1969, 200.

Hamburg: Bei Grundpfandrechtsbriefen und Urkunden nach § 808 BGB neben Anheftung Veröffentlichung im Amtsblatt sowie – bei Verfahren vor dem AG Hamburg – Anheftung in der Börse (§§ 4, 5 AGZPO).
Nordrhein-Westfalen: Bei Grundpfandrechtsbriefen und Urkunden nach § 808 BGB neben Anheftung Veröffentlichung im Amtsblatt (§§ 7, 9 PrAGZPO idF BereinG v. 7. 11. 1961).
Rheinland-Pfalz: Bei Grundpfandrechtsbriefen und Urkunden nach § 808 BGB neben Anheftung die Bekanntmachung im Amtsblatt (§ 2 AGZPO, ZVG, KO).
Saarland u. *Schleswig-Holstein* wie Nordrhein-Westfalen.

27   **3. Fristen. a) Bundesrechtlich** beträgt die **Aufgebotsfrist** (§ 950) mindestens sechs Monate, § 1015 S. 1. Für Schecks ist die Mindestfrist in Art. 59 ScheckG auf zwei Monate festgesetzt.

28   **b)** Für **Urkunden nach § 808 BGB** und **Grundpfandrechtsbriefe** kann die Aufgebotsfrist auf Grund der **Vorbehalte** in §§ 1023, 1024 Abs. 2 **landesrechtlich** abweichend bestimmt werden: Überwiegend sind drei Monate bestimmt (*Baden-Württemberg, Bayern, Berlin, Hamburg, Nordrhein-Westfalen, Saarland, Schleswig-Holstein;* je in den oben Rn. 26 bezeichneten Fundstellen). In *Rheinland-Pfalz* gelten mindestens sechs Wochen (Fundstelle Rn. 26). In *Niedersachsen,* wo zur öffentlichen Bekanntmachung nichts Abweichendes bestimmt ist, gilt gleichfalls eine Dreimonatsfrist (§ 2 Ges. v. 18. 12. 1959, GVBl. S. 149).

29   **c)** Neben der Aufgebotsfrist enthält das Gesetz für das Urkundenaufgebot noch eine besondere **Terminsfrist,** die teils positiv, teils negativ formuliert ist.

30   **aa)** In § 1010 befasst sich das Gesetz mit Papieren, für die **Zins-, Renten- oder Gewinnscheine** periodisch und für **längstens** 4 Jahre ausgegeben werden.[13] Ausgehend vom Verlustzeitpunkt bezüglich der Urkunde ist nach dem Emissionsplan festzustellen, wann neue Scheine ausgegeben werden und wann der Erste von ihnen fällig wird; vom letzteren Zeitpunkt an laufen sechs Monate, die bis zum Aufgebotstermin verstrichen sein müssen. Müsste danach der Termin auf mehr als ein Jahr, beginnend mit der Terminsbestimmung, angesetzt werden, so ist das Aufgebot derzeit unzulässig, § 1015 S. 2.

31   **bb)** In § 1011 werden Regelungen getroffen für Papiere, bei denen (periodisch oder nicht)[14] Zinsscheine ua. für **mehr als 4 Jahre** ausgegeben werden. Hier genügt es, wenn vom Verlust bis zum Termin vier Jahrgänge fällig geworden und seit der Fälligkeit des letzten Scheines noch sechs Monate verflossen sind. Stehen nur noch Scheine für weniger als vier Jahre aus, so findet § 1011 keine Anwendung;[15] es ist die Erneuerung abzuwarten. Sind die Scheine **nicht registriert** worden, so gilt § 1010.[16]

32   **cc)** Ist **nur** der **Mantel** verloren gegangen, so sind nach § 1012 die §§ 1010, 1011 nicht anwendbar (dh. es muss nur § 1015 beachtet werden!), wenn entweder der Antragsteller die Scheine vorlegt, die nach §§ 1010, 1011 fällig geworden sein müssten, oder durch ein Zeugnis der Behörde, Kasse oder Anstalt nachweist, dass er sie ihr nach Fälligkeit vorgelegt hat, **§ 1012 S. 2.** Zuständig ist die Behörde usw., der nach Gesetz oder Statut die Kontrolle der Ausgabe und Einlösung obliegt.

33   **dd)** Handelt es sich um ein Papier, bei dem die oben Rn. 30 genannten Scheine zwar **ausgegeben wurden,** bei denen aber **keine neuen** Scheine mehr ausgegeben werden und auch nicht mehr Scheine als für vier Jahre vorhanden sind,[17] so gilt **§ 1013.** Der Termin darf in diesem Falle durchgeführt werden, wenn seit der Fälligkeit des letzten ausgegebenen Scheines sechs Monate verstrichen sind.

34   **ee)** In § 1014 werden Urkunden erfasst, die eine **konkrete Verfallzeit** enthalten und die auch nicht unter §§ 1010 bis 1013 fallen, weil keine Scheine ausgegeben werden. Es ist zu unterscheiden: Lag der Verfalltag vor der ersten Einrückung im Bundesanzeiger oder dem landesrechtlich an seine Stelle tretende Blatt, so gilt lediglich § 1015 bzw. die landesrechtliche Frist. Tritt die Verfallzeit erst später ein, so müssen seit dem Verfalltag sechs Monate verstrichen sein; § 1015 S. 2 gilt auch hier. Auch hier kann das **Landesrecht** auf Grund der Ermächtigung in § 1024 Abs. 2 (Grundpfandrechtsbriefe) Sonderregeln vorsehen; vgl. oben Rn. 28.

---

[13] *Stein/Jonas/Schlosser* § 1010 Rn. 1; *Baumbach/Lauterbach/Hartmann* § 1010 Rn. 1.
[14] *Stein/Jonas/Schlosser* § 1011 Rn. 1.
[15] *Stein/Jonas/Schlosser* (Fn. 14); *Baumbach/Lauterbach/Hartmann* § 1011 Rn. 1.
[16] OLG München NJW 1979, 2317.
[17] *Stein/Jonas/Schlosser* Anm. zu § 1013; *Baumbach/Lauterbach/Hartmann* § 1010 Rn. 1.

IV. Das Ausschlussurteil

1. Besondere Urteilsvoraussetzungen. In den Fällen der §§ 1010, 1011 (s. Rn. 30, 31) darf 35 das Ausschlussurteil nur erlassen werden, wenn spätestens im Termin die in **Abs. 2** bezeichneten **Zeugnisse** der verwaltenden Behörde usw. vorgelegt werden. Sie begründen die tatsächliche Vermutung, dass die in den Vorschriften bezeichneten Scheine nicht im Besitz eines gutgläubigen Dritten sind.

Im Falle des § 1010 hat das Zeugnis zu bekunden, dass die Haupturkunde (Mantel) seit dem 36 Zeitpunkt des Verlustes nicht vorgelegt wurde und dass die neuen Scheine entweder nicht oder nicht an einen anderen als den Antragsteller ausgegeben wurden. Das Zeugnis ist entbehrlich, wenn § 1012 (Rn. 32) erfüllt ist. Das Zeugnis ist weiter entbehrlich, wenn die Zahlungssperre (Rn. 46 ff.) angeordnet war, bevor weitere Scheine ausgegeben wurden, § 1021.

Im Falle des § 1011 muss das Zeugnis bekunden, dass die ausgegebenen Scheine nicht von einem 37 anderen als dem Antragsteller vorgelegt worden sind. Wenn eine Kontrolle über die Einlösung der Scheine nicht stattfindet und somit die Erteilung des Zeugnisses nicht möglich ist, kann nicht nach § 1011 verfahren werden. Sofern nicht § 1012 eingreift, gelten § 1010 bzw. § 1013[18] (s. Rn. 33).

2. Urteilsinhalt. Im Ausschlussurteil ist die Urkunde für **kraftlos** zu erklären, § 1017 Abs. 1. 38

Liegt eine zulässige **Anmeldung** (vgl. § 951 Rn. 3 bis 7) vor, so ist nach **§ 953** zu verfahren, 39 s. dort Rn. 5 ff. Dies gilt freilich nur, wenn der Antragsteller die gem. § 1016 vom Anmelder vorgelegte Urkunde **nicht anerkennt,** oder wenn der Anmelder zur Urkundenvorlage **nicht imstande** ist. Wie immer, kann das Aufgebotsgericht die Fragen der Echtheit der Urkunde und der an ihr bestehenden Berechtigung nicht klären; sie bleiben dem Prozessgericht vorbehalten.

Erkennt der Antragsteller **die Urkunde** als die verlorene **an,** so ist das Verfahren **erledigt;** ein 40 Urteil ergeht nicht, denn der Urkundenverbleib ist ja jetzt bekannt. Nicht möglich ist, entgegen vereinzelter Praxis, in einem solchen Fall eine Sachbehandlung nach § 953. Der Antragsteller hat jetzt die Möglichkeit, die Herausgabe der Urkunde im Prozesswege zu erzwingen; für das Aufgebotsverfahren ist kein Raum mehr.

Da für den Fortgang des Verfahrens die Frage der **Urkundenidentität** ausschlaggebend ist, ord- 41 net § 1016 an, dass dem Antragsteller die Einsicht der Urkunde zu ermöglichen ist. Die Einsicht kann auf der Geschäftsstelle des Gerichts innerhalb einer zu bestimmenden Frist geschehen. Will der Anmelder die Urkunde nicht aus der Hand geben, so kann er die Anberaumung eines **Einsichtstermines** beantragen. Da es sich dabei nicht um den Aufgebotstermin handelt, wäre er nach der Zuständigkeitsregelung (§ 946 Rn. 21, 22) an sich vom Rechtspfleger wahrzunehmen. Der enge Sachzusammenhang der Erörterungen im Einsichtstermin mit dem Urteilserlass sollten jedoch eine Wahrnehmung des Termins durch den Richter nahelegen, § 6 RpflG.

3. Urteilswirkungen. a) Die **Kraftloserklärung** der Urkunde **ersetzt** für den Antragsteller in 42 seinem Verhältnis zum **Verpflichteten**(!) den **Besitz** der Urkunde.[19] Demgemäß ist der Antragsteller berechtigt, gegenüber dem Verpflichteten die Rechte aus der Urkunde so geltend zu machen (§ 1018 Abs. 1), als besäße er die Urkunde. Die Beständigkeit und den Umfang der Verpflichtung bestimmt jedoch allein das materielle Recht,[20] sodass das Ausschlussurteil weder den Verpflichteten seiner materiellen Einreden (mit Ausnahme der der fehlenden Urkundenvorlage!) beraubt noch den Berechtigten von den vorgeschriebenen Durchsetzungsvoraussetzungen (zB Protesterhebung bzw. deren Nachweis)[21] befreit.

b) Dritten gegenüber ist das Urteil **ohne Wirkung;** sie werden in ihren Rechten an oder aus 43 der Urkunde nicht berührt.[22] Das folgt daraus, dass Gegenstand des Verfahrens hier, im Gegensatz zu den anderen Aufgebotsarten, nicht das materielle Recht ist, sondern lediglich die **Ausgleichung** des **Besitzverlustes.** Deshalb schafft das Urteil auch keine materielle Berechtigung des Antragstellers im Verhältnis zum tatsächlich Berechtigten.[23] Das folgt aus dem Verfahrensgegenstand des Aufgebotsverfahrens und der Nichtbeteiligung des Rechtsträgers. § 1018 befreit nur von der Urkundenvorlage bei Geltendmachung des Rechts; wer kein solches Recht hat, muss sich das – nach Maßgabe des materiellen Rechts – auch bei Urkundenbesitz entgegenhalten lassen.

---

[18] *Stein/Jonas/Schlosser* § 1011 Rn. 2; *Baumbach/Lauterbach/Hartmann* § 1011 Rn. 2.
[19] BGH NJW-RR 1990, 166, 168; *Stein/Jonas/Schlosser* § 1018 Rn. 2.
[20] BGH JZ 1958, 746 = LM WG Art. 1 Nr. 3.
[21] RGZ 49, 132.
[22] RGZ 168, 1, 9; *Stein/Jonas/Schlosser* § 1018 Rn. 2; *Baumbach/Lauterbach/Hartmann* § 1018 Rn. 1.
[23] RGZ 168, 1, 9; *Stein/Jonas/Schlosser* u. *Baumbach/Lauterbach/Hartmann* (Fn. 22); MünchKommBGB/*Hüffer* § 799 Rn. 8, 9.

44 c) Ob der Antragsteller die **Ausstellung** einer **neuen Urkunde** verlangen kann, entscheidet das sachliche Recht bzw. dessen Verfahrensvorschriften. Probleme entstehen in der Praxis zuweilen bei der Neuerteilung von **Grundpfandrechtsbriefen** nach § 67 GBO. Da die Norm die Erteilung nur an „den Berechtigten" gestattet und das Ausschlussurteil im Verhältnis zum Grundbuchamt nicht wirkt,[24] muss der Antragsteller seine Rechtsinhaberschaft nachweisen.[25] Behauptet der Antragsteller einen Grundpfandrechtserwerb durch Zession außerhalb des Buches (§ 1154 Abs. 1 BGB), so muss er die Abtretungserklärung vorlegen (§ 26 GBO) und die seinerzeitige Briefübergabe oder das Vorliegen eines Übergabesurrogats (§§ 1154 Abs. 1 S. 1, 1117 Abs. 1 S. 2 BGB) beweisen. Ist das nicht möglich, so muss der noch Eingetragene eine Berichtigungsbewilligung abgeben, wozu er wohl auf Grund des der Abtretung zugrundeliegenden Rechtsgeschäfts verpflichtet ist. Die Übergabe des Ausschlussurteils vermag eine Zession nicht zu bewirken, weil es nur den alten Brief kraftlos macht, nicht aber einen neuen Brief – außer im Verhältnis zum Verpflichteten – fingiert.

45 d) Da das Ausschlussurteil mit **Verkündung** in formelle und materielle **Rechtskraft** erwächst (vgl. § 957 Rn. 2), kann die Erhebung der Anfechtungsklage des § 957 Abs. 2 an der in **§ 1018 Abs. 1** ausgesprochenen Rechtslage so lange nichts ändern, als nicht das aufhebende Urteil (ein Gestaltungsurteil!) seinerseits rechtskräftig geworden ist. Der Verpflichtete muss deshalb, ungeachtet der Anfechtungsklage, an den Antragsteller leisten. Da jedoch andererseits eine Aufhebung des Ausschlussurteils zurückwirkt, bedarf der Verpflichtete des Schutzes. **§ 1018 Abs. 2** bestimmt, dass Leistungen des Verpflichteten zwischen Erlass des Ausschlussurteils und Rechtskraft des Urteils im Anfechtungsprozess jedem (auch dem Anfechtungskläger) gegenüber wirksam bleiben, es sei denn, es könne bewiesen werden, dass der Leistende im Zeitpunkt der Leistung die Aufhebung (nicht nur die Anfechtung) gekannt hat.

46 Der materielle Berechtigte hat dann gegenüber dem Antragsteller einen **Konditionsanspruch,** nach § 816 Abs. 2 BGB.[26] Dass in solchen Fällen ein Bereicherungsausgleich stattfindet, ist kein Widerspruch zu dem in § 957 Rn. 3 Gesagten: In den anderen Aufgebotsarten ist Verfahrensgegenstand das materielle Recht, sodass gegen denjenigen, der zB mit dem Ausschlussurteil das Grundstückseigentum verliert, das Urteil zugunsten des neuen Eigentümers einen Rechtsgrund im Sinne des Konditionsrecht darstellt. Das Verfahren nach §§ 1003 ff. hat jedoch, wie mehrfach betont, nicht das materielle Recht, sondern lediglich den Ausgleich des Besitzverlustes zum Gegenstand.

V. Zahlungssperre

47 Die in den §§ 1019 bis 1022 geregelte Zahlungssperre soll denjenigen, dem ein Inhaberpapier abhanden gekommen ist, vor **Leistungen** des Verpflichteten an den Inhaber **schützen.** Sie findet Anwendung bei allen Inhaberpapieren (s. Rn. 3); bei **Grundpfandrechtsbriefen** somit nur, wenn sie gemäß §§ 1195, 1199 BGB auf den Inhaber lauten. Anwendbar ist das Verfahren gem. **§ 1023** auch bei den Papieren des **§ 808 BGB.**

48 Inhalt der Zahlungssperre ist das **Verbot** an den Aussteller und die im Papier bezeichneten Zahlstellen (vgl. aber § 1019 Abs. 2!) an den Inhaber zu leisten, dh. zu zahlen oder neue Zins-, Renten- oder Gewinnanteilsscheine oder einen Erneuerungsschein auszugeben. Es handelt sich um ein gerichtliches Veräußerungsverbot iSv **§§ 135, 136 BGB.** Die gegen das Verbot verstoßende Leistung befreit somit gegenüber dem Antragsteller nicht, sofern später das Ausschlussurteil ergeht. Für den Leistungsempfänger gilt § 135 Abs. 2 BGB.

49 Das Verbot ergeht auf **Antrag,** der zweckmäßig zusammen mit dem Aufgebotsantrag gestellt wird, jedoch auch später gestellt werden kann. Wird die Zahlungssperre erlassen, so ist sie dem Aussteller und den bekannten Zahlstellen von Amts **bekanntzugeben.** Damit ist die Benachrichtigung von der Einleitung des Aufgebotsverfahrens zu verbinden, § 1019 Abs. 1. Die Zahlungssperre ist stets **öffentlich bekannt** zu machen, § 1019 Abs. 1 S. 2. Es gelten dabei die – auch landesrechtlichen – Regeln für die Aufgebotsveröffentlichung (dazu Rn. 27, 28).

50 In den Fällen des **§ 1015 S. 2** (Rn. 30) kann auf Antrag auch schon **vor** der Einleitung des Aufgebotsverfahrens die Zahlungssperre angeordnet werden, **alle anderen Voraussetzungen** des Aufgebots erfüllt sind, § 1020. Der Antragsteller hat alle Aufgebotsvoraussetzungen und die Voraussetzungen der Wartefrist in der vorgeschriebenen Form darzulegen.

51 Während die Anordnung der Zahlungssperre einen Antrag vorsieht, geschieht ihre **Aufhebung** in bestimmten Fällen gemäß **§ 1022 von Amts wegen:**

---

[24] BayObLG Rpfleger 1987, 363; 1987, 493.
[25] *Demharter* § 67 Rn. 3; KEHE/*Eickmann* § 67 Rn. 2.
[26] *Stein/Jonas/Schlosser* § 1018 Rn. 4; *Musielak/Ball* § 1018 Rn. 6. Anders *Wieczorek/Weber* § 1018 Rn. 16: Anspruchsgrundlage § 812 Abs. 1 S. 1, 2. Alt. BGB.

(1) wenn die **Urkunde** gemäß § 1016 **vorgelegt** wird **und** der Antragsteller sie als die richtige **anerkannt** hat. Die Auffassung, dass es genüge, wenn der Antragsteller Gelegenheit hatte, Einsicht in die Urkunde zu nehmen,[27] kann nicht geteilt werden, weil gerade bei einem Bestreiten der Nämlichkeit der Antragsteller weiter schutzbedürftig bleibt. Die Auffassung von *Hartmann,* auch das Gericht könne die Nämlichkeit feststellen,[28] verkennt, dass dem Gericht Entscheidungen über die materielle Rechtslage verwehrt sind.
(2) wenn sich das Verfahren **ohne Urteil erledigt,** zB durch Antragsrücknahme, Fristablauf gemäß § 954, oder rechtskräftige Zurückweisung des Antrages auf Urteilserlass;
(3) wenn im Falle des **§ 1029** der **Antrag** auf Einleitung des Verfahrens **nicht** binnen sechs Monaten nach dem Zeitpunkt gestellt wird, in dem er zulässig geworden ist.

Das Gesetz äußert sich nicht zum Schicksal der Zahlungssperre **nach Erlass** des **Ausschlussurteils.** Man wird annehmen müssen, dass sie mit Urteilswirksamkeit ihre Kraft verliert, ohne dass es einer förmlichen Aufhebung bedürfte.

Wird eine **Aufhebung** gemäß § 1022 beschlossen, so ist sie an den Antragsteller und die seinerzeitigen Anordnungsadressaten förmlich **zuzustellen,** da sie mit der befristeten Erinnerung anfechtbar ist, § 1022 Abs. 3, § 11 Abs. 1 S. 2 RpflG. Die Aufhebung ist ferner in der Form **öffentlich bekannt** zu machen, in der die Anordnung der Zahlungssperre bekannt gemacht worden ist.

---

[27] *Stein/Jonas/Schlosser* § 1022 Rn. 1.
[28] *Baumbach/Lauterbach/Hartmann* § 1022 Rn. 1.

Buch 10. Schiedsrichterliches Verfahren

Vorbemerkung zu den §§ 1025 ff.

Schrifttum (altes Recht): *Backhausen,* Schiedsgerichtsbarkeit unter besonderer Berücksichtigung des Schiedsvertragsrechts, 1990; *Berges,* Die Schiedsgerichtsbarkeit als Aufgabe treuhänderischer Rechtspflege, KTS 1960, 97; *A. Blomeyer,* Betrachtungen über die Schiedsgerichtsbarkeit, Festg. für Rosenberg, 1949, S. 51; *Böckstiegel,* Schiedsgerichte und staatliche Gerichte, RIW 1979, 161; *ders.* (Hrsg.), Schiedsgerichtsbarkeit im Umfeld von Politik, Wirtschaft und Gerichtsbarkeit, 1992; *Bredow,* Die Mitwirkung der Deutschen Institution für Schiedsgerichtsbarkeit bei der Durchführung von Schiedsverfahren, FS Glossner, 1994, S. 51; *David,* Die wirtschaftliche Bedeutung des kaufmännischen Schiedsgerichtswesens, 1932; *Diedrich,* Grundlagen der Schiedsgerichtsbarkeit, JuS 1998, 158; *Fasching,* Schiedsgericht und Schiedsverfahren ... (Österreich), 1973; *Geimer,* Schiedsgerichtsbarkeit und Verfassung (aus deutscher Sicht), VIV-Reihe VII (1994), S. 113; *Glossner/Bredow/Bühler,* Das Schiedsgericht in der Praxis, 3. Aufl. 1990; *Haas,* Der Ausschluß der Schiedsgerichtsbarkeit vom Anwendungsbereich des EuGVÜ, IPRax 1992, 292; *Habscheid,* Schiedsgerichtsbarkeit und Staatsaufsicht, KTS 1959, 113; *Henn,* Schiedsverfahrensrecht, 2. Aufl. 1990; *Jäcker* Schiedsklauseln, 1992; *Kessler,* Schiedsgerichtsvertrag und Schiedsverfahren, 1970; *K. Kohler,* Die moderne Praxis des Schiedsgerichtswesens in der Wirtschaft, 1967; *Kornblum,* Probleme der schiedsrichterlichen Unabhängigkeit, 1968; *ders.,* Grundprobleme der Rechts der privaten Schiedsgerichtsbarkeit, JA 1973, 1; *ders.,* Aktuelle Probleme des Rechts der privaten Schiedsgerichtsbarkeit, JA 1979, 1; *Krause,* Die geschichtliche Entwicklung des Schiedsgerichtswesens in Deutschland, 1930; *ders.,* Entwicklungslinien des deutschen Schiedsgerichtswesens, Int. Jb. Sch. III (1931), 220; *Lau/Lau,* Die deutsche Schiedsgerichtsbarkeit und der internationale Standard, TransportR 1990, 133; *Lionnet,* Handbuch der internationalen und nationalen Schiedsgerichtsbarkeit, 1996; *W. Lorenz,* Die Rechtsnatur von Schiedsvertrag und Schiedsspruch, AcP 157 (1958/59), 265; *Lüke,* Probleme der Schiedsgerichtsbarkeit, FS 150 Jahre LG Saarbrücken, 1995, S. 297; *Maier,* Handbuch der Schiedsgerichtsbarkeit, 1979 (mit Nachtrag 1986); *Mittelstein,* Recht und Praxis der Schiedsgerichte in Deutschland, Int. Jb. Sch. I (1926), 37; *Pfeiffer,* Der praktische Gebrauch und Nutzen der Schiedsgerichte, ZCP nF 3 (1847), 48; *Nörr/Schlecht,* Zur Entwicklung der Schiedsgerichtsbarkeit in Deutschland [19. Jh.], in: *Piergiovanni,* From lex mercatoria to commercial law, 2005, S. 165; *Rahmann,* Ausschluß staatlicher Gerichtsbarkeit, 1984; *Sareika,* Zu den Begriffen in der Schiedsgerichtsbarkeit, ZZP 90 (1977), 285; *Schlosser,* Schiedsvertrag und Vereinbarungen über das schiedsrichterliche Verfahren, FS Rammos, 1980, S. 797; *ders.,* Vereins- und Verbandsgerichtsbarkeit, 1972; *ders.,* Schiedsgerichtsbarkeit und Freiwillige Gerichtsbarkeit, DIS-Reihe XI (1996), S. 97 ff.; *Schönke,* Das Schiedsgerichtsverfahren nach dem heutigen deutschen Recht, 1954; *Schoser,* Die Industrie- und Handelskammern und ihre Rolle in der Schiedsgerichtsbarkeit, FS Glossner, 1994, S. 311; *Schütze/Tscherning/Wais,* Handbuch des Schiedsverfahrens, 2. Aufl. 1990; *Schultzenstein,* Verhältnis zwischen schiedsrichterlichem und zivilprozessualem Verfahren, ZZP 41 (1911), 351; *Schwab/Walter,* Schiedsgerichtsbarkeit, 5. Aufl. 1995; *Schwytz,* Schiedsklauseln und Schiedsrichtervertrag, 1976; *Siegert,* Gemeinsame Grundsätze der Schiedsgerichtsbarkeit in Kontinentaleuropa, KTS 1955, 161; *ders.,* Die Bedeutung der allgemeinen Grundsätze des Zivilprozeßrechts für die schiedsgerichtliche Praxis, KTS 1956, 33; *Sonnauer,* Die Kontrolle der Schiedsgerichte durch die staatlichen Gerichte, 1992; *Stober,* Staatsgerichtsbarkeit und Schiedsgerichtsbarkeit, NJW 1979, 2001; *Straatmann/Ulmer,* Handelsrechtliche Schiedsgerichtspraxis – Entscheidungssammlung (I, 1975; II, 1982) bzw. HG Hamburg (Hrsg.), Rechtsprechung kaufmännischer Schiedsgerichte (III, 1984; IV, 1988; V, 1994; VI, 1998); *Vollmer,* Satzungsmäßige Schiedsklauseln, 1970; *Walter,* Dogmatik der unterschiedlichen Verfahren zur Streitbeilegung, ZZP 103 (1990), 141; *Chr. Wolf,* Die institutionelle Handelsschiedsgerichtsbarkeit, 1992; *ders.,* Zwischen Schiedsverfahrensfreiheit und notwendiger staatlicher Kontrolle, RabelsZ 57 (1993), 643. – Siehe auch die **Rechtsprechungsüberblicke** von *Raeschke-Kessler* JBPrSch 4 (1990), 229 (1990) bzw. RPS 1992, 19 (1991).

Schrifttum (international): *Aden,* Internationale Handelsschiedsgerichtsbarkeit, 3. Aufl. 2003; *Bartos,* Internationale Handelsschiedsgerichtsbarkeit, 1984; *Berger,* Internationale Wirtschaftsschiedsgerichtsbarkeit, 1992; *Binder,* International Commercial Arbitration and Conciliation in UNCITRAL Model Law Jurisdictions, 2. Aufl. 2005; *Böckstiegel* (Hrsg.), Rechtsfortbildung durch internationale Schiedsgerichtsbarkeit, 1989; *ders.,* Die Internationalisierung der Schiedsgerichtsbarkeit, FS Schlosser, 2005, S. 49; *Bork,* Internationale Schiedsgerichtsbarkeit in Deutschland, VIV-Reihe IX (1997), S. 283–313; *Born,* International Commercial Arbitration, 2. Aufl. 2001; *Bühring-Uhle,* Arbitration and Mediation in International Business, 2. Aufl. 2006; *Craig/Park/Paulsson,* International Chamber of Commerce Arbitration, 3. Aufl. 2000; *R. David,* L'arbitrage dans le commerce international, 1982; *Gaja,* New York Convention, 1984; *Elsing,* Internationale Schiedsgerichtsbarkeit als Mittler zwischen den prozessualen Rechtskulturen, IDR 2002, 19 (vgl. auch erg. ZVglRWiss 106 [2007], 123); *Gildeggen,* Internationale Schieds- und Schiedsverfahrensvereinbarungen in Allgemeinen Geschäftsbedingungen vor deutschen Gerichten, 1991; *Gottwald,* International Arbitration – Current Positions and Comparative Trends, Rev. Arb. 1996, 211; *Heller,* Der verfassungsrechtliche Rahmen der privaten internationalen Schiedsgerichtsbarkeit, 1996; *Hellwig,* Nationale und internationale Schiedsgerichtsbarkeit, RIW 1984, 421; *Hochbaum,* Mißglückte internationale Schiedsvereinbarungen, 1995 (dazu *Scherer* ZZP 109 [1996], 247); *von Hülsen,* Die Gültigkeit von internationalen Schiedsvereinbarungen, 1973; *Knoblach,* Sachverhaltsermittlung in der internationalen Wirtschaftsschiedsgerichtsbarkeit, 2003, S. 27–67; *M. Lehmann,* Die Schiedsfähigkeit wirtschaftsrechtlicher Streitigkeiten als transna-

Vor § 1025

tionales Rechtsprinzip, 2003 (dazu *K. P. Berger* ZVglRWiss 103 [2004], 122); *Lew/Mistelis/Kröll,* Comparative International Commercial Arbitration, 2003; *T. Lörcher,* Neue Verfahren der internationalen Streiterledigung in Wirtschaftssachen, 2001; *Nagel,* Durchsetzung von Vertragsansprüchen im Auslandsgeschäft – Klage vor dem Schieds- oder Staatsgericht im In- und Ausland, 1978; *Newman/Hill* (Hrsg.), The Leading Arbitrators' Guide to International Arbitration, 2004; *Nußbaum,* Probleme des internationalen Schiedsverfahrens, Int. Jb. Sch. I (1926), 7; *Oberhammer* (Hrsg.), Schiedsgerichtsbarkeit in Zentraleuropa, 2005; *Petrochilos,* Procedural law in international arbitration, 2004; *Raeschke-Kessler,* Neuere Entwicklungen im Bereich der Internationalen Schiedsgerichtsbarkeit, NJW 1988, 3041; *ders.,* Kann die Zivilgerichtsbarkeit von der internationalen Schiedsgerichtsbarkeit lernen?, FS Geiß, 2000, S. 155; *ders.,* Die internationale Schiedsgerichtsbarkeit, ein Motor für transnationales Verfahrensrecht, FS Schlosser, 2005, 713; *Redfern/Hunter,* Law and Practice on International Commercial Arbitration, 4. Aufl. 2004; *Rhoades/Kolkey/Chernick,* The Practicioner's Handbook on International Arbitration and Mediation, New York 2002; *Rubino-Sammartano,* International Arbitration Law, 2. Aufl. 2001; *Sanders,* The Work of UNCITRAL on Arbitration and Conciliation, 2. Aufl. 2004; *Sandrock,* Neue Lehren zur internationalen Schiedsgerichtsbarkeit und das klassische Internationale Privat- und Prozessrecht, FS Hans Stoll, 2001, 661, S. 663–674; *Schäfer,* Einführung in die internationale Schiedsgerichtsbarkeit …, JURA 2004, 153–155 [A/B]; *Schlosser,* Das Recht der internationalen privaten Schiedsgerichtsbarkeit, 2. Aufl. 1989 [zitiert: RIPS]; *ders.,* Das Internationale an der internationalen privaten Schiedsgerichtsbarkeit, RIW 1982, 857; *Schlosser,* Anti-suit injunctions zur Unterstützung von internationalen Schiedsverfahren, RIW 2006, 486; *Schütze* (Hrsg.), Institutionelle Schiedsgerichtsbarkeit, 2006 [zitiert: IS]; *Solomon,* Die Verbindlichkeit von Schiedssprüchen in der internationalen privaten Schiedsgerichtsbarkeit – Zur Bedeutung nationaler Rechtsordnungen und der Entscheidung nationaler Gerichte für die Wirksamkeit internationaler Schiedssprüche, 2007; *de Vries,* International Commercial Arbitration: A Transnational View, J. Int. Arb. 1:1 (1984), 9; *Wiegand,* „Brussels" and Arbitration, J. Int. Arb. 12:4 (1995), 5; *ders.* (ed.), Practitioner's handbook on international arbitration, 2002 (dazu Arb. Int. 19 [2003], 274; *Winkler* SchiedsVZ 2003, 76).

Schrifttum (neues Recht): *Berger* (Hrsg.), Das neue Recht der Schiedsgerichtsbarkeit, 1998; *Bühler,* The German Arbitration Act 1997 – Text and Notes, 1998; *Distler,* Private Schiedsgerichtsbarkeit und Verfassung (2000); *Ebbing,* Private Zivilgerichte – Möglichkeiten und Grenzen privater (schiedsrichterlicher) Zivilrechtsprechung, 2003; *Epping,* Die Schiedsvereinbarung im internationalen privaten Rechtsverkehr …, 1999; *Heigl,* Das Deutsche Schiedsverfahrensrecht von 1998 im Vergleich zum English Arbitration Act 1996, 2000; *Henn,* Schiedsverfahrensrecht, 3. Aufl. 2000; *Hesselbarth,* Schiedsgerichtsbarkeit und Grundgesetz …, 2004 (dazu *Prütting,* FS Schlosser, 2005, S. 705); *Kreindler/Schäfer/Wolff,* Schiedsgerichtsbarkeit, 2006; *Kröll,* Ergänzung und Anpassung von Verträgen durch Schiedsgerichte, 1998; *Lachmann,* Handbuch für die Schiedsgerichtspraxis, 3. Aufl. 2008 (wegen 2. Aufl. 2002 siehe *Schütze* SchiedsVZ 2003, 128); *ders.,* Schiedsgerichtsbarkeit aus der Sicht der Wirtschaft, AnwBl. 1999, 241; *Lionnet/Lionnet,* Handbuch der internationalen und nationalen Schiedsgerichtsbarkeit, 3. Aufl. 2005 (dazu *Schlosser* SchiedsVZ 2005, 91; *Mayr* ZZP 119 [2006], 518); *Lörcher/Lörcher/Lörcher,* Das Schiedsverfahren – national, international – nach neuem Recht, 2. Aufl. 2001; *Martinek,* Die Mitwirkungsverweigerung des Schiedsbeklagten, FS Ishikawa, 2001, S. 269; *Quinke,* Börsenschiedsvereinbarungen und prozessualer Anlegerschutz, 2005; *Raeschke-Kessler,* Stand und Entwicklungstendenzen der … Schiedsgerichtsbarkeit in Deutschland, VIV-Reihe XI (2000), S. 211; *Raeschke-Kessler/Berger,* Aktuelle Rechtsfragen der Schiedsgerichtsbarkeit, 1989; *Schütze,* Schiedsgericht und Schiedsverfahren, 4. Aufl. 2007 [zitiert: SV]; *Rützel/Wegen/Wilske,* Commercial Dispute Resolution in Germany, 2005, S. 111 ff.; *Schlosser,* Das neue deutsche Recht der Schiedsgerichtsbarkeit, VIV-Reihe XI (2000), S. 163; *ders.,* Rechtsvergleichende Schlaglichter auf die BGH-Rechtsprechung zu Zentralfragen der rechtsstaatlichen Integrität der Schiedsgerichtsbarkeit, FG BGH III (2000), S. 399; *Schwab/Walter,* Schiedsgerichtsbarkeit, 7. Aufl. 2005; *Stolle,* Das Recht der nationalen Schiedsgerichtsbarkeit in Schweden und Deutschland im Vergleich, 2004; *Voit,* Privatisierung der Gerichtsbarkeit, JZ 1997, 120; *G. Wagner,* Länderbericht „Germany", in: *Weigand* (ed.), Practitioner's handbook on international arbitration, 2002. – Siehe auch die **Rechtsprechungsüberblicke** von *Kröll* NJW 2001, 1173 (1998–2000); 2003, 791 (2001/2002); 2005, 194 (2003/2004); 2007, 743 (2005/2006) bzw. SchiedsVZ 2004, 113 (2003); 2005, 139 (2004); 2006, 203 (2005); 2007, 145 (2006).

(a) Modellgesetz: *Broches,* Commentary on the UNCITRAL Model Law on International Commercial Arbitration, 1990; *Böckstiegel,* Das UNCITRAL-Modell-Gesetz für die internationale Wirtschafts-Schiedsgerichtsbarkeit, RIW 1984, 670; *Calavros,* Das UNCITRAL-Modellgesetz über die internationale Handelsschiedsgerichtsbarkeit, 1988 (dazu *Mf. Wolf* AcP 180 [1980], 430); *Davenport,* The UNCITRAL Model Law on International Commercial Arbitration: the User's Choice, Arb. Int. 4 (1988), 69; *Granzow,* Das UNCITRAL-Modellgesetz über die internationale Handelsschiedsgerichtsbarkeit, 1988; *Herrmann,* The UNCITRAL Model-Law – its background, salient features and purposes, Arb. Int. 1 (1985), 6; *ders.,* UNCITRAL adopts Model Law on International Commercial Arbitration, Arb. Int. 2 (1986), 2; *ders.,* The UNCITRAL Model Law on International Commercial Arbitration: Introduction and General Provisions, in: *Sarcevic* (Hrsg.), Essays on International Commercial Arbitration, 1989, S. 3; *ders.,* The UNCITRAL Arbitration Law: a good model of a model law, ULR 1998, 483; *Holtzmann/Neuhaus,* A Guide to the UNCITRAL Model Law on International Commercial Arbitration, 1989/1994; *Hußlein-Stich,* Das UNCITRAL-Modellgesetz über die internationale Handelsschiedsgerichtsbarkeit, 1990; *Jaeger,* Die Umsetzung des UNCITRAL-Modellgesetzes über die internationale Handelsschiedsgerichtsbarkeit im Zuge der nationalen Reformen, 2001; *Kerr,* Arbitration and the Courts. The Uncitral Model Law, I.C.L.Q. 1985, 1; *Lionnet,* Should the Procedural Law Applicable to International Arbitration be Denationalised or Unified?, J. Int. Arb. 8:3 (1991), 5; *Real,* UNCITRAL-Modellgesetz über die internationale Handelsschiedsgerichtsbarkeit, ZVglRWiss. 1989, 407; *Roth,* UNCITRAL Model Law, in: *Weigand* (ed.), Practitioner's handbook on international arbitration, 2002; *Sanders,* Unity and Diversity in the Adoption of the Model Law, Arb. Int. 11 (1995), 1; *ders.,* The Work of UNCITRAL on Arbitration and Conciliation, 2. Aufl. 2004, S. 53 ff.; *ders.,* UNCITRAL's Model Law on International and Commercial Arbitration: Present Situation and Future, Arb. Int. 21 (2005), 443; *Szász,* Introduction to the Model Law ..., in: *Sanders* (Hrsg.), Uncitral's Project, Report I, 1984, S. 31; *ders.,* UNCITRAL's Model Law on International and Commercial Arbitration: Present Situation and Future, Arb. Int. 21 (2005), 443; *ders.,* UNCITRAL's remission reconsidered, FS Reymond, 2004, S. 273; *UNCITRAL* (Hrsg.), UNCITRAL Model Law on International Commercial Arbitration (A/CN. 9/309), UNCITRAL Yb. XIX (1988), 117.

(b) Umsetzung: *Berger,* International Economic Arbitration in Germany: A New Era, Arb. Int. 8 (1992), 101; *DIS* (Hrsg.), Übernahme des UNCITRAL Modellgesetzes über die internationale Handelsschiedsgerichtsbarkeit in das deutsche Recht, 1989; *ders.,* The Implementation of the UNCITRAL Model Law in Germany, Mealey's Int. Arb. Rep. 13 (1998/1), 38; *Glossner,* Neues Schiedsverfahrensrecht, ZRP 1995, 70; *Kornblum,* Zur Übernahme des UNCITRAL-Modellgesetzes über die internationale Handelsschiedsgerichtsbarkeit in das deutsche Schiedsverfahrensrecht, JbPrSch. 1 (1987), 34; *ders.,* Bemerkungen zur geplanten Neuregelung des deutschen Rechts der privaten Schiedsgerichtsbarkeit, ZRP 1995, 331; *Lörcher,* Schiedsgerichtsbarkeit: Übernahme des UNCITRAL-Modellgesetzes?, ZRP 1987, 230; *ders.,* Towards a reform of the German rules governing arbitration, Arb. Int. 11 (1995), 391; *Nolting,* Empfiehlt es sich, das deutsche Schiedsrecht zu reformieren?, IPRax 1987, 387; *Sanders,* The Introduction of UNCITRAL's Model Law on International Arbitration into German legislation, JbPrSch. 4 (1990), 121; *Schlosser,* Notwendige Reformen des deutschen Rechts der Schiedsgerichtsbarkeit – Eine Studie im Lichte der Rechtsvergleichung, ZIP 1987, 492; *ders.,* Bald neues Recht der Schiedsgerichtsbarkeit in Deutschland?, RIW/AWD 1994, 723; *Schmidt-Syaßen,* Das Schiedsverfahrensrecht soll neu geordnet werden, DRiZ 1994, 359; *Schwab,* Das Uncitral-model-law und das deutsche Recht, FS Nagel, 1987, S. 427; *Smid,* Gewährleistung eines fairen Schiedsverfahrens – Zur Kritik der Reform des 10. Buches der ZPO, DZWiR 1995, 441; *Ullmann,* Reform des deutschen Schiedsverfahrensrechts?, GRUR Int. 1987, 403; *Weigand,* The UNCITRAL Model Law: New Draft Arbitration Acts in Germany and Sweden, Arb. Int. 11 (1995), 397; *Zerbe,* Die Reform des deutschen Schiedsverfahrensrechts auf der Grundlage des UNCITRAL-Modellgesetzes über die internationale Handelsschiedsgerichtsbarkeit, 1995.

(c) Novellierung: *van den Berg,* The German Arbitration Act 1998 and the New York Convention 1958, FS Böckstiegel, 2001, S. 783; *K. P. Berger,* Das neue deutsche Schiedsverfahrensrecht, DZWiR 1998, 45; *ders.,* Entstehungsgeschichte und Leitlinien des neuen deutschen Schiedsverfahrensrechts, in: *Berger* (Hrsg.), Das neue Recht der Schiedsgerichtsbarkeit, 1998, S. 1 ff.; *ders.,* The German Arbitration Law of 1998 – First Experiences, FS Böckstiegel, 2001, S. 31; *ders.,* Das neue Schiedsverfahrensrecht in der Praxis – Analyse und aktuelle Entwicklungen, RIW 2001, 7; *Böckstiegel,* An Introduction to the New German Arbitration Act Based on the UNCITRAL Model Law, Arb. Int. 14 (1998), 19 mit DIS-Mat. III (1998), S. 1 ff.; *ders.,* Einführung in Recht und Praxis der Schiedsgerichtsbarkeit, in: *Labes/Lörcher,* Nationales und internationales Schiedsverfahrensrecht (Textausgabe), 1998, S. XV ff.; *Bosch,* Die Reform des deutschen Schiedsverfahrensrechts, ZAP Fach 13, S. 787 (1998, 1101); *Bredow,* Das neue 10. Buch der ZPO – ein Überblick, RPS 1998 I S. 2 bzw. DIS-Mat. III (1998) S. 9 ff.; *Bundesministerium der Justiz* (Hrsg.), Kommission zur Neuordnung des Schiedsverfahrensrechts, Bericht mit einem Diskussionsentwurf zur Neufassung des Zehnten Buchs der ZPO, 1994; *Gottwald/Adolphsen,* Das neue deutsche Schiedsverfahrensrecht, DStR 1998, 1017; *W. J. Habscheid,* Das neue Recht der Schiedsgerichtsbarkeit, JZ 1998, 445; *ders.,* Il nuovo diritto dell'arbitrato in Germania, Riv. Arb. 8 (1998), 175; *Hök,* Das Schiedsverfahren in Bausachen nach neuem Recht, BauR 1998, 835; *Hunter,* Arbitration in Germany – A Common Law Perspective, SchiedsVZ 2003, 155; *Jarvin/Trappe,* Schwedisches und deutsches Schiedsverfahrensrecht im Vergleich, FS Böckstiegel, 2001, S. 319; *Semler,* German Arbitration Law, J. Int. Arb. 18:5 (2001), 579; *König,* Außergerichtliche Konfliktlösung und das neue Schiedsverfahrensrecht, MittPat. 1999, 347, 350; *Kreindler/Mahlich,* Das neue deutsche Schiedsverfahrensrecht aus ausländischer Sicht, NJW 1998, 563 u. Arb. Int. 14 (1998), 65; *Kreindler,* Das neue deutsche Schiedsverfahrensrecht, FS Sandrock, 2000, S. 515 bzw. Das neue deutsche Schiedsverfahrensrecht aus ausländischer Sicht, FS Böckstiegel, 2001, S. 401; *Kronke,* Internationale Schiedsverfahren nach der Reform, RIW 1998, 257; *Labes/Lörcher,* Das neue deutsche Recht der Schiedsgerichtsbarkeit, MDR 1997, 420; *Lachmann,* Ausgewählte Aspekte des neuen Schiedsverfahrensrechts, BuW 1998, 582; *Lionnet,* The New German Arbitration Act – A User's Perspective, Arb. Int. 14 (1998), 57; *Loewe,* Reform des deutschen Schiedsverfahrensrechts – von außen gesehen, FS Rolland, 1999, S. 225; *Lörcher,* Das neue Recht der Schiedsgerichtsbarkeit, DB 1998, 245; *ders.,* The New German Arbitration Act, J. Int. Arb. 15:2 (1998), 85; *Mönnikes,* Die Reform des deutschen Schiedsverfahrensrechts, 2000; *Osterthun,* Das neue deutsche Recht der Schiedsgerichtsbarkeit, TransportR 1998, 177; *von Pachelbel-Gehag,* Das reformierte deutsche und schwedische Schiedsverfahrensrecht – eine vergleichende Betrachtung ..., 2002; *Raeschke-Kessler,* The New German Arbitration Act v. Old German Case Law, Arb. Int. 14 (1998), 47; *Saenger,* Das neue Schiedsverfahrensrecht, WPK-Mitt. 1998, 209; *Sandrock,* Procedural Aspects of the New German Arbitration Act, Arb. Int. 14 (1998), 33; *von Schlabrendorff,* A Practitioner's View of the New German Arbitration Act, DIS-Mat. III (1998) S. 59 ff. bzw. Auswirkungen des neuen Rechts auf die Praxis des Schiedsverfahrens, DIS-Mat. IV (1998) S. 34 ff.; *K. Schumacher,* Das neue 10. Buch der Zivilprozeßordnung im Vergleich zum UNCITRAL-Modellgesetz über die Internationale Handelsschiedsgerichtsbarkeit, RPS 1998 I S. 6 bzw. DIS-Mat. III (1998), S. 27 ff.; *ders.,* Das neue 10. Buch der ZPO, FS Rolland, 1999, S. 327; *Söderlund,* Vergleichender Überblick zur Schiedsgerichtsbarkeit in Deutschland, England, Russland und Schweden, SchiedsVZ 2004, 130; *Trittmann,* Die Auswirkungen des Schiedsverfahrens-Neuregelungsgesetzes auf gesellschaftsrechtliche Streitigkeiten, ZGR 1999, 340; *Walter,* Neues Recht der Schiedsgerichtsbarkeit in Deutschland – ein Rechtsvergleich Deutschland/Schweiz/Italien, AJP 1999,

814; *Weigand,* Das neue deutsche Schiedsverfahrensrecht: Umsetzung des UNCITRAL-Modellgesetzes, WiB 1997, 1273; *Winkler/Weinand,* Deutsches internationales Schiedsverfahrensrecht, BB 1998, 597.

Schrifttum zum Verhältnis von Schieds- und Staatsgerichtsbarkeit: *Ball,* The Essential Judge: the Role of the Courts in a System of National and International Commercial Arbitration, Arb. Int. 22 (2006), 73; *Ebbing,* Private Zivilgerichte – Möglichkeiten und Grenzen privater (schiedsgerichtlicher) Zivilrechtsprechung, 2003, S. 97–124, 210–233, 267–286, 305–313, 381–401; *Gaillard,* L'interférence des juridictions du siège dans le déroulement de l'arbitrage, FS Reymond, 2004, S. 83; *Haas,* Die gerichtliche Kontrolle der schiedsgerichtlichen Entscheidungszuständigkeit, FS Rechberger, 2005, S. 187; *Habscheid,* Schiedsgerichtsbarkeit und Staatsaufsicht, KTS 1959, 113; *Harbst,* Der Einfluß der staatlichen Gerichte auf das Schiedsverfahrensrecht, 2002 (dazu *Huber* IDR 2002, 46); *Herrmann,* The Role of the Courts under the UNCITRAL Model Law Script, in: *Lew,* Contemporary Problems …, 1986, S. 164 ff.; *Kaufmann-Kohler,* Qui contrôle l'arbitrage?: Autonomie des parties, pouvoirs des arbitres et principe d'efficacité, FS Reymond, 2004, S. 153; *Kerr,* Arbitration and the Courts: The UNCITRAL Model Law, I. C. L. Q. 1985, 1; *Kühn,* Die Bedeutung der Gerichte bei der Durchführung von Schiedsverfahren, DIS IX (1992) S. 65; *Melis,* Arbitration and the Courts, ICCA Congress Series No. 2 (1984) S. 83; *Rosener,* Die Zuständigkeit der staatlichen Gerichte im Schiedsverfahren, FS Glossner, 1994, S. 271; *Schlosser,* Unterstützung und Kontrolle der Schiedsgerichte durch staatliche Gerichte …, DIS IX (1992) S. 51; *Sonnauer,* Die Kontrolle der Schiedsgerichte durch staatliche Gerichte, 1992.

Schrifttum zur außergerichtlichen Streitschlichtung: *Althammer,* Mediation als prozessuale Last, JZ 2006, 69; *Becker/Horn,* Notwendige Regelungen eines deutschen Mediationsgesetzes, SchiedsVZ 2006, 270; *K. P. Berger,* Integration mediativer Elemente in das Schiedsverfahren, RIW 2001, 881 bzw. Arb. Int. 19 (2003), 387; *Blankenburg/W. Gottwald/Strempel,* Alternativen in der Ziviljustiz, 1982; *Böckstiegel,* Schlichten statt Richten, DRiZ 1996, 267; *Breidenbach,* Mediation, 1995; *Breidenbach/Henssler,* Mediation für Juristen, 1997; *Büchner u. a.,* Außergerichtliche Streitbeilegung, 1998; *Bühring-Uhle,* Arbitration and Mediation in International Business, 2. Aufl. 2006; *Casper/Risse,* Mediation von Beschlussmängelstreitigkeiten, ZIP 2000, 437; *Diekmann,* Neue gesetzgeberische Wege zur außergerichtlichen Streitschlichtung, ZfG 2000, 1; *Dendorfer/Lack,* The Interaction Between Arbitration and Mediation: Vision vs. Reality, SchiedsVZ 2007, 195; *Duve,* Mediation und Vergleich im Prozeß – Eine Darstellung am Beispiel des Special Master in den USA, 1999; *ders.,* Was ist eigentlich Alternative Dispute Resolution (ADR)?, RPS 1998 II, S. 15; *ders.,* Alternative Dispute Resolution (ADR) – die außergerichtliche Streitbeilegung in den USA, BB 1998, Beil. 10, S. 9; *Eidenmüller,* … Möglichkeiten und Grenzen privatautonomen Konfliktmanagements, VIV-Reihe XIII (2000), S. 45; *ders.,* Hybride ADR-Verfahren bei internationalen Wirtschaftskonflikten, RIW 2002, 1; *Eiholzer,* Die Streitbeilegungsabrede, 1998; *Elsing,* Alternative Dispute Resolution – geeignet zur Streitbeilegung in Gesellschaften?, FS Sandrock, 2000, S. 267; *Friedrich,* Regelungsgegenstände der Mediationsvereinbarung, MDR 2004, 481; *ders.,* Schlichtungs- und Mediationsklauseln in Allgemeinen Geschäftsbedingungen, SchiedsVZ 2007, 31; *Gain,* Das Schlichtungsverfahren vor Schiedsämtern und Schiedsstellen, 4. Aufl. 1991; *Goll,* Obligatorische Streitschlichtung im Zivilprozeß, ZRP 1998, 314; *W. Gottwald,* Streitbeilegung ohne Urteil, 1981; *ders.,* Modelle der freiwilligen Streitschlichtung unter besonderer Berücksichtigung der Mediation, WM 1998, 1257; *ders.,* Staatliche Maßnahmen zur Förderung außergerichtlicher Mediation – empfiehlt sich eine „verordnete" Mediation, AJP 2007, 611; *W. Gottwald/Strempel* (Hrsg.), Streitschlichtung, 1995; *W. Gottwald/Strempel/Beckedorff/Linke,* Außergerichtliche Konfliktregelung, 1997; *P. Gottwald,* Mediation und gerichtlicher Vergleich: Unterschiede und Gemeinsamkeiten, FS Ishikawa, 2001, S. 137; *Greger,* Diversion statt Flaschenhals, ZRP 1998, 183; *Gullo,* Mediation unter der Herrschaft des Rechts?, 2006; *Haft,* Mediation – Palaver oder neue Streitkultur?, FS Geimer, 1999, S. 255; *Haft/Schlieffen,* Handbuch Mediation, 2002; *Hager,* Konflikt und Konsens, 2001 (dazu *Neureither* NJW 2002, 3086); *Henssler/Schwackenberg,* Der Rechtsanwalt als Mediator, MDR 1997, 409; *Hess,* Verbrauchermediation, ZZP 118 (2005), 427; *Th. von Hippel,* Der Ombudsmann …, 2000; *Hoffmann-Riem/Schmidt-Aßmann* (Hrsg.), Konfliktbewältigung durch Verhandlungen, 1990; *Hoffmann-Riem,* Konfliktbewältigung in einer angebotsorientierten Rechtsschutzordnung, ZRP 1997, 190; *Horvath,* Schiedsgerichtsbarkeit und Mediation – Ein glückliches Paar?, SchiedsVZ 2005, 292; *Hutner,* Die Mediationsvereinbarung – Regelungsgegenstände und vertragsrechtliche Qualifizierung, SchiedsVZ 2003, 226; *Katzenmeier,* Zivilprozeß und außergerichtliche Streitbeilegung, ZZP 115 (2002), 51; *König,* Außergerichtliche Konfliktlösung und das neue Schiedsverfahrensrecht, MittPat. 1999, 347; *K. Kohler,* Die moderne Praxis des Schiedsgerichtswesens in der Wirtschaft, 1967; *Kotzorek,* Private Gerichte als Alternative zur staatlichen Zivilgerichtsbarkeit, 1987; *Krapp,* Modelle zur außergerichtlichen Konfliktlösung an amerikanischen Zivilgerichten, ZRP 1994, 115; *Labes,* Verfahrensoptionen der Alternativen Streitbeilegung, DZWiR 1998, 353; *Mähler/Mähler,* Streitschlichtung – Anwaltssache, hier: Mediation, NJW 1997, 1262; *dies.,* Mediation im Spektrum außergerichtlicher Konfliktbeilegung, AnwBl. 1997, 535; *Motsch,* Nichtstaatliche und halbstaatliche Schlichtungsstellen in der Bundesrepublik Deutschland, FS Söllner, 1990, S. 403; *Nicklisch,* Gutachter-, Schieds- und Schlichtungsstellen – rechtliche Einordnung und erforderliche Verfahrensgarantien, FS Bülow, 1981, S. 159; *ders.,* Alternative Formen der Streitbeilegung und internationale Handelsschiedsgerichtsbarkeit, FS Schwab, 1990, S. 381; *Ponschab,* Wege zur anwaltlichen Schlichtung, AnwBl. 1997, 145; *Preibisch,* Außergerichtliche Vorverfahren in Streitigkeiten der Zivilgerichtsbarkeit, 1982; *Prütting,* Schlichten statt Richten?, JZ 1985, 261; *ders.,* Mediation und gerichtliches Verfahren – ein nur scheinbar überraschender Vergleich, BB 1999, Beil. 9, S. 7; *ders.,* Außergerichtliche Streitschlichtung, 2003; *van Raden,* Außergerichtliche Konfliktregelung im gewerblichen Rechtsschutz, GRUR 1998, 444; *Risse,* Neue Wege der Konfliktbewältigung …, BB 2001, Beil. 2, S. 16; *Röhl* (Hrsg.), Das Güteverfahren vor dem Schiedsmann, 1987; *Schilken,* Probleme der außergerichtlichen obligatorischen Streitschlichtung aufgrund der Öffnungsklausel nach § 15a EGZPO, FS Ishikawa, 2001, S. 471; *Schütze,* Alternative Streitschlichtung, ZVglRWiss. 97 (1998), 117; *Schulz,* Mediation aus richterlicher Sicht, FamRZ

2000, 860; *Spalckhaver,* Mediation als Dienstleistungsangebot der Justiz ..., IDR 2004, 80; *Stadler,* Außergerichtliche obligatorische Streitschlichtung – Chance oder Illusion?, NJW 1998, 2479; *Stickelbrock,* Gütliche Streitbeilegung, JZ 2002, 633; *Stumpp,* Pflichten des Notars im obligatorischen Schlichtungsverfahren, MittBayNot 2001, 351; *Strempel,* Außergerichtliche Konfliktlösung (Mediation), ZRP 1998, 319; *Tonner,* Vorgeschaltete Schlichtung bei Verbraucherprozessen mit niedrigem Streitwert?, FS Reich, 1997, S. 861; *Volkmann,* Gerichtsnahe Mediation und Rechtsberatungsgesetz, SchiedsVZ 2004, 245; *Wagner,* Obligatorische Streitschlichtung im Zivilprozeß: Kosten, Nutzen, Alternativen, JZ 1998, 836; *Walter,* Dogmatik der unterschiedlichen Verfahren zur Streitbeilegung, ZZP 103 (1990), 141; *Weigand,* Alternative Streiterledigung, BB 1996, 2106; *Wilke,* Schlichten statt Prozessieren – Der Beitrag des Notars, MittBayNot. 1998, 1.

Schrifttum zum Schiedsgutachten: *Bachmann,* Der Schiedsgutachter, 1949; *von Bernuth,* Schiedsgutachterabreden und die Durchführung selbständiger Beweisverfahren, ZIP 1998, 2081; *Böckstiegel/Berger/Bredow* (Hrsg.), Schiedsgutachten versus Schiedsgerichtsbarkeit, DIS-Reihe XXI (2007); *Borowsky,* Das Schiedsgutachten im common Law, 1998; *Bosch,* Rechtskraft und Rechtshängigkeit ..., 1991, S. 4 ff.; *Bulla,* Gerichtliche Nachprüfbarkeit von Schiedsgutachten, NJW 1978, 397; *Gelhaar,* Die gerichtliche Nachprüfung von Schiedsgutachten, DB 1968, 743; *Greger/Stubbe,* Schiedsgutachten, 2007, Rn. 1 ff., 83 ff., 320 ff. (dazu *Risse* SchiedsVZ 2008, 39); *Habscheid,* Das Schiedsgutachten, FS H. Lehmann II, 1956, S. 789; *ders.,* Schiedsvertrag und Schiedsgutachtenvertrag, KTS 1957, 129; *ders.,* Aus der höchstrichterlichen Rechtsprechung zur Schiedsgerichtsbarkeit, KTS 1962, 1, 12; 1963, 1, 11; 1964, 79, 86; *ders.,* Zur Frage der rechtsstaatlichen Ausgestaltung des Schiedsgutachtenverfahrens, FS Laufke, 1971, S. 303; *ders.,* Das Schiedsgutachten als Mittel der Streitentscheidung und Streitvorbeugung, FS Kralik, 1986, S. 189; *Joussen,* Schlichtung als Leistungsbestimmung und Vertragsgestaltung ..., 2005, S. 45 ff. mit S. 127–138; *Kisch,* Der Schiedsmann im Versicherungsrecht, 1924; *Kornblum,* Die Rechtsnatur der Bestimmung der Leistung in den §§ 315–319 BGB, AcP 168 (1989), 450; *Kurth,* Zur Kompetenz von Schiedsrichtern und Schiedsgutachtern, NJW 1990, 2038; *Lindacher,* Schiedsgutachten und rechtliches Gehör, KTS 1964, 35; *Meyer,* Der Schiedsgutachtervertrag, 1995; *Nicklisch,* Schätzorganisationen, ZHR 136 (1972), 1; *ders.,* Gutachter-, Schieds- und Schlichtungsstellen, FS Bülow, 1981, S. 159; *Rauscher,* Das Schiedsgutachten unter bes. Berücksichtigung der Regelungen der Praxis des Massenverkehrs, 1969; *Raeschke-Kessler,* Die deutsche Rechtsprechung zur Schiedsgerichtsbarkeit von 1989 und die neuere Rechtsprechung zu Schiedsgutachten, JbPrSch. 3 (1989), 211; *ders.,* Die neuere Rechtsprechung zu Schiedsgutachten, BB 1993, Beil. 17, S. 19; *Sachs,* Die rechtliche Abgrenzung des Schiedsgutachtens vom Schiedsverfahren ..., FS Schlosser 2005, S. 805; *Sanders,* The Links between Arbitration and Conciliation, FS Sandrock, 2000, S. 823; *Straatmann,* Die Qualitätsarbitrage, FS Stödter, 1979, S. 109; *Stubbe,* Schiedsgutachten als modernes ADR-Instrument, SchiedsVZ 2006, 150; *Sturmberg,* Gehört das Schiedsgutachten der Vergangenheit an?, BauR 1992, 693; *Volmer,* Das Schiedsgutachtenrecht – Bestandsaufnahme u. Fragen der Praxis, BB 1984, 1010; *G. Wagner,* Prozeßverträge, 1998, S. 655 ff.; *Weismann,* Das Schiedsgutachten, AcP 72 (1888), 269; *ders.,* Die §§ 355–357 des Entwurfs eines bürgerlichen Gesetzbuchs (Leistung nach Ermessen eines Dritten – „Arbitrator"), AcP 74 (1889), 422; *Wittmann,* Struktur und Grundprobleme des Schiedsgutachtenvertrages, 1978.

Schrifttum zu den Vor- und Nachteilen der Schiedsgerichtsbarkeit: *Bietz,* Baustreitigkeiten vor dem Schiedsgericht, NZBau 177–181; *Böckstiegel,* Schlichten statt Richten – Möglichkeiten und Wege außergerichtlicher Streitbeilegung, DRiZ 1996, 267; *Duve/Keller,* Privatisierung der Justiz ..., SchiedsVZ 2005, 169; *Franzen,* „Parteischiedsrichter" – ein vermeidbarer Mangel der Praxis, NJW 1986, 299; *Frost,* Schiedsgerichtsbarkeit im Bereich des geistigen Eigentums nach deutschem und US-amerikanischem Schiedsrecht, 2001, S. 193–211 (dazu *Ann* ZZP 116 [2003], 124); *Geiben,* Privatsphäre und Vertraulichkeit im Schiedsverfahren, 2001; *Hirsch,* Schiedsgerichte – ein Offenbarungseid für die staatlichen Gerichte?, SchiedsVZ 2003, 49; *Hök,* Das Schiedsverfahren in Bausachen nach neuem Recht: Ein Vergleich des Schiedsverfahrens mit dem gerichtlichen Verfahren in Bausachen, BauR 1998, 835; *Jagenburg,* Schiedsgerichtsbarkeit zwischen Wunsch und Wirklichkeit, FS Oppenhoff, 1985, S. 147; *K. Kohler,* Die moderne Praxis des Schiedsgerichtswesens in der Wirtschaft, 1967; *Kotzorek,* Private Gerichte als Alternative zur staatlichen Gerichtsbarkeit: eine ökonomische Analyse, 1987; *Knieper,* Schiedsgerichtsbarkeit und staatliche Gerichtsbarkeit im Vergleich, ROW 1998, 239; *Lachmann,* Schiedsgerichtsbarkeit aus der Sicht der Wirtschaft, AnwBl. 1999, 241; *Lionnet,* Rechtspolitische Bedeutung der Schiedsgerichtsbarkeit, FS Sandrock, 2000, S. 603; *Mandelkow,* Schiedsgerichtsverfahren in Bausachen, BauR 1997, 785; *Nerz,* Vor- und Nachteile eines Schiedsverfahrens nach der Schiedsgerichtsordnung der Internationalen Handelskammer, RIW/AWD 1990, 350; *Ochmann,* Das schiedsrichterliche Verfahren unter Berücksichtigung der gewerblichen Schutzrechte und seine Vor- und Nachteile gegenüber dem staatlichen Gerichtsverfahren, GRUR 1993, 255; *Raeschke-Kessler,* Sollen/dürfen Bundesrichter Schiedsrichter sein? Anm. zu § 40 DRiG, FS Nirk, 1992, S. 915; *Sandrock,* Internationale Kredite und die Internationale Schiedsgerichtsbarkeit, WM 1994, 405 und 445; *Schütze,* Effektivität des Rechtsschutzes vor Schiedsgerichten, VIV-Reihe XVII (2006), S. 171; *Schroeder,* Die lex mercatoria arbitralis ..., S. 23–32 mit S. 56–64; *Schütze,* Privatisierung richterlicher Tätigkeit, ZVglRWiss. 99 (2000), 241, 244 ff.; *ders.,* Effektivität des Rechtsschutzes vor den Schiedsgerichten, in: *P. Gottwald* (Hrsg.), Effektivität des Rechtsschutzes vor staatlichen und privaten Gerichten, 2006, S. 171; *Stumpf,* Vor- und Nachteile des Verfahrens vor den Schiedsgerichten gegenüber dem Verfahren vor Ordentlichen Gerichten, FS Bülow, 1981, S. 217; *Stumpf/Steinberger,* Bedeutung von internationalen Schiedsgerichten und ihre Vereinbarung in verschiedenen Ländergruppen, RIW 1990, 174; *Swoboda,* Fachleute als Richter – Schiedsgerichtsbarkeit in der Bundesrepublik, 1984; *Triebel/Viertel,* Die Bundesrepublik Deutschland wird als Schiedsgerichtsort in internationalen Schiedsverfahren gemieden, BB 1986, 1168; *von Westphalen,* Vae victis – der Schrecken der Schiedsgerichtsbarkeit, ZIP 1987, 1159; *Weber,* Für und wider einer Berufungsinstanz im Schiedsverfahren, FS Geimer, 2002, S. 1445; *Wegmann* ZEV 2003, 20, 22 [5]; *Zilles,* Schiedsgerichtsbarkeit im Gesellschaftsrecht, 2002, S. 1–12.

Übersicht

	Rn.		Rn.
I. Wesen der Schiedsgerichtsbarkeit	1–9	V. Vor- und Nachteile der privaten Schiedsgerichtsbarkeit	51–64
1. Begriffsbildung	1–3	1. Verfahrensdauer und -kosten	52–54
2. Rechtspflegefunktion	4–6	2. Freie Schiedsrichterwahl	55, 56
3. Staatsvorbehalte	7–9	3. Geheimhaltung und Vertraulichkeit	57, 58
II. Arten von Schiedsgerichten	10–14	4. Effizienz und Flexibilität	59–61
1. Gelegenheitsschiedsgerichte	10	5. Internationalität	62–64
2. Institutionelle Schiedsgerichte	11	VI. Institutionalisierung des Schiedsverfahrens	65–96
3. Mischformen	12–14	1. Allgemeines	65, 66
III. Praktische Bedeutung der Schiedsgerichtsbarkeit	15–18	2. Nationaler Bereich	67–72
1. Nationaler Bereich	15, 16	3. Internationaler Bereich	73–96
2. Internationaler Bereich	17, 18	a) Nationale europäische Organisationen (Auswahl)	74–84
IV. Abgrenzungen	19–50	b) Internationale Handelskammer (ICC bzw. CCI)	85–87
1. Grundlagen	19	c) American Arbitration Association (AAA)	88, 89
2. Streitschlichtung	20–38	d) Schiedsgerichte internationale Organisationen (Auswahl)	90–96
a) Grundbegriffe	20–24	VII. Rechtsgeschichte und Reformvorhaben	97–118
b) Staatliche Rechtspflege	25–30	1. Geschichtliche Vorbedingungen	97–100
aa) Vorschaltverfahren	25, 26	2. Die alte ZPO-Regelung	101–104
bb) Güteverhandlungstermin	27	3. Internationales Einheitsstreben	105–110
cc) Verfahren gerichtsnaher Mediation	28	a) Europäische Regelungsansätze	106, 107
dd) Schuldnerberatung	29	b) Weltweite Regelungsansätze	108–110
ee) Schiedsmannsordnungen	30	4. Die neue ZPO-Regelung	111–115
c) Private Streitbeilegung	31–38	5. Vergleichende Parallelitäten	116–118
aa) Ombudsmann-Verfahren	31–33		
bb) Weitere verbraucherschützende Stellen	34, 35		
cc) Mediatoren-Verfahren	36–38		
3. Schiedsgutachten	39–49		
a) Begriffsbildung	39–41		
b) Abgrenzungsfragen	42–44		
c) Abgrenzungsfolgen	45–49		
4. „Blankovergleich"	50		

I. Wesen der Schiedsgerichtsbarkeit

1 **1. Begriffsbildung.** Unter Schiedsgerichtsbarkeit im Sinne des Zehnten ZPO-Buches ist die Summe der Normen und Einrichtungen zu verstehen, die sich mit der Entscheidung bürgerlicher oder vergleichbarer Rechtsstreitigkeiten (wegen öffentlich-rechtlicher Streitigkeiten siehe § 1029 Rn. 79 mit § 1066 Rn. 25) auf Grund privater Willenserklärungen durch **private Personen oder Gremien (Schiedsgerichte)** befassen.[1] Diese Definition grenzt die private Schiedsgerichtsbarkeit vom Schiedsgutachten (Rn. 39–49) und von der Mediation (Rn. 20–24, 36–38) ab: maßgeblich ist die **volle Entscheidungsbefugnis eines Schiedsgerichts** mit Rechtskraftfolge (§ 1055) und notfalls mit staatlichem Vollstreckungszwang (§§ 1060, 1061 mit § 794 Abs. 1 Nr. 4a).

2 Schiedsgerichte substituieren Staatsgerichte, die bloß in ganz eng begrenzten Ausnahmefällen eingreifen können (§ 1026), besonders zur Aufhebung bei Verstößen gegen Minimalstandards (§ 1059 Abs. 2). Sie haben die volle Entscheidungsmacht für das Zu- oder Absprechen – inklusive aller Vorfragen[2] (vgl. noch erg. § 1029 Rn. 90). Schiedsgerichte iSd. §§ 1025 ff. sind außerdem nur solche, die **auf privatem Rechtsgeschäft beruhen**,[3] sei es auf einer Vereinbarung (§ 1029), entweder ganz selbständig vereinbart („Abrede") oder bloß ergänzend beigefügt („Klausel"), oder auch auf einer einseitigen Anordnung (§ 1066). Nicht hierher gehören öffentlich-rechtliche (sog. „un-

---

[1] Ganz ähnlich auch OLG Frankfurt/Main NJW-RR 2001, 1078, 1079 [b] – falsch dort jedoch die Hervorhebung *vermögensrechtlicher* Streitigkeiten (arg. § 1030 Abs. 1).
[2] So recht plastisch schon RG JW 1891, 272.
[3] RGZ 107, 352, 353; 108, 194, 198; 157, 106, 114; OLG Düsseldorf NJW 1950, 876, 877; BGHZ 48, 35, 43; 128, 380, 383 [1a].

Vorbemerkung 3–5 **Vor § 1025**

echte"[4]) Schiedsgerichte, die durch Rechtsnorm[5] oder völkerrechtlichen Vertrag eingesetzt sind (wie etwa der Ständige Schiedsgerichtshof [PCA] und auch der Internationale Gerichtshof [IGH] in Den Haag) und ebenso wenig die zwangsweise verordnete Arbitrage privater Rechtsstreitigkeiten.[6] Verbands- und Vereinsgerichte sind trotz ihres Namens häufig nicht echte Schiedsgerichte, sondern Organe der Körperschaft bzw. Gesellschaft (§ 1066 Rn. 21 f.).

Wesenstypische Charakteristika der Schiedsgerichtsbarkeit: **Freiwilligkeit**[7] (aber: § 1066) **3** und **Gestaltungsfreiheit** (dazu: § 1042 Abs. 3), freie **Richterwahl** (§§ 1034 ff.) – der Schiedsrichter ist bezahlter Dienstleister (Vor § 1034 Rn. 3 ff., insbes. Rn. 15–43) –, volle **Spruchgewalt** (§ 1055 bzw. §§ 1060, 1061) und Sperrwirkung für parallele staatliche Verfahren (§ 1032 Abs. 1: **Schieds-Einrede**). Den Schiedsgerichten fehlen wohl eigene Zwangsbefugnisse, doch leiht ihnen der Staat seine Hand (§ 1050). Aus dem Wesensgehalt des Richteramtes ergibt sich ferner noch das Gebot der Neutralität und Unabhängigkeit (§ 1036); hingegen mag insoweit die Rechtsbindung bewusst „gelockert" werden (§ 1051 Abs. 3).

2. Rechtspflegefunktion. Die Schiedsgerichtsbarkeit iSd. §§ 1025 ff. ist **materiell Rechtspre- 4 chung**[8] (weniger schön die neuere Formel: Rechtsprechung im weiteren Sinne[9]) und tritt, wo sie eingreift, an die Stelle staatlicher Gerichte – aber: allemal nur auf Einrede (§ 1032 Abs. 1), nicht etwa von Amts wegen. Die Möglichkeit, Schiedsgerichte zur Entscheidung nach Billigkeit zu ermächtigen (§ 1051 Abs. 3), steht derartig funktioneller Qualifikation nicht entgegen. Dies bedeutet kein globales Loslösen vom Recht, bedarf übrigens expliziter Ermächtigung (Umkehrung als Regelfall!) und ist auch vor staatlichen Gerichten nicht grundsätzlich fremd (zB §§ 315 ff., 253 Abs. 2 BGB).[10] Mit Abschluss der Schiedsvereinbarung verzichten die Parteien *in zulässiger Weise(!)* auf ihren **Justizgewährungsanspruch** durch den (justiz-)grundrechtlich gewährleisteten gesetzlichen Richter (Art. 101 Abs. 1 S. 2 GG mit § 16 S. 2 GVG).[11] Art. 92 GG erfasst von vornherein nur die „staatseigene" (formale) Rechtsprechung: der Grundgesetzgeber wollte die bereits vor dem Inkrafttreten des Grundgesetzes existente Schiedsgerichtsbarkeit nicht ausschließen.[12]

Die Gesetzesvorgaben des Schiedsverfahrens können der verfassungsrechtlich aufgelegten Mess- **5** latte genügen.[13] Sinn und Zweck des Schiedsverfahrens ist es, den Rechtsfrieden zwischen den Par-

---

[4] BGHZ 128, 380, 383 [1 a]; *Baumbach/Lauterbach/Hartmann* Grundz. § 1025 Rn. 2.

[5] RG WarnR 20 (1928) Nr. 98, S. 190, 191; BGHZ 48, 35, 43 f. – vgl. noch erg. § 1066 Rn. 1 mit Fn. 2.

[6] BGHZ 128, 380, 383 [1 a] mit BGH VIZ 1998, 526 [I 1 b] (explizit); KG OLGR 1996, 68, 69 – aA BGHZ 52, 184, 192 f. (implizit) u. *Ernemann*, Zur Anerkennung und Vollstreckung..., 1979, S. 15 ff., 20 f. (arg. UNÜ u. EuÜ).

[7] Dazu engagiert *Lent* Judicium 2 (1929/1930), 95, 97–99.

[8] BGHZ 15, 12, 15; NJW 1964, 593, 594 li./re. Sp.; BGHZ 51, 255, 258 = NJW 1969, 750; BGHZ 54, 392, 395 = NJW 1971, 139; BGHZ 65, 59, 61 = NJW 1976, 109; BGHZ 98, 32, 36; 98, 70, 72 = NJW 1986, 3027, 3028 = JZ 1987, 154 m. Anm. *Walter* u. *ders.* ZZP 103 (1990), 141, 147; BGH NJW-RR 1986, 1059, 1060 – *Raeschke-Kessler* SchiedsVZ 2003, 145, 149 f. [VI 1]; *Ebbing*, 2001, S. 57 ff. mit S. 5–8, 240 f. („Alternative zur Zivilijustiz"); *Smid* DZWiR 1996, 52, 55 mit Rechtsprechung, 1990, § 6, S. 364; *Ochmann* GRUR 1993, 255, 256; *Stober* NJW 1979, 2001/2002; *Kornblum*, 1968, 105 ff., 115; *Lindacher* KTS 1966, 153, 154; *Habscheid* NJW 1962, 5, 7; *Stern*, Staatsrecht II, § 43 III 3 a, S. 921; *Lent* Judicium 2 (1929/1930), 95, 101 („Nebenform der Rechtsschutzerteilung").

[9] BGH SchiedsVZ 2008, 40, 42 [14] u. BGHZ 162, 9, 16 [II 4 b aa (1)] = NJW 2005, 1125 = JZ 2005, 958 = SchiedsVZ 2005, 95 m. Anm. *Huber/Bach* mit BGHZ 159, 207, 212 [2 b cc] = NJW 2004, 2226; OLG Braunschweig SchiedsVZ 2005, 262, 263 [II 1 a bb].

Das bereitet nur *Joussen*, 2005, S. 26 ff. den Boden: das Schlichten (als „Entscheidung" von Regelungsstreitigkeiten) sei „Rechtsprechung im *weitesten* Sinne". Diese Art einer Begriffsbildung geht am Ende zu weit!

[10] Umfassend dazu *Kornblum*, 1968, S. 109 ff.

[11] BGHZ 144, 146, 148 [II 2] = NJW 2000, 1713; BGHZ 77, 65, 69 = NJW 1980, 2136; BGHZ 65, 59, 61 = NJW 1976, 109; *Stober* NJW 1979, 2001, 2005 f.; *Diedrich* JuS 1998, 158, 160. Eher krit. aber *Zumbansen* RabelsZ 67 (2003), 637, 652–654.

[12] BVerfGE 22, 49, 73 mit BVerfGE 6, 45, 50 ff.; 17, 292, 298 f. u. BAG NJW 1964, 268 f. = KTS 1965, 56 m. Anm. *Schneider-Dunwitz* = SAE 1964, 77 m Anm. *Pohle*, zust. BAG v. 10. 12. 1992 [II 3/JURIS-Rn. 20] (Art. 101 Abs. 1 S. 2 GG) bzw. BVerfGE 26, 186, 194 ff. (Art. 92 GG) – ferner: *Kiesow* KTS 1962, 224, 226; *Stober* NJW 1979, 2001; *Heyde*, HbVerfR, Rn. 33.37; *Bettermann*, HStR III, § 73, Rn. 77; *Stern*, Staatsrecht II, § 43 III 3; *Maunz/Dürig/Herzog* Art. 92 GG Rn. 147 ff. mit Art. 101 GG Rn. 22; BK-*Achterberg* Art. 92 GG Rn. 179 ff., 183.

[13] Dazu BGHZ 144, 146, 148/149 [II 2] = NJW 2000, 1713 (aF) bzw. OLG München OLGR 2001, 234, 237 [III 4 c cc] (nF).

Ferner: *Kiesow* KTS 1962, 224; *Dütz*, Rechtsstaatlicher Gerichtsschutz im Privatrecht, 1970, S. 230 ff., 238–241; *Sonnauer*, Die Kontrolle der Schiedsgerichte..., 1992, S. 21 ff.; *Geimer*, VIV-Reihe VII (1994), S. 113 ff.; *Ebbing*, 2003, S. 16 ff.; *Voit*, FS Musielak, 2004, S. 595, 597 mit JZ 1997, 120; *Osterthun*, Schadensfälle im Schiedsverfahren, 2002, S. 17 ff.; *Schulze*, Grenzen der objektiven Schiedsfähigkeit..., 2003, S. 9–11, 34–36;

teien herzustellen,[14] so wie es sonst staatliche Gerichte täten (Einl. Rn. 9); es zielt also auf Verlagerung, nicht Verweigerung von Rechtsschutz – soweit dies anders wäre, besteht zumindest ein Recht zur Kündigung.[15] Regulär gilt: private Schiedsgerichte sind rechtlich grundsätzlich anerkannt als **funktionale Äquivalente** zur herkömmlichen staatlichen Gerichtsbarkeit, die hier gleichsam abgewählt wird („opting-out" als eine Art „Verlängerung der Privatautonomie ins Prozessrecht") – zu Motiven und Risiken: Rn. 51 ff. Anfangs eher suspekt, ist doch längst eine starke Schiedsgerichtsbarkeit im staatlichen Interesse erwünscht. Jedes störungsfrei durchgeführte Schiedsverfahren entlastet die staatlichen Gerichte,[16] und die Schiedsgerichtsbarkeit bietet letztendlich „grundsätzlich gleichwertigen Rechtsschutz"[17] iSv. faktischer **„Privatjustiz"** (doch vgl. auch Rn. 99 f.).

6 Ob die Schiedsgerichtsbarkeit privaten Charakter aufweist und materiellem Recht untersteht,[18] rein prozessual zu betrachten sei, was inzwischen wohl herrschend ist,[19] oder als eine hybride Mischform erklärt wird[20] (zT auch in Spielarten: Jurisdiktionstheorie[21] bzw. Delegationstheorie[22] etc.), mag hier auf sich beruhen. Dieser Meinungsstreit sollte die angemessene Problemlösung nicht automatisch präjudizieren.[23] Wer sich bereits dazu bekannt hat, dass Schiedsgerichte materielle Rechtsprechung leisten (Rn. 4), dem wird per se die rein **prozessuale Charakterisierung näher liegen** – wobei auch hier stets die Gefahr des bloßen Zirkelschlusses lauert. Immerhin geben die Sperrwirkung der Schiedseinrede (§ 1032 Abs. 1), die urteilsgleiche Rechtskraftfolge (§ 1055) und auch die Möglichkeit, nach Vollstreckbarerklärung eine Zwangsvollstreckung tituliert zu betreiben, (§§ 1060, 1061 mit § 794 Abs. 1 Nr. 4 a)) schlagende Indizien für die prozessuale Ansicht; auch § 1042 Abs. 3 („zwingende[n] Vorschriften") und § 1059 Abs. 2 (Aufhebungsgründe) proklamieren (prozessual!) entsprechende Mindeststandards.

7 3. **Staatsvorbehalte.** Zutreffend hat der BGH in einer insgesamt recht flexiblen und abgewogenen Rechtsprechung berücksichtigt, dass ein **Spannungsverhältnis** besteht zwischen den Anforderungen des Rechtsstaats an die schiedsgerichtliche Rechtsprechung als Ersatz für primär staatliche Aufgabenerfüllung und dem Anspruch der Schiedsparteien auf Gewährung bzw. Belassung privatautonomer Rechtsstreitentscheidung. Ebenso wie im Vertragsrecht wollte der historische Gesetzgeber des liberalen Rechtsstaats nur eindeutige Verstöße gegen Gerechtigkeitsideale und das Rechtsstaatsprinzip verhindern.

8 Man kann etwas überspitzt sagen, dass die Schiedsgerichtsbarkeit auf dem Rücken der staatlichen Rechtspflege reitet: sie benutzt ihre Ergebnisse und Erfahrungen, teilweise auch in personeller Hin-

---

Joussen, 2005, S. 18 f.; *Distler*, 2005, S. 117–126 mit S. 43–52 (Art. 92 GG), S. 56–62, 68–71 (Art. 101 Abs. 1 S. 2 GG), S. 72–76 (Art. 103 Abs. 1 GG), S. 76–89 (Art. 19 Abs. 4 GG); *Schütze*, VIV-Reihe XVII (2006), S. 171, 174. Wegen § 1066 siehe *Geimer*, FS Schlosser, 2005, S. 197, 200–202 [III]; vgl. auch erg. *Heller*, Der verfassungsrechtliche Rahmen der privaten internationalen Schiedsgerichtsbarkeit, 1996 [Österreich].

AA *Sachs/Detterbeck* Art. 92 GG Rn. 29; *Hesselbarth*, 2004, S. 57 ff. u. 79 ff. mit S. 119–144 (§ 1030), 184–199 (§ 1031), 210–222 (§ 1034 Abs. 2) bzw. S. 223–228 (Konsequenzen) – mit Kritik von *Prütting*, FS Schlosser, 2005, S. 705.

[14] Vgl. BGH NJW-RR 1986, 1059, 1060.
[15] BGHZ 41, 104, 108; WM 1969, 74, 75; LM § 1044 aF Nr. 6 [I 1 b mit 4 e].
[16] BT-Drucks. 13/5274 S. 35 re. Sp. [§ 1030/8] u. S. 55 (§ 1053/8). Vgl. auch *Kinkel*, in: *Böckstiegel* (Hrsg.), Schiedsgerichtsbarkeit im Umfeld von Politik, Wirtschaft und Gerichtsbarkeit, 1992, S. 1, 2 f.; *Ebbing*, 2003, S. 11–14.
[17] So beiläufig zB BT-Drucks. 13/5274 S. 34 li. Sp. [§ 1029/6] – etwas abschwächend indes BGHZ 160, 127, 133 [II 3 b aa] = NJW 2004, 2898: „im Prinzip gleichwertige Rechtsschutzmöglichkeit"; dazu krit. etwa *Jauernig* ZPR § 92 I 3 u. *Hesselbarth*, 2004, S. 26 ff. Äußerst eingehend *Ebbing*, 2003, S. 57 ff.: Rechtmäßigkeit, Sachgerechtigkeit, Verfahrenseffizienz, Beteiligtenschutz, (streitige oder gütliche) Streiterledigung als Funktionskriterien – Bilanz: „grundsätzlich gleichwertig[es]" System (S. 94 f.).
[18] RGZ 30, 368; 116, 77; 117, 386 – aus der Lit.: *Nußbaum* Int. Jb. Sch. I (1926), 7, 12 ff. (aber: S. 16!); *K. Blomeyer*, FG Rosenberg, 1949, S. 51 ff.; *W. Lorenz* AcP 157 (1958/59), 265 ff.
[19] BGHZ 99, 143, 149 = NJW 1987, 651 = ZZP 100 (1987), 452 m. Anm. *Schwab*, ferner: FS Baumgärtel, 1990, S. 503, 509, *Rosenberg/Schwab/Gottwald* Rn. 174.7 u. *Schwab/Walter* Rn. 7.37; *Jauernig* ZPR § 92 V 4; *Dütz* (Fn. 13) S. 231 f.; *Walsmann* AcP 102 (1907), 1, 209; *Oertmann* ZZP 47 (1917), 105, 125 ff.
[20] Einerseits *Kisch* ZZP 51 (1926), 321, 330 ff.: privatrechtlicher Feststellungsvertrag mit prozeßrechtlicher Wirkung; andererseits *Habscheid* KTS 1955, 33, 34 ff.; 1957, 129: prozessualer Dispositionsakt [II 1 mit III 3] unter „Gründung" einer materiellen Verfahrensgesellschaft [II 2 mit III 4]. RGZ 144, 96, 98; 156, 101, 104; BGHZ 23, 198, 200; 40, 320, 322; 49, 384, 386: materiellrechtlicher Vertrag über prozeßrechtliche Beziehungen (vgl. hierzu erg. § 1029 Rn. 12 ff.).
[21] *Geimer*, VIV-Reihe VII (1994), S. 113, 141 u. 131 m. weit. Nachw. (Fn. 100).
[22] *H.J. Hellwig*, 1968, S. 55.
[23] Ebenso *Wagner*, Prozeßverträge, 1998, S. 578 ff., 581 f. im Anschluß an *Henckel*, Prozeßrecht und materielles Recht, 1970, S. 35–37. Dies zeigt sich konkret bei dem Bemühen, den Vertragsschluss zu konstruieren (§ 1029 Rn. 12 ff.). Siehe ausführlichst zum Theoriestreit jetzt *Solomon*, 2007, S. 288 ff.

sicht (Richter und Anwälte als bevorzugte Schiedsrichter, Vor § 1034 Rn. 54 ff.), und versucht, ihre Schwächen zu vermeiden – ohne hierbei eigene Impulse zu geben.[24] Sie leitet – teilweise zumindest – ihre Autorität von ihr ab, indem die staatliche Rechtspflege ihren „Hoheitsarm" – wenn nötig – zur Hilfe reicht oder wenn ihre vornehme Neutralität gleichsam schlichtend „aushilft". Im Endeffekt wäre es wohl richtiger, heute eher von wechselseitiger **nützlicher Ergänzung** auszugehen.

Aber natürlich bestehen ebenfalls präventive und repressive **Kontrollmechanismen und Kontrollintentionen.** Der Gesetzgeber sorgt so dafür, dass rechtsstaatliche Grundsätze eingehalten werden, ohne in das Schiedsverfahren zu stark einzugreifen. Dies betrifft sowohl die Verfahrensgestaltung als auch die Jurisdiktionsgrundlage (entsprechende – gültige – Schiedsbindung) und den Entscheidungsinhalt (ordre-public-Verstoß?).[25] Allerdings tut rechtzeitige Parteiinitiative Not – die Kontrollbehelfe sind nämlich regelmäßig fristgebunden, nur die Zwangsvollstreckung erfordert explizite Erlaubnis (§§ 1060, 1061). 9

II. Arten von Schiedsgerichten

1. Gelegenheitsschiedsgerichte. Ad-hoc-Schiedsgerichte[26] sind die ursprüngliche, ältere Erscheinungsform. Sie werden **für einen bestimmten Einzelfall konstituiert.** Der Prozess folgt Regeln, die die Beteiligten autonom vereinbaren – „vorbehaltlich der zwingenden Vorschriften dieses Buches" (§ 1042 Abs. 3). Die Parteien können eine völlig eigene Verfahrensordnung bilden (1. Var.) oder sich diese Mühe auch ersparen, indem sie auf einen Muster- oder Standardtext bezugnehmend verweisen (2. Var.). Jene bloße Bereitstellung macht kein institutionelles Schiedsgericht; die Schiedsordnung ist Hilfestellung („Mustertext"), sieht aber keine institutionelle Beteiligung (bei Konstituierung, Überwachung etc.) vor. Das Schiedsgericht ist demgemäß ganz wörtlich ein „Gelegenheitsprodukt". Sogar andere Fälle im Rahmen derselben (Schieds-)Vereinbarung (§ 1029) bleiben ihm versagt (arg. § 1044: Bezeichnung des Streitfalls), solange nicht die Parteien seine Befugnisse entsprechend erstrecken. – Der **Schiedsrichtervertrag** (näher dazu Vor § 1034 Rn. 3–57) regelt hier allein die Rechtsbeziehung von Schiedsparteien und Schiedsrichtern. 10

2. Institutionelle Schiedsgerichte. Ständige Schiedsgerichte[27] sind demgegenüber eine modernere Form. Diese stehen im Rahmen einer bestimmten Organisation als dauerhaft bestehende Einrichtungen zur **Erledigung einer unbestimmten Vielzahl von Fällen** zur Verfügung; sie judizieren auf der Grundlage einer eigenen Verfahrensordnung, meist mit Gebührentarif und „logistischer Unterstützung" der Parteien (Zustellungen, Konstituierung des Schiedsgerichts, Verwahrung des Schiedsspruchs etc.), oft zudem mit rechtlichen Befugnissen (Kompetenzprüfung, Ernennungsstelle, Ergebniskontrolle usw.). Dabei sind die verschiedensten Formen denkbar (dazu näher noch Rn. 12 f. mit Rn. 65 ff.). Meist erfolgt zudem die Bereitstellung bestimmter nach Person oder Funktion bezeichneter Schiedsrichter oder auch die Vorgabe einer Schiedsrichterliste, aus der die im Einzelfall zu berufenden Schiedsrichter ausgewählt werden können (Findungshilfe) oder müssen („Listenzwang"). – Die Rechtsbeziehung zwischen Schiedsparteien und Schiedsinstitution entwickelt *Chr. Wolf*[28] zutreffend als eigenständigen **Schiedsorganisationsvertrag** (näher dazu Vor § 1034 Rn. 67 ff.). 11

3. Mischformen. Gelegenheits- (Rn. 10) und institutionelle (Rn. 11) Schiedsgerichte sind gleichsam Antipoden und Archetypen auf einer breiten Skala. Die umfassende prozessuale Autonomie bedingt, dass beliebige Zwischenformen statthaft sind und die Parteien Freiheit genießen. Die jeweilige Institution ist oftmals traditionell geprägt und stellt ein dementsprechendes Organisationsgefüge bereit. Mächtige Einflussnahme eröffnet etwa die Schiedsordnung der Pariser **Internationalen Handelskammer** (ICC), die teilweise formale Kontrolle möglich macht (Rn. 85–87) und mit dem „Schiedsauftrag" das Prozedere an enger Leine führt. 12

Auch keine ganz reine Form hat das Verfahren nach der Schiedsgerichtsordnung der **Deutschen Institution für Schiedsgerichtsbarkeit e. V.** (DIS), die jedoch wesentlich ausführlichere Rege- 13

---

[24] Die Entscheidungssammlung „Handelsrechtliche Schiedsgerichtspraxis" (I, 1975 u. II, 1982) bzw. Rechtsprechung kaufmännischer Schiedsgerichte (III, 1984; IV, 1988; V, 1994; VI, 1998) ist insoweit nur Ausnahme und eine eher zufällige Dokumentation; ganz ähnliches gilt für das Yearbook of Commercial Arbitration (YCA).

[25] Grundsatzkritik (de lege ferenda) jüngst bei *Ebbing*, 2003, S. 381 ff. (390–401).

[26] *Lalive*, Avantages et inconvenience de l'arbitrage ad hoc, FS Bellet, 1991, S. 301; *Aksen*, Ad hoc versus Institutional Arbitration, ICC Bull. 1/1991, S. 8 ff.; *Stucki/Geisinger*, in: *Kaufmann-Kohler/Stucki*, International Arbitration in Switzerland, 2004, S. 181 ff.

[27] *Chr. Wolf*, Die institutionelle Handelsschiedsgerichtsbarkeit, 1992; *Wilke*, Prozessführung in administrierten internationalen Handelsschiedsverfahren, 2006.

[28] AaO (Fn. 27), S. 70 ff. mit S. 228 ff. Näheres zum Begriff: ebd. S. 1 mit S. 8 ff. – ferner: *Gentinetta*, Die lex fori internationaler Schiedsgerichte, 1973, S. 32 ff.; *Schütze/Tscherning/Wais* Rn. 28 ff.

lungen trifft und ein komplettes „Verfahrenskorsett" einrichtet (Rn. 67), eine dauerhafte Geschäftsstelle bereithält und manche Prüfungskompetenzen ausübt (formale Vollständigkeit der Klageerhebung [§ 6.4], Kostenvorschuss [§ 7 mit § 8] und Kostentragung [§ 36.3], Ernennungsausschuss und Bestellungskompetenz bei Schiedsrichtern [§ 17]). Ausnahmsweise besteht sogar die Befugnis, vorzeitig das Verfahren „nach Anhörung der Parteien [zu] beenden" (§ 39.3). Die Schiedsrichterwahl ist aber weithin frei (§ 2.1 – aber: § 2.2 u. § 15 S. 1), doch gibt die DIS „auf Anfrage Anregungen zur Schiedsrichterauswahl" (§ 2.3). – Hingegen ist die berühmte **Hamburger freundschaftliche Arbitrage** (§ 20 der Platz-Usancen für den hamburgischen Warenhandel; Rn. 71) ein ganz loser Rahmen mit Begriffsbestimmung (Nr. 1 u. 6), einigen Vorgaben zur Konstituierung des Schiedsgerichts (Nr. 2–4) und schließlich der Festschreibung des Schiedsortes (Nr. 5: „Gerichtsstand ist Hamburg"). Sie kennt dagegen weder ein Sekretariat noch sonst eine feste Organisation oder Richterliste (im Gegensatz zu der „Handelskammer-Arbitrage" nach Nr. 7 mit Sachverständigenliste und HK-Schiedsgericht) – rechtlich ein ad-hoc-Schiedsgericht![29]

14 *Ebbing* hat jüngst den Entwurf eines **„privaten Zivilgerichts"** vorgelegt.[30] Er versteht darunter eine ganz *andere* Mischform, nämlich einen Zwitter zwischen Staatsgerichten und Schiedsgerichten: „Private Zivilgerichte sind [zwar] Schiedsgerichte in qualifizierter Form", aber eben eine „dritte Alternative".[31] Gemeint ist hierbei eine neue Institutionalisierung der Schiedsgerichtsbarkeit iSv. „privatwirtschaftlicher Gerichtsträgerschaft"[32] – die allerdings die §§ 1025 ff. zur eigenen Legitimation braucht. Sie markieren das Spielfeld, in dem sich die Akteure messen könnten – das Bedürfnis erscheint mir indes aber noch nicht dargetan.

III. Praktische Bedeutung der Schiedsgerichtsbarkeit

15 **1. Nationaler Bereich.** Im nationalen Bereich gibt es keine genauen neuen Zahlen über die Häufigkeit von Schiedsverfahren allgemein.[33] Vor allem die Verfahren vor **Gelegenheitsschiedsgerichten** (Rn. 10) werden nicht registriert oder statistisch erfasst. Und wenn man unterstellt, dass Schiedssprüche ferner zumeist freiwillig erfüllt werden, geben auch die Zahlen zur Niederlegung (§ 1039 Abs. 3 S. 1 aF) und Vollstreckbarerklärung (§§ 1060, 1061 mit §§ 1063, 1064 nF) keinerlei rechten Aufschluss. Erhebungen – jedoch veraltete! – liegen allenfalls für **institutionelle Schiedsgerichte** (Rn. 11) vor.[34] Die IHK Düsseldorf hat jährlich nur ungefähr 4 (!) Prozesse, die IHK Frankfurt/Main rund 10 Verfahren und die HK Hamburg etwa 30 Fälle; Schiedsverfahren gemäß den Regeln der „Hamburger freundschaftlichen Arbitrage" (Rn. 13) werden auf zirka 100 Verfahren geschätzt.[35] Angesichts der größeren Bedeutung der Schiedsgerichtsbarkeit in den norddeutschen Seehandelsstädten scheint dies allemal eine relativ geringe Zahl.

16 **Quantitativ** spielt daher wohl die Schieds- gegenüber der staatlichen Gerichtsbarkeit in absoluten Zahlen verglichen nur eine recht geringe Rolle (wahrscheinlich weniger als 1%). Das spricht nicht zuletzt für funktionierende Staatsgerichte. Anders dürfte es jedoch schnell aussehen, wenn man entschiedene Streitwerte zugrundelegen würde. **Qualitativ** kann man kaum solide Aussagen machen, sowohl was die Solidität der Rechtsfindung angeht (§ 1059 nF als Maßstab?), als auch für das konkrete branchenspezifische Spektrum (Spezialgerichte mit Fachkompetenz!). Immerhin gibt es hier offenbar einen Bedarf neben den institutionalisierten IHK-Schiedsgerichten, wie etwa die Schiedsgerichte der Kaufmannsgilden, der Getreide- und Wertpapierbörsen oder des Bauwesens zeigen (Branchenbindung). Im Bedürfnis nach ad-hoc-Schiedsgerichten artikuliert sich regelmäßig ein spezielles, bewusst wahrgenommenes Interesse am Ausschluss staatlicher Gerichte.

17 **2. Internationaler Bereich.** Immer wieder wird geltend gemacht, dass insbesondere im internationalen Bereich die Schiedsgerichte zunehmend, ja fast ausschließlich an die Stelle der staatlichen Gerichte treten.[36] Dies erspürt sicherlich eine zunehmende Tendenz. Die Internationale Handels-

---

[29] *Korte* SchiedsVZ 2004, 240, 242 [V 1].
[30] *Ebbing*, Private Zivilgerichte – Möglichkeiten und Grenzen privater (schiedsgerichtlicher) Zivilrechtsprechung, 2003, S. 315 ff.
[31] AaO S. 8.
[32] AaO S. 317 f.
[33] Vgl. aber *Hesse*, FS Böckstiegel, 2001, S. 277 ff. (Maschinen- und Anlagenbau). Vielfach gibt es widersprüchliche Einschätzungen, vgl. *Hennerkes/Schiffer* BB 1992, 1439, 1442 m. weit. Nachw. (Gesellschaftsverträge).
[34] Zahlen nach *Schütze/Tscherning/Wais*, 2. Aufl. 1990, Rn. 796, 802, die sich indes selbst auf teilweise ältere Quellen beziehen, u. 1. Aufl. Vor § 1025 aF Rn. 4. Vgl. auch erg. *Schumann* RIW 1987, 417.
[35] *Korte* SchiedsVZ 2004, 240, 241 [II]; vgl. auch erg. *Hoffmann-Riem* ZRP 1997, 190, 194.
[36] Vgl. zB *Böckstiegel* DRiZ 1996, 267, 270 u. NJW 1981, 1862, 1863; *Raeschke-Kessler/Bühler* ZIP 1987, 1152; *Habscheid* KTS 1987, 177; 1980, 180 u. für Langzeitverträge *Nicklisch* RIW 1978, 633; *Frick*, Arbitration and Complex International Contracts, 2001, S. 7 f. Im Ost-West-Handel war das früher der staatlich verordnete

kammer (ICC) in Paris als bedeutendste europäische internationale schiedsgerichtliche Institution (Rn. 85 ff.) registriert seit 1999 regelmäßig mehr als 500 Verfahren pro Jahr, zeitweise waren es an die 600 Verfahren aus über 100 Ländern.[37] Bei der American Arbitration Association (AAA) in New York als größte Schiedsorganisation und anglo-amerikanisches ICC-Pendant (Rn. 88 f.), das indes mit europäischen Verhältnissen nicht zu vergleichen ist, wurden im 1996 gegründeten „International Center for Dispute Resolution" (ICDR) im Jahr 2005 ebenfalls fast 600 neue Streitfälle registriert.[38]

Im internationalen Bereich liegt wohl das Interesse am Ausschluss der staatlichen Gerichte weniger am *Ver*trauen zur Schiedsgerichtsbarkeit als am *Miss*trauen gegenüber dem fremden Staatsgericht,[39] vor allem im Handel mit den GUS-Staaten, arabischen und asiatischen Partnern und mit den Entwicklungsländern. Hier dürfte wohl die überwiegende Zahl der Verträge über Investitionsgüter und andere Arten von Dauerverträgen mit Schiedsklauseln ausgestattet sein. Doch laufen auch in den westlichen Ländern angesichts großer faktischer Vorteile (Rn. 51 ff.), modernisierter – liberaler – Prozessvorgaben und konvergierender Schiedsordnungen private Schiedsgerichte den staatlichen Gerichten zunehmend den Rang ab. Das gilt für potentielle Streitigkeiten aus internationalen Handelsgeschäften von herausragender Bedeutung,[40] aber ebenso für solche aus gewöhnlichen Handelsgeschäften. **18**

IV. Abgrenzungen

1. Grundlagen. Schiedsgerichtsbarkeit bedeutet **neutrale Entscheidungskompetenz** (Rn. 3–5), die endgültige und umfassende Entscheidungsbefugnis für bestimmte Rechtsstreitigkeiten – in den Worten des § 1029 Abs. 1 gesagt: die Verabredung, „*Streitigkeiten* ... in Bezug auf ein bestimmtes *Rechtsverhältnis* ... der *Entscheidung* durch ein *Schiedsgericht* zu unterwerfen." Sie ist abzugrenzen einerseits von **alternativen *prozessualen* Gestaltungen** der Streitbeilegung oder -bereinigung, die auf Schlichtung zielen (Rn. 20 ff.).[41] Dies obwohl auch im Schiedsverfahren – so wie sonst vor staatlichen Gerichten (§§ 278, 794 Abs. 1 Nr. 1) – ebenso starke oder gar noch stärkere Elemente gütlicher Einigung geläufig sind (§ 1053). Abzugrenzen ist andererseits von **materiellen Instituten,** die ebenfalls Streitentscheidung gestatten, hier vor allem zum Schiedsgutachten (Rn. 39 ff.) als Form einer Leistungsbestimmung durch private Dritte (§ 317 BGB) mit subsidiärer staatsgerichtlicher Überprüfung (§ 319 Abs. 1 BGB). **19**

2. Streitschlichtung. a) Grundbegriffe. Schlichtung zeichnet sich dadurch aus, dass ein neutraler Dritter **ohne eigene Entscheidungsgewalt** sich bemüht, den freiwillig verhandelnden Parteien zur Einigung zu verhelfen.[42] Die Begriffsbildung ist aber recht diffus.[43] Schlichtung meint mehr als eine **Verhandlungsabrede** (mit Pflicht zur „negotiation"), bei welcher die Parteien intern ihren Streit abklären und die damit zu einem Vergleich (§ 779 BGB) führt; sie ist weniger als die **Delegationsabrede** (mit Anrecht auf „arbitration"), die neutrale Entscheidungsträger einsetzt (§§ 1025 ff. ZPO). Der Schlichter gibt insoweit nur Einigungs-Vorschläge, die unverbindlich und also letzthin bloß Anregung sind. Der Rechtsweg steht weiterhin offen und wird nicht ausgeschlossen – allein die Klagbarkeit ist dadurch zeitweise gehemmt, und damit die Klage (auf Einrede hin!) „zurzeit" als unzulässig abzuweisen.[44] **20**

Regelfall (sog. „Zwangsarbitrage": *Kuss* RIW 1987, 584 ff.; *Stumpf* RIW 1987, 821 ff.; *Stumpf/Steinberger* RIW 1990, 174, 176).
[37] Vgl. hierzu Statistical Report in ICC-Bull. bzw. http://www.iccwbo.org/court/english/right_topics/stat_2005.asp.
[38] Näheres hierzu unter http://www.adr.org/AnnualReports.
[39] Dazu *Schlosser* AG 1979, 327; *Böckstiegel* DRiZ 1996, 267, 270 f.; für Ost-West-Schiedsgerichtsbarkeit *Stumpf* RIW 1987, 821.
[40] Empirische Erhebung bei *Schmidt-Diemitz* DB 1999, 369.
[41] Dazu die funktionale Betrachtung bei *Horn,* FS Sandrock, 2000, S. 385, 390 f.
[42] Die Literatur ist unübersehbar – beispielhaft: *Breidenbach,* 1995, § 13, S. 137 [I.]; BRAK-Ausschuß „Mediation"/Schlußbericht BRAK-Mitt. 1996, 186; *W. Gottwald* WM 1998, 1257, 1260; *Strempel* ZRP 1998, 319, 321; *Mähler/Mähler* AnwBl. 1997, 535 u. NJW 1997, 1262; *Ponschab* AnwBl. 1997, 145, 148 f. Rechtsvergleichend *W. Gottwald/Strempel* (Hrsg.), Streitschlichtung, 1995. Vgl. noch erg. Fn. 48.
[43] Begriffsbildung nach *Eiholzer,* 1998, Rn. 280 ff. mit Rn. 49 ff. Jüngst abw. jedoch *Joussen,* 2005, S. 15 ff. (17, 20, 26 f.) mit S. 9–11: „Beilegungsmechanismus" für Regelungsstreitigkeiten – es geht auch kürzer: *Kröll,* 1998, S. 259 [B]!
[44] BGH NJW 1984, 669 f. = ZZP 99 (1986), 90 ff. m. Anm. *Prütting;* NJW 1999, 647, 648 [3 a/b]; OLG Celle NJW 1971, 288, 289; OLG Köln MDR 1990, 638; BayObLG NJW-RR 1996, 910; OLG Frankfurt/Main NJW-RR 1998, 778; OLG Düsseldorf, Urt. v. 17. 10. 2000 – 21 U 30/00 [I]; OLG Naumburg OLGR 2006, 31, 33; OLG Rostock, Urt. v. 18. 9. 2006 – 3 U 37/06 [II 1 aE mit 2 u. 6]; OLG Karlsruhe

21 Zuweil wird noch weiter unterschieden:[45] **„mediation"** bei tendenziell „aktivem" Mittler mit „Vorschlagsrecht" im Unterschied zu **„faciliation"** (oder zT auch „conciliation") mit stärker „passivem" Mittler, der lediglich „Wächterfunktion" wahrnimmt. Der Einigung als Ergebnis erfolgreich verlaufener Schlichtung fehlt zwar die Vollstreckbarkeit – doch lässt sich insoweit Abhilfe ersinnen (§ 794 Abs. 1 Nr. 5, Nr. 4b mit §§ 796 a–c – aber nicht etwa Nr. 4a mit §§ 1025 ff., 1053 [dort Rn. 51 ff.]). Was konkret gewollt ist – Schiedsprozess oder Güteverfahren bzw. Entscheidung oder Schlichtung – kann nur eine genaue **Auslegung im Einzelfall** klären.

22 Man erwartet, dass die Parteien durch die „Moderation" eines nicht entscheidenden Dritten eher bereit sind, die wahren Gründe ihres Streits offenzulegen und gleichsam kooperativ anzugehen. Im Vordergrund steht dabei die Suche nach einer an den jeweiligen Interessen orientierten optimalen Problemlösung und zwar für beide Seiten (sog. **„win-win-Lösung"** – was aber oft auf eine Quadratur des Kreises hinauslaufen dürfte!). Das Ziel am Ende ist: zwei Sieger, kein Verlierer – statt des alten Konfrontationsprinzips.[46] Ob das aber angesichts ausgeprägter *prozessualer* Gütekultur nicht bloß alten Wein in neuen Schläuchen darstellt, ist doch ein sehr weites Feld. Das Verfahren ist nicht förmlich, der Inhalt der Verhandlungen **vertraulich**, sowohl im Hinblick auf mögliche anschließende (Schieds-)Prozesse (keinerlei Präjudiz!) als auch auf jene gleichsam „privaten" Sitzungen (sog. caucus sessions) des Mediators mit bloß einer Partei. Indes findet keine Verjährungsunterbrechung statt.[47] Mittlerweile gibt es auch in Deutschland zahlreiche Schlichtungseinrichtungen (Rn. 30–35) und **besonders spezialisierte Mediatoren** (Rn. 36–38), so namentlich im Familienrecht.

23 Wie so oft liegen dem Ganzen aktuelle US-amerikanische Erfahrungen zugrunde, die gleichsam als mystische Zauberformeln rezipiert werden („rent-a-judge"; „fact-finder"; „expert-system"; „early neutral evaluation"; „settlement conference"; „private jury"; „multi-door court"; „night court" etc.). Eine umfassendere Beschreibung hierfür ist **Alternative Dispute Resolution (ADR)**.[48] Hierfür stellen oftmals institutionelle (Schieds-)Organisationen spezielle Schlichtungsordnungen bereit (zB WIPO, ICC, AAA, LCIA). Auch die UNCITRAL hält dafür eigenständige Conciliation Rules vom 4. 12. 1980 (Rn. 96) und neuerdings im Modellgesetz vom 24. 6. 2002[49] vor. Zu beachten ist indessen auch die Besonderheit des amerikanischen Zivilprozesses, dass dort der Richter nur entscheiden, nicht aber schlichten darf, was deutschem Verständnis widerstreitet (§§ 279, 794 Abs. 1 Nr. 1).[50]

24 Die Abgrenzung zur Schiedsgerichtsbarkeit („arbitration") verschwimmt, wenn es schlussendlich um **Mischformen** geht,[51] sowie etwa Med-Arb (**Med**iation/**Arb**itration[52]) oder MEDaLOA (**Me**diation **a**nd **L**ast **O**ffer **A**rbitration[53]), die einen gleitenden Übergang ermöglichen. Und auch die Schiedsgerichtsbarkeit selbst öffnet sich diesem Aspekt durch manche Änderung im Grundsätzlichen, wie die Entprozessualisierung („mini-trial"[54] bzw. „fast track arbitration"[55]) oder den Verzicht

---

OLGR 2007, 990, 991, [2a]; OLG Frankfurt/Main, Beschl. v. 11. 6. 2007 – 20 W 108/07 [II/JURIS-Rn. 23]; *Walchshöfer*, FS Schwab, 1990, S. 521, 524 f. – anders insoweit *Walter* ZZP 103 (1990), 141, 162: §§ 251, 251a analog.

[45] Differenzierung nach *Eiholzer*, 1998, Rn. 112 – abw. BSK-IPRG/*Hochstrasser/Blessing* vor Art. 176 ff. Rn. 306 f., 311, 319 einerseits, *Joussen*, 2005, S. 17/18 mit S. 16 andererseits.

[46] *Hoffmann-Riem* ZRP 1997, 190, 195 m. weit. Nachw.

[47] BGH RIW 1993, 413 = WM 1993, 620 = MDR 1993, 421, dazu *Grashoff* RIW 1994, 625, 626 (ICC-Vergleichsverfahren).

[48] *Breidenbach*, 1995, § 3, S. 11 ff.; *Bühring-Uhle*, 1996, S. 261 ff.; *Duve*, 1999, S. 79 ff., RPS 1998 II S. 15 u. BB 1998, Beil. 10, S. 9 – ferner: *Krapp* ZRP 1994, 115 ff.; *Walter* ZZP 103 (1990), 141, 142; *Nicklisch*, FS Schwab, 1990, S. 381; *Weigand* BB 1996, 2106; *Böckstiegel* DRiZ 1996, 267, 272 f.; *Labes* DZWiR 1998, 353, 359–361; *Schütze* ZVglRWiss. 97 (1998), 117; *Kreindler/Schäfer/Wolff* Rn. 31 ff.; *Eidenmüller* RIW 2002, 1; *Ebbing*, 2003, S. 327 ff.; *Horvath* SchiedsVZ 2005, 292; *Greger/Stubbe*, Schiedsgutachten, Rn. 18 ff.; vgl. noch erg. Fn. 42.

[49] Text: http://www.uncitral.org/pdf/english/texts/arbitration/ml-conc/ml-conc-e.pdf. Vgl. dazu *Sanders*, The Work of UNCITRAL, S. 199 ff. u. Arb. Int. 23 (2007), 105; *Niggemann* IDR 2004, 143; *Friedrich*, Das UNCITRAL-Modellgesetz..., 2006 u. SchiedsVZ 2004, 297; *van Ginkel* J. Int. Arb. 21 (2004), 1.

[50] *Nicklisch*, FS Schwab, 1990, S. 381, 386 f., 390 f. Vgl. noch erg. *Böckstiegel* DRiZ 1996, 267, 272; *Weigand* BB 1996, 2106, 2109; *Schütze* ZVglRWiss. 97 (1998), 117, 118, 120.

[51] Dazu m. weit. Nachw. etwa *Horvath* SchiedsVZ 2005, 292, 296 ff. [II 3].

[52] ZB *Newman* Arb. 60 (1994), 173.

[53] ZB *Coulson* J. Int. Arb. 11:2 (1994), 111.

[54] *Duve*, 1999, S. 96 ff.; *Lachmann* Rn. 89; *Weigand* BB 1996, 2106, 2107; *Klingsberg*, in: *Böckstiegel* (Hrsg.), Schiedsgerichtsbarkeit im deutsch-amerikanischen Wirtschaftsverkehr, 1985, S. 73 ff.

[55] *Davis* J. Int. Arb. 9:4 (1992), 43; *Silvermann* J. Int. Arb. 10:4 (1993), 113; *Böckstiegel* DRiZ 1996, 267, 272; *Müller* J. Int. Arb. 15:3 (1998), 5.

Vorbemerkung 25, 26 **Vor § 1025**

auf Verbindlichkeit („non-binding arbitration"); möglich ist genauso die „integrierte Schlichtung"[56] mit einem Verfahrensabschluss gemäß § 1053.

b) Staatliche Rechtspflege.[57] **aa) Vorschaltverfahren.**[58] Seit 1. 1. 2000 gibt § 15a EGZPO[59] **25** den Landesgesetzgebern die Möglichkeit, in bestimmten Fällen (Abs. 1: Bagatellgrenze [750 €], Nachbarstreit, Ehrverletzung – Ausnahmen: Abs. 2) vorzusehen, dass vor Klageerhebung „versucht worden ist, die Streitigkeit einvernehmlich beizulegen"; ersatzweise genügt private Streitbeilegung (Abs. 3 mit Rn. 31 ff.). Hierbei handelt es sich um einen – verfassungskonformen[60] – erzwungenen Schlichtungsversuch als zusätzliche Prozessvoraussetzung. Diese Öffnungsklausel nutzen derzeit[61] Bayern,[62] Nordrhein-Westfalen,[63] Baden-Württemberg,[64] Brandenburg,[65] Saarland,[66] Sachsen-Anhalt,[67] Hessen[68] und Schleswig-Holstein[69] mit teilweise erheblichen Unterschieden in der Umsetzung – andere Länder warten wohl zu bis zu der noch ausstehenden Evaluation seitens einer Bund-Länder-Arbeitsgruppe.[70]

Die schon vor der Umsetzung vielfach geäußerte Kritik an dem „verordneten Dialog"[71] ist nicht **26** verhallt.[72] So konnte keine spürbare Entlastung der Justiz oder Kostensenkung festgestellt werden; vor allem im vermögensrechtlichen Bereich blieb die Wirkung wegen § 15a Abs. 2 Nr. 5 EGZPO

---

[56] *Nicklisch* RIW 1998, 169.
[57] Dazu schon früher *Preibisch,* Außergerichtliche Vorverfahren in Streitigkeiten der Zivilgerichtsbarkeit, 1982, S. 51ff.; *Prütting* JZ 1985, 261; *Neumann* ZRP 1986, 286, 288; *Wollschläger,* Bagatelljustiz, in: *Blankenburg/ Leipold/Wollschläger* (Hrsg.), Neue Methoden im Zivilverfahren, 1991, S. 13ff. Zu den jüngsten Entwicklungen vgl. *Prütting* ZKM 2006, 100.
[58] Näher dazu *Maunz,* Der außergerichtliche obligatorische Schlichtungsversuch..., 1999; vgl. wegen Art. 92 GG schon *Preibisch* (Fn. 57) S. 88ff.; *Prütting,* Außergerichtliche Streitschlichtung, 2003; *Feix,* Einvernehmliche Streitbeilegung, 2003, S. 127ff.
[59] Gesetz zur Förderung der außergerichtlichen Streitbeilegung vom 15. 12. 1999, BGBl. I S. 2400; BT-Drucks. 14/980, vgl. dazu erg. BT-Drucks. 13/6398 u. BR-Drucks. 915/98 (Antrag Bayern). Dazu: Verhandlungen des 62. DJT 1998, Bd. II/1 mit den Referaten von *Prütting* (O 11ff.), *Weiß* (O 37ff.) und *Ernst* (O 51ff.); *Hartmann* NJW 1999, 3745. Zur Kritik nur *Schilken,* FS Ishikawa, 2001, S. 471.
[60] BVerfG NJW-RR 2007, 1073, 1074f., dazu *Väth* SchAZtg 2007, 121.
[61] Zusammenstellung bei *Deckenbrock/Jordans* MDR 2006, 421; *Prütting,* aaO (Fn. 58), S. 252ff., 292ff.; *Zietsch/Roschmann,* NJW-Beil. zu Heft 51/2001.
[62] Gesetz zur obligatorischen außergerichtlichen Streitschlichtung in Zivilsachen ... (BaySchlG) vom 25. 4. 2000 (Inkrafttreten: 1. 5. 2000), GVBl. S. 268 = MittBayNot.-Sonderheft 2000, Schlichtung und Mediation, S. 67 – dazu näher noch *Heßler* ebd. S. 2ff.; *Birnstiel* ebd. S. 8ff. (mit Mustern für Formulare); *Ponschab/Brinkmann* ebd. S. 29ff.; *Schwarzmann/Walz,* Das Bayerische Schlichtungsgesetz, 2000; *Greger* SchiedsVZ 2005, 76 u. ZKM 2005, 138f.
[63] Gesetz über die Anerkennung von Gütestellen ... und die obligatorische außergerichtliche Streitschlichtung ... (GüSchlG NRW) vom 9. 5. 2000, §§ 10ff. (Inkrafttreten: 1. 10. 2000), GVBl. 2000 S. 476; dazu auch *Dieckmann* ZfG 2000, 1, 5ff. u. NJW 2000, 2802f.; *Serve,* Gütestellen- und Schlichtungsgesetz Nordrhein-Westfalen, 2002; *Thewes,* Außergerichtliche Streitschlichtung ..., 2005; *Väth* SchAZ 2005, 145; *Krautschneider* SchAZ 2007, 77.
[64] Gesetz zur obligatorischen außergerichtlichen Streitschlichtung (SchlG) vom 28. 6. 2000 (Inkrafttreten: 1. 7. 2000), GBl. 2000 S. 470; dazu auch *Goll* ZRP 1998, 314, 315–317. Dazu *Korn/Schmarsli,* Außergerichtliche Streitschlichtung, 2001 (dazu *Haft/Eisele* NJW 2002, 278).
[65] Gesetz zur Fortentwicklung des Schlichtungsrechts ... (BbgSchl/GüteStG) vom 5. 10. 2000 (Inkrafttreten: 1. 1. 2001), GVBl. 2000 I S. 134.
[66] Saarländisches Gesetz ... zur Ausführung des § 15a ... (Saar LSchlG) vom 21. 2. 2001 (Inkrafttreten: 30. 3. 2001, anwendbar für Klagen, die drei Monate nach Inkrafttreten bei Gericht eingereicht werden (dh. wohl anhängig sind), ABl. S. 532.
[67] Schiedsstellen- und Schlichtungsgesetz ... (SchStG LSA) vom 22. 6. 2001 (Inkrafttreten: 1. 11. 2001), GVBl. LSA S. 214.
[68] Hessisches Gesetz zur Ausführung des § 15a des Gesetzes betreffend die Einführung der Zivilprozessordnung (GüSchlG Hess) vom 6. 2. 2001 (Inkrafttreten: 14. 2. 2001), GVBl. I S. 98.
[69] Schleswig-Holsteinisches Gesetz zur Ausführung von § 15a ... (SH LSchliG) vom 11. 12. 2001 (Inkrafttreten: 1. 3. 2002), GVOBl. S. 361, berichtigt GVOBl. 2002 S. 218.
[70] *Heister-Neumann* SchAZtg 2006, 145, 148 (Niedersachsen).
[71] Krit. dazu allg. *Eichele* ZRP 1997, 393; *Greger* ZRP 1998, 183, 184; *Ponschab* AnwBl. 1997, 145, 150f.; *Stadler* NJW 1998, 2479, 2480; *Strempel* ZRP 1998, 319, 322; *Wagner* JZ 1998, 836, 843; *Wassermann* RuP 1998, 74, 77 (Rechtszersplitterung). Zum Aspekt der Freiwilligkeit insbes. *W. Gottwald* WM 1998, 1257f. u. *Hoffmann/Riem* ZRP 1997, 190, 196. Betont positiv *Tonner,* FS Reich, 1997, S. 861, 872 mit S. 877, 878.
[72] *Prütting,* Streitschlichtung, 2003, Rn. 76ff.; *Wesche* ZRP 2004, 49, 49f.; *Feix,* Einvernehmliche Streitbeilegung, 2004, S. 152ff.; *Katzenmeier* ZZP 115 (2002), 51, 86; *Fischer/Schmidtbleicher* AnwBl 2005, 233, 236–238 [III 2/3]; *Althammer* JZ 2006, 69, 71–74 [III/IV]; wegen „Vermeidungsstrategien" siehe *Bitter* NJW 2005, 1235. Befürwortend *Greger* SchiedsVZ 2005, 76, 80.

begrenzt.[73] Weiterhin bleibt vieles ungeklärt: Welche Personen stehen als Schlichter zur Verfügung? Mit welchen Kompetenzen sollen bzw. dürfen die Gütestellen ausgestattet sein? Wie lange dauert jener Versuch im Hinblick auf schlichtungsunwillige oder -unfähige Parteien? Oftmals täten die Ministerien daher besser daran, die Richter in Kommunikationstechnik und Verhandlungsmanagement zu schulen. Manchesmal wirkt aber auch schon staatliche Autorität („Robeneffekt"), und rechthaberische Querulanten müssen verbeschieden werden – so oder so!

27 **bb) Güteverhandlungstermin.** Noch weiter geht die § 54 ArbGG nachgebildete Regelung des § 278 Abs. 2, die einen obligatorischen Gütetermin festschreibt. Der Gütetermin ist nicht erforderlich im Falle einer anderweitig erfolglosen Schlichtung oder wenn die Güteverhandlung erkennbar aussichtslos erscheint, letzteres als Neuerung, um den Grundgedanken einvernehmlicher Streitbeilegung vor Schaden zu bewahren.[74] Damit wird das zwischen 1924 und 1950 geltende – sehr kläglich gescheiterte – obligatorische Güteverfahren nach § 495a aF[75] wiederbelebt und zugleich auf LG-Verfahren erstreckt. Die Anleihe bei § 54 ArbGG hinkt allerdings stark (Kollektivpartner, Mitbesetzung der Richterbank, Sozialkonflikte), die beliebige Verfügbarkeit („Basaratmosphäre") lässt schleichend Bürgervertrauen schwinden. Klare Fälle sollten ausgeklammert bleiben! Begrüßenswert ist immerhin die Bemühung um Stärkung des Schlichtungsgedankens als Ausdruck prozesshygienischer Fürsorge *(Martin Jonas*[76]*)*. Zielt er darauf ab, zur Entrechtlichung des Streits beizutragen, gehört er jedoch nicht vor einen Richter und ein Gericht.

28 **cc) Verfahren gerichtsnaher Mediation.** Vergleichsweise neu und nach ausländischen Vorbildern konzipiert ist die Streitbeilegung durch sog. gerichtsnahe Mediation: **speziell ausgebildete, staatliche Richter** übernehmen die Streitsache zur Mediation; währenddessen ruht der Prozess.[77] Der Fokus liegt dabei auf Verständigung und Eigenverantwortlichkeit, angestrebt werden eine Kostenreduzierung und die Entlastung der Gerichte. Entscheidende Erfolgsvoraussetzungen sind die persönliche Qualifikation des tätigwerdenden Mediators, dass er nicht zugleich der gesetzliche Richter ist sowie die Freiwilligkeit und strenge Vertraulichkeit der Mediationssitzung (keinerlei Informationsverwertung!). Eine offene Verhandlungsführung soll hiermit möglich sein, und auch das Verfahren ist flexibler (Vergleichsbereitschaft!). Zweifeln lässt freilich die Gerichtsnähe (eventuell „Wettbewerbsverzerrung"!) sowie vor allem die These des insgesamt „rechtsblinden" Mediators – Richter sind keine (Interessen-)Makler! – sowie der Bruch mit gewachsenen Traditionen.[78] Das könnte der Justiz auf Dauer Schaden. Oft genügte vielleicht bereits, die Richter auf solche Vergleichsgespräche besser vorzubereiten und ihnen mehr Zeit zum Diskurs einzuräumen.

29 **dd) Schuldnerberatung.** Neu geschaffen ist seit 1. 1. 1999 auch das **Verbraucherinsolvenzverfahren** (§§ 304ff. InsO) mit der Möglichkeit der Restschuldbefreiung für den redlichen Schuldner. Dazu muss der Schuldner innerhalb der letzten 6 Monate vor dem Eröffnungsantrag zunächst eine außergerichtliche Einigung mit seinen Gläubigern auf der Grundlage eines **Schuldbereinigungsplanes** vergeblich versucht haben (§ 305 Abs. 1 Nr. 1 InsO). Das Verhandlungsgebot ist gleichfalls ein verordnetes vorgeschaltetes Zulässigkeitserfordernis, selbstredend dort einleuchtend, weil es genau um jene Zustimmung geht (arg. § 309: Ersetzungsmacht). Es dient sowohl dazu, eine außergerichtliche Einigung zu fördern, als auch der Verfahrensbeschleunigung im späteren vereinfachten Insolvenzverfahren, indem es eine gewisse Filterfunktion ausübt.[79] „Geeignete Stellen" sind zB Verbraucherschutzverbände, karitative Einrichtungen, Rechtsanwälte oder Schiedsleute nach je-

---

[73] Näher dazu *Lauer* NJW 2004, 1280, 1281.
[74] BT-Drucks. 14/3750 S. 57. Dazu *Greger*, FS Vollkommer, 2006, S. 3, 8.
[75] Eingeführt durch Verordnung über das Verfahren in bürgerlichen Rechtsstreitigkeiten, RGBl. 1924 I S. 135, 141 (sog. Emminger-Novelle); aufgehoben durch das Gesetz zur Wiederherstellung der Rechtseinheit auf dem Gebiet der Gerichtsverfassung, der bürgerlichen Rechtspflege, des Strafverfahrens und des Kostenrechts, BGBl. 1950 I S. 455, 473 – und zwar wegen offensichtlicher Erfolgs- und Bedeutungslosigkeit (BT-Sitzung vom 26. 7. 1950, Sten. Prot. S. 2833, 2873 [*Neumayer*]).
[76] *Stein/Jonas*, 12. Aufl. 1925, Vor § 425 Bem. II, S. 1109.
[77] Einführend hierzu *Gottwald*, in: *Haft/Schlieffen*, Handbuch Mediation, 2002, S. 421ff. Übersicht zu diversen Modellprojekten: http://www.bmj.bund.de/enid/4cf22294c750c3dbbdb8445a3e07b4ae,0/Mediation_außergerichtliche_Streitbeilegung/Gerichtsnahe_Mediation_in_den_Bundeslaendern_p4.html. Rechtsvergleichend (England/Deutschland) *Baumann* IDR 2005, 9. Näher *Volkmann*, Mediation im Zivilprozess, 2006; *Wegener* ZKM 2006, 140; *Huther* ZKM 2004, 247; *Koch* NJ 2005, 97; *von Olenhusen* ZKM 2004, 104 (Niedersachsen); *Probst* SchlHA 2005, 317 (Schleswig-Holstein); *Spindler*, Gerichtsnahe Mediation, 2006 mit AnwBl 2007, 655 (Niedersachsen); *Greger* ZRP 2006, 229 (Bayern); *Trossen/Käppele* ZRP 2006, 97 (Rheinland-Pfalz, Familiensachen); *Hückstädt* NJ 2005, 289 (Mecklenburg-Vorpommern). Jüngst allg. *Greger* NJW 2007, 3258.
[78] Näheres bei *Stürner*, VIV-Reihe XIII (2001), S. 5, 11–15 [III 2b, c] mit S. 17f. [II 3b].
[79] *Smid* § 305 InsO Rn. 6 u. 12.

weiliger Landesliste.[80] Streit besteht jedoch bereits, ob jenes Erfordernis nicht doch der teleologischen Reduktion aufgeschlossen ist.[81] Es läuft leer bei im Vorhinein schon eindeutig feststehendem Misserfolg bzw. entartet zur Förmelei.

ee) Schiedsmannsordnungen. In der Praxis wirken ferner die in zwölf Bundesländern eingerichteten vorprozessualen Schlichtungsstellen auf Grund sog. Schiedsmannsordnungen. Dort werden private, ehrenamtlich tätige Personen eingesetzt, die auf Zeit von den Gebietskörperschaften gewählt werden.[82] In Hamburg und Bremen gibt es statt des Schiedsmannes öffentliche Rechtsauskunfts- und Vergleichsstellen (ÖRA).[83] Diese Institutionen haben eine partiell strafrechtliche Funktion als landesrechtlich vorgeschaltete **Vergleichsbehörde nach § 380 StPO**[84] bei Privatklageverfahren (§§ 374 ff. StPO). Sie werden andererseits jedoch meist auch zivilrechtlich noch tätig als landesrechtlich anerkannte **Gütestelle iSv. § 794 Abs. 1 Nr. 1 ZPO**.[85] Ein möglicher Vergleich ist damit zugleich Vollstreckungstitel, die Vollstreckungsklausel wird vom AG am Sitzort der Gütestelle (§ 797 a Abs. 1) erteilt, uU auch vom Vorsteher der Gütestelle (§ 797 a Abs. 4 S. 1/2). 30

c) Private Streitbeilegung. aa) Ombudsmann-Verfahren. Sie existieren namentlich bei **Geschäftsbanken** („Verfahrensordnung für die Schlichtung von Kundenbeschwerden im deutschen Bankgewerbe [BVO]" vom 1. 1. 2006[86]) und **Versicherungen** („Verfahrensordnung des Versicherungsombudsmann eV" [VOM-VO] vom 19. 11. 2004[87]) nach positiven – gesetzlich zT geregelten – skandinavischen und englischen Vorbildern.[88] Es geht hier im Wesentlichen um AGB-mäßig vorgeschaltete Verfahren (aber: § 14 UKlaG[89] für den grenzüberschreitenden Überweisungsverkehr), um Konflikte aus der Geschäftsbeziehung intern zu bereinigen, um den „Kunden zu halten" und das geschäftliche Renommee zu wahren. Diese Verfahren sind wie eine Art Werbung und zugleich vertrauensbildende Maßnahme quasi in einem.[90] Die Güte der Entscheidungen ist wohl allerdings von zT deutlich ernüchternder Qualität. 31

Die Verfahrensordnung für das Bankgewerbe verordnet vorab die Prüfung durch die Kundenbeschwerdestelle (Nr. 3 BVO), gewährt ein bankinternes Abhilferecht (Nr. 4 Abs. 2 BVO) und geht anschließend über zur Schlichtung (Nr. 4 Abs. 3 u. 4 BVO). Im Verfahren vor dem Versicherungsombudsmann ist die vorherige Befassung des Versicherers auch Zulässigkeitsvoraussetzung (§ 1 Abs. 2 VOM-VO), dieser hat ebenfalls ein Abhilferecht (§ 4 VOM-VO). In beiden Verfahren ist 32

---

[80] Dokumentation der Ländergesetze in NJW-Beilage zu Heft 7/2000, ferner: *Becker* KTS 2000, 157, 166 ff.; *Hess* § 305 InsO Rn. 38.
[81] *Henckel*, FS Gaul, 1997, S. 199, 202; *Kübler/Prütting/Wenzel* § 305 InsO Rn. 6.
[82] *Serve* SchiedsmannsZtg. 1990, 85 ff., 113 ff., 129 ff.; 1991, 161 ff., 177 ff.; 1992, 81 ff.; *Gain/Schulte*, Das Schlichtungsverfahren vor Schiedsämtern und Schiedsstellen, 1991; *Motsch*, FS Söllner, 1990, S. 403, 417 f.; *Seetzen* ZRP 1982, 99; *Falke* 1977, 74 ff. Näheres unter www.schiedsamt.de.
[83] *Hoffmann/Riem* ZRP 1997, 190, 194; *Grashoff* RIW 1994, 625, 626; *Hennings*, in: Blankenburg/Gottwald/Strempel (Hrsg.), Alternativen in der Zivilustiz, 1982, S. 51 ff.; *Falke* JbRSoz. 5 (1978), 38 ff.
[84] Fundstellennachweise bei *Kleinknecht/Meyer-Goßner* § 380 StPO Rn. 2 f.
[85] Fundstellennachweise bei *Baumbach/Lauterbach/Hartmann* § 794 Rn. 4.
[86] Text: http://www.bankenverband.de/pic/artikelpic/062006/0601_Verfahrensordnung_dt.pdf. Näher dazu *von Hippel*, Der Ombudsmann im Bank- und Versicherungswesen, 2000 – ferner: *Greger/Stubbe*, Schiedsgutachten, Rn. 285 ff. (287, 290, 294, 298 f.); *Horn*, FS Böckstiegel, 2001, 305 ff.; *Scherpe* WM 2001, 2321; *Schlosser* Bankrechtstag 1998, S. 185 ff. und *Bundschuh* (S. 211 ff.; *Bundschuh* ZBB 1998, 2 ff.; *W. Gottwald* WM 1998, 1257, 1259 f.; *Parsch* WM 1997, 1228 u. Bank 1994, 480 f.; *Hoeren*, in: W. Gottwald/Strempel (Hrsg.) Streitschlichtung, 1995, S. 149 ff. mit NJW 1994, 362 u. NJW 1992, 2727; *Buck/Sonnberg* ZBB 1993, 15; *Heinsius* WM 1992, 478; *Hellner* Bank 1991, 666; *Scherpe*, Außergerichtliche Streitbeilegung in Verbrauchersachen, 2002, 149 ff. Der Bankenombudsmann erfüllt fast alle Standards der Mediation bei *Tonner*, FS Reich, 1997, S. 861, 873 ff.
[87] Text: http://www.versicherungsombudsmann.de/Navigationsbaum/Verfahrensordnung.html; NVersZ 2002, 296. Hierzu *Greger/Stubbe*, Schiedsgutachten, Rn. 285 ff. (288, 291, 295, 300 f.); *Römer* NVersZ 2002, 289; *ders.* in: *F. Wagner* (Hrsg.) Aktuelle Fragen in der Versicherungswirtschaft, 2005, 145 ff.; *E. Lorenz* VersR 2004, 541; *Scherpe* NVersZ 2002, 97; *Knauth* WM 2001, 2325; *von Hippel* (Fn. 86) S. 20 ff. u. 266 ff.; *Reichert-Facilides* (S. 169 ff.); *Bundschuh* (S. 213 ff.) u. *Hohlfeld* (S. 233 ff.) in: *Basedow u. a.* (Hrsg.), Ein Ombudsmann für Versicherungen, 1999; *Hoeren* ZVersWiss. 1992, 478; sowie früher schon *Kisch*, Der Schiedsmann im Versicherungsrecht, 1924. Zur Kritik am Bankenombudsmann vgl. *Scherpe* WM 2001, 2321; *ders.* 2002, S. 208 ff. Kritisch zum Versicherungsombudsmann: *Tiffe* VuR 2003, 260.
[88] Rechtsvergleichend *von Hippel* (Fn. 86) S. 115 ff.; *Gude*, Der Ombudsmann der privaten Banken in Deutschland, Großbritannien und der Schweiz, 1998.
[89] Mit Schlichtungsstellenverfahrensverordnung (SchlichtVerfVO) vom 27. 10. 1999, BGBl. I S. 2068 idF vom 2. 12. 2004, BGBl. I S. 3102.
[90] *Motsch*, FS Söllner, 1990, S. 403, 413 generell zur Funktion der privaten Schieds- und Schlichtungsstellen. Zum Versicherungsombudsmann: *Römer* NJW 2005, 1251.

lediglich der Urkundenbeweis statthaft[91] (Nr. 4 Abs. 4 S. 2; § 6 Abs. 5 VOM-VO). Das Ombudsmannverfahren ist kostenfrei (Nr. 5 Abs. 2 BVO; § 15 VOM-VO – idR aber auch kein Kostenersatz!), es hemmt per Fiktion die Verjährung (Nr. 5 Abs. 1 BVO: eine Einredeerhebung wäre treuwidrig, § 242 BGB bzw. § 12 VOM-VO).

33 Für den *Kunden* ist das Verfahren ganz risikolos (Nr. 4 Abs. 5 lit. a S. 3/4 u. lit. b S. 3 iVm. Nr. 2 Abs. 2, lit. a, 1. Halbs. BVO bzw. § 11 Abs. 2 VOM-VO iVm. § 1 Abs. 1 lit. f): ihm bleibt der ordentliche Rechtsweg. Für die *Beschwerdegegner* ist dagegen der Schlichtungsspruch **bei AG-Kompetenz** *einseitig* **verbindlich** (5000 € Grenze). Dann kann es aber kein Schiedsspruch sein, er trifft immer beide Teile gleich (§ 1055 iVm. § 325 Abs. 1, 1. Var.: „für und gegen") – es gibt keinerlei (Gültigkeits-)Vorbehalt, erst recht keinen einseitigen (§ 1029 Rn. 90–92).[92] Überzeugender ist allemal die insgesamt materielle Erklärung: (bedingtes) kausales bzw. negatives Schuldanerkenntnis, welches im Notfall aber erst noch vom Kunden zum effektiven Vollstreckungstitel umzumünzen ist.[93] Die Banken entdecken jedoch auch immer mehr die Vorteilhaftigkeit „echter" Schiedsverfahren.[94]

34 **bb) Weitere verbraucherschützende Stellen.**[95] In Betracht kommen insoweit die Gütestellen der Handwerkskammern auf Grund § 91 Abs. 1 Nr. 11 HandwO, wie etwa die institutionalisierten Schlichtungsstellen im Kfz-Gewerbe,[96] die Einigungsstellen der Industrie- und Handelskammern nach § 15 UWG[97] und weitere Stellen für diverse andere Verbraucherbeschwerden – und zwar auch bei (Verbraucherschutz-)Vereinen, Verbänden und Innungen. Dazu kommt noch die Schiedsstelle nach § 14 Nr. 3 PflVG beim Entschädigungsfond für Kfz-Unfallabwicklung. In ähnlicher Weise haben die Kammern der freien Berufe Gütestellen etabliert. So gibt es zB das Vermittlungsverfahren vor den Rechtsanwaltskammern gem. § 73 Abs. 2 Nr. 3 BRAO, Schlichtungsstellen der Architektenkammern, der Landesapothekerkammern und der Ärztekammern.

35 Oft werden – entgegen der „Etikette" als Ombuds- oder Schiedsmann – jedoch nur Firmenangestellte tätig, also nicht voll neutrale dritte Personen, was besonders negativ erscheint, wenn trotz allem doch verbindliche Entscheidungen (Schiedsgutachten?) getroffen werden.[98] Die „schiedstragende" Institution muss bereits im eigenen Interesse gezielt absichern, dass eine gewisse Unabhängigkeit besteht – der Kunde ist sonst mit Recht misstrauisch und das benötigte (Vertrauens-)Kapital verspielt. Denn alles andere ist allein unternehmerische Kulanz.

36 **cc) Mediatoren-Verfahren.**[99] Anwendung findet das Mediationsverfahren in **Deutschland** vor allem als Familienmediation,[100] im Gesellschaftsrecht (Wirtschaftsmediation,[101] Sanierungsmediation,[102] Kartellmediation[103] etc.), zum Zwecke des Verbraucherschutzes[104] sowie auch bei öffent-

---

[91] Krit. dazu *Hoeren* NJW 1992, 2727, 2730 [IV 4 e]: „Entwischen" im Tatsächlichen.
[92] Ausf. *von Hippel* (Fn. 86) S. 33ff., insbes. S. 47–49 u. S. 51–55 mit S. 85–89; *Hoeren* NJW 1992, 2727, 2231; *E. Lorenz* VersR 2004, 541, 545 u. 547 – aA *Schlosser*, Bankrechtstag 1998, S. 185, 208 (anders noch in *Stein/Jonas* § 1025 aF Rn. 9); *Baumbach/Hopt* HGB BankGesch. Rn. A/57.
[93] Anders im Ansatz *Baumbach/Hopt* HGB BankGesch. Rn. A/57: Vertrag zugunsten Dritter.
[94] *Kröll* ZBB 1999, 367; *Horn*, FS Sandrock, 2000, S. 385, 391 ff.; *Baumbach/Hopt* HGB BankGesch. Rn. A/57.
[95] Überblick bei *Preibisch* (Fn. 57) S. 57 ff. mit S. 305 ff.; *Prütting* JZ 1985, 261, 265; *Motsch*, FS Söllner, 1990, S. 403, 411 ff.; *Labes* DZWiR 1998, 353, 357–359. Sehr ambivalent dazu *Tonner*, FS Reich, 1997, S. 861, 871.
[96] Näher dazu *Greger/Stubbe*, Schiedsgutachten, Rn. 307 ff.; *Honig* DAR 1994, 148 ff. Krit. BGH NJW 1983, 1854 f. (Schiedsgutachten); OLG Köln NJW 1986, 2579 ff.; LG Köln NJW 1986, 67 ff. m. krit. Anm. *Bunte*.
[97] Näher dazu bei *Ottofülling* WRP 2006, 410 (dort Fn. 24 auch Nachweis landesrechtlicher Regelung); *Probandt*, Die Einigungsstelle nach § 15 UWG, in: *Ahrens*, Der Wettbewerbsprozeß, 5. Aufl. 2005.
[98] Sorgsame Abwägung bei *Prütting* JZ 1985, 261, 266 ff. (269 f.); ähnlich auch *Neumann* ZRP 1986, 286.
[99] Überblick bei *W. Gottwald* WM 1998, 1257, 1260–1262. Näheres zum Begriff bei *Hoffmann-Riem* ZRP 1997, 190, 194; *Mähler/Mähler* NJW 1997, 1262, 1263; *dies.* AnwBl. 1997, 535, 536; *Strempel* ZRP 1998, 319, 321 f.; *Meier/Duve* SJZ 95 (1999), 157, 158; *Koch*, FS Schlosser, 2005, S. 399, 400 f. [I] – sehr ausf. dazu: *Breidenbach*, Mediation, 1995, § 13, S. 137 u. Grundlagen der Mediation, in: *Breidenbach/Henssler* (Hrsg.), Mediation für Juristen, 1997, S. 1 ff.; *Hager*, Konflikt und Konsens, 2001, S. 75 ff.; *Duve*, Mediation und Vergleich, 1999, S. 81 ff.
[100] *Schröder*, Familienmediation, 2004; *Bergschneider* FamRZ 2000, 77; *Motz* FamRZ 2000, 857; *Mähler/Mähler*, Mediation bei Familienkonflikten, in: *Breidenbach/Henssler* (Hrsg.), Mediation für Juristen, 1997, S. 121 ff.; vgl. auch erg. *Trossen/Käppele* ZRP 2006, 97.
[101] *Krischek*, Wirtschaftsmediation, 2005; *Heussen* NJW 2005, 2976; *Duve/Eidenmüller/Hack*, Mediation in der Wirtschaft, 2003; *Risse*, Wirtschaftsmediation, 2003; *Flögel*, Die Mediation im nationalen und internationalen Wirtschaftsverkehr, 2002; *Möllering*, FS Böckstiegel, 2001, S. 545; *Kraft* VersR 2000, 935; *Casper/Risse* ZIP 2000, 437; *Elsing*, FS Sandrock, 2000, S. 267; *Risse* BB 1999, Beil. 9 S. 1; *F. H. Schmidt* BB 1998, Beil. 10 S. 6.
[102] *Kassing*, FS W. Gottwald, 2005, S. 77; *Schuhmacher/Thiemann* DZWiR 1999, 441; *Eidenmüller* BB 1998, Beil. 10 S. 19.
[103] *Teufer*, Alternative Beilegung privater Wettbewerbsstreitigkeiten, 2006, S. 183 ff.
[104] Dazu näher *Hess* ZZP 118 (2005), 427.

lichrechtlichen Planungs- und Genehmigungsverfahren.[105] Familienmediation zielt auf die Lösung familiärer Konflikte, insbesondere bei Trennung und Scheidung (dazu näher noch Rn. 37). Die sog. „gerichtsnahe Mediation" ist allerdings ein Sonderfall: sie wird nach der Anhängigkeit eines Zivilprozesses als alternative Streitlösungsform eingesetzt (Rn. 28).

Der Erfolg der **Familienmediation** beruht wesentlich auf der interdisziplinären und ganzheitlichen Ausbildung der Mediatoren, die rechtliche mit psychologischen und sozialwissenschaftlichen Fähigkeiten vereinigen. Dazu hat die Bundesarbeitsgemeinschaft für Familienmediation (BAFM) eigens eine Ausbildungsordnung entwickelt.[106] Ziel ist eine einvernehmlich bindende Regelung psychosozialer wie rechtlicher Probleme. Das ist umso wichtiger, wenn Kinder von der Trennung oder Scheidung betroffen sind (zur Vermittlung des Jugendamts vgl. § 17 SGB VIII). Kinder und Jugendliche, die erfahren, dass sich ihre Eltern in Bezug auf ihre Erziehung einig sind, verkraften eine Umstellung erfahrungsgemäß deutlich besser, als wenn verbissen um ihren Unterhalt und das Sorgerecht gestritten wird. Inzwischen gibt es auch entsprechend spezialisierte Schiedsgerichte.[107] 37

Ergänzend gibt es eine parallele **europäische Entwicklung:** Seit 2004 existieren ein von Fachvertretern erstellter unverbindlicher Verhaltenskodex für Mediatoren sowie ein Richtlinienvorschlag über bestimmte Aspekte der Mediation in Zivil- und Handelssachen (KOM (2004) 718 endg.), die auf dem Grünbuch über alternative Streitbeilegungsverfahren im Zivil- und Handelsrecht basieren.[108] Ziel ist es, einen leichteren Zugang zur Streitschlichtung zu ermöglichen und diese dem Gerichtsverfahren möglichst gleichzustellen (aber: Umsetzung erfolgt zögerlich). 38

3. Schiedsgutachten. a) Begriffsbildung. Im Gegensatz zur Schiedsvereinbarung, bei der ein Rechtsstreit insgesamt entschieden wird, bezieht sich der **Schieds*gutachten*vertrag** nach hM lediglich auf ein **einzelnes Element der Entscheidung,** welches verbindlich geklärt werden soll, ohne dass aber weitere Folgen zur Debatte stehen.[109] 39

Der „Entscheider" ist Gutachter (arbitrator), nicht Richter (arbiter), und verlangt ist Vertragsgestaltung oder Inhaltsbestimmung, nicht Streitentscheidung.[110] Hierbei sind verschiedene **Fallgruppen zu unterscheiden**[111] (dabei entspricht das von der Rechtsprechung so genannte Schiedsgutachten iwS dem rechtsgestaltenden Gutachten [Fälle 1 und 2] und das Schiedsgutachten ieS dem feststellenden Gutachten [Fälle 3 und 4][112]): echte Leistungsbestimmung iSd. §§ 317ff. BGB („billige" Festlegung), Anpassung eines bestehenden Vertrages an veränderte Umstände („spätere Ergänzung"), Feststellung konkreter bestimmter Tatsachen („richtige" Abklärung),[113] Ermittlung indirekt leistungsbestimmender Faktoren („korrekte" Ermittlung), wie etwa von vorgreiflichen Rechtsfragen[114] oder anderen Entscheidungselementen, so wie zB die Aufgabe, eventuelle Berechnungsdiffe- 40

---

[105] *Hoffmann-Riem / Schmidt-Aßmann* (Hrsg.), Konfliktbewältigung durch Verhandlungen, 1990; *Stumpf,* Alternative Streitbeilegung im Verwaltungsrecht, 2006, S. 273ff. (insbes. S. 285f.).

[106] Schlußbericht des BRAK-Ausschusses Mediation BRAK-Mitt. 1996, 186, 188. AusbO u. RL zB in *Haft / Schlieffen,* Handbuch Mediation, 2002, S. 1405ff.; http://www.bafm-mediation.de/Ausbildung/Aordnung.html.

[107] Wie etwa das Süddeutsche Familienschiedsgericht (www.familienschiedsgericht.de), dazu *Kloster-Harz* FamRZ 2007, 99.

[108] Näheres siehe bei http://ec.europa.eu/civiljustice/adr/adr ec de.htm, ferner Text in SchiedsVZ 2005, 41. Dazu *Mähler / Kerntke* ZKM 2004, 151; *Rauscher / Staudinger,* EuZPR 1, Einl. Brüssel I-VO Rn. 67; *Pitkowitz* ZKM 2005, 68; *Eidenmüller* SchiedsVZ 2005, 124; *Althammer* JZ 2006, 69, 75 [VI]. Krit. zum Vertraulichkeitsschutz des Richtlinienvorschlags *Duve / Prause* IDR 2004, 126, 129ff. u. *Bercher* IDR 2005, 169.

[109] RGZ 24, 411, 413; JW 1891, 272 Nr. 9; 1893, 424 Nr. 7; RGZ 45, 350, 351/352; 67, 71, 73; 87, 190, 193; 96, 57, 59; 153, 193, 194; BGHZ 6, 335, 338–340; 22, 343, 345; 48, 25, 27f. = NJW 1967, 1804; 125, 41, 45; BGH WM 1968, 1143, 1144; 1971, 39, 40; NJW 1975, 1556, 1557; KTS 1978, 42; WM 1982, 543, 544 – ferner statt vieler: *Baumbach / Lauterbach / Hartmann* Grundz. § 1025 Rn. 12ff., 15 u. *Palandt / Heinrichs* § 317 Rn. 6; *Lachmann* Rn. 74; *Rosenberg / Schwab / Gottwald* Rn. 173.18; *Kisch,* Der Schiedsmann ..., 1924, S. 4–14, insbes. S. 7.

[110] BGHZ 6, 335, 338f. = NJW 1952, 1296. Kritik: *Habscheid,* FS Lehmann II, 1956, S. 789, 793, 796.

[111] Vgl. RGZ 96, 57, 60; BGH WM 1968, 397; NJW 1991, 2761 einerseits u. andererseits *Habscheid,* FS Lehmann II, 1956, S. 789ff. u. FS Kralik, 1986, S. 189f., 200ff.; MünchKommBGB / *Gottwald* § 317 Rn. 29ff.; *Walter* ZZP 103 (1990), 141, 149ff. Dies übersieht wohl BGH NJW-RR 2006, 212, 213 [13 aE] = SchiedsVZ 2006, 217, 218 m. abl. Anm. *Greger.*

[112] MünchKommBGB / *Gottwald* § 317 Rn. 31; *Palandt / Heinrichs* § 317 BGB Rn. 3 aE; *Stein / Jonas / Schlosser* Vor § 1025 Rn. 28ff.; *Staudinger / Rieble* § 317 BGB Rn. 12; *v. Bernuth* ZIP 1998, 2081.

[113] BGHZ 48, 25, 30; OLG Zweibrücken NJW 1971, 943.

[114] BGH NJW 1955, 665; BGHZ 48, 25, 29–31 = NJW 1967, 1804; BGH NJW 1975, 1556 [II 1]; 1982, 1878, 1879 = LM § 1027a aF Nr. 2.

renzen abzuklären.[115] Sonderform ist das versicherungsrechtliche Sachverständigenverfahren (§§ 64 Abs. 1 S. 1, 184 Abs. 1 S. 1 VVG).

41 Nicht zu verwechseln mit dem Schiedsgutachtenvertrag ist der **Schieds*gutachter*vertrag** als – üblicherweise dreiseitiges[116] – Geschäftsbesorgungsverhältnis zwischen Auftraggebern und Begutachtendem und demgemäß als Parallelerscheinung zum Schiedsrichtervertrag (dazu Vor § 1034 Rn. 3 ff.).

42 **b) Abgrenzungsfragen.** Häufig ist nicht eindeutig zu beantworten, ob es sich um eine Schieds- oder Schiedsgutachtenvereinbarung handelt, vor allem bei so genannter **Qualitätsarbitrage**, die die Vertragsgemäßheit von Waren prüft und zugleich Streitigkeiten erledigt.[117] Die hochgradig divergenten Rechtsfolgen (Rn. 45–48) machen indes eine klare tatbestandliche Abgrenzung unverzichtbar. Die dafür **eingängige Grundformel** lautet, dass eine Schiedsvereinbarung vorliegt, wenn staatliche Gerichte weitgehend verdrängt werden (§§ 1025 ff., 1032 Abs. 1 ZPO) und eine Schiedsgutachtenvereinbarung anzunehmen ist, wenn lediglich die sonstige Prüfungskompetenz verkürzt wird (§§ 317 ff., 319 Abs. 1 BGB). Das verfassungsrechtliche (staatliche) Rechtsprechungsmonopol verbleibt allemal aber dadurch unberührt.[118] Diese Faustregel hilft jedoch uU nicht weiter, wenn die Feststellung des Tatbestandselements sich im Ergebnis mit einem Schiedsspruch deckt, zB bei Festlegung der Miethöhe, die geschuldet ist, indes auch bei Sachmängelhaftung.

43 Eine **dogmatische Abgrenzung** auf Grund der jeweilig zugrundegelegten Aufgabenstellung scheitert heute oft daran, dass Schiedsgutachter partiell befugt sind, neben tatsächlichen auch rechtliche Entscheidungen zu treffen.[119] Eine Abgrenzung nach der Rechtsnatur der Vereinbarung[120] wäre formal und endete unweigerlich im Zirkelschluss: man legt vorab hinein, was dann am Ende herauskommen soll. Ferner wäre zunächst erst zu erweisen, ob die Schiedsgutachtenabrede tatsächlich materielle Rechtsnatur hat.[121] Deshalb ist mit *Habscheid*[122] eine **funktionale Abgrenzung** nach dem (mutmaßlichen) Parteiwillen vorzunehmen: hat der Dritte unter Ausschluss des ordentlichen Gerichts endgültig zu entscheiden (Schiedsvereinbarung) oder ist es den Parteien noch eröffnet, seine Entscheidung – wenn auch in nurmehr beschränktem Umfange – durch das ordentliche Gericht nachprüfen zu lassen (Schiedsgutachtenvertrag)?

44 Die *Wort*wahl ist keinesfalls je entscheidend[123] (arg. § 133 BGB) – nicht einmal als ein erstes Indiz;[124] immer gilt daher: **Auslegung ist notwendig,** um den Wirkungskreis zutreffend festzustellen.[125] Für ein Schiedsgutachten spricht die Beschränkung der Aufgabe auf die konkrete Beurteilung einer singulären Sachfrage, ebenso wenn ausdrücklich hervorgehoben wird, dass der ordentliche Rechtsweg nicht ausgeschlossen sein soll.[126] Im Unterschied zu der Wortwahl hat die

---

[115] BGH NJW-RR 1994, 1314 [1] mit BGH NJW 1990, 1231, 1232.

[116] RGZ 87, 190, 194. Alternative: zweiseitige Vereinbarung *neutraler* Begutachtung BGH DNotZ 2005, 709, 710 mit BGH WM 1994, 1778, 1779.

[117] Dazu: *Greger/Stubbe*, Schiedsgutachten, Rn. 269 ff.; *Schwab/Walter* Rn. 2.18–21; *Straatmann*, FS Stödter, 1979, S. 109 ff. Hierzu vgl. ferner § 18 Nr. 3 VOB/B.

[118] BGH NJW 1955, 665 mit BGHZ 6, 335, 341 im Anschluss an *Habscheid* MDR 1954, 382, 394.

[119] BGH NJW 1975, 665; 1975, 1556; *Meyer*, 1995, S. 41; *Soergel/Wolf* § 317 Rn. 19 mit ZIP 1981, 235, 241; *Zöller/Geimer* § 1029 Rn. 4; *Kröll*, 1998, S. 255 f. – aA *Kurth* NJW 1990, 2038, 2040; *Zimmermann* Vor §§ 1025 ff. Rn. 6 (grundsätzlich keine Rechtsfragen); RG SeuffA 75 [1920] Nr. 224, S. 383.

[120] Vgl. Mot. S. 471 = *Hahn* S. 490.

[121] Die Meinungsvielfalt ist beträchtlich, vgl. *Stein/Jonas/Schlosser* Vor § 1025 Rn. 23 ff. mit RIPS Rn. 20 ff. Zur Gegenposition nur *Habscheid*, FS Lehmann II, 1956, S. 789, 801 ff., 809; FS Laufke, 1971, S. 303, 306, 312 f. u. FS Kralik, 1986, S. 189, 200 ff.; *Kornblum*, 1968, S. 100 ff. – hieran wiederum Kritik bei *Wagner*, Prozeßverträge, 1998, S. 658 ff.

[122] FS Lehmann II, 1956, S. 789, 796 f. u. FS Kralik, 1986, S. 189, 199. Ganz ähnlich auch *Wittmann*, 1978, S. 155 ff. (162) u. *Staudinger/Rieble* § 317 Rn. 21; etwas anders *Joussen*, 2005, S. 61 f. u. *Greger/Stubbe*, Schiedsgutachten, Rn. 14.

[123] RG JW 1906, 573; RGZ 67, 71, 73 aE; 87, 190, 193; BGHZ 6, 335, 338; BGH BB 1969, 463; BGHZ 125, 41, 45; OLG München MDR 2005, 1186 – sogar bei einer Formulierung durch Fachexperten (aA OLG Düsseldorf, Beschl. v. 6. 7. 1998 – 12 Sch 01/98 [III 3]).

[124] So aber zB OLG Hamburg OLGRspr. 27 (1913), 194; OLG Zweibrücken NJW 1971, 943, 944; OLG Stuttgart Justiz 2002, 410 [II] und auch die 1. Aufl. § 1025 Rn. 38. So auch wieder *Kröll*, 1998, S. 256259.

[125] BGHZ 48, 25, 28 = BGH NJW 1967, 1804; WM 1976, 910, 911; ZIP 1981, 1097, 1099; MDR 1982, 36; OLG Zweibrücken NJW 1971, 943; OLG Düsseldorf, Beschl. v. 6. 7. 1998 – 12 Sch 01/98 [III]; OLG Stuttgart Justiz 2002, 410 [II]; KG, Beschl. v. 11. 7. 2002 – 23 Sch 03/02; OLG München MDR 2005, 1186 bzw. *Lachmann* Rn. 78–80; *Baumbach/Lauterbach/Hartmann* Grundz. § 1025 Rn. 13, 15; *Palandt/Heinrichs* § 317 Rn. 8 – aA *Stein/Jonas/Schlosser* Vor § 1025 Rn. 31, auch zT *Kurth* NJW 1990, 2038, 2040. Im Ansatz verkehrt mithin JZ 1967, 71, 74; *insoweit* sehr zweifelhaft auch RGZ 153, 193, 196 (§§ 1025 ff.) u. BGHZ 48, 25, 28/29 (§ 319 BGB). Gute Beispiele sind: OLG Hamburg OLGRspr. 21 (1910), 119, 120 („Freundschaftliche Arbitrage"); OLG Hamm NJW-RR 1994, 1551, 1552.

[126] Demnach doch am Ende richtig OLG Zweibrücken NJW 1971, 943.

Vorbemerkung **45, 46 Vor § 1025**

*Norm*wahl aber durchaus eine Aussagekraft, da sie auf genügend Vorkenntnisse hinweist. Die Verweisung auf §§ 1025 ff. ZPO einerseits[127] bzw. § 319 BGB andererseits[128] erscheint als autonome Entscheidung in Vorstellung der Rechtsfolge. Für ein Schiedsgericht etwa mag auch sprechen, dass nicht nur eine, sondern mehrere Personen berufen werden sollen (aber: § 317 Abs. 2 BGB), insbes. wenn die Benennung in der für Schiedsgerichte üblichen Weise erfolgt (also: §§ 1034 ff.). Jedoch gibt es **keinerlei Zweifelsregel zulasten der Schiedsgerichtsbarkeit.**[129]

c) **Abgrenzungsfolgen.** Die Abgrenzung zur Schiedsvereinbarung hat sehr große Bedeutung, da sich nach hM gänzlich unterschiedliche Rechtsfolgen ergeben: Beim Schiedsgutachtenvertrag kommt eine unmittelbare oder entsprechende Anwendung der **§§ 1025 ff. ZPO nicht in Betracht**[130] – er ist nach den **§§ 317 ff. BGB – direkt oder analog** – zu beurteilen.[131] Beispielhaft wichtige Konsequenzen sind, **45**

dass keine Form (§ 1031) nötig ist,[132] keine Bindung an Verfahrensgrundsätze besteht,[133] etwa § 1042 Abs. 1 S. 2[134] (rechtliches Gehör) oder §§ 1036, 1037[135] (Befangenheit – aber uU dann Kündigung statthaft[136] bzw. Unwirksamkeit wegen AGB-Kontrolle[137] – freilich nicht schlicht Unverbindlichkeit[138]), jedwede „Ernennungsbindung" (§ 1035 Abs. 2) entfällt,[139] keinerlei Zwischenkontrolle (§ 1032 Abs. 2, § 1040 Abs. 3 S. 2) eingreift und selbstredend Vollstreckbarerklärung (§ 1060) ausscheidet.[140] Ferner: Die Säumnisregel (§ 1048) ist unanwendbar, § 317 Abs. 2 BGB gilt statt § 1052 Abs. 1/2 ZPO[141] (Einstimmigkeit oder Mehrheitsentscheid). Das Spruchrichterprivileg (§ 839 Abs. 2 BGB)[142] und die Sondernormen zur IPR-Anknüpfung (§ 1051)[143] und Verjährungshemmung (§ 204 Abs. 1 Nr. 11 BGB)[144] sind unanwendbar. Andererseits finden problemlos §§ 305 c Abs. 1, 307–309 BGB Anwendung,[145] auch § 202 Abs. 1 BGB gilt *(pactum de non petendo).*[146] **46**

---

[127] ZB BGH WM 1976, 910, 911 (Anpassung des Mietzinses).
[128] ZB BGHZ 48, 25, 28 f.; ZIP 1981, 1097, 1099; OLG Düsseldorf, Beschl. v. 6. 7. 1998 – 12 Sch 01/98 [III 3].
[129] AA OLG München SchiedsVZ 2006, 286, 288 [II 3 f] mit falscher Berufung auf BGH BB 1982, 1077, 1078 (dort war eine allgemeine [staats-]gerichtliche Überprüfbarkeit vereinbart!); wohl auch OLG Düsseldorf, Beschl. v. 6. 7. 1998 – 12 Sch 01/98 [III vor 1] (dazu krit. aber *Kröll* EWiR 1998, 1019, 1020); MünchKommBGB/*Gottwald* § 317 Rn. 12; *Kornblum*, 1968, S. 104.
[130] Anders *Stein/Jonas/Schlosser* Vor § 1025 Rn. 32 ff., vgl. auch erg. DIS-Reihe XXI (2007) S. 1, 8 ff.; *Sachs*, FS Schlosser, 2005, S. 805, 810/811; *Schwab/Walter* Rn. 2.5 ff. (§§ 317 ff. BGB gelten nur bei echten Leistungsbestimmungen) bzw. *Rauscher*, Das Schiedsgutachtenrecht, 1969, S. 85 ff., 158 ff. (§§ 1025 ff. ZPO entsprechend hier heranzuziehen). Offen letztlich *Kröll*, 1998, S. 250–252.
[131] RGZ 96, 57, 59, 61; 152, 201, 204/205; BGHZ 9, 138, 145. Aus der Lit.: *Habscheid*, FS Lehmann II, 1956, S. 789, 806 f.; *Baumbach/Lauterbach/Hartmann* Grundz. § 1025 Rn. 16.
[132] RGZ 152, 201, 204; BGHZ 9, 138, 145; BGH NJW 1975, 1556, 1557; BGH ZIP 1981, 1097, 1099/1100; OLG Hamm NJW-RR 1994, 1551 (gerichtlicher Vergleich).
[133] BGHZ 6, 335, 340/341.
[134] BGHZ 6, 335, 341; BGH LM § 1025 aF Nr. 8 = NJW 1955, 665; BGH WM 1968, 617, 618 – zust. OLG Nürnberg MDR 1963, 498 u. OLG Celle NJW-RR 1995, 1046; abl. OLG Frankfurt/Main NJW-RR 1988, 1132; *Baumbach/Lauterbach/Hartmann* Grundz. § 1025 Rn. 20 (2. Abs.); *Musielak/Voit* § 1029 Rn. 18 aE. Vgl. dazu näher noch *Thorens* KTS 1968, 193; *Lindacher* KTS 1964, 35; *Staudinger/Rieble* § 317 BGB Rn. 20; *Stein/Jonas/Schlosser* Vor § 1025 Rn. 34 m. weit. Nachw.; vermittelnd MünchKommBGB/*Gottwald* § 317 Rn. 43 m. weit. Nachw.
[135] RGZ 152, 201, 206–208 = JW 1937, 219 m. abl. Anm. *Jonas* – faktisch anders wohl BGH NJW-RR 1994, 1314; ganz eindeutig dann OLG Köln OLGR 2001, 388, 389 f. [2 b]; offenlassend BGH NJW-RR 1988, 506, 507 u. OLG München SchiedsVZ 2006, 286, 288 [II 4]. Krit. seit jeher die Lehre: *Wittmann*, 1978, S. 106 ff.; *Nicklisch* ZHR 136 (1972), 1, 16 ff.; *Rauscher*, 1969, S. 213 ff., *Kornblum*, 1968, S. 102 f.; *Wagner*, Prozeßverträge, 1998, S. 673 ff., insbes. S. 676 ff.; *Rosenberg/Schwab/Gottwald* Rn. 173.21 f.; *Musielak/Voit* § 1029 Rn. 18 aE; *Schwab/Walter* Rn. 2.2.
[136] BGH DB 1980, 967, 968; OLG Frankfurt/Main v. 14. 2. 2002 – 3 U 08/01 [IV].
[137] BGHZ 81, 229, 236 f. = NJW 1981, 2315; 1983, 1854, 1855; OLG Köln NJW 1986, 2579, 2580.
[138] So aber OLG Köln OLGR 2001, 388, 389 [I 2 b].
[139] OLG Nürnberg NJW-RR 1995, 544.
[140] ZB OLG Celle, Beschl. v. 9. 2. 2004 – 8 Sch 1/04 [3].
[141] RGZ 87, 190, 195 f.; BGHZ 22, 343, 345/346 (aber: private abweichende Gestaltung möglich).
[142] BGHZ 22, 343, 345.
[143] *Pfeiffer*, FS Schlosser, 2005, S. 683, 687 [IV 2].
[144] OLG Hamm OLGZ 1982, 450, 452 f. gegen *Michels* JW 1934, 350.
[145] BGHZ 81, 229, 236 f. = NJW 1981, 2315 (Architektenvertrag); BGHZ 101, 307, 318–320 = NJW 1987, 2818 (Kfz-Reparaturvertrag); BGHZ 115, 329, 331 ff. = NJW 1992, 433 (Fertighausvertrag), dazu *Jagenburg* NJW 1992, 3203, 3212 (zust.); *Sturmberg* BauR 1992, 693, 694 f. (abl.); *Raeschke-Kessler* BB 1993, Beil. 17, S. 19 f. (krit.).
[146] BGH NJW 1990, 1231, 1232 [2 a]; RGZ 142, 258, 263; OLG Hamm OLGZ 1982, 450 f.; NJW 1976, 717.

Vor § 1025 47–49   Buch 10. Schiedsrichterliches Verfahren

47 Erhebt eine Partei Klage, ohne dass das vereinbarte Gutachten eingeholt oder vorgelegt wird, bleibt die **Zulässigkeit unberührt**. Weder gibt es eine (Schieds-)Einrede (§ 1032 Abs. 1) noch wird hierdurch der Rechtsweg sonst gehindert.[147] Das Gericht darf den dem Schiedsgutachter zu unterbreitenden Sachverhalt allerdings auf eine entsprechende Rüge hin keinesfalls selbst feststellen,[148] sondern muss die externe Klärung abwarten, die praktikabel quasi als vorab zugestanden (§§ 288–290) gilt.[149] Das Gericht ist insoweit jedenfalls gebunden.[150] In entsprechender Anwendung der §§ 431, 356 ist eine Frist zur Vorlage des Schiedsgutachtens zu gewähren;[151] verstreicht sie indes ungenutzt, wird die Klage idR wegen Beweisfälligkeit als (richtigerweise aber nur „zurzeit") **unbegründet abgewiesen**.[152] Nur wenn die Einholung des Gutachtens unmöglich (2. Halbs.) oder das Ergebnis offensichtlich unbillig (1. Halbs.) ist, entscheidet das Gericht doch selbst nach § 319 Abs. 1 S. 2 BGB,[153] vor allem bei Wegfall des anfänglich vereinbarten Gutachters.[154]

48 Die Aufhebungsgründe (§ 1059 Abs. 2) sind unanwendbar.[155] Statt dessen erfolgt eine partielle (staats-)gerichtliche **(Ergebnis-)Kontrolle** (§ 319 Abs. 1 BGB):[156] allein das Resultat (!) ist darauf überprüfbar, ob offenbar Unbilligkeit (rechtsgestaltende Gutachten [iwS]: erste und zweite Fallgruppe bei Rn. 40) oder Unrichtigkeit[157] (feststellende Gutachten [ieS]: dritte und vierte Fallgruppe bei Rn. 40) vorliegt. Das setzt voraus, dass die Festlegung „aus sich selbst und so, wie sie abgegeben ist, zurzeit ihrer Vornahme [dem Sachkundigen] als unrichtig und unbillig erkennbar ist", ohne dass hier Noven möglich wären.[158] „Offenbar" heißt also nicht zwingend „offenkundig" (iSv. § 291: Jedermanns-Sichtweise). **Faustregeln** („höchstens 1/5 Divergenz"[159]) sind nur mit behutsamer Vorsicht anzuwenden (umfassende Einzelfallabwägung notwendig!). „Urteil" ist dabei nicht eng zu verstehen, für jene Kontrolle soll man sogar ein reguläres Schiedsgericht einsetzen dürfen.[160] Das verkompliziert die Abgrenzung noch zusätzlich und sollte deswegen verwehrt werden. Die offenbar unbillige Regelung ist zudem haftungsrechtlich eine grobe Pflichtverletzung.[161]

49 Der Schiedsgutachter ist nicht mit einem Gerichtsgutachter gemäß § 1049 zu verwechseln oder gar etwa gleichzustellen. Er ist im Gegensatz zum Schiedsrichter in seinem Verfahren ganz regel-

---

[147] HM: BGHZ 9, 138, 143–145 = NJW 1953, 825; BGH NJW 1982, 1878, 1879; OLG Frankfurt/Main VersR 1982, 759; *Baumbach/Lauterbach/Hartmann* Grundz. § 1025 Rn. 17 (2. Abs.); *Thomas/Putzo/Reichold* Vor § 1029 Rn. 5; *Wieczorek/Schütze* § 1027a aF Rn. 6 – aA aber zB *Habscheid* KTS 1957, 129, 134; 1972, 219; *Stein/Jonas/Schlosser* Vor § 1025 Rn. 33 aE.

[148] BGHZ 125, 41, 45 mit BGH NJW-RR 1988, 506.

[149] *Wagner* Prozeßverträge, 1998, S. 665: „prozessuales" Schiedsgutachten – nur jedoch bei anhängigem Streitfall(?).

[150] BGHZ 9, 138, 145 = NJW 1953, 825; NJW-RR 1994, 1314 [2a]; *Rosenberg/Schwab/Gottwald* Rn. 173.26.

[151] So auch OLG München OLGR 2000, 43, 44 u. BGH NJW 1994, 586, 588; JZ 1988, 1080, 1083 (Ermessen des Richters) gegen OLG Düsseldorf NJW-RR 1986, 1061, jetzt überholt durch OLG Düsseldorf NJW-RR 1999, 1667, 1668. *Schwab/Walter* Rn. 2.7; *Baumbach/Lauterbach/Hartmann* Grundz. § 1025 Rn. 17 (3. Abs.); *Musielak/Voit* § 1032 Rn. 2; *Stein/Jonas/Schlosser* Vor § 1025 Rn. 40 – aA *Wagner* Prozeßverträge, 1998, S. 666.

[152] Insbes. RG SeuffA 57 (1902) Nr. 227, S. 422 u. BGH NJW 1960, 1462, 1463; JZ 1988, 1080, 1083 m. Anm. *Walter*; NJW-RR 2006, 212, 213 [13 aE] = SchiedsVZ 2006, 217, 218 m. Anm. *Greger*; OLG Düsseldorf NJW-RR 1986, 1061; 1999, 1667, 1668; OLG Hamm OLGZ 1982, 450, 451; OLG Zweibrücken OLGZ 1971, 396 = NJW 1971, 943, 944 m. weit. Nachw.
AA (vorübergehende Unzulässigkeit) *Habscheid*, FS Lehmann II, 1956, S. 789, 805 f. u. FS Kralik, 1986, S. 189, 203; *Wagner* Prozeßverträge, 1998, S. 665/666 (dilatorischer Klageverzicht).

[153] BGHZ 74, 341, 344–346 = NJW 1979, 1543, 1544; DB 1990, 833; NJW-RR 1994, 1314, 1315.

[154] BGHZ 57, 47, 49 ff.

[155] So schon RGZ 45, 350, 352: Vertragsabrede sei entscheidend.

[156] BGHZ 6, 335, 339–341 = NJW 1952, 1296; BGHZ 9, 195, 198; 17, 366, 372/373 = NJW 1955, 1473 (abgrenzend: Preisrichter); BGH NJW 1996, 452, 454.

[157] BGHZ 43, 374, 376; 81, 229, 237; *Habscheid*, FS Kralik, 1986, S. 189, 200 ff., insbes. 202 f.; *Lüke* AcP 162 (1963), 534, 536; MünchKommBGB/*Gottwald* § 319 Rn. 15 ff.; *Staudinger/Rieble* § 319 BGB Rn. 5, 6 ff.; *Gelhaar* DB 1968, 743 f.

[158] RGZ 96, 57, 62; dazu zuletzt wohl BGH NJW-RR 1987, 21, 22 [2a: Fehlerhaftigkeit] u. 1988, 506 [1: Lückenhaftigkeit] – je m. weit. Nachw.; NJW-RR 1991, 228; NJW 1991, 2698.

[159] OLG Frankfurt/Main NJW-RR 1995, 79, 80 (ca. 19%); BGH LM § 317 BGB Nr. 8 (ca. 18%); NJW 1991, 2761, 2762 (16,79%) – die Lit. nennt 20%–25%; *Soergel/Wolf* § 319 BGB Rn. 8.

[160] RGZ 153, 193, 195/196; MünchKommBGB/*Gottwald* § 319 Rn. 26. Recht unklar *Bosch*, 1991, S. 9.

[161] BGHZ 22, 343, 345 mit S. 346: Aufklärungspflicht bei Mehrheitsentscheidung. Dies versöhnt auch RG HRR 1933 Nr. 658 mit BGHZ 43, 374, 376–378 = NJW 1965, 1523.

mäßig frei, es gibt allenfalls eine letzte Grenze, die allerdings sehr umstritten,[162] jedoch allemal jenseits der „zwingenden Vorschriften" des § 1042 Abs. 3 anzusiedeln ist.

4. „Blankovergleich". Abzugrenzen vom prozessualen ist auch noch das materielle oder – geläufiger wohl – **obligationenrechtliche Schiedsverfahren**[163] in Anlehnung an die italienische Unterscheidung von *arbitrato rituale* und *irrituale*. Jenes irreguläre Schiedsverfahren ist gleichsam die materiellrechtliche Umgehung übermäßig prozessualer Schranken für die Streiterledigung durch Schiedsgerichte. Beide Parteien beauftragen einen Dritten als gemeinsamen Bevollmächtigten zum materiellen Vergleichsschluss, früher durch eine Blankounterschrift, nunmehr sogar ganz eigenständig. Die Rechtskraftwirkung (§ 1055) wird dabei ersetzt durch eine Feststellungsabrede, die Vollstreckbarkeit (§ 1060) ist erst durch eine (Leistungs-)Klage vor staatlichen Gerichten (parallel einer gemeinrechtlichen „actio iudicati") im Nachhinein erreichbar. Vorhanden ist also die Streitentscheidung, doch ermangeln hier die urteilsparallelen Spruchwirkungen. Allenfalls mittelbar ist Erfüllung erzwingbar, wie etwa durch Boykott im Verband. Der „Entscheider" ist Bevollmächtigter, nicht Schiedsrichter. Das Verfahren ist ihm insgesamt freigegeben, nicht vorbestimmt – es gibt nur ganz wenige, aber insoweit doch letztlich fundamentale Garantien (rechtliches Gehör, Unparteilichkeit etc.).[164] Partiell ähnelt jenes Verfahren einem deutschen Schiedsgutachten.[165]

V. Vor- und Nachteile der privaten Schiedsgerichtsbarkeit

Oftmals ist es das Ergebnis persönlicher Abwägung, inwieweit man das schiedsgerichtliche Verfahren gegenüber dem staatlichen Gerichtsverfahren als vorteilhaft empfindet. Eine neuere rechtstatsächliche Studie resümiert hohe Akzeptanz:[166] $3/5$ der befragten Unternehmen erachteten die Schiedsgerichtsbarkeit im Vergleich zu Staatsgerichten für vorzugswürdig, $1/5$ für ebenbürtig und nur $1/5$ für unterlegen. Die von der Literatur angeführten Vorteile müssen oft relativiert werden. Manche Vorteile liegen nur in der Vermeidung von Nachteilen, die ein prozessförmliches staatliches Gerichtsverfahren notgedrungen wohl mit sich bringt. Der Erfolg der Praxis spricht für sich. Erforderlich ist dafür aber stets, dass das Schiedsgericht gut besetzt ist, das Schiedsverfahren ordnungsgemäß abläuft und die Schiedsparteien bereit sind, sich zu vergleichen oder den Schiedsspruch zu akzeptieren. Vorteilhaft ist dazuhin oft, über eine „Schiedsverfügung" (§ 1066) noch völlig unbestimmte Dritte zu binden, etwa bei Streitigkeiten vereins- und verbandsinterner Art. Erwogen werden zumeist für Schiedsvereinbarungen (§ 1029) die folgenden Gesichtspunkte:[167]

1. Verfahrensdauer und -kosten. Verbreitet ist die Ansicht, das schiedsgerichtliche Verfahren sei kürzer und preiswerter als das Verfahren vor den staatlichen Gerichten[168] – sofern nicht die beschleunigten Urkunden- oder Wechselprozesse eingreifen, die im schiedsrichterlichen Verfahren unbekannt sind.[169] Jedoch fehlen neuere rechtstatsächliche Untersuchungen. Eine Mitte der sechziger Jahre in Frankfurt/Main durchgeführte stichprobenartige Untersuchung zur **Dauer** hat ergeben, dass bei nur *einer Instanz* kein eindeutiger Zeitvorteil für die Schiedsgerichtsbarkeit besteht,[170]

---

[162] RGZ 152, 201, 204/205 (§ 242 BGB). Zur Unabhängigkeit des Schiedsgutachters *Nicklisch,* FS Bülow, 1981, S. 159, 173 f. u. RGZ 45, 350, 352; BGH DB 1980, 967, 968; NJW-RR 1994, 1314 f.
[163] *Moschel* KTS 1959, 161; *Wenger,* Zum obligationenrechtlichen Schiedsverfahren im schweizerischen Recht, 1968; *Schlosser* RIPS Rn. 27 f.
[164] *Schlosser* RIPS Rn. 27, S. 21/22; *Moschel* KTS 1959, 161, 163.
[165] So auch *Schlosser* RIPS Rn. 28 aE.
[166] *Schmidt-Diemitz* DB 1999, 369, 371/372; vgl. aber erg. auch Ebbing, 2003, S. 39 ff. u. *Nienaber* SchiedsVZ 2005, 273–276 [II].
[167] Ähnlich der Analyse bei *Schmidt-Diemitz* DB 1999, 369, 372 [4] mit S. 370 [4]; dazu *Thümmel,* FS Schütze, 2002, S. 1331, 1333–1336 [II 2]; *Schütze* ZVglRWiss. 99 (2000), 241, 244 ff.; *Lachmann* Rn. 119 ff. mit AnwBl. 1999, 241; *Diedrich* JuS 1998, 158 f.; *Labes* DZWiR 1998, 353, 354; *Mandelkow* BauR 1997, 785, 786 ff. – ferner: *Böckstiegel* DRiZ 1996, 267, 268 ff.; *Hennerkes/Schiffer* BB 1992, 1439 ff.; *Glossner/Bredow/Bühler* Rn. 1 ff.; *Schütze/Tscherning/Wais* Rn. 1 ff.; *Schwab/Walter* Rn. 1.8 f.; *Hellwig* RIW 1984, 421, 429; *Stumpf,* FS Bülow, 1981, S. 217 ff. bzw. *Stumpf/Steinberger* RIW 1990, 174, 175; *Maier,* 1979, Rn. 1 ff.; *K. Kohler,* 1967, S. 65 ff.; krit. *von Westphalen* ZIP 1986, 1159. Speziell zur Eignung des Schiedsverfahrens bei internationalen Kreditgeschäften *Sandrock* WM 1994, 405 ff., 445 ff.
[168] So beiläufig zB BGH NJW-RR 1991, 423, 424 li. Sp. aE mit OLG Köln NJW 1961, 1312, 1313 – ferner: *Böckstiegel,* in: *Böckstiegel* (Hrsg.), Schiedsgerichtsbarkeit im Umfeld von Politik, Wirtschaft und Gerichtsbarkeit, 1992, S. 17, 18; *Ochmann* GRUR 1993, 255, 258; *Rosenberg/Schwab/Gottwald* Rn. 173.6; *Ebbing,* 2003, S. 83 f.; *Stumpf,* FS Bülow, 1981, S. 217, 219 f.; *Osterthun* TranspR 1998, 177, 178.
[169] *Schütze/Tscherning/Wais* Rn. 52; *Stumpf,* FS Bülow, 1981, S. 217, 225 f.
[170] *K. Kohler,* 1967, S. 68 ff. Wegen Vereinbarung einer Zweitinstanz siehe *Weber,* FS Geimer, 2002, S. 1445, 1461 ff. [VII]; *Eggenstein* IDR 2005, 148.

weil idR erst die Schiedsrichter bestellt werden müssen.[171] Freilich ist angesichts der hohen Anzahl von Berufungsverfahren vor den Staatsgerichten schon dieser Umstand beachtlich. Doch entdeckt man vermehrt auch Beschleunigungsbedarf im Schiedsverfahren selbst[172] (Rn. 24).

53 Die Parteien müssen aber auch selbst aufpassen, dass sich das Schiedsverfahren durch formale Fehler nicht unnötig in die Länge zieht, wobei indes § 1027 (Rügepräklusion vor dem Schiedsgericht) und § 1059 Abs. 3 mit § 1060 Abs. 2 S. 3 (Rügepräklusion für den Aufhebungsantrag) bestrebt sind, effektiv gegenzusteuern. Auch §§ 1032 Abs. 3, 1034 Abs. 2 S. 3, 1040 Abs. 3 S. 3 (keine „Sistierung" durch staatliche Kontrollverfahren) bringen insoweit Linderung. Die bewusste Verzögerung durch eine Partei lässt sich indes nicht vollständig unterbinden.[173] Besonders zu achten ist ferner auch darauf, dass Schiedsvereinbarung und Schiedsspruch deutlich genug abgefasst werden,[174] um spätere Komplikationen im Vorfeld zu vermeiden. Auch dabei hilft das neue Recht durch eine alsbaldige verbindliche staatliche Zulässigkeits- (§ 1032 Abs. 2) bzw. Zuständigkeitskontrolle (§ 1040 Abs. 3 S. 2) und durch die Möglichkeit konkretisierender Korrekturen des Schiedsspruchs (§ 1058). Ferner zu nennen ist die Eröffnung einstweiliger (schieds-!)gerichtlicher Maßnahmen durch § 1041.

54 Für die **Kosten** (eigene und fremde Auslagen, Honorar für Schiedsrichter und Anwälte, Verwaltungsgebühren für die Schiedsinstitution etc.) besteht im Ergebnis wohl Einigkeit, dass das schiedsgerichtliche Verfahren bei niedrigeren Streitwerten teurer ist, während es bei höheren Streitwerten eher günstiger sein dürfte[175] – insbesondere wegen der Einsparung des Instanzenzuges, aber auch weil seltener Vollstreckungskosten anfallen (meistens freiwillige Befolgung). Die Kehrseite ist natürlich, dass selbst offensichtlich unrichtige Schiedssprüche (abgesehen von den Fällen des § 1059 Abs. 2) durchweg unkorrigiert bestehen bleiben. Außerdem kann im Schiedsverfahren keine Prozesskostenhilfe beantragt werden.[176]

55 **2. Freie Schiedsrichterwahl.** Ein weiterer Vorteil ist die freie Wahl des Schiedsrichters mit der Möglichkeit, einen Vertrauens- oder Fachmann zu benennen, der über **besondere Kenntnisse** in technischer (zB Baumängel, Bilanzen etc.) oder auch juristischer Hinsicht (zB Handelsusancen, Auslandsrecht etc.) verfügt.[177] Dadurch können die sonst notwendigen Sachverständigengutachten vermieden werden, die regelmäßig zur Verlängerung und Verteuerung des staatlichen Verfahrens führen.[178] Andererseits ist es in der Praxis häufig fraglich, ob sich die Parteien wirklich auf eine Person einigen können, die von beiden Seiten als unabhängig angesehen wird und auch die Geschäftsgeheimnisse vertraulich behandelt.[179] Umgekehrt besteht das Problem, dass die Schiedsrichter nach Angaben von Praktikern **häufig voreingenommen** und Sachwalter „ihres" Ernennenden sind.[180]

56 Dieser Gefahr möchte § 1034 Abs. 2 (regelmäßiges Dreierschiedsgericht) mit § 1035 Abs. 3 S. 2 (neutraler Vorsitzender) vorbeugen: die beiden beisitzenden – parteibenannten – Schiedsrichter können – wider das Ideal (§ 1036 Rn. 5f.) – parteiisch argumentieren, durch ihre entgegengesetzten Standpunkte alle relevanten Gesichtspunkte aufzeigen und zugleich die Waage im Gleichgewicht halten.[181] Bei diesem Modell besteht jedoch die Gefahr, dass die beiden „Parteischiedsrichter" nicht zu einer konstruktiven Zusammenarbeit bereit sind. Dies blockiert letztlich ein sinnvolles Prozedere und nicht selten schon die Bestellung des Vorsitzenden (der ja das „Zünglein an der Waage" ist). Notfalls kann insoweit das Gericht nun Hilfe leisten (§ 1035 Abs. 3 S. 3, 2. Var.) oder hilfsweise korrigierend eingreifen (§ 1034 Abs. 2).

---

[171] *Lachmann* Rn. 156. Abhilfemöglichkeiten nennt *Sandrock* WM 1994, 445, 449f.
[172] Dazu etwa *Rubino-Sammartano*, FS Sandrock, 2000, S. 801 u. *Briner*, FS Sandrock, 2000, S. 137.
[173] Dazu näher etwa *Ochmann* GRUR 1993, 255, 259; *Mandelkow* BauR 1997, 785, 787ff.
[174] Näher hierzu *Nagel*, FS Firsching, 1985, S. 191ff.
[175] Ein detaillierter Kostenvergleich bei *Lachmann* Rn. 4666ff. mit Rn. 162–164 u. *Quinke*, 2005, S. 261ff. – ferner: *Osterthun* TransportR 1998, 177, 178; *Raeschke-Kessler/Berger*, 3. Aufl. 1999, Rn. 109; *Hennerkes/Schiffer* BB 1992, 1439, 1440f.; *Hellwig* RIW 1984, 421, 429.
[176] *Schütze/Tscherning/Wais* Rn. 592; *Prütting* JZ 1985, 261, 270.
[177] BGHZ 65, 59, 64; 68, 356, 362 = NJW 1977, 1397, 1399; *Jagenburg*, FS Oppenhoff, 1985, S. 147, 161; *Eberl/Friedrich* BauR 2002, 250, 253; *Schütze*, VIV-Reihe XVII (2006), S. 171, 177–180: Sach- und Sprachkunde. Vgl. auch erg. *Weigand*, FS Schlosser, 2005, S. 1081, 1085f. [I 4] mit S. 1092–1096 [III 1].
[178] *Ochmann* GRUR 1993, 255, 258; *Stumpf*, FS Bülow, 1981, S. 217, 221f.; *Schütze*, in: *Gilles* (Hrsg.), Effiziente Rechtsverfolgung, 1987, S. 65, 66f.
[179] *K. Kohler*, 1967, S. 82ff., insbes. S. 90f.
[180] *Jagenburg*, FS Oppenhoff, 1985, S. 147, 159ff. mit Beispielen; *Franzen* NJW 1986, 299ff.; *Ochmann* GRUR 1993, 255, 259; vgl. auch erg. *Lachmann* Rn. 120ff.; *Schwab/Walter* Rn. 1.9; *Schütze*, VIV-Reihe XVII (2006), S. 171, 180f.
[181] So *Bucher*, FG Kummer, 1980, S. 599, 605ff.; ganz ähnlich auch bereits die 1. Aufl. § 1025 aF Rn. 10.

3. Geheimhaltung und Vertraulichkeit. Bei Handelsstreitigkeiten mit Geschäftsgeheimnissen und Interna von Familiengesellschaften besteht oft ein Interesse an einer der Konkurrenz unzugänglichen **nichtöffentlichen Verhandlung**.[182] Die Ausnahmeregel des § 172 Nr. 2 GVG erscheint häufig als zu eng. Der Öffentlichkeitsausschluss ist eine nicht justiziable freie Entscheidung des Gerichts auf Grund pflichtgemäßen Ermessens,[183] demgegenüber ist das schiedsgerichtliche Verfahren für die Parteien sicherer und zudem umfassend vertraulich. Zwar gibt es keine absolute Garantie,[184] ein prozessuales Zeugnisverweigerungsrecht existiert nur teilweise (nämlich im Bereich des Beratungsgeheimnisses, § 1052 Rn. 3–7). Letztlich folgt der Geheimnisschutz allein aus der vertraglichen Beziehung zu den Schiedsrichtern, ist aber nicht nach § 203 StGB strafbewehrt. 57

Hinzu kommt noch ein zweiter Aspekt: Es besteht kaum einmal die Gefahr zwar anonymisierender, aber dennoch für Insider noch identifizierbarer **Veröffentlichung des Schiedsspruches** ohne Erlaubnis der Parteien (dazu vgl. auch § 42 DIS-SchO). Diesem billigenswerten reinen Individualinteresse steht negativ gegenüber, dass behutsame Rechtsfortbildung behindert wird.[185] Die Frage bleibt für die Außenwelt ungeklärt und muss gegebenenfalls in einem neuen (Schieds-)Verfahren wieder erörtert werden. Insbesondere bei typischen Fallkonstellationen erscheint das reichlich unzweckmäßig.[186] Immerhin werden vereinzelt auch Schiedssprüche veröffentlicht, was sich insbesondere bei institutionellen Schiedsgerichten anbietet (vgl. noch erg. Rn. 8 mit Fn. 24); so haben sich etwa die ICC-Schiedssprüche durchaus Präjudizkraft erworben. 58

4. Effizienz und Flexibilität. Ein großer Vorzug ist die chamäleonartige Anpassungsfähigkeit des Schiedsverfahrens, das sich den individuellen Bedürfnissen maßschneidern lässt.[187] Die §§ 1025 ff. enthalten insbesondere hinsichtlich der Verfahrenssprache (§ 1045) und der Verhandlungsform (§ 1047), der Beweiserhebung (§ 1049 – aber: § 1050) sowie der Übersendung von Nachrichten (§ 1028; keine Zustellung nötig!) vielfache Verfahrenserleichterungen gegenüber dem „regulären" Zivilprozess.[188] Selbst die Anordnung vorläufiger oder sichernder Maßnahmen durch das Schiedsgericht ist nach § 1041 Abs. 1 nunmehr zulässig und damit ein wichtiger institutioneller Nachteil im Vergleich zum alten deutschen Recht ausgeräumt. 59

§§ 1025 ff. sind insoweit bloß Auffangregelung und Sicherheitsnetz, die Parteiautonomie waltet beinahe ohne Grenzen, zumal seit der großzügigen Regelung der Schiedsfähigkeit in § 1030 Abs. 1[189] und angesichts selten zwingenden (Prozess-)Rechts iSv. § 1042 Abs. 3 (dazu näher dort Rn. 15–20). Eine indirekte Sicherung erfolgt lediglich mittels der Aufhebungsgründe des § 1059 Abs. 2 (aber: Parteiinitiative [§ 1059 Abs. 1] bzw. Präklusionsgefahr § 1059 Abs. 3]). 60

Nachteil für die Parteien ist aber die Last, im Voraus adäquate Regeln aufzustellen – eine Mühe, die vielleicht oft nicht recht lohnt. Insoweit helfen aber Schiedsinstitutionen und Interessenverbände mit Regelvorschlägen (Rn. 11–13 mit Rn. 65 ff. u. Vor § 1034 Rn. 67 ff.). Andererseits sollte man sich der Gefahr fehlender Verhandlungsparität ebenfalls bewusst sein. Ihr steuern das allgemeine – zwingende! – Gleichbehandlungsgebot (§ 1042 Abs. 1 S. 1) und die Gestattung gerichtlichen Eingriffs bei einseitigem, benachteiligendem Übergewicht für die Konstituierung des Schiedsgerichts (§ 1034 Abs. 2) entgegen. Die Kehrseite größeren Freiraums im schiedsgerichtlichen Verfahren ist immer der Missbrauch. 61

5. Internationalität. Am deutlichsten treten die Vorteile des schiedsgerichtlichen Verfahrens bei **grenzüberschreitenden Handelsstreitigkeiten** zu Tage; das UNCITRAL-ModG ist darum genau auf diese Art Streitigkeiten zugeschnitten (Art. 1 Abs. 1, 1. Halbs. mit Abs. 3/4 – aber: Rn. 118 mit § 1025 Rn. 3 ff.). Im internationalen Handelsverkehr versuchen die Parteien idR zu vermeiden, Streitigkeiten vor Staatsgerichten im Heimatlande der anderen Vertragspartei klären zu lassen 62

---

[182] Näheres siehe bei *Geiben*, 2001, S. 32 ff. – ferner: *Schütze/Tscherning/Wais* Rn. 17; *Schwab/Walter* Rn. 1.8.
[183] *Baumbach/Lauterbach/Hartmann* § 172 GVG Rn. 5; *Stadler*, Der Schutz des Unternehmensgeheimnisses, 1989, S. 159 ff., 160.
[184] *Ochmann* GRUR 1993, 255, 259.
[185] *Lachmann* Rn. 170; *Prütting* JZ 1985, 261, 271; *Stumpf*, FS Bülow, 1981, S. 217, 225. Ausnahmen: *Schütze*, FS Glossner, 1994, S. 330, 338 f. Zu diesem Spannungsverhältnis mit Lösungsvorschlägen *Duve/Keller* SchiedsVZ 2005, 169, insbes. S. 175–178 [V 1] mit S. 171 [II 2a] bzw. 173 f. [III] (Möglichkeit *anonymisierter* Publikation), dazu krit. etwa Lachmann Rn. 171 f.
[186] Vgl. *Prütting* JZ 1985, 261, 271; *Maier*, Alternativen in der Ziviljustiz, 1982, S. 61, 63.
[187] Gleicher Ansicht: *Lachmann* Rn. 139 f.; *Ochmann* GRUR 1993, 255, 258; *Stumpf*, FS Bülow, 1981, S. 217, 222 f.
[188] *Schütze/Tscherning/Wais* Rn. 8, 334 u. 418.
[189] Krit. *Voit* JZ 1997, 120 ff. mit (schiefem) Beispiel auf S. 125; vgl. auch erg. *ders.*, FS Musielak, 2004, S. 595, 596 u. 597/598.

("Heimspiel"-Privileg: Anreise, Sprache, Usancen etc.[190]). Ein Schiedsverfahren bietet demgegenüber manchen handfesten Vorteil.

63 Zunächst besteht **äußerlich** eine freie Orts- (§ 1043) und Sprachenwahl (§ 1045),[191] aber auch **innerlich** bzw. rechtlich bietet es Vorteile iS **prozessual** freier Gestaltung (§ 1042 Abs. 3 einerseits, § 1025 Abs. 1 mit § 1043 Abs. 1 andererseits) und **materiell** großen Freiraums (§ 1051). Dazu kommt noch die freie Schiedsrichterwahl (Rn. 55 f.), die insoweit ermöglicht, die Schiedsrichter aus einem neutralen Drittland zu ernennen[192] (vgl. § 1035 Abs. 2 S. 2), wodurch mit einfachsten Mitteln ein Gleichgewicht herstellbar ist. Die „Privatheit" des Verfahrens bedingt ferner, dass Schriftwechsel ohne Souveränitätsverstoß im formlosen Direktverkehr erfolgt.[193] Es handelt sich nicht um einen Hoheitsakt, und Rechtshilfe ist daher nicht erforderlich. § 1028 hält weitere Erleichterungen bereit, und die bisher lästige Pflicht, den endgültigen Schiedsspruch *zuzustellen* (§ 1039 Abs. 2 aF), ist nun zugunsten lediglich einfacher Übersendung entfallen (§ 1054 Abs. 4 nF).

64 Die Notwendigkeit von Anerkennung und Vollstreckbarerklärung bleibt in jedem Fall bestehen, wobei autonomes Recht hier Schiedssprüchen (§ 1061 mit UNÜ) eher gewogen ist als Urteilen (§§ 328; 722, 723).[194] Indessen ist der einfache Weg der Brüssel I-VO der privaten Schiedsgerichtsbarkeit verwehrt (Art. 1 Abs. 2 lit. d Brüssel I-VO, unten Rn. 107 mit § 1061 Rn. 20). Die Ausschlussklausel ist weit auszulegen und meint Haupt-, Anschluss- und Nebenverfahren mit Bezug zur Schiedsgerichtsbarkeit[195] (zB [staatsgerichtliche] Ernennung/Abberufung von Schiedsrichtern[196] – nicht aber die Zahlungsklage trotz Schiedseinrede[197] und die Entgeltklage des Schiedsrichters[198]).

VI. Institutionalisierung des Schiedsverfahrens

65 **1. Allgemeines.** Die Unterscheidung von ad hoc konstituierten Gelegenheitsschiedsgerichten und dauerhaft eingerichteten Instanzen (Rn. 10–13 mit Vor § 1034 Rn. 67–72) ist eine recht alte Erscheinung. Die Institutionalisierung verschafft den Schiedsgerichten eine gewisse Kontinuität, sowohl rechtlich (Verfahrensgestaltung) wie praktisch (Verfahrenslogistik). Die ZPO erwähnt sie nur indirekt bei § 1042 Abs. 3, 2. Var. (in Anlehnung an Art. 2 lit. d ModG): „Bezugnahme auf eine schiedsrichterliche Verfahrensordnung". Bei Wahl eines deutschen Schiedsorts muss sich die Schiedsordnung zugleich am (zwingenden) deutschen Recht messen lassen (§ 1025 Abs. 1).

66 Angesichts der gegenüber altem Recht dichteren Normierung des Verfahrens ist Aufgabe **institutioneller Schiedsordnungen** heute eher die „Feinsteuerung" und auch die Anpassung an die jeweiligen Bedürfnisse und Traditionen des Adressaten- bzw. Benutzerkreises. In aller Regel erfolgt auch eine organisatorische Einbindung, entweder in die konkrete Verbandsstruktur (Schiedswesen als Verbandsannex) oder aber in die speziell Schiedszwecken dienende Organisation (Schiedswesen als Verbandszweck). Vor allem auf internationalem Terrain haben sich feste, tradierte Einrichtungen etabliert, die weltweit Ansehen genießen.

67 **2. Nationaler Bereich.** Für den nationalen Bereich hat die institutionelle Zweigleisigkeit auf dem Gebiete des Schiedsverfahrensrechts mit dem 1. 1. 1992 ihr förmliches Ende gefunden. Aufgrund einer „Verschmelzung" entstand die **Deutsche Institution für Schiedsgerichtsbarkeit**

---

[190] Näher *Stumpf*, FS Bülow, 1981, S. 217, 218; *Stumpf/Steinberger* RIW 1990, 174, 175; *Böckstiegel*, in: Böckstiegel (Hrsg.), Schiedsgerichtsbarkeit im Umfeld von Politik, Wirtschaft und Gerichtsbarkeit, 1992, S. 17, 18; *ders.* NJW 1981, 1862, 1863 zu Verträgen zwischen Industrie- und Entwicklungsländern; *Jagenburg*, FS Oppenhoff, 1985, S. 147, 157; *Lachmann* Rn. 1/8; *Ochmann* GRUR 1993, 255, 258 f.; *Hennerkes/Schiffer* BB 1992, 1439, 1443; *Raeschke-Kessler/Berger*, 3. Aufl. 1999, Rn. 34, 36. Sehr treffend dazu *Schütze*, FS Großfeld, 1999, S. 1067: Qui elegit arbitrum tertium, elegit processum.

[191] Dann uU aber höhere (Reise- und Übersetzungs-)Kosten, vgl. *Stumpf/Steinberger* RIW 1990, 174, 175.

[192] Sehr plastisch dazu OLG Hamburg RIW 1989, 574, 576 mit S. 576/577 [I 3 b].

[193] Ausführlich *Schütze* (Fn. 178) S. 65, 71 f.

[194] *Schack* Rn. 790 aE („Besonders ungereimt ..."); *Stumpf/Steinberger* RIW 1990, 174, 175 f.; *Osterthun* TransportR 1998, 177, 178.

[195] *Schlosser*-Bericht ABlEG 1979 Nr. C 59 Rn. 64 f. mit *Schlosser* Art. 1 Brüssel I-VO Rn. 23–25; jüngst erst wieder OLG Frankfurt/Main IHR 2005, 212, 215 li. Sp. = NJOZ 2006, 4360, 4363 u. OLG Düsseldorf OLGR 2007, 704, 705 [II 2 (a)].

[196] EuGHE 1991, I-3855, 3902 (Marc Rich: Ernennung/Abberufung von Schiedsrichtern), dazu *Haas* IPRax 1992, 292, 295; *Wiegand* EuZW 1992, 529, 531 ff.; OLG Hamburg RIW 1996, 862 [1] (Kostenentscheidung für Ersatzbestellung von Schiedsrichtern).

[197] OLG Düsseldorf OLGR 2007, 704, 705 [II 2 (a)/(b)].

[198] AA *Zöller/Geimer* Art. 1 EuGVVO Rn. 44 – das schießt weit übers Ziel hinaus! (Es sei denn, dieser Anspruch selbst wäre ebenfalls schiedsgebunden).

Vorbemerkung 68–72 **Vor § 1025**

e. V. (DIS) mit Sitz in Berlin:[199] „neue" Schiedsgerichtsordnung vom 1. 7. 1998 (Text: http://www.dis-arb.de/scho/schiedsordnung98.html[200]) „alte" Schiedsgerichtsordnung vom 1. 1. 1992 (Text: http://www.dis-arb.de/scho/schiedsordnung92.html[201]). – **Publikationen:** Jahrbuch für die Praxis der Schiedsgerichtsbarkeit (JbPrSch. [1987–1991/DAS]) bzw. Recht und Praxis der Schiedsgerichtsbarkeit als BB-Beilage (RPS [1992–2001/DIS]); Zeitschrift für Schiedsverfahren (SchiedsVZ [2003 ff.]).

Die vorgeschlagene **Musterschiedsvereinbarung** lautet als *Klausel* (www.dis-arb.de/scho/ 68 schiedsvereinbarung98.html):
„Alle Streitigkeiten, die sich im Zusammenhang mit dem Vertrag (... Bezeichnung des Vertrages ...) [§ 1029 Abs. 1] oder über seine Gültigkeit [§ 1040 Abs. 1 S. 1] ergeben, werden nach der Schiedsgerichtsordnung der Deutschen Institution für Schiedsgerichtsbarkeit e. V. (DIS) [§ 1043 Abs. 3, 2. Var.] unter Ausschluss des ordentlichen Rechtsweges [§ 1029 Abs. 1] endgültig entschieden."

Die Formel eignet sich ebenso für inkorporierte Klauseln wie selbständige Abreden (§ 1029 69 Abs. 2), obgleich für letztere auch ein eigener – entsprechend formulierter – (*Vertrags-*)Vorschlag vorgehalten wird (www.dis-arb.de/scho/schiedsvertrag98.html). Letzthin ist nämlich alles eine Frage der genauen Bezeichnung der Streitigkeit (§ 1029 Rn. 69–75), die völlig gleichwertig mittels schlichter Verweisung (Klausel: „in Zusammenhang mit diesem Vertrag") oder durch konkreten Bezug (Abrede: „in Zusammenhang mit dem Vertrag vom ... über ...") erfolgen mag.

Individuelle Ergänzungen zu folgenden Punkten werden als empfehlenswert den Parteien an- 70 heimgestellt:
*„– Der Ort des schiedsrichterlichen Verfahrens [§ 1043 Abs. 1 S. 1 mit § 1025 Abs. 1] ist ...
– Die Anzahl der Schiedsrichter [§ 1034 Abs. 1 S. 1] beträgt ...
– Das anwendbare materielle Recht [§ 1051 Abs. 1 S. 1] ist ...
– Die Sprache des schiedsrichterlichen Verfahrens [§ 1045 Abs. 1 S. 1] ist ...".*
Ergänzend wird auf das Schriftformerfordernis und seine Normierung durch § 1031 hingewiesen.

Daneben gibt es eine ganze Reihe spezialisierter (Fach-)Schiedsgerichte, die hier nicht erschöp- 71 fend aufgelistet werden können. IdR werden sie *räumlich* an einem bestimmten Handelsplatz angeknüpft (z B **Hamburger Freundschaftliche Arbitrage**[202]) oder *fachlich* für bestimmte Streitigkeiten von Interessenverbänden vorgegeben. Dazu zählen etwa das institutionalisierte „Deutsche Ständige Schiedsgericht für Wohnungseigentum" mit Sitz in Bonn[203] und das Schiedsgericht für Privates Baurecht.[204] Demgegenüber dienen die **„Schlichtungs- und Schiedsordnung für Baustreitigkeiten"** (SOBau) der DAV-Arbeitsgemeinschaft Baurecht[205] und die **„Schiedsgerichtsordnung für das Bauwesen** einschließlich Anlagenbau" (SGOBau)[206] nur als Rahmen für ein individuelles ad-hoc-Schiedsgericht. Häufig sind solche Schiedsgerichte auch bei den Industrie- und Handelskammern angesiedelt oder sie werden von dort unterstützt.[207] Die „Zweigleisigkeit" von Anbieterseite (Schiedsverbände) und Nachfragerseite (Handelskammern) wiederholt sich im internationalen Bereich.

Einen völlig anderen, neuen Zugang haben sich jüngst die Notare erschlossen:[208] Sie vermitteln 72 von vornherein zwischen „Anbietern" und „Nachfragern" im Rahmen notarieller Beurkundungen

---

[199] Näher dazu bei *Lachmann* Kap. 34, Rn. 3356 ff. (S. 771 ff.); *Schütze/Theune* IS S. 160–162 mit anschließender SchO-Kommentierung bzw. *Schütze* SchiedsVZ 2003, 179 f. mit S. 178.
[200] Ferner: *Schwab/Walter* Anh. B 4, S. 611 ff. (mit Rn. 20 ff.); *Lachmann* Rn. 4770 (S. 1133 ff.); *Raeschke-Kessler/Berger*, 3. Aufl. 1999, Anh. 2, S. 261 ff. (deutsch); YCA XXIII (1998), 288 ff. (englisch).
[201] Ferner *Schwab/Walter*, 5. Aufl. 1995, Anh. B 4, S. 614 ff. (mit Rn. 52.24 ff.); *Lachmann*, 1. Aufl. 1992, Anh. C, S. 458 ff.; *Labes/Lörcher* Nr. 11, S. 201 ff.; *Berger* Arb. Int. 8 (1992), 101.
[202] Korrekt: § 20 Nr. 1–6 der Platzusancen für den hamburgischen Warenhandel vom 17. 10. 1927 idF vom 4. 9. 1958 – Text: http://www.hk24.de/produktmarken/recht_und_fair_play/schiedsgerichtemediationschlichtung/Schiedsgericht/freundschaftliche_arbitrage/platzusance/Arbitrage1.jsp; *Schwab/Walter* Anh. B 5, S. 624 f.; *Schütze/Tscherning/Wais* Texte C I 3, S. 550 ff. Näher dazu *Nagel*, FS Schwab, 1990, S. 367; *Korte*, SchiedsVZ 2004, 240.
[203] Statut 1998: MittBayNot. 1998, 163 ff., WE 1998, 96, DWE 1998, 106; NotBZ 1998, 55; http://www.vhw-online.de/gericht/statut.pdf; vgl. DNotZ 1998, 321–323 u. Bielefeld NZM 1998, 19. Zur Sitzverlegung von Leipzig nach Berlin vgl. DNotZ 2000, 563. Vereinsgründung am 28. 10. 2004, seit 9. 2. 2005 Sitz in Bonn. Allgemein: *Weimar* ZMR 1979, 296.
[204] http://www.schiedsgericht.org/DE/d_welcome.htm.
[205] Text: http://www.arge-baurecht.com/index2.htm; NJW 1999, 1384, vgl. AnwBl. 1998, 142 f. Dazu: *Lachmann* Kap. 35 A, Rn. 3519 ff. (S. 795 ff.); *Kullack/Roye* ZfBR 2001, 299–303.
[206] http://www.baurecht-ges.de/sgo01072005.pdf, dazu *Lachmann* Kap. 35 B, Rn. 3594 ff. (S. 805 ff.).
[207] Dazu vgl. etwa *Swoboda*, FS Glossner, 1994, S. 447.
[208] Gemäß dem Motto bei *Wilke* MittBayNot. 1998, 1: Schlichten statt Prozessieren – Der Beitrag des Notars. Ferner allg. hierzu: *R. Wagner* DNotZ 2000, 421 u. ZNotP 2000, 18; *Milzer* ZNotP 2001, 252 u. 290.

(Betreuerfunktion [§ 14 Abs. 1 S. 2 BNotO]; Fürsorgepflicht [§ 17 BeurkG]), und sie dürfen auch Schiedsrichter sein (§ 8 Abs. 4 BNotO: keine Genehmigung nötig!). Tauchen Streitigkeiten bei der Vertragsdurchführung auf, kann der *beurkundende* Notar selbstredend allerdings nicht authentisch interpretieren – er ist bloß Zeuge, nicht Richter in eigener Sache (Haftungsfall?). Hier bewirkt eine Institutionalisierung auch die Absicherung der Neutralität. Daher wurde unter dem Dach des deutschen Notarvereins in Berlin der **„Schlichtungs- und Schiedsgerichtshof Deutscher Notare" (SGH)** gegründet;[209] ferner gibt es eine **BNotK-Empfehlung** zur Schiedsvereinbarung mit „Notarschiedsrichter".[210] Die Notare haben dazu manch andere Initiativen entfaltet, ihr klassisches Arbeitsgebiet der Streit*vermeidung* zu erweitern um das Betätigungsfeld der Streit*erledigung* (Näheres siehe 2. Aufl. Rn. 39).

73   3. **Internationaler Bereich.** Eine besondere Bedeutung kommt den im internationalen Bereich wirkenden Institutionen zu,[211] seien jene nun eher national europäisch ausgerichtet (Rn. 74–84) oder weitgehend supranational orientiert (Rn. 90–96). Oft besteht ein „Netzwerk" wechselseitiger Aushilfe und Verflechtung, das angesichts konvergenter Rechtslage als ModG-Folge sicher zukünftighin noch weiterwächst. Besonderer Erwähnung als Protagonisten faktischer Rechtseinheit und international wichtigste Einrichtungen bedürfen die ICC (Rn. 85 ff.) für die alte und die AAA (Rn. 88 f.) für die neue Welt. Erwähnt sei dazuhin als wissenschaftliches Diskussionsforum das **International Council for Commercial Arbitration** (ICCA), das zunächst mit seinem Handbuch (1956/1960/1965) und später mit seinem Yearbook (1976 ff.) bedeutsames Material präsentiert und weltweit Kongresse durchführt.[212] Publikationen: Yearbook of Commercial Arbitration (YCA) u. ICCA Congress Series.

74   a) **Nationale europäische**[213] **Organisationen (Auswahl).** Belgisches **Zentrum für Schiedsgerichtsbarkeit** bzw. Centre belge pour l'étude et la pratique de l'arbitrage national et international (CEPANI):[214] Schlichtungs- und Schiedsregeln vom 1. 1. 2005[215] mit zusätzlichen speziellen Sonderregeln für Kleinverfahren, Schiedsbegutachtung und Vertragsanpassung.

75   London **Court of International Arbitration** (LCIA):[216] Schiedsregeln vom 1. 1. 1998 im Anschluss an die frühere Fassung vom 1. 1. 1985 – Publikation: Arbitration International (Arb. Int. [1985 ff.]) u. Newsletter; wichtig sind dazuhin: Arbitration – The Journal of the Chartered Institute of Arbitrators (Arb. [1934 ff.]) u. Newsletter; Lloyd's Arbitration Reports (Ll. Arb. Rep. [1988–1992]) bzw. The Arbitration and Dispute Resolution Law Journal [1992 ff.]; International Arbitration Law Review (Int. Arb. L. R. [1997 ff.]); Model Arbitration Law Quarterly Reports (Mod. Arb. LQR [1995 ff.]).

76   Französisches **Komitee für Schiedsgerichtsbarkeit** bzw. Comité français de l'arbitrage – Publikation: Revue de l'Arbitrage (Rev. Arb.) und seit 1985 die deutsch-französische Handelskammer: Schiedsregeln vom 1. 1. 1993.

---

[209] Statut 1999: ZNotP Beilage 1/2000, 6 ff., vgl. *Wolfsteiner* ebd. S. 2 ff. u. *Wegmann* ebd. S. 11 ff.; *Wolfsteiner* DNotZ 2000, 81/82; *Bietz* MittBayNot. 2000, 349 u. ZNotP 2000, 344.
[210] Text: DNotZ 2000, 401, dazu DNotZ 2000, 407–413 (BNotK-Erläuterungen); *R. Wagner* DNotZ 2000, 421, 427 f.
[211] Ausführliche Kommentierung der international wichtigsten Schiedsordnungen in *Schütze*, Institutionelle Schiedsgerichtsbarkeit, 2006. Veralteter Überblick bei *Schottelius* KTS 1955, 97 u. *Kornmeier* RIW 1980, 381 ff. – ferner: *Blessing* Int. Bus. Lawyer 1989, 408 ff., 451 ff. u. J. Int. Arb. 6:3 (1989), 7 ff.; *Stumpf/Steinberger* RIW 1990, 174; *Fouchard* Rev. Arb. 1990, 181.
[212] Einführend dazu *Strohbach*, FS Glossner, 1993, S. 417 ff.
[213] Ganz ähnlich in Fernost, etwa Singapur (*Klötzel* SchiedsVZ 2003, 275 f. mit S. 274) oder China (*Kniprath* SchiedsVZ 2005, 197 ff. mit S. 196; *Trappe* SchiedsVZ 2006, 258; 2004, 142; *Hantke* SchiedsVZ 2007, 36).
[214] Texte: YCA XXIII (1998), 271 ff. (englisch) bzw. Rev. Arb. 1988, 397 (französisch). Dazu: *Keutgen* Rev. dr. int. dr. comp. 1991, 314.
[215] Texte: http://www.cepina.be/images/upload/Rules_EN.pdf (englisch). Dazu *Keutgen* J. Int. Arb. 17:3 (2000), 151.
[216] Texte: http://www.lcia.org/ARB_folder/arb_german_main.htm; SchiedsVZ 2003, 126 ff.; YCA XXIII (1998), 369 ff.; *Lachmann* Rn. 4766 ff. (S. 1105 ff.); *Labes/Lörcher* Nr. 12, S. 211 ff.; *Schwab/Walter* Anh. B 7, S. 646 ff. bzw. *Schütze/Tscherning/Wais* Texte C III 4, S. 660 ff.; YCA X (1985), 157 ff.; *Schwab/Walter*, 5. Aufl. 1995, Anh. B 7, S. 650 ff. Dazu: *Schütze/Tscherning/Wais* Rn. 882 ff. u. *Lionnet/Lionnet* Kap. 9 IV, S. 511 ff. (allgemein), ferner: *Blessing* SchiedsVZ 2003, 198 mit S. 126–128; *Kreindler/Schäfer/Wolff* Rn. 323 ff.; *Salans* Arb. Int. 2 (1986), 1 u. 40; *Jarvin* J. Int. Arb. 1:1 (1984), 59 (Platzvorteile); *Craig* Arb. J. 1989, 33; *Devolvé* Rev. Arb. 1993, 599 u. *Kerr* Arb. Int. 8 (1992), 317 (100-Jahr-Feier) sowie *Hunter/Marriott/Veeder*, The LCIA Centenary Conference, 1995; *Lachmann* Kap. 33, Rn. 3236 ff. (S. 752 ff.); u. *Schütze/Triebel/Hunter* IS S. 346–360 mit anschließender SchO-Kommentierung.

Holländisches **Institut für Schiedsgerichtsbarkeit** bzw. Netherlands Arbitration Institute 77
(NAI):[217] Schiedsregeln vom 15. 7. 2001 im Anschluss an Fassungen vom 1. 12. 1986 und 1. 1.
1998 – Publikationen: Journal of International Arbitration (J. Int. Arb. [1984 ff.]) u. Tijdschrift voor
Arbitrage (TvA).

Italienische **Vereinigung für Schiedsgerichtsbarkeit** in Rom bzw. Associazione Italiana per 78
l'Arbitrato (A. I. A.):[218] Schiedsregeln für nationale bzw. internationale Schiedsverfahren vom 30. 9.
1994 – Publikation: Rivista dell'Arbitrato (Riv. Arb.) sowie Schiedsgericht der Handelskammer
Mailand bzw. Camera Arbitrale Nazionale e Internazionale Milano.[219]

Schiedsgericht bei der **Wirtschaftskammer Österreich** (früher: Bundeskammer für Gewerbli- 79
che Wirtschaft) mit Sitz in Wien:[220] Schiedsgerichts- und Schlichtungsordnung vom 3. 5. 2006 [in
Kraft seit 1. 7. 2006].

Polnisches **Schiedsgericht bei der Handelskammer in Warschau,** neue Schiedsregeln vom 80
1. 1. 2007.[221]

Schiedsgericht der Russischen Föderation bei der **Moskauer Industrie- und Handelskammer** 81
(International Commercial Arbitration Court [ICAC bzw. MKAS]):[222] [Schieds-]Ordnung des Internationalen Wirtschaftsarbitragegerichts vom 1. 3. 2006. St. Petersburg International Commercial
Arbitration Court [SPICAC][223] gegründet mit Unterstützung der American Bar Association als Alternative zu Moskau.

Schiedsgerichtsinstitut der **Stockholmer Handelskammer:** Neue Schiedsregeln seit dem 1. 1. 82
2007 für das reguläre[224] und für das beschleunigte[225] Schiedsverfahren[226] sowie Mediation Rules[227] –
Publikation: Yearbook of the Arbitration Institute of the Stockholm Chamber of Commerce (Yb.
SCC).

Schiedsgerichte der sechs **Schweizer Industrie- und Handelskammern** (Basel, Bern, Genf, 83
Lausanne, Lugano und Zürich), seit dem 1. 1. 2004 mit einer einheitlichen Schiedsordnung: Internationale Schiedsordnung der Schweizerischen Handelskammern (sog. Swiss Rules).[228] Organisato-

---

[217] Texte: http://www.nai-nl.org/english/rules/rulesENG.doc; YCA XXIII (1998), 394 ff. (englisch) bzw.
YCA XIII (1988), 209 ff. (englisch), *Berger,* 1992, Anh. B II, S. 565 ff. (deutsch). Dazu: *Berger* RPS 1995 II S. 2;
Kratzsch SchiedsVZ 2007, 263–266 mit S. 262.

[218] Texte: Riv. Arb. 1994, 609 ff. (italienisch) bzw. Riv. Arb. 1994, 815 ff. (italienisch); YCA XXI (1996),
230 ff. (englisch).

[219] http://www.camera-arbitrale.com/show.jsp?page=169943.

[220] Texte: http://www.wko.at/arbitration/Dokumente_07_2006/Wiener_Regeln_2006.htm; *Labes/Lörcher*
Nr. 15, S. 237 ff. u. Nr. 28, S. 519 f.; YCA XVIII (1993), 207 ff. (englisch [1991]) bzw. *Schütze/Tscherning/Wais*
Texte C III 3, S. 653 ff.; YCA XI (1986), 221 ff. (englisch [1993]). Dazu: *Schütze* WM 1987, 609; *Melis,* FS
Seidl-Hohenveldern, 1988, S. 367 u. JbPrSch. 2 (1988), 174; 4 (1990), 171 mit S. 214 ff.; AnwBl. 1991, 776;
YCA XVIII (1993), 206; *Schütze/Tscherning/Wais* Rn. 872 ff.; *Heller* WBl. 1994, 105; *Lionnet/Lionnet* Kap. 9
VII, S. 523 ff.; *Kreindler/Schäfer/Wolff* Rn. 344 ff. Kommentierung bei *Schütze/Liebscher* IS S. 259 ff. Dazu vgl.
auch erg. *Heider* SchiedsVZ 2006, 92.

[221] http://www.sakig.pl/index.php?n=page&p=12.

[222] Text abgedruckt in SchiedsVZ 2007 Beilage Nr. 1 zu Heft 2, dazu *Komarov/Barth* SchiedsVZ 2007, 89.
Text (alte Fassung): http://eng.tpprf.ru/ru/main/icac/; YCA XXI (1996), 265 ff. (englisch); *Labes/Lörcher*
Nr. 18, S. 323 ff. u. RIW 1996, 810 (deutsch), dazu *Schütze/Trunk/Bogulsavskij* IS S. 431 ff.; *Habegger* J. Int. Arb.
12:4 (1995), 65.

[223] Text: http://www.pravocom.spb.ru/English/reglament.html.

[224] Text: http://www.sccinstitute.se/_upload/shared_files/regler/2007_Arbitration_Rules_eng.pdf (englisch)
– zur Vorgängerregelung vom 1. 4. 1999 YCA XXIV a (1999), 420 ff. (englisch) bzw. 1. 1. 1988 YCA XIV
(1989), 251 ff. (englisch); *Schütze/Tscherning/Wais* Texte C III 2, S. 643 ff. u. *Labes/Lörcher* Nr. 16, S. 285 ff.
(deutsch).

[225] Text: http://www.sccinstitute.se/_upload/shared_files/regler/2007_expedited_rules_eng.pdf (englisch) –
zur Vorgängerregelung vom 1. 4. 1999 YCA XXIV a (1999), 435 ff. (englisch) bzw. 1. 7. 1995 YCA XXII
(1997), 439 ff. (englisch) u. *Labes/Lörcher* Nr. 16 a, S. 297 ff. (deutsch).

[226] Dazu: *Hobér/Foerster* SchiedsVZ 2007, 207–212 mit S. 206 [nF] u. *Hobér/McKechnie* Arb. Int. 23 (2007),
261 bzw. *Schütze/Franke* IS S. 799 f. mit anschließender SchO-Kommentierung [aF!] – ferner: *Lionnet/Lionnet*
Kap. 9 VIII, S. 526 ff.; E. *Müller* J. Int. Arb. 17:3 (2000), 157; *Söderlund* ZfRV 1999, 146 f.; *Strempel/Hober*
RPS 1999 I, S. 8, 9 f.; *Jarvin/Young* J. Int. Arb. 16:3 (1999), 89, 93 ff.

[227] Text: http://www.sccinstitute.com/_upload/shared_files/regler/web_A4_Medling_eng.pdf (englisch); YCA
XXIV a (1999), 448 ff. (englisch).

[228] Text: http://www.swissarbitration.ch/pdf/SRIA_german.pdf; SchiedsVZ 2004, 31; *Lachmann* Rn. 4774
(S. 1145 ff.); – dazu *Peter* SchiedsVZ 2004, 57, FS Hirsch, 2004, S. 137 u. ASA Special Series XXII (2004), 1;
Scherer Int. A. L. R. 2004, 119; *Karrer* IDR 2004, 59; *Wiebeke* SchiedsVZ 2004, 255; *Geisinger* ASA Special Series
22 (2004), 86; *Kellerhals/Berger* Anw. Rev. 4/2005, 161; *Zuberbühler/Müller/Habegger* (Hrsg.), Swiss Rules of In-
ternational Arbitration, 2005 (dazu *Sandrock* SchiedsVZ 2006, 327); *Lachmann* Kap. 36, Rn. 3734 ff. (S. 825 ff.);
Schütze/Karrer IS S. 309–312 mit anschließender SchO-Kommentierung.

risch als eine Art „Dachverband" fungiert die Schweizerische Vereinigung für Schiedsgerichtsbarkeit (ASA) – Publikation: Bulletin (Bull. ASA [1983 ff.]).

84 Länderübergreifend agiert der **Europäische Schiedsgerichtshof** mit Sitz in Straßburg, sowie Geschäftsstellen in Karlsruhe und Mailand. Er war anfänglich örtlich beschränkt auf Streitigkeiten in den deutschrechtlich geprägten französischen Departements, agiert neuerdings jedoch europaweit als Einrichtung des Centre Européen d'Arbitrage (CEA): Schieds- und Schlichtungsordnung und auch ein Urkundenschiedsverfahren stehen bereit.[229]

85 b) **Internationale Handelskammer (ICC bzw. CCI).** Der ICC-Schiedsgerichtshof sitzt in Paris: Schiedsgerichtsordnung vom 1. 1. 1998[230] als grundlegende Überarbeitung der Fassung vom 1. 1. 1988,[231] die eher nur einen bereinigenden Charakter hatte und ihrerseits nur marginale Abweichungen zur (Neu-)Fassung vom 1. 6. 1975[232] aufwies.[233]

Die empfohlene Schiedsklausel lautet:

„Alle aus oder in Zusammenhang mit dem gegenwärtigen Vertrag sich ergebenden Streitigkeiten werden nach der Schiedsgerichtsordnung der Internationalen Handelskammer von einem oder mehreren gemäß dieser Ordnung ernannten Schiedsrichtern endgültig entschieden."

Der ICC-Schiedsgerichtshof ist allerdings selbst kein (institutionelles) Schiedsgericht, sondern eine Art Verwaltungsorgan.[234] Er entscheidet nicht (Art. 1 Abs. 2), er organisiert und kontrolliert nur den Verfahrensgang vor dem Schiedsgericht[235] und übernimmt teilweise die Kostenabrechnung.

86 Eigenheit des Prozedere ist der sog. „Schiedsauftrag"[236] (Art. 18 f. – ähnlich: art. 1496 n. c. p. c. [F]), den das Schiedsgericht zwingend vor Verfahrensbeginn entwirft und der die Rahmenbedingungen des Schiedsverfahrens enthält (Art. 18 Abs. 1 lit. a–c [Parteien] bzw. lit. e–g [Gericht]), der aber auch das zukünftige „Prozessprogramm" umschreibt, „es sei denn, das Schiedsgericht halte dies nicht für angemessen" (Art. 18 Abs. 1 lit. d). Ihn müssen die Parteien gegenzeichnen (Art. 18 Abs. 2), ersatzweise genehmigt ihn der Gerichtshof (Art. 18 Abs. 3). Eine nachträgliche Klageänderung ist künftig freilich leichter möglich (Art. 19). Der Schiedsspruch ist regelmäßig binnen

---

[229] Texte: http://cour-europe-arbitrage.org/regles_darbitrage.htm (französisch); World Trade and Arb. Mat. 10:1 (1998), S. 195 ff. Dazu: *Rubino/Sammartano* J. Int. Arb. 15:1 (1998), 75.

[230] Text: http://www.iccwbo.org/court/english/arbitration/pdf_documents/rules/rules_arb_german.pdf; YCA XXII 1997), 347 ff. (englisch); *Lachmann* Rn. 4765 (S. 1089 ff.), *Labes/Lörcher* Nr. 13, S. 237 ff. u. Nr. 27, S. 509 ff., *Schwab/Walter* Anh. B 1, S. 531 ff., *Raeschke-Kessler/Berger*, 3. Aufl. 1999, Anh. 3, S. 279 ff. (deutsch). Dazu: *Böckstiegel* (Hrsg.), Die ICC-Schiedsgerichtsordnung 1998, DIS-Materialien II (1998); *Craig/Park/Paulsson*, Annotated Guide, 1998; *Derains/Schwartz,* A Guide to the New ICC-Rules of Arbitration, 2. Aufl. 2005; *Bühler/Jarvin*, ICC-Arbitration-Rules, in: *Weigand* (ed.), Practitioner's handbook on international arbitration, 2002; *Schäfer/Verbist/Imhoos*, ICC Arbitration in Practice, 2005 – ferner: *Kreindler* J. Int. Arb. 13:2 (1996), 45; *Blessing* ICC Bull. 8/2 (1997/12), 16; *Lionnet* RPS 1997 II, S. 15 u. Hdb. Kap. 8 II, S. 250 ff.; *Habscheid* RIW 1998, 421 bzw. *Koch* RIW 1999, 105; *Weigand* NJW 1998, 2081; *Eßer/Moosmayer* EuZW 1998, 490; *Schwab/Walter* Rn. 52.1 ff.; *Biner*, FS Sandrock, 2000, S. 137; *von Schlabrendorff* SchiedsVZ 2003, 35 f. mit S. 34; *Raeschke-Kessler*, FS Schlosser, 2005, S. 713, 715–721 [II]; *Lachmann* Kap. 32, Rn. 3069 ff. (S. 715 ff.); *Schütze/Reiner/Jahnel* IS S. 26–28 mit anschließender SchO-Kommentierung.

[231] Text: YCA XIII (1988), 185 ff. (englisch); *Schütze/Tscherning/Wais* Texte C II 3, S. 598 ff. (englisch/deutsch); *Schwab/Walter*, 5. Aufl. 1995, Anh. B 1, S. 567 ff. (deutsch) bzw. *Walter/Bosch/Brönnimann* Anh. B I, S. 363 ff. (deutsch/englisch). Dazu: *Aden*, Internationale Handelsschiedsgerichtsbarkeit, 1988; *Craig/Park/Paulsson*, International Chamber of Commerce Arbitration, 3. Aufl. 2000; *Kassis*, Réflexions sur le Règlement d'Arbitrage ..., 1988; *Reiner*, Handbuch der ICC-Schiedsgerichtsbarkeit, 1989; *Schütze/Tscherning/Wais* Rn. 835 ff. – ferner: *Bredow* JbPrSch. 1 (1987), 138; *Bredow/Bühler* IPRax 1988, 69; *Triebel* NJW 1989, 1403; *Nerz* RIW 1990, 350; *Schäfer* ZVglRWiss. 91 (1992), 111; *Kreindler* RIW/AWD 1992, 609; *Schwartz* Arb. Int. 8 (1993), 231; *Bühler*, FS Glossner, 1994, S. 57; *Kuckenburg*, FS Glossner, 1994, S. 177.

[232] Text: YCA I (1976), 157 ff. (englisch). Dazu: *Stoltenberg* NJW 1975, 2130; *Eisemann* YCA I (1976), 167 u. DPCI 1 (1975), 355; *Robert* Rev. Arb. 1976, 83; *Glossner*, FS Luther, 1976, S. 85; *ders.* RIW 1976, 719 u. 1984, 15; *Böckstiegel* NJW 1977, 463; *de Hancock* J. Int. Arb. 1:1 (1984), 21; *Schwab*, FS Kralik, 1986, S. 317, 329; *Schütze* WM 1986, 345; *Jarvin* JbPrSch. 1 (1987), 140, 143 ff.; *Raeschke-Kessler/Bühler* ZIP 1987, 1157; *Böckstiegel* (Hrsg.), Recht u. Praxis der Schiedsgerichtsbarkeit der IHK, DISVI (1986); *Aden* RIW 1988, 757; *Bühler* ZVglRWiss. 87 (1988), 431.

[233] Zur Fassung vom 1. 1. 1955 vgl. *Cohn* I. C. L. Q. 14 (1965), 132; *Eisemann* I. C. L. Q. 16 (1966), 726; *Pramer* JBl. 1970, 505. Allgemeiner und grundlegend: *Arnaud* Int. Jb. Sch. II (1928), 144; *Boissier/Arnaud* Arb. J. 1929, 117; *Simon* Schönke I (1944) S. 50.

[234] *Schäfer* ZVglRWiss. 91 (1992), 111, 115 f.; *Kuckenburg*, FS Glossner, 1994, S. 177, 182 ff.; *Knof*, Tatsachenfeststellung ..., 1995, S. 12 – aA BGH NJW-RR 1993, 1059, 1060 (obiter und belegt mit Fehlzitat).

[235] Etwa *Raeschke-Kessler/Bühler* ZIP 1987, 1157; *Schäfer* ZVglRWiss. 91 (1992), 111, 122 ff.; *Philippe* Rev. Arb. 2006, 591.

[236] Dazu *Böckstiegel* NJW 1977, 463, 467; *Sandrock* RIW 1987, 650; *Nicklisch* RIW 1988, 763; *Chr. Wolf*, 1992, S. 160 ff.; *Schäfer* ZVglRWiss. 91 (1992), 111, 136 ff.; *Kreindler/Schäfer/Wolff* Rn. 809 ff.

Vorbemerkung

6 Monaten zu fällen (Art. 24), wobei die Zeit bis dahin eng geplant ist (Art. 18 Abs. 4). Der Entwurf des Schiedsspruchs muss vor der Unterzeichnung dem Gerichtshof vorgelegt werden, der ihn auf Formfehler prüft und zudem Sachhinweise geben kann (Art. 27).

Die regulären ICC-Verfahrensregeln sind nicht etwa ausländisches Verfahrensrecht, sondern ein **87** Statut iSv. § 1042 Abs. 3, 2. Var., dessen Geltung die Parteien vereinbaren können, das überprüfbar ist (§ 1065: Rechtsbeschwerde),[237] indes auch ein nationales Verfahrensrecht nicht überflüssig macht.[238] Daneben existieren ein besonderes Eilverfahren, das sog. „Pre-Arbitral Referée Verfahren" vom 1. 1. 1990,[239] ein ADR-Verfahren[240] mit Schlichtungscharakter und seit dem 1. 9. 2004 Regeln über Dispute Boards.[241] Das sind quasi prophylaktisch bei Großprojekten eingesetzte Komitees, die solche Verfahren von Beginn begleiten, daher sämtliche relevanten Informationen haben und bei Streitigkeiten schnell entscheiden können. Die ICC betreibt schon immer gezielte Öffentlichkeitsarbeit – **Publikationen:** The ICC International Court of Arbitration Bulletin (ICC-Bull. [1990 ff.]), European Arbitration Bulletin (EAB [1990 ff.]) u. ICC Dossiers.

c) American Arbitration Association (AAA). Diese hat ihren (Haupt-)Sitz in New York **88** und Zweigstellen in allen Wirtschaftszentren der USA:[242] Commercial Arbitration Rules[243] and Mediation[244] Procedures vom 1. 9. 2007 mit Urfassung vom 1. 1. 1999;[245] mit speziellen Regeln für vereinfachte und Eilverfahren;[246] UNCITRAL Arbitration Rules (SchO [Rn. 96]) mit ergänzenden AAA-Bestimmungen für die Hilfestellung bei der Schiedsrichterernennung („Services as appointing authority") und in den technischen Angelegenheiten („Administrative services"); International Dispute Resolution Procedures vom 1. 9. 2007, die Mediation und Arbitration umfassen.[247] **Publikationen:** Dispute Resolution Times u. Dispute Resolution Journal – früher: The Arbitration Journal u. Arbitration News; wichtig sind dazuhin: American Review of International Arbitration (Rev. Int. Arb. [1990 ff.]); Mealey's International Arbitration Report (Int. Arb. Rep.); World Arbitration and Mediation Report (Arb. Med. Rep.). Die empfohlene Schiedsabrede lautet:

„Streit und Klagen jedweder Art, die diesen Vertrag oder seine Verletzung betreffen, sollen entschieden werden durch ein Schiedsverfahren gemäß den ‚Commercial Arbitration Rules' der ‚American Arbitration Association' ..."

Die AAA ist die bedeutendste nationale Schiedsorganisation der Vereinigten Staaten und entstand **89** 1926 durch Verschmelzung der Arbitration Society of America und der Arbitration Foundation. Sie gibt logistische (Räume, Übersetzer, Richterlisten etc.) und rechtliche (Verfahrensordnung, Standardklauseln) Hilfe und hat sich schon früh um eine internationale (privat) organisierte Schiedsgerichtsbarkeit bemüht, die planvoll Kooperation und Koordination erstrebt, inneramerikanisch[248] in der **Inter-American Commercial Arbitration Commission** (IACAC/1934) und der **Canadian American Commercial Arbitration Commission** (CACAC/1939) und ebenso mit Europa. Sie ist wie die Internationale Handelskammer „nur" Schiedsinstitution, nicht Schiedsgericht. Prägend wirkt die Spezialisierung durch Sonderverfahren und Fachgruppen von Schiedsrichtern.

---

[237] AA unter altem Recht BGH ZIP 1988, 943, 945 [III 3 b bb].
[238] So unter altem Recht OLG Frankfurt/Main NJW 1984, 2768; KTS 1982, 382 = IPRax 1982, 149, dazu *Böckstiegel* IPRax 1982, 137; vgl. auch BGHZ 96, 40 = NJW 1986, 1436.
[239] Text: http://www.iccwbo.org/court/english/pre_arbitral/pdf_documents/rules/rules_pre_arbitral_german.pdf; YCA XVI (1991), 240 ff.; *Labes/Lörcher* Nr. 13 a, S. 264 ff. Dazu *Davis/Lagacé-Glain/Volkovitsch* J. Int. Arb. 10:4 (1993), 69; *Gaillard/Pinsolle* Arb. Int. 20 (2004), 13; ferner allg. jüngst *Berger* SchiedsVZ 2006, 176.
[240] Text: http://www.iccwbo.org/drs/english/adr/pdf_documents/german.pdf.
[241] Text: http://www.iccwbo.org/drs/english/dispute_boards/db_rules_2004.pdf. Dazu *Harbst/Mahnken* SchiedsVZ 2005, 34.
[242] *Schütze/Thümmel* IS S. 591–593 mit anschließender SchO-Kommentierung; *Lionnet/Lionnet* Kap. 9 V, S. 515 ff.; *Vetter* RIW/AWD 1993, 191; *Schütze/Tscherning/Wais* Rn. 894 ff. mit S. 670 ff.; *Schottelius* KTS 1956, 150; *Schönke*, FS Kiesselbach, 1947, S. 211, 212 ff.; *Kellor*, American Arbitration, 1948; *Smith* Arb. J. 1956, 3; *Joly*, Rev. Arb. 1993, 401. Krit. zum Verfahren der AAA OLG Hamburg MDR 1975, 940.
[243] Text: http://www.adr.org/sp.asp?id=22 440 (sub R); Vorläufer vom 1. 7. 1996 (*Lachmann*, 1. Aufl. 1992, Anh. F, S. 496 ff.) und 1. 9. 1988 (YCA XIV [1989], 268 ff.; *Schütze/Tscherning/Wais* Texte C III 5 a, S. 671 ff.), dazu *Holtzmann* YCA XIV (1989), 263–268.
[244] Text: Fn. 243 (sub M) mit Vorläufern vom 1. 1. 1992 und 1. 10. 1987 (YCA XV [1990], 178 ff.).
[245] Neuer Text: Fn. 243; alter Text: YCA XXIV a (1999), 361 ff.; *Henn*, 3. Aufl. 2000, Anl. 9, S. 344 ff.
[246] Expedited Procedures (Text: [Fn. 243] sub E) bzw. Optional Rules for Emergency Measures of Protection (Text: [Fn. 243] sub O).
[247] Text: http://www.adr.org/sp.asp?id=28 144 mit Vorläufern vom 1. 4. 1997, YCA XXII (1997), 305 ff.; *Labes/Lörcher* Nr. 19, S. 345 ff.; *Schwab/Walter*, 6. Aufl. 2000, Anh. B 6, S. 725 ff., und 1. 3. 1991, YCA XVII (1992), 310 ff.; *Schwab/Walter*, 5. Aufl. 1995, Anh. B 6 d, S. 641 ff.; *Schütze/Tscherning/Wais* S. 670 ff. Dazu *Friedland* Arb. Int. 6 (1990), 301 u. *Hoellering* YCA XVII (1992), 307.
[248] Dazu etwa *Norberg* YCA III (1978), 1; VIII (1983), 77.

Eingriffsrechte sind weniger bekannt, idR erfolgt nur Unterstützung bei Strukturierung des Prozessstoffs und Schiedsrichterernennung.

90   **d) Schiedsgerichte internationale Organisationen (Auswahl). International Bar Association** (IBA): IBA-Rules of Ethics for International Arbitrators von 1986[249] (RoE bzw. „Standesregeln"); IBA-Rules on the Taking of Evidence in International Commercial Arbitration von 1999 (RoToE bzw. „Beweisregeln", vgl. § 1049 Rn. 7); IBA-Supplementary Rules ... of Evidence in International Commercial Arbitration vom 28. 5. 1983;[250] Guidelines on Conflicts of Interest in International Arbitration vom 22. 5. 2004 (GoCoI bzw. „Verhaltens-Leitlinien", vgl. § 1036 Rn. 13).[251]

91   **Weltorganisation für Geistiges Eigentum** -World Intellectual Property Organization (WIPO) mit Sitz in Genf: Regeln für das Schlichtungs-, sowie das reguläre und beschleunigte Schiedsgerichtsverfahren vom 1. 10. 1994.[252] Noch schnelleren Rechtsschutz sollen die „Emergency Relief Rules" (WIPO-ERR) mit einstweiligem Rechtsschutz als ein zusätzliches „plug-in" zum Regelverfahren ermöglichen.[253]

92   **Court of Arbitration for Sport** – Tribunal Arbitral du Sport (TAS/CAS) mit Sitz in Lausanne: Schiedsregeln vom 22. 11. 1994, sowie spezielle Regeln für ad-hoc-Verfahren und Mediation.[254]

93   **Welthandelsorganisation** (WTO) mit Sitz in Genf: eigenständiger „Dispute Settlement Mechanism" zur Beilegung von Streitigkeiten auf dem Gebiet des freien Warenverkehrs mit ständigem Gerichtsorgan („Dispute Settlement Body")[255] – Publikation: World Trade and Arbitration Materials.

94   **Weltbank,** die auf Grund des Übereinkommens zur Beilegung von Investitionsstreitigkeiten (Weltbankübereinkommen [Art. 36 ff.]) vom 18. 3. 1965[256] eine eher öffentlich-rechtliche Schiedsgerichtsbarkeit anbietet und dafür ein eigenes Zentrum (International Centre for the Settlement of Investment Disputes [ICSID]) eingerichtet hat:[257] gemeinsame Einleitungsregeln mit speziellen Schieds- und Schlichtungsregeln idF vom 10. 4. 2006 – Publikationen: ICSID Review/Foreign Investment Law Journal; News from ICSID (1984 ff.). Möglich ist genauso die vertragliche Vereinbarung eines ICSID-Verfahrens jenseits der Vorgaben in Art. 36 ff. WBÜ (sog. „Additional Facility Rules").

95   **Multilateral Investment Guarantee Agency** (MIGA), die ebenfalls Investitionsschutz im Auge hat und für die garantierten Verträge entsprechende Schiedsklauseln bereithält: Rules of Arbitration vom 1. 1. 1990.[258]

---

[249] Text: JbPrSch. 1 (1987), 193 (deutsch); *Labes/Lörcher* Nr. 34, S. 577 ff. u. *Schwab/Walter* Anh. D, S. 673 ff.

[250] Texte: YCA XXIVa (1999), 410 ff.; *Raeschke-Kessler/Berger*, 3. Aufl. 1999, Anh. 5, S. 313 ff.; *Schwab/Walter* Anh. C, S. 665 ff. bzw. YCA X (1985), 152 ff.; Arb. Int. 1 (1985), 124 ff.; *Labes/Lörcher* Nr. 35, S. 583 ff. Dazu *Shenton* YCA X (1985), 145 u. Arb. Int. 1 (1985), 118.

[251] Text: http://www.ibanet.org/images/downloads/guidelines%20text.pdf – *Voser* SchiedsVZ 2003, 59 (1st Draft) bzw. SchiedsVZ 2003, 263 (2nd Draft).

[252] Dazu: *Kuner* RIW/AWD 1995, 965; *Schäfer* RPS 1996 I, S. 10; *Schwab/Walter* Rn. 52.17 ff.; *Kaboth,* Das Schlichtungs- und Schiedsgerichtsverfahren der Weltorganisation für geistiges Eigentum, 2000 – Texte:
Mediation Rules (WIPO-MR): http://arbiter.wipo.int/mediation/rules/index.html; YCA XX (1995), 331 ff.; *Labes/Lörcher* Nr. 31, S. 537 ff.
Arbitration Rules (WIPO-AR): http://arbiter.wipo.int/arbitration/rules/index.html; YCA XX (1995), 340 ff.; *Labes/Lörcher* Nr. 23, S. 437 ff.; *Schwab/Walter* Anh. B 3, S. 562 ff.
Expedited Arbitration Rules (WIPO-EAR): http://arbiter.wipo.int/arbitration/expedited-rules/index.html; YCA XX (1995), 374 ff.; *Labes/Lörcher* Nr. 23 a, S. 474–476; *Schwab/Walter,* Anh. B 3 a, S. 586 ff.

[253] Dazu *Schäfer* RPS 1997 I S. 2.

[254] http://www.tas-cas.org/. Dazu: *Oschütz,* Sportschiedsgerichtsbarkeit, 2005; *Holla,* Der Einsatz von Schiedsgerichten im organisierten Sport, 2005; *Martens* SchiedsVZ 2004, 203 f. mit S. 202; *Adolphsen,* Internationale Dopingstrafen, 2003, S. 489 ff. (dazu *Hess* SchiedsVZ 2004, 199) u. SchiedsVZ 2004, 169; *Krieger,* Vereinsstrafen..., 2003, S. 179 ff.; *Hofmann* SpuRt 2002, 7; *Haas* ZEuP 1999, 359 ff.; *Netzle* SpuRt 1995, 89. Vgl. auch erg. BGE 119 II, 271, 279 f.

[255] Dazu: *Komuro* J. Int. Arb. 12:3 (1995), 81 ff.

[256] BGBl. 1969 II S. 269 mit S. 1191; *Labes/Lörcher* Nr. 3, S. 27 ff.

[257] Dazu: *Pirrung,* Die Schiedsgerichtsbarkeit nach dem Weltbankübereinkommen..., 1972 u. AG 1972, 365; *Ott,* Die Beilegung von Investitionsstreitigkeiten durch Schiedsgerichte, 1983 – ferner: *Berger* AWD 1965, 434; *Langer* AWD 1972, 321; *Niggemann* IPRax 1985, 185; *Schlosser* RIPS Rn. 94 ff. Texte:
ICSID-Institution Rules: http://www.worldbank.org/icsid/basicdoc/basicdoc.htm; *Labes/Lörcher* Nr. 22 b, S. 419 ff.
ICSID-Arbitration Rules: http://www.worldbank.org/icsid/basicdoc/partF.htm; *Labes/Lörcher* Nr. 22 a, S. 399 ff.
ICSID-Conciliation Rules: http://www.worldbank.org/icsid/basicdoc/partE.htm; *Labes/Lörcher* Nr. 30, S. 525 ff.

[258] Text: YCA XVI (1991), 248 ff.

Vorbemerkung

Vereinte Nationen, einmal die United Nations Commission on International Trade Law **(UN-** 96
CITRAL): Schiedsgerichtsordnung (Arbitration Rules) vom 15. 12. 1976 (SchO),[259] Vergleichs-
oder besser wohl Schlichtungsordnung (Conciliation Rules) vom 4. 12. 1980;[260] Modellgesetz
(Model Law) vom 21. 6. 1985 (ModG – dazu näher noch Rn. 108 f.), das auch unserer Neurege-
lung maßgeblich zugrundeliegt, Verfahrenshinweise (Notes on Organizing Arbitral Proceedings
[OAP-Notes]) vom 14. 6. 1996 (Abschlusssitzung).[261] Zum anderen die United Nations Economic
Commission for Europe **(ECE):** Schiedsordnung der Wirtschaftskommission vom 20. 1. 1966.[262]

VII. Rechtsgeschichte und Reformvorhaben

1. Geschichtliche Vorbedingungen. In allen Epochen haben Schiedsgerichte bei der privat- 97
rechtlichen Konfliktlösung eine **recht bedeutende Rolle** eingenommen. Schiedsgerichtsbarkeit ist
eine alte, historisch gewachsene Erscheinung mit römisch-rechtlichen[263] wie germanisch-deut-
schen[264] Wurzeln, wobei das **römische Recht** letztlich stärker prägend wirkte. Der Schiedsvertrag
heißt *compromissum,* die richterliche Amtsübernahme heißt *receptum,* die Richterfunktion heißt *ar-
bitrium.* Die Erfüllung des Schiedsspruches wird im Wege voraberklärter wechselseitiger Strafver-
sprechen *(stipulatio poenae)* gesichert, was angesichts der *condemnatio pecuniaria* im staatlichen Verfahren[265] nicht unbedingt ungewöhnlich erscheint.

Rechtskraftähnliche oder -gleiche Wirkungen sind zumeist neueren Datums („effectum rei iudi- 98
cate") oder originär deutscher Herkunft („wilkor bricht lantrecht"). Das **Gemeine Recht** anerkennt die Verbindlichkeit,[266] gesteht die Judikatsklage zur Vollstreckung zu und bricht mit der Unterscheidung von materiellem Institut und staatlichem Verfahren. Das **partikulare Recht** findet
teilweise Normen, um den „Privatprozess" (aber vgl. auch Rn. 4 f.) zu legalisieren. Von daher ist es
gut nachvollziehbar, dass dann lange Zeit ein eher argwöhnisches (Staats-)Auge vorherrschte und
sich das Verhältnis von staatlicher und Schiedsgerichtsbarkeit erst allmählich wieder entspannte. Einzelheiten müssen dahinstehen.

„Die **Privatgerichtsbarkeit** ist aufgehoben", so verhieß es weiland § 15 Abs. 2 S. 1, 1. Halbs. 99
GVG, eine (ur-)alte Vorschrift, die heutzutage als überholt schon längst nicht mehr abgedruckt
wird. Zeitgleich eröffneten allerdings die §§ 1025 ff. den Rechtsweg zu letztlich privaten (nämlich:
Schieds-)Gerichten unter billigender Anerkennung mannigfacher praktischer Bedürfnisse[267] – ein

---

[259] Text: http://www.uncitral.org/pdf/english/texts/arbitration/arb-rules/arb-rules.pdf; YCA II (1977), 161 ff. (englisch) mit Kommentar von *Sanders; Walter/Bosch/Brönnimann* Anh. B II, S. 383 ff. (deutsch/englisch) bzw. *Schwab/Walter* Anh. B 2, S. 550 ff.; *Schütze/Tscherning/Wais* Texte C II 2, S. 574 ff. (englisch/deutsch) bzw. *Schütze* SV III, S. 220 ff.; *Labes/Lörcher* Nr. 24, S. 479 ff.; *Berger,* 1992, Anh. B III, S. 596 ff. Dazu: *Rauh,* Die Schieds- und Schlichtungsordnung der UNCITRAL, 1983; *Dore,* Arbitration and Conciliation …, 1986; *Schütze/ Tscherning/Wais* Rn. 824 ff.; *van Hof,* Commentary on the UNCITRAL-Arbitration Rules, 1991; *Zuleger,* Die UNCITRAL-Schiedsregeln – 25 Jahre nach ihrer Schaffung, 2002; *Trittmann/Duve,* UNCITRAL-Arbitration Rules, in: *Weigand* (Hrsg.), Practitioner's handbook on international arbitration, 2002; *Sanders,* The work of UN-CITRAL, S. 1 ff.; *Schütze/Patocchi* IS S. 669–676 mit anschließender SchO-Kommentierung – ferner: *von Hoffmann* RIW/AWD 1976, 1; *Herber* RIW/AWD 1976, 125; 1977, 314; 1980, 81; *Jenard* Rev. int. dr. comp. 1977, 201; *Pirrung* RIW/AWD 1977, 513; *Glossner* RIW/AWD 1978, 141; 1981, 300; 1983, 120; *Böckstiegel* RIW/AWD 1982, 706, J. Int. Arb. 1 (1984), 223 u. JbPrSch. 4 (1990), 15; *von Mehren* JbPrSch. 4 (1990), 86; *Lionnet* RPS 1993, 9.
[260] UN-Resolution Nr. 35/52 – Text: http://www.uncitral.org/pdf/english/texts/arbitration/conc-rules/conc-rules-e.pdf; YCA VI (1981), 165 ff. (englisch) mit Kommentar von *Herrmann;* ZZP 97 (1994), 464 ff. (deutsch) mit Einführung von *Herrmann* S. 445 ff.; *Labes/Lörcher* Nr. 32, S. 547 ff. (deutsch). Sehr lesenswert dazu *Eisemann,* LA Sanders, 1982, S. 121 ff.
[261] Text: http://www.uncitral.org/pdf/english/texts/arbitration/arb-notes/arb-notes-e.pdf; UNCITRAL Yb. XXVII (1996), 241 ff.; YCA XXII (1997), 452 ff.; *Labes/Lörcher* Nr. 33, S. 553 ff. Dazu: *Ceccon* J. Int. Arb. 14:2 (1997), 67; *Sekolec* YCA XXII (1997), 448; *Sanders,* The Work of UNCITRAL, S. 183 ff.
[262] Text: *Labes/Lörcher* Nr. 25, S. 497 ff.; *Schwab/Walter,* 5. Aufl. 1995, Anh. B 3, S. 603 ff.; *Schütze/Tscherning/Wais* Texte C II 1, S. 560 ff. Dazu *Arnold* AWD 1967, 179; *Cohn* I. C. L. Q. 16 (1967), 946; *Schütze/Tscherning/Wais* Rn. 814 ff.
[263] *Wenger* RZP § 35 u. *Kaser/Hackl* RZP § 100 I mit RPR II § 263 V; eingehend *Ziegler,* Das private Schiedsgericht im antiken römischen Recht, 1971; *Matthiaß,* (Rostocker) FS Windscheid, 1888, S. 9 ff.; *Bornhak* ZZP 30 (1902), 1, 2 ff.
[264] *Krause,* Die geschichtliche Entwicklung des Schiedsgerichtswesens in Deutschland, 1930, u. Int. Jb. Sch. III (1931), 220, 221 ff.
[265] Vgl. näher dazu *Münch,* Anspruch und Rechtspflicht, § 3 II 2.
[266] ROHG 4, 421, 428 u. 430; 21, 97, 99 (keine Nachprüfung); *Bornhak* ZZP 30 (1902), 1, 16 ff. (24) (volle Rechtskraft).
[267] ZPO-Mot. S. 471 = Hahn Bd. 2/1 S. 489 („der idee und dem Zweck des schiedsrichterlichen Instituts entsprechend das Verfahren so sehr vereinfacht und so praktisch gestaltet, daß dasselbe allen berechtigten Anforderungen zu entsprechen vermag").

Vor § 1025 100–103   Buch 10. Schiedsrichterliches Verfahren

Widerspruch? Nein. Das Gesetz erhebt nur – in Anlehnung an Abschn. VI Art. X § 174 der Paulskirchenverfassung von 1849 – zum Grundsatz, dass die Gerichte der ordentlichen streitigen Rechtspflege stets Staatsgerichte sind,[268] zielt aber bloß auf die Residuen standesherrlicher, städtischer und ritterschaftlicher Gerichtsbarkeit.[269]

100 Die Regelung betrifft von vornherein nicht etwa die **Schiedsgerichtsbarkeit**, die regelmäßig auf vertraglicher Grundlage aus dazuhin völlig freien Stücken (aber: § 1048 aF bzw. § 1066 nF!) eingeschaltet wird. Sie gilt als eine Art „halbbürtiges Äquivalent" staatlicher Spruchtätigkeit (aber: § 1040 aF bzw. § 1055 nF), die freilich Einredeerhebung (§ 1032 Abs. 1 nF bzw. § 1027 a aF) verlangt und der sich noch ein staatlicher Aufhebungsvorbehalt (§ 1041 aF bzw. § 1059 nF) anschließt. Damit legitimiert indes auch die Staatshoheit das Schiedsgericht[270] (Rn. 7 ff.) bzw. perpetuiert die ZPO ein arbeitsteiliges Verfahren, das historisch gewachsen und weltweit verbreitet ist.

101 **2. Die alte ZPO-Regelung.** Das vor dem 1. 1. 1998 geltende Schiedsverfahrensrecht (zuerst: §§ 851–872 CPO, RGBl. 1877 S. 83, 239 ff.) ist inspiriert vom Preußischen Entwurf (Elftes Buch: §§ 1361–1389 PE [1864]) und vom Norddeutschen Entwurf (Achtes Buch: §§ 1155–1178 NE [1870]) für eine Civilprocessordnung. Die CPO-Novelle[271] hat ihm dann schon weitgehend seine spätere Gestalt gegeben (sodann: §§ 1025–1048 ZPO). Man nahm die Vorschriften in der weisen Erkenntnis auf, dass „das Bedürfniß nach schiedsrichterlicher Entscheidung von Rechtsstreitigkeiten unter der Herrschaft aller bisher zur Geltung gelangten Prozeßsysteme bestanden" hat und – trotz Modernisierung des staatlichen Prozessgangs – künftig weiterbestehen werde und versuchte, mit umfassender und abgewogener, praxisnaher Normierung „die Schranken zu beseitigen, welche der gedeihlichen Entfaltung des schiedsrichterlichen Instituts durch das bisher geltende Recht gezogen waren."[272]

102 Seitdem blieb das Schiedsverfahrensrecht des Zehnten ZPO-Buches von stärkeren Eingriffen weitgehend verschont. Nennenswert sind insoweit etwa:
– die Einführung des wahlweisen Beschlussverfahrens zur Vollstreckbarerklärung (§§ 1042 bis 1042d, 1043 aF), des vollstreckbaren schiedsrichterlichen Vergleichs (§ 1044 a aF) sowie der Möglichkeit, ausländische Schiedssprüche für vollstreckbar zu erklären (§ 1044 aF),[273] als erste grundlegende und insgesamt wichtigste Änderung;
– die Einführung zwingender Schriftform für die Schiedsvereinbarung (§ 1027 aF) und der Schutzklausel gegen Übervorteilung (§ 1025 Abs. 2 aF);[274]
– die „Verlagerung" der Schiedseinrede ins Schiedsverfahrensrecht (§ 1027 a aF anstelle § 274 Abs. 2 Nr. 3) durch die Vereinfachungsnovelle;[275]
– die Liberalisierung der für einen Schiedsspruch verlangten Förmlichkeiten (§ 1039 aF) und die Vereinheitlichung der ordre-public-Klausel durch das IPR-Gesetz;[276]
– die letztens noch erfolgte Einstellung des vollstreckbaren Anwaltsvergleichs (§ 1044 b aF).[277] Sie freilich war systematisch ein Sündenfall und auch durch (Regelungs-)Nähe zum schiedsrichterlichen Vergleich kaum plausibel zu begründen; die Neuregelung hat daraus die zutreffende Konsequenz gezogen (Art. 1 Nr. 3–5 SchiedsVfG: §§ 796 a–c nF).

Es gab aber auch immer wieder Bestrebungen *umfassender* Novellierung des Zehnten ZPO-Buches, namentlich in der Dekade von 1924–1933.

103 Die konkreten Reformüberlegungen initiiert hat damals ein Vorstoß von *Arthur Nußbaum*[278] zur Neuordnung des Schiedsrechts. Die Diskussion kam dann in Gang, schließlich wurde die Frage,

---

[268] GVG-Mot. S. 46 = *Hahn* Bd. 1/1 S. 58.
[269] GVG-Mot. S. 50 = *Hahn* Bd. 1/1 S. 61.
[270] BT-Drucks. 13/5274 S. 46 („Schiedsverfahren als eine dem Verfahren vor den staatlichen Gerichten gleichwertige Rechtsschutzmöglichkeit" [zu § 1042 Abs. 1]).
[271] RGBl. 1898 S. 369, 607 ff. – Neubekanntmachung durch Anlage 2 des Gesetzes zur Wiederherstellung der Rechtseinheit … v. 12. 9. 1950, BGBl. I S. 533 ff., 624–627.
[272] ZPO-Mot. S. 470 (erstes Zitat) bzw. S. 471 (zweites Zitat) = *Hahn* S. 489; vgl. dazu erg. noch Begr. E 1931 S. 389.
[273] G v. 25. 7. 1930, RGBl. I S. 361 f. (dazu näher noch: *Volkmar* JW 1930, 2745 u. Int. Jb. Sch. III [1931], 1; *Rheinstein* RabelsZ 5 [1931], 355) auf „Vorlage" der VO v. 13. 2. 1924, RGBl. I S. 135, 141 (dazu näher noch: *Wessig* HansRZ 1924, 413; *Volkmar* HansRZ 1924, 558; *Husserl* JW 1925, 715; *Jacoby* LZ 1925, 122 – krit. *Leo* HansRZ 1924, 579).
[274] G v. 27. 10. 1933, RGBl. I S. 780, 785 – offenbar wohl angeregt vom E 1931 (§ 739 bzw. § 738).
[275] G v. 3. 12. 1976, BGBl. I S. 3281, 3297.
[276] G v. 25. 7. 1986, BGBl. I S. 1142, 1152. Dazu: *von Hoffmann* IPRax 1986, 337; *Basedow* NJW 1986, 2971, 2979; *Sandrock* RIW 1987 Beil. zu Nr. 5, S. 1.
[277] G v. 17. 12. 1990, BGBl. I S. 2847, 2853.
[278] Die gesetzliche Neuordnung des Schiedsgerichtswesens – Denkschrift im Auftrage der Berliner Handelskammer (1918).

Vorbemerkung   104–106 **Vor § 1025**

„Welche Hauptgrundsätze sind für die Neuregelung des Schiedsgerichtswesens zu empfehlen?", als prozessrechtliches Thema auf dem **34. DJT in Köln** behandelt[279] – übrigens mit deutlich restriktiver Grundtendenz: man sollte dafür sorgen, „dass durch die Besetzung und das Verfahren der Schiedsgerichte Unparteilichkeit und Rechtssicherheit tunlichst gewährleistet werden" (Beschluss Ziff. 2 S. 2). Im Einzelnen wurden besondere Anfechtungs- und Nichtigkeitsgründe (Ziff. 3–5 – später: § 1025 Abs. 2 aF), eine starke materielle Rückkopplung (Ziff. 9–11 mit Ziff. 4) und die Präzisierung des § 1034 Abs. 1 (Ziff. 7 und 8 – später: § 1034 Abs. 1 S. 2), dh. ergänzend Fixierung der zwingenden *prozessualen* Grundlagen, gefordert.

Erwähnenswert sind ferner noch der Entwurf von *Heilberg* für den Deutschen Anwaltverein,[280] der im Reichsjustizministerium gefertigte Entwurf einer Neuregelung der Zivilprozessordnung (E 1931 [Achtes Buch, §§ 737–768]) sowie die Alternativ-Vorschläge von *David*[281] und *Sperl*.[282] Einige zentrale Anliegen des **Entwurfs von 1931** wurden alsbald wirklich umgesetzt, vor allem die Schutzklausel gegen Übervorteilung (§ 738 in § 1025 Abs. 2 aF), das Formgebot (§ 739 Abs. 2 u. 3 in § 1027) und die Unabdingbarkeit anwaltlicher Vertretung (§ 748 Abs. 2 in § 1034 Abs. 2 S. 2).[283] Andere sind völlig ungehört verhallt, wie etwa die Ausweitung der Nichtigkeitsgründe auf Kosten der Aufhebungsklage (§ 755 mit § 756 Abs. 3, dazu § 1059 Rn. 85 f.) und die Ersetzung der Rechtskraft durch eine Art „Vertragskraft" (§ 755, dazu § 1055 Rn. 7). Die spezielle richterliche Verschwiegenheitspflicht (§ 746) hat sich praktisch auch so durchgesetzt.

104

3. Internationales Einheitsstreben. Das Bedürfnis einer Vereinheitlichung der divergenten nationalen Schiedsverfahrensrechte hat sich recht früh schon artikuliert. Nur ging man im Prozessrecht nicht den Weg des Einheitsrechts, sondern verblieb in bewährten Bahnen des Völkerrechts. Einer ersten (Vereinheitlichungs-)Welle in den 30er Jahren[284] folgte eine zweite in den 60er Jahren.[285] Daneben treten verstreute Regelungen in diversen bilateralen Abkommen[286] und fachspezielle multilaterale Übereinkommen.[287] Eine echte Rechtsangleichung bzw. -vereinheitlichung war dadurch nicht bewirkt. Es gab aber – zeitgleich – durchaus auch Versuche, die eine verstärkte Einheit erstrebten:

105

a) Europäische Regelungsansätze. Als erstes den – überwiegend schon vergessenen – Vorstoß von UNIDROIT [Institut international pour l'unification du droit privé] für ein sog. **„Einheitliches Gesetz über die Schiedsgerichtsbarkeit in den internationalen privatrechtlichen Beziehungen"**[288] als Parallelentwicklung der 30er Jahre und Inspiration für das – letzthin

106

---

[279] 34. DJT (1926) I S. 179 ff. (Gutachten *Leo*) bzw. II (1927) S. 518 (Bericht *Nußbaum*) u. S. 532 ff. (Bericht *Wieruszowski*) – Beschlüsse: ebd. S. 609 f. u. Int. Jb. Sch. II (1928), 375; Bericht: *Volkmar* JW 1926, 2402.

[280] Schiedsvertrag, Schiedsgericht und schiedsrichterliches Verfahren, 1929 – dazu *Leo,* FS den 24. Dt. Anwaltstag, 1929, S. 389.

[281] Die wirtschaftliche Bedeutung der kaufmännischen Schiedsgerichte, 1932, S. 85 ff.

[282] Mitt. VöBuB 14 (1932), 120 (Grundlinien einer deutsch-österreichischen Schiedsordnung).

[283] G v. 27. 10. 1933 (RGBl. I S. 780, 785 [Art. 1 Nr. 32 u. 33]) u. G v. 20. 7. 1933 (RGBl. I S. 522, 523 [Art. 3 Nr. 3]).

[284] Auf Initiative des Völkerbundes (Näheres zur Geschichte bei *Greminger,* Die Genfer Abkommen … [1957]; *Schröder* Schönke I [1944] S. 15 ff.): Genfer Protokoll [GP] über die Schiedsklauseln v. 24. 9. 1923 (RGBl. 1925 II S. 47 f.; national in Kraft ab 27. 12. 1924, RGBl. 1925 II S. 47); Kommissionsberichte: JO 1922, 1410 ff. (Drucks. A 73/1922 App. 2); Genfer Abkommen [GA] zur Vollstreckung ausländischer Schiedssprüche v. 26. 9. 1927 (RGBl. 1930 II S. 1068 ff., dazu *Volkmar* JW 1928, 628 u. Int. Jb. Sch. II [1928], 125; national in Kraft ab 1. 12. 1930, RGBl. 1930 II S. 1269 [§ 1061 Anh. 4]); Kommissionsberichte: Drucks. C 234/1927 II, Int. Jb. Sch. II (1928), 239 ff. u. A 106/1927 II, Int. Jb. Sch. II (1928), 249 ff.

[285] Auf Initiative der Vereinten Nationen: New Yorker Übereinkommen über die Anerkennung und Vollstreckung ausländischer Schiedssprüche [UNÜ – § 1061 Anh. 1] v. 10. 6. 1958 (BGBl. 1961 II S. 122 ff.; national in Kraft ab 28. 9. 1961, BGBl. 1964 II S. 102; Denkschrift: BT-Drucks. 3/2160; zur Entstehung: *Schlosser* RIPS Rn. 57 bzw. *Stein/Jonas* Anh. § 1061 Rn. 3; *Eisemann* RIW 1956, 3 u. *Bülow* RIW 1956, 37; *Bruns* ZZP 70 [1957], 7 u. *Habscheid* ZZP 79 [1957], 25; *Contini* AJCL 8 [1958], 283) – es ersetzt die Genfer Regeln (Art. VII Abs. 2)! Genfer Europäisches Übereinkommen über die Internationale Handelsschiedsgerichtsbarkeit [EuÜ – § 1061 Anh. 2] v. 21. 4. 1961 (BGBl. 1964 II S. 426 f.; national in Kraft ab 25. 1. 1965, BGBl. 1965 II S. 107; Denkschrift: BT-Drucks. 4/1597; zur Entstehung: *Schlosser* RIPS Rn. 86 bzw. *Stein/Jonas* Vor § 1044 aF Rn. 32; *Benjamin* I. C. L. Q. 7 [1958], 22; *Kaiser,* Das Europäische Übereinkommen … [1967], S. 26 ff.). Dazu erg. noch Pariser Vereinbarung über die Anwendung des Europäischen Übereinkommens [ZV] v. 17. 12. 1962 (BGBl. 1964 II S. 449 ff.; national in Kraft ab 25. 1. 1965, BGBl. 1965 II S. 271).

[286] *Stein/Jonas/Schlosser* Anh. § 1061 Rn. 220 ff.

[287] *Schlosser* RIPS Rn. 105 f.: Großschadenshaftungs- u. Verkehrsübereinkommen.

[288] Mit Fassungen von 1935 (*Scheuffler* RabelsZ 10 [1936], 534; *Gieseke,* FS 25 Jahre Deutsche ILA-Landesgruppe, 1938, S. 37, 47 ff.), 1940 (*Schönke* Schönke I [1944] S. 1, 7 ff.), 1954 (Text: ICA I.5).

Vor § 1025 107–109   Buch 10. Schiedsrichterliches Verfahren

genauso kläglich gescheiterte[289] – (Straßburger bzw. Europarats-)**Übereinkommen zur Einführung eines einheitlichen Gesetzes über die Schiedsgerichtsbarkeit vom 20. 1. 1966**,[290] das sich vom Vorbild der Einheitlichen Wechsel- und Scheckgesetze auf materiellem Gebiet leiten ließ (Anlage 1: Textangabe; Anlage 2: Vorbehalte).

107   Einen zweiten europäischen Versuch hätte man auf Grund der Kompetenzklausel in Art. 293 EGV, der nicht nur richterliche Entscheidungen, sondern ebenso Schiedssprüche erfasst, für Anerkennung und Vollstreckung machen können, doch hat sich das **EuGVÜ** und auch die **Brüssel I-VO** dieser Aufgabe leider versagt. Man glaubte hier bereits mit dem New Yorker und dem Genfer Übereinkommen auszukommen.[291] Auch alle Vorteile einheitlicher (EuGH-)Auslegung gingen damit leider dahin. Nur langsam keimt deshalb Kritik de lege ferenda.[292] De lege lata wird die Ausschlussklausel des Art. 1 Abs. 2d Brüssel I-VO insgesamt weit ausgelegt (Rn. 64 mit § 1061 Rn. 20).

108   **b) Weltweite Regelungsansätze.** Der jüngste – gleich weltweit offene – Versuch, das unter der Schirmherrschaft von UNCITRAL [= United Nations Commission on International Trade Law] entstandene **Modellgesetz über internationale Handelsschiedsgerichtsbarkeit vom 21. 6. 1985**,[293] verlässt die tradierte Form des Einheitsgesetzes mit „Vorbehaltsfächer" und bietet nur ein Muster an, das die Vereinten Nationen ihren Mitgliedern zur – möglichst wortgetreuen – Übernahme empfohlen haben.[294] Dieses Modellgesetz stellt den vorläufigen Schlusspunkt im Vereinheitlichungsstreben dar;[295] auf seiner Grundlage beruht nun auch das neue deutsche Schiedsverfahrensrecht.

109   Es entstand in der Zeit von 1978–1985,[296] besonders in den fünf Sitzungen der Arbeitsgruppe von 1982–1984 [Dokumentation: **W**orking **G**roup **R**eports[297]] bei Vor- und Mitarbeit des Sekretariats [Dokumentation: **S**ecretariat **N**otes[298]]. Die siebte und letzte dieser Noten (7th SN vom 25. 3. 1985 – A/CN.9/264) enthält einen wichtigen – artikelweise formulierten – Kommentar, der gleichsam die Motive darstellt. Darauf folgte die Abschlussdiskussion, informell bei einem ICCA-Kongress in Lausanne[299] (Mai 1984) und offiziell bei der regulären 18. UNCITRAL-Sitzung in Wien (Juni 1985) [Dokumentation: **S**ummary **R**ecord[300]]. Ein abschließender Kommissionsbericht [Dokumentation: **C**ommission **R**eport[301]] an die UN-Vollversammlung vom 21. 8. 1985 kompiliert

---

[289] Nur gezeichnet von Belgien und Österreich; nur Belgien hat es dann später ratifiziert und umgesetzt!
[290] Série des Traités et Conventions européens Nr. 56 u. Sachverständigenbericht v. 1. 6. 1964 – CM [64] 66. Dazu: *Arnold* NJW 1967, 142; *Jenard* Int. Com. Arb. 3 (1965), 370.
[291] Bericht *Jenard* (BT-Drucks. 6/1973) S. 52, 61 bzw. ABlEG 1979 Nr. C 59 S. 13, aber erg. auch Bericht *Schlosser* (BT-Drucks. 10/61) S. 31, 44.
[292] *Gómez* IPRax 2005, 84, 91 f.; *van Houtte* Arb. Int. 21 (2005), 509; weitaus vorsichtiger *Ambrose* Arb. Int. 19 (2003), 3 – ferner: *Schack* IZVR Rn. 98; *Rauscher/Mankowski*, EuZPR, Art. 1 Brüssel I-VO Rn. 26; *Muir Watt* Rev. Crit. 90 (2001), 174, 175 mit Hinweis auf *P. Mayer* JDI 1992, 488.
[293] UN-Doc. GA A/40/17, Annex I – verbindlich in englisch, französisch, spanisch, chinesisch und russisch. Textsynopse (englisch/deutsch): *Lionnet/Lionnet*, Anh. 3/4, S. 576 ff.
Englischer Originaltext: Arb. Int. 2 (1986), 11; YCA IX (1986), 388 ff.; *Berger*, 1992, Anh. C III, S. 661 ff.; *Calavros*, 1988, S. 191 ff.; *Granzow*, 1988, S. 236 ff.; *Hußlein-Stich*, 1990, S. 221 ff.; *Holtzmann/Neuhaus* S. 1240 ff.
Deutsche Übersetzung: *Calavros*, 1988, S. 205 ff.; *Hußlein-Stich*, 1990, S. 235 ff.; *Berger*, 1992, Anh. C III, S. 661 ff.; *Schwab/Walter* Anh. A III, S. 516 ff.
[294] Vollversammlungsresolution v. 11. 12. 1985 (UN-Doc. A/RES/40/72 = *Holtzmann/Neuhaus* S. 1236 f.).
[295] Schilderung der Neuerungen: SN/„salient features" (A/CN.9/309) Nr. 9 ff. = UNCITRAL Yb. XIX 1988, 117, 118 ff.; zu Bestreben und Akzeptanz *K. P. Berger*, Neues Recht, 1998, S. 1, 7–12 mit S. 35 f.; letztes Resümee bei *Herrmann* ULR 1998, 483.
[296] Initialpunkt ist die sog. „Pariser Treffen" vom 7./8. 9. 1978 – dazu SN v. 11. 5. 1979 Nr. 6–10 = *Holtzmann/Neuhaus* S. 1173 f.; CR v. 15. 8. 1979 Nr. 78–80 = *Holtzmann/Neuhaus* S. 1187 f. Zentrale Kommissionsentscheidungen datieren vom 25. 6. 1979 (Grundsatzbeschluß, CR 12th Session Nr. 81, UNCITRAL Yb. X [1979], 11, 21 = *Holtzmann/Neuhaus* S. 1188/1189) und 24. 6. 1981 (Beauftragung der Arbeitsgruppe, CR 14th Session Nr. 70, UNCITRAL Yb. XII [1981], 3, 12 = *Holtzmann/Neuhaus* S. 1201).
[297] UNCITRAL Yb. XIII (1982), 287–302 (1st WGR); XIV (1983), 33–50 (2nd WGR); XIV (1983), 60–78 (3rd WGR); XV (1984), 155–179 (4th WGR); XV (1984), 189–212 (5th WGR).
[298] UNCITRAL Yb. XII (1981), 75–92, XIII (1982), 302–310, XIV (1983), 85–91 (1st SN–3rd SN: possible features); XV (1984), 230–234 (4th SN: composite draft text – some comments and suggestions); XV (1984), 227–230 (5th SN: territorial scope of application); Yb. XVI (1985), 53 ff. (6th SN: analytical compilation of government comments); XVI (1985), 103–141 (7th SN: analytical commentary on draft text), ferner bei *K. P. Berger*, Neues Recht, 1998, S. 133 ff. („UN-Commentary").
[299] *Sanders* (Hrsg.), Uncitral's project for a model law on international commercial arbitration, 1984.
[300] A/CN.9/SR.305-333 = UNCITRAL Yb. XVI (1985), 399–510.
[301] A/40/17 = UNCITRAL Yb. XVI (1985), 3 ff., 6–40, ferner bei *K. P. Berger*, Neues Recht, 1998, S. 133 ff. („UN-Report").

die Beratungen und leitete die endverbindliche Beschlussfassung ein. Alle Materialien sind leicht zu finden bei *Holtzmann/Neuhaus*, A Guide to the UNCITRAL Model Law on International Commercial Arbitration (1989/1994).[302]

Seit 1999 bemüht sich UNCITRAL wieder sehr um eine Weiterentwicklung des internationalen Schiedsverfahrensrechts, insbes. von Modellgesetz und Arbitration-Rules.[303] Seit 2006 gibt es hier Empfehlungen der Arbeitsgruppe zur Form von Schiedsvereinbarungen, zu einstweiligen Sicherungsmaßnahmen und auch zur Interpretation von Art. II Abs. 2 und Art. VII Abs. 1 UNÜ.[304] Auf der Agenda steht mittlerweile die Überarbeitung der Arbitration-Rules,[305] dabei etwa die bessere Erfassung von Mehrparteienstreitigkeiten (mit Vorschlag für Art. 7bis, Art. 15 Abs. 4 b) und Fragen der Schiedsrichterernennung durch Schiedsinstitutionen (mit Vorschlag für Art. 4bis).[306]

4. Die neue ZPO-Regelung. Die Klage, „mit welchen Umständlichkeiten das Schiedsgerichtsverfahren belastet sei",[307] ist inzwischen schon altbekannt. Mit Ausnahme der verwirrend filigranen Regeln zur Vollstreckbarerklärung (§§ 1042 ff. aF) vielleicht, die jedoch allein das *staatliche* Gerichtsverfahren betreffen, ist sie jedoch kaum berechtigt. Der weite Freiraum für die Parteien gestattete durchweg eine adäquate Gestaltung des Schiedsverfahrens, und zwar selbstverständlich auch eines internationalen. Dem deutschen Recht konnte man allenfalls vorhalten, dass sich sein durchaus recht moderner Stand „nur Fachleuten [erschließt], die mit den Feinheiten … vertraut sind" und es so vor allem für ausländische Parteien abschreckend wirkte.[308]

Aber: Ist nicht das ganze (internationale) Schiedsverfahrensrecht eine Spezialmaterie und Domäne von Profis? Drei echte Gründe bleiben, die die **umfassende Neuregelung** letzten Endes tragen: (1) Die Notwendigkeit *internationaler* **Angleichung** mit Rücksicht auf das UNCITRAL-ModG (Rn. 108 ff.). Hinzu kommt die wahre Welle europäischer Neuordnungen des Schiedsverfahrensrechts, die einen verstärkten Reformdruck hervorrief. (2) Das Bestreben *nationaler* **Versöhnung durch Ausgleich** des zwar alten, aber liberalen westdeutschen (ZPO/1877) und des (schließlich fast 1 Jahrhundert!) jüngeren, jedoch strengen ostdeutschen (SGVO/1975) Rechts durch Rückgriff auf ein neutrales Vorbild. (3) Die **Entlastung** der Justiz, aber nicht in jenem weiten Rahmen, den die Entwurfsbegründung Glauben machen möchte[309] (Entlastung durch Entsagung?), sondern durch die Neuordnung des Verfahrens staatlicher Kontrolle (§§ 1032 Abs. 2, 1040 Abs. 2 S. 3, 1059–1061) und Unterstützung (§§ 1034 ff. u. § 1050): §§ 1062–1065.

Ob sich freilich die Hoffnung,[310] den bislang international weniger nachgefragten „Schiedsplatz Deutschland" durch ein neues, aktualisiertes Schiedsverfahrensrecht aufzuwerten, wirklich erfüllen wird, muss erst die künftige Entwicklung erweisen. Die Umwälzung in Osteuropa mag darauf hindeuten. Die tradierten Strukturen (Altklauseln, Gewohnheit etc.) und auch die Tatsache, dass unsere europäischen Nachbarn ebenfalls auf den Reformzug aufgesprungen sind, legen eher Skepsis nahe. Die Attraktivität eines Schiedsplatzes hängt wohl am Ende nicht (bloß) von der Attraktivität des Schiedsrechts am Orte ab, sondern von Gewohnheiten, Bequemlichkeiten und einem oft lange schwerst erarbeiteten guten Leumunde.

Am 15. 11. 1989 stieß das damalige Deutsche Institut für Schiedsgerichtswesen e. V. mit einem weitgehend am Modellgesetz orientierten **„Institutsentwurf"** (InstE) für ein eigenständiges „Gesetz über Internationale Handelsschiedsgerichtsbarkeit"[311] die Reformdiskussion an. Angeregt dadurch erteilte das Justizministerium am 30. 10. 1991 einer 9-köpfigen Expertenkommission den in-

---

[302] Dort S. 9–15, 1160 f. (Schilderung) mit S. 1161 ff. (Materialien) noch genauer zur Genesis.
[303] Materialien unter: http://www.uncitral.org/uncitral/en/commission/working_groups/2Arbitration.html. Zum ModG näher *Sanders*, The Work of UNCITRAL, S. 137 ff.
[304] WGR vom 27. 2. 2006 – A/CN.9/592.
[305] SN vom 5. 4. 2006 – A/CN.9/610 (-Note) mit Corr. 1 vom 2. 5. 2006; SN vom 20. 7. 2006 – A/CN.9/WG.II/WP.143 mit Add.1. Dazu vgl. etwa *Sanders* Arb. Int. 20 (2004), 243 ff. bzw. *ders.*, The Work of UNCITRAL on Arbitration and Conciliation, 2004, S. 134 ff.; *Sorieul* J. Int. Arb. 22 (2005), 543; *Oberhammer*, FG Rolland, 2006, S. 31, 44–47.
[306] SN vom 6. 12. 2006 – A/CN.9/WG.II/WP.145 mit Add. 1.
[307] Begr. zu E 1931 S. 389.
[308] BT-Drucks. 13/5274 S. 22 – darüber hinaus mit einem bunten Strauß weniger plausibler Reformmotive.
[309] Insoweit korrekt jedoch BT-Drucks. 13/5274 S. 27 aE – anders dann jedoch etwa S. 35 re. Sp. [§ 1030/8] u. S. 55 re. Sp. [§ 1053/8].
[310] BT-Drucks. 13/5274 S. 23 li. Sp. Ähnlich auch bereits *Böckstiegel* RPS 1992, 4, 8; *K. P. Berger* RIW 1994, 12, 13 – eher skeptisch noch *Kreindler*, FS Sandrock, 2000, S. 515, 522–524 mit S. 534 f.
[311] DIS/*Glossner* (Hrsg.), Übernahme des UNCITRAL-Modellgesetzes über die Internationale Handelsschiedsgerichtsbarkeit in das deutsche Recht, 1989, S. 45 ff. (verantwortlich zeichnen *von Hoffmann* [Art. 1–11, 28], *Kühn* [Art. 12–23] u. *Bredow* [Art. 24–27, 29–36]; dazu *K. P. Berger*, Neues Recht, 1998, S. 1, 13 f. Ausgelöst vom DIS-Symposium am 7. 11. 1986, dazu *Nolting* IPRax 1987, 387 f.

soweit *erweiterten* Auftrag, „unter besonderer Berücksichtigung des UNCITRAL-Modellgesetzes" [ModG] Vorschläge zur Neugestaltung sowohl des *internationalen* wie auch des rein *binnenrechtlichen* Schiedsverfahrens zu erarbeiten. Diese Kommission legte im Februar 1994 ihren Schlussbericht (Kom.-Ber.) samt **Diskussionsentwurf** (DiskE) zur Neufassung des Zehnten Buches der ZPO vor.[312] Ihm folgten ein Referentenentwurf (RefE) und dann der **Regierungsentwurf** (RegE – BR-Drucks. 211/96 vom 22. 3. 1996 u. BT-Drucks. 13/5274 vom 11. 7. 1996[313]) mit einigen marginalen Veränderungen gegenüber den Kommissionsvorschlägen.

115 Das Gesetzgebungsverfahren für das **Gesetz zur Neuregelung des Schiedsverfahrensrechts (Schiedsverfahrens-Neuregelungsgesetz – SchiedsVfG)** dauerte vom 22. 3. 1996 (Regierungsvorlage) bis zum 30. 12. 1997 (Gesetzesverkündung); näher noch zum Ablauf bei 2. Aufl. Rn. 54. Es führte zu einer vollständigen Neufassung des Zehnten ZPO-Buches (Art. 1 Nr. 7 SchiedsVfG) und enthielt daneben einige Anpassungs- und Übergangsregeln (Art. 1 Nr. 2–6 u. Art. 2 bzw. Art. 4 § 1 SchiedsVfG). Es hat jetzt seinen Zweck erfüllt und wurde demzufolge – rechtsbereinigend[314] – aufgehoben. Die **intertemporalen Überleitungsregeln** sind nun in § 33 EGZPO zu finden (dazu näher dort mit 2. Aufl. Rn. 59).

116 5. **Vergleichende Parallelitäten.** Die deutsche Neuregelung bewegt sich im europäischen, ja weltweiten Geleitzug, angeführt vom UNCITRAL-Modellgesetz. Viele Staaten haben in letzter Zeit ihr Schiedsverfahrensrecht reformiert und das ModG zur Orientierung genommen. Auch der deutsche Gesetzgeber konnte und wollte ihm den „Gehorsam" nicht verweigern.[315] Es bot nämlich als Vorbild einerseits „ein übersichtlich gegliedertes, weitgehend vollständiges und in sich geschlossenes System(.), welches gewährleistet, dass das Schiedsverfahren auch in den häufigen Fällen textarmer Schiedsklauseln reibungslos ablaufen kann"[?]. Es verordnete aber andererseits „keine grundlegenden Abweichungen vom geltenden – teilweise ungeschriebenen – Recht, die mit dem deutschen Verständnis vom Wesen der Schiedsgerichtsbarkeit unvereinbar wären." Wohl stört zwar die Leerformel im Schlusssatz – das „Wesen des Wesens" ist allenfalls phänomenologisch begreifbar (Rn. 1–6) –, ganz richtig kommt hiermit aber der Kompromisscharakter zum Ausdruck. Österreich ist inzwischen dem deutschen Beispiel gefolgt,[316] während die Schweiz beim vorgelegten Bundes-ZPO-Entwurf eine weitgehend autonome (Neu-)Gestaltung anstrebt.[317]

117 Das alte Recht (§§ 1025–1048 aF) kam mit 31 Paragraphen aus, die späteren Einfügungen mitgezählt, den vollstreckbaren Anwaltsvergleich (§ 1044b aF) als Fremdkörper aber weggelassen. Das neue Recht (§§ 1025–1066) ist länger geraten, es zählt 42 Paragraphen (ModG: 36 Artikel[318]). Vor allem ist indes die Regelungsdichte insgesamt stark gewachsen. *Quantitativ* markiert die deutsche Neuregelung geradezu die Mitte auf der Skala von sehr knappen (IPRG [CH]: 19 Artikel) bis detaillierten (WBV [NL]: 56 Artikel) kontinentaleuropäischen Schiedsverfahrensgesetzen. *Qualitativ* kann sie am positiven Echo teilhaben, welches das **UNCITRAL-Modell** erfahren hat. Es war doch dem deutschen Gesetzgeber mehr als ein bloß „reichhaltiger Steinbruch",[319] sondern eher schon eine feste Orientierungsvorgabe und verpflichtet den Anwender gleichzeitig auf dessen besondere Motive[320] (Rn. 109).

118 Zwar bestehen **manche marginale deutsche Besonderheiten**[321] (hier wichtig etwa §§ 1030, 1031 Abs. 2, 4 u. 5; § 1032 Abs. 1 [Abweisung statt Verweisung] u. Abs. 2; §§ 1034 Abs. 2, 1035 Abs. 2; §§ 1042 Abs. 2, 1044 S. 2, 1046 Abs. 3, 1049 Abs. 3, 1050 S. 1, 2 [sonstige richterliche

---

[312] BMJ (Hrsg.), Bericht [der Kommission zur Neuordnung des Schiedsverfahrensrechts] mit einem Diskussionsentwurf zur Neufassung des Zehnten Buches der ZPO, 1994 bzw. DIS XI (1996) Anh. 1, S. 129 ff.
[313] Jene Begründung (auch abgedruckt bei *Schütze* SV Anh. IV, S. 235 ff. u. *K. P. Berger*, Neues Recht, 1998, S. 133 ff.) wird vorliegend dadurch genau zitiert, dass bei den Einzelerläuterungen der Seitenzahlangabe die (virtuelle) Nummer des jeweiligen Absatzes in eckigen Klammern beigefügt ist.
[314] Art. 49 Nr. 5 iVm. Art. 52 Erstes Gesetz über die Bereinigung von Bundesrecht im Zuständigkeitsbereich des Bundesministeriums der Justiz vom 19. 4. 2006 (BGBl. I S. 866).
[315] BT-Drucks. 13/5274 S. 24 li./re. Sp. (erstes Zitat) bzw. S. 24 re. Sp. (zweites Zitat).
[316] BGBl. I Nr. 7/2006; dazu *Oberhammer* SchiedsVZ 2006, 57; *Rechberger* ZZP 119 (2006), 261.
[317] Text: http://www.admin.ch/ch/d/ff/2006/7413.pdf (S. 84–96) mit Botschaft des Bundesrates (Text: http://www.admin.ch/ch/d/ff/2006/7221.pdf) S. 171, 172; zum Vorentwurf: *Wehrli*, in: *Sutter-Somm/Hasenböhler* (Hrsg.), Die künftige schweizerische Zivilprozessordnung, 2003, S. 107, 111.
[318] Nicht zuletzt rührt die Divergenz von „Altbeständen" (§ 1040 aF = § 1055 nF; § 1048 aF = § 1066 nF), den Vorgaben zur Schiedsfähigkeit (§ 1030 nF statt §§ 1025, 1025a aF), der ergänzenden Kostenregel (§ 1057) sowie das für die internen Regelung der staatlichen Verfahren (§§ 1062–1065; § 1041 Abs. 2–4).
[319] So zumindest einmal *Schlosser* ZIP 1987, 492, 500.
[320] Ebenso auch *K. P. Berger*, Neues Recht, 1998, S. 1, 33 ff. mit „Interpretationsleiter" (S. 35).
[321] Vgl. bereits Fn. 318 u. *K. P. Berger*, Neues Recht, 1998, S. 1, 23–31.

Vorbemerkung **118 Vor § 1025**

Handlung] bzw. S. 3; § 1051 Abs. 2 [Sachnormverweisung[322]], §§ 1052 Abs. 2, 1053 Abs. 3 u. 4, 1055, 1057; §§ 1059–1061 [verstreute einzelne Änderungen bei § 1059 Abs. 2–5, § 1061 Abs. 1 mit UNÜ]), und auch die globale systematische Abfolge blieb weithin unangetastet (aber: Art. 6 ModG [§ 1062], Art. 7 ModG [§§ 1029–1031]). Zentral ist aber allemal die ganz grundsätzliche Entscheidung,[323] den **ModG-Anwendungsbereich extrem zu öffnen** (§ 1025 Rn. 3) und die einengende doppelte Beschränkung auf die „internationale Handelsschiedsgerichtsbarkeit" (Art. 1 Abs. 1, 1. Halbs. ModG mit Fn. ⋆⋆ [Handel] u. Abs. 3/4 [international][324]) fallen zu lassen. Die förmliche ModG-Orientierung spricht für die internationale Grundausrichtung, die sachliche ModG-Erweiterung für das Gegenteil. Das bescherte ein **Einheitsrecht mit kleineren nationalen Rücksichten** *im jeweiligen Sachzusammenhang*.

---

[322] Hierzu auch *K. P. Berger*, Neues Recht, 1998, S. 1, 20–23: wesentliche Abänderung – ähnliche Endergebnisse (?).
[323] BT-Drucks. 13/5274 S. 25, ebenso die Einschätzung bei *K. P. Berger*, Neues Recht, 1998, S. 1, 19 f. Dazu engagiert etwa *Schumacher*, FS Glossner, 1994, S. 341, 343–346 – aA *Lionnet*, DIS-Entwurf, 1989, S. 11, 14.
[324] Dazu jüngst etwa *Solomon*, 2007, S. 184 ff. mit S. 199/200.

Abschnitt 1. Allgemeine Vorschriften

§ 1025 Anwendungsbereich

(1) Die Vorschriften dieses Buches sind anzuwenden, wenn der Ort des schiedsrichterlichen Verfahrens im Sinne des § 1043 Abs. 1 in Deutschland liegt.

(2) Die Bestimmungen der §§ 1032, 1033 und 1050 sind auch dann anzuwenden, wenn der Ort des schiedsrichterlichen Verfahrens im Ausland liegt oder noch nicht bestimmt ist.*

(3) Solange der Ort des schiedsrichterlichen Verfahrens noch nicht bestimmt ist, sind die deutschen Gerichte für die Ausübung der in den §§ 1034, 1035, 1037 und 1038 bezeichneten gerichtlichen Aufgaben zuständig, wenn der Beklagte oder der Kläger seinen Sitz oder seinen gewöhnlichen Aufenthalt in Deutschland hat.

(4) Für die Anerkennung und Vollstreckung ausländischer Schiedssprüche gelten die §§ 1061 bis 1065.

Schrifttum: *Bajons*, Zur Nationalität internationaler Schiedssachen, FS Kralik, 1986, S. 3; *Berger*, „Sitz des Schiedsgerichts" oder „Sitz des Schiedsverfahrens"?, RIW/AWD 1993, 8; *Böckstiegel*, Zu den Thesen von einer „delokalisierten" internationalen Schiedsgerichtsbarkeit, FS Oppenhoff, 1985, S. 1; *Henn*, Grenzen der Wahl des schiedsgerichtlichen Verfahrensrechts und Nationalität des Schiedsspruchs, JbPrSch. 3 (1989), 31; *Hirsch*, The Place of Arbitration and the Lex Arbitri, Arb.J. 1979, 32; *Iwasaki*, Selection of Situs: criteria and priorities, Arb. Int. 2 (1986), 57; *Lalive*, On the Neutrality of the Arbitrator and of the Place of Arbitration, in: Reymond/Bucher (Hrsg.), Schweizer Beiträge..., 1984, S. 23; *Lionnet*, Überlegungen zur Vereinbarung des auf das schiedsrichterliche Verfahren anwendbaren Rechts, JbPrSch. 3 (1989), 52; *ders.*, Should the Procedural Law Applicable to International Arbitration be Denationalised or Unified?, J. Int. Arb. 8:3 (1991), 5; *F.A. Mann*, Zur Nationalität des Schiedsspruchs, FS Oppenhoff, 1985, S. 215; *ders.*, Where is an Award „Made", Arb. Int. 1 (1985), 107; *Panchaud*, Le Siège de l'Arbitrage International de Droit Privé, SJZ 1965, 369, 2; *Rensmann*, Anationale Schiedssprüche, 1997; *ders.*, Anational Awards – Legal Phenomenon or Academic Phantom, J. Int. Arb. 15:2 (1998), 37; *Sandrock*, Welche Verfahrensregeln hat ein internationales Schiedsgericht zu befolgen?, FS Glossner, 1994, S. 281; *Schumacher*, Fragen zum Anwendungsbereich des künftigen deutschen Schiedsverfahrensrechts, FS Glossner, 1994, S. 341; *Storme*, Das Territorium im Recht: ..., FS Habscheid, 1989, S. 317; *Storme/De Ly* (Hrsg.), The Place of Arbitration, 1992.

Übersicht

	Rn.		Rn.
I. Normzweck	1	d) Rechtsfolge (Abs. 1, 1. Halbs.)	13, 14
II. Anwendungsbereich	2–15	4. Anwendung kraft Verweisung	15
1. Sachlicher Anwendungsbereich	2–5	III. Internationale Zuständigkeit	16–26
a) Beschränkte Vorgabe	2	1. Grundsatz	16
b) Extensive Umsetzung	3–5	2. Inländischer Schiedsort	17
2. Bleibende Sachfragen	6–9	3. Ausländischer Schiedsort	18–21
a) Formelle Qualifikation	6–8	a) Abs. 2, 1. Var.	19
b) Materielle Qualifikation	9	b) Abs. 4	20, 21
3. Räumlicher Anwendungsbereich	10–14	4. Unbestimmter Schiedsort	22–26
a) Tatbestand (Abs. 1, 2. Halbs.)	10	a) Abs. 2, 2. Var.	23
b) Schiedsort	11	b) Abs. 3	24–26
c) Deutschland	12		

I. Normzweck

1   Die Norm enthält **zwei Grundregeln**: Abs. 1 bestimmt den **Anwendungsbereich** des Zehnten ZPO-Buches, vornehmlich aus dem Blickwinkel der Kompetenz der Schiedsgerichte (Rn. 2–15). Im Gegensatz zu Art. 1 Abs. 1 mit Abs. 3/4 ModG („international commercial arbitration") verordnet sie keine *sachliche* Beschränkung, sondern geht vom Grundsatz der **Gleichbehandlung**

---

*Die Worte „oder noch nicht bestimmt ist" angefügt mit Wirkung vom 1. 7. 1998 mittels identischer Gesetze: Art. 18 Nr. 2 HRefG (BGBl. I S. 1474, 1481) u. Art. 1b Nr. 5 BtÄndG (BGBl. I S. 1580, 1583).

nationaler und internationaler Schiedsverfahren aus[1] (Rn. 3); im Anschluss an Art. 1 Abs. 2 ModG („if the place of arbitration is in the territory") beschränkt sie sich auf eine *räumlich* anknüpfende Regelung des Anwendungsbereichs im Sinne strikter Territorialität (näher Rn. 10–12). Dies wirkt fort auf die **Unterscheidung inländischer und ausländischer Schiedssprüche** bei der Vollstreckbarerklärung (entweder Abs. 4 mit § 1061 oder aber § 1060).[2] – **Abs. 2–4** regeln dagegen explizit die **internationale Zuständigkeit** in dem durch Abs. 1 iVm. §§ 1026, 1062 eröffneten sachlichen Anwendungsbereich;[3] hier geht es mithin um die Kompetenz staatlicher Gerichte (Rn. 16 ff.), die letzthin aber auch wiederum mit der Normierung der örtlichen Zuständigkeit sachgerecht verknüpft ist (§ 1062 Abs. 2–4). Von jener prozessualen ist streng die materielle Kollisionsnorm des § 1051 zu unterscheiden, der wiederum nur Abs. 1 vorgeschaltet ist und die „echtes" IPR bringt, dh. als eine Art lex specialis Art. 3 ff., 27 ff. EGBGB verdrängt.

II. Anwendungsbereich

1. Sachlicher Anwendungsbereich. a) Beschränkte Vorgabe. Das **UNCITRAL-Modell-** 2 **gesetz** beansprucht für sich nur begrenzte Geltung, nämlich lediglich für die **internationale (Handels-)Schiedsgerichtsbarkeit** (Art. 1 Abs. 1, 1. Halbs. ModG: „applies to international commercial arbitration"). Der **Begriff des Handels** soll allerdings weit ausgelegt werden („matters arising from all relationships of a commercial nature"), und die Rechtsnatur des Anspruches – gesetzlich oder vertraglich – hierfür keine Rolle spielen;[4] Rücksicht auf nationale Vorprägungen (§§ 1–7 HGB) wäre hierbei eher kontraproduktiv, zumal vor allem auch die gewerbsmäßig erbrachte Dienstleistung erfasst sein sollte. – Im Text explizit bezeichnet ist dann aber das, was die **Internationalität** des Schiedsverfahrens kennzeichnet (Art. 1 Abs. 3/4): Niederlassung der Schiedsparteien in verschiedenen Staaten (Abs. 3 lit. a), anderenfalls prozessualer (Schiedsort) oder materieller (Leistungsort) Auslandsbezug (Abs. 3 lit. b) und hilfsweise explizite Parteiwahl (Abs. 3 lit. c: „opting-in").

b) Extensive Umsetzung. Die **ZPO-Neuregelung** hat die ModG-Beschränkung auf die in- 3 ternationale (Handels-)Schiedsgerichtsbarkeit (Rn. 2) nicht übernommen, sondern von vornherein und vollkommen **auf sachliche Qualifikation verzichtet**. § 1025 Abs. 1 knüpft demnach allein *räumlich* an (Rn. 10–14 – aber: Rn. 9), ohne idR dann hierbei irgendwelchen Bedacht darauf zu nehmen, wie sich der Streitfall *materiell* im Einzelnen präsentiert **(Grundsatz universeller Anwendung)**. Das rührt insbesondere daher, dass man nicht nur das Modellgesetz rezipieren, sondern auch gleichzeitig §§ 1025 ff. ZPO aF modernisieren wollte (vgl. noch erg. Vor § 1025 Rn. 114). Das erübrigt das verwirrende Nebeneinander binnenrechtlicher und internationaler Regeln (wie in der Schweiz: Konkordat u. IPRG (CH) – national: ZPO/ArbGG – unschöne Dopplung oder unnötige Divergenz!) ebenso wie ein ganzes Grundregelwerk mit Anpassungsteil (wie in Frankreich: art. 1492–1507 c. c. – national: LG/AG-Verfahren). Demgegenüber gewährleistet die einheitliche Normgrundlage eine einheitliche Fortentwicklung und lässt zusätzliche Auslegungsprobleme (Gleichlaufgebot oder Umkehrschluss?) schon gar nicht aufkommen.

Hinzu tritt, dass sich das Modellgesetz für rein nationale Streitsachen im Wesentlichen ebenso gut 4 eignet;[5] wo divergente Regelungen diskutabel hätten erscheinen können (zB Förmlichkeiten des Schiedsspruchs), ist darauf ganz bewusst verzichtet worden, wo nationale Regelungsbedürfnisse überwogen (Vor § 1025 Rn. 118 – hier wichtig etwa: §§ 1032 Abs. 2, 1034 Abs. 2, 1041 Abs. 2–4, 1052 Abs. 2, 1055, 1057, 1066; extra toleriert durch Art. 1 Abs. 5 ModG sind § 1030 [1. Halbs.: Schiedsfähigkeit!] und § 1031 Abs. 3–5 [2. Halbs.: Formerfordernisse?]), hat man sie kurzentschlossen auf internationale Sachverhalte erstreckt. Das staatliche Gerichtsverfahren (§§ 1062–1065) lag im Übrigen weithin (aber: Art. 6 [Zuständigkeit]; Artt. 11 Abs. 5 S. 1, 13 Abs. 3 S. 1, 2. Halbs., 14 Abs. 1 S. 2, 2. Halbs., 16 Abs. 3 S. 1, 2. Halbs. [Rechtsmittelausschluss]; Art. 35 Abs. 2 [Vollstreckbarerklärung] ModG) jenseits der Vorgaben.

Durch jene im Grundsatz universelle Anwendung scheint jegliches Abgrenzungsproblem im 5 Keim erstickt. Das ist ein Trugschluss. Das „commercial" kehrt – komplementär nur – in der **Umschreibung des Verbrauchers** wieder (§ 1031 Abs. 5), wohingegen die *prozessuale* Grundregel des Formgebots (§ 1031 Abs. 1–4) erkennbar auf Unternehmer zugeschnitten ist, und *materiell* eröffnet der zwingende Verweis auf die **Handelsbräuche** (§ 1051 Abs. 4 aE ZPO iVm. § 346 HGB:

---

[1] BT-Drucks. 13/5274 S. 25 mit S. 31 li. Sp. [3] – auch: Handelsbegriff?
[2] BT-Drucks. 13/5274 S. 62: Abgehen von der sog. Verfahrenstheorie!
[3] AA offenbar *Thomas/Putzo/Reichold* Rn. 2–4: „sachlicher Geltungsbereich".
[4] Allerdings nur als „offizielle" Fußnote dazu notiert.
[5] BT-Drucks. 13/5274 S. 25 (re./li. Sp.).

§ 1025 6–10

„Unter Kaufleuten …" – im Unterschied zu § 1031 Abs. 2: „Verkehrssitte") ein ähnliches Einfallstor. Die internationale Ausrichtung führt zur Frage, ob manche Regelungen im **rein nationalen Kontext** noch adäquat erscheinen (zB § 1062 Rn. 3 f.). Das Fehlen von *Abgrenzungs*problemen ist um den Preis vertrackter *Anwendungs*probleme oft teuer erkauft; hierzu kommt noch, dass Anknüpfungsmerkmale für die Internationalität („place of business" bzw. „habitual residence") im Gewand der internationalen Zuständigkeit – abgemildert – wiederkehren können (§ 1025 Abs. 3) und dann die Fragestellung nur vom sachlichen zum räumlichen Anwendungsbereich verschoben ist.

6 **2. Bleibende Sachfragen. a) Formelle Qualifikation.** Die Anwendung der §§ 1025 ff. setzt natürlich stets ein **Schiedsverfahren** voraus (Buchtitel; Ortsbezug), ohne diesen Begriff jedoch noch greifbarer zu definieren; selbst das ModG bringt – entgegen sonstiger Gewohnheit – nur die nüchterne Ergänzung, gleicherweise erfasst sein sowohl Verfahren vor individuell wie permanent konstituierten „Schiedseinrichtungen" (Art. 2 lit. a ModG[6] – ähnlich: Art. 1 Abs. 2 UNÜ [Schiedsspruch] u. Art. 1 Abs. 2 lit. b EuÜ [Schiedsgericht]). Der eigentliche Begriff ist als bekannt unterstellt, unterliegt aber impliziten Beschränkungen – trotz prinzipiell weitem Verständnis. **Nicht erfasst sein sollen:**

7 **aa) Zwangsweise angeordnete Verfahren.** Hierunter fallen Verfahren die nicht auf eine vertragliche Grundlage zurückgehen („compulsory arbitration").[7] Dieses gilt ebenso für §§ 1025 ff., arg. § 1066 e contrario, der hier ja auch nur eine *entsprechende* Anwendung vorsieht. Allemal scheiden demnach gesetzliche Vorschaltschlichtung und Gütestellenverfahren aus (dazu Vor § 1025 Rn. 20 ff.).

8 **bb) Verfahren zur Tatsachenermittlung.** Das meint vor allem Schiedsgutachten (dazu Vor § 1025 Rn. 39 ff.), die nicht als Rechtsprechung zu qualifizieren seien („free arbitration").[8] Der explizite Ausschluss war infolge der überkommenen nationalen Ausgrenzung, die auf langer Tradition beruht,[9] letztlich nicht notwendig, mag sie auch von den ModG-Verfassern anheim gestellt worden sein.

9 **b) Materielle Qualifikation.** Dazu bleibt eine materielle Einordnung stets vorab abzuklären: die Qualifizierung des Streitfalles als **bürgerlich-rechtliche Streitigkeit** für welche „an sich" der **ordentliche Zivilrechtsweg** nach § 13 GVG eröffnet wäre (dazu näher noch § 1029 Rn. 76). Der Rechtsweg ist von vornherein nur innerhalb jenes Rahmens (kraft Schiedsvereinbarung, §§ 1029, 1030) verfügbar, § 13 GVG ist Einstieg zur gesamten ZPO, mithin auch zu §§ 1025 ff. – mit Ausnahme der **Arbeitssachen** (§ 101 Abs. 3 mit §§ 1–3 ArbGG – aber: §§ 4, 101 Abs. 1/2[10] mit §§ 102–110 ArbGG [§ 1029 Rn. 79 aE]). Vgl. noch erg. Rn. 15 aE.

10 **3. Räumlicher Anwendungsbereich. a) Tatbestand (Abs. 1, 2. Halbs.).** Der Schiedsort (Rn. 11) muss in Deutschland (Rn. 12) liegen. Es gilt der Grundsatz der (strikten) **Territorialität** des Schiedsverfahrens und, weil der Schiedsort zugleich Gerichtssitz ist,[11] also die **lex fori** des Schiedsgerichts. Die Regelung folgt insoweit Art. 1 Abs. 2 ModG, der seinerseits nicht unumstritten war und sich schließlich wohl vom rechtsvergleichend ermittelten „main-stream" beeinflussen ließ,[12] der Garant für breite Umsetzung ist. Die Lösung hat den Vorteil einfacher und schneller Anknüpfung, sie erspart die uU zeitraubende Ermittlung ausländischen Rechts, ein Gesichtspunkt, der namentlich für Nicht-ModG-Staaten und staatsgerichtliche (Kontroll-)Verfahren bedeutsam erscheint. Die Anknüpfung ist ein zentraler Paradigmenwechsel gegenüber dem alten Recht,[13] das hier noch der **Parteiautonomie** absolut den Vorrang einräumte und den Parteien und hilfsweise dem Schiedsgericht die Wahl des Prozessrechts frei anheimstellte (sog. „**Verfahrenstheo-**

---

[6] Dazu 3rd WGR Nr. 50 f. = *Holtzmann/Neuhaus* S. 160.
[7] 1st WGR Nr. 17 = *Holtzmann/Neuhaus* S. 157 mit 1st SN Nr. 39 = *Holtzmann/Neuhaus* S. 268, 269.
[8] 1st SN Nr. 29, 30 = *Holtzmann/Neuhaus* S. 155 f. mit 1st WGR Nr. 17 = *Holtzmann/Neuhaus* S. 157.
[9] Mot. S. 471 = *Hahn* S. 490 mit Hinweis auf ROHG 3, 75, 76; 4, 428 ff.
[10] Näher dazu *Münch*, FS Hj, Otto, 2008.
[11] BT-Drucks. 13/5274 S. 31 li. Sp. [4]. Dies missversteht OLG Brandenburg, Beschl. v. 26. 6. 2000 – 8 SchH 1/00 (1) [II 1 b].
[12] 4th WGR Nr. 149 = *Holtzmann/Neuhaus* S. 99 (Prüfauftrag); 5th SN = *Holtzmann/Neuhaus* S. 100 ff. (Sekretariatsstudie); 5th WGR Nr. 165–167 („Territorialität …") mit Nr. 168 („… aber keine Norm") = *Holtzmann/Neuhaus* S. 107 f. u. 7th SN Art. 1 ModG Nr. 4 f. mit Nr. 6 („question … which remains to be solved by the Commission") = *Holtzmann/Neuhaus* S. 113 f.; CR Nr. 72 ff. = *Holtzmann/Neuhaus* S. 129–131, insbes. Nr. 73, 75, 80 („strict territorial criterion") mit Nr. 79 u. 81 (Textfassung) – dazu auch *Calavros*, 1988, S. 24 f.; *Hußlein-Stich*, 1990, S. 19.
[13] Beispielhaft für die „Umsteuerung" OLG Düsseldorf IPRspr. 2000 Nr. 184, S. 406, 407 f. (Entscheidung gemäß altem *und* neuem Recht).

Anwendungsbereich 11–14 § 1025

rie",[14] dazu ausf. noch 1. Aufl. § 1044 aF Rn. 2–4[15]) – und zwar des Schiedsverfahrensrechts. Unter neuem Recht verwirklicht sich die Parteiautonomie gleichsam nurmehr mittelbar, nämlich über die **Wahl des Schiedsortes** (§ 1043 Abs. 1 S. 1). Die Klassifizierung als nichtdeutsches Schiedsverfahren durch ausländisches Recht erheischt keine Bedeutung.[16]

b) Schiedsort. Die Anwendbarkeit der §§ 1026 ff. ist bei inländischem (Rn. 10, 12) Schiedsort 11 nunmehr zwingend verordnet.[17] Schiedsort ist der Ort des schiedsrichterlichen Verfahrens, der nach § 1043 Abs. 1 bestimmt und nach § 1054 Abs. 2, 2. Var. bekundet wird. Mangelt die Nennung im Schiedsspruch (Nichtigkeitsgrund!), dann läuft noch das Verfahren und es zählt – wie sonst – die Vereinbarung (§ 1043 Abs. 1 S. 1) oder Anordnung (§ 1043 Abs. 1 S. 2), welche allerdings besonderer Feststellung bedarf; davor können Abs. 2 u. 3 helfen und deutsche (internationale) Zuständigkeit eröffnen (wegen Einzelheiten siehe Rn. 18 ff.). Jeder Schiedsspruch muss auch einen Schiedsort haben, der ihm seine Heimstatt darstellt – ein irgendwie „anationaler" Schiedsspruch[18] existiert nicht bzw. würde durch alle Roste fallen, oder mit Worten *Leo Raapes*: „Ein Schiedsgericht thront nicht über der Erde, schwebt nicht in der Luft, es muss irgendwo landen, irgendwo ,erden'."

c) Deutschland. Der Schiedsort (Rn. 11) muss inlandsbelegen sein, damit §§ 1026 ff. gemäß 12 Abs. 1, dh. kraft *originär-hoheitlichen* Geltungsanspruchs, überhaupt zur Anwendung kommen können. Deutschland meint das **Staatsgebiet der Bundesrepublik Deutschland,**[19] wie es in den Grenzen vom 3. 10. 1990 besteht (arg. GG-Präambel S. 2 mit Art. 1 Abs. 1 „Zwei-plus-Vier-Vertrag"), und zwar Landgebiet, Küstenmeer (ohne Anschlusszone und Festlandsockel) und Luftgebiet. Die territoriale Grenze des Bundesgebietes zieht die Summe aus dem **jeweiligen Landesgebiet der einzelnen Bundesländer** (wegen Einzelheiten siehe 2. Aufl. Rn. 8). – Abzugrenzen davon sind Fälle *vertraglich erzeugten* Geltungsanspruchs, die bei auslandsbelegenem Schiedsverfahren und geduldeter parteiautonomer Rechtswahl auch künftighin relevant werden können (Rn. 10).

d) Rechtsfolge (Abs. 1, 1. Halbs.). Die Regelung verordnet schlicht die Anwendbarkeit aller 13 Regeln „dieses Buches". Die apodiktische Formulierung erscheint in zweifacher Hinsicht fragwürdig. Einmal ist der **Umfang beschränkt auf §§ 1026–1061.** Die §§ 1062–1065 des Neunten Abschnitts sind nicht mehr Gegenstand *schiedsrichterlichen* Verfahrens, schöpfen eigenständig ihre Zuständigkeit (§ 1062 Abs. 1), die aber natürlich aufs Schiedsverfahren bezogen ist (§ 1026), und gehorchen ohnedies der lex fori; § 1066 für außervertragliche Schiedsgerichte stellt sich selbst außerhalb (lediglich „entsprechende" Anwendung!); und § 1025 (Abs. 1 – der aber offensichtlich auch nicht Abs. 2–4 gleichsam „vorgeschaltet" sein soll, jene beanspruchen originäre Anwendbarkeit!) kann sich ja wohl kaum selbst erst für sachlich anwendbar erklären. Auszunehmen ist schließlich auch **§ 1043 Abs. 1,** da dieser direkt ja vom *Tatbestand* des § 1025 Abs. 1 in Bezug genommen wurde: jene Vorschrift gilt schon allein bereits um festzustellen, ob wirksam ein Schiedsort in Deutschland vereinbart (§ 1043 Abs. 1 S. 1) oder angeordnet (§ 1043 Abs. 1 S. 2) ist;[20] ein Verstoß gegen die Ermessensregel (§ 1043 Abs. 1 S. 3) wäre aber insoweit doch wohl unschädlich.

Etwas apodiktisch kommt zum anderen die Wortfassung „sind anzuwenden" daher, die leicht den 14 zentralen Vorbehalt abweichender Vereinbarung vergessen lässt. Denn oftmals ist nämlich der **Inhalt beschränkt durch Parteiabreden,** welche nicht erst durch § 1025 Abs. 1 iVm. § 1042 Abs. 3 (also quasi im Umweg erst) bindende Geltung erlangen. Allein der Korpus ist zwingend gegeben (sowie einige „Skelett-Knochen", § 1042 Rn. 6 f. mit Rn. 13–18), ein inländisches Verfahren kann nicht mehr *als Ganzes* ausländischen Normen unterstellt werden,[21] ein „opting out" ist künftighin

---

[14] Grundlegend RGZ 116, 193, 195 und Gruchot 70 (1929), 289 bzw. BGHZ 21, 365, 367–369 = NJW 1956, 1838 = JZ 1957, 26 m. Anm. *Habscheid* (richterliche Anwendung); BGHZ 96, 40, 41 f. = NJW 1986, 1436, dazu *Sandrock* JZ 1986, 370, 372 (schlüssige Vereinbarung); BGH NJW 1988, 3090, 3091.
[15] Kritik schon früher bei *Mann*, FS Domke, 1967, S. 157, FS Flume I, 1978, S. 593 u. FS Oppenhoff, 1985, S. 215; *Henn* JbPrSch. 3 (1989), 31; *Berger*, 1992, S. 67 ff. u. RIW 1993, 8, 10; *Sandrock*, FS Glossner, 1994, S. 281, 285 ff. u. *Schumacher*, FS Glossner, 1994, S. 341, 347; *Schwab/Walter*, 5. Aufl. 1995, Rn. 30.5–7.
[16] OLG Düsseldorf IPRspr. 2000 Nr. 184, S. 406, 408.
[17] Anders beil. jedoch SG Hamburg NJOZ 2001, 1073, 1078 [I 2] („mangels sonstiger Abreden" [?]). Vgl. aber erg. *Musielak/Voit* Rn. 3.
[18] Dazu *Rensmann*, 1997, S. 40 ff., insbes. S. 68–70 u. S. 78 ff. mit J. Int. Arb. 15 : 2 (1998), 37 einerseits, *Schroeder*, Die lex mercatoria arbitralis ..., S. 405 ff. andererseits – aber: 1st SN Nr. 20 = *Holtzmann/Neuhaus* S. 572! Sehr instruktiv auch *Geimer* IZVR Rn. 3716–3718, dazuhin vgl. *Solomon*, Die Verbindlichkeit von Schiedssprüchen, 2007, S. 279 ff.
[19] BT-Drucks. 13/5274 S. 30 re. Sp. [2]: Wiedervereinigung; praktische Üblichkeit.
[20] BT-Drucks. 13/5274 S. 47 li. Sp.
[21] BT-Drucks. 13/5274 S. 31 li. Sp. [5].

also unstatthaft – im Unterschied zu einer individuellen Gestaltung des Verfahrens jenseits zwingender (mithin im Rahmen dispositiver) Vorschriften.[22]

15   **4. Anwendung kraft Verweisung.** §§ 1026 ff. gelten schließlich ebenso – jenseits der Scheidelinie des Abs. 1 –, wenn das sachberufene *ausländische* Schiedsrecht den Parteien **Rechtswahl** gestattet und sie demgemäß (hinein-)optieren, denn Abs. 1 soll bewusst nicht iS einer negativen Kollisionsnorm wirken,[23] sondern das deutsche Recht nimmt dann diese parteiautonome Verweisung an – trotz möglicher Kompetenzprobleme bei der staatlichen Gerichtsbarkeit; und es verbleibt auch dann jedenfalls bei der Klassifizierung als *ausländischer* Schiedsspruch iSv. § 1025 Abs. 4 mit § 1061 Abs. 1 S. 1 bzw. New Yorker UN-Übereinkommen.[24] Hierfür zählt allemal die ehrliche territoriale Herkunft, sodass dann binnenrechtlich auch keinerlei Aufhebungsantrag (§ 1059) statthaft ist – eine mitunter für die Parteien hochgradig missliche Konsequenz! – §§ 1026 ff. mögen aber auch kraft besonderer *binnenrechtlicher* **Verweisung** von jenseits des § 13 GVG zur sachlichen Anwendung gelangen; damit wird dann zwar nicht die explizite (Schiedsort, Rn. 11), indes aber die implizite (Rechtsnatur, Rn. 9) Grenze des Abs. 1 überspielt, wie etwa durch § 168 Abs. 1 Nr. 5 iVm. § 173 S. 2 VwGO; Einzelfälle: § 1025 Rn. 24; 2. Aufl. § 1066 Rn. 17.

III. Internationale Zuständigkeit

16   **1. Grundsatz.** Abs. 2–4 regeln im Unterschied zu Abs. 1 (Rn. 10 ff.) die internationale Zuständigkeit,[25] und zwar ausnahmsweise explizit und abgelöst von der örtlichen Zuständigkeit, mit welcher sie jedoch abgestimmt wurden (§ 1062 Abs. 2–4). Die Kataloge decken sich freilich nicht komplett, was dann **Probleme beim einstweiligen Rechtsschutz** bereitet. § 1025 Abs. 2 (Fall 2) berücksichtigt **§ 1033**, der aber bei § 1062 Abs. 2 (und genauso übrigens bereits bei Abs. 1!) fehlt; das lässt sich durch Rückgriff auf die „normalen" Zuständigkeitsregeln (§§ 919, 937 Abs. 1: Gericht der Hauptsache? – dazu § 1033 Rn. 19–21) einigermaßen bewältigen. Komplizierter wird es allerdings für die erforderliche staatsgerichtliche Vollstreckungskontrolle nach **§ 1041 Abs. 2/3,** welche umgekehrt § 1062 Abs. 2, 2. Var. (Abs. 1 Nr. 3) zwar bedenkt, aber § 1025 Abs. 4 vergisst. Bei richtiger Lesart bedarf es jedoch hierzu keinerlei internationaler Zuständigkeit, weil es sich um ein lediglich binnenrechtliches Verfahren handelt (Rn. 3 f., 20 f.). Auch dieser Fall ist also am Ende gut „in den Griff zu bekommen". Bewusst unerwähnt (§ 1062 Abs. 2 e contratio) bleibt hier wie dort jedoch die **„Zuständigkeitskontrolle" des § 1040 Abs. 3 S. 2,** welche demzufolge (Abs. 1!) allein binnenrechtliche Schiedsverfahren trifft; entsprechendes gilt schlussendlich auch für § 1059 (Aufhebungsantrag) und § 1060 (Vollstreckbarerklärung). Je nach Schiedsort gilt:

17   **2. Inländischer Schiedsort.** Hier erübrigt sich natürlich von vornherein ein Rückgriff auf Abs. 2–4, es geht insoweit rein um **örtliche Zuständigkeit,** die alsdann aus § 1062 Abs. 1 u. Abs. 4 oder – bei § 1033 (dazu näher dort Rn. 19–21)! – aus § 919 bzw. § 937 Abs. 1 folgt. Der inländische Schiedsort (Begriff: Abs. 1 [Rn. 11] iVm. § 1043 Abs. 1) impliziert den inländischen Schiedsspruch mit der Möglichkeit, die Aufhebung zu beantragen (§ 1059) und einer Vollstreckbarerklärung gemäß § 1060 (anstatt § 1061). Das Problem internationaler Zuständigkeit stellt sich gar nicht erst.

18   **3. Ausländischer Schiedsort.** Der Schiedsort ist festgelegt (§ 1043 Abs. 1), er liegt aber nicht in Deutschland (§ 1025 Abs. 1) – der Begriff ist einfach per Umkehrschluss festzumachen. §§ 1026 ff. gelten darum – regelmäßig mindestens (Abs. 1 – aber: Rn. 15)! – nicht. Der Schiedsspruch ist dann ein ausländischer, ohne den Weg des Aufhebungsantrages (arg. Abs. 4 e contrario) und mit einer Vollstreckbarerklärung gemäß § 1061 (anstatt § 1060). Hier stellt sich vorab die Frage der **internationalen Zuständigkeit** deutscher staatlicher Gerichte. Folgende Fälle sind dabei geregelt:

19   **a) Abs. 2, 1. Var.** Das übernimmt den Vorbehalt von Art. 8 ModG (Fall 1/§ 1032: Schiedseinrede) und Art. 9 ModG (Fall 2/§ 1033: einstweiliger Rechtsschutz) in Art. 1 Abs. 2 ModG[26] und fügt folgerichtig noch die staatsgerichtlichen Unterstützungsakte (Fall 3/§ 1050: „Rechtshilfe") mit

---

[22] Richtig Hk-ZPO/*Saenger* Rn. 2; etwas ungenau indes *Zimmermann* Rn. 1.
[23] BT-Drucks. 13/5274 S. 31 li./re. Sp. [6]; *Solomon,* Die Verbindlichkeit von Schiedssprüchen, 2007, S. 200 f. mit S. 190–192 (ModG) einerseits [Inland], S. 201 f. mit S. 196–199 (UNÜ) andererseits [Ausland] – m. weit. Nachw.
[24] BT-Drucks. 13/5274 S. 62 li./re. Sp.
[25] *Musielak/Voit* Rn. 5 mit § 1062 Rn. 1; etwas widersprüchlich *Kröll* IHR 2005, 143, 144 [IV mit V Vor 1].
[26] 5th SN Art. 1 ModG Nr. 19–22 = *Holtzmann/Neuhaus* S. 103.

dazu.[27] Nur kennt das ModG keine „Zulässigkeitskontrolle" iSv. § 1032 Abs. 2, und insoweit ist iVm. § 1062 Abs. 3 ein machtvoller nationaler Schutzschild errichtet, soweit nur der nötige Inlandsbezug hierfür (Aufenthalt; Belegenheit – näher: § 1062 Rn. 16–19[28]) besteht. Die Erweiterung ist insoweit originär deutsche Regelung und nicht vom ModG „abgesegnet", freilich vom Schutzzweck her allzu gut verständlich. Umgekehrt berührt die Wirkung der Schiedsvereinbarung als Quell einer Einrede vor deutschen staatlichen Gerichten eigentlich nicht die internationale Zuständigkeit, die anderweitig erst noch herzuleiten ist; jene ist dann ja auch (amtswegig zu prüfende!) Prozessvoraussetzung, nicht lediglich Prozesshindernis – obwohl beide Male Abweisung als unzulässig erfolgt; insoweit regelt Abs. 2/Fall 2 mithin klarstellend, was schon bisher stets praktiziert wurde: die Gleichbehandlung ausländischer Schiedsvereinbarungen.[29] Abs. 2 vereinigt davon abgesehen Tatbestände der Aushilfe und Kontrolle, wobei dann dafür die örtliche Zuständigkeit aus § 1062 Abs. 2, 1. Var. (Fall 1); §§ 919, 937 Abs. 2 (Fall 2); 1062 Abs. 4 (Fall 3) folgt.

b) Abs. 4. Das übernimmt den Vorbehalt von Art. 35 ModG (Anerkennung und Vollstreckung) **20** iVm. Art. 36 ModG (Versagungsgründe) in Art. 1 Abs. 2 ModG,[30] national zusammengefasst auf Grund der Verweisung des § 1061 Abs. 1 S. 1 auf das New Yorker UN-Übereinkommen. Die Vorschrift hat indes nur **klarstellenden Charakter** (Parallelität zum Modellgesetz), sie wäre an sich unnötig, ist aber letztendlich auch unschädlich. Anerkennung und Vollstreckung sind schließlich rein binnenrechtliche Umsetzungsverfahren, für welche es gar keiner internationalen Zuständigkeit bedarf; die Komplettverweisung, die auch den Verfahrensgang des neunten Abschnitts (§§ 1062–1065[31]) im selben Atemzug mitnimmt, ist allerdings nicht unbedenklich, könnte das Ende den – gerade mit Blick auf Abs. 1 („dieses Buches" – dazu Rn. 13) unrichtigen! – Umkehrschluss nahelegen, das (staats-)gerichtliche Verfahren wäre ansonsten (dh. mithin im Rahmen von Abs. 2 u. 3) nicht mitumfasst.

Das Gegenteil ist richtig – wiederum geht es um rein nationale Normierungen, die nichts (mehr) **21** mit internationaler Zuständigkeit zu tun haben und ebenso wenig vom ModG vorgeprägt sind. Darum wird die Vollziehbarerklärung iSv. § 1041 Abs. 2/3 mitnichten etwa verhindert.[32] – Der Fall des Abs. 4 kann sich durchweg erst nach Abschluss des Schiedsverfahrens stellen, sodass auch der (ausländische) Schiedsort immer schon festliegen muss, und zwar unter ModG-konformen Verfahrensordnungen durch eben jenen Schiedsspruch selbst unwiderlegbar belegt (Art. 31 Abs. 3 ModG; § 1054 Abs. 3 ZPO: Ortsangabe iSv. Art. 20 Abs. 1 ModG; § 1043 Abs. 1 ZPO). Die örtliche Zuständigkeit normiert § 1062 Abs. 2, 3. Var. mit Abs. 1 Nr. 4, 2./3. Var. Völkerrechtliche Verträge haben materiell (§ 1061) wie auch vom Verfahren her (§§ 1062–1065) allemal stets Vorrang,[33] § 1061 Abs. 1 S. 1, vor allem das New Yorker UN-Übereinkommen.

4. Unbestimmter Schiedsort. Solche Fälle sind allemal nur vorübergehender Art – denn ha- **22** ben die Parteien nichts geregelt (§ 1043 Abs. 1 S. 1), muss ja das Schiedsgericht – möglichst alsbaldig (§ 1043 Rn. 5)! – den Schiedsort von sich aus präzisieren (§ 1043 Abs. 1 S. 2). Bis dahin besteht indes ein Schwebezustand und kann noch keine territoriale Anknüpfung iSv. Abs. 1 (Rn. 10 ff.) erfolgen. Darum war es nötig, Hilfsregeln dafür aufzustellen und der internationalen Zuständigkeit – durch Abs. 3 (Rn. 24) sogar über das ModG hinausgreifend – speziell zu gedenken. Wieder sind zwei Fälle zu unterscheiden:

a) Abs. 2, 2. Var. Die Regel gewährt **generelle Zuständigkeit**, ohne dass eine spezielle **23** Anknüpfung notwendig wäre. Es sind dieses die obigen (vgl. Rn. 19) Fälle, wo selbst bei einem auslandsbelegenem Schiedsort internationale Zuständigkeit besteht: Schiedseinrede samt „Zulässigkeitskontrolle" (§ 1032/Fall 1), einstweiliger Rechtsschutz (§ 1033/Fall 2), staatliche „Rechtshilfe" (§ 1050/Fall 3). Hier kommt es am Ende nicht mehr darauf an, wo schließlich der Schiedsort liegt (im Inland [Abs. 1] oder Ausland [Abs. 2, 1. Var.]) oder ob er denn überhaupt bereits feststeht. Die Zuständigkeit ist universell, sie greift weltweit bzw. wird lediglich *örtlich* radiziert: § 1062 Abs. 2, 1. Var. (Fall 1) [ein *deutscher* Schiedsort ermangelt auch, wenn überhaupt noch

---

[27] Noch positiv: 5th SN Art. 1 ModG Nr. 23f. = *Holtzmann/Neuhaus* S. 103, 104, dann negativ: 7th SN Art. 27 ModG Nr. 4 = *Holtzmann/Neuhaus* S. 755.
[28] Missdeutet von *Schroeter* SchiedsVZ 2004, 288, 290 [II 1 b].
[29] *Stein/Jonas/Schlosser* § 1032 Rn. 23 (1. Abs.) bzw. 21. Aufl., § 1027a aF Rn. 14 mit Rn. 24; *Wieczorek/Schütze* § 1027a aF Rn. 3.
[30] 5th SN Art. 1 ModG Nr. 25–27 = *Holtzmann/Neuhaus* S. 104; etwas anders nuanciert jedoch BT-Drucks. 13/5274 S. 31 re. Sp. [9].
[31] Wegen § 1061 siehe BGH NJW-RR 2002, 933 [II 1] = IPRspr. 2002 Nr. 219.
[32] Vgl. § 1062 Abs. 2 mit Abs. 1 Nr. 3 einerseits, § 1063 Abs. 3 S. 1, 2. Var. anderseits – anders im Ansatz *Schlosser*, VIV-Reihe XI (2000), S. 163, 201.
[33] Ebenso jetzt auch *Thomas/Putzo/Reichold* Rn. 4 aE.

§ 1025 24–26 Buch 10. Abschnitt 1. Allgemeine Vorschriften

kein Schiedsort festliegt; § 1062 Rn. 14 mit Fn. 25]; §§ 919, 937 Abs. 2 (Fall 2); 1062 Abs. 4 (Fall 3).

24 **b) Abs. 3.** Abs. 3 erfordert (zusätzlich) **spezielle Anknüpfung,** dh. bestimmt sich nicht allein durch eine konkrete Fallgruppe. Es geht hier um staatliche Aushilfe oder Kontrolle bei der Konstituierung des Schiedsgerichts, das dann möglicherweise erst den Schiedsort überhaupt bestimmen kann, präziser um folgende **Einzelfälle:** Bestellung (§§ 1034, 1035 – näher: § 1062 Rn. 5), Ablehnung (§ 1037 [Abs. 3 S. 1]) sowie Entlassung (§ 1038 [Abs. 1 S. 2]) von Schiedsrichtern. Der Schiedsort mag unzweifelhaft auslandsbelegen, er muss bloß jedenfalls noch unbestimmt sein (arg. Abs. 2 e contratio).[34] Hier schließt sich die örtliche der internationalen Zuständigkeit an, § 1062 Abs. 3, welche auch an dieselben Merkmale (Sitz [Rn. 26]; gewöhnlicher Aufenthalt [Rn. 25]) sachlich anknüpft. Doch soll „Sitz" hier auch **Wohnsitz** (mit-)umfassen[35] – das widerstreitet dem Wortlaut und Gebrauch und verhindert klare Systematik, wie sie auch dem ModG zugrundeliegt. Es genügt, wenn **eine Partei** („der Beklagte oder der Kläger" – vgl. hierzu erg. § 1062 Rn. 20) die näheren Kriterien erfüllt. Damit ist eine (Zuständigkeits-)Lücke geschlossen, die das ModG offengelassen hat.[36]

25 **aa) Natürliche Personen.** Während das IPR die Anknüpfung vom Wohnsitz gelöst hat und beinahe durchweg auf den **gewöhnlichen Aufenthalt** abstellt,[37] ist das Prozessrecht bei der primären Wohnsitzanknüpfung geblieben (§§ 12, 13 ZPO mit §§ 7–11 BGB bzw. Art. 2 Abs. 1 mit Art. 59 Brüssel I-VO); der Aufenthalt hat lediglich eine subsidiäre Bedeutung als Auffangregel (§§ 16, 20 ZPO). Die Anknüpfung ist daher ein Novum, das vom ModG (Art. 1 Abs. 4 lit. b: „habitual residence"[38]) inspiriert wird – zukünftig zählt auch der „faktische Wohnsitz".[39] Er liegt dort, wo eine Person ihren **Daseinsmittelpunkt** hat,[40] wobei extra Willensbekundung dafür nicht erforderlich ist,[41] aber doch wichtiges (Auslegungs-)Indiz sein kann. Persönliche oder berufliche Verwurzelung („soziale Integration") sind entscheidend. Gewisse Dauer (Faustregel: 6 Monate[42]) scheint schon deshalb nötig, um vom schlichten Aufenthalt abzugrenzen (vgl. auch erg. § 9 S. 1 AO: „nicht nur vorübergehend verweilt"); vorübergehende Unterbrechungen können indes dann nicht schaden. Für Insolvenzverwalter ist § 19 a als Sondernorm zu beachten (Neubelebung der vis attractiva concursus).

26 **bb) Juristische Personen.** Dies meint alle rechtsfähigen Gemeinschaften und Sondervermögen privaten oder öffentlichen Rechts (eine Orientierung gibt § 17 Rn. 2 ff.). Maßgeblich ist hier ihr **(Haupt-)Sitz** (Art. 1 Abs. 4 lit. a ModG: „place of business" – mit allerdings anderer Gewichtung: „closest relationship"), wie er aus Gesetz, Verleihung, Statut etc. (§ 17 Abs. 1 S. 2: „wenn sich nichts anderes ergibt, ...") folgt und national regelmäßig **registerpublik** gemacht wird (§§ 5, 23 Abs. 3 Nr. 1, 39, 278 Abs. 3 AktG; §§ 3 Abs. 1, 10 GmbHG; § 6 Nr. 1 GenG; § 18 VAG; §§ 24, 57 Abs. 1, 59, 80 BGB). Ansonsten zählt der Ort, wo die tatsächliche Hauptverwaltung lokalisiert ist (§ 17 Abs. 1 S. 2: „... wo die Verwaltung geführt wird"), „der **Tätigkeitsort der Geschäftsführung** ..., wo die grundlegenden Entscheidungen der Unternehmensleitung effektiv in laufende Geschäftsführungsakte umgesetzt werden".[43] Weder der Ort einer Aufsichtsratssitzung oder Hauptversammlung entscheidet noch die Lage der Betriebsstätten (arg. § 21), sondern der **Betriebsmit-**

---

[34] BayObLG NJW-RR 2005, 505 [1] = IPRspr. 2004 Nr. 197, S. 452 = SchiedsVZ 2004, 316 m. abl. Anm. *Wagner*.
[35] Das legt erst die Begründung offen: BT-Drucks. 13/5274 S. 31 re. Sp. [8] – so wie zu § 1062 Abs. 2 u. 3, dort Rn. 11.
[36] Beklagt etwa von *Calavros*, 1988, S. 29 u. BT-Drucks. 13/5274 S. 31 re. Sp. [8] gegen CR Nr. 80 = *Holtzmann/Neuhaus* S. 131 einerseits (generelle Ablehnung) u. andererseits CR 108–110 = *Holtzmann/Neuhaus* S. 131 f. (Art. 11 Abs. 3–5 ModG bzw. § 1035 Abs. 3–5 ZPO), Nr. 133 = *Holtzmann/Neuhaus* S. 132 (Art. 13 Abs. 3 ModG bzw. § 1037 Abs. 3 ZPO), Nr. 148 = *Holtzmann/Neuhaus* S. 133 (Art. 15 bzw. § 1038): nationale Offenheit. Dazu ähnlich auch *Musielak/Voit* Rn. 6: „verhindert Rechtsschutzlücken".
[37] MünchKommBGB/*Sonnenberger* Einl. IPR Rn. 729 ff.; *Soergel/Kegel* Art. 5 EGBGB Rn. 43 ff.; *Baetge*, Der gewöhnliche Aufenthalt ..., 1994, S. 15 ff., 148 f.; *Schwind*, FS Ferid II, 1988, S. 423 ff.; *von Bar* IPR I Rn. 528 ff.; *Kropholler* § 39 II 2–4; *Junker* Rn. 136–138.
[38] In Anlehnung an Art. 10 lit. k CISG, vgl. Art. I bis lit. e 3rd Draft mit Fn. 10 = *Holtzmann/Neuhaus* S. 54.
[39] BGHZ 78, 293, 295 = NJW 1981, 520 = IPRspr. 1980 Nr. 94.
[40] BGH NJW 1975, 1068 = IPRspr. 1975 Nr. 83. Die legale Definition ist bewusst unterblieben, BT-Drucks. 10/504 S. 41; vgl. aber doch erg. § 20 Abs. 1 lit. b IPRG; § 66 Abs. 2 JN (im Anschluss an die Europarats-Resolution vom 18. 1. 1972 [öJZ 1974, 144]).
[41] BGHZ 78, 293, 295 = NJW 1981, 520 = IPRspr. 1980 Nr. 94.
[42] *Soergel/Kegel* Art. 5 EGBGB Rn. 54 m. weit. Nachw. (Fn. 21).
[43] BGHZ 97, 269, 272 = NJW 1986, 2194 (IPR). Die legale Definition ist bewusst unterblieben (Art. 37 Nr. 2 EGBGB).

Umfang gerichtlicher Tätigkeit   1–4 § 1026

telpunkt[44] (gleichsam als Parallele zum Daseinsmittelpunkt in Rn. 25). Wegen entsprechender Heranziehung (oHG/KG, EWiV etc.) siehe 2. Aufl. Rn. 20 aE.

§ 1026 Umfang gerichtlicher Tätigkeit
Ein Gericht darf in den in den §§ 1025 bis 1061 geregelten Angelegenheiten nur tätig werden, soweit dieses Buch es vorsieht.

1. Normzweck. a) Klarstellungsfunktion. Das Schiedsgericht verdrängt auf „seinem Gebiet" **1** das staatliche Gericht. Es ist ganz allein befugt, den Rechtsstreit zu entscheiden – wenn es denn der *Kläger* von vornherein gleich freiwillig anruft (§ 1044) oder der *Beklagte* ihn hierzu (durch [Schieds-] Einrede, § 1032 Abs. 1) zwingt. Der Grundsatz hätte sich indes natürlich ebenso gut – so wie bisher schon – aus dem „Wesen" der Schiedsgerichtsbarkeit und vor allem aus dem Zuständigkeitskatalog des § 1062 Abs. 1 u. 4 erschließen lassen,[1] ist also eher ein Tribut an das Modellgesetz und die Rechtseinheit. Das Vorbild des Art. 5 ModG, das insgesamt sogar erweitert wurde,[2] zielt insoweit darum eher auf die englische Sichtweise,[3] welche sehr breite Eingriffsrechte der Staatsgerichte kennt und diese demzufolge *stark eingeschränkt hätte*. Von dort kam deswegen auch die stärkste Kritik.[4]

b) Definitionsfunktion. Mit „Gericht" ist stets das Staatsgericht und niemals das Schiedsgericht **2** gemeint, das durchgehend als solches speziell benannt wird (zB § 1029 Abs. 2 [„Entscheidung durch ein Schiedsgericht"], § 1032 Abs. 1, § 1033 mit § 1041, § 1034 Abs. 2, § 1050). Insoweit ist klar und konsequent terminologisch abgegrenzt.[5] § 1026 muss dabei mit § 1062 zusammengesehen werden: der eine formuliert abstrakt und negativ als Grundsatznorm, der andere enumeriert konkret und positiv die Anwendungsfälle staatlicher Gerichtstätigkeit. Die Vorgaben des ModG sind dabei leicht erweitert worden[6] (§ 1032 Abs. 2 mit § 1062 Abs. 1 Nr. 2, 1. Var. [Verfahrenskontrolle in Anlehnung an §§ 1037, 1046 aF]; § 1034 Abs. 2 mit § 1062 Abs. 1 Nr. 1, 1. Var. [Besetzungskontrolle mit Rücksicht auf § 1025 Abs. 2 aF]; § 1050 mit § 1062 Abs. 4 [„Vornahme sonstiger richterlicher Handlungen"] – so wie es § 1036 Abs. 1 aF vorsah).

2. Schiedsgerichtsbarkeit „versus" Staatsgerichtsbarkeit. Der sinnvolle pragmatische Aus- **3** gleich zwischen Autonomie des Schiedsgerichts und Autorität der Staatsgerichte ist aber nicht etwa mit § 1026 bzw. Art. 5 ModG festgeschrieben, obwohl der Streit um das rechte Maß[7] sich daran entzündet hatte; er steckt in den verschiedenen staatlichen Vorbehalten (Rn. 2, 4) und in der Einschätzung, welche Materien abschließend geregelt werden (Rn. 1, 5). Die Maxime ist **nicht der Parteivereinbarung zugänglich;** die Parteien können die (staatliche) Gerichtsmacht nicht beschränken, was selbstredend ist, zumindest wo Kontrolle im Raume steht (im Gegensatz zu § 1050, dazu dort Rn. 12), aber genauso wenig auch erweitern,[8] weil diese Balance ihrer Verfügung nicht freisteht, sondern sie nur das „[Schieds-]Verfahren" (§ 1042 Abs. 3) regeln dürfen, und weil der (staats-)gerichtliche Eingriffsakt eine gesetzliche Ermächtigung voraussetzt. Sie ist nur gesetzlich modifizierbar – indes auch nur innerhalb „dieses Buch[es]", was – international vor allem – schnelle Information eröffnet.

3. Sperrwirkung. a) Systematik. Die Norm beansprucht nach ihrem Wortlaut für den 1. bis 8. **4** Abschnitt des Zehnten Buches Geltung – und lässt nur besonders **enumerierte Ausnahmen**

---

[44] MünchKommBGB/*Ebenroth*, 2. Aufl., nach Art. 10 EGBGB Rn. 177 ff., insbes. Rn. 179, 182, 18 m. weit. Nachw. u. Konzernleitungs- und Konzernbildungskontrolle, 1987, S. 70 f. bzw. MünchKommBGB/*Kindler* IntGesR Rn. 312 ff., insbes. Rn. 316–318; Staudinger/*Großfeld* nach Art. 10 EGBGB Rn. 166 ff. u. Internationales ... Unternehmensrecht, 2. Aufl. 1995, S. 38 ff.
[1] BT-Drucks. 13/5274 S. 32 li. Sp.: „nichts grundsätzlich Neues"!
[2] BT-Drucks. 13/5274 S. 32 li. Sp. [3].
[3] Dazu etwa *Steyn* Arb. Int. 10 : 1 (1994) 1, 11 ff.; *Kerr* ICLQ 34 (1985), 1, 8 ff., 12 ff., 16 ff.
[4] 6th SN, Add. 2 Nr. 9 ff. = *Holtzmann/Neuhaus* S. 224 ff.; SR Art. 5 Nr. 1–5 = *Holtzmann/Neuhaus* S. 230 f. – dazu sehr instruktiv auch noch CR Nr. 62 (pro) bzw. Nr. 63 (contra) = *Holtzmann/Neuhaus* S. 238 f.
[5] BT-Drucks. 13/5274 S. 32 li. Sp. [2]: „kein Zweifel bestehen kann"! Einen Lapsus (§ 1048 Abs. 1 S. 1) hat der Rechtsausschuß (BT-Drucks. 13/5274 S. 43 ff., 46) noch „ausgebügelt".
[6] Was statthaft ist, CR Nr. 63 aE = *Holtzmann/Neuhaus* S. 239 – obgleich „constitutional problems" hierzu nicht in Frage stehen; SR Art. 5 Nr. 40 = *Holtzmann/Neuhaus* S. 237.
[7] Bereits erkannt in 1st SN Nr. 21 = *Holtzmann/Neuhaus* S. 219: „one of the more delicate and complex problems" – so blieb es bis zum Schluss, vgl. 7th SN Art. 5 Nr. 1 = *Holtzmann/Neuhaus* S. 228: „crucial and complex issue". Dazu interessant auch der Report III (Arbitration and the Courts) von *Melis*, in: *Sanders* (Hrsg.), Uncitral's project, 1984, S. 83 ff.
[8] So offenbar zu verstehen CR Nr. 64 = *Holtzmann/Neuhaus* S. 239, vgl. dazu erg. *Calavros*, 1988, S. 39.

§ 1027 1   Buch 10. Abschnitt 1. Allgemeine Vorschriften

(§ 1062 Abs. 1 u. 4 – ferner: § 1033) zu[9]; konsequent schließt sich mit dem 9. Abschnitt (§§ 1062–1065) die nähere Ausgestaltung des dadurch eröffneten gerichtlichen Verfahrens an; die Verweisungsnorm des 10. Abschnitts (§ 1066) für außervertragliche Schiedsgerichte erfasst dann natürlich auch wieder § 1026.[10] Das Schiedsverfahrensrecht ist damit äußerlich schon zweigeteilt, in eigentliches Schiedsverfahren (mit Ermächtigungsnormen) und ergänzendes Staatsverfahren (mit Durchführungsnormen). Dabei kommt § 1026 einerseits (im Unterschied zu Art. 5 ModG!) konsequent gleich hinter der einleitenden Bestimmung des Anwendungsbereichs zu stehen, was ihn als Grundsatznorm zusätzlich herausstellt, er rückt anderseits zudem weg von Art. 6 ModG (welcher das Vorbild für § 1062 abgibt). Vorbehalte sind anerkannt für **Aushilfe** („assistance": § 1033, §§ 1035 Abs. 3 u. Abs. 4, 2. u. 3. Var., 1038 Abs. 1, 1050) und **Kontrolle** („intervention": §§ 1032 Abs. 2, 1034 Abs. 2, 1035 Abs. 4, 1. Var., 1037 Abs. 3, 1040 Abs. 3 S. 2; §§ 1041 Abs. 2/3, 1059–1061) durch das Staatsgericht, die konkrete Zielrichtung ist unerheblich. Der deutsche Gesetzeswortlaut bringt das besser (nämlich: neutraler *und* stringenter) zum Ausdruck als die englische Modellvorgabe („no court shall intervene"), die indes genauso beide Fallgruppen deckt.[11] Eine **Zeitgrenze** wird freilich nicht normiert, die Regelung gilt bereits vor Konstituierung des Schiedsgerichts[12] (§§ 1032 Abs. 2, 1033!).

5   **b) Teleologie.** Die Sperrwirkung ist allerdings wortlautgemäß beschränkt auf die „geregelten Angelegenheiten". Die Frage, ob etwas positiv ausdrücklich geregelt wurde, macht wohl selten Probleme – jedoch kann ja auch ebenso gut etwas negativ, implizit normiert sein: sozusagen **beredtes Schweigen** des Wortlauts? Zwei Grundannahmen sind insoweit festzuhalten: erstens, das Zehnte ZPO-Buch will Kodifikation des Schieds*verfahrens*rechts, also prinzipiell vollständig sein – was aber nicht etwa ausschließt, zur Interpretation und Lückenfüllung auf allgemeine Verfahrensnormen (insbes. §§ 128 ff., 253 ff.) zurückzugreifen; zweitens, §§ 1025–1061 nehmen das UNCITRAL-Modell als Vorbild-Regelung[13] (Vor § 1025 Rn. 108–114), die sich selbst aber einiger Rechtsfragen entsagt:[14] Abschlusskompetenz für Schiedsverträge (§ 1029 Rn. 18 mit Rn. 14), Staatenimmunität, Schiedsrichter- und Schiedsorganisationsverträge (Vor § 1034 Rn. 3 ff. bzw. Rn. 67 ff.), Kostenberechnung und -eintreibung (§ 1057 Rn. 1) etc. Nur in diesem engen Rahmen könnte (und dürfte) mithin irgendeine Funktion staatlicher Gerichte auch außerhalb „dieses Buch[es]" verordnet sein. Den Regelfall wird das kaum darstellen. Man darf jedoch andersherum auch keinesfalls daraus auf eine möglichst enge Auslegung der Aufhebungsgründe des § 1059 Abs. 2 rückschließen, um gleichsam mittelbare Kontrolle zu verhüten; denn sobald eine staatliche Zuständigkeit begründet ist, kann sie auch völlig legitim „autonom" betätigt werden.

§ 1027 Verlust des Rügerechts

¹**Ist einer Bestimmung dieses Buches, von der die Parteien abweichen können, oder einem vereinbarten Erfordernis des schiedsrichterlichen Verfahrens nicht entsprochen worden, so kann eine Partei, die den Mangel nicht unverzüglich oder innerhalb einer dafür vorgesehenen Frist rügt, diesen später nicht mehr geltend machen.** ²**Dies gilt nicht, wenn der Partei der Mangel nicht bekannt war.**

I. Normzweck

1   Die Vorschrift betritt *gesetzestechnisch* Neuland; sie übernimmt die Vorgabe des Art. 4 ModG (der seinerseits auf Art. 30 SchO zurückgeht) – übrigens weithin wörtlich, aber durchaus doch mit manchen versteckten eigenen Nuancierungen: sie gilt für alle verzichtbaren Erfordernisse (Rn. 5–9 – ModG: „requirement under the arbitration agreement"), fordert unverzügliches Handeln (ModG: „without undue delay") und normiert die Unkenntnis als Ausnahme (zudem in einem eigenen Satz!), was Beweislastfolgen hat (Rn. 12 f.). Das gilt auch hinsichtlich der Rechtsfolge, die systemgerecht als **prozessuale Präklusion** („kann ... nicht mehr geltend machen") ausgestaltet ist[1] und

---

[9] OLG München, Beschl. v. 28. 6. 2006 – 24 SchH 11/05 [II 2 d].
[10] *Baumbach/Lauterbach/Hartmann* Rn. 2.
[11] SR Nr. 22, 25, 40 = *Holtzmann/Neuhaus* S. 234 ff.
[12] AA *Baumbach/Lauterbach/Hartmann* Rn. 3.
[13] Dazu näher etwa BT-Drucks. 13/5274, S. 24 f.
[14] Umfassende Auflistung bei *Holtzmann/Neuhaus* S. 218 m. Nachw. mit S. 1116 ff.
[1] Unverständlich OLG Frankfurt/Main IHR 2003, 93, 95 re. Sp. [Mitte] mit Berufung auf *Zöller/Geimer* Rn. 1, die ihrerseits die 2. Aufl. Rn. 1 missverstehen, so wie auch Hk-ZPO/*Saenger* Rn. 1 (siehe dazu unten bei Rn. 3!). Vgl. auch erg. OLG Frankfurt/Main NJW-RR 2003, 498, 501 li. Sp. (obiter): „konkludentes Einverständnis"[?]. Richtig dagegen *Thomas/Putzo/Reichold* Rn. 1.

nicht als fiktiver individueller Verzicht („shall be deemed to have waived his right to object"). Sie normiert *inhaltlich* trotzdem größtenteils doch Altbekanntes. Dem Gebot der **Verfahrenssicherheit und Prozessökonomie** wurde bislang nämlich durch die entsprechende Anwendung von § 295[2] genügend Rechnung getragen, um effektiv zu verhindern, dass der Verstoß gegen eine Verfahrensregel nach geraumer Zeit in einem weit fortgeschrittenen Stadium des Schiedsverfahrens noch „nachgeschoben" wird.

Gegenüber **§ 295** ist § 1027 (S. 1, 1. Var.) nun gleichsam lex specialis für das Schiedsverfahren. Doch bestehen auch Erweiterungen und Unterschiede. Die Vorschrift erfasst **erweiternd** (S. 1, 2. Var.) auch den Verstoß gegen ein vereinbartes Erfordernis, um dem Umstand Rechnung zu tragen, dass die Parteien das Prozedere des Schiedsverfahrens weitgehend privatautonom gestalten können (§ 1042 Abs. 3): soll nämlich eine Heilung von Verfahrensmängeln durch *erklärten einseitigen Verzicht* oder – was letztlich noch wichtiger ist – durch *rügelose Einlassung* möglich sein, bedarf es einer positiven gesetzlichen „Erlaubnis", um überzeugend vom Erfordernis eines übereinstimmenden Änderungswillens loszukommen. **Abgrenzend** ist hingegen zu erwähnen: gemäß § 295 Abs. 2 zählt die Verzichtbarkeit, für § 1027 S. 1 die Disponibilität durch Parteivereinbarung, was aber kaum zu großen sachlichen Abweichungen führen dürfte (§ 295 Rn. 9, 10); im Unterschied zu § 295 Abs. 1 aE genügt niemals jedoch vorwerfbare Unkenntnis; der Verlust des Rügerechts nach **§ 1027 S. 2** erst bei positiver Kenntnis ein (Rn. 12). Auch sieht § 1027 – im Gegensatz zu § 296 Abs. 3 analog – nicht die Möglichkeit vor, die Verspätung der Rüge zu entschuldigen; schiedsrichterliches Ermessen bei der Beurteilung verspäteten Vorbringens soll damit ausgeschlossen sein.[3]

II. Anwendungsvoraussetzungen

1. Anwendungsbereich. Für das Schiedsverfahren stellt § 1027 die allgemeine Regel dar. Sie ist **nicht anwendbar** in den speziell geregelten Fällen der **rügelosen Einlassung** bei Formmangel der Schiedsvereinbarung (§ 1031 Abs. 6) – hier ist ohnehin eine zwingende Vorschrift tangiert – und bei Unzuständigkeit des Schiedsgerichts (§ 1040 Abs. 2).[4] Hiervon ist das gesamte Schiedsverfahren betroffen, es geht nicht bloß um einzelne (Verfahrens-)Verstöße. Die rügelose Einlassung entfaltet Sperrwirkung bei späterer Kontrolle durch das staatliche Gericht, dies mag eine Heilungsfolge sein (§ 1031 Rn. 62 ff.) oder Auswirkung einer Präklusion (vgl. § 1040 Rn. 33 ff.). Nicht – auch nicht entsprechend – anwendbar ist § 1027 schließlich für die Zurückweisung verspäteter Angriffs- und Verteidigungsmittel;[5] sedes materiae ist dafür allein § 1046 Abs. 2.

Erst recht nicht gilt die Präklusion des § 1027 bei Nichtgebrauch staatlicher Rechtsbehelfe,[6] namentlich bei Befangenheitsablehnung (§ 1037 Abs. 3 S. 1, dort Rn. 30) und Zuständigkeitsbejahung (§ 1040 Abs. 3 S. 2, dort Rn. 27 f.). Erfordert wird weiterhin, dass das verletzte Erfordernis ein schiedsverfahrensrechtliches ist. Damit scheiden dem Wortlaut gemäß aus: einmal die Verfahrensakte der **Staatsgerichte,** auch wenn ihre Kompetenz in demselben Buche verordnet ist (§ 1026 mit § 1062). Sie unterstehen selbstredend ihrem „gewohnten" Prozessrecht mit eigenständigen Heilungsformen (§§ 187, 295, 531, 558), selbst wo einmal für eine Parteivereinbarung Raum bleibt (§ 1062 Rn. 21–25 iVm. §§ 38–40). Und ebenso scheiden mithin aus **materielle Vorgaben,** vor allem zum anwendbaren Recht (§ 1051 Abs. 1) und prozessuale Rechtsfolgen versäumter Antragstellung.[7]

2. Disponibilität. a) Verstoß gegen dispositive Gesetzesnormen (S. 1, 1. Var.). Im staatlichen Erkenntnisverfahren kann die „normgeschützte" Partei auf eine Beachtung prozessualer Regelungen verzichten, soweit diese nicht etwa vorrangig das öffentliche Interesse an der Gleichförmigkeit des Verfahrens schützen (§ 295 Rn. 9 f.). Dieser im Rahmen des § 295 maßgebliche Ansatz kann nicht ohne weiteres § 1027 einfach „übergestülpt" werden: das Schiedsgericht übt eben keine abgeleitete Staatsgewalt aus, es ist kein Hoheitsträger; und weil das Schiedsverfahren ohnehin einzelfallorientiert abläuft, insoweit parteiautonomer Regelung weitgehend frei zugänglich ist (§ 1040 Abs. 3), verliert auch der Gleichheitsaspekt letztlich an Tragkraft. Welche gesetzlichen Regeln des

---

[2] *Stein/Jonas/Schlosser,* 21. Aufl., § 1034 aF Rn. 12, 34, 37 u. § 1041 aF Rn. 19, 34 (siehe aber nun § 1027 nF Rn. 1); *Henn,* 2. Aufl., S. 152; *Maier* Rn. 226. Anders BT-Drucks. 13/5274 S. 32 re. Sp. [2]: Ermessensfreiheit des Schiedsgerichts (arg. § 1034 Abs. 2 aF), so auch *Zöller/Geimer* Rn. 1.
[3] BT-Drucks. 13/5274 S. 32 re. Sp. [2].
[4] Anders u. falsch OLG Koblenz OLGR 2006, 670/671 [1].
[5] *Musielak/Voit* Rn. 2.
[6] BT-Drucks. 13/5274 S. 33 li. Sp. [8].
[7] Offenbar aA freilich OLG Frankfurt/Main IHR 2003, 93, 95 re. Sp.

Zehnten Buches **nachgiebiges Recht** enthalten, lässt sich idR aber doch leicht bestimmen, da disponible Normen meistens durch ihren **Wortlaut** als solche ausdrücklich gekennzeichnet sind (Faustregel! – näher dazu bei § 1042 Rn. 8f. mit Rn. 14/15 – Beispiel: mündliches verhandeln[8]).

6 **Zwingenden Rechts** sind demgegenüber etwa (näher dazu bei § 1042 Rn. 6f. mit Rn. 13–18, aber erg. auch § 1029 Rn. 100) § 1042 Abs. 1/2 (dort Rn. 21, 26f.) und § 1048 Abs. 4 S. 1 (dort Rn. 39), ferner §§ 1029–1031 als Grundlage der Kompetenz[9] sowie überhaupt alles, was unter § 1059 Abs. 2 fällt (mit Ausnahme von Nr. 1 d – vgl. insoweit erg. Rn. 17). Zwingend ist ferner § 1027 selbst (Rn. 14 aE), und auch bei unberechtigter Zurückweisung wegen Verspätung (§ 1046 Abs. 2, 2. Halbs. bzw. § 1048 Abs. 3/4) gelten eigene Regeln: Man kann hier der Partei keine Rügelast ansinnen,[10] um dann so durch eine quasi zweite Präklusionsregel wieder zu heilen, was benachteiligend war; die unzulässige Beschneidung des Verfahrensgrundrechts aus § 1042 Abs. 1 S. 2 iVm. Art. 103 Abs. 1 GG würde sich nur verfestigen. Der jeweilige Verfahrensfehler darf nicht zwingende Regeln tangieren, weil sonst sowohl Umgehung wie Leerlauf extrem nahe liegen würden.[11]

7 **b) Verstoß gegen ein vereinbartes Erfordernis (S. 1, 2. Var.).** Bei privatautonom gesetzten Verfahrensregeln, die ohnedies nur jenseits zwingender positiver Vorschriften in Betracht kommen (§ 1042 Abs. 3, dazu näher dort Rn. 6f.), versteht sich deren Disponibilität von selbst. Wohl ist der Fall denkbar, dass deklaratorisch (zwingende?) Gesetzesregeln wiederholt werden (so wie in der DIS-SchO), aber allein dadurch werden dann diese Regeln nicht etwa disponibel iSv. S. 1, 2. Var. Sie bleiben *gesetzliche* Vorgabe und allein im Rahmen von S. 1, 1. Var. (Rn. 5f.) präklusionsfähig, also nur wenn sie nachgiebiges Recht beschreiben. Die Vereinbarung muss somit **konstitutiven Charakter** haben und auch **insgesamt wirksam getroffen** sein, was dann den rügelosen Verstoß gleichsam als ad-hoc-Abweichung iS eines – einseitig gesetzlich ausnahmsweise zulässigen – „actus contrarius" erscheinen lässt. Wie das Erfordernis vereinbart wurde, ist nicht entscheidend.

8 Es mag ursprünglich oder auch erst nachträglich (allemal vor dem Verstoß natürlich!) festgelegt sein, (formgerecht – aber: § 1031 Abs. 6) in der **Schiedsvereinbarung** (§ 1029) oder durch (auch formlos statthafte – § 1042 Rn. 77 mit § 1031 Rn. 13) **Verfahrensabrede** in ihren beiden Arten (§ 1042 Abs. 3: gestaltende oder verweisende Regelung). Hier glättet die deutsche Wendung scheinbar elegant den unglücklich abgefassten englischen Originaltext (Art. 4 ModG: „any requirement under the arbitration agreement"), der eine – ungewollte – Nähe zur Begriffsbestimmung des Art. 7 Abs. 1 ModG (dh. § 1029 ZPO) suggeriert,[12] was zu eng wäre. Jeder sachliche Grund für unterschiedliche Behandlung fehlt, der Erleichterungseffekt wäre dahin, und man würde trefflich darum streiten können, was später (konkludent?) – *nicht* präklusionsfähig oder als eine ad-hoc-Abbedingung) vereinbart worden ist.[13] Man kann sich hierbei aber doch so behelfen, dass man die Verfahrensvereinbarung als „unter" der Schiedsvereinbarung zustande gekommen ansieht, denn ohne sie ist jene ganz wertlos, von dorther bezieht sie ihre Kraft.

9 **c) Verstoß gegen ein verordnetes Erfordernis.** Wörtlich nicht geregelt ist allerdings der Fall, dass Verfahrensregeln des Schiedsgerichts (§ 1042 Abs. 4 S. 1) missachtet werden. Zwei Konstellationen sind dabei denkbar: entweder verstößt eine Partei gegen eine verordnete Verfahrensregel, ohne dass das Schiedsgericht dies moniert; oder aber das Schiedsgericht missachtet seine eigene Vorgabe. Wenn darin nicht eine ad-hoc-Abbedingung des Reglements liegt, die wohl möglich wäre, indes präzis deutlich werden müsste, erscheint Analogie statthaft. **Richterliche (Verfahrens-)Gestaltungen** unter § 1042 Abs. 4 S. 1 gehen letztlich ja ebenfalls auf den Parteiwillen zurück („Regelungen kraft Delegation"; dazu auch oben Rn. 8 aE). Da diese Leitsätze einer Verfahrensgestaltung ausnahmslos subsidiär eingreifen (zur „Normhierarchie" vgl. § 1042 Rn. 3ff., insbes. Rn. 7), schiedsrichterliche Gestaltung also stets durch Parteigestaltung ausgeschlossen werden könnte, ist das verordnete gleich einem – mittelbar zumindest – vereinbarten Erfordernis zu behandeln – es hat bloß „Auffangfunktion". Rügeversäumnis trotz Mängelkenntnis heilt dann somit (Rn. 14), ohne dass hier die jeweilige Verfahrensvorgabe insgesamt damit abbedungen würde. Die beiden Fälle werden sich oft wohl schwer unterscheiden lassen; Konsequenzen ergeben sich hieraus beim nächsten gleichartigen Vorgang: ist er ein erneut rügefähiger (bzw. -pflichtiger) Fehler oder aber nunmehr ordnungsgemäßes Prozedere?

---

[8] OLG Naumburg NJW-RR 2003, 71, 72.
[9] Einschließlich subjektiver Voraussetzungen: *Thomas/Putzo/Reichold* Rn. 3.
[10] AA wohl *Musielak/Voit* Rn. 2 – wie hier nun *Stein/Jonas/Schlosser* § 1046 Rn. 4 aE.
[11] BT-Drucks. 13/5274 S. 32 re. Sp. [3].
[12] 4th SN Nr. 12–14, insbes. Nr. 13 = *Holtzmann/Neuhaus* S. 205 – dazu auch S. 196, 197 – andere Einschätzung jedoch in Kom.-Ber. S. 81 („dem englischen Originaltext näherkommt"); BT-Drucks. 13/5274 S. 32 re. Sp. [3] übergeht den Konflikt.
[13] Hier hilft eine *Zeitgrenze* (4th SN Nr. 15 = *Holtzmann/Neuhaus* S. 205) auch nicht viel.

3. Rügeversäumnis (S. 1, 2. Halbs.). Das meint die (objektive) **Veranlassung** der Präklusion. Den erkannten Verfahrensmangel muss die Partei grundsätzlich „**unverzüglich**" rügen **(1. Var.)** – im Angesicht der Offenheit der Schiedsverfahrensgestaltung (§ 1047 Abs. 1) war auf mündliches Verhandeln nicht überzeugend abstellbar. Der RegE liefert hier die authentische Interpretation:[14] entweder ist die Rüge nach § 295 **bei der nächsten mündlichen Verhandlung** vorzubringen (vermag uU sogleich im Anschluss zu folgen![15]), ansonsten – somit wenn keine mündliche Verhandlung (mehr) festgesetzt ist – **in einem sofortigen Schriftsatz.** Jener Hinweis säht Zweifel, ob der Gesetzgeber „unverzüglich" in der Tat im etwas weicheren Sinne der Legaldefinition des § 121 Abs. 1 S. 1 BGB verstanden wissen wollte.[16] Dafür spricht die Wortwahl, mit der man gemeinhin festen Inhalt verbindet, und auch die Nähe zum ModG („without undue delay"), das insoweit extra gemildert wurde;[17] dafür spricht zudem die Systemverwandtschaft mit § 296 Abs. 3, sowie vor allem mit §§ 1040 Abs. 2 S. 4, 1046 Abs. 2 aE, 1048 Abs. 4 S. 1 („genügend entschuldigt"). 10

Ausnahmsweise gelten besondere **Erklärungsfristen (2. Var.)**, seltenst kraft Gesetzes (idR wird dann schon selbständig Präklusion angeordnet: § 1037 Abs. 2, dort Rn. 30; § 1040 Abs. 2, dort Rn. 11), möglich jedoch mittels Parteivereinbarung (§ 1042 Abs. 3) oder auf Grund gerichtlichem Ermessen (§ 1042 Abs. 4 S. 1), so wenn zB das Schiedsgericht auf den Verfahrensmangel hinweist und dabei Stellungnahmefrist setzt. Hier aber erscheint dann eindeutig jede Rüge verspätet, die dem Schiedsgericht nicht innerhalb der fraglichen Frist zugeht – rücksichtslos unverschuldeter Verzögerungen; hier fehlt eine Wiedereinsetzungsmöglichkeit, ganz bewusst übrigens: die warnende Fristvorgabe verlangt erhöhte Sorgfalt; eine Ausnahme gilt nur in Fällen höherer Gewalt.[18] Die Zeitschranke ist härter *und* klarer und dann deswegen auch mit Priorität zu überprüfen.[19] Dies erscheint auch letztendlich keineswegs unangemessen hart, da der Verlust des Rügerechts stets an die positive Kenntnis des Verfahrensmangels geknüpft ist (S. 2, Rn. 12). 11

4. Positive Kenntnis des Verfahrensmangels (S. 2). Im Gegensatz zu § 295 löst nur die **positive Kenntnis** des Mangels, nicht aber schon dessen fahrlässige Unkenntnis die Präklusionswirkung aus;[20] im Unterschied zu § 296 (und auch was §§ 1040 Abs. 2, 1046 Abs. 2, 1048 Abs. 4 S. 1 betrifft) besteht keine Möglichkeit, die Verspätung der Rüge zu entschuldigen. Diese Konzeption führt dazu, dass sich die Unterscheidung zwischen Präklusion kraft Gesetzes und privatautonomem Verzicht (vgl. noch erg. Rn. 16) verwischt, da positive Kenntnis des Verfahrensmangels regelmäßig ein Verzichtswille der schweigenden Partei vermutet werden darf. Die – neuerlich im Gegensatz zu § 295 Abs. 1 aE[21] – **negative Formulierung des S. 2** als Ausschlussklausel wirkt hier als **Beweislastregel:** Kenntnis wird vermutet und man muss sich zur Erhaltung des Rügerechts umgekehrt dann seinerseits durch den Hauptbeweis der Unkenntnis des Mangels entlasten. Die objektiv-zeitliche Anknüpfung gewinnt damit Vorrang vor der subjektiv-individuellen Bewertung. Müsste nämlich derjenige, der sich auf eine erfolgte Heilung beruft, früher erlangte positive Kenntnis seinem Prozessgegner nachweisen, dann würde jene Präklusionswirkung praktisch leerlaufen. 12

Fehlende eigene Kenntnis zu beweisen, ist in der deutschen Rechtsordnung eine ausgesprochene Extravaganz. Sie findet in § 526 S. 2 BGB etwa eine Parallele, nicht aber in §§ 122 Abs. 2, 932 Abs. 2, 892 Abs. 1 S. 2 BGB; oftmals wird die betroffene Partei die Schwierigkeiten eines Negativbeweises[22] – obendrein über innere Tatsachen – nicht überwinden können. Mit der Aufgabe des Merkmals des „Kennenmüssens" ist demzufolge keineswegs die (Präklusions-)Vorschrift zu einem untauglichen Instrument geworden. Dieser Befund ist mit Blick auf die Genese der Norm keineswegs selbstverständlich: In einem ModG-Entwurf wurde zunächst fahrlässiges Nichtkennen hinzugefügt („knows or ought to have known"), am Ende jedoch dann wieder gestrichen.[23] Der 13

---

[14] BT-Drucks. 13/5274 S. 32 re. Sp. [5], vgl. auch *Zöller/Geimer* Rn. 2.
[15] OLG Stuttgart NJW-RR 2003, 495, 496 [III 1] = SchiedsVZ 2003, 84: Hauptverhandlung nach Beweisaufnahme.
[16] So etwa *Musielak/Voit* Rn. 3; *Baumbach/Lauterbach/Hartmann* Rn. 4; Hk-ZPO/*Saenger* Rn. 2 – anders zB jedoch *Schwab/Walter* Rn. 16.27; *Schütze/Tscherning/Wais* Rn. 348; *Zöller/Geimer* Rn. 2; wohl auch OLG Naumburg NJW-RR 2003, 71, 72 [II 2 c].
[17] Art. 1 quarter 3rd Draft („promptly"); Art. 4 4th Draft („without delay"), dazu 4th WGR Nr. 178 = *Holtzmann/Neuhaus* S. 203 u. CR Nr. 56 = *Holtzmann/Neuhaus* S. 215.
[18] 6th SN Art. 4 Nr. 5 = *Holtzmann/Neuhaus* S. 209.
[19] 6th SN Art. 4 Nr. 4 = *Holtzmann/Neuhaus* S. 209.
[20] Vgl. aber erg. auch *Musielak/Voit* Rn. 4.
[21] Nur indes: wörtlich – und nicht: sachlich, vgl. § 295 Rn. 40 m. weit. Nachw.
[22] Vgl. *Baumgärtel*, Beweislastpraxis im Privatrecht, 1996, Rn. 343 ff.
[23] CR Nr. 54 = *Holtzmann/Neuhaus* S. 215 gegen Art. 4 5th Draft; etwas abschwächend schon 7th SN Art. 4 Nr. 3 = *Holtzmann/Neuhaus* S. 209 („restrictive interpretation").

§ 1027 14–16   Buch 10. Abschnitt 1. Allgemeine Vorschriften

Nachweis von Kenntnis wäre praktisch oftmals unmöglich und daher Art. 4 ModG recht bedeutungslos.[24] Das Gleiche geschah noch einmal dann national.[25] Nur wegen des selbständig gestellten und *negativ formulierten* S. 2 (Beweislastumkehr!), ist das Ergebnis letztlich akzeptabel: denn damit dürfte – ungewollt – ein adäquater Kompromiss zwischen RegE und ModG gefunden sein.

III. Präklusion als Rechtsfolge

14   Die Vorschrift bewirkt **Präklusion:** man kann den Mangel „später nicht mehr geltend machen" (S. 1 aE), es sei denn bei Entlastung als Folge von Unkenntnis (S. 2, Rn. 12); ganz ähnlich formuliert § 295 Abs. 1: der Verstoß „kann nicht mehr gerügt werden" (ein bedeutsamer Unterschied folgt hieraus nicht – darum näher: § 295 Rn. 44). Die Präklusion bewirkt dann insoweit eine **Heilung** – und zwar **mit Wirkung ex tunc**[26] –, wenn und weil der Mangel von *keiner Partei* mehr gerügt werden kann. Denn mangelhafte **Gerichtshandlungen** vermögen beide Parteien zu rügen,[27] was somit „doppelten" Rügeverlust erforderlich macht; die Fehlerhaftigkeit von **Parteihandlungen** kann demgegenüber bloß der Gegner bzw. Adressat rügen. Die falsch agierende Partei selbst ist darauf beschränkt, bei Gericht die prozessuale Zurückweisung anzuregen, was implizit dem Gegner das eröffnete Rügerecht nahebringt; ansonsten muss sie ihr Verhalten voll gegen sich gelten lassen. Präklusionsfolge und Heilung des Mangels sind **endgültig,** sie wirken sowohl für das private Schiedsverfahren wie auch für eine spätere staatsgerichtliche Prüfung (§ 1059 bzw. § 1060), der aber die Kontrolle der Präklusionsvoraussetzungen offensteht.[28] Denn es kann keine Heilung beim Verstoß gegen § 1027 geben, anderenfalls wäre eine „Endloskette" die Folge; anders gesagt: § 1027 ist also nicht nachgiebiges Recht, sondern zwingenden Charakters[29] (vgl. ferner erg. Rn. 6).

IV. Möglichkeiten anderweitiger Mangelheilung

15   **1. Mangelbeseitigung.** Sie geht vom *Agierenden* aus und besteht idR in fehlerfreier **Nachholung** der Prozesshandlung – aber allemal mit Wirkung bloß ex nunc, wie dies dem Wesen der Neuvornahme eigen ist. In Betracht kommt auch die **Genehmigung,** vor allem bei vollmachtloser Vertretung (welche ausnahmsweise jedoch ex tunc wirkt, arg. § 184 Abs. 1 BGB), oder die **Anpassung** der Schiedsverfahrensregeln durch eine nachträglich abgeschlossene Vereinbarung nach § 1042 Abs. 3. Sie erfordert im Gegensatz zu § 1027 explizite Einigkeit, wirkt allerdings auch umfassender, insoweit sie ohne weiteres zukünftiges gleichlautendes Prozessverhalten legitimiert. Die Anpassung muss dann jedoch ganz bewusst in Konsequenz des Verstoßes erfolgen, denn normalerweise äußert eine solche Änderung lediglich Wirkung für die Zukunft (§ 1042 Rn. 81 aE): wie sie rückwirkend keinen Mangel herbeiführt, vermag sie es ebenso wenig, (quasi automatisch) Mängel zu heilen. Bei fehlender Disponibilität (Rn. 6–9) bleibt aber allein Mangelheilung durch Fehlerbeseitigung (somit idR durch Neuvornahme) übrig.

16   **2. Verzichtserklärung.** Sie geht vom *Adressaten* aus, ist auf einen einzelnen Punkt bezogen (anders insoweit Verfahrensregeln vereinbarungsgemäß angepasst werden) und vermag es, rückwirkend zu heilen (im Unterschied zu fehlerfrei erfolgter Nachholung). Sie ähnelt mithin dem § 1027 (§ 295 Abs. 1 nennt konsequent beide Varianten!), der letztlich nur konkludenter – besser: präsumtiver – Rügeverzicht ist (zum Verhältnis von Präklusion und Verzicht siehe oben Rn. 12), muss aber deutlich dem Gericht gegenüber erklärt werden. Der Verzicht ist eine **einseitig prozessuale Erklärung,** hat keine Annahme nötig und ist unwiderruflich. Er wird meistens ausdrücklich erfolgen, als positive (billigende) Reaktion auf die fehlerbehaftete Handlung des Gegners oder des Gerichts, ist aber genauso auch stillschweigend möglich, etwa durch Rücknahme einer vorherigen Mängelrüge. Der Verzicht wirkt sogleich, und nicht erst nach einer späteren rügelosen Einlassung, deshalb

---

[24] Ebenso die Einschätzung von *Granzow,* 1988, S. 79.
[25] BT-Drucks. 13/5274 S. 32 re. Sp. [4] einerseits (Nähe zu § 295), BT-Drucks. 13/9124 S. 43 ff., 46 andererseits (Treue zum ModG).
[26] *Thomas/Putzo/Reichold* Rn. 7.
[27] *Rosenberg/Schwab/Gottwald* Rn. 62.5.
[28] CR Nr. 57 = *Holtzmann/Neuhaus* 215 aE; 7th SN Art. 4 Nr. 6 = *Holtzmann/Neuhaus* S. 209 aE u. SR 308 Nr. 48–50, 59–63 (mit Kritik aus Frankreich [Nr. 59 f.]) = *Holtzmann/Neuhaus* S. 212 ff.; 5th WGR Nr. 181 = *Holtzmann/Neuhaus* S. 206. Der Wunsch, das deutlicher zu formulieren (4th SN Nr. 11 = *Holtzmann/Neuhaus* S. 204/205; 6th SN Art. 4 Nr. 5 = *Holtzmann/Neuhaus* S. 207 [Finnland]), blieb ungehört. – BT-Drucks. 13/5274 S. 33 li. Sp. [7] bestätigt kritiklos. Beispielsfälle: OLG Naumburg NJW-RR 2003, 71, 72; OLG Stuttgart NJW-RR 2003, 495, 496 [III 1 u. 2 a] = SchiedsVZ 2003, 84; wohl auch OLG Frankfurt/Main NJW-RR 2003, 498, 500 re. Sp.; IHR 2003, 93, 95 re. Sp.
[29] Wie hier nun auch *Baumbach/Lauterbach/Hartmann* Rn. 3.

ist allemal **deutliche Erklärung**[30] **notwendig,** schon allein damit § 1027 nicht leerläuft. Verzichtserklärungen im Vorhinein sind unzulässig,[31] doch bleibt hier die gemeinsame vertragliche Abänderung der Verfahrensgrundlagen.

3. Zweckerreichung. Eine Heilung von (insbes. Form-)Mängeln durch Zweckerreichung,[32] somit auf einer *normativ* vorgezeichneten Grundlage und nicht infolge Veranlassung, ist abzulehnen (§ 295 Rn. 42f.). Der Maßstab ist hierfür zu ungenau bzw. mündet in reinen Billigkeitserwägungen. Dafür fehlt zudem jedes Bedürfnis. Innerhalb des Verfahrens bleibt nämlich fehlerfreie Nachholung möglich (Rn. 15), hernach fließt eine solche Wertung schon bei § 1059 Abs. 2 Nr. 1d ein: Verfahrensfehler bei Konstituierung des Schiedsgerichts (§§ 1034ff.) und genauso bei Organisation des Schiedsverfahrens (§§ 1042ff.) sind nur noch bei offenbarer Ergebnisrelevanz (Kausalität) beachtlich (§ 1059 Rn. 33–35) – das ist gar weniger als positiv die Zweckerreichung, oder umgekehrt auch: mangelnde Zweckverfehlung gleichsam. Der folgenlose Verfahrensverstoß ist niemals seiner selbst willen ahndbar. Anders aber soweit § 1059 Abs. 2 Nr. 1a–c (Antragsbindung) bzw. Nr. 2a/b (Amtsprüfung) hier betroffen sind; diese markieren einen zwingend einzuhaltenden Standard, der frei von Billigkeitserwägungen geachtet und gehalten werden sollte.

§ 1028 Empfang schriftlicher Mitteilungen bei unbekanntem Aufenthalt

(1) Ist der Aufenthalt einer Partei oder einer zur Entgegennahme berechtigten Person unbekannt, gelten, sofern die Parteien nichts anderes vereinbart haben, schriftliche Mitteilungen an dem Tag als empfangen, an dem sie bei ordnungsgemäßer Übermittlung durch Einschreiben gegen Rückschein oder auf eine andere Weise, welche den Zugang an der letztbekannten Postanschrift oder Niederlassung oder dem letztbekannten gewöhnlichen Aufenthalt des Adressaten belegt, dort hätten empfangen werden können.

(2) Absatz 1 ist auf Mitteilungen in gerichtlichen Verfahren nicht anzuwenden.

I. Normzweck

Die Vorschrift übernimmt ein zentrales Anliegen des Art. 3 ModG in nationales Recht, nämlich die **Fiktion des Zugangs** bei unbekanntem Aufenthalt und zwar für Kenntnis*erlangung* (Art. 3 Abs. 1 lit. a, 2. Halbs.) und Kenntnis*zeitpunkt* (Art. 3 Abs. 1 lit. b) – zusammengezogen in einer einzigen Regel **(Abs. 1)** und (wortgetreu zum Vorbild) unter Ausschluss (staats-)gerichtlicher Maßnahmen **(Abs. 2)**. Sie soll einen Ausgleich dafür schaffen, dass künftig **Zustellung weithin entbehrlich** ist und stattdessen die schlichte Empfangnahme ausreicht bzw. sicherstellen, dass bei *unbekanntem* Aufenthalt am Ende nicht doch (öffentliche!) Zustellung nicht erforderlich wird – welche dennoch (vgl. § 132 Abs. 2 BGB mit §§ 185–188 ZPO) möglich bleibt. Bei *bekanntem* Aufenthalt greift § 130 BGB analog. Die Regelung dient insoweit der **Verfahrensvereinfachung** und schützt hierbei vor **Verfahrensverzögerungen** bzw. störenden nachträglichen Einwänden: Abwehr verbotenen widersprüchlichen Verhaltens[1] (vgl. auch erg. § 5.1–4 DIS-SchO; Art. 3 Abs. 2 u. 3 ICC-SchO).

II. Anwendungsvoraussetzungen

1. Schriftliche Mitteilung. Es muss um eine **schriftliche Mitteilung (unter Abwesenden)** gehen. Für den Zugang *nicht verkörperter Erklärungen* gilt diese Vorschrift schon nach ihrem Wortlaut nicht, für den Zugang *unter Anwesenden* wurde sie erkennbar nicht ausgelegt, da sie eine Übermittlung nach außerhalb (Postanschrift, Niederlassung etc.) erfordert – diese beiden Fälle unterstehen gleich § 130 BGB analog, und zwar zudem in einem doppelten Sinne: materiell, indem die gleichfalls auf verkörperte (Willens-)Erklärungen zugeschnittene BGB-Regelung erweitert wird;[2] prozessual, durch Anwendung für ZPO-Anliegen bzw. für Belange des Schiedsverfahrens. Gleichgültig ist in diesem Zusammenhang, ob die Schriftform gesetzlich abverlangt wird – explizit (§ 1054 – dazu dort Rn. 5ff.) oder implizit (§ 1044 – dazu dort Rn. 11f.).

Unerheblich ist gleichfalls, ob sie „bloß" auf Parteiabrede beruht oder einfach auch nur auf Parteiwillen oder Gerichtsusus. Grundlage der Zugangsfiktion ist lediglich, dass **tatsächlich schriftlich übermittelt** wurde – und dass diese Form dafür insgesamt zulässig und tauglich war. Erfasst ist

---

[30] Dh. Erklärungsakt *und* Verzichtswille, missverständlich BGHZ 25, 66, 71.
[31] RGZ 133, 215, 218.
[32] Dazu – bejahend – etwa *Vollkommer,* Formenstrenge und prozessuale Billigkeit, 1973, S. 378ff.
[1] BT-Drucks. 13/5274 S. 33 re. Sp. [3].
[2] RGZ 61, 414, 415 (§ 130 BGB); 83, 104, 106 (§ 147 BGB) bzw. *Jauernig* § 130 BGB Rn. 4, 9f.

§ 1028 4–8   Buch 10. Abschnitt 1. Allgemeine Vorschriften

allein die „klassische" Mitteilung von Schriftstücken durch Post oder Boten, denn nur jene ist **stoffgleiche schriftliche Übermittlung** vom Erklärenden zum Adressaten. Hierauf sind allemal die normierten Übermittlungsmodalitäten (Einschreiben gegen Rückschein an letztbekannte Postanschrift) abgestimmt, dies entspricht auch dem Wortsinn der „schriftlichen Mitteilung", die eben naturgemäß nur dergestalt beim Empfänger einkommen kann, wie sie vom Adressaten individuell auf den Weg gebracht wurde.

4   Die moderne **Übermittlung mittels Draht/Funk** scheidet folglich als Anknüpfungspunkt aus: hierbei erfolgt nämlich der eigentliche Übermittlungsakt unkörperlich. Das gilt gewiss – manche mögen bedauernd sagen: leider – für **elektronische** Übermittlung (e-mail), die wohl immer mehr Bedeutung gewinnen wird, zumal vor allem bei einem internationalen Schiedsverfahren. Dieser Fall bleibt zunächst einmal unerfasst, mindestens solang bis einmal die Schriftform selbst insgesamt darauf erstreckt wird. Ohne handhabbare Sicherungen wäre sonst häufig nicht klar, wer denn was tatsächlich übermittelt hat. § 126a BGB iVm. § 126 Abs. 3 BGB (elektronische Surrogatform) ändert daran nichts, zumal sich hier eben „aus dem Gesetz ein anderes ergibt". Hier sollte der Sender sich demgemäß besonders vorsehen.

5   Denkbar erschiene dagegen, die **klassische** Übermittlung (Telegramm, Fernschreiben, Telefax) für genügend zu erachten, zumal sie schon seit langem im Prozess die erforderliche Schriftform substituieren kann (§ 129 Rn. 16 m. weit. Nachw.). Hier verschafft sich der Erklärende indessen zusätzlich Vorteile, welche auf Kosten des Adressaten gehen (näher Rn. 17 f.: Zugangsfiktion – nicht etwa nur Erleichterung der Übermittlung!). Dann muss aber der potentielle Adressat sich insoweit vorsehen können (Umzugsnachricht, Nachsendeauftrag etc.) – die Norm sagt ihm, was erwartet ist – und gutwillig darauf verlassen dürfen, dass Nachrichten ihn zuverlässig erreichen. Telex- oder Faxnummern mitzuteilen, besteht keinerlei Obliegenheit. Im Gegensatz zu § 1031 Abs. 1, 2. Var. u. Abs. 5 S. 2 erfasst § 1028 moderne Medien nicht.

6   **2. Bekannter Empfänger.** Empfänger ist streng genommen allein die **Partei selbst**. Abs. 1 erweitert das auf sämtliche empfangsberechtigte **Parteirepräsentanten**, was freilich nur „Klarstellung" (zu Art. 3 ModG) sein soll.³ Materiell geht es insoweit um (passive) **Stellvertretung** (§ 164 Abs. 3 BGB mit § 85 Abs. 1 S. 1 ZPO), sei es nun gesetzliche oder gewillkürte, diese insbes. durch Rechtsanwälte als Bevollmächtigte (§ 1042 Abs. 2). An sie kann – muss aber nicht (im Gegensatz zu § 172 Abs. 1! – § 5.5 DIS-SchO: „sollen") – die schriftliche Mitteilung erfolgen; sie haben ein zwar abgeleitetes, aber insgesamt doch eigenständiges Empfangsrecht, dh. Abs. 1 greift konsequenterweise selbst bei bekanntem Aufenthaltsort der Partei ein;⁴ es geht dabei also um Zurechnung. – Wer **Absender** ist, Schiedspartner oder -gericht, bleibt sich hingegen ganz gleich; für einzelne Schiedsrichter oder das gesamte Schiedsgericht als *Adressaten*, somit bei quasi „umgekehrter Laufrichtung", gilt die Norm indes natürlich nicht.

7   **3. Unbekannter Aufenthalt.** Unbekannt ist der Aufenthalt, wenn dem Absender (Rn. 6 aE) darüber „Informationen nicht vorliegen und nach zumutbaren Recherchen auch nicht zu erlangen sind".⁵ Die Begründung irrt hier allerdings, wenn sie dieses als rein **objektive Anknüpfung** verstanden wissen möchte, obgleich der Wortlaut das andeutet. Denn hierzu passt die gegebene Umschreibung schlecht, wenn sie eine **individuell gradierte Recherchepflicht** auferlegt:⁶ Zumutbarkeit ist immer eine Frage des Einzelfalles! Das deutet die englische Originalfassung („after making a reasonable inquiry") um vieles besser an. Entscheidend ist die aktuell vorhandene bzw. vorwerfbar fehlende Kenntnis des Absenders,⁷ die insoweit „Gutgläubigkeit" zerstört. Also fließt eine starke **subjektive Komponente** in die Bewertung ein. Hiervon ist genauso für den deutschen Gesetzestext auszugehen, welcher im Abbild sein wollte. Kenntnis schadet durchweg, auch bei bloß kurzzeitig bestehendem Aufenthalt.⁸

8   Obgleich genaue Kriterien fehlen – ganz bewusst übrigens⁹ –, gilt insoweit eine Art „Mischformel": **tatsächliche Unkenntnis ohne persönliches Verschulden**. Der Schuldvorwurf ist aller-

---

³ Kom.-Ber. S. 84.
⁴ Hier einschränkend wohl *Musielak/Voit* Rn. 2: Vorrang vertraglicher Abreden. Dann fehlt ohnedies indes aber die Empfangsberechtigung!
⁵ BT-Drucks. 13/5274 S. 33 li. Sp. [2] – wird regelmäßig unbesehen übernommen: *Zimmermann* Rn. 1; *Baumbach/Lauterbach/Hartmann* Rn. 3; *Zöller/Geimer* Rn. 1; *Musielak/Voit* Rn. 3 mit Fn. 4.
⁶ Gegen jegliche Recherchepflicht OLG Dresden SchiedsVZ 2006, 166: Treueverpflichtung aus Schiedsvereinbarung – geht zu weit!
⁷ CR Nr. 41 = *Holtzmann/Neuhaus* S. 194 („knowledge of the sender") mit 6th SN Nr. 5 = *Holtzmann/Neuhaus* S. 190.
⁸ AA *Musielak/Voit* Rn. 2 aE.
⁹ CR Nr. 43 = *Holtzmann/Neuhaus* S. 194 („not … excessively detailed procedural requirements").

dings objektiviert bzw. typisierend angeknüpft als Außerachtlassung (schieds-)prozessüblicher Sorgfaltsmaßstäbe (arg. § 276 Abs. 1 S. 2 BGB). Man könnte daran denken, per Meldeauskunft die neue Anschrift zu ermitteln (zumindest bei Inländern); denkbar wäre ebenfalls eine Nachfrage per Telefon/Telefax oder eine Recherche bei der Telefonauskunft; obligat ist ein zweiter Übermittlungsversuch, sofern noch eine andere Anknüpfungsgrundlage bekannt ist, also zB eine Übersendung an die Firmenadresse oder auf ganz anderem Wege (Telefax, e-mail) nachdem der Brief an die Privatanschrift als unzustellbar retour gekommen ist. Abs. 1 ist lediglich ein Notnagel. Auch liegt nahe, dass die eine Schiedspartei beim Schiedsgericht nachfragt, wenn es denn schon konstituiert wurde – und ebenso umgekehrt.

4. Übermittlungsweise. a) Übermittlungsvorgang. Übermittelt werden muss dahin, wo **9 Empfang letztbekannt möglich** war. Diesbezüglich steht die Trias „Postanschrift, Niederlassung, Aufenthalt" keinesfalls *gleichrangig* nebeneinander, dh. frei zur Wahl, sondern man muss dorthin übermitteln, wo Zugang am ehesten wahrscheinlich scheint. Das verlangt der Schutzzweck und auch die Achtsamkeit, sich nicht später einen Schuldvorwurf „einzufangen". Erst nachdem alle bekannten Alternativen zumutbar ausgeschöpft sind (Rn. 7f.) und dazuhin Gleichwertigkeit der Zugangschancen besteht, hat der Sender die Option.

Übermittelt werden kann an: (1) eine **Postanschrift,** was wohl als Oberbegriff (arg. Rn. 3) **10** angesehen werden muss, weil die beiden anderen Varianten ebenso eine Anschrift verlangen. Darunter fallen Posthaus- und Postfachanschrift gleichermaßen, nicht aber die Übermittlung als postlagernd; (2) eine Haupt- oder Zweig-**Niederlassung** (ModG: „place of business" – zum Begriff: § 21 Rn. 2), was regelmäßig den Geschäftsbereich abdeckt; (3) den **Ort des gewöhnlichen Aufenthalts** (ModG: „habitual residence" – zum Begriff: § 16 Rn. 6 einerseits, § 13 Rn. 9 andererseits), der an die Privatsphäre anknüpft und damit den Kontrapunkt zur (gewerblichen) Niederlassung bildet. Stimmiger wäre freilich eine Bezugnahme auf den Wohnsitz gewesen – es sollte wohl jedoch stärker faktisch und weniger rechtlich angeknüpft werden.

Jene (letzthin durch anglo-amerikanische Sicht geprägte) Trias soll sicherstellen, dass der Adressat **11** mindestens noch eine marginale Chance hat, die **Nachricht zu empfangen.** Gleichzeitig eröffnet sie dem Absender, der nach bestem Wissen und Gewissen handelt, die Einleitung oder Fortführung des Schiedsverfahrens unter Vorgabe eines plausibel ermittelten Zielortes. National ist Angelpunkt der Regelung der **Tatbestand der Anschrift** (Rn. 10 [1]): ist diese bekannt, darf sie auch „bedient" werden – sogar wenn es sich dabei weder um einen Niederlassungssitz noch um eine Aufenthaltsstelle handelt.

b) Übermittlungsnachweis. Die **Ordnungsmäßigkeit** der Übermittlung ist keine wirkliche **12** Voraussetzung, sondern lediglich Anhaltspunkt für die (hypothetische – Rn. 20) Zugangszeit. Zwingend ist hingegen, die **Nachweisbarkeit** der Übermittlung – präziser: des (letzthin gescheiterten) Versuchs der Übermittlung – sicherzustellen. Das wirkt in praxi von vornherein auf die Art des Übermittlungsvorgangs beschränkend zurück. Dass freilich die Voraussetzungen der Fiktionswirkung derjenige beweisen muss, welcher sie benützt, ist andererseits eine Binsenweisheit und insoweit schon von je her Gebot gesunden Eigeninteresses.

aa) Einschreiben gegen Rückschein (1. Var.). Der Nachweis ist stets erbracht im gesetzli- **13** chen Regelbeispiel der Versendung per Einschreiben gegen Rückschein. Sie entspricht ohnehin tradierter Verfahrenspraxis in Schiedssachen. Durch Einlieferungsschein und Rückscheinsvermerk ist klargestellt, dass eine Sendung abgegangen, indes jedoch nicht angekommen ist; zugleich ist damit ein Anhalt für die Laufzeit gegeben. Als alltägliches Problem bleibt übrig nachzuweisen, welchen genauen Inhalt die Sendung konkret hatte – hierbei hilft meist ein Anscheinsbeweis.[10]

bb) Übermittlung auf andere Art (2. Var.). Der Nachweis mag aber ebenso gut auch auf **14** andere Art erbracht werden, wenn er gleichermaßen „den Zugang ... belegt". Der Wortlaut ist inkorrekt: es geht bloß um den Versuch des Zugangs (das ModG ist korrekter: „attempt to deliver"), der Aufenthalt des Empfängers ist schließlich unbekannt. Mögliche Formen sind Übermittlung durch Boten, was dann zum Zeugenbeweis hinführt, oder mittels Parteizustellung durch Gerichtsvollzieher oder in anderer Form (§ 132 Abs. 1 BGB mit §§ 191ff., 166ff. ZPO), die insoweit Urkundsbeweis eröffnet (§§ 193f., 182). Der Übermittlungsversuch muss bloß sicher belegt sein – auf welche Art bleibt sich gleich.

5. Ausschlusstatbestände. a) Gerichtliche Verfahren (Abs. 2). Die Vorschrift bleibt auf **15** Mitteilungen beschränkt, die sich auf Einleitung und Fortführung des **gesamten Schiedsverfahrens** beziehen, wofür allerdings indes § 1026 eine faktische Vermutung aufstellt; sie ist unanwend-

---

[10] *Baumgärtel* § 130 BGB Rn. 10.

§ 1028 16–20 Buch 10. Abschnitt 1. Allgemeine Vorschriften

bar für zeitgleich oder nach Beendigung des Schiedsverfahrens durchgeführte (staats-)**gerichtliche Verfahren (Abs. 2)** iSv. § 1062 Abs. 1/4 u. § 1033 (Aufzählung: § 1026 Rn. 4). Freilich kann Abs. 1 doch immerhin indirekt über die Anknüpfung von Fristläufen (§§ 1037 Abs. 3 S. 1, 1040 Abs. 3 S. 2, 1059 Abs. 3 S. 1, 2) auf die prozessuale Zulässigkeit ausstrahlen und sogar die materielle Begründetheit präjudizieren (§ 1060 Abs. 2 S. 3). In Staatsverfahren erfolgt sonst dagegen Amtszustellung, § 270 S. 1[11] mit §§ 166 ff., mit dem Ausweg öffentlicher Verlautbarung (§§ 185–188).

16   b) **Abweichende Vereinbarung (Abs. 1).** Abs. 1 steht dazuhin unter dem gesetzlichen Vorbehalt abweichender Parteiabrede. Doch vermögen die Parteien auch die Zugangsfiktion zu verschärfen oder zu modifizieren, zB insgesamt anders anknüpfen (Übermittlungsmodalitäten, Fiktionszeitpunkt etc.) oder förmliche Zustellung verordnen – jene Regel steht *nach allen Seiten* der Abrede offen. So mag etwa die alte Adresse solange bedient werden können bis eine – mitgeteilte – neue sie ablöst. Ein Ausschluss erscheint nur sinnvoll, wenn anderweit genügend Vorsorge getroffen ist, dass eine Partei erreichbar bleibt. Ansonsten bleibt nur öffentliche Zustellung (§ 132 Abs. 2 S. 1, 2. Var. BGB mit §§ 185–188 ZPO) – hierbei folgt die Zuständigkeit § 132 Abs. 2 S. 2, 2. Var. BGB, der insgesamt lex specialis ist, nicht § 1062 Abs. 3 mit § 1050 als Ermächtigungsgrund.

III. Rechtsfolge: Zugangsfiktion

17   **1. Grundsatz.** Schriftliche Mitteilungen „gelten an dem Tag als empfangen, an dem sie bei ordnungsgemäßer Übermittlung ... hätten empfangen werden können". **Empfang bedeutet Zugang,** wie die Umschreibung des nötigen Übermittlungsbelegs (Rn. 12–14) erweist, mit Wirksamwerden des Erklärungsakts als Rechtswirkung (vgl. § 130 Abs. 1 S. 1 BGB). Während aber das ModG **Zugangsakt** (lit. a) und **Zugangstag** (lit. b) getrennt fingiert, zieht Abs. 1 beide Aussagen zutreffend zusammen, weil letzteres nämlich ersteres logisch miterfasst:[12] ohne Zugangsakt kein Zugangstag. Die Vorschrift liefert eine **Fiktion des Zugangs,** ist also nicht bloß gesetzliche Vermutung (§ 292 S. 1) und damit auch durch Gegenteilsbeweis nicht zu entkräften.[13] Vorschläge in den Beratungen zum ModG, irgendeine Art „Gegenrecht" doch am Ende zuzulassen,[14] haben sich schon dort nicht durchzusetzen vermocht, sodass jene Umsetzung voll konform geht.

18   **2. Wirkungen.** Die Fiktion des Zugangs (Rn. 17 f.) wirkt idR **zugunsten des Absenders.** Sie verschafft der Erklärung unkompliziert ihre vorbestimmten Wirkungen. Sie kann etwa eine Frist in Lauf setzen, die mit Präklusion, gerichtlicher Ersatzmaßnahme oder Versäumnis-Entscheidung bedroht ist – und zwar insoweit ohne die Gebote rechtlichen Gehörs (§ 1059 Abs. 2 Nr. 1 b, 1. Var. [Verfahrenseinleitung] bzw. § 1059 Abs. 2 Nr. 1 b, 2. Var. mit zB § 1047 Abs. 2/3, § 1059 Abs. 2 Nr. 1 d, 1. Halbs. 2. Var. mit § 1042 Abs. 1 S. 2 [Verfahrensdurchführung]) und fairen Verfahrens zu verletzen. Die Vorschrift ist somit durchaus recht kraftvoll, und es steht zu hoffen, dass sie die verfassungsrechtliche „Feuerprobe" wird überstehen können. Immerhin mag die Regelung mitunter auch **zu Lasten des Absenders** wirken, wie zB bei einer Schiedsrichterbestellung (§ 1035 Abs. 2).

19   Ihre Kraft muss indes weiter beschränkt werden: **persönlich** auf Parteien und Gericht als Beteiligte des Prozessrechtsverhältnisses, die Norm wirkt dagegen nicht für oder gegen Dritte; **sachlich** auf Schreiben mit *reinem* verfahrensmäßigen Inhalt im Unterschied zu materiellen Erklärungen, mögen jene zugleich auch die prozessuale Verteidigung vorbereiten helfen (zB Anfechtung, Aufrechnung, Rücktritt), die Norm hat eine durchgehend prozessuale Zielvorgabe. **Zeitlich** deckt die Regel hingegen einen immensen Anwendungsbereich, sie wirkt schon vor Verfahrensbeginn, natürlich im Verfahren und über den Verfahrensschluss hinaus (dazu näher noch 2. Aufl. Rn. 13–15). Häufig vergeht gerade zwischen Schiedsvereinbarung und Schiedsnotwendigkeit viel Zeit, in der die Partei die andere eventuell „aus den Augen verliert".

20   **3. Zeitpunkt.** Maßgeblich ist regelmäßig der Zugangszeitpunkt (Rn. 17), vor allem für Fristberechnungen. Dafür genügt der *erste* (fehlgeschlagene) Übermittlungsversuch. Der **Fristbeginn** errechnet sich aus dem Absendetag plus üblicher Laufzeit bei ordnungsgemäßer Übermittlung (Rn. 9–11). Nötig ist somit eine **typisierend-hypothetische Betrachtung** unter Ausblendung des Einzelfalls. Weder die extra eilige noch eine ungebührlich langsame Übermittlung bilden das rechte Maß, zumal der (Übermittlungs-)Versuch ins Leere geht und sich oft kein konkreter Zeitpunkt mehr später feststellen lassen wird. Jedenfalls ist nach dem deutschen Wortlaut[15] eindeutig der

---

[11] BT-Drucks. 13/5274 S. 33 re. Sp. [5].
[12] Vgl. Kom.-Ber. S. 84.
[13] § 292 Rn. 8; BGH NJW 1965, 584; *Zöller/Greger* § 292 Rn. 1.
[14] 7th SN Art. 2 Nr. 6 = *Holtzmann/Neuhaus* S. 190 gegen 6th SN Art. 2 Nr. 6 (Norwegen) = *Holtzmann/Neuhaus* S. 190.
[15] Im Gegensatz zu Art. 3 Abs. 1 ModG: „is deemed to have been received if it is delivered".

hypothetische Ankunftstag und nicht der tatsächliche Versendetag maßgeblich. Alles andere müsste auch als eine Art „Überbeschleunigung" verdächtig erscheinen. Je nach Entfernung wird man im Inland also 1–2 Tage Postlaufzeit zugeben, bei Übermittlung ins Ausland je nach dem Ziel entsprechend mehr.

Ein **Fristablauf** ist dann gemäß §§ 187 ff. BGB (vgl. § 186 BGB bzw. § 222 Abs. 1 ZPO) zu errechnen;[16] es gelten die ganzen allgemeinen Regeln deutschen Rechts. Bereits Art. 3 (Abs. 1) ModG hat insoweit mit Art. 2 (Abs. 2) SchO gebrochen und jene Frage nationaler Gesetzgebung überlassen. Das Ergebnis ist freilich weithin dasselbe – es gehorcht praktischer Vernunft: der (hypothetische) Zugangstag zählt nicht mit (§ 187 Abs. 1 BGB; Art. 2 Abs. 2 S. 1 SchO), wie es die Klarstellung für den Fristablauf (§ 188 Abs. 2, 2. Var. BGB) noch einmal ergänzend verdeutlicht; läuft die Frist an einem Sonn- oder Feiertag ab, wird bis zu dem folgenden Werktag verlängert (§ 193 BGB bzw. § 222 Abs. 2 ZPO; Art. 2 Abs. 2 S. 2 SchO). Nur insofern ist die autonome Regelung eklatant großzügiger, als sie jene Gunst auch für den Samstag gewährt. Fristverlängerung bedeutet Fristkumulation (§ 190 BGB). Vgl. auch erg. Art. 3 Abs. 4 ICC-SchO.

---

[16] BT-Drucks. 13/5274 S. 33 re. Sp. [4].

Abschnitt 2. Schiedsvereinbarung

§ 1029 Begriffsbestimmung

(1) Schiedsvereinbarung ist eine Vereinbarung der Parteien, alle oder einzelne Streitigkeiten, die zwischen ihnen in Bezug auf ein bestimmtes Rechtsverhältnis vertraglicher oder nichtvertraglicher Art entstanden sind oder künftig entstehen, der Entscheidung durch ein Schiedsgericht zu unterwerfen.

(2) Eine Schiedsvereinbarung kann in Form einer selbständigen Vereinbarung (Schiedsabrede) oder in Form einer Klausel in einem Vertrag (Schiedsklausel) geschlossen werden.

Schrifttum: *Ahrens,* Die subjektive Reichweite internationaler Schiedsvereinbarungen ..., 2001; *Becker,* Konflikt- und Schiedsklauseln in Notarverträgen, NotBZ 2000, 389; *P. Böhm,* Zur Rechtsnatur des Schiedsvertrages ..., ZfRV 1968, 262; *Buhmann,* Das auf den internationalen Handelsschiedsvertrag anzuwendende nationale Recht, Diss. 1970; *Epping,* Die Schiedsvereinbarung im internationalen privaten Rechtsverkehr nach der Reform des deutschen Schiedsverfahrensrechts, 1999; *Flöther,* Auswirkungen des inländischen Insolvenzverfahrens auf Schiedsverfahren und Schiedsabrede, 2001 (dazu: *Bork* ZZP 111 [2002], 522); *ders.,* Schiedsverfahren und Schiedsabrede unter den Bedingungen der Insolvenz, DZWIR 2001, 89; *Gildeggen,* Internationale Schieds- und Schiedsverfahrensvereinbarungen ..., 1991; *Fremuth,* Schiedsverfahren und Konkurs, öJZ 1998, 848; *Girsberger/Hausmanninger,* Assignment of Rights and Agreement to Arbitrate, Arb. Int. 8 (1992), 121; *Haas,* Beruhen Schiedsabreden in Gesellschaftsverträgen nicht auf Vereinbarungen i. S. des § 1066 oder vielleicht doch?, SchiedsVZ 2007, 1; *Haas/Hauptmann,* Schiedsvereinbarungen in „Ungleichgewichtslagen", SchiedsVZ 2004, 175; *Habersack,* Die Personengesellschaft und ihre Mitglieder in der Schiedsvertragspraxis, SchiedsVZ 2003, 241; *Habscheid,* Schiedsverfahren und Freiwillige Gerichtsbarkeit, ZZP 66 (1953) 188; *ders.,* Die Rechtsnatur des Schiedsvertrages und ihre Auswirkungen, KTS 1955, 33; *ders.,* Schiedsvertrag und Schiedsgutachtenvereinbarung, KTS 1957, 129; *ders.,* Die Kündigung des Schiedsvertrages aus wichtigem Grund, KTS 1980, 285; *Hamann/Lennarz,* Sieben Regeln für eine schnelle, einfache und gute Schiedsklausel, BB 2007, 1009; *Hanefeld/Wittinghofer,* Schiedsklauseln in Allgemeinen Geschäftsbedingungen, SchiedsVZ 2005, 217; *dies.,* Parallele Verfahren mit identischem Schiedsgericht als Lösung für Mehrparteienkonflikte?, SchiedsVZ 2006, 289; *Hausmann,* Einheitliche Anknüpfung internationaler Gerichtsstands- und Schiedsvereinbarungen?, FS Lorenz, 1991, S. 359; *Höttler,* Das fingierte Schiedsverfahren ..., 2007, S. 63–113; *v. Hoffmann,* Internationale Handelsschiedsgerichtsbarkeit – Die Bestimmung des maßgeblichen Rechts, 1970; *v. Hülsen,* Die Gültigkeit von internationalen Schiedsvereinbarungen nach Konventionsrecht ..., 1973; *Jäcker,* Schiedsklauseln, 1992; *Jagenburg,* Schiedsgerichtsbarkeit zwischen Wunsch und Wirklichkeit, FS Oppenhoff, 1985, S. 147; *Jagenburg/Sturm,* Das Schicksal des Schiedsvertrages bei Vermögensverfall einer Partei ..., JbPrSch. 4 (1990), 70; *Jestaedt,* Schiedsverfahren und Konkurs, 1985; *Kiesow,* Die Vereinbarkeit des Schiedsgerichtswesens mit dem Grundgesetz, KTS 1962, 224; *Kisch,* Einige Bemerkungen zum Wesen des Schiedsvertrages, ZZP 51 (1926), 321; *Knellwolf,* Zur materiellrechtlichen Bedeutung der Schiedsabrede, Beiträge zu Grenzfragen des Prozessrechts, FG Habscheid, 1991, S. 45; *Koussoulis,* Zur Dogmatik des auf die Schiedsvereinbarung anwendbaren Rechts, FS Schlosser, 2005, S. 415; *Kreindler,* Strafrechtsrelevante und andere anstößige Verträge als Gegenstand von Schiedsverfahren, 2005 (dazu *Spehl* SchiedsVZ 2007, 322), vgl. auch erg. FS Schlosser, 2005, S. 429, 439 ff.; *Lachmann,* Schiedsvereinbarungen im Praxistest, BB 2000, 1633; *ders.,* Klippen für die Schiedsvereinbarung, SchiedsVZ 2003, 28; *Lenz,* Schiedsklauseln in GmbH-Gesellschaftsverträgen, GmbHR 2000, 552; *Lindacher,* Schiedsvereinbarungen und Allgemeine Geschäftsbedingungen im internationalen Handelsverkehr, FS Habscheid, 1989, S. 167; *Lorenz,* Die Rechtsnatur von Schiedsvertrag und Schiedsspruch, AcP 157 (1958/59), 265; *Planty,* Quelques observations sur l'arbitrage administré, Clunet 1999, 731; *Martens,* Wirkungen der Schiedsvereinbarung und des Schiedsverfahrens auf Dritte, 2005; *Mäsch,* Schiedsvereinbarungen mit Verbrauchern, FS Schlosser, 2005, S. 529; *Milzer,* Die Bewältigung von Entscheidungssituationen bei der notariellen Betreuungs- und Beurkundungstätigkeit mit dem Instrumentarium des Schiedsverfahrens gem. §§ 1025 ff. ZPO, ZNotP 2001, 252 u. 290; *Müller/Keilmann,* Beteiligung am Schiedsverfahren wider Willen?, SchiedsVZ 2007, 113; *Reymond,* La clause arbitrale par référence, in: *Reymond/Bucher,* Schweizer Beiträge, 1984, S. 221; *Quinke,* Börsenschiedsvereinbarungen und prozessualer Anlegerschutz, 2005, S. 185 ff.; *Sareika,* Zu den Begriffen in der Schiedsgerichtsbarkeit, ZZP 90 (1977), 285; *Sandrock,* The Extension of Arbitration Agreements to Non-Signatories, FS Buxbaum, 2000, S. 461; *ders.,* „Intra and Extra-Entity" Agreements to Arbitrate and their Extension to Non-Signatories Under German Law, J. Int. Arb. 19 (2002), 423; *Schlosser,* Schiedsklauseln in AGB, ZEuP 1994, 685; *ders.,* Der Grad der Unabhängigkeit einer Schiedseinbarung vom Hauptvertrag, FS Böckstiegel, 2001, S. 679; *K. Schmidt,* Schiedsklauseln in Gesellschaftsverträgen der GmbH & Co. KG, GmbHR 1990, 16; *Schmitz,* Schiedsvereinbarungen in der notariellen Praxis, RNotZ 2003, 591; *Schopp,* Die Abtretung im Schiedsverfahren, KTS 1979, 255; *Schricker,* Zur Geltung von Schiedsverträgen bei Anspruchabtretung, FS Quack, 1991, S. 99; *Schütze,* Die Vereinbarung der Zuständigkeit eines institutionellen Schiedsgerichts, RPS 1998 II S. 2; *Smid,* Deutscher Konkurs und internationales Schiedsverfahren, DZWiR 1993, 485; *Szurski,* Arbitration Agreement ..., in: *Sanders* (Hrsg.), Uncitral's project, Report II, 1984, S. 53; *Spieker,* Schiedsvereinbarungen in Allgemeinen Geschäftsbedingungen im Bereich des nicht

Begriffsbestimmung § 1029

kaufmännischen Verkehrs, ZIP 1999, 2138; *Thümmel,* Managerhaftung vor Schiedsgerichten, FS Schütze, 2002, S. 1331, 1336 ff. [III]; *Wagner,* Impecunious Parties and Arbitration Agreements, SchiedsVZ 2003, 206; *ders.,* Poor Parties and German Forum: Placing Arbitration under the Sword of Damocles, in: DIS (Hrsg.), Financial Capacity of the Parties – A condition for the Validity of Arbitration Agreements, 2004, S. 9–35; *Wagner/Quinke,* Ein Rechtsrahmen für Verbraucherschiedsgerichtsbarkeit, JZ 2005, 932; *Weber/v. Schlabrendorff,* Die Erstreckung von Schiedsabreden aus Geschäften von Personengesellschaften auf ihre Gesellschafter, FS Glossner, 1994, S. 477; *H. Westermann,* Gesellschaftsrechtliche Schiedsgerichte, FS Fischer, 1979, S. 853; *Zimmer,* Zulässigkeit und Grenzen schiedsrichterlicher Entscheidung von Kartellrechtsstreitigkeiten, 1991.

Schrifttum zum Mehrparteienschiedsverfahren: *Bartels,* Multiparty Arbitration Clauses, J. Int. Arb. 2:2 (1985), 61; *K. P. Berger,* Schiedsrichterbestellung in Mehrparteienschiedsverfahren, RIW 1993, 702; *Bernini,* Arbitration in Multi-Party Business Disputes, in: Polish Chamber of Foreign Trade (Hrsg.), Arbitration in Multi-party Commercial Disputes, 1982; *Böckstiegel/Berger/Bredow* (Hrsg.), Die Beteiligung Dritter an Schiedsverfahren [DIS XVI], 2005, vgl. insoweit die Beiträge von *Böckstiegel* (S. 1 ff.), *v. Schlabrendorff* (S. 55 ff.), *Geimer* (S. 71 ff.) u. *v. Hoffmann* (S. 131 ff.); *Diesselhorst,* Mehrparteienschiedsverfahren, 1994; *Elsing,* Streitverkündung und Schiedsverfahren, SchiedsVZ 2004, 88; *Geimer,* Dritte als weitere Parteien im Schiedsverfahren, FS Hay, 2005, S. 163; *Habscheid,* Zum Problem der Mehrparteienschiedsgerichtsbarkeit, in: *Reymond/Bucher* (Hrsg.), Schweizer Beiträge, 1984, S. 173; *Hanotiau,* Complex-Multicontract-Multiparty-Arbitration, Arb. Int. 14 (1998), 369; *v. Hoffmann,* Mehrparteienschiedsgerichtsbarkeit und Internationale Handelskammer, FS Nagel, 1987, S. 112; *Kisch,* Beiträge zum Schiedsverfahren, 1933, S. 46 ff.; *Kleinschmidt,* Die Widerklage gegen einen Dritten im Schiedsverfahren, SchiedsVZ 2006, 142; *Koussoulis,* Fragen zur Mehrparteischiedsgerichtsbarkeit, insbesondere zur Bestellung der Schiedsrichter, ZZP 107 (1994), 195; *Laschet,* Die Mehrparteienschiedsgerichtsbarkeit, FS Bülow, 1981, S. 85; *Leboulanger,* Multi-Contract Arbitration, J. Int. Arb. 11:2 (1996), 43; *Markfort,* Mehrparteien-Schiedsgerichtsbarkeit im deutschen und ausländischen Recht, 1994; *Massuras,* Dogmatische Strukturen der Mehrparteienschiedsgerichtsbarkeit, 1998; *Mustill,* Multiparty Arbitrations: An Agenda for Law-Makers, Arb. Int. 7 (1991), 393; *Nicklisch,* Mehrparteienschiedsgerichtsbarkeit und Streitbeilegung bei Großprojekten, FS Glossner, 1994, S. 221; *Nöcker,* Mehrparteienschiedsgerichtsbarkeit – Quo vadis?, FS Sandrock, 1995, S. 193; *Offenhausen,* Mehrparteienschiedsgerichtsbarkeit bei der Beteiligung einer Gesellschaft bürgerlichen Rechts, S. 71–126; *Raeschke-Kessler,* Stand und Entwicklungstendenzen der ... Schiedsgerichtsbarkeit in Deutschland, VIV-Reihe XI (2000), S. 211, 217 ff.; *Schlosser,* Rechtsvergleichende Schlaglichter auf die BGH-Rechtsprechung zu Zentralfragen der rechtsstaatlichen Integrität der Schiedsgerichtsbarkeit, FG BGH III (2000) S. 399, 427–430; *ders.,* Schiedsrichterliches Verfahrensermessen und Beiladung von Nebenparteien, FS Geimer 2002, 947; *Schneider,* Multi-Fora Arbitration, Arb. Int. 6 (1990), 101; *Schwab,* Mehrparteienschiedsgerichtsbarkeit und Streitgenossenschaft, FS Habscheid, 1989, S. 285; *Schwartz,* Multi-Party Arbitration and the ICC, J. Int. Arb. 10:3 (1993), 5; *Synatschke,* Die Unzuständigkeitserklärung des Schiedsgerichts, 2006, S. 249 ff.; *D. Weber,* Wider den Verlust des Bestellungsrechts bei Nichteinigung der Mehrparteiengegenseite auf einen Schiedsrichter, FS Schlosser, 2005, S. 1063; *Wetter,* A multi-party arbitration scheme for international joint ventures, Arb. Int. 3 (1987), 2; *Zerhusen,* Der „Dritte" im baurechtlichen Schiedsverfahren, FS Thode, 2005, 355.

Übersicht

	Rn.		Rn.
I. Normzweck	1–6	d) Rechtswirkungen der Streitgenossenschaft	66–68
II. Grundlagen	7–43	3. „Bestimmtes Rechtsverhältnis"	69–81
1. (Prozessuale) Begrifflichkeiten	7–11	a) Reichweite	69–72
2. Rechtsnatur	12–14	b) Bestimmtheit	73–75
3. (Materielle) Gültigkeitsgrenzen	15, 16	c) Rechtsnatur	76–81
4. Binnenrechtliche Vorgaben	17–26	4. Zweiter Exkurs: Offenheiten der Normvorgabe	82–89
a) Vertragsabschluss	17–20	a) Erste Offenheit: Streitumfang	85, 86
b) Inhaltskontrolle	21–26	b) Zweite Offenheit: Rechtsnatur	87
5. Internationale Anknüpfungen	27–43	c) Dritte Offenheit: Zeitelement	88, 89
a) Allgemeine Grundlagen	27–30	5. „Entscheidung durch ein Schiedsgericht"	90–92
b) Schiedsvereinbarungsstatut	31–40		
c) Schiedsfähigkeitsstatut	41–43		
III. Tatbestand	44–92	IV. Vertragsgestaltung	93–115
1. „Vereinbarung der [Schieds-]Parteien"	44–54	1. Notwendiger Inhalt	93–95
a) Rechtsnachfolge	45–48	2. Konkurrenzklauseln	96–98
b) Dritterstreckung	49–54	3. Ergänzender Inhalt	99–104
2. Erster Exkurs: Zwei- und Mehrparteienschiedsgerichtsbarkeit	55–68	4. Auslegungsprobleme	105–115
a) Ausgangslage	57, 58	a) Begründung eines Schiedsgerichts	107–109
b) Voraussetzungen für Mehrparteienprozesse	59–62	b) Reichweite schiedsrichterlicher Kompetenz	110–113
c) Fallgruppen	63–65	c) Gestaltung des Schiedsverfahrens	114, 115

§ 1029 1–6 Buch 10. Abschnitt 2. Schiedsvereinbarung

	Rn.		Rn.
V. Wirkungen	116–119	2. Erlöschen aus prozessualem Grund	121–124
1. Prozessuale Wirkung	116	a) Reguläres Erlöschen	121
2. Materielle Wirkung	117–119	b) Irreguläres Erlöschen	122–124
VI. Beendigung	120–133	3. Erlöschen aus materiellem Grund	125–127
1. Allgemeines	120	4. Kündigung aus wichtigem Grund	128–133

I. Normzweck

1   Die Vorschrift gibt – klarer als bisher (§ 1025 Abs. 1, 1. Halbs. aF: „Vereinbarung, dass die Entscheidung einer Rechtsstreitigkeit durch einen oder mehrere Schiedsrichter erfolgen soll") – eine **Legaldefinition der Schiedsvereinbarung (Abs. 1)**. Sie prolongiert zwar ganz wesentlich den bisherigen Sinngehalt,[1] ohne einen bedeutend erscheinenden sachlichen Bruch mit der alten Formulierung (aber: *Rechts*streitigkeit [Rn. 83]; Schieds*richter* [Rn. 90–92]), ist jedoch um vieles detaillierter.

2   Dies geht zurück aufs ModG: Abs. 1 entspricht Art. 7 Abs. 1 S. 1 ModG, wobei aber die maßgebende Schlussklausel („to submit to arbitration") präzisiert ist und einstigem Recht angelehnt wurde; Abs. 2 übernimmt Art. 7 Abs. 1 S. 2 ModG, verblüffend allerdings in geänderter Reihenfolge. In der ModG-Fassung hat die Schiedsklausel das Prä, in der ZPO-Fassung ist es die Schiedsabrede, die optisch Vorrang genießt. Auch das könnte man wohl als Tribut ans gewohnte Verständnis erklären, das sich eher der souveränen Abrede verschrieb. Entscheidend bleibt hier jedoch, dass genauso Klarstellung erfolgt durch **Legaldefinition von Schiedsabrede und -klausel (Abs. 2)**.

3   Darüber hinaus gelingt im Vergleich zu § 1025 aF auch eine begriffliche „Entzerrung" von Definition der Schiedsvereinbarung (§ 1029 – § 1025 Abs. 1, 1. Halbs. aF) und Normierung der Schiedsfähigkeit (§ 1030 – § 1025 Abs. 1, 2. Halbs. aF); entfallen ist die Anordnung zusätzlicher besonderer *prozessualer* Unwirksamkeitsgründe (§ 1025 Abs. 2 aF) jenseits des Formalen (§ 1031 – § 1027 Abs. 1 aF – aber: § 1034 Abs. 2 als ersatzweiser [neuartiger] Rechtsbehelf!).

4   Die Norm erschöpft sich indes nicht in einer schließlich vordergründigen **Deklaration**, die nur für künftige terminologische Klarheit sorgen möchte.[2] Sie liefert dazuhin den Grundstein zur **Derogation** ordnungsmäßigen staatlichen Rechtsschutzes: ohne Schiedsvereinbarung kein Schiedsverfahren! Ohne Einverständnis kein Schiedsgericht – vom Sonderfall des § 1066 vorläufig einmal abgesehen. Staatliche Gerichte haben ihren Grund in der Staatshoheit und damit der Unterwerfung der Staatsbürger unter die Rechtsprechung als Staatsgewalt; Schiedsgerichte können sich allein auf den konkret geäußerten **Parteiwillen** stützen, der entsprechend formal dokumentiert ist (§ 1031).

5   Schiedsgerichte setzen letztendlich voraus, dass ihnen der Staat **Anerkennung** zollt. Das führt zur **Privatautonomie** als Zentralelement der Schiedsbindung und damit zur Vereinbarung als Grundvorgabe, die bestimmte – staatlich definierte – Kriterien einhalten muss. Das wird genau kontrolliert (§ 1059 Abs. 2 Nr. 1a, 1c, 2a – dort Rn. 10ff.).[3] Nicht verkannt dabei wird, dass Schieds*vereinbarungen* den Streit nur verlagern, nicht erledigen. Das kann erst das spätere Schieds*verfahren* leisten (§ 1055).

6   Die Beschränkung oder Ausschaltung staatlicher Jurisprudenz wird allemal argwöhnisch gesehen, ist aber an sich eigentlich nichts Besonderes: ein vorläufiger[4] Ausschluss der Klagbarkeit etwa wird überwiegend als statthaft angesehen – manchmal sogar auch der endgültige[5] –, jedenfalls wenn und weil der konkrete Anspruch der jeweiligen Parteidisposition unterliegt;[6] beide Parteien mögen *materiell* einen Erlass ausmachen (§ 397 Abs. 1 BGB) oder auch *prozessual* einen Vergleich eingehen (§ 279 Abs. 1 iVm. § 794 Abs. 1 Nr. 1) – hierbei immer die entsprechende **Verfügungsbefugnis** vorausgesetzt. Jene Linie prägt auch das Schiedsverfahrensrecht (§ 1030 Abs. 1)!

---

[1] BT-Drucks. 13/5274, S. 33 re. Sp. [2]: „keine Abweichungen vom geltenden Recht."
[2] Mag dies auch die Begründung so leider glauben machen, BT-Drucks. 13/5274 S. 33 re. Sp. [2].
[3] Dazu bereits auch BGHZ 52, 184, 190 (obiter) = NJW 1969, 2093; 1978, 1744, 1745: Hemmnis *willkürlicher* Annahme; Zöller/Geimer Rn. 51: „Fundamentalsatz".
[4] BGH NJW 1977, 2263; 1984, 669 = ZZP 99 (1986), 90 m. krit. Anm. *Prütting*; NJW-RR 1989, 1048; NJW 1999, 647, 648 [3a] – vgl. noch erg. Vor § 1025 Rn. 20.
[5] BGH NJW 1982, 2072 (§ 767); RGZ 160, 241, 242ff. u. BGHZ 38, 254, 258; 109, 19, 29 (§ 592); WM 1983, 144 (§ 302) – global und anders: BayObLGZ 1952, 357, 359; OLG Celle OLGZ 1969, 1; BGHZ 106, 336, 339 (obiter).
[6] Allgemeiner zur Disposition über Klagebefugnisse *Wagner* (Fn. 14) S. 391ff., insbes. S. 408–413, S. 445ff. mit S. 424–433, S. 450ff. mit S. 421–424.

II. Grundlagen

1. (Prozessuale) Begrifflichkeiten. Man verwendete bisher eigentlich ohne einen festen Kanon die Begriffe **Schiedsvertrag, Schiedsvereinbarung, Schiedsabrede** und **Schiedsklausel** nebeneinander.[7] Schiedsvertrag war dabei der Terminus des Gesetzes (§§ 1025 ff. aF; vgl. auch § 577 ZPO [A]), die Praxis beherrschte jedoch vermehrt der Ausdruck Schiedsklausel; die SGVO [DDR] sprach von „Schiedsgerichtsvereinbarung", das IPRG [CH] bemüht die „Schiedsvereinbarung", wie dies nun auch der Neuregelung entspricht. Diese bringt darum in **Abs. 1** in Anschließung an Art. 7 Abs. 1 S. 1 ModG („arbitration agreement") einleitend erst einmal eine allgemeine **Legaldefinition der Schiedsvereinbarung als Oberbegriff** und Rechtsgrundlage des Schiedsverfahrens (Rn. 1 u. 4). Und anschließend fächert dann **Abs. 2** jene Vorgabe nach Maßgabe von Art. 7 Abs. 1 S. 2 ModG näher auf (Rn. 9 f.). So entsteht ein festes definitorisches Gefüge. Prozessual ist auch ein **Vorvertrag** möglich, der erst auf Abschluss einer Schiedsvereinbarung zielt, allerdings seinerseits der Formpflicht unterliegt[8] (§ 1031 Rn. 14 aE); jener „sperrt" jedoch nicht iSv. § 1032 Abs. 2, solange die fällige Perfektionierung noch auf sich warten lässt (§ 1032 Rn. 5 – uU Erfüllungsklage vor dem Staatsgericht!). 7

Der Begriff des *Schiedsvertrages* sollte verabschiedet werden, auch wenn er an sich wohl unschädlich und künftighin synonym verwendbar scheint. Soweit gesetzlich nämlich in Zukunft von „Vertrag" die Rede ist (§ 1029 Abs. 2, 2. Var. u. § 1051 Abs. 4), ist damit nun die Figur des materiell-rechtlichen *Hauptvertrages* gemeint, der Anlass des Schiedsstreits bildet.[9] Beide sind nur lose verknüpft und prinzipiell unabhängig voneinander: § 139 BGB ist demzufolge nicht anzuwenden[10] (arg. § 1040 Abs. 1 S. 2 mit Rn. 8–10; vgl. auch erg. Art. 178 Abs. 3, 1. Halbs. IPRG [CH]: „**Autonomieprinzip**"). Denn idR wird umfassende Kompetenz angestrebt. 8

Bei der **Schiedsklausel** handelt es sich nach dem bisherigen Sprachgebrauch eher um eine Vereinbarung, die sich auf einen zukünftigen Rechtsstreit aus einem bestimmten Rechtsverhältnis bezieht; mit der **Schiedsabrede** verband man dagegen – auch – einen gewissen Bezug zu schon entstandenen Streitigkeiten.[11] Dies rührt wohl aus romanischer Tradition her (Rn. 89). Das Gesetz sieht jetzt allein auf die **äußerliche Verbindung** zwischen Schiedsvereinbarung und dem materiellen Streitanlass. Bei der **Schiedsabrede (Abs. 2, 1. Var.** – ModG: „separate agreement") ist sie loser, sie wird „in Form einer selbständigen Vereinbarung" geschlossen, es genügt (irgend-)eine innere Veranlassung, die aber durch den Bezug zum „bestimmten Rechtsverhältnis" iSv. Abs. 1 (Rn. 69–81) offenzulegen ist; bei der **Schiedsklausel (Abs. 2, 2. Var.** – ModG: „arbitration clause") ist sie enger, die Schiedsvereinbarung ist sozusagen dem Hauptvertrag bereits im unstreitigen Zustand als Bestandteil beigegeben und hierdurch das Rechtsverhältnis rein äußerlich klar erkennbar. Am Ende kommt praktisch im Regelfall somit doch zugleich eine gewisse **zeitliche Einbindung** zum Vorschein,[12] wie sie dem romanischen Verständnis entspricht. 9

Zum Verhältnis von Schiedsabrede und Schiedsklausel sind **zwei Eigenheiten** noch ganz wesentlich: Eine Schiedsklausel scheidet begrifflich vornewg bei nichtvertraglichen Streitigkeiten (Rn. 87) aus, ihr fehlt dann jeder Bezugspunkt, und genauso zumeist bei Verbrauchergeschäften, infolge des Gebotes der Eigenständigkeit (§ 1031 Abs. 5 S. 2, 1. Halbs. – Ausnahme: notarielle Urkunden, 2. Halbs.!). Und: Für die Kompetenzfrage wird die Schiedsklausel von den restlichen Vertragsbestimmungen unabhängig gestellt (§ 1040 Abs. 1 S. 2 ZPO anstatt § 139 BGB!), was man für die Schiedsabrede offenkundig als selbstverständlich voraussetzt (Rn. 8). 10

Inhaltlich muss abgegrenzt werden: Keine Schiedsvereinbarungen nach § 1029 sind **Verfahrensvereinbarungen,** wie sie nunmehr § 1042 Abs. 3 ausdrücklich erlaubt – selbständig wie bezugnehmend – als quasi ein ergänzendes (vereinbartes) „Erfordernis des schiedsrichterlichen Verfahrens" (§ 1027 S. 1). Jene mögen zwar zugleich erfolgen, sie sind stets aber nur fakultativer (Rn. 99–104) nicht notwendiger (Rn. 93–95) Inhalt einer Schiedsvereinbarung, sie regeln das nähere Wie, 11

---

[7] So hier zB *Rosenberg/Schwab/Gottwald* Rn. 174.1; näher zu allen Begriffen *Sareika* ZZP 90 (1977), 285.
[8] Inhaltlich zu restriktiv hier BGH MDR 1973, 1001 – vgl. Rn. 42 aE.
[9] BT-Drucks. 13/5274 S. 33 re. Sp. [2].
[10] Beispielhaft *Rosenberg/Schwab/Gottwald* Rn. 174.8 f. u. BGHZ 53, 315, 318/319 mit S. 319 = KTS 1970, 303, dazu *Habscheid* KTS 1971, 132, *Schlosser* JZ 1970, 733 u. *R. Münzberg* ZZP 83 (1970), 473 ff.; bestätigt von BGHZ 69, 260, 262 = NJW 1978, 212; 1979, 2567, 2568 = LM § 1025 aF Nr. 34; NJW 1991, 2215, 2216 [6]; BGHR § 1025 ZPO aF – Wirksamkeit 1. Hier anders noch RG JW 1935, 2617, ferner wieder *Wagner* (Fn. 14) S. 583 mit S. 324 ff., 331/332. Etwas unklar zudem BGHZ 106, 336, 341 (Erforderlichkeit einer Bestandsklausel?).
[11] *Sareika* ZZP 90 (1977), 285, 289–291.
[12] So auch BT-Drucks. 13/5274, S. 33/34 [4] u. *Thomas/Putzo/Reichold* Rn. 2.

§ 1029   12–15   Buch 10. Abschnitt 2. Schiedsvereinbarung

nicht etwa das grundsätzliche Ob. Dazu rechnen auch, ja insbesondere, **Schieds(gerichts)ordnungen** von Verbänden, Handelskammern, Vereinen usw. im Rahmen institutionalisierter Schiedsgerichtsbarkeit (Vor § 1025 Rn. 11, 65 ff. mit Vor § 1034 Rn. 67 ff.). Man kann sie, wenn dabei nicht etwa satzungsmäßige Schiedsgerichte ohne Vertragsbasis nach § 1066 vorliegen, als eine Art Schiedsverfahrensmuster bezeichnen. Jene erheischen aber genauso eine direkte prozessuale Wirkung (§ 1042 Abs. 3 S. 1, 1. Halbs. bzw. § 1059 Abs. 2 Nr. 1 d, 2. Var.). Abgrenzen muss man weiterhin **Schieds(verfahrens)kataloge** als ein unverbindliches Hilfsmittel (checklist, aide-mémoire) für Schiedsrichter und die Organisation bzw. Durchführung von Schiedsverfahren.[13]

12   **2. Rechtsnatur.** Die Rechtsnatur der Schiedsvereinbarung ist seit jeher sehr umstritten;[14] die Standardformel der Rechtsprechung,[15] sie sei ein **materiell-rechtlicher Vertrag über prozessrechtliche Beziehungen,** sagt alles und nichts bzw. lässt ihr eine Flexibilität für sachangepasste Einzelfalllösungen. Die Formulierung ist ganz offenbar eine „Erfindung" *Adolf Baumbachs,*[16] der sie als Kompromiss quälenden Dissenses zugunsten pragmatischer Resultate verstand. Dabei ist es bis heute für die Praxis[17] geblieben – mag auch die Schiedsvereinbarung ihre *Hauptwirkung,* die Verdrängung ordentlicher Gerichtsbarkeit (§ 1032 Abs. 1 – indes bloß auf Einrede und allein zur Hauptsache [§ 1033]), auf prozessualem Gebiet hervorbringen.

13   Der BGH[18] hat sie deswegen – zu Recht –, erneut nur en passant, ohne dabei auf seine gewachsene Rechtsprechung einzugehen, als **„Unterfall des Prozessvertrages"** bezeichnet (allgemein: Einl. Rn. 395 ff.). Damit ist nicht ausgeschlossen, der Schiedsvereinbarung materielle wie prozessuale *Nebenwirkungen* parallel zu entnehmen[19] – **materiell** etwa die Pflicht, alles konkret Erforderliche zu tun, um das Zustandekommen des Schiedsspruches zu fördern (Rn. 117); **prozessual** die Gestaltung des Verfahrens, soweit das Gesetz das gestattet (§§ 1035 Abs. 2, 1039 Abs. 2, 1041 Abs. 1 S. 1, 1044, 1046 Abs. 2, 1047 Abs. 1, 1049 Abs. 1 S. 1 u. Abs. 2 S. 1, 1052, 1054 Abs. 2, 1057 Abs. 1 S. 1, 1058 Abs. 2) oder geradezu dazu animiert (§§ 1034 Abs. 2 S. 1, 1035 Abs. 2, 1037 Abs. 1, 1043 Abs. 1 S. 1, 1045 Abs. 1 S. 1, 1046 Abs. 1 S. 1), vor allem natürlich durch die Generalklausel des § 1042 Abs. 3. So liegt mithin sogar der Schwerpunkt der Nebenwirkungen auf weithin prozessualem Terrain.

14   Die prozessual bekennende Einordnung verhindert allerdings nicht den **Rückgriff auf materielle Gültigkeitsnormen** (Rn. 15 ff.); das materielle Recht arrondiert die glasklar prozessualen Vorgaben aus §§ 1029–1031 zur Begrifflichkeit (§ 1029); (objektiven) Schiedsfähigkeit (§ 1030) und Vereinbarungsform (§ 1031). Mehr sollte und wollte auch das ModG hierzu nicht regeln, und so hat es der nationale Gesetzgeber rezipiert – der Rückgriff auf materielle Kontrollkriterien steht weiterhin offen. Bloß materiell existiert eine rechtsdogmatisch durchformulierte Vertragslehre, die manche brauchbaren Fingerzeige bietet; ZPO-Verortung scheint im Übrigen auch eher von früheren Kompetenzsorgen getragen.[20]

15   **3. (Materielle) Gültigkeitsgrenzen.** Vorderhand eigentlich aus der Rechtsnatur abgeleitet, wiewohl davon absolut unabhängig (Rn. 14), werden stets auch die materiellen **Vertragsregeln für**

---

[13] UNCITRAL ist dabei ebenfalls aktiv: „Notes on organizing arbitral proceedings" (OAP) – Text: UNICITRAL Jb. XXVII (1996), 241; YCA XXII (1997), 452; *Labes/Lörcher* Nr. 33.

[14] Ganz eingehend dazu G. *Wagner,* Prozeßverträge – Privatautonomie im Verfahrensrecht, 1998, S. 578 ff. m. umf. Nachw.; weiter bedeutsam ferner *Baumgärtel,* Prozeßhandlung ... im Zivilprozeß, 1957, S. 230 ff.; *P. Böhm* ZfRV 1968, 262 ff. (262–265).

[15] BGHZ 49, 384, 386; 48, 35, 46; 40, 320, 322 = NJW 1964, 591; BGHZ 23, 198, 200 = NJW 1957, 589; RGZ 156, 101, 104; 144, 96, 98; 108, 194, 198; JW 1901, 424; KG OLGR 1996, 68, 70.

[16] Das privatrechtliche Schiedsgerichtsverfahren, 1931, S. 37.

[17] Die Lehre streitet immer noch – beispielhaft: *Habscheid* lt. BGHZ 23, 198, 200 („atypischer Gesellschaftsvertrag") bzw. KTS 1955, 33, 38 (Verfahrensgesellschaft); *K. Blomeyer,* FS Rosenberg, 1949, S. 51 ff. u. *Lorenz* AcP 157 (1958/59), 265 ff. (materiellrechtlicher Vertrag); *Schönke/Kuchinke* § 87 II 4 (Doppelnatur: „prozeßrechtliche und privatrechtliche Elemente"); *Kisch* ZZP 51 (1926), 321, 330 ff. („zugleich privatrechtliche und prozeßrechtliche Elemente"); *H. J. Hellwig,* Zur Systematik des zivilprozeßrechtlichen Vertrages, 1968, S. 52 ff., 54–56 (gleichsam hoheitliche Beleihung).
Nunmehr eindeutig für einen *Prozeßvertrag Rosenberg/Schwab/Gottwald* Rn. 174.7; *Zöller/Geimer* Rn. 15 m. weit. Nachw. u. IZPR Rn. 3786 u. IPRax 2006, 233/234 [I]; *Staudinger/Hausmann* Anh. II zu Art. 27–37 EGBGB Rn. 246, *Reithmann/Martiny/Hausmann* Rn. 3387 mit S. 3218 u. *Hausmann,* FS W. Lorenz, 1991, S. 359, 361; *Schwab/Walter* Rn. 7.37; *Jauernig* ZPR § 92 III 4; *Schmitz* RNotZ 2003, 591, 593 [B I].

[18] Urt. v. 3. 12. 1986, BGHZ 99, 143, 147 = NJW 1987, 651 = ZZP 100 (1987), 452 m. zust. Anm. *Schwab.* Ebenso OLG Koblenz, Urt. v. 22. 2. 2007 – 6 U 1162/06 [II]; SchiedsVZ 2005, 260, 261 re. Sp. [II], ferner *Wagner* bzw. *Baumgärtel,* (Fn. 14), S. 581 f. mit S. 27 ff. bzw. S. 236 mit S. 242 f., 279 f.; ganz offenlassend noch BGH WM 1971, 308, 310 [III].

[19] *Lionnet/Lionnet* S. 180 – aA *Weigand* LM § 253 Nr. 126 [2 b]: negative Hauptwirkung und positive Nebenwirkungen.

[20] Dies deutet wohl Mot. S. 471 = *Hahn* S. 489/490 an.

Begriffsbestimmung 16–19 § 1029

Prozessverträge mitverwandt. *Wagner*[21] hat jüngst eingehend näher dargelegt, dass eben die Vertragskategorie eine generelle Kategorie darstellt, die über das BGB hinausgreift und allgemeine Rechtsgedanken vermittelt (sonst wäre jeder Vertrag schon allein darum materieller Natur! – dazu erg. auch §§ 54 ff. VwVfG). Die Rechtsnatur ist nur ein relativ bequemes Vehikel, diese notwendige Erkenntnis – scheinbar plausibel – unbefangen zu vermitteln, ungeachtet des Austauschs von Ursache und Wirkung. Dass aber die **Schiedsvereinbarung** dem tradierten Vertragstypus unterfällt, steht angesichts von Wortlaut (§ 1029 Abs. 1) und Systematik (§ 1066) außer jeder Frage.

Im Prinzip ist deshalb die geläufige **Rechtsgeschäftslehre** (§§ 104 ff., 116 ff., 134, 138, 145 ff. **16** BGB) anwendbar – wenn und weil keinerlei Bedürfnis für mögliche prozessuale Sonderwege dargetan ist. Sie liegt allemal näher als ersatzweise die Prozesshandlungslehre hierfür zu bemühen: es geht im Vorfeld um den Abschlusstatbestand, ohne dass schon ein ganz konkreter Prozess existiert.[22] Kraft materieller Regel (§§ 134, 138, 307 Abs. 1/2 BGB, dazu näher noch Rn. 21–26), die dabei „katalytisch" wirkt, können aber ebenso auch prozessuale Wertungen einfließen, etwa beim Ausschluss rechtlichen Gehörs (§ 134 BGB iVm. § 1042 Abs. 1 S. 2), der übermäßigen Beschränkung des Rechtsschutzes (§ 138 Abs. 1 bzw. § 307 Abs. 1/2 BGB[23] – aber: § 1034 Abs. 2), des Verbots, in eigener Sache zu richten (§ 1036 Rn. 9–11) etc. Im Einzelnen:

4. Binnenrechtliche Vorgaben. a) Vertragsabschluss. Der zwingende Abschlusstatbestand **17** erfordert **Angebot und Annahme** iSv. §§ 145 ff. BGB mit prozessualer Besonderheit bei Inhalt (§ 1030) und Formen (§ 1031 Abs. 1 bzw. Abs. 5); zusätzliche prozessuale Eigenheiten bringen § 1031 Abs. 2–4 ins Spiel, die hierbei im Gewande der Formregel den erforderlichen Einigungsakt konkretisieren. Er mangelt bei Dissens.[24] **Vertragswesentlich** ist, dass ein bestimmtes Rechtsverhältnis (Rn. 69–81) einem Schiedsgericht unterbreitet (Rn. 90–92) wird, das dann den Streitfall anstelle staatlicher Gerichte entscheidet. Diese „Kernaussage" muss vom **Bindungswillen** der Schiedsparteien voll getragen sein. Möglich wäre genauso eine Bedingung oder Befristung (§§ 158 ff. BGB, dazu erg. noch Rn. 127),[25] allerdings muss spätestens bei Verfahrenseinleitung – vor Staatsgerichten (§ 1032 Abs. 1 [Hauptsache] bzw. Abs. 2 [Kontrolle]) wie Schiedsgerichten (§ 1044 iVm. § 1040 Abs. 1) – endgültig Klarheit herrschen.

Zur **Abschlusskompetenz** ist namentlich der Rückgriff auf §§ 104 ff. BGB statthaft. Obwohl **18** §§ 50 ff. ZPO hierzu eigenständig werten – mit mancherlei bedeutsamer Konsequenz (vgl. § 50 Abs. 2 ZPO u. §§ 106 ff. BGB) – erscheint die BGB-Linie doch insgesamt wohl passender.[26] Denn ein beschränkt Geschäftsfähiger bedarf so oder so allemal eines Plazets (denn eine Schiedsbindung ist nicht nur vorteilhaft, § 107 BGB), der voll Geschäftsfähige aber nicht etwa eines insoweit postulationsfähigen Anwaltes (§ 78 Abs. 1) – er handelt stets autonom! Der Vertragsschluss erfolgt vorab, unabhängig eines anhängigen Streits. Die Abschlusskompetenz fehlt auch dem (Gemein-)Schuldner für insolvenzbefangenes Gut unbedingt mit Eröffnung des Insolvenzverfahrens (§ 80 Abs. 1 InsO), uU auch schon vorher (§ 22 S. 1 InsO [Verfügungsverbot] oder § 21 Abs. 2 Nr. 2, 2. Var. InsO [Zustimmungsgebot]); sie besteht dagegen für Handelsgesellschaften (arg. § 124 Abs. 1 HGB).

Zugelassen wird ebenfalls eine **Anfechtung** nach §§ 142 Abs. 1, 119 ff. BGB,[27] wobei aber **19** manch autonome Überlagerungen bestehen – eine erklärte Anfechtung kann an § 1040 Abs. 2 S. 1 (aber: S. 4!), die nicht erklärte wegen § 1059 Abs. 3 S. 1 scheitern (Präklusion!); §§ 1036/1037 verdrängen §§ 142 Abs. 1, 119 Abs. 2 BGB;[28] das Autonomiegebot (arg. § 1040 Abs. 1 S. 2 bzw.

---

[21] Prozeßverträge – Privatautonomie im Verfahrensrecht, 1998, S. 278 ff. (Abschlußtatbestand) bzw. S. 125 ff. (Inhaltskontrolle) mit S. 25 f. u. S. 279 f. Ähnlich auch bereits *Baumgärtel* (Fn. 14) S. 238 ff. mit S. 278; *P. Böhm* ZfRV 1968, 262, 265/266 (bei letztlich jedoch größer Autonomie: S. 71 f. mit S. 274); *Nußbaum* Int. Jb. Sch. I (1926), 12, 16 u. BayObLG SeuffA 53 (1898) Nr. 136, S. 238, 239.
[22] ... und vermag ebenso ein „fingiertes Schiedsverfahren" abzuwehren: *Höttler*, Das fingierte Schiedsverfahren ..., 2007, S. 85–87 mit S. 97 f. u. S. 99–101.
[23] BGHZ 106, 336, 338–340 = NJW 1989, 1477 = JZ 1989, 588 m. Anm. *Walter*; *Huber* SchiedsVZ 2004, 280, 283–285 [III 2] (betr. Schiedsbindung für Scheidungsfall).
[24] Beispiele: OLG Hamburg RIW 1983, 283 f. [3 a/b]: unterschiedliche ständige Schiedsgerichte; BayObLG BB 1999, 1785: individuelles oder institutionelles Schiedsgericht. Auch § 154 Abs. 1 BGB gilt: OLG Hamm, Beschl. v. 18.7. 2007 – 8 Sch 2/07 [II 1 b aa/JURIS-Rn. 27 ff.) – aA OLG München, Beschl. v. 23. 5. 2007 – 34 SchH 1/07 [II 2 a].
[25] *Wagner* (Fn. 14) S. 302 f. m. weit. Nachw.; *Zöller/Geimer* Rn. 49 f.
[26] *Wagner* (Fn. 14) S. 280 ff.; en passant so BGH NJW 1998, 2452 (Rechtsfähigkeit) – anders *Musielak/Voit* Rn. 5 (Kumulation); OLG Hamm IPRspr. 1994 Nr. 185, S. 416, 418 (Parteifähigkeit). Zur GbR als Schiedspartei *Wiegand* SchiedsVZ 2003, 52, 54 ff.
[27] BGH KTS 1966, 246, 248; BGHR § 1025 ZPO aF – Wirksamkeit 1; *Henckel*, Prozeßrecht und materielles Recht, 1970, S. 77 f.; *Schütze/Tscherning/Wais* Rn. 138; 1. Aufl. § 1025 aF Rn. 12.
[28] BGHZ 17, 7, 8 f. = NJW 1955, 709; § 1036 Rn. 13.

§ 1029 20–22   Buch 10. Abschnitt 2. Schiedsvereinbarung

Rn. 8 aE) macht auch bei § 123 BGB die sorgfältige Kausalitätsprüfung unabdingbar;[29] und auch die Rückwirkung (§ 142 Abs. 1 BGB) ist problematisch – man kann sie aber letztlich doch zulassen,[30] bedeutet doch weiterverhandeln in Kenntnis der Anfechtbarkeit die Bestätigung der Vereinbarung (§ 144 BGB). Die Erfüllung des Hauptvertrags gibt dabei keinen Treuwidrigkeitseinwand gegen die Geltendmachung der Unwirksamkeit der Schiedsbindung.[31] Denkbar ist auch ein Wegfall der Geschäftsgrundlage (arg. § 1032 Abs. 1 aE: „undurchführbar").[32] Näher noch zur vorzeitigen **Beendigung** Rn. 120 ff.

20 **Vertretung** ist zugelassen, nötig sind dafür Offenkundigkeit und Vertretungsmacht (§ 164 Abs. 1/3 BGB), gesetzlich vermittelte (etwa: §§ 1626 Abs. 1, 1629 Abs. 1 S. 1 BGB – aber: §§ 1629 Abs. 2 S. 1, 1795 BGB) oder vertraglich erteilte (§ 167 Abs. 1 BGB – wegen Abs. 2 näher § 1031 Rn. 18); unzulässig ist allerdings die In-Sich-Abrede iSv. § 181 BGB.[33] Bei fehlender Vertretungsmacht verbleibt die Genehmigungsmöglichkeit (§ 177 BGB)[34] mit „Rückzugsbefugnis" (§ 178 BGB). Vielleicht ist auch von vornherein die Vollmacht außenwirksam begrenzt oder unterfällt einem besonderen Genehmigungsvorbehalt, so wie beim Vormund (§ 1822 Nr. 12 BGB: 3000 EUR-Grenze). Die klassische *Prozess*vollmacht ermächtigt dagegen nicht zum Abschluss von Schiedsvereinbarungen:[35] Das (Anwalts-)Mandat zum „Rechtsstreit" (§ 81) meint implizit einen „Staatsprozess", der Regelfall ist, sodass eine besondere Klarstellung notwendig wird, wenn dennoch mehr gewollt wird.

21 **b) Inhaltskontrolle.** Besonderes Augenmerk erheischt namentlich die **Inhaltskontrolle,** welche sich global über §§ 134, 138 BGB vollzieht (dazu schon oben Rn. 16): Gewährleistung wirkungsvollen Rechtsschutzes durch „grundsätzlich umfassende tatsächliche und rechtliche Prüfung des Streitgegenstandes"; das kann „durch Parteivereinbarung allenfalls in einzelnen Ausgestaltungen, nicht aber in seiner Substanz im Voraus abbedungen werden".[36] Dabei ist freilich das Schiedsverfahren an sich zunächst grundsätzlich zulässig und auch als eine vollwertige Alternative zum staatlichen Rechtsschutz anerkannt (Vor § 1025 Rn. 4 f.).[37] Niemandem kann man eine Schiedsvereinbarung ungewollt einfach diktieren (§ 138 Abs. 2 BGB bzw. § 142 Abs. 1 iVm. § 123 Abs. 1 BGB), die inhaltliche Gestaltung muss generelle Vorgaben einhalten (§ 134 BGB), und auch die prozessuale Umsetzung und Ausformung im Einzelnen (§ 1042 Abs. 3) ist letztlich überprüfbar (§ 138 Abs. 1 BGB; § 242 BGB). Notwendig dafür wird immer eine sorgfältige Gesamtabwägung der näheren Einzelfallumstände.[38]

22 Vor allem für Schiedsklauseln (Abs. 2, 2. Var.) liegt auch immer eine **AGB-Kontrolle** nahe insoweit vorformulierte, nicht ausgehandelte Klauseln vorliegen (§ 305 Abs. 1 BGB mit § 310 Abs. 3 BGB u. § 1031 Abs. 5 ZPO), die auch wirksam einbezogen sind (§ 305 Abs. 2 BGB – aber: 310 Abs. 1 S. 1 BGB mit § 1031 Abs. 3/4 ZPO). Dabei gilt das **Überraschungsverbot (§ 305 c Abs. 1 BGB)** aber nur ganz eingeschränkt: § 1031 sorgt regelmäßig für genügende Sachaufklärung; Unternehmer (§ 1031 Abs. 1–4) müssen stets mit einer Schieds*klausel* rechnen,[39] für Verbraucher (§ 1031 Abs. 5 [S. 2, 1. Halbs.]) ist hingegen Schieds*abrede* verlangt[40] und damit die Klauselbindung ohnedies ja verwehrt.

---

[29] BGHR § 1025 ZPO aF – Wirksamkeit 1.
[30] Anders einerseits *Schwab/Walter* Rn. 8.9 aE; *Rosenberg/Schwab/Gottwald* Rn. 174.45: § 1044 als Grenze – andererseits *Stein/Jonas/Schlosser* Rn. 3; *Musielak/Voit* Rn. 11: § 1027 analog(?).
[31] BGH NJW 1998, 2452, 2453 [II 3].
[32] Beispiel: RG SeuffA 75 (1920) Nr. 60, S. 100, 101: kriegsbedingte Unerreichbarkeit des „effektiven" Schiedsorts.
[33] BGH NJW 1979, 2567, 2568.
[34] OLG Hamm WM 1972, 984, 986.
[35] Mot. S. 472 = *Hahn* S. 490 („hat der Entwurf für selbstverständlich erachtet"); *Schwab/Walter* Rn. 4.3; *Stein/Jonas/Schlosser* Rn. 5 u. *Stein/Jonas/Bork* § 81 Rn. 12; *Kornmeier* ZZP 94 (1981), 27, 48 f. – offengelassen in BGH NJW 1994, 2155, 2156.
[36] BGHZ 106, 336, 338 f. (erstes Zitat S. 338; zweites Zitat S. 339) = NJW 1989, 1477 = JZ 1989, 588 m. Anm. *Walter;* OLG Celle OLGR 2000, 57 aE.
[37] Rigider aber allemal BGHZ 106, 336, 339: Einschränkung des Rechtsschutzes. So wie hier jetzt auch *Mäsch,* FS Schlosser, 2005, S. 529, 532 f.
[38] BGHZ 106, 336, 339 f.: Aufsplitterung in zeitlich hintereinander liegende Teilklagen mit niedriger betragsmäßiger Obergrenze.
[39] BGHZ 7, 187, 192/193 (Großhandel); OLG Köln IPRax 1993, 399, 401 u. IHK-SG Hamburg SchiedsVZ 2007, 55, 56 re. Sp. (internationaler Handelsverkehr); DIS-SG SchiedsVZ 2007, 166, 168 [III 2 c] u. AG Dortmund, Urt. v. 10. 11. 2006 – 125 C 6909/06 [JURIS-Rn. 21] (Handwerk) – vgl. noch erg. Fn. 48. Einschr. bei geringem (Wert-)Volumen *Stein/Jonas/Schlosser* Rn. 26 (5. Abs.).
[40] *von Westphalen,* Vertragsrecht (2005), Rn. 28.11: *Individual*abrede; dies übersieht wohl *Raeschke-Kessler* WM 1998, 1205, 1209.

Begriffsbestimmung   23, 24   § 1029

Den Maßstab gibt demnach das **Benachteiligungsverbot** (§ 307 Abs. 1/2 BGB). § 307   23
Abs. 3 S. 1 BGB steht insoweit nicht entgegen, mag auch die Schiedsvereinbarung wegen § 1029
Abs. 1 „rechtsnormkonform" gehen – sie gilt aber keinesfalls ipso iure, und ist daher ebenso prüfbar wie zB die Vereinbarung von Vertragsstrafeversprechen (§§ 339 ff. BGB),[41] Abtretungsverboten
(§ 399, 2. Var. BGB), Bürgschaften (§§ 765 ff. BGB)[42] etc., die auf ähnliche Erlaubnisnormen aufbauen. Grundsätzlich besteht die Möglichkeit zur AGB-Kontrolle von Schiedsvereinbarungen
(§ 1029 Abs. 1),[43] und parallel übrigens von Verfahrensvereinbarungen (§ 1042 Abs. 3),[44] dh. von
Ob und Wie eines Schiedsverfahrens – freilich mit Ausnahme der Bereiche, welche § 1034 Abs. 2
(dazu näher dort Rn. 10) abdeckt,[45] der Spezialregelung ist (Kompetenz, Präklusion!). Daran ändert
auch nichts deren prozessuale Rechtsnatur (Rn. 14 mit Rn. 15 f.), zumal Gerichtsstandsklauseln
(§ 38)[46] oder Vollstreckungsunterwerfungen (§ 794 Abs. 1 Nr. 5)[47] ebenso kontrolliert werden.

Dabei erscheint im Regelfall unter **Unternehmern** eine Schiedsbindung nicht unangemessen   24
(oder überraschend),[48] auch nicht bei einem Verwenderwahlrecht zwischen ordentlichem und
Schiedsgericht (Rn. 96). Beide geben prinzipiell gleichwertig Rechtsschutz (vgl. Vor § 1025 Rn. 5),
dem Staatsverfahren fehlt damit Leitbildfunktion iSv. § 307 Abs. 2 BGB (doch könnten etwa
§§ 1042 ff. als Leitbilder für nähere Verfahrensvereinbarungen dienen); im Übrigen bleibt insoweit
die Einzelkontrolle unangemessener Benachteiligung gem. § 307 Abs. 1 BGB.[49] Diese wird die
Ausnahme sein, so wenn es etwa darum geht, den AGB-Schutz ganz gezielt zu umgehen (arg.
§ 306 a BGB),[50] bei prohibitiver Entgeltregel[51] sowie bei einer vorsätzlich sittenwidrigen Schädigung.[52] Die Schiedsrichter müssen darum nicht selbst etwa Juristen sein,[53] ein großer Vorzug der

---

[41] BGHZ 121, 13, 18.
[42] BGHZ 130, 19, 31 f.
[43] BT-Drucks. 13/5274 S. 37 li. Sp. [§ 1031/6]; *Stein/Jonas/Schlosser* Rn. 26 mit *Staudinger/Schlosser* (2006)
§ 305 BGB Rn. 14; *Musielak/Voit* Rn. 10 aE mit § 1031 Rn. 6; *Zöller/Geimer* § 1031 Rn. 30–33; *Schwab/Walter*
Rn. 5.14; *Kreindler/Schäfer/Wolff* Rn. 142; *Lachmann* Rn. 423 ff. mit Rn. 546 bzw. *Lachmann/Lachmann* BB
2000, 1633, 1636/1637 [II 3]; *Hanefeld/Wittinghofer* SchiedsVZ 2005, 217, 218 [I]; *Mäsch*, FS Schlosser, 2005,
S. 529, 534 f.; letztlich sehr zögerlich BGHZ 162, 9, 15 [II 4 vor a] mit SchiedsVZ 2007, 163, 164 [14] = NJW-
RR 2007, 1466 = NZM 2007, 337 – aA *Sieg* NJW 1992, 2992, 2993. Wegen Einzelklauseln siehe *Lachmann*
Rn. 548 ff.; *Hanefeld/Wittinghofer* SchiedsVZ 2005, 217, 223–228 [II 2 b]; *von Westphalen,* Vertragsrecht (2005),
Rn. 28.15 ff.; lesenswert auch weiterhin OLG Frankfurt/Main NJW 1973, 2208, 2209 f.
[44] *Wolf/Horn/Lindacher* § 9 AGBG Rn. S 6; vgl. auch erg. OLG Düsseldorf NJW 1996, 400 u. OLGR 1998,
248, 249 f. (Kompetenz-Kompetenz-Klausel).
[45] Wie hier nun BGH SchiedsVZ 2007, 163, 164 [16] = NJW-RR 2007, 1466 = NZM 2007, 337; *Hanefeld/Wittinghofer* SchiedsVZ 2005, 217, 225 u. *Staudinger/Schlosser* (2006) § 305 BGB Rn. 14 mit *Stein/Jonas/Schlosser* Rn. 26 – aA OLG Düsseldorf NJW 1996, 400 f. u. OLGR 1998, 248 (zu § 1025 Abs. 2 aF) bzw. *Vogel*
ZfIR 2007, 365/366; *Haas/Hauptmann* SchiedsVZ 2004, 175, 178 f. [II 2 b aa] (zum Schutz allein von Verbrauchern: S. 180/181 [II 3] mit S. 181/182 [II 4 b]): vollständige Parallelität; sehr unklar insoweit OLG Celle
OLGR 2000, 57, 58.
[46] *Zöller/Vollkommer* § 38 Rn. 22.
[47] BGHZ 99, 274, 283–285 = EWiR § 11 Nr. 15 AGBG Nr. 2/87 (S. 323) *(Stürner/Münch); Wolf/Horn/
Lindacher* § 9 AGBG Rn. G 209.
[48] AA *Wolf/Horn/Lindacher* § 9 AGBG Rn. S 8: nur wirksam bei überwiegendem Verwenderinteresse (Internationalität, Branchenkenntnis); *Spieker* ZIP 1999, 2138, 2141 f. (unwirksam idR gegenüber „Kleingewerbetreibenden").
So wie hier BGHR § 9 AGBG – Schiedsklausel 1; BGHZ 115, 324, 325/325 [1] = NJW 1992, 575; OLG
Oldenburg NJW-RR 2002, 641; DIS-SG SchiedsVZ 2007, 166, 168 [III 2 c] (dafür fehlende Rechtsschutzdeckung schadet nicht); IHK-SG Hamburg SchiedsVZ 2007, 55, 56 re. Sp.; *Musielak/Voit* § 1031 Rn. 6 aE;
Zöller/Geimer § 1031 Rn. 32 f.; *Stein/Jonas/Schlosser* Rn. 26 (1. Abs. aE mit 5. Abs. aE); *Lachmann* Rn. 429
bzw. *Lachmann/Lachmann* BB 2000, 1633, 1640 [II 5 b/c]; *Schmitz* RNotZ 2003, 591, 604 [B V 1]; wohl auch
Ulmer/Brandner/Hensen Anh. § 310 Rn. 707 *(Schmidt)* mit § 310 Rn. 28 aE *(Ulmer); von Westphalen,* Vertragsrecht (2005), Rn. 28.8; *Erman/Roloff* § 307 BGB Rn. 155.
Unklar *Kreindler/Schäfer/Wolff* Rn. 155 einerseits: lediglich unangemessene Verfahrensregeln betroffen bzw.
MünchKommBGB/*Basedow* § 307 Rn. 288 andererseits: „gelegentliche" Unangemessenheit.
[49] Ähnlich BGHZ 99, 274, 285 mit S. 283 f. für § 794 Abs. 1 Nr. 5.
[50] Ebenso *Wolf/Horn/Lindacher* § 9 AGBG Rn. S 4; anders *Ulmer/Brandner/Hensen* Anh. § 310 Rn. 707 aE
(Schmidt) – dies übersteigernd noch BGHZ 115, 324/325/326/327/328 mit S. 328 [3] = NJW 1992, 575
(Holzfachmann als Laienrichter); zust. *Sieg* RIW 1998, 102, 107, krit. *Schumann* NJW 1992, 2065, *Schlosser*
RPS 1992, 24 mit *Stein/Jonas* Rn. 26 (2. Abs.) u. *Zöller/Geimer* § 1031 Rn. 33.
[51] AG Dortmund, Urt. v. 10. 11. 2006 – 125 C 6909/06 [JURIS-Rn. 24] (10 000 EUR Mindeststreitwert).
[52] OLG Düsseldorf OLGR 1998, 225; wohl auch OLG Bremen SchiedsVZ 2007, 51, 52 [II c] (offensichtlich
fachunkundiges bzw. inkompetentes Schiedsgericht); *Raeschke-Kessler* WM 1998, 1205, 1207 ff. (nur bezogen auf
Verbrauchergeschäfte).
[53] Dies meint aber tatsächlich BGHZ 115, 324, 328 [3 b] = NJW 1992, 575 (Fn. 50 aE).

§ 1029   25–27   Buch 10. Abschnitt 2. Schiedsvereinbarung

Schiedsgerichtsbarkeit, anderweitige Fachkompetenz einzubringen (Vor § 1025 Rn. 55), wäre sonst sehr unbedacht verspielt. Viel strenger wird gegenüber **Verbrauchern** überprüft – und dies gewiss mit Recht (sind solche Klauseln angemessen im Einzelfall?):

25   Man darf freilich nicht davon ausgehen, dass grundsätzlich[54] oder immerhin doch regelmäßig[55] insoweit Bedenken bestehen, gleichsam als eine Art Vermutung mit im Vergleich zu Unternehmern umgekehrter Zielrichtung. Dagegen spricht die konkrete prozessuale Gestattung auf Grund § 1031 Abs. 5, die sich natürlich aber auf Individualvereinbarungen ebenso beschränken könnte; umgekehrt aber hindert jene dort verordnete Separatheit die Überprüfung keineswegs (§ 305 Abs. 1 S. 2, 1. Halbs. BGB). Eine plumpe Benachteiligungsvermutung wäre sicher zu grobschlächtig, genauso das Fordern eines besonderen Nutzungsinteresses[56] – das würde den Verwender in unnötigen Begründungs- oder Rechtfertigungszwang versetzen.

26   Das bestätigt übrigens die AGB-Richtlinie, insoweit sie nur ein striktes Verbot für solche Klauseln vorgibt, mit denen ein Verbraucher „ausschließlich auf ein *nicht unter die rechtlichen Bestimmungen fallendes Schiedsgerichtsverfahren verwiesen wird*" (Anh. Nr. 1 q, 2. Halbs., 1. Var.).[57] Nötig ist stets die **Abwägung aller Umstände** des Einzelfalles. Das „Herausoptieren" aus staatsseitig *vorgehaltenem* Rechtsschutz in staatsseitig *vornormierten* Rechtsschutz (§§ 1025 ff.) ist demnach **grundsätzlich auch klauselmäßig möglich:** Das Ob (§ 1029 Abs. 1) steht dabei vollkommen außer Frage,[58] nur das Wie (§ 1042 Abs. 3) erscheint uU kritisch. Genaue Maßstäbe müssen erst allmählich hierzu entwickelt werden.[59] Doch stört noch nicht jede kleinere Änderung der §§ 1042 ff.;[60] insgesamt unkritisch erscheint die Orientierung am Zehnten ZPO-Buch[61] (das aber ja just *keine* zwingenden Maßstäbe vermittelt!); unangemessen wäre etwa demgegenüber eine (Blanko-)Ermächtigung zur Billigkeitsentscheidung (§ 1051 Abs. 3) oder zB eine Rechtswahl, die den bedeutsamen Differenzeinwand (§ 764 BGB) ausschaltet.[62]

27   **5. Internationale Anknüpfungen. a) Allgemeine Grundlagen.** Die Schiedsvereinbarung bildet kollisionsrechtlich quasi eine Art Konglomerat, klassischerweise werden hierbei **vier Statute** betroffen:[63] für objektive und subjektive Schiedsfähigkeit, für die (prozessualen) Förmlichkeiten

---

[54] So *Baumbach/Lauterbach/Hartmann* § 1031 Rn. 7; *Ulmer/Brandner/Hensen* Anh. § 310 Rn. 708 *(Schmidt); von Westphalen,* Vertragsrecht (2005), Rn. 28.5 mit Fn. 18 bzw. Rn. 28.14 aE (aber vgl. auch Fn. 55); *Gildeggen,* 1991, S. 222 f. mit S. 192 f.

[55] So *Wolf/Horn/Lindacher* § 9 AGBG Rn. S 4; *von Westphalen,* Vertragsrecht (2005), Rn. 28.10 (aber vgl. auch Fn. 54); *Erman/Roloff* § 307 Rn. 155; wohl auch *Raeschke-Kessler,* VIV-Reihe XI (2000), S. 211, 227 f.

[56] Wie hier nun auch BGHZ 162, 9, 16 f. [II 4 b aa] = NJW 2005, 1125 = JZ 2005, 958 m. Bespr. *Wagner/Quinke* (S. 932, 934 [II]) = SchiedsVZ 2005, 95 m. Anm. *Huber/Bach,* best. BGH SchiedsVZ 2007, 163, 164 [15] = NJW-RR 2007, 1466 = NZM 2007, 337 = DNotZ 2007, 468 m. abl. Bespr. *Thode* DNotZ 2007, 404 = ZfIR 2007, 364 m. abl. Anm. *Vogel;* OLG Düsseldorf, Urt. v. 11. 2. 2005 – I-17 U 208/02 [B I 1 b] bzw. *Lachmann* Rn. 548–551 mit *Lachmann/Lachmann* BB 2000, 1633, 1638 [II 4 d aa]; *Mäsch,* FS Schlosser, 2005, S. 529, 536 f.; *Zöller/Geimer* § 1031 Rn. 32; wohl auch MünchKommBGB/*Kieninger* § 307 Rn. 286.

[57] Richtlinie 93/13/EWG vom 5. 4. 1993 über mißbräuchliche Klauseln in Verbraucherverträgen, ABlEG L Nr. 95 S. 29; NJW 1993, 1883. Zur Deutung der Wendung: *Lachmann,* 2. Aufl. 2002, Rn. 314; *Palandt/Heinrichs* § 310 Rn. 46 einerseits – *Stein/Jonas/Schlosser* Rn. 26 (6. Abs.) andererseits. Hierzu auch *Quinke,* 2005, S. 209–213 (m. weit. Nachw.) mit S. 220 ff. Sehr harsch aber jüngst EuGH NJW 2007, 135, 136 [34–38] = SchiedsVZ 2007, 46 m. abl. Anm. *Wagner* (S. 49 ff. [2 u. 5]), indes zust. *Thode* DNotZ 2007, 404, 408 f.: ordrepublic-Verstoß?

[58] Zust. *Mäsch,* FS Schlosser, 2005, S. 529, 535–537 (536) u. *Quinke,* 2005, S. 213 f., 228–240, 243 f., 249–251; hierzu vgl. ferner OLG Düsseldorf NJW-RR 1997, 372, 374 – einschr. OLG Düsseldorf OLGR 1998, 225, 227 f. bei klaren Fällen des § 826 BGB; anders *Haas/Hauptmann* SchiedsVZ 2004, 175, 179 f. [II 2 b bb/cc]: umfassende Gesamtabwägung notwendig! (wegen Sportlern siehe [bejahend] S. 185/186 [III 3]) bzw. *Thode* DNotZ 2007, 404, 408 f.: generelle Ablehnung.

[59] Zielführende Ansätze bei *Wagner/Quinke* JZ 2005, 932, 936–938 [III 2/3] mit S. 938/939 [IV 3] bzw. *Quinke,* 2005, S. 260 ff.: Schiedsort u. -sprache; Anwaltszwang; Richterauswahl; Gesetzesbindung; Spruchbegründung. Vgl. auch erg. *Haas/Hauptmann* SchiedsVZ 2004, 175, 186 [III 3].

[60] *Wolf/Horn/Lindacher* RL. Anh. Rn. 214; *Huber/Bach* SchiedsVZ 2005, 98, 100; ferner vgl. *Tröder* Mitt-RhNotK 2000, 379, 382 [4].

[61] BGHZ 162, 9, 18 [II 4 b bb (1)] = NJW 2005, 1125 = JZ 2005, 958 = SchiedsVZ 2005, 95 m. Anm. *Huber/Bach.*

[62] OLG Düsseldorf WM 1995, 1349, 1350 f.; 1996, 1489, 1492 f.; NJW-RR 1997, 372, 373 – nicht aber bei Geltung deutschen Rechtes (und rechtskundigem Schiedsrichter): BGHZ 162, 9, 18 f. [II 4 b bb (2)] = NJW 2005, 1125 = JZ 2005, 958 = SchiedsVZ 2005, 95 m. Anm. *Huber/Bach.* Richtigerweise fehlt insoweit schon die Schiedsfähigkeit, § 1030 Rn. 9 f. – aber: § 1059 Rn. 48.

[63] Eingehend *Epping,* Die Schiedsvereinbarung im internationalen privaten Rechtsverkehr, 1999, passim; *G. Wagner,* Prozeßverträge, 1998, S. 346 ff.; *v. Hoffmann,* Internationale Handelsschiedsgerichtsbarkeit – Die Bestimmung des maßgeblichen Rechts, 1970, passim. Zum vielgestaltigen „Lösungsapparat" vgl. *Koussoulis,* FS Schlosser, 2005, S. 415, 417 f. [II].

(Formstatut) und das (materielle) Zustandekommen (Schiedsvereinbarungsstatut). Dieses Quartett findet sich wieder bei den Aufhebungsgründen (§ 1059 Abs. 2 Nr. 1 a u. Nr. 2 a), wobei die Formfrage nur recht mittelbar gestreift wurde, durch Voraussetzen einer „nach §§ 1029, 1031 geschlossen[en]" Schiedsvereinbarung in Nr. 1 a. Das bedeutet im Einzelnen:

Das **Schiedsvereinbarungsstatut** (§ 1059 Abs. 2 Nr. 1 a, 2. Var.: „Gültigkeitskontrolle") ist **28** gleichsam ein Sammelbecken für die Fragen, wie sie § 1029 hierzu vorgeschaltet stellt, wobei aber inhaltlich auch die *subjektive* Schiedsfähigkeit *(ratione personae)* dazugehört (§ 1059 Abs. 2 Nr. 1 a, 1. Var., vgl. Rn. 41 f.); die *objektive* Schiedsfähigkeit *(ratione materiae)* ist dagegen richtig bei § 1030 (dazu näher dort Rn. 22 ff.) iVm. § 1059 Nr. 2 a verortet, und Formfragen residieren bei § 1031 (dazu näher dort Rn. 9–12).

Das Schiedsvereinbarungsstatut[64] wird grundsätzlich internationalprivat-, nicht -prozessrecht- **29** lich (dh. nach der lex fori) angeknüpft,[65] und zwar total eigenständig. Dafür gilt nicht das **Schiedsverfahrensstatut**[66] (§ 1025 Abs. 1 iVm. § 1043 Abs. 1: Territorialität bzw. Ortsanknüpfung), als jenes Recht, welches den näheren Prozessablauf vorgibt und besonders die *prozessual* zwingenden Regelungen umschreibt, und genauso wenig das **Statut des Hauptvertrages**[67] (§ 1051), das das (iSv. Abs. 1: streitbefangene) *materielle* Rechtsverhältnis beherrscht ([„materielle"] *lex causae*[68]).

Das **Schiedsvereinbarungsstatut** ist **autonom** nur bedacht für Aufhebungsantrag und Voll- **30** streckbarerklärung (§ 1059 Abs. 2 Nr. 1 a, 2. Var. [Art. 34 Abs. 2 lit. a (i), 2. Var. ModG] bzw. § 1060 Abs. 2 S. 1 [Art. 36 Abs. 1 lit. a (i), 2. Var. ModG]) – ganz ähnlich auch die Gestaltung durch Konvention gemäß Art. V Abs. 1 lit. a UNÜ (§ 1061 Anh. 1), im Unterschied zu Art. 6 Abs. 2 S. 1 EuÜ (§ 1061 Anh. 2), der hier von vornherein genereller konzipiert ist („Hat ein Gericht … zu entscheiden") und den Abschluss mit normiert.

b) Schiedsvereinbarungsstatut. aa) Grundregel. Einen normativen Anhalt vermittelt jetzt **31** § 1059 Abs. 2 Nr. 1 a. Demzufolge steht zuvörderst **Rechtswahl** frei, bloß subsidiär gilt **deutsches Recht** als Gültigkeitsmaßstab. Fehlt gesonderte Rechtswahl, gehen dann letzthin doch damit Schiedsvereinbarungs- und -verfahrensstatut jeweils voll konform (arg. § 1025 Abs. 1 iVm. § 1043 Abs. 1). Die Regelung ist Sachnorm-, keine Gesamtverweisung, sodass also demgemäß Art. 27 ff. EGBGB unbemüht bleiben können. Ansonsten wäre jene Dopplung auch ganz überflüssig angesichts der Rechtswahlfreiheit des Art. 27 Abs. 1 S. 1 EGBGB. Die Regelung ist freilich **retrospektiv** angelegt und nur auf die abschließende Repressivkontrolle vor Staatsgerichten (§§ 1059/1060) zugeschnitten: Das Schiedsverfahren ist abgeschlossen, ein Schiedsspruch liegt also vor; sie sieht zudem nur auf **inländische** Schiedssprüche.

Für **Sprüche ausländischer Abkunft** gilt nach § 1061 Abs. 1 S. 1 jedoch das New Yorker **32** UN-Übereinkommen, das ohnehin Vorbild für § 1059 Abs. 2 war und mit Art. V Abs. 1 lit. a, 2. Var. eine parallele Regelung enthält: frei eröffnete **Rechtswahl** und hilfsweise eine Anknüpfung ans **Schiedsortsrecht**. Dies steckt auch hinter unserer nationalen Vorgabe (arg. §§ 1054 Abs. 3, 2. Var., 1043 Abs. 1, 1025 Abs. 1), die deshalb verallgemeinerungsfähig scheint.[69] Sie gilt nicht bloß für repressiv verordnete *staatliche* Kontrolle, sondern letztlich genauso für die interne präventive Prüfung von Seiten des *Schiedsgerichts* (§ 1040 Abs. 1: Kompetenz-Kompetenz-Kontrolle).[70] Die Regel sollte darüber hinaus angewandt werden für **jedwede Anknüpfung der Wirksamkeitserfordernisse** einer Schiedsvereinbarung.[71]

---

[64] Anders hier zB die Terminologie bei *Wagner*, aaO (Fn. 63), S. 367 ff. („Geschäftsstatut") u. *Haas*, 1991, S. 69 ff. („Schiedsvertragsstatut").

[65] Dies sinngemäß nach BGHZ 40, 320, 322 f.; 49, 384, 386; NJW 1976, 1591 (Rechtswahlfreiheit!) – allerdings mit Seitenblick auf Rn. 6, ebenso OLG Hamburg RIW/AWD 1979, 482, 483 [II 1]; OLG Düsseldorf RIW 1996, 239 mit S. 239/240. Hierzu auch *Wagner*, aaO (Fn. 63), S. 368–370.

[66] So zB *Jonas* JW 1927, 1297 – aber beiläufig auch BGH RIW 1994, 644, 646 [III 2 d]; NJW 1998, 2452 [II 1] (indes noch unter der Verfahrenstheorie, dazu § 1025 Rn. 10).

[67] So – vermutungsweise – zB BGHZ 40, 320, 323 [I 2]; IPRspr. 1968/69 Nr. 254, S. 649, 650; NJW 1976, 1591; ganz ähnlich auch 5th SN Nr. 35 ff., 41 = *Holtzmann/Neuhaus* S. 107: hilfsweise Anknüpfung.

[68] Anders hier die Terminologie bei *Geimer* IZPR Rn. 3724 („Streitgegenstandsstatut") – aber: Rn. 3786 [2. Abs.] („Vertragsstatut").

[69] ZB *Granzow*, 1988, S. 94 f.; *Schlosser* RIPS Rn. 251 mit Rn. 246 – im Anschluß an 5th SN Nr. 35 ff., 37 = *Holtzmann/Neuhaus* S. 106 – anders hier zunächst noch 1st SN Nr. 45 = *Holtzmann/Neuhaus* S. 270/271 mit 1st WGR Nr. 25 = *Holtzmann/Neuhaus* S. 276 (zum UNÜ). Jene Frage wurde dann schließlich aber ausgeklammert: 5th WGR Nr. 201 = *Holtzmann/Neuhaus* S. 108.

[70] BT-Drucks. 13/5274 S. 43 re. Sp. [§ 1040/3].

[71] *Zöller/Geimer* Rn. 113 mit 122 ff.; *Musielak/Voit* Rn. 28; *Reithmann/Martiny/Hausmann* Rn. 3391; *Epping*, aaO (Fn. 63), S. 46; wohl auch MünchKommBGB/*Martiny* Vor Art. 27 Rn. 117 mit Rn. 112.

§ 1029 33–36   Buch 10. Abschnitt 2. Schiedsvereinbarung

33   In Betracht kommen insoweit die **Einredesituationen** (§ 1032 Abs. 1 aE: Wirksamkeitsprüfung) und die selbständig staatliche Überprüfung „der Zulässigkeit oder Unzulässigkeit eines schiedsgerichtlichen Verfahrens" (§ 1032 Abs. 2) bzw. des schiedsgerichtlich (zuständigkeits-)bejahenden Zwischenentscheids (§ 1040 Abs. 3 S. 2) – die Gültigkeit ist hierbei jeweils die **Hauptfrage!** Genauso zählen hierher Fälle, in denen die Schiedsbindung jeweils **Vorfragenbedeutung** erlangt:[72] §§ 1034 Abs. 2, 1035 Abs. 3–5, 1037 Abs. 3 S. 1, 1038 Abs. 1 S. 2 (Konstituierungsfragen); § 1050 (Staatsgerichtshilfe); wohl auch § 1041 Abs. 2 (Vollziehbarerklärung einstweiliger Maßnahmen). So wie auch schon § 1040 Abs. 3 S. 2 von § 1040 Abs. 1 zehrt, zählt hier die Sachnähe von § 1041 Abs. 2 zu § 1060 Abs. 1.

34   Damit gibt es eine klare Grundvorgabe des Prozessrechts (unabhängig vom Streit zur Rechtsnatur[73] [hierzu Rn. 12–14]): **Rechtswahlfreiheit** (Rn. 35 f.) **und subsidiär Geltung deutschen Rechtes** (Rn. 37 f.). Jene am Ende verortete (Ergebnis-)Kontrolle (Rn. 30–32) strahlt quasi nach vorne (Rn. 33), oder anders gesagt auch: was später bei einem Schiedsspruch nicht akzeptiert würde, soll bereits im Vorfeld auch wirken bzw. es soll vorher vorgesorgt werden, dass „das Kind nicht in den Brunnen fällt". Das **emanzipiert von materiellen (IPR-)Anknüpfungen** – und macht den sonst gewohnten Rückgriff auf Art. 27 ff. EGBGB zukünftig – weitgehend jedenfalls (aber: Rn. 38) – überflüssig.[74] Allerdings sollte man doch die (Annex-)Regeln für Inhalt (Art. 27 Abs. 4; 31, 32 EGBGB) und Schutz (Art. 29, 29 a, 30; 27 Abs. 3, 34 EGBGB) insoweit analog anwenden.[75]

35   **bb) Rechtswahl.** Rechtswahl wird so oder so ermöglicht (§ 1059 Abs. 2 Nr. 1 a, 2. Halbs., 1. Var. ZPO bzw. Art. 27 Abs. 1 S. 1 EGBGB), wohl selbst dann, wenn jeder Auslandsbezug ersichtlich fehlt.[76] Sie wird indes wohl nur selten **explizit** geregelt werden; die Rechtswahl zum Hauptvertrag ist ungenügend,[77] wenn man sich des gültigen Autonomieprinzips (Rn. 8 aE mit § 1040 Abs. 1 S. 2) erinnert. Hauptvertrag und Schiedsvereinbarung verfolgen völlig unterschiedliche Zwecke und haben jeweils letztlich eigene Ansprüche. Es ist dann letztlich eine Geschmacksfrage, unter welche der beiden Varianten – schlüssige Rechtswahl (Rn. 36 [3]) oder subsidiäre Anknüpfung (Rn. 37 f.) – man die Vorbenennung eines Schiedsortes bringt. Jedenfalls für den von vornherein rein nationalen Fall liegt eine (prozessual bedeutsame!) Rechtswahl eher fern. Man sollte mithin die (materiell angelegte) Rechtswahl nicht überdeuten. Für **schlüssig** erfolgte Erklärung müssen deutlichere Indizien abgefordert werden als die Rechtswahl zum Hauptvertrag.

36   Außer der Rechtswahl zum Hauptvertrag (Rn. 35) kennt die Rechtspraxis noch **weitere drei (Haupt-)Fälle: (1) „Rügeloses Einlassen"**, was jedoch nur angeht, wenn und weil im Prozess die Frage gesehen wurde[78] (arg. Art. 27 Abs. 2 S. 1, 2. Var. EGBGB: „mit hinreichender Sicher-

---

[72] Dabei muß stets die Bindungswirkung von Beschlüssen zur echten Hauptfrage (§ 1032 Abs. 2; § 1040 Abs. 3 S. 2) mitbedacht werden.
[73] Sehr engagiert dazu *Zöller/Geimer* Rn. 17 a/b mit Rn. 107 bzw. IZPR Rn. 3786 u. IPRax 2006, 233 f. [I].
[74] Im Erg. so wie hier *Zöller/Geimer* Rn. 107 mit Rn. 109 f., 113 f. bzw. IZPR Rn. 3786, 3788–3790; *Musielak/Voit* Rn. 28; *Stein/Jonas/Schlosser* Rn. 41 [1. Abs.] mit Fn. 226 (sehr widersprüchlich aber Anh. § 1061 Rn. 40 [1. Abs. aE]); *Staudinger/Hausmann* Anh. II zu Art. 27–37 EGBGB Rn. 254 mit Rn. 255 u. 258 bzw. *Reithmann/Martiny/Hausmann* Rn. 3387 mit Rn. 3391 – wohl auch: *Thomas/Putzo/Reichold* Rn. 10; *Schwab/Walter* Rn. 43. 6 f.; *Kreindler/Schäfer/Wolff* Rn. 652; *Koussoulis*, FS Schlosser, 2005, S. 415, 419 ff.
AA die wohl hM, …: *Schütze* SV Rn. 107 [2. Abs.] mit *Schütze/Tscherning/Wais* Rn. 559; *Kronke* RIW 1998, 257, 258; *Baumbach/Lauterbach/Hartmann* Rn. 11; *Trittmann* ZGR 1999, 340, 344; *MünchKommBGB/Kieninger* § 307 Rn. 268; *Quinke*, Börsenschiedsvereinbarungen, 2005, S. 319. Sehr zurückhaltend noch *MünchKommBGB/Martiny* Vor Art. 27 Rn. 117 aE mit Rn. 118. – …, im Anschluß an das alte Recht, beispielhaft *Haas*, Die Anerkennung und Vollstreckung ausländischer … Schiedssprüche, 1991, S. 69 ff.
[75] Anders indes etwa *Staudinger/Hausmann* Anh. II zu Art. 27–37 EGBGB Rn. 257 bzw. *Reithmann/Martiny/Hausmann* Rn. 3396 (Verbraucherschutz über § 1031 Abs. 5).
[76] *Geimer* IZPR Rn. 3787; *Lachmann* Rn. 268 aE – vorsichtiger *Musielak/Voit* Rn. 28.
[77] So wie hier OLG München IPRspr. 2002 Nr. 223, S. 564, 567/568 [B I 2] („zweites" Urteil) – ferner: *Kronke* RIW 1998, 257, 258; *Zöller/Geimer* § 1029 Rn. 112, 116, 118 mit IZPR Rn. 3724 f., 3790; *Stein/Jonas/Schlosser* Rn. 41 [1. Abs.] mit RIPS Rn. 254; *Staudinger/Hausmann* Anh. II zu Art. 27–37 EGBGB Rn. 256 bzw. *Reithmann/Martiny/Hausmann* Rn. 3394; *Koussoulis*, FS Schlosser, 2005, S. 415, 421 [III 2]. Hierzu eingehend *Epping*, 1999, S. 52–57 – sowie unter altem Recht: *Gildeggen*, 1991, S. 160 f.; *von Hoffmann*, FS Glossner, 1994, S. 142, 151.
Anders dazu jedoch: BGHZ 40, 320, 323 [I 2]; NJW 1976, 1591; BayObLG SchiedsVZ 2004, 163, 165 [II 3]; OLG München IPRspr. 2000 Nr. 182 b, S. 399, 401 [III 2 d aa] („erstes Urteil"); OLG Hamburg SchiedsVZ 2003, 284, 287 [II 3 c aa] (Hauptbegründung), RIW 1996, 510 [1 aE] u. RIW/AWD 1979, 482, 484 f. [II 4 (Hauptbegründung)]; OLG Düsseldorf RIW 1996, 239/240; OLG München RIW 1990, 585, 586 (jedoch jeweils obiter); *Wagner*, aaO (Fn. 63), S. 371 f. MünchKommBGB/*Martiny* Vor Art. 27 Rn. 118. Noch anders wiederum *Baumbach/Lauterbach/Hartmann* Rn. 11: lediglich objektives Kriterium.
[78] BGHZ 40, 320, 323 f. – das wurde früher recht großzügig beurteilt (BGHZ 50, 191, 193 [I]; WM 1970, 1050, 1051 [II 1], dazu generell noch BGH NJW 1991, 1292, 1293; BGHZ 119, 392, 396 – je m. weit.

Begriffsbestimmung 37–39 § 1029

heit"). **(2) Bestimmung des maßgebenden Schiedsverfahrensrechts,**[79] was aber unter Herrschaft der Territorialitätsanknüpfung nun weitgehend an eigener Aussagekraft einbüßt bzw. sogleich unmittelbar zur Ortswahl überleitet (§ 1025 Abs. 1 iVm. § 1043 Abs. 1). **(3) (Partei-)Bezeichnung eines Schiedsorts**[80] (§ 1043 Abs. 1 S. 1 – Widerlegung mittels „Gegenindizien" möglich), was unweigerlich zur objektiven (Hilfs-)Anknüpfung (Rn. 37 f.) überleitet. Unterstellen die Parteien den Rechtsstreit einem institutionell verfestigten, national verwurzelten Schiedsgericht (zB Hamburger freundschaftliche Arbitrage),[81] dürfte dies freilich genügend deutlich eine solche Rechtswahl beinhalten. Diese darf nicht deutsches zwingendes Recht aushebeln.[82]

cc) Schiedsort. Der Schiedsort ist subsidiäres, aber deutliches Anknüpfungsmerkmal: § 1025 37 Abs. 1 iVm. § 1043 Abs. 1. Er würde ebenso gemäß Art. 28 Abs. 1 S. 1 EGBGB die objektive Anknüpfung bestimmen, sodass also wiederum letztendlich volle Parallelität herrscht. Die **Bemühung des Schiedsortes** versagt freilich solange, als noch die präzise Festlegung mangelt, vor allem – in Ermangelung vorheriger Verabredung (§ 1043 Abs. 1 S. 2/3) – im Falle der Hilfestellung zur Konstituierung des Schiedsgerichts (§§ 1034 ff. mit § 1025 Abs. 3 iVm. § 1062 Abs. 3) sowie auch bei – einredeweiser oder unmittelbarer – Gültigkeitskontrolle (§ 1032 Abs. 1 bzw. Abs. 2 mit § 1025 Abs. 2 iVm. § 1062 Abs. 2), wofür jeweils Gerichtskompetenz besteht. Hier muss nun doch weiterhin Art. 28 Abs. 1 S. 1 EGBGB aushelfen. Dann ist also die **engste Verbindung** objektiv aufzuspüren, ohne dass aber dabei Art. 28 Abs. 2 EGBGB hilft: die Schiedsvereinbarung zielt eben nicht auf Leistungserbringung!

Denkbar wäre demnach etwa, auf einen gemeinsamen Aufenthaltsort abzustellen oder auf den 38 Sitz einer Institution (zB IHK/ICC), der prozessual Aushilfstätigkeit bzw. Administration zugewiesen ist, ohne dass dies bereits Schiedsortwahl bewirkt;[83] die „Verwurzelung" der Schiedsrichter zählt dagegen nicht.[84] Die Parteien haben übrigens immer in der Hand, eine „falsche" Annahme alsbald zu korrigieren, entweder über die explizite *Rechts*wahl (arg. Art. 27 Abs. 2 S. 1 – aber: S. 2! EGBGB) oder durch eine (Schieds-)*Orts*wahl (vgl. § 1043 Abs. 3 S. 1). Kaum hilfreich wäre, wenn das Staatsgericht die Ortswahl der Schiedsrichter (§ 1043 Abs. 1 S. 2 mit S. 3: „Umstände des Falles einschließlich der Eignung des Ortes") sollte prognostizieren müssen. Mehr spricht dann gewiss noch dafür, jetzt ausnahmsweise (gegen Rn. 34) die Schiedsvereinbarung ans materielle Hauptvertragsstatut anzubinden[85] – sodann nämlich greift Art. 28 Abs. 2 EGBGB wieder – zumindest bei Verträgen.

dd) Reichweite. Das Schiedsvereinbarungsstatut hat **Auffangcharakter** (Rn. 28). Nach ihm 39 wird materielles (!) Zustandekommen und Wirksamkeit der (Schieds-)Vereinbarung bestimmt (arg. Art. 31 Abs. 1 EGBGB), ferner insbes. Auslegung, Wirkungen[86] und Erlöschen (arg. Art. 32 Abs. 1 Nr. 1, 2, 4 EGBGB). Verwickelt ist allerdings die Anknüpfung der **Vertretungsmacht** zum Ver-

---

Nachw.), anders mit Recht jedoch zB *Schack* NJW 1984; 2736 u. IPRax 1986, 272 gegen BGH IPRax 1986, 292, 293; *von Bar* II Rn. 461; *Junker* Rn. 347; *Mansel* ZVglRWiss. 86 (1987), 1, 13 f.; *Steinle* ZVglRWiss. 93 (1994), 303, 313; Reithmann/Martiny/Hausmann Rn. 3395.

[79] *Musielak/Voit* § 1029 Rn. 28 aE; *Zöller/Geimer* Rn. 117 mit IPZR Rn. 3790, 3832 (durch Parteien, nicht Gericht!); *Stein/Jonas/Schlosser* Rn. 41 [1. Abs.] – aber zB auch (unter altem Recht) BGH NJW 1998, 2452 [II 1] (prinzipal!).
[80] Siehe vor allem *Lachmann* Rn. 270 u. *Staudinger/Hausmann* Anh. II zu Art. 27–37 EGBGB Rn. 256 bzw. *Reithmann/Martiny/Hausmann* Rn. 3394; *Koussoulis*, FS Schlosser, 2005, S. 415, 425 [IV 2], aber uU auch BGH NJW 1998, 2452 [II 1] (sekundär?) – aA *Baumbach/Lauterbach/Hartmann* Rn. 11: lediglich *objektives* Kriterium.
[81] So wie hier BGHZ 55, 162, 164/165 (Belgrader Außenhandelskammer); OLG Hamburg RIW 1992, 938 [1 a] (Hamburger Warenverein). – Nur im Erg. so OLG Hamburg RIW/AWD 1979, 482, 483 f. [II 2/3] (vgl. *Mezger* ebd. S. 490 f.) u. OLG Hamburg SchiedsVZ 2003, 284, 287 [II 3 c aa] (Hilfsbegründung); BGH IPRspr. 1968/69 Nr. 254, S. 649, 650 f.; NJW 1983, 1267, 1268 [B I 2 b].
[82] OLG München IPRax 2007, 322, 324 [II 2 d] m. teilw. krit. Bespr. *Rühl*, S. 294, 300 f. – zust. *Thume* IHR 2006, 160; krit. *Quinke* SchiedsVZ 2007, 246 (Handelsvertreterausgleich) mit Berufung auf BGH NJW 1987, 3193, 3194, best. BGH NJW-RR 1988, 172, 173 [II 2]; 1993, 1519/1520 [1] (Börsentermingeschäfte).
[83] So etwa im Fall BayObLG NJW 1999, 644, 645 re. Sp. [II 3 a] (dort aber verstanden als Rechtswahl).
[84] AA *Baumbach/Lauterbach/Hartmann* Rn. 11.
[85] Wie es die hM tut: *Geimer* IZPR Rn. 3789 („damit die Schiedsvereinbarung nicht in der Luft hängt"); *Musielak/Voit* Rn. 28 aE; *Schlosser* RIPS Rn. 245 u. *Stein/Jonas/Schlosser* Anh. § 1061 Rn. 40 [3. Abs.]; *Staudinger/Hausmann* Anh. II zu Art. 27–37 EGBGB Rn. 258 mit Rn. 251 (UNÜ) u. Rn. 252 (EuÜ) bzw. *Reithmann/Martiny/Hausmann* Rn. 3398; *Epping*, aaO (Fn. 63), S. 46 aE; *Gildeggen*, 1991, S. 172. Vgl. hier auch Art. VI Abs. 2 lit. c EuÜ!
[86] OLG Düsseldorf RIW 1996, 239 – indes mit einer fragwürdigen Beschränkung: nationaler (Beklagten-)Schutz vorrangig?

§ 1029 40-44   Buch 10. Abschnitt 2. Schiedsvereinbarung

tragsabschluss: eigentlich sollte sie ebenso dazuzählen, nach hM[87] wird sie aber eigenständig – materiell – festgemacht. Dem erklärend verstandenen Rückgriff auf Art. 27 ff. EGBGB steht übrigens nicht Art. 36 EGBGB entgegen, da just in dem Ausnahmekatalog des Art. 37 EGBGB der jene Frage betreffende Art. 1 Abs. 2 lit. d EVÜ, („Schieds- und Gerichtsstandsvereinbarungen") unrezipiert blieb.

40   Die Schiedsfähigkeit (Rn. 41–43 mit § 1030 Rn. 5–24) als solche bleibt **ausgeklammert**. Ausgenommen sind ferner jene Abschlussfragen, die das Gesetz mit dem Formrigor verknüpft hat (§ 1031 Abs. 2–4) – bei Beteiligung von Unternehmern (arg. § 1031 Abs. 5 e contrario). Hier gelten vorrangige, eigene *prozessuale* Regeln, welche allerdings wieder auf nationale *materielle* Regelungen verweisen: § 1031 Abs. 2 („nach der Verkehrssitte als Vertragsinhalt angesehen wird") auf § 346 HGB, § 1031 Abs. 3 („Bezugnahme dergestalt, dass sie diese Klausel zu einem Bestandteil des Vertrages macht") auf § 305 c Abs. 1 BGB;[88] § 305 Abs. 2 BGB wird schon ohnehin durch § 310 Abs. 1 S. 1 BGB ausgeschaltet. Dies erübrigt jeden Zugriff aufs Schiedsvereinbarungsstatut.

41   **c) Schiedsfähigkeitsstatut. aa) Subjektiv.** Was die *persönliche* Abschlussmacht angeht, besteht große Nähe zur (materiellen) Gültigkeitsfrage (Rn. 18), weil es insoweit um Rechts- und Geschäftsfähigkeit der Vertragsschließenden geht.[89] Angerufen ist dasjenige Recht, „das für sie [die gerade handelnde Partei] **persönlich maßgebend** ist" (§ 1059 Abs. 2 Nr. 1 a, 1. Var. [ganz offen dazu indes Art. 34 Abs. 2 bzw. Art. 36 Abs. 1 – je lit. a (i), 1. Var. ModG: „was under some incapacity"; Vorbild waren hierfür Art. V Abs. 1 lit. a, 1. Var. UNÜ u. Art. VI Abs. 2 S. 1 EuÜ]).[90]

42   Das bestimmt das jeweilig maßgebliche **Personalstatut** (§ 1061 Anh. 1 Art. 5 UNÜ Rn. 19; § 1061 Anh. 2 Art. 6 EuÜ Rn. 8),[91] nicht etwa die lex fori, welche aber auch wieder hierauf mittelbar zurückführt (Rechtsfähigkeit [§ 50 Abs. 1] bzw. Verpflichtungsbefugnis [§ 52] als letztlich selbständig angeknüpfte Vorfragen!). Maßgeblich ist demnach das **Heimatrecht**, bei natürlichen Personen das „Recht des Staates, dem die Person angehört" (Art. 7 Abs. 1 S. 1 EGBGB), und das wiederum verweist auf die Staatsangehörigkeit (inklusive des Schutzes gemäß Art. 12 S. 1 EGBGB), hilfsweise auf den gewöhnlichen Aufenthalt (Art. 5 Abs. 1/2 EGBGB). Die Anknüpfung bei juristischen Personen ist freilich nicht geregelt (§ 37 Nr. 2 EGBGB): Sitzbegründung oder Gründungsakt?[92] – hier spricht – jedenfalls außerhalb des Anwendungsbereiches der Niederlassungsfreiheit (arg. ex Artt. 43, 48 EGV)[93] – mehr für ersteres (arg. § 1025 Abs. 3 [dort Rn. 26] bzw. § 1062 Abs. 3). Rechtswahl bleibt verweigert.

43   **bb) Objektiv.** Die Frage der sachlichen Befähigung unterfällt zwingend indes deutschem Recht (arg. § 1059 Abs. 2 Nr. 1 a [Art. 34 Abs. 2 lit. b (i) bzw. Art. 36 Abs. 1 lit. b (i) ModG] iVm. § 1030) – soweit denn vorweg ein deutscher Schiedsort vorhanden ist (§ 1025 Abs. 1!), näher dazu bei § 1030 Rn. 22 ff. Daraus folgt eine gewisse Januskörpfigkeit der Schiedsfähigkeit. Häufig werden sich beide Fragen kaum exakt jedoch scheiden lassen, denn subjektive mögen wohl mit objektiven staatlichen (Schutz-)Vorbehalten leicht verquickt werden.

III. Tatbestand

44   **1. „Vereinbarung der [Schieds-]Parteien".** Was alles als Vereinbarung durchgeht, umschreibt **Abs. 2** (Rn. 2 mit Rn. 9 f.); was gerade die *Schieds*vereinbarung ausmacht, ist Regelungsgegenstand von **Abs. 1**. Eine Schiedsbindung kann indes auch durch **einseitige Anordnung** („Schiedsverfü-

---

[87] Dazu vgl. etwa *Stein/Jonas/Schlosser* Anh. § 1061 Rn. 45 mit RIPS Rn. 351 ff.; *Schwab/Walter* Rn. 44.19; *Zöller/Geimer* § 1025 Rn. 16.
[88] So wie hier *Lindacher*, FS Habscheid, 1989, S. 167, 168 f.; *Wackenhuth* ZZP 99 (1986), 445, 447 – aA aber zB *Epping*, aaO (Fn. 63), S. 142 ff. u. *Berger*, 1992, S. 110 ff. Dazu vgl. auch Art. 3 Abs. 2 S. 3 1st Draft = *Holtzmann/Neuhaus* S. 278 einerseits, 2nd WGR Rn. 45 = *Holtzmann/Neuhaus* S. 280 andererseits.
[89] Klare Abgrenzung durch *Schlosser* RIPS Rn. 337 f.
[90] BT-Drucks. 13/5274 S. 59 li. Sp. (1. Abs.) einerseits, CR Nr. 280–282 = *Holtzmann/Neuhaus* S. 999 andererseits.
[91] OLG Düsseldorf v. 15. 11. 2007 – I-6 U 74/07 [II 1 b aa/JURIS-Rn. 49); OLG Hamm IPRspr. 1994 Nr. 185, S. 416, 418; *Schütze* SV Rn. 83 [4. Abs.] bzw. IS Einl. Rn. 24; *Zöller/Geimer* Rn. 23 mit Rn. 19 mit IZPR Rn. 3815 a/b; *Reithmann/Martiny/Hausmann* Rn. 3467; *Schulze*, Grenzen der objektiven Schiedsfähigkeit ..., 2003, S. 16.
[92] Dazu nur etwa *Soergel/Lüderitz* Anh. Art. 10 EGBGB Rn. 4 ff.; *MünchKommBGB/Kindler* IntGesR Rn. 331 ff.; *Kropholler* § 55 I; *von Bar* II Rn. 617 ff. – je m. umf. Nachw. War offenbar nicht fraglich bei BGH NJW 1998, 2452 [II 2].
[93] Als Konzession an EuGHE 2002 I, 9919, 9965 f. [62–64] = NJW 2002, 3614 („Überseering"); EuGHE 2003 I, 10 155, 10 224 ff. [95–105] = NJW 2003, 3331 („Inspire Art").

gung"⁹⁴) erreicht werden (§ 1066 – dazu näher dort!), was freilich eher Ausnahme ist. Die **Vereinbarung** ist Grundtatbestand und dementsprechend gesetzliches Regelungsmodell. Sie muss zunächst einmal zwischen den Parteien zustandekommen. Diese hintersinnige Doppeldeutigkeit – Partei als Vertragspartner und Prozessgegner – weist auf ein grundsätzliches (selbstverständliches) **Identitätsgebot**: die Schiedsvereinbarung wirkt nur unter den Vertragsbeteiligten (selbstredend auch nach Namenswechsel⁹⁵). So erstreckt sich zB eine Schiedsvereinbarung zwischen dem Lieferanten und Abnehmer nicht auf einen Weiterabnehmer⁹⁶ bzw. zwischen Zweitzedent und Zessionar nicht auch den Erstzedenten⁹⁷ und begründet die inhaltsgleiche Bindung zu einem Dritten keine unmittelbare Direktwirkung.⁹⁸ Soweit eine Partei in diversen Rollen auftritt, dann muss sie auch zweifellos klarmachen, wer gebunden ist.⁹⁹ Jedoch bestehen manche **Ausnahmen**:

a) **Rechtsnachfolge. aa) Gesamtrechtsnachfolger.** Sie alle (insbes. Erben) sind immer ohne 45 weiteres an die Schiedsvereinbarung gebunden, sofern sich nicht aus dieser etwas anderes ergibt.¹⁰⁰ Sie treten ein in alle Rechte und Pflichten ihres Vorgängers. Der Nacherbe ist zwar nicht Rechtsnachfolger des Vorerben (arg. §§ 242, 326, 728 Abs. 1), sondern des Erblassers, aber trotzdem an Schiedsvereinbarungen des Vorerben gebunden, soweit dieser mit Wirkung für den Nacherben verfügungsbefugt war (§§ 2112 ff. BGB).¹⁰¹ Dies ist aber keine Rechtsnachfolge, sondern Drittbindung (Rn. 49 ff.) oder einfach bloß die Konsequenz aus § 1055 iVm. § 326 Abs. 1 (analog). Eine Schiedsvereinbarung zwischen Miterben bindet einen Testamentsvollstrecker nicht.¹⁰² Gesamtrechtsnachfolge ist genauso denkbar bei gesellschaftsrechtlichen Vorgründungsstadien¹⁰³ oder Umwandlungsvorgängen.¹⁰⁴

bb) **Einzelrechtsnachfolger.**¹⁰⁵ Auf der **Aktivseite** werden diese nach hM¹⁰⁶ ebenso von der 46 Schiedsvereinbarung erfasst; ohne Bedeutung ist, ob das fragliche Rechtsverhältnis insgesamt (Vertragsübernahme¹⁰⁷ bzw. -nachfolge iSv. § 571 BGB;¹⁰⁸ Übertragung eines Gesellschaftsanteils¹⁰⁹ – uU mit Weiterbindung des „Weichenden"¹¹⁰) oder nur ein dazu rechnender „schiedsbefangener" Ausschnitt (Abtretung gem. §§ 398 ff. BGB¹¹¹) übergeht.

Jede **Zession** überträgt die volle Gläubigerstellung, einschließlich aller Rechte, aber ebenso auch 47 der Pflichten aus einer Schiedsvereinbarung; der Zessionar muss nicht etwa jener erst in der Form

---

⁹⁴ *Sareika* ZZP 90 (1977), 285, 291 f.
⁹⁵ OLG Bremen IPRspr. 1999 Nr. 181, S. 434, 435 [2] (UNÜ); BayObLG SchiedsVZ 2004, 163, 165 [II 3] (Gesellschaftsrecht).
⁹⁶ OLG Hamburg HansRGZ 1921, 515.
⁹⁷ OLG Frankfurt/Main, Beschl. v. 31. 7. 2006 – 26 Sch 8/06 [II].
⁹⁸ OLG München JW 1930, 3490.
⁹⁹ AA OLG Düsseldorf OLGR 2002, 106 aE.
¹⁰⁰ BayObLGZ 1999, 255, 266/267 mit BGHZ 68, 356, 359 = NJW 1977, 1397; NJW 1979, 2567 f. [1/2]; WM 1971, 308 f. [I 1]; KTS 1962, 234 (jeweils obiter); RAG 6, 237; *Schütze/Tscherning/Wais* Rn. 61; dies konzediert auch *Martens*, 2005, S. 102 ff. (vgl. aber erg. Fn. 112 aE).
¹⁰¹ Ebenso *Schwab/Walter* Rn. 7.32 aE.
¹⁰² BGH ZZP 73 (1960), 118.
¹⁰³ BayObLG SchiedsVZ 2004, 163, 165 [II 3].
¹⁰⁴ OLG Koblenz WM 1990, 1992, 1993 (obiter).
¹⁰⁵ Dazu *Soehring*, Die Nachfolge in Rechtslagen aus Prozeßverträgen, 1968, S. 25 ff.; *Schricker*, FS Quack, 1991, S. 99 ff.; *Schopp* KTS 1979, 255.
¹⁰⁶ BGHZ 68, 356, 359 m. weit. Nachw. mit BGH KTS 1962, 234 (jeweils obiter) – krit. *Baur*, FS Fasching, 1988, S. 81, 91; *Schwab/Walter* Rn. 7.31 f. u. *Walter* JZ 1988, 1083, 1085.
¹⁰⁷ BGH NJW 1979, 1166 = RIW/AWD 1979, 289; NJW-RR 1988, 1405; NJW 1998, 371.
¹⁰⁸ BGH NJW 2000, 2346 re. Sp.
¹⁰⁹ Grundlegend BGHZ 71, 162, 165 f. = NJW 1978, 1585 [KG]; 1980, 1797 = BB 1980, 489 f. [oHG]; NJW 1979, 2567, 2568 [GmbH] NJW 1998, 371 [KG]; NJW-RR 2002, 1462, 1463 [KG]; BGH Hamburg RIW 1989, 574, 577 re. Sp. [II] mit OLG Oldenburg NZG 2002, 931, 932 (Partenreederei – mit Abgrenzung zum Neubeitritt) – zust. *Böckstiegel*, FS Bülow, 1981, S. 1, 7. Zur Begründung mit § 1066 vgl. *K. Schmidt* DB 1991, 904 einerseits, *Schütze* BB 1992, 1877, 1880 andererseits. Anders früher RG JW 1927, 2137, 2138 re. Sp. (Einbringung bei Neugründung).
¹¹⁰ BGH NJW-RR 2002, 1462, 1463 (Wettbewerbsverbot); OLG Düsseldorf SchiedsVZ 2004, 161, 162 f. [II 2 a] (Wirksamkeit der Übertragung): „interne" Bereinigung fortwirkender Pflichten.
¹¹¹ RGZ 146, 52, 56 f.; BGH WM 1976, 331; BGHZ 68, 356, 359 (obiter) m. weit. Nachw.; 71, 162, 164/165 = NJW 1978, 1585; 1979, 2567, 2568 [1]; 1980, 2022, 2023; WM 1991, 384, 385; BGHZ 162, 9, 12 [II 1] = NJW 2005, 1125 = JZ 2005, 958 = SchiedsVZ 2005, 95 m. Anm. *Huber/Bach*; OLG Hamm RIW 1983, 689; OLG Hamburg RIW 1989, 574, 577 li. Sp. [II]; OLG Stuttgart, Beschl. v. 14. 10. 2003 – 1 Sch 16/02 [B II 1 c – JURIS-Rn. 74]; OLG Hamburg SchiedsVZ 2004, 266, 268 [II 1 d] (jedoch hier falsch – arg. § 1066!); BGE 120 II 163 [CH].

§ 1029 48–50 Buch 10. Abschnitt 2. Schiedsvereinbarung

des § 1031 beitreten.[112] Es ist allerdings recht fragwürdig, diese Rechtsfolge als Analogie aus § 401 BGB herzuleiten,[113] welcher nur (Neben-)Rechte betrifft; auch die Anleihe bei § 404 BGB[114] hilft nicht recht, er hat umgekehrt nur die Verteidigung des Schuldners (hier [prozessual!] nach § 1032 Abs. 1) im Auge. Aber dieser Begründungsversuche bedarf es auch nicht weiter: Der Übergang folgt schlicht aus § 398 BGB, dh. die Forderung ist gleichsam nur vinkuliert zu übertragen! Die Schiedsbindung prägt (mit) ihr Wesen, sie gehört zum Inhalt des Rechts und geht zwangsläufig mit über.[115] Anderenfalls könnte der Gläubiger durch (Schein-)Zession seine Bindung jederzeit wieder ausheben. Etwas anderes mag gelten, wo ein abweichender Wille der Parteien festzustellen ist, zB wenn die Schiedsvereinbarung wegen eines besonderen Vertrauensverhältnisses zwischen den Vertragspartnern vereinbart und entsprechend ausgestaltet wurde, etwa mit Rücksicht auf die gemeinsame Zugehörigkeit zu einem Verband.[116]

48   Bei der Nachfolge auf der **Passivseite** (Schuldübernahme, §§ 414 ff. BGB) soll dagegen keine Bindung eintreten; der Übernehmer ist nicht Rechtsnachfolger des Schuldners.[117] Es erstaunt zunächst durchaus, wenn Aktiv- und Passivseite verschieden behandelt werden,[118] passt letzthin aber bündig zum Verständnis der „Rechtsnachfolge" bei §§ 265, 325, 727.[119]

49   **b) Dritterstreckung.** Sie ist Ausnahmefall und kann dort vor allem angehen, wo man auch sonst über die Rechtsnachfolge hinaus Rechtskrafterstreckung zulässt. Dies ist namentlich der Fall bei (gesetzlicher) **Prozessstandschaft,** vor allem der Parteien kraft Amtes, etwa Insolvenzverwalter[120] (vgl. § 80 Abs. 1 InsO), Testamentsvollstrecker[121] (arg. § 327 – wobei hier aber meist § 1066 anstelle § 1029 tritt) oder Zwangsverwalter.

50   Vor allem ist zB der **Insolvenzverwalter**[122] an die Schiedsvereinbarung des Gemeinschuldners gebunden, er muss die Rechtslage so übernehmen, wie er sie vorfindet – es sei denn, dem Gemeinschuldner hätte insoweit dafür die Verpflichtungsmacht gefehlt (§§ 21 ff., 80 ff. InsO) oder es wäre schon vorweg Abweichendes verabredet worden; andererseits rührt der Rückgewähranspruch aus Insolvenzanfechtung (§ 143 Abs. 1 S. 1 InsO) nicht aus dem anfechtbar geschlossenen Vertrag her, sondern aus einem selbständigen, der Verfügungsmacht des Gemeinschuldners entzogenen Recht, das zugunsten der Insolvenzmasse (erst) mit Insolvenzeröffnung schlicht kraft Gesetzes entsteht.[123] Dem Insolvenzverwalter steht aber stets natürlich offen, den betroffenen Gegenstand freizugeben[124] bzw. die Schiedsvereinbarung ihrerseits als nachteilige Rechtshandlung anzufechten (§§ 129 ff. InsO) oder uU auch zu kündigen (Rn. 131–133); gegen die Zusammensetzung des Schiedsgerichts mag zudem vielleicht § 1034 Abs. 2 eingreifen.[125]

---

[112] RGZ 146, 53, 55 u. BGHZ 71, 162, 165 f. m. weit. Nachw. = NJW 1978, 1585; best. NJW 1986, 2765 [II]; 1998, 371 m. weit. Nachw. – zuletzt: BGH NJW-RR 2002, 1462, 1463; BGHZ 162, 9, 12 [II 1] = NJW 2005, 1125 = JZ 2005, 958 = SchiedsVZ 2005, 95 m. Anm. *Huber/Bach;* OLG Frankfurt/Main, Beschl. v. 31. 7. 2006 – 26 Sch 8/06 [II] – aA *Martens,* 2005, S. 60 ff. (96–102) mit S. 142–147 u. S. 168 ff. (182–185, 195 f.).
[113] Dazu krit. auch *Schwab/Walter* Rn. 7.32; *Baur,* FS Fasching, 1988, S. 81, 91; *Roth,* FS Nagel, 1987, S. 318, 325 f.; *Schricker,* FS Quack, 1991, S. 99, 103–105; *Habersack* SchiedsVZ 2003, 241; 243/244 [I 4].
[114] *Stein/Jonas/Schlosser* Rn. 36.
[115] Dies wohl meinen hier auch BGH NJW 1998, 371 re. Sp. = ZIP 1997, 2082, zust. *Geimer* MittBayNot. 1998, 360, 361 [2]; *Ebbing* NZG 1998, 64, u. BGH NJW 2000, 2346 [3] versus [2].
[116] BGH WM 1976, 331; vgl. auch *von Beringe* DB 1954, 777.
[117] BGH NJW 1957, 420 – anders dann jedoch OLG Hamburg, Beschl. v. 14. 6. 2000 – 6 Sch 3/00.
[118] Vgl. 1. Aufl. § 1025 aF Rn. 31 (*Maier* – gegen *Schwab/Walter,* 5. Aufl. 1995, Rn. 7.25, jetzt Rn. 7.34); *Stein/Jonas/Schlosser* Rn. 36 aE.
[119] BGHZ 61, 140, 142; vgl. dazu erg. § 265 Rn. 55 f. u. § 325 Rn. 27 ff. einerseits, § 727 Rn. 4, 27 andererseits. Ein anderes Problem ist, ob denn § 265 bei Rechtsnachfolge *während des Schiedsverfahrens* gilt – verneinend *Baur,* FS Fasching, 1988, S. 81, 91 f.
[120] RGZ 137, 109, 111 bzw. BGHZ 24, 15, 18; best. KTS 1962, 234; NJW 1979, 2567 aE; 2000, 2346 [1]; DZWiR 2004, 161, 162 m. weit. Nachw. u. zust. Anm. *Flöther* (dazu auch Rn. 126); BGHZ 160, 127, 131/132 [II 2] mit S. 134 [II 3 b bb] = NJW 2004, 2898 – aA *Häsemeyer* Rn. 13.28.
[121] BGH LM § 1025 aF Nr. 34 [1] = NJW 1979, 2567.
[122] Literatur: *Jestaedt,* 1985, S. 49 ff.; *Flöther,* 2001, S. 12 ff. u. DZWIR 2001, 89; *Kück* ZInsO 2006, 11; *Heidbrink/von der Groeben* ZIP 2006, 265; *Schulte-Frohlinde/Wilts* ZInsO 2006, 196. Aber *keine* Bindung eines Dritten beim Feststellungsverfahren (§§ 179–183 InsO): *Ehricke* ZIP 2006, 1847, 1852–1854 [IV] gegen *Jestaedt,* 1985, S. 130 f. u. *Smid* DZWIR 1993, 485, 490 f.
[123] BGH NJW 1956, 1920, 1921; DZWIR 2004, 161, 162 m. zust. Anm. *Flöther; Heidbrink/von der Groeben* ZIP 2006, 265, 266–268 [I 1.3] – irrig überdeutet durch OLG Köln GmbHR 1998, 143, 144: mangelnde Schiedsfähigkeit = OLG Köln VersR 1998, 112, 113.
[124] OLG Dresden SchiedsVZ 2005, 159, 161 [B I 4].
[125] So KG SchiedsVZ 2005, 100, 101 m. krit. Anm. *Lachmann* (§ 1034 Rn. 8 aE) bzw. Beschl. v. 21. 4. 2004 – 23 Sch 4/03; *Schulte-Frohlinde/Wilts* ZInsO 2006, 196–198 [III].

In Betracht kommt insoweit ferner die *vollkommene* (materielle) **Abhängigkeit der Dritt-** 51
haftung, vor allem bei einer Gesellschafterhaftung gemäß §§ 128/129 HGB. Die persönlich haftenden oHG-Gesellschafter sind an eine Schiedsvereinbarung der Gesellschaft gebunden,[126] weil sich ihre Haftung nach dem Inhalt der Schuld der Gesellschaft richtet (§ 128 HGB), einschließlich der Schiedsbindung. Sie gilt für Aktiv- wie Passivprozesse, nicht aber für rein persönliche Ansprüche, wie etwa auf Schadensersatz.[127] Eine Aufspaltung der Zuständigkeiten wird hierdurch effektiv vermieden. Entsprechendes gilt für alle Komplementäre (§ 161 Abs. 2 HGB,[128] im Unterschied zu Kommanditisten[129]), und soll auch für Organe juristischer Personen gelten.[130] – Bei einer GbR verpflichtet der (geschäftsführende) Gesellschafter hinsichtlich einer Schiedsvereinbarung die anderen Gesellschafter dagegen nur, sofern er bevollmächtigt ist und im Namen der Gesellschaft auftritt (§ 714 BGB);[131] sie werden dadurch selbst (als Partei!) gebunden.

Allein (irgendwelche) materielle Abhängigkeit genügt nie, es muss eine Art von rechtlicher oder 52 faktischer „Identitätsnähe" dazukommen, wie in den erwähnten „Gesellschafterfällen" (Rn. 51). Vor allem genügt **nicht ein bloßer Haftungsverband,** etwa als Folge von vertraglicher Schuldmitübernahme, Bürgschaft, Gewähr oder Garantie[132] (Interzession), oder gar bloß Gesamtschuldnerschaft[133] (§§ 421 ff. BGB).

Wohl aber sollte eine **gesetzliche Garantiehaftung hinreichen,** etwa derjenigen, die vor 53 Handelsregistereintragung namens einer GmbH handeln (§ 11 Abs. 2 GmbHG),[134] und auch des Vertreters ohne Vertretungsmacht (§ 179 Abs. 1 BGB)[135] sowie des gemäß § 95 Abs. 3 S. 1 HGB in Anspruch genommenen Maklers;[136] und auch die Durchgriffshaftung kann man dazu rechnen.[137] Die nach BGB „gestuft" normierte Haftung ändert daran nichts, zumal § 179 Abs. 2/3 BGB bloß Ausnahmen sind, während die (Nicht-)Erfüllungshaftung als Regel das Feld beherrscht; wer den Vertretenen voreilig verpflichtet, muss notfalls wie dieser einstehen – auch prozessual, sogar vor einem Schiedsgericht. Das schon allein darum, da auf jene Schiedsvereinbarung selbst auch wieder §§ 164 ff. BGB (analog) zur Anwendung kommen (Rn. 20), und damit also neben die materielle eine prozessuale Erfüllungshaftung tritt, die dann mittels Schiedsklage gewählt wird. Dass hier am Ende womöglich prozessuale Erfüllungs- mit materieller Ersatzhaftung kombiniert ist, sollte wohl nicht allzu sehr stören.

Weitere Einzelfälle möglicher Erstreckung: Bei einem Vertrag auf **Leistung an einen Dritten** 54 iSv. § 328 Abs. 1 BGB gilt die Schiedsvereinbarung im Deckungsverhältnis auch für (und gegen)

---

[126] Bejahend BGH WM 1991, 384, 385 (Partenreeder) für Schiedsvereinbarung u. BGH NJW 1981, 2644, 2646 für Gerichtsstandsklausel – ferner: LG Berlin KTS 1965, 176; KG JZ 1961, 175; OLG Köln NJW 1961, 1312; OLG Hamburg HansRGZ 1928, 453, 454 f. (mit Aufgabe von OLG Hamburg HansRGZ 1920, 87) u. RIW 1989, 574, 577 Ne. Sp. [II] mit OLG Oldenburg NZG 2002, 931, 932 (Partenreeder); *Baumbach/Hopt* § 128 HGB Rn. 40; *Glossner* Rn. II 50; *Schwab/Walter* Rn. 7.35; *Müller/Keilmann* SchiedsVZ 2007, 113, 115 [II 2]; *Schütze/Tscherning/Wais* Rn. 59; vgl. auch *K. Schmidt* DB 1989, 2315 – aA *Habscheid* KTS 1970, 139; *Habersack* SchiedsVZ 2003, 241; 246 [II 3].
[127] BGH WM 1991, 384, 385 f. = NJW-RR 1991, 423 (Partenreederei als Anlagemodell); zust. *Vollkommer* IPRax 1991, 207.
[128] BayObLG SchiedsVZ 2004, 45, 46 [II 2b] mit DIS-SG SchiedsVZ 2004, 46, 47 li. Sp.
[129] HM: *Müller/Keilmann* SchiedsVZ 2007, 113, 116 [II 3] m. weit. Nachw. – aA: *Musielak/Voit* Rn. 8; *Schmitz* RNotZ 2003, 591, 594 [B II 1b].
[130] OLG München NJW-RR 1998, 198, 199 – fragwürdig, dazu krit. auch *Sessler* RPS 1998 II S. 21, 22 f. *Müller/Keilmann* SchiedsVZ 2007, 113, 116 [II 5] m. weit. Nachw.
[131] Dazu näher noch *H. Westermann,* FS Baur, 1981, S. 723.
[132] BGHZ 68, 356, 359 (obiter) m. weit. Nachw.; VersR 1983, 776; MDR 1991, 737 u. OLG Hamburg VersR 1982, 1096; OLG München NJW-RR 1991, 602, 603 [3b]; OLG Hamburg OLGR 2002, 305; OLG Düsseldorf BauR 2004, 874 (Schiedsgutachten); *Schwab/Walter* Rn. 7.34. Sonderfall: DIS-SG SchiedsVZ 2004, 46, 47 re. Sp. Anders noch obiter OLG München NJW-RR 2005, 832, 833 [II 3c] (Schuldbeitritt) – krit. mit Recht deshalb *Pörnbacher* IDR 2005, 56, 58 [II 3] u. *Kiethe* NZG 2005, 881.
[133] BGH WM 1991, 384, 385 – mit Best. von BGHZ 68, 356, 359.
[134] Vgl. KG JW 1929, 2163; offenlassend BGHZ 68, 356, 359/360.
[135] Anders BGHZ 68, 356, 360–362 = NJW 1977, 1397; so wie hier LG Hamburg *Straatmann/Ulmer* A 1 Nr. 17; *Musielak/Voit* Rn. 8.
[136] So auch BGHZ 68, 356, 363–365 = ZZP 91 (1978), 470 m. Anm. *Leipold.*
[137] *Stein/Jonas/Schlosser* Rn. 34 aE; *Busse* SchiedsVZ 2005, 118, 119 [II] mit S. 122 f.; *Sachs* DIS-Mat. 2001, 50, 67 – aA *Lachmann* Rn. 509 f.; wohl jetzt auch *Zöller/Geimer* Rn. 72. Näher dazu bei *Holeweg,* Schiedsvereinbarungen und Strohmanngesellschaften, 1997, S. 58 ff., 126–130, 214 f. bzw. *Frank,* Durchgriff im Schiedsvertrag, 2000, S. 261 ff.; *Sandrock,* FS Buxbaum, 2000, S. 461, J. Int. Arb. 19 (2002), 441 u. DIS XVI (2005) S. 93; *Gross* SchiedsVZ 2006, 194; *Müller/Keilmann* SchiedsVZ 2007, 113, 116–119 [II 6/7].

§ 1029 55–58 Buch 10. Abschnitt 2. Schiedsvereinbarung

den Drittbegünstigten.[138] Ein **Pfändungsgläubiger** hat die Schiedsvereinbarung zwischen Vollstreckungs- und Drittschuldner zu beachten,[139] so wie auch der rechtsgeschäftliche Pfandgläubiger nach §§ 1279 ff.[140] Eine in einem **Chartervertrag** enthaltene Schiedsklausel kann durch Bezugnahme des Konnossements auf die Bestimmungen des Chartervertrages für das Rechtsverhältnis zwischen Verfrachter und konnossementsmäßigem Empfänger wirksam werden[141] (§ 1031 Abs. 4). Bei Papieren, die durch eine **Orderklausel** übertragen werden, wie kaufmännische Anweisungen und dergleichen (§ 363 HGB), werden die Rechte und Pflichten aus einer Schiedsvereinbarung mitübertragen, wenn sie sich aus der betreffenden Urkunde ergeben. Die Ausübung eines **Eintrittsrechts** bei gesellschaftsrechtlicher Nachfolgeklausel bindet sogleich ohne Beitritt.[142]

55 **2. Erster Exkurs: Zwei- und Mehrparteienschiedsgerichtsbarkeit.** Abs. 1 enthält sich vornehm der exakten Aussage darüber, **wieviele Parteien** (Vertragspartner bzw. Prozessgegner) hier höchstens beteiligt sind – klar ist bloß, es sind mindestens zwei (Plural!): es gibt **keinen In-Sich-Prozess,** auch nicht beim Schiedsverfahren; ergibt sich später eine Personenidentität, erübrigt sich das Verfahren bzw. es wird dann unmittelbar unstatthaft. Die gesetzliche Regelung ist außerdem kategorisch, so wie auch der staatliche Rechtsgang, auf den regelmäßig stattfindenden **Zweipersonenprozess** abgestimmt.

56 Das Prozedere zielt eindeutig auf eine Widerrede von Kläger und Beklagtem (§ 1046 Abs. 1 S. 1 mit § 1048 Abs. 1, 2). Sonderregeln über Streitgenossenschaft (§§ 59–63) und Drittbeteiligung (§§ 64–77) fehlen für das Schiedsverfahren, könnten aber analog wohl gelten. Dabei ist indes zu berücksichtigen, dass ein Dritter nicht einfach schiedsgerichtspflichtig ist, so wie er staatlichen Gerichten ausgeliefert ist – vielmehr benötigt man insoweit jeweilig „(s)eine „vertragliche Unterwerfung" und zwar durch eben die Schiedsvereinbarung. Ein **Mehrpersonenprozess** ist daher immer das Resultat einer Mehrpersonenvereinbarung.[143] Im Einzelnen:

57 **a) Ausgangslage.** In einer Reihe von Streitfällen ist eine befriedigende und/oder endgültige Lösung durch eine Entscheidung zwischen nur *zwei* Parteien nicht erreichbar; Beispiele: gesellschaftsrechtliche Anfechtungs- und Nichtigkeitsklagen (dazu näher noch § 1030 Rn. 35 f., vgl. auch erg. § 1055 Rn. 21, § 1066 Rn. 18); Verfahren über Ansprüche, die sich in einer Anspruchskette befinden (Produzent – Lieferant – Abnehmer); Durchführung komplexer Großprojekte mit wechselseitig unterschiedlicher Beteiligung (Kraftwerks-, Staudammbau) etc. In diesen Konstellationen besteht die Gefahr, dass in verschiedenen (Staats-/Schieds-)Verfahren sich widersprechende Ergebnisse erzielt werden; zudem ist ein Gesamtverfahren idR kostengünstiger als mehrere Einzelverfahren[144] und hierbei auch letztendlich viel rascher durchzuführen. Es erscheint praktisch nötig, dass auf Kläger- oder/und Beklagtenseite mehrere Personen stehen: **Mehrparteienschiedsverfahren** („multi-party arbitration").

58 Mehrparteienschiedsverfahren **ieS** ist Synonym für Streitgenossenschaft (Rn. 66 ff.), Mehrparteienschiedsverfahren **iwS** umfasst losere Formen von Drittbeteiligung (Rn. 62 ff.).[145] Problematisch ist insbesondere die Bindungswirkung der Schiedsvereinbarung (§ 1032 Abs. 1) und dann letztlich auch des Schiedsspruchs (§ 1055: „unter den Parteien") für alle Beteiligten (eines Rechtsgeschäfts oder einer Anspruchskette) und zudem die Frage, wie die Bestellung des Schiedsgerichts erfolgen soll, um allen Beteiligten adäquate Einflussnahme zu gewährleisten (dazu näher dann § 1035 Rn. 64 ff.). Diese schwierigen Probleme haben ModG- und ZPO-Gesetzgeber offensichtlich bewusst ausgeklammert (anders: § 1045 WBR [NL]), und auch die Rechtsprechung[146] hat sich bisher keine Lösung aufgebürdet. Notwendig ist demzufolge, dass beizeiten vertraglich Vorsorge vereinbart wurde. Die Verbindung zu einem Mehrparteienschiedsverfahren kann auf unterschiedliche Weise erfolgen.

---

[138] RG WarnR 17 (1925) Nr. 16, S. 19; best. RGZ 146, 52, 57 u. BGHZ 48, 35, 45 (jeweils obiter); KG NJW 1980, 1342 für Schiedsgutachten u. BayObLGZ 1999, 255, 267 für Schiedsbindung. Der Ansatz ist jedoch keinesfalls erweiterbar – aA OLG Düsseldorf SchiedsVZ 2006, 331, 333 f. [B I 1 b]: formlose (!) Bindung zustimmender Dritter. Ganz abl. hier *Martens*, 2005, S. 119 ff.
[139] BGH LM § 1025 aF Nr. 18 = WM 1962, 685 = KTS 1962, 234 – mit Abgrenzung zur Pfändung dinglicher Position (auf einem Erbbaurecht lastende Eigentümergrundschuld).
[140] BGHZ 68, 356, 359 (obiter).
[141] BGHZ 29, 120 = NJW 1959, 720.
[142] BGH NJW 1980, 1797.
[143] Zur Ausgestaltung der Vereinbarung: *Hamann/Lennarz* SchiedsVZ 2006, 289, 294–297 [IV].
[144] *Lachmann* Rn. 2805; *Nicklisch*, FS Glossner, 1994, S. 221, 222, 229; *von Hoffmann*, FS Nagel, 1987, S. 112, 113.
[145] Zur Terminologie: *Habscheid*, Schweizer Beiträge 1984, S. 173, 177 f.; *Massuras*, 1998, S. 57 ff., 74/75 – ähnlich etwa *Lachmann* Rn. 2801 mit Rn. 2804; *Schwab/Walter* Rn. 7.29.
[146] BGHZ 132, 278, 285 ff. (289 f.) [II 6] = NJW 1996, 1753: „würde den Rahmen zulässiger richterlicher Rechtsfortbildung sprengen" (S. 289/290).

Begriffsbestimmung 59–65 § 1029

b) Voraussetzungen für Mehrparteienprozesse. Nötig ist immer die – anfängliche oder 59 nachträgliche – **Parteivereinbarung.** Für ein schiedsrichterliches Zulassungsermessen bleibt dann kein Raum mehr.[147] Geprüft werden muss jedoch in sämtlichen drei Gestaltungen, ob die Schiedsrichter sich denn derartige Mehrarbeit anlasten lassen müssen (schiedsrichterlicher Kontrahierungszwang kraft schiedsvertraglicher Loyalitätspflicht?). Das aber ist eine Frage des (materiellen) Schiedsrichtervertrages und nicht des (prozessualen) Schiedsverfahrensrechts.

aa) Ausdrückliche Vereinbarung. Die Zulässigkeit eines Mehrparteienschiedsverfahrens ist je- 60 denfalls immer dann gegeben, wenn ein solches explizit zwischen allen Beteiligten verabredet und vorgeklärt wurde.[148] Dann liegt eine Art Bündel von Schiedsvereinbarungen vor, die alle das nämliche Rechtsverhältnis betreffen; die Bindungswirkung ist sozusagen das multilaterale Endergebnis aufaddierter bilateraler Einzelposten. Ist einmal das Schiedsgericht konstituiert, waltet notfalls sodann Richtermacht (§ 1042 Abs. 4 S. 1).

bb) Konkludente Einigung. Möglich ist genauso, dass die (erweiternde) Auslegung einer 61 „normalen" Schiedsvereinbarung, die aber bereits von mehreren Parteien unterzeichnet wurde, zu einem Mehrparteienschiedsverfahren führt.[149] Probleme macht dann nicht die Schiedsbindung an sich (§ 1029 Abs. 1 iVm. § 1031 Abs. 1–5), sondern („nur") die Konstituierung des Schiedsgerichts (§ 1035 Rn. 64ff.). Man kann aber auch einen Dritten in ein bereits laufendes Verfahren einbeziehen, wenn er sich ihm freiwillig quasi unterwirft (§ 1029 Abs. 1 iVm. § 1031 Abs. 6). Damit wird auch die bestellte Gerichtsbank akzeptiert.

cc) Konsolidierung. Das meint die richterlich verfügte Verbindung mehrerer Zweiparteien- 62 schiedsverfahren. Der Fall wird nur selten praktisch werden, weil idR eine total andere Gerichtsbank vorher konstituiert wurde (Ausnahme: ständiges Schiedsgericht mit dauerhaft personengleicher Besetzung, wie zB ein Vereinsgericht). Hier liegt dann die Anleihe bei § 147 nahe, wenn und weil *gleichlaufende* vertragliche (Schieds-)Bindungen bestehen und insoweit gleiche „Gerichtspflichtigkeit" demnach herrscht.[150]

c) Fallgruppen. Grundsätzlich bindet die Schiedsvereinbarung nur exakt die Parteien, die sich 63 an ihrem Abschluss beteiligt haben.[151] **Unproblematisch** ist daher der Fall, dass alle (schon bisher) Beteiligten – anfänglich oder nachträglich; ausdrücklich oder konkludent – mit der Einbeziehung des Dritten einverstanden sind und dieser selbst zustimmt (als eine Art „Vertragserweiterung"). Doch es gibt eventuell auch offenbare **Interessengegensätze:**

Soll der Dritte sich nach dem Willen einer oder beider Parteien an dem Verfahren beteiligen 64 ohne selbst dazu bereit zu sein, so kann man ihn aber in das Schiedsverfahren *nicht hineinzwingen*. Die Kompetenz des Schiedsgerichts zur Entscheidung reicht niemals über den Bereich der realen Schiedsvereinbarung hinaus, auf deren Grundlage es bestellt ist (§ 1029 Abs. 1).[152] Zwar ist eine **Streitverkündung** (§§ 72ff. analog) auch im Schiedsverfahren grundsätzlich denkbar (arg. § 220 Abs. 1 iVm. § 209 Abs. 2 Nr. 4 BGB), jedoch mit Interventionswirkung (§§ 74 Abs. 3, 68) nur, wenn auch zu dem Verkündungsgegner eine Schiedsvereinbarung besteht oder er sich mit der Einbeziehung einverstanden erklärt.[153] Womöglich besteht materiell aber eine Beitrittspflicht.[154]

Will der Dritte sich gegen den Willen der Schiedsparteien beteiligen, so kann er sich in das 65 Verfahren *nicht hineindrängen*. Es fehlt an einer wirksamen Schiedsvereinbarung zwischen ihm und den anderen Beteiligten. **Muss der Dritte** sich beteiligen, weil „das streitige Rechtsverhältnis allen

---

[147] AA *Schlosser,* FS Geimer, 2002, S. 947, 956f. [Rn. 23f.].
[148] *Nicklisch,* FS Glossner, 1994, S. 221, 223.
[149] Beispiele: Parallelabmachungen bei Konkurrenzsituation (*Schlosser,* FS Geimer, 2002, S. 947, 955 [Rn. 21]); Schiedsklausel in einem mehrseitigen Vertrag mit einem Netzwerk wechselseitiger Rechte und Pflichten (*K. P. Berger* RIW 1993, 702, 706; *Schlosser* RIPS Rn. 561 mit FS Geimer, 2002, S. 947, 954/955 [Rn. 20]).
[150] AA die hM: *Schlosser* RIPS Rn. 559; *Schwab/Walter* Rn. 16.20; *Nagel/Gottwald* IZPR Rn. 16.39 (Schiedsgericht) bzw. Rn. 16.40 (Staatsgericht) – vgl. auch erg. 1st WGR Nr. 37 = *Holtzmann/Neuhaus* S. 312: keine ModG-Regel.
[151] *Massuras,* 1998, S. 95 m. weit. Nachw., sowie auch ganz klar schon *Kisch,* Beiträge, 1933, S. 46ff., 46; ferner noch zB *Musielak/Voit* Rn. 9; *Schütze/Tscherning/Wais* Rn. 342.
[152] *Bartels* J. Int. Arb. 2:2 (1985), 61 ff.; *Schwartz* J. Int. Arb. 10:3 (1993), 5, 7; *Schwab/Walter* Rn. 7.23 mit Rn. 16.19; *Schütze* SV Rn. 86 bzw. *Schütze/Tscherning/Wais* Rn. 363; *Stein/Jonas/Schlosser* § 1042 Rn. 27.
[153] RGZ 55, 14, 16; BGH ZZP 79 (1966), 121, 122 m. Anm. *Habscheid;* OLG Hamburg MDR 1950, 295, 296; *Laschet,* FS Bülow, 1981, S. 85, 92; *Markfort,* 1994, S. 60, 77; *Diesselhorst,* 1994, S. 137; *Baumbach/Lauterbach/Hartmann* Rn. 23; *Hamann/Lennarz* SchiedsVZ 2006, 289, 292 [III 1b]; *Rosenberg/Schwab/Gottwald* Rn. 184.44. Zum Ganzen näher *Elsing* SchiedsVZ 2004, 88 u. *Schlosser,* FS Geimer, 2002, S. 947, 957 f. [Rn. 25 f.] mit S. 960 ff. [Rn. 30 ff.].
[154] RGZ 55, 14, 17.

Streitgenossen gegenüber nur einheitlich festgestellt werden [kann]" (§ 62 Abs. 1), ist universelle Schiedsbindung unabdingbar (Rn. 67).

66   d) **Rechtswirkungen der Streitgenossenschaft.** Zugelassen wird die sog. **subjektive Klagenhäufung,** zwar nicht nach §§ 59, 60, wohl indes nach der Natur der Sache, wenn und weil alle Streitgenossen auch (persönlich) schiedsgebunden sind (zur Konstituierung des Schiedsgerichts § 1035 Rn. 64 ff., 72). Es kommt – genau wie sonst vor Staatsgerichten – zu einem einheitlichen Schieds*verfahren* bei Vorliegen einer Mehrheit von Schieds*prozessen*.[155]

67   Besonderes gilt allerdings bei **notwendiger Streitgenossenschaft** (zB GbR-Auseinandersetzung,[156] Gesamthandsprozess – aber: § 2039 BGB; *actio pro socio*). Fehlt es an einer wirksamen Schiedsvereinbarung bei einzelnen Parteien, so mangelt das gesamte Fundament – dies Schiedsverfahren wäre unzulässig.[157] Denn eine Vertretung gemäß § 62 Abs. 1 analog würde prinzipielle (Schieds-)Gerichtspflichtigkeit voraussetzen. Die Schiedsvereinbarung ist dann „undurchführbar" iSv. § 1032 Abs. 1 aE, sodass der Rechtsweg zum staatlichen Gericht freigemacht ist.[158] § 62 Abs. 1 will sinngemäß unter allen Umständen einer möglichen Entscheidungsdivergenz vorbeugen, die hier durch eine parallele Kompetenz von Schieds- und Staatsgericht wohl noch näher liegt als sonst schon (vgl. auch erg. § 1051). Ergeht aber dennoch ein Schiedsspruch, kann dessen Aufhebung betrieben werden nach § 1059 Abs. 2 Nr. 1 c, und wohl auch gemäß Nr. 2 b: augenscheinlich fehlende Schiedsbindung als ordre-public-Verstoß (§ 1059 Rn. 12 ff., 19).

68   Bei **einfacher Streitgenossenschaft** schadet jedoch nicht, wenn einzelne Genossen hierbei unbeteiligt bleiben: Der Schiedsspruch wirkt nur für und gegen die insoweit „aktiven" Parteien[159] – alle (Schieds-)Prozesse sind insgesamt unabhängig voneinander (arg. § 61 analog). Es muss hier nicht einmal eine spezielle Schiedsbindung aller Streitgenossen vorliegen (Kombination aus Staats- und Schiedsprozess ist vorstellbar).

69   3. **„Bestimmtes Rechtsverhältnis". a) Reichweite.** Die Schiedsvereinbarung muss sich auf (Rechts-)Streitigkeiten beziehen, die aus einem (oder natürlich auch: mehreren) bestimmten Rechtsverhältnis(sen) (ModG: „defined legal relationship") hervorgehen. Der Singular ist solange ohne Gewicht, als genügende Bestimmtheit (Rn. 73 ff.) vorliegt. **Rechtsverhältnis** wird dabei wie sonst (§ 256 Rn. 10 ff.) möglichst weit verstanden; es ist jede **konkrete, rechtliche Beziehung** von Personen untereinander oder von Personen zu Gegenständen,[160] vor allem subjektive Rechte, Vertragsbeziehungen, Ansprüche, Gestaltungsrechte etc. rechnen hierher; Letztere betreffen Bestehen, nicht etwa die Parteientscheidung zur Ausübung der Gestaltungsmacht[161] (sie schafft ein anderes, neuartiges Rechtsverhältnis).

70   Die Streitigkeit – nicht etwa das Rechtsverhältnis! – muss zwischen den (Schieds-)Parteien bestehen, obgleich meistens eine derartige Deckung vorliegen wird. Das Rechtsverhältnis ist hier das **umfassende Bezugsattribut** der jeweiligen Schiedsbindung bzw. Derogation staatlicher Jurisdiktion – sowohl **qualitativ wie quantitativ:** ein Mehr/Aliud wird nie schiedsunterworfen; der Staat eröffnet daher die Reichweitenkontrolle im Aufhebungsverfahren (§ 1059 Abs. 2 Nr. 1 c, 1. Halbs.). Umgekehrt kann natürlich immer ein Minus nur in Streit gestellt werden (§ 1044 S. 2, 2. Var.: Angabe des Streitgegenstandes). Im Anwendungsbereich des EuÜ gilt jenes Erfordernis eines bestimmten Rechtsverhältnisses allerdings nicht (Art. 1 Abs. 1 lit. a: beredtes Schweigen).[162]

71   Aus einem Rechtsverhältnis können selbstredend **mehrere, völlig verschiedene Streitigkeiten entspringen,** zB Erfüllung und Abwicklung, Zahlung und Lieferung; nur das Rechtsverhältnis als solches, nicht dagegen die Streitigkeit muss vorab bestimmt sein – doch steht frei, die Streitpunkte enger einzugrenzen.[163] Eine spätere Abänderung scheint ebenso möglich,[164] doch ist sie dann form-

---

[155] *Kisch,* Beiträge, 1933, S. 46 ff., 50.
[156] OLG Frankfurt/Main SchiedsVZ 2006, 219, 221 f. [II 1].
[157] BayObLG RPS 1999 I S. 18, 19 [II 2b]; KG JZ 1961, 175; *Stein/Jonas/Schlosser* § 1042 Rn. 27; *Schütze/Tscherning/Wais* Rn. 342; *Laschet,* FS Bülow, 1981, S. 85, 92; *Musielak/Voit* Rn. 9 u. 12 aE; *Zöller/Geimer* Rn. 43; *Rosenberg/Schwab/Gottwald* Rn. 184.40; *Diesselhorst,* 1994, S. 153 f.; wohl auch *Schwab/Walter* Rn. 7.27 mit Rn. 16.16 f. („idR").
[158] Dort würde eine „Separatklage" übrigens ebenfalls abgewiesen, BGHZ 30, 195, 197.
[159] *Schütze* SV Rn. 86 aE.
[160] BGHZ 22, 43, 47; RGZ 144, 54, 56 – einschr. *Zöller/Greger* § 256 Rn. 3.
[161] *Stein/Jonas/Schlosser* Rn. 12.
[162] BGHZ 77, 32, 37 = NJW 1980, 2022, 2023; *Stein/Jonas/Schlosser* Rn. 13 mit Anh. § 1061 Rn. 173 bzw. RIPS Rn. 365 – je m. weit. Nachw.
[163] Positiv (zB RG Gruchot 27 [1883], 1053: Aufhebungsfolgen nach Vertragsverletzung) oder negativ (zB RGZ 133, 16: ausgenommen die „dem Grunde und der Höhe nach anerkannte[n] Zahlungsverbindlichkeiten"; RGZ 85, 177, 179: ausgenommen „reine Kauf- und Warenklagen").
[164] BGHZ 40, 320, 325 = NJW 1964, 591; WM 1984, 380, 381.

Begriffsbestimmung 72–74 **§ 1029**

bedürftig (§ 1031 Abs. 1–5 – aber: Abs. 6). Oft wird erst die konkrete Auslegung (Rn. 105 ff., 110 ff.) erweisen, was jeweils die Partner wirklich wollten. Als Faustregel ist davon auszugehen, dass **prozessuale Ansprüche (Streitgegenstände) beieinander bleiben** sollen.[165] Das steckt auch hinter dem Anliegen, eine Zuständigkeitszersplitterung möglichst zu vermeiden.[166]

Etwa deckt eine Vereinbarung, welche mit Blick auf Vertragsansprüche abgeschlossen wurde, auch materiell konkurrierende Deliktsansprüche[167] – und zwar trotz dann der Zwitternatur des Rechtsverhältnisses (Rn. 87); umgekehrt wäre konsequent beim Verhältnis von Kausalgeschäft und Wechselanspruch[168] bzw. Ausführungsakten und Saldoanerkennung[169] oder der Ansprüche aus eigenem und abgetretenem Recht[170] zu entscheiden, weil prozessual hier insoweit Anspruchsmehrheit besteht[171] – es sei denn, die Vereinbarung wäre ausdrücklich weiter gefasst worden; unterstellen sollte man das jedoch nicht! Kraft Gesetzes sind Schadensersatzansprüche nach letzthin unberechtigter einstweiliger Maßnahme (§ 1041 Abs. 4 S. 1) ebenfalls mitumfasst (§ 1041 Abs. 4 S. 2). 72

b) Bestimmtheit. Hierdurch sollen die Abweichungen vom ordentlichen Rechtsweg überschaubar bleiben und allemal klar abgegrenzt sein. Dieser Gedanke steckte bisher in § 1026 aF, welcher wiederum den Anschluss an § 40 Abs. 1 (vgl. auch erg. Art. 17 Abs. 1 EuGVÜ bzw. Art. 23 Abs. 1–3 Brüssel I-VO) hielt, der insoweit tautologisch doppelte („auf ein bestimmtes Rechtsverhältnis *und die aus ihm entspringenden Rechtsstreitigkeiten* sich bezieht" – das letztere folgt indes ohne weiteres aus dem ersteren!). Bei bereits *entstandenem* Rechtsstreit genügt hinreichend deutliche **Bezeichnung**; § 1026 aF widmete sich deshalb auch von vornherein nur den *künftigen* Streitigkeiten,[172] für jene ist dann allemal aber prägnante (Vorher-)**Bestimmung** essentiell notwendig. 73

Einzelfälle: Ausreichende Bestimmtheit ist etwa gegeben, wenn sich die Schiedsvereinbarung zwar auf eine Vielzahl von Einzelgeschäften bezieht, jene jedoch ihre Grundlage in einem Rahmenvertrag (zB Treuhandbeziehung,[173] Vertragshändlervertrag, Konzessionsvertrag[174]), in gemeinsamen Kommissionsgeschäften[175], einem Vermittlungs-,[176] Exklusivbelieferungs-[177] oder „Bezugsvertrag"[178] haben. Gleiches gilt für eine Formulierung, die alle sich „bei der Auseinandersetzung des Nachlasses" ergebenden Streitigkeiten erfasst,[179] „alle nachbarrechtlichen Ansprüche, die sich aus der Errichtung des Bauwerks ergeben" oder jedweden Konflikt aus oder nur in Zusammenhang mit einem Vertrag,[180] aus der Anwendung/Verwertung genau bezeichneter Daten[181] – weil jeweils noch ein konkreter Bezugspunkt vorhanden ist. Anders bei offenen Wendungen wie „für alle künftigen Klagen", „für alle Klagen, die mit der Mitgliedschaft der Parteien an der Börse zusammenhängen",[182] „für alle Klagen aus künftigen Lieferungen" (bei fehlender Rahmenbeziehung) oder „aus der Geschäftsverbindung" (im Unterschied zu Einzelgeschäften)[183] usw. Die sog. Arbitra- 74

---

[165] Zur Abgrenzungsfunktion des prozessualen Anspruchs *Münch*, Vollstreckbare Urkunde, 1989, § 9 III 3, S. 169 mit § 13 II 2, S. 364 ff. Ungenau (mit lediglich dem Hinweis, „großzügig auszulegen") *Thomas/Putzo*, 20. Aufl., § 1026 aF Rn. 3 f., offenbar im Anschluß an BGH WM 1971, 308, 309 [I 2 a]. Wohl anders hier RGZ 62, 353, 354 f. mit RG JW 1918, 137, 138.
[166] BGHZ 53, 315, 321 f. = NJW 1970, 1096.
[167] BGH NJW 1965, 300; BGHZ 102, 199, 200 f. = NJW 1988, 1215; OLG Düsseldorf NJW 1983, 2149, 2150; OLG Hamburg RIW 1989, 574, 578 [III 1/2]; OLG Köln, Urt. v. 19. 12. 2001 – 11 U 52/01 [2] – zur Abgrenzung: RG JW 1918, 263 f.; BGH NJW 1956, 1920, 1922.
[168] Verkannt von RGZ 71, 14, 15 f. – ungenau auch BGH NJW 1994, 136 [I 3]. So wie hier OLG Düsseldorf NJW 1983, 2149, 2150; RG SeuffA 79 (1925) Nr. 57, S. 95, 96; aA *Stein/Jonas/Schlosser* Rn. 23. Dazu vgl. noch § 1032 Rn. 11.
[169] Hier aA wohl BGH SchiedsVZ 2007, 215, 216/217 [18].
[170] Verkannt von OLG München NJW-RR 1991, 602, 603 f.
[171] Weiteres Beispiel: Prozeßfinanzierung und Darlehensgewährung (insoweit nur Verknüpfung als Vorfrage!) – aA OLG München NJW 2005, 832, 833 [II 3 b] m. krit. Anm. *Pörnbacher* IDR 2005, 56, 57 u. *Kiethe* NZG 2005, 881 (bei aber anderem Fokus).
[172] Obwohl man kaum sagen kann, jene seien „ihrer Natur nach" durchweg bestimmt (so aber 1. Aufl. Rn. 1; *Wieczorek/Schütze* Rn. 1 – je zu § 1026 aF).
[173] SG Hamburg NJOZ 2001, 1073, 1078 [I 1].
[174] BGH SchiedsVZ 2007, 215, 216/217 [18].
[175] RG WarnR 1 (1908) Nr. 568.
[176] OLG Düsseldorf SchiedsVZ 2006, 331, 334 [B I 3].
[177] DIS-SV SchiedsVZ 2005, 166, 168.
[178] BGH KTS 1964, 104, 106 f.
[179] RGZ 100, 76, 79 aE (zu § 1066).
[180] OLG Hamburg RIW 1989, 574, 575 [I 2b] mit S. 578 [III 2]; ganz ähnlich auch OLG Karlsruhe OLGR 2007, 990, 992 [2 c] („über oder im Zusammenhang mit …").
[181] OLG München NJW-RR 1998, 198.
[182] OLG Celle OLGRspr. 33 (1916), 138; OLG Hamm OLGRspr. 35 (1917), 147 – zweifelhaft!
[183] RGZ 36, 421, 422/423.

§ 1029   75–77   Buch 10. Abschnitt 2. Schiedsvereinbarung

geklausel mit oder ohne Zusatz genügt nicht, wenn nicht der Inhalt durch Handelsbrauch klar bestimmt ist.[184]

75 **Grundregel:** Ein Rechtsverhältnis ist bestimmt, wenn es zum Zeitpunkt des Abschlusses der Schiedsvereinbarung[185] auf eine individuelle oder individualisierbare Grundlage zurückgeführt werden kann, zB auf einen bestimmten Vertrag oder ein bestimmtes Ereignis, das ein Rechtsverhältnis zur Folge haben kann. Der Rechtsboden muss (noch) nicht gelegt sein und dennoch besteht die Schiedsvereinbarung dann als eine bereits gegenwärtige.[186] Häufig wird jedoch auch das Rechtsverhältnis zugleich mit der Schiedsvereinbarung (dann idR nach Abs. 2, 2. Var.: Schiedsklausel) begründet – dieser Bezug genügt,[187] auch soweit die Klausel in AGB enthalten ist bzw. sogar Streitigkeiten „im Zusammenhang" des Abschlusses bzw. der Abwicklung nennt.

76 c) **Rechtsnatur.** Das Rechtsverhältnis muss eine **bürgerliche**[188] **(Rechts-)Streitigkeit** iSv. § 13 GVG iVm. § 3 Abs. 1 EGZPO zulassen, denn nur insoweit ist ja der Rechtsweg vermittels der Schiedsvereinbarung nach §§ 1025 ff. disponibel;[189] alles was hierüber hinausgeht verstößt gegen den zwingenden § 13 GVG (dort Rn. 3). Innerhalb dieses Rahmens besteht jedoch insgesamt Dispositionsfreiheit, sodass hier keine Bindung an einzelne Klagearten eintritt oder besondere Verfahrensarten bestünden. Daher kommen auch manche Entscheidungsinhalte in Betracht, die den ordentlichen Gerichten am Ende entzogen sind, insbesondere **Rechtsgestaltungen**,[190] aber zB auch Vertragsanpassungen bzw. -ergänzungen[191] und Feststellungen jenseits des Korsetts, welches § 256 vorgibt;[192] Regelfall bleibt trotzdem jedoch die **Leistungsklage** zur Anspruchs- und Haftungsverfolgung (§§ 194 Abs. 1, 241 BGB bzw. § 1147 BGB).

77 Gemeint ist hierbei einschränkend aber immer bloß die **ordentliche** *streitige* **Gerichtsbarkeit;** die – landläufig tolerierte (1. Aufl. § 1025 aF Rn. 4) – Ausweitung auf fG-Sachen ist abzulehnen, sogar wenn es sich um echte Streitsachen handelt.[193] Fürsorgesachen werden ohnedies unverfügbar gestellt (§ 1030 Abs. 1 S. 2).[194] Die Rechtsnatur ist aber eine grundsätzliche Kompetenzfrage, über die auch die Großzügigkeit des § 1030 Abs. 1 S. 1 keinesfalls hinweghilft. Regel bleibt somit: der Rechtsstreit müsste anderenfalls durch ein ordentliches Zivilgericht iSv. § 12 GVG und zudem in einem streitigen ZPO-Verfahren entschieden werden. Eine fG-Zuweisung, wie zB an ein Nachlass-[195] oder Landwirtschaftsgericht,[196] sperrt zunächst einmal Schiedsvereinbarungen iSv. § 1029, das gilt entsprechend auch für „freiwillige" Registersachen.[197]

---

[184] SG bei der IHK Düsseldorf KTS 1979, 120 – in Abgrenzung zu OGHZ 4, 247, 248–250 [1/2].

[185] So RG HRR 1935, 303. Freilich muß bei Entstehen der Streitigkeit die Zuordnung noch fortwirken – sonst läuft die Abrede ins Leere.

[186] AA *Baumbach/Lauterbach/Hartmann* Rn. 8 aE: aufschiebend bedingte.

[187] OLG Hamburg ZIP 1995, 1903 [2]; vgl. auch erg. KTS 1964, 46; *Habscheid* KTS 1965, 1.

[188] ... aber nicht etwa immer *vermögensrechtliche* (arg. § 1030 Abs. 1 S. 2) – aA OLG Frankfurt/Main NJW-RR 2001, 1078, 1079 [b].

[189] So auch OLG Frankfurt/Main NJW-RR 2001, 1078, 1079 [b]; *Rosenberg/Schwab/Gottwald* Rn. 173.3; *Schütze/Theune* § 1 DIS-SchO Rn. 1; *Schwab/Walter* Rn. 3.2 – aber: Rn. 1.2! AA *Schlosser*, VIV-Reihe XI (2000), S. 163, 179 f.

[190] BGH WM 1976, 910, 911 (Anpassung der Höhe eines Mietzinses); LM § 1025 aF Nr. 14 [VI 1 b] = NJW 1959, 1493, 1494 (Auseinandersetzung einer Miterbengemeinschaft); RGZ 153, 193, 195 f. (§ 319 Abs. 1 S. 2 BGB); RGZ 147, 22, 24–26 (Auseinandersetzung bzw. Geschäftsfortsetzung); RG JW 1897, 632 (Übertragung einer Patentnutzung). Vgl. *Schwab/Walter* Rn. 3.7; *Stein/Jonas/Schlosser* Rn. 25.

[191] Ganz eingeh. dazu *Kröll*, Ergänzung und Anpassung von Verträgen durch Schiedsgerichte, 1998, passim, insbes. S. 23, 32–38, 47 ff. (52–58, 74–77) 79 ff., 105 ff.; 125–131, 140 ff. (145–151), 168 ff.; 212–216 mit S. 271 ff.

[192] § 1042 Rn. 54: § 256 Abs. 1 (Rechtsverhältnis) versus § 1029 Abs. 1 (Streitigkeiten) – auch Vorfragen sind (im Unterschied zu § 256 Rn. 22 ff., 24) eigenständig schiedsgerichtlich entscheidbar.

[193] So wie hier LG Mönchengladbach JZ 1987, 99, 100 m. abl. Anm. *Bork* [sub 2] u. *K. Schmidt* ZIP 1987, 218, 219 – aA die hM: OLG Zweibrücken ZMR 1986, 63 (nur obiter: WEG); *Wieczorek/Schütze* § 1025 aF Rn. 11; *Musielak/Voit* § 1030 Rn. 8; *Keidel/Kuntze/Winkler/Schmidt* § 1 FGG Rn. 9; *Rosenberg/Schwab/Gottwald* Rn. 173.3; *Bork* ZZP 100 (1987), 249, 252 f.; *Schumacher* FamRZ 2004, 1677, 1679 [II 3]; *Haas* ZEV 2007, 49, 53 [4.2] – besonders eingehend: *Habscheid* RdL 1972, 225 u. ZZP 66 (1953), 188 sowie auch schon KTS 1955, 129, 130; *de Boor Judicium* I (1928/29), 261; *Jastrow* ZZP 25 (1899), 155. Vgl. noch Fn. 194–196.

[194] *Stein/Jonas/Schlosser* Vor § 1025 Rn. 19 mit DIS XI, 1996, S. 97 ff.

[195] Ebenso RGZ 133, 128, 133 (Entlassung eines Vollstreckers); BayObLGZ 2000, 279, 284 [II 2 a] (Erbscheinserteilung); OLG Stuttgart FGPrax 1997, 230, 232 [1 d bb (4)] u. LG Hechingen FamRZ 2001, 721, 723 [III 2 a] (Erbscheinsverfahren) – unklar dazu *Bandel* NotBZ 2005, 381/382 [I 1 a] mit Fn. 8.

[196] Anders BGHZ 6, 248, 253 ff.

[197] Das meint wohl BGH JZ 1962, 287, 288 (Grundbuch); aA BayObLGZ 1978, 294, 298/299 mit S. 300 f.; OLG Koblenz NJW-RR 1990, 1374 u. OLG Hamm MittRhNotK 2000, 215 [1 a] (Handelsregister). Relativ großzügig dagegen *Schlosser* DIS XI (1996), S. 97, 101 ff.

Begriffsbestimmung   78–81 § 1029

Möglich bleibt indes, dass von dort aus auf §§ 1025 ff. (rück-)verwiesen wird, es eine gleichsam **78** "selbsttragende" Kompetenz gibt, die dann nur insgesamt §§ 1025 ff. (analog) ausfüllen.[198] Jeweils einzeln und konkret für jedes fG-Verfahren und jeden Rechtsweg muss mithin geprüft werden, ob schiedsrichterliche Erledigung dafür offensteht; eine subsidiäre oder mittelbare ZPO-Verweisung (§ 173 S. 1 VwGO; § 160 FGO; § 202 SGG) reicht dafür jedoch keinesfalls – §§ 1025 ff. ZPO tragen selbst nur unter den Voraussetzungen des § 13 GVG! Auch muss eine umfassende Vertragsbindung bzw. Verfahrensbeteiligung aller potentiell Betroffenen garantiert sein. Doch werden etwa in **WEG-Streitsachen** Schiedsgerichte als probates Konfliktlösungsmittel erachtet (Vor § 1025 Rn. 71) und konsequent überwiegend zugelassen[199] (Schiedsbindung kraft Teilungsordnung!). Ähnliches würde wohl für Hausratssachen gelten müssen.

Auf diese Weise ist sogar die Rechtsweggrenze zu überschreiten und etwa ein **öffentlich-** **79** **rechtliches Schiedsgericht** konstituierbar (arg. § 168 Abs. 1 Nr. 5 VwGO [„Schiedssprüche(n) öffentlich-rechtlicher Schiedsgerichte"] iVm. § 173 S. 2 VwGO [Zuständigkeitsanpassung mit Bezug auf §§ 1062, 1065 ZPO!]), zumindest bei der Kompetenz, durch verwaltungsrechtliche Verträge zu agieren (§§ 54, 55 VwVfG).[200] Ganz anders im Gebiet der Sozial- und Finanzgerichtsbarkeit, wo weiterhin hoheitlich gehandelt wird (zB § 155 Abs. 1 S. 2 AO).[201] Ganz explizit anerkannt wiederum sind bestimmte **arbeitsrechtliche Schiedsgerichte** (§§ 4, 101 Abs. 1/2 ArbGG), die allerdings ihr eigenes Prozessreglement stellen (§§ 102–110 ArbGG anstatt §§ 1025 ff. ZPO, vgl. § 101 Abs. 3 ArbGG mit § 1025 Rn. 9). Einzelheiten müssen dahinstehen.

Als originäre bürgerlich-rechtliche Verfahren sind freilich ohne weiteres **(Einzel-)Vollstre-** **80** **ckungssachen** erfasst, namentlich die Vollstreckungsabwehrklage (§ 767)[202] und ebenso die Abänderungsklage (§ 323);[203] zusätzlich ist allerdings Vollstreckbarerklärung notwendig (Zeitverlust!). Denkbar wären genauso Drittwiderspruchs-, Vorzugs- und Teilungsklage (§§ 771, 805, 878),[204] wobei aber die Drittbeteiligung auch parallele Drittbindung erfordert (Rn. 55 ff.), was aber selten wohl nur vorkommt bzw. allenfalls im Nachhinein. Entscheidend ist dabei der stets materielle Klagegrund. Demgegenüber sind jedoch formelle (bzw. Verfahrens-)Mängel (§§ 766, 793) und auch das Klauselerteilungsverfahren (§§ 724 ff.) der eventuellen Schiedsbindung verschlossen: die Vollstreckbarkeit befindet sich jenseits der Kompetenz der Schiedsgerichte (arg. § 1060 iVm. § 794 Abs. 1 Nr. 4a).

Ausnehmen muss man weiterhin das **Insolvenzverfahren**, obwohl es formal ZPO-Regeln ge- **81** horcht (§ 4 InsO – aber: § 5 ff. InsO) und als Melange aus Erkenntnisverfahren und Zwangsvollstreckung idR auch bürgerlich-rechtlichen Streitigkeiten (§ 13 GVG) gilt. Doch kann es auch weit darüber hinaus greifen, dürfte kaum jemals wohl vereinbar sein und gehorcht eigenen Gesetzen (insbes. §§ 74 ff., 67 ff.; §§ 178 ff. InsO). Im Übrigen gibt das neue Planverfahren (§ 217 ff. InsO) dazu eine insoweit eigenständige Regelung. Möglich bleibt aber auch hier wieder, „ausgelagerte" Streitigkeiten mit materiellem Klagegrund einer Schiedsbindung zu unterwerfen (arg. § 133 Nr. 3 aE InsO), wie etwa den Feststellungsprozess (§ 180 Abs. 1 InsO[205]), den Ab- und Aussonderungs-

---

[198] Dies ist auch der BGH-Standpunkt (BGHZ 6, 248, 255/256 = NJW 1952, 1057), der aber oft ganz unzutreffend verallgemeinert wird und wohl nur über einige zeitbedingte Anachronismen hinweghelfen sollte.
[199] *Keidel/Kuntze/Winkler/Schmidt* § 1 FGG Rn. 10 m. weit. Nachw. (Fn. 39); *Palandt/Bassenge* § 43 WEG Rn. 1; BayObLGZ 1973, 1, 2; OLG Zweibrücken ZMR 1986, 63, 64.
[200] BVerwG NVwZ 1993, 584, 585 (Schiedsvereinbarung); BVerwG NJW 1990, 1926, 1928 (Schiedsgutachten – arg: § 62 S. 2 VwVfG); BVerwG NJW 1959, 1985, 1986 (ausgenommen sind Hoheitsakte!); zum Ganzen *Schlosser*, FS Bülow, 1981, S. 189.
[201] OLG Stuttgart NJW-RR 1999, 1557, 1558 [I 1] (Kommunalabgaben); *Musielak/Voit* § 1030 Rn. 9.
[202] Näher dazu *Nelle*, Anspruch, Titel und Vollstreckung ..., 2000, S. 550–554 m. weit. Nachw.; *Frische*, Verfahrenswirkungen und Rechtskraft ..., 2006, S. 338–340.
Aus der Rspr.: BGHZ 99, 143, 146/147 mit S. 147 ff. m. weit. Nachw. (S. 145) = NJW 1987, 651 = ZZP 100 (1987), 452, 454 m. Anm. *Schwab* = JR 1988, 282 m. Anm. *Herrmann*, best. NJW-RR 1996, 508; BGHZ 132, 278, 281/282 [II 2] = NJW 1996, 1753; SchiedsVZ 2008, 40, 42 [19]; OLG Düsseldorf ZIP 2004, 1956, 1960 [I 2 c c c (2.2)]; wohl auch OLG München, Beschl. v. 10. 4. 2006 – 34 Sch 10/06 [31], sehr großzügig noch OLG München OLGR 1994, 20/21 mit S. 21 li. Sp. – aA OLG München BB 1977, 674 u. *Kornmeier* ZZP 94 (1991), 27, 43 je zu § 1025 Abs. 1, 2. Halbs. 2.
Wegen Umsetzung im Verfahren siehe *Nelle*, aaO. S. 558 f., 560 f.; *Mack* IDR 2006, 36, 43 f. [VI]. Mit Blick auf § 775 Nr. 1 ist immer die Vollstreckbarerklärung nötig!
[203] *Schwab/Walter* Rn. 21.10; *Musielak/Voit* § 1030 Rn. 7; *Stein/Jonas/Schlosser* § 1030 Rn. 2; *G. Lüke*, FS 150 Jahre LG Saarbrücken, 1985, S. 297, 303 ff.
[204] OLG Frankfurt/Main HRR 1929 Nr. 1171 (obiter).
[205] OLG Hamburg OLGrspr. 11 (1905), 362; OLG Naumburg OLGrspr. 42 (1922), 78 Fn. 1; OLG Hamburg KTS 1940, 10 bzw. *Ehricke* ZIP 2006, 1847, 1850 f. [II 3] u. *Heidbrink/von der Groeben* ZIP 2006, 265, 268 f. [I 2] – aA OLG Braunschweig OLGrspr. 5 (1902), 203.

§ 1029   82–87   Buch 10. Abschnitt 2. Schiedsvereinbarung

streit sowie sonstige Masseprozesse und auch die Verfolgung des Anfechtungsanspruchs (§ 143 Abs. 1 InsO).

82   **4. Zweiter Exkurs: Offenheiten der Normvorgabe.** Die Regelung wurde möglichst breit angelegt und hält daher **drei Offenheiten** zum Zwecke parteiautonomer Ausgestaltung bereit. Sie ergänzen ihrerseits insoweit die **drei Vorbedingungen** jedweder Schiedsbindung (Vereinbarung [Rn. 44ff.] – Rechtsverhältnis [Rn. 69ff.] – Entscheidung [Rn. 90ff.]), zielen alle jedoch auf das mittlere Merkmal („bestimmtes Rechtsverhältnis").

83   Als „Klammer" der Definition wirkt hier der Begriff der **„Streitigkeit".**[206] Die Wortfassung ist geschmeidig, sie gehorcht dem Vorbild („disputes") und bricht so leicht mit vermeintlich festgefügten prozessualen Auffassungen: Streitigkeit meint weiterhin indes **Rechtsstreitigkeit** (was auch § 1030 Abs. 2 S. 1 ganz offen artikuliert [dazu erg. noch § 1030 Rn. 26]) – oder kürzer auch: **„Rechtsstreit"**[207] (arg. § 1051 Abs. 1 S. 1) – und nicht die Abklärung von Tatsachen bzw. gutachterliche reine Feststellungen (Vor § 1025 Rn. 39ff. – Ausnahme: Urkundenechtheit, arg. § 256 Abs. 1) oder auch theoretische abstrakte Rechtsfragen.[208] Ausgeklammert ist demnach die Beantwortung von Fragen, denen offensichtlich jeder Streitcharakter fehlt. Das verlangt aber niemals Bestrittensein des (Klage-)Anspruchs.[209] Gemeint ist demnach mit „Streitigkeit" die **Rechtsverfolgung,** auch unbestrittener – aber: nichterfüllter – Ansprüche.

84   Unschädlich ist genauso, dass bereits staatlicherseits Rechtshängigkeit besteht.[210] Wird nachträglich eine Schiedsvereinbarung geschlossen, führt dies meist zur einverständlichen Prozesserledigung (§ 91a statt § 1032 Abs. 1) mit Kostenaufhebung (§ 92 Abs. 1 S. 2 statt § 91a [dies spricht auch gegen eine Klagerücknahme, § 269 Abs. 3 S. 2!) – es soll ja ohne Präjudiz noch weiter gestritten werden!

85   **a) Erste Offenheit: Streitumfang. aa) Globalbeschreibung.** Die Schiedsbindung kann „alle Streitigkeiten" erfassen **(1. Var.),** die das bestimmte Rechtsverhältnis betreffen (sog. **Blanko-Formel).** Das Merkmal hat alsdann keinerlei selbständige Bedeutung, sondern bezieht seinen Inhalt bereits aus der Bezeichnung des Rechtsverhältnisses. Im Zweifel wird jeweils dies gemeint und gewollt sein (umfassende Erledigung; einheitliche Zuständigkeit).

86   **bb) Einzelbeschreibung.** Die Schiedsbindung ist aber auch beschränkt zu verabreden, und dann auf **„einzelne Streitigkeiten"** begrenzt **(2. Var.).** Das Merkmal ist jetzt eigenständig und begrenzender Natur; die Parteien müssen insoweit dann für eine exakte Gestaltung sorgen. Man kann etwa das Schiedsgericht ermächtigen, nur über einen **quantitativen Teil**[211] oder nur über den Anspruchsgrund[212] oder lediglich über Individualansprüche[213] zu entscheiden. Unzulässig soll es aber jedenfalls sein, dass Schiedsgericht und staatliches Gericht je einen **qualitativen Teil** des prozessualen Anspruchs bzw. Streitgegenstandes beurteilen, sodass erst die Zusammenschau den Rechtsstreit dann insgesamt erledigen kann.[214] Das passt nicht mehr zum Gesetzeswortlaut, der allseitig offen gestaltet ist, und passte bisher schon genauso wenig zur Möglichkeit der (präjudiziellen) Feststellung. Es muss dann indes eine Prioritätsregel zugunsten des Schiedsgerichts getroffen werden, weil dem Staatsgericht allein noch bleibt, insgesamt die (aber nur: derzeitig!) unzulässig abzuweisen (§ 1032 Abs. 1). Der Prozess verlängert sich demzufolge – was kaum jemals wirklich gewollt wird.

87   **b) Zweite Offenheit: Rechtsnatur.** Die Rechtsnatur des Verhältnisses erheischt keinerlei Bedeutung. Es gilt gleich, ob das (streitbefangene) Rechtsverhältnis nun **vertraglicher Herkunft (1. Var.)** oder aber **gesetzlichen Ursprungs (2. Var.)** ist. Das Gesetz wählt bewusst die Negation

---

[206] Der Sinn zählt (nicht die Worte): RG WarnR 19 (1927) Nr. 81, S. 138 („Meinungsverschiedenheiten").
[207] Zur Abgrenzung von Rechts- und Regelungsstreitigkeiten vgl. *Joussen,* Schlichtung, 2005, S. 9–12, 17/18, 20, 26f., 30f. Anders offenbar jedoch RGZ 55, 14, 16 („Streitverfahren unter staatlichem Rechtsschutze").
[208] *Schwab/Walter* Rn. 3.4; *Zöller/Geimer,* 20. Aufl., § 1025 aF Rn. 34.
[209] RG JW 1891, 272, 273 (Anerkenntnis); OLG Dresden JW 1926, 2113; OLG Hamburg BB 1958, 1000; OLG Düsseldorf BB 1977, 1523; BayObLGZ 1978, 294, 303 – aA RG LZ 18 (1924), 88, 89, dazu relativierend aber BGHZ 40, 320, 325/326; offen OLG Frankfurt/Main RIW 1999, 461, 463 („nackte" Erfüllungsverweigerung).
[210] Mit Einschränkungen bei „Einseitigkeit" (§ 1066): RGZ 144, 96, 102ff. (105f.); OLG München NZG 1999, 780, 781/782 [5].
[211] BGH NJW 1960, 1462; WM 1963, 944, 945 – zur Abgrenzung: BGH NJW 1989, 1477 (umfassende Schiedsbindung mit betragsmäßiger Begrenzung!).
[212] BGH (Fn. 211) – aA OLG Kiel OLGRspr. 5 (1902), 205 (nicht zur Höhe!); zur Abgrenzung: RGZ 100, 118, 121f. (vorläufiges Grundurteil oder endgültige Feststellung?).
[213] OLG Bremen OLGR 1996, 139, 140/141 (mit insgesamt schiedsgünstiger Auslegung).
[214] BGH SchiedsVZ 2008, 40, 41 [12]; NJW 1960, 1462/1463 = LM § 1025 aF Nr. 15; OLG Stuttgart OLGR 2006, 945, 947 [II 1 mit 2b – aber: BGH a.a.O. Rn. 19: Geltendmachen *nachträglicher* Einwendungen!] – anders uU jedoch RGZ 62, 353, 354f. mit RG JW 1918, 137, 138.

Begriffsbestimmung 88–91 § 1029

bzw. formuliert als Antithese, um damit wirklich alles zu erfassen (ModG: „whether contractual or not"). Diese Intention verbietet zudem, eine unbedachte Alternativität anzunehmen und Kumulation nicht zuzulassen. Natürlich bedarf es keiner insgesamt umständlichen Zuordnung, natürlich sind ebenfalls materielle Konkurrenzsituationen (zB pFV mit §§ 823 ff. BGB; § 607 Abs. 1 BGB u. § 812 Abs. 1 S. 1, 1. Var. BGB) bei einheitlichem (prozessualem) Streitgegenstand in einer einzigen Schiedsvereinbarung erfassbar. Das Rechtsverhältnis mag schuld- oder sachenrechtlicher Natur sein, dem Familien- oder Erbrecht angehören, im Handels- oder Gesellschaftsrecht seine Grundlage finden etc. – wenn es nur denn grundsätzlich schiedsfähig ist (§ 1030 [Abs. 1]). Notwendig ist lediglich die **bürgerlich-rechtliche Natur** iSv. § 13 GVG (Rn. 76), zumal nur dafür der Zivilrechtsweg mit der Schiedsgerichtsbarkeit als Alternative überhaupt bereitsteht.

c) Dritte Offenheit: Zeitelement. Die schiedsunterworfene Streitigkeit kann einmal eine **ge- 88 genwärtige** sein (1. **Var.**: „[schon] entstanden" – Parallele: § 38 Abs. 3 Nr. 1, dazu näher dort Rn. 35), sodass also ein Austausch konträrer (Rechts-)Ansichten insoweit bereits vorliegt. Das Rechtsverhältnis ist schon allein durch die Streitbeziehung regelmäßig hinreichend festgelegt; die Parteien sehen bereits einer Auseinandersetzung klar ins Auge – „sie wählen die Waffen". – Möglich ist genauso, eine bloß hypothetisch **entstehende** Streitigkeit vorsorgend Schiedsgerichten zuzuweisen (2. **Var.**: „künftig entstehen[d]"). Hier ist idR mehr Sorgfalt auf die Umschreibung des Streitfalles zu verwenden, welchen man sich (jetzt noch) nicht konkret vorstellt und meist als total unwahrscheinliche Ausnahmesituation abtut – um hier im Bild zu bleiben: ein Duell ist eigentlich gar nicht beabsichtigt!

Eine Schiedsvereinbarung wird damit zu einem „Vorsorgemodell", das vielfacher Realität ent- 89 spricht. Diese Erweiterung folgt überkommen deutscher Auffassung (§ 1026 aF), die schon früher stets bemüht war, die gerechte Mitte zwischen Offenheit und Fixierung auszuloten.²¹⁵ Die beiden Varianten decken *inhaltlich* die romanische Aufteilung, welche begrifflich streng zwischen erst *ent*-*stehendem* Streit (art. 1442 cc. [F]: „clause compromissoire" bei „litiges qui pourraient naître"; art. 808 cc. [I]: „clausola compromissoria" für „controversie nascenti") und schon *bestehendem* Streit (art. 1147 cc. [F]: „compromis" bei „litige né"; art. 806 cc. [I]: „compromesso") unterscheidet;²¹⁶ *begrifflich* kann man aber dazu nicht mehr auf Klausel und Abrede rekurrieren: Abs. 2 gibt ihnen eigenen, neuen Sinn (Rn. 9 f.).

5. „Entscheidung durch ein Schiedsgericht". Unabdingbar ist schließlich Entscheidungs- 90 kompetenz des Schiedsgerichts. Sie ist als **definitive und endgültige** unbedingt zu begründen (ein *expliziter* Ausschluss *staatlicher* Gerichte ist allerdings dann überflüssig!²¹⁷); sie umfasst ein Zu- oder Absprechen – inklusive aller Vorfragen²¹⁸ (§ 1055!). Die Parteien können sich nicht etwa vorbehalten, nach dem Schiedsverfahren ein staatliches Gericht anzurufen, das den Schiedsspruch überprüfen soll, wenn das über das in § 1059 Abs. 2 gesetzlich ohnedies Gegebene hinausgeht. Das macht die Schiedsvereinbarung auch nicht erst unwirksam,²¹⁹ sondern lässt es dann bereits am nötigen Tatbestand mangeln, dh. dann liegt bloß ein Scheintatbestand vor, der global unbeachtlich bleibt (es gilt jedoch § 1032 Abs. 1 aE analog).

Beispiele perplexer Abmachung: der ordentliche Rechtsweg bleibt vorbehalten²²⁰ bzw. „wird 91 hierdurch nicht ausgeschlossen";²²¹ Entschließung nur von „vorläufig verbindliche[r] Kraft" und Rechtskrafteintritt bloß „wenn nicht binnen ... der ordentliche Rechtsweg beschritten wird";²²² es

---

²¹⁵ § 1362 PE, Mot. S. 331; § 1156 NE, Prot. S. 2226; § 763 JME, Mot. S. 508/509 = *Dahlmann* S. 764/765 – insofern weniger deutlich Mot. S. 472 = *Hahn* S. 490. Noch lesenswert auch ROHG 2, 156, 159 f.
²¹⁶ BT-Drucks. 13/5274 S. 33 re. Sp. [3].
²¹⁷ Dies ist bloß ein „Auslegungsindiz": SG IHK Kassel SchiedsVZ 2006, 167, 168 [2] einerseits, OLG Koblenz NJW-RR 2000, 1365 andererseits.
²¹⁸ Sehr plastisch dazu RG JW 1891, 272; vgl. auch erg. RGZ 52, 283, 285.
²¹⁹ So die hM bisher: RGZ 146, 262, 264 ff., insbes. S. 266 f. mit Berufung auf RGZ 17, 424, 434/435 und gegen RAG 8, 77, 81; vgl. auch erg. ROHG 2, 156, 165 – ferner: RG JW 1894, 56 Nr. 7; 1907, 748, 749; OLG Düsseldorf MDR 1956, 750; OLG München NJW 1959, 2220, 2221. Unklar OLG Karlsruhe AWD 1973, 403, 404; wohl eher wie hier aber OLG Frankfurt/Main, Beschl. v. 20. 12. 2005 – 26 Sch 29/05 [II] – indes aufgeh. durch BGHZ 171, 245 [18–20] = NJW-RR 2007, 1511 = SchiedsVZ 2007, 160, 162 = NZBau 2007, 299 = ZZP 120 (2007), 367 m. Anm. *R. Wolff*: Statthaftigkeit *befristeten* Staatsvorbehalts. Immerhin mag freilich ein Schiedsgutachten vorliegen, vgl. BGH ZIP 1981, 1097, 1099 f.
²²⁰ RG JW 1894, 56 (Nr. 7); ganz ähnlich auch OLG Frankfurt/Main, Beschl. v. 20. 12. 2005 – 26 Sch 29/05 [II]: nachträgliche Anerkennung („als letztgültig, endgültig und ... bindend") erforderlich, indes aufgeh. durch BGHZ 171, 245 [18–20] = NJW-RR 2007, 1511 = SchiedsVZ 2007, 160, 162 = NZBau 2007, 299 = ZZP 120 (2007), 367 m. Anm. *R. Wolff*: statthafte *auflösende* Bedingung.
²²¹ OLG Düsseldorf MDR 1956, 750 – aA *Stein/Jonas/Schlosser* Rn. 15: Auslegung als Wahlrecht iSv. Rn. 96.
²²² RGZ 146, 262, 265 ff.

§ 1029 92–94 Buch 10. Abschnitt 2. Schiedsvereinbarung

„kann binnen ... Klage im ordentlichen Rechtsweg erhoben werden",[223] die Hintertür der Parteien zur Erklärung, „ob sie sich dem Schiedsspruch unterwerfen oder nicht"[224] bzw. die Zusage gütlicher Verständigung bei beliebig möglichem Rücktritt,[225] die zielgerichtete Einsetzung („... durch ein Schiedsgericht entschieden") mit gleichzeitiger Verwahrung („Ein Schiedsvertrag wird derzeit nicht geschlossen.");[226] Schiedsgerichtsklausel mit Gerichtsstandsabrede;[227] Schlichtungsklausel, indes zeitgleiche (!) Ausfüllung durch Schiedsabrede[228] bzw. Verpflichtung zum schiedsgerichtlichen Schlichtungsversuch.[229]

92   Das alles ist **Schlichtung statt Entscheidung**,[230] die insoweit völlig anderen Regeln gehorcht (Vor § 1025 Rn. 20 ff.), das gilt auch für sogenannte Ombudsmann-Verfahren, die etwa das Bankgewerbe vorschaltet.[231] – Abzugrenzen davon ist indes die Parteivereinbarung auf ein **Oberschiedsgericht** (§ 1055 Rn. 3); das ist nur ein schiedsinterner Instanzenzug,[232] der gerade nicht zulässt, den Rechtsstreit „nach außen" zu tragen, zumal auch die (formelle) Rechtskraft solange offenbleibt. Und ebenso können die Parteien sich **nachträglich frei verständigen**, dass ein Schiedsspruch keine Wirkung (mehr) haben soll[233] und daher ein neues Schieds- oder Staatsverfahren stattfinden kann: die (materielle) Rechtskraft des Schiedsspruches ist disponibel (§ 1055 Rn. 28 f.).

IV. Vertragsgestaltung

93   **1. Notwendiger Inhalt.** Als zwingender Mindestinhalt muss die Vereinbarung – Abrede wie Klausel (Abs. 2) – lediglich die **Entscheidung eines Rechtsstreits durch Schiedsrichter** ergeben und im Zuge dessen klar machen, dass dies den staatlichen Rechtsweg ausschließt[234] bzw. dass dafür ein Schiedsgericht letztgültig und verbindlich entscheiden soll. Die Sprache gilt gleich, es mag eine andere sein als jene des § 1045 Abs. 1. Die simple **Ausschließung staatlicher Rechtsfindung** deutet indessen für sich genommen noch nicht ohne weiteres auf den Abschluss einer Schiedsvereinbarung[235] – es kann ebenso gut auch die Klagbarkeit bloß ausgeschlossen sein, zeitweilig oder uU auch dauerhaft (pactum de non petendo). IdR wird indes mehr für eine richtige Schiedsbindung sprechen, die weniger einschneidend scheint.

94   **Beispiel:** „Über alle Streitigkeiten aus diesem Vertrag soll ein Schiedsgericht [DIS: unter Ausschluss des ordentlichen Rechtsweges endgültig] entscheiden". Der Klammerzusatz ergibt sich jedoch schon von selbst bei richtiger Auslegung des Wortlautes, er dient nur zusätzlich der Klarstellung der Rechtsfolge: schiedsgerichtlich begründete Entscheidungsmacht bedeutet Verdrängung staatlicher Gerichte (arg. § 1032 Abs. 1; vgl. noch erg. Rn. 90 ff.); Abweichungen (Rn. 96 ff.) bedürfen ausdrücklicher Regelung. „Aus einem Vertrag" setzt auch nicht etwa das exakte Zustande-

---

[223] AA RAGE 8, 77, 81 f. = JW 1931, 2399 m. zust. Anm. *Kisch* – hiergegen sehr dezidiert aber RGZ 146, 262, 265 ff., insbes. S. 270–272 = JW 1934, 1027 m. abl. Anm. *Jonas*.
[224] RG JW 1907, 748, 749.
[225] ROHG 7, 311, 313 f. mit Ls. 1: „Zum Wesen des Schiedsvertrags gehört Rechtszwang gegen die Paciscenten".
[226] Lediglich zweifelnd BayObLG MDR 2001, 780 (Vorvertrag?).
[227] AA OLG Brandenburg BauR 2002, 1890, 1891 [2 c]: nur Bedeutung für §§ 1033, 1062 bzw. OLG Brandenburg NJOZ 2006, 2044, 2047 f. [II 2 c cc]: letztendlich nur Ortsfixierung – best. BGH NZBau 2007, 301, 302 [20 f.] = SchiedsVZ 2007, 273, 275 = DNotZ 2007, 613, 614 im Anschluß an Beschl. v. 26. 6. 1986 – III ZR 200/85 [JURIS-Rn. 8] sowie wohl – beschränkt grenzt revisible Auslegung! – auch schon OGHZ 4, 247, 250 [3].
[228] OLG Naumburg OLGR 2006, 31, 32 f.; ganz ähnlich auch OLG Frankfurt/Main OLGR 2004, 9, 11: Schiedsgerichts- oder Schlichtungsabrede.
[229] OLG Rostock v. 18. 9. 2006 – 3 U 37/07 [II 1].
[230] Richtig so bereits RG JW 1907, 748 – doch verkannt noch von RGZ 55, 14, 16; treffend dann wiederum BGH KTS 1984, 333, 335.
[231] Dazu *Hoeren* NJW 1992, 2727, 2730 f. u. *Th. von Hippel*, Der Ombudsmann ..., 2000, S. 9 ff.
[232] RGZ 146, 262, 269 f.; 114, 165, 168 mit RG JW 1895, 307 (Nr. 9); RGZ 29, 387, 390; 17, 434, 435; sehr instruktiv auch RGZ 74, 307 (keine Niederlegung des Erstspruches nötig). Zur Berufungsinstanz im Schiedsverfahren *Weber*, FS Geimer, 2002, S. 1445, 1455–1459 [IV/V].
[233] RGZ 146, 262, 268 mit RG JW 1920, 703, 704.
[234] Recht plastisch schon RG JW 1897, 306, ferner jüngst OLG Naumburg, Beschl. v. 24. 2. 2005 – 10 SchH 1/04; vgl. auch erg. BGH NJW 1984, 669 u. OLG Rostock v. 18. 9. 2006 – 3 U 37/06 [II 1] zur Anrufung von Schlichtungsstellen. Zum Umgang mit „[objektiv] pathologischen Schiedsvereinbarungen" illustrativ jetzt *Synatschke*, 2006, S. 216 ff. (praktische Fallbeispiele) mit S. 227 ff. (Lösungsmöglichkeiten) – geht zT aber zu weit: Rn. 95 bei/mit Fn. 246).
[235] RG JW 1937, 1401.

Begriffsbestimmung 95–97 § 1029

kommen voraus, sondern erfasst genauso allen Streit darum,[236] sowie auch die konkurrierend eingreifende gesetzliche Anspruchsnorm (arg. Rn. 71 ff.),[237] Fragen der Vertragsauslegung, Änderungen und Ergänzungen[238] – gemeint ist demnach das „in Bezug auf" iSv. § 1029 Abs. 1.

Es gibt jedoch auch **tradierte – formelhaft gebrauchte – Wendungen** mit einem festen Bedeutungsinhalt, die notwendige Schiedsvereinbarung (§ 1029 Abs. 1) und fakultative Verfahrensregelung (§ 1042 Abs. 3) gleichsam dann uno actu verbinden (zB „Hamburger freundschaftliche Arbitrage"[239] bzw. die sog. Warenvereinsklausel[240] [Vor § 1025 Rn. 71]). Dazu kann oft auch eine Auslegung hinführen,[241] ein Schiedsverfahren der „deutschen zentralen Handelskammer" ist aber wohl kaum mehr als DIS-Schiedsgericht mit Berliner Sitz erkennbar.[242] Der Gebrauch bestimmter Vokabeln ist aber nicht etwa vorgegeben[243] – ihr Sinn muss entschieden sein. Gängige Abkürzungen (ICC, DIS[244]) genügen; nicht aber schon eine bloße Ortsbestimmung.[245] Unnötig ist dagegen eine Direktive zur Bestimmung des Gerichtes.[246] Für dessen Konstituierung sorgen §§ 1034 ff. vor. Klar muss nur sein, *dass* ein Schiedsgericht dazu entscheiden soll; welche Personen konkret dahinter stehen, bleibt anfangs noch ganz gleich. Darum genügt somit die obige Kurzformel als Grundstein eines sinnvollen Schiedsverfahrens. 95

2. Konkurrenzklauseln. Zulässig ist auch die Einräumung eines Wahlrechts **zwischen staatlichem und Schiedsgericht,**[247] auch zugunsten bloß einer Partei,[248] aber nicht etwa für einen Dritten[249] – man kann so dann ein Schiedsgericht auf „wirkliche" Streitfälle begrenzen. Es kann unbeschränkt oder sachlich gebunden (zB Forderungen aus Wechsel und Scheck; unstreitige Forderungen, Zahlungsansprüche etc.[250]) sein. Es mag zB dem eingeräumt werden, der zuerst Klage erhebt; es ergreift ganz zwanglos **Aktivprozesse**[251] (arg. § 35), mag aber ebenso auch für **Passivprozesse** vereinbart werden.[252] Die Zuständigkeit ist dann nur halt keine ausschließliche. 96

Ausgeschlossen ist aber die gleichzeitig eröffnete Anhängigkeit,[253] zumal dann die (schieds-)gerichtliche Kompetenz problematisch scheint, ferner die Option, möglicherweise wieder rückzu- 97

---

[236] BGHZ 53, 315, 320–323, dazu *Schlosser* JZ 1970, 733 u. *Habscheid* KTS 1971, 131, 132; BGHZ 69, 260, 262; OLG Hamburg WM 1969, 407, 408 aE.
[237] *Bork* JZ 1987, 100 [1 a] in abl. Anm. zu LG Mönchengladbach.
[238] OLG Köln, Beschl. v. 22. 2. 2007 – 9 Sch 16/06 [B II 3 a aE].
[239] OGHZ 4, 247, 249 f. [2]; BGH MDR 1952, 487; NJW 1960, 1296; AWD 1966, 120; OLG Hamburg OLGRspr. 33 (1916), 136; HansRZ 10 (1927), 389 [1]; zuletzt SG HfA NJW-RR 1999, 780, 781 [I 1 mit II].
[240] OLG Hamburg RIW 1992, 938/939 [1 b].
[241] Beispiele: OLG Oldenburg SchiedsVZ 2006, 223, 224 [II] (Internationales Schiedsgericht in Österreich als Schiedsgericht bei der Wirtschaftskammer Österreich); OLG Stuttgart IHR 2007, 72, 73 f. [II 2 a/b] (Schiedskommission in Stockholm/Schweden als Schiedsgerichtsinstitut der Stockholmer Handelskammer); OLG Hamburg SchiedsVZ 2003, 284, 287/288 [II 3 c dd (1)] („ARBITRATION: Hamburg" in Kaffeehandelssache als Schiedsgericht des Deutschen Kaffeeverbandes e. V.), siehe noch Vor § 1025 Rn. 74 ff.
[242] AA KG RPS 2000 I S. 13, 14 f.
[243] RAG 1, 297, 299.
[244] Wegen „LME" zur Kennzeichnung des Schiedsgerichts der „London Metal Exchange" siehe OLG Rostock IPRspr. 2001 Nr. 206, S. 442, 447 [3 b ee] (verneinend), *Kröll* IPRax 2002, 384, 386/387 [III 2] (bejahend).
[245] A. A. OLG Karlsruhe SchiedsVZ 2008, 47, 48 [II 3 b aE] (UNÜ).
[246] BGH WM 1986, 402, 404 [I 1]; OLG Nürnberg BB 1971, 495, 496; OLG Hamburg SchiedsVZ 2003, 284, 287/288 [II 3 c dd (1)]; 2004, 266, 268 [II 1 b bb (1)]; OLG München OLGR 2006, 906 [4 a (1)]. Dies verkennen aber BGH MDR 1973, 1001 (Vorvertrag), dazu krit. auch *Sareika* ZZP 90 (1977), 285, 297 f., OLG Jena DB 2006, 271 [1 a] u. OLG Köln MDR 2006, 201, 202 aE; hier aA auch *Synatschke*, 2006, S. 241–246.
[247] BGHZ 88, 314, 317 = NJW 1984, 1355 (§ 91 GWB aF); NJW 1960, 1462, 1463 (Schiedsgutachten); OLG Naumburg OLGR 2006, 31, 32 (klare Abgrenzungsregelung nötig); OLG München NJW 1959, 2220, 2221; RAG 1, 296, 262, 271 – ablehnend aufgrund Auslegung: RAGE 1, 297, 299.
[248] BGHZ 115, 324, 325 [2] = NJW 1992, 575; NJW 1976, 807/853 – Grenze bisher: § 1025 Abs. 2 aF u. § 138 Abs. 1 BGB (BGH NJW 1989, 1477; OLG Hamburg JW 1934, 2172 [im Einzelfall aber verneinend]; OLG Frankfurt/Main bei *Titze* JW 1934, 2172, 2173); Letzteres gilt weiterhin! Grenze ferner: § 307 Abs. 1/2 BGB (BGH NJW 1999, 282 einerseits, OLG Bremen SchiedsVZ 2007, 51, 52 [II b] u. DIS-SG SchiedsVZ 2007, 166, 168 [III 2 a] andererseits – dazu vgl. auch *Kreindler/Schäfer/Wolff* Rn. 115).
[249] RGZ 85, 177, 179 (dahinstellend).
[250] BGH NJW 1976, 852; OLG Hamburg BB 1958, 1000.
[251] RGZ 88, 179, 181 f.; 146, 262, 271; OLG Hamburg OLGR 2000, 19, 21.
[252] OLG Hamburg JW 1934, 2172; OLG Oldenburg KTS 1972, 114 f. Der Beklagte muß sich somit *vorher* erklären (arg. ex § 263 Abs. 1 BGB; sonst: § 264 Abs. 2 BGB analog – BGH NJW 1999, 282/283; *Musielak/Voit* Rn. 21; aA OLG Celle OLGRspr. 17 [1908], 208).
[253] RGZ 88, 179, 182/183; OLG München NJW 1959, 2220, 2221.

§ 1029 98–102   Buch 10. Abschnitt 2. Schiedsvereinbarung

wechseln (die Klageerhebung verbraucht die [einseitige] Wahlfreiheit!²⁵⁴) und auch die gegenseitige Wahlbefugnis birgt mancherlei recht schwierige Frage.²⁵⁵ Eine zusätzliche Gerichtsstandsklausel hat hier idR bloß subsidiäre Bedeutung²⁵⁶ und führt nicht zur Perplexität.

98   Zulässig ist auch die Einräumung eines Wahlrechts **zwischen zwei Schiedsgerichten**²⁵⁷ (entsprechendes gilt bei Doppelbindung²⁵⁸). Gar nichts mit diesem im Vorhinein auszuübenden Wahlrecht zu tun hat aber der – insgesamt unzulässige (Rn. 91: Perplexität) – Vorbehalt künftiger staatlicher Kontrolle, die letztlich die Tatbestände des § 1059 Abs. 2 ausweitet. Das würde die Entscheidungsbefugnis ins Unkenntliche verzerren und ließe sie hinwegfallen. Abgrenzen muss man ebenfalls die Vereinbarung unterschiedlicher Schiedsgerichte für unterschiedliche Streitigkeiten aus demselben Rechtsverhältnis²⁵⁹ (Rn. 69–75).

99   **3. Ergänzender Inhalt.** Über den notwendigen und praktisch unumgänglichen Inhalt der Schiedsvereinbarung hinaus (Rn. 93 ff.) können die Parteien **fakultativ** die Gestaltung und Abwicklung des Schiedsverfahrens bei Abschluss oder per Nachtrag bis ins einzelne regeln. Doch ist zu beachten, dass Regelungen, welche die Rechte und Pflichten der Schiedsrichter betreffen, nach Abschluss der Schieds*richter*verträge uU mit dem vereinbarten Pflichtenkreis kollidieren und demgemäß ein Kündigungsrecht entsteht²⁶⁰ (Vor § 1034 Rn. 48 ff., 51 mit § 1042 Rn. 80). Die autonome Gestaltungsmacht existiert „vorbehaltlich der zwingenden Vorschriften dieses [Zehnten ZPO-]Buches" (§ 1042 Abs. 3).

100 **Unabdingbar** sind namentlich: die sachlichen und förmlichen Voraussetzungen der Schiedsgerichtsbarkeit (§§ 1029–1031), Gleichbehandlung, rechtliches Gehör und Vertretungsrecht durch Rechtsanwälte im Verfahren (§ 1042 Abs. 1, 2), die Grundstruktur der Säumnisfolgen (vgl. § 1048 Abs. 4 S. 2: „im Übrigen"), die Formalien des Schiedsspruches als verfahrensabschließende Entscheidung (§ 1054, uU mit § 1053 Abs. 1/2 – aber: § 1054 Abs. 2, 1. Var.) sowie natürlich der Vorbehalt staatsgerichtlicher Kontrolle (§ 1032 Abs. 2 [Zulässigkeit]; § 1034 Abs. 2 [Zusammensetzung (bei Übergewicht)]; § 1037 Abs. 3 [Ablehnung (bei Befangenheit – mit Ausnahme der Klagefrist) – arg. Abs. 1]; § 1040 Abs. 3 S. 2 [Zuständigkeit]),²⁶¹ insbes. Aufhebung, Anerkennungsentscheidung und Vollstreckbarerklärung (§§ 1059–1061; UNÜ) sowie die Zulassung der Vollziehung einstweiliger Anordnungen (§ 1041 Abs. 2/3); selbstredend steht auch das staatsgerichtliche Verfahren (§§ 1063–1065), mit Ausnahme der Zuständigkeit (§ 1062 Abs. 1 S. 1, aber uU auch §§ 38–40 [§ 1062 Rn. 21 ff., 26 f.]), nicht zur Parteidisposition.

101 Grob gesagt gilt folgende Leitlinie: Das **Ob** des Ausschlusses staatlicher Rechtsprechung ist notwendig zu bestimmen, das **Wie** des künftigen schiedsgerichtlichen Prozedere nur ergänzend zu normieren, hilfsweise hält das Gesetz mit §§ 1034–1058 dafür hinreichende Auffangregeln parat. Ganz konsequent will *Schlosser*²⁶² auch demnach begrifflich trennen in eigentliche Schieds- und ergänzende Verfahrens-/Verfassungsvereinbarung; die Einordnung hat Bedeutung für die Reichweite des Formgebots (§ 1031 Rn. 13 ff. mit § 1042 Rn. 77).

102 Die **Globalverweisung** auf die Schiedsgerichtsordnung eines institutionellen Schiedsgerichts bedeutet grds. auch die Unterwerfung unter dieses Schiedsgericht,²⁶³ und zwar idR nach Maßgabe der jeweils geltenden Schiedsordnung. Es ist nicht erforderlich, dass jede Partei ein Exemplar hiervon erhält, wenn sie nur die Möglichkeit hat, es auf Verlangen zu erhalten.²⁶⁴ Die allgemeine („salvatorische") Verweisung auf §§ 1025 ff. ist aber durchgängig – bei Beachtung von §§ 1025 Abs. 1, 1043 Abs. 1 – überflüssig: jene gelten ohnedies!

---

²⁵⁴ BayObLG NJW-RR 1991, 187, 188 (zu § 35). *Habscheid/Calavros* KTS 1979, 1, 2 unterscheiden demgemäß ein (unzulässig) *generelles* vom (statthaft) *speziellen* Wahlrecht – zu Unrecht! Die Anknüpfung ist subjektiv.
²⁵⁵ Dazu näher etwa OLG München NJW 1959, 2220, 2221/2222.
²⁵⁶ BGHZ 165, 376, 379 [13] = NJW 2006, 779 = SchiedsVZ 2006, 101 = JR 2007, 69 m. zust. Anm. *Elsing* (S. 71 [I]) (Gerichtskompetenzen *im* Schiedsverfahren) bzw. BGHZ 52, 30, 35 (Gerichtskompetenzen *statt* Schiedsverfahren).
²⁵⁷ BGH IHR 2003, 90; NJW 1969, 978, 979 [I 2c] (obiter); OLG Hamm SchiedsVZ 2003, 79, 80/81 [II 1c bb (2a)]; OLG Celle OLGRspr. 17 (1908), 208; SG HfA *Straatmann/Ulmer* B 1 Nr. 11.
²⁵⁸ IHK-SG Hamburg SchiedsVZ 2007, 55, 56.
²⁵⁹ SG IHK Kassel SchiedsVZ 2006, 167, 168 [2].
²⁶⁰ *Stein/Jonas/Schlosser* § 1042 Rn. 3: Anpassungspflicht bzw. Kündigungs-/Rücktrittsrecht.
²⁶¹ Im Unterschied zu staatsgerichtlicher Aushilfstätigkeit: § 1035 Abs. 3–5, § 1050 – wohl auch § 1033 u. § 1038 Abs. 1 S. 2.
²⁶² In: *Stein/Jonas* Rn. 6 mit § 1042 Rn. 3; § 1027 aF Rn. 2 (2. Abs.); § 1034 aF Rn. 8 (3. Abs.), RIPS Rn. 258 ff. u. FS Rammos, 1980, S. 797 ff. – relativ umständlich dagegen OLG Brandenburg BauR 2002, 1890, 1891 [2c]; anders im Ansatz *Lionnet*, FS Böckstiegel, 2001, S. 477, 478–481.
²⁶³ OLG Hamburg KTS 1983, 499, 502, zust. *Schmitz* RNotZ 2003, 591, 600 li. Sp. [B III 2].
²⁶⁴ BGH WM 1979, 1006, 1008.

Eine **Individualregelung** ist parteiautonom auf breiter Front möglich, Muster dafür werden **103** recht zahlreich angeboten.[265] So empfiehlt sich, besonders etwa festzulegen die Anzahl der Schiedsrichter (§ 1034 Abs. 1 S. 1), auch uU ihre Vergütung, das Bestellungs- (§§ 1035 Abs. 1, 1039 Abs. 2) und Ablehnungsverfahren (§ 1037 Abs. 1), den Ort des Verfahrens (§ 1043 Abs. 1 S. 1 – enorm wichtig wegen § 1025 Abs. 1!) sowie Beginn (§ 1044) und Sprache (§ 1045 Abs. 1 S. 1 u. 3), Richtlinien zum Verfahrensgang (§§ 1046, 1047) und zur Beweiserhebung (§ 1049), bei **Auslandsbezug** die später gerichtsseits anzuwendende Rechtsordnung (§ 1051 Abs. 1), die Gestaltung der Entscheidungsfindung (§ 1052) und -begründung (§ 1054 Abs. 2, 1. Var.) sowie die Befugnis zur Kostenentscheidung (§ 1057 Abs. 1 S. 1) und für einstweiligen Rechtsschutz (§ 1041), schlussendlich die (örtliche OLG-)Zuständigkeit nach § 1062 Abs. 1 (uU mit §§ 38–40). Die Parteien stellen wichtige Weichen bei auslandsbezogenen Streitigkeiten, sowohl internationalprivat- (§ 1051 Abs. 1: Sachrecht statt Kollisionsrecht?) wie internationalprozessrechtlicher Art (§ 1043 Abs. 1: Territorialitätsprinzip!).

Die Verfahrensgestaltung kann **eigenständig** (§ 1042 Abs. 3, 1. Var.: „selbst") oder **fremdbestimmt** (§ 1042 Abs. 3, 2. Var.: „Bezugnahme") erfolgen; beide Varianten schließen indes einander nicht aus, es ist auch ein „Mischsystem" mit lediglich subsidiärer Bezugnahme statthaft und praktisch oft hilfreich. Die Individualregelung kann selbst auch wiederum verweisend erfolgen, dh. Prozessregelung nach § 1042 Abs. 3, 1. Var. ohne Bezugnahmeziel nach § 1043 Abs. 3, 2. Var. („auf eine schiedsrichterliche Verfahrensordnung") sein – oder anders herum gesagt: der Verweisungsakt macht jedwede Verfahrensordnung (etwa: §§ 128 ff., 253 ff.) zur schiedsrichterlichen. **104**

4. Auslegungsprobleme. Die Schiedsvereinbarung ist auslegungsfähig und auch oft -bedürftig. **105** Diese Aufgabe fällt dem jeweils befassten (Schieds-/Staats-)Gericht zu. Hierbei gelten **übliche bürgerlich-rechtliche Maximen**,[266] einschließlich des *Verbots* der Buchstabeninterpretation (§ 133 BGB) und ebenso des *Gebots*, die Verkehrsüblichkeiten genügend zu beachten (§ 157 BGB); Unklarheiten können uU zu Lasten des Verwenders gehen (§ 305c Abs. 2).[267] Maßgeblich ist der **Parteiwille**, der im Weg erläuternder Auslegung festzustellen ist; statthaft ist ebenfalls die ergänzende Auslegung bei Lückenhaftigkeit, die aber nie dazu führen könnte, ganz neu eine Schiedsvereinbarung insgesamt zu begründen.[268]

Die förmliche Erklärung (§ 1031 Abs. 1–5 – aber: Abs. 6!) muss wenigstens eine **Andeutung** des **106** konkret Gewollten liefern. Das lässt viel Raum für umfängliche und vernünftige Interessenabwägung. Klar muss bloß der Ausschluss staatlicher Instanzen seinen Ausdruck finden (das erscheint als „Kernpunkt"), alsdann besteht kein Anlass dazu, die Schiedsvereinbarung eng auszulegen. Eher ist eine großzügige Auslegung angebracht.[269] Begrenzt wird die Auslegung – wie stets – durch den deutlich gemachten **Wortsinn**.[270] Die Auslegung ist lediglich beschränkt revisibel (§ 561 Abs. 2, vgl. § 1065 Rn. 14). **Drei thematische Schwerpunkte** gilt es hier grundsätzlich zu unterscheiden:

a) Begründung eines Schiedsgerichts. Es geht um die jeweilige Vereinbarung der Schiedsbindung als solcher („**abstrakte Kompetenz**" [Rn. 90]). Oft wird nicht jene tradierte Wendung gebraucht, die sämtliche Zweifel vermeidet (Rn. 95). Die Verwendung der Vorsilbe „Schieds-" ist ihrerseits aber ebenfalls nicht zwingend nötig.[271] Der Nachsatz, „Den Schiedsvertrag werden die **107**

---

[265] Wegen Kautelarfragen näher *Schmitz* RNotZ 2003, 591, 598–600 [B III 2]; *Lörcher/Lörcher* SchiedsVZ 2005, 179; *Nienaber* SchiedsVZ 2005, 273, 277–281 [IV–VI]; *Hamann/Lennarz* BB 2007, 1009.
[266] DIS-SG SchiedsVZ 2005, 166, 167; OLG Naumburg, Beschl. v. 24. 2. 2005 – 10 SchH 1/04; vgl. auch erg. OLG Rostock v. 18. 9. 2006 – 3 U 37/06 [II 4] (Schlichtungsabrede) mit OLG Frankfurt/Main OLGR 2004, 9, 11 (obiter).
[267] OLG München OLGR 2000, 324.
[268] RGZ 159, 254, 256 (zu § 38); OLG Karlsruhe OLGR 2007, 990, 992/993 [2 d], allerdings sehr weitgehend: Konkretisierung eines Schiedsgerichts.
[269] BGHZ 102, 199, 200 = NJW 1988, 1215 [II 1 b bb: „nach dem behaupteten Sachverhalt"] bzw. BGHZ 53, 315, 319 = NJW 1970, 1046 [II 1 b aa: „grundsätzlich weit auszulegen"] – im letzteren Sinne außerdem: BGH WM 1971, 308, 309 [I 2 a]; KTS 1980, 241, 245; NJW-RR 2002, 387 re. Sp. [II 1 b aa]; SchiedsVZ 2007, 215, 216 [16]; OLG Hamburg RIW 1989, 574, 578 [III 3]; OLG Hamm MittRhNotK 2000, 215, 216 [2 b]; OLG Köln IPRspr. 2002 Nr. 209. S. 540, 541; OLG Düsseldorf SchiedsVZ 2004, 161, 162 [II 1]; OLG München NJW 2005, 832/833 [II 3 a] (im Einzelfall zu weitgehend!); SchiedsVZ 2005, 308, 309 [II 2 a]; OLGR 2006, 906 [4 a (2)]; DIS-SG SchiedsVZ 2005, 166, 167/168 m. weit Nachw.; ähnlich auch *Thümmel*, FS Schütze, 1999, S. 935, 945/946.
[270] Beispiel: OLG München OLGRspr. 29 (1914), 280: *Auslegung* der Vertragsklauseln statt *Erfüllung* der Vertragspflichten. Wegen fremdsprachiger Formulierungen siehe OLG Stuttgart IHR 2007, 72, 73 [II 2 a]. – Zur Falschbezeichnung als Abgrenzungsproblem OLG Rostock v. 18. 9. 2006 – 3 U 37/06 [II 1] (Schieds*gericht* statt Schieds*stelle*).
[271] RG JW 1897, 306.

§ 1029 108–111   Buch 10. Abschnitt 2. Schiedsvereinbarung

Parteien gesondert erstellen", widerstreitet endgültiger Rechtsbindung[272] (ist eventuell ein Vorvertrag? [Rn. 7]) "Sollen Differenzen ... von einem *Sachverständigen* ausgeglichen werden", kann damit auch ein Schiedsgericht gemeint sein.[273] Deutlicher ist das bezeichnet durch den "Ausschluss der [jeder] gerichtlichen Entscheidung"[274] und ebenso der Zusage, "sich dem Spruche des Schiedsgerichts zu fügen".[275]

108 Präzis ist demgegenüber die Formel, "Streitigkeiten ... entscheidet endgültig und unter Ausschluss des ordentlichen Rechtsweges das Schiedsgericht"[276] – der explizite *"Ausschluss"* verbietet die Deutung als Konkurrenzklausel (Rn. 96 ff.).[277] Fehlt aber der Bezug zum *Schiedsgericht,* kann sie auch ein bloßes Schiedsgutachten meinen,[278] namentlich wenn es dabei um ganz singuläre Tatfragen geht. Eine *"Schiedsstelle"* kann auch Schiedsgericht sein, namentlich bei Verweisung auf §§ 1025 ff.[279]

109 Der Zusatz "in höchster Instanz von drei Schiedsrichtern", erlaubt nicht die "staatliche Erstinstanz",[280] sondern klärt den schiedsinternen Instanzenzug. Und auch die verunglückte Formulierung schiedsrichterlicher Kompetenzen "mit Ausnahme der Zuständigkeit der staatlichen Gerichte" kann ausreichend sein.[281] Unschädlich ist insoweit die Floskel, Differenzen sollten zuerst durch Verhandlungen beigelegt werden[282] – jedoch muss danach ein eventuelles Schiedsgericht offen stehen. Anderenfalls liegt eher ein Vorschaltverfahren nahe, wie etwa in der Wendung, "Das Gericht soll erst angerufen werden nach einem fruchtlosen Versuch [gütlicher Einigung]".[283] Die Schaffung einer Berufungsinstanz deutet andererseits auf gerichtliche Entscheidungsmacht (bzw. widerspricht "bloßem" Güteausgleich).[284]

110 **b) Reichweite schiedsrichterlicher Kompetenz.** Das Rechtsverhältnis muss klar bezeichnet sein – das beschreibt die Reichweite schiedsrichterlicher Kompetenz (Rn. 69–75). Im Zweifel dürfte alsdann umfassende Entscheidungskompetenz angestrebt sein ("alle Streitigkeiten"); wird zB hier auf einen Vertrag Bezug genommen, so begründet die Schiedsvereinbarung die Zuständigkeit des Schiedsgerichts zur Beurteilung des Rechtsstreits unter **jedweden rechtlichen Aspekten**[285] und außerdem wechselseitig[286] bzw. untereinander.[287] Zusammengehörendes soll auch zusammenbleiben; zudem gilt immer, tunlichst großzügige Auslegung anzuwenden (Rn. 46). Vorteilhaft erscheint dazuhin immer die gemeiniglich übliche Globalformel: "alle Streitigkeiten im Zusammenhang mit diesem Vertrag und seiner Durchführung"; ebenso wie die (Kurz-)Formel "aus diesem Vertrag" erfasst sie sowohl das Zustandekommen[288] wie Abwicklungs- bzw. Erfüllungsakte (zB Wettbewerbsverbote;[289] Schadensersatz[290] und Verzugsfolgen,[291] Auseinandersetzung[292]).

111 Bei einem **Rahmen- oder Bezugsvertrag** sind zB alle einzelnen Ausführungsverträge ebenfalls demnach solche "aus diesem Vertrag".[293] So sind mithin "einzelne Streitigkeiten" Ausnahme und

---

[272] OLG Nürnberg BB 1971, 495/496 – zust. *Böckstiegel,* FS Bülow, 1981, S. 1, 4 (aber: überdeutend als Formvorgabe). Ganz ähnlich auch OLG München OLGR 2000, 324 (Bezugnahme einer [institutionellen] Verfahrensordnung statt Verabredung einer [individuellen] Schiedsvereinbarung) mit OLG Köln MDR 2006, 201/202.
[273] RGZ 33, 265, 266 u. JW 1897, 632 (je obiter); OLG Hamburg OLGRspr. 19 (1909), 164 f.; 23 (1911), 244: Eigenschaftsangabe iSv. § 1036 Abs. 2 S. 1, 2. Var.!
[274] KG OLGRspr. 23 (1911), 169.
[275] BayObLGZ 24 (1925), 350, 353.
[276] BGHZ 88, 314, 317 = NJW 1984, 1355.
[277] BGH KTS 1964, 104, 105 [II 2 b aE].
[278] BGHZ 9, 138, 144 f. (zweifelhaft!).
[279] OLG Karlsruhe OLGR 2007, 990, 991 [2 a] (dazuhin Mediation vorgeschaltet).
[280] OLG Koblenz v. 22. 2. 2007 – 6 U 1162/06 [II aE].
[281] OLG Stuttgart v. 27. 7. 2001 – 4 U 251/00: gedeutet *"als* [nicht: *mit]* Ausnahme ...".
[282] So etwa im Fall BGHZ 69, 260.
[283] BayObLG ZMR 1986, 63, 64: Schlichtung.
[284] RAG 1, 297, 299.
[285] Beispiele: OLG Hamburg RIW 1989, 574, 575, 578 [III] (konkurrierender Deliktsanspruch, dazu schon oben Rn. 72 mit Fn. 167); OLG Naumburg, Beschl. v. 24. 2. 2005 – 10 SchH 1/04 (Nebenforderungen). Anders offenbar jedoch KG lt. RG LZ 18 (1924), 88, 89: "betreffend dieses Vertrages" meine bloß die Vertragsauslegung, nicht auch die Vertragsabwicklung; genau anders herum OLG Hamburg OLGRspr. 2 (1901), 97 ("Auslegung des Vertrages").
[286] BGHZ 160, 127, 131 [II 2] = NJW 2004, 2898 – Ausnahme: abweichender Wortlaut (OLG Düsseldorf SchiedsVZ 2004, 262, 264 li. Sp.).
[287] BayObLG SchiedsVZ 2004, 45/46 [II 2 a] (*Alt*gesellschafter – Gesellschaft – *Neu*gesellschafter).
[288] *Stein/Jonas/Schlosser* Rn. 18 [2. Abs.].
[289] BGH NJW-RR 2002, 1462, 1463 [II 2] mit BayObLGZ 2001, 311, 314 f. [II 5].
[290] *Lachmann* SchiedsVZ 2003, 28, 29 [IV 1 a/b].
[291] AA OLG Hamburg OLGRspr. 19 (1909), 169, 170.
[292] OLG München, Beschl. v. 19. 1. 2007 – 34 Sch 9/06 [II 2 a] u OLGR 2007, 681, 683 [II 2 d].
[293] BGH KTS 1964, 104, 106 f.

Begriffsbestimmung   112–115 § 1029

besonders klar anzugeben. Sonst sind idR auch **Rückabwicklungsansprüche**[294] erfasst, ebenso die Beurteilung der Wirksamkeit einer Kündigung oder eines Rücktritts.[295] Ob ferner späterer Streit, der auf den Schiedsspruch sowie auf seine Erfüllung zurückgeht, erfasst werden sollte, ist ebenfalls Auslegungsfrage.[296]

Probleme werfen oft **Nachfolgegeschäfte** auf, zumal insoweit häufig nur schwer zwischen Um-, Neu- und Nachbestellung zu unterscheiden sein dürfte;[297] im Geschäftsverkehr wird es sich letztlich darum stark empfehlen, durch Bezugnahme die frühere Schiedsbindung jeweils zu erneuern (§ 1031 Abs. 3 mit Abs. 1/2).[298] Verändern mag sich auch durch den Charakter des Rechtsverhältnisses, etwa durch Vergleich (§ 779 BGB) oder Novation (§ 305 BGB), kausale Schuldabänderung (§ 607 Abs. 2 BGB) oder abstrakte Schuldumschaffung (§§ 780, 781 BGB) – ob insoweit (noch) Identitätswahrung vorliegt, dafür gibt das bürgerlich-rechtliche Verständnis eine durchaus taugliche Handhabe.[299] So mag etwa das Schiedsgericht auch über einen vorherigen Vergleich judizieren;[300] kleinere Änderungen und Ergänzungen hingegen sind stets (mit-)erfasst.[301] 112

Schiedsklauseln in Gesellschaftsverträgen können sich auch auf Streitigkeiten im Liquidationsstadium[302] und auf die Erlangung der Gesellschafterstellung[303] erstrecken, auf Auskunfts- und Einsichtsrechte,[304] die Verletzung (gesellschafts-)vertraglicher Wettbewerbsverbote trotz Anteilsübertragung, wenn und weil gerade darin der Verstoß liegt,[305] aber nicht auf einen parallel laufenden Bürgeninnenausgleich,[306] Schadensersatz aus Prospekthaftung,[307] und ebenso wenig die Rückerstattung von *Privat*darlehen der Gesellschaft an einen Gesellschafter.[308] 113

c) Gestaltung des Schiedsverfahrens. Auslegungsfragen können sich ebenso zum übrigen Inhalt ergeben, der zwar nicht konstitutiv wirkt (Rn. 93–95), sondern fakultativ erfolgt (Rn. 99–104). Während es bislang (Rn. 107–113) aber insgesamt um Kompetenz ging, mithin Unzuständigkeit drohte, ist hier nur das nähere Prozedere unklar (**„konkretes Verfahren"**), also idR kein Schiedsverfahren in seiner zentralen „Grundfeste" betroffen. Die Parteien können allezeit authentisch interpretieren (§ 1042 Abs. 3); im Grunde geht es also allein um die – lediglich subsidiär eröffnete – Bestimmungsmacht des Schiedsgerichtes (§ 1042 Abs. 4 S. 1). Dazu wird sich jedoch meistens parteiseitiges Einvernehmen erzeugen lassen. Die Auslegungsfrage ist dabei primär Sache des Schiedsgerichts. Anders vor dessen Konstituierung; hier mag auch das Staatsgericht einmal auslegungsbefasst werden (§ 1035 Abs. 4, 1. Var.). 114

Und wenn ein bestimmtes *ständiges* Schiedsgericht (ansonsten: Rn. 95) angerufen wird, die Erklärung aber unpräzise ist, mag ausnahmsweise die „Durchführbarkeit" der Schiedsvereinbarung (§ 1032 Abs. 1, 3. Halbs., 3. Var. bzw. Abs. 2) ganz generell fraglich sein: dies Gericht muss nämlich dann hinreichend bestimmt oder bestimmbar sein (Abhilfe schafft hier uU aber Art. IV Abs. 5 iVm. Abs. 3 EuÜ). Bleibt insoweit das Gewollte jedoch perplex, weil etwa zwei gänzlich verschiedene 115

---

[294] BGHZ 53, 315, 319 u. 323 = NJW 1970, 1046 (Pachtvertrag) mit *Schlosser* JZ 1970, 733; BT-Drucks. 13/5276 S. 43 re. Sp. [§ 1040/2]; *Musielak/Voit* Rn. 13, 23 mit § 1040 Rn. 4 aE; OLG Celle, Beschl. v. 4. 3. 2004 – 8 SchH 2/03 [2b] (Gesellschaft); OLG München OLGR 2006, 906/907 [4a (2)] (Pachtvertrag); OLG Karlsruhe v. 5. 6. 2007 – 8 U 80/06 [II B 2 b/c] (Anlagenbau).
[295] OLG Koblenz MDR 1959, 130 (Vorvertrag); OLG München OLGR 2006, 869, 871 [3c].
[296] Zutr. *Kisch* JW 1930, 2776, 2777 zu RG JW 1930, 2428, 2429.
[297] Vgl. OLG München OLGRspr. 17 (1908), 211 einerseits (Kauflieferung), OLG Hamburg OLGRspr. 23 (1911), 244, 245 andererseits (Werkleistung) – mE jedenfalls zu großherzig OLG Stuttgart OLGR 2002, 57: grundsätzlich umfassende Streiterledigung angestrebt[?] bzw. OLG Karlsruhe SchiedsVZ 2008, 47, 48 [II 3a] bloß bewusst „isolierte, völlig neue Vertragsbeziehung" ausgeschlossen.
[298] ZB versäumt in OLG Hamburg AWD 1967, 271.
[299] Einschr. BGHZ 40, 320, 325 f. = NJW 1964, 591: lediglich Faustregel. Daß aber der erklärte Parteiwille vorgeht, ist selbstverständlich! Vgl. auch erg. OLG Stuttgart JW 1931, 2583 u. OLG Marienwerder OLGRspr. 27 (1913), 195 (Auslegung) wider OLG Königsberg OLGRspr. 8 (1904), 85 u. BayObLG SeuffA 53 (1898) Nr. 136, S. 238, 239 (Erledigung).
[300] RGZ 119, 29, 30; HRR 1928 Nr. 1855 – siehe aber jetzt § 1053 Abs. 2; das bewirkt die endgültige Erledigung! Am Ende unklar *Frische*, Verfahrenswirkungen und Rechts kraft …, 2006, S. 336 f. „versus" S. 340 f. – Abzugrenzen: eine Schiedsvereinbarung bzw. Klarstellungsregel im Schiedsvergleich ist immer möglich (OLG Karlsruhe v. 5. 6. 2007 – 8 U 80/06 [II B 2 a]).
[301] OLG Dresden RPS 1995 I S. 18, 20 [II 4 aa].
[302] OLG Karlsruhe NJW 1958, 1148 (obiter), dazu *Habscheid* KTS 1958, 177.
[303] BGH NJW 1979, 2567 = LM § 1025 aF Nr. 34 (Vertrag); WM 1971, 308, 309 [I 2 b] (Erbgang).
[304] OLG Hamm MittRhNotK 2000, 215, 216 [2b] (§§ 51 a/b GmbHG).
[305] BayObLGZ 2001, 311, 314 f. [II 5] = NJW-RR 2002, 323 – dazu krit. *Haas/Beckmann* DStR 2002, 557, 558.
[306] AA LG Mönchengladbach NJW-RR 1994, 425, 426.
[307] OLG Oldenburg NZG 2002, 931, 933 aE.
[308] BGH NJW-RR 2002, 387 re. Sp. [II 1 b bb].

§ 1029 116–118 Buch 10. Abschnitt 2. Schiedsvereinbarung

Gerichte in nähere Betracht kommen[309] oder eine falsche Ortsangabe gemacht wird,[310] verfällt die gesamte Vereinbarung der Nichtigkeit. Die Parteien wollten ein bestimmtes Schiedsgericht einsetzen – § 1034 Abs. 1 S. 2 iVm. § 1035 Abs. 3 S. 2 bringt dann keinen adäquaten Ersatz![311] Möglich wäre genauso, dass insoweit Dissens vorliegt (Rn. 17).

V. Wirkungen

116 **1. Prozessuale Wirkung.** Die Schiedsvereinbarung gibt als ihre originäre Hauptwirkung eine **prozesshindernde Einrede** gegen die *Hauptsache*klage vor dem ordentlichen Gericht (§ 1032 Abs. 1 – dazu näher dort Rn. 3 ff., 19–21): der Beklagte kann den Kläger vor das vereinbarte Forum zwingen und **Abweisung als unzulässig** erreichen; *einstweiliger* Rechtsschutz vor dem staatlichen Gericht bleibt jedoch möglich (§ 1033). Sie begründet ferner, gleichsam als ein „Surrogat" für den Ausschluss staatlicher Rechtsprechung – die **Entscheidungskompetenz des Schiedsgerichts** – ggf. nach den entsprechenden Dispositionen der Parteien im Streitfall (§§ 1034 ff.). Jene umfasst auch die eigene Zuständigkeit (§ 1040 Abs. 1 – Ablösung des § 1032 Abs. 2: „bis zur Bildung des Schiedsgerichts") und die Anordnung vorläufiger oder sichernder Maßnahmen (§ 1041 Abs. 1 – parallel mit § 1033: „vor oder nach Beginn des schiedsrichterlichen Verfahrens"). Der Schiedsspruch zur Hauptsache wirkt alsdann volle Rechtskraft (§ 1055) und verdrängt hierdurch die Schiedseinrede (aber: § 1055 Rn. 12 f.). Die (prozessuale) Wirkung ist autonom vom Bestand des Hauptvertrages (dazu: Rn. 8 u. 9 mit § 1040 Abs. 1 S. 2 [dort Rn. 8–10]).

117 **2. Materielle Wirkung.** Die Schiedsvereinbarung hat daneben – eigenständig vom Hauptvertrag! – sachlich-rechtliche Wirkung.[312] Sie verpflichtet die Parteien, wechselseitig alles zu tun, um die Durchführung des Schiedsverfahrens bis hin zum Erlass des Schiedsspruches zu ermöglichen **(Förderungspflicht),**[313] und – als eine „Kehrseite" dazu – auch alles zu lassen, was diesem Zweck zuwiderlaufen würde **(Loyalitätspflicht).**[314] Sie unterscheidet sich insoweit mithin in nichts von sonstigen bürgerlich-rechtlichen Verträgen, die ebenfalls ein Bündel von weiteren Nebenpflichten umkränzt. Zum **Pflichtengehalt** zählt vor allem die Mitwirkung bei der Einrichtung des Schiedsgerichts,[315] die Pflicht zur Zahlung von (anteiligen!) Vorschüssen an die Schiedsrichter (Vor § 1034 Rn. 41–43),[316] die Vertraulichkeit über Einleitung und Fortgang des Schiedsverfahrens zu wahren, sich auf eine Neufassung der Schiedsordnung durch die angerufene Trägerorganisation einzulassen[317] etc., sowie vollständiger und wahrheitsgemäßer Sachvortrag (§ 138 Abs. 1 analog)[318] und das Verbot vollendete Fakten zu schaffen.[319]

118 Es handelt sich jeweils um **echte Pflichten** und nicht nur um (anders – nicht etwa immer: minder! – sanktionierte[320]) prozessuale Lasten.[321] Dazu soll gar auch eine Pflicht gehören, den Schieds-

---

[309] BayObLGZ 2000, 57, 59; BGH NJW 1983, 1267, 1268; OLG Stettin JW 1927, 725 m. Anm. *Kisch* – uU schafft Auslegung Abhilfe: OLG Karlsruhe OLGR 2007, 990, 992 [2 c].

[310] *Stein/Jonas/Schlosser* Rn. 14, freilich mit Ausnahme für ICC-Schiedsverfahren! – zust. OLG Dresden RPS 1995 I S. 18, 19 f. [II 1] (Wien) u. OLG Frankfurt/Main SchiedsVZ 2007, 217, 218 [II] (Brüssel); offen OLG Hamburg ZIP 1995, 1903 [3] (Zürich); abl. OLG Hamm IPRspr. 1994 Nr. 185, S. 416, 417/418 (Zürich). Dazu vgl. auch *Hochbaum* RPS 1995 II S. 14, 15.

[311] AA OLG Hamburg ZIP 1995, 1903 [3 aE].

[312] *Knellwolf*, FS Habscheid, 1991, S. 45 ff. – abl. *Schiedermair*, Vereinbarungen im Zivilprozeß, 1935, S. 107 ff. (gemeinrechtliches Überbleibsel); *H. J. Hellwig*, Zur Systematik des zivilprozeßrechtlichen Vertrages, 1968, S. 57 (prozeßrechtlicher Charakter).

[313] So erstmalig RGZ 74, 321, 322 (obiter), ferner: BGHZ 23, 198, 200/201 (auch: einwandfreier Sachvortrag?); 41, 104, 108; 55, 344, 349/350; WM 1986, 689, 690; OLG Frankfurt/Main NJW-RR 1998, 778; OLG Oldenburg NJW 1971, 1461, 1462; OLG Braunschweig OLGRspr. 21 (1910), 122, 123.

[314] So ergänzend BGHZ 38, 254, 258 (staatsgerichtliches Aufrechnungsverbot – fragwürdige Begründung!). Hierin wurzelt ebenso das Verbot widersprüchlichen Verhaltens, § 1032 Rn. 9 f.

[315] RGZ 33, 265, 268 (Einigung über die [Einzel-]Schiedsrichter); OLG Karlsruhe v. 5. 6. 2007 – 8 U 80/06 [II B 3 b] (Beseitigung von Erteilungshindernissen für Nebentätigkeitsgenehmigung).

[316] Neuere Beispiele: AG Düsseldorf SchiedsVZ 2003, 240; LG Bielefeld v. 21. 10. 2003 – 17 O 130/03 [1]; LG Stuttgart v. 25. 7. 2005 – 2 O 85/05 [2 mit 3]; LG Arnsberg v. 7. 8. 2006 – 2 O 83/06 [II 1].

[317] BGH NJW-RR 1986, 1059, 1060; *Schwab/Walter* Rn. 1.10 (grundlegende Änderungen sind nicht umfaßt).

[318] Offengelassen von BGHZ 23, 198, 201 = NJW 1957, 589.

[319] OLG Hamburg SchiedsVZ 2004, 266, 268 [II 1 vor a] (beiläufig): Möglichkeit einstweiliger (Staats-)Verfügung.

[320] *Goldschmidt*, Prozeß als Rechtslage, 1925, S. 335 ff.; *Stürner*, Die Aufklärungspflicht der Parteien des Zivilprozesses, 1976, S. 234 ff.

[321] Ebenso *Stein/Jonas/Schlosser* Rn. 30; vgl. auch erg. *Schlosser* RIW 2006, 486: staatsgerichtliche anti-suit injunction zur Sicherstellung der Schiedsbindung; *Martinek*, FS Ishikawa, 2001, S. 269, 272–274 [IV] – aA *Schwab/Walter* Rn. 7.20; *Lachmann*, 3. Aufl. 2008, Rn. 442 mit 2. Aufl. 2002, Rn. 379.

spruch inhaltlich auch umzusetzen.[322] Das mag wohl richtig sein, doch mangelt jener Pflicht insgesamt die Relevanz: bei Nichtbeachtung des Schiedsspruches ist Vollstreckung eröffnet, die vorher der Vollstreckbarerklärung (§ 1060 mit § 1059 Abs. 2) bedarf. Einer (staats-)gerichtlichen Klage fehlt dann das Rechtsschutzbedürfnis, sie würde auch zudem die gegebene Zuständigkeitsordnung (§ 1062 Abs. 1 Nr. 4: OLG) sprengen. Die allgemeine Leistungsklage könnte gar leicht zur umfassenden Richtigkeitskontrolle missbraucht werden. Hiermit ist jedoch noch nichts zur **Sanktionsfolge** für Pflichtverstöße im *laufenden* Schiedsverfahren ausgesagt.

Während materiell nämlich die Ansicht vorherrscht, Nebenpflichtverstöße seien – zumindest im Regelfall – lediglich schadensersatzbewehrt, wird prozessual hier teilweise dann vertreten, man könne alle diese Pflichten grundsätzlich einklagen, dh. naturale Erfüllung erzielen;[323] korrigiert wird allerdings über das Rechtsschutzbedürfnis, wenn einfachere Wege (prozessual) verfügbar sind (§ 1035 Abs. 3 S. 3 u. Abs. 4) oder sonst die Klage kein adäquates Mittel erscheint, die Verfahrensstörung zu beheben. Deswegen ist letzthin alles wieder offen. Die Frage bedarf einer ungleich differenzierteren Abwägung, man kann nicht alle Pflichtgehalte über denselben Kamm scheren. So spricht nichts dagegen, zB die Klage auf Zahlung des richterlich angeforderten Vorschusses zuzulassen, mag auch der Partner die Möglichkeit haben, durch Vorleistung das (Schieds-)Verfahren in Gang zu bringen oder durch Kündigung der Vereinbarung ein (Staats-)Verfahren zu betreiben (wegen weiterer Fälle vgl. 2. Aufl. Rn. 53). 119

VI. Beendigung

1. Allgemeines. Die Schiedsvereinbarung ist als Vertrag **prinzipiell bindend,** sofern sie einmal rechtswirksam, insbesondere formgerecht (§ 1031 – aber: Abs. 6), abgeschlossen wurde. Sie kann jedoch auch wieder ihre Wirkung verlieren. Im einfachsten Fall geschieht dies dadurch, dass die Parteien sie **einverständlich aufheben,** durch (formlosen![324]) actus contrarius beseitigen. Das ist sowohl vor wie während des Verfahrens möglich, im letzteren Falle freilich zu scheiden von der Vereinbarung, das Verfahren einfach zu beenden (§ 1056 Abs. 2 Nr. 2), die eine Erneuerung der Schiedsklage zulässt. Auch langes Pausieren genügt hier keinesfalls mehr[325] (arg. § 1056 Abs. 2 Nr. 3, 1. Var.). In diesem Spannungsfeld bewegt sich auch der **außerschiedsgerichtliche Vergleich:** er setzt die Schiedsvereinbarung nur außer Kraft, wenn damit ein entsprechender Wille der Parteien verbunden ist;[326] es kann nämlich sein, dass sie auch für die Vergleichsabwicklung gelten soll. Das Erlöschen der Schiedsvereinbarung lässt die Einrede aus § 1032 Abs. 1 entfallen – soweit dem nicht ein Schiedsspruch und demgemäß die Rechtskraft (§ 1055) entgegensteht, die aber ebenfalls parteiautonom verfügbar wäre (§ 1055 Rn. 28 f.). 120

2. Erlöschen aus prozessualem Grund. a) Reguläres Erlöschen. Eine Schiedsvereinbarung erlischt regulär mit Zweckerreichung, dh. mit regulärer **Beendigung des Verfahrens** auf Grund endgültigen Schiedsspruchs (§ 1056 Abs. 1, 1. Var.) oder infolge eines Schiedsvergleichs (§ 1053 Abs. 1 S. 1) – aber selbstredend bloß, wenn und weil die ausgetragene Streitigkeit die Vereinbarung vollständig ausschöpft, also nicht noch für sonstigen (künftigen) Streit bedeutsam erscheint.[327] Vollstreckbarerklärung ist dafür unnötig, Rechtskraftwirkung (§ 1055) genügt für sich allein. Die Schiedsvereinbarung ist verbraucht bzw. erledigt. Wird der Schiedsspruch später aufgehoben, so gilt im Zweifelsfall „dass wegen des Streitgegenstandes die Schiedsvereinbarung wiederauflebt" (§ 1059 Abs. 2, dazu dort Rn. 77), also kraft Gesetzes quasi erneuert wird, wie es dem hypothetischen Parteiwillen entsprechen mag; die Parteien können Abweichendes regeln. Ob allerdings auch das alte Schiedsgericht wiederum entscheidet, ist ein zweites, anderes Problem (vgl. § 1056 Abs. 3 einerseits, § 1059 Abs. 4 anderseits, dazu dort Rn. 78). 121

b) Irreguläres Erlöschen. Irregulär mag sie erlöschen bei jeder Ablehnung einer Sachentscheidung durch das **Schiedsgericht,**[328] besonders durch Erklärung seiner Unzuständigkeit, und zwar 122

---

[322] BGH KTS 1961, 31 – krit. u. zutr. dagegen *Schwab/Walter* Rn. 28.18.
[323] 1. Aufl. § 1025 aF Rn. 28 mit Berufung auf OLG Hamburg OLGRspr. 27 (1913), 193; OLG Oldenburg NJW 1971, 1461, 1462 re. Sp. – ferner allgemein *Baumbach/Lauterbach/Hartmann* Rn. 19 u. *Thomas/Putzo,* 20. Aufl., Vor § 1025 aF Rn. 1 bzw. speziell für den Vorschuß *Schwab/Walter* Rn. 7.21, *Lachmann* Rn. 378; *Stein/Jonas/Schlosser* Rn. 30 mit § 1057 Rn. 16; *Martinek,* FS Ishikawa, 2001, S. 269, 285 f. [IX].
[324] OLG Karlsruhe v. 5. 6. 2007 – 8 U 80/06 [II B 4] (implizit); *Schwab/Walter* Rn. 8.7; *Gehrlein* ZIP 1995, 964, 966 m. weit. Nachw.; *Stein/Jonas/Schlosser* Rn. 37, § 1027a aF Rn. 15 u. § 1040 aF Rn. 6 bzw. RIPS Rn. 431; *Musielak/Voit* § 1031 Rn. 2 mit Rn. 12; *Zöller/Geimer* § 1031 Rn. 28.
[325] BayObLG RPS 1999 I S. 18, 19 [II 2a].
[326] So auch OLG Hamburg ZIP 1995, 1903, 1904 [4] u. *Schütze/Tscherning/Wais* Rn. 500.
[327] Sehr dezidiert dazu RG JW 1920, 703, 704 aE.
[328] RGZ 108, 374, 377 ff.; RG HRR 1929, 438; OLG München KTS 1974, 174, 175.

§ 1029 123–127 Buch 10. Abschnitt 2. Schiedsvereinbarung

unabhängig davon, ob dies zu Recht geschieht; sie erlischt nicht (mehr) durch den Wegfall von Schiedsrichtern (§ 1039 Abs. 1 [statt § 1033 Nr. 1 aF]: Verfahrensfortführung mit Ersatzschiedsrichter) oder als Folge von Stimmengleichheit (§ 1056 Abs. 2 Nr. 3, 2. Var. [statt § 1033 Nr. 2 aF]: Verfahrenseinstellung mit Erneuerungsbefugnis), es sei denn, die Parteien hätten anderes insoweit vereinbart.[329] Als irreguläre Erlöschensgründe in Betracht kommen insofern aber **staatsgerichtliche Akte**, die mit einer Schiedsentscheidung in klarem Widerspruch stehen.

123   **Hauptaspekt** – oder besser wohl: Akzeptanz rechtskräftiger Kontrolle – ist das Erlöschen, wenn das Staatsgericht *formell zum Prozess* judiziert, und zwar durch Feststellung der **Unzulässigkeit** des Schiedsverfahrens (§ 1032 Abs. 2)[330] bzw. **Unzuständigkeit** des Schiedsgerichts (§ 1040 Abs. 3 S. 2), die Entscheidung mag richtig oder falsch sein; die spätere Aufhebung des Schiedsspruchs fällt demgegenüber im Zweifelsfall nicht darunter (Rn. 121 aE).

124   Mehr **Nebeneffekt** ist das Erlöschen, wenn das Staatsgericht *materiell zur Sache* befasst wurde, also mit **Rechtshängigkeit** der Streitsache (§ 261 Abs. 3 Nr. 1), sobald die Schiedseinrede auf Grund Präklusion verloren ist (§ 1032 Abs. 1), und erst recht dann mit **Rechtskraft** der Entscheidung (§ 322 Abs. 1), die für das Schiedsverfahren ein Prozesshindernis darstellt und für die Schiedsvereinbarung zur Zweckvereitelung führt. Der letzte Fall dürfte vom ersten regelmäßig verdrängt werden;[331] er macht indes das Erlöschen verbindlich erkennbar, zumal angesichts der Möglichkeit, dass der Prozess ohne Urteil in der Sache endet und wiederholbar ist. Unter diesen Umständen sollte man keinen Verbrauch der Schiedseinrede annehmen.[332]

125   **3. Erlöschen aus materiellem Grund.** In Betracht kommt vor allem Kündigung aus wichtigem Grund (§§ 553 ff., 626, 723 BGB analog: Dauerbeziehung – näher: Rn. 128–133), nach hM[333] auch **Rücktritt**, wenn eine Partei mit ihren (Haupt-)Pflichten in Verzug gerät (§ 326 BGB). Dies überzeugt kaum:[334] der Schiedsvertrag ist kein gegenseitiger Vertrag, daher § 326 BGB nicht anwendbar; der vorausgesetzte *wesentliche* Pflichtverstoß ginge auch auf im wichtigen (Kündigungs-)Grund, der überhaupt den gesetzlichen Rücktritt im Dauerschuldverhältnis verdrängt. Möglich bleibt jedoch allemal ein vereinbarter vertraglicher Rücktrittsvorbehalt.

126   Andererseits ist **Insolvenzeröffnung** auf Seiten einer Partei **unschädlich**;[335] sie führt weder zum selbständigen Erlöschen der Schiedsvereinbarung (kein Auftrag, § 115 InsO) noch zu einem Verwalter-Wahlrecht gemäß § 103 Abs. 1 InsO (kein Synallagma),[336] bei laufendem Verfahren nicht einmal wie im staatlichen Prozess (§ 240) zur Unterbrechung.[337]

127   Materiell angelegt sind ferner auch der Wegfall der Geschäftsgrundlage[338] und die vereinbarte **auflösende Bedingung**[339] **oder Befristung**[340] (vgl. §§ 158 ff. BGB, Rn. 17), die ebenfalls als statthaft gelten (keine Prozesshandlung!), und welche man sogar auf (inner-)prozessuale Vorgänge zuschneiden könnte, zB Nichtvorliegen eines Schiedsspruchs[341] oder zuvor auch schon eine Klageerhebung[342] binnen bestimmter Frist. Freilich ist insoweit ein Rücktritts- bzw. Kündigungsrecht immer flexibler und passender. Möglich ist genauso eine – gesetzlich rückwirkende! – Anfechtung des Vertragsschlusses.

---

[329] *Kreindler/Mahlich* NJW 1998, 563, 564 zu § 1038 nF.
[330] Eine Inzidentfeststellung nach § 1032 Abs. 1 genügt dafür hingegen nicht. Darum läßt ausnahmsweise erst die rechtskräftige Entscheidung die Schiedsvereinbarung erlöschen.
[331] Vgl. aber immerhin doch bei Fn. 330.
[332] Anders *Schütze/Tscherning/Wais* Rn. 144.
[333] Bis zur Anrufung des Schiedsgerichts (*Zöller/Geimer*, 20. Aufl., § 1025 aF Rn. 7) oder selbst bis zum Beginn der Verhandlung (1. Aufl. § 1025 aF Rn. 33 [I]; *Stein/Jonas/Schlosser* Rn. 38 a aE); *Baumbach/Lauterbach/Hartmann* Rn. 27 (1. Abs.) – unentschieden: *Wieczorek/Schütze* § 1025 aF Rn. 58.
[334] Gegen die hM daher zutr. *Habscheid* KTS 1980, 185, 291; *Schwab/Walter* Rn. 8.10. BGHZ 23, 198, 202/203 läßt die Einordnung ganz dahinstehen.
[335] Eingehend *Jestaedt*, Schiedsverfahren und Konkurs, 1985 (national); *Smid* DZWiR 1993, 485 ff. (international); *Fremuth* öJZ 1998, 848 (Österreich).
[336] BGHZ 24, 15, 18 = NJW 1957, 791, best. LM § 1025 aF Nr. 18 u. 34 [1]; RGZ 137, 109, 111.
[337] OLG Dresden SchiedsVZ 2005, 159, 160 [B I 2 a] mit S. 161 [B II 1]; BGH KTS 1966, 246, 247; RGZ 62, 24, 25; *Baur/Stürner* II Rn. 9.80; *Schütze/Tscherning/Wais* Rn. 151 – aA *Lüke* ZZP 101 (1988), 92, 97; 1. Aufl. § 240 Rn. 5. Ein *fair trial* gebietet indes hinreichende Einarbeitung (arg. § 1042 Abs. 1).
[338] OLG Dresden RPS 1995 I S. 18, 20 [II 2 a] (Wiedervereinigung – allerdings dort verneinend); vgl. dazu auch noch erg. OLG Hamm NJW-RR 1995, 1343.
[339] BGH NJW 1979, 2567 = LM § 1025 aF Nr. 34 [2] (obiter): Tod eines Vertragspartners.
[340] OLG Saarbrücken KTS 1961, 108, 110.
[341] OLG Saarbrücken KTS 1961, 108, 110 – abzugrenzen: BGHZ 104, 178, 182 [3 b bc] = NJW 1988, 3090 (befristete Ernennung); KG, Beschl. v. 6. 5. 2002 – 23/29 Sch 21/01 (Sollregelung).
[342] Vgl. BGH RIW/AWD 1976, 449, 450 aE.

4. Kündigung aus wichtigem Grund. Wie jedes Dauerschuldverhältnis ist auch die Schiedsvereinbarung aus wichtigem Grund kündbar.[343] Als ausreichend ist jeder Umstand anzusehen, der es einer Partei **unzumutbar** macht, das Schiedsverfahren einzuleiten oder fortzusetzen.[344] Was das Verhalten der Schiedsparteien anlangt, so ist aber ein strenger Maßstab anzulegen, weil andernfalls böswillige Parteien durch Geltendmachung angeblichen Fehlverhaltens der Gegenpartei das Schiedsverfahren sabotieren könnten und das Verfahren sich vielfach in Auseinandersetzungen über das Fortbestehen der Schiedsbindung erschöpfen würde.[345] Andererseits genügt nicht einmal unbedingt (mehr), dass sich die (weitere) Durchführung des Schiedsverfahrens als praktisch **unmöglich** erweist (arg. § 1056 Abs. 2 Nr. 3, 2. Var.). Alles läuft auf meist recht schwierige Abwägungs- und Wertungsfragen unter Einbeziehung der Umstände des Einzelfalles hinaus. Letzthin hilft lediglich noch die Kasuistik (Rn. 129 ff.). Als brauchbare „Faustregel" mag gelten:[346] Das Verhältnis zum Verfahrensgegner ist belastbarer als das Verhältnis zum Schiedsgericht.

Einzelfälle: Es ist **kein Kündigungsgrund**, sondern liegt im Wesen des (Rechts-)Streits, wenn es zu heftigen Auseinandersetzungen zwischen den Parteien und zu – selbst groben – Verstößen gegen die Wahrheitspflicht kommt;[347] ebenso wenig ist hinreichend das „Abspenstigmachen" durch Benennung des gegnerischen Prozessbevollmächtigten zum eigenen Schiedsrichter,[348] die Befangenheit oder Untätigkeit eines Schiedsrichters (dazu: §§ 1036–1039!349) und auch nicht (mehr) unbedingt das schuldhafte Unterlassen einer Schiedsrichterernennung oder sonstige Verfahrensverzögerungen[350] (dazu: § 1035 Abs. 3–5 bzw. §§ 1046 Abs. 2, 1048).

Kündigungsgrund kann dagegen sein, wenn politische Krisen, insbesondere Krieg oder Unruhen, die Bildung des Schiedsgerichts oder die Durchführung des Schiedsverfahrens verhindern[351] oder bei ganz besonders schikanösem (§ 226 BGB) oder sittenwidrigem (§ 826 BGB) Verhalten.[352] Generell mag uU gar genügen, dass die Geschäftsgrundlage für die Schiedsvereinbarung, nämlich nicht nur effektiven,[353] sondern auch adäquaten Rechtsschutz zu erhalten, nicht mehr gegeben ist. Dazu reicht jedoch kaum,[354] dass ein unbestrittener oder mit offensichtlich unhaltbaren Einwendungen bestrittener Anspruch verfolgt wird und der (Zeit-/Kosten-)Aufwand für das Schiedsverfahren erheblich höher ist als für ein Verfahren vor staatlichen Gerichten – das liefe auf eine unstatthafte Ergebnisprognose hinaus; für die rechtliche Überprüfung kann nichts anderes gelten wie für den Tatsachenvortrag: „Es liegt im Wesen des Streits, dass dabei entgegengesetzte und einander ausschließende Auffassungen mit Heftigkeit aufeinanderstoßen";[355] den Parteien steht natürlich frei, vorneweg eine „Bagatellgrenze" zu vereinbaren.

Wichtigste Fallgruppe ist zweifellos die **Nichtbezahlung von Kostenvorschüssen** für das Schiedsverfahren. Kann der **Kläger** nicht (mehr) zahlen und ist auch der Gegner nicht bereit auszuhelfen[356] – soll ihm etwa ein „Zwangsdarlehen" obliegen? –, muss der Weg zum ordentlichen Gericht (vor allem zur Prozesskostenhilfe, §§ 114 ff.! – arg. Art. 6 EMRK) offen stehen.[357]

Dabei kommt es grundsätzlich nicht darauf an, ob ein Schiedsverfahren bereits eingeleitet ist und dass der Kündigende es selbst zu vertreten hat, dass es nicht durchgeführt werden kann[358] – auch

---

[343] BGHZ 23, 198, 202/203 = NJW 1957, 589; BGHZ 41, 104, 108 = NJW 1964, 1129 (§ 242 BGB) – hM, dazu insbes. auch *Habscheid* KTS 1980, 285 ff. – aA *Storme*, FS Schlosser, 2005, S. 957, 963 f. mit S. 959.
[344] BGH NJW 1985, 1904; OLG Köln SpuRt 2004, 110, 111 li./re. Sp.
[345] BGH NJW 1986, 2765, 2766 [III 3].
[346] Vgl. BGHZ 23, 198, 203: äußerer Verfahrensgang oder innere Streitgehalte betroffen?
[347] BGHZ 23, 198, 201 ff. = NJW 1957, 589.
[348] BGHZ 23, 198, 589 – mit Ausnahmetatbestand.
[349] Zur Kündigung des Schieds*richter*vertrages vgl. Vor § 1034 Rn. 48–53.
[350] Anders uU unter altem Recht: BGHZ 23, 198, 202 aE (obiter); BGH NJW 1986, 2765, 2766 [III].
[351] OLG Karlsruhe BadRpr. 1915, 177; OLG Hamburg OLGRspr. 30 (1915), 361; LG Kassel NJW 1992, 3107, dazu *W. J. Habscheid / E. Habscheid* IPRax 1993, 219.
[352] Wie in der Umschreibung als „beharrliche Behinderung" (BGH NJW 1986, 2765, 2766 [III 4]) oder „strategische Täuschung" (*Stein/Jonas/Schlosser* Rn. 38 f.).
[353] Vgl. *Habscheid* KTS 1980, 285, 292; BGH NJW-RR 1986, 1059, 1060 aE.
[354] AA 1. Aufl. § 1025 aF Rn. 34.
[355] BGHZ 23, 198, 201/202.
[356] BGHZ 55, 344, 349 ff.; 102, 199, 202/203 = NJW 1988, 1215; NJW-RR 1994, 1214, 1215; BGHZ 145, 116, 119/120 [II 1 a] = Fn. 363, anders die Deutung bei *Kremer* MDR 2004, 181, 183 f. [III 1] – abweichende Vereinbarung vorbehalten! AA *Hoeppfner* MDR 1957, 330. Dazu ist eine besondere *Aufforderung* notwendig, klarstellend BGHR § 1025 ZPO aF – Kündigung 1 im Anschluss an BGHZ 55, 344, 353.
[357] BGHZ 41, 104, 109; 51, 79, 82; 55, 344, 350; 77, 65, 66 f.; 102, 199, 202. So noch letztens BGH NJW 2000, 3720, 3721 f. [II 2]; OLG Köln SpuRt 2004, 110, 111 re. Sp. – KG SchiedsVZ 2003, 239 u. *Rosenberg/Schwab/Gottwald* Rn. 174.37 mit Rn. 174.46 nehmen schon hier Undurchführbarkeit iSv. § 1032 Abs. 1 aE an.
[358] BGHZ 41, 104, 109 = NJW 1964, 1129; KG SchiedsVZ 2003, 239.

§ 1030 Buch 10. Abschnitt 2. Schiedsvereinbarung

alsdann darf der Rechtsschutz nicht völlig abgeschnitten werden; anders lediglich soweit er schon zu Anfang mittellos war und dabei – was selten vorkommen dürfte! – nicht einmal erwarten konnte, aus der Durchführung des Hauptvertrages Einnahmen zu erzielen.[359] Dies gilt alles auch für Anwaltskosten, wenn es der armen Partei unter den gegebenen Umständen nicht zuzumuten ist, sich ohne sachkundige Unterstützung auf das Schiedsverfahren einzulassen.[360] Die Kündigungsmöglichkeit ist nicht zuletzt zudem ein Regulativ für mangelnde Erfolgskontrolle und wehrt vielleicht etwas der Versuchung, risikolos aussichtslose Verfahren „vom Zaun zu brechen".[361]

133 Ist der (potentielle) **Beklagte** zur (Vorschuss-)Zahlung außerstande, kann der Gegner kündigen oder auch sogleich vor dem staatlichen Gericht klagen: Der Schiedseinrede (§ 1032 Abs. 1) soll er dann die Arglisteinrede (§ 242 BGB) entgegensetzen dürfen;[362] konsequenter wäre es wohl, konkludente Kündigung anzunehmen oder direkt gleich eine Undurchführbarkeit iSv. § 1032 Abs. 1 aE.[363]

§ 1030 Schiedsfähigkeit

(1) ¹Jeder vermögensrechtliche Anspruch kann Gegenstand einer Schiedsvereinbarung sein. ²Eine Schiedsvereinbarung über nichtvermögensrechtliche Ansprüche hat insoweit rechtliche Wirkung, als die Parteien berechtigt sind, über den Gegenstand des Streites einen Vergleich zu schließen.

(2) ¹Eine Schiedsvereinbarung über Rechtsstreitigkeiten, die den Bestand eines Mietverhältnisses über Wohnraum im Inland betreffen, ist unwirksam. ²Dies gilt nicht, soweit es sich um Wohnraum der in § 549 Abs. 2 Nr. 1 bis 3 des Bürgerlichen Gesetzbuchs bestimmten Art handelt.*

(3) Gesetzliche Vorschriften außerhalb dieses Buches, nach denen Streitigkeiten einem schiedsrichterlichen Verfahren nicht oder nur unter bestimmten Voraussetzungen unterworfen werden dürfen, bleiben unberührt.

Schrifttum: *Adolphsen*, Internationale Dopingstrafen, 2003, S. 517–539; *Barber*, Objektive Schiedsfähigkeit und ordre public …, 1994; *Bärmann*, Schiedsfähigkeit, FS F. Weber, 1975, S. 1; *Berger*, Schiedsgerichtsbarkeit und Finanztermingeschäfte …, ZBB 2003, 77; *Baron/Liniger*, A Second Look at Arbitrability, Arb. Int. 19 (2003), 27; *Böcker*, Das neue Recht der objektiven Schiedsfähigkeit, 1998; *Bork*, Der Begriff der objektiven Schiedsfähigkeit, ZZP 100 (1987), 249; *Bork/Stöve*, Schiedsgerichtsbarkeit bei Börsentermingeschäften, 1992; *Ebbing*, Zur Schiedsfähigkeit von Börsengeschäften und Börsentermingeschäften, WM 1999, 1264; *ders.*, Private Zivilgerichte …, 2003, S. 140–206; *Epping*, Die Schiedsvereinbarung im internationalen privaten Rechtsverkehr …, 1999, S. 173–226; *Friederici*, Familiensachen: Ehescheidungen auch durch Schiedsgerichte, FuR 2006, 400 u. 448; *Gilfrich*, Schiedsverfahren im Scheidungsrecht, 2007; *Harder*, Das Schiedsverfahren im Erbrecht, 2007; *Hilbig*, Das gemeinschaftsrechtliche Kartellverbot im internationalen Handelsschiedsverfahren, 2006, S. 77–107; *Holzner*, Die objektive Schiedsfähigkeit von Immaterialgüterrechtsstreitigkeiten, 2001; *Huber*, Schiedsvereinbarungen in Scheidungsrecht, SchiedsVZ 2004, 280–283 [II]; *Kornmeier*, Vergleichsbefugnis und Schiedsfähigkeit, 1982; *ders.*, Schiedsfähigkeit und materielle Vergleichsbefugnis, ZZP 94 (1981), 27; *ders.*, Die Schiedsvereinbarung in der GmbH-Satzung, DB 1980, 193; *M. Lehmann*, Die Schiedsfähigkeit wirtschaftsrechtlicher Streitigkeiten als transnationales Rechtsprinzip, 2003; *I. Meier*, „Vermögensrechtliche Ansprüche" gemäß IPRG und OG – Vorschlag für eine funktionale Auslegung, SchwJbIntR XLVI (1989), 119; *Pfaff*, Grenzbewegungen der Schiedsfähigkeit – Patentnichtigkeit im Schiedsverfahren, FS Nagel, 1987, S. 278; *Schlosser*, Die objektive Schiedsfähigkeit des Streitgegenstandes – eine rechtsvergleichende und internationalrechtliche Studie, FS Fasching, 1988, S. 405; *ders.*, Die Schiedsfähigkeit im engeren und weiteren Sinne, DIS-Mat. IV (1998) S. 51; *Schulze*, Grenzen der objektiven Schiedsfähigkeit …, 2003; *Schumacher*, Schiedsgerichtsbarkeit und Familienrecht,

---

[359] BGHZ 77, 65, 68 f. = NJW 1980, 2136; NJW-RR 1994, 1214, 1215 – deutlich zurückhaltender freilich BGHZ 145, 116, 121 [II 2] = Fn. 363.
[360] BGHZ 51, 79, 82 f. = BGH NJW 1969, 277 m. krit. Anm. *Kötz* (S. 511).
[361] Erfrischend deutlich BGHZ 55, 344, 352.
[362] BGHZ 102, 199, 203 f. = NJW 1988, 1215 (Nichtleistenkönnen), hierzu fragwürdig erweiternd jüngst BGH NJW 1999, 647, 648 [3 c] (Nichtleistenwollen); OLG Hamburg ZIP 1995, 1903, 1904 f.; OLG Düsseldorf ZIP 2004, 1956, 1962 [I 2 c dd (1)].
[363] So jetzt treffend BGHZ 145, 116, 119 f. [II 1 a] = NJW 2000, 3720 = LM § 1032 nF Nr. 11 m. Anm. *G. Wagner* = JZ 2001, 258 m. Anm. *Schlosser* = ZZP 114 (2001), 97 m. krit. Anm. *G. Walter* = RPS 2001 I S. 17 m. Anm. *Risse* (S. 12 f.), zust. *Kremer* MDR 2004, 181, 182 [II], krit. *Schütze*, FS Schlosser, 2005, S. 867, 870 [1 d] mit S. 871/872 [2 b]; dazu vgl. auch *Wagner* SchiedsVZ 2003, 206 bzw. OLG Düsseldorf ZIP 2004, 1956, 1962 [I 2 c dd (2)] (Altfall: anstehende [GmbH-]Löschung!). Aber: Nachweispflicht des Schiedsklägers (OLG Naumburg OLGR 2006, 76, 77).

*Die Verweisung des Abs. 2 S. 2 wurde durch das MietRRefG vom 19. 6. 2001 (BGBl. I S. 1140) mit Wirkung vom 1. 9. 2001 (Art. 11 MietRefG) dem neuen Mietrecht angepasst (Art. 3 Nr. 8 MietRefG).

FamRZ 2004, 1677; *K.-H. Schwab,* Wandlungen der Schiedsfähigkeit, FS Henckel, 1995, S. 803; *Schack,* Die nichtvermögensrechtliche Streitigkeit, MDR 1984, 456; *G. Wagner,* Schiedsgerichtsbarkeit in Scheidungssachen, FS Schlosser, 2005, S. 1025; *H. Westermann,* Gesellschaftsrechtliche Schiedsgerichte, FS R. Fischer, 1979, S. 853; *Zilles,* Schiedsgerichtsbarkeit im Gesellschaftsrecht, 2002, S. 13–16, 85–134.

Schrifttum zur Schiedsfähigkeit von Beschlussmängelstreitigkeiten: *Auer,* Schiedsfähigkeit von Beschlussmängelstreitigkeiten, JbJZW 2002, 127; *Bayer,* Schiedsfähigkeit von GmbH-Streitigkeiten, ZIP 2003, 881; *Bender,* Schiedsklagen gegen Gesellschafterbeschlüsse..., DB 1998, 1900; *Chr. Berger,* GmbH-rechtliche Beschlussmängelstreitigkeiten vor Schiedsgerichten, ZHR 164 (2000), 295; *Boris,* Abfassung von Schiedsklauseln und Ausgestaltung des Schiedsverfahrens in Streitigkeiten aus gesellschaftsrechtlichen Vertragsverhältnissen, DIS XVI (2005), S. 109; *Bork,* Zur Schiedsfähigkeit von Beschlussmängelstreitigkeiten, ZHR 160 (1996), 375; *Ebbing,* Schiedsvereinbarungen in Gesellschaftsverträgen, NZG 1998, 281; *Ebenroth/Bohne,* Die schiedsgerichtliche Überprüfung von Gesellschafterbeschlüssen in der GmbH, BB 1996, 1393; *Henze,* Die Schiedsfähigkeit von Gesellschafterbeschlüssen im GmbH-Recht, ZGR 1988, 542; *Immenga,* Die personalistische Kapitalgesellschaft, 1970; *Kornmeier,* Die Schiedsfähigkeit GmbH-rechtlicher Nichtigkeits- und Anfechtungsklagen, Diss. 1980; *ders.,* Die Schiedsvereinbarung in der GmbH-Satzung, DB 1980, 193; *Korff,* Beschlussmängelstreitigkeiten der Kapitalgesellschaft im Schiedsverfahren, 2004; *Kühn,* Schiedsgerichtsbarkeit im gesellschaftsrechtlichen Beschlussstreitigkeiten..., FS Böckstiegel, 2001, S. 443; *Lenz,* Schiedsklauseln in GmbH-Gesellschaftsverträgen hinsichtlich Beschlussmängelstreitigkeiten, GmbHR 2000, 552; *Lüke/Blenske,* Die Schiedsfähigkeit von Beschlussmängelstreitigkeiten – Möglichkeiten und Grenzen der Rechtsgestaltung, ZGR 1998, 253; *Nicklisch,* Schiedsvereinbarungen über Beschlussmängelstreitigkeiten bei der GmbH, FS Böckstiegel, 2001, S. 567; *Papmehl,* Die Schiedsfähigkeit gesellschaftsrechtlicher Streitigkeiten, 2001; *Petermann,* Die Schiedsfähigkeit von Beschlüssen im Recht der GmbH, BB 1996, 277; *Roth,* Schiedsklauseln in Gesellschaftsverträgen, FS Nagel, 1987, S. 318; *Raeschke-Kessler,* Gesellschaftsrechtliche Schiedsverfahren und das Recht der EU, SchiedsVZ 2003, 145; *Reichert,* Beschlussmängelstreitigkeiten und Schiedsgerichtsbarkeit – Gestaltungs- und Reaktionsmöglichkeiten, FS Ulmer, 2003, S. 511; *Schlosser,* Das neue deutsche Recht der Schiedsgerichtsbarkeit, VIV-Reihe XI (2000), S. 163, 202 ff.; *K. Schmidt,* Schiedsfähigkeit von GmbH-Beschlüssen – Eine Skizze mit Ausblicken auf das Recht der AG und der Personengesellschaften –, ZGR 1988, 523; *ders.,* Die Bindung von Personengesellschaftern an vertragliche Schiedsklauseln – Zur Bedeutung der §§ 1027 Abs. 2, 1048 ZPO im Personengesellschaftsrecht, DB 1989, 2315; *ders.,* Schiedsklauseln in Gesellschaftsverträgen der GmbH & Co. KG, GmbHR 1990, 16; *ders.,* Zur Formbedürftigkeit von Schiedsabreden in Personengesellschaften, DB 1991, 904; *ders.,* Schiedsklagen gegen Hauptsammlungsbeschlüsse, AG 1995, 551; *ders.,* Neues Schiedsverfahrensrecht und Gesellschaftsrechtspraxis, ZHR 162 (1998), 265; *ders.,* Schiedsklauseln und Schiedsverfahren im Gesellschaftsrecht, BB 2001, 1857; *Schneider,* Schiedsverfahren in GmbH-Beschlussmängelstreitigkeiten, GmbHR 2005, 86; *M. Schröder,* Schiedsgerichtliche Konfliktbeilegung bei aktienrechtlichen Beschlussmängelklagen, 1999; *Schulze,* Grenzen der objektiven Schiedsfähigkeit..., 2003, S. 108 ff.; *Timm,* Vergleichs- und Schiedsfähigkeit der Anfechtungsklage im Kapitalgesellschaftsrecht, ZIP 1996, 445; *ders.,* Unternehmensverfassungsrechtliche Schiedsgerichte, ZGR 1982, 15; *Vetter,* Schiedsklauseln in Satzungen von Publikumsgesellschaften, DB 2000, 705; *Zilles,* Vereinbarung des Schiedsverfahrens über Beschlüsse von GmbH-Gesellschaftern, RPS 1999 II S. 2; *ders.,* Schiedsgerichtsbarkeit im Gesellschaftsrecht, 2002, S. 35–84.

Übersicht

	Rn.		Rn.
I. Normzwecke	1–4	4. Die Anknüpfung der (objektiven) Schiedsfähigkeit	22–24
II. Schiedsfähigkeit (Abs. 1)	5–24	III. Ausschlusstatbestände (Abs. 2 u. 3)	25–36
1. Das alte Recht: Vergleichsfähigkeit (§ 1025 Abs. 1, 2. Halbs. aF)	5–10	1. Unmittelbarer Ausschluss (Abs. 2)	25–30
2. Exkurs: Objektive und subjektive Schiedsfähigkeit	11, 12	a) Schiedsvereinbarung über Rechtsstreitigkeiten	26
3. Das neue Recht: vermögensrechtlicher Anspruch (§ 1029 Abs. 1 nF)	13–21	b) Bestand eines Mietverhältnisses	27–29
a) Allgemeines	13–16	c) Wohnraum im Inland	30
b) Einzelfälle	17–21	2. Mittelbare Ausschlüsse (Abs. 3)	31–36
		a) Grundsatz	31, 32
		b) Auswahl wichtiger Einzelfälle	33–36

I. Normzwecke

Abs. 1 ist ohne ein Vorbild im ModG, welches sich auf eine Abs. 3 entsprechende, eigentlich *negative* Regelung beschränkt (Art. 1 Abs. 5 ModG).[1] Er ist demgegenüber *positiv* ausgestaltet und orientiert sich unverkennbar an Art. 177 Abs. 1 Schweizer IPRG, der nichtvermögensrechtliche An- 1

---

[1] Das ursprüngliche Bestreben zur Enumeration (1st SN Nr. 25, 47, 56 = *Holtzmann/Neuhaus* S. 134 ff., insbes. S. 135/136) wurde dann auch rasch fallengelassen (1st WGR Nr. 30 = *Holtzmann/Neuhaus* S. 137 mit 7th SN Art. 7 Nr. 5 = *Holtzmann/Neuhaus* S. 142/143). Ausgeschieden wurde auch die Generalklausel (1st WGR Nr. 31 = *Holtzmann/Neuhaus* S. 137: „can be settled by agreement of the parties"), vgl. noch erg. Fn. 31.

§ 1030 2–5   Buch 10. Abschnitt 2. Schiedsvereinbarung

sprüche (S. 2) aber unerwähnt lässt:[2] die Schiedsfähigkeit ist Regeltatbestand – zumindest bei vermögensrechtlichen Ansprüchen (S. 1); er kehrt damit ab von überkommenen Traditionen (§ 1025 Abs. 1 aF) und auch von ausländischen Modellen (Art. 1020 Abs. 3 ZPO [NL] u. art. 2059 c. c. [F] [Verfügungsbefugnis]; § 577 Abs. 1 ZPO [A] u. art. 806 c. p. c. [I] [Vergleichsfähigkeit])[3] und sieht „die Schiedsgerichtsbarkeit als eine der staatlichen Gerichtsbarkeit im Prinzip gleichwertige Rechtsschutzmöglichkeit an" – wenn nicht „der Staat sich im Interesse besonders schutzwürdiger Rechtsgüter ein Entscheidungsmonopol vorbehalten hat".[4]

2   Dieser Kernbestand an geschützten Gütern unterliegt amtswegig repressiver Kontrolle (§ 1059 Abs. 2 Nr. 2 a) – ohne Präklusionsgefahr bei der Vollstreckbarerklärung (§ 1060 Abs. 2 S. 3 e contrario – im Unterschied zur Rechtskraft: arg. § 1059 Abs. 3 S. 1). Die Schiedsfähigkeit ist dann genauso auch Gegenstand der präventiven Kompetenz-Kontrolle (§ 1032 Abs. 2 [Zulässigkeit] bzw. § 1040 Abs. 3 S. 2 [Zuständigkeit]).[5] Der Schutzbereich ist hierbei eng gezogen, er kann sowohl Staatsschutz (Abs. 3?, Rn. 4 mit Rn. 31 ff.) wie Bürgerschutz (Abs. 2!, Rn. 3 mit Rn. 25 ff.) umfassen; im breiten übrigen Bereich verzichtet aber der Staat auf sein natürliches Rechtsprechungsmonopol zugunsten einer (entlastenden) „Privatjustiz" (aber: Vor § 1025 Rn. 5). Die innere Rechtfertigung ergibt sich aus der **Vertragsfreiheit,** oder genauer noch: aus materieller Privatautonomie und statthafter prozessualer Disposition.[6]

3   Abs. 2 entspricht § 1025a aF,[7] der sollte die **Umgehung** des ausschließlichen Gerichtsstandes für Wohnraummiete (§ 29 a aF) **verhindern.** Das soll auch der Normzweck der Übernahme ins neue Recht sein,[8] obwohl § 29 a nF inzwischen zum allgemeinen Belegenheitsgerichtsstand bei Miete und Pacht umgestaltet wurde und *von daher* nun nicht unbedingt besonderer Umgehungsschutz notwendig erscheint. Nun schöpft die Norm aus sich heraus ihren Zweck: **Sozialschutz.**[9] Dem sozial schwächeren (Wohnraum-)Mieter soll der staatliche Rechtsweg garantiert bleiben, und in diesem Grundanliegen trifft sie sich mit §§ 794 Abs. 1 Nr. 5, 2. Halbs., 3. Var.[10] u. § 796a Abs. 2, 2. Var., die parallel die Vollstreckungsunterwerfung vor einem Notar oder Anwalt ausschließen. Sie ergänzen nur prozessual den materiell-rechtlichen Mieterschutz (arg. S. 2 e contrario) – und verbleiben darauf beschränkt (keinerlei teleologische Extension: Rn. 15).

4   Abs. 3 lässt im Anschluss an Art. 1 Abs. 5 ModG[11] daneben noch weitere **Bereichsausnahmen** außerhalb des 10. ZPO-Buches zu. Er akzeptiert **nationale Vorbehalte,** die die Schiedsfähigkeit ausschließen (1. Var.) oder einschränken (2. Var.), die indes – angesichts der Grundregel (Abs. 1) – stets nur Ausnahmen sein können. Abs. 1 S. 2 u. Abs. 2 zehren ihrerseits ebenso von Abs. 3, denn er hält sie „modellgesetzkonform", mag auch der Ausschluss hier „direkter" erfolgen. Insgesamt ist bedeutsam, dass national ein Spannungsverhältnis von Abs. 1 zu Abs. 3 besteht, während das ModG die Schiedsfähigkeit nur über die **Öffnungsklausel** des Art. 1 Abs. 5 für **nationale Vorgaben** eher indirekt normiert. Vorteil der Regelung ist, dass sie sachnähere Gestaltung im zutreffenden systematischen Zusammenhang ermöglicht, erkauft indes um den Preis minderer prozessualer Klarheit, insbesondere für ausländische Schiedsparteien.

II. Schiedsfähigkeit (Abs. 1)

5   **1. Das alte Recht: Vergleichsfähigkeit (§ 1025 Abs. 1, 2. Halbs. aF).** Die ZPO setzte von Beginn weg auf eine Generalklausel, nämlich auf die Berechtigung, „über den Gegenstand des Streites einen Vergleich zu schließen", gerechtfertigt infolge enger innerer Verwandtschaft.[12] Demzufolge war der Tatbestand glasklar **materiell** geprägt. Es sollte so mithin verhindert werden, dass sich die Parteien mittelbar durch Schiedsrichter eine ihnen nicht zustehende Verfügungsmacht über

---

[2] Ihre Schiedsfähigkeit wird deshalb kontrovers gesehen: bejahend *Walter/Bosch/Brönnimann,* 1991, S. 58 u. *Walter* ZBernJV 1990, 161, 166 – verneinend *Habscheid,* FS Keller, 1989, S. 585 u. RIW 1988, 766, 768.
[3] Darum konnte Kritik nicht ausbleiben: *K.-H. Schwab,* FS Henckel, 1995, S. 803, 813 ff.; *Voit* JZ 1997, 120, 124 f. mit *Musielak/Voit* Rn. 1 mit § 1053 Rn. 1 u. FS Musielak, 2004, S. 595, 596 u. 597/598. Hiergegen jetzt *Schlosser,* VIV-Reihe XI (2000), S. 163, 180; *Schulze,* 2003, S. 32 ff., insbes. S. 33 f. „versus" S. 43 f.
[4] BT-Drucks. 13/5274 S. 34 re. Sp. [2], ebenso BGHZ 160, 127, 133/134 [II 3 b aa] = NJW 2004, 2898 – zuvor ähnlich schon BGH NJW 1991, 2215, 2216 [4 a]; BGHZ 132, 278, 283 [II 4] = NJW 1996, 1753.
[5] Hier anders jedoch wohl *Thomas/Putzo/Reichold* Rn. 1.
[6] Dazu zB auch *Stein/Jonas/Schlosser* § 1029 Rn. 18 (1. Abs.).
[7] Eingeführt durch G v. 21. 12. 1967 (BGBl. I S. 1248) und § 7 S. 2 MSchG nachgebildet.
[8] BT-Drucks. 13/5274 S. 35 re. Sp. [8]. Die Vorbehalte auf S. 29/30 ebd. (zu § 796a Abs. 2, 2. Var.) sind offenbar ungehört verhallt; vgl. aber erg. BT-Drucks. 13/341 S. 21 li. Sp. (zu § 794 Abs. 1 Nr. 5).
[9] So wohl schon bisher *Thomas/Putzo,* 20. Aufl., § 1025 a aF Rn. 1.
[10] Dazu *Münch* ZNotP 1998, 474, 478 – Einzelheiten: § 794 Rn. 227 ff.
[11] BT-Drucks. 13/5274 S. 34 re. Sp. [1].
[12] Mot. S. 471/472 = *Hahn* S. 490 mit NE-Prot. S. 2225/2226.

den Streitgegenstand verschaffen. Diese Vorgabe hatte relativ lang Bestand, obwohl materiellrechtlich hierzu jeder Anhalt fehlt – § 779 BGB begnügt sich nämlich mit bloß einer Irrtumsregelung! Man kann dabei dann die komplette Wirksamkeit verlangen,[13] was eine Gültigkeitskontrolle nach §§ 134, 138 BGB einschließt, oder nur eine – eher inzident bloß angedeutete – grundsätzlich freie Verfügbarkeit[14] vorab voraussetzen, was ursprünglich gewiss *nicht* beabsichtigt war – was dazu führt, die prozessuale Schiedsfähigkeit *auszudehnen*.[15] Dazu sammelte sich im Lauf der Zeit eine Fülle einzelner ("Verbots-")Fälle (2. Aufl. Rn. 4), ohne dass eine generelle Klärung stattfand.

Das Verharren in Kasuistik ist dogmatisch wenig befriedigend. Die Zweispurigkeit der Aufhebungsgründe mit § 1041 Abs. 1 Nr. 1, 1. Var. aF einerseits ("gültiger Schiedsvertrag") und § 1041 Abs. 1 Nr. 2 aF andererseits (zwingendes Recht als ordre-public-Bestand) ließ ferner am Ansatz zweifeln[16] und dann statt dessen möglichst **prozessual** anknüpfen:[17] Maßgeblich sei konsequent ein verfahrensrechtlich motiviertes (Monopol-)Interesse des Staates an eigener Rechtsschutzgewähr,[18] zumindest müsse eine Abnabelung von der bürgerlichen (Gesamt-)Betrachtung durchgeführt werden.[19] Richtig daran war, die Vergleichs*befugnis* als eigenständiges Kontrollkriterium zu emanzipieren und sie von der Vergleichs*gültigkeit* folgerichtig zu unterscheiden. Damit war schon ein wichtiger Schritt getan. 6

Die Gemengelage aus materiellen und prozessualen Vorgaben ("Doppelnatur" – vgl. auch erg. § 1029 Rn. 12ff.) bzw. § 779 BGB und § 794 Abs. 1 Nr. 1 ZPO beim gerichtlichen Vergleich hat dies lange Zeit nur verdeckt gehalten; die monistische CPO-Vorstellung ist durch die moderne Streitgegenstandslehre längst überholt worden. Auf den Willen der Gesetzesverfasser sollte man mithin insoweit heute nicht mehr viel geben! Dazu kommt noch, dass ein Vergleich erst am Ende eines Streites steht und sich retrospektiv auch die Lage durchweg einfacher bewerten lässt, während hier gerade eine – aktuelle oder sogar bloß potentielle (§ 1029 Abs. 1) – Streitigkeit für die *spätere* Entscheidung ansteht. Dann bleibt bloß als Kunstgriff die suggestive Gegenfrage: wäre ein ganz realer Streit vergleichstauglich?[20] 7

Offensichtlich geht es aber dabei um klare **Grenzlinien prozessualer Disposition** – man kann sie gewiss weiter[21] oder enger[22] ziehen, solange sie nur konkret nachvollziehbar bleiben. Dafür fehlen bisher indes allgemein anerkannte Kriterien.[23] Prozessual erscheint deswegen solange die Anleihe bei §§ 306, 307 Abs. 1 legitim und der Rückgriff auf das dazu angesammelte umfangreiche Fallmaterial. Was den Parteien staatliche Gerichte verweigern würden, können sie sich nicht selbst auf dem Umwege über eine Schiedsvereinbarung oder auch Vollstreckungsunterwerfung unbegrenzt doch beschaffen: Verdikt (§ 1055) wie Vollzug (§ 794 Abs. 1 Nr. 4a) – vorausgesetzt, dass das Schiedsgericht überhaupt dabei „mitspielt", aber genau jener Gefahr will und soll gerade § 1030 Abs. 1 wehren. Schon präventiv muss man dem Missbrauch einen kraftvollen Riegel vorschieben. Beide Parteien haben nämlich sonst leichtes Spiel, da sie sich alsdann verbindlich vergleichen könn- 8

---

[13] 1. Aufl. § 1025 aF Rn. 6; *Bärmann*, FS Weber, 1975, S. 1, 3 f.; *K. Schmidt* ZGR 1988, 523, 528; *Schwab*, FS Henckel, 1995, S. 803, 806: anders bei Streit um Gültigkeit! – aA *Zöller/Geimer*, 20. Aufl., § 1025 aF Rn. 36 f. m. weit. Nachw.
[14] Aufzählung nach BT-Drucks. 13/5274 S. 34 re. Sp. [3].
[15] § 1361 PE („Befugnis über den Gegenstand des Rechtsstreits einen Vergleich einzugehen") gegen AGO I 2 § 167 (Befugnis zur „freien und uneingeschränkten Disposition über den streitigen Gegenstand"), vgl. PE-Mot. S. 330.
[16] *Kornmeier* ZZP 94 (1981), 27, 31 ff. (34–36); *Bork* ZZP 100 (1987), 249, 256–258. Überblick hierzu bei *Schulze*, 2003, S. 23–28.
[17] Dazu tendieren auch BGHZ 132, 278, 282 f. [II 3/4] = NJW 1996, 1753 mit OLG Düsseldorf ZIP 2004, 1956, 1960 f. [I 2 c cc (2.3/4)] = GmbHR 2004, 572 bzw. BGH NJW 1991, 2215, 2216 [4a]; ganz klar so dann aber BGHZ 160, 127, 132/133 [II 3 b aa] = NJW 2004, 2898. Zuvor wohl schon BayObLG 1978, 294, 298/299 ([materielle] Unabdingbarkeit versus [prozessuale] Verfügbarkeit) u. ganz offen dann BayObLGZ 1999, 255, 268 (zust. *Sessler* RPS 2000 I S. 9, 11) – strikt anders jedoch OLG Köln GmbHR 1998, 143, 144.
[18] *Kornmeier* ZZP 94 (1981), 27, 38 f.: Offizialmaxime bzw. Amtsermittlung? Dazu krit. aber *Bork* ZZP 100 (1987), 249, 251 f.
[19] *Bork* ZZP 100 (1987), 249, 253 ff. (253 f.): objektive Verfügbarkeit?
[20] Dies meinte wohl 1. Aufl. § 1025 aF Rn. 5.
[21] So letztens zB *Cahn* AcP 198 (1998), 35 ff., insbes. S. 43–45 (Grundgedanke) mit S. 45 ff. (Einzelfälle): Maßstab zwingenden Rechtes.
[22] *Münch*, Vollstreckbare Urkunde und prozessualer Anspruch, 1989, § 10 II 3 b–d, S. 201 ff.: Dispositionsbefugnis bzw. Verfügungsfreiheit.
[23] Beachtlich der Versuch von *Pawlowski*, Rechtsgeschäftliche Folgen nichtiger Willenserklärungen, 1966, S. 113 ff., zur Unterscheidung von „amtsnichtigen" und „privatnichtigen" Rechtsgeschäften; vgl. ferner die Konkretisierungsbemühungen bei *Ebbing*, 2003, S. 148 ff. (unter anderem Fokus).

§ 1030   9–12   Buch 10. Abschnitt 2. Schiedsvereinbarung

ten – und sogar mit einem vorherig abgesprochenen Wortlaut (§ 1053 Abs. 1 S. 2: ordre public als letzte Hürde!).

9   Der alte Meinungsstreit über die Vergleichsfähigkeit hat sich deswegen letzthin bloß von § 1029 Abs. 1 nF zu § 794 Abs. 1 Nr. 5, 2. Halbs., 2. Var. nF („einer vergleichsweisen Regelung zugänglich", dazu näher dort Rn. 201) verlagert, wo er sicher alsbald fröhliche Urständ feiert. So wie aber früher dort, so muss es auch jetzt hier, ohne jede Andeutung im Wortlaut des S. 1, manch **immanente prozessuale Schranken** geben, sodass S. 2 nur aufrechter formuliert wurde, aber keinerlei Umkehrschluss begründet. Diese Grenze wirkt weiter, mit doppelter Blickrichtung: als **prozessuale Grenze prozessualer Disposition,** so wie beim Ausschluss unklagbar gestellter oder staatlich schon vorher erledigter (Rechtskraft!) Streitgegenstände, oder als eine **materielle Grenze prozessualer Disposition.**

10   Sie wird ihrerseits oft beim ordre public einen Anhalt finden können,[24] ohne dass sie aber darin völlig aufgeht: § 1059 Abs. 2 Nr. 2 nennt beide Fälle – und schlägt sie richtig über denselben Leisten (Prüfung „von Amts wegen!"); die Dopplung ist auch nicht etwa überflüssig, wenn man an Abs. 2 u. 3 denkt, und sie fällt nicht schon unter § 1059 Abs. 1 Nr. 1 (Geltendmachung!), der sich hier auf § 1029 und § 1031 beschränkt bzw. gezielt § 1030 weglässt. Einfache – materielle – Verstöße (zB §§ 117 Abs. 1, 125,[25] 134, 138 BGB) gehören nicht hierher, doch dürfte etwa Naturalobligationen (§§ 656, 762 BGB[26]) die Schiedsfähigkeit fehlen. Die richtig („eng") verstandene prozessuale Ausdeutung der Schiedsfähigkeit wirkt mithin durchaus weiter,[27] wobei aber Abs. 1 S. 1 eine recht deutliche Regel gibt: in dubio pro Schiedsfähigkeit (Rn. 16).

11   **2. Exkurs: Objektive und subjektive Schiedsfähigkeit.** § 1030 regelt allein die **objektive Schiedsfähigkeit,** dh. die *abstrakte* Tauglichkeit der Streitsache als Gegenstand einer Schiedsvereinbarung, nicht etwa daneben noch die **subjektive Schiedsfähigkeit,** dh. die *konkrete* Befähigung der Beteiligten zum Abschluss einer Schiedsvereinbarung[28] (Beispiel: § 37h WpHG[29] – der aber nicht zurückwirkt[30]). Sie wurde bislang als prozessuale Gültigkeitsvoraussetzung festgemacht, ist aber schließlich doch § 1029 Abs. 1 vorgelagert. Insoweit wollten jedoch die ModG-Verfasser den unnötigen Übergriff ins nationale Recht vermeiden.[31] Dass aber beide Fragen getrennt zu bewerten sind, bestätigt der Dualismus der Aufhebungsgründe in § 1059 Abs. 2, mit Nr. 1a, 1. Var. einerseits und Nr. 2a andererseits.

12   Unter altem Recht hatte man beide Fragen vermengt (zB 1. Aufl. § 1025 aF Rn. 5–7),[32] was schon die CPO-Motive nahelegten[33] und was die verlangte Vergleichsberechtigung (§ 1025 Abs. 1, 2. Halbs. aF) offenließ: Die Beteiligten müssten auch selbst (individuell) zum Vergleichsabschluss berechtigt sein, dh. die Fähigkeit innehaben, sich durch Verträge zu verpflichten, und die Befugnis,

---

[24] *Münch,* aaO (Fn. 22), § 10 II 3d, S. 205 ff. mit Beispielen; insoweit zutr. durchaus OLG Hamburg OLGR 2001, 196 [II 2a] – aber: Fn. 28.
[25] AA *Cahn* AcP 198 (1998), 35, 61 f.
[26] *Münch,* aaO (Fn. 22), S. 209/210.
[27] Ähnlich die Einschätzung bei *Schulze,* 2003, S. 28–31.
[28] Anders *Bärmann,* FS Weber, 1975, S. 1 mit S. 18: „wer als Schiedsrichter verpflichtet werden kann" bzw. OLG Hamburg OLGR 2001, 196 [II 2b]: Vergleichsbefugnis[?] (aber s. auch Fn. 24) u. BGHZ 160, 127, 134 [II 3b bb] = NJW 2004, 2898: wer schiedsgebunden ist (gehört aber zu § 1029 Rn. 49–54).
[29] Eingef. durch 4. FMFG (BGBl I S. 2010), dazu BT-Drs. 14/8017 S. 96 f. Dazu krit. etwa *Samtleben* ZBB 2003, 69, 76 f.; *Berger* ZBB 2003, 77; *Lehmann* SchiedsVZ 2003, 219; *Assmann/Schneider/Sethe* § 37h WpHG Rn. 6–9, auch Rn. 10 mit Rn. 39: *subjektive* Schieds(un)fähigkeit. Anders im Ansatz *Rosenberg/Schwab/Gottwald* Rn. 174.12: *objektive* Schieds-(un-)fähigkeit.
Plädoyer zur Aufhebung (als Teil [s]eines Verbraucherschutzkonzepts): *Quinke,* Börsenschiedsvereinbarungen ..., 2005, S. 381–388 – hier anders aber wieder *Jordans,* Schiedsgerichte bei Termingeschäften ..., 2007, S. 279–283 (lediglich Informationspflicht angezeigt).
Wortlaut der Regelung: „Schiedsvereinbarungen über künftige [!] Rechtsstreitigkeiten aus Wertpapierdienstleistungen, Wertpapiernebendienstleistungen oder Finanztermingeschäften sind nur verbindlich, wenn beide Vertragsteile Kaufleute oder juristische Personen des öffentlichen Rechts sind."
Wegen §§ 28, 53 Abs. 1 BörsG aF (Vorgängernorm!) siehe BGHZ 29, 120 = NJW 1959, 720; NJW 1991, 2215, 2216 [5]; BGHZ 162, 9 mit Rn. 19/20 [II 6] = NJW 2005, 1125 = JZ 2005, 958 = SchiedsVZ 2005, 95 m. Anm. *Huber/Bach;* OLG Düsseldorf SchiedsVZ 2006, 331, 334 [B I 2] mit Urt. v. 11. 2. 2005 – I-17 U 208/02 [B I 1a]; hierzu näher *Quinke,* aaO, S. 1–46 u. *Schulze,* 2003, S. 147 ff.; vgl. noch erg. 2. Aufl. Rn. 18.
[30] BGHZ 162, 9, 20 [II 6] = NJW 2005, 1125 = JZ 2005, 958 = SchiedsVZ 2005, 95 m. Anm. *Huber/Bach.*
[31] CR Nr. 29 mit Nr. 34 = *Holtzmann/Neuhaus* S. 149; vgl. auch erg. schon Fn. 1.
[32] Ebenso *Kornmeier* ZZP 94 (1981), 27, 28 u. 45 f. mit Fn. 57 (aber auch: Fn. 60!) – ferner jüngst BGHZ 132, 278, 283/284 [II 5] = NJW 1996, 1753 u. OLG Düsseldorf ZIP 2004, 1956, 1961 [I 2ccc (2.5)] = GmbHR 2004, 572.
[33] Mot. S. 472 = *Hahn* S. 490.

über den konkreten Streitgegenstand zu verfügen (2. Aufl. § 1025 aF Rn. 7). Hierdurch war zugleich eine ebenfalls **materielle Anknüpfung** (§§ 104 ff. BGB statt §§ 50 ff. ZPO) nahegelegt. Dieser Aspekt spielt aber jetzt keine Rolle mehr, auch nicht etwa bei Abs. 1 S. 2, obwohl er verengt, aber immer noch wortgetreu, § 1025 Abs. 1, 2. Halbs. aF entspricht.[34]

3. Das neue Recht: vermögensrechtlicher Anspruch (§ 1029 Abs. 1 nF). a) Allgemeines. Das neue Recht reduziert die Bedeutung der Vergleichsfähigkeit auf recht wenige Fälle. Der zur Abgrenzung verwendete Tatbestand des „vermögensrechtlichen Anspruchs" ist ein Grundbegriff des Prozessrechts.[35] **Anspruch** meint dabei Streitgegenstand, ist keinesfalls auf materielle Ansprüche iSv. § 194 Abs. 1 BGB zu beschränken, sondern erfasst etwa ebenso den Streit um andere subjektive Rechte; die Rechtsschutzform (Leistung, Feststellung, Gestaltung) erheischt somit gar keine Bedeutung. Als **vermögensrechtlich** ist ein Streitgegenstand einzuordnen, wenn er sich entweder aus Vermögensrechten ableitet oder anderenfalls wenigstens doch auf eine vermögenswerte Leistung abzielt.[36] Das dürfte die Regel sein, ohne dass dazu die Mahnung besonders weiter Auslegung noch notwendig wäre.[37] In Zweifelsfällen hilft oft die Frage, ob maßgeblich und vorrangig um wirtschaftliche oder personenrechtliche Belange gestritten wird.[38] Sobald Schadensersatzansprüche im Raum stehen, dürfte der Streit idR vermögensrechtlichen Charakter annehmen,[39] mag auch „nur" naturale Restitution (§ 249 Abs. 1 BGB) erstrebt werden.

13

Nichtvermögensrechtliche Ansprüche sind nur dann schiedsfähig, wenn sie auch **vergleichsfähig** sind. S. 2 erhält *insoweit* wortgetreu die einstige (umfassender formulierte) Regelung des § 1025 Abs. 1, 2. Halbs. aF.[40] Der bisherige Meinungsstreit (Rn. 5/10) reduziert sich hierdurch ganz erheblich, zumal er stets mit Blick auf vermögensrechtliche Ansprüche geführt wurde, diese schließlich den Löwenanteil ausmachen und problemlos nun auch schiedsfähig sind (Abs. 1 S. 1) – wenn nicht eine spezielle Ausnahme eingreift (Abs. 2/3, Rn. 25 ff.).

14

Für **vermögensrechtliche Ansprüche** fehlt es hingegen an jeden Zusatzerfordernissen. Wegen Abs. 2 (Umkehrschluss aus Ausnahmefall! – Rn. 25 ff.) kommt keinerlei teleologische Extension auf die übrigen **ausschließlichen Gerichtsstände** (zB §§ 24, 32a, 802 ZPO; § 23 Nr. 2a GVG, § 180 Abs. 1 InsO – auch FamG[41] oder Gerichtsstände nach AktG[42] oder Brüssel I-VO [Art. 1 Abs. 2 Nr. 4!][43]) in Betracht, selbst dann nicht, wenn diese ähnlichen Unterlegenen- bzw. Verbraucherschutz bezwecken (zB § 29c Abs. 1 S. 2 ZPO, § 26 FernUSG).[44]

15

Die positive Formulierung („... hat insoweit rechtliche Wirkung, als ...") verkehrt bei S. 2 gegenüber S. 1 die Fronten: Schieds*un*fähigkeit ist Regelfall und Vergleichsbefugnis die Ausnahme, die besonders zu begründen ist. Diese bislang nicht bekannte Dialektik eröffnet nun Rückschlüsse auf die **Verteilung der Beweislast:** Schiedsfähigkeit ist zwar als Prozessvoraussetzung von Amts wegen

16

---

[34] AA *Thomas/Putzo/Reichold* Rn. 3; *Baumbach/Lauterbach/Hartmann* Rn. 6; *Schulze,* 2003, S. 16 f. (Abs. 1 S. 2) mit S. 46/47 (Abs. 3).
[35] Einzelheiten: *Jauernig* ZPR § 9 II 1; *Thomas/Putzo/Reichold* Einl. IV; *Zöller/Vollkommer* § 1 Rn. 11; *Baumbach/Lauterbach/Hartmann* Grdz. § 1 Rn. 11 ff.
[36] So wie hier *Papmehl,* 2004, S. 209 ff. mit GmbHR 2004, 1217, 1219 [IV]; LG Mönchengladbach SchiedsVZ 2007, 104, 105 [I 3] – allgemein: RGZ 88, 332, 333; 144, 158, 159 m. weit. Nachw.; BGHZ 13, 5, 7/8; 14, 72, 74.
[37] Dies meint aber *K. P. Berger* DZWiR 1998, 45, 48; zust. *Baumbach/Lauterbach/Hartmann* Rn. 4; *Schmitz* RNotZ 2003, 591, 595/596 [B II 2a].
[38] Dies die Quintessenz aus BGHZ 13, 5, 8 f. (Vereinsausschließung) u. BGHZ 14, 72, 74 (Widerruf, Unterlassung); ferner: BGHZ 89, 198, 200 f. (Widerruf).
[39] BayObLGZ 2001, 311, 313 [II 4] = NJW-RR 2002, 323.
[40] Anders noch vorher § 1030 Abs. 1 S. 2 DiskE, welcher einzig gegen den Umkehrschluß aus S. 1 (vgl. Fn. 2) gerichtet war (Kom.-Ber. S. 91 aE). Die neue (positive!) Regelung soll „aussagekräftiger" sein (BT-Drucks. 13/5274 S. 35 re. Sp. [7]).
[41] *Baumbach/Lauterbach/Hartmann* Rn. 4 (2. Abs.); *Schumacher* FamRZ 2004, 1677, 1680 f. [III 1]; *G. Wagner,* FS Schlosser, 2005, S. 1025, 1040 [V 3].
[42] OLG Hamm MittRhNotK 2000, 215, 216 [1 c] (§ 132 Abs. 1 S. 1 AktG); BGHZ 132, 278, 281 [II 1] = NJW 1996, 1753 u. OLG Düsseldorf ZIP 2004, 1956, 1960 [I 2 c cc (2.1)] = GmbHR 2004, 572 (§ 246 Abs. 3 S. 1 AktG [vgl. dazu noch erg. Rn. 20].
[43] *Schlosser*-Bericht, BT-Drucks. 10/61, S. 33 ff., 44 (Nr. 63).
[44] BT-Drucks. 13/5274 S. 35 li. Sp. [3]; *Zöller/Geimer* Rn. 22; *Mäsch,* FS Schlosser, 2005, S. 529, 537/538 – schon unter altem Recht (§ 1025 a aF) hM: *Zöller/Geimer,* 20. Aufl., Rn. 2; *Musielak/Voit,* 1. Aufl., Rn. 4; *Schlosser* RIPS Rn. 308; *Wieczorek/Schütze* Rn. 1 – je zu § 1025 aF; *Stangier/Bork* GmbHR 1982, 169, 170 [I 2b aa]; BGHZ 132, 278, 281 [II 1] = NJW 1996, 1753 m. weit. Nachw. (zu § 246 Abs. 3 S. 1 AktG) = ZIP 1996, 830, 831; BGHZ 6, 248, 256/257 (zu § 3 LVO) – aber anders noch BGH MDR 1951, 674; NJW 1979, 2567, 2569; OLG Hamm NJW-RR 1987, 1319 [II 1]; OLG Stuttgart JW 1927, 1111, 1112 und offengelassen von BGHZ 77, 33, 40 (zu § 53 Abs. 3 KWG).

§ 1030   17–20   Buch 10. Abschnitt 2. Schiedsvereinbarung

zu prüfen und alle zugrundeliegenden Tatsachen sind vom Schiedskläger notfalls zu beweisen – aber eben allein in Fällen nach S. 2! Bei vermögensrechtlichen Ansprüchen ist Schiedsfähigkeit demgegenüber regelmäßig vorausgesetzt – was im Zweifelsfall nun einem Kläger zugute kommt. Die positiv (jetzt mit Blick auf Abs. 2) gefasste „Soweit-Formel" ergibt noch eine zweite Aussage zu den **Rechtsfolgen bei Ungültigkeit:** die Schiedsvereinbarung ist dann umgekehrt auch nur „insoweit" unwirksam, jedoch niemals darüber hinaus, sodass alle zugleich davon erfassten *schiedsfähigen* Streitigkeiten dennoch schiedsunterworfen bleiben. Die Vorschrift ist kein gesetzliches Verbot (§ 134 BGB – mit § 139 BGB als Konsequenz?), sondern vollkommen selbstwirkende **prozessuale Kompetenznorm.**

17   b) **Einzelfälle.** Im Wesentlichen bleiben drei Gruppen wichtiger nichtvermögensrechtlicher Ansprüche: (1) **Ehe- und Kindschaftssachen** (§§ 606 ff. bzw. §§ 640 ff. – Enumeration: § 606 Abs. 1 S. 1 bzw. § 640 Abs. 2); sie sind als familienrechtliche Statusverfahren unverfügbar, die prozessuale Dispositionsbefugnis ist insoweit konsequent begrenzt (§ 617).[45] Bei der Eheaufhebungs- und -feststellungsklage kommt noch die Beteiligung der zuständigen Verwaltungsbehörde hinzu (§§ 631 Abs. 4, 632 Abs. 3); beim Ehescheidungsantrag (§§ 622 ff.) spricht die Eröffnung „einverständlicher Scheidung" als Folge aus § 1566 Abs. 1 BGB nicht dagegen (arg. § 630 Abs. 2), weil sie am Grundsatz nichts verändert. Der Herstellungsklage wird man hier kraft Sachzusammenhangs jenen räumlich-gegenständlichen Eheschutz zuschlagen, wie er die Praxis beherrscht (§ 606 Rn. 6 f.).[46]

18   Andere **Familiensachen** (§§ 621 ff.)[47] sind zT auch nichtvermögensrechtlicher Art (§ 621 Abs. 1 Nr. 1–3), insoweit jedoch durchweg als Rechtsfürsorgeverfahren nach fG-Regeln (§ 621 a Abs. 1 S. 1 – Amtsermittlung: § 12 FGG) durchzuführen und infolgedessen schon schiedsunfähig (§ 1029 Rn. 77). Sie fallen von vornherein nicht unter jenen Tatbestand – es fehlt schon an Rechtswegekompetenz zur Schiedsdisposition. Letztlich geht es um eine generelle, der objektiven Schiedsfähigkeit iSv. Abs. 1 „vorgelagerte" allgemeine Qualifikationsfrage.

19   Für vermögensrechtliche Streitigkeiten nach ZPO-Vorschriften, besonders über Unterhalt (§ 621 Abs. 1 Nr. 4 und 5), gilt an sich S. 1 – auch angesichts des materiell-rechtlichen Verzichtsverbotes bei Verwandtenunterhalt aus § 1614 Abs. 1 BGB; abweichend muss infolge des speziellen **Entscheidungsverbundes** bei anhängiger Scheidungsangelegenheit, der sonst leer liefe, jedoch entschieden werden, zumal die Scheidungssache als nicht schiedsfähiges Statusverfahren sämtliche Folgesachen rechtlich präjudiziert. Sobald rechtzeitig mit der Scheidung Folgesachen anhängig gemacht (§ 623 Abs. 1–3 mit Abs. 4) oder von Amts wegen (mit-)entschieden (§ 623 Abs. 1 S. 3 [Versorgungsausgleich]) werden (müssen), ist idR der Verbund *zwingend* gegeben, was dann zur einheitlich familiengerichtlichen Entscheidung führt (§ 629 Abs. 1 – sonst uU indes § 629 d analog).[48]

20   Nichts spricht jedoch dagegen, in den beiden anderen Fällen typischer nichtvermögensrechtlicher Ansprüche künftig allgemein von Vergleichs- bzw. Schiedsfähigkeit auszugehen[49] – gemeint sind hierbei: (2) **Persönlichkeitsrechtsverletzungen,**[50] besonders Widerrufs- und Unterlassungsansprüche, welche den sozialen Geltungsanspruch in der Öffentlichkeit schützen,[51] ferner die presserechtliche Gegendarstellung;[52] (3) **Streitigkeiten über Vereinsausschlüsse** bei zentralem personenrechtlichen Einschlag, wobei hier zudem an § 1066 zu denken bleibt.[53]

---

[45] BGHZ 132, 278, 283 [II 4] = NJW 1996, 1753; *G. Wagner,* FS Schlosser, 2005, S. 1025, 1034 f. [IV] m. weit. Nachw. (Fn. 51) mit S. 1044 f. [VI 2]. Vgl. auch erg. *Distler,* Private Schiedsgerichtsbarkeit und Verfassung, 2005, S. 158–163.

[46] AA die hM, die infolgedessen zur Schiedsfähigkeit kommen könnte (zur Einschlägigkeit des S. 2: BGHZ 35, 302, 304 f.).

[47] Siehe eingehend jetzt *Schulze,* 2003, S. 55 ff.; *Schumacher* FamRZ 2004, 1677; *Friederici* FuR 2006, 400 u. 448.

[48] AA *Stein/Jonas/Schlosser* Rn. 2; *Huber* SchiedsVZ 2004, 280, 283 [II 4] mit S. 285 [III 3 c], auch am Ende *G. Wagner,* FS Schlosser, 2005, S. 1025, 1036–1039 [V 2]. Nur für den öffentlich-rechtlichen Versorgungsausgleich: *Schumacher* FamRZ 2004, 1677, 1681 f. [III 2] mit 183 f. [IV 2], dagegen *Wagner* aaO S. 1041 f. [VI 2].

[49] So wie hier *Thomas/Putzo/Reichold* Rn. 3 mit Einl. IV Rn. 4; *Zimmermann* Rn. 1; *Baumbach/Lauterbach/Hartmann* Rn. 7.

[50] BGH NJW 1996, 999 (Recht am eigenen Bild); KG JW 1929, 3099 (Urheberrecht); RGZ 78, 101, 106 (Namensrecht).

[51] BGHZ 98, 41, 42 = NJW 1986, 3143 (persönliche Ehre) u. NJW-RR 1990, 1276; NJW 1991, 847 (berufliche Ehre) – je m. weit. Nachw. Anders nur soweit die Wahrung wirtschaftlicher Belange beherrschend im Vordergrund steht (Beispiele: BGHZ 14, 72, 74; 89, 189, 200 f.). Näheres siehe bei *Soergel/Münch* § 1004 BGB Rn. 328 ff. bzw. Rn. 416 ff.

[52] BGH NJW 1963, 151.

[53] Wegen Dopingstrafen siehe *Adolphsen,* 2003, S. 535 f. mit S. 398–400.

Dies vor allem zum einen, weil „keinerlei Interesse an einem Entscheidungsmonopol der staat- 21
lichen Gerichte besteht"[54] – Prinzip weichenden (Staats-)Interesses; zum anderen werden dadurch
diffizile Abgrenzungsfragen (S. 1 oder S. 2?) vermieden, und Zusammengehöriges kann beieinander bleiben, materielle und immaterielle Genugtuung sind gemeinsam auch entscheidbar. Das gilt
auch für **Gegendarstellungen,** obwohl sie gemäß LPG meist den §§ 935 ff. ohne Hauptverfahren
unterworfen sind. Die Schiedsvereinbarung hat indes alsdann keine „Sperrwirkung" (§ 1033 statt
§ 1032), und die nötige Vollziehungsanordnung für schiedsinterne Eilentscheidungen (§ 1041
Abs. 2 mit § 1062 Abs. 1 Nr. 3) bringt dazuhin unnötigen Zeitverlust, sodass sich hierzu Schiedsverfahren kaum lohnen.

4. Die Anknüpfung der (objektiven) Schiedsfähigkeit. Bei Vorliegen eines **deutschen** 22
Schiedsortes gilt zwingend auch § 1030 über § 1025 Abs. 1 (arg. § 1059 Abs. 2 Nr. 1 a [Art. 34
Abs. 2 lit. b (i) bzw. Art. 36 Abs. 1 lit. b (i) ModG]) – als lex fori für das Staatsgericht, auch soweit
eine Einrede- (§ 1032 Abs. 1)[55] oder Vorfragensituation vorliegt, also nicht bloß für Hauptfragen
(§§ 1032 Abs. 2; 1040 Abs. 3 S. 2) und Aufhebung (§ 1029 Rn. 31–34), und genauso als Arbeitsgrundlage des Schiedsgerichts (§ 1040 Abs. 1 S. 1):[56] der Schiedsspruch (oder Zwischenentscheid)
soll ja auch stehen bleiben. Die (objektive)[57] Schiedsfähigkeit ist **selbständig anzuknüpfen,** ohne
Gestattung einer Rechtswahl, wie sie das Schiedsvereinbarungsstatut sonst ermöglichen würde: den
Parteien fehlt insoweit die Dispositionsbefugnis.[58] Zudem findet keine Kumulation (lex fori *plus* das
– ausländische – Schiedsvereinbarungsstatut) statt.[59]

Fraglich bleibt aber, was denn bei **ausländischem oder noch unbestimmtem Schiedsort** 23
gilt, wenn und weil *staatliche* Gerichte gleichwohl Kompetenz innehalten (§ 1025 Abs. 2/3 iVm.
§ 1062 Abs. 2/3). Macht man Ernst mit dem Ausschluss sämtlicher Disposition, was man tun muss,
folgt man dem Votum der Gesetzesverfasser, bleibt es selbst dann bei der lex-fori-Anknüpfung.[60]
§ 1030 ist gleichsam als international zwingendes Binnendirektiv vorgesehen – in Anlehnung an
Art. 34 EGBGB; dies bestätigt mittelbar auch § 1030 Abs. 2, der darum explizit begrenzt wurde
(„im Inland"). Hinzu kommt noch die Nähe immanenter Dispositionsschranken zum intern stets
hochzuhaltenden ordre public (Rn. 9 f.).

Man könnte immerhin jedoch **Vorfragen selbständig anknüpfen,** vor allem die Eigenschaft als 24
ein vermögensrechtlicher Anspruch (Abs. 1 S. 1) und ebenso die Vergleichsbefähigung (Abs. 1 S. 2).
Erstere ist jedoch als Begriff des Prozessrechts (Rn. 13) ganz sicher bei der lex fori besser aufgehoben, und dieses gilt gleich für Letzteres,[61] jedenfalls wenn man sie – wie hier – treffend prozessual versteht.[62] Denn dann mangelt jede Nähe zum materiellrechtlich geprägten Vergleichsabschluss iSv. § 779 BGB. Insoweit werden zwar keinerlei Vertragsrechtsfälle vorliegen (S. 2 – nicht
S. 1!), doch sollten auch hierbei Schiedsvereinbarungsstatut und (Wirkungs-)Statut der Hauptsache
präzise getrennt bleiben. Der Gesetzgeber wollte alle jene Fragen einheitlich eben der **lex fori**
unterstellen. Das zumindest, was die Grundregel (**Abs. 1**) angeht (wegen Abs. 2 u. 3 näher 2. Aufl.
Rn. 13).

III. Ausschlusstatbestände (Abs. 2 u. 3)

1. Unmittelbarer Ausschluss (Abs. 2). Die Vorschrift bezweckt Sozialschutz bei Wohnraum- 25
miete (Rn. 3) durch Unwirksamkeit als Verstoßfolge. Die entsprechende Schiedsabrede (§ 1029

---

[54] Bejahend darum explizit BT-Drucks. 13/5274 S. 35 re. Sp. [7] (nebst dem Zitat); vgl. dazu auch erg. Rn. 1.
[55] *Epping,* 1999, S. 207 ff.; *Schulze,* 2003, S. 51 f.; *Staudinger/Hausmann* Anh. II zu Art. 27–37 EGBGB Rn. 298 bzw. *Reithmann/Martiny/Hausmann* Rn. 3459; *Stein/Jonas/Schlosser* Rn. 19; *Zöller/Geimer* Rn. 26 – wegen aA siehe Fn. 58 u. 19.
[56] BT-Drucks. 13/5274 S. 43 re. Sp.
[57] Zur Anknüpfung der subjektiven Schiedsfähigkeit vgl. § 1029 Rn. 41 f.
[58] BT-Drucks. 13/5274 S. 59 re. Sp.; sehr eindringlich auch *Zöller/Geimer* Rn. 24 [1. Hälfte] – aA *Schütze* SV Rn. 119 [2. Abs.] bzw. IS Einl. Rn. 23 (lex causae); differenzierend *Kronke,* RIW 1998, 257, 259.
[59] § 1061 Anh. 1 Art. II UNÜ Rn. 11 *(Adolphsen),* *Epping,* 1999, S. 213 ff.; *Raeschke-Kessler/Berger* Rn. 166 – aA *Musielak/Voit* Rn. 10; *Thomas/Putzo/Reichold* § 1059 Rn. 8 mit 15; *Schulze,* 2003, S. 52 f.
[60] *Zöller/Geimer* Rn. 24 [2. Hälfte], 25 f. mit IZVR Rn. 3811; *Staudinger/Hausmann* Anh. II zu Art. 27–37 EGBGB Rn. 298 aE bzw. *Reithmann/Martiny/Hausmann* Rn. 3460; *Epping,* 1999, S. 202 f.; *Adolphsen,* 2003, S. 524 f. mit § 1061 Anh. 1 Art. II UNÜ Rn. 11; *Stein/Jonas/Schlosser* Rn. 19.
[61] AA BGE 118 II S. 353, 356; *von Hoffmann,* 1970, S. 62; *Schlosser* RIPS, 1. Aufl. 1975, Rn. 298 ff., 312 f. (anders RIPS, 2. Aufl. 1989, Rn. 299).
[62] Zutr. *Epping,* 1999, S. 223.

§ 1030 26–29

Abs. 2, 1. Var.) ist – ohne Umweg über § 134 BGB, dh. „unmittelbar prozessual" – nichtig (Abs. 2 S. 1 aE), und zwar gleich im Ganzen (arg. ex § 139 BGB); bei der Schiedsklausel (§ 1029 Abs. 2, 2. Var.) hingegen beschränkt sich die Nichtigkeit darauf und der Mietvertrag bleibt im Übrigen voll wirksam – insoweit unterliegt § 139 BGB anerkannt teleologischer Reduktion:[63] der bezweckte Sozialschutz wäre anderenfalls nur ein Papiertiger. Ein trotzdem ergangener Schiedsspruch ist angreifbar, weil die Schiedsfähigkeit mangelt (§ 1059 Abs. 2 Nr. 2a [Aufhebungsantrag] bzw. § 1060 Abs. 2 [Vollstreckbarerklärung – S. 3 e contrario: keine Frist]), nicht etwa nur – was dazuhin noch heilbar wäre (§ 1031 Abs. 6) – die Form. Abs. 2 verlangt im Einzelnen:

26 **a) Schiedsvereinbarung über Rechtsstreitigkeiten.** Auffallend beschränkt sich Abs. 2 S. 1 im (bewussten?) Gegensatz zu § 29a Abs. 1 auf Schiedsvereinbarungen, also Schiedsabreden und Schiedsklauseln (§ 1029 Abs. 2), über *Rechts*streitigkeiten. Soll hiermit etwa auf die Abgrenzung von Tat- und Rechtsfragen und letztlich von Schiedsvereinbarung und Schiedsgutachten (§ 1029 Rn. 83 mit Vor § 1025 Rn. 39 ff.) angespielt sein, also letzteres klar für Bestandsstreitigkeiten über Wohnraummietverhältnisse offen stehen? Hiergegen spricht schlagend jedoch die genausosehr offene Formulierung in § 1029 Abs. 1, die ebenfalls nicht (Schieds-)Gutachten erfassen möchte. Andererseits macht die reine Tatsachenfeststellung im Schiedsverfahren kaum Sinn – deshalb dürfte ein lapsus linguae vorliegen, der unschädlich ist, zumal § 1029 Abs. 1 sich sprachlich noch an Art. 7 Abs. 1 ModG („disputes") orientiert und § 1030 Abs. 2 eine nationale Sonderregelung darstellt.

27 **b) Bestand eines Mietverhältnisses.** Darunter fallen alle Streitigkeiten über das **Entstehen, Bestehen und Fortbestehen** eines (Haupt- oder Unter-)Mietvertrages, dh. auf alle Fälle also Klagen auf Feststellung der (Un-)Wirksamkeit des Mietvertrages selbst oder seiner Kündigung (§ 256 Abs. 1) und Klagen auf Abschluss (WoBindG; Option)[64] oder Fortsetzung eines Mietvertrages (§§ 574–574c, 575 Abs. 3 BGB) – nach hM[65] auch Ansprüche auf Räumung und Herausgabe, egal ob konkret aus Vertrag (§ 546 BGB) oder – konkurrierend – etwa aus Gesetz (§ 985 BGB) hergeleitet (*prozessual* ist dies der Anspruch!): die Bestandsfrage sei (direkte?) Vorfrage.

28 Das geht zu weit, Vertrag und Eigentum haben lediglich präjudizielle Bedeutung,[66] die Parteien streiten „aus" (nicht: „über") Mietverhältnisse[n]. Ganz generell gilt deswegen: **Nicht mehr den Bestand betreffen** Erfüllungsansprüche (§§ 535, 541, 558 BGB) wie Abwicklungsansprüche (§§ 280 ff., 325, 536a Abs. 1 [Schadensersatz], § 536 BGB [Minderung]; § 536a Abs. 2, 539 Abs. 1 BGB [Verwendungsersatz], § 546a Abs. 1 BGB [Nutzungsentschädigung], § 547 BGB [Mietrückerstattung]) – und eben darum auch der Rückgabeanspruch aus §§ 546, 985 BGB. IdR gehen hier beide Teile vom (Nicht-)Bestehen des Mietverhältnisses aus[67] und ziehen daraus nur verschiedene rechtliche Konsequenzen; diese abstrakte Sicht muss genügen,[68] weil die Wirksamkeit der Schiedsvereinbarung ex ante zu beurteilen ist und nicht nachträglich durch (zusätzlichen) Streit problemlos wieder beseitigt werden kann;[69] deswegen stört die immer denkbare Möglichkeit, mittels Zwischenfeststellungsklage (§ 256 Abs. 2) den Bestand des Mietverhältnisses ad hoc streitig zu stellen, auch nicht weiter.

29 Die Ausführung von Schönheitsreparaturen ist ebenfalls schiedsfähig, sie mag als Erfüllungs- oder Abwicklungsanspruch, auf mietvertraglicher oder sonstiger Grundlage geschuldet sein. **Miete** ist vertragsbegründete entgeltliche Gebrauchsüberlassung iSv. §§ 535 ff. BGB (Schwerpunkt bei Mischformen?)[70] und unterscheidet sich dadurch von Leihe und Verwahrung, sowie auch von Pacht, welche genauso wenig erfasst wird (§ 29a Abs. 1 e contrario), und dem dinglichen Wohnrecht (§ 1093 BGB). Wird Wohnraum also nicht auf Grund eines Mietverhältnisses innegehalten, ist eine Schiedsvereinbarung wirksam.

---

[63] Vgl. nur *Jauernig* § 139 BGB Rn. 15. Richtig daher *Stein/Jonas/Schlosser* Rn. 17 (mit Fn. 65) u. *Musielak/Voit*, 1. Aufl., § 1025 a aF Rn. 4 gegen *Wieczorek/Schütze* § 1025 a aF Rn. 6 (mit Fn. 12 – nicht etwa der Mieterwille, sondern der Gesetzeszweck entscheidet!).

[64] Anders hier jedoch *Zöller/Geimer*, 20. Aufl., § 1025 a aF Rn. 1 aE.

[65] 1. Aufl. § 1025 a aF Rn. 1; *Baumbach/Lauterbach/Hartmann* Rn. 9; *Thomas/Putzo/Reichold* Rn. 4; *Zöller/Geimer* Rn. 21; *Musielak/Voit* Rn. 5; *Stein/Jonas/Schlosser* Rn. 11.

[66] Bei der Vindikation ist der Mietvertrag ohnedies nur aufgrund § 986 BGB relevant.

[67] Insoweit zutr. *Stein/Jonas/Schlosser* Rn. 12 m. weit. Nachw.

[68] (Nur) insoweit bedenklich die Begründung bei *Wieczorek/Schütze* § 1025 a aF Rn. 3.

[69] Beim vollstreckbaren Anwaltsvergleich (§ 796a Abs. 2, 2. Var.) wird hingegen gerade der Streit beendigt.

[70] OLG Karlsruhe NJW-RR 1988, 401 (zu § 29a aF) – einschließlich Leasingvertrag (BGHZ 71, 189, 191 ff. [194]; NJW 1990, 1113, 1114); nicht auch ein Landpachtvertrag mit Wohnraumüberlassung (OLG München SchiedsVZ 2005, 308, 309 [II 2 a] mit OLGR 2006, 906 [4 a (2)]).

c) **Wohnraum im Inland.** Gegenstand des fraglichen Mietvertrages muss inlandsbelegener 30 Wohnraum sein. **Wohnraum** ist jeder zum dauernden Bewohnen durch Menschen bestimmter Innenteil eines Gebäudes – dabei gilt der BGB-Begriff.[71] Bei gemischt privat-gewerblichem Gebrauch kommt es darauf an, welche faktische Nutzung überwiegt (sog. „Schwerpunkt-" oder „Übergewichtstheorie"),[72] es sei denn die genauen Anteile wären ausnahmsweise konkret zu trennen. Allemal ausgenommen sind gemäß **S. 2 iVm. § 549 Abs. 2 BGB** aber verschiedene Arten Mietverträge, für die auch ansonsten kein Sozialschutz gilt: Mietverhältnisse „über Wohnraum, der nur zum vorübergehenden Gebrauch vermietet ist" (Nr. 1 BGB), über eine sog. möblierte Unterkunft (Nr. 2 BGB) und Wohnraum öffentlicher Fürsorge (Nr. 3 BGB). Aus dem nationalen bürgerlich-rechtlichen Schutzzweck folgt als (gegenüber § 1025 aF) neues Erfordernis die Belegenheit des Wohnraums im **Inland,** ohne dass es aber darauf näher ankäme, ob dort zugleich auch der „Mittelpunkt der Lebensverhältnisse des Mieters" liegt.[73] Das Gesetz knüpft allein ans Vertragsobjekt an und nicht etwa an eine Vertragspartei.

2. Mittelbare Ausschlüsse (Abs. 3). a) Grundsatz. Es ist recht schwer, anhand der über- 31 kommenen Judikatur festzumachen, was Bereichsausnahme iSv. Abs. 3 und was Vergleichsunfähigkeit iSv. Abs. 1 (S. 2) darstellt, das alte Recht brauchte diese Differenzierung nicht. Man wird Abs. 3 all diejenigen Normen zuschlagen, die – außerhalb des Zehnten ZPO-Buches – einem Schiedsverfahren (nach §§ 1025 ff.) offen „Hindernisse bereiten", sei es nun gänzlich (**1. Var.: Ausschließung,** zB durch Anordnung von Schiedsunfähigkeit, Nichtigkeitsgrund für die Schiedsvereinbarung bzw. gesetzliches Verbot [§ 134 BGB!], eigenständige Verfahrensregelung etc.) oder auch partiell (**2. Var.: Beschränkung,** zB durch Zustimmungsvorbehalt; Appellationsmöglichkeit), sei es nun dauerhaft oder lediglich zeitweise. Die Grenze ist fließend und praktisch ohne Bedeutung: Abs. 3 stellt klar: die ausschließende oder beschränkende Norm ist **lex specialis,** sie bleibt unberührt und geht vor. Stets müssen indes besondere **„gesetzliche** [also durch eine Rechtsnorm begründete, § 12 EGZPO] **Vorschriften"** vorliegen, gleichgültig welchem Rechtsgebiet sie zugerechnet werden, und einschließlich des Gewohnheitsrechts.

Man kann nicht indirekt Wertungen einbringen, die jedes gesetzlichen Anhalts (mit Blick- 32 richtung zur Schiedsgerichtsbarkeit) entbehren. So gibt die Ausschließlichkeit eines (Staats-)Gerichtsstandes nichts für eine Schiedsunfähigkeit her (Rn. 15), da sie nicht das „Regelungsziel" ist. Vorsicht ist mithin am Platze, damit die Ausnahme auch wirklich eine Ausnahme bleibt. Die Ausschließung oder Beschränkung kann sachlich (objektiv: „kraft Gegenstandes") wie personal (subjektiv: „kraft Beteiligung") anknüpfen, aber auch kombiniert. Die Norm muss ferner eine solche **deutschen Rechts** sein, da sie insoweit zur lex fori zählt, als sie die Zulässigkeit eines Schiedsverfahrens regelt (arg. § 1059 Abs. 2 Nr. 2 a: „nach deutschem Recht"); deren Anwendbarkeit folgt mithin aus § 1025 Abs. 1 iVm. § 1030 Abs. 3, nicht etwa aus § 1051, sodass die Parteien nicht optieren können. Als andere Frage bleibt offen, ob ein ausländischer Staat eine Entscheidung akzeptiert, die (gemäß seinem Recht) schiedsunfähige Streitigkeiten betrifft – wir würden das umgekehrt zumindest in den Fallgruppen der 1. Var. allemal nicht tun (§ 1059 Rn. 11).

b) Auswahl wichtiger Einzelfälle (ohne Anspruch auf Vollständigkeit).[74] **aa) Schieds-** 33 **unfähige Streitigkeiten. (1) Bankenschiedsgerichte** soweit sie ihren Sitz an einem anderen Ort als dem der inländischen Zweigstelle des ausländischen Unternehmens haben (§ 53 Abs. 3 KWG).[75] **(2) Arbeitsstreitigkeiten** zwischen Tarifvertragsparteien bzw. aus (einigen wenigen) tarifvertragsbestimmten Arbeitsverhältnissen (§ 4 i.V.m. § 101 Abs. 1 u. 2 ArbGG, dazu auch § 1029 Rn. 79 aE mit § 1025 Rn. 9), für die §§ 102 ff. ArbGG ein eigenes Reglement treffen und worauf die §§ 1025 ff. ZPO keine (auch nicht: subsidiäre) Anwendung finden (§ 101 Abs. 3 ArbGG). **(3) Un**genehmigte (näher: §§ 1828–1830 BGB) Schiedsvereinbarungen eines **Vormunds** (§ 1822 Nr. 12 BGB),[76] **Betreuers** (§ 1908 i Abs. 1 BGB) oder **Pflegers** (§ 1915 Abs. 1 BGB), wenn sie mehr Wert als 3000 EUR haben. **(4)** Klagen auf Nichtigerklärung und Zurücknahme von **Patenten** so-

---

[71] BGH NJW 1981, 1377 (zu § 29 a aF) – Einzelheiten zur Definition: *Palandt/Putzo* Einf. Vor § 535 BGB Rn. 89; *Staudinger/Emmerich* Vorbem zu § 535 BGB Rn. 23; BGH BB 1979, 16.
[72] BGH NJW-RR 1986, 877, 878 (Mietzins-/Flächenanteile?); NJW 1979, 309; 1977, 1394; OLG München ZMR 1995, 295, 296 – 1. Aufl. § 29 a aF Rn. 6.
[73] Irrig insoweit daher BT-Drucks. 13/5274 S. 35 [8] (dort bezogen aufs Ausland).
[74] Jüngstens den Überblick bei *Ebbing*, 2003, S. 168 ff. (allerdings oft doch recht großherzig!).
[75] Offengelassen in BGH NJW 1980, 2022, 2024 m. weit. Nachw. zum Streitstand – so wie hier *Baumbach/Lauterbach/Hartmann* Rn. 12; *Herbst* § 53 KWG Bem. 7.
[76] BT-Drucks. 13/5274 S. 35 aE [9] – Beispiel: OLG Hamm Rpfleger 2000, 547 (Prozeßfinanzierungsvertrag mit Schiedsgerichtsklausel).

§ 1030 34, 35 Buch 10. Abschnitt 2. Schiedsvereinbarung

wie auf Erteilung von **Zwangslizenzen** (§ 81 PatG);[77] macht man mit dem Grundsatz Ernst, dass ausschließliche Zuständigkeit (§ 65 Abs. 1 S. 1 PatG) keinerlei „Sperrwirkung" entfaltet (Rn. 15), muss dieses zwar auch hier gelten, sodass ganz generell kein Bereichsausschluss für Patentstreitigkeiten besteht; diese konkreten Verfahren indes sind wohl öffentlich-rechtlicher Natur[78] und schon infolgedessen nicht miteinbezogen (§ 1029 Rn. 76 ff. mit § 1025 Rn. 9).

34 **bb) Schiedsfähige Streitigkeiten: (1) Kartellrechtsstreitigkeiten,** nachdem Art. 2 § 19 SchiedsVfG die Bereichsausnahme des § 91 GWB ersatzlos beseitigt hat[79] und so mit dem berühmten Federstrich viel Literatur[80] zu Makulatur werden ließ. Heute ist die Sicht großzügiger.[81] Für alte Fälle soll das alte Recht zwar weitergelten (vgl. Art. 3 Abs. 1 SchiedsVfG), nichts hindert hierbei jedoch, die Schiedsabrede schlicht zu erneuern bzw. kurzerhand zu bestätigen (arg. § 141 BGB). **(2)** Streitigkeiten im **Insolvenzverfahren,** für welche der *Verwalter* eine Schiedsvereinbarung trifft; denn mag dies uU auch genehmigungsbedürftig sein (§ 160 Abs. 2 Nr. 3 aE InsO [bei „erheblichem Streitwert"]), wird die Außenwirksamkeit dadurch nicht berührt (§ 164 InsO).[82] Ein anderes Problem ist, ob der Gemeinschuldner vorab die Masse binden kann (dazu § 1029 Rn. 50 einerseits, Rn. 81 andererseits). Und persönlich anknüpfend: **(3) privatrechtliche Streitigkeiten des Bundes oder der Länder,** nachdem Art. 2 § 1 SchiedsVfG den bisher hemmenden Zustimmungsvorbehalt ebenfalls beseitigt hat. **(4)** Die Zuordnung, Reichweite und Übertragung von Geschäftsführungsbefugnissen iSv. §§ 114ff. HGB – auch soweit dies Dritte betrifft.[83]

35 Besonders zweifelhaft und umstritten ist die Schiedsfähigkeit von **(5) Beschlussmängelstreitigkeiten** bei AG und GmbH iSv. §§ 241ff. AktG.[84] Während der BGH[85] früher gesellschaftsrechtliche Anfechtungs- (§ 246 AktG) und Nichtigkeitsklagen (§ 249 AktG) gegen die Beschlüsse der Haupt- bzw. Gesellschafterversammlung generell für nicht schiedsfähig hielt, läuterte bzw. lockerte er zwischenzeitlich seine Ansicht recht beträchtlich: Schon gemäß § 1025 Abs. 1 aF seien die Beteiligten durchaus als objektiv wie subjektiv vergleichsbefugt anzusehen;[86] jedoch fehle die Schieds-

---

[77] Ebenso 1. Aufl. § 1025 aF Rn. 13 (3); *Schwab,* 3. Aufl., Kap. 4 IV 4 u. FS Henckel, 1995, S. 803, 805 (BPatG als Sondergericht); *Baumbach/Lauterbach/Hartmann* Rn. 12; *Thomas/Putzo/Reichold* Rn. 6; *Ochmann* GRUR 1993, 255, 257. Einschr. *Schulze,* 2003, S. 212ff.: zwar schiedsfähig, praktisch aber untauglich. Anders *Stein/Jonas/Schlosser* Rn. 3 bzw. *Schlosser* RIPS Rn. 317 u. FS Bülow, 1981, S. 189, 192f. (aF) bzw. VIV-Reihe XI (2000), S. 163, 182f. (nF); *Schwab/Walter* Rn. 4.11; *Pfaff,* FS Nagel, 1987, S. 286; *Zöller/Geimer,* 20. Aufl., § 1025 aF Rn. 45.
[78] *Mf. Wolf,* Gerichtsverfassungsrecht, § 9 IV 2; *Schilken,* Gerichtsverfassungsrecht, Rn. 415.
[79] Was allerdings recht kontrovers war: BT-Drucks. 13/5274 S. 71 u. S. 76 einerseits (Vorschlag der Bundesregierung [zu der „veränderten Rechtswirklichkeit" Rechnung tragen]); S. 74 andererseits (Kritik des Bundesrates [„wettbewerbspolitisch abzulehnen"]).
[80] Wegen altem Recht siehe m. weit. Nachw. 1. Aufl. § 1025 aF Rn. 13 bzw. 2. Aufl. Rn. 19 Fn. 17 – grundlegend aus der Rspr.: BGHZ 88, 314 = NJW 1984, 1355; WuW E 64, 877; OLG Frankfurt/Main GRUR 1985, 992 bzw. EuGH 1999 I, S. 3055 = EuZW 1999, 565 m. Anm. Spiegel („Eco Swiss").
[81] Hierzu näher jüngst *K. Schmidt* BB 2006, 1397; DIS XIX (2006), Schiedsgerichtsbarkeit und Kartellrecht; *Teufer,* Alternative Beilegung privater Wettbewerbsstreitigkeiten, 2006, S. 103ff.; *Bosch,* FS Bechtold, 2006, S. 59, 60–63 [II]; *Eilmansberger* SchiedsVZ 2006, 5; *Elsing/Gebhardt,* IDR 2005, 3; *Hermanns/Brück* SchiedsVZ 2004, 137; *Sachs* SchiedsVZ 2004, 123; *Günther,* FS Böckstiegel, 2001, S. 253. Vgl. auch erg. *Heukamp,* Schiedszusagen in der Europäischen Fusionskontrolle, 2005.
[82] Das verkennt die amtl. Begr., BT-Drucks. 13/5274 S. 35 aE [9] (zu § 133 Nr. 2 [iVm. § 136] KO); so wie hier *Musielak/Voit* § 1029 Rn. 5 aE.
[83] OLG Hamm NZG 1999, 1099 [I 2] (implizit) m. zust. Anm. *Ebbing.*
[84] Dazu jetzt ganz grundlegend BGHZ 132, 278, 281ff. (GmbH) = NJW 1996, 1753 (m. umf. weit. Nachw. pro et contra S. 280f. – Anm.: *Schlosser* JZ 1996, 1020; *Bosch* WiB 1996, 718–720; *Petermann* BB 1996, 277; *Ebenroth/Bohne* BB 1996, 1393; *Bredow* DStR 1997, 1653; *Ebbing* NZG 1998, 281; *Jäger* LM AktG § 248 Nr. 3; *Geimer* DZWiR 1997, 119; sowie bereits zuvor krit. *Timm* ZIP 1994, 445) gegen OLG Karlsruhe GmbHR 1995, 455 (Vorinstanz – Anm.: *Jäger* WiB 1995, 999) u. mit OLG Hamm NJW-RR 1987, 1319; GmbHR 1992, 759; 1995, 736, 737; ebenso danach OLG Celle NZG 1999, 167, 168 m. Anm. *Ebbing*; OLG Hamm NJW-RR 2000, 105, 106 [I 1] (obiter); OLG Köln NJW-RR 2000, 565, 567 [II 1] (obiter); OLG Köln SpuRt 2004, 110, 111 li. Sp. – abgrenzend OLG Düsseldorf ZIP 2004, 1956, 1960–1961 f. [I 2 c cc (3)] = GmbHR 2004, 572. – Dazu ausf. u. krit. *K. Schmidt* ZHR 162 (1998), 265 mit ZGR 1988, 523; JZ 1989, 1077; AG 1995, 551; ferner: *Bork* ZHR 160 (1996), 374 mit ZZP 100 (1987), 249, 266ff.; *Bender* DB 1998, 1900; *Lüke/Blenske* ZGR 1998, 253; *Chr. Berger* ZHR 164 (2000), 295 (kautelares Ausweichen!); *Bayer* ZIP 2003, 881; *Raeschke-Kessler* SchiedsVZ 2003, 145, 150–154 [VI 2] bzw. *Kornmeier,* 1982, S. 17ff. u. DB 1980, 193; *Vollmer,* Satzungsmäßige Schiedsklauseln, 1970, S. 68ff. u. ZGR 1982, 27.
[85] MDR 1951, 674; NJW 1966, 2055; 1979, 2567, 2569.
[86] BGHZ 132, 278, 281–285 [II 1–5] = NJW 1996, 1753; ebenso: OLG Düsseldorf ZIP 2004, 1956, 1960f. [I 2 c cc (2)] = GmbHR 2004, 572.

fähigkeit trotzdem, denn man könne die parteiübergreifenden Rechtskraftwirkungen des § 248 (Abs. 1 S. 1) AktG nicht analog bemühen und mithin nichts der großen Gefahr widersprechender Entscheidungen entgegensetzen.[87] Die Argumentation ist zutreffend – indes doch nur im Ergebnis: Die Vergleichsfähigkeit spielt keine Rolle (mehr), weil es sich um einen vermögensrechtlichen und also stets schiedsfähigen (Abs. 1 S. 1) Anspruch handelt.[88] Nach dem oben (Rn. 31) entwickelten Kriterium ist § 248 AktG aber keine Norm iSv. Abs. 3, die unmittelbar und eindeutig die konkrete Schiedsfähigkeit tangiert. *Dogmatisch* würde mithin nichts einem Schiedsverfahren widersprechen.[89]

Ein derartiger Schiedsspruch nützt allerdings *praktisch* wenig, weil § 1055 hier nur „unter den Parteien" rechtskraftgleiche Wirkungen erzeugt, also nur inter partes und nicht wie § 248 Abs. 1 S. 1 AktG „für und gegen alle ... [Beteiligten] ..., auch wenn sie nicht Partei sind", also damit: erga omnes.[90] Ein staatliches Gericht wird darum bei einer Divergenz(-gefahr?) regelmäßig die Aufhebung verfügen (§ 1059 Abs. 2 Nr. 2b [statt Nr. 2a]) bzw. die Vollstreckung verweigern (§ 1060 Abs. 2 – Präklusion droht hierbei nicht!). Ein Schiedsverfahren bringt somit also nur dann etwas, wenn sich alle Betroffenen daran beteiligen,[91] ausnahmsweise in mehreren Verfahren trotz meist divergierender Besetzung (§§ 1034 ff.) inhaltlich gleiche Schiedssprüche ergehen[92] oder nur eine einzige Klage ansteht.[93] Für eine subjektive Rechtskrafterstreckung erscheint kein Raum.[94] Bei **Feststellungsstreitigkeiten** *zwischen einzelnen Gesellschaften* – streng inter partes –, zB darüber, ob jemand Gesellschafter geworden ist, bestehen diese Probleme nicht; sie wurden daher auch schon früher für insgesamt schiedstauglich angesehen.[95]

36

§ 1031 Form der Schiedsvereinbarung

(1) Die Schiedsvereinbarung muss entweder in einem von den Parteien unterzeichneten Dokument oder in zwischen ihnen gewechselten Schreiben, Fernkopien, Telegrammen oder anderen Formen der Nachrichtenübermittlung, die einen Nachweis der Vereinbarung sicherstellen, enthalten sein.

(2) Die Form des Absatzes 1 gilt auch dann als erfüllt, wenn die Schiedsvereinbarung in einem von der einen Partei der anderen Partei oder von einem Dritten beiden Parteien übermittelten Dokument enthalten ist und der Inhalt des Dokuments im Falle eines nicht rechtzeitig erfolgten Widerspruchs nach der Verkehrssitte als Vertragsinhalt angesehen wird.

(3) Nimmt ein den Formerfordernissen des Absatzes 1 oder 2 entsprechender Vertrag auf ein Dokument Bezug, das eine Schiedsklausel enthält, so begründet dies eine Schiedsvereinbarung, wenn die Bezugnahme dergestalt ist, dass sie diese Klausel zu einem Bestandteil des Vertrages macht.

(4) Eine Schiedsvereinbarung wird auch durch die Begebung eines Konnossements begründet, in dem ausdrücklich auf die in einem Chartervertrag enthaltene Schiedsklausel Bezug genommen wird.

---

[87] BGHZ 132, 278, 285–290 [II 6] = NJW 1996, 1753; abgrenzend: OLG Düsseldorf ZIP 2004, 1956, 1961 f. [I 2 c cc (3)] = GmbHR 2004, 572 (m. zust. Anm. *Römermann*, S. 581, 583/583).
[88] BGH NJW 1982, 1525; *Thomas/Putzo/Reichold* Einl. IV Rn. 2 aE. Die Vorbehalte bei BT-Drucks. 13/5274 S. 35 li. Sp. [4] sind darum nicht ganz verständlich.
[89] So wie hier *Raeschke-Kessler* SchiedsVZ 2003, 145, 151 f. [IV 2 b].
[90] So wie hier OLG Köln SpuRt 2004, 110, 111 li. Sp. Vergleichbar die Problemlage bei § 183 Abs. 1 InsO.
[91] Dies bejaht (obiter) auch BGHZ 132, 278, 290 [II 6b]. Denkbar wären uU dabei satzungsmäßige bzw. vertragliche Teilnahmepflicht und schiedsrichterliches Versäumnisverfahren (§ 1048). Vgl. dazu erg. auch *Bork* ZHR 160 (1996), 374, 382 f.; *Timm* ZIP 1996, 445, 448; *Lüke/Blenske* ZGR 1998, 253, 299 ff.; *K. Schmidt* ZHR 162 (1998), 265, 286 f.; *Bender* DB 1998, 1900, 1901–1903; *Zilles* RPS 1999 I S. 2 ff.; *Vetter* DB 2000, 705, 706–708; *Loritz*, FS Geimer, 2002, S. 569, 576 f. mit. S. 578/579. Noch großzügiger hier: *Ebbing* NZG 1998, 281, 285–287 (Rechtskrafterstreckung); *Ebenroth/Bohne* BB 1996, 1393, 1396 f. (§§ 66, 69 analog); *Schlosser* JZ 1996, 1020, 1022 (Drittantragsrechte).
[92] Weitergehend *Geimer*, FS Schlosser, 2005, S. 197, 212–214 [VI 3] im Anschluss an *Schlosser*, FS Geimer, 2002, S. 947: schiedsrichterliche Beiladungsbefugnis[?].
[93] OLG Düsseldorf ZIP 2004, 1956, 1961/1962 [I 2 c cc (3.2)] = GmbHR 2004, 572 (m. zust. Anm. *Römermann*, S. 581, 583/583); OLG Hamburg SchiedsVZ 2004, 266, 268 [II 1 b bb (2)].
[94] AA *Schlosser* JZ 1996, 1020, 1022 – soweit neutrale Schiedsrichterbestellung garantiert ist.
[95] BGH NJW 1979, 2567, 2569 (GmbH).

§ 1031

(5) ¹Schiedsvereinbarungen, an denen ein Verbraucher beteiligt ist, müssen in einer von den Parteien eigenhändig unterzeichneten Urkunde enthalten sein. ²Die schriftliche Form nach Satz 1 kann durch die elektronische Form nach § 126a des Bürgerlichen Gesetzbuchs ersetzt werden. ³Andere Vereinbarungen als solche, die sich auf das schiedsrichterliche Verfahren beziehen, darf die Urkunde oder das elektronische Dokument nicht enthalten; dies gilt nicht bei notarieller Beurkundung.*

(6) Der Mangel der Form wird durch die Einlassung auf die schiedsgerichtliche Verhandlung zur Hauptsache geheilt.

Schrifttum: *Adolphsen*, Internationale Dopingstrafen, 2003, S. 539–564; *Baldus*, Der elektronisch geschlossene Vertrag mit Schiedsabrede, 2004, S. 16–103; *K. P. Berger*, Zur Geltung einer Schiedsabrede kraft Handelsbrauchs, DZWiR 1993, 466; *Böckstiegel*, Abschluß von Schiedsverträgen durch konkludentes Handeln oder Stillschweigen, FS Bülow, 1981, S. 1; *Epping*, Die Schiedsvereinbarung im internationalen privaten Rechtsverkehr..., 1999, S. 59 ff. u. S. 129 ff.; *Geis*, Rechtssicherheit der digitalen Kommunikation durch Schiedsverfahren, RPS 1996 II, S. 12; *Gildeggen*, Internationale Schieds- und Schiedsverfahrensvereinbarungen in Allgemeinen Geschäftsbedingungen vor deutschen Gerichten, 1991; *Haas*, Zur formellen und materiellen Wirksamkeit des Schiedsvertrages, IPRax 1993, 382; *Hochbaum*, Mißglückte internationale Schiedsgerichtsvereinbarungen, 1995; *Kaplan*, Is the Need for Writing as Expressed in the New York Convention and the Model Law out of Step with Commercial Practice?, Arb. Int. 12 (1996), 27; *Mezger*, Wirksamkeit von Schiedsvereinbarungen öffentlicher Anstalten, NJW 1962, 1803; *Roth*, Schiedsklauseln in Gesellschaftsverträgen, FS Nagel, 1987, S. 318; *Schiffer*, Erbrechtliche Gestaltung: Letztwillige Schiedsklauseln – Möglichkeiten und Hinweise, RPS 1995 I, S. 2; *K. Schmidt*, Heilung, Neuabschluß und Erklärungsbewußtsein beim Schiedsvertrag, MDR 1972, 989; *ders.*, Präklusion und Einlassung auf die schiedsgerichtliche Verhandlung zur Hauptsache – Vertragsdenken und Prozeßdenken in der jüngeren Praxis, FS Nagel, 1987, S. 373; *Thümmel*, Die Schiedsvereinbarung zwischen Formzwang und favor validitatis ..., FS Schütze, 1999, S. 935; *Tröder*, Die Einbeziehung von Schiedsabreden in notariellen Urkunden, MittRhNotK 2000, 379; *Wackenhuth*, Zur Behandlung der rügelosen Einlassung in nationalen und internationalen Schiedsverfahren, KTS 1985, 425; *ders.*, Ersetzbarkeit der Formerfordernisse des Art. 2 Abs. 2 des UN-Übereinkommens durch Klageerhebung und rügelose Einlassung vor dem Schiedsgericht?, RIW/ADW 1985, 568; *ders.*, Die Schriftform für Schiedsvereinbarungen nach dem UN-Übereinkommen und Allgemeine Geschäftsbedingungen, ZZP 99 (1986), 445; *Wiesen*, Schiedsklauseln in notariellen Verträgen, MittRhNotK 1996, 165.

Übersicht

	Rn.		Rn.
I. Normzweck	1–9	3. Bezugnahme (Abs. 3)	37–41
1. Regelungsansatz	1–3	4. Konnossemente (Abs. 4)	42, 43
2. Schiedsvereinbarung und Gerichtsstandsklausel	4, 5	**IV. Verschärfungen bei Verbraucherbeteiligung (Abs. 5)**	44–61
3. Regelungszwecke	6–9	1. Grundsatz	44, 45
II. Grundlagen	10–29	2. Subjektive Qualifikation	46–52
1. Wirksamkeitsform	10–12	a) Gesetzesgenese	46
2. Reichweite	13–19	b) Verbraucherbegriff	47–51
a) Objektiv	13–15	c) Schiedsbindung	52
b) Ausnahmebereich: Außervertragliche Schiedsgerichte	16	3. Objektive Qualifikation	53–61
		a) Schriftform (S. 1, 2. Halbs.)	53–55
c) Subjektiv	17–19	b) Surrogatformen	56–58
3. Internationale Ausstrahlung	20–26	c) Eigenständigkeit (S. 3, 1. Halbs.)	59–61
a) Inländischer Schiedsort	20, 21	**V. Heilung durch Einlassung (Abs. 6)**	62–70
b) Ausländischer Schiedsort	22–25	1. Allgemeines	62–64
c) Unbestimmter Schiedsort	26	2. Tatbestand: Einlassung zur Hauptsache	65–67
4. Schriftformgebot	27–29	3. Rechtsfolge: Heilung des (Form-)Mangels	68–70
III. Erleichterungen im Geschäftsverkehr (Abs. 1–4)	30–43	a) Zeitlich	68
1. „Schriftwechsel" (Abs. 1, 2. Var.)	30, 31	b) Sachlich	69, 70
2. Verkehrssitte bzw. Handelsbrauch (Abs. 2)	32–36		

---

* Abs. 5 S. 3 idF des SchiedsVfG v. 22. 12. 1997 (BGBl. I S. 3224) mit Wirkung zum 30. 6. 2000 aufgehoben durch Art. 9 Nr. 7 des G über Fernabsatzverträge v. 27. 6. 2000 (BGBl. I S. 897). Abs. 5 dann völlig neu gefaßt mit Wirkung vom 21. 12. 2001 (Art. 5) durch das G über rechtliche Rahmenbedingungen für den elektronischen Geschäftsverkehr (EGG) vom 14. 12. 2001 (BGBl. I S. 3721 [Art. 2]).

I. Normzweck

1. Regelungsansatz. Die Schiedsvereinbarung ist schon inhaltlich durch §§ 1029, 1030 beschrieben, § 1031 erweitert das um die **Formalien der Schiedsvereinbarung**. Die Regelung folgt partiell Art. 7 Abs. 2 ModG, welcher aber zunächst ganz allgemein Schriftform erfordert (S. 1: „The arbitration agreement shall be in writing." – so wie auch übrigens noch § 1030 Abs. 1 S. 1 DiskE), dann freilich genauso autonom ausfüllt, was hierunter zu verstehen sei (S. 2, 1. u. 2. Var. [Abs. 1] in Anlehnung an Art. II Abs. 2 UNÜ;[1] S. 3 [Abs. 3] – S. 2, 3. Var. [Formwahrung] entspricht dann weitgehend Abs. 6 nF bzw. § 1027 Abs. 1 S. 2 aF [Formheilung], Rn. 62 ff.): sog. „doppelte" Schriftform – sie trifft *beide* Seiten! Nationale Eigenwege sind demgegenüber aber Abs. 2 und Abs. 4, die im Verhältnis zu Abs. 1 weiter erleichternd wirken, weil sie sich mit sog. „halber" Schriftform begnügen, und anderseits Abs. 5 als verschärfte Formpflicht bei Verbrauchergeschäften. 1

Die Neuregelung verändert in dreierlei Beziehungen den Fokus gegenüber bislang geltendem Recht: (1) personell mit dem Überwechseln von der Vollkaufmanns- zur **Verbraucheranknüpfung** (Abs. 5), die jetzt zum maßgebenden Differenzierungskriterium emporsteigt (und insoweit viele Elemente aus § 1027 Abs. 1 S. 1 aF übernimmt); (2) normativ durch **originäre Begriffsbildung** (Abs. 1–4 u. Abs. 5 S. 1), ohne dass noch ein Rückgriff auf BGB oder HGB hier unbedingt notwendig wäre; (3) inhaltlich, durch einen **„gezähmten Formrigor"**, dh. durch den generellen Ausschluss lediglich mündlicher Schiedsvereinbarungen,[2] wie sie § 1027 Abs. 2 aF idF von 1933 dem wirklichen Handelsverkehr gestattete; davor bestand sogar allumfassend noch Formfreiheit (§ 859 CPO bzw. § 1027 ZPO)!³ 2

Trotz der jetzt verordneten generellen Schriftform zielt doch die Neuregelung per saldo auf **formale Vereinfachung**, weil ihr dazu – zumindest im Grundsatz bzw. für den Geschäftsverkehr (Abs. 1–4) – jeglicher schriftliche Nachweis ausreicht. Heilung erscheint ebenfalls möglich (Abs. 6). Sie sollte ursprünglich jedoch allein Verbrauchergeschäften gelten (Abs. 5), dafür aber ModG-konform formuliert sein (Abs. 5 S. 3 DiskE); damit wäre der Pfad indes verlassen worden, welchen das ModG vorgibt – es regelt ja lediglich gewerbliche Geschäfte – und zusätzlich ein offenbarer Wertungswiderspruch entstanden: Wieso sollte gerade beim Erfahreneren die prozessual erfolgte Einlassung letzthin weniger Wirkung zeigen? Diesen unschönen Lapsus hat hier der RegE glücklich noch beseitigt. Strenge Schriftlichkeit scheint systematisch nun nurmehr als Ausnahmefall.⁴ 3

2. Schiedsvereinbarung und Gerichtsstandsklausel. Insgesamt fällt doch auf, dass die Parteien erheblich einfacher die staatliche Gerichtsbarkeit *derogieren* können (§§ 1029–1031) als innerhalb der staatlichen (Eingangs-)Gerichte verbindlich zu *prorogieren* (§ 38 mit § 40 Abs. 1 u. Abs. 2 S. 1). Verblüffend ist dabei nicht das **Formgefälle** – materiell dagegen besteht großteils Deckung: erfasst werden vermögensrechtliche Ansprüche (§ 40 Abs. 2 S. 1, 1. Halbs. bzw. § 1030 Abs. 1 S. 1) aus bestimmten Rechtsverhältnissen (§ 40 Abs. 1 bzw. § 1029 Abs. 1); dass der Gesetzgeber die Ausschließlichkeit besonderer Gerichtsstände im Zuständigkeitsrecht geachtet wissen will (§ 40 Abs. 2 S. 1, 2. Halbs.), das vermag man leicht nachzuvollziehen, ohne dass sich die schiedsverfahrensrechtliche Parallele unmittelbar aufdrängt (§ 1030 Rn. 3 aE). Ferner findet § 1031 Abs. 5 in § 39 S. 1 dazuhin ein Pendant. 4

Die **Gerichtsstandsvereinbarung** ist klassisch „kaufmannsorientiert" gestattet, alsdann aber formlos auch möglich (§ 38 Abs. 1), und wird sonst eher zurückgedrängt (§ 38 Abs. 2 u. Abs. 3 Nr. 1); dabei unterliegt schon § 38 verschiedenen Verwerfungen mit Blick auf Art. 23 Abs. 1–3 Brüssel I-VO. Die **Schiedsvereinbarung** kommt da schon moderner daher; sie fordert als Standard ein Minimum an Förmlichkeit (Abs. 1–4) und ist zusätzlich „verbraucherorientiert" verschärft (Abs. 5). Beide Male ist insoweit Schriftform verlangt (§ 1031 Abs. 5 bzw. § 38 Abs. 3, 2. Var.), hier zusätzlich noch Eigenständigkeit (§ 1031 Abs. 5 S. 3), dort ergänzend bloß Ausdrücklichkeit (§ 38 Abs. 3, 1. Var.), die kaum denselben Warneffekt erbringen kann. Dafür können indes ebenso zukünftige Streitigkeiten einbezogen werden (§ 1029 Abs. 1 bzw. § 38 Abs. 3 Nr. 1). 5

3. Regelungszwecke. Genetisch verläuft eine spürbare Trennlinie zwischen Abs. 1–4 einerseits ([Modell-]Übernahme bzw. [eigene] Ergänzung) und Abs. 5/6 anderseits (Altbestände); die 6

---

[1] Alle Auslegungsprobleme dort (*Nestor*-Bericht Nr. 109 = UNCITRAL Yb. III [1972] S. 193, 223–225; Sekretariatsstudie Nr. 19 ff. = *Holtzmann/Neuhaus* S. 264–267) waren hier jetzt tunlichst zu vermeiden (1ˢᵗ SN Nr. 24, 43 = *Holtzmann/Neuhaus* S. 268, 270; 1ˢᵗ WGR Nr. 23 = *Holtzmann/Neuhaus* S. 276; 7ᵗʰ SN Art. 7 Nr. 7 f. = *Holtzmann/Neuhaus* S. 291).
[2] *Thomas/Putzo/Reichold* Rn. 2; *Zimmermann* Rn. 1; *Zöller/Geimer* Rn. 5 mit Rn. 18.
[3] Dazu näher noch Mot. S. 472 f. = *Hahn* S. 491.
[4] *Voit* JZ 1997, 120, 121 li. Sp.

§ 1031   7–10   Buch 10. Abschnitt 2. Schiedsvereinbarung

Systematik ist demgegenüber auf eine Trias ausgerichtet, weil die **Heilungsmöglichkeit (Abs. 6)** beide anderen Fälle bedenkt, nämlich: **privaten Endverbrauch (Abs. 5)** und – sozusagen in Umkehrung – **gewerbliche Geschäfte (Abs. 1–4)**.

7   **Schiedsvereinbarungen *mit* Verbraucherbeteiligung:** Die verstärkten Formvorgaben des Abs. 5 (in Anlehnung an § 1027 Abs. 1 S. 1 aF) sollen eventuellen Missbräuchen gegenwirken, insbesondere rechtlich Unerfahrenen („Verbrauchern") schützend beispringen[5] **(Schutzfunktion)** und die weitreichende Tragweite vor dem Entschluss verdeutlichen[6] **(Warnfunktion)**.[7] Abs. 5 schützt also sehr gezielt Verbraucher vor Überraschung und Überrumpelung; er will ihnen präzis vor Augen führen, dass man „auf die Entscheidung eines evtl. Rechtsstreits durch die staatlichen Gerichte verzichtet":[8] dies leisten hier Schriftlichkeit (S. 1) *plus* Eigenständigkeit (S. 3). Der Verbraucherschutz verläuft jenseits der ModG-Vorgabe.[9]

8   **Schiedsvereinbarungen *ohne* Verbraucherbeteiligung:** Im Geschäftsleben erfahrene Parteien schließen hingegen Schiedsvereinbarungen aus Gründen der Beweisbarkeit und auch der Klarstellung meist schon von sich aus schriftlich **(Beweisfunktion)**;[10] dies entspricht auch einem gewissem internationalem Standard (Art. II Abs. 2 UNÜ). Dazu kommt noch die Sicherstellung tatsächlicher Parteieinigung,[11] die quasi Warnung und Beweis in eins bringt, sowie allgemein das öffentliche Interesse an eindeutiger Abgrenzung zwischen Schieds- und Staatsgerichtsbarkeit[12] **(Rechtssicherheit)**. Doch steuert hier jeweils die Heilungsmöglichkeit des Abs. 6 dagegen, der beizeiten formbezogene Unklarheiten vermeiden hilft.[13]

9   Die nach § 1027 Abs. 2 aF noch eröffnete Möglichkeit vollständig formloser Schiedsvereinbarungen unter Vollkaufleuten (2. Aufl. Rn. 8) hat wegen der im Einzelfall oft schwierigen – ferner inzwischen handelsrechtlich längst überholten – Abgrenzung zwischen Voll- und Minderkaufleuten früher eher Streit über die Wirksamkeit mündlich geschlossener Verträge provoziert anstatt weitergehend zu vereinfachen.[14]

II. Grundlagen

10   **1. Wirksamkeitsform.** Alle Formerfordernisse (Abs. 1–4 bzw. Abs. 5) sind Wirksamkeitsformen,[15] also nicht lediglich eine bloße Beweiserleichterung (arg. § 1027 Abs. 3 aF e contrario), sie meinen den Inhalt, nicht etwa das „nackte Faktum" der Schiedsvereinbarung.[16] **Nichtachtung bewirkt Ungültigkeit**, so wie nach § 125 S. 1 BGB, ohne dass aber dafür ein Rückgriff darauf notwendig ist. Wer sich auf eine Schiedsvereinbarung beruft, der muss immer auch die Formwirksamkeit darlegen und beweisen. § 1031 bestimmt eigenständig die Voraussetzungen wirksamer Schiedskompetenz – fehlen sie, bewegt sich nichts, dh. die reguläre Zuständigkeit staatlicher Gerichte bleibt bestehen. Das folgt zudem aus § 1059 Abs. 2 Nr. 1 a, der unerbittlich Formwahrung einfordert (Rn. 20 f.).

---

[5] BGH IPRspr. 1998 Nr. 209 a, S. 417, 418 („Schutzvorschrift"); KTS 1980, 241, 244; BGHZ 71, 162, 165 aE = NJW 1978, 1585; BGHZ 38, 155, 164 aE; 36, 273, 278; RGZ 146, 52, 55 (Schutz „Minderbewanderter") – ferner: *Schwab/Walter* Rn. 5.0.

[6] Das ergänzend bei BGHZ 71, 162, 166 = NJW 1978, 1585 mit BGHZ 38, 155, 165 – ferner: *Schütze/Tscherning/Wais* Rn. 65.

[7] *Thümmel*, FS Schütze, 1999, S. 935, 942; *Stein/Jonas/Schlosser* Rn. 10. Generell dazu kritisch: *K. Schmidt* JZ 1989, 1077, 1081; *Voit* JZ 1997, 120, 121.

[8] BT-Drucks. 13/5274 S. 37 re. Sp. [10].

[9] ..., die bloß der internationalen Handelsschiedsgerichtsbarkeit gilt (§ 1025 Rn. 2 versus Rn. 3 f. mit Vor § 1025 Rn. 118 einerseits, § 1025 Rn. 5 andererseits).

[10] 1. Aufl. § 1027 aF Rn. 1; *Lindacher*, FS Habscheid, 1989, S. 167, 168; *Thümmel*, FS Schütze, 1999, S. 935, 943/944.

[11] So (freilich zu Art. II Abs. 2 UNÜ) sehr pointiert etwa *Lindacher*, FS Habscheid, 1989, S. 167–169 mit S. 169, 170: „Garantiefunktion" u. *Wackenhuth* ZZP 99 (1986), 445, 454; RIW 1985, 568, 569 f.: „Indizierungsfunktion" – krit. *Schlosser* RIPS Rn. 378. Jüngst ähnlich jedoch wohl BGH NJW 2000, 1713 [II 2 vor a aE] (zu § 1027 aF).

[12] BGHZ 36, 273, 278; 38, 155, 165; OLG Koblenz NJW-RR 1996, 970; OLG Hamm OLGR 2006, 527 [I].

[13] BT-Drucks. 13/5274 S. 37 re. Sp. [12].

[14] Vgl. *Zerbe*, 1995, S. 140 f. im Anschluß an *Mezger* NJW 1962, 1803, 1804 (rechtspolitische Verfehltheit); *Schütze/Tscherning/Wais* Rn. 77 („mehr Schaden als Nutzen"); BT-Drucks. 13/5274 S. 36 re. Sp. [3] mit Kom.-Ber. S. 98/99 (kein echtes Bedürfnis).

[15] *Thomas/Putzo/Reichold* Rn. 1; *Zimmermann* Rn. 1 mit Rn. 5 aE (§ 125 BGB); *Zöller/Geimer* Rn. 39; *Baumbach/Lauterbach/Hartmann* Rn. 10; mißverständlich *Musielak/Voit* Rn. 1 gegen Rn. 16!

[16] Unnötigerweise problematisiert bei *Winkler/Weinand* BB 1998, 567, 601.

Die Formwahrung ist selbstredend dabei gleichfalls **zwingendes Recht**.[17] Auch § 242 BGB kann hierbei keine Hilfe leisten, da eine prozessuale „Wirkform" einzuhalten ist![18] Allerdings kommt **Heilung** kraft Einlassung (Abs. 6, Rn. 62 ff.) jeweilig in Betracht, sodass eine Hintertüre noch offensteht; gleichfalls steht Nachholung offen.[19] Diskutiert wird allerdings, ob **materielle Formpflichten** für das streitbefangene Rechtsverhältnis (zB §§ 311 b, 518 Abs. 1 S. 1 BGB) auf die prozessuale Schiedsbindung „durchschlagen",[20] womit etwa die Schiedsklausel eines Grundstückskaufvertrages beurkundungspflichtig würde (§ 311 b Abs. 1 BGB). 11

Das erscheint nicht lediglich als (materielle) Frage der Reichweite der Formpflicht, das berührt genauso das Verständnis der Schiedsvereinbarung als Prozessvertrag (§ 1029 Rn. 13) und die Gleichbehandlung von Klausel und Abrede durch § 1031 (arg. „Vereinbarung" [iVm. § 1029 Abs. 2]). Die Schiedsvereinbarung ist eben nicht eine (prozessuale) Nebenabrede zum (materiellen) Hauptgeschäft, sondern folgt insoweit (§ 1029 Rn. 14) gänzlich eigener Regel: *Prozessual* ist maßgeblich nur § 1031. Schiedsvereinbarung und materieller Hauptvertrag durchleben ein insgesamt getrenntes Schicksal und sind voneinander ganz unabhängig (arg. § 1040 Abs. 1 S. 2 bzw. § 1029 Rn. 8); die Anwendung des § 139 BGB ist ausgeschlossen. 12

2. Reichweite. a) Objektiv. Die Form des § 1031 Abs. 1–5 gilt pauschal „der **Schiedsvereinbarung**"; sie umfasst mithin das alles, was § 1029 Abs. 1 als absolut notwendig fordert, im Unterschied zu zusätzlichen Verfahrensvereinbarungen – selbständige wie bezugnehmende (§ 1042 Abs. 3 **[dort Rn. 77]**) –, die zusätzlich noch beigegeben sind.[21] Auch jedenfalls notwendige Regelungen, wie zB zum Schiedsort (§ 1043 Abs. 1) und auch zur Sprache des Schiedsverfahrens (§ 1045 Abs. 1), rechnen nicht hierher.[22] Alles andere ließe zu viele Unklarheiten offen; § 1029 Abs. 1 hingegen umschreibt prägnant den nötigen *„cadre naturel"*, die wenigen **essentialia negotii,** die hier formwahrend festzulegen sind. 13

Nachträgliche **Änderungen** und Ergänzungen unterfallen ohne weiteres wiederum bloß § 1031 Abs. 1–5, wobei eine **Bezugnahme** aber statthaft erscheint; es ist also nicht etwa das ganze Geschäft zu erneuern.[23] Ebenfalls ist **Auslegung** bei formgerecht gegebenen Andeutungen statthaft (§ 1029 Rn. 105 ff.). Der Formzwang ergreift ergänzend den Schieds-Vorvertrag,[24] nicht aber die Aufhebung der Schiedsvereinbarung (§ 1029 Rn. 120). 14

Die Parteien *dürfen* insoweit natürlich mehr festlegen – sie *müssen* aber nicht! Dies gilt quantitativ (zusätzliche Nebenabreden) wie qualitativ (gesetzliche Schriftform), was dann auf § 126 Abs. 1 u. 2 iVm. § 125 S. 2 BGB hinführt. Eine **Schriftformklausel** wird dazuhin allerdings für die Beweislast wichtig. Der Hauptvertrag bleibt im Prinzip eigenständig. Das liegt bei einer Abrede (§ 1029 15

---

[17] *Baumbach/Lauterbach/Hartmann* Rn. 10; *Hußlein-Stich,* 1990, S. 40 zu Art. 7 Abs. 2 ModG; *Labes/Lörcher* MDR 1997, 420, 421. Vgl. auch erg. noch OLG Koblenz NJW-RR 1996, 970 („strenge Formvorschrift").
[18] AA BGH NJW-RR 1987, 1194, 1195; NJW 1998, 371 [I 1]; *Musielak/Voit* Rn. 16.
[19] So BGH NJW 1998, 371, 372 (obiter): möglich bis zur letzten mündlichen Verhandlung – aber: § 1047 Abs. 1!
[20] Verneinend: BGHZ 69, 260, 263–265; *Schwab/Walter* Rn. 5.2 aE; *von Trotha* DB 1988, 1367, 1371 f.; *Schütze* BB 1992, 1877, 1878; *Lachmann/Lachmann* BB 2000, 1633, 1635 f. [I 5 a dd] u. SchiedsVZ 2003, 28, 33 [IX 3]; *Ebbing,* Private Zivilgerichte …, 2003, S. 129 f.; *Lüttmann/Breyer* ZZP 119 (2006), 475, 477–479; *Jauernig/Stadler* § 311 b BGB Rn. 19; *Stein/Jonas/Schlosser* Rn. 11; vgl. auch erg. RGZ 140, 149, 150 (Parallele: Prorogation).
Bejahend: OLG Koblenz AcP 150 (1949), 456; *Haegele* KTS 1958, 133, 135; *Wagner,* Prozeßverträge, 1998, S. 583 mit S. 287 ff. (289 f.) m. weit. Nachw.: MünchKommBGB/*Kanzleiter* § 311 b BGB Rn. 55; *Staudinger/Wufka* (2006) § 311 b BGB Rn. 196; *Tröder* MittRhNotK 2000, 379, 381 [3 b]; *Wolfsteiner* ZNotP Beil. 1/2000 S. 5; *Schmitz* RNotZ 2003, 591, 602 f. [B IV 3 a]; *Zöller/Geimer* Rn. 48 mit Rn. 16.
[21] Dies entspricht wohl 4th SN Nr. 12–14 = *Holtzmann/Neuhaus* S. 284. Ebenso *Sareika* ZZP 90 (1977), 285, 293 f.; *Schlosser* RIPS Rn. 259 u. 452 mit FS Rammos, 1979, S. 797, 806 ff. bzw. *Stein/Jonas/Schlosser* Rn. 1 [1. Abs.], 11 mit § 1029 Rn. 3 [4. Abs.]; *Holtzmann/Neuhaus* S. 261/262; *Epping,* 1999, S. 62 f., 63; *Musielak/Voit* Rn. 2 mit Rn. 12; OLG München OLGR 2007, 680, 681, 682 [II 2 a]; OLG Hamburg SchiedsVZ 2004, 266, 268 [II 1 b bb (1) aE]; BayObLGZ 1999, 255, 265; OLG Hamm WM 1972, 984, 986; OLG Stuttgart JW 1938, 972.
Anders 1. Aufl. § 1027 aF Rn. 6, *Tröder* MittRhNotK 2000, 379, 381 [3 b], *Staudinger/Wufka* (2006) § 311 b BGB Rn. 196 u. 69. *Lachmann* SchiedsVZ 2003, 28, 33 [IX 2]; unklar *Baumbach/Lauterbach/Hartmann* Rn. 1 einerseits, Rn. 10 andererseits, aber letztlich auch BGH NJW 1994, 2155, 2156 (zumindest nach Formzwang „nach Abschluß eines wirksamen Schiedsvertrages"); differenzierend *Schmitz* RNotZ 2003, 591, 598/599 [B III 2] mit S. 603 [B IV 3 b]: *wesentliche* Abweichungen formpflichtig – vor allem bei Beteiligung von Verbrauchern (S. 601/602 [B IV 2]), nicht aber bei Inbezugnahme *institutioneller* Schiedsordnung (S. 603/604 [B IV 3 b]).
[22] Anders IPRG/*Wenger* Art. 178 Rn. 9.
[23] BayObLGZ 1989, 255, 265 (Sonderfall: ältere – formfrei noch mögliche – Abrede).
[24] *Schütze/Tscherning/Wais* Rn. 74 mit BGHZ 61, 48 (Jagdpacht); uU auch so BayObLG MDR 2001, 780 (Hauptvertrag?).

§ 1031 16–20   Buch 10. Abschnitt 2. Schiedsvereinbarung

Abs. 2, 1. Var.) offen zutage, bei Vereinbarungen in Klauselgestalt (§ 1029 Abs. 2, 2. Var.) sind allemal Wechselwirkungen aber möglich: es findet ja dabei Zusammenfassung statt – letzthin eben auch förmlich! –, sodass dann faktisch doch die jeweils „stärkere Form" am Ende Oberhand gewinnt.

16   **b) Ausnahmebereich: Außervertragliche Schiedsgerichte.** Die Bindung muss Wirkung einer **Parteivereinbarung** sein. Für Schiedsgerichte, die durch letztwillige Verfügungen eingesetzt werden, und sonstige nicht auf Grund Vereinbarung wirkende Schiedsgerichte (§ 1066, dort Rn. 4 f. u. 14), gelten eigene Regeln. Trotz der generellen Verweisung des § 1066 auf §§ 1025 ff. ist § 1031 Abs. 1–5 seinem Sinn und Zweck nach nicht anwendbar auf Schiedsgerichte, die kraft autonomer Satzungsgewalt von Körperschaften oder auf Grund einseitiger Anordnung des Erblassers begründet werden[25] – § 1031 betrifft nur, was wirklich zuvor ausgehandelt wurde (arg. Abs. 2: „von der einen Partei der anderen Partei" bzw. Abs. 5 S. 1: „den Parteien"), und § 1066 verordnet auch lediglich eine *entsprechende Anwendung.* Insbesondere bleiben auch künftig satzungsmäßige Schiedsklauseln, als lediglich einseitig verordnet, vom „Formrigor" gänzlich „verschont" (§ 1066 Rn. 14). Ausgenommen sind ferner auch, kraft positiver Regel, **arbeitsrechtliche Schiedsgerichte** (§ 101 Abs. 3 ArbGG), für die eigene (Form-)Vorgaben gelten (§ 101 Abs. 1 bzw. Abs. 2 ArbGG), sowie Schiedsgutachtenvereinbarungen (Vor § 1025 Rn. 39 ff.) und Schlichtungsabreden.[26]

17   **c) Subjektiv.** Die Schiedsvereinbarung ist dazu stets eine **Parteivereinbarung,** wer sich binden will, muss auch ersichtbar (Urkunds-)Aussteller sein (Abs. 1, 1. Halbs. bzw. Abs. 5 S. 1: „von den Parteien"). **Ausreichend ist Zurechnung** (§ 164 Abs. 1/3 BGB), Vertretung also nicht etwa unzulässig,[27] wenn sie bloß offengelegt wird (Vertretungszusatz; Unterschrift mit fremdem Namen[28]) und natürlich entsprechend abgedeckt ist. Eine Bevollmächtigung kann idR formfrei erfolgen (§ 167 Abs. 2 BGB), anders zum Schutz vor Umgehung bei einer unwiderruflichen Bevollmächtigung durch Verbraucher (arg. Abs. 5).[29]

18   Eine **Zession** lässt die mit dem Hauptvertrag verbundene Schiedsvereinbarung ohne weiteres mit übergehen (arg. ex § 401 Abs. 1 BGB, vgl. § 1029 Rn. 46 f.); der Abtretungsvertrag wird nicht etwa formbedürftig, es bedarf auch keines gesonderten – nach § 1031 Abs. 1–5 dann formpflichtigen – Beitritts.[30] Beim materiellen **Vertrag zugunsten Dritter** mit Schiedsklausel wird an jene handelnden Vertragsparteien angeknüpft,[31] der Dritte ist an die gegebene Schiedsvereinbarung gebunden. Nicht möglich ist aber die prozessuale **Abrede zugunsten Dritter** – auch nicht bloß als eine zweite, zusätzliche Option, ohne den Weg zu ordentlichen Gerichten auszuschließen (sonst wirkte diese Abrede zu Lasten!);[32] man kann das nur als konkretes Angebot verstehen, das der Dritte (formgerecht!) zu akzeptieren vermag.

19   Das Formerfordernis ist **Jedermannsform** (aber: Abs. 5); dafür sind nicht persönliche Eigenschaften eine zusätzliche Voraussetzung. **Abs. 1–4 gelten ganz global,** nicht bloß für Kaufleute, sondern ganz genauso für jeden anderen, soweit das Grundgeschäft in beruflicher, satzungsmäßiger oder irgendwie sonst einschlägiger Funktion abgeschlossen wird,[33] und auch für jegliche juristische Personen. Die **einzige Einschränkung bewirkt Abs. 5:** Eine Sonderregelung gilt für Privatkunden, Endabnehmer, Arbeitnehmer etc., die unter die Legaldefinition des Verbrauchers in § 13 BGB (bis 29. 6. 2000: Abs. 5 S. 3[34]) fallen.

20   **3. Internationale Ausstrahlung. a) Inländischer Schiedsort.** Liegt der Ort des schiedsrichterlichen Verfahrens iSv. § 1043 Abs. 1 **in Deutschland,** dann findet nach § 1025 Abs. 1 zwingend

---

[25] 1. Aufl. § 1027 aF Rn. 1 aE; *K. Schmidt* DB 1991, 904; *Wieczorek/Schütze* § 1027 aF Rn. 2. AA *Baumbach/Lauterbach/Hartmann* § 1066 Rn. 2.
[26] OLG Frankfurt/Main, Beschl. v. 11. 6. 2007 – 20 W 108/07 [II/JURIS-Rn. 23]; BayObLG NJW-RR 1996, 910 m. weit. Nachw.; dazu vgl. noch BGH NJW 1977, 2263.
[27] Ebenso *Zöller/Geimer* Rn. 13; OLG Hamm WM 1972, 984, 985/986 – anders *Zimmermann* Rn. 5 u. *Baumbach/Lauterbach/Hartmann* Rn. 9 – je „bloß" zu Abs. 5 (deutlich moderater freilich *Baumbach/Lauterbach/Hartmann* Rn. 5 zu Abs. 1, 2. Halbs.).
[28] RGZ 74, 69, 71; BGHZ 45, 193, 195 f.; *Palandt/Heinrichs* § 126 Rn. 8.
[29] Ohne diese Differenzierung *Stein/Jonas/Schlosser* Rn. 12 u. *Musielak/Voit* Rn. 2 einerseits (stets Form bei Unwiderruflichkeit) bzw. *Swoboda* BB 1984, 504, 505 (sogar Form bei Widerruflichkeit), *Zöller/Geimer* Rn. 13 andererseits (nie Form nötig, Ausnahme: Unwiderruflichkeit).
[30] Dies ständig seit RGZ 56, 182, 183; RGZ 146, 52, 55–57 mit RGZ 147, 213, 216, ferner BGH NJW 1976, 852; BGHZ 68, 356, 359 = NJW 1977, 1397; BGHZ 162, 9, 12 [II 1] = NJW 2005, 1125 = JZ 2005, 958 – zur Übertragung von Gesellschaftsanteilen: BGHZ 71, 162, 164 f. = NJW 1978, 163; 1979, 2567, 2568; 1980, 1797; 1998, 371 = ZIP 1997, 2082, 2083; NJW-RR 2002, 1462, 1463.
[31] BGHZ 48, 35, 45 m. weit. Nachw.; *Wieczorek/Schütze* § 1027 aF Rn. 5; *Musielak/Voit* Rn. 3.
[32] So aber *Zöller/Geimer* Rn. 18 f.
[33] *Schütze* SV Rn. 126.
[34] Vgl. Fn. * beim Gesetzestext.

Form der Schiedsvereinbarung　　　　　　　　　　　　　　　　21, 22　§ 1031

deutsches Schiedsverfahrensrecht Anwendung (striktes Territorialitätsprinzip, § 1025 Rn. 10 mit § 1043 Rn. 12). § 1031 kann daher durch Wahl einer fremden Verfahrensordnung nicht abbedungen werden.[35] Dies gilt retrospektiv auch bei § 1059 Abs. 2 Nr. 1 a, der die Wahlfreiheit hinsichtlich des auf die Schiedsvereinbarung anwendbaren Rechts nur im Rahmen einer nach §§ 1029, 1031 (wegen § 1030 siehe § 1059 Abs. 2 Nr. 2 a!) wirksam geschlossenen Schiedsvereinbarung zulässt. Für die erste Variante („subjektive Schiedsunfähigkeit") erscheint das eindeutig; anders für die zweite Variante („Wirksamkeitskontrolle"), die vollkommen selbständig formuliert („..., oder dass ...") und dabei den entscheidend wichtigen Eingangssatz („Schiedsvereinbarung nach §§ 1029, 1031" – also eine formgerecht vorliegende!) offenbar nicht aufnimmt.

Dies widerspricht aber der Einschätzung der Gesetzesverfasser,[36] dem Verständnis des Vorbildes **21** (Art. 34 Abs. 1 lit. a [i] u. Art. 36 Abs. 1 lit. a [i] iVm. Art. 7 ModG)[37] und ebenso der Parallele (Art. V Abs. 1 lit. a iVm. Art. II [Abs. 1/2] UNÜ).[38] Die englische und französische Fassung ist hier jedoch auch klarer, denn sie bezieht das Grunderfordernis ebenso auf die zweite Variante („the said agreement" bzw. „la dite convention"), meint also die *besagte* – eben: formgerecht vorliegende – Schiedsvereinbarung. So besehen handelt es sich um einen lapsus linguae, und § 1031 mutiert zur unverrückbar zwingenden Grundvorgabe: gleichsam zur lex specialis mit lediglich territorialer Anknüpfung. Das insoweit „kontrapunktische" Analogon in Art. 178 Abs. 1/2 IPRG (CH) („hat ... zu erfolgen" – „im übrigen ...") bringt das letzthin besser zum Ausdruck. Demnach wirkt § 1025 Abs. 1 iVm. § 1031 somit als **spezialgesetzliche – einseitige – Kollisionsnorm.**

b) Ausländischer Schiedsort. aa) Repressive Kontrolle. Liegt hingegen jener Schiedsort **22 nicht in Deutschland**, ist aber schon festgelegt[39] (§ 1043 Abs. 1 S. 1 – ansonsten: Rn. 26), gilt *repressiv* für die **Kontrolle** an sich Art. V Abs. 1 lit. a iVm. Art. II Abs. 2 UNÜ (§ 1025 Abs. 4 mit § 1061 [Abs. 1 S. 1]), der weitgehend dem § 1031 Abs. 1 entspricht. Die Erleichterungen in Abs. 2–4 (Rn. 32–43), indes auch die Verschärfung des Abs. 5 (Rn. 44–61) würden demnach unbeachtet bleiben; auch eine Heilung durch Sacheinlassung gemäß Abs. 6 (Rn. 62 ff.) erforderte besondere Begründung. Die Norm wirkt abschließend (§ 1061 Anh. 1 Art. I UNÜ Rn. 18).[40] „Zur Thüre hinausgeworfen", sollen Abs. 2–4 und Abs. 6 durchs Fenster der Meistbegünstigung (Art. VII Abs. 1, 2. Halbs. UNÜ) jedoch wieder hineinkommen.[41] Allein der (form-)starke Verbrau-

---

[35] Im Unterschied zu altem Recht: BGH NJW 1978, 1744, 1746. Sehr mißverständlich hier *Baumbach/Lauterbach/Hartmann* Rn. 2 mit § 1029 Rn. 11.

[36] BT-Drucks. 13/5274 S. 36 li. Sp. [2] – ebenso *Zöller/Geimer* Rn. 1; *Stein/Jonas/Schlosser* Rn. 21 mit § 1029 Rn. 41 [1. Abs. aE] u. Anh. § 1061 Rn. 34 aE; *Epping*, 1999, S. 95; *Reithmann/Martiny/Hausmann* Rn. 3428 bzw. *Staudinger/Hausmann* Anh. II zu Art. 27–37 EGBGB Rn. 286; ferner *Musielak/Voit* Rn. 17 (aber: Kumulation – fragwürdig [§ 1030 Rn. 22]).
Anders einerseits (Möglichkeit zur Rechtswahl): *Baumbach/Lauterbach/Hartmann* Rn. 2; *Thümmel*, FS Schütze, 1999, S. 935, 941/942 mit S. 940 f. – Anders andererseits (Art. 11 EGBGB [analog]): *Ebbing* NZG 1998, 281, 288; *Schütze* SV Rn. 131; *Kronke* RIW 1998, 257, 259; *Schwab/Walter* Rn. 44.17.

[37] *Holtzmann/Neuhaus* S. 198; *Hußlein-Stich*, 1990, S. 179 mit S. 40; *Epping*, 1999, S. 92.

[38] § 1061 Anh. 1 Art. V UNÜ Rn. 24 (*Adolphsen*: „lex specialis"), *van den Berg*, The New York Arbitration Convention, 1981, S. 173 ff. mit S. 284 ff.; *Schwab/Walter* Rn. 44.7 („Sachnorm") m. weit. Nachw. (Fn. 12).

[39] Anders im Ansatz zB *Stein/Jonas/Schlosser* Rn. 22 f.: potentieller Auslandsbezug ausreichend.

[40] Dazu vgl. etwa BGH WM 1976, 435, 436; OLG Schleswig IPRspr. 2000 Nr. 185, S. 409, 411 [2 a (1)]; *Haas*, Anerkennung und Vollstreckung, 1991, S. 163; *Wagner*, aaO (Fn. 20), S. 386; *Reithmann/Martiny/Hausmann* Rn. 3264 f. m. umf. weit. Nachw. (S. 2245 Fn. 1 [Obergrenze] bzw. S. 2246 Fn. 2 [Untergrenze]); *Mallmann* SchiedsVZ 2004, 152, 155 re. Sp. [III].

[41] *Stein/Jonas/Schlosser* Anh. § 1061 Rn. 159 mit Rn. 34 [1. Abs.] u. RIPS Rn. 160, 377, dann anders bzw. unklar aber Anh. § 1061 Rn. 54 [2. Abs.], vgl. auch erg. Rn. 53; *Schwab/Walter* Rn. 44.12 („Kollisionsrecht oder Sachrecht"); (ausf.) *Kröll* ZZP 2004 (117) 453, 478; OLG Rostock IPRspr. 2001 Nr. 206, S. 442, 446 [2 b dd] u. IPRax 2002, 401 m. krit. Anm. *Kröll* (S. 384, 386) – sowie unter altem Recht (§ 1027 Abs. 2 aF): BGH AWD/RIW 1976, 449, 450 [III 2]; OLG Köln IPRspr 1993, 399, 400.
Sympathisierend, aber unter neuem Recht noch offenlassend BGH NJW 2005, 3499, 3500 [II 2 c bb] = SchiedsVZ 2005, 306, 308 = IPRax 2006, 266 m. krit. Anm. *Geimer*, S. 233; OLG Frankfurt/Main IHR 2007, 42, 43/44; OLG Brandenburg IPRspr. 2002 Nr. 221, S. 559, 562 [III 3] = IPRax 2003, 349 m. abl. Anm. *Otto* (S. 333, 335 [IV]); wohl auch OLG Celle, Beschl. v. 18. 9. 2003 – 8 Sch 12/02 [2].
Anders offenbar jedoch § 1061 Anh. 1 Art. VII UNÜ Rn. 4 mit Art. II UNÜ Rn. 18 (*Adolphsen); Haas* (Fn. 40) S. 165 f. u. IPRax 1993, 382, 383 (aF); *Musielak/Voit* Rn. 18; *Zöller/Geimer* Rn. 25 (sehr offen zuvor noch Rn. 4) mit § 1061 Rn. 2 aE u. IZPR Rn. 3886; *Mallmann* SchiedsVZ 2005, 152, 156 re. Sp. [III]; *Reithmann/Martiny/Hausmann* Rn. 3267; *Epping*, 1999, S. 111 f. Eher rigide auch OLG München NJW-RR 1996, 1532 [I 2 aE]; wohl eine „Berufung" nötig (aber: § 1061 Rn. 18 aE].
Das EuÜ steht allerdings jedenfalls offen, statt vieler siehe BGH WM 1970, 1050, 1051 [I]; *Haas* IPRax 1993, 382, 383 u. § 1061 Anh. 1 Art. II UNÜ Rn. 23 (*Adolphsen); Stein/Jonas/Schlosser* Anh. § 1061 Rn. 234; *Reithmann/Martiny/Hausmann* Rn. 3237, 3267, 3357; *Mallmann* SchiedsVZ 2004, 152, 155/156 [III].

§ 1031 23–26 Buch 10. Abschnitt 2. Schiedsvereinbarung

cherschutz (Abs. 5) bleibe alsdann auf der Strecke; macht man mit jenem abschließenden Charakter (jedenfalls *insoweit*) Ernst, dann hilft auch Art. 29 Abs. 3 iVm. Abs. 1 EGBGB nicht mehr.

23 § 1025 Abs. 1 ist aber auch keine negative Kollisionsnorm,[42] sondern gestattet ausländisches opting-in, welches dann en bloc erfolgt. Denkbar wäre genauso, dass ausländisches Kollisionsrecht ganz speziell auf § 1031 als geltende Sachnorm hinführt und auch, dass ihn das deutsche Formstatut des Art. 11 Abs. 1 EGBGB beruft. Dies wiederum lässt alternativ Geschäftsrecht (lex causae, vgl. Art. 27 Abs. 1 EGBGB) und Ortsrecht (lex loci actus, § 1031 Abs. 1–4 u. Abs. 6, arg. Art. 29 Abs. 3 u. 1 EGBGB) gelten, je nachdem welches günstiger scheint. Entscheidend ist damit die Anwahl deutschen Rechts zur Schiedsvereinbarung[43] (Art. 11 Abs. 1, 1. Var. EGBGB, vgl. § 1029 Rn. 27–36 – nicht etwa zum Hauptvertrag!), der Abschluss bzw. die Vornahme im Inland (Art. 11 Abs. 1, 2. Var. EGBGB) oder die Beteiligung eines Verbrauchers mit gewöhnlichem deutschen Aufenthalt (Art. 29 Abs. 3 S. 2 EGBGB iVm. § 1031 Abs. 5 – sowie „Aushilfe" durch Abs. 6).

24 **bb) Präventive Berufung.** Problematisch sind hier insbesondere die **Einredesituation** (§ 1032 Abs. 1 aE: Gültigkeitskontrolle) und auch die **Kompetenzprüfung** (§ 1032 Abs. 2 mit § 1025 Abs. 2, 1. Var.: Zulässigkeitskontrolle) von Seiten staatlicher Gerichte in all jenen auslandsbelegenen Fällen. Hier fehlt eine prozessual eigenständige Anknüpfung der Formfragen. Man kann die lex fori des Staatsgerichts hierfür nicht anrufen,[44] weil das nicht das aktuelle Prozedere betrifft, sondern die (Form-)Wirksamkeit eines längst schon abgeschlossenen Tatbestandes. In Betracht kommt entweder eine Anknüpfung über Art. 11 Abs. 1 EGBGB,[45] der allerdings autonom gestaltbar ist,[46] bzw. zwingend nach Art. 29 Abs. 3 u. 1 EGBGB,[47] sowie alternativ kraft Staatsvertrages (dazu näher gleich Rn. 25). ZT wird statt dessen erwogen, das (Sach-)Recht des ausländischen Schiedsstaates heranzuziehen, § 1025 Abs. 1 demzufolge als allseitige Kollisionsnorm anzuwenden.[48] Dies scheint den meisten Sinn zu machen.

25 Die staatsvertragliche Ordnung genießt freilich zunächst Vorrang, vor allem das UNÜ, das ganz speziell auch die vorliegende Einredesituation einschließt[49] (Art. II Abs. 3 UNÜ). Demgemäß gilt jedenfalls § 1031 Abs. 1 indirekt über Art. II Abs. 2 UNÜ. Die Meistbegünstigung des Art. VII Abs. 1, 2. Halbs. UNÜ soll wiederum aber den Rückgriff auf günstigeres innerstaatliches Recht ermöglichen,[50] wobei manche damit Kollisionsrecht,[51] andere (auch oder allein) Sach-/Prozessrecht[52] meinen; dadurch kommt man zum Rückgriff auf § 1031 insgesamt. Art. 1 Abs. 2 lit. a EuÜ ist hier zT noch großzügiger (2. Halbs.!). Die Ausschlussklausel des Art. 1 Abs. 2 lit. d EVÜ für Schiedsvereinbarungen[53] ist jedenfalls nicht umgesetzt (Art. 37 EGBGB), was dann den Rückgriff auf Art. 11 Abs. 1 EGBGB offenlässt (aber: Art. 29 Abs. 3 EGBGB: Heimatrecht für Verbraucher); trotz der „Harmonieklausel" des Art. 36 EGBGB bleibt zumindest die Analogie erlaubt.[54]

26 **c) Unbestimmter Schiedsort.** Was gilt nun aber in **Einredesituation** in Ermangelung *vorheriger* Verabredung eines Schiedsortes gemäß § 1043 Abs. 1 S. 1? Auch diesen Fall erfasst § 1032 (§ 1025 Abs. 2, 2. Var.). Alsdann bleibt nichts anders übrig, als sich mit ureigen nationalen Mitteln

---

[42] BT-Drucks. 13/5274 S. 31 li./re. Sp. mit § 1025 Rn. 10 [a].
[43] Weiter der Ansatz bei BGH NJW 2005, 3499, 3500/3501 [II 2 c cc] (arg. Art. VII Abs. 1 UNÜ): deutsches Kollisionsrecht beruft ausländisches Sachrecht (geht zu weit!) bzw. *Kröll* IPRax 2002, 384, 386 [III 2].
[44] Zutr. *Wagner*, aaO (Fn. 20), S. 373 gegen BGHZ 59, 23, 29/30 mit S. 29; vgl. auch erg. *Reithmann/Martiny/Hausmann* Rn. 3431 f.
[45] BGH NJW-RR 1993, 1519, 1520 [2]; *Kronke* RIW 1998, 257, 259; *Zöller/Geimer* Rn. 1; *Stein/Jonas/Schlosser* Rn. 8.
[46] BGHZ 57, 337, 339 f.
[47] BGHR EGBGB (1986) Art. 29 – Schiedsklausel 1/Form; *Wagner*, aaO (Fn. 20), S. 374 f. – indes für § 1031 Abs. 1–4 mit einem Postulat „international verbindlicher Sachnorm". Was wird dabei aber aus § 1031 Abs. 6?
[48] *Reithmann/Martiny/Hausmann* Rn. 3433 mit Rn. 3430 im Anschluß an *Epping*, 1999, S. 122, zuerst noch anders *Staudinger/Hausmann* Anh. 2 zu Art. 27–37 EGBGB Rn. 287.
[49] Dazu stv. etwa OLG Düsseldorf v. 9. 2. 2007 – I-17 U 39/06 [JURIS-Rn. 38] u. I-17 U 257/06 [JURIS-Rn. 30]; OLG München IPRspr. 2000 Nr. 182 b, S. 399, 401/402 [III 4 dbb], NJW-RR 1996, 1532 [I 2]; OLG Hamm RIW 1995, 681 [II 1 a] bzw. *Epping*, 1999, S. 100; *Bork/Stöve*, Schiedsgerichtsbarkeit bei Börsentermingeschäften, 1992; S. 47 f.; *Stein/Jonas/Schlosser* Anh. § 1061 Rn. 29 [1. Abs.].
[50] Sehr lesenswert dazu *Epping*, 1999, S. 117–120.
[51] OLG München IPRspr. 2000 Nr. 182 b, S. 399, 402 [III 4 dcc]; OLG Düsseldorf, Urt. v. 9. 2. 2007 – I-17 U 39/06 [JURIS-Rn. 41–44] u. I-17 U 257/06 [JURIS-Rn. 33–36] sowie wohl (implizit) auch schon RIW 1996, 239/240; *Stein/Jonas/Schlosser* Rn. 24 mit Hinweis auf RIPS Rn. 364.
[52] So wohl letzthin BGH NJW 1993, 1798 [II 3] = DZWiR 1993, 465 m. Anm. *K. P. Berger*; *Schwab/Walter* Rn. 44.13 mit Rn. 44.12 (UNÜ) bzw. Rn. 44.15 (EuÜ); *Reithmann/Martiny/Hausmann* Rn. 3266 (S. 2246) bzw. *Staudinger/Hausmann* Anh. 2 zu Art. 27–37 EGBGB Rn. 282; *Bork/Stöve*, aaO (Fn. 49), S. 52.
[53] Dazu der Bericht von *Giuliano/Lagarde* BT-Drucks. 10/503 S. 33 ff., 43 f.
[54] Allgemein: *Soergel/von Hoffmann* Art. 37 EGBGB Rn. 8 m. weit. Nachw.

zu behelfen – § 1025 Abs. 1 vermag hier – im Unterschied zu Rn. 24 – noch nichts beizusteuern, umgekehrt ist der Auslandsbezug für das UNÜ ebenfalls noch ungeklärt. Das gestattet den Rückgriff auf Art. 11 EGBGB[55] und auch einen Verbraucherschutz (Art. 29 Abs. 3 u. 1 EGBGB) bzw. führt zu einer schiedsfreundlichen Ausgangsgestaltung *(in favorem validitatis)* mit einschränkender Ausnahmeregelung (Heimatrecht für Verbraucher – § 1031 Abs. 5!). Zu beachten ist dazuhin, dass die Erleichterung nach Abs. 6 (sachliche rügelose Einlassung, Rn. 62 ff.) zwar sämtliche Verbraucherfälle (Abs. 5) mitumfasst, dafür aber ein laufendes (schieds-!) gerichtliches Verfahren voraussetzt, welches hier zumeist noch mangelt.

4. Schriftformgebot. Das neue Recht regelt die Erfordernisse prozessualer Schriftform **eigen- 27 ständig**.[56] Es lässt es nicht bei einer dezenten Schriftformanordnung bewenden, die dann von § 126 BGB näher ausgefüllt würde (so wie es § 1027 Abs. 1 S. 1, 1. Halbs. aF tat und ebenso auch § 1030 Abs. 1 S. 1 DiskE noch wollte); das wurde vom ModG-Anliegen offenbar ausgeschlossen. Die **Grundregel** ist demzufolge vollauf autonom formuliert (Abs. 1, 1. Var.): „Die Schiedsvereinbarung muss ... in einem von den Parteien unterzeichneten Dokument ... enthalten sein". Grundregel ist dies, weil das einleitend plakativ formuliert ist, erst anschließend dann Erleichterungen (Rn. 30 ff.) und Verschärfungen (Rn. 44 ff.) erfährt und ohne weiteres auch *jedwede* Vereinbarungsform – Abrede wie Klausel (§ 1029 Abs. 2) – abdeckt; demgegenüber tritt Abs. 5 quasi ins zweite Glied zurück. Abs. 1 [1. Var.] ist der allgemeingültig formulierte Ausgangspunkt. Notwendig sind demnach also **Schriftlichkeit**[57] (Art. 7 S. 1 ModG: „in writing"), **Urkundeneinheit** (Singular!) und – zentral wichtig! – die **Unterschriften**[58] (Art. 7 S. 2, 1. Var. ModG: „signed by the parties").

Selbstredend ist das **Echtheitsgebot**,[59] denn nur eine echte Urkunde vermag den Zeichner zu 28 binden. Die Regelung im Übrigen ist durchaus § 126 Abs. 1/2 BGB angenähert, doch bleiben auch einige Verwerfungen zurück: notariell beglaubigte **Handzeichen** (§ 126 Abs. 1, 2. Var. BGB) sind (schieds-)prozessual kein Unterschriftssurrogat[60] – weiterhin und wichtiger: **Eigenhändigkeit** scheint nicht hierfür nötig (arg. Abs. 5 S. 1 e contrario), und auch das **Namenserfordernis** könnte entbehrlich werden (arg. § 439 Abs. 2 iVm. § 440 Abs. 2 e contrario); alle beide sind im Unterschied zu § 126 Abs. 1, 1. Var. BGB unerwähnt geblieben. Das dürfte aber daraus herrühren, dass man einfach bei Abs. 1 dem englischen Original nachfolgen wollte, das nur allgemein Unterschrift erfordert.

Demzufolge bleibt **nationalem Begriffsverständnis** noch genügend Raum.[61] Auch macht 29 Abs. 1, 2. Var. sonst wohl weniger Sinn – er stellt nicht allein von Urkundeneinheit, sondern genauso von Eigenhändigkeit frei! Problematisch bleibt lediglich mithin das Namenserfordernis, das auch bei Abs. 5 S. 1 fehlt. Indes muss immer eine zweifelsfreie Kennzeichnung des Ausstellers erfolgen – es muss klar erkennbar sein, wer (schieds-)gebunden (iSv. § 1029 Abs. 1 [Rn. 44]) ist. Im Gegensatz zu § 1027 Abs. 1 S. 1 aF braucht die Schiedsvereinbarung aber weder ausdrücklich (1. Halbs.) noch eigenständig (2. Halbs.) formuliert zu sein (arg. § 1029 Abs. 2[62]) – vorbehaltlich der Sonderregelung des Abs. 5 (Rn. 44 ff.). – **Formmodifikationen:** Eine „bessere" Form, vor allem die notarielle Beurkundung (arg. Abs. 5 S. 3 aE iVm. § 126 Abs. 4 BGB),[63] sollte genausogut jedoch ausreichen; sie kann sogar direkt parteiseits so abgefordert werden (Fehlerfolgen: § 125 S. 2 BGB [Formmangel] bzw. § 154 Abs. 2 BGB [Einigungsmangel]). Anderes gilt für § 126 Abs. 3 iVm. § 126a BGB (elektronische Surrogatform) als „mindere" Form;[64] dies bestätigt noch besonders Abs. 5 S. 2 im Umkehrschluss.[65]

---

[55] *Epping*, 1999, S. 123; insoweit aber zutr. auch zB *Stein/Jonas/Schlosser* Rn. 8.
[56] AA *Thomas/Putzo/Reichold* Rn. 3.
[57] Und zwar trotz BT-Drucks. 15/4067 S. 36 re. Sp. („Dokument" statt Schriftstück) – weder § 130a ZPO (Wortlaut!) noch § 126a BGB (Rn. 29 aE) ist anwendbar!
[58] AA *Thümmel*, FS Schütze, 1999, S. 935, 944. Sehr großzügig etwa OLG Schleswig IPRspr. 2000 Nr. 185, S. 409, 411 [2a (1)] (UNÜ): AGB-Verweisung *unter*halb Unterschriften.
[59] BayObLGZ 2002, 392, 395 [II 2b] (UNÜ): Textmontage.
[60] Anders *Baumbach/Lauterbach/Hartmann* Rn. 4.
[61] Dies meinte auch das AALCC, 6th SN Add. 1 Nr. 6 = *Holtzmann/Neuhaus* S. 288.
[62] Dazu BT-Drucks. 13/5274 S. 36 re. Sp. [4] mit Kom.-Ber. S. 99.
[63] *Baumbach/Lauterbach/Hartmann* Rn. 4; *Staudinger/Wufka* (2006) § 311a BGB Rn. 196; wohl auch OLG Stuttgart OLGR 2001, 50 [1] (im Fall aber schief!) u. OLG Karlsruhe v. 5. 6. 2007 – 8 U 80/06 [II B 2a] (§ 1053 Abs. 3). Sinnlos wäre dagegen, (einfache) Schriftform zu vereinbaren (aA OLG Karlsruhe OLGR 2005, 680, 681 [1b aE]).
[64] AA *Thomas/Putzo/Reichold* Rn. 3 u. *Schmitz* RNotZ 2003, 591, 600 re. Sp. [B IV 1]; wohl auch *Musielak/ Voit* Rn. 4 u. *Zöller/Geimer* Rn. 36 – so wie hier *Baumbach/Lauterbach/Hartmann* Rn. 4 (arg. Rn. 9 e contrario).
[65] Abweichend allerdings die materielle Ausdeutung: Regelzulassung (BT-Drucks. 14/4987, S. 14 re. Sp.), indes „Billigungsakt" nötig (BT-Drucks. 14/1987, S. 15 re. Sp. mit S. 41 f. [BReg] versus S. 34/35 [BRat]).

III. Erleichterungen im Geschäftsverkehr (Abs. 1–4)

30 **1. „Schriftwechsel" (Abs. 1, 2. Var.; Art. 7 Abs. 2 S. 2, 2. Var. ModG).** Die Regelung enthält drei grundsätzliche Erleichterungen, wobei sich die Förmlichkeit zunehmend verflüchtigt: **(1)** Verzicht auf die reguläre Urkundeneinheit (§ 126 Abs. 2 [S. 1] BGB) in Anlehnung an § 127 S. 2, 1. Halbs., 2. Var. BGB – der sukzessiv erfolgte **Austausch von Schreiben** genügt (keine „doppelte" Wiedergabe nötig[66]); obgleich nicht noch extra verlangt (so wie im 1. Halbs.), ist Unterschrift gleichwohl eigentlich erforderlich.[67] **(2)** Verzicht auf das Erfordernis der Unterschrift bzw. Eigenhändigkeit (§ 126 Abs. 1, 1. Halbs. BGB),[68] so wie es genauso § 127 S. 2, 1. Halbs., 1. Var. BGB erlaubt. **Fernkopie** meint Telebrief und Telefax, **Telegramm** umfasst ebenso Fernschreiben (Telex), das eröffnet mithin *vergeistigte* Formen moderner Nachrichtenübermittlung per Funk oder Draht. **(3)** Verzicht auf jegliche Körperlichkeit (§ 126 Abs. 1, 1. Halbs. BGB), einschließlich *virtueller* Übermittlungen, wenn und weil diese nur „einen Nachweis der Vereinbarung sicherstellen". Dies muss aber **Urkundsbeweis** bzw. urkundsgestützt erbrachter Anscheinsbeweis sein, soll nicht durch eine simple Hintertüre Mündlichkeit zugelassen werden.[69]

31 Allein das gewährleistet den sicheren Nachweis, der Grundanliegen der gesamten Regelung ist.[70] Der Katalog der Übermittlungsformen ist bewusst nicht abschließend gefasst, sondern offen für neue Kommunikationstechniken (zB e-mail[71]) und künftige Entwicklungen der Nachrichtentechnik (zB Satellitenübertragung; digitale Erklärungen).[72] Hier soll am Ende bloß **überhaupt irgendein Sachbeleg** (ModG: „record" – über die wirkliche Einigung vorliegen. Deshalb kann auch eine – visuell nicht wahrnehmbare – Magnetaufzeichnung genügen,[73] obwohl dies kein übliches Schriftstück darstellt. Ein Signaturgesetz mag insoweit die Beweislage noch weiter verbessern helfen. Unentbehrlich bleibt allemal jedoch der Konsens zwischen den Parteien, dass die Streitentscheidung einem Schiedsgericht übertragen sein soll[74] – einseitige Akte sind ungenügend; Grunderfordernis ist die Wechselseitigkeit.[75] Sprachidentität ist aber nicht erforderlich;[76] erst recht besteht keine Vornewegfixierung auf die Verfahrenssprache (arg. § 1045).

32 **2. Verkehrssitte bzw. Handelsbrauch (Abs. 2).** Abs. 2 erleichtert die Formpflicht durch Rücksichtnahme auf die **Verkehrssitte** (§§ 157, 242 BGB), die letztendlich hier **Handelsbrauch** (§ 346 HGB) ist, weil Abs. 5 im Nachhinein Verbrauchergeschäfte ja ausblendet. Die Verkehrssitte kann insoweit eine nationale oder lokale sein,[77] sofern sie nur einer geläufigen Übung entspricht, die „Parteien von Verträgen dieser Art *in dem betreffenden Geschäftszweig* allgemein kennen und regelmäßig beachten" (Art. 23 Abs. 1 S. 3, lit. c Brüssel I-VO, dazu näher dort Rn. 42 ff. [Schlussanh. B 1]). Die Wahl der Verkehrssitte statt eines Handelsbrauchs als normative Grundlage will demgemäß davor schützen, den komplizierten Kaufmannsbegriff (§§ 1–7 HGB) und das Handelsgeschäft (§§ 343–345 HGB) als Ausgangspunkte nehmen zu müssen, ein Anliegen, das ganz ähnlich auch hinter Abs. 5 steckt (Rn. 2, 6–9 mit Rn. 44 ff.). Ausgeschlossen wird künftig aber jedwede *insgesamt* unförmliche oder konkludente Schiedsvereinbarung

---

[66] OLG Brandenburg NJOZ 2006, 2044, 2047 [II 2 c bb].
[67] RGZ 106, 268, 269 (obiter) zu § 127 BGB – hier aA wohl BGH NJW 2005, 3499, 3500 li. Sp. [II 2 b bb] (obiter).
[68] Anders *Zimmermann* Rn. 1 – so wie hier *Schmitz* RNotZ 2003, 591, 600 li./re. Sp. [B IV 1].
[69] Anders *Granzow*, 1988, S. 88 f.: auch Tonband sei möglich.
[70] *Thomas/Putzo/Reichold* Rn. 1 (Sicherstellung) mit Rn. 2 aE (Schriftlichkeit); *Holtzmann/Neuhaus* S. 263: „some writing involved".
[71] Beispiel: OLG Celle, Beschl. v. 14. 12. 2006 – 8 Sch 14/05 [II 2 b aa (2)].
[72] BT-Drucks. 13/5274 S. 36 re. Sp. [4]; *K. P. Berger* DZWiR 1998, 46, 49; *Geis* RPS 1996 II S. 12 ff.; *Zöller/Geimer* Rn. 5/7 – und ebenso zum ModG: *Calavros*, 1988, S. 49/50. Vgl. auch erg. A/CN. 9/WG. II/WP. 108/Add. 1 Nr. 35–40 mit A/CN. 9/468 Nr. 100–106 (UNÜ).
[73] Arg. 4th WGR Nr. 181 = *Holtzmann/Neuhaus* S. 283 zu Art. II Abs. 2 S. 1 3rd Draft; vgl. auch erg. 2nd WGR Nr. 43 = *Holtzmann/Neuhaus* S. 279/280 u. 6th SN Art. 7 Nr. 4 (USA) = *Holtzmann/Neuhaus* S. 286 einerseits: all forms of electronic and computer techniques that provide a written record" u. Add. 1 Nr. 4 (Canada) = *Holtzmann/Neuhaus* S. 288 andererseits: „should provide for paperless transactions, i. e. automatic data processing".
[74] Vgl. *Lindacher*, FS Habscheid, 1989, S. 167, 168 f. zu Art. II Abs. 2 UNÜ: „Garant tatsächlicher Willenseinigung".
[75] BayObLGZ 2002, 392, 395 [II 2 c] (UNÜ); OLG Frankfurt/Main IHR 2007, 42, 43 re. Sp. (UNÜ); wohl auch BGH NJW 2005, 3499, 3500 li. Sp. [II 2 a] (UNÜ).
[76] Beispiel: OLG Hamburg RIW 1983, 283 f. [3 a/b], wo jedoch Dissens vorlag.
[77] AA Kom.-Ber. S. 100: international übereinstimmende Rechtsordnung.

kraft Handelsbrauchs, die bisher durchaus gängig war[78] (näher dazu die 2. Aufl. Rn. 14 - § 1027 Abs. 2 aF!).

Verzichtbar ist idR ein schriftliches Angebot, unabdingbar dann ist eine schriftliche Annahme 33 bzw. die *Deklaration* des Abgemachten (**1. Halbs.**: „Vereinbarung"). Demnach soll genügen, dass die Schriftlichkeit nur einseitig geachtet wird. Verkörperung der Bestätigung ist nicht absolut notwendig („Dokument"), zudem Unterschrift nicht eingefordert (Abs. 1, 1. Halbs. e contrario). Möglich sind demnach ohne weiteres auch Telex, Fax, Kopie etc. Regelmäßig wird es hier um **Direktverkehr** (**1. Var.:** „von der einen Partei der anderen Partei") gehen, erfasst wird aber ebenso die Einschaltung von Unbeteiligten, quasi eine Art **Vermittlung** (**2. Var.:** „von einem Dritten beiden Parteien").

Wirkt aber die Erklärung einmal *konstitutiv* (ist also die Annahme eigentlich Angebot), kann die 34 Annahme auch ausnahmsweise formlos erfolgen, somit namentlich durch konkludentes Verhalten oder Schweigen. So oder so: die Verkehrssitte muss dem in der konkreten Situation rechtsgeschäftliche Bedeutung beimessen (**2. Halbs.:** „Vertragsinhalt"). Doch sollten hier allemal der Verkehrssitte die Parteiautonomie (sog. „beredtes Schweigen")[79] und ebenso die gesetzlich erfolgte Festlegung (sog. „normiertes Schweigen", zB § 362 Abs. 1 HGB) gleichstehen - im Unterschied zu der vollkommen individuell gebildeten Gepflogenheit (arg. ex Art. 9 Abs. 1/2 CISG u. Art. 23 Abs. 1 S. 3 lit. b u. c Brüssel I-VO),[80] die rundweg schlüssig erfolgt.

Gemeint ist hiermit vor allem das gebräuchliche Rechtsinstitut des **kaufmännischen Bestäti-** 35 **gungsschreibens**[81] (und auch der sog. Schlussschein des Handelsmaklers gem. § 94 HGB[82]), zumal dort naturgemäß jedenfalls eine der Parteien ein - papiergefasstes oder elektronisches - **Dokument** versendet, das eine Schiedsabrede bzw. -klausel enthält. *Prozessual* bewerkstelligt Abs. 2 Formeinhaltung, materiell bleibt ergänzend zu prüfen, ob denn überhaupt eine Einigung zustande gekommen ist (hier mag auch § 1051 eingreifen!). „**Übermitteln**" heißt Wirksamwerden durch Zugehen beim Adressaten[83], doch fehlt eine parallele Zugangsfiktion, denn § 1028 gilt nur ganz eingeschränkt und auch nur prozessual.

Unter deutschem Recht gilt:[84] Das Schweigen auf ein Bestätigungsschreiben[85] wirkt unter Kauf- 36 leuten (oder ähnlich Tätigen) als Zustimmung, wenn der Empfänger jenem Inhalt nicht unverzüglich (§ 121 Abs. 1 S. 1 BGB - als Maßstab der „Rechtzeitigkeit" iSv. § 1031 Abs. 2 ZPO) widerspricht. Er muss diese Schiedsvereinbarung gegen sich gelten lassen, es sei denn, der Inhalt des Schreibens weicht so weit vom wirklichen Ergebnis der (fern-)mündlichen Vertragsverhandlungen ab, dass mit dem Einverständnis ernsthaft nicht zu rechnen war. Auf eine Schiedsbindung muss ein kaufmännisch erfahrener Vertragspartner aber stets gefasst sein.[86] Nur bei arglistigem Verhalten[87] oder sich kreuzenden Schreiben mag einmal die Einverständnisfiktion ins Leere greifen. Doch fehlt eine parallele Zugangsfiktion. Indes kann der Schiedsbeklagte die Durchführung des Schiedsverfahrens dadurch durchkreuzen, dass er den Zugang des Bestätigungsschreibens bestreitet. Regelmäßig gerät dann nämlich der insoweit beweispflichtige Schiedskläger[88] unter Beweisnot.

3. Bezugnahme (Abs. 3; Art. 7 Abs. 2 S. 3 ModG).[89] Eine Schiedsvereinbarung kann 37 ebenfalls bezugnehmend begründet werden (Abs. 3), wobei aber für Konnossemente eine Son-

---

[78] BGH NJW 1993, 1798 = DZWiR 1993, 465, 466 m. Anm. *Berger* S. 466 ff. m. weit. Nachw. (Fn. 10–12) = LM § 1027 aF Nr. 18 m. Anm. *Mf. Wolf*, dazu auch *Kappus* WiB 1994, 189 u. 1. Aufl. § 1027 aF Rn. 20 f. m. weit. Nachw. Ferner: *Stein/Jonas/Schlosser*, 21. Aufl., § 1027 aF Rn. 13 a/b m. weit. Nachw.; *Schwab/Walter* Rn. 5.8; *Schütze/Tscherning/Wais* Rn. 87; *Wieczorek/Schütze* § 1027 aF Rn. 22; *Böckstiegel*, FS Bülow, 1981, S. 1, 10.
[79] AA *Epping*, 1999, S. 77 f.
[80] BGH WM 1994, 1088, 1090 zu Art. 17 EuGVÜ aF.
[81] BT-Drucks. 13/5274 S. 36 re. Sp. [5] mit Kom.-Ber. S. 100; *Calavros*, 1988, S. 50; *Epping*, 1999, S. 74 ff.; *Schütze* SV Rn. 127 [zweiter Spiegelstrich]; *Thomas/Putzo/Reichold* Rn. 5; *Zimmermann* Rn. 2; *Baumbach/Lauterbach/Hartmann* Rn. 6; *Zöller/Geimer* Rn. 8; OLG Hamburg OLGR 2004, 66, 67 [2].
[82] OLG Hamburg, Beschl. v. 14. 6. 2000 – 6 Sch 3/00 u. Beschl. v. 11. 8. 2006 – 6 Sch 2/06 [II aE]. Nicht ohne weiteres aber das Konnossement (jenseits der Regelung von Abs. 4) – aA OLG Bremen TranspR 2002, 405, 407 f. [IV 4] m. abl. Anm. *Ramming* (S. 392, 394–396).
[83] OLG Brandenburg IPRspr. 2002 Nr. 221, S. 559, 562 [III 3] (UNÜ).
[84] BGH NJW 1994, 1288; BGHZ 11, 1; 18, 212, 216.
[85] Zur Abgrenzung: BGH NJW 2005, 3499, 3500 li./re. Sp. [II 2 bb] (Rechnungstellung).
[86] BGH WM 1970, 1050, 1052 [III 2 c] (internationaler Handelsverkehr); BGHZ 7, 187, 191 ff. (192/193) (hanseatischer Großhandel); OGHZ 4, 247, 248 f. [1] (nationaler Handelsverkehr).
[87] Beispiel: korrigierende *Zweit*bestätigung nach *Erst*bestätigung ohne Schiedsbindung (OLG Hamburg OLGR 2004, 66, 67 f. [2]).
[88] BGHZ 70, 227, 232.
[89] Als Ergänzung von Art. II Abs. 2 UNÜ, vgl. BT-Drucks. 13/5274 S. 37 li. Sp. [7] mit Kom.-Ber. S. 100 – allg.: *Schlosser* ZEuP 1994, 682 ff.; *Wackenhuth* ZZP 99 (1986), 445, 456 ff.; *Haas* IPRax 1993, 382, 383.

§ 1031 38–40

derregelung besteht (Abs. 4, Rn. 42f.). Der **Hauptvertrag**, von dem aus die Verweisung erfolgt, muss zunächst die formellen Grundanforderungen einhalten, die generell (Abs. 1, 1. Halbs., Rn. 27ff.) oder speziell (Abs. 1, 2. Halbs. u. Abs. 2) dafür von Gesetzes wegen bestehen. „Verweisungsfähig" ist allein ein – papiergefasstes oder elektronisches – **Dokument**, das aber nicht etwa die Unterschrift der Beteiligten tragen muss (Abs. 1, 1. Var. e contrario). Daher kommen dafür frühere eigene Abreden zwischen den Parteien[90] genauso in Betracht wie Musterverträge oder Klauselvorgaben von Institutionen sowie vor allem Allgemeine Geschäftsbedingungen (Rn. 40f.). Genauso genügt unter Verbandsmitgliedern die Bezugnahme auf eine Markt- oder Börsenordnung, der die Parteien unterworfen sind, um einer darin enthaltenen Schiedsklausel Wirkung zu verleihen.[91]

38   Das Dokument muss mehr enthalten als eine bloße Schiedsabrede (arg. „Schiedsklausel", vgl. § 1029 Abs. 2), und mithin ein Regelwerk darstellen; es muss aber nicht eigens von vornherein die Bezugnahme darauf beabsichtigt werden – „Zufallsurkunden" genügen hier genauso.[92] Schließlich muss eine **Bezugnahme** erfolgen, und zwar derart, dass jene „Klausel zu einem Bestandteil des Vertrages" wird. Die Verweisung *ist* Inhalt des Vertrages, das Bezugnahmeobjekt *wird* Inhalt des Vertrages. Die Frage beantwortet sich nach materiellem Recht. Weder genügt bloße Bezugnahme noch ist eine körperliche Vorlage erforderlich.[93] Ein Handelsbrauch ist ungeeignet, die Bezugnahme zu ersetzen;[94] sie darf freilich allgemein gehalten sein.[95] Wichtig ist allemal, dass es hier um eine inhaltlich motivierte Bezugnahme geht, die über das Formgebot ausnahmsweise weghilft. Es darf außerdem ganz generell kein reguläres Verbrauchergeschäft vorliegen (Abs. 5: separate Abrede verlangt!).

39   Das im Unterschied zu dem **formwahrenden Bezugnahmeakt.** Hier inkorporiert eine Verweisung den Text nicht bloß inhaltlich, sondern dazuhin auch formell. Zwei Fälle sind letztendlich zu unterscheiden.[96] Zum einen die **hinweisende Bezugnahme** auf formgerecht niedergelegte anderweitige Erklärungen; eine Schiedsvereinbarung (§ 1029 Abs. 1) kann sich demnach auch aus der Zusammenschau mehrerer Dokumente iSv. Abs. 1/2 erst ergeben. Zum anderen die **ersetzende** Bezugnahme auf nicht formgerechte, dafür körperlich verbundene Schriftstücke.[97] Das wird jetzt regelmäßig unter Abs. 3 fallen, zumal ja diese körperliche Verbindung den inhaltlichen Zusammenhang nach außen klar dokumentiert. Andererseits mögen gleichwohl diese Erfordernisse auch überspielbar sein, weil weder hier ein Haupt*vertrag* noch nur die Bezugs*klausel* unter jenem Formaspekt notwendig erscheinen: die Form ist dann nämlich jene des Abs. 1/2. Sowie vor allem: dieser Gesichtspunkt greift ebenfalls bei Verträgen mit Verbraucherbeteiligung (Abs. 5)!

40   Gedacht ist natürlich bei Abs. 3 in erster Linie an die Einbeziehung von **Allgemeinen Geschäftsbedingungen.**[98] Die Bezugnahme auf AGB-Schiedsklauseln genügt nach Abs. 3, wenn der Hauptvertrag die geforderte Schriftform aufweist und dazuhin § 305 Abs. 2/3 BGB (Einbeziehung) gewahrt ist.[99] Die Verwendung gegenüber Unternehmern (§ 14 BGB) wird hiervon aber freigestellt (§ 310 Abs. 1 S. 1 BGB); insoweit gelten die milderen Regeln der §§ 130ff., 145ff. BGB: AGB müssen nur rechtsgeschäftlich einbezogen und Vertragsbestandteil geworden sein.[100] Hier mag auch ein ausdrücklicher Hinweis fehlen, vorausgesetzt der Vertragspartner ist branchenkundig, es handelt sich um ein branchentypisches Geschäft und die betreffende Klausel ist gebräuchlich für den betreffenden Wirtschaftszweig.[101] Anders aber, soweit eine Schiedsbindung eigenständiger Parteiabma-

---

[90] *Schütze* SV Rn. 127 [dritter Spiegelstrich]; *Wiesen* MittRhNotK 1996, 165, 168.
[91] RG JW 1922, 706, 707; *Wieczorek/Schütze* § 1027 aF Rn. 21; *Schwab/Walter* Rn. 5.11.
[92] AA *Holtzmann/Neuhaus* S. 264 aE.
[93] 2nd WGR Nr. 44 = *Holtzmann/Neuhaus* S. 280: „middle ground between these positions".
[94] So auch *Baumbach/Lauterbach/Hartmann* Rn. 7.
[95] 7th SN Art. 7 Nr. 8 = *Holtzmann/Neuhaus* S. 291 mit 5th WGR Nr. 19 = *Holtzmann/Neuhaus* S. 285 – zust. *Calavros*, 1988, S. 50.
[96] Näher dazu *Münch*, Die Reichweite der Unterschrift..., 1993, S. 54–57 u. JZ 2000, 210, 211.
[97] Richtig erkannt von BayObLGZ 1998, 219, 223 = NJW-RR 1999, 644, 645.
[98] BT-Drucks. 13/5274 S. 37 li. Sp. [6] mit Kom.-Ber. S. 100. Dazu – mit Blick auf Art. II Abs. 2 UNÜ – etwa: *Böckstiegel*, FS Bülow, 1981, S. 1, 10ff.; *Lindacher*, FS Habscheid, 1989, S. 167, 170ff.
[99] BGH WM 1992, 100, 101; 1. Aufl. § 1027 aF Rn. 22; *Baumbach/Lauterbach/Hartmann* Rn. 7; *Wieczorek/Schütze* § 1027 aF Rn. 21. Das ModG verweist hier auf materielles Nationalrecht: *Hußlein-Stich*, 1990, S. 42 m. weit. Nachw. (Fn. 203); *Granzow*, 1988, S. 91.
[100] BGH NJW 1992, 1232; DIS-SG SchiedsVZ 2007, 166, 167/168 [III 1b] mit S. 168 [III 2b]; *Berger* DZWiR 1993, 466, 467 m. weit. Nachw. (Fn. 7); *Kreindler/Schäfer/Wolff* Rn. 153.
[101] BGH SchiedsVZ 2007, 273, 275/276 [23] im Anschluß an BGH BGHR § 9 AGBG – Schiedsklausel 1 (dort allerdings sehr undeutlich!); *Berger* DZWiR 1993, 466, 467 m. weit. Nachw. (Fn. 8); *Zöller/Geimer* Rn. 9 – aA *Musielak/Voit* Rn. 6.

chung ausdrücklich noch vorbehalten wird (arg. § 305b BGB)[102] und auch bei „Abwehrklauseln"[103] – das „sperrt" die subsidiäre AGB-Geltung.

41 **Kollidierend bezuggenommene Bedingungen** gelten prinzipiell jedoch nur, insoweit Deckung vorliegt (Kongruenzgeltung ohne Dissenswirkungen, arg. § 306 Abs. 1 BGB). Der beidseits nur allgemein existente und geäußerte Wille, sich der Schiedsgerichtsbarkeit zu unterwerfen, reicht nicht dazu aus, die staatliche Gerichtsbarkeit (formgerecht) auszuschließen. Wenn aber eine Schiedsklausel reell einbezogen wurde, von beiden Seiten aber unterschiedlich ausgestaltet wird (Konstituierung, §§ 1034ff.; Verfahrensweise, §§ 1042ff., insbes. § 1042 Abs. 3), sollte man diesen Grundkonsens achten. Die subsidiäre Geltung der §§ 128ff., 253ff. ZPO anstelle des von den Parteien angestrebten unterschiedlichen Schiedsreglements – in Anlehnung an § 306 Abs. 2 BGB – wäre gewiss kaum interessengerecht. §§ 1025ff. geben selbst indes genügend Auffangregeln (§§ 1034ff., §§ 1043ff. iVm. § 1042 Abs. 4 [S. 1]), sodass eine Unzumutbarkeit (§ 306 Abs. 3 BGB) ausscheidet.

42 **4. Konnossemente (Abs. 4).**[104] Die Regelung trägt der besonderen seerechtlichen Praxis Rechnung, dass in einem Konnossement (§ 656 HGB) mit einer sog. **Inkorporationsklausel** regelmäßig allgemein auf die Bedingungen des Chartervertrages (§ 557 HGB) Bezug genommen wird. Ziel dieser Praxis – welche das Gesetz mit Abs. 4 nun bewusst anerkennt – ist es, die Ansprüche des Empfängers gegen den Verfrachter aus dem wertpapierrechtlichen Konnossementsrechtsverhältnis denselben (Schieds-)Bindungen zu unterwerfen, wie dies der Verfrachter für die Ansprüche aus dem Chartervertrag, die uU dem Empfänger aus abgetretenem Recht des Befrachters zustehen (aus Verletzung des Chartervertrages iVm. § 401 BGB; zur Einzelrechtsnachfolge vgl. § 1029 Rn. 46ff.), mit Einbeziehung der Schiedsklausel in den Chartervertrag ohnedies schon erreicht.

43 Notwendig ist hierzu die dezidierte Verweisung. Das verlangt einerseits strenger als Abs. 3 die eindeutige Bezugnahme (Ausdrücklichkeit!), ist aber andererseits auch milder,[105] indem Abs. 4 sogar von Abs. 1 und Abs. 2 freistellt (Formpflichtigkeit?). Das ist ein Tribut an die Praxis. Die Bezugnahme muss zwingend urkundlich geregelt sein, sodass mündliche Hinweise, eventuelle Aushänge (so wie nach § 305 Abs. 2 Nr. 1, 2. Var. BGB) etc. allemal nicht genügen; sie muss weiter für jeden potentiellen Empfänger eindeutig und zweifelsfrei erkennbar machen, dass etwaige Streitfälle ein Schiedsgericht entscheiden soll, ohne dass sie aber die essentialia des § 1029 Abs. 1 nochmals zu wiederholen brauchte. Eine **allgemeine (pauschale) Verweisung** auf den Chartervertrag mit Schiedsklausel genügt aber jetzt nicht mehr.[106]

IV. Verschärfungen bei Verbraucherbeteiligung (Abs. 5)

44 **1. Grundsatz.** Das ModG ist inhaltlich zweifach beschränkt, auf *internationale* Streitigkeiten und auf die *Handels*schiedsgerichtsbarkeit (Art. 1 Abs. 1, 1. Halbs. ModG mit Vor § 1025 Rn. 108ff.); diese Vorgabe wirkt nach bei Art. 7 Abs. 2 ModG bzw. Abs. 1–3, welche nicht streng die materielle Schriftform (§ 126 BGB mit Art. 2 EGBGB) einfordern. Die generelle Anwendung machte daher eine spezielle Regelung notwendig, um **„Normalbürger"** zu schützen. Schiedsvereinbarungen, die nicht der gewerblichen oder selbstständigen beruflichen Tätigkeit zugerechnet werden können (subjektive Qualifikation, Rn. 47–52), unterliegen demnach strengeren Formanforderungen (objektive Qualifikation, Rn. 53–61) als solche im kaufmännischen Verkehr – oder besser vielleicht gesagt wohl: sie unterfallen dem regulären Formzwang!

45 Die strengere Form dient dem besseren Schutz des rechtlich wie geschäftlich Unerfahrenen vor Überrumpelung **(Warnfunktion),** zumal auch keine spätere Prozesskostenhilfe erfolgt; die Beweisbarkeit ist immer ja durch Abs. 1–4 schon sichergestellt (Rn. 8). Die „Normalform" wird allerdings durch Abs. 1–4 schon vorgegeben, was für die **Beweislastverteilung** von eminenter Bedeutung ist: wer erschwerte Formvorgaben einfordert, muss die Verbrauchereigenschaft, die Ausnahmefall ist, darlegen und beweisen; kann er dies, muss dann der andere Teil wieder tätig werden und sich zur

---

[102] Durchaus richtig insoweit OLG Karlsruhe OLGR 2005, 680, 681 [1b].
[103] OLG Frankfurt/Main IHR 2007, 42, 44 li. Sp.
[104] Zum bisherigen Recht vgl. BGHZ 29, 120, 121ff. = NJW 1959, 720; KTS 1960, 75f.; AWD 1967, 108, 109; *Reithmann/Martiny/Hausmann*, 5. Aufl., Rn. 2354f.; *Prüßmann/Rabe* Vor § 445 HGB Bem. VII C 4. Eine ModG-Regelung ist gescheitert: CR Nr. 84–86 = *Holtzmann/Neuhaus* S. 300f. Dazu aber auch A/CN.9/ WG.II/WP.108/Add. 1 (26. 1. 2000 [Rep.]) Nr. 11ff., 26f., 31, 33f. mit A/CN.9/468 (10. 4. 2000 [WGR]) Nr. 88ff. Dazu ausf. nach neuem Recht *K. Schmidt*, FS Herber, 1999, S. 281 u. *Trappe*, FS Herber, 1999, S. 305; *von Baum*, Prozessuale Modifizierung von Wertpapieren, 1999, S. 27 (krit.) mit S. 159ff.
[105] BT-Drucks. 13/5274 S. 37 li./re. Sp. [9] mit Kom.-Ber. S. 101.
[106] *Thomas/Putzo/Reichold* Rn. 7; *Herber*, Seehandelsrecht, 1999, § 30 II 5, S. 298; *Trappe*, FS Herber, 1999, S. 305, 308; *K. Schmidt*, FS Herber, 1999, S. 281, 285; *Schlosser*, VIV-Reihe XI (2000), S. 163, 184/185; *Musielak/Voit* Rn. 7.

§ 1031   46–49   Buch 10. Abschnitt 2. Schiedsvereinbarung

Formwahrung äußern (Abs. 5) oder mit Einlassung helfen (Abs. 6). Denn es liegt an ihm, die erwünschte Zulässigkeit der Schiedsklage darzulegen. Man sollte – wider frühere Sicht[107] – jedoch die Ausnahme (eben deswegen) nicht möglichst eng handhaben.

46   **2. Subjektive Qualifikation. a) Gesetzesgenese.** DiskE und RegE laufen hier einmal auseinander – das Endprodukt in Gesetzform ist gleichsam ein Kompromiss. Erhalten hat sich vom DiskE die **engere Verbraucherdefinition** (Abs. 5 S. 4 DiskE), welche dann in Anlehnung an europäisch gegebene Vorgaben formuliert, kraft § 13 BGB indes unterdessen wieder entbehrlich wurde;[108] vom RegE blieb dagegen übrig die Herauslösung der Heilungsmöglichkeit aus der Verbraucherregelung, die allerdings ModG-getreuer formuliert war (Abs. 5 S. 3 DiskE), dh. die **weitere Heilungsregelung** in Orientierung an § 1027 Abs. 1 S. 2 aF für alle Fälle irgendwie mangelnder Formalien (Abs. 1–4 *und* Abs. 5), und auch die **exakte Schriftformregel**, statt wortreich und zweimalig bloß eine „besondere Urkunde" zu fordern (Abs. 5 S. 1/2).[109] Die Änderung ist Ergebnis einer beizeiten schon erfolgten Bundesratsempfehlung,[110] der sich Bundesregierung und Rechtsausschuss[111] ohne große Worte dann anschlossen – die Lösung ist klarer formuliert und strukturiert. Gewerbetreibende *und* Selbständige erscheinen gleichermaßen *nicht* schutzbedürftig;[112] das gilt auch für sog. Kleingewerbetreibende.[113]

47   **b) Verbraucherbegriff. S. 1** benennt ganz einfach den „Verbraucher" als die geschützte Person; § 13 BGB liefert dazu klärend eine Legaldefinition. Es genügt, wenn allein ein Beteiligter danach Verbraucher ist bzw. als solcher handelt; hierfür entscheidet jeweils die **objektive Zweckrichtung des Verhaltens**.[114] Dass zusätzlich der „Gegenpart" auch Unternehmer (§ 14 Abs. 1 BGB) sei, wird nicht etwa – komplementär oder verschärfend – zuzüglich gefordert (im Unterschied zu § 310 Abs. 1 S. 1). Die Anknüpfungsmomente des Verbraucherbegriffs sind ex ante festzumachen.

48   Verbraucher sind zwingend bloß **natürliche Personen**; wer als ein Organwalter handelt, handelt nicht als Verbraucher. Etwas offener ist bereits **als Anknüpfungsmoment das Privatgeschäft**: Weder darf die gewerbliche noch eine berufliche (selbständige!) Betätigung hier betroffen sein.[115] Diese Formulierung wirkt als eine Art „Paarformel", die sich vom klassischen **Gewerbebegriff** her konkretisiert. Ausgeklammert bleibt infolgedessen „jeder auf Erzielung dauernder Einnahmen gerichtete berufsmäßige [selbständige] Geschäftsbetrieb",[116] dabei einschließlich einer Nebentätigkeit[117] sowie vorbereitenden Akten;[118] öffentlich-rechtliche Aufgaben(mit)erfüllung schadet bei privater Absicht einer Entgelterzielung nicht.[119]

49   Die eigenständige Nennung beruflich *selbständiger* Tätigkeit hat jedoch noch zwei Folgen: **Arbeitnehmer** gelten augenfällig als Verbraucher (Unselbständigkeit! – hierzu zählt auch der organ-

---

[107] RG JW 1935, 1088; BGHZ 36, 273, 277; 38, 155, 164.
[108] Ohne Veränderung im Sinngehalt: BGHZ 162, 253, 255 f. [2 a] = NJW 2005, 1273 = SchiedsVZ 2005, 157 mit BT-Drucks. 14/3195 S. 37.
[109] Abs. 5 S. 1 DiskE „kappte" § 1027 Abs. 1 S. 1, 1. Halbs. aF (Ausdrücklichkeit; Schriftlichkeit); Abs. 5 S. 1 DiskE folgte § 1027 Abs. 1 S. 1, 2. Halbs. aF. Das legt die Begründung nicht zweifellos offen (Kom.-Ber. S. 101); insofern unklar auch *Zöller/Geimer* Rn. 36.
[110] BT-Drucks. 13/5274 S. 73 (Anlage 2 Nr. 2).
[111] BT-Drucks. 13/5274 S. 76 (Anlage 3 Nr. 2) bzw. BT-Drucks. 13/9124 S. 46.
[112] BT-Drucks. 13/5274 S. 73 mit Kom.-Ber. S. 101/102.
[113] *Treber* AcP 199 (1999), 525, 577 – *Spieker* ZIP 1999, 2138, 2141 f. will das über § 307 Abs. 2 Nr. 1 BGB relativieren – aber: § 310 Abs. 1 BGB! (§ 1029 Rn. 11).
[114] BGHZ 162, 253, 2557 [2 b aa] = NJW 2005, 1273 = SchiedsVZ 2005, 157.
[115] Ebenso bisher Abs. 5 S. 3 aF (Rn. 46 bzw. Fn. * beim Gesetzestext) u. § 24 a AGBG aF, vgl. Kom.-Ber. S. 101/102, anders zwischenzeitlich jedoch Abs. 5 S. 1 RegE: lediglich „gewerbliche Tätigkeit" (in Anlehnung an § 1027 Abs. 1 aF, BT-Drucks. 13/5274 S. 37 re. Sp. [10]).
Ohne das Merkmal der Selbständigkeit: Art. 5 Abs. 1 EVÜ bzw. Art. 29 Abs. 1 EGBGB; Art. 13 Abs. 1 EuGVÜ bzw. Art. 15 Abs. 1 Brüssel I-VO; Art. 1 Abs. 2 RL zum Verbrauchsgüterkauf vom 25. 5. 1999, ABlEG L 171 S. 12 ff.
[116] BGHZ 33, 321, 324 mit BGH WM 1959, 161 (§ 196 Abs. 1 BGB/aF) – ähnlich: BGHZ 74, 273, 276 m. weit. Nachw., ferner BGHZ 83, 382, 386; 95, 155, 157; 119, 252, 256 – in Anlehnung an die HGB-Denkschrift S. 11 = *Hahn/Mugdan* VI S. 197.
[117] BGHZ 74, 273, 276; 119, 252, 256 (§ 196 Abs. 1 BGB/aF).
[118] BGHZ 162, 253, 256–258 [2 b] = NJW 2005, 1273 = SchiedsVZ 2005, 157 mit OLG Düsseldorf NJW 2004, 3192 [2] als Vorinstanz: kein Verbraucherschutz für Existenzgründer; vgl. auch erg. OLG Oldenburg NJW-RR 2002, 641, 642 (AGB-Kontrolle); EuGHE 1997 I, 3767 Nr. 17–19 (Benincasa – zu Art. 13 Abs. 1 EuGVÜ) = JZ 1998, 896 m. Bespr. *Mankowski* (S. 898).
[119] BGHZ 95, 155, 157 ff. (159 f.) = NJW 1985, 3063 (Bundesbahn/bejahend); OLG Stuttgart NJW-RR 1999, 1557, 1558 (Schlachthof/verneinend); BGHZ 36, 273, 276 f. (Getreide-Einfuhrstelle/verneinend).

Form der Schiedsvereinbarung 50–53 § **1031**

schaftliche Unternehmensleiter [„Manager"][120]), im Unterschied zu **Freiberuflern**[121] (Rechtsanwälte, Ärzte, Architekten, Steuerberater etc.), das obgleich sie keinerlei Gewerbe betreiben (zB § 2 Abs. 2 BRAO), sondern ein eigenes Berufsethos besteht[122] (Selbständigkeit!). Der Verbraucherbegriff ist nur persönlich angeknüpft, nicht inhaltlich näher bezeichnet, sodass auch Grundstücks- oder Anlagegeschäfte etwa darunterfallen.[123] Er sollte aber abgekoppelt sein von der tradierten handelsrechtlichen Anknüpfung (§§ 1–7 iVm. §§ 343, 344 HGB),[124] die aber dennoch auch künftig eine gewisse indirekte Indizwirkung (im Umkehrschluss) entfalten kann.

Die meisten Probleme wird freilich künftig **die Zweckbeziehung als Zurechnungsmoment** 50 bereiten: Ist der konkrete Vertragszweck der Privatsphäre zuzurechnen? Zählt dann dafür der Hauptvertrag, *wegen dem* jener konkrete Streit herrscht (so klar bisher Abs. 5 S. 3: „Geschäft, das Gegenstand der Streitigkeit ist") oder zählt hier die Schiedsvereinbarung selbst, *kraft der* jetzt hierfür Schiedsbindung besteht (dies meint wohl § 13 BGB: „[Rechts-]geschäft zu dem Zweck abschließt, ...")? Nach Telos und Genese der Vorschrift[125] kann jedoch nur gemeint sein, dass der Gegenstand des Hauptvertrages ein Verbrauchergeschäft sein muss. Denn nicht die Schiedsvereinbarung als solche prägt das Geschäft, sondern nur die ihr zugrunde liegende Rechtsbeziehung zwischen den Parteien, zu der jene Schiedsvereinbarung gleichsam ergänzend dazutritt.

Entscheidend ist somit der Hauptvertrag „in Verbindung mit dessen Natur und Zielsetzung",[126] 51 die Schiedsvereinbarung ist lediglich ein Annex. Dafür kann man entweder subjektiv oder aber objektiv anknüpfen, sofern – wie wohl meist – eine extra Vereinbarung fehlt, welche durchweg Vorrang genießen sollte. Handhabbare, prüffähige Kriterien bietet allein der zweite Ansatz[127] – Motive sind meist ganz beliebig (vgl. auch erg. § 116 S. 1 BGB)! Nur objektiver Empfängerhorizont und der Blick auf die übliche Verkehrseinschätzung liefern unverfälschte Zeichen, was damals bei Vertragsschluss nun konkret gewollt war. Bei Mischgeschäften und Zuordnungszweifeln zählt dann, was **überwiegender Vertragszweck** ist.[128]

c) **Schiedsbindung.** Die Verbraucherbeteiligung soll gerade jenem Geschäft gelten, „das Ge- 52 genstand der Streitigkeit" ist. Die Formulierung ist irreführend. Das Schriftformgebot wird zurzeit des Abschlusses der Vereinbarung aktuell und relevant, ohne dass dann schon wirklich Streit bestehen müsste – die Streitigkeit kann aktuell oder potentiell sein (§ 1029 Abs. 1). Man kann gewiss auch nicht zuwarten, bis eine (Schieds-)Klage konkret erhoben wurde (§ 1044 S. 1 mit S. 2, 2. Var.); die Formpflichtigkeit muss abstrakt und vorneweg eindeutig feststehen. Auch wenn eine Schiedsvereinbarung mehrere Streitigkeiten abdeckt, muss unbedingt die Formfrage einheitlich beurteilt werden. Eine Aufspaltung wäre letzthin wenig sinnvoll, würde Zusammengehöriges ohne Not dann auseinanderreißen und über § 139 BGB doch regelmäßig ähnliche Ergebnisse zeitigen. Gemeint ist deshalb die wertende Einschätzung des gesamten Streitstoffs, so wie er der Schiedsbindung iSv. § 1029 Abs. 1 zugrundegelegt ist. Eine Schiedsvereinbarung fällt insgesamt unter Abs. 5 oder sonst dann unter Abs. 1–4.

3. **Objektive Qualifikation.** a) **Schriftform (S. 1, 2. Halbs.).** Die Schiedsvereinbarung muss 53 urkundlich niedergelegt werden und eigenhändig unterzeichnet sein. Das meint die gesetzliche Schriftform iSv. § 126 Abs. 1, 1. Halbs. BGB,[129] dh. Eigenhändigkeit der **Namenszeichnung**[130]

---

[120] *Thümmel*, FS Schütze, 2002, S. 1331, 1337 [III 1]; OLG Hamm, Beschl. v. 18. 7. 2007 – 8 Sch 2/07 [II 1 b bb/JURIS-Rn. 38 ff.) (AG-Vorstandsmitglied).
[121] *Schütze* SV Rn. 126. Das soll aber auch für Art. 5 Abs. 1 EVÜ gelten: Bericht *Giuliano/Lagarde* BT-Drucks. 10/503 S. 33 ff., 55.
[122] BGHZ 33, 321, 325 mit BVerfGE 17, 232, 239.
[123] Kom.-Ber. S. 102; OLG Hamm OLGR 2006, 527 [I] (Geldanlage in Mietshäusern) mit BGH NJW 2002, 368, 369 li./re. Sp.; OLG Oldenburg NZG 2002, 931, 932 (Vermögensanlage).
[124] BT-Drucks. 13/5274 S. 37 re. Sp. [10]: unscharfes – international unbekanntes (aber: Art. 1 Abs. 1 S. 1 Brüssel I-VO!?) – Kriterium.
[125] BT-Drucks. 14/3195 S. 37: „Inhaltliche Änderungen ergeben sich dadurch nicht."
[126] EuGHE 1997, I-3767 Nr. 16 (Benincasa – zu Art. 13 Abs. 1 EuGVÜ) = JZ 1998, 896 m. Bespr. *Mankowski* (S. 899).
[127] Zutr. MünchKommBGB/*Martiny* Art. 29 EGBGB Rn. 11.
[128] *Palandt/Heinrichs* Überbl. Vor § 311 Rn. 25 f.; MünchKommBGB/*Martiny* Art. 29 EGBGB Rn. 10. Unklar hier leider Bericht *Giuliano/Lagarde* BT-Drucks. 10/503 S. 33 ff., 55: Schwerpunktbildung mit Vertrauensschutz?
[129] Unter altem Recht: BGH NJW 1994, 2300; OLG Koblenz, Beschl. v. 19. 2. 2004 – 2 Sch 4/03 (Überflüssigkeit einer Namensbenennung); OLG Hamburg KTS 1984, 171, 172; *Schütze/Tscherning/Wais* Rn. 69; *Schwab/Walter*, 5. Aufl., S. 372.
[130] Näher dazu *Münch*, Die Reichweite der Unterschrift ..., 1993, S. 27–35 – ferner: § 130 Rn. 10 mit § 129 Rn. 9 ff.; § 253 Rn. 22 f. Der Familienname ist ausreichend, vgl. OLG Hamburg, Beschl. v. 12. 3. 2003

bzw. Unterschrift einer jeden Schiedspartei. Vertretung ist statthaft![131] Die Paraphe genügt hierfür nie, auch nicht etwa als notariell beglaubigtes Handzeichen (§ 126 Abs. 1, 2. Halbs. BGB), weil Abs. 5 S. 1, 1. Halbs. hier nicht ohne weiteres Schriftform vorsieht, vielmehr materielle Vorgaben präzisiert und dadurch die zweite Variante „sperrt". Ebensowenig können befriedigen die Telegramm- oder Fernschriftübermittlung, mechanische oder faksimilierte Unterschriften und auch ein Briefwechsel,[132] das folgt schon aus Abs. 1 e contrario und daraus, dass ergänzend **Eigenhändigkeit** notwendig ist.

54   Nicht notwendig indes ist, dass die Zeichnungen gleichzeitig abgeleistet werden, erforderlich aber andererseits die Achtung der **Urkundeneinheit** (S. 1: „in einer ... Urkunde"; S. 3: „die Urkunde" bzw. § 126 Abs. 2 S. 1 BGB: „auf derselben Urkunde"); § 126 Abs. 2 S. 2 BGB ist demnach unanwendbar.[133]

55   Die **Namensunterschrift** muss regelmäßig den Urkundentext räumlich abschließen;[134] doch wird die Form auch infolge Blankozeichnung gewahrt.[135] Genauso sind spätere Textänderungen gedeckt, wenn insoweit Einverständnis vorliegt.[136] Dann muss aber allemal Gegenteilsbeweis möglich sein, der Text sei so niemals abgesprochen gewesen (arg. § 440 Abs. 2 iVm. § 292 S. 1). Weil aber jene *zeitliche* Koinzidenz einbricht, kann auch jene *räumliche* Über-Unter-Ordnung letztlich allein indiziell wirken – maßgeblich bleibt hier am Ende besser der urkundlich niedergelegte räumliche Sinnzusammenhang;[137] man sollte nicht allzu sehr wortlauthörig sein! Möglich ist hier zudem auch die anerkannte **formwahrende Bezugnahme** (Rn. 39). Die Schriftform mag jedoch **surrogiert** werden (Rn. 56–58).

56   **b) Surrogatformen.** Während **Abs. 1** bislang mit den „anderen Formen der Nachrichtenübermittlung" bereits neuer Technik aufgeschlossen gegenüberstand (Rn. 30), erlaubt **Abs. 5 S. 2** dies nun auch bei Verbraucherbeteiligung: jetzt gilt die **elektronische Form** gemäß § 126a BGB als ausreichend. Indem das Gesetz nun autonom und explizit auf § 126a BGB verweist, bekundet es indirekt, dass nicht schon aus Abs. 5 S. 1 iVm. § 126 Abs. 3 BGB (elektronische Surrogatform) jenes Ergebnis – gleichsam nebenbei – folgt. Es geht um ein ganz eigenständiges Formerfordernis („Form nach Satz 1" – nicht etwa gemäß § 126 Abs. 1 BGB!). Der Zusatz geht zurück auf **Art. 17 Abs. 1 EGRL**.[138] Dieser hat jedoch einen beschränkteren Anwendungsbereich, ferner auch eine andere Zielrichtung (dazu näher noch 2. Aufl. AktBd. Rn. 3): die Durchführung des *vereinbarten* Schiedsverfahrens. Was dazu das nationale Recht verfügbar macht, kann es auch weiter autonom regeln. Die richtigere Motivation liefert wohl demnach **Art. 9 Abs. 1 EGRL** („Abschluss von Verträgen auf elektronischem Wege" – vgl. auch erg. Erwägungsgrund Nr. 34).

57   Notwendig ist folgendes, um Funktionsäquivalenz zu Schriftform *und* Unterschrift[139] zu gewährleisten: **(1) Herstellung eines elektronischen Dokumentes unter Namensnennung** (§ 126a Abs. 1 BGB), damit dies den tatsächlichen Aussteller dem Empfänger identifiziert. Es geht hier um die Ersetzung der verkörperten durch eine nur virtuelle Erklärung. **(2) Autorisation mit qualifizierter elektronischer Signatur** (§ 126a Abs. 1 BGB) als Surrogat der verkörperten Unterschrift. Was als eine **derartig qualifizierte Signatur** gelten kann, definiert § 2 Nr. 1–3 iVm. Nr. 7/6 [näher: § 7] u. Nr. 10/4 [näher: §§ 17, 23] SigG[140] recht kompliziert und wenig anschaulich – offenbar Tribut sicherer Signaturtechnik! Die körperlich-physische wird dabei durch eine mathematisch-logische Verbindung von Textinhalt und Aussteller ersetzt. **(3)** Die Vertragspartner müssen **zumindest ein gleichlautendes Dokument elektronisch signieren**[141] (§ 126a Abs. 2 BGB in Anleh-

---

– 9 SchH 1/03 (implizit) mit BGH NJW 2003, 1120 [II 5 a] (Notarsakt) bzw. RGZ 134, 308, 310 (Testament); *Schütze/Tscherning/Wais* Rn. 69; wohl auch *Schwab/Walter* Rn. 5.2.

[131] Sehr umständlich hier OLG Oldenburg, Beschl. v. 12. 3. 2003 – 9 SchH 1/03 [II].

[132] RG DR 1942, 908, 909 li. Sp. aE; KG KTS 1965, 240, 24 bzw. *Stein/Jonas/Schlosser* Rn. 12; *Schütze/Tscherning/Wais* Rn. 69.

[133] So wie hier jetzt OLG München MDR 2005, 1186, 1187 – aA OLG Hamburg KTS 1984, 171, 172 u. 1. Aufl. § 1027 aF Rn. 3.

[134] BGH NJW 1994, 2300; *Schwab/Walter* Rn. 5.3; *Schütze/Tscherning/Wais* Rn. 69.

[135] Neuerdings zweifelnd freilich *Musielak/Voit* Rn. 10.

[136] BGH NJW 1994, 2300, 2301; *Schwab/Walter* Rn. 5.3.

[137] Näher dazu *Münch* (Fn. 130) S. 71 ff.

[138] RL 2000/31/EG über den elektronischen Geschäftsverkehr vom 8. 6. 2000 (ABlEG L Nr. 178 S. 1, 14 [EGRL]) – dazu: BT-Drucks. 14/6098, S. 13 li. Sp. mit S. 26/27.

[139] Näher dazu *Münch* (Fn. 130), § 4 II, S. 71 ff. – sehr differenziert auch BT-Drucks. 14/4987, S. 15–17.

[140] Gesetz über Rahmenbedingungen für elektronische Signaturen (Signaturgesetz) v. 16. 5. 2001 (BGBl. I S. 876).

[141] BT-Drucks. 14/4987, S. 17 f.

nung an § 126 Abs. 2 S. 1 BGB). – Ausgeschlossen ist jedenfalls ein Abschluss durch lediglich **konkludentes Verhalten** (aber: Abs. 6 iVm. § 1040 Abs. 2, dort Rn. 33 ff.).

In Betracht kommt zusätzlich die Surrogation durch **notarielle Beurkundung**[142] (§ 126 Abs. 4 BGB – arg. S. 3, 2. Halbs.). Jene strengere Form ersetzt die mildere, die Warnfunktion (Rn. 45 mit Rn. 7) ist infolge der Belehrung noch verstärkt (§ 17 Abs. 1 BeurkG). Notwendig ist die formgerechte notarielle Niederschrift (vgl. §§ 8 ff. BeurkG) mit Vorlesen, Genehmigen und Unterschreiben (§ 13 Abs. 1 [S. 1, 1. Halbs.] mit Abs. 3 [S. 1] BeurkG); sie kann auf eine Privatschrift indes wirksam bezugnehmen (§ 9 S. 2 BeurkG) – selbst dann genügt die Unterschrift des Protokolls.[143] Aus Kostengründen dürfte kaum jemand jenen Weg gehen – es sei denn, der Hauptvertrag wäre seinerseits beurkundungsbedürftig; ein Zwang zur Beurkundung besteht hier dennoch keiner (Rn. 12). Statthaft scheint ebenfalls ein **gerichtlicher Vergleich** (§ 794 Abs. 1 Nr. 1), der selbst ja wieder die notarielle Form surrogiert (§ 127 a BGB mit §§ 160 Abs. 3 Nr. 1, 3. Var., 162 Abs. 1, 163 ZPO). Die Unterschrift der Schiedsparteien ist hier ausnahmsweise ganz entbehrlich. – Übrig bleibt ferner stets Heilung durch rügeloses Einlassen (Abs. 6, Rn. 62 ff.). **58**

c) **Eigenständigkeit (S. 3, 1. Halbs.).** Vorausgesetzt wird eine **Schiedsabrede** und ausgeschlossen die Schiedsklausel (§ 1029 Abs. 2), dies um eine ausreichende Kenntnisnahme sicherzustellen. Die Regelung ist gleichsam prozessual geronnene Ausprägung des **Überraschungsverbots** (§ 305 c Abs. 1 BGB): man soll keine Schiedsvereinbarung „im Kleingedruckten" simpel verstecken können[144] – ohne dass es aber auf eine tatsächliche Überrumpelung wirklich ankäme.[145] Doch genügt, wenn die Schiedsabrede eindeutig *räumlich* abgesetzt und gesondert unterschrieben auf demselben Blatt steht wie der Hauptvertrag[146] oder als Anlage beigefügt wird.[147] Etwaige materielle Regelungen dürfen jedoch nicht mit denen der Schiedsvereinbarung irgendwie *inhaltlich* verbunden werden (Bezugnahme). Deshalb sind etwaige AGB-Verweisungen auf Schiedsklauseln von vornherein im nichtgewerblichen Bereich unwirksam; unnötig ist dagegen eine Individualgestaltung der Schiedsvereinbarung.[148] **59**

Ausnahmen: Der Formpurismus verwahrt sich freilich allein gegen eine materielle Gestaltung, aber nicht etwa gegen **Verfahrensabreden** iSv. § 1042 Abs. 3[149] oder sonstige prozessuale Vorgaben (Rn. 13), vor allem zur Schiedsrichteranzahl und -ernennung (§ 1034 Abs. 1 S. 2, 1035 Abs. 1), zur Ingangsetzung (§ 1044) und Durchführung (§ 1042 Abs. 3) des Schiedsverfahrens, zur Zulassung einstweiliger Maßnahmen (§ 1041), zu Schiedsort (§ 1043 Abs. 1 S. 1) und Sprachregelung (§ 1045 Abs. 1 S. 1) etc., im Unterschied zu einer Rechtswahl (§ 1051).[150] Die verfahrensbezogene Parteivereinbarung iSv. § 1031 Abs. 5 S. 3, 1. Halbs. umfasst mehr als eine nackte Schiedsabrede nach § 1029 Abs. 1 mit Abs. 2, 1. Var. Ausdrücklich jetzt freigestellt ist ferner die **notarielle Beurkundung (S. 3, 2. Halbs.),** was – bewusst – mit bisher herrschendem Verständnis bricht.[151] Obgleich insoweit eine ähnliche Regelung für den **gerichtlichen Vergleich** fehlt, gilt Abs. 5 S. 3 aE hier in teleologischer Auslegung angesichts der gerichtlichen Mitwirkung, Belehrung und Kontrolle letztlich wohl sinngemäß.[152] **60**

---

[142] So wie hier nun auch BGH SchiedsVZ 2007, 163, 164 [11] = NJW-RR 2007, 1466 = NZM 2007, 337; *Thomas/Putzo* Rn. 11 im Anschluß an BT-Drucks. 13/5274 S. 37 re. Sp. [11] – dazu näher etwa *Schütze* BB 1992, 1877; *Wiesen* MittRhNotK 1996, 165.

[143] BGHZ 38, 155, 162 = NJW 1963, 204.

[144] Begr. E 1931 S. 395; OLG Köln HEZ 3, 91, 92; KG KTS 1965, 240. Zust. *Wagner/Quinke* JZ 2005, 932, 934 [II] bei/mit Fn. 16 mit Kritik de lege ferenda bei *Quinke*, ... prozessualer Anlegerschutz, 2005, S. 214–219.

[145] Beispiele: OLG Koblenz NJW-RR 1996, 970 (überschaubare, kurze Zusatzklausel); OLG Hamm OLGR 2006, 527 [I] (Vertragsformular von Verbraucherseite).

[146] BGHZ 38, 155, 162/163; OLG Nürnberg BB 1971, 495; OLG Koblenz NJW-RR 1996, 970; OLG Düsseldorf RPS 1997 I S. 21, 22; *Zöller/Geimer* Rn. 36; *Musielak/Voit* Rn. 11; *Baumbach/Lauterbach/Hartmann* Rn. 9; *Mäsch*, FS Schlosser, 2005, S. 529, 531; *Schmitz* RNotZ 2003, 591, 601 li. Sp. [B IV 2] (Parallele zur Belehrung gem. § 361 a Abs. 1 BGB/aF) – Sonderfall: OLG Oldenburg MDR 1951, 690 (abzulehnen!), völlig unvertretbar jedoch OLG München OLGR 1994, 20, 21.

[147] OLG Oldenburg, Beschl. v. 12. 3. 2003 – 9 SchH 1/03 [II].

[148] BGHZ 162, 9, 15 [II 3] = NJW 2005, 1125 = JZ 2005, 958.

[149] Etwas vorsichtiger indes BGHZ 162, 9, 15 [II 4a] = NJW 2005, 1125 = JZ 2005, 958: „in aller Regel".

[150] Hier anders noch 1. Aufl. § 1027 aF Rn. 5 aE.

[151] BT-Drucks. 13/5274 S. 37 re. Sp. [11] gegen BGHZ 38, 155, 165, vgl. 1. Aufl. § 1027 aF Rn. 5 m. weit. Nachw.; hierzu nicht. früher schon *von Trotha* DB 1988, 1367, 1372 – aber andererseits oben Rn. 58.

[152] OLG Hamburg HansRGZ Beibl. 1940, 134, 135, offenlassend BGHZ 38, 155, 163 = NJW 1963, 203 u. OLG Karlsruhe NJW-RR 1991, 493; *Baumbach/Lauterbach/Hartmann* Rn. 9; *Schütze* SV Rn. 129; *Stein/Jonas/Schlosser* Rn. 14 (§ 127 a BGB).

§ 1031 61–65 Buch 10. Abschnitt 2. Schiedsvereinbarung

61   Das alte Gebot **ausdrücklicher Vereinbarung** (§ 1027 Abs. 1 S. 1, 1. Halbs., 1. Var. aF) fehlt, ist indes insoweit mittelbar beachtet, als Eigenständigkeit ohne Ausdrücklichkeit keinen Sinn macht.[153] Die Schiedsbindung muss sich deshalb eindeutig und zweifelsfrei[154] ergeben. Der Begriff „Schiedsgericht" braucht aber nicht etwa aufzutauchen; **Auslegung** ist statthaft (§ 1029 Rn. 105 ff.), und auch die **Bezugnahme**, wenn sie denn eindeutig ein reales Schiedsgericht beruft und klar ist, dass die Beteiligten ein Schiedsgericht wollen.[155] Die bereits unter altem Recht übliche Bezugnahme auf allgemeine Schiedsgerichtsregelungen[156] bzw. Verfahrensregeln institutioneller Schiedsgerichte[157] und alternativ auf private frühere Abreden[158] zur Ausfüllung von Einzelheiten, bleibt davon völlig unberührt – sie ist von § 1042 Abs. 3 anerkannt und gestattet. Insoweit geht es bloß um Ergänzungsregeln, welche die Schiedsabrede nur prozessual noch anreichern.

V. Heilung durch Einlassung (Abs. 6)

62   **1. Allgemeines.** Abs. 6 entspricht ganz wortgetreu § 1027 Abs. 1 S. 2 aF, er findet in Art. 7 S. 2, 3. Var. ModG allemal ein Vorbild, obwohl jener doch auf Formwahrung (statt: Formheilung) zielt („in writing if") und womöglich leicht anders anknüpft (Nichtbestreiten bei Klageerwiderung trotz Behauptung bei Begründung[159] [§ 1031 Abs. 5 S. 3 DiskE]). Die Vorschrift ist beschränkt auf Formmängel iSv. Abs. 1–5, ähnelt tatbestandlich jedoch § 39 S. 1 bzw. § 282 Abs. 3 S. 1:

63   Eine formungültige Schiedsvereinbarung (§ 1029 Abs. 1 – Abrede wie Klausel) wird durch die Einlassung zur Hauptsache (Rn. 65–67) für das Verfahren vor dem Schiedsgericht rückwirkend wirksam (Rn. 68). Dahinter steckt letzthin der **Bestätigungsgedanke**[160] und ebenso das Verbot (prozessual) widersprüchlichen Verhaltens. Die Regelung intendierte zunächst Ausgleich und Milderung für die neu geschaffene Formpflicht (Rn. 2), sie sichert nunmehr das Schiedsverfahren gegen künftige – schlussendlich rein formalistische – Angriffe (§ 1059 Abs. 2 Nr. 1 a, 2. Var.).

64   Abs. 6 bleibt **letztlich lex specialis für Formalien;** § 1027 S. 1 wäre ohnedies unanwendbar[161] (notwendiges – unverzichtbares – Erfordernis!).[162] Es gibt freilich auch sonst konkludente Heilung, die ihrerseits des Abs. 6 bedarf, um auch die Form zu erfüllen. Vorrangig ist die Sachfrage aber besser wohl bei § 1040 Abs. 2 S. 1 anzusiedeln (dazu näher dort Rn. 33 ff. – aber: Wortlaut wenig kohärent, hier Rn. 65), der auch letztlich größere Offenheit erlaubt (S. 4!).

65   **2. Tatbestand: Einlassung zur Hauptsache.** Sie liegt vor, wenn **beide Seiten** (die Partei in Person oder ein dazu berufener Vertreter[163]) zu erkennen gegeben haben, dass sie nicht den ordentlichen Richter, sondern ein Schiedsgericht über ein bestimmtes streitiges Sachbegehren zur verbindlichen Entscheidung anrufen wollen.[164] Der Schiedskläger tut dieses durchweg implizit mit seinem **Vorlageantrag** gemäß § 1044, der Klageerhebung ist[165] (§ 1044 Rn. 5; § 1046 Rn. 2 f.); er muss ja zwingend „einen Hinweis auf die [zugrundegelegte] Schiedsvereinbarung enthalten" (§ 1044 S. 2, 3. Var.). Die zukünftige Klagebegründung (§ 1046 Abs. 1 S. 1, 1. Var.) abzuwarten, ist dafür keinesfalls nötig. Der Schiedsbeklagte lässt sich zur Hauptsache ein, wenn er sich *sachlich* zur Schiedsklage erklärt (abgrenzen: bloßes Schweigen[166]); das dürfte idR mit seiner (üblicherweise auch schriftlichen) **Klagebeantwortung** bzw. -erwiderung (§ 1046 Abs. 1 S. 1, 2. Var.) geschehen.

---

[153] Daher dazu schon BGHZ 71, 162, 165 u. *Schwab/Walter*, 5. Aufl., Rn. 5.1 ff. – ferner: *Schütze* SV Rn. 125 [2. Abs.].
[154] *Böckstiegel*, FS Bülow, 1981, S. 1, 5.
[155] 1. Aufl. § 1027 aF Rn. 2 mit Beispielen; *Schwab/Walter* Rn. 5.1; *Schütze* SV Rn. 125 [3. Abs.] mit *Schütze/Tscherning/Wais* Rn. 68.
[156] Vgl. *Wieczorek/Schütze* § 1027 aF Rn. 7.
[157] *Schütze* SV Rn. 125 [3. Abs.].
[158] Vgl. OLG Stuttgart JW 1938, 972 f.
[159] Die Regelung ist erst ganz zu Ende noch derart ergänzt worden (CR Nr. 87 f. = *Holtzmann/Neuhaus* S. 301 – auf Anregung von Jugoslawien: 6th SN Add. 1 Nr. 7 = *Holtzmann/Neuhaus* S. 268) – trotz ursprünglich arger Zurückhaltung (1st WGR Nr. 24 = *Holtzmann/Neuhaus* S. 276). Kritik bei *Granzow*, 1988, S. 90: die Regelung sei verfehlt! Vgl. noch Fn. 162.
[160] Begr. E 1931 S. 395.
[161] *Hußlein-Stich*, 1990, S. 39/40.
[162] Ursprünglich war an die Heranziehung von § 1027 S. 1 (Art. 4 ModG: 3rd WGR Nr. 66 = *Holtzmann/Neuhaus* S. 281/282) bzw. § 1040 Abs. 2 S. 1 (Art. 16 Abs. 2 S. 1 ModG: 7th SN Art. 7 Nr. 6 = *Holtzmann/Neuhaus* S. 290) gedacht; vgl. auch Fn. 159.
[163] *Schütze/Tscherning/Wais* Rn. 75 Fn. 83: Verfahrensbevollmächtigter.
[164] RGZ 147, 213, 217 aE.
[165] RGZ 147, 213, 218; *Wieczorek/Schütze* § 1027 aF Rn. 14.
[166] OLG Frankfurt/Main IHR 2007, 42, 44 re. Sp.; OLG München MDR 2005, 1186, 1187; OLG Celle, Beschl. v. 18. 9. 2003 – 8 Sch 12/02 [2]; BayObLGZ 2002, 392, 396 [II 2 e] (UNÜ).

Die Form ist freilich sekundär,[167] es sei denn, die Parteien hätten dazu vorher eine bindende Festlegung getroffen.[168] „Schiedsgerichtliche Verhandlung" meint nämlich dabei **schiedsrichterliches Verfahren**,[169] zumal es keine mündliche Verhandlung geben muss (vgl. § 1047 Abs. 1). Und: Faktisch herrscht ein Gleichlauf mit § 1040 Abs. 2 S. 1.

Die Erklärung kann tatsächlicher Natur oder rechtlichen Inhaltes sein. Der nackte Antrag auf Klageabweisung mit der Erklärung, der Klageanspruch sei *unbegründet*, genügt dazu selbst dann, wenn die Partei ohne Anwalt handelt (kein Vertretungszwang, also Postulationsfähigkeit!). Man muss sich nicht etwa der prozessual „automatischen" Heilungswirkung bewusst sein;[170] es existiert auch keinerlei richterliche Hinweispflicht, so wie nach § 504,[171] sondern das ist Aufgabe des Klägers (§ 1044 S. 2, 3. Var.). Die Einlassung ist **unwiderruflich**.[172] 66

Probleme macht insoweit nur der Einlassungsakt auf Beklagtenseite: Ungenügend ist allemal die Mitwirkung bei Konstituierung des (Schieds-)Gerichtes (§§ 1034ff.) oder die Rüge fehlender Kompetenz (§ 1040)[173] – das kann sich auch hinter einem bloßen Antrag auf Abweisung (als *unzulässig*) verbergen. Die Einlassung muss sachlich **vorbehaltlos** erfolgen[174] – wobei bloß der *formale* Vorbehalt hindert.[175] Da durchaus zweifelhaft sein kann, ob eine formgerechte Schiedsvereinbarung vorliegt, zB mit Blick auf Abs. 5 (Verbrauchereigenschaft), muss der Beklagte zur Vermeidung von Rechtsnachteilen **vorsorglich** zur Sache Stellung nehmen können. Der Vorbehalt wirkt bis zu einer Zwischenentscheidung gemäß § 1040 Abs. 3 (Bindungswirkung! – dort Rn. 27–30) für das ganze Schiedsverfahren, sofern nicht die Partei zu erkennen gibt, dass sie von der (Form-)Rüge abstehen will.[176] Unerheblich ist auch die parallele Beteiligung vor staatlichen Gerichten (§ 1032 Abs. 1, 2; § 1033; §§ 1034 Abs. 2, 1035 Abs. 3–5, 1037 Abs. 3; § 1040 Abs. 3 S. 2).[177] Die Einlassung muss auch nicht etwa protokolliert oder ähnlich aktenkundig gemacht sein.[178] Doch nützt zB nicht, dass sich die Parteien schon vor Verfahrensbeginn ausdrücklich mit der schiedsrichterlichen Entscheidung einverstanden erklären.[179] 67

3. Rechtsfolge: Heilung des (Form-)Mangels. a) Zeitlich. Die Heilung hat dabei **rückwirkende Kraft**.[180] Die Schiedsvereinbarung gilt ex tunc als formgetreu vereinbart, für das laufende Schiedsverfahren und auch seine eventuelle staatliche Kontrolle (§ 1032 Abs. 2 bzw. § 1040 Abs. 3 S. 2 [der Schiedsprozess mag weiterlaufen, dh. neue Fakten schaffen!]; § 1059 Abs. 2 Nr. 1a, 2. Var.). 68

b) Sachlich. Diese Heilung wirkt aber nur zugunsten des **konkreten Streits**,[181] so wie er vorab fixiert wurde (§ 1044 S. 2, 2. Var.) oder später noch ergänzt wird (§ 1046 Abs. 2: Klageänderung/-ergänzung). Sie wirkt aber nicht für die ganze Vereinbarung iSv. § 1029 Abs. 1 schlechthin und genauso wenig für eventuell streitrelevante Vorfragen, die erst durch Zwischenfeststellungsantrag (§ 256 Abs. 2 analog) zur realen Hauptsache werden.[182] Die Schiedsvereinbarung mag ad hoc indes auf einen von ihm zunächst nicht umfassten Streitgegenstand erstreckt werden, unförmlich mit Ein- 69

---

[167] BGHZ 48, 35, 45; BGH NJW 1983, 1267, 1269: mündlich oder schriftlich.
[168] RGZ 147, 213, 218 mit S. 219: „andernfalls zählen die ersten Erklärungen".
[169] RGZ 147, 213, 219f. [III 3]. Dies übersieht etwa LG Stuttgart, Urt. v. 25. 7. 2005 – 2 O 85/05 [1 a aa – richtig *im Erg.* dann dagegen 1 b bb (2)].
[170] BGHZ 48, 35, 45f. = NJW 1967, 2067 (jedenfalls bei Formfehler); BB 1969, 816; OLG München MDR 2005, 1186, 1187; *K. Schmidt*, FS Nagel, 1987, S. 373, 377 m. weit. Nachw.; *Schwab/Walter* Rn. 5.5; *Schütze/Tscherning/Wais* Rn. 75, 165; *Musielak/Voit* Rn. 13; *Thomas/Putzo/Reichold* Rn. 13; *Wackenhuth* RIW 1985, 568, 570 Fn. 17 – aA OLG Stuttgart OLGR 2001, 50 [1 aE].
[171] *Musielak/Voit* Rn. 13; *Schütze* SV Rn. 130 [3. Abs.].
[172] *Schütze/Tscherning/Wais* Rn. 75.
[173] RGZ 147, 213, 217/218 mit S. 218 aE; OLG Hamburg ZIP 1981, 170, 172 = RIW 1982, 283/285 (fehlende Schiedsvereinbarung); BGH NJW-RR 1987, 1194, 1195 aE (Mitwirkung bei Konstituierung).
[174] BGHZ 48, 35, 45; BGH LM § 1027 aF Nr. 5 [III 3 c] = KTS 1963, 105, 106f.; RGZ 147, 213, 218/219; SeuffA 89 (1935) Nr. 77, S. 158.
[175] BGH NJW-RR 2005, 1659, 1660 [II 1 b] = SchiedsVZ 2005, 259; BGHR § 1027 Abs. 1 S. 2 aF – Heilung 1; wohl auch OLG Schleswig IPRspr. 2000 Nr. 185, S. 409, 412 aE [2 a (2)] (UNÜ).
[176] Vgl. RG JW 1933, 38, 39.
[177] *Hußlein-Stich*, 1990, S. 40/41.
[178] Anders wohl jedoch CR Nr. 87 = *Holtzmann/Neuhaus* S. 301: „recorded bzw. evidenced in the minutes".
[179] BGH LM § 1027 aF Nr. 5 [III 3 c]; aA *Jonas* JW 1935, 1852.
[180] RGZ 147, 213, 219f.; 159, 92, 94; RG DR 1942, 908, 909; BGH KTS 1961, 43; BGHZ 48, 35, 45f. = NJW 1967, 2057; *Schwab/Walter* Rn. 5.5.
[181] BGH LM § 1027 aF Nr. 5 [III 3 a] = KTS 1963, 105 = MDR 1963, 381, 382. Dazu näher noch 1. Aufl. § 1027 aF Rn. 8 mit Beispielen.
[182] BGH LM § 1027 aF Nr. 5 [III 3 a/b].

§ 1032　　　　　　　　　　　　　　　　Buch 10. Abschnitt 2. Schiedsvereinbarung

lassung zur Hauptsache; die Beweislast hierfür trifft den Begünstigten, das ist idR wer den Antrag auf die Vollstreckbarerklärung des Schiedsspruchs stellt.[183]

70　Im Unterschied zu Art. 35 Abs. 2 S. 1 ModG muss aber zunächst bloß der Schiedsspruch (§ 1054 bzw. § 1053 Abs. 2) hierzu vorgelegt werden (§ 1064 Abs. 1 S. 1) [welcher sagen muss, inwiefern Einlassung erfolgte], nicht auch die Schiedsvereinbarung, was bei Abs. 6 stets Probleme bereitet hätte – hier muss ja notgedrungen der Schiedsspruch genügen.[184]

§ 1032 Schiedsvereinbarung und Klage vor Gericht

(1) Wird vor einem Gericht Klage in einer Angelegenheit erhoben, die Gegenstand einer Schiedsvereinbarung ist, so hat das Gericht die Klage als unzulässig abzuweisen, sofern der Beklagte dies vor Beginn der mündlichen Verhandlung zur Hauptsache rügt, es sei denn, das Gericht stellt fest, dass die Schiedsvereinbarung nichtig, unwirksam oder undurchführbar ist.

(2) Bei Gericht kann bis zur Bildung des Schiedsgerichts Antrag auf Feststellung der Zulässigkeit oder Unzulässigkeit eines schiedsrichterlichen Verfahrens gestellt werden.

(3) Ist ein Verfahren im Sinne des Absatzes 1 oder 2 anhängig, kann ein schiedsrichterliches Verfahren gleichwohl eingeleitet oder fortgesetzt werden und ein Schiedsspruch ergehen.

Schrifttum: *Annen/Schmidt,* Suum cuique – Das Verhältnis zwischen staatlichem Urkundsprozess und Schiedsverfahren, SchiedsVZ 2007, 304; *Bernuth,* Schiedsgutachterabreden und die Durchführung selbständiger Beweisverfahren, ZIP 1998, 2081; *Czempiel/Kurth,* Schiedsvereinbarung und Wechselforderung im deutschen und internationalen Privatrecht, NJW 1987, 2118; *Heiermann,* Die Kompetenz-Kompetenz der Schiedsgerichte und die Einrede des Schiedsvertrages, FS Glossner, 1994, S. 129; *Hilger,* Grenzen der Zuständigkeitsfeststellung nach § 1032 II, 1062 I Nr. 2 ZPO, NZG 2003, 575; *P. Huber,* Das Verhältnis von Schiedsgericht und staatlichen Gerichten bei der Entscheidung über die Zuständigkeit, SchiedsVZ 2003, 73 f. [II/III]; *Illmer,* Der Arglisteinwand an der Schnittstelle von staatlicher Gerichtsbarkeit und Schiedsgerichtsbarkeit, 2007; *Jagenburg/Sturm,* Das Schicksal des Schiedsvertrages bei Vermögensverfall einer Partei – Zugleich ein Beitrag zum Problem der Zulässigkeit der Einrede des Schiedsvertrages gem. § 1027a ZPO, JbPrSch. 4 (1990), 70; *Mänhardt,* Feststellungsgerichtsbarkeit bei inländischen Schiedsverfahren – Eine Regelungslücke, AnwBl. 1989, 397; *Rosener,* Die Zuständigkeit des staatlichen Gerichts im Schiedsverfahren, FS Glossner, 1994, S. 271; *C. Schmidt,* Zuständigkeit des Wechselprozesses bei Vorliegen einer Schiedsabrede?, RIW 1993, 639; *M.J. Schmidt,* Die Einrede der Schiedsgerichtsvereinbarung im Vollstreckbarerklärungsverfahren von EuGVÜ und Lugano-Übereinkommen, FS Sandrock, 1995, S. 205; *Schmitt,* Die Einrede des Schiedsvertrages im Verfahren des einstweiligen Rechtsschutzes, 1987; *J. Schröder,* Schiedsvertragskündigung und Zulässigkeitsrüge – zur Auslegung der §§ 282, 296, 528, 529 ZPO, ZZP 91 (1978), 302; *Schroeter,* Der Antrag auf Feststellung der Zulässigkeit eines schiedsrichterlichen Verfahrens gemäß § 1032 Abs. 2 ZPO, SchiedsVZ 2004, 288; *Sonnauer,* Die Kontrolle der Schiedsgerichte durch die staatlichen Gerichte, 1992; *Windthorst,* Die Wirkung des Antrags auf Feststellung der Zulässigkeit eines schiedsrichterlichen Verfahrens (§ 1032 Abs. 2 ZPO) auf die Verjährung, SchiedsVZ 2004, 230; *Mt. Wolf,* „Summarische Verfahren" im neuen Schiedsverfahren, DB 1999, 1101 [C I]. – Speziell wegen **Abs. 2** siehe auch bei § 1040.

Übersicht

	Rn.		Rn.
I. Normzweck	1–3	5. Rechtswirkungen	19–21
II. Schiedseinrede (Abs. 1)	4–21	**III. Zulässigkeitskontrolle (Abs. 2)**	22–30
1. Voraussetzungen	4–6	1. Zulässigkeitsprüfung	22–25
2. Sachgrenzen	7–10	2. Überprüfungsverfahren	26–30
a) Schiedsgebundener Anspruch	7, 8	**IV. Wirkungen auf das Schiedsverfahren (Abs. 3)**	31–34
b) Arglisteinwand	9, 10	1. Freiräume	31, 32
3. Besondere Verfahrenslagen	11–15	2. Bindungen	33, 34
4. Zeitgrenzen	16–18		
a) Staatsgerichtliche Präklusion	16, 17		
b) Schiedsgerichtliche Überholung	18		

---

[183] RG DR 1942, 908, 910.
[184] So auch zum ModG: CR Nr. 87 = *Holtzmann/Neuhaus* S. 301 mit 7th SN Art. 35 Nr. 5 Fn. 91 = *Holtzmann/Neuhaus* S. 1040; vgl. dazu erg. BT-Drucks. 13/5274 S. 65 re. Sp.: „... weil die Schiedsvereinbarung regelmäßig im Schiedsspruch wiedergegeben und zumeist unbestritten sein wird."

I. Normzweck

§ 1032 regelt die Auswirkungen einer Schiedsvereinbarung im staatsgerichtlichen Verfahren 1 eigentlich recht austariert, durch sperrende **Schiedseinrede** (**Abs. 1** [iVm. Abs. 3]: Exklusivkompetenz der Schiedsgerichte; Art. 8 Abs. 1 ModG – § 1027a aF) einerseits, durch klärenden **Kontrollantrag** (**Abs. 2:** Kontrollbefugnis der Staatsgerichte – § 1046, 2. Var. aF) andererseits, ohne dass aber hierdurch das Schiedsverfahren behindert werden soll (Abs. 3; Art. 8 Abs. 2 ModG – § 1037 aF). Die Vorschrift ist – weithin wörtlich übersetzt – Art. 8 ModG nachempfunden und lediglich um Abs. 2 (Rn. 22–30) erweitert. Aus der – bewusst[1] – unspezifischen ModG-Verpflichtung des Staatsgerichts, dem Schiedsgericht den Vortritt zu belassen („shall … refer the parties to arbitration"), die auch mit Aussetzung (§ 148) oder Verweisung (§ 281) wohl genauso umsetzbar gewesen wäre, macht jedoch das Gesetz zutreffend in Anlehnung an § 1027a aF, der allemal gut bewährt war, eine einredegebundene Zulässigkeitsvoraussetzung.[2]

Die Schiedsvereinbarung (§ 1029) begründet eine – „präklusionsbedrohte" (Rn. 16f.) – **pro-** 2 **zesshindernde Einrede** iSd. § 282 Abs. 3 zugunsten des (schieds-)vertragstreuen Beklagten.[3] Sie wurde ursprünglich gar nicht eigens bedacht, war freilich stets – allerdings *materiell* betrachtet („exceptio pacti")[4] – schon geläufig; erst die CPO-Novelle machte sie dann prozessual ebenbürtig (§ 274 Abs. 1 Nr. 3 aF), bis dahin sollten weder Zuständigkeit noch Rechtsweg betroffen sein,[5] was indes Vorteile hatte: die Einrede war (noch) nicht präklusionsbedroht! Und erst im Zuge der Vereinfachungsnovelle bekam sie schließlich den heute vertrauten Platz „vor Ort" (§ 1027a aF). Von Amts wegen wird sie nicht beachtet, eine solche Parteivereinbarung bliebe wirkungslos und unbeachtlich.[6] Die Klageerhebung vor einem – privaten – Schiedsgericht bewirkt gerade **keine Rechts- bzw. „Schiedshängigkeit"** in Anlehnung an § 261 Abs. 3 Nr. 1 ZPO u. § 17 Abs. 1 S. 2 GVG.[7] Darüber hilft auch ein – angeblich fehlendes – Rechtsschutzbedürfnis nie kurzerhand weg:[8] Staats- und Schiedsgerichtsbarkeit erscheinen als äquivalent.

Eher verdecktes Ziel ist noch, die Frage der Gültigkeit der Schiedsvereinbarung möglichst früh- 3 zeitig, also beim zuerst angegangenen Gericht, zu klären[9] sowie die Akzeptanz der privaten Schiedsgerichtsbarkeit durch Möglichkeiten gerichtlicher Kontrolle zu erhöhen.[10] Der Gesetzgeber eröffnet drei Wege, die **Zuständigkeit des Schiedsgerichts** und hiermit das Bestehen und die Gültigkeit der Schiedsvereinbarung **frühzeitig** *von staatlichen Gerichten* **überprüfen** zu lassen: auf Einrede des Beklagten nach Abs. 1, im isolierten Feststellungsverfahren nach Abs. 2 sowie durch Antrag auf gerichtliche Entscheidung gemäß § 1040 Abs. 3 S. 2 für den Fall, dass sich das Schiedsgericht durch Zwischenentscheid für zuständig erklärt hat (vgl. § 1040 Rn. 28f.). Parallelregelungen zu Abs. 1 enthalten Art. II Abs. 3 UNÜ u. Art. V Abs. 2 EuÜ, zu Abs. 3 Art. V Abs. 3, 1. Halbs. EuÜ. Die Vorschrift ist *generell* für sämtliche Schiedsvereinbarungen anwendbar (§ 1025 Abs. 2), allerdings gilt unabhängig vom Schiedsvereinbarungsstatut (§ 1029 Rn. 27ff., 33) für die Geltendmachung dann die lex fori.[11]

---

[1] 1st WGR Nr. 36 = *Holtzmann/Neuhaus* S. 312; 3rd WGR Nr. 76 = *Holtzmann/Neuhaus* S. 315; 4th WGR Nr. 186 = *Holtzmann/Neuhaus* S. 318.
[2] BT-Drucks. 13/5274 S. 38 li. Sp. [2]: „schafft klare Verhältnisse".
[3] BGHZ 65, 59, 61; BGHR ZPO § 1025 – Schiedsvereinbarung 1; BGHZ 24, 15, 19 = NJW 1957, 791; 1958, 950; IPRspr. 1990 Nr. 1, S. 1/2; BAG MDR 1988, 259; BVerwG NVwZ-RR 1993, 584, 585; *Lachmann* Rn. 434; *Stein/Jonas/Schlosser* Rn. 1 – darum auch keine Sprungrevision (BGH NJW-RR 1996, 1150). *Schlosser* RIPS Rn. 400 sieht den Nachteil, dass der Beklagte eventuell nur um die Einrede zu erheben einen Anwalt bestellen muß und beklagt die Gebührenfolge. Differenzierend § 4 Abs. 1 SchO DDR: amtswegige Beachtung des „Schiedsgerichts kraft Rechtsvorschrift" (S. 1), ansonsten Einrede nötig (S. 2).
[4] RGZ 8, 397, 400; jedoch vgl. jüngst OLG Hamburg SchiedsVZ 2004, 266, 267 [II 1 vor a]: schuldrechtlicher Unterlassungsanspruch dem Schutz von schiedsgerichtlicher Zuständigkeit.
[5] RGZ 8, 347, 348–350; 8, 397, 398f.; 10, 367, 368; 16, 370f.; JW 1893, 424.
[6] 3rd WGR Nr. 76 = *Holtzmann/Neuhaus* S. 315, 5th WGR Nr. 22 = *Holtzmann/Neuhaus* S. 320, 7th SN Art. 8 Nr. 3 = *Holtzmann/Neuhaus* S. 324; *Calavros*, 1988, S. 52; *Zöller/Geimer* Rn. 2; *Musielak/Voit* Rn. 7 – aA *Schmitt*, 1987, S. 29.
[7] BGH NJW 1958, 950, best. BGHZ 41, 104, 107; *Schäfer*, FS Henckel, 1995, S. 723, 726–730 (728f.); *Zöller/Geimer* Rn. 4; im Ansatz so auch *Baur*, FS Fasching, 1988, S. 81, 85ff. (87/88); abl. *Beitzke* ZZP 60 (1947), 317, 318.
[8] Anders OLG Köln MDR 1990, 638 (Schlichtungsabrede).
[9] BT-Drucks. 13/5274 S. 38 li. Sp. [2]; *Hußlein-Stich*, 1990, S. 47.
[10] Vgl. *Calavros*, 1988, S. 177f.
[11] OLG Düsseldorf RIW 1996, 776, 777 m. weit. Nachw.

II. Schiedseinrede (Abs. 1)

4 **1. Voraussetzungen.** Abs. 1 entspricht im Wesentlichen § 1027a aF. Zum einen – formal – nötig ist *klägerseits* die **Klageerhebung** (§ 253 Abs. 1) vor dem staatlichen Gericht (1. Halbs.: „Auslösemoment"; Art. 8 Abs. 1 ModG: „A court before which an action is brought"), dh. Eintritt der Rechtshängigkeit (§ 261 Abs. 1) und *beklagtenseits* die zeitgerechte (Rn. 16f.) **Einredeerhebung** (2. Halbs.: „Initiativakt" – Art. 8 Abs. 1 ModG: „if a party so requests ...") – der Gang zum Schiedsgericht ist Recht, aber nicht etwa Pflicht! Oder umgekehrt auch: Schweigen ist Preisgabe. Zum anderen – materiell – fordert die Regelung einen präzisen **Sachzusammenhang** (1. Halbs.: „Bezugsmoment"; Art. 8 Abs. 1 ModG: „in a matter which is the subject of an arbitration agreement" mit 3. Halbs.: „Gegenprüfung" – Art. 8 Abs. 1 ModG: „unless it finds, ...").

5 Belanglos für das Rügerecht ist demgegenüber, ob schon ein solches Schiedsverfahren anhängt (arg. Abs. 3: „eingeleitet *oder* fortgesetzt"), ob der Schiedsort (§ 1043 Abs. 1) bereits festgelegt wurde bzw. inlandsbelegen (§ 1025 Abs. 1) oder auslandsfixiert (§ 1025 Abs. 2, 1. Var.) ist, ob die Schiedsvereinbarung als Klausel oder Abrede (§ 1029 Abs. 2) vorliegt, vertraglich vereinbart (§ 1029 Abs. 1) oder einseitig verordnet (§ 1066) wurde. Ein Schieds*vor*vertrag genügt nicht[12] (§ 1029 Rn. 7 aE), und ebenso wenig ein Schieds*gutachten*vertrag[13] (Vor § 1025 Rn. 39ff.); das Einredeerfordernis gilt aber sinnentsprechend für Schlichtungsvereinbarungen[14] und verbandsinterne Schiedsverfahren[15] (§ 1066 Rn. 21).

6 Die volle **Beweislast** dem „Einreder" stets zuzuweisen, wie es die hM[16] tut, geht sicherlich aber zu weit; es bleibt vielmehr bei den üblichen Regeln: Der Beklagte muss den Abschlusstatbestand (1. Halbs.) und auch die rechtzeitige Einredeerhebung (2. Halbs.) beweisen, der Kläger das Außerkrafttreten (3. Halbs. – selbst angesichts des Wortlautes „das Gericht stellt fest"). Die Einredeerhebung **bedarf zwar keiner Form,** der Beklagte muss freilich hinreichend deutlich machen, dass über den konkreten, anhängig gemachten Streitgegenstand ein Schiedsgericht statt des staatlichen Gerichts entscheiden soll[17] – doch ist dazu Postulationsfähigkeit erforderlich.[18] Für die **Widerklage** gelten diese Grundsätze entsprechend.

7 **2. Sachgrenzen. a) Schiedsgebundener Anspruch.** Der erhobene prozessuale Anspruch muss wirklich auch **schiedsgebunden** sein – sonst läge nämlich eine Rechtsschutzverweigerung vor. Hier findet eine volle **Präventivkontrolle** statt,[19] um sich effektiven Rechtsschutzes auch zu versichern. Das Staatsgericht setzt also den Rechtsstreit fort, wenn und soweit die Schiedsvereinbarung den Streitgegenstand[20] der Klage nicht betrifft (1. Halbs. – Parallele: „Reichweitenkontrolle" gem. § 1059 Abs. 2 Nr. 1c) oder wenn es feststellt, dass die Schiedsvereinbarung ungültig (3. Halbs.: „nichtig, unwirksam" – Parallele: „Gültigkeitskontrolle" gem. § 1059 Abs. 2 Nr. 1a u. 2a [dazu näher noch § 1029 Rn. 17–26, § 1030 Rn. 9–16, § 1031 Rn. 10 mit Rn. 26ff.]) oder undurchführbar (3. Halbs.) ist. Die für deutsche Ohren vielleicht seltsame Trias ist Konsequenz teilweiser wörtlicher Übersetzung (Art. 8 Abs. 1 ModG:[21] „null and void, inoperative or incapable of being performed").

---

[12] OLG Düsseldorf SchiedsVZ 2004, 262, 264 [II 1]; *Wieczorek/Schütze* § 1027a aF Rn. 6 – aA *Habscheid* KTS 1976, 1, 2; *Zöller/Geimer* § 1029 Rn. 2.

[13] BGH NJW 1982, 1878; OLG München OLGR 2000, 43; *Musielak/Voit* Rn. 2 – aA *Habscheid* KTS 1957, 134; 1972, 219.

[14] BGH NJW 1994, 669 [2b]; 1999, 647, 648 [3b] = LM § 253 Nr. 126 m. Anm. *Weigand* [2b]; OLG Rostock, Urt. v. 18. 9. 2006 – 3 U 37/07 [II 2]; OLG Brandenburg AnwBl. 1998, 281; OLG Köln MDR 1990, 638; Oldenburg MDR 1987, 814; OLG Frankfurt/Main VersR 1982, 759; OLG Celle NJW 1971, 288, 289; ähnlich auch *Musielak/Voit* Rn. 2 mit § 1029 Rn. 20 – wohl anders hier OLG Hamburg OLGRspr. 25 (1912), 235, 236 u. BayObLG NJW-RR 1996, 910.

[15] OLG Frankfurt/Main OLGR 1996, 128, 129.

[16] BGH NJW 1986, 2765 [II] = WM 1986, 402, 404 (obiter); *Baumbach/Lauterbach/Hartmann* Rn. 5. So wie hier jetzt auch *Musielak/Voit* Rn. 3; *Stein/Jonas/Schlosser* Rn. 17. OLG Karlsruhe OLGR 2005, 680, 681 [1b] betrifft nur lediglich den Abschluss.

[17] BGH WM 1963, 1189, 1190.

[18] Dazu krit. aber *Stein/Jonas/Schlosser* Rn. 1 mit RIPS Rn. 400.

[19] *Thomas/Putzo/Reichold* Rn. 3; *Stein/Jonas/Schlosser* Rn. 14 – ferner: BGHZ 24, 15, 20; BayObLGZ 1978, 294, 302; *Granzow,* 1988, S. 122; *Hußlein-Stich,* 1990, S. 47. Dazu vgl. auch 3rd WGR Nr. 77 = *Holtzmann/Neuhaus* S. 315: keine bloße prima-facie-Überprüfung! Dies verkennt ganz gröblich OLG Düsseldorf OLGR 2002, 106 (schon insoweit fehlt jegliche Kompetenz-Kompetenz! – vgl. noch hier § 1040 Rn. 6f.).

[20] Abzugrenzen: lediglich parallele Vorfragen, OLG Karlsruhe v. 5. 6. 2007 – 8 U 80/06 [II B 5] (unter anderem Fokus: § 242 BGB).

[21] Dazu *Calavros,* 1988, S. 53; *Hußlein-Stich,* 1990, S. 47ff.

Schiedsvereinbarung und Klage vor Gericht 8–10 § 1032

Die **Ungültigkeit** kann prozessualer (§§ 1029–1031)[22] oder materieller (§ 1029 Rn. 15f.) Herkunft sein. Schwebende Unwirksamkeit soll hierbei ausreichen,[23] was allerdings kaum überzeugen kann: dann entstünde eine unerträgliche Schwebelage – § 1032 Abs. 1 aE will dagegen bloß vor endgültiger Rechtsschutzverweigerung bewahren. **Undurchführbarkeit** der Schiedsvereinbarung meint die Fälle der Zweckerfüllung und ebenso die Unmöglichkeit der Zweckerreichung,[24] zB weil zuvor sich das Schiedsgericht für unzuständig erklärt hatte (§ 1040 Abs. 1),[25] ein notwendiger Streitgenosse nicht schiedsgebunden wurde (§ 1029 Rn. 67), der benannte Schiedsrichter ausfällt und Ersatzbestellung vereinbarungsgemäß ausgeschlossen ist, wenn eine Institution ersatzlos abgeschafft wird und auch Auslegung keinen Ausweg aufzeigen kann[26] (§ 1035 Rn. 32) etc. Eine zusätzliche Kündigung erscheint demzufolge überflüssig.[27] Die Grenzen zwischen Nichtigkeit und Unwirksamkeit bzw. Ungültigkeit und Undurchführbarkeit sind fließend, weil man ja Zweckerfüllung und -verfehlung auch ebenso materiell deuten kann. 8

b) Arglisteinwand. Vorweg ist zu betonen: Die Einrede wirkt separat und unabhängig von Vorhandensein materiellen Einwendungen gegen den im Schiedsverfahren geltend gemachten Anspruch;[28] der Verklagte musste alleinig mit einer Schiedsklage rechnen und braucht nicht eilends anzuerkennen (§ 93!). Auch bedeutet eine Widerklageerhebung keinerlei Rechtsmissbrauch;[29] ebenso wenig genügt Verzögerungstaktik im Schiedsverfahren,[30] jene ist dort zu bekämpfen, oder verweigerte[31] bzw. fehlgeschlagene[32] Mitwirkung bei Klarstellung zuständiger Schiedsinstanz. Nach **§ 242 BGB** darf der Beklagte sich indes nicht mehr auf die Schiedseinrede berufen, sofern er vorher im Schiedsverfahren umgekehrt die Kompetenz bemängelt und Klageabweisung mangels Statthaftigkeit beantragt (und eventuell auch erreicht) hat, ohne dass ausnahmsweise sachliche Gründe seine gegensätzliche Einlassung rechtfertigen[33] *(venire contra factum proprium)* – der Rechtsstreit würde überhaupt nie beigelegt werden können („Hase-Igel-Syndrom"). 9

Weitere Anwendungsfälle des Arglisteinwands: Er soll ebenso helfen, wenn dem Beklagten die zur Durchführung des Schiedsverfahrens notwendigen Mittel fehlen[34] – ein Kündigungsrecht wäre nahe liegender oder die direkte Annahme von Undurchführbarkeit[35] –, bei Erheben der Rüge gegenüber einer Widerklage, wenn der Rügende seinerseits das staatliche Gericht für einen ebenfalls (durch dieselbe Vereinbarung iSv. § 1029 Abs. 1) schiedsgebundenen Anspruch angerufen hat[36] oder wenn der Kläger vom Schiedsverfahren Abstand genommen und dadurch das Vertrauen begründet hat, auch über eine Aufrechnungsforderung sollte einheitlich entschieden werden und nun die Einrede doch wieder vorschützt,[37] wenn eine Schiedsbindung einseitig (§ 1066) „nachgescho- 10

---

[22] Wegen § 1030 näher 4th WGR Nr. 187 = *Holtzmann/Neuhaus* S. 318 u. 5th WGR Nr. 23 = *Holtzmann/Neuhaus* S. 320.
[23] BGHZ 53, 315, 318 = KTS 1970, 303, 305 (obiter).
[24] Beispiel: LG Kassel NJW 1992, 3107 (Staatenauflösung Jugoslawien) – ferner *Calavros,* 1988, S. 53; *Hußlein-Stich,* 1990, S. 49 m. weit. Nachw. Fn. 238; *Stein/Jonas/Schlosser* § 1029 Rn. 39.
[25] RGZ 108, 374, 379; 114, 165, 170.
[26] OLG Hamm AUR 2003, 379, 380 mit BGHZ 125, 7, 13 ff., insbes. S. 14 [2 c] mit S. 16, 18 [3].
[27] BGHZ 145, 116, 119 [II 1 vor a] = Fn. 35.
[28] OLG Düsseldorf MDR 1977, 762 = BB 1977, 1523; *Wieczorek/Schütze* § 1027a aF Rn. 1 bzw. *Schütze* SV Rn. 140 [1. Abs.]; *Schwab/Walter* Rn. 3.3; *Jagenburg/Sturm* JbPrSch. 4 (1990), 70, 85; *Hau* IPrax 1999, 232, 234 f. [II 2 b] – aA *Schütze/Tscherning/Wais* Rn. 129 u. *Stein/Jonas/Schlosser* Rn. 8 (arg. § 226 BGB).
[29] OLG Hamm RPS 1995 II S. 21, 22: vorsorgliche *umfassende* Verteidigung.
[30] RG Gruchot 51 (1907), 403, 406.
[31] OLG Oldenburg SchiedsVZ 2006, 223, 224 [II].
[32] OLG Karlsruhe OLGR 2007, 990, 993 [3].
[33] BGHZ 50, 191, 195–197 (196) = NJW 1968, 1928, best. NJW-RR 1987, 1194, 1195 (vorprozessuale Korrespondenz) – ferner: OLG Oldenburg SchiedsVZ 2006, 223, 224 [II]; OLG Stuttgart NJOZ 2006, 2836, 2840 [II 2c]; OLG Frankfurt/Main RIW 1999, 461, 463; OLG Köln NZG 1998, 767, 768 u. JMBl. NRW 1985, 261; OLG Düsseldorf NJW 1983, 2149 u. OLGZ 1978, 375, 376 f.; *Jagenburg/Sturm* JbPrSch. 4 (1990), 70, 83 f.; *Zöller/Geimer* Rn. 6, 21.
[34] BGHZ 102, 199, 203 f. = NJW 1988, 1215 (Nichtleisten*können*), hierzu fragwürdig erweiternd jüngst BGH NJW 1999, 647, 648 [3 c] (Nichtleisten*wollen*); OLG Hamm RPS 1995 II S. 21, 22 (PKH-Gewährung); OLG Hamburg ZIP 1995, 1903, 1904 f.; zust. etwa *Jagenburg/Sturm* JbPrSch. 4 (1990), 70, 76 ff., 82 f.; *Schütze/Tscherning/Wais* Rn. 129 u. *Wieczorek/Schütze* § 1027 a aF Rn. 15. Doch vgl. auch § 1029 Rn. 59 aE.
[35] So jetzt treffend BGHZ 145, 116, 119 f. [II 1] = NJW 2000, 3720 = LM § 1032 nF Nr. 11 m. Anm. *G. Wagner* = JZ 2001, 258 m. Anm. *Schlosser* = ZZP 114 (2001), 97 m. krit. Anm. *G. Walter* = RPS 2001 I S. 17 m. Anm. *Risse* (S. 12 f.), zust. *Kremer/Weimann* MDR 2004, 181, 182 [II]; dazu vgl. auch § 1029 Rn. 133! Wegen IPR-Konsequenzen siehe *Hau* IPrax 1999, 232, 233 f. [II 1 b/c].
[36] *Baumbach/Lauterbach/Hartmann* Rn. 6 aE. Anders uU jedoch bei einer selbständigen Klage (BGHZ 145, 116, 120 [II 1 b] = Fn. 35 – umgekehrte Konstellation!).
[37] OLG München MDR 1981, 766; wohl auch OLG Düsseldorf NJW 1983, 2149, 2150.

§ 1032 11–13 Buch 10. Abschnitt 2. Schiedsvereinbarung

ben" wird, um den drohenden Streit dem ordentlichen Rechtsweg zu entziehen.[38] In der Praxis muss man darauf achtgeben, dass der Arglisteinwand auch wirklich noch bloßer **Ausnahmefall** bleibt.

11   3. **Besondere Verfahrenslagen.** Die Einrede wirkt allemal bloß so weit wie die Schiedsvereinbarung[39] – quantitativ wie qualitativ. Erfasst sie mithin die Geltendmachung in besonderen Verfahrensarten nicht, so kann die Einrede dort nicht erhoben werden. Einzelfälle: Die Einrede wird versagt im **Wechsel-**[40] **und Scheckprozess**[41] (§§ 602–605a), da Kaufleute im Zweifel die Möglichkeit zur schleunigen, vereinfachten Durchsetzung ihrer Ansprüche vor staatlichen Gerichten behalten wollen ([teleologisch] Reduktion durch Auslegung); das gilt nicht auch für **Urkundsprozesse** (§§ 592–600).[42] Denn: Regelfall ist die umfassende Schiedsbindung von prozessual einheitlichen Ansprüchen (die Parteien mögen freilich konkret Abweichendes abreden[43]); die Zäsur zum Nachverfahren wirkt verräterisch genug.[44] Als andere Frage bleibt nur, ob denn überhaupt eine Schiedsvereinbarung auch parallele Wechselansprüche miterfasst (§ 1029 Rn. 72). Bei **Vollstreckungsabwehrklage** (§ 767) dagegen ist die Einrede vorbringbar, wenn und weil die geltend gemachte Einwendung der Schiedsvereinbarung unterliegt (§ 1029 Rn. 80).

12   Eindeutig *nicht* mitumfasst sind weiterhin die **Maßnahmen des einstweiligen Rechtsschutzes** (§§ 916–945), § 1033. Staats- (§ 1033) und schiedsgerichtliche (§ 1041) sichernde Maßnahmen stehen vollkommen gleichwertig nebeneinander bereit.[45] Das gilt auch für ein **selbständiges Beweisverfahren** (§§ 485–494a), und zwar auch dann, wenn die Beweissicherung ausdrücklich allein dem Schiedsgericht übertragen ist[46] – das geht nicht mehr (arg. § 1033) und macht auch wenig Sinn (vgl. § 1050). Hier verbleibt also immanent den Staatsgerichten eine „Hilfskompetenz", die letztendlich auch unabdingbar ist.

13   Man soll die Schiedsvereinbarung auch nicht gegen eine **Streitverkündung** (§§ 74 ff.) vorbringen dürfen.[47] Das kann man wohl letztlich solange gutheißen, als damit kein Zwang zum Beitreten verbunden ist bzw. – wider die Regel (§ 74 Abs. 3 iVm. § 68) – keine Interventionswirkung folgt.[48] Alles andere würde die verabredete Schiedsbindung unterlaufen: der Dritte will und muss sich allein vor einem Schiedsgericht einlassen. Die dazu klarere Lösung besteht aber darin, von vornherein

---

[38] Dies meint wohl RGZ 85, 96, 104 f.
[39] *Lachmann* Rn. 464 ff.; *Stein/Jonas/Schlosser* Rn. 5; *Wieczorek/Schütze* § 1027a aF Rn. 4, 14 mit *Schütze* SV Rn. 140 [4. Abs.].
[40] Zunächst als *Auslegung* im Einzelfall (RG SeuffA 79 (1925) Nr. 57, S. 94, 95), dann als eine Regelvermutung mit *Entkräftung* im Einzelfall (BGH NJW 1994, 136 [I 4]= JZ 1994, 370 f. m. Anm. *Schütze* u. *Piltz* WiB 1994, 335 mit OLG Hamburg RIW 1992, 938, 939 [1d] (Vorinstanz), dazu *Schmidt* RIW 1993, 639, 640 f. bzw. BGHZ 165, 376, 380 [16] = NJW 2006, 779 = SchiedsVZ 2006, 101; OLG Düsseldorf WM 1995, 1488, 1490 f.
Ebenso: *Czempiel/Kurth* NJW 1987, 2118, 2119 f.; *Wieczorek/Schütze* § 1025 aF Rn. 71 u. FS Trinkner, 1995, S. 399, 404 f. bzw. *Schütze/Tscherning/Wais* Rn. 135; *Stein/Jonas/Schlosser* Rn. 6; *Musielak/Voit* Rn. 5; *Lachmann* Rn. 492–494 m. weit. Nachw. Anders: RGZ 71, 14, 15/16; WarnR 17 (1925) Nr. 15, S. 17, 18; OLG Rostock OLGRspr. 21 (1910), 115; OLG Frankfurt/Main NJW 1986, 2602, 2603 f.; OLG München RIW 1990, 585, 586; *Zöller/Geimer* Rn. 10.
[41] OLG Hamburg VersR 1979, 818.
[42] BGHZ 165, 376, 380–382 [17 f.] = NJW 2006, 779 = SchiedsVZ 2006, 101 = JR 2007, 69 m. zust. Anm. *Elsing* (S. 72 f. [II 4] mit OLG Celle SchiedsVZ 2006, 52 – best. BGH SchiedsVZ 2007, 215, 216 [10 f.], zust. *Lachmann* Rn. 673; OLG Köln OLGR 2001, 227; genauso wohl bereits BGH NJW 1986, 2765 [II] – aA OLG Düsseldorf OLGR 1998, 225, 226 f.; WM 1995, 1488, 1491 (aber offen noch NJW 1996, 400); OLG Bamberg OLGR 2001, 5, 79, 80. Siehe auch schon *Mt. Wolf* DB 1999, 1101, 1104 f.
[43] BGHZ 165, 376, 382 [19] = NJW 2006, 779 = SchiedsVZ 2006, 101 = JR 2007, 69 bzw. BGH NJW 1994, 136, 137 [I 4].
[44] Nach OLG Düsseldorf NJW 1983, 2149, 2150 u. OLG Bamberg OLGR 2001, 5, 79, 80 muß der Beklagte die Einrede zuvor bereits erhoben haben (offenlassend BGH NJW-RR 2002, 387 li. Sp. [II 1 b]). Dafür besteht aber allemal keine Urkundenbeweispflicht: BGH NJW 1986, 2765 [II] = WM 1986, 402, 404.
[45] BT-Drucks. 13/5274 S. 38 f. [§ 1033/1–3]; OLG Hamm NJW-RR 2000, 105, 106 [I 1]; OLG Köln IPRspr. 2002 Nr. 209, S. 540, 541. Bislang mußte man dafür die absente (schiedsgerichtliche) Kompetenz bemühen, vgl. BGH ZZP 71 (1958), 427, 430 f.; OLG Frankfurt/Main NJW 1973, 2208 f.; 1959, 1088 – ferner: 1. Aufl. § 1027a aF Rn. 1; *Schwab/Walter* Rn. 7.12; *Zöller/Geimer*, 20. Aufl., § 1027a aF Rn. 4 mit Rn. 3; differenzierter *Stein/Jonas/Schlosser*, 21. Aufl., § 1027a aF Rn. 6.
[46] So die hM unter altem Recht: *Schlosser* RIPS Rn. 646; *Schwab/Walter*, 5. Aufl., Rn. 7.8a; 1. Aufl. § 1034 aF Rn. 29; offen OLG Frankfurt/Main BauR 1993, 504, 505 – unter neuem Recht: *Thomas/Putzo/Reichold* Rn. 1 mit § 485 Rn. 10; OLG Koblenz MDR 1999, 502, 503; differenzierend *Schwab/Walter* Rn. 7.14.
[47] *Zöller/Geimer* Rn. 18; *Schlosser* RIPS Rn. 402 – mR anders jetzt aber *Stein/Jonas/Schlosser* Rn. 24 f. [gegen § 1042 Rn. 48 aE], außerdem *Zerhusen*, FS Thode, 2005, S. 355, 364 f.
[48] In diesem Sinne *Elsing* SchiedsVZ 2004, 88, 89 f. [II 3].

dem Dritten die Einrede eindeutig zu gestatten – macht er sie nicht geltend, ist dies einer rügelosen Einlassung vergleichbar, mit Interventionswirkung im Schiedsverfahren als (prozess-)ökonomische Konsequenz.[49]

Die Schiedseinrede zielt vorrangig gegen den offenen prozessualen *Angriff* durch Klageerhebung. **14** Angreifen kann man aber ebenso gut auch materiell, was auf prozessuale *Verteidigung* hinausläuft, in Wirklichkeit aber letztlich einen Gegenangriff darstellt (vgl. dazu noch erg. § 1046 Rn. 36 f.). Gegenüber der **Aufrechnung** mit einer schiedsgebundenen Gegenforderung darf man daher zu Recht die Schiedseinrede erheben.[50] Die Begründung dafür differiert: prozessuale Schiedsbindung,[51] materiellrechtliches (konkludentes) Aufrechnungsverbot[52] oder unmittelbar beachtliche Prozessabrede, sich nicht auf eine Aufrechnung zu berufen.[53]

Den Ausschlag gibt letztlich, dass wegen der ausnahmsweise erstreckten Rechtskraft (§ 322 **15** Abs. 2) anderenfalls die Umgehung der Schiedsbindung ganz leicht wäre, mag auch zunächst erst ein Hauptangriff noch erforderlich sein. Man soll die Schiedsvereinbarung dann nicht völlig unterlaufen (und mithin entwerten!). Dafür spricht zudem eine funktionelle Nähe der Aufrechnung zur Widerklage, die anerkanntermaßen unter § 1032 Abs. 1 fällt (Rn. 6 aE). Das gilt indes konsequenterweise *nicht* entsprechend für ein **Zurückbehaltungsrecht**,[54] weil die Entscheidung darüber nicht in Rechtskraft erwächst. Freilich mag die Berufung auf die Schiedsvereinbarung ebenso wie die auf ein materiell-rechtliches Aufrechnungsverbot im Einzelfall gegen § 242 BGB verstoßen[55] und also unbeachtlich sein, zB wenn die Aufrechnungsforderung unbestritten[56] oder aber der Erfüllung sonst gefährdet ist.[57] Ist aber die Rüge gegenüber der Aufrechnung schiedsgebundener Forderungen beachtlich, gelten dann analog § 148 (Aussetzungsrecht) und § 302 (Vorbehaltsurteil).[58]

4. Zeitgrenzen. a) Staatsgerichtliche Präklusion. Das Rügerecht ist verzichtbar und unter- **16** steht somit auch §§ 282 Abs. 3, 296 Abs. 3[59] – anders jetzt aber der BGH.[60] Er sieht die Zeitbestimmung des § 1032 Abs. 1 als spezieller wirkende Vorschrift, welche die **normalen Präklusionsregeln (§§ 282 Abs. 3, 296 Abs. 3) verdrängt.** Dass § 1032 nF im Unterschied zu § 1027a aF einen Zeitpunkt extra festmacht, richtete sich freilich bloß gegen Art. 8 Abs. 1 ModG. Der Beklagte muss die Rüge „vor Beginn der mündlichen Verhandlung zur Hauptsache" geltend gemacht haben, dh. vor sachlicher Einlassung, so wie nach § 39 S. 1 (dazu näher dort Rn. 4 f.),[61] ggf. in der Frist des § 282 Abs. 3 S. 2. Eine verspätete Einrede greift nur dann, wenn der Beklagte glaubhaft

---

[49] Genau anders herum *Bartels* RPS 2001 II S. 20 bzw. TranspR 2002, 19; *G. Wagner* DIS XVI (2005) S. 7, 42–44; *Thomas/Putzo/Reichold* § 1042 Rn. 7 aE – im Anschluß an OLG Hamburg BB 2002, 1170, 1171 (implizit) m. zust. Anm. *Kraft/Looks* (S. 1171).
[50] Dazu insbes. etwa *Lüke*, FS 150 Jahre LG Saarbrücken, 1985, S. 297, 307 ff.; *Schreiber* ZZP 90 (1977), 395, 411 ff.; *Kawano* ZZPInt. 4 (1999), 393, 397 ff. (399) – ferner allg. hierzu: *Stein/Jonas/Schlosser* § 1029 Rn. 31 mit RIPS Rn. 399; *Wieczorek/Schütze* § 1027 a aF Rn. 8 u. § 1025 aF Rn. 68 mit *Schütze/Tscherning/Wais* Rn. 133; *Musielak/Voit* Rn. 6 mit § 1029 Rn. 25.
[51] RG JW 1912, 132; RGZ 123, 348, 349 f., best. HRR 1936 Nr. 1419; OLG Hamburg HRR 1941 Nr. 561.
[52] So die Hintertür bei BGHZ 23, 17, 23 = NJW 1957, 591; krit. BGHZ 38, 254, 257 f.
[53] So der Kompromiß von BGHZ 38, 254, 257 f. = JZ 1963, 681 m. Anm. *Henckel*; best. BGHZ 60, 85, 89 f. = NJW 1973, 421 m. Anm. *Geimer* (S. 951); OLG Düsseldorf NJW 1983, 2149, 2150 = WM 1983, 771; OLG Hamm RIW 1983, 698, 699.
[54] AA *Schütze/Tscherning/Wais* Rn. 134.
[55] RGZ 60, 294, 296; OLG Düsseldorf NJW 1983, 2149, 2150.
[56] *Schütze/Tscherning/Wais* Rn. 55; 134; *Lionnet/Lionnet* S. 348 f.
[57] BGHZ 23, 17, 26 f. = NJW 1957, 591.
[58] *Lionnet/Lionnet* S. 349 – aber vgl. auch BGHZ 16, 124, 138 ff. einerseits u. BGHZ 23, 17, 24 f. mit S. 26 andererseits.
[59] Ist aA unter neuem Recht: *Schütze* SV 140 [2. Abs.]; *Baumbach/Lauterbach/Albers*, 59. Aufl., Rn. 4 [2. Abs.]; *Schwab/Walter* Rn. 7.1 mit Fn. 5; wohl (obiter) auch OLG München NJW 2005, 832, 833 [II 4]. Wegen § 39 siehe § 296 Rn. 156 (gegen § 39 Rn. 6 aE) u. *Stein/Jonas/Bork* § 39 Rn. 17 – je m. weit. Nachw. Ganz explizit noch § 1032 Abs. 1 S. 2 DiskE. Zur hM nur *Illmer*, 2007, S. 4 f.; *Rosenberg/Schwab/Gottwald* Rn. 176.4. War hM unter altem Recht: BGH NJW-RR 1988, 1526, 1527; OLG München NJW-RR 1995, 127; OLG Düsseldorf NJW-RR 1996, 69 u. RIW 1996, 776, 777; *Jagenburg/Sturm* JbPrSch. 4 (1990), 70, 72; *Stein/Jonas/Schlosser* Rn. 2.; *Musielak/Voit*, 1. Aufl., Rn. 9; *Thomas/Putzo*, 20. Aufl., Rn. 2 – je m. § 1027 a aF. Sehr widersprüchlich hier *Zimmermann* Rn. 1 [2].
[60] BGHZ 147, 394 = NJW 2001, 2176 [II 1 a] in Parallele zu BGHZ 134, 128, 134–136 [II 2 b] (§ 39), zust. *Thomas/Putzo/Reichold* Rn. 2; Hk-ZPO/*Saenger* Rn. 1 mit Rn. 3; *Baumbach/Lauterbach/Hartmann* Rn. 6 (2. Abs.); *Zöller/Geimer* Rn. 1; *Musielak/Voit* Rn. 7; *Stein/Jonas/Schlosser* Rn. 2 (1. Abs.); *Lachmann* Rn. 640; *P. Huber* SchiedsVZ 2003, 73 [II 2 a].
[61] BT-Drucks. 13/5274 S. 38 li. Sp. [3]. Ferner: BGHZ 160, 127, 131 [II 1] = NJW 2004, 2898; BGHZ 147, 394, 396 [II 1 a] = NJW 2001, 2176; BGHZ 100, 383, 389/390: Stellung *sachlicher* Anträge.

§ 1032 17–19   Buch 10. Abschnitt 2. Schiedsvereinbarung

macht, dass er sie ohne sein Verschulden nicht früher erheben konnte (§§ 296 Abs. 3/4, 529 Abs. 1 S. 2)[62] oder soweit der Kläger prozesswidrige Zulassung rügelos toleriert (§ 295).[63] Möglich ist genauso ein späterer Verzicht[64] („Fallenlassen" der Schiedseinrede).

17 Dass § 1032 im Gegensatz zu § 1027a aF ausdrücklich auf die Frist hinweist, dient einerseits der Klarstellung für (ausländische) Rechtsanwender, die mit der deutschen Gesetzessystematik nicht vertraut sind, ist aber anderseits auch als ModG-Korrektur zu verstehen, weil Art. 8 Abs. 1 ModG eine frühere schriftliche Stellungnahme genügen lässt („when submitting his first statement on the substance of the dispute"). Die sachliche Antragstellung („Hauptsacheinlassung") errichtet dann jedoch eine **absolute Zeitschranke**, dh. nachträgliche Entschuldigung ist ausgeschlossen.[65] Das passive Beklagtenverhalten bewirkt Präklusion – jedoch nur in dem Umfang des rechtshängigen Streitgegenstandes und auch der tatsächlichen Sacheinlassung. Es kommt also nicht etwa zum generellen Einredeverzicht und genauso wenig zur umfassend wirkenden Aufhebung schiedsvertraglicher Bindungen.[66] Die hilfsweise Einlassung zur Hauptsache bleibt allemal jedoch unschädlich.[67]

18 **b) Schiedsgerichtliche Überholung.** Die gegebene Schiedseinrede entfällt, wenn das Schiedsgericht seine Tätigkeit beendet und dabei die Vereinbarung voll ausgeschöpft hat. Liegt ein (end-)gültiger Schiedsspruch vor (§ 1056 Abs. 1, 1. Var.), tritt sodann an deren Stelle der Einwand der **Rechtskraft** (§ 1055).[68] Entsprechendes gilt für den Schiedsspruch mit vereinbartem Wortlaut, § 1053 Abs. 2 S. 2.[69] Die Einrede lebt jedoch regelmäßig wieder auf, wenn der Schiedsspruch später vom staatlichen Gericht aufgehoben wird (§ 1059 Abs. 5: „im Zweifel")[70] – soweit für ein Schiedsverfahren denn überhaupt eine tragfähige Grundlage vorliegt (also *nicht* im Falle von Nr. 1a, 1c, 2a, vgl. § 1059 Rn. 77). Das unnormale (vorzeitige bzw. „irreguläre") Prozessende (§ 1056 Abs. 1, 2. Var. mit Abs. 2) wird jedoch regelmäßig *keinen* **Einredeverbrauch** eintreten lassen. Alle Hindernisse sind regelmäßig dilatorischen Charakters und hindern – prozessual besehen – nicht etwa die Wiederholung der Schiedsklage. Selbst der saumselige Kläger (§ 1056 Abs. 2 Nr. 1a) kommt – im Unterschied zu § 330 – ungeschoren davon. Eine Ausnahme gilt für Nr. 3, 2. Var.: die Unmöglichkeit des (Schieds-)Verfahrens würde ja sonst in unzulässige Rechtsschutzverweigerung „umschlagen". Das gilt insbes. wenn das Schiedsgericht – aus welchem Grund auch immer – die Entscheidung endgültig ablehnt,[71] oder sich ohne Schiedsspruch – zu Recht oder nicht – für konkret unzuständig erklärt.[72]

19 **5. Rechtswirkungen.** Die Einredewirkung des Abs. 1 (dazu schon oben Rn. 2) untersteht voll der lex fori.[73] Sofern der Beklagte sich auf das Vorliegen einer „tragfähigen" (Rn. 7f.) Schiedsvereinbarung über die nämlichen Streitgegenstand rechtzeitig (Rn. 16f.) beruft, hat das staatliche Gericht die vor ihm erhobene Klage „als unzulässig abzuweisen" (2. Halbs.: Rechtsfolge): **Prozessabweisung** ohne weitere Sachprüfung durch Endurteil und mit lediglich eingeschränkter Rechtskraftfolge – das vollkommen unabhängig vom Verfahrensstand vor dem Schiedsgericht, zB

---

[62] BGH NJW 1985, 743f.; OLG Düsseldorf NJW 1983, 2149f. u. RIW 1996, 776, 777; OLG Frankfurt/Main BB 1982, 279; *Habscheid* KTS 1984, 58.
[63] RGZ 58, 151, 153f.
[64] OLG Brandenburg BauR 2002, 1890, 1891 [2b].
[65] Kom.-Ber. S. 104; *Thomas/Putzo/Reichold* Rn. 2; *Ahrendt*, 1996, S. 96, 100 – aA *Zimmermann* Rn. 1 [2].
[66] BGH NJW 1978, 1585, 1586f.; *Hußlein-Stich*, 1990, S. 45; *Lachmann* Rn. 661 – offenlassend 5th WGR Nr. 22 = *Holtzmann/Neuhaus* mit 7th SN Art. 8 Nr. 4 = *Holtzmann/Neuhaus* S. 324 zu 4th SN Nr. 15 = *Holtzmann/Neuhaus* S. 319; aA aber zB *Schütze/Tschernig/Wais* Rn. 144.
Auch sonst bleibt jene Hürde unklar: *Stein/Jonas/Schlosser* Rn. 4 aE u. *Lachmann* Rn. 630 (jedwedes Unterlassen); *Zöller/Geimer* Rn. 10 (bewußtes Unterlassen); *Musielak/Voit* Rn. 7 aE (gezieltes Unterlassen). Im Grunde spricht jedoch dagegen der Wortlaut von Abs. 3: „freie" Konkurrenz (Rn. 32 aE).
[67] OLG Brandenburg BauR 2002, 1890, 1891 [2b]; BayObLGZ 1978, 294, 301 aE.
[68] RG JW 1931, 1800; SeuffA 73 (1918) Nr. 189, S. 308, 309; WarnR 3 (1910) Nr. 299, S. 309; WarnR 1 (1908) Nr. 425, S. 314; genauso wohl bereits RG Gruchot 51 (1907), 403, 404 – *Schwab/Walter* Rn. 7.10; *Wieczorek/Schütze* § 1027a aF Rn. 12; *Zöller/Geimer* Rn. 19; krit. *Kreindler/Mahlich* NJW 1998, 563, 565. Gegenbeispiel: OLG Hamm NZG 1999, 1099, 1100 [I 3/4].
[69] Vgl. *Wieczorek/Schütze* § 1027a aF Rn. 13 zu § 1044a aF.
[70] Im Gegensatz zu altem Recht: RGZ 41, 396, 398; Gruchot 51 (1907), 403, 405; WarnR 4 (1911) Nr. 143; RGZ 108, 374, 379 aE, 114, 165, 170; 133, 16, 19; OLG Bremen NJW 1957, 1035, 1036; OLG Düsseldorf BB 1976, 251; *Schwab/Walter* Rn. 7.10; *Baumbach/Lauterbach/Hartmann* Rn. 6.
[71] RGZ 114, 165, 170.
[72] RGZ 108, 374, 379; 119, 29, 31; HRR 1929 Nr. 438; OLG München KTS 1974, 174, 175; OLG Düsseldorf RIW 1996, 239, 240; *Schwab/Walter* Rn. 7.11; *Wieczorek/Schütze* § 1027a aF Rn. 10; aA *Ahrendt*, 1996, S. 94.
[73] OLG Frankfurt/Main RIW 1999, 461, 463 und dazu *Hau* IPRax 1999, 232, 233f. [II 1].

auch dann, wenn ein Schiedsverfahren noch gar nicht eingeleitet wurde (arg. Abs. 3). Die Sachabweisung aus materiellem Grund ist keine Alternative dafür.[74]

Dies markiert eine klare Zäsur und wahrt bisherige Übung (§ 1027a aF). Die Vorgabe (Art. 8 **20** Abs. 1 ModG: „refer ... to arbitration") war insoweit offener gefasst; und dazu war dann umstritten, ob denn nicht eine technische Verweisung an das (eventuell indes noch nicht gebildete!) Schiedsgericht erfolgen müsse.[75] Dafür bietet das Gesetz freilich jetzt kein Handhabe:[76] weder Verweisung (§ 281 ZPO bzw. § 17a GVG analog) noch Aussetzung (§ 148 analog) sind also de lege lata statthafte Alternativen. Das zwingt zur Risikoabwägung und sorgt auch dafür, dass die Schiedsvereinbarung ernstgenommen wird. Allerdings könnte der Kläger auch noch fristgerecht einseitig zurücknehmen (§ 269 Abs. 1 hat dieselbe [Zeit-] Schranke wie § 1032 Abs. 1!). Die Berechtigung der Schiedseinrede ist in der Berufungs- und Revisionsinstanz jeweils voll prüfbar – §§ 513 Abs. 2, 545 Abs. 2 gelten dafür nicht![77]

Mit der **Rechtskraft des Prozessurteils** steht dann als tragender Abweisungsgrund eine **21** Schiedsbindung fest[78] (innerhalb der gewohnten Sach-/Zeitgrenzen[79]); sie wird nun amtswegig beachtet, sie sperrt neue Klagen und entfaltet präjudizielle Wirkungen für §§ 1059, 1060. Es wäre überdies auch extrem arglistig, sich erst auf die Schiedsvereinbarung zu berufen und sie dann, nach Anhängigkeit bzw. Verurteilung, wieder zu leugnen.[80] Keine Sperre wirkt jedoch bei völlig verändertem Sachverhalt, zB bei Aufhebung der Schiedsvereinbarung[81] sowie bei einer Spruchverweigerung des Schiedsgerichtes.[82] – Hält das Staatsgericht die Einrede für *unbegründet*, kann es die Zulässigkeit der Klage bis zum Abschluss des Schiedsverfahrens gesondert verhandeln und dann durch **Zwischenurteil** (§ 280) aussprechen;[83] ansonsten entscheidet es in der Sache und begründet die Zulässigkeit im Endurteil.

III. Zulässigkeitskontrolle (Abs. 2)

1. Zulässigkeitsprüfung. Im Interesse einer schnellen Entscheidung über die Wirksamkeit der **22** Schiedsvereinbarung bestimmt Abs. 2 im Anschluss an die Rechtsprechung zu § 1046 aF,[84] dass eine Partei **bis zur Bildung des Schiedsgerichts** („Konstituierung", §§ 1034ff., 1035 – also: *prozessuale* Bindung[85] für die *gesamte* Richterbank[86] [dann aber nicht bloß etwa in dem Umfang der Klageerhebung iSv. § 1044[87] – Konzentration!] bzw. Sachbefassung ständigen Schiedsgerichts[88]) isoliert die „Feststellung der Zulässigkeit oder Unzulässigkeit *eines* schiedsrichterlichen Verfahrens" beantra-

---

[74] Dies meinte früher aber *Grunsky*, Grundlagen des Verfahrensrechts, § 34 III 2a, S. 326.
[75] Vgl. *Calavros*, 1988, S. 50f.; *Hußlein-Stich*, 1990, S. 45 f. m. weit. Nachw.; *Granzow*, 1988, S. 123 – dafür: *Zerbe*, 1994, S. 169 ff., dagegen: *Ahrendt*, 1996, S. 79; *Schwab*, FS Nagel, 1987, S. 427, 430. Die Abweisung bringt höhere Kosten, *Schlosser* ZIP 1987, 492, 496.
[76] BT-Drucks. 13/5274 S. 38 li. Sp. [2] u. [1] aE mit Kom.-Ber. S. 104; *Thomas/Putzo/Reichold* Rn. 1; *Zimmermann* Rn. 1 [4]; *Musielak/Voit* Rn. 9; *Zöller/Geimer* Rn. 7. Zu alternativen Gestaltungen vgl. *Kornblum* JbPrSch. 1 (1987), 34, 39; *Schlosser* ZIP 1987, 492, 496.
[77] OLG Stuttgart IHR 2007, 72 [II 1].
[78] RGZ 40, 401, 403 f.; OLG Breslau JW 1930, 656; OLG Celle OLGR 2007, 664, 665 [II 2a]; *Stein/Jonas/Schlosser* Rn. 19; *Haas*, FS Rechberger, 2005, S. 187, 197 mit S. 201 (wohl anders aber S. 205/206); *Schütze/Tscherning/Wais* Rn. 130; *Wieczorek/Schütze* § 1027a aF Rn. 11.
Andere Autoren sprechen von einer Bindungswirkung sui generis, vgl. *Zöller/Geimer* Rn. 12; SG IHK Kassel SchiedsVZ 2006, 167, 168 [1 b] hilft mit neuem Arglisteinwand. Generell abl. hingegen *Musielak/Voit* Rn. 9, vgl. dazu erg. *Haas*, FS Rechberger, 2005, S. 187, 205/206 mit Fn. 92.
[79] Beispiel: RAG JW 1933, 274 m. zust. Anm. *Friedländer*.
[80] RGZ 40, 401, 403 (Prozeßabweisung – also: Rechtskraft!), best. RG HRR 1931 Nr. 1489 – erweiternd: RG JW 1913, 655 f. (Klagrücknahme); BGH NJW-RR 1987, 1194, 1195 (vorprozessuale Korrespondenz).
[81] *Schwab/Walter* Rn. 7.3.
[82] RAG 12, 116.
[83] BGH NJW-RR 1986, 61, 62; OLG Hamm RIW 1983, 698; *Zöller/Geimer* Rn. 15; *Baumbach/Lauterbach/Hartmann* Rn. 7 (2. Abs.); *Musielak/Voit* Rn. 9; *Huber* SchiedsVZ 2003, 73, 74 [II 3 b] – aA *Zimmermann* Rn. 1 aE.
[84] Die neben der genannten negativen auch eine positive Feststellungsklage erlaubte: ROHG 2, 156, 164f.; RGZ 23, 424, 426 f.; 133, 128; DR 1939, 1915; BGHZ 7, 184 = NJW 1952, 1336; JZ 1989, 201 = NJW-RR 1988, 1526; vgl. *Schütze/Tscherning/Wais* Rn. 131; *Wieczorek/Schütze* § 1027a aF Rn. 11.
[85] Hier aA wohl BayObLG RPS 1999 I S. 18, 19 [II 1 c]: materieller Annahmeakt.
[86] So auch *Musielak/Voit* Rn. 10; BayObLGZ 1999, 255, 263 (Annahme des Obmanns – allerdings *insoweit* fragwürdig; zust. allerdings *Sessler* RPS I S. 9 u. *Schroeter* SchiedsVZ 2004, 288, 290 [II 2]).
[87] So aber *Musielak/Voit* Rn. 11 aE.
[88] OLG München, Beschl. v. 28. 6. 2006 – 34 Sch 11/05 [II 6].

gen kann.[89] **Hauptsacheverfahren (Abs. 1) und Kompetenzkontrolle (Abs. 2) laufen nebeneinander**,[90] da disparate Streitgegenstände vorliegen. Hier fehlt auch nicht etwa das Rechtsschutzbedürfnis, denn nur Abs. 2 gewährt umfassende staatliche Klärung (uU sonst Zwischenfeststellungsantrag [§ 256 Abs. 2] nötig!)[91] und eröffnet die OLG-Kompetenz. Dass daneben wie gewohnt ein Feststellungsinteresse vorliegen muss, ist etwas anderes: es kann fehlen, wenn und weil die Schiedsbindung ganz unbestritten ist.[92]

23 Die Regelung ist deutsche Eigenheit und ohne ModG-Vorbild: möglich ist **positiver wie negativer Feststellungsantrag**.[93] Der unbestimmte Artikel verdeutlicht, dass Verfahrensbeginn (§ 1044) nicht vorausgesetzt ist (arg. Abs. 3, 1. Var. e contrario: Verfahrenseinleitung trotz „Staats"-Anhängigkeit iSv. Abs. 2), sondern bereits die Drohung genügend erscheint, um Klarstellung zu betreiben. Insoweit besteht durchweg ein Rechtsschutzbedürfnis bzw. Feststellungsinteresse.

24 Liegt der Verfahrensbeginn schon vor (vgl. Abs. 3, 2. Var.), ist zwar der Streitgegenstand konkreter noch angegeben (§ 1044 S. 2, 2. Var.), dennoch wird es idR um eine **globale (Un-)Zulässigkeitsprüfung** gehen, die insgesamt die Tragfähigkeit der Schiedsvereinbarung auf den Prüfstand stellt; das entspricht der Gültigkeitskontrolle, wie sie nachträglich § 1059 Abs. 2 Nr. 1a mit Nr. 2a zulässt (§ 1037, 2. Halbs., 1. Var. aF: „dass ein rechtsgültiger Schiedsvertrag nicht bestehe", dazu: § 1029 Rn. 17–26, § 1030 Rn. 9–16, § 1031 Rn. 10 mit Rn. 25 ff.). Man wird auch die Undurchführbarkeit als Grund für Unmöglichkeit hierzu rechnen dürfen (arg. Abs. 1 aE).[94] Nichts spricht aber dagegen, (quasi als ein Minus) genauso eine **gezielte (Un-)Zulässigkeitsprüfung** dahingehend zu ermöglichen, dass der konkrete Streitgegenstand von der Schiedsvereinbarung nicht erfasst sei;[95] das entspricht der Reichweitenkontrolle des § 1059 Abs. 2 Nr. 2c, 1. Halbs. und folgt dem § 1037, 2. Halbs., 2. Var. aF („dass der Schiedsvertrag sich auf den zu entscheidenden Streit nicht beziehe").

25 Das Ganze führt zur inzwischen eingebürgerten **Kurzformel** einer Prüfung dahin, „ob eine wirksame Schiedsvereinbarung vorliegt, sie durchführbar ist und der Gegenstand des Schiedsverfahrens der Schiedsvereinbarung unterfällt."[96] Es geht um eine **Rechtsprüfung der Schiedsbindung**, dh. insoweit ist der Wortlaut teleologisch zu reduzieren: Ungeprüft bleiben sonstige Zulässigkeitsvoraussetzungen einer Schiedsklageerhebung[97] – alles andere würde § 1040 konterkarieren!

26 **2. Überprüfungsverfahren**. Erstinstanzlich zuständig für die Kontrolle ist ein **OLG**, bei deutschem Schiedsort gem. § 1062 Abs. 1 Nr. 2, 1. Var. iVm. § 1025 Abs. 1 (Vereinbarung bzw. Schiedsort), bei ausländischem oder noch unbestimmtem Schiedsort gem. § 1062 Abs. 3, 2. Var. iVm. § 1025 Abs. 2 (Gegnerwohnsitz bzw. Belegenheit). Es entscheidet gemäß § 1063 Abs. 1 durch Beschluss. Ausnahmsweise findet Rechtsbeschwerde zum **BGH** statt (§ 1065 Abs. 1 S. 1 mit Abs. 2 u. § 546). Ist ein Verfahren nach Abs. 2 anhängig, wird das regulär angegangene, sachbefasste Gericht (Abs. 1: AG oder LG) demnach sein eigenes Verfahren tunlichst aussetzen (§ 148, 1. Var.: vorgreifliches *prozessuales* Rechtsverhältnis) und die konkrete Feststellungsentscheidung abwarten.[98]

---

[89] *K. P. Berger* DZWiR 1998, 46, 48; *Lachmann* Rn. 662 mit Rn. 664 f.; BT-Drucks. 13/5274 S. 38 li. Sp. [4] mit Kom.-Ber. S. 104 f. – vgl. noch erg. BGHZ 151, 79, 83/84 [2] = NJW 2002, 3031 = SchiedsVZ 2003, 39 m. Anm. *Münch* (Zeitschranke!).
[90] So wie hier OLG Hamm AUR 2003, 379, 380 li. Sp. mit RPS 1999 II S. 10 (implizit); *Stein/Jonas/Schlosser* Rn. 21 [3. Abs.] – aA *Lachmann* Rn. 673; *Schroeter* SchiedsVZ 2004, 288, 290 [II 3]; OLG Koblenz, BayObLG u OLG München (Fn. 91); *aA* KG, Beschl. v. 13. 8. 2003 – 23 Sch 7/03; *Bredow* RPS 1999 II S. 13 (zu OLG Hamm); *Rosenberg/Schwab/Gottwald* Rn. 6 aE – vgl. dazu erg. bei Fn. 98. Gleiches gilt bei Umkehrung („Abs. 2 vor Abs. 1") – aA *Busse* SchiedsVZ 2003, 189, 190 f. [II 3].
[91] AA OLG Koblenz OLGR 2000, 48 [1]; BayObLGZ 2002, 324, 327 [II 3 b] = NJW-RR 2003, 354 = SchiedsVZ 2003, 187 m. zust. Anm. *Busse* = NZG 2003, 138 m. zust. Anm. *Hilger* (S. 575 f. [III]) – bei verfälschender Inbezugnahme von 2. Aufl. Rn. 11 [2. Abs.], jetzt Rn. 23; OLG München OLGR 2007, 188 [II 2].
[92] Ganz ähnlich (und richtig) hier *Hilger* NZG 2002, 575, 576 [IV] einerseits, *Stein/Jonas/Schlosser* Rn. 21 [3. Abs.] andererseits.
[93] Aber nicht etwa gleichzeitig: Rechtskraft kontradiktorischen Gegenteils! (nur im Erg. so OLG Frankfurt/Main SchiedsVZ 2007, 217, 218 aE: mangelndes Rechtsschutzbedürfnis).
[94] *Wieczorek/Schütze* § 1037 aF Rn. 2–4; für eine Parallelität auch BayObLGZ 1999, 255, 268/269 [II 4a]; OLG Dresden RPS 2001 I S. 18, 19 [II].
[95] AA OLG Jena NJW-RR 2003, 1506 u. *Schroeter* SchiedsVZ 2004, 288, 290 [IV], welche nicht richtig differenzieren zwischen *abstrakter* Schiedsbindung und *konkretem* Schiedsprozeß.
[96] BayObLGZ 1999, 255, 269 [II 4a]; 2001, 311, 315 [II 6] = NJW-RR 2002, 323; OLG Naumburg OLGR 2006, 76, 77; OLG Frankfurt/Main, Beschl. v. 27. 4. 2006 – 26 SchH 1/06 [II aE]; OLG München OLGR 2006, 809 [3 vor a] – offenbar abw. *Jauernig* ZPR § 92 III 2.
[97] BayObLGZ 2001, 311, 313/314 [II 4] = NJW-RR 2002, 323 (Statthaftigkeit einer Feststellungsklage).
[98] AA *Bredow* RPS 1999 II S. 13; BayObLGZ 2002, 324, 327 [II 3 aE] = NJW-RR 2003, 354 = SchiedsVZ 2003, 187 – vgl. dazu erg. bei Fn. 90.

Der Antrag ist nach Konstituierung des Schiedsgerichts (§§ 1034ff., 1035 – Festlegung *gesamter* **27** Richterbank, Rn. 22) unstatthaft; von da an ist die Rüge der Unzuständigkeit unmittelbar beim – infolgedem ja entscheidungsfähigen – Schiedsgericht anzubringen[99] (§ 1040 Abs. 2 mit einer eigenständigen Staatskontrolle gemäß Abs. 3 S. 2).

Ein vorher eingebrachter Antrag wird gleichwohl regulär beschieden, es findet keine sofortige **28** Erledigung statt, obwohl parallel hierzu das Schiedsverfahren auch (an-/weiter-)laufen kann (Abs. 3, Rn. 30). Die Monatsfrist des § 1040 Abs. 3 S. 2 ist offensichtlich dann bedeutungslos bzw. die prozessuale Sachfrage ohnehin ja bereits anhängig. Erkennt indes das Schiedsgericht die Zuständigkeitsrüge als begründet an, erledigt sich insoweit die staatliche Überprüfung wegen bindender Rechtskraft (§ 1055) oder infolge Zweckerreichung – jedenfalls soweit nicht noch Folgestreitigkeiten im Raum stehen; versagt es den Einwand und entscheidet zur Sache, ist der Feststellungs- als Aufhebungsantrag (§ 1059 Abs. 2 Nr. 1a, 1c, 2a) weiterzuverfolgen.[100]

Der Antrag hat **keine verjährungshemmende Folge,**[101] vor allem § 204 Abs. 1 Nr. 11 BGB **29** zielt auf gänzlich anderes Vorgehen (§ 1044 Rn. 31ff. mit Fn. 44); demgemäß hilft bloß Verzichtserklärung (§ 202 BGB) oder „echte" Klageerhebung. Der Feststellung wirkt Rechtskraft für das anschließende Hauptsacheverfahren.

Gebühren und Kosten: Gerichtsgebühren nach KV 1621 [2,0 – bei Rücknahme nur 1,0: KV **30** 1627]; Anwaltsgebühren nach VV 3100 sowie uU (§ 1063 ZPO?) zudem VV 3104 – aber trotz OLG-Zuständigkeit nicht etwa VV 3200[102] (arg. Vorbem. 3.1). Der Streitwert ist an dem Interesse des Antragstellers an der begehrten Feststellung zu orientieren und erreicht nie die „Hauptsache", die erst anderweit noch judiziert werden wird (die Quoten schwanken: $1/2$;[103] $2/5$ bis $1/3$;[104] $1/5$;[105] $1/10$[106]).

IV. Wirkungen auf das Schiedsverfahren (Abs. 3)

1. Freiräume. Abs. 3 bestimmt in Anlehnung an § 1037 aF bzw. Art. 8 Abs. 2 ModG,[107] dass **31** trotz „Anhängigkeit" (und dies umfasst hier die Rechtshängigkeit einer Klage bei einem staatlichen Gericht – unmittelbare Hauptsacheklage [Abs. 1] wie indirekte Zulässigkeitskontrolle [Abs. 2]) – das Schiedsverfahren **eingeleitet oder fortgesetzt** werden und sogar ein Schiedsspruch ergehen kann (Verweisung: § 1034 Abs. 2 S. 3; Parallelen: § 1040 Abs. 3 S. 3 [dort Rn. 49]; § 1037 Abs. 3 S. 2 [dort Rn. 26] – wo die Einleitung begriffsnotwendig vorausgeht!). Jener Schiedsspruch führt bei Endgültigkeit zum Verfahrensende (§ 1056 Abs. 1, 1. Var.); man wird aber die Fälle irregulären Endes (§ 1056 Abs. 1, 1. Var. mit Abs. 2) durch schlicht einstellenden Beschluss ebenso offenhalten müssen. Dies liegt ja zumal nahe, wenn konkrete Zuständigkeitszweifel bestehen und darum das Schiedsverfahren nicht weiterbetrieben wird. Die Intention der Regelung freilich ist umgekehrt:

Sie soll die **Verschleppung** des Schiedsverfahrens durch *unbegründete* Einwendungen **verhin-** **32** **dern.**[108] Indes kann das Schiedsgericht nun auch gemäß § 1040 Abs. 1/2 über seine eigene Zuständigkeit selbst näher befinden und insoweit Klarheit schaffen, sei es positiv durch **Zwischenentscheid,** der seinerseits staatlich überprüfbar ist (§ 1040 Abs. 3 S. 2 mit § 1062 Abs. 1 Nr. 2, 2. Var.), sei es negativ durch **Prozessschiedspruch,** der endgültig ist und dabei gleicherweise unter § 1032 Abs. 3 fällt. Sobald ein – negativer oder positiver – Schiedsspruch vorliegt, ist staatliche

---

[99] BT-Drucks. 13/5274 S. 38 li. Sp. [4] aE („nur"); *Habscheid* JZ 1998, 445, 447.
[100] AA *Musielak/Voit* Rn. 14f.: „nichtig"; *Thomas/Putzo/Reichold* Rn. 5 aE: „ohne weiteres unwirksam"; *Zöller/Geimer* mit Rn. 14 mit § 1059 Rn. 17: „nichtig (nicht bloß aufhebbar)" – so wie hier *Schroeter* SchiedsVZ 2004, 288, 295/296 [V 1b]. Vgl. noch erg. § 1059 Rn. 79 aE.
[101] *Musielak/Voit* Rn. 13; *Mecklenbrauck* SchiedsVZ 2003, 186, 187 aE; *Schroeter* SchiedsVZ 2004, 288, 293 [III 2b] – zT hier aA *Windthorst* SchiedsVZ 2004, 230, 232 [III 1]: § 204 Abs. 1 Nr. 13 BGB analog bei *positivem* Feststellungsantrag.
[102] AA *Hartung/Römermann/Schons* RVG, 2. Aufl., § 36 Rn. 21 aE.
[103] OLG Hamm RPS 1999 II S. 10, 13.
[104] BayObLGZ 2002, 324, 327 [II 5] bzw. OLG München, Beschl. v. 10. 1. 2007 – 34 SchH 14/06 [III] u. SchiedsVZ 2007, 330.
[105] OLG Frankfurt/Main, Beschl. v. 2. 11. 2007 – 26 SchH 3/07 [II aE/JURIS-Rn. 23), SchiedsVZ 2007, 217, 218 aE u. Beschl. v. 31. 7. 2006 – 26 SchH 8/06 [II aE] – im Anschluß an KG NJW 1967, 55.
[106] BayObLGZ 1999, 255, 269 [II A 6].
[107] Dazu näher auch CR Nr. 91f. = *Holtzmann/Neuhaus* S. 331. Nur allerdings beschränkt auf Abs. 1 (Rn. 11), dazu *Böckstiegel* RIW 1984, 670, 672.
[108] 3rd WGR Nr. 80 = *Holtzmann/Neuhaus* S. 316 u. 7th SN Art. 8 Nr. 5 = *Holtzmann/Neuhaus* S. 324; BT-Drucks. 13/5274 S. 38 re. Sp. [5]; *Baumbach/Lauterbach/Albers,* 56. Aufl., § 1037 aF Rn. 1; *Zerbe,* 1994, S. 171 ff.; *Schwab/Walter* Rn. 7.19; zu Art. 8 Abs. 2 ModG: *Calavros,* 1988, S. 53; *Hußlein-Stich,* 1990, S. 50; *Granzow,* 1988, S. 124; *Böckstiegel* RIW 1984, 670, 672.

§ 1033   Buch 10. Abschnitt 2. Schiedsvereinbarung

Kontrolle jedenfalls nur noch gemäß §§ 1059, 1060 möglich. – Abs. 3 hindert umgekehrt niemals eine Verfahrenseinleitung („Anhängigmachen") beim staatlichen Gericht,[109] freilich nur im Grundsatz, weil konkrete Zeitschranken bestehen: bei Abs. 1 der Abschluss des Schiedsverfahrens (§ 1055 – indes: Einrede nötig!), bei Abs. 2 die Konstituierung des Schiedsgerichts (§ 1040 Abs. 3 S. 2).

33 **2. Bindungen.** Im Ansatz birgt Abs. 3 die große Gefahr divergierender Sachentscheidungen über dieselbe Begründetheits- (Abs. 1) oder Zulässigkeitsfrage (Abs. 2).[110] Als Lösungsmöglichkeiten kommen insoweit in Betracht: **Von Seiten des Schiedsgerichts** ist denkbar die **Aussetzung** des Verfahrens (Vertagung) bis zur Entscheidung des staatlichen Gerichts.[111] Es wird das dann tun, wenn es ernsthafte Zweifel hegt, dass die Schiedsvereinbarung wirksam ist,[112] nicht aber, wenn ein Beweisverlust droht.[113] Die Gesetzesvorgabe des „kann" räumt dem Schiedsgericht ein **Ermessen** in der Frage ein, ob es seine richterliche Tätigkeit aufnehmen oder fortsetzen will.[114] Das Schiedsgericht hat weiter die Möglichkeit, das Schiedsverfahren über seine **Kompetenz-Kompetenz** (§ 1040 Abs. 1) zu beenden.[115] Denn regelmäßig wird die Partei, die Klage vor dem staatlichen Gericht erhoben hat, vor dem Schiedsgericht die Rüge der Unzuständigkeit erheben (§ 1040 Abs. 2).

34 **Von Seiten des Staatsgerichts** ist weiterhin zu unterscheiden. Die **Zulässigkeitskontrolle (Abs. 2)** muss ohnedies unabhängig und unbeeinflusst erfolgen, sie verfehlt sonst ihren Zweck gänzlich. Die endgültige staatliche Beurteilung bindet das Schiedsgericht, dem sonst Aufhebung droht (§ 1059 Abs. 2 Nr. 1a, 1c, 2a); das Staatsgericht kann jedoch nicht vorher Aussetzung per einstweiliger Verfügung erzwingen.[116] Eine **Hauptsacheklage (Abs. 1),** die wegen der Schiedseinrede klar unzulässig ist, muss sofort abgewiesen werden; für eine Aussetzung (§ 148) ist hier ebenfalls keinerlei Raum.[117] Anderenfalls ist inhaltlich zu entscheiden, und dann gilt doch das Prioritätsprinzip mit wechselseitig bindender Rechtskraft. Die bloße Rügepräklusion (nach § 1032 Abs. 1 vor dem Staatsgericht, nach § 1040 Abs. 2 vor dem Schiedsgericht) hat noch keine Wirkungen.[118]

§ 1033 Schiedsvereinbarung und einstweilige gerichtliche Maßnahmen

Eine Schiedsvereinbarung schließt nicht aus, dass ein Gericht vor oder nach Beginn des schiedsrichterlichen Verfahrens auf Antrag einer Partei eine vorläufige oder sichernde Maßnahme in Bezug auf den Streitgegenstand des schiedsrichterlichen Verfahrens anordnet.

Schrifttum: Siehe dazu bei § 1041 – zudem: *Adolphsen,* Internationale Dopingstrafen, 2003, S. 564–596; *Kröll,* Die internationale Zuständigkeit deutscher Gerichte für einstweiligen Rechtsschutz bei ausländischem Schiedsort, IHR 2005, 142.

---

[109] BGHZ 162, 9, 14 [II 2d] = NJW 2005, 1125 = JZ 2005, 958 = SchiedsVZ 2005, 95 m. Anm. *Huber/Bach* u. *Hußlein-Stich,* 1990, S. 50/51 (für Abs. 1).
[110] *Ahrendt,* 1996, S. 79, 96 f.; zu Art. 8 Abs. 2 ModG: *Calavros,* 1988, S. 53 f.; *Hußlein-Stich,* 1990, S. 50; *Schwab,* FS Nagel, 1987, S. 427, 431; *Zerbe,* 1994, S. 171 ff. Anders Art. VI Abs. 3 EuÜ: Aussetzungspflicht des – nachträglich sachbefassten – Staatsgerichtes, „es sei denn, dass ein wichtiger Grund dem entgegensteht".
[111] OLG Saarbrücken KTS 1961, 108, 110; *Baumbach/Lauterbach/Hartmann* Rn. 10; *Schwab/Walter* Rn. 7.19; *Zerbe,* 1994, S. 172; *Zöller/Geimer* Rn. 26.
[112] *Hußlein-Stich,* 1990, S. 50 (Art. 8 Abs. 2 ModG) – sehr großzügig hier BT-Drucks. 13/5274 S. 38 re. Sp. [5] („in aller Regel"), zust. *Thomas/Putzo/Reichold* Rn. 6 aE; ähnlich *Zimmermann* Rn. 3.
[113] *Baumbach/Lauterbach/Hartmann* Rn. 10.
[114] *Wieczorek/Schütze* § 1037 aF Rn. 10; *Hußlein-Stich,* 1990, S. 50.
[115] *Wieczorek/Schütze* § 1037 aF Rn. 9; *Hußlein-Stich,* 1990, S. 50 zu Art. 16 ModG.
[116] *Schwab/Walter* Rn. 7.19 aE; *Wieczorek/Schütze* § 1037 aF Rn. 11; *Zöller/Geimer* Rn. 26; differenzierend *Stein/Jonas/Schlosser* Rn. 22.
[117] *Schäfer,* FS Henckel, 1995, S. 723, 730.
[118] So auch LG Mönchengladbach SchiedsVZ 2007, 104, 106 [II 4] (obiter) – aA aber *Ahrendt,* 1996, S. 97.

Übersicht

	Rn.		Rn.
I. Normzweck	1, 2	3. „... auf Antrag einer Partei"	16
II. Anwendungsbereich	3–10	4. Zwingender Charakter	17, 18
1. Terminologie	3, 4	**IV. Einstweiliger staatlicher Rechtsschutz**	19–30
2. Rechtssicherung	5, 6		
3. Beweissicherung	7–9	1. Zuständigkeit	19–21
4. Abgrenzungen	10	2. Voraussetzungen	22, 23
III. Tatbestand und Rechtsfolge	11–18	3. Verschränkungen	24–29
1. Gerichtliche „Anordnung..."	11, 12	a) Anordnung der Klageerhebung	25, 26
2. Bezugspunkte	13–15	b) Sonderfall der Fristversäumnis	27
a) Zeitlich	13, 14	c) Aufhebung auf Grund veränderter Umstände	28, 29
b) Sachlich	15	4. Kosten und Gebühren	30

I. Normzweck

Haben die Parteien hinsichtlich des Streitgegenstandes eine wirksame Schiedsvereinbarung **1** (§ 1029 Abs. 1) getroffen, so ist die bei einem staatlichen Gericht erhobene **(Hauptsache-)Klage** auf rechtzeitige Schiedseinrede hin als unzulässig abzuweisen (§ 1032 Abs. 1). § 1033 aber stellt hierzu klar, dass das staatliche Gericht trotzdem **vorläufige oder sichernde Maßnahmen** anordnen kann, und zwar grundsätzlich ohne Rücksicht auf ein laufendes (Schieds-)Verfahren („vor oder nach Beginn") und ebenfalls ohne Rücksicht auf parallele schiedsrichterliche Kompetenz (§ 1041 Abs. 1). Oder anders gesagt auch: § 1033 verweigert die „sperrende" Schiedseinrede für lediglich interimistische Verfahren (Rn. 12 mit § 1032 Rn. 12). Er folgt weithin einer **Vorgabe durch Art. 9 ModG,** der seinerseits auf Art. 26 Abs. 3 SchO zurückgeht (vgl. auch erg. Art. VI Abs. 4 EuÜ). Wegen zwei recht auffälligen Divergenzen siehe 2. Aufl. Rn. 2 – insbes. gibt es hierbei keinerlei Anordnungsbefugnis gegenüber Dritten.[1]

Die Praxis zum alten Recht[2] versagte den Parteien schiedsgerichtliche einstweilige Sicherungs- **2** maßnahmen; diese erlaubt jetzt § 1041 Abs. 1 und macht die recht gekünstelte (literarische Ausweich-)Konstruktion einer Vorabentscheidung über ein Sicherungsrecht[3] entbehrlich. § 1033 muss darum aber jetzt klarstellen, dass auch weiterhin eine originäre staatsgerichtliche Kompetenz besteht: **kumulative Konkurrenz.**[4] Die Ansicht, dass lediglich Schiedsgerichte kompetent seien, insoweit die Schiedsvereinbarung auch den Verzicht auf Anrufung des staatlichen Gerichts im einstweiligen Verfahren enthalte,[5] wird hierdurch ebenso hinfällig wie die Auffassung, die staatlichen Gerichte allenfalls subsidiär berufen sah, solange eine Konstituierung des Schiedsgerichts noch fehlte.[6] Staatliche Gerichte genießen zusätzlich über § 1041 Abs. 2 S. 1, 2. Halbs. noch **Antragspriorität;** nach der Vollziehbarerklärung mag aber das Rechtsschutzbedürfnis[7] oder der Arrest- bzw. Verfügungsgrund[8] entfallen[9] (vgl. auch erg. § 1041 Rn. 3).

II. Anwendungsbereich

1. Terminologie. So wie auch § 1041 Abs. 1 S. 1 erlaubt § 1033, „vorläufige oder sichernde **3** Maßnahme[n]" (Rn. 5–7) „in Bezug auf den Streitgegenstand [des schiedsrichterlichen Verfahrens]" (Rn. 15) anzuordnen. Diese Terminologie passt nicht bündig zur national vertrauten Begriffswelt;

---

[1] Anders 7th SN Art. 9 Nr. 4 = *Holtzmann/Neuhaus* S. 343.
[2] BGH ZZP 71 (1958), 427, 436; RGZ 31, 370, 374 f.; OLG Frankfurt/Main NJW 1973, 2208; NJW 1959, 1088; OLG Hamm MDR 1971, 53; KG HRR 1931, 1967; OLGRspr. 19 (1909), 61; OLG Hamburg OLGRspr. 23 (1911), 167. Gute Darstellung der vormaligen Kontroverse bei *Thümmel* DZWiR 1997, 133 f.
[3] *Erman,* FS Möhring, 1965, S. 3, 11 ff., 16, 18; *Schwab,* FS F. Baur, 1981, S. 627, 628; *Schlosser* ZZP 99 (1986), 244, 249 ff. (sehr kühn S. 253: § 140 BGB analog!); *Laschet* ZZP 99 (1986), 271, 288.
[4] Eingehend BT-Drucks. 13/5274 S. 38 f. [2]: „originäre Zuständigkeit der staatlichen Gerichte"; zust. *Zöller/Geimer* Rn. 2; OLG Frankfurt/Main NJW-RR 2003, 498, 499 li. Sp.; *Schroth* SchiedsVZ 2003, 102, 104–106 [II 2] mit S. 108–108 [III/IV]. So zum alten Recht bereits *Brinkmann,* 1977, S. 41 f.
[5] *Lichtenstein* NJW 1957, 570, 571; *Lindacher* ZGR 1979, 201, 214, 216.
[6] *Nicklisch* RIW/AWD 1978, 639 f.; *Schlosser* ZZP 99 (1986), 244, 256; *Herdegen* RIW 1981, 304 f.
[7] BT-Drucks. 13/5274 S. 39 li. Sp. [3] – zust. *Zöller/Geimer* Rn. 2; *Baumbach/Lauterbach/Hartmann* Rn. 7.
[8] *Schlosser* ZZP 99 (1986), 241, 256 mit S. 245 u. Fn. 12.
[9] Zum Problem konkurrierender Anträge vgl. *Musielak/Voit* Rn. 5.

§ 1033   4–8   Buch 10. Abschnitt 2. Schiedsvereinbarung

sie geht zurück aufs ModG (Art. 9: **„interim measure of protection"**) und versucht, ihn vorgabenkonform einzudeutschen. Der Versuch ist gründlich misslungen: Das Gesetz bemüht nun eine Paarform, die eine ungewollte Alternativität („oder") vorgaukelt. Die aus Art. VI Abs. 4, 1. Halbs. EuÜ längst geläufige Formel („einstweilige Maßnahmen, einschließlich solcher, die auf eine Sicherung gerichtet sind" – ebenso: Art. 31 Brüssel I-VO) erscheint weitaus passender. Auch eine weite Universalklausel oder eine eingehende Enumeration wären allemal besser gewesen, zumal das ganze Spektrum einstweiliger Maßnahmen erfasst werden sollte.[10]

4 Im breiten anglo-amerikanischen Verständnis werden sogar noch die parallelen **Beweissicherungsmaßnahmen** mitumfasst (Rn. 7–9). Reduziert auf Maßnahmen einstweiligen Rechtsschutzes[11] wäre somit die Regel missverstanden; sie wäre es auch, wenn man ihr eine vollkommen neue Begrifflichkeit zuschriebe.[12] Die **vorläufigen Maßnahmen (1. Var.)** sind notwendig auch sichernd, weil sie allein den Schutz des künftigen Enderfolges bezwecken, und die **sichernden Maßnahmen (2. Var.)** sind umgekehrt auch vorläufig, weil sie nicht schon den späteren Hauptsacheerfolg bewirken. Es verbleibt also beim Grundsatz (Vor § 916 Rn. 5), dass (soweit nur irgend möglich und tunlich) **keine Vorwegnahme der Hauptsache** erfolgen darf. Trotzdem ist das bekannte Rechtsschutzinstrumentarium durchaus mit dem offenbar „doppelzüngigen" Wortlaut in Einklang zu bringen (dazu Rn. 5 f. mit § 1041 Rn. 11–19).

5 2. **Rechtssicherung.** Im Unterschied zu § 1041, der schiedsgerichtliche *Ermächtigungsgrundlage* ist, regelt § 1033 allein die **abstrakte („schiedsprozessuale") Zulassung** mit Blick auf § 1026 einerseits und § 1032 Abs. 1 andererseits – das staatliche Gericht kann demnach allerdings nur aussprechen, was auch sonst in seine Anordnungskompetenz fällt: **konkrete („staatsgerichtliche") Befugnis** (Einzelheiten zum Prozedere bei Rn. 19 ff.). Das führt zum anerkannten Instrumentarium einstweiligen Rechtsschutzes (§§ 916 ff.) mit Arrest und jener bekannten Trias aus einstweiliger Sicherungs-, Regelungs- bzw. Befriedigungsverfügung.[13]

6 Die ersten zwei haben klar überwiegend *sichernden* Charakter – man soll keine Fakten schaffen können, die später die Verwirklichung des streitbefangenen subjektiven Rechtes vereiteln oder erschweren **(„Ergebnissicherung")**; die beiden letzteren können umgekehrt ihrerseits gut auch als *vorläufige* Maßnahmen gelten – denn sie sind definitiv, dafür aber von vornherein und absehbar zeitlich begrenzt **(„Interimssicherung")** und überbrücken die Zeitspanne, bis es zur Hauptsacheentscheidung kommt.[14] Trotz des vagen Wortlauts ist auch die Unterlassungsverfügung erfasst (§ 1041 Rn. 17), die beiden möglichen Erscheinungen nahesteht.

7 3. **Beweissicherung.** Neben Arrest und einstweilige Verfügung tritt als Sonderfall die Beweissicherung durch **selbständiges Beweisverfahren**.[15] Als „sichernde Maßnahme in Bezug auf den Streitgegenstand" ist also auch das Verfahren nach §§ 485 ff. zu verstehen,[16] obwohl es sich genau genommen hier um eine Sicherungsmaßnahme „in Bezug auf eine Tatsachenfeststellung" handelt und obwohl die Regeln eigentlich doch staatlichen Streitverfahren vorbehalten sind: § 1033 sperrt daher dort genauso die Schiedseinrede (§ 1032 Abs. 1), und sachlich zuständig iSd. § 486 Abs. 2 S. 1 muss alsdann das Gericht der – konsequent: *fiktiven* – Hauptsache sein.[17]

8 Das gilt zumindest doch **vor Konstituierung des Schiedsgerichts.** Gerade dann besteht die Gefahr, dass infolge Zeitverlustes die Erweislichkeit bestimmter Tatsachen erschwert oder gar ganz ausgeschlossen wird; dem beugt oft und effektiv die schriftliche Begutachtung durch einen Sachver-

---

[10] *Holtzmann/Neuhaus* S. 332, 333 mit Beispielen.
[11] So aber *Thomas/Putzo/Reichold* Rn. 1.
[12] So wohl *Stein/Jonas/Schlosser* Rn. 1 aE.
[13] Dazu vgl. bloß *Grunsky* Rn. 286 u. *Baur/Stürner/Bruns* ZVR Rn. 53.1 f.; *Jauernig* ZZP 79 (1966), 321, 323; *Rosenberg/Gaul/Schilken* § 76 I, II, S. 1010, 1015; *Walker,* Der einstweilige Rechtsschutz, 1993, Rn. 77 ff.; – gegen die herkömmliche Trias indes § 935 Rn. 5 u. § 940 Rn. 1 f.
[14] Wegen Befriedigungsverfügung siehe OLG Frankfurt/Main NJW-RR 2001, 1078 [a] (Starterlaubnis für Leichtathleten) einerseits, *Stein/Jonas/Schlosser* Rn. 1 aE andererseits.
[15] BT-Drucks. 13/5274 S. 38 re. Sp. [2] (einstweiliger Rechtsschutz … „etwa zu Zwecken der Beweissicherung"). Dies war im ModG zeitweilig extra aufgeführt (Art. IV Abs. 2 E III: Anordnungen „… in respect of the subject-matter of the dispute or in respect of evidence") – mit der Streichung sollte keine sachliche Änderung verbunden sein: 3rd WGR Nr. 81 = *Holtzmann/Neuhaus* S. 339 einerseits, 4th WGR Nr. 188 = *Holtzmann/Neuhaus* S. 340 andererseits; dazu insbes. auch 6th SN Art. 9 Nr. 2 = *Holtzmann/Neuhaus* S. 342.
[16] OLG Koblenz MDR 1999, 502, 503 = RPS 2001 I S. 22; *Zimmermann* Rn. 1; *Baumbach/Lauterbach/Hartmann* Rn. 6; *Zöller/Geimer* Rn. 3; *Stein/Jonas/Schlosser* Rn. 1; *Musielak/Voit* Rn. 2; *Knoblach,* Sachverhaltsermittlung …, 2003, S. 128; *Westpfahl/Busse* SchiedsVZ 2006, 21, 24 [IV]; *Varga,* Beweiserhebung …, 2006, S. 256 f. – das gilt auch für Art. VI Abs. 4 EuÜ (§ 1061 Anh. 2 Art. VI EuÜ Rn. 20 [*Adolphsen*], anders aber zu Art. 31 Brüssel I-VO EuGHE 2005, I-3481, 3497.
[17] Ebenso schon früher OLG Frankfurt/Main BauR 1983, 504 f.

ständigen (§ 485 Abs. 2) vor. **Nach Konstituierung des Schiedsgerichts** führt das indes unweigerlich zur Kollision mit § 1050 S. 1, 1. Var. („Unterstützung bei der Beweisaufnahme"), auch wenn die amtliche Begründung zu § 1050[18] diesen Fall nicht besonders erwähnt. Danach wäre jedoch eine **Zustimmung** des Schiedsgerichts notwendig und sachlich zuständig demgemäß das **Amtsgericht** (§ 1062 Abs. 4 gegen § 486 Abs. 1 – aber: Abs. 3!); § 1050 steht dabei in engem Bezug zu § 1042 Abs. 4 S. 2 – einer allgemeinen Verfahrensregel –, wonach allein das Schiedsgericht berechtigt ist, über die Zulässigkeit einer Beweiserhebung zu entscheiden und diese durchzuführen. Der gesetzliche Regelfall alternativer Konkurrenz zwischen Schiedsgericht und Staatsinstanz (Rn. 13) passt darum hier nicht:

§ 1033 ist **teleologisch zu reduzieren**.[19] Nach dessen Konstituierung hat allein das Schiedsgericht über beweissichernde Maßnahmen zu befinden; das staatliche Gericht ist insoweit nicht alternativ, sondern nur subsidiär zuständig. Allein so werden auch Anwesenheits- und Fragebefugnis der Schiedsrichter (§ 1050 S. 3) adäquat Rechnung gezollt. Wenn dagegen vor Ort schnell zu handeln ist, kann immer noch das Schiedsgericht selbst Beweishilfe beanspruchen und auf Beteiligung verzichten. Selbstverständlich müssen dafür alle Voraussetzungen nach §§ 485ff. erfüllt sein (§ 1050 S. 2), wobei jedoch Parteieinigkeit genügt (§ 485 Abs. 1, 1. Var.).   9

4. **Abgrenzungen.** Gemeint sind hierbei durchweg selbständig durchzuführende summarische   10
Prozesse. Soweit Eilmaßnahmen jedoch ein anhängiges Hauptsacheverfahren bei dem nämlichen staatlichen Gericht voraussetzen und insoweit staatlicherseits zusätzliche **Annexkompetenzen** bestehen, bleiben diese genauso verschlossen (arg. § 1032 Abs. 1 – Beispiele: § 644 iVm. § 621 Abs. 1 Nr. 5;[20] § 769[21] [§ 1029 Rn. 80]); hier muss dann das Schiedsgericht helfen (§ 1041 Abs. 1 S. 1) und danach das Staatsgericht für insoweit vollziehbar erklären (§ 775 Nr. 2 – Zeitverlust!). Verfahrensabhängige Eilentscheidungen sind nie eine „Maßnahme" iSd. § 1033. Auch andere **Expressverfahren** werden verwehrt, wenn und weil sie bloß als besondere Prozesseinleitung firmieren. Das gilt namentlich beim Mahnverfahren (§§ 688ff. – arg. §§ 696 Abs. 1 S. 1, 700 Abs. 3 S. 1 [Abgabe]) und ebenso für Urkunden- und Wechselprozesse (§§ 592ff. – arg. § 596 u. § 599 Abs. 1 iVm. § 600 Abs. 1 [Nachverfahren] – aber: 1032 Rn. 11). Denn es geht prozessual um identische Streitgegenstände.

III. Tatbestand und Rechtsfolge

1. **Gerichtliche „Anordnung…".** § 1033 ist eine Ermächtigung nach § 1026, die in der   11
Aufzählung des § 1062 Abs. 1 u. 4 allerdings fehlt (§ 1062 Rn. 2), weil die allgemeinen Zuständigkeitsregeln gelten sollen (dazu Rn. 19–21); § 1025 Abs. 2, 2. Var. (dort Rn. 23) begründet internationale Kompetenz. Im Anschluss an die Systematik der §§ 916ff., 935ff. liegt lediglich die Anordnung, nicht aber die Zustellung (§ 922 Abs. 2) und Vollziehung (§§ 928ff.) in Gerichtshand. Insoweit ist Parteiinitiative gefragt, mag dies eventuell auch das englische Original (Art. 9 ModG: „to grant such measure") etwas anders sehen und ebenso vollständige Amtsverfahren mit zulassen wollen.

Rechtsfolge: § 1033 „sperrt" § 1032 und verweigert demzufolge die Schiedseinrede (Abs. 1),   12
was einstweilige Maßnahmen angeht[22] (vgl. Rn. 1 mit § 1032 Rn. 6); demgegenüber ist die Zulässigkeitskontrolle (Abs. 2) auf die allgemeine Schiedsbindung abgestellt – was § 1032 Abs. 3 in der Hauptsache dem befassten Schiedsgericht einräumt, die Möglichkeit eigenständig ungestörten Prozedierens, gestattet § 1033 umgekehrt dem Staatsgericht für Eilmaßnahmen. Weder Antragstellung noch Sacheinlassung sind ihrerseits aber als eine Unterwerfung der Hauptsache unter die staatliche Gerichtsbarkeit misszudeuten (vgl. Art. VI Abs. 4, 2. Halbs. EuÜ).

2. **Bezugspunkte. a) Zeitlich. Vor Beginn des Schiedsverfahrens (1. Var.)** iSv. § 1044   13
S. 1 und bis zur Konstituierung des Schiedsgerichts besteht naturgemäß starkes Interesse an staat-

---

[18] BT-Drucks. 13/5274 S. 51.
[19] AA *Knoblach*, Sachverhaltsermittlung…, 2003, S. 129.
[20] AA *Baumbach/Lauterbach/Hartmann* Rn. 6; *Musielak/Voit* Rn. 2.
[21] AA *Stein/Jonas/Schlosser* Rn. 1.
[22] 5th SN Nr. 21 = *Holtzmann/Neuhaus* S. 341 u. 7th SN Art. 9 Nr. 1 = *Holtzmann/Neuhaus* S. 343 mit Study Nr. 29 = *Holtzmann/Neuhaus* S. 333/334 bzw. CR Nr. 96 = *Holtzmann/Neuhaus* S. 346 einerseits, BT-Drucks. 13/5274 S. 38 re. Sp. [1] andererseits; OLG Köln IPRspr. 2002 Nr. 209, S. 540, 541; *Thomas/Putzo/Reichold* Rn. 2 u. Vor § 916 Rn. 2 aE; *Baumbach/Lauterbach/Hartmann* Rn. 4.
Das galt schon zu altem Recht, vgl. RGZ 30, 319, 322 mit RGZ 31, 370, 373 u. BGH WM 1957, 932, 934; NJW 1994, 136, 137 – ferner: KG JW 1921, 251 mit OLG Dresden JW 1917, 867; OLG Hamburg OLGrspr. 23 (1911), 167; OLG Hamm MDR 1972, 521, 522; abweichend (nur) für einen Sonderfall (?) OLG Marienwerder LZ 1919, 501 („jedes Gerichtsverfahren [soll] auf alle Fälle ausgeschlossen sein" – aber: Rn. 14).

§ 1033 14–17 Buch 10. Abschnitt 2. Schiedsvereinbarung

licher einstweiliger Rechtshilfe, weil solange eben allemal noch das Schiedsgericht (§ 1041) nicht handlungsfähig ist. Die Erwähnung, dass **nach Beginn des Schiedsverfahrens (2. Var.)** einstweiliger staatlicher Rechtsschutz auch weiterhin noch statthaft bleibt, stellt dies erfreulicherweise klar heraus. Das Gleiche gilt genauso für die Zeit nach der Konstituierung des Schiedsgerichts,[23] wo ebenfalls noch manches Schutzbedürfnis besteht (§ 1041 Rn. 3), zumal der Umweg ergänzend notwendiger Vollziehbarerklärung meistens Zeitverlust bedeutet. Die Regelung ist nur klarstellend (das Staatsgericht hat Dauerbefugnis!), für die Beweissicherung jedoch teleologisch zu reduzieren (Rn. 9).

14   Was indessen geschieht **mit Ende des Schiedsverfahrens** (§ 1056)? Man möchte nahe liegenderweise meinen, dass jeder Grund für einstweilige Maßnahmen hinwegfällt. Richtig ist dies bloß bei **regulär beendetem Verfahren** (§ 1056 Abs. 1, 1. Var: endgültiger Schiedsspruch, dort Rn. 4ff.), und dann auch nur, insoweit sich deswegen die getroffene Schiedsvereinbarung vollkommen erledigt hat. Hier schützen dann § 1055 und §§ 1060, 1061; trotzdem bleibt immer Interimsschutz bis zur Vollstreckbarerklärung nötig. Jedenfalls für zukünftige schiedsgebundene Streitigkeiten steht weiter einstweiliger Rechtsschutz bereit, und bei **irregulär beendetem Verfahren** (§ 1056 Abs. 1, 2. Var. mit Abs. 2 Nrn. 1–3: Einstellungsbeschluss, dort Rn. 14ff.) muss zuvor in jedem konkreten Einzelfall ermittelt werden, ob eine Wiederholung endgültig ausscheidet.

15   **b) Sachlich.** Die Maßnahme muss einen **Streitgegenstandsbezug** haben, was unproblematisch ist. Erfasst sind hiermit nämlich alle schiedsgebundenen Streitigkeiten (§ 1029 Abs. 1), aktuelle wie potentielle, ohne dass eine besondere Bezeichnung (wie etwa gemäß § 1044 S. 2, 2. Var.) notwendig wäre. Gemeint ist demnach nur (so wie in § 1032 Abs. 1), dass die „Angelegenheit ... Gegenstand einer Schiedsvereinbarung ist". Andere Fälle können ohnedies nicht gesperrt sein. – Ferner muss der Inhalt der Anordnung **interimistischen Charakter** haben. Wörtlich muss die Maßnahme eine „vorläufige oder sichernde" sein, was im weitesten Sinn verstanden wird (Rn. 3f.), nicht etwa auf §§ 916ff., 935ff. (Rn. 5f. u. 19ff.) beschränkt bleibt, sondern ebenso §§ 485ff. (Rn. 7–9) umfasst. Klargestellt wird hierdurch aber, dass **allemal Vorwegnahme der Hauptsache verboten** sei.

16   **3. „... auf Antrag einer Partei".** Die einstweilige Maßnahme muss beantragt sein und darf **niemals amtswegig ergehen.** Das – und nur das – ist Regelungsgehalt, es soll jedwede hoheitliche Einmischung versagt sein. Dies deckt sich mit der Dispositionsmaxime, ist aber nicht strikt zu nehmen. Bei Arresten erfolgt ohnedies die globale Anordnung in entweder dinglicher (§ 917 Abs. 1) oder persönlicher (§ 918) Form und erst der Vollziehungsakt bewirkt Konkretisierung; anders bei einstweiligen Verfügungen, wo § 938 Abs. 1 die Antragsbindung des § 308 Abs. 1 S. 1 äußerst stark lockert, indes aber nicht aufhebt (§ 938 Rn. 6f.). Insoweit geht es allein um eine elastische – interessengerechte – Handhabung, die gleichermaßen § 1041 Abs. 2 S. 2 u. Abs. 3 zugrundeliegt und die deshalb unbedenklich scheint. Es genügt, dass eine Partei jene Maßnahme von sich aus anstrebt.

17   **4. Zwingender Charakter.** § 1033 sagt explizit nichts Präzises dazu, ob die Anrufung eines staatlichen Gerichts um einstweiligen Rechtsschutz kraft ausdrücklicher Schiedsvereinbarung ausgeschlossen werden kann;[24] § 1041 Abs. 1 S. 1 gestattet dies umgekehrt für die Eilzuständigkeit des Schiedsgerichts. Die Verfasser des ModG haben diese Frage ganz **bewusst offen gelassen.**[25] Indes ist aus ihrer negativen Klarstellung (ModG: „It is not incompatible ..."), die dann am Ende womöglich nur eingreift, wenn nichts extra vereinbart wurde, eine absolutere Regel geworden, die schlicht im Ergebnis die Schiedsvereinbarung auch „wegblenden" kann (ZPO: „... schließt nicht aus").

---

[23] AA *Calavros*, 1988, S. 56f.
[24] *Bejahend: Schütze* SV Rn. 254 mit BB 1998, 1650 [I 1]; *Schwab/Walter* Rn. 17a.24; *Zöller/Geimer* Rn. 6; *Stein/Jonas/Grunsky* Vor § 916 Rn. 31 (2. Abs.); *Adolphsen* SpuRt 2000, 159 bzw. Internationale Dopingstrafen, 2003, S. 584ff., insbes. S. 588–592; *Leitzen*, Die Anordnung ..., 2002, S. 241f.; OLG Frankfurt/Main NJW-RR 2000, 1117, 1119 [II 2] OLG Marienwerder LZ 1919, 501 („jedes Gerichtsverfahren [soll] auf alle Fälle ausgeschlossen sein").
Verneinend: Thümmel DZWiR 1997, 133, 135 li. Sp.; *Musielak/Voit* Rn. 3 mit JZ 1997, 120, 122; *Baumbach/Lauterbach/Hartmann* Rn. 4; *Mt. Wolf* DB 1999, 1101, 1103 [B II]; *Scheef*, 2000, S. 151; *Cherkeh/Schroeder* SpuRt 2007, 101, 102f. [III 2]; *Schuschke/Walker* Vor § 916 Rn. 26; wohl auch OLG München NJW-RR 2001, 711, 712 [III 4a–c].
Vermittelnd: Bandel, Einstweiliger Rechtsschutz ..., 2000, S. 309ff., insbes. S. 326–334 (Unterscheidung in Anlehnung an §§ 38–40 iVm. Art. 23 Brüssel I-VO: Schutzbedürftigkeit?); *Ahrens/Schmukle*, Wettbewerbsprozeß, 5. Aufl., 2005, Rn. 45.61 f.; *Zöller/Geimer* Rn. 6: „ausdrücklicher Ausschluß" notwendig; *Stein/Jonas/Schlosser* Rn. 1 u. *Westpfahl/Busse* SchiedsVZ 2006, 21, 25 [V 1]: nur zwingend *vor* Konstituierung des Schiedsgerichts; *Rosenberg/Schwab/Gottwald* Rn. 176.21.
[25] CR Nr. 97 = *Holtzmann/Neuhaus* S. 346 (mit S. 333).

Umgekehrt besagt der explizite (Abänderungs-)Vorbehalt des § 1041 Abs. 1 S. 1 gar nichts, denn **18** er gilt dem Schiedsverfahren, das naturgemäß frei gestaltbar ist (§ 1042 Abs. 3). Nötig wäre zudem eine Art pactum de non petendo – qualitativ beschränkt auf vorläufige Gerichtsmaßnahmen; § 1032 Abs. 1 gilt allein fürs Hauptsacheverfahren (Rn. 1 aE u. Rn. 12), wäre ferner auch milder bzw. verzichtbar. Und auch der Klarstellungseffekt des § 1033 wäre rasch dann perdu bzw. die Vorschrift nur noch eine Art Zweifelsregel. Der Staat will indes ganz bewusst ein spürbares Schutzgefälle vermeiden: die **Regelung ist zwingend!**[26]

IV. Einstweiliger staatlicher Rechtsschutz

1. Zuständigkeit. Beim Arrest kann man zwischen der Anrufung des Gerichts der Hauptsache **19** oder des AG der Belegenheit frei wählen (§ 919); bei der einstweiligen Verfügung ist primär das Gericht der Hauptsache zuständig (§ 937), bei Dringlichkeit auch das AG der belegenen Sache (§ 942 Abs. 1/2). Im Schiedsverfahren ist „Gericht der Hauptsache" das Schiedsgericht, das hier bei § 1033 gerade *nicht* befasst sein sollte mit Eilmaßnahmen, dies regelt erst § 1041 – und zwar gänzlich eigenständig. Die Anrufung des „Gerichts des ersten Rechtszuges" als „Gericht der Hauptsache" (§ 943 Abs. 1) hat also keine prozessökonomische (Entlastungs-)Wirkung.

Darum sollte am besten **de lege ferenda** durchgängig das **Amtsgericht** – unabhängig vom Er- **20** fordernis besonderer Dringlichkeit (§ 942) – als Eingangsgericht *sachlich* zuständig sein, dessen *örtliche* Zuständigkeit wegen §§ 919, 942 Abs. 1/2 leicht zu bestimmen ist. – **De lege lata** kommt man nicht umhin, das **freie Wahlrecht** zu belassen und demgemäß die *sachliche* Zuständigkeit des „**Gerichts der Hauptsache**" fiktiv danach zu bestimmen, was angesichts des Streitwertes der Hauptsache ohne Schiedsvereinbarung zu gelten hätte.[27] Zur Bestimmung der *örtlichen* Zuständigkeit darf die Schiedsvereinbarung jedoch nicht in gleicher Weise „hinweggedacht" werden: Haben die Parteien nämlich den Ort des Schiedsgerichts vertraglich festgelegt, so haben sie damit ihr gemeinsames Interesse verdeutlicht, alle gegebenenfalls erforderlichen Verfahrenshandlungen – auch die Anrufung des staatlichen Gerichts um einstweiligen Rechtsschutz – an diesem Ort zu konzentrieren.[28] Diesem klaren Willen ist jedenfalls dann Rechnung zu tragen, wenn die Schiedsvereinbarung als hypothetische Prorogation (§ 38) wirksam wäre,[29] nicht aber bei Auslandsfällen (alsdann liefe § 1025 Abs. 2 nämlich leer[30]).

Bei der nunmehrigen OLG-Zuständigkeit für die Vollstreckbarerklärung der Hauptsacheent- **21** scheidung (§ 1062 Abs. 1 Nr. 4, 2. Var.) sollte daran jedenfalls nicht mehr das „Gericht der Hauptsache" iSd. §§ 919, 937 festgemacht werden,[31] wobei aber diese Zuständigkeit meist gleichgesetzt wurde mit dem regulär (ohne Schiedsabrede) zuständigen Gericht[32] – dass hiermit unterschiedliche Sprossen der Stufenleiter des § 1045 Abs. 1 aF angesprochen waren, blieb alsdann im Dunkeln. Richtiger erscheint, ganz konsequent nach sachlicher und örtlicher Zuständigkeit zu unterscheiden, so wie es bei Rn. 20 gerade entwickelt worden ist.

2. Voraussetzungen. Arrest- bzw. Verfügungsgrund und -anspruch sind wie sonst vorzutragen, **22** sowie vor allem glaubhaft zu machen (§ 920 Abs. 2 mit § 294 – inklusive § 921 Abs. 2 S. 1 ZPO u.

---

[26] Jedenfalls im Bereich nationalen, deutschen Rechtes. – Zum Sonderfall der internationalen „Exklusivvereinbarungen" (Sportgerichte) vgl. *Adolphsen*, 2003, S. 569 ff.: ordre-public-Verstoß für das Staatsgericht in der Einredesituation?
Daher kann man auch nicht die Schiedsvereinbarung ihrerseits als konkludente Verabredung mangelnder Dringlichkeit gedeutet werden: *Ahrens/Schmukle*, Wettbewerbsprozeß, 5. Aufl., 2005, Rn. 45.61 aE; *Zöller/Geimer* Rn. 2 mit SchiedsVZ 2005, 52 [3].
[27] Durchaus richtig insoweit *Stein/Jonas/Schlosser* Rn. 3 bzw. *Stein/Jonas/Grunsky* Vor § 916 Rn. 30; *Zöller/Geimer* Rn. 4 aE.
[28] Vgl. OLG Hamburg NJW 1997, 749; *Schwab/Walter* Rn. 17 a.25; *Thomas/Putzo/Reichold* Rn. 2 aE; *Musielak/Voit* Rn. 3; *Stein/Jonas/Schlosser* Rn. 3; *Zöller/Vollkommer* § 919 Rn. 3 aE – aA OLG Frankfurt/Main NJW 1959, 1088/1089; *Baumbach/Lauterbach/Hartmann* Rn. 6 aE mit § 1025 Rn. 5 aE: §§ 12 ff.; *Schuschke/Walker* § 919 Rn. 4 a, § 937 Rn. 2 aE; § 943 Rn. 1 a. Offenlassend OLG München IPRspr. 2000 Nr. 182 b, S. 399 [I 2].
[29] AA *Zöller/Geimer* Rn. 4 aE mit SchiedsVZ 2005, 52 [1/2]; *Kröll* IHR 2005, 142, 144–146 [V]; *Schütze* IPRax 2006, 442, 443 f.
[30] Deshalb durchaus richtig OLG Köln IPRspr. 2002 Nr. 209, S. 540, 541 – aA OLG Nürnberg IPRspr. 2004 Nr. 196 c, S. 451 = SchiedsVZ 2005, 50 m. abl. Anm. *Geimer* bzw. *Zöller/Geimer* Rn. 6, krit. Bespr. *Kröll* IHR 2005, 142 u. *Schütze* IPRax 2006, 442.
[31] So unter altem Recht zB 1. Aufl. § 919 Rn. 5; *Stein/Jonas/Schlosser*, 21. Aufl., § 1027 a aF Rn. 6 (3. Abs.). Vgl. ferner itz. gleich Fn. 32.
[32] Sogar unter neuem Recht: *Baumbach/Lauterbach/Hartmann* § 919 Rn. 5; *Baur/Stürner/Bruns* ZVR Rn. 51.9 m. weit. Nachw.

§ 1033 23–29   Buch 10. Abschnitt 2. Schiedsvereinbarung

§§ 885 Abs. 1 S. 2, 899 Abs. 2 S. 2 BGB [erleichternd] bzw. §§ 923, 777 ZPO [verschärfend]). Bei anhängiger Hauptsache ist **Glaubhaftmachung** (des Anspruches) zwar normalerweise auch durch Bezugnahme auf dortige Akten möglich (§ 920 Rn. 19),[33] aber richtigerweise bloß, soweit sie gerichtsnotorisch sind (§ 291), Kopien beigebracht werden (arg. § 294 Abs. 2) oder der Akteninhalt eidesstattlich versichert wird (§ 294 Abs. 1). Man belegt besser also gleich direkt sämtliche entscheidungserheblichen Tatsachen, zumal Aktenführung nicht vorgeschrieben ist.

23 Damit ist indes der Antragsteller gezwungen, auch solche Tatsachen glaubhaft zu machen, die im parallel laufenden Schiedsverfahren entweder unstreitig oder inzwischen durch **Beweisaufnahme** sogar erwiesen sind. Das könnte ihm dann Grund sein, doch am Ende (trotz mancher Nachteile, § 1041 Rn. 3) das Eilverfahren vor dem sachnäheren Schiedsgericht (§ 1041) zu betreiben. Die Schiedsrichter jedenfalls können keinerlei eidesstattliche (Vorab-?)Auskünfte geben – das machte sie befangen (§ 1036 Abs. 2 S. 2). Andererseits muss man auch sehen, dass hier durch einstweilige staatliche Schutzgebote Fakten häufig geschaffen werden sollen, an welchen dann künftig das Schiedsgericht kaum mehr vorbeikann.

24 **3. Verschränkungen.** Einstweiliger Rechtsschutz und Hauptsacheentscheidung sind vielfach miteinander verwoben, was mithin besonderer prozessualer Abstimmung bedarf, wenn die Hauptsache einer Schiedsvereinbarung unterfällt. In Betracht kommen insoweit folgende Konstellationen:

25 **a) Anordnung der Klageerhebung (§ 926 Abs. 1).** Das Schiedsgericht verkörpert das zuständige Hauptsachegericht, bei dem „Klage zu erheben" ist.[34] Hier liegt nahe, an den **Verfahrensbeginn** iSv. § 1044 anzuknüpfen,[35] zumal der Vorlageantrag sonst auch als Klageerhebung wirkt (§ 1044 Rn. 5 mit § 1046 Rn. 2); andererseits fehlt es dann meist noch an einem Schiedsgericht, das darauf hin erst gebildet wird (§§ 1034 ff.).[36] Der Rechtsgang muss „anlaufen", sodass auch der Beklagte hierauf seinen Einfluss nehmen kann.[37] Zu spät angeknüpft wäre umgekehrt, wenn man auf eine **Klagebegründung** bzw. die Darlegung des Anspruches iSv. § 1046 Abs. 1 S. 1 warten wollte.

26 Der Vergleich mit § 253 Abs. 2 vermittelt mehr Parallelen zu § 1044, zumal auch die Begründung nur instruktioneller „Soll"-Inhalt der Klageschrift ist (§ 253 Abs. 4 mit § 130 Nr. 3). Dieses passt auch zu § 204 Abs. 1 Nr. 11 BGB. Die **Dauer der Frist** sollte ziemlich großzügig bemessen werden.[38] Wird die gesetzte Frist versäumt, ist alsdann ein **Aufhebungsantrag** beim Staatsgericht statthaft und notwendig (§ 926 Abs. 2); § 167 bringt insoweit nichts, wohl aber § 224 Abs. 2 (rechtzeitige Verlängerung) und § 231 Abs. 2 (Erhebung der Schiedsklage bis zum Schluss der mündlichen Verhandlung vor dem befassten Staatsgericht genügend).[39]

27 **b) Sonderfall der Fristversäumnis (§ 942 Abs. 3).** Es erfolgt Aufhebung nach fruchtloser Aufforderung zum sog. „Rechtfertigungsverfahren" (§ 942 Abs. 1, 2. Halbs.) bei amtsgerichtlicher Notanordnung. Dafür gilt die allgemeine Grundregel (Rn. 19–21 mit Rn. 28), das Schiedsgericht kann nicht etwa kontrollierendes Hauptsachegericht sein!

28 **c) Aufhebung auf Grund veränderter Umstände (§ 927 Abs. 1).** Trotz schiedshängiger Hauptsache bleibt es jedoch stets bei der Zuständigkeit des ursprünglich befassten staatlichen Gerichts (§ 926 Abs. 2, 2. Halbs.):[40] dem Schiedsgericht als Hauptsachegericht fehlt hierfür die Kompetenz, die (Hauptsache-)Zuständigkeit wird *fiktiv* bestimmt (Rn. 19–21), mag auch die Realität weiter gediehen sein. Von den gegebenen Regelbeispielen abgesehen, scheint Folgendes möglich:

29 Zweifelhaftigkeit des Hauptanspruches auf Grund des schiedsgerichtlichen Verfahrensfortganges, Verstreichenlassen der zwingenden **Monatsfrist zur Zwangsvollziehung** (§ 929 Abs. 2 mit § 928) – Beantragung ist idR ausreichend;[41] bei Unterlassungsverfügungen ist aber der Gegenpartei formell zuzustellen –, ferner die eigene **Beantragung des Begünstigten,** quasi eine Art Verzicht. Er kann notwendig werden, um den Weg für eine – vielleicht zweckmäßiger empfundene – Vollziehbarerklärung schiedsgerichtlicher Schutzanordnungen freizuräumen (§ 1041 Abs. 2 S. 1, dort

---

[33] *Baumbach/Lauterbach/Hartmann* Rn. 15; *Zöller/Vollkommer* Rn. 10 (mit *Greger* § 294 Rn. 5); *Stein/Jonas/Grunsky* Rn. 8 – alle zu § 920 ZPO.
[34] RGZ 31, 370, 374/375.
[35] Dafür plädieren *Musielak/Voit* Rn. 4 (hilfsweise: Klage vor einem Staatsgericht – wegen Rügelast gemäß § 1032 Abs. 1!); *Stein/Jonas/Schlosser* Rn. 4.
[36] Ausnahmen: institutionelle Schiedsgerichte (Vor § 1025 Rn. 11); nachträgliche Klagehäufung; Widerklage (§ 1046 Abs. 3).
[37] OLG Frankfurt/Main NJW 1959, 1088, 1090.
[38] *Schwab/Walter* Rn. 7.13 u. Rn. 17 a.36; *Stein/Jonas/Schlosser* Rn. 4.
[39] Im Ergebnis so auch OLG Frankfurt/Main NJW 1959, 1088, 1090.
[40] *Stein/Jonas/Schlosser* Rn. 6 m. weit. Nachw., insbes. RGZ 31, 370, 375 (obiter).
[41] BGHZ 112, 356, 359.

Rn. 29ff.) und damit zugleich einen Instanzenwechsel (§ 1062 Abs. 1 Nr. 3) herbeizuführen. Risiko ist jedoch eine missliche Schutzlücke mit Verlust der erlangten Priorität, weil die eine Maßnahme nicht nahtlos in die andere übergeht, sondern Diskontinuität besteht.

4. Kosten und Gebühren. Sie fallen für einstweiligen Rechtsschutz wie üblich an: Gerichtskosten nach Maßgabe von KV 1410ff. sowie reguläre Anwaltsgebühren gemäß VV 3100 [1,3], 3104 [1,2]. Das Verfahren gilt als eine besondere Angelegenheit (§ 17 Nr. 4 RVG). Der Streitwert bestimmt sich nach dem Interesse des Antragstellers an der Maßnahme (§ 53 Abs. 1 Nr. 1 GKG iVm. § 3 ZPO – Faustregel: $^1/_3$ des Anspruches).[42]

---

[42] *Zöller/Herget* § 3 Rn. 16 (Stichwort: Einstweilige Verfügung) m. weit. Nachw.

Abschnitt 3. Bildung des Schiedsgerichts

Vorbemerkung zu den §§ 1034 ff.

Schrifttum (zu II): *Böhm,* Zur Rechtsnatur des Schiedsvertrages unter nationalen und internationalen Gesichtspunkten, ZfRV 1968, 262; *Breetzke,* Vertrag und Vergütung des Schiedsrichters, NJW 1968, 1113; *Bucher,* Was macht den Schiedsrichter? Abschied vom „Schiedsrichtervertrag" – und Weiteres zu Prozessverträgen, FS Schlosser, 2005, S. 97; *Buchwaldt,* Schiedsrichtervergütung bei vorzeitiger Verfahrensbeendigung, NJW 1994, 638; *Calavros,* Grundsätzliches zum Rechtsverhältnis zwischen Schiedsrichtern und Parteien…, FS Habscheid, 1989, S. 65 [GR]; *Carter,* Rights & Obligations of the Arbitrator, DispResJ 1 (1997), 56; *Cremades,* Offene Fragen zur Haftung von Schiedsrichtern und Schiedsinstitutionen, JbPrSch. 4 (1990), 31; *Geiben,* Privatsphäre und Vertraulichkeit im Schiedsverfahren, 2001, S. 79–89; *Glossner,* Das Standesrecht für den Schiedsrichter, FS Quack, 1991, S. 709; *Habscheid,* Grundsätzliches zur Dogmatik des Schiedsrichtervertrages…, FS Fasching, 1998, S. 195 [CH]; *Habscheid,* Die Kündigung des Schiedsvertrages aus wichtigem Grund, KTS 1980, 285; *Hoffet,* Rechtliche Beziehungen zwischen Schiedsrichtern und Parteien, 1991 [CH]; *von Hoffmann,* Der internationale Schiedsvertrag – eine kollisionsrechtliche Skizze, FS Glossner, 1994, S. 143; *Inderkum,* Privatsphäre und Vertraulichkeit, 1988 [CH]; *Lachmann,* Die Haftung des Schiedsrichters nach deutschem Recht, AG 1997, 170; *ders.,* Nebentätigkeit des Richters im schiedsrichterlichen Verfahren, FS Schlosser, 2005, S. 477; *Lionnet,* The Arbitrator's Contract, Arb. Int. 15 (1999), 161; *Martinek,* Die Mitwirkungsverweigerung des Schiedsbeklagten, FS Ishikawa, 2001, S. 269, 278–286; *Meyer ter Vehn,* Staatliche Behinderung der Mitwirkung von Justizangehörigen in der Schiedsgerichtsbarkeit?, ZRP 1996, 244; *Moschel,* Zum Problem der Haftung der Schiedsrichter, KTS 1957, 154; *Müller-Freienfels,* Der Schiedsrichtervertrag in kollisionsrechtlicher Beziehung, FS Cohn, 1975, S. 147; *Oetting,* Der Schiedsrichtervertrag nach dem UML im deutschen Recht…, 1994; *Osterthun,* Schadensfälle im Schiedsverfahren – Vermeidung oder schiedsrichterliche Haftung, 2002; *Raeschke-Kessler,* Sollen/dürfen Bundesrichter Schiedsrichter sein?, FS Nirk, 1992, S. 915; *Real,* Der Schiedsrichtervertrag, 1983; *K. H. Schwab,* Schiedsrichterernennung und Schiedsrichtervertrag, FS Schiedermair, 1976, S. 499, 506–515; *Smith,* Contract and Obligation Owed by and to Arbitrators: Model Terms of Appointment, Arb. Int. 8 (1992), 17; *Strieder,* Rechtliche Einordnung und Behandlung des Schiedsrichtervertrages, 1984; *Timm,* Nebentätigkeit in Schiedsgerichten, FG Söllner, 1990, S. 561; *Weigand,* Der nebenberuflich tätige Schiedsrichter – Auswahlkriterien und Erwartungen der Parteien an ihren privaten Richter, FS Schlosser, 2005, S. 1081.

Schrifttum (zu III): *Keutgen,* Le président du tribunal arbitral – Eléments de droit comparé, Rev. dr. int. dr. comp. 2006, 309; *Lörcher,* Zur Stellung des Vorsitzenden im Schiedsgericht, RPS 1996 II, 9; *Mittelstein,* Der Obmann, HansRZ 9 (1926), 39; *Reymond,* The President of The Arbitral Tribunal, ICSID Rev. 1994, 2 bzw. Le Président du Tribunal Arbitral, FS Bellet, 1991, S. 467; *Schlosser,* Befugnisse und Pflichten des Schiedsgerichtobmanns, SchiedsVZ 2003, 1; *ders.,* Der Schiedsgerichtsobmann als Vertragspartner, SchiedsVZ 2004, 21.

Schrifttum (zu IV): *Aden,* Der Verfahrensverstoß des Schiedsgerichtsinstituts, RIW 1988, 757; *Krause,* Die ständigen Schiedsgerichte…, FS 25 Jahre HHS Berlin, 1932, S. 73; *Mathies,* Die ständigen Schiedsgerichte des Hamburger Grosshandels, 1921; *Mittelstein,* Ständige und freie Schiedsgerichte, HansRZ 8 (1925), 1; *Sieg,* Hilfsstellung Dritter im schiedsrichterlichen Verfahren, JZ 1958, 719; *Plantey,* Quelques observations sur l'arbitrage administré, Clunet 1999, 731; *von Staff,* Isolierte und institutionelle Schiedsgerichte, DJZ 1925, 775; *Chr. Wolf,* Die institutionelle Handelsschiedsgerichtsbarkeit, 1992.

Übersicht

	Rn.		Rn.
I. Allgemeines	1, 2	5. Haftung der Schiedsrichter	28–30
II. Der Schiedsrichtervertrag	3–57	6. Vergütung	31–38
1. Grundlagen	3–5	a) Allgemeines	31–33
a) Abgrenzung	3	b) RVG-Vorgaben	34–36
b) Rechtsnatur	4, 5	c) DIS-Regelungen	37, 38
2. Schiedsrichtervertrag und Schiedsvereinbarung	6–8	7. Annexansprüche	39–43
		a) Auslagenersatz	39, 40
		b) Vorschussgewähr	41–43
3. Vertragsschluss	9–14	8. Beendigung	44–53
a) Anwendbare Rechtsordnung	9–11	a) Beendigungsgründe im Allgemeinen	44–47
b) Einigungsakt	12, 13	b) Kündigungsgründe im Besonderen	48–53
c) Wirksamkeit	14	9. Berufsrichter als Schiedsrichter	54–57
4. Pflichten der Schiedsrichter	15–27		
a) Grundsatz	15–17	III. Der „Obmann" des Schiedsgerichts	58–66
b) Verfahrenspflichten	18–23		
c) Informationspflichten	24–27	1. Prozessuale Ausgangssituation	58–60

Vorbemerkung　　　　　　　　　　　　　　　　　　　　1–4 **Vor § 1034**

	Rn.		Rn.
2. Aufgaben	61–63	2. Vertragsbindung	69, 70
3. Materielle Vertragsbeziehung	64–66	a) Vertragsschluss	69
IV. Der Schiedsorganisationsvertrag	67–72	b) Vertragsinhalt	70
1. Grundlagen	67, 68	3. Abgrenzung: Prozessuale Befugnisse	71, 72

I. Allgemeines

Der **dritte Abschnitt** (§§ 1034–1039) normiert das „**Schiedsgerichts-Organisationsrecht**"[1] 1
im Anschluss an Art. 10–15 ModG (composition of arbitral tribunal), die **Bildung des Schiedsgerichts;** einzig § 1034 Abs. 2 bricht aus dieser Vorgabe aus und prolongiert einen Teilaspekt von § 1025 Abs. 2 aF ins neue Recht, ohne dass hierfür das ModG ein Pendant bereithält. Neben der durch §§ 1034 ff. normierten, *prozessual* relevanten und kompetenzbegründenden **Bestellung** der Schiedsrichter bzw. **Konstituierung** des Schiedsgerichts bestehen zwischen Richter(n) und Parteien auch *materiell* bedeutsame, „**persönliche**" **Rechtsbeziehungen.** Bei ad-hoc-Schiedsgerichten (Vor § 1025 Rn. 10) bildet der **Schiedsrichtervertrag** (unten Rn. 3 ff.) diesen vertraglichen Rahmen; vor institutionellen Schiedsgerichten (Vor § 1025 Rn. 11) tritt noch hinzu der **Schiedsorganisationsvertrag** (unten Rn. 67 ff.). Die **Entscheidungsbefugnis** fließt aber ganz allein aus der Schiedsvereinbarung (§ 1029), der gesetzlichen Normierung und den gestellten Parteianträgen.[2]

§§ 1034–1039 liefern eine allemal **stringente Konzeption zur Konstituierung des Schiedsgerichts.** Sie achtet den Parteiwillen (§§ 1034 Abs. 1 S. 1, 1035 Abs. 1, 1037 Abs. 1, 1039 Abs. 2) 2
– und hilft ihm im Notfall „auf die Sprünge" (§§ 1034 Abs. 1 S. 2, 1035 Abs. 2, 3, 1037 Abs. 2, 1039 Abs. 1). Daneben sorgt der Staat ebenso für die Erfüllung minimaler Standards, sowohl mit Angabe klärender materieller Kriterien (§ 1035 Abs. 5, 1036 Abs. 2) wie durch die Eröffnung staatlicher Kontrolle (§§ 1034 Abs. 2, 1037 Abs. 3, 1038 Abs. 1). Ausführlich geregelt sind insoweit **drei Bereiche:** die Bildung des *gesamten* Schiedsgerichts (§§ 1034, 1035 [§ 1034 Abs. 1 nF: Dreierbesetzung gegen § 1028 aF: Zweierbesetzung]), die Ablehnung von *einzelnen* Schiedsrichtern (§§ 1036, 1037) mitsamt anderweitigem Ausfall (§ 1038) und abschließend, als Ausdruck von Kontinuität, die Fortführung des Schiedsverfahrens mit Ersatzschiedsrichtern (§ 1039 nF mit § 1031 aF [*später* ernannter Schiedsrichter] und gegen § 1033 Nr. 1 aF [*vorher* benannter Schiedsrichter]).

II. Der Schiedsrichtervertrag

1. Grundlagen. a) Abgrenzung. Die Schiedsvereinbarung (§ 1029 Abs. 1) verleiht – quasi 3
„anonym" – einem **Schiedsgericht** die (prozessuale) Macht, an Stelle des staatlichen Richters einen bestimmten Rechtsstreit zu entscheiden. Das Schiedsgericht indes agiert durch konkrete Personen, einen einzelnen oder mehrere **Schiedsrichter.** Hierzu sind zu unterscheiden die prozessual kompetenzbegründende **Bestellung** iSv. § 1035, die jene Entscheidungsmacht gibt (dazu näher dort!), von der materiell begründeten korrespondierenden **Verpflichtung,** das Schiedsverfahren nach besten Kräften voranzubringen.[3] Sie entspringt dem Schieds*richter*vertrag; er wird uU ergänzt durch einen Schieds*organisations*vertrag (Rn. 67 ff.). Der Schiedsrichter ist in der besonderen Situation, dass er seine (Rechts-)Stellung ganz dem Parteiwillen verdankt, aber im Schiedsverfahren selbst von den Parteien weitgehend (vgl. Rn. 15 f.)[4] unabhängig ist: er ist kein Parteivertreter. Er agiert oft gar freier als ein regulär berufener staatlicher Richter[5] (vgl. § 1042 Abs. 4 S. 1 bzw. § 1051 Abs. 3/4), dem er aber strafrechtlich voll gleichgestellt wird (§ 331 Abs. 2 [Vorteilsannahme], § 332 Abs. 2 [Bestechlichkeit], § 333 Abs. 2 [Vorteilsgewährung], § 334 Abs. 2 [Bestechung] StGB: „Wer einem Richter *oder Schiedsrichter*..." – aber: § 337 StGB).

b) Rechtsnatur. aa) Vertragsnatur. Handelt es sich um einen **materiellen oder prozessualen Vertrag** oder um eine Mischform, wie dies ja auch zur Schiedsvereinbarung (§ 1029 Rn. 12 ff.) 4

---

[1] Bezeichnung von *Habscheid* JZ 1998, 445, 447.
[2] *Calavros,* FS Habscheid, 1989, S. 65, 72 ff., zust. *Schwab/Walter* Rn. 11.9 aE; *Buchner,* FS Schlosser, 2005, S. 97, 100–105 [II/III] mit S. 114–116 [IX].
[3] BGH NJW 1986, 3077/3078; *Baumbach/Lauterbach/Hartmann* Anh. § 1035 Rn. 5; *Wieczorek/Schütze* § 1028 aF Rn. 17; *Stein/Jonas/Schlosser* Vor § 1025 Rn. 13. Möglich ist hierzu eine eindeutige Zeitvorgabe, hier mißverständlich aber *Musielak/Voit* § 1035 Rn. 23: „Befristung".
[4] AA *Baumbach/Lauterbach/Hartmann* Anh. § 1035 Rn. 6: „völlig".
[5] RGZ 94, 210, 212; 41, 251, 255; Mot. S. 476 = *Hahn* S. 494.

gelehrt wird?[6] Die erste Ansicht[7] erscheint richtig, weil sie klar zugesteht, dass auch der Schiedsrichter seinerseits der Staatsgewalt unterworfen und somit konsequent (§ 13 GVG) einer Erfüllungsklage auf Schiedstätigkeit und Fällung des Schiedsspruches ausgesetzt ist.[8] Der Schiedsrichtervertrag ist demnach ein rein **materiellrechtlicher Vertrag.** Dass sich das Pflichtenbündel aus jenem Vertrag (was etwa die Haftung angeht, Rn. 28–30) nicht zuletzt an Vorgaben konkretisiert, die sich (auch) aus Prozessrecht ergeben, ändert daran nichts. Ein Zwitter aus „materiellem Vertrag mit prozessualer Wirkung"[9] kehrt demgegenüber die Verhältnisse um, vertauscht Ursache und Wirkung unzulässig und setzt die Schwerpunkte falsch. Allein andersherum können materielle Verpflichtung (als Schuldner) und prozessuale Ernennung (zum Richter) dogmatisch sauber geschieden und praktisch sinnvoll gehandhabt werden[10] – mögen auch beide oft äußerlich zusammenfallen. Zustandekommen (Rn. 12 f.) und Wirksamkeit (Rn. 14) gehorchen mithin ganz allein bekannter BGB-Dogmatik.

5   **bb) Vertragstypus.** Handelt es sich um Auftrag (§§ 662 ff. BGB), Dienstvertrag (§§ 611 ff. BGB) bzw. Geschäftsbesorgung (§§ 675, 611 ff. BGB), so wie sie im BGB vertypt sind, oder um einen **Vertrag eigener Art.** Die letzte Ansicht[11] ist vorzugswürdig und entspricht gemeinrechtlichen Vorbildern.[12] Die Einordnung erlaubt die erforderliche Flexibilität und macht die Antwort nicht simpel von der Entgeltlichkeit der Richtertätigkeit abhängig; dadurch ist dem Einfluss prozessualen Gedankenguts auf den materiellen Pflichtgehalt (Rn. 4) genügend Rechnung getragen, und ferner bringt die Dreiseitigkeit der Vereinbarung (Rn. 12) so ihr eigenes Gepräge ein. Gleichwohl können namentlich die Rechtsgedanken aus §§ 611, 612, 613, 614 BGB (Vergütung, vgl. Rn. 31), §§ 626–628 BGB (Kündigung, vgl. Rn. 50 f. – nicht: § 671 BGB!) und §§ 669, 670 BGB (Vorschuss, Ausgleich, Erstattung, vgl. Rn. 39–43) analog herangezogen werden; ausgeschlossen erscheint demgegenüber jedenfalls die Anwendung von §§ 615–625, 629, 630 BGB[13] und §§ 672–674 BGB (insoweit gelten speziell §§ 1038, 1039 ZPO), ferner aller Regeln, die *einseitig* zur optimalen Interessenwahrung verbinden, weil das offenbar dem prozessualen Neutralitätsgebot zuwiderläuft.

6   **2. Schiedsrichtervertrag und Schiedsvereinbarung.** Grundsätzlich ist die Wirksamkeit des Schiedsrichtervertrages von der der Schiedsvereinbarung unabhängig.[14] Es liegt regelmäßig keine Geschäftseinheit iSv. § 139 BGB vor, und auch keine Schiedsbindung für den Vertragsstreit.[15] Auch eine spätere Aufhebung (§ 1059) schadet insoweit niemals (arg. § 1059 Abs. 4).[16] Allerdings mag die Schiedsvereinbarung **Elemente des Schiedsrichtervertrages vorwegregeln** bzw. -nehmen. So kann er etwa die Festlegung auf bestimmte Schiedsrichter enthalten (§ 1035 Rn. 25 mit Rn. 10 ff.) oder, was regelmäßig der Fall ist, die Ermächtigung für eine Partei, den Schiedsrichtervertrag auch für die andere Partei abzuschließen (Rn. 12). Tritt ein Schiedsrichter in Kenntnis ergänzender (schiedsrichtervertraglicher) Regelungen in der Schiedsvereinbarung sein Amt an, liegt hierin stets sein Einverständnis auch zu diesen.

7   Gleichwohl sind „Doppelmängel" denkbar, zB wenn allen Beteiligten stets klar war, dass insoweit dem Streitgegenstand die Schiedsfähigkeit (§ 1030) mangelt.[17] Für die besondere **Vertretungsproblematik** normieren §§ 177–179, 320 ff. BGB die Rechtsfolgen bei Unwirksamkeit allerdings

---

[6] Noch anders aber *Calavros*, FS Habscheid, 1989, S. 65, 68 ff. mit S. 76/77: *Amtsstellung* der Schiedsrichter sei ausreichend. Sympathiesierend *Schlosser* RIPS Rn. 491 (S. 379).
[7] BGHZ 98, 32, 34 = NJW 1986, 3077; BGHZ 42, 313, 315 = NJW 1965, 298 – je obiter (allemal *privatrechtlicher* Vertrag); RGZ 94, 210, 211 f.; OGH ZfRV 1998, 259, 260.
[8] Hierzu grundlegend bereits RGZ 59, 247, 249 ff.
[9] *Schwab*, FS Schiedermair, 1976, S. 499, 509 ff. (512/513) u. *Schwab/Walter* Rn. 11.9 – abl. *Strieder*, 1984, S. 15 ff.; *Real*, 1983, S. 76 („insgesamt ... prozeßrechtlich").
[10] Dazu näher etwa *Chr. Wolf*, 1992, S. 77 ff.
[11] BGH LM § 1025 aF Nr. 5 (S. 2) = ZZP 66 (1953), 152, 155; OLG Hamburg MDR 1950, 480; KTS 1961, 174, 175 re. Sp.; *Breetzke* NJW 1968, 1113, 1115; *von Hoffmann*, FS Glossner, 1994, S. 143, 145; ferner insbes. RGZ 59, 247, 248 f.; 74, 321, 323; 94, 210, 213 (kein Werk – aA OGH ZfRV 1998, 259, 261); WarnR 1913 Nr. 76; JW 1927, 1484 li. Sp. – unter Gemeinem Recht: RGZ 41, 251, 253 ff., 254/255. AA die hL: *Baumbach/Lauterbach/Hartmann* Anh. § 1035 Rn. 1; *Palandt/Putzo* § 675 Rn. 20 (Grenzfall: Schiedsrichtervertrag); *Stein/Jonas/Schlosser* Vor § 1025 Rn. 7 – ferner: OLG Koblenz KTS 1957, 94. Offen *Musielak/Voit* § 1035 Rn. 20.
[12] Art. 1041 DresdenerE: *receptum arbitri* – aufgrund römischen Vorbilds: *Kaser* RPR I § 136 III 1.
[13] *Baumbach/Lauterbach/Hartmann* Anh. § 1035 Rn. 4 für §§ 615–619 BGB.
[14] BGH LM § 1025 aF Nr. 5 (S. 2) = ZZP 66 (1953), 152, 155; KG JW 1929, 878; OGH ZfRV 1998, 259, 260; *Breetzke* NJW 1968, 1113, 1115; *Baumbach/Lauterbach/Hartmann* Anh. § 1035 Rn. 2 aE.
[15] OLG München OLGR 2007, 410 [1 b] sowie auch schon OLG München DJZ 1935, 830 – ebenso im Grunde OLG Oldenburg NJW 1971, 1461, 1462 (abweichend wg. Rechtskraft!) m. abl. Anm. *Breetzke*, S. 2080 [2/3].
[16] BGH LM § 1025 aF Nr. 5 (S. 1) = ZZP 66 (1953), 152, 155.
[17] *Stein/Jonas/Schlosser* Vor § 1025 Rn. 10.

Vorbemerkung

noch spezieller. Ist die Schiedsvereinbarung unwirksam, so braucht keine Partei einen Schiedsrichtervertrag hinzunehmen. Die aktive Partei haftet hier gestuft nach Maßgabe des § 179 BGB; der Schiedsrichter kann indes vorher immer auch auf Grund § 178 BGB widerrufen. Eine Partei, die sich indes vorbehaltlos beteiligt,[18] die genehmigt (§ 177 Abs. 1 BGB) – sei es auch nur schlüssig! Stets muss zudem gewährleistet bleiben, dass auch bei unwirksamer Schiedsvereinbarung (§ 1040!) die tatsächliche Prüfungstätigkeit des Gerichts entsprechend entlohnt wird. Schon von daher ist nicht zwingend, von der *Unwirksamkeit* des Schiedsvereinbarung auf die *Unmöglichkeit* der Richtertätigkeit zu folgern.

Umgekehrt können die Schiedsrichterverträge – auch (bei Mehrheit von Richtern) bloß einzelne! – **Konkretisierungen der Schiedsvereinbarung nachbringen.** Dies erfordert eine *Parallelvereinbarung* der Parteien untereinander, welche insoweit jedoch konsequenterweise die Form des § 1031 wahren muss: sie modifiziert die ursprüngliche Abrede (§ 1031 Rn. 13). Es ist aber am Ende genauso möglich, ohne Rücksicht auf das Formgebot auf Grund *übereinstimmender* Verträge mit den Schiedsrichtern, verfahrensgestaltende Vereinbarungen indirekt zu fixieren,[19] selbst durch bloßen Verweis auf eine Schiedsordnung (§ 1042 Abs. 3!). Ihnen muss jeder Schiedsrichter kraft des Schiedsrichtervertrages folgen, aber die Parteien müssen sich daran ebenso festhalten lassen. **— 8**

3. Vertragsschluss. a) Anwendbare Rechtsordnung. § 1025 enthält *prozessuales,* § 1051 normiert *materielles* Kollisionsrecht – nicht speziell angeknüpft ist hingegen die Frage, welchem Recht die Schiedsrichterverträge – (vor allem) bei Auslandsbezügen eines Inlandsverfahrens (iSv. §§ 1025 Abs. 1, 1043 Abs. 1) – unterliegen.[20] Lässt man hier die **materielle Seite** überwiegen (Rn. 4), gelten insoweit direkt Art. 27 ff. EGBGB. Zudem scheint es wegen der Selbständigkeit von Schiedsrichtervertrag und Schiedsvereinbarung (Rn. 6) vom Ansatz her dogmatisch wenig einsichtig, den Schiedsrichtervertrag generell demselben Recht zu unterstellen, dem auch das Schiedsverfahren bzw. die Schiedsvereinbarung untersteht.[21] Fehlt aber eine – stets empfehlenswerte! – subjektive Rechtswahl (Rn. 11), bedarf es klarer objektiver Kriterien (Rn. 10) zur Bestimmung des anwendbaren Privatrechts. **— 9**

Nach Art. 28 Abs. 1 EGBGB wird subsidiär das Recht desjenigen Landes maßgebend, zu dem der Vertrag die **engsten Verbindungen** aufweist. Da auf Schiedsrichterseite die charakteristische Vertragsleistung zu erbringen ist, entscheidet der Ort seines – des Schiedsrichters – gewöhnlichen Aufenthalts (Art. 28 Abs. 2 S. 1 EGBGB).[22] Demnach können die Schiedsrichterverträge bei Kollegialschiedsgerichten nach verschiedenen Rechtsordnungen zu beurteilen sein. Dieses ist häufig misslich, ein gewisses Interesse an einer einheitlichen Beurteilung letztlich kaum zu verhehlen. So kann sich zB aus dem Ort des Schiedsverfahrens in Deutschland eine engere Verbindung zum Vertrag ergeben (Art. 28 Abs. 5 EGBGB) und deswegen auf alle Schiedsrichterverträge inhaltlich deutsches Recht anzuwenden sein,[23] auch wenn die Schiedsrichter aus einem oder mehreren Auslandsstaaten kommen. Insoweit wird faktisch die Eigenständigkeit (Rn. 6) wieder neutralisiert (arg. § 1025 Abs. 1 mit § 1043 Abs. 1) bzw. nurmehr noch beweislastrelevant. **— 10**

Doch entscheidet nach Art. 27 Abs. 1 EGBGB **primär der Parteiwille** über das anzuwendende Recht, dh. das Recht des Landes ist anzuwenden, das die Parteien des Schiedsrichtervertrages (Rn. 10) ausdrücklich oder stillschweigend – wirksam (Art. 27 Abs. 4 mit Art. 11, 12, 31 EGBGB) – vereinbart haben. Das anwendbare Verfahrensrecht gibt aber – angesichts territorialer Anknüpfung **— 11**

---

[18] ... bzw. im Rahmen des gerichtlichen Ernennungsverfahrens (§ 1035 Abs. 3–5) keinerlei Einwendungen vorbringt, vgl. KG JW 1929, 878.
[19] Dies mißversteht OLG München OLGR 2007, 410 [1a] ganz grundlegend - eine Verfahrensvereinbarung wird deswegen kein Schiedsrichtervertrag!
[20] Dazu *von Hoffmann,* FS Glossner, 1994, S. 143; *Oetting,* 1994, S. 42–45; *Real,* 1983, S. 189 ff.; *Müller-Freienfels,* FS Cohn, 1975, S. 147 bzw. *Lachmann* AG 1997, 170–172 bzw. Rn. 1773 ff.; *Osterthun,* Schadensfälle, 2002, S. 281 ff.
[21] Genau anders herum jedoch OLG Hamburg KTS 1961, 174, 175 li. Sp.
[22] So wie hier *Baumbach/Lauterbach/Hartmann* Anh. § 1035 Rn. 2; wohl auch *Schwab/Walter* Rn. 48.3 sowie uU zudem *Reithmann/Martiny/Hausmann* Rn. 3224 aE („gilt jedenfalls dann"); einschr. *Lachmann* Rn. 4157 (bei Einzelschiedsrichter bzw. gemeinsamen gewöhnlichen Aufenthalt) mit Rn. 4161 aE.
[23] Von vornherein für den Rückgriff auf das „Verfahrensstatut" OGH ZfRV 1998, 259, 261 im Anschluß an *von Hoffmann,* FS Glossner, 1994, S. 143, 145 ff. bzw. *Soergel/von Hoffmann* Art. 28 EGBGB Rn. 245 u. OLG Hamburg KTS 1961, 174, 175 li. Sp. bzw. *Zöller/Geimer* § 1035 Rn. 23; *Musielak/Voit* § 1035 Rn. 21; *Stein/Jonas/Schlosser* Vor § 1025 Rn. 17 [1. Abs.] (wohl zu „hart" Fn. 101 zu 2. Aufl. Rn. 9) mit RIPS Rn. 491 (S. 379); *Schütze/Tscherning/Wais* Rn. 575 (S. 311); *Kreindler/Schäfer/Wolff* Rn. 562; MünchKommBGB/*Martiny* Art. 27 EGBGB Rn. 121 – aA hier zB *Müller-Freienfels,* FS Cohn, 1975, S. 147, 152 ff. („Praxisort"[?]); *Kronke* RIW 1998, 257, 258 [II 3] (Verfahrensort habe *Mit*bewandtnis); *Schütze/Tscherning/Wais* Rn. 173 (Schiedsvereinbarungsstatut).

(§ 1025 Abs. 1 „versus" § 1043 Abs. 2) – noch kein genügendes Indiz einer Rechtswahl.[24] Sollen jedoch deutsche Schiedsrichter ein Schiedsverfahren in Deutschland zwischen deutschen Parteien durchführen, dann fehlt idR schon von vornherein jedes Indiz für eine „Verbindung zum Recht eines ausländischen Staates" (Art. 3 Abs. 1 S. 1 EGBGB): reiner Inlandsfall ohne Auslandsberührung! Eine andere Rechtswahl wäre explizit zu erklären.

12 **b) Einigungsakt.** Der Schiedsrichtervertrag kommt vor allem im Interesse der schiedsrichterlichen Unabhängigkeit zwischen dem einzelnen Schiedsrichter und *allen* Parteien der Schiedsvereinbarung zustande[25] – er ist demnach ein **mehrseitiges Rechtsgeschäft**. Beim Dreierschiedsgericht genügt allerdings die Zustimmung des erwählten Schiedsrichters gegenüber der wählenden Schiedspartei (§ 1035 Abs. 3 S. 2, 1. Halbs.), da man hier idR im Namen (vgl. § 164 Abs. 1 S. 2 aE BGB!) und mit (meist unwiderruflicher, stets zweckgebundener) Vollmacht der anderen Partei handelt;[26] entsprechend ist der Vertrag mit dem Obmann (§ 1035 Abs. 3 S. 2, 2. Halbs.) regelmäßig durch Stellvertretung eines[27] Beisitzers vermittelt – problematisch ist dagegen die gerichtliche Bestellung bei Untätigkeit/Uneinigkeit, § 1035 Abs. 3 S. 1 u. 3: insoweit wird daraus am besten eine gesetzliche Vertretungsmacht für die ausfallende Partei abgeleitet.[28]

13 Der Abschluss ist **formfrei**, somit auch durch schlüssiges Verhalten ermöglicht,[29] ja bei Rückgriff auf §§ 675, 663 BGB analog mag selbst Schweigen ausreichen. Ein Richter bedarf der **Genehmigung** (§ 40 DRiG, Rn. 54f.). Vielfach kommt es erst nach der Ernennung zu näheren Vereinbarungen; entgegen § 154 Abs. 1 S. 1 BGB ist alsdann anzunehmen, dass der Schiedsrichtervertrag trotzdem schon als Rahmenvertrag zustandegekommen ist.[30]

14 **c) Wirksamkeit.** Als materieller Vertrag (Rn. 4) eigener Art (Rn. 5) unterliegt der Schiedsrichtervertrag den **Anforderungen des materiellen Rechts**. So kommt Unwirksamkeit wegen Gesetzes- oder Sittenwidrigkeit (§§ 134, 138 BGB) in Betracht,[31] möglich ist auch eine Anfechtung des Schiedsrichtervertrages wegen Täuschung, Drohung oder Irrtums (§§ 142 Abs. 1; 123, 119 BGB); nur § 119 Abs. 2 BGB (Irrtum über wesentliche Eigenschaften des Schiedsrichters) muss hinter die Sonderregelung der §§ 1036, 1037 iVm. § 1039 über die Richterablehnung zurücktreten.[32] Grund, Verfahren und Folge sind insoweit speziell normiert. Wird der Schiedsrichtervertrag irgendwie formularmäßig gestaltet, ist auch eine **AGB-Inhaltskontrolle** (§§ 307–309 BGB) möglich. Bei mehreren Schiedsrichtern berührt die Unwirksamkeit eines Vertrages nicht die Wirksamkeit der anderen.

15 **4. Pflichten der Schiedsrichter. a) Grundsatz.** Vergleichbar dem Dienstvertrag erscheint es schwierig, **Haupt- und Nebenpflichten** des Schiedsrichters zu unterscheiden. Die Einordnung ist allerdings auch nicht dringend nötig, obwohl die hM daraus – freilich zu Unrecht! – Konsequenzen für die Statthaftigkeit einer Erfüllungsklage und den Haftungsgrund für Schadensersatz zieht – jene Fragen sind nämlich hier eigenständig prozessual determiniert (Rn. 21–24). Hinzu kommt noch die Möglichkeit der Parteien, mittels einer **Weisung** den Pflichtenkreis situationsnah näher einzugrenzen: hierdurch verschwimmt die Grenzlinie zusätzlich.

16 Eine solche „Direktion" ist prinzipiell nicht ausgeschlossen, muss jedoch von *beiden* Parteien ausgehen[33] und ist (nur!) insoweit zu befolgen, als sie der Verwirklichung des Verfahrensziels nicht widerspricht, mit dem Schiedsrichtervertrag vereinbar und für die Schiedsrichter zumutbar ist. Maßstab sind die für einen staatlichen Richter zumutbaren Handlungen, darüber hinaus alle Vereinbarungen

---

[24] ... ist demzufolge allenfalls ein objektives Kriterium iSv. Rn. 10 – aber vgl. auch Fn. 23.
[25] RGZ 59, 247, 251/252; 94, 210, 211 f.; BGH ZZP 66 (1953), 152, 154; BGHZ 55, 344, 347; OLG Hamburg KTS 1961, 174, 175 li./re. Sp.; *Schlosser* RIPS Rn. 491; *Martinek*, FS Ishikawa, 2001, S. 269, 278–280 [VII].
[26] RGZ 59, 247, 252.
[27] Anders *Baumbach/Lauterbach/Albers*, 56. Aufl., Anh. § 1028 aF Rn. 3: „aller".
[28] Ebenso *Stein/Jonas/Schlosser* Vor § 1025 Rn. 9 – anders *von Hoffmann*, FS Glossner, 1994, S. 143, 144.
[29] BGH LM § 1025 aF Nr. 5 (S. 1) = ZZP 66 (1953), 152, 154; OLG Schleswig SchlHA 1994, 270; OLG München OLGR 2007, 410 [1 b] – insoweit unzutr. *Lachmann* Rn. 4129 mit Rn. 4118. Bei schriftlicher Annahme ist allein die schriftliche Erklärung entscheidend, RGZ 138, 341, 346.
[30] *Schwab*, FS Schiedermair, 1976, S. 499, 507.
[31] Beispiel: ein mit der Sache befaßter Richter veranlaßt die Parteien, ihn zum Schiedsrichter zu bestellen (RG JW 1926, 1569, 1570), vgl. insoweit erg. Rn. 57. Strenger noch *Kornblum*, Probleme der schiedsrichterlichen Unabhängigkeit, 1968, S. 173f.: gesetzliche Inhabilität – aber: §§ 1036, 1037 gehen hier vor, was eine Art „prozessuale Überlagerung" bedeutet.
[32] Vgl. BGHZ 17, 7 (für den Schiedsvertrag); *Stein/Jonas/Schlosser* Vor § 1025 Rn. 11.
[33] BGHZ 98, 32, 35 = NJW 1986, 3077 (obiter mit Grenze: „unter bestimmten [konkret: welchen?] Voraussetzungen"). Vgl. hier erg. *Baumbach/Lauterbach/Hartmann* Anh. § 1035 Rn. 8: einseitige Weisungen „sind höchstens pflichtmäßig zu wertenden Anregungen".

Vorbemerkung 17–23 **Vor § 1034**

nach § 1042 Abs. 3, zB über die Person eines generell geeigneten Sachverständigen, ganz hilfsweise kommt zusätzlich § 665 BGB analog in Ansatz. Für die Rechtsfindung gibt es dagegen grundsätzlich kein Weisungsrecht.

Die Verpflichtung ist durchweg **(höchst-)persönlich** zu erbringen, arg. §§ 613 S. 1, 664 Abs. 1 **17** S. 1 BGB (nicht etwa nur „im Zweifel") mit § 1039 Abs. 1; eine Übertragung des Amtes auf einen anderen, auch im Wege der Rechtsnachfolge, kommt nicht in Betracht, wohl aber eine Zuziehung von Hilfspersonen (§ 1052 Rn. 5 f.) ohne Substitution. Hingegen ist die Bindung der Parteien gegenüber dem Schiedsrichter entgegen der Regel der §§ 613 S. 2, 664 Abs. 1 BGB nicht höchstpersönlich. Sofern sich dadurch der Inhalt des Schiedsrichtervertrags nicht ändert, kann sie auch auf die Erben der Parteien übergehen.[34]

b) Verfahrenspflichten. (Haupt-)Leistung jeden Schiedsrichters ist es, das Verfahren **effektiv** **18** **zu beenden.** Das meint die „allgemeine Verpflichtung…, an dem Schiedsverfahren nach besten Kräften *mitzuwirken* und den Streitfall nach Maßgabe der Schiedsvereinbarung in einem geordneten, rechtsstaatlichen Grundsätzen entsprechenden Verfahren einer alsbaldigen *Erledigung* zuzuführen"[35] – also eine Betätigung mit Zielangabe, ohne dass aber irgendwelche Modalitäten festgelegt sind!

Die **Erledigung** mag durch „Schiedsvergleich" (§ 1053), Schiedsspruch (§§ 1054, 1055) – was **19** Regelfall ist – oder sonstwie durch Beschluss (§ 1056 Abs. 2: Rücknahme, Erledigung etc.) erreicht werden, doch ist eine Nachwirkung darüber hinaus denkbar (§ 1057 Abs. 2 S. 2 [Kostenentscheidung]; § 1058 [Klarstellung und Ergänzung][36]). Die **Tätigkeit** entspricht im wesentlichen der eines staatlichen Richters[37] und umfasst etwa die Verpflichtung zum Studium der Akten, zur Informierung über Rechtsfragen, zur Teilnahme an Verhandlungen, Beratungen und Abstimmungen, zur Unterzeichnung (§ 1054 Abs. 1 S. 1), Mitwirkung bei der Begründung (§ 1054 Abs. 2) und Bekanntmachung (§ 1054 Abs. 4) des Schiedsspruchs.

Ergänzend besteht *dazu* quasi eine **(Leistungstreue-)Pflicht** der Schiedsrichter, alles Zumutbare **20** zu leisten und alles Schädliche zu lassen, um den Schiedsspruch seiner Wirkungskraft zuzuführen,[38] die aber nicht auch die demütigende Pflicht einschließt, zur Vorbereitung eines Aufhebungsantrags in eine psychiatrische Untersuchung des Geisteszustandes einzuwilligen.[39]

Sämtliche dieser Pflichten sind **unklagbar**, nicht etwa nur unvollstreckbar (arg. § 888 Abs. 3)[40] – **21** denn eigentlich sind alles bloß Ausschnitte oder **Modalitäten** der einen Pflicht, das Verfahren effektiv zu beenden, und insoweit haben sich die Parteien freiwillig in die Hand der Schiedsrichter begeben. Es gliche einer Farce, könnte das staatliche Gericht durch die „Hintertüre" einer (Leistungs- bzw. Erfüllungs-)Klage gegen Schiedsrichter auf Verfahrensausgang und -ablauf doch wieder Einfluss nehmen. Die Einrede aus § 1032 Abs. 1 hilft jedenfalls nicht weiter, da sie allein das Verhältnis der Parteien untereinander betrifft; und § 888 Abs. 3 greift viel zu spät, zumal dann schon eine Schadensersatzpflicht (arg. § 893 ZPO) präjudiziert ist.

Gewiss kann man erwägen, die Schiedsrichter haften zu lassen (Rn. 28), jedoch dann allein auf **22** Ersatz, allemal in Grenzen und nur anlässlich einer Rückschau, mithin ohne Gefahr, das parallel noch laufende Verfahren zu tangieren. Was bleibt ist eine lose Präventivwirkung drohenden späteren Schadensausgleichs, die ab und an vielleicht heilsam ist; lediglich für *komplette* Untätigkeit sieht § 1038 Abs. 1 mit § 1039 (Ab-)Hilfe durch Bestellung eines Ersatzschiedsrichters vor.

Wenn nur noch die **Unterzeichnung** aussteht (kein Verfahrenseinfluss mehr!), kann *ausnahms-* **23** *weise* eine Klage doch statthaft sein, wenn anders zu keiner „Mehrheit" iSv. § 1054 Abs. 1 S. 2 zu gelangen ist (ansonsten fehlte das Rechtsschutzbedürfnis!). Der Anspruch besteht auch (bzw. gerade) bei Kündigung des Schiedsrichters oder wenn er in der Abstimmung unterlegen ist – damit auf diese Weise das Ergebnis des von ihm bis dahin vollkommen mitgetragenen Verfahrens nicht vereitelt wird.[41] Der Zwang zur Unterschrift folgt § 888 Abs. 1/2, nicht § 894 Abs. 1 S. 1 – der Nähe dazu

---

[34] Vgl. *Baumbach/Lauterbach/Hartmann* Anh. § 1035 Rn. 7; *Schwab/Walter* Rn. 12.6.
[35] BGHZ 98, 32, 34 = NJW 1986, 3077 [Zitat] mit RGZ 74, 321, 322; OGH ZfRV 1998, 259, 263; ähnlich auch *Breetzke* NJW 1968, 1113, 1115.
[36] Daraus folgt daher keine eigene Vergütung: *Stein/Jonas/Schlosser* § 1058 Rn. 10.
[37] Vgl. BGH NJW 1954, 1763; 1964, 594.
[38] BGHZ 98, 32, 35 = NJW 1986, 3077.
[39] BGHZ 98, 32, 34 mit S. 36 ff. – es sei denn sie wäre vorher ausdrücklich vereinbart worden (S. 33 f.).
[40] Wie noch die 1. Aufl. (§ 1028 aF Rn. 11: hilfsweise bzw. „jedenfalls") meinte – im Anschluß an *Schwab/Walter* Rn. 12.3 u. *Baumbach/Lauterbach*, 56. Aufl., Anh. § 1028 aF Rn. 5 (*Albers*), jetzt Anh. § 1035 Rn. 5 (*Hartmann*). Im übrigen aA bereits OLG Kiel SeuffA 66 (1911) Nr. 150, S. 296, 297.
[41] RGZ 101, 392, 393 u. 395 (Abstimmungsniederlage) mit RGZ 126, 379, 381 (Abstimmungsprotest), ferner: KG OLGRspr. 21 (1910), 113, 114; OLG Dresden HRR 1936 Nr. 1374; OLG Hamburg KTS 1961, 174, 176; *Baumbach/Lauterbach/Hartmann* Anh. § 1035 Rn. 5 – str., aA hier zB *Schwab/Walter* Rn. 12.4 aF.

wegen aber ohne die Sperre des § 888 Abs. 3 (§ 894 Abs. 2 e contrario). Soweit Klagbarkeit bejaht wird, kann jede Partei den Anspruch allein geltend machen.[42]

24   c) **Informationspflichten.** Daneben bestehen Pflichten zur Information, die nicht den Prozessablauf inhaltlich beeinflussen, sondern nur darüber nähere Kenntnis schaffen wollen und gegen deren grundsätzliche **Klagbarkeit** man darum auch keine Bedenken hegen muss. Die Regel ist genau anders herum wie bei den Verfahrenspflichten (Rn. 18 ff.): nur ganz ausnahmsweise gilt Unklagbarkeit, etwa so weit das Beratungsgeheimnis (§ 1052 Rn. 3–7) reicht.

25   **Positiv** besteht eine Pflicht nach §§ 666, 667 BGB analog, den Parteien **Auskunft** über den Verfahrensstand zu erteilen, über empfangene Vorschüsse **Rechnung** zu legen und für die Parteien vereinnahmte Gelder herauszugeben.[43] Die Auskunftsverpflichtung geht dabei voll mit dem Grundsatz der Parteiöffentlichkeit konform. Nachwirkend fällt darunter zudem auch die Gewährung von Akteneinsicht.[44]

26   **Negativ** gibt es eine Pflicht zur **Verschwiegenheit,** nicht nur hinsichtlich von Geschäftsgeheimnissen, sondern auch über den Gegenstand des Verfahrens,[45] ja idR über das Verfahren selbst. Sonst wäre ein wesentlicher Vorteil der Schiedsgerichtsbarkeit (Vor § 1025 Rn. 57 f.) hinfällig, und daher muss diese Pflicht ebenfalls klagbar sein, mögen auch sowohl Verurteilung wie Vollstreckung (§ 890) regelmäßig zu spät kommen.

27   Die Pflicht der Schiedsrichter, die **Parteien anzuhören,** ist hingegen ihre ureigene Verfahrenspflicht (Rn. 18). Sie ergibt sich nicht erst aus dem Schiedsrichtervertrag, sondern schon aus der Schiedsvereinbarung selbst bzw. aus dem Grundsatz der Gewährung rechtlichen Gehörs (§ 1042 Abs. 1 S. 2).[46] Und auch die Pflicht, **Befangenheit** möglichst alsbaldig offenzulegen, gehorcht eigenen Regeln (§ 1036 Abs. 1 – dazu näher dort Rn. 14 ff.), ist gleichsam ein „Zwitter" aus „materieller" Information und „prozessualer" Offenlegung.

28   **5. Haftung der Schiedsrichter.** Handelt ein Schiedsrichter seinen Vertragspflichten (Rn. 15 ff.) zuwider, kann er unter den Voraussetzungen der §§ 1036, 1038 aus seinem Amt entfernt werden. Daneben kommt den Parteien gegenüber eine **Schadensersatzpflicht** wegen Nicht- oder Schlechtleistung nach §§ 280 ff. BGB in Betracht,[47] bei Schädigung sonstiger Rechtsgüter auch eine solche aus Delikt (§§ 823 ff. BGB). Die Haftung folgt allgemeinen schuldrechtlichen Regeln, sodass eigentlich für jede Art Verschulden einzustehen ist (§ 276 Abs. 1 BGB);[48] die Mitschiedsrichter sind dabei aber keine „Erfüllungsgehilfen", deren Verhalten man zurechnet (§ 278 S. 1 BGB). Handeln aber mehrere, entsteht ein übliches Gesamtschuldverhältnis (§§ 426, 840 BGB).[49] Schadensersatzansprüche können gegen den Vergütungsanspruch (Rn. 31–38) aufgerechnet werden – zu weit geht es hingegen, den Vergütungsanspruch bei einer bewussten Pflichtverletzung stets als verwirkt anzusehen.[50]

29   In der Praxis greifen jedoch weitreichende **Haftungserleichterungen,** individuell ausdrücklich vereinbarte (§ 276 Abs. 3 BGB: bis hin zur Vorsatzgrenze), institutionell gleichsam mitvereinbarte (zB § 44.2 DIS-SchO: „soweit sie nicht eine vorsätzliche oder grob fahrlässige Pflichtverletzung begehen" [§ 309 Nr. 7b BGB!]) oder analog § 839 Abs. 2 BGB auch konkludente bzw. postulierte: Kein Schiedsrichter soll schärfer haften als seine Kollegen bei staatlichen Gerichten (**Spruchrichterprivileg;**[51] daher auch keine Meldeverpflichtung bei Geldwäscheverdacht[52]). Das sichert im Vorfeld die richterliche Unabhängigkeit und dann später auch die Verbindlichkeit des Schiedsspruches (§ 1055), der schon materiell nicht zum Gegenstand eines Regressprozesses taugt.

---

[42] BGHZ 98, 32, 35 = NJW 1986, 3077 für Mitwirkungspflichten; hier anders wohl *Breetzke* NJW 1968, 1113, 1115.

[43] BGHZ 98, 32, 35 = NJW 1986, 3077 m. weit. Nachw.; *Baumbach/Lauterbach/Hartmann* Anh. § 1035 Rn. 9.

[44] *Zöller/Geimer* § 1035 Rn. 32.

[45] Äußerst offenherzig *Deutsch* SchiedsVZ 2006, 105, 106.

[46] *Real*, 1983, S. 136.

[47] Überblick bei *Lachmann* AG 1997, 170, 172 ff. (altes [Schuld-]Recht!).

[48] *Schwab/Walter* Rn. 12.9; *Lachmann* Rn. 4312.

[49] *Palandt/Thomas* § 839 BGB Rn. 83.

[50] So aber *Schütze/Tscherning/Wais* Rn. 233 (sub d).

[51] RGZ 41, 251, 255 f.; 65, 175, 176; JW 1927 S. 1484 li. Sp. u. S. 2559 re. Sp.; BGHZ 15, 12, 15; 42, 313, 316; OLG Hamburg MDR 1950, 480; KTS 1961, 174, 176; *Musielak/Voit* § 1035 Rn. 25; *Schütze/Tscherning/Wais* Rn. 230; *Schwab/Walter* Rn. 12.9; *Stein/Jonas/Schlosser* Vor § 1025 Rn. 16; *Zöller/Geimer* § 1035 Rn. 30 u. Schiedsgerichtsbarkeit und Verfassung, 1994, S. 192; *Baumbach/Lauterbach/Hartmann* Anh. § 1035 Rn. 6; *Osterthun*, 2002, S. 341 ff.; *Chr. Wolf*, 1992, S. 260–266 m. weit. Nachw. Abw. *Moschel* KTS 1957, 154 ff. u. *Lachmann* Rn. 4333 ff. mit AG 1997, 170, 178 f.

[52] *von Schlabrendorff*, FS Schlosser, 2005, S. 851, 855–859 (wegen Aufklärungspflichten siehe S. 862–866); *Höttler*, Das fingierte Schiedsverfahren..., 2007, S. 102–104.

Vorausgesetzt ist *rechtsprechende* Betätigung (§ 44.1 DIS-SchO: „Entscheidungstätigkeit") in Abgrenzung zu lediglich administrativen Maßnahmen (erst recht jene einer Schiedsorganisation [Rn. 70][53]).

Für die **Spruchtätigkeit** (Tat- und Rechtsfrage einschließlich der Prozessleitung, aber ausgenommen einstweilige Maßnahmen[54] nach § 1041 Abs. 1 S. 1 – trotz gewährten Gehör [§ 1041 Rn. 25], da allemal Selbständigkeit mangelt [§ 1041 Rn. 26]; hier haftet allein der Begünstigte: § 1041 Abs. 4 mit Abs. 1 S. 1) reduziert sich praktisch dann alles auf vorsätzliche Rechtsbeugung (§ 339 StGB), Vorteilsannahme (§ 331 Abs. 2 StGB) oder Bestechlichkeit (§ 332 Abs. 2 StGB). **Nicht erfasst werden indes:** ungebührliche Verweigerung oder Verzögerung (§ 839 Abs. 2 S. 2 BGB), es sei denn jene decke sich ausnahmsweise mit der Spruchfindung (wie zB bei extrem schleppender Beweisaufnahme);[55] Ablieferung formgerechter Entscheidung (§ 1054);[56] Erfüllung von einzelnen Informationspflichten, Bewahrung der Vertraulichkeit (Beratungsgeheimnis),[57] Beachtung interner Weisungen,[58] Missachtung der Aufklärungspflicht des § 1036 Abs. 1.[59] 30

6. Vergütung. a) Allgemeines. Die Tätigkeit der Schiedsrichter ist üblicherweise **keine unentgeltliche** (§ 612 Abs. 1 BGB),[60] das Entgelt wird zumeist ad personam ausdrücklich geregelt und kann somit im Einzelnen unterschiedlich ausfallen. Möglich ist aber auch die Vereinbarung eines Gesamthonorars, das dann die Schiedsrichter frei intern aufteilen können,[61] und ebenso von vornherein die Festlegung einer fixen Staffelung (wie zB die DIS-Regelung, Rn. 37 f.). Fehlt eine klare Betragsregelung, hilft § 612 Abs. 2 BGB: dann gilt die am Ort (Verhandlungsort des Schiedsgerichts[62] – nicht etwa der Sitz gemäß § 1043 Abs. 1) gemeinhin übliche Vergütung (aber vgl. auch Rn. 34). Hilft auch das noch nicht, sofern Gewohnheiten fehlen, kann jeder Schiedsrichter seine (angemessene) Vergütung gemäß §§ 315, 316 BGB letztlich selbst bestimmen.[63] Wer Schiedsrichter ist, muss seinen Sachverstand für dieses Verfahren voll einsetzen und kann nicht zusätzlich Sachverständigenvergütung einfordern[64] (vorbehaltlich expliziter Vereinbarung!). 31

Der Anspruch geht gegen alle **Schiedsparteien als Gesamtschuldner** (§§ 421, 427 BGB mit Rn. 12; § 40.1 S. 2 DIS-SchO)[65] ohne nähere Rücksicht darauf, wer benannt hat; im Innenverhältnis sind die Parteien im Zweifel je zur Hälfte verpflichtet (§ 426 Abs. 1 S. 1, 1. Halbs. BGB), jedoch wird das Schiedsgericht den Ausgleichsanspruch bezüglich dieser „internen Kosten" bei der Regelung der Kostenerstattung (§ 1057) meist abweichend bestimmen (§ 426 Abs. 1 S. 1, 2. Halbs. BGB). Der Vergütungsanspruch entsteht unabhängig von eventuellen Mängeln des Schiedsverfahrens und der Schiedsvereinbarung (Rn. 6), also insbes. dann, wenn der Schiedsspruch aufgehoben oder nicht für vollstreckbar erklärt wird[66] oder der Schiedsrichter erfolgreich abgelehnt wurde.[67] Es soll auch keine mittelbare staatliche Überprüfung geben. Bei verfrühtem (irregulärem, § 1056 Abs. 2) Prozessende wird allgemein eine Ermäßigung der Honorarforderung für angemessen erachtet.[68] Möglich bleibt allemal die Aufrechnung mit Schadensersatzforderungen aus anderen Gründen (Rn. 28 aE). 32

---

[53] *Musielak/Voit* § 1035 Rn. 25.
[54] Vgl. auch erg. BGHZ 10, 55, 60 zum Staatsverfahren.
[55] 1. Aufl. § 1028 aF Rn. 26; *Lachmann* Rn. 4324.
[56] *Schütze/Tscherning/Wais* Rn. 230.
[57] AA *Zöller/Geimer* § 1035 Rn. 31: spätere Zeugenvernehmung möglich.
[58] RGZ 74, 321, 324 (Obergrenzvorgabe für Honorar des Sachverständigen).
[59] OGH ZfRV 1998, 259, 262, zust. *Liebscher* RPS 1999 II S. 2, 3.
[60] RG JW 1927, 1484 = WarnR 19 (1927) Nr. 82, S. 139.
[61] *Schwab/Walter* Rn. 12.11.
[62] *Schütze/Tscherning/Wais* Rn. 234.
[63] BGH WM 1977, 319, 321, sowie wohl auch schon RG OLGRspr. 13 (1906), 243 (Fn. 1), 244 u. JW 1927, 1484 re. Sp.; OLG München OLGR 2007, 410 [1 c]; *Baumbach/Lauterbach/Hartmann* Anh. § 1035 Rn. 10; aA *Real*, 1983, S. 177.
[64] OLG Hamm OLGR 2001, 299.
[65] RGZ 94, 210, 212; JW 1927, 1484 aE; BGHZ 55, 344, 347 [I 1] m. weit. Nachw.; LG Bielefeld v. 21. 10. 2003 – 17 O 130/03 [1]; LG Arnsberg v. 7. 8. 2006 – 2 O 83/06 [II 1]; LG Mönchengladbach Schieds-VZ 2007, 104, 106 [II 4]; *Schwab/Walter* Rn. 12.10; *Musielak/Voit* § 1035 Rn. 26; *Zöller/Geimer* § 1035 Rn. 24.
[66] BGH ZZP 66 (1953), 152, 154 (Schiedsspruch); RG JW 1927, 2559 li. Sp. (Schiedsvergleich); *Schwab/Walter* Rn. 12.15 – Ausnahmen: bewußter Verstoß iSv. reiner Willkür (RG HRR 1929 Nr. 1399), Amtsmaßbung (JW 1927, 1484 li. Sp.), Arglist (RG JW 1927, 2559 re. Sp.).
[67] RGZ 94, 210, 213.
[68] *Buchwaldt* NJW 1994, 638, 639; *Lachmann* Rn. 4177; *Schütze/Tscherning/Wais* Rn. 236 – RGZ 95, 210, 213: Vergütung „für das bis dahin Geleistete".

33 Die Festlegung der Vergütungsforderung per Schiedsspruch gilt freilich als verboten: Die Schiedsrichter dürften nicht in eigener Sache richterlich selbst tätig werden.[69] Dies Verbot gilt sicher (§ 1036 Rn. 10) – trifft indes jedoch nicht unsere Frage. § 1057 Abs. 2 verpflichtet die Schiedsrichter nunmehr ganz gezielt zur **Feststellung der Prozesskosten**. Dazu gehören auch schiedsrichterliche Vergütungsansprüche (§ 1057 Rn. 8 f.), zumindest immer mittelbar in Verbindung mit der **Festlegung des Streitwerts** (hierzu gilt analog §§ 3 ff. ZPO bzw. §§ 2 Abs. 1, 23 Abs. 1 RVG[70], der sowohl für Richter- wie auch die taxierte Anwaltsvergütung Bedeutung erheischt. Notfalls ist hierüber Zivilklage zu erheben[71] (keine Schiedsbindung nach § 1029 [Drittverhältnis!] – keine Eigentitulierung analog § 11 Abs. 1 RVG[72] [arg. § 36 RVG e contrario]). Die Schiedsrichter werden darum sich vorsehen und **Vorschuss** einfordern (Rn. 41–43). Dann wird nachträglich bloß noch verbindlich abgerechnet.

34 **b) RVG-Vorgaben.** Rechtsanwälte als *Parteivertreter* im Schiedsverfahren erhalten vorbehaltlich einer Gebührenvereinbarung (in der Form des § 4 RVG) eine streitwertabhängige Vergütung, die jener im staatsgerichtlichen Verfahren entspricht, § 36 Abs. 1 Nr. 1 iVm. Abs. 2 RVG (§ 1042 Rn. 68). Dagegen scheidet wegen § 1 Abs. 2 RVG eine taxierte Vergütung gem. **§ 612 Abs. 2, 1. Var. BGB** für Rechtsanwälte als *Schiedsrichter* aus. Ob die RVG-Gebührentatbestände weiterhin die Üblichkeit iSv. **§ 612 Abs. 2, 2. Var. BGB** prägen, wie vormals diejenigen der BRAGO,[73] scheint höchst ungewiss, haben diese doch ein völlig neues Gefüge erhalten (Wegfall der Beweisgebühr, Erhöhung der Verfahrens- und Terminsgebühr, nur hälftige statt voller Anrechnung der vorprozessual verdienten Geschäftsgebühr auf die Verfahrensgebühr etc.). Dies bewirkte nicht zuletzt eine deutliche Absenkung des verdienten Entgelts, die insgesamt offensichtlich ungewollt war.[74]

35 Da die Üblichkeit ohnehin nur retrospektiv beurteilt werden kann, sollte auch künftig (wie bislang: 2. Aufl. Rn. 19 – in Lösung von Anlage 1) angenommen werden, dass ein anwaltlicher **Beisitzer** in einem schwierigen Verfahren mit Beweisaufnahme[75] 3,9 Gebühren (ohne Beweisanordnung: 2,6), der **Obmann** 4,5 Gebühren (ohne Beweisanordnung: 3,0) verdient; angewendet werden sollte allerdings § 13 RVG mit der Anlage 2, um einen sicheren **degressiven Bezug zwischen Streitwert und Gebührenhöhe** zu erreichen. Der Vorschlag, das erreichte Niveau üblicher Schiedsrichtervergütung zu erhalten, indem man die Terminsgebühr doppelt ansetzt und darüber hinaus auf einen allgemeinen Erhöhungsfaktor 0,2 zurückgreift, sprengt doch allemal die intendierte RVG-Orientierung und ist nur im Wege einer ausdrücklichen Gebührenvereinbarung zu verwirklichen.[76] Bei dieser insgesamt ungewissen Rechtslage empfiehlt sich nachdrücklich, **rechtzeitig für vertragliche Klärung zu sorgen.**

36 Dabei geht der **„Ansatz alten Rechts"** von „Berufungsähnlichkeit" aus, macht deswegen einen Zuschlag von 3/10 (1,3 statt 1,0 gemäß § 11 Abs. 1 S. 4 BRAGO), denn gewöhnlich fehlt ein Instanzenzug, und vergütet den Mehraufwand und die besondere Verantwortung von Obleuten und Alleinschiedsrichtern meist mit einem weiteren Zuschlag von 2/10[77] (1,5 statt 1,3); zur Feststellung

---

[69] BGH WM 1977, 319, 320 f.; BGHZ 94, 92, 96 [4 b] (Vorschuß) = NJW 1985, 1903, 1904 (aber: OLG Hamburg NJW-RR 2000, 806, 807 [II 2]); OLG Dresden RPS 2001 II S. 22, 23; OLG Hamburg MDR 1965, 54, 55 [7]; OLGRspr. 19 (1909), 170, 171; *Breetzke* NJW 1971, 2080/2081 [4] (zum „lascheren" OLG Oldenburg NJW 1971, 1461, 1462 u. 1463 – je aE); *Lachmann* Rn. 1269, 1886; *Musielak/Voit* § 1035 Rn. 26, § 1036 Rn. 4 f.; § 1057 Rn. 5.

[70] RG JW 1936, 2710; BGH JZ 1977, 185; LG Mönchengladbach SchiedsVZ 2007, 104, 106 [II 1]; *Schütze/Tscherning/Wais* Rn. 237; *Gerold/Schmidt/Madert*, 17. Aufl., § 36 RVG Rn. 15.

[71] RG WarnR 19 (1927) Nr. 39, S. 61, 62 u. Nr. 82, S. 139; KG JW 1926, 1599; *Zöller/Geimer* § 1035 Rn. 25.

[72] Noch nicht einmal für Rechtsanwälte als Prozeßvertreter: KG MDR 1998, 739, 740 = AGS 1998, 75.

[73] *Schwab/Walter* Rn. 12.12; *Schütze/Tscherning/Wais* Rn. 235; *Hartmann*, Kostengesetze, 36. Aufl., § 1 RVG Rn. 46; *Gerold/Schmidt/Madert*, 17. Aufl., § 1 RVG Rn. 194 bzw. OLG Schleswig SchlHA 1994, 270 m. weit. Nachw.; OLG Koblenz KTS 1957, 94, 95.

[74] *Bischof* SchiedsVZ 2004, 252 re. Sp. Wegen „Kompensationsvorschlägen siehe *Lachmann* Rn. 4208 ff.: nur Anregungen für Abmachungen (Rn. 4214–4216).

[75] Maßgeblich war (unter altem Recht) die Anordnung: 1. Aufl. § 1028 aF Rn. 24; *Lachmann*, 2. Aufl. 2002, Rn. 1817 – aA *Schwab/Walter* Rn. 12.14 aE; *Musielak/Voit* § 1035 Rn. 26.

[76] *Bischof* SchiedsVZ 2004, 252, 252/253. Unhaltbar insoweit LG Mönchengladbach SchiedsVZ 2007, 104, 106 [II 4 e], das den von *Bischof* vorgeschlagenen – vertraglich festzulegenden! – Berechnungsmodus zur Bestimmung der üblichen Vergütung iSd. § 612 Abs. 2 BGB nutzen will.
„Neurechtlich" orientiert demgegenüber LG Arnsberg, Beschl. v. 7. 8. 2006 – 2 O 83/06 [IV 4]: 1,6 (VV 3200) + 1,2 (VV 3202) = 2,8 für *Beisitzer*, 1/3-Zuschlag, dh. 3,7 für *Vorsitzer*. Am Ende so wohl ebenfalls *Schwab/Walter* Rn. 12.12 aE. Vgl. auch erg. *Elsing* DIS-MAT X (2005) S. 3 ff.

[77] Unklar *Musielak/Voit* § 1035 Rn. 26 mit Fn. 26: 16/10? Aber auch uU noch mehr, vgl. *Lörcher/Lörcher* Rn. 135: 20/10.

des Streitwertes Rn. 33. – Hingegen fällt keine separate **Einigungsgebühr** (VV 1000 [1,5] bzw. VV 1005 [1,3] – Letzteres konsequenter infolge „Berufungsnähe") bei Vergleichsschluss oder -spruch (§ 1053) an: Wieso soll man noch dafür zahlen müssen, dass sich infolge eigener Vergleichsbereitschaft (die im staatsgerichtlichen Verfahren besonders prämiiert wird, KV 1211 Nr. 3) die Arbeit zur Abfassung des Schiedsspruchs erübrigt?[78] Und auch bei anderweitiger **vorzeitiger Beendigung** (§ 1056 Abs. 2) erscheinen – am besten sicherlich: prozentuale[79] – Abschläge angebracht.

c) DIS-Regelungen. Die Schiedsordnungen vieler Schiedsorganisationen (zB ICC, DIS) enthalten meist **streitwertabhängige eigene Vergütungssysteme,** und zwar für Schiedsorganisation (§ 40.4 S. 1 DIS-SchO mit Nr. 15 der Anlage zu § 40.5: „Bearbeitungs*gebühr*") wie Schiedsrichter (§ 40.1 S. 1 DIS-SchO mit Nr. 1–10 der Anlage zu § 40.5: *Honorar*anspruch[80]). Sie werden ergänzend danach zum Bestandteil des Schiedsrichtervertrages. Gemäß DIS-Regeln fällt bloß ein (streit-) **wertabhängiger Pauschalbetrag** an (§ 40.2 u. § 40.5 DIS-SchO), nicht mehrere einzelne Gebühren. Er entlohnt den gesamten Verfahrensbetrieb unabhängig vom Umfang der konkreten richterlichen Tätigkeit. Das hat gegenüber der aktgebundenen RVG-Vergütung (Rn. 34 f.) den Vorteil verlässlich von vornherein kalkulierbarer Obergrenzen.[81] 37

Die vorzeitige Erledigung mag – entsprechend dem Prozessstand – billige Ermäßigung fordern (§ 40.3 DIS-SchO). Umgekehrt bestehen ebenfalls gewisse **Erhöhungsfaktoren für Sonderbelastungen:** Prozessleitungsaufgabe des Alleinschiedsrichters oder Vorsitzenden (Anlage Nr. 13: 30%); Anordnung vorläufiger oder sichernder Maßnahmen nach § 20.1 DIS-SchO [§ 1041 Abs. 1 ZPO] (Anlage Nr. 11: 30%); Mehrparteienverfahren (Anlage Nr. 12: 20% pro Partei mit Obergrenze von 50%). Rechnungsgröße ist der vom Schiedsgericht betraglich festgesetzte Streitwert (§ 40.2 DIS-SchO: auf Grund „pflichtgemäßem Ermessen" – dazu schon oben Rn. 33 mit § 1057 Rn. 9) und die zugehörige degressive Staffelung (§ 40.5 DIS-SchO). Daneben besteht ein Anspruch auf Auslagenersatz und Mehrwertsteuer (§ 40.1 S. 1 DIS-SchO). 38

7. Annexansprüche. a) Auslagenersatz. Jeder Schiedsrichter kann analog §§ 675, 670 BGB den Ersatz derjenigen Aufwendungen verlangen, die er nach den Umständen für erforderlich halten durfte, wenn nicht ohnehin schon insoweit speziellere vertragliche Abmachungen bestehen (zB § 40.1 S. 1, 2. Var. DIS-SchO). Dazu zählen etwa **allgemeine Geschäftsunkosten** wie Büroaufwand, Kosten einer Schreibhilfe, Post- und Telekommunikationsentgelte, ferner **spezielle Verfahrenskosten,**[82] wie etwa der Aufwand für den Einsatz eines (nur in umfangreichen Sachen angemessenen) Protokollführers, Literaturbeschaffung, Übersetzungskosten (§ 1045 Abs. 2),[83] notwendige Reise- und Übernachtungskosten der Schiedsrichter (§ 1043 Abs. 2!), Ausgaben für die Anmietung eines Verhandlungsraumes und die Beauftragung gerichtlicher Sachverständiger (§ 1049 Abs. 1 S. 1), Vorverauslagung von „Zeugengeldern" oder Gerichtsgebühren (§ 1050) etc. 39

Die Schiedsrichter haben letztendlich ein großes Einschätzungsermessen (§ 670 BGB: „den Umständen nach für erforderlich halten" – keine „verkappte" staatsgerichtliche Kontrolle!). Sie können die Auslagen **einzeln abrechnen** – auf Verlangen hin sind dann dafür Nachweise zu erbringen; möglich wäre genauso eine **Pauschalierungsregelung.** Bei RVG-orientierter Abrechnung (Rn. 34 f.) greifen allerdings gewisse Einschränkungen (VV Nrn. 7000 ff.), namentlich sind alle allgemeinen Geschäftsunkosten durchweg mit entgolten (Vb. 7 Abs. 1 S. 1).[84] Überhaupt entzieht sich der laufende Vorhalteaufwand einer Kommerzialisierung. Gerade diese ihre Sachkunde ist „Markenzeichen" guter Schiedsrichter. Falls anfallend zählt auch die **Mehrwertsteuer** auf die Vergütung (abzüglich gezahlter Vorsteuer auf die Auslagen) zum ersatzfähigen Zusatzaufwand (VV Nr. 7008 bzw. § 40.1 S. 1 aE DIS-SchO). 40

b) Vorschussgewähr. §§ 675, 669 BGB eröffnen ein Recht auf Vorschuss hinsichtlich (hypothetisch) erforderlicher **Aufwendungen** (Rn. 39 f.). Was gilt indes bezüglich der **Vergütung** (Rn. 31–33)? Gemäß § 614 S. 1 BGB wären Schiedsrichter zur Vorausleistung verpflichtet: Fällig- 41

---

[78] So treffend *Schütze/Tscherning/Wais* Rn. 235 aE; wohl auch *Lörcher/Lörcher* Rn. 137: *nobile officium* – aA die hM: *Lachmann* Rn. 4204; *Schwab/Walter* Rn. 12.12; *Musielak/Voit* § 1035 Rn. 26; *Bischof* SchiedsVZ 2004, 252 [I 2 a aE]; *Hartmann*, Kostengesetze, 36. Aufl., VV 1003 Rn. 3.
[79] AA LG Mönchengladbach SchiedsVZ 2007, 104, 106 [II 4 f.]: qualitative Bewertung der bisherigen Tätigkeiten.
[80] Als „angemessen" iSv. § 315 Abs. 3 BGB eingeschätzt von LG Arnsberg, Beschl. v. 7. 8. 2006 – 2 O 83/06 [IV 4], zust. *Schütze* S V Rn. 70 mit Fn. 144.
[81] *Lachmann* Rn. 4217 ff. (4224) mit anschaulichem Kostenvergleich auf S. 1010 f. (BRAGO, DIS und ICC-System).
[82] *Schütze/Tscherning/Wais* Rn. 243, 576; *Lachmann* Rn. 1940; *Schwab/Walter* Rn. 12.21.
[83] *Lachmann* Rn. 1273 f.
[84] *Schwab/Walter* Rn. 12.21; *Schütze/Tscherning/Wais* Rn. 243.

keit mit Abschluss des Schiedsverfahrens iSv. § 1056 Abs. 1 mit Abs. 3 (unbesehen freilich der dortigen Ausnahmen!). Es geht zu weit, dieses **Vorleistungsrisiko** „gewohnheitsrechtlich" als angeblich abbedungen anzusehen[85] – nur weil die Praxis eine andere ist und den Schiedsrichtern diese Regelung nicht entgegenkommt. Ein solcher Anspruch besteht freilich auf Grund vertraglicher Regelung,[86] die sich stets empfiehlt, ist aber selbst ohne entsprechend klargestellte Vereinbarung idR Folgerung ergänzender Auslegung des Schiedsrichtervertrages.[87] Man könnte ebenso gut die Wirkungen des § 614 S. 1 BGB mit Hinweis auf den besonderen Vertragstypus (Rn. 5) ignorieren.

42 Die Höhe orientiert sich am erwarteten Endbetrag und kann zusätzlich zeitlich gestaffelt sein; im Zweifel mag sogar das gesamte vereinbarte Honorar im Voraus verlangt werden.[88] Doch fehlt hier – abweichend von der Entlohnung (Rn. 32) – gesamtschuldnerische Einstandspflicht; die Parteien müssen anteilig vorleisten;[89] §§ 49 ff. GKG gelten nicht analog. Das betont die Offenheit und Neutralität der Schiedsrichter und verweist die Finanzierungsfrage an die Parteien, wo sie auch hingehört.

43 Bei Verweigerung des Vorschusses besteht damit ein Zurückbehaltungsrecht (§§ 320, 322 BGB [Entgelt] bzw. §§ 273, 274 BGB [Aufwand]);[90] indes soll dazu keine autonome Klagemöglichkeit bestehen.[91] Damit wird der sachliche Anspruch aber faktisch entwertet. Das Verbot, eigene Sachen zu entscheiden beschränkt sich eindeutig aufs Schiedsverfahren. Die Schiedsrichter dürfen also klagen,[92] vor einem anderen – ordentlichen – Gericht (ob das klug ist, stehe hier dahin!); verboten ist hingegen, dem Säumigen schiedsintern Nachteile aufzubürden[93] oder selbst insoweit kurzerhand zu judizieren.[94] Zudem mag bei einer Klageerhebung später Befangenheit drohen (§§ 1036, 1037). Der bessere Weg scheint abzuwarten und dadurch die Parteiinitiative herauszufordern; § 1038 Abs. 1 gibt dann insoweit keine Handhabe. Denkbar wäre dazuhin, dass die eine Partei die andere auf ihre mitwirkende Verfahrensförderung verpflichtet bzw. verklagt[95] (§ 1029 Rn. 117–119).

44 **8. Beendigung. a) Beendigungsgründe im Allgemeinen.** Mit der **Beendigung des Schiedsverfahrens** endet normalerweise – prozessual – das Amt des Schieds*gerichts* (§ 1056 Abs. 3, 2. Halbs.) und demgemäß – materiell – folglich auch die Verpflichtung der Schieds*richter;* soweit prozessual Ausnahmen gelten (§§ 1057 Abs. 2 S. 2, 1058, 1059 Abs. 4), ist materiell dem ebenfalls Rechnung zu tragen: die Pflichten wirken weiterhin! Bürgerlich-rechtlich sind überhaupt jene Fälle eher als **Erfüllung** (bei regulärer Beendigung durch endgültigen Schiedsspruch, vgl. § 1056 Abs. 1, 1. Var. mit §§ 1054f.) oder **Erledigung** (bei irregulärer Beendigung durch Einstellungsbeschluss, § 1056 Abs. 1, 2. Var. mit Abs. 2) zu beschreiben, mithin nur als **Gründe für das Erlöschen der schiedsrichterlichen Leistungspflicht:** Entgeltanspruch (Rn. 31–33) wie Haftungsgrund (Rn. 28–30) werden nicht erfasst, eine Geheimhaltungspflicht etwa wirkt nach – genauer: das Schuldverhältnis iwS verbleibt davon unberührt.

45 Es gibt jedoch auch **Gründe, die auf den Schiedsrichtervertrag insgesamt „durchschlagen"** und ihn durchaus technisch beenden, wie etwa ein Aufhebungsvertrag als „contrarius consen-

---

[85] *Schwab/Walter* Rn. 12.16 aE im Anschluß an *Breetzke* DB 1971, 466 bzw. NJW 1971, 2080 [1]; 1968, 1113; *Baumbach/Lauterbach/Hartmann* Anh. § 1035 Rn. 12; LG Bielefeld v. 21. 10. 2003 – 17 O 130/03 [2]; LG Arnsberg v. 7. 8. 2006 – 2 O 83/06 [II 1] – im Ansatz modifiziert jedoch *Stein/Jonas/Schlosser* Vor § 1025 Rn. 14 mit SchiedsVZ 2004, 21, 22–25 [II] („Sicherheitsvorschuß"). Zurückhaltender *Lachmann* Rn. 4246 („fast schon"). Vgl. noch erg. Fn. 87.
[86] Beispiele: BGHZ 94, 92, 94 [2] = NJW 1985, 1903 (Individualvereinbarung); § 7.1 DIS-SchO (vorläufiger Klägervorschuß) u. § 25 DIS-SchO (endgültig [hälftiger] Vorschuß).
[87] RG HRR 1929 Nr. 1399 mit JW 1916, 580 bzw. BGHZ 55, 344, 347 [I 1]; 77, 65, 66/67; 102, 199, 202; BGH NJW 1999, 647, 648 [3 c] (gegen OLG Frankfurt/Main NJW-RR 1998, 778); OLG Oldenburg NJW 1971, 1461, 1462 re. Sp.; OLG Köln LZ 24 (1930), 1129, 1130; KG JW 1928, 737. Vgl. Fn. 85.
[88] 1. Aufl. § 1028 aF Rn. 21; *Baumbach/Lauterbach/Hartmann*, 65. Aufl., Anh. § 1035 Rn. 13 aE.
[89] BGHZ 102, 199, 202/203 = NJW 1988, 1215 (Anteilsschuld) gegen BGHZ 55, 344, 347f. [I 1 u. II vor 1] = NJW 1971, 888 (Gesamtschuld – aber: S. 351!); KG JW 1928, 737 (anteilig je die Hälfte).
[90] BGHZ 55, 347, 349 [I 2]; 77, 65, 67 [2 b]; 94, 92, 95 [4 b]; OLG Dresden, Beschl. v. 20. 3. 2007 – 11 Sch 3/07 [JURIS-Rn. 15].
[91] *Stein/Jonas/Schlosser* Vor § 1025 Rn. 14; *Thomas/Putzo/Reichold* Vor § 1029 Rn. 10; *Schwab/Walter* Rn. 12.19; *Musielak/Voit* § 1035 Rn. 27; *Martinek*, FS Ishikawa, 2001, S. 269, 284 [IX]; OLG Oldenburg NJW 1971, 1461, 1462 re. Sp. (allerdings sehr undeutlich); BGHZ 94, 92, 95 [4 b] (obiter) – hier offenlassend noch BGHZ 55, 347, 449 [I 2].
[92] So auch *Breetzke* DB 1971, 2052.
[93] BGHZ 94, 92, 96 [4 b] = NJW 1985, 1903; *Baumbach/Lauterbach/Hartmann* Anh. § 1035 Rn. 13.
[94] BGHZ 94, 92, 95/96 [4 b] = NJW 1985, 1903; OLG Dresden RPS 2001 II S. 22, 23 li. Sp. – aA *Stein/Jonas/Schlosser* § 1057 Rn. 16 (S. 581/582).
[95] KG DJZ 1935, 830 (obiter); *Baumbach/Lauterbach/Hartmann* Anh. § 1035 Rn. 13.

sus" aller Beteiligten, dh. Schiedsrichter und -parteien (Rn. 12), oder die Kündigung (dazu näher gleich Rn. 48–53). Sie verdrängt den Rücktritt – nicht allein wegen des Dauerschuldcharakters, sondern ebenso aus eigenen prozessualen Gründen. Und zufolge jener näheren Ausformung kommt auch ein Rücktritt gemäß §§ 323 ff. BGB nicht in Betracht.[96]

In der **Person des Schiedsrichters** begründete Beendigungsgründe sind ("im Zweifel") sein **46** Tod (§ 673 BGB analog), ferner Eintritt seiner Geschäftsunfähigkeit,[97] aber nicht ohne weiteres die anderweitige Unfähigkeit, sein Amt auszuüben.[98] Hierfür trifft nunmehr § 1038 Abs. 1 genügend *prozessual* Vorsorge (dazu näher dort Rn. 14–16), dh. (erst) wenn danach sein Amt – durch eigenen Rücktritt, infolge Parteiabrede oder kraft Richterspruchs – wirklich endet, verfällt der Zweck des Schiedsrichtervertrages. Ganz ähnlich, wenn ein Schiedsrichter gemäß § 1036 **abgelehnt** wird; hier zählt dann – soweit Rücktritt oder Einigung fehlen (§ 1037 Abs. 2 S. 2 mit § 1038 Abs. 1 S. 1) – die Rechtskraft des gerichtlichen Beschlusses, durch den das staatliche Gericht die Ablehnung für begründet erklärt (§ 1037 Abs. 3)[99] bzw. ihn förmlich des Amtes enthebt (§ 1038 Abs. 1 S. 2); solange bleibt auch der materielle Schiedsrichtervertrag untangiert.

Auch aus der **Sphäre der Parteien** können Beendigungsgründe herrühren. IdR wird das eine **47** Vereinbarung nach § 1038 Abs. 1 S. 1, 2. Var. sein, die aber die privatrechtliche Beurteilung insoweit nicht zwingend präjudiziert (arg. § 1038 Abs. 2). Der Tod und auch die Geschäftsunfähigkeit einer Partei berühren im Zweifel das Bestehen des Schiedsrichtervertrages nicht (§ 672 S. 1 BGB analog), ebenso wenig die Eröffnung des Insolvenzverfahrens – dies offenbar zwar entgegen §§ 115, 116 InsO, freilich ist deren Zweck ein ganz anderer.[100]

b) **Kündigungsgründe im Besonderen.** § 1038 Abs. 1 (dazu näher dort Rn. 20 ff.) normiert **48** das Amtsende nur *prozessual,* materiell liegt aber darin dann regelmäßig zeitgleich eine Kündigung (§§ 626, 627 BGB analog). Hierzu ist erneut (wie bereits bei Rn. 46 f.) zu unterscheiden: Die **Schiedsparteien** können den Schiedsrichtervertrag *jederzeit,* aber insoweit bloß *gemeinsam* kündigen, ohne Angabe oder überhaupt nur Bestehen von Gründen[101] und natürlich auch stets fristlos (arg. § 627 Abs. 1 BGB); wegen des mehrseitigen Vertragsverhältnisses (Rn. 12) ist die Kündigung durch nur eine Partei unwirksam. Die **Schiedsrichter** dürfen – arg. § 627 Abs. 2 BGB – jedoch dann bloß *sofort* kündigen, wenn und weil ein wichtiger Grund (Rn. 50 ff.) vorliegt (S. 1, 2. Halbs. mit § 626 BGB), sonst aber nur so, dass sich die Parteien die Dienste „anderweit beschaffen" können (S. 1, 1. Halbs. – aber S. 2: keine Unwirksamkeit, sondern Ersatzpflicht!).[102] Die Regelung ist freilich abdingbar, nicht aber das generelle Kündigungsrecht insgesamt.[103]

Die unterschiedliche Handhabung des **Kündigungsrechts** ist letztlich nur materiell konsequente **49** Umsetzung der prozessual vorgegebenen Situation (vgl. § 1037 Abs. 2 S. 2, 1. Halbs. bzw. § 1038 Abs. 1 S. 1, 2. Halbs. mit § 1039 Abs. 1 S. 1, 2. u. 3. Var.) und nur auf den ersten Blick vielleicht etwas befremdend. Die Unabhängigkeit und Unparteilichkeit des Schiedsrichters wird deswegen nicht tangiert, weil keine Partei einen Alleingang durchführen, sondern beide nur gemeinsam zur Kündigung schreiten können.

Orientierungsmaßstab des (wichtigen) Kündigungsgrundes kann die **Kasuistik zu § 627 BGB 50** sein. Die Kündigung ist berechtigt, wenn dem Schiedsrichter unter Berücksichtigung aller Umstände des Einzelfalles und bei Abwägung mit den Parteiinteressen die Fortsetzung des Vertragsverhältnisses insgesamt unzumutbar erscheint.[104] IdR muss der Schiedsrichter aber sicherstellen, dass „die Wirksamkeit des unter seiner bisherigen Mitwirkung stattgehabten Verfahrens nicht vereitelt werde".[105]

---

[96] RGZ 92, 158, 159 (allg.); *Baumbach/Lauterbach/Hartmann* Anh. § 1035 Rn. 14. – … es sei denn, die Parteien verweigern die Zahlung der den Schiedsrichtern zustehenden Gebühren.
[97] Arg. BGH NJW 1986, 3079, 3080 [I] u. LM § 1025 aF Nr. 5 (S. 1) = ZZP 66 (1953), 152, 155 – betr. die ordnungsgemäße Besetzung des Gerichts.
[98] So indes nicht zu altem Recht 1. Aufl. § 1028 aF Rn. 15; *Baumbach/Lauterbach*, 56. Aufl., Anh. § 1028 aF Rn. 14 *(Albers)* sowie jetzt Anh. § 1035 Rn. 14 *(Hartmann); Schwab/Walter* Rn. 13.5.
[99] RG LZ 13 (1919), 803; *Schwab/Walter* Rn. 13.6 mit Rn. 14.25.
[100] *Smid/Meyer* § 115 InsO Rn. 2; *Kübler/Prütting/Tintelnot* §§ 115, 116 InsO Rn. 1 f.
[101] *Schwab/Walter* Rn. 13.8; *Baumbach/Lauterbach/Hartmann* Anh. § 1035 Rn. 14; *Schütze/Tscherning/Wais* Rn. 300; *Maier* Rn. 177. Anders (wichtiger Grund notwendig) jedoch zB *Glossner/Bredow/Bühler* Rn. 209; unklar *Stein/Jonas/Schlosser* Vor § 1025 Rn. 15.
[102] *Maier* Rn. 177; *Schütze/Tscherning/Wais* Rn. 304 – aA aber die wohl hL: *Schwab/Walter* Rn. 13.10 u. *Stein/Jonas/Schlosser* Vor § 1025 Rn. 15 mit RG HRR 1932 Nr. 2218 (nur bei einem wichtigen Grund); *Zöller/Geimer* Rn. 28 (niemals Lösung möglich).
[103] Vgl. nur *Jauernig/Schlechtriem* § 627 Rn. 5 mit § 626 Rn. 5.
[104] RGZ 101, 392, 394.
[105] RGZ 101, 392, 393.

51 **Anerkannt** werden können zB längere Auslandsreise, die bei vernünftiger Abwägung den Schiedsrichterpflichten vorgeht,[106] Nichtzahlung des geforderten Kostenvorschusses (Rn. 41–43), massive Beleidigungen, das namentlich bei Wiederholungsgefahr; Steuerhinterziehungs- oder Geldwäscheverdacht,[107] Rücknahme einer Nebentätigkeitsgenehmigung.[108] Ein Schiedsrichter darf sich aber auch nicht einfach durch Provokationen beirren lassen, weil es sonst nur von der Böswilligkeit einer Partei abhinge, das Schiedsverfahren zum Scheitern zu bringen. Weitere wichtige Gründe sind: schwerwiegendes Zerwürfnis mit den Mitschiedsrichtern;[109] Änderungen der Schiedsvereinbarung oder gemeinsame Weisungen, die eine nicht mehr zumutbare, wesentliche Änderung der Pflichten des Schiedsrichters bewirken und für ihn bei Abschluss des Schiedsrichtervertrages nicht voraussehbar waren (§ 1029 Rn. 99 mit § 1042 Rn. 80); unerwartete und unzumutbare Arbeitsmehrbelastung.[110]

52 Dazu kommen die Gründe aus § 1036 Abs. 2 S. 1 (Befangenheit;[111] Prozesseignung[112]) und § 1038 Abs. 1 S. 1 (Unmöglichkeit; Untätigkeit), was den nötigen materiellen Gleichlauf mit der prozessualen Vorschrift schafft, aber umgekehrt auch vorherige Geltendmachung erfordert[113] – anders im völlig undifferenzierten Fall des § 1039 Abs. 1 S. 1, 2. Var. Die Mitwirkungs- bzw. Unterschriftsverweigerung[114] kann konkludente(!) Kündigungserklärung sein, ist aber solange noch widerruflich, als nicht die Parteien sie „annehmen".[115]

53 **Abgrenzung:** Hat ein Schiedsrichter den Verdacht, dass einer der Mitschiedsrichter parteiisch ist, muss er uU das Beratungsgeheimnis (§ 1052 Rn. 3–7) brechen und der betroffenen Partei Gelegenheit geben, einen Befangenheitsantrag zu stellen. Tut sie das nicht, so wird es für den Schiedsrichter zumutbar sein, mit seinen Richterkollegen weiter zusammenzuarbeiten.[116] Daher geht hier die eigene, prozessuale Lösung vor. Auch Überstimmung bei der Beratung gibt keine hinreichende Berechtigung zur Aufkündigung.[117]

54 **9. Berufsrichter als Schiedsrichter.** Vorneweg die Grundregel für Staatsdiener: Richter im Staatsdienst und Beamte bedürfen zur Ausübung einer Schiedsrichterfunktion einer **Nebentätigkeitsgenehmigung** (§§ 46, 71 Abs. 1 DRiG; § 42 BRRG iVm. LBG; §§ 65, 66 BBG); die schiedsrichterliche Tätigkeit von Notaren ist demgegenüber ausdrücklich freigestellt (§ 8 Abs. 4 BNotO). Die Zustimmungspflicht des Dienstherrn soll bei Beamten in erster Linie sicherstellen, dass sich deren zeitliche Beanspruchung in Grenzen hält (vgl. § 65 Abs. 2 S. 3 BBG, § 42 Abs. 2 S. 3 BRRG).

55 Aktive Richter[118] (auch die im Nebenamt, zB Universitätsprofessoren; auch die in internationalen Schiedsverfahren[119]) unterliegen weitergehender Restriktion, die auf die Wahrung von Unabhängigkeit und Unparteilichkeit abzielt. Nach **§ 40 Abs. 1 S. 1 DRiG** darf ihnen eine Nebentätigkeit als Schiedsrichter zusätzlich nur genehmigt werden bei gemeinsamem Parteiauftrag (1. Var. – gemeint: einvernehmliche Auswahl, nicht etwa der Vertrag als solcher [Rn. 12 f.][120]) oder unbeteiligter Drittbenennung (2. Var. – dazu zählt auch die Obmannfunktion kraft Beisitzerwahl [§ 1035 Abs. 3 S. 2, 2. Halbs.] – aber: keine staatliche Ersatzbenennung trotz gescheiterter Genehmigung[121]), und gemäß **§ 40 Abs. 1 S. 2 DRiG** fehlt von vornherein die Genehmigungsfähigkeit bei aktueller oder potentieller Sachbefassung, sei das materiell (§§ 1032 Abs. 1, 1033) oder nur rein prozessual zum Ablauf des Verfahrens (§ 1062 Abs. 1 mit § 1026).[122]

---

[106] OLG Hamburg DR 1939, 2178.
[107] *Höttler,* Das fingierte Schiedsverfahren ..., 2007, S. 88 f.
[108] Nur insoweit wohl treffend RG JW 1913, 141, 142.
[109] RGZ 101, 392, 396 mit S. 395/396.
[110] *Stein/Jonas/Schlosser* Vor § 1025 Rn. 13.
[111] OLG Hamburg HansGZ 1907 Beiblatt S. 290 Nr. 184 (Gegenpartei); RG JW 1909, 694 (Bestellender).
[112] KG JW 1924, 1177.
[113] Insoweit weiterhin treffend zB RGZ 126, 379, 382 – aA aber hierzu noch OLG Kiel JW 1924, 1177.
[114] RGZ 18, 369, 370; JW 1926, 2585; BGH NJW 1954, 1605.
[115] BGH NJW 1954, 1605 mit RG JW 1917, 36 – hier verkürzend aber OLG Hamburg KTS 1961, 174, 176.
[116] RGZ 126, 379, 382; OLG Kiel JW 1927, 1656.
[117] OLG Hamburg KTS 1961, 174, 176; KG JW 1924, 1177.
[118] Dazu *Glattfelder,* in: Reymond/Bucher (Hrsg.), Schweizer Beiträge, 1984, S. 159 ff.
[119] Insoweit anders aber *Raeschke-Kessler,* FS Nirk, 1992, S. 915, 923 f. [II 2b] – Sonderfall: ICC-Benennung (S. 925 [II 3 c] – einschr. *Lachmann,* FS Schlosser, 2005, S. 477, 482 [II 2a]).
[120] KG SchiedsVZ 2003, 185, 186 [II 2b]; OLG Hamm, Beschl. v. 18. 9. 2003 – 17 SchH 7/03 [II 2b] – ebenso *Weigand,* FS Schlosser, 2005, S. 1081, 1089 f. [II 3]; weniger streng dagegen *Lachmann,* FS Schlosser, 2005, S. 477, 482 [II 2a] bzw. *Lachmann* Rn. 849 u. *Schütze/Theune* § 2 DIS-SchO Rn. 4: spätere „Billigung" möglich.
[121] KG SchiedsVZ 2003, 185, 196 [II 2 c].
[122] OLG Stuttgart NJW-RR 2003, 495, 497 [III 2 c cc] = SchiedsVZ 2003, 84 m. zust. Anm. *Nacimiento/Geimer* [IV 2]. Dazu näher noch 1. Aufl. § 1028 aF Rn. 28 ff.; *Heile* DRiZ 1993, 142, 145 f.; *Raeschke-Kessler,* FS

Um dem negativen Eindruck zu entgehen, es würden lukrative Nebentätigkeiten auf Kosten der **56** Erledigung normaler Gerichtsverfahren ausgeübt – Anstoß öffentlicher Kritik[123] –, besteht wohl derzeit eine relativ **zurückhaltende Genehmigungspraxis**.[124] Versagungsgrund ist dabei die abstrakte Gefahr für das Ansehen der Justiz (§ 42 Abs. 2 S. 2 Nr. 6 BRRG mit § 71 Abs. 1 DRiG bzw. § 65 Abs. 2 S. 2 Nr. 6 BBG iVm. § 46 DRiG [Bundesregelung]). An sich bleibt aber die Tätigkeit von Staatsrichtern als Schiedsrichter unbedenklich.[125]

Verstoßfolgen: Fehlt die gemäß § 40 Abs. 1 DRiG notwendige Genehmigung und kann sie **57** auch nachträglich nicht herbeigeführt werden, ist dann zwar der Schieds*richter*vertrag nichtig (§ 134 BGB),[126] aber nicht etwa der Schiedsspruch von späterer Aufhebung bedroht (§ 1059 Abs. 2 Nr. 1 a, 2. Var.[127] bzw. Nr. 1 d, 1. Var.[128]?).[129] Das Fehlen ist allein materiell nur bedeutsam, die prozessuale Ernennung verbleibt selbständig, dem Genehmigungsmangel fehlt auch schon abstrakt die mögliche Ergebnisrelevanz (§ 1059 Abs. 2 Nr. 1 d aE). Man kann auch der Genehmigung nicht etwa als „stillschweigend vereinbarte Voraussetzung" iSv. § 1036 Abs. 2 S. 1, 2. Var. prozessuale Relevanz verschaffen.[130] Andererseits wäre ein Verstoß mit rein disziplinarrechtlichen Mitteln[131] zu schwach sanktioniert. Die rechtswidrig erteilte Genehmigung genügt allemal jedoch, die Tätigkeit zu gestatten.[132]

III. Der „Obmann" des Schiedsgerichts

1. Prozessuale Ausgangssituation. Der Obmann ist national kraft Gesetzes ein **Vorsitzender** **58** **des kollegialen Schiedsgerichts**:[133] bei *Einerbesetzung* erübrigt sich eine derartig hervorgehobene Stellung, bei *Dreierbesetzung* obliegt sie dem Dritten (§ 1035 Abs. 3 S. 2, 2. Halbs. aE!), der deshalb tunlichst neutral zu bestellen ist.[134] Faktisch ergibt sich daraus eine ausgewogene Richterbank, zumal sich der Einfluss der parteiseitig benannten Beisitzer neutralisiert – was dann aber im Ergebnis ein Alleinentscheidungsrecht bedeutet; gleichwohl sind prozessual bei Prüfung der Befangenheit keinerlei Unterschiede begründet (§ 1036 Rn. 31), doch vermögen die Parteien von sich aus, die Anforderungsprofile entsprechend auszudifferenzieren (§ 1036 Rn. 42 – zB § 2.2, 1. Var. DIS-SchO: [Voll-]Jurist als Vorsitzender. Und auch bei einer *Zweierbesetzung* (oder anderer Zahl) ist der Vorsitzende nicht entbehrlich (arg. § 1052 Abs. 3): er würde alsdann durch Wahl oder auch bloß tatsächliche Gerichtsübung[135] bestimmt oder durch eine Benennung der Parteien.

Der Obmann agiert als **primus inter pares**, als ein „normales" Mitglied der Richterbank[136] – **59** *sachlich* wiegt dessen Stimme genau gleich (§ 1052 Abs. 1), nur *förmlich* kann man ihn dazu ermäch-

---

Nirk, 1992, S. 915, 926–928 [II 5 b] („Sonderstatus" der Bundesrichter?); *Lachmann*, FS Schlosser, 2005, S. 477, 483 [II 2 b].

[123] Dazu *Coeppicus* ZRP 1995, 203 f.; *Timm* ZRP 1995, 328, 330; *Meyer ter Vehn* ZRP 1996, 244 f.

[124] Vgl. *Lachmann* Rn. 838–840 (für NRW); *Felix* BB 1994, 2012 – aber andererseits auch *Weigand*, FS Schlosser, 2005, S. 1081, 1090 f. [II 3]: Norm „völlig verfehlt". Wegen (HessRiG) „Kappungsgrenze" siehe BVerwGE 124, 347 = NJW 2006, 1538.

[125] RG JW 1926, 1569.

[126] HM, vgl. 1. Aufl. § 1028 aF Rn. 31 m. weit. Nachw.; *Baumbach/Lauterbach/Albers*, 64. Aufl., § 40 DRiG Rn. 4; *Schütze/Tscherning/Wais* Rn. 181 aE; *Schwab/Walter* Rn. 9.3; OLG Hamburg VersR 1983, 787 (insoweit war freilich nur S. 2 relevant!). Offen gehalten indes von BGHZ 55, 313, 319 aE; NJW 1964, 593, 594 [1 b bb]. AA OLG Stuttgart NJW-RR 2003, 495, 498 [III 2 c cc] = SchiedsVZ 2003, 84 m. zust. Anm. *Nacimiento/Geimer* [IV 2]; wohl auch *Lachmann*, FS Schlosser, 2005, S. 477, 482 [III 1 b] mit Fn. 31 bzw. *Lachmann* Rn. 860.

[127] KG SchiedsVZ 2003, 185, 186 [2] m. zust. Anm. *Mecklenbrauck* [3].

[128] Das angedeutet bei BGHZ 55, 313, 319/320; NJW 1964, 593, 594 [1 b bb] (§ 1041 Abs. 1 Nr. 1, 2. Halbs. aF: unzulässiges Verfahren); *Schwab/Walter* Rn. 9.3.

[129] So wie hier *Lachmann* Rn. 859; *Musielak/Voit* § 1035 Rn. 17 mit § 1059 Rn. 16; *Stein/Jonas/Schlosser* § 1036 Rn. 1 [4. Abs.]; *Zöller/Geimer* § 1035 Rn. 33. Mißverstanden von *Mecklenbrauck* SchiedsVZ 2003, 186, 187 [4] mit Fn. 8.

[130] Dies erwägt wohl OLG Hamm, Beschl. v. 18. 9. 2003 – 17 SchH 7/03 [II 3] – dem folgend nun *Lachmann*, FS Schlosser, 2005, S. 477, 488 [III 2 b] bzw. *Lachmann* Rn. 862.

[131] Dafür *Zöller/Geimer* § 1035 Rn. 33.

[132] So treffend OLG Hamm, Beschl. v. 18. 9. 2003 – 17 SchH 7/03 [II 2 b]; *Baumbach/Lauterbach/Albers*, 64. Aufl., § 40 DRiG Rn. 4 u. *Lachmann* Rn. 861 mit FS Schlosser, 2005, S. 477, 487 [II 1 b] – offen BGH NJW 1964, 593, 594 re. Sp.; aA 1. Aufl. § 1028 aF Rn. 31 m. weit. Nachw. (Fn. 99).

[133] Vgl. *Schütze/Tscherning/Wais* Rn. 105, 229.

[134] Eingehend zur Bestellung *Mittelstein* HansRGZ 1926, 41, 43–47.

[135] RGZ 29, 387, 389 f.

[136] RG JW 1898, 358 (obiter) - anders die Praxis: *Schlosser* SchiedsVZ 2003, 1, 1/2 [I] mit S. 4 [III vor 1]; *Lörcher* RPS 1996 II, 9, 11 [III 3].

tigen, „**einzelne Verfahrensfragen** ... allein [zu] entscheiden" (§ 1052 Abs. 3; § 24.4 DIS-SchO). Es gibt ansonsten **kein Alleinentscheidungsrecht,** selbst bei Gefahr im Verzug nicht.[137] Man sollte hier jedoch auch nicht etwa umgekehrt überkleinlich verfahren. Der Obmann hat eine Verpflichtung vor allen Verfahrensentscheidungen, die Beisitzer zu informieren und muss lediglich vor Maßnahmen, die erkennbar für den Ausgang des Verfahrens von Bedeutung sind, für eine nähere Erörterung sorgen.[138] Das Schiedsgericht als solches mag dazuhin dann später eine Maßnahme auch aufheben oder abändern.

60 Die Parteien können freilich selbständig Abweichendes vereinbaren, sogar bei einer Dreierbesetzung (arg. § 1035 Abs. 1 bzw. § 1042 Abs. 3). Sie mögen ein **kollektives Handeln** zudiktieren und seine Stellung also schwächen, der Dritte ist sodann kein Obmann („surarbitre") mehr, sondern steht völlig sonstigen Beisitzern gleich („tiers arbitre");[139] sie können aber ebenso die Stellung entsprechend stärken und ihm etwa den **alleinigen Stichentscheid** zubilligen, wenn sich beide Parteischiedsrichter nicht weiter einigen können („umpire"-Formel).[140] Dies erlaubt § 1052 Abs. 1 („Haben die Parteien nichts anderes vereinbart, ...") auch künftig noch. Allemal sollte jeder Obmannbestellung besondere Sorgfalt angedeihen, damit dann die Ausgewogenheit sichergestellt ist. Ansonsten erlebt man leicht womöglich später einmal sein „blaues Wunder" (mitunter hilft freilich § 1034 Abs. 2). Der Wegfall des berufenen Beisitzers berührt die Stellung des Obmanns nicht,[141] und auch der Wegfall des Obmanns führt zu einer Ersatzbestellung (arg. § 1039).[142]

61 **2. Aufgaben.** Dem Obmann obliegt die „Geschäftsleitung"[143] bzw. Verfahrensleitung (§ 24.3 DIS-SchO). Das erfasst die äußere und innere Gestaltung des Verfahrens. Er hat regelmäßig die folgenden Aufgaben zu erfüllen: **Ordnung des Ablaufs** im Vorfeld, einschließlich Terminierung (§ 216 Abs. 2 analog), Aufklärung, Benachrichtigung (§ 1047 Abs. 2/3) etc. bzw. Sammlung des Prozessstoffes (§ 273 Abs. 2 analog[144]). Ihm obliegt ferner die begleitende **Aktenführung** (ggf. unter Einsatz eines Protokollanten), von der Konstituierung des Schiedsgerichts bis zum Verfahrensende (§ 1056); uU besteht ein eigener Herausgabeanspruch[145] (wichtig für spätere Aufhebungsattacke: § 1059 Abs. 2 Nr. 1 d – aber: § 1052 Rn. 3–7).

62 Er zeichnet verantwortlich für förmliche wie sachliche **Prozessleitung** (§ 136 Rn. 1 f.), namentlich bei mündlicher Verhandlung (§ 1047 Abs. 1 mit § 136 analog). Dazu gehört auch die logistische Vorbereitung von Verhandlungen (Tagungsraum, Sekretariat etc.)[146] und entsprechend die Anforderung, Verwahrung und Verteilung der Vorschüsse (Rn. 41–43), ferner die Erfüllung ausreichender richterlicher Aufklärung (§ 139 Abs. 1, 2 analog). Nach § 1052 Abs. 3 kann ihm dazu die Alleinentscheidung einzelner Verfahrensfragen übertragen werden (Rn. 59).

63 Er bemüht sich ferner um die inhaltliche Vorbereitung der Entscheidung durch **Herbeischaffung der Beweismittel** (Anfragen bei Zeugen und Sachverständigen [§ 1049 Abs. 1] oder Staatsgerichten [§ 1050], Vorlageanordnungen, Vorbereitung eines Augenscheins, Terminabsprachen etc.) und um die **Ermöglichung der Entscheidung** (Leitung der Beratung, Abfassung des Schiedsspruchs unter Beachtung aller Formalien [§ 1054 Abs. 1–3], Veranlassung der Außenwirkung durch Übersendung im Namen des Schiedsgerichts [§ 1054 Abs. 4][147]). Die Begründung als wichtigste Tätigkeit ist allerdings uU entbehrlich (§ 1054 Abs. 2), sie kann auch einem Beisitzer übertragen und auch von Hilfspersonen vorbereitet werden.

64 **3. Materielle Vertragsbeziehung.** Neben der prozessual außenwirksamen Bestellung (§ 1035 Rn. 11) ist zudem die – materielle – Annahme des Vertragsangebots auf Abschluss des Schiedsrichtervertrags nötig. Dafür sind die Beisitzer als materiell bevollmächtigt anzusehen;[148] der Obmann kann ebenso auch von den Parteien direkt bestellt werden. Das Vertragsverhältnis zwischen ihm und

---

[137] *Schlosser* SchiedsVZ 2003, 1, 4/5 [III 1] – hier großzügiger noch *Lörcher* RPS 1996 II, 9, 11 [III 4].
[138] Richtig insoweit *Lörcher* RPS 1996 II, 9, 11 [III 4].
[139] Beispiel: RGZ 15, 357, 360.
[140] Beispiel: RGZ 116, 230, 232. Dazu näher noch *Mittelstein* HansRGZ 1926, 41, 51 f. [7] mit Sp. 44/45.
[141] Sehr vorsichtig noch OLG Breslau OLGspr. 19 (1909), 174, 175 aE; ganz klar aber RG WarnR 25 (1933) Nr. 54, S. 107, 110 mit RG JW 1898, 358.
[142] Dies meint auch schon RGZ 15, 357, 361 f.
[143] So recht plastisch schon RG JW 1898, 358.
[144] AA *Schlosser* SchiedsVZ 2003, 1, 5 f. [III 2]: nur Initiativrecht und Ausführender – indes: mehr meint § 273 Abs. 2 auch nicht!
[145] OLG Celle JW 1930, 766, 767.
[146] *Schlosser* SchiedsVZ 2004, 21, 25 [III vor 1] mit SchiedsVZ 2003, 1, 6 f. [III 3].
[147] Dazu: BGH ZZP 71 (1958), 427, 428 = LM § 1041 aF Nr. 8; OLG Düsseldorf OLGZ 1984, 426, 438.
[148] Vgl. OLG Kassel OLGRspr. 23 (1911), 248.

den Parteien unterscheidet sich nicht grundsätzlich von dem Verhältnis der Parteien zu den übrigen Schiedsrichtern[149] (dazu eingehend oben Rn. 15 ff.).

Der Obmann ist so wie jeder Schiedsrichter weisungsgebunden (Rn. 15) und aufklärungspflichtig (§ 1036 Abs. 2); seine **Mehrbelastung und -verantwortung** wird idR aber durch einen erhöhten Vergütungssatz entlohnt. Auch mögen sich aus der insoweit exponierten („neutralen") Stellung eigene wichtige Gründe zur vorzeitig außerordentlichen Kündigung (Rn. 48–53) ergeben. Obgleich selbständige Verträge der Parteien mit Beisitzern und Obmann abgeschlossen werden, dürfte **gemeinschaftliche Schuld** vorliegen: die nötige Entscheidung (§ 1029 Abs. 1) bedarf des gemeinschaftlichen Zusammenwirkens (§ 1052 Abs. 1), das Gericht ist insgesamt insoweit gefordert; für Sekundärpflichten (Rn. 18–27) liegt aber **Gesamtschuld** nahe (§§ 421 ff. BGB analog).[150]

Geschäfte mit „Außenwirkung" tätigt der Obmann idR auf Grund materiell-rechtlicher Vollmacht (erteilt durch den Schiedsrichtervertrag!), und zwar *für beide Parteien,* wenn und weil er in ihrem Namen handelt (Sonderfall: § 1049 Abs. 1, dazu näher dort Rn. 22). Die Fremdbezogenheit muss er jedoch deutlich machen. In Betracht kommt außerdem Handeln in eigenem Namen, sei es als mittelbarer Stellvertreter (Treuhänder);[151] doch sollte der Obmann dann rechtzeitig für genügenden Auslagenvorschuss (Rn. 39–41) vorsorgen. 66

IV. Der Schiedsorganisationsvertrag

1. Grundlagen. Die Beteiligung von Schiedsinstitutionen bzw. -organisationen am Schiedsverfahren ist prinzipiell eine recht alte Erscheinung, die in vielfältig gestufter Intensität vorkommt (Vor § 1025 Rn. 65 ff. mit Rn. 11):[152] Vermittlung von geeigneten Schiedsrichtern (Kontakte), Bereitstellung des äußeren Rahmens (Logistik), formale Verwaltung des Verfahrens (Coaching) bis hin zur Befugnis prozessualer Prüfung von Einzelfragen (Kontrolle). Vor allem die Schritte bis zur Konstituierung des Schiedsgerichts liegen häufig in der Hand einer dergestaltig „ständigen" Organisation (zB DIS, ICC, AAA etc.). Maßgeblich ist insoweit die Ausgestaltung der Schiedsordnung, der ja nun § 1042 Abs. 3, 2. Var. explizit sogar gedenkt. Diese **prozessuale Seite** betonen noch stärker wohl die verschiedenen – unrezipiert gebliebenen – Definitionen des Art. 2 ModG, die die Anwendbarkeit des Modellrechts ohne Rücksicht auf die Beteiligung einer „permanent arbitral institution" sichern (lit. a), parallel Drittmächtigt gestatten (lit. d) und dann zusätzlich noch die Verweisung auf Schiedsregeln erlauben (lit. e). 67

Dazu kommt eine **materielle Seite,** die insgesamt dem Schieds*richter*vertrag letztlich recht nahesteht und die man als Schieds*organisations*vertrag ganz zutreffend bezeichnen kann. Zwei Gestaltungen sind hierbei wohl möglich:[153] Entweder wird die Schiedsinstitution ermächtigt, namens und im Auftrag der Parteien Schiedsrichterverträge abzuschließen („Vermittlungs"-Lösung), was idR auf prozessuale Drittbenennung (§ 1035 Rn. 26) hinausläuft. Oder aber die Schiedsinstitution hat selbstverantwortlich für den Erfolg zu sorgen. Sie nimmt daher die Schiedsrichter selbst unter Vertrag, die dann quasi ihre „Hilfspersonen" sind („Prästierungs"-Lösung).[154] Welche Konstruktion gewählt ist, entscheiden die Umstände des Einzelfalls. Der Schiedsorganisationsvertrag ist **materiell-rechtlicher Natur,** so wie auch der Schiedsrichtervertrag (Rn. 4), und formt genauso einen gemischten Typus bzw. Vertrag sui generis (Rn. 5). Er bewahrt auch diese Züge, obwohl auf Grund mittelbarer Auswirkungen auf das Schiedsverfahren ein gewisser prozessualer Bezug unbestritten vorliegt. 68

2. Vertragsbindung. a) Vertragsschluss. Ihn wird man noch nicht in einer Schiedsvereinbarung (§ 1029 Abs. 1) mit Verweisungsregelung (§ 1042 Abs. 3, 2. Var.) sehen[155] – denn sonst hätte jene Institution Anspruch auf Mitwirkung und Entlohnung, ohne dass sich die Parteien noch später umentscheiden können. Die Vorstellung eines (Dauer-)Angebots ad incertas personas mit Zugangsverzicht für die Annahmeerklärung (§ 151 S. 1, 2. Var. BGB) wirkt doch recht weltfremd. Jede *anfängliche* parteiautonome Modifikation, wäre Ablehnung mit Neuantrag (§ 150 Abs. 2 BGB!), was dann den Ball der Schiedsorganisation ohnedies wieder zuspielt; die Institution müsste sich die *nachträgliche* Veränderung umgekehrt vorbehalten (§ 315 Abs. 1, 2 BGB?). Das schafft großen Umstand. Der Organisationsvertrag kommt (in Anlehnung an Rn. 12) demnach erst dadurch zustande, dass 69

---

[149] KG ZZP 56 (1931), 48, 49.
[150] *Jauernig/Stürner* § 431 BGB Rn. 4; MünchKommBGB/*Bydlinski* Vor § 420 Rn. 7.
[151] *Schlosser* SchiedsVZ 2004, 21, 25 f. [III].
[152] Überblick bei *Chr. Wolf,* 1992, S. 16 ff.
[153] *Chr. Wolf,* 1992, S. 79/80 mit *Stein/Jonas/Schlosser* Vor § 1025 Rn. 7 u. Fn. 53 („Dreiecksverhältnis").
[154] Die DIS verfährt nach ersterer Lösung (*Lachmann* Rn. 3511), für letzteres im Regelfall *Musielak/Voit* § 1035 Rn. 22 aE u. *Schütze/Tscherning/Wais* Rn. 573; dazu auch *Stein/Jonas/Schlosser* Vor § 1025 Rn. 7 [3. Abs.].
[155] So aber zB *Chr. Wolf,* 1992, S. 84 ff. u. *Stein/Jonas/Schlosser* Vor § 1025 Rn. 12 – hingegen zutr. *Lachmann* Rn. 3509.

§ 1034 　　　　　　　　　　　　　　Buch 10. Abschnitt 3. Bildung des Schiedsgerichts

eine Partei jene konkrete Organisation „angeht", die den Vertrag dann – konkludent? – akzeptiert; sie agiert zugleich namens des Abredepartners bzw. Prozessgegners, der durch die Schiedsvereinbarung als dazu bevollmächtigt gilt.[156] Ohne Rechtswahl (Art. 27 EGBGB) gilt Sitzrecht (Art. 28 Abs. 1 EGBGB).[157]

70　b) **Vertragsinhalt.** Der verpflichtende **Vertragsinhalt** ist nur auf einer Seite exakt feststell- und klagbar: die Schiedsparteien müssen die jeweilige Institution entlohnen (zB § 40.4 DIS-SchO mit Kosten-Anlage Nr. 15 [Rn. 37]: **Bearbeitungsgebühr**). Sie wird ihrerseits nach Maßgabe der Schiedsordnung[158] zur Bearbeitung iSv. förderlicher **Mitwirkung und Betreuung** verpflichtet. Das kann sich auf logistische Äußerlichkeiten beschränken (Bereitstellung von Konferenzräumen, Schreibkapazität, Kommunikation etc.) und darauf, den technischen Ablauf des Prozesses zu gewährleisten; dies mag auch inhaltliche Pflichten mitumfassen, vor allem die Schiedsrichterernennung. Hier ist jede lediglich administrative Tätigkeit einklagbar und erzwingbar, wobei § 315 Abs. 3 BGB einen breiten Freiraum schafft; einer Klage auf Mitwirkung bei Konstituierung des Schiedsgerichts fehlt angesichts prozessualer Befugnisse (§ 1035 Abs. 4, 3. Var.) indes das Rechtsschutzbedürfnis. Verfahrensfehler mögen auch die Aufhebung (§ 1059 [Abs. 2 Nr. 1 d] – Ergebnis-Relevanz?) begründen.

71　3. **Abgrenzung: Prozessuale Befugnisse.** Betrauen die Parteien ein institutionelles Schiedsgericht mit der Entscheidung ihrer Streitsache, so ermächtigen sie zuvörderst die Schiedsorganisation zu den von ihr im Schiedsverfahren durchzuführenden *prozessualen* Maßnahmen (§ 1029 Abs. 1 bzw. § 1042 Abs. 3). Das schafft die Handlungsbefugnis der Schiedsinstitution, indes noch keine Handlungspflicht. Wenn diese also die Schiedsklage entgegennimmt, auf deren Vollständigkeit prüft und weiterleitet (zB §§ 6, 8 DIS-SchO), Schiedsrichter vermittelt oder bestellt (zB § 2 iVm. §§ 12–17 DIS-SchO), über deren Ablehnung entscheidet (anders § 18.2 DIS-SchO: nur Vorbereitung der Entscheidung), für Übersendung und Verwahrung des Schiedsspruchs sorgt (§ 36 DIS-SchO) etc., aber auch Fristen für die Stellungnahme der Parteien zu bestimmten Punkten und ebenso für die Arbeit des Schiedsgerichts festsetzt bzw. verlängert, summarisch die Wirksamkeit der Schiedsvereinbarung überprüft, Ladungen und Zustellungen vornimmt usw., dann ist dies absolut prozessual gedeckt, aber ein ganz freiwilliges Entgegenkommen.

72　Erst der Abschluss des Schiedsorganisationsvertrages begründet die **erforderliche beidseitige Verpflichtung** – neuerlich rein materiell verstanden. Die Parteien müssen nicht streiten, und sie könnten sich auch einigen, nach anderen (eigenen) oder angepassten (fremden) Regeln zu prozedieren oder es beim Gesetz letzthin zu belassen. Insoweit muss folglich zB § 24.1 S. 1, 2. Halbs. DIS-SchO auch jeder Gestaltung offen sein. Die Schiedsinstitution ist dabei aber stets nur **Verwaltungsorgan,**[159] nicht selbst Gericht, übt also keine Rechtsprechung bzw. Richterfunktion aus. Bei der DIS ist das letztlich klar erkennbar, weil sie sich auf äußerliche Zuarbeit beschränkt (aber: § 17.2: „Ernennungsausschuss"), bei der ICC, die inhaltliche Kompetenzen beansprucht, allemal etwas offener, aber letztlich gleich anzusehen:[160] die Befugnis zur (Sach-)„Entscheidung" iSv. § 1029 Abs. 1 fehlt! Gleichwohl bedarf es verfahrensrechtlich der **Kompetenzbegründung**, wenn und weil insoweit prozessual bindende Handlungen erfolgen (so wie zB zur Schiedsrichterbenennung).

§ 1034 Zusammensetzung des Schiedsgerichts

(1) [1]Die Parteien können die Anzahl der Schiedsrichter vereinbaren. [2]Fehlt eine solche Vereinbarung, so ist die Zahl der Schiedsrichter drei.

(2) [1]Gibt die Schiedsvereinbarung einer Partei bei der Zusammensetzung des Schiedsgerichts ein Übergewicht, das die andere Partei benachteiligt, so kann diese Partei bei Gericht beantragen, den oder die Schiedsrichter abweichend von der erfolgten Ernennung oder der vereinbarten Ernennungsregelung zu bestellen. [2]Der Antrag ist spätestens bis zum Ablauf von zwei Wochen, nachdem der Partei die Zusammensetzung des Schiedsgerichts bekannt geworden ist, zu stellen. [3]§ 1032 Abs. 3 gilt entsprechend.

---

[156] *Aden* RIW 1988, 757, 761; *Boissésson* RdA 1990, 337, 342 ff.; *Schlosser* RIPS Rn. 498 (aber: *Stein/Jonas/Schlosser* Vor § 1025 Fn. 71!); *Berger*, 1992, S. 267 mit Fn. 36 u. S. 347 – aA *Chr. Wolf*, 1992, S. 89/90: „gekünstelte Konstruktion".
[157] *Schütze* IS Einl. Rn. 38 f.; *Zöller/Geimer* § 1029 Rn. 127.
[158] *Stein/Jonas/Schlosser* Vor § 1025 Rn. 13 aE.
[159] Dies meinen auch *Schwab/Walter* Rn. 1.10, 47.16; *Bredow/Bühler* IPRax 1988, 69, 70 u. *Raeschke-Kessler/Bühler* ZIP 1987, 1157, 1160. Vgl. dazu erg. *Stein/Jonas/Schlosser* § 1042 Rn. 5.
[160] Anders *Chr. Wolf*, 1992, S. 62–69: arbeitsteilige (Rechtsprechungs-)Organisation.

Schrifttum: *Kornblum,* Probleme der schiedsrichterlichen Unabhängigkeit, 1968, S. 191–259 (weitere Angaben bei § 1035 und § 1036).

I. Normzweck

Abs. 1 übernimmt Art. 10 ModG, der insoweit von Art. 5 SchO zehrt, und ermöglicht es, ein 1
Schiedsverfahren auch dann durchzuführen, wenn in dem Schiedsvertrag **keine Vereinbarung** über die Zusammensetzung des Schiedsgerichts getroffen ist. Dadurch, dass nunmehr *drei* Schiedsrichter als gesetzlicher Regelfall eingesetzt werden, ist das Patt-Problem der alten Regelung[1] behoben, die in § 1028 aF *zwei* Schiedsrichter vorsah, falls keine andere Parteivereinbarung bestand, und in § 1033 Nr. 2 aF den Schiedsvertrag außer Kraft treten ließ, wenn sich unter den Schiedsrichtern Stimmengleichheit ergab. Das Ernennungsverfahren des § 1035 Abs. 2 S. 2/3 wird damit dann mittelbar zum Regelfall soweit Vereinbarungen fehlen – das sichert nicht zuletzt die **Ausgewogenheit** des Schiedsgerichts.

In **Abs. 2** schlägt sich ein Teilaspekt des früher in § 1025 Abs. 2 aF geregelten Prinzips der 2
Gleichgewichtigkeit der Parteien nieder,[2] was selbst wieder den Rückgriff auf § 138 Abs. 1 BGB erübrigen sollte[3] und weitgehend wortgleich § 738 E 1931 gesetzlich verankerte: Bei einem Übergewicht einer Partei bei der Zusammensetzung des Schiedsgerichts nimmt auf Antrag ein (neutrales) *staatliches* Gericht (§ 1062 Abs. 1 Nr. 1) die Schiedsrichterbestellung vor. Die Regel sichert im Vorfeld das Prinzip der **Gleichbehandlung der Parteien:** § 1042 Abs. 1 S. 1 lässt allgemein ein Prozedere nicht zu, bei dem für eine Partei *während des Verfahrens* ein Übergewicht entsteht; über § 1034 Abs. 2 wird die ausgewogene Zusammensetzung des Schiedsgerichts *vor Beginn des Verfahrens* sichergestellt und damit eine formale Garantie materieller Gleichbehandlung geschaffen. Sie ist ohne Vorbild im ModG,[4] sondern inspiriert vom ähnlichen § 1028 WBR [NL] und auch von § 1025 Abs. 2 aF.

II. Richteranzahl (Abs. 1)

§ 1034 Abs. 1 regelt *objektiv* die **abstrakte Anzahl** der Schiedsrichter: die Parteien haben volle 3
Freiheit **(S. 1)**, wie sie ihr Schiedsgericht zahlenmäßig zusammensetzen; nur hilfsweise ist gesetzlich ein **Dreierschiedsgericht (S. 2)** vorgesehen, das nach Art einer ergänzenden Vertragsauslegung die Lücke parteifreundlich füllt.[5] Dieser gesetzmäßigen Konstellation des § 1034 Abs. 1 S. 2 vermag § 1034 Abs. 2, wenn sie nach § 1035 Abs. 3 S. 2 umgesetzt wird, gewiss niemals etwas anzuhaben. Der Wandel gegenüber früher liegt nicht nur in der Abkehr vom **Zweierschiedsgericht (§ 1028 aF)** als Auffangmodell, sondern letzthin auch im subtilen Tonfall: aus der negativen („Ist ... eine Bestimmung ... nicht enthalten") ist eine positive („können ... vereinbaren") Formulierung geworden, was die Stärkung der Parteidisposition als ein Grundanliegen der Neuregelung (arg. § 1042 Abs. 3) unterstreicht. Parteiautonom kann die Zahl vollkommen frei vereinbart werden – solange nur die Grenzen zu Abs. 2 (Rn. 5 ff.) gewahrt sind. Die Zahl mag gerade[6] oder ungerade sein, sie kann der Zahl der Parteien entsprechen und also variabel sein, es ist aber genauso gut auch ein **Einerschiedsgericht** (Kosten!)[7] ausreichend etc. Die Vereinbarung kann ursprünglich (§ 1029 iVm. § 1031) oder nachträglich (auch formfrei dann)[8] erfolgen.

---

[1] *Berger,* 1992, S. 140.
[2] BT-Drucks. 13/5274 S. 39 li. Sp. [2].
[3] Amtl. Begr. zu § 738 E 1931 S. 393 f.: ausdrückliche Klarstellung – wohl im Anschluß an das Gutachten *Leo* zum 34. DJT I S. 179, 201 f. Sehr eindrucksvoll noch die Versuche bei RGZ 137, 251, 255 ff., insbes. S. 258 f. = JW 1932, 38 m. zust. Anm. *Heilberg* mit RG HRR 1932 Nr. 2216 – vgl. aber auch erg. Rn. 10.
[4] Eine Nichtigkeitsschranke (Art. 13 Abs. 2 1st Draft = *Holtzmann/Neuhaus.* S. 367 – dazu 2nd WGR Nr. 75 f. = *Holtzmann/Neuhaus* S. 369) fand letzthin keine Mehrheit (3rd WGR Nr. 89–91 = *Holtzmann/Neuhaus* S. 373: zu vage und geeignet, um mutwillig das Verfahren zu verzögern).
[5] BT-Drucks. 13/5274 S. 39 li. Sp. [1]: praktisch häufigste Besetzung und ebenso interessengerechte Lösung; 7th SN Art. 10 Nr. 3 = *Holtzmann/Neuhaus* S. 356. Gestaltungsmöglichkeiten: 1st WGR Nr. 47 = *Holtzmann/ Neuhaus* S. 351 mit 2nd WGR Nr. 81 = *Holtzmann/Neuhaus* S. 352.
[6] Eine Pattsituation kann ebenso wirkungsvoll durch Stichentscheid eines Richters/Obmannes (§ 1052 Rn. 11) verhindert werden.
[7] 7th SN Art. 10 Nr. 3 = *Holtzmann/Neuhaus* S. 356; 3rd WGR Nr. 93 = *Holtzmann/Neuhaus* S. 353 mit 2nd WGR Nr. 81 = *Holtzmann/Neuhaus* S. 352.
[8] AA *Baumbach/Lauterbach/Hartmann,* 65. Aufl., Rn. 3 einerseits (nur ursprünglich – anders jetzt aber 66. Aufl.) u. *Thomas/Putzo/Reichold* Rn. 1 andererseits (nur formgerecht).

§ 1034 4–8

4 Wer *subjektiv* die **konkrete Person** ist, die später das Richteramt ausübt, ist eine total andere Frage, welcher sich § 1035 dann annimmt. Schiedsrichter sind nicht etwa schon im Schiedsvertrag namentlich zu bezeichnen. Sie können wohl benannt sein, müssen es jedoch nicht – sind sie es, liegen Vereinbarung und Bestellung iSv. § 1034 Abs. 1 S. 1 mit § 1035 Abs. 1 uno actu und vorab vor – die Parteien sind hieran dann gebunden (arg. § 1035 Abs. 2). Die Anzahl der Richter ist selten verdächtig; erst die ganz konkrete Besetzung des Gerichts gibt besonders dann Anlass zur Frage, ob eine Partei Übergewicht erhält bzw. die andere Partei benachteiligt wird (Rn. 5 ff.) – mithin wäre § **1034 Abs. 2** wohl besser selbständig normiert[9] und nicht einfach – vermeidbare Missverständnisse provozierend – dem § 1034 Abs. 1 „angehängt" worden. Denn dass er beide Fälle meint, folgt allein daraus schon, dass er die „erfolgte Ernennung" bzw. die „vereinbarte [Ernennungs-]regelung" und damit die personale Konkretisierung anspricht.

III. Parteiübergewicht (Abs. 2)

5 **1. Tatbestand. a) Grundlegung.** § 1034 Abs. 2 greift aus den allgemein gesetzlich missbilligten Überlegenheitsfällen (Rn. 10) die Fallgruppe heraus, dass auf Grund der Schiedsvereinbarung die eine Partei an der Gerichtsbank ein Übergewicht erhält (Rn. 8), das die andere Partei benachteiligt (Rn. 9) – fraglich bleibt aber der Sinn dieser **Dopplung**: jedes Übergewicht wirkt doch potentiell auch benachteiligend! Es hintertreibt die paritätische Ausgewogenheit. Wer sich nicht benachteiligt fühlt, wird Abwehr ohnedies lassen, und demjenigen, der sich wehrt, dem wird man kaum sagen können, er solle zuerst noch warten, bis konkrete Benachteiligung eintrete.

6 Im Prinzip ging es wohl hierbei allein darum, die große Hürde des „Ausnutzens" und „Nötigens" in § 1025 Abs. 2, 2. Var. aF abzusenken. Dafür soll die Schiedsvereinbarung gerade nicht unwirksam sein, sondern neutral „bedient" – besser: „korrigiert" – werden (Rn. 11). Solche Fälle können etwa vorkommen bei Monopolinhabern gegenüber Kleinbetrieben, im Verhältnis zwischen Unternehmern und ihren Handelsvertretern, von Herstellern gegenüber Vertragshändlern, von Generalunternehmern gegenüber Bauhandwerkern usw. Die Regelung gibt zudem auch einen brauchbaren Hebel, die Ernennungsfrage im Mehrparteienverfahren gerecht(er) zu handhaben (§ 1035 Rn. 51 ff., 56 aE).

7 Erfasst werden allerdings leider allein **Konstituierungsprobleme** (aber: Rn. 10!) – § 1034 Abs. 2 gilt nicht auch bei sonstigem faktischem Übergewicht, wie etwa bei Ortswahl (§ 1043 Abs. 1)[10] und allgemein bezüglich der Verfahrensgestaltung (§ 1042 Abs. 3).[11] Andererseits wäre es auch zu formalistisch, auf dem Wortlaut zu bestehen – **„Schiedsvereinbarung"** erfasst in Erweiterung zu § 1029 Abs. 1 hier ebenso eine Verfahrens- oder Bestellungsvereinbarung; gedacht ist nur an den Regelfall, dass anfangs gleich alles geklärt wird, doch können sich die Parteien auch ergänzend noch einigen, ohne dass schon das Schiedsgericht konstituiert wurde.

8 **b) Übergewicht.** Übergewicht einer Partei bei der Zusammensetzung des Schiedsgerichts ist anzunehmen, wenn eine Seite auf die Besetzung der Schiedsrichterbank einen **größeren Einfluss** hat als die Gegenseite.[12] Das ist zB der Fall, wenn einer Partei allein die Ernennung des gesamten Schiedsgerichts übertragen wird[13] (oder auch „nur" zwei von drei Schiedsrichtern[14]), wenn nur eine Partei einem Verband angehört und dieser das Schiedsgericht stellt,[15] bei AGB-Vorgabe des Klauselverwenders.[16] Sogar bei einer Vereinbarung, dass bei nicht fristgerechter Schiedsrichterbenennung

---

[9] AA *Baumbach/Lauterbach/Hartmann* Rn. 5: Näheverhältnis zur Ernennungsfrage (§ 1035).
[10] Beispiel: OLG Hamburg RIW 1989, 574, 576 [I 3 b] (§ 1025 Abs. 2 aF).
[11] Zu kurz greift hier BT-Drucks. 13/5274 S. 34 li. Sp. [5], weil § 1042 Abs. 1 S. 1 bloß repressive Kontrolle ermöglicht.
[12] Kasuistik dazu bei *Kornblum*, 1968, S. 196 ff. m. umf. weit. Nachw.
[13] BGHZ 54, 392, 394 f. m. weit. Nachw. = NJW 1971, 139 (§ 134 BGB; als „Säumnisfolge"); OLG Neustadt NJW 1955, 635, 636 m. zust. Anm. *Werthauer* (§ 1025 Abs. 2 aF analog); BGH NJW 1989, 1477 (§ 138 Abs. 1 BGB bei Benachteiligungsabsicht) – anders davor aber RG DR 1942, 186; JW 1934, 362 bzw. HRR 1932, Nr. 2216; JW 1919, 109 (weit. Nachw. bei RGZ 137, 251, 255); offen insoweit indes BGHZ 98, 70 = NJW 1986, 3027 = JZ 1987, 154, vgl. S. 73 einerseits, S. 76 andererseits (Auslandsfall!); OLG Köln, Beschl. v. 22. 12. 1999 – 9 Sch 15/99 [II 2] (Inlandsfall).
[14] Beispiel: OLG Rostock OLGRspr. 40 (1920), 439 (*einseitige* Obmannbestellung gestattet – insoweit überholt!).
[15] BGHZ 51, 255, 258–261 = NJW 1969, 751, zust. *Kornblum* ZZP 82 (1969), 480; *Habscheid* JZ 1971, 233 f.; krit. *Bülow* NJW 1970, 585; ebenso schon vorher OLG Karlsruhe NJW 1957, 1036, 1037; anders indes später OLG Hamburg MDR 1975, 409 m. zust. Anm. *Bettermann* – dagegen *Habscheid* KTS 1976, 1, 3 f.
[16] AA OLG Celle OLGR 2000, 57, 58 mit krit. Anm. *Mankowski* EWiR 2000, 411, 412: § 307 Abs. 1/2 BGB!

das Ernennungsrecht auf die andere Partei übergehen soll[17] oder „deren" Richter allein entscheidet,[18] kann die säumige Partei den Antrag nach Abs. 2 stellen, mag auch die Gestaltung einer Obstruktion recht wirksam vorbeugen – den Grundanforderungen an Unparteilichkeit und Unabhängigkeit ist durch das Ablehnungsrecht allein nicht genügd Rechnung getragen (aA 1. Aufl. § 1025 Rn. 18 aE); das Gesetz kennt andere probate Mittel, eine Blockade zu verhindern (§ 1035 Abs. 3–5), die Rechtsstaatlichkeit hat absolut den Vorrang.[19] Jedwede geringe Bevorzugungen genügen bereits,[20] wohl nicht aber schon eine nachträgliche Veränderung zunächst bestehender Näheverhältnisse,[21] und keinesfalls die Festlegung auf inländische Schiedsrichter trotz ausländischer Schiedspartei.[22]

c) Benachteiligung. Benachteiligung bedeutet nicht, dass eine Konstellation gegeben sein muss, 9
die eine günstige Entscheidung impliziert, es genügt, dass verfahrensmäßige Positionen gewonnen werden, die **günstigere Aussichten für eine positive Entscheidung** bieten[23] – die nackte (plausible) Besorgnis reicht aus.[24] Der Begriff des Übergewichts kann nur im Hinblick auf die Auswirkungen im konkreten Einzelfall beurteilt werden; er ist vom Gebot der Gleichbehandlung (§ 1042 Abs. 1 S. 1) her zu konkretisieren. Eine ausgesprochene Abhängigkeit wird nicht gefordert. – § 1034 Abs. 2 enthält **kein subjektives Element.** Ein bewusstes Ausnutzen als gewolltes Inssspielbringen der Überlegenheit zur Erlangung des erstrebten Vorteils erfordert die Regelung nicht mehr. Sie beschränkt sich konsequent – und anders als § 1025 Abs. 2 aF[25] – auf eine **rein objektive Anknüpfung** und erspart die oftmals schwierige bis unmögliche Motivationsforschung: allein äußere Fakten zählen! Die innere Intention bleibt ausgeblendet[26] – das macht die Vorschrift (vielleicht) effektiver als ihre Vorgängernorm.

2. Exkurs: Unwirksamkeit der Schiedsvereinbarung. Die Schiedsvereinbarung selbst kann 10
allemal auch bereits nach allgemeinen Regeln bürgerlichen Rechts (§§ 134, 138; 142 Abs. 1, 119, 123; 305 c Abs. 1, 307 Abs. 1/2 BGB[27] – näher dazu bei § 1029 Rn. 15 ff.) unwirksam sein – namentlich auch künftighin, wenn kraft wirtschaftlicher oder sozialer Überlegenheit ein Schiedsvertrag abgenötigt wird. Die Neuregelung kennt zwar keine besondere (prozessuale!) Unwirksamkeitsvorschrift für Schiedsvereinbarungen, wie sie wie früher in § 1025 Abs. 2 aF zu finden war, und die missbilligte Einflussnahme auf die Zusammensetzung ist durch § 1034 Abs. 2 nF jetzt spezialiter ausgestaltet[28] (Fortwirkung statt Nichtigkeit bzw. Antragslast mit Präklusion!) – aber: darüber hinausgehende Beeinträchtigungen sind künftig genauso ahndbar wie bisher.[29] Selbst (bzw. gerade) wenn die Zusammensetzung des Schiedsgerichts nicht befürchten ließe, dass eine der Parteien Nachteile erleidet, greifen die hierfür geltenden materiellen Grenz- und Schutznormen der Privatautonomie zugunsten grundsätzlich freier Willensbildung. Deren Tatbestand ist meist strenger, deren Rechtsfolge (Nichtigkeit bzw. Anfechtbarkeit) indes ebenfalls!

3. Rechtsfolge. a) Schiedsverfahren. Das Übergewicht wird nur auf **Parteiantrag** korrigiert 11
(S. 1, 2. Halbs.); die Schiedsvereinbarung bleibt ansonsten gültig (im Unterschied zu Rn. 10); wer sich nicht wehrt, wird präkludiert (S. 2/3): vermutete Einwilligung bzw. mangelnde Benachteiligung (Rn. 12).[30] Antragsbefugt ist einzig die benachteiligte Partei (arg. S. 1, 2. Halbs.: „diese"). Sie kann den Antrag schon vor einer Schiedsrichterbestellung bzw. Gerichtskonstituierung stellen (arg. **S. 2** e contrario), nicht aber vor Verfahrenseinleitung (§ 1044) – bis dahin fehlt das Rechts-

---

[17] OLG Neustadt NJW 1955, 635, 636 (oben Fn. 13).
[18] BGHZ 54, 392, 394f. (oben Fn. 13) mit Aufhebung von OLG Hamburg WM 1969, 407, 408, zust. *Kornblum* ZZP 84 (1971), 339; *Habscheid* KTS 1971, 131, 135 f.; *Bärmann*, FS Weber, 1975, S. 1, 19 f. – krit. *Walter* JZ 1987, 156 f. Dazu krit. auch 2nd WGR Nr. 85 = *Holtzmann/Neuhaus* S. 369/370.
[19] So recht vorbildhaft schon E 1931 mit einer entsprechenden Sonderregelung (§ 740 Abs. 1 S. 2) *neben* § 738 (Rn. 2) – genau anders herum übrigens § 1158 Abs. 2 NE.
[20] Hier anders noch § 1034 Abs. 2 S. 1 DiskE: *offensichtliche* Benachteiligung (dazu krit. dann *Kornblum* ZRP 1995, 331, 333 f.).
[21] So aber zB KG SchiedsVZ 2005, 100, 101 m. krit. Anm. *Lachmann* bzw. Beschl. v. 21. 4. 2004 – 23 Sch 4/03: Schiedsgebundenheit des Insolvenzverwalters (§ 1029 Rn. 50).
[22] OLG Hamburg, Beschl. v. 27. 3. 2006 – 6 SchH 2/06.
[23] *Schütze/Tscherning/Wais* Rn. 158.
[24] *Musielak/Voit* Rn. 1.
[25] Dazu näher vor allem *Kornblum*, 1968, S. 220ff.
[26] *Musielak/Voit*, 1. Aufl., Rn. 2.
[27] Beispiel: OLG Düsseldorf NJW 1996, 400; unzulässig übersteigernd allerdings LG Hamburg WuM 2002, 666: „Leitbildfunktion" der Gleichgewichtigkeit.
[28] *Hanefeld/Wittinghofer* SchiedsVZ 2005, 217, 224/225 mit Fn. 57, dort auch weit. Nachw.
[29] Dies meint auch *Musielak/Voit* Rn. 5 mit § 1029 Rn. 10 – eher reserviert aber BT-Drucks. 13/5274 S. 34 li. Sp. [6]. Beides vermengend jedoch OLG Celle OLGR 2000, 57.
[30] Krit. *Kornblum* ZRP 1995, 331, 333 f.: Abkoppelung vom Antragszwang.

§ 1035 Buch 10. Abschnitt 3. Bildung des Schiedsgerichts

schutzbedürfnis. Es besteht demgegenüber auch bei klar fehlender Kompetenz[31] (arg. § 1040 Abs. 2 – auch als Recht auf eine *provisorische* Kontrolle in ausgewogener Besetzung). Das Schiedsverfahren bleibt von dieser Prüfung zunächst unberührt: es kann – zum Abwehr von Verschleppungstaktik[32] – eingeleitet, fortgesetzt oder sogar auch abgeschlossen werden (**S. 3** mit § 1032 Abs. 3 dazu näher dort Rn. 30 – **Parallelregelungen:** § 1037 Abs. 3 S. 2 u. § 1040 Abs. 3 S. 3).

12   b) **Präklusion.** Die **Zweiwochenfrist** des **S. 2** entspricht in der *Dauer* der Frist, die gemäß § 1037 Abs. 2 S. 1 für die Ablehnung eines Schiedsrichters gilt (dort Rn. 10 auch zur **Berechnung** – erforderlich ist Kenntnis der *gesamten* Richterbank[33]). Ihrer *Art* gemäß (Gesetzesfrist für ein Staatsgericht) bleibt sie völlig eigenständig (im Unterschied zu § 1037 Abs. 3 S. 1 [arg. 2. Halbs.!]); die Frist ist daher abdingbar nur nach Maßgabe der §§ 224, 225, dh. nicht verlängerbar kraft Vereinbarung. Die antragstellende Partei hat ihre Einhaltung und damit eigentlich den Zeitpunkt, zu dem ihr die Zusammensetzung des Schiedsgerichtes bekannt geworden ist, zu beweisen, muss aber doch nur konkrete Umstände früherer Kenntnis widerlegen (§ 1037 Rn. 12). Die **Anhängigkeit** wirkt fristwahrend (§ 167), die **Versäumnis** indes präkludiert und führt quasi zur Heilung.[34] Das gilt übrigens auch, sofern der geübte (mittelbare) Zwang nicht nachwirkt,[35] für § 1059 Abs. 2 Nr. 1 d, 1. Halbs., 1. Var.[36] – es existiert kein Wahlrecht und auch keine Befugnis, sich Fehlergründe „reserveweise" aufzusparen (vgl. noch erg. § 1037 Rn. 30 ff.). Die Frist soll eben klare Verhältnisse schaffen. Immer bleibt indes noch spätere Ablehnung möglich (§ 1036 Abs. 2 mit § 1037).

13   c) **Staatsverfahren.** Die Vorschrift ermächtigt das Staatsgericht iSv. § 1026 zur eigenständigen (Schieds-)Richterbestellung unabhängig von erfolgter konkreter Benennung (**S. 1, 1. Var.**) oder abstrakt vereinbarter Regelung (**S. 1, 2. Var.**). Erachtet es den Antrag für begründet, kann und wird es inhaltlich entsprechend abweichen – freilich nur insoweit, als es der Zweck (S. 1, 1. Halbs., Rn. 5–9) erfordert – und sich vom Maßstab des **§ 1035 Abs. 5** (insbes. Unabhängigkeit *und* Unparteilichkeit) leiten lassen.[37] Vorgeschriebene *neutrale* Voraussetzungen (zB berufliche oder fachliche Qualifikation – im Unterschied zu Verbandsmitgliedschaft etwa) sind mithin also weiter zu berücksichtigen (§ 1035 Abs. 5 S. 1, 1. Var.),[38] zumal dies die Ablehnung erspart (§ 1036 Abs. 2 S. 1, 2. Var.). Denkbar wäre genauso, von **§ 1034 Abs. 1 S. 2** abzuweichen und also die Richterzahl zu verändern. Der Verfahrensgang entspricht weitestgehend **§ 1035 Abs. 3 S. 1 aE bzw. S. 3** (dazu näher dort, Rn. 39 ff., 45–50, auch zu Gebühren und Kosten).

§ 1035 Bestellung der Schiedsrichter

(1) Die Parteien können das Verfahren zur Bestellung des Schiedsrichters oder der Schiedsrichter vereinbaren.

(2) Sofern die Parteien nichts anderes vereinbart haben, ist eine Partei an die durch sie erfolgte Bestellung eines Schiedsrichters gebunden, sobald die andere Partei die Mitteilung über die Bestellung empfangen hat.

(3) ¹Fehlt eine Vereinbarung der Parteien über die Bestellung der Schiedsrichter, wird ein Einzelschiedsrichter, wenn die Parteien sich über seine Bestellung nicht einigen können, auf Antrag einer Partei durch das Gericht bestellt. ²In schiedsrichterlichen Verfahren mit drei Schiedsrichtern bestellt jede Partei einen Schiedsrichter; diese beiden Schiedsrichter bestellen den dritten Schiedsrichter, der als Vorsitzender des Schiedsgerichts tätig wird. ³Hat eine Partei den Schiedsrichter nicht innerhalb eines Monats nach Empfang einer entsprechenden Aufforderung durch die andere Partei bestellt oder können sich die beiden Schiedsrichter nicht binnen eines Monats nach ihrer Bestellung über den dritten Schiedsrichter einigen, so ist der Schiedsrichter auf Antrag einer Partei durch das Gericht zu bestellen.

---

[31] AA BayObLG, Beschl. v. 15. 12. 1999 – 4 Z SchH 6/99, S. 9.
[32] BT-Drucks. 13/5274 S. 39 re. Sp. [3].
[33] KG, Beschl. v. 21. 4. 2004 – 23 Sch 4/03.
[34] Vgl. dazu erg. auch E 1929 *(Heilberg)* § 1026a Abs. 5 einerseits, E 1931 (RJA) § 740 andererseits mit amtl. Begr. S. 394.
[35] AA wohl *Habscheid* JZ 1998, 445, 448.
[36] OLG Frankfurt/Main SchiedsVZ 2006, 219, 222 [II 1] – einschr. *Musielak/Voit* Rn. 7 aE: Nr. 2b jedenfalls ohne Präklusion!
[37] BT-Drucks. 13/5274 S. 39 li. Sp. [2].
[38] *Musielak/Voit* Rn. 8.

(4) Haben die Parteien ein Verfahren für die Bestellung vereinbart und handelt eine Partei nicht entsprechend diesem Verfahren oder können die Parteien oder die beiden Schiedsrichter eine Einigung entsprechend diesem Verfahren nicht erzielen oder erfüllt ein Dritter eine ihm nach diesem Verfahren übertragene Aufgabe nicht, so kann jede Partei bei Gericht die Anordnung der erforderlichen Maßnahmen beantragen, sofern das vereinbarte Bestellungsverfahren zur Sicherung der Bestellung nichts anderes vorsieht.

(5) ¹Das Gericht hat bei der Bestellung eines Schiedsrichters alle nach der Parteivereinbarung für den Schiedsrichter vorgeschriebenen Voraussetzungen zu berücksichtigen und allen Gesichtspunkten Rechnung zu tragen, die die Bestellung eines unabhängigen und unparteiischen Schiedsrichters sicherstellen. ²Bei der Bestellung eines Einzelschiedsrichters oder eines dritten Schiedsrichters hat das Gericht auch die Zweckmäßigkeit der Bestellung eines Schiedsrichters mit einer anderen Staatsangehörigkeit als derjenigen der Parteien in Erwägung zu ziehen.

Schrifttum: *Adlerstein*, Zur Unabhängigkeit des Schiedsrichters, in: *Böckstiegel* (Hrsg.), Studien zum Recht der internationalen Schiedsgerichtsbarkeit, 1979, S. 9; *Albers*, Der parteibestellte Schiedsrichter ..., 1995; *Arnold*, Ernennung von Schiedsrichtern durch Richter, NJW 1968, 781; *Bredow*, § 1035 und die „K-Fragen" für die Parteien, FS Schlosser, 2005, S. 75; *Briner*, The appointment of arbitrators by the organisation responsible for the arbitration court, in: *Reymond/Bucher* (Hrsg.), Schweizer Beiträge, 1984, S. 147; *Denninger*, Die Bildung von Schiedsgerichten nach deutschem Recht (ZPO und DIS), IDR 2006/2, 51; *Frenz*, Auswahl und Bestellung von Schiedsrichtern durch Dritte, 1980; *Glossner*, Institutionelle Schiedsrichterernennung, FS Trinkner, 1995, S. 555; *Goldstajn*, Choice of International Arbitrators, in: *Sarcevic* (Hrsg.), International Commercial Arbitration, 1989, S. 27; *Hantke*, Die Bildung des Schiedsgerichts, SchiedsVZ 2003, 269; *Henkel*, Konstituierungsbezogene Rechtsbehelfe im schiedsrichterlichen Verfahren nach der ZPO, 2007; *Miles*, Practical Issues for Appointment of Arbitrators Lawyer ..., J. Int. Arb. 20 (2003), 219; *K. H. Schwab*, Schiedsrichterernennung und Schiedsrichtervertrag, FS Schiedermair, 1976, S. 499, 499–506; *Sieg*, Hilfsstellung Dritter im schiedsrichterlichen Verfahren, JZ 1958, 719; *Strohbach/Littmann*, Composition of the Arbitral Tribunal and Making of the Award, in: *Sanders* (Hrsg.), Uncitral's project, 1984, Report IV, S. 103; *Voskuil/Freedberg-Swartzburg*, Composition of the Arbitral Tribunal, in: *Sarcevic* (Hrsg.), International Commercial Arbitration, 1989, S. 64. – Nachweise zum **Mehrparteienschiedsverfahren** bei § 1029.

Übersicht

	Rn.		Rn.
I. Normzweck	1–5	III. Gesetzliches Verfahren	34–63
II. Vereinbartes Verfahren	6–33	1. Grundlagen: Fallgruppen als Typisierung	3, 4
1. Parteiautonomie (Abs. 1)	6–9	2. Einerschiedsgericht (Abs. 3 S. 1)	35–37
a) Gestaltungsfreiheit	6, 7	3. Zweierschiedsgericht	38–40
b) Indirekte Schranken	8, 9	4. Dreierschiedsgericht (Abs. 3 S. 2 u. S. 3)	41–45
2. Bestellungsakt	10–18	5. Gerichtshilfe	46–63
a) Prozessual	10–13	a) Kompetenzen (Abs. 3)	46–48
b) Materiell	14–18	b) Richtlinien (Abs. 5)	49–57
3. Bindungswirkung (Abs. 2)	19–23	c) Prozedere	58–63
a) Tatbestand (3. Halbs.)	20	IV. Mehrparteienschiedsverfahren	64–72
b) Rechtsfolge (2. Halbs.)	21, 22	1. Problemstellung	64–66
c) Parteiautonomie (1. Halbs.)	23	2. Prozessuales Gleichmaßgebot	67–70
4. Gestaltungsformen	24–28	a) Vergrößerung der Gerichtsbank	67
5. Gerichtsschutz (Abs. 4)	29–33	b) Gesetzliche Ernennungsregelung	68, 69
a) Grundlagen	29	c) Institutionelle Lösungsmodelle	70
b) Fallgruppen	30–32	3. Praktischer Einigungszwang	71, 72
c) Rechtsfolgen	33		

I. Normzweck

Die Vorschrift entspricht weitgehend Art. 11 ModG, gekappt um Abs. 1 (keine Ausschließung von Ausländern, Rn. 57), der deklariert, was doch ohnehin selbstverständlich bereits gilt,[1] und ergänzt um § 1030 aF (Bindungswirkung der Bestellungsnachricht, Rn. 19–23), der nunmehr als Abs. 2 firmiert. Damit läuft praktischerweise in Abs. 3–5 die Zählung von ModG und ZPO wieder gleich, nur Art. 11 Abs. 5 S. 1 ModG findet sich erst in § 1065 Abs. 1 umgesetzt. Gesichert wird

1

---

[1] BT-Drucks. 13/5274 S. 39 re. Sp. [2] mit Kom.-Ber. S. 113.

§ 1035 2–8   Buch 10. Abschnitt 3. Bildung des Schiedsgerichts

hierdurch die **schleunige Konstituierung des Schiedsgerichts**, ohne die kein Schiedsverfahren überhaupt durchführbar erscheint – die Parteien können im Voraus alles abmachen, das freilich ist eine Ausnahme, auch bei institutionalisierten Schiedsgerichten, die keine feste Richterbank haben und auch ebenso wenig eine Art Geschäftsverteilung. § 1035 gliedert sich in **drei Komplexe:**

2   (1) **Bestellungsverfahren** mit der grundsätzlichen Garantie privatautonomer Regelung (**Abs. 1**, Rn. 6 ff.) sowie einem hilfsweisen gesetzlichen Auffangnetz (**Abs. 3**, Rn. 34 ff.), welches möglichst auch parteiseits noch Freiräume bewahrt (S. 1: Einigungsversuch, Rn. 35–37 bzw. S. 3, 1. Halbs.: Nachbenennung, Rn. 45). Geregelt werden die beiden Hauptfälle, Einer- und Dreierschiedsgerichte – deutlich in Anlehnung an Art. 6 Abs. 2 S. 1 bzw. Art. 7 Abs. 1 SchO. Die Konstituierung erfolgt im Umfange der Schiedsklage (§ 1044), erfasst aber ferner auch nachträgliche Veränderungen bzw. Erweiterungen (§ 1046 Abs. 2/3).[2]

3   (2) **Bestellungshilfe** mit der Möglichkeit staatsgerichtlichen Eingreifens als Konkretisierung des § 1026. Dies sowohl zur Sicherung der autonom getroffenen Abreden (**Abs. 4** iVm. Abs. 1, Rn. 29–33: erforderliche Maßnahme – als Ergänzung des § 1034 Abs. 2) wie auch als quasi „zweite Stufe" jenes vornormierten gesetzlichen Auffangnetzes (**Abs. 3**, Rn. 46–48, 58–63: ersatzweise Bestellung – als Konkretisierung des § 1034 Abs. 2) – wiederum in Anlehnung an Art. 6 Abs. 2 SchO (Einerbesetzung) bzw. Art. 7 Abs. 2/3 SchO (Dreierbesetzung).

4   (3) **Bestellungskriterien** sind zwei – ergänzend – geregelt. Für die Parteien und mithin im Rahmen von (1) gilt – abweichende Vereinbarung vorbehalten – die Bindungswirkung des **Abs. 2** (Rn. 19–23); für das Gericht und also für (2) bringt **Abs. 5** (Rn. 49–57) einige Leitlinien für die Bestellung. Ungeregelt blieben allerdings die allgemeinen **Voraussetzungen für das Schiedsrichteramt** (näher dazu bei § 1036 Rn. 8–12) – mit Ausnahme der Andeutung, dass die Parteien solche speziell benennen dürfen (Abs. 5 S. 1, 1. Halbs., Rn. 50–53). Hingegen bereitet die **Neutralitätsregel** (Abs. 5 S. 1, 2. Halbs., Rn. 54 f.) *präventiv* vor, was anschließend das Ablehnungsverfahren (§§ 1036, 1037) grundsätzlich *repressiv* sicherstellt.

5   Regelmäßig ist erst der konkrete Spruchkörper zu bilden (Dritter Abschnitt: „Bildung des Schiedsgerichts" [§§ 1034 ff.]), bevor überhaupt ein Verfahren möglich scheint (Fünfter Abschnitt: „Durchführung des … Verfahrens [§§ 1042 ff.]). Die Regelung ist demgemäß **notwendige Voraussetzung sinnvollen Prozessierens** („Anlaufhilfe") und darum mit Recht einigermaßen detailliert ausgefallen. Nur Abs. 4, 1. Var. (Rn. 30) fällt insoweit etwas „aus dem Rahmen", weil er dazu erlaubt, den Gegner auf die vereinbarte Regelung (Abs. 1) festzulegen, was eine Art „prozessuale Erfüllungsklage" darstellt. – Sowohl die Unkenntnis von der „Bestellung eines Schiedsrichters" (§ 1059 Abs. 2 Nr. 1 b, Var. 1 a) wie auch ein (ergebnisrelevanter) Verfahrensverstoß bei der „Bildung des Schiedsgerichts" (§ 1059 Abs. 2 Nr. 1 d, 1. Halbs., 1. Var.) ist **Aufhebungsgrund!**

II. Vereinbartes Verfahren

6   **1. Parteiautonomie (Abs. 1). a) Gestaltungsfreiheit.** Nach § 1034 Abs. 1 S. 1 darf die **Anzahl** der Schiedsrichter vollkommen frei vereinbart werden – und nach § 1035 Abs. 1 auch der **Prozess,** wie sie bestellt werden. (Über-)Korrekt nennt die Regel deshalb Singular wie Plural nebeneinander. Regelungsbefugt sind alleinig die Parteien (nicht etwa auch die Beisitzer betr. das Regeln der Auswahl des Obmannes[3]). Die Vereinbarung erfolgt entweder bereits in der Schiedsvereinbarung (§ 1029) oder aber in einer gleichzeitigen oder anschließenden Verfahrens- bzw. Bestellungsvereinbarung (§ 1042 Abs. 3) – selbstregelnd oder bezugnehmend. Die Schiedsrichterbestellung ist zentrale Regelung und daher in jeder erprobten Schiedsordnung enthalten.

7   Die Vereinbarung ist allemal **formfrei** möglich,[4] § 1031 gilt freilich dann, wenn sie in der zeitgleichen Schiedsvereinbarung (mit-)enthalten ist: § 1031 Abs. 6 hilft hier nicht! Wie Art. 11 Abs. 2 ModG verzichtet § 1035 Abs. 1 darauf, den Parteien für das Verfahren bestimmte direkte Einschränkungen zu machen – es gibt jedoch **gewisse indirekte Grenzen** (Rn. 8 f.), welche sich aus dem teleologischen Zusammenhang erschließen lassen. Die Möglichkeiten freier Ausgestaltung werden demgegenüber *direkt* angesprochen, neben Abs. 1 durch Abs. 2 (Selbstbindung, Rn. 19–23) und Abs. 4 aE (Sicherungsvereinbarung, Rn. 29 [1]), sowie auch durch Abs. 5 S. 1, 1. Halbs. (Eigenschaften, Rn. 50–53).

8   **b) Indirekte Schranken. aa) Allgemeine Schranken. (1)** Niemand kann Richter in eigener Sache sein – **Selbstbenennung** ist daher allemal generell **unstatthaft,** mag dies auch nicht eigens

---

[2] OLG Oldenburg NJW 1971, 1461, 1463 (allerdings für Sonderfall).
[3] OLG Hamm SchiedsVZ 2003, 79, 80 [II 1 b aa mit 1 c bb (1)] m. zust. Anm. *Kröll* (S. 83 re. Sp.).
[4] *Zöller/Geimer* Rn. 1 – aA *Baumbach/Lauterbach/Hartmann* Rn. 4.

ausgesprochen werden (näher dazu bei § 1036 Rn. 9–11).[5] Alles andere würde auch die Schiedsgerichtsbarkeit als Rechtsprechung desavouieren. Gegen weniger offenbare Bevorzugung bedarf es der Abwehr (§ 1034 Abs. 2), die zeitgebunden ist. **(2)** Die Person muss Gewähr für Unparteilichkeit und Unabhängigkeit bieten[6] – (Schieds-)**Richter sind neutral,** auch wenn diese von einer Partei bestellt werden. Wiederum ist notfalls jedoch eine Abwehr (§§ 1036, 1037) notwendig, um Befangenheit zu bekämpfen. **(3)** Das Verfahren muss schlussendlich noch gewährleisten, dass beide Teile von jeder Schiedsrichterbestellung „gehörig in Kenntnis gesetzt" werden – anderenfalls droht später nämlich letztlich Aufhebung (§ 1059 Abs. 2 Nr. 1 b, Var. 1 a). Wollen die Parteien das Risiko vermeiden, sind sie gezwungen, entsprechende Vorkehr zu treffen.

bb) Besondere Schranken. (4) Die Verfahren gemäß Abs. 3 und Abs. 5 sind nicht frei gestaltbar. Für **Abs. 3** ergibt sich dies daraus, dass es um die gesetzliche Auffangregel geht, die lediglich subsidiär eingreift, also gerade eine mangelnde Vereinbarung erfordert. Abs. 3 abzubedingen, ohne ein Surrogat zu schaffen, ist nicht möglich. Bei **Abs. 5** ist hingegen ausschlaggebend, dass Adressat von vornherein das Staatsgericht ist. Einfluss ist hier nur möglich durch Variation jener „vorgeschriebenen Voraussetzungen", auf welche das Staatsgericht verpflichtet wird (S. 1, 1. Halbs., Rn. 50–53); die Neutralität bleibt völlig unangetastet (S. 1, 2. Halbs., Rn. 54 f.) – schon wegen (2)! **Abs. 4** ist im Gegensatz dazu explizit frei ersetzbar (aE: „sofern ... nichts anderes vorsieht"), und dies gilt auch für **Abs. 2**. Unser deutsches Recht verzichtet daher zutreffend auf den missverständlichen Vorbehalt der Beachtung von Art. 11 Abs. 4 u. 5 ModG,[7] wie ihn allerdings Art. 11 Abs. 1 ModG nahegelegt hätte.

2. Bestellungsakt. a) Prozessual. Alle Begrifflichkeiten sind insoweit recht unscharf; man muss jedenfalls streng zwischen prozessualer Kompetenz und materieller Verpflichtung (Rn. 14) unterscheiden.[8] **Ernennung** ist der Oberbegriff, den aber das Gesetz nicht mehr benützt. Gemeint ist hiermit die *endgültige* Kompetenz,[9] außenwirksam hervorgetreten durch Mitteilung gemäß Abs. 2 (Rn. 19–23) und deshalb regelmäßig bindend. Das Schiedsrichteramt ist dann nur noch im Einvernehmen „entziehbar" (§ 1039 [Abs. 1 S. 1, 3. Var.]).

Bestellung ist zentraler Teilakt solcher Ernennung und nunmehr der übliche gesetzliche Begriff (§ 1035 nF). Sie ist mehr als ein bloßer Antrag an den Schiedsrichter (arg. § 1036 Abs. 1) und dennoch offensichtlich weniger als die Mitteilung an die Gegenpartei (arg. § 1035 Abs. 2). Gemeint ist hiermit Erlaubnis *vorläufiger* Kompetenz. Dies offenbar auch insoweit, als der Gegner (noch) nichts davon weiß, dass der Bestellte auch „sein" Richter sein soll;[10] er könnte daher einen Obmann (mit-)bestellen[11] und diesem Befugnisse gleich übertragen (§ 1052 Abs. 3). Die Bestellung muss aber immer irgendwie nach außen treten:[12] durch Benachrichtigung des Ernannten oder wahlweise des Prozessgegners, was dann schon Bindung (Abs. 2) bewirkt, dh. gleichzeitig die „Ernennungsfunktion" hat; das (Schieds-)Gericht wird erst gebildet und kann darum kein Adressat sein. Der Bestellungsakt ist **Prozesshandlung**,[13] einseitige (Regelfall) oder gemeinsame (Abs. 3 S. 1). Befristung wird ausnahmsweise aber zugelassen[14] (Beschleunigungseffekt!).

Benennung bezeichnet letztlich beides,[15] indem jene die personelle Festlegung als Grunderfordernis *individueller* Richtertätigkeit gut zum Ausdruck bringt. Vor allem bei Gerichtshilfe (Abs. 3 S. 1 u. 3 u. Abs. 4 mit Abs. 5) erfolgt Bestellung durch einfache Benennung, die sofort auch bindet und demzufolge zugleich Ernennung ist. Erfolgt eine Nennung freilich vorab in einer Schiedsvereinbarung, ist dann die Kompetenz dadurch aufschiebend bedingt, dass ein Antrag iSv. § 1044 gestellt wird.

---

[5] So wie hier *Zöller/Geimer* Rn. 3 im Anschluß an BGH NJW 1985, 1904; *Musielak/Voit* Rn. 6.
[6] So auch *Baumbach/Lauterbach/Hartmann* Rn. 3 (arg. § 1034 Abs. 2); CR Nr. 101 = *Holtzmann/Neuhaus* S. 386 mit 1st WGR Nr. 42 = *Holtzmann/Neuhaus* S. 366.
[7] BT-Drucks. 13/5274 S. 39/40 [3].
[8] Dies vernachlässigte wohl 1. Aufl. § 1028 aF Rn. 2; sehr extrem insoweit *Calavros*, FS Habscheid, 1989, S. 65, 68 ff. mit S. 76/77: „Amtstheorie". Anders im Ansatz schon *Schwab*, FS Schiedermair, 1976, S. 499, 501/502 mit S. 502 ff. – gegen ihn mit Recht *Stein/Jonas/Schlosser* Vor § 1025 Rn. 7; *Chr. Wolf*, 1992, S. 77 ff.; *Strieder*, Schiedsrichtervertrag, 1984, S. 14 ff.
[9] Beiläufig ebenfalls BT-Drucks. 12/5274 S. 40 li. Sp. [4]; ähnlich OLG Breslau SeuffA 53 (1898) Nr. 206, S. 371 u. OLG Dresden JW 1939, 654; aA *Zöller/Geimer* Rn. 2.
[10] RG JW 1929, 108 re. Sp. (Erstbestellung); sehr fragwürdig aber OLG Hamburg DR 1939, 2178 (Ersatzbestellung).
[11] Zutr. *Musielak/Voit,* 1. Aufl., § 1030 aF Rn. 4.
[12] Gegen *Musielak/Voit,* 1. Aufl., § 1030 aF Rn. 2.
[13] *Zöller/Geimer* Rn. 2: §§ 119 ff. BGB unanwendbar.
[14] 1st WGR Nr. 74 = *Holtzmann/Neuhaus* S. 443; *Zöller/Geimer* Rn. 10.
[15] Anders *Schwab/Walter* Rn. 10.2: bindender Prozess(vor)vertrag.

13 Die bloße Namensnennung genügt für die **erforderliche individualisierende Kennzeichnung**.[16] Der Schiedsrichter muss so präzis bezeichnet werden, dass der Gegner weiß, um wen es sich konkret handelt, und in der Lage ist, Erkundigungen über ihn einzuziehen (§§ 1036, 1037!).[17] Es ist aber nicht erforderlich, dass der in Aussicht genommene Schiedsrichter von der Benennung Kenntnis erlangt und sich zur Übernahme des Schiedsrichteramtes bereit erklärt hat.[18] Die Benennung ist künftighin auch dann beachtlich, wenn der Betreffende offensichtlich ungeeignet erscheint[19] – auch das ist bloß ein Ablehnungsfall (arg. § 1036 Abs. 2 S. 1, 2. Var.) – mit Ausnahme der Selbstbenennung, welche immer noch alle Grenzen sprengt (vgl. Rn. 8 [1]). Anders als früher ist die Nennung der auszuführenden Schiedsvereinbarung und des in Frage stehenden Rechtsstreits nicht mehr nötig (das leistet nun vorher schon § 1044 nF, indes muss der Bezug dazu eindeutig erkennbar sein!), ebenso wenig die Aufforderung, reziprok zu benennen (wie § 1029 Abs. 1 aF das verlangte).[20]

14 **b) Materiell.** Das Gesetz versucht eine Gleichschaltung materieller und prozessualer Begrifflichkeit. Aber: die Schiedsrichterernennung betrifft die Konstituierung des Schiedsgerichts im Verhältnis der Parteien zueinander (Rn. 10–13); tatsächlich und zweckmäßig wird sie zwar oft identisch mit dem Zustandekommen des Schieds*richter*vertrages sein, zwingend ist das freilich nicht.[21] Die Neuregelung ist bemüht, diesen Widerstreit zu überspielen. Das rührt maßgeblich daher, dass die dem deutschen Recht geläufige Unterscheidung von Außen- und Innenbevollmächtigung[22] bzw. prozessualer Kompetenzbegründung und materieller Vertragsverpflichtung in anderen Ländern so gar nicht oder kaum bekannt ist.

15 Die „Pflichtigkeit" zum Schiedsrichten entspringt materieller Vereinbarung (ganz ausf. dazu Vor § 1034 Rn. 3 ff. – Ausnahme: ständige [Branchen-] Gerichte), wobei hier der Schiedsrichtervertrag mit beiden Teilen zustandekommt. Dies ist dann Ausdruck neutraler Stellung, wie sie einem Richter stets zukommt: Relativierung der Parteibindung. **Regelgang der Bestellung** ist folgender:

16 Die Partei fragt bei dem von ihr erwählten Schiedsrichterkandidaten an, ob er bereit wäre, dies Amt zu übernehmen. Sie gilt durch die Schiedsvereinbarung (§ 1029) und nach der förmlichen Verfahrenseinleitung (§ 1044) für das darin liegende Angebot auf Abschluss des Schieds*richter*vertrages zugleich für die Gegenpartei als (erklärungs-, § 164 Abs. 1 BGB) ermächtigt.[23] Schon der bloße Antrag verpflichtet den angefragten Kandidaten aufzuklären, ob bei ihm Befangenheitsgründe bestehen (§ 1036 Abs. 1 S. 1). Mit der vorbehaltlosen Annahme des Schiedsrichters, die auch durch bloß schlüssiges Verhalten geschehen kann,[24] kommt dann der Schiedsrichtervertrag zustande – materiell besehen; der Benennende muss auch umgekehrt dann (empfangs-, § 164 Abs. 3 BGB) ermächtigt sein, die Annahme für den anderen Teil entgegenzunehmen (vgl. dazu erg. noch Vor § 1034 Rn. 12).

17 Die Konstruktion eines durch die Rechtsbedingung einer Mitteilung gemäß Abs. 2 aufschiebend bedingten (Vor-)Vertrages, der den Ernennenden dem Schiedsrichter gegenüber zur Anzeige verpflichtet,[25] ist ebenso gekünstelt wie überflüssig. Die Vertretungsmacht ist sachlich indes begrenzt durch die in der Schiedsvereinbarung enthaltenen Parteibeschränkungen, zB über die Höhe der Vergütung.

---

[16] AA OLG Dresden, Beschl. v. 20. 2. 2001 – 11 SchH 2/00 [I]: Beifügung ladungsfähiger Anschrift[?].
[17] OLG Darmstadt JW 1933, 2960; zust. BGH NJW 1960, 1296, 1297.
[18] OLG Breslau SeuffA 53 (1898) Nr. 206, S. 371 – aA OLG Dresden, Beschl. v. 20. 2. 2001 – 11 SchH 2/00 [I]; *Thomas/Putzo/Reichold* Rn. 6; *Schwab*, FS Schiedermair, 1976, S. 499, 503 f.; BayObLGZ 1999, 255, 263; *Sessler* RPS 2000 I S. 9. Unklar *Stein/Jonas/Schlosser* Rn. 2 [3. Abs. „versus" 4. Abs.].
[19] AA die hM zum altem Recht: *Schwab/Walter*, 5. Aufl., Rn. 10.13; *Stein/Jonas/Schlosser*, 21. Aufl., § 1029 aF Rn. 1 – einschr. OLG Bremen NJW 1972, 454 (Ls.): ergänzend *Verzögerungsabsicht* notwendig; dagegen *Habscheid* KTS 1973, 232, 234. Anders am neuen Recht: OLG Koblenz OLGR 2002, 115, 116 aE; *Schwab/Walter* Rn. 10.18; *Musielak/Voit* Rn. 10 aE.
[20] Näher dazu 1. Aufl. § 1029 aF Rn. 3. Dies übersehen wohl *Baumbach/Lauterbach/Hartmann* Rn. 10; *Zöller/Geimer* Rn. 14; *Stein/Jonas/Schlosser* Rn. 5 [a] – so wie hier indes *Musielak/Voit* Rn. 9; so nun auch KG, Beschl. v. 13. 8. 2007 – 20 SchH 2/07 [II/JURIS-Rn. 6]). Vgl. noch erg. Rn. 47 mit Fn. 90.
[21] Anders offenbar jedoch BayObLG RPS 1999 I S. 18, 19 u. OLG München OLGR 2007, 410 [1 b/c].
[22] *Stein/Jonas/Schlosser* Rn. 2 (4. Abs.).
[23] *Schütze/Tscherning/Wais* Rn. 187, ferner allg. hierzu *Schwab*, FS Schiedermair, 1976, S. 499, 506–508 einerseits, *Calavros*, FS Habscheid, 1989, S. 65, 68–72 mit S. 76/77 andererseits. Ganz allgemein existiert eine Verpflichtung wechselseitiger Unterstützung (RG HRR 1929 Nr. 1399).
[24] BGH ZZP 66 (1953), 154.
[25] BGH LM § 1025 aF Nr. 5; 1. Aufl. § 1030 aF Rn. 2; *Musielak/Voit*, 1. Aufl., § 1030 aF Rn. 3; *Schwab/Walter* Rn. 11.3. m. weit. Nachw. – noch anders wohl *Stein/Jonas/Schlosser*, 21. Aufl., § 1030 aF Rn. 1; *Baumbach/Lauterbach/Hartmann* Anh. § 1035 Rn. 3: vorerst „bilaterale" Bindung.

Dennoch sollte jeder Schiedsrichterkandidat aus Eigeninteresse, und auch schon weil die Schieds- **18**
vereinbarung Verfahrensbestimmungen enthalten kann, die tief in sein persönliches Leben eingreifen können (auswärtiger Verfahrensort [§ 1043], Ausübung zeitraubender, durch das Entgelt nicht adäquat abgegoltene Sachverständigentätigkeit, fremde Verfahrenssprache [§ 1045] usw.), das Angebot nicht einfach blind akzeptieren. Doch mag er uU bis zum Beginn seiner Tätigkeit die Annahme wegen Irrtums anfechten[26] und danach aus wichtigem Grund kündigen können, wenn die Schiedsvereinbarung Regelungen enthält, mit denen er den Umständen nach nicht zu rechnen brauchte.

3. Bindungswirkung (Abs. 2). Die Klarstellung der Selbstbindung (**2. u. 3. Halbs.**) ent- **19**
spricht der Regelung des § 1030 aF – mindestens sinngemäß jedenfalls (Bestellung statt Ernennung; Mitteilung statt Anzeige; empfangen statt erhalten), erweitert um den Vorbehalt anderweitiger Vereinbarung (**1. Halbs.**, Rn. 23), welcher den Anschluss an Abs. 1 herstellt.[27] Der Absatz ist ohne jedes ModG-Vorbild, sondern deutsche Eigenheit (Rn. 1). Die Regelung hat eine **wichtige klarstellende Funktion.** Da der Schieds*richter*vertrag auch mit dem Gegner der benennenden Partei zustandekommt, sollte für diesen seinerseits auch erkennbar sein, was auf ihn denn zukommt. Daneben beugt die Regel nachträglichen Manipulationen vor. Abs. 2 regelt aber allein die **einseitige Parteibestellung;** nicht erfasst werden davon die gemeinschaftliche Parteibestellung (Abs. 3 S. 1) und Fremdbestellungen, wie durch das aushilfsweise angerufene Staatsgericht (Abs. 3 S. 1 u. S. 3, Abs. 4 bzw. § 1039), eine Schiedsinstitution, die vorab bereits parteiernannten Beisitzer (Abs. 3 S. 2, 2. Halbs.) und ebenso sonstige Dritte (Rn. 26).[28] Eine analoge Regelung enthält § 12.1 Abs. 2 DIS-SchO (jedoch zählt dort der DIS-Eingang). Abs. 2 wird obsolet nach der Aufnahme der Gerichtstätigkeit: alsdann ist die Bindung kraft Gesetzes eingetreten.[29]

a) Tatbestand (3. Halbs.). Die **Mitteilung** muss über die erfolgte Bestellung ergehen, ist so- **20**
mit deklaratorischer Natur, formlos möglich und kann daneben auch anderes enthalten. Sie muss jedoch von der Partei ausgehen, die den konkreten Schiedsrichter bestellt; seine eigene Bekanntgabe genügt nicht.[30] Der betroffene Schiedsrichter muss aber nicht etwa die Bestellung schon angenommen haben.[31] Eine derart voreilige Partei handelt allemal unklug, indes doch nicht etwa unstatthaft; bringt sie keinen späteren Vertragsschluss zustande, wird man wohl auf §§ 1039, 1038 analog zurückgreifen müssen[32] – aber erst nach wirklich intensiver Bemühung. Der **Empfang** hat wirklich zu erfolgen; das Gesetz meint regelmäßig damit Zugang![33] Er kann jedoch auch uU bloß fiktiv sein (§ 1028 Abs. 1 – der hier somit ausnahmsweise gegen den Absender wirkt). Eine rechtzeitige Gegenanzeige hindert die Bindung (arg. § 130 Abs. 1 S. 2 BGB) – gleichfalls aber unbeschadet der vollen (materiellen) Rechte des Schiedsrichters gegen die Partei, die mit ihm schon paktiert hatte. Die Mitteilung ist aber nicht anfechtbar.[34]

b) Rechtsfolge (2. Halbs.). Rechtsfolge ist die **(prozessuale) Selbstbindung** des Bestellen- **21**
den. Das gilt auch bei **Einerbesetzung** – dies beendet dort nämlich die Einigungsphase: der Gegner mag akzeptieren oder das Staatsgericht muss sodann bemüht werden (Abs. 3 S. 1). Eigentlich abgestimmt ist jene Regel aber auf wechselseitige Zweierbesetzung, sei es bei einem außergewöhnlichen Zweierschiedsgericht (in Anlehnung an § 1028 aF) oder aber beim regelmäßigen **Dreierschiedsgericht** (als Folge von § 1034 Abs. 1 S. 2 nF) bezüglich der Beisitzer (Abs. 3 S. 2, 1. Halbs.). Der Eintritt der Selbstbindung ist Stichtag für die Einhaltung der Monatsfrist in Abs. 3 S. 3, 1. Var. – insoweit im Unterschied zu § 1034 Abs. 2 S. 2, der auf die ganze Richterbank sieht.[35] Die Anzeige hat lediglich prozessuale Bedeutung – konkreter gesagt bedeutet dies:

Abs. 2 erfasst allein die prozessuale Bindung bzw. die Konstituierung des Schiedsgerichts und re- **22**
gelt nicht auch den materiellen (Schiedsrichter-)Vertrag.[36] Die Mitteilung mag allenfalls ein Indiz für einen vorherigen Vertragsschluss verkörpern, doch muss jede Partei selbst dafür Sorge tragen, dass prozessuale und materielle Rechtslage später zueinander passen. Umgekehrt lässt eine später

---

[26] Vgl. BAG NJW 1984, 446.
[27] BT-Drucks. 13/5274 S. 40 li. Sp. [4].
[28] Insoweit für Analogie *Thomas/Putzo/Reichold* Rn. 1; *Wieczorek/Schütze* Rn. 1 (2. Abs.) – je zu § 1030 aF. Zu § 1035 II nF *Stein/Jonas/Schlosser* Rn. 2 (2. Abs.).
[29] Zutr. *Musielak/Voit*, 1. Aufl., § 1030 aF Rn. 4 aE.
[30] AA *Stein/Jonas/Schlosser* Rn. 2 (3. Abs.).
[31] Dazu vgl. oben Rn. 14–16 mit Rn. 11 – anders 1. Aufl. § 1030 aF Rn. 3: als Rechtsbedingung des Bestellungsakts?
[32] So wie hier nun auch OLG Hamm, Beschl. v. 18. 9. 2003 – 17 SchH 7/03 [II 2a].
[33] *Musielak/Voit*, 1. Aufl., § 1030 aF Rn. 2; *Baumbach/Lauterbach/Hartmann* Rn. 5.
[34] AA *Wieczorek/Schütze* § 1030 aF Rn. 3.
[35] Wohl anders hier *Baumbach/Lauterbach/Hartmann* Rn. 5 („schon wegen der Frist nach § 1034 II"[?]).
[36] Anders 1. Aufl. § 1030 aF Rn. 3 mit falscher Berufung auf BGH NJW 1953, 303 (Ls. 1).

§ 1035 23–26   Buch 10. Abschnitt 3. Bildung des Schiedsgerichts

einseitig ausgesprochene Kündigung *von Parteiseite aus* das Richteramt unberührt fortwähren[37] – die Bindung ist bloß durch Austauschung *einseitig* zu zerstören (§ 1039), nach Ablehnung (§ 1036, 1037 – hier: § 1037 Abs. 2 S. 2!), in den Fällen des § 1038 Abs. 1 S. 1 (mit S. 2, 2. Halbs.; hierunter fällt auch das Scheitern des Schiedsrichtervertragsschlusses) und bei Rücktritt des Benannten (§ 1039 Abs. 1 S. 1, 2. Var.).

23 c) **Parteiautonomie (1. Halbs.).** Die **anders lautende Abrede** hat aber stets Vorrang; weder Tatbestand (Rn. 20) noch Rechtsfolge (Rn. 21 f.) sind mithin zwingend iSv. § 1042 Abs. 3, sondern sperren nur richterliches Ermessen gem. § 1042 Abs. 4 S. 1. Die Parteien können Förmlichkeit (zB Zustellung) und Zeitpunkt (zB Karenzfrist) individuell vereinbaren. Sie dürfen aber ebenso bloße einseitige Vorschlagsrechte zur Drittbenennung statuieren[38] und auch ein generelles *einseitiges* „Widerrufsrecht" gestatten; es muss dann wohl oder übel ein Ersatzschiedsrichter nach § 1039 analog bestellt werden. *Einverständlich* vermögen sie ohnedies ein Richteramt stets aufzuheben (§ 1039 Abs. 1 S. 1, 3. Var.), und dem sollte man die einverständlich erlaubte, einseitige „Amtsenthebung" gleicherachten. Bedeutung hat die explizite Gestattung parteiautonomer Gestaltung vor allem für institutionelle Schiedsgerichte, bei denen die Bestellung nicht durch die Parteien, sondern gemäß Abs. 1 nach einem bestimmten Plan erfolgt: dann ist auch Abs. 2 gleichsam implizit abbedungen. Jedoch muss die Grenze „Selbstbindung" gewahrt bleiben – sie ist nur negativ verfügbar gemacht, nicht aber positiv auf irgendeine Drittbindung auszuweiten.

24 4. **Gestaltungsformen.** Die inhaltliche Gestaltung ist freie Sache der Parteien – sie müssen allerdings jedoch die allgemeinen Grenzen (Rn. 8 – ferner: § 1034 Rn. 5 ff.; § 1036 Rn. 8–12) respektieren. Man kann dabei unterscheiden, einerseits die äußerliche **Formalgestaltung:** Hier belassen es die Parteien weithin bei der Vorgabe der Abs. 2/3, verändern aber Formalien, fordern etwa Schriftform der Mitteilung (Abs. 2) oder ändern die Fristen (Abs. 3). Daneben steht die inhaltliche **Prozessgestaltung:** Sie konstituiert ein gleichsam eigenes Verfahren, jenseits gesetzlicher Vorgaben. Das Abrücken ist also quasi substantieller.

25 Denkbar ist etwa ein Listenverfahren in Anlehnung an Art. 6 Abs. 3 SchO. Einvernehmliche Bestellung mehrerer Schiedsrichter ist genauso möglich wie fixe Benennung oder auch exakte Reihung bestimmter Personen; denkbar ist dazuhin ein Losentscheid, vor allem zur Obmann-Bestimmung.[39] Eine derartige **personelle Fixierung** zieht auch nicht mehr die Schwäche des § 1033 Nr. 1 aF nach sich, der bei Ausfallen des Benannten das Außerkrafttreten der Schiedsvereinbarung vorsah – obwohl eine solche Gestaltung ebenfalls statthaft vereinbart werden könnte; das behebt nun Abs. 4 (Rn. 29–33). Ferner besteht ebenso die Möglichkeit für eine nur **fachliche Qualifikation** – das bestätigt mittelbar nun Abs. 5 S. 1, 1. Halbs. (dazu näher noch Rn. 50–53; ferner: § 1036 Abs. 2 S. 1, 2. Var.). Der Personenkreis ist alsdann unschärfer benannt, aber doch irgendwie begrenzt.

26 Wie die Bestellungs*regelung* in toto, so kann man auch die Bestellungs*vornahme* an sich direkt auf Dritte übertragen: **sachliche Delegation.**[40] Das obwohl die entsprechende Klarstellung des Art. 2 lit. d ModG nicht explizit übernommen wurde. Oberstes Gebot ist dabei Eindeutigkeit jener „Beauftragung". Hierzu kann entweder eine bestimmte Person avisiert werden, namentlich oder zumindest bestimmbar durch Bezeichnung ihrer Funktion[41] (zB ein Gerichtspräsident,[42] der Vorsitzende jener Zivilkammer, die staatlicherseits sonst entscheiden müsste,[43] das IHK-Präsidium,[44] der bauausführende Architekt,[45] ein Behördenvorstand etc.[46] oder andere Dritte, die Gewähr für volle

---

[37] RG JW 1895, 479; KG OLGRspr. 40 (1920), 437, 439.
[38] BayObLGZ 2002, 142, 145 f. [II 2 b].
[39] ZB RGZ 15, 357, 361.
[40] Dazu eingehend *Sieg* JZ 1958, 719 – ferner: *Stein/Jonas/Schlosser,* 21. Aufl., § 1028 aF Rn. 2 ff.; *Zöller/Geimer* Rn. 8.
[41] RGZ 26, 371, 374; OLG München OLGRspr. 19 (1909), 165, 166.
[42] *Sieg* DRiZ 1957, 27; *Arnold* NJW 1968, 781 f.; BayObLGZ 2002, 142, 145 f. [II 2 b]; OLG München NZG 1999, 780, 782 [7]. Sogar auch ein ausländischer: BGH NJW 1969, 978, 979 [I 2 c] (obiter); OLG Brandenburg Beschl. v. 26. 6. 2000 – 8 SchH 1/00 (1) [II 3 b] (aber: meistenfalls „äußerst ungewöhnlich"); und sogar bei einem Wahlrecht: OLG Koblenz, Beschl. v. 19. 2. 2004 – 2 Sch 4/03 (LG-Präsident oder AG-Direktor); BGH NJW 1969, 978, 979 [I 2 c] (obiter) (deutscher oder italienischer); implizit jüngst etwa BGHZ 162, 9, 18 [II 4 bb (1)] = NJW 2005, 1125 = JZ 2005, 958 = SchiedsVZ 2005, 95 m. Anm. *Huber/Bach* u. OLG Naumburg SchiedsVZ 2003, 235.
[43] RGZ 53, 1, 2/3.
[44] OLG Hamburg OLGRspr. 27 (1913), 193: Gewerbekammer.
[45] OLG Kiel OLGRspr. 33 (1916), 141, 142.
[46] Gemeint ist jeweils die „durch ihr Amt nur bezeichnete physische Person als Privatperson", RGZ 53, 1, 3 m. weit. Nachw.

Unparteilichkeit geben[47] – aber: § 1034 Abs. 2 [Ernennender] bzw. § 1037 [Ernannter]!) oder aber – was allgemeiner Übung entspricht – auch eine institutionelle Schiedsorganisation.[48] Das geschieht idR bereits durch Verweisung auf die Schiedsordnung des jeweiligen ständigen Schiedsgerichts. Entsprechend schalten etwa §§ 12–14 DIS-SchO den „Ernennungsausschuss" (§ 14 DIS-Satzung) vor, der aus drei Mitgliedern besteht und mit einfacher Mehrheit „auf Vorschlag der Geschäftsführung [über die] Benennung und Ersatzbenennung von Schiedsrichtern" (Abs. 2) entscheidet. Ein (Kläger-)Wahlrecht analog § 35 unter mehreren Dritten scheint nicht möglich.[49]

Der Dritte ist allein bei vertraglicher Bindung (wie etwa durch Schiedsorganisationsvertrag, Vor § 1034 Rn. 67 ff.) verpflichtet[50] – was aber seine **Mitwirkung nicht einklagbar** macht:[51] es fehlt am Rechtsschutzbedürfnis (arg. Abs. 4, 3. Var., Rn. 32); auch würde die Klage zu einer Zuständigkeitsumgehung („AG/LG statt OLG") führen. Selbstbenennung ist verboten und unbeachtlich. Soll der Dritte nach der Schiedsvereinbarung ohne nähere Zahlenangabe mehrere Schiedsrichter bestellen, so sind im Zweifel drei gemeint, da es sich um eine Delegation des Rechts aus § 1034 Abs. 1 S. 2 handelt. Voraussetzung einer wirksamen Ernennung ist die Einhaltung der in der Schiedsvereinbarung vorgesehenen **Verfahrensweise**. Sie kann auf jene gehörige Weise jedoch nachgeholt werden,[52] falls für die Ernennung nicht eine bestimmte Frist vorgesehen ist. 27

Der Dritte ist ohne ausdrückliche Ermächtigung nicht bevollmächtigt, namens der Parteien den Schiedsrichtervertrag abzuschließen;[53] seine Aufgabe beschränkt sich allein auf die Namensnennung – er kann aber ein Bote sein: er überbringt den Kandidaten ein Angebot ad incertas personas und umgekehrt den Parteien die Annahme; Mitteilung an eine genügt, da auch insoweit Empfangsvollmacht (§ 164 Abs. 3 BGB) vorliegt. Besonderheiten bestehen bei institutionalisierten Schiedsgerichten (näher dazu Vor § 1034 Rn. 68) infolge einer Überlagerung durch den Schiedsorganisationsvertrag. 28

5. Gerichtsschutz (Abs. 4). a) Grundlagen. Abs. 4 gibt Gerichtsschutz, um Umschweife und Stillstand im Bestellungsverfahren zu vermeiden, und erfordert dazu dreierlei: **(1)** die **parteiautonome Vereinbarung** eines Bestellungsverfahrens iSv. Abs. 1 (denn anderenfalls gilt Abs. 3 iVm. Abs. 5, Rn. 34 ff.), ohne dass aber ein „Sicherungsverfahren" (Abs. 4 aE) dazu mitvereinbart wäre.[54] Das dürfte nicht selten vorkommen, geht man doch regelmäßig vom Normalfall aus, während sich Probleme erst konkret später im jeweiligen Einzelfall zeigen;[55] ist jedoch vorgesorgt, bedarf es keines besonderen staatlichen Beistandes bzw. dies nur dann, wenn jene Sicherung ansonsten ebenfalls leerläuft.[56] Die Abrede kann sowohl ursprünglich getroffen sein als auch später noch ad hoc ergänzt werden. **(2)** Weiterhin ist notwendig ein **Parteiantrag**, den „jede Partei" stellen kann – jedoch nur wenn und weil sie „beschwert" ist, dh. wenn ansonsten kein Schiedsgericht ordnungsgemäß konstituierbar wäre; **(3)** schließlich muss eine der **enumerierten Fallgruppen** (Rn. 30–32) als eine Art „konkretisierte Ermächtigung" erfüllt sein. Hierbei ist jeweils das vereinbarte Verfahren maßgeblicher konkreter Bezugspunkt. 29

b) Fallgruppen. aa) Missachtung der Verfahrensvereinbarung (1. Var.). Der Verstoß gegen die vorneweg getroffene Regelung kann positiv sein (Zuwiderhandeln); dies kann insbes. auch eine effektive Inzidentkontrolle der Richterernennung gestatten.[57] Aber zumeist wird es sich um bloßes Unterlassen drehen (Untätigbleiben); so etwa soweit eine Partei keinen Schiedsrichter benennt, obwohl sie dazu verpflichtet ist, oder sie nicht das nötige Ersuchen an eine vereinbarte Ernennungsstelle bzw. Schiedsinstitution unterschreibt. Verschulden ist keinesfalls erforderlich. Der 30

---

[47] Str., vgl. *Chr. Wolf,* 1992, S. 169 m. weit. Nachw.
[48] *Calavros,* 1988, S. 64; *Hußlein-Stich,* 1990, S. 55. So schon die Fälle in RGZ 26, 371, 373/374; 53, 387, 388.
[49] AA RGZ 26, 371, 374/375.
[50] Somit normalerweise nicht: *Schütze/Tscherning/Wais* Rn. 193; *Arnold* NJW 1968, 781; *Berger,* 1992, S. 145 Fn. 63; *Kröll* SchiedsVZ 2003, 81, 82 li. Sp.
[51] Nun auch *Stein/Jonas/Schlosser* Rn. 7. Ebenso, indes ohne Begründung, *Zöller/Geimer* Rn. 8 im Anschluß an *Schütze* SV Rn. 46 [2. Abs.] – aA LG Gießen NJW-RR 1996, 500; *Baumbach/Lauterbach/Hartmann* Rn. 6 aE.
[52] *Stein/Jonas/Schlosser,* 21. Aufl., § 1028 aF Rn. 3.
[53] So auch *Schütze/Tscherning/Wais* Rn. 193.
[54] Beispiele: Übergang des Ernennungsrechts auf einen *Dritten;* Erlöschen der Schiedsvereinbarung (in Anlehnung an § 1033 Nr. 1 aF; zust. *Musielak/Voit* Rn. 15), Einzelschiedsrichter statt Dreierschiedsgericht (BayObLG NJW-RR 1999, 1085) – auch ein Übergang auf eine der *Parteien* wäre an sich denkbar (RG JW 1929, 108 li. Sp.), dürfte aber inzwischen wohl nach § 1034 Abs. 2 scheitern (dazu näher dort Rn. 8).
[55] Ähnlich hier *Granzow,* 1987, S. 103: unvorhergesehene Stockung.
[56] Beispiel: BayObLG NJW-RR 1999, 1085.
[57] *Zöller/Geimer* Rn. 20; *Schwab/Walter* Rn. 10.28 – aA OLG Hamm SchiedsVZ 2003, 79, 80 [II 1 b aa] (Sonderfall!) m. zust. Anm. *Kröll* (S. 82 f.): separate Feststellung eröffnet (aber: § 1026?).

Rechtsbehelf ersetzt quasi die **Erfüllungsklage** auf Einhaltung der Vertragsklausel. Dies unterscheidet jene Fallgruppe grundlegend von allen anderen, die eher einen helfenden „Ausgleichsakt bei Unmöglichkeit" gestatten.

31   bb) Nichteinigung. Das Gericht hilft genauso, wenn ein Patt vorliegt, entweder unter den Parteien[58] (**Var. 2 a** – dies entspricht beim vereinbarten Einerschiedsgericht Abs. 3 S. 1) oder aber unter den – bereits tätigen – Schiedsrichtern (**Var. 2 b** – „die beiden" ist verkürzend und meint den Regelfall in Anlehnung an Abs. 3 S. 3, 2. Var.).[59] Hilfe wäre etwa nötig, wenn *sämtliche* Schiedsrichter eines Kollegialgerichts gemeinsam bestellt werden sollen, alsdann aber niemand sich findet, der beiden annehmbar erscheint (Var. 2 a) bzw. zwei einseitig benannte Richter sich auf einen oder mehrere weitere Schiedsrichter einigen müssen und diese Einigung nicht erzielen (Var. 2 b). Der Tatbestand ist analog anwendbar, wenn mehrere Personen auf einer Seite (Rn. 64 ff., 69: „multiparty-Problematik") eine nötige Einigung nicht erzielen können. Eine präzise Fristvorgabe mangelt aber[60] und muss besonders vereinbart werden.

32   cc) Nichterfüllung seitens Außenstehender (3. Var.). War vereinbart, dass insoweit ein „Dritter" – Individualperson oder Schiedsinstitution – berufen sei und bleibt er untätig (eine „Schlechtleistung" fällt darunter nicht!), kann ebenso geholfen werden.[61] Das muss seine Ursache bei dem Dritten selbst haben, so wie in den Fällen alten Rechts gemäß § 1033 Nr. 1 aF[62] (zB Tod eines konkret Benannten), bei Unzuständigerklärung[63] bzw. Auswahlverweigerung[64] sowie bei einer Auflösung der berufenen Institution (aber vgl. auch § 1032 Rn. 8). Liegt es daran, dass die Parteien den Dritten nicht ordnungsgemäß angehen,[65] ist allein die 1. Var. einschlägig, wurde er schon ungenau oder perplex bezeichnet, greift statt dessen das gesetzliche Verfahren (Rn. 34 ff.) ein,[66] um den Parteiwillen iSv. § 1029 Abs. 1 bestmöglich zu honorieren. Ein Rechtsschutzbedürfnis besteht erst nach Ausfall.[67]

33   c) Rechtsfolgen. Abs. 4 eröffnet dem Staatsgericht iSv. § 1026 die Befugnis zur **„Anordnung der erforderlichen Maßnahmen"** – das steht auf den ersten Blick mithin in Widerspruch zu Abs. 3 u. 5, die explizit von direkter gerichtlicher Bestellung ausgehen. Erstrebt ist freilich nur eine Herabmilderung der Antragsbindung, so wie etwa durch § 938 Abs. 1 (gänzlich „freies Ermessen" zugunsten einer optimalen „Zweckerreichung"), indes beschränkt durch Abs. 5 (Rn. 49–57), der hier ebenso gilt.[68] Die erlaubten gerichtlichen Maßnahmen beinhalten alles, was einer **Konstituierung des Schiedsgerichts** dient, *inklusive* der Bestellung des oder der Schiedsrichter. Die Bestellung bzw. Benennung (Rn. 11 f.) selbst und direkt vorzunehmen,[69] entspricht auch sicherlich am besten dem Zweck des gerichtlichen Verfahrens, weitere Verzögerungen tunlichst zu verhindern. Das würde nur weniger gut erreicht, wenn statt dessen das Staatsgericht bestimmte Maßnahmen der säumigen Partei aufgeben müsste; Dritte oder gar eine Institution wären insoweit ohnedies nicht betroffene Beteiligte. Zu weit geht aber mE die verordnete ergänzende Auslegung der fehlgeschlagenen Bestellungsabrede.[70]

---

[58] Anders unter altem Recht: RGZ 33, 265, 267 f.
[59] Dies schließt die erste fatale Lücke alten Rechts: OLG München OLGRspr. 29 (1914), 283 – vgl. noch erg. Fn. 61.
[60] AA *Musielak/Voit* Rn. 14: Monatsfrist analog Abs. 3 S. 3, 1. Halbs.
[61] Das schließt die zweite Lücke alten Rechts: OLG Hamburg OLGRspr. 23 (1911), 258 (Parteimitwirkung – krit. dazu allg. OLG Frankfurt/Main RPS 1995 I, 21, 22) – vgl. noch erg. Fn. 59.
[62] Mit Einschluß des letzten – ihn erfaßt für Schiedsrichter nun § 1038 Abs. 1 S. 1, 2. Var. – aber: § 1039 Abs. 1 S. 2.
[63] BayObLGZ 2000, 187, 189 = RPS 2000 II S. 21, 22 (OLG-Präsidentin) – anstatt wie bislang § 1033 Nr. 1 aF analog: OLG Hamburg OLGRspr. 13 (1906), 247 u. OLG Karlsruhe NJW 1958, 1148 (IHK); RGZ 138, 341, 344 f. u. OLG Köln NZG 1998, 767, 768 (LG-Präsident) – aA (§ 1029 Abs. 2 aF) zB OLG Breslau OLG-Rspr. 17 (1908), 24 (Kreislandrat).
[64] OLG München, Beschl. v. 19. 1. 2007 – 34 Sch 9/06 [II 2 b].
[65] Vgl. *Sieg* JZ 1958, 719, 721 – Beispielsfall BayObLGZ 2002, 142, 145 f. [II 2 b]: Verpflichtung zum Einverständnis mit Dritternennung (S. 146/147 [II 2 c], dort freilich als Fall der 2. Var. erachtet (S. 145 [II 2 a]).
[66] AA OLG Kiel OLGRspr. 33 (1916), 141, 142: Unwirksamkeit der Schiedsvereinbarung.
[67] OLG Koblenz OLGR 2000, 48, 49 [2].
[68] Unklar insoweit jedoch *Baumbach/Lauterbach/Hartmann* Rn. 11: alle „zwingenden Vorschriften" [konkret welche?] mit Beachtung von Abs. 1(?).
[69] 5th WGR Nr. 32 = *Holtzmann/Neuhaus* S. 378.
[70] AA OLG Köln, Beschl. v. 9. 12. 2002 – 9 Sch 17/02 [II]: Eigen- statt Fremdbenennung.

III. Gesetzliches Verfahren

1. Grundlagen: Fallgruppen als Typisierung. Abs. 3 gibt sozusagen eine Auffangregel und "ergänzt"[71] die Schiedsvereinbarung. Hier muss er – wegen § 1034 Abs. 1 S. 2! – vor allem die **Dreierbesetzung** im Auge behalten (Abs. 3 S. 2/3, Rn. 41–45), doch bedenkt er dazuhin eine **Einerbesetzung** (Abs. 3 S. 1, Rn. 35–37). Beide Male setzt er zunächst auf die Parteien mit Einigungspflicht (S. 1 [direkt] bzw. S. 2, 2. Halbs. [indirekt über die Beisitzer]) bzw. Benennungsrecht (S. 2, 1. Halbs.), gibt subsidiär aber den Weg zum Staatsgericht frei und vermeidet so hilfreich, dass die getroffene Schiedsvereinbarung dahinfällt. Das war zT bisher unvermeidlich (§ 1033 Nr. 1 aF), kann künftig aber genauso noch bewusst vereinbart werden. Ungeregelt bleibt jedoch die unpraktische (Patt! – § 1052 Abs. 1) Zweierbesetzung (Rn. 38–40), ferner die Schiedsrichterbestellung in Mehrparteienverfahren (Rn. 64 ff.). 34

2. Einerschiedsgericht (Abs. 3 S. 1). Vorausgesetzt ist hier zunächst eine (Rumpf-)Einigung dazu, dass überhaupt ein Einzelschiedsrichter entscheiden soll (§ 1034 Abs. 1 S. 1 – sonst Abs. 3 S. 2 wegen § 1034 Abs. 1 S. 2: Dreierschiedsgericht [Rn. 41–45]); insoweit die Parteien ohnehin aber bereits individuelle Gestaltungen treffen, dürften sie zumeist auch gleich ein Ernennungsverfahren iSv. Abs. 1 regeln. Wenn diese Abrede fehlt, hilft Abs. 3 S. 1 ergänzend aus. 35

Die Parteien müssen sich *zuerst* **um Einigung bemühen**[72] und dürfen – hilfsweise oder nachrangig – *sodann* **gerichtliche Bestellung** antragen (Rn. 46, 58–63). Dem Gesetzeswortlaut ist nicht eindeutig zu entnehmen, ob der Einigungsversuch für das Gerichtsverfahren eine besondere Zulässigkeitsvoraussetzung darstellt. Regelmäßig wird wohl sicherlich ein friedlicher Einigungsversuch unternommen, auch wenn die Parteien das Schiedsverfahren gerade deswegen bevorzugen, um selbst den Schiedsrichter wählen zu können. Wie wollte man jedoch die *genügenden* Einigungsbemühungen nachprüfen bzw. nachweisen? Zeigt denn nicht just der Antrag auf Gerichtshilfe das Scheitern des Einigungsversuches?[73] Die Verpflichtung auf einen solchen „förmlichen" Versuch würde demgemäß schließlich nur Zeitverlust bedeuten – vor allem wenn schon das Verhältnis der Parteien derart zerrüttet ist, dass eine Einigung relativ unwahrscheinlich scheint; jedoch könnten ebenso die Chancen einer Verhandlungslösung durch eine zu schnelle Hinwendung ans staatliche Gericht leerlaufen,[74] und auch das befasste Gericht muss man vor unnützer Befassung schützen: 36

Ein Einigungsversuch ist danach notwendig, jedoch im Interesse prozessökonomischer Umsetzung erleichternd zu formalisieren. Der Antragsteller muss einen **namentlichen Vorschlag** unterbreiten, den dann der Antragsgegner unmittelbar noch akzeptieren kann, was jenem sodann die Kosten erspart (arg. § 93). Im Übrigen braucht man – im Unterschied zu Abs. 3 S. 3 (und auch Art. 6 Abs. 2 S. 1 SchO) – **keine Frist** abzuwarten.[75] 37

3. Zweierschiedsgericht. Für Schiedsgerichte mit Einerbesetzung (Rn. 35–37) wie solche mit Dreierbesetzung (Rn. 41–45) regelt das Gesetz hilfsweise die Bestellung. Eine **Regelungslücke** besteht – so wie in Art. 11 Abs. 3 ModG – aber für den Fall, dass die Parteien eine **andere Zahl von Schiedsrichtern** zwar festlegen, nicht aber die Handhabung ihrer Bestellung. Dies war kein unabsichtliches Versäumnis, sondern vielmehr praktische Einsicht.[76] Einzelschiedsrichter und Dreierschiedsgerichte sind insgesamt am weitesten verbreitet (aber vgl. auch § 1028 aF – gesetzliches deutsches Zweiermodell); andererseits wäre es aber genauso unnötig wie praktisch unmöglich, für alle irgendwie nur denkbaren Gestaltungen eine präzis passende Regelung zu schaffen. Was aber gilt bei altrechtlich (quasi deklarativ) festvereinbartem Zweierschiedsgericht iSv. § 1028 aF? 38

Für **Altfälle** *ohne* Regelung hilft § 1034 Abs. 1 S. 2 iVm. § 1035 Abs. 3 S. 2/3; ist aber die Zahl festgelegt gilt: Bei Zweierbesetzung (Deklaration des § 1028 aF) mag man § 1029 aF als ein „(mit-) vereinbartes" Ernennungsverfahren berücksichtigen, was dann den Rückgriff auf Abs. 4, 1. Var. (Rn. 30) eröffnet; man könnte aber ebenso eine Anleihe bei § 1035 Abs. 3 S. 3, 1. Var. (Rn. 46) versuchen, der auch gut passt – mit Ausnahme der Monatsfrist. Alle beiden Wege schenken sich nichts, zumal weil jeweils Abs. 5 (Rn. 49–57) gilt und „erforderliche Maßnahme" iSv. Abs. 4 auch eine Benennung sein kann (Rn. 33). Bei ganz anderer Zahl (Derogation des § 1028 aF) aber ist wohl regelmäßig ein Verfahren gleich (mit) vorgesehen worden, was dann insgesamt eher für Abs. 4 spricht. 39

---

[71] Motive S. 473 = *Hahn* S. 491/492 zu §§ 854 ff. CPO = §§ 1028 ff. aF.
[72] Dazu näher *Schwab*, FS Nagel, 1987, S. 427, 432. Dazu unter altem Recht auch RGZ 33, 265, 267 f.
[73] CR Nr. 103 = *Holtzmann/Neuhaus* S. 386 mit 7th SN Art. 11 Nr. 6 = *Holtzmann/Neuhaus* S. 382.
[74] Dies meint etwa *Granzow*, 1987, S. 103.
[75] Einschr. *Musielak/Voit* Rn. 9: Monatsfrist analog Abs. 3 S. 3, 1. Halbs.
[76] 1st Draft Art. 16 Fn. 28; 2nd WGR Nr. 87; 7th SN Art. 11 Nr. 4 = *Holtzmann/Neuhaus* S. 368, 370, 382 mit S. 361 („intentional gap").

40 **Neufälle** ohne Regelung liegen näher wohl bei Abs. 3, das sogar bei Zweierschiedsgerichten, wenn man bloß die Dreierbesetzung um den zusätzlichen Vorsitzenden „kappt": Abs. 3 S. 2, 1. Halbs. mit S. 3, 1. Var. Bei Viererbesetzung wird man dies gleichsam „doppeln" (Ernennungsrecht für jeweils zwei Richter) und es bei Fünferbesetzung zwecks eines neutralen Vorsitzenden wieder einfach ergänzen: Abs. 3 S. 2, 2. Halbs. mit S. 3, 1. Var. Das befasste staatliche Gericht hat dann also ein an Abs. 3 orientiertes Verfahren durchzuführen, die eigens vereinbarte Anzahl von Schiedsrichtern zu berücksichtigen und die sich daraus ergebenden notwendigen Modifikationen vorzunehmen. Hierdurch wird der Intention des Bestellungsverfahrens optimal Rechnung getragen, eng an die Vorstellungen der Schiedsparteien anzuknüpfen.

41 **4. Dreierschiedsgericht (Abs. 3 S. 2 u. S. 3).** Jenes ist wegen § 1034 Abs. 1 S. 2 gesetzlicher Regelfall. Das Zusammenspiel beider Vorschriften belegt den **Dritten als neutral.** Das gilt wohl rechtsdogmatisch zwar auch für parteiernannte Schiedsrichter (arg. § 1036), erscheint aber zumindest rechtspraktisch durchaus zweifelhaft. Dann bildet der Dritte das „Zünglein an der Waage"; daher ist seine Auswahl besonders wichtig. Das Gesetz tut recht gut daran, diese Entscheidung von den Parteien etwas wegzunehmen und „ihre" Beisitzer dafür zu bemühen („Filtereffekt"). Entscheidend ist ferner Folgendes – und damit weicht unser Gesetz vom ModG am Ende entscheidend ab: der Dritte ist **automatisch Vorsitzender** (Obmann, „surarbitre", dazu näher noch Vor § 1034 Rn. 58–63). Während das Vorbild nur schlicht von „third arbitrator" redet (Art. 11 Abs. 3 lit. a, 1. Halbs. ModG), der voll den sonstigen Beisitzern gleichsteht („tiers arbitre")[77] und also keine Alleinentscheidungsmacht hätte („umpire"), stellt Abs. 3 S. 2, 2. Halbs. hier zusätzlich klar, dass dieser Dritte „als Vorsitzender des Schiedsgerichts tätig wird".

42 Jene Dreierbesetzung wird **in zwei Stufen gebildet:** zuerst bestellen beide Seiten jeweils einen (Partei-)Schiedsrichter **(S. 2, 1. Halbs.)**, und zwar durch Mitteilung gemäß Abs. 2 (Rn. 19–23);[78] sodann müssen sich diese intern einigen und eben jenen „dritten Schiedsrichter" erküren **(S. 2, 2. Halbs.)** – auf beiden Stufen bei hilfsweise gerichtlicher Bestellung gem. S. 3 (Rn. 46, 58–63).

43 Die Frist rechnet bei **Beisitzern** vom Empfang der Bestellungsaufforderung, die in Abweichung zu § 1029 Abs. 1 aF auch mündlich erfolgen kann – Schriftform empfiehlt sich gleichwohl (schon wegen § 1028 – Zugangsnachweis!)[79]; die Aufforderung muss dazu den jeweiligen Verfahrensbezug (§ 1044) offenlegen, was erst die sachgemäße Auswahl ermöglicht. Auf den Fristlauf muss man nicht besonders noch hinweisen.[80] Beim **Vorsitzenden** läuft die Frist ab der endgültigen (!) Bestellung des zweiten Beisitzers, dh. es ist Mitteilung gemäß Abs. 2 nötig (Rn. 19–23).

44 Zugestanden wird jeweils eine **Monatsfrist** (anders § 12.1 Abs. 1 S. 2 u. § 12.2 S. 3 DIS-SchO [in Anlehnung an Art. 11 Abs. 3 lit. a, 2. Halbs ModG]: 30 Tage). Die **Berechnung** erfolgt wie gewohnt vermittels § 222 ZPO iVm. §§ 186 ff. BGB; der Tag des Zugangs wird demnach nicht gezählt (§ 187 Abs. 1 BGB) – es wird um einen Monat „weitergezählt" (§ 188 Abs. 2, 1. Halbs. mit Abs. 3 BGB).

45 Weder gibt es dabei eine Präklusion (§§ 230, 231) noch die Möglichkeit der Wiedereinsetzung[81] – **Nachbenennung** soll gleichwohl nur bis Fristablauf[82] bzw. Antragseingang[83]/-zugang[84] möglich sein; dies überzeugt kaum: das Benennungsrecht geht nicht etwa unter, sondern wird lediglich per Gerichtsbeschluss surrogiert – aber auch erst dadurch und nicht früher schon;[85] eine endgültig verbindliche (Abs. 2!, Rn. 19–23) nachträgliche Ernennung führt also zur Erledigung mit Kostenfolge; es bedarf dazu keiner abweichenden Vereinbarung[86] und auch nicht etwa des „Schleichwegs" der

---

[77] Anders *Calavros*, 1988, S. 60: Obmann (arg. Art. 29 S. 2 ModG = § 1052 Abs. 3 ZPO).
[78] BT-Drucks. 13/5274 S. 40 li. Sp. [5].
[79] Dazu vgl. auch OLG Naumburg SchiedsVZ 2003, 235, 236 [II 2.2.2] (Telefax).
[80] *Musielak/Voit* Rn. 9; nun auch *Baumbach/Lauterbach/Hartmann* Rn. 10.
[81] *Baumbach/Lauterbach/Albers*, 56. Aufl., § 1029 aF Rn. 2; *Schwab/Walter* Rn. 10.19.
[82] BayObLGZ 2002, 17, 18–20 (19) [II 2] (keinerlei Fristhinweis notwendig, S. 19 [II 2 b]) = NJW-RR 2002, 933; OLG Koblenz, Urt. v. 20. 2. 2003 – 2 SchH 1/03; OLG München MDR 2006, 1308. Das widerspricht aber grundsätzlich der Vorstellung des Gesetzgebers (Fn. 83).
[83] BT-Drucks 13/5274 S. 40 li. Sp. [5] aE – zust.: *Zimmermann* Rn. 3; *Thomas/Putzo/Reichold* Rn. 8; *Baumbach/Lauterbach/Hartmann* Rn. 10 (2. Abs.) – so auch § 12.1 Abs. 1 S. 4 bzw. § 12.2 S. 4 DIS-SchO und bislang bereits die hM: RGZ 45, 382, 384 f.; OLG Hamburg AWD 1966, 120; OLG Bremen NJW 1972, 454; OLG Frankfurt/Main RPS 1995 I, 21, 22.
[84] OLG Köln, Beschl. v. 9. 12. 2002 – 9 Sch 17/02 [II].
[85] Wie hier OLG Koblenz OLGR 2002, 115; OLG Naumburg SchiedsVZ 2003, 235, 236 [II 2.1]; *Musielak/Voit* Rn. 10; *Martinek*, FS Ishikawa, 2001, S. 269, 276/277 [VI]; wohl auch *Schwab/Walter* Rn. 10.21; *Zöller/Geimer* Rn. 17 – unter altem Recht: LG Heilbronn Justiz 1974, 460.
[86] Erster Aushilfevorschlag in BayObLGZ 2002, 17, 19 aE [II 2 c] mit OLG München MDR 2006, 1308 [JURIS-Rn. 7] Fn. 82).

Gerichtsbenennung des Vorgeschlagenen.[87] Die Frist ist insgesamt parteiautonom verfügbar; für die **Verkürzung**[88] (nahe liegend in Inlandsfällen!) ergibt sich das schon aus § 224 Abs. 1 S. 1 analog; für die **Verlängerung**[89] ist der Rechtsgedanke des Abs. 1 heranzuziehen: Parteiverfahren nach Gesetzesvorbild – konsequenterweise indes dann eigentlich aber mit Gerichtsbestellung per Abs. 4, 1. Var., das wäre aber allzu großer Formalismus, Abs. 3 S. 3 liegt hier viel näher!

5. Gerichtshilfe. a) Kompetenzen (Abs. 3). Staatsgerichtliche Hilfe gilt für **drei Fälle:** beim **Einerschiedsgericht** (S. 1, Rn. 35–37), allerdings prozessökonomisch gehandhabt mit bloß einem formal vorgeschalteten Einigungsversuch; beim Dreierschiedsgericht (S. 2, Rn. 41–45), zum einen für **Beisitzer** (S. 3, 1. Var. mit S. 2, 1. Halbs.), wenn nicht binnen Monatsfrist von Parteiseite bindend (Abs. 2, Rn. 19–23) Ernennung erfolgt, und zum anderen für den **Vorsitzenden** (S. 3, 2. Var. mit S. 2, 2. Halbs.), bei einem Patt unter den Beisitzern – die gleichfalls eine Monatsfrist haben, sich gütlich zu einigen (eventuell insoweit kumulativ). Die „Bestellung" setzt ausdrücklich einen **Parteiantrag** voraus, was prozessual selbstverständlich erscheinen muss und beim Einerschiedsgericht auch gewiss anders nicht geht. 46

Die Regelung hat trotzdem gewisse Substanz, und zwar als Klarstellung der **Antragsbefugnis:** sie hat – wörtlich genommen – danach jede Partei – in jedem der Fälle. Dies passt sicher im ersten und schützt im dritten gut davor, dass die Beisitzer selber initiativ werden. Das Verfahren fordert (Partei-)Aktivität; es steht *nicht* im Interesse der Schiedsrichter zur Verfügung. Der alte, bekannte Satz „wo kein Kläger, da kein Richter" gilt insoweit ganz wörtlich. Manche Probleme verursacht dann jedoch der zweite Fall. Eine Beschwer erleidet hier nämlich allein jene Partei, deren Aufforderung nicht nachgekommen wird. Dem Säumigen mangelt insoweit das **Rechtsschutzbedürfnis** – er kann leichter ans Ziel gelangen; und seinem Gegner (dem Auffordernden) ist vorher ebenso zuzumuten, seinerseits alles Erforderliche getan zu haben – ihm nützt der Antrag solange nichts, wie noch die „eigene" Ernennung aussteht.[90] 47

Das Rechtsschutzbedürfnis fehlt auch bei *offensichtlich* „*unwirksamer*" Schiedsvereinbarung iSv. § 1032 Abs. 1 aE[91] bzw. zeitgleicher erfolgreicher (Unzulässigkeits-)Feststellung gem. § 1032 Abs. 2[92] (keine materielle Erfolgsprognose!)[93] – allerdings bei Befugnis zur Aussetzung [§ 148 analog][94]) – darüber wird aber allemal ohne bindende Rechtskraftwirkung befunden (Rn. 60) –, mangelnder Schiedsbindung[95] oder einer bloßen Schieds*gutachtens*-[96] oder *Schlichtungs*abrede.[97] Indes erfolgt keine Detailprüfung (es geht um eine Zulässigkeitsfrage!). Eine zu kurz gesetzte Frist lässt die genormte Monatsfrist beginnen,[98] denn die **„entsprechende Aufforderung"** (hierfür Zugang nötig!) muss hier letztendlich keinerlei Fristsetzung enthalten. Es muss jedoch klar werden, was gewollt ist (nämlich: Schiedsrichterbestellung) und welches Schiedsverfahren gemeint ist. 48

---

[87] *Zweiter* Aushilfevorschlag in BayObLGZ 2002, 17, 20 [II 2 c/d] mit OLG München MDR 2006, 1308 [JURIS-Rn. 9] (Fn. 82) u. OLG Koblenz, Urt. v. 20. 2. 2003 – 2 SchH 1/03.
[88] Nur sie erwähnen BT-Drucks. 12/5274 S. 40 li. Sp. [6] aE u. *Baumbach/Lauterbach/Hartmann* Rn. 10 (Abs. 2). Daher falsch die Lösung durch OLG Naumburg SchiedsVZ 2003, 235, 236 [II 2.2.1]: Umdeutung *alt*rechtlicher Kurzfrist in *neu*rechtliche Langfrist.
[89] Ebenfalls statthaft: *Zimmermann* Rn. 3; *Musielak/Voit* Rn. 9 mit Fn. 32.
[90] Demnach *insofern* durchaus richtig *Schwab/Walter* Rn. 10.18; *Martinek*, FS Ishikawa, 2001, S. 269, 277 [VI] – anders zuvor aber bei Abs. 1 S. 1/2, dh. vorgerichtlich: Rn. 13 aE mit Fn. 20.
[91] BayObLG BB 1999, 1785 [II 2 a] u. EWiR 2000, 359, 360 [*Rabe*] (zu § 1034 Abs. 2), best. OLG München, Beschl. v. 19. 1. 2007 – 34 Sch 9/06 [II 2 a] u. v. 23. 5. 2007 – 34 SchH 1/07 [II 2 a] („nicht abschließend . . . zu entscheiden") bzw. BayObLG MDR 2001, 780 (zu § 1027 Abs. 1 S. 1 aF); KG KGR 2006, 119 (§ 36 a UrhG); *Musielak/Voit* Rn. 11; *Zöller/Geimer* Rn. 17; *Stein/Jonas/Schlosser* Rn. 6.
Für eine intensive Kontrolle wohl RG SeuffA 59 (1904) Nr. 98, S. 173, 174 f.; JW 1902, 171; OLG Hamburg MDR 1964, 864; OLG Celle OLGRspr. 23 (1911), 251; 13 (1906), 248; gegen jegliche Nachprüfung *Bredow*, FS Schlosser, 2005, S. 75, 77–80: Vorrang *schieds*gerichtlicher Prüfung (§ 1040) bzw. § 1032 als eine lex specialis.
[92] OLG München OLGR 2006, 869/870 [2].
[93] OLG München OLGR 2007, 681, 683 [II 2 e].
[94] OLG Köln SchiedsVZ 2003, 238, 239 [II].
[95] Anders im Ansatz OLG Naumburg SchiedsVZ 2003, 235, 236 [II 1]: Abweisung als unbegründet; unentschieden BayObLG, Beschl. v. 13. 8. 1998 – 4 SchH 1/98: lediglich (Antrags-)„Ablehnung".
[96] OLG Celle, Beschl. v. 30. 7. 2003 – 8 SchH 1/03 [2]; KG, Beschl. v. 11. 7. 2002 – 23 Sch 3/02; auch OLG Düsseldorf, Beschl. v. 6. 7. 1998 – 12 Sch 1/98 [III] betr. § 1034 Abs. 2.
[97] OLG Naumburg, Beschl. v. 21. 7. 2003 – 10 SchH 4/03.
[98] BayObLGZ 2002, 17, S. 19 [II 2 b]) = NJW-RR 2002, 933 mit OLG München OLGR 2007, 681, 683 [II 2 c] – *aA die hM*: KG, Beschl. v. 17. 3. 2003 – 23 Sch 8/03; *Schwab/Walter* Rn. 10.19 (zwar entbehrbar, aber zutreffende Fristsetzung[?]); *Stein/Jonas/Schlosser* Rn. 5 [c] – sowie unter altem Recht: OLG Bamberg SeuffA 61 (1906) Nr. 123, S. 214 (total fehlende Frist) bzw. LG Kiel SchlHA 1958, 47 (Frist zu knapp); wohl auch RGZ 87, 183, 185/186 (obiter) – bei freilich strikterem Wortlaut von § 1029 Abs. 1 aF!

49 **b) Richtlinien (Abs. 5).** Abs. 5 gibt dem staatlichen Gericht – im Unterschied zu sonstigen Verfahren – Richtlinien für die Entscheidung vor. Er gilt generell, nicht bloß für Abs. 3, sondern genauso für Abs. 4 (Rn. 33) und §§ 1034 Abs. 2, 1039 Abs. 1 S. 2. **Konstitutiven Charakter hat S. 1,** der zwei bedeutende Regeln präzisiert und seine Entsprechung in § 1036 Abs. 2 S. 1 findet: subjektive (Rn. 50–53) und objektive (Rn. 54f.) Begrenzung einer staatlichen Entscheidung durch Parteivorgaben. **Nur deklaratorische Bedeutung hat S. 2** (Rn. 56f.) – anders gesagt: Er hat bloß Appellwirkung („in Erwägung zu ziehen") und unterliegt gesetzlich den Beschränkungen prozessualer Zweckmäßigkeit.

50 **aa) Subjektive Grenze (S. 1, 1. Halbs.).** Oberste Vorgabe ist der **Parteiwille,** und demgemäß ist subjektive Grenze (1. Halbs.) das einverständlich vereinbarte Anforderungsprofil, etwa um eine erforderliche Sachkunde einzubringen, was häufig ein teures Gutachten erübrigt (Vor § 1025 Rn. 55). Abs. 1 normiert die formelle (Verfahrensgestaltungs-)Freiheit, Abs. 5 S. 1, 1. Halbs. akzeptiert die materielle (Richterauswahl-)Freiheit – die beiden gehören zusammen und ergänzen einander. Die präzis **„vorgeschriebenen Voraussetzungen"** können in der Schiedsvereinbarung (§ 1029) gleich fixiert werden oder sie werden erst später zum Inhalt einer Verfahrens- bzw. Bestellungsvereinbarung (§ 1042 Abs. 3) gemacht – selbstregelnd oder bezugnehmend.

51 Hier sieht etwa § 2.2 DIS-SchO als Auffangregel vor, dass zumindestens der Vorsitzende ein „Jurist" (mit Befähigung zum Richteramt?[99] Genügt erstes Examen [„Diplomjurist"]? Was ist mit Ausländern?) sei. Der Phantasie der Parteien sind Grenzen dabei nicht gesetzt. In Betracht kommen etwa Verbandsmitgliedschaft, Bestellung zum amtlich anerkannten Sachverständigen, Eintragung in die Handwerksrolle, Zugehörigkeit zu einer bestimmten Berufsgruppe,[100] Mindestzeit als praktizierender Schiedsrichter, Sprachkenntnisse oder Nationalität[101] etc. Ein Schiedsspruch „guter Mannschaft" verlangt die Berufung redlicher und erfahrener Personen;[102] eine „neutrale Person aus der Wirtschaft oder dem Recht" ist eher nichtssagend[103] und letztendlich bloß Augenwischerei.

52 Die Parteien dürfen selbstredend auch diskriminieren, wenn sie etwa auf Alter, Religion oder Geschlecht abheben.[104] Eine ordre-public-Prüfung findet nicht statt. Das Staatsgericht ist quasi nur „verlängerter Arm" der Prozessgegner, die sich schon abstrakt – insoweit! – geeinigt haben, das Verfahren nur „Notbehelf" zur Konstituierung des Schiedsgerichts. Im Interesse der Parteien wird die Durchführung des Schiedsverfahrens ebenfalls auch dann ermöglicht, wenn die Parteien selbst, aus welchen Gründen auch immer, nicht in der Lage sind, die Verabredung mit konkreten Namen auszufüllen. Daher sind auch hierzu erkennbar zutage tretenden gemeinsamen Vorstellungen definitiv zu beachten.

53 **Äußerste Grenzen** bilden dabei aber das Neutralitätsgebot (Abs. 5 S. 1, 2. Halbs. mit §§ 1036, 1037, hier Rn. 54f.) und auch das Übervorteilungsverbot (§ 1034 Abs. 2, dort Rn. 8f.) – sonst wäre das Staatsgericht womöglich andauernd doppelbefasst. Die Eigenschaft an sich kann schon allein benachteiligen. Hinzu kommen einige faktische Grenzen: der Totalitätsanspruch („alle") mag etwa unerfüllbar sein, hier tut wertende Abwägung not; die geforderte Eigenschaft kann unerfüllbar sein oder es lässt sich trotz großer Mühen niemand ermitteln, welcher sie erfüllt. Alsdann entfällt die konkrete Bindung. Abzugrenzen davon ist die stets statthafte Auslegung, was denn die Parteien meinten und wollten.

54 **bb) Objektive Grenze (S. 1, 2. Halbs.).** Als Pendant und mithin objektive Grenze (2. Halbs.) hat das Staatsgericht „allen Gesichtspunkten Rechnung zu tragen", um **Unabhängigkeit und Unparteilichkeit** des Schiedsgerichts sicherzustellen (Einzelheiten zum Begriffskern bei § 1036 Rn. 30–41). Nicht zuletzt diese Klärung, welche sich im Ablehnungsverfahren (§§ 1036, 1037) weiter fortführt und absichert, macht Schiedsgerichte zu Rechtspflegeorganen bzw. Schiedsgerichtsbarkeit zu materieller Rechtsprechung (Vor § 1025 Rn. 4). Doch fehlt eine ausdrückliche Rechtsfolge für den Fall, dass hier das *staatliche Gericht* gegen diese Grundsätze verstößt;[105] dies fällt umso mehr ins Gewicht, als die Entscheidung unanfechtbar ist (Rn. 62).

55 Das Staatsgericht kann indes zwar keinen Kandidaten inquisitorisch aushorchen, zumal er weder verpflichtet ist noch beteiligt wird, es kann jedoch offenbare Kollisionen vermeiden, informell bei

---

[99] Dies meinen etwa *Schwab/Walter* Rn. 10.11. Kein Licht bringt *Schütze/Theune* § 2 DIS-SchO Rn. 2.
[100] *Calavros*, 1988, S. 65.
[101] Arg. Art. 11 Abs. 1, 2. Halbs. ModG, vgl. *Berger*, 1992, S. 142.
[102] RGZ 26, 371, 375 aE.
[103] *Schwab/Walter* Rn. 10.11 Fn. 17 zu BGH JZ 1989, 588, 589: „überaus diffus, aber wohl wirksam".
[104] So wie hier *Zimmermann* Rn. 1.
[105] *Real* ZVglRWiss. 89 (1990), 421.

ihm vorfühlen (vgl. dazu erg. Rn. 59) und auch den Parteien ausreichend Gelegenheit eröffnen (§ 1063 Abs. 1 S. 1), ihre subjektiven Bedenken vorzutragen.[106] Dies bereits auch deshalb, um unmittelbar anschließenden Ablehnungsverfahren vorzubeugen. Klar ausgeschlossen sind die Parteien und ihre gesetzlichen Vertreter, sowie deren Anwälte (§ 1042 Abs. 2) und Beistände, die möglicherweise im Schiedsverfahren auftreten. Niemand kann und darf Richter in eigener Sache sein (§ 1036 Rn. 9–11).

cc) Erwägungsgesichtspunkte (S. 2). S. 2 klärt indirekt, was Art. 11 Abs. 1 ModG noch explizit sagt, dass nämlich die Nationalität für das Amt des Schiedsrichters normal keine Rolle spielt (abweichende Parteivereinbarung vorbehalten: Abs. 5 S. 1, 1. Halbs., Rn. 50–53). Doch obwohl S. 2 gerade hier auf jene beiden Formen (Einer-/Dreierbesetzung) abstellt, welche Abs. 3 regelt, wäre es doch falsch, ihn (oder sogar etwa Abs. 5 insgesamt) darauf zu begrenzen.[107] Das drückt Art. 11 Abs. 5 (S. 1) ModG besser aus, der eindeutig **sowohl Abs. 3 wie Abs. 4 erfasst**. Eine solche unschöne Begrenzung war auch nicht beabsichtigt.[108] Hintergrund der Normierung ist lediglich, die Neutralität auch persönlich zu dokumentieren. 56

Das Vertrauen in einen Einzelschiedsrichter oder Obmann, der derselben Nationalität angehört wie die Gegenpartei, dürfte stets wohl deutlich geringer sein als bei voll **neutraler Staatsangehörigkeit**. Es ist auch stete Praxis berühmter Schiedsorganisationen, je einen Schiedsrichter aus der Nationalität der beiden Parteien, indes den dritten aus einem neutralen Land zu bestellen.[109] Die Vorschrift ist allerdings „auslandslastig" (iSv. Art. 1 Abs. 1 ModG) und daher auf reine **Inlandssachverhalte** regelmäßig nicht anzuwenden: eine Bestellung erscheint wohl „unzweckmäßig",[110] es sei denn der Streit wäre auf Grund § 1051 nach Auslandsrecht zu entscheiden.[111] Alsdann macht der Auslandsfachmann doch guten Sinn! 57

c) Prozedere. Zuständig für die Bestellung ist so wie üblich das in der Schiedsvereinbarung bezeichnete, hilfsweise das ortsnächste **Oberlandesgericht** (§ 1062 Abs. 1 Nr. 1, 1. Var.) – insofern internationale Zuständigkeit vorliegt (§ 1025 Abs. 3) aber das OLG am Aufenthaltsort (§ 1062 Abs. 3). Der Beschluss lautet entweder (negativ) auf **Ablehnung** des Antrages, wenn dessen – förmliche oder sachliche – Voraussetzungen fehlen; endgültige rechtskräftige Ablehnung macht die Schiedsvereinbarung undurchführbar und beseitigt die Schiedseinrede aus § 1032 Abs. 1 (4. Halbs., 3. Var.!) – sonst wäre der andere Teil völlig rechtlos gestellt. Oder aber er lautet (positiv) auf die **Benennung** eines bestimmten Schiedsrichters bei Achtung des Abs. 5 (Rn. 49–57). Das Gesetz redet zwar von „Bestellung" meint aber damit Namhaftmachung bzw. namentliche Bezeichnung, die **prozessual** Konstituierung des Schiedsgerichts bedeutet. 58

Materiell ist erst idR noch der entsprechende Schiedsrichtervertrag abzuschließen. Das Staatsgericht wird sich aus Gründen der Prozesswirtschaftlichkeit zwar vorher beim potentiellen Kandidaten vergewissern, ob er denn bereit wäre, dies Amt zu übernehmen[112] – der Bestellungsbeschluss ist davon aber nie abhängig. Versagt sich ein Kandidat, wird alsdann das Gericht aber neuerlich behelligt – er unterliegt ja keinem Abschlusszwang, er kann indes auch nicht etwa am gerichtlichen Bestellungsverfahren formal irgendwie beteiligt werden: die gesamte Mühe war dann umsonst! Verweigert eine Partei ihre Mitwirkung, ist das weitere Verfahren ungewiss. Ja, der Beschluss erscheint generell von letztendlich ungeklärter **Rechtsnatur**. 59

Mit der konkreten Benennung führt er nächstliegend und vordergründig zu einer **Feststellung**: der Geeignetheit und Tauglichkeit zum Schiedsrichteramt. Sie bindet jede Partei für sich und unabhängig von Abs. 2, eine ihr noch verbliebene einseitige Ernennungsbefugnis (Rn. 45) fällt endgültig hierdurch dahin, es bedarf von da an der vollen Parteieinigkeit, wollte man diesen Schiedsrichter nun wieder loswerden (§ 1039 Abs. 1 S. 1, 3. Var.). Es wird freilich nicht zugleich auch über das Bestehen einer gültigen Schiedsvereinbarung für alle anderen Verfahren bindend und namentlich rechtskräftig entschieden[113] – das verbleibt bei den Vorfragen, entlastet das Verfahren und ist sinnvoll auf speziellere Rechtsbehelfe „ausgelagert" (§ 1032 Abs. 2 [Zulässigkeitskontrolle] bzw. § 1040 Abs. 3 S. 2 [Zuständigkeitskontrolle]); erst recht nicht wird zur Wirk- 60

---

[106] *Thomas/Putzo/Reichold* Rn. 10.
[107] So aber *Musielak/Voit* Rn. 19.
[108] BT-Drucks. 13/5274 S. 40 re. Sp. [8]: „Absatz 5 entspricht Artikel 11 Abs. 5 Satz 2 ModG".
[109] *Calavros,* 1988, S. 65.
[110] So auch *Musielak/Voit* Rn. 19.
[111] *Thomas/Putzo/Reichold* Rn. 10.
[112] Dies raten auch *Thomas/Putzo/Reichold* Rn. 10 – offenbar im Anschluß an 1. Aufl. § 1029 aF Rn. 7.
[113] Ebenso – implizit – jüngst BGH, Beschl. v. 30. 3. 2006 – III ZB 74/05 [6] – sowie schon zum alten Recht BGH NJW 1969, 978, 979 [I 1] gegen RGZ 145, 275, 277 m. weit. Nachw., insbes. RG JW 1914, 773; dazu *Habscheid* ZZP 84 (1971), 206.

§ 1035 61–64   Buch 10. Abschnitt 3. Bildung des Schiedsgerichts

samkeit des Hauptvertrags entschieden.[114] Der Beschluss enthält letzthin aber mehr als bloß eine Feststellung.

61 Er zielt zum einen auf **Leistung** der Parteien, indem er ihnen die Pflicht auferlegt, mit dem jetzt unverwechselbar durch das Gericht *benannten* Schiedsrichter einen „vollziehenden" **Schiedsrichtervertrag abzuschließen**. Doch ist er unvollstreckbar, ihm geht die Titelqualität ab (arg. § 794 Abs. 1 Nr. 3, 1. Halbs. mit Rn. 62). Das überspielt die Vertretungsmacht der Gegenpartei, den Richtervertrag abzuschließen, die gleichsam per Gerichtsbeschluss bloß erstreckt wird. Der Beschluss birgt zum anderen ein partielles Stück **Gestaltung** gegen die Parteien, weil prozessual jedenfalls eine wirksame Bestellung vorliegt: der Be- bzw. „Ernannte" erhält **Richterbefugnisse übertragen** – wenn er denn solche übernehmen möchte!

62 Die Entscheidung ist **unanfechtbar** (§ 1065 Abs. 1 S. 2 mit § 1062 Abs. 1 Nr. 1 als Umsetzung von Art. 11 Abs. 5 S. 1 ModG). Das soll die erforderliche Konstituierung **beschleunigen**[115] und baldigst Klarheit schaffen. Das hätte man jedoch – sicher weit besser – analog § 1034 Abs. 2 S. 3 iVm. § 1032 Abs. 3 bzw. § 1037 Abs. 3 S. 2 ebenso erreichen können.[116] Dass hier das Staatsgericht einen breiten Ermessensspielraum innehat, hindert keine Prüfung auf Ermessens-[117] oder gar pure Rechtsfehler – vor allem angesichts extra normierter Leitlinien (Abs. 5, Rn. 49–57). Der Ausschluss ist wohl rechtspolitisch sehr problematisch, besonders bei der subjektiv großen Bedeutung personeller Besetzung für Verlauf wie Ausgang des Schiedsverfahrens, er ist aber doch de lege lata zu akzeptieren. Und hier hilft auch ein Ablehnungsverfahren wenig – wegen Präklusion[118] bzw. Identität des Gerichts (§ 1037 Abs. 3 iVm. § 1062 Abs. 1 Nr. 1, 2. Var.).

63 **Gebühren und Kosten:** Es ergeht wie üblich eine Kostenentscheidung,[119] uU mit Kostenaufhebung bei Pattsituation.[120] Gerichtsgebühr nach KV 1623 [0,5]; Schiedsverfahren und Aushilfeverfahren gelten für den Anwalt hingegen als „dieselbe Angelegenheit" (§ 16 Nr. 10, 1. Var. iVm. § 15 Abs. 2 S. 1 RVG: Mitabgeltung). Allein der *extra* für dieses Aushilfeverfahren beauftragte (Zweit-)Anwalt erhält eigene Gebühren nach VV 3327, 1. Var. [0,75] bzw. VV 3332 [0,5][121] pro ernanntem Schiedsrichter. Streitwert: ca. $1/3$[122] bis $1/5$[123] der Hauptsache (hier anders noch 2. Aufl. Rn. 32 aE mit § 1037 Rn. 11 aE[124]), im Einzelfall zT bloß $1/8$[125] oder $1/10$;[126] die Anzahl der Schiedsrichter auf der Richterbank spielt keine Rolle.[127]

IV. Mehrparteienschiedsverfahren

64 **1. Problemstellung.** Ein Schiedsverfahren ist regelmäßig ein Zweipersonenprozess, zumal auch die Schiedsvereinbarung regelmäßig bloß zwei Beteiligte kennt. Wenn eine **Schiedsbindung mehrerer** aber doch vorliegt (§ 1029 Rn. 55 ff. – Ausnahmefall!), bereitet meist noch die **neutrale Konstituierung des Schiedsgerichts** besondere Schwierigkeiten, es sei denn, die Parteien hätten insoweit gleich selbst vorgesorgt.

---

[114] Dies erkennt auch bereits RGZ 145, 275, 277 an.
[115] 7th SN Art. 11 Nr. 7 = *Holtzmann/Neuhaus* S. 382.
[116] Ebenfalls für Anfechtbarkeit war *Schlosser* ZIP 1987, 492, 500 (*zulassungsbedürftige* [Sprung-]Rechtsbeschwerde).
[117] Hier anders wohl *Granzow*, 1988, S. 106.
[118] Ebenso hierzu bereits 1. Aufl. § 1029 Rn. 8 im Anschluß an *Stein/Jonas/Schlosser*, 21. Aufl., § 1029 aF Rn. 5.
[119] AA OLG Brandenburg, Beschl. v. 2. 10. 2003 – 8 SchH 2/03: fehlendes kontradiktorisches Verfahren[?].
[120] OLG München, Beschl. v. 6. 11. 2006 – 34 SchH 11/06 [II 4] u. v. 19. 1. 2007 – 34 SchH 9/06 [II 4].
[121] *Musielak/Voit* Rn. 31.
[122] OLG München, Beschl. v. 19. 1. 2007 – 34 SchH 9/06 [II 5], Beschl. v. 25. 4. 2007 – 34 SchH 10/06 [II 5] u. Beschl. v. 23. 5. 2007 – 34 SchH 1/07 [II 5]; OLG Hamburg, Beschl. v. 27. 3. 2006 – 6 SchH 2/06 aE (§ 1034 Abs. 2); OLG Frankfurt/Main SchiedsVZ 2004, 168 = OLGR 2004, 121; OLG Köln, Beschl. v. 9. 12. 2000 – 29 Sch 17/02 [III]; wohl auch OLG Köln, Beschl. v. 2. 4. 2004 – 9 Sch (H) 22/03 [II 3] mit *Thomas/Putzo/Reichold* § 1063 Rn. 5.
[123] OLG Frankfurt/Main, Beschl. v. 2. 11. 2007 – 26 SchH 3/07 [II aE/JURIS-Rn. 23]; OLG Naumburg SchiedsVZ 2003, 235, 236 [II 4]; KG, Beschl. v. 30. 8. 2000 – 28 Sch 7/99 [II aE].
[124] … und bislang das OLG München, zuletzt Beschl. v. 6. 11. 2006 – 34 SchH 11/06 [II 5] im Anschluß an BayObLG SchiedsVZ 2004, 316, 317 [3] = NJW-RR 2005, 505, ferner OLG Naumburg SchiedsVZ 2003, 134, 138 [V] (keinerlei Abschläge).
[125] BayObLG, Beschl. v. 15. 12. 1999 – 4 Z SchH 6/99 [II 5] (§ 1034 Abs. 2).
[126] OLG München, Beschl. v. 6. 2. 2006 – 34 SchH 10/05 [III].
[127] AA OLG Dresden RPS 2001 I S. 18, 20 [3]; Beschl. v. 28. 2. 2001 – 11 Sch 1/01.

Bestellung der Schiedsrichter   65–69 § 1035

Die Parteiabrede genießt stets Vorrang (§ 1035 Abs. 1 [mit § 1042 Abs. 3]), soweit sie denn auf **65** reelle Gleichbehandlung achtet (§ 1034 Abs. 2 [mit § 1042 Abs. 1 S. 1]).[128] Die gesetzlichen Ernennungsregeln demgegenüber widmen sich allein dem empirischen Regelfall zweier Kontrahenten. Das würde die auf einer Seite verbundenen mehreren Parteien zwingen, sich auf einen Schiedsrichter zu einigen (Rn. 71 f.: **Einigungszwang?**) oder hätte eine Vervielfältigung der Schiedsrichterbank zur Folge, welche sodann die andere Partei in eine häufig unakzeptable Unterrepräsentation hineindrängt (Rn. 68: **Gleichgewicht!**). Stets ist nämlich die freie *eigene* Auswahl des Schiedsrichters, trotz der gesetzlich schon normierten Unparteilichkeit und Unabhängigkeit (§ 1036 Abs. 1 u. Abs. 2 S. 1) auch eines „bloß" parteibestellten Schiedsrichters (§ 1036 Rn. 31), ein wesentlicher Grund des Vertrauens und der Akzeptanz, die die Parteien gerade auch in internationalen Schiedsverfahren dem Institut entgegenbringen.[129] Dazu ist ja die Konstituierung der Kompetenzfrage (§ 1040 Abs. 1 S. 1 mit Abs. 2 [S. 2!]) logischerweise stets „vorgeschaltet": „Über die Zulässigkeit des Mehrparteienverfahrens entscheidet das [konstituierte] Schiedsgericht" (§ 13.3 DIS-SchO).

Nur ein **Einerschiedsgericht** schützt von vornherein vor Sachproblemen: es besteht ja ohnehin **66** Einigungszwang aller Prozessbeteiligter mit hilfsweiser staatsgerichtlicher Bestellung (Abs. 3 S. 1 iVm. Abs. 5 S. 1, 2. Halbs.). Es ist aber praktisch oft unpassend (Kollegialprinzip befördert Spruchqualität) und zudem gesetzlich nicht Normalfall (§ 1034 Abs. 1 S. 2). Ansonsten sind mehrere Lösungen denkbar:

2. Prozessuales Gleichmaßgebot. a) Vergrößerung der Gerichtsbank. Eine „one party/ **67** one judge"-Regel scheidet als grundsätzlich unakzeptabel aus.[130] Gemäß dem Gebot der Gleichbehandlung ist die Erweiterung der Richterzahl idealiter bloß ausnahmsweise dann hilfreich, wenn auf Kläger- wie Beklagtenseite mehrere und zudem noch gleich viele Parteien beteiligt sind; aber selbst so mögen bei einer Obmannswahl schon eventuell Majorisierungen auftreten. Eine mögliche Erweiterung dermaßen, dass jeder Beklagte (oder Kläger) einen eigenen Schiedsrichter benennt, die unterzählig repräsentierte bzw. alleinstehende Gegenpartei entsprechend „auffüllen" darf und alle gemeinsam den Obmann bestimmen,[131] verschärft diese Problematik noch. Dem Einzelnen wird letztlich die bessere Auswahl glücken, weil er eine „homogene Mannschaft" benennen kann; die Gegenseite steht insoweit unter „faktischem Einigungsdruck" oder präsentiert sich zwangsläufig eher „disparater". Dagegen streiten dazuhin Kosten- wie Effektivitätsgründe.

b) Gesetzliche Ernennungsregelung. Meist wird ein **Dreierschiedsgericht** insoweit wohl **68** gebildet (§ 1034 Abs. 1 S. 2 mit § 1035 Abs. 3 S. 2). Zwar scheint eine **Zweiteilung mit Lagerbildung** oftmals vielleicht möglich, doch widerspricht dann einseitiger Einigungszwang (und gegebenenfalls die Ersatzaushilfe des Staatsgerichts, § 1035 Abs. 3 S. 2, 1. Var.) vielleicht dem Grundgebot der Äquivalenz:[132] eine Schiedsvereinbarung, die einen solchen Bestellungsmodus vorsehe, stelle einen Verzicht bei der Bildung des Schiedsgerichts dar, der aber nur „nach dem Entstehen der Streitigkeit" (vgl. § 38 Abs. 3 Nr. 1), dh. in Kenntnis der Probleme, erst statthaft erklärbar wäre. Dies überzeugt kaum,[133] wirkt doch das Gleichheitsgebot als neutrale institutionelle Garantie, die durch § 1034 Abs. 2 sogar gesetzlich noch ausgeformt wurde (unverzichtbarer Staatsvorbehalt – bei ad-hoc-Ausschließung kraft Präklusivfrist). Warum soll indes andererseits die selbst „alleinstehende" Partei immer sich des Rechts begeben müssen, ihre Benennung frei vorzunehmen? Sie hat ohnedies den Nachteil, gegen mehrere zu kämpfen, was sogar auf einem Ränkespiel der Gegenseite (zB Teilabtretung) noch beruhen kann.[134]

Daher wird stets eine gründliche Abwägung notwendig. Es kann durchaus zulässig sein, mehrere **69** „im Lager" zu zwingen, sich im Vorfeld zu einigen und nur für jenen *einen* Platz auf der Schiedsrichterbank die hilfsweise Drittbestimmung vorzusehen. Dafür geben jetzt Abs. 3 S. 3, 1. Var. (ge-

---

[128] *Labes/Lörcher* MDR 1994, 420, 421.
[129] *Berger* RIW 1993, 702, 706 f.; *Schwab*, FS Habscheid, 1989, S. 285, 290; *Koussoulis* ZZP 107 (1994), 195, 206.
[130] 2nd WGR Nr. 80 = *Holtzmann/Neuhaus* S. 352.
[131] Vgl. dazu *Markfort*, 1994, S. 96 f.
[132] C. Cass. Rev. Arb. 1992, 470 = Bull. ASA 10 (1992), 295 = RPS 1992, 27 (ordre-public-Verstoß) gegen Cour d'Appel de Paris Rev. Arb. 1989, 723 (BKMI u. Siemens ./. Dutco) – dazu: *Schwab* RPS 1992, 17 ff.; *Berger* RIW 1993, 702; *Seppala*, Int. FLR 1993, 33; *Delvolvé* Arb. Int. 9 (1993), 197 mit Bull. ASA 10 (1992), 153; *Schwartz* J. Int. Arb. 10 : 3 (1993), 5 ff.; *Jarrosson* J.D.I. 1992, 715 ff.; *Berg*, FS Glossner, 1994, S. 19, 29 ff.; *Koussoulis* ZZP 107 (1994), 195, 201 ff.; *Nicklisch*, FS Glossner, 1994, S. 221, 227; zust. *Stein/Jonas/Schlosser* § 1034 Rn. 6. So zuvor bereits *von Hoffmann*, FS Nagel, 1987, S. 112, 117.
[133] Dazu krit. auch *Koussoulis* ZZP 107 (1994), 195, 205: nachträglicher Verzicht *generell* verboten.
[134] Anders herum *Berger* RIW 1993, 702, 706/707.

setzliches Ernennungsverfahren: Ersatzbenennung [„Partei" steht für die ganze „Gruppe"]) bzw. Abs. 4, Var. 2a (vereinbartes Ernennungsverfahren: nötige Maßnahme [„Parteien" steht für deren „Personen"])[135] auch staatlichen Gerichten die Kompetenz. Möglich bleibt aber ebenso künftig die Bestimmung des *gesamten* Schiedsgerichts von einer neutralen Seite aus.[136] Ermächtigungsgrundlage ist dann indes § 1034 Abs. 2[137] – das auch bei Eingreifen der gesetzlichen Auffangregel (Präklusionsgefahr!), dazuhin kommt bei privater Regelung wiederum Abs. 4, Var. 2a in Betracht. Dann werden eben umfassendere Maßnahmen erforderlich, die auch die schiedswillige Gegenseite miteinbeziehen.

70 **c) Institutionelle Lösungsmodelle.** Viele Schiedsinstitutionen beseitigen die vermutliche Ungleichbehandlung bei der Gerichtskonstituierung dadurch, dass ersatzweise die **Schiedsinstitution die Schiedsrichter für** *beide* **Seiten benennt** (§ 13.2 Abs. 1 S. 4 u. 5 DIS-SchO; Art. 10 Abs. 2 ICC-Rules); vorrangig aber sollen beide Seiten auch weiterhin eine einvernehmliche Ernennung zustandebringen (§ 13.1 u. § 13.2 Abs. 1 S. 1 DIS-SchO; Art. 10 Abs. 1 ICC-Rules). Scheitert dieses Ansinnen, wird Gleichbehandlung über gleiche „schlechte" Chancen erreicht – das insoweit wohl kleinere Übel! Die **ICC** ernennt dann neutral gleich alle drei Schiedsrichter, einen von ihnen als Obmann (Art. 10 Abs. 2 S. 1 ICC-Rules), die **DIS** benennt bloß zwei jener Richter fremd (§ 13.2 Abs. 1 S. 4 DIS-SchO), welche sich selbst dann intern auf den Obmann einigen sollen (§ 13.2 Abs. 2 mit § 12.2 S. 1 u. 2 DIS-SchO – hilfsweise wiederum DIS-Benennung: § 12.2 S. 3 DIS-SchO). Die Regelung ist insoweit allerdings nicht austariert, als sie von den Klägern Einigung fordert und nur bei einer Nichteinigkeit auf Beklagtenseite hilft. Analoge Regeln könnten ohne weiteres auch in Schiedsvereinbarungen für ad-hoc-Schiedsgerichte aufgenommen werden.[138]

71 **3. Praktischer Einigungszwang.** Die Vervielfältigung der Parteiposition kann nicht ohne weiteres aber bedeuten, dass dann jeder Abstimmungszwang fehlt.[139] Manchmal besteht durchaus eine Einigungspflicht.[140] Sie kann aus **materiellen Gründen** entspringen. Gerade ein materielles Gemeinschaftsverhältnis begründet regelmäßig wohl auch materielle (Neben-)Pflichten, die Prozesstaktik zu koordinieren (Gesamtschuldner, Mitgläubiger, Gesellschafter etc. – Beispiel: Streit zwischen ausscheidenden und verbleibenden Konsorten[141] oder Sozien[142]). Doch tritt dann anstelle der Zustimmungsklage die direkte staatsgerichtliche Abhilfe mit Ersatzbestellung. IdR wird sich die Einigungspflicht außerdem noch in **prozessualen Gründen** „verdichten", etwa durch eine Mitzeichnung der maßgeblichen Schiedsvereinbarung[143] (§ 1029 Rn. 61). – Abzugrenzen davon ist indes die **Nebenintervention:** wer letztendlich freiwillig interveniert, unterwirft sich freiwillig auch dem bereits bestehenden Schiedsgericht – bei zeitgleicher Mitübernahme der Interventionswirkung;[144] allerdings auch umgekehrt: wer nämlich Intervention erlaubt, der akzeptiert eigenständiges Auftreten.[145]

72 Gretchenfrage bleibt bei alledem die Vernünftigkeit (Erkennbarkeit und Plausibilität) der Gruppenbildung: **existieren homogene Interessen** (Kongruenz oder Divergenz)?[146] Dies ist eine si-

---

[135] *Thomas/Putzo/Reichold* Rn. 3.
[136] So wie es für Schiedsgerichte im Rahmen von aktienrechtlichen Beschlussmängelstreitigkeiten (§ 1030 Rn. 35) öfter vorgeschlagen wurde: BGHZ 132, 278, 288 [II 6a]; *Schlosser* JZ 1996, 1020, 1021; *Bork* ZHR 160 (1996), 374, 383; *Ebbing* NZG 1998, 281, 287; *Schmidt* ZHR 162 (1998), 265, 287.
[137] *Baumbach/Lauterbach/Hartmann* § 1034 Rn. 6; *K. P. Berger* DZWiR 1998, 50; *Schlosser,* VIV-Reihe XI (2000), S. 163, 187/188 u. 167/168; *Kreindler,* FS Sandrock, 2000, S. 515, 529; *D. Weber,* FS Schlosser, 2005, S. 1063, 1070–1072 [II 3]. AA *Musielak/Voit* § 1034 Rn. 3 aE.
[138] Beispiele bei *Luther,* FS von Caemmerer, 1978, S. 571, 577 ff.
[139] Wie hier jetzt *D. Weber,* FS Schlosser, 2005, S. 1063, 1076–1079 [IV] – aA *Berger,* 1992, S. 222 f.: regelmäßig komplette Bestellung (arg. § 242 BGB); *van den Berg,* FS Glossner, 1994, S. 19, 32 f.
[140] Dazu jetzt auch *D. Weber,* FS Schlosser, 2005, S. 1063, 1073–1076 [III].
[141] KG KTS 1966, 100, 101 f.
[142] OLG Frankfurt/Main SchiedsVZ 2006, 219, 221 f. [II 1].
[143] Dazu einerseits *Massuras,* 1998, S. 303 ff. (widerlegbare [Zulässigkeits-] Vermutung), andererseits *Diesselhorst,* 1994, S. 144 f. (allenfalls gewisse Indizkraft).
[144] RGZ 55, 14, 15 u. BGH ZZP 79 (1966), 121, 122 (je bloß obiter), abschwächend OLG Hamburg MDR 1950, 295, 296 (ausdrückliche Erklärung erforderlich). Wegen § 67 siehe OLG Stuttgart NJW-RR 2003, 495, 498 [III 2c dd] = SchiedsVZ 2003, 84 (obiter: Befangenheit nur geltendzumachen von Hauptpartei).
[145] OLG Stuttgart NJW-RR 2003, 495, 496 [II 4] mit OLG Frankfurt/Main NJW-RR 2003, 498, 500 re. Sp.; zust. *Nacimiento/Geimer* SchiedsVZ 2003, 88, 89 [II]: Aufhebungsantrag bzw. OLG Stuttgart NJW-RR 2003, 495, 497 [III 2c aa] (§ 1036 Abs. 2 S. 2) mit 498 [III 2c dd] (§ 1036 Abs. 2 S. 1): Ablehnungsantrag – Grenze insoweit jedoch: § 67 aE.
[146] Diesen gemeinsamen Nenner haben etwa *Laschet,* FS Bülow, 1981, S. 85, 108; *Nicklisch,* FS Glossner, 1994, S. 221, 226 f.; *Massuras,* 1998, S. 327 ff.; *Musielak/Voit,* 1. Aufl., § 1028 aF Rn. 5 (anders jetzt wohl § 1035 nF Rn. 7); *Schwab/Walter* Rn. 10.15 – laxer hier indes *Zöller/Geimer* Rn. 9 (generelle Einigungspflicht).

cher insgesamt heikle Abgrenzungsfrage, die natürlich Zumutbarkeitserwägungen mitumfasst. Dazu gehören wohl im Kernbereich gewiss die Fälle notwendiger Streitgenossenschaft[147] (dazu § 62 Rn. 3 ff.) und sonstige Fälle möglicher majorisierender Gestaltungsakte[148] (Verwaltungs- und Verfügungsgemeinschaften). Zu unspezifisch wäre es aber, alles darunter zu erfassen, soweit Interessenkonflikte fehlen.[149] Sind einige Beteiligte von vornherein bereit, einen gemeinsamen Schiedsrichter zu ernennen, löst sich so oder so dann doch alles in purem Wohlgefallen auf. Andererseits gibt es auch offenkundige Fälle einer Disparität der Interessenlage[150] (Lieferkette, Subunternehmer, Regressschuldner, alternative Verpflichtung etc.): hier fehlt jeder Anhalt für irgendwelche plausible Lagerbildung. Wer sich auf Einigungszwang beruft, der Ausnahme ist, muss dafür die benötigten Voraussetzungen beibringen.

§ 1036 Ablehnung eines Schiedsrichters

(1) ¹Eine Person, der ein Schiedsrichteramt angetragen wird, hat alle Umstände offen zu legen, die Zweifel an ihrer Unparteilichkeit oder Unabhängigkeit wecken können. ²Ein Schiedsrichter ist auch nach seiner Bestellung bis zum Ende des schiedsrichterlichen Verfahrens verpflichtet, solche Umstände den Parteien unverzüglich offen zu legen, wenn er sie ihnen nicht schon vorher mitgeteilt hat.

(2) ¹Ein Schiedsrichter kann nur abgelehnt werden, wenn Umstände vorliegen, die berechtigte Zweifel an seiner Unparteilichkeit oder Unabhängigkeit aufkommen lassen, oder wenn er die zwischen den Parteien vereinbarten Voraussetzungen nicht erfüllt. ²Eine Partei kann einen Schiedsrichter, den sie bestellt oder an dessen Bestellung sie mitgewirkt hat, nur aus Gründen ablehnen, die ihr erst nach der Bestellung bekannt geworden sind.

Schrifttum: *Adlerstein,* Zur Unabhängigkeit des Schiedsrichters, in: *Böckstiegel* (Hrsg.), Studien zum Recht der internationalen Schiedsgerichtsbarkeit, 1979, S. 9; *Albers,* Der parteibestellte Schiedsrichter im schiedsrichterlichen Verfahren der ZPO und das Gebot der überparteilichen Rechtspflege, 1995; *Alvarez,* The Challenge of Arbitrators, Arb. Int. 6 (1990), 203; *Bond,* A Geography of International Arbitration, Arb. Int. 21 (2005), 99; *Bucher,* Zur Unabhängigkeit des Parteischiedsrichters, FG Kummer, 1980, S. 599; *Bülow,* Unwiderleglich vermutete Befangenheit von Vereinsschiedsrichtern gegenüber Nichtmitgliedern, NJW 1970, 585; *Donahey,* The Independence and Neutrality of Arbitrators, J. Int. Arb. 9:4 (1992), 31; *Eisemann,* L' arbitre-partie, FG Domke, 1967, S. 78; *ders.,* Indépendance de l'arbitre, Rev. Arb. 1970, 217; *Franzen,* „Parteischiedsrichter" – ein vermeidbarer Mangel der Praxis, NJW 1986, 299; *Fasching,* Die „Selbstablehnung" des Schiedsrichters wegen Befangenheit, FS Frotz, 1993, S. 769; *Glossner,* Das Standesrecht für Schiedsrichter, FS Quack, 1991, S. 409; *Habscheid,* Das Problem der Unabhängigkeit der Schiedsgerichte, NJW 1962, 5; *Heimann-Trosien,* Über die Auswahl und Bestellung von Schiedsrichtern, Ehrengabe f. Heusinger, 1968, S. 271; *Henn,* Die Unparteilichkeit des Schiedsrichteramts, RPS 1993, 13; *Karl,* Die Gewährleistung der Unabhängigkeit und Unparteilichkeit des Schiedsrichters, Konstanz 2004 (dazu *Herrmann* SchiedsVZ 2005, 156); *Koch,* Standards and Procedures for Disqualifying Arbitrators, J. Int. Arb. 20 (2003), 325; *Kornblum,* Die Entscheidungskompetenz bei der Ablehnung privater Schiedsrichter, ZZP 80 (1967), 20; *ders.,* Probleme der schiedsrichterlichen Unabhängigkeit, 1968, S. 3–190; *ders.,* Die Vereinbarkeit von gesetzlicher (Mit-)Vertretung einer Verfahrenspartei und Schiedsrichteramt, BB 1977, 675; *Koutsouradis,* Zur Frage der Verwendung privaten Wissens durch den Schiedsrichter, KTS 1984, 573; *Kröll,* Die Ablehnung eines Schiedsrichters nach deutschem Recht, ZZP 116 (2003), 195; *Lachmann,* Gedanken zur Schiedsrichterablehnung aufgrund Sozietätszugehörigkeit, FS Geimer, 2002, 513; *Lalive,* On the Neutrality of the Arbitrator ..., in: *Reymond/Bucher* (Hrsg.), Schweizer Beiträge ..., 1984, S. 23; *Laschet,* Die Ablehnung von Schiedsrichtern in internationalen Schiedsverfahren [ICC], KTS 1985, 231; *Lent,* Ausschließungsgründe bei einem Schiedsrichter und Aufhebungsklage, KTS 1956, 97; *Lotz,* Die Unparteilichkeit und Unabhängigkeit des parteiernannten Schiedsrichters, AnwBl 2002, 202; *Mankowski,* Die Ablehnung von Schiedsrichtern, SchiedsVZ 2004, 304; *Matray,* L'arbitre-partie en matière internationale, Rev. dr. int. comp. 1976, 152; *Nef,* Unabhängige Schiedsrichter, FS Fritzsche, 1952, S. 99; *Rechberger/Rami,* Die Ablehnung von Schiedsrichtern durch die Parteien, WBl. 1999, 103; *Schlosser,* Zur sachlichen Unabhängigkeit der Schiedsgerichte, FS Reinhardt, 1972, S. 137; *ders.,* Die Unparteilichkeit des Schiedsrichteramtes, ZZP 93 (1980), 121 mit RIPS Rn. 500 ff.; *Smid,* Gewährleistung eines fairen Schiedsgerichtsverfahrens, DZWiR 1995, 441; *Smith,* Impatiality of the Party-Appointed Arbitrator, Arb. Int. 6 (1990), 320; *Thierau,* Der befangene Schiedsrichter, FS Vygen, 1999, S. 431;

---

[147] *Schlosser* RIPS, 1. Aufl. 1975, Rn. 444 (aber: Fn. 124); *Schwab* RPS 1992, 17, 18 u. *Schwab/Walter* Rn. 10.14; *Baumbach/Lauterbach/Hartmann* Rn. 8 – ferner: *Markfort,* 1994, S. 118 f. mit S. 84 ff. u. *Thomas/Putzo/Reichold* Rn. 5: (inklusive der einfachen Streitgenossenschaft).
[148] *Kisch,* Beiträge, 1933, S. 46 ff., 47/48; *Schwab,* FS Habscheid, 1989, S. 285, 290 u. 293 bzw. RPS 1992, 17, 18; *Koussoulis* ZZP 107 (1994), 195, 207; *Baumbach/Lauterbach/Hartmann* Rn. 8.
[149] So aber *Stein/Jonas/Schlosser* § 1034 Rn. 21 mit Fallgruppen bei § 1034 Rn. 12 ff. bzw. RIPS Rn. 571 ff.
[150] Dazu *Schwab,* FS Habscheid, 1989, S. 285, 287 f.

H. Walter, Die schiedsrichterliche Unabhängigkeit in der privaten Schiedsgerichtsbarkeit ..., 1986; *J. Wilke*, Interessenkonflikte in der internationalen Schiedsgerichtsbarkeit: Unparteilichkeit, Unabhängigkeit und Offenlegungspflichten, 2006.

Übersicht

	Rn.		Rn.
I. Normzweck	1–4	IV. Ablehnungsrecht der Schiedsparteien (Abs. 2)	26–47
II. Grundanforderungen	5–13	1. Allgemeines	26–29
1. Gesetzesvorgabe	5, 6	2. Bezweifelbare Unparteilichkeit/Unabhängigkeit (S. 1, 1. Var.)	30–41
2. Parteivorgaben	7	a) Spezifische Nähebeziehung („close relationships")	32–35
3. Ausschlussgründe	8–12	b) Sachliche Vorbefassung („personal involvement")	36–38
a) Objektive Entscheidungsneutralität	9–11	c) Konkrete Prozessführung („biased/partial behavior")	39–41
b) Subjektive Entscheidungsbefähigung	12	3. Nichterfüllung vereinbarter Voraussetzung (S. 1, 2. Var.)	42
4. Standesvorgaben	13	4. Präklusion der Ablehnung (S. 2)	43–46
III. Offenbarungspflicht der Schiedsrichter (Abs. 1)	14–25	a) Allgemeines	43
1. Grundlegung	14, 15	b) Tatbestand	44, 45
2. Reichweite	16–20	c) Rechtsfolge	46
a) Zeitlich	16–18	5. Wirkungen der Ablehnung	47
b) Sachlich	19, 20		
3. Erfüllung	21, 22		
4. Rechtsfolge	23–25		
a) Materielle Schadensersatzpflicht	23, 24		
b) Prozessuale Präklusionsdrohung	25		

I. Normzweck

1   Die Achillesferse der Schiedsgerichtsbarkeit *in personeller Hinsicht* ist die **Unparteilichkeit und Unabhängigkeit** der Schiedsrichter. Vielfach werden solche Personen zu Schiedsrichtern bestellt, die in geschäftlichen oder persönlichen Beziehungen zu den Parteien stehen oder auf Empfehlung bestellt werden und sich deshalb der bestellenden Partei besonders verbunden fühlen, obgleich der Schiedsrichtervertrag *mit beiden Parteien* zustandekommt (Vor § 1034 Rn. 12). Ihn konkretisiert **Abs. 1** durch Statuierung bzw. Klarstellung einer besonderen **Offenbarungspflicht** bei plausiblen Zweifeln (Rn. 14 ff.), die aber nur repressiven Schutz ermöglicht; präventiv hilft insoweit gegen die schlimmsten Auswüchse **Abs. 2** (S. 1, 1. Var. mit § 1037 [zum Verfahren]), der unmittelbar ein prozessuales **Ablehnungsrecht** bei begründeten Zweifeln gewährleistet.

2   Beide sorgen für ein **faires Schiedsverfahren** und sichern der Schiedsgerichtsbarkeit die **Rechtsprechungsqualität** (Vor § 1025 Rn. 4): Denn Unparteilichkeit und Unabhängigkeit des oder der Entscheidenden (Rn. 5 f. mit Rn. 30–41) gehören zum verfassungsrechtlich garantierten Mindeststandard[1] gerichtlicher Urteilsfindung (arg. § 1029 Abs. 1 aE: „Entscheidung durch ein Schiedsgericht" mit § 1055) und ebenso zum verfahrensrechtlichen ordre-public (§ 1059 Abs. 2 Nr. 2 b).[2] Die Prozessgewähr unvoreingenommener Entscheidung ist unverzichtbar und Wesensmerkmal jeder rechtsstaatlichen Gerichtsbarkeit.[3] Eine Ablehnung ist dazuhin möglich bei Fehlen von Voraussetzungen, auf welche die Parteien sich vorher geeinigt hatten (Rn. 7 mit Rn. 42); leider ungeregelt bleibt aber weiter, ob auch zwingende gesetzliche Ausschlussgründe existieren (Rn. 8–12).

3   **Abs. 1** entspricht weitgehend Art. 12 Abs. 1 ModG, der wiederum auf Art. 9 SchO zurückgeht, nicht wörtlich, aber sinngemäß, sowie mit einer insgesamt entscheidenden Milderung ([plausible] Zweifel statt „*justifiable* doubts"),[4] **Abs. 2** (parallel: § 18.1 DIS-SchO) übernimmt dann aber wort-

---

[1] Klargestellt bereits von BVerfGE 3, 377, 381 – vgl. dazu erg. BGHZ 51, 255, 258; 54, 392, 395; 65, 59, 62; 94, 92, 98; 98, 70, 72. Dazu näher etwa *Kornblum*, 1968, S. 116 ff.; *Schwab/Walter* Rn. 9.4. Demgemäß also verbünden sich durchaus Parteischutz und Staatsinteresse – BGHZ 98, 70, 72 (aber: S. 74 aE) gegen BGHZ 65, 59, 64 u. 66 = NJW 1976, 109; OLG München KTS 1985, 154, 156.
[2] BGHZ 98, 70, 72 = NJW 1986, 3027; OLG Köln ZZP 91 (1978), 318, 321 m. zust. Anm. *Kornblum* S. 323, 327 (zum UNÜ).
[3] BGHZ 54, 392, 398 = NJW 1971, 139: „unverzichtbarer Wesenszug".
[4] Unerklärlich beschönigend BT-Drucks. 13/5274 S. 40 re. Sp. [1] im Anschluß an Kom.-Ber. S. 117: „bis auf eine redaktionelle Änderung der Eingangsformel wörtlich übernommen". Wegen der Begrifflichkeiten siehe bei IBA-GoCoI GS 2 b/c.

genau Art. 12 Abs. 2 ModG, der auf Art. 10 SchO beruht,[5] und damit die **Generalklausel** zum Ablehnungsrecht (S. 1, 1. Var.: „impartiality or independence") mitsamt dem Hinweis auf die Beachtung parteiautonomer Kriterien (S. 1, 2. Var.: „qualifications agreed to"). Sachlich soll alles beim alten bleiben.[6] Die Regelung folgt insoweit der Vorgabe des **§ 1035 Abs. 5 S. 1** für die Besetzungshilfe eines Staatsgerichtes[7] und wird durch **§ 1037** einerseits (Ablehnungsverfahren) sowie auch durch **§ 1039** (Abs. 1 S. 1, Var. 1a) andererseits (Ersatzbestellung) passend verfahrensmäßig ergänzt.

Hiermit liegt nunmehr eine **„autonome" schiedsverfahrensrechtliche Anknüpfung der Schiedsrichterablehnung** vor; das erübrigt die Verweisung auf die Ablehnung bei staatlichen Gerichten (§§ 41, 42 iVm. § 1032 Abs. 1, 1. Var. aF: „aus denselben Gründen"[8]) und soll einem ausländischen Benutzer den Zugriff erleichtern,[9] zielt also einmal mehr auf *internationale* Schiedsverfahren (vgl. noch erg. IBA-RoE Präambel bzw. IBA-GoCoI GS 1 – näher dazu bei Rn. 13). Und auch die Schiedsinstitutionen legen peinlich genau Wert auf richterliche Neutralität und souveräne Entscheidung der Schiedsgerichte, um dadurch „Rechtsprechungsäquivalenz" zu sichern: „Jeder Schiedsrichter muss unparteilich und unabhängig sein. Er hat sein Amt nach bestem Wissen und Gewissen auszuüben und ist dabei an keine Weisungen gebunden" (§ 15 DIS-SchO). 4

II. Grundanforderungen

1. Gesetzesvorgabe. Förmlich Recht sprechen impliziert *neutrales* Entscheiden. Das Gesetz (Abs. 2 S. 1, 1. Var.) bemüht zur Umschreibung des Tatbestandes eine **Generalklausel** und verzichtet – ganz bewusst übrigens[10] – auf **konkrete Kataloge** pflichtwidrigen Verhaltens, während das alte Recht eine Art Mischlösung praktizierte (§ 1032 Abs. 1 aF mit § 42 Abs. 1, 2. Var. iVm. Abs. 2 [Generalklausel] einerseits, § 1032 Abs. 2/3 aF u. Abs. 1 mit § 42 Abs. 1, 1. Var. iVm. § 41 [Katalogangaben] andererseits). Dies ist kein Schaden, kann man doch die bislang enumerierten Ausschließungsgründe leicht inkorporieren und lassen sich sicher die vielfältigen Ausprägungen suspekten Verhaltens (Rn. 30 ff.) allenfalls generalklauselartig umschreiben – angesichts der Vielfalt des Lebens bliebe die Ablehnung sonst bloß ein stumpfes Schwert. Spezifisch ist dafür die **Paarformel** von Unparteilichkeit (1. Var.; ModG: „impartiality") *und* Unabhängigkeit (2. Var.; ModG: „independance"). 5

Wenn daher etwa § 42 Abs. 2 bloß ersteres, Art. 180 Abs. 1 lit. c IPRG (CH) nur letzteres nennt, bedeutet das keinerlei grundlegende Divergenz: Unabhängigkeit verbürgt *objektiv* Unparteilichkeit, ohne sie aber zu garantieren – doch umgekehrt gilt ebenfalls: Parteilichkeit begründet *subjektiv* Abhängigkeit. Beides sind quasi Seiten derselben Münze. Die Abgrenzung beider (Unter-)Tatbestände ist deswegen nur von letztlich theoretischem Interesse und fließt für die Praxis im globalen **Befangenheitsvorwurf** zusammen. Mittelbar gibt jene Doppelung auch zwei positive Aussagen: Das Gebot der **Unparteilichkeit** bestätigt den bewährten Grundsatz, dass niemand in eigener Sache richten kann (Rn. 9–11); nur ein Dritter gewährleistet neutrale Entscheidungsfindung. Die besondere Erwähnung der **Unabhängigkeit** dagegen zielt auf Einbeziehung der Ausschließungsgründe des § 41 (Nr. 1–4[11] – Rn. 8), die typischerweise und überwiegend Abhängigkeitsfälle enummerieren. 6

2. Parteivorgaben. Das Gesetz (Abs. 2 S. 1, 2. Var.) lässt dazuhin die Freiheit privatautonom abweichender bzw. ergänzender Vereinbarung. Die Parteien können demgemäß positiv Voraussetzungen abreden, die ein Schiedsrichter(kandidat) auf jeden Fall haben muss (zB Befähigung zum Richteramt, näher dazu bei § 1035 Rn. 41); sie könnten aber genauso auch negativ formulieren und damit gewissermaßen Ablehnungsgründen vorausgreifen (zB fehlende Verwandtschaftsbeziehung). Während aber für eine eventuelle Befangenheit stets „Zweifel" schon genügen, ist insoweit 7

---

[5] Zu den drei Modifikationen *Holtzmann/Neuhaus* S. 390 f. (insbes. Einfügung der 2. Variante! – trotz anfangs restriktiverer Haltung: 3rd WGR Nr. 105 = *Holtzmann/Neuhaus* S. 395; 7th SN Art. 12 Nr. 5 = *Holtzmann/Neuhaus* S. 399. Die Einschaltung erfolgte erst „in allerletzter Sekunde" [CR Nr. 114 f. = *Holtzmann/Neuhaus* S. 405], auf Anregung der USA [6th SN Art. 12 Nr. 3 = *Holtzmann/Neuhaus* S. 398]).
[6] BT-Drucks. 13/5274 S. 40 re. Sp. [1]: „keine Änderung" bzw. Kom.-Ber. S. 117: „nichts Neues".
[7] Dazu vgl. auch 1st WGR Nr. 42 f. = *Holtzmann/Neuhaus* S. 366, 393. Die Verkehrung der Rangfolge(!) ist offenkundig eine Nachwirkung von Art. 9 S. 1 SchO.
[8] Mitsamt der weiteren Regelung zur „ungebührlich verzöger[en]" Pflichterfüllung (Abs. 2 aF – jetzt: § 1038 Abs. 1 S. 1, 2. Var.) und zum Ablehnungsrecht bei Ungeeignetheit (Abs. 3 aF – jetzt: § 1038 Abs. 1 S. 1, 1. Var.).
[9] BT-Drucks. 13/5274 S. 40 re. Sp. [3] aE.
[10] 1st WGR Nr. 43 = *Holtzmann/Neuhaus* S. 393.
[11] Ähnlich auch *Granzow*, 1988, S. 108 („mag ... darüber hinweghelfen"); kritisch eher *Kornblum* JbPrSch. 1 (1987), 34, 41.

§ 1036 8–10   Buch 10. Abschnitt 3. Bildung des Schiedsgerichts

voller Nachweis erforderlich – dafür entfällt die Abwägung, ob jene Zweifel auch „berechtigte" sind. Jede Partei kann mittels Ablehnungsgesuchs die Einhaltung der einverständlich verabredeten Voraussetzungen unmittelbar prozessual durchsetzen. Möglich ist dann insoweit auch eine Verweisung auf § 41 (Ausschließungsgründe) oder § 1032 Abs. 2, 3 aF (Ablehnungsgründe) als negativ umschriebene, parteiautonome Vorgabe.

8   **3. Ausschlussgründe.** Das Schiedsverfahren kennt zwar legislativ wohl einen *iudex suspectus*, nicht aber den *iudex inhabilis*. Schon unter altem Recht waren Ausschluss- nur Ablehnungsgründe, die erst genau geltend zu machen waren und niemals ipso iure wirkten (2. Aufl. Rn. 5). Dabei verbleibt es weiterhin unter jetzigem Recht.[12] Die normalen Ausschlussgründe bewirken hier immerhin eine Art Beweisindiz:[13] sie berechtigen zur Ablehnung, ohne dass es nun noch eines weiteren Nachweises der Parteilichkeit oder Abhängigkeit bedürfte. Anders gesagt: **Ausschlussgründe bilden regelmäßig starke Ablehnungsgründe.** Doch gelten wie bisher auch einige **generelle – unnormierte – Schranken**, die allgemein die abstrakte Befähigung zum (Schieds-)Richteramt begrenzen. Und sie erscheinen derart fundamental oder prinzipiell, dass sie zum ordre-public (§ 1059 Nr. 2 b) rechnen[14] – was dann zudem übrigens Amtsprüfung bedeutet! Denn es geht um das Selbstverständnis des Schiedsverfahrens und die Tragweite staatlicher Billigung: toleriert wird lediglich die Entscheidung von Schieds*gerichten* (§ 1029 Abs. 1). Grundlegend ist dabei die Neutralität. Wo diese *offensichtlich* fehlt, bedarf es keiner expliziten Ablehnung! Hier greift dann § 1038.

9   **a) Objektive Entscheidungsneutralität.** Keiner darf in eigenen Sachen richten. Wer selbst Partei[15] ist, kann demnach nicht Richter sein, sodass § 41 Nr. 1 (1. Var.) auch nurmehr noch deklariert, was ohnehin grundsätzlich bereits gilt. Der Grundsatz hat eine lange Tradition[16] und fordert allerstrengste Achtung: „es [ist] mit der Natur des Schiedsvertrages unvereinbar ..., dass eine der streitenden Parteien selbst den Streit entscheide"[17] (arg. § 1029 Abs. 1: „Schiedsgericht", Rn. 8). Die Besetzung des Gerichtes untersteht der **zwingenden Grundvorgabe überparteilicher Rechtspflege.**[18] Dabei muss keine wirkliche Majorisierung vorliegen; es schadet vielmehr bereits, dass einer von mehreren Richtern daneben Parteistatus innehat.[19]

10   Und ebenso wenig muss von Parteiseite aus komplette Identität vorliegen – losere Beteiligung genügt, so wie zB als Direktoriumsmitglied eines Versicherungsvereins[20] bzw. Vorstandsmitglied einer Pensionskasse,[21] als Aufsichtsrat,[22] als Verbandsvorsitzender oder auch bloß Vorstandsmitglied[23] und überhaupt als Mitglied bei Vertretungsorganen[24] (IBA-GoCoI GS 6 c – im Gegensatz zu einfacher Vereinsmitgliedschaft,[25] es sei denn, dass die Generalversammlung als Gesellschaftsorgan entscheidet[26]), Bürgermeister[27] oder Gemeinderat[28] bei einem Verfahren gegen die Gemeinde oder

---

[12] BT-Drucks. 13/5274 S. 40 re. Sp. [3]; *Zöller/Geimer* Rn. 4.
[13] OLG Karlsruhe, Beschl. v. 4. 7. 2006 – 10 Sch 2/06 [II 2]; ganz ähnlich auch *Baumbach/Lauterbach/Hartmann* Rn. 3 u. *Zöller/Geimer* Rn. 10 („idR") bzw. *Thomas/Putzo/Reichold* Rn. 2 („ohne weiteres"); vgl. auch erg. *Wieczorek/Schütze* § 1032 aF Rn. 7.
[14] RGZ 53, 387, 389; 93, 288; *Kornblum*, 1968, S. 186/187.
[15] Oder nur auch Parteivertreter – aA OLG Hamburg HansRZ 10 (1927), 389, 390 [2].
[16] ObTr. StrA 64 (1867) Nr. 7, S. 55, 57; 67 (1868) Nr. 19, S. 106, 107 f.; ROHG 21, 84, 86 [Preußisches Recht] u. RGZ 29, 319, 321 [Rheinisches Recht].
[17] RG Gruchot 36 (1892), 1216, 1218 aE., best. RG HRR 1928 Nr. 1855 aE.
[18] BGHZ 94, 92, 98 [5 b] („gehört zu den unverzichtbaren Grundsätzen jedes justizförmigen Verfahrens"); BGHZ 51, 255, 258/259; RGZ 152, 375, 377 (obiter: „allgemein anerkannte Grundsätze").
Aus der Lit.: *Kornblum*, 1968, S. 6 ff. (m. umf. weit. Nachw.) u. S. 132–135; *Schlosser* RIPS Rn. 473; *Hußlein-Stich*, 1990, S. 65; *Musielak/Voit* Rn. 5.
[19] RG Gruchot 36 (1892), 1216, 1219; RGZ 93, 288.
[20] RGZ 29, 319, 321.
[21] RGZ 93, 288, 289; hier zurückhaltender noch OLG Hamburg OLGRspr. 19 (1909), 169.
[22] AA OLG Colmar OLGRspr. 25 (1912), 241, 242.
[23] OLG Dresden OLGRspr. 21 (1910), 124.
[24] RG WarnR 12 (1919) Nr. 122, S. 190; einschr. BGHZ 65, 59, 67 f. = NJW 1976, 109 (krit. *Kornblum* BB 1977, 675; zust. *Schlosser* JZ 1976, 247) für „untergeordnetes Organmitglied" – abzulehnen. Die reine formale Verbindung muß ausreichen!
[25] RGZ 51, 392, 394 mit S. 393/394; 90, 306, 308 f. (= JW 1917, 930 m. zust. Anm. *Heinsheimer*); 113, 321, 322 f.; OLG Dresden OLGRspr. 21 (1910), 124; OLG München NZG 1999, 780, 782 [7]; ferner RG JW 1902, 392 (lediglich ein Grund für Ablehnung!) – eher vorsichtiger aber RGZ 88, 395, 402.
[26] RGZ 55, 326 (GmbH); RG JW 1906, 396 (Verband); RGZ 80, 189, 191 u. OLG Nürnberg OLGZ 1975, 437, 439/440 (e. V.).
[27] OLG Karlsruhe OLGRspr. 3 (1901), 159.
[28] BayObLG JW 1929, 1667; dazu aA wohl RG HRR 1932 Nr. 2217.

Beamter bei einem Prozess gegen den Fiskus[29] (anders indes aber bei Zugehörigkeit zu einer unbeteiligten Fachverwaltung[30]). Schließlich schadet auch genauso, wenn das Schiedsgericht gleichzeitig eigene Angelegenheiten mitentscheidet, insbesondere zur geschuldeten Vergütung[31] – doch wird idR bloß eine prozessuale Kostenverteilung (§ 1057) oder materielle Gebührenabrechnung (Vor § 1034 Rn. 33) vorliegen; erlaubt ist dazuhin die Mitentscheidung zum Ablehnungsgesuch (§ 1037 Abs. 2 S. 2 [dort Rn. 16]).

Klares Fazit also: **niemand kann Richter in eigener Sache sein,** mag man dies nun als einen offenkundigen Ablehnungsgrund (IBA-GoCoI GS 2 d mit 4 b), der keiner Rüge bedarf (!), oder korrekter als Ausschlussgrund praeter legem ansehen. Soweit Ausschließung greift, bleibt Ablehnung dennoch statthaft und sicher auch ratsam, um Präklusion im Ansatz zu verhindern. Ein Verstoß macht allemal die Schiedsvereinbarung aber nicht selbst unwirksam[32] (arg. § 1034 Abs. 2), sondern letztlich den Schiedsspruch nur aufhebbar, wenn Korrektur ausbleibt. Wer aber darum vorsätzlich seine Einwände solange aufspart, riskiert die Berufung auf eigenes treuwidriges Handeln (§ 242 BGB), das immerhin Kostenfolgen zeitigen muss.

b) Subjektive Entscheidungsbefähigung. Tauglichkeit zum Schiedsrichter haben von vornherein nur natürliche Personen[33] (nicht etwa daher Behörden[34] oder Gerichte[35] und ebenso wenig ein Verein[36]). Sie müssen weder lesen noch schreiben können.[37] Doch fehlen konkrete, positive Regeln über die Qualifikation zum Schiedsrichter.[38] Es existiert aber jedenfalls ein achtbares Parteiinteresse, „dass an dem Schiedsspruch kein Schiedsrichter mitwirkt, der dieser Aufgabe infolge krankhaften oder altersbedingten Verfalls seiner Geisteskräfte nicht gewachsen ist" – in Betracht kommen insoweit materiell eine Kündigung (Vor § 1034 Rn. 48–53) und prozessual die Ablehnung.[39] Doch muss sich der Schiedsrichter aber nicht hierzu psychiatrisch untersuchen lassen.[40] Der **offensichtlich geschäftsunfähige Schiedsrichter** ist aber jedenfalls für die Wahrnehmung seines Amtes völlig untauglich[41] – und insoweit sind zugleich Staatsinteressen tangiert. Zwar ernennen die Parteien ihre eigenen Schiedsrichter autonom, sie mögen hierbei differenzieren und diskriminieren (Abs. 2 S. 1, 2. Var.: vereinbarte Eigenschaft, Rn. 42); ihre Rechtsmacht aber findet eine letzte absolute Grenze an § 104 BGB: wer geschäftsunfähig ist, der kann weder rechtswirksam handeln noch richten – im Gegensatz zu lediglich beschränkt Geschäftsfähigen (§ 106 BGB – sinngemäß gilt weiterhin § 1032 Abs. 3 aF: „können *abgelehnt* werden"). Entscheidungsbefähigung **heißt aber nicht Rechtskundigkeit** – die Parteien können andere Maßstäbe voraussetzen. Wenn jene Richter dann aber das Juristische überfordert, müssen sie umgekehrt externe Sachkunde zuholen (Vor § 1025 Rn. 55). Es geht keinesfalls aber an, bei schwierigen Rechtsfragen offenbare Übervorteilung (§ 138 Abs. 1 bzw. § 307 Abs. 1/2 BGB [§ 1034 Rn. 10]) pauschal zu unterstellen.[42]

4. Standesvorgaben. Standesvorgaben für Schiedsrichter geben ergänzende, rechtspraktisch bedeutsame Konkretisierungen. Die IBA hat 2004 für Internationale Schiedsverfahren „**Guidelines on**

---

[29] Verkannt von RG JW 1913, 141, 142; richtig aber OLG Posen OLGRspr. 25 (1912), 242 Fn. 1.
[30] BGHR Vor § 1025 ZPO – Schiedsrichter 1.
[31] BGHZ 94, 92, 94/95 mit S. 98 [5 b] = NJW 1985, 1903 (Prozeßverweigerung) u. BGH LM § 1041 Abs. 1 Nr. 2 aF Nr. 11 = WM 1977, 319 (Streitwertfestsetzung); RG OLGRspr. 13 (1906), 243 (Fn. 1), 244; OLG Dresden RPS 2001 II S. 22, 23. Allgemein zur Vereinbarung von Vergütung OLG Dresden, Beschl. v. 20. 3. 2007 – 11 Sch 3/07 [JURIS-Rn. 15].
[32] Dies meinen aber RG WarnR 12 (1919) Nr. 122, S. 190; OLG Hamburg OLGRspr. 19 (1909), 168; OLG München KTS 1983, 166, 167 u. *Kornblum*, 1968, S. 171–173; wohl auch BGHZ 51, 252, 255 f.
[33] *Thomas/Putzo/Reichold* § 1035 Rn. 1; *Schlosser*, FS Horn, 2006, S. 1023, 1025–1027 [II 1] m. weit. Nachw.
[34] RG ZAkDR 1941, 115 [Schiedsgutachter] – aA Mot. S. 475 = *Hahn* S. 492/493; BGH LM § 1025 aF Nr. 8 [Schiedsgutachter]; OLG Naumburg OLGRspr. 25 [1912], 241; *Zöller/Geimer* § 1035 Rn. 7.
[35] RGZ 169, 232, 237; BGH LM BGB § 317 Nr. 3 u. § 1025 aF Nr. 8; OLG Karlsruhe MDR 1955, 47 [je für Schiedsgutachter].
[36] RG JW 1905, 54 hilft mit einer Umdeutung bzw. Auslegung – zust. ganz allg. *Musielak/Voit* § 1035 Rn. 3 bzw. Rn. 16. Das Schiedsgericht ist abzugrenzen vom Verbandsgericht (näher dazu bei § 1066 Rn. 21).
[37] RG JW 1910, 658, 659 – einzige Ausnahme: Unterschrift (§ 1054 Abs. 1, dort Rn. 7–10).
[38] Wie auch schon unter altem Recht: Mot. S. 474 = *Hahn* S. 492; RGZ 23, 432, 436 (obiter).
[39] BGHZ 98, 32, 36 = NJW 1986, 3077.
[40] BGHZ 98, 32, 33 ff. = NJW 1986, 3077 mit BGH NJW 1986, 3079, 3080 [II] – vgl. noch erg. Vor § 1034 Rn. 20 u. § 1038 Rn. 15.
[41] BGH NJW 1986, 3079, 3080 [I], dies deutet auch BGHZ 98, 32, 35 f. = NJW 1986, 3077 an; ferner: *Wieczorek/Schütze* § 1032 aF Rn. 2; *Stein/Jonas/Schlosser* Rn. 1; *Thomas/Putzo/Reichold* § 1035 Rn. 1; *Zöller/Geimer* § 1035 Rn. 6; Mot. S. 474 = *Hahn* S. 492.
[42] So aber BGHZ 115, 324, 328 [3 b] = NJW 1992, 525 = LM § 1027 aF Nr. 17 *(Mf. Wolf)* = RPS 1992, 22 *(Schlosser)* [„Holzfachmann"].

Conflicts of Interest"[43] (GoCoI bzw. „Leitlinien") formuliert, die ihre „Rules of Ethics"[44] (RoE bzw. „Standesregeln") von 1986 ergänzen, verfeinern und abrunden. Die Leitlinien unterscheiden *abstrakt* formulierte **absolute Grundsätze („General Standards" [GS])** als Black-Letter-Rules mit erläuternden Kommentaren und *konkrete* **Einzelfallbeispiele („Practical Application" [PA])**, angeordnet in „Ampelform":[45] „rote" Sachverhalte, die regelmäßig Befangenheit begründen, „gelbe" Konstellationen als Verdachtsfälle, die tieferer Erwägung bedürfen, und „grüne" Sachverhalte, die gewöhnlich unverdächtig erscheinen. Der Katalog liefert der Praxis guten Anhalt (auch der rein nationalen), ist jedoch in keiner Weise etwa abschließend oder verbindlich in der Einschätzung: maßgeblich bleibt immer noch der Einzelfall!

III. Offenbarungspflicht der Schiedsrichter (Abs. 1)

14 **1. Grundlegung.** Schon ernannte (S. 2) wie nur angefragte (S. 1) Schiedsrichter haben eine Dauerpflicht (Rn. 16), alle Verhältnisse offenzulegen, die Zweifel an ihrer Unparteilichkeit oder Unabhängigkeit (Rn. 30–41) begründen könnten (dazu vgl. auch IBA-GoCoI GS 3 mit GS 7 c). Dies ist die **prozessuale Pflicht mit materiellem Pendant:** jene ergibt sich ebenso als Nebenpflicht aus dem Schiedsrichtervertrag (zu den Unterschieden und Ähnlichkeiten vgl. Rn. 17, 21). Sie wurde bisher schon materiell überwiegend anerkannt,[46] ist aber mit prozessualer Verankerung letzthin US-amerikanischer Herkunft:[47] dort dient diese dazu, den zu eng formulierten Aufhebungsfall offenkundiger Parteilichkeit aufzulockern und über das verweigerte Ablehnungsrecht wegzuhelfen. Hierfür besteht an sich jedoch kein Bedürfnis mehr (arg. Abs. 2 mit § 1037 u. § 1059 Abs. 2 Nr. 1 d, 1. Halbs., 1. Var.).

15 Andererseits ist diese auch nicht ein unbedingter Fremdkörper (materielle Parallität!) – und daher gegen die Einführung nichts weiter einzuwenden. Sie dient dem Interesse einer möglichst zügigen Konstituierung des Schiedsgerichts durch **frühzeitige Offenlegung von potentiell Verdächtigem.** Beide Parteien sollten insoweit mitwirken, dh. nötige Hinweise beisteuern (IBA-GoCoI GS 7 a/b). – Auf Bedenken ist freilich die Offenbarungspflicht in den Fällen gestoßen, wo eine Qualitätsarbitrage (Vor § 1025 Rn. 42) Bestandteil des Schiedsverfahrens ist[48] – an sich zu Unrecht: die Qualitätsarbitrage ist zuvörderst ein Schiedsgutachten, das eben auch keine Ablehnung kennt; werden trotzdem jedoch §§ 1025 ff. vereinbart, ist kein Grund mehr für abweichende Bewertung ersichtlich. Schiedsgutachter und Schiedsrichter müssen hier überdies verschiedene Personen sein.[49]

16 **2. Reichweite. a) Zeitlich.** Die Offenbarungspflicht ist Dauerpflicht.[50] **Sie wirkt vorvertraglich** kraft Gesetzes: allein der Antrag verpflichtet zur Offenlegung **(S. 1).** Der Antrag ist üblich ein Parteiantrag, er mag aber genauso gut auch vom befassten Gericht ausgehen (§ 1035 Abs. 3–5) oder sonst von einem ernennungsberechtigten Dritten (§ 1035 Abs. 1).[51] Der Antragende ist aufzuklären – vor Annahme des Schiedsrichters bzw. bindender prozessualer Ernennung (§ 1035 Rn. 15). Unerlässlich ist daher die Kenntnis vom Antrag, also „fiktiver" Zugang ungenügend, weil ja eine Re-

---

[43] Text: http://www.ibanet.org/images/downloads/guidelines%20text.pdf – *Voser* SchiedsVZ 2003, 59 (1st Draft) bzw. SchiedsVZ 2003, 263 (2nd Draft).

[44] ZB abgedruckt in YCA XII (1987), 199 ff, *Labes/Lörcher* Nr. 34, S. 577 ff. u. *Schwab/Walter,* Anh. D S. 673 ff. (englisch) bzw. JbPrSch. 1 (1997), 192 ff. (deutsch), dazu: *Hunter/Paulsson* IBL 1985, 153; *Glossner,* FS Quack, 1991, S. 709 ff. Dazu erg. auch die RoE „for Arbitrators in Commercial Disputes" von ABA/AAA (1977), IBL 1977, 311 u. YCA XI (1985), 132 ff. (englisch), dazu: *Holtzmann* YCA X (1985), 131 ff.

[45] Näheres siehe bei *Voser,* Interessenkonflikte in der internationalen Schiedsgerichtsbarkeit – die Initiative der International Bar Association (IBA), SchiedsVZ 2003, 59 mit S. 263 f.; *de Witt Wijnen/Voser/Rao,* Background Information on the IBA Guidelines on Conflicts of Interest in International Arbitration, BLI 5 (2004), 433; *Lawson,* Impartiality and Independence of International Arbitrators – Commentary on the 2004 IBA Guidelines, Bull. ASA 2005, 22; *Hoffmann,* Duty of Disclosure and Challenge of Arbitrators: The Standard Applicable Under the New IBA Guidelines on Conflicts of Interest and the German Approach Arb. Int. 21 (2005), 427; *Landolt,* The IBA Guidelines on Conflicts of Interest in International Arbitration: An Overview, J. Int. Arb. 22 (2005), 409; *Raeschke-Kessler,* FS Schlosser, 2005, S. 713, 724–728 [III 1 c]; *J. Wilke,* 2005, S. 161 ff.

[46] Sinngemäß wohl ebenfalls BT-Drucks. 13/5274 S. 40 re. Sp. [2], zudem auch schon *Leo-Hamberg* Gutachten 34. DJT (1926) I S. 179, 201 – dies offenlassend noch BGHZ 141, 90, 94 [4] = NJW 1999, 2370.

[47] *Rauh,* 1983, S. 45/46; *Granzow,* 1988, S. 112–114.

[48] *Lörcher* ZRP 1987, 230, 232.

[49] Vgl. BGH NJW 1972, 827 (Schiedsgutachterablehnung) bzw. *Schwab/Walter* Rn. 2.22 gegen OLG Hamburg AWD 1966, 120 (Schiedsrichterablehnung).

[50] 2nd WGR Nr. 58 = *Holtzmann/Neuhaus* S. 394; 3rd WGR Nr. 106 = *Holtzmann/Neuhaus* S. 395: „continuing duty" – Kritik kam dazu von UNCTAD: 6th SN Art. 12 Nr. 2 = *Holtzmann/Neuhaus* S. 397/398.

[51] 7th SN Art. 12 Nr. 2 = *Holtzmann/Neuhaus* S. 399.

aktion erwartet wird, andererseits mangelt – im Unterschied zu S. 2 („unverzüglich") – hierfür eine ganz präzise Fristvorgabe:[52] der Aufklärungszweck muss jedoch erfüllt werden.

Sie wirkt nach Bestellung fort, das laufende Verfahren hindurch bis zum förmlich vollzogenen Abschluss (§ 1056 Abs. 1/2) iSv. richterlicher „Amtsbeendigung" (§ 1056 Abs. 3) – materiell kraft (Schiedsrichter-)Vertrages und auch prozessual auf Grund spezieller Regelung **(S. 2).** Hierbei ist sie genauer ausgeformt, sowohl persönlich („den Parteien") wie zeitlich („unverzüglich"). Jetzt müssen *beide* Parteien spätestens (arg. S. 2 aE) Kenntnis von früherer Offenbarung erhalten, somit auch der „Ernennungsgegner",[53] und natürlich bewirkt die Pflicht, sämtliche späteren Vorgänge unverzüglich zu offenbaren. Das bedeutet Mitteilung **ohne schuldhaftes Zögern** (arg. § 121 Abs. 1 S. 1, 1. Halbs. BGB). 17

Sie wirkt schließlich zudem nachprozessual kraft Vertrages: zwar scheidet dann die Ablehnung aus (Rn. 29), doch ist das kein Grund, andere Verfahren zu „entlasten" – die Unredlichkeit bleibt pflichtwidrig und wird entsprechend auch sanktioniert (Rn. 25), und wenn auch nur als Einwand gegen die Honorarforderung! 18

b) Sachlich. Die Offenbarungspflicht (Abs. 1) deckt sich nicht ganz mit dem Ablehnungsrecht (Abs. 2). Sie ist einerseits enger, denn sie erfasst nur die objektiv verordneten Vorgaben (1. Var.: **Unparteilichkeit oder Unabhängigkeit** – Näheres zum Begriff: Rn. 30–41), nicht aber die subjektiv mögliche Ergänzung (2. Var.: „vereinbarte[n] Voraussetzungen" [Rn. 42]).[54] Der Staat sorgt nur quasi dafür, dass der Mindeststandard stimmt. Umstände, die eine Parteilichkeit oder Abhängigkeit des Schiedsrichters begründen könnten, müssen diesem am besten schon bekannt sein, und das zumal mit Blick auf die Gegenpartei des Ernennenden. Die Offenbarung ist gleichsam die **vorgezogene Selbstablehnung.** Vom Inhalt der Parteivereinbarung kann demgegenüber aber der Schiedsrichter(-kandidat) nur dann etwas erfahren, wenn er von den Parteien darüber informiert wird. 19

Die Offenbarungspflicht greift andererseits weiter als das Ablehnungsrecht – denn hier **genügen irgendwelche Zweifel.** Es fehlt als Filter die Prüfung des Berechtigtseins der Zweifel. Das kann man positiv so ansehen, dass umfassend Offenbarung erfolgen muss, gemäß dem Motto: „lieber zu viel, als zu wenig"; dies wirkt uU indes auch negativ, infolge eines allzu starken Präklusionsdrucks (Abs. 2 S. 2 [hier Rn. 43–46] u. § 1037 Abs. 2 S. 1 [dort Rn. 10]) und demgemäß mit nutzloser verfrühter Ablehnung. Daher sollten **plausible Zweifel** vorliegen,[55] nahe liegende Anhaltspunkte, nicht Fernliegendes – all das, was konkret Verdacht erzeugt, um hier so frühzeitig die Bestellung eines ungeeigneten Kandidaten zu verhindern. Dies ist von objektiver Betrachtungsweise abzuklären, unabhängig von der subjektiven Einschätzung des betroffenen Schiedsrichters.[56] 20

3. Erfüllung. Das Gesetz lässt manches dazu unklar, wie die Auskunft zu erfolgen hat. S. 1 bezeichnet keinen **Adressaten.** Wenn es sich bloß um eine ureigen materielle Pflicht handeln würde, wären ausschließlich *beide* Schiedsparteien als (potentielle) Vertragspartner berechtigt, Auskünfte im Vorfeld (S. 1) zu erhalten. Dagegen spricht der Umkehrschluss aus S. 2, welcher explizit die Parteien benennt, und auch der Zweck, den Ernennenden rechtzeitig zu informieren, um ihm eine (sachgerechte) Entscheidung zu ermöglichen. Wer ernennt, ist demnach auf alle Fälle aufzuklären[57] – und zwar *vor* Ernennung (Rn. 16 – Präklusionsfolge, Abs. 2 S. 2 [Rn. 43–46]); zu informieren sind aber auch diejenigen, welche es trifft – die Parteien, und zwar beide. Dies kann auch *nach* Ernennung noch geschehen (S. 2 aE). 21

Solche nachträgliche Offenbarung genügt ihnen bzw. zwingt diese, eine rechtzeitige Ablehnung einzubringen (§ 1037 Abs. 1 bzw. Abs. 2). Je nach Adressat bestimmt sich demgemäß die **Frist** zum Tätigwerden. Die „interne" Offenlegung vor Ernennung (gegenüber dem Ernennenden) ist aber spätestens nach Ernennung publik zu machen (IBA-RoE 4.4 S. 2), am besten auch gleich bei den 22

---

[52] Der Vorschlag zur Fristbindung [„without delay"] (4th WGR Nr. 203 = *Holtzmann/Neuhaus* S. 396) wurde bloß für S. 2 aufrecht erhalten (5th WGR Nr. 34 = *Holtzmann/Neuhaus* S. 397) – anders wohl hierzu 7th SN Art. 12 Nr. 1 = *Holtzmann/Neuhaus* S. 399 [„promptly"]. Dazu fehlt aber ein klarer gesetzlicher Anhalt! Anders hier jedoch § 16.1 S. 1 DIS-SchO.
[53] Deswegen verharmlosend insoweit *Hußlein-Stich*, 1990, S. 68/69.
[54] Differenzierend § 16.1/3 DIS-SchO: vorvertraglich beschränkte Hinweispflicht.
[55] Wohl ebenso auch *Thomas/Putzo/Reichold* Rn. 1: „objektiv und vernünftig"; OLG Naumburg SchiedsVZ 2003, 134, 137/138 [IV 5 d]: „ausreichende Anhaltspunkte", insoweit viel strenger Anm. *Kröll/Mallmann* ebd. S. 140 [III 3] bzw. *Kröll* ZZP 116 (2003), 195, 200 f. [V].
[56] So wie hier OLG Karlsruhe, Beschl. v. 14. 7. 2006 – 10 Sch 1/06 [II 2] – aber anders wohl BGHZ 141, 90, 95/96 [6] = NJW 1999, 2370.
[57] Dies meint auch *Zimmermann* Rn. 1: Parteien *und* Richter – ebenso frühere ModG-Entwürfe: Art. 7 S. 1, 1st Draft u. Art. IX Abs. 1 S. 1, 2nd Draft („to those who approach him").

anderen Schiedsrichtern. Als **Form** empfiehlt sich darum allemal stets schriftliche Offenlegung (IBA-RoE 4.4 S. 1), damit später alsdann Klarheit herrscht (Präklusion durch Einlassung – § 1037 Abs. 2 S. 1!) und gleiche Behandlung (§ 1042 Abs. 1 S. 1) möglich ist – obwohl dem Gesetz eine mündliche Mitteilung ausreicht.[58] Sie erscheint indes wenig praktisch, zumal mit Blick auf die doppelte Verpflichtung auf Grund S. 1 und S. 2.

23   **4. Rechtsfolge. a) Materielle Schadensersatzpflicht.** Die **Verletzung** der Offenbarungspflicht durch einen Schiedsrichter(-kandidaten) verpflichtet (repressiv) zum Schadensersatz,[59] die Erfüllung ist aber (präventiv) nicht klagbar: der Partei fehlt entweder jeder Anhalt, Auskünfte zu verlangen, doch hat sie ihn, vermag sie gleich abzulehnen (Abs. 2), was unmittelbar zum Ziel führt und ebenfalls schadensersatzrechtlich rückwirkt (arg. § 839 Abs. 3 BGB).

24   Der Schadensumfang (§§ 249 ff. BGB) deckt zum einen die bislang aufgewandten, nunmehr vergeblichen Kosten des Schiedsverfahrens, zum anderen den künftigen Verzögerungsschaden. So mag durch den zwangsläufigen Zeitverlust die Vollstreckung aus dem Schiedsspruch – im Gegensatz zu regulärem Verlauf – nicht mehr zum Erfolg führen, weil inzwischen Insolvenz des Schiedsbeklagten eingetreten ist.[60] Denkbar ist dazuhin eine **Kündigung**[61] des Schiedsrichtervertrag, insofern der Pflichtverstoß als „wichtiger Grund" sehr gravierend ist, oder späterhin eine **Ablehnung,** wenn und weil nämlich der Verstoß für sich schon Befangenheitszweifel weckt (IBA-RoE 4.1 S. 2/3).[62] Ergänzend wäre prozessual an **Aufhebung** (§ 1059 Abs. 2 Nr. 1 d, 1. Var.) zu denken, wenn mangels Auskunft der Verdacht erst hernach bekannt wird (sonst sofortige Ablehnung nötig: § 1037 Rn. 30); nur wird damit kalt die Zeitgrenze jeglicher Ablehnung (Rn. 28) ausgehebelt. Den Offenbarungsverstoß sollte man deshalb auf völlig offenkundige Mängel beschränken;[63] dafür gibt das Kausalitätserfordernis des § 1059 Abs. 2 Nr. 1 d aE eine durchaus plausible Handhabe.

25   **b) Prozessuale Präklusionsdrohung.** Die **Befolgung** der Offenbarungspflicht (Rn. 21 f.) führt zur Präklusion, einerseits des Ernennenden mit den entsprechenden Ablehnungsgründen (Abs. 2 S. 2, Rn. 43–46): die korrekte Offenbarung schafft Kenntnis. Sie verpflichtet andererseits den Prozessgegner – abweichende Parteivereinbarung (§ 1037 Abs. 1) vorbehalten – zur alsbaldig erklärten Ablehnung (§ 1037 Abs. 2: Zweiwochenfrist). Das kann sich auch als Bumerang erweisen.[64]

IV. Ablehnungsrecht der Schiedsparteien (Abs. 2)

26   **1. Allgemeines.** Eine Schiedspartei kann Schiedsrichter ablehnen (nicht aber das Gericht *als solches*); die „Selbstablehnung" (IBA-GoCoI GS 2 a) ist Ausübung des Rücktrittsrechts aus § 1039 Abs. 1 S. 1, 2. Var. Die Ablehnung ist **einseitige Misstrauenserklärung** (§ 1036 Abs. 2) in ganz spezieller Form (§ 1037 Abs. 2 S. 1): schriftliche – fristgemäße und begründete – Geltendmachung. Das unterscheidet sie sowohl von der **Ausschließung,** die kraft Gesetzes wirkt (Rn. 8–12), als auch von der **Austauschung,** die vorherige Parteieinigkeit erfordert (§ 1039 Abs. 1 S. 1, 3. Var.), jedoch Willkür zulässt, und sogar in einem laufenden Verfahren auf Ablehnung (§ 1037 Abs. 2 S. 2, 1. Halbs. [2. Var.]) oder Austausch (§ 1038 Abs. 1 S. 1, 2. Halbs. [2. Var.]) erledigend noch statthaft ist. Alle ermöglichen eine **Ersatzbestellung** (§ 1039) und damit die Verfahrensfortführung.

27   Die (prozessuale) Ablehnung verdrängt als lex specialis die (materielle) Anfechtung (§ 142 Abs. 1 iVm. §§ 119 Abs. 2, 121 BGB)[65] von Schiedsvereinbarung bzw. Schiedsrichtervertrag – erfolgreiche Ablehnung führt demgemäß zur Unmöglichkeit der Tätigkeit als Schiedsrichter. Das Verhältnis zur **Aufhebung** (§ 1059) ist hingegen unklar (§ 1036 Rn. 42, § 1037 Rn. 31 ff.; § 1059 Rn. 23 f., 30, 36); in Betracht kommt insoweit als Aufhebungsgrund ein Verstoß bei der „Bildung des Schiedsgerichts" (§ 1059 Abs. 2 Nr. 1 d, 1. Halbs., 1. Var.) – indes geht die Überprüfung vermittels § 1037 Abs. 3 S. 1 als spezieller vor. Ein effektives Ablehnungsrecht erfordert jedoch die **Kenntnisma-**

---

[58] *Zimmermann* Rn. 1.
[59] OGH ZfRV 1998, 259, 262; *Rauh,* 1983, S. 47 [SchO] u. *Granzow,* 1988, S. 111 [ModG], dazu ferner noch *Musielak/Voit* Rn. 3; *Schütze/Tscherning/Wais* Rn. 315 [aF].
[60] *Schütze/Tscherning/Wais* Rn. 315.
[61] *Baumbach/Lauterbach/Hartmann* Rn. 2 (2. Abs.).
[62] Viel strenger hier OLG Naumburg SchiedsVZ 2003, 134, 137 [IV 5 b]: *regelmäßig* Grund einer Ablehnung! (aber: S. 137/138 [IV 5 d]; ebenso OLG Karlsruhe, Beschl. v. 14. 7. 2006 – 10 Sch 1/06 [II 2]; dieses offenlassend jüngst OLG Bremen NJW-RR 2007, 968/969 [II].
[63] Dies sinngemäß nach BGHZ 141, 90, 94 f. [4–6] = NJW 1999, 2370 (unter altem Recht) mit BVerfGE 89, 28, 35 = NJW 1993, 2229 (betr. staatliches Verfahren), dazu *Weigel* MDR 1999, 1360, 1362 u. *Schlosser* LM § 1032 aF Nr. 9 unter *Stein/Jonas,* 21. Aufl., § 1032 aF Rn. 32 a, dezidiert aA nun aber *Stein/Jonas* § 1036 nF Rn. 38; wie hier wiederum *Musielak/Voit* Rn. 3.
[64] Vgl. *Granzow,* 1988, S. 111.
[65] BGHZ 17, 7, 8 f.

chung der Person des/der Entscheidenden (sonst Aufhebung gemäß § 1059 Abs. 2 Nr. 1 b, Var. 1 a) gleich zu Beginn (etwa durch eine Mitteilung nach § 1035 Abs. 2) und nicht erst, wenn alles bereits feststeht (§ 1054 Abs. 1 S. 1: Unterschrift) – eine „Geheimjustiz" wäre unstatthaft.[66]

Das Ablehnungsrecht besteht allerdings nicht grenzenlos. Es ist **sachlich begrenzt** durch zwei Ablehnungsgründe, „Befangenheit" (S. 1, 1. Var.: „berechtigte Zweifel", Rn. 6 mit Rn. 30–41) und „Untauglichkeit" (S. 1, 2. Var.: vereinbarte Voraussetzung, Rn. 7 mit Rn. 42), sowie implizit durch die Beschränkung auf das anhängige Verfahren. Kommt es daher – selbst gestützt auf die nämliche Schiedsvereinbarung (§ 1029 Abs. 1) – zu einem weiteren Verfahren mit Neukonstituierung des Schiedsgerichts, muss erneut abgelehnt werden, wenn man nicht schon die verdächtig wirkende (Folge-)Bestellung im Voraus zu verhindern vermag. Das Ablehnungsrecht ist zusätzlich auch **zeitlich begrenzt,** und zwar nicht lediglich durch Präklusion aller vor der Bestellung – positiv – geläufigen Gründe (S. 2, Rn. 43–46). 28

Ablehnung setzt zum einen die verbindliche (§ 1035 Abs. 2) Bestellung des einzelnen Schiedsrichters und dazu die Konstituierung des gesamten Schiedsgerichts oder eine abweichende autonome Vereinbarung voraus: wer sollte das Gesuch sonst prüfen (arg. § 1037 Abs. 2 S. 2 aE)? Und: Mit Abschluss des Verfahrens (§ 1056)[67] – regulär durch endgültigen Schiedsspruch (§ 1054) oder irregulär, wie etwa nach einer Klagerücknahme[68] – scheidet jede Ablehnung aus; vorher muss uU in die Beratung wieder eingetreten werden (arg. § 1037 Abs. 2 S. 2 aE),[69] hinterher bleibt eventuell ein Antrag auf Aufhebung (§ 1037 Rn. 31 ff.). Das gewährleistet Rechtssicherheit wie Rechtsfrieden gleichermaßen.[70] – Die Regelung ist beidesmal **zwingend** gestaltet („kann [...] nur") und als abschließend zu betrachten[71] bzw. für parteiautonome Gestaltungen nur insoweit offen, als es sich um die Vereinbarung zur Qualifikation eines Schiedsrichters dreht. 29

2. Bezweifelbare Unparteilichkeit/Unabhängigkeit (S. 1, 1. Var.). Wegen **Besorgnis der Befangenheit** (Rn. 6) findet die Ablehnung statt, wenn ein Grund vorliegt, der geeignet ist, Misstrauen gegen die Unparteilichkeit *oder* Unabhängigkeit eines Schiedsrichters zu rechtfertigen. Dies bedeutet eine **doppelte Modifikation** entgegen der Begriffsbildung bei § 42 Abs. 1/2: einmal sind katalogisierte gesetzliche Ausschlussgründe (§ 42 Abs. 1, 1. Var. mit § 41) unbekannt und allein als Ablehnungsgründe fassbar (Rn. 8), sodann wird ferner noch die parallele Generalklausel (§ 42 Abs. 1, 2. Var. mit Abs. 2) erweitert – staatliche Richter gelten nämlich von vornherein als unabhängig (arg. Art. 97 GG bzw. § 1 GVG), sodass folgerichtig nur fehlende Unparteilichkeit geregelt ist. Inhaltlich läuft die Regel gleichwohl auf dasselbe hinaus, und es empfiehlt sich durchaus eine Orientierung an den **Richterablehnungsgründen,** zumal sicher jene Gründe, die „Misstrauen ... rechtfertigen" (§ 42 Abs. 2, dort Rn. 8 ff.), genauso „berechtigte Zweifel ... aufkommen lassen" (§ 1036 Abs. 2)[72] und die Grenze zwischen Unabhängigkeit und Unparteilichkeit ohnedies eine fließende ist (Rn. 6). Eine großzügige Handhabung erscheint allemal angezeigt[73] – obwohl es dazu im Schiedsverfahren ein ganz **charakteristisches Spannungsverhältnis** gibt:[74] 30

---

[66] OLG Köln ZZP 91 (1978), 318, 322 m. zust. Anm. *Kornblum* S. 323, 327/328.

[67] RG JW 1893, 459, 460 aE mit S. 461. Früher inklusive Niederlegung (§ 1039 Abs. 3 S. 1 aF): RGZ 145, 171 f. m. weit. Nachw. (zust. in soweit auch *Jonas* JW 1926, 426) mit RGZ 148, 1 bzw. BGH NJW 1952, 27 [II]; BGHZ 17, 7, 8; 24, 1, 5; 40, 342, 343; 51, 255, 261 aE; NJW 1973, 98, 99; BGHZ 141, 90, 92/93 [2] mit S. 92–95 = NJW 1999, 2370; OLG Frankfurt/Main DB 1977, 584; OLG Düsseldorf OLGZ 1984, 436, 437; OLG Frankfurt/Main OLGR 1996, 56. Jetzt genügt Erlaß des Schiedsspruchs (*Thomas/Putzo/Reichold* Rn. 4; leider insoweit unklar OLG Naumburg SchiedsVZ 2003, 134, 136 f. [IV 6 a–c mit 7 b]) m. abl. Anm. *Kröll/Mallmann* S. 141 [IV].

[68] OLG Hamburg OLGRspr. 33 (1916), 143.

[69] OLG Düsseldorf OLGZ 1984, 436, 438/439.

[70] BGHZ 141, 90, 94 [5] = NJW 1999, 2370.

[71] So explizit zu S. 1 CR Nr. 116–120 = *Holtzmann/Neuhaus* S. 405 mit 7th SN Art. 12 Nr. 4 = *Holtzmann/Neuhaus* S. 399.

[72] BT-Drucks. 13/5274 S. 40 re. Sp. [3] – zust.: BAGE 99, 42, 47 [II 2]; OLG Naumburg SchiedsVZ 2003, 134, 136 [IV 1]; OLG Celle OLGR 2004, 396, 397; OLG Hamburg, Beschl. v. 28. 6. 2004 – 11 SchH 1/04 [II 2]; OLG Bremen NJW-RR 2007, 968 [III]; OLG Frankfurt/Main, Beschl. v. 4. 10. 2007 – 26 SchH 8/07 [II 2 vor a]; *Thomas/Putzo/Reichold* Rn. 2; *Zimmermann* Rn. 2; *Baumbach/Lauterbach/Hartmann* Rn. 3; *Zöller/Geimer* Rn. 10; *Kröll* ZZP 116 (2003), 195, 207 [VII 2 b aa] – aA OLG Köln OLGZ 1993, 483, 485 (*strengere* Maßstäbe) bzw. OLG München OLGR 2007, 230 [3 a] (*genereller* Gleichlauf).

[73] OLG München Beschl. v. 5. 7. 2006 – 34 Sch 5/06 [II 3 a] im Anschluß an *Schwab/Walter* Rn. 14.7: „sehr intensive Verbundenheit" bzw. *Mankowski* SchiedsVZ 2004, 304, 307 [IV 1]: „tendenziell eher mildere Anforderungen" – hier strenger wohl DIS-SG SchiedsVZ 2003, 94, 95, dazu *Häberlein* IDR 2003 II S. 7; OLG Naumburg SchiedsVZ 2003, 134, 136 [IV 1], insoweit mR kritisch Anm. *Kröll/Mallmann* ebd. S. 139 [III 1].

[74] Dazu beispielhaft bloß *Henn* RPS 1993, 13, 15 einerseits u. *Schlosser* ZZP 93 (1980), 121, 139 andererseits; sehr spannungsgeladen auch BGHZ 54, 392, 396 = NJW 1971, 139; vgl. ferner erg. *Franzen* NJW 1986, 299.

31 Einerseits darf § 1036 Abs. 2 S. 1, 1. Var. wegen des Schutzbedürfnisses einer Partei nicht eng ausgelegt werden, andererseits genügt die Befürchtung, dass die vielfach bestehende (Vertrauens-)Beziehung des Ernennenden zum Ernannten auf dessen Richtertätigkeit später abfärben könnte, noch nicht ohne weiteres. **„Berechtigte"** Zweifel sind hierbei nachvollziehbare Zweifel, auf Grund objektiven Maßstabs: „Tatsachen [müssen] vorliegen, die in den Augen eines vernünftig denkenden Menschen geeignet sind, Misstrauen in die Unparteilichkeit ... zu erregen".[75] Es existiert dabei keinerlei Unterschied bei den Maßstäben zwischen „neutralem" **Vorsitzendem** und „parteiischen" **Beisitzern**[76] – sie bilden gemeinsam das (Gerichts-)Kollegium, dessen Mehrheit entscheidet (§ 1052 Abs. 1). Der Obmann mag eine durchaus exponierte Stellung innehalten, und die Parteinähe ist flüchtiger – aber man kann nicht Neutralität simpel mit zweierlei Maß messen. Was für den Vorsitzenden recht ist, ist für den Beisitzer nur billig. Schließlich kommt der Schiedsrichtervertrag immer mit allen Parteien zustande (Vor § 1034 Rn. 12), sodass schon von daher eine Interessenbindung sehr untunlich wäre. Ebensowenig ist ein Unterschied zwischen partei- und gerichtsbestellten (§ 1035 Abs. 3–5) Schiedsrichtern angebracht.[77] – **Fallgruppen:**

32 **a) Spezifische Nähebeziehung („close relationships").** Nach dem Willen der ModG-Verfasser sollen damit sowohl personelle Verbundenheit wie finanzielle Abhängigkeit erfasst sein;[78] ebenso doppelnd regelt es der IBA-Ethik-Kodex: Abhängigkeit besteht, „wo der Schiedsrichter Beziehungen zu einer Partei oder Personen, die einer Partei nahe stehen, unterhält" (IBA-RoE 3.1 S. 3), insbes. „ständige, enge gesellschaftliche [oder berufliche] Verbindungen (IBA-RoE 3.4); Parteilichkeit, „wenn der Schiedsrichter ein materielles Interesse am Ausgang des Schiedsverfahrens hat" (IBA-RoE 3.2 S. 2, 1. Halbs.) bzw. bei dauernden (!) direkten oder indirekten Geschäftsbeziehungen (IBA-RoE 3.3 S. 1). Ein Einmalkontakt scheint also demnach unverdächtig, bei einer beendeten (Dauer-)Beziehung kommt es darauf an, ob „sie ihrer Natur und ihrem Umfang nach so intensiv [war], dass sie das unbefangene Urteil ... beeinflussen" kann (IBA-RoE 3.3 S. 4, 2. Halbs.). Die personelle Seite konkretisiert § 41 Nr. 1–4, insbes. Parteistellung, Ehe und Verwandtschaft machen durchweg verdächtig.

33 Regelmäßig kann nur eine **intensive Verbundenheit** des Schiedsrichters mit einer der Parteien (unmittelbar oder als deren Funktionär) **„berechtigte Zweifel"** hervorrufen und als Ablehnungsgrund angesehen werden.[79] Gemeint ist hierbei primär die Nähe zur **Partei**,[80] gleich steht jedoch ihr Prozessvertreter bzw. **Rechtsanwalt**;[81] die Anwaltswahl könnte zwar vielleicht dazu missbraucht werden, Ablehnungsgründe willkürlich zu provozieren, doch trotzdem geht die freie Auswahl immer vor (arg. § 1042 Abs. 2). Im Einzelfall dürfte auch die Nähe zu einem Zeugen oder Mitschiedsrichter verdächtig erscheinen. Ein **Gerichtsgutachter** ist dagegen selbst bereits wie ein Richter ablehnbar, § 1049 Abs. 3, mithin in eigener Person; § 1036 Abs. 2 sollte darüber hinaus entsprechend herangezogen werden für ernennungsbefugte Dritte (§ 1035 Abs. 1)[82] und interne Berater von Schiedsrichtern.[83] Am Ende hilft aber meist allein die konkretisierende Gruppierung von rechtspraktischen Einzelfällen, mag dies auch der Rechtssicherheit kaum zuträglich sein.

Insoweit symptomatisch letztens der Widerstreit von schiedsrichterlicher und staatsgerichtlicher Sichtweisen bei OLG Karlsruhe, Beschl. v. 4. 7. 2006 – 10 Sch 2/06 [II 2] bzw. OLG Bremen NJW-RR 2007, 968 [II].

[75] BayObLG OLGspr. 31 (1915), 15/16; ganz ähnlich auch RGZ 137, 251, 257 (zu § 138 Abs. 1 BGB). Dazu jüngst auch: OLG Dresden SchiedsVZ 2005, 159, 161/162 [B II 2b] sichere Überzeugung unnötig bzw. *Lachmann*, FS Geimer, 2002, S. 513, 516 [I 3.2]: keinerlei schützenswertes Interesse *des Schiedsrichters*.

[76] BGE 92 I 271; 105 I 247; DIS-SG SchiedsVZ 2003, 94, 96; OLG Hamburg, Beschl. v. 28. 6. 2004 – 11 SchH 1/04 [II 2]; *Holtzmann/Neuhaus* S. 289; *Granzow*, 1988, S. 107; *Thomas/Putzo/Reichold* Rn. 2; *Baumbach/Lauterbach/Hartmann* Rn. 5; *Zöller/Geimer* Rn. 2; *Schütze/Theune* § 15 DIS-SchO Rn. 1; *Lachmann*, FS Geimer, 2002, S. 513, 515f. [I 3.1]; *Scheef*, ... die Stellung der Schiedsrichter ..., 2002, S. 163f. – das wird von BT-Drucks. 13/5274 S. 40/41 [4] offengelassen; recht zurückhaltend IBA-GoCoI GS 5.
Recht ambivalent indes BGHZ 54, 392, 396f. = NJW 1971, 139; vgl. auch erg. RG JW 1918, 264.
AA hier zB *Schlosser* ZZP 93 (1980), 121, 135 mit RIPS Rn. 519ff. u. *Stein/Jonas/Schlosser* Rn. 16; *Glossner/Bredow/Bühler* Rn. 223; *Schwab/Walter* Rn. 14.7 mit Fn. 20; *Lotz* AnwBl 2002, 202, 206f. [4]; *Mankowski* SchiedsVZ 2004, 304, 309–311 [IV 3]; wohl auch OLG Köln VersR 1996, 1125 (Ls. 1); ähnlich für die Schweiz: *Bucher*, FS Kummer, 1980, S. 599; *Lalive* SJ 1990, 362. Kompromißversuch bei *Musielak/Voit* Rn. 7 im Anschluß an *Albers*, 1995, S. 63ff.

[77] AA *Zimmermann* Rn. 2.
[78] 1st SN Nr. 65 (Fall 1+3) = *Holtzmann/Neuhaus* S. 391.
[79] *Schlosser* ZZP 93 (1980), 121, 139; zust. *Schwab/Walter* Rn. 14.7 – Kasuistik bei *Stein/Jonas/Schlosser* Rn. 17ff.; *Schwab/Walter* Rn. 14.8; zum alten Recht *Wieczorek/Schütze* § 1032 aF Rn. 8.
[80] Darauf wollen *Zöller/Geimer* Rn 11 diese Regelung – zu Unrecht – begrenzt sehen.
[81] Eher restriktiver aber demgegenüber OLG München OLGR 2007, 230f. [3b]
[82] Anders RG JW 1937, 219.
[83] Ebenso *Stein/Jonas/Schlosser* Rn. 29 mit § 1042 Rn. 2.

Ablehnung eines Schiedsrichters 34–36 § 1036

Beispielsfälle personeller Verbundenheit (jenseits § 41 Nr. 2–3): Verlöbnis, und zwar auch 34 ein gelöstes, nichteheliche **Lebensgemeinschaft,** besondere Freundschaft oder Feindschaft oder sonst eine anderweitig schwerwiegende Verstimmung;[84] der Schiedsrichter gehört einer **Interessengruppe** an, um deren Sache es in dem Schiedsverfahren geht[85] (allerdings nicht bei einer Massenvereinigung[86] [Kirche, ADAC, Partei, Gewerkschaft] oder Fachvereinigung mit Schiedsgericht[87]). Darunter fällt genauso, wenn der Schiedsrichter in nicht ganz unerheblichem Umfang Aktionär einer der Parteien ist (aber nicht eine gemeinsame [Publikums-]KG-Beteiligung[88]). Der normale gesellschaftliche Kontakt (gelegentliche Einladungen, gemeinsames Tennisspiel[89] – anders bei einer engeren Beziehung, arg. IBA-RoE 4.2 lit. c) erregt aber nicht ohne weiteres schon Verdacht, noch weniger die gleiche Staatsangehörigkeit (arg. Art. 11 Abs. 1 ModG, der zwar nicht rezipiert wurde, aber sachlich gilt, § 1035 Rn. 1 mit Rn. 44).[90]

Beispielsfälle beruflicher Verbundenheit (vgl. dazu erg. IBA-RoE 4.2 lit. a): Haus- bzw. 35 Syndikusanwalt[91] oder Mitglied seiner Sozietät[92] (nicht aber, wenn sie eine bloß ihnen bekannte Person als Schiedsrichter vorschlagen[93]), Angestelltenverhältnis,[94] vorherige beistandliche[95] oder parallele anwaltliche[96] Tätigkeit (arg. § 41 Nr. 4), Honorarvereinbarungen mit bloß einer Partei,[97] andauernde geschäftliche Beziehungen, aber uU auch bei Einmalkontakt, insbes. wenn er sich auf den Verfahrensgegenstand bezieht,[98] sowie vor allem bei Dauerschuldcharakter (Darlehensgewährung, Wohnraumvermietung);[99] Gefahr eigenen finanziellen Verlusts.[100] Auch genügt wohl, wenn jemand von einer Partei, die Verträge mit Schiedsklauseln abzuschließen pflegt, ständig als Schiedsrichter benannt wird[101] – die Grenze zur grundsätzlich suspekten Daueranstellung[102] ist hier doch letzthin kaum mehr merklich. Nicht hierher zählt aber das gelegentliche gemeinsame Schiedsrichten[103] und ebensowenig der gewöhnliche Berufskontakt zwischen Partei[104] bzw. Anwalt[105] und Richter oder eine gemeinsame Mitgliedschaft im (Hamburger) Warenverein.[106]

b) Sachliche Vorbefassung („personal involvement").[107] Berechtigte Zweifel existieren, 36 wenn der Schiedsrichter zuvor in derselben Sache Parteivertreter war,[108] wenn er (oder uU auch allein sein Sozius) in der Sache bereits ein (Rechts-)Gutachten erstattet hat,[109] als Zeuge über Tat-

---

[84] Beispiele: OLG Stuttgart JR 1950, 760 u. LG Duisburg ZIP 1982, 229 f. bzw. *Lachmann*, FS Geimer, 2002, S. 513, 525/526 [III 2a] (Parteivertreter-Schiedsrichter) – anders und falsch KG, Beschl. v. 13. 3. 2002 – 23/29 Sch 20/11 [III].
[85] OLG Braunschweig OLGRspr. 25 (1912), 240 f.; hier großzügiger wohl RGZ 51, 392, 393 f.
[86] OLG Celle OLGR 2007, 664, 667 [II 2 d aa] (implizit).
[87] OLG Naumburg SchiedsVZ 2003, 134, 136 f. [IV 2 mit 5 c] (gemeinschaftliche Vorstandstätigkeit).
[88] OLG Naumburg SchiedsVZ 2003, 134, 136 f. [IV 3 mit 5 c].
[89] *Wieczorek/Schütze* § 1032 aF Rn. 8.
[90] SR 313 Nr. 12 f., 19 f. = *Holtzmann/Neuhaus* S. 401 f.; vgl. auch erg. Yb. VI (1975) S. 40 (SchO), dazu *Pirrung* RIW/AWD 1977, 513, 517 (SchO).
[91] Vgl. *Smid* DZWiR 1995, 441, 443 u. KG ZZP 55 (1930), 333; wohl auch RG JW 1893, 459, 460 u. LG Mannheim BauR 1998, 403, 405.
[92] RG JW 1893, 459, 460 re. Sp.; LG Bautzen RPS 1996 I S. 29, 30; OLG Frankfurt/Main bei BGHZ 141, 90, 92 [1] = NJW 1999, 2370 (Anwaltstätigkeit für Konzernmutter). Näheres siehe bei *Lachmann*, FS Geimer, 2002, S. 513, 518 [III 1.1]. Äußerst heikel bei großen „Lawfirms" (vgl. dazu erg. auch IBA-GoCoI GS 6 a/B).
[93] Beispiel: OLG München Beschl. v. 5. 7. 2006 – 34 Sch 5/06 [II 3b]: Mitglied der Sozietät als Patenkind.
[94] LG Dortmund WuW 1968, 691.
[95] Nur i. Erg. wie hier OLG Hamburg JZ 1956, 226, unklar insoweit ferner RGZ 126, 379, 381/382.
[96] OLG Dresden SchiedsVZ 2005, 159, 161 [B II 2b]; OLG Bremen NJW-RR 2007, 968 [II] – Abgrenzungsbeispiel: OLG Hamburg SchiedsVZ 2006, 55, 56 re. Sp. [3b]: frühere gelegentliche Mandate (mit „Schamfrist" von ca. 4½ Jahren).
[97] KG OLGRspr. 33 (1916), 142.
[98] OLG München OLGRspr. 23 (1911), 252.
[99] OLG Stuttgart JW 1928, 1322.
[100] RGZ 113, 321, 323; OLG Dresden SchiedsVZ 2005, 159, 161 aE [B II 2b].
[101] Anders hier jedoch *Stein/Jonas/Schlosser* Rn. 16 mit Fn. 59.
[102] RGZ 137, 251, 256 f. (zu § 138 Abs. 1 BGB).
[103] OLG Naumburg SchiedsVZ 2003, 134, 137 [IV 4].
[104] OLG München, Beschl. v. 19. 1. 2007 – 34 Sch 9/06 [II 3].
[105] OLG München, Beschl. v. 6. 11. 2006 – 34 SchH 11/06 [II 3].
[106] OLG Hamburg, Beschl. v. 8. 5. 2006 – 6 SchH 1/06 [II] (einfache Mitgliedschaft) bzw. Beschl. v. 23. 5. 2006 – 6 SchH 4/06 [II] (frühere Vorstandschaft).
[107] 1st SN Nr. 65 (Fall 2) = *Holtzmann/Neuhaus* S. 391.
[108] OLG Braunschweig OLGRspr. 25 (1912), 240 f.
[109] DIS-SG SchiedsVZ 2003, 94, 96, dazu *Häberlein* IDR 2003 II S. 7 (Sanierungsplan); OLG Dresden JW 1938, 2154, 2155 (Rechtsgutachten); OLG Hamburg, Beschl. v. 28. 6. 2004 – 11 SchH 1/04 [II 2] (Rechtsgut-

sachen vernommen wurde, welche verfahrensrelevant werden,[110] bzw. den Sachverhalt schon begutachtet hat (arg. § 41 Nr. 5),[111] bereits im Vorfeld den Vorgang öffentlich tadelte[112] oder eine Partei vom Schlichtungs- ins Schiedsverfahren drängt[113] (nicht aber eine bloße vorherige Schlichtungstätigkeit[114]). Und ebenso genügt die Vorbefassung als staatlicher Richter (arg. § 41 Nr. 6). Die Vorbefassung als Schiedsrichter nach erfolgreichem Aufhebungsantrag ist indes speziell geregelt durch § 1059 Abs. 4: Zurückverweisung bedeutet Neuentscheidung unter Richteridentität und versperrt die Ablehnung; anders bei Neukonstituierung eines Schiedsgerichts.[115]

37 Problematisch sind weiterhin alle Vorkenntnisse zum Schiedsstreit (IBA-RoE 4.2 lit. d) sowie vor allem **Parteikontakte eines Schiedsrichters** betreffend das Verfahren. Lässt sich ein Kandidat vor seiner Bestellung auf eine Erörterung des Sach- und Streitstandes ein, so begründet dies die Besorgnis der Befangenheit (IBA-RoE 3.2 S. 2, 2. Halbs. mit Nr. 5), da befürchtet werden muss, dass er nun voreingenommen ist und nicht mehr offen für eine Meinungsänderung,[116] zumal wenn er auch jener Partei recht gegeben hat. Indes ist stets erhöhte Vorsicht geboten und feine Abwägung nötig.

38 (Noch) unverdächtig ist allemal der Umstand, dass man zur allgemeinen Information mit einer Partei über den Streitfall gesprochen und außerdem Vorschläge für die Wahl des Obmanns entgegengenommen hat.[117] Ebenso stört sicher nicht, wenn man in **wissenschaftlichen Veröffentlichungen** eine Meinung kundgetan hat, die einer Partei ungünstig sein könnte[118] – abstrakte Äußerung und konkrete Bewertung gehen niemals zwingend konform. Und auch die Entscheidung einer gleichgelagerten Streitigkeit zwischen anderen Parteien[119] oder ein anwaltliches Mandat für den Gegner in früheren Schiedsverfahren[120] ist allemal unschädlich sowie auch die hypothetische Möglichkeit, in gleichartigen Fällen künftig Partei zu sein.[121] Aufmerksamkeit ist gegenüber **sprachlichen Missgriffen** (wie etwa bei Selbstbezeichnung als „Vertreter der A [Partei]" in der Rechtssache X").[122]

39 c) **Konkrete Prozessführung** („biased/partial behavior").[123] aa) **Äußere Umstände.** Sie machen die Wertung idR leicht. Die Beisitzer sind keine Büttel „ihres" Ernennenden. Möglichst alle **Kontakte** sollten daher über den Obmann laufen und sich im Lichte der Parteiöffentlichkeit vollziehen. Séparées machen befangen.[124] Alle Äußerungen und Verhaltensweisen sind zu vermeiden, die bei einer Partei Anstoß erregen könnten, vor allem die Kommentierung des Ablehnungsgesuchs.[125] Auch sollte eine **Bewirtung** – nobile officium – von Seiten einer Partei abgelehnt werden, die Annahme macht aber nicht rundweg befangen,[126] vor allem natürlich nicht anlässlich einer

---

achten); OLG Karlsruhe, Beschl. v. 4. 7. 2006 – 10 Sch 2/06 [II 2] (selbständiges Beweisverfahren); OLG Hamburg OLGRspr. 5 (1902), 205 (Rechtsauskunft) – aA OLG Naumburg OLGRspr. 25 (1912), 241 (Rechnungsprüfung – aber: explizite Abmachung!).

[110] RG WarnR 25 (1933), Nr. 160, S. 335.
[111] Anders indes bei Tätigkeit für beide Seiten, OLG Saarbrücken DB 1988, 2398 (Schiedsgutachter). BGH NJW 1972, 827 befaßte sich deshalb auch konsequenterweise bloß mit der – ausnahmsweise vereinbarten – Ablehnung des Schiedsgutachters!
[112] RG JW 1902, 392 – doch mag auch interne Vorbesprechung genügen: BGH NJW 1973, 98, 99 (Beweisproblem!).
[113] KGR 2000, 248, 250 – Bei gezielter Täuschung wäre gar eine Anfechtung begründet (§ 1029 Rn. 19 u. 127).
[114] OLG Frankfurt/Main, Beschl. v. 27. 4. 2006 – 26 SchH 1/06 [II].
[115] AA OLG Celle OLGRspr. 13 (1906), 248 f.
[116] OLG Hamburg OLGRspr. 5 (1902), 205 f.; OLG Dresden JW 1938, 2154, 2155.
[117] OLG Neustadt MDR 1955, 616 (Amtsübernahme) u. OLG München JW 1929, 3175 (Obmannauswahl); vgl. auch OLG München BB 1971, 886 [2]; wohl auch OLG Koblenz, Beschl. v. 19. 2. 2004 – 2 Sch 4/03.
[118] OLG Naumburg SchiedsVZ 2003, 134, 138 [IV 6 d] (obiter) – ferner: 1. Aufl. Rn. 5, zust. *Wieczorek/Schütze* Rn. 5 – je zu § 1032 aF. Bereits im Ansatz zu rigide dagegen OLG Frankfurt/Main, Beschl. v. 4. 10. 2007 – 26 SchH 8/07 [II 2a].
[119] OLG Köln VersR 1996, 1125 (Ls. 2). *Eine andere Partei* genügt nach RG JW 1904, 241; LG Bonn NJW 1996, 2168, 2169. Ebenso zB *Lachmann*, FS Geimer, 2002, S. 513, 524 f. [III 1.3].
[120] OLG Hamburg SchiedsVZ 2003, 191, 192 = TranspR 2003, 206.
[121] ROHG 4, 137, 141.
[122] OLG München JW 1929, 3175.
[123] 7th SN Art. 12 Nr. 5 = *Holtzmann/Neuhaus* S. 399.
[124] OLG Hamburg OLGRspr. 15 (1907), 298, 299 (Besichtigung mit Besprechung); OLG Hamburg OLGRspr. 31 (1915), 16 (Vergleichsangebot).
[125] OLG Bremen NJW-RR 2007, 968, 969 [II] („hitzige Art"; „übereifriges Vorgehen"); offenlassend wegen Verfristung OLG Frankfurt/Main, Beschl. v. 27. 4. 2006 – 26 SchH 1/06 [II] („weitere Spielchen"); vgl. auch erg. OLG Frankfurt/Main, Beschl. v. 4. 10. 2007 – 26 SchH 8/07 [II 2d].
[126] Anders 1. Aufl. § 1032 aF Rn. 5 b im Anschluß an OLG München BB 1971, 886/887.

mündlichen Verhandlung – anders bei klarer konspirativer Aktion. Kein Obmann darf einen Beisitzer von der Beratung ausgrenzen bzw. voreilig übergehen.[127]

bb) Innere Vorgänge. Sie sind schwerer zu bewerten. Die **Häufung von Fehlern** (Maßstab: 40 Parteivorgabe [§ 1042 Abs. 3] bzw. Gesetzesrecht) mag sicher Zweifel nähren, kann jedoch auch auf persönliche Fehleinschätzung zurückgehen – vor allem bei nahe liegendem Prozessverlust; für Einzelfehler ist auf alle Fälle § 1059 Abs. 2 Nr. 1 d der richtige und einzige Weg – anderenfalls nämlich würde das Kausalitätserfordernis kurzerhand einfach leerlaufen. Ablehnungsgrund mag aber insbesondere etwa ein Verstoß gegen Abs. 1 (Unterlassen der Offenlegung) darstellen (IBA-RoE 4.1 S. 2/3). Ähnlich problematisch scheint der Vorwurf unsachgemäßer Prozessleitung, da insoweit weites Ermessen waltet (§ 1042 Abs. 4 S. 1) und das Ablehnungsrecht keine Handhabe dafür eröffnet, dem Gericht „hineinzureden" und etwas dem Gegner „aufzuzwingen". Die **Offenlegung der Auffassung** des Schiedsgerichts ist jedoch zulässig und sogar erwünscht, wenn sie sich auf den gegenwärtigen Stand der Dinge bezieht und für neue Argumente offen ist. Das Gericht darf hierbei keinesfalls jedoch eine Partei begünstigen; das ähnelt der schwierigen Gratwanderung staatlicher Gerichte zwischen Scylla (§ 139 Abs. 1, dort Rn. 9f.) und Charybdis (§ 42 Abs. 2, dort Rn. 32–34). Fehlerhafte Rechtsanwendung oder Tatsachenwürdigung macht aber nicht ohne weiteres schon befangen.[128]

Ob dies allerdings eine, letzthin anglo-amerikanisch geprägte, Zurückhaltung gegenüber **Ver-** 41 **gleichsvorschlägen** aufdrängt (IBA-RoE Nr. 8: „nur gleichzeitig[,] möglichst in Anwesenheit aller Parteien …, wenn die Parteien dies wünschen oder wenn sie einem solchen Verfahren zugestimmt haben" – ersteres ist richtig, letzteres jedoch ein großer Hemmschuh; IBA-GoCoI GS 4d), ist mir ein ganz weites Feld. Richten, schlichten ist zwar die primäre Aufgabe (auch) des Schiedsrichters (arg. § 1029 Abs. 1: „der Entscheidung … zu unterwerfen") und die gütliche Einigung eher eine Parteiangelegenheit (vgl. § 1053 Abs. 1) – aber wo die Chance zur gütlichen Einigung naheliegt, sollte ihr das Gericht auch – ungefährdet durch Ablehnungen – „auf die Sprünge helfen" dürfen, wie dies auch dem nationalen Prozessverständnis entspricht (arg. § 279).[129]

3. Nichterfüllung vereinbarter Voraussetzung (S. 1, 2. Var.). Jener zweite Grund fehlte 42 noch in Art. 10 Abs. 1 SchO und hat auch erst „kurz vor Toresschluss" Eingang in Art. 12 Abs. 2 S. 1 ModG erhalten;[130] er knüpft an § 1035 Abs. 5 S. 1, 1. Var. an. Das führt zu einem treffenden Gleichlauf der Kriterien bei gerichtlicher und parteiautonomer Bestellung; das Gericht beachtet sie freilich bereits im Vorfeld und quasi kraft Amtes, die Partei muss explizit erst ablehnen, was womöglich an S. 2 scheitert (Rn. 43–46) und idR auch vorgängig *intern* beurteilt wird (§ 1037). Demgemäß geht insoweit auch § 1036 Abs. 2 dem § 1035 Abs. 4 (1. Var.) vor. Die Variante fehlt übrigens bei Abs. 1 (Rn. 19). Sie erscheint als Bestandteil der besonderen Parteiherrschaft im Schiedsverfahren: die Parteien können Vereinbarungen darüber treffen, welche **positiven Eigenschaften** der oder die Schiedsrichter haben sollen, die sie zur Entscheidung ihrer Streitsache berufen möchten. Dies eröffnet im Ergebnis auch die Möglichkeit, gleichsam die 1. Var. auszuzahlen und privatautonom Befangenheitsgründe zu verabreden – mögen auch diese im Wege **negativer Beschreibung** vorliegen. Insoweit ist alles nur Frage vorausschauender Planung und eines hinreichenden Formulierungsgeschicks. Die Vereinbarung muss deutlich und greifbar sein, ist aber allemal auch auslegungsfähig; die Ablehnung erscheint dann sozusagen umgekehrt als **innerprozessuales Durchsetzungsmittel**.

4. Präklusion der Ablehnung (S. 2). a) Allgemeines. Die Regelung ist zusammen zu se- 43 hen mit § 1037 Abs. 2 S. 1; das erübrigt die frühere Anleihe bei § 43 iVm. § 44 Abs. 4, welche bisher über § 1032 Abs. 1 aF galt.[131] **§ 1036 Abs. 2 S. 2** betrifft selbst freilich **bloß die aktive Partei** (1. Halbs., Rn. 44); er folgt damit der hM zum alten Recht,[132] wonach der Ernennende

---
[127] OLG Frankfurt/Main BauR 1988, 637.
[128] OLG Celle OLGR 2004, 396, 397 aE; OLG Frankfurt/Main, Beschl. v. 22. 10. 2004 – 2 Sch 1/04; OLG Köln, Beschl. v. 2. 4. 2004 – 9 Sch (H) 21/03 u. 22/03.
[129] Kaum weiterführend hier *Scheef*, … die Stellung der Schiedsrichter …, 2002, S. 160 ff.
[130] CR Nr. 114 f. = *Holtzmann/Neuhaus* S. 405 auf Anregung der USA, 6th SN Art. 12 Nr. 3 = *Holtzmann/Neuhaus* S. 398.
[131] *Schwab/Walter* Rn. 14.12; *Zöller/Geimer*, 20. Aufl., § 1032 aF Rn. 1; BGH ZZP 65 (1952), 217, 218 = NJW 1952, 27. Weiterhin für Anwendung *Baumbach/Lauterbach/Hartmann* Rn. 6 – dies würde aber die parteiautonome Ablehnungsregelung (§ 1037 Abs. 1) überspielen oder die gesetzliche Rügepräklusion (§ 1037 Abs. 2 S. 1: 2 Wochen als Frist!) aushebeln.
[132] 1. Aufl. § 1032 aF Rn. 10 mit Einzelheiten zur Geltendmachung – ferner: RG JW 1904, 495; 1909, 452; LZ 1914, 1374; BGHZ 17, 7, 8/9 u. *Schwab/Walter*, 5. Aufl., Rn. 14.12. Die Mitwirkung bei der Bestellung ist zentraler Unterschied gegenüber § 42 Abs. 3.

§ 1036   44–46

nichts als Ablehnungsgrund mehr geltendmachen kann, was ihm bereits dortmals bekannt war. Das freilich war eher eine Art **Einwendung,** die der Gegner verteidigend vorschützen konnte, zumal doch ein Ablehnender kaum positive Kenntnis darlegen wird und allenfalls die Umstände darauf schließen lassen. Nun verschiebt das Gesetz die **Beweislast** auf den Ablehnenden[133] (2. Halbs., Rn. 45): die *nachträgliche* Kenntniserlangung (das impliziert vorherige Unkenntnis!) ist Bedingung statthafter Ablehnung. – **§ 1037 Abs. 2 S. 1** spricht dagegen beide Parteien an, dh. **auch die passive Partei,** und koppelt die Rügelast von Sacheinlassung oder Antragstellung (§ 43) ab. Ein **Verzicht** ist darüber hinaus denkbar, nicht jedoch im Voraus,[134] aber uU doch stillschweigend.[135]

44 **b) Tatbestand. aa) Objektiv.** Der Ablehnende muss an der Bestellung des konkreten Schiedsrichters **beteiligt** gewesen sein **(1. Halbs.),** entweder alleinverantwortlich (1. Var.: "bestellt" – Beispiel: Beisitzerbenennung beim Dreierschiedsgericht, § 1035 Abs. 3 S. 2, 1. Halbs.) oder aber sonst irgendwie *aktiv* teilnehmend (2. Var.: "mit[ge]wirkt" – Beispiel: *Partei*einigung beim Einerschiedsgericht, § 1035 Abs. 3 S. 1[136] – im Unterschied zu der Beisitzereinigung beim Dreierschiedsgericht, § 1035 Abs. 3 S. 2, 2. Halbs.). Auch weniger direkte (Beteiligungs-)Formen sollten dadurch noch erfasst werden können, wie etwa der Austausch von Listen mit Vetorecht;[137] die Beantragung gerichtlicher Bestellung iSv. § 1035 Abs. 3–5 indes genügt nicht, selbst wenn hierbei eine Partei einen unverbindlichen Namensvorschlag macht.[138] Auch der Gegner ist hier nicht dadurch aktiv, dass er sich am Verfahren irgendwie beteiligt. Die Bestellung obliegt allein dem (Staats-)Gericht. Mitwirkung ist ebenso wenig die widerspruchslose Kenntnisnahme der Bestellung seitens des Gegners.[139]

45 **bb) Subjektiv.** Erforderlich ist **Tatsachenkenntnis** des Ablehnungsgrundes **(2. Halbs.).** Das besagt zweierlei: Eine zutreffend vorgenommene Subsumtion auf das bestehende Ablehnungsrecht ist nicht notwendig;[140] vorwerfbar fahrlässige Unkenntnis ("Kennenmüssen") – sogar grobe – ist nicht schädlich,[141] sondern explizit **positive Kenntnis** verlangt – und zwar zurzeit der Bestellung (nachher gilt alsdann § 1037 Abs. 2 S. 1!). Niemand wird demnach zu umfangreicher Nachforschung verpflichtet. Indes genügen erhebliche Zweifel schon zu einer Ablehnung (Rn. 31); dann müsste auch konsequenterweise die Kenntnis hiervon wiederum ausreichen, selbst wenn sich erst später der Zweifel zur wirklichen Gewissheit verdichtet. Das wäre gewiss jedoch zu streng, ist doch der Ablehnende ohnedies bereits relativ schlecht dran (Beweislastverteilung; Negativenbeweis). Man sollte die (Präklusions-)Latte mithin nicht allzu hoch hängen. Der (objektive) Entstehungszeitpunkt spielt demgegenüber keine entscheidende Rolle, nur dass logischerweise bei nachträglicher Entstehung zuvorige (subjektive) Kenntnis ausscheidet. Das verbessert die mühevolle Beweislage schlagartig!

46 **c) Rechtsfolge** ist die **Präklusion** mit dem fraglichen Ablehnungsgrund; er kann im vereinbarten (§ 1037 Abs. 1) oder gesetzlichen (§ 1037 Abs. 2) Ablehnungsverfahren nicht mehr geltend gemacht werden und bleibt ebenso von anschließender (staats-)gerichtlicher Überprüfung (§ 1037 Abs. 3) ausgeklammert; prüfbar ist alsdann nur, ob wirklich Präklusion vorliegt. Systematisch gehört demgemäß die Regelung – allerdings **unabdingbar** ausgestaltet – an sich zu § 1037. Sie gibt dem allgemeinen **Verbot widersprüchlichen Verhaltens** geradeso konkreten Ausdruck wie dem **Gebot prozessualer Mitwirkung** bei der Konstituierung des Schiedsgerichts:[142] "Stillhalten bedeutet Einwilligung". Wer daher sehenden Auges zunächst mitwirkt und dabei vielleicht hofft, falsch zu liegen, vermag nicht später, nach herb enttäuschter Hoffnung, *einseitig* eine Neubesetzung noch herbeizuführen. – Dazu, ob eine Präklusion genauso für spätere Aufhebungs-, Anerkennungs- oder Vollstreckbarerklärungsverfahren (Folgeverfahren) in Betracht kommt, vgl. § 1037 Rn. 31 ff.; zur speziellen (2-Wochen-Frist) Präklusion des § 1037 Abs. 2 S. 1 dort Rn. 10.

---

[133] *Musielak/Voit,* 1. Aufl., Rn. 3; *Baumbach/Lauterbach/Hartmann* Rn. 6.
[134] BGHZ 24, 1, 4 einerseits (vorher), OLG Hamburg MDR 1950, 560 andererseits (später) – jeweils eher obiter; *Musielak/Voit* Rn. 11; ganz allg. auch RGZ 152, 375, 377; BayObLG NJW-RR 2000, 360 [3 a]: „unabdingbar"(?).
[135] RGZ 44, 391, 392 (Antragstellung); RGZ 51, 392, 393 (Vereinsbeitritt – allerdings recht fragwürdig); RGZ 53, 387, 389 mit OLG Hamburg OLGRspr. 6 (1903), 146, 147 (Sacheinlassung).
[136] 5th WGR Nr. 34 = *Holtzmann/Neuhaus* S. 397.
[137] 7th SN Art. 12 Nr. 6 = *Holtzmann/Neuhaus* S. 400.
[138] Anders wohl jedoch *Baumbach/Lauterbach/Hartmann* Rn. 6.
[139] *Wieczorek/Schütze* § 1032 aF Rn. 15 aE.
[140] *Musielak/Voit* Rn. 10.
[141] *Thomas/Putzo/Reichold* Rn. 5.
[142] Nur ersteres sieht freilich BT-Drucks. 13/5274 S. 41 li. Sp. [6].

5. Wirkungen der Ablehnung. Die *erklärte* Ablehnung löst das parteiautonome (§ 1037 Abs. 1) **47** oder gesetzliche (§ 1037 Abs. 2) **Ablehnungsverfahren** aus, in dem – mangels Rücktritt des Schiedsrichters oder Einvernehmen der Schiedsparteien – über die Berechtigung der Ablehnung entschieden werden muss (arg. § 1037 Abs. 3 S. 1, 1. Halbs.: „*Entscheidung*, mit der die Ablehnung verweigert wurde"). Die Parteien vermögen somit keine „automatisch" wirkenden (Ausschließungs-)Tatbestände zu vereinbaren. Das Schiedsverfahren kann trotzdem weiterlaufen (arg. Abs. 3 S. 2). Die *begründete* Ablehnung führt unmittelbar zur Amtsbeendigung (§ 1039 Abs. 1 S. 1, Var. 1a) und zur **Ersatzbestellung**. Die vor der Ablehnung[143] und bis zur Entscheidung[144] darüber vorgenommenen **Amtshandlungen** werden nicht hinterher ungültig. Der endgültige Schiedsspruch muss aber solange aufgeschoben bleiben, sonst bliebe wenig von einem effektiven Ablehnungsrecht. Die staatliche Kontrolle (§ 1037 Abs. 3 S. 1) mag allerdings noch ausstehen (§ 1037 Abs. 3 S. 2): der Schiedsspruch steht gleichsam unter Vorbehalt, der mit dem **Aufhebungsantrag** (§ 1059 Abs. 2 Nr. 1 d, 1. Var.: falsche Bildung des Schiedsgerichts) weiterzuverfolgen ist.[145] Nach Amtsende sind jedwede Handlungen unzulässig, der Schiedsspruch wäre wegen dieser Mitwirkung per se aufzuheben (§ 1059 Abs. 2 Nr. 1 d sowie wohl schon Nr. 2 b).[146]

§ 1037 Ablehnungsverfahren

(1) Die Parteien können vorbehaltlich des Absatzes 3 ein Verfahren für die Ablehnung eines Schiedsrichters vereinbaren.

(2) ¹Fehlt eine solche Vereinbarung, so hat die Partei, die einen Schiedsrichter ablehnen will, innerhalb von zwei Wochen, nachdem ihr die Zusammensetzung des Schiedsgerichts oder ein Umstand im Sinne des § 1036 Abs. 2 bekannt geworden ist, dem Schiedsgericht schriftlich die Ablehnungsgründe darzulegen. ²Tritt der abgelehnte Schiedsrichter von seinem Amt nicht zurück oder stimmt die andere Partei der Ablehnung nicht zu, so entscheidet das Schiedsgericht über die Ablehnung.

(3) ¹Bleibt die Ablehnung nach dem von den Parteien vereinbarten Verfahren oder nach dem in Absatz 2 vorgesehenen Verfahren erfolglos, so kann die ablehnende Partei innerhalb eines Monats, nachdem sie von der Entscheidung, mit der die Ablehnung verweigert wurde, Kenntnis erlangt hat, bei Gericht eine Entscheidung über die Ablehnung beantragen; die Parteien können eine andere Frist vereinbaren. ²Während ein solcher Antrag anhängig ist, kann das Schiedsgericht einschließlich des abgelehnten Schiedsrichters das schiedsrichterliche Verfahren fortsetzen und einen Schiedsspruch erlassen.

Schrifttum: Siehe § 1036.

Übersicht

	Rn.		Rn.
I. Normzweck	1–4	IV. Gerichtliches Kontrollverfahren (Abs. 3)	21–29
II. Vereinbartes Ablehnungsverfahren (Abs. 1)	5, 6	1. Zulässigkeit	21–24
		a) Antragstellung	21, 22
III. Gesetzliches Ablehnungsverfahren (Abs. 2)	7–20	b) Monatsfrist	23, 24
1. Erklärung der Ablehnung (S. 1)	7–12	2. Verfahren	25–27
a) Erklärungsform	9	3. Begründetheit	28, 29
b) Erklärungszeit	10–12	V. Rügepräklusion	30–40
2. Unstreitige Erledigung (S. 2, 1. Halbs.)	13–15	1. Verfahrensintern	30
a) Freiwilliger Rücktritt des Abgelehnten (1. Var.)	14	2. Verfahrensextern	31–40
b) Zustimmung für den Ablehnenden (2. Var.)	15	a) Zeitpunkt-Differenzierung	32–38
3. Streitige Entscheidung (S. 2, 2. Halbs.)	16–20	b) Qualitäts-Differenzierung	39, 40
a) Grundsätzliches	16, 17		
b) Einzelfälle	18–20		

---

[143] RG WarnR 25 (1933) Nr. 54, S. 107, 109; *Zöller/Geimer* § 1037 Rn. 3.
[144] BGHZ 24, 1, 9: § 47 ist unanwendbar! *Zöller/Geimer* § 1037 Rn. 2: keine ex-tunc-Wirkung.
[145] Dies sinngemäß nach RG JW 1909, 55; RG SeuffA 71 (1916) Nr. 222, S. 382, 384; RGZ 148, 1 mit S. 2/3; BGHZ 40, 342, 344/345. Das Ablehnungsverfahren ist dennoch vorgreiflich: § 1037 Rn. 37 f.
[146] RGZ 159, 92, 98 = JW 1939, 501.

I. Normzweck

1 Diese Vorschrift dient der **Verfahrensbeschleunigung,** indem sie per Frist (Abs. 2 u. 3 [S. 1]) frühzeitige Ablehnung erforderlich macht[1] sowie auch durch die Möglichkeit paralleler Verfahren (Abs. 3 S. 2).[2] Das beugt zugleich einer Verzögerungstaktik vor und reduziert das Ablehnungsrecht auf seinen sachlichen Gehalt: **Absicherung der Neutralität** des Schiedsgerichts. Was § 1036 materiell verheißt, gießt § 1037 in eine handhabbare Form um. Die Anleihe bei §§ 43 ff. (iVm. § 1032 Abs. 1, 2. Var. aF: „unter denselben Voraussetzungen") wird dadurch entbehrlich. Die Regelung versucht den Ausgleich zwischen dem prinzipiellen **Vorrang der Parteiautonomie** (Abs. 1 – so wie in § 1035 Abs. 1) und der **Schutzpflicht des Staates** (Abs. 3 [S. 1]), welche man mithin ostentativ zwingend verordnete.

2 Die Möglichkeit einer staatlichen Überprüfung der Ablehnungsentscheidung steht immer offen. Das Ablehnungsverfahren ist **zweistufig** organisiert:[3] interne Vorprüfung – entweder auf parteiautonomer (Abs. 1, Rn. 5 f.) oder aber gesetzlicher (Abs. 2, Rn. 7 ff.) Grundlage – mit möglicher externer (staatsgerichtlicher) Kontrolle (Abs. 3, Rn. 21 ff.). Oder anders gesagt auch: Abs. 1 und Abs. 2 stehen alternativ zueinander und insgesamt kumulativ im Verhältnis zu Abs. 3. Der wesentliche Unterschied zum Ernennungsverfahren besteht in der anderen Zielrichtung, dort (§ 1035 [Abs. 3]) Einspringen, um überhaupt weiterzukommen, hier (§ 1037 [Abs. 3]) Überprüfung, um Objektivität zu gewährleisten.

3 Die Regelung entspricht nahezu wortgleich Art. 13 ModG. Gewichtige deutsche Eigenheit ist insoweit nur die **Möglichkeit einer Fristabrede** für die spätere staatsgerichtliche Prüfung (Abs. 3 S. 1, 2. Halbs., Rn. 23 f.), die das ModG nicht tolerieren würde (arg. Abs. 1); es verordnet an jener Stelle statt dessen die Unanfechtbarkeit der staatsgerichtlichen Entscheidung – wie folgt national indes aus § 1065 Abs. 1 S. 2 iVm. § 1062 Abs. 1 Nr. 1, 2. Var. Demnach bleibt die Zählung gleich. Die weiteren Abweichungen scheinen eher marginal: in Abs. 1 betont das ModG die Parteiautonomie noch etwas mehr („[frei] vereinbaren"), in Abs. 2 u. 3 wurde die Frist an deutsche Gepflogenheiten angepasst (ModG: 15/30 Tage).

4 Der Gleichlauf ist indes in einem wesentlichen Punkt erst der eher unscheinbare Ausgang zähen Ringens, was nämlich die **Mitentscheidungsbefugnis** des selbst Betroffenen angeht (Abs. 2, 2. Halbs., Rn. 16 f.), die wortgleich voll dem ModG entspricht. Schon dort war zwar umstritten, ob der abgelehnte Schiedsrichter über seine eigene Ablehnung mitentscheiden solle – die deutsche Kritik verhallte völlig ungehört;[4] Kommissions- und Regierungsentwurf wollten ihr jedoch national zumindest Rechnung tragen[5] und verfügten einen Ausschluss. Niemand könne Richter in eigener Sache sein. Bei einer Einerbesetzung liefe die gesetzliche Vorgabe überdies noch faktisch leer (insoweit die Parteien keine Vorsorge getroffen haben, Abs. 1). Nicht deshalb, sondern „nur" aus ModG-Respekt hat dann aber der Rechtsausschuss die (Ausschluss-)Klausel wieder getilgt.[6]

II. Vereinbartes Ablehnungsverfahren (Abs. 1)

5 Im Unterschied zu den Ablehnungs*gründen* (§ 1036 Abs. 2 S. 1: „kann nur", dort Rn. 29 aE) ist das Ablehnungs*verfahren* **weitgehend frei disponibel.** Eine parteiautonome Ausgestaltung kann entweder selbstregelnd oder bezugnehmend erfolgen (§ 1042 Abs. 3). Ausdrücklich bleibt dabei aber die staatsgerichtliche **Überprüfung zwingend vorbehalten**[7] – was auch sonst jedoch ebenso gelten würde –, oder anders gesagt auch: die Freiheit aus Abs. 1 beginnt jenseits des Abs. 3 als letzter Schranke (mit Gegenausnahme zur Fristvorgabe, Abs. 3 S. 1, 2. Halbs., Rn. 3 mit Rn. 23 f.). **Unzulässig** wäre demzufolge der Ausschluss jeglicher Ablehnung wie auch die Vereinbarung „unanfechtbarer" Entscheidung, das folgt aus Abs. 1; aus Abs. 3 S. 1 (arg. ex 1. Halbs. u. 2. Halbs. e contrario) folgt umgekehrt noch ergänzend, dass ein völliger Verzicht auf die „Vorschaltstufe", auf

---

[1] BT-Drucks. 13/5274 S. 41 li. Sp. [1].
[2] BT-Drucks. 13/5274 S. 42 li. Sp. [8].
[3] Kritisch dazu *Kornblum* JbPrSch. 1 (1987), 34, 41 f. (42).
[4] 6th SN Art. 13 Nr. 2 versus CR Nr. 128 = *Holtzmann/Neuhaus* S. 436, sowie zuvor schon 5th WGR Nr. 38 = *Holtzmann/Neuhaus* S. 421.
[5] Kom.-Ber. S. 122 bzw. BT-Drucks. 13/5274 S. 41 re. Sp. [5].
[6] BT-Drucks. 13/9124 S. 10. Womit *Calavros*, 1988, S. 71/72 Lügen gestraft wurde – leider!
[7] CR Nr. 122–125 = *Holtzmann/Neuhaus* S. 435 f. mit 7th SN Art. 13 Nr. 2 = *Holtzmann/Neuhaus* S. 426: „one specific restriction". Vgl. auch erg. 3rd WGR Nr. 110 = *Holtzmann/Neuhaus* S. 418; 4th WGR Nr. 209–211 = *Holtzmann/Neuhaus* S. 420: „compromise solution" (Nr. 212).

dass das Staatsgericht direkt entscheide, ebenso wenig zu vereinbaren ist:[8] den Parteien fehlt insoweit die Verfügungsmacht; ein negativer Vorbefund muss notwendig vorliegen. Anstelle solcher Klauseln tritt ohne weiteres dann das (Vor-)Verfahren nach Abs. 2 mit einer (Nach-)Prüfung gemäß Abs. 3.

Statthaft ist hingegen etwa eine Regelung über Form, Frist[9] oder Zuständigkeit, namentlich 6 auch irgendeine Modifikation der Vorgaben des Abs. 2. Die Parteien können die danach statthafte (Mit-)Entscheidung des Abgelehnten (Rn. 4 mit Rn. 16 f.) ausschließen, den Obmann zur Beisitzerablehnung allein entscheiden lassen (wiewohl dieses keine „einzelne" Verfahrensfrage iSv. § 1052 Abs. 3 mehr wäre) sowie jetzt vor allem einen **Dritten** (Ernennender, Schiedsinstitution, Handelskammer etc.[10]) einschalten und quasi die komplette **(Prüfungs-)Entscheidung auslagern**[11] (Art. 12 Abs. 1 SchO; § 17.2 DIS-SchO [Ernennungsausschuss – anfänglich]; Art. 11 Abs. 3 ICC-SchO [Gerichtshof – nachträglich]). Das bricht ganz bewusst mit bisheriger Tradition[12] und findet wieder zum Anfang zurück.[13] Ernennung und Ablehnung laufen (erneut) gleich.[14] Schon bislang wurde aber zugelassen, außenstehende Dritte „vorzuschalten", wenn nur jene staatliche Kompetenz (§ 1045 Abs. 1 Var. 1 b aF) unberührt fortbestand,[15] sodass dann insoweit kein großer Unterschied mehr bleibt.[16] – Fehlt jede Abrede, dann hilft das Gesetz aus (Abs. 2); das vereinbarte Verfahren seinerseits genießt Vorrang.

III. Gesetzliches Ablehnungsverfahren (Abs. 2)

1. Erklärung der Ablehnung (S. 1). Das gesetzliche Verfahren steht **subsidiär** nur zur Verfü- 7 gung („Fehlt eine solche Vereinbarung [iSv. Abs. 1] ..."). Die Ablehnung muss zwingend erklärt werden – „darlegen" meint erklären unter Angabe aller **Gründe**, auf welche die Ablehnung sich stützen soll (Präklusionsgefahr!), und zusätzlich mit Bezeichnung der **Person** des Abgelehnten (Individualisierung) – dies in ganz bestimmter Form (Rn. 9) und Zeit (Rn. 10 ff.). Die Ablehnung ist *inhaltlich* **Misstrauenskundgebung** iSv. § 1036 Abs. 2 S. 1, die sich stets gegen eine konkrete Person richtet („Ein Schiedsrichter ..."); man kann nicht etwa rundweg das (Schieds-)Gericht in toto ablehnen, bloß – zeitgleich – alle Richter jeweils einzeln. Eine (zutreffend vorgenommene?) Subsumtion wird dafür bestimmt nicht verlangt, genauso wenig muss die Wendung „Ablehnung" bemüht werden – der verlautbarte Sinngehalt entscheidet, ob das erklärte „Ablehnenwollen" iSd. Normwortlautes vorliegt. *Rechtlich* ist die Ablehnung **Prozesshandlung,** dh. demnach nur wirksam, wenn deren Erfordernisse vorliegen; Rücknahme vor Entscheidung ist zulässig, hat aber ebenso doch die Präklusionsfolgen, insofern dann Kenntnis klar vorliegt.

Mutwillige Ablehnungsge- bzw. -versuche sollte man nie völlig unbeachtet lassen,[17] sondern un- 8 mittelbar einfach bescheiden – das Schiedsgericht hat viel bessere Wege, Missbräuche zu verhindern (Abs. 3 S. 2, Rn. 26). **Erklärender** kann allein „die Partei" sein, die sich dabei vertreten lassen kann (arg. § 1042 Abs. 2); kein (Mit-)Schiedsrichter kann mithin ablehnen,[18] sondern lediglich hierauf

---

[8] OLG München SchiedsVZ 2006, 286, 288 [II 3 vor a] mit OLGR 2007, 230 [2 b]: „notwendige Vorabentscheidung" – aA *Musielak/Voit* Rn. 2 aE; *Mankowski* SchiedsVZ 2004, 304, 305 [II 1 a]; OLG Hamburg SchiedsVZ 2006, 55, 56 [2] sowie wohl schon OLG Hamburg SchiedsVZ 2003, 191, 192 (GMAA) = TranspR 2003, 206 m. Anm. *Herber* (S. 207/208); sehr unklar auch OLG Hamburg, Beschl. v. 28. 6. 2004 – 11 SchH 1/04 [II 1 c]: Vertagung als Ablehnung?

[9] „Unverzüglich" (§ 121 Abs. 1 S. 1 BGB) soll – in Anlehnung an Abs. 2 S. 1 – zwei Wochen bedeuten: OLG Hamburg SchiedsVZ 2006, 55, 56 li. Sp. [3 a]; *Mankowski* SchiedsVZ 2004, 304, 312 [V]. Dazu vgl. auch BA-GoCoI GS 4: 30-Tages-Frist (lit. a); „Verzicht unter Kautelen" bei besonders verdächtigen Umständen („rote Liste"): ausdrückliches Einverständnis in Kenntnis aller Umstände (lit. c).

[10] 1st SN Nr. 66 = *Holtzmann/Neuhaus* S. 411. Die DIS-SchO unterscheidet: vor Ernennung befindet der Ernennungsausschuß (§ 17.2), danach das Gericht *auf Antrag* (§ 18.2).

[11] Kom.-Ber. S. 121 u. BT-Drucks. 13/5274 S. 41 li. Sp. [2]; *Zimmermann* Rn. 1; *Musielak/Voit* Rn. 2; *Schütze* SV Rn. 55 [1. Abs.] – offenbar aA *Kornblum* JbPrSch. 1 (1987), 34, 41/42. Der Dritte muß kein bislang vollkommen Unbeteiligter sein, so aber *Baumbach/Lauterbach/Hartmann* Rn. 3 – die Parteien sind freilich nie solche Dritte.

[12] RGZ 152, 375, 377 f. = JW 1937, 399 m. Anm. *Jonas* [I u. III] (Außenstehender); BGHZ 24, 1, 3 f. = NJW 1957, 791 (Schiedsgericht). Bisher schon anders *Stein/Jonas/Schlosser,* 21. Aufl., § 1032 aF Rn. 36 im Anschluß an ZZP 93 (1980), 121, 153 ff., nun aber *Stein/Jonas* § 1037 nF Rn. 1; *Chr. Wolf,* 1992, S. 135 ff.

[13] RGZ 53, 387, 389 mit S. 389/390; RG WarnR 3 (1910) Nr. 304 – aber auch noch OLG Hamburg MDR 1950, 560 in Orientierung an OLG Hamburg OLGRspr. 6 (1903), 146, 147/148.

[14] So argumentiert in RGZ 53, 387, 388/389.

[15] *Laschet* KTS 1985, 231, 243, 250; *Schwab,* FS Kralik, 1986, S. 317, 320; *Schwab/Walter* Rn. 14.21 – wohl auch RG HRR 1932 Nr. 2217.

[16] *Schwab,* FS Nagel, 1987, S. 427, 432.

[17] AA RG JW 1918, 264.

[18] BAGE 100, 239, 248 [B I 2 b hh] mit LAG Köln NZA RR 2002, 270, 272 [I 2 a].

§ 1037 9–12   Buch 10. Abschnitt 3. Bildung des Schiedsgerichts

hinweisen und Ablehnung der betroffenen Partei anheimgeben – bei insoweit schwieriger Abwägung zwischen Schweigeverpflichtung und Neutralitätssicherung einerseits (§ 1052 Rn. 7) und der Berechtigung des Vorwurfs der Befangenheit andererseits (§ 1036 Rn. 39). Die Ablehnung ist als **Adressaten** „dem Schiedsgericht" gegenüber zu erklären. Der Wortlaut ist deutlich, die frühere Praxis demnach hinfällig, den Ablehnungsgrund vor dem Beginn des Schiedsverfahrens bzw. vor Konstituierung des Schiedsgerichts gegenüber der Gegenpartei oder direkt beim betreffenden Schiedsrichter geltend zu machen (1. Aufl. § 1032 aF Rn. 10). Das kann nur Anregung sein, das offerierte Amt nicht anzunehmen. Verfehlt wäre es auch, die staatlichen Gerichte unmittelbar anzugehen.[19]

9   a) **Erklärungsform.** Die Darlegung bzw. Erklärung muss zwingend **schriftlich** erfolgen. Das meint Schriftform gemäß § 126 Abs. 1 BGB, dh. urkundliche Verkörperung und eigenhändige Unterschrift. Doch genügt auch die elektronische Surrogatform[20] (§ 126 Abs. 3 iVm. § 126a BGB), zudem wird man hier die bekannten Lockerungen (Telegramm, Telefax[21] etc., § 129 Rn. 16) ebenfalls gelten lassen müssen. Ausgeschlossen bleibt demgegenüber die **mündliche** Erklärung – auch dann, wenn mündlich verhandelt wird (§ 1047 Abs. 1); einer Protokollerklärung (analog § 160 Abs. 4 S. 1) würde die nötige Unterschrift des Erklärenden fehlen. Das erscheint höchst hinderlich, und darum nur tolerabel, weil den Parteien herauszuoptieren erlaubt ist (Abs. 1); das dürfte sich häufig empfehlen, vor allem bei internationalen Streitigkeiten. Die Form gewährleistet andererseits Rechtsklarheit. Sie spielt anlässlich gerade der Fristbindung (Rn. 10 ff.) eine nicht unerhebliche Rolle: (fristgerecht) geltend gemacht ist immer nur dasjenige, was das Gesuch im Kern anbringt; der Ablehnungsgrund muss hier schriftlich schlagwortartig beschrieben sein, nicht in allen Einzelheiten, aber zumindest dem Grundsatz nach. Beweise sind unnötig, auch Glaubhaftmachung wird – im Unterschied zu § 44 Abs. 2 S. 1, 1. Halbs. – insoweit nicht verlangt.

10   b) **Erklärungszeit.** Die Erklärung ist lediglich zeitbegrenzt statthaft (näher dazu bei § 1036 Rn. 28) sowie noch zudem präklusionsgefährdet. Das schließt an § 1036 Abs. 2 S. 2 (dort Rn. 43–46) an und erübrigt die bisherige Anwendung des § 43 iVm. § 44 Abs. 4. Es gilt zwingend[22] eine **Zweiwochenfrist** (Berechnung: § 222 ZPO iVm. §§ 186 ff. BGB, insbes. § 187 Abs. 1 mit § 188 Abs. 2, 1. Halbs. BGB [Auslassung des Stichtags] u. § 222 Abs. 2 ZPO bzw. § 193 BGB [Wochenendschutz]).[23] Hierfür zählt der **Eingang** der Erklärung bzw. Darlegung (Rn. 9). Jene Frist soll verhindern,[24] dass eine Partei ihr Ablehnungsgesuch aus Prozesstaktik hinauszögert und die Entscheidung, ob sie denn ablehnen will, davon abhängig macht, wie sich der Rechtsstreit für sie entwickelt; bei verspätet erfolgreicher Ablehnung hätte das dann die Folge, dass ganze Verfahrensabschnitte schlicht obsolet werden.

11   Problematisch ist aber der **Fristbeginn**. Das Gesetz nennt zwei Fälle, die aber „gestuft" sind, und sich auf eine gemeinsame Anknüpfung reduzieren lassen: das **Bekanntwerden** des Ablehnungsgrundes[25] (nicht etwa erst die Zustellung der Schiedsklage[26]). Die Frist läuft *frühestens* vom Bekanntwerden der **Zusammensetzung des Schiedsgerichts (1. Var.)**, die zwingend ist (arg. § 1059 Abs. 2 Nr. 1b, Var. 1a: Bestellung *aller* Schiedsrichter,[27] es sei eine Eigen-, Fremd- [§ 1035 Abs. 2], Obmann- oder Gerichtsbestellung; vgl. auch erg. § 17.3 [S. 2] DIS-SchO), und *spätestens* mit **Kenntnis der Umstände (2. Var.)**, welche ablehnungsrelevant (§ 1036 Abs. 2) werden. Denn beide Male ist vorausgesetzt, dass sich das Schiedsgericht schon konstituiert hat (Rn. 8 aE). Die 1. Var. ist relativ leicht zu fassen, vor allem bei frühzeitig erfolgter Aufklärung (§ 1036 Abs. 1) und förmlicher Bestellungsnachricht (§ 1035 Abs. 2); die 2. Var. greift dagegen weiter und fungiert als Auffangtatbestand. Die Regelung ist strenger als bisher (§ 44 Abs. 4) üblich, weil jetzt die Frist zur Geltendmachung der Ablehnungsgründe selbst dann zu laufen beginnt, wenn die ablehnende Partei sich noch gar nicht zur Sache eingelassen hat.

12   Offen steht nur die Zuweisung der **Beweislast:** analog § 44 Abs. 4 ZPO trifft sie den Ablehnenden (Glaubhaftmachung),[28] analog § 121 Abs. 1 BGB jedoch müsste der Gegner quasi einwenden,

---

[19] BT-Drucks. 13/5274 S. 41 re. Sp. [4].
[20] *Zöller/Geimer* Rn. 2.
[21] So auch *Zimmermann* Rn. 2.
[22] AA *Musielak/Voit* Rn. 2.
[23] So wie hier OLG Hamm SchiedsVZ 2003, 79, 81 [II 2b]; OLG Naumburg SchiedsVZ 2003, 134, 135 [III 2 vor a]; OLG München NJOZ 2006, 1194, 1195 [1].
[24] BT-Drucks. 13/5274 S. 41 li. Sp. [2]; siehe auch schon Rn. 1.
[25] BT-Drucks. 13/5274 S. 41 li. Sp. [2].
[26] OLG Frankfurt/Main, Beschl. v. 27. 4. 2006 – 26 SchH 1/06 [II].
[27] Wie hier nun OLG Hamburg, Beschl. v. 8. 5. 2006 – 6 SchH 1/06 [II].
[28] So OLG Dresden SchiedsVZ 2005, 159, 162 [B II 4a].

ob und wann der Ablehnende die konkrete Kenntnis der Umstände erhalten hat (Vollbeweispflicht).[29] Beides will nicht ganz passen; einerseits möchte § 1037 Abs. 2 eigenständig regeln, andererseits geht es hier um schwer erfassbare innere Tatsachen. Daher wird der Ablehnende konkrete objektive Umstände selbst widerlegen müssen, die auf vorherige Kenntnis hindeuten.[30] Die Abweichung von § 1036 Abs. 2 S. 2 ZPO (dort Rn. 43–46) ist Konsequenz des Unbeteiligtseins. Allemal nötig ist **positive Kenntnis**, sodass eine selbst grob fahrlässige Unkenntnis keinesfalls ausreicht.[31] Indes genügt schon die Kenntnis zweifelsbegründender Umstände, was dann die Anknüpfung wieder relativiert.

2. Unstreitige Erledigung (S. 2, 1. Halbs.). Das Ablehnungsverfahren ist ein **Zwischenverfahren**. Es mag ohne eine echte Sachentscheidung enden. Das spart Zeit und Mühe – hier erübrigt sich jedwede nähere Prüfung; die Sache ist dann letztlich so anzusehen, als habe die Ablehnung Erfolg gezeigt – mit Ausnahme der Präjudizwirkung als eine Art „Ehrenschutzklausel" (§ 1038 Abs. 2)! § 1039 (Abs. 1 S. 1 Var. 1a) jedenfalls macht insoweit keine relevanten Unterschiede: Amtsbeendigung mit Ersatzbestellung. Zwei Fälle sind – in Parallele zu § 1038 Abs. 1 S. 1, 2. Halbs. – vorgegeben: 13

a) Freiwilliger Rücktritt des Abgelehnten (1. Var.). Er mag etwa auf Grund besserer Einsicht erfolgen, zumal Zweifel schon genügen und jeder schlechte Anschein schadet. Der eigene freiwillige Abgang erscheint als das verpflichtende Gegenstück zum Mitentscheidungsrecht (Rn. 4 mit Rn. 16f.) und ist staatlichen Richtern ebenfalls verwehrt (vgl. § 48 mit § 45); von der **Selbstablehnung** unterscheidet sich dieser Fall dadurch, dass er von außen angestoßen wurde, während jene sich autonom auf § 1039 Abs. 1 S. 1, 2. Var. stützen kann. Dem prozessualen Rücktritt korrespondiert **materiell die Kündigung** des Schiedsrichtervertrages von Seiten des Schiedsrichters (Vor § 1034 Rn. 48–53). 14

b) Zustimmung für den Ablehnenden (2. Var.). Die Einwilligung von Seiten des Prozessgegners („die andere Partei") firmiert als eine Art einverständliche Abberufung aus dem Amt, die ja den Parteien ohnedies nach § 1039 Abs. 1 S. 1, 2. Var. ganz unbegrenzt offensteht. Hier verwirklicht sich die autonome Gestaltungsmacht der Parteien: sie können dem Gericht abstrakt (*Auflösung* der Schiedsbindung) oder statt dessen konkret (*Ablösung* der Schiedsrichter) ihr gegebenes Vertrauen entziehen. Der prozessual einverständlichen Abberufung entspricht materiell die gemeinsam ausgesprochene Kündigung, die auch jederzeit ohne Begründung möglich ist (Vor § 1034 Rn. 48). 15

3. Streitige Entscheidung (S. 2, 2. Halbs.). a) Grundsätzliches. Hilfsweise entscheidet das Schiedsgericht (nicht etwa der Obmann allein[32]) über **Zulässigkeit** (S. 1 – Form und Zeit etc. [Rn. 9ff.] sowie vor allem die Achtung der Subsidiarität gegenüber Parteiabreden!) und **Begründetheit**. Es prüft dabei, ob die vorgebrachten Ablehnungsgründe, die uU des Beweises bedürfen,[33] wirklich „berechtigte Zweifel" (§ 1036 Abs. 1 S. 1) hervorrufen und auch keine sperrende Präklusion (§ 1036 Abs. 1 S. 2) eingreift. Es entscheidet in **regulärer Besetzung**, dh. inbegriffen den Abgelehnten.[34] Das entspricht der deutlichen Vorstellung von ModG- und ZPO-Verfassern (Rn. 4), ist aber auf härteste Kritik gestoßen: niemand könne Richter in einer eigenen Sache sein.[35] Das scheint sicher richtig (näher dazu bei § 1036 Rn. 9–11), dort wo es um eine verbindliche Entscheidung geht – hier besteht aber angesichts des Abs. 3 von vornherein eine zweistufige Kontrolle (Rn. 2), in der S. 2 als insgesamt unbedenkliches Vorverfahren erscheint.[36] Die Vorgabe des § 45 16

---

[29] RGZ 57, 358, 362; RG SeuffA 84 (1930) Nr. 1 S. 1; BGH WM 1959, 348, 349; 1983, 825, 826; *Rosenberg*, Beweislast, 1965, S. 384 m. weit. Nachw. (Fn. 2).
[30] So nun auch OLG Hamburg, Beschl. v. 28. 6. 2004 – 11 SchH 1/04 [II 1b].
[31] KGR 2000, 248, 249/250 mit OLG Hamburg OLGRspr. 37 (1918), 203, 204 aE; *Schütze* SV Rn. 55 [2. Abs.] aE; *Kröll* ZZP 116 (2003), 195, 202 [VII 1] mit Fn. 28. Nötig ist daher zB Kenntnis vom Inhalt des insoweit fraglichen Gutachtens (OLG Hamburg, Beschl. v. 28. 6. 2004 – 11 SchH 1/04 [II 1b]).
[32] OLG München, Beschl. v. 28. 6. 2006 – 34 Sch 2/06 [II 2b].
[33] Die Anleihe bei § 44 Abs. 2 (Glaubhaftmachung – aA KGR 2000, 248, 251) u. § 44 Abs. 3 (Äußerungspflicht) erscheint insoweit hilfreich.
[34] Zust. OLG München OLGR 2006, 271, 272 [2], Beschl. v. 28. 6. 2006 – 34 Sch 2/06 [II 2b], Beschl. v. 5. 7. 2006 – 34 Sch 5/06 [II 2d] u. OLGR 2007, 230 [2b]; DIS-SG SchiedsVZ 2003, 94, 95; *Thomas/Putzo/Reichold* Rn. 4; *Baumbach/Lauterbach/Hartmann* Rn. 4; *Musielak/Voit* Rn. 4; *Zöller/Geimer* Rn. 2; *Lachmann* Rn. 1068–1070; *Kröll* ZZP 116 (2003), 195, 203 [VII 1]; *Mankowski* SchiedsVZ 2004, 304, 305f. [II 1c]. Eher offen noch OLG Hamm SchiedsVZ 2003, 79, 81 [II 2 cbb].
[35] *Thomas/Putzo/Reichold*, 26. Aufl., Rn. 4; hier unklar noch *Lachmann*, 2. Aufl. 2002, Rn. 630; sehr zweifelnd auch BAGE 99, 42, 48 [II 2] u. *Brehm/Hezel* EzA § 76 BetrVG Nr. 68 [S. 12]. Ebenso auch zum ModG direkt: *Calavros*, 1988, S. 71/72; *Hußlein-Stich*, 1990, S. 75f.; *Kornblum* JbPrSch. 1 (1987), 34, 41f. (41). Genauso früher bereits OLG Hamburg OLGRspr. 6 (1903), 146 mit RGZ 13, 349.
[36] Zutr. *Musielak/Voit* Rn. 4; ganz ähnlich nunmehr auch *Schwab/Walter* Rn. 14.22.

§ 1037 17–21 Buch 10. Abschnitt 3. Bildung des Schiedsgerichts

Abs. 1 fürs Staatsverfahren kann man im Schiedsverfahren jedenfalls nicht kurzerhand zugrundelegen![37]

17 Man hätte nur dann sinnvoller gleich noch darauf verzichtet, das Rücktrittsrecht (S. 1, 1. Var., Rn. 14) explizit zu erwähnen – so liegt doch am Ende jetzt der fade Verdacht durchaus nahe, dass sich der Abgelehnte so oder so verweigert. Ein allemal unerwünschter Vertrauensverlust der Schiedsparteien scheint unvermeidlich. Gewichtiger wiegt aber der Umkehrschluss aus Abs. 3 S. 2 aE („einschließlich des abgelehnten Schiedsrichters"), der zudem exakt mit § 45 Abs. 1, 1. Halbs. („entscheidet das Gericht") harmoniert. Nur: hier fehlt jede Geschäftsverteilung mit Vertretungsregelung, das Schiedsgericht ist auf sich selbst gestellt. Schiedsgericht meint die ganze Richterbank, eine (Mehrheits-)Entscheidung aller seiner Mitglieder (arg. § 1052 Abs. 1). Abs. 3 S. 2 aE hat daher nur klarstellende Aussagekraft[38] (in Anlehnung an § 1037 aF: „Die Schiedsrichter ..."), wie dies zudem auch die Parallele des § 1040 Abs. 3 S. 2 nahelegt. Daher ist am Ende auch kein Raum (und ebenso wenig ein Sachbedürfnis), Abs. 2 S. 2, 1. Halbs. teleologisch auf die Ablehnung von Beisitzern zu reduzieren.[39]

18 **b) Einzelfälle.** Der Respekt vor Wortlaut und Historie gebietet, den Abgelehnten an der Entscheidung zu beteiligen. § 1052 Abs. 3 findet in dieser Beziehung keine Anwendung.[40] Natürlich ist aber unter § 1037 Abs. 1 ein Ausschluss des Abgelehnten vom (Mit-)Entscheidungsrecht kraft (Partei-)Autonomie frei vereinbar.[41] Aber auch § 1052 Abs. 1/2 erlaubt anderslautende Abreden. Ohne solche Vorsorge ergeben sich folgende Szenarien: **(1) Einerschiedsgericht.** Der Abgelehnte entscheidet vorgezogen allein durch seinen Nichtrücktritt; der Weg zum Staatsgericht (Abs. 3) steht danach sofort offen.[42]

19 **(2) Zweierschiedsgericht** (in Anlehnung an § 1028 aF [letztendlich aber unpraktisch!]; nicht als reine Schlichtungsstelle![43]). Der Abgelehnte wird kaum zustimmen, zumal er schon freiwillig nicht zurücktrat; eine Mehrheit *für* die Ablehnung kommt faktisch nicht zustande (§ 1052 Abs. 1), das Gesuch ist abgelehnt. Anders nur, soweit der Abgelehnte sich verweigert und enthält (§ 1052 Abs. 2). Doch mag auch eindeutig *gegen* Ablehnung entschieden werden; insoweit macht dann diese Vorprüfung durchaus guten Sinn. Deswegen sollte man mithin – ausnahmsweise (§ 1052 Rn. 7) – das Abstimmungsergebnis konkreter mitteilen.

20 **(3) Dreierschiedsgericht** als nunmehrig gesetzlicher Regelfall (§ 1034 Abs. 1 S. 1). Problematisch ist insoweit, dass der Abgelehnte selbst das Waagezünglein bildet, soweit die beiden anderen Einigung nicht erzielen konnten. Dasselbe Ergebnis würde sich faktisch freilich auch bei Herausnahme des Abgelehnten aus dem Entscheidungsprozess ergeben: Patt bedeutet nein (arg. § 1052 Abs. 1). Bei ganz eindeutiger Lage wird sich jedoch ohnedies eine Mehrheit finden. Die Vorteile der Beteiligung des Abgelehnten (sub b) bleiben ebenso gewahrt wie auch die Balance der (parteiernannten) Richter. Das sollte der Entscheidung erhöhte Akzeptanz sichern.

IV. Gerichtliches Kontrollverfahren (Abs. 3)

21 **1. Zulässigkeit. a) Antragstellung.** Ein staatliches Gericht kontrolliert die Entscheidung zum schiedsgerichtlichen Befangenheitsvorwurf letztendlich als eine Art Zweitinstanz (Rn. 2 mit Rn. 16f.). Nötig dazu ist **(S. 1, 1. Halbs.)** fristgerechte (Rn. 23f.) **Antragstellung** trotz Erfolglosigkeit eines schiedsintern stattgefundenen Vorverfahrens (implizit daher verlangt: Entscheidung durch Schiedsgericht [Rn. 5] – was keinesfalls mehr nach Beendigung des Schiedsverfahrens ohne Befangenheitsvorwurf geht![44]), es sei im vertraglichen (Abs. 1) oder gesetzlichen (Abs. 2) Rahmen durchgeführt worden **(Subsidiaritätsklausel).** Der Antrag muss den allgemeinen **Prozess-(handlungs-)voraussetzungen** standhalten; **zuständig** ist gemeinhin das (benannte oder belegene) OLG, § 1062 Abs. 1 Nr. 1, 2. Var., aushilfsweise und international gilt § 1025 Abs. 3 iVm. § 1062 Abs. 3.

---

[37] Anders unverständlicherweise jedoch OLG Frankfurt/Main, Beschl. v. 22. 10. 2004 – 2 Sch 1/04.
[38] AA *Zimmermann* Rn. 2 [3] mit BayObLG NJW-RR 2000, 360 (betrifft aber Altrecht!).
[39] Anders im Ansatz BAGE 99, 42, 49f. [II 2] = BB 2002, 576 m. Anm. *Caspers* = EzA § 76 BetrVG Nr. 68 m. Anm. *Brehm/Hezel*; BAGE 100, 239, 246/247 [B I 2 b bb]: Ausschließung des Vorsitzenden.
[40] 7th SN Art. 13 Nr. 4 = *Holtzmann/Neuhaus* S. 427 mit 5th WGR Nr. 38 = *Holtzmann/Neuhaus* S. 421.
[41] *Musielak/Voit*, 1. Aufl., Rn. 1.
[42] *Broches* Art. 13 ModG Bem. 10; *Zöller/Geimer* Rn. 2. So auch BT-Drucks. 13/5274 S. 41 re. Sp. [6] mit CR Nr. 129 = *Holtzmann/Neuhaus* S. 436 bzw. 7th SN Art. 13 Nr. 4 = *Holtzmann/Neuhaus* S. 426 – bei letzthin anderer Prämisse (Ausschluss – dabei dürfte er jedoch nicht *entscheiden!*), ebenso irrig auch *Zimmermann* Rn. 2 aE.
[43] Anders auch noch Beschäftigung „Vorstufe" des Schiedsgerichts (mit Ziel einer vergleichsweisen Streiterledigung): OLG München Beschl. v. 5. 7. 2006 – 34 Sch 5/06 [II 2 b].
[44] Nur im Erg. so LAG Köln NZA-RR 2002, 270, 272 [I 2 b] mit Bezug auf BGHZ 40, 342, 343 (dazu vgl. oben § 1036 Rn. 29 mit Fn. 67).

Die Überprüfung geschieht keinesfalls amtswegig, ebenso wenig besteht eine „Vorlagepflicht" des 22
Schiedsgerichts.[45] Der Antrag ist mangels Rechtsschutzinteresses unnötig und demzufolge auch unzulässig bei unstreitiger Erledigung (Abs. 2 S. 2, 1. Halbs., Rn. 13 ff.) sowie bei einem positiven Entscheid (Abs. 2 S. 2, 2. Halbs., Rn. 16 f.), wenn es also zum Austausch des abgelehnten Richters kommt. Verweigert das Gericht die Behandlung des Antrags, hilft bloß der Weg über § 1038 Abs. 1.[46] – mit letzthin demselben Ergebnis, nur dass das gesamte Gericht insoweit suspekt scheint; es gibt aber keinen „direkten" Antrag![47] Anders bei Abweisung als unbegründet oder unzulässig, sie macht „die ablehnende Partei" antragsbefugt. Ihr Gegner bekommt keinen eigenen staatlichen Rechtsschutz;[48] ihm genügt allemal jedoch die Präklusionswirkung (Rn. 32 ff.).

b) Monatsfrist. Der Antrag ist fristgebunden (Monatsfrist), das Gesetz lässt zu, eine andere **Fristendauer** zu vereinbaren **(S. 1, 2. Halbs.)**; für Verkürzungen entspricht das der Üblichkeit (§ 224 Abs. 1 S. 1), nicht aber für Verlängerungen (§ 224 Abs. 2); nicht disponibel sind Fristbeginn und Fristart (Notfrist?). So bleibt leider gleichzeitig Wiedereinsetzung (§§ 233 ff.) verschlossen. Doch kann es wohl kaum angehen, die Frist derartig kurz zu bemessen, dass die Kontrolle faktisch leerläuft; das widerspräche der Grundtendenz des Abs. 1 (Rn. 5 f.) – dann geht es verkappt eben doch „um die gerichtliche Entscheidung als solche".[49] Es muss eine faire Chance bleiben! Sonst wäre die Präklusion nicht berechtigt.

Die Monatsfrist ist Ausschlussfrist (arg. §§ 230, 231 Abs. 1, dazu unten noch Rn. 30). Sie läuft 24
mit Kenntniserlangung des Ablehnenden (oder seines Anwaltes[50] – arg. § 166 Abs. 1 BGB) vom Misserfolg seines Begehrens, auf welche Weise bleibt gleichgültig. IdR erfolgt zwar Kenntnisgabe durch das Schiedsgericht, doch genügt auch Informierung durch die Gegenpartei, sei es denn authentisch wäre. Eine besondere Form ist zumindest nicht verordnet;[51] bei Schriftform hilft uU indes § 1028 Abs. 1 (Zugangsfiktion) – es geht noch um kein Staatsverfahren (§ 1028 Abs. 2). **Fristwahrung mit Anhängigkeit**[52] (arg. § 167: Antragseingang), das selbst bei Unzuständigkeit des Staatsgerichtes[53] (arg. § 281: Verweisungsakt).

2. Verfahren. Das OLG befindet nach Gewährung rechtlichen Gehörs (§ 1063 Abs. 1) per **Beschluss**, der **unanfechtbar** ist (arg. § 1065 Abs. 1 [S. 2] bzw. Art. 13 Abs. 3 S. 1, 2. Halbs. ModG). 25
Das soll der weiteren Beschleunigung des (Schieds-)Verfahrens dienen,[54] unterliegt aber denselben Bedenken wie der Rechtsmittelausschluss gegen eine Entscheidung über die Schiedsrichterbestellung (§ 1035 Rn. 62). Im Übrigen schützt bereits Abs. 3 S. 2 hinreichend vor Verzögerung. **Parallelregelungen:** §§ 1032 Abs. 3, 1034 Abs. 2 S. 3, 1040 Abs. 3 S. 2.

Abs. 3 S. 2 erlaubt – so wie auch schon § 1037 aF – **Fortführung** *und* **Beendigung** des parallel laufenden Schiedsverfahrens, so wie nach Abs. 2 S. 2, 2. Halbs. (Rn. 16 f.) mit voller Besetzung, 26
dh. inbegriffen den Abgelehnten.[55] Das ist zum maßvollen Ausgleich sofortiger Kontrolle verordnet, damit Korrelat für die fehlende Verlagerung ins Aufhebungsverfahren.[56] Ist der geltendgemachte Ablehnungsgrund offensichtlich abwegig, so ist es die Pflicht des Schiedsgerichts, diese Möglichkeit auch einzusetzen; und ebenso bei eindeutig hinhaltendem Taktieren.[57] Anderenfalls sollte das Schiedsverfahren ausgesetzt werden, sofern nicht eben die Notwendigkeit einer zügigen Entscheidung stärker wiegt als das Risiko möglicher Aufhebung (§ 1059 Abs. 2 Nr. 1 d, 1. Halbs., 1. Var.[58]).[59] Das

---

[45] Hier zurückhaltender aber OLG Hamburg SchiedsVZ 2003, 191, 192 (GMAA) = TranspR 2003, 206 m. Anm. *Herber* (S. 208).
[46] *Musielak/Voit*, 1. Aufl., Rn. 2.
[47] OLG München, Beschl. v. 28. 6. 2006 – 34 Sch 2/06 [II 2 c]; OLG Dresden RPS 2001 I S. 18, 19 [2].
[48] Anders unter altem Recht: 1. Aufl. § 1032 aF Rn. 11; *Schwab/Walter*, 5. Aufl., Rn. 14.22; *Stein/Jonas/Schlosser*, 21. Aufl., § 1032 aF Rn. 35: Feststellungsantrag.
[49] Als Anspielung auf BT-Drucks. 13/5274 S. 41/42 [7]. So wie hier jetzt auch *Musielak/Voit* Rn. 1.
[50] OLG München SchiedsVZ 2006, 286 [II 2].
[51] OLG München SchiedsVZ 2006, 286 [II 2].
[52] OLG München NJOZ 2006, 1194, 1195 [1].
[53] KGR 2000, 248, 250; OLG Naumburg SchiedsVZ 2003, 134, 135 [III 2 c/d] m. zust. Anm. *Kröll/Mallmann* S. 138/139 [II 2].
[54] *Calavros*, 1988, S. 74.
[55] BAGE 99, 42, 48 [II 1] u. 50 [II 3]; 100, 239, 247 [B I 2 b bb].
[56] *Granzow*, 1988, S. 115 f. mit S. 125 u. *Schlosser* ZZP 93 (1980), 121, 146.
[57] Ähnlich hier *Schütze* SV Rn. 57 [2. Abs.]. Generell skeptisch *Calavros*, 1988, S. 72 f.; sehr krit. auch *Hußlein-Stich*, 1990, S. 77.
[58] Unter altem Recht: § 1041 Abs. 1 Nr. 1 aF, BGHZ 24, 1, 4/5 = NJW 1957, 791.
[59] BT-Drucks. 13/5274 S. 42 li. Sp. [8]: „nur in Ausnahmefällen"; zust. *Baumbach/Lauterbach/Hartmann* Rn. 6; unklar OLG Frankfurt/Main, Beschl. v. 4. 10. 2007 – 26 SchH 8/07 [II 2 d]; krit. BAGE 100, 239, 247 [B I 2 b bb] sowie wohl auch schon BAGE 99, 42, 45/46 [B I 1]: immer Entscheidung nötig.

würde für beide Parteien nur einen höheren (vermeidbaren!) Aufwand an Zeit und Kosten bedeuten. Dem Wortlaut nach erfasst wird freilich nur die reguläre Beendigung durch einen endgültigen Schiedsspruch (Abs. 3 S. 2 aE mit § 1056 Abs. 1, 1. Halbs.), doch sollte man ebenso irreguläre Beendigung dulden: sie erfolgt nur als Reaktion auf ein Parteiverhalten, und hier droht zudem kein Aufhebungsverfahren mehr. Der Schiedsspruch wirkt aber nicht etwa als insoweit erledigendes Ereignis,[60] denn sonst könnte das Schiedsgericht nach dem Windhundprinzip die nötige staatliche Kontrolle leerlaufen lassen. Ebensowenig bedeutet weiterverhandeln Verzicht.

27   **Gebühren und Kosten:** Gerichtsgebühr nach KV 1624 [0,5]; Schiedsverfahren und Aushilfeverfahren gelten für den Anwalt hingegen als „dieselbe Angelegenheit" (§ 16 Nr. 10, 2. Var. iVm. § 15 Abs. 2 S. 1 RVG: Mitabgeltung). Allein der *extra* für dieses Aushilfeverfahren beauftragte (Zweit-)Anwalt erhält eigene Gebühren nach VV 3327, 2. Var. [0,75] bzw. VV 3332 [0,5][61] pro abgelehntem Schiedsrichter (nicht etwa pro – gemeinsam verhandelter – Ablehnung); Streitwert: ca. $1/3$[62] bis $1/5$[63] (hier anders noch 2. Aufl. Rn. 11 aE mit § 1035 Rn. 32 aE[64]).

28   **3. Begründetheit.** Das staatliche Gericht entscheidet **materiell, nach eigener Überzeugung.**[65] Das Staatsgericht ist gleichsam als Zweitinstanz tätig (Rn. 2), und die Mitentscheidung des Abgelehnten (Abs. 2 S. 2, 2. Halbs.) überhaupt erst am Ende tolerabel (Rn. 16 f.). Maßstab ist hierbei § 1036 Abs. 2 S. 1, so wie nach § 1035 Abs. 5 S. 1: **Befangenheit oder Nichtbestehen von Eigenschaften,** doch ist auch die Zulässigkeit der Präklusion iSv. § 1036 Abs. 2 S. 2 bzw. § 1037 Abs. 1 S. 1 (Kenntnis bzw. Stichtag) nachprüfbar – nicht aber die Kompetenz; dafür gilt jetzt speziell § 1040 (Abs. 3), ebenso wenig die (Fehl-)Besetzung der Richterbank.[66] Neue Tatsachen sind statthaft, doch nur wenn sie den Rahmen des geltendgemachten Ablehnungsgrundes nicht sprengen. Sonst nämlich läuft dann § 1037 Abs. 1 S. 1 (Zweiwochenfrist) leer, und auch das Subsidiaritätserfordernis (Rn. 21).

29   **Glaubhaftmachung** sollte allemal jedoch – in Anlehnung an § 44 Abs. 2 (iVm. § 294) hierbei vollauf genügen, zumal (berechtigte) Zweifel schon reichen, den fraglichen Schiedsrichter abzulehnen. Mehrheitlich werden strenge Maßstäbe angeraten,[67] um Objektivität zu gewährleisten. Der Abgelehnte sollte angehört werden oder sich immerhin „dienstlich" erklären (§ 44 Abs. 3 analog); das Beratungsgeheimnis steht insoweit nicht entgegen. Bei Erfolg erklärt das OLG die Ablehnung für begründet;[68] damit endet das übertragene Schiedsrichteramt unmittelbar; es ist dann ein Ersatzschiedsrichter alsbaldig zu bestellen (Einzelheiten: § 1039) – solange ruht alsdann das Verfahren mangels ordnungsgemäß konstituiertem Gericht. Die ablehnende Entscheidung wirkt Rechtskraft und bindet so später in einem Aufhebungs- bzw. Vollstreckbarerklärungsverfahren (Rn. 31 ff.).

V. Rügepräklusion

30   **1. Verfahrensintern.** Die Fristenregeln in Abs. 2 S. 1 (Zweiwochenfrist) und Abs. 3 S. 1 (Monatsfrist) präkludieren, ferner wirkt auch § 1036 Abs. 2 S. 2 präklusiv. Während dort freilich der

---

[60] Richtig *Musielak/Voit* Rn. 7, sowie auch schon RG SeuffA 71 (1916) Nr. 222 S. 382, 384 u. BGHZ 40, 342, 343 = NJW 1963, 593; offenlassend RG DR 1945, 94, 95 re. Sp. [Mitte] – *aA Hußlein-Stich*, 1990, S. 77; *Nöcker*, Schiedsgerichtsbarkeit in Kanada, 1988, S. 99; *Jonas* JW 1935, 426 [1] mit S. 2052; *Kröll/Mallmann* SchiedsVZ 2003, 138, 141 [IV]; *Kröll* ZZP 116 (2003), 195, 218–221 [IX].
[61] *Musielak/Voit* § 1037 Rn. 8.
[62] OLG München SchiedsVZ 2007, 280 [II 1] (§ 1038) mit Beschl. v. 10. 1. 2007 – 34 SchH 7/06 [III]; OLG Karlsruhe, Beschl. v. 14. 7. 2006 – 10 Sch 1/06 [II 3]; OLG Hamburg, Beschl. v. 23. 5. 2006 – 6 Sch 4/06 (Tenor) u. v. 8. 5. 2006 – 6 SchH 1/06 [Tenor]; OLG Hamm, Beschl. v. 18. 9. 2003 – 17 SchH 7/03 [II 4] (§ 1038).
[63] OLG Frankfurt/Main, Beschl. v. 4. 10. 2007 – 26 SchH 8/07 [II 2 d] u. Beschl. v. 27. 4. 2006 – 26 SchH 1/06 [II aE].
[64] … und aktuell das OLG Dresden, Beschl. v. 20. 3. 2007 – 11 Sch 3/07 [JURIS-Rn. 22] bzw. bislang das OLG München, zuletzt Beschl. v. 23. 10. 2006 – 34 SchH 8/06 [II 3] (§ 1038) bzw. SchiedsVZ 2006, 286, 288 [III] (§ 1037) (keinerlei Abschläge).
[65] Einschr. hierzu *Kröll* ZZP 116 (2003), 195, 203 [VII 1]: nicht auch bei § 1036 Abs. 2 S. 1, 2. Var.
[66] OLG München OLGR 2006, 271, 272 [2] (irrtümliche Nichtmitwirkung [Rn. 8] des abgelehnten Schiedsrichters) – aber: § 1059 Abs. 2 Nr. 1 d?
[67] OLG München BB 1971, 886, 887 aE; OLG Köln VersR 1996, 1125 (Ls. 1); RG JW 1938, 2154, 2155 („weitherzige Bejahung") – aber: BGH LM § 1041 Abs. 1 Nr. 1 aF Nr. 13. Geminderte Maßstäbe scheinen allenfalls nach entstandener Streitigkeit tolerabel: BGHZ 65, 59, 61 f. = NJW 1976, 109; OLG München KTS 1985, 154, 156 f.
[68] Die ergänzend ausgesprochene Aufhebung ist unnötig (aA *Thomas/Putzo/Reichold* Rn. 6), jedoch allemal unschädlich.

Wortlaut klar vorgibt,[69] dass nur später bekanntgewordene Gründe eine Ablehnung noch gestatten (§ 1036 Rn. 43–46), beschränkt sich das Gesetz hier auf eine Fristvorgabe. § 1027 (allgemeine [Rüge-] Präklusion) hilft da wenig: § 1036 Abs. 1 S. 1, 1. Var. (Befangenheitsgrund) ist sicher zwingenden Rechts; § 1036 Abs. 1 S. 1, 2. Var. (Eigenschaftsmangel) ist zwar parteilich vereinbart, indes doch keine Verfahrensregelung iSv. § 1042 Abs. 3. Andererseits: wozu überhaupt eine Frist, wenn sie denn ohne Folge bliebe?[70] Die Präklusion folgt allgemein schon aus § 230 iVm. § 231 Abs. 1 („automatischer" Ausschluss ohne Androhung), welche direkt (Abs. 3) oder analog (Abs. 2) gelten. Dies erübrigt eine explizite Normierung. Wiedereinsetzung (§§ 233 ff.) ist allerdings nicht vorgesehen.

2. Verfahrensextern. Hier stellt sich das Problem, ob das Interesse an der Objektivität schiedsrichterlicher Rechtspflege spätere Kontrolle dennoch offenhält oder jene Präklusion dann auch in einem Vollstreckbarerklärungs- oder Aufhebungsverfahren (§§ 1059, 1060) wirkt. Immerhin ist dort als Angriffsgrund gehörige Bestellungsnachricht (§ 1059 Abs. 2 Nr. 1 b, Var. 1 a) sowie vor allem korrekte Gerichtskonstituierung (§ 1059 Abs. 2 Nr. 1 d, 1. Halbs., 1. Var.) vorgesehen, hier verknüpft zwar mit potentieller Ergebnisrelevanz (3. Halbs.) – aber wer will ausschließen, dass bei Unbefangenheit ganz anders entschieden worden wäre?[71] Dazuhin kennen beide Verfahren gerade auch insoweit eine eigene Präklusion (§ 1059 Abs. 3 S. 1–3 bzw. § 1060 Abs. 2 S. 3). Man wird dabei folgenderweise zu differenzieren haben: 31

a) Zeitpunkt-Differenzierung. aa) Gründe, die (auch) vom Staatsgericht verworfen wurden. Sie sind wegen Rechtskraft schon präkludiert[72] (Rn. 29 aE). Das staatliche Kontrollverfahren ist nur quasi nach vorne verlagert (Spezialisierungsgedanke!). Allerdings verliert der Betroffene insoweit die Rechtsbeschwerdemöglichkeit (§ 1065 Abs. 1) – das ist bedenklich (Rn. 25), aber gesetzestreu wohl unvermeidbar. 32

bb) Gründe, die (bloß) vom Schiedsgericht verworfen wurden. Insoweit gilt dies kaum ohne weiteres: es fehlt eine der Rechtskraft fähige Entscheidung, die schiedsgerichtliche ergeht nicht etwa als Schiedsspruch, sodass hier § 1055 ausscheidet. Stehen daher beide Formen staatlicher Nachprüfung wahlweise nebeneinander (arg. Abs. 3 S. 1, 1. Halbs.: „kann ... bei Gericht eine Entscheidung ... beantragen")? Das widerspricht der Stufung von Abs. 2 und Abs. 3, die allemal zueinander gehören, und auch dem Anliegen, spezialisiert und prozessparallel zu entscheiden (arg. Abs. 3 S. 2). Was wäre das für ein Pyrrhussieg für den Prozessgegner des Ablehnenden, dem selbst klarstellende Rechtsbehelfe fehlen (vgl. Abs. 3 S. 1, 1. Halbs.: „kann *die ablehnende Partei*" – Rn. 21 f.), wenn nachträglich noch alles von vorne wieder erneut aufgerollt werden könnte? Das „kann" drückt also nur die Prozesslast aus, rechtzeitig zu intervenieren, um Nachteile zu vermeiden – und keinesfalls ein „Wahlrecht"![73] Es soll insoweit eben „möglichst rasch eine gerichtliche Klärung herbeigeführt werden".[74] Dass anderenfalls die Entscheidungsprärogative des Schiedsgerichts auch nebenbei voll umgangen wäre, kommt noch hinzu, kann jedenfalls indes nicht entscheidend sein (Rn. 2, 16 ff.). Die Kontrolle steht insgesamt nur einmal offen – und sie soll zeitnah sein! Das Ablehnungsrecht ist primär Prozessbefugnis, nicht später parater Aufhebungsgrund, wenn sonst alle weitere Verteidigung versagt.[75] Dies wurzelt auch im Verwirkungsgedanken. 33

cc) Gründe, die zuvor gar nicht geltendgemacht wurden. Diese werden genauso präkludiert, wenn und weil sie nur geltend zu machen waren; das regelt vorneweg Abs. 2 S. 1 mit seiner deutlichen („ersten") Fristhürde, welche auch deswegen hier im Wortlaut („hat ... darzulegen") 34

---

[69] Freilich notwendig auf die Ablehnung begrenzt – es geht um interne Präklusion! Unpräzis hier *Calavros*, 1988, S. 68.
[70] So wie hier OLG Hamm SchiedsVZ 2003, 79, 81 [II 2 c aa]; *Hußlein-Stich*, 1990, S. 71; *Nöcker* (Fn. 39) S. 101; *Kröll* ZZP 116 (2003), 195, 197/198 [III] mit Fn. 9 – aA *Calavros*, 1988, S. 72 f.
[71] Vgl. BayObLG BB 1999, 1187.
[72] BT-Drucks. 13/5274 S. 42 li. Sp. [9]: „erste (Präklusions-)Regel"; OLG München OLGR 2007, 361 [2 a (2) aa]; OLG Naumburg JMBL LSA 2003, 4, 5 [II 3.1.2]; *Baumbach/Lauterbach/Hartmann* Rn. 7; *Zöller/Geimer* Rn. 6; *Mankowski* SchiedsVZ 2004, 304, 306 [II 1 d]; wohl auch *Musielak/Voit*, 1. Aufl., Rn. 3 („Bindungswirkung"). Das galt schon bisher: RG JW 1910, 192, 193; SeuffA 71 (1916) Nr. 222, S. 382, 384; HRR 1928 Nr. 1855; RGZ 148, 1, 1/2; BGHZ 40, 342, 343 = NJW 1963, 593. Zum ModG: *Hußlein-Stich*, 1990, S. 73 aE.
[73] So auch *Calavros*, 1988, S. 69; *Baumbach/Lauterbach/Hartmann* Rn. 7; *Zöller/Geimer* Rn. 6; *Mankowski* SchiedsVZ 2004, 304, 306 [II 1 d] – aA aber *Hußlein-Stich*, 1990, S. 73.
[74] BT-Drucks. 13/5274 S. 42 li. Sp. [9]: „zweite (Präklusions-)Regel".
[75] Vgl. dazu erg. *Jonas* JW 1935, 426 [1] mit Bezug auf RGZ 145, 171, 182 aE m. weit. Nachw. – ferner: BGH NJW 1952, 27 [I]; BGHZ 7, 187, 194 [10]; 24, 1, 5 f.; 40, 342, 343; 141, 90, 92/93 [2]; NJW-RR 2001, 1059, 1060/1061 [II 4 b aa] = LM UNÜ Nr. 7 m. zust. Anm. *Wagner* [1/2]: keine Ablehnung nach Beendigung (eigentlich zur Fallgruppe Rn. 34 ff.).

noch schärfer daherkommt als Abs. 3 S. 1, 1. Halbs., der hierauf nur aufbaut (Subsidiaritätsklausel, Rn. 21). Der Wortlaut spricht eher für als gegen eine solche **wirksame Präklusion**[76] mit gleichzeitig nützlicher Konzentration. Für § 1059 Abs. 2 Nr. 1 d, 1. Halbs. 1. Var. verbleiben also nur jene Fälle übrig, die auf späterer Kenntniserlangung aufbauen (vgl. Abs. 2 S. 1, 2. Var.) und allemal schon während des laufenden Schiedsverfahrens bestanden[77] (arg. § 1059 Abs. 2 Nr. 1 d, 3. Halbs.); fehlt Kenntnisgabe gemäß § 1037 Abs. 2 S. 1, 1. Var., hilft insoweit schon § 1059 Abs. 2 Nr. 1 b, Var. 1 a.

35 Die Praxis hat jedoch **verschiedene Ausnahmen zugestanden:** Unmöglichkeit bzw. Unzumutbarkeit, das Ablehnungsverfahren rechtzeitig noch einzuleiten,[78] vor allem bei unmittelbar anschließendem Schiedsspruch;[79] gröblicher und eindeutiger Verstoß der Schiedsrichter gegen ihre Neutralitätspflicht,[80] ganz allgemein auch der schwerwiegende und offenkundige Befangenheitsfall (Rn. 39).[81]

36 Ein Unterschied zwischen § 1036 Abs. 2 S. 2 und § 1037 Abs. 2 S. 1 erscheint nicht angezeigt,[82] ebenso wenig ein solcher zwischen Abs. 2 S. 1 („hat" – ModG: „shall") und Abs. 3 S. 2 („kann" – ModG: „may"),[83] dann bliebe doch unverständlicherweise die Präklusionsregel auf halbem Weg stehen. Angemessen wäre allerdings wohl, die Beweislast (Rn. 12) für frühere Nichtkenntnis bzw. erst späteres Bekanntwerden bei §§ 1059, 1060 umzudrehen: der Ablehnende muss dartun, dass ihm das (Ablehnungs-)Recht noch hilft und ihm zeitigeres Handeln unzumutbar war (arg. Rn. 12). Großzügigkeit bliebe nur in den Fällen angezeigt, in denen geläufige Tatsachen plötzlich „in völlig anderem Lichte" erscheinen.[84]

37 **dd) Gründe, die noch anhängig sind.** Diese stehen weiter offen. Einmal sind das alle Gründe, über die nach **Abs. 2** das Schiedsgericht vor dem Schiedsspruch *zwingend* zu befinden hatte; wenn es dies missachtet, blockiert es hierdurch den Weg des Abs. 3 und insgesamt staatliche (Befangenheits-)Kontrolle (aber: § 1038!). Das parallele Kontrollverfahren (Nr. 1 d, 1. Halbs., 1. Var.: Gerichtsbildung) erscheint alsdann zT[85] unnötig, indes ist das nun schon eigenständig ein zureichender Aufhebungsgrund (Nr. 1 d, 1. Halbs., 2. Var.: Prozessverfahren), sodass sich die konkrete Befangenheitsprüfung erübrigt.[86] Es ist nicht nur ganz schlechter Stil, sondern unzulässige Rechtsverkürzung, erst unmittelbar im Schiedsspruch zu entscheiden – das Ergebnis lässt für sich allein zweifeln. Ferner gehören alle Gründe hierher, die staatsgerichtlich gemäß **Abs. 3** S. 1 anhängig waren.

38 Hier darf nun zwar nach Abs. 3 S. 2 (Rn. 26) schiedsgerichtlich vorweg entschieden werden. Aber andererseits wird eine Überprüfung ja noch gerade vorbehalten. Das Verfahren der §§ 1059, 1060 ist dann auszusetzen und die endgültige Entscheidung im anhängigen Ablehnungsverfahren abzuwarten.[87] Zwar ist nun die alte Zweispurigkeit von Beschluss- und Klageverfahren weggefallen,[88] jedoch bleiben weiter Unterschiede in Verfahrensgestaltung (§ 1063 Abs. 2) und Rechtsmittelzug (§ 1065 Abs. 1). Das Ablehnungsverfahren hat dabei Vorrang.[89] Voraussetzung bleibt stets jedoch, dass sich der Ablehnende durch ergänzenden Aufhebungsantrag sein Ablehnungsrecht

---

[76] Das gegen *Calavros,* 1988, S. 71 – arg. §§ 230, 231 Abs. 1, vgl. Rn. 13; so wie hier *Mankowski* SchiedsVZ 2004, 304, 312 [IV 5]; *Hausmann,* FS Hans Stoll, 2001, S. 594, 603 [II 1 e].
[77] AA aber RGZ 148, 1, 3 aE; OLG Frankfurt/Main BB 1977, 17; 1. Aufl. § 1032 aF Rn. 12 – so wie hier *Thomas/Putzo/Reichold* Rn. 9, *Baumbach/Lauterbach/Hartmann* Rn. 7; *Musielak/Voit* Rn. 3 aE mit Rn. 6.
[78] RGZ 152, 375, 379; BGHZ 24, 1, 6 = NJW 1957, 791; 40, 342, 343 aE.
[79] LAG Köln NZA-RR 2002, 270, 272 [I 2 b]; RG DR 1945, 94; wohl implizit auch OLG Stuttgart NJW-RR 2003, 495, 498 [III 2 c dd].
[80] BGHZ 141, 90, 95 [6] = NJW 1999, 2370 = LM § 1032 aF Nr. 9 m. krit. Anm. *Schlosser.*
[81] Eher zurückhaltend aber erfreulicherweise OLG München OLGR 2007, 361, 362 [2 a (3)], indes auch schon RG HRR 1928 Nr. 1855: Möglichkeit der Präklusion!
[82] AA aber *Calavros,* 1988, S. 70 f.
[83] AA aber *Hußlein-Stich,* 1990, S. 72 f.
[84] Ähnlich nur im Ergebnis *Hußlein-Stich,* 1990, S. 72.
[85] So die Quintessenz aus BGHZ 24, 1, 7 = NJW 1957, 791.
[86] AA OLG Stuttgart NJW-RR 2003, 495, 497 [III 2 c vor aa] = SchiedsVZ 2003, 84, zust. *Musielak/Voit* Rn. 5. Das OLG verkennt die Sachlage: Aufhebung erfolgt wegen der Nichtentscheidung (nicht etwa wegen eventueller Befangenheit!).
[87] BGHZ 40, 342, 344 f. = NJW 1963, 593; RGZ 148, 1, 2 f. = JW 1935, 2051 m. abl. Anm. *Jonas* (S. 2052 mit JW 1935, 426 [1]; 1037, 400, 401 [II 2]). Anders einerseits VII. ZS RGZ 152, 375, 379 aE: positive Unterstellung, andererseits RG DR 1945, 94 (IV. ZS) u. RG JW 1909, 55 (VII. ZS): eigenständige Kontrolle – offen RG SeuffA 71 (1916) Nr. 222, S. 382, 384; BGHZ 24, 1, 5 = NJW 1957, 791.
[88] Was bislang tragend war: RGZ 145, 171; 148, 1 gegen RGZ 44, 391, 393 u. RG JW 1893, 459, 460 – indes auch schon RG SeuffA 71 (1916) Nr. 222, S. 382, 383.
[89] OLG Frankfurt/Main, Beschl. v. 4. 10. 2007 – 26 Sch 8/07 [II 1]; wohl ebenso auch LAG Köln NZA-RR 2002, 270, 272 [I 2 b]; *Baumbach/Lauterbach/Hartmann* Rn. 6[?]; *Zöller/Geimer* Rn. 5; *Musielak/Voit* Rn. 5 – aA *Mankowski* SchiedsVZ 2004, 304, 306 [II 2]. Vgl. Rn. 26.

konserviert; das Gericht handelt durchaus nämlich korrekt (Abs. 3 S. 2), indes gleichsam unter Vorbehalt (§ 1036 Rn. 47 aE), dies zumal zusätzlich eigene Präklusion droht (§ 1059 Abs. 3).

b) Qualitäts-Differenzierung. Es scheint wohl unnötig, zwischen objektiv vorgegebenen 39 Gründen (§ 1036 Abs. 2 S. 1, 1. Var.: Befangenheit) und subjektiv geschaffenen Gründen (§ 1036 Abs. 2 S. 1, 2. Var.: Eigenschaften) noch weitergehend zu unterscheiden, obgleich bei letzteren ein Verzicht womöglich eher naheliegt. Bislang wurden jedoch **schwerwiegende Mängel** sonderbehandelt und spätere Geltendmachung (§ 1041 Abs. 1 Nr. 1, 2. Var. aF: unzulässiges Verfahren) bei Verstoß gegen das Verbot des Richtens in eigener Sache (§ 1036 Rn. 9–11)[90] bzw. das Gebot anlagebedingt überparteilicher Rechtspflege (Rn. 1 mit § 1036 Rn. 1 f.)[91] zugelassen. So soll es auch künftig bleiben[92] (§ 1059 Abs. 2 Nr. 1 d, 1. Halbs. 1. Var.: Bildung des Schiedsgerichts), jedenfalls im ersten Fall, wogegen es für den zweiten § 1034 Abs. 2 eine Spezialregelung (mit Präklusivkraft!) gibt.

Das Ergebnis ist billigenswert, eine Begründung aber noch mitzugeben; man sollte besser gleich 40 auf § 1059 Abs. 2 Nr. 2b zurückgreifen, der mit dem ordre-public auch unkodifizierte Maßstäbe berücksichtigt.[93] Anderseits lässt sich gut wohl auch vertreten, dass der Prüfungsmaßstab bei § 1059 Abs. 2 Nr. 1 d, 2. Halbs., 1. Var. („Bestimmung dieses Buches") zur generellen Gesetzmäßigkeitsprüfung berechtigt.[94] Nötig ist stets, dass kein Ablehnungsversuch (erfolglos) vorausgegangen war – andernfalls wirkt Rechtskraft oder Präklusion (Rn. 32 ff.). Jener Weg steht auch immer nur als Ausnahme oder Notnagel bereit und kann *nicht* auf sämtliche **Ausschließungsgründe** erweitert werden. Er lässt sich allein deshalb mitunter vertreten, wenn und weil anderenfalls ganz offenkundig die notwendige *Rechtsprechungs*qualität ermangelt.

§ 1038 Untätigkeit oder Unmöglichkeit der Aufgabenerfüllung

(1) ¹Ist ein Schiedsrichter rechtlich oder tatsächlich außerstande, seine Aufgaben zu erfüllen, oder kommt er aus anderen Gründen seinen Aufgaben in angemessener Frist nicht nach, so endet sein Amt, wenn er zurücktritt oder wenn die Parteien die Beendigung seines Amtes vereinbaren. ²Tritt der Schiedsrichter von seinem Amt nicht zurück oder können sich die Parteien über dessen Beendigung nicht einigen, kann jede Partei bei Gericht eine Entscheidung über die Beendigung des Amtes beantragen.

(2) Tritt ein Schiedsrichter in den Fällen des Absatzes 1 oder des § 1037 Abs. 2 zurück oder stimmt eine Partei der Beendigung des Schiedsrichteramtes zu, so bedeutet dies nicht die Anerkennung der in Absatz 1 oder § 1036 Abs. 2 genannten Rücktrittsgründe.

Übersicht

	Rn.		Rn.
I. Normzweck	1–4	2. Unmöglichkeit der Aufgabenerfüllung	14–16
II. Anwendungsbereich	5–12	a) Rechtliche Ursachen	15
1. Abgrenzungsprobleme	5–7	b) Tatsächliche Ursachen	16
2. Grundvoraussetzung: Schiedsrichterbestellung	8–10	3. Verzögerung der Aufgabenerfüllung	17–19
		IV. Rechtsfolge (Abs. 1 S. 1, 2. Halbs. mit S. 2)	20–26
3. Gestaltungsspielräume	11, 12	1. Grundlagen	20
a) Gerichtskontrolle	11	2. Freiwillige Beendigung (S. 1, 2. Halbs.)	21–23
b) Parteieinigkeit	12	a) Rücktritt des Schiedsrichters (1. Var.)	22
III. Tatbestand (Abs. 1 S. 1, 1. Halbs.)	13–19	b) Einigung der Schiedsparteien (2. Var.)	23
1. Fallgruppen	13	3. Zwangsweise Beendigung (S. 2)	24–26
		V. Ehrenregelung (Abs. 2)	27, 28

---

[90] BGHZ 65, 59, 67 f. = NJW 1976, 109 mit BGHZ 51, 255, 258/259, 262; *Heimann-Trosien*, Ehrengabe für Heusinger, 1968, S. 271, 280 ff.
[91] BGHZ 54, 392, 399 f. (Alleinernennungsrecht); BGHZ 51, 255, 261–263 (Mitgliedsbindung) – dazu nun aber *Kröll* ZZP 116 (2003), 195, 215–217 [VII 2 d].
[92] BT-Drucks. 13/5274 S. 42 li./re. Sp. [10]; zust. OLG Koblenz, Beschl. v. 19. 2. 2004 – 2 Sch 4/03 – krit. *Kornblum* ZRP 1995, 331, 332–334; abl. *Baumbach/Lauterbach/Hartmann* Rn. 7; zust. *Zöller/Geimer* Rn. 8; *Musielak/Voit* Rn. 5 f. mit § 1036 Rn. 4 u. 10.
[93] So letzthin auch *Kornblum* (Fn. 60).
[94] Dies sinngemäß nach BGHZ 51, 255, 262.

I. Normzweck

1   Die Regelung übernimmt – weitgehend wörtlich – Art. 14 ModG ins nationale Recht, der seinerseits wieder inhaltlich den SchO-Regelungen folgt (Art. 13 Abs. 2) mit Art. 11 Abs. 3 S. 1/2 [Abs. 1 S. 1], Art. 12 Abs. 1 [Abs. 1 S. 2] u. Art. 11 Abs. 3 S. 3 [Abs. 2]; §§ 19.1 u. 19.3 DIS-SchO regeln nahezu gleich. Sie **beseitigt die ungelenke Zweispurigkeit des alten Rechts**, das zwischen sofort beidseitig (§ 1033 Nr. 1 aF: Außerkrafttreten der Schiedsvereinbarung) und später einseitig (§ 1031 aF: Fortbestehen der Schiedsvereinbarung; Nachbenennung eines neuen Schiedsrichters) ernanntem Schiedsrichter maßgebend differenzierte. **Abs. 1** ersetzt dies durch eine **einheitlich formulierte Gesamtregel**, je mit einer **Trias** auf Tatbestands- (Rn. 14–19) und Rechtsfolgenseite (Rn. 21–26): „three grounds – three methods".[1]

2   Damit wird die Fortführung des Schiedsverfahrens auch in den Fällen ermöglicht, in denen es auf Grund eines in der Sphäre des oder der Schiedsrichter liegenden Umstandes verzögert oder behindert wird. Die Beendigung des Schiedsrichteramtes führt nämlich stets zur **Bestellung eines Ersatzschiedsrichters** gemäß § 1039 (vgl. dort Rn. 10–16) und nicht zum irregulären, vorzeitigen Verfahrensende gemäß § 1056 Abs. 2 Nr. 2, 2. Var. Zentrale Bedeutung hat freilich allein die **Möglichkeit gerichtlicher Überprüfung** (S. 2, 2. Halbs. mit § 1026, Rn. 24 ff. mit Rn. 13), denn Amtsbeendigung ist bei Parteieneinigung (§ 1039 Abs. 1 S. 1, 3. Var.) wie Richterrücktritt (arg. § 1039 Abs. 1 S. 1, 2. Var.: „aus einem anderen Grund") *jederzeit*, auch *grundlos*, statthaft – daraus erst[2] erschließt sich die volle Breite der Gründe eines (prozessualen) Amtsendes. Für das Verstehen der Regelung ist wichtig, präzise zwischen Amtsbefugnis und Vertragsrecht zu differenzieren.[3]

3   Die **Amtsbefugnis** bzw. Richterstellung ist eine Art „Beleihung" mit Entscheidungskompetenz (arg. § 1055), die *personell* die autonome (Verfahrens-)Grundlegung ausfüllt (§ 1029 Abs. 1 mit §§ 1034 ff.). Der gemeinsame Parteiwille überspielt deshalb den Richter, der – obgleich formell zunächst ernannt –, **keine Amtsausübung beanspruchen darf**, wenn die Parteien ihm übereinstimmend (!) das versagen wollen. Umgekehrt macht es wenig Sinn, einen Schiedsrichter zum Schiedsrichten zu zwingen, und so muss ihm im Gegenzug seinerseits eröffnet sein, dass er **seine Amtsausübung zurückziehen kann**. Das anerkennen nun § 1038 Abs. 1 S. 1 sowie vor allem § 1039 Abs. 1 S. 1 und ziehen daraus die prozessualen (!) Konsequenzen: jedes Schiedsrichter*amt* endet – vorzeitig oder irregulär, im Unterschied zu § 1056 Abs. 3 – mit Parteieneinigung oder Richterrücktritt, ohne dass aber das Schiedsverfahren insgesamt deswegen Schaden leidet.

4   Das ist freilich nur die eine, *prozessuale* Seite, welche auch ganz allein dem *Verfahrensrecht* zur Ausgestaltung ansteht. Ein zweites, materielles Problem ist die Auswirkung auf das (nationale) **Vertragsrecht**, das Schicksal des Schiedsrichtervertrages bzw. die Frage der Schiedsrichtervergütung. Sie beantwortet sich selbständig (Vor § 1034 Rn. 3 mit Rn. 31 ff.) und nach ihren völlig eigenen Gesetzen: wichtiger Rücktrittsgrund (§ 627 BGB) mit Pflicht zur lediglich teilweisen Vergütung (§ 628 BGB) oder Unmöglichkeit der Pflichterfüllung mit Vollvergütung bzw. Schadensersatz (vgl. §§ 324 Abs. 1, 325 Abs. 1 BGB)? – **Abs. 2** (Rn. 27 f.) soll die Entscheidung über die *prozessuale* Beendigung erleichtern,[4] indem er ihr jede *materiell* indizielle Bedeutung hinsichtlich des Beendigungsgrundes abspricht.[5]

II. Anwendungsbereich

5   **1. Abgrenzungsprobleme.** Zur Bestimmung des Anwendungsbereichs ist vorab vor allem die präzise Abgrenzung zwischen dem **Ablehnungsverfahren** (§ 1036 [Tatbestand] bzw. § 1037 [Rechtsfolge]) und dem **Ersetzungsverfahren** des § 1038 Abs. 1 geboten, obwohl viele Regeln so oder so gelten (Ehrenregelung [§ 1038 Abs. 2, Rn. 27 f.]; Ersatzbestellung [§ 1039 Abs. 1, Rn. 20 aE] mit Gestaltungsfreiheit [§ 1039 Abs. 2]) oder ähnlich geformt sind (§ 1037 Abs. 2 S. 2 – § 1038 Abs. 1 S. 2). Es gibt jedoch auch Unterschiede (näher dazu die 2. Aufl. Rn. 3). Dass währenddessen das Schiedsverfahren weiterlaufen *darf*, war nur für den Ablehnungsfall auszusprechen (§ 1037

---

[1] Die Regel erinnert damit ans *Ablehnungsverfahren*: § 1036 Abs. 2 S. 1 („three grounds") mit § 1037 Abs. 2 S. 2 („three methods").
[2] Nicht allein schon aus § 1038 – irrig insoweit daher *Baumbach/Lauterbach/Hartmann* Rn. 1. Richtig dagegen BT-Drucks. 13/5274 S. 42 re. Sp. [2]: die „Doppelung" sei Zugeständnis ans Modellgesetz (das freilich „konstruktiv schwerfällig" normiere).
[3] Ganz treffend dazu *Stein/Jonas/Schlosser*, 21. Aufl., Vor § 1025 aF Rn. 14.
[4] BT-Drucks. 13/5274 S. 43 li. Sp. [4] mit 7th SN Art. 14 bis Nr. 1 = *Holtzmann/Neuhaus* S. 454.
[5] *Hußlein-Stich*, 1990, S. 79 f.

waltet. Zudem wird dem Schiedsrichter die Amtsausübung auch dann tatsächlich unmöglich, wenn es den Parteien auf seine Zugehörigkeit zu einem Amt oder einer Institution entscheidend ankam, das/die inzwischen weggefallen ist oder aufgelöst wurde – freilich macht insoweit auch die dann nötige Ersatzbestellung (§ 1039 Abs. 1, dort Rn. 13) häufig Schwierigkeiten.

3. Verzögerung der Aufgabenerfüllung. Sie tritt neben die tatsächliche (Rn. 16) bzw. rechtliche (Rn. 15) Unmöglichkeit und erfolgt „**aus anderen Gründen**". Die Grenzziehung im Tatsächlichen erscheint bisweilen schwierig, ist aber am Ende nur dann wichtig, wenn jene Verzögerung eine „angemessene" wäre. Unmöglichkeit gilt per se als eine unangemessene Behinderung, und zwar weil sie dauerhaft, unbehebbar und endgültig ist. Die komplizierte Wertungsfrage stellt sich also dann, wenn die tatsächlichen Schwierigkeiten nur vorübergehend sind. Sodann ist zu klären, ob sie eine Aufgabenerfüllung noch „**in angemessener Frist**" ermöglichen.[22] Dies ist eine bewusst ganz offene Wertungs- und Generalklausel, die zukünftig den Gerichten (Rn. 24 ff.) sicher noch einige Mühe machen wird. **Verschulden** ist indes – prozessual jedenfalls – nicht erforderlich,[23] zumal die Regel ausschließlich das Parteiinteresse an zügiger Verfahrensdurchführung schützt. 17

Entscheidend ist deswegen die **Zumutbarkeit** weiteren Abwartens, maßgeblich geprägt von dem jeweils individuellen Einzelfall, sodass generelle Aussagen schwierig sind. Klar ist, dass bloß das zeitliche *Wann* (im Unterschied zu dem inhaltlichen *Wie*) jener Aufgabenerfüllung zur Gerichtskontrolle steht.[24] Die UNCITRAL-Arbeitsgruppe hat hierfür als Richtschnur folgende **Kriterien** entwickelt:[25] Zu fragen sei danach, welche Verfahrenshandlungen („action") der Schiedsrichter im Hinblick auf die Schiedsvereinbarung (§ 1029) – ergänzend: Verfahrensabreden oder -ordnung (§ 1042 Abs. 3) – und in der konkreten (Verfahrens-)Situation hätte vornehmen sollen. Hier fließen also *abstrakte* Vorgaben und *konkrete* Umstände ineinander. Hat alsdann der Schiedsrichter gar nichts unternommen, sei weiter zu prüfen, ob dies in Anbetracht der gegebenen Umstände und unter Berücksichtigung der technischen sowie rechtlichen Schwierigkeiten des Falles sich als **schlechthin unannehmbar** präsentiere; hatte er etwas veranlasst, sei jene Frage danach zu stellen, ob das, was er tat, recht **deutlich unter Standard** liege, d.h. dem Durchschnitt, der objektiv („vernünftigerweise") erwartbar ist.[26] – Insoweit besteht ein **breiter Freiraum** nicht justiziabler Verhaltensweisen (arg. ex § 1042 Abs. 4 S. 1: „*freies* Ermessen"), sonst wäre das Schiedsverfahren seines eigenen Sinnes beraubt. 18

Das Staatsgericht hat machtvolle andere (Kontroll-)Befugnisse (präventiv: §§ 1032 Abs. 2, 1040 Abs. 2 S. 2 u. repressiv: §§ 1059–1061), es soll jedoch nicht – gleichsam durch die Hintertüre – in den richterlichen Verfahrensplan hineinregieren. Denn bei Freiwilligkeit ist doch ohnehin alles möglich (Rn. 3 mit Rn. 21 ff.), und lediglich die Gerichtskontrolle ist tatbestandsrelevant (Rn. 13 mit Rn. 24 ff.). Es geht mithin bloß um offensichtliche **Missbrauch und Ausreißer**. Auch erscheint eine Anleihe bei § 1032 Abs. 2 aF (1. Aufl. Rn. 6) hilfreich und statthaft; ein Maßstab für die **Ungebührlichkeit der Verzögerung** mag die durchschnittliche Verfahrensdauer vor dem staatlichen Gericht sein – bei insgesamt *zwei* Instanzen, aber versehen mit einem Abschlag, da die Parteien vom Schiedsgericht regelmäßig ein rascheres Prozedere erwarten dürfen.[27] Eine „Amtsverwesung" kann – jenseits § 1052 Abs. 2 – *nicht* erfolgen.[28] 19

IV. Rechtsfolge (Abs. 1 S. 1, 2. Halbs. mit S. 2)

1. Grundlagen. Rechtsfolge ist die (im Gegensatz zu § 1056 Abs. 3: vorzeitige und irreguläre) Beendigung des Schiedsrichter*amtes* – nicht ohne weiteres auch des Schiedsrichter*vertrages*[29] (dazu bereits oben Rn. 4 mit Vor § 1034 Rn. 44 ff.). Jene tritt aber auch nicht etwa automatisch ein, sondern verlangt einen „**Außenakt**": Parteieneinigung oder Richterrücktritt (Rn. 21 ff.) bzw. aushilfsweise einen Gerichtsbeschluss (Rn. 24 ff.). Die Rechtsfolge hängt lediglich davon ab, der Grund 20

---

[22] § 19.1 DIS-SchO verzichtet auf das Kriterium!
[23] OLG Hamburg OLGRspr. 17 (1908), 209 [unten]; *Schütze/Tscherning/Wais* Rn. 279; *Schwab/Walter* Rn. 10.32. Anders für den Aspekt *materieller* Schadensersatzhaftung wegen Vertragsverletzung (Vor § 1034 Rn. 28 ff.).
[24] Sehr klar dazu OLG München, Beschl. v. 23. 10. 2006 – 34 SchH 8/06 [II 2 c/d].
[25] 7th SN Art. 14 Nr. 4 = *Holtzmann/Neuhaus* S. 454.
[26] OLG Hamburg OLGRspr. 17 (1908), 209 [oben]: was „die Parteien sich billigerweise gefallen lassen müssen."
[27] Im Erg. so auch *Wieczorek/Schütze* § 1032 aF Rn. 11; hier lascher noch 1. Aufl. § 1033 aF Rn. 3 aE.
[28] Dies sinngemäß nach OLG Hamburg RPS 1993, 22 mit BGHZ 125, 7, 15 f. [2 d] = NJW 1994, 1008 u. BGHZ 128, 380, 388 [2 b] u. 390 [2 c] = DtZ 1995, 246 (Wegfall der Kammer für Außenhandel der DDR): weder Identität noch Übertragung; dazu auch: *Habscheid/Habscheid* JZ 1994, 945, 948 bzw. FS Walder (1994) S. 323; *Walter/Hauck* ZZP 107 (1994), 541 sowie die Nachw. in der 1. Aufl. § 1025 aF Rn. 35 Fn. 116.
[29] AA *Thomas/Putzo/Reichold* Vor § 1029 Rn. 11.

§ 1038   21–26   Buch 10. Abschnitt 3. Bildung des Schiedsgerichts

freiwilligen Endes bleibt schlussendlich völlig bedeutungslos (arg. § 1039 Abs. 1 S. 1, vgl. hier Rn. 13 u. dort Rn. 8); nur ganz mittelbar wird der Grund zwangsweisen Endes wichtig, nämlich als Maßstab der uU erforderlichen gerichtlichen Entscheidung, wobei nach außen auch dabei das reine Faktum zählt. Die Amtsbeendigung führt bloß zur **Bestellung eines Ersatzschiedsrichters** gemäß parteiautonomer (§ 1039 Abs. 2) oder ursprünglicher (§ 1039 Abs. 1) Regel, weder zu einer Beendigung des Schiedsverfahrens (die Umkehrung ist allerdings zutreffend: § 1056 Abs. 3) noch zum Außerkrafttreten der Schiedsvereinbarung.

21   **2. Freiwillige Beendigung (S. 1, 2. Halbs.).** Primär soll parteiautonom eine Lösung gesucht werden; der (Aus-)Weg zum (Staats-)Gericht steht nur subsidiär zur Verfügung (S. 2, Rn. 25). Dazu gibt es zwei Wege, so wie in § 1037 Abs. 2 S. 2, 1. Halbs. – gesetzlich normiert jedenfalls. Möglich wäre allerdings auch eine Kombination beider Gestaltungen, die dann auf eine **dreiseitige Vereinbarung** hinausläuft und gleichfalls ein freiwilliges Amtsende herbeiführt. Privatrechtlich wird man dies als einen Aufhebungsvertrag unter wechselseitigem Anspruchsverzicht deuten müssen.

22   **a) Rücktritt des Schiedsrichters (1. Var.).** Er geschieht durch Erklärung gegenüber den Schiedsparteien, ist eine rein prozessuale Handlung, die ex nunc wirkt,[30] und berührt als solcher den materiell-rechtlichen Schiedsrichtervertrag nicht. **Erklärt** werden muss er an jede Partei – denn beide Teile sind hiervon betroffen! – und nicht nur an die Partei, welche jenen Richter zuvor bestellt hatte. **Wirksam** wird er also demnach erst, sobald die letzte Erklärung zugeht (uU § 1028 Abs. 1), was allerdings auch durch eine Vermittlung von Gegenpartei oder Schiedsgericht geschehen kann. Es bedarf daneben keiner Zustimmung der Parteien,[31] der verbleibenden Schiedsrichter oder gar etwa des staatlichen Gerichts. Eine BGB-Anfechtung ist ausgeschlossen. – Zumeist wird in dem (prozessualen) Rücktritt auch eine (materielle) Kündigung des Schiedsrichtervertrages zu sehen sein.[32] Deren Rechtsfolgen – insbesondere die Frage, ob es sich um eine berechtigte Kündigung handelt (dazu Vor § 1034 Rn. 50 ff.) – sind ausschließlich nach Privatrecht zu beurteilen.

23   **b) Einigung der Schiedsparteien (2. Var.).** Umgekehrt vermögen die Parteien jederzeit, einvernehmlich ein Richteramt zu beenden. Das gemeinsame Handeln überspielt alsdann die einseitige Bindung (§ 1035 Abs. 2), muss aber genauso erst einmal **außenwirksam** werden. Notwendig ist ebenfalls Zugang, dh. Mitteilung der Vereinbarung entweder an den betreffenden oder aber an die verbleibenden Schiedsrichter – auch das ist wiederum ein **rein prozessualer Vorgang**. Regelmäßig wird allerdings zugleich eine Kündigung des Schiedsrichtervertrages durch die Parteien vorliegen, die dann zu einer privatrechtlichen Abwicklung führt (dazu Vor § 1034 Rn. 48).

24   **3. Zwangsweise Beendigung (S. 2).** Die Vorschrift ist **„Kompetenznorm"** iSv. § 1026. Sie verlangt einen OLG-Beschluss (§ 1062 Abs. 1 Nr. 1, 3. Var. mit § 1063 Abs. 1 u. 4), aushilfsweise und international gilt § 1025 Abs. 3 iVm. § 1062 Abs. 3. Die Entscheidung ist dabei gestaltender Natur (Amtsbeendigung! – Rn. 13) und gesetzlich nicht anfechtbar (§ 1065 Abs. 1 S. 2). Dies entspricht zwar Art. 14 Abs. 1 S. 2 aE ModG, doch bestehen dieselben Bedenken wie bei dem Rechtsmittelausschluss gegen die (staats-)gerichtliche Entscheidung über die Schiedsrichterbestellung (§ 1035 Rn. 49) oder -ablehnung (§ 1037 Rn. 25).

25   **Antragsbefugt** sind alleinig die Parteien – jede für sich –, nicht etwa auch der Schiedsrichter;[33] ihm bleibt für Rechtsstreitigkeiten aus dem Schiedsrichtervertrag allein der ordentliche Rechtsweg (Ausnahme: § 1029 Abs. 1). Der Gerichtsentscheid ist aber lediglich subsidiär (ModG: „otherwise") statthaft, anders gesagt: das **Rechtsschutzbedürfnis** fehlt, sofern man vorher keine freiwillige Beendigung (Rn. 21 ff.) herbeizuführen versucht hat. Regelmäßig fordert dies eine Anfrage, und zwar bei Schiedsrichter *und* Gegenpartei; denn auf Grund jener Prämisse muss das „oder" als ein „und" gelesen werden.

26   Der Antrag ist – im Unterschied zu § 1037 Abs. 3 S. 1! – dafür aber **nicht fristgebunden**,[34] woraus sich ergibt, dass keine Präklusion durch Zuwarten droht. Eine Partei kann trotzdem ihr Antragsrecht verlieren, wenn sie in Kenntnis vorbehaltlos zur Sache verhandelt[35] oder uU wenn wegen langen Zögerns prozessual Verwirkung[36] oder Erledigung[37] eintritt. Das Amt endet dann ex lege

---

[30] *Schütze* SV Rn. 59 [1. Abs.].
[31] Anders zum alten Recht BGH NJW 1954, 1605.
[32] *Schütze* SV Rn. 59 [1. Abs.]. Nicht unbedingt auch umgekehrt (aA *Thomas/Putzo/Reichold* Rn. 1).
[33] *Hußlein-Stich*, 1990, S. 79. Anders noch ältere ModG-Entwürfe, vgl. 3rd WGR Nr. 116 f. = *Holtzmann/Neuhaus* S. 448.
[34] Siehe die Nachw. Fn. 35 f., dazu erg. noch *Stein/Jonas/Schlosser* Rn. 5.
[35] *Granzow*, 1988, S. 117.
[36] *Lachmann* Rn. 1135; *Musielak/Voit* Rn. 7.
[37] Einstweilen noch offenlassend OLG München, Beschl. v. 23. 10. 2006 – 34 SchH 8/06 [II 1]: (Rechts-)Schutzbedürfnis?

(richterliche Gestaltung[38]), sobald der Gerichtsbeschluss außenwirksam vorliegt (§ 1063 Rn. 19); Abs. 2 indes gilt insoweit dem Wortlaut nach nicht (aber: Rn. 28 aE). **Gebühren und Kosten:** § 1037 Rn. 27.

V. Ehrenregelung (Abs. 2)

Die **klarstellende Regelung** ist systematisch falsch eingestellt, denn sie gilt einerseits nur jeweils für S. 1, andererseits für **§ 1038 Abs. 1 und § 1037 Abs. 2,** dh. gleichermaßen für Ablehnungs- wie Ersetzungsverfahren; sie folgt insoweit indes getreu ihrem Vorbild (Art. 14 Abs. 2 ModG) und soll die rasche **Entscheidung** des Schiedsrichters zum Rücktritt oder die Vereinbarung der Parteien über die Beendigung des Schiedsrichteramtes dadurch **erleichtern,** dass ausdrücklich offenbleibt, ob nun wirklich ein Ablehnungs- oder Beendigungsgrund bezüglich des konkreten Schiedsrichters vorliegt.[39] Damit wird das Schiedsverfahren von brisantem Streitstoff entlastet und kann rasch mit einem Ersatzschiedsrichter (§ 1039 Abs. 1) weitergeführt werden. 27

Der Schiedsrichter muss keinerlei ungünstige Präjudizierung gewärtigen. Dabei stehen nicht allein handfeste *rechtliche* Nachteile im Raum (Vergütungsanspruch bzw. Rücktrittsgrund, Rn. 4), sondern ebenso die *faktische* Gefahr einer Rufschädigung, wenn dem Schiedsrichter Befangenheit, Untauglichkeit oder Verzögerung damit „zur Last gelegt" würde. Inwieweit aber gegen indirekte Folgen eine solche Vorschrift wirklich helfen kann, steht auf einem anderen Blatt. Der Umkehrschluss legt ferner nahe, dass bei unfreiwilliger, also **gerichtlicher Beendigung** nach S. 2 sämtliche (negativen!) Rückschlüsse statthaft seien; aber das kann jedenfalls bloß ein Beweisindiz, niemals eine Rechtskraftbindung sein (weder subjektive *noch* objektive Grenzen sind gewahrt!). 28

§ 1039 Bestellung eines Ersatzschiedsrichters

(1) ¹Endet das Amt eines Schiedsrichters nach den §§ 1037, 1038 oder wegen seines Rücktritts vom Amt aus einem anderen Grund oder wegen der Aufhebung seines Amtes durch Vereinbarung der Parteien, so ist ein Ersatzschiedsrichter zu bestellen. ²Die Bestellung erfolgt nach den Regeln, die auf die Bestellung des zu ersetzenden Schiedsrichters anzuwenden waren.

(2) Die Parteien können eine abweichende Vereinbarung treffen.

I. Normzweck

Abs. 1 zeichnet Art. 15 ModG nach, der selbst zT wieder auf Art. 12 Abs. 2, 13 SchO zurückgeht. Er zerlegt ihn hierbei allerdings, der besseren Lesbarkeit dienlich, in zwei Sätze und kappt ihn zudem um eine Variante (näher dazu unten Rn. 4 ff.). Sachlich ändert dies nichts. Bezweckt ist insoweit, den **Prozess „am Leben zu halten",** trotz Wegfall eines Schiedsrichters, „und damit die Schiedsvereinbarung aufrechtzuerhalten".[1] 1

Beabsichtigt sind gleichzeitig objektive **Verfahrensfortsetzung** (Rn. 10) und **Verfahrenskontinuität** (Rn. 15 f.) trotz eines subjektiven „Störfalls". Jene Regelung beseitigt eine große Tücke alten Rechts, nämlich die folgenreiche Grenzscheide zwischen § 1031 aF einerseits (Ersatzbenennung) und § 1033 Nr. 1 aF andererseits (Verfahrensende). Sie konnte indes nicht formal festgemacht werden (Namensnennung), sondern war materiell zu begründen: ist der Schiedsrichter ein vom einmütigen Zutrauen der Parteien getragener?[2] Nur dann rechtfertigte sich (allenfalls) das komplette Scheitern des Schiedsverfahrens.[3] Dem wurde jetzt ein gesetzlicher Riegel vorgeschoben. Für § 1039 Abs. 1 spielt keine Rolle mehr, ob ein Schiedsrichter in der Schiedsvereinbarung benannt ist oder nicht.[4] 2

Abs. 1 garantiert zugleich und nebenbei[5] (prozessual und permanent!) dem Schiedsrichter **freies Rücktrittsrecht** und den Schiedsparteien **freie Richterauswahl** (Rn. 8 mit § 1038 Rn. 13, 20) – allerdings „nur" prozessual[6] (wegen materiellem Rücktritt siehe Vor § 1034 Rn. 48 ff.). **Abs. 2** zollt 3

---

[38] OLG München, Beschl. v. 20. 12. 2006 – 34 Sch 17/06 [II 4 c (4)] bzw. 34 Sch 27/06 [II 3 b (4)].
[39] BT-Drucks. 13/5274 S. 43 li. Sp. [4].
[1] BT-Drucks. 13/5274 S. 43 li. Sp. [2].
[2] 1. Aufl. § 1031 aF Rn. 1 bzw. § 1033 aF Rn. 1 – ferner: RGZ 114, 62, 63.
[3] Mot. S. 474 = *Hahn* S. 492: „Denn in diesem Fall muß angenommen werden, daß die Kompromittenten wollen, der Schiedsspruch solle *nur* durch die ernannten Schiedsrichter abgegeben werden."
[4] *Schütze* SV Rn. 60 [1. Abs.].
[5] 7th SN Art. 15 Nr. 1–3 = *Holtzmann/Neuhaus* S. 473: „less conspicuous manner" (Nr. 1) bzw. „two most important instances" (Nr. 2).
[6] *Thomas/Putzo/Reichold* Rn. 3; *Stein/Jonas/Schlosser* Rn. 1.

§ 1039 4–8 Buch 10. Abschnitt 3. Bildung des Schiedsgerichts

dem Gedanken **vorrangiger parteiautonomer Gestaltung** Rechnung, ist ohne ModG-Vorbild, aber inhaltlich dort mitgedacht (Rn. 17).

II. Amtsbeendigung (Abs. 1 S. 1, 1. Halbs.)

4 **1. Grundlegung.** Voraussetzung für die Bestellung eines Ersatzschiedsrichters ist, dass einer der regulären Schiedsrichter **vorzeitig sein (Richter-)Amt beendet.** Diese Fälle nennt die Trias des Abs. 1 S. 1, 1. Halbs. (Rn. 7ff.) ebenso endgültig wie umfassend. Es wurde zutreffend daher als letztlich überflüssig empfunden, dies mit dem ModG in einer vierten Variante („or in any other case") noch stärker zu betonen.[7]

5 Das Richteramt muss schon **prozessual begonnen** haben, das meint den außenwirksamen Bestellungsakt (§ 1035 Rn. 10–13); eine Partei kann die „Beauftragung" vor der Benachrichtigung des Gegners zurückziehen (§ 1035 Abs. 2). Das Vorsitzendenamt besteht weiter, auch soweit die bestellenden Beisitzer hinwegfallen.[8] Und: das Richteramt muss eigentlich noch fortdauern, darf somit also noch **nicht regulär beendet** sein – mit Verfahrensbeendigung (§ 1056 Abs. 1) erübrigt sich jedweder Ersatzbestellungsakt, mit Ausnahme der Annexverfahren (§ 1056 Abs. 3); für jene ist weiterhin ein Austausch möglich und denkbar. Zusätzlich muss auch die Beendigung ihrerseits noch endgültig außenwirksam vollzogen, dh. das Amt also **prozessual beendet** sein. Unverbindliche Absichtserklärungen (2. Var.) oder Vorgespräche (3. Var.) genügen sicher nicht, ebenso wenig die Erklärung der Ablehnung.

6 Der abgelehnte Schiedsrichter bleibt während der Anhängigkeit eines Ablehnungsantrages normales (vollberechtigtes, § 1037 Abs. 2 S. 2) Mitglied des Schiedsgerichts[9] (arg. § 1037 Abs. 3 S. 2). Einen ganz ähnlichen Fall kennt **§ 1034 Abs. 2 S. 1, 1. Var.**, der quasi auf frühzeitige Ersatzbestellung hinausläuft, doch stellt er gerade frei von § 1039 Abs. 1 S. 2 *und* Abs. 2.

7 **2. Fallgruppen. a) Gerichtsbeschluss (1. Var.).** Gemeint ist die gesetzlich vorgesehene Beendigung nach § 1037 (Ablehnungsverfahren [Var. 1 a] – Gründe: § 1036 Abs. 2) oder **§ 1038 Abs. 1 S. 2** (Ersetzungsverfahren [Var. 1 b] – Gründe: § 1038 Abs. 1 S. 1, 1. Halbs.). Doch muss man beim ersten Fall dem schiedsgerichtlichen (§ 1037 Abs. 2 S. 2, 2. Halbs.) bzw. staatsgerichtlichen (§ 1037 Abs. 3 S. 1) Beschluss jede Entscheidung nach parteiautonomer Vereinbarung (§ 1037 Abs. 1) gleichstellen, etwa durch eine Schiedsinstitution, Handelskammer, Individualperson etc. Prägend ist hierbei, dass die Entscheidung *nur* von dritter Seite erfolgt, quasi von außen her. Zwar genügt beidesmal ebenso freiwilliger Rücktritt und parteiliche Einigkeit (§ 1037 Abs. 2 S. 2, 1. Halbs. u. § 1038 Abs. 1 S. 1, 2. Halbs.), doch passen sie beide eher zur 2. bzw. 3. Tatbestandsvariante, mag auch der Beendigungsanlass gleichsam woanders herkommen bzw. objektiv motiviert bestehen (aber: § 1038 Abs. 2!). Jene Regelung stellt außerdem klar, dass die *erfolgreiche* Ablehnung *automatisch* das Ende des Amts herbeiführt.[10]

8 **b) Richterrücktritt (2. Var.).** Ein Zurücktreten ist vorstellbar mit sachlicher Begründung (§§ 1036 Abs. 2, 1038 Abs. 1 S. 1, 1. Halbs.) sowie aus **jedem beliebigen („anderen") Grund,** also zB auch aus Arbeitsüberlastung oder einfach bloß Unwilligkeit[11] oder Launenhaftigkeit.[12] Die **generell freie Befugnis** eines Schiedsrichters, jederzeit zurückzutreten,[13] dh. sein richterliches Mandat niederzulegen, ist die wahre Botschaft jener Variante: ein Unwilliger ist (prozessual) ungeeignet zur Verfahrens(fort)führung. Ergänzend ist sie Grundlage für die Selbstablehnung eines Schiedsrichters. Nichts gesagt ist hierin jedoch zum (materiellen) Kündigungsrecht und zu den vertraglichen Haftungsfolgen.[14] Entsprechend anwendbar bei **Todesfall.**[15]

---

[7] BT-Drucks. 13/5274 S. 43 li. Sp. [3] aE. – Kritik schon früher von Norwegen (6th SN Art. 15 Nr. 2 = *Holtzmann/Neuhaus* S. 472) und bei *Calavros*, 1988, S. 75.
[8] RG JW 1898, 358; WarnR 25 (1933) Nr. 54; *Stein/Jonas/Schlosser*, 21. Aufl., § 1031 aF Rn. 2.
[9] RG JW 1903, 382.
[10] *Hußlein-Stich*, 1990, S. 80.
[11] BT-Drucks. 13/5274 S. 43 li. Sp. [3] mit S. 42 re. Sp. [§ 1038/2], dazu auch § 1038 Rn. 13 u. 20.
[12] 7th SN Art. 15 Nr. 3 = *Holtzmann/Neuhaus* S. 473 mit 5th WGR Nr. 44 = *Holtzmann/Neuhaus* S. 471.
[13] Konsequenz später (ModG-)Diskussion: 5th WGR Nr. 42, 44f., 47 = *Holtzmann/Neuhaus* S. 470f. mit 7th SN Art. 15 Nr. 3 = *Holtzmann/Neuhaus* S. 473; folgerichtig keine Beschränkung auf Fälle des § 1038: *Hußlein-Stich*, 1990, S. 78; *Calavros*, 1988, S. 75; *Schütze* SV Rn. 59 (1. Abs.).
[14] 5th WGR Nr. 43 u. 7th SN Art. 15 Nr. 3 aE = *Holtzmann/Neuhaus* S. 473; *Thomas/Putzo/Reichold* Rn. 3 – so für das alte Recht auch schon zB *Stein/Jonas/Schlosser*, 21. Aufl., Vor § 1025 aF Rn. 14. Doch fehlt eine *prozessuale* Rechtspflicht, (Mehr-)Kosten zu tragen (so ein Vorschlag aus Schweden, 6th SN Art. 15 Nr. 3 = *Holtzmann/Neuhaus* S. 472).
[15] *Stein/Jonas/Schlosser* Rn. 4.

c) Parteikonsens (3. Var.). So wie auch dem Schieds*verfahren* insgesamt (§ 1029) vermögen die Parteien den Schieds*richtern* persönlich durch **actus contrarius** die Grundlage (das Vertrauen) zu entziehen, wiederum ein Ausdruck ihrer Parteiherrschaft.[16] Die **Vereinbarung der Amtsaufhebung** hat lediglich prozessuale Bedeutung und wirkt materiell nicht als Präjudiz (§ 1038 [Abs. 2] Rn. 28).

III. Ersatzbestellung (Abs. 1 S. 1, 2. Halbs. u. S. 2)

1. Ersatzbestellungsregeln. Abs. 1 S. 1, 2. Halbs. (aber: Abs. 2, Rn. 18 ff.) verpflichtet zur Bestellung eines Ersatzschiedsrichters. Das verhindert ein vorzeitiges (irreguläres) Prozessende (§ 1056 Abs. 2 Nr. 3, 2. Var.) und spricht sich dazuhin – als Abkehr von § 1033 Nr. 1 aF – für die **Aufrechterhaltung der Schiedsvereinbarung** aus.[17] Das Schiedsgericht ist bedenkenlos personell aufzufüllen auf seine Sollstärke gemäß § 1034 Abs. 1; daran anschließend kommt es zu einer **Fortsetzung des Schiedsverfahrens**, uU unter Verwertung alter Ergebnisse (Rn. 15). In der Zwischenzeit ruht es aber regelmäßig (arg. § 1059 Abs. 2 Nr. 1 b, 1. Halbs., 1. Var. – aber: § 1052 Abs. 3), da kein richtig konstituiertes Schiedsgericht besteht.

Abs. 1 S. 2 (aber: Abs. 2, Rn. 18 ff.) normiert das Verfahren zur „Substituts"-Bestellung. Dabei gilt das **Konformitätsprinzip**: den zu Ersetzenden bestellt man geradeso wie den Ersetzten, dh. entweder nach Parteivereinbarung (§ 1035 Abs. 1 mit Abs. 4, dort Rn. 6 ff.) oder auf Grund gesetzlicher Regelvorgabe (§ 1035 Abs. 3 mit Abs. 5, dort Rn. 34 ff.), die immer subsidiär hilft. Das bricht mit § 1031 aF, der eigene feste Regeln normierte bzw. das gesetzliche Modell (§ 1029 aF: erst Ernennungsfrist, dann Gerichtsernennung) präferierte. Der komplette Regelsatz wird neuerlich angewandt, ein mehrstufiges Verfahren beginnt sachgemäß stets von vorne: **Wiederholungsprinzip.**

Bei ursprünglich gerichtsbestelltem Schiedsrichter steht deswegen nicht immer sogleich der Weg zum Staatsgericht offen[18] – uU ist eine (recht lange, § 1035 Abs. 3 S. 3: 1 Monat) Wartefrist abzuwarten. Derweil herrscht dann leider freilich Stillstand. Bei missbräuchlichen Wiederholungen mag vielleicht Verwirkung nahe liegen, dagegen hilft sonst nur zeitige Vorsorge mittels Abs. 2 (Rn. 20). Aber auch generell ist uU die Regelung der Ersatzbestellung manchmal behutsam anzupassen (Rn. 13 f.). Die Parteien müssen zwingend vom Eintritt des Ersatzschiedsrichters **sofort unterrichtet werden** (arg. § 1059 Abs. 2 Nr. 1 b, Var. 1 a). Möglicherweise schließt sich sogleich ein Ablehnungsverfahren an (§ 1037 mit § 1036 Abs. 2).

2. Erforderliche Modifikationen. a) Drittbenennung. Bei vertraglichen Verfahren ist bisweilen eine Anpassung aber notwendig, um den Parteiwillen zu respektieren. Fällt hier der **Schiedsrichter** weg, dann obliegt auch die spätere Ersatzbenennung dem Dritten,[19] es sei eine Einzelperson oder eine Institution (als Abweichung von §§ 1028–1031 aF), und zwar auf Antrag mindestens einer Partei. Probleme bereitet dann freilich einmal mehr der **Wegfall des Dritten** (Tod einer Privatperson; Auflösung der Institution).[20] Die hM[21] zum alten Recht kam über § 1031 Nr. 2 zum Erlöschen, das ist nun überholt! Genausowenig passt aber letztendlich das gesetzliche Bestellungsverfahren (§ 1035 Abs. 3),[22] denn die Parteien haben ja „vorsätzlich" herausoptiert, oder irgendeine nebulöse „Anpassung".[23] Hier hilft bloß der Weg zum Staatsgericht (§ 1035 Abs. 4, 3. Var.), bei Erst- und auch gleichfalls dann bei Nachbestellung.[24]

---

[16] 5th WGR Nr. 42, 44 f., 48 = *Holtzmann/Neuhaus* 470 f. mit 7th SN Art. 15 Nr. 2 = *Holtzmann/Neuhaus* S. 473; BT-Drucks. 13/5274 S. 43 li. Sp. [3].
[17] BT-Drucks. 13/5274 S. 43 li. Sp. [2]; *Zöller/Geimer* Rn. 1: „gesetzliche Regelfolge".
[18] *Musielak/Voit* Rn. 3 mit § 1035 Rn. 13; *Schwab/Walter* Rn. 10.35; *Holtzmann/Neuhaus* S. 465; *Stein/Jonas/Schlosser* Rn. 2 – ja wohl hM unter altem Recht, nunmehr noch *Schütze* SV 60 [2. Abs.] aE; vgl. auch erg. OLG Breslau OLGspr. 19 (1909), 174, 175.
[19] *Schütze* SV 60 [2. Abs.] aE – vorsichtiger formulierend *Musielak/Voit* § 1035 Rn. 6 – wegen altem Recht: RG JW 1897, 400; RGZ 138, 341, 345; *Sieg* JZ 1958, 720.
[20] Beispiele: RGZ 108, 246, 248; 138, 341, 344 („Ältesten der Kaufmannschaft"); OLG Frankfurt/Main MDR 1955, 749 (Leiter der Reichswirtschaftskammer); BGHZ 125, 7, 11 ff., insbes. S. 11 f. u. S. 14 mit BGHZ 128, 380, 386 f. [2 a] („Schiedsgericht bei der Kammer für Außenhandel der DDR"); OLG Hamm AUR 2003, 379, 380 (Einstellung schiedsgerichtlicher Betätigung der Landwirtschaftskammer) – je aber zu Erstbenennungen.
[21] Hiergegen schon 1. Aufl., § 1033 aF Rn. 2 m. weit. Nachw. Zum neuen Recht für Undurchführbarkeit OLG Hamm AUR 2003, 379, 380.
[22] So aber *Habscheid* JZ 1998, 445, 448.
[23] So aber *Zöller/Geimer* Rn. 1 iVm. § 1035 Rn. 19; § 1029 Rn. 101.
[24] Wohl wie hier *Stein/Jonas/Schlosser* Rn. 2.

§ 1039 14–18

14 **b) Namensbenennung.** Problematisch ist weiter die Namensbenennung **in der Schiedsvereinbarung** (§ 1035 Abs. 1 – in Anlehnung an § 1033 Nr. 1 aF). Hier mag eine Auslegung das Erlöschen als allemal interessengerecht ergeben, zumal dies die Parteien genauso abmachen könnten (Abs. 2); es liegt dann eine Art Wegfall der Geschäftsgrundlage vor (individuell bestimmter Entscheider!). Hilfsweise greift indes eher die gesetzlich normierte Bestellung (§ 1035 Abs. 3) und der Gedanke, der Fortführung die Chance zu lassen.[25] Im Rahmen des Verfahrens sollte dann jedoch ein Versuch stattfinden, sich gemeinsam auf einen **Ersatzschiedsrichter** zu einigen, nicht nur bei einem Einzelschiedsrichter (Abs. 3 S. 1), sondern vor allem bei einem Dreierschiedsgericht (Abs. 3 S. 2).[26] Dies entspricht am ehesten der ursprünglich bei Abschluss des Schiedsvertrages vorliegenden Situation.

15 **3. Prozessuale Rückwirkung.** Der Austausch des Schiedsrichters ermöglicht die Weiterführung des Schiedsverfahrens (Rn. 10) – das ist **Wirkung für die Zukunft!** Fraglich ist hingegen, ob alle bisher gesammelten Ergebnisse konserviert werden oder komplette Wiederholung notwendig wird. Das zielt vor allem auf die **Gewährung rechtlichen Gehörs,** die zwingend (§ 1042 Abs. 1 S. 2) erfolgen muss. Hier genügt aber, wenn die frühere Äußerung zur Kenntnis gelangt, dh. bloß zuverlässig weitergereicht wird (§ 1042 Rn. 52). Dann besteht kein Anspruch auf wiederholende Stellungnahme, denn ein Zweck des § 1039 ist, das Erreichte zu verwerten und unnötiges Wiederholen tunlichst zu vermeiden. Das gilt sogar beim Einzelschiedsrichter und allemal bei Austausch des Obmanns. § 1039 Abs. 1 ist prozesskonform notwendige Einschränkung von § 1042 Abs. 1 S. 2.

16 Man sollte trotzdem jedoch das Ermessen bei § 1047 Abs. 1 S. 2 großzügig handhaben (abweichende Parteivereinbarung vorbehalten; vgl. auch erg. Art. 14 SchO Wiederholung mündlicher Verhandlungen). Beim Austausch nach Ablehnung folgt dies zudem aus § 1037 Abs. 3 S. 2 (dort Rn. 26): das **Schiedsgericht darf unbeschränkt weiterprozessieren** – jedoch völlig auf eigene Gefahr, dh. unter dem Risiko eventuell späterer Aufhebung (§ 1059 Abs. 2 Nr. 1d, 1. Halbs., 1. Var.)! Nur deswegen ist somit fehlerfreie („neutrale") Neuvornahme aller Verfahrenshandlungen nötig, um Aufhebung zu vermeiden. (Nur) so besehen scheint es auch zutreffend, dass „ganze Verfahrensabschnitte bei einer erfolgreichen Ablehnung obsolet werden".[27] Meist wird indes auch schon der Schiedsspruch ergehen, was keinerlei Korrekturchance übriglässt.

IV. Parteiautonomie (Abs. 2)

17 **1. Klarstellungswirkung.** Abs. 2 eröffnet den Parteien ausdrücklich – gleichsam ModG-ergänzend (Rn. 3 aE) –, **abweichende Vereinbarungen auszuhandeln.** Das ModG setzt jene Möglichkeit aber ebenso – freilich nur inzident – voraus,[28] unsere ZPO wollte hier klarer sein.[29] Man nimmt damit den Ball des § 1035 Abs. 1 auf, in dessen Rahmen die Parteien ohnehin zwischen Erst- und Ersatzbestellungen hätten differenzieren können. Wenn man aber schon meinte, sich um Klarheit sorgen zu müssen, hätte man daran anschließend anders systematisieren sollen: S. 2 statt Abs. 2 („Die Parteien können ... vereinbaren"), S. 2 wird S. 3 („Fehlt eine solche Vereinbarung, erfolgt die Bestellung ..."). Das hätte die **gewollte plakative Funktion** sicher (noch) stärker betont, allerdings einen Bruch mit den ModG-Vorgaben in Systematik wie Wortlaut nötig gemacht.

18 **2. Rechtsfolgeseite.** Die Parteien können frei regeln, *ob* sie denn auf eine solche Ersatzbestellung überhaupt zurückgreifen wollen **(Abs. 1 S. 1, 2. Halbs.)** und bejahendenfalls *wie* sie diese konkret durchführen möchten **(Abs. 1 S. 2).** Beides wird ihnen über Abs. 2 ganz freigestellt; sie könnten genauso die Schiedsbindung – in Anlehnung an § 1033 Nr. 1 aF – völlig entfallen lassen (neuer Prozess nötig!). Die Abrede mag sofort in der Schiedsvereinbarung (§ 1029 Abs. 1), aber ebenso auch erst später (§ 1042 Abs. 3) – eigenregelnd oder auch bezugnehmend – getroffen wer-

---

[25] OLG Karlsruhe v. 5. 6. 2007 – 8 U 80/06 [II B 3 a], (pauschal) auch *Baumbach/Lauterbach/Hartmann* Rn. 2 (Ersatzbestellung) u. *Zöller/Geimer* Rn. 1 mit § 1029 Rn. 104 (Aufrechterhaltung der Schiedsvereinbarung) – anders unter altem Recht, dazu bereits oben Fn. 3. Widersprüchlich *Stein/Jonas/Schlosser* Rn. 2 mit § 1038 Rn. 3 einerseits, § 1029 Rn. 39 andererseits.
[26] *Granzow,* 1988, S. 118/119: vorgeschalteter Einigungsversuch – aA *Hußlein-Stich,* 1990, S. 82: Stillstand ohne Einigung(?).
[27] BT-Drucks. 13/5274 S. 41 li. Sp. [§ 1037/3]. Vgl. ferner erg. *Baumbach/Lauterbach/Hartmann* § 1034 Rn. 12.
[28] Trotz (zwingendem?) „shall" und Streichung der Ergänzung: „since those words might create difficulties", vgl. CR Nr. 147 = *Holtzmann/Neuhaus* S. 476 – zust. *Holtzmann/Neuhaus* S. 465/466; *Granzow,* 1988, S. 118; *Hußlein-Stich,* 1990, S. 81.
[29] BT-Drucks. 13/5274 S. 43 li. Sp. [1].

den; dann ist sie auch formfrei eröffnet (keine Formpflicht durch § 1031![30]), dh. konkret auch stillschweigend noch möglich. Scheitert diese, hilft neuerlich nur der Weg zum Staatsgericht (§ 1035 Abs. 4).

Sie können mithin den Schiedsrichter **ersatzlos wegfallen** lassen,[31] was aber bei einem Einerschiedsgericht zwangsläufig zur Beendigung (§ 1056 Abs. 2 Nr. 3, 2. Var.) und auch zum Wegfall jeder Schiedsbindung führt: die Regelung ist letzthin grundlegend gescheitert.[32] Und auch bei mehreren Richtern bestehen Gefahren (Majorisierung, Manipulation; Vergällung freien Rücktritts), die von solcher Gestaltung dringendst abraten lassen. Plausibler wäre uU aber das Erlöschen der Schiedsvereinbarung (in Anlehnung an § 1033 Nr. 1 aF)[33] und auch ein Obmann-Alleinentscheidungsrecht.[34] Praktisch ist wichtiger, das **Verfahren zu gestalten**. 19

Die Parteien dürfen explizit zwischen konstituierender Erst- und ersatzweiser Zweitbestellung differenzieren und sie abweichenden Regeln unterstellen; ferner gilt auch gleich, ob jene Erstbestellung sich am vertraglichen (§ 1035 Abs. 1) oder gesetzlichen (§ 1035 Abs. 3) Regelungsmodell orientiert. Etwa mag sich empfehlen, einen parteiernannten Schiedsrichter durch den Obmann oder Dritte verdrängend zu bestellen, um jedweder Verzögerung effektiv vorzubeugen, dies zumindest dann, wenn er ohne Billigung seiner Kollegen zurücktritt.[35] Denkbar wäre genauso, von vornherein einen Ersatzmann zu bestimmen (und dann – mit Blick auf Rn. 15 – auch *informativ* zu beteiligen) oder einem Obmann die alleinige Entscheidung zu übertragen.[36] 20

3. Tatbestandsseite. Die Materialien begrenzen die Ergänzung des Abs. 2 ausdrücklich auf die Vereinbarung abweichender Rechtsfolgen.[37] Das erscheint bei der Weite des Tatbestandes nahe liegend, der gerade parteiautonome freie Amtsbeendigung zulässt (3. Var.); dies war auch die ModG-Intention und entspricht der Parallele des § 1035 Abs. 1. Insoweit muss man den **Wortlaut demzufolge teleologisch reduzieren**[38] und ihn auf das eigentliche Anliegen konzentrieren: **Gestattung freier (Verfahrens-!)Gestaltung** – in Anlehnung an § 1042 Abs. 3. Der Tatbestand ist jedoch zwingenden Rechts, insoweit als den Parteien jedwede staatlichen Gerichtskompetenzen verschlossen bleiben (1. Var. – arg. § 1037 Abs. 1) und sie auch den einseitig erklärten Rücktritt keinem Schiedsrichter wirksam ausschließen können (2. Var.) – jenseits *materieller* Verträge. 21

---

[30] *Musielak/Voit* Rn. 3 – aA *Thomas/Putzo/Reichold* Rn. 4.
[31] *Holtzmann/Neuhaus* S. 466; *Lachmann* Rn. 1143.
[32] Vorsichtiger *Zöller/Geimer* Rn. 1: Auslegungsfrage.
[33] *Thomas/Putzo/Reichold* Rn. 4 mit BT-Drucks. 13/5274 S. 43 li. Sp. [2] aE u. 7th SN Art. 15 Nr. 5 = *Holtzmann/Neuhaus* S. 474. Eine extra Regelung wurde zunächst verlangt (2nd WGR Nr. 72 = *Holtzmann/Neuhaus* S. 468), jedoch gleich wieder verworfen (3rd WGR Nr. 119 = *Holtzmann/Neuhaus* S. 469).
[34] *Baumbach/Lauterbach/Hartmann* Rn. 3.
[35] 7th SN Art. 15 Nr. 5 mit Fn. 51 = *Holtzmann/Neuhaus* S. 474 in Anlehnung an Art. 56 Abs. 3 CISID.
[36] *Baumbach/Lauterbach/Hartmann* Rn. 3.
[37] BT-Drucks. 13/5274 S. 43 li. Sp. [1].
[38] AA allerdings wohl *Zimmermann* Rn. 1 aE; *Musielak/Voit* Rn. 2 mit Fn. 1.

Abschnitt 4. Zuständigkeit des Schiedsgerichts

§ 1040 Befugnis des Schiedsgerichts zur Entscheidung über die eigene Zuständigkeit

(1) [1]Das Schiedsgericht kann über die eigene Zuständigkeit und im Zusammenhang hiermit über das Bestehen oder die Gültigkeit der Schiedsvereinbarung entscheiden. [2]Hierbei ist eine Schiedsklausel als eine von den übrigen Vertragsbestimmungen unabhängige Vereinbarung zu behandeln.

(2) [1]Die Rüge der Unzuständigkeit des Schiedsgerichts ist spätestens mit der Klagebeantwortung vorzubringen. [2]Von der Erhebung einer solchen Rüge ist eine Partei nicht dadurch ausgeschlossen, dass sie einen Schiedsrichter bestellt oder an der Bestellung eines Schiedsrichters mitgewirkt hat. [3]Die Rüge, das Schiedsgericht überschreite seine Befugnisse, ist zu erheben, sobald die Angelegenheit, von der dies behauptet wird, im schiedsrichterlichen Verfahren zur Erörterung kommt. [4]Das Schiedsgericht kann in beiden Fällen eine spätere Rüge zulassen, wenn die Partei die Verspätung genügend entschuldigt.

(3) [1]Hält das Schiedsgericht sich für zuständig, so entscheidet es über eine Rüge nach Absatz 2 in der Regel durch Zwischenentscheid. [2]In diesem Fall kann jede Partei innerhalb eines Monats nach schriftlicher Mitteilung des Entscheids eine gerichtliche Entscheidung beantragen. [3]Während ein solcher Antrag anhängig ist, kann das Schiedsgericht das schiedsrichterliche Verfahren fortsetzen und einen Schiedsspruch erlassen.

Schrifttum: *Ahrendt*, Der Zuständigkeitsstreit im Schiedsverfahren, 1996; *F. Baur*, Rechtshängig – Schiedshängig, FS Fasching, 1988, S. 81; *Beitzke*, Zuständigkeitsstreit zwischen staatlichem Gericht und Schiedsgericht, ZZP 60 (1936/37), 317; *K. P. Berger*, Internationale Wirtschaftsschiedsgerichtsbarkeit, 1992, S. 246 ff.; *Gehrlein*, Die Kompetenz-Kompetenz eines Schiedsgerichts nach deutschem und schweizerischem Recht, ZIP 1995, 964; *Habscheid*, Drei aktuelle Fragen des internationalen privaten Schiedsrechts, KTS 1964, 146, 150–155; *ders.*, Aus der höchstrichterlichen Rechtsprechung zur Schiedsgerichtsbarkeit, KTS 1976, 1; *ders.*, Zur Frage der Kompetenz-Kompetenz der Schiedsgerichte, FS F. Baur, 1981, S. 425; *ders.*, Das Problem der Kompetenz-Kompetenz des Schiedsgerichts, SJZ 78 (1982), 321; *ders.*, Zur Kompetenz-Kompetenz nach dem neuen Schiedsrecht, FS Schlosser, 2005, S. 247; *Hartmann*, Zum Problem der Kompetenz-Kompetenz der Schiedsgerichte, 1961; *Heiermann*, Die Kompetenz-Kompetenz der Schiedsgerichte und die Einrede des Schiedsvertrags, FS Glossner, 1994, S. 129; *Henn*, Gibt es eine bindende Kompetenz-Kompetenz der Schiedsgerichte?, JbPrSch. 4 (1990), 50; *P. Huber*, Das Verhältnis von Schiedsgericht und staatlichen Gerichten bei der Entscheidung über die Zuständigkeit, SchiedsVZ 2003, 73, 74 f. [IV]; *Kerameus*, Probleme des griechischen Schiedsverfahrensrechts aus rechtsvergleichender Sicht, ZZP 92 (1979), 413; *Kollhosser*, Zuständigkeit eines Schiedsgerichts durch rügelose Einlassung zur Hauptsache?, FS Esser, 1995, S. 77; *Kornblum*, Zur „Kompetenz-Kompetenz" privater Schiedsgerichte nach deutschem Recht, JbPrSch. 3 (1989), 38; *E. Mezger*, ... zur Zwischenentscheidung der Schiedsrichter über ihre eigene Zuständigkeit, FS Habscheid, 1989, S. 177; *Nagel*, Gedanken über die Beschleunigung des Schiedsverfahrens, FS Firsching, 1985, S. 191; *Schäfer*, Die Einrede der Kompetenz-Kompetenz der Schiedsgerichte, FS Henckel, 1995, S. 723; *Schlosser*, The Competence of Arbitrators and of Courts, Arb. Int. 8 (1992), S. 189; *ders.*, Der Grad der Unabhängigkeit einer Schiedsvereinbarung vom Hauptvertrag, FS Böckstiegel, 2001, 697 ff.; *Schottelius*, Die Kompetenz-Kompetenz in der Schiedsgerichtsbarkeit, KTS 1959, 134; *Smid*, Kompetenz-Kompetenz der Schiedsgerichte und Autorität des Schiedsrichters, DZWiR 1996, 52; *Schwab*, Die Entscheidung des Schiedsgerichts über seine eigene Zuständigkeit ..., KTS 1961, 17; *Synatschke*, Die Unzuständigkeitserklärung des Schiedsgerichts, 2006; *Szurski*, Arbitration Agreement and Competence of the Arbitral Tribunal, in: Sanders (Hrsg.), UNCITRAL's Projekt, Report II, 1984, S. 53 ff.; *Triebel/Coenen*, Parallelität von Schiedsverfahren und staatlichen Gerichtsverfahren, RPS 2003 I S. 2; *Voit*, Die Entscheidung des Schiedsgerichts über die eigene Unzuständigkeit als Prüfstein der dogmatischen Grundlagen des Schiedsverfahrensrechts, FS Musielak, 2004, S. 595; *Wagner*, Prozeßverträge ..., 1998, S. 324 ff.

Übersicht

	Rn.		Rn.
I. Normzweck	1–3	III. Rüge der Unzuständigkeit	11–32
II. Provisorische Kompetenz-Kompetenz des Schiedsgerichts (Abs. 1)	4–10	1. Systematische Stellung des Abs. 2	11–14
1. Zuständigkeitsprüfung	4, 5	2. Rügegründe	15–24
2. Entscheidungskompetenz (S. 1)	6, 7	a) Allgemeines	15–17
		b) Unzuständigkeit (Abs. 2 S. 1 u. 2)	18–21
3. Autonomieprinzip (S. 2)	8–10	c) Befugnisüberschreitung (Abs. 2 S. 3)	22–24

	Rn.		Rn.
3. Verfahrensgang	25–30	2. Fallgruppen	35–40
a) Schiedsgericht hält sich für zuständig (Abs. 3)	25–28	a) Mangelnde Schiedsvereinbarung	35, 36
		b) Nichtige Schiedsvereinbarung	37–39
b) Schiedsgericht hält sich für unzuständig	29, 30	c) Disparate Schiedsvereinbarung	40
4. Schicksal einstweiliger Maßnahmen (§ 1041)	31, 32	3. Sperrwirkung	41, 42
		4. Einschränkung (Abs. 2 S. 4)	43–45
a) Selbstvollziehende vorläufige Maßnahmen	31	**V. Definitive Kompetenz-Kompetenz des Staatsgerichts (Abs. 3)**	46–53
b) Transformationsbedürftige vorläufige Maßnahmen	32	1. Gesetzliche Rechtsprechungskorrektur	46, 47
		2. Prozedere	48–50
IV. Rügelose Einlassung	33–45	3. Gesetzeskorrektur kraft Parteiabrede?	51–53
1. Grundlegung (Abs. 2 S. 1–3)	33, 34		

I. Normzweck

Die Zuständigkeit des Schiedsgerichts ist **maßgebliche Prozessvoraussetzung** für das Schiedsverfahren (ganz allg. dazu § 1044 Rn. 8 ff.). Getreu den Vorgaben des Art. 16 ModG beseitigt § 1040 die langwährende – leidige – Kontroverse über die sog. **Kompetenz-Kompetenz** des Schiedsgerichts (Nachweise zum Streitstand bei 1. Aufl. § 1032 aF Rn. 4 Fn. 34; vgl. auch erg. BT-Drucks. 13/5274 S. 44 [10][1]). **1**

Kraft Gesetzes ist dem Schiedsgericht nunmehr die **vorläufige Befugnis** eingeräumt, über die eigene Zuständigkeit zu entscheiden, ohne dass dazu die zusätzliche Vereinbarung einer sog. Kompetenz-Kompetenz-Klausel noch nötig wäre (vgl. **Abs. 1, Rn. 4 ff.**). Die Entscheidung des Schiedsgerichts über die eigene Zuständigkeit bindet jedoch die staatlichen Gerichte *nicht,* sie ist nur provisorisch und von jenen überprüfbar. Den staatlichen Gerichten obliegt jetzt die **endgültige Kontrolle** der Zuständigkeits- bzw. Kompetenzfrage (arg. **Abs. 3 S. 2, Rn. 46 mit Rn. 6**), sei es bei Überprüfung des Zwischenentscheids (§§ 1040 Abs. 3 S. 2, 1062 Abs. 1 Nr. 2, 2. Fall, 1063 Abs. 1), im Aufhebungs- (§§ 1059 Abs. 2 Nr. 1 a, 1 c u. 2 a, 1062 Abs. 1 Nr. 4, 1. Var., 1063 Abs. 2) oder Vollstreckbarerklärungsverfahren (§§ 1060 Abs. 2, 1062 Abs. 1 Nr. 4, 2. Var., 1064). Diese Formen nachträglicher Überprüfung treten neben die Vorabkontrolle des § 1032 Abs. 2, die aber nur „bis zur Bildung des Schiedsgerichts" offensteht. **2**

Die **Rügelast (Abs. 2)** bringt Klarheit: wer sich nicht weiter kümmert, der verliert die Rügeberechtigung als Präklusionsfolge (Rn. 33 mit Rn. 41 f. – aber: Rn. 43–45): sowohl schieds- wie staatsgerichtliches Verfahren werden hierdurch nachhaltig entlastet. Die Rügelast ergreift die Konstellationen komplett **(S. 1)** wie partieller **(S. 3)** fehlender Schiedsbindung (und beabsichtigt den Schulterschluss mit § 1059 Abs. 1 Nr. 1 a/c). **3**

II. Provisorische Kompetenz-Kompetenz des Schiedsgerichts (Abs. 1)

1. Zuständigkeitsprüfung. Die Befugnis zur **eigenen Prüfung** der Kompetenz ist Rechtsprechungskorrektur, wichtige Neuerung und ferner ein längst wohl überfälliges Annähern an ausländische Standards.[2] Sofort nach seiner Konstituierung, gleich **zu Beginn des Verfahrens** – der Kläger hat den Streitgegenstand ja bereits im Vorlageantrag bezeichnet (§ 1044 S. 2, 2. Var.) – prüft das Schiedsgericht **von sich aus** die eigene Zuständigkeit. **4**

Diese Notwendigkeit folgt allein schon daraus, dass das Schiedsgericht seine Zuständigkeit später gegebenenfalls mit der rügelosen Einlassung (des Beklagten) begründen muss (Rn. 25) oder aber die Klage alsbald (und ohne Belastung für den Beklagten!) mittels Prozessschiedsspruch abweist (Rn. 29). Im letzteren Fall erscheint eine Anhörung des Klägers nötig (§ 1042 Abs. 1 S. 2), im ersteren Fall hingegen ist es uU gemäß dem Gebot eines fairen Verfahrens angezeigt, den Beklagten frühzeitig auf das Rügerecht nach Abs. 2 hinzuweisen.[3] Einem solchen Prozedere muss selbstverständlich eine entsprechende Prüfung vorausgehen. Es wäre schlechter Stil, einfach auf Präklusion zu setzen – doch dürfte die Praxis dazu neigen. Immerhin mag häufig vorkommen, dass allen der Mangel unbekannt bleibt. **5**

---

[1] Vgl. dazu erg. noch *Habscheid,* FS Schlosser, 2005, S. 247 einerseits (Abschied unnötig!), *Wilske/Krapfl,* IDR 2005, 93 andererseits („final farewell").
[2] *Berger,* 1992, S. 246 mit S. 252 f. m. weit. Nachw.
[3] So *Thomas/Putzo/Reichold* Rn. 2 mit Rn. 5 aE – zum mindesten bei Naturalparteien, arg. § 39 S. 2 mit § 504. Ganz anders im Ansatz wohl *Musielak/Voit* Rn. 5: Gelegenheit gütlicher Verabredung notwendig.

§ 1040   6–9   Buch 10. Abschnitt 4. Zuständigkeit des Schiedsgerichts

6   **2. Entscheidungskompetenz (S. 1).** Das Schiedsgericht hat demnach – allerdings bloß *vorläufige* (arg. Abs. 3, Rn. 25 ff.) – Entscheidungsmacht oder eben **Kompetenz-Kompetenz (1. Halbs.)** – und zwar kraft positiver Anordnung. Sie schließt ein die Nachprüfung von Zustandekommen (2. Halbs., 1. Var.: „Bestehen") und Wirksamkeit (2. Halbs., 2. Var.: „Gültigkeit") der Schiedsvereinbarung (Abrede wie Klausel, § 1029 Abs. 2 mit S. 2 [Rn. 8 f.]), die Grundlage des Verfahrens ist (§ 1029 Abs. 1). Diese Überprüfung ist aber nicht selbständig, sondern allein zum Zwecke der Konstatierung eigener Zuständigkeit gegeben („im Zusammenhang hiermit"), dh. sie wird vom Grundsatz her bloß als Vorfrage mitentschieden und entfaltet für sich keine (Rechtskraft-)Wirkungen – anders allerdings bei besonderem Zwischenentscheid iSv. Abs. 3 (Rn. 25–28).

7   Die Regelung ist **klarstellend** und macht die recht tollkühne Auslegung hinfällig, welche das alte Recht doch oft prägte. Dazu kam noch die Möglichkeit zur sog. *definitiven* **Kompetenz-Kompetenz-Klausel**, welche von der Praxis anerkannt und konstruktiv als zweite, nachgeschaltete Schiedsvereinbarung zur Klärung der Zuständigkeit des angerufenen Schiedsgerichts verstanden wurde.[4] Näher dazu siehe 2. Aufl. Rn. 4.

8   **3. Autonomieprinzip (S. 2).** Das Gesetz möchte die Gleichbehandlung von Schieds*abrede* und *-klausel* (§ 1029 Abs. 2) sicherstellen: auch wenn sich die Schiedsvereinbarung redaktionell als Teil des Hauptvertrages darstellt, ist sie **selbständig zu beurteilen**. Es gibt keine „Gesamtnichtigkeitsvermutung", wie sie § 139 BGB entsprechen würde, der nach hM aber schon unter altem Recht, im Anschluss an *Kisch*,[5] regelmäßig *nicht* angewendet wurde,[6] selbst soweit eine Abrede fehlte, die stets nahelag. Der **Ausschluss des § 139 BGB** wird jetzt also gleichsam gesetzlich verordnet, mag auch S. 2 – wörtlich genommen – bloß Klauseln, nicht Abreden regeln. Dies freilich bloß deswegen, weil man dort keinerlei Probleme vermutete. Dabei ist indes übersehen, dass § 139 BGB auf inhaltliche Kriterien und nicht auf äußerliche Verbindung abstellt,[7] sodass beide Fälle gleicher Handhabung bedürfen.

9   Das Autonomieprinzip stellt letztlich also umfassend sicher, dass über die Wirksamkeit des Hauptvertrages vom Schiedsgericht und direkt **im Rahmen der Begründetheit** geurteilt wird, und dass bei Nichtigkeit des Hauptvertrages normalerweise dann ersatzweise eine „hilfsweise" Zuständigkeit für Rückabwicklungs-, Bereicherungs- oder sonstige Folgeansprüche besteht (§ 1029 Rn. 111 mit Rn. 71).[8] Voraussetzung ist indes natürlich stets, dass denn überhaupt eine Schiedsvereinbarung – verselbständigt gesehen – wirksam zustandegekommen ist.[9] Insoweit ist das **„Bestehen" (Abs. 1 S. 1, 1. Var.)** bei Schieds*klauseln* eng an den Abschluss des Hauptvertrages angelehnt,[10] man vereinbart beide regelmäßig eben *uno actu*; demgegenüber liegen bei Schieds*abreden* meistens – äußerlich – getrennte Vorgänge vor, die eher separater Beurteilung zugänglich sind. Was die **„Gültigkeit" (Abs. 1 S. 1, 2. Var.)** angeht, so laufen beide Fälle wieder parallel und sind durch S. 2 „immunisiert" gegen materielle Mängel. Allerdings ist auch an den Sonderfall eines Doppelmangels mit identischem – prozessualem – Fehlergrund zu denken, zB bei fortwirkender Bedrohung oder Täuschung,[11] der wohl bei Klauseln eher vorliegt; nur dort greifen auch § 305 c Abs. 1 und § 307 Abs. 1/2 BGB (§ 1029 Rn. 22–26).

---

[4] Dazu grundlegend etwa BGH KTS 1961, 26, 27 u. BGHZ 68, 356, 365 ff. (366) = NJW 1977, 1397 = ZZP 91 (1978), 470 m. Anm. *Leipold;* NJW-RR 1988, 1526; NJW 1991, 2215; BGHZ 162, 9, 12 f. [II 2 a] = NJW 2005, 1125 = JZ 2005, 958 m. Bespr. *Wagner/Quinke* (S. 932 f. [I]) = SchiedsVZ 2005, 95 m. Anm. *Huber/Bach;* OLG Düsseldorf WM 1990, 842, 844; OLG Bremen OLGR 1996, 139, 140 re. Sp. sowie – unter neuem Recht! – irrig OLG Frankfurt/Main OLGR 2004, 9, 11; OLG Düsseldorf OLGR 2002, 106. Für Schlichtung „wieder belebt" von OLG Rostock v. 18. 9. 2006 – 3 U 37/06 [II 3]. – Sehr lesenswert auch künftighin noch *Habscheid* KTS 1952, 33, 37 f. (Grundlegung), *Schwab* KTS 1961, 17 (Erwiderung) u. *Habscheid* KTS 1964, 146, 151 ff. (Verteidigung); vgl. auch erg. *Stein/Jonas/Schlosser,* 21. Aufl., § 1037 aF Rn. 3 a m. weit. Nachw. (Fn. 12 u. 13).
[5] Judicium 3 (1931), 53, 57 ff.; zuvor schon RG JW 1914, 773.
[6] Zuerst OLG Celle MDR 1958, 172 u. OLG Frankfurt/Main OLGZ 1967, 435, 437 – später: BGHZ 53, 315, 318/319 = JZ 1970, 730 m. Anm. *Schlosser* = ZZP 83 (1970), 469 m. Anm. *R. Münzberg; Schwab* KTS 1961, 17, 18–21; BGHZ 69, 260, 264; NJW 1979, 2567, 2568; 1991, 2215, 2216; NJW-RR 1993, 444, 445 [II 4 a] (explizit salvatorische Klausel!); *Wagner,* 1998, S. 324 ff., insbes. S. 331 ff.
[7] RGZ 103, 295, 297/298; BGHZ 50, 8, 13; LM BGB § 139 Nr. 34; NJW 1976, 1930, 1931; *Wagner,* 1998, S. 327.
[8] BT-Drucks. 13/5274 S. 43 re. Sp. [2] – zust. *Baumbach/Lauterbach/Hartmann* Rn. 2; *Zöller/Geimer* Rn. 3 mit § 1029 Rn. 1.
[9] Genauso (unter altem Recht) bereits BGH WM 1970, 1050, 1051 [II].
[10] Insoweit zutr. *Wagner,* 1998, S. 330.
[11] BGHR § 1025 Abs. 1 aF – Wirksamkeit 1; OLG Frankfurt/Main OLGZ 1967, 435, 437.

Der Zusatz wirkt mithin (Rn. 8) deklaratorisch – aber: die **Regelung ist souverän,** vor allem gegenüber einem *hypothetisch* abweichenden Parteiwillen;[12] es ist darum mindestens recht zweideutig, wenn der Gesetzgeber bloß „nicht ohne weiteres"[13] jenen Rückschluss vom materiellen auf den prozessualen Vertrag abgeschnitten glaubte. Er meinte aber damit wohl allein die vorstehend erörterten Sonderfälle, sowie vielleicht zudem die Möglichkeit *ausdrücklicher* Verknüpfung. Jedoch: es spricht viel dagegen, zukünftig nun umgekehrt kraft ausdrücklich erklärtem Parteiwillen zu verknüpfen anstatt zu trennen: die **Regelung ist zwingend.** Es macht wohl wenig Sinn, auf diesem Umwege nun wiederum zur erledigten „Willenserforschung" anzuhalten – die Gültigkeitsfrage wird neuer Regelung gemäß unabdingbar objektiv entschieden.[14]

III. Rüge der Unzuständigkeit

1. Systematische Stellung des Abs. 2. Die Unzuständigkeit des Schiedsgerichts stellt – abgesehen vom Fall des nicht schiedsfähigen Streitgegenstandes (unten Rn. 16) – ein **disponibles Verfahrenshindernis** dar. Jene Regelung kombiniert zwei Anliegen: Die Rügeobliegenheit ist verdrängende Sondervorschrift im **Verhältnis zu § 1027,** der allgemeinen Präklusionsregel;[15] dies zeigt auch insbes. die abweichende Regelung der Rügefrist (Rn. 20, 24). Wesentlich ist aber eher das **Verhältnis zu § 1032 (iVm. § 1026),** der parallele *staatliche* (Zuständigkeits-)Kontrolle ermöglicht. Dabei sind drei Fälle an Kontrollbefugnis zu unterscheiden:

Vor Bildung des Schiedsgerichts kann der *Beklagte* notwendigerweise nur das Feststellungsverfahren gemäß § 1032 Abs. 2, 2. Var. einleiten (§ 1032 Rn. 22 ff.), es sei denn der *Kläger* käme ihm hier zuvor (§ 1032 Abs. 2, 1. Var.): beide Rechtsschutzformen bzw. -gesuche sind insoweit voll austauschbar, sie erzielen jeweilig das kontradiktorische Gegenteil in umgekehrter Parteistellung! Die Entscheidung wirkt Rechtskraft (§ 322 Abs. 1) sowohl für das Schiedsverfahren[16] wie für Aufhebungsantrag (§ 1059 Abs. 2 Nr. 1 a u. 1 c) und Vollstreckbarerklärung (§ 1060 Abs. 2 S. 1).

Mit Bildung des Schiedsgerichts (§§ 1034 ff., 1035) entfällt diese Möglichkeit, indes wird das bereits laufende Verfahren regulär beendet, ohne dass etwa insoweit Erledigung eintritt (§ 1032 Abs. 3 gestattet in Umkehrung die Durchführung des Schiedsverfahrens!). Ansonsten bleibt zunächst einmal lediglich der Weg des § 1040 Abs. 2, die vermeintliche Unzuständigkeit oder Befugnisüberschreitung geltend zu machen.[17] Das Schiedsgericht bekommt mithin den „ersten Zugriff", mag auch seine (Zuständigkeits-)Entscheidung stets noch der späteren Kontrolle der staatlichen Gerichte unterliegen.

Sonderfall ist die Hauptklage (§ 1032 Abs. 1). Die Klageerhebung aus dem materiellen Hauptrecht folgt eigener Regel, sie bleibt statthaft[18] – und zwar bis sich der Beklagte durch Einrede wehrt, die sowohl rechtzeitig erhoben (§ 1032 Abs. 1, 1. Halbs., dort Rn. 16 f.) wie – was hier bedeutsam wird – prozessual fundiert (§ 1032 Abs. 1 aE, dort Rn. 7) sein muss. So kann stets eine *indirekte* Kontrolle erzwungen werden; die Zuständigkeitsprüfung ist dann freilich bloß eine Vorfrage und wird nicht selbständig rechtskräftig entschieden. Ein dennoch widersprechender Schiedsspruch muss allemal am Ende an § 1059 Abs. 2 Nr. 2 b scheitern.[19]

2. Rügegründe. a) Allgemeines. Die Norm differenziert **zwei Fälle,** und zwar die komplette Unzuständigkeit (S. 1/2 [Rn. 18–21]) und die partielle Befugnisüberschreitung (S. 3 [Rn. 22–24]), bei denen sie die Rügelast *zeitlich* verschieden anknüpft. Beide betreffen die Grundlage eines Schiedsverfahrens (nämlich freiwillige Bindung, § 1029) und finden ihr Pendant in § 1059 Abs. 2 Nr. 1 a/c, dessen Wirkungen sie begrenzen (Einschränkung der Möglichkeit zur Aufhebung!). Einheitliche Rechtsfolge ist nämlich regelmäßig die **Präklusion** (Rn. 41 f.), aber wiederum „in beiden Fällen" (S. 4) gleicherweise nur unter dem **Vorbehalt** einer gerichtlich akzeptierten Entschuldigung (Rn. 43).

Von vornherein nicht unter Abs. 2 fällt indes der Fall, dass der eingeforderte Streitgegenstand **überhaupt nicht schiedsfähig** ist (§ 1030). Da dieses Hindernis **ausnahmslos nie zur Disposi-**

---

[12] Insoweit abw. *Wagner,* 1998, S. 331 ff.
[13] BT-Drucks. 13/5274 S. 43 re. Sp. [2].
[14] Anders im Ansatz *Stein/Jonas/Schlosser* Rn. 3–7 mit FS Böckstiegel, 2001, S. 697, 701 ff.
[15] BT-Drucks. 13/5274 S. 43 re. Sp. [4]; *Lachmann,* 2. Aufl. 2002, Rn. 477 – aA OLG Koblenz OLGR 2006, 670/671 [1]; wohl auch OLG Celle, Beschl. v. 4. 3. 2004 – 8 SchH 2/03 [2a].
[16] Hiergegen siehe *Schroeter* SchiedsVZ 2004, 288, 290 [V 2].
[17] *Zöller/Geimer* Rn. 2; *Thomas/Putzo/Reichold* § 1032 Rn. 5; *Habscheid* JZ 1998, 447, 448.
[18] Insoweit nunmehr ebenso *Zöller/Geimer* Rn. 2.
[19] Strenger wohl die hM: automatisch geltende Nichtigkeit (§ 1059 Rn. 79 aE).

tion der Parteien steht, ist damit auch keine Zuständigkeitsbegründung durch rügelose Einlassung möglich. Das Schiedsgericht muss sich von Amts wegen für unzuständig erklären,[20] indem es die Sache durch einen Prozessschiedsspruch beendet. Tut es dies in Verkennung der wahren Rechtslage nicht, kann eine Partei in jedem Stadium des Verfahrens die „Unzuständigkeit" bzw. Unstatthaftigkeit rügen, ohne dass dann insoweit irgendeine Präklusion einträte; hilfsweise bleibt Aufhebung gemäß § 1059 Abs. 2 Nr. 2a (Maßgeblichkeit *deutschen Rechts!*).

17 Nicht erfasst werden zudem persönliche und prozessuale „Kompetenzmängel" der Schiedsrichter[21] und ebensowenig die Unzulässigkeit **einzelner verfahrensleitender Maßnahmen.** Die betroffene Partei muss sofort dagegen vorgehen (§§ 1034 Abs. 2, 1035 Abs. 4, 1. Var., 1037 Abs. 2/3, 1038 Abs. 1 S. 2) oder wenigstens doch jenen Verstoß rügen (§ 1027) und später Aufhebungsantrag nach § 1059 Abs. 2 Nr. 1d stellen, wenn am Ende deshalb ein für sie nachteiliger Schiedsspruch gefällt wird. „Befugnisüberschreitung" (Rn. 22) meint hier enger alleinig zuständigkeitsrelevante Umstände iSv. „Schiedsgerichtskompetenz".

18 **b) Unzuständigkeit (Abs. 2 S. 1 u. 2).** Die Zuständigkeit des Schiedsgerichts kann ausgeschlossen sein, weil die Parteien keine wirksame Schiedsvereinbarung iSv. § 1029 Abs. 1 getroffen haben (**Wirksamkeitsmangel** – § 1059 Abs. 2 Nr. 1a: „Gültigkeitskontrolle", dort Rn. 13–17) oder aber die Schiedsvereinbarung den geltend gemachten Anspruch, dh. den ganz konkret erhobenen Streitgegenstand nicht (voll) deckt (**Reichweitenmangel** – § 1059 Abs. 2 Nr. 1c [1. u. 2. Var., dort Rn. 18–21]: „Reichweitenkontrolle").

19 Der erste Fall betrifft die *generelle* (Un-)Zulässigkeit jedes schiedsrichterlichen Verfahrens, dies auch mit Wirkung für die Zukunft sowie andere spätere Klagen, im zweiten geht es um eine mögliche, *anfängliche* (!) Zuständigkeitsüberschreitung bei an sich jedoch gültiger Schiedsvereinbarung. Der Zeitpunkt ist entscheidend, wie die Anspielung in Abs. 2 S. 1 auf § 1046 Abs. 1 („Klagebeantwortung") ergibt. Darunter fällt auch die selbstständige Widerklage (arg. § 1046 Abs. 3), aber nicht eine nachträgliche Klageänderung (arg. § 1046 Abs. 2), welche dann allerdings ihrerseits auch eigene Präklusionsgefahr läuft. Die Rüge muss **„spätestens mit der Klagebeantwortung"** erfolgen (S. 1 mit § 1046 Abs. 1 S. 1, 2. Var.), ihr Eingang ist der Präklusionszeitpunkt, den allerdings der Rügewillige teilweise selbst bestimmen kann.

20 Es muss bloß die eigenständige (Beantwortungs-)Frist des § 1046 Abs. 1 (dort Rn. 12f.) gewahrt werden. Anders formuliert: solange darf die betroffene (rügewillige) Gegenpartei – im Unterschied zu § 1027 („unverzüglich" nach Konstituierung) – die Rüge absolut ohne Schaden zurückhalten, sie mag den Mangel schon beim Empfang von Klageerhebung bzw. Vorlageantrag (§ 1044) oder Klagebegründung (§ 1046 Abs. 1 S. 1, 1. Var.) erkannt, von einem Kontrollantrag gemäß § 1032 Abs. 2 vorläufig bewusst abgesehen oder sogar noch die Konstituierung des Schiedsgerichts mitgetragen haben (Abs. 2 S. 2). **S. 1** gestattet dem Verfahren, sich in Ruhe zu entwickeln[22] und dem Beklagten, wenn einmal die Karten „auf dem Tisch liegen", die Zuständigkeit des Schiedsgerichts durch rügelose Einlassung zu begründen.

21 S. 2 erhält diese „Option": eine spätere Rüge verfällt nicht etwa dem Vorwurf des Rechtsmissbrauchs (in der Figur des venire contra factum proprium), weil die Partei in Kenntnis der Unzuständigkeit des Schiedsgerichts früher an dessen Konstituierung mitgewirkt hat.[23] Die Praxis verbindet wohl praktisch prozessuale Zuständigkeitsrüge und materielle Sachentgegnung,[24] doch mag sich die Klagebeantwortung einmal auch auf eine nackte Zuständigkeitsrüge beschränken. Zur Entschuldigung Rn. 43, zur Verstoßfolge Rn. 41f.

22 **c) Befugnisüberschreitung (Abs. 2 S. 3).** Im Gegensatz zu Rn. 18f. geht es hier um Fälle **nachträglicher (regelmäßig: partieller) Unzuständigkeit** bei aber „an sich" – gleichsam *abstrakt* besehen – fortbestehender Schiedskompetenz. Das kann materielle Gründe haben (konkurrierende Anspruchsgrundlagen, Erweiterung auf Hilfsansprüche etc.) oder aber Resultat prozessualer Vorgänge sein (Klageänderung; Veränderung der Angriffs- oder Verteidigungsmittel, § 1046 Abs. 2). Die Rüge ist eine Art **„Warnhinweis",** quasi *Verwahrung* gegen vermutetes Einverständnis und *Verwarnung* des Gerichtes, seine parteiautonom festgelegten Grenzen zu achten; sie gibt aber auch dem Gegner die Chance, Stellung zu beziehen. Die allemal eigenartige Formulierung ist Art. V

---

[20] So auch BSK-IPRG/*Wenger/Schott* Art. 186 Rn. 49 mit Rn. 59.
[21] Anders als früher: 1. Aufl. § 1037 aF Rn. 1 und dazu auch bei § 1032 Rn. 24.
[22] Im Interesse des Gerichts (Konstituierung, BT-Drucks. 13/5274 S. 43 re. Sp. [4] – als Zeitgrenze für § 1032 Abs. 2!), indes auch des Klägers (Klagebegründung).
[23] Durch aktive Bestellung (1. Var. mit § 1035 Abs. 2) oder bloße, eher passive Mitwirkung (2. Var.). Beispiel: OLG Hamburg OLGR 2002, 305 (Gehörsverweigerung).
[24] Beispiel: BayObLG SchiedsVZ 2004, 163, 164/165 [II 1].

Abs. 1 EuÜ entnommen[25] und findet zugleich ihren Anschluss bei § 1059 Abs. 2 Nr. 1 c, 1. Halbs., 3. Var.[26] (Vorgänge, „welche die Grenzen der Schiedsvereinbarung überschreiten").

Die Rüge muss erfolgen, **„sobald die Angelegenheit ... zur Erörterung kommt"** (S. 3 mit 23 § 1046 Abs. 2). Erfasst ist sowohl Erörterung auf Parteiinitiative hin (Klageänderung oder -erweiterung) wie Gerichtshandeln (Gerichtshinweis, Rechtsgespräch). Dass überhaupt das Schiedsgericht prozessuale Befugnisse beansprucht, ist dabei unnötig: es geht um die allemal (recht-)zeitige **Abwehr** *potentieller* **Gefahr!**

Im ersten Fall genügt so das Handeln der Partei als solches, mag auch das Schiedsgericht 24 jenes wegen ungenügend entschuldigter Verspätung selbst zurückweisen wollen; beim zweiten Fall reicht der unverbindliche Rechtshinweis, den Streit nach einer Anspruchsgrundlage zu entscheiden, deren schiedsrichterliche Beurteilung nach Ansicht einer Partei aber gerade von der Schiedsbindung ausgenommen ist. Stets ist dabei Verfahrensbezug nötig: **Vorliegen** *aktueller* **Bedrohung!**[27] Die Erörterung muss eine „im schiedsrichterlichen Verfahren" sein, keine private Erklärung oder zB eine Äußerung im außerprozessualen, direkten Schriftverkehr der Prozessparteien. Das wäre nicht verbindlich oder gefährdend genug. Die Formulierung „ist zu erheben, sobald ..." legt Strenge nahe, ist indes mit Blick auf § 1027 zu relativieren und konkretisieren: **Rüge unverzüglich nach Kenntnis** (§ 1027 Rn. 10) ist genügend. Zur Entschuldigung Rn. 43, zur Verstoßfolge Rn. 41 f.

3. Verfahrensgang. a) Schiedsgericht hält sich für zuständig (Abs. 3). „In der Regel" er- 25 folgt die Bejahung der Zuständigkeit „durch **Zwischenentscheid**", der selbständig ist[28] – förmlich (S. 1 [Rn. 26] mit Freistellung von § 1054 [dort Rn. 2] – aber S. 2: *schriftliche* Mitteilung) wie sachlich (S. 2 [Rn. 27] mit § 1026: Zuständigkeit für Staatspräjudiz). Das Verfahren ist aufgeteilt und zweistufig: die Schiedskontrolle ist eine Art „Vorschaltinstanz". Die Anhängigkeit eines **Zwischenstreits** vor dem staatlichen Gericht führt aber nicht zur Blockade des Schiedsverfahrens, sondern hat keinen Einfluss auf Verfahrensfortgang und -abschluss (S. 3 – Parallelen: §§ 1032 Abs. 3 [dort Rn. 29 ff.]; 1034 Abs. 2 S. 3; 1037 Abs. 3 S. 2 [dort Rn. 26]). Das Schiedsgericht wird indes auch das Verfahren analog § 148 aussetzen[29] und die weitere Klärung zuerst abwarten dürfen; so vermeidet es die Aufhebung des Schiedsspruchs nach § 1059 Abs. 2 Nr. 1 a u. 1 c, falls das Staatsgericht die Zuständigkeit des Schiedsgerichts verneint.

aa) Interne (schiedsgerichtliche) Kontrolle (Abs. 3 S. 1). Regeltatbestand ist der **Zwi-** 26 **schenentscheid,** der nicht zur Sache ergeht, sich vielmehr auf die (Kompetenz-)Vorfrage beschränken muss. Abweichungen von der Regelvorgabe bieten sich an, wo die Unzuständigkeitsrüge ganz *offensichtlich* erfolglos bleibt, also letztlich bloß einer Verzögerung dient; hier mag es nahe liegen, die Sache sehr zügig durchzuverhandeln und die Zuständigkeit erst in der **Sachentscheidung** inzident zu bejahen.[30] Die Zuständigkeitskontrolle ist alsdann dem staatlichen Aufhebungs- oder Vollstreckbarerklärungsverfahren vorbehalten; es gibt keinen Rechtsschutz analog § 1032 Abs. 2[31] (eindeutige zeitliche Abgrenzung!) und auch keine Präklusion.[32] Sonst gilt: Mit formeller Rechtskraft des *positiven* Zwischenentscheids – bei völligem Verzicht auf eine Staatskontrolle nach Abs. 3 S. 2 (Rn. 27 f.), präkludierter Antragstellung oder bestätigender staatsgerichtlicher Entscheidung – entfaltet der (Zwischen-)Entscheid dann Bindungen: für das weitere Schiedsverfahren ohnehin, aber ebenso darüber hinaus für Aufhebungsantrag wie Vollstreckbarerklärung.[33]

bb) Externe (staatsgerichtliche) Kontrolle (Abs. 3 S. 2). Den Zwischenentscheid vermag 27 **„jede Partei"**, wie es ausdrücklich heißt, staatsgerichtlich prüfen zu lassen. Der Wortlaut ist deut-

---

[25] Dazu BGH NJW 1983, 1267, 1269.
[26] BT-Drucks. 13/5274 S. 43 re. Sp. [5]; vgl. auch erg. BayObLG SchiedsVZ 2004, 45 [II 1].
[27] Beide Aspekte vermengt indes *Zöller/Geimer* Rn. 6; wohl auch *Musielak/Voit* Rn. 6.
[28] OLG München, Beschl. v. 28. 6. 2006 – 24 SchH 11/05 [II 5]: „isolierte" Entscheidung – mehr als eine rechtliche Aufklärung (DIS-SG SchiedsVZ 2007, 166, 167 [II 1]) oder vorläufige Einschätzung (LG Stuttgart v. 25. 7. 2005 – 2 O 85/05 [1 a cc]).
[29] *Baumbach/Lauterbach/Hartmann* Rn. 6.
[30] Vgl. BT-Drucks. 13/5274 S. 44 li. Sp. [9]; *Lachmann* Rn. 724; OLG Naumburg OLGR 2006, 31, 32 („ausnahmsweise"); IHK-SG Hamburg SchiedsVZ 2007, 55, 56 (bei paralleler *Entscheidungsreife* der Hauptsache); OLG Köln, Beschl. v. 20. 7. 2000 – 9 Sch 6/00 (insgesamt eher großzügig: freie Wahl?).
[31] So aber *Musielak/Voit* Rn. 10 („In engen Ausnahmefällen ... zur Vermeidung von Rechtsschutzlücken") mit § 1032 Rn. 11 gegen *Zöller/Geimer* § 1032 Rn. 25.
[32] OLG Frankfurt/Main, Beschl. v. 30. 6. 2006 – 26 Sch 12/05 [II 2a]; BayObLG SchiedsVZ 2004, 163, 164 [II 2]; OLG Hamburg OLGR 2004, 66, 67 [2].
[33] Anders unter altem Recht jedoch BGH NJW-RR 1993, 444, 445 [II 4b] – RGZ 85, 391, 393; 169, 52, 53 tragen dazu aber nichts bei (Vollstreckbarerklärung; *materielle* „Vorabentscheidung").

§ 1040 28–30 Buch 10. Abschnitt 4. Zuständigkeit des Schiedsgerichts

lich, und der Antrag mithin für beide Teile offen.[34] Diese Möglichkeit (Rn. 49) steht aber dem Fortgang und Abschluss des Schiedsverfahrens nicht im Wege (S. 3). Dies macht dann **folgende Situationen möglich: (1)** Bestätigung der Zuständigkeit und dann inzident auch des Zwischenentscheids mit Bindungsfolge (Rn. 26 aE) oder aber **(2)** Feststellung der Unzuständigkeit, die aber nicht etwa zur Aufhebung des Entscheids führt; das würde auf § 1059 unstatthaft übergreifen. Deswegen muss der (formell rechtskräftige) Beschluss auf andere Art Beachtung erfahren (hierzu näher gleich Rn. 28). **(3)** Bei Fristversäumnis greift Präklusion, auch fürs Aufhebungs- bzw. Vollstreckbarerklärungsverfahren.[35] – Die Verweigerung eines Zwischenentscheids ist staatsgerichtlich nicht justiziabel.[36] Hier kommt man nicht umhin, leider nur warten zu können, bis endlich das Gericht mit endgültigem, rechtsförmigem Schiedsspruch entscheidet.

28 Bei Fallgruppe (2) ist weitergehend zu nuancieren: **(2 a)** Läuft noch das Schiedsverfahren, sei es nur, dass ausgesetzt (§ 148) war, muss sich das Schiedsgericht in einem sog. Prozessschiedsspruch für unzuständig erklären, wobei es damit gleichzeitig eine Kostenentscheidung für das unzulässige schiedsrichterliche Verfahren verbindet. **(2 b)** Hat hingegen das Schiedsgericht trotz des „Zuständigkeitszwischenstreites" das Verfahren fortgeführt und – recht zügig – einen *verurteilenden* Schiedsspruch in der Sache gefällt, bleibt nur der separate Aufhebungsantrag (§ 1059 Abs. 2 Nr. 1 a bzw. Nr. 1 c) oder der ganz parallele Einwand gegen die Vollstreckbarerklärung (§ 1060 Abs. 1 S. 1). Vorsorglich ist fristwahrend (§ 1059 Abs. 3 S. 1/2) der Antrag zu stellen und die Entscheidung darüber auszusetzen. **(2 c)** Bei „überholendem" *abweisendem* Schiedsspruch muss wohl oder übel die Sperrwirkung der Rechtskraft (§ 1055) weichen – hier sollte eine Zweitklage ausnahmsweise sofort eröffnet werden. Eine parallele Aufhebung wäre nur noch fruchtlose zusätzliche Formalität.

29 **b) Schiedsgericht hält sich für unzuständig.** Auf Rüge der Partei muss es dann konsequenterweise die Klage in einem **Prozessschiedsspruch** als unzulässig abweisen (arg. Abs. 1 S. 1).[37] Zu schwach wäre dagegen, die weitere Betätigung nach Ankündigung bloß einzustellen[38] (§ 1056 Abs. 2 Nr. 3, 2. Var.: anderweitige Unmöglichkeit?), wie dies einstiger Praxis (2. Aufl. Rn. 4) entsprach. Die (vorläufige) Kompetenz-Kompetenz des Schiedsgerichts drückt sich besser aus in der regulären (!) Beendigung des Verfahrens, und dafür ist ein Schiedsspruch erforderlich, der schließlich dazu insoweit auch Rechtskraft (§ 1055) wirkt und ohne weiteres eine klare Rechtsgrundlage für die Kostenverteilung schafft (§ 1057 [dort Rn. 24]), während es gemäß altem Recht dafür einer eigenen (Zusatz-)Vereinbarung bedurft hatte.[39] Eine förmliche und bindende Verweisung ist nicht möglich, weil dafür bloß unter staatlichen Gerichten die obligate Ermächtigung vorliegt (§ 281 Abs. 1 ZPO, § 17 a Abs. 2 GVG); nichts hindert jedoch das Schiedsgericht, einen helfenden Fingerzeig zu geben.

30 Dem Prozessschiedsspruch entspricht die interne Prüfung durch Zwischenentscheid (Rn. 26), eine externe Prüfung erlaubt dann indes erst das spätere **Aufhebungsverfahren:**[40] der Prozessschiedsspruch ist angreifbar mit Aufhebungsantrag, so wie auch jeder andere Schiedsspruch. Jedoch fehlt dazu streng genommen der *spezielle* Aufhebungsgrund („rechtsfehlerhafte Kompetenzverwei-

---

[34] Nicht aber für Dritte: *Müller/Keilmann* SchiedsVZ 2007, 113, 119–121 [II 9] (demzufolge keine Präklusion!) gegen OLG Bremen OLGR 2006, 263, 264 [II 1].
[35] BT-Drucks. 13/5274 S. 44 li. Sp. [8] – ebenso: BGH SchiedsVZ 2003, 133 = MDR 2003, 890 mit OLG Oldenburg OLGR 2003, 340 (Vorinstanz); OLG Celle SchiedsVZ 2004, 165, 168 [II 2 b cc]; OLG Stuttgart, Beschl. v. 14. 10. 2003 – 1 Sch 16/02 [B II 1 b – JURIS-Rn. 65]; OLG Bremen OLGR 2006, 263, 264 [1]; OLG Celle, Beschl. v. 14. 12. 2006 – 8 Sch 14/05 [II 2b aa (1)] – ferner: *Musielak/Voit* Rn. 13 mit § 1032 Rn. 8 u. § 1059 Rn. 11; *Thomas/Putzo/Reichold* § 1040 Rn. 8 u. § 1059 Rn. 8; *Rützel/Wegen/Wilske*, 2005, S. 151 aE; *Hausmann*, FS Hans Stoll, 2001, S. 593, 597 [II 1 b] u. 601/602 [II 1 d]; *Kröll* ZZP 117 (2004), 453, 481 [VII 1] m. weit. Nachw.
[36] OLG Köln, Beschl. v. 20. 7. 2000 – 9 Sch 6/00.
[37] Dies erwägt auch BT-Drucks. 13/5274 S. 44 li. Sp. [7] – zust. *Zöller/Geimer* Rn. 10; *Thomas/Putzo/Reichold* Rn. 9; *Baumbach/Lauterbach/Hartmann* Rn. 4; *Gottwald/Adolphsen* DStR 1998, 1017, 1021; *P. Huber* SchiedsVZ 2003, 73, 75 [IV 3]; *Habscheid*, FS Schlosser, 2005, S. 247, 254/255; BGHZ 151, 79, 80/81 [1 a] = NJW 2003, 3031 = SchiedsVZ 2003, 39 m. zust. Anm. *Münch* [I] = JR 2003, 243 m. zust. Anm. *Elsing* [I] = IDR 2002, 40 m. zust. Anm. *Sandrock* [II]; OLG Naumburg OLGR 2006, 31, 32. Eingehendst dazu *Synatschke*, 2006, S. 86 ff. (99–104).
[38] So aber immer noch *Musielak/Voit* Rn. 8 mit § 1054 Rn. 2, § 1056 Rn. 1, § 1059 Rn. 4 u. 20 mit FS Musielak, 2004, S. 595, vgl. S. 598–606, hier insbes. dann S. 604 f., (dogmatische Kritik) bzw. S. 606–616 (praktische Folgen).
[39] Dazu BGH NJW 1973, 191 m. weit. Nachw.; OLG München KTS 1974, 174.
[40] BGHZ 151, 79, 81 [1 a] m. weit. Nachw. = NJW 2002, 3031 = SchiedsVZ 2003, 39 m. zust. Anm. *Münch* [I] = JR 2003, 243 m. zust. Anm. *Elsing* [I] = IDR 2002, 40 m. zust. Anm. *Sandrock* [II]; OLG Hamburg, Beschl. v. 30. 8. 2002 – 11 Sch 2/00 [II 1]; *Zöller/Geimer* Rn. 10 mit § 1054 Rn. 3; *Synatschke*, 2006, S. 122–124 (mit Ausnahme von § 1059 Abs. 2 Nr. 1a) – aA OLG Hamburg NJW-RR 2000, 806 [1] (im Unterschied zu anderweitiger Unzulässigkeit).

gerung" – in Anlehnung an § 611 Abs. 2 Nr. 1 öZPO): die Materialien postulieren ihn,[41] obwohl ihn das Gesetz verschweigt. Alle normierten (Rüge-)Gründe nach § 1059 Abs. 2 Nr. 1 wollen nicht recht passen[42] – am besten bemüht man eine Gesamtanalogie zu Nr. 1a („Gültigkeitskontrolle"), Nr. 1c („Reichweitenkontrolle") und Nr. 2a („Fähigkeitskontrolle").[43] Auch damit tritt eine wichtige Änderung gegenüber altem Recht ein, sollte doch ein die eigene Zuständigkeit verneinender Schiedsspruch – insoweit er entgegen der wohl hM überhaupt anerkannt war (2. Aufl. Rn. 4) – das staatliche Gericht binden, weil dann nämlich die Schiedsvereinbarung „verbraucht" sei und damit hinfällig werde.[44]

4. Schicksal einstweiliger Maßnahmen (§ 1041). a) *Selbstvollziehende* **vorläufige Maßnahmen.** Nach Feststellung der Inkompetenz ist die getroffene Anordnung aufzuheben, obwohl das Sicherungsbedürfnis uU fortbesteht: zur Sache ist nicht entschieden. Selbstvollziehende vorläufige Maßnahmen (§ 1041 Rn. 18f.), die von vornherein keiner Vollziehbarerklärung (§ 1041 Abs. 2) bedürfen, muss das Schiedsgericht auch selbst aufheben, bevor es das Schiedsverfahren durch sog. Prozessschiedsspruch beendet (Rn. 28 [2a] bzw. Rn. 29); bei vorherigem Abschluss des Schiedsverfahrens (Rn. 28 [2b]) tritt die einstweilige Maßnahme ohnedies außer Kraft. Bei lediglich interner Kontrolle sollte dies der gesicherten Partei jedoch angekündigt werden („pré-avis"), damit sie noch Zeit hat, ersatzweisen einstweiligen Rechtsschutz beim staatlichen Gericht nachzusuchen (§§ 916ff. 935ff.); bei externer (OLG-)Kontrolle verbleibt ohnedies wohl genügend Zeit, den gewünschten Schutzantrag anzubringen. Und hierfür besteht ein Rechtsschutzbedürfnis, um effektiv zu verhindern, dass die durch die Eilmaßnahme gesicherte Partei plötzlich schutzlos dasteht. Eine Ankündigung würde auch daran kranken, dass das Zwischenverfahren entscheidungsreif ist; das OLG muss entscheiden, Zeit für eine entsprechende Ankündigung fehlt (es gibt keinen Vorbescheid!). 31

b) *Transformationsbedürftige* **vorläufige Maßnahmen.** Solche Maßnahmen (§ 1041 Rn. 13–17) können nur auf Antrag aufgehoben werden (§ 1041 Abs. 3), weil sie zwar fehlerhaft, aber dennoch wirksam sind. Folge der Aufhebung ist alsdann die Einstellung der Zwangsvollstreckung (§ 775 Nr. 1 analog) mit Aufhebung der Vollstreckungsmaßregeln (arg. § 776 S. 1). Solche (Aufhebungs-)Fälle dürften höchst selten sein, zumal das OLG vor einer solchen Vollziehbarerklärung (§ 1041 Abs. 2) die Schiedsvereinbarung und damit auch die Zuständigkeit des Schiedsgerichts prüft.[45] Der Aufhebungsantrag (§ 1041 Abs. 3, 1. Var.) ist aber vom Kontrollantrag (§ 1040 Abs. 3 S. 2) eigentlich ganz unabhängig; bei zeitgleichen Anträgen und fortbestehendem Sicherungsbedürfnis wird das OLG hier die Entscheidung über die Aufhebung der Eilmaßnahme um einige Tage gegenüber der Feststellung der Unzuständigkeit des Schiedsgerichts verzögern; so verbleibt noch genügend Zeit, nach §§ 916ff., 935ff. vorzugehen. Erklärt sich bereits das Schiedsgericht für unzuständig, verstreicht ohnehin noch gewisse Zeit vor der Aufhebung. 32

IV. Rügelose Einlassung

1. Grundlegung (Abs. 2 S. 1–3). Rügelose Einlassung ist **Verlust des Rügerechts** nach Abs. 2 vermittelt durch Präklusion. Die Regel ähnelt nicht von ungefähr § 39, vermeidet aber geschickt durch konkrete Zeitgrenzen (Rn. 19–21 bzw. Rn. 23f.) und im Unterschied zu § 1031 Abs. 6 (dort Rn. 65–67) die Frage, was materielle „Einlassung" bedeutet. Sie begründet die **Zuständigkeit des Schiedsgerichts** und führt zur Sachentscheidung. Bei totaler Untätigkeit greift statt dessen § 1048, doch gibt es bloß dann ein „einseitig streitiges Verfahren" bei Beklagten-(ver-)säumnis (Abs. 2–4), wenn das Schiedsgericht seine Zuständigkeit völlig unabhängig vom Nichtrügen bejaht[46] (vgl. auch erg. § 39 Rn. 9). 33

---

[41] BT-Drucks. 13/5274 S. 44 li. Sp. [7].
[42] Das muß man offenherzig BGHZ 151, 79, 82 [1b bb] = NJW 2002, 3031 = SchiedsVZ 2003, 39 m. abl. Anm. *Münch* [II]= JR 2003, 243 m. zust. Anm. *Elsing* [II] = IDR 2002, 40 m. zust. Anm. *Sandrock* [II] konzedieren.
[43] Leicht abw. 2. Aufl. Rn. 16: Einzelanalogie zu Nr. 1c, zust. *Triebel/Coenen* RPS 2003 I S. 2, 5 Fn. 18 (mit S. 6 Fn. 30); näher dazu *Münch* SchiedsVZ 2003, S. 41–43 (42 li. Sp.) [II 2/3]. Kategorisch anders *Synatschke*, 2006, S. 125ff. Gegen jegliche Analogie indes BGHZ 151, 79, 83 [1b cc] = NJW 2002, 3031 = SchiedsVZ 2003, 39 m. abl. Anm. *Münch* [II] = JR 2003, 243 m. zust. Anm. *Elsing* [II] = IDR 2002, 40 m. zust. Anm. *Sandrock* [III] (Nr. 1c), wohl zust. auch *P. Huber* SchiedsVZ 2003, 73, 75 [IV 3] bzw. *Voit*, FS Musielak, 2004, S. 595, 611f. u. OLG Hamburg, Beschl. v. 30. 8. 2002 – 11 Sch 2/00 [II 2a] (Nr. 1a). Eingehend dazu *Synatschke*, 2006, S. 125–142.
[44] *Schütze/Tscherning/Wais* Rn. 118.
[45] BT-Drucks. 13/5274 S. 45 re. Sp. [§ 1041/8 aE].
[46] So wie hier BSK-IPRG/*Wenger/Schott* Art. 186 Rn. 51. Ganz ähnlich wohl *Zöller/Geimer* Rn. 12 u. *Musielak/Voit* Rn. 13 aE: keine Beteiligung zwecks Kompetenzrüge nötig.

§ 1040   34–38   Buch 10. Abschnitt 4. Zuständigkeit des Schiedsgerichts

34   Oftmals wird sich künftig eine **pauschale Rüge** wohl empfehlen: es liegt dann indes beim Schiedsgericht, Klarheit zu schaffen (Abs. 3 S. 1) – zügig und exakt, aber auch ohne jede Verfahrensinterferenz (Abs. 2 S. 3). – Schiedsfähigkeit dabei vorausgesetzt (Rn. 16), verbürgt Abs. 2 entweder **Heilungskraft,** wenn und weil der Zuständigkeitsmangel unerkannt bleibt – er immunisiert dann gegen spätere Angriffe (Rn. 42) und entlastet das (Schieds-)Verfahren – oder aber quasi eine Art **Vertragskraft** bei direkt bekanntem Mangel. Diesen differenzierten Mechanismus[47] spiegelt die Norm indes unvollkommen wider; ferner muss hierzu unterschieden werden:

35   **2. Fallgruppen. a) Mangelnde Schiedsvereinbarung.** Ist schon überhaupt keine Schiedsvereinbarung zustandegekommen (**„Tatbestandsmangel"**), so liegt in der Erhebung der Schiedsklage einerseits und der rügelosen Einlassung andererseits der stillschweigend erfolgte (Erst-!)Abschluss, wenn und weil jenen beiden Akten der Wille entnommen werden kann, eine Schiedsvereinbarung über den betreffenden Streitgegenstand (selten darüber hinaus!) abzuschließen. Das Zustandekommen der Schiedsvereinbarung richtet sich nach den allgemeinen zivilrechtlichen Vorschriften (§ 1029 Rn. 15 ff.), sodass zumindest *potentielles* **Erklärungsbewusstsein** vorliegen muss,[48] um Bindung zu bejahen. Dies dürfte aber angesichts § 1044 S. 2, 3. Var. (Appellfunktion!) nun regelmäßig wohl erfüllt sein. Konsequenterweise spricht hier allemal eine Vermutung für das Bestehen des Erklärungsbewusstseins.[49]

36   Dies rezipiert dann sinngemäß auch Art. 7 Abs. 2 S. 2, 3. Var. ModG[50] („alleged by one party and not denied by another"), obgleich die Regelung durch § 1031 Abs. 6 (der Formmangel heilt zeitgleich![51]) nicht apodiktisch einfach übernommen wurde. Die Praxis erzielt dieses Resultat zuweil auch anders, nämlich mittels § 242 BGB: die nachträgliche Geltendmachung des Tatbestandsmangels (§§ 1059, 1060) sei widersprüchlich und unbeachtlich.[52] § 1040 Abs. 2 kommt hier zum Zuge, obgleich jedweder Anschein einer Schiedsvereinbarung fehlt[53] – eine Verurteilung ohne Einlassung wäre jedoch schon allein darum als ordre-public-widrig (§ 1059 Abs. 2 Nr. 2b, dazu auch dort Rn. 45 mit Rn. 19) einzustufen und angreifbar. Sehr widersprüchlich wäre umgekehrt eine sachliche Einlassung trotz eines expliziten Hinweises (§ 1044 S. 2, 3. Var.): *protestatio facto contraria non valet*.

37   **b) Nichtige Schiedsvereinbarung. aa) Prozessuale Wirksamkeitsmängel.** Ist die Schiedsvereinbarung zwar vorhanden, aber unwirksam, scheint eine weitere Differenzierung geboten: Prozessuale Wirksamkeitsmängel verbleiben dennoch beachtlich. Das ergibt der Umkehrschluss aus § 1031 Abs. 6, der Formalrügen selbständig präkludiert und sonst entbehrbar erscheinen würde (nur Vergünstigung zum Rügezeitpunkt? – aber: § 1031 Rn. 63), und auch die strenge Vorgabe des § 1059 Abs. 2 Nr. 1a (§ 1029 Abs. 1) u. Nr. 2a (§ 1031). Im Prinzip könnte man hierin genauso prozessual gefärbte Tatbestandsmängel erkennen, die erst die benötigte Begrifflichkeit begründen (§ 1029 Abs. 1 mit Rn. 35f.) oder allgemeine Grundlage darstellen (§ 1031 mit Rn. 33f.).

38   **bb) Materielle Wirksamkeitsmängel.** Solche materiellen Mängel (zB §§ 134, 138 Abs. 1 BGB) konnte wohl bisher eine inhaltlich vorbehaltlose Einlassung nur alsdann überwinden, wenn darin eine Bestätigung (§ 141 Abs. 1 BGB) lag: die Parteien mussten also wissen oder allemal damit rechnen, dass die getroffene Schiedsvereinbarung unwirksam war,[54] und Mängel durften ferner

---

[47] Dazu unter altem Recht etwa: *K. Schmidt* MDR 1972, 989ff. u. FS Nagel, 1987, S. 373, 378ff.; *Wackenhuth* KTS 1985, 425, 428; *Kollhosser*, FS Esser, 1995, S. 77, 80ff.
[48] KG OLGR 1996, 68, 70 li. Sp.; *Schwab/Walter* Rn. 5.6 m. weit. Nachw.; *Zimmermann* § 1031 Rn. 6; *Zöller/Geimer* § 1031 Rn. 45; *Vollkommer* NJW 1983, 726, 727; *Baumbach/Lauterbach/Hartmann* § 1031 Rn. 15 – sehr str.: unsichere Rechtslage! Hier offen etwa BGHZ 48, 35, 45/46; aA OLG Hamburg MDR 1969, 1019 = BB 1970, 53 mit ZIP 1981, 170, 172; RIW 1982, 283, 285 (obiter dictum); RGZ 116, 88, 89. OLG Stuttgart, Beschl. v. 20. 12. 2001 – 1 Sch 16/01 (1) [II 3 a] (be-)hilft sich hier mit Präklusion.
[49] Ausnahme: Annahme gesetzlicher Vorgabe („Deklarationsakt" bei Zwangsarbitrage), KG OLGR 1996, 68, 70 re. Sp.
[50] Dazu *Calavros*, 1988, S. 46 – andere Lesart bei *Hußlein-Stich*, 1990, S. 40; *Granzow*, 1988, S. 89: Begrenzung auf Formmängel.
[51] 1. Aufl. § 1027 aF Rn. 9; BGHZ 6, 248, 260; 88, 314, 318/319; BGH LM § 1027 aF Nr. 5 [III 2]; LG Frankfurt/Main NJW 1983, 761, 762; *Schütze/Tscherning/Wais* Rn. 166; *Schwab/Walter* Rn. 5.7; *Stein/Jonas/Schlosser*, 21. Aufl., § 1027 aF Rn. 6c u. § 1031 Rn. 14a: „[§ 1031] VI ist neben § 1040 II überflüssig"; *Zerbe*, 1995, S. 162.
[52] RG HRR 1931 Nr. 1489 re. Sp.; JW 1913, 655, 656 bzw. OLG München IPRspr. 2002 Nr. 223, S. 564, 568/569 [B I 2b]; OLG Celle OLGR 2007, 664, 666 [II 2a].
[53] Anders dazu jedoch *Zöller/Geimer* Rn. 12 aE u. *Thomas/Putzo/Reichold* § 1031 Rn. 15 aE („Nicht-Schiedsgericht" – freilich zur falschen Norm!). So wie hier letztlich auch *Kollhosser*, FS Esser, 1995, S. 77, 89.
[54] Das wohl meint auch BGHZ 88, 314, 318 = NJW 1984, 1355 („bewußt und gewollt") im Anschluß an BGH LM § 1027 aF Nr. 5 [III 2] (zu § 91 Abs. 1 GWB aF); OLG München KTS 1977, 178, 180; *Schütze/*

nicht irgendwie sonst fortwirken.⁵⁵ Wie insbes. *Karsten Schmidt* nachgewiesen hat, wurde das Erklärungsbewusstsein der Sache nach indes freilich oft fingiert, um prozessualen Bedürfnissen Rechnung zu tragen, was alsdann zur Anleihe bei § 1027 Abs. 1 S. 2 aF (§ 1031 Abs. 6 nF) führen sollte:⁵⁶ der Heilungsgedanke reiche über eine nackte Zuständigkeitsbegründung hinaus; ein einvernehmlich voll durchgeführtes Schiedsverfahren solle man nicht nachträglich dem Streit über seine Grundlagen preisgeben.

Die letztlich fehlende positive Grundlage dafür schafft jetzt § 1040 Abs. 2 – das Gesetz hat **39** gleichsam die rechtsgeschäftliche Bestätigung durch die prozessuale Heilung kraft Präklusion ersetzt, was übrigens – in Anlehnung an § 1031 Abs. 6⁵⁷ – dazuhin klarlegt, dass es keines Erklärungsbewusstseins oder konkreten Geschäftswillens bedarf. Dies bedeutet dann parallel eine Beweislastverschiebung – und: es ist am Prozessgegner, späteres Rügen zu entschuldigen (S. 4). Die „Heilungswirkung" beschränkt sich allerdings auf den konkreten (anhängigen) Rechtsstreit. Die bloße Schiedseinrede (§ 1032 Abs. 1) vor einem Staatsgericht ist aber nicht gleich schon Bestätigungsakt⁵⁸ – jene erfolgt ganz außerhalb *schieds*gerichtlichen Prozesses. Hier kommen weiterhin also allein die klassischen materiellen Denkfiguren als Aushilfe in Betracht.

c) Disparate Schiedsvereinbarung. Wenn sogar eine wirksame Schiedsvereinbarung vorliegt, **40** sie allerdings die konkrete Streitfrage verfehlt (**„Reichweitenmangel"**) – insgesamt oder teilweise, ursprünglich (S. 1) oder nachträglich (S. 3) – ist Absicherung am wichtigsten und unproblematischsten:⁵⁹ filigrane Abgrenzungsfragen und Auslegungsprobleme entfallen, die Einlassung hat Erklärungswert, der Klagantrag (§ 1044 S. 2) präzisiert das Streitobjekt, und über die Form hilft eigens § 1031 Abs. 6 hinweg. Die Präklusion bewirkt Klarlegung: das Schiedsgericht verhandelt und entscheidet zur Begründetheit, regelmäßig bleibt eine spätere Rüge mithin unbeachtet (arg. § 230 – aber: S. 4, dazu Rn. 43–45). Erkennt das Gericht das Problem, sollte es jedoch etwas hierzu sagen (§ 1054 Abs. 1), sogar bei einem Begründungsverzicht (§ 1054 Abs. 2). Die Fixierung ist notwendig, damit für das staatliche Gericht im Aufhebungs- oder Vollstreckbarerklärungsverfahren (§ 1059 Abs. 2 Nr. 1 c) demgemäß verbürgt zweifelsfreie Klarheit herrscht.

3. Sperrwirkung. Fraglich ist indessen, wie weit die rügelose Einlassung präjudiziert bzw. **41** präkludiert. *Thomas/Putzo/Reichold* meinten einst, dass der Einwand der Unzuständigkeit nur für das schiedsrichterliche Verfahren ausgeschlossen sei, jedoch nicht auch für §§ 1059, 1060, zumal das Gesetz in § 1040 keine den §§ 1027, 1032 Abs. 2, 1060 Abs. 2 entsprechende Präklusionsvorschrift bereithalte.⁶⁰ Ihre Normkette überzeugte kaum: § 1060 Abs. 2 (S. 2 u. 3) betrifft ohnehin allein das staatliche Verfahren, wobei dann zudem Verwerfungen mit § 1059 Abs. 3 S. 1 hervortreten; auch § 1032 gilt einem staatlichen Kontrollakt und präkludiert zudem eigentlich nicht; also bleibt bloß § 1027 (S. 1), der aber doch nur allgemeine Norm gegenüber der konkretisierenden Sondervorschrift des § 1040 Abs. 2 ist (Rn. 12). Das Schiedsverfahren wollte man jedoch mit § 1040 Abs. 2 auf sichere Füße stellen.

Die hM⁶¹ nimmt daher mit gutem Grund – einschränken muss man selbstredend: jenseits eines **42** Antrages gemäß § 1032 Abs. 2 (Rn. 13) – eine **Bindung des staatlichen Gerichts** an die Zuständigkeitsbegründung durch rügelose Einlassung an, dh. eine **Sperrwirkung infolge Untätigkeit.** Sonst wäre der Beklagte geradezu eingeladen, zum Zwecke des Zeitgewinns seine Rügeobliegenheit zu verletzen: Das Schiedsverfahren müsste durchlaufen werden, ohne dass auswegshalber ein klärendes simultanes Feststellungsverfahren vor dem staatlichen Gericht offenstünde (§ 1032 Abs. 2);

Tscherning/Wais Rn. 165; *Schwab/Walter,* 5. Aufl., Rn. 5.7; *Wackenhuth* KTS 1985, 425, 431. Sehr großzügig noch RGZ 27, 378, 381; 31, 397, 399/400 (dazu abgrenzend aber S. 400); dann moderater aber RGZ 43, 407, 408f.; 105, 385, 386f.; jedoch großzügiger wieder RGZ 137, 251, 254.
⁵⁵ RG JW 1933, 38; *Thomas/Putzo/Reichold* § 1031 Rn. 14.
⁵⁶ *Schmidt* MDR 1972, 989, 992ff. u. FS Nagel, 1987, S. 373ff. – ferner: 1. Aufl. § 1027 aF Rn. 10; *Thomas/Putzo/Reichold* Rn. 14; *Zöller/Geimer* § 1031 Rn. 44; *Baumbach/Lauterbach/Hartmann* § 1031 Rn. 15.
⁵⁷ BGHZ 45, 35, 45f.
⁵⁸ AA OLG Koblenz OLGR 2000, 48 [1].
⁵⁹ Zu altem Recht aA RG DR 1942, 908, 909 („muß ... mit Vorsicht beurteilt werden.").
⁶⁰ *Thomas/Putzo/Reichold,* 25. Aufl., 2003, Rn. 2 mit Rn. 5, anders aber ab 26. Aufl., 2004. Per saldo ähnlich aber zuletzt EuGH NJW 2007, 135, 136 [24–34] = SchiedsVZ 2007, 46 m. abl. Anm. *Wagner* (S. 49ff. [3 u. 4]) betr. AGB-Kausel-RL mit Anh. Nr. 1 q, 2. Halbs., 1. Var.
⁶¹ Im Anschluß an BT-Drucks. 13/5274 S. 44 li. Sp. [6]; *Labes/Lörcher* MDR 1997, 420, 423; *Triebel/Coenen* RPS 2003 I S. 2, 5/6; *Schütze* SV Rn. 127 [1. Abs.]; *Baumbach/Lauterbach/Hartmann* Rn. 3 aE; *Schwab/Walter* Rn. 16.11; *Thomas/Putzo/Reichold* Rn. 5; *Borges* ZZP 111 (1998), 487, 490; *Hausmann,* FS Hans Stoll, 2001, S. 593, 597 [II 1 b] u. 601/602 [II d] – ferner: *Berger,* 1992, S. 250; *Hußlein-Stich,* 1990, S. 92f.; *Calavros,* 1988, S. 91. OLG Stuttgart, Beschl. v. 20. 12. 2001 – 1 Sch 16/01 (1) [II 3 a]; ebenso – irrig nur gemäß § 1027 (Rn. 11) – jüngst OLG Koblenz OLGR 2006, 670/671 [1].

§ 1040 43–48 Buch 10. Abschnitt 4. Zuständigkeit des Schiedsgerichts

würde dann erst der Schiedsspruch im Staatsverfahren nach §§ 1059, 1060 aufgehoben, wäre der Kläger gezwungen, mit erheblicher Verzögerung von vorne anzufangen, indem er erneut Klage – jetzt gleich vor einem staatlichen Gericht – erhebt. Dies entspricht auch der Handhabung des § 1037 Abs. 2 S. 1 (dazu näher dort Rn. 34–36) im Vorfeldbereich bei Konstituierung des Schiedsgerichts.

43 **4. Einschränkung (Abs. 2 S. 4).** Das Schiedsgericht kann freilich eine verspätete Rüge gleichwohl noch zulassen, dies unter zwei Voraussetzungen (Abs. 2 S. 4): Nötig ist dafür einerseits eine **befriedigende („genügende") Entschuldigung.** Der Wortlaut ist an die allgemeine Präklusionsregelung für Zulässigkeitsrügen (§ 296 Abs. 3) angelehnt und schlägt dazuhin die Brücke zu § 1046 Abs. 2 (vgl. dort Rn. 29) u. § 1048 Abs. 4 S. 1 (vgl. dort Rn. 39–44).

44 Die dortigen generellen Maßstäbe (§ 296 Rn. 132f., 162, 168f.) können daher auch für verspätete Zuständigkeitsrügen im Schiedsverfahren gelten,[62] einschließlich der Pflicht zur **Glaubhaftmachung** (§ 296 Abs. 4 mit § 294 analog). Danach müssen Entschuldigungsgründe nicht notwendig sogleich mit der Rüge, spätestens aber im Anschluss an den richterlichen Hinweis vorgebracht werden, dass eine Zurückweisung als verspätet in Betracht kommt. Hat indes das Schiedsgericht seinerseits die Verspätung verkannt und erlässt es einen anfechtbaren Zwischenentscheid, so kann die Entschuldigung im Verfahren nach Abs. 3 S. 2 (Rn. 48–50 mit Rn. 27f.) **nachgeholt** werden; entscheidet das Schiedsgericht – ohne die Rüge als verspätet zurückgewiesen zu haben – ausnahmsweise erst im Schiedsspruch positiv über seine Zuständigkeit, kann die Verspätung sogar noch im Aufhebungs- oder Vollstreckbarerklärungsverfahren entschuldigt werden.[63]

45 Nötig ist zudem andererseits eine **schiedsgerichtliche Ermessensbetätigung** („kann"). Die Zulassung ist freigestellt und keinesfalls später justiziabel.[64] Bei der Ermessensausübung wird das Schiedsgericht aber korrekterweise eigene Fehler mildernd in Rechnung stellen, etwa dass es nötige Hinweise verabsäumt (Rn. 5) oder falsche Vorstellungen erweckt hat. Doch besteht kein Anspruch des Säumigen auf Schonung.

V. Definitive Kompetenz-Kompetenz des Staatsgerichts (Abs. 3)

46 **1. Gesetzliche Rechtsprechungskorrektur.** Nunmehr liegt die *endgültige* Entscheidung zur Zuständigkeit des Schiedsgerichts stets in der **Kompetenz staatlicher Instanzen.**[65] War nach Rüge der Unzuständigkeit ein Zwischenentscheid (Abs. 3, Rn. 26) ergangen, kann die Partei mit dem Antrag auf gerichtliche Entscheidung das Zwischenstreitverfahren betreiben (§ 1062 Abs. 1 Nr. 3, 2. Fall), ansonsten bleibt das Aufhebungs- oder Vollstreckbarerklärungsverfahren (§§ 1059, 1060). Das zeigt, dass eine Partei, die Zweifel an der Wirksamkeit des Schiedsvertrages hat oder meint, jener betreffe einen anderen Streitgegenstand, nicht gegen ihren Willen in ein Schiedsverfahren gezogen werden kann, ohne dass ihr eine neutrale Kontrolle durch staatliche Gerichte eröffnet ist.

47 Mithin gibt es **keine eigentliche Kompetenz-Kompetenz des Schiedsgerichts** (mehr), sondern nur eine allenfalls provisorische Entscheidungsbefugnis, die stets definitiver staatlicher Überprüfung harrt. Das findet zur Praxis von vor 70 Jahren[66] zurück: „ein Federstrich des Gesetzgebers, …". Zukünftig vermag ein Schiedsgericht niemals mehr bindend über seine eigene Zuständigkeit zu entscheiden; das staatliche Gericht kann seine Kontrolle (wider bisheriger Übung) nicht auf die Wirksamkeit der Kompetenz-Kompetenz-Klausel beschränken. Die Schärfe umfassender Prüfung ist allerdings erheblich durch Abs. 2 gemildert, wenn er jene neuartige **Rügeobliegenheit** aufstellt (Rn. 11ff., 15–24, 33f., 41f.).

48 **2. Prozedere.** Vorbedingung ist Konstituierung des Schiedsgerichts (S. 1, 1 Halbs.) mit inländischem Schiedsort (§ 1025 Abs. 1) und (kompetenz-)bejahende interne Kontrolle (S. 1, 2. Halbs.). Die **Zuständigkeit** für die alsdann eröffnete externe Kontrolle (S. 2 – Rn. 27) gebührt dem – bezeichneten oder ortsnächsten – OLG (§ 1062 Abs. 1 Nr. 2, 2. Var.), uU mit Rechtsbeschwerde-

---

[62] *Baumbach/Lauterbach/Hartmann* Rn. 3 aE; wohl auch *Zöller/Geimer* Rn. 7 – aA *Lachmann* Rn. 703: entsprechende Anwendung der gemäß § 233 geltenden Grundsätze.
[63] *Zöller/Geimer* Rn. 8; offenlassend BGH SchiedsVZ 2003, 133, 134 aE (insoweit nicht in MDR 2003, 890).
[64] AA *Musielak/Voit* Rn. 7 aE mit Rn. 13.
[65] BGHZ 162, 9, 13 [II 2b] = NJW 2005, 1125 = JZ 2005, 958 m. Bespr. *Wagner/Quinke* (S. 932f. [I]) = SchiedsVZ 2005, 95 m. Anm. *Huber/Bach*; BGH NJW 2007, 772, 775 [30] = SchiedsVZ 2006, 161; OLG Bremen TranspR 2002, 405, 407 [IV 2]; ICC-SG SchiedsVZ 2005, 103, 106 li. Sp.; *Lachmann* Rn. 690 mit Rn. 746; *Zöller/Geimer* Rn. 1; *Musielak/Voit* Rn. 2; *Thomas/Putzo/Reichold* Rn. 8 aE; *Schwab/Walter* Rn. 16.9; *Wagner*, 1998, S. 334; krit. *Smid* DZWiR 1996, 52ff.
[66] RG JW 1928, 2136, 2137 m. weit. Nachw. – abw. trotz verbalem Einklang schon RG WarnR 26 (1934) Nr. 42, S. 92, 93f. („Hamburger freundschaftliche Arbitrage").

möglichkeit zum BGH (§ 1065 Abs. 1 S. 1); es entscheidet nach **fakultativer mündlicher Verhandlung** (§ 1063 Abs. 1: Beschluss – Abs. 2 spielt keine eigene Rolle!). – **Gebühren und Kosten**: Gerichtsgebühren nach KV 1622 [2,0 – bei Rücknahme nur 1,0: KV 1627] sowie reguläre Anwaltsgebühren gemäß VV 3100 [1,3], 3104 [1,2] (Vorbem. 3.1 – selbständige Angelegenheit!). Der Streitwert bestimmt sich nach dem Interesse des Antragstellers an der begehrten Feststellung (Faustregel: 1/2[67] bis 1/3[68]).

Das anhängige staatliche Verfahren entfaltet aber **keinerlei „Sperrwirkung"** (S. 3 – Rn. 25): das angelaufene Schiedsverfahren mag weitergehen. Prüfungsziel kann sowohl sein die positive Bestätigung[69] *oder,* woran man zuerst nur denkt, die negative Vernichtung des Zwischenentscheids (S. 2: „jede Partei"); der Schiedskläger hat ebenso ein positives Feststellungsinteresse – die Entscheidung wirkt Rechtskraft! – wie der Schiedsbeklagte, der hierdurch negativ beschwert ist und den Prozess stoppen möchte. Der Antrag ist also eigentlich kein Rechtsbehelf, sondern wohl vielmehr eine **schiedseigene Präjudizform,** gleichsam ein Gemengsel aus Feststellungs*klage* (§ 256) und Zwischen*urteil* (§ 280). Sie „verlängert" sozusagen die Kontrollmöglichkeit des § 1032 Abs. 2 (dort Rn. 22ff.), mit welcher sie auch sonst manches teilt (§ 1032 Abs. 3; § 1062 Abs. 1 Nr. 2; § 1065 Abs. 1 S. 1). Unterschied ist insoweit nur, dass notwendig das Schiedsgericht nun „vorgeschaltet" ist, was ja letzthin Abs. 1 S. 1 gebietet.

Der Antrag ist **fristgebunden**: Fristbeginn mit Empfang (Zugang[70]) der begründeten *schriftlichen* 50 Entscheidung auf Seiten des Antragstellers (S. 2 mit § 1054 [Abs. 4] analog), wobei § 1028 Abs. 1 hilft; ab dann läuft eine Monatsfrist (Einzelheiten: § 222 Abs. 1 ZPO iVm. §§ 186ff., 188 Abs. 2, 1. Halbs. u. Abs. 3 BGB; § 222 Abs. 2 ZPO bzw. § 193 BGB – vgl. dazu ferner noch erg. § 1028 Rn. 22) – die Frist ist keine Notfrist und damit ist keinerlei Wiedereinsetzung statthaft (§ 233), ebenso wenig kommt ein Rückgriff auf den Gedanken des § 204 Abs. 2 BGB in Betracht.[71] Das Versäumnis hat **Präklusionskraft** (§ 230) – und zwar auch für §§ 1059, 1060 (Rn. 27), so wie ähnlich bei § 1037 Abs. 3 S. 1, 1. Halbs. (dazu näher dort Rn. 32–36) im Vorfeldbereich bei Konstituierung des Schiedsgerichts.

3. Gesetzeskorrektur kraft Parteiabrede? Das Zusammenspiel von Abs. 1 u. Abs. 3 hat 51 **zwingenden Charakter.**[72] Den Parteien des Schiedsvertrages ist es verwehrt, eine effektive und alleinige Kompetenz-Kompetenz des Schiedsgerichts zu begründen mit der Folge, dass dann seine eigene Zuständigkeitsbeurteilung die staatlichen Gerichte bindet. Vorschlägen der Literatur,[73] explizites „opting-out" zuzulassen, hat sich der Reformgesetzgeber mit gutem Grund versagt. Er hätte damit ja eine grundlegende Entscheidung konterkariert, die definitive Entscheidung zur schiedsrichterlichen Zuständigkeit den (neutralen) staatlichen Gerichten vorzubehalten. Das Gesetz enthält also keinesfalls eine planwidrige Lücke, welche die Möglichkeit bzw. Zulässigkeit von Kompetenz-Kompetenz-Klauseln zukünftig noch eröffnen würde.

Eine unstatthafte Kompetenz-Kompetenz-Klausel berührt nicht die Gültigkeit der Schiedsvereinbarung zur Hauptsache – und erst recht nicht etwa die Verbindlichkeit des Hauptvertrages. Letzteres folgt als „Umkehrung" aus Abs. 1 S. 2 (Rn. 8–10), ersteres erklärt sich dadurch, dass die Konzeption alten Rechts gezielt zwei unabhängige Schiedsvereinbarungen konstruierte[74] – dann entspräche es sicherlich kaum dem Parteiwillen, nun Einheitlichkeit des Rechtsgeschäfts iSv. § 139 BGB zu postulieren.

Unwirksam, weil ebenfalls gegen zwingendes Recht verstoßend, ist genauso der schiedsvertragliche **(Vorab-)Verzicht** auf den Antrag nach § 1040 Abs. 3 S. 2. Er würde bewirken, dass der bejahende Zwischenentscheid sofort rechtskräftig und damit für das staatliche Gericht im späteren Aufhebungs- oder Vollstreckbarerklärungsverfahren bindend würde, was man gerade vermeiden wollte.

---

[67] OLG Frankfurt/Main OLGR 2001, 302, 306 re. Sp.; *Zöller/Herget* § 3 Rn. 16 (Stichwort: schiedsrichterliches Verfahren).
[68] BayObLG SchiedsVZ 2004, 45, 46 [II 3]; OLG München, Beschl. v. 28. 6. 2006 – 34 SchH 11/05 [III]; OLG Hamburg, Beschl. v. 11. 8. 2006 – 6 Sch 2/06 [II aE].
[69] Wohl wie hier *Musielak/Voit* Rn. 10 – aA *Haas*, FS Rechberger, 2005, S. 187 Fn. 57 (S. 199).
[70] *Musielak/Voit* Rn. 11.
[71] AA OLG Frankfurt/Main OLGR 2001, 302, 304 re. Sp. (zu § 212 Abs. 2 BGB aF).
[72] So wie hier jetzt BGHZ 162, 9, 14 [II 2c] m. weit. Nachw. = NJW 2005, 1125 = JZ 2005, 958 m. Bespr. *Wagner/Quinke* (S. 932f. [I]) = SchiedsVZ 2005, 95 m. Anm. *Huber/Bach;* vgl. dazu auch erg. BSK-IPRG/*Wenger/Schott* Art. 186 Rn. 3 m. weit. Nachw. Dies verkennt noch OLG Frankfurt/Main OLGR 2004, 9, 11.
[73] *Zerbe*, 1995, S. 190/191, der Art. 16 ModG quasi um einen Abs. 4 ergänzen wollte. De lege lata aA *Wagner*, 1998, S. 334f. Siehe auch: *Zöller/Geimer* Rn. 1; *Lachmann* Rn. 692.
[74] BGHZ 162, 9, 14 [II 2e] (neues Recht); NJW 2005, 1125 = JZ 2005, 958 m. Bespr. *Wagner/Quinke* (S. 932f. [I]) = SchiedsVZ 2005, 95 m. Anm. *Huber/Bach* mit Hinweis auf BGH NJW 1991, 2215 [2] (altes Recht).

§ 1041 Buch 10. Abschnitt 4. Zuständigkeit des Schiedsgerichts

Die Frist mag zwar vielleicht parteiautonom verkürzbar sein (§ 224 Abs. 1 S. 1 – aber: § 1037 Abs. 3 S. 1, 2. Halbs. legt Umkehrschluss nahe!), ist aber keinesfalls etwa auf Null reduzierbar, sondern muss allemal effektiv bleiben. Anders aber soweit in Kenntnis der Sachlage ein (ad-hoc-) Verzicht ausdrücklich erklärt wird und auch bei § 1040 Abs. 2 („Präsumtion kraft Präklusion").

§ 1041 Maßnahmen des einstweiligen Rechtsschutzes

(1) [1]Haben die Parteien nichts anderes vereinbart, so kann das Schiedsgericht auf Antrag einer Partei vorläufige oder sichernde Maßnahmen anordnen, die es in Bezug auf den Streitgegenstand für erforderlich hält. [2]Das Schiedsgericht kann von jeder Partei im Zusammenhang mit einer solchen Maßnahme angemessene Sicherheit verlangen.

(2) [1]Das Gericht kann auf Antrag einer Partei die Vollziehung einer Maßnahme nach Absatz 1 zulassen, sofern nicht schon eine entsprechende Maßnahme des einstweiligen Rechtsschutzes bei einem Gericht beantragt worden ist. [2]Es kann die Anordnung abweichend fassen, wenn dies zur Vollziehung der Maßnahme notwendig ist.

(3) Auf Antrag kann das Gericht den Beschluss nach Absatz 2 aufheben oder ändern.

(4) [1]Erweist sich die Anordnung einer Maßnahme nach Absatz 1 als von Anfang an ungerechtfertigt, so ist die Partei, welche ihre Vollziehung erwirkt hat, verpflichtet, dem Gegner den Schaden zu ersetzen, der ihm aus der Vollziehung der Maßnahme oder dadurch entsteht, dass er Sicherheit leistet, um die Vollziehung abzuwenden. [2]Der Anspruch kann im anhängigen schiedsrichterlichen Verfahren geltend gemacht werden.

Schrifttum (wegen altem Recht siehe 2. Aufl. § 1033): *Bandel,* Einstweiliger Rechtsschutz im Schiedsverfahren, 2000; *Schütze,* Einstweiliger Rechtsschutz im Schiedsverfahren – Praxisgerechte Neuregelung oder juristischer Papiertiger?, BB 1998, 1650 bzw. DIS-Mat. IV (1998), 67; *Hobeck/Weyhreter,* Anordnung von vorläufigen oder sichernden Maßnahmen durch Schiedsgerichte in exparte-Verfahren, SchiedsVZ 2005, 238; *Krimpenfort,* Vorläufige und sichernde Maßnahmen im schiedsrichterlichen Verfahren, 2001; *Leitzen,* Die Anordnung vorläufiger oder sichernder Maßnahmen durch Schiedsgerichte nach § 1041 ZPO, 2002; *Scheef,* Der einstweilige Rechtsschutz..., 2000; *Schroeder,* Mareva Injunctions and Freezing Orders in International Commercial Arbitration, SchiedsVZ 2004, 26; *ders.,* Die lex mercatoria arbitralis..., 2007, S. 311–400; *Schroth,* Einstweiliger Rechtsschutz im deutschen Schiedsverfahren, SchiedsVZ 2003, 102; *Thümmel,* Einstweiliger Rechtsschutz im Schiedsverfahren nach dem Entwurf zum Schiedsverfahrens-Neuregelungsgesetz, DZWiR 1997, 133; *Westphal/ Busse,* Vorläufige Maßnahmen auch bei Großprojekten vereinbartes ständiges Schiedsgericht, SchiedsVZ 2006, 21; *Mt. Wolf,* „Summarische Verfahren" im neuen Schiedsverfahren, DB 1999, 1101 [B] – **ferner (Abs. 4):** *Bandel,* aaO, S. 231 ff.; *Münzberg,* Der Schutzbereich der Normen §§ 717 Abs. 2, 945 ZPO, FS H. Lange, 1992, S. 599; *Stolz,* Einstweiliger Rechtsschutz und Schadensersatzpflicht, 1989; *Wurzer,* Zum Schadensersatzanspruch aus § 945 ZPO, Gruchot 63 (1919), 577.

Übersicht

	Rn.		Rn.
I. Normzweck	1–3	4. Verfahrensgestaltung	24–26
		a) Glaubhaftmachung	24
II. Paradigmenwechsel	4–6	b) Rechtliches Gehör	25
1. Vom alten zum neuen Recht	4	c) Unselbständigkeit	26
2. Vom Modellgesetz zur Normierung	5, 6	5. Nebenfolge: Sicherheitsleistung (S. 2)	27, 28
III. Schiedsgerichtliche Kompetenz (Abs. 1)	7–28	IV. Staatsgerichtliche Kontrolle (Abs. 2 u. 3)	29–48
1. Die Bedeutung der Parteiautonomie	7–10	1. Grundlagen	29, 30
a) Positiv (S. 1, 2. Halbs.)	7	2. „Vollzugserlaubnis" (Abs. 2)	31–40
b) Negativ (S. 1, 1. Halbs.)	8–10	a) Antragsverfahren	31, 32
2. Vorläufige und sichernde Maßnahmen	11–19	b) Verfahrensablauf	33–36
a) Terminologie (Abs. 1 S. 1)	11, 12	c) Gerichtsermessen	37–40
b) Transformationsbedürftige Maßnahmen (Abs. 2 S. 1)	13–17	3. Zeitgrenzen	41–43
		a) Gerichtspriorität (Abs. 2 S. 1, 2. Halbs.)	41
c) Selbstvollziehende Maßnahmen (Abs. 1 S. 1)	18, 19	b) Vollziehungsfrist (§ 929 Abs. 2 analog)	42, 43
3. Hauptfolge: Anordnungserlaubnis (S. 1)	20–23	4. „Vollzugskorrektur" (Abs. 3)	44–48
a) Sachzusammenhang	20, 21	a) Verfahren	44–46
b) Gerichtsermessen	22, 23	b) Varianten	47, 48

	Rn.		Rn.
V. „Vollzugsregress" (Abs. 4)	49–59	b) Haftungsgrund	52, 53
1. Grundlagen	49	c) Beschädigung	54, 55
2. Tatbestand (S. 1)	50–55	3. Rechtsfolge	56, 57
a) Veranlassung	50, 51	4. „Adhäsion" (S. 2)	58, 59

I. Normzweck

Abs. 1 folgt weitgehend Art. 17 ModG, der seinerseits auf Art. 26 SchO zurückgeht. Er gibt **1** fortan eine originäre schiedsgerichtliche Kompetenz für Maßnahmen einstweiliger Sicherung und also damit eine Wahlbefugnis: schiedsgerichtliche (§ 1041 [Abs. 1]) und staatsgerichtliche Eilmaßnahmen stehen einer Partei frei zur Wahl. Dies beendet – endlich – eine jahrelange, intensiv geführte Diskussion:[1] ein Federstrich des Gesetzgebers, ... Jetzt kann jedes Schiedsgericht (auf Parteiantrag hin) aus eigener Machtvollkommenheit vorläufige oder sichernde Maßnahmen (ModG: „interim measure of protection" – zur Begriffsklärung bei § 1041 Rn. 11–23 mit § 1033 Rn. 3f.) verordnen, ohne überhaupt seine Kompetenz aus einer besonderen Parteiabrede herleiten zu müssen. Jene Neuerung gilt als eine der zentralen Änderungen.

Soweit entsprechende Anordnungen nur mit Hilfe staatlichen Zwangs realisiert werden können, **2** regelt **Abs. 2** die Schaffung eines entsprechenden Titels (**„Vollziehbarerklärung"**) und ferner **Abs. 3** seinen Fortbestand. Dies versteht sich als zusätzlicher Brückenschlag ins nationale Vollstreckungsrecht – in Anlehnung an § 1060 – und provisorische staatliche „Zwangsleihe".[2] Der großen Gefahr unberechtigten Zwangs wehren **Abs. 4** mit einem eigenen materiellen **Ausgleichsanspruch** – in Anlehnung an § 945 und § 717 – für Fälle des Abs. 2 S. 1 und Abs. 1 S. 2 mit zusätzlicher schiedsgerichtlicher Ermächtigung, jedenfalls schon bei Abs. 1 S. 1 genug Sicherheit einzufordern. Abs. 2–4 sind ohne ModG-Vorbild.

Trotz der schiedsinternen Möglichkeit, sachnahe (Abs. 1 S. 1) und – kraft staatlicher Hilfe – spürbare **3** (Abs. 2 u. 3) Anordnungen künftig zu treffen, wird § 1041 wohl **keine allzu große Bedeutung** zuwachsen.[3] Abs. 1 S. 1 versagt im Vorfeld, dh. vor Konstituierung des Schiedsgerichts (§§ 1034ff., 1035); Abs. 2 u. 3 bereiten – allemal aber lösbare (Rn. 30) – Probleme der Titelbegründung; dazu kommt noch die Antragspriorität zugunsten staatlicher Maßnahmen (Abs. 2 S. 1, 2. Halbs.), mit der man den Zwangsvollzug uU noch „abfangen" kann. Abgesehen davon verbietet sich eine Anrufung immer dann schon, wenn besonders zügiges Handeln notwendig ist – was der Eilbedarf ja offenbart: im Gegensatz zu staatlichen Gerichten unterhalten Schiedsgerichte keinen Bereitschaftsdienst; zudem wird der mit der Vollziehbarerklärung verbundene Zeitverlust abschrecken.

II. Paradigmenwechsel

1. Vom alten zum neuen Recht. Die hM[4] zum alten Recht verwehrte dem Schiedsgericht **4** die Kompetenz für Maßnahmen einstweiliger Sicherung. Begründet wurde dies im Wesentlichen damit, dass nur unabänderliche – rechtskraftfähige – Schiedssprüche für vollstreckbar erklärt werden konnten (vgl. § 1042 Abs. 1 aF); ergänzend fehlte die Möglichkeit zur Abnahme eidesstattlicher Versicherungen (arg. § 1035 Abs. 2 aF). Als eine Art „Krücke" wurde zT indes die Anordnung „interimistischer" – vollstreckungsfähiger – Teilschiedssprüche angedacht:[5] endgültige Entscheidung für die notwendige Zwischenzeit. Dafür bedurfte es freilich einer geeigneten vertraglichen Begründung

---

[1] Vgl. BT-Drucks. 13/5274 S. 44f. [2–4] und erg. den umfangreichen Schrifttumsnachweis bei § 1033. Die Reform wäre aber beinah doch noch gescheitert: CR Nr. 165f. = *Holtzmann/Neuhaus* S. 546.
[2] UNCITRAL sieht hier jetzt ebenfalls Handlungsbedarf: A/CN. 9/WG. II/WP. 108 Nr. 73ff. mit Nr. 92ff.; A/CN. 9/468 Nr. 67ff.
[3] Ganz ähnlich auch *Lachmann* Rn. 2933ff.; *Musielak/Voit* Rn. 1; *Lörcher/Lörcher* Rn. 74f.; *Thümmel* DZWiR 1997, 133, 137 (3. Sp.); *Schütze* BB 1998, 1650, 1653 – aA *Schroth* SchiedsVZ 2003, 102, 108f. [V].
[4] BGH ZZP 71 (1958), 427, 436; RGZ 31, 370, 374/375; KG OLGRspr. 19 (1909), 61; OLG Hamburg OLGRspr. 23 (1911), 167; KG HRR 1931 Nr. 1967; OLG Frankfurt/Main NJW 1959, 1088; 1973, 2208 bzw. *Schütze/Tscherning/Wais* Rn. 135; *Baumbach/Lauterbach/Albers*, 56. Aufl., § 1034 aF Rn. 8.
[5] Vgl. *Erman*, FS Möhring, 1965, S. 3, 16 („*Vorwegentscheidung*"); *Laschet* ZZP 99 (1986) 271, 286; *Schlosser* ZZP 99 (1986), 241, 249ff. u. Stein/Jonas/Schlosser, 21. Aufl., § 1034 aF Rn. 38 („Vorabentscheidung") – zust. *Schwab/Walter*, 5. Aufl., Rn. 7.7; *Matsuura*, FS Schwab, 1990, S. 331f. – sowie unter neuem Recht (!) Zöller/*Geimer* Rn. 6; *Musielak/Voit* Rn. 5 mit § 1054 Rn. 2; Stein/Jonas/Schlosser Rn. 8 [2. Abs.]. So kann man auch BGH ZZP 71 (1958) 427, 437 u. RG JW 1928, 1496 interpretieren.

§ 1041 5–9 Buch 10. Abschnitt 4. Zuständigkeit des Schiedsgerichts

und zudem mancher Phantasie, geeignete, „nur" sichernde Maßnahmen zu bestimmen. Angesichts dieser Hindernisse sind sie fast nie vorgekommen.[6] Sogar wo schon das Schiedsgericht konstituiert und mit der Hauptsache befasst war (Sachkunde bzw. -nähe!), mussten staatliche Gerichte angegangen werden (§ 938 Abs. 1: Auswahlermessen?).

5   **2. Vom Modellgesetz zur Normierung.** Jene nützliche Kompetenz gibt Abs. 1 S. 1 jetzt (auch) dem Schiedsgericht (Rn. 1), das auch die Erfolgsaussichten hier vielleicht besser beurteilen kann. Abs. 1 ist fast wortgetreu zwar übernommen von Art. 17 ModG (Rn. 1), wird konzeptionell aber durch Abs. 2–4 stark umgestaltet bzw. ausgeweitet.[7] Nach ModG kann das Schiedsgericht auf Parteiantrag hin zwar allemal aus eigener Machtvollkommenheit handeln *(by implied power)*, doch letztlich bloß solche Anordnungen wählen, welche der Gegner selbst freiwillig achtet oder achten kann (Rn. 18f.: selbstvollziehende Maßnahmen) – das Schiedsgericht befiehlt den Parteien *(„may ... order any party")* als eine Art subjektiver Inpflichtnahme (ModG: „auferlegen") und nicht im Sinne von – allerdings angedeutetem (ZPO: „anordnen") – objektivem Geltungsgebot.

6   Zwangsanwendung ist ausgeschlossen und auch die Mitwirkung einer Behörde (zB § 136 BGB iVm. § 938 Abs. 2 ZPO; §§ 885 Abs. 1, 899 Abs. 2 BGB; § 804 iVm. § 930 Abs. 1 ZPO) nicht inbegriffen (Rn. 13–17: transformationsbedürftige Maßnahmen). Solche „Vollzugshilfen" wollte man nicht auferlegen, aber offenlassen;[8] davon hat unser Gesetzgeber mit Abs. 2 S. 1 (1. Halbs.) iVm. § 1062 Abs. 1 Nr. 3 demgemäß nunmehr Gebrauch gemacht. Das eröffnet dem Schiedsgericht weite Handlungsmacht und sichert der Anordnung die Effektivität. Eine solche „Erlaubnis hoheitlichen Vollzuges" bedarf dann jedoch staatlicher Beteiligung, was womöglich andere Nachteile bringt (Rn. 3) – das Schiedsgericht kann nicht einmal zur Hauptsache einen „autonomen" (Vollstreckungs-)Titel „auswerfen" (arg. §§ 1060, 1061). Der Auswahlfreiheit des Schiedsgerichts korrespondiert das Exequaturgebot als Zwang zur Transformation[9] der Anordnung in einen staatlichen Hoheitsakt.

III. Schiedsgerichtliche Kompetenz (Abs. 1)

7   **1. Die Bedeutung der Parteiautonomie. a) Positiv (S. 1, 2. Halbs.).** Es ist stets Parteiinitiative nötig, um einstweiligen Rechtsschutz zu erreichen. Das Schiedsgericht wird nicht „amtswegig" aktiv, vielmehr ganz explizit nur **„auf Antrag einer Partei"** hin. Das Begehren vorläufiger oder sichernder Regelung steckt nicht etwa schon allein in Vorlageantrag bzw. Klageerhebung (§ 1044) – es muss erst einmal besonders artikuliert werden, und auch die Gegenseite mag vielleicht spiegelbildlich ebenso schutzbedürftig erscheinen. Jener Antrag unterfällt jedoch nicht §§ 1044, 1046, das Schiedsgericht ist notgedrungen schon zuvor konstituiert und das Eilverfahren nicht eigenständig – im Unterschied zu §§ 916ff., 935ff. (Rn. 26): jedwede **deutlich artikulierte Anregung** genügt, wenn und weil sie eine gesonderte Schutzanordnung intendiert. Auch muss sie ihr Ziel lediglich grob abstecken. Es reicht ein Anstoß in eine generell bestimmte Richtung, in Anlehnung an §§ 916ff. (Arreststart) bzw. §§ 935ff. (Verfügungstyp) – alles Nähere bleibt am besten ohnehin schiedsrichterlichem Ermessen anheim gestellt, das ausdrücklich zugestanden ist (Rn. 22f.). Das folgt der Regel des § 938 Abs. 1 (dort Rn. 2 mit § 1033 Rn. 16).

8   **b) Negativ (S. 1, 1. Halbs.).** Die *gemeinsame* Parteiinitiative vermag durch eine abweichende Sperrabrede zu blockieren: die Parteien haben demzufolge **„anderes vereinbart"** und einstweilige Maßnahmen ausgeschlossen.[10] Das betrifft nur Abs. 1, der allerdings Abs. 2–4 „mitreißt" – denn Vollzug und Schaden sind alsdann undenkbar. Die Regelung folgt insoweit Art. 17 S. 1 ModG („unless otherwise agreed") und mithin dem Modell des **opting-out** („Derogation"; so auch Art. 183 IPRG [CH]) – es ist eine gesetzliche Regelvermutung, dass die Schiedsvereinbarung auch Maßnahmen einstweiligen Rechtsschutzes mitumfasst. Die Anordnungsbefugnis muss nicht etwa extra zuerst begründet werden („opting-in" bzw. „Prorogation"; so aber Art. 1051 Abs. 1 WBR [NL]), sondern diese besteht schon originär.

9   Die **Gerichtskompetenz ist Regeltatbestand,** Minimum wie Maximum in einem regelnd. Gewiss wäre die Norm recht gründlich missverstanden, wenn man ihr noch *zusätzliche* Möglichkei-

---

[6] Vgl. *Brinkmann,* 1977, S. 21; *Schwab,* FS Baur, 1981, S. 628.
[7] Dies verdeckt wohl BT-Drucks. 13/5274 S. 44 re. Sp. [1]: „*In ihrem Kern* (Abs. 1) entspricht sie Artikel 17 ModG".
[8] *Holtzmann/Neuhaus* S. 530f. mit Fn. 12.
[9] *Schütze* BB 1998, 1650, 1652: „Homologierung".
[10] Dazu näher *Bandel,* 2000, S. 16ff.

ten für parteiautonome Gestaltung entlocken wollte;[11] doch sollte auch umgekehrt kein *Weniger* möglich sein: das Schiedsgericht durch Parteivereinbarung von Beginn weg auf bestimmte Maßnahmen festlegen würde bedeuten, dessen Auswahlermessen für geeignete Anordnungen aufzuheben oder zu beschränken. Das passt kaum zum vorgegebenen Wechselspiel aus Antragserfordernis (Rn. 7) und Gestaltungsmacht des Schiedsgerichts (Rn. 22 f.). – **Staatlicher einstweiliger Rechtsschutz (§ 1033)** steht parallel seine immer unbeschränkt und unbeschränkbar offen (dort Rn. 17 f.).

Zu unterscheiden davon ist die Frage, inwieweit die folgenden Absätze disponibel sind. **Abs. 4 S. 1** ist ein normaler materieller Anspruch und demgemäß verzichtbare Regelung (§ 397 BGB), selbst im Voraus (Grenze: §§ 305 c Abs. 1, 307 Abs. 1/2 BGB); für **Abs. 4 S. 2,** obschon prozessualen Gehalts, gilt gleichfalls freie Disposition: die Schiedsvereinbarung kann entsprechend beschränkt sein; dann ist eben der Ersatzanspruch nur vor der staatlichen Gerichtsbarkeit einzuklagen (vgl. auch erg. Rn. 58 mit § 1029 Rn. 72). – Anders, was **Abs. 2 u. 3** angeht: sie stehen eigentlich falsch und gehören an sich zu §§ 1062 ff., sind Staatsverfahren – also zwingend verbindlich.[12] Die Parteien haben insoweit nur (positive, vgl. Rn. 7) Antragsbefugnisse und auch die Möglichkeit freiwilliger Nachachtung, selbstverständlich das „comme il faut" des Schiedsverfahrens. Doch steht frei auszuweichen auf einen alternativen, *indirekten, materiellen* Zwang, etwa eine Vertragsstrafe (hier: §§ 339 ff. BGB) oder auch Schadenspauschale (aber: § 309 Nr. 5 BGB).[13] Das regulär zuständige(!) staatliche Gericht könnte dann jedoch – womöglich ganz ungewollt – über § 343 BGB mit der Sache befasst werden, soweit das nicht die Schiedsvereinbarung ihrerseits ebenso verhindert. Vgl. noch erg. Rn. 19.

2. Vorläufige und sichernde Maßnahmen. a) Terminologie (Abs. 1 S. 1). Die Begrifflichkeit ist keine technisch schon geläufige. Sie sagt alles und nichts. Das Gesetz war bemüht, die Diktion von Art. 9 ModG und Art. 17 ModG („interim measure of protection") einzufangen – hat sich indes letzthin damit zwischen beide Stühle gesetzt.[14] Für § 1033 ist die Wendung eher zu weit geraten, weil ohnedies bloß die *vorhandenen* staatlichen Instrumente bereitstehen, welche man besser gleich hätte beim Namen nennen sollen (§ 1033 Rn. 3 – Klarstellungseffekt!); bei § 1041 (Abs. 1) empfindet man jene Wendung dagegen eher als zu eng, sollte doch global **jedwede „interimistische Schutzmaßnahme"** dadurch offen stehen, die streit*bezogen* (3. Halbs.: „in Bezug auf den Streitgegenstand ...", Rn. 20 f.) und – nach gerichtlich freier Beurteilung – auch schutzgeboten (3. Halbs.: „... für erforderlich hält", Rn. 22 f.) ist.[15] Dazu kommt noch Folgendes:

Vorläufige lassen sich von sichernden Maßnahmen begrifflich wohl nicht sauber trennen, weil jede vorläufige Maßnahme letztlich den angestrebten Erfolg sichert und jede sichernde Maßnahme zeitlich auf den Eintritt des Hauptsacheerfolges begrenzt ist. Das „oder" gaukelt dazuhin eine Alternativität vor, die so nie berechtigt ist; und zudem fällt die **Beweissicherung** ebenfalls – so wie § 1033 – hierunter,[16] jene beansprucht just hierbei sogar Vorrang (arg. § 1042 Abs. 4 S. 2): das sachbefasste Schiedsgericht entscheidet eigen über die Erforderlichkeit von Beweiserhebungen (§ 1033 Rn. 9 – § 1042 Abs. 4 S. 2 bzw. § 1050 iVm. §§ 485 ff.). Beschränkt man sich auf tradierte „einstweilige" Maßnahmen der **Anspruchssicherung** (§§ 916 ff., 935 ff.), kann man aber durchaus mit der bemühten Nomenklatur sich arrangieren, die ohnedies nur mit Blick auf Abs. 2 u. 3 von Interesse ist.

b) Transformationsbedürftige Maßnahmen (Abs. 2 S. 1). aa) Sichernde Maßnahmen. Sie sind auf den Streitgegenstand bezogen und dienen dazu, die Entscheidung im Hauptsacheverfahren und deren Vollstreckung – im Endergebnis mithin den materiellen Erfolg – offenzuhalten. Deswegen werden sie nur selten Anlass zu Änderung oder Aufhebung (Abs. 3, Rn. 44–48) vor Abschluss des Schiedsverfahrens bieten – es sei denn bei schiedsgerichtlicher Unzuständigerklärung durch einen Prozessschiedsspruch (§ 1040 Rn. 32) oder bei insgesamt grundlegend veränderten Umständen. Die Sicherungsmaßnahme soll **verhindern, dass eine Partei Fakten schafft,** die später die Verwirklichung des streitbefangenen subjektiven Rechtes vereiteln oder erschweren. De-

---

[11] So auch *Stein/Jonas/Schlosser* Rn. 12: keine Alleinanordnungen durch Gerichtsvorsitzenden kraft Parteivereinbarung – aA *Musielak/Voit* Rn. 3; *Bandel,* 2000, S. 76 ff. u. *Leitzen,* 2002, S. 126; *Schwab/Walter* Rn. 17 a.17; *Schroth* SchiedsVZ 2003, 102, 103 [II vor 1].
[12] Anders *Stein/Jonas/Schlosser* Rn. 8 [1. Abs.] – mit irrigem Hinweis auf diesen Kommentar!).
[13] In Anlehnung an die klassisch-römischen stipulationes praetoriae, vgl. *Kaser/Hackl* RZP § 65 III m. weit. Nachw.
[14] Beachtenswerter Typisierungsversuch hierzu nun von *Bandel,* 2000, S. 131 ff. mit S. 35 f.
[15] Dazu jüngstens *Schroeder,* Die lex mercatoria arbitralis ..., S. 338–340; vgl. auch erg. *Schroth* SchiedsVZ 2003, 102, 103 f. [II 1].
[16] *Holtzmann/Neuhaus* S. 531 („preserving evidence until a later stage of the proceedings"); *Kühn* JbPrSch. 1 (1987), 47, 60 f. – rigider insofern *Schütze* BB 1998, 1650, 1651 re. Sp. [II 2] und *Schwab/Walter* Rn. 17 a.12.

§ 1041 14–17

finitive Resultate sind tunlichst zu vermeiden. Im Ansatz entspricht dieses vollkommen der Konzeption der §§ 916 ff., 935 ff., welche darum auch exemplarisch sind:

14 (1) Bei **Geldansprüchen** kommen einem **dinglichen Arrest** gleichende Anordnungen des Schiedsgerichts in Betracht, etwa wenn der Gegner sich anschickt, Vermögensgegenstände beiseite zu schaffen; allerdings dürften derartige „Arrestmaßnahmen" nur selten erforderlich sein.[17] Ein **persönlicher Arrest** scheidet jedoch aus, die Anordnung freiheitsentziehender Maßnahmen ist immer dem staatlichen Gericht vorbehalten[18] (Art. 104 Abs. 2 S. 1 GG). (2) Bei **Individualansprüchen** ist nahe liegenderweise aus der „Trias" der §§ 935, 940 vor allem an die Maßnahmen der sog. Sicherungs- oder **Störungsverfügung** zu denken – Beispiele: Herausgabe einer Sache an einen (vom befassten Schiedsgericht sogleich benannten) Sequester (§ 938 Abs. 2, 1. Var.); Anordnung eines Veräußerungsverbotes (§ 928 Abs. 2, 2. Var. ZPO mit §§ 136, 135 BGB);[19] Anordnung der Eintragung eines Widerspruchs oder einer Vormerkung im Grundbuch (§§ 885 Abs. 1 S. 1, 899 Abs. 2 BGB); Verfügung, dass bestimmte Papiere zu hinterlegen seien (§ 6 HintO: „zuständige Behörde") etc.

15 bb) **Vorläufige Maßnahmen.** Sie mögen ähnliche Ziele verfolgen wie sichernde Maßnahmen, sind aber bis zum Erlass des (endgültigen) Schiedsspruchs in ihrer Wirkung auf den Streitgegenstand **definitiv, nicht bloß sichernd** – dafür aber interimistisch, dh. von vornherein und **absehbar zeitlich begrenzt.** Darum hat bei ihnen die Aufhebungs- und Änderungsmöglichkeit besondere Bedeutung (§ 927 bzw. § 1041 Abs. 3, Rn. 44–48), sowie auch die Sicherheitsleistungs- (§ 921 Abs. 2 S. 2 bzw. § 1041 Abs. 1 S. 2, Rn. 27 f.) und die Schadensersatzpflicht (§ 945 bzw. § 1041 Abs. 4, Rn. 49–59), ferner die Gestaltungsmöglichkeit, sie gleich von Anfang an in ihrer Wirkung zeitlich befristet anzuordnen (vor allem bei Leistungsverfügungen). Vorläufige Maßnahmen führen somit zu **definitiven verfahrensinterimistischen Anordnungen,** die aber jederzeit korrigiert werden können.

16 Zunächst sind hier Maßnahmen zu nennen, die den sog. **Regelungsverfügungen** entsprechen (§ 940) – Beispiele: vorübergehende Nutzungsordnung, Duldung von Handlungen, etwa das Betreten eines Grundstücks, vorläufige Weiterbeschäftigung etc. **Vorläufig *gestaltende* Maßnahmen** haben insoweit besondere Bedeutung (insbes. §§ 117, 127 HGB), doch bleibt fraglich, ob hier nicht doch der Weg zum staatlichen Gericht letztendlich der kürzere ist? – Am Ende rechnen schließlich genauso die Fälle der sog. **Leistungsverfügungen** (2. Aufl. Vor § 916 Rn. 19, 63 ff.; § 938 Rn. 12 ff.) zu den möglichen *vorläufigen* Maßnahmen, obwohl hier ausnahmsweise eine (aber immerhin eben: teilweise und auf einen bestimmten Zeitraum befristete und daher nur vorläufige!) Befriedigung des Antragstellers erfolgt; Beispiele: Lohnfortzahlung, Gewährung nachehelichen Unterhalts, Vorabbeträge einer Unfallrente etc. Im Regelfall geht es hier um **Zahlungsansprüche,** die temporär erfüllt (und nicht nur sichergestellt) werden, doch kommen auch andere Ansprüche in Betracht (zB Starterlaubnis für Leichtathleten;[20] oder Fertigstellung von Bauabschnitten[21]).

17 cc) **Unterlassungsanordnungen.** Jene entziehen sich klarer Zuordnung als sichernde oder vorläufige Maßnahme, dies jedoch auch im Typenkreis staatlicher Gerichtsbarkeit (vgl. hierzu erg. 2. Aufl. Vor § 916 Rn. 64–66 und § 938 Rn. 34 ff. – Sicherung oder Erfüllung?; Fixschuldnatur!); die Maßnahme mag „sichernd" sein, wenn sie begleitende Nebenpflichten durchsetzt und damit den Enderfolg offenhält (**Ergebnissicherung,** Rn. 13 f.), sie kann ebenfalls „vorläufig" sein, indem sie einstweilen – definitiv – befriedigt (**Interimssicherung,** Rn. 15 f.), zumal Nachholbarkeit fehlt – Beispiele: Unterlassung übermäßiger Benutzungen, Veräußerungs- oder Erwerbsverbot (Rn. 14) bzw. vorläufige Untersagung bestimmter Wettbewerbsformen, einer Besitzstörung etc. Die begriffliche Zuordnung ist allerdings eher belanglos; problematisch erscheint indessen neuerlich die **„zwangstaugliche Transformation":** die Ordnungsmittel (§ 890) kann allein das staatliche Gericht einsetzen.[22] Doch bieten sich solche Verbote an, intensiv und effektiv zu sichern; die Unterlassungsformel ist dabei flexibel wie bestimmt genug. Chance des Schiedsgerichts mag ferner noch sein, nicht so stark der vollstreckungsrechtlichen Typisierung zu unterstehen, sodass auch Platz für einen möglichen Typenwechsel verbleibt.

---

[17] BT-Drucks. 13/5274 S. 45 li. Sp. [5] – zust. *Lachmann* Rn. 2890 („krasse Ausnahmefälle").
[18] *Schwab/Walter* Rn. 17 a.4 – aA *Stein/Jonas/Schlosser* Rn. 5 („in Ausnahmefällen); *Zöller/Geimer* Rn. 2; *Musielak/Voit* Rn. 4 („im Grundsatz denkbar").
[19] So wie hier *Stein/Jonas/Schlosser* Rn. 4.
[20] OLG Frankfurt/Main NJW-RR 2001, 1078 [a].
[21] *Westpfahl/Busse* SchiedsVZ 2006, 21, 26 [V 2].
[22] *Lachmann* Rn. 2928; *Schlosser* RIPS Rn. 412 lässt dagegen die *Androhung* durch das Schiedsgericht zu und behält nur die *Verhängung* dem staatlichen Gericht vor – arg. § 890 Abs. 2, 1. Var.?

c) Selbstvollziehende Maßnahmen (Abs. 1 S. 1). § 1041 gibt Schiedsgerichten aber größere **18** Freiheiten.[23] Sie sind nicht auf diese enge Einordnung als vorläufige oder sichernde Maßnahme („terminologisches Prokrustesbett") angewiesen, wenn und weil sie letzthin einer staatlichen Vollzugshilfe *nicht* bedürfen[24] (Rn. 6). Vor allem die Leistungsverfügungen sind leichter zu erlangen, umgekehrt ist ebenso gut aber etwa eine Gegenpflicht einfach aufzuerlegen (Abschlagszahlung, Sicherheitsleistung, Vertragsstrafe etc.). Derartige „zwanglose" Maßnahmen erheischen durchaus praktische Relevanz. Der Entschluss zum **freiwilligen Selbstvollzug** entspricht dem konkret gewordenen Ausfluss der Loyalitäts- und Mitwirkungspflicht aus der Schiedsvereinbarung (§ 1029 Rn. 117); die Anordnung ist damit uU sogar schadensersatzbewehrt, wobei man diese Ersatzpflicht – klagehäufend – geltendmachen kann. Die Ersatzansprüche sind konsequent auch ihrerseits schiedsgebunden. Allerdings ist damit präventiv wirkende naturale Sicherung gegen einen nachrangigen Geldausgleich eingetauscht. Sämtliche dieser Maßnahmen wirken inter partes;[25] nichts hindert jedoch, sich dazuhin beim Dritten seinerseits ebenfalls (!) freiwilliger Mitwirkung zu versichern.

Es gibt weitere Formen solcher **indirekter Sanktionen:** das Schiedsgericht mag die Nichtach- **19** tung bei der anschließenden Hauptsacheentscheidung einkalkulieren (Beweiswürdigung; Schadensschätzung,[26] Billigkeitsentscheid etc.); zu denken ist etwa an die Berücksichtigung eines hypothetischen Kausalverlaufs, bei dem das Schiedsgericht von der Umsetzung der von ihm angeordneten schadensverhütenden Maßnahme ausgeht. Zeigt sich der Gegner hartnäckig und schafft Abs. 2 dagegen keine Abhilfe, bleibt immer noch die **Anrufung staatlicher Gerichte** (§ 1033), um das nämliche Ziel auf anderem Wege zu erreichen. Voraussetzung für ein schnelles Handeln ist allemal, dass das Schiedsgericht kurze Fristen setzt, deren fruchtloses Verstreichen quasi das erforderliche Rechtsschutzbedürfnis dokumentiert. Als Maßnahmen waren angedacht:[27] Hinterlegung und Notverkäufe, Stellung von Bankbürgschaften, Nutzung oder Wartung von Maschinen, Fertigstellung von Bauabschnitten, Sicherungsmaßnahmen für Geschäftsgeheimnisse. In Betracht kommt letzthin genauso eine Anleihe bei ausländischen Erscheinungen (insbes. *Mareva-Injunction*[28] u. *Anton-Piller-Order*).

3. Hauptfolge: Anordnungserlaubnis (Abs. 1 S. 1). a) Sachzusammenhang. Die Maß- **20** nahme muss „in Bezug auf den Streitgegenstand" erfolgen, somit Hauptsachebezug haben. Dies bedeutet aber nicht, sie müsse sich darin erschöpfen; eine effektive „interimistische" (Rn. 11) Sicherung geht häufig darüber hinaus, es bedarf geschickter Alternativen, um alles offenzuhalten ohne etwas vorwegzunehmen, namentlich bei Verfügungen (§§ 935, 940), während – vollziehbare (Abs. 2) – Arreste hier unproblematisch sind. Der vertraute Dualismus von sicherbarem „Anspruch" und berechtigendem „Grund" fehlt insoweit indes.[29] Vor allem bei jenen **autonomen („zwangsfreien") Maßnahmen,** die auf „einsehenden" Selbstvollzug setzen (Rn. 6 mit Rn. 18f.), ist von einer bewussten Lockerung demgemäß auszugehen.[30]

Anders bei **sonstigen („vollzugsbedürftigen") Anordnungen,** die einer vorherig erfolgten **21** staatlichen „Exequatur" iSv. Abs. 2 bedürfen (Rn. 2 u. 6 mit Rn. 13–17) die eröffnete Zwangsmacht stellt einen hoheitlichen Eingriff dar, der dem Gesetzesvorbehalt unterliegt; es gibt keinen einschränkenden Prüfungskatalog, wie etwa zur Hauptsache (§ 1059 Abs. 2), sondern insoweit waltet – staatlicherseits – „freies" Ermessen (Abs. 2 S. 1: „kann … zulassen", Rn. 37–40), das zu den klassischen Kriterien zurückführt. Dadurch wird übrigens auch zugleich ein ungerechtfertigtes Haftungsprivileg bei möglicher Gläubigerkonkurrenz vermieden.

---

[23] *Berger*, 1992, S. 231, 236; *Kühn* JbPrSch. 1 (1987), 57f.; *Schlosser*, VIV-Reihe XI (2000), S. 163, 176; *Schwab/Walter* Rn. 17a.5; *Musielak/Voit* Rn. 4 mit Fn. 5. – anders offenbar jedoch *Schütze* BB 1998, 1650, 1651 [II 2]; *Bandel*, 2000, S. 36ff.

[24] Generell krit. *Lachmann* Rn. 2893 – anders im Ansatz, praktisch aber auch sehr engherzig *Schwab/Walter* Rn. 17a.2 mit 17a.13–15.

[25] BT-Drucks. 13/5274 S. 45 li. Sp. [5]; *Berger*, 1992, S. 231, 235.

[26] Vgl. *Holtzmann/Neuhaus* S. 531.

[27] *Holtzmann/Neuhaus* S. 531, vgl. auch erg. *Schwab/Walter* Rn. 17a. 15 aE.

[28] Bejahend *Kühn* JbPrSch. 1 (1987), 47, 53/54, 58, 60f.; *Berger*, 1992, S. 231, 237; *Kronke* RIW 1998, 257, 264; wohl auch *Schwab/Walter* Rn. 17a.12; *Bandel*, 2000, S. 161ff.; *Schroeder*, 2007, S. 384ff. – abl. *Schütze* BB 1998, 1650, 1651 (Fn. 15).

[29] So nun auch *Stein/Jonas/Schlosser* Rn. 12 – aber vgl. auch Rn. 14 [2. Abs.], mit Missdeutung von 2. Aufl. Rn. 13.

[30] Ganz ähnlich auch *Thümmel* DZWiR 1997, 133, 135 u. *Scheef*, 2000, S. 32f. – freilich global, ohne Differenzierung.

[31] Ganz ähnlich auch *Schütze* SV Rn. 257 mit BB 1998, 1650, 1651 – indes bloß zum „Grund"; *Schwab/Walter* Rn. 17a.20.

22 **b) Gerichtsermessen.** So liegt dann alles beim Schiedsgericht: es „kann ... anordnen, ... [was es] für erforderlich hält"; es sollte damit aber – mit Blick auf Abs. 2 u. 3! – insgesamt dennoch nicht allzu großzügig umgehen, zumal es sonst Steine statt Brot gibt. Dies „kann" greift aber auch umgekehrt; das Schiedsgericht mag uU die – eigentlich voll begründete – Maßnahme auch ablehnen,[32] was immerhin wohl Ausnahme ist (Beispiel: bevorstehender Endentscheid). Ohne Ermessensfehlgebrauch zurückweisbar sind allemal jene Anträge, die keine Parallele in Arrest oder einstweiliger Verfügung finden – indes findet keine Kontrolle statt. Nicht bloß das **Ob** („**Aktionsermessen**"), auch das **Wie** („**Auswahlermessen**") ist hier Frage freier richterlicher Ausgestaltung.

23 Das entspricht dem Spannungsverhältnis von § 938 Abs. 1 zu § 308 Abs. 1 (dazu auch Rn. 7 mit § 938 Rn. 6 f.). Daneben muss das Gericht als Tatbestandsvorgabe den notwendig *interimistischen* Sicherungszweck (Rn. 11) einhalten und ferner darauf achten, dass zwangsweise Umsetzung möglich erscheint – möglichst unverändert (Abs. 2 S. 1), mag auch ein subsidiäres Anpassungsrecht staatlicher Gerichte noch bestehen (Abs. 2 S. 2). Letztlich ist wohl das Schiedsgericht am ehesten berufen zu beurteilen, welche einstweiligen Maßnahmen im Konkreten erforderlich sind.[33] Gerade die größere Kompetenz bei der Ausübung des Auswahlermessens war ein Grund für die Normierung einer zusätzlichen *schieds*gerichtlichen Eilkompetenz.

24 **4. Verfahrensgestaltung. a) Glaubhaftmachung.** Obgleich ein Ebenbild des § 920 Abs. 2 fehlt, setzt doch der Gesetzgeber – beiläufig zumindest[34] – Plausibilität iSv. realer Glaubhaftmachung (§ 294) voraus. In Betracht kommt jedwedes Erkenntnismittel, das Notwendigkeit („Grund") und Berechtigung („Anspruch") genug wahrscheinlich macht. Dabei kann das Gericht auf bisher ermittelte eigene Erkenntnis zurückgreifen, zumal ja schon die konkrete Hauptsache anhängig ist (Rn. 26), viele Tatsachen somit also gerichtsbekannt (§ 291) sind. Verwehrt bleibt freilich die regelmäßig so bedeutsame **eidesstattliche Versicherung** (§ 294 Abs. 1, 2. Halbs.):[35] dazu fehlt jede Abnahmekompetenz (§ 156 StGB). Es geht kaum an, eine notariell aufgenommene Erklärung (§ 22 Abs. 2 BNotO u. § 38 BeurkG) subsidiär zu verwerten[36] – der Notar muss vielmehr ein solches Ansinnen rundweg ablehnen.[37] Seine Kompetenz beschränkt sich auf eidesstattliche Versicherungen, mit denen eine tatsächliche Behauptung gegenüber einer Behörde oder sonstigen Dienststelle glaubhaft gemacht werden soll, wozu indes Schiedsgerichte nicht zählen (vgl. auch erg. § 11 Abs. 1 Nr. 7 StGB u. § 1049 Rn. 79).

25 **b) Rechtliches Gehör.** Das Gesetz verpflichtet streng zur Gehörsgewährung (§ 1042 Abs. 1 S. 2) und Gleichbehandlung (§ 1042 Abs. 1 S. 1), statthaft bleibt lediglich der gemeinsame vorherige Verzicht auf mündliche Verhandlung (§ 1047 Abs. 1 e contrario); stets muss indes genügende Gelegenheit zur Stellungnahme bestehen.[38] § 1042 (Abs. 1) ist nicht einfach auf das Hauptsacheverfahren inhaltlich zu reduzieren: die Anordnung ist wesentliche Entscheidung, zu der es des Gehörs bedarf. Es gibt mithin kein gleichsam einseitiges Verfahren ohne die Anhörung des Antragsgegners, wie es nach §§ 921 Abs. 1, 937 Abs. 2 iVm. § 924 möglich ist (keine *„ex parte"*-Anordnungen)[39] – trotz bisweilen ganz drängender Eile und auch den Bestrebungen zu überraschen. Dennoch passt die Gewähr rechtlichen Gehörs in die Gesamtkonzeption: das schiedsrichterliche Eilverfahren setzt allemal ja die Bildung des Schiedsgerichts voraus; überraschende Zugriffe sind damit nach § 1041 Abs. 1 doch per se ausgeschlossen und dem Verfahren gemäß § 1033 iVm. §§ 916 ff. vor staatlichen Gerichten vorbehalten. Der Gesetzgeber hatte somit auch keinen Anlass, Anordnungen des

---

[32] *Thümmel* DZWiR 1997, 133, 135; *Zöller/Geimer* Rn. 1.
[33] BT-Drucks. 13/5274 S. 45 li. Sp. [3].
[34] Vgl. BT-Drucks. 13/5274 S. 45 li. Sp. [3]; ebenso *Schütze* SV Rn. 257.
[35] *Zöller/Geimer* Rn. 2; *Lachmann* Rn. 2902 mit Rn. 2936; *Musielak/Voit* Rn. 3.
[36] So unter altem Recht zB *Henn* Rn. 309; *Baumbach/Lauterbach/Albers*, 56. Aufl., § 1035 aF Rn. 2; *Schütze* BB 1998, 1650, 1651 Fn. 22; *Rosenberg/Schwab/Gottwald*, 15. Aufl., § 174 I 1 d; OLG Hamburg HRR 1928 Nr. 2322 – sowie unter neuem Recht: *Schütze* BB 1998, 1650, 1651 Fn. 22; *Schwab/Walter* Rn. 15.25; wohl auch *Stein/Jonas/Schlosser* Rn. 11.
[37] *Arndt/Lerch/Sandkühler* § 22 BNotO Rn. 23, 24 bzw. *Mecke/Lerch* § 38 BeurkG Rn. 6; schwächer aber insoweit *Winkler* § 38 BeurkG Rn. 5 f.
[38] *Schütze* BB 1998, 1650, 1651 re. Sp. [II 4]; *Thümmel* DZWiR 1997, 133, 135; *Gottwald/Adolphsen* DStR 1998, 1017, 1020; *Scheef*, 2000, S. 34–37; *Rützel/Wegen/Wilske*, 2005, S. 129 [1. Abs.] – (nur) im Ausgangspunkt so *Bandel*, 2000, S. 93 ff. (Regelfall mit Ausnahmen).
[39] Sehr lesenswert dazu *Van Houtte* Arb. Int. 20 (2004), 85 (Plädoyer gegen UNCITRAL).
AA aber die wohl hM: *Leitzen*, 2002, S. 115 ff.; *Schroeder*, 2007, S. 371 f.; *Zöller/Geimer* Rn. 1; *Musielak/Voit* Rn. 3 mit Fn. 5; *Stein/Jonas/Schlosser* Rn. 11; *Schwab/Walter* Rn. 17 a.20 [2. Abs.]; *Lachmann* Rn. 2904 ff., insbes. Rn. 2906 f. („Beschlußanordnung" ohne Gehörsgewährung); *Westpfahl/Busse* SchiedsVZ 2006, 21, 27 [V 3] – auch nicht etwa kraft Parteiabrede (aA *Scheef*, 2000, S. 37/38).
Wegen Vollstreckbarerklärungsproblemen siehe *Hobeck/Weyhreter* SchiedsVZ 2005, 238.

Schiedsgerichts im einseitigen Verfahren zuzulassen, dies umso mehr als er auf freiwilligen Selbstvollzug spekuliert (Rn. 18).

c) Unselbständigkeit. Das schiedsrichterliche Eilverfahren ist notwendig mit dem Hauptsache- **26** verfahren verknüpft und betrifft denselben Streitgegenstand, so wie es auch bei vorläufigen Anordnungen in fG-Streitsachen (zB § 13 Abs. 4 HausratsVO; § 44 Abs. 3 WEG; § 53a Abs. 3 FGG) oder einstweiligen Anordnungen nach § 644 der Fall ist. Diese Abweichung vom „Staatsmodell" hat mancherlei **Konsequenzen:** strukturell bedarf es keines Widerspruchs (§ 924 Abs. 1 – arg. § 1042 Abs. 1 S. 2; aber: § 1041 Abs. 3!) und ebenso wenig eines Klagezwanges zur Hauptsache (§ 926 – arg. § 1044); praktisch ist bedeutsam, dass das inkorporierte Eilverfahren mit dem Schiedsverfahren gebührenrechtlich dieselbe Angelegenheit bildet (im Unterschied zu § 1042 Abs. 2: § 17 Nr. 6 RVG) – und deshalb keine gesonderte RVG-Vergütung anfällt. In der Kostenentscheidung nach § 1057 braucht insoweit kein besonderer Ansatz gemacht zu werden. Allerdings können vertragsgemäß für die Schiedsrichter besondere Gebühren entstehen (zB Nr. 11 der Anlage zu § 40.5 DIS-SchO: 3/10 Zuschlag). Das Schiedsgericht ordnet die Eilmaßnahme als **Beschluss** – mit Mehrheit (§ 1052 Abs. 1/2) – an, nicht etwa in Form eines Schiedsspruchs; darum gilt § 1054 hier nicht! Sonst wäre Abs. 2 auch unnötig und § 1060 genügte.[40]

5. Nebenfolge: Sicherheitsleistung (Abs. 1 S. 2). Die Regelung hat größtenteils nur ledig- **27** lich deklaratorische Bedeutung, ist doch die Sicherheitsleistung eine Maßnahme nach Abs. 1 S. 1;[41] eigenständig wirkt aber die Ermächtigung, von Amts wegen „von jeder Partei", also im Unterschied zu § 921 Abs. 2 S. 2 iVm. § 936 nicht bloß vom **Antragsteller,** Sekurität zu verlangen, sondern ganz genauso auch vom **Antragsgegner.**[42] Dies meint aber nicht, dass sie den eigentlichen Inhalt der einstweiligen Anordnung ausmacht[43] – zumal sie allemal nur Annex ist („im Zusammenhang mit einer solchen Maßnahme"); gedacht ist hierbei an komplizierte wechselbezügliche Gestaltungen, die auch den Antragsteller selbst belasten, sowie vor allem die Möglichkeit – in Anlehnung an § 921 Abs. 2 S. 1[44] –, Schwierigkeiten der vollen Glaubhaftmachung durch das Erbieten zu begegnen.

Jene Sicherheitsleistung kann (Vor-)Bedingung interner Anordnung[45] oder externen Vollzuges[46] **28** sein. Ob, Art (§ 108 Abs. 1 S. 1 analog) und Höhe der Sicherheit bestimmt sich auf Grund **autonomen schiedsgerichtlichen Ermessens** („kann ... verlangen"). Zu sichern ist der Schaden, den – hypothetisch – die Vollziehung der jeweiligen Maßnahme verursacht, soweit diese sich mit der Hauptsacheentscheidung des Schiedsgerichts oder mit der Aufhebung der Vollziehbarerklärung durch das staatliche Gericht ungerechtfertigt erweist,[47] somit auch jener, den Abs. 4 S. 1 erstattet und Abs. 4 S. 2 „adhäsiv" dem laufenden Schiedsverfahren zuschlägt (Rn. 49–59). „Angemessene Sicherheit" bedeutet insoweit nötige Schadensdeckung. Mitunter wird freilich der Begriff weiter gelesen, incl. anglo-amerikanischer „undertakings".[48]

IV. Staatsgerichtliche Kontrolle (Abs. 2 u. 3)

1. Grundlagen. Wie der Schiedsspruch als die Entscheidung zur Hauptsache (§§ 1060, 1061) **29** kann auch eine schiedsgerichtliche Anordnung vorläufiger bzw. sichernder Maßnahmen nicht ohne weiteres gleich vollzogen werden. Was dort die Voll*strecker*klärung ist hier die **Vollziehungszulassung** (Abs. 2 S. 1, 1. Halbs.) – treffender als das bezeichnet als Voll*ziehbar*erklärung (Rn. 2) oder besser noch Vollzugserlaubnis. Das macht terminologisch einen relativ deutlichen Schnitt (beibehalten bzw. fortgeführt mit § 1062 Abs. 1 Nr. 3 wider Nr. 4 u. § 1063 Abs. 3 S. 1 – bedeutsam später bei § 1064! [Rn. 33]), bei freilich inhaltlicher Sachnähe; systematisch gehören die Normen zum neunten Abschnitt (§§ 1062–1065).[49] Übrigens können auch Auslandsschiedsgerichte davon profi-

---

[40] *Schütze* BB 1998, 1650, 1651/1652 [II 5]; *Baumbach/Lauterbach/Hartmann* Rn. 2 aE; *Stein/Jonas/Schlosser* Rn. 12. Differenzierend *Bandel,* 2000, S. 67 ff.; *Musielak/Voit* Rn. 4. Anders offenbar jedoch OLG Saarbrücken SchiedsVZ 2007, 323, 325 [II 2 a].
[41] Insoweit anders aber *Stein/Jonas/Schlosser* Rn. 9.
[42] BT-Drucks. 13/5274 S. 45 re. Sp. [7].
[43] So aber *Thümmel* DZWiR 1997, 133, 135 (2. Sp.); wohl auch *Musielak/Voit* Rn. 4.
[44] AA dazu uU aber BT-Drucks. 13/5274 S. 45 li. Sp. [6]: (nur?) § 921 Abs. 2 S. 2!
[45] *Thomas/Putzo/Reichold* § 921 Rn. 2; *Stein/Jonas/Schlosser* Rn. 9 aE.
[46] *Thümmel* DZWiR 1997, 133, 135 (2. Sp.); *Stein/Jonas/Schlosser* Rn. 10.
[47] *Schütze* BB 1998, 1650, 1652 [III].
[48] *Stein/Jonas/Schlosser* Rn. 10 mit RIW 2001, 81.
[49] Unzureichend kaschierend BT-Drucks. 13/5274 S. 45 re. Sp. [8]: „Von besonderer Wichtigkeit" – das gilt auch für Vollstreckbarerklärung!

§ 1041 30–35   Buch 10. Abschnitt 4. Zuständigkeit des Schiedsgerichts

tieren,[50] trotz problematisch angeknüpfter internationaler Zuständigkeit (näher dazu bei 2. Aufl. Rn. 19). Damit konkurriert von neuem der direkte(re) Weg vermöge § 1033 (iVm. § 1025 Abs. 2 [2. Var.]).

30   Die Transformation (Rn. 6, 13–17) oder „Homologierung"[51] ist notwendige Voraussetzung staatlicher Vollstreckung (§§ 803 ff.) bzw. „Zwangsleihe": die Zwangsvollstreckung bedarf eines Vollstreckungstitels, der insoweit Vollstreckbarkeit verbürgt. Indes begründet weder § 704 Abs. 1 („aus Endurteilen") noch § 794 Abs. 1 Nr. 4 a („aus Entscheidungen, die *Schiedssprüche* für *vollstreckbar* erklären") die **unabdingbare Titelwirkung.** Auch § 794 Abs. 1 Nr. 3, 1. Halbs. dürfte kaum helfen – der Beschluss ist nicht beschwerdefähig und zudem laufend abänderbar (Abs. 3 mit Rn. 47 f.). Doch ist auch „regulär" für Arreste (§ 928) und einstweilige Verfügungen (§ 936) die Titelqualität lediglich höchst mittelbar ausgesprochen – der Katalog des § 794 ist keinesfalls etwa abschließend[52] – so befugt § 1041 Abs. 1 S. 1 selbst und unmittelbar zur Vollziehung, die (Zwangs-)Vollstreckung ist. Was hätte sonst die ausdrückliche Zulassung noch für eine Bedeutung?

31   **2. „Vollzugserlaubnis" (Abs. 2). a) Antragsverfahren.** Dass ein Ausspruch nicht amtswegig erfolgt, ist eigentlich pure Trivialität und Ausfluss des Dispositionsgrundsatzes. Hier verbirgt sich die bedeutendere Aussage im unbestimmten Artikel (**S. 1:** „Antrag *einer* Partei"), somit Antrag nicht unbedingt des Begünstigten,[53] der freilich vorrangig bestrebt ist, die Umsetzung zu erreichen (es bedarf dazu keines besonderen Rechtsschutzbedürfnisses[54]). Der Belastete mag jedoch ebenso ein Interesse haben, dass seine einstweilige (Interims-)Verpflichtung klargestellt werde. Das **beidseitige Antragsrecht** ist das sinnvolle Korrelat für das insoweit fehlende Aufhebungsverfahren. Es ist spezielle Ausprägung des generellen staatlichen Vorbehalts (§ 1060 u. § 1059); es setzt sich konsequent fort in der Dualität des Abs. 3 („aufheben *oder* [ab]ändern", Rn. 44–48).

32   Auch wenn eine positive Entscheidung erstrebt wird, besteht aber **niemals strenge (Antrags-) Bindung** iSv. § 308 Abs. 1 S. 1, sondern vielmehr ein breiter Freiraum in spürbarer Anlehnung an § 938 Abs. 1 („zur Erreichung des Zwecks"); indes ist hier der Zweck schiedsgerichtlich schon vorgegeben (**S. 2:** „[nur] zur Vollziehung der Maßnahme"), das Staatsgericht gewissermaßen fremdbestimmt. Es geht primär also um **Formulierungshilfe:** für das Staatsgericht die erfolgte Maßnahme anders („abweichend") fassen, soweit denn dies im Hinblick auf Typologie (Vollstreckungsarten) und Prinzipien (Bestimmtheitsgebot) des deutschen Zwangsvollstreckungsrechts zur Vollziehung erforderlich ist,[55] was namentlich bei Laienschiedsgerichten oder Sicherungsakten ausländischer Schiedsgerichte wohl häufiger relevant wird.

33   **b) Verfahrensablauf.** Es gelten wie üblich §§ 1062 ff. – mit Ausnahme von § 1064, der ausdrücklich auf Vollstreckbarerklärung (Rn. 29) und (Hauptsache-)Schiedssprüche beschränkt bleibt: **OLG-Zuständigkeit**, verschieden *örtlich* festgemacht bei in- und ausländischem Schiedsort (§ 1062 Abs. 1 Nr. 3 bzw. Abs. 2 [2. Var.] – dazu näher dort Rn. 12, 13–19).

34   Die Entscheidung erfolgt unanfechtbar (§ 1065 Abs. 1 S. 2) nach **regelmäßig freigestellter mündlicher Verhandlung** (§ 1063 Abs. 1 S. 1 mit S. 2). Indes wird man § 1063 Abs. 2 („erzwungene" mündliche Verhandlung bei Verdachtsmomenten für Aufhebungsgründe, vgl. dort Rn. 8–13) auf eine *Vollziehbar*erklärung analog anwenden können. Mit Rücksicht auf die Eilbedürftigkeit eröffnet § 1063 Abs. 3 (S. 1, 2. Var. mit zeitweiliger [!] Freistellung von Abs. 2) ein *positives* Vorabentscheidungsrecht des Senatsvorsitzenden („ohne vorherige Anhörung").[56] Die Betätigung ist allerdings Ermessenssache („kann"); sie führt zur **vorläufigen Vollzugserlaubnis** bis zur endgültigen Senatsentscheidung. Das weitere Verfahren erscheint dann gewissermaßen als die Überprüfung einer zweiten Eilmaßnahme, die nunmehr von staatlicher Seite hinzutritt.

35   **Gebühren und Kosten:** Gerichtsgebühren nach KV Nr. 1626 [2,0 – bei Rücknahme nur 1,0: KV 1627] sowie reguläre Anwaltsgebühren gemäß VV 3100 [1,3], 3104 [1,2] (Vorbem. 3.1 – be-

---

[50] Genauso beiläufig *Thümmel* DZWiR 1997, 133, 136 [II 3 (2. Sp. aE)] mit Blick auf Abs. 2 S. 2; *Schütze* BB 1998, 1650, 1652 [IV 1 aE]; *Schwab/Walter* Rn. 30.12 – aA *Musielak/Voit* Rn. 6 mit § 1061 Rn. 3; *Gottwald/Adolphsen* DStR 1998, 1017, 1020.
[51] Begriff von *Schütze* BB 1998, 1650, 1652.
[52] Dazu vgl. etwa *Rosenberg/Gaul/Schilken* § 13 VI 6 (ZPO-intern) bzw. *Baur/Stürner/Bruns* ZVR Rn. 16.29 (ZPO-extern); sehr umfassend auch *Stein/Jonas/Münzberg* § 794 Rn. 136. So nun auch *Stein/Jonas/Schlosser* Rn. 14 [4. Abs.]; *Musielak/Voit* Rn. 8.
[53] *Musielak/Voit* Rn. 6.
[54] Anders wohl *Schwab/Walter* Rn. 17 a.28: Feststellungslast des *Schiedsgerichts*(?) – richtige Kritik insoweit bei *Musielak/Voit* Rn. 6 („gute[s] Recht jeder Partei").
[55] BT-Drucks. 13/5274 S. 45 re. Sp. [10]; sehr plastisch auch OLG Saarbrücken SchiedsVZ 2007, 323, 327 [II 2 c cc (3) bb]: „redaktionelle Korrekturen".
[56] AA *Stein/Jonas/Schlosser* Rn. 14 [6. Abs.].

sondere Angelegenheit: § 17 Nr. 6 RVG!).[57] Der Streitwert ist nach freiem Ermessen zu fixieren (§ 53 Abs. 1 Nr. 2/3 GKG mit § 3 ZPO), es zählt insoweit das „kommerzialisierte Maßnahmeinteresse".[58]

Es läge ferner nahe, dass das OLG bei Handlungs- und Unterlassungsvollstreckung (§§ 887 ff.) als fingiertes **„Prozessgericht des ersten Rechtszuges"** auch Vollstreckungsorgan wäre.[59] Immerhin spricht das Gesetz von „Vollziehung" (aber: § 1062 Rn. 7), auch mag man plausibel auf die Vollziehbarerklärung abstellen können (§ 887 Rn. 25) und nicht, wie sonst bei einstweiligem Rechtsschutz, auf das Hauptsachegericht, weil das wiederum zum Schiedsgericht und somit in einen Zirkelschluss führt. Denn dieses kann keinen Zwang androhen[60] oder anordnen. Doch sollte am besten eine Bestimmung des Gerichtes der **fiktiven Hauptsache** erfolgen, also AG oder LG (vgl. auch erg. § 1033 Rn. 19–21); die Vollstreckungskompetenzen sind eigenständig vollstreckungsrechtlich anzuknüpfen. Der Gesetzgeber ist insoweit dringend zur Nachbesserung aufgerufen. **36**

c) **Gerichtsermessen.** Der Wortlaut (S. 1, 1. Halbs.: „kann") eröffnet Ermessen – selbstredend *pflichtgemäß* ausgeübtes! – und kennt dafür nur eine absolute normative Schranke (S. 1, 2. Halbs.: Vorrang „direkter" Anträge, Rn. 31 f.). Ausweislich der Materialien[61] sollte dem staatlichen Gericht damit vor allem ermöglicht sein, inzident die Gültigkeit der Schiedsvereinbarung zu prüfen und zudem die Vollziehbarerklärung bei unverhältnismäßigen Anordnungen zu verweigern. Dies deutet eine **Kumulation prozessualer und materieller Kontrollkriterien** an, ohne dass eine präzisere Festlegung getroffen wäre. Das gewährte Ermessen „überlagert" den Tatbestand und lässt **künftiger Kasuistik nützliche Freiräume.** Das ist ein Novum im Recht der Exekution und „Exequatur", denn es geht um die nötige (positive) Titulierung selbst![62] **37**

Die Ermessensgewährung ist mithin wohl allein hierdurch zu begründen, dass man einen Kompromiss sucht aus Staatsvorbehalt und Schutzbedürfnis bzw. vorheriger Vollzugserlaubnis und notwendiger Eilentscheidung. Sie erscheint demgemäß als **Ausdruck lediglich summarischer Überprüfung**, als eine Art „kleine" oder „unechte" Vollstreckbarerklärung auf Grund Plausibilitätskontrolle ohne Bindung an Fristen und Formen. Genauso in Rechnung zu stellen ist andererseits die grundsätzliche **Anerkennung schiedsrichterlicher Kompetenzen** für einstweiligen Rechtsschutz durch Abs. 1, der die konkrete Sachbeurteilung den Schiedsrichtern überlässt,[63] während das staatliche Gericht nach Abs. 2 hier lediglich „helfend" oder „dienend" eingreift – im Unterschied zu § 1033. Aufgrund dieser Vorgaben ist die Prüfungsdichte zu konkretisieren: **38**

aa) **Prozessuale Kontrolle.** Hier erfolgt *pauschale* Prüfung, ob ein künftiger (Hauptsache-) Schiedsspruch überhaupt je denn vollsteckbar wäre. Die (Eil-)Maßnahme hat durchweg nur rein **dienende Funktion** (oben Rn. 11 ff.). Unerlässlich ist deswegen, dass überhaupt ein Schiedsgericht tätig wurde[64] und die **positive (prozessuale) Prognose zukünftiger Vollstreckbarkeit** seiner Entscheidungen; den Maßstab dafür liefert § 1060 Abs. 2 S. 1[65] iVm. § 1059 Abs. 2. Archetypischer Beispielsfall ist die unwirksame Schiedsvereinbarung[66] (Nr. 1a bzw. Nr. 2a – aber beachte auch: § 1040 Abs. 2 iVm. Abs. 3 S. 2); ebenso selbstverständlich müssen die „überdehnte" Schiedsvereinbarung (Nr. 1c) und der ordre-public-Verstoß (Nr. 2b) ausgefiltert werden, wobei freilich beide auch manchmal „Vorgriffswirkungen" erzeugen. So wäre es gleichfalls unzulässige Überdehnung, wenn die Parteien ausdrücklich eine Sperrklausel (Abs. 1 S. 1, Rn. 8) verabredet hätten, und der ordre-public-Regel mag genauso bereits der Sicherungsakt selbst widersprechen. Seltener einschlägig scheinen Nr. 1b u. 1d, zumal wenn die Maßnahme Überraschungswirkung verlangt und auch weil sie vorläufig ist (Nr. 1b) bzw. regelmäßig kaum Kausalität für die bloß einstweilige Maßnahme **39**

---

[57] Dies meint wohl *Schwab/Walter* Rn. 35.11 – aA *Gerold/Schmidt/Müller/Raabe*, RVG, 17. Aufl., VV Nr. 3327 Rn. 3 f. u. *Zöller/Geimer* § 1041 Rn. 9: VV 3327 [0,75] u. 3332 [0,5].
[58] Anders im Ansatz OLG Saarbrücken SchiedsVZ 2007, 323, 327 aE: Streitwert des Anspruchs[?].
[59] So etwa *Lachmann* Rn. 2929–2931; unklar *Stein/Jonas/Schlosser* Rn. 15 [3. Abs.]: Vollzugsgericht.
[60] AA *Stein/Jonas/Schlosser* Rn. 15 [3. Abs.]; *Schwab/Walter* Rn. 17 a.
[61] BT-Drucks. 13/5274 S. 45 re. Sp. [8], sehr krit. dazu *Musielak/Voit* Rn. 8.
[62] Abwiegelnd hier BT-Drucks. 13/5274 S. 45 re. Sp. [8]: „kein Fremdkörper" – aber: §§ 765 a, 769, 770 betreffen vollstreckungs*beschränkende* (Ausnahme-)Entscheidungen.
[63] Zutr. *Thümmel* DZWiR 1997, 133, 136 [II 3 2. Sp.)]; ähnlich *Schwab/Walter* Rn. 17 a.29.
[64] OLG Frankfurt/Main NJW-RR 2001, 1078, 1079 [b/c].
[65] Natürlich bleiben S. 2 (Rechtskraft) und S. 3 (Präklusion) außen vor.
[66] BT-Drucks. 13/5274 S. 45 re. Sp. [8] aE: Gültigkeit; zust. OLG Saarbrücken SchiedsVZ 2007, 323, 325 [II 2 a]; *Thomas/Putzo/Reichold* Rn. 3 („wenn nicht bereits früher geschehen"); *Musielak/Voit* Rn. 7; *Thümmel* DZWiR 1997, 133, 136 [II 3 mit Fn. 28]; *Zöller/Geimer* Rn. 3 (indes „Einwendung" nötig) – aA *Baumbach/Lauterbach/Hartmann* Rn. 4 (arg. § 1040 – aber vgl. dort Rn. 15, 41–45); vermittelnd *Stein/Jonas/Schlosser* Rn. 14 [3. Abs.] („stärkere Zweifel" – dennoch „an sich logisch indizierte … Prüfung"). Zum Schicksal einstweiliger Maßnahmen nach Feststellung der Inkompetenz vgl. § 1040 Rn. 31 f.

§ 1041   40–43   Buch 10. Abschnitt 4. Zuständigkeit des Schiedsgerichts

nachzuweisen sein dürfte (Nr. 1 d). Stets müssten **klarste Indizien vorliegen,** weil nur eine summarische Prüfung stattfindet (Rn. 38).

40   **bb) Materielle Kontrolle.** Das darf man *nicht* im Sinne einer vollumfassenden materiell-rechtlichen Erfolgsprognose missverstehen, das Staatsgericht prüft auch **keine Schlüssigkeit.** Würde hier der Prüfungsrahmen so weit gesteckt, liefe § 1041 im Vergleich zu § 1033 leer. Grundsätzlich hat sich also die Kontrolle des staatlichen Gerichts auf die Eignung der Maßnahme anhand der gegebenen schiedsrichterlichen Anordnung zu beschränken.[67] Es geht um eine **positive („materielle") Prognose gegenwärtiger Eilbedürftigkeit.** Dazu gehört etwa die Plausibilität des Schutzanliegens (Arrest- bzw. Verfügungsgrund, vgl. aber erg. Rn. 20 f.), die Geeignetheit der Schutzmaßnahme und ob sie letztlich notwendig ist (Erforderlichkeit), schließlich muss auch die Relation von Mittel und Zweck noch gewahrt sein und darf nicht etwa die Hauptsache vorweggenommen werden (§ 1033 Rn. 4 u. 6). Indes findet keine Neubewertung statt, sondern nur die **Prüfung auf offensichtliche schiedsrichterliche Ermessensfehler.** Eine etwas nähere Kontrolle scheint aber alsdann angezeigt, wenn seit der schiedsrichterlichen Anordnung geraume Zeit verstrichen ist (Fortdauer maßgeblicher Umstände?); problematisch erscheinen gleichfalls Befriedigungsverfügungen und Fälle von Drittbetroffenheit.[68]

41   **3. Zeitgrenzen. a) Gerichtspriorität (Abs. 2 S. 1, 2. Halbs.).** Schon **allein der Antrag** vor staatlichen Gerichten (AG/LG statt OLG!) nach § 1033 begründet dessen Priorität, er kann keinesfalls seinerseits etwa an mangelndem Rechtsschutzbedürfnis scheitern[69] – sondern führt zur prozessualen Überholung des Antrags auf Vollziehbarerklärung nach § 1041 (Erledigung!). Der Gefährdete hat also freie Wahl – bis zuletzt,[70] obwohl er selten davon Nutzen haben dürfte. Er stellt den Antrag in Kenntnis der Maßnahme und wird kaum erneut von vorne anfangen wollen, um ein ohnedies nur **funktional gleichwertiges Äquivalent** („entsprechende Maßnahme") zu erhalten, mag auch der Antrag nicht voll deckungsgleich sein.[71] Das Schutzziel ist entscheidend, nicht etwa die Formulierung. Die Einschränkung ergreift a fortiori ebenfalls sämtliche bereits erlassene Maßnahmen; das lässt sie eher als eine Art **prozessuale Einrede des Gegners** verstehen („sofern nicht"), die ihn gegen zweifache Inanspruchnahme absichert. Oft weiß aber der Gegner noch nichts, sondern er erfährt uU erst durch Zustellung der Entscheidung davon (§ 922 Abs. 2).

42   **b) Vollziehungsfrist (§ 929 Abs. 2 analog).** Zum Schutz des Vollziehungsgegners empfiehlt sich eine **verbindliche Vollziehungsfrist** in Anlehnung an § 929 Abs. 2.[72] Nur diese gewährleistet, dass nicht der Antragsteller den Anordnungsakt unter zwischenzeitlich geänderten Umständen gleichsam missbraucht; dies ist eine effektive *präventive* Sicherung, welche den allein repressiven Ersatz (Abs. 4 S. 1, Rn. 49–59) ebenbürtig ergänzt: „wer zu spät kommt …" – der soll schon keinen Schaden mehr anrichten können; sein Zögern belegt eben, dass entweder die Sache doch am Ende nicht so eilte oder aber – in weiser Vorahnung der scharfen Haftung – zumindest nicht so gewiss erscheint.

43   Die **begrenzende Monatsfrist** läuft erst **mit Vollziehbarerklärung** von Seiten des OLG (§ 1062 Abs. 1 Nr. 3 [Rn. 7] iVm. § 1063 Abs. 1 bzw. § 1063 Abs. 3, 2. Var.), weil diese erst die intendierte Titelwirkung (Rn. 29 f.) herbeiführt, nicht schon mit dem Erlass durch das Schiedsgericht gemäß Abs. 1 S. 1. Es genügt allerdings **fristgerechte Beantragung** bzw. **unverzügliche Einleitung** der vollziehenden Vollstreckungsmaßnahme.[73] Lässt aber der Antragsteller mehr als einen Monat seit Verkündung (§ 929 Abs. 2, 1. Var. mit §§ 329 Abs. 1, 312 Abs. 1 – sicherlich ein Sonderfall!) oder Zustellung (§ 929 Abs. 2, 2. Var. mit § 329 Abs. 3, 1. Var. [der parallele analoge Rückgriff auf § 329 Abs. 2 S. 2, 2. Var. ist somit unnötig]) vergehen, muss dieser Antrag von Amts wegen vom Vollstreckungsorgan zurückgewiesen werden, weil die Vollziehung nunmehr unstatthaft ist – eine trotzdem

---

[67] BT-Drucks. 13/5274 S. 45 re. Sp. [8] aE: Verhältnismäßigkeit; OLG Saarbrücken SchiedsVZ 2007, 323, 325 [II 2 c bb]: greifbare Gesetzeswidrigkeit; OLG Frankfurt/Main NJW-RR 2001, 1078 [a] mit *Baumbach/Lauterbach/Hartmann* Rn. 4: Ermessensfehler; *Stein/Jonas/Schlosser* Rn. 14 [3. Abs.]: auffällige Umstände; *Bandel*, 2000, S. 220 f.: Rechtsfolgenabwägung – aA *Zöller/Geimer* Rn. 3 u. *Schütze* BB 1998, 1650, 1652 [IV 1]: umfassende Nachprüfungsbefugnis; ähnlich wohl am Ende dazuhin *Mt. Wolf* DB 1999, 1101, 1102.
[68] Deshalb ganz richtig OLG Saarbrücken SchiedsVZ 2007, 323, 325–327 [II 2 cc].
[69] *Schütze* BB 1998, 1650, 1652 [IV 1]; wohl auch *Musielak/Voit* Rn. 6 mit § 1033 Rn. 5; *Thomas/Putzo/Reichold* Rn. 2 mit § 1033 Rn. 4.
[70] So auch BT-Drucks. 13/5274 S. 45 re. Sp. [9] („in jedem Stadium des Verfahrens") mit li. Sp. [5].
[71] Strenger aber insoweit OLG Saarbrücken SchiedsVZ 2007, 323, 325 [II 1]: lediglich *identische* Maßnahmen.
[72] Ebenso *Thümmel* DZWiR 1997, 133, 136 [II 3 aE] – anders *Baumbach/Lauterbach/Hartmann* Rn. 5.
[73] BGHZ 112, 356, 359 m. weit. Nachw. = NJW 1991, 496 = JZ 1991, 404 m. Anm. *Stürner* im Anschluss an BGH WM 1989, 927, 929.

Maßnahmen des einstweiligen Rechtsschutzes 44–49 § 1041

erfolgte Maßnahme wäre alsdann unheilbar nichtig.[74] Hier erfolgt insoweit eine lediglich deklaratorische Aufhebung nach Abs. 3 (Rn. 47) – nur jedoch auf Antrag hin.

4. „Vollzugskorrektur" (Abs. 3). a) Verfahren. Der „Gegner" der schiedsrichterlichen Eilmaßnahme kann die (Vollziehbarkeits-)Zulassung des Staatsgerichts nicht anfechten (§ 1065 Abs. 1 S. 2);[75] ihm bleibt letztlich allein die Möglichkeit der Vollzugskorrektur; denkbar wäre aber allemal, beim Schiedsgericht informell Aufhebung oder Anpassung anzuregen, dh. autonom zu handeln, was sodann staatlicherseits auch beachtlich wäre. Der „Begünstigte" wird idR auf eine Anpassung dringen. **44**

Die Überprüfung ist **antragsgebunden,** insoweit als amtswegig kein Verfahren in Gang gesetzt wird, indes nicht in jenem Sinne, dass starrste Antragsbindung (§ 308 Abs. 1 S. 1) bestünde: Anpassung statt Aufhebung ist ohnedies wohl meistens bloß minus und kein aliud (aber: Rn. 47f.), den Gegner verpflichten, das tolerable Maß exakt anzugeben, geht zu weit, und schließlich schafft ja bereits Abs. 2 S. 2 für die erste Zulassung entsprechenden Spielraum, der hier gleichfalls einzuräumen wäre. Über die **Gestaltung** des Änderungsverfahrens schweigt das Gesetz, es gelten allgemeine Regeln (§ 1062 Abs. 1 Nr. 3 bzw. Abs. 2, 2. Var. [OLG-Kompetenz] iVm. § 1063, Rn. 33–35); kosten- bzw. gebührenrechtliche Eigenart ist freilich, dass staatlicherseits Zulassung und Korrektur eigens abgerechnet werden (KV 1626: „oder" bzw. Anm. ebd.), während die Anwaltstätigkeit hier als nur eine Angelegenheit gilt (§ 16 Nr. 9 RVG). **45**

Trotz „externer" Sicht (Staatsgericht!), sieht man darin eine Vorschrift, die „im Kern" § 927 entspreche[76] und **veränderte Umstände einfließen** lasse, „vor allem dann ..., wenn der Grund für die vom Schiedsgericht angeordnete Maßnahme ganz oder teilweise entfallen ist". Das lässt zudem Raum für die Berücksichtigung neuerer Sacheinschätzung von Seiten des Schiedsgerichts – ohne dass aber das Staatsgericht darauf beschränkt bliebe.[77] **46**

b) Varianten. aa) Aufhebung (1. Var.). Aufhebung ist *actus contrarius* zur Zulassung und staatliche Beendigung der Anordnung: hoheitlicher Vollzug findet nicht weiter statt, die weitere Vollstreckung ist einzustellen (§ 775 Nr. 1, 1. Var.), getroffene Maßnahmen sind aufzuheben (§ 776 S. 1), und zwar von Amts wegen. Notfalls ist freilich Erzwingung durch Erinnerung (§ 766 Abs. 1) erforderlich. Eine eventuell abverlangte Sicherheit (Abs. 1 S. 2) bleibt festgelegt, denn sie wird nun ja besonders bedeutsam mit Rücksicht auf anschließenden eventuellen Schadensersatz (Abs. 4, Rn. 49–59). Nur diese Fallgruppe allein entspricht dem Vorbild des § 927 Abs. 1. **47**

bb) Anpassung (2. Var.). Anpassung kann in dreierlei Formen auftreten. Zum einen als **Minus,** wenn sie eine Anordnung ein stückweit zurücknimmt, was sinngemäß teilweise Aufhebung ist, die insoweit mithin den Regeln lit. a gehorcht. Dann als **Mehr,** das weitere Vollziehungsmöglichkeiten erlaubt und partielle Neuanordnung darstellt (wichtig für Abs. 4 S. 1: „von Anfang an", Rn. 53). Und schließlich als **Aliud,** wobei hier die Aufhebung alter mit dem Recht zur Vollziehung neuer Maßnahmen einhergeht.[78] Das dürfte aber beim Arrest praktisch ausscheiden, zumal es einen Prioritätsverlust verursacht, und allein Individual-Verfügungen gelten. **48**

V. „Vollzugsregress" (Abs. 4)

1. Grundlagen. § 1041 Abs. 4 S. 1 ist ohne ein direktes ModG-Vorbild,[79] sondern ausschließlich § 945 nachempfunden, der ganz entsprechend gilt: **Sachprinzip haftungsrechtlichen Gleichlaufs** (Rn. 2). Die Regelungen sind fast vollkommen wortidentisch, nur dass der Tatbestand auf § 1041 Abs. 1 abgestimmt ist, *positiv* durch wörtlichen Bezug (§ 1041 Abs. 4: „Maßnahme nach Absatz 1") bzw. *negativ* durch Ausblendung der Sonderfälle des § 945, die hier nicht vorkommen. Die Regelung ist Ausdruck des allgemeinen Rechtsgedankens (vgl. §§ 302 Abs. 4 S. 3, 600 Abs. 2, 717 Abs. 2, 945), dass ein vorläufiger Titel – hier: schiedsgerichtliche *Anordnung* mit staatsgerichtli- **49**

---

[74] BGHZ 112, 356, 360f. = NJW 1991, 496, 497; 114, 315, 328 (Arrest) bzw. RGZ 81, 288, 289; 151, 156f. (einstweilige Verfügung). Aus der Lit.: *Stein/Jonas/Grunsky* Rn. 17; *Zöller/Vollkommer* Rn. 20; *Wieczorek/Schütze* Anm. B I c – alle zu § 929; *Brox/Walker* Rn. 1540; aA *Bruns/Peters* § 48 V 2 und *Rosenberg/Gaul/Schilken* § 78 I: zwar Verstrickung, aber kein Pfändungspfandrecht.
[75] *Musielak/Voit* Rn. 10 mit § 567 Rn. 15ff.: greifbare Gesetzeswidrigkeit?
[76] BT-Drucks. 13/5274 S. 45/ 46 [11] im Anschluss an Kom.-Ber. S. 139.
[77] Gute Differenzierungen dazu bei *Bandel,* 2000, S. 227f. u. *Musielak/Voit* Rn. 12 – hier aA aber *Thümmel* DZWiR 1997, 133, 136 [II 2 d] einerseits (Primat des Staatsgerichts) bzw. OLG Thüringen OLG-NL 2000, 16, 17 (hierzu kritisch, aber letztlich zustimmend *Lachmann* Rn. 2924–2926) u. *Stein/Jonas/Schlosser* Rn. 13 [S. 498] andererseits (Primat des Schiedsgerichts). Zu großzügig aber letztlich *Baumbach/Lauterbach/Hartmann* Rn. 5: geänderte Rechtsauffassung genügend (krit. OLG Thüringen aaO u. *Musielak/Voit* Rn. 11).
[78] AA *Musielak/Voit* Rn. 9.
[79] Vgl. BT-Drucks. 13/5274 S. 46 li. Sp. [12] – aber: CR Nr. 166 = *Holtzmann/Neuhaus* S. 547.

§ 1041 50–53   Buch 10. Abschnitt 4. Zuständigkeit des Schiedsgerichts

cher *Zulassung* (Rn. 29 f.) – Vollziehung nur „auf eigene Gefahr" gestattet,[80] wie immer man dies auch dogmatisch erfassen möchte. Wichtig bleibt indes hier nur festzuhalten, dass die Haftungsfolge (Rn. 46 f.) weder prozessuale Rechtswidrigkeit noch persönliches Verschulden voraussetzt, sondern im nötigen Tatbestand (Rn. 50–55) gänzlich eigenständig anknüpft. – Abs. 4 S. 2 (Rn. 58 f.) ist erleichternde Folgeregelung und gibt eine Art **„Adhäsionsrecht";** die Regelung ist deutlich § 302 Abs. 4 S. 2 bzw. **§ 717 Abs. 2 S. 2** (je 1. Halbs.) nachgebildet, welche ebenfalls „verfahrensintegrierten" Maßnahmen gelten, und naturgemäß (Rn. 26) demnach ohne Vorbild in § 945.

50   **2. Tatbestand (Abs. 4 S. 1). a) Veranlassung.** Für die Anordnung haftungsrechtlich verantwortlich ist nicht das Schiedsgericht, sondern allein „die Partei, welche ihre **Vollziehung erwirkt",** dh. die Umsetzung betrieben hat. Der Begriff der „Vollziehung" ist § 928 entlehnt und meint – hier wie dort (§ 928 Rn. 1 f. – im Unterschied zu § 945 Rn. 7) – die **hoheitliche Erzwingung,** die aber – allerdings insofern abweichend – weder fristgebunden nötig ist (§ 929 Abs. 2) noch besondere Zustellung erfordert (§ 929 Abs. 3) und **im Gegensatz zu freiwilliger Befolgung** steht. (Zwangs-)Vollziehung ist Erzeugung von Vollstreckungsdruck,[81] dies nur rechtfertigt die ganz scharfe – verschuldensunabhängige (Rn. 49) – Haftung. Abs. 4 ist mithin **auf Abs. 2 bezogen und nicht auf Abs. 1,** dh. er ist Korrelat staatlichen Zugriffs und sichert vor der „Umgehung" des § 945.

51   Freiwillige Nachachtung schiedsgerichtlicher Anordnungen ist mithin *nicht* erfasst[82] und für den Antragsteller also noch „ungefährlich" (sie fällt allenfalls unter §§ 823 ff. BGB). Gefordert ist nämlich ein notwendig mehrstufiges (!) Verfahren: **(1)** Anstoß durch Antrag beim Schiedsgericht (Abs. 1 S. 1) mit Anordnung; **(2)** erfolgreicher Zulassungsantrag beim zuständigen Staatsgericht (Abs. 2 S. 1, 1. Halbs.); **(3)** Erfüllung der regulären Vollstreckungsvoraussetzungen, was dann wiederum eine neuerliche Antragstellung beinhaltet. Die Urheberschaft ist dadurch letztendlich völlig klargestellt. **Vollziehung ist aber nicht gleich Vollstreckung,** nackte Einleitung genügt – nicht erforderlich ist Durchführung. Wenn abwendende Sicherheitsleistung miterfasst wird (Rn. 54), muss auch die – alsdann überhaupt freiwillige? – erfüllende Abwendung hinreichen.

52   **b) Haftungsgrund. aa) Sachliche Komponente („ungerechtfertigt").** Maßgebend ist, dass die **nötigen Voraussetzungen fehlten,**[83] die aber weniger konzis sind als bei §§ 916 ff., 935 ff. (Rn. 20 f.) und wobei man zudem das ureigene richterliche Ermessen (Rn. 22) mitbedenken muss, das sich präziser Formalisierung entzieht. Praktisch wird im Endeffekt die Berechtigung *ex post*[84] und die Gefährdung *ex ante*[85] beurteilt – jeweils auf einen objektiven Betrachter projiziert. Am Ende dürfte alles daran hängen, ob das Schiedsgericht in dem zur Hauptsache ergehenden Schiedsspruch den gesicherten Anspruch letztendlich verneint (mit Rechtskraftbindung im Schadensersatzprozess, § 1055![86]) oder aber das Staatsgericht retrospektiv, in dem rechtsbehelfsähnlichen Verfahren nach § 1041 *Abs. 3,* zu dem Ergebnis gelangt, dass ein genügender Arrest- oder Verfügungs**grund** doch nie vorgelegen hat (alsdann ohne Bindung, denn die Verneinung des Grundes ist Begründung, nicht – rechtskraftfähiger – Tenor) oder es auch nur die Konsequenz aus einem schiedsgerichtlichen actus contrarius bezüglich der einstweiligen Maßnahmen zieht. Wird schon der Antrag nach § 1041 Abs. 2 allerdings vom OLG abgewiesen, fehlt jegliche Vollziehung und hieraus kausaler Schaden.[87] Denkbar ist genauso ein Teilanspruch bei Teilabweisung.

53   **bb) Zeitliche Komponente („von Anfang an").** Dafür muss man genau **auf den Erlasszeitpunkt abstellen,**[88] und das meint den Zeitpunkt schiedsgerichtlicher Anordnung, welche allein den Stein ins Rollen bringt. Wohl liegt dann noch nicht alles fest (§ 1041 Abs. 2 S. 2), indes gibt jenes Korrekturrecht (Rn. 32) nur eine Umsetzungshilfe für ein letzthin feststehendes Ergebnis. Bei einer Aufhebung im Verfahren gemäß § 1041 Abs. 3 ist demgemäß entscheidend, ob sie sich auf eine anfängliche Fehleinschätzung oder aber auf eine zwischenzeitliche Veränderung der Verhältnisse stützt. Eine eigentlich wohl gerechtere (zeit-)anteilige Haftung ist demnach unmöglich.

---

[80] BGHZ 131, 141, 143; 120, 261, 263 f.; 62, 7, 9; 54, 76, 80 f.; 39, 77, 79; 30, 123, 126 u. RGZ 108, 253, 256 (§ 945) bzw. BGHZ 95, 10, 14 (§ 717 Abs. 2).
[81] BGHZ 131, 141, 144; 120, 73, 82 (§ 945) – verneint für Unterlassungsgebot *ohne* Strafandrohung.
[82] *Musielak/Voit* Rn. 14; *Stein/Jonas/Schlosser* Rn. 16 – aA *Schütze* BB 1998, 1650, 1653 [V 3].
[83] Vgl. BGH NJW 1988, 3268, 3269 (§ 945): Tatsachenlage, Beweisbarkeit, Rechtsgrundlage.
[84] BGH NJW-RR 1992, 998, 1001 (§ 945).
[85] RGZ 62, 365, 369 f. (§ 945).
[86] BGH NJW 1988, 3268, 3269 (§ 945); 1989, 106; BGHZ 122, 172, 175 – im Gegensatz zu sonstiger Beendigung (§ 1056 Abs. 2): BGH NJW-RR 1992, 998, 999.
[87] Irrig demnach insoweit *Schütze* SV Rn. 263.
[88] Vgl. RGZ 143, 118, 123 (obiter): das nachmalige rechtswidrige Festhalten fällt (nur) unter §§ 823 ff. BGB.

c) **Beschädigung.** Ersatzfähig ist einmal der **Vollziehungsschaden (1. Var.)**, dh. jedweder 54
adäquat kausale Schaden, der auf Vollziehung (Rn. 50) beruht, unmittelbar oder auch bloß mittelbar.[89] Wertende Begrenzung auf Grund des Schutzzwecks ist jedoch notwendig; erfasst sind zB Zinsverluste, Leistungsentgelte, Kontrollaufwand oder auch Mehraufwendungen zur Schadensbegrenzung[90] – aber nicht etwa Rufschäden aus Bekanntwerden der Vollziehung.[91] Erfasst wird weiter der **Abwendungsschaden (2. Var.)**, *wörtlich* bloß dadurch, dass der Gegner Sicherheit geleistet hat, um die Vollziehung abzuwenden, *sachlich* aber genauso, wenn letztlich „abwendend" geleistet wird, falls Vollstreckung droht,[92] nicht jedoch reine freiwillige Erfüllung.[93] Die Ersatzfähigkeit von **Verfahrenskosten** auf Grund § 945 (analog) ist problematisch, die Praxis gewährt idR hierbei Ersatz für (fremd) beigetriebene,[94] nicht aber für (selbst) getragene;[95] das kann nicht völlig unbesehen übertragen werden, wird doch über die Kosten des *inzidenten* einstweiligen Verfahrens (Rn. 26) verbindlich im Schiedsspruch mitentschieden (§ 1057). Also bleiben bloß die Kosten der staatlichen Vollziehbarerklärung (Rn. 35), die analog zuzuweisen wären. Haftungsrechtlich geschützt ist allein der „Gegner", niemals ein Dritter.

Gegner meint hier die Gegenpartei(en) des Rechtsstreits, an die sich auch die fragliche Anord- 55
nung gerichtet hat. Ein Dritter (Notar, Behörde,[96] Lieferant, Lagerist[97] etc.[98]) unterfällt von vornherein keinen Schiedsbindungen und kann schon darum kein Anordnungsadressat sein. Wäre er es doch – und schützt ihn das Gericht durch Vollziehungs-Verweigerung nicht (Abs. 2) –, wird er aber ebenso zum Gegner (§ 945 Rn. 20) – im materiellen Sinne als gezielt angegangenes „Opfer" der betreffenden Schutzmaßnahme, aber nicht etwa formal als Partei des Hauptsachestreits.

3. Rechtsfolge. Die **Verpflichtung zum Schadensersatz** besteht im bekannten Umfang der 56
§§ 249–255 BGB,[99] was meistens Geldersatz bedeutet (§ 251 BGB gegen § 249 BGB) und entgangenen Gewinn (§ 252 BGB) einschließt (wegen Einzelheiten siehe § 945 Rn. 21 ff.). Der **Mitverschuldenseinwand** (§ 254 Abs. 1 BGB) ist restriktiv zu handhaben, zumal Vollstreckung droht; es besteht keine Pflicht, frühzeitig durch freiwillige Erfüllung abzuwenden[100] („vorauseilender Gehorsam") – das würde die Risikolage (Rn. 49) kalt korrigieren – oder durch eine „Sperrabrede" (Abs. 1 S. 1, Rn. 8) vorzubeugen; vielmehr ist geradezu eine „Provokation" für ein beachtliches Mitverschulden des Verpflichteten erforderlich,[101] zB wenn er eine einfache Aufklärung versäumt oder Beweismittel vorsätzlich zurückhält. Anders dann jedoch für die Verpflichtung, den Schaden möglichst gering zu halten (§ 254 Abs. 2 S. 1 BGB).[102]

Der Anspruch verjährt nach **§ 195 iVm. 199 Abs. 1 Nr. 1 BGB:** Dreijahresfrist ab Kenntniser- 57
langung. Die Praxis zu § 945 rechnet diese frühestens ab Beendigung des einstweiligen Verfahrens[103] und geduldet sich auch notfalls bis zum Ausgang des Hauptsacheverfahrens, solange keinerlei (rechtskräftige) Aufhebung erfolgt.[104] Das ist aber auf ein selbständiges Verfahren zugeschnitten und auf das unbefristete Widerspruchsrecht (§§ 924 f.) – Prämissen, die beide hier nicht vorliegen. Maßgeblich muss sinngemäß die Aufhebung der Anordnung als *actus contrarius* bleiben (§ 1041 Abs. 1), die bis zur (Teil-)Beendigung des Schiedsverfahrens (§ 1056 Abs. 1) jederzeit möglich ist. Demgegenüber lässt die anfänglich verweigerte Vollziehbarerklärung (§ 1041 Abs. 2) keinerlei Schaden entstehen und spätere Aufhebung derselben (§ 1041 Abs. 3) ist kein Fall eines Unberechtigtseins „von Anfang an".

---

[89] BGHZ 96, 1, 2 (§ 945) bzw. BGHZ 85, 110, 114 f. = NJW 1983, 232 (§ 717).
[90] BGHZ 122, 172, 179 = NJW 1993, 2685 (§ 945).
[91] BGHZ 85, 110, 113 ff. = NJW 1983, 232 m. Bespr. *Gerhardt* JR 1983, 247 (§ 717) bzw. BGH NJW 1988, 3268, 3269 aE m. Anm. *Stolz* JZ 1988, 979, 980 (§ 945) beschränkt sich allerdings auf Bekanntwerden lediglich der *Anordnung*.
[92] BGHZ 131, 141, 146/147 m. weit. Nachw. mit BGH NJW 1974, 642, 644 (§ 945).
[93] BGHZ 120, 73, 82 m. weit. Nachw. mit BGH NJW 1976, 2162, 2163 (§ 945).
[94] BGHZ 45, 251, 252.
[95] BGHZ 122, 172, 176 ff. = ZZP 107 (1994), 513 m. Anm. *Ahrens* = LM § 945 Nr. 30/31 m. Anm. *Grunsky* – dazu krit. auch *Vollkommer* WM 1994, 51; *Stein/Jonas/Grunsky* § 945 Rn. 6; *Baur/Stürner/Bruns* ZVR Rn. 52.29; ferner schon früher *Löwer* ZZP 75 (1962), 232.
[96] RGZ 120, 118, 119 (Grundbuchamt).
[97] RGZ 121, 185, 188 (Lagerhalter).
[98] Zuletzt BGH NJW 1994, 1413, 1416.
[99] BGHZ 69, 373, 375/376 (§ 717) = NJW 1978, 103; BGHZ 122, 172, 179 = NJW 1993, 2685 (§ 945).
[100] BGHZ 120, 261, 271 (§ 945).
[101] BGH NJW 1990, 2689, 2690 (§ 945).
[102] Dies meint wohl BGHZ 122, 172, 179 = NJW 1993, 2685 (§ 945).
[103] BGHZ 75, 1, 3 ff. gegen RGZ 106, 289, 292; 149, 321, 324; 157, 14, 16; BGH NJW 1992, 2297 [II 1 a].
[104] BGH NJW 1992, 2297, 2298; 1993, 863, 864.

58 4. „Adhäsion" (Abs. 4 S. 2). Der Ersatzanspruch „kann ..." – muss also nicht! – „... im **anhängigen Schiedsverfahren** geltend gemacht werden." Solange Schiedshängigkeit (§ 1056 Abs. 1) besteht, hat der Geschädigte die **Wahlfreiheit,** ob er den Anspruch sofort oder erst später verfolgen will, dh. vor dem konstituierten Schiedsgericht oder bei dem hierfür andernfalls zuständigen Gericht, was dann ein gänzlich **neues Verfahren** verlangt.[105] Nicht entschieden ist damit, ob das dann ein Staatsgericht ist oder aber die Schiedsvereinbarung (§ 1029 Abs. 1) bzw. -einrede (§ 1032 Abs. 1) auch diesen Fall erfasst. Die gestattete „Adhäsion" ist wohl letztlich eine Art **privilegierte Widerklage,**[106] weil sie bloß schiedsmäßig „miterledigt" wird, ohne dass aber der Anspruch schiedsvertraglich gebunden zu sein bräuchte. Dies macht dann § 1046 Abs. 3 mit Abs. 1 im Gegenzuge konsequenterweise anwendbar, soweit die Adhäsion greift; indes gibt es hier keine Rückdatierung der Rechtshängigkeit (im Unterschied zu § 717 Abs. 2 S. 2, 2. Halbs.).

59 Der *materielle* Anspruch besteht **aufschiebend bedingt** bereits mit Anordnung der Maßnahme,[107] der *prozessuale* Antrag ist **eventuell möglich** für den Fall des *actus contrarius* oder Abweisung der Schiedsklage.[108] Sonst wäre die Regelung nur leere Hülse und würde oft zeitlich überholt, denn indem dann das Schiedsgericht die (abweichende) definitive Entscheidung trifft, wäre das Verfahren zugleich beendet. Es müsste also zuvor die Maßnahme förmlich aufheben, auf dass Gelegenheit zur Beantragung bleibt. Jener Unwägbarkeit beugt der Eventualantrag vor. Der ergehende Hauptsacheschiedsspruch ist damit nur Teilschiedsspruch bzw. die anhängige Hauptsache erweitert um den Schadensersatzanspruch.[109] Für Adhäsion wird letzthin die Sachnähe des Schiedsgerichts sprechen (Abwicklung „in einem Aufwasch"), nicht bloß bei Schiedsbindung oder deshalb, weil alsdann einfacher Zugriff auf eine eventuelle Sicherheit (Abs. 1 S. 2) offensteht; dagegen spricht die Neutralität des „fremden" Staatsgerichts.[110]

---

[105] *Musielak/Voit* Rn. 13; aA *Schütze* BB 1998, 1650, 1653 [V 2]: ausschließliche Zuständigkeit des Schiedsgerichts – das widerspricht dem Wortlaut („kann").

[106] Zu § 717 Abs. 2: *Pecher,* Der Schadensersatzanspruch aus ungerechtfertigter Vollstreckung, 1967, S. 210; *Nieder* NJW 1975, 1000, 1001; *Thomas/Putzo* § 717 Rn. 15; *Rosenberg/Gaul/Schilken* § 15 III 6 b.

[107] RGZ 85, 214, 219 (§ 717 – obiter).

[108] In Anlehnung an *Baur/Stürner/Bruns* ZVR Rn. 15.44 bzw. *Stein/Jonas/Münzberg* § 717 Rn. 40.

[109] Mit Streitwerterhöhung für die Gebührenberechnung (§ 19 Abs. 1 GKG analog).

[110] Dazu rät etwa *Musielak/Voit* Rn. 13: Schadensfolge *schieds*gerichtlicher Anordnungen.

Abschnitt 5. Durchführung des schiedsrichterlichen Verfahrens

§ 1042 Allgemeine Verfahrensregeln

(1) [1]Die Parteien sind gleich zu behandeln. [2]Jeder Partei ist rechtliches Gehör zu gewähren.

(2) Rechtsanwälte dürfen als Bevollmächtigte nicht ausgeschlossen werden.

(3) Im Übrigen können die Parteien vorbehaltlich der zwingenden Vorschriften dieses Buches das Verfahren selbst oder durch Bezugnahme auf eine schiedsrichterliche Verfahrensordnung regeln.

(4) [1]Soweit eine Vereinbarung der Parteien nicht vorliegt und dieses Buch keine Regelung enthält, werden die Verfahrensregeln vom Schiedsgericht nach freiem Ermessen bestimmt. [2]Das Schiedsgericht ist berechtigt, über die Zulässigkeit einer Beweiserhebung zu entscheiden, diese durchzuführen und das Ergebnis frei zu würdigen.

Schrifttum: *Berger,* Aufgaben und Grenzen der Parteiautonomie in der internationalen Wirtschaftsschiedsgerichtsbarkeit, RIW 1994, 12; *Böckstiegel,* Die Anerkennung der Parteiautonomie in der internationalen Schiedsgerichtsbarkeit, FS Schütze, 1999, S. 141; *Demont/Vermeille,* L'arbitrage, son tribunal, sa procédure vus par l'expert, in: *Reymond/Bucher* (Hrsg.), Schweizer Beiträge, 1984, S. 235; *Geißen,* Privatsphäre und Vertraulichkeit im Schiedsverfahren, 2001, S. 20–64; *Glossner/Bredow,* ICC, LCIA und DIS Schiedsgerichtsordnung – Unterschiede und Gemeinsamkeiten, FS Böckstiegel, 2001, 219; *Hafter,* Gespräche zwischen Schiedsgericht und Parteien, in: *Reymond/Bucher* (Hrsg.), Schweizer Beiträge, 1984, S. 203; *Heyn,* Parteivertretung durch Anwälte im Schiedsgerichtsverfahren, NJW 1958, 1667; *Hilger,* Zur Geltung des beschränkten Untersuchungsgrundsatzes im neuen Schiedsverfahrensrecht, RPS 2000 I S. 2; *Holtzmann,* The Conduct of Arbitral Proceedings, in: *Sanders* (Hrsg.), Uncitral's project, Report V, 1984, S. 125; *Karrer,* Freedom of an arbitral tribunal to conduct proceedings, ICC Bull. 10:1 (1999), 14; *Knoblach,* Sachverhaltsermittlung in der internationalen Wirtschaftsschiedsgerichtsbarkeit, 2003, S. 68–123; *Lörcher/Lörcher,* Organisation eines Ad-hoc-Schiedsverfahrens, SchiedsVZ 2005, 179; *Nagel,* Gedanken über die Beschleunigung des Schiedsverfahrens, FS Firsching, 1985, S. 191, 196 ff.; *Reiner,* Schiedsverfahren und rechtliches Gehör, ZfRV 2003, 52 [A]; *Schäfer,* Welche Verfahrensregeln gelten vor einem internationalen Schiedsgericht?, JURA 2004, 153, 156–159 [C-E]; *Schlosser,* Rechtsvergleichende Schlaglichter auf die BGH-Rechtsprechung zu Zentralfragen der rechtsstaatlichen Integrität der Schiedsgerichtsbarkeit, FG BGH III (2000) S. 399, 401–420; *ders.,* Schiedsvertrag und Vereinbarungen über das schiedsrichterliche Verfahren, FS Rammos, 1980, S. 797; *Siegert,* Die Bedeutung der allgemeinen Grundsätze des Zivilprozeßrechts für die schiedsgerichtliche Praxis, KTS 1956, 33; *Stüven,* Schiedsverfahrensbezogene Parteivereinbarungen, 2003; *G. Wagner,* Bindung des Schiedsgerichts an Entscheidungen anderer Gerichte und Schiedsgerichte, DIS XVI (2005), S. 7. Schrifttum zum **Beweisrecht** bei § 1049.

Übersicht

	Rn.		Rn.
I. Normzweck	1–5	**IV. Gewähr rechtlichen Gehörs (Abs. 1 S. 2)**	26–60
1. Verfahrensgrundlagen (Abs. 1 u. 2)	1, 2		
2. Verfahrensgestaltung (Abs. 3 u. 4)	3–5	1. Grundsatz und Bedeutung	26–33
II. Parteiautonomie und Gesetzesvorgaben	6–18	a) Gehörsgewähr	26, 27
		b) Reichweite	28, 29
1. Freiräume und Bindungen	6, 7	c) Ausformung	30, 31
2. Dispositivnormen	8–12	d) Kontradiktion	32, 33
a) Erkennbarkeit	8, 9	2. Äußerungsrecht der Parteien	34–45
b) Typisierungen	10–12	a) Grundlagen und Zielrichtung	34–37
3. Zwingendes Recht	13–18	b) Das Recht zur Falldarlegung	38, 39
a) Geschriebenes Recht	15, 16	c) Das Recht zur Kommentierung	40–45
b) Ungeschriebenes Recht	17, 18	3. Nichtgebrauch des Gehörsrechts	46–48
III. Gleichbehandlungsgebot (Abs. 1 S. 1)	19–25	4. Kenntnisnahme des Gerichts	49
1. Grundlagen	19–21	5. Form und Zeit der Gewährung	50–53
2. Einzelfälle	22	a) Äußerungsform	50
3. Begrenzung	23–25	b) Einschaltung von Mittelspersonen	51, 52
a) Wörtliche Grenzen	24	c) Äußerungszeit	53
b) Immanente Grenzen	25	6. Nähere Verfahrensgestaltung	54–57
		7. Sanktion bei Nichtgewährung	58–60

§ 1042 1–3   Buch 10. Abschnitt 5. Durchführung des schiedsrichterlichen Verfahrens

	Rn.		Rn.
V. Anwaltsvertretungsrecht (Abs. 2) ..	61–71	4. Richterermessen (Abs. 4 S. 1)	89–100
1. Grundlagen	61, 62	a) Grundlagen	89–92
2. Anwaltsvollmacht	63, 64	b) Anordnungskompetenz	93, 94
3. Reichweite	65–67	c) Begrenzung	95–100
4. Anwaltsvergütung	68–70	5. Verfahrensgrundsätze	101–103
5. Vertretung durch andere Personen	71	VII. Beweiserhebung (Abs. 4 S. 2)	104–116
VI. Verfahrensgestaltung (Abs. 3 u. Abs. 4 S. 1)	72–103	1. Grundprinzip .... a) Altes Recht .... b) Regelungszweck .... c) Neues Recht	104–111 104–107 108, 109 110, 111
1. Grundsatzproblematik	72, 73	2. Statthaftigkeit (1. Var.)	112, 113
2. Parteiautonomie (Abs. 3)	74–80	3. Durchführung der Beweiserhebung (2. Var.)	114
3. Gestaltungstechniken .... a) (Eigen-)Gestaltung (Abs. 3, 1. Var.) b) (Fremd-)Bezugnahme (Abs. 3, 2. Var.)	81–88 82–85 86–88	4. Beweiswürdigung (3. Var.)	115, 116

I. Normzweck

1 1. **Verfahrensgrundlagen (Abs. 1 u. 2).** Abs. 1 entspricht nahezu wortgleich Art. 18 ModG[1] – bei allerdings freier Übersetzung der **Gewähr rechtlichen Gehörs** (S. 2 in Anlehnung an § 1034 Abs. 1 S. 1, 1. Halbs. aF [Rn. 26 ff.] bzw. Art. 18, 2. Halbs. ModG: „shall be given a *full* opportunity of presenting his case"). Hinzu tritt jetzt noch die ergänzende **Garantie gleicher Behandlung (S. 1** [Rn. 19 ff.]), welche im Grunde wenig mehr mit § 1025 Abs. 2 aF (schiedsvertragsbezogen) und § 1034 Abs. 2 nF (konstituierungsbezogen) gemein hat.[2] Beide sichern im Verbund die funktionale Äquivalenz zur staatlichen Rechtsprechung (Vor § 1025 Rn. 5) und verkörpern die „**bedeutsamsten Verfahrensprinzipien**" für das Schiedsverfahren.[3] Abs. 2 (Rn. 61 ff.) komplettiert diese Verheißungen durch **Verbürgung rechtskundigen Beistandes** im Anschluss an § 1034 Abs. 1 S. 2 aF.

2 Trotz der abweichenden Reihenfolge, die ModG-inspiriert ist, ist die Gewähr rechtlichen Gehörs allerdings die wichtigere, auch verfassungsfest verankerte Grundmaxime, ein Ausfluss des Rechtsstaatsprinzips, ein **prozessuales Urrecht des Menschen**.[4] Sie gilt vor Schiedsgerichten so wie im Verfahren vor *staatlichen* Gerichten (Einl. Rn. 199 ff.) und scheint so besehen zwar sicher auch ModG-*Übernahme*, ist aber primär doch GG-*Umsetzung*[5] (Art. 103 Abs. 1 GG u. Art. 6 Abs. 1 EMRK) oder genauer noch die Transponierung rechtsstaatlicher Kerngarantien auf Grund *einfachen* Gesetzes.[6] Beide zählen indes zum offenkundig *unabdingbaren* Kernbestand (arg. Abs. 3: „Im Übrigen ..."), und ihre Missachtung begründet die spätere Aufhebung (§ 1059 Abs. 2 Nr. 1 b oder Nr. 1 d bzw. – amtswegig veranlasste Kontrolle! – Nr. 2 b [Rn. 58]).

3 2. **Verfahrensgestaltung (Abs. 3 u. 4).** Die zweite Hälfte der Vorschrift übernimmt den Sinngehalt und die Strukturen von Art. 19 ModG – freilich nicht wörtlich (Abs. 3: „*zwingende*[7] Vorschriften" bzw. Art. 19 Abs. 1, 1. Halbs. ModG: „*frei* vereinbaren" – der 2. Halbs. folgt eigenem Duktus [Rn. 81 ff.]; Abs. 4 S. 1 in Anlehnung an § 1034 Abs. 2 aF: „nach *freiem* Ermessen" bzw. Art. 19 Abs. 2 S. 1 ModG: „in ihm [scil. dem Schiedsgericht] *geeignet* erscheinender Weise"; wegen Abs. 4 S. 2 näher Rn. 108 f.). Unter altem Recht war die Durchführung des schiedsrichterlichen Verfahrens ziemlich bruchstückhaft geregelt (§§ 1034–1036 aF). Anders nun der fünfte Abschnitt (§§ 1042–1050 nF), der relativ detaillierte Vorschriften enthält.

---

[1] Anfangs bloß als Teil von Art. 19 ModG: Art. 19 Abs. 1 lit. b 1ˢᵗ Draft bis Art. 19 Abs. 2 4ᵗʰ Draft (lediglich gerichtliches Verfahren – Kritik: 5ᵗʰ WGR Nr. 62 = *Holtzmann/Neuhaus* S. 556); Art. 19 Abs. 3 5ᵗʰ Draft (jegliches Verfahren – dazu 7ᵗʰ SN Art. 19 Nr. 7 = *Holtzmann/Neuhaus* S. 559); Art. 18 (als eigene Regelung – Grund: CR Nr. 176 = *Holtzmann/Neuhaus* S. 562/563 u. Nr. 194 = S. 645).
[2] BT-Drucks. 13/5274 S. 34 li. Sp. [§ 1029/7] mit S. 39 li./re. Sp. [§ 1034/2].
[3] BT-Drucks. 13/5274 S. 46 li. Sp. [1]. – Das Gleichbehandlungsgebot ist kein bloßer Ausfluss der Gewähr rechtlichen Gehörs (aA *Glossner/Bredow/Bühler* Rn. 283).
[4] BVerfGE 55, 1, 6.
[5] BGHZ 29, 352, 355; *von Münch/Kunig* Art. 103 GG Rn. 3; BK/*Rüping* Art. 103 GG Rn. 103.
[6] *Geimer*, VIV-Reihe VII (1994), S. 113, 127–129 mit S. 135/136 („gefilterte Anwendung") und BVerfGE 63, 343, 378.
[7] Eine ModG-Formulierung wurde fallen gelassen, 4ᵗʰ WGR Nr. 61 = *Holtzmann/Neuhaus* S. 579 – ist jedenfalls aber wohl mitgedacht: *Holtzmann/Neuhaus* S. 565; *Hußlein-Stich*, 1990, S. 107. Unklar hier leider 7ᵗʰ SN Art. 19 Nr. 5 = *Holtzmann/Neuhaus* S. 584.

Zwar gewährleisten die Gesetzesnormen auch ohne Parteiabreden den **völlig reibungslosen** 4 **und vorhersehbaren Ablauf** des Schiedsverfahrens,[8] ohne dass es eines Rückgriffs auf das reguläre Staatsverfahren bedürfte. Gleichwohl erscheint ein Netz nötig, um eventuelle Einzelfragen abzufangen: das **Richterermessen hat Auffangfunktion** (Abs. 4 bzw. § 1034 Abs. 2 aF [Hauptsatz]). Es wird entsprechend jedoch wieder eingeschränkt von vielen dispositiven Normen, was „letztlich auch dem Schiedsgericht seine Aufgabe erleichtert."[9] Klar bleibt auch künftig: die **Parteiautonomie hat Geltungsvorrang** (Abs. 3 bzw. § 1034 Abs. 2 aF [Nebensatz]).

So wie jede Schiedsbindung generell Freiwilligkeit verlangt (§ 1029 Abs. 1 [dort Rn. 4 mit Vor 5 § 1025 Rn. 3] – Ausnahme: § 1066!) – oder besser umgekehrt gesagt, so wie es der Staat toleriert, dass die Parteien ihren Zwist bewusst seinen Richtern „vorenthalten", so ist – quasi erst recht – das konkrete Verfahren gestaltbar, die Konstituierung der Gerichtsbank (§ 1035 Abs. 1 iVm. § 1034 Abs. 1 S. 1) sowie danach deren Prozedere (Abs. 3). Die Parteien haben insoweit den denkbar größten Freiraum[10] (dazu näher noch Rn. 72 ff.), „to tailor the ‚rules of the game' to their specific needs."[11] Die Schiedsgerichtsbarkeit bietet seit je „in besonderem Maße Raum für privatautonome Gestaltungen".[12]

II. Parteiautonomie und Gesetzesvorgaben

1. Freiräume und Bindungen. Die Neuregelung bekennt sich deutlich zum **Grundaxiom** 6 **privatautonomer Gestaltung** des Schiedsverfahrens (Abs. 3), erfolge sie mittels konkreten Aushandelns (1. Var.: „selbst ... regeln") oder abstrakter Verweisung (2. Var.: „Bezugnahme"). Jene Grundfreiheit wird mehrfach sodann begrenzt, durch zwingende **Grundmaximen** („Im Übrigen ..."), insbesondere das Gebot der Gleichbehandlung (Rn. 19 ff.) und die Gewähr rechtlichen Gehörs (Rn. 26 ff.) durch Abs. 1, sowie zusätzlich durch vereinzelte ausdrückliche **Zwangsregeln** („vorbehaltlich"), wie etwa das Entschuldigungsrecht des § 1048 Abs. 4 S. 1. Das Gesetz zieht sich dabei zurück auf eine Ordnungs- und Aushilfsfunktion (Rn. 8 ff.). § 1042 Abs. 3 erstarkt zum globalen Dreh- und Angelpunkt privatautonomer Gestaltung.

Die Regelung verdrängt die gesetzliche Regelung wie auch das richterliche Ermessen (Abs. 4 7 S. 1), genießt also oberste Priorität und avanciert so gleichsam zur Magna-Charta des Schiedsverfahrens.[13] Aus der Zusammenschau ergibt sich daraus für die Gestaltung des Verfahrens folgende **(Norm-)Hierarchie**:[14] (1) zwingende gesetzliche Regelung (Rn. 13–18), (2) Parteivereinbarung – wenn und weil sie im erlaubten Rahmen verbleibt (Abs. 3, Rn. 72–88), (3) sonstige – dispositive – gesetzliche Regelung (Rn. 8 f., 10 ff.), (4) Verfahrensgestaltung auf Grund richterlichen Ermessens (Abs. 4 S. 1, Rn. 89–103). Die gesetzliche Regelung hat demzufolge zwei vollkommen unterschiedliche Funktionen. Man kann – auch mit Blick auf § 1027 (dazu näher dort Rn. 7–11) – folgende „Typen" abstrakt unterscheiden:

2. Dispositivnormen. a) Erkennbarkeit. Die große Masse der gesetzlichen Vorschriften hat 8 nach ihrem Wortlaut (vgl. dazu noch erg. Rn. 14/15) lediglich dispositiven Charakter. Das Gesetz ist mithin idR **(dispositive) Auffangordnung** für die Schiedsparteien, die nicht alles und jedes extra regeln müssen, sich aber ebenso wenig auf voll schiedsrichterlichem Ermessen „auszuliefern" brauchen (Rn. 6 aE: „Aushilfsfunktion" – „Stufe 3"). Und dies dient auch der **Rechtssicherheit**,[15] weil infolgedessen der Verfahrensgang viel berechenbarer wird. Das freie Verfahrensermessen gemäß § 1042 Abs. 4 S. 1 nF ist hierdurch im Vergleich zu § 1034 Abs. 2 aF massiv beschnitten worden.

In diesem Sinne bestimmen viele Regelungen ausdrücklich, dass sie nur Auffangcharakter haben 9 (ModG: „unless otherwise agreed" – der **ZPO-Sprachgebrauch** ist allerdings weniger konsistent: „Die Parteien können ... vereinbaren" (§§ 1034 Abs. 1 S. 1, 1035 Abs. 1, 1037 Abs. 1; 1045 Abs. 1 S. 1 – ähnlich: § 1043 Abs. 1 S. 1), „haben die Parteien nichts anderes vereinbart" (§§ 1043 Abs. 2,

---

[8] BT-Drucks. 13/5274 S. 46 li. Sp.
[9] BT-Drucks. 13/5274 S. 46 li. Sp. Dazu ambivalent *Kreindler/Mahlich* NJW 1998, 563, 566 [III 3] bzw. *Kreindler*, FS Sandrock, 2000, S. 515, 526 f.
[10] Zu jener (Maximierungs-)Tendenz näher *Böckstiegel*, FS Schütze, 1999, S. 141, 145 ff. [III/IV]; ferner auch *K. P. Berger* RIW 1994, 12.
[11] 1st SN Nr. 17 = *Holtzmann/Neuhaus* S. 571 u. S. 1195; ähnlich 7th SN Art. 19 Nr. 2 = *Holtzmann/Neuhaus* S. 583.
[12] BGHZ 98, 70, 74 (obiter).
[13] 7th SN Art. 19 Nr. 1 = *Holtzmann/Neuhaus* S. 582/583 – freilich mit Abs. 3 u. 4 zusammen: „most important provision of the model law".
[14] BT-Drucks. 13/5274 S. 46/47 [5] mit 1st SN 11–13 u. 17–19 = *Holtzmann/Neuhaus* S. 1193–1195 bzw. Nr. 73 f. = *Holtzmann/Neuhaus* S. 572.
[15] BT-Drucks. 13/5274 S. 22.

§ 1042   10–14   Buch 10. Abschnitt 5. Durchführung des schiedsrichterlichen Verfahrens

1044 S. 1, 1046 Abs. 2, 1049 Abs. 1 S. 1 u. Abs. 2 S. 1, 1052 Abs. 1) bzw. „können ... etwas anderes vereinbaren (§ 1048 Abs. 4 S. 2) oder „eine abweichende Vereinbarung treffen" (§ 1039 Abs. 2), „vorbehaltlich einer Vereinbarung der Parteien" (§ 1047 Abs. 1 S. 1), „sofern ... nichts anderes vorgesehen [bzw. vereinbart]" wurde (§ 1045 Abs. 1 S. 3 bzw. §§ 1028 Abs. 1, 1035 Abs. 1, 1052 Abs. 2 S. 1, 1057 Abs. 1 – ähnlich: § 1058 Abs. 2).

10   **b) Typisierungen. aa) Notwendige Regelungen,** so etwa zu Verfahrensort (§ 1043 Abs. 1 [dort Rn. 5 mit Rn. 2] – wegen § 1025 Abs. 1) und Verfahrenssprache (§ 1045 Abs. 1 [dort Rn. 3] – wegen § 1042 Abs. 1 S. 2), müssen getroffen werden, damit das richterliche Ermessen entfällt („Parteiermächtigung"). Die Regelung muss zwingend erfolgen, offen bleibt nur, durch wen. Der richterliche Spielraum greift hier allein subsidiär. Es kann sich um freies (§ 1045 Abs. 1 S. 2) oder sachlich gebundenes Ermessen (§ 1043 Abs. 1 S. 3) handeln.

11   **bb) Konstitutive Regelungen** sind solche, die erst die jeweilige richterliche Kompetenz erschließen, wie etwa das Alleinentscheidungsrecht des Obmanns für „einzelne Verfahrensfragen" (§ 1052 Abs. 3, 1. Var. [aber alternativ auch: 2. Var.: richterliche Delegation!]) oder zB eine Geständnisfiktion bei Beklagtensäumnis (§ 1048 Abs. 4 S. 2 gegen Abs. 2). Hier sollen oder müssen die Parteien selbst agieren („Richterermächtigung"), wenn sie später profitieren wollen.

12   **cc) Statthafte Regelungen,** die explizit ausgestaltende Parteiautonomie eröffnen, sei es nun *positiv* durch klare Aufforderung zur Vereinbarung (zB §§ 1034 Abs. 1 S. 1, 1035 Abs. 1, 1037 Abs. 1; §§ 1043 Abs. 1 S. 1, 1045 Abs. 1 S. 1) oder sei dies *negativ* durch Vorbehalt abweichender Vereinbarungen (zB § 1028 Abs. 1; §§ 1035 Abs. 2, 1039 Abs. 2; § 1041 Abs. 2; §§ 1043 Abs. 2, 1044 S. 1, 1046 Abs. 2, 1047 Abs. 1, 1048 Abs. 4 S. 2, 1049 Abs. 1 S. 1 u. Abs. 2 S. 1; §§ 1052 Abs. 1 u. Abs. 2 S. 1, 1057 Abs. 1 S. 1, 1058 Abs. 2).

13   **3. Zwingendes Recht.** Das Gesetz fungiert ferner als **(zwingender) Mindeststandard** (Rn. 6 aE: „Ordnungsfunktion" – „Stufe 1"), der jener Autonomie ihre Schranken weist. Hierzu gibt es zwar ebenso etikettierte Regeln (Rn. 6), jedoch recht wenige. Denn auszuklammern sind abstrakt und vorneweg jene, die entweder den absoluten Rahmen abstecken (§§ 1025, 1029–1031, 1066) und erst das ersatzweise Schiedsverfahren ermöglichen. Auszunehmen sind ferner die Vorschriften, die von vornherein nur das staatliche Verfahren betreffen (§§ 1026, 1028 Abs. 2, 1053 Abs. 4; §§ 1062–1065),[16] sei es auf Aushilfe gerichtet (§ 1035 Abs. 4/5 – anders jedoch § 1050 [dort Rn. 12]), als prüfende Kontrolle angelegt (§§ 1034 Abs. 2, 1037 Abs. 3, 1038 Abs. 1 S. 1 aE, 1040 Abs. 3 S. 2; 1041 Abs. 2/3, 1059–1061) oder lediglich eine Art Kollisionsregelung für das Nebeneinander von Schieds- und Staatsprozess (§§ 1032 Abs. 1 u. 2, 1033). Insoweit haben § 1037 Abs. 3 S. 1, 2. Halbs. u. § 1059 Abs. 3 S. 1 (privatautonome Fristbestimmung) umgekehrt konstitutiven Charakter. Herausnehmen muss man andererseits die materiellen Regelungen, die eigenen Gesetzen gehorchen: § 1041 Abs. 4 S. 1 ist insoweit ein verfügbarer Anspruch, § 1053 Abs. 3 hingegen deklariert eine zwingende Formalie; die Grundregel zum anwendbaren Recht (§ 1051) folgt ohnehin eigenem Maßstab – bei weitestgehender Gestattung privatautonomer Gestaltung!

14   Eine umfassende enumerierende Festlegung, was (schieds-)prozessual *ius cogens* sei, wie sie das ModG einmal allgemein vorsah,[17] ist aber nicht erfolgt. Umgekehrt wurde die Verfügbarkeit extra hervorgehoben und dabei die wiederholende Festlegung bei allen Einzelvorschriften als letztlich wirkungsvoller (nachdrückliche Betonung) und wohl zudem besser differenzierbar (teilweise Einschränkung) angesehen – eine in deutschen Augen insgesamt doch schwerfällige Gesetzgebungstechnik, die nur als ModG-Tribut zu erklären ist. **Verstoßfolge** ist die **Ungültigkeit** – aber idR bloß teilweise (mit „Lückenschluss" iSd. Stufenleiter gem. Rn. 7), wenn und weil nur fakultative Bestandteile der Schiedsbindung (§ 1029 Rn. 99 ff.) betroffen sind.[18] Anderes gilt bei völlig inakzeptablen (Rechtsschutz-)Beschränkungen[19] oder – natürlich – ganz unzweideutig gegenläufigem Parteiwillen. Selbst wenn jedoch die *Verfahrens*vereinbarung völlig wegfallen sollte, helfen §§ 1034 ff. (Gerichtsbank) und §§ 1042 ff. (Prozessablauf) weiter, die *Schieds*vereinbarung sinnhaftig noch umzusetzen. Der *Hauptvertrag* bleibt allemal jedoch fortbestehen[20] (arg. § 1040 Abs. 1 S. 2 – „umgekehr-

---

[16] Diese „Übergriffe" wären unwirksam, *Wieczorek/Schütze* § 1034 aF Rn. 5 (2. Abs.).
[17] Art. 19 Abs. 1 lit. a 1st Draft, Art. XV Abs. 1, 1. Halbs. 2nd Draft, Art. I ter 3rd Draft u. Art. 3 4th Draft („The parties may not derogate from ...") – zu der Kritik daran vgl. 4th SN Nr. 9 mit 5th WGR Nr. 175/176 = *Holtzmann/Neuhaus* S. 1151 f., vgl. auch erg. 1st SN Nr. 74 = *Holtzmann/Neuhaus* S. 572 f. u. 7th SN Art. 19 Nr. 3 = *Holtzmann/Neuhaus* S. 583.
[18] *Schwab/Walter* Rn. 6.8; *Zöller/Geimer* Rn. 26 mit § 1029 Rn. 60; OLG Dresden JW 1939, 654 – offen BGHZ 54, 392, 400 (Konstituierung): zumindest unzulässiges Verfahren (§ 1059 Abs. 1 Nr. 1 d).
[19] BGHZ 106, 336, 341 = JZ 1989, 588 m. Anm. *Walter* (prozessual) bzw. BGHZ 29, 120, 125 (materiell – allerdings zu weitgehend!).
[20] RGZ 146, 366, 367 ff. – aber: BGHZ 5, 173, 185 einerseits; BGHZ 106, 336, 341 andererseits.

tes" Autonomieprinzip [§ 1029 Rn. 8 mit § 1040 Rn. 8 ff.]). Verfahrensverstöße sind ferner nachträglich noch rügbar[21] (§ 1059 Abs. 2 Nr. 1 d – keine Beschränkung durch § 1027 [dort Rn. 6]).

a) Geschriebenes Recht. Die spannende Frage ist somit diejenige, ob alle Normen, denen ein Hinweis auf ihre eigene Verfügbarkeit (Rn. 14) abgeht, zwingendes Recht darstellen. Jener vorderhand gewiss nahe liegende Umkehrschluss[22] wäre jedoch voreilig. Die besondere Hervorhebung von Grundmaximen und Zwangsregeln (Rn. 6) wäre sonst sicher unnötig, und man hätte per saldo die vom ModG schon verworfene Enumeration zwingender Regelungen doch noch eingeführt, nur dass sie nun dezentral („vor Ort") platziert und erst per Umkehrschluss („negativ") herauszulesen wäre. Auch hat sich der Modellgesetzgeber ausdrücklich gegen exakt jenen Umkehrschluss verwahrt, obgleich er durchaus um breiteste Vollständigkeit bemüht war.[23] Das formale (Wortlaut-)Argument versagt also schnell, ist kaum mehr als eine praktische Faustformel (§ 1027 Rn. 5) und bedarf ergänzend dringend wertender Blicke. Konform damit fasst der ZPO-Gesetzgeber darunter alle Normen, die „*weder* ausdrücklich *noch* ihrem Sinn und Zweck nach unter dem Vorbehalt anderweitiger Parteivereinbarung stehen".[24]

Es gibt somit eine (Rest-)Menge nicht als dispositiv markierter Regelungen, die aber trotzdem nicht zwingend sind.[25] Genaue Maßstäbe fehlen freilich bisher. Zwingend dürften insoweit sein – außer den schon anfangs genannten Feldern (Rn. 6: § 1042 Abs. 1/2 [arg. Abs. 3] u. § 1048 Abs. 4 S. 1 [arg. S. 2]) – die Kompetenz-Kompetenz des Schiedsgerichts gemäß § 1040 Abs. 1/2 (arg. § 1041 Abs. 1 e contrario), § 1046 Abs. 1 u. 3 (arg. Abs. 2 e contrario) iVm. § 1047 Abs. 2 u. 3 als Konkretisierung der Maxime rechtlichen Gehörs (§ 1042 Abs. 1 S. 2) sowie vor allem die vielfältigen Gestaltungen der Verfahrensbeendigung: regulär/streitig (§ 1056 Abs. 1, 1. Var. mit § 1054 – Ausnahmen: Begründungspflicht [§ 1054 Abs. 2[26]]; Rechtskraftfolge [§ 1055, dazu näher dort Rn. 28 f.]); regulär/unstreitig (§ 1056 Abs. 1, 1. Var. mit § 1053 Abs. 1/2); irregulär (§ 1056 Abs. 1, 1. Var. mit Abs. 2), dazu zählt auch die Annexkompetenz des § 1058 (arg. Abs. 2 e contrario). Was „Schiedsspruch" ist (§ 1054), wirkt ohnedies schon ins normale Staatsverfahren hinüber.[27]

b) Ungeschriebenes Recht. Die vorstehend angeregte Konzeption normspezifisch teleologischer Betrachtung kann bruchlos auch erklären, dass es jenseits normierter zwingender Schranken noch weitere – ungeschriebene – Grenzen gibt, und zwar für Parteien wie für das Schiedsgericht. Für die **Parteien** ist als **materielle Schranke vorgegeben,** dass ihre Vereinbarung nicht gegen die guten Sitten (arg. § 138 Abs. 1 BGB) oder die öffentliche Ordnung verstößt (arg. § 134 BGB)[28] – indes findet keine Billigkeitsprüfung statt.[29] Die meisten Fälle dürften indes schon vom Gebot wechselseitiger Gleichbehandlung herausgefiltert werden (§ 1042 Abs. 1 S. 1), das vorgeschaltete – verbindliche und geschriebene – Grundforderung ist. Für das **Gericht** bestehen dazuhin **immanente prozessuale Schranken,** vor allem die wohl beinahe selbstverständliche Pflicht, jede *wirksame* individuelle (Partei-)Vereinbarung treulich zu beachten, gleich ob sie den Verfahrensgang (arg. § 1042 Abs. 4 S. 1 bzw. § 1059 Abs. 2 Nr. 1 d: „Abrede gleich Gesetz") oder die sachliche Entscheidungsgrundlage (vgl. § 1051 Abs. 1, dort Näheres dazu) betrifft.

Ergänzend müssen die Schiedsrichter die wesentlichen Grundsätze einer geordneten Rechtspflege einhalten,[30] dh. prozessuale (Minimal-)Standards, welche „ermessensbegrenzend" wirken. Dazu rechnen etwa das Verbot *ne ultra petita* (§ 308 Abs. 1 – Rn. 102; vgl. dazu auch erg. § 33.2 DIS-SchO), das Verbot der Beeidigung (arg. § 1035 Abs. 2 aF) und überhaupt der Zwangsanwendung (arg. § 1050 nF e contrario), die allgemeinen Grundsätze der **Prozesshandlungslehre**[31] sowie das

---

[21] BGHZ 54, 392, 400; *Schwab/Walter* Rn. 6.8 aE.
[22] *Schlosser,* VIV-Reihe XI (2000), S. 163, 165 mit RIW 1994, 723, 724; *K. P. Berger,* Neues Recht, 1998, S. 18 f. bzw. *Raeschke-Kessler/Berger* Rn. 128; *Osterthun* TranspR 1998, 177, 178; *Baumbach/Lauterbach/Hartmann* Rn. 7.
[23] 5th WGR Nr. 177 = *Holtzmann/Neuhaus* S. 1152/1153 – trotz wünschenswerter Vollständigkeit!
[24] BT-Drucks. 13/5274 S. 46 re. Sp. [3] (Zitat) mit S. 28 li. Sp. – zust.: *Thomas/Putzo/Reichold* Rn. 5; *Bredow* RPS 1998 I S. 2 – krit. *K. P. Berger,* Neues Recht, 1998, S. 18 f.
[25] BT-Drucks. 13/5274 S. 28 li. Sp. nennt dazu als Beispiel § 1038 Abs. 2 – aber: das gilt nur im jeweiligen (Partei-)Verhältnis.
[26] Hier anders noch RGZ 114, 165, 168/169.
[27] Richtig so bereits RGZ 114, 165, 168 f.
[28] 1. Aufl. § 1034 aF Rn. 3; *Schütze/Tscherning/Wais* Rn. 337; *Haase* BB 1995, 1252; *Schwab/Walter* Rn. 15.29.
[29] AA OLG Celle NJOZ 2007, 648, 657 [II 2 c bb] (obiter).
[30] So obiter zB RGZ 119, 29, 32 („grundlegende Verfahrensvorschriften"); BGH KTS 1962, 240 u. WM 1963, 944, 945 („Grundsätze ..., ohne die in keinem geordneten Gerichtsverfahren verzichtet werden kann").
[31] 1. Aufl. § 1034 aF Rn. 24 („ergibt sich aus der Natur der Sache"); *Stein/Jonas/Schlosser* Rn. 1 („allgemeinen zivilprozessualen Grundsätze"); dies meinen wohl ebenso *Schwab/Walter* Rn. 16.29.

§ 1042 19–22   Buch 10. Abschnitt 5. Durchführung des schiedsrichterlichen Verfahrens

Gebot persönlicher Entscheidung. Die eröffneten (schieds-)richterlichen Funktionen sind nicht etwa delegierbar (gar etwa ins Verfahren der Vollstreckbarerklärung oder Vollstreckungsabwehr[32]). Die delikate Grenze (§ 1052 Rn. 6; § 1054 Rn. 21) verläuft zwischen unterstützender Beratung bzw. Zuarbeit einerseits („Hilfsperson") und abgetretener Entscheidungsmacht andererseits („Richterersatz"). Dazu zählt letzten Endes auch – insoweit allerdings nun explizit angedeutet – das Gebot der Unparteilichkeit und Unabhängigkeit (§ 1036 Abs. 1 S. 1), ergänzt um das Verbot, in eigener Sache zu entscheiden (§ 1036 Rn. 9–11), aber nicht das Gebot, den Gerichtzugang „einfach" auszugestalten.[33]

III. Gleichbehandlungsgebot (Abs. 1 S. 1)

19 **1. Grundlagen.** S. 1 nennt im Anschluss an Art. 18, 1. Halbs. ModG als eine **gleichwertige und gleichwichtige Maxime** neu und noch vor der Gewähr rechtlichen Gehörs (Rn. 26 ff.) als Ausfluss prozessualer Fairness[34] den Grundsatz der Gleichbehandlung. Insoweit kommt auch der **ordre-public-Vorbehalt** (§ 1059 Abs. 2 Nr. 2b) zum Zuge.[35] Überdies besteht die direkte Sanktion einer (Teil-)**Unwirksamkeit abweichender Verabredungen** gemäß § 134 BGB (dazu unter altem Recht auch § 1025 Abs. 2 aF) – allerdings mit Besonderheiten bei der Konstituierung, arg. § 1034 Abs. 2 (dazu hier Rn. 23 bzw. dort Rn. 10 f.). Gleichbehandlung heißt aber nicht etwa (materielle) Gleichmacherei – sonst dürfte es mithin weder Gewinner noch Verlierer geben –, sondern **prozessuale Gleichstellung.** Man darf nicht der einen Partei verweigern, was man der anderen gewährt (*negative* oder Sperrwirkung), man darf ihr nicht abschlagen, was umgekehrt gewährt wurde (*positive* oder Anlasswirkung) – es gilt gleiches Recht für beide Parteien.

20 Insoweit ist etwa die Rede von Unparteilichkeit,[36] Waffengleichheit und Willkürverbot[37] und auch von Chancengleichheit[38] – was zwar alles passt, allerdings zugleich Anklänge vermittelt, die anderweitig schon belegt erscheinen. Vor allem ist das BVerfG-Verständnis der Waffengleichheit[39] eigentlich bereits durch die Gehörsgarantie mit abgedeckt, sodass so betrachtet S. 1 neben S. 2 überflüssig (oder nur ein Tribut ans ModG) wäre. Die Reichweite des Gleichbehandlungsgebotes im Schiedsverfahrensrecht ist jedoch eine ganz andere. Es zielt auf eine **formale Gleichbehandlung,**[40] und es hat drei Adressaten: Gesetz, Richter und Parteien.

21 Jenes Grundanliegen kommt zunächst klar in den **gesetzlichen Vorgaben** zum Ausdruck, die streng hierauf Bedacht nehmen (vgl. § 1043 Abs. 1 S. 3: „für die Parteien"; § 1046 Abs. 1: Wechselseitigkeit; § 1046 Abs. 2: „jede Partei"; § 1047 Abs. 2: „die Parteien"; § 1047 Abs. 3: Kenntnisgleichheit; § 1049 Abs. 2 S. 2: „die Parteien" – aber zB auch § 1035 Abs. 3). Erst recht gilt es fürs **richterliche Ermessen** (Abs. 4 S. 1, 2. Halbs.), welches eben dadurch – Abs. 4 S. 1, 1. Halbs. [2. Var.] mit Abs. 1 S. 1 – kein „freies" mehr ist. Abs. 1 S. 1 öffnet damit auch ein Einfallstor zur (Willkür –!) Rn. 25) Kontrolle richterlicher Maßnahmen. Es gilt schließlich auch – was vielleicht zunächst überrascht, gibt es doch ansonsten weite Freiräume eigenverantwortlicher (!) (Selbst-)Belastung (§ 138 BGB; § 307 Abs. 1/2 BGB) – für die **parteiautonome Regelung** des Schiedsverfahrens. Dies folgt aber nun nicht schon aus Abs. 1 S. 1, der eher die Partei als Objekt anspricht, aber indirekt aus Abs. 3 („*Im Übrigen* können die Parteien ...") und parallel aus § 1034 Abs. 2.

22 **2. Einzelfälle.** Zwingend verboten ist jedwede Form gleichheitswidriger Verfahrensgestaltung: mündliche Verhandlung[41] oder Beweisaufnahme[42] mit nur einer Partei, es sei denn bei individuell gelagertem Sachverhalt („Geheimverfahren" zum Geheimnisschutz[43]); ungleicher Informationsstand

---

[32] Durchaus zutr. insoweit OLG Stuttgart OLGR 2006, 945, 948 [II 3 c] – aber vgl. auch BGH SchiedsVZ 2008, 40, 42 [19].
[33] AA OLG Celle NJOZ 2007, 648, 657 [II 2 c bb] (obiter).
[34] *Thomas/Putzo/Reichold* Rn. 2.
[35] Und zwar neben Nr. 1 b und 1 d (BT-Drucks. 13/5274 S. 46 li. Sp. [1]) – zust. *Schwab/Walter* Rn. 15.1; *Musielak/Voit* Rn. 2 aE; aA *Lachmann* Rn. 1290: nur Nr. 1 d.
[36] *Thomas/Putzo/Reichold* Rn. 2 – aber: § 1036 Abs. 1. Das wäre dann ein „reines Richterpostulat".
[37] *Baumbach/Lauterbach/Hartmann* Rn. 3 aE.
[38] *Zöller/Geimer* Rn. 2; *Musielak/Voit* Rn. 2 – dazu vgl. aber Einl. Rn. 222 ff.
[39] BVerfGE 55, 72, 93 ff. = NJW 1981, 271; BVerfGE 69, 126, 139 ff. = NJW 1985, 1149; BVerfGE 74, 78, 95.
[40] BVerfGE 54, 117, 124/125 (obiter) zum Prinzip der Waffengleichheit.
[41] Anders und falsch RG JW 1911, 989 f.: Behauptungslast des Ausgeschlossenen?
[42] Anders und falsch RG JW 1912, 249, 249/250: Differenzierung zulässig nach Ermessen!
[43] Dazu etwa *Stürner*, Die Aufklärungspflicht der Parteien des Zivilprozesses, 1976, § 14 III, S. 218 ff. u. *Stadler*, Der Schutz des Geschäftsgeheimnisses ..., 1989, S. 196 ff. – dazu jüngst auch *Krapfl*, Dokumentenvorlage, 2007, S. 153–156 mit S. 311–314.

der Parteien zum Verfahren;[44] abweichend gehandhabte Präklusion oder Möglichkeit der Entschuldigung. Die Bestimmung von Einlassungsfristen, die Möglichkeit, Schriftsätze nachzulegen sowie vor allem die Frage, worüber und wodurch man Beweise zu erheben hat, sind allerdings durchaus differenzierter Regelung zugänglich.[45] Das erfordert idR eine Reaktion auf das aktuelle Prozessgebaren. Anders wäre es aber, soweit nur Zeugen der einen Seite und keine der Gegenpartei vernommen würden, obwohl sie an dem nämlichen Vorgang beteiligt waren.[46]

3. Begrenzung. § 1034 Abs. 2 geht als eine **lex specialis** vor. Der Unterschied zwischen beiden Anwendungen liegt jedoch nicht so sehr im Tatbestand, sondern in der Rechtsfolge: besondere staatsgerichtliche Anpassung (§ 1034 Abs. 2 S. 1) – und zwar unter Präklusionsdrohung (§ 1034 Abs. 2 S. 2) einerseits, strikte Nichtigkeitsfolge (§ 134 BGB iVm. § 1042 Abs. 1 S. 1 ZPO) andererseits. Das Gleichheitsgebot unterliegt auch jenseits systematischer Vorgaben noch gewissen **autonomen Schranken**, es gilt nicht etwa absolut. 23

a) Wörtliche Grenzen. Es bezweckt den Schutz der **Parteien** inklusive ihrer Vertreter (personelle Grenze). Es gilt nicht auch für die Richter als „Objekte" parteiautonomer Absprache, die ohne weiteres – einverständlich vorgenommener – Differenzierung unterfallen (arg. § 1039 Abs. 1 S. 1, 3. Var.), oder gar etwa für Sachverständige, Zeugen und andere Dritte. Erfasst ist ferner nur das **Prozedere** („behandeln"), dh. weder die materielle Rechtsgestaltung noch die richterliche Streitentscheidung (§ 1051) oder auch eine gütliche (§ 1053) oder sonstige (§ 1056) Beendigung des Verfahrens (sachliche Grenze). 24

b) Immanente Grenzen. Jedwede Gleichbehandlung setzt bekanntlich stets **Vergleichbarkeit** voraus:[47] nur wirklich Gleiches muss gleich behandelt werden; bei Ungleichartigem ist Differenzierung ebenso statthaft wie notwendig. Die Grenzziehung erscheint jedoch oft schwierig. Wäre zB eine mündliche Verhandlung für eine Partei beschwerlicher, ist dennoch dem Antrag der anderen stattzugeben (§ 1047 Abs. 1 S. 2), eine Fristbestimmung kann den Anordnungsinhalt und ebenso die Beschwerlichkeit in nähere Betracht nehmen; man kann uU nach der prozessualen Rolle (Kläger/Beklagter) differenzieren (arg. § 1048 Abs. 1/2), und auch ein Schiedsort muss nicht blindlings „neutral" vereinbart werden (§ 1043 Abs. 1 S. 1/2), nur weil es bloß einen gibt etc. Stets kommt es mithin darauf an, ob ein angemessenes und vernünftiges **Differenzierungskriterium** im jeweiligen konkreten Einzelfall vorliegt. Grundfrage kann demzufolge sein: Hätte oder hat die andere Partei in derselben Situation – spiegelbildlich – dieselbe Behandlung erfahren? So besehen bleibt ein Willkürverbot als Regelungskern. 25

IV. Gewähr rechtlichen Gehörs (Abs. 1 S. 2)

1. Grundsatz und Bedeutung. a) Gehörsgewähr. Es darf keine Entscheidung gefällt werden, bevor ein jeder Betroffener *effektiv* (!) Gelegenheit hatte, sich hierzu zu äußern. Ferner muss die Partei als Ausfluss der Menschenwürde auf die Verfahrens*gestaltung* aktiven Einfluss nehmen können.[48] Geläufig sind insoweit etwa Umschreibungen als Grundpfeiler,[49] „wichtigste verfahrensmäßige Sicherung der Schiedsparteien gegen Willkür und Nachlässigkeit",[50] einer der wenigen „große[n] Grundsätze" für das schiedsrichterliche Verfahren[51] etc. Das Gebot duldet keine Einzelfallabwägung nach Verfahrensfairness, es ist vielmehr ein zwingendes Prinzip, das strenge Beachtung fordert:[52] „Jeder Missgriff zu einer Einzelheit reicht aus, wenn er das Entscheidungsergebnis ernsthaft beeinflussen konnte".[53] 26

Die Gewähr rechtlichen Gehörs schließt sich nahtlos an § 1034 Abs. 1, 1. Halbs. aF an, der besondere Tradition hat und gleichsam Urgestein ist (§ 770 Abs. 1, 1. Halbs. JME im Anschluss an § 1370 S. 1, 1. Halbs. PE).[54] Als **prozessuales Grundrecht** (dazu schon oben Rn. 1 f.) entspricht 27

---

[44] Zöller/Geimer Rn. 2; Lachmann Rn. 1290.
[45] Anders Musielak/Voit Rn. 2.
[46] Dies sinngemäß nach EGMR NJW 1995, 1413.
[47] Sehr plastisch dazu BG Bull. ASA 1992, 381, 396 („traitement semblable à situation égale").
[48] BGH WM 1977, 1230, 1232 (obiter); dazu treffend auch Musielak/Voit Rn. 3: *verhandeln*, nicht etwa nur *behandeln*.
[49] BGHZ 3, 215, 218 = NJW 1952, 27; BGHZ 85, 288, 291 = NJW 1983, 867; BGHZ 96, 40, 47 = NJW 1986, 1436, 1438 [IV 1]; NJW 1992, 2299 [2 a].
[50] Stein/Jonas/Schlosser Rn. 7; ähnlich Zöller/Geimer Rn. 3.
[51] RGZ 114, 165, 168/169.
[52] Dies sinngemäß nach BGHZ 31, 43, 45 = NJW 1959, 2213, best. BGHZ 65, 59, 63.
[53] Stein/Jonas/Schlosser Rn. 7.
[54] Ferner: § 748 Abs. 1, 1. Halbs. E 1931 – bei Ablehnung garantierter mündlicher Verhandlung (amtl. Begr. S. 396) und Rücknahme der „Aufhebungsschwelle" (§ 756 Abs. 1 Nr. 3, 1. Var. E 1931 – unten Fn. 109). Ähn-

§ 1042 28–32   Buch 10. Abschnitt 5. Durchführung des schiedsrichterlichen Verfahrens

sie auch dem **üblichen ausländischen Standard** (zB Art. 182 Abs. 3 mit Art. 190 Abs. 2 lit. e IPRG (CH) u. Art. 25 lit. a–c mit Art. 36 lit. d Konkordat [CH], § 594 Abs. 2 S. 2 ZPO [A], Art. 1460 Abs. 2 iVm. Art. 14 n. c. p. c. [F]; Art. 829 Abs. 1 Nr. 9 cpc [I]; § 1039 Abs. 1 S. 2 WBR [NL], sec. 33 Abs. 1 lit. a Arb. Act [GB]). Dabei hat insoweit das Schweizer Konkordat (Art. 25 lit. a–c) die breiteste Regelung getroffen (kürzer nun jedoch Art. 371 Abs. 4, 2. Var. B-ZPO-E).

28   b) **Reichweite.** Abs. 1 S. 2 normiert und verbürgt die Gewähr rechtlichen Gehörs **im schiedsrichterlichen Verfahren,** dh. vor dem Schiedsgericht und den Schiedsrichtern. Dass in den möglichen staatsgerichtlichen Verfahren (§ 1026 mit § 1062 – Ausnahme: § 1050, dazu näher von Rn. 18, 28) am Ende gleiches gilt, folgt unmittelbar schon Art. 103 Abs. 1 GG. Dort ist aber die Anhörung selbstredend begrenzt auf den jeweiligen konkreten Tatbestand und eröffnet keinesfalls eine Art „zweiter Instanz". Die Systematik scheint hier zudem eine Beschränkung auf die **Durchführung** iSv. §§ 1042 ff. anzudeuten. Das wäre ein Missverständnis. Die Gewähr rechtlichen Gehörs ist in jedem Stadium des Verfahrens strikt beachtlich.

29   Es ist vor allem auch schon bei **Konstituierung** des Schiedsgerichts iSv. § 1034 ff.[55] – obgleich es dann am „hörenden" Gericht noch mangelt. Hier besteht eine parteibezogene Verständigungspflicht (vgl. § 1035 Abs. 3 S. 1 für Einerbesetzung; § 1035 Abs. 1 mit Abs. 4, Var. 2a bei Parteiautonomie). Miterfasst sind ebenfalls Zwischen- (§ 1037 Abs. 2 [Ablehnung],[56] § 1040 [Kompetenz-Kontrolle]) und Annexverfahren (§ 1057 Abs. 2 S. 2 [separate Kostenfestsetzung[57]], § 1058 [Berichtigung, Auslegung, Ergänzung]) sowie auch die **Zusatzverfahren einstweiligen Rechtsschutzes**[58] (§ 1041 Abs. 1, dort Rn. 25 – im Unterschied zu §§ 916 ff. [Einl. Rn. 214]; Grund: nach Konstituierung keine Überraschung mehr!).

30   c) **Ausformung. aa) Gestaltung.** Abs. 1 S. 2 beschreibt nur allgemein die Grundregel, die alsdann zT nähere Gestaltung erfährt, vor allem **präventiv** durch § 1047 Abs. 2 (Benachrichtigungspflicht, [explizites] Rechtzeitigkeitsgebot) und § 1047 Abs. 3 (Informationspflicht, [implizites] Vollständigkeitsgebot), indes etwa auch durch § 1049 Abs. 2 S. 2 (souveränes Fragerecht [1. Var.]; Parteisachverständige [2. Var.]) sowie § 1044 (Klageerhebung) und § 1046 (Klagebegründung/-beantwortung). Auch die Gleichbehandlung (Abs. 1 S. 1, Rn. 19 ff.) und die Anwaltsvertretung (Abs. 2, Rn. 61 ff.) werden zT dem rechtlichen Gehör zugeschlagen. **Repressiv** erfolgt Kontrolle vor allem mittels § 1059 Abs. 2 Nr. 2b als von Amts wegen zu beachtender Aufhebungsgrund (Rn. 58).

31   bb) **Begrenzung.** Für ein funktionierendes Schiedsverfahren (Beschleunigung, Konzentration) unverzichtbar sind gewisse Grenzen,[59] vor allem die Präklusionsregeln (§§ 1027 S. 1, 1040 Abs. 2 S. 1–3, 1046 Abs. 2, 2. Halbs. – aber auch: § 1036 Abs. 2 S. 2 mit § 1037 Abs. 2, ferner § 296a analog[60]), ferner die Empfangsfiktion des § 1028 Abs. 1 und auch die Säumnisregelung des § 1048. Sie alle sind indes richtig verstanden weniger Gehörsbeschränkungen, vielmehr das **Ergebnis nichtwahrgenommener Angebote** und damit letztlich Ausdruck einer eingeräumten Gehörsgewähr, weil schon jede reelle Möglichkeit genügt, rechtlich „seine Sache" vorzutragen (Rn. 34–43). Pendant *objektiver* Endgültigkeit ist regelmäßig als *subjektive* Komponente das **Entschuldigungsrecht** (§§ 1027 S. 2, 1040 Abs. 2 S. 3, 1046 Abs. 2, 2. Halbs. – ferner sehr betont: § 1048 Abs. 4 S. 1).

32   d) **Kontradiktion.** Im Unterschied zu schweizerischem (Art. 182 Abs. 3 IPRG: „in einem kontradiktorischen Verfahren"; vgl. auch erg. Art. 371 Abs. 4, 3. Var. B-ZPO-E) und französischem (art. 1484 Nr. 4 bzw. art. 1502 Nr. 4 mit art. 15–17 n. c. p. c.: „principe de la contradiction") Prozessrecht mangelt jeder Hinweis auf die konkrete Verfahrensgestaltung. Dies würde – national – weder eine Verpflichtung zu streitiger Verhandlung statuieren (wegen § 1048 nF) noch irgendwie auf Verhandlungsgrundsatz und Beibringungsverfahren verpflichten[61] (gegen § 1034 Abs. 1 S. 1, 2. Halbs. aF) – *insoweit* (aber: Rn. 108 ff.) bleibt alles weiter offen. Richtig verstanden scheint es hierbei um die nähere Präzisierung rechtlichen Gehörs[62] zu gehen.

---

lich § 15 SGVO: „Das Schiedsgericht hat den Verfahrensbeteiligten Gelegenheit zu geben, zum gegenseitigen Vorbringen, zum Beweisergebnis und zur Beilegung des Rechtsstreits Stellung zu nehmen."
[55] *Hußlein-Stich*, 1990, S. 105; *Calavros*, 1988, S. 103.
[56] *Calavros*, 1988, S. 103; *Hußlein-Stich*, 1990, S. 105.
[57] Gleiches gilt für eine Inzident-Entscheidung, RG JW 1906, 477.
[58] AA die hM: *Lindacher* ZGR 1979, 201, 212; *Herdegen* RIW 1981, 304 bzw. *Zöller/Geimer* Rn. 3; *Raeschke-Kessler/Berger* Rn. 598.
[59] Vgl. BT-Drucks. 13/5274 S. 46 li./re. Sp. [1]; 7th SN Art. 19 Nr. 8 = *Holtzmann/Neuhaus* S. 559/560.
[60] OLG München, Beschl. v. 25. 6. 2007 – 34 Sch 6/07 [II 5 b (2)].
[61] Dies folgt etwa BSK-IPRG/*Schneider* Art. 182 Rn. 61.
[62] Dazu Näheres etwa bei *Solus/Perrot* III Nr. 106 ff.; *Vincent/Guinchard* Nr. 611 ff.

Allgemeine Verfahrensregeln   33–39 **§ 1042**

So steht vor allem § 1046 Abs. 1 in seinem Dienst, ist weniger ein Ausfluss der Kontradiktion. **33** Der „Aufhänger" für kontradiktorisches Prozessieren bleibt nach alldem beim mündlichen Verhandeln (§ 1047 Abs. 1 S. 2 – denn) mit persönlichem Erscheinen (§ 1047 Abs. 3, 1. Var.) und dann einer abschließend „streitigen" Entscheidung. Der deutsche Gesetzgeber hat daran gut getan, nur das rechtliche Gehör zwingend festzuschreiben, dabei einerseits diesen Zusatz tunlichst zu vermeiden und andererseits sich nicht mit einer wörtlichen ModG-Übersetzung (Rn. 1) schlicht zu begnügen. Das wahrt nicht zuletzt den Anschluss ans alte Recht (§ 1034 Abs. 1 S. 1, 1. Halbs. aF) und an den festgefügten prozessualen Begriffskanon (Art. 103 Abs. 1 GG).

2. Äußerungsrecht der Parteien. a) Grundlagen und Zielrichtung. Die Gewähr recht- **34** lichen Gehörs soll die Parteien davor schützen, dass sie durch eine Entscheidung beschwert werden, ohne ihre Argumente, welche die Entscheidung möglicherweise beeinflussen könnten, vorgebracht haben zu können. Das *parteiseitige* Äußerungsrecht ist demzufolge die natürliche Voraussetzung des *richterlichen* Gehörtwerdens (Rn. 49). Es hat **drei Perspektiven:**

Persönlich gewährt wird es den Parteien – und auch bloß ihnen,[63] denn Dritte sind weder **35** schiedsgebunden (§ 1029 Abs. 1: „Vereinbarung *der Parteien*") noch schiedsbetroffen (§ 1055: „*unter den Parteien* ..."). Hiervon zu trennen sind dogmatisch Parteianhörung als Aufklärungsform (§ 141, dort Rn. 1) und Parteivernehmung als Beweismittel (§ 445, dort Rn. 1 f.). Praktisch verfließen die Grenzen, gerade hier im Schiedsverfahren, wo kein strenger Kanon vorliegt und zudem besonders die Effizienz zählt (aber: § 1049 Rn. 76).

Sachlich besteht es im Umfange des anhängig gewordenen (§ 1044 mit § 1046 Abs. 1 einerseits, **36** § 1046 Abs. 2/3 andererseits) Streites, muss also bei späterer Erhöhung des Antrages selbst dann erneut gewährt werden, wenn sich beide Parteien zuvor insgesamt schon geäußert haben;[64] erst recht gilt das für die nachträgliche Klagenhäufung.[65] Klageerhebung (§ 1044) und Klagebegründung (§ 1046 Abs. 1 S. 1) „sind der anderen Partei ... zur Kenntnis zu bringen" (§ 1047 Abs. 3, 1. Halbs.): die Partei muss wissen, worüber sie sich äußern soll.[66]

Zeitlich ist es vor *endgültiger* Entscheidung stets erschöpfend zuzugestehen (§ 1034 Abs. 1 S. 1, **37** 1. Halbs. aF: „Bevor der Schiedsspruch erlassen wird, ..."), mag dies das neue Recht auch nicht mehr besonders normieren, was unschädlich ist und Missdeutungen (Einmalgehör sei ausreichend! – Rn. 53) im Keim vorbeugt. Das Äußerungsrecht hat folgende **zwei zentral wichtige Aspekte:**

b) Das Recht zur Falldarlegung. Die Parteien müssen zunächst einmal Gelegenheit haben, **38** alles ihnen erforderlich Erscheinende vorzutragen.[67] Es geht um die Darlegung „ihrer" Tatsachen, um ihren *aktiven* Beitrag bzw. *eigenen* Vortrag bei der Sammlung des Prozessstoffes, um das „Vorbringen der **Angriffs- und Verteidigungsmittel** tatsächlicher und rechtlicher Art", wie es das Schweizer Schiedskonkordat (Art. 25 lit. a) plastisch ausdrückt, aber zB auch § 1059 Abs. 2 Nr. 1 b, 2. Halbs. nahelegt. Sachaufklärung ist doch immer bloß ein Aspekt – indes besteht keine globale Verpflichtung des Schiedsgerichts, den Parteien seine Rechtsansichten mitzuteilen (anders neuerdings jedoch Präambel Abs. 3 IBA-RoToE), sie zur Debatte zu stellen und also ein **Rechtsgespräch** mit ihnen zu führen.[68] Auch bedarf es keines Hinweises, es wolle von *deren* erklärter **Rechtsauffassung** abweichen – das wäre Fürsorge, aber keine Anhörung (Grenze: § 139 Abs. 2 analog;[69] dazu näher dort Rn. 20 f.).

Auch schiedsrechtlich gilt der alte Grundsatz „*iura novit curia*". Rechtliche (im Unterschied zu **39** tatsächlichen, Rn. 104–111) **Aufklärungs- und Hinweispflichten** in Anlehnung an § 139 Abs. 1

---

[63] AA *Baumbach/Lauterbach/Hartmann* Rn. 4 aE.
[64] AA RG WarnR 19 (1927) Nr. 83, S. 141, 142 (eigenernannter Schiedsrichter als prozessualer Stellvertreter?).
[65] RG WarnR 9 (1916) Nr. 181, S. 285, 286/287 (zusätzlicher Vertragsstrafenanspruch).
[66] BayObLGZ 24 (1925), 350, 354.
[67] BGHZ 3, 215, 218 = NJW 1952, 27; BGHZ 31, 43, 45 = NJW 1959, 2213; BGHZ 85, 288, 291 = NJW 1983, 867; BGH RIW 1990, 493, 495 = IPRax 1991, 244, 246; NJW 1993, 2299 [2a]. Die ältere Rspr. betont allein diesen Aspekt: RGZ 112, 313, 316; RG HRR 1936 Nr. 920; RGZ 23, 432, 434/435; Gruchot 31 (1887), 451, 452; OLG Hamburg MDR 1956, 494.
[68] BGH NJW 1990, 3210, 3211; WM 1983, 1207, 1208; BGHZ 85, 288, 291 = NJW 1983, 867; BGHZ 65, 59, 63; KTS 1973, 128, 133; 1962, 240, 241 – grundlegend insoweit BGHZ 31, 43, 46 = NJW 1959, 2213; zuletzt OLG Hamburg RPS 1997 I S. 19, 20; OLG Frankfurt/Main IHR 2003, 93, 96 li. Sp. Das folgt auch nicht aus Art. 103 Abs. 1 GG, vgl. BVerfGE 31, 364, 370; 42, 64, 79, 85 (Sondervotum *Geiger*).
[69] AA BGHZ 85, 288, 292 = NJW 1983, 867: extra Vereinbarung nötig! So wie hier BAGE 42, 349, 355 = KTS 1984, 169, 170 f.; OLG Hamburg, Beschl. v. 8. 6. 2001 – 11 Sch 1/01 [II 2 b dd – im Widerspruch zu bb?] und wohl auch schon RG JW 1888, 409; *Stein/Jonas/Schlosser* Anh. § 1061 Rn. 96; *Zöller/Geimer* Rn. 12 u. 13; *Musielak/Voit* Rn. 13 mit Rn. 4; *Raeschke-Kessler/Berger* Rn. 658. – Abzugrenzen: BGH NJW 1990, 2199, 2200/2201 mit BGHR § 1042 Abs. 2 Nr. 4 ZPO – rechtliches Gehör 3.

u. 3 greifen nur bei einer entsprechenden (Partei-)Vereinbarung und sind nicht schon selbst Gehörsinhalt.[70] Wenn jedoch das Schiedsgericht seinerseits den Parteien eine konkrete Rechtsansicht eröffnet hat und später hiervon abweicht, so mag man eine Verweigerung des rechtlichen Gehörs annehmen können, wenn dadurch eine Partei abgehalten wird, noch alternative bzw. zusätzliche Ausführungen in tatsächlicher oder rechtlicher Hinsicht zu machen,[71] wenn Angriffs- oder Verteidigungsmittel abgeschnitten werden[72] oder sonst eine gänzlich abweichende Beurteilung eintritt.[73] Das gilt insbesondere, wenn wegen vermeintlicher Unerheblichkeit einer Tatsache notwendige Beweise unbenannt bleiben. Doch bleiben dies allemal Ausnahmefälle.

40 **c) Das Recht zur Kommentierung. aa) Gegnerischer Sachvortrag.** Eine Partei darf dazuhin *reaktiv* zum *fremden* Vortrag Stellung beziehen – wenn und weil er erheblich erscheint.[74] Dem Prozessgegner muss zu den Äußerungen der Gegenpartei Gehör eingeräumt werden; der gegnerische Parteivortrag muss ihm daher durch das Schiedsgericht mitgeteilt werden. Dies stellt auch § 1047 Abs. 3, 1. Halbs. noch einmal deutlich heraus („Alle Schriftsätze, Schriftstücke und sonstigen Mitteilungen ...", dazu näher dort Rn. 15 ff.). Die Äußerung muss freilich das Schiedsverfahren betreffen und für die Meinungsbildung des Schiedsgerichts eine Rolle spielen können – im Unterschied zu Eingaben ausschließlich (!) beleidigenden Inhaltes etwa, die der Obmann zweckmäßigerweise zurückschickt.

41 Es ist unzulässig, eine Entscheidung auf Vorbringen zu stützen, von dem die Gegenseite keine Kenntnis erlangt hat. Dies gilt selbst dann noch, wenn es sich nur um Nebenansprüche (zB Zinsen) handelt.[75] Im Hinblick auf die (Ausweich-)Möglichkeit, dass sich eine Partei auf den mangelnden Zugang eines Schriftsatzes beruft, ist namentlich bei rein schriftlichem Verfahren gerichtsseitig effektive **Vorsorge** zu treffen (zB Zustellungsnachweis oder sonstige Form der Zugangskontrolle am Ende des Verfahrens). Gegen „Abtauchen" hilft § 1028 Abs. 1, ohne dass dies – natürlich *korrekt* angewandt – einen relevanten Gehörsverstoß provoziert.[76] Das Schiedsgericht ist aber nicht gehalten, endlos Repliken und Dupliken zuzulassen[77] – dann währte ein Prozess ewig.

42 **bb) Entwicklung der Beweislage.** Die Gewähr rechtlichen Gehörs beinhaltet ein **umfassendes Stellungnahmerecht** – zu Tatsachengrund *und* Beweismitteln[78] als maßgeblichen Kriterien der Entscheidungsfindung. Dazu gehört *förmlich* das Recht der Parteien, an der Beweisaufnahme mitzuwirken, konkret die Nachricht von bzw. **Teilnahme bei Beweisaufnahmen**,[79] wie dies nun auch § 1047 Abs. 2, 2. Var. (Kenntnisgabepflicht) iVm. § 357 Abs. 1 (Parteiöffentlichkeit) normiert. Dazu gehört *sachlich* ferner ihr Recht auf Kenntnisgabe vom bzw. **Stellungnahme zum Beweisergebnis**,[80] das unmittelbar aus § 1042 Abs. 1 S. 2 iVm. Art. 103 Abs. 1 GG abzuleiten ist. **§ 1047 Abs. 3, 2. Halbs.** („Gutachten und andere *schriftliche* Beweismittel", dazu näher dort Rn. 18) regelt davon nur einen – natürlich sehr wichtigen – Teilaspekt,[81] ohne dass jene „Beschränkung" indes zu einem voreiligen Umkehrschluss berechtigt:

---

[70] BGH ZZP 71 (1958), 427, 430 (obiter); BGH WM 1959, 1373, 1375 mit BGHZ 85, 285, 292 = NJW 1983, 867; OLG München, Beschl. v. 22. 1. 2007 – 34 Sch 18/06 [II 4 b (2)]; OLG Stuttgart, Beschl. v. 14. 10. 2003 – 1 Sch 16/02 [B II 4 b vor sa – JURIS-Rn. 133]; wohl auch OLG Hamburg MDR 1956, 494, 495; *Glossner/Bredow/Bühler* Rn. 280 – aA aber uU KG, Beschl. v. 8. 4. 2002 – 23/29 Sch 13/01 [II 2 c]. Äußerst rigide dagegen *Musielak/Voit* Rn. 13 andererseits: Hinweise (nur?) auf Verlangen – ohne Aufhebungsrisiko (aber: Nr. 2 b statt Nr. 1 d, vgl. Rn. 33).
[71] BGH KTS 1963, 167, 168 f.; 1973, 128, 133; *Schütze* SV Rn. 157 [3. Abs.] bzw. *Schütze/Tscherning/Wais* Rn. 330 – vorsichtiger insoweit aber BGH KTS 1962, 240, 241 („braucht nicht zu entscheiden") u. BGH NJW 1966, 549/550 („kann dahinstehen") erkennbar mit Rücksicht auf *Jagusch* NJW 1962, 1645, 1647 f.
[72] So insbes. zuletzt BGHZ 85, 288, 293 = NJW 1983, 867, zust. OLG Frankfurt/Main, Beschl. v. 30. 6. 2006 – 26 Sch 12/05 [II 2 b] bzw. OLG Stuttgart, Beschl. v. 18. 8. 2006 – 1 Sch 1/06 [B III 2 b, c].
[73] So insbes. anfangs RG DR 1944, 810; vgl. dazu erg. BGH KTS 1963, 167, 168; OLG Frankfurt/Main BB 1977, 17 (Ls. 2).
[74] RG HRR 1932 Nr. 180; BGH NJW-RR 1993, 444, 445 [II 3].
[75] OLG Hamburg MDR 1965, 54; hier laxer noch RGZ 47, 424, 428; RG WarnR 19 (1927) Nr. 83, S. 141, 142 aE.
[76] Vorsichtiger insoweit aber *Stein/Jonas/Schlosser* Anh. § 1061 Rn. 86.
[77] Wohl jedoch eine *erste* Replik – aA RG WarnR 3 (1910) Nr. 482, S. 504.
[78] BGHZ 85, 288, 291 = NJW 1983, 868.
[79] BGHZ 3, 215, 218 f. = NJW 1952, 27 gegen RG JW 1896, 601; 1900, 525; RGZ 47, 424, 426; RG SeuffA 64 (1909) Nr. 18, S. 40, 41; JW 1912, 249 f. Explizit garantiert in Art. 25 lit. b Schweizer Konkordat.
[80] BGHZ 3, 215, 217–219 = NJW 1952, 27 mit Einschränkung von RG JW 1900, [525 u.] 803; [1905, 157;] WarnR 4 (1911) Nr. 142, S. 152 f.; RGZ 112, 313, 316 f.; [LZ 1918, 769;] HRR 1936 Nr. 920 („Ermessen versus Novität"); bestätigend: BGH ZZP 71 (1958), 427, 430 mit S. 433; BGH KTS 1962, 240, 241; 1963, 167.
[81] Jetzt endgültig überholt mithin RGZ 23, 432, 435; abwägend aber freilich hier schon RG JW 1903, 381/382.

Die Norm muss sinngemäß für andere Beweismittel gelten, die sich das Schiedsgericht beschafft **43** hat (Zeugenaussagen, amtliche Auskünfte, Augenscheinseindrücke etc.). Sie meint jedoch nicht einmal die *stoffgleiche* Übermittlung, welche naturgemäß auf Urkunden beschränkt bliebe: hierfür reicht bereits die Gestattung der Einsichtnahme,[82] doch mag auch das Schiedsgericht weitergehend festlegen (Abs. 4 S. 1), dass Kopien überlassen werden. In Akten und Unterlagen mit Beziehung zum Prozessstoff, und auch ins Sitzungsprotokoll,[83] ist den Parteien stets – nicht lediglich auf Verlangen[84] – Einsicht zu gewähren. Auch **offenkundige Tatsachen**[85] (und ebenso privates Wissen[86]) müssen regelmäßig zur Erörterung gestellt werden – selbst wenn solche Tatsachen „allen Beteiligten mit Sicherheit gegenwärtig sind und von denen sie auch wissen, dass sie für die Entscheidung erheblich sein können".[87]

cc) **Richterliche Prozessleitung.** Den Parteien ist zudem von allen verfahrensleitenden und **44** -bestimmenden Entscheidungen des Schiedsgerichts Kunde zu geben.[88] Dies schon allein darum, weil ihre Gestaltungsprärogative (§ 1042 Abs. 3 – vgl. daher erg. Rn. 72–80) sonst verkümmern würde und sie allemal wissen sollten, was denn *künftig* für sie konkret gilt (Rn. 89). Hierzu bedarf es mithin keines expliziten Hinweises. Anderes gilt nur uU für jene „Fundamentalentscheidungen" wie etwa die Orts- und Sprachwahl (§ 1043 Abs. 1 [arg. S. 3] bzw. § 1045 Abs. 1). Dazu existiert eine Art **verfahrensmäßiger Vertrauensschutz**: das abrupte – unvermittelte und unangemeldete – Abgehen von anfangs gegebenen Zusagen mag dem Gebot rechtlichen Gehörs widersprechen. Beispiele hierfür sind der Wechsel vom mündlichen zum schriftlichen Verfahren[89] (im Gegensatz **45** zu § 1047 Abs. 1 S. 2: Antrag *einer* Partei ausreichend) oder ein sofortiger Entscheid trotz Ankündigung weiterer Verhandlung.[90] Hierher zählt nur das Abgehen von Zusagen mit „Gehörsrelevanz",[91] einschließlich sachdienlicher Antragstellung,[92] denn alles andere hätte eine untunliche Verlagerung von § 1059 Abs. 2 Nr. 1d zu Nr. 2b zur Folge (Rn. 58). Ob eine Zusage auf Grund einer rechtlichen Verpflichtung erging, bleibt sich gleich.[93] „Zusagen" einzelner Gerichtsmitglieder sind nur dann bindend, wenn sie vom Obmann im Rahmen des § 1052 Abs. 3 oder ansonsten vertretungsweise („im Namen") für das gesamte Schiedsgericht[94] gegeben werden.

3. Nichtgebrauch des Gehörsrechts. Es gibt allein nur eine **potentielle (Gehörs-)Möglich- 46 keit** – ob eine Partei davon letzthin Gebrauch macht, ist ganz allein ihre Sache.[95] Wer durch Nachlässigkeit oder sonstige – zu vertretende (arg. §§ 1048 Abs. 4 S. 1, 1046 Abs. 2, 2. Halbs.) – Umstände seine **konkrete Äußerungsgelegenheit versäumt**, kann sich nicht auf eine Versagung des rechtlichen Gehörs berufen.[96] Er muss dann selber zusehen, wie er später noch Gehör findet.[97]

Dieses gilt auch, soweit sich eine Partei von einer mündlichen Verhandlung demonstrativ vorzei- **47** tig entfernt und die weitere Teilnahme ablehnt.[98] Sie muss gleichwohl jedoch künftig wieder benachrichtigt werden (§ 1047 Abs. 2, 1. Var.: „jeder"). Denn sie muss in jedem Stadium des Verfahrens (Rn. 53) ihren Standpunkt fassbar geltendmachen können. Es mag auch vorkommen, dass ein

---

[82] BGH ZZP 71 (1958), 427ff., S. 432 einerseits (Einsichtnahme), S. 431 andererseits (Aushändigung); dazu vgl. auch *Stein/Jonas/Schlosser* Anh. § 1061 Rn. 89 (3. Abs.) u. *Zöller/Geimer* Rn. 9.
[83] AA OLG Hamburg KTS 1962, 119, 122.
[84] Dies würde wohl BGH ZZP 71 (1958), 427, 431–433 überdeuten, entsprach aber letztlich voll RGZ 23, 432, 435 – so wie hier Art. 25 lit. b Schweizer Konkordat: „Jederzeit im Rahmen eines ordnungsmäßigen Geschäftsganges".
[85] BGHZ 31, 43, 45 f.
[86] BGH NJW 1964, 593, 595. Das gilt auch für (Zusatz-)Tatsachen aufgrund einer privaten (Rechts-)Expertise, BGH LM § 1041 aF Nr. 8 = ZZP 71 (1958), 427, 435, dazu *Habscheid* KTS 1958, 177, 179 f.; die umgekehrte Gestaltung bei RG JW 1888, 409.
[87] AA BGHZ 31, 43, 45 = NJW 1959, 2213 = MDR 1960, 43 m. Anm. *Sieg*.
[88] Insoweit sehr treffend OLG Stuttgart ZIP 1987, 1213, 1216 li./re. Sp. – indes aufgehoben durch BGHZ 104, 178, 183 f. [3 c–e] = NJW 1988, 3090; klar aA auch *Musielak/Voit* Rn. 4 (niemals zwingend geboten).
[89] RGZ 35, 422, 425/426.
[90] RG JW 1910, 585; KG JW 1925, 809, 810 – rigider aber insoweit RG LZ 1917, 1082.
[91] So recht deutlich schon RGZ 40, 401, 405 f., insbes. S. 405/406 – ferner dann wieder RG JW 1900, 525.
[92] RG JW 1910, 946 f. (allerdings für Sonderfall!).
[93] RG JW 1929, 1596.
[94] RG JW 1911, 989, 990 aE; 1912, 1062 – im Unterschied zu RG JW 1912, 249, 250 aE: (Bemühens-)Zusage *eines* Schiedsrichters.
[95] BGH KTS 1962, 240, 241/242; ZZP 71 (1958), 427, 433 mit S. 430; RGZ 123, 355, 358; 23, 432, 436 aE; OLG Hamburg MDR 1956, 494.
[96] OLG Köln KTS 1971, 222, 226 = MDR 1971, 402; vgl. auch BGHZ 104, 178, 183 f. [3 c–e] = NJW 1988, 3090; *Glossner/Bredow/Bühler* Rn. 282; *Walter/Bosch/Brönnimann* Art. 182 IPRG (CH) Bem. II 2.
[97] RG Gruchot 48 (1904), 1162, 1163.
[98] BGH KTS 1961, 43, 44 = BB 1961, 302: venire contra factum proprium.

§ 1042 48–50   Buch 10. Abschnitt 5. Durchführung des schiedsrichterlichen Verfahrens

Beklagter die Stellungnahme zur Klage zurückhält, bis der vom Kläger eingeforderte (Kosten-)Vorschuss eingegangen ist – davon kann wohl das *Schiedsgericht* den entsprechenden Verfahrensfortgang abhängig machen (Vor § 1034 Rn. 43), nicht aber die betroffene *Schiedspartei*, die freiwillig im Voraus ja zugestimmt hat (§ 1029 Abs. 1); insoweit gilt demgemäß ohne Ausnahme die vereinbarte oder festgesetzte Frist (§ 1046 Abs. 1 S. 1).

48 Nichtgebrauch ist das **ausschließlich situationsgeprägte Untätigbleiben**. Die übereinstimmende (!) Gutachterbenennung (§ 1049) bedeutet demnach keinen Gehörsverzicht[99] bezüglich des Resultats. Es gibt generell keinen im Voraus erklärten Gehörsverzicht,[100] ebenso ist unwirksam die Abrede, ein späterer Aufhebungsantrag soll ausgeschlossen sein;[101] ganz anders nach erfolgter Gehörsverletzung: hier kommt Verzicht in Betracht.[102]

49 4. Kenntnisnahme des Gerichts. Gewähr rechtlichen Gehörs heißt nicht bloße physische Entgegennahme der Parteierklärungen, sondern natürlich genauso intellektuelle Verarbeitung, dh. Erwägung, Gewichtung und Abwägung: „Das [Schieds-]Gericht muss das jeweilige Vorbringen auch ‚zur Kenntnis nehmen und in Erwägung ziehen',[103] es muss sich mit den wesentlichen Angriffs- und Verteidigungsmitteln auseinandersetzen.[104] Dies ist idR aber anzunehmen: auch Schiedsgerichte sind nicht gehalten, allen und jeden Parteivortrag namentlich zu bescheiden[105] (§ 1054 Rn. 31) oder jeden Beweis explizit zu erörtern.[106] Dabei gilt ein objektiver (Richter-)Maßstab, kein subjektiver (Partei-)Maßstab.[107] Bei vereinbartem Begründungsverzicht (§ 1054 Abs. 2, 1. Var.) lässt sich ohnehin ein Verstoß nie konkret festmachen. Eine Gehörsrüge kann insoweit also nur in **besonders gelagerten Einzelfällen** erfolgreich sein. Dazu zählt etwa der Fall, dass man fristgerechtes weiteres Sachvorbringen schlicht abschneidet, da der bisherigen Erkenntnis nichts Erhebliches mehr entgegengesetzt werden könne. Denn: Neues Vorbringen hat idR den Zweck und ist auch oft geeignet, Meinungen zu verändern.

50 5. Form und Zeit der Gewährung. a) Äußerungsform. Schiedsgerichte haben „rechtliches Gehör im wesentlich gleichen Umfang **wie staatliche Gerichte** zu gewähren".[108] Die schiedsrechtlichen Anforderungen sind also keinesfalls „weniger streng zu nehmen".[109] Die Art und Weise der Gewährung des rechtlichen Gehörs – **schriftlich oder mündlich** – obliegt parteiautonomen Vorgaben (§ 1042 Abs. 3 mit § 1047 Abs. 1 S. 2); nur subsidiär bestimmt darüber das Schiedsgericht

---

[99] AA OLG Hamburg OLGRspr. 21 (1910), 125.
[100] BGH BB 1961, 302; OLG Hamburg MDR 1968, 1018; *Schütze/Tscherning/Wais* Rn. 325; *Aden* NJW 1993, 1964, 1964f.; *Zöller/Geimer* Rn. 4; *Stein/Jonas/Schlosser* Anh. § 1061 Rn. 102 (mit Ausnahme der „empirisch einfach zu bewältigenden Tatsachenermittlungen" – das zielt auf Qualitätsarbitrage und Schiedsgutachten).
[101] Anders die Originalfassung von § 867 Abs. 2 CPO bzw. § 1041 Abs. 2 aF ZPO – geändert mit G vom 25. 7. 1930 (RGBl. I S. 361). Sehr unklar hier *Zöller/Geimer* Rn. 4.
[102] So ist wohl BGHZ 3, 215, 218/219 = NJW 1952, 57 sinngemäß zu verstehen; deutlich so letztens OLG Stuttgart, Beschl. v. 18. 8. 2006 – 1 Sch 1/06 [B III 3 a].
[103] BGHZ 96, 40, 48 = NJW 1986, 1436, 1438 [IV 1] mit Nachw. der BVerfG-Rspr. (erg. BVerfGE 25, 137; NJW 1978, 989; 1988, 250) u. BGH NJW 1992, 2299 [2 a]; ebenso BGH RIW 1990, 493, 495 = IPRax 1991, 244, 246; OLG Frankfurt/Main RIW 1989, 911, 914 u. SchiedsVZ 2006, 219, 223 [II 3]; OLG Hamburg OLGR 2000, 19, 21; 2004, 97, 98; OLG Stuttgart, Beschl. v. 14. 10. 2003 – 1 Sch 16/02 [B II 4b vor aa – JURIS-Rn. 133]; OLG Düsseldorf, Beschl. v. 14. 8. 2007 – I-4 Sch 2/06 [II 1 b aa/JURIS-Rn. 109].
[104] BGH NJW-RR 1993, 444 [II 1]; ebenso BGH RIW 1990, 493, 495 = IPRax 1991, 244, 246; OLG Stuttgart, Beschl. v. 14. 10. 2003 – 1 Sch 16/02 [B II 4b vor aa – JURIS-Rn. 133]; OLG München, Beschl. v. 22. 1. 2007 – 34 Sch 18/06 [II 4 b (2)].
[105] OLG Hamburg OLGR 2004, 97, 98; OLG Stuttgart, Beschl. v. 14. 10. 2003 – 1 Sch 16/02 [B II 4b vor aa – JURIS-Rn. 134]; KG, Beschl. v. 23. 7. 2003 – 23 Sch 13/02 [II 2 a]; BayObLG, Beschl. v. 15. 12. 1999 – 4 Z Sch 23/99, S. 13 [II B 1 b]; BGH NJW 1992, 2299 [2 c]; IPRax 1991, 244, 246 m. weit. Nachw.; WM 1983, 1207, 1208 – *Stein/Jonas/Schlosser* Anh. § 1061 Rn. 95.
[106] BGH WM 1983, 1207, 1208 (Zeugenaussagen).
[107] OLG Hamburg OLGR 2004, 97, 98.
[108] BGHZ 85, 288, 291 = NJW 1983, 867 mit Berufung auf BGHZ 31, 43, 45 = NJW 1959, 2213 (S. 45 f. [2 a bb]: Persönlichkeitsschutz? – dort allerdings noch begrenzend: „soweit sich nicht im Einzelfall aus den Besonderheiten des schiedsgerichtlichen Verfahrens etwas anderes ergibt"), sowie im Anschluss daran: BGHZ 96, 40, 47/48 = NJW 1986, 1436, 1438 [IV 1]; BayObLG, Beschl. v. 15. 12. 1999 – 4 Z Sch 23/99, S. 13 [II B 1 b]; OLG Köln SchiedsVZ 2005, 163, 165 [II 2b]; OLG Frankfurt/Main SchiedsVZ 2006, 219, 223 [II 3]. Vgl. auch *Schütze/Tscherning/Wais* Rn. 325; *Glossner/Bredow/Bühler* Rn. 278 ff.; *Musielak/Voit* Rn. 3 mit Fn. 4; *Baumbach/Lauterbach/Hartmann* Rn. 4. Im Ansatz (nur) anders *Geimer*, VIV-Reihe VII (1994), S. 113, 126 ff., insbes. S. 130/131, 132/133, 135–137 („[nuanciert] abgeschwächte Anwendung").
[109] Wie noch das *Reichsgericht* ab und an meinte: RG LZ 1918, 769; WarnR 9 (1916) Nr. 181, S. 285, 286; JW 1910, 70 im Anschluss an RG JW 1905, 157; ganz ähnlich auch BayObLG (1925), 350, 354 („im allgemeinen"). – Anders hier jedoch auch § 756 Abs. 1 Nr. 3, 1. Var. E 1931: „nicht *ausreichend* gewährt", vgl. amtl. Begr. S. 398.

Allgemeine Verfahrensregeln　　　　　　　　　　　　　　　51–53　§ 1042

nach freiem Ermessen (§ 1047 Abs. 1 S. 1 mit § 1042 Abs. 4 S. 1).[110] Ausnahmsweise nur scheint mündliches Verhandeln geboten (Ermessensschrumpfung), so wenn eine Partei wenig schriftgewandt ist, sich auch nicht vertreten lassen kann und die Sache tatsächlich und rechtlich sehr kompliziert ist;[111] diese Gesichtspunkte berücksichtigt das Schiedsgericht bei § 1047 Abs. 1. Schriftsätzliche Vorerwägungen sollten idR genügen, sie bedürfen keiner mündlichen Nacherörterung.[112] „Mündlich" erfasst auch telefonische Kommunikation; „schriftlich" ist hier nicht etwa an § 126 Abs. 1 BGB zu messen (Telex, Telefax) und umfasst genauso neuere elektronische Formen (E-Mail etc.).[113] Das Gehör muss in der (den) festgelegten **Verfahrenssprache(n)** (§ 1045 Abs. 1) wahrgenommen werden.

b) Einschaltung von Mittelspersonen. Es ist aber nicht unbedingt erforderlich, dass die Parteien persönlich vom Schiedsgericht gehört werden. Die Parteiinteressen können auch von einem Anwalt oder einem sonstigen Vertreter wahrgenommen werden. Dazu zählt aber nicht der eigenernannte Schiedsrichter.[114] Stellt sich aber heraus, dass nur die Partei selbst zu einem bestimmten Punkt Stellung nehmen kann, so muss man ihr eine nachträgliche eigene Stellungnahme ermöglichen. Doch ist ansonsten mittelbare Gewährung des rechtlichen Gehörs durch Zwischenschaltung eines Dritten gegen den Willen des *Berechtigten* unzulässig.[115] Jeder hat insoweit ein Recht, **selbst gehört** zu werden. – Ganz ähnlich beim „*verpflichteten*" Schiedsgericht, welches **selbst hören** muss. Eine Gehörsgewährung vermittels Außenstehender wäre unstatthaft (Ausnahme: § 1050 [arg. S. 3: „sind berechtigt"]).　　51

Es ist aber nicht notwendig, dass zwischen der Partei und *jedem* Schiedsrichter unmittelbarer Kontakt stattgefunden hat. So kann es vorkommen, dass eine Partei nur den Obmann oder den „eigenen" Schiedsrichter anspricht, dass etwa ein Ersatzschiedsrichter (§ 1039 Abs. 1) einspringt oder dass eine Schiedsvereinbarung vorsieht, ein Obmann solle erst bestellt werden, wenn sich die beiden Schiedsrichter nicht einigen können.[116] Wenn und weil die Äußerung zur Kenntnis der anderen Schiedsrichter gelangt,[117] hat dann diese Partei rechtliches Gehör gehabt, ggf. ist ein Aktenvermerk anzufertigen und der Gegenpartei Kenntnis zu geben. Ein Schiedsverfahren ist nicht auf Unmittelbarkeit (§ 128 Abs. 1 iVm. § 309) verpflichtet (Rn. 103). Kein Schiedsgericht darf indes von sich aus einen Einzelrichter einsetzen[118] (arg. § 1034 Abs. 1), bloß Teilfunktionen sind delegierbar.　　52

c) Äußerungszeit. Rechtliches Gehör ist, wie im Verfahren vor staatlichen Gerichten, in jeder Phase des Verfahrens zu gewähren,[119] so häufig, wie es der Sach- und Streitstand erfordert,[120] und　　53

---

[110] Ähnlich auch bereits OLG Hamburg MDR 1956, 494/495 – noch anders aber RGZ 47, 424, 428; RG JW 1905, 54; 1909, 421; WarnR 3 (1910) Nr. 482, S. 504; HRR 1935 Nr. 304: die Gehörsart sei generell freigestellt (Ermessen).
[111] Vgl. BFH JZ 1954, 300.
[112] BGHR § 1044 Abs. 2 Nr. 4 (aF) ZPO – rechtliches Gehör 3; wohl auch OLG Frankfurt/Main IHR 2003, 93, 95 li./re. Sp.
[113] *Raeschke-Kessler/Berger* Rn. 643 f.; *Schütze/Theune* § 5 DIS-SchO Rn. 2.
[114] AA RG WarnR 19 (1927) Nr. 83, S. 141, 142 u. OLG Hamburg OLGRspr. 9 (1904), 89, 90.
[115] Anders 1. Aufl. § 1034 aF Rn. 12 unter – insoweit unzutreffender – Berufung auf OLG Hamburg OLGRspr. 27 (1913), 200 u. RG JW 1909, 421.
[116] Insoweit meist mit einem *Mitentscheidungsrecht* (bejahend RGZ 47, 424, 428; ablehnend OLG Hamburg ZZP 54 [1929], 124 m. zust. Anm. *Reichel*); problematisch indes bei einem *Alleinentscheidungsrecht* (billigend RG JW 1911, 996, 997 f.) – aber: beachtenswerte vertragliche Besonderheiten! Der Zwischenstand muss dann nicht mitgeteilt werden, RG JW 1906, 574 (anders bei eigens geäußertem Ansuchen der Parteien).
[117] RG JW 1909, 421 Nr. 26 im Anschluss an Gruchot 48 (1904), 1162, 1163; OLG Hamburg OLGRspr. 27 (1913), 200 (Aktenstudium, Mitteilungen, …); RG JW 1911, 989; 1913, 996, 998; 1919, 45 f. m. zust. Anm. *Kisch* („… oder in sonst geeigneter Weise"); wohl sinngemäß auch RG WarnR 19 (1927) Nr. 83, S. 141, 142 u. OLG Hamburg OLGRspr. 9 (1904), 89, 90 (eigenernannter Schiedsrichter als prozessualer Stellvertreter?) – ebenso *Stein/Jonas/Schlosser*, 20. Aufl., § 1034 aF Rn. 13 u. 22. Aufl. Anh. § 1061 Rn. 89 (1. Abs.) mit Rn. 99 (3. Abs.); anders *Schwab/Walter* Rn. 16.33 aE im Anschluss an *Reichel* ZZP 54 (1929), 125 [b]; *Musielak/Voit*, 1. Aufl., § 1034 aF Rn. 7; *Schütze/Tscherning/Wais* Rn. 403.
[118] Ebenso *Musielak/Voit* Rn. 20.
[119] BGH NJW 1992, 2299; BGHZ 96, 46 = NJW 1986, 1436, 1438 = LM § 1041 Nr. 21; BGHZ 110, 104 = NJW 1990, 2199 = LM § 1044 aF Nr. 15; BGH NJW 1959, 2213, 2214; BGHZ 85, 288, 291 = NJW 1983, 867; *Stein/Jonas/Schlosser* § 1042 Rn. 7; *Schütze* SV Rn. 157 [1. Abs.]; *Glossner/Bredow/Bühler* Rn. 278; *Henn* Rn. 303.
Anders aber früher RG JW 1905, 157; JW 1910, 70; LZ 1918, 769: „Einmalanhörung mit Eventualmaxime"; RG JW 1912, 1062: Zeitpunkt als Frage des Ermessens; KG JW 1925, 809: Umfang als Sache der Partei. Anders aber ebenso 2nd WGR Nr. 104 = *Holtzmann/Neuhaus* S. 555 gegen 1st SN Nr. 73 = *Holtzmann/Neuhaus* S. 553 („at any stage") bzw. 1st WGR Nr. 56 = *Holtzmann/Neuhaus* S. 554 („at every stage").
[120] *Schwab/Walter* Rn. 15.2; *Baumbach/Lauterbach/Hartmann* Rn. 4.

§ 1042   54–56   Buch 10. Abschnitt 5. Durchführung des schiedsrichterlichen Verfahrens

so rechtzeitig, dass sein Sinn gewährleistet bleibt. **Parteivorbringen** ist der Gegenpartei so fristgerecht zur Kenntnis zu bringen, dass sie hierauf auch erwidern und damit noch einen Einfluss auf die Meinungsbildung des Schiedsgerichtes real ausüben kann.[121] Das gilt sowohl für Tatsachenvortrag wie für Rechtsausführungen. Zu dem Ergebnis einer **Beweisaufnahme** müssen die Parteien idR sofort Stellung nehmen.[122] Anders aber soweit neue Tatsachen ans Licht gekommen sind, in der Verhandlung oder knapp davor eine fremdsprachige Urkunde mit Übersetzung vorgelegt wird[123] oder sogar jene Übersetzung erst noch hergestellt (und nachgereicht) werden muss (§ 1045 Abs. 2), oder aber weil wegen ungewöhnlicher Eilbedürftigkeit auf Parteimitwirkung ausnahmsweise verzichtet wurde.[124] Zur **Präklusion:** §§ 1027, 1031 Abs. 6, 1040 Abs. 2, 1048 Abs. 3/4 (keine Gewährung „ins Uferlose"![125]). Verhandlungen mit der Gegenpartei außerhalb des Schiedsverfahrens oder vor Prozesseinleitung ersetzen das vor dem Schiedsgericht zu beanspruchende Gehör nicht.[126]

54   6. **Nähere Verfahrensgestaltung.** Die gewählte Verfahrensgestaltung darf das rechtliche Gehör nicht beschränken. Dies entspricht auch schon früher BGH-Judikatur.[127] Hieraus folgt konkret: Die Ablehnung eines Parteiantrages auf **Terminsverlegung** kann die Versagung des rechtlichen Gehörs bedeuten, wenn dadurch der Partei die Möglichkeit genommen wird, den Termin wahrzunehmen und dort ihren Standpunkt darzustellen. Bei anwaltlicher Vertretung kann sie aber idR[128] darauf verwiesen werden, sofern nicht besondere Umstände ihre persönliche Anwesenheit nötig machen. Die Verhinderung des Anwalts wird meist hinreichender Grund zur Terminsverlegung sein, es sei denn, es handele sich um eine rechtlich und geschäftlich erfahrene Partei und um eine relativ einfache Sache – das Verhandeln ist alsdann auch kein Verstoß gegen Abs. 2.

55   Die ältere Rechtsprechung stellt zT laxere Anforderungen, was meist auf mangelndes verfassungsrechtliches Problembewusstsein zurückgeht. Das relativiert den Wert jeder **Kasuistik.** Die Abwägung ist keine leichte, die Vorgabe kaum eine präzise, sondern konkretisierungsbedürftig und ganz den jeweiligen Umständen gehorchend. Ein **Verstoß** wurde **bejaht** in folgenden Fällen: nachträgliche Veränderung im Prozessstoff;[129] Verhandlungsausschluss wegen Missachtung einstweiliger Anordnung;[130] Fehlen jeglicher Ausführungen zur Schlüssigkeit;[131] Behandlung von Bestrittenem als unstreitig;[132] vertrauliche Mitteilungen einer Partei an das Gericht;[133] Tagesfrist zur Beurteilung umfangreichen neuen Beweismaterials;[134] Übergehen nachträglichen Vortrages zur Untermauerung eines Hilfsantrages.[135]

56   Ein **Verstoß** wurde **verneint** in folgenden Fällen: Übergehen eines Antrages auf wiederholte Zeugenvernehmung[136] sowie überhaupt eines Beweisantrages (Rn. 113); Unterlassen angekündigter Aufklärung wegen zwischenzeitlich erwiesener Unerheblichkeit[137] oder Entbehrlichkeit;[138] sachlich unrichtiger Schiedsspruch;[139] Benützung eigentlich bekannter Tatsachen;[140] informatorische Befragung, die aber nicht verwertet wurde;[141] Nichtmitteilung von Rechtsansichten (aber: Rn. 38 f.);[142]

---

[121] RG JR 1926 Nr. 320; HRR 1935 Nr. 304; BGH ZZP 71 (1958), 427, 430; OLG Hamburg ZZP 54 (1929), 124; *Hermanns* IPRax 1987, 353, 354 m. weit. Nachw.; *Glossner/Bredow/Bühler* Rn. 281.
[122] AA Stein/Jonas/*Schlosser* Anh. § 1061 Rn. 100.
[123] Vgl. BGH NJW 1977, 948, 949: hinreichend bemessene Nachfrist zur Überprüfung der Übersetzung.
[124] OLG Hamburg MDR 1968, 1018 – aber: § 1047 Abs. 2, 2. Var.!
[125] OLG Hamburg HEZ 3 Nr. 33, S. 92, 95.
[126] RG WarnR 9 (1916), Nr. 181, S. 285, 286.
[127] Grundlegend bereits BGHZ 3, 215, 218 = NJW 1952, 27.
[128] Sonderfälle sind insoweit etwa: fehlende Informationsmöglichkeit wegen Erkrankung der Partei (BSGE 1, 277, 278/279); Anwaltswechsel (anders offenbar jedoch BGHR § 1041 Abs. 1 Nr. 4 [aF] ZPO – Schlussverhandlung 1); kurzfristige Terminierung (RG JW 1927, 2137 – dazu einschr. aber *Kisch*, ebd.).
[129] RGZ 123, 355, 357 f. (abstrakte statt konkreter Schadensberechnung).
[130] BGHZ 48, 327, 330 (obiter).
[131] BGH NJW 1992, 2299 [2 c], dazu erg. noch BGHZ 96, 40, 48 = BGH NJW 1986, 1436, 1438 [IV 2] – allerdings konkret jeweils verneinend.
[132] BGHZ 96, 40, 48/49 = NJW 1986, 1436, 1438 [IV 3].
[133] BGH ZZP 71 (1958), 427, 434 konnte insoweit jedoch offenlassen.
[134] Offengelassen von OLG Hamburg KTS 1962, 119, 120.
[135] OLG Düsseldorf, Beschl. v. 14. 8. 2007 – I-4 Sch 2/06 [II 1 b aa/JURIS-Rn. 112–114].
[136] BGH NJW 1966, 549.
[137] BGH KTS 1973, 128, 133.
[138] RG JW 1919, 45, 46 m. zust. Anm. *Kisch*.
[139] BGH KTS 1963, 167, 169 = WM 1963, 944, 946 (Nichtverwertung erhobener Beweise) bzw. BGH NJW 1992, 2299, 2300 (Nichterhebung angebotener Beweise), dazu *Aden* NJW 1993, 1964 f.
[140] BGH KTS 1962, 240, 241 f. – zweifelhaft.
[141] RG HRR 1936 Nr. 920 – fragwürdig: Teilnahme ist eröffnet, bevor noch das jeweilige Ergebnis feststeht.
[142] BGHZ 31, 43, 46 = NJW 1959, 2213; BGH NJW 1990, 3210, 3211.

Allgemeine Verfahrensregeln **57–60 § 1042**

Verwertung weniger unmittelbarer Beweise;[143] Festlegung qualifizierter Mehrheiten (Quorum);[144] Nichtgewährung zunächst in Aussicht gestellter Fristverlängerung;[145] Nichtberücksichtigung verfristeten Einwendungsvortrages (bei einer 14-tägigen Frist).[146]

Notwendig ist ebenfalls die **Setzung *angemessener* Fristen.**[147] Den Parteien ist genügend Zeit zu belassen, um Informationen einzuholen und erforderliche Überlegungen anzustellen, um schließlich sinnvolle Ausführungen machen zu können. Man sollte bei gehöriger Sorgfalt letztlich imstande sein, den eigenen Standpunkt präzise darzulegen. Die vor den staatlichen Gerichten geltenden (Ladungs- und Einlassungs-)Fristen sind aber reichlich knapp bemessen und eignen sich deshalb hier nur als Anhaltspunkt und Mindestdauer. Im Zweifel geht die Gewähr rechtlichen Gehörs (und die Vermeidung des Risikos einer Aufhebung des Schiedsspruches) der Schnelligkeit des Verfahrens vor.[148] Wird eine zu knapp bemessene Frist infolge überobligationsmäßiger Anstrengungen gewahrt, liegt indes kein Verstoß vor.[149] 57

7. Sanktion bei Nichtgewährung. Ein **Schiedsspruch**, der auf einem Schiedsverfahren mit Gehörsverletzung beruhen *kann*, unterliegt staatlicher **Aufhebung** und darf nicht für vollstreckbar erklärt werden. Zwar vermisst man nunmehr den namentlich normierten Tatbestand, dass „der Partei in dem Verfahren das rechtliche Gehör nicht gewährt war" (so § 1041 Abs. 1 Nr. 4 aF bzw. § 1044 Abs. 2 Nr. 4 aF), jedoch zählt das ordnungsgemäße Gehör ebenso als fundamentales – verfassungsfest abgesichertes – Grundprinzip zum **(verfahrensrechtlichen) ordre public** (§ 1059 Rn. 23), sodass § 1059 Abs. 2 Nr. 2b eingreift (**Amtsprüfung**; keine Präklusion beim Vollstreckbarerklärung, § 1060 Abs. 2 S. 3 mit 1059 Abs. 2 Nr. 3). Die Verortung bei § 1059 Abs. 2 Nr. 1b vom „Prozessbeginn" (1. Halbs.: „in Kenntnis gesetzt") wie auch vom „Prozessinhalt" (2. Halbs.: „nicht hat geltend machen können") indes geht vor (§ 1059 Rn. 22 [Vortragslast!] mit Rn. 23–28), verdrängt jedoch selbst wiederum § 1059 Abs. 2 Nr. 1d, der bloß „Auffangtatbestand" noch ist (Kausalität?). Viel unbefriedigender erscheint demgegenüber die Globallösung aus § 1059 Abs. 2 Nr. 1b, Nr. 1d *und* Nr. 2b.[150] Schon bei einem potentiellen Gehörsverstoß erfolgt die Aufhebung[151] bzw. Teilaufhebung bei Abgrenzbarkeit[152] (das trotz der Sonderregel des § 1059 Abs. 2 Nr. 1c). 58

Gegen Schiedssprüche gibt es aber keine Verfassungsbeschwerde, da Schieds*gerichte* keine öffentliche Gewalt iSv. Art. 93 Nr. 4a GG ausüben – sie kommt nur gegen die staatlichen Entscheidungen gemäß § 1059 (abgewiesener Aufhebungsantrag) u. §§ 1060, 1061 (verordnete Vollstreckbarerklärung) in Betracht.[153] Hat freilich die Gehörsverletzung schon in der Schiedsvereinbarung ihre Grundlage, so ist jene gemäß § 134 BGB (idR total-)nichtig (§ 1029 Rn. 16, 21); es mag dann sogleich eine Klage vor staatlichen Gerichten erhoben werden, entweder zur Hauptsache (§ 1032 Abs. 1, 3. Halbs.) oder aber auf Feststellung der Unzulässigkeit des schiedsrichterlichen Verfahrens (§ 1032 Abs. 2, 2. Var.). Sanktionen bestehen also im Vorfeld und im Nachhinein, während des Verfahrens ist Heilung anzustreben. 59

Heilung ist möglich durch Nachholung (das sogar vor einem Oberschiedsgericht,[154] jedoch nicht mehr im Aufhebungs- oder Vollstreckbarerklärungsverfahren[155]), Fristverlängerung, Neuladung etc. 60

---

[143] BGH NJW-RR 1993, 444, 445 [II 2].
[144] BGHR § 1044 Abs. 2 Nr. 4 [aF] ZPO – qualifizierte Mehrheit 1.
[145] RG JW 1912, 1062.
[146] BayObLG OLGR 2003, 370 [c].
[147] *Schütze/Tscherning/Wais* Rn. 360; *Schwab/Walter* Rn. 16.37; *Stein/Jonas/Schlosser* Anh. § 1061 Rn. 102.
[148] Ähnlich die Vorgabe von *Baumbach/Lauterbach/Hartmann* Rn. 4: „besser zuviel als zuwenig".
[149] Dies meint wohl OLG Hamburg KTS 1962, 119, 121 f.
[150] Was freilich die hM im Anschluss an BT-Drucks. 13/5274 S. 46 li. Sp. [1] vertritt: *Thomas/Putzo/Reichold* Rn. 2; *Zimmermann* Rn. 4 aE; *Baumbach/Lauterbach/Hartmann* Rn. 3 (1. Abs.); leicht offener jüngst OLG München, Beschl. v. 20. 12. 2006 – 34 Sch 16/06 [II 1 aE].
Hier *a*A auch *Zöller/Geimer* Rn. 16: nur(?) Nr. 1b; wohl auch *Musielak/Voit* Rn. 21: oder auch nach Nr. 2b, vgl. auch Rn. 6: Nr. 2b in gravierenden Fällen.
Gänzlich eigenständige Regelung aber in Art. 190 Abs. 2 lit. d IPRG; dazu grundlegend etwa BGE 116 II (1990), 639, 641 m. Anm. *Schweizer* SZIER 1991, 367 u. BGE 117 II (1991), 347 m. Anm. *Knoepfler* SZIER 1993, 196.
[151] Grundlegend auch künftighin BGHZ 31, 43, 47 f. = NJW 1959, 2213 mit BGHZ 3, 215, 219 = NJW 1952, 27. Ferner: BGH NJW 1992, 2299 [2a] m. weit. Nachw.; RIW 1990, 493, 495; BGHZ 96, 40, 47 ff., (49) = NJW 1986, 1436, 1438 [IV 4].
[152] BGHZ 96, 40, 49 = NJW 1986, 1436, 1438 [IV 4]; RGZ 46, 419, 421; WarnR 6 (1913) Nr. 180, S. 316 f.; HRR 1936 Nr. 301; zust. *Zöller/Geimer* Rn. 17.
[153] Vgl. BVerfG NVwZ-RR 1995, 232 bzw. *Zöller/Geimer* Rn. 18; *Musielak/Voit* Rn. 6; *Stein/Jonas/Schlosser* Rn. 7; *Wieczorek/Schütze* § 1034 aF Rn. 21.
[154] OLG Hamburg RIW 1991, 154.
[155] *Zöller/Geimer* Rn. 15.

und auch die Annahme einer Entschuldigung (§§ 1040 Abs. 2 S. 3, 1046 Abs. 2 aE, 1048 Abs. 4 S. 1), die eine Präklusion konsequenterweise verhindert. Eine besondere Rügeobliegenheit besteht jedoch nicht.[156] Die Gehörsgewährung ist Gerichtspflicht. Eine Partei kann jedoch – auch konkludent – auf die Gewähr rechtlichen Gehörs verzichten, aber bloß nachträglich (Rn. 48) und auch nur in ganz klarer Kenntnis der Umstände. **Präklusionsregeln** erscheinen so betrachtet als eine Art normiertes Schweigen, das aber uU noch der Ausfüllung durch parteiautonome (Abs. 3) oder gerichtliche (Abs. 4 S. 1) Fristsetzung bedarf. Korrekt gehandhabt (!) bleiben sie allemal von § 1059 Abs. 2 unberührt.[157] Die Prüfung verlagert sich gleichsam von der materiellen Gehörsgewähr zur prozessual erlaubten Gehörs- „Abwehr". Weil Abs. 1 aber zwingendes Recht verkörpert, hilft § 1027 nicht.[158] Zentral wichtig bleibt auch künftighin also der Aufhebungsantrag (§ 1059 Abs. 2 Nr. 2b, Rn. 58), der aber nun seinerseits einer Fristbindung unterstellt ist (§ 1059 Abs. 3): uU kann bloßer Zeitablauf also heilen (aber: § 1060 Abs. 2 S. 3).

V. Anwaltsvertretungsrecht (Abs. 2)

61 **1. Grundlagen.** Die Regelung ist angelehnt an § 1034 Abs. 1 S. 2 aF und ohne ein ModG-Vorbild (anders insoweit jedoch: Art. 4 SchO). Sie statuiert ein **zwingendes Verbot** (arg. Abs. 3 [„im Übrigen"] bzw. § 1034 Abs. 1 S. 2, 2. Halbs. aF), **Rechtsanwälte auszuschließen** (abw. § 1034 Abs. 1 S. 2, 1. Halbs. aF [„nicht *zurückgewiesen* werden"]) – der veränderte Wortlaut soll sachlich ohne Relevanz sein.[159] Die Vorschrift ist Konsequenz der **Gewähr rechtlichen Gehörs** (Abs. 1 S. 2 bzw. § 1034 Abs. 1 S. 1, 1. Halbs. aF[160] mit Art. 103 Abs. 1 GG, Rn. 26 ff., 30). Sachkundige Beratung und Vertretung, wie sie berufenerweise Rechtsanwälte erbringen (§ 3 Abs. 1 BRAO), ist meist in einem Schiedsverfahren noch weniger entbehrlich als in einem staatlichen Prozess (oft juristische Laienrichter, Vor § 1025 Rn. 55). Doch genügt letzthin ebenso, wenn sonstwie schiedskundige Berater eingeschaltet werden (Rn. 71). Die (letztlich ja zahlenden) Parteien haben ganz freie Hand.

62 Das Auftretensrecht von Rechtsanwälten vor Schiedsgerichten (§ 3 Abs. 2, 2. Var. BRAO) wie auch das Vertretungsrecht der Schiedspartei durch Rechtsanwälte (§ 3 Abs. 3, 2. Halbs., 2. Var. BRAO) sind zudem noch besonders garantiert; entsprechend sollten auch übliche Standesregeln gelten (explizit so freilich nur Nr. 4.5 CCBE). Ein **Anwaltszwang** besteht im Schiedsverfahren nicht,[161] könnte zweifellos jedoch **vereinbart** werden – allerdings nur ohne ein Zulassungs- oder Qualifikationserfordernis (zB Beschränkung auf Anwälte, die am Ort des Schiedsverfahrens ansässig sind, bei inländischen Parteien auf inländische Anwälte, auf nur beim OLG zugelassene Anwälte, auf bestimmte Fachanwälte usw.), das widerspräche dem Anliegen der Globalgewähr.[162] Ist nur eine Partei anwaltlich vertreten, so kann sich daraus eine gewisse Überlegenheit ergeben. Dies bleibt aber solange rechtlich irrelevant, wie nicht beidseitig Anwaltszwang vereinbart wurde.[163]

63 **2. Anwaltsvollmacht.** Hier gelten §§ 80 ff. analog:[164] weiter Umfang (§§ 81–84) mit **Verpflichtungswirkung** (§ 85 Abs. 1) und **Verschuldenszurechnung** (§ 85 Abs. 2). Die Partei ist pauschal gebunden, an Handlungen (zB Schiedsrichterbestellung, § 1035 Abs. 2; Klagebegründung bzw. -erwiderung, § 1046 Abs. 1 – mitsamt materieller Folgegeschäfte; Vereinbarung von Prozessregeln, § 1042 Abs. 3 – arg. § 81) wie an ein Unterlassen (zB Rügeobliegenheit, § 1027; Verhandlungssäumnis, § 1048 Abs. 3, 1. Var.). Der Rechtsanwalt ist **Empfangsberechtigter** iSv. § 1028 Abs. 1, 2. Var. u. § 1047 Abs. 2/3 und Zustellungsbevollmächtigter gem. § 172 Abs. 1 S. 1 (aber ohne jedwede verdrängende Wirkung [„können" statt „müssen"], weil keine Zustellung nötig wird!). Ihm kann der Schiedsspruch mithin präklusiv übersandt werden (§ 1054 Abs. 4 mit § 1059 Abs. 3 S. 2).

---

[156] Anders *Stein/Jonas/Schlosser* Anh. § 1061 Rn. 104; RG JW 1927, 2137.
[157] So auch *Musielak/Voit* Rn. 5.
[158] *Thomas/Putzo/Reichold* § 1027 Rn. 3 aE; *Schwab/Walter* Rn. 16.26; *Musielak/Voit* § 1027 Rn. 2.
[159] BT-Drucks. 13/5274 S. 46 re. Sp. [2].
[160] Eingeführt mit G vom 20. 7. 1933 (RGBl. I S. 522, 523) – bereits davor war jedoch die Frage brisant, vgl. RG JW 1906, 574; KG JW 1933, 533; LG Berlin JW 1931, 3583.
[161] *Zöller/Geimer* Rn. 21; *Schütze* SV Rn. 93; *Henn* Rn. 476; *Glossner/Bredow/Bühler* Rn. 289; *Musielak/Voit* Rn. 7.
[162] Das gegen die 1. Aufl. § 1034 aF Rn. 24 (1. Abs.); *Stein/Jonas/Schlosser* Rn. 16; *Zöller/Geimer* Rn. 20; *Musielak/Voit* Rn. 7.
[163] Anders *Zöller/Geimer* Rn. 7 soweit „ungewöhnl[ich] komplizierte Rechts- und Tatfragen" vorliegen.
[164] BGH NJW 1994, 2155, 2156 [3a aa] nennt hier nur §§ 81 ff. – womöglich mit Rücksicht auf RG WarnR 3 (1910) Nr. 482, S. 504 (§ 80).

Allgemeine Verfahrensregeln   64–70 § 1042

Die Vollmacht wirkt auch für **Folgeverfahren**, sowohl vor dem Schiedsgericht (insbes. § 1041 **64** Abs. 1 [arg. § 82, 2. u. 3. Var.] u. Abs. 4; §§ 1057 Abs. 2, 1058, 1059 Abs. 4 [arg. § 1056 Abs. 3]) wie vor Staatsgerichten, sei es nun während des Schiedsverfahrens (§§ 1032 Abs. 2, 1040 Abs. 3 S. 2; §§ 1034 Abs. 2, 1035 Abs. 3 u. 4, 1037 Abs. 3 S. 1, 1038 Abs. 1 S. 2; § 1050) oder im Anschluss (§ 1041 Abs. 2/3; §§ 1059–1061) – Postulationsfähigkeit immer vorausgesetzt. Die Vollmacht deckt aber nicht ohne weiteres paralleles Vorgehen vor staatlichen Gerichten (§ 1032 Abs. 1 bzw. § 1033) oder irgendwelche neue Klagen im Rahmen einer umfassenden Schiedsvereinbarung (§ 1029 Abs. 1): das wären eigenständige Rechtsstreite iSv. § 81; ebenso wenig deckt sie den Abschluss der Schiedsvereinbarung als solcher (§ 1029 Rn. 20).

3. Reichweite. Die Regelung eröffnet die Vertretung durch **inländische wie ausländische**[165] **65** „Rechtsanwälte". Hierfür zählt die Anwaltseigenschaft im jeweiligen Herkunftsland, also in Deutschland nach §§ 4 ff. BRAO. Bei welchem (deutschen) Gericht der (inländische) Anwalt zugelassen ist, spielt keine Rolle,[166] § 78 ZPO iVm. § 3 Abs. 2/3 BRAO kennt Anwaltsprozesse nur vor Staatsgerichten.

Das Ausschlussverbot gilt für das **gesamte Schiedsverfahren,** von der Einleitung (§ 1044) **66** bis zur Beendigung (§ 1056), bei mündlichem wie schriftlichem Verfahren (§ 1047 Abs. 1) – jedoch nur für „Bevollmächtigte". Es zielt demnach weder auf parallele Staatsverfahren noch auf eine andersartige Beteiligung, etwa als Gutachter oder Zeuge, und ebenso wenig auf Vertretung, zB durch einen einfachen Rechtsbeistand (§ 90),[167] im Unterschied zu Art. 4 S. 1 SchO („vertreten oder beistehen"). Es erfasst die **gesamte *Anwalts*tätigkeit,** dh. gleichermaßen das Einreichen von Schriftsätzen und das Auftreten in der mündlichen Verhandlung. Die Partei hat Anspruch auf einen Anwalt ihres Vertrauens. Bei Anwaltswechsel muss ihm Zeit zur nötigen Einarbeitung gegeben werden (anders bei klarem Missbrauch zur Prozessverschleppung,[168] vgl. auch erg. § 87 Abs. 1, 2. Halbs.).

Verstoßfolgen: Nichtigkeit der Sperrklausel (§ 134 BGB – in Anlehnung an § 1034 Abs. 1 **67** S. 2, 2. Halbs. aF)[169] und uU der gesamten Schiedsvereinbarung[170] bzw. **Aufhebbarkeit des Schiedsspruchs** auf Grund § 1059 Abs. 2 Nr. 1 b, 2. Var., Nr. 1 d und wohl uU auch Nr. 2 b[171] (wegen Rn. 61 mit Rn. 30[172]). Die Verweigerung des Vertrauensanwalts ist eine grundlegende Behinderung, sodass jedenfalls regelmäßig „anzunehmen ist, dass sich dies auf den Schiedsspruch ausgewirkt hat."

4. Anwaltsvergütung. Jene richtet sich sinngemäß nach VV Nr. 3100 (§ 36 Abs. 1 Nr. 1 RVG); **68** eine Termingebühr gibt es aber auch im schriftlichen Verfahren (§ 36 Abs. 2 RVG mit § 1047 Abs. 1 ZPO). Gewöhnlich fehlt zwar ein Instanzenzug, doch bleibt der Anwalt – im Kontrast zu Richtern (Vor § 1034 Rn. 34–36) – trotzdem auf den üblichen Regelgebührensatz begrenzt. In internationalen Schiedsverfahren wird indes auch gerne eine Vergütung nach **Zeitaufwand** oder eine **Pauschalsumme** vereinbart.

Davon **abgrenzen** muss man die Vergütung von Rechtsanwälten als Schiedsrichter (die ihrerseits **69** oft RVG-orientiert ist, Vor § 1034 Rn. 34) und die getrennte Vergütung der Bevollmächtigten für nachherige Staatsverfahren (im Unterschied zu parallelen Verfahren: § 16 Nr. 10 RVG „versus" § 17 Nr. 6 RVG).

Prozesskostenhilfe gibt es zwar keine, eine unbemittelte Partei kann eventuell aber die Schieds- **70** vereinbarung kündigen (§ 1029 Rn. 131 ff.). Anwaltskosten sind erstattungsfähig (§ 1057 Abs. 1 S. 1 aE), da zur zweckentsprechenden Rechtsverfolgung notwendig – idR indes nur für *einen* Rechtsanwalt! Die Rechtsfolge ist abdingbar. Soweit außergerichtliche Kosten der obsiegenden Partei nicht erstattet werden, mag dies abschreckend sein, verstößt indes nicht gegen Abs. 2,[173] sondern ist bloße faktische Folge.

---

[165] BT-Drucks. 13/5274 S. 46 re. Sp. [2] – zust. *Lachmann* Rn. 1367; *Baumbach/Lauterbach/Hartmann* Rn. 6; *Zöller/Geimer* Rn. 19 (gegen § 1034 aF Rn. 26); *Musielak/Voit* Rn. 7; *Henn* Rn. 476; *Schwab/Walter* Rn. 15.4. Gleich die hM zum altem Recht: 1. Aufl. § 1034 aF Rn. 23; *Schütze/Tscherning/Wais* Rn. 333; *Wieczorek/Schütze* § 1034 aF Rn. 22 (1. Abs.).
[166] *Schwab/Walter* Rn. 15.4; *Henn* Rn. 476; *Wieczorek/Schütze* § 1034 aF Rn. 22 (1. Abs.).
[167] Anders *Thomas/Putzo/Reichold* Rn. 3; *Zöller/Geimer* Rn. 19.
[168] BGHR ZPO § 1041 I aF Nr. 1 – Schiedsgerichtsordnung 1 u. Nr. 4 – Schlussverhandlung 1, BGHR ZPO § 227 – Anwaltswechsel 1.
[169] *Zimmermann* Rn. 3 aE; *Zöller/Geimer* Rn. 19.
[170] Beispielsfall: BGH NJW 1989, 1477 = JZ 1989, 588, 589 m. Anm. *Walter.* Strenger aber insoweit *Baumbach/Lauterbach/Hartmann* Rn. 6 (Totalnichtigkeit als Regelrechtsfolge).
[171] ZT hier anders *Zöller/Geimer* Rn. 19: Nr. 1 b oder – völlig unklar! – auch Nr. 1 c.
[172] Daher zutreffend parallele Behandlung durch § 756 Abs. 1 Nr. 3 E 1931!
[173] So auch *Stein/Jonas/Schlosser* Rn. 16; *Zöller/Geimer* Rn. 20; *Wieczorek/Schütze* § 1034 aF Rn. 22 (2. Abs.) bzw. *Schütze/Tscherning/Wais* Rn. 333; *Maier* Rn. 264; *Schwab/Walter* Rn. 15.4.

71 5. **Vertretung durch andere Personen. Prozessfähige Parteien** können sich vertreten oder beistehen lassen (arg. Art. 4 S. 1 SchO). **Vertretung** bedeutet selbständige Prozessführung, **Beistand** nur helfende Unterstützung – beide erfordern Prozessfähigkeit (§ 79, 2. Var. bzw. § 90 Abs. 1). Bei geschäftsmäßigem Auftreten oder ungeeignetem Verhalten kommt **Zurückweisung** in Betracht (§ 157 analog). Jene früher explizit getroffene Regelung (§ 1034 Abs. 1 S. 3 aF) vermisst man nunmehr zwar, sie soll indes aus einem Umkehrschluss aus Abs. 2 folgen,[174] wäre jedenfalls aber tauglicher Gegenstand parteiautonomer Vereinbarung (Abs. 3) oder auch schiedsrichterlichen Ermessens (Abs. 4 S. 1). Man darf nicht willkürlich zurückweisen (arg. Abs. 1). Als Fälle der Zurückweisung kommen in Betracht offensichtliche Ungeeignetheit des Vertreters zum sachdienlichen Vortrag mit Behinderungswirkung für das Verfahren oder grob ungebührliches Benehmen. Hier ist dann der betroffenen Partei hinreichend Zeit zu geben, einen neuen Verfahrensvertreter zu suchen.[175] **Prozessunfähige Parteien** müssen vertreten werden. **Gesetzliche Vertreter** wie Geschäftsführer und Vorstandsmitglieder dürfen also in keinem Fall zurückgewiesen werden.[176]

VI. Verfahrensgestaltung (Abs. 3 u. Abs. 4 S. 1)

72 1. **Grundsatzproblematik.** Der staatliche Rechtsgang läuft ab in einem klaren, vornormierten Rahmen. Er lässt nur ganz wenige **Gestaltungsspielräume für Parteivereinbarungen**[177] (zB §§ 38ff., 109 Abs. 1 S. 1, 224, 404 Abs. 4) – allerdings aber doch jedenfalls die Möglichkeit des „Herausoptierens" ins schiedsgerichtliche Verfahren (§§ 1025ff.). Eine ältere Ansicht akzeptierte hierbei allein das **Ob**, verpflichtete dagegen die Richter zur Einhaltung der staatseitigen Prozessgesetze (AGO I 2 § 171; art. 1009 a. c. p. c. [FR]); die neuere Ansicht gestattete dagegen ferner, das **Wie** im Einzelnen zu bestimmen, zunächst nur den Parteien (§ 1054 Abs. 1 HGB-Entwurf für Preußen von 1857),[178] alsbald subsidiär genauso dem Gericht (§ 1370 S. 2 PE [Ermessen];[179] § 1164 Abs. 2 NE [„freies Ermessen"] – entspricht schon wortgleich § 860 Abs. 2 CPO bzw. § 1034 Abs. 2 ZPO).

73 Unter altem Recht sorgte das Gesetz nur für die Konstituierung mit subsidiären Hilfsregeln vor, begnügte sich sonst aber mit wenigen unabdingbaren Vorgaben (Gewähr rechtlichen Gehörs [jetzt Abs. 1 S. 2, Rn. 26ff.] und Sachverhaltsermittlung [jetzt Abs. 4 S. 2, Rn. 104ff.]). Ansonsten war es von allgemeinen ZPO-Regeln dispensiert.[180] Der prozessualen entsprach gleichzeitig die weitgreifend *materielle* Freistellung von Normbindung bzw. Nachprüfung.[181] Die Neuregelung nimmt dies jetzt wieder etwas zurück: **prozessual** mit vielen Regeln, die richterliches Ermessen zurückdrängen (Abs. 4 S. 1 – Rn. 90ff. mit Rn. 7: „Stufe 4"), **materiell** mit § 1051 Abs. 3 als „Nadelöhr", das explizite Ermächtigung abfordert. Jeweils behauptet auch weiterhin die **Parteiautonomie ihre Vorrangstellung** (prozessual: Abs. 3 – Rn. 74ff. mit Rn. 7: „Stufe 2").

74 2. **Parteiautonomie (Abs. 3).** Die Schiedsparteien können einverständlich durch Vereinbarung dispositives Recht verdrängen und gleichzeitig Richterermessen ausschalten (Rn. 7: „Stufe 2"). Sie finden ihre Grenze nur an den vereinzelten zwingenden Vorschriften (Rn. 6, 13–18). Sie können eine eigene (Prozess-)Ordnung kreieren, wenn und weil sie sich darauf **gemeinsam** iSd. Konsensprinzips **festlegen**.

75 Möglich ist hierbei zB die (Um-)Gestaltung der Verfahrensmaximen (Rn. 101ff. – dazu auch § 1047) oder eine Regel zur Art und Weise der Beweisaufnahme (dazu auch Rn. 92 mit Rn. 111 aE [Abs. 4 S. 2] u. § 1049), möglich wäre demnach selbst ein reines Urkundenschiedsverfahren in Anlehnung an §§ 592ff. (§ 1049 Rn. 44), und auch ein Online-Schiedsverfahren via Internet berei-

---

[174] BT-Drucks. 13/5274 S. 46 re. Sp. [2] – ebenso: *Thomas/Putzo/Reichold* Rn. 3; *Baumbach/Lauterbach/Hartmann* Rn. 6; *Zöller/Geimer* Rn. 19; *Lachmann* 2. Aufl. 2002, Rn. 735 (etwas schwächer jetzt, 3. Aufl. 2008, Rn. 1369); *Raeschke-Kessler/Berger* Rn. 639.
[175] *Wieczorek/Schütze* § 1034 aF Rn. 23 (1. Abs.).
[176] *Wieczorek/Schütze* § 1034 aF Rn. 23 (2. Abs.).
[177] Ganz grundlegend dazu *Schiedermair*, Vereinbarungen im Zivilprozeß, 1935; *Schlosser*, Einverständliches Parteihandeln im Zivilprozeß, 1968; *Wagner*, Prozeßverträge – Privatautonomie im Schiedsrecht, 1998.
[178] Allerdings bereits begrenzend: „Inzwischen würde es verfehlt sein, wenn man die Schiedsrichter geradezu an die Beobachtung der streng prozessualistischen Förmlichkeiten binden wollte" (Mot. S. 593).
[179] Vollkommen alsdann gestattend: „Mit dem Wesen des Schiedsvertrags steht es mehr im Einklang, den Schiedsrichtern in Bezug auf das Verfahren die freieste Stellung einzuräumen" (Mot. S. 333).
[180] Mot. S. 476 (mit Bezug auf PE-Mot. S. 333, vgl. Fn. 175) u. S. 477 = *Hahn* S. 494f. Dazu erg. noch Fn. 233. Völlig schief mithin die Bewertung bei *Hußlein-Stich*, 1990, S. 106 u. DIS-SG SchiedsVZ 2003, 94, 96.
[181] Mot. S. 476f. = *Hahn* S. 494, vgl. noch erg. § 1051 Rn. 2.

tet keine Probleme.[182] Ferner bestehen folgende Möglichkeiten (dazu erg. auch § 1029 Rn. 99): Einfordern qualifizierter Zustellung, Fristvorgaben für den Prozessablauf (Prozesshandlungen der Schiedsparteien [§ 1046 Abs. 1/2], Prozessabschluss von Seiten des Schiedsgerichts), Entscheidungsfindung des Schiedsgerichtes (§ 1054 – aber etwa auch Zulassung von Beratern [§ 1054 Rn. 21], Protokollführern etc.), teilweise die Formalien des Schiedsspruchs (selten erleichternd [Verzicht auf Begründung, § 1054 Abs. 2, 1. Var., dort Rn. 32, oder Kostenausspruch, § 1057 Abs. 1 S. 1, dort Rn. 3ff., 13], häufig erschwerend [zB Zustellung, Niederlegung, Verwahrung, § 1054 Rn. 44]) etc.

Sehr ratsam sind ferner eine **Ortsfixierung** (§ 1043 Abs. 1 [§ 1025 Abs. 1!] bzw. § 1062 Abs. 1), die erst das unabdingbare Anknüpfungsmoment bereitstellt, und Vorgaben zur Richterzahl (§ 1034 Abs. 1 S. 1) und -ernennung (§ 1035 Abs. 1) sowie auch zur Verfahrenssprache (§ 1045 Abs. 1 S. 1), wie es die DIS auch empfiehlt (Vor § 1025 Rn. 70).

Die **Verfahrensvereinbarung** ist abzugrenzen von materieller Rechtswahl einerseits (§ 1051) und andererseits von der prozessualen Schiedsvereinbarung (§ 1029), in der jene zwar ihre nötige Grundlage findet – ohne Schiedsbindung kein Schiedsprozess! –, die indes gewisse Eigenständigkeit bewahrt.[183] Die Verfahrensvereinbarung ist **grundsätzlich nicht formpflichtig** iSv. § 1031. Der Formzwang gilt allein und gezielt der Schiedsbindung als solcher (§ 1031 Rn. 13 mit Rn. 60: „notwendiger Inhalt"), sogar bei einer zeitgleichen Vereinbarung,[184] erst recht bei einer nachträglichen Regelung oder auch Änderung.[185] Zusammenfassung schadet aber niemals, auch nicht bei einer Verbraucherbeteiligung mit Blick auf § 1031 Abs. 5 S. 2 – das Eigenständigkeitsgebot verbietet nur zugleich *materielle* Klauseln. Die Verabredung kann **explizit oder konkludent** sein (im Unterschied zu § 1051 Abs. 3: *ausdrückliche* Ermächtigung). Der **lediglich** *mutmaßliche* **Parteiwille** kann niemals aber genügen[186] – dann würde Abs. 4 S. 1 sehr stark entwertet (er ist kein verbindlich *erklärter* Parteiwille!).

Sie muss nur zur **sicheren Kenntnis des Gerichts** gelangen. Ausreichend ist etwa die mündliche Erklärung gegenüber einem Beisitzer,[187] man sollte aber besser den Obmann einweihen (arg. § 1052 Abs. 3), oder eine einvernehmlich erfolgte Antragstellung. Möglich sind auch spätere Veränderungen, wenn sie denn wirklich einmütig erfolgen. Notfalls muss das Schiedsgericht das konkrete Verhalten auslegen und insoweit abklären, ob eine Einigung vorliegt, bzw. der Gegner auf Einhaltung des bislang Gültigen drängt – zumal Rügepräklusion droht (§ 1027, 2. Var.). Das Gericht sollte jedoch niemals § 1027 dazu missbrauchen, indirekt eigenständige Gestaltungsvorstellungen durchzusetzen (§ 1042 Abs. 4 S. 1 iVm. § 1027).

Generell ist der **Zeitraum nicht begrenzt,** bis zu dem eine (partei-)autonome Gestaltung erfolgen kann wie etwa auf die Zeit vor Verfahrenseinleitung (§ 1044),[188] Gerichtskonstituierung (§ 1035 Abs. 2) oder hilfsweise schiedsrichterliche Gestaltung (§ 1042 Abs. 4 S. 1). Die Parteien können demgemäß sich während des laufenden Verfahrens noch einigen[189] und stets die richterliche Verfahrensregelung überspielen – auch nachträglich noch (Ausnahmen: notwendige Regelungen zu Ort [§ 1043 Rn. 7] und Sprache [§ 1045 Rn. 4], abweichende eigene Vorabrede).[190] Oft treten erst im Prozess regelungsbedürftige Fragen auf, die im Vorfeld unerkannt blieben. Wirkt dann diese Gestaltung bzw. Abänderung – mangels expliziter Abreden – **ex tunc oder bloß ex nunc?** Es

---

[182] Literatur: *H. Müller/Broscheit* SchiedsVZ 2006, 197 („JustFair"); *Kaissis,* VIV-Reihe XVII (2006), S. 221, 231 ff.; *Kalanke,* Schiedsgerichtsbarkeit ... im Internet, 2004, S. 91 ff.; *Unland-Schlebes,* B2C-Online Dispute Resolution ..., 2004; *Splittgerber,* Online-Schiedsgerichtsbarkeit in Deutschland und den USA, 2003, S. 40 ff.; *Niedermeier/Damm/Splittgerber,* K&R 2000, 431 („Cybercourt").

[183] Recht missverständlich daher BT-Drucks. 13/5274 S. 47 li. Sp. [6] aE: „als Bestandteil der Schiedsvereinbarung". Insoweit richtig hingegen OLG Brandenburg NJOZ 2006, 2044, 2048 [II 2 c ccc aE] zur Unanwendbarkeit von § 139 BGB.

[184] *Stein/Jonas/Schlosser* Rn. 3 mit FS Rammos, 1979, S. 797, 806ff.; *Zöller/Geimer* Rn. 23; *Schwab/Walter* Rn. 15.30 – aA *Maier* Rn. 30; wohl auch RG JW 1905, 54 aE. Unklar insoweit leider BGH NJW 1994, 2155, 2156 [3 a bb]; einschr. KG HuW 1953, 472 für „besonders belastende Bestimmungen".

[185] BGH NJW 1994, 2155, 2156 [3 a bb mit 3 b]; OLG München OLGR 2007, 681, 682 [II 2 a]; *Musielak/Voit* Rn. 33.

[186] BGH NJW 1994, 2155, 2156 [3 a bb].

[187] AA *Schütze* SchiedsVZ 2006, 1, 3 f. [III–V] zur Bestimmung der Beweisregeln – mR insoweit krit. *Lachmann* Rn. 1390.

[188] So aber *Calavros,* 1988, S. 105.

[189] 5th WGR Nr. 63 = *Holtzmann/Neuhaus* S. 579 gegen 4th SN Nr. 14 = *Holtzmann/Neuhaus* S. 578/579; 6th SN Nr. 3 (USA) versus Nr. 2 (Italien) = *Holtzmann/Neuhaus* S. 580; CR Nr. 172 = *Holtzmann/Neuhaus* S. 590 – zust.: *Granzow,* 1988, S. 143; *Hußlein-Stich,* 1990, S. 107 f.; *Holtzmann,* ICCA-Bericht, 1984, Report V, S. 125 ff.; 132; *Zerbe,* 1995, S. 204 Fn. 614; *Knof* Tatsachenfeststellung, 1995, S. 22; Begr. zum DIS-Entwurf S. 83 [*Kühn*] – unklar RG JW 1905, 54 aE („im Schiedsvertrage" – sonst nicht?).

[190] 7th SN Art. 19 Nr. 4 Fn. 63 = *Holtzmann/Neuhaus* S. 583 mit CR Nr. 172 = *Holtzmann/Neuhaus* S. 590

§ 1042 80–84   Buch 10. Abschnitt 5. Durchführung des schiedsrichterlichen Verfahrens

macht idR wenig Sinn, durch Rückwirkungsverbot quasi zwangsweise Verschleppungsabsichten vorzubeugen[191] – schließlich besteht parteiseits Konsens! Entscheidend bleibt immer aber der Parteiwille, der vernünftigerweise die bisherigen Verfahrensergebnisse ausschöpft und möglichst Wiederholungen vermeidet (also: ex-nunc-Gestaltung als Regelfall!).

80   Das Gericht hat **keinerlei Vetorecht,** sondern bezieht seine Kompetenz durch die Parteiautonomie. Die Richtlinienänderung ist quasi das Minus zur – jederzeit ebenfalls möglichen – einvernehmlichen „Richterentlassung" (§ 1039 Abs. 1, 3. Var.). Doch brauchen sich die Richter nicht hierauf unabwendbar einzulassen, sondern können uU selbst alsdann kündigen (§ 1039 Abs. 1, 2. Var.).[192] Sie bedürfen nicht sachlich eines Schutzes, aber allemal doch persönlich (Mehrarbeit, Zeitplanung, Zumutbarkeit etc. – denkbar aber genauso schiedsrichterlicher Kontrahierungszwang wegen „Ergänzungsleistungen" kraft schiedsvertraglicher Loyalitätspflicht); vorbehaltlos Weitermachen impliziert dann Zustimmung bzw. Verwirkung.

81   3. Gestaltungstechniken. Zunächst erstaunt, dass Abs. 3 im Unterschied zu Art. 19 Abs. 1 ModG gleich *zwei* eigene Gestaltungsmöglichkeiten für Verfahrensvereinbarungen regelt; Art. 19 Abs. 1 ModG ist jedoch mit den speziellen Definitionen in Art. 2 lit. d und e ModG zusätzlich anzureichern – und am Ende eher noch weiter! Gestaltungsobjekt ist lediglich **„das Verfahren"**, was aber keinerlei Vollständigkeitsgebot verordnet.[193] Darunter fallen ebenfalls – a majore ad minus – „einzelne Verfahrensfragen" (vgl. § 1052 Abs. 3) bzw. konkrete einzelne Probleme. Die Gestaltung muss nicht auf kodifikationsähnliche profunde Vollständigkeit abzielen, sondern darf ebenso gut – bewusst! – punktuell sein, dh. sich **auf individuell Wichtiges beschränken** (zB Drittbenennung bei Konstituierung, Ortswahl, Auferlegung mündlicher Verhandlung etc.). Verbliebene Lücken füllen dann Gesetz oder Gericht (Abs. 4 S. 1 mit Rn. 7) bzw. eine zweite spätere Regelung der Parteien. Da man kaum alles und jedes vorhersehen kann, sind „Mischgebilde" fast unausweichlich. „Überlagerungen" entzerrt § 1027 effektiv und erschwert die nachträgliche Aufhebung (§ 1059 Abs. 2 Nr. 1 d). Das Gesetz unterscheidet folgende Gestaltungsmöglichkeiten:

82   a) (Eigen-)Gestaltung (Abs. 3, 1. Var.). Die Parteien gestalten vollkommen individuell, finden gezielt ihre eigenen Formen und können hierdurch „das Verfahren selbst ... regeln". Dies muss aber keine Regelung durch **Ausfüllung** sozusagen Wort für Wort bedeuten, sondern kann genauso auf Grund **Verweisung** erfolgen. Ein Umkehrschluss aus Abs. 3, 2. Var. (Rn. 86 ff.) wäre voreilig und verfehlt: dort ist nur eine typische Gestaltung besonders angesprochen, um Art. 2 lit. e ModG zu beherzigen. Es sind aber nicht etwa auch sonstige Verweisungen verwehrt, die ein anderes „Bezugnahmeziel" bemühen (§ 1029 Rn. 104). Das AGB-Recht wird freilich uU relevant (§ 1029 Rn. 1), wenn insoweit „einseitige Verwendung" vorliegt.

83   **Beispiele:** reguläres staatsgerichtliches Verfahren[194] (§§ 128 ff. iVm. §§ 253 ff. bzw. §§ 495 ff.); ausländische (n. c. p. c., Art. 179 ff. IPRG, öZPO) oder gar auch ausgediente (§§ 1028 ff. aF ZPO; AGO) Prozessordnungen – das Verfahren ist dennoch ein deutsches (§ 1025 Abs. 1 iVm. § 1043 Abs. 1), unser zwingendes Recht bleibt insgesamt unangetastet[195] (nur parteiautonome Geltungskraft![196]) –, Normwerke und Empfehlungen von Interessen- oder Berufsverbänden, das Werk einer Schiedsorganisation, die ansonsten unbeteiligt im Hintergrund verbleibt (Beispiel: UNCITRAL SchO). Auch Mischformen sind vereinbar[197] (zB deutsches Verfahren, aber englische discovery). Der Phantasie sind praktisch keine Grenzen errichtet, nur sollte man scharf auf die nötige Praktikabilität achten.

84   Die Regelung muss klar getroffen sein – und zwar schon gegenwärtig! Sie kann nicht etwa einem Dritten verbindlich delegiert werden. Das Gegenteil wird gerne zwar aus Art. 2 lit. d ModG herausgelesen;[198] danach können Dritte „bestimmte Fragen bestimmen" („to determine a certain

---

[191] CR Nr. 172 = *Holtzmann/Neuhaus* S. 590. Anders im Ansatz *Musielak/Voit* Rn. 33 aE (mit Ausnahme „technischer" Probleme) u. *Baumbach/Lauterbach/Albers,* 56. Aufl., § 1034 aF Rn. 6; *Förster/Kann* § 1034 aF Bem. 2: Zustimmungs*pflicht* statt Kündigungs*recht*. So wie hier *Zöller/Geimer* Rn. 22. Vgl. noch erg. Vor § 1034 Rn. 51 mit § 1029 Rn. 99.
[192] So aber *Hußlein-Stich,* 1990, S. 108.
[193] Umgekehrt herum deduziert BT-Drucks. 13/5274 S. 47 li. Sp. [6].
[194] OLG Stuttgart NJW-RR 2003, 495, 496 [III 2 a] = SchiedsVZ 2003, 84; *Schwab/Walter* Rn. 15.31; *Wieczorek/Schütze* § 1034 aF Rn. 4 u. *Schütze/Tscherning/Wais* Rn. 108; *Musielak/Voit,* 1. Aufl., § 1034 aF Rn. 26. Dies explizit klarstellend Art. 182 Abs. 1, 2. Halbs. IPRG. Sehr großzügig hier BGH SchiedsVZ 2007, 163, 164 [18] = NJW-RR 2007, 1466 = NZM 2007, 337: „nach den einschlägigen Vorschriften der Zivilprozessordnung nach pflichtgemäßem Ermessen" als ZPO-Bindung[?].
[195] BT-Drucks. 13/5274 S. 47 li. Sp. [6] mit § 1025 Rn. 14.
[196] 7th SN Art. 19 Nr. 2 = *Holtzmann/Neuhaus* S. 583, zust. *Calavros,* 1988, S. 105.
[197] *Schäffler,* 2003, S. 69 f.; *Hußlein-Stich,* 1990, S. 107 u. S. 109; *Granzow,* 1988, S. 144.
[198] *Hußlein-Stich,* 1990, S. 107; *Calavros,* 1988, S. 104.

issue"), wenn die Parteien sie dazu zuvor ermächtigt haben. Gemeint war hiermit insbesondere das Bestimmungsrecht zur Konstituierung des Schiedsgerichts,[199] erfasst sind aber auch andere Fragen, wie der explizite Ausschluss für Art. 28 ModG (§ 1051 ZPO) ergibt. Möglich ist demnach auch eine **Ermächtigung,** aber doch bloß betreffend einzelner, von den Parteien vorab präzis festgelegter Fragen („Einzel-Delegation").

Das Risiko muss gegenwärtig voll abschätzbar sein! Das Problem ist bekannt, aber dessen Lösung wird delegiert. Nicht erlaubt wäre dagegen, alles unbestimmt quasi wegzugeben („Global-Substitution"), jener Dritte hätte sodann richterliche Gewalt in Anlehnung an Abs. 4 S. 1, die Gerichtsbank wäre bloß noch eine „Statisterie". Das geht zu weit. Möglich bleibt demnach allein, das konkrete Gericht selbst dergleichen zu ermächtigen. Damit würde die Normleiter (Rn. 7) abgeändert und – um hier im Bild zu bleiben – die Sprosse dispositiven Rechts übersprungen. Das jedoch erscheint unbedenklich (arg. § 1034 Abs. 2 aF). 85

b) (Fremd-)Bezugnahme (Abs. 3, 2. Var.). Die Parteien können ebenso „das Verfahren ... durch Bezugnahme ... regeln" – und zwar auf eine **„schiedsrichterliche Verfahrensordnung".** Die Verweisung auf eine umfassende, vielfach praktisch erprobte und bewährte Schiedsverfahrensordnung erspart das lästige Entwickeln eigenständiger Regelungen[200] und bewahrt den Vorteil angepasster individueller Gestaltung. Häufig sind ja die Beteiligten – Verbraucher wie Unternehmer – gar nicht fähig, die schlummernden Konfliktpotentiale vorherzusehen. Möglich ist die Verweisung auf (institutions-)**freie Schiedsordnungen** (zB die SchO oder OAP-Notes von UNCITRAL) oder **gebundene Schiedsordnungen** (wie zB von DIS, ICC und AAA), die gleichzeitig die Inanspruchnahme einer ständigen Schiedsorganisation einbinden oder sogar auch dauerhaft Schiedsgerichte vorhalten. Derartig vorausschauende Fürsorge würde vielen Schiedsverfahren guttun. 86

Die (abstrahierte) Schiedsordnung zielt prinzipiell stets auch auf umfassende Regelungen (das im Unterschied zu der ad hoc ausverhandelten – autonomen – Verfahrensordnung). Man sollte sie mithin als **Gesamtwerk** verstehen, auslegen und handhaben. Das kann auch das subsidiäre Richterermessen beschränken (zB Art. 35 S. 1 ICC-SchO: „nach Sinn und Zweck der Schiedsgerichtsordnung"). Möglicherweise gibt es auch spezielle Literatur dazu oder veröffentlichte übertragbare Rechtsprechung. Die Vereinbarung eines institutionellen Schiedsgerichts enthält stets auch die stillschweigende Unterwerfung unter dessen eigene Schiedsgerichtsordnung – auch ohne eine ausdrückliche Inbezugnahme[201] oder Wissen von Inhalt.[202] Man muss nicht vorab ein Exemplar ausgehändigt erhalten[203] (aber: § 305 Abs. 2 BGB?). 87

Die Verweisung ist regelmäßig eine **dynamische,**[204] sie wirkt also nicht „versteinernd" bzw. schreibt insoweit die geltende Fassung fest. Anders bei gezielter „fixierender" Abmachung (zB Nennung bestimmter Fassung[205]) und unabsehbar grundlegender Abänderung (zB Obmann statt Umpire[206]). Die Verweisung ist alsdann eine **statische.** Jedoch sind ebenso natürlich Mischformen vereinbar, etwa dass jene „bei Beginn des schiedsrichterlichen Verfahrens [§ 1044] gültige Schiedsgerichtsordnung Anwendung [findet]" (§ 1.2 DIS-SchO). Das gestattet den Kompromiss zwischen Flexibilität und Kontinuität bei laufendem Verfahren. Man kann zwar nur die konkrete Fassung gezielt billigen, die eben gerade gilt[207] – das wäre indes häufig zu formal. Die Parteien wollen meistens etwas zwar schon Bewährtes, auf die Regelungen im Einzelnen kommt es ihnen oft nicht an, sondern auf höchste Effektivität bei Prozessbeginn. 88

4. Richterermessen (Abs. 4 S. 1). a) Grundlagen. Die letzte Stelle der „Normleiter" (Rn. 7) bildet subsidiär schiedsrichterliches Gutdünken: Verfahrensgestaltung **„nach freiem Ermessen".** Es gestattet, das Verfahren so auszugestalten, wie es die Situation erfordert (Flexibilität, Angemessenheit, Elastizität etc.). Das Schieds*verfahren* ist mehr der Einzelfallgerechtigkeit denn umfänglicher Vorhersehbarkeit verpflichtet („Privatprozess"). Den Parteien muss freilich gesagt werden, welche 89

---

[199] 3rd WGR Nr. 101 f. = *Holtzmann/Neuhaus* S. 160 – dazu explizit auch § 1035 Abs. 4, 3. Var.
[200] Beispielhaft: *Lörcher/Lörcher* Rn. 132; Calavros, 1988, S. 104; Hennerkes BB 1992, 1439, 1441 f.
[201] KG RPS 2000 I S. 13, 15 (obiter) im Anschluss an BGH NJW-RR 1986, 1059/1060 [III 2].
[202] RGZ 159, 92, 95.
[203] BGH WM 1979, 1006, 1008 aE.
[204] KG RPS 2000 I S. 13, 15 (obiter) im Anschluss an BGH NJW-RR 1986, 1059, 1060 [III 3] mit OLG München KTS 1985, 154, 157 – so wie hier: *Stein/Jonas/Schlosser* Rn. 3; *Glossner/Bredow/Bühler* Rn. 302; *Raeschke-Kessler/Berger* Rn. 626. Zur Miterfassung bei Beurkundung *Lüttmann/Breyer*, ZZP 119 (2006), 475, 483–485.
[205] BGH NJW-RR 1986, 1059, 1060 [III 3 aE].
[206] OLG Hamburg KTS 1983, 499, 503.
[207] So etwa *Musielak/Voit* Rn. 33; *Schwab/Walter* Rn. 1.10; *Zöller/Geimer* Rn. 25; *Schlosser* RIPS Rn 631.

§ 1042   90–93   Buch 10. Abschnitt 5. Durchführung des schiedsrichterlichen Verfahrens

(Spiel-)Regeln gelten (arg. Abs. 1 S. 2) und zwar für beide Parteien in gleicher Weise (arg. Abs. 1 S. 1) – wenn und weil die nämliche Situation vorliegt! (Rn. 25).

90   Die **Form bleibt ohne Bedeutung.** Es zählt jede klare Äußerung: schriftliche Verfügung, mündlicher Hinweis, faktische Handhabung etc. Möglich ist auch die Bezugnahme auf ein Regelwerk (in Anlehnung an Rn. 82 f.: ZPO-Regeln; OAP-Notes) oder eine Einigung mit den Parteien („Terms of Reference", „Acte de mission", „Schiedsauftrag" oder besser wohl „Arbeitsplanung" – deren Ergebnis sogar Bindung entfaltet, arg. Abs. 3),[208] eventuell sogar anlässlich einer einleitend abgehaltenen Vorbesprechung („Pre-Hearing-Conference"). Es bedarf aber keiner Vorwarnung oder Aufklärung.[209] Die „autonome" Bestimmung ist nämlich nicht bindend, sondern später stets **abänderbar** – für die Zukunft[210] und für beide Seiten gleich. Hiervon sind die Parteien zu benachrichtigen, bei Gehörsrelevanz natürlich im Vorhinein.[211] Jener Ermessensfreiraum dient dazu, auf alle Fälle ein objektives Verfahren zu gewährleisten, sogar wenn die anderen – „vorrangigen" – Quellen insoweit versagen (mit „Durchgriffsermächtigung" als Sonderfall, Rn. 84 f.).

91   Abs. 4 S. 1 ist **subsidiäre gesetzliche Anknüpfung,** mangels Geschäftswillens dagegen nicht als vermutete (Partei-)Delegation aufzufassen.[212] Daraus folgt jedoch umgekehrt, dass jene Befugnis parteiseits bloß positiv durch Vorgabe iSv. Abs. 3 ersetzt werden, nicht aber durch negative Abmachung – ersatzlos gleichsam – gesperrt werden kann. Im dispositiven Recht sind schon einzelne Gestaltungsbefugnisse angelegt (notwendige [§ 1043 Abs. 1 bzw. § 1045 Abs. 1] wie fakultative [§§ 1046 Abs. 1, 1047 Abs. 1, 1049 Abs. 1]), und Abs. 4 S. 1 zieht hieraus nur die Summe bzw. erweitert diese Befugnisse auf nichtgeregelte Einzelprobleme (Dauerkompetenz zur Lückenfüllung[213]) – so wie dort unter Vorrang anderer konkreter, positiver Abmachungen. Am Ende würde sonst doch – wider den Zweck des Abs. 4 (S. 1) – der (Prozess-)Ablauf Not leiden und eine Lücke klaffen, welche das Gesetz gerade vermeiden möchte. Das alte Recht (§ 1034 Abs. 2 aF) konnte darum auch mit noch weniger positiven Vorgaben auskommen.

92   Im Unterschied dazu steht auch nicht Abs. 4 S. 2 (Rn. 104 ff.), der **keine originäre gesetzliche Anknüpfung** für alle Beweisfragen gibt, also nicht etwa die richterliche (Beweis-)Verfügung von jedweder Parteivorgabe befreit. Die Parteien können demgemäß die Regeln der Sachaufklärung bindend vorabbestimmen.[214] Dafür genügt nicht, Tatsachen unstreitig vorzutragen, das würde die Grundvorgabe beschränkter Untersuchung (Rn. 104–111) konterkarieren. Auch diese Aufklärungskompetenz rührt nicht erst vom Schiedsrichtervertrag,[215] sondern ist prozessuale Konsequenz der Schiedsvereinbarung.

93   **b) Anordnungskompetenz. aa) „die Verfahrensregeln".** Hilfsweise richterlich festgelegt werden aber allein „die Verfahrensregeln" (ModG: „procedure"), nicht etwa der Entscheidungsinhalt (ModG: „substance"), gehe es hier um Zulässigkeit oder Begründetheit (dazu näher noch § 1052 Rn. 11). Er ist am materiellen Recht orientiert (§ 1051 Rn. 1 ff. u. 35 f.)[216] – soll indes einmal anderes gelten, wird dafür eine besondere (ausdrücklich erteilte!) Ermächtigung gefordert (§ 1051 Abs. 3: Billigkeitsentscheid). Dann müssen sich die Parteien klar erklären und entsprechend bewusst ermächtigen. Ganz anders hier (Rn. 91 f.) in lediglich formeller Beziehung bzw. für die Zwischenschaltung des Schiedsgerichts als „Rechtspflegeorgan".[217] Diesen Bereich decken „die Verfahrensregeln", sie zielen auf Ablauf und Formen mit Einschluss des Beweisrechts (arg. Abs. 4

---

[208] Recht restriktiv darum KG JW 1925, 809/810 mit S. 810; vgl. auch erg. Rn. 45 aE. RGZ 74, 321, 324 meint wohl den Schieds*richter*vertrag.
[209] RG JW 1900, 525; *Stein/Jonas/Schlosser* Rn. 1 (1. Abs.) mit Anh. § 1061 Rn. 97 (2. Abs.); *Wieczorek/Schütze* § 1034 aF Rn. 10 (3. Abs.); *Musielak/Voit,* 1. Aufl., 1034 aF Fn. 3 mit § 1042 nF Rn. 4; *Raeschke-Kessler/Berger* Rn. 669. AA *Glossner/Bredow/Bühler* Rn. 282 mit Rn. 312: Verständigungspflicht für „Grundfragen der technischen Verfahrensleitung" – Abs. 4 S. 1 gibt indes eine originäre Kompetenz!
[210] Nach aA auch rückwirkend, wenn Prozesshandlungen untangiert bestehen bleiben *Zöller/Geimer* Rn. 29; *Musielak/Voit,* 1. Aufl., 1034 aF Rn. 3. Mit Recht strenger hier *Förster/Kann* § 1034 aF Bem. 3 aE.
[211] RG JW 1910, 585 u. 946 aE mit RGZ 40, 401, 405/406; 35, 422, 425/426; wohl auch BayObLG OLGRspr. 37 (1918), 204, 206 mit Recht 21 (1917) Nr. 1473 – noch strenger hier *Wieczorek/Schütze* § 1034 aF Rn. 10 (3. Abs.): stets Mitteilung nötig.
[212] Hier anders noch Mot. S. 476 = *Hahn* S. 494.
[213] *Holtzmann/Neuhaus* S. 565 mit 7th SN Art. 19 Nr. 4 = *Holtzmann/Neuhaus* S. 583 u. ICCA-Bericht, Report V, 1984, S. 125 ff., 133/134.
[214] 1st WGR Nr. 59 = *Holtzmann/Neuhaus* S. 575 – ebenso: *Holtzmann/Neuhaus* S. 566 f. mit S. 564/565 (sehr umständlich noch ICCA-Bericht, 1984, Report V, S. 125 ff., 132 f. – dies missdeutend bzw. verkürzend *Granzow,* 1988, S. 145 u. *Hußlein-Stich,* 1990, S. 109); *Calavros,* 1988, S. 106.
[215] So aber obiter RGZ 74, 321, 323 u. BGHZ 42, 313, 315.
[216] Hier anders noch RGZ 23, 432, 436 (obiter) mit Mot. S. 476 = *Hahn* S. 494.
[217] ISd. Abgrenzung bei *Henckel,* Prozeßrecht und materielles Recht, 1970, S. 19 ff., insbes. S. 22/23 mit S. 24/25.

S. 2), dh. Sachverhalts*ermittlung* im Unterschied zu Sachverhalts*subsumtion*[218] (die „materielle" Beweislast einbegriffen, § 1049 Rn. 4).

bb) „vom Schiedsgericht". Festzulegen ist dies alles „vom Schiedsgericht", dh. Einzelrichter oder Richterkolleg; im letzteren Fall befindet entweder die Mehrheit (§ 1052 Abs. 1) oder allein der Obmann (§ 1052 Abs. 3), wenn hierfür eine Ermächtigung besteht und dies keine endgültigen Fakten herbeiführt (§ 1052 Rn. 13: allein „einzelne" Fragen sind delegationsfähig). Spezielle Ermächtigungen (§§ 1043, 1045; §§ 1042 Abs. 4 S. 2, 1046 Abs. 1, 1047 Abs. 1) erheischen jedoch Vorrang; Subdelegation (etwa auf eine Schiedsinstitution) ist dagegen unzulässig, es sei denn, jene bekäme selbst wiederum richterliche Funktion (als eine Art Kontrollinstanz) übertragen oder sie bliebe auf rein verwaltende Maßnahmen beschränkt.[219] Begrifflich unabdingbar ist die Konstituierung des Schiedsgerichts. Das Gesetz hält hierzu aber detaillierte *dispositive* Vorschriften bereit (§§ 1034 ff.), um insoweit „Starthilfe" zu eröffnen. 94

c) Begrenzung. Das Verfahren nach Gutdünken (Rn. 89) erlaubt indes keine Willkür. Das war schon unter altem Recht anerkannt:[220] auch ein Schiedsgericht habe „die Grundsätze einzuhalten, auf die in keinem geordneten Gerichtsverfahren verzichtet werden kann",[221] es sei an zentrale **grundlegende Verfahrensvorschriften** bzw. -grundsätze gebunden.[222] Die Aussage bleibt jedoch eine Floskel, solange nicht gelingt, positive Maßstäbe oder zumindest Beispiele anzugeben, welche jenseits von Abs. 1 und 2 liegen. Dies erklärt eine umfangreiche Kasuistik: 95

Erlaubt sind demnach etwa: Hinausweisung wegen Ungebühr[223] oder eines Vertreters wegen Ungeeignetheit (in Anlehnung an § 1034 Abs. 1 S. 3 aF iVm. § 157, Rn. 71), Verfahrensfortführung trotz Unterbrechungstatbestand,[224] Feststellungsausspruch ohne besonders dargelegtes rechtliches Interesse,[225] Selbstbindung analog § 318,[226] zurückhaltende richterliche (Rechts-)Aufklärung,[227] Zerlegung des Prozesses in mehrere Stadien,[228] schriftliche Beratung des Spruches[229] etc. Nicht erlaubt war bislang indes ein Versäumnisverfahren in Anlehnung an §§ 330 ff.[230] – das ergibt jetzt ebenso der Umkehrschluss aus § 1048, wobei jene Regel aber selbst wiederum manche Ermessensspielräume zulässt. 96

Jenseits der Regelung des Abs. 1 u. 2 sind gegenwärtig nur zwei Grenzlinien klar auszumachen: Unerlaubt ist zumindest, was den **verfahrensrechtlichen ordre-public** berührt (§ 1059 Abs. 2 Nr. 2b, dort Rn. 45 f.), wie etwa das Richten in eigener Angelegenheit[231] (§ 1036 Rn. 9–11) und auch ein Zu- oder Absprechen ohne Verhandeln,[232] denn das Verfahren soll zum bindenden Abschluss hinführen. Und umgekehrt entfällt jedweder Vorwurf, wenn und weil die **ZPO-Regeln beachtet** wurden.[233] Freilich besteht insoweit generell keinerlei Bindung.[234] 97

Grundprinzip ist allemal die richterliche **Gestaltungsfreiheit,** welche die Praxis „stets in weitem Sinne aufgefasst" hat[235] – die Behauptung einer Begrenzung setzt mithin erst einmal un- 98

---

[218] Hier gleich auch RGZ 23, 432, 436 (obiter) mit Rn. 64.
[219] In diesem Sinne wohl BGHZ 104, 178, 182–184 = NJW 1988, 3090 (Verlängerung der Spruchfrist); Bedenken auch bei *Schlosser* RIPS Rn. 637 (S. 476/477) mit Rn. 601.
[220] 1. Aufl. § 1034 aF Rn. 4, *Schwab/Walter,* 5. Aufl., Rn. 15.35.
[221] BGH KTS 1962, 240 mit WM 1963, 944, 945.
[222] RGZ 119, 29, 32.
[223] RGZ 47, 424, 426.
[224] RGZ 62, 24, 25; BGH KTS 1966, 246, 247 [I]; OLG Brandenburg IPRspr. 2000 Nr. 181, S. 395, 396.
[225] BGH WM 1976, 910, 912 mit RGZ 100, 118, 121; *Wieczorek/Schütze* § 1041 aF Rn. 18; *Musielak/Voit* § 1046 Rn. 2 aE: lediglich wirtschaftliches Interesse. AA hier uU BayObLGZ 2001, 311, 313/314 [II 4] = NJW-RR 2002, 323, vorsichtiger dann darauffolgend aber Beschl. v. 17. 7. 2003 – 4 Sch 18/03 [II 2].
[226] RGZ 121, 279, 282.
[227] BGH KTS 1959, 190, 191 („Rechtsgespräch") – im Gegensatz zur Aufklärung von Tatsachen: Rn. 104–111.
[228] RG JW 1928, 1496 („Eignungsprobe").
[229] KG OLGRspr. 27 (1913), 196, 197 f.
[230] So ganz deutlich schon Mot. S. 477 = *Hahn* S. 495 m. weit. Nachw.
[231] BGHZ 98, 70, 74/75 („Willensvollstrecker") mit BGHZ 65, 59, 67.
[232] RGZ 119, 29, 32.
[233] BGH KTS 1962, 240, 241 (Beweisaufnahme), wohl auch KG SchiedsVZ 2007, 276, 277 re. Sp. (Anerkenntnis); vgl. auch erg. RGZ 85, 391, 394: möglichst „konforme" Auslegung. Die möglichen Fallstricke solchen Verfahrens beschreibt *Karrer,* FS Sandrock, 2000, S. 465.
[234] RG JW 1921, 1025 ff.) bzw. RGZ 55, 14, 16; RG JW 1924, 906; RGZ 121, 279, 281 (§§ 128 ff., 253 ff.); OLG München OLGRspr. 35 (1917), 160, 161; KG OLGRspr. 27 (1913), 196, 197; OLG Königsberg OLGRspr. 5 (1902), 207.
[235] RGZ 121, 279, 281; JW 1928, 1496.

§ 1042 99–103 Buch 10. Abschnitt 5. Durchführung des schiedsrichterlichen Verfahrens

ter Begründungszwang. Man sollte sich jedoch dem Wortlaut[236] nicht voreilig anvertrauen, der prozessual wenig konsistent ist (§ 495a S. 1 ZPO: „nach billigem Ermessen";[237] § 1057 Abs. 1 S. 2: „nach pflichtgemäßem Ermessen"[238]). Die Formel resultiert aus dem Bemühen, das englische Original (Art. 19 Abs. 2 S. 1 ModG: „in such manner as it considers appropriate") möglichst treffend wiederzugeben und trotzdem den Anschluss an das alte Recht zu halten.

99 Wenn hier das Gericht frei nach der „ihm geeignet erscheinenden Weise" prozessiert, dann zeigt dies einen Kompromiss aus Beurteilungsermessen (Geeignetheit?) und Ermessenseingrenzung (Tauglichkeit!). Eine völlig ungeeignete Weise wäre zweckwidrig und unstatthaft,[239] was aber idR doch *keine* Staatskontrolle (§ 1059 Abs. 2 Nr. 1 d) trägt. Gemeint ist demnach durchaus **pflichtgemäßes Ermessen** – von daher erscheint somit die (wortlautgemäße) Gewährung *freien* Ermessens am Ende doch leicht relativierungsbedürftig.

100 Ermessensleitlinien gibt dafür namentlich das dispositive Recht, das stets vorgeht und generelle **Verfahrensgrundsätze** (Rn. 101 ff.) verankert, die über den einschlägigen Normwortlaut hinausreichen (so explizit zB Art. 1460 Abs. 2 n. c. p. c.). Die konkrete Ermessensbetätigung bedeutet gleichlaufend zudem auch immer eine gewisse **richterliche Selbstbindung** (Beispiele: Nachforderung von Informationen,[240] Fristdauer, Intensität richterlicher Aufklärung etc.) im Verhältnis zu den beiden Streitteilen (arg. Abs. 1 S. 1). Doch sollte noch einmal hervorgehoben werden, dass weiterhin gesetzessystematisch die Ermessensbindung den Ausnahmetatbestand darstellt.

101 **5. Verfahrensgrundsätze.** Die Gewähr rechtlichen Gehörs (Abs. 1 S. 2 mit § 1047 Abs. 2/3, Rn. 26 ff.) und ebenso das Gleichbehandlungsgebot (Abs. 1 S. 1 mit § 1034 Abs. 2, Rn. 19 ff.) sind gesetzlich schon unabdingbar festgeschrieben (Rn. 6). Das Prinzip von **Treu und Glauben** (§ 242 BGB mit § 226 BGB) wirkt selbst ohne eigene Normierung ins Prozessrecht hinein.[241] Das schließt als Leitidee den Rechtsgrundsatz prozessualer Wahrhaftigkeit ein[242] (arg. § 138 Abs. 1). Hingegen gelten die üblichen Prozessmaximen (Einl. Rn. 271 ff.) hier nicht ohne weiteres bzw. lediglich modifiziert. Naheliegend herrscht **Amtsbetrieb**; das Schiedsgericht muss seine Vorgaben den Parteien zur Kenntnis zuleiten, es kann auch eigene prozessuale Handlungspflichten statuieren (arg. § 1049 Abs. 2 S. 2). Die Zwangsanwendung ist aber ausgeschlossen (arg. § 1050).

102 Anwendbar ist besonders der **Dispositionsgrundsatz** (§§ 1044, 1053 Abs. 1 S. 1, 1056 Abs. 2), eingeschlossen die – formell ohnedies bereits „gelockerte" – Antragsbindung (§ 308 Abs. 1 analog: *ne ultra petita*[243] [vgl. § 1044 Rn. 23], arg. § 1058 Abs. 1 Nr. 3). Entsprechend muss auch das Schiedsgericht Anerkenntnis (§ 307) und Verzicht (§ 306) bindende Beachtung schenken[244] (arg. § 1053 Abs. 1 S. 2 mit Abs. 2). Ergänzend ist stets Schiedsbindung nötig (arg. § 1059 Abs. 2 Nr. 1 c, 1. Halbs.), selbst prozessuale Anordnungen müssen auf den genauen Streitstoff beschränkt bleiben.

103 Modifiziert werden vor allem die Regeln zur Tatsachenermittlung (arg. Abs. 4 S. 2), zunächst tritt anstelle des Verhandlungsgrundsatzes der **beschränkte Untersuchungsgrundsatz** (dazu näher gleich Rn. 104–111), anstelle des Prinzips der Öffentlichkeit tritt das Gebot der **Vertraulichkeit** (Vor § 1025 Rn. 57 f.) bei Wahrung von Parteiöffentlichkeit (§ 1047 Abs. 2). Über Mündlichkeit oder Schriftlichkeit wird je nach Sachlage befunden (§ 1047 Abs. 1 S. 1): **Effektivität und Flexibilität.** Daher gilt auch nicht der Grundsatz der Unmittelbarkeit (anders art. 1461 Abs. 1 n. c. p. c., der insoweit Parteikonsens verlangt), sogar bei einer erfolgten mündlichen Verhandlung[245] (Rn. 51 f.) und erst recht bei einer Beweisaufnahme[246] (im Gegensatz zu

---

[236] „Freies Ermessen" liegt *materiell* eindeutig zwischen „freiem Belieben" (§ 319 Abs. 2 BGB) und „billigem Ermessen" (§ 319 Abs. 1 S. 1 BGB).
[237] Für eine Anleihe dort *Musielak/Voit*, 1. Aufl., § 1034 aF Rn. 3.
[238] Für jene Deutung etwa *Thomas/Putzo/Reichold* Rn. 7.
[239] Hier ähnlich wohl *Glossner/Bredow/Bühler* Rn. 305 aE; *Förster/Kann* § 1034 aF Bem. 1, S. 1019/1020. Vgl. noch erg. Fn. 246 – viel weitergehend etwa *Schütze* SchiedsVZ 2006, 1, 5 [VII].
[240] RG JW 1910, 946 f. (Klageantrag).
[241] *Siegert* KTS 1956, 33, 36.
[242] *Wieczorek/Schütze* § 1034 aF Rn. 5 (3. Abs.); *Siegert* KTS 1956, 33, 36/37 – offen BGHZ 23, 198, 201.
[243] ROHG 3, 167, 170; RGZ 149, 45, 49 = JW 1935, 3623 m. zust. Anm. *Thomas* – vorher noch anders RG JW 1928, 1496; OLG Königsberg OLGRspr. 5 (1902), 207, 208.
[244] KG SchiedsVZ 2007, 276, 277 re. Sp. – offen OLG Dresden JW 1926, 2113 re. Sp.
[245] OLG Hamburg HEZ 2 Nr. 123, S. 282, 284 f. – allerdings „Informationsparität" verlangend!
[246] Ebenso OLG Celle OLGRspr. 15 (1907), 300/301; *Maier* Rn. 263; *Stein/Jonas/Schlosser* Rn. 11; *Musielak/Voit* Rn. 22; *Zöller/Geimer* Rn. 33; *Baumbach/Lauterbach/Hartmann* Rn. 10 (Ermittlungen) – aA *Schwab/Walter* Rn. 15.8.

§ 355). Überhaupt gilt als eine Leitlinie, das Verfahren in sachgemäßer Weise zügig voranzubringen.[247]

VII. Beweiserhebung (Abs. 4 S. 2)

1. Grundprinzip. a) Altes Recht. § 1034 Abs. 1 S. 1, 2. Halbs. aF bestimmte als Grundsatz, die Schiedsrichter hätten „das dem Streite zugrunde liegende Sachverhältnis zu ermitteln, soweit sie die Ermittlung für erforderlich halten" – also: **Faktenermittlung nach Gerichtsermessen!** Das passte nicht recht zur üblichen prozessualen Dogmatik: Verhandlungsgrundsatz mit Möglichkeit zur amtswegigen Beweiserhebung[248] oder Untersuchungsgrundsatz ohne Bindung an Vortrag?[249] Man bemühte hierfür als Schlagwort den „**beschränkten" Untersuchungsgrundsatz.**[250] Anders gesagt: anstelle des Prinzips der „formellen Wahrheit" tritt hier das Bestreben, die materielle Wahrheit aufzudecken – allerdings nicht grenzenlos! Dieser Grundansatz bleibt auch unter neuem Recht noch fortbestehen (Rn. 110 f.) und prägt das Grundverständnis für die Rechtsanwendung. 104

Schlussfolgerungen: keine Bindung an Sachvortrag oder Beweisanträge (Aufnahme anderer Beweise; amtswegige Erhebungen etc.[251]) in Anlehnung an § 86 Abs. 1 S. 2 VwGO; kein Zugestehen mangels Bestreiten (§ 138 Abs. 2–4), aber allemal doch die Erlaubnis negativer Würdigung[252] – möglich ist dagegen ein Geständnis (§§ 288–290 analog), das dann als vorrangige (tatsachenbezogene) Parteivereinbarung zu betrachten ist;[253] Verwertung privater Kenntnisse (Rn. 113); intensivierte Verpflichtung zu Nachfrage, Hinweis und Belehrung[254] (das kann uU über § 139 Abs. 1 hinausgreifen[255] – arg. Abs. 2 [anders aber zu Rechtsfragen, Rn. 38]), was konsequenterweise für die Tatsachenerhebung die Schwelle zur Befangenheit (§ 1036 Abs. 2 S. 1) heraufsetzt. 105

Bislang war eher von Befugnissen denn Eingrenzung die Rede. Die Formel vom „beschränkten Untersuchungsgrundsatz" kaschiert etwas auch das Spannungsverhältnis von Ermittlungspflicht und Ermessensentscheid der Schiedsrichter. Sie *müssen* ermitteln und *dürfen* festlegen, wie weit sie denn gehen wollen. Nur dann liegt ein Verstoß vor, wenn die Notwendigkeit weiterer Ermittlungen vorab evident erkannt wurde;[256] es ist aber **keine ausufernde Inquisition angeordnet,** oder wie es § 86 Abs. 1 S. 1 VwGO formuliert: „Das [Schieds-]Gericht erforscht den Sachverhalt [zwar] von Amts wegen; die Beteiligten sind dabei [aber] heranzuziehen". Es erfolgt mithin „keine von dem prozessualen Tun und Lassen der Parteien unabhängige, umfassende ,Amtsermittlung', wie sie etwa dem Strafrichter obliegt."[257] 106

Die Parteien müssen demgemäß **an der Tatsachenfeststellung im ureigenen Interesse mitwirken;** kein Schiedsgericht kann oder wird jedweden erdenklichen Ansätzen nachfor- 107

---

[247] Vgl. RG JW 1928, 1496: sämtliche Anordnungen gestattet, „die dem Zwecke der Ausgleichung der Streitigkeiten der Parteien dienen". – es ist „kein Tummelplatz zur Erörterung schwieriger prozessualer Sonderfragen" (*Siegert* KTS 1956, 33, 38).
[248] *Thomas/Putzo*, 20. Aufl., § 1034 aF Rn. 5; wohl auch *Wieczorek/Schütze* § 1034 aF Rn. 19.
[249] *Glossner/Bredow/Bühler* Rn. 310 mit Rn. 373 (arg. § 1035 aF[?]).
[250] *Schwab/Walter*, 5. Aufl., Rn. 15.6; *Schütze/Tscherning/Wais* Rn. 332 mit Rn. 413 (1. Abs.); *Henn*, 2. Aufl., 1991, S. 145/146 (dann strikter aber S. 165); *Rosenberg/Schwab/Gottwald*, 15. Aufl., § 174 I 1 c, S. 1097; *Zeiss*, 9. Aufl., Rn. 864. Dazu auch *Lionnet*, FS Glossner, 1994, S. 209, 213/214 mit Hdb., 1. Aufl., S. 156 – bei harter rechtspolitischer Kritik: S. 214–216 mit Hdb., 1. Aufl., S. 157/158. Der Sache nach recht ähnlich *Lachmann* Rn. 1281 („gemäßigtes Amtsermittlungsprinzip"), aber auch *Nikisch* § 145 I 4 („eingeschränkter Verhandlungsgrundsatz").
[251] *Förster/Kann* § 1034 aF Bem. 5 (1. Abs.); *Nikisch* § 145 I 4; *A. Blomeyer*, 1. Aufl., 1963, § 127 I 4 b; *Stein/Jonas/Schlosser* Rn. 9; BGH NJW 1965, 593, 595; WM 1983, 1207, 1208. Sehr rigide hier 1. Aufl. § 1034 aF Rn. 2 [1 b].
[252] So Mot. S. 477 = *Hahn* S. 495 im Säumnisfall.
[253] *Schwab/Walter*, 5. Aufl., Rn. 15.7; *Stein/Jonas/Schlosser*, 21. Aufl., § 1034 aF Rn. 19; *Musielak/Voit* Rn. 18 mit Rn. 21 – für direkte Geltung der §§ 288–290 aber die hM: *Nikisch* § 145 I 4; *A. Blomeyer*, 1. Aufl., 1963, § 127 I 5; *Thomas/Putzo/Reichold* Rn. 7; *Schwab/Walter* Rn. 16.52.
[254] *Schütze/Tscherning/Wais* Rn. 332 (vor a mit b); *Schwab/Walter* Rn. 15.5.
[255] So wie hier *Schütze/Tscherning/Wais* Rn. 332; *Baumbach/Lauterbach/Albers*, 56. Aufl., § 1034 aF Rn. 4 (1. Abs.); insoweit anders *Henn*, 2. Aufl., 1991, S. 166. Eher zurückhaltend auch BGH SchiedsVZ 2008, 40, 43 [24 f.]: Aussetzungsbefugnis (als Recht, nicht Pflicht) zur Sachverhaltsergänzung.
[256] RG WarnR 27 (1935) Nr. 12, S. 28, 30 (verneinend: eigene Sachkunde); BGHZ 94, 92, 96 [4 b] = NJW 1985, 1903 (bejahend: mangelnder Vorschuss); *Stein/Jonas/Schlosser*, 21. Aufl., § 1034 aF Rn. 12 aE; *Schwab/Walter*, 5. Aufl., Rn. 15.5.
[257] *Schütze/Tscherning/Wais* Rn. 332.

§ 1042   108–110   Buch 10. Abschnitt 5. Durchführung des schiedsrichterlichen Verfahrens

schen.[258] Doch fehlt eine klare Rollenverteilung: Behauptungs- und Beweisführungslast (subjektive Beweislast) im engen technischen Sinne kann es hier nicht geben. So muss sich auch der Beklagte etwa auffordern lassen, Beweismittel zu präsentieren, soweit anspruchsbegründende Tatsachen betroffen sind, umgekehrt muss sich der Kläger zu Tatsachen äußern, die Einwendungen und Einreden untermauern könnten. Falls jedoch keine „greifbare" Ermittlungsmöglichkeit offensteht, kann auch nach Feststellungslast (objektiver Beweislast) sofort entschieden werden (Rn. 116 mit § 1049 Rn. 3).

108   **b) Regelungszweck.** Abs. 4 S. 2 regelt auf den ersten Blick etwas völlig **Selbstverständliches.** Andererseits fehlt die klare Obliegenheit zur Sachverhaltsermittlung, wie sie das alte Recht kannte (Rn. 104). Hier sah man sich vermeintlich mehr dem ModG verpflichtet, versagte sich freilich – mit Ausnahme der 1. Var. (Rn. 112 f.) – eine wortgetreue Übersetzung (Art. 19 Abs. 2 S. 2: „admissibility [Zulässigkeit], relevance [Erheblichkeit], materiality [Bedeutung – oder besser wohl: Wichtigkeit] and weight [Gewicht; SchO: Beweiskraft] of any evidence"; vgl. auch erg. Art. 9 Abs. 1 IBA-RoToE). Man kann die beiden letzteren Wendungen jedoch in der 3. Var. (Rn. 115 f.) vereinigen. Dann bleibt bloß die Diskrepanz im Mittelfeld: der deutsche Wortlaut betrifft die *formal* gewertete Durchführung (Rn. 114), die originale Vorgabe gestattet zusätzlich *materielle* Wertungen. Sie ähnelt viel eher mithin dem Gehalt des § 1034 Abs. 1 S. 1, 2. Halbs. aF.

109   Vor allem wegen der Ermessensfreiheit schiedsrichterlicher Tatsachenerhebung spricht vieles dafür, die beiden ersten Wendungen ebenso vorweg zusammenzuziehen, sodass dann am Ende die 2. Var. nur wiederholt, was eigentlich aus Abs. 4 S. 1 schon ohnedies folgt. Dem entspricht, dass hier die Materialien sinngemäße ModG-Umsetzung annehmen, aber dabei allein die 1. und 3. Var. eigens Erwähnung findet:[259] Klarstellung der Richtermacht, vor allem mit Blick auf *pre-trial discovery* und *adversary system* der common-law-Länder mit der Praxis, dass die Parteien „ihre" Beweismittel selbst präsentieren, „ohne dass der (Schieds-)Richter vorher eine Schlüssigkeitsprüfung zum Beweisthema vornimmt."[260] Abs. 4 S. 2 ist also letztendlich eine **Kompromissformel;** disclosure wie discovery wird weder verweigert noch angeordnet;[261] ebenso gibt es kein Verbot des ausforschenden Beweiszugriffs *(„fishing expedition")*[262] – indes bloß von Richterseite aus.

110   **c) Neues Recht.** Dem neuen Recht fehlt die explizite gesetzliche Fixierung der schiedsrichterlichen Untersuchungs*pflicht*. Gleichwohl sollte man hieran festhalten[263] (vgl. wegen Einzelheiten daher Rn. 104 ff.), auch wo eine klärende parteiautonome Regelung fehlt (hier klarstellend etwa § 27.1 S. 1 DIS-SchO u. Art. 20 Abs. 1 ICC-SchO). Die amtliche Begründung schweigt zwar, indes deuten systematische und teleologische Gründe auf Kontinuität. Ambivalent formuliert wohl § 1046 Abs. 1 S. 2, wenn er hier „Vorlegen*können*" (Beibringungsoption!) mit „Bedienen*wollen*"

---

[258] Praktische Unterschiede zwischen Untersuchungs- und Beibringungsgrundsatz gering schätzend *Lachmann* Rn. 1287, aber zB auch *Schütze/Tscherning/Wais* Rn. 413 (2. Abs.). Viele Beweise sind ohnehin zudem auch von Amts wegen erhebbar (§§ 142–144, § 273 Abs. 2 Nr. 2, § 448).
[259] BT-Drucks. 13/5274 S. 46 re. Sp. [4] (dort aE auch das Zitat); hier abw. wohl Begr. zum DIS-Entwurf S. 83 [*Kühn*]: lediglich § 1034 Abs. 2 aF umgesetzt?
[260] Dazu näher etwa *Schlosser* RIPS Rn. 642 (1. Abs.) mit Rn. 638 – allerdings bei Abgrenzung zum Staatsprozess (ebd. Rn. 639 f.).
[261] *Granzow*, 1988, S. 144 (ModG – anders *Weigand* RIW 1992, 361, 363); *Schwab/Walter* Rn. 15.8 Fn. 33 (nF) bzw. *Weigand* RIW 1992, 361, 364/365 (aF); ganz ähnlich auch *Schlosser* RIPS Rn. 642 [2. Abs.] mit Rn. 641; *Kaufmann-Kohler/Bärtsch* SchiedsVZ 2004, 13, 14 f. [II]; *Rützel/Wegen/Wilske*, 2005, S. 133 [Mitte]. Einschr. *Thümmel* AG 2006, 842, 847 [V 1] u. *Sachs* SchiedsVZ 2003, 193, 194/195 [II 1]: spezielle Parteiabrede notwendig; übermäßig differenzierend *Schäffler*, 2003, S. 68 ff. (69/70, 72 f., 75 f., 83–89).
[262] Dazu vgl. etwa *Stein/Jonas/Schlosser* Rn. 9 mit JZ 1991, 559 einerseits, *Schwab/Walter* Rn. 15.9 (2. Abs.) mit *Weigand* RIW 1992, 361, 365 u. *Musielak/Voit* Rn. 21 andererseits. Hier erstaunlich distanziert auch BGHZ 169, 30, 38 [37] u. 41 [43] (betr. § 142 ZPO) mit BGHZ 150, 377, 384/385 [II 3 d aa] (betr. § 809 BGB). So wie hier *Krapfl*, Dokumentenvorlage, 2007, S. 143–146 mit S. 261 f.
[263] Hierzu eingehend *Hilger* RPS 2000 I S. 2 ff., dort insbes. auch S. 6 (Konsequenzen) u. *Knoblach*, Sachverhaltsermittlung..., 2003, S. 81 ff. (85–88).
Ebenso: *Lachmann* Rn. 1281; *Henn* Rn. 307 mit Rn. 338, 344; *Baumbach/Lauterbach/Hartmann* Rn. 10 (Ermittlungen); *Tief*, Informationspflichten, 2000 S. 73/74; *Martinek*, FS Ishikawa, 2001, S. 269, 290 [XI]; *Ebbing*, Private Zivilgerichte..., 2003, S. 302–304; *Rützel/Wegen/Wilske*, 2005, S. 132/133; *G. Wagner*, FS Schlosser 2005, S. 1025, 1035/1036; *Frische*, Verfahrenswirkungen und Rechtskraft..., 2006, S. 391 f.; *Krapfl*, Dokumentenvorlage, 2007, S. 141 f.; *Hamann/Lennarz* BB 2007, 1009, 1011 [III 6 a]; wohl auch *Zimmermann* Rn. 5 (nicht wörtlich, indes sachlich) u. *Raeschke-Kessler*, VIV-Reihe XI (2000), S. 211, 229 f. Etwas unklar *Musielak/Voit* Rn. 13 einerseits, Fn. 38 andererseits (Verpflichtung?) bzw. § 1046 Rn. 2 mit § 1042 Rn. 21 (Befugnis!); klar einschr. aber *Höttler*, Das fingierte Schiedsverfahren..., 2007, S. 90–96 u. *Knoblach*, aaO S. 87 f. (Befugnis, *keine* Pflicht!).
Anders *Thomas/Putzo/Reichold* § 1042 Rn. 6 u. *Lionnet*, FS Glossner, 1994, S. 209, 217 f. mit Hdb. S. 356 ff. (Verhandlungsgrundsatz).

Allgemeine Verfahrensregeln 111–114 § 1042

(Beweisführungslast?) kombiniert, eine abgemilderte Untersuchungspflicht unterstellen aber § 1048 Abs. 2 u. Abs. 3 für den Säumnisfall mit signifikantem Abrücken von § 331 Abs. 1 S. 1 bei Beklagtensäumnis[264] (dazu näher noch § 1048 Rn. 10).

Das erscheint deswegen besonders relevant, weil gerade dieser Fall schon fürs alte Recht[265] der **111** generelle Prüfstein war. Dazu kommt noch, dass das Gesetz immerhin hierzu originäre Entscheidungsbefugnis zugesteht: es geht um die Zulässigkeit von Beweis*erhebungen*, nicht etwa (nur) von Beweis*anträgen*! Dies bestätigt auch § 1049 Abs. 1 S. 1 für einen wichtigen Teilbereich[266] besonders. Bedenken muss man schließlich, dass oft juristische Laien tätig werden, welchen jene „Relationstechnik" eher als Hemmnis erscheint und die sich aufrichtig der materiellen Wahrheit verpflichtet fühlen. Die Parteien können anderes jedoch abmachen (Rn. 92), mithin also im Vorhinein Beibringungslasten[267] verordnen (das Gericht ist hierzu indes von sich aus nicht befugt[268]) oder umgekehrt auch Aufklärungspflichten[269] (Kostenfrage!).

2. Statthaftigkeit (1. Var.). Erhebliche – bestrittene oder zweifelhafte – Tatsachen bedürfen des **112** Beweises. Darüber entscheidet autonom das Schiedsgericht. Hierzu zählt auch der Grundsatz des § 291, wonach Tatsachen, die bei Gericht allgemeinkundig oder gerichtskundig sind („offenkundige Tatsachen", § 291 Rn. 3 f.), keines weiteren Beweises bedürfen (wohl jedoch rechtlichen Gehörs!). Ganz allgemein gilt: Es ist **kein extra Beweisbeschluss** nötig – ein erfolgter ist jederzeit wieder aufhebbar.[270] Zur Frage der Beweiseignung mag das Schiedsgericht gar einmal behutsam vorweggenommen würdigen dürfen,[271] vor allem bei parteiseitig benanntem Beweismittel und offenkundiger Absicht weiterer Verschleppung – andererseits wäre hier Zurückweisung (§ 1047 Abs. 2 aE) der ehrlichere Weg.

Es bedarf auch keiner ausdrücklichen Zurückweisung von Beweisanträgen,[272] und es besteht kei- **113** ne Bindung daran (Rn. 105, § 27.1 S. 3 DIS-SchO). Ein solcher Beweisantrag erscheint allein als Indiz dafür, dass verfügbare Aufklärungsmöglichkeiten existieren. Dessen Übergehen bleibt idR jedoch – als Konsequenz des Abs. 4 S. 2 – sanktionslos,[273] es sei denn bei Versehen oder eindeutig bewusstem Missachten. Das Schiedsgericht ist aber nicht verpflichtet, Tatsachen zu ermitteln, auf die es nach seiner – vom Staatsgericht nicht nachprüfbaren – Rechtsansicht nicht weiter ankommt,[274] sondern es urteilt eigenverantwortlich zur **Beweiserheblichkeit** und ebenso zur **Beweisbedürftigkeit** (eigene Sachkunde [arg. § 114 GVG], Privatwissen,[275] andere Beweisart, Zufallsfunde etc.).

3. Durchführung der Beweiserhebung (2. Var.). Das Schiedsgericht mag die entscheidungs- **114** erheblichen Tatsachen nach **Streng- oder Freibeweisregeln** feststellen (§ 1049 Rn. 43 ff.); es besteht keine Bindung an vorbestimmte Beweismittel – Beispiele: privates Besichtigen von Grundstücken als Augenschein,[276] schriftliche oder auch telefonische Zeugenbefragung. Die Schiedsrich-

---

[264] *Hilger* RPS 2000 I S. 2, 4 f.
[265] Vgl. Mot. S. 477 = *Hahn* S. 495: Konsequenz des Prinzips (§ 1370 S. 3 PE [mit PE-Mot. S. 333] schien darum obsolet!).
[266] AA *Lionnet*, FS Glossner, 1994, S. 209, 217 f.: Umkehrschluss.
[267] *Glossner/Bredow/Bühler* Rn. 310; *Lionnet*, FS Glossner, 1994, S. 209, 214 mit Hdb. S. 358 – aber: S. 358 aE.
[268] *Schütze/Tscherning/Wais* Rn. 413 (1. Abs.) – anders hier jedoch 7th SN Nr. 6 = *Holtzmann/Neuhaus* S. 584.
[269] RG WarnR 27 (1935) Nr. 12, S. 28, 30 (obiter).
[270] RG JW 1919, 45/46 – geradeso wie der Beschluss zu vereidigen, RG HRR 1935 Nr. 304.
[271] 1. Aufl. § 1034 aF Rn. 21 mit Hdb. Rn. 274 aE; *Stein/Jonas/Schlosser* Rn. 10; *Zöller/Geimer* Rn. 34; *Musielak/Voit* Rn. 21 – aA *Schütze/Tscherning/Wais* Rn. 420.
[272] RG JW 1898, 389, 390; wohl auch RG JW 1900, 525 – anders wohl jedoch OLG Köln RIW 1993, 499, 501 re. Sp.; BayObLG, Beschl. v. 15. 12. 1999 – 4 Z Sch 23/99, S. 13 [II B 1 b]: nachträgliche Ablehnung (im Schiedsspruch) ausreichend (also auch erforderlich?) – aber: „Kurzformel" genügt jedenfalls BGH NJW 1992, 2299/2300).
[273] Kein Gehörsmangel oder Regelverstoß: BGH WM 1963, 944, 945 f.; NJW 1966, 549 = ZZP 79 (1966), 451 m. krit. Anm. *Habscheid;* KTS 1973, 128, 133; ähnlich hier bereits RGZ 40, 401, 406; HRR 1935 Nr. 304; etwas zurückhaltender jetzt BayObLG, Beschl. v. 15. 12. 1999 – 4 Z Sch 23/99, S. 13 [II B 1 b] sowie wohl schon BGH NJW 1992, 2299 [2 c] – zust. *Musielak/Voit* Rn. 21; Krit.: 1. Aufl. § 1034 aF Rn. 19 aE mit Hdb. Rn. 274 aE; *Zöller/Geimer* Rn. 30; *Schwab/Walter* Rn. 15.9.
[274] BGH NJW 1992, 2299, 2300; 1990, 2199, 2201 (insoweit nicht in BGHZ 110, 104); WM 1990, 1766, 1767; NJW 1986, 1436, 1438; BGHR ZPO § 1041 Abs. 1 Nr. 4 – Rechtliches Gehör 1; OLG Köln RIW 1993, 499, 501 re. Sp.; OLG Hamburg MDR 1965, 54 [2]; hierzu etwa schon RG JW 1896, 434.
[275] BGH NJW 1964, 593, 595 (insoweit nicht in BGHZ 40, 342) – ferner: *Schwab/Walter*, 5. Aufl., Rn. 15.6; *Schütze/Tscherning/Wais* Rn. 332; *Stein/Jonas/Schlosser* Rn. 9; *Musielak/Voit* Rn. 18; *Baumbach/Lauterbach/Hartmann* Rn. 10 (Ermittlungen); aA *Koutsouradis* KTS 1984, 573 ff.
[276] RG JW 1898, 389; 1900, 525.

§ 1043 Buch 10. Abschnitt 5. Durchführung des schiedsrichterlichen Verfahrens

ter regeln Art und Manier der Beweisaufnahme nach freiem Ermessen.[277] Anstelle der Trennung von öffentlicher mündlicher Verhandlung und parteiöffentlicher Beweisaufnahme tritt hier der Gegensatz von parteiöffentlicher (§ 1047 Abs. 2) und „freibeweislicher" Stoffsammlung, die anschließend zum Zwecke rechtlichen Gehörs (Abs. 1 S. 2, Rn. 26ff.) nur noch „eingeführt" wird. Das Schiedsgericht mag ferner im Rahmen des beschränkten Untersuchungsgrundsatzes (Rn. 104–111) Beweise erheben, die nicht angetreten sind, aber umgekehrt auch auf Beweise verzichten, welche angeboten wurden. Es bedarf aber keines förmlichen Beweisbeschlusses oder vorterminlicher Beschlussakte; das Verfahren bleibt insgesamt von §§ 355ff., 371ff. freigestellt,[278] die allerdings gleichwohl als „Richtschnur" nützliche Dienste erbringen (§ 1049 Rn. 43). Es **mangeln aber jedwede Zwangsbefugnisse** (arg. § 1050), freilich bleibt insoweit die Hintertür negativer Würdigung.

115   **4. Beweiswürdigung (3. Var.).** Der Grundsatz freier Würdigung folgt der Regel des § 286 Abs. 1 S. 1 (S. 2 ist teilweise nur anwendbar, § 1054 Abs. 2 [dazu näher dort Rn. 28–31]). Das Schiedsgericht (präziser die Mehrheit der Richter, § 1052 Abs. 1) muss profunde **Wahrheits-Überzeugung** gewinnen. Dabei gilt zum Beweismaß der bekannte Lehrsatz, es sollte Zweifeln Schweigen geboten werden, ohne diese aber lückenlos auszuschließen (§ 286 Rn. 32, 35). **Vollbeweis** ist abverlangt, Glaubhaftmachung wäre insoweit nicht genügend (Ausnahme: § 1041 Abs. 1, dazu näher dort Rn. 24).

116   Dabei schöpft das Gericht aus dem Inbegriff des Prozesses und – als Konsequenz beschränkter Ermittlung (Rn. 104–111) – aus seinem sonstigen Wissen (Eindrücke, Kenntnisse, Erfahrung etc.). Möglich sind allemal auch **Beweiserleichterungen,** tunlichst aber nur im bisher geläufigen Rahmen (dazu § 286 Rn. 48ff., 80ff., 123ff.: Anscheinsbeweis; Beweisvereitelung, Beweislastumkehr), zumal die Frage der **Beweislast** (§ 1049 Rn. 4f.) als eine materielle mittels § 1051 Abs. 1/2 bindend vorgegeben wird[279] (Ausnahme: Billigkeitsentscheidung, § 1051 Abs. 3). Fraglos gelten indes die Erleichterungen des § 287 für Schadensschätzung und -zurechnung, zumal die Regel eine beschränkte Inquisition reflektiert. Nicht heranziehbar ist demgegenüber § 286 Abs. 2: das Schiedsgericht agiert noch freier, es wird selbst vor jenen wenigen gesetzlichen Beweisregeln (speziell für Urkunden, §§ 415–418 iVm. §§ 439, 440[280] – aber auch § 1049 Rn. 66) freigestellt, hat aber selbst auch die Befugnis, eigene Beweisregeln zu entwickeln.[281] Dies darf aber nicht dazu führen, Subsumtionen bindend „auszulagern"[282] oder materielle Parteivorgaben (§ 1051 – Beweislast!) zu konterkarieren; indes bestehen keine Bindungen an (Rechts-)Bewertungen der Parteien.[283]

§ 1043 Ort des schiedsrichterlichen Verfahrens

(1) ¹Die Parteien können eine Vereinbarung über den Ort des schiedsrichterlichen Verfahrens treffen. ²Fehlt eine solche Vereinbarung, so wird der Ort des schiedsrichterlichen Verfahrens vom Schiedsgericht bestimmt. ³Dabei sind die Umstände des Falles einschließlich der Eignung des Ortes für die Parteien zu berücksichtigen.

(2) Haben die Parteien nichts anderes vereinbart, so kann das Schiedsgericht ungeachtet des Absatzes 1 an jedem ihm geeignet erscheinenden Ort zu einer mündlichen Verhandlung, zur Vernehmung von Zeugen, Sachverständigen oder der Parteien, zur Beratung zwischen seinen Mitgliedern, zur Besichtigung von Sachen oder zur Einsichtnahme in Dokumente zusammentreten.

Schrifttum: *Lionnet,* Gehört die Vereinbarung des Schiedsverfahrensortes zum notwendigen Mindestinhalt der Schiedsvereinbarung?, FS Böckstiegel, 2001, S. 477. Siehe auch die Nachweise bei § 1025.

---

[277] *Schütze/Tscherning/Wais* Rn. 332 [c] mit Rn. 334; *Baumbach/Lauterbach/Hartmann* Rn. 8; *Henn* Rn. 307 – wohl etwas reservierter indes hier *Schwab/Walter* Rn. 15.8.
[278] *Schwab/Walter* Rn. 15.8 mit 10f. Recht schief dagegen OLG München OLGR 2007, 361, 362 [2b (2) bb]: explizite „Freistellung" notwenig[?].
[279] Dies stellt auch 7th SN Nr. 4 Fn. 64 = *Holtzmann/Neuhaus* S. 584 klar.
[280] *Zöller/Geimer* Rn. 30 – allgemein: *Granzow,* 1988, S. 145.
[281] So explizit noch zunächst Art. 19 Abs. 2 S. 1 1st Draft (als Reaktion auf 1st SN Nr. 75 = *Holtzmann/Neuhaus* S. 573) – aber: 4th WGR Nr. 75 = *Holtzmann/Neuhaus* S. 577/578: „already covered". Dazu wichtig auch 7th SN Art. 19 Nr. 4 = *Holtzmann/Neuhaus* S. 583/584 mit CR Nr. 173f. = *Holtzmann/Neuhaus* S. 590 – die Abgrenzung ist undeutlich (dazu näher *K. P. Berger,* 1992, S. 308–310).
[282] RG DR 1944, 810 [II]; hier anders noch OLG Hamburg OLGRspr 7 (1904), 91, 92; vgl. noch erg. Rn. 11.
[283] OLG Frankfurt/Main IHR 2003, 93, 96.

I. Normzweck

Abs. 1 begründet die Anwendung der §§ 1026–1061 zufolge § 1025 Abs. 1 mittels inländischer Territorialität: der jeweilige Schieds(verfahrens)ort bestimmt das Schieds*verfahrens*recht (nicht auch das Sachrecht von Hauptvertrag [§ 1051] bzw. Schiedsvereinbarung [§ 1059 Abs. 2 Nr. 1 a u. 2 a]). Das natürliche Zusammenspiel beider Vorschriften verbindet **objektive Anknüpfung (§ 1025 Abs. 1)** und **subjektive Gestaltung (§ 1043 Abs. 1 S. 1)**, ohne dass dies den späteren Verfahrensgang wirklich präjudiziert. **Abs. 2** stellt hier sicher, dass der Prozessablauf einzelfallangemessen durchführbar bleibt – es sei denn, die Parteien hätten anderes autonom geregelt. 1

Die Festlegung des Schiedsorts iSv. Abs. 1 (ModG: „place of arbitration") ist **Lokalisierung des Schiedsverfahrens** in einem *rechtlichen* Sinne (arg. Abs. 2 e contrario). Die Regelung ist national eine wichtige Neuerung. Sie übernimmt wörtlich Art. 20 ModG – mit marginalen Änderungen in Systematik (Abs. 1) und Formulierung (Abs. 2) –, der seinerseits im Wesentlichen auf Art. 16 SchO zurückgeht. 2

Dabei wird das Überwechseln von der Verfahrenstheorie (1. Aufl. § 1044 aF Rn. 2–4) auf die Territorialität (§ 1025 Rn. 10–12) praktisch handhabbar gestaltet. Insoweit bildet demgemäß ein **virtueller Schiedsort**[1] (Abs. 1) das *rechtliche* Fundament des Schiedsverfahrens, und er ist streng von dem **faktischen Gerichtsplatz** (Abs. 2) zu unterscheiden, wo die eröffnete richterliche Kompetenz *tatsächlich* umgesetzt wird. Das verbindet Rechtssicherheit (Abs. 1) mit Zweckmäßigkeit (Abs. 2). Entsprechend der unterschiedlichen Bedeutung haben Parteienwille und Gerichtsmacht ebenfalls unterschiedliche Gewichtung: die konkrete Reihung wechselt von Abs. 1 zu Abs. 2. 3

II. Rechtlicher Schiedsort (Abs. 1)

1. Schiedsort. Mit der Festlegung als Schiedsort ist geschickt der Terminus „Sitz" vermieden, wie er die bisherige Diskussion oftmals unziemlich bestimmte. Ob man hier vom Sitz des Gerichtes oder Prozesses spricht,[2] bleibt allemal gleich (sowie vor allem: unelegant!): der Gerichtssitz ist zwar lokalisierbar, indes dogmatisch nicht entscheidend, und das Verfahren als solches „sitzt" *sprachlich* nicht irgendwo; auch sich von Beginn weg keinerlei Divergenz zum Erlassort auf, welcher im Übrigen § 1054 Abs. 3 S. 2 („gilt als ... [dort] ... erlassen") vorbeugt. Es geht um die **lediglich rechtliche Verortung** mit recht bedeutsamer prozessualer Konsequenz (Rn. 12 f.): der Schiedsort ist ein virtueller.[3] Das erübrigt die Suche nach einem „effektiven" Schiedsort kraft „Verfahrensbetätigung" (Rn. 15) – Abs. 1 schürt hier allenfalls eine gewisse Kongruenz-Erwartung,[4] die freilich die Parteien zur Verpflichtung durch Abrede verdichten können (Rn. 14). 4

2. Bestimmung. Die Festlegung eines Schiedsorts ist unentbehrlich und unverzichtbar: § 1025 Abs. 1 iVm. § 1043 Abs. 1. Die Ortsbestimmung ist **besondere (Verfahrens-)Grundlage** (Parallelfall: § 1045 Abs. 1, dazu näher dort Rn. 3) und hat explizit zu erfolgen (aber: §§ 133, 157 BGB). Man kann zwar die Schiedsbindung (§ 1029 Abs. 1) „unverortet" zunächst verabreden, das Gesetz trägt jedoch mit Abs. 1 dafür Sorge, dass alsbald Klärung erfolgt **(„Klärungszwang")** und präzise Fixierung besteht **(„Lokalisierung")**. Nur so hat überhaupt das Verfahren einen festen Grund. § 1043 Abs. 1 wird danach auch bereits bei § 1025 Abs. 1 zur Eingangsprüfung deutscher Territorialität angewandt.[5] 5

Verabreden muss man den Schieds*ort*,[6] „Ort" meint eigentlich dabei eine **(deutsche) politische Gemeinde,**[7] die eindeutig (aber nicht etwa namentlich!) zu bezeichnen ist. Für die notwendige territoriale Anknüpfung genügt die **Inlandsbelegenheit** als solche (mithin recht global!); die Zuständigkeitsfrage (§ 1062 Abs. 1, dort Rn. 12) ist anders ebenso gut lösbar, durch parteiautonome 6

---

[1] BT-Drucks. 13/5274 S. 47 re. Sp. [5]: „mehr oder weniger vergeistigter Ortsbegriff". Dazu näher noch Rn. 4 mit Fn. 3.
[2] Dazu namentlich etwa *K. P. Berger* RIW 1993, 8 einerseits, *Schumacher,* FS Glossner, 1994, S. 341, 346 ff. (352 f.) andererseits.
[3] *Musielak/Voit* Rn. 1 aE, 4 u. *Winkler/Weinand* BB 1998, 597, 600 („fiktiver") sowie der Sache nach auch *Schlosser* RIPS Rn. 242 bzw. VIV-Reihe XI (2000), S. 163, 193 – aA *Kronke* RIW 1998, 257, 261 [IV 3].
[4] So 7th SN Art. 20 Nr. 3 = *Holtzmann/Neuhaus* S. 604.
[5] Vgl. § 1025 Rn. 7 u. BT-Drucks. 13/5274 S. 47 li. Sp. [2] – zust. *Zöller/Geimer* Rn. 1; *Granzow,* 1988, S. 147; krit. *Lionnet,* FS Böckstiegel, 2001, S. 477, 481 f. [III].
[6] Zweifelhaft bei der Bezeichnung „Gerichtsstand" (OLG Brandenburg BauR 2002, 1890, 1891 [2 c] erachtet das für genügend). BGH NZBau 2007, 301, 302 [19] = SchiedsVZ 2007, 273 = ZfBR 2007, 336: lediglich Indiz einer Auslegung.
[7] Undeutlich insoweit leider BayObLG NJW-RR 2005, 505 [1] = IPRspr. 2004 Nr. 197, S. 452 = SchiedsVZ 2004, 316, 317: „einzelne Stadt oder politische Gemeinde".

§ 1043 7–10   Buch 10. Abschnitt 5. Durchführung des schiedsrichterlichen Verfahrens

OLG-Benennung (§ 1062 Abs. 1, 1. Var.) oder gerichtsseitige OLG-Bestimmung (§ 36 Abs. 2). Daher scheint Kleinlichkeit allemal nicht angebracht, solange dabei nur glasklar Deutschlandbezug vorliegt! Aber Präzision empfiehlt sich insofern doch trotzdem, eine Postleitzahl wird gezielt Zweifeln vorbeugen.

7   **a) Durch Vereinbarung (Abs. 1 S. 1).** Es bedarf keiner faktisch verkörperten Sachnähe des Schiedsorts, weder in persönlicher Hinsicht (Parteien, Gericht) noch unter sachlichen Aspekten (Streitgegenstand; Verfahrensgang). Er kann absolut „willkürlich"[8] gewählt sein, vor allem um einen „Heimvorteil" sich abzusichern.[9] Die entsprechende Vereinbarung mag (muss aber nicht!) mit der **Schiedsvereinbarung** sogleich schon erfolgen (dann Formpflicht nach § 1031!) oder später noch, alsdann auch *formlos*[10] – § 38 gilt dafür nicht![11] Dies scheint aber kaum ratsam, denn notfalls muss den (Schieds-)Richtern ja später einmal beweisbar dargelegt werden können, dass sich die Parteien vorab geeinigt haben. Man sollte deshalb auch sparsam mit der Annahme *konkludenter* Abreden sein.[12]

8   Die Vereinbarung ist aber nicht etwa „delegierbar" auf einen Dritten;[13] dagegen spricht der Normwortlaut, der positive Ortsbestimmung verlangt und ansonsten Gerichtskompetenz verordnet. Statthaft bleibt natürlich die Bestimmung durch Bezugnahme auf eine institutionell vorgegebene **Schiedsordnung** (§ 1043 Abs. 3, 2. Var.), wenn sie dies entsprechend festschreibt (zB § 20 Nr. 5 Hamburger Platzusancen); überregionale Institutionen überlassen das lieber der Parteiautonomie (zB § 6.3 Abs. 3, 1. Var. mit § 21.1 DIS-SchO; Art. 4 Abs. 3 lit. f, 1. Var. mit Art. 14 Abs. 1 ICC-SchO) und „zentralisieren" nur die eigene logistische Arbeit. Möglich wäre genauso ein Losentscheid gemäß vereinbarter Regel.[14]

9   **b) Aufgrund Anordnung (Abs. 1 S. 2 u. 3).** Benutzen die Parteien ihren Freiraum nicht, ist **subsidiär**[15] **das Schiedsgericht** zur Entscheidung aufgefordert und verpflichtet (S. 2). Es muss alsbald zum Auftakt (nachdem die Konstituierung erfolgt ist, arg. § 1025 Abs. 3[16]) eine **gültige Festlegung treffen,** damit dann der Prozess seinen Rahmen erhält (vgl. § 1025 Abs. 1). Hier besteht kein Alleinentscheidungsrecht des Gerichtsvorsitzenden nach § 1052 Abs. 3,[17] weil keine bloß „einzelne" Verfahrensfrage betroffen ist (§ 1052 Rn. 13). Im Unterschied zu § 1042 Abs. 4 S. 2 kann diese Frage auch nicht offen bleiben, vor allem aber fehlt insoweit „freies" Ermessen: die Entscheidung ist sachgebunden (S. 3 [„**billiges Ermessen"**] contra Abs. 2).

10   Sie ist aber lediglich justiziabel daraufhin, ob die gegebene Parteivorgabe beachtet ist und ferner, dass keinerlei Willkür vorhanden war.[18] – **Sachkriterien:**[19] Erreichbarkeit (zB Zeitaufwand, Reisekosten), Infrastruktur, Geeignetheit der Normvorgaben (ModG bzw. UNÜ),[20] Vermeidung von Anerkennungs- und Vollstreckungsproblemen, Neutralität etc. Dabei sind nicht nur Parteiinteressen zu berücksichtigen (arg. „einschließlich"), vielmehr sämtliche „Umstände des Falles"; indes gehören weder hierher das effektive Prozedere (arg. Abs. 2), eine Gerichtsstandsabrede fürs Staats-

---

[8] *Zöller/Geimer* Rn. 1 mit § 1025 Rn. 2; aA *Calavros,* 1988, S. 108.
[9] Dies bestätigt auch ICC-SG SchiedsVZ 2003, 45, 48 li./re. Sp. [II]. § 1034 Abs. 2 hilft insofern nicht!
[10] *Baumbach/Lauterbach/Hartmann* Rn. 3; *Schlosser* RIPS Rn. 656 aE; *Musielak/Voit* Rn. 2; wohl auch *Thomas/Putzo/Reichold* Rn. 2.
[11] Mindestens recht undeutlich DIS-SG SchiedsVZ 2007, 166, 168 [III 2 d].
[12] AA OLG Brandenburg, Beschl. v. 3. 2. 2003 – 8 SchH 2/02 u. Beschl. v. 26. 6. 2000 – 8 SchH 1/00 (1) [II 1 c bb] (vgl. dazu noch erg. Fn. 15).
[13] AA 1st SN Nr. 71 = *Holtzmann/Neuhaus* S. 596; 1st WGR Nr. 53 = *Holtzmann/Neuhaus* S. 598; 7th SN 20 Nr. 1 = *Holtzmann/Neuhaus* S. 603 u. *Zöller/Geimer* § 1025 Rn. 2 bzw. *Musielak/Voit* Rn. 2 aE. Die entsprechend positive Ermächtigung (Art. 18 Abs. 1 1st Draft) wurde allerdings kommentarlos gestrichen (Art. XVI Abs. 1 S. 1 2nd Draft), und Art. 2 lit. d ModG ist letztlich unrezipiert geblieben.
[14] Dies sinngemäß nach BGHZ 21, 365, 369/370.
[15] Dies verkennen etwa OLG Brandenburg, Beschl. v. 26. 6. 2000 – 8 SchH 1/00 (1) [II 1 c bb mit 2] (hierzu schon oben bei Fn. 12) einerseits, *Lionnet,* FS Böckstiegel, 2001, S. 477, 481 f. [III] (zwangsläufig notwendige Vereinbarung) andererseits.
[16] Sehr unklar hier BT-Drucks. 13/5274 S. 47 li. Sp. [3]: Verfahrensbeginn (?).
[17] BT-Drucks. 13/5274 S. 47 re. Sp. [4] – zust.: *Baumbach/Lauterbach/Hartmann* Rn. 3 aE; *Zimmermann* Rn. 1; *Zöller/Geimer* Rn. 3; *Musielak/Voit* Rn. 3 aE § 1052 Rn. 10; *Lachmann* Rn. 1369 aE mit Rn. 1231; *Schütze* SV Rn. 161 [4. Abs.]; *Calavros,* 1988, S. 108 aE.
[18] *Schütze* SV Rn. 161 [3. Abs.]; hier verkürzend aber *Baumbach/Lauterbach/Hartmann* Rn. 4. – Beispiel: offenkundig reiner Inlandsfall und Bestimmung eines ausländischen Ortes (nur im Erg. so *Musielak/Voit* Rn. 3, wenn er eine konkludente Vereinbarung unterstellt [S. 1]).
[19] Dazu zB auch *Thomas/Putzo/Reichold* Rn. 3; *Baumbach/Lauterbach/Hartmann* Rn. 3; *Zimmermann* Rn. 1; *Holtzmann/Neuhaus* S. 594/595; *Kronke* RIW 1998, 257, 261 [IV 3]; *Hußlein-Stich,* 1990, S. 112. Schief hier *Granzow,* 1988, S. 148.
[20] CR Nr. 179 f. = *Holtzmann/Neuhaus* S. 608.

verfahren[21] (arg. § 1062 Abs. 1, 1. Var.) noch die Bequemlichkeit der Schiedsrichter[22] (die hier „Dienstleister" sind).

3. Abänderung. Die generelle Bedeutung der Schiedsortwahl (Rn. 1 ff., 4 u. 12 f.) macht eine **11 verbindliche Festlegung erforderlich,** die keinen Schwebezustand duldet. Das Bestimmungsrecht ist eigentlich ein einmaliges. Die **gerichtliche Entscheidung (S. 2,** Rn. 9) ist endgültig und muss gleich zu Beginn erfolgen, die Parteien brauchen nämlich vorneweg Klarheit. Die prozessuale Flexibilität ist voll durch Abs. 2 gewährleistet. Die **parteiseitige Entscheidung (S. 1,** Rn. 7 f.) sollte aber erst binden mit Verfahrensbeginn iSv. § 1044. Die Parteien mögen allezeit die Schiedsbindung aufheben (§ 1029 Abs. 1) oder das Schiedsverfahren beenden (§ 1056 Abs. 2 Nr. 2), sie können auch andere positive Vorgaben machen (§ 1042 Abs. 3) – sie dürfen nicht jedoch das normative Anknüpfungsmerkmal (§ 1025 Abs. 1) aushöhlen. Bereits mit Klagerhebung bedarf es klarer Verhältnisse, und jedenfalls mit gerichtlicher Bestimmung entfällt ihre Freiheit[23] – sie müssen sie vorher nutzen!

III. Bedeutung

Der rechtliche Schiedsort im virtuellen Sinne des Abs. 1 (Rn. 1–3 mit Rn. 4) und im Gegensatz **12** zu der faktischen Handhabung nach Abs. 2 (Rn. 1–3 mit Rn. 15) hat insgesamt **grundsätzliche Bedeutung.**[24] Einmal bildet der solcherart fixierte Schiedsort das Anknüpfungsmerkmal des Territorialitätsprinzips (§ 1025 Abs. 1: Inlandsbelegenheit – dazu näher dort Rn. 10–12) und gibt damit erst die Grundlage für die Anwendung der §§ 1026 ff.: **schiedsverfahrensrechtliche Bedeutung.** Hierdurch wird zugleich dann der konkrete Umfang zwingenden Rechts normiert. Ergänzend ist noch an die Dokumentationspflicht des § 1054 Abs. 3 (2. Var. – dazu näher dort Rn. 33 ff.) insoweit zu erinnern: der Schiedsspruch muss zwingend den Erlassort benennen (S. 1) und damit zugleich unwiderleglich fixieren (S. 2). Man wird – mangels anderen Anhalts – auch für mögliche Fristsetzungen die maßgebliche Zeitzone hieran anknüpfen können.[25]

Sodann wirkt dieser Schiedsort als Anknüpfungsmerkmal staatsgerichtlicher Zuständigkeiten, vor **13** allem der örtlichen, dann auch bloß hilfsweise mangels anderer Angabe (§ 1062 Abs. 1 – Ausnahme: Abs. 4 iVm. § 1050!), aber auch der internationalen (§ 1025 Abs. 2: *Auslands*belegenheit [vgl. 1. Var.], wofür man den Ort indes letzthin nicht benötigt [arg. 2. Var.], vgl. § 1025 Rn. 22 ff. bzw. § 1025 Abs. 3: [noch] *mangelnde* [Orts-]Fixierung): **staatsverfahrensrechtliche Bedeutung.** Dazu kommt noch die im Hinblick auf §§ 1060, 1061 für die Vollstreckbarerklärung grundsätzliche Unterscheidung in- und ausländischer Schiedssprüche, denn dafür gilt nicht mehr die Verfahrenstheorie,[26] sondern nunmehr ebenfalls die streng territoriale Anknüpfung[27] (arg. § 1025 Abs. 4 [§ 1025 Rn. 10 mit Rn. 20 f.; § 1060 Rn. 14; § 1061 Rn. 7]); und einzig die im Inland ergangenen (§ 1054 Abs. 3, 2. Var.: zwingende Ortsangabe) Schiedssprüche unterfallen einem Aufhebungsantrag gemäß § 1059 (§ 1059 Rn. 68).

IV. Faktischer Schiedsort (Abs. 2)

Ungeachtet der Festlegung nach Abs. 1 (Rn. 5–10) ist die tatsächliche Durchführung des Verfah- **14** rens **regelmäßig örtlich ungebunden** und auch nicht etwa territorial aufs Inland (§ 1025 Abs. 1!) lokalisiert – es sei denn, die Parteien hätten insoweit etwas anderes *vorab* vereinbart (1. Halbs.). Die **abweichende Parteiabrede** mag schon mit einer Ortsbestimmung gemäß Abs. 1 einhergehen (auch „positive Fixierung": bestimmte Ortsangabe) oder völlig separat erfolgen, und dann nur mit Blick auf Abs. 2 geschehen (bloß „negative Fixierung": keine Ortsabweichung); auch ist eine nur partielle Beschränkung vereinbar. Im Unterschied zu Abs. 1 kann sie auch nachträglich erst vorgenommen werden, indes selbstredend stets nur mit Wirkung ex nunc, oder überhaupt ganz ermangeln – gerade dann erweist sich die Bedeutung des Abs. 2 als Klarstellung zur Dimension schieds-

---

[21] AA BGH NZBau 2007, 301, 302 [19] = ZfBR 2007, 336.
[22] AA *Baumbach/Lauterbach/Hartmann* Rn. 3 im Anschluss an BT-Drucks. 13/5274 S. 47 li. Sp. [4]; wohl auch OLG Brandenburg, Beschl. v. 3. 2. 2003 – 8 SchH 2/02 aE (konkludente Vereinbarung? – siehe dazu bei Fn. 12).
[23] Vgl. *Calavros,* 1988, S. 107 aE (ModG) u. *Rauh,* 1985, S. 78 (SchO) – aA *Hußlein-Stich,* 1990, S. 111 (jederzeit Änderung statthaft); *Schütze* SV Rn. 161 [1. Abs.] (Änderung mit Richterzustimmung).
[24] Dazu erg. auch 1st SN Nr. 72 = *Holtzmann/Neuhaus* S. 597 u. 7th SN Art. 20 Nr. 2 = *Holtzmann/Neuhaus* S. 603/604 bzw. BT-Drucks. 13/5274 S. 47 li. Sp. [2]. Dazu erg. auch *Bühler* IPRax 1987, 253, 254.
[25] *Wegen/Wilske* SchiedsVZ 2003, 124 [III 2].
[26] BGHZ 21, 365, 367; 96, 40, 41; BGH RIW 1988, 642.
[27] BT-Drucks. 13/5274 S. 31 li. Sp.

§ 1044   Buch 10. Abschnitt 5. Durchführung des schiedsrichterlichen Verfahrens

richterlichen Ermessens! Ob eine solche (Sperr-)Abrede einen Sinn macht, müssen die Parteien selbst bedenken; sie verursacht uU höhere Kosten (Anreise, Herbeischaffung von Beweismitteln) bzw. macht richterliche Hilfeleistung (§ 1050 S. 1) erforderlich (dazu näher noch 2. Aufl. Rn. 8).

15 Die Vorschrift erlangt eigenen Sinngehalt eigentlich erst durch ihre Umkehrung, die besagt, dass das faktische Prozedere die zentral bedeutsame rechtliche Anknüpfung gemäß Abs. 1 iVm. § 1025 Abs. 1 (Rn. 1–3, 4 u. 12 f.) ganz unberührt lässt[28] bzw. ein Gebot örtlicher Fixierung fehlt.[29] Maßstab ist die schiedsrichterliche Einschätzung des Einzelfalles („*ihm* geeignet erscheinenden Ort"; insoweit greift auch § 1052 Abs. 3[30]), welche nach **freiem Ermessen** erfolgt (im Unterschied zu Abs. 1, arg. S. 3! [Rn. 9], jedoch in Übereinstimmung mit der Grundregel des § 1042 Abs. 4 S. 1): gesetzlich bedachte ergänzende **Gestaltungsoption**. Das Schiedsgericht muss aber nicht etwa „ausweichen", es kann ebenso gut vor Ort verhandeln.

16 Geht es nach „auswärts", mögen hier je nach Verfahrenssituation ganz unterschiedliche Orte in Betracht kommen – die Norm erfasst **drei Grundsituationen,** welche sie jedoch keineswegs abschließend enumeriert,[31] die vielmehr das gesamte Verfahren abdecken sollen:[32] (1) (Mündliche) **Verhandlung** (1. Var.), soweit denn überhaupt eine solche stattfindet (§ 1047 Abs. 1); bei schriftlichem Verfahren erübrigt sich die Ortsfrage. Die Erwähnung erweitert das ModG[33] und bestätigt letztlich nur die These von der nicht abschließenden Natur. (2) **Beweisaufnahme,** alle klassischen fünf Beweismittel sind im Text angedeutet: Sachverständigenbeweis (Var. 2b mit § 1049: Vernehmung?), Augenschein (4. Var. [§ 1049 Rn. 46–48] – erweiterungsfähig! [auch Hören und Riechen, und nicht nur körperliche Gegenstände]), Parteivernehmung (Var. 2c [§ 1049 Rn. 75–77]), Urkunds- (5. Var. [§ 1049 Rn. 65–74]) und Zeugenbeweis (Var. 2a [§ 1049 Rn. 49–64]). (3) (Mündliche) **Beratung** (3. Var.), die bloß bei kollegial besetzten Gerichten notwendig ist (Plural! – Sonderregelung: § 1052 Abs. 3); das schließt den Erlass des Spruches ein.[34]

§ 1044 Beginn des schiedsrichterlichen Verfahrens

[1] Haben die Parteien nichts anderes vereinbart, so beginnt das schiedsrichterliche Verfahren über eine bestimmte Streitigkeit mit dem Tag, an dem der Beklagte den Antrag, die Streitigkeit einem Schiedsgericht vorzulegen, empfangen hat. [2] Der Antrag muss die Bezeichnung der Parteien, die Angabe des Streitgegenstandes und einen Hinweis auf die Schiedsvereinbarung enthalten.

Schrifttum: *F. Baur,* Rechtshängig – Schiedshängig, FS Fasching, 1988, S. 81; *Bosch,* Rechtskraft und Rechtshängigkeit im Schiedsverfahren, Diss. 1991; *Hauck,* „Schiedshängigkeit" und Verjährungsunterbrechung nach § 220 BGB, 1996; *Junker,* Verjährungsunterbrechung beim Übergang vom Zivilprozeß zum Schiedsverfahren, KTS 1987, 37; *Münch,* Verjährungshemmung durch Erhebung einer Schiedsklage, FS Schlosser, 2005, S. 613; *Sandrock,* Internationale Schiedsgerichtsbarkeit und Verjährung nach deutschem Recht, FS Böckstiegel, 2001, S. 671, 676 ff. [II]; *Schreiber,* Schiedsgericht und Verjährung, FS Schütze, 1999, S. 807.

---

[28] So wie hier OLG Köln, Beschl. v. 30. 9. 2002 – 9 Sch 29/02; wohl auch OLG Düsseldorf, Beschl. v. 6. 7. 1998 – 12 Sch 1/98 [II] – aA OLG München SchiedsVZ 2005, 308, 309 [II 1] (entscheidendes Auslegungsindiz[?]) mit Beschl. v. 25. 9. 2006 – 34 Sch 12/06 [II 1 – JURIS-Rn. 23] bzw. OLG Düsseldorf IPRspr. 2000 Nr. 184, S. 406, 408 (hilfsweise doch effektiver Sitz[?]); sehr unklar auch OLG Hamburg SchiedsVZ 2003, 284, 286 [II 2b] („doppelte" Verortung) – ferner: *Schütze* SV Rn. 162 mit Rn. 288 [2. Abs.] u. wohl auch *Calavros,* 1988, S. 109 (Abs. 1 als „Schwerpunkt") u. *Hußlein-Stich,* 1990, S. 112/113 (Abs. 2 im „Einzelfall").
[29] ICC-SG SchiedsVZ 2003, 45, 48 re. Sp. [II].
[30] *Musielak/Voit* Rn. 5.
[31] AA *Thomas/Putzo/Reichold* Rn. 4. Dazu erg. auch 4th WGR Nr. 78 = *Holtzmann/Neuhaus* S. 601.
[32] *Holtzmann/Neuhaus* S. 595/596. „Tagungsort" (*Zöller/Geimer* Rn. 2 mit Rn. 4) wäre darum hier verkürzend.
[33] BT-Drucks. 13/5274 S. 47 re. Sp. [6].
[34] *Holtzmann/Neuhaus* S. 596; vgl. auch erg. OLG München, Beschl. v. 25. 9. 2006 – 34 Sch 12/06 [II 1 – JURIS-Rn. 23]: Ausfertigung.

Übersicht

	Rn.		Rn.
I. Normzweck	1–3	3. Angabe des Streitgegenstandes (2. Var.)	17–25
II. Verfahrensbeginn (S. 1)	4–12	a) Grundverständnis	17–19
1. Grundlagen	4–6	b) Antragstellung	20–23
a) Vorlageantrag	5	c) Individualisierung	24, 25
b) Klageschrift	6	4. Hinweis auf die Schiedsvereinbarung (3. Var.)	26, 27
2. Antragstellung von Seiten des Klägers	7	5. Vereinbarte Erfordernisse	28
3. Exkurs: Schiedsverfahrensrechtlich angepasste Sachurteilsvoraussetzungen	8–10	IV. Bedeutung bzw. Wirkungen	29–37
4. Empfangnahme auf Seiten des Beklagten	11, 12	1. Verfahrensrechtliche Folgen	29, 30
III. Antragsinhalt (S. 2)	13–28	2. Materiellrechtliche Folgen	31–36
1. Gesetzliche Anforderungen	13	a) Verjährungshemmung	31–35
2. Bezeichnung der Parteien (1. Var.)	14–16	b) Sonstige Nebenfolgen	36
		3. Heilung von Mängeln	37

I. Normzweck

Satz 1 schafft klare Verhältnisse für den **Verfahrensbeginn** und ist insoweit Korrelat zu § 1056, **1** der den Zeitpunkt für das Verfahrensende festlegt. Innerhalb dieses Zeitraums ist das Schiedsverfahren anhängig, danach kommt wieder die staatliche Gerichtsbarkeit zum Zug – mit positiver (§§ 1055, 1060, 1061) oder auch negativer (§ 1059) Zielrichtung. Der genaue Beginn ist dagegen wohl nicht ganz so wichtig, sodass *insoweit* (also nur über den Zeitpunkt [Satz 1], nicht über den Antragsinhalt [Satz 2]!) den Parteien Disposition eröffnet ist. Sie kann auch durch Verweisung auf eine Schiedsordnung geschehen.

Er stellt ein nahezu wortgetreues Abbild von Art. 21 ModG dar und ist ohne nationales Vorbild **2** übernommen worden. Das präzisiert den **Zeitpunkt für die Einwirkung auf die Verjährung** – präjudiziert aber keine solche Wirkung, sondern überlässt diese Gestaltung insgesamt nationalem Recht,[1] das Staats- und Schiedsverfahren hier gleichbehandeln soll;[2] Vorbild war hierfür Art. 14 des UNCITRAL-Übereinkommens zur kaufrechtlichen Verjährungsfrist.[3] Der „zweispurige Lösungsweg" des § 220 BGB mit Unterbrechung des Verjährungslaufs kraft Schiedshängigkeit (Abs. 1: klagegleicher Einleitungsakt [2. Aufl. Rn. 16]) und ohne Schiedshängigkeit (Abs. 2: erforderlicher Mitwirkungsakt [2. Aufl. Rn. 17][4]) ging auf im Hemmungstatbestand des § 204 Abs. 1 Nr. 11 BGB (Rn. 31–35 – wegen Überleitungsrecht siehe 2. Aufl. AktBd. Rn. 7).

Ganz anders **Satz 2**, der konstitutiv wirkt, dessen vorgegebener Mindestinhalt nicht disponibel **3** ist und erst mit dem Regierungsentwurf als eine Art Klarstellung ins Gesetz gekommen ist. Hinter ihm steckt unscheinbar die **Umschreibung des Streitgegenstandes** als Pendant zu § 253 Abs. 2 im staatlichen Verfahren. Die Benennung des Begehrten setzt aber das ModG ebenso implizit voraus.[5] Die Erwägungen zur Modernisierung des Verjährungsrechts bestätigen jetzt zusätzlich, dass der Vorlageantrag des § 1044 die eigentliche Klageerhebung repräsentiert[6] (Rn. 5f., 24 – vgl. auch erg. § 1046 Rn. 2).

II. Verfahrensbeginn (S. 1)

1. Grundlagen. Das Schiedsgericht muss vielfach erst gebildet werden, deshalb erfolgt jedwede **4** Verfahrenseinleitung vom Grundsatz her **mehrstufig:** Vorlageantrag (§ 1044), Konstituierung des Schiedsgerichts (§§ 1034ff.), Klageschrift (§ 1046 Abs. 1). Freilich können diese Stufen auch äußerlich zusammenfallen, soweit der Kläger – was häufig praktisch ratsam ist – seinen Anspruch sofort tatsächlich wie rechtlich umfassend begründet und auch zugleich alle zur Bildung des Schiedsgerichts nötigen Mitwirkungshandlungen vornimmt. Funktionalität entscheidet, nicht etwa die Be-

---

[1] 3rd WGR Nr. 22 = *Holtzmann/Neuhaus* S. 616/617 mit 7th SN Art. 21 Nr. 1 = *Holtzmann/Neuhaus* S. 620 u. CR Nr. 183–186 = *Holtzmann/Neuhaus* S. 625f.
[2] CR Nr. 186 = *Holtzmann/Neuhaus* S. 626 („on equal footing ... in that respect").
[3] 3rd SN Nr. 14–17 = *Holtzmann/Neuhaus* S. 615f.
[4] Vgl. auch erg. *Münch*, FS Schlosser, 2005, S. 613, 616ff. [II 2/3]; *Sandrock*, FS Böckstiegel, 2001, S. 671, 682–687 [II 1 c]; *Schreiber*, FS Schütze, 1999, S. 807, 809–813. [II 2].
[5] 4th WGR Nr. 27 = *Holtzmann/Neuhaus* S. 618.
[6] BT-Drucks. 14/6040, S. 115 li. Sp. mit BT-Drucks. 14/6857 S. 45 li. Sp.

§ 1044   5–9   Buch 10. Abschnitt 5. Durchführung des schiedsrichterlichen Verfahrens

grifflichkeit; ihr zuliebe ist folgendermaßen zu differenzieren – mag auch die Gesetzesbegründung[7] offensichtlich die Dinge genau umgekehrt herum sehen und beides häufig bei administrierten Schiedsverfahren[8] zusammenfallen:

5   **a) Vorlageantrag.** Der „Vorlageantrag" des § 1044 ist eigentlich **Klageerhebung** mit allen Anforderungen an eine Klageschrift. Er muss tatbestandlich den Streitgegenstand **individualisieren** (S. 2 als „§ 253 Abs. 2 des Schiedsverfahrens") und ferner den Gegner informieren (S. 1 wie § 253 Abs. 1). Das gehört zur **Zulässigkeit:** dem Gegner wird gesagt, was auf ihn konkret denn zukommt (Rn. 24). Diese Bekanntgabe ist unerlässlich (§ 1059 Abs. 2 Nr. 1 b, Var. 1 b). Lediglich der Zeitpunkt des Verfahrensbeginns ist verfügbar; so könnte man regeln, dass schon der Klageeingang bei einer konkreten Schiedsinstitution ausreicht[9] (zB § 6.1 S. 2 DIS-SchO).

6   **b) Klageschrift.** Die „Klageschrift" des § 1046 S. 1, 1. Var. (mit S. 2) ist eigentlich nur **Klagebegründung,** also nicht etwa notwendiger, sondern allein instruktioneller Inhalt der Klage, wenn beide Akte insoweit überhaupt gemeinsam erfolgen. Ihr Pendant ist demnach § 253 Abs. 4 mit § 130 Nr. 3–5. Diese Angaben haben nichts (mehr) mit der Bestimmung des Streitgegenstandes zu tun, sie gehören zur **Begründetheit,** müssen das Klagebegehren – rechtlich wie tatsächlich (§ 1046 Rn. 2 ff.) **verifizieren:** Schlüssigkeit, Substantiierung, Beweiserhebung – das ist der allemal andere Maßstab, an dem sich der Klägervortrag hierbei orientieren muss.

7   **2. Antragstellung von Seiten des Klägers.** Der Kläger muss unbedingt und eindeutig beantragen, die Streitigkeit einem Schiedsgericht vorzulegen. Unbestimmte Absichtserklärungen genügen hierzu nicht,[10] erforderlich ist vielmehr das **verbindliche Rechtsschutzbegehren,** die darin „bestimmte Streitigkeit" (S. 1) kraft der Schiedsvereinbarung (S. 2) schiedsgerichtlich entscheiden zu lassen. Diese Doppelung scheint darum wichtig, weil eine Schiedsklausel mehrere Rechtsstreite decken kann und auch, damit eine unzweifelhafte „Abwahl" staatlichen Rechtsschutzes vorliegt. Die Überschrift (Antrag, Klage, Begehren etc.) und der Adressat (Gericht oder Gegner) geben dabei indessen keine große Hilfestellung – es kommt auf die ganze Erklärung an. **Hilfsanträge** sind solange unbedenklich, wie sie lediglich innerprozessuale Bedingungen enthalten und das Rechtsschutzgesuch insgesamt nicht in der Schwebe lassen. Zu den inhaltlichen Einzelheiten unten Rn. 13 ff.

8   **3. Exkurs: Schiedsverfahrensrechtlich angepasste Sachurteilsvoraussetzungen.** Die Zulässigkeit der Antragstellung wird zunächst nicht geprüft. Eine **Kompetenz(prüfung)** nach § 1040 Abs. 1 S. 1 erfordert aber umgekehrt auch den formgerechten Verfahrensbeginn des S. 1 (Rn. 7 mit Rn. 11) mit ordnungsgemäßem Klageinhalt nach S. 2 (Rn. 14–27). Daneben ist allemal natürlich Schiedsbindung notwendig (§ 1029 Abs. 1). In diesem Zusammenhang stellt sich dann auch schon die Frage des statthaften – bürgerlich-rechtlichen – Rechtsweges (§ 13 GVG – vgl. § 1029 Rn. 76 f. mit § 1025 Rn. 9). Im Prinzip gelten dazuhin die eingespielten (Zulässigkeits-)Erfordernisse (Vor §§ 253 ff. Rn. 4 ff.) mit vereinzelter schiedsverfahrensrechtlicher Modifikation vermittels vertraglicher Einbindung (Rn. 9 f.). **Besondere Prozessvoraussetzungen** entfallen (arg. § 1042 Abs. 4 S. 1) – es sei denn, sie wären zusätzlich extra vereinbart – für **allgemeine Prozessvoraussetzungen** gilt:

9   **Gerichtsbezogene Voraussetzungen** (sachliche/örtliche Zuständigkeit) bereiten selten einmal Probleme, weil ausnahmsweise bloß verschiedene (institutionelle) Schiedsgerichte konkurrieren. **Parteibezogene Voraussetzungen** (Partei-/Prozessfähigkeit) begrenzen das Verfahren[11] (aber: § 1029 Rn. 18: Rechts-/Geschäftsfähigkeit), ohne dass eine Heilungsmöglichkeit im späteren Vollstreckbarerklärungsverfahren aushilft.[12] Ohne weitere Vereinbarung besteht kein Anwaltszwang, die anwaltliche Postulationsfähigkeit ist unbeschränkt und auch nicht beschränkbar (§ 1042 Abs. 2). Hinsichtlich der Prozessführungsbefugnis ist die Eigenheit zu beachten, dass Prozessstandschaft nur

---

[7] BT-Drucks. 13/5274 S. 48 – zu § 1044 [3]: Schlüssigkeit (Rn. 6 mit § 1046 Rn. 5) bzw. zu § 1046 [2]: Identifizierung (Rn. 6 mit § 1046 Rn. 2; dazu erg. noch hier Rn. 17–25).
„Verquer" auch *Schütze* SV Rn. 166 (S. 89 mit S. 90); *Thomas/Putzo/Reichold* § 1046 Rn. 2; *Musielak/Voit* § 1046 Rn. 1 f.; *Baumbach/Lauterbach/Hartmann* § 1046 Rn. 2; *Zöller/Geimer* § 1046 Rn. 1; *Lachmann* Rn. 1443 u. Rn. 1445; *Stein/Jonas/Schlosser* Rn. 1 (der insgesamt 2. Aufl. Rn. 2 missdeutet); OLG München, Beschl. v. 20. 12. 2006 – 34 Sch 27/06 [II 3 b (3)] u. BayObLG, Beschl. v. 29. 9. 1999 – 4Z Sch 2/99 [II 2]. Noch anders wiederum *Jauernig* ZPR § 92 V: *Kumulation* sei erst die Klageschrift.
Näher dazu *Münch*, FS Schlosser, 2005, S. 613, 623–625 [II 4]; wohl ebenso hier (nur) *Musielak/Voit* Rn. 1 f. (jedoch ohne Antrag [näher dazu unten Rn. 20–23] und in Widerspruch zu § 1046 Rn. 1 f.).
[8] *M. Wilke* RIW 2007, 189, 190 [II 1 a/b].
[9] 7th SN Art. 21 Nr. 3 = *Holtzmann/Neuhaus* S. 620; CR Nr. 187 = *Holtzmann/Neuhaus* S. 626.
[10] 7th SN Art. 21 Nr. 2 = *Holtzmann/Neuhaus* S. 620; *Calavros*, 1988, S. 109.
[11] *Schütze* SV Rn. 79–82; *Schwab/Walter* Rn. 16.14.
[12] KG JW 1937, 554, 556 mit zust. Anm. *Kisch.*

insoweit – eingeschränkt – zulässig ist, als auch der tatsächliche Rechtsträger durch die Schiedsvereinbarung und (dann auch) den Schiedsspruch gebunden ist.[13] **Streitgegenstandsbezogene** Voraussetzungen sind ebenso zu achten:

Bei identischem Streitgegenstand (Rn. 17–25) schadet anderweitige Schiedshängigkeit (Rn. 30), die selten vorkommen dürfte, nicht aber die anderweitige Rechtshängigkeit vor Staatsgerichten (arg. § 1032 Abs. 3 – uU dann jedoch Aussetzung analog § 148, § 1032 Rn. 32). Eine rechtskräftige Entscheidung über denselben Streitgegenstand (§ 322 oder § 1055) darf hingegen keinesfalls ergangen sein (arg. § 1059 Abs. 2 Nr. 2 b, dazu näher dort Rn. 38 ff., 45). Die Anforderungen ans Rechtsschutzbedürfnis sind indessen eher geringer; die Schutzfunktion für die staatliche Rechtspflege kommt hier, wo das Schiedsgericht von den Parteien selbst eingerichtet und bezahlt wird, nicht in gleichem Maße zum tragen, und auch die Schutzfunktion gegenüber dem Beklagten tritt infolge vertraglicher Bindung etwas zurück – Missbräuche kann man über die Kostenfolge (§ 1057 Abs. 1 S. 2) „abstrafen".

4. Empfangnahme auf Seiten des Beklagten. „Empfang" bedeutet Zugehen (Rn. 12 mit § 1028 Rn. 17)[14] und impliziert weder Kenntnisnahme noch Körperlichkeit. Überhaupt besteht **keine gesetzliche Formvorgabe**, denn weder wird Schriftform vorgeschrieben (anders § 253 Abs. 2: „Klage*schrift*") noch insoweit Unterschrift verlangt[15] (§ 130 Nr. 6: „müssen" statt „sollen", dazu näher § 129 Rn. 9) oder nur eine förmliche Übermittlungsart verordnet (anders § 253 Abs. 1: „Zustellung"). Nichts verbietet mithin die mündliche, telefonische oder elektronische (e-mail) Schiedsklage[16] – es sei denn, die Parteien hätten insoweit Formzwang besonders abgemacht (arg. § 1042 Abs. 3). Das kann indirekt auch erfolgen durch Berufung einer institutionellen Schiedsordnung.[17] Regelfall ist weiterhin aber wohl doch Schriftlichkeit, was aber nicht zwingend Schriftform mit Unterschrift (iSv. § 126 Abs. 1 BGB) bedeuten muss.

Ist nichts vereinbart, so hat der Kläger den **Zugang** des Antrages (binnenrechtlich in Anlehnung an § 130 Abs. 1 BGB zu konkretisieren[18]) beim Beklagten **durch geeignete Mittel nachzuweisen** (förmliche Zustellung, Einschreiben gegen Rückschein, Zeugen etc.) – dies rät doch zur Schriftlichkeit, zumal mit Blick auf § 1028 Abs. 1! Was Zugang ist, bestimmt das Vertrags- bzw. Schuldstatut („Wirkungsstatut"), und zwar der bindenden Schiedsvereinbarung (§ 1029 Rn. 27 ff.). Sie wird hier mit prozessualer Zielsetzung verwirklicht und zusätzlich auch überlagert (arg. § 1028 Abs. 1), sodass eine derartige Anknüpfung naheliegt. Hiergegen muss das Ortsrecht zurückstehen, das allenfalls vorher partiellen Schutz bietet (Art. 31 Abs. 2 EGBGB) – besteht eine Schiedsvereinbarung aber wirksam (und trifft sie für später keine Vorkehrung), darf man sich letztlich darauf verlassen.

III. Antragsinhalt (S. 2)

1. Gesetzliche Anforderungen. S. 2 (spezielle Inhaltsangaben) fixiert im Verbund mit S. 1 (generelle Antragsvorgabe) als Pendant des § 253 Abs. 2 den Mindestinhalt der Klageschrift im Schiedsverfahren, der unabdingbares **Wirksamkeitserfordernis** ist.[19] Auch institutionelle Schiedsgerichte dürfen nicht amtswegig tätig werden; bei Mängeln fordern sie idR zur zügigen Abhilfe auf (§ 6.4 Abs. 1 DIS-SchO – Konsequenz: § 6.4 Abs. 2 DIS-SchO). Erst jener Antrag aktualisiert die verabredete Schiedsbindung (§ 1029 Abs. 1), die davor nur rein negative Wirkungen zeitigen kann (§ 1032 Abs. 1). Ohne einen danach wirksamen Antrag bestehen weder Mitwirkungspflichten in der Konstituierungsphase noch anschließend dann Tätigkeitsrechte des Schiedsgerichtes. Die **inhalt-**

---

[13] *Schwab/Walter* Rn. 16.7.
[14] Was unter altem Recht bislang nicht erfordert wurde: RG Gruchot 51 (1907), 1086, 1088.
[15] AA *Baumbach/Lauterbach/Hartmann* Rn. 2 (Schrift [arg. Empfang]) – so wie hier OLG Celle NJOZ 2007, 648, 656/657 [II 2 c bb]; *Hauck*, 1996, S. 113 f.; *Musielak/Voit* Rn. 2; *Stein/Jonas/Schlosser* Rn. 2 – ferner auch zB *Schütze* SV Rn 166 (S. 89/90) mit *Schütze/Tscherning/Wais* Rn. 373: (obwohl) *praktisch* Schriftform maßgebend.
[16] RG Gruchot 51 (1907), 1086, 1088; OLG Breslau OLGRspr. 34 (1917), 16, 17; OLG Hamburg MDR 1965, 54: jede beliebige Form; *Wieczorek/Schütze* § 1034 aF Rn. 27; *Glossner/Bredow/Bühler* Rn. 339; *Schütze/Tscherning/Wais* Rn. 373; *Schütze/Theune* § 5 DIS-SchO Rn. 2 – aA *Hußlein-Stich*, 1990, S. 115; *Baumbach/Lauterbach/Hartmann* Rn. 2; *Hauck*, 1996, S. 156.
[17] So impliziert zB § 5.1 DIS-SchO die Beachtung der klassischen Schriftform (Übersendung für „Schiedsklage und *Schriftsätze* ..." [S. 1] bzw. „Alle anderen *Schriftstücke* ..." [S. 2]) und § 6.1 DIS-SchO modifiziert den Adressaten (DIS-Geschäftsstelle).
[18] *Hauck*, 1996, S. 161; *Musielak/Voit* Rn. 3; *Zimmermann* Rn. 1; *von Bernuth/Hoffmann* SchiedsVZ 2006, 127 Fn. 1 mit S. 130 [III 3].
[19] *Thomas/Putzo/Reichold* Rn. 1; *Lörcher/Lörcher* Rn. 233.

lichen Erfordernisse sind im Vergleich zu § 253 Abs. 2 freilich schiedsspezifisch angepasst (und deutlich Art. 3 Abs. 3 SchO entlehnt):

14   **2. Bezeichnung der Parteien (1. Var.).** Die **Parteienbezeichnung** (1. Var. bzw. § 6.2.1 DIS-SchO; Art. 3 Abs. 3 lit. b SchO: „Namen und Anschriften" – in Anlehnung an § 253 Abs. 2 Nr. 1, 1. Var.)[20] muss die zweifelsfreie Identifizierung der am Schiedsverfahren in Parteistellung beteiligten Personen ermöglichen. Hilfreich, aber nicht etwa notwendig erscheint ein Rückgriff auf § 130 Nr. 1 („Bezeichnung ... nach Namen, Stand oder Gewerbe, Wohnort [Adresse] und Parteistellung" – näher § 253 Rn. 46 ff.); die bloße (Selbst-)Benennung eines befassten Anwaltes genügt dafür sicher nicht.

15   Die Identität muss für einen neutralen Dritten evident erkennbar sein, ohne dass aber insoweit Auslegung verwehrt wäre. Das kann zB auch die Vorlegung der selbständigen Schiedsvereinbarung (§ 1029 Abs. 2, 1. Var.) und auch des Hauptvertrages mit Schiedsklausel (§ 1029 Abs. 2, 2. Var.) ermöglichen, welche an sich jedoch unnötig wäre (Rn. 27); anders indes soweit mehrere Beteiligte handeln und womöglich ein heikles Mehrparteienverfahren ansteht (§ 1029 Rn. 55 ff.). Bei subjektiver Klagehäufung ist ganz generell auch die Rechtsstellung zu konkretisieren. Präzision erscheint angezeigt, anfängliche Schlampigkeit rächt sich meist, spätestens vor dem Staatsgericht und in der Vollstreckung.

16   Auch schiedsverfahrensrechtlich gilt der **formelle Parteibegriff** (Vor §§ 50 ff. Rn. 2 f.): Kläger ist, wer den Vorlageantrag (S. 1) stellt und mithin in eigenem Namen konkret Rechtsschutz begehrt; Beklagter ist, gegen wen jenes Begehren zielt; die Schiedsbindung erheischt dafür keine Bedeutung. Der Beklagte muss nach S. 1 auch „Antragsempfänger" sein. Erst das aktualisiert die (schiedsvertraglichen) Einlassungs- und Mitwirkungslasten. Eine unrichtige oder unpräzise Parteibezeichnung sollte notfalls später das Schiedsgericht amtswegig richtig stellen.[21]

17   **3. Angabe des Streitgegenstandes (2. Var.). a) Grundverständnis.** Die Angabe des Streitgegenstandes (2. Var. – in Anlehnung an § 253 Abs. 2 Nr. 2) ist Zentralaussage der Antragstellung iSv. S. 1 („bestimmte Streitigkeit" – ModG: „particular dispute") und **Wesensinhalt einer jeden Schiedsklage** (Rn. 5). Der Gesetzgeber benutzt weder die Trias des § 253 Abs. 2 Nr. 2, die teilweise auch irreführt (§ 253 Rn. 69 ff.), noch war von ihm hier das freimütige Bekenntnis zum **klassischen zweigliedrigen Verständnis** (näher dazu Vor §§ 253 ff. Rn. 32 f.) letzthin zu erwarten; der Gesetzgeber begnügt sich einfach mit der ausfüllungsbedürftigen Floskel „Streitgegenstand".

18   An anderer Stelle bemühte er sich aber um Aufhellung: „der durch Anspruch *und* anspruchsbegründende Tatsachen umrissene Streitgegenstand gehört zum notwendigen Inhalt jeder Klage und ist folglich nicht disponibel."[22] Diese Aussage bleibt allemal recht kryptisch, mag sie ein zweigliedriges Verständnis immerhin doch andeuten. Bedenkt man dazuhin, dass diese Aufklärung ja 1046 beigegeben wurde, dh. unter vollkommen falschen Vorzeichen steht (Rn. 6), und also daher stur auf Art. 23 Abs. 1 S. 1 ModG abzielt, läutert das den ersten Eindruck weiter: Anspruch (ModG: „relief or remedy") steht dann für Beanspruchtes oder Klagebegehren, so wie es die übliche **Antragstellung** vorgibt (genauso § 6.2.2 DIS-SchO: „einen bestimmten Antrag" [vgl. § 253 Rn. 88 ff.]), und anspruchsbegründende Tatsachen (ModG: „facts supporting his claim") umschreibt die Angabe des befangenen **Lebenssachverhaltes** (ähnlich § 6.2.3 DIS-SchO: „Angaben zu den Tatsachen und Umständen, auf die die Klageansprüche gegründet werden" [vgl. § 253 Rn. 75 ff.]).[23]

19   Die UNCITRAL-Schiedsordnung (Art. 3 Abs. 3 lit. f [„Klagebegehren"] und lit. e [„Anspruchsart"]) fordert das alles mit Recht bereits zur Erhebung der Schiedsklage. Klagen, die keine genügende Fixierung enthalten, werden wie üblich als unzulässig abgewiesen,[24] soweit nicht einmal großherzige Auslegung weiterhilft. Der prozessuale Anspruchsbegriff mit seinen wichtigen Funktionsaspekten[25] schlägt zudem die Brücke zum regulären – staatlichen – Verfahren und üblicher prozessualer Dogmatik. So sind ebenso – letztlich trotz Singular! – objektive Anspruchsmehrheiten („Klagehäufung") miterfasst.

20   **b) Antragstellung.** Das Gesetz verlangt streng genommen nur den **Vorlageantrag** (S. 1, Rn. 7), welcher dann seinerseits aber Angaben zum konkreten Streitgegenstand abfordert (S. 2). Das

---

[20] Nicht auch des Gerichts (2. Var.), welches ja zumeist erst konstituiert wird (daher: Klageerhebung im „Direktverkehr"!).
[21] RGZ 157, 369, 375 (allgemein).
[22] BT-Drucks. 13/5274 S. 48 re. Sp. zu § 1046 [2 aE] als wörtliche Übernahme aus Kom.-Ber. S. 153 (Hervorhebung vom Verfasser).
[23] *Thomas/Putzo/Reichold* Rn. 1 aE mit § 1046 Rn. 2; *Lörcher/Lörcher* Rn. 232.
[24] *Thomas/Putzo/Reichold* § 1046 Rn. 3.
[25] Näher dazu *Münch*, Vollstreckbare Urkunde ..., 1989, § 9 III, S. 166 ff. mit § 8 II, S. 131–134 einerseits bzw. § 4 III, S. 46 ff. anderseits.

Beginn des schiedsrichterlichen Verfahrens **21–26 § 1044**

impliziert den **Klageantrag** (als Ausdruck der klägerischen Disposition [Rn. 13] und Charakteristikum für den Streitgegenstand [Rn. 17 f.]). So wie auch sonst empfiehlt sich dringlich, einen (möglichst) bestimmten Antrag vorzugeben.[26] Aber für eine blindwütig strenge Handhabung des Antragsgebotes im Schiedsverfahren ermangelt jedes Bedürfnis.

Dieses gilt einmal für das **Bestimmtheitsgebot** (§ 253 Abs. 2 Nr. 2 aE), das S. 1 allein auf den Streit insgesamt angewandt wissen will. Entscheidend ist am Ende ja nur, dass für Rechtskraft (§ 1055) und die Titulierung (§ 794 Abs. 1 Nr. 4a) genügend Klarheit herrscht,[27] um die Konsequenz effektiv umzusetzen. Hier genießt das (Schieds-)Gericht insgesamt große Freiräume. Das Begehren muss nur durchweg dem Vortrag des Klägers eindeutig zu entnehmen sein, ohne dass aber dafür förmliche Antragstellung insgesamt nötig wäre.[28] 21

Es fehlt demgemäß zudem am **Ausdrücklichkeitsgebot,** was folglich stillschweigende („implizite") Antragstellung eröffnet: der Antrag bedarf weder ausdrücklicher Kundgabe noch schriftlicher Abfassung[29] (arg. § 1042 Abs. 4 S. 1). Das Schiedsgericht wirkt also nicht bloß auf sachdienliche Antragstellung hin (so wie dies gemäß § 139 Abs. 1 S. 1 der Fall ist!), sondern darf direkter noch helfend beispringen bzw. eingreifen. 22

Dem korreliert noch zusätzlich die Auflockerung der **Antragsbindung** (§ 308 Abs. 1): dem konkludenten Antrag stattzugeben bewirkt nichts anderes, als über die ausdrückliche Antragstellung hinauszugehen[30] (plus) oder von ihr auch abzuweichen (aliud). Schiedsgerichte sollen Rechtsstreite wirtschaftlich zweckmäßig – umfassend und praktisch – entscheiden.[31] Doch muss dazu stets rechtliches Gehör (§ 1042 Abs. 1 S. 2) eröffnet worden sein und auch die Schiedsbindung global gewahrt werden (§ 1059 Abs. 2 Nr. 1 c, 1. Halbs.). 23

c) **Individualisierung.** Die Streitgegenstandsumschreibung ist Grundlage der **Risikoabschätzung** des Beklagten (wobei ein Mehr aber nie stört!).[32] § 1044 S. 2 fordert im Vorfeld nur die Umschreibung des Streitstoffs; § 1046 Abs. 1 S. 1 verpflichtet dann später erst zur Fundierung des Begehrten (siehe auch schon Rn. 5 f.). Ein darüber hinausgehender Vortrag von Tatsachen im Einzelnen ist nicht erforderlich und kann der Klagebegründung vorbehalten bleiben. Damit sind weder Substantiierung der Sachschilderung noch eine subsumtive Schlüssigkeit abverlangt.[33] Das alles ist hilfreiches, indes eben nicht notwendiges „Beiwerk", so wie nach § 253 Abs. 4 iVm. § 130 Nr. 3–5. – Konkret: 24

Dafür reicht nicht allein die Benennung des Begehrens[34] oder doch allenfalls bloß dort, wo **Individualansprüche** iSv. §§ 883ff., Feststellungs- oder Gestaltungsbegehren im Raum stehen (eingliedriger Ansatz),[35] die schon ohnedies unverwechselbar dastehen; bei **Zahlungsansprüchen** iSv. §§ 803ff. und Gattungsschulden ist damit dagegen nicht auszukommen (zweigliedrige Lösung),[36] weil genauso sehr dort nähere **Individualisierung** nottut. § 1044 S. 2, 2. Var. führt so letztlich zu einer Individualisierung des Streitgegenstandes in spürbarer Anlehnung an § 690 Abs. 1 Nr. 3[37] („Bezeichnung des Anspruchs unter bestimmter Angabe der verlangten Leistung …"). 25

4. Hinweis auf die Schiedsvereinbarung (3. Var.). Unabdingbar erscheint schließlich ein Hinweis auf die Schiedsvereinbarung (3. Var.; viel pragmatischer hier § 6.2.4 DIS-SchO: „Wieder- 26

---

[26] Lesenswert *Wirth*, FS Kellerhals, 2005, S. 145, 149 ff. (154–158) [CH] – vgl. auch erg. *Lachmann* Rn. 760 mit Fn. 8 (S. 203) einerseits, Rn. 1444 andererseits.
[27] Zur Möglichkeit der Auslegung § 1058 Abs. 1 Nr. 2; vgl. noch erg. § 1055 Rn. 14–16, § 1060 Rn. 24.
[28] *Thomas/Putzo/Reichold* § 1046 Rn. 2 („unzweifelhaft bestimmbar"); *Musielak/Voit* § 1046 Rn. 2 mit § 1042 Rn. 19; *Baumbach/Lauterbach/Hartmann* Rn. 2 („Begehren deutlich dargestellt") – sowie bislang schon: 1. Aufl. § 1034 aF Rn. 26; *Stein/Jonas/Schlosser* § 1042 Rn. 19; *Wieczorek/Schütze* § 1034 aF Rn. 27 u. *Schütze/Tscherning/Wais* Rn. 374; *Schwab/Walter*, 5. Aufl., Rn. 16.2. AA jedoch nun *Schwab/Walter* Rn. 16.2.
[29] RGZ 8, 377, 379; 149, 45, 49 = JW 1935, 2623 f. m. krit. Anm. *Thomas* – abweichende Vereinbarung (§ 1042 Abs. 3) vorbehalten; BGH NJW 1959, 1493, 1494; OLG Hamm v. 26. 4. 2001 – 24 U 117/00 [A I] („Jedenfalls nach der alten Rechtslage …"[?]) – aA OLG München, Beschl. v. 20. 12. 2006 – 34 Sch 27/06 [II 3 b (3)].
[30] So sieht es wohl auch RGZ 149, 45, 49; HansRGZ 19 (1936) Abt. B S. 38, 39; vgl. auch RG LZ 7 (1913), 616 Nr. 34 (keine Bindung an Anträge); allerdings zu weitherzig OLG Königsberg OLGRspr. 5 (1902), 207, 208 (obiter). Viel strenger noch ROHG 3, 167, 172: „Akt reiner Willkühr".
[31] RGZ 149, 49, 50 mit RG HRR 1935 Nr. 1254 u. BGH NJW 1959, 1493, 1494; BayObLGZ 1929, 531, 549; OLG Hamburg KTS 1983, 449, 504.
[32] Demnach durchaus korrekt BT-Drucks. 13/5274 S. 48 li. Sp. [3 aE].
[33] So auch *Lachmann* Rn. 759 mit Fn. 4 (S. 203) – trotz des Rates zur „Schlüssigkeitsprüfung" *(der Zuständigkeit des Schiedsgerichts!).*
[34] So aber zB *Hußlein-Stich,* 1990, S. 114; *Calavros,* 1988, S. 109 f.
[35] Grundlegend *K.-H. Schwab,* Streitgegenstand, 1954, S. 183 ff.
[36] Grundlegend *Habscheid,* Streitgegenstand, 1956, S. 184 ff., 206 ff.
[37] *Musielak/Voit* Rn. 2; *Thomas/Putzo/Reichold* Rn. 1 aE.

§ 1044 27–30 Buch 10. Abschnitt 5. Durchführung des schiedsrichterlichen Verfahrens

gabe", indes schwächer schon Art. 3 Abs. 3 lit. c SchO: „Bezugnahme"), sei sie Abrede oder Klausel (§ 1029 Abs. 2). Jenem Erfordernis fehlt zwar ein parates staatliches Vorbild, indes nur darum, weil ja Staatsgerichte an sich konstituiert schon bereitstehen und lediglich alsdann eine Auswahl notwendig ist: Pendant wäre demnach also § 253 Abs. 2 Nr. 1, 2. Var. – es geht um fundierte schiedsgerichtliche Kompetenz. Hier wirken insoweit 1. u. 3. Var. zusammen und bezeichnen die Prozessrechtssubjekte (1. Var.) sowie deren Schiedsbefangenheit (3. Var.). Schiedsbindung ist Vertragswirkung *zwischen den Parteien* (§ 1029 Rn. 44); Ausnahme: § 1066 – dort bedarf es analog dann des Hinweises auf den außervertraglichen Ermächtigungstatbestand.

27 Für das **Schiedsgericht** ist die Schiedsvereinbarung zweifach relevant, einerseits als kontrollpflichtige Kompetenzgrundlage (§ 1040 Abs. 1 S. 1, 2. Halbs.) und andererseits als ergänzende autonome Grundlage des weiteren Prozedere (§ 1042 Abs. 3 versus Abs. 4 S. 1). Dazu genügt aber der bloße Hinweis nicht, welchen das Gesetz nur fordert;[38] eine nähere Kennzeichnung oder gar das Beifügen einer Abschrift erscheint zwar hilfreich, zu dieser Zeit jedoch noch nicht notwendig.[39] Das Erfordernis zielt eher daher auf den **Schiedsbeklagten** und hat Hinweis- und Warnfunktion: Welche Schiedsvereinbarung greift? Was begründet überhaupt die Schiedsbindung. Das erheischt Bedeutung für § 1031 Abs. 6 (rügelose Einlassung) und § 1040 Abs. 2 S. 1 mit S. 4 (fristgemäße Kompetenzrüge). Darin steckt sogar ein Keim eines „prozessimmanent begründeten Neuabschlusses" (§ 1040 Rn. 33 ff.).

28 **5. Vereinbarte Erfordernisse.** Weitergehende Anforderungen können vereinbart werden[40] – S. 2 ist vertraglich ergänzend „anreicherbar", aber nicht auch „ausdünnbar"; er benennt den unabdingbaren Minimalgehalt des (Vorlage-)Antrags iSv. S. 1. Eine autonome *strengere* Gestaltung bleibt unbenommen. Die Parteien können auch den Grad der absoluten Verbindlichkeit variieren. Sie mögen **notwendige Erfordernisse** aufstellen (§ 6.2.5 DIS-SchO [„muss"]: Schiedsrichterbenennung [Ausnahme: Einzelschiedsrichter], die dadurch Außenwirksamkeit erlangt, § 1035 Abs. 2) oder sich mit **lediglich instruktionellen Hinweisen** (in Anlehnung an § 253 Abs. 3/4 iVm. §§ 130–133) zufriedengeben (§ 6.3 DIS-SchO [„soll"]: Streitwertangabe; Benennungsvorschläge bei Einzelschiedsrichter; Angaben zu Schiedsort [§ 1043 Abs. 1 S. 1], Verfahrenssprache [§ 1045 Abs. 1 S. 1] „und dem anwendbaren Recht" [§ 1051]). Bei ständigen Schiedsgerichten existiert dazuhin idR die Pflicht zur Beifügung von Mehrfachexemplaren (§ 4 DIS-SchO) sowie vor allem zum **Kostenvorschuss** (§ 7 DIS-SchO).

IV. Bedeutung bzw. Wirkungen

29 **1. Verfahrensrechtliche Folgen.** Die Vorschrift **deklariert** den Verfahrensbeginn und fungiert als Einleitungsakt iSv. § 1059 Abs. 2, Nr. 1b Var. 1a („von dem schiedsrichterlichen Verfahren ... gehörig in Kenntnis gesetzt"); Staatsverfahren bleiben jedoch auch weiter möglich (arg. §§ 1032 Abs. 3, 1034 Abs. 2 S. 3 bzw. § 1033). Eine Bestellungshilfe nach § 1035 Abs. 3–5 setzt genauso natürlich zwecks Rechtsschutzbedürfnisses den Verfahrenseinleitungsakt voraus. Antragstellung (Rn. 7) und Empfangnahme (Rn. 11 f.) begründen indes **keinerlei Rechtshängigkeit** iSv. § 261 Abs. 3[41] – die Staatsgerichte verlangen Schiedseinrede (§ 261 Abs. 3 Nr. 1 mit § 1032 Abs. 1), die Schiedsgerichte unterstehen dem abändernden Parteiwillen (§ 261 Abs. 3 Nr. 2 mit § 1029 Abs. 1).

30 Regelmäßig wird auch noch keinerlei **Schiedshängigkeit** eintreten, verstanden als eine Art internes schiedsprozessuales Analogon – unabdingbar ist dafür ein Prozessrechtsverhältnis, wohl zwischen den Parteien, aber inklusive des Gerichtes. Dieses wird herkömmlich aber nachfolgend erst konstituiert, sodass dann jener Zeitpunkt zählt.[42] Anders natürlich, soweit ein institutionalisiertes

---

[38] AA (prüfungsfähige Klägerangaben erforderlich) *Zöller/Geimer* Rn. 2 aE einerseits (Gerichtssicht) bzw. *Stein/Jonas/Schlosser* Rn. 1 andererseits (Beklagtensicht). Zu lasch dagegen *Staudinger/Peters* § 204 BGB Rn. 101 [1. Abs.] („muß nur deutlich werden, daß eben ein Schiedsgericht entscheiden soll").

[39] *Musielak/Voit* Rn. 2 aE; *Zöller/Geimer* Rn. 2; *Lachmann* Rn. 760 (etwas widersprüchlich indes Rn. 759 aE: Schlüssigkeit der Zuständigkeit?).

[40] *Schütze* SV Rn. 166 (S. 90) – aber irreführend zur „Schiedsklage nach § 1046 Abs. 1"; *Musielak/Voit* Rn. 8.

[41] BGHZ 41, 104, 107 mit NJW 1958, 950 = JZ 1958, 406 gegen RGZ 88, 179, 183; *Habscheid* KTS 1958, 177, 178 f.; *Triebel/Coenen* RPS 2003 I S. 2, 3 f.; *Stein/Jonas/Schlosser* Rn. 3; *Henn* Rn. 316; *Zöller/Geimer* Rn. 5; *Thomas/Putzo/Reichold* Rn. 2; *Lachmann* Rn. 762 u. Rn. 1450 – aA *Bosch*, 1991, S. 182 ff.; *Beitzke* ZZP 60 (1936/37), 317, 319.

[42] *Bosch*, 1991, S. 174, 207 ff. – anders hier wohl jedoch BT-Drucks. 13/5274 S. 48 li. Sp. [2], ferner: *Schütze* SV Rn. 166 (S. 89); *Baumbach/Lauterbach/Hartmann* Rn. 3 aE mit Rn. 1; *Zöller/Geimer* Rn. 1 mit Rn. 4; *Thomas/Putzo/Reichold* Rn. 2; *Musielak/Voit* Rn. 7 mit § 1042 Rn. 16; *Stein/Jonas/Schlosser* Rn. 4 mit *Schlosser* VIV-Reihe XI (2000), S. 163, 172.

Schiedsgericht angerufen wird (arg. § 261 Abs. 1) und wenn man einem bereits konstituierten Gericht weitere Streitsachen vorlegt (arg. § 261 Abs. 2). Die Schiedshängigkeit ist negative Prozessvoraussetzung betreffs anderweitiger (Schieds-!) Prozesse (Rn. 10): sie wird – freilich nur insoweit – von Amts wegen beachtet[43] und führt zur Abweisung als unzulässig.

2. Materiellrechtliche Folgen. a) Verjährungshemmung. Recht wichtige Folge ist die **31 Hemmung einer Verjährungsfrist** infolge „Schiedshängigkeit" (§ 204 Abs. 1 Nr. 11 BGB)[44] – sie wirkt als zeitweiliger Ruhensgrund mit anschließend ungestörtem Weiterlaufen der Verjährungsfrist (§ 209 BGB/nF = § 205 BGB/aF). Insoweit stehen weiterhin schiedsgerichtliche Geltendmachung und staatsgerichtliche Klageerhebung (§ 204 Abs. 1 Nr. 1 BGB) gleich. Eine Vorwirkung analog § 167 bleibt allerdings versagt bzw. unnötig[45] („Direktverkehr" ohne Zustellungsakt).

Gemeint ist in § 204 Abs. 1 Nr. 11 BGB der **Verfahrensbeginn** iSv. § 1044 ZPO oder seines **32** jeweilig entsprechenden ausländischen Pendants[46] (soweit damit auch der jeweilige Streitgegenstand „fixiert" ist[47]) – nicht aber die Mitwirkung zur Konstituierung des Schiedsgerichts[48] oder gar etwa die Klagebegründung des § 1046 Abs. 1.[49] Das lässt abweichenden Vereinbarungen Raum (anders noch der RegE: „Empfang des Antrags, die Streitigkeit einem Schiedsgericht vorzulegen" – rechtssichernde Gleichförmigkeit).[50] Es genügt somit etwa der vereinbarte Klageeingang bei einer Schiedsinstitution[51] – und zwar ohne das Erfordernis „demnächstiger" Zustellung (§ 167, 1. Var.).[52] Von den Parteien wird erwartet, „die verjährungsrechtlichen Konsequenzen im Blick zu haben"[53] – dies erscheint doch reichlich blauäugig.

Die **Hemmungsdauer** reicht 6 Monate über den Verfahrensabschluss hinaus (§ 204 Abs. 2 S. 1 **33** BGB: rechtskräftige Entscheidung [§ 1056 Abs. 1, 1. Var. iVm. § 1055]; anderweitige Beendigung [§ 1056 Abs. 1, 2. Var. iVm. Abs. 2]) oder alternativ über den Stillstand des Verfahrens (§ 204 Abs. 2 S. 2 BGB: letzte Verfahrenshandlung). Jene zweite Form erheischt allein vor Konstituierung der Richterbank Beachtung,[54] zumal Schiedsgerichte bei Prozessstillstand stets formal einstellen müssen (§ 1056 Abs. 2 Nr. 3). Zwar genügt auf Grund § 204 Abs. 2 S. 2 BGB der bloße faktische Prozessstillstand („tritt an die Stelle der Beendigung"), aber maßgeblich wäre insoweit trotzdem der richterliche Einstellungsakt als regelmäßig erwartbarer Schlusspunkt[55] („letzte Verfahrenshandlung ... des Gerichts"). Nur wenn ein Schiedsgericht prozessordnungswidrig selbst untätig bleibt, würde ausnahmsweise damit doch die letzte Parteihandlung zählen.

---

[43] *F. Baur*, FS Fasching, 1988, S. 81, 88; wohl auch *Zöller/Geimer* Rn. 5 – aA *Schwab/Walter* Rn. 16.4; *Baumbach/Lauterbach/Hartmann* Rn. 3 aE: Einredeerfordernis.
[44] Ebenso *Zöller/Geimer* Rn. 4. Antrag auf Feststellung der Zulässigkeit (§ 1032 Abs. 2) insoweit nicht genügend: *Mecklenbrauck* SchiedsVZ 2003, 186, 187 [4]; *Schroeter* SchiedsVZ 2004, 288, 293 [III 2b]; aA jedoch uU *Erman/Schmidt-Räntsch* § 204 BGB Rn. 27.
[45] AA *Hauck*, 1996, S. 163 (neues Recht) bzw. S. 118 mit S. 90 f., 94 f. (altes Recht).
[46] BT-Drucks. 14/7052, S. 181; *Schroeter* SchiedsVZ 2004, 288, 292 [III 2a]; *Bamberger/Roth/Henrich* § 204 BGB Rn. 37; *Erman/Schmidt-Räntsch* § 204 BGB Rn. 28 f.; *Soergel/Niedenführ* § 204 BGB Rn. 85 u. 87; *MünchKommBGB/Grothe* § 204 Rn. 53–55 – national zust. insoweit: *Schütze* SV Rn. 166 (S. 89); *Lachmann* Rn. 766, 774; *Thomas/Putzo/Reichold* Rn. 2; *Zöller/Geimer* Rn. 1 mit Rn. 4; *Musielak/Voit* Rn. 5; *Jauernig/Jauernig* § 204 BGB Rn. 13; *Palandt/Heinrichs* § 204 BGB Rn. 26; *Staudinger/Peters* § 204 BGB Rn. 101 [1. Abs.]; *von Bernuth/Hoffmann* SchiedsVZ 2006, 127, 128 [II].
[47] Wegen § 213 BGB siehe *Münch*, FS Schlosser, 2005, S. 613, 630 f. [III 5].
[48] *Schroeter* SchiedsVZ 2004, 288, 292/293 [III 2a]; *Münch*, FS Schlosser, 2005, S. 613, 628/629 [III 3]; *von Bernuth/Hoffmann* SchiedsVZ 2006, 127, 128 [II]; *Musielak/Voit* Rn. 5; *Lachmann* Rn. 766; *Palandt/Heinrichs* § 204 BGB Rn. 26; *Erman/Schmidt-Räntsch* § 204 BGB Rn. 29; *Soergel/Niedenführ* § 204 BGB Rn. 766; *MünchKommBGB/Grothe* § 204 Rn. 54 – aA *Stein/Jonas/Schlosser* Rn. 4 (mit relativ „kryptischem" Hinweis auf Rn. 1 – dazu vgl. oben Fn. 7). Umgekehrt nützt isolierte Konstituierung nicht: *Musielak/Voit* Rn. 5 mit § 1035 Rn. 9 aE.
[49] Unklar insoweit leider *Hauck*, 1996, S. 161–163.
[50] BT-Drucks. 14/6060, S. 115 re. Sp. einerseits, 14/685, 7 S. 8 re. Sp. anderseits. Also: Übermaß kann schaden – Abhilfeversuch insoweit bei *Schroeter* SchiedsVZ 2004, 288, 292 li. Sp. [III 2a]; *Schütze/Theune* IV § 6 DIS-SchO Rn. 10–16; *Lachmann* Rn. 3372–3375 mit Rn. 774.
[51] *M. Wilke* RIW 2007, 189 [II vor 1] mit S. 193 f. [III]; *Erman/Schmidt-Räntsch* § 204 BGB Rn. 29; *MünchKommBGB/Grothe* § 204 Rn. 53; *Musielak/Voit* Rn. 5 aE – anders für andere materielle Wirkungen: Rn. 8. Wegen praktischer Gestaltung siehe *M. Wilke* RIW 2007, 189 [II]; *Sandrock*, FS Böckstiegel, 2001, S. 671, 678–682 [II 1 b].
[52] Zweifeld *Staudinger/Peters* § 204 BGB Rn. 101 [2. Abs.]; dazu vgl. auch *Wilke* RIW 2007, 189, 193 f. [III 2].
[53] BT-Drucks. 14/6857, S. 45 li. Sp.
[54] Wohl so auch *Musielak/Voit* Rn. 5.
[55] AA *Lachmann* Rn. 771.

§ 1045

34 Die sechsmonatige Nachfrist ist namentlich bei *abweisendem* Schiedsspruch interessant[56] – denn sie hält auf alle Fälle verjährungsrechtlich den Aufhebungsantrag offen (dazu: § 1059 Abs. 3 S. 1–3!). Freilich fehlt insoweit die nötige **„Hemmungsverlängerung" ins Aufhebungsverfahren** hinein; so besteht die Gefahr, trotz Obsiegens wegen Verjährung am Ende zu unterliegen, was doch wohl allemal nicht gewollt sein kann.[57] Dazu fehlt auch prozessual eine eigene Regelung (im Unterschied zu § 590 Abs. 1). Man kann sich damit halbwegs behelfen, dass die „rechtskräftige Entscheidung" (§ 204 Abs. 2 S. 1, 1. Var. BGB) dann als eine „letztverbindliche Entscheidung" als Summe aus Sachentscheidung des Schiedsgerichts und Formalkontrolle des Staatsgerichts deutet,[58] zumal auch noch das (Schieds-)Verfahren uU fortläuft (§ 1059 Abs. 4).

35 Sonderfall ist die **Abweisung mangels (Schieds-)Kompetenz** (§ 1040). § 204 Abs. 1 Nr. 11 BGB nF setzt anscheinend keine eigene Zuständigkeit des Schiedsgerichts voraus (hM[59]) – im Unterschied zu § 220 Abs. 1, 1. Var. BGB aF („geltend zu machen"[60]). Zweckmäßigerweise wird man aber differenzieren:[61] bei ganz „aus der Luft" gegriffener Behauptung („Tatbestandsmangel") gilt keinerlei Nachfrist nach Rn. 32 f., im Unterschied zu Schiedsvereinbarungen mit Wirksamkeitsbedenken („Gültigkeitsmangel"), arg. § 1044 S. 2, 3. Var.

36 **b) Sonstige Nebenfolgen.** Die hM[62] lässt dazuhin alle übrigen mit der Rechtshängigkeit verbundenen **materiellen Nebenfolgen** eintreten (§ 262 ZPO iVm. §§ 291; 292, 818 Abs. 4, 987, 987; 941 S. 1 BGB etc.), doch fehlt dafür meist auch eine gesetzliche Grundlage, es sei denn sie wäre besonders verordnet (§ 941 S. 2 BGB – Umkehrschluss!) oder die Regelung stellt ohnedies gleich neutraler auf das Einklagen ab (zB § 284 Abs. 1 S. 2, 1. Var. BGB [Mahnerfordernis für Verzugseintritt]; § 864 Abs. 1). Daher kann erst die konkrete Funktionsanalyse anzeigen, ob materiell solche Zusatzfolgen eintreten sollen. Ist aber das Schiedsgericht noch unkonstituiert, scheiden sie durchweg aus – § 1044 hat erst nach der Konstituierung des Schiedsgerichts (Rn. 30) insoweit klagegleiche Funktion. Hier passte das alte Recht am Ende bündig, das mit § 220 Abs. 2 BGB aF (2. Aufl. Rn. 17) einen eigenständigen Tatbestand zur Unterbrechung der Verjährung bereithielt.

37 **3. Heilung von Mängeln.** Die gehörige – ordnungsgemäße, dh. insbesondere inhaltlich ausreichende (S. 2) – Kenntnis vom Prozessbeginn ist unverzichtbar[63] (arg. § 1059 Abs. 2 Nr. 1 b, Var. 1 a) – im Unterschied zu den – gesetzlichen oder verabredeten – **Förmlichkeiten,** wie der Informationsakt zu bewerkstelligen ist. Ist zB die Klageerhebung direkt übermittelt worden (§ 1044 S. 1), obwohl die vermittelnde Zwischenschaltung einer Schiedsinstitution abgemacht war (§ 6.1 mit § 8 DIS-SchO), wird dafür vielmehr die Rüge verlangt (§ 1027 S. 1), um Präklusion zu verhindern. Im Unterschied zu § 189 ist insoweit **Rückwirkung** eröffnet[64] (§ 1027 Rn. 14), sodass doch am Ende somit Kenntniserlangung zählt. Das gilt auch für das Eintreten der materiellen Wirkungen der Schiedshängigkeit und insbesondere die Verjährungshemmung. Aber auch jene Rüge kann natürlich erst dem bereits konstituierten Schiedsgericht gegenüber erhoben werden.

§ 1045 Verfahrenssprache

(1) ¹Die Parteien können die Sprache oder die Sprachen, die im schiedsrichterlichen Verfahren zu verwenden sind, vereinbaren. ²Fehlt eine solche Vereinbarung, so bestimmt hierüber das Schiedsgericht. ³Die Vereinbarung der Parteien oder die Bestim-

---

[56] BT-Drucks. 14/6040, S. 117 li. Sp. Mit *stattgebendem* rechtskräftigem Schiedsspruch beginnt ohnehin eine neue, dann aber dreißigjährige Verjährungsfrist (§ 197 Abs. 1 Nr. 3 BGB – aber: Abs. 2!).

[57] AA Staudinger/Peters § 204 BGB Rn. 102.

[58] Münch, FS Schlosser, 2005, S. 613, 626 f. [III 2] mit Modifikation von 2. Aufl. AktBd. Rn. 6.

[59] Lachmann Rn. 767 ff. (770); Stein/Jonas/Schlosser Rn. 4 Fn. 7; Palandt/Heinrichs § 204 BGB Rn. 26; Bamberger/Roth/Henrich § 204 BGB Rn. 39; Soergel/Niedenführ § 204 BGB Rn. 86; MünchKommBGB/Grothe § 204 Rn. 54; von Bernuth/Hoffmann SchiedsVZ 2006, 127/128 [II].

[60] Hier half aber § 212 Abs. 1, 2. Var. iVm. Abs. 2 BGB/aF: 2. Aufl. Rn. 16 [Mitte]; Junker KTS 1987, 37, 42/43 mit S. 38; Hauck, 1996, S. 102 ff.; Schreiber, FS Schütze, 1999, S. 807, 808 f. [II 1]; Sandrock, FS Böckstiegel, 2001, S. 671, 690–692 [II 2 b] – str. – aA insoweit zB Soergel/Walter, 12. Aufl., § 220 BGB aF Rn. 1.

[61] Näher dazu Münch, FS Schlosser, 2005, S. 613, 631–633 [IV 1]; wohl auch Erman/Schmidt-Räntsch § 204 BGB Rn. 27. Anders im Ansatz M. Wilke RIW 2007, 189, 193/194 [III 3]: § 242 BGB.

[62] Schütze SV Rn. 16 (S. 89); Schwab/Walter Rn. 16.5; Zöller/Geimer Rn. 4; Musielak/Voit Rn. 6 mit § 1042 Rn. 16 aE (aber vgl. auch Rn. 8: immer Kenntnis nötig); Stein/Jonas/Schlosser Rn. 4; Lachmann Rn. 763 u. Rn. 1451 (aber vgl. auch Rn. 773, 776: immer Kenntnis nötig) – unter altem Recht: Junker KTS 1987, 37, 41; Henn Rn. 316; Schütze/Tscherning/Wais Rn. 385 bzw. Wieczorek/Schütze § 1040 aF Rn. 11.

[63] AA Stein/Jonas/Schlosser Rn. 2. Wohl wie hier Palandt/Heinrichs § 204 BGB Rn. 26; Bamberger/Roth/Henrich § 204 BGB Rn. 38: Heilung bloß *ex nunc* möglich.

[64] BGH NJW 1974, 1557; Thomas/Putzo/Reichold § 1027 Rn. 7.

mung des Schiedsgerichts ist, sofern darin nichts anderes vorgesehen wird, für schriftliche Erklärungen einer Partei, mündliche Verhandlungen, Schiedssprüche, sonstige Entscheidungen und andere Mitteilungen des Schiedsgerichts maßgebend.

(2) Das Schiedsgericht kann anordnen, dass schriftliche Beweismittel mit einer Übersetzung in die Sprache oder die Sprachen versehen sein müssen, die zwischen den Parteien vereinbart oder vom Schiedsgericht bestimmt worden sind.

Schrifttum: *Breitenstein,* La langue d'arbitrage – und langue arbitraire?, Bull. ASA 1995, 18.

1. Normzweck und Grundlage. Die Verfahrenssprache bildet den äußeren Rahmen des Schiedsverfahrens, indem sie dafür die **unerlässliche Kommunikationsgrundlage festschreibt**, für die Parteien und das Gericht. Das hängt eng zusammen mit der **Gewähr rechtlichen Gehörs** (§ 1042 Abs. 1 S. 2 – vgl. dazu erg. Art. 103 Abs. 1 GG u. Art. 6 Abs. 1 S. 1, 1. Var. MRK[1]), das sich in eben jener Sprache bloß artikulieren kann. Die Normierung ist ein Novum, *national* weil § 184 GVG bisher exklusiv staatliche Gerichte[2] erfasst, und *speziell* deswegen, weil § 1045 freie Auswahl zugesteht. Dies lehnt sich schiedsverfahrensrechtlich an § 1042 Abs. 3/4 an, hierbei nur mit der Maßgabe, dass diese (Sprachen-)Frage geregelt werden *muss* (und nicht nur: geregelt werden *darf*). Die Norm folgt insoweit nahezu wörtlich Art. 22 ModG, der seinerseits von Art. 17 SchO inspiriert ist. Es ging um die richtige Balance zwischen Gleichbehandlung und Kostenbelastung.[3] Ob sie wirklich eine Hilfe bringt, scheint freilich ungewiss; bei internationalen Verfahren war auch schon bisher Vereinbarung üblich, in rein nationalen Verfahren bestand kein Anlass dazu – rein faktisch galt deutsch. Jene Praxis wird nunmehr hinfällig bzw. bedarf erst eigens einer (expliziten, vgl. Rn. 3) Bestätigung. 1

2. Bestimmung. Das Verfahren bedarf **notwendig** einer Sprachregelung, auch das rein inländische. Auszuschließen haben wird man tote Sprachen (zB lateinisch, Esperanto), dies schon mit Blick auf §§ 1059–1061 und Praktikabilitätserwägungen; auch Dialekt (zB plattdeutsch, bayerisch) kann fraglich sein (§ 184 GVG Rn. 2): § 1045 meint hier doch wohl die Hoch- und Schriftsprache. Die Regelung ist klar auf eine **lebende Sprache** und internationale Schiedsverfahren zugeschnitten,[4] wo der Sprachenfrage naturgemäß größere Bedeutung zukommt. Die Notwendigkeit der Übersetzung und umgekehrt die Möglichkeit, vertraute Sprachnuancen einzusetzen, sollten als äußere Rahmenbedingungen für den späteren Prozesserfolg keinesfalls gering geschätzt werden; die heimische Verfahrenssprache vermittelt auch letztlich ein stückweit heimische Rechtstradition (schon der Terminologie wegen!) – ohne Rücksicht aufs reell anwendbare materielle Recht (§ 1051), ein relativ beachtlicher Vorteil, welchen man mittels der Benennung sprachkundiger („richtiger") Schiedsrichter noch praktisch „vertiefen" kann. 2

Die zwingende Bestimmung hat **explizit** zu erfolgen, nur so ist sichergestellt, wer berufen ist: die Parteien kraft vorheriger Vereinbarung (Rn. 4) oder das Gericht auf Grund subsidiärer Anordnung (Rn. 5 f.)? Das entspricht inhaltlich der „zweiten" und „vierten" Stufe in der Grundregel des § 1042 (dort Rn. 1–7, insbes. Rn. 7 – die „erste" und „dritte" Stufe ist unbesetzt). Das Gesetz verordnet gerade die ergänzende Bestimmung im Einzelfall, die darum formell besonders qualifiziert auftreten muss; insoweit gilt am Ende dasselbe wie zur Festlegung des Schiedsortes (vgl. § 1043 Rn. 5) – es handelt sich hier genauso um eine **besondere (Verfahrens-)Grundlage**. Man kann deswegen auch bei rein inländischen Schiedsverfahren niemals auf eine Klärung verzichten, obgleich die deutsche Sprache kraft „common sense" stets nahe liegen würde. Einsprachigkeit verstößt nicht ohne weiteres gegen das Gebot der Gleichbehandlung (§ 1042 Abs. 1 S. 1); und auch bei getroffener Sprachregelung, aber mangelnder Sprachkenntnis fehlt es an einem ordre-public-Verstoß.[5] 3

a) Durch Vereinbarung (Abs. 1 S. 1). Vorrangig bestimmen die Parteien das Verfahren (vgl. § 1042 Abs. 3) und mithin ebenso die Verfahrenssprache(n); sie wissen am besten, was genau sie präzise (ausgeben) möchten.[6] Der Wortlaut erlaubt explizit auch **verschiedene Sprachen** 4

---

[1] Nicht Art. 6 Abs. 3 lit. a MRK („in einer ... verständlichen Sprache"), der allein den *Angeklagten* schützt.
[2] BT-Drucks. 13/5274 S. 47 li. Sp. [1] aE bzw. 3rd WGR Nr. 28 = *Holtzmann/Neuhaus* S. 634 mit 7th SN Art. 22 Nr. 1 = *Holtzmann/Neuhaus* S. 638 – vgl. nur einerseits *Kissel/Mayer* § 184 GVG Rn. 3 u. andererseits *Berger,* 1992, § 15 III, S. 280.
[3] Sehr deutlich etwa CR Nr. 189 = *Holtzmann/Neuhaus* S. 644.
[4] BT-Drucks. 13/5274 S. 48 li. Sp. [1].
[5] BayObLG, Beschl. v. 9. 11. 2004 – 4 Sch 17/04 [II 3].
[6] Ähnlich 7th SN Art. 22 Nr. 2 = *Holtzmann/Neuhaus* S. 638.

§ 1045 5–8   Buch 10. Abschnitt 5. Durchführung des schiedsrichterlichen Verfahrens

nebeneinander (zB jedem ist seine übliche [Mutter-] Sprache erlaubt).[7] Die Vereinbarung mag sogleich in der Schiedsklausel bzw. -abrede erfolgen oder auch erst nachträglich, jedoch nicht mehr, nachdem das Gericht eine hilfsweise Festlegung nach Abs. 2 S. 2 getroffen hat. Sie derogiert die Befugnis der Parteien. Die Parteiautonomie ist mithin nur **zeitlich begrenzt** eröffnet! Spätere Einigung erlaubt nicht mehr – im Unterschied zu sonst bei § 1042! (dort Rn. 79 – aber: hier Rn. 3) –, der schon erfolgten richterlichen Anordnung noch rückwirkend ihre Grundlage zu entziehen; das schon deshalb, weil das Gericht den Prozessgang alsdann regelmäßig bereits vorgeplant und sich auf jene Sprachregelung eingestellt hat. Deswegen ist dann die Vereinbarung nach diesem Zeitpunkt **sachlich bindend** und damit als prozessuale Gestaltung endgültig.

5   **b) Aufgrund Anordnung (Abs. 1 S. 2).** Hilfsweise bestimmt das Gericht das Verfahren (vgl. § 1042 Abs. 4 S. 1) und genauso demnach die Sprache hierfür (nicht etwa der Obmann allein [§ 1052 Rn. 14]). Das sollte möglichst **(früh-)zeitig** geschehen (vgl. Art. 17 Abs. 1 S. 1 SchO: „promptly after its appointment"),[8] obwohl das Gesetz keinerlei Zeitpunkt festmacht. Einzig das zollt dem besonderen Charakter der Festlegung als Grundlage des Verfahrens genügend Rechnung und hindert dazuhin abweichende Abreden seitens der Parteien (Rn. 4). Vor der Anordnung sollte deshalb Gehör gewährt werden (§ 1042 Abs. 1 S. 2), schon allein darum, um eventueller Ungleichbehandlung (§ 1042 Abs. 1 S. 1) vorzubeugen. Die Festlegung ist ebenfalls idR **endgültig,** dh. weder rücknehmbar noch veränderbar – es sei denn zum Ausgleich von Benachteiligungen.

6   Das Gericht hat Entscheidungsbefugnis anstelle der Parteien, dh. mithin im Umfang des S. 1 („hierüber"), sodass es **auch mehrere Sprachen** festlegen kann (wie dies auch dem ModG entspricht und ebenfalls aus Abs. 2 hervorgeht). So bietet sich häufig an, beide Heimatsprachen der Schiedsparteien zuzulassen oder aber eine völlig neutrale dritte (Welt-)Sprache anzuordnen;[9] ebenso mag die eigene Sprachkenntnis der Schiedsrichter hier neutrales Kriterium sein. Sonst soll der ursprünglichen Vertragssprache regelmäßig der Vorzug gebühren, namentlich im Verhältnis zur Amtssprache am Schiedsort.[10] Die Entscheidung obliegt pflichtgemäßem Ermessen,[11] muss aber das rechtliche Gehör garantieren (§ 1042 Abs. 1 S. 2 – sonst: § 1059 Abs. 2 Nr. 1 b, 2. Var.). Hieraus kann eine Pflicht erwachsen, eine Übersetzung zu organisieren.[12]

7   **3. Verfahrenssprache(n). a) Grundlegung.** Verfahrenssprache(n) ist/sind die „im schiedsrichterlichen Verfahren zu verwenden[de(n)]" Sprache(n). Erfasst hierdurch werden alle verfahrensbezogenen Handlungen (Rn. 12 f.) von der Einleitung (§ 1044) bis zur Beendigung (§ 1056) des Schiedsverfahrens, einschließlich „nachwirkender" Verrichtungen (§ 1057 Abs. 2 S. 2 [Kostenfestsetzung]; § 1058 [Auslegung, Ergänzung, Berichtigung]). Was nicht zum *schieds*richterlichen *Verfahren* gehört, kann man auch sonstwie sprachlich abwickeln (Rn. 9 ff.). Ein großes Problemfeld bleibt: denn mangelt eine vorgängige Parteivereinbarung (Rn. 4) und ist deswegen die Gerichtsanordnung (Rn. 5 f.) ausschlaggebend, bleibt unklar, in welcher konkreten Sprache man einstweilen dann prozedieren soll, wie Verfahrenseröffnung (§ 1044) und Konstituierung des Schiedsgerichts (§§ 1034 ff.) erfolgen.

8   Bei Sprachunkundigkeit des Empfängers trägt hier der Erklärende (zwar ausnahmsweise, aber: regelmäßig) das Risiko des Verstehens als (Wirksamkeits-)Voraussetzung des Zugangs;[13] er tut daher stets gut daran, eine Sprache zu wählen, welche der Empfänger (mutmaßlich) verstehen kann (§ 1059 Abs. 2 Nr. 1 b, 1. Var.: „gehörig in Kenntnis gesetzt worden"?). Ohne großes Risiko sind dessen Muttersprache und vor allem die Vertragssprache, in der bereits die Schiedsvereinbarung vorliegt, die ja vom Gegner akzeptiert worden ist.[14] Kommunizieren und prozedieren die Partner im

---

[7] Krit. *Zöller/Geimer* Rn. 1: Verzögerungsgefahr – dazu andererseits aber 3rd WGR Nr. 29 = *Holtzmann/Neuhaus* S. 634.

[8] Dazu nebenbei auch 3rd SN Nr. 23 = *Holtzmann/Neuhaus* S. 632/633.

[9] Beispiel: OLG Köln RIW 1993, 499, 501.

[10] BT-Drucks. 13/5274, S. 48 li. Sp. [2] („in erster Linie") – ähnl. Art. 22 Abs. 2, 1. Halbs. ZHK-SchO („in der Regel").

[11] Dies meint wohl 7th SN Art. 22 Nr. 3 f. = *Holtzmann/Neuhaus* S. 638, der hier auf eine deutsche Intervention (6th SN Art. 22 Nr. 2 = *Holtzmann/Neuhaus* S. 636) antwortet.

[12] Schwächer *Stein/Jonas/Schlosser* Rn. 4: nobile officium.

[13] Str., vgl. LAG Hamm NJW 1979, 2488 einerseits, LAG Köln NJW 1988, 1870 andererseits – dazu näher etwa *Schlechtriem*, FS Weitnauer, 1980, S. 129, 136 f.; *Spellenberg*, FS Ferid, 1988, S. 476 ff. *Palandt/Heinrichs* § 130 BGB Rn. 5 u. 14 u. *Flume* AT II § 15 I 5 unterscheiden danach, ob eine mündliche (Äußerungsrisiko des Erklärenden) oder schriftliche (Übersetzungslast des Empfängers) Erklärung vorliegt. Noch anders MünchKommBGB/*Einsele* § 130 Rn. 31 f.: Sprachproblem als Auslegungsproblem.

[14] OLG Hamm RIW 1997, 962, 963 li./re. Sp. (obiter) akzeptiert englische Prozessladung.

Vorfeld übereinstimmend in einer bestimmten Sprache, sollte das aber bloß als Auslegungsindiz für eine explizite gerichtliche Bestimmung herhalten und nicht als konkludente Vereinbarung missgedeutet werden; die Sprachregelung bedarf einer eindeutigen Grundlegung!

b) Abgrenzung. Abzugrenzen ist demzufolge die **Korrespondenzsprache** für den Direktverkehr der Schiedsparteien untereinander, nachdem das (Schieds-)Gericht konstituiert ist, so wenn es etwa darum geht, eine Verfahrensvereinbarung (§ 1042 Abs. 3) herbeizuführen oder den Streitfall außergerichtlich (§ 1056 Abs. 2 Nr. 2) beizulegen; der Verfahrenssprache unterliegt dann freilich aber die Nachricht hiervon ans Schiedsgericht (Rn. 12). Ohne die Bindung des § 1045 kann man auch rechtsgestaltende private Erklärungen abgeben (zB Anfechtung, Kündigung, Aufrechnung), mögen sie dabei bezwecken, den Prozesserfolg zu beeinflussen[15] – im Unterschied zu Prozesshandlungen mit Doppelrelevanz, die gegenüber dem Schiedsgericht erfolgen (müssen) und daher der getroffenen Sprachvorgabe unterstehen.

Abgrenzen muss man weiterhin die **Gerichtssprache,** welche die lex fori für das staatliche Gerichtsverfahren vorschreibt (demnach idR[16] deutsch, arg. § 1025 Abs. 1 iVm. § 184 GVG). Die Parteien müssen den zwingenden (Sprach-)Regeln des Forumstaates gehorchen, notfalls unter Bemühung eines Dolmetschers (vgl. hierfür erg. auch §§ 185 ff. GVG u. § 142 Abs. 3 ZPO). Bei Vollstreckbarerklärung ist Übersetzung des gefällten Schiedsspruchs notwendig (§ 184 GVG)[17] – das aber allemal erst vom Gericht bzw. im Beschluss (arg. § 7 S. 2 AVAG, § 1064 Rn. 11).

Nicht erfasst durch § 1045 ist aus allgemeinen Erwägungen heraus zudem noch die **Unterschrift** unter Schriftsätze oder Entscheidungen; denn diese teilt nicht Text mit, sie autorisiert ihn.[18] Parteien wie Richter vermögen so zu zeichnen, wie sie das gewohnt sind[19] (also etwa auch neugriechisch, arabisch, chinesisch oder kyrillisch etc. bei einer Sprache lateinischer Schrift).

4. Reichweite. a) Positiv (Abs. 1 S. 3). Die Aufzählung vermittelt ergänzende Anschauung darüber, was alles genau zum „schiedsrichterlichen Verfahren" (Rn. 7) gehört. Sie ist beispielhaft, **nicht abschließend,** und auch **nicht zwingend**[20] („sofern darin nichts anderes vorgesehen wird"). Die Verfahrenssprache ist generell zu benützen für die **prozessförmige Kommunikation zwischen Parteien und Gericht,** ohne Ansehen von Richtung („Erklärungen einer *Partei*"; „Mitteilungen des *Schiedsgerichts*") oder äußerer Form („*schriftliche* Erklärungen"; „*mündliche* Verhandlungen"). Ob mündlich überhaupt verhandelt wird, steht ja oft noch dahin (§ 1047 Abs. 1), aber genauso gut wird zB eine mündliche Befragung ohne förmliches mündliches Verhandeln von der Sprachregelung erfasst – das nicht zuletzt schon aus Gründen der Verfahrensgleichheit (§ 1042 Abs. 1 S. 1 – Differenzierungen nur zulässig bei Mehrsprachigkeit des Verfahrens!).

Vor allem die **gerichtlichen Entscheidungen,** egal welcher Form (Schiedsspruch, sei es mit „gefundenem" [§ 1054] oder vereinbartem [§ 1053] Wortlaut; Beschlüsse, sei es zur Verfahrensfortführung [§ 1037 Abs. 2], -sicherung [§ 1041 Abs. 1 S. 1] oder insbes. auch -beendigung [§ 1056]), müssen der Verfahrenssprache gehorchen; hierzu rechnet ferner der Zwischenentscheid zur Zuständigkeit des Schiedsgerichts (§ 1040 Abs. 3 S. 1). Aber auch alle sonstigen **gerichtlichen Äußerungen** gehören genauso hierher, die Verbindlichkeit ist bedeutungslos („Entscheidungen und ... Mitteilungen", auch Anordnungen, etwa solche nach Abs. 1 S. 2 bzw. Abs. 2 oder allgemein eine Verfahrensregelung [§ 1042 Abs. 4 S. 1]), das gilt selbstredend auch für Nachfragen, Aufklärung oder Protokolle. In welcher Sprache die Richter intern beraten, steht freilich ihrem Belieben anheim und bleibt letzthin ihr Geheimnis (§ 1052 Rn. 3).

b) Negativ (Abs. 2). Obgleich schiedsverfahrensbezogen bleiben **„schriftliche Beweismittel"** (Urkunden, amtliche Auskünfte, Gutachten [arg. § 1047 Abs. 3, 1. Halbs.]; erweiternd freilich wohl auch außerdem getroffene Verfahrensvereinbarungen bzw. institutionelle Schiedsordnungen [§ 1042 Abs. 3]) vom Gebot der Verfahrenssprache ausdrücklich ausgenommen, sie müssen zunächst einmal die Authentizität und Originalität wahren. Dass das Gericht ihre entsprechende **Übersetzung veranlassen** *kann,* ist jedoch selbstredend; der Zweck der Klarstellung liegt deshalb darin, dass es das nicht *muss,* soweit es sich selbst nämlich als genügend sachkundig erachtet

---

[15] Zust. *Stein/Jonas/Schlosser* Rn. 5.
[16] Ausnahmen nach EVertr.: „Sorbenrechte" (§ 184 GVG Rn. 11).
[17] *Musielak/Voit* Rn. 3.
[18] Ausführlicher zum Funktionsbegriff der Unterschrift *Münch,* Die Reichweite der Unterschrift ..., 1993, § 4 II, S. 71–75.
[19] VGH München NJW 1978, 510 (zu § 184 GVG).
[20] Vgl. dazu erg. 4th WGR Nr. 36 = *Holtzmann/Neuhaus* S. 635 u. 5th WGR Nr. 70 = *Holtzmann/Neuhaus* S. 636.

§ 1046 Buch 10. Abschnitt 5. Durchführung des schiedsrichterlichen Verfahrens

und trotzdem die elementaren Gebote der Gleichbehandlung (§ 1042 Abs. 1 S. 1) und des rechtlichen Gehörs (§ 1042 Abs. 1 S. 2) gewahrt bleiben (vgl. dazu noch erg. § 1047 Abs. 3, 2. Halbs.: „zur Kenntnis zu bringen"). Beglaubigung ist aber nicht erforderlich.[21] Eine Nichtachtung von Parteiseite kann das Gericht mit Zurückweisung des Beweismittels als ungeeignet sanktionieren,[22] es darf jedoch auch selbst eine Übersetzung in Auftrag geben. Die Regelung ist abdingbar[23] (kein Umkehrschluss aus Abs. 1 [S. 3]). Vgl. zur Reichweite erg. Rn. 9 ff.

15   **5. Nichtbeachtung der Verfahrenssprache.**[24] **a) Von Seiten der Schiedsparteien.** Die Nichteinhaltung durch Schiedsparteien führt zu einer (vorübergehenden) Unbeachtlichkeit der Äußerung (Fristwahrung?); das Schiedsgericht ist freilich bei *gerichtlicher* Sprachregelung (Abs. 1 S. 2, Rn. 5 f.) gehalten, unter Nachfrist die Beibringung einer Übersetzung aufzugeben (Abs. 2 analog) und die Gründe für die Säumnis behutsam zu bewerten (§ 1048 Abs. 4 S. 1: „genügend entschuldigt"?).[25] Parteiabreden gehen aber stets vor, sowohl für die Folgen der Säumnis (§ 1048 Abs. 4 S. 2) wie auch bei *vertraglicher* Sprachregelung (Abs. 1 S. 1, Rn. 4). Denn es wäre **erheblich widersprüchliches Verhalten** (§ 242 BGB), anfangs eine Sprache festzuschreiben und sie anschließend zu unterlaufen. Hier macht eine Nachfrist wohl ganz selten Sinn, zB wenn insoweit offenkundig ein Missgeschick vorliegt.

16   **b) Von Seiten des Schiedsgerichts.** Die Nichteinhaltung durch das Schiedsgericht ist regelmäßig ein Aufhebungsgrund (§ 1059 Abs. 2 Nr. 1 b, 2. Var. [sachliche Behinderung] u. Nr. 1 d, 1. Halbs., 2. Var. [förmliche Verstöße]), das auch schon allemal darum, weil nie auszuschließen ist, dass das Gericht nicht verstanden wurde, die Partei daraufhin falsch reagierte und „dass sich dies auf den Schiedsspruch ausgewirkt hat" (§ 1059 Abs. 2 Nr. 1 d aE). Ein fremdsprachig begründeter Schiedsspruch ist nicht richtig, aber nicht etwa darum gleich nichtig (arg. § 1054 Abs. 2: „es sei denn") – mit der Folge, dass keine Aufhebungsfrist läuft! –, vielmehr lediglich anfechtbar. Der Verstoß ist **ausnahmsweise nicht rügepflichtig** iSv. § 1027,[26] da ein allgemeines – späterhin auch bindendes (Rn. 4 f.) – Erfordernis in Frage steht.

§ 1046 Klage und Klagebeantwortung

(1) ¹Innerhalb der von den Parteien vereinbarten oder vom Schiedsgericht bestimmten Frist hat der Kläger seinen Anspruch und die Tatsachen, auf die sich dieser Anspruch stützt, darzulegen und der Beklagte hierzu Stellung zu nehmen. ²Die Parteien können dabei alle ihnen erheblich erscheinenden Dokumente vorlegen oder andere Beweismittel bezeichnen, derer sie sich bedienen wollen.

(2) Haben die Parteien nichts anderes vereinbart, so kann jede Partei im Laufe des schiedsrichterlichen Verfahrens ihre Klage oder ihre Angriffs- und Verteidigungsmittel ändern oder ergänzen, es sei denn, das Schiedsgericht lässt dies wegen Verspätung, die nicht genügend entschuldigt wird, nicht zu.

(3) Die Absätze 1 und 2 gelten für die Widerklage entsprechend.

Schrifttum: *Jauch*, Aufrechnung und Verrechnung in der Schiedsgerichtsbarkeit, 2001; *Kisch*, Beiträge zum Schiedsverfahren, 1933: Klagezurücknahme [S. 1 ff.], Klageänderung [S. 12 ff.], Widerklage [S. 28 ff.], Klageverbindungen [S. 37 ff.]; *Kleinschmidt*, Die Widerklage gegen einen Dritten im Schiedsverfahren, SchiedsVZ 2006, 142; *Köhne/Langner*, Geltendmachung von Gegenforderungen in internationalen Schiedsverfahren, RIW 2003, 361; *Stolzke*, Aufrechnung und Widerklage in der Schiedsgerichtsbarkeit, DIS 18 (2006), S. 114 ff. (dazu *Peters* ZZP 120 [2007], 533); *M. Wilke*, Verfahrenseinleitung ... in AAA-, DIS- und ICC-Schiedsverfahren, RIW 2007, 189 [II].

---

[21] CR Nr. 192 = *Holtzmann/Neuhaus* S. 645.
[22] Noch härter hier *Baumbach/Lauterbach/Hartmann*, 65. Aufl., Rn. 3: zwingende Sanktion (seit 66. Aufl. aber abgeschwächt).
[23] Holtzmann/Neuhaus S. 628/629
[24] Zu § 184 GVG: BVerfGE 40, 95, 100; 42, 120, 126 f.; 86, 280, 284 f.; NVwZ 1987, 785, ferner OLG Düsseldorf JZ 1985, 200 – Einzelheiten: *Kissel/Mayer*, GVG, Einl. Rn. 232 mit § 16 Rn. 119 u. § 184 Rn. 11 ff.
[25] AA *Stein/Jonas/Schlosser* Rn. 2: strikte Unbeachtlichkeit.
[26] AA *Musielak/Voit* Rn. 4.

Übersicht

	Rn.
I. Normzweck	1
II. Klagebegründung und Klagebeantwortung (Abs. 1 S. 1)	2–13
1. Klagebegründung (Abs. 1 S. 1, 1. Var.)	2–7
a) Anspruchsdarlegung	4
b) Anspruchstatsachen	5
c) Streitpunkteangabe	6
d) Vereinbarte Punkte	7
2. Klagebeantwortung (Abs. 1 S. 1, 2. Var.)	8–10
3. Parallelen und Abgrenzung	11
4. Fristen	12, 13
a) Fristsetzung	12
b) Säumnisfolgen	13
III. Bezeichnung der Beweismittel (Abs. 1 S. 2)	14–18
1. Allgemeines	14, 15
2. Fallgruppen	16–18
IV. Nachträgliche Veränderungen (Abs. 2)	19–30
1. Grundlegung und Fallgruppen	19, 20
2. „Anspruchs"-Änderung	21–25
a) Begriff	21, 22
b) Abgrenzungen	23–25
3. „Strategie"-Ergänzung	26
4. Zurückweisungsmacht des Schiedsgerichts	27–30
a) Gesetzlich	27–29
b) Vertraglich	30
V. Widerklage und Ähnliches (Abs. 3)	31–37
1. Widerklage	31–35
a) Normreichweite	31, 32
b) Statthaftigkeit	33–35
2. Ähnliches	36, 37
a) Aufrechnung	36
b) Zug-um-Zug-Verurteilung	37

I. Normzweck

§ 1046 Abs. 1 u. 2 sind Art. 23 ModG entlehnt[1] (Abs. 1 S. 1 wurde jedoch ganz bewusst im Unterschied zu Art. 23 Abs. 1 S. 1 aE zwingend gestaltet [Rn. 2 mit Fn. 55]), Abs. 3 ist von der vorangestellten Begriffsbestimmung des Art. 2 lit. f, 1. Halbs. ModG („counter-claim") inspiriert. Vorbild waren hierfür ihrerseits Art. 18–20 SchO.[2] Normativ sind diese Regeln allemal nationales Neuland, obwohl *sachlich* bisher ähnliche Ergebnisse gefunden wurden.[3] Sie decken eine breite Vielfalt unterschiedlichster Probleme der Klage*begründung* (die Überschrift ist hier allerdings sehr missverständlich, sie gibt mehr vor, als die Normen wirklich regeln!) und Klagebeantwortung. – Im Einzelnen: **Abs. 1** behandelt die rechtlichen (S. 1) und faktischen (S. 2) Anforderungen an die **Begründung und Erwiderung** der Schiedsklage und ergänzt partiell demnach § 1044, der die *Erhebung* der Schiedsklage regelt; **Abs. 2** normiert **Klageänderung und -rücknahme** als modifizierte Angriffsform (1. Var.) bzw. **Angriffs- und Verteidigungsmittel** in Bezug hierzu (2. Var.)[4] – sachlich (1. Halbs.: Erlaubnis) und zeitlich (2. Halbs.: Präklusion). **Abs. 3** stellt dazu ergänzend klar, dass eine **Widerklage** gleichen Regeln gehorcht, wobei hier die deutsche Übersetzung freilich die ähnliche **Aufrechnung** übergeht, während ein anglo-amerikanischer „counter-claim" regelmäßig sowohl prozessualen wie materiellen Gegenangriff deckt (besser insoweit mithin die Übersetzung von Art. 19 Abs. 4 SchO!). 1

II. Klagebegründung und Klagebeantwortung (Abs. 1 S. 1)

1. Klagebegründung (Abs. 1 S. 1, 1. Var.). Die Klagebegründung ist Untermauerung („Darlegung") des Klagegrundes. Das Erfordernis soll auf eine Bezeichnung des prozessualen Streitgegenstandes hinauslaufen, also **Klageerhebung** und indisponibel sein:[5] „der durch Anspruch und anspruchsbegründende Tatsachen umrissene Streitgegenstand gehört zum notwendigen Inhalt jeder Klage". Isoliert besehen lässt sich dagegen letzthin wenig erinnern – nur stimmt die Verortung bei § 1046 Abs. 1 dabei eben nicht! Denn schon beim **Vorlageantrag** (§ 1044 [S. 2, 2. Var.: „Angabe des Streitgegenstandes"]) muss der Kläger sein Begehren (umschreibend) benennen und dem Beklagten also mitteilen, was auf ihn künftig denn zukommt (näher dazu bei § 1044 Rn. 5 mit Rn. 24). Nur deswegen kann Abs. 1 S. 1 auch klägerische Klagedarlegung und Stellungnahme des Beklagten im selben Atemzuge nennen und regeln. 2

---

[1] Vgl. hierzu *Calavros,* 1988, S. 111–114; *Granzow,* 1988, S. 152–155.
[2] 3rd WGR Nr. 25 = *Holtzmann/Neuhaus* S. 652.
[3] *Calavros,* 1988, S. 111/112.
[4] Die Klage ist Zweck – nicht bloß ein Mittel (§ 296 Rn. 41).
[5] BT-Drucks. 13/5274 S. 48 re. Sp. [2] mit Kom.-Ber. S. 152 f. – zust. BayObLG, Beschl. v. 29. 9. 1999 – 4 Z Sch 2/99 [II 2]; OLG München, Beschl. v. 20. 12. 2006 – 34 Sch 27/06 [II 3 b (3)]; *Thomas/Putzo/Reichold* Rn. 2; *Baumbach/Lauterbach/Hartmann* Rn. 2; *Zöller/Geimer* Rn. 1; *Musielak/Voit* Rn. 1 f.

§ 1046 3–6   Buch 10. Abschnitt 5. Durchführung des schiedsrichterlichen Verfahrens

3   So besehen ist demnach die Klagebegründung des § 1046 Abs. 1 S. 1 ein *fakultativer* Inhalt der Klageschrift des § 1044 – und parteiautonom durchaus modifizierbar, so wie es das ModG ausdrücklich übrigens voraussetzt (Art. 23 Abs. 1 S. 1 aE ModG: „unless the parties have otherwise agreed as to the required elements of such statements").[6] Die gesetzlichen Vorgaben sind demgemäß mit Vorsicht zu genießen, die geschriebenen (Rn. 4 f.) wie auch die mitgedachten (Rn. 6 f.). Die Versäumnis des Klägers bewirkt nur – äußerstenfalls – ein vorzeitiges Verfahrensende (Rn. 13: § 1048 Abs. 1 iVm. § 1056 Abs. 2 Nr. 1 a – aber: § 1048 Abs. 4), führt aber nicht zur Prozessabweisung mit Rechtskraftfolge (§ 1040 iVm. § 1055):[7] der Streitgegenstand wurde anderweitig zuvor konkretisiert (§ 1044 S. 2) – die Klage ist unschlüssig, das führt zur Sachabweisung!

4   **a) Anspruchsdarlegung.** Der Kläger hat mit gleichsam erster Priorität „seinen Anspruch ... darzulegen" (ModG: „the relief or remedy sought"). Das Ansinnen verwirrt zunächst, ist doch die Rechtsfindung ureigen gerichtliche Aufgabe (iura novit curia) und erlaubt der Prozess „aktionenfreies" Denken – allemal im Bereich des Rechtlichen. Das Tatsächliche kann hierbei indes nicht gemeint sein, sondern wird separat ja angesprochen (Rn. 5). Die Vorgabe macht demnach nur Konzessionen ans ModG und erscheint so letztlich als Erfordernis zur Streitgegenstandsbestimmung (Rn. 2) generell besser geeignet. Erfolgt jene aber bereits nach § 1044, bleibt insoweit nichts mehr übrig für § 1046 Abs. 1 S. 1 – außer vielleicht einem Appell, **Rechtsausführungen** tunlichst doch anzufügen und maximale Sorgfalt auf schlüssigen Tatsachenvortrag zu verwenden. Gewiss besteht keine Pflicht, eine materiellrechtliche Anspruchsgrundlage – konkret und korrekt – vorweg zu benennen, mag dies auch oft wohl praktisch angezeigt sein, vor allem bei internationaler Rechtsbeziehung (§ 1051). Man wird gemäß deutscher Tradition aber der Norm genausowenig eine Verpflichtung zu sonstigen Rechtsausführungen entnehmen können; sie stellen nur eine Erleichterung für das Schiedsgericht dar und sind deshalb zu empfehlen[8] – werden keinesfalls aber hierbei etwa präklusionsbedroht.

5   **b) Anspruchstatsachen.** Der Kläger hat entscheidenderweise „nur" (Rn. 4) „die Tatsachen, auf die sich dieser Anspruch stützt, darzulegen" (ModG: „facts supporting his claim"). Die Formel begründet danach als Ganzes die klägerische Verpflichtung zum schlüssigen Tatsachenvortrag für „diesen" bzw. „seinen" Anspruch. Parallele dazu ist also (§ 253 Abs. 4 iVm.) § 130 Nr. 3, dh. vorzutragen das Tatsachenmaterial zur Antragsbegründung, für dessen Beschaffung grundsätzlich (aber: § 1042 Rn. 104–111) die Parteien verantwortlich zeichnen. Verlangt wird demgemäß „weitgehende" **Schlüssigkeit**,[9] und dafür erheischt gewiss der jeweilige Anspruch Bedeutung. Es geht um die Begründetheit des Klägerantrags. Hier herrscht dann insoweit auch Präklusionsgefahr (Rn. 12 f.), wohl nicht aber, soweit es daneben um eine exakte **Substantiiertheit** geht: die Anschaulichkeit und Bildhaftigkeit des Sachvortrages kann stets noch nachträglich weiter „verfeinert" werden, wenn und weil überhaupt eine erwidernde Stellungnahme des Beklagten daraufhin einkommt. „Anspruch" ist freilich nur sinngemäß zu verstehen, erfasst sind ebenso Feststellungs- und Gestaltungsbegehren, Teilungs- oder Haftungsfragen etc., jenseits des Korsetts der Leistungsklage.

6   **c) Streitpunkteangabe.** Auf die Angabe sämtlicher streitiger Punkte (ModG: „points at issue") verzichtet das Gesetz ganz bewusst.[10] Das gehorcht deutscher Dogmatik, da zunächst ja *tatsächlich* noch offenbleibt, welche Punkte streitig werden. Das kann sicher erst später festgestellt werden, nachdem die Gegenseite die Schiedsklage „beantwortet" und hierbei Stellung bezogen hat.[11] Und *rechtlich* besteht keine Pflicht zu Ausführungen, die Parteien müssen nur für das nötige Tatsachenmaterial sorgen („da mihi factum, dabo tibi ius"). Der Sinn bleibt im Dunkeln,[12] insbesondere wenn man an § 1046 Abs. 1 S. 1, 1. Var. die Streitgegenstandsbestimmung erst festmachen will (Rn. 2 mit § 1044 Rn. 5), bzw. zollt einäugig anglo-amerikanischen Vorstellungen Rechnung. Die „Rezeptionsverweigerung" erscheint deshalb allemal begründet. Sonst müsste man stets einen Verstoß gegen § 1048 Abs. 1 kraft § 1048 Abs. 4 S. 1 „automatisch" gleich wieder entschuldigen. Nichts hindert jedoch den Kläger, potentiellen Streitpunkten vorzugreifen, zumal ja meist bereits vorprozessuale Korrespondenz besteht. So lässt sich manches sicher rascher regeln und wird dem angegangenen Schiedsgericht die Strukturierung erleichtert, vor allem mit Blick auf die Vorformulierung eines Streitprogramms (Art. 18 Abs. 1 lit. d ICC-SchO: „list of issues to be determined").

---

[6] Dazu insbes. auch 3rd SN Nr. 19–21 = *Holtzmann/Neuhaus* S. 651 f. sowie die Darstellung bei *Holtzmann/Neuhaus* S. 647/648 mit S. 646 f. m. weit. Nachw.
[7] AA *Thomas/Putzo/Reichold* Rn. 3 (Prozeßschiedsspruch) bzw. *Baumbach/Lauterbach/Hartmann* Rn. 5 (Beendigungsbeschluss).
[8] *Glossner/Bredow/Bühler* Rn. 343; *Lachmann* Rn. 1471.
[9] AA *Zöller/Geimer* Rn. 1; *Musielak/Voit* Rn. 2: grundsätzlich keine Schlüssigkeit nötig.
[10] BT-Drucks. 13/5274 S. 48 re. Sp. [2] im Anschluss an Kom.-Ber. S. 152/153.
[11] 4th WGR Nr. 30 = *Holtzmann/Neuhaus* S. 653.
[12] So auch *Calavros*, 1988, S. 111.

d) Vereinbarte Punkte. Wie die Klageerhebung (§ 1044 Rn. 11) ist auch die Klagebegründung allemal formfrei möglich;[13] es unterliegt der Dispositionsbefugnis der Parteien, ein **Formerfordernis** einzuführen.[14] In der Praxis empfiehlt sich schriftliche Einreichung, bereits aus Gründen wohlverstandenen Eigeninteresses. Häufig kommt dazu die Pflicht zur Einreichung von Mehrfachexemplaren (§ 4 DIS-SchO). Die Parteien können natürlich ebenso auch inhaltliche **Zusatzangaben** vereinbaren, etwa dass sogleich auch Beweis mit anzutreten sei (Abs. 1 S. 2, Rn. 14 ff.) oder Schiedsvereinbarung (§ 1029 Abs. 1), Prozessvollmachten (§ 1042 Abs. 2) und Verfahrensabmachungen (§ 1042 Abs. 3) etc. beizufügen sind. Dies macht insoweit guten Sinn, als die Klageerhebung gesetzlich nur den nackten Hinweis auf die Schiedsvereinbarung verlangt (§ 1044 S. 2 aE), das Schiedsgericht hier idR erst konstituiert wird und nachfolgend zu informieren ist. Dann gilt insofern aber auch § 1048 Abs. 1! Zudem kann man zu Schiedsort (§ 1043 Abs. 1) und Verfahrenssprache (§ 1045 Abs. 1) parteiseits noch Stellung beziehen (§ 6.3 Abs. 3 DIS-SchO – Verfahrensgrundlage!); empfehlenswert sind dazuhin auch Angaben zum Streitwert (§ 6.3 Abs. 1 DIS-SchO – Vorschusspflichten!). Teilweise wird auch abgemacht, dass Klageerhebung und Klagebegründung gleich zusammenfallen (§ 6.2/3 DIS-SchO) bzw. § 253 Abs. 2–4 iVm. § 130 ZPO gelten sollen.[15]   7

2. Klagebeantwortung (Abs. 1 S. 1, 2. Var.). Die Klagebeantwortung ist Erwiderung („Stellungnahme") zur Klagebegründung. Für sie normiert der Wortlaut das **Bezugsprinzip:** Der Beklagte hat zu dem Inhalt der Klagebegründung Stellung zu nehmen, also auf den gesamten klägerischen Vortrag einzugehen („hierzu"). Dieser normative Ausgangspunkt unterliegt diversen praktischen **Einschränkungen:**   8

Der Beklagte kann *weniger* vortragen, er braucht auf die Klagebegründung nur insoweit konkret einzugehen, als jene wirklich auch von Bedeutung ist **(Relevanzgedanke).** Unnötiges ist nur belastend („In der Kürze, liegt die Würze")! Allerdings begibt er sich in Gefahr, zumal künftighin uU Präklusion droht – freilich meist nicht auf Grund Abs. 1 S. 1 iVm. § 1048 Abs. 2 u. 4, der allein die absolute Totalverweigerung betrifft (Rn. 13 mit § 1048 Rn. 5 f.), sondern „bloß" gemäß Abs. 2, 2. Halbs. (Rn. 27 ff.).   9

Der Beklagte kann aber natürlich ebenso gut auch *mehr* vortragen und ureigene **Verteidigungsmittel** einführen, die der Kläger sicherlich lieber verschweigt. Dabei wird er sich – ebenfalls mit Blick auf Abs. 2 – tunlichst an der entstandenen Prozesslage orientieren, auf Beschleunigung und Konzentration achten und „einer sorgfältigen und auf Förderung des Verfahrens bedachten Prozessführung" folgen (arg. § 277 Abs. 1 S. 1). Das heißt dann meist Vollumfänglichkeit sowie vor allem Substantiiertheit des Tatsachenvortrages, regelmäßig bereits mit Beweisvorlage oder -antritt (hierzu Abs. 1 S. 2: „können", Rn. 14), und Geltendmachung der Gegenrechte.   10

3. Parallelen und Abgrenzung. Die **Widerklage** (Abs. 3, Rn. 31–35) unterfällt derselben Regelung – bei formal vertauschten Rollen: der Beklagte begründet, der Kläger erwidert. Auch weiterer **Sachvortrag** ist beiderseitig möglich (Abs. 2, 1. Halbs., 2. Var., Rn. 26), denn das ist eine Ergänzung der Angriffs- bzw. Verteidigungsmittel. Allerdings ist dabei die Zeitgrenze (Abs. 2, 2. Halbs., Rn. 27 ff.) zu beachten. Möglich bleibt daneben eine **Klägerreplik** auf die Erwiderung des Beklagten, die zumeist parteiautonom erfolgt, wobei dann Noven unmittelbar unter Abs. 2 fallen, die aber ebenso auch vom Gericht im Rahmen des § 1042 Abs. 4 S. 1 (in Anlehnung an §§ 275 Abs. 4, 277 Abs. 4 mit Abs. 1 S. 1) verlangt werden kann.   11

4. Fristen. a) Fristsetzung. Die Parteien können für die Begründung der Schiedsklage und deren Beantwortung durch **Parteivereinbarung** Fristen festlegen. Subsidiär dazu darf das **Schiedsgericht** im Rahmen des ihm zustehenden *freien* Ermessens (§ 1042 Abs. 4 S. 1) *angemessene* Fristen bestimmen (Fristbeginn: § 221 analog – aber: Mitteilung anstatt Zustellung; § 1028 Abs. 1). Sie können durch nachträgliche Parteidisposition allerdings jederzeit gekürzt, verlängert (hierzu § 224 ZPO analog, nicht etwa § 190 BGB!) oder aufgehoben werden;[16] denn Zweck dieser Fristen ist allein, im Interesse der Parteien eine zügige und sachgemäße Durchführung des Schiedsverfahrens zu gewährleisten.[17] Berechnung: § 222 ZPO analog; §§ 187 ff. BGB (dazu näher noch § 1028 Rn. 21). Zu knappe Fristbestimmung bedarf einer Rüge (§ 1027).[18]   12

---

[13] CR Nr. 197 = *Holtzmann/Neuhaus* S. 668 gegen 7th SN Art. 23 Nr. 1 = *Holtzmann/Neuhaus* S. 657; krit. *Hußlein-Stich*, 1990, S. 120.
[14] *Wieczorek/Schütze* § 1034 aF Rn. 27 bzw. *Schütze* SV Rn. 166.
[15] *Schütze/Tscherning/Wais* Rn. 579.
[16] *Lörcher/Lörcher* Rn. 234 (3. Abs.); *Wieczorek/Schütze* § 1034 aF Rn. 33; *Glossner/Bredow/Bühler* Rn. 306, 309; *Lachmann* Rn. 1477.
[17] Vgl. *Böckstiegel* JbPrSch. 4 (1990), 15, 26 f.
[18] *Musielak/Voit* Rn. 6 aE.

§ 1046 13–18 Buch 10. Abschnitt 5. Durchführung des schiedsrichterlichen Verfahrens

13   **b) Säumnisfolgen.** Bei verspäteter oder unvollständiger **Klagebegründung** ist das Schiedsverfahren vorzeitig bzw. irregulär durch Beschluss zu beenden, § 1048 Abs. 1 (dort Rn. 9) iVm. § 1056 Abs. 2 Nr. 1 a (dort Rn. 24). Im Falle einer verspäteten oder unvollständigen **Klageerwiderung** wird das Schiedsverfahren trotzdem weitergeführt (dabei findet jedoch keine Geständnisfiktion statt!), § 1048 Abs. 2 (dort Rn. 10). – Beidesmal gelten dieselben **Ausnahmen:** genügende Entschuldigung, abweichende Parteiabrede (§ 1046 Abs. 2 [Unvollständigkeit, hier Rn. 28 ff.] bzw. § 1048 Abs. 4 [Totalversäumnis, dort Rn. 39 ff., 49]); Einverständnis der Gegenseite, es ist ad-hoc-Abbedingung der Fristsetzung. Die Staatskontrolle (§ 1059) ist insoweit auf den Fall des Abs. 2 Nr. 1 d (1. Halbs., 2. Var.) beschränkt (Kausalitätserfordernis! [3. Halbs.]), der hier lex specialis zu Abs. 1 Nr. 1 b, 2. Var. ist, weil die Präklusionsfolge auf – gesetzlichen oder vereinbarten – Verfahrensregeln beruht.

III. Bezeichnung der Beweismittel (Abs. 1 S. 2)

14   **1. Allgemeines.** Ergänzend fordert Abs. 1 S. 2 zur frühzeitigen Bezeichnung der Beweismittel auf, um dem Schiedsgericht zügiges Prozedieren zu ermöglichen. Die Regelung ist **instruktioneller Natur** bzw. **reine Ordnungsvorschrift,** so wie auch der parallele (§ 253 Abs. 4 iVm.) § 130 Nr. 5, 1. Var. [„soll"] mit § 131 [„sind"] unter strengerem Nomen. **„Können"** bedeutet Freiraum – weder „müssen" und auch nicht „sollen", die prozessual Pflichtigkeit indizieren, so wie es der Regierungsentwurf[19] zunächst einmal haben wollte. Die Formulierung schließt damit wieder nahtlos an Art. 23 Abs. 1 S. 2 ModG („may") an, sie überlässt die Sanktion spezieller Regelung (§ 1048 Abs. 3) und zielt unmittelbar nicht auf eine *erzwingbare* Verfahrensbeschleunigung.[20]

15   Die Regelung ist allerdings **Quelle prozessualer Lasten,** die zwar nicht erzwungen, jedoch anderweitig sanktioniert werden („Aufklärungslast"! – vgl. dazu erg. § 1042 Rn. 104–111); ein Verstoß dagegen bewirkt nicht etwa per se die Unbeachtlichkeit späteren Parteivortrags bzw. Beweiserbietens.[21] Die Parteien (§ 1042 Abs. 3) und subsidiär das Schiedsgericht (§ 1042 Abs. 4) sind jedoch dazu befugt, selbständig (dh. ergänzend zu § 1048 Abs. 3, 2. Var.: lediglich Urkunden-Vorlage, dazu näher dort Rn. 32) **angemessene Ausschlussfristen aufzustellen,**[22] bei deren unentschuldigter Überschreitung verspätet vorgelegte oder benannte Beweismittel nicht mehr zugelassen werden müssen.

16   **2. Fallgruppen.** Die prozessuale Instruktion, die Beweismittel zu bezeichnen, gilt für Klagebegründung und Klagebeantwortung gleichermaßen („dabei"), ist aber sinngemäß ebenso gut auch für späteren Vortrag tauglich. Behaupten und Beweisen sollen auch im Schiedsverfahren möglichst Hand in Hand gehen! Die **Regelung unterscheidet sachlich** Urkundenbeweis einerseits (1. Var. [Rn. 17]) und die sonstigen Beweismittel andererseits (2. Var. [Rn. 18]).

17   Für meistens auch weiterhin *schriftliches* **Beweismaterial** (anfangs: „Schriftstücke" – nunmehr: „Dokumente", um elektronische Surrogatformen zu berücksichtigen) ist sofortige **Vorlegung** (zwar bloß mittelbar) angeraten – sonst wird gemäß § 1048 Abs. 3 nämlich Fristsetzung folgen und Präklusion drohen. Keine Partei braucht demgemäß umgekehrt abzuwarten, wie sich die Beweisbedürftigkeit entwickelt, sie „kann" sogleich vorlegen und das Schiedsgericht muss entgegennehmen. Darin steckt allemal eine gewisse Privilegierung beim Urkundenbeweis, gleichzeitig indes auch eine Tücke: die „erheblich erscheinende[n] Dokumente" mögen auch solche sein, welche *nachteilig* wirken. Daher macht es guten Grund, wenn letztendlich doch „können" statt „sollen" steht, die Partei ist mithin – vorderhand jedenfalls (vgl. § 1048 Rn. 35) – nicht zu einer prozessualen „Selbstbelastung" angehalten.

18   Für alle **sonstigen Beweismittel** (Augenschein, Sachverständige, Zeugenaussagen etc., § 1049 Rn. 43 ff.) genügt kraft Gesetzes schon ihre **Bezeichnung,** was letztlich nur einen Beweisantrag meint und dem Gericht die Prüfung überlässt, bevor es einen größeren Aufwand betreibt. Als sachlich allgemeinere Regelung sollte man ihr jedoch den Urkundsbeweis nicht unterschlagen, wie dies auch das ModG („documents or other evidence") tut.

---

[19] Die Regelung hat eine äußerst wechselvolle Genese: Kom.-Ber. S. 153 („können"), allerdings schon unter Verkennung der Pflichtenlage; BT-Drucks. 13/5274 S. 48 re. Sp. [3] („sollen"), *zusätzlich* in dem Irrglauben, die Pflicht zu mildern; BT-Drucks. 13/9124 S. 46 („können"). Mithin irrig *Schütze* SV Rn. 167 [2. Abs.] („muss").
[20] Zutr. BT-Drucks. 13/9124 S. 46 gegen BT-Drucks. 13/5274 S. 58 aE; zust. *Thomas/Putzo/Reichold* Rn. 6; *Baumbach/Lauterbach/Hartmann* Rn. 5; *Tief,* Informationspflichten, 2000, S. 80/81 mit S. 79 f. Ganz dezidiert auch *Musielak/Voit* Rn. 8.
[21] *Lachmann* Rn. 1464; *Musielak/Voit* Rn. 8 mit Rn. 7; *Zöller/Geimer* Rn. 1.
[22] *Raeschke-Kessler* NJW 1988, 3041, 3049; *Schütze/Tscherning/Wais* Rn. 331, 359; *Glossner/Bredow/Bühler* Rn. 309.

IV. Nachträgliche Veränderungen (Abs. 2)

1. Grundlegung und Fallgruppen. Abs. 2 modifiziert Art. 23 Abs. 2 ModG in einer doppelten Weise: Im *ersten* Halbsatz, indem er die **Klage** separat nennt (ModG: „claim or defence"), um national Sprachkonsistenz mit §§ 146, 282, 296 („Angriffs- und Verteidigungsmittel") zu bewahren.[23] Erfasst ist ebenso die prozessuale oder **„Anspruchs"-Änderung** (1. Var., Rn. 21 f.) wie die materielle oder **„Strategie"-Ergänzung** (2. Var., Rn. 26). Im *zweiten* Halbsatz wurde sinnvoll ergänzt, dass neben die objektive Versäumnis (ModG: „having regard to the delay") auch subjektive **Vorwerfbarkeit** (ZPO: „nicht genügend entschuldigt") als Kriterium mit einfließt (Rn. 29) – das schlägt eine Brücke zur allgemeinen Säumnisnorm des § 1048 Abs. 4 S. 1 und ganz mittelbar auch zu § 296 Abs. 1/2.[24]

Im Anschluss an Art. 23 Abs. 2 ModG ist Abs. 2 **nicht zwingendes Recht**, die in ihm enthaltenen Bestimmungen können durch Parteivereinbarung in vollem Umfang abbedungen werden, nicht jedoch kraft Gerichtsanordnung (§ 1042 Abs. 4 S. 1: „letzte Stufe"). Dem Schiedsgericht verbleibt hier lediglich die Zulassungskontrolle, die freilich die Parteien ebenso ausschalten dürfen. **Absolute Zeitgrenze** ist dabei die formelle Beendigung des Schiedsverfahrens (§ 1056 Abs. 1); da man eine mündliche Verhandlung nicht durchführen muss, schied eine Anleihe bei § 296 a von selbst aus. Kurz vor Torschluss wird sich allerdings oft vorwerfbare Verzögerung aufdrängen! Das eröffnet dann seinerseits ohne weiteres das schiedsgerichtliche Zurückweisungsrecht (Rn. 27 ff.).

2. „Anspruchs"-Änderung. a) Begriff. Mit Prozessualer oder „Anspruchs"-Änderung (1. Var.) gemeint ist hierbei die **objektive Klageänderung**, so wie in §§ 263, 264 vorausgesetzt (vgl. § 263 Rn. 7 ff.), dh. Änderung des prozessualen Anspruchs bzw. schiedsunterworfenen Streitgegenstandes. Dies meint auch Fälle nachträglicher Veränderungen iSv. § 264 Nr. 3[25] – im Unterschied zu Nr. 2 (Beschränkung kann – wenn endgültig – aber eine teilweise Rücknahme sein!, Rn. 25) und Nr. 1 (die aber bisweilen hier der 2. Var. unterliegt, Rn. 26). Ändern kann jedoch natürlich einzig der Kläger (für den Beklagten bleibt Widerklage, Abs. 3 [Rn. 31–35]) – „jede Partei" wäre demnach wohl zu weit geraten, und erst die Wendung „ihre Klage" rückt dann wieder alles ins rechte Licht. Es ist dazu ergänzend stets notwendig, dass die geänderte Klage von der **Schiedsvereinbarung** erfasst wird[26] (§ 1029 Abs. 1: *einzelne* Streitigkeit; *bestimmtes* Rechtsverhältnis – genauso Art. 20 S. 2 SchO) und dass auch für den veränderten Streitgegenstand **Schiedsfähigkeit** besteht (§ 1030 Abs. 1: vermögensrechtlicher Anspruch; vergleichsfähige Rechtsstreitigkeit).

Die Anleihe bei §§ 263, 264 beschränkt sich allerdings auf den Tatbestand – es ist hier **weder Einwilligung noch ersatzweise dafür Sachdienlichkeit nötig:**[27] Abs. 2 enthält seine eigenen Schranken mit dem Zulassungsvorbehalt des Schiedsgerichts als eine Art „Notbremse" (Rn. 27). Trotzdem hat insoweit die Einwilligung des Beklagten gewisse Bedeutung; man wird darin zum einen, auch wenn eine ursprüngliche Zuständigkeit des Schiedsgerichts fehlte, zugleich den Abschluss einer neuen Schiedsvereinbarung über den geänderten Streitgegenstand gemäß § 1040 Abs. 2 sehen können, wobei dann ein möglicher Formmangel zugleich nach § 1031 Abs. 6 geheilt würde[28] (§ 1031 Rn. 62 ff. mit § 1040 Rn. 40); zum anderen ist alsdann regelmäßig keine Verspätung anzunehmen und das Verfahren daher fortzusetzen.[29] – Stets kann es noch fraglich sein, ob die Bestellung des Schiedsgerichts (§ 1035 Rn. 11) sich auf die geänderte Klage bezieht und ob die Richter gemäß ihrem Schiedsrichtervertrag (Vor § 1034 Rn. 51) denn überhaupt *verpflichtet* sind, sich mit

---

[23] BT-Drucks. 13/5274 S. 49 li. Sp. [4].
[24] Irrig insoweit indes BT-Drucks. 13/5274 S. 49 li. Sp. [4]: § *296 Abs. 3* – das Gegenstück ist hier § 1040 Abs. 2 S. 4.
[25] Ebenso *Kisch*, 1933, S. 12 mit S. 16 Fn. 9.
[26] BT-Drucks. 13/5274 S. 49 li. Sp. [5] mit 7th SN Nr. 5 = *Holtzmann/Neuhaus* S. 658, ferner: *Lachmann* Rn. 1452 *Henn* Rn. 319; *Schwab/Walter* Rn. 16.29; zum alten Recht: *Stein/Jonas/Schlosser*, 21. Aufl., § 1034 aF Rn. 28.
[27] Anders die frühere hM: 1. Aufl. Rn. 31; *Stein/Jonas/Schlosser*, 21. Aufl., Rn. 28; *Baumbach/Lauterbach/Albers*, 56. Aufl., Rn. 14 – alle zu § 1034 aF; *Rosenberg/Schwab/Gottwald*, 15. Aufl., § 174 II 4. Nach neuem Recht wird die alte Streitfrage (vgl. etwa schon dazu *Kisch* [1933] S. 12 ff.) hinfällig, mag dies BT-Drucks. 13/5274 S. 49 li. Sp. [5] auch nicht völlig wahrhaben wollen; hier anders auch *Lachmann* Rn. 1452 u. *Lörcher/Lörcher* Rn. 236; *Schwab/Walter* Rn. 16.30 – richtig dagegen *Thomas/Putzo/Reichold* Rn. 8; *Henn* Rn. 319.
[28] *Holtzmann/Neuhaus* S. 649; *Lachmann* Rn. 1452 sowie näher zum alten Recht 1. Aufl. § 1034 aF Rn. 31 mit § 1027 aF Rn. 7.
[29] BT-Drucks. 13/5274 S. 49 li. Sp. [5]; zust. *Musielak/Voit* Rn. 13; einschr. *Thomas/Putzo/Reichold* Rn. 9: Nichtzulassung nur bei Nichtverzögerung ermessensfehlerhaft.

§ 1046 23–28   Buch 10. Abschnitt 5. Durchführung des schiedsrichterlichen Verfahrens

der geänderten Klage zu befassen. Entscheidungsrecht und -pflicht laufen nicht immer gleich. Notfalls wäre vorher eine Abänderung oder Ergänzung des Schiedsrichtervertrages herbeizuführen – was naturgemäß wiederum konkludent möglich ist.

23 **b) Abgrenzungen. aa) *Subjektive* Klageänderung.** Sie ist Parteiwechsel, welche die Praxis[30] – allemal zu Unrecht (§ 263 Rn. 67 ff.) – gleichfalls §§ 263, 264 unterstellt. Bereits wegen der notwendigen schiedsvertraglichen Grundlage kann diese Rechtsprechung nicht einfach unbesehen übernommen werden. Bei einem Einvernehmen aller Beteiligten ist aber ein Parteiwechsel möglich, der dann Klagerücknahme und Schiedsvertrag uno actu kombiniert.

24 **bb) Objektive Klagehäufung.** Es geht hier um Anspruchsmehrheit. § 260 gilt dafür analog, bloß dass anstatt der Zuständigkeit des Prozessgerichts die des Schiedsgerichts nötig ist (§§ 1029–1031); dazu muss noch bezüglich sämtlicher Ansprüche das betreffende Schiedsgericht auch (personen-)gleich gebildet worden sein. Irgendeine andersgeartete Konnexität muss nicht bestehen; spätere Trennung bleibt freilich möglich durch Gerichtsbeschluss (§ 1042 Abs. 4 S. 1 mit § 145 Abs. 1 analog) oder Vorabentscheidung, die Teilschiedsspruch (§ 1056 Rn. 7) ist.

25 **cc) Klagerücknahme.** Sie beendet den Prozess, führt ihn nicht modifiziert weiter und unterliegt auch keiner speziellen schiedsvertraglichen Regelung (§ 1056 Abs. 2 Nr. 1 b – dazu näher dort Rn. 19 ff.), womit sich ein Rückgriff auf § 269 erübrigt bzw. verbietet. Auch im Schiedsverfahren kann Klageänderung teilweise Klagerücknahme sein (§ 269 Rn. 6).

26 **3. „Strategie"-Ergänzung.** Allein die materielle oder „Strategie"-Ergänzung (2. Var.) vermag von beiden Seiten auszugehen, ist allerdings aber regelmäßig eher Ergänzung denn Änderung. Das Schiedsgericht prüft allumfassend, es sei denn, die Parteien hätten zulässig beschränkt (sog. „Ausschaltungsbefugnis"), was kaum interessengerecht wäre und mithin ausdrücklicher Vereinbarung bedarf. Die Begriffe der **Angriffs- und Verteidigungsmittel** entsprechen allgemeiner Nomenklatur (§ 146 Rn. 2 [„Klagegründe[n], Einreden, Repliken"] bzw. § 282 Rn. 6 [„Behauptungen, Bestreiten, Einwendungen, Einreden, Beweismittel und Beweiseinreden"]; § 296 Rn. 40 ff.), sie beinhalten das sachliche und prozessuale Vorbringen für die Begründung oder Abwehrung des geltend gemachten Anspruches. (Wider-)Klage und Klageänderung gehören sonst nicht hierher,[31] werden insoweit jedoch **explizit gleich behandelt**. Dieses erübrigt manche schwierige Abgrenzung und hält dazu das Schiedsverfahren letzthin recht flexibel. Die Präklusionsdrohung (Rn. 27 ff.) wird daher jede Partei von Beginn weg zu sorgfältigem und umfassendem Sachvortrag anhalten. Zum Sonderfall der Aufrechnung vgl. Rn. 36.

27 **4. Zurückweisungsmacht des Schiedsgerichts. a) Gesetzlich.** Die freie Befugnis der Parteien, wie sie der 1. Halbs. für Anspruchsänderung (Rn. 21 f.) und Strategieergänzung (Rn. 26) gleichermaßen gesetzlich zugesteht, unterliegt der Begrenzung. Gemäß 2. Halbs., der freilich präsumptiv Ausnahme ist („es sei denn"), besteht stets der **Vorbehalt gerichtlicher Zulassung,** wobei vorher stets rechtliches Gehör nötig ist.[32] Nichts darf je auf klare Willkür hindeuten, weil anderenfalls unweigerlich eine staatsgerichtliche Aufhebung ins Haus steht (§ 1059 Abs. 2 Nr. 1 b, 2. Halbs.). Verspätung ist objektive (Rn. 28), Verschulden ist subjektive (Rn. 29) Komponente eines **Doppeltatbestandes.**

28 **aa) Objektiv: Verspätung.** Die Verspätung muss – im Unterschied zu §§ 296, 282 – aber nicht etwa verzögern,[33] andererseits mangeln klare Fristen, was besonders im Vergleich zu Abs. 1 (Rn. 12) deutlich auffällt und bemerkenswerte gerichtliche Freiräume individueller Abwägung schafft. Das korreliert im Besonderen mit § 1042 Abs. 4 S. 1, der alsdann die Anleihe bei § 296 Abs. 1/2 ermöglicht. Zu unterscheiden sind mithin zwei Formen:[34] **präklusive Zurückweisung** nach einer fruchtlos gesetzten Frist (§ 296 Abs. 1 analog) und eine Art **arbiträre Zurückweisung,** die unangekündigt ist und sich als Sanktion gegen Vernachlässigung der Prozessförderung versteht (§ 296 Abs. 2 analog). Vorzugswürdiger und nahe liegender (mit Blick auf § 1059 Abs. 2 Nr. 1 b, 2. Halbs.) scheint die erstere Handlungsweise. Das Schiedsgericht kann kraft seines Bestimmungsrechts – und jenseits von Abs. 1! – **konkrete Fristen** setzen, was Gestaltungen bis hin zur Eventualmaxime ermöglicht; es kann ebenso aber analog § 296 a einen **generellen Schlusspunkt** festsetzen, von dem

---

[30] Vgl. BGHZ 65, 264, 268 m. Nachw.; BGH NJW 1981, 989; 1988, 128 – aA indes die Lehre, Nachw. § 263 Rn. 67 Fn. 157.
[31] Vgl. BGH NJW 1995, 1223.
[32] Wie hier schon *Thomas/Putzo/Reichold* Rn. 9 bzw. 11.
[33] *Stein/Jonas/Schlosser* Rn. 4 (S. 530/53); *Thomas/Putzo/Reichold* Rn. 9 – aA *Zöller/Geimer* Rn. 3 aE.
[34] Im Ergebnis ganz ähnlich *Musielak/Voit* Rn. 9 (Grenze: *offenkundig* fehlende Verzögerung [Rn. 10 aE]); *Zöller/Geimer* Rn. 3; wohl – freilich sehr behutsam – auch *Stein/Jonas/Schlosser* Rn. 4 (S. 530).

ab neues Vorbringen nicht mehr berücksichtigt wird[35] – zweckmäßigerweise zu einem kurz vor der potentiell abschließenden Beratung liegenden Zeitpunkt.

bb) Subjektiv: Verschulden. Notwendig ist ergänzend, dass insoweit Verschulden vorliegt – 29 eigenes oder auch fremdes, das zuzurechnen ist (§§ 51 Abs. 2, 85 Abs. 2 analog); exakter wäre an sich hierbei **misslungene Entlastung** anzusetzen, denn Verschulden wird unterstellt und Exkulpation ist dann die Last des Handelnden. Typisch ist etwa der Fall erst nachträglicher Kenntniserlangung, zumindest sofern sie ohne einen Verstoß gegen Erkundigungs- oder Ermittlungspflichten erfolgt.[36] Kraft § 1042 Abs. 4 S. 1 wird das Schiedsgericht in Anlehnung an § 296 Abs. 4 Glaubhaftmachung der Entschuldigung (§ 294) verlangen können und dürfen. Plausibilität scheint ausreichend und Vollbeweis nicht erforderlich. Am Ende bestimmt aber allemal das Gericht – unter Gewähr rechtlichen Gehörs –, ob die Entlastung eine „genügende" ist (arg. § 1048 Abs. 4 S. 1: „nach Überzeugung des Gerichts"). Überhaupt existiert eine eindeutige Parallele zu § 1048 Abs. 4 (S. 1: „genügend entschuldigt"), nur dass das Verschuldenserfordernis bei § 1046 Abs. 2 dispositiv, dort jedoch zwingenden Rechts ist (S. 2: „Im Übrigen …").

b) Vertraglich. Der ganze Abs. 2 steht abweichender Vereinbarung offen. Sie kann ihn **verschärfen** 30 (zB Zeitgrenzen [in Anlehnung an Abs. 1], Zustimmungspflicht, Präklusion ohne Verschulden[37]) oder **abmildern** (zB Präklusion nur bei Verzögerung, wobei zweckmäßig gleich präzisiert wird, ob der Begriff relativ oder absolut verstanden werden will [§ 296 Rn. 74 ff.]; Möglichkeit zu einer Wiedereinsetzung gemäß §§ 233 ff. analog). Es ist also nicht etwa nur so, dass allein der erste Halbsatz dispositiv normiert (und – weil völlig frei! – die Gesetzesnorm lediglich verschärfbar) wäre; die Zurückweisungsmacht des Schiedsgerichts auf Grund zweitem Halbsatz ist auch parteiautonom frei ausgestaltbar, sie darf ihrerseits ebenso abgemildert oder sogar ganz abbedungen werden.

V. Widerklage und Ähnliches (Abs. 3)

1. Widerklage. a) Normreichweite. Abs. 3, der parteiseits disponibel ist, entspringt der Erläu- 31 terung des Art. 2 lit. f, 1. Halbs. ModG, „Klage" meine auch die Widerklage, die sich aber als allgemeine (Begriffs-)Norm präsentiert und daher richtig „vor der Klammer" steht. Hiermit ist bereits im Vorfeld ganz generell klargestellt, dass Widerklagen im Schiedsverfahren grundsätzlich zulässig[38] und dann **sinngemäß zu behandeln** sind wie eine Klage. Das ModG nimmt davon *explizit* indes Art. 25 lit. a (§ 1048 Abs. 1: Säumnisfolge) und Art. 32 Abs. 2 lit. a (§ 1056 Abs. 2 Nr. 1 b: Klagerücknahme) aus. Demgegenüber beschränkt sich Abs. 3 – wörtlich genommen – von vornherein auf lediglich „entsprechende" Anwendung des „Restes" von § 1046 und scheint *konkludent* den Rückgriff auf andere Regeln kopflos zu sperren, zumal im alten Recht (1. Aufl. § 1034 aF Rn. 41) auch ohne eigenen (Gleichstellungs-)Hinweis durchgängig Gleichbehandlung praktiziert wurde. Weniger wäre demnach mehr gewesen. Trotzdem sollte man keinen Umkehrschluss ziehen.

Die Regelung hat **lediglich deklaratorischen Charakter** – aber nicht etwa Sperrwirkung.[39] Es 32 wäre sonst ganz offen, wie die zweifellos ja statthafte Widerklage (arg. Abs. 3: Begründung; Erwiderung) ansonsten denn rechtlich zu behandeln wäre. Dafür spricht zudem, dass sich das Gesetz insoweit im Einklang mit dem ModG sieht[40] – mit Ausnahme der Einschränkungen. § 1048 Abs. 1 und § 1056 Abs. 2 Nr. 1 sind demzufolge gleichfalls anzuwenden, freilich mit der Maßgabe, dass – global besehen – nur eine *teilweise* Verfahrensbeendigung/-einstellung des Verfahrens statthaft ist. Der Rollentausch bringt auch Lasten. Ganz entsprechendes gilt für den Verfahrensbeginn (§ 1044), der eben darum *partiell* zeitversetzt eintritt, ohne dass sich sachlich an der Inhaltsvorgabe für die (Wider-)Klageerhebung etwas ändern würde. Weil allerdings eine Widerklage erster Angriff bleibt, droht nur bei ihrer verspäteten Begründung (Abs. 1 S. 1) oder Abänderung (Abs. 2) Präklusion, nicht aber bei bloß schlicht verzögerter Erhebung.[41]

b) Statthaftigkeit. Widerklage ist ermöglicht, wenn und weil der geltendgemachte (prozessua- 33 le[!] Gegen-)Anspruch auch unter eine **Schiedsvereinbarung** fällt[42] (wichtige Ausnahme freilich:

---

[35] Hier anders wohl *Musielak/Voit* Rn. 3.
[36] Beispiel: BGH NJW 1988, 60, 62 f. (V).
[37] Für diesen Fall aA Stein/Jonas/Schlosser Rn. 4 aE (S. 531).
[38] *Granzow*, 1988, S. 76 f.; *Hußlein-Stich*, 1990, S. 122.
[39] Zust. *Stolzke*, 2006, S. 123.
[40] BT-Drucks. 13/5274 S. 49 li. Sp. [6].
[41] Zust. *Stolzke*, 2006, S. 128 mit S. 127–130.
[42] BT-Drucks. 13/5274 S. 49 li. Sp. [6]; BGH WM 1976, 910; OLG Hamburg MDR 1965, 54 [3] (identisches Rechtsverhältnis!); *Kisch*, 1933, S. 28 ff. [A I]; *Henn* Rn. 319 aE; *Schütze/Tscherning/Wais* Rn. 388, 53 ff.; *Lachmann* Rn. 497; *Glossner/Bredow/Bühler* Rn. 108, 415 f.; vgl. dazu ferner noch *Habscheid* KTS 1970, 132, 141.

§ 1041 Abs. 4 [S. 2]!) und nicht die Bildung des **Schiedsgerichts** hinsichtlich des Widerklageanspruchs anderen Kriterien unterliegt als vorher zum Klageanspruch.[43] Schiedsbefangenheit und Gerichtskompetenz müssen sich also finden (Rn. 34 f.). Wie sonst auch darf **keine schlichte Klagenegation** vorliegen, denn darüber müsste ohnehin entschieden werden (§ 1055 mit § 322 Abs. 1: „kontradiktorisches Gegenteil"), die Klage genügt schon vollauf. Ausdrückliche **Benennung als Widerklage** ist hilfreich, aber letzthin entbehrlich, insofern genügt jede „deutlich erkennbare und betätigte Absicht".[44] Die Widerklage ist so wie auch sonst (§ 33 Rn. 8) inhaltliche **Mehrheit der Schiedsprozesse** bei äußerlicher **Einheit des Schiedsverfahrens**,[45] quasi eine Art „Klagehäufung im Gegenangriff". Sie kann selbstredend auch eventualiter erhoben werden, etwa für den Fall, dass das Schiedsgericht für die Klage Kompetenz sieht (§ 1040 Abs. 1), und ist als Wider-Widerklage des Klägers ebenfalls denkbar.

34 Das Erfordernis der **Zuständigkeitskonkordanz** wird ansonsten von § 33 gemildert, der für das Schiedsverfahren aber *nicht* gilt[46] – weder *positiv* iS einer Annexzuständigkeit bei **Sachzusammenhang**, noch *negativ* als Sperrklausel iS eines zusätzlichen prozessualen Erfordernisses (vgl. § 33 Rn. 20 ff.). Freilich wird der Zusammenhang regelmäßig bestehen, wenn die Ansprüche der nämlichen Schiedsvereinbarung angehören. Dies mag in anderer Beziehung dann doch noch bedeutsam werden, und zwar als **Auslegungsindiz:** die erste Schiedsrichter*ernennung* erfasst dann nämlich zumeist auch den Folgestreit,[47] und auch die Schiedsrichter*verträge* sollten diesen neuen Prozess alsdann mitumfassen.[48] Jedenfalls ist dann aber die Vorschusspflicht neu zu prüfen[49] (aber: Analogie bei § 45 Abs. 1 GKG anstelle von § 5 ZPO). – Dazu kommt noch das wichtigere Erfordernis der **Verfahrenswegskonkordanz,** das sich gemäß §§ 1029–1031 lösen lässt, ergänzt jedoch durch § 1041 Abs. 4 (S. 2).

35 Fraglich ist, ob die **rügelose Einlassung** zureicht, wenn überhaupt keine oder eine gänzlich andere Schiedsgerichtsbarkeit für den widerklagend erhobenen Gegenanspruch besteht. Die sachliche Beantwortung ist regelmäßig als eine prozessuale **Rügepräklusion** (§ 1040 Abs. 2 S. 1) einzuordnen, die ausnahmsweise nur spätere Nachholung erlaubt (§ 1040 Abs. 2 S. 4: Parteienschuldigung *plus* Gerichtsermessen!). Die Zuständigkeit des Schiedsgerichts auch für den Gegenanspruch wird auch herbeigeführt, sogar wenn dem Kläger insoweit unbewusst bliebe, dass sein rügeloses Einlassen eine solche faktische Erweiterung der Schiedsvereinbarung herbeiführt.[50] Wegen § 1031 Abs. 6 (dort Rn. 62 ff.) bedarf es hierfür auch nicht etwa der Schriftform. – Deutlich zu scheiden davon ist die Frage der Statthaftigkeit im Innenverhältnis: bei Naturalparteien ist eine solche Erstreckung ohne weiteres möglich, bei anwaltlicher Vertretung demgegenüber uU aber besondere Vollmacht notwendig,[51] wohl anders aber wieder bei sachlichem Zusammenhang,[52] welcher jedenfalls regelmäßig besteht.

36 **2. Ähnliches. a) Aufrechnung.** Wenig anders wirkt materielle statt prozessualer Verteidigung und zwar im Wege eines „Gegenangriffs"; in Betracht kommen insoweit Aufrechnung und Zug-um-Zug-Einrede (Rn. 37). Nach bisher wohl hM[53] wird die Aufrechnung, welche weder im

---

[43] OLG Hamburg MDR 1965, 54 [3] u. RIW 1975, 645; *Kisch*, 1933, S. 28 ff. [A II] (institutionelles Schiedsgericht) u. *Stein/Jonas/Schlosser* Rn. 3.
[44] RGZ 124, 182, 185 mit RGZ 108, 135, 137 (zu § 33), aber sinngemäß auch OLG Hamm v. 26. 4. 2001 – 24 U 117/00 [A I] („Jedenfalls nach der alten Rechtslage ..."[?]).
[45] *Kisch*, 1933, S. 28 ff., 33.
[46] So zutr. bereits *Kisch*, 1933, S. 28 ff., S. 31 mit S. 29 sowie jüngst *Stolzke*, 2006, S. 118–121 m. weit. Nachw. – aA aber die wohl hM: *Maier* Rn. 145; *Henn* Rn. 319 aE; *Schütze/Tscherning/Wais* Rn. 388 (aber: Gerichtsermessen[?]); *Schwab/Walter* Rn. 16.31.
[47] *Stein/Jonas/Schlosser* Rn. 3.
[48] *Schwab/Walter* Rn. 16.31 (korrekt: Schieds*richter*vertrag).
[49] *Schütze/Tscherning/Wais* Rn. 388; *Baumbach/Lauterbach/Albers*, 56. Aufl., § 1034 aF Rn. 24; 1. Aufl. § 1034 aF Rn. 41.
[50] Vgl. *Lachmann* Rn. 497 mit Rn. 710 – aA *Schütze/Tscherning/Wais* Rn. 54, wonach ein richterlicher Hinweis erforderlich sei.
[51] Näheres bei *Schlosser* RIPS Rn. 357 f.
[52] *Kisch*, 1933, S. 28 ff. [A III].
[53] *Glossner/Bredow/Bühler* Rn. 129 ff., 416; *Schütze/Tscherning/Wais* Rn. 54 f.; *Lukas* u. *Jonas* JW 1929, 1649 bzw. *Stein/Jonas/Schlosser*, 21. Aufl., § 1025 aF Rn. 37 mit RIPS Rn. 399, S. 300/301; *Zöller/Geimer*, 20. Aufl., § 1025 aF Rn. 54; *Wieczorek/Schütze* § 1025 aF Rn. 68; *Musielak/Voit*, 1. Aufl., § 1025 aF Rn. 25; *Lüke*, FS 150 Jahre LG Saarbrücken, 1985, S. 297, 309; *Berger*, 1992, S. 326 f. mit RIW 1998, 426, 430.
Anders aber früher RGZ 133, 16, 19 – ebenso: *Maier* Rn. 338 bzw. Rn. 118; *Baumbach/Lauterbach/Albers*, 56. Aufl., § 1025 aF Rn. 17; *Rosenberg/Schwab/Gottwald*, 15. Aufl., § 172 VI 1 a, S. 1081 (die Berufung auf BGHZ 16, 124 u. BGHZ 23, 17 trägt freilich nicht!); *Schwab/Walter*, 5. Aufl., Rn. 3.12.

Modellgesetz[54] noch im Binnenrecht[55] ausdrücklich angesprochen ist, so wie eine Widerklage behandelt. Dies soll auch weiter so gelten.[56] Ist also die Aufrechnungsforderung von der Schiedsvereinbarung nicht ohnedies schon umfasst (eine „Globalbeschreibung" kann ausreichen, § 1029 Rn. 69–75), wäre sie nur dann künftig aburteilbar, wenn der Aufrechnungsgegner die Zuständigkeit des Schiedsgerichts nicht in Frage stellt: konkludente (?) und formlos gültige (§ 1031 Abs. 6) Erweiterung der Schiedsvereinbarung. Dafür spricht gewiss die Nähe von Aufrechnung und Widerklage (vgl. Rn. 1 u. 37 – je aE), dagegen aber allemal, dass so die Spezialregelung des § 1040 Abs. 2 S. 3/4 rasch leerlaufen würde. Die Rügeobliegenheit (S. 3: „sobald") ist dabei bloß die eine Seite der Münze; dazu kommt das Recht, sich für eine Verspätung noch ausreichend zu exkulpieren und damit die Chance nachträglicher Zulassung zu erreichen (S. 4: „kann ..., wenn ... genügend entschuldigt"). Rügelose Einlassung ist lediglich Schweigen und deswegen nie genügend; man darf ihr nicht vorschnell einen materiellen Erklärungswert unterstellen, der offenbar mit der Mechanik des § 1040 Abs. 2 S. 3/4 kollidiert – die Lösung neuen Rechts ist eine primär rein prozessuale. Nichts spricht jedoch gegen eine *explizit* vereinbarte Änderung, nur bei der Annahme *konkludenter* Ergänzungen sei besondere Vorsicht angemahnt.

b) Zug-um-Zug-Verurteilung. Und auch bei Zug-um-Zug-Verurteilung nach Einredeerhebung, sowohl wegen nichterfüllten Vertrages (**§§ 320, 322 BGB**) als auch kraft allgemeinen Zurückbehaltungsrechts (**§§ 273, 274 BGB**) sollen diese Regeln (Rn. 36) – sinngemäß wiederum natürlich – gelten. Wegen der **Konnexität** der sich dabei gegenüberstehenden Ansprüche werden sie regelmäßig beide von der dem Verfahren zugrundeliegenden Schiedsvereinbarung erfasst; fehlt aber Schiedsbefangenheit trotz materiellrechtlicher Konnexität und willigt der Kläger auch nicht ein, soll das Schiedsgericht nicht über die Begründetheit der Leistungsverweigerung entscheiden dürfen und eine Zug-um-Zug-Verurteilung dementsprechend dann ausgeschlossen sein.[57] Die Einschränkung ist unberechtigt. So wie auch ein staatliches Gericht jedweden einmal statthaft erhobenen Streit „unter allen in Betracht kommenden rechtlichen Gesichtspunkten" entscheidet (vgl. § 17 Abs. 2 S. 1 GVG), so ist auch das Schiedsgericht zu allumfassender Nachprüfung und Entscheidung, inklusive von Vorfragen, berufen – der Sachzusammenhang ist ausschlaggebend, und einzig die Aufrechnung genießt eine Sonderrolle, der Nähe zur Widerklage wegen (arg. § 145 Abs. 2/3 bzw. § 301 Abs. 1, 3. Var./§ 302 Abs. 2), die bis hin zur Rechtskraft reicht (vgl. § 322 Abs. 2).

37

§ 1047 Mündliche Verhandlung und schriftliches Verfahren

(1) ¹Vorbehaltlich einer Vereinbarung der Parteien entscheidet das Schiedsgericht, ob mündlich verhandelt werden soll oder ob das Verfahren auf der Grundlage von Dokumenten und anderen Unterlagen durchzuführen ist. ²Haben die Parteien die mündliche Verhandlung nicht ausgeschlossen, hat das Schiedsgericht eine solche Verhandlung in einem geeigneten Abschnitt des Verfahrens durchzuführen, wenn eine Partei es beantragt.

(2) Die Parteien sind von jeder Verhandlung und jedem Zusammentreffen des Schiedsgerichts zu Zwecken der Beweisaufnahme rechtzeitig in Kenntnis zu setzen.

(3) Alle Schriftsätze, Dokumente und sonstigen Mitteilungen, die dem Schiedsgericht von einer Partei vorgelegt werden, sind der anderen Partei, Gutachten und andere schriftliche Beweismittel, auf die sich das Schiedsgericht bei seiner Entscheidung stützen kann, sind beiden Parteien zur Kenntnis zu bringen.

---

[54] Dazu etwa *Hußlein-Stich,* 1990, S. 122 f.
[55] Vgl. aber wenigstens doch BT-Drucks. 13/5274 S. 49 li. Sp. [6].
[56] *Baumbach/Lauterbach/Hartmann* Rn. 7 gegen § 1029 Rn. 22; *Zöller/Geimer* § 1029 Rn. 85 (Aufrechnungsverbot kraft Schiedsvereinbarung); *Lionnet/Lionnet* S. 348; *Musielak/Voit* § 1029 Rn. 24 u. *Lachmann* Rn. 497 f. (mit Ausnahme bei Unstreitigkeit); *Köhne/Langner* RIW 2003, 362 f. [I 1] – weiter abw. jedoch *Schwab/Walter* Rn. 3.12 (Entscheidungsmacht) mit Rn. 18.8 (Verweigerungsrecht); *Kawano* ZZPInt. 4 (1999), 393, 402 ff. (404).
[57] *Schütze/Tscherning/Wais* Rn. 56; *Lachmann* Rn. 500 – anders im Ansatz *Musielak/Voit* § 1029 Rn. 23: Unstreitigkeit oder Rechtskräftigkeit?

I. Normzweck

1 § 1047 basiert auf Art. 24 ModG, der wiederum auf Art. 15 SchO zurückgeht und eigentlich leicht rezipierbar war.[1] **Abs. 1** gibt Grundlagen für die Gestaltung des Verfahrensablaufs vor und beschränkt das schiedsrichterliche Verfahrensermessen (§ 1042 Abs. 4 S. 1) auf eine Wahl zwischen zwei Lösungen: **mündliche Verhandlung** (Rn. 3–12) oder **schriftliches Verfahren** (Rn. 13–20). Auch „Mischformen" sind vorstellbar. Die Regelung findet trotzdem bei § 128 ihr Pendant, nur dass kein Prä für effektive Mündlichkeit vorhanden ist (anders § 105 Abs. 2 S. 1 ArbGG) – dies zumal auch keine weitere Öffentlichkeit besteht. Sie bindet statt dessen die vorrangige Parteiautonomie (§ 1042 Abs. 3) überzeugend ein,[2] ist Verfahrensregelung und daher „nur" durch § 1059 Abs. 2 Nr. 1 d sanktioniert.[3]

2 Das im Unterschied zu **Abs. 2 u. 3,** denn diese verkörpern einen separat normierten Ausfluss der **Gewähr rechtlichen Gehörs**[4] (§ 1042 Abs. 1 S. 2; vgl. auch erg. Art. 103 Abs. 1 GG) sowie auch des **Gleichbehandlungsgebotes** (§ 1042 Abs. 1 S. 1), so wie es die allgemeine Regelung einleitend verheißt. Die Vorschriften sind eigentlich also Wiederholung, rein nur „um Fehlschlüsse zu vermeiden, die aus einer Nichtübernahme gezogen werden könnten".[5] Dieses hervorgehobene Schutzanliegen öffnet den Zugriff auf § 1059 Abs. 2 Nr. 1b, 2. Var. Die Benachrichtigungspflicht des Abs. 2 zielt eher dabei auf die mündliche Verhandlung, die Kenntnisgabeverpflichtung des Abs. 3 demgegenüber auf ein schriftliches Verfahren, ohne dass aber das Gesetz diese Unterscheidung recht deutlich macht.

II. Mündliche Verhandlung (Abs. 1 S. 1, 1. Var.)

3 **1. Grundlagen.** Im Unterschied zu § 128 Abs. 1 ist mündliches Verhandeln nicht etwa als Regelfall gesetzlich verordnet,[6] aber forensisch doch Regelform.[7] Doch treten nicht die damit üblich verbundenen Folgen (§§ 136 Abs. 1 u. 4, 137 Abs. 1–3; §§ 296a, 283, 156; § 272 Abs. 2/3 iVm. Abs. 2 u. §§ 273 ff. etc.) ein.[8] Weder unterliegt dieses dann den strengen förmlichen Vorgaben an Organisation und Gestaltung und selbstredend genauso wenig dem allgemeinen Öffentlichkeitsgebot (§ 169 S. 1 GVG) noch existiert überhaupt hier die Verpflichtung zur Durchführung. Wird einmal mündlich verhandelt, heißt das nicht, dass vorbereitend schriftsätzlich Vorgetragenes ganz unbeachtlich wäre bzw. dafür formal eingeführt werden müsste; es wird automatisch zum Prozessstoff (keine ausdrückliche Bezugnahme nötig!).[9] Und danach mag es später trotzdem wieder schriftlich weitergehen. Niemals wird je eine mündliche Verkündung notwendig.[10]

4 Ob (und auch wie) mündliches Verhandeln stattfindet, darüber entscheidet das **Schiedsgericht** (nicht etwa der Vorsitzende – keine „Freistellung" gemäß § 1052 Abs. 3) auf Grund pflichtgemäßem Ermessen.[11] Die Ermessensausübung ist informell zu handhaben und mag später revidiert werden;[12] sie muss darum auch nicht etwa – im Unterschied zur Bestimmung nach §§ 1043 Abs. 1, 1045 Abs. 1 – sogleich erfolgen, man kann sie einstweilen auch aufschieben.[13] Anders natürlich soweit beide **Parteien** Abweichendes geregelt haben (arg. § 1042 Abs. 4 S. 1 mit § 1047 Abs. 1 S. 1: „Vorbehaltlich einer Vereinbarung …"). Das kann nicht bloß pauschal erfolgen, möglich wäre ge-

---

[1] Vgl. *Hußlein-Stich*, 1990, S. 126.
[2] Dazu lesenswert etwa 5th WGR Nr. 77 f. = *Holtzmann/Neuhaus* S. 681; 6th SN Art. 24 Nr. 1 ff. = *Holtzmann/Neuhaus* S. 682 ff.; 7th SN Art. 24 Nr. 2–4 = *Holtzmann/Neuhaus* S. 686 f.; CR Nr. 204–208 = *Holtzmann/Neuhaus* S. 696 f.
[3] Ebenso *Musielak/Voit* Rn. 2: Gewähr rechtlichen Gehörs – Folge: § 1059 Abs. 2 Nr. 1b (2. Var.).
[4] Darauf beschränkt die Vorschrift jedoch BT-Drucks. 13/5274 S. 48 li. Sp. [1] – insoweit im Anschluss: *Lörcher/Lörcher* Rn. 246; *Baumbach/Lauterbach/Hartmann* Rn. 1.
[5] BT-Drucks. 13/5274 S. 49 re. Sp. [4].
[6] BT-Drucks. 13/5274 S. 49 li. Sp. [2]; *Hußlein-Stich*, 1990, S. 126; *Lörcher/Lörcher* Rn. 242 u. 245; *Lachmann* Rn. 1586 f.; *Schwab/Walter* Rn. 16.32; *Henn* Rn. 320 u. 341; *Zöller/Geimer* Rn. 1; *Zimmermann* Rn. 1; *Musielak/Voit* Rn. 2 u. § 1042 Rn. 5 u. 13 – OLG Frankfurt/Main IHR 2003, 93, 95 li. Sp.; OLG Naumburg NJW-RR 2003, 71, 72 sowie unter altem Recht: BGH NJW 1994, 2155 [2]; OLG Hamburg MDR 1956, 494 aE mit HEZ 2 Nr. 123, S. 282, 284 u. m. weit. Nachw.; *Schütze/Tscherning/Wais* Rn. 392.
[7] *Schlosser* RIPS Rn. 665 – aber: Fn. 33.
[8] *Schütze/Tscherning/Wais* Rn. 391.
[9] BT-Drucks. 13/5274 S. 49 re. Sp. [2] – zust.: *Thomas/Putzo/Reichold* Rn. 1; *Zöller/Geimer* Rn. 2; *Musielak/Voit* Rn. 3; *Lörcher/Lörcher* Rn. 245 aE.
[10] Zutr. *Zöller/Geimer* Rn. 4.
[11] OLG Celle OLGR 2004, 396.
[12] 7th SN Art. 24 Nr. 1 mit Fn. 71 = *Holtzmann/Neuhaus* S. 686.
[13] CR Nr. 203 = *Holtzmann/Neuhaus* S. 696.

nauso die Aufstellung bestimmter sachlicher Bedingungen,[14] eine inhaltlich differenzierte Gestaltung, zB eine Unterscheidung nach Anspruchsgrund und -höhe, und auch das Vorgeben zeitlicher Abfolgen („früher erster Termin").

2. Mündlichkeitsanspruch (Abs. 1 S. 2). Die Parteien haben Anspruch auf mündliches Verhandeln in drei Fällen: **(1)** Wenn sie dies zuvor vereinbart haben; dann reduziert sich das Gerichtsermessen auf Null (Abs. 1 S. 1 gegen § 1042 Abs. 4 S. 1): bestehende positive Abrede. Die entsprechende Vereinbarung ist hierbei jederzeit möglich,[15] auch nachträglich noch (zB *beidseitiger Parteiantrag*)[16] – doch bleibt dann bisher Vorgetragenes gültig. Ausnahme: Die Parteien haben zusätzlich einen streng ZPO-gebundenen Prozess vereinbart (§ 1042 Abs. 3 [Rn. 82]: Gestaltung durch Verweisung).

(2) Wenn sie eine mündliche Verhandlung nicht vorderhand einverständlich abbedungen haben, auf *einseitigen* Parteiantrag hin (Abs. 1 S. 2): mangelnde negative Abrede. Damit wird das ohnedies beschränkte Ermessen des Schiedsgerichts noch weiter begrenzt; es kann nur noch den „geeigneten" Zeitpunkt festsetzen, muss aber (mindestens) „eine" mündliche Verhandlung anberaumen. Geeignet wird idR erst ein Zeitpunkt nach Klagebegründung und -beantwortung (§ 1046 Abs. 1 S. 1) sein, die abverlangte mündliche Verhandlung kann aber hernach sehr bald erfolgen, etwa um eine eventuelle Vergleichsbereitschaft auszuloten. Der Antrag muss selbst noch einen brauchbaren Zeitpunkt offen lassen,[17] man kann ihn nicht dazu missbrauchen, eine Präklusion zu umgehen. „Eine" sollte man nicht als begrenzendes Zahlwort missverstehen,[18] zumal doch jeder Partei insoweit eigenständige Antragsrechte zustehen. So kann es letztendlich durchaus erforderlich sein, mehrere mündliche Verhandlungstermine anzusetzen, um eine ausreichende Grundlage für einen Schiedsspruch zu erlangen. Die Regelung erlaubt en passant demgemäß auch Mischformen aus Schriftlichkeit und Mündlichkeit.[19]

(3) Über eine parteiseitige „Sperrabrede" kann sich – entgegen dem Wortlaut – das Schiedsgericht ausnahmsweise hinwegsetzen, wenn anders kein genügendes Gehör erreichbar ist[20] – § 1042 Abs. 1 S. 2 hat insgesamt zwingenden Charakter und bindet ebenso die Parteien (§ 1042 Abs. 3: „Im übrigen"). Die Parteien können die Sperre aber auch wieder aufheben, notfalls durch rügelose Einlassung (§ 1027 S. 1),[21] beim Nichterscheinen gilt § 1048 Abs. 3, 1. Halbs., 1. Var. – Nur hilfsweise[22] entscheidet das Schiedsgericht nach seinem Ermessen (Abs. 1 S. 1 mit § 1042 Abs. 4 S. 1, Rn. 7).

3. Ausformung. Staatlicherseits bestehen festgefügte Vorgaben darüber, was denn konkret eine mündliche Verhandlung darstellt (dazu schon oben Rn. 3f.). Dieses feste Bild ist aber nicht simpel auf das formfreie Schiedsverfahren übertragbar. Erforderlich ist einerseits die **Mündlichkeit,** welche etwa Telefon- oder Videokonferenzen noch zulässt[23] – maßgeblich ist insoweit allemal die verbale Äußerung, sodass etwa virtuelles „Chatten" ausscheidet. Dazu kommt aber die Notwendigkeit der **Verhandlung** (ZPO) bzw. „Anhörung" (ModG). Hierunter erfasst Art. 24 Abs. 1 S. 1 ModG sowohl Parteiausführungen („oral argument") wie Beweiserhebungen („presentation of evidence"). Das passt mit § 370 Abs. 1 durchaus gut zusammen.

(Mündlich) verhandeln kann man aber zweckgemäß nur bei zeitgleichem (physischem) Anwesendsein von Parteien (bzw. hierzu befugten Vertretern, § 1042 Abs. 2) und Richtern; demgemäß haben *beide* Parteien Anspruch auf konkrete Terminsnachricht (vgl. Abs. 2 [hier Rn. 11f.]) mit der Möglichkeit des *Erscheinens* (arg. § 1048 Abs. 3, 1. Halbs., 1. Var. [dort Rn. 13]). Das unterbindet „virtuelles" Präsentsein. Andere (technisierte Verhandlungs-)Formen bedürfen mithin der autonomen vertraglichen Abmachung, wollen sie denn den garantierten Mündlichkeitsanspruch (Rn. 5ff.) ausschließen.

Die mündliche Verhandlung steht gleichermaßen materiellen wie prozessualen Erwägungen offen.[24] Die Verfahrenssprache ist einzuhalten (§ 1045 Abs. 1 S. 3, 2. Var.: „mündliche Verhandlun-

---

[14] *Lachmann* Rn. 1586.
[15] Und umgekehrt auch ihre Aufhebung: BGH NJW 1994, 2155, 2156; *Zöller/Geimer* Rn. 3.
[16] BGH NJW 1994, 2155 [2].
[17] *Granzow*, 1988, S. 156f. m. weit. Nachw.
[18] So wie hier schon BGH NJW 1994, 2155/2156.
[19] BT-Drucks. 13/5274 S. 49 re. Sp. [3] aE bzw. CR Nr. 203 = *Holtzmann/Neuhaus* S. 696 – zust.: *Lörcher/Lörcher* Rn. 245; *Zimmermann* Rn. 1.
[20] BT-Drucks. 13/5274 S. 49 re. Sp. [3] mit Hinweis auf CR Nr. 205 = *Holtzmann/Neuhaus* S. 696 – zust.: *Thomas/Putzo/Reichold* Rn. 1; *Baumbach/Lauterbach/Hartmann* Rn. 2; *Zöller/Geimer* Rn. 1; *Lörcher/Lörcher* Rn. 244; *Granzow*, 1988, S. 156; *Hußlein-Stich*, 1990, S. 124 – krit. *Lachmann* Rn. 1589.
[21] Allein i. Erg. ebenso *Musielak/Voit* Rn. 4: konkludente Vereinbarung.
[22] Anders früher (OLG Frankfurt/Main RIW 1989, 911, 914): regelmäßig.
[23] AA *Lachmann* Rn. 1588: extra Verfahrensvereinbarung nötig.
[24] 5th WGR Nr. 81 = *Holtzmann/Neuhaus* S. 679 gegen 2nd WGR Nr. 111 = *Holtzmann/Neuhaus* S. 678; 7th SN Art. 24 Nr. 5 = *Holtzmann/Neuhaus* S. 687.

§ 1047 11–14   Buch 10. Abschnitt 5. Durchführung des schiedsrichterlichen Verfahrens

gen"); vorbehaltlich einer Parteivorgabe bestimmt das Schiedsgericht bzw. allein der Obmann (§ 1052 Abs. 3) über Raum und auch Zeit.[25] Es besteht keine Bindung an den Schiedsort (§ 1043 Abs. 2), und zeitlich muss nur genügend Vorlaufzeit bestehen (§ 1047 Abs. 2). Das Schiedsgericht hat allerdings die Befugnis zur Verlegung, Vertagung und Aufhebung von Terminen. Die Verhandlung ihrerseits muss erschöpfenden Sachvortrag mit Erörterung gewährleisten (sonst: § 1059 Abs. 2 Nr. 1b, 2. Var. bzw. Nr. 2b).

11 **4. Benachrichtigungsanspruch (Abs. 2).** Die Vorschrift präzisiert die Gewähr rechtlichen Gehörs und auch das Gebot der Gleichbehandlung und ist demgemäß ebenso zwingend wie § 1042 Abs. 1.[26] Verhandlungen (1. Var. mit Abs. 1 S. 1, 1. Var. – im Unterschied zu Beratungen[27]) und Beweisaufnahme (2. Var. – in Erweiterung zu Art. 24 Abs. 2 ModG, der nur Augenschein und Urkundsbeweis erfasst)[28] müssen **prinzipiell parteiöffentlich stattfinden**, und zwar auch wenn sie vor einem beauftragten (Schieds-)Richter durchgeführt werden. Das formale „Zusammentreffen des Schiedsgerichts" ist darum also nicht entscheidend, sondern die Absicht der Beweiserhebung (nicht: -verwertung!) – wenn sie denn im formellen *Strengbeweisverfahren* geschieht (§ 1042 Rn. 114), wobei Abs. 3 (Rn. 15 ff.) hierbei aber stets noch vorgeht. Für Parteiöffentlichkeit ist **rechtzeitige Kenntnisgabe erforderlich,** damit effektive Teilnahmemöglichkeit freisteht (Gewähr rechtlichen Gehörs! [§ 1042 Rn. 26 ff.]: formal gleiche (Termins-)Kenntnis.

12 Von allen Terminen sind die Parteien zu benachrichtigen, natürlich nicht unbedingt jedoch in Person (arg. § 1042 Abs. 2 – aber § 176 gilt ebenso wenig). Gesetzliche (Ladungs-/Einlassungs-)Fristen bestehen im Schiedsverfahren nicht.[29] Nötig ist immer, *„rechtzeitig* **in Kenntnis zu setzen"** (ModG: „sufficient advance notice"), sodass eine sinnvolle Vorbereitung auf den Termin stattfinden kann[30] (ansonsten droht Aufhebung: § 1059 Abs. 2 Nr. 1b, 2. Var. oder Nr. 2b). Dafür bedarf es **keiner förmlichen Ladung**[31] **oder Zustellung,** auch telefonische oder elektronische (e-mail) Nachricht ist statthaft. Indes ist ein ordnungsmäßiger **Ladungsnachweis** vielfach recht nützlich, notfalls hilft § 1028 Abs. 1. Erscheint eine ordnungsmäßig benachrichtigte Person nicht zu einem Termin, so muss sie zu einem dabei bekanntgegebenen neuen Termin dennoch erneut geladen werden (Abs. 2, 1. Halbs.: *„jeder* Verhandlung" – in Parallele zu §§ 335 Abs. 2, 337 S. 2 und Abweichung von § 218).

III. Schriftliches Verfahren (Abs. 1 S. 1, 2. Var.)

13 **1. Grundlagen.** Der Sach- und Streitstand wird im Schiedsverfahren traditionell durch **Schriftsätze** aufgearbeitet, die alles Wesentliche kurz und klar in möglichst knapper Gestalt vortragen sollen.[32] Dies als Form für sämtlichen Sachvortrag **(„exklusive" Schriftlichkeit)** oder „nur" um die umfassende Vorbereitung der mündlichen Verhandlung zu gewährleisten[33] **(„ergänzende" Schriftlichkeit).** Die schrift(sätz)liche Verfahrensweise scheint daher – entgegen der Regelung des Abs. 1 – gewiss oft rechtspraktisch für die Aufbereitung des Prozessstoffs als der **Grundtatbestand.**[34] Das folgt indirekt zudem aus § 1046 Abs. 1 S. 1, weil Klagebegründung und -beantwortung tradiert schriftlich erfolgen (§ 1046 Rn. 7). Möglich sind dann hernach auch Replik und Duplik etc.

14 Das Schiedsgericht nimmt alsdann durch Setzung angemessener Fristen für den Vortrag und auch durch eigene, gezielte Fragen auf den genauen Verfahrensgang Einfluss. Es kann ebenfalls eine Art „deadline" mit hierfür adäquatem Vorlauf ankündigen bzw. festsetzen, die analog § 296a automatisch späteres Vorbringen präkludiert. Bei „exklusiver" Schriftlichkeit ergeht dann notgedrungen eine **Aktenlageentscheidung.** Der Gewähr rechtlichen Gehörs muss man freilich besondere Beachtung schenken. Die Parteien brauchen die Gelegenheit, auf (neue) Behauptungen und Beweis-

---

[25] Dazu stellvertretend bloß *Schwab/Walter* Rn. 16.36.
[26] 2nd WGR Nr. 113 = *Holtzmann/Neuhaus* S. 678. So wie hier *Hußlein-Stich*, 1990, S. 125; *Baumbach/Lauterbach/Hartmann* Rn. 3.
[27] *Zimmermann* Rn. 2.
[28] Unklar insoweit mithin BT-Drucks. 13/5274 S. 49 re. Sp. [4]: „keine Änderung in der Sache"(?).
[29] So auch *Baumbach/Lauterbach/Hartmann* § 1042 Rn. 12 (Stichwort „Ladung"); *Schütze/Tscherning/Wais* Rn. 357; *Schwab/Walter* Rn. 16.35. Eine (Mindest-)Frist von 40 Tagen wurde verworfen, 4th WGR Nr. 82 = *Holtzmann/Neuhaus* S. 680.
[30] *Glossner/Bredow/Bühler* Rn. 351; *Schütze/Tscherning/Wais* Rn. 395 mit Rn. 360; *Schwab/Walter* Rn. 16.35.
[31] Unklar hier jedoch *Glossner/Bredow/Bühler* Rn. 350: Einschreiben gegen Rückschein.
[32] *Glossner/Bredow/Bühler* Rn. 331.
[33] *Glossner/Bredow/Bühler* Rn. 330; *Schütze/Tscherning/Wais* Rn. 394.
[34] *Glossner/Bredow/Bühler* Rn. 330 – aber: Fn. 7.

mittel, die der schiedsrichterlichen Entscheidung zugrundegelegt werden, gebührend zu reagieren.[35] Hierfür dient nicht zuletzt der Informationsanspruch (Abs. 3 [Rn. 15–18]).

2. Informationsanspruch (Abs. 3). Wie Abs. 2 (Rn. 11 f.) ist Abs. 3 Ausformung von § 1042 Abs. 1 S. 2 mit S. 1 und ebenso zwingenden Rechts.[36] Oberstes Ziel ist materiell gleiche (Inhalts-)Kenntnis (als Grundlage für prozessuale [Waffen-]Gleichheit). Das gilt bei einer **jeden Verfahrensweise,** hat aber bei Schriftlichkeit (des Verfahrens bzw. der Information) natürlich besondere Bedeutung. Die Informationspflicht des Gerichts für eigene Mitteilungen und Entscheidungen findet zwar nur in § 1054 Abs. 4 besondere Erwähnung, sie gilt unnormiert aber ganz allgemein.[37] Die Informationen sind **„zur Kenntnis zu bringen",** ohne dass aber konkrete Förmlichkeiten bestehen; über den Weg zum Ziel befindet dann entweder die Parteivereinbarung (§ 1042 Abs. 3 – zB § 5.1/2 DIS-SchO) oder hilfsweise aber schiedsrichterliches Ermessen (§ 1042 Abs. 4 S. 1). Über einen unbekannten Aufenthalt hilft nun § 1028 Abs. 1 weg, das gesamte Material ist „Mitteilung" in jenem Sinne.

Vorausgesetzt ist dabei implizit freilich stets die **stoffgleiche Übermittlung** (Duplikat, Abschrift, Fotokopie); nur so ist die gewünschte Authentizität ermöglicht. Beglaubigung muss aber nicht erfolgen. Um „Kenntnis zu bringen" genügt Einsichtnahme oder Inhaltsangabe jedoch nicht;[38] beim Sachvortrag ist das offenkundig, für Beweismittel gilt das ganz entsprechend. Nur die „ungefilterte" Kenntnisnahme bietet Gewähr für unbeschränkte Rechtsverteidigung. Dabei gilt keine Rücksichtnahme auf Geschäftsgeheimnisse.[39] Allein wer ohnedies schon Kenntnis hat (zB weil es „sein" Beweismittel ist, ein Vertrag in Doppeln vorliegt etc.), dem muss man sie nicht formal noch einmal extra vermitteln (Zweckerreichung) – alles andere würde schlichte Förmelei bedeuten. Die Regelung nennt **zwei Fälle:**

a) Sachvortrag (1. Halbs.). Die Trias („Schriftsätze, Dokumente und [die] sonstigen Mitteilungen") erscheint etwas umständlich; sie erfasst alle Formen **verkörperter Mitteilungen** materiellen oder prozessualen Inhalts. „Dokumente"[40] (aF: „Schriftstücke" – ModG: „documents") könnten auch Beweismittel sein, würden dann jedoch gleichfalls dem 2. Halbs. unterfallen; „Mitteilungen" (ModG: „information") könnten auch unverkörpert sein, wären dann indes kaum „vorlagefähig" – das ModG spricht insofern neutral von „geliefert" statt „vorgelegt". Damit wäre indes die Möglichkeit präziser Abgrenzung verspielt. Gemeinsam ist jener Trias die Vorlegung von Seiten einer Partei; bei „Direktverkehr" muss sich das Schiedsgericht dann statt dessen vergewissern, ob alle Beteiligten gleich bedacht wurden (arg. § 1042 Abs. 1 S. 2).[41]

b) Beweismittel (2. Halbs.). Erneut wird allein **Schriftliches** („Gutachten und andere schriftliche Beweismittel"[42]) erfasst, während für die anderen Beweismittel ein entsprechendes Kenntnisnahmerecht aus § 1042 Abs. 1 S. 2 folgt (dazu näher dort Rn. 42 f.). Die Urkunde muss potentiell **Beweisrelevanz** erheischen, also beweisgeeignet und -erheblich sein. Urteile, wissenschaftliche Abhandlungen, Kommentare und ähnliches Material, welches vom Schiedsgericht zur Entscheidungsfindung herangezogen wird, muss den Parteien deshalb nicht zugeleitet werden[43] – es dient nicht der Tatsachenermittlung, sondern ist Mittel zur Aufklärung der Rechtslage. Begünstigt werden dabei *beide* Seiten bzw. alle Parteien, was zudem nebenbei zeigt, dass das Schiedsgericht auch originäre Beweisinitiativen entfalten kann, die nicht auf eine Partei abzielen (vgl. § 1042 Rn. 104–111). Das beweist auch bereits der Hinweis auf die Gutachtensvorlage (arg. § 1049 Abs. 1 S. 1).

3. Ausformung. Vorschriften zur Gestaltung der Schriftsätze fehlen; die Parteien können dies selbst frei regeln (§ 1042 Abs. 3), die Regelung dem jeweiligen Schiedsgericht überlassen (§ 1042 Abs. 4 S. 1 mit § 1052 Abs. 3) oder hilfsweise auch sich einfach bloß an den üblichen staatlichen Vorgaben orientieren (§ 130); nur für die Klageerhebung bestehen gewisse Vorgaben (§ 1044 S. 2). Den **Inhalt** bestimmen Fallumstände und Prozesstaktik, etwas Anhalt bietet zudem für Klagebegründung und -beantwortung § 1046 Abs. 1 (dazu näher dort Rn. 4 ff.): Sachdarlegung (S. 1) und Beweisantritt (S. 2) als parteiinitiierte Unterstützung richterlicher Faktenaufklärung (§ 1042 Abs. 4

---

[35] *Hußlein-Stich,* 1990, S. 126; *Schlosser* RIPS Rn. 666.
[36] 2nd WGR Nr. 109 f. = *Holtzmann/Neuhaus* S. 678. So wie hier *Baumbach/Lauterbach/Hartmann* Rn. 4.
[37] *Baumbach/Lauterbach/Hartmann* Rn. 4.
[38] Dies sinngemäß nach 4th WGR Nr. 83 = *Holtzmann/Neuhaus* S. 680.
[39] Mahnend insoweit bereits *Holtzmann* SR 324 Nr. 13 = *Holtzmann/Neuhaus* S. 693.
[40] BT-Drucks. 15/4067 S. 36 re. Sp.: Papierform oder elektronisch.
[41] Vgl. dazu erg. 7th SN Art. 24 Nr. 9 = *Holtzmann/Neuhaus* S. 688.
[42] Sehr rigide noch BGH ZZP 71 (1958), 427, 432.
[43] CR Nr. 211 = *Holtzmann/Neuhaus* S. 697 („research material") als Reaktion auf 6th SN Art. 24 Nr. 10 = *Holtzmann/Neuhaus* S. 684 (UdSSR), zust. *Granzow,* 1988, S. 157, abw. *Zimmermann* Rn. 3 („Aktendopplung" – das geht zu weit! Es gibt allein *Akteneinsicht, Stein/Jonas/Schlosser* § 1042 Rn. 36).

§ 1048

S. 2). IdR ist präzise Prozessidentifizierung unnötig, wenn und weil das Schiedsgericht individuell gebildet wurde und tätig ist.

20 Der **Aufbau** der Schriftsätze ist völlig freigestellt, doch empfiehlt sich, gewohnter Praxis zu folgen[44] (geordneter Sachvortrag mit präzisem Beweisangebot bzw. Hinweis auf Anlagen; Rechtsvortrag mit einschlägigem Beleg, uU in Kopie [§ 1051 Abs. 1/2!]; Anlagenverzeichnis etc.). Nötig ist allein die Achtung der Verfahrenssprache (§ 1045 Abs. 1 S. 3, 1. Var.: „schriftliche Erklärungen"). – Sonstige Formalien bestehen keine, außer natürlich einer **Schriftlichkeit,** die man indes nicht mit der Elle des § 126 Abs. 1 BGB messen sollte: Alles was gemäß § 1031 Abs. 1 auch gut ist für eine Schiedsvereinbarung, muss auch als gültiger „Schriftsatz" im Schiedsprozess genügen, sodass auch Telefax und e-mail genügen (§ 1031 Rn. 30). Aber jedenfalls dürfte **Unterschrift** (§ 130 Nr. 6) völlig entbehrlich sein.

§ 1048 Säumnis einer Partei

(1) Versäumt es der Kläger, seine Klage nach § 1046 Abs. 1 einzureichen, so beendet das Schiedsgericht das Verfahren.

(2) Versäumt es der Beklagte, die Klage nach § 1046 Abs. 1 zu beantworten, so setzt das Schiedsgericht das Verfahren fort, ohne die Säumnis als solche als Zugeständnis der Behauptungen des Klägers zu behandeln.

(3) Versäumt es eine Partei, zu einer mündlichen Verhandlung zu erscheinen oder innerhalb einer festgelegten Frist ein Dokument zum Beweis vorzulegen, so kann das Schiedsgericht das Verfahren fortsetzen und den Schiedsspruch nach den vorliegenden Erkenntnissen erlassen.

(4) ¹Wird die Säumnis nach Überzeugung des Schiedsgerichts genügend entschuldigt, bleibt sie außer Betracht. ²Im Übrigen können die Parteien über die Folgen der Säumnis etwas anderes vereinbaren.

Schrifttum: *Breetzke,* Das Untätigbleiben einer Partei im Schiedsverfahren, BB 1972, 560; *Okekeifere,* The UNCITRAL Model Law and the Problem of Delay in International Commercial Arbitration, J. Int. Arb. 14:1 (1997), 125; *Otto,* Säumnis in internationalen Schiedsverfahren, IPrax 2002, 164; *Wenger,* Säumnis und Säumnisfolgen in internationalen Schiedsverfahren, in: *Reymond/Bucher* (Hrsg.), Schweizer Beiträge zur internationalen Schiedsgerichtsbarkeit, 1984, S. 245.

Übersicht

	Rn.
I. Normzweck und Fallgruppen	1–4
II. Einleitungssäumnis (Abs. 1 u. 2)	5–11
1. Allgemeines	5–7
2. Säumnis von Seiten des Klägers bei der Klagebegründung (Abs. 1)	8, 9
3. Säumnis von Seiten des Beklagten bei der Klageerwiderung (Abs. 2)	10, 11
III. Verhandlungssäumnis (Abs. 3, 1. Var.)	12–29
1. Tatbestand	12–15
2. Sonderfall: Säumnis beider Parteien	16
3. Abgrenzung: schriftliches Verfahren	17, 18
4. Rechtsfolge	19–27
a) Grundlagen	19, 20
b) „Einseitig streitiges Verfahren"	21–23
c) Vertagung der Verhandlung	24
d) Schiedsspruch auf Grund Aktenlage	25–27
5. Parteiautonomes Versäumnisverfahren	28, 29
IV. Vorlagesäumnis (Abs. 3, 2. Var.)	30–37
1. Tatbestand	30–34
a) Vorlegungsanordnung mit Fristbestimmung	30, 31
b) Vorlageobjekt	32
c) (Ungenügend entschuldigte) Nichtvorlage	33, 34
2. Vorlagepflicht und Aufklärungslast	35
3. Sanktionen bei Nichtvorlegung	36, 37
V. Säumnisfaktum und Schuldvorwurf (Abs. 4 S. 1)	38–48
1. Säumnisfaktum	38
2. Schuldvorwurf	39–44
a) Entlastungsrecht der Partei	40, 41
b) Überzeugungsgrad des Gerichts	42–44
3. Rechtsfolge	45–48
VI. Parteiautonomie (Abs. 4 S. 2)	49

---

[44] *Glossner/Bredow/Bühler* Rn. 331.

I. Normzweck und Fallgruppen

§ 1048 regelt einen großen Ausschnitt der **Rechtsfolgen von Versäumung und Versäumnis** 1 (näher zum Begriff unten Rn. 2) im Schiedsverfahren, ohne dabei jedoch alles abzudecken; dazu kommen noch § 1031 Abs. 6 (Formmangelrüge) u. § 1040 Abs. 2 (Zuständigkeitsrüge) als Form einer normativ verordneten Rügelast sowie vor allem § 1046 Abs. 2 (Klageänderung, Strategieergänzung) als – parteiautonom allerdings veränderbarer – Rechtsgrund schiedsrichterlicher Präklusion. Der Komplex stellt echtes Neuland dar und orientiert sich weitgehend an Art. 25 ModG (der seinerseits auf Art. 28 SchO zurückgeht), dessen **drei Tatbestände** (lit. a–c) Abs. 1–3 nachzeichnen (wegen altem Recht 1. Aufl. § 1034 aF Rn. 36 [Kläger] u. Rn. 37 [Beklagter] bzw. 2. Aufl. Rn. 1 aE). Die Vorschrift dient ebenso sehr der Rechtssicherheit wie Verfahrensökonomie.

Die strenge terminologische Scheide zwischen (partieller) **Versäumung** als Verspätung mit Pro- 2 zesshandlungen (§§ 230, 231 – aber zB auch §§ 138 Abs. 3, 439 Abs. 3; §§ 296, 282; § 427: entweder Präklusion oder aber Fingierung) und (kompletter) **Versäumnis** eines Verhandlungstermins (§§ 330 ff.: Verfahrensabschluss), wie sie das staatliche Gerichtsverfahren beherrscht,[1] hat hier nur begrenzte Bedeutung – es muss ja keine mündliche Verhandlung notwendig stattfinden, es mag auch ebenso gut schriftlich verfahren werden (§ 1047 Abs. 1). Die amtliche Überschrift betitelt daher alle Fälle einfach als solche der **Säumnis.**

Funktionell sind dabei drei Fallgruppen zu unterscheiden: **Einleitungssäumnis** mit Blick auf 3 § 1046 Abs. 1 (**Abs. 1 u. 2,** Rn. 5–11), **Verhandlungssäumnis,** die in den §§ 330 ff. ihr Pendant hat und mündliche Verhandlung erfordert (**Abs. 3, 1. Var.,** Rn. 12–27), und **Vorlagesäumnis,** die speziellen Druck ermöglicht, Beweismittel zu präsentieren (**Abs. 3, 2. Var.,** Rn. 30–37). Funktionelle und systematische Gliederung gehen also nicht miteinander konform. Alle drei Fallgruppen erfassen sowohl Kläger- wie Beklagtensäumnis, erstere differenziert danach noch konkret; die zweite und dritte Fallgruppe unterstehen derselben Rechtsfolge. Selbst angesichts dieser „Verschränkungen" erscheint aber eine sachliche Einteilung hilfreich, wie sie vorbildhaft Art. 28 SchO niederlegte. Zur Reichweite autonomer (Partei-)Gestaltung Rn. 49.

Nie besteht ein Zwang zu wirksamem bzw. zeitigem Parteiverhalten, es ist **Last und nicht** 4 **Pflicht!** Im Vergleich zu Staatsgerichten hat ein *privates* Schiedsgericht gewiss erst recht keinerlei Macht, Einlassungs- und Erscheinenszwang durchzusetzen, mögen auch die Parteien untereinander vertraglich gebunden sein (§§ 1029–1031: klagbare *materielle* Nebenpflicht?). Das Gesetz hat sich mit § 1048 (Art. 25 ModG) zutreffend für die effiziente *prozessuale* Lösung entschieden, welche schon im Keime Zweitprozesse (Zuständigkeit? – Verzögerungen!) vermeidet und das Erstverfahren voranbringt.

II. Einleitungssäumnis (Abs. 1 u. 2)

1. Allgemeines. Geregelt wird nur der Fall **insgesamt fehlender Erklärung,** sei es des Klä- 5 gers (Abs. 1, Rn. 8 f.), sei es des Beklagten (Abs. 2, Rn. 10 f.). Die Verweisung auf § 1046 Abs. 1 beschränkt sich allerdings auf S. 1 – S. 2, der zur Vorlage bzw. **Nennung von Beweismitteln** auffordert, ist nämlich nicht obligat (arg. „können"), er wird selbständig über Abs. 3, 2. Var. aktualisiert (Vorlagefrist!) und sanktioniert (Schriftstück?).

Auszuscheiden ist ebenso die **lückenhafte Stellungnahme.** Es genügt jedenfalls, wenn eine 6 Partei sich hier überhaupt und irgendwie konkret inhaltlich erklärt, materiell oder prozessual, tatsächlich oder rechtlich; ein Vollständigkeitsgebot ist unpraktikabel und würde die Begründetheitsprüfung nur präjudizieren. Hier mag eine Präklusion nach § 1046 Abs. 2 (2. Halbs.) stattfinden, die aber einem besonderen Gerichtsermessen anheimsteht und insgesamt frei verfügbar ist.

Die **maßgebliche Frist** „kommt von außen" (§ 1046 Abs. 1 [S. 1] – dazu näher dort Rn. 12) – 7 sie muss vereinbart oder festgelegt sein, es gibt keine „konkludente" Frist, welche hilfsweise greift.[2] Spätere Variationen nach § 224 (analog) sind vorstellbar, Wiedereinsetzung (§§ 233 ff.) freilich bleibt verwehrt. Eine zu kurze Frist wird uU aufhebungsrelevant (Gehörsverstoß – freilich: Rügepflicht! [§ 1027] beachten[3]).

2. Säumnis von Seiten des Klägers bei der Klagebegründung (Abs. 1). Der **Tatbestand** 8 der „Klägersäumnis" (Abs. 1 – Art. 25 lit. a ModG; Art. 28 Abs. 1 S. 1 SchO; § 6.4 Abs. 2, 2. Halbs. DIS-SchO) ist zweideutig – es geht nicht etwa darum, die Klage „einzureichen" (§ 1048 Abs. 1), so wie es heißt, sondern allein darum, den erhobenen Anspruch und die ihn stützenden

---
[1] Eingängig hier immer noch *Rosenberg,* Zivilprozeßrecht, 9. Aufl., 1961, § 76 I, S. 344.
[2] Anders hier jedoch *Thomas/Putzo/Reichold* Rn. 2 u. 4: „sonst ... angemessene Frist".
[3] *Musielak/Voit* § 1046 Rn. 6.

§ 1048 9–13   Buch 10. Abschnitt 5. Durchführung des schiedsrichterlichen Verfahrens

Tatsachen „darzulegen" (§ 1046 Abs. 1 S. 1, 1. Var.), dh. um Klage*begründung,* nicht Klage*erhebung* (vgl. § 1044 Rn. 6, § 1046 Rn. 2 f. – dort Rn. 4 ff. auch zum Inhalt [anders im Prozess nach § 6.2 mit 6.4 DIS-SchO: „Ergänzung – Beendigung – Erneuerung"]), welche allemal vorher erfolgt, und zwar gemäß § 1044. Ohne formalen Verfahrensbeginn (und Konstituierung des Schiedsgerichts) erübrigt sich, eine ausdrückliche Verfahrensbeendigung auszusprechen.

9   Nach Antragsempfang iSv. § 1044 S. 1 gilt indes jedoch anderes – hier ist dann der Beklagte von der „Bedrohung eines anstehenden Verfahrens [Schiedshängigkeit!] zu befreien".[4] Daher die klare **Rechtsfolge:** (irreguläre) **Verfahrensbeendigung** – und zwar durch **Einstellungsbeschluss**, § 1056 Abs. 2 Nr. 1 a, jedoch nur soweit eine genügende Entschuldigung (Abs. 4, Rn. 39 ff.) ausbleibt. Das macht zuvor rechtliches Gehör nötig, läuft aber nicht unbedingt auf eine Art „Nachfrist" hinaus,[5] da vorab ja die Schuldvermutung erst auszuräumen ist. Die Einstellung ist Vergeltung mangelnden Interesses, hat aber keine Sperrwirkung (arg. § 1055 e contrario), ein neuerliches Verfahren mit identischem Gegenstand bleibt künftig noch möglich;[6] eine Sachabweisung durch Schiedsspruch (in Anlehnung an § 330) wäre zu hart gekommen.[7] Ergeht aber dennoch ein Schiedsspruch, dann ist er aufhebbar (§ 1059 Abs. 2 Nr. 1 d).[8]

10   **3. Säumnis von Seiten des Beklagten bei der Klageerwiderung (Abs. 2).** Die „Beklagtensäumnis" (Abs. 2 – Art. 25 lit. b ModG; Art. 28 Abs. 1 S. 2 SchO; § 30.1 DIS-SchO) ist wohl der Normalfall der Versäumung. Der Tatbestand ist – im Vergleich zu Abs. 1 (Rn. 8 f.) klarer, zumal auch von Seiten des Beklagten ja nur *eine* Handlung (§ 1046 Abs. 1 S. 1, 2. Var. – dort Rn. 8 auch zum Inhalt: Stellungnahme, Beantwortung, Erwiderung) verlangt wird. Das Verfahren wird nicht sistiert, sondern ganz **einfach fortgesetzt (1. Halbs.)**, eine Blockade also im Keim effektiv verhindert.[9] Im Unterschied zu § 331 Abs. 1 S. 1 gibt es aber **keine Geständnisfiktion (2. Halbs.)** bloß infolge Säumigkeit. Sie bleibt „als solche" vorerst noch neutral, mag sich aber wegen der Umstände des Einzelfalles gleichwohl entsprechend „verdichten".[10] Es obliegt schiedsrichterlichem Ermessen, ein derartiges (Zu-)Geständnis anzunehmen. Das Gericht mag genauso künftighin verhandeln und dabei gegebenenfalls sogar Beweis einholen.

11   Von der Klagebegründung ausgehend muss dann der Sachverhalt aufgeklärt werden (vgl. insofern erg. § 1042 Rn. 104–111: „beschränkte" Untersuchung[11]). Handelt es sich etwa um einen Kaufpreisanspruch, so wird es idR genügen, wenn der Kläger Auftrag, Lieferschein und Rechnung vorlegt;[12] auch vorprozessuale Äußerungen des Beklagten – auch solche, in denen er dem Anspruch entgegentritt, können Gewicht haben. Keinesfalls darf eine schematische Betrachtung durchgreifen. Bei Entscheidungsreife mag gleich ein Schiedsspruch in Betracht kommen. Wieder besteht jedoch der Vorbehalt des Abs. 4 mit den Möglichkeiten zur Entschuldigung (Rn. 39 ff. – zweite Warnfrist daher letztlich ratsam![13]) oder auch grundlegend abweichender Vereinbarung.

III. Verhandlungssäumnis (Abs. 3, 1. Var.)

12   **1. Tatbestand.** Eine **mündliche Verhandlung** muss überhaupt stattfinden, was freilich keineswegs zwingend ist: die Parteien genießen ja immensen Freiraum in der Gestaltung, sowohl abstrakt (§ 1047 Abs. 1 S. 1: „Vorbehaltlich einer Vereinbarung ...") wie konkret (§ 1047 Abs. 1 S. 2: „... wenn eine Partei es beantragt"); subsidiär waltet insoweit schiedsrichterliches Ermessen. Auf ein **schriftliches Verfahren** ist die Vorschrift nicht anzuwenden (Rn. 17).

13   Die Verhandlung muss **rechtzeitig genug angekündigt** sein, das folgt aus § 1047 Abs. 2, 1. Var.[14] (dazu näher dort Rn. 11 f.); im Unterschied zu § 335 Abs. 1 Nr. 2 ZPO bzw. § 30.2,

---

[4] *Hußlein-Stich,* 1990, S. 127.
[5] So aber *Thomas/Putzo/Reichold* Rn. 2 aE.
[6] *Hußlein-Stich,* 1990, S. 127 m. weit. Nachw. Klarstellend insoweit auch § 6.4 Abs. 2, 2. Halbs. DIS-SchO aE.
[7] Ausgeschlossen wäre er aber nicht, wie BT-Drucks. 13/5274 S. 49 re. Sp. aE [3] meint – der Streitgegenstand (§ 1044 S. 2) ist allemal schon fixiert!
[8] BayObLG, Beschl. v. 29. 9. 1999 – 4 Z Sch 2/99 [II 2].
[9] So bislang schon *Breetzke* BB 1972, 560 ff., ebenso beiläufig ferner BT-Drucks. 13/5274 S. 50 li. Sp. [4], zust. zB *Lachmann* Rn. 1658 (ZPO) u. *Hußlein-Stich,* 1990, S. 128 (ModG).
[10] BT-Drucks. 13/5274 S. 50 li. Sp. [4] – zust.: *Schütze* SV Rn. 227; *Thomas/Putzo/Reichold* Rn. 5; *Musielak/Voit* Rn. 3 (ZPO); *Lachmann* Rn. 1658 bzw. *Granzow,* 1988, S. 159 (ModG). Ähnlich früher bereits *Schütze/Tscherning/Wais* Rn. 409 (Obstruktionsverhalten) mit Rn. 515, 331, 357 ff.
[11] Ganz ähnlich auch *Stein/Jonas/Schlosser* Rn. 3: Beweiserhebung zu „Kernbehauptungen".
[12] Vgl. OLG Köln JW 1932, 2902.
[13] Durchaus zutr. insoweit *Thomas/Putzo/Reichold* Rn. 5 mit § 1046 Rn. 9.
[14] *Baumbach/Lauterbach/Hartmann* Rn. 4; *Zöller/Geimer* Rn. 2; *Musielak/Voit* Rn. 4.

Säumnis einer Partei   14–18 § 1048

1. Var. DIS-SchO (und § 328 Abs. 1 Nr. 2 ZPO) zählt hier nur Rechtzeitigkeit, nicht auch die Ordnungsmäßigkeit – das materielle Element prävaliert. Dies liegt schon darum nahe, weil weder Ladung noch Zustellung notwendig sind, sondern formlose Terminsmitteilungen insoweit genügen (§ 1047 Abs. 2: „in Kenntnis zu setzen"); bei unbekanntem Aufenthalt empfiehlt sich aber unbedingt die Schriftform (§ 1028 Abs. 1!).

Weiterhin ist nötig das **Nichterscheinen**, egal jedoch welcher Partei (arg. „eine"), aber nicht **14** beider Teile im selben (Verhandlungs-)Termin (Rn. 16). Dem Nichterscheinen steht das totale **Nichtverhandeln** gleich (arg. § 333 gegen § 334). „Deadline" ist dabei der Verhandlungsschluss (arg. § 231 Abs. 2). Erscheinen bedeutet zwar physische Anwesenheit (keine Telefon-/Videokonferenz [§ 1047 Rn. 9]), aber nicht etwa persönliches Erscheinen; Vertretung reicht vollkommen (§ 1042 Abs. 2). Keine Bedeutung erheischt indes, ob der einleitende oder ein nachfolgender Termin verabsäumt werden (arg. „einer" bzw. § 332 analog).

Die Säumnis muss – zur eindeutigen richterlichen Überzeugung – eine **schuldhafte** sein. Das **15** Gesetz formuliert bezeichnenderweise allerdings anders: genügende Entschuldigung ist subjektives Gegengewicht objektiver Anknüpfung (Abs. 4 S. 1 [Rn. 39 ff.]) – insoweit in Parallele zu § 337 S. 1, 2. Var.). Dies bedeutet implizit also: Verschulden wird vermutet. Geschäftliche Überlastung entschuldigt gewiss noch nicht[15] (Entsendung eines Vertreters!).

2. Sonderfall: Säumnis beider Parteien. Erscheinen oder verhandeln **beide Parteien** nicht, **16** erübrigt sich insoweit eine Sachentscheidung: dokumentiertes mangelndes Eigeninteresse. Es kommt hier weder zu einer Aktenlageentscheidung[16] (§ 251 a Abs. 1/2 analog), noch zur Vertagung oder Anordnung des Ruhens des Verfahrens (§ 251 a Abs. 3 analog), und § 1048 Abs. 3, 1. Var. gilt dafür auch nicht (arg. „eine"); ein Schiedsverfahren braucht Parteiinitiative. Natürlich vermögen die Parteien jederzeit, Abweichendes zu vereinbaren (Abs. 4 S. 2 meint *jedwede* Säumnis[-folge]!). Haben sie das getan, dann greift ihre eigene Rechtsfolgeanordnung: parteiautonom geregelte Fortführung. Im anderen Falle fordert das Schiedsgericht auf, das Verfahren weiter zu betreiben (gerichtliche Anmahnung) und stellt danach ein (irreguläre Beendigung), § 1056 Abs. 2 Nr. 3, 1. Var. Die Vorschrift reicht zwar weiter, sie erfasst sämtliche Formen mangelnden Betreibens, aber deshalb eben genauso fehlende Förderung auf Grund Nichterscheinens, obschon verfahrensmäßig geboten (also nicht, wenn die Erfordernisse Rn. 12 und 13 fehlen). Die Rechtsfolge ist dieselbe wie gemäß Abs. 1 iVm. § 1056 Abs. 2 Nr. 1 a; Abs. 4 S. 1 spielt keine eigenständige Rolle (Nachholung nach Anmahnung ohne besondere Entschuldigung statthaft!).

3. Abgrenzung: schriftliches Verfahren. Verhandlungssäumnis verlangt rein wörtlich ein **17** mündliches Verhandeln (Rn. 3 mit Rn. 12); offen bleibt damit, was bei rein **schriftlichem Verfahrensgang** gilt. Muss hier die „prozesstreue" Seite erst mündliche Verhandlung beantragen (§ 1047 Abs. 1 S. 2)? Das würde dem Säumigen ganz unverdient eine neuerliche, zweite Chance einbringen. Und was bei expliziter vertraglicher Festlegung auf ein insgesamt schriftliches Verfahren? Hier kann man kaum ohne weiteres Geständniswirkung (§ 138 Abs. 3) annehmen, wie es die hM bei einem schriftlichen Verfahren gemäß § 128 Abs. 3 aF tat;[17] denn das passt nur schlecht zum beschränkten Untersuchungsgrundsatz des § 1042 Abs. 4 S. 1 (dazu näher dort Rn. 104–111). § 1048 Abs. 1/2 (Rn. 8–11) decken ganz allein die „Erstsäumnis", § 1046 Abs. 2 beschränkt sich auf eine Zurückweisung *positiven* Sachvortrages, und die Vorlagesäumnis des § 1048 Abs. 3, 2. Var. (Rn. 30 ff.) ist offenkundig wortlautgemäß den Beweismitteln vorbehalten. Müssten demgemäß die Parteien selbst eine vorsorgende Präklusionsregel (iSv. § 296) vereinbaren?[18]

Sie können das sicher – müssen es jedoch nicht. Hier nämlich waltet das schiedsrichterliche **18** Verfahrensermessen (§ 1042 Abs. 4 S. 1), das originär Fristsetzungen eröffnet (uU allein dem Obmann, § 1052 Abs. 3) und konsequent Präklusion ermöglicht[19] (arg. § 230). Dafür ist keine Rechtsfolgenbelehrung nötig (arg. § 231 Abs. 1, 1. Halbs.); es muss aber doch hinreichend klar sein, dass jene Frist **Ausschlusscharakter** haben soll[20] (Fristberechnung: § 222 ZPO mit §§ 186 ff. BGB [näher dazu bei § 1028 Rn. 20]). Dann wirkt aber die Präklusion eigenständig und ohne Rücksicht auf eine Verzögerung.[21] Stets schützt indes Abs. 4 S. 1: bei *entschuldigter* Überschreitung (Rn. 39 ff.) wird nachträgliches Sachvorbringen noch berücksichtigt, bei *unentschuldigter* Überschreitung sollte

---

[15] OLG Karlsruhe SchiedsVZ 2006, 335, 336 [II 2 a].
[16] AA unter altem Recht zB OLG Köln JW 1932, 2902; *Schwab/Walter*, 5. Aufl., Rn. 16.45.
[17] 2. Aufl. § 128 aF Rn. 46 – ferner: *Stein/Jonas/Leipold*, 21. Aufl., § 128 aF Rn. 92 mit Rn. 89.
[18] *Baumbach/Lauterbach/Hartmann* Rn. 5.
[19] *Stein/Jonas/Schlosser* § 1042 Rn. 30.
[20] Ähnlich nunmehr *Stein/Jonas/Schlosser* § 1046 Rn. 4: „unmissverständlich klargestellt war, dass es sich um Präklusivfristen handelte".
[21] *Stein/Jonas/Schlosser* § 1046 Rn. 4.

§ 1048 19–24   Buch 10. Abschnitt 5. Durchführung des schiedsrichterlichen Verfahrens

dagegen das Gericht unnachgiebig bleiben, um damit effektiv einer Prozessverschleppung entgegenzuwirken.[22] Die Entscheidung auf Grund „präklusionsbeschränkten" Vortrags orientiert sich an dem Rechtsgedanken des Abs. 3, zumal jede Untersuchungspflicht dann fehlt, wenn keinerlei Tatsachenanhalte vorliegen.

19   4. **Rechtsfolge. a) Grundlagen.** Als Regelfolge ist vorgesehen die Möglichkeit zum **Sachentscheid per Schiedsspruch.** Die gesetzliche Formulierung ist undeutlich, denn jene Verfahrens*fortsetzung* führt meistens – im Gegensatz zu Abs. 2 (Rn. 10 f.) – zu einem Schiedsspruch (arg. „und"), der seinerseits ein endgültiger ist (§ 1056 Abs. 1, 1. Var.) und damit das reguläre Verfahrens*ende* markiert. Gemeint ist demnach der **Verfahrensabschluss durch Sachentscheidung,** um eine Verfahrensblockade, besonders des Beklagten, möglichst zu vermeiden. Im Schiedsverfahren mit seinem beschränkten Untersuchungsgrundsatz (§ 1042 Rn. 104–111) gibt es kein scharfes Versäumnisurteil auf Grund Rechtsverzichts- (§ 330) bzw. Geständnisfiktion (§ 331 Abs. 1/2) – abweichende Vereinbarung (Rn. 28 f.) vorbehalten. Abs. 3 vermeidet fortwährende Vertagung bzw. das aufgenötigte Überwechseln zum schriftlichen Prozessbetrieb und verhindert so Verfahrensverschleppung.

20   Die Regelung gibt zutreffend eine ausschließlich *prozessuale* Konfliktlösung, begnügt sich demnach nicht mit einem alleinig *materiellen* Anspruch auf Grund der Schiedsvereinbarung (Nebenpflicht!) auf Verfahrenseinlassung und -präsenz (Klagbarkeit?). Das wäre offenkundig doch gar zu umständlich und zeitraubend. Das Schiedsgericht befindet aber ausdrücklich nach **Ermess**ende **(„kann")** wie es auf eine konkrete Versäumnis reagiert. Der Gesetzeswortlaut beruht aber leider auf einer nur unzureichend adaptierten Übernahme des Vorbildes (Art. 25 lit. c ModG, Rn. 22) und beschreibt die Rechtsfolge recht verschwommen. Ein Vergleich mit Abs. 2 (vgl. aber erg. Rn. 21) macht zwar wenigstens dabei klar, dass jene Regel klaren Freiraum schaffen sollte („kann ... fortsetzen" anstelle „setzt ... fort"), was rechtskräftige Sachentscheidung miteinschließt (Abs. 3: „den Schiedsspruch ... erlassen"). Drei Konstellationen sind erwägenswert:

21   b) **„Einseitig streitiges Verfahren".** Der Vergleich von Abs. 3 mit Abs. 2 bereitet mancherlei Probleme: Darf bei Einleitungssäumnis (Abs. 2) kein Schiedsspruch ergehen? Ist umgekehrt bei Verhandlungssäumnis (Abs. 3) ein „Zugeständnis der [gegnerischen] Behauptungen" zu unterstellen? Gewiss trifft beides nicht. Das Gesetz regelt allein die typische Sachlage in Anlehnung an die Grundvorgabe beschränkter (schieds-)richterlicher Untersuchung (§ 1042 Rn. 104–111 mit § 1048 Rn. 26). Gemeint ist demnach folgendes:

22   Das Verfahren mag einseitig – streitig – fortgehen – ohne dass dies einen Verstoß gegen § 1059 Abs. 2 Nr. 1 b, Var. 2 bedeutet! Judiziert wird „nach den **vorliegenden Erkenntnissen**", was bewusst von Art. 25 lit. c ModG („make the award on the *evidence* before it") abweicht. Dieser Formulierungsunterschied möchte verschärfen und klarstellen, dass sich der Schiedsspruch nicht nur auf die (im Vorhinein bereits erhobenen) Beweise, sondern auf den gesamten dem Schiedsgericht vorliegenden Verfahrensstoff zu stützen hat,[23] was letzthin Beachtung eventueller Tatsachen bedeutet und amtswegige Beweiserhebungen abverlangt. Regelfall ist sicherlich die Versäumnis des Beklagten. Bei schlüssigem Klägervortrag muss über die anspruchsbegründenden Tatsachen Beweis erhoben werden, soweit sie vom Beklagten in der Klageerwiderung bestritten wurden.[24] Sind sie aber zugestanden, benutzt sie regelmäßig das Gericht, könnte aber ausnahmsweise auch einmal – argwöhnend – ein amtswegiges Beweisbedürfnis feststellen. Entgegen § 138 Abs. 3 gibt es **kein fingiertes Zugestehen mangels explizitem Bestreiten.**[25]

23   Erst wenn vermittels dieser Aufklärung glasklar Entscheidungsreife eintritt, darf der verfahrensbeendende (§ 1056 Abs. 1, 1. Var.) Schiedsspruch mithin gefällt werden. Von neu Vorgetragenem und dem allfälligen Beweisergebnis muss jedoch das Schiedsgericht den Säumigen vorher zunächst unterrichten und das rechtliche Gehör (§ 1042 Abs. 1 S. 2) zubilligen. Entsprechendes gilt für verteidigende Einwendungen des Beklagten und ebenfalls bzw. umgekehrt bei Klägersäumnis.

24   c) **Vertagung der Verhandlung.** Analog § 337 sollte das Gericht dann handeln, wenn die Erfordernisse Rn. 13 oder Rn. 15 fehlen: vertagen und neu einladen bei Verfahrensfehler oder Entschuldigung. Vertagung ist ebenfalls immer angezeigt, um rechtliches Gehör (§ 1042 Abs. 1 S. 2)

---

[22] *Schütze/Tscherning/Wais* Rn. 325 mit Rn. 359 – sehr weich hier *Stein/Jonas/Schlosser,* 21. Aufl., § 1034 aF Rn. 34 (1. Abs.).
[23] Sehr undeutlich hier BT-Drucks. 13/5274 S. 50 li. Sp. [5] im Anschluss an Kom.-Ber. S. 158: Schiedsspruch „weil der Streitstoff durch Klage und Klagebeantwortung feststeht"(?) – zust.: *Lörcher/Lörcher* Rn. 251; *Lachmann* Rn. 1660.
[24] So wie hier *Martinek,* FS Ishikawa, 2001, S. 269, 287 [X] mit S. 288–291 [XI]; abschwächend *Schlosser,* VIV-Reihe XI (2000), S. 163, 173: „Plausibilität".
[25] So wie hier *Musielak/Voit* Rn. 5.

Säumnis einer Partei 25–29 § 1048

auf Seite des Beklagten abzusichern (arg. § 335 Abs. 1 Nr. 3). Neue Anträge sowie neuer Vortrag sind mitzuteilen – vorausgesetzt, dass keinerlei Präklusion eingreift (§ 1046 Abs. 2, 2. Halbs.) – alsdann ist neu festzulegen, was „rechtzeitig" (§ 1047 Abs. 2, 1. Var.) ist; der Benachrichtigungsanspruch (§ 1047 Rn. 11 f.) erwächst dabei von neuem. Das richterliche Ermessen (Rn. 20: „kann") eröffnet weitergehend die Befugnis zum Vertagen, dies gar ohne Rücksicht auf Entschuldigung der Versäumnis. Das Schiedsgericht ist hier nicht etwa gezwungen, ohne Verhandlung zu entscheiden. Dafür wird es sich nur dann entscheiden, wenn mit der Anberaumung eines neuen Termins zur mündlichen Verhandlung keine wesentliche Verfahrensverzögerung einhergeht (uU ersatzweises **Nachschubrecht** in Anlehnung an § 283, welcher allerdings Erscheinen fordert).

d) Schiedsspruch auf Grund Aktenlage. Abs. 3 meint hier die Prozessfortführung zur Faktenerforschung ohne nähere Beteiligung der saumseligen Partei. Ihr muss nur zum Ergebnis noch einmal rechtliches Gehör zugebilligt werden (§ 1042 Abs. 1 S. 2), bevor dann der Schiedsspruch ergeht. Der Fall, dass die Sache bereits in der versäumten mündlichen Verhandlung entscheidungsreif ist, was dann auf eine Entscheidung nach Aktenlage ohne Gewähr neuen Gehörs hinausläuft (§§ 331 a, 251 a Abs. 1/2 analog), dürfte wohl eher selten vorkommen.[26] 25

Denkbar wäre hierbei etwa, dass vorneweg schon hinreichend Urkundsbeweis beigebracht wurde (§ 1046 Abs. 1 S. 2, 1. Halbs.), es bereits um eine weitere mündliche Verhandlung nach durchgeführter Beweisaufnahme geht, dem Schiedsgericht die benötigte Kompetenz ermangelt (§ 1040 Abs. 1: Prozessabweisung) oder nur um Rechtsfragen noch gestritten wird. Denkbar wäre genauso, dass schon überzeugender schlüssiger Klägervortrag fehlt. Kann sodann der Kläger auch im Termin seinen Vortrag nicht sinnvoll noch ergänzen (Vertagung zur Gehörsgewähr ist notwendig!) erfolgt Sachabweisung durch Schiedsspruch. Der Wortlaut suggeriert freilich, dass trotz der Verfahrensfortsetzung ein Schiedsspruch „nach den [bereits] vorliegenden Erkenntnissen" sofort ergehen könnte, also Entscheidungsreife letztendlich sanktionsweise dazufingiert wird. Das passt aber kaum zum beschränkten Untersuchungsgrundsatz (§ 1042 Rn. 104–111) und zur Geltung des Gebotes, nach *materieller* Wahrheit zu forschen. 26

Die Formulierung des Art. 25 lit. c ModG ist auf die anglo-amerikanische Gestaltung zugeschnitten, bei der jede Partei zu den bereits im Vorfeld unter den Parteien(!) geklärten Streitpunkten „ihre" Beweismittel in der mündlichen Verhandlung präsentiert. Nach deutschem Verfahrensverständnis soll die mündliche Verhandlung für das Schiedsgericht jedoch erst klären, von welchem Tatsachenstoff es auszugehen hat, insbesondere welche Beweise von ihm erst noch erhoben werden müssen. 27

5. Parteiautonomes Versäumnisverfahren. Ein Versäumnisurteil wie im staatlichen Gerichtsverfahren kann im Schiedsverfahren regulär nicht ergehen – diese bisher herrschende Lesart,[27] gilt erst nach neuem Recht:[28] Abs. 3 schafft ein eigenes Reglement mit gewissem gerichtlichem Ermessen, Abs. 1 u. 2 regeln Säumnisse ebenfalls völlig eigenständig, und Abs. 4 S. 4 öffnet eine Entschuldigungsmöglichkeit präventiv und losgelöst vom Einspruch. Erlaubt erscheint dennoch jetzt die **vereinbarte – autonome – Verweisung auf §§ 330 ff.**[29] (arg. Abs. 4 S. 2 mit § 1042 Abs. 3) mit Sachabweisung des Klägers (§ 330 – was auch schon nach Abs. 3, 1. Var. geht, im Unterschied zu Abs. 1) und bezüglich des Beklagten mit Sachentscheidung bei Geständnisfiktion (§ 331 Abs. 1 S. 1 mit Abs. 2 – im Unterschied zu Abs. 3, 1. Var.[30] und Abs. 2). 28

Es muss bloß sichergestellt sein, dass eine **spätere Entschuldigungsmöglichkeit besteht** (Abs. 4 S. 1), die §§ 338 ff. allerdings lediglich *repressiv* zugestehen, was hier nicht genügt, weil ansonsten bloß staatliche Aufhebung (§ 1059 Abs. 2 Nr. 1 b) erst zu bemühen wäre. Auch § 337 S. 1, 2. Var. hilft kaum – wiewohl *präventiv* wirkend –, zumal er keine nachträgliche Entschuldigung gewährleistet. Abs. 4 S. 1 aber möchte beide Formen offen halten. Will man dies zulassen, ohne zunächst Fakten zu schaffen, muss die autonome Gestaltung quasi eine Art Nachfrist zugestehen, bevor erst ein endgültiger – verfahrensbeendender (§ 1056 Abs. 1, 1. Var.) – Schiedsspruch in Frage kommt. 29

---

[26] AA *Thomas/Putzo/Reichold* Rn. 7: Regelfall.
[27] Insbes. *Breetzke* BB 1972, 560, 560 f., ferner: *Schütze/Tscherning/Wais* Rn. 409, 515; *Thomas/Putzo/Reichold* Rn. 7; *Schütze* SV Rn. 209; *Schwab/Walter* Rn. 16.53; *Henn*, 2. Aufl., S. 181; *Glossner/Bredow/Bühler* Rn. 353; *Bork*, in: *Gottwald*, Internationale Schiedsgerichtsbarkeit, S. 283, 299 f.; *Granzow*, 1988, S. 160.
[28] *Zimmermann* Rn. 1; *Schwab/Walter* Rn. 18.16; *Henn*, 3. Aufl., Rn. 312, 366; bzw. *Granzow*, 1988, S. 160 u. *Hußlein-Stich*, 1990, S. 130 f.
[29] Entgegen früherer Ansicht: *Hußlein-Stich*, 1990, S. 131; *Schütze/Tscherning/Wais* Rn. 409; *Schwab/Walter*, 5. Aufl., Rn. 16.53, aber auch. *Schwab/Walter* Rn. 18.16 – wie hier indes *Zöller/Geimer* Rn. 5 bzw. § 1034 aF Rn. 50 (mit Einspruch); *Musielak/Voit* Rn. 9 (ohne Einspruch).
[30] Welcher eigentlich hierauf aber besser passt, vgl. § 331 Rn. 41.

IV. Vorlagesäumnis (Abs. 3, 2. Var.)

30 **1. Tatbestand. a) Vorlegungsanordnung mit Fristbestimmung.** Die verlangte Vorlegung muss innerhalb einer „festgelegten Frist" geschehen. Zwar fehlt eine klare gesetzliche Frist, § 1046 Abs. 1 S. 2, 1. Var. normiert nur die Befugnis vorzulegen („können"), doch könnten die Parteien abstrakt und vorneweg wohl derarte Fristbestimmungen treffen (mit Fixierung von Beginn und Umfang sowie Berechnung gemäß § 222 ZPO iVm. §§ 186 ff. BGB [vgl. dazu erg. § 1028 Rn. 20 f.]). Praktisch ist dies aber nicht, fehlt dann doch die nötige situative Anpassung völlig. Brauchbar wäre nur eine ad-hoc-Abrede, etwa im Zuge einer schlussendlich einvernehmlichen Prozessplanung („terms of reference"?).

31 Hauptfall bleibt weiterhin mithin die **richterlich gesetzte Vorlagefrist** (§ 1042 Abs. 4 S. 2, 2. Var. mit § 1052 Abs. 3). Dabei kann zur Vorlegung auch ohne speziellen Beweisantritt aufgefordert werden (Prozessmaxime beschränkter Untersuchung, § 1042 Rn. 104–111). Das geht *sachlich* aber nur (§ 1049 Rn. 70 f.), wenn ein materieller Editionsanspruch bereitsteht (§ 422 analog) oder prozessual eigene Bezugnahme erfolgt (§ 423 analog)[31] und niemals gegenüber Dritten („Versäumt es eine Partei …"); notwendig ist *zeitlich* die Fixierung einer angemessenen Frist, die den Vorbereitungsaufwand für Sammlung und Sichtung genügend in Rechnung stellt.

32 **b) Vorlageobjekt.** Ein „Schriftstück zum Beweis" ist beizubringen und gleichsam das Objekt der Vorlegung. **Schriftstücke** sind urkundliche (verkörperte!) Erklärungen (§ 1028 Rn. 2–5), die aber keine Unterschrift tragen müssen (arg. § 1031 Abs. 1 e contrario); Augenscheinsobjekte, Tonträger, Datenaufzeichnungen etc. werden somit nicht erfasst! Die Regelung bleibt begrenzt auf die Urkunde klassischer Prägung.[32] Das vorzulegende Schriftstück ist dabei als **Beweismittel** angesprochen (so wie in § 1047 Abs. 3, 2. Halbs.: „schriftliche Beweismittel"). Es muss also Aufschluss über eine konkrete beweisbedürftige Tatsache hieraus sich ergeben (können), ergo beweisgeeignet bzw. beweisrelevant sein. Hierüber befindet freilich schiedsrichterliches Ermessen (§ 1042 Abs. 4 S. 2). Die Urkunde muss aber allemal sehr **präzis bezeichnet werden,** um Ausforschung („fishing expeditions") zu vermeiden; ein loser undefinierter Bezug zum Streitstoff genügt keinesfalls – im Unterschied zu bzw. als Gegenschluss aus § 1049 Abs. 2 S. 2, 2. Var. (ModG: „relevant documents" statt „documentary evidence"). Aber selbstredend kann die Regelung nur solche Urkunden meinen, welche sich **in Händen der Partei** befinden, die sie real demnach auch vorlegen kann.

33 **c) (Ungenügend entschuldigte) Nichtvorlage.** Vorlage bedeutet **physische stoffgleiche Übergabe** zum – selbstredend nur zeitweiligen – Verbleib (Übergang unmittelbaren Besitzes). Vorlage ist also mehr als kurzfristige Besichtigung oder passive Zugänglichmachung, was etwa bei § 1049 Abs. 1 S. 2, 2. Halbs. ausreicht. Wortgetreu genommen ist sogar das **Original** vorzulegen, doch sollte eine amtlich beglaubigte Kopie genügen – jedenfalls wenn beim Gericht keine Zweifel aufkommen und auch der Gegner keinerlei Einspruch erhebt. Eine Übermittlung per Telefax genügt jedoch niemals bzw. kann allenfalls das nachträgliche Einkommen des Originals entschuldigen (Abs. 4 S. 1).

34 Empfänger ist das gesamte **Schiedsgericht** als solches, doch genügt sicher hier fristgemäßer Zugang beim Vorsitzenden (arg. § 1052 Abs. 3); es mag auch zuvor eine dafür zuständige (Geschäfts-/Empfangs-)Stelle festgelegt werden. Das Schiedsgericht hat dann dem Prozessgegner das Beweismittel „zur Kenntnis zu bringen" (vgl. § 1047 Abs. 3, 1. Halbs., 2. Var. bzw. 2. Halbs., 2. Var.). Ein eigener Beweistermin (Parteiöffentlichkeit: § 1042 Abs. 2, 2. Var. in Orientierung an § 357 Abs. 1) scheint also unnötig. Möglich ist alternativ, die Vorlage an einen bestellten **Gerichtssachverständigen** anzuordnen (§ 1049 Abs. 1 S. 2, 2. Var.).

35 **2. Vorlagepflicht und Aufklärungslast.** Die Anordnungsbefugnis ist wortlautmäßig nicht eingeschränkt, aber sinngemäß zu begrenzen (Rn. 39 f.), jedenfalls was die Sanktionierung (Rn. 36 f.) angeht. Es besteht keine globale Vorlage*pflicht,* die unmittelbar erzwingbar wäre; Abs. 2, 2. Var. begründet gesetzlich keinerlei Pflicht, das Verfahren durch Vorlegung zu fördern – und ebenso wenig die Rechtsmacht des Schiedsgerichts, „willkürlich" Vorlegung anzufordern bzw. Parteisäumnis zu sanktionieren. Zwar obliegt dem Gericht nach dem **beschränkten Untersuchungsgrundsatz** (§ 1042 Rn. 104–111) die Sachverhaltsaufklärung ohne strikte Bindung an den Parteivortrag; dies berechtigt aber keineswegs zur Inquisition und verpflichtet die Parteien nicht generell zur Präsentation jedweder Urkunden – selbst wider eigene Interessen und ohne klaren – materiellen oder prozessualen – Anhalt. Damit wäre zu viel objektive Anknüpfung verspielt und alles ins Subjektive

---

[31] Zöller/Geimer Rn. 3; Schütze/Tscherning/Wais Rn. 448, 450 – dazu anders wohl Lachmann Rn. 1568 f.; Glossner/Bredow/Bühler Rn. 389; Schwab/Walter Rn. 15.22.
[32] AA Stein/Jonas/Schlosser Rn. 4.

(Abs. 4 S. 1, Rn. 39 ff.) verschoben. Die Sanktion erfolgt indirekt über die ganz generelle Aufklärungs*last* (vgl. aber auch erg. § 1049 Rn. 71). Schiedsordnungen normieren oft rigoroser,[33] doch sollten auch hierbei die Befugnisse zur positiven Anordnung und negativen Würdigung sauber getrennt gehalten werden.

3. Sanktionen bei Nichtvorlegung. Die Vorlegung ist zwar durch eine Klage beim *ordentlichen* Gericht durchsetzbar, was indes schiedsverzögernd wirkt und daher oftmals unpraktikabel scheint. Erklärtes Ziel muss eine „schiedsimmanente" Entscheidungsreife sein. **Bei Verspätung greift mithin Präklusion** nach Abwägung des Gerichts;[34] das Gericht befindet dazu wiederum (Rn. 20) nach Ermessen und verstößt dadurch nicht gegen seine – ohnedies prozessual nur beschränkt gegebene – Untersuchungspflicht (§ 1042 Rn. 104–111). Bei **(Total-)Verweigerung** ist nach den sonstigen „vorliegenden Erkenntnissen" endgültig per Schiedsspruch zu entscheiden. 36

Dabei kann man auch die Weigerung der Vorlegung ihrerseits insoweit frei würdigen (§ 1049 Rn. 71) und genauso ist die Beweislast hier beachtlich. Demgemäß ist folglich weitergehend zu unterscheiden: die beweisbelastete Partei verliert dann deswegen[35] (infolge non liquets), die nicht beweisbelastete, jedoch „vorlagefähige" Partei muss negative Würdigung fürchten (§ 427 analog): die strittige, für die säumige Partei nachteilige Tatsache ist idR als erwiesen zu erachten[36] – vorausgesetzt, die Säumnis wird nicht noch genügend entschuldigt (Rn. 39 ff.) bzw. die Urkunde nicht verspätet doch noch vorgelegt. 37

V. Säumnisfaktum und Schuldvorwurf (Abs. 4 S. 1)

1. Säumnisfaktum. Das Säumnisfaktum ist Grundvoraussetzung und **völlig objektiv ange- 38 knüpft:** Versäumung einer Zeitgrenze, und zwar durch Nichtvornahme, aber genausogut auch durch unwirksame oder unperfekte Vornahme. Abs. 4 S. 1 („Wird die Säumnis...") zehrt hier von Abs. 1–3 („Versäumt es..."), es muss also weiter unterschieden werden; je nach Fallgruppe gilt: Bei **Einleitungssäumnis,** von Kläger (Abs. 1) oder Beklagtem (Abs. 2) zählt vorrangig die Parteivereinbarung, subsidiär die Bestimmung des Gerichtes (§ 1046 Abs. 1 S. 1). Die **Erscheinenssäumnis** (Abs. 3, 1. Var.) wird bestimmt nach Terminsanordnung durch das Schiedsgericht, die es den Parteien zur Kenntnis bringt und welche *rechtzeitig*(!) zugeht (§ 1047 Abs. 2, 1. Var. – uU hilft hier indes § 1028 Abs. 1; vgl. auch erg. Rn. 12 ff. bzw. § 335 Abs. 1 Nr. 2). Für **Vorlagesäumnis** (Abs. 3, 2. Var.) schlussendlich ist notwendig die spezielle Vorlageanordnung unter einer Fristbestimmung (§ 1042 Abs. 4 S. 2, 2. Var.), die zusätzlich auch *angemessen* ist (arg. § 1042 Abs. 1 S. 2)[37] – sonst wäre das rechtliche Gehör unterhöhlt.

2. Schuldvorwurf. Der Schuldvorwurf ist **flexibles subjektives Kriterium,** um den Umstän- 39 den des Einzelfalles gerecht zu werden. Es wahrt rechtliches Gehör (§ 1042 Abs. 1 S. 2) und ist deshalb **zwingend** verordnet (Abs. 4 S. 2: „Im Übrigen..."), quasi als eine Art Mindestschutz. Der Telos erlaubt allemal jedoch, die unentschuldigte Säumnis der entschuldigten gleichzustellen[38] (Gerichtsermessen statt Präklusionszwang) oder schlicht zu vertagen, was dann einen Ausschluss der Abs. 1–3 bedeutet. **Tatbestand:**

a) Entlastungsrecht der Partei. Verschulden wird zunächst einmal vermutet – der Säumige 40 muss sich entlasten, es obliegt ihm, dem bisher Untätigen, nunmehr zu agieren, dh. vorzutragen und notfalls zu beweisen, dass die Säumnis unverschuldet war. Damit darf **weder Vorsatz noch Fahrlässigkeit** vorliegen (§ 276 Abs. 1 S. 1, 1. Halbs. BGB – letztere ist objektiv auszufüllen [Abs. 2]), und der unverschuldete Umstand muss dazuhin noch (mit-)**ursächlich für das Versäumnis** sein. Anwaltsverschulden (§ 1042 Abs. 2 mit § 85 Abs. 2 – dazu näher dort Rn. 9 ff.)[39] und Verschulden *eigener* Hilfspersonen (§ 278 BGB) wird zugerechnet.

Allzu große Pedanterie scheint aber allemal deplatziert. In der praktischen Handhabung empfiehlt 41 sich die Anleihe bei § 233 („ohne ihr Verschulden verhindert", dort Rn. 20 ff.) und § 296 Abs. 1/3

---

[33] ZB Art. 24 Abs. 3 [„kann auffordern"] mit Art. 28 Abs. 3 SchO; § 27.1 S. 2, 2. Halbs., 2. Var. [„kann anordnen"] mit § 30.2, 2. Var. DIS-SchO.
[34] 7th SN Art. 25 Nr. 5 = *Holtzmann/Neuhaus* S. 711.
[35] *Thomas/Putzo/Reichold* Rn. 9 u. *Musielak/Voit* Rn. 6 nennen bloß diesen Fall.
[36] CR Nr. 229 = *Holtzmann/Neuhaus* S. 761 mit 7th SN Art. 25 Nr. 5 = *Holtzmann/Neuhaus* S. 711 – zust. *Holtzmann/Neuhaus* S. 701 u. *Lachmann* Rn. 1665 – eher restriktiv noch 1. Aufl. § 1035 aF Rn. 23; *Schütze/Tscherning/Wais* Rn. 448.
[37] BT-Drucks. 13/5274 S. 50 li. Sp. [6 aE] – ferner: *Granzow*, 1988, S. 160; *Calavros*, 1988, S. 117; *Hußlein-Stich*, 1990, S. 128; *Lörcher/Lörcher* Rn. 252.
[38] So noch deutlich *Lachmann*, 2. Aufl. (2002), Rn. 914 aE, etwas einschr. jetzt 3. Aufl. (2008), Rn. 1671 aE.
[39] Beispiel: SG Hamburg NJOZ 2001, 1073, 1078 [I 3] (Mandatsniederlegung im Schiedsgerichtstermin).

§ 1048 42–47 Buch 10. Abschnitt 5. Durchführung des schiedsrichterlichen Verfahrens

("Verspätung genügend entschuldigt", dort Rn. 132 f., 162). Problematisch ist, ob und wie es zeitig genug gelingt, die (Entlastungs-)Gründe anzugeben, um die nachteiligen Säumnisfolgen *im Vorfeld* zu vermeiden (Rn. 45) – ansonsten bliebe allein der Aufhebungsantrag (§ 1059 Abs. 2 Nr. 1 b, 2. Halbs. bzw. Nr. 1 d, 2. Var.) mit anschließendem Zweitverfahren[40] (§ 1059 Abs. 4 oder Abs. 5) – sicher nicht die wahre Lösung.

42   **b) Überzeugungsgrad des Gerichts.** Die Säumnis muss „genügend", und zwar zur „Überzeugung des Schiedsgerichts", entschuldigt werden. Dieser letztere Zusatz unterscheidet § 1048 Abs. 4 S. 1 wortlautmäßig von den Parallelregeln in § 1040 Abs. 2 S. 4 (dort Rn. 43) und § 1046 Abs. 2 aE (dort Rn. 29); man könnte das als Anspielung auf § 286 Abs. 1 deuten und auch den Umkehrschluss aus § 296 Abs. 4 ziehen. Damit wäre unversehens dann volle Überzeugung erforderlich und Glaubhaftmachung ungenügend.

43   Das passt nicht zum ModG, das zur Einheitsformel greift (Art. 25: „without showing sufficient cause"), und ebenso wenig zur Gesetzesbegründung,[41] die den Überzeugungsgrad ganz unerwähnt lässt. § 1048 Abs. 4 DiskE hielt die Frage übrigens gar nicht für konkreter Regelung bedürftig. Man sollte mithin den vollen Gleichklang wahren, sowohl mit den Regeln des Schiedsverfahrens (§§ 1040 Abs. 2 S. 4, 1046 Abs. 2 aE), wie jenen des Staatsverfahrens (§ 296 Abs. 4 bzw. § 236 Abs. 2 S. 1, 2. Halbs.) und sich mit Glaubhaftmachung begnügen. Dazu muss man nur klar zwischen Beweismaß und -würdigung unterscheiden (§ 286 Rn. 16 ff., 28 ff.):

44   **Schiedsrichterliche Überzeugung** ist die verfahrensrichtig gewonnene Erkenntnis der Erfüllung des verordneten „genügenden" – Beweismaßes; dies ist hier von Gesetzes wegen milder und lässt die schlichte **überwiegende Wahrscheinlichkeit** „genügen"[42] (§ 294 Rn. 24 f. mit § 1041 Rn. 24: Glaubhaftmachung). Wäre das Beweismaß umgekehrt ins Ermessen des Schiedsgerichts gestellt,[43] wäre gerade die säumige Partei durch willkürliche Präklusionsentscheidungen gefährdet. Die beschränkte Verpflichtung des Schiedsgerichts zur aufklärenden Untersuchung (§ 1042 Rn. 104–111) gilt dabei aber nicht – der Säumige muss sich insgesamt eigeninitiativ entlasten.

45   **3. Rechtsfolge.** Über die Entschuldigung der Säumnis findet **kein besonderes Zwischenverfahren** statt; weder muss daher die säumige Partei einen (förmlichen) Antrag stellen, noch ergeht zwingend eine Entscheidung des Schiedsgerichts über das „Entschuldigungsgesuch". Dies gilt selbst für den Fall der Einleitungssäumnis. Jedenfalls sollte das Gericht zuvor rechtliches Gehör konzedieren[44] oder wenigstens eine Schamfrist zugestehen,[45] um ungewollter Überholung vorzubeugen. Hat sich der Säumige **genügend** (Rn. 42 ff.) **entlastet** (Rn. 39 ff.), kommt es quasi zu einer „automatischen Rückversetzung", ohne dass hierfür ein extra Beschluss nötig wäre, obwohl er ratsam erscheint und für die Zukunft Klarheit schafft. Doch ist es undenkbar, dass sich die *begünstigte* Partei jetzt beschwert sieht und *ihrerseits* die Einhaltung der Spielregeln (§ 1059 Abs. 1 Nr. 1 d, 2. Var.) nachgeprüft sehen möchte (arg. § 238 Abs. 3 mit Rn. 39: Ermessensentscheidung).

46   Die Rechtsfolge sonst ist recht schmucklos: Die **Fristsäumnis bleibt sanktionslos** bzw. wörtlich: „außer Betracht" (Abs. 1 S. 1 aE). Das Verfahren läuft weiter, so als ob nichts geschehen wäre. Das versäumte Verhalten ist unmittelbar (dh. sofort) nachzuholen, am besten zeitgleich mit der Entschuldigung – denn es gibt keine „Wiedereinsetzungsfrist" (§ 234 mit § 236 Abs. 2 S. 2). Allerdings obliegt dem Schiedsgericht, die geschehene Versäumung „auszublenden".

47   Im Fall der versäumten Klägererwiderung (Abs. 2, Rn. 10 f.) muss dem Beklagten die Möglichkeit eröffnet werden, zu den bisher vom Schiedsgericht (auf Grund einseitig streitigen Vorgehens) gewonnenen Erkenntnissen Stellung zu nehmen und eigene Beweismittel selbst nachzunennen. Soweit eine mündliche Verhandlung stattgefunden hat, sollte diese – schon um die Möglichkeit einer gütlichen Einigung nicht zu verspielen – in aller Regel wiederholt werden.[46] Gleiches gilt im Fall der Verhandlungssäumnis (Abs. 3, 1. Var., Rn. 12 ff.). Bei Vorlagesäumnis (Abs. 3, 2. Var., Rn. 30 ff.) wird das nachgereichte Schriftstück im Rahmen der Beweisaufnahme so berücksichtigt, als habe es

---

[40] *Calavros*, 1988, S. 116/117; *Musielak/Voit* Rn. 8 aE.
[41] BT-Drucks. 13/5274 S. 50 li. Sp. [6] („wenn die säumige Partei die Säumnis nicht genügend entschuldigt") als Abschwächung von Kom.-Ber. S. 158/159 („wenn die säumige Partei keinen hinreichenden Grund für ihre Säumnis angibt").
[42] So auch *Stein/Jonas/Schlosser* Rn. 5: Plausibilität.
[43] So aber *Musielak/Voit* Rn. 7.
[44] Der Vorschlag stammt für Art. 28 SchO von *Sanders* YCA II (1977), 172, 206 – zust. *Hußlein-Stich*, 1990, S. 129; *Lachmann* Rn. 1667. *Calavros*, 1988, S. 116 u. *Musielak/Voit* Rn. 2 (für Abs. 1) mahnen nur zu einer sorgfältigen Überprüfung – das scheint unter Abs. 4 S. 1 zu wenig!
[45] Dies meint wohl CR Nr. 213 = *Holtzmann/Neuhaus* S. 715 bzw. BT-Drucks. 13/5274 S. 50 li. Sp. [6] mit Kom.-Ber. S. 159.
[46] *Musielak/Voit* Rn. 7.

der Säumige rechtzeitig vorgelegt. In allen Fällen fehlt idR noch eine letztgültige Entscheidung mangels Entscheidungsreife (§ 1056 Abs. 1, 1. Var.: Schiedsspruch), das Verfahren bleibt weiter anhängig, die Entschuldigung steht verfahrensintern offen.

Anders allerdings bei versäumter Klageeinreichung (Abs. 1, Rn. 8f.), die sofortige Einstellung **48** gestattet (§ 1056 Abs. 1, 2. Var. mit Abs. 2 Nr. 1b). Notfalls muss der Kläger erneut klagen (Kostenfolge!), uU mag aber auch der Beklagte unmittelbar anschließend widerklagen (§ 1046 Abs. 3), dh. mittels negativer Feststellung die Entscheidung erzwingen („Typenwechsel" von Abs. 1 zu Abs. 2!). Möglich wäre zB aber auch, einverständlich eine Neuaufnahme zu beantragen.[47]

VI. Parteiautonomie (Abs. 4 S. 2)

§ 1048 kann im Wesentlichen **frei ausgestaltet werden** (Abs. 4 S. 2 [§ 30.3 S. 2 DIS-SchO]), **49** sowohl verschärfend wie abschwächend; zwingend ist alleinig – im Unterschied zu § 1046 Abs. 2 (dort Rn. 30) – die tatbestandliche Befreiung des Säumigen bei genügender Entschuldigung (Abs. 4 S. 1 [§ 30.2 S. 1 DIS-SchO, hier Rn. 38ff. – arg. Abs. 4 S. 2 e contrario: „Im Übrigen …").[48] Das ist im Mindeststandard, gewährt stets die – rechtsstaatlich unabdingbare – **zweite Chance** und verpflichtet zu vorheriger Gewähr rechtlichen Gehörs – schon mit Blick auf eine staatsgerichtliche Kontrolle bzw. Aufhebung nach § 1059 Abs. 2 Nr. 1d, 2. Var. (nicht: Abs. 2 Nr. 1b, 2. Halbs. bzw. 3. Var., die eher mit § 1046 Abs. 2 korrespondieren). Nur die Rechtsfolgen *schuldhafter* Verspätungen sind disponibel, und Abs. 1–3 ist dementsprechend eine **Auffangregelung** (nahezu parallel regelt § 30 DIS-SchO; lediglich die Klägersäumnis ist separiert: § 6.4 Abs. 2 DIS-SchO).

§ 1049 Vom Schiedsgericht bestellter Sachverständiger

(1) ¹Haben die Parteien nichts anderes vereinbart, so kann das Schiedsgericht einen oder mehrere Sachverständige zur Erstattung eines Gutachtens über bestimmte vom Schiedsgericht festzulegende Fragen bestellen. ²Es kann ferner eine Partei auffordern, dem Sachverständigen jede sachdienliche Auskunft zu erteilen oder alle für das Verfahren erheblichen Dokumente oder Sachen zur Besichtigung vorzulegen oder zugänglich zu machen.

(2) ¹Haben die Parteien nichts anderes vereinbart, so hat der Sachverständige, wenn eine Partei dies beantragt oder das Schiedsgericht es für erforderlich hält, nach Erstattung seines schriftlichen oder mündlichen Gutachtens an einer mündlichen Verhandlung teilzunehmen. ²Bei der Verhandlung können die Parteien dem Sachverständigen Fragen stellen und eigene Sachverständige zu den streitigen Fragen aussagen lassen.

(3) Auf den vom Schiedsgericht bestellten Sachverständigen sind die §§ 1036, 1037 Abs. 1 und 2 entsprechend anzuwenden.

Schrifttum: *Baum,* Reconciling Anglo-Saxon and Civil Law Procedure: The Path to a Procedural Lex Arbitrionis, FS Böckstiegel 2001, 21; *K. P. Berger,* Evidentiary Privileges: Best Practice Standards versus/and Arbitral Discretion, Arb. Int. 22 (2006), 501; *Bühler/Dorgan,* Witness Testimon …, J. Int. Arb. 17:1 (2000), 3; DIS XIV (2001): Beweiserhebung in internationalen Schiedsverfahren (insbes. mit Beiträgen von *Böckstiegel* [S. 1 ff.]; *Craig* [S. 9 ff.], *Schütze* [S. 31 ff.]; *Raeschke-Kessler* [S. 41 ff.]); *Demeyere,* The Search for the „Truth": Rendering Evidence under Common Law and Civil Law, SchiedsVZ 2003, 247; *Fischer-Zernin/Junker,* Between Scylla and Charybdis: Fact Gathering in German Arbitration, J. Int. Arb. 4:2 (1987), 9; *Habscheid,* Das Recht auf Beweis, ZZP 96 (1983), 306; *Holland/Handke,* Beschränkung auf den Urkunden-Beweis im Schiedsverfahren, FS Bülow, 1981, S. 75; *Kaufmann-Kohler/Bärtsch,* Discovery in international arbitration: How much is too much?, SchiedsVZ 2004, 13; *Knoblach,* Sachverhaltsermittlung in der internationalen Wirtschaftsschiedsgerichtsbarkeit, 2003, S. 124–308; *Knof,* Tatsachenfeststellungen in Streitigkeiten des internationalen Wirtschaftsverkehrs, 1995, S. 39 ff.; *Krapfl,* Die Dokumentenvorlage im internationalen Schiedsverfahren, 2007; *Lionnet,* Parteiherrschaft im Schiedsgerichtsprozeß bei der Beweisaufnahme, FS Glossner, 1994, S. 209; *Lörcher,* Der vom Schiedsgericht bestellte Sachverständige im Verfahren, FS Böckstiegel, 2001, S. 485; *Marriott,* Evidence in International Arbitration, Arb. Int. 5 (1989), 280; *Morgan,* Discovery in Arbitration, J. Int. Arb. 3:3 (1986), 9; *Th. Müller,* IBA Rules of Evidence – ein Brückenschlag zwischen Common Law und Civil Law in internationalen Schiedsverfahren, in: Internationales Zivilprozess- und Verfahrensrecht II, 2003, S. 51 ff.; *Pietrowski,* Evidence in International Arbitration, Arb. Int. 22 (2006), 373; *Raeschke-Kessler,* The Production of Documents in International Arbitration, FS Böckstiegel, 2001, S. 641; *ders.,* Die Präambel der IBA-Rules of Evidence …, FS Geimer, 2002, S. 855; *Sachs,* Use of Documents and documentary discovery: „Fishing expeditions" versus

---

[47] *Musielak/Voit* Rn. 8 (aber auch einseitig Anregung möglich, den ergangenen Beendigungsbeschluss aufzuheben – zweifelhaft!).
[48] Vgl. BT-Drucks. 13/5274 S. 49 f. [2] mit [6 bzw. 7] gegen Kom.-Ber. S. 157 bzw. S. 158/159.

§ 1049 1 Buch 10. Abschnitt 5. Durchführung des schiedsrichterlichen Verfahrens

transparency and burden of proof, SchiedsVZ 2003, 193; *Schäffler*, Zulässigkeit und Zweckmäßigkeit der Anwendung angloamerikanischer Beweismethoden in deutschen und internationalen Schiedsverfahren, 2003 (dazu *Spehl* SchiedsVZ 2004, 94); *Schlosser*, Verfahrensrechtliche und berufsrechtliche Zulässigkeit der Zeugenvorbereitung, SchiedsVZ 2004, 225; *ders.*, Der Privatvertrag mit Zeugen und Forumsexperten, RIW 2005, 81; *Schroeder*, Die lex mercatoria arbitralis ..., S. 199–311; *Schütze*, Die Ermessensgrenzen des Schiedsgerichts bei der Bestimmung der Beweisregeln, SchiedsVZ 2006, 1; *Shenton*, An Introduction to the IBA Rules of Evidence, Arb. Int. 11 (1995), 118; *Thümmel*, Beweisaufnahme in transnationalen Schiedsverfahren, AG 2006, 842; *Tief*, Discovery und Informationspflichten in der internationalen Schiedsgerichtsbarkeit, 2000; *Triebel/Zons*, Discovery of Documents in internationalen Schiedsverfahren, BB/IDR 2002, 26; *Varga*, Beweiserhebung in transatlantischen Schiedsverfahren, 2006 (dazu *Winkler* SchiedsVZ 2007, 45); *Voser/Mueller*, Appointment of Experts by the Arbitral Tribunal: the Civil Law Perspective, BLI 7 (2006), 73; *Walder-Bohner*, Zeugen vor Schiedsgerichten, in: *Reymond/Bucher* (Hrsg.), Schweizer Beiträge zur internationalen Schiedsgerichtsbarkeit, 1984, S. 213; *Ward*, The Flexibility of Evidentiary Rules ..., J. Int. Arb. 13:3 (1996), 5; *Weigand*, Discovery in der internationalen Schiedsgerichtsbarkeit, RIW 1992, 361; *Wilke*, Der Urkundenbeweis in transnationalen deutschamerikanischen Prozessen und im Schiedsverfahren, IHR 2004, 88; *Wirth*, ... Weshalb Civil-Law-Schiedsrichter Common Law Verfahrensrecht anwenden, SchiedsVZ 2003, 9.

Übersicht

	Rn.		Rn.
A. Grundlagen des Beweisrechts	1–8	2. Mitwirkungslast	47
1. ModG-Vorgaben	1–5	3. Staatliche Aushilfe	48
2. Parteiregelungen	6–8	**II. Zeugenbeweis**	49–64
B. Sachverständigenbeweis (§ 1049)	9–42	1. Grundlagen	49–51
I. Normzweck	9, 10	2. Fehlende Zeugnispflicht	52, 53
II. Aufgabenbereich	11–18	3. Zeugen-„Ladung"	54–57
1. Begriff des Sachverständigen	11, 12	a) Einladung	54, 55
2. Eigenkenntnis des Schiedsgerichts	13	b) Bezahlung	56, 57
3. Gutachtliche Stellungnahme	14, 15	4. Zeugenvernehmung	58–60
4. Unterstützung durch Hilfspersonen	16–18	a) Äußerlichkeiten	58
a) Hilfsgutachter	16	b) Art und Weise der Vernehmung	59, 60
b) Parteien	17	5. Sonderfälle	61–63
c) Staatsgericht	18	a) Schriftliche Zeugenaussage	61
III. Rechtsstellung	19–34	b) „Beauftragte" Zeugenvernehmung	62
1. Einführung	19, 20	c) Kreuzverhör	63
2. Bestellung (Abs. 1 S. 1)	21–23	6. Staatliche Aushilfe	64
a) Auswahl	21	**III. Urkundenbeweis**	65–74
b) Vertragsabschluss	22	1. Beweiserhebung	65–67
c) Auftrag	23	2. Vorlage der Urkunde	68–72
3. Rechte und Pflichten	24–32	a) Objektiv	68, 69
a) Prozessual	24–28	b) Subjektiv	70–72
b) Materiell	29–32	3. Staatliche Aushilfe	73, 74
4. Ablehnung	33, 34	**IV. Parteivernehmung**	75–77
IV. Parteisachverständige	35–42	1. Durchführung der Beweisaufnahme	75
1. Grundlagen	35, 36	2. Unterschied zur einfachen Anhörung	76
2. Betätigung	37–40	3. Staatliche Aushilfe	77
3. Abgrenzung	41, 42	**V. Sonstige Beweismittel**	78–80
C. Weitere Beweismittel	43–80	1. Amtsauskunft	78
I. Augenschein	46–48	2. Eidesstattliche Versicherungen	79
1. Beweiserhebung	46	3. Sachinspektion	80

A. Grundlagen des Beweisrechts

1 **1. ModG-Vorgaben.** Recht haben und Recht bekommen ist zweierlei – so sagt es der Volksmund, und er hat wohl nicht ganz unrecht, insbes. wenn man jene Aussage auf die Beweisbarkeit bezieht. Gerade in (internationalen) Schiedsverfahren treten materielle Rechtsprobleme (§ 1051) oft hinter die Fragen der Tatsachenermittlung (§ 1042 Abs. 3 bzw. Abs. 4 S. 2 mit § 1049) zu-

rück,[1] zumal dann dabei unversehens kontinentale und anglo-amerikanische Eigenheiten im Zivilprozess (Jurysystem, discovery-Verfahren, aktiver/passiver Richter) aufeinanderprallen.[2] Von daher ist es sehr verständlich, wenn sich das ModG hier breiteste Zurückhaltung auferlegt bzw. lediglich zwei Fragenkreise konkret herausgreift.

Es regelt zum einen die **Beweiserhebung** an sich (Art. 19 Abs. 2 S. 1 ModG – § 1042 Abs. 4 S. 2 nF bzw. § 1034 Abs. 1 S. 1, 2. Halbs. aF: Richtermacht; Art. 23 Abs. 1 S. 2 [„können"] – § 1046 Abs. 1 S. 2 [„sollen"]: Parteiantrag; Art. 24 Abs. 2, 2. Var. ModG – § 1047 Abs. 2, 2. Var.: Teilnahme) und normiert zum anderen als besonderes **Beweismittel** den (schieds-)gerichtlichen Sachverständigen (Art. 26 ModG – § 1049 nF gegen § 1035 aF [Rn. 9 ff.]). Dem Gesetz ist jedoch der ganze beweisrechtliche Kanon durchaus vollumfänglich geläufig (vgl. § 1043 Abs. 2, 2., 4. u. 5. Var. in Anlehnung an Art. 20 Abs. 2 ModG [Rn. 43 ff.]), wenn es jene Beweismittel gesamt „ortsfrei" stellt. Ferner Erwähnung finden verstreut „schriftliche Beweismittel" (§ 1045 Abs. 2: Übersetzung; § 1047 Abs. 3, 2. Halbs., Var.: Kenntnisnahme) bzw. „Schriftstücke" (§ 1047 Abs. 3, 1. Halbs., Var.: Kenntnisnahme; § 1048 Abs. 3, 2. Var.: Säumnisfolge; § 1049 Abs. 1 S. 2, Var. 2 a: Begutachtung), was insoweit den wichtigen Urkundsbeweis besonders herausstellt.

Daneben tritt die **Verheißung staatsgerichtlichen Beistandes** (Art. 27 ModG – § 1050 S. 1/2 nF bzw. § 1036 aF), die allgemein das Verhältnis von optierter Schiedsgerichtsbarkeit und staatlichem Zwangsmonopol betrifft – und insoweit kein speziell beweisrechtliches Phänomen ist. Die Neuregelung bleibt präzis in diesem Rahmen, was gewiss vereinheitlichungsfördernd wirkt, aber letztendlich auch nationaler Tradition entspricht. Danach war und bleibt die Beweislehre ein Stiefkind gesetzgeberischer Aufmerksamkeit im Sinne zwingender oder stützender Regelung und drängt zum Seitenblick auf den Zivilprozess. Vor allem die Zersplitterung der Regelung zum Urkundsbeweis scheint äußerst misslich.

Vernachlässigt wird demgegenüber stark die Frage der **(objektiven) Beweislastverteilung** („Feststellungslast"), und damit die Frage, wer konkret das non-liquet-Risiko tragen muss (anders Art. 24 Abs. 1 SchO), zumal hier ein großer Graben zwischen Civil Law und Common Law besteht.[3] Auch das ModG wollte diese Frage nicht regeln,[4] und man verständigte sich letztendlich bloß auf ein allgemein anerkanntes Prinzip („that reliance of a party on a fact in support of his claim or defence required that party to prove the fact"). Das national herrschende, materielle Verständnis der Beweislast führt zur lex causae bzw. § 1051, der wiederum dem Parteiwillen oberste Priorität gewährt (Abs. 1). „In allen Fällen" sind freilich auch Handelsbräuche mit einzubeziehen (Abs. 4, 2. Var.), womit sich die obige (Beweislast-)Regel als allgemeiner Rechtsgrundsatz[5] regelmäßig mit der lex mercatoria am Ende verbündet. Schönheitsfehler ist allein die Gefahr des beweisrechtlichen Auseinanderdriftens von Kaufmannsrecht und dem allgemeinen Privatrecht.

Dennoch „stört" die fehlende ModG-Vorgabe letzthin nicht wirklich – es entspricht ohnehin deutscher Ansicht, die Feststellungslast materiell zu verorten, vor allem für reine Inlandssachverhalte ergeben sich hierbei keinerlei Eigenheiten. Andererseits wirkt doch das Prozesssystem auf die „Rahmenbedingungen" zurück – eine korrespondierende **subjektive Beweis(führungs)last** wird deshalb entbehrbar: zufolge § 1042 Abs. 4 S. 2 obliegt die Beweisführung dem Schiedsgericht, das keines besonderen Beweisantritts bedarf; es gilt insoweit der beschränkte Untersuchungsgrundsatz (§ 1042 Rn. 104–111). Er verlangt von den Parteien allerdings durchaus, die erheblichen Tatsachen einzuführen, sodass eine effektive **Behauptungslast** existiert.

2. Parteiregelungen. Unbeschadet gesetzlicher Regelungen ist es das **(souveräne) Recht der Parteien**, das Beweisverfahren durch eigene Regelung oder Verweisung auf (Schieds- oder auch Prozess-)Ordnungen frei durchzunormieren (§ 1042 Abs. 3). Hier konkurrieren mehr generalklauselartige Formeln (so wie in § 27.1 DIS-SchO: Grundgedanke „beschränkter" Untersuchung

---

[1] *Fikentscher*, Methoden des Rechts II, S. 71.
[2] Hierzu jüngstens (sehr lesenswert) *Elsing* ZVglRWiss 106 (2007), 123, 137–140 m. weit. Nachw. mit IDR 2002, 19, 21–25; vgl. auch erg. *Lachmann* Rn. 1380 ff. u. *Wirth* SchiedsVZ 2003, 9, 10 f. [III]. Zum (internationalen) Konvergieren des (schiedsmäßigen) Beweisrechts zB *Schroeder*, 2007, S. 199–201, 210–215, 223–229, 280, 309–311; *Varga*, 2006. S. 24 ff. (29 f., 33 f., 38–40, 42–44) mit S. 63 ff. (74–80); *Schäffler*, 2003, S. 121 ff., 159 ff.
[3] Vgl. *Coester/Waltjen*, Internationales Beweisrecht, 1965, Rn. 78 u. Rn. 398 ff.; *Trittmann*, Anwendungsprobleme..., 1989, S. 35 ff.; *Knof*, 1995, S. 2 f. und S. 43 f.
[4] Trotz russischer und amerikanischer Vorschläge (6th SN Nr. 9 u. 10 = Holtzmann/Neuhaus S. 1138) in Anlehnung an Art. 24 Abs. 1 SchO mochte man sich dazu nicht durchringen (CR Nr. 328 [Zitat aE] = Holtzmann/Neuhaus S. 1141/1142).
[5] *Cheng*, General Principles of Law..., 1953, S. 326 ff.: „actori incumbit onus probandi" – der Satz ist aber nur dann zutreffend, wenn er von der Parteirolle abstrahiert wird!

§ 1049 7–10 Buch 10. Abschnitt 5. Durchführung des schiedsrichterlichen Verfahrens

[§ 1042 Rn. 104–111] – § 27.2/3 DIS-SchO folgen § 1049 Abs. 1/2) mit extrem dichten Regeln (Rn. 7f.). Auch Mischformen sind vorstellbar. Allein bei Untätigbleiben der Parteien greift das **(subsidiäre) Recht des Gerichts,** das Verfahren völlig frei zu bestimmen (§ 1042 Abs. 4 S. 1), welches natürlich genauso auch der Beweisaufnahme gilt, was letztlich § 1042 Abs. 4 S. 2, 1. Var. ([freie] Zulässigkeit) bzw. *2. Var.* ([freie] Durchführung) nur bestätigt (dazu näher dort Rn. 112–114).

7 Die **„IBA Rules on the Taking of Evidence"** (RoToE)[6] der International Bar Association nehmen sich der diversen Beweismittel gründlich an (Urkunden [Art. 3]; Zeugen [Art. 4], Partei- [Art. 5] und Gerichtssachverständige [Art. 6] – jeweils mit Art. 8 Abs. 2–4 zum Verfahren; „Inspection" [Art. 7]), sie regeln die Zurückweisung von Beweismitteln (Art. 8 Abs. 1 S. 2/3 mit Art. 9 Abs. 2), mahnen zum Schutz von Geschäftsgeheimnissen (Art. 9 Abs. 3), gestatten negative Würdigung bei mangelnder Mitwirkung (Art. 9 Abs. 4/5: „..., the Arbitral Tribunal may infer that such document/evidence would be adverse to the interests of that party") und öffnen dem Gericht ein weites Beurteilungsermessen (Art. 9 Abs. 1: „shall determine"), das augenfällig wiederkehrt bei § 1042 Abs. 4 S. 2, 1. Var. („admissibility", „relevance") bzw. *3. Var.* („materiality and weight of evidence") – in wortgetreuer Orientierung an Art. 19 Abs. 2 S. 2 ModG („includes the power").

8 Hilfeleistung und Orientierung können außerdem bieten die **OAP-Notes** von UNCITRAL,[7] die ebenfalls Regelungen für spezielle Beweismittel bereitstellen: Urkundenbeweis (Nrn. 48–54: documentary evidence), Augenschein (Nrn. 55–58: physical evidence), Zeugenbeweis (Nrn. 59–68: witnesses), Gerichts- und Parteisachverständige (Nrn. 69–73: experts and expert witnesses); sie verstehen sich letztlich als Empfehlungen vor allem für internationale Gestaltungen, quasi eine Art best-practice-rule. Wer eher ans „normale" Beweisrecht Anbindung sucht, kann sich die **Principles [and Rules] of Transnational Civil Procedure** (TCP)[8] von ALI/UNIDROIT zu seiner Orientierung nehmen; sie gaben [früher] genauso Empfehlungen zum Beweisrecht (Nrn. 21–28 TCP-Rules: evidence) und gedenken nun außerdem Beweislast und Beweismaß (Nr. 21 TCP-Principles).

B. Sachverständigenbeweis (§ 1049)

I. Normzweck

9 § 1049, der wortgetreu Art. 26 ModG nachzeichnet und selbst wiederum von Art. 27 SchO inspiriert ist, gibt nun eine ausführliche Regelung der **Rechtsstellung des Sachverständigen.** Das fällt schon auf angesichts der Zurückhaltung des Gesetzgebers bei Normierung der Beweismittel (Rn. 1), erscheint aber notwendig, wenn und weil Juristen zu Schiedsrichtern ernannt werden, die zur Klärung spezieller Tatfragen oft auf Sachverständige zurückgreifen müssen.[9] Im Bereich der internationalen Schiedsgerichtsbarkeit kommt dieser Regel zusätzlich dadurch Bedeutung zu, dass im anglo-amerikanischen Recht Sachverständige im Gegensatz zu dem Verfahrensstil kontinentaler Prägung üblicherweise nicht vom Gericht bestellt werden.[10]

10 § 1049 (Abs. 2 S. 2) ermöglicht daher, jeweils einen Kompromiss zu finden, der dem Schiedsverfahren eine größtmögliche Flexibilität schafft: **Gerichts- wie Parteisachverständige** sind anzuhören, die Parteien haben insoweit die „Gestaltungsprärogative"[11] (Abs. 1 u. 2: „Haben die Parteien nichts anderes vereinbart, ..."). § 1049 setzt nunmehr – im Verhältnis zu § 1035 Abs. 1 aF (Einver-

---

[6] Rules on the Taking of Evidence in International Commercial Arbitration, 1999 (Text: *Raeschke-Kessler/Berger* Anh. 5, S. 313 ff. bzw. *Raeschke-Kessler,* VIV-Reihe XI [2000], S. 255 ff.; DIS-Reihe XIV [2001] S. 137 ff.; YCA XXIV a [1999], 410 ff.; *Schwab/Walter* Anh. C, S. 665 ff. – deutsch: SchiedsVZ 2007, 40) mit „offizieller" Kommentierung: DIS-Reihe XIV [2001] S. 147 ff.); *Weigand* (ed.), Practitioner's handbook ... (2002), S 372 ff.; außerdem die Beiträge von *Raeschke-Kessler,* in: FS Geimer, 2002, S. 855, 859 ff.; DIS-Reihe XIV [2001] S. 41 ff.; FS Böckstiegel, 2001, S. 641; VIV-Reihe XI (2000), S. 211, 231 ff.; FS Schlosser, 2005, S. 713, 728–731 [III 2]; *Th. Müller,* IBA Rules of Evidence ..., IZPR II (2003) S. 51; *Kaufmann-Kohler/Bärtsch* SchiedsVZ 2004, 13, 16–21 [IV mit III 2]; *Strong/Dries* Arb. Int. 21 (2005), 301 bzw. „Supplementary Rules Governing the Presentation and Reception of Evidence in International Commercial Arbitration, 1983 (Text: *Labes/Lörcher* Nr. 35, S. 583 ff.), dazu *Shenton* YCA X (1985), 145 u. Mello Rev. Arb. 1986, 655.

[7] Notes on Organizing Arbitral Proceedings, 1996 (Text: *Lionnet,* Handbuch der internationalen und nationalen Schiedsgerichtsbarkeit, 2005, Anh. 17, S. 841 ff.; DIS-Reihe XIV [2001] S. 113 ff.).

[8] U.L.R. 2004, 758 – dazu: *Stürner* RabelsZ 69 (2005), 201–254; *Kronke* DIS-Reihe XIV [2001] S. 77.

[9] BT-Drucks. 13/5274 S. 50 li./re. Sp. [2] (Rechtspraxis).

[10] BT-Drucks. 13/5274 S. 50 li./re. Sp. [2] (Klarstellung) mit S. 50/51 [5] (Abgrenzung); *Schlosser* RIPS Rn. 624 (allg.) u. Rn. 650 (insbes.); *Granzow,* 1988, S. 161 f.; *Schwab,* FS Nagel, 1987, S. 425, 437; *Knof,* 1995, S. 73.

[11] So sehr deutlich BT-Drucks. 13/5274 S. 50 re. Sp. [3].

nahme freiwillig erscheinender Gutachter!) – andere Akzente: Der gerichtlich bestellte Sachverständige (Art. 6 IBA-RoToE: „Tribunal-Appointed Expert") wird konkret anerkannt, der parteilich beauftragte Sachverständige (Art. 26 Abs. 2 ModG: „expert witness"; Art. 5 IBA-RoToE: „Party-Appointed Expert") bloß nebenbei erwähnt.

II. Aufgabenbereich

1. Begriff des Sachverständigen. Der Sachverständige als **Beweismittel** ist abzugrenzen von richterlicher Eigenkenntnis (Rn. 13), die seine Mitwirkung entbehrlich macht, und der Unterstützung durch Hilfspersonen (Rn. 16–18). Er vermittelt dem Gericht auf Grund seines **Sach-** oder **Fachwissens** durch „Erstattung [s]eines [schriftlichen oder mündlichen] Gutachtens" (Abs. 1 S. 1 [Abs. 2 S. 1], Rn. 14) fehlende eigene Kenntnis – er arbeitet im Tatsächlichen **(Tatsachen, Erfahrungssätze,**[12] **Schlussfolgerungen)** und darf nur ganz ausnahmsweise einmal Rechtsfragen begutachten (§ 293 ZPO analog) – es sei denn, es wäre insoweit Abweichendes geregelt. An sich obliegt aber die rechtliche Beurteilung durchgängig dem Schiedsgericht; es darf sie nicht auf einen Sachverständigen übertragen.[13]

Rechtsfindung **(Auslegung, Subsumtion, [Beweis-]Würdigung)** ist seit jeher ureigene *richterliche* Kompetenz, dh. letztlich gerichtlicher Kognition vorbehalten. Doch sollte man daraus kein Dogma machen – insbesondere im Schiedsrecht;[14] wie *Nichtjuristen* als Schiedsrichter spezielle Fachkompetenz einbringen (und insoweit den künftigen Sachverständigenbeweis erübrigen[15]), bedürfen sie als Korrelat notfalls juristischer Beratung, dh. (verständlicher) Aufbereitung von Fachwissen durch (rechtskundige) Spezialisten. Das gehört am besten in eine Beweisaufnahme (aber: § 1052 Rn. 6 mit § 1054 Rn. 21!). Beim Dreierschiedsgericht empfiehlt sich indessen von vornherein die *Mischbesetzung* (dazu erg. auch § 2.2 mit § 3 DIS-SchO).

2. Eigenkenntnis des Schiedsgerichts. Spezialwissen können sich die Schiedsrichter auch ad hoc erst beschaffen, zB durch Lektüre des Fachschrifttums oder durch Auskünfte bei Behörden, Verbänden, Fachleuten etc. Wenn und weil die Schiedsrichter unter Zugrundelegung ihrer – bereits vorhandenen oder frisch erworbenen – *eigenen* Sachkunde ein eigenes „Gutachten" anfertigen, liegt dann **keine Beweisaufnahme im Stillen** vor, sondern schiedsrichterliche Entscheidungsfindung;[16] allerdings sollte den Parteien **rechtliches Gehör** (§ 1042 Abs. 1 S. 2) eröffnet werden – schon wegen ihrer Möglichkeit, Parteisachverständige (Abs. 2 S. 2, 2. Halbs., Rn. 35–42) ergänzend heranzuziehen. Ist nur einer von mehreren Schiedsrichtern sachkundig, so kann dessen Spezialwissen verwertet werden;[17] Wissensvorsprung verschafft aber ein Übergewicht bei der Meinungsbildung, weshalb die anderen Schiedsrichter Sachkunde und Unparteilichkeit des betreffenden Schiedsrichters kritisch hinterfragen müssen. Wegen paralleler Betätigung siehe Vor § 1034 Rn. 31 aE.

3. Gutachtliche Stellungnahme. Das Schiedsgericht spezifiziert „bestimmte ... Fragen" (Abs. 1 S. 1), die dann der Sachverständige begutachtet. Die Leitung liegt demnach klar beim Schiedsgericht. Den Parteien gebührt der Vorrang aber (bzw. bloß) insoweit, als sie miteinander Gegenteiliges vereinbaren – auch eventuell nach Bestellung des Gutachters, nicht zuletzt darum, um Kosten zu vermeiden.[18] Das „bestellte" **Gutachten** kann schriftlich oder mündlich **erstattet** werden (ersteres scheint allemal ratsamer!), und es muss auf Parteiantrag oder Gerichtsnachfrage hin **erläutert** werden. Dem dient die Teilnahmepflicht des Sachverständigen (Abs. 2 S. 1), sie greift gesetzlich jedoch nur, wenn überhaupt eine mündliche Verhandlung anberaumt wird (§ 1047 Abs. 1).

Als Ausdruck des übergreifenden Gebots, stets **rechtliches Gehör** zu gewähren (§ 1042 Abs. 1 S. 2), muss auch sonst aber das Gutachtenergebnis mitgeteilt und ergänzende Stellungnahme er-

---

[12] *Rosenberg/Schwab/Gottwald* Rn. 120.1; *Pieper* ZZP 84 (1971), 1, 8 ff. – Zu den Einzelheiten vgl. § 402 Rn. 2 u. 7 mit § 404 Rn. 2–4; *Zöller/Greger* § 402 Rn. 5 ff.
[13] BGH ZZP 71 (1958), 227, 235.
[14] Ebenso *Musielak/Voit* Rn. 3 (indes Nachfrage nötig!).
[15] OLG Hamm OLGR 2001, 299 re. Sp. [Mitte] – indes auch schon ROHG 4, 422, 432! Vgl. insbes. erg. *Calavros,* 1988, S. 118 u. *Holtzmann/Neuhaus* S. 718.
[16] OLG Köln KTS 1977, 265, welches aber verkennt, dass hier dann folgerichtig ein Anspruch auf rechtliches Gehör besteht; vgl. auch *Koutsouradis* KTS 1984, 573, 577 f. Daher auch keine Extravergütung als Sachverständiger: OLG Hamm OLGR 2001, 299.
[17] OLG Hamm OLGR 2001, 299 [A II vor 1] mit S. 300 re. Sp. [Mitte]; OLG Köln KTS 1977, 265, 266 aE; BGH MDR 1961, 784 (für staatliche Kollegialgerichte).
[18] BT-Drucks. 13/5274 S. 50 re. Sp. [3] aE.

möglicht werden (vgl. § 1047 Abs. 3, 2. Halbs., 1. Var. u. erg. Art. 27 Abs. 3 S. 1 SchO; § 278 Abs. 2 S. 2 ZPO). Dies zeigt erst, welcher eigene Vortrag notwendig und ob ein zusätzlicher Parteigutachter erforderlich ist. Als **Gehilfe des Gerichts**[19] (Abs. 1 mit Abs. 2) unterliegt der Sachverständige dessen Weisungen, wenn keine abweichende Parteivereinbarung besteht und wenn er nicht bloß als Parteigutachter (Abs. 2 S. 2, 2. Halbs., Rn. 35–42) gehört wird, und kann aus denselben Gründen wie ein Richter **abgelehnt** werden (Abs. 3, Rn. 33 f.).

16 **4. Unterstützung durch Hilfspersonen. a) Hilfsgutachter.** Der vom Gericht bestellte Sachverständige kann einen oder mehrere Hilfsgutachter hinzuziehen (§§ 631 ff. mit § 278 BGB – § 407 a Abs. 2 S. 1 ZPO gilt nicht analog), ohne dass dies einer ausdrücklichen Genehmigung bedürfte.[20] Die Hilfsperson muss allerdings über Zweifel hinsichtlich ihrer Qualifikation erhaben sein. Nach außen ist dafür der Sachverständige allein verantwortlich, selbst wenn er – nobile officium – die Mitarbeit namhaft macht (§ 407 a Abs. 2 S. 2 ZPO).

17 **b) Parteien.** Das Schiedsgericht kann die Parteien (jedoch nicht Dritte!) zur Unterstützung des Sachverständigen „auffordern", sachdienliche Informationen beizusteuern (Abs. 1 S. 2). Dies ist im weitesten Sinne (arg. „jede" bzw. „alle") zu verstehen – damit ist quasi eine prozessuale Mitwirkungspflicht aufgebürdet (vgl. noch erg. Rn. 70–72 mit § 1048 Rn. 35). Die gewünschte Information muss sachdienlich bzw. erfahrensbezogen sein – bei Zweifeln entscheidet das Gericht[21] –, sie kann Wissen, Urkunden („Schriftstücke") oder Sachen betreffen. Der Sachverständige muss die Vertraulichkeit wahren. Er hat aber keinen direkten Zugang zu den Parteien, er mag erbitten, aber nicht fordern, sondern muss dann das Schiedsgericht einschalten.[22] Dessen „Aufforderung" ist zwar prozessual nicht erzwingbar,[23] gestattet insoweit aber negative Würdigung (§ 1042 Abs. 4 S. 2, 3. Var. – jedenfalls Schriftstücke betreffend, § 1048 Abs. 3, 2. Var. [Rn. 30 ff.: „Vorlagesäumnis"]).

18 **c) Staatsgericht.** Schließlich unterstützt das Staatsgericht die Beweisaufnahme durch Sachverständige im Rahmen des § 1050. Davon zu unterscheiden ist die Bemühung staatlicher Gerichte für die gutachtliche Beweiserhebung, vor allem zur Beeidigung des Sachverständigen, die das Schiedsgericht bei Bedeutsamkeit zwar beschließen kann (arg. §§ 402, 391), jedoch nicht selbst vornehmen darf (arg. § 1035 Abs. 2, 2. Var. aF).

III. Rechtsstellung

19 **1. Einführung.** Der ganze Beweis durch Sachverständige steht unter dem **Vorbehalt abweichender Parteivereinbarung,** nicht etwa nur jeweils S. 1, arg. Art. 26 ModG („unless otherwise agreed"), wo beide Absätze nur einen Satz haben – die Regelung ist *pauschal* nicht zwingend iSv. § 1042 Abs. 3. Auf ein Zeitlimit ist bewusst verzichtet worden, jene Vereinbarung darf ohne weiteres[24] noch nach erfolgter Schiedsrichterbenennung getroffen werden; fühlen sich die Richter überfordert, werden sie den Parteien dies anzeigen, die darauf reagieren können (Gestattungsabrede, Parteisachverständige), ansonsten bleibt Rücktritt wegen faktischer (nachträglicher) Unmöglichkeit gemäß § 1038 Abs. 1 S. 1 und dann Ersatzbestellung nach § 1039 Abs. 1.

20 § 1049 will ohnedies bloß **allgemeine Grundsätze** oder Leitlinien (ModG: „statements of principle ...")[25] vorgeben, die dann uU noch der Ausfüllung im Einzelfall nach freiem Ermessen bedürfen können (§ 1042 Abs. 4, insbes. S. 2, 2. Var.). Die Norm beschränkt sich weitgehend auf den **gerichtlich bestellten Sachverständigen,** wie es der Titel bereits ausdrückt, sie erwähnt den Parteisachverständigen immerhin aber nebenbei mit (Abs. 2 S. 2, 2. Halbs., Rn. 35–42). Die Bestellung ist **originär schiedsrichterliche Befugnis,** ohne dass eine besondere (Partei-)Ermächtigung not-

---

[19] BGHZ 23, 207, 213; 42, 313, 316 u. 317 [2 b] (obiter).
[20] SG HfA *Straatmann/Ulmer* B 3 Nr. 5.
[21] In Anlehnung an Art. 27 Abs. 2 S. 2 SchO u. Art. 22 Abs. 2 lit. b S. 2 1st Draft; vgl. *Hußlein-Stich,* 1990, S. 133 m. weit. Nachw.
[22] Im Gegensatz zu Art. 27 Abs. 2 S. 1 SchO u. Art. 22 Abs. 2 lit. b S. 1 1st Draft; vgl. 5th WGR Nr. 88 = *Holtzmann/Neuhaus* S. 728 zu Art. 26 Abs. 2 4th Draft.
[23] § 1050 iVm. § 409 hilft nur gegen den Sachverständigen selbst!
[24] Ein Gegenvorschlag („before the appointement of the first arbitrator" [Art. 26 Abs. 1 4th Draft]) ist wieder getilgt worden, 4th WGR Nr. 84 einerseits (mit 6th SN Art. 26 Nr. 2), 5th WGR Nr. 87 andererseits = *Holtzmann/Neuhaus* S. 726/727 (mit S. 728/729) bzw. S. 727/728; ferner CR Nr. 218 f. = *Holtzmann/Neuhaus* S. 731 f.; dazu näher noch zB *Hußlein-Stich,* 1990, S. 132 f. (zust.); *Holtzmann,* ICCA-Bericht, 1984, Report V, S. 125, 152 f. (krit.).
[25] 2nd WGR Nr. 117 = *Holtzmann/Neuhaus* S. 725: „... and that the procedural elements [in the draft] should be deleted".

wendig wäre – die Parteien können freilich anders votieren und eigene, abweichende Regeln vereinbaren.[26] Ansonsten bleibt es allein bei den Parteirechten aus Abs. 2 (Rn. 25).

2. Bestellung (Abs. 1 S. 1). a) Auswahl. Sie erfolgt durchs Gericht. Es hat dabei ganz freie Hand, doch scheidet eine Bestellung gegen den klaren *gemeinsamen* Willen der Parteien aus, weil sonst ihre umfassende Gestaltungsfreiheit leerlaufen würde (ähnlich der Gedanke des § 404 Abs. 4). Das Schiedsgericht muss aber stets sicherstellen, dass die ausgewählte/angediente Person auch die verlangte Sachkunde mitbringt.[27] Der sicherste Weg erscheint, einen öffentlich bestellten Sachverständigen aus den bei den Industrie- und Handels- bzw. Handwerkskammern geführten Listen auszusuchen. Neben **Einzelpersonen** aller Berufszweige kommen auch Institute (Meinungsbefragung) sowie Behörden (amtliche Auskünfte) in Betracht;[28] selbstverständlich muss dann indes jemand persönlich für das Gutachten verantwortlich zeichnen und die prozessualen Pflichten (Abs. 2 S. 1 mit S. 2, 1. Halbs. [Rn. 24–26]) ableisten. Das Gericht darf ausdrücklich auch **mehrere Sachverständige** bestellen. Eine zweckdienliche Orientierungshilfe gibt insoweit auch § 404, ohne dass er indes einengen würde (§ 1049 Abs. 1 [„kann"] mit § 1042 Abs. 4). 21

b) Vertragsabschluss. Ein Vertrag privatrechtlichen Inhalts kam gemäß **altem Recht** zwischen Sachverständigem und (*allen*[29] – nicht etwa nur allein den beweispflichtigen!) Schiedsparteien durch schiedsgerichtliche Vermittlung zustande[30] (dazu näher noch 2. Aufl. Rn. 11). Unter **neuem Recht** scheint sie allemal überholt.[31] Nun bestellt – *prozessual* – explizit das Schiedsgericht den Sachverständigen, der sich gerade dadurch vom reinen Parteigutachter abhebt (und allerdings nur *einer* Partei dient!); dem entspricht *materiell* der Vertragsschluss mit dem „Auftraggeber":[32] der Gutachter steht neutraler; die Weisungsbefugnis ist klargestellt. Allerdings sehen sich die Schiedsrichter dann konsequenterweise auch Honorarpflichten ausgesetzt. Um kein böses Erwachen zu erleiden, sollten sie demnach stets deckenden Vorschuss einfordern oder per Vertrag die Haftung sogleich auf die Parteien überwälzen. Natürlich liegt weiterhin nur eine privatrechtliche Rechtsbeziehung iSd. §§ 631 ff. vor; im Unterschied zu § 407 Abs. 1 besteht keine Pflicht zur Übernahme von Gutachten für Schiedsgerichte. 22

c) Auftrag. Der **Auftrag** des Sachverständigen ist Beantwortung der Gutachtensfrage (Rn. 11 f. mit Rn. 14), welche das Gericht ihm stellt, sei es mündlich, sei es schriftlich (Abs. 2 S. 1). Das Gericht hat „bestimmte ... Fragen" (ModG: „specific issues") zu formulieren, möglichst konkret natürlich, bzw. „festzulegen" (ModG: „determined by the arbitral tribunal"). Zusätzlich *muss* es die Ausgangstatsachen (§ 404 Abs. 3 analog) und *kann* zudem auch die Ermittlungsbefugnis (§ 404a Abs. 4 analog) präzisieren, auch später noch. Der gerichtliche Sachverständige unterliegt andauernd **schiedsrichterlichem Weisungsrecht** (arg. § 404a Abs. 1 mit Abs. 5 S. 1 [*An*weisung] bzw. Abs. 2 mit Abs. 5 S. 2 [*Ein*weisung]), uU ist er zur aufklärenden Nachfrage verpflichtet (arg. § 407a Abs. 3), die weitere Präzisierung erlaubt. Dies ist sehr wichtig, da dem Gericht ja die Sachkunde gerade ermangelt, was womöglich zugleich die Fähigkeit tangiert, sofort so zu fragen, dass es ein Kundiger auch versteht. Die richtige Formulierung der zu begutachtenden Punkte ist das A und O des Sachverständigenbeweises. 23

3. Rechte und Pflichten. a) Prozessual. § 1049 regelt naturgemäß allein die prozessualen Implikationen des Sachverständigenamtes („Prozessvorgabe"); die eigentliche Gestaltung von Rechten und Pflichten ist letztendlich das Ergebnis paralleler materieller Vereinbarung („Vertragsregel": prozessual „konturierte" Gestaltung – dazu schon oben Rn. 5 sowie dann unten Rn. 29–32). Das Gesetz stellt die Pflicht zur **Gutachtenserstattung** (Rn. 14 mit Rn. 23) in den Mittelpunkt prozessualer Betrachtung, es setzt diese in Abs. 1 S. 1 voraus und macht sie durch Abs. 2 S. 1 („*nach* Erstattung") gewissermaßen zur Hauptpflicht. 24

Dazu treten dann besondere (Begleit-)Pflichten, aber nur wenn mündlich verhandelt wird (§ 1047 Abs. 1, 2), und zwar zur **Teilnahme** (Abs. 2 S. 1) und auch zum **Antworten** (Abs. 2 S. 2, 25

---

[26] OLG Hamm OLGR 2001, 299 li./re. Sp.; 7th SN Art. 26 Nr. 1 einerseits („implied power"), Nr. 2 andererseits („non-mandatory") = *Holtzmann/Neuhaus* S. 729 mit 1st WGR Nr. 63 u. 2nd WGR Nr. 103, 105 = *Holtzmann/Neuhaus* S. 722/723 u. S. 725.

[27] Vgl. OLG München HRR 1940 Nr. 627.

[28] Zu weitgehend wohl *Schütze/Tscherning/Wais* Rn. 456, wonach die Gutachter namentlich zu benennen sind; aber ähnlich auch *Zöller/Greger* § 402 Rn. 6.

[29] RGZ 74, 321, 324: § 427 BGB!

[30] OLG Braunschweig OLGRspr. 21 (1910), 122, 123, best. RGZ 74, 321, 323 f.; BGHZ 42, 313, 315 [1] = NJW 1965, 298 = KTS 1965, 31; *Schwab/Walter*, 5. Aufl., Rn. 15.15.

[31] AA *Musielak/Voit* Rn. 2 (mit Rn. 8); *Lörcher*, FS Böckstiegel, 2001, S. 485, 486; *Schlosser* RIW 2005, 81, 83 [II 1 a]; *Lachmann* Rn. 1159–1167.

[32] Am Ende so auch *Schlosser* SchiedsVZ 2004, 21, 26 [III 2].

§ 1049 26–30 Buch 10. Abschnitt 5. Durchführung des schiedsrichterlichen Verfahrens

1. Halbs.) auf unmittelbare (!) Parteifragen hin als Form der Gewähr rechtlichen Gehörs;[33] dabei kann sich der Sachverständige einer Konfrontation mit beigebrachten Parteigutachten (Abs. 2 S. 2, 2. Halbs.) unterziehen müssen, welche regelmäßig im Kreuzverhör endet (sog. „battle of experts"). Jedoch trägt hier das Schiedsgericht – über Abs. 1 S. 2 (Unterstützung, Rn. 17) hinausführend – auch Fürsorgelasten. Dem Fragerecht der Partei (Abs. 2 S. 2, 1. Halbs.) korrespondieren ihre Antragsbefugnis (Abs. 2 S. 1, 1. Var.) einerseits und andererseits ihr Recht auf eigenständige Unterstützung (Abs. 2 S. 2, 2. Halbs.); die Anordnungsmacht des Schiedsgerichts (Abs. 2 S. 1, 2. Var.) hingegen ist Ausdruck der Stellung des Sachverständigen als „Richtergehilfe" (Rn. 15). Die Erforderlichkeitsbeurteilung eröffnet unüberprüfbares Ermessen – das Gericht muss sich am Ende selbst sachkundig fühlen.

26 Eigene, ebenfalls mittelbare Erwähnung findet die Pflicht zur **Neutralitätswahrung** (Abs. 3, Rn. 33 f.) und Offenlegung von Verdächtigem (§ 1036 Abs. 1); sie ist die einzige eigenständig sanktionierte (§ 1036 Abs. 2 mit § 1037 Abs. 1/2) Pflicht: Gewährleistung von **Unabhängigkeit** und **Unparteilichkeit** des *richterlich* bestellten Sachverständigen, der als Hilfsperson wie ein Richter für Neutralität geradestehen muss. Es besteht keine Pflicht zur Eidesleistung vor dem Schiedsgericht (arg. § 1035 Abs. 2, 2. Var. aF – aber: §§ 402, 391, 410 iVm. § 1050!, vgl. Rn. 64 aE).

27 Ansonsten fehlt jegliche wirksame *prozessuale* **Sanktion,** und mithin bleibt nur, materielles Recht einzusetzen. Die prozessuale Vorgabe kehrt nämlich im Gewande materieller Pflicht wieder, die Erfüllungsansprüche auslöst oder allemal schadensersatzbewehrt ist (Rn. 31 f.). Das Schiedsgericht selbst kann keinen Erstattungs-, Erscheinens- oder Aussagezwang ausüben. Der Begriff des „Bestellens" iSd. § 1049 Abs. 1 S. 1 kann nur richtig als eine Auswahlbefugnis verstanden werden, nicht aber als Unterwerfung unter Zwangsgewalt. Alles andere würde dem privaten Charakter der Schiedsgerichtsbarkeit widersprechen, die auch sonst Zurückhaltung bei Zwangsmitteln anrät. Rein prozessual betrachtet kann ein schiedsgerichtlich bestellter Sachverständiger mithin weiterhin bloß dann vernommen werden, wenn er auch freiwillig erscheint und mitspielt,[34] mag man auch nun die bisherige ausdrückliche Festlegung (§ 1035 Abs. 1, 2. Var. aF) vermissen. Notfalls müsste geklagt werden, vor ordentlichen Gerichten und streng genommen von den Schiedsrichtern als den Vertragspartnern (Rn. 22).

28 Das Ende vom Lied ist eine Blockade des Verfahrens. Dazu tritt noch die Last einer ganz selbständigen – eigenverantworteten – Prozessführung, die gewiss den sonst üblichen Pflichtenkreis der Schiedsrichter (Vor § 1034 Rn. 15–27) sprengt. Als passende *materielle* Sanktion bleibt die Abberufung bzw. Auswechselung des Gutachters, die materiell schnell und einfach umgesetzt ist (§§ 323, 636 BGB – doch es gilt, Vorsicht walten zu lassen: § 649 BGB!); die resultierenden Ersatzansprüche können abgetreten werden, dh. die *beiden* Parteien selbst übernehmen die Prozesslast.

29 **b) Materiell. aa) Entgelt.** Die Ansprüche auf Vergütung richten sich auf Grund des zugrundeliegenden Werkvertragsverhältnisses **gegen die Schiedsrichter** (Rn. 22) und nach Vereinbarung, wobei aber ein Entgelt als mindestens stillschweigend vereinbart gilt (§ 632 Abs. 1 BGB); in Ermangelung einer betragsmäßigen Fixierung richtet sich die **Höhe** nach Taxe oder Üblichkeit (§ 632 Abs. 2 BGB). Denkbar, aber ungebräuchlich wäre, dem Schiedsgericht die genaue Festlegung zu überlassen (§ 315 BGB)[35] – eher wäre der Gutachter dazu berufen (§ 316 BGB). Das Schiedsgericht entscheidet zum einen über die Kostenquotierung im Innenverhältnis der Schiedsparteien[36] (§ 1057 Abs. 1), aber auch der Höhe nach (§ 1057 Abs. 2), es vereinbart zum anderen die Kostenhöhe im Außenverhältnis zum Gerichtsgutachter; das Erstere ist deklaratorische Feststellung, das Letztere ist konstitutive Verabredung.

30 Es empfiehlt sich allemal die frühzeitige schiedsgerichtliche **Anforderung eines Kostenvorschusses**[37] und genauso eine **Vorgabe** der Schiedsparteien: sie können das Schiedsgericht ebenso in seinen finanziellen Möglichkeiten einschränken (Höchstbetrag, Kostenrahmen für Begutachtung, Beweisaufnahme oder Schiedsverfahren etc.), wie sie das nähere Verfahren regeln (§ 1042 Abs. 3) – weil sie ja zahlen müssen. Bei einem Verstoß droht dem Schiedsgericht dann Schadensersatz,[38] ohne dass dadurch der Schiedsspruch in Frage gestellt wäre. Regelungen in diesem Zusammenhang fallen am Ende also doch in die Verantwortung der Parteien. Sie müssen die Schiedsrichter freistellen,

---

[33] BT-Drucks. 13/5274 S. 50 re. Sp. [4].
[34] So auch *Schwab,* FS Nagel, 1987, S. 427, 437.
[35] OLG Braunschweig OLGRspr. 21 (1910), 122, 124 (das konsequenterweise auf § 317 BGB Bezug genommen hätte).
[36] RGZ 74, 321, 324 m. weit. Nachw.
[37] Indes besteht keine Verpflichtung; insoweit richtig durchaus RGZ 74, 321, 324 f.
[38] Vgl. *Schlosser* RIPS Rn. 650 aE mit Rn. 493 u. RGZ 74, 321, 324 (Verursachung überflüssigen Kostenanfalls).

dazu verpflichtet ohne weiteres der Schiedsrichtervertrag. – Nach hM wäre dem Gutachter hingegen anzuraten, die **Schiedsparteien als Gesamtschuldner** auf Vergütung zu verklagen.

bb) Haftung. Der gerichtliche Sachverständige haftet zunächst einmal wie üblich für seine **31 Nichtleistung**, und zwar auf Naturalerfüllung wie Schadensersatz (Rn. 27), indessen freilich den (Schieds-)Richtern, die ihre Ansprüche den Parteien – am besten im Voraus – abtreten. Anders liegt aber das Haftungsproblem bei **Schlechtleistung**. Hier dürfte es besser sein, von vornherein die Parteien als geschützt einzubeziehen, sie also folglich sogleich ihre eigenen (pFV-)Ansprüche erheben zu lassen (§§ 634 Nr. 4, 1. Var., 280 Abs. 1 BGB iVm. § 328 Abs. 1 BGB analog[39]) – was den Sachverständigen direkt ersatzpflichtig machte, und zwar für jede kleinste Fahrlässigkeit (§§ 276 Abs. 1 S. 2, 278 BGB). Das geht zu weit! *Gerichts*sachverständige im Schiedsverfahren und vor Staatsgerichten sollten haftungsrechtlich gleichbehandelt werden: **Haftungsbeschränkung auf grobe Fahrlässigkeit und Vorsatz.** Die Praxis[40] stützt sich dabei auf einen stillschweigenden – vertraglich vereinbarten – Haftungsausschluss, *Habscheid* entnimmt sie letzthin überzeugender der jurisdiktionellen Natur der Schiedsgerichtsbarkeit.[41] Im Prinzip ist dies der lästige „Adressatenstreit" (Rn. 22) in bloß anderer Form.

Neben vertraglicher kommt **deliktische Haftung** in Betracht, bei Vorsatz aus § 826 BGB, bei **32** Fahrlässigkeit aus § 823 Abs. 2 BGB – § 839a BGB beschränkt sich teleologisch auf Haftungen von staatsgerichtlichen Sachverständigen;[42] § 823 Abs. 1 BGB dürfte wohl idR an fehlender Rechtsgutsverletzung scheitern (Vermögensschaden!).[43] Als Schutzgesetz ist hier nicht § 410 ZPO, wohl aber § 163 StGB heranziehbar,[44] der aber die Beeidigung des Sachverständigen per Staatshilfe (§ 1050) voraussetzt (im Gegensatz zu einfacher Bezugnahme iSv. § 410 Abs. 2 – arg. § 1035 Abs. 2, 2. Var. aF). Dazuhin sollte stets eine allgemeine Haftungsbegrenzung eingreifen, so wie beim Vertrag; ansonsten kehrte der Streit womöglich umformuliert als Haftungsfall – und dann vor staatlichen Gerichten – wieder.[45] Bei den unübersehbaren wirtschaftlichen Folgen, die ein Gutachten in einem Schiedsverfahren haben könnte, müsste wohl ein Sachverständiger vernünftigerweise auf den Gutachtenauftrag verzichten, wenn sogar eine ausdrücklich vereinbarte vertragliche Beschränkung keine Gnade fände, oder das hohe Schadensrisiko versichern und einpreisen.

4. Ablehnung. Abs. 3 ist angelehnt an § 406 Abs. 1 S. 1, derweil aber ohne Vorbild in ModG **33** und SchO – übrigens im Hinblick auf einen anglo-amerikanischen Parteigutachter auch überflüssig – und entsprach schon bisheriger deutscher Praxis.[46] Die Ablehnung erfolgt sachlich (§ 1036 [sinngemäß ohne Abs. 2 S. 2]: Tatbestand, dort Rn. 26ff.) und förmlich (§ 1037 Abs. 1 u. 2: Verfahren, dort Rn. 7ff.) in Anwendung der Regelung beim Schiedsrichter; man beachte die **Fristbindung** („innerhalb von zwei Wochen") und das **Formalgebot** („schriftlich ... darzulegen") im normierten gesetzlichen Normalfall (§ 1037 Abs. 2 S. 2). Wenn demgemäß § 1037 Abs. 3 explizit unanwendbar gestellt ist, bleibt nach erfolgloser Ablehnung wegen Besorgnis der Befangenheit nur der Weg des § 1059 Abs. 2 Nr. 1d (die Kausalität ist nahe liegend)[47] – dabei ist die Frist des § 1059 Abs. 2 zu beachten!

Eine sofortige Rüge beim Staatsgericht ist ausgeschlossen und allemal wohl auch unnötig, weil **34** insoweit eine verfahrensinterne *neutrale* Überprüfung durch das Schiedsgericht stattfindet. Nur wenn die Zurückweisung zum Befangenheitsgrund für die Schiedsrichter selbst wird – etwa bei ganz

---

[39] Das scheitert vor Staatsgerichten nur anlässlich des hoheitlichen Verhältnisses: BGH NJW 2003, 2825, 2826 [II 2] m. weit. Nachw.; *Eickmeier*, Die Haftung des gerichtlichen Sachverständigen ..., 1993, S. 161 ff.
[40] Im Erg. so BGHZ 42, 313, 316f. [2a] = NJW 1965, 298 = KTS 1965, 31 (jedwede Fahrlässigkeit) mit BVerfGE 49, 304, 319f. = NJW 1979, 305 (leichte Fahrlässigkeit); ähnlich dann bereits BGHZ 43, 374, 376 (offenbare Unrichtigkeit [Schiedsgutachten]); BGH NJW 1968, 787, 788 (leichte Fahrlässigkeit [Gerichtsgutachten]) – aus der Lit.: *Schwab/Walter* Rn. 15.18 – anders nun jedoch MünchKommBGB/*G. Wagner* § 839 Rn. 11 mit Schadensersatzrecht Rn. 77: „normale" Haftung.
[41] *Habscheid* KTS 1966, 1, 5.
[42] MünchKommBGB/*G. Wagner* § 839 Rn. 11 mit NJW 2002, 2049, 2063 [VI 3b]; *Soergel/Spickhoff* § 839a BGB Rn. 18 – je m. weit. Nachw.: hM; aA *Schöpflin* ZfS 2004, 241, 242f.
[43] Anders etwa im Strafverfahren: (leichte Fahrlässigkeit) gegen BGHZ 62, 54, 59ff., 61f. = NJW 1974, 312 m. abl. Anm. *Hellmer* NJW 1974, 556 = JZ 1974, 548 m. abl. Anm. *Hopt* (jedwede Fahrlässigkeit) – jeweils m. weit. Nachw. (S. 549 bzw. S. 548).
[44] BGHZ 42, 313, 317f. [2b] = NJW 1965, 298 = KTS 1965, 31; BGHZ 62, 54, 57; vgl. auch erg. BGH NJW 1984, 870 [II 2a].
[45] Dies sollte sich mit BVerfGE 49, 304, 319ff. = NJW 1979, 305 = JZ 1979, 60 m. Anm. *Starck* am Ende vereinbaren lassen. Vgl. auch erg. *Rosenberg/Schwab/Gottwald* Rn. 120.52ff.
[46] 1. Aufl. § 1035 aF Rn. 18 u. *Maier* Rn. 355; *Schütze/Tscherning/Wais* Rn. 464 – vorsichtig hier allerdings noch BGHZ 42, 313, 316 [2a] (§ 1036 aF) u. wohl auch *Schwab/Walter* Rn. 17.15.
[47] BT-Drucks. 13/5274 S. 51 li. Sp. [6], zust. *Lörcher*, FS Böckstiegel, 2001, S. 485, 486.

offensichtlicher Parteilichkeit – könnte Abweichendes gelten. Im Umkehrschluss bestätigt die Vorschrift auch die geringere Gewichtung von Parteisachverständigenaussagen gegenüber gerichtlich bestellter Sachverständiger (Rn. 37 aE). Ungeachtet der förmlichen Einbindung des *Ablehnungs*rechts mögen *Ausschluss*gründe stets geltendgemacht werden, etwa bei Beauftragung eines benannten Parteigutachters oder gesetzlichen Parteivertreters: solche Personen sind schlechtweg ungeeignet und untauglich zum Gerichtssachverständigen (arg. § 1036 Rn. 9–11).

IV. Parteisachverständige

35 **1. Grundlagen.** § 1049 Abs. 2 S. 2, 2. Halbs. erwähnt es nur en passant, dass neben den neutralen, vom Gericht bestellten Sachverständigen (Rn. 11–34), die weitere Möglichkeit besteht, „eigene Sachverständige zu den streitigen Fragen aussagen zu lassen." Diese sog. **Parteisachverständigen**, die sonst deutschem Recht als Form des Sachverständigenbeweises ganz fremd sind, entstammen den Vorbildern anglo-amerikanischen Rechts[48] (ModG: „expert witness"). § 1049 erscheint so gleichsam als Kompromiss, der aber deutlich zugunsten *neutraler* (Gerichts-)Gutachter ausfällt, ohne Parteigutachter aber auszuschließen.

36 Der Parteisachverständige ist **eigene Beweisform** des Sachverständigenbeweises, die bislang nicht bekannt war, jedoch sicher praktiziert werden konnte, zumal ja jeder einschränkende Beweismittelkanon fehlt (Rn. 44). Der Parteigutachter ist **weder sachverständiger Zeuge** (§ 414),[49] der zufällig vergangene Vorgänge kompetent wahrnimmt, **noch lediglich bloß Parteivortrag** im Rahmen rechtlichen Gehörs, wenn auch urkundlich belegter,[50] oder gar nur eine Art „sonstiger Beitrag".[51] Die Streitfrage, ob und wie eine Verwertung nach Widerspruch denn einseitig statthaft wäre (§ 402 Rn. 9), bleibt dem Schiedsverfahren erspart.

37 **2. Betätigung.** Es ist der „**eigene Sachverständige**" gemeint, den eine Partei stellt, beauftragt und zahlt[52] – ein Kostenvorschuss erübrigt sich, das Schiedsgericht entscheidet dann bloß am Ende über die Erstattungsfähigkeit (§ 1057 Abs. 1 S. 1, 2. Halbs.), die sicher nicht global dem Unterliegensprinzip (§ 1057 Abs. 1 S. 2 aE) folgen kann (im Unterschied zu Gerichtsgutachten!), sondern wertender Prüfung (Zweckbestimmung; Notwendigkeit) unterliegt. Der Parteisachverständige ist also ein ganz persönlicher (Be-)Gutachter (im Unterschied zu Rn. 11f. mit Rn. 14f. u. 23). Mithin kann er natürlich auch nicht wegen Befangenheitsbesorgnis abgelehnt werden (das bestätigt letztlich nur Abs. 3 e contrario). Aufgrund der Nähe des Parteisachverständigen zu seinem Auftraggeber kann seiner Aussage aber dann am Ende kaum dasselbe Gewicht zukommen wie den Ausführungen eines gerichtlich bestellten, „neutralen" Sachverständigen, der allen beiden Lagern gleich fremd ist.[53]

38 Umgekehrt zwingt er die Gegenpartei oft zum Gegenhalten, sodass es zur Einschaltung weiterer, eigener Experten und letztlich zur misslichen (und nicht zuletzt kostenträchtigen) „battle-of-experts" kommt. Was zählt, ist die Überzeugung des Schiedsgerichts zu begründen. Näher liegt dann vielleicht doch, sich lieber im Voraus auf einen neutralen Dritten als Gerichtsgutachter zu verständigen, mit dem beide Seiten leben können. Anderenfalls bleibt womöglich allein, quasi eine Art internes Clearing der befassten Experten untereinander vorzuschalten (Art. 5 Abs. 3 IBA-RoToE), damit sich das Gericht Zeit für gezielte Erörterungen der Streitpunkte freihält. Andererseits lassen sich so vorgerichtliche Gutachten unkompliziert einführen. Die Möglichkeit, durch Befragung über das Beweisergebnis zu verhandeln und sich somit vor Überraschungen zu schützen, besteht aber beide Male (Abs. 2 S. 2, 1. Halbs.).

39 Streng nach dem Gesetzeswortlaut wäre der Parteisachverständige ein Beweismittel zwar für alle „**streitigen Fragen**", allerdings letzthin doch wiederum beschränkt, sowohl im Anknüpfungstatbestand („Bei der [mündlichen] Verhandlung ...") wie im Verwertungsverfahren („... aussagen lassen"). Der Wortlaut bedarf hier gleich mehrfach gezielter teleologischer Korrektur. Ein Parteisachverständiger ist einerseits allein für **gutachtensfähige Problemfälle** beweisgeeignet (Rn. 11f.), und auch nur insofern als er die hierfür benötigte Sachkompetenz mitbringt. Das beurteilt im Vorhinein das Schiedsgericht (§ 1042 Abs. 4 S. 2, 1. Var.). Etwas anderes ist freilich, ob eine Partei sich sonstiger – nichtanwaltlicher (§ 1042 Abs. 2) – Vertreter zur gezielten Unterstützung bedienen

---

[48] Vgl. *Schlosser* RIPS Rn. 650 u. *Calavros*, 1988, S. 118.
[49] Irreführend die Übersetzung von Art. 26 Abs. 2 S. 2 aE ModG, zutr. *Schlosser* RIPS Rn. 650, S. 485 Fn. 2.
[50] BGHZ 98, 32, 40 = NJW 1986, 3077.
[51] BGHZ 118, 151, 164.
[52] Die Vorzüge beschwört *Lionnet*, FS Glossner, 1994, S. 209, 218–220 – insbes. (S. 219): Verfahrensbeschleunigung(?).
[53] BT-Drucks. 13/5274 S. 50 re. Sp. [4] aE mit S. 50/51 [5].

kann. Ein Parteisachverständiger kann andererseits genauso gut außerhalb mündlicher Verhandlungen eingesetzt werden, dort selbstredend auch, ohne dass erst ein gerichtlicher Sachverständiger eingeschaltet wurde.[54]

Jene „streitigen Fragen", zu denen er Stellung nimmt, sind zudem nicht bloß solche, die vorher vom Schiedsgericht zum Gutachtensbeweis eigens zugelassen wurden; das Gericht entscheidet (nachher) nur, ob denn **tatsächlich auch beweisbedürftige Streitigkeiten** vorliegen (§ 1042 Abs. 4 S. 2, 1. Var.). Sinn von Abs. 2 S. 2, 2. Halbs. ist es schlussendlich nur klarzustellen, dass in der mündlichen Verhandlung – so sie denn stattfindet – ein Parteisachverständiger als Beweismittel des Sachverständigenbeweises **aussagen darf und angehört wird**. Notfalls muss eine Partei mithin eine solche Verhandlung erst durch ihren Antrag erzwingen (§ 1047 Abs. 1 S. 2); sie stößt uU dabei auf äußere Grenzen auf Grund Parteivereinbarung, die entweder schriftliches Verfahren vorsehen oder einen Beweis durch Parteisachverständige ganz ausschließen kann: sowohl § 1047 Abs. 1 wie § 1049 Abs. 2[55] sind parteiautonom frei ausgestaltbar. 40

3. Abgrenzung. Auch sonst aber bleiben **Parteigutachten** möglich[56] (arg. § 1047 Abs. 1 S. 1, 2. Var.: „andere[n] Unterlagen"); § 1045 Abs. 2 (Übersetzung) und § 1047 Abs. 3, 1. Halbs.[57] (Kenntnisgabe) gelten dann wohl analog, ein Rückgriff auf § 1047 Abs. 3 (Vorlagesäumnis) sollte hingegen ausscheiden: er meint nur einen „klassischen" Urkundsbeweis. Eine Teilnahme- und Antwortpflicht entsprechend Abs. 2 S. 1 bzw. S. 2, 1. Halbs. besteht nicht: das Parteigutachten muss lediglich schriftlich vorliegen (Orientierung zum Grundinhalt: Art. 5 Abs. 2 IBA-RoToE [Expert-Report]) – es ist bloß quasi sachverständig „unterstützter" Parteivortrag. 41

Die Gegenpartei mag aber ihrerseits eine mündliche Verhandlung beantragen und damit den Beweisführer zwingen, den Gutachtenden als Beweismittel zu präsentieren – alsdann sollte nurmehr zählen, was tatsächlich mündlich ausgesagt wurde (abweichende Vereinbarung selbstredend vorbehalten); für Teilnahme und Aussage zu sorgen, ist also quasi **Last des Beweisführers auf Anforderung des Beweisgegners** (ähnlich: Art. 5 Abs. 4 [Expert „shall appear"] mit Abs. 5 [Tribunal „shall disregard"] IBA-RoToE). Entscheidend bleibt, dass ansonsten das Schiedsgericht die volle „Beweishoheit" besitzt und bewahrt (arg. ex § 1042 Abs. 4 S. 2). 42

C. Weitere Beweismittel

§§ 1025 ff., 1049 regeln – im Anschluss an Art. 26 ModG – nur allein den **Sachverständigenbeweis** (Rn. 9–42); explizite Normen über andere Beweismittel fehlen, mit Ausnahme von einzelnen verstreuten Hinweisen zum Urkundsbeweis (§ 1045 Abs. 2 [Rn. 14]; § 1047 Abs. 3, 2. Halbs. [Rn. 18] – § 1048 Abs. 3, 2. Var. [Rn. 32]; § 1049 Abs. 1 S. 2, 2. Var. [Rn. 17] – dazu schon oben Rn. 2). Es stehen grundsätzlich jedoch alle Beweismittel, die in § 273 Abs. 2 und §§ 371 ff. geregelt sind, zur Verfügung,[58] arg. § 1043 Abs. 2 („ortsfreie" Erhebung). Das sind der Augenschein (4. Var.: „Besichtigung von Sachen" bzw. 6. Titel: §§ 371–372 mit § 144, Rn. 46–48), Zeugenbeweis (Var. 2 a bzw. 7. Titel: §§ 373–401, Rn. 49–64), Urkundenbeweis (5. Var.: „Einsichtnahme in Schriftstücke" bzw. 9. Titel: §§ 415–444 mit §§ 142 f., Rn. 65–74) und Parteivernehmung (Var. 2 c bzw. 10. Titel: §§ 445–455, Rn. 75, 77), ferner Parteianhörung (§ 273 Abs. 2 Nr. 3 mit § 141, Rn. 76) und ebenso die amtliche Auskunft (§ 273 Abs. 2 Nr. 2, Rn. 78). 43

Das Schiedsgericht ist **weder an den Mittelkanon noch die Prozessregeln des Strengbeweises gebunden**,[59] genauso wenig an Beweisanträge etc. Die Aufzählung des § 1043 Abs. 2 ist keinesfalls also erschöpfend! Das Schiedsgericht erhebt jedweden Beweis, wenn und weil es ihn für erforderlich erachtet; es darf amtswegig ermitteln und privates Wissen verwerten[60] (aber: § 1042 Abs. 1 S. 2!). Wenn ein Beweismittel nach seinem Ermessen geeignet erscheint, Feststellungen zu 44

---

[54] *Holtzmann/Neuhaus* S. 720/721 mit 1st WGR Nr. 63 aE = *Holtzmann/Neuhaus* S. 723 iVm. Art. 15 Abs. 2 [S. 1] SchO.
[55] Wortlaut! – aber erg. auch § 1042 Abs. 3 ZPO bzw. Art. 26 Abs. 2 ModG – sehr restriktiv hier allerdings *Holtzmann*, ICCA-Bericht, 1984, Report V, S. 125, 154.
[56] So auch *Granzow*, 1988, S. 162 aE; *Calavros*, 1988, S. 118; *Lionnet/Lionnet* S. 365.
[57] Der 2. Halbs. („Gutachten") erfasst nicht bloß die Gerichtsgutachten (arg. „beiden Parteien"), der 1. Halbs. („Schriftstücke") steht teilweise in Widerspruch dazu und auch zu Abs. 1 S. 1, 2. Halbs.
[58] *Wieczorek/Schütze* § 1035 aF Rn. 5.
[59] OLG München, Beschl. v. 22. 1. 2007 – 34 Sch 18/06 [II 4 b (1)]; *Fischer-Zernin/Junker* J. Int. Arb. 4:2 (1987), 9, 12; *Schlosser* RIPS Rn. 648; *Baumbach/Lauterbach/Hartmann* § 1042 Rn. 10 („Ermittlungen"); *Musielak/Voit* § 1042 Rn. 22.
[60] BGH NJW 1964, 593, 595.

§ 1049 45–48   Buch 10. Abschnitt 5. Durchführung des schiedsrichterlichen Verfahrens

ermöglichen, kann es auch herangezogen werden[61] (arg. § 1042 Abs. 4 S. 2, 1. Var. [Zulässigkeit] bzw. 2. Var. [Durchführung]) – vorbehaltlich parteiautonomer Ausgestaltung, sodass etwa ein reines Urkundenschiedsverfahren[62] allemal statthaft schiene. Die Anwendung von (direkten oder echten) **Zwangsmitteln** steht dem Schiedsgericht aber nie zu (arg. § 1050); davon zu unterscheiden ist die negative Würdigung als Konsequenz einer Prozesslast (vgl. § 1048 Abs. 3, 2. Var.) und die materielle Unterwerfung unter eine extra Strafsanktion (§§ 339 ff. BGB) – allerdings jeweils nur für das interne Parteiverhältnis.

45   Problematisch sind **Mitwirkungspflichten** von Parteien und Dritten sowie **Zwangsbefugnisse** dafür, dh. die Aushilfe staatlicher Gerichte. § 1050 S. 1, 1. Var. („Unterstützung bei der Beweisaufnahme") trifft nicht auch die vorterminlichen Vorbereitungen (§ 273 Abs. 2 iVm. §§ 140 ff.) mit den neuen, zT recht weitgehenden Verpflichtungen; sie rechnen hierher nur bei „echter" Gerichtsanordnung zur Beweiserhebung (§ 371 Abs. 2 S. 1, 2. Var. [Rn. 48]; § 428, 2. Var. iVm. § 429 S. 2 [Rn. 74] – keine Beschränkung durch § 273 Abs. 3!). Ansonsten bleibt nur § 1050 S. 1, 2. Var. („Vornahme sonstiger richterlicher Handlungen" – § 1050 Rn. 6), zumal sich dann die diffizilen Abgrenzungsfragen erledigen. Das „Amtshilfegesuch" des Schiedsgerichts (§ 1050 Rn. 16–18) ersetzt insoweit demnach den Ermessensakt des Staatsgerichts, nicht aber die Überprüfung materieller Erfordernisse im Verhältnis zu *Dritten* (§§ 142 Abs. 3, 144 Abs. 2): Zumutbarkeit[63] und Recht zur Verweigerung muss das Staatsgericht selbständig kontrollieren („Quasi-Inzidentklage").

I. Augenschein

46   **1. Beweiserhebung.** Augenschein ist jede **unmittelbare sinnliche Wahrnehmung** äußerer Umstände oder Vorgänge (§ 371 Rn. 2) – durch welchen der Sinne auch immer! Darunter fällt mithin nicht allein die **„Besichtigung von Sachen"** (§ 1043 Abs. 2, 4. Var.). §§ 371–372 gelten regelmäßig analog. Der Augenschein wird häufig in Form einer **Ortsbesichtigung** eingenommen. Der unmittelbare Eindruck zählt insoweit. Der Augenschein sollte daher nach Möglichkeit durch das gesamte Schiedsgericht wahrgenommen werden; es kann allerdings, zB aus Kostengründen oder bei Sachkundigkeit, auch ein „beauftragter" Schiedsrichter stellvertretend für das gesamte Schiedsgericht handeln[64] (allgemein: § 1042 Rn. 103) oder von vornherein nur ein Sachverständiger als eine Art „Beweismittler" dienen (Art. 7 IBA-RoToE, Rn. 80).

47   **2. Mitwirkungslast.** Direkter Zwang scheidet aus – gegenüber den Parteien und erst recht gegenüber Dritten.[65] Weigert sich eine Partei etwa, das Betreten eines Grundstücks zu gestatten, so fehlt hier dem Schiedsgericht die *prozessuale* Zwangsgewalt; soweit indes eine *materiell*rechtliche Vorlage- oder Duldungspflicht besteht (zB §§ 809, 985; §§ 1018, 1090 BGB) ist diese durch Klage des berechtigten Beweispflichtigen (vor dem ordentlichen Gericht!) durchsetzbar.[66] Solange mag dann das Schiedsverfahren ausgesetzt (§ 148 analog) und/oder Beibringung verordnet (§ 371 Abs. 2 S. 1, 1. Var. analog) werden. Zumeist genügt jedoch bereits die Androhung negativer Würdigung: wenn eine Partei sich ohne einen plausiblen Grund verweigert, kann man daraus negative (Rück-)Schlüsse ziehen (arg. § 371 Abs. 3)!

48   **3. Staatliche Aushilfe.** IdR wohl effektiver ist aber die Einschaltung des Staatsgerichts (§ 1050 – hier Rn. 45, dort Rn. 6) zur Anordnung einer Vorlegung bzw. Besichtigungsduldung (§ 371 Abs. 2 S. 1, 2. Var. iVm. § 144 – mit Ausnahme von Wohnraum, arg. Art. 13 GG). Sie ist *Dritten* gegenüber mittels Zwangsmittel sanktioniert (§ 144 Abs. 2 S. 2 iVm. § 390), wenn und weil die Anordnung zumutbar erscheint und nicht ein eigenes Zeugnisverweigerungsrecht besteht (§ 144 Abs. 2 S. 1 iVm. §§ 383–385), nicht hingegen gegenüber *Parteien* – hier hilft aber schon die Möglichkeit negativer Würdigung (Rn. 47 aE). Ein Fall des § 372a kann im Schiedsverfahren praktisch nicht vorkommen (§ 1030 Abs. 1 S. 2!).

---

[61] *Schütze/Tscherning/Wais* Rn. 434.
[62] *Holland/Hantke*, FS Bülow, 1981, S. 75 ff.; *Schütze*, FS Trinkner, 1995, S. 399 ff., ferner: Schiedsgericht und Schiedsverfahren Rn. 230, *Schütze/Tscherning/Wais* Rn. 52 u. *Wieczorek/Schütze* § 1035 aF Rn. 7; *Mt. Wolf* DB 1999, 1101, 1106 – aA *Musielak/Voit* § 1042 Rn. 22 u. 29. Zur Nachbildung der §§ 592 ff. fehlt aber der Vorbehalts-Schiedsspruch (§ 1056 Rn. 10).
[63] Hierzu vgl. jüngst BGHZ 169, 30, 38 [37], 39/40 [41], [40–42 f.] mit BGHZ 150, 377, 386/386 [II 3 d bb]: gewisser Wahrscheinlichkeitsgrad verlangt.
[64] 1. Aufl. § 1035 aF Rn. 22; *Wieczorek/Schütze* § 1035 aF Rn. 6.
[65] 1. Aufl. § 1035 aF Rn. 22; *Schlosser* RIPS Rn. 651; *Wieczorek/Schütze* § 1035 aF Rn. 5.
[66] *Schütze* SV Rn. 182 [2. Abs.] mit *Schütze/Tscherning/Wais* Rn. 437.

II. Zeugenbeweis

1. Grundlagen. Gegenstand des Zeugenbeweises (§ 1043 Abs. 2 Var. 2a) ist die persönliche sinnliche Wahrnehmung von Tatsachen (**„Tatsachenbericht"**), ohne jedwede schlussfolgernde Wertung. Die normalerweise diffizile Grenzziehung (§ 373 Rn. 4) erscheint hier belanglos, da das Schiedsverfahren keine strenge Enumeration mit einem abweichenden Prozedere kennt. **Zeugnisfähig** ist jeder Mensch, der sich durch Sprache, Schrift, Zeichen oder sonstwie äußern kann (vgl. auch erg. § 373 Rn. 6) – mit Ausnahme der Parteien[67] und ihrer gesetzlichen Vertreter.[68] 49

Die Regeln zur **Zeugnisverweigerung** (§§ 383 ff.) gelten nicht *direkt*.[69] Teilweise wird vertreten, ein Zeuge müsse gar nicht einmal darauf hingewiesen werden, dass ihm vor einem staatlichen Gericht ein Zeugnisverweigerungsrecht zustehen würde – die Wahrheitsfindung sei letztlich stets wichtiger.[70] Diese Ansicht erscheint zu undifferenziert, da Zeugen der Unterschied von staatlichem Gerichtsverfahren und Schiedsverfahren möglicherweise nicht geläufig ist oder eine Aussage nur unter dem Druck hilfsweise gerichtlicher Vernehmung (§ 1050) zustandekommt – dort gelten aber §§ 373 ff.! 50

Mithin sollten – verweigerungsberechtigte – Zeugen am besten darüber belehrt werden, dass ihre Aussagen freiwillig sind.[71] Das gebietet die Fairness. Jene Gründe sind ferner von gleichsam *indirekter* Bedeutung, als hier keinerlei negative Würdigung erfolgen kann (Rn. 52) – losgelöst von fehlender Zeugnispflicht (Rn. 52). Bedarf ein Zeuge als Richter, Beamter oder sonstiger Angehöriger des öffentlichen Dienstes der **Aussagegenehmigung** (§ 376 Abs. 1/2), so kann er gebeten werden, sich darum zu bemühen, ebenso erscheint § 376 Abs. 3 analog anwendbar.[72] 51

2. Fehlende Zeugnispflicht. Dem parteiautonom konstituierten Schiedsgericht fehlt Zwangsbefugnis (Rn. 44) – darum müssen Zeugen weder erscheinen (§ 380) noch aussagen (§ 390 [1. Var.]) oder gar etwa beeiden (§ 390 [2. Var.]). Ein Schiedsgericht ist auch gesetzlich dazu nicht befugt, von sich aus bestärkend Eide abzunehmen (so noch bisher explizit § 1035 Abs. 2 aF – aber: § 1050, dort Rn. 6, hier Rn. 64), und ebenso bleibt die falsche uneidliche Aussage nach § 153 StGB straflos, da Schiedsgerichte keine zuständigen (staatlichen oder beliehenen) Stellen/Gerichte sind[73] (aber beachte doch immerhin: §§ 263, 27 StGB; §§ 823 Abs. 2 u. 826 BGB). 52

Eine solche (Zeugnis-)Pflicht ist aber **durch Vertrag freiwillig begründbar**.[74] Nur: dieser Weg ist extrem umständlich und langwierig, er verlangt eine separate Klage und verleitet sogar eventuell zur Aussetzung des Schiedsverfahrens. Dazu gesellt sich – mit Blick auf § 1050 (Rn. 64) – die Frage des (Rechtsschutz-)Bedürfnisses. Und weitaus näher liegt ohnehin das **Vertrauen in die Parteiinitiative** – mit sorgfältigster Bewertung bei der abschließenden (Beweis-)Würdigung. Insoweit muss man zwischen unabhängigen und „parteieigenen" Zeugen unterscheiden, wobei auch die Grenze zur Parteivernehmung (Rn. 76) gar keine feste ist. 53

3. Zeugen-„Ladung". a) Einladung. Ein Schiedsgericht kann keine Zeugen laden, sondern ist lediglich zur „Einladung" befugt,[75] welche unverbindlich bleibt. Es wird mithin, vorzugsweise durch den Obmann (§ 1052 Abs. 3), an den Zeugen herantreten, die Situation erklären und anfragen, ob konkret Bereitschaft besteht, freiwillig (!) vor dem Schiedsgericht zu erscheinen und zu dem Beweisthema auszusagen. Es wird zweckmäßig sein, sogleich Kostenübernahme (Rn. 57) zuzusagen und um Nachricht zu ersuchen, welche Beträge wohl in etwa dafür anfielen. Antwortet der Zeuge gar nicht oder stellt er extrem übertriebene Kostenforderungen (Orientierungsmaßstab: JVEG plus $1/2$ Gerichtsgebühr beim Verfahren nach § 1050, vgl. KV Nr. 1625; „good-will-Zuschlag"?), kann davon ausgegangen werden, dass er sich nicht zu einem freiwilligen Erscheinen bereitfindet. 54

---

[67] Für Streitgenossen vgl. OLG Düsseldorf MDR 1971, 56.
[68] Siehe § 373 Rn. 7 ff.; *Schlosser* RIPS Rn. 649; Ausführlich hierzu *Baumbach/Lauterbach/Hartmann* Vor § 373 Rn. 4–25.
[69] *Schütze* SV Rn. 183 [3. Abs.] mit *Schütze/Tscherning/Wais* Rn. 478.
[70] *Schütze* SV Rn. 183 [3. Abs.]; 1. Aufl. § 1035 aF Rn. 11.
[71] *Schütze/Tscherning/Wais* Rn. 478.
[72] *Schütze/Tscherning/Wais* Rn. 481 mit Muster für die richterliche Bitte um Aussagegenehmigung.
[73] *Schütze/Tscherning/Wais* Rn. 465; *Schönke/Schröder/Lenckner* § 154 StGB Rn. 7; MünchKommStGB/*H. E. Müller* § 154 Rn. 19 mit § 153 Rn. 62; *Tröndle/Fischer* § 154 StGB Rn. 3 u. 5 mit § 153 StGB Rn. 8; SK/*Rudolphi* § 154 StGB Rn. 4 mit § 153 Rn. 4; LK/*Ruß* § 153 StGB Rn. 5; *Lackner/Kühl* § 153 StGB Rn. 3.
[74] Anders *Schütze/Tscherning/Wais* Rn. 468.
[75] *Glossner/Bredow/Bühler* Rn. 375 f.; *Baumbach/Lauterbach/Hartmann* § 1050 Rn. 1; *Lionnet/Lionnet* S. 362; vgl. auch *Walder-Bohner* S. 213 u. *Fischer-Zernin/Junker* J. Int. Arb. 4 : 2 (1987), 9, 27; missverständlich, jedoch wohl gleicher Auffassung wie hier *Schütze* SV Rn. 183 [1. Abs.]; ein gutes Muster geben *Schütze/Tscherning/Wais* Rn. 472.

§ 1049 55–60   Buch 10. Abschnitt 5. Durchführung des schiedsrichterlichen Verfahrens

55 Dann besteht aber die Möglichkeit, um (amts-)gerichtliche Unterstützung nachzusuchen (§ 1050, 1. Var. iVm. § 1062 Abs. 4 – Rn. 64 – somit: „Peitsche statt Zuckerbrot"). In der Praxis sollte das Schiedsgericht es den Parteien überlassen, Zeugen (und Sachverständige) zum Beweistermin selbst mitzubringen.[76] Da sie das größte Interesse an einem für sie positiven Ausgang des Verfahrens besitzen, werden sie sich am meisten um die Anwesenheit bemühen (Rn. 53). Indes kann ein Schiedsgericht nicht mehr[77] der beweisbelasteten Partei einfach androhen, auf die Anhörung des Zeugen zu verzichten, wenn er nicht im Termin anwesend sein sollte (arg. § 1046 Abs. 1 S. 2, 2. Var. [„sollen ... bezeichnen"] bzw. § 1048 Abs. 3, 2. Var. [„Schriftstück"] e contrario); Tatsachenaufklärung ist Gerichtsaufgabe (§ 1042 Abs. 4 S. 2, dazu näher dort Rn. 104–111).

56 **b) Bezahlung.** Kommt ein Zeuge dem Ansinnen nach, zu einer Vernehmung zu erscheinen bzw. auszusagen (Rn. 54), wird dadurch ein Vertrag sui generis mit dem Inhalt geschlossen, dass die **Parteien als Gesamtschuldner** gegenüber dem Zeugen verpflichtet sind, seine Aufwendungen dafür in Geldwert zu erstatten.[78] Die Schiedsrichter handeln dabei mit Vertretungsmacht (und zwar kraft Schiedsrichtervertrages, Vor § 1034 Rn. 3 ff.) und namens der Parteien; das im Unterschied zu dem Gerichtssachverständigen (Rn. 22), denn Zeugen sind per se „gerichtsfern". Der genaue Entschädigungsbetrag sollte am besten mit den Parteien vorher abgestimmt werden, doch brauchen die Richter auch Flexibilität im Einzelfall; das JVEG mag einen ersten Anhaltspunkt bieten, gilt keinesfalls aber verbindlich[79] (vor allem besteht Flexibilität bei Reisekosten und Entschädigung!).

57 Es ist jedoch richterlicherseits ratsam, einen entsprechenden **Vorschuss** zu erbitten (zweckmäßigerweise vom Beweispflichtigen [Beschleunigung!]). Dann nämlich kann das Schiedsgericht gefahrlos eine Auszahlung auch zusichern („Vorauskasse als Lockmittel" [Absicherung!]). Möglich ist genauso Direktzahlung von Parteiseite aus, was freilich uU geeignet ist, einen Einseitigkeitsvorwurf („Befangenheit" bzw. Begünstigung) zu begründen[80] – wenn nicht eine Anweisung des Schiedsgerichts vorliegt. Wird der Vorschuss nicht erbracht, ist es des Zeugen Entscheidung, ob er gleichwohl dann paratsteht; kann der Vorschuss wegen **Geldmangels** nicht erbracht werden, muss uU die Gegenpartei auch vorleisten (entsprechend Vor § 1034 Rn. 42 zur Schiedsrichtervergütung), im Außenverhältnis haftet sie selbst ja schon ohnedies (§ 421 BGB).

58 **4. Zeugenvernehmung. a) Äußerlichkeiten.** Das Schiedsgericht bestimmt nach Ermessen, wo die Beweisaufnahme konkret durchzuführen sei (§ 1043 Abs. 2 Var. 2a), wobei die Interessen aller Beteiligten abzustimmen sind. Oft lädt der Obmann in sein Büro; der kleinste Anschein von Einseitigkeit ist grundschädlich – keinesfalls sollte mithin die Beweisaufnahme in Räumen stattfinden, welche eine Partei bereitstellt. Am besten ist immer neutraler Boden; oft lässt man sich einen Tagungsraum in einem Hotel oder einer Gaststätte reservieren; vielfach sind insoweit die jeweiligen Schiedsinstitutionen behilflich. – Grundsätzlich ist eine Pflicht des Schiedsgerichts anzunehmen, Zeugen, die dies aus berechtigten Gründen wünschen, in ihrer Wohnung oder sonstwo (Krankenhaus, Sanatorium) zu vernehmen, zumal ein Zeuge ja eigentlich nicht erscheinen müsste – anders nur insoweit das unzumutbar ist (zB bei Ansteckungsgefahr oder Unerreichbarkeit, sonstiger Gefährdung der Schiedsrichter oder einer der Parteien).

59 **b) Art und Weise der Vernehmung.** Falls genaueres nicht abgemacht wurde (§ 1042 Abs. 3), **bestimmt das Schiedsgericht** die konkrete Vorgehensweise (§ 1042 Abs. 4 S. 2, 2. Var.). Es wird sich an §§ 394 ff. orientieren,[81] allemal gewiss bei Binnensachverhalten: Der Zeuge ist einleitend vom Schiedsgericht auf die Bedeutung seiner Aussage für die Rechtsfindung hinzuweisen, zur Wahrheit zu ermahnen (§ 395 Abs. 1, 1. Halbs.), auf die Möglichkeit staatsgerichtlicher Beeidigung (§ 1050 [hier Rn. 64 u. dort Rn. 6]) hinzuweisen[82] (§ 395 Abs. 1, 2. Halbs.) und sodann in Abwesenheit der anderen Zeugen zu vernehmen (§ 394 Abs. 1) – erst **zur Person** (§ 395 Abs. 2 [dort Rn. 3]), dann **zur Sache**, als Vorgangsbericht (§ 396 Abs. 1 [dort Rn. 2]) mit Einzelnachfrage (§ 396 Abs. 2 [dort Rn. 3]). Es empfiehlt sich dringlich, alle Zeugenaussagen zu protokollieren.

60 Der **Obmann leitet** die Vernehmung und kann dabei nähere Sachverhaltskomplexe bilden. Er wird ferner auch fragen, ob der Zeuge an der Sache interessiert war oder ist, ein fassbares „Nä-

---

[76] *Schwab/Walter* Rn. 15.13; *Baumbach/Lauterbach/Albers*, 56. Aufl., § 1035 aF Rn. 1; *Lionnet/Lionnet* S. 362; *Schütze* SV Rn. 183 [1. Abs.].
[77] Anders aber früher zB *Walder-Bohner* S. 213, 214.
[78] *Schütze/Tscherning/Wais* Rn. 469. Näher dazu nun *Schlosser* RIW 2005, 81, 83–85 [II 1 b–d], 86 [II 2 b], 86–88 [III 1].
[79] So auch *Schütze/Tscherning/Wais* Rn. 469.
[80] 1. Aufl. § 1035 aF Rn. 5; vgl. auch *Walder-Bohner* S. 213, 214.
[81] Detailliert zur Vernehmung: *Schütze/Tscherning/Wais* Rn. 473–481; *Glossner/Bredow/Bühler* Rn. 378–382.
[82] *Schütze/Tscherning/Wais* Rn. 475; 1. Aufl. § 1035 aF Rn. 9.

heverhältnis" vorliegt und auch, ob er sich mit einer Partei zuvor ausgesprochen hat.[83] Der Obmann muss aber allen Beteiligten jeweils ihre eigenen **Fragerechte** geben. Die Freiwilligkeit des Aussagens gebietet Rücksicht und Schutz des Zeugen vor unsachlichen, suggestiven, taktlosen oder gar etwa beleidigenden Fragen, insbesondere bei Direktfragen von Parteien und Anwälten (Rn. 63: „Kreuzverhör"). Da das Schiedsgericht auf die Wahrheitsliebe des Zeugen vertrauen muss und Fehler nicht in einem Instanzenzug noch nachträglich korrigierbar sind, ist darauf besonders zu achten. Bei Zweifeln befindet das gesamte Schiedsgericht über die Zulässigkeit einer Frage.[84]

5. Sonderfälle. a) Schriftliche Zeugenaussage. Da die Schiedsrichter nicht an die Regeln der §§ 373 ff. gebunden sind, steht es ihnen auch frei, schriftliche Zeugenaussagen zuzulassen bzw. anzuerkennen, ohne an die Voraussetzungen des § 377 Abs. 3 S. 1[85] gebunden zu sein.[86] Das hat besondere Bedeutung in internationalen Verfahren und umfasst den sog. **Affidavit**, eine eidlich beschworene schriftliche Aussage, die zwischen Zeugen- und Urkundsbeweis steht[87] und unserer eidesstattlichen Versicherung (Rn. 79) ähnelt. Mangels Strengbeweis und Typenzwang belastet diese Einordnungsfrage nicht wirklich. Art. 4 Abs. 4/5 IBA-RoToE sehen dazuhin vorbereitend die Einforderung von **„Witness Statements"** vor, damit das Schiedsgericht die Beweisaufnahme klar vorbereiten und strukturieren kann („cards-on-the-table"-Prinzip). Der Zeuge wird indes dennoch später geladen, es sei denn, die Schiedsparteien verzichten übereinstimmend (Art. 4 Abs. 7 IBA-RoToE); erscheint er daraufhin nicht, „verfällt" seine Aussage jedoch im Regelfall (Art. 4 Abs. 8 IBA-RoToE: „unless, in exceptional circumstances, the Arbitral Tribunal determines otherwise"). Eine totale Surrogation findet also nicht zwingend statt.

b) „Beauftragte" Zeugenvernehmung. Es ist sehr sinnvoll, dass die **Schiedsrichter** einen persönlichen Eindruck von den Zeugenaussagen bekommen; daher sollten tunlichst Vernehmungen gemeinsam durchgeführt werden. Andererseits ist das Schiedsgericht nie streng auf Unmittelbarkeit verpflichtet (§ 1042 Rn. 103 statt § 355 Abs. 1 iVm. §§ 375, 361). Und auch § 1047 Abs. 2, 2. Var. trägt keinen derartigen Schluss. Daher besteht daneben zudem die freiere Möglichkeit, ein Mitglied des (Schieds-)Gerichts mit der Vernehmung zu **beauftragen** (§ 1042 Abs. 4 S. 2, 2. Var. [Kostenaspekt!]) oder Kollegen anderer (Staats-)Gerichte um Beistand zu ersuchen (§ 1050 [Zwangsaspekt!]). Bei parteiernannten Schiedsrichtern (§ 1035 Abs. 3 S. 2 mit § 1034 Abs. 1 S. 2) ist dann uU aber die erforderliche Neutralität problematisch, was leicht zum Befangenheitsvorwurf (§ 1036 Abs. 2 S. 1, 1. Halbs.) einer Gegenpartei führt. Auch **Dritte** können einzelne beauftragte Beweiserhebungen durchführen, sie müssen nur auch dafür zuverlässig genug sein. So mag sich der Gerichtssachverständige auch um eine Vernehmung „vor Ort" mitbemühen (§ 1049 Abs. 1 S. 2 trifft aber allein die Partei, Rn. 17).

c) Kreuzverhör. Deutscher wie kontinentaler Zivilprozess schätzen kein Kreuzverhör. Die ZPO lässt einen Zeugen selbständig berichten (§ 396 Abs. 1) und erst hiernach ergänzend befragen, primär gerichtlich (§ 396 Abs. 2 bzw. Abs. 3) und subsidiär nur parteilich. Das Gericht wacht zwar nicht über die Sachdienlichkeit,[88] wohl indes über die Statthaftigkeit der Frage (§ 397 Abs. 3: Suggestivfrage, Ausforschungstrend etc., dort Rn. 5, hier Rn. 60), es bewahrt also die Aufsicht. Ein freies Spiel wechselseitigen Fragens („cross-examination") kann sich somit prozessual von vornherein nicht kraftvoll entfalten. Ein Schiedsgericht ist zwar insoweit frei,[89] sollte aber sehr darauf bedacht bleiben, stets die Kontrolle zu behalten. Bedenkt man dazuhin, dass (unabhängige) Zeugen letztendlich freiwillig erscheinen, sollte man diesen „good-will" nicht voreilig durch übertrieben „hartes Fragen" verscherzen; anders mag es bei Zeugen sein, die eindeutig parteigebunden bzw. „lagergeprägt" sind, hier dürfte dann ein Kreuzverhör als passables Gegengewicht sinnvoll sein. Auch die IBA-RoToE stehen zwiespältig zum Kreuzverhör (Art. 8 Abs. 2 S. 2–4 einerseits, Abs. 1 S. 3 andererseits).

---

[83] *Schütze/Tscherning/Wais* Rn. 477; 1. Aufl. § 1035 aF Rn. 9.
[84] *Schütze/Tscherning/Wais* Rn. 479; *Musielak/Voit* § 1042 Rn. 23.
[85] Dazu *Stadler* ZZP 110 (1997), 137; *Knof*, 1995, S. 60 f.
[86] CR Nr. 329 = Holtzmann/Neuhaus S. 591 – ferner: *Schlosser* RIPS Rn. 648; *Schütze/Tscherning/Wais* Rn. 470; *Musielak/Voit* § 1042 Rn. 23; dazu vgl. auch Walder-Bohner S. 213; Fischer-Zernin/Junker J. Int. Arb. 4:2 (1987), 9, 13.
[87] Für ersteres *Berger*, 1992, S. 303 mit Fn. 297; *Nagel/Gottwald* § 9 Rn. 85 ff.; *Lange/Black* Rn. 90; für letzteres *Schlosser* RIPS Rn. 652. Art. 25 Abs. 5 SchO schlägt sie einfach zum Zeugenbeweis.
[88] *Baumbach/Lauterbach/Hartmann* § 397 Rn. 4; *Stein/Jonas/Schumann* § 397 Rn. 1; *Musielak/Huber* § 397 Rn. 1.
[89] *Lowenfeld* Mich. YILS 7 (1985), 163, 174 ff. einerseits, *Musielak/Voit* § 1042 Rn. 23 andererseits. So wie hier *Rützel/Wegen/Wilske*, 2005, S. 134/135.

64 **6. Staatliche Aushilfe.** Jeder aussageunwillige Zeuge kann per Staatshilfe (§ 1050) und gleichsam „beauftragt" (Rn. 62) vernommen werden; das Staatsgericht ist auch für eidliches Vernehmen zuständig (arg. § 1035 Abs. 2 aF e contrario – dazu schon oben Rn. 53). Indes darf nicht die *uneidliche* Aussage eines *aussagebereiten* Zeugen dem staatlichen Gericht „zugeschoben" werden – hier fehlte jedweder „Unterstützungsbedarf"! Der Meinung, wonach das Schiedsgericht nicht befugt sei, das Staatsgericht gleichzeitig um Vernehmung und Beeidigung zu ersuchen, weil die Entscheidung über die Vereidigung erst nach beendeter uneidlicher Zeugenaussage möglich scheine[90] oder weil nur für eine Beeidigung Unterstützungsbedarf anzuerkennen sei,[91] kann nicht gefolgt werden:[92] häufig kann nur bei Vernehmung und Beeidigung eines Zeugen eine effektive *und* ökonomische Beweiserhebung sichergestellt werden. Wenn mehrere Zeugen zu vernehmen und nicht alle zu beeidigen sind oder nur einige nicht freiwillig vor dem Schiedsgericht aussagen wollen, mag auch die eidliche Vernehmung aller Zeugen durch das staatliche Gericht beschlossen werden (Gegenüberstellung, Vorhaltungen etc.).

III. Urkundenbeweis

65 **1. Beweiserhebung.** Sie erfolgt durch Vorlage der Urkunde (Rn. 68) und gerichtliche Kenntnisnahme vom niedergelegten Gedankeninhalt, uU unter Zuhilfenahme einer Übersetzung (§ 1045 Abs. 2). § 1042 Abs. 2, 5. Var. umschreibt das undeutlich als **„Einsichtnahme in Schriftstücke"**, was letztlich aber keinerlei sachliche Divergenz bedeutet, sondern nur die leicht abweichende ModG-Terminologie respektiert (Art. 20 Abs. 2 ModG: „inspection of ... documents"). **Urkunde** ist jedwede schriftliche Verkörperung einer Gedankenäußerung (Einzelheiten: § 415 Rn. 5 ff.; vgl. §§ 1025 ff. ZPO: „Schriftstücke" bzw. ModG: „documents").

66 Der Beweis erfordert die Vorlage im Original. (Foto-)Kopien können bestenfalls unstreitiger Sachvortrag werden (jedoch gilt § 427 wohl analog); denn ansonsten ist keinerlei **Echtheitsbeweis** erbringbar (zT abweichend Art. 3 Abs. 11 S. 2 IBA-RoToE: Vorlage lediglich auf Anordnung hin). Dazu braucht es des Nachweises der Authentizität, dh. des Herrührens der Erklärung vom Aussteller, welcher sich zumeist – freilich nicht zwingend! – durch seine eigenhändige **Unterschrift** offenbart; die Unterschrift ist sowohl objektives Bestätigungs- wie subjektives Echtheitszeichen, sie hat Abschluss- und Zuordnungsfunktion.[93] Dabei gelten keine Beweisregeln (§ 1042 Rn. 116), somit insbesondere nicht **§§ 437–440 ZPO**; tatsächlich beruhen sie aber auf validen Erfahrungen, sodass ihnen idR gefolgt werden kann und muss: öffentliche Urkunden (§§ 437, 438) sind dementsprechend vermutungsweise echt, und bei privaten Urkunden (§§ 439, 440) genügt gewöhnlich der Nachweis der Echtheit der Unterschrift.

67 Ganz Ähnliches gilt zur **Beweiskraft für die Entscheidung**, dh. jenem besonderen Beweiswert gemäß **§§ 415–418 ZPO**: auch diese Normen gelten nicht. Jene können bloß auf Grund Parteiwillens (§ 1042 Abs. 3, dort Rn. 92) Wirkungskraft erlangen;[94] denn § 1042 Abs. 4 S. 2, 3. Var. gibt dem Schiedsgericht die unbeschränkte Befugnis freier Würdigung und erduldet keine Ausnahme wie § 286 Abs. 2. Somit wird der Beweiswert von Urkunden einzig im Rahmen der richterlichen Beweiswürdigung berücksichtigt – der Unterschied zwischen formeller und materieller Beweiskraft (§ 415 Rn. 26) verschwimmt.

68 **2. Vorlage der Urkunde. a) Objektiv.** Die Vorlage der Urkunde hat **an das Schiedsgericht** zu erfolgen – es erhebt den Beweis! (anders allerdings von vornherein Art. 3 IBA-RoToE: dazuhin an den Gegner). Genügend ist allein das **Original** (Rn. 66). Das Gericht muss alsdann das rechtliche Gehör zugestehen (§ 1042 Abs. 1 S. 2) und daher die Urkunde dem **Gegner zugänglich machen** (§ 1047 Abs. 3, 1. Halbs., 2. Var. [„Schriftstücke"] bzw. 2. Halbs., 2. Var. [„schriftliche Beweismittel"]: „zur Kenntnis zu bringen"). Das scheint oft misslich, vor allem bei ausforschenden Beweisanträgen („fishing expedition") oder schutzwürdigen Geschäftsgeheimnissen. Ausweg wäre mithin bloß, von vornherein die erwünschte Beweiserhebung mangels notwendiger Substantiierung (Art. 9 Abs. 2 lit. a IBA-RoToE) oder beachtlichen Schutzinteressen (Art. 9 Abs. 2 lit. b, c, e–g IBA-RoToE[95]) abzulehnen, um damit die beantragte Vorlageanordnung abzuwehren (Art. 3 Abs. 6

---

[90] So aber OLG Jena JW 1937, 2236.
[91] Dagegen OLG Hamburg OLGRspr. 23 (1911), 251.
[92] So auch KG JW 1931, 1826 m. Anm. *Kisch*; *Schwab/Walter* Rn. 15.15; *Baumbach/Lauterbach/Hartmann* § 1050 Rn. 4 (2. Abs.).
[93] Vgl. näher noch *Münch*, Die Reichweite der Unterschrift ..., 1993, S. 71 ff.
[94] Ebenso, unter altem Recht jedoch: 1. Aufl. § 1035 aF Rn. 23; *Wieczorek/Schütze* § 1035 aF Rn. 7 – noch strenger (Gebot der Logik) etwa *Schütze/Tscherning/Wais* Rn. 441; *Schwab/Walter*, 5. Aufl., Rn. 15.21.
[95] Verlieren oder Zerstören lässt jedoch Art. 9 Abs. 2 lit. d auch gelten – im Gegensatz zu § 444 ZPO!

IBA-RoToE).⁹⁶ Hier reiben sich anglo-amerikanische und kontinentale Prozesstraditionen nicht unerheblich.

Die hochstreitige Frage nach einer generellen prozessualen Aufklärungspflicht⁹⁷ (§ 138 Rn. 22) **69** muss allerdings ein Schiedsgericht nicht ähnlich stark bewegen wie ein Staatsgericht, zumal es dabei breiten Gestaltungsfreiraum innehat, was weites Abwägungsermessen öffnet. Etwa könnte eine beweisbelastete Partei – sozusagen als Ausgleich! – von vornherein auf subjektive Kenntnisnahme verzichten oder das Schiedsgericht neutrale Dritte zwischenschalten.⁹⁸ Das wird man auch weitherzig aus § 1049 Abs. 1 S. 2, 2. Var. entnehmen dürfen. Ähnlich sehen die neuen IBA-RoToE den „independent and impartial expert, bound to confidentiality" vor (Art. 3 Abs. 7), der bloß (sich) über die sachliche Begründung der Weigerung informiert; liegt kein Grund vor, muss freilich Vorlage erfolgen. Ein förmlicher Beweis- oder Vorlageantrag ist zwar nie erforderlich, indessen stets nützlich (Art. 3 Abs. 3 IBA-RoToE). Die „Spielregeln" sind immer klar offenzulegen.

b) Subjektiv. Der **Beweisführer** muss schon aus eigenem Interesse handeln, also vorlegen, oder **70** anfänglich schon verzichten, so etwa wenn er die Preisgabe von Geschäftsgeheimnissen fürchtet. Der **Beweisgegner** ist demgegenüber schiedsgerichtlich aufzufordern, die konkret beschriebene Urkunde auszuliefern.

Er muss vorlegen bei materiellem Anspruch (§ 422) und bei vorheriger prozessualer Bezugnahme **71** (§ 423): Vorlegungsantrag (§ 424 ZPO bzw. Art. 3 Abs. 2–4 IBA-RoToE [Request to Produce]), Einwendungsrecht (Art. 3 Abs. 5 IBA-RoToE) mit Prüfungspflicht (Art. 3 Abs. 6 S. 1 IBA-RoToE), Vorlegungsanordnung (§ 425 ZPO bzw. Art. 3 Abs. 6 S. 2 IBA-RoToE). Es besteht keinerlei generelle Pflicht.⁹⁹ Direkter Zwang ist nicht eröffnet. Regelmäßig genügt allerdings **indirekter Zwang durch negative Würdigung** (§ 427, 1. Var. ZPO bzw. Art. 9 Abs. 4 IBA-RoToE: „may infer that such document would be adverse to the interests of that party"). Dies versperrt auch **§ 1048 Abs. 3, 2. Var.** („den Schiedsspruch nach den vorliegenden Erkenntnissen erlassen"), wenn man dazu neben positiven, festgestellten Tatsachen eben gleichwertig auch negative, (beweis-)würdigende Schlüsse rechnet – auch diese geben dann verwertbare Erkenntnisse (vgl. § 1048 Rn. 37). Doch müssen erst die Gründe der Weigerung sorgfältig erforscht und dürfen keine voreiligen Schlüsse gezogen werden.¹⁰⁰

Dritte handeln allein aus freien Stücken (notfalls „Plausibilisierung" durch Kopienvorlegung!). **72** Bei amtlichen Urkunden gilt: zunächst muss der Beweisführer die Beschaffung versuchen (§ 432 Abs. 2); uU kann hierbei das Schiedsgericht helfen, indem es unter Angabe der Gründe um Übersendung bittet.

3. Staatliche Aushilfe. Es gibt keinen Zwang gegenüber einer **Partei** – nur ist sie indirekt **73** doch gebunden (Rn. 70 f.). Staatliche Aushilfe ist hier nur insoweit erreichbar, als das Schiedsgericht sein Verfahren aussetzen kann und dann so Zeit für eine *materielle* Vorlageklage (regulär im normalen Gerichtsstand!) zugesteht (§ 142 Abs. 1 nützt hierzu mangels Zwang nichts!). Angesichts negativer – schiedsrichterlicher – Würdigung bedarf es keiner staatlichen Aushilfe, die ohnehin nur unzulässig Beweisbewertungen (§ 1042 Abs. 4 S. 2, 3. Var.) verschiebt. Hier muss eben letzthin von vornherein das sachnahe Schiedsgericht würdigen. Das Schiedsgericht kann die Partei auch vorher über den weiteren Verbleib der Urkunde vernehmen¹⁰¹ („Vorlagevernehmung" - sinngemäß nach § 426) – notfalls mit Pflicht zum Beeiden.

Dritte sind jedoch nunmehr zu zwingen bei Einschaltung des Staatsgerichts (§ 1050 – hier **74** Rn. 45, dort Rn. 6): § 428, 2. Var. iVm. § 429 S. 2 einerseits, § 144 Abs. 2 S. 2 iVm. § 390 ande-

---

⁹⁶ *Raeschke-Kessler*, FS Böckstiegel, 2001, S. 641 mit FS Geimer, 2002, S. 855, 860 f.; vgl. auch erg. die „Principles" im IBA-Commentary zu Art. 3; *Rützel/Wegen/Wilske*, 2005, S. 134 [1. Abs.]; *Wilke* IDR 2004, 88, 94 [III 1]. Viel genereller u. sehr lesenswert *Triebel/Zons* IDR 2002, 26, 28 ff. [II/III]. Ferner: *Krapfl*, 2007, S. 254–259 u. *Varga*, 2006, S. 138 ff.

⁹⁷ Bejahend insbes. *Peters* ZZP 82 (1969), 200, 206 ff. u. FS Schwab, 1990, S. 399 ff.; *Stürner*, Die Aufklärungspflicht der Parteien des Zivilprozesses, 1976, § 5, S. 56 ff.; *ders.* ZZP 98 (1985), 237; 104 (1991), 208 ff.; *Stadler*, Der Schutz des Unternehmensgeheimnisses…, 1989, S. 80 ff. u. *Musielak/Stadler* § 138 Rn. 11; *Schlosser* I Rn. 426 f. u. JZ 1991, 599, 603 ff. – Kritisch die hM, vgl. zB BGH NJW 1990, 3151 f. mit BGH NJW 1958, 1491, 1492 u. *Arens* ZZP 96 (1983), 1, 16 ff.

⁹⁸ Dazu *Stürner*, aaO (Fn. 95) § 14, S. 223 ff. bzw. § 14, S. 208 ff.; *Stadler* (Fn. 95) S. 231 ff. bzw. S. 199 ff.; *Krapfl*, Dokumentenvorlage, 2007, S. 152–156. Hierzu vgl. ferner BGHZ 169, 30, 40 [42] einerseits, BGHZ 150, 377, 386/387 [II 3 d cc] andererseits.

⁹⁹ So wie hier *Zöller/Geimer* 1048 Rn. 3 bzw. *Fischer-Zernin/Junker* J. Int. Arb. 4:2 (1987), 9, 16.

¹⁰⁰ Ganz ähnlich wohl *Schütze/Tscherning/Wais* Rn. 448 („Zurückhaltung geboten"); *Musielak/Voit* § 1042 Rn. 25 mit Rn. 27 (niemals voreilig handeln). Dass man aber zwischen § 422 und § 423 trennen kann (so 1. Aufl. § 1035 aF Rn. 23), erscheint kaum begründet.

¹⁰¹ *Schütze/Tscherning/Wais* Rn. 450.

rerseits – aber nur, wenn und weil die Anordnung zumutbar erscheint (das lässt sehr große Abwägungsspielräume offen!) und nicht ein eigenes Zeugnisverweigerungsrecht besteht (§ 144 Abs. 2 S. 1 iVm. §§ 383–385). Ergänzend bleibt wie bisher weiterhin die selbständige materielle Vorlageklage (§ 429, 2. Halbs. ZPO bzw. Art. 3 Abs. 8 IBA-RoToE)[102] mit schiedsrichterlicher Fristbestimmung und zeitweiser Aussetzung des Schiedsverfahrens. Ist Dritter eine Behörde (§ 432), mag staatliche Mithilfe auch am Ende nützlich erscheinen können,[103] wenn und weil die einschlägigen Verwaltungsvorschriften nur insoweit Amtshilfe erlauben.

IV. Parteivernehmung

75 **1. Durchführung der Beweisaufnahme.** Eine Parteivernehmung (§ 1043 Abs. 2 Var. 2 c; §§ 445–455) durch das Schiedsgericht sollte – dem Vorbild des staatlichen Verfahrens entsprechend – bloß **subsidiär (aushilfsweise) zulässig** sein,[104] denn anderenfalls wird die Grenze zwischen Sachvortrag und Beweisindiz unscharf, ja womöglich gar hinfällig. So entspricht es jedenfalls geläufiger kontinentaler Tradition.[105] Verlangt wird insoweit eine gewisse (Anfangs-)Wahrscheinlichkeit[106] (**Plausibilität**; „good [reasonable] case" – Ausnahmen: positiv [arg. § 287 Abs. 1 S. 3] Schätzungs-Vernehmung; negativ [arg. § 445 Abs. 2]: Erschütterung geführten Hauptbeweises); hier verfügen aber die Schiedsrichter über ungemein freies Ermessen, sodass die Feststellung eines Verfahrensverstoßes kaum jemals möglich sein dürfte. Dies sollte auch hinreichen, um problematische Abgrenzungsfragen dahinzustellen. Bestimmungen zur **Zeugenvernehmung** sind auf eine solche Vernehmung sodann ebenfalls entsprechend anzuwenden (§ 451 bzw. Rn. 58–60), soweit nicht eben aus der Natur der Sache etwas anderes folgt.[107] UU kann es auch angebracht erscheinen, beide Parteien zu vernehmen, um ein richtiges Bild zu gewinnen.

76 **2. Unterschied zur einfachen Anhörung.** Es muss zwischen der Gewährung rechtlichen Gehörs (§ 1042 Abs. 1 S. 2), der einfachen Anhörung der Parteien zur Aufklärung des Sachverhalts und der formellen Parteivernehmung unterschieden werden. Eine solche Anhörung, die überraschende Erkenntnisse bringen kann, ist stets zulässig und insgesamt frei zu würdigen; sie dient der Sachaufklärung (§ 139). Dabei sind vor allem **drei Wirkungen von Bedeutung:**[108] ihr fehlt das Gewicht einer ausdrücklichen Beweiserhebung, sie bleibt lediglich prozesstaktisch geprägter Parteivortrag, mag aber die Gesamtwürdigung mit beeinflussen;[109] man kann keine Beeidigung vor dem staatlichen Gericht herbeiführen, im Unterschied zu § 452 iVm. § 1050, worauf vor der Parteivernehmung hinzuweisen ist; bei (Erscheinens-)Säumnis wird nicht etwa unbesehen negativ gewürdigt, sondern einseitig streitig verhandelt (§ 1048 [Abs. 3, 1. Var.], dort Rn. 22) – dann wird „nach den vorliegenden Erkenntnissen" entschieden, was zusätzlich Beweispotential erschließt.

77 **3. Staatliche Aushilfe.** Weigert eine Partei sich auszusagen, wird das letzthin negativ gewürdigt (vgl. §§ 453 Abs. 2, 446)[110] und infolgedessen zwar indirekt, aber effektiv sanktioniert. Die Aushilfe staatlicher Gerichte (§ 1050) ist ohnedies nur in Anspruch zu nehmen, wenn die Partei ausnahmsweise zusagt, dort alsdann auszusagen oder wenn zB Beeidigung notwendig erscheint.[111] Für die Beeidigung kommt auch immer allein nur *eine* Partei in Betracht, und zwar die Partei, deren Aussage das Schiedsgericht (!) zu dem Beweisthema mehr Glauben zu schenken geneigt ist.[112] Es wäre zu weit hergeholt, Parteivernehmung mit der Begründung zu verweigern, die Parteien hätten mit der Schiedsvereinbarung ihren Streit der staatlichen Gerichtsbarkeit und damit eben bewusst auch deren

---

[102] *Glossner/Bredow/Bühler* Rn. 389; *Schütze/Tscherning/Wais* Rn. 448 – bloß diesen Fall möchte *Schwab/Walter* Rn. 15.22 (1. Abs.) anerkennen.
[103] *Schwab/Walter* Rn. 15.22; aA *Schütze/Tscherning/Wais* Rn. 452 bzw. *Wieczorek/Schütze* § 1035 aF Rn. 7.
[104] Für das staatliche Verfahren: *Habscheid* ZZP 96 (1983), 306, 307; so wie hier *Glossner/Bredow/Bühler* Rn. 390; *Schütze* SV Rn. 186; *Schütze/Tscherning/Wais* Rn. 483; *Schlosser* RIPS Rn. 653; *Fischer-Zernin/Junker* J. Int. Arb. 4:2 (1987), 9, 24; anders *Knof*, 1995, S. 54.
[105] Von vornherein anders der Ansatz *Schlossers* RIPS Rn. 653; ähnlich Art. 4 Abs. 2 IBA-RoToE (witness of fact, „including a party").
[106] BGHZ 110, 363, 365 f.; NJW 1997, 3230, 3231; 1998, 814, 815.
[107] *Schütze/Tscherning/Wais* Rn. 485.
[108] *Schütze/Tscherning/Wais* Rn. 486.
[109] BGH NJW 1992, 1558, 1559.
[110] *Glossner/Bredow/Bühler* Rn. 390.
[111] *Schwab/Walter* Rn. 15.23 aE; *Schütze/Tscherning/Wais* Rn. 486; *Musielak/Voit* § 1050 Rn. 2; *Baumbach/Lauterbach/Hartmann* § 1050 Rn. 4; *Thomas/Putzo/Reichold* § 1050 Rn. 1 u. *Zimmermann* § 1050 Rn. 1 unterschlagen diese Konstellation.
[112] *Schütze/Tscherning/Wais* Rn. 486 mit Hinweis auf *Maier* Rn. 375 bzw. 1. Aufl. § 1035 aF Rn. 21; *Glossner/Bredow/Bühler* Rn. 391.

Zwangsgewalt entzogen oder wechselseitig auf Parteivernehmung verzichtet. – Nicht zu verwechseln damit ist die Frage des provokanten Nichterscheinens *vor dem Schiedsgericht* (näher dazu jetzt § 1048 Abs. 3, 1. Var.), das nunmehr selbständige Säumnisfolgen auslöst, ohne jedoch negative Würdigung zu verbieten – hier zeigt sich ein wichtiger Unterschied von Anhörung und Vernehmung (Rn. 76).

V. Sonstige Beweismittel

1. Amtsauskunft. Die amtliche Auskunft ist, obwohl sie in der ZPO nicht ausdrücklich geregelt und bloß angedeutet (§ 273 Abs. 2 Nr. 2 bzw. § 358a Nr. 2) wird, ein selbständiges Beweismittel.[113] Sie ist auch im Schiedsverfahren voll einsetzbar,[114] wenn und weil die angegangene Behörde „mitspielt". Da das Schiedsgericht beliebige Beweise verwerten kann (Rn. 43f.), ist letzteres die Gretchenfrage, denn dafür fehlt jede **Amtshilfepflicht**. Hier hilft aber der (Um-)Weg des § 1050 S. 1, 1. Var.: das Schiedsgericht bedient sich demnach kurzerhand staatsgerichtlichen Beistandes, insbesondere bei Auslandsbezug.[115] Da vor Staatsgerichten die Beweisart aber anerkannt ist (§ 1050 S. 2, 1. Var.), wird demgemäß Hilfeleistung erbracht. Sie ersetzt sonst nötigen Zeugen- oder Sachverständigenbeweis[116] und wirkt – weil neutral – recht effektiv. 78

2. Eidesstattliche Versicherungen. Dem Schiedsgericht ist nicht gestattet, Eide abzunehmen (Rn. 52, 64, 77); ebenso wenig kann es dann folglich eidesstattliche Versicherungen abnehmen.[117] Wird eine anderweitig aufgenommene Versicherung eingereicht, so ist zu unterscheiden: War die erhebende Stelle zuständig, ist die Versicherung also strafbewehrt (§ 156 StGB), erheischt sie gestärkte Beweiskraft und wirkt dann quasi als letztendlich zufälliges „Eidessurrogat". Wurde sie indes zur Vorlegung extra errichtet, liegt eine schlichte schriftliche Erklärung vor (Rn. 61) – ihr gegenüber ist dazuhin Vorsicht geboten, weil immerhin der Verdacht der Beeinflussung und wertenden Fixierung naheliegt. Nicht einmal Notare können dabei eine solcherweise „schiedsbezogene" Versicherung statthaft (strafbewehrt) errichten (§ 1041 Rn. 24). Kein Schiedsgericht kann indes aber umhin, den Vorgang als solchen interessiert zu registrieren,[118] zumal es stets dem beschränkten Untersuchungsgrundsatz (§ 1042 Rn. 104–111) verantwortlich bleibt. 79

3. Sachinspektion. Die freie Stellung eines Schiedsgerichts ermöglicht beliebige Mischformen und auch die „Erfindung" neuer Beweisarten. So sieht zB Art. 7 IBA-RoToE eine „On Site Inspection" vor, die gleichsam als Mixtur aus Augenschein und Sachverstand erscheint (Besichtigung durch Sachkundigen – ohne die Anwesenheit der Schiedsrichter!), aber geradeso auch Elemente des Zeugen- oder Urkundsbeweis auf sich vereinigen kann, etwa indem hier Dokumente inspiziert oder Vorgänge beobachtet werden. Es gilt – im Unterschied zu § 356 Abs. 1 S. 1 – kein Unmittelbarkeitsgebot, die Beweisaufnahme mag insoweit „ausgelagert" erfolgen, insofern nur hierbei den Parteien das rechtliche Gehör (§ 1042 Abs. 1 S. 2 statt § 1047 Abs. 3, 2. Var.) offensteht, was auf ein subjektives Teilnahmerecht hinausläuft (Art. 7 S. 3 IBA-RoToE). In eine ähnliche Richtung geht übrigens insoweit auch § 1049 Abs. 1 S. 2 (Rn. 17). 80

§ 1050 Gerichtliche Unterstützung bei der Beweisaufnahme und sonstige richterliche Handlungen

¹Das Schiedsgericht oder eine Partei mit Zustimmung des Schiedsgerichts kann bei Gericht Unterstützung bei der Beweisaufnahme oder die Vornahme sonstiger richterlicher Handlungen, zu denen das Schiedsgericht nicht befugt ist, beantragen. ²Das Gericht erledigt den Antrag, sofern es ihn nicht für unzulässig hält, nach seinen für die Beweisaufnahme oder die sonstige richterliche Handlung geltenden Verfahrensvorschriften. ³Die Schiedsrichter sind berechtigt, an einer gerichtlichen Beweisaufnahme teilzunehmen und Fragen zu stellen.

Schrifttum: *Knöfel*, Internationale Beweishilfe für Schiedsverfahren, RIW 2007, 832; *Wirth/Hoffmann-Nowotny*, Rechtshilfe deutscher Gerichte ..., SchiedsVZ 2005, 66, 67f. [III].

---

[113] BGH BB 1976, 480; *Hohlfeld*, Die Einholung amtlicher Auskünfte im Zivilprozeß, 1995, S. 64ff.
[114] *Wieczorek/Schütze* § 1035 aF Rn. 11; *Schütze/Tscherning/Wais* Rn. 482 mit Fn. 210; *Schütze* SV Rn. 187.
[115] *Schütze* SV Rn. 187.
[116] BGHZ 62, 93, 95; 89, 114, 119; BGH MDR 1964, 223.
[117] So auch *Schwab/Walter* Rn. 15.24; *Schütze/Tscherning/Wais* Rn. 336; *Zöller/Geimer* § 1050 Rn. 1.
[118] *Stein/Jonas/Schlosser*, 21. Aufl., § 1035 aF Rn. 6; *Schwab/Walter* Rn. 15.25; *Musielak/Voit* § 1042 Rn. 23.

§ 1050 1–4   Buch 10. Abschnitt 5. Durchführung des schiedsrichterlichen Verfahrens

Übersicht

	Rn.		Rn.
I. Normzweck	1–3	3. Antragsinhalt	19
II. Aushilfefälle	4–12	4. Prüfungskriterien	20–27
1. Grundsatz	4	a) Formelle Prüfung	20–22
2. Einzelfälle	5–11	b) Nachweisverpflichtung	23
a) Hilfeleistung bei der Beweiserhebung	6–9	c) Materielle Prüfung	24–27
b) Unterstützung bei Zustellungen	10	5. Gerichtsbeschluss	28
c) Sonstige Aushilfefälle	11	**IV. Aushilfeverfahren (S. 2, 2. Halbs. u. S. 3)**	29–37
3. Abdingbarkeit	12	1. Grundsatz	29, 30
III. Zulässigkeitsprüfung (S. 1 u. S. 2, 1. Halbs.)	13–28	2. Vorgaben vom Staatsverfahren her	31, 32
1. Zuständigkeit	13–15	3. Zusätze vom Schiedsverfahren her	33–35
2. Antragsbefugnis	16–18	4. Kosten und Gebühren	36, 37

I. Normzweck

1 Das Schiedsgericht als ein Gebilde der Privatautonomie besitzt **keine eigene Zwangsgewalt**.[1] Das erschwert vor allem die Beweisaufnahme, darf der Wahrheitsfindung jedoch nicht im Wege stehen; auch sonst kann ein ordnungsgemäßes Prozedere (Zwangs-)Maßnahmen erfordern, „zu denen das Schiedsgericht nicht befugt ist" (S. 1 aE). § 1050 regelt deswegen die Voraussetzungen, unter denen bei Bedarf staatlicher Autorität im Schiedsverfahren das **Staatsgericht** *unterstützend* **eingreift** und dem Schiedsgericht – aber nur im Interesse der Parteien! – aushilft: „der Tiger bekommt scharfe Zähne" (Rn. 4 ff.). Die evidenten praktischen Vorteile überwiegen mögliche dogmatische Bedenken.[2]

2 Im Unterschied zu § 1035 aF findet man keinen expliziten Ausschluss sämtlicher Zwangsgewalt mehr, und ebenso wenig eine Beschränkung auf die Beweiserhebung (Vernehmung, Beeidigung): die *Beschränkung* ist überflüssig, denn die fehlende Zwangsgewalt folgt schon aus dem typischen nichthoheitlichen Charakter der Schiedsgerichtsbarkeit, die *Erweiterung* ist beabsichtigt, sie verlässt die Vorgabe des Art. 27 ModG („assistance in taking evidence") bewusst und sucht damit den Anschluss an § 1036 Abs. 1 aF („richterliche Handlung, zu deren Vornahme sie [die Schiedsrichter] nicht befugt sind").[3]

3 Die „**Assistenz-Grundlage**" ist also maßgeblich aus Art. 27 ModG[4] übernommen und dazuhin von § 1036 Abs. 1 aF[5] inspiriert; § 1036 Abs. 2 aF (Zwangsbefugnis des Staatsgerichts bei Beweisaufnahme) fiel allerdings der erstrebten Rechtseinheit zum Opfer, wird indes weiter „als selbstverständlich vorausgesetzt", § 1050 S. 3 nF ist eine ureigen deutsche Ergänzung, um den Schiedsrichtern bei Beweisaufnahme „ein unmittelbares Bild zu verschaffen". – Die Regelung ist Antipode zu § 1026, der von staatlichem Einfluss freistellen möchte: es geht hier um „eine zum reibungslosen Ablauf des Schiedsverfahrens notwendige Hilfestellung"[6] – im Unterschied zu Überprüfung oder gar etwa Bevormundung.

II. Aushilfefälle

4 **1. Grundsatz.** Unterstützung durch ein staatliches Gericht kann nur dann angefordert werden, wenn das private Schiedsgericht die erforderliche Tätigkeit nicht selbst vornehmen kann (**Subsidiaritätsprinzip**, Rn. 26). Dabei wird die „Aushilfe" den Parteien geleistet (Rn. 1), nicht etwa dem Schiedsgericht; man folgert dann aber hieraus, insofern liege kein Fall von Rechts- oder Amtshilfe vor. Diese bisher hM[7] dürfte jetzt aber überholt sein.[8] Denn nun kann das Schiedsgericht

---

[1] Vgl. stellvertretend 7th SN Art. 27 Nr. 1 = *Holtzmann/Neuhaus* S. 754 u. 3rd SN Nr. 27 = *Holtzmann/Neuhaus* S. 740; *Schwab/Walter* Rn. 17.1; *Schlosser* RIPS Rn. 588 für die identische Rechtslage in Art. 27 ModG.
[2] Sehr anschaulich dazu 3rd WGR Nr. 32 = *Holtzmann/Neuhaus* S. 744; 4th WGR Nr. 38 = *Holtzmann/Neuhaus* S. 746; 5th WGR Nr. 95 = *Holtzmann/Neuhaus* S. 749 f.
[3] Vgl. jeweils BT-Drucks. 13/5274 S. 51 li. Sp. [2/3] im Anschluss an Kom.-Ber. S. 164.
[4] Dazu etwa *Calavros*, 1988, S. 119 ff.; *Granzow*, 1988, S. 163 ff. Die Regelung ist jedoch „abgespeckt" worden auf Art. 27 Abs. 1 S. 1 [= S. 1 ModG] und Abs. 2, 1. Halbs. [= S. 2 ModG] 5th Draft.
[5] Dazu etwa 1. Aufl. § 1036 aF Rn. 1.
[6] Die Zitate stammen aus BT-Drucks. 13/5274 S. 51 re. Sp. [7] bzw. [3].
[7] *Wieczorek/Schütze* § 1036 aF Rn. 5; *Schwab/Walter*, 5. Aufl., Rn. 17.7; *Schütze/Tscherning/Wais* Rn. 487.
[8] Dies verkennen wohl *Zöller/Geimer* Rn. 1 aE.

den Antrag eigenständig stellen oder jedenfalls voll blockieren (Rn. 16 ff. – aber auch: Rn. 12), und es ist staatlicher Rechtspflege ebenbürtig (Vor § 1025 Rn. 5). § 1050 enthält denn auch allemal Elemente, die §§ 156 ff. GVG („Rechtshilfe") gleichen. Nur „wurzelt" die Befugnis des Gerichts letztendlich im Parteiwillen (Rn. 12). Als Unterschied bleibt schließlich, dass Zwangsmittel dem Schiedsgericht von vornherein bereits verschlossen bleiben (als Ausformung und Konsequenz des **staatlichen Gewaltmonopols**), dass sich das Schiedsgericht also etwas holt, was ihm ganz originär nicht zukommt. Insoweit ist die Regelung auch Bestätigung und Tolerierung der Schiedsgerichte.

2. Einzelfälle.[9] In Betracht kommen insoweit Unterstützung bei der Beweisaufnahme (**S. 1,** **5** **1. Var.** – Rn. 6 ff.) und Vornahme sonstiger richterlicher Handlungen (**S. 1, 2. Var.** – Rn. 10 f.), für welche dem Schiedsgericht eigene Handlungsbefugnisse fehlen. Dies ist eine begrüßenswerte nationale ModG-Ausweitung (Rn. 2) und stärkt die Schiedsrichterbefugnisse. Die Aushilfe bleibt insoweit ein Teil des Schiedsverfahrens (str., Rn. 30 mit Rn. 33). Bei allen Beweisaufnahmen haben die Schiedsrichter daher auch ein *eigenständiges* Teilnahme- und Fragerecht (S. 3 – Rn. 34); die freie Beweiswürdigung (§ 1042 Abs. 4 S. 2, 3. Var.) ist ihnen genauso unbenommen wie die Entscheidungsprärogative (§ 1042 Abs. 4 S. 2, 1. Var. mit Rn. 18) – ausgelagert ist quasi das Mittelstück, die Durchführung der Beweiserhebung (§ 1042 Abs. 4 S. 2, 2. Var.).

a) Hilfeleistung bei der Beweiserhebung. aa) Zwangsmaßnahmen. Gedacht ist zunächst **6** an Zwangsmaßnahmen gegen **Zeugen** (§§ 380, 390; vgl. § 1049 Rn. 49 ff., 52 u. 64) und **Sachverständige** (§ 409; vgl. § 1049 Rn. 9 ff., 18) – als Erscheinens-, Aussage- bzw. Gutachtens- und Eideszwang, wenn die Aussage für die Entscheidung erheblich sein *und* nicht damit gerechnet werden kann, dass die betreffende Person freiwillig mitwirkt; statthaft ist ebenfalls Eideszwang gegenüber **Parteien** (§ 452; vgl. § 1049 Rn. 75 u. 77), obgleich die negative Würdigung (§ 446) maßvollere Reaktionen ermöglicht. Möglich ist genauso, Mitwirkungsakte Dritter zu fordern (§ 142 Abs. 1 S. 1: Urkundenvorlage[10] [iVm. Art. 3 Abs. 8 IBA-RoToE]; § 144 Abs. 1 S. 2: Vorlage eines Objekts; § 144 Abs. 1 S. 3: Duldungsanordnung [iVm. Art. 7 IBA-RoToE] - dazu vgl. auch § 1049 Rn. 48, 74, 80).

bb) Vermittlungshilfe. Möglich sind genauso **Vermittlungen**, vor allem für **Beweisaufnah-** **7** **men im Ausland** (§ 363 ZPO); dabei wird das Gericht ersucht, nach Maßgabe der anzuwendenden internationalen Vorschriften um Rechtshilfe zu bitten. Das Haager Beweisübereinkommen hilft Schiedsgerichten nicht unmittelbar,[11] denn es gilt nur für Ersuchen *gerichtlicher* Behörden (Art. 1 Abs. 1 HBÜ) in *gerichtlichen* Verfahren (Art. 1 Abs. 2 HBÜ); Entsprechendes gilt für die neue EU-BeweisVO.[12] Hierzu zählt ferner die Abnahme von **eidesstattlichen Versicherungen** (vgl. § 1049 Rn. 79, § 1041 Rn. 24) als Mittel der Glaubhaftmachung (§ 294 Abs. 1) für schriftliche Zeugenaussagen (§ 377 Abs. 3) und auch für Parteivortrag.

Oft fasst man darunter auch alle Handlungen, zu denen das Schiedsgericht zwar an sich befugt ist, **8** die es aus tatsächlichen Gründen jedoch tunlichst vermeiden möchte, weil der Aufwand in keinem vertretbaren Verhältnis zur Sache steht, wie zB Vernehmungen an weit entfernten Orten[13] (Unpraktikabilitätsfälle). Die Anleihe bei § 362 widerspricht dabei aber der Subsidiarität, die eindeutig nun gefordert ist. S. 1 aE versus § 1043 Abs. 2, 2. Var.; Rn. 26). Das Staatsgericht ist eben nicht etwa der gefügige „Büttel" des Schiedsgerichts. Aushilfe wäre freilich ohne weiteres zu erlangen, wenn ein Zeuge von sich aus eine mühselige Anreise verweigert.

cc) Behördenmitwirkung. Schließlich ist Vermittlung denkbar zur Einholung von Auskünf- **9** ten[14] bei in- und ausländischen Behörden (§§ 273 Abs. 2 Nr. 2, 358a Nr. 2; vgl. § 1049 Rn. 78)

---

[9] Dazu etwa *Musielak/Voit* Rn. 2; *Schütze/Tscherning/Wais* Rn. 488 ff.; *Kühn* DIS IX (1992) S. 65, 67 f.; *Wieczorek/Schütze* § 1036 aF Rn. 2–4.
[10] *Lachmann* Rn. 1620 aE mit Rn. 1568 f.; *Rützel/Wegen/Wilske*, 2005, S. 134 [2. Abs.]; *Krapfl*, Dokumentenvorlage, 2007, S. 148, 158, 163/164; *Schroeder*, Die lex mercatoria arbitralis..., S. 239; wohl – jedoch unklar – auch *Stein/Jonas/Schlosser* § 1042 Rn. 12 (2. Abs.) u. *Schütze* SV Rn. 185 [1. Abs.] – anders offenbar jedoch *Schwab/Walter* Rn. 15.22 (1. Abs.).
[11] BT-Drucks. 7/4892 S. 53; *Schütze* SV Rn. 189 [2. Abs.]; *Rützel/Wegen/Wilske*, 2005, S. 138 [1. Abs.]; *Schäffler*, anglo-amerikanische Beweismethoden, 2003, S. 155 f. [III 1]; *Krapfl*, Dokumentenvorlage, 2007, S. 331.
[12] *Schäffler*, Anglo-amerikanische Beweismethoden, 2003, S. 156 f. [III 2].
[13] So etwa *Thomas/Putzo/Reichold* Rn. 1; *Zöller/Geimer* Rn. 8; BSK-IPRG/*Schneider* Art. 184 Rn. 57; *Stein/Jonas/Schlosser* Rn. 6 – anders *Schwab/Walter* Rn. 17.4, aber abschwächend wohl *Walter/Bosch/Brönnimann* Art. 184 IPRG (CH) Bem. III 1 b; *Lachmann* Rn. 1627; *Baumbach/Lauterbach/Hartmann* Rn. 1; *Schlosser* RIPS Rn. 588. Das ModG hat diese wichtige Frage offengelassen trotz 3rd SN Nr. 36 = *Holtzmann/Neuhaus* S. 742.
[14] Sie sind statthaft auch im Schiedsverfahren, *Schütze/Tscherning/Wais* Rn. 482; zweifelnd *Wieczorek/Schütze* § 1036 aF Bem. A II (2. Aufl.), anders dann jedoch Rn. 4 (3. Aufl.). So wie hier *Stein/Jonas/Schlosser* Rn. 4.

§ 1050 10–12   Buch 10. Abschnitt 5. Durchführung des schiedsrichterlichen Verfahrens

sowie auch zur Vorlage von Urkunden (§ 432 Abs. 1; vgl. § 1049 Rn. 65 ff., 74),[15] wenn und weil die Behörden direkt keine Informationen geben (arg. § 432 Abs. 2). Dazu zählt ferner das Erbitten einer Auskunft nach dem Europäischen Rechtsauskunftsübereinkommen vom 7. 6. 1968[16] und das Einholen von Aussagegenehmigungen für Minister, Richter und Beamte (§ 376),[17] soweit dafür wieder die Befugnis des Schiedsgerichts fehlt (vgl. § 1049 Rn. 51 aE).

10   **b) Unterstützung bei Zustellungen.** Die Bedeutung von Zustellungen ist mit der Neuregelung noch einmal deutlich zurückgegangen: an die Stelle der Zustellung (§ 1039 Abs. 3 aF) ist die einfache Übersendung (§ 1054 Abs. 4 nF) des Schiedsspruches getreten; sogar die Frist für den Aufhebungsantrag (§ 1059 Abs. 3) beginnt mit dem Empfang, ohne dass dazu besondere Förmlichkeiten notwendig sind. Damit wird die Übermittlung per **Einschreiben gegen Rückschein** (§ 1028 Rn. 13; § 1054 Rn. 38; § 1059 Rn. 61) regelmäßig ausreichen – die Parteien können freilich Abweichendes immer vereinbaren. Dann mag etwa für Zustellungen im Ausland (§§ 199 ff.)[18] oder öffentliche Zustellungen (§§ 203 ff.) staatliche Unterstützung dargeboten sein, auch scheint eine Anordnung zur Bestellung eines **Zustellungsbevollmächtigten** (§ 174) möglich, was dann uU eine förmliche Zustellung lediglich mit Aufgabe zur Post ermöglicht (§ 175 S. 2/3). Im Übrigen steht ohnehin eine Parteizustellung im Schiedsverfahren frei (§ 132 Abs. 1 BGB).

11   **c) Sonstige Aushilfefälle.** Schiedsgerichte sind weder nach Art. 100 GG noch Art. 234 EG vorlagebefugt – sie können indes den Umweg nehmen, eine **Richtervorlage** über das staatliche Gericht an den EuGH[19] oder an das BVerfG[20] zu bringen (das Staatsgericht ist „Vorlagebote"[21]) – die Frage ist indes, ob das nicht den gesteckten Rahmen (Rn. 5) überschreitet, weil hierbei eine Rechtsfindung ansteht, die die Parteien bewusst alleinig dem Schiedsgericht übertragen,[22] somit gerade nicht staatlichen Gerichten zugewiesen haben. In Betracht kommt insoweit zudem etwa die Bestellung eines **Prozesspflegers** für eine prozessunfähige Schiedspartei (§ 57).

12   **3. Abdingbarkeit.** Die Aushilfsregel ist parteiautonom abdingbar. § 1050 enthält zwar, wie auch der ihm zugrunde liegende Art. 27 ModG und entgegen üblichen Vorgaben, keinen ausdrücklichen Hinweis auf eine mögliche Abdingbarkeit; seine Nähe zur Gerichtsverfassung spricht wohl auch eher dagegen. Wenn es aber richtig ist, dass die Aushilfe im Interesse der Parteien erfolgt (Rn. 1), muss auch deren Abrede zur Grenzziehung befugt sein – jedenfalls **abstrakt und vorneweg**. Dass im konkreten Einzelfall die Schiedsrichter (mit-)bestimmen (Rn. 16 ff.), verschlägt dagegen nichts: sie werden nur kraft *genereller* Parteiermächtigung tätig, § 1042 Abs. 3 geht darum auch § 1042 Abs. 4 S. 1 vor. Den Parteien muss es also möglich sein, mittels Verfahrensabrede oder -ordnung – schiedsintern – engere oder weitere Grenzen für die Anrufung staatlicher Gerichte vorzugeben;[23] ob das staatliche Gericht eine etwaige Ausweitung auch beachtet, steht auf einem anderen Blatt.

---

[15] Erstes (Regel-)Beispiel in BT-Drucks. 13/5274 S. 51 li. Sp. [3].
[16] ABlEG 1980 L 266 S. 1 u. BGBl. 1974 II S. 938 ff. – keinerlei „unmittelbare" Befugnis: *Schütze* SV Rn. 201 [2. Abs.].
[17] Drittes (Regel-)Beispiel in BT-Drucks. 13/5274 S. 51 li. Sp. [3] – aA *Stein/Jonas/Schlosser* Rn. 4 aE.
[18] Vgl. OLG Hamburg SeuffA 58 (1903), 247 f.; OLGspr. 25 (1912), 244; *Baumbach/Lauterbach/Hartmann* Rn. 1; *Kühn* DIS IX (1992) S. 65, 68; *Schütze/Tscherning/Wais* Rn. 489; *Sandrock* RIW 1987 Beilage 2 S. 10.
[19] Vgl. EuGHE 1982, 1095, 1109–1111 = NJW 1982, 1207 („Nordsee"), dazu *Hepting* IPRax 1983, 101 u. *Rengeling/Jakobs* DÖV 1983, 375; EuGHE 1999 I, 3055, 3092 [34] = EuZW 1999, 565 („Eco Swiss"); EUGHE 2005 I, 923, 932 f. [13–17] = EuZW 2005, 319 („College d'arbitrage") – aus der Lit.: *Kornblum* JbPrSch. 2 (1988), 34; *Weitbrecht/Fabis* EWS 1997, 1, 4; *Baumbach/Lauterbach/Hartmann* Rn. 1; *Stein/Jonas/Schlosser* Rn. 12 [3. Abs.] mit RIPS Rn. 589; *Lachmann* Rn. 1623–1625; *Zöller/Geimer* § 1051 Rn. 18; *Musielak/Voit* § 1051 Rn. 10.
Zum Vorlagerecht nun *Schütze* SchiedsVZ 2007, 121, 124 [IV 2] m. weit. Nachw. – dafür etwa *Zobel*, Schiedsgerichtsbarkeit und Gemeinschaftsrecht, 2005, S. 109 ff. (174–196), zust. *Heiss*, in: *Oberhammer* (Hrsg.), 2005, S. 89, 106; *Hilbig*, Das gemeinschaftsrechtliche Kartellverbot im internationalen Handelsschiedsverfahren, 2006, S. 146 ff.; ganz dagegen aber *Beulker*, Die Eingriffsnormenproblematik in Internationalen Schiedsverfahren, 2005, S. 339–343; *Ruzik*, Die Anwendung von Europarecht durch Schiedsgerichte, 2003, S. 28–35; *Heukamp*, Schiedszusagen in Fusionskontrollentscheidungen, 2005, S. 157–159.
[20] Vgl. *Baumbach/Lauterbach/Hartmann* Rn. 1 mit § 1 GVG Rn. 8; *Zöller/Geimer* § 1051 Rn. 18; *Musielak/Voit* § 1051 Rn. 10; *Stein/Jonas/Schlosser* Rn. 12 [3. Abs.].
[21] Wendung von *Hepting* IPRax 1983, 101, 103.
[22] Gute Differenzierung hier bei *Musielak/Voit* Rn. 2 mit § 1051 Rn. 10. – Anders dann später im *Aufhebungsverfahren*, EuGH EuZW 1999, 565, 567 („Eco Swiss") [Nr. 33 f. mit Nr. 40].
[23] Ebenso *Granzow*, 1988, S. 166; *Krapfl*, Dokumentenvorlage, 2007, S. 158 – einschr. *Stein/Jonas/Schlosser* Rn. 1 aE: Modifikation, aber nicht auch Abbedingung.

III. Zulässigkeitsprüfung (S. 1 u. S. 2, 1. Halbs.)

1. Zuständigkeit. Sachlich zuständig ist durchweg das **Amtsgericht** (§ 1062 Abs. 4, 1. Halbs.) 13
– in Anlehnung an § 157 Abs. 1, 1. Halbs. GVG und Abweichung von § 1062 Abs. 1. **Örtlich** zählt dann die Belegenheit oder **Sachnähe**, dh. es ist zu fragen, in welchem konkreten Bezirke „die richterliche Handlung vorzunehmen ist" (§ 1062 Abs. 4, 2. Halbs.). Gerade für Beweisaufnahmen (Rn. 6 ff.) liegt nahe, das ortsnächste Gericht zu bemühen;[24] bei Zeugenvernehmungen zählt insoweit der Wohnsitz,[25] bei Zustellungen und sonstigen Verfahrenshilfen für das Schiedsgericht wird man an den Schiedsort (§ 1043 Abs. 1) anknüpfen, wenn er denn nur inlandsbelegen ist (§ 1025 Abs. 1). Bei Unzuständigkeit erfolgt Weiterleitung (§ 158 Abs. 2 S. 2 GVG analog).

International ist aber § 1050 auch anwendbar, „wenn der Ort des Schiedsverfahrens im Ausland 14 liegt oder noch nicht bestimmt ist" (vgl. § 1025 Abs. 2 gegen Art. 1 Abs. 2 ModG),[26] soweit dafür eine konkrete Inlandsfixierung vorliegt (arg. § 1062 Abs. 4).

Funktionell muss schließlich die ersuchte Handlung einem **Richter** vorbehalten sein; sie darf 15 nicht in den Zuständigkeitsbereich von Gerichtsvollziehern, Kostenbeamten oder Urkundsbeamten der Geschäftsstelle fallen;[27] sie kann indes von einem Rechtspfleger wahrgenommen werden, soweit dieser anstelle des Richters handelt (zB § 3 Nr. 1 b RpflG). Dort genügt die direkte Antragstellung. „Gericht" meint Staatsgericht (arg. § 1026, dort Rn. 2), aber nicht etwa (Staats-)Behörde;[28] indes kann das Staatsgericht weitere **Rechts-** (§§ 156 ff. GVG) **und Amtshilfe** (Art. 35 Abs. 1 GG) erbeten. Dann erfolgt eine mehrfach gestufte Aushilfe: vom Schiedsgericht übers Staatsgericht zur Staatsbehörde (fraglich kann insoweit sein, ob diese auch wirklich tätig wird).

2. Antragsbefugnis. Das Tätigwerden staatlicher Gerichte setzt – das ist neu! – einen **Eigenan-** 16 **trag des Schiedsgerichts** oder den Antrag einer Partei, alsdann indes mit einer **Zustimmung des Schiedsgerichts** voraus – gedacht ist dies als eine Kompromisslösung aus *alleiniger* Antragsbefugnis entweder der Parteien oder aber des Gerichts.[29] Diese Einschätzung hinkt. Die **Parteien haben nämlich kein eigenes Recht,** das Staatsgericht anzurufen; sie sind auf die Zustimmung des Schiedsgerichtes angewiesen, es besteht keine direkte Beschwerdemöglichkeit[30] (aber: § 1059 Abs. 2 Nr. 1 b, 2. Halbs. u. Nr. 1 d).

Die früher geübte Praxis der Fristsetzung zur Antragstellung ist ebenso hinfällig wie die Kon- 17 struktion, das Schiedsgericht als sozusagen konkludent ermächtigt anzusehen, den Antrag im Namen der Parteien zu stellen;[31] weiterhin nützlich erscheint es hingegen (Rn. 28), vorher jede Partei anzuhören oder auf eine gemeinsame Antragstellung hinzuwirken.

Das Schiedsgericht muss allemal den Antrag als erforderlich ansehen[32] und achtet so darauf, dass 18 das Aushilfeverfahren keine Handhabe zur Verzögerung des Schiedsverfahrens bietet (arg. § 1042 Abs. 4 S. 2). Teilweise wird darin ein Problem hinsichtlich der unbedingten Gewähr rechtlichen Gehörs (§ 1042 Abs. 1 S. 2 [iVm. § 1059 Abs. 2 Nr. 1b, 2. Halbs.]) gesehen[33] – das jedoch ist schief: die Partei findet ihr Gehör – aber eben (genauso wie beredet!) bloß beim Schiedsgericht, welchem sie die Notwendigkeit der Beweiserhebung dartun muss. Keiner Partei steht es frei, unerheblichen Beweisthemen nachzuspüren.[34]

3. Antragsinhalt. Das Hilfeersuchen muss schriftlich und in deutscher Sprache (§ 184 GVG) er- 19 folgen. Ansonsten bestehen **keine besonderen Formvorschriften.** Das ModG sah sie ursprüng-

---

[24] BT-Drucks. 13/5274 S. 64 re. Sp. [12] mit *Holtzmann/Neuhaus* S. 240.
[25] RG JW 1912, 305 – Näheres: § 157 GVG Rn. 12.
[26] Näher dazu bei *Wirth/Hoffmann-Nowotny* SchiedsVZ 2005, 66.
[27] *Baumbach/Lauterbach/Albers*, 56. Aufl., § 1036 aF Rn. 1; *Schwab/Walter* Rn. 17.2; *Kühn* DIS IX (1992) S. 65, 67; *Lachmann* Rn. 1901 – hier aA noch 2. Aufl. 2002, Rn. 1054 (S. 359/360): Kostenfestsetzung.
[28] *Walter/Bosch/Brönnimann* Art. 184 IPRG (CH) Bem. III 2 mit 3 c.
[29] CR Nr. 226 = *Holtzmann/Neuhaus* S. 761 bzw. 5th WGR Nr. 98 = *Holtzmann/Neuhaus* 750 als Reaktion auf 4th WGR Nr. 39 f. = *Holtzmann/Neuhaus* S. 746 mit BT-Drucks. 13/5274 S. 51 re. Sp. [5]. Vgl. aber zu Art. 27 ModG auch erg. *Hußlein-Stich*, 1990, S. 137 einerseits („ausgewogene Regelung"), *Calavros*, 1988, S. 120/121 andererseits („sicherlich nicht ausgewogen"); *Granzow*, 1988, S. 164.
[30] *Baumbach/Lauterbach/Hartmann* Rn. 3 – aA BSK-IPRG/*Schneider* Art. 184 Rn. 58: Unbeachtlichkeit unbegründeter Verweigerung.
[31] Gegen die hM nur *Wieczorek/Schütze* § 1036 aF Rn. 6 (überzeugend!) m. weit. Nachw. zur hM (Fn. 14), ferner: *Kühn* DIS IX (1992) S. 65, 67; *Schwab/Walter*, 5. Aufl., Rn. 17.7; 1. Aufl. § 1036 aF Rn. 2.
[32] So bereits zu § 1036 aF 1. Aufl. Rn. 2 im Anschluss an OLG Nürnberg OLGRspr. 23 (1911), 252 f. (Zeugenvernehmung); ganz deutlich auch 7th SN Art. 27 Nr. 5 = *Holtzmann/Neuhaus* S. 755.
[33] *Calavros*, 1988, S. 120/121 mit Verweis auf *Habscheid* ZZP 96 (1983), 306 ff. m. weit. Nachw.
[34] BT-Drucks. 13/5274 S. 51 re. Sp. [5] aE im Anschluss an Kom.-Ber. S. 164/165; *Zimmermann* Rn. 1 aE.

lich vor (Art. 27 Abs. 1 S. 2 5th Draft) und verlangte Bezeichnung der Parteien und (Schieds-)Richter (lit. a), die Umschreibung des Streitgegenstandes (lit. b: „the general nature of the claim and the relief sought") und eine Art Beweisantrag (lit. c); darauf wurde später explizit verzichtet, weil ausschließlich bloß Grundlagen geklärt werden sollten.[35] Das nationale Prozessrecht verbleibt unangetastet – § 1050 S. 2 sieht hier den Rückgriff auf übliche Regeln vor, die aber gesetzlich nicht festgelegt sind; jedenfalls müssen ersuchtes Gericht und ersuchte Handlung hinreichend präzise umschrieben werden (§ 157 GVG Rn. 4–6). Bei Beweisaufnahmen empfiehlt sich die Angabe der Parteien (§ 357 Abs. 1) und (Schieds-)Richter (§ 1050 S. 3). Die Draft-Regel des Modellgesetzes gibt durchaus also gewisse nützliche Fingerzeige.

20 **4. Prüfungskriterien. a) Formelle Prüfung.** Neben Zuständigkeit (Rn. 13 ff.) und Antragsbefugnis (Rn. 16 ff.) prüft das staatliche Gericht dazuhin sämtliche sonstigen, **allgemeinen Prozessvoraussetzungen** – ganz genau wie sonst auch (arg. S. 2, 1. Halbs.), zB die Partei- und Prozessfähigkeit des Antragstellers, seien dies nun Richter oder Partei(en). Anwaltszwang besteht jedoch nicht – ohne dass es des Rückgriffs auf § 1063 Abs. 4 iVm. § 78 Abs. 3 erst ergänzend noch bedürfte.

21 Bislang sollte zudem noch das **Bestehen einer Schiedsvereinbarung,** die zu dem Antrag berechtigt, geprüft werden – jedenfalls aber nur ganz pauschaliter, auf völlig offensichtliche Mängel[36] (wie zB auf Schiedsfähigkeit [§ 1030], Formmängel [§ 1031], Abschlussfehler etc.). Denn eine Ablehnung des Antrags wegen Unwirksamkeit des Schiedsvertrags sollte einerseits weder das Schieds- noch das mit der Aufhebung befasste Staatsgericht binden, legte andererseits das Schiedsverfahren aber praktisch lahm. Unter neuem Recht erübrigt sich diese Prüfung jetzt freilich:[37] das Schiedsgericht hat primäre Kompetenz-Kompetenz (§ 1040 Abs. 1 S. 1), das Staatsverfahren kennt dazu einen zusätzlichen – fristgebundenen – Rechtsbehelf (§ 1040 Abs. 3 S. 2 – dazuhin im Vorfeld: § 1032 Abs. 2), der aber eben keine unerwünschte Verfahrenssperre erzeugen soll (§ 1040 Abs. 3 S. 3 bzw. § 1032 Abs. 3). Das wäre aber die höchst schädliche zusätzliche Konsequenz, wenn erbetene Unterstützung versagt würde. Hinzu käme das Leerlaufen der neubegründeten OLG-Zuständigkeit (§ 1062 Abs. 1 Nr. 2). Eine diesbezügliche Vorlagepflicht wurde übrigens auch für das ModG zunächst erwogen, dann jedoch verworfen.[38]

22 Ferner ist der Antrag erst statthaft nach **Konstituierung des Schiedsgerichts** iSv. §§ 1034 ff., das jedenfalls ja zustimmen muss (Rn. 16), zumal es dabei um eine verfahrensmäßige Unterstützung geht, und nicht schon mit Verfahrensbeginn iSv. § 1044 oder gar noch davor. Hier bleibt bloß staatliche Gerichte direkt anzusprechen (§ 1033 mit §§ 916 ff.; §§ 485 ff.); das geht auch bei ausländischen bzw. unbestimmtem Schiedsort (§ 1025 Abs. 2).

23 **b) Nachweisverpflichtung.** Dem Gericht werden am besten die folgenden von ihm für diese Prüfung erforderlichen Unterlagen gleich mit dem Antrag vorgelegt: Schiedsvereinbarung (§ 1029) und Klageeinreichung (§ 1044) als eine Art Kompetenztitel (Rechtsschutzbedürfnis), die Unterlagen zur Konstituierung des Schiedsgerichts[39] sowie vor allem die **Anordnung bzw. Zustimmung des Schiedsgerichts,** die auch die gewünschte Maßnahme umschreibt, zB ein Beweisbeschluss,[40] samt einer Äußerung des Schiedsgerichts, weshalb es sich nicht für befugt hält. Einer besonderen Glaubhaftmachung bedarf es dafür idR nicht. Vorzulegen sind ferner alle sonstigen Unterlagen, aus denen die **Zuständigkeit des angerufenen (Staats-)Gerichts,** dh. die „Ortsbelegenheit" des Unterstützungsakts (§ 1062 Abs. 4 iVm. § 1025 Abs. 1/2, Rn. 13) folgt. Die Vorlage des gesamten Aktenmaterials erschwert nur die Aushilfe des Richters[41] und seine Konzentration aufs Wesentliche: er ist hier nur „Zuarbeiter".

---

[35] CR Nr. 228 = *Holtzmann/Neuhaus* S. 761.
[36] 1. Aufl. § 1036 Rn. 4 [c]; OLG Stuttgart NJW 1958, 1048f. (mit guter Abwägung pro et contra); *Baumbach/Lauterbach/Albers,* 56. Aufl., § 1036 aF Rn. 4; *Stein/Jonas/Schlosser* Rn. 7; nunmehr auch *Schwab/Walter* Rn. 17.10 („kursorisch, prima facie"); *Haas,* FS Rechberger, 2005, S. 187, 192. Für eine präzise Prüfung aber *Habscheid* KTS 1958, 177, 179 („,wildes' Schiedsgericht"); OLG Kassel HRR 1935 Nr. 1553; noch stärker prüfend hier OLG Karlsruhe BadRspr. 25, 37: Verfahrenskontrolle? Gegen jedwede Prüfung indes OLG Hamburg OLGRspr. 23 (1911), 251f. = ZZP 42 (1912), 200; KG LZ 19 (1925), 215.
[37] So auch *Thomas/Putzo/Reichold* Rn. 2; *Zöller/Geimer* Rn. 6 (aber anders noch § 1029 Rn. 123); *Krapfl,* Dokumentenvorlage, 2007, S. 160 – aA *Zimmermann* Rn. 2 (General-Prüfung); *Lachmann* Rn. 1634 u. *Stein/Jonas/Schlosser* Rn. 7 (Prüfung offenkundiger Mängel); *Musielak/Voit* Rn. 5 (Pauschal-Prüfung).
[38] 5th WGR Nr. 100 = *Holtzmann/Neuhaus* S. 750 („unnecessarily burdensome" bzw. „not sufficient").
[39] *Wieczorek/Schütze* § 1036 aF Rn. 7.
[40] Doch missverständlich hier *Wieczorek/Schütze* § 1036 aF Rn. 1 (förmlicher Beschluss nötig?).
[41] 1. Aufl. § 1036 aF Rn. 3 gegen *Maier* Rn. 371.

c) **Materielle Prüfung.** S. 2, 1. Halbs. meint aber **keine Prüfung der Nützlichkeit und Er-** 24
heblichkeit der beantragten Maßnahme oder der richtigen Beweislastverteilung[42] – das obliegt der
schiedsrichterlichen Eigenverantwortung (§ 1042 Abs. 4 [S. 2]) und entspricht der Grundmaxime
jedweder Rechtshilfe (§ 158 Abs. 1 GVG). Wird richterliche Hilfe etwa für eine vom Schiedsgericht für nötig erachtete Beeidigung beantragt, so ist das Staatsgericht hinsichtlich der Erforderlichkeit an die Einschätzung gebunden,[43] sofern nicht klar ein offensichtlicher Missbrauch vorliegt[44]
oder eine Beeidigung sonst gesetzlich ausscheidet (§§ 393, 452 Abs. 4). – Geprüft wird hierbei aber
dreierlei:

aa) **Statthaftigkeit nach Schiedsvereinbarung.** Nötig ist vorab, dass überhaupt ein internes 25
Schutzbedürfnis vorliegt. Ist nämlich die begehrte Handlung schon kraft Parteiwillens explizit verboten, gilt dieses Verbot auch für ersuchte staatliche Gerichte.[45] Meist regeln die Parteien indes
nichts, und mithin greift das schiedsrichterliche Verfahrensermessen (§ 1042 Abs. 4 S. 1), vor allem
für Beweisaufnahmen (§ 1042 Abs. 4 S. 2).

bb) **Subsidiarität.** Es geht um Handlungen, „zu denen das Schiedsgericht nicht befugt ist" 26
(S. 1), obgleich die Parteien sie zulassen würden. Die Einschränkung ist ohne ein ModG-Vorbild,
aber eigentlich doch selbstverständlich. Das Schiedsgericht muss seine Aufgaben schließlich selbständig erfüllen,[46] die Aushilfe ist insoweit nur Notanker. Doch genügt, wenn die Befugnis des
Schiedsgerichts aller Wahrscheinlichkeit nach nicht besteht oder eine an sich zwar bestehende Befugnis aller Wahrscheinlichkeit nach versagen wird;[47] demgemäß reicht etwa die Aussage des Obmanns, dass der Zeuge trotz nachgewiesenen Zugangs einer Einladung nicht erschienen ist und
auch nicht geantwortet hat, die Tatsache verschiedener Wohnorte bei einer nötigen Gegenüberstellung[48] oder eine *zusätzlich* nötige Beeidigung.[49]

cc) **Zulässigkeit nach Zivilprozessrecht.** Nötig ist zudem die selbständige Feststellung des 27
prozessualen Erlaubtseins, so etwa im Hinblick auf Zeugnis- und Eidesverweigerungsrechte
(§§ 383ff., 393, 408) bzw. Zumutbarkeit der Mitwirkung (§§ 142 Abs. 2, 144 Abs. 2), die Beschränkungen für die Parteivernehmung (§§ 445 Abs. 2, 450 Abs. 2 S. 2, 452 Abs. 1 S. 2),[50] die Möglichkeit von Zwangsmitteln etc. Eine „discovery of documents" auf Grund US-Vorbilds (§ 1025 Abs. 2
bzw. § 1042 Abs. 3) kann danach jederzeit abgelehnt werden (unzulässige Beweisform).[51]

5. Gerichtsbeschluss. Über den Aushilfeantrag entscheidet das staatliche Gericht durch Be- 28
schluss – idR ohne mündliche Verhandlung (§ 1063 Abs. 1 S. 1); vorher ist jedoch **„der Gegner"
anzuhören** (§ 1063 Abs. 1 S. 2). Wenn nur eine Partei den Antrag stellt, passt diese Regel wohl;
besser stellen jedoch *beide Parteien* miteinander diesen Antrag: es gibt sodann eigentlich keinen Gegner, der Bedarf rechtlichen Gehörs entfällt, Verzögerungen werden ausgeschlossen.[52] Und beantragt
das *Schiedsgericht* von sich aus, mangelt es genauso am Gegner, sondern es geht um „einseitige"
Rechtshilfe – selbstverständlich im Parteiinteresse (Rn. 1); wenn zuvor erst beide Schiedsparteien
Gehör zu finden hätten, würde die Regel des § 1042 Abs. 4 S. 2 konterkariert und das Schiedsgericht müsste zweckmäßigerweise zuvor ein internes Plazet einholen. – Wegen Verkündung, Mitteilung und Zustellung näher § 329, idR erfolgt demzufolge formlose Mitteilung (§ 329 Abs. 2 S. 1)
„den Parteien" gegenüber; das kann freilich auch das Schiedsgericht sein! Der Beschluss ist **an-**

---

[42] OLG Hamburg HansGZ 33 (1912) BBl. Nr. 71, S. 132; *Musielak/Voit* Rn. 4; *Thomas/Putzo/Reichold* Rn. 2 („Zweckmäßigkeit"); *Schütze/Tscherning/Wais* Rn. 495; *Schwab/Walter* Rn. 17.8 bzw. *Walter/Bosch/Brönnimann* Art. 184 IPRG (CH) Bem. IV 2 e; *Baumbach/Lauterbach/Hartmann*, 65. Aufl., Rn. 3.

[43] *Stein/Jonas/Schlosser* Rn. 7; *Wieczorek/Schütze* § 1036 aF Rn. 9 – aA OLG Jena JW 1937, 2236 m. abl. Anm. *Jonas*.

[44] Vgl. KG JW 1931, 1826 sowie *Schwab/Walter* Rn. 17.8.

[45] So auch *Schwab/Walter* Rn. 17.9 bzw. *Walter/Bosch/Brönnimann* Art. 184 IPRG (CH) Bem. IV 2 b.

[46] Dies meinen auch letztendlich OLG Hamburg OLGRspr. 23 (1911), 251 (Beeidigung) u. OLG München OLGRspr. 27 (1913), 196 (Vernehmung). Vgl. noch erg. Rn. 8 mit § 1049 Rn. 64 u. *Musielak/Voit* Rn. 2 aE (zu § 375).

[47] Ähnlich *Schlosser* RIPS Rn. 588 („Umstände [...], die die Annahme rechtfertigen"); *Schwab/Walter* Rn. 17.6 („verständige Auslegung"); *Baumbach/Lauterbach/Hartmann* Rn. 4 (1. Abs.) („keine großen Anforde-rungen").

[48] OLG München OLGRspr. 27 (1913), 196.

[49] OLG Hamburg OLGRspr. 23 (1911), 251.

[50] OLG Jena JW 1937, 2236.

[51] BT-Drucks. 13/5274 S. 51 re. Sp. [6] – zust. *Wilke* IDR 2004, 88, 92 [II 2] bzw. *Rützel/Wegen/Wilske*, 2005, S. 139 [Mitte]; *Zöller/Geimer* Rn. 6; *Tief*, Informationspflichten, 2000 S. 82/83; einschr. *Zimmermann* Rn. 2 (mit Hinweis auf § 142); differenzierend *Schwab/Walter* Rn. 17.8; *Krapfl*, Dokumentenvorlage, 2007, S. 161–163.

[52] *Schütze/Tscherning/Wais* Rn. 492; *Kühn* DIS IX (1992) S. 65, 67.

fechtbar in Anlehnung an § 159 GVG (§ 1065 Abs. 1 S. 2 nennt hier nur § 1062 Abs. 1!).[53] Bei Ablehnung muss womöglich das Schiedsverfahren irregulär beendet werden, wenn man denn nicht doch anderweitig weiterkommt (§ 1056 Abs. 2 Nr. 3, 2. Var.).

IV. Aushilfeverfahren (S. 2, 2. Halbs. u. S. 3)

29 **1. Grundsatz.** Das ModG sah ursprünglich für Beweisaufnahmen zwei alternative Wege vor (Art. 27 Abs. 2, 2. Halbs. 5th Draft): Beweiserhebung des Staatsgerichts selbst oder jedoch Ermächtigung des Schiedsgerichts, seinerseits die Beweise zu erheben (sog. „combined approach").[54] Im Text offen blieb dabei zwar, wem alsdann die Zwangsgewalt zustehen soll, dafür kam indes den Materialien zufolge von vornherein doch eigentlich nur das (Staats-)Gericht in Betracht. Die Unklarheit führte am Ende jedoch zur Streichung des Zusatzes.[55] Dies war gut so – und eröffnet konsequente Trennung. Eventuelle Zwangsbefugnisse dem Schiedsgericht zuzusprechen, hätte allemal deutschem Verständnis widersprochen.

30 Die deutsche Regelung ist diejenige des **„staatsunterstützt betriebenen Schiedsverfahrens"**, einerseits staatlichen Regeln gehorchend (Rn. 31 f.), andererseits als Teil des konkreten Schiedsverfahrens anzusehen (Rn. 33, quasi eine Art **„eingeschobenes Zwischenspiel"**,[56] das selbstredend die parallele Weiterführung des Schiedsprozesses gestattet, wenn und weil die begehrte Aushilfe nicht faktische Abhängigkeit statuiert (Stillstand des Verfahrens); mithin kommt viel auf vorausschauende und prozessökonomische Verfahrensplanung des Schiedsgerichts an. Das Aushilfs*ergebnis* ist in den laufenden Schiedsprozess zu „implementieren", das Aushilfs*verfahren* bleibt natürlich selbst ein Staatsverfahren.

31 **2. Vorgaben vom Staatsverfahren her.** § 1050 regelt im Verhältnis von Schieds- und Staatsgericht den schiedsgerichtlichen „Einstieg" – das befasste Staatsgericht verfährt ganz üblich, „nach seinen [sonst] ... geltenden Verfahrensvorschriften" (S. 2, 2. Halbs. im Anschluss an Art. 27 S. 2 ModG), dh. nach den gewohnten ZPO-Regeln.[57] Demgemäß werden also **Beweise eigenständig erhoben** unter Beachtung des Grundsatzes **Parteiöffentlichkeit** (§ 357 Abs. 1); die Parteien sind zu laden, und es ist ihnen zu gestatten, mit ihren Prozessbevollmächtigten an der Beweisaufnahme teilzunehmen und Fragen zu stellen. Dies erweitert dann S. 3 noch ausnahmsweise auf die Schiedsrichter (Rn. 34) – das stärkt die Unmittelbarkeit einer Beweisaufnahme.

32 Auch bei Anwesenheit der Schiedsrichter ist aber immer doch ein Sitzungsprotokoll aufzunehmen, vom welchem der Antragsteller eine beglaubigte Abschrift erhält, die dann vom Schiedsgericht (§ 1047 Abs. 3, 2. Var. bei Gerichtsantrag) oder alternativ über das Schiedsgericht (§ 1047 Abs. 3, 1. Var. bei Parteiantrag) als schriftliches Beweismittel eingeführt wird.[58] Erst dadurch wird ein Beweisergebnis zum Bestandteil des Schiedsverfahrens. Weiter mag das Gericht von der/den antragstellenden Partei(en) gemäß § 379 einen **Kostenvorschuss** erheben,[59] der eindeutig iSv. § 1057 Abs. 1 notwendig zur „zweckentsprechenden Rechtsverfolgung" ist – zumal ja zuvor das Schiedsgericht schon zustimmen musste.

33 **3. Zusätze vom Schiedsverfahren her.** Die Aushilfe ist **Teil des Schiedsverfahrens**[60] – freilich ein durchaus eigenständiger Prozessabschnitt. (Verfahrens-)Mängel können dennoch nicht – anders als früher – ohne weiteres auf den Schiedsspruch quasi zurückschlagen (§ 1059 Abs. 2 Nr. 1 d):[61] der Kontrollmaßstab ist nämlich eingeschränkt („dieses Buches") und erfordert zudem Kausalität („ausgewirkt") – doch ist eine mittelbare Auswirkung durch Verwertung mangelhafter Aushilfshandlungen möglich; unter dieser Prämisse gilt freilich auch wiederum § 1027!

---

[53] AA *Thomas/Putzo/Reichold* Rn. 2: § 567 bzw. *Baumbach/Lauterbach/Hartmann* Rn. 6 mit § 1062 Rn. 3; *Musielak/Voit* Rn. 6 mit § 1065 Rn. 4: gemäß allgemeiner Regel.
[54] 3rd WGR Nr. 33 = *Holtzmann/Neuhaus* S. 744 mit 3rd SN Nr. 35 = *Holtzmann/Neuhaus* S. 742 u. 7th SN Art. 27 Nr. 6 = *Holtzmann/Neuhaus* S. 755.
[55] CR Nr. 230 = *Holtzmann/Neuhaus* S. 762 – aber: kein argumentum e contrario, vgl. *Holtzmann/Neuhaus* S. 735 mit Fn. 12.
[56] 5th WGR Nr. 93 = *Holtzmann/Neuhaus* S. 749 („part of accepted arbitral procedure").
[57] Grundlegend 7th SN Art. 27 Nr. 2 u. 6 = *Holtzmann/Neuhaus* S. 754 f. mit 5th WGR Nr. 94 = *Holtzmann/Neuhaus* S. 749 u. 3rd SN Nr. 28 = *Holtzmann/Neuhaus* S. 740/741. Übersicht zur *Beweiserhebung* bei *Schwab/Walter* Rn. 17.15 u. *Schütze/Tscherning/Wais* Rn. 497.
[58] Dazu auch *Zöller/Geimer* Rn. 6 aE.
[59] OLG München OLGRspr. 23 (1911), 178 f.
[60] So bereits 1. Aufl. § 1036 aF Rn. 7 gegen *Schütze/Tscherning/Wais*; *Schwab/Walter* Rn. 17.14 bzw. *Walter/Bosch/Brönnimann* Art. 184 IPRG (CH) Bem. IV 4; *Kühn* DIS IX (1992) S. 65, 69.
[61] Andere Kategorisierung jedoch bei *Thomas/Putzo/Reichold* Rn. 2: § 1059 Abs. 2 Nr. 1 b o. 2 b – wohl denkbar bloß bei Verweigerung der „Amtshilfe" und nicht bei einfachen Verfahrensfehlern!

S. 3 gibt als eine Sondervorschrift für das Staatsverfahren den Schiedsrichtern ein eigenständiges **Anwesenheits- und Fragerecht** – indes nur **bei einer Beweisaufnahme** durch das staatliche Gericht (S. 1, 1. Var.) und nicht bei sonstigen richterlichen Unterstützungshandlungen (S. 1, 2. Var.). Sie *sollen* die – passive wie auch aktive – Möglichkeit haben, sich ein eigenes direktes Bild machen zu können;[62] keineswegs *müssen* sie jedoch erscheinen (1. Var.) oder aktiv werden (2. Var.), sie haben dafür ein letzthin freies Ermessen (arg. § 1042 Abs. 4 S. 2). Neben den Parteien sind deswegen die Schiedsrichter zur Durchführung der Beweisaufnahme zu laden.[63] 34

Im Rahmen der ZPO ist das Staatsgericht **an die Vorgaben des Schiedsgerichts gebunden**;[64] es darf also von einer angeordneten und zulässigen Beeidigung der Zeugen absehen oder Zeugen gemäß § 377 schriftlich anhören, wenn Vernehmung beantragt worden ist. Ist die bloße Beeidigung des Zeugen angeordnet, so muss das Gericht die Aussage des Zeugen vorlesen und etwaige Unklarheiten aufzuklären versuchen. Das Staatsgericht unterstützt, handelt mithin immer fremdnützig, nicht etwa nun in eigener (Prozess-)Planung. 35

4. Kosten und Gebühren. Die Gerichtsgebühr fällt an gemäß KV 1625 [0,5] – für jeden neuen Antrag!; dies selbst dann, wenn die ersuchte staatsgerichtliche Handlung eine eigentlich gebührenfreie wäre.[65] Sie deckt das komplette (beantragte) Verfahren, einschließlich einer Beweisaufnahme. Die arme Partei kann **Prozesskostenhilfe** erhalten, nicht aber das Schiedsgericht. Es wird vorher sicherheitshalber genügenden Vorschuss einfordern bzw. die staatliche Vorschussforderung (Rn. 32 aE) zur unmittelbaren Begleichung weiterreichen. Kostenschuldner ist der bzw. sind die Antragsteller (§ 22 Abs. 1 S. 1, 1. Halbs. iVm. § 31 Abs. 1 GKG); ist es das Schiedsgericht ergibt sich eine eigene (gesamtschuldnerische) Verpflichtung der Schiedsrichter[66] (sonst Prozessvollmacht für Schiedsparteien nötig). 36

Schiedsverfahren und Aushilfeverfahren gelten für den Anwalt (§ 1042 Abs. 2) hingegen als „dieselbe Angelegenheit" (§ 16 Nr. 10, 3. Var. iVm. § 15 Abs. 2 S. 1 RVG: Mitabgeltung); allein der *extra* für dieses Aushilfeverfahren beauftragte (Zweit-)Anwalt erhält eigene Gebühren nach VV 3327, 3. Var. [0,75] bzw. VV 3332 [0,5].[67] Der Wert bemisst sich nach § 48 Abs. 1 GKG iVm. § 3 ZPO und wird vom Staatsgericht eigenständig festgesetzt (§ 63 GKG): maßgebend ist das Interesse an der betreffenden Maßnahme – orientiert am vollen Anspruch, auf welchen die Aktionen sich beziehen.[68] Über die Kostenerstattung entscheidet das Schiedsgericht – auch im Fall von VV 3327, 3332 – am Ende selbst nach § 1057. 37

---

[62] Vgl. BT-Drucks. 13/5274 S. 51 re. Sp. [7].
[63] Das ist nun zwingend – anders aber bisher: 1. Aufl. § 1036 aF Rn. 5 („Ehrenpflicht"); *Stein/Jonas/Schlosser*, 21. Aufl., § 1036 aF Rn. 7 („erscheint ... sachgemäß"), aber auch § 1050 nF Rn. 9 („ist ... sachgerecht"); *Schwab/Walter*, 5. Aufl., Rn. 17.18 („zu empfehlen"); *Schütze/Tscherning/Wais* Rn. 497 („sollte sich von selbst verstehen").
[64] So wie auch schon bisher: 1. Aufl. § 1036 aF Rn. 6; *Schütze/Tscherning/Wais* Rn. 497.
[65] Ebenso *Hartmann*, Kostengesetze, 36. Aufl., KV 1620–1627 Rn. 11.
[66] Anders einerseits *Hartmann*, Kostengesetze, 36. Aufl., KV 1620–1627 Rn. 17: Schiedsparteien als Gesamtschuldner, andererseits *Stein/Jonas/Schlosser* Rn. 10: Pflicht des Schiedsgerichts als solchem[?].
[67] *Musielak/Voit* Rn. 9.
[68] *Hartmann*, Kostengesetze, 36. Aufl., KV 1620–1627 Rn. 16.

Abschnitt 6. Schiedsspruch und Beendigung des Verfahrens

§ 1051 Anwendbares Recht

(1) ¹Das Schiedsgericht hat die Streitigkeit in Übereinstimmung mit den Rechtsvorschriften zu entscheiden, die von den Parteien als auf den Inhalt des Rechtsstreits anwendbar bezeichnet worden sind. ²Die Bezeichnung des Rechts oder der Rechtsordnung eines bestimmten Staates ist, sofern die Parteien nicht ausdrücklich etwas anderes vereinbart haben, als unmittelbare Verweisung auf die Sachvorschriften dieses Staates und nicht auf sein Kollisionsrecht zu verstehen.

(2) Haben die Parteien die anzuwendenden Rechtsvorschriften nicht bestimmt, so hat das Schiedsgericht das Recht des Staates anzuwenden, mit dem der Gegenstand des Verfahrens die engsten Verbindungen aufweist.

(3) ¹Das Schiedsgericht hat nur dann nach Billigkeit zu entscheiden, wenn die Parteien es ausdrücklich dazu ermächtigt haben. ²Die Ermächtigung kann bis zur Entscheidung des Schiedsgerichts erteilt werden.

(4) In allen Fällen hat das Schiedsgericht in Übereinstimmung mit den Bestimmungen des Vertrages zu entscheiden und dabei bestehende Handelsbräuche zu berücksichtigen.

Schrifttum zu Abs. 1 u. 2 (Anknüpfungen): *Adolphsen*, Internationale Dopingstrafen, 2003, S. 597–684; *Baldus*, Der elektronisch geschlossene Vertrag mit Schiedsabrede, 2004, S. 104–273; *Basedow*, Vertragsstatut und Arbitrage nach neuem IPR, JbPrSch. 1 (1987), 3; *K. P. Berger*, Internationale Wirtschaftsschiedsgerichtsbarkeit, 1992, S. 347 ff. u. RIW 1994, 12; *Blessing*, Choice of Substantive Law in International Arbitration, J. Int. Arb. 14:2 (1997), 39; *Beulker*, Die Eingriffsnormenproblematik in internationalen Schiedsverfahren, 2005; *Böckstiegel*, Die Bestimmung des anwendbaren Rechts in der Praxis internationaler Schiedsgerichtsverfahren, FS Beitzke, 1979, S. 443; *ders.,* Die UNCITRAL-Verfahrensordnung für Wirtschaftsschiedsgerichtsbarkeit und das anwendbare nationale Recht, RIW 1982, 706; *Dannenbring*, Über die Bindung der privaten Schiedsgerichte an das materielle Recht, ZZP 65 (1952), 136; *Derains*, Possible Conflict of Laws Rules ..., in: *Sanders* (Hrsg.), Uncitral's Project, 1984, Report VI, S. 169; *Drobnig*, Internationale Schiedsgerichtsbarkeit und wirtschaftsrechtliche Eingriffsnormen, FS Kegel I, 1987, S. 95; *Frick*, Arbitration and Complex International Cases, 2001, S. 43–87, 130–142, 272–286; *Gentinetta*, Die lex fori internationaler Handelsschiedsgerichte, 1973 mit ZSR 84 I (1965), 139; *Grigera Naón*, Choice-of-law problems in international commercial arbitration, 1992; *Handorn*, Das Sonderkollisionsrecht der deutschen internationalen Schiedsgerichtsbarkeit, 2005 (dazu *Spellenberg* ZZP 120 [2007], 382); *Heini*, Grundfragen der Rechtsanwendung durch internationale Schiedsgerichte, FS Hans Stoll, 2001, S. 619; *Heiss*, Internationales Privatrecht in der Schiedsgerichtsbarkeit, in: CLC 23 (2005) S. 89–106; *von Hoffmann*, Internationale Handelsschiedsgerichtsbarkeit – Die Bestimmung des maßgeblichen Rechts, 1970, S. 110 ff.; *Hök*, Internationales Baurecht im Schiedsverfahren, BauR 1999, 804; *Junker*, Deutsche Schiedsgerichte und Internationales Privatrecht (§ 1051 ZPO), FS Sandrock, 2000, S. 443; *Kessler*, Die Bindung des Schiedsgerichts an das materielle Recht, 1964 (dazu *Kornblum* ZZP 81 [1968], 310); *Kulpa*, Das anwendbare (materielle) Recht in internationalen Handelsschiedsgerichtsverfahren, 2005, S. 335–356 [ZPO] mit S. 33 ff. [ModG]; *Lando*, Conflict-of-Law Rules for Arbitrators, FS Zweigert, 1981, S. 157; *ders.*, The Law Applicable to the Merits of the Dispute, in: *Sarcevic* (Hrsg.), Essays on International Commercial Arbitration, 1989, S. 129; *Lew*, Proof of Applicable Law in International Commercial Arbitration, FS Sandrock, 2000, S. 581; *Lepschy*, § 1051 ZPO – Das anwendbare materielle Recht in internationalen Schiedsverfahren, 2003; *Littauer*, Internationale Schiedsgerichtsbarkeit und materielles Recht, ZZP 55 (1930), 1; *Lörcher*, Wie zwingend sind in der internationalen Handelsschiedsgerichtsbarkeit zwingende Normen einer „dritten" Rechtsordnung? RPS 1993, 3; *F. A. Mann*, Internationale Schiedsgerichte und nationale Rechtsordnung, ZHR 130 (1967), 97; *ders.,* Schiedsrichter und Recht, FS Flume I, 1978, S. 593; *Martiny*, Die Bestimmung des anwendbaren Sachrechts durch das Schiedsgericht, FS Schütze, 1999, S. 529; *Naón*, International Commercial Arbitration – The Law Applicable to the Substance of the Dispute: Present Trends, FS Juenger, 2001, S. 65; *Nicklisch*, Privatautonomie und Schiedsgerichtsbarkeit bei internationalen Bauverträgen, RIW 1991, 89; *Sandrock*, Welches Kollisionsrecht hat ein Internationales Schiedsgericht anzuwenden?, RIW 1992, 785; *ders.,* Die objektive Anknüpfung von Verträgen nach § 1051 Abs. 2 ..., FS Sturm, 2000, S. 1645 bzw. RIW 2000, 321; *ders.,* Neue Lehren zur internationalen Schiedsgerichtsbarkeit und das klassische Internationale Privat- und Prozessrecht, FS Hans Stoll, 2001, S. 661, 675–681; *Schlosser* RIPS Rn. 725 ff.; *O. Seog-Ung*, Die Bestimmung des anwendbaren materiellen Rechts in der internationalen Handelsschiedsgerichtsbarkeit nach § 1051 ZPO, 2004; *Ruzik*, Die Anwendung von Europarecht durch Schiedsgerichte, 2003, S. 5–16; *Solomon*, Das vom Schiedsgericht in der Sache anzuwendende Recht ..., RIW 1997, 981; *Schütze*, Die Bestimmung des anwendbaren Rechts im Schiedsverfahren und die Feststellung seines Inhalts, FS Böckstiegel, 2001, S. 715; *Spiegel*, Kartellprivatrecht in der internationalen Handelsschiedsgerichtsbarkeit, 2002, S. 69–145; *Veltins*, Umfang und Grenzen von Rechtswahlklauseln, JbPrSch. 3 (1989), 126; *Vocke*, Die Bestimmung des anzuwendenden materiellen Rechts in internationalen Handelsschiedsverfahren ..., 2002; *G. Wagner*, Rechtswahlfreiheit im Schiedsverfahren: Ein Probierstein für die juristische Methodenlehre, FS Schumann, 2001, S. 535.

Schrifttum zu Abs. 3 (Billigkeitsentscheid): *Affolter,* Schiedsgerichtsbarkeit und Billigkeitsklausel, SJZ 1953, 201; *Berges,* Recht und Billigkeit im Schiedsspruch, KTS 1959, 88; *Boyd,* „Arbitrator not to be bound by the Law" Clauses, Arb. Int. 6 (1990), 122; *Landolt,* Rechtsanwendung oder Billigkeitsentscheid durch den Schiedsrichter in der privaten internationalen Handelsschiedsgerichtsbarkeit (1955), S. 66 ff.; *Loquin,* L'amiable composition en droit comparé et international, 1980; *F. A. Mann,* Schiedsrichter und Recht, FS Flume I, 1978, S. 593; *Nussbaum,* Schiedsgerichte und Rechtsordnung, JW 1926, 13; *Oertmann,* Schiedsrichter und staatliches Recht, ZZP 47 (1918), 105 mit LZ 13 (1919), 947; *Riedberg,* Der amiable Compositeur im internationalen privaten Schiedsgerichtsverfahren, 1962; *Sandrock,* „Ex aequo et bono"- und „amiable composition"-Vereinbarungen: ihre Qualifikation, Anknüpfung und Wirkungen, JbPrSch. 2 (1988), 120.

Schrifttum zu Abs. 4 (lex mercatoria): *K. P. Berger,* Lex mercatoria in der internationalen Wirtschaftsschiedsgerichtsbarkeit: Der Fall „Compania Valenciana", IPRax 1993, 281; *ders.,* International Arbitral Practice and the UNIDROIT Principles of International Commercial Contracts, AJCL 46 (1998), 129; *ders.* (Hrsg.), The Practice of Transnational Law, 2001; *Berger/Dubberstein/Lehmann/Petzold,* Anwendung transnationalen Rechts in der internationalen Vertrags- und Schiedsgerichtspraxis, ZVglRWiss 101 (2002), 12; *Blaurock,* Übernationales Recht des Internationalen Handels, ZEuP 1993, 247; *von Breitenstein,* Rechtsordnung und „Lex Mercatoria", FS Sandrock, 2000, S. 111; *Charbonneau* (Hrsg.), Lex Mercatoria and arbitration, 1998; *Dasser,* Internationale Schiedsgerichte und lex mercatoria ..., 1989; *De Ly,* International business law und lex mercatoria, 1992; *ders.,* Emerging New Perspectives Regarding Lex Mercatoria, FS Sandrock, 2000, S. 179; *Fouchard,* Les usages, l'arbitre et le juge, FS B. Goldman, 1982, S. 67; *Frick,* Arbitration and Complex International Cases, 2001, S. 88–129; *Gaillard,* Trente ans de Lex Mercatoria, Clunet 122 (1995), 5; *Grundmann,* Lex mercatoria und Rechtsquellenlehre, JbJZW 1 (1991), S. 43; *von Hoffmann,* „Lex mercatoria" vor internationalen Schiedsgerichten, IPRax 1984, 106; *ders.,* Grundsätzliches zur Anwendung der „lex mercatoria" durch internationale Schiedsgerichte, FS Kegel II, 1987, S. 215; *Kappus,* „Lex mercatoria" ..., 1990, S. 73 ff.; *ders.,* Lex mercatoria und internationale Handelsschiedsgerichtsbarkeit ..., WiB 1994, 189; *Lando,* The lex mercatoria in International Commercial Arbitration, ICLQ 34 (1985), 34; *Langen,* Transnationales Recht, 1981; *Lorenz,* Die Lex Mercatoria: Eine internationale Rechtsquelle?, FS Neumayer, 1985, S. 407; *F. A. Mann,* Lex Facit Arbitrum, FS Domke, 1967, S. 157; *Mertens,* Das lex mercatoria-Problem, FS Odersky, 1996, S. 857; *R. Meyer,* Bona fides und lex mercatoria, 1994, S. 88 ff.; *Mustill,* The New Lex Mercatoria ..., Arb. Int. 4 (1988), 86; *Osman,* Les principes généraux de la lex mercatoria, 1992; *Schlesinger/Gündisch,* Allgemeine Rechtsgrundsätze als Sachnormen in Schiedsgerichtsverfahren; *Ritlewski,* Die Lex Mercatoria in der schiedsgerichtlichen Praxis, SchiedsVZ 2007, 130; *Schulte-Nölke,* Auf der Suche nach der lex mercatoria, ZEuP 2001, 771; *Schroeder,* Die lex mercatoria arbitralis ..., 2007, S. 65–198, 429–451; *Spickhoff,* Internationales Handelsrecht vor Schiedsgerichten und staatlichen Gerichten, RabelsZ 56 (1992), 116; *Stein,* Lex mercatoria: Realität und Theorie, 1995; *Weise,* Lex mercatoria: Materielles Recht vor der internationalen Handelsschiedsgerichtsbarkeit, 1990; *Wengler,* Allgemeine Rechtsgrundsätze als wählbares Geschäftsstatut?, ZfRV 23 (1982), 11; *Zumbansen,* Lex mercatoria: Zum Geltungsanspruch transnationalen Rechts, RabelsZ 67 (2003), 637.

Übersicht

	Rn.		Rn.
I. Normzweck	1–4	2. Nähekriterien (3. Halbs.)	26–31
		a) Gesetzliches Regelungsmuster	26–29
II. Grundlegung	5–10	b) Pragmatische Lösungsansätze	30, 31
1. Ausgangslage	5–7	3. Rechtsfolge (2./3. Halbs.)	32–34
2. Begrenzungen	8–10	**V. Ergänzungsregeln (Abs. 3 u. 4)**	35–58
III. Subjektive Anknüpfung (Abs. 1)	11–22	1. Objektive Verpflichtung (Abs. 4)	35–40
1. Rechtswahlfreiheit (S. 1)	11–15	a) Vertragsregeln (1. Var.)	37, 38
2. Beschränkungen	16–20	b) Handelsbräuche (2. Var.)	39, 40
3. Sachnormverweisung (S. 2)	21, 22	2. Subjektive Ermächtigung (Abs. 3)	41–54
IV. Objektive Anknüpfung (Abs. 2)	23–34	a) Grundlagen	41–43
1. Tatbestand (1./3. Halbs.)	23–25	b) Tatbestand	44–48
		c) Rechtsfolge	49–54
		3. Die Bedeutung der „lex mercatoria"	55–58

I. Normzweck

Die Vorschrift – sie fußt auf Art. 28 ModG (dazu näher noch Rn. 5) und indirekt auf Art. 33 **1** SchO u. Art. VII EuÜ – hat insgesamt hybriden Charakter: Abs. 1 u. 2 normieren nun erstmalig ein **(Sonder-)Kollisionsrecht für Schiedsprozesse.** Das scheint doppelt wichtig. Es bejaht zum einen die **Adressatenfrage:** staatliches (Privat-)Recht zielt auch auf Schiedsgerichte als Normadressaten,[1] internationales Kollisionsrecht, aber – mittelbar und wichtiger (das folgt zudem aus Abs. 3 e

---

[1] BT-Drucks. 13/5274 S. 53 re. Sp. [11] (materielles Recht) bzw. S. 52 li. Sp. [3] (Kollisionsrecht) – zust. *Baumbach/Lauterbach/Hartmann* Rn. 4; *Zöller/Geimer* Rn. 1; *Reithmann/Martiny/Hausmann* Rn. 3511.

§ 1051 2–6   Buch 10. Abschnitt 6. Schiedsspruch und Beendigung des Verfahrens

contrario, Rn. 41!) – auch intern geltendes Sachnormenrecht müssen Schiedsgerichte achten. Sie können sich selbst schwierigen Rechtsfragen nicht einfach dadurch entziehen, dass sie die Parteien auf staatlichen Rechtsschutz „verweisen".[2] Es regelt zum anderen die **Anknüpfungsfrage:** es gilt insoweit (so wie nach Art. 3 Abs. 1 S. 1 EGBGB) auch die lex fori – nur natürlich diejenige des Schiedsgerichts, die deswegen autonom normiert ist. Dies erledigt eine strapaziöse alte Problematik[3] (2. Aufl. Rn. 7).

2   Die Norm gilt für **alle inländischen Schiedsverfahren**, dh. bei inländisch belegenem Schiedsort iSv. § 1025 Abs. 1 (Territorialität) iVm. § 1043 Abs. 1 (Lokalisation). Abs. 1/2 verlängern diese Regelungen prozessualen Charakters konsequent und zielsicher auf die materielle Anknüpfung, sodass insgesamt weithin Autonomie besteht. **Abs. 1** berücksichtigt den Gedanken der Parteiautonomie (subjektive Rechtswahl, Rn. 11–22); **Abs. 2** stellt hilfsweise eine Auffangnorm bereit (objektive Anknüpfung, Rn. 23–34). Die Regel ist damit das materielle Gegenstück zum prozessualen Wechselspiel von § 1042 Abs. 3 u. Abs. 4 S. 1.

3   Abs. 3/4 normieren dagegen ergänzend **Sachnormenrecht für Schiedsprozesse**, das unabhängig vom berufenen Sachrecht (Abs. 1/2) eingreift, mithin sozusagen „zwingend" Beachtung findet. **Abs. 3** begegnet zwar zunächst als eine klare prozessuale Regel, bestimmt aber letzthin doch durchschlagend den Inhalt des Schiedsspruchs durch Eröffnung einer – insgesamt recht flexiblen – **Billigkeitsentscheidung** (Rn. 41–54), bewirkt also dadurch eine Lockerung rechtlicher/materieller Bindungen. **Abs. 4** fixiert zusätzlich **materielle Leitlinien** (Rn. 35–40), welche ebenso ausnahmslos gelten sollen, sogar bei einer Entscheidung gemäß berufenem **ausländischem** Sachrecht. Bedacht werden muss ferner jeweils, dass später der Schiedsspruch keiner materiellen Kontrolle („révision au fond", Rn. 4 mit § 1059 Rn. 7) unterliegt, sondern **ausnahmsweise nur ein Aufhebungsgrund** (§ 1059 Abs. 2 [Nr. 2 b]) greifen kann, also doch am Ende dann faktisch „Staatsfreiheit" herrscht.

4   Schon der CPO-Gesetzgeber hatte sich mutig für die weitgehende Freistellung der Schiedsgerichte von der Rechtsbindung entschieden – *materiell* durch Schweigen[4] und *prozessual* mit § 860 Abs. 2 CPO (= § 1034 Abs. 2 aF) – und lediglich die **Aufhebungsklage** (§ 867 Abs. 1 Nr. 2 CPO bzw. § 1041 Abs. 1 Nr. 2 aF: „Handlung ..., deren Vornahme verboten ist") als Ventil eingebaut.[5] Die Lösung war keineswegs ohne Anfeindung (Näheres siehe bei 2. Aufl. Rn. 2). Maßstäbe für die fassbar praktische Handhabung fehlten, der Aufhebungsgrund war gleichsam ein Damoklesschwert, das staatliche Gerichte im Anschluss schmiedeten.

II. Grundlegung

5   **1. Ausgangslage.** § 1051 übernimmt zwar insgesamt – weitgehend wortgetreu (mit Ausnahme von Abs. 2, Rn. 24)[6] – die Vorgabe aus Art. 28 ModG,[7] musste aber dabei den Ausgleich mit nationalem IPR (ver-)suchen, vor allem für Vertragsschuldverhältnisse (Abs. 1 bzw. Art. 27 Abs. 1 S. 1 EGBGB: [subjektive] Gestattung freier Rechtswahl einerseits; Abs. 2 bzw. Art. 28 Abs. 1 EGBGB: [objektiver] Maßstab der engsten Verbindungen andererseits), die letzthin das Gros der Verfahren ausmachen. Für **internationale Schiedsverfahren** erscheint die Fixierung des maßgeblichen Statuts für die Rechtsanwendung von besonderer Bedeutung. Diese **ModG-Prämisse**[8] (in Anlehnung an Art. VII EuÜ und Art. 33 SchO) wirkt hier national nach. Sie wird aber am Ende wohl oft schließlich doch überschätzt:

6   Professionelle internationale Vertragswerke klären rechtlichen Streitstoff vorher, sodass hier wenig offenes verbleibt – die eigentlichen Streitpunkte sind idR dann Tatfragen und vielleicht die Auslegung, die kaum „IPR-anfällig" sind. Immerhin aber bedeutet **Heimatrecht auch Heimvorteil.** Man kann ihn zielsicher durch Rechtswahl (Abs. 1) nutzen, später bei **Konstituierung** des Schiedsgerichts (§§ 1034 ff.) aber ebenso gut auch mittelbar und verdeckt (Abs. 2) ummünzen: ist (Heimat-)

---

[2] AA *Zöller/Geimer* Rn. 17.
[3] So wie hier *Stein/Jonas/Schlosser* Rn. 1 [2. Abs.] mit Rn. 12; *Schütze* SV Rn. 195 [1. Abs.] mit FS Böckstiegel, 2001, S. 715, 716 [I 2 a]; *Beulker*, 2005, S. 162/163 mit S. 162 (aber erg. auch S. 169 ff. u. S. 202 f.); ausf. *Handorn*, 2005, S. 17–26. Dies verkennen etwa *Solomon* RIW 1997, 981, 989 mit Fn. 113; *Hök* BauR 1999, 804, 806 li./re. Sp.; *Vocke*, 2002, S. 181 ff. (188 f.). Sehr pragmatisch hier MünchKommBGB/*Sonnenberger* Einl. IPR Rn. 275 ff., 279–282.
[4] Mot. S. 476 = *Hahn* S. 494 mit NE-Prot. S. 2234 f.
[5] Mot. S. 477 = *Hahn* S. 494.
[6] Und belanglosen marginalen Korrekturen bei Abs. 3 (S. 2!) u. Abs. 4 (Rn. 39).
[7] BT-Drucks. 13/5274 S. 52 li. Sp. [1] u. S. 53 li. Sp. [10].
[8] CR Nr. 238 = *Holtzmann/Neuhaus* S. 806/807: „would be incomplete" (S. 807) mit 7th SN Art. 28 Nr. 2 = *Holtzmann/Neuhaus* S. 788.

Recht eines Schiedsrichters anzuwenden, verschafft ihm dies einen faktischen Zuwachs an Einfluss, denn er gilt naturgemäß als der „Fachmann".[9] National wäre freilich auch ebenfalls **Beweisaufnahme** statthaft (§ 293 analog), was indessen Umstände bereitet (vgl. auch erg. § 1050 Rn. 6–9).

Das **Verhältnis von § 1051 ZPO zum EVÜ**[10] bzw. Artt. 27–35 EGBGB[11] ist allemal nicht einfach (näher dazu noch bei 2. Aufl. Rn. 4f.): bestand völkerrechtliche Bindung des ZPO-Gesetzgebers bei der Ausgestaltung der Kollisionsnormen für das Schiedsverfahren? Das bejahte der Gesetzgeber[12] und suchte darum kunstvoll einen Spagat zwischen Art. 28 Abs. 2 ModG einerseits und Art. 4 Abs. 1 S. 1 EVÜ anderseits bei der Gestaltung *objektiver* Anknüpfung; die *subjektive* Anknüpfung bot jedoch keine freie Flanke, da eine Rechtswahl allgemein akzeptiert wird (Art. 28 Abs. 1 S. 1 ModG bzw. Art. 3 Abs. 1 S. 1 EVÜ). Die Frage der Bindung ist müßig – aber Orientierung allemal nutzbringend, dh. Auslegung und Anwendung von Abs. 1/2 erfolgt „im Lichte der Regeln", die dazu ohnedies schon geläufig sind.

2. Begrenzungen. § 1051 befasst sich allein mit dem **Sachentscheid:**[13] gemäß welchem Recht wird der anhängige Rechtsstreit *materiell* entschieden? Es geht um die verbindliche Entscheidung zur Sache (au fond) mit Rechtskraftwirkung (§ 1055). Die vorgeschaltete *prozessuale* Kompetenzfrage gehorcht eigenen Regeln (§ 1040 Abs. 1).

Gesondert zu handhaben sind demzufolge die Anknüpfung des maßgeblichen Schiedsverfahrensrechts als allgemeine Anwendbarkeitsregel („**Schiedsverfahrensstatut**", dazu § 1025 Abs. 1 [dort Rn. 10ff.]: Territorialitätsprinzip) und ergänzend als spezielle Normierung internationaler Zuständigkeit deutscher *Staats*gerichte (dazu § 1025 Abs. 2–4 [dort Rn. 16ff.] iVm. § 1062 Abs. 2/3), und genauso das Problem der Vertragsbasis für den Schiedsprozess („**Schiedsvereinbarungsstatut**", dazu § 1029 Abs. 1 [dort Rn. 28ff.] mit § 1059 Abs. 2 Nr. 1a u. Nr. 2a: prozessuale zwingende Eckvorgaben [§§ 1029–1031], die subjektive Schiedsfähigkeit angeknüpft ans Personalstatut, ansonsten freie Rechtswahl mit lediglich hilfsweisem Rückgriff auf deutsches Recht). Die Anwendbarkeit verschiedener Rechtsordnungen scheint insoweit durchaus möglich.[14]

Beweislastregeln sind jedenfalls aber selbst materielle Regeln iSv. § 1051, denn sie wirken gleichsam im „Huckepack" materieller Vorschriften (§ 1049 Rn. 4f.); nicht berührt davon werden die Regeln über Beweisverfahren und -würdigung (§ 1042 Abs. 4 S. 2), sie verbleiben rein prozessual[15] (§ 1042 Rn. 112–116).

III. Subjektive Anknüpfung (Abs. 1)

1. Rechtswahlfreiheit (S. 1). Die Entscheidung des Rechtsstreits (1. Halbs.) „unterliegt dem von den Parteien gewählten Recht" (2. Halbs.), so ließe sich jene Regel – in Anlehnung an Art. 27 Abs. 1 S. 1 EGBGB bzw. Art. 3 Abs. 1 S. 1 EVÜ – prägnanter wohl ausdrücken. Die parteiautonome Benennung von Rechtsvorschriften als anwendbar bedeutet Eröffnung der **subjektiven Rechtswahlfreiheit,** welche ganz primär gilt und darum zu Recht an erster Stelle zu stehen kommen muss (wegen Abs. 2 näher Rn. 23). Sie folgt bisheriger Linie[16] und entspricht auch vollkommen

---

[9] Dazu illustrativ etwa *Schütze,* FS Großfeld, 1999, S. 1067 mit FS Böckstiegel, 2001, S. 715, 722 [II 2] bzw. SV Rn. 191 – krit. Stein/Jonas/*Schlosser* Rn. 12 [1. Abs. aE].
[10] Übereinkommen über das auf vertragliche Schuldverhältnisse anzuwendende Recht (EVÜ) vom 19. 6. 1980, BGBl. 1986 II S. 810 [in Kraft ab 1. 4. 1991].
[11] Gesetz zur Neuregelung des Internationalen Privatrechts vom 25. 7. 1986, BGBl. 1986 I S. 1142 [in Kraft ab 1. 9. 1986].
[12] Einerseits: BT-Drucks. 13/5274 S. 52 li. Sp. [2–4], S. 52/53 [7], S. 53 li. Sp. [8] – dazu krit. etwa *Solomon* RIW 1997, 981, 988f.; *Martiny,* FS Schütze, 1999, S. 529, 533 mit S. 536ff. (539); MünchKommBGB/*Martiny* Vor Art. 27 EGBGB Rn. 128 u. Reithmann/*Martiny* Rn. 194 bzw. Reithmann/Martiny/*Hausmann* Rn. 3511; Kreindler/Schäfer/*Wolff* Rn. 664.
Anderseits: Kom.-Ber. S. 167 im Anschluß an *Sandrock* RIW 1992, 785, 791 ff. (795) bzw. Holtzmann/Neuhaus S. 764/765. Man meint, die Feder *Schlossers* (Stein/Jonas, 21. Aufl., § 1034 aF Rn. 4 bzw. RIPS Rn. 726, 209 u. VIV-Reihe XI [2000], S. 163, 198/199) insoweit zu erspüren; vgl. noch erg. Stein/Jonas/*Schlosser* Rn. 2. Ebenso zB *Junker,* FS Sandrock, 2000, S. 443, 451/452.
Ganz ausf. dazu *Zobel,* Schiedsgerichtsbarkeit und Gemeinschaftsrecht, 2005, S. 11ff. (Exklusion) bzw. Handorn, 2005, S. 53ff. (Autonomie); sehr lesenswert auch G. *Wagner,* FS Schumann, 2001, S. 535, 536–539 [II] m. weit. Nachw. („Zwickmühle"): „Das eigentlich bemerkenswerte an ... § 1051 ZPO ist ..., daß [dies alles] ... spurlos am Wortlaut der Vorschrift vorbeigegangen ist." (S. 538).
[13] *Musielak/Voit* Rn. 1 aE.
[14] *Lörcher* RPS 1993, 3, 4; *Schütze/Tscherning/Wais* Rn. 581.
[15] CR Nr. 173f. = Holtzmann/Neuhaus S. 590; *Musielak/Voit* Rn. 2 aE; Kreindler/Schäfer/*Wolff* Rn. 653.
[16] *K. P. Berger* RIW 1994, 12, 19; *Lörcher* RPS 1993, 3f.; *Lando,* FS Zweigert, 1981, S. 157, 160ff.; *Böckstiegel,* FS Beitzke, 1979, S. 443, 448ff. (450); *Schlosser* RIPS Rn. 731.

§ 1051   12–14   Buch 10. Abschnitt 6. Schiedsspruch und Beendigung des Verfahrens

Art. VII Abs. 1 S. 1 EuÜ. Der Vorrang der Parteiautonomie ist kollisionsrechtlich unumstritten, beansprucht wegen der allgemeinen Dispositionsfreiheit auch im Schiedsverfahren Geltung und bürgt für möglichst (partei-)interessengerechte Lösungen.

12   Dass die Parteien **„Rechtsvorschriften"** (S. 1) und nicht das Recht oder eine (staatliche) Rechtsordnung (S. 2) anwählen können, soll ferner andeuten, dass sie eben „nicht auf die Wahl der Gesamtrechtsordnung eines bestimmten Staates beschränkt" seien[17] – in Betracht käme demgemäß auch ein freies „compositum mixtum" nationaler Rechte und dazu gar eine Rechtswahl „anationaler" Rechtsregeln. Letzteres sprengt aber alle Grenzen zwischen vertraglicher Gestaltung (statthafte *materiellrechtliche* Verweisung, Art. 27 Abs. 3 EGBGB) und normativer Geltungskraft[18] (vgl. auch erg. Rn. 55–58 zur Bewandtnis der sog. *lex mercatoria*). Neben Vollrechtswahl kommt auch eine Teilrechtswahl für abgrenzbare vorherbestimmte Streitteile in Betracht (arg. Art. 27 Abs. 1 S. 3 EGBGB bzw. Art. 3 Abs. 1 S. 3 EVÜ).

13   Für die **Modalitäten** dieser – allerdings jederzeit änderbaren[19] – Rechtswahl kann man sich im Übrigen weithin an Art. 27 EGBGB bzw. Art. 3 EVÜ orientieren.[20] Die Rechtswahl muss entweder **ausdrücklich** erfolgen (Abs. 1 S. 2, 1. Var.), dh. explizit erklärt werden, oder muss doch zumindest zureichend **konkludent** verdichtet vorliegen[21] (Abs. 1 S. 2, 2. Var.: „mit hinreichender Sicherheit"). Maßgeblich ist dafür der tatsächliche und nicht ein hypothetischer Parteiwille.[22] Hierfür mag genügen die Wahl eines (inländischen, § 1025 Abs. 1 iVm. § 1051) **Schiedsortes** (§ 1043 Abs. 1 iVm. § 1025 Abs. 1), wenn und weil eindeutig „aus den Umständen der Wahl hervorgeht, dass der Schiedsrichter das an diesem Ort geltende Recht anwenden wird":[23] *qui elgit arbitrum, elegit ius*.

14   Diese bisher geltende Maxime würde aber für alle örtlich „radiziert" tätigen Schiedsgerichte (Handelskammer-Schiedsgerichte,[24] Markt- und Börsenschiedsgerichte,[25] Schiedsgericht des Hamburger Warenvereins[26] etc.)[27] und institutionellen Schiedsgerichte, die nach vorab bestimmten Rechtsregeln judizieren,[28] Abs. 1 sogleich wieder obsolet machen. Sie dürfte nun unter neuem

---

[17] BT-Drucks. 13/5274 S. 52 re. Sp. [5] bzw. 7th SN Art. 28 Nr. 4 mit Fn. 81 = *Holtzmann/Neuhaus* S. 789 („constitutes a progressive step") versus CR Nr. 233 = *Holtzmann/Neuhaus* S. 805 („novel and ambiguous notion") – aber: CR Nr. 232 u. 234 = *Holtzmann/Neuhaus* S. 805 mit 4th WGR Nr. 94 = *Holtzmann/Neuhaus* S. 781 (dazu *Holtzmann/Neuhaus* S. 766–768; *Calavros*, 1988, S. 122–124 mit S. 129). Zust. *Lachmann* Rn. 1672; *Lörcher/Lörcher* Rn. 205; *Kronke* RIW 1998, 257, 262 [V 2c]; *Musielak/Voit* Rn. 2; *Martiny*, FS Schütze, 1999, S. 529, 536 u. MünchKommBGB/*Martiny* Vor Art. 27 EGBGB Rn. 132; *Reithmann/Martiny/Hausmann* Rn. 3514; *Kreindler/Schäfer/Wolff* Rn. 660; *Schwab/Walter* Rn. 55.6 [1. Abs.].

[18] Dazu krit. auch 4th WGR Nr. 94 = *Holtzmann/Neuhaus* S. 781. So wie hier *Sandrock*, FS Sturm, 2000, S. 1645, 1648f. mit S. 1649/1650 (zur sog. *lex mercatoria*). AA aber zB *Berger*, 1992, S. 385–387; *Reithmann/Martiny/Hausmann* Rn. 3514 mit Rn. 3520ff.; MünchKommBGB/*Martiny* Vor Art. 27 EGBGB Rn. 133; *Vocke*, 2002, 79 ff. (82–84) mit S. 89f., 92f., 95–97; *Lepschy*, 2003, S. 104–106; *Beulker*, 2005, S. 181–186; *Schroeder*, 2007, S. 121–123; *Röthel* JZ 2007, 755, 756 li./re. Sp.; *Ritlewski* SchiedsVZ 2007, 130, 134 [C 2]; *Stein/Jonas/Schlosser* Rn. 1 [3. Abs.] sowie wohl auch *Heiss* CLC 23 (2005) S. 89, 102/103. Leider etwas unklar *Schwab/Walter* Rn. 55.6 [4. Abs.] einerseits, Rn. 55.9a andererseits; vgl. auch erg. Rn. 55.8 [3. Abs.].
Traditionell verstandenes „islamisches" Recht rechnet jedenfalls nicht hierher: *Adolphsen/Schmalenberg* SchiedsVZ 2007, 57, 61–63 [IV]; vgl. auch erg. *Schroeder* IPRax 2006, 77.

[19] *Thomas/Putzo/Reichold* Rn. 2.

[20] *Reithmann/Martiny/Hausmann* Rn. 3513; *Handorn*, 2005, S. 101/102.

[21] *Granzow*, 1988, S. 169/170; *Hußlein-Stich*, 1990, S. 143/144; *Lepschy*, 2003, S. 121 ff. – aA *Baumbach/Lauterbach/Hartmann* Rn. 2 [1. Abs.] (arg. „bezeichnet").

[22] BT-Drucks. 10/503 S. 21.

[23] Bericht *Guiliano/Lagarde* BT-Drucks. 10/503 S. 33 ff., 49 li. Sp.; vgl. auch erg. Dt. IPR-Rat RabelsZ 24 (1959), 151 ff.; wohl anders noch RG JW 1930, 1862, 1863. – Allgemein: MünchKommBGB/*Martiny* Art. 27 EGBGB Rn. 51 bzw. *Soergel/von Hoffmann* Art. 27 EGBGB Rn. 48.

[24] SG HK Hamburg NJW 1996, 3229, 3230.

[25] RG WarnR 12 (1919) Nr. 149, S. 226, 227 (Zuckerschiedsgericht); OLG Düsseldorf IPRspr. 1960/61 Nr. 219, S. 659, 660/661 (Neusser Produktenmarkt); OLG Hamburg AWD 1958, 249 (Hamburger Getreidebörse).

[26] BGH IPRspr. 1968/69 Nr. 254, S. 649, 650 (Gründe) mit BGHZ 51, 255 (Tatbestand) = AWD 1970, 31; OLG Hamburg HansGZ 1913 Nr. 59 S. 131 mit RG HansGZ 1913 Nr. 189, S. 282 (Hamburger Arbitrage); OLG Hamburg RIW 1979, 482; SG HfA NJW-RR 1999, 780, 781 [IV 1] (Hamburger freundschaftliche Arbitrage).

[27] Beispiele für reziproke Auslandsfälle: OLG Hamburg IPRspr. 1982 Nr. 38, S. 82, 83 (London); OLG Hamm NJW-RR 1993, 1445, 1446 (Polen).

[28] BGH WM 1967, 141.

Recht mithin hinfällig werden,[29] zumal ja jetzt spezielle IPR-Regeln vorliegen, die eben nicht bereits kraft nackter Schiedsbindung (§ 1029 Abs. 1) greifen sollen. Von daher hat man stets die Bestimmung des IHK-Schiedsgerichtshofes zutreffend bisher schon anders gehandhabt.[30]

15 Zustandekommen und **Wirksamkeit** der Rechtswahl richten sich nach dem Recht des Hauptvertrages (lex causae) bei potentiell unterstellter Gültigkeit (Art. 27 Abs. 4 iVm. Art. 31 Abs. 1 EGBGB); sie kann sogar noch während des anhängigen Schiedsverfahrens vereinbart werden[31] (Art. 27 Abs. 2 S. 1 EGBGB – kein Umkehrschluss aus § 1051 Abs. 3 S. 2 ZPO). Die Rechtswahl muss **aktuell aber fixiert** sein, sie darf nicht etwa einer Schiedsinstitution (arg. Art. 2 lit. d ModG) und genauso wenig dem Schiedsgericht vorbehalten werden[32] – dieses kann allein nach Abs. 2 (Rn. 23) entscheiden; und wenn die maßgebliche Schiedsordnung (wie § 23 DIS-SchO, der hier indes vollkommen § 1051 entspricht!) eine Regelung dazu enthält, ist dies keine *Verfahrens*regelung mehr iSv. § 1042 Abs. 3.

16 **2. Beschränkungen.** Diese Rechtswahl steht allerdings nicht unbeschränkt offen. IPR-mäßig ist sie eröffnet für Vertragsschuldverhältnisse (Art. 27 EGBGB bzw. Art. 3 EVÜ), für gesetzliche Schuldverhältnisse nur nach ihrer Entstehung (Art. 42 EGBGB), und ansonsten nur ganz begrenzt noch (Art. 14 Abs. 2 [Ehewirkungen], Art. 15 Abs. 2 [Güterrecht], Art. 25 Abs. 2 [Vererbung inlandsbelegener Immobilie] EGBGB). Diese strenge Linie scheint § 1051 Abs. 1 S. 1 in Anlehnung an Art. 28 Abs. 1 S. 1 ModG nunmehr zu durchbrechen, indem er offen – aber nur fürs Schiedsverfahren – scheinbar grenzenlos Rechtswahl gestattet. So wäre etwa im Sachenrecht die klassische Belegenheitsanknüpfung (Art. 43 Abs. 1 EGBGB: lex rei sitae)[33] jäh einfach disponibel gestellt und bei gesetzlichen Schuldverhältnissen die maßgebliche Zeitschranke (Art. 42 EGBGB) unterlaufen.

17 Das passt nicht. Zwar kann jene Streitigkeit (Abs. 1 S. 1) auch eine nichtvertragliche oder zukünftige sein (§ 1029 Abs. 1), doch haben hier die ModG-Verfasser allein an den Handel und dortige Bedürfnisse gedacht. Die genaue Übersetzung greift also zu weit, weil sie jene indirekte Begrenzung des Normfeldes ignoriert. Dies korreliert auch mit Abs. 4 (Beachtung der *„Bestimmungen des Vertrages"*). Der ZPO-Gesetzgeber hat sich daher auch immer bloß darum bemüht, mit dem Europäischen *Schuldvertrags*übereinkommen bzw. Art. 27–37 EGBGB in Harmonie zu bleiben[34] (Rn. 5–7).

18 Demgemäß gelten alle „Einschränkungen kraft Schutzbedürfnis" doch am Ende, sodass also **Verbraucherverträge** (Art. 29 EGBGB bzw. Art. 5 EVÜ – dazu erg. auch § 1031 Abs. 5![35] u. Art. 29a EGBGB) und **Arbeitsverhältnisse** (Art. 30 EGBGB bzw. Art. 6 EVÜ – dazu erg. auch § 1030 Abs. 3 iVm. §§ 4, 101 ff. ArbGG) demnach ausgeklammert bleiben (str.[36]). Gewiss wohl, der Gesetzgeber wollte Deutschland als Schiedsplatz möglichst attraktiv gestalten[37] – aber das gilt den mächtigen internationalen Verfahren, der Schutz des „kleinen Mannes" geriet dadurch letztendlich

---

[29] So auch *Reithmann/Martiny* Rn. 88 aE; *Lepschy*, 2003, S. 123; *Handorn*, 2005, S. 102/103 – aA *Reithmann/Martiny/Hausmann* Rn. 3513; *Staudinger/Magnus* Art. 27 EGBGB Rn. 68; *Schwab/Walter* Rn. 55.14. Unklar SG Hamburg NJOZ 2001, 1073, 1078 [I 4].
[30] OLG Stuttgart IPRspr. 1960/61 Nr. 25 S. 101, 102 = AWD 1960, 246; MünchKommBGB/*Martiny* Art. 27 EGBGB Rn. 52 bzw. *Reithmann/Martiny* Rn. 89; *Soergel/von Hoffmann* Art. 27 EGBGB Rn. 48 aE; *Staudinger/Magnus* Art. 27 EGBGB Rn. 69.
[31] *Thomas/Putzo/Reichold* Rn. 2.
[32] So wie hier *Musielak/Voit* Rn. 2 aE – aA *die hM:* Zöller/Geimer Rn. 3 mit IZPR 3870; *Schwab/Walter* Rn. 55.8 [1. Abs.]; *Stein/Jonas/Schlosser* Rn. 6; *Kreindler/Schäfer/Wolff* Rn. 667, 669, 688; *Reithmann/Martiny/Hausmann* Rn. 3512; *Staudinger/Magnus* Art. 27 EGBGB Rn. 148; *Lepschy*, 2003, S. 121; *Ritlewski* SchiedsVZ 2007, 130, 135 [C 3 b]. Speziell zu ersterem CR Nr. 242 = *Holtzmann/Neuhaus* S. 807.
[33] BGH NJW 1997, 461, 462 m. weit. Nachw. = IPRax 1997, 422 m. Bespr. *Stoll* (S. 411).
[34] BT-Drucks. 13/5274 S. 52 f. – Vermittelnd § 1061 Anh. 2 Art. VII EuÜ Rn. 5 *(Adolphsen)* u. *Reithmann/Martiny/Hausmann* Rn. 3382 (EuÜ): Zusammenhang mit Vertragsband?
[35] Unklar insoweit leider BT-Drucks. 13/5274 S. 53 li. Sp. [9]: kaum praktische Bedeutung nach Abs. 1 – aber Berücksichtigung („ggf. ... als lex specialis") nach Abs. 2(?).
[36] *Bejahend* (vgl. dazu erg. Fn. 38): *Lachmann* Rn. 1676; *Thomas/Putzo/Reichold* Rn. 1; *Zöller/Geimer* Rn. 3 aE mit IZPR Rn. 3869; *Lörcher/Lörcher* Rn. 220; *Schwab/Walter* Rn. 55.6 [2. Abs.]; *Ebbing*, Private Zivilgerichte, 2003, S. 246; *Lepschy*, 2003, S. 158–162 (Verbraucher); *Quinke*, ... prozessualer Anlegerschutz, 2005, S. 290–304; *Weihe*, Der Schutz des Verbrauchers im Recht der Schiedsgerichtsbarkeit, 2005, S. 299–302. Sehr vorsichtig hier *Martiny*, FS Schütze, 1999, S. 529, 538 u. 541 mit MünchKommBGB/*Martiny* Vor Art. 27 EGBGB Rn. 134 u. 137 bzw. *Stein/Jonas/Schlosser* Rn. 5 mit Rn. 4 [1. Abs.] aE („Orientierungsmaßstab").
Ablehnend (vgl dazu erg. Fn. 37): *Schütze* SV Rn. 197 [2. Abs.]; *Junker*, FS Sandrock, 2000, S. 456 mit S. 463; *Musielak/Voit* Rn. 3 mit JZ 1997, 120, 123/124; zumindest zweifelnd *Baumbach/Lauterbach/Hartmann* Rn. 2 im Anschluss an *Solomon* RIW 1997, 981, 983 u. 986; *Moller* NZG 2000, 57, 68 [X 5]; *Vocke*, 2002, S. 106–111, 112 f., 122–126; 130–132; *Lepschy*, 2003, S. 162 f. (Arbeitnehmer); *Baldus*, 2004, S. 215–219; *Handorn*, 2005, S. 187 ff. (196–200, 217–223) – aber: ordre-public-Prüfung.
[37] In diesem Sinne zB *Kreindler/Schäfer/Wolff* Rn. 659.

§ 1051 19–22   Buch 10. Abschnitt 6. Schiedsspruch und Beendigung des Verfahrens

ins Hintertreffen. Er wird jedoch europäisch strikt gehandhabt (arg. Artt. 5 f. EVÜ u. Artt. 15–21 Brüssel I-VO), wohingegen Art. 28 ModG von vornherein nur auf *internationale Handels*verträge zugeschnitten ist (im Unterschied zu § 1051). Dieser sensiblen Gefährdungslage war der (deutsche) Gesetzgeber letztlich nicht gewahr – das bedarf der achtsamen Korrektur![38]

19 Der Wortlaut ist jedoch noch weiter teleologisch zu reduzieren, und zwar *sachlich* auf **Schuldverhältnisse**[39] und parallel noch *zeitlich* bei Legalschuldverhältnissen (Art. 42 S. 1 EGBGB: „Nach Eintritt ...") im Unterschied zu den Vertragsschuldverhältnissen (Art. 27 EGBGB – obwohl auch dort beides rechtstatsächlich idR zusammenfällt). Auch separat anknüpfende Statute (wie etwa für Handlungsfähigkeit [Art. 7 EGBGB] und Formbedürftigkeit [Art. 11 EGBGB]) sind souverän zu bedienen.[40]

20 Als IPR-Regel verlangt § 1051 zudem implizit einen **Auslandsbezug** des Sachverhaltes (arg. Art. 3 Abs. 1 S. 1 EGBGB bzw. Art. 1 Abs. 1 EVÜ).[41] Das wird aber bei Art. 27 EGBGB per saldo relativ locker gesehen – jene Wahl an sich soll bereits vollauf genügen.[42] Statt dessen gelten indes dann zumindest doch **besondere qualitative Schranken:** bei reinem Inlandsfall wirken die zwingenden Vorschriften jedenfalls (Art. 27 Abs. 3 EGBGB[43] bzw. Art. 3 Abs. 3 EVÜ), bei echtem Auslandsfall zumindest doch sämtliche *international* zwingende (Art. 34 EGBGB bzw. Art. 7 Abs. 2 EVÜ: „Eingriffsnormen",[44] die dazu *prozessual* auch ordre-public-relevant [§ 1059 Abs. 2 Nr. 2 b] werden können); daneben steht der IPR-eigene ordre-public-Vorbehalt (Art. 6 EGBGB bzw. Art. 16 EVÜ). In jenen Grenzen kann man aber eine konkrete Rechtsordnung anwählen, die keinerlei Beziehung zur Streitsache hat![45]

21 **3. Sachnormverweisung (S. 2).** S. 2 gibt eine **weitgehend „unwiderlegbare" Präsumtion,** welche die Wahl iSv. S. 1 als Wahl der Sachvorschriften und nicht der Kollisionsregeln begreift (1. mit 3. Halbs.). Das entspricht der objektiven Anknüpfung des Abs. 2 (Rn. 23) sowie auch dem deutschen IPR (Art. 4 Abs. 2 EGBGB bzw. Art. 35 Abs. 1 EGBGB mit Art. 15 EVÜ). Die Verweisung bezieht sich demnach „auf die Rechtsnormen der maßgebenden Rechtsordnung unter Ausschluß derjenigen des Internationalen Privatrechts" (Art. 3 Abs. 1 S. 2 EGBGB): **Sachnormenverweisung,** die Rück- wie Weiterverweisung (Renvoi) ausschließt und damit berechenbare klare Verhältnisse schafft. Das dient zudem der Effizienz schiedsrichterlichen Urteilens, weil damit doch offenkundig die (Sach-)Entscheidung im Vordergrund steht.

22 Im Unterschied zu der IPR-Vorgabe bei Rechtswahl können freilich die Parteien hierzu Abweichendes vereinbaren, dh. doch eine Kollisionsnormen- oder Gesamtverweisung abmachen – indessen nur explizit (2. Halbs.: „ausdrücklich"). Das erscheint letztlich als ein nur konsequentes, besonderes Zugeständnis an die Parteiautonomie, das insoweit in Konflikt mit Art. 4 Abs. 2, 35 EGBGB

---

[38] Ganz ähnlich auch *Reithmann/Martiny/Hausmann* Rn. 3516 u. *G. Wagner,* FS Schumann, 2001, S. 535, 550–557 [IV 4/5].

[39] So auch *Junker,* FS Sandrock, 2000, S. 443, 459 mit RIW 1998, 741, 745; *Kronke* RIW 1998, 257, 262 [V 2 a] (sogar auch für Abs. 2 – fragwürdig!); *Hök* BauR 1999, 804, 808 [III 1]; *Vocke,* 2002, S. 172 ff. (175, 178–180); *Lepschy,* 2003, S. 86–92; *Beulker,* 2005, S. 186–188; *Quinke,* ... prozessualer Anlegerschutz, 2005, S. 300 f.; *Heini,* FS Hans Stoll, 2001, S. 619, 620–622 [I]; wegen Erbrecht siehe *Bandel* NotBZ 2005, 381, 382 [I 1 b] – aA *Calavros,* 1988, S. 125; *Musielak/Voit* Rn. 3 (aber: Rn. 7); *Zöller/Geimer* Rn. 2. Warnend dazu bereits *Hußlein-Stich,* 1990, S. 144! Noch anders hier *Handorn,* 2005, S. 172–180 (mit S. 46–51): Wahlfreiheit gemäß *einem* Kollisionsrecht.

[40] *Stein/Jonas/Schlosser* Rn. 3 u. 5 mit RIPS Rn. 739; *Reithmann/Martiny/Hausmann* Rn. 3382 (EuÜ); § 1061 Anh. 2 Art. VII EuÜ Rn. 5 *(Adolphsen)* – aA *Mezger* RabelsZ 29 (1965), 231, 279.

[41] *Handorn,* 2005, S. 159–166 – aA *Musielak/Voit* Rn. 3; *Vocke,* 2002, S. 121 f. mit S. 111.

[42] BT-Drucks. 10/503 S. 50 einerseits (Bericht *Giuliano/Lagarde),* S. 22 andererseits (EVÜ-Denkschrift); MünchKommBGB/*Martiny* Art. 27 EGBGB Rn. 20, vgl. auch erg. Rn. 4 mit MünchKommBGB/*Sonnenberger* Art. 3 EGBGB Rn. 3 – anders beiläufig doch BT-Drucks. 13/5274 S. 52 li. Sp. [1] („Für *internationale* Schiedsverfahren") u. S. 53 li. Sp. [9] („in internationalen Fällen").

[43] Denn dieser erfaßt auch *Schiedsgerichte:* Staudinger/*Magnus* Art. 27 EGBGB Rn. 120; *Lepschy,* 2003, S. 163/164; aA *Solomon* RIW 1997, 981, 983; *Voit* JZ 1997, 120, 123; *Vocke,* 2002, S. 111.

[44] Vgl. BT-Drucks. 13/5274 S. 52 re. Sp. [5 aE]: „versteht sich von selbst", zust.: *Lörcher/Lörcher* Rn. 206–208; *Lachmann* Rn. 1673; *Thomas/Putzo/Reichold* Rn. 1; *Zöller/Geimer* Rn. 3 aE [mit Rn. 4]; *Reithmann/Martiny/Hausmann* Rn. 3515; *Schwab/Walter* Rn. 55.6 [1. Abs.] mit Rn. 55.9 [2. Abs.]; *Baldus,* 2004, S. 144–146. Unklar insoweit jedoch *Baumbach/Lauterbach/Hartmann* Rn. 2 [1. Abs.].
Zur Beachtlichkeit *ausländischer* Eingriffsnormen zB *Drobnig,* FS Kegel II, 1987, S. 95 ff.; *Schiffer,* Sonderanknüpfung ausländischen „öffentlichen" Rechts ..., 1990, ZVglRWiss. 90 (1991), 390 u. RPS 1994, 22; *Lörcher* RPS 1993, 3, 5 ff.; *Schnyder* RabelsZ 59 (1995), 293 ff.; *Handorn,* 2005, S. 181–186. Sehr umf. dazu *Beulker,* Die Eingriffsnormenproblematik in internationalen Schiedsverfahren, 2005, S. 212 ff.

[45] *Granzow,* 1988, S. 167 aE; *Calavros,* 1988, S. 125; *Hußlein-Stich,* 1990, S. 142/143; *Stein/Jonas/Schlosser,* 21. Aufl., Anh. § 1044 aF Rn. 128.

gerät (die Statthaftigkeit ist umstritten![46]), umgekehrt aber die Vorgabe (Art. 28 Abs. 1 S. 1 ModG) bewahrt – das war dem Gesetzgeber eindeutig hier wichtiger.[47] Es gibt also ausnahmsweise doch eine **„Widerlegung durch Vereinbarung"**, welche aber ganz klar regeln muss, dass anderes – ausnahmsweise – gewollt ist. Man wird hier mit hohen Maßstäben eine praktische Kollision möglichst verhindern.

IV. Objektive Anknüpfung (Abs. 2)

1. Tatbestand (1./3. Halbs.). Die *subjektive* Anknüpfung und damit der Parteiwille (Abs. 1) genießt stets Vorrang – die *objektive* Anknüpfung mittels der engsten Verbindung (Abs. 2 mit Rn. 26) erheischt **lediglich subsidiäre Bedeutung** mangels bestimmter Rechtswahl. Die Regelung folgt insoweit Art. 28 Abs. 1 S. 1 EGBGB bzw. Art. 4 Abs. 1 S. 1 EVÜ, die Pate dafür gestanden haben (Rn. 5–7). 23

Sie entfernt sich hingegen von Art. 28 Abs. 2 ModG bzw. Art. VII Abs. 1 S. 2 EuÜ. Jene gewähren dem Schiedsgericht ein Ermessen zur Wahl des fallangemessenen *Kollisions*rechts.[48] Der Schwenk zur **insgesamt normativen Anknüpfung** legt das Gewicht auf generell objektive Maßstäbe, bleibt aber selbst eine Kollisionsnorm (Rn. 1), leitet somit nicht gleich umwegsfrei sofort zum Sachrecht („voie directe").[49] Man darf nur jenen Normansatz nicht einfach kalt dadurch konterkarieren, dass man vorschnell konkludente Rechtswahl (Abs. 1 S. 1) unterstellt. 24

Aber andersherum beschönigen auch die Gesetzesmotive den **grundlegenden Systemwechsel**, wenn sie jene Regelung nur als „Konkretisierung des schiedsrichterlichen Ermessens" und eingängiges Willkürverbot beschreiben:[50] jene Regel ist gewiss mehr als eine – letztendlich dann auch durchbrechbare – bessere Ermessensrichtlinie, sondern verbindliche Vorgabe.[51] 25

2. Nähekriterien (3. Halbs.). a) Gesetzliches Regelungsmuster. Nähemerkmal („Anknüpfungsmoment") bildet die **engste Verbindung**, der „Sitz" *(von Savigny)* oder „Schwerpunkt" *(von Gierke)* des geltendgemachten – streitigen – Rechtsverhältnisses (nicht: Rechtsstreits, dazu erg. noch Rn. 32). Für reine Inlandsfälle gilt demgemäß ohne weiteres dann somit deutsches Recht; bei einem Auslandsbezug hilft die Anleihe bei Art. 28 EGBGB[52] bzw. Art. 4 EVÜ mit insoweit dreistufigem Vorgehen: 26

(1) Vermutungsregeln (Abs. 2–4), die von vornherein nur für Schuldverträge passen (siehe insoweit schon Rn. 19). Maßgeblich ist generell die vertragscharakteristische Leistung[53] und deren Verortung beim Schuldner (Abs. 2: gewöhnlicher Aufenthalt bzw. Hauptverwaltung), ergänzt noch um zwei speziellere Vermutungen für Grundstückskauf (Abs. 3: Belegenheit) und Güterbeförderung (Abs. 4: Beförderer). 27

(2) Ausweichklausel (Abs. 5) zur Widerlegung der Vermutungen, wenn die Gesamtumstände eindeutig Abweichungen nahelegen, welche allemal Ausnahme bleiben sollen. Es geht hier um eine 28

---

[46] *Staudinger/Hausmann* Art. 35 EGBGB Rn. 7 f.; MünchKommBGB/*Martiny* Art. 35 EGBGB Rn. 4–6 (bejahend) bzw. *von Bar* IPR I Rn. 7.226; MünchKommBGB/*Sonnenberger* Art. 4 EGBGB Rn. 72; *Palandt/Heldrich* Art. 4 EGBGB Rn. 11 (verneinend).

[47] BT-Drucks. 13/5274 S. 52 re. Sp. [6] gegen BT-Drucks. 10/504 S. 84.

[48] Zum ModG näher: CR Nr. 236 f. = *Holtzmann/Neuhaus* S. 806; *Calavros,* 1988, S. 125 ff.; *Granzow,* 1988, S. 170 ff.; *Hußlein-Stich,* 1990, S. 145 ff., 147.

[49] Dagegen auch *Sandrock,* FS Sturm, 2000, S. 1645, 1651–1653.

[50] BT-Drucks. 13/5274 S. 53 li. Sp. [7] u. parallel dazu *Sandrock,* FS Sturm, 2000, S. 1645, 1651 f.; *Bühler,* The German Arbitration Act, 1998, S. 89 ff., 95 – anders mit Recht jedoch *Lörcher/Lörcher* Rn. 213; *Martiny,* FS Schütze, 1999, S. 529, 538 mit MünchKommBGB/*Martiny* Vor Art. 27 EGBGB Rn. 135 mit Rn. 128.

[51] Wie hier dezidiert nun auch *Stein/Jonas/Schlosser* Rn. 8 [1. Abs.] (S. 544/545) mit Rn. 1 [4. Abs.] – weitaus lascher *Schütze* SV Rn. 201 [3. Abs.] – trotz Rn. 195 [2. Abs.] (S. 102/103 bzw. *Böckstiegel,* 2001, S. 715, 716/717 [I 2 a]) – aA hier zB *Handorn,* 2005, S. 126 f. mit Rn. 74.

[52] *Zöller/Geimer* Rn. 5; *Thomas/Putzo/Reichold* Rn. 3; *Lachmann* Rn. 1676; *Schütze* SV Rn. 197 [2. Abs.] (sehr vorsichtig noch Böckstiegel, 2001, S. 715, 717 [I 2 a]); *Lörcher/Lörcher* Rn. 212 mit Rn. 214 ff.; *Schwab/Walter* Rn. 55.9 [1. Abs.]; *Rützel/Wegen/Wilske,* 2005, S. 140 [G I 2]; *Hök* BauR 1999, 804, 808 [IV 1]; wohl auch *Basedow* JbPrSch. 1 (1987), 3, 17 f. (18) bzw. *Stein/Jonas/Schlosser* Rn. 8 [2. Abs.] (Art. 4 EVÜ).
Locker BT-Drucks. 13/5274 S. 53 li. Sp. [8] einerseits u. *Martiny,* FS Schütze, 1999, S. 529, 540 f. mit MünchKommBGB/*Martiny* Vor Art. 27 EGBGB Rn. 136 aE andererseits.
Anders aber zB *Kronke* RIW 1998, 257, 263 [V 2 d] (allein „narrative" Normen); *Solomon* RIW 1997, 981, 984 f.; *Musielak/Voit* Rn. 6 mit JZ 1997, 120, 123/124 (nur eine Art „Auslegungshilfe"); *Kreindler/Schäfer/Wolff* Rn. 665; *Vocke,* 2002, S. 137 ff. (143–145, 148–150) mit S. 156 f.; *Lepschy,* 2003, S. 173–180 (mit Ausnahme von Abs. 5: S. 185); *Beulker,* 2005, S. 197–200; *Handorn,* 2005, S. 137–139 mit S. 125 u. S. 70–75; *Adolphsen/Schmalenberg* SchiedsVZ 2007, 57, 59 [II].

[53] *Soergel/von Hoffmann* Rn. 22–34 mit Rn. 137 ff.; MünchKommBGB/*Martiny* Rn. 30–33 mit Rn. 131 ff.; *Staudinger/Magnus* Rn. 63–76 mit Rn. 142 ff. – je zu Art. 28 EGBGB u. m. weit. Nachw.

noch „engere" als eben die vermutete „engste" Verbindung, was konsequent die Grundidee nur fortspinnt, nach wie vor aber nur die echten Schuldverträge erfasst. – Sie wird allerdings wohl mit Inkrafttreten der geplanten „Rom I-VO"[54] entfallen.

29 **(3) Generalklausel (Abs. 1 S. 1)** mit Anknüpfung an das „Recht des Staates, mit dem ... die engsten Verbindungen" bestehen, so wie es dem § 1051 Abs. 2 entspricht, der sich indes aber nicht auf vertragliche Schuldverhältnisse beschränkt. Darin liegt wohl die Krux der Regelung, der trotz des deutlich artikulierten Abgehens von Art. 28 Abs. 2 ModG allein offenkundig (Handels-)Verträge vorschweben.

30 b) **Pragmatische Lösungsansätze.** Man kann die **konkreten Kriterien** der „engsten Verbindung" iSv. Art. 28 Abs. 1 S. 1 EGBGB verallgemeinern und alsdann zur benötigten Gesamtabwägung verdichten. Stärker wirken dabei etwa gemeinsame Staatsangehörigkeit oder gemeinsamer gewöhnlicher Aufenthalt der Parteien, eher schwächer wohl Vertragssprache, Währung, Abschlussort etc.[55] Sie alle wirken über das streitbefangene materielle Rechtsverhältnis auf den „Gegenstand des Verfahrens" (Rn. 32 mit Rn. 26). Die **Schiedsklausel** erheischt dafür aber keine Bedeutung, sondern indiziert allenfalls nurmehr eine konkludent erfolgte Rechtswahl nach Abs. 1 S. 1 (Rn. 11 ff.), und auch die Zusammensetzung des Schiedsgerichts, wenn sie denn im Vorhinein schon feststeht, deutet eher auf eine versteckte Rechtswahl.[56] Diese Kriterien haben generelle Aussagekraft, auch jenseits vertraglicher Abkommen, auf welche sie erstrangig aber abgestimmt sind.

31 Man kann aber auch die üblichen **abstrakten Maßstäbe** bemühen, wie sie sonst das IPR beherrschen. Erkennt man nämlich das Näheprinzip („principe de proximité") als durchgängige IPR-Strukturidee,[57] erscheinen jene Vorschriften dann unweigerlich als normativ geronnene Näheregeln – (sofern noch gültig) neuerlich mit dem Vorbehalt individuell engerer Verbindung (arg. Artt. 28 Abs. 5, 41, 46 EGBGB). Das bewirkt auf Umwegen die Anwendung *deutscher* IPR-Regeln, und zwar wegen § 1025 Abs. 1 iVm. § 1043 Abs. 1 mit § 1051 Abs. 2 als Katalysator und Artt. 3 ff. EGBGB als Indizfaktoren.[58] Bei unerlaubten Handlungen konkurrieren zB Handlungs- und Erfolgsort (Art. 40 Abs. 1 EGBGB), es sei denn bei gleicher Staatsangehörigkeit (Art. 40 Abs. 2 EGBGB), auf Sachen ist indes die lex rei sitae anzuwenden (Art. 43 Abs. 1 EGBGB). Die Herkunft aus dem EVÜ-Raum sollte dagegen keine Rolle spielen.[59]

32 **3. Rechtsfolge (2./3. Halbs.).** Bezugsobjekt des Nähemerkmals („Anknüpfungsgegenstand") ist insoweit pauschal der **„Gegenstand des Verfahrens"**, so wie er vom Kläger am Beginn definiert worden ist (§ 1044 S. 2, 2. Var.); das entspricht dem „Inhalt des Rechtsstreits" iSv. Abs. 1 S. 1. Es geht in Wahrheit freilich um das **materielle Fundament** des Streitgegenstandes – das mehr sein kann als bloß ein konkret bestehender Vertrag (Art. 28 Abs. 1 S. 1 EGBGB) und weniger als das jeweils schiedsbefangene Rechtsverhältnis (§ 1029 Abs. 1 ZPO).

33 Bei materieller Anspruchskonkurrenz und erst recht objektiver Klagehäufung wird daher eher deshalb Aufspaltung geboten sein, als dies gemäß Art. 28 Abs. 1 S. 2 EGBGB bzw. Art. 4 Abs. 1 S. 2 EVÜ sonst toleriert würde. Es geht dabei ja nicht mehr um nur eine gesonderte Anknüpfung abtrennbarer Vertragsteile (dépeçage), die insgesamt doch eher fernliegt, sondern um konkret sachnahe Zuordnung bei einsichtiger Trennbarkeit. Vielmehr steht an, insoweit das „Passende" zu finden – anders gesagt: der Singular ist nicht korrekt!

34 Die Abkehr von Art. 28 Abs. 2 ModG (Rn. 29) macht implizit auch deutlich, dass hiermit eine **Sachnormenverweisung** klar gemeint ist (so wie nach Art. 35 Abs. 1 EGBGB bzw. Art. 15 EVÜ – kein Umkehrschluss aus § 1051 Abs. 1 S. 2 ZPO).[60] Jedenfalls bleibt hier „Recht" anzuwenden, was staatliche Herkunft impliziert und der sog. *lex mercatoria* (Rn. 55–58) noch stärkere Widerstände bereitet.[61] Erneut gehen wieder die international **zwingenden Vorschriften** vor (Art. 34 EGBGB bzw. Art. 7 Abs. 2 EVÜ mit Rn. 20).

---

[54] Vorschlag für eine Verordnung ... über das auf vertragliche Schuldverhältnisse anzuwendende Recht (KOM [2005] 650 endg.) = *Jayme/Hausmann* Nr. 80.
[55] Ganz ähnlich auch *Soergel/von Hoffmann* Art. 28 EGBGB Rn. 128 – wegen Einzelheiten näher Münch-KommBGB/*Martiny* Art. 28 EGBGB Rn. 87 ff. bzw. *Reithmann/Martiny* Rn. 127 ff. – je m. weit. Nachw.
[56] BGH WM 1967, 141, 142 – wohl anders noch RG JW 1930, 1862, 1863.
[57] BT-Drucks. 10/504 S. 35 bzw. BR-Drucks. 759, 98 S. 31 (Art. 41 EGBGB) u. S. 48 (Art. 46 EGBGB).
[58] Anders hier *Junker*, FS Sandrock, 2000, S. 457 (Passepartout für Ermessensakt); S. 461/462 (Art falsa demonstratio des Art. 28 Abs. 2 ModG); ähnlich wohl *Hök* BauR 1999, 804, 807 u. *Calavros*, 1988, S. 126 ff., 128.
[59] AA *Kronke* RIW 1998, 257, 263 [V 2 d].
[60] BT-Drucks. 13/5274 S. 53 li. Sp. [8 aE] – zust. *Zöller/Geimer* Rn. 5; offen *Solomon* RIW 1997, 981, 985; differenzierend *Musielak/Voit* Rn. 7, wohl auch *Kreindler/Schäfer/Wolff* Rn. 666: Vertragsschuldverhältnis?
[61] So wie hier *Sandrock*, FS Sturm, 2000, S. 1645, 1658 ff. mit S. 1654 bzw. RIW 2000, 321, 325 ff. – aber zB auch *Lepschy*, 2003, S. 187–189 m. weit. Nachw.; *Beulker*, 2005, S. 201; *Handorn*, 2005, S. 140–147; *Schroeder*, 2007, S. 124 f., 136; *Ritlewski* SchiedsVZ 2007, 130, 135 [C 3 a].

V. Ergänzungsregeln (Abs. 3 u. 4)

1. Objektive Verpflichtung (Abs. 4). Die Regelung des Abs. 4 erscheint als eine Art Grundnorm, die ganz generell gilt („In allen Fällen") und sich nicht etwa auf Abs. 3 beschränkt,[62] sondern alle voranstehenden Absätze gleichermaßen bedenkt. Dabei normiert gewiss die **erste Variante** (Rn. 37 f.) etwas vollkommen Selbstverständliches – *pacta sunt servanda* –, führt aber bei näherem Zusehen gleichwohl zur Unklarheit, zumal sie einen Gemeinplatz ungewohnterweise hervorkehrt. 35

Gänzlich unklar bleibt freilich die Berücksichtigung von Handelsbräuchen sogar bei allen Privatgeschäften, wie sie die **zweite Variante** (Rn. 39 f.) wörtlich gelesen nahelegt. Hierbei ist – wieder einmal! – die (ModG-)Vorgabe unbesehen übernommen worden, welche von vornherein nur solche Handelsgeschäfte erfasst (§ 1025 Rn. 2 versus Rn. 3 mit Vor § 1025 Rn. 118 bzw. Art. 1 Abs. 1 ModG: „international *commercial* arbitration" mit Fn. **). 36

a) Vertragsregeln (1. Var.). Die Beachtung des Vertrages und seiner Bestimmungen scheint eigentlich evident. Man darf aber das **Übereinstimmungsgebot** nicht im Sinne wortgenau buchstäblicher Auslegung missverstehen oder überhaupt daraus (Auslegungs-)Regeln herleiten (Willensinhalt, Begleitumstände, Empfängerhorizont) – darüber entscheiden jeweils die „anzuwendenden Rechtsvorschriften" iSv. Abs. 1/2 (national also folglich §§ 133, 157 BGB). Gemeint kann nur sein, dass der Wortsinn die äußerste Grenze aufzeigt. Man hätte sich dabei besser wohl vom ModG gelöst und kurzerhand Abs. 4 auf Abs. 3 beschränkt. Der Eingangssatz („In allen Fällen") ist letztendlich jedenfalls eine missglückte Formulierung.[63] 37

Er suggeriert ganz allgemein den Vorrang vertraglicher Abreden (und ebenso gar Handelsbräuchen) vor gesetzlichen Bestimmungen. Sie sind jedoch hier nur insoweit zu beachten, als es das konkret anwendbare materielle Recht erlaubt, dh. soweit dem keine zwingende gesetzliche Regelung entgegensteht.[64] Privatautonomie besteht allemal nur im gesetzten Rahmen **(Vorrang zwingenden Rechtes!).** Die Gesetzesverfasser[65] verwahren sich daher auch dezidiert gegen eine solch verzerrende Fehldeutung, die systematisch bei Art. VII Abs. 1 S. 3 EuÜ („In beiden Fällen ...", dh. subjektiver *und* objektiver Anknüpfung) noch etwas krasser wirkt, weil immerhin hier Abs. 4 für Abs. 3 ja noch seinen Sinn behält. 38

b) Handelsbräuche (2. Var.). Die (im Verhältnis zu Rn. 37 verhaltener formulierte) **Berücksichtigungspflicht** bedeutet weniger als zwingende Anwendung, sondern verlangt bloß nach normaler Achtung im vorher normativ gesetzten Rahmen (zu dem auch die näheren Vertragsbestimmungen gehören!). Die Handelsbräuche sind gleichsam bloß Auslegungshilfe[66] und selbst Bestandteil des anwendbaren (staatlichen) Rechts.[67] Sie müssen konkreten **Vertragsbezug** („dabei") aufweisen, was wohl bei Art. 28 Abs. 4 ModG und Art. 33 Abs. 3 SchO („die auf das Geschäft anwendbaren [anzuwendenden] Handelsbräuche") weitaus direkter zum Ausdruck gelangt und gleichwohl neutraler formuliert ist („Geschäft"). 39

Dies trägt indes eine Verschwommenheit ins Schiedsverfahren („Handels-" bzw. „Kaufmanns-" Begriff), die man bei § 1031 Abs. 2 u. 5 zunächst noch geschickt umschiffte – was gilt für Privatpersonen („Verbraucher")? Der jetzige Gesetzeswortlaut schießt weit übers Ziel und bedarf beherzter teleologischer Korrektur in einem doppelten Sinne: einmal *erweiternd*, generalisierend auf die Verkehrssitte; sodann *begrenzend*, mit Beachtlichkeit nur bei Normenrelevanz (also national etwa §§ 157, 242 BGB; § 346 HGB) – wiederum mit Ausnahme für Abs. 3. Die Heranziehung der 40

---

[62] Dies glaubt aber *Solomon* RIW 1997, 981, 985 f. – dagegen mit Recht bereits *Kronke* RIW 1998, 257, 263 [V 2 f] mit Fn. 59 (die Andeutung bei 1st SN Nr. 90 = *Holtzmann/Neuhaus* S. 774 wurde überholt durch 1st WGR Nr. 86 = *Holtzmann/Neuhaus* S. 776); ganz anders hier *Lachmann* Rn. 1677: nur (!) Abs. 1/2(?).

[63] *Musielak/Voit*, 1. Aufl., Rn. 1 aE mit *Solomon* RIW 1997, 981, 986; etwas vorsichtiger jetzt *Musielak/Voit* Rn. 8.

[64] ZPO: *Thomas/Putzo/Reichold* Rn. 5; *Zimmermann* Rn. 1 aE; *Baumbach/Lauterbach/Hartmann* Rn. 5; *Zöller/Geimer* Rn. 10; *Lachmann* Rn. 1677; *Lörcher/Lörcher* Rn. 224 – recht lasch *Kreindler/Schäfer/Wolff* Rn. 662 mit Rn. 686 f.
EuÜ: *Maier* Rn. 556; *Schlosser* RIPS Rn. 737; *Mezger* RabelsZ 29 (1965), 231, 280.
ModG: 7th SN Art. 28 Nr. 11 = *Holtzmann/Neuhaus* S. 790 mit 4th WGR Nr. 99 = *Holtzmann/Neuhaus* S. 782; – dazu: *Calavros* 1988, S. 132 ff., 134; *Hußlein-Stich*, 1990, S. 153 f. – allerdings zT begrenzend!

[65] BT-Drucks. 13/5274 S. 53 re. Sp. [12].

[66] So ganz treffend auch § 1061 Anh. 2 Art. VII EuÜ Rn. 9 *(Adolphsen)* gegen *von Hoffmann*, 1970, S. 123–127. Sehr plastisch auch *Böckstiegel*, FS Beitzke, 1979, S. 443, 444 mit 457 „Annäherungseffekt auf die Vertragsauslegung".

[67] 7th SN Art. 28 Nr. 1 = *Holtzmann/Neuhaus* S. 790/791 mit 4th WGR Nr. 99 = *Holtzmann/Neuhaus* S. 782; *Schütze* SV Rn. 198; *Zöller/Geimer* Rn. 10 – aA *Soergel/von Hoffmann* Art. 27 EGBGB Rn. 17 mit IPrax 1984, 106, 107 [3 b].

§ 1051 41–45   Buch 10. Abschnitt 6. Schiedsspruch und Beendigung des Verfahrens

Handelsbräuche eröffnet auch zugleich der vielbeschworenen **lex mercatoria** die Hintertüre (Rn. 55–58).[68]

41 **2. Subjektive Ermächtigung (Abs. 3). a) Grundlagen.** Mit dem **Ermächtigungserfordernis** ist zum einen verhindert, dass die Parteien eine Billigkeitsentscheidung faktisch aufgedrängt erhalten,[69] zum anderen die Entscheidung nach Recht und Gesetz als Regel vorausgesetzt.[70] Das macht die doch recht zweifelhaften Rückschlüsse aus § 336 StGB (Rechtsbeugung),[71] § 1055 (Urteilswirkung) mit § 1059 (keinerlei *spätere* Kontrolle),[72] § 1042 Abs. 4 S. 1 (alleinig[?] *Verfahrens*ermessen) etc., um materielle Rechtsbindung zu erklären, mit einem Mal hinfällig.

42 Die Billigkeitsentscheidung ist der staatlichen Gerichtsbarkeit prinzipiell fremd (arg. Art. 97 Abs. 1 GG mit § 1 GVG) – die wenigen Ausnahmen (vgl. §§ 315 Abs. 3, 319 Abs. 1, 343 Abs. 1 S. 1/2; 556a Abs. 3; 660 Abs. 1; 847; 1024, 1060 BGB; § 89b Abs. 1 Nr. 3 HGB; §§ 91a Abs. 1 S. 1, 287 ZPO) bestätigen nur den höheren Grundsatz; in vielen Schiedsverfahren und -ordnungen spielt sie jedoch seit eh und je eine große Rolle. Das erscheint gleichsam als Nachwirkung des ursprünglichen römischrechtlichen Wechselspieles von *iudicia stricti iuris* und *bonae fidei judicia*, der Klagen strengen und freien Rechts (Inst. 4, 6, 28 [S. 1]) und erinnert an den Kontrast von common law und equity. Je nachdem wie man dazu steht, mag man dies als „eine der bedenklichsten Attributionen des Schiedsrichteramtes" (*Puchta* [1823])[73] brandmarken oder aber darin „das Recht der oberen Hemisphäre [sehen]; die niederen Seiten des Rechtes werden abgestreift und das Billigkeitsrecht erhebt sich in die Höhe des Äthers!" (*Kohler* [1919]).[74]

43 Die Ermächtigung zum **Billigkeitsentscheid** („amiable composition"; Entscheidung „ex aequo et bono",[75] getreu der „equity" bzw. „arbiträr" im Wortsinn), stellt total frei von Abs. 1 und Abs. 2: das Schiedsgericht ist insgesamt der Anwendung einer national anzuknüpfenden Rechtsordnung enthoben. Als äußerste Grenze wirkt aber dabei ebenso wiederum Abs. 4[76] (Rn. 35): Parteivorgaben und Verkehrsübung fordern allemal Respekt. Wieder ergibt sich daraus ebenso eine Anknüpfung für die **lex mercatoria** (Rn. 55–58).

44 **b) Tatbestand.** Erforderlich ist **ausdrückliche Ermächtigung (S. 1, 2. Halbs.).** Sie muss explizit, zweifelsfrei und glasklar eindeutig erfolgen; eine konkludente Ermächtigung, die bisher großzügig Nachsicht erfuhr, vor allem bei Benennung von Laien als Schiedsrichtern,[77] ist damit nun ausgeschlossen.[78] Dieses bedingt keinen Wortpurismus iSd. Wiederholung des Wortes der „Billigkeit".[79] Andererseits liegt aber die Ermächtigung nicht inzident schon schlicht darin, dass überhaupt Schiedsbindung (§ 1029) abgemacht oder zusätzlich *Verfahrens*ermessen (§ 1042 Abs. 4 S. 1) eingeräumt[80] wurde. Hinreichend und notwendig ist schließlich, dass **alle Parteien** – explizit und einmütig! – sich erklären. Dies bindet dann; einseitige Rücknahme entfällt daraufhin.[81]

45 Die Ermächtigung ist **formfrei,** dafür gilt § 1031 also nicht[82] (hier anders etwa Art. 22.4 LCIA-SchO: „schriftlich") – es sei denn, sie wäre unmittelbar schon (Annex-)Bestandteil der Schiedsver-

---

[68] *Bork* in: Gottwald (Hrsg.), Internationale Handelsschiedsgerichtsbarkeit, 1997, 283, S. 303/304; *Gottwald*, FS Nagel, 1987, S. 54, 64; *Spickhoff* RabelsZ 56 (1992), 116, 120 ff. (133); *Kreindler/Schäfer/Wolff* Rn. 681; wohl auch *Schlosser* RIPS Rn. 197; krit. *Hußlein-Stich*, 1990, S. 155. Mir unklar hierzu *Schroeder*, 2007, S. 191 mit Fn. 765.

[69] 7th SN Art. 28 Nr. 8 = Holtzmann/Neuhaus S. 790; *Schütze* SV Rn. 203 [3. Abs. mit 1. Abs.]; *Hußlein-Stich*, 1990, S. 148 f.

[70] BT-Drucks. 13/5274 S. 53 re. Sp. [11]; *Calavros*, 1988, S. 130 – klar jetzt auch OLG München SchiedsVZ 2005, 308, 309 [II 2 e].

[71] Dazu BGHSt 10, 294, 300.

[72] *Oertmann* ZZP 47 (1918), 105, 144 ff.

[73] Zitiert nach *Krause* Jb. Int. Sch. III (1931), 220, 237.

[74] Arch. RuW Phil. 13 (1919/20), 6.

[75] Die Begriffe sind synonym: Art. 28 Abs. 3 ModG mit 7th SN Art. 28 Nr. 7 = Holtzmann/Neuhaus S. 790 – aA aber zB *Hellwig* RIW 1984, 421, 426.

[76] BT-Drucks. 13/5274 S. 53 re. Sp. [12]; *Calavros*, 1988, S. 132; *Musielak/Voit* Rn. 8; *Thomas/Putzo/Reichold* Rn. 5; *Zimmermann* Rn. 2 aE.

[77] Im Anschluss an Mot. S. 476 = Hahn S. 494: 1. Aufl. § 1038 aF Rn. 4; *Schwab/Walter*, 5. Aufl., Rn. 19.12; *Blomeyer*, FG Rosenberg, 1949, S. 51, 64 – einschr. *Spickhoff* RabelsZ 56 (1992), 116, 120 ff. (135); abl. *Schütze/Tscherning/Wais* Rn. 587; RG JW 1930, 1862, 1863 li./re. Sp. Ganz allg. dazu RGZ 153, 193, 197; BayObLG JW 1929, 866 (Regelvermutung – indessen jetzt überholt); krit. *Oertmann* ZZP 47 (1918), 105, 125 ff., 130 ff.

[78] OLG München SchiedsVZ 2005, 308, 309 [II 2 e].

[79] *Musielak/Voit* Rn. 4.

[80] OLG München SchiedsVZ 2005, 308, 309 [II 2 e].

[81] *Zimmermann* Rn. 2.

[82] *Kreindler/Schäfer/Wolff* Rn. 663 aE; *Musielak/Voit* Rn. 4; *Lepschy*, 2003, S. 195 – aA OLG München SchiedsVZ 2005, 308, 309 [II 2 e]; *Thomas/Putzo/Reichold* Rn. 4; *Schütze/Reiner/Jahnel* IS Art. 18 ICC-SchO Rn. 17.

Anwendbares Recht   46–51 § 1051

einbarung (§ 1029).[83] Sie kann indes ebenso separat erteilt werden, und auch mittels Verweis auf eine institutionelle Schiedsordnung nach § 1042 Abs. 3, 2. Var. (§ 23.3 DIS-SchO enthält sich vornehm jener Frage und wiederholt nur Abs. 3!).

Verlangt wird weiterhin eine **Ermächtigung vor der Entscheidung (S. 2)**, sie wird idR wohl uno actu mit der Schiedsvereinbarung (§ 1029) erteilt; notwendig ist dies aber nicht, obwohl faktisch später die Einigung meist schwerer fällt. Nicht etwa erst das konkret gebildete, sondern schon das abstrakt berufene Schiedsgericht kann mithin ermächtigt werden. Vor jedweder Schiedsbindung scheidet die Ermächtigung aus, dann geht es allenfalls um parteiautonome Vertragsgestaltung mit einem Leistungsbestimmungsrecht gemäß §§ 317–319 BGB; und ebenfalls ist ein Ausschluss nach dem endgültigen Schiedsspruch gegeben – er muss ja auf einer exakten Grundlage ergehen. 46

„**Entscheidung**" iSv. S. 2 meint hier den Schiedsspruch zur Begründetheit, greift wörtlich indessen weiter, umfasst auch ebenso Prozessschiedssprüche und Einstellungsbeschlüsse (§ 1056 Abs. 1, 2. Var. mit Abs. 2). Indes: nur für einen endgültig ergehenden Entscheid *zur Sache* erheischt § 1051 überhaupt reell Beachtung. Ergeht nur ein Teilentscheid, mag man nachträglich (und einvernehmlich) – aber nur für den Rest – „umoptieren". 47

Sachlich mag man überdies die benötigte Erlaubnis zur Billigkeitsentscheidung durch eigene Vorgaben begrenzen (arg. Abs. 4, 1. Var.) bzw. in eine nähere Richtung weisen,[84] aber ebenso gut auch umfangmäßig beschränken (Nebenansprüche, Schätzungen, Kleinbeträge etc.). Es gibt mithin neben umfassender zudem **gebundene und begrenzte Ermächtigungen.** Und ausnahmsweise bedarf es keiner (Partei-)Ermächtigung, nämlich wegen der Kostenentscheidung (§ 1057 Abs. 1 S. 2). Ansonsten stellt jeder Verstoß gegen Abs. 3 einen aufhebungsbewehrten Verfahrensverstoß dar (§ 1059 Abs. 2 Nr. 1c, 3. Var. – und nicht [mehr] gemäß Nr. 1d, 1. Halbs., 2. Var. iVm. 2. Halbs., 1. Var., dort Rn. 20). 48

c) Rechtsfolge. aa) Begriffsbildung. Eine Sachentscheidung nach Billigkeit (§ 242 BGB: „Treu und Glauben [Abs. 3] mit Rücksicht auf die Verkehrssitte [Abs. 4, 2. Var.]"; § 319 Abs. 1 BGB: „nach billigem Ermessen") gewährt dem (Schieds-)Gericht die archetypisch anmutende **Flexibilität,** die jeder Schiedsgerichtsbarkeit eigen ist und die Parteien häufig erst dazu bringt, die erforderliche Schiedsvereinbarung abzuschließen: sie ermöglicht die **sachadäquate einzelfallgerechte Entscheidung.**[85] Das Schiedsgericht hat weites Beurteilungsermessen und große Entscheidungsfreiheit – trägt aber demnach auch immense **Verantwortung.** Im Grunde geht es insoweit um eine Leistungsbestimmung nach billigem Ermessen (gemäß § 319 Abs. 1 S. 1 BGB) unter Ausschluss staatsgerichtlicher Kontrolle (gegen § 319 Abs. 1 S. 2 BGB). Dass dies immer noch zur echten Streitentscheidung (§ 1029 Abs. 1) gehört,[86] stellt dazu Abs. 3 klar heraus. 49

Anwendungsbeispiele: Neufestsetzung eines Miet- oder Pachtzinses,[87] Zuweisung von Vermögensgegenständen im Rahmen einer Erbauseinandersetzung,[88] Fortsetzung einer Gesellschaft in anderer Rechtsform,[89] Erneuerung gesellschaftsrechtlicher Vereinbarungen,[90] Übertragung einer Patentnutzung,[91] Anpassung statt Kündigung eines Vertrages[92] etc. – Abzugrenzen hiervon ist die Befugnis zur Rechtsgestaltung als Ausformung der Streitentscheidung, die über die Befugnis staatlicher Gerichte (zB §§ 133 Abs. 1, 140 Abs. 1 HGB [§ 1029 Rn. 87]; §§ 767 Abs. 1, 771 Abs. 1 ZPO [§ 1029 Rn. 80]) weit hinausreichen kann. 50

Billigkeit orientiert sich an objektiven Maßstäben,[93] sie bedeutet nicht lediglich subjektive Überzeugung von der gerechten Ausgewogenheit. Sie entspringt der griechischen *epieíkeia* und der römischen *aequitas* als Maßstab der Gesetzesinterpretation. Probleme bereitet die Billigkeitsentscheidung in zweierlei Hinsicht. Man kann einerseits nach **positiven Maximen** versuchen zu forschen – aber: Billigkeit positiv festmachen, würde sogleich auch ihr Ende bedeuten. Sie lebt vom Einzelfall und Abwägungen, ist Ausdruck *individuellen* Richtens. Das verbietet ein Gutdünken und eben- 51

---

[83] *Schlosser* RIPS Rn. 749 mit Rn. 262.
[84] RGZ 153, 193, 197 („dem Ermessen der Schiedsrichter Schranken auferlegen"); 7th SN Art. 28 Nr 9 = *Holtzmann/Neuhaus* S. 790 („laying down the rules or guidelines") sowie wohl auch *Heiss* CLC 23 (2005) S. 89, 103.
[85] *Calavros,* 1988, S. 131; *Hußlein-Stich,* 1990, S. 148.
[86] AA RGZ 153, 193, 195 („Vervollständigung") – aber: S. 195/196 mit S. 196 („Überprüfungsinstanz").
[87] BGH LM § 1025 aF Nr. 7; WM 1976, 910, 911 bzw. RGZ 153, 193, 197.
[88] BGH NJW 1959, 1493, 1494 = DB 1959, 789.
[89] RGZ 147, 22, 23 ff. = JW 1935, 1783, 1784 f. m. Anm. *Herringer.*
[90] OLG Koblenz MDR 1959, 130.
[91] RG JW 1897, 632.
[92] OLG München SchiedsVZ 2005, 308, 309 [II 2 d].
[93] RGZ 99, 105, 106 (zu § 315 BGB); RGZ 147, 22, 25 (obiter). Hier anders wohl Mot. S. 476 = *Hahn* S. 494.

§ 1051 52–55 Buch 10. Abschnitt 6. Schiedsspruch und Beendigung des Verfahrens

falls plumpes und blindes Halbieren.[94] Gemeint ist eine Entscheidung nach „pflichtgemäßem Ermessen unter Berücksichtigung der Umstände des Einzelfalles", so wie es § 1057 Abs. 2 S. 2 parallel auch vorsieht. Der Fokus verschiebt sich demzufolge auf die Bestimmung der **negativen Grenzen**.

52   **bb) Grenzziehungen.** Klar ist hier, dass Vertragsbestimmungen und Handelsbräuche die Billigkeit nicht überspielen (Abs. 4, Rn. 35 f.): genaue vertragliche Abmachungen binden, mögen sie einem Schiedsrichter auch persönlich unbillig erscheinen.[95] Klar ist auch, dass insoweit die **üblichen ordre-public-Grenzen** (§ 1059 Abs. 2 Nr. 2b, dazu dort Rn. 38 ff.) gelten, die allemal unverfügbar bleiben. Dazu zählen wohl ferner noch die Gebote von Treu und Glauben (§ 242 BGB), samt seiner konkreten Ausprägungen, und ebenso das Schikaneverbot (§ 226 BGB).

53   Als **Gretchenfrage** bleibt schlussendlich, ob die Ermächtigung zur Billigkeitsentscheidung dem Schiedsrichter erlaubt, völlig unabhängig von den Regelungen der maßgeblichen materiellen Rechtsordnung zu entscheiden.[96] Das muss man verneinen, will man denn die Schiedsgerichtsbarkeit als materielle Rechtsprechung ansprechen (Vor § 1025 Rn. 4) und sie nicht mit Schlichtungsbemühen und Schiedsbegutachtung gänzlich konturlos verwischen (Vor § 1025 Rn. 20 ff. bzw. 39 ff.). Gewiss: Billigkeit ist die *gesetzesfreie* Gerechtigkeit des Einzelfalles[97] – das meint aber nicht die Lösung aller Leinen und das Abschütteln jeglicher Normbindung, sondern **Ergebnisüberprüfung nach Einzelfallumständen**. Denn prinzipiell gilt: die rechtliche Lösung ist auch die angemessene Lösung. Ohne eindeutigen – gesetzlichen – Bezugspunkt wird Unbilligkeit nicht feststellbar. Also ist hier nur eine besondere Art zu urteilen gemeint, nämlich **unter Beachten des Gesetzes**, das nur dort unangewendet gelassen und durch schiedsrichterliches Ermessen ergänzt oder ersetzt wird, wo eine strenge Befolgung seiner Normen *in casu* zu einer ungerechten („unbilligen") Entscheidung führen würde.[98]

54   Die Bindung an **inländische zwingende Sachnormen** iSv. Art. 34 EGBGB (zB Art. 29a EGBGB, ferner: Währungs- u. Devisenrecht, Einfuhr-/Ausfuhrbestimmungen, Kartellrecht[99]), welche jedenfalls gelten, also allgemein nicht abwählbar sind, ist jedenfalls bloß eine mittelbare; sie erklärt sich dadurch, dass dann stets Aufhebung wegen ordre-public-Verstoß (§ 1059 Abs. 2 Nr. 2b – dazu auch schon oben Rn. 20) droht:[100] diese Normen dienen meist der gezielten Absicherung spezieller Interessen mit einem ausgeprägten öffentlichen Bezug.

55   **3. Die Bedeutung der „lex mercatoria".** Bis heute herrscht weder Klarheit über Erfassung noch Verortung noch exakt greifbaren Inhalt der sog. *lex mercatoria*, verstanden als eine Art „verbindlicher (überregionaler bzw. -staatlicher) Handelsbrauch" (dazu schon oben Rn. 40 aE): Ist sie bloß soziologische oder auch juristische Erscheinung? Ist sie selbständige Rechtsquelle oder gar Form einer anationalen Rechtsordnung? Jene erste Frage zielt eher auf Abs. 3/4, die insoweit das „juristische Vehikel"[101] bereithalten, tatsächliche Übung in beachtliches Recht umzugießen, die zweite deutlich hingegen allein auf Abs. 1/2. Die alltägliche schiedsgerichtliche Spruchpraxis kümmert sich darum eher wenig.[102] Vielfach steckt dahinter auch nur eine Pseudobegründung, weil schließlich feste, anerkannte Regeln großteils noch ermangeln.

---

[94] Vollkommen anders *Zimmermann* Rn. 2: Regeltatbestand (?).
[95] *Stein/Jonas/Schlosser* Rn. 10 bzw. RIPS Rn. 751 mit Rn. 744. Spätestens dadurch sind nunmehr die Unterschiede zwischen amiable composition und Entscheidung ex aequo et bono (*Hellwig* [Fn. 75]) nivelliert.
[96] Bejahend *Stein/Jonas/Schlosser* Rn. 9 [1. Abs.]; *Beulker*, 2005, S. 176 ff. (179 f.); *Schütze/Tscherning/Wais* Rn. 585, 587; *Wieczorek/Schütze* § 1034 aF Rn. 17 u. *Schütze* SV Rn. 203 [2. Abs.]. (Grenze: gute Sitten und öffentliche Ordnung); *Schlosser* RIPS Rn. 750; *Calavros*, 1988, S. 131; *Berger*, 1992, S. 400 (Grenze: ordre public); wohl auch OLG Frankfurt/Main KTS 1985, 377, 379/380 bzw. RIW 1984, 400, 401.
[97] 1. Aufl. § 1038 aF Rn. 4 mit *Maier* Rn. 395 f.
[98] *Riedberg*, Der amiable Compositeur im internationalen privaten Schiedsverfahren, 1962, S. 29; *Hußlein-Stich*, 1990, S. 149 f.; *Wengler*, ZfRV 23 (1982), 11, 20 f. – ganz anders hier *Calavros*, 1988, S. 131: anationale gemeinsame Grundsätze.
[99] Aufzählung bei MünchKommBGB/*Martiny* Art. 34 EGBGB Rn. 77 ff. u. *Soergel/von Hoffmann* Art. 34 EGBGB Rn. 16 ff. Wegen Art. 81 EG siehe *Hilbig*, Das gemeinschaftsrechtliche Kartellverbot im internationalen Handelsschiedsverfahren, 2006, S. 107 ff.
[100] Klar herausgestellt etwa von *Schlosser* RIPS Rn. 750 mit *Stein/Jonas/Schlosser*, 21. Aufl., § 1034 aF Rn. 2 u. *Gottwald*, FS Nagel 1987, S. 54, 61 aE; *Musielak/Voit* Rn. 3 aE – leider etwas unklar *Musielak/Voit* Rn. 3 aE – vermengend hier 1. Aufl. § 1038 aF Rn. 5.
[101] *Böckstiegel*, FS Beitzke, 1979, S. 443, 457 f.
[102] Lesenswert *Meyer*, 1993, S. 93 ff. (Bestandsaufnahme) u. *Sandrock* in: *Böckstiegel* (Hrsg.), DIS VIII (1989), S. 21, 52–59 (Grundsatzkritik). Deutsches Beispiel: OLG Frankfurt/Main KTS 1985, 377, 380 („A common sense manner") u. RIW 1984, 400, 401 – bei allerdings verbaler Verwahrung! Jüngstens sehr positiv etwa *Schroeder*, 2007, S. 83 ff., reservierter aber demgegenüber *Ritlewski* SchiedsVZ 2007, 130, 137–139.

Die Ermächtigung zur Entscheidung nach den Prinzipien der *lex mercatoria* (Handelsklauseln **56** [Trade Terms, Incoterms], Vertragsprinzipien [PICC,[103] PECL], Modellgesetzen [CISG], Codes of Conduct, allgemeinen [Rechts-/Vertrags-[104]] Grundsätzen etc.) erlaubt so besehen ausdrücklich iSv. Abs. 3, nach – inhaltlich präzisierter – **Billigkeit** zu entscheiden[105] – indes doch ihrerseits bloß unter Beachtlichkeit der **Handelsbräuche** gemäß Abs. 4 (2. Var.).[106] Mithin sind gleich zwei parallele Einfallstore verfügbar, die teilweise verschieden anknüpfen (Abs. 3: Ermächtigung; Abs. 4: Verpflichtung).

Die Praxis greift letztlich darüber noch hinaus, wenn sie eine ebensolche **Rechtswahl** akzeptiert **57** (Abs. 1 S. 1 – ModG: „rule of law", Rn. 11) und sogar **objektiv** zT so anknüpft (Abs. 2 S. 1 – ModG: „the law", Rn. 23) und damit der nationalen Umklammerung entfliehen kann. Gegen solches Gebaren spricht indes, dass damit das Erfordernis expliziter (Billigkeits-!)Ermächtigung leer läuft, Abs. 1 demzufolge Abs. 3 überspielt, und Abs. 4 (2. Var.) die objektive Beachtung schon unabhängig von Abs. 2 einfordert. Anders mag es bei eigens ausgeformten Regelwerken sein (arg. Art. 3 Abs. 2 „Rom I-VO"[107]).

Diese „systematische Kreuzstellung" beschränkt die *lex mercatoria* auf ein – gleichsam „stilles" – **58** Wirken im Rahmen von Abs. 3 u. 4, die insoweit spezieller scheinen.[108] Sie tritt januskößig dabei auf, konkretisierend (Abs. 3 S. 1), aber eben auch kontrollierend (Abs. 4, 2. Var.) – freilich greift jene *ausdrückliche* Ermächtigung noch weiter und eröffnet auch sonstige, *anderweitige* Billigkeitserwägungen. Dies erspart auch, Handelsgewohnheiten als „Rechtsvorschriften" (Abs. 1, 2 S. 1) zu etikettieren, was nicht einfach fällt, obwohl der Name „lex mercatoria" dies suggeriert (und was dann demgemäß auch hartnäckig oft postuliert wird[109] – die erwünschte Rechtsfolge erscheint dabei der Vater des Gedankens ...) und andere Länder[110] viel zwangloser hier herangehen.

§ 1052 Entscheidung durch ein Schiedsrichterkollegium

(1) Haben die Parteien nichts anderes vereinbart, so ist in schiedsrichterlichen Verfahren mit mehr als einem Schiedsrichter jede Entscheidung des Schiedsgerichts mit Mehrheit der Stimmen aller Mitglieder zu treffen.

(2) ¹**Verweigert ein Schiedsrichter die Teilnahme an einer Abstimmung, können die übrigen Schiedsrichter ohne ihn entscheiden, sofern die Parteien nichts anderes vereinbart haben.** ²**Die Absicht, ohne den verweigernden Schiedsrichter über den Schiedsspruch abzustimmen, ist den Parteien vorher mitzuteilen.** ³**Bei anderen Entscheidungen sind die Parteien von der Abstimmungsverweigerung nachträglich in Kenntnis zu setzen.**

---

[103] Dazu etwa *K. P. Berger* A.J.C.L. 46 (1998), 129; *Wichard* RabelsZ 60 (1996), 269; *Raeschke-Kessler*, ICC-Dossier 1995, S. 167 ff.

[104] Eine Zusammenstellung gibt *Berger*, 1992, S. 374–382; dazu erg. auch *Mustill* Arb. Int. 4 (1988), 86, 110 u. CLR 1987, 150, 174; *Michaels* RabelsZ 62 (1998), 580; *Lepschy*, 2003, S. 107 ff. (118 f.); vgl. auch erg. *Schroeder*, 2007, S. 88–95 (Theorie) bzw. S. 110–113 (Praxis).

[105] *Böckstiegel*, FS Beitzke, 1979, S. 443, 451; *von Bar* IPR I Rn. 2.85; *Triebel/Petzold* RIW 1988, 245, 247; *Schütze/Tscherning/Wais* Rn. 587; *Spickhoff* RabelsZ 56 (1992), 116, 120 ff. (134); *Labes/Lörcher* MDR 1997, 420, 424; *Schlosser*, VIV-Reihe XI (2000), S. 163, 199/200; *Baumbach/Lauterbach/Hartmann* Rn. 4; *Schütze* SV Rn. 202 [1. Abs.]; *Kreindler/Schäfer/Wolff* Rn. 682; *Soergel/von Hoffmann* Art. 27 EGBGB Rn. 17 mit FS Kegel II, 1987, S. 215, 227 ff. (229 f.); wohl auch *Hußlein-Stich*, 1990, S. 155 aE u. *Martiny*, FS Schütze, 1999, S. 529, 536/537 mit MünchKommBGB/*Martiny* Art. 27 EGBGB Rn. 38 mit Vor Art. 27 EGBGB Rn. 133; insoweit auch *Schroeder*, 2007, S. 132–136 – anders zB jedoch *K. P. Berger* IPRax 1993, 281, 285 mit 1992, S. 393 ff.; *Ritlewski* SchiedsVZ 2007, 130, 136 f. [C 3 b aa].

[106] Abweichend *Spickhoff* RabelsZ 56 (1992), 116, 120 ff. (135).

[107] Darunter fällt explizit *nicht* die lex mercatoria, vgl. Begr. zum Vorschlag der Kommission (KOM [2005] 650 endg.), S. 6.

[108] Unklar dazu jedoch BT-Drucks. 13/5274 S. 53 re. Sp. [12]: „Ist das anwendbare Recht – wie in der Regel – an eine nationale Rechtsordnung geknüpft, ...".

[109] Wie etwa von *Berger* IPRax 1993, 281, 283 f.; *Reithmann/Martiny/Hausmann* Rn. 3514 mit Rn. 3520 ff.; *Staudinger/Magnus* Art. 27 EGBGB Rn. 49 f. – alle m. weit. Nachw.; ferner auch *Schroeder*, 2007, S. 115 ff. (bei einer „modifizierten" Begriffsbildung: S. 149 ff. mit S. 167–170). Die deutsche hM verneint der Rechtsnormqualität im Anschluss an RG JW 1936, 2058, 2059: § 1061 Anh. 2 Art. VII EuÜ Rn. 14 *(Adolphsen)*; *von Bar* IPR I Rn. 2.75–77 u. 2.94; MünchKommBGB/*Sonnenberger* Einl. IPR Rn. 267; *Spickhoff* RabelsZ 56 (1992), 116, 120 ff. (123); *Sandrock* in: Böckstiegel (Hrsg.), DIS VIII (1989), S. 21, 77–80; *W. Lorenz*, FS Neumayer, 1985, S. 407, 420 ff., 427.

[110] Vorwiegend etwa Frankreich (art. 1494 c. c.), vgl. § 1061 Anh. 2 Art. VII EuÜ Rn. 13 *(Adolphsen)* u. *Schlosser* RIPS Rn. 196, aber erg. auch Stein/Jonas/*Schlosser* Rn. 1 [3. Abs.] mit Rn. 6; wegen Österreich und Italien siehe *Frick*, 2001, S. 98.

§ 1052 1, 2   Buch 10. Abschnitt 6. Schiedsspruch und Beendigung des Verfahrens

(3) Über einzelne Verfahrensfragen kann der vorsitzende Schiedsrichter allein entscheiden, wenn die Parteien oder die anderen Mitglieder des Schiedsgerichts ihn dazu ermächtigt haben.

Schrifttum: *Bader*, Arbitrator Disclosure – Probing the Issues, J. Int. Arb. 12:3 (1995), 39; *Bredin*, Le secret du délibéré arbitral, FS Bellet, 1991, S. 71; *Geiben*, Privatsphäre und Vertraulichkeit im Schiedsverfahren, 2001, S. 65–78; *Gleiss/Helm*, Beratungsgeheimnis im Schiedsgerichtsverfahren, MDR 1969, 93; *Kühn/Gantenberg*, Confidentialiy in Arbitration, FS Schlosser, 2005, S. 461; *Neill*, Confidentiality in Arbitration, Arb. Int. 12 (1996), 287; *Oberhammer*, Zur Vertraulichkeit von Schiedsverfahren, FS Beys, 2003, S. 1139; *Oldenstam/ von Pachelbel*, Confidentiality and Arbitration – a few reflections and practical notes, SchiedsVZ 2006, 31; *Peltzer*, Die Dissenting Opinion in der Schiedsgerichtsbarkeit, 2000, insbes. S. 67–69; *Prütting*, Zur Rechtsstellung des Schiedsrichters – dargestellt am richterlichen Beratungsgeheimnis, FS Schwab, 1990, S. 409; *ders.*, Vertraulichkeit in der Schiedsgerichtsbarkeit und in der Mediation, FS Böckstiegel, 2001, S. 629.

Übersicht

	Rn.		Rn.
I. Normzweck	1	1. Grundsatz	8–14
		a) Spruchtätigkeit (Abs. 1)	9
II. Beratung	2–7	b) Verfahrensfragen (Abs. 3)	10–14
1. Beratungsverfahren	2	2. Ausnahmen bzw. besondere Fallgruppen	15–18
2. Beratungsgeheimnis	3–7	a) Gestaltungsspielraum der Parteien	15
III. Abstimmung	8–18	b) Richterliche Obstruktion (Abs. 2)	16–18

I. Normzweck

1   Die Vorschrift hat lediglich Bedeutung für **kollegial besetzte Schiedsgerichte** und regelt die Art und Weise der **Entscheidungsfindung;** sie erfolgt durch Abstimmung (Rn. 8) und setzt – implizit mitgedacht – Beratung (Rn. 2–7) voraus, die aber auch ganz informell erfolgen kann. § 1052 firmiert demnach als das Pendant zu §§ 192–197 GVG. Gegenüber § 1038 aF ist **Abs. 1** (Art. 29 S. 1 ModG; § 33.3 DIS-SchO) auf „*jede* Entscheidung des Schiedsgerichts" erweitert, jedoch durch **Abs. 3** (Art. 29 S. 2 ModG; § 24.4 DIS-SchO) für „*einzelne* Verfahrensfragen" aus Gründen der Prozessökonomie[1] umgekehrt etwas gemildert. **Abs. 2** (§ 33.4 S. 1 u. S. 3/4 DIS-SchO, Rn. 16–18) ist völlig neu und geht insoweit über den Vorschlag des Art. 29 ModG hinaus. Er enthält ein **Obstruktionsverbot** für Schiedsrichter, das sich im Ziel mit § 1054 Abs. 1 S. 2 trifft: (hoffentlich) wirksamere Vorkehrung gegen Abstimmungs- wie Unterschriftsverweigerung. – Für den **Einzelschiedsrichter** hat die Vorschrift keine Bedeutung,[2] er entscheidet alle Fragen stets allein; bei Untätigkeit steht den Parteien der Weg des § 1038 offen.

II. Beratung

2   **1. Beratungsverfahren.** Die Beratung erfolgt idR mündlich, doch mag auch bloßer Blickkontakt einmal ausreichen. Sie erfordert aber keinerlei gleichzeitige physische Anwesenheit.[3] Sie kann daher auch schriftlich,[4] telefonisch[5] oder elektronisch (e-mail, Videokonferenz[6] etc.) geschehen, sofern alle Schiedsrichter damit einverstanden sind; sogar auch durch Umlauf eines Schiedsspruchentwurfs.[7] Die konkrete Ausgestaltung obliegt dem Verfahrensermessen des Schiedsgerichts (§ 1042 Abs. 4 S. 1), wobei jedoch der Obmann im Rahmen des Abs. 3 (der insoweit für § 194 Abs. 1 *und* Abs. 2 GVG steht) ein gewisses Prä haben und den Modus bestimmen kann. Die erforderliche Mehrheit der Schiedsrichter befindet auch darüber, wann die Beratung abgeschlossen wird.[8] Zur

---
[1] 7th SN Art. 29 Nr. 1 = *Holtzmann/Neuhaus* S. 818.
[2] BT-Drucks. 13/5274 S. 53 re. Sp. [1].
[3] CR Nr. 246 = *Holtzmann/Neuhaus* S. 821.
[4] KG OLGRspr. 27 (1913), 196, 197; BayObLGZ 1929, 531, 548; OLG Celle JW 1930, 766, 767 li. Sp. aE; OLG Hamburg MDR 1965, 54 [4]; *Baumbach/Lauterbach/Hartmann* Rn. 4; *Stein/Jonas/Schlosser* Rn. 2; *Schwab/Walter* Rn. 19.2. Zum ModG: 4th WGR Nr. 114 = *Holtzmann/Neuhaus* S. 853 mit 7th SN Art. 31 Nr. 5 = *Holtzmann/Neuhaus* S. 856.
[5] *Zöller/Geimer* Rn. 2. Zum ModG Fn. 4 aE.
[6] *Musielak/Voit* Rn. 1.
[7] Sehr kleinlich hier OLG Frankfurt/Main BauR 1988, 637. Der Obmann sollte als letzter zeichnen (*Baumbach/Lauterbach/Hartmann* Rn. 4); kritisch bei nicht einstimmigen Entscheidungen OG Zürich SJZ 1979, 195.
[8] OLG Hamburg KTS 1961, 174.

schriftlichen Begründung des Schiedsspruchs (§ 1054 Abs. 2) ist keine Beratung nötig:[9] sie ist nur Ergebnisdokumentation!

2. Beratungsgeheimnis. Ist im Schiedsvertrag nichts anderes vereinbart, so sind die Schiedsrichter zur Wahrung des Beratungsgeheimnisses verpflichtet.[10] Ein Verstoß hat idR indes keine Rechtsfolgen für den Schiedsspruch; sie macht das Verfahren nur dann unzulässig, wenn der Schiedsspruch gerade hierauf beruht.[11] Im Nachhinein ist das regelmäßig ausgeschlossen, sodass auch ein **Minderheitenvotum** (§ 1054 Rn. 22 f.) unschädlich bleibt[12] (bei einer Unterschriftsverweigerung hilft nun § 1054 Abs. 1 S. 2!). Die Offenbarung bewirkt aber allemal einen Verstoß gegen die Schiedsrichterpflichten aus dem Schiedsrichtervertrag und kann uU (Rechtswidrigkeit? [Rn. 7]; Schadenseintritt?) dann zum Schadensersatz verpflichten. Eine Analogie zu § 839 Abs. 2 BGB hilft insoweit nicht[13] (keine Entscheidungs*findung* mehr!). Die einzige letztlich halbwegs greifbare Wirkung des Beratungsgeheimnisses ist daher ein Vorlageverweigerungsrecht für diesen Anteil der Gerichtsakten.[14]

3

Hierzu tritt noch ein **Aussageverweigerungsrecht:** die Schiedsrichter können gegen ihren Willen nicht als Zeugen über den Sinn ihres Schiedsspruchs vernommen werden, mögen auch beide Parteien sie von der Geheimniswahrung entbunden haben.[15] Jeder Partei bleibt indes, *rechtzeitig* einen Auslegungsantrag gemäß § 1058 Abs. 1 Nr. 2 mit Abs. 2 zu stellen, um eine authentische Interpretation des Schiedsspruchs zu erlangen. Was jenseits der Entscheidungsfindung sich ereignet, bleibt unerfasst.[16] Sonst wäre auch die Fristbindung des § 1058 Abs. 2 am Ende wenig wert.

4

Das Beratungsgeheimnis kann nur durch **Verzicht** *aller* Beteiligten – Parteien und Richter[17] – aufgehoben werden. Die Zustimmung der Richter ist erforderlich, weil das Beratungsgeheimnis auch ihren Interessen dient.[18] Dabei mag sogar (Partei-)Öffentlichkeit der Beratung rechtlich möglich[19] (aber allemal kaum zweckvoll; hier liegt nahe, dass dann jeder Richter „seiner" Partei gefallen möchte).[20] Sofern die Einhaltung des Beratungsgeheimnisses gewährleistet und eine Einflussnahme auf ihre endgültige Entscheidungsfindung (Tatsachenklärung, Rechtsauslegung, Subsumtion) ausgeschlossen ist, dürfen die Schiedsrichter auch dritten Personen, zB Referendaren[21] oder Protokollanten,[22] aber auch Juristen[23] oder Technikern, die Teilnahme gestatten.[24] Dies gehört aber besser in die parteiöffentliche Beweisaufnahme (arg. § 1047 Abs. 3 mit § 1049 Abs. 2) im Zusammenhang gerichtlicher Begutachtung (§ 1049 Abs. 1 mit Abs. 3).[25]

5

Verwehrt ist freilich, dem Berater schiedsrichterliche (Entscheidungs-)Aufgaben zu übertragen (§ 1054 Rn. 21). Allerdings wird man kaum verhindern können, dass sich ein Schiedsrichter selbst juristisch (fort-)bildet und dafür ein eigenes Gutachten einholt.[26] Die „Beratung bei Beratung" erscheint dann uU doch als das kleinere Übel,[27] weil immerhin alle Richter teilhaben könnten. Aller-

6

---

[9] KG OLGRspr. 27 (1913), 196, 198.
[10] BGHZ 23, 138, 140 f. = NJW 1957, 592 f.; RGZ 129, 15, 17 = JW 1930, 2534, best. RG JW 1932, 2877, 2877/2878; *Peltzer*, 2000, S. 43 ff. (Gewohnheitsrecht); vgl. auch *Gleiss/Helm* MDR 1969, 93 ff. (Gewohnheitsrecht) u. *Prütting*, FS Schwab, 1990, S. 409 ff. u. *Geiben*, 2001, S. 68 ff. (§ 43 DRiG analog[?]).
[11] RG JW 1932, 2877.
[12] *Musielak/Voit* Rn. 3.
[13] *Stein/Jonas/Schlosser* § 1042 Rn. 37.
[14] OLG Celle JW 1930, 766, 767.
[15] BGHZ 23, 138, 141 = NJW 1957, 592 f.; *Baumbach/Lauterbach/Hartmann* Rn. 5; *Zöller/Geimer* Rn. 5; *Musielak/Voit* Rn. 3; *Schwab/Walter* Rn. 19.5. Vgl. auch erg. OLG München, Beschl. v. 23. 10. 2006 – 34 SchH 8/06 [II 2 d aE].
[16] OLG Düsseldorf EWiR 1988, 623 [*Körber*], zust. *Schlosser* JbPrSch. 2 (1988), 241, 250/251.
[17] *Schwab/Walter* Rn. 19.5; *Geiben*, 2001, S. 75 f.; OLG Düsseldorf EWiR 1988, 623 [*Körber*] gegen OLG Celle JW 1930, 766, 767.
[18] BGHZ 23, 138, 141; *Peltzer*, 2000, S. 29 ff.
[19] 1. Aufl. § 1038 aF Rn. 1 aE; *Stein/Jonas/Schlosser* § 1042 Rn. 37.
[20] *Musielak/Voit* Rn. 1.
[21] Die von der Vorinstanz bejahte Frage hat BGH ZZP 71 (1958), 427, 435 nicht beantwortet.
[22] OLG Düsseldorf BB 1976, 251; KG JW 1928, 735.
[23] RG JW 1912, 1062/1063 (Assessor); BGHZ 51, 255, 261 = NJW 1965, 750 (Syndikus) (obiter).
[24] Sehr großzügig hier auch die RG, vgl. JW 1917, 46, 47; 1921, 1248 [gegen KG DJZ 1920, 853]; 1934, 3279, 3280, aber auch OLG Hamburg OLGRspr. 29 (1914), 289: „Hilfsrichter". Eher restriktiv aber der BGH, vgl. ZZP 71 (1958), 427, 435; BGHZ 110, 104, 107 f. = NJW 1990, 2199 = IPRax 1991, 244 m. Anm. *Schlosser* (S. 218, 219) (kein ordre-public Verstoß), aber auch OLG Düsseldorf BB 1976, 251.
[25] So auch *Musielak/Voit* Rn. 2.
[26] BGH ZZP 71 (1958), 427, 435; vgl. auch erg. SchwBG YCA XI (1986), 538, 541 mit *Schlosser*, FS Horn, 2006, S. 1023, 1028 f. [II 2]: Hinweis auf Quellen.
[27] *Baumbach/Lauterbach/Hartmann* Rn. 4.

§ 1052 7–10 Buch 10. Abschnitt 6. Schiedsspruch und Beendigung des Verfahrens

dings darf in zwei Instanzen nicht derselbe Berater teilnehmen[28] und genauso wenig ein erfolgreich abgelehnter Schiedsrichter[29] – das wäre keine rundweg neutrale Prüfung.

7 Die **Schweigepflicht** der Schiedsrichter kann gesetzlich (Abs. 2 S. 2/3: Obstruktion, Rn. 16–18) oder wegen höherer Belange der Rechtsverfolgung oder Rechtsverteidigung **aufgehoben** sein,[30] so wenn zB bei einem Schiedsrichter offenkundig Befangenheit, insbesondere Parteilichkeit oder Rechtsbeugung, vorliegt und dies das Verfahren beeinflussen kann (zB bei Verdacht des „Richtens in eigener Sache" [§ 1036 Rn. 9] – sonst übte das Schiedsgericht keine Rechtsprechung!); § 1036 Abs. 1 S. 2 mit S. 1 allein rechtfertigt die Offenbarung nicht: er trifft nur Gründe, die in der *eigenen* Person bestehen. Abwegige Rechtsauffassung genügt jedoch nicht. Offenbarung ist ferner – als milderer Weg – statthaft, wenn sich in der Beratung Gründe ergeben haben, die zur Kündigung des Schiedsrichtervertrags aus wichtigem Grund berechtigen: die Partei kann dann selbst entscheiden, ob sie denn einen Ablehnungsantrag stellen oder weiter auf diesen Richter vertrauen möchte.

III. Abstimmung

8 **1. Grundsatz.** Sachentscheidungen sind Kollektiventscheidungen (Abs. 1, Rn. 9), Verfahrensfragen können uU allein vom Obmann entschieden werden (Abs. 3, Rn. 10–14). § 197 GVG ist für Schiedsgerichte nicht verbindlich, aber zweckmäßig. Es besteht **Abstimmungspflicht** (§ 195 GVG gilt dafür analog), die **Stimmenthaltung** eines Schiedsrichters ist mit dem Schiedsrichtervertrag nicht vereinbar, sondern letzthin ein Ausdruck von Obstruktion, die unter Abs. 2 fällt (Rn. 16). Mit ihrer **Unterschrift** (§ 1054 Abs. 1 S. 1, Rn. 5 ff.) bezeugen die Richter das ordnungsgemäße Zustandekommen des Schiedsspruchs.[31] Das staatliche Gericht kann und darf die Abstimmungsinterna nicht überprüfen – es sei denn, dass aus dem Spruch selbst (§ 1054 Abs. 2) – ausnahmsweise – eine Verletzung des § 1052 Abs. 1, 3 hervorginge.[32]

9 **a) Spruchtätigkeit (Abs. 1).** Notwendig ist, wie bei den staatlichen Gerichten (§ 196 Abs. 1 GVG), **absolute Stimmenmehrheit**.[33] Das Gesetz bringt das – in Anlehnung an Art. 29 S. 1 ModG („majority of all its members") – etwas indirekter jetzt zum Ausdruck (im Unterschied zu § 1038 aF: „absolute Mehrheit"). Das bedeutet bei einem Zweierschiedsgericht Einstimmigkeit und birgt – wie überhaupt bei jeder geradzahligen Besetzung – die Gefahr des Patts. Der Obmann ist nämlich nur primus inter pares, das Gesetz gewährt ihm weder Stich- noch Alleinentscheid,[34] sondern setzt auf das redliche „Bemühen um eine gemeinsam getragene Entscheidung".[35] Kommt trotzdem keine Mehrheit zustande, muss das Verfahren durch Beschluss und ohne Sachentscheidung beendet werden[36] (§ 1056 Abs. 2 Nr. 3, 2. Var.); dann steht uneingeschränkt staatlicher Rechtsschutz offen[37] (§ 1032 Abs. 1 aE: Undurchführbarkeit der Schiedsvereinbarung). Da das Schiedsgericht dem Kläger nur zusprechen kann, was er begehrt (ohne dass dies förmliche Antragstellung erfordert, § 1044 Rn. 21), allenfalls ein Weniger, nicht ein Anderes, wird bei der Abstimmung jede Stimme, die dem Kläger den Anspruch schlechthin verneint oder ihm ein Anderes zubilligt, als Ablehnung gewertet – nicht etwa als Obstruktion (Abs. 2): der Schiedsrichter verweigert die Abstimmung nicht grundsätzlich! Bilden sich jedoch über die Höhe eines dem Kläger zuzusprechenden Betrages mehr als zwei Meinungen, sollte man darauf § 196 Abs. 2 GVG entsprechend anwenden.[38]

10 **b) Verfahrensfragen (Abs. 3). aa) Ermächtigung (2. Halbs.).** Einzelne Verfahrensfragen können dem Obmann (iSv. 1. Halbs.: „vorsitzende[r] Schiedsrichter" bzw. § 1035 Abs. 3 S. 2, 2. Halbs.: „Vorsitzender des Schiedsgerichts") zur zügigeren (Allein-)Entscheidung delegiert werden. Die dafür erforderliche (ausdrückliche)[39] Ermächtigung kommt entweder von den **Parteien (1. Var.)**, vorab schon durch die Schiedsvereinbarung (§ 1029 Abs. 1), eine Verfahrensordnung

---

[28] OLG Düsseldorf BB 1976, 251, 252 (arg. § 41 Nr. 6 – allerdings *insoweit* fragwürdig: § 1036 Rn. 8).
[29] AA KG JW 1928, 735, 735/736.
[30] *Musielak/Voit* Rn. 3; Beispiele: OLG Kiel JW 1927, 1656; RGZ 89, 13, 16.
[31] RGZ 38, 410, 412/413.
[32] RGZ 38, 410, 412.
[33] BT-Drucks. 13/5274 S. 53 re. Sp. [2] – ebenso: *Thomas/Putzo/Reichold* Rn. 1; *Musielak/Voit* Rn. 5; *Baumbach/Lauterbach/Hartmann*, 65. Aufl., Rn. 2.
[34] CR Nr. 244 = *Holtzmann/Neuhaus* S. 821 mit SR Nr. 47–51 = *Holtzmann/Neuhaus* S. 819 f.; *Baumbach/Lauterbach/Hartmann* Rn. 2.
[35] BT-Drucks. 13/5274 S. 54 li. Sp. [3].
[36] BT-Drucks. 13/5274 S. 53 re. Sp. [2].
[37] *Musielak/Voit* Rn. 9.
[38] *Baumbach/Lauterbach/Hartmann* Rn. 2; *Musielak/Voit* Rn. 5; *Schwab/Walter* Rn. 19.1; aA *Wieczorek/Schütze* § 1038 aF Rn. 8.
[39] AA *Zimmermann* Rn. 1: zusätzlich auch konkludent.

(§ 1042 Abs. 3 – anders § 24.4 DIS-SchO: nur 2. Var.!) oder ad hoc je nach prozessualer Situation, oder aber – einstimmig – von seinen beisitzenden **Kollegen (2. Var.).** Abs. 3 [2. Var.] ist bei einem aus zwei Schiedsrichtern bestehenden Schiedsgericht nach seinem Wortlaut nicht anwendbar, denn der Vorsitzende ist von den „anderen Mitgliedern" (Plural!) zu ermächtigen. Die Ermächtigung bindet nach keiner Richtung: der Vorsitzende muss nicht allein entscheiden, er „kann" es nur,[40] und die Delegation bleibt zweifelsohne stets – natürlich: allein im Voraus[41] – widerruflich. Die Parteien können nicht etwa die richterliche Übertragung kraft eigener Vereinbarung „sperren"; die beiden Möglichkeiten stehen vollkommen selbständig nebeneinander. Der Vorsitzende hat indes kein Recht zur „automatischen" Alleinentscheidung in Pattsituationen, wie es Art. 31 Abs. 2 SchO in Verfahrensfragen gewährt. Keinerlei Bedeutung erheischt, ob der Vorsitzende vorab neutral (iSv. § 1035 Abs. 3 S. 2, 2. Halbs.) ernannt wurde.

bb) „**Verfahrensfragen**" (1. Halbs.). Man meint damit die prozessual-formelle Verfahrens- 11 gestaltung (ModG: „procedure") im Gegensatz zu der inhaltlich-materiellen Streitentscheidung (ModG: „substance"). Ausgenommen ist einerseits alles, was **Zulässigkeit oder Begründetheit** betrifft (Rn. 9), vor allem der Schiedsspruch (§ 1056 Abs. 1, 1. Var. iVm. § 1054) selbst, aber auch ein Zwischenentscheid zur Zuständigkeit (§ 1040 Abs. 3 S. 1) oder eine Maßnahme einstweiligen Schutzes (§ 1041 Abs. 1 S. 1).[42] Die Verfahrensbeendigung ohne inhaltliche Entscheidung nach § 1056 Abs. 1, 2. Var. iVm. Abs. 2 verweigert die Sachaussage und betrifft den Prozess im ganzen, sie scheidet als eine Art actus contrarius ebenfalls aus dem Anwendungsbereich des Abs. 3 aus und erfordert eine Gemeinschaftsentscheidung mit absoluter Mehrheit nach Abs. 1.
Andererseits sind auszuklammern die rein „technischen" Akte der **Verfahrensorganisation,** die 12 einem jedem Obmann kraft Amtes zufällt und der jedwede Ergebnisrelevanz mangelt (Vor § 1034 Rn. 61–63). Demgemäß unterscheidet insoweit die amtliche Begründung[43] – ohne textliche Andeutung zwar! – außerdem noch zwischen „**äußerem**" **Verfahrensablauf** (Terminierung, Verhandlungsgang, Sitzungspolizei etc.), den der Vorsitzende ohnedies kraft seines Amtes alleinig gestaltet, und „**innerem**" **Verfahrensablauf** (Verfahrensweise u. Beweiserhebung). Das rührt von § 136 her (dort Rn. 1 f.: formelle und materielle Prozessleitung), wo indes durchgängig der Vorsitzende kraft einer besonderen gesetzlichen Ermächtigung entscheidet, während sonst die Leitungsbefugnis dem Gericht insgesamt obliegt.[44]

cc) „**Einzelne**" **Fragen (1. Halbs.).** Allein „einzelne" Fragen – diese Einschränkung kennt 13 Art. 29 S. 2 ModG („questions of procedure") nicht – sind zugelassen zur Delegation. Das Prinzip der konkretisierten **Einzelermächtigung** wird die Praxis wohl hemmen oder zu unüberschaubaren Formularklauseln in Schiedsvereinbarungen oder Richterbeschlüssen führen. Aber so weit wollte wohl der Gesetzgeber nicht Freiraum geben – nur: wenn für alle „Entscheidungen [, die] erkennbar von Bedeutung für den Ausgang des Verfahrens sein können",[45] erst jeweils separate eine Ermächtigung herbeizuführen ist, kann man auch gleich genauso gut gemeinsam entscheiden.[46] Der verfahrensrechtliche Gestaltungsfreiraum der Parteien (§ 1042 Abs. 3) und Richter (§ 1042 Abs. 4 S. 1) würde nach jener Lesart wirklich unnötig begrenzt.
Man sollte daher eine **generelle Ermächtigung** gestatten,[47] so wie § 24.4 DIS-SchO. Gemeint 14 ist hier keine inhaltliche Eingrenzung, sondern zeitliche Abfolge: „einzelne" Fragen sind dann solche, die noch keine vollendeten Fakten hervorrufen, vielmehr auf Intervention der Ermächtigenden (Rn. 10) noch revidierbar sind (Richtschnur: § 273 Abs. 2 – aber nicht etwa Ortsfixierung[48] [§ 1043, dort Rn. 11] oder Sprachwahl[49] [§ 1045, dort Rn. 3 mit Rn. 5]). Die Einschätzung, dass

---

[40] Das läuft auf Art. 29 S. 2 ModG („if so authorized by ... *all members*" – vgl. CR Nr. 245 = *Holtzmann/Neuhaus* S. 821) hinaus.
[41] Vgl. auch 4th WGR Nr. 104 = *Holtzmann/Neuhaus* S. 815.
[42] So wie hier *Musielak/Voit* § 1041 Rn. 3 aE; *Leitzen*, Die Anordnung ..., 2002, S. 125 f. – aA *Stein/Jonas/Schlosser* § 1041 Rn. 12; *Schwab/Walter* Rn. 17 a.17.
[43] BT-Drucks. 13/5274 S. 54 li. Sp. [5] – und ebenso die hL: *Musielak/Voit* Rn. 10; *Thomas/Putzo/Reichold* Rn. 4 f.; *Baumbach/Lauterbach/Hartmann* Rn. 8; *Schwab/Walter* Rn. 19.7; *Zöller/Geimer* Rn. 7.
[44] Sehr klar *Thomas/Putzo/Reichold* § 136 Rn. 1 f.
[45] BT-Drucks. 13/5274 S. 54 li./re. Sp. [5] – krit. *Baumbach/Lauterbach/Hartmann* Rn. 8.
[46] Mindestens was die 2. Var. angeht – und auch zur 1. Var. liegt eine autonome *inhaltliche* Regelung (§ 1042 Abs. 3) viel näher – abw. *Schlosser* SchiedsVZ 2003, 1, 9 [III 4].
[47] *Zimmermann* Rn. 1; ebenso auch *Thomas/Putzo/Reichold* Rn. 5.
[48] Ebenso BT-Drucks. 13/5274 S. 47 re. Sp. [4] zu § 1043; *Musielak/Voit* § 1043 Rn. 3 – aA *Schlosser* SchiedsVZ 2003, 1, 9 [III 4].
[49] Anders BT-Drucks. 13/5274 S. 54 li. Sp. [5] zu § 1052; *Musielak/Voit* § 1045 Rn. 2; *Schlosser* SchiedsVZ 2003, 1, 9 [III 4].

§ 1052 15–18   Buch 10. Abschnitt 6. Schiedsspruch und Beendigung des Verfahrens

damit die legislative Einschränkung total „weginterpretiert" würde,[50] teile ich nicht. Die Norm dürfte noch etlichen Zündstoff bereiten – die unstatthafte Alleinentscheidung führt zu einem „hausgemachten" Aufhebungsgrund (§ 1059 Abs. 2 Nr. 1 d – aber: § 1027?), und demgemäß scheint Vorsicht geraten.

15   **2. Ausnahmen bzw. besondere Fallgruppen. a) Gestaltungsspielraum der Parteien.** Das **Mehrheitsquorum** (Abs. 1) ist disponibel. Die Parteien können es abschwächen (relative Mehrheit), verstärken (Zweidrittelmehrheit; Einstimmigkeit vorzusehen scheint unheilvoll)[51] oder sonstwie modifizieren (insbes. Stichentscheid[52] bzw. Alleinentscheid[53] des Obmanns bei einem Dreierschiedsgericht); sie könnten aber genauso bei Schadensschätzungen auf Durchschnittswerte rekurrieren.[54] Andere, qualitative statt quantitative, Modifizierungen der Mehrheitsverhältnisse bleiben verwehrt – mit Ausnahme des Abs. 3 (Rn. 10–14). Der Umkehrschluss legt nämlich nahe, dass nicht die Mehrheit auf einzelne **Entscheidungsarten** zugeschnitten werden kann, vielmehr die Parteien sich darauf beschränken müssen, *einzelne* Verfahrensfragen dem Vorsitzenden zur Entscheidung zu delegieren.[55] Es gibt keinen parteiautonomen „Quorenkatalog". – Ferner können die Parteien die richterliche Mitwirkung verpflichtend vorsehen und damit die **Obstruktionsregel** abbedingen (Abs. 2 S. 1, 3. Halbs., Rn. 16–18).

16   **b) Richterliche Obstruktion (Abs. 2).** Das Schiedsgericht darf jetzt auch ohne einen Schiedsrichter entscheiden (S. 1, 2. Halbs.: Rechtsfolge), der zwar abstimmen *kann,* aber nicht *will;* es muss insoweit nur trotzdem die auch sonst nach Abs. 1 nötige (absolute) Mehrheit zusammenkommen[56] (hier anders wohl § 33.4 S. 2 DIS-SchO). Die Parteien können aber vorneweg auch anders votieren (S. 1, 3. Halbs.: Sperrabrede [Rn. 15 aE]). **Teilnahmeverweigerung** (S. 1, 1. Halbs.: Tatbestand) kann durch Nichterscheinen, Nichtabstimmen oder Stimmenthaltung (Rn. 8) erfolgen; Verweigerung meint Obstruktion, was **unberechtigtes** und **vorsätzliches Verhalten** voraussetzt.[57] Ein Schiedsrichter, der eine Abstimmung entschuldbar versäumt, sei es mangels ordnungsgemäßer bzw. rechtzeitiger Ladung oder infolge unvermeidbarer Verhinderung, verweigert die Abstimmung nicht. Das bestätigt die Zusammenschau mit § 1038 Abs. 1 S. 1 („in angemessener Frist"), der hier parallel gilt. Parallelregelung: § 1054 Abs. 1 S. 2.

17   Deswegen ist es auch sinnvoll, eine Weigerung früh **publik zu machen,** bei Abstimmungen über Schiedssprüche (nicht also bei Einstellungsbeschluss [§ 1056 Abs. 1, 2. Var.] oder Zwischenentscheid [§ 1040 Abs. 3 S. 1][58]) zwingend im Vorhinein **(S. 2),**[59] anderenfalls nur nachträglich **(S. 3)** (Zeitgewinn!), aber möglichst nicht verspätet erst im Schiedsspruch selbst.[60] Alsdann sind nämlich die Parteien jedweder Einwirkungsmöglichkeit beraubt, die Karten kommen viel zu spät „auf den Tisch", um neuerlichen Obstruktionen vorzubeugen. Klage und Zwang helfen zwar kaum weiter (arg. § 888 Abs. 3, Vor § 1034 Rn. 21), jedoch kann *informell* Einfluss genommen und zudem *prozessual* jener Schiedsrichter gemäß §§ 1038, 1039 uU vorweg ausgetauscht werden.[61] Die Entscheidung mit Ersatzschiedsrichter – mithin in voller Besetzung – vermag auch ein Patt unter den verbleibenden Richtern wirkungsvoll zu überbrücken und erspart die fraglos unbefriedigende Beendigung ohne Sachentscheid nach § 1056 Abs. 2 Nr. 3, 2. Halbs.

18   Maximal ist **ein Richter** ersetzbar – das ergibt sowohl der zwingend formulierte Wortlaut („ein Schiedsrichter" – „die übrigen") wie auch ein Vergleich mit § 1054 Abs. 1 S. 2, der das Unterschriftserfordernis lockerer gefasst ersetzen lässt. Bei einem Fünfer-Schiedsgericht können demnach

---

[50] *Stein/Jonas/Schlosser* Rn. 5 bei/mit Fn. 7.
[51] *Schütze/Tscherning/Wais* Rn. 123.
[52] BT-Drucks. 13/5274 S. 54 li. Sp. [3] aE – ebenso: *Thomas/Putzo/Reichold* Rn. 1; *Musielak/Voit* Rn. 4; *Zöller/Geimer* Rn. 3.
[53] CR Nr. 244 = *Holtzmann/Neuhaus* S. 821; OLG Hamburg OLGRspr. 29 (1914), 289.
[54] 7th SN Art. 29 Nr. 3 = *Holtzmann/Neuhaus* S. 818.
[55] Wohl anders aber *Holtzmann/Neuhaus* S. 810/811 m. weit. Nachw. zu Art. 29 S. 2 ModG.
[56] BT-Drucks. 13/5274 S. 54 li. Sp. [4]: „bezogen auf die Gesamtbesetzung" – ebenso: *Musielak/Voit* Rn. 7; *Thomas/Putzo/Reichold* Rn. 3; *Zöller/Geimer* Rn. 6.
[57] BT-Drucks. 13/5274 S. 54 li. Sp. [4]: „ohne zwingenden Grund" – *Baumbach/Lauterbach/Hartmann* Rn. 6. Nicht aber die abweichende Einschätzung der Entscheidungsreife (aA *Musielak/Voit* Rn. 7).
[58] AA *Musielak/Voit* Rn. 8 aE.
[59] Also: *vorheriger* Zugang notwendig (OLG Zweibrücken SchiedsVZ 2003, 92, 94 li. Sp.).
[60] So aber explizit BT-Drucks. 13/5274 S. 54 li. Sp. [4] aE – ebenso *Thomas/Putzo/Reichold* Rn. 3; viel zurückhaltender hier *Baumbach/Lauterbach/Hartmann* Rn. 7. Das könnte aber auch darauf zurückgehen, dass nach DiskE und RegE noch die Offenbarung des *gesamten* Abstimmungs*verhaltens* verlangt war (Beratungsgeheimnis [Rn. 3–5]? – darum zu Recht klarstellend BT-Drucks. 13/9124 S. 47).
[61] So nun auch OLG Zweibrücken SchiedsVZ 2003, 92, 93 f. [B]: daher *Reaktionsfrist* (S. 94 li./re. Sp.: ca. 2 Wochen) nötig!

Vergleich **§ 1053**

nicht mehrere obstruierende Richter nach § 1052 Abs. 2 übergangen werden, selbst wenn es die Mehrheitsverhältnisse zulassen würden. Auch eine Parteivereinbarung (S. 1, 2. Halbs., Rn. 15 aE) ändert hieran nichts, sie gestattet lediglich ein komplettes „opting-out"; möglich bleibt indes eine autonome indirekte Regelung über die Modifikation der allgemeinen Mehrheitsverhältnisse (Abs. 1). Dieser eine Richter iSv. Abs. 2 kann natürlich auch der **Vorsitzende** sein. In jenem Fall fällt eine Alleinentscheidungsbefugnis nach Abs. 3 an das Gericht insgesamt zurück, das sich nun – natürlich unter Ausschluss des Obstruierenden – über einen neuen Obmann verständigen oder aber auch Verfahrensfragen künftighin gemeinschaftlich entscheiden kann.

§ 1053 Vergleich

(1) ¹Vergleichen sich die Parteien während des schiedsrichterlichen Verfahrens über die Streitigkeit, so beendet das Schiedsgericht das Verfahren. ²Auf Antrag der Parteien hält es den Vergleich in der Form eines Schiedsspruchs mit vereinbartem Wortlaut fest, sofern der Inhalt des Vergleichs nicht gegen die öffentliche Ordnung (ordre public) verstößt.

(2) ¹Ein Schiedsspruch mit vereinbartem Wortlaut ist gemäß § 1054 zu erlassen und muss angeben, dass es sich um einen Schiedsspruch handelt. ²Ein solcher Schiedsspruch hat dieselbe Wirkung wie jeder andere Schiedsspruch zur Sache.

(3) Soweit die Wirksamkeit von Erklärungen eine notarielle Beurkundung erfordert, wird diese bei einem Schiedsspruch mit vereinbartem Wortlaut durch die Aufnahme der Erklärungen der Parteien in den Schiedsspruch ersetzt.

(4) ¹Mit Zustimmung der Parteien kann ein Schiedsspruch mit vereinbartem Wortlaut auch von einem Notar, der seinen Amtssitz im Bezirk des nach § 1062 Abs. 1, 2 für die Vollstreckbarerklärung zuständigen Gerichts hat, für vollstreckbar erklärt werden. ²Der Notar lehnt die Vollstreckbarerklärung ab, wenn die Voraussetzungen des Absatzes 1 Satz 2 nicht vorliegen.

Schrifttum: *F. Baur,* Der schiedsrichterliche Vergleich, 1971; *K. P. Berger,* Integration mediativer Elemente in das Schiedsverfahren, RIW 2001, 881 bzw. Arb. Int. 19 (2003), 387; *Bilda,* Beendigung des Schiedsverfahrens durch Vergleich: Probleme des Schiedsspruchs mit vereinbartem Wortlaut, DB 2004, 171; *Bork,* Der Vergleich, 1988; *Breetzke,* Zum verfahrensrechtlichen Ausgleich vor dem Schiedsgericht, DB 1973, 365; *Bucher,* Die Rolle des Schiedsrichters bei der vergleichsweisen Regelung des Streits, Bull. ASA 1995/3, 568; *Demharter,* Schiedsspruch mit vereinbartem Wortlaut und Grundbucheintragung, ZfIR 1998, 445; *Dendorfer/Lack,* The Interaction Between Arbitration and Mediation: Vision vs. Reality, SchiedsVZ 2007, 195; *Frische,* Verfahrenswirkungen, Rechtskraft, internationale Anerkennung und Vollstreckung von Prozessvergleichen und Schiedssprüchen mit vereinbartem Wortlaut, 2005, S. 243–346; *Gottwald,* Der Schiedsvergleich und der Schiedsspruch mit vereinbartem Wortlaut, FG Schlosser [VIV-Reihe XIII], 2001, S. 31; *Grashoff,* Das Vergleichsverfahren vor der Internationalen Handelskammer, RIW 1994, 625; *Höttler,* Das fingierte Schiedsurteil ..., 2007, S. 13–61; *Horvath,* Schiedsgerichtsbarkeit und Mediation – Ein glückliches Paar?, SchiedsVZ 2005, 292; *Lörcher,* Schiedsspruch mit vereinbartem Wortlaut – Notizen zur Vollstreckbarkeit im Ausland, RPS 2000 II S. 2 bzw. Arb. Int. 17 (2001), 275; *Mack,* Vollstreckungsabwehrklage und § 1053 Abs. 4 ZPO, IDR 2006, 36; *Mankowski,* Der Schiedsspruch mit vereinbartem Wortlaut, ZZP 114 (2001), 37; *Nater-Bass,* Praktische Aspekte des Vergleichs in Schiedsgerichtsverfahren, Bull. ASA 2002, 427; *Raeschke-Kessler,* Zum Vergleich im Schiedsverfahren, FS Quack, 1991, S. 255; *ders.,* Der Vergleich im Schiedsverfahren, FS Glossner, 1994, S. 255; *ders.,* The Arbitrator as Settlement Facilitator, Arb. Int. 21 (2005), 523; *Saenger,* Die Vollstreckung aus Schiedsvergleich und Schiedsspruch, MDR 1999, 662; *Scheef,* ... die Stellung der Schiedsrichter bei dem Abschluß von Schiedsvergleichen ..., 2000; *Schiffer,* Mediative Elemente in modernen Schiedsverfahren; JurBüro 2000, 188 u. 235; *Schlosser,* Die ZPO auf dem Wege zum Urteil mit vereinbartem Inhalt?, FS Schumann, 2001, S. 389; *Schroeter,* Der Schiedsspruch mit vereinbartem Wortlaut als Formäquivalent zur notariellen Beurkundung, SchiedsVZ 2006, 298; *Schütze,* Der Schiedsspruch mit vereinbartem Wortlaut, FS E. Lorenz, 2001, S. 275; *Stürner,* Die Aufgabe des ... Schiedsrichters ... bei der gütlichen Streiterledigung, JR 1979, 133; *Ulrich,* Der Streit um die Wirksamkeit eines Schiedsvergleichs, NJW 1969, 2179.

Übersicht

	Rn.		Rn.
I. Normzweck und Grundlagen	1–7	2. Parteianträge (Abs. 1 S. 2, 1. Halbs.)	20–23
II. Voraussetzungen		3. „Inhaltskontrolle" (Abs. 1 S. 2, 2. Halbs.)	24–29
(Abs. 1 mit Abs. 2 S. 1)	8–31	a) Grundlegung	24, 25
1. Parteikonsens (Abs. 1 S. 1, 1. Halbs.)	8–19	b) Fallgruppen	26–29
a) Vergleichen	9	4. „Vergleichsspruch" (Abs. 2 S. 1)	30, 31
b) Prozessbezug	10–19		

§ 1053 1–5   Buch 10. Abschnitt 6. Schiedsspruch und Beendigung des Verfahrens

	Rn.		Rn.
III. Rechtswirkungen		b) Streit zur Wirksamkeit	40
(Abs. 1 mit Abs. 2 S. 2)	32–56	c) Rechtsnatur	41, 42
1. Verfahrensbeendigung (Abs. 1 S. 1, 2. Halbs.)	32–37	3. Modifizierungen	43–48
a) Altes Recht	32, 33	a) § 1057 (Entscheidung zur Kostenfrage)	43–46
b) Neues Recht	34–37	b) § 1058 (Interpretative Zurückhaltung)	47, 48
2. Gleichstellungsgebot (Abs. 1 S. 2, 1. Halbs. mit Abs. 2)	38–42	4. Formsurrogation (Abs. 3)	49, 50
		5. Vollstreckungszugang (Abs. 4)	51–56
a) Grundlegung	38, 39	**IV. „Außergerichtlicher" Vergleich**	57–59

I. Normzweck und Grundlagen

1   Der schiedsrichterliche Vergleich alten Rechts ist jetzt ersetzt durch den **„Vergleichsspruch"**,[1] welcher quasi den (vereinbarten) Vergleichstext als (richterlichen) Schiedsspruch festhält (*„consent award"* bzw. *„award on agreed terms"*). § 1053 nF folgt hiermit einer international spürbaren Grundströmung und sichert wirksam die Vollstreckbarkeit im internationalen Rechtsverkehr.[2] **Abs. 1 u. 2** (§ 32.2/3 DIS-SchO) wiederholen nahezu wortgetreu Art. 30 ModG (wichtige Ausnahme: Rn. 24), der seinerseits auf Art. 34 Abs. 1 SchO zurückgeht, während Abs. 3 u. 4 rein nationale Anpassungen normieren: **Abs. 3** vermittelt den Schulterschluss mit § 127 a BGB (Rn. 49), während **Abs. 4** in Anlehnung an § 796 c Abs. 1[3] versucht, die Vollstreckbarerklärung zusätzlich zu erleichtern – mit jedoch fragwürdigem Erfolg (Rn. 51–56)!

2   Die Bestimmung geht davon aus, dass in einem Schiedsverfahren, dessen Vergleichsgeneigtheit idR weitaus größer ist als die des staatsgerichtlichen Verfahrens, wo jederzeit ein Vergleich mit materiell-rechtlicher Wirksamkeit abgeschlossen werden kann und regelt die prozessualen Rechtsfolgen, welche sich hieran anschließen. Die **gütliche Einigung** („happy event") scheint als äußerst erfreuliche Entwicklung, der man gerne den Weg ebnet. Doch sollten sich Schiedsrichter genau wie staatliche Richter davor hüten, die Parteien ungebührlich zu beeinflussen – sie sind weder Moderatoren noch Mediatoren (Vor § 1025 Rn. 20–24), sondern eben Richter, dh. „Entscheider" (arg. § 1029 Abs. 1), die als solche den Mut(?) zum (Schieds-)Spruch mitbringen müssen.

3   Hierauf verpflichtet sie unentrinnbar bereits die Schiedsvereinbarung, die bloß die Parteien „ad-hoc" insoweit gemeinsam wieder aussetzen, wenn sie sich zur gütlichen Einigung verstehen. Die Anregung solcher Einigung macht andererseits aber keinesfalls blind befangen (§ 1036 Rn. 41), sondern entspricht bewährter (deutscher) Tradition (arg. § 278 Abs. 1 bzw. § 32.1 DIS-SchO). Die Parteien können freilich von vornherein **Streitschlichtung** (*„mediation"*, *„conciliation"*, *Alternative Dispute Resolution*) präferieren, die hierzu losere („informellere") Formen bemüht. Indes halten viele Schiedsorganisationen ebenfalls alternative Normwerke vor (Vor § 1025 Rn. 74–96), auch das ModG selbst ist stark durch die SchO der UNCITRAL inspiriert.

4   Auch eine **Streitvergleichung** wird zwar meistens (schieds-)richterlich „induziert", die bisher gängige scharfe Grenze zwischen inner- und außerschiedsgerichtlichem Vergleich (1. Aufl. Rn. 2 ff. bzw. Rn. 24 f.) ist unter neuem Recht jetzt aber hinfällig. Es gilt gleich, ob ein gerichtsvermittelter („schiedsinterner") oder parteiausgehandelter („schiedsexterner") Vergleich vorliegt (aber: Einigungsgebühr?[4]) – beide sind ein **feststellendes materielles Rechtsgeschäft (§ 779 BGB)**, welches dazuhin Verpflichtungen begründen und Verfügungen bewirken kann; nur geht ihnen jede *unmittelbare* prozessuale Folgewirkung ab (Rn. 32–39, 49–56 mit Rn. 57–59). Die Art der Verfahrensbeendigung deklariert künftighin die elementare Trennlinie;[5] der Vergleich ist in den schwelenden Prozess einzuführen. Die Parteien haben hier die Wahl:

5   (1) Sie können sich auf eine **förmliche Verfahrensbeendigung (§ 1056 Abs. 1, 2. Var.)** durch Beschluss beschränken, der für die Hauptsache weitere prozessuale Konsequenzen abgehen. Möglich ist entweder „aktive" Beendigung mittels Vereinbarung (§ 1056 Abs. 2 Nr. 2, dort Rn. 27 f.), die nur zur sicheren Kenntnis des befassten Schiedsgerichts gelangen muss, oder „pas-

---

[1] Dies eröffnet zugleich eine eindeutige terminologische Abgrenzung zum Schiedsvergleich alten Rechts wie auch dem außergerichtlichen Vergleich neuen Rechts (Rn. 26) – aA *Schwab/Walter* Rn. 23.5: „Schiedsvergleich".

[2] BT-Drucks. 13/5274 S. 54 re. Sp. [3]; 7th SN Art. 30 Nr. 1 = *Holtzmann/Neuhaus* S. 831. Vgl. zum UNÜ erg. *Frische*, 2006, S. 347–349 m. weit. Nachw.; wegen altrechtlicher Konstruktionen siehe *Raeschke-Kessler*, FS Glossner, 1994, S. 255, 264 f. bzw. *Mankowski* ZZP 114 (2001), 37, 39 [I].

[3] BT-Drucks. 13/5274 S. 55 li./re. Sp. [8].

[4] Vgl. *Lachmann* Rn. 1800 – dazu näher noch Rn. 46.

[5] AA *Zimmermann* Rn. 2: Vergleichsakt vor dem Schiedsgericht?

sive" Beendigung durch Nichtbetreiben trotz Aufforderung (§ 1056 Abs. 2 Nr. 3, 1. Var., dort Rn. 29–31): dies bewirkt jeweils dann ein Ende des Prozesses – das Schiedsgericht gibt jetzt allenfalls noch einen Kostenschiedsspruch (§ 1056 Abs. 3 mit § 1057 Abs. 2, dazu dort Rn. 25–27); mangels abweichender Abreden wird freilich eine Kostenaufhebung (§ 98) eher nahe liegen.

(2) Die Parteien können freilich per *gemeinsamem* (Annex-)Antrag ebenso auch gleich einen **6** „echten" Schiedsspruch (Abs. 1 S. 2 mit Abs. 2 S. 1) erzielen. Dieser ergeht mit dem von ihnen vereinbarten Wortlaut und unterscheidet sich am Ende in nichts von einem „streitigen" Schiedsspruch, der auf gefundenem Wortlaut beruht (Abs. 2 S. 2: „dieselbe Wirkung wie jeder andere Schiedsspruch zur Sache", dh. Gleichstellungsgebot bzw. Funktionsäquivalenz [Rn. 38–42, 51]) – bloß dass noch zusätzliche Einstellung beschlossen wird (Abs. 1 S. 1 statt § 1056). Der Vergleichsspruch ist eine Art **beidseitiges prozessuales Anerkenntnis** (Rn. 21) und die Einstellung seine naturgemäße prozessuale Folge (dazu näher noch Rn. 34–37).

Der Regelungstorso des § 1044a aF gehört mithin samt vielen seiner Probleme der Vergangen- **7** heit an (zur Regelung der Altfälle vgl. § 33 Abs. 2 S. 1 u. Abs. 4 EGZPO, dort Rn. 7f.). Nur schießt die neue Regelung ihrerseits gleichfalls vielleicht über das Ziel hinaus (Rn. 39), weil sie eben diese Streitbereinigung mit Rechtskraftwirkung vornimmt (Abs. 2 S. 2 mit § 1055) und dabei zudem der Parteidisposition nur extrem niedrige Hürden bereitet (Abs. 1 S. 2 mit § 1059 Abs. 2 Nr. 2). Die Gegenkontrolle ist zusätzlich noch vorverlegt von der staatlichen Vollstreckbarerklärung (§ 1044a Abs. 2 aF) auf die interne schiedsrichterliche Prüfung (§ 1053 Abs. 1 S. 2, 2. Halbs. – aber: § 1059 Abs. 2 Nr. 2 bzw. § 1053 Abs. 4 S. 2). Sowohl Vollstreckungsunterwerfung (§ 1044a Abs. 1 S. 1 aF)[6] wie Niederlegung (§ 1044a Abs. 1 S. 2 aF)[7] entfallen.

II. Voraussetzungen (Abs. 1 mit Abs. 2 S. 1)

1. Parteikonsens (Abs. 1 S. 1, 1. Halbs.). Der Vergleichsspruch verlangt – so wie auch sonst – **8** ein „**Arrangement mit Prozessbezug**", das die materiellen Vorgaben (§ 779 BGB) mit den prozessualen Normen (Abs. 1 S. 1, 1. Halbs.) in harmonischen Einklang bringt. Die Parteien müssen sich vergleichen (Rn. 9) mit Prozessbezug (Rn. 10ff.). – Begriffsmerkmale:

a) Vergleichen. Das „Vergleichen" vermittelt die Bodenhaftung bei § 779 BGB. Materiell muss **9** der Vergleich wirksam und infolge „gegenseitigen Nachgebens" (§ 779 Abs. 1, 1. Halbs. BGB) zustandegekommen sein.[8] Notwendig ist eine tatsächliche Einigung (§§ 145ff. BGB) und dazu deren materiellrechtliche Wirksamkeit (§§ 104ff., 134, 138, 164ff. BGB – aber: Rn. 40) – mit Ausnahme der Formgebote[9] (§ 1053 Abs. 3 ZPO – dazu: Rn. 49f.) und unter Einschluss aller Vergleichsirrtümer (§ 779 Abs. 1, 2. Halbs. BGB). Rein *begrifflich* sind allerdings hier nur **Einigung** und **Nachgeben** zwingend, die insoweit den *Tatbestand* des Vergleichs ausmachen. Jedes, auch ein bloß geringfügiges Nachgeben (etwa zu Zinsen oder Kosten, Fälligkeit des Anspruches etc.) genügt bekanntermaßen als hinreichendes Zugeständnis,[10] das nun indes auf den materiellrechtlichen Anspruch selbst bezogen werden muss: man kann per se ja nicht mehr auf eine rechtskräftige Entscheidung verzichten (Abs. 2 S. 2 mit § 1055, Rn. 38).[11]

b) Prozessbezug. Wesentlich ist namentlich die Prozessnähe des Vergleichs, die sich sogar **drei- 10 fach** zeigt: persönlich, zeitlich und sachlich: (Teil-)Einigung der Parteien zu dem im Schiedsverfahren anhängig gemachten Streitgegenstand (§ 1044, Rn. 11–17). Das Schiedsgericht muss dazu konstituiert sein (§§ 1034ff., Rn. 18f. mit Rn. 14).

aa) Persönlich: Betätigung der Parteien. Gemeint ist hierbei (Abs. 1 S. 1, 1. Halbs.: „Ver- **11** gleichen sich die Parteien …") ein Handeln der streitenden Prozessgegner iSv. § 1044 S. 2, 1. Var., nicht etwa der Vertragspartner iSv. § 1029 Abs. 1 – was sich indes – regelmäßig jedenfalls (§ 1029 Rn. 44ff.) – deckt. Bisher konnten problemlos genauso Dritte in den Vergleich mit einbezogen werden – ohne dass sie aber eigens dazu die Form der Schiedsvereinbarung (§ 1031 Abs. 1–5) wahren mussten: es sollte hier ganz allein die Beurkundungszuständigkeit (und nicht die Entscheidungs-

---

[6] 1. Aufl. Rn. 6.
[7] 1. Aufl. Rn. 20.
[8] OLG München GmbHR 2005, 1568, 1570 [b]; *Musielak/Voit* Rn. 4; *Schwab/Walter* Rn. 23.7; *Schütze/Theune* § 32 DIS-SchO Rn. 5; *Bilda* DB 2004, 171, 173f. [IV 2] – aA *Saenger* MDR 1999, 662, 663 [III]; *Mankowski* ZZP 114 (2001), 37, 66f. [III 3]; *Schroeter* SchiedsVZ 2006, 298, 302f. [IV 3]; *Frische*, 2006, S. 254f.; *Schütze* SV Rn. 231 bzw. FS E. Lorenz II, 2001, S. 275, 277 [II 1]; *Stein/Jonas/Schlosser* Rn. 2 [5. Abs.].
[9] Wie hier nun auch *Mankowski* ZZP 114 (2001), 37, 68 [III 5]; *Bilda* DB 2004, 171, 175 [IV 4].
[10] BGHZ 39, 60, 63.
[11] Anders zT früher: 1. Aufl. § 1044a aF Rn. 1; *Schwab/Walter*, 5. Aufl., Rn. 23.5; *Schütze/Tscherning/Wais* Rn. 499; im Erg. auch *Baur* Rn. 13.

§ 1053   12–17   Buch 10. Abschnitt 6. Schiedsspruch und Beendigung des Verfahrens

zuständigkeit) des Schiedsgerichts berührt sein.[12] Unter neuem Recht erscheint dies aber hinfällig[13] – obwohl das mitunter die Praxis schwer treffen dürfte. Denn § 1053 Abs. 1 S. 1 vermeidet die „Doppelform" des § 794 Abs. 1 Nr. 1 („oder ... einem Dritten").

12   Er formuliert beschränkt auf „die Parteien"; hinzu kommt, dass sogar sie nicht mehr den Vergleichstext unterschreiben müssen und mangels Unterschrift mithin kein Anhalt mehr für eine darüber hinausgehende Drittbindung besteht. Wie jeder Schiedsspruch wirkt auch ein solcher mit vereinbartem Wortlaut allein inter partes (arg. § 1055, hier Rn. 38 u. dort Rn. 21). Ein Dritter muss also der Schieds*vereinbarung* (inklusive des Prozesses[14] – nicht aber auch dem Schiedsrichter- bzw. Schiedsorganisationsvertrag![15]) zukünftig explizit beitreten und Partei werden, was zwar formlos geht (§ 1031 Abs. 6), aber uU auch ungewollte Folgen verursacht (§ 1029 Abs. 1 mit § 1032 Abs. 1; § 1055, näher dazu bei Rn. 40) oder die Parteien müssen sich darauf beschränken, zu seinen Gunsten – soweit möglich (§ 328 BGB) – Regeln zu treffen.

13   **bb) Zeitlich: Anhängigkeit eines Schiedsverfahrens.** Notwendig ist weiterhin die **Anhängigkeit** eines Schiedsverfahrens (Abs. 1 S. 1, 1. Halbs.: „... während des schiedsrichterlichen Verfahrens" ...). Das Schiedsverfahren muss also schon begonnen haben[16] (§ 1044: [Schieds-]Klageerhebung), und es darf noch nicht beendet sein (§ 1056 [Abs. 1]: Schiedsspruch oder Einstellungsbeschluss). Die Eckpunkte sind gesetzlich ganz klar markiert.

14   Da idR noch der spätere Spruchkörper mangelt, das Schiedsgericht erst noch gebildet wird (§§ 1034 ff.), scheidet aber schon rein praktisch ein vorheriger Vergleich regelmäßig aus: bloß das Schiedsgericht kann den beantragten Vergleichsspruch verschaffen (Abs. 1 S. 2, 1. Halbs.: „es", das Schiedsgericht; Abs. 2 S. 1 mit § 1054 Abs. 1 S. 1). Also: Notwendig ist ergänzend noch die **Konstituierung des Schiedsgerichts** (Rn. 18 f.). Mithin gibt es auch keinen Mediationsvergleich als eine Art „nachgeformten Schiedsspruch"[17] – es mangelt hier konkret am anhängigen (eigentlich zu umgehenden) Schiedsverfahren.

15   Hat das Schiedsgericht **dagegen sachlich bereits entschieden,** dann endet sein Amt, bis auf einzelne wenige Ausnahmen (§ 1056 Abs. 3). Vor allem mit Erlass des endgültigen (Teil-/Voll-) Schiedsspruchs steht nurmehr offen, zur Rechtskraft eine Vereinbarung abzuschließen (§ 1055 Rn. 28); das Schiedsverfahren ist regulär damit beendet, und sollte die Schiedsvereinbarung dadurch nicht bereits inhaltlich verbraucht sein, so mangelt den Richtern jedenfalls persönlich nun die Kompetenz, Handlungen noch vorzunehmen. Die Praxis zum alten Recht war oftmals weitaus lascher (1. Aufl. § 1044 a aF Rn. 4).

16   **cc) Sachlich: Berührung des Streitgegenstands.** Notwendig ist drittens, dass der Vergleich auch den (Streit-)Gegenstand des laufenden Schiedsverfahrens, so wie er einleitend gemäß § 1044 S. 2, 2. Var. bezeichnet wurde oder sich später vielleicht ergibt (§ 1046 Abs. 2/3), sachlich (mit-) tangiert (Abs. 1 S. 1, 1. Halbs.: „... über die Streitigkeit" – damit ist keine wörtliche Restriktion verbunden [Rn. 17]). Der Inhalt der Schiedsvereinbarung (§ 1029 Abs. 1) hat dabei keine Bedeutung. Der (anhängig gemachte) Streit kann völlig erledigt werden **(Vollvergleich)** oder nur zum Teil **(Teilvergleich).** Allein in diesem Umfang kann sodann jene Verfahrensbeendigung eintreten, welche das Gericht per Beschluss verfügt (Abs. 1 S. 1, 2. Halbs., Rn. 34 ff.). Andere Rechtsfolgen (Abs. 2 S. 2) können darüber hinaus wirken.

17   Vergleichsfähig ist aber nicht lediglich das **„Streitige",** das worüber man aktuell prozessiert. Die vergleichsweise Streitbereinigung kann **darüber hinausgehen** und sachlich Punkte erfassen, welche bislang (noch) nicht Streitgegenstand des Schiedsverfahrens waren (sog. „Gesamt[schieds]vergleich"),[18] ja die noch nicht einmal Gegenstand der Schiedsbindung (§ 1029 Abs. 1) sind[19] – soweit die *Partei* verfügungsbefugt bzw. das *Objekt* nach Maßgabe des § 1030 schiedsfähig ist. Dies

---

[12] 1. Aufl. § 1044 a aF Rn. 3 m. weit. Nachw. im Anschluss an *Baur* Rn. 19.
[13] Wohl aA aber *Zöller/Geimer* Rn. 4; *Schwab/Walter* Rn. 23.8 im Anschluss an KG JW 1932, 115. So wie hier *Musielak/Voit* Rn. 5; *Thomas/Putzo/Reichold* Rn. 3; *Mankowski* ZZP 114 (2001), 37, 63 [III 4]; wohl auch *Schütze/Theune* § 32 DIS-SchO Rn. 6 – vgl. noch erg. Fn. 14.
[14] *Bilda* DB 2004, 171, 172 [III 2 b] – allerdings sehr formbetont; OLG München SchiedsVZ 2007, 164, 166 [II 4]: „Parteibeitritt"; insoweit krit. *Gottwald*, VIV-Reihe XIII (2001), S. 31, 37 [III 2 c] – vgl. noch erg. Fn. 13.
[15] Zutr. *Stein/Jonas/Schlosser* Rn. 4 aE gegen *Gottwald*, VIV-Reihe XIII (2001), S. 31, 37 [III 2 c].
[16] AA *Musielak/Voit* Rn. 3.
[17] Näher dazu bei *Grziwotz* MDR 2001, 305, eher krit. auch *K. P. Berger* RIW 2001, 7, 16 f. [III 6 c] – aA die hM: *Lörcher* DB 1999, 789; *Schütze* SV Rn. 229 bzw. *Thomas/Putzo/Reichold* Rn. 1; *Musielak/Voit* Rn. 3; *Stein/Jonas/Schlosser* Rn. 9, nunmehr eingehend *Höttler*, 2007, S. 22 ff. Vermittlung bei *Eidenmüller*, VIV-Reihe XIII (2000), S. 45, 83–85 mit RIW 2002, 1, 6 [IV 4 b].
[18] BGHZ 14, 381, 387 = NJW 1954, 1886; 1961, 1817, 1819 (je zu § 794 Abs. 1 Nr. 1).
[19] Rigider hier *Schütze*, FS W. Lorenz II, 2001, S. 275, 278 [III 1]: begrenzte Schiedsrichterpflicht – abzulehnen (arg. Vor § 1034 Rn. 18–20).

wäre eine ad-hoc-Erweiterung, die formlos möglich ist (§ 1031 Abs. 6).[20] Das gebietet die Prozessökonomie und auch das Anliegen, umfänglichen Rechtsfrieden herzustellen. Der Schiedsvergleich muss aber zumindest auch der – vollständigen oder teilweisen – Beilegung des Rechtsstreits dienen.

dd) Mitwirkungsakt der Schiedsrichter. Außerhalb der Trias des Abs. 1 S. 1, 1. Halbs. steht noch der – gleichwohl unabdingbar notwendige – **Mitwirkungsakt der Schiedsrichter** (Abs. 1 S. 1, 2. Halbs.: „das Schiedsgericht" bzw. Abs. 1 S. 2, 1. Halbs.: „es"): den Erlass des Schiedsspruches mit vorneweg parteiautonom vereinbartem (statt: richterseitig „gefundenem") Wortlaut (Rn. 30). Das ist ein Stück weit noch Entscheid (Abs. 1 S. 2, 2. Halbs.), bedeutet aber nicht mehr, dass die auf den Vergleichsschluss gerichteten Willenserklärungen *von* dem Schiedsgericht entgegengenommen[21] oder *vor* dem Schiedsgericht ausgetauscht werden. Wenn weiterhin eine **richterliche Beteiligung erforderlich** ist, dann allein dazu, die prozessualen Konsequenzen auszusprechen (Abs. 1 S. 1, 2. Halbs.: Prozesseinstellung bzw. Abs. 1 S. 2, 1. Halbs.: Vergleichsspruch). 18

Zu eben diesem Zwecke wird der Vergleichsabschluss mittels *gemeinsamen* Antrags (Rn. 20) **richterlicher Kenntnis unterbreitet.** Auch das manifestiert also den notwendigen Prozessbezug. Nicht zuletzt schon die Abgrenzung zum lediglich außerschiedsgerichtlichen Vergleich (Rn. 57–59) braucht dieses Merkmal. Das Schiedsgericht entscheidet wie üblich in voller Besetzung und mit absoluter Mehrheit (§ 1052 Abs. 1);[22] die Wirksamkeit der Schiedsrichterverträge erheischt dafür keine Bedeutung[23] – nötig ist indes das Vorliegen schiedsgerichtlicher Kompetenz (Rn. 29). – Dass regelmäßig der Vergleichsschluss das Ergebnis schiedsrichterlicher Anregung ist, steht auf einem anderen Blatt. Gemäß Abs. 2 S. 2 (Rn. 20–29) haben die Parteien auch sonst aber einen Anspruch auf richterseitigen Vergleichsspruch. 19

2. Parteianträge (Abs. 1 S. 2, 1. Halbs.). Ein Vergleichsspruch ergeht niemals automatisch, sondern „[nur] auf Antrag der Parteien" (Plural!)[24]. Sie können sich dabei vertreten lassen (§ 1042 Abs. 2), aber nicht auch wechselseitig.[25] Eine einseitige Antragstellung ist unbeachtlich, die vorausgesetzte gemeinsame Antragstellung kann freilich sukzessive erfolgen (zB Antragsakt mit Zustimmung[26] – bis dahin allemal Rücknahme möglich[27]). Nur die **übereinstimmende Antragstellung** bezeugt dem Gericht formal den Einigungsakt; eine inhaltliche Nachprüfung (Rn. 26 f.) findet nur recht beschränkt statt. 20

Die Antragstellung ist eine Art simultan abgegebene **prozessuale Anerkennung,** wie sie einseitig auch § 307 gestattet. Es ist aber keine Protokollierung der Antragstellung nötig![28] Als (erwirkende) Prozesshandlung ist sie grundsätzlich bedingungs- und befristungsfeindlich, insbesondere auch unwiderruflich und unanfechtbar. Zugelassen wird sonst aber der **Vorbehalt innerprozessualer Bedingung** (§ 794 Rn. 58 ff.). Kann (oder will) eine Partei dem Vergleich nicht endgültig zustimmen, zB weil bestimmte außerhalb ihrer Person liegende Umstände noch zu klären sind oder nur ein Bevollmächtigter für sie auftritt, welcher der Rückendeckung bedarf, steht ihr offen, einen Wirkungsvorbehalt zu vereinbaren.[29] Regelfall ist der **Widerrufsvorbehalt,** der eine Art befristetes Rücktrittsrecht verschafft; möglich ist aber ebenso ein **Bestätigungsvorbehalt,** der die Wirksam- 21

---

[20] *Thomas/Putzo/Reichold* Rn. 3; *Schütze/Theune* § 32 DIS-SchO Rn. 5; *Mankowski* ZZP 114 (2001), 37, 63 [II 4]; *Frische,* 2006, S. 257–260. Leider etwas unklar *Musielak/Voit* Rn. 4 mit Fn. 8.
[21] BGHZ 55, 313, 320 = NJW 1971, 755, 756/757: „mehr formale Mitwirkung".
[22] Einschr. *Musielak/Voit* Rn. 9.
[23] BGHZ 55, 313, 320 = NJW 1971, 756/757, dazu krit. *Breetzke* NJW 1971, 1685, 1686, aA auch *Baur* Rn. 36.
[24] *Frische,* 2006, S. 260 f. Das erübrigt die Betonung parteiautonomer Abdingbarkeit – aA *Stein/Jonas/Schlosser* Rn. 1 aE.
[25] Anders offenbar jedoch CR Nr. 250 = *Holtzmann/Neuhaus* S. 835; *Mankowski* ZZP 114 (2001), 37, 72 [IV 2]; *Bilda* DB 2004, 171, 172 li./re. Sp. [III 2 c]; *Frische,* 2006, S. 261. Einseitige Antragstellung verwerfend: 7th SN Art. 30 Nr. 2 = *Holtzmann/Neuhaus* S. 832 mit 2nd WGR Nr. 174 f. = *Holtzmann/Neuhaus* S. 828.
[26] *Mankowski* ZZP 114 (2001), 37, 70 [IV 1], vgl. auch erg. S. 74/75 [IV 5b]; *Thomas/Putzo/Reichold* Rn. 2; *Bilda* DB 2004, 171, 172 [III 2 c]; *Schütze/Theune* § 32 DIS-SchO Rn. 7; *Lachmann* Rn. 1813 – aber nicht etwa: Schweigen (anders u. falsch OLG Dresden, Beschl. v. 25. 10. 2000 – 11 Sch 2/00). Notfalls Zustimmungsklage aufgrund Vergleichsabrede – aA *Stein/Jonas/Schlosser* Anh. § 1061 Rn. 21 (international/UNÜ) bzw. *Frische,* 2006, S. 262 f. (national/ZPO): (prozessuales) „Überspielen" der (materiellen) Verweigerung. Dies lässt mE aber viel zu viel ungeklärte (Interpretations-)Spielräume.
[27] AA *Musielak/Voit* Rn. 8; *Schütze* SV Rn. 232 bzw. FS E. Lorenz II, 2001, S. 275, 277 [II 2]; *Mankowski* ZZP 114 (2001), 37, 73/74 mit S. 73 [IV 4]; wohl auch *Baumbach/Lauterbach/Hartmann* Rn. 8 aE. So wie hier *Frische,* 2006, S. 263–265.
[28] AA OLG Saarbrücken, Beschl. v. 6. 11. 2002 – 4 Sch 4/02 mit OLGR 2006, 220, 221 [A 3].
[29] Anders der Ansatz bei *K. P. Berger* RIW 2001, 7, 16 [III 6 b].

§ 1053   22–26   Buch 10. Abschnitt 6. Schiedsspruch und Beendigung des Verfahrens

keit des Vergleichs von fristgerechter Billigung abhängig macht. Der (üblichere) Widerruf beseitigt den Vergleich in dem vorbehaltenen Umfang.

22   Man sollte am besten wie folgt unterscheiden:[30] Möglich sind bedingte Vergleichspflichten, welche bis in die Vollstreckung noch hineinreichen (§ 726 Abs. 1). Möglich ist genauso ein bedingter Vergleichsschluss, der dem Schiedsgericht mit dem Bedingungseintritt erst die notwendige Handlungsgrundlage verschafft – unabhängig des bereits erfolgten Antrags. Solange die Schwebe anhält, beendet das Gericht das Schiedsverfahren vorerst noch einmal nicht (Abs. 1 S. 1, 2. Halbs.). Der Bedingungseintritt ist dann dem Schiedsgericht zunächst nachzuweisen oder – besser noch – gleich unmittelbar so zu vereinbaren, dass Erklärung gegenüber dem Gericht direkt erfolgt (am besten zu Händen des Vorsitzenden!). Dies gewährleistet auch Fristklarheit. Der Praxis zuliebe sollte man es freilich auch zulassen, dass der Antrag iSv. Abs. 1 S. 2, 1. Halbs. selbst schon bedingt gestellt wird – bei insgesamt unbedingtem Vergleich. Dann muss sich die (Nicht-)Erklärung notgedrungen ans Gericht richten, was damit per se für klare Verhältnisse steht.

23   Ist die **Frist** (gerechnet wird sinngemäß nach § 222 ZPO iVm. §§ 187 ff. BGB; keine Wiedereinsetzung gemäß §§ 233 ff. ZPO analog[31]) ungenutzt verstrichen (Widerruf) bzw. vertragsgemäß gewahrt (Billigung), entscheidet das Schiedsgericht im schriftlichen Verfahren.[32] Ein vorzeitiger auflösend (oder aufschiebend) bedingter Schiedsspruch wäre mit der Rechtssicherheit unvereinbar. Letztlich bliebe das Verfahren so oder so anhängig, bis insoweit wirklich Klarheit herrscht (arg. § 1056 Abs. 1). Es gibt keinen „Vorbehaltsschiedsspruch" – das Gericht muss warten![33]

24   **3. „Inhaltskontrolle" (Abs. 1 S. 2, 2. Halbs.). a) Grundlegung.** Der erstrebte Vergleichsspruch begründet verbindliche Rechtswirkungen bis hin zur Rechtskraft (§ 1055). Aus diesem Grunde ist eine gewisse schiedsrichterliche **Präventivkontrolle** allemal angezeigt. Sie soll auf die Wahrung des **ordre public** sehen – aber nicht mehr! Anders § 1044a Abs. 2 aF und § 796a Abs. 3, die eine *repressive* Überprüfung (im Rahmen der Vollstreckbarerklärung) vorsehen, indes auch auf Rechtswirksamkeit hin, aber anders auch Art. 30 Abs. 1, 2. Halbs. ModG („if ... not objected to"), der – in Anlehnung an Art. 34 Abs. 1, 2. Var. SchO – hier gleich vorneweg dem Schiedsgericht ein sehr breites Ermessen gewährt. Auf klare Richtlinien wurde allerdings bewusst verzichtet. Dadurch sollen Arglist, sowie gesetzeswidrige oder unangemessene Vergleichsbestimmungen[34] und ebenso ein Verstoß gegen „fundamental notions of fairness and justice"[35] vom Gericht „abgefangen" werden können.

25   Es wurde demnach eine (ModG-)Regel geschaffen, die stark den anglo-amerikanischen Vorstellungen von (Schieds-)Richtermacht verhaftet ist. Und es nimmt deswegen nicht Wunder, dass deshalb der deutsche Gesetzgeber meinte, einschränkend regeln zu müssen: der Vorbehalt, dass insoweit das Schiedsgericht „nichts einzuwenden habe", erschien ihm – so betrachtet sicherlich konsequent – als „zu weitgehend und zu unbestimmt".[36] Es fragt sich indes, ob der nationale Gesetzgeber abwehrend nicht zu stark ins Gegenteil verfallen ist und dementsprechend den Prüfungsmaßstab zu eng eingeschränkt hat. Anderseits liegt die Parallele zum (einseitigen) prozessualen Anerkenntnis (§ 307) hier auf der Hand[37] (Rn. 6 u. 21, aber erg. auch § 1030 Rn. 6 ff. – und zwar trotz Wegfall der Notwendigkeit des Antrags; es geht hier bloß um Inhalte!). Richtigerweise wird man also differenzieren müssen:

26   **b) Fallgruppen. aa) Materielle Verfügbarkeit.** Nachzuprüfen ist vordringlich die **materielle Gültigkeit** des Vergleichsinhalts, so wie dies vom Gesetzeswortlaut vorgesehen ist – demgemäß lediglich eingeschränkt, und zwar auf Einhaltung der **öffentlichen Ordnung** bzw. des ordre public (vgl. zum Begriff genauer bei § 1059 Rn. 38 ff.). Gemeint sind hiermit jedoch *alle* von Amts wegen zu beachtenden Aufhebungsgründe des § 1059 Abs. 2 Nr. 2,[38] dh. einschließlich mangelnder

---

[30] Vgl. auch erg. *Mankowski* ZZP 114 (2001), 37, 69 f. [III 6] einerseits, *Bilda* DB 2004, 171, 175/176 [V 1] andererseits mit unten bei Fn. 33. Zu den verschiedenen Möglichkeiten nun ausf. *Frische*, 2006, S. 318–321.
[31] So für den Prozessvergleich OLG Düsseldorf NJW 1968, 111; BGHZ 61, 394, 395 = NJW 1974, 107; BAGE 29, 358 = NJW 1978, 1876; OLG München NJW 1992, 3042 u. hL – aA *Baur* Rn. 75; *Säcker* ZZP 80 (1967), 421 sowie NJW 1967, 1117; 1968, 708; *G. Lüke* JuS 1973, 45, 47.
[32] *Zöller/Geimer* Rn. 3; *Schwab/Walter* Rn. 23.13 [aa].
[33] AA *Mankowski* ZZP 114 (2001), 37, 70 [III 6] (aber vgl. auch Fn. 30).
[34] 7th SN Art. 30 Nr. 2 = *Holtzmann/Neuhaus* S. 832.
[35] CR Nr. 249 = *Holtzmann/Neuhaus* S. 835.
[36] BT-Drucks. 13/5274 S. 55 li. Sp. [5].
[37] Dagegen nun *Frische*, 2006, S. 281–283 mit völlig anderem Ansatz: S. 269 ff., insbes. S. 283–287 (Grenze zwingenden Rechts) mit S. 287 ff. (Prüfungs*pflicht*).
[38] Anders im Ansatz *Mankowski* ZZP 114 (2001), 37, 44–61 [II 2 b–f] mit S. 67 f. [III 4] u. *Bilda* DB 2004, 171, 174 f. [IV 3 a] m. weit. Nachw.: eigenständiger *weiter* Prüfungsrahmen.

Schiedsfähigkeit des Streitgegenstandes gemäß der Regel des § 1030.[39] Die Vergleichsfähigkeit spielt dafür keine Rolle (mehr).[40]

Der Parteikonsens wird also **lediglich „rudimentär" überprüft**, letztlich bloß daraufhin, ob 27 das Vorliegen des prozessualen „äußeren" Tatbestandes (Rn. 11–17 mit Rn. 20) von der nötigen prozessualen **Dispositionsbefugnis** gedeckt ist, so wie es bei § 307 auch der Fall ist; man wird konsequenterweise noch einen zweiten Schritt gehen und die Nachprüfung auf die materielle **Verfügungsbefugnis** miterstrecken (sie erst trägt doch den eigentlichen Vergleichsakt). Die beiden Fragen hängen ohnedies eng zusammen. Wichtiger ist aber der Gegenpol: Das Schiedsgericht darf nicht etwa weitergehend prüfen, ob die vereinbarten Rechtsfolgen auch materiell begründet sind. Sachlich-rechtlich ist es an die *übereinstimmenden* Parteivorgaben strengstens gebunden – soweit es keinen ordre-public-Verstoß entdeckt. So ist auch kein Raum für eine „Identitätskontrolle" von (materiellem) Vergleichsinhalt und (prozessualer) Antragstellung.[41]

bb) Prozessuale Verfügbarkeit. Dazu kommt eine **prozessuale Komponente** ins Spiel, die 28 der Gesetzeswortlaut noch allenfalls versteckt andeutet. Sie folgt aus dem Erfordernis *gemeinsamer* Antragstellung (Rn. 20) und auch der Rechtsfolge einer *Sach*entscheidung durch Schiedsspruch. Das bedeutet zum einen, neuerlich in Parallele zu § 307, dass das Schiedsverfahren überhaupt zulässig in Gang gekommen ist, dass sämtliche **Prozessvoraussetzungen** vorliegen, allen voran hier namentlich eine wirksame Schiedsvereinbarung.[42] Zum anderen muss überhaupt ein entsprechender gemeinsamer Antrag auf Erlass eines Schiedsspruchs gestellt sein, was seinerseits wiederum voraussetzt, dass die **Prozesshandlungsvoraussetzungen** zu dieser Zeit erfüllt sind, vor allem dass für beide Seiten Partei- und Prozessfähigkeit bzw. Vertretungsbefugnis vorliegt.

Nötig ist vor allem die (Entscheidungs-)**Zuständigkeit** des Schiedsgerichts. Hierüber kann 29 freilich auch schon vorher im Rahmen des § 1040 per Zwischenentscheid befunden worden sein. Es ist nicht so, dass die Aufhebungsgründe des § 1059 Abs. 2 Nr. 1 insgesamt nicht anwendbar seien:[43] lit. b, d werden zwar ausscheiden bzw. vom gemeinsamen Parteiwillen überlagert; lit. a/c sind indes Ausdruck einer fürsorgenden Repressivkontrolle, die sich schon beim Zuständigkeitsstreit andeutet. Dazu kommt noch die Gegenkontrolle der Neutralität (§ 1036!) des Schiedsgerichts.[44]

4. „Vergleichsspruch" (Abs. 2 S. 1). Das Ergebnis des Vergleichs muss zum Schiedsspruch 30 (mit vereinbartem Wortlaut) bewusst umgesetzt werden. Dies ist eine Art „Mantelakt": das Schiedsgericht „bekleidet" den Vergleich mit seinem richterlichen Plazet. Indes wird es dann dabei darauf achten, dass die Anforderungen tenorierungsüblicher Bestimmtheit doch ausnahmslos eingehalten sind (notfalls Hinweis analog § 139![45]); sonst bekämen womöglich die Parteien Steine statt Brot, und der Schiedsspruch verfiele uU letztin vielleicht gar der Nichtigkeit. Die bewirkende Form ist diejenige des Schiedsspruchs (1. Halbs. mit § 1054), also **Schriftform** (§ 1054 Abs. 1 S. 1, 1. Halbs., dort Rn. 6) mit **Unterschrift** (§ 1054 Abs. 1 S. 1, 2. Halbs., dort Rn. 7–13) – und zwar lediglich noch der Schiedsrichter.

Im Unterschied zu § 1044a Abs. 1 S. 2 aF müssen (und dürfen!) die Parteien nicht zeichnen: der 31 Schiedsvergleich *ist* nach außen ganz **Schiedsspruch** und konkret als solcher auch demzufolge zu bezeichnen (Abs. 2 S. 1, 2. Halbs.), quasi eine Art „prozessuales Gegenstück" zur Wechselklausel. Auch ist kein Protokoll mehr notwendig; mündliche Verhandlung (§ 1047 Abs. 1) war ohnedies nie erforderlich. Tag und Ort müssen angegeben werden (§ 1054 Abs. 3, dort Rn. 36 f.); eine Begründung ist entbehrlich (§ 1054 Abs. 2 aE – darum dann empfiehlt sich sogar die „vereinbarte" Herkunft offenzulegen). Die nötige Urkunde vermag im Umlaufverfahren zu entstehen und ist im Anschluss zu übersenden (§ 1054 Abs. 4); doch genügt auch Aushändigung.

---

[39] BT-Drucks. 13/5274 S. 55 li. Sp. [5] – anders für Abs. 4 S. 2 aber S. 55 re. Sp. [8]. Nur im Erg. so *Mankowski* ZZP 114 (2001), 37, 48 f. [II 2 bee].

[40] AA *Thomas/Putzo/Reichold* Rn. 2 aE; *Stein/Jonas/Schlosser* Rn. 2 [7. Abs.]; *Musielak/Voit* Rn. 4 mit Rn. 1 (u. Fn. 2); *Mankowski* ZZP 114 (2001), 37, 62 [II 3]; *Bilda* DB 2004, 171, 175 [IV 3 b]. So wie hier *Frische,* 2006, S. 280 f.

[41] AA *Bilda* DB 2004, 171, 173 [III 4 mit IV 1]; deutlich zurückhaltender insoweit *Mankowski* ZZP 114 (2001), 37, 42 [II 4]. Kräftig überdeutend *Frische,* 2006, S. 268/269.

[42] Die aber nicht etwa dem „Schiedsvergleich" zu inkorporieren ist – anders beil. jedoch OLG Stuttgart OLGR 2001, 50 [1]. Ganz abl. wohl *Thomas/Putzo/Reichold* Rn. 2 aE.

[43] Sehr dunkel hier BT-Drucks. 13/5274 S. 54 re. Sp. [4] – wenig besser indes Kom.-Ber. S. 176.

[44] AA *Musielak/Voit* Rn. 9 mit Rn. 10 [Mitte].

[45] So wie hier *Lachmann* Rn. 1814 u. *Bilda* DB 2004, 171, 172 f. [III 3] – weitaus großzügiger dagegen *Zöller/Geimer* Rn. 3: Umformulierungsbefugnis.

III. Rechtswirkungen (Abs. 1 mit Abs. 2 S. 2)

32 **1. Verfahrensbeendigung (Abs. 1 S. 1, 2. Halbs.). a) Altes Recht.** Der formelle Schiedsvergleich beendete – gleichsam automatisch („verfügend") – das Schiedsverfahren. Bei Unwirksamkeit konkurrierten Schiedsgericht und Staatsgericht um die Entscheidungskompetenz. Freilich war streitig,[46] ob das **Schiedsgericht** unter Fortsetzung des bisherigen Verfahrens über die (Un-)Wirksamkeit des Schiedsvergleichs befinden konnte, und zwar ohne dass von vornherein oder nachträglich eigens auch für diesen Fall seine Zuständigkeit vertraglich begründet worden war. Hierfür sprach stark die Parallele zur Lösung beim Prozessvergleich, wie sie namentlich der BGH[47] entwickelt hat: den Streit zur Wirksamkeit des Vergleichs (bzw. der Verfahrensbeendigung) trägt man stets im alten Rechtsstreit aus (§ 794 Rn. 73, 76; allgemein zur Überleitung von Altfällen § 33 EGZPO Rn. 7f.).

33 Klar war hingegen die Entscheidungskompetenz des **Staatsgerichts** aus Anlass des Verfahrens der Vollstreckbarerklärung (§ 1044a Abs. 2 aF), aber auch an eine ganz selbständige Feststellungsklage (§ 256 Abs. 1: Feststellungsinteresse?) konnte man denken. Zumal aber das ordentliche Gericht an die Auffassung und auch den Ausspruch des Schiedsgerichts über die Gültigkeit des Schiedsvergleichs nicht gebunden wurde[48] (§ 1044a Abs. 3, 2. Halbs. aF: sämtliche Unwirksamkeiten lieferten Versagungsgründe), kam diesem wie von selbst die Entscheidungspriorität zu. Wurde mithin gleichwohl zuerst das Schiedsgericht angegangen, dann sollte es besser nur die eindeutigen Fälle entscheiden, während hingegen bei Zweifeln eine Aussetzung des Verfahrens bis zu einer Entscheidung durch das staatliche Gericht nahelag.

34 **b) Neues Recht.** Stets ist jetzt die zusätzliche schiedsgerichtliche Deklaration erforderlich, das Verfahren sei nunmehr beendet – nötig ist ein extra **Einstellungsbeschluss**[49] **(Abs. 1 S. 1).** Dunkel bleibt dabei aber das Verhältnis zu § 1056 Abs. 1: reguläre Beendigung auf Grund der Schiedsspruchwirkungen[50] (Abs. 2 S. 1 mit § 1056 Abs. 1, 1. Var.) oder irreguläre Beendigung über die apodiktisch verordnete Einstellung[51] (Abs. 1 S. 1 mit § 1056 Abs. 1, 2. Var.)? Genau genommen sagt übrigens Abs. 1 S. 1 nur *dass,* nicht aber *wie* das Verfahren zu beenden ist. Man könnte die Regelung des Abs. 1 S. 1 sogar nur als einen nackten Hinweis sehen, das Schiedsgericht solle sich der weiteren Tätigkeit entsagen. Und genauso wäre denkbar, dass jene Einstellung bewusst abgekoppelt wird vom Erfordernis gemeinsamer Beantragung des Abs. 1 S. 2 (Rn. 20). Das legt die grammatische Staffelung letztendlich auch nahe, vor allem für Art. 30 Abs. 1 ModG, der bloß einen Satz hat und gleichsam „kumulativ" verknüpft („and, if requested ...").

35 Indes muss man sehen, dass zunächst gar volle Alternativität (Art. XXI Abs. 1 2nd Draft: „either ... or")[52] diskutiert wurde, andererseits aber auch anfangs noch kein Pendant zu § 1056 Abs. 2 existierte; später wurde die Regel zuerst in Art. 32 *Abs. 1* ModG (§ 1056 Abs. 1) integriert (5th Draft: „terminated ... by agreement of the parties"), dh. betonend selbständig gestellt,[53] und ganz zum Schluss erst bei Art. 32 Abs. 2 ModG (§ 1056 Abs. 2) verortet.[54] Das sollte auch ganz bewusst den Fall des reinen Vergleichs decken[55] – was eigentlich jedoch Art. 30 Abs. 1 S. 1 ModG (§ 1053 Abs. 1 S. 1) überflüssig machte. Insoweit liegt wohl ein Redaktionsversehen vor; geklärt wurde dadurch nur, dass hier allemal eine automatische Beendigung ausscheidet.

36 Der Gesetzeswortlaut ist leicht jedoch stimmig zu stellen: der Tatbestandsteil (Abs. 1 S. 1, 1. Halbs. [Rn. 8–17]) bereitet schon für Abs. 1 S. 2 den Boden; der Rechtsfolgeteil (Abs. 1 S. 1, 2. Halbs.) gehört systematisch hinter diese Norm. Das beugt dem falschen Eindruck der Alternati-

---

[46] RGZ 119, 29, 30; *Schwab/Walter* Rn. 23.12f.; *Stein/Jonas/Schlosser,* 21. Aufl., § 1044a aF Rn. 10; *Thomas/Putzo,* 20. Aufl., § 1044a aF Rn. 11; *Baur* Rn. 83; dagegen *Baumbach/Lauterbach/Albers,* 56. Aufl., § 1044a aF Rn. 5; *Ulrich* NJW 1969, 2179; *Schütze/Tscherning/Wais* Rn. 508. Dazu näher noch 1. Aufl. § 1044a aF Rn. 14–16.
[47] BGH NJW 1958, 1970; 1972, 159; MDR 1977, 308; NJW 1981, 823.
[48] *Schwab/Walter,* 5. Aufl., Rn. 23.20; *Baumbach/Lauterbach/Albers,* 56. Aufl., § 1044a aF Rn. 5; *Baur* Rn. 85; *Ulrich* NJW 1969, 2179; *Stein/Jonas/Schlosser,* 21. Aufl., § 1044a aF Rn. 10; OLG Hamburg MDR 1966, 851.
[49] AA *Henn* Rn. 403 (in Widerspruch zu Rn. 406). So wie hier jetzt jedoch *Frische,* 2006, S. 295–297 mit S. 257, 317.
[50] So zB *Musielak/Voit* Rn. 7; *Thomas/Putzo/Reichold* Rn. 4 (aber s auch Rn. 1!).
[51] So zB *Baumbach/Lauterbach/Hartmann* Rn. 3; *Henn* Rn. 406.
[52] 4th WGR Nr. 106 = Holtzmann/Neuhaus S. 829: „and" als „improvement".
[53] 3rd WGR Nr. 40 = Holtzmann/Neuhaus S. 878: beschlußloses Prozeßende.
[54] CR Nr. 261 = Holtzmann/Neuhaus S. 887 auf Kritik der UdSSR: 6th SN Art. 32 Nr. 1 (UdSSR) = Holtzmann/Neuhaus S. 883 mit SR Nr. 26–28 *(Lebedev)* = Holtzmann/Neuhaus S. 885.
[55] 3rd Draft Art. F Abs. 1 lit. b Fn. 15 = Holtzmann/Neuhaus S. 878. Aber: CR Nr. 249 = Holtzmann/Neuhaus S. 835 lässt für Art. 30 ModG die Wahl.

vität bzw. Abkoppelung vom Antragsgebot vor. Das Gericht beendet demnach das Verfahren immer amtswegig – wenn und nur wenn ein Vergleichsspruch (Abs. 1 S. 2) ergeht, dh. beidseits Anträge vorliegen (Rn. 20) und auch keine rechtlichen Hindernisse dafür bestehen. Versagt das Gericht den Vergleichsspruch, ist klar, dass weiter prozessiert werden muss; erkennt das Gericht nach Parteiwillen, macht aber die separate Beendigung durchaus dann einen guten Sinn:

Der Vergleichsspruch nach Schiedsvergleich führt nicht automatisch zu vollständiger Streitbereinigung, wie dies eine streitige Endentscheidung über die Schiedsklage durch Schiedsspruch tut. Die Parteien mögen sich nur über Teile verständigt haben,[56] sie können aber ebenso weiterreichende Punkte, die noch nicht streitbefangen waren, in den Vergleichsspruch mit aufnehmen. Dem Schiedsgericht fehlt hier die autarke Erkenntnis darüber, wie weit diese gütliche Einigung trägt bzw. sein Spruch den Streit erledigt (im Unterschied zu § 1056 Abs. 1, 1. Var.). Dies muss es amtswegig selbst ermitteln (Befragen der Parteien) und dann konsequent entsprechend festhalten: Teil- oder Vollerledigung? Eventuell ist also das Verfahren hinsichtlich jener streitig gebliebenen Teile weiterzuführen. Soll es (ohne Vergleichsspruch) indes ebenfalls enden, geht der Weg über § 1056 Abs. 1, 2. Var. iVm. Abs. 2 Nr. 2 bzw. Nr. 3, 1. Var. (Rn. 5 mit Rn. 59). Die **Unwirksamkeitsfrage** bereitet unter neuem Recht keine Probleme mehr (Rn. 40). 37

2. Gleichstellungsgebot (Abs. 1 S. 2, 1. Halbs. mit Abs. 2). a) Grundlegung. Der Vergleichsspruch ist Schiedsspruch, nach Gestalt (Abs. 2 S. 1 [Rn. 30f.]) und Wirkung (Abs. 2 S. 2 – Art. 30 Abs. 2 S. 1 ModG: „same status and effect"). Er **gestattet die Exekution** nach Vollstreckbarerklärung (§§ 1060, 1061 – wegen Abs. 4 näher Rn. 51 ff.), er **unterliegt der Aufhebung** auf Antrag hin (§ 1059), er verbraucht die Schiedsbindung im Umfange der Deckung (§ 1029 Abs. 1).[57] Ferner wirkt jener (Vergleichs-)Spruch so wie auch sonst **Rechtskraft** (§ 1055 [dazu erg. dort Rn. 17])[58] – indes „nur unter den Parteien" (dazu erg. hier Rn. 12). Trotzdem müssen noch verschiedenste Modifikationen sein (Rn. 31 [§ 1054 Abs. 2 aE], 34–37 [§ 1056 Abs. 1 mit Abs. 2 Nr. 2], 43–48 [§§ 1057, 1058]). 38

Die Gleichstellung beschränkt sich aber keineswegs auf den Vollstreckungszugang, wie dies wohl dem ModG vorschwebte,[59] sondern reicht darüber hinaus – § 1055 ist letztendlich überhaupt ja deutsches Eigengewächs. Jene bisher rein *materielle* Festlegung (§ 779 BGB: Feststellungsvertrag) wird jetzt quasi noch „überhöht" und qua prozessualer Rechtskraftwirkung gegen Wirksamkeitsmängel abgesichert (Rn. 40). Diese doch recht weitreichende Kraft ist gewiss absolutes Novum – zumindest für den Vergleich. Sie findet aber ihre valide dogmatische Entsprechung in Anerkenntnis (§ 307) und Verzicht (§ 306), die jedoch allemal *einseitig* erklärt werden (Rn. 6 mit Rn. 21). 39

b) Streit zur Wirksamkeit. Damit wird auch von vornherein der Streit zur Wirksamkeit neu kanalisiert bzw. eindeutig ins Aufhebungs- oder Vollstreckbarerklärungsverfahren verlagert.[60] Die Rechtskraft „immunisiert" den Vergleichsspruch voll gegen Mängel. *Materielle* Mängel tangieren seine Wirksamkeit nicht oder korrekter lediglich dann, wenn sie zugleich *prozessuale* Implikationen hervorrufen:[61] § 1059 Abs. 2 Nr. 1a/c (Rn. 29) u. Nr. 2 (Rn. 26). Vor allem die „Inhaltskontrolle" des Abs. 1 S. 2, 2. Halbs. findet ihre ganz exakte Entsprechung in § 1059 Abs. 2 Nr. 2a *und b*. Die weiteren *prozessualen*[62] Vorgaben des Abs. 1 S. 1, 1. Halbs. zählen noch zu § 1059 Abs. 1 Nr. 1 d – bei früheren Verstößen indessen fehlt aber die Kausalität der Verletzung[63] – der Inhalt der 40

---

[56] *Schwab/Walter* Rn. 23.9.
[57] UU aber Nachwirkung kraft Parteiwille über § 323 (*Schwab/Walter* Rn. 23.19) oder § 767.
[58] OLG München SchiedsVZ 2007, 164, 166 [II 5 c]; *Thomas/Putzo/Reichold* Rn. 4 mit Rn. 6; *Baumbach/Lauterbach/Hartmann* Rn. 5; *Musielak/Voit* Rn. 12 mit Rn. 1; *Zöller/Geimer* Rn. 6; *Schwab/Walter* Rn. 23.13 [bb]; *Saenger* MDR 1999, 662, 663 [III]; *Schlosser*, VIV-Reihe XI (2000), S. 163, 177/178; *K. P. Berger* RIW 2001, 7, 15 li./re. Sp. [III 6 a]; *Schütze*, FS W. Lorenz II, 2001, S. 275, 280/281 [V]. Dazu mR krit. zB *Gaul*, FS Sandrock II, 2000, S. 285, 326f. Abmilderung einerseits *Gottwald*, VIV-Reihe XIII (2001), S. 31, 38 [III 3] mit S. 40 [III 5]; andererseits *Frische*, 2006, S. 305 ff. (312f., 315f.): lediglich *begrenzte* Präklusion, dh. nur Abs. 1 S. 2 wird präkludiert, nicht andere materielle Mängel. Das führt praktisch zur alten Rechtslage – und widerspricht der Neukonzeption (Rn. 24f.; aber vgl. auch Fn. 37).
[59] Zunächst lautete Art. 30 Abs. 2 S. 1 nämlich: „same status and executory force" (4th Draft) – die Veränderung bleibt völlig unbegründet (5th WGR Nr. 110 = Holtzmann/Neuhaus S. 830) – es war also wohl nur eine redaktionelle Klarstellung!
[60] Sehr treffend hier *Schwab/Walter* Rn. 23.13 [bb] mit Rn. 23.15–18 bzw. *Musielak/Voit* Rn. 15 mit Rn. 4 aE; *Thomas/Putzo/Reichold* Rn. 6; *Schlosser*, VIV-Reihe XI (2000), S. 163, 178.
[61] Anders jetzt wohl BGHZ 145, 376, 379 [2a] = NJW 2001, 373 = ZZP 114, 351 m. Anm. *Voit* (obiter): Geltendmachung einer Anfechtung gemäß § 1059 Abs. 2 Nr. 1 d. Dazuhin anders im Ansatz *Frische*, 2006, S. 322 ff. (331–333) mit S. 334 ff. (344–346).
[62] Nicht aber etwa die materielle Wirksamkeit – aA *Musielak/Voit* Rn. 15.
[63] *Musielak/Voit*, 1. Aufl., Rn. 2, etwas schwächer jetzt *Musielak/Voit*, 5. Aufl., Rn. 15 mit Rn. 10 aE.

§ 1053 41–46　　Buch 10. Abschnitt 6. Schiedsspruch und Beendigung des Verfahrens

Entscheidung wird ja voll parteiautonom (und losgelöst vom Prozedere) bestimmt. Dann verbliebe noch § 1059 Abs. 2 Nr. 1 b – doch scheint eine Berufung darauf verwehrt: die Konstituierung ist zwangsläufig ja bekanntgemacht (1. Var.), und die Parteien haben letzthin einen total anderen Ausgleich gesucht (2. Var.). Allenfalls gemäß § 826 BGB ließe sich die Rechtskraft in Sonderfällen noch nachträglich *einseitig* durchbrechen.

41 c) **Rechtsnatur.** Nach neuem Recht gilt es, ein **dreiaktiges Geschehen** konstruktiv plausibel zu würdigen: (1) Die von den Parteien getroffene Abmachung („Vergleich") ist ein rein **materiell-rechtlicher Feststellungsvertrag** (§ 779 BGB). (2) Zum Verfahrensabschluss (Abs. 1 S. 1 [Rn. 34 ff.]) als Folge eines „Vergleichsspruchs" (Abs. 1 S. 2 [Rn. 30 f.]) kommt es indes nur, wenn sich die Parteien darüber hinaus auf einen gemeinsamen bzw. abgestimmten Antrag (Rn. 20) verständigen können. Darin ist ein **auf Verfahrensbeendigung gerichteter Prozessvertrag** zu sehen, der zugleich die Rechtskraftwirkung des antragsgemäß ergangenen Schiedsspruchs vorprogrammiert. Bei Verweigerung wäre demnach sogar eigenständig Klage möglich.

42 (3) Der **„Vergleichsspruch"** (Abs. 1 S. 2) selbst ist ein echter Schiedsspruch, auch wenn er ohne eine genaue Sachprüfung ergeht, sondern dabei den vereinbarten Vergleichstext nachzeichnet. Er ist dann ein absolut prozessuales Gebilde – die Annahme von „Doppelnatur" des Vergleichsspruchs[64] (so wie unter altem Recht zum Schiedsvergleich [1. Aufl. § 1044 a aF Rn. 2][65]) ist definitiv künftighin ausgeschlossen.[66] Materiell-rechtliches Rechtsgeschäft (§ 779 BGB) und die den Prozessvertrag manifestierende Prozesshandlung fallen jetzt konstruktiv klar auseinander bzw. werden erst im späteren Vergleichsspruch versöhnt. Der Einstellungsbeschluss (Abs. 1 S. 1) bleibt dabei mehr klärend „technisches" Beiwerk.

43 3. **Modifizierungen. a) § 1057 (Entscheidung zur Kostenfrage).** Wie bei jedem Schiedsspruch sind die Kosten zu verteilen (§ 1057 Abs. 1) und zu beziffern (§ 1057 Abs. 2) – wenn denn eine Kostenerstattung überhaupt in Betracht kommt. Zweckmäßigerweise einigen sich die Parteien jedoch auch gleich über die Kostentragung; hilfsweise greift § 98 (mit § 92 Abs. 1 S. 2) analog, sodass alsdann die Kosten als gegeneinander aufgehoben gelten und eine (Grund-)Entscheidung zur **Kostenquote** entbehrlich wird.

44 Für einen derartigen Willen spricht eine starke tatsächliche Vermutung[67] – insbesondere auch beim Teilvergleich. Das Schiedsgericht sollte nicht über die Kostenregelung die erzielte Einigung nachträglich noch kommentieren. Die Parteien können indessen auch die Kostenfrage bewusst ausschließen und späterer interner Regelung überlassen, dem befassten Schiedsgericht zuweisen (Teilvergleich!) und hilfsweise einer ganz neuen Klage (vor dem Schieds- oder auch Staatsgericht, je nach Umfang der Schiedsvereinbarung) auf Grund materieller Erstattungsansprüche vorbehalten; dies ist aber sicherlich kaum zweckmäßig. Das Schiedsverfahren endet aber immer jedenfalls zur Hauptsache (§ 1053 Abs. 1 S. 1, 1. Halbs. bzw. § 1056 Abs. 1 mit Abs. 3).

45 Das Schiedsgericht entscheidet auch zusätzlich zur **Kostenhöhe,** welche es präzis festsetzt; dabei vermag zudem ein Streit darüber gelöst zu werden, was erstattungsfähig ist. Jedenfalls ist auf vollstreckungsfähige Bestimmtheit bzw. Bezifferung zu achten. Der nötige Kostenausspruch kann aber nach § 1056 Abs. 3 iVm. § 1057 Abs. 2 auch noch später „nachgeschoben" werden (die Regelung gilt generell bei „Beendigung des schiedsrichterlichen Verfahrens"!).

46 Der Vergleich löst die **Einigungsgebühr** nach VV 1003 [1,0] (nicht: VV 1000 [1,3]) aus:[68] § 36 Abs. 1 Nr. 1 RVG stellt das schiedsrichterliche dem staatsgerichtlichen Verfahren bei der Anwendung von VV Teil 3 Abschnitt 1 und 2 gleich. Da aber die allgemeinen Gebühren von VV Teil 1 *neben* den in anderen Teilen bestimmten Gebühren entstehen (amtl. Vorbem. 1), muss man das schiedsrichterliche Verfahren als gerichtliches Verfahren iSv VV 1003 ansehen.[69] Dies stimmt auch

---

[64] So aber offenbar noch *Schwab/Walter* Rn. 23.6; *Henn* Rn. 399.
[65] Ferner: *Baur* Rn. 27; *Maier* Rn. 311; *Stein/Jonas/Schlosser,* 21. Aufl., § 1044 a aF Rn. 3 (1. Abs.); *Wieczorek/Schütze* § 1044 a aF Rn. 1; *Rosenberg/Schwab/Gottwald,* 15. Aufl., § 175 II 1; *Schwab/Walter,* 5. Aufl., Rn. 23.4; *Schütze/Tscherning/Wais* Rn. 499.
[66] So wie hier *Saenger* MDR 1999, 662, 663 [III]; *Mankowski* ZZP 114 (2001), 37, 64 f. [III 1/2]; *Frische,* 2006, S. 316–318 mit S. 256 f.; *Schütze* SV Rn. 230 [1. Abs.]; *Thomas/Putzo/Reichold* Rn. 1; *Musielak/Voit* Rn. 12; *Stein/Jonas/Schlosser* Rn. 2 [1. Abs.].
[67] Ebenso *Schwab/Walter* Rn. 33.19; *Musielak/Voit* Rn. 6; *Stein/Jonas/Schlosser* § 1057 Rn. 12 – anders zuvor aber bei § 1053 Rn. 2 [2. Abs.]: Halbierung; unklar *Bilda* DB 2004, 171, 175 [V 4 b].
[68] Hierzu eingehend *Hilger,* JurBüro 2008; ebenso *Hartmann,* Kostengesetze, 36. Aufl., § 36 RVG Rn. 10. – *AA die hM: Hartmann,* Kostengesetze, 36. Aufl., VV 1003 Rn. 3; *AnwK-RVG/Wahlen/Wolf,* 3. Aufl., § 36 RVG Rn. 14 und AnwK-RVG/*N. Schneider,* 3. Aufl., VV 1000 Rn. 164; *Gerold/Schmidt/Madert,* 18. Aufl., § 36 RVG Rn. 12; *Bischof/Jungbauer/Podlech/Trappmann* § 36 RVG Rn. 23; *Riedel/Süßbauer/Schmahl,* 9. Aufl., § 36 RVG Rn. 12; *Bischof* SchiedsVZ 2004, 252.
[69] *Hartmann,* Kostengesetze, 36. Aufl., § 36 RVG Rn. 10; *Hilger,* JurBüro 2008.

wertungsmäßig, denn nicht erst der Vergleich nach § 1053, sondern jede streitbeendende Durchführung des Schiedsverfahrens entlastet die staatlichen Gerichte – die erhöhte Vergütung für „außerstaatsgerichtliche" Erledigung erscheint nicht indiziert.

b) § 1058 (Interpretative Zurückhaltung). Während **Berichtigungen** des Vergleichsspruchs 47 nach § 1058 Abs. 1 Nr. 1 unproblematisch erscheinen,[70] bleiben amtswegige Klärungen (§ 1058 Abs. 4) versagt.[71] Auch scheidet eine **Auslegung** nach § 1058 Abs. 1 Nr. 2 aus.[72] Denn die Norm zielt auf effektive autonome Auslegung des *eigenen* Spruchs, während hier die Parteien den Richtern den Wortlaut vorgeben, jene somit Unklarheiten nicht zu verantworten haben. Sie mögen hierauf im Vorfeld hinweisen (§ 139 Abs. 1), aber verantwortlich sind alleinig die Parteien. Sie können den Auslegungsstreit im Verfahren zur Vollstreckbarerklärung[73] oder uU auch mittels Feststellungsklage (§ 256 Abs. 1) austragen.

Und **Ergänzung** des Vergleichsspruchs iSv. § 1058 Abs. 1 Nr. 3 kommt allein im Umfang der 48 richterlich festgestellten Beendigung in Betracht; soweit ohnehin Verfahrensfortführung nach Teilvergleichung erfolgt, wird jedoch ganz normal ein zweiter (Schluss-)Schiedsspruch ergehen. Einem Schiedsgericht fehlt idR indes die eigene Einschätzung hierzu, inwieweit Streiterledigung abgemacht wurde – das vermittelt ihm die gemeinschaftliche Antragstellung (Rn. 20), sodass aber umgekehrt auch Ergänzung übereinstimmende Parteianträge erfordert. Besteht ein Dissens, ist der vereinbarte Vergleichsumfang mittels Feststellungsklage (§ 256 Abs. 1) aufzuklären.

4. Formsurrogation (Abs. 3). In den Vergleichsspruch sind auch die anlässlich des Konsenses 49 abgegebenen Willenserklärungen aufzunehmen; der Vergleichsspruch ersetzt dann die Form der **notariellen Beurkundung (Abs. 3),** inbegriffen einfache Schriftform (§ 126 Abs. 3 BGB) sowie öffentliche Beglaubigung (§ 129 Abs. 2 BGB). Abs. 3 firmiert hierbei als Pendant zu § 127 a BGB (Fiktion notarieller Urkunde!), ohne dass aber ein „nach den Vorschriften der Zivilprozessordnung [§§ 159 ff.] errichtetes Protokoll" dazu nötig wäre.[74] An die Stelle der Protokollierung tritt die Aufnahme der Parteierklärungen in den Schiedsspruch selbst – ohne jede zusätzliche Förmlichkeit; es bedarf demnach keines Vorlesens und keiner Genehmigung! **Unvermeidlich ist Inkorporation:** „Aufnahme ... in den Schiedsspruch" (Abs. 3) bzw. den insoweit vereinbarten Wortlaut. Bezugnahme scheidet jedenfalls aus, sie wäre zudem – mit Blick auf eine Vollstreckung – höchst unpraktisch.

Der Schiedsvergleich wirkt ohne weiteres wie ein Notariatsakt, ohne dass dazu die richterliche 50 (§ 1060) oder notarielle (Abs. 4) Vollstreckbarerklärung erforderlich wäre. So kann zB eine Grundbucheintragung (§ 29 GBO) – Bewilligung vorausgesetzt – erreicht werden[75] (mit Ausnahme der Auflassung: arg. § 925 Abs. 1 S. 3 BGB e contrario[76]) und auch (trotz § 1031) eine ergänzende Erklärungsbindung.[77] Exakte Gestaltung bleibt das A und O. Bei verbrieften Pflichten zur Erklärungsabgabe, kann zwar ausnahmsweise auch über § 894 Abs. 1 S. 1 wegen § 1055 iVm. § 1060 (dazu dort Rn. 5) sogleich Vollstreckung erfolgen. Dafür gilt aber nicht die Formsurrogation, vielmehr ist reguläre Vollstreckbarerklärung erforderlich. Ungenügend ist jedenfalls ein **Scheinschiedsverfahren,** um insoweit offensichtlich Formvorgaben (Abs. 3! – Rn. 49) zu umgehen,[78] das ließe die normierten Formzwecke wie auch die staatliche Fürsorge (§ 17 BeurkG) schlicht leerlaufen.

5. Vollstreckungszugang (Abs. 4). Ein „Schiedsspruch nach Vergleichstext" hat natürlich – so 51 wie jeder andere Schiedsspruch – ebenfalls nur Titelwirkung, wenn die **gerichtliche Vollstreckbarerklärung** eingeholt ist[79] (§ 1060 Abs. 1) – diese ist Titel, nicht etwa der Schiedsspruch (§ 1060

---

[70] AA *Thomas/Putzo/Reichold* § 1058 Rn. 3: *beid*seitiger Antrag erforderlich!
[71] Sie hält *Musielak/Voit* § 1058 Rn. 2 aE wohl für erlaubt.
[72] Ebenso *Lachmann* Rn. 1829.
[73] Für den *gerichtlichen* Vergleich ist anerkannt, dass auch der Auslegungsstreit nach § 767 ausgetragen werden kann (BGH NJW 1977, 583) – dazu mag auch die nötige Vollstreckbarerklärung dienen (§ 1060 Rn. 24).
[74] Zum alten Recht: OLG Nürnberg BayJMBl. 1955, 38 (§ 127a BGB) u. RG JW 1937, 1702 (§ 126 Abs. 1 BGB); 1. Aufl. § 1044a aF Rn. 9 m. weit. Nachw.
[75] Ebenso *Musielak/Voit* Rn. 13; *Zöller/Geimer* Rn. 7 aE mit § 1055 Rn. 2 (trotz möglichst enger Auslegung!); *Schroeter* SchiedsVZ 2006, 298, 303 [IV 4a]. Irrig aA indes BT-Drucks. 13/5274 S. 55 li. Sp. [7], zust. *Zimmermann* Rn. 3; *Baumbach/Lauterbach/Hartmann* Rn. 6; *Saenger* MDR 1999, 662, 663 [III].
[76] *Demharter* ZflR 1998, 445, 446 – aA *Stein/Jonas/Schlosser* Rn. 7; *Gottwald,* VIV-Reihe XIII (2001), S. 31, 40 [III 6].
[77] OLG München SchiedsVZ 2006, 165/166 [II 3] = OLGR 2006, 405.
[78] OLG München GmbHR 2005, 1568, 1570 [a] (§ 2 Abs. 1 S. 1 GmbHG) – zust. *Zöller/Geimer* Rn. 7; *Musielak/Voit* Rn. 13; *Schroeter* SchiedsVZ 2006, 298 f. [II] – indes mit einem untauglichen eigenen Lösungsversuch (S. 304 f. [V]).
[79] Die EuVT-VO ist unanwendbar (arg. Art. 2 Abs. 2 lit. d) – aA *Musielak/Voit* Rn. 12 aE.

§ 1053 52–55 Buch 10. Abschnitt 6. Schiedsspruch und Beendigung des Verfahrens

Rn. 2)[80] oder unmittelbar der Vergleichsakt.[81] Nur reine Feststellungen[82] sowie die in den Spruchtext aufgenommenen Parteierklärungen bedürfen keines weiteren Vollzuges. Es gelten – anders als bisher: § 1044a Abs. 2 aF – die allgemeinen Vorschriften (§ 1060 Abs. 2 iVm. § 1059 Abs. 2/3;[83] §§ 1062 ff.); zuständig dafür ist normalerweise das gemäß § 1062 Abs. 1 Nr. 4, 2. Var. iVm. § 1043 Abs. 1 bzw. § 1062 Abs. 2 zu bestimmende OLG. Verlangt wird insoweit entweder Rechtskraft oder vorläufige Vollstreckbarkeit der Entscheidung (§ 794 Abs. 1 Nr. 4a[84] – Ausnahme: § 1063 Abs. 3). Notwendig ist Einhaltung der Formalien (Abs. 2 S. 1), nicht auch die gemeinsame (Rn. 20) Antragstellung (Abs. 1 S. 2)[85] – die klärt das Schiedsgericht autonom im Vorfeld.

52 Ergänzend soll die Möglichkeit bestehen, **notarielle Vollstreckbarerklärung** zu vereinbaren (Abs. 4). Zuständig dafür wäre jeder Notar im Gerichtsbezirk des anderenfalls sachbefassten OLG (Kosten: ½ Gebühr aus der Titelsumme, § 148a Abs. 1 S. 1, 2. Var. KostO [erhebliche Ersparnis!]). Die beiden Gestaltungen sollen wahlweise nebeneinander stehen.[86] Die Regelung beabsichtigt eine zusätzliche Entlastung staatlicher Gerichtsressourcen[87] – und verfehlt ihre Wirkung voll und ganz! Nicht bloß dass hier stets noch ein Aufhebungsantrag droht[88] (arg. ex § 1059 Abs. 3 S. 4: „deutsches Gericht"), vielmehr ganz generell: der ZPO (§ 794) ist die notarielle Vollstreckbarerklärung nur beim vollstreckbaren Anwaltsvergleich (§ 794 Abs. 1 Nr. 4b, 2. Var. mit § 796c) als Vollstreckungstitel geläufig. Es handelt sich hierbei eindeutig um ein (mehr als missliches) Redaktionsversehen, zumal die Verfasser just jene Parallele zu §§ 796a–c für die Begründung des § 1053 Abs. 4 heranziehen.[89]

53 Nichtsdestotrotz mangelt es an nötiger Umsetzung, und man kann einen Vollstreckungstitel als Eingriffsgrundlage nicht einfach kraft Analogie kreieren. Die Vollstreckbarerklärung für sich genommen – ohne weitere normative Grundlegung – wird allemal nicht genügen (arg. § 794 Abs. 1 Nr. 4a/b bzw. Art. 38 Abs. 1 Brüssel I-VO). Deswegen sollte man besser sogleich den alten Weg gehen. Alle sonstigen Möglichkeiten scheitern aber:

54 **§ 794 Abs. 1 Nr. 4a nF** scheidet deswegen aus, weil die notarielle Entscheidung keine Rechtskraft wirkt und auch nicht (vom Notar) für vorläufig vollstreckbar erklärt werden kann[90] – dieses ist allein staatlichen Gerichten vorbehalten; **§ 794 Abs. 1 Nr. 1** meint nur einen Prozessvergleich „vor einem deutschen [staatlichen] Gericht"[91]; in Betracht kommen womöglich jedoch Nr. 3, Nr. 4b oder Nr. 5. **§ 794 Nr. 3, 1. Halbs.** scheidet indes wiederum aus, weil sie ausschließlich auf eine Beschwerdemöglichkeit nach §§ 567 ff. abstellt, die hier fehlt,[92] und auch der Weg über **§ 794 Nr. 5** bringt letztendlich nichts: würde man wegen Abs. 3 notargleiche Beurkundungszuständigkeit unterstellen, liefe die Beurkundung einer ergänzenden Vollstreckungsunterwerfung auf eine Art „In-Sich-Geschäft" hinaus, welches die neutrale (von einer dritten Seite aus) vorzunehmende Vollstreckbarerklärung total leerlaufen ließe. Einzig **§ 794 Nr. 4b** könnte folglich helfen, wenn und weil deren Erfordernisse parallel erfüllt werden.

55 Dann muss eine anwaltliche Vertretung vorliegen und dazuhin Vollstreckungsunterwerfung erklärt sein, Datierung (§ 796a Abs. 1 bzw. § 1053 Abs. 2 S. 1 mit § 1054 Abs. 3 S. 1, 1. Var.) und Zustimmung (§ 796c Abs. 1 S. 1 bzw. § 1034 Abs. 4 S. 1) bereiten keine Probleme – dieser Ausweg dürfte indes regelmäßig darum scheitern, weil die Zuständigkeiten nicht übereinstimmen. Nur wenn einmal eine Schiedspartei im OLG-Bezirk des Schiedsortes ihren allgemeinen Gerichtsstand innehat (§ 796c Abs. 1 S. 1 mit § 796a Abs. 1) könnte man mithin ausweichen – wobei dazu aber

---

[80] BT-Drucks. 13/5274 S. 28.
[81] OLG Dresden, Beschl. v. 4. 5. 2007 – 11 Sch 4/07.
[82] Einschr. *Schwab/Walter* Rn. 9.
[83] BGHZ 145, 376, 379 [2 vor a] = NJW 2001, 373 = ZZP 114 (2001), 351 m. Anm. *Voit* u. NJW-RR 2007, 1366 [7]. – Vorausgesetzt die Form ist eingehalten: OLG Frankfurt/Main SchiedsVZ 2003, 288 = RdL 2003, 161 = IDR 2004 m. zust. Anm. *Mankowski* bzw. OLG München OLGR 2007, 413, 414 [II 2].
[84] Dies übersieht wohl *Baumbach/Lauterbach/Hartmann* Rn. 3.
[85] AA OLG Saarbrücken, Beschl. v. 6. 11. 2002 – 4 Sch 4/02.
[86] BT-Drucks. 13/5274 S. 55 re. Sp. [8]. Jedenfalls ist dies keine notarielle Pflichtaufgabe: *Zöller/Geimer* Rn. 10; *Schwab/Walter* Rn. 29.3.
[87] BT-Drucks. 13/5274 S. 55 re. Sp. [8].
[88] *Musielak/Voit* Rn. 14 mit Fn. 31 u. § 1059 Rn. 33; *Stein/Jonas/Schlosser* Rn. 8 [1. Abs.] – aA *Mack* IDR 200, 36, 40 f. [IV 3]; *Baumbach/Lauterbach/Hartmann* Rn. 10: § 1059 Abs. 3 S. 4 analog.
[89] BT-Drucks. 13/5274 S. 55 li./re. Sp. [8].
[90] AA § 794 Rn. 128 [*Wolfsteiner*: „rechtskräftig" = unanfechtbar], ebenso jetzt auch *Stein/Jonas/Schlosser* Rn. 8 [1. Abs.]; *Zöller/Geimer* Rn. 9 ff., 17 (genuine richterliche [„unnotarielle"] Aufgabe[?] – aber: § 148a Abs. 1 S. 1 KostO). Dazu krit. auch *Musielak/Voit* Rn. 14.
[91] AA *Baumbach/Lauterbach/Hartmann* Rn. 3.
[92] *Zöller/Geimer* Rn. 19 – aber: Rn. 20 mit DNotZ 1991, 266, 275 einerseits, *Schütze*, FS W. Lorenz II, 2001, S. 283/284 [VI 3c] andererseits; außerdem vgl. *Gottwald*, VIV-Reihe XIII (2001), S. 31, 42 [III 7].

weder das Verwahrungserfordernis (§ 796a Abs. 1 S. 1) noch die intensivere Nachprüfung auf Wirksamkeitsmängel (§ 796c Abs. 1 S. 2 mit § 796a Abs. 3) recht passen möchten. Am Ende bleibt doch nur wieder der Gang zum Gericht. Eine Gleichstellung per Analogieschluss[93] wäre jedoch zu gewagt; noch gewagter erscheint freilich, die grundsätzlich abschließende Katalogisierung des § 794 hier kurzerhand zu durchbrechen[94] (arg. § 801).

Ungelöst erscheint außerdem die Rechtsbehelfsproblematik[95] und die Anknüpfung vollstreckungsrechtlicher Kompetenzen (§§ 724 Abs. 2, 731, 732, 767, 768), die doch sonst eine besondere Regelung erfährt (§ 797). Wo wäre zB eine Vollstreckungsabwehrklage zulässig zu erheben? – am allgemeinen Schuldnergerichtsstand (§ 797 Abs. 5 analog: AG/LG) oder am „besonderen Schiedsgerichtsstand" (§ 1062 Abs. 1 analog: OLG)?[96] 56

IV. „Außergerichtlicher" Vergleich

Der außergerichtliche Vergleich als **materieller Vertragstyp (§ 779 BGB)** führt künftig kein 57 Eigenleben mehr; er ist auch notwendige Vorstufe sämtlicher „Vergleichssprüche" iSv. Abs. 1 S. 2 iVm. Abs. 2 (Rn. 41 mit Rn. 4; dennoch macht die Unterscheidung noch dogmatisch Sinn![97]). Nur wollen die Parteien – warum auch immer – diese Befugnis nicht benutzen. Es gibt darum auch keine Verfahrenseinstellung gemäß Abs. 1 S. 1 (Rn. 34 ff.). Zur Titulierung der Vergleichsforderung stehen notarielle Vollstreckungsunterwerfung (§ 794 Abs. 1 Nr. 5) und vollstreckbarer Anwaltsvergleich (§ 794 Abs. 1 Nr. 4b iVm. §§ 796a–c)[98] subsidiär zur Verfügung; § 794 Abs. 1 Nr. 1 hilft insoweit nicht.[99] Wie sich der gleichsam „externe" Vergleich auf die **Schiedsvereinbarung** auswirkt, richtet sich danach, was die Parteien erklärt und gewollt haben.

Das Schiedsverfahren bleibt vorerst anhängig.[100] Der Abschluss wirkt idR **nicht als Vertragsbeendigung**; die Schiedsvereinbarung erfasst uU ebenso den neuen Anspruch (§ 1029 Rn. 112). Bei laufendem Verfahren ist in der bloßen Anzeige des Vergleichs ans Gericht noch keine Kündigung des Schieds- oder Schiedsrichtervertrags zu sehen. Ergibt sich also die Notwendigkeit weiterer Tätigkeit des Schiedsgerichts, sind hierfür noch genügende Rechtsgrundlagen vorhanden. Das wird bedeutsam, wenn der Vergleich unwirksam ist (Verfahrensfortsetzung, aber hier uU erst nach Neukonstituierung). *Mittelbar* führt auch jeder außergerichtliche Vergleich **stets zu einer Verfahrensbeendigung** auf Grund schiedsrichterlichem Beschluss. 58

Folgende Möglichkeiten bestehen: parallele einverständliche Abmachung (§ 1056 Abs. 2 Nr. 2), was idR als beidseits interessengerecht naheliegt;[101] Untätigkeit trotz Aufforderung, das Verfahren zu betreiben (§ 1056 Abs. 2 Nr. 3, 1. Var.), Klagerücknahmeversprechen, das – auf Einrede hin[102] – zu einer Einstellung gemäß § 1056 Abs. 2 Nr. 1b führt. Schließlich rein *materiell* eine Neugestaltung des Rechtsgrundes, welche neue Angriffs- bzw. Verteidigungsmittel begründet oder alte erledigt; das Verfahren ist dann erst zu Ende, wenn das Schiedsgericht auf Grund des Vergleichs geurteilt hat. Die Klärung obliegt dem Schiedsgericht im Einzelfall. Statthaft ist ebenfalls ein Teilvergleich, der alsdann zum „Splitting der Wirkungen" nötigt. Denkbar ist dazuhin die zeitgleich eintretende Erledigung laufender staatlicher Verfahren[103] (zB § 1040 Abs. 3 S. 2). 59

---

[93] Dafür offenbar indes *Schwab/Walter* Rn. 23.1 aE mit Rn. 29.2, aber uU auch *Baumbach/Lauterbach/Hartmann* Rn. 7.
[94] Dafür offenbar indes *Musielak/Voit* Rn. 14.
[95] Gegen spezielle Rechtsbehelfe *Musielak/Voit* Rn. 14 aE; *Baumbach/Lauterbach/Hartmann* Rn. 12; *Lachmann* Rn. 1841 – für Rechtsbeschwerderecht bei Vollstreckbarerklärung *Zöller/Geimer* Rn. 20 u. *Schwab/Walter* Rn. 29.4. Noch anders wiederum *Stein/Jonas/Schlosser* Rn. 8 [2. Abs.].
[96] Dazu näher *Mack* IDR 2006, 36, 38 f. [III u. IV 1] mit S. 41–43 [III 4 mit V]: AG/LG am Notarssitz – fragwürdig!
[97] AA *Stein/Jonas/Schlosser* Rn. 2 [1. Abs.].
[98] *Lachmann* Rn. 1801; *Schwab/Walter* Rn. 23.4.
[99] OLG München OLGR 2007, 413, 414 [II 2] – aA *Baumbach/Lauterbach/Hartmann* Rn. 3.
[100] OLG München OLGR 2007, 413, 414 [II 2].
[101] BT-Drucks. 13/5274 S. 55 li. Sp. [4] aE mit S. 57 li. Sp. [§ 1056/4] – ebenso *Lachmann* Rn. 1800 (S. 442 mit Fn. 1); *Thomas/Putzo/Reichold* Rn. 1; *Zöller/Geimer* Rn. 1; unklar *Schwab/Walter* Rn. 23.1 u. *Baumbach/Lauterbach/Hartmann* Rn. 3: § 1053 Abs. 1 S. 1, 2. Halbs. oder/und § 1056 Abs. 2 Nr. 2?
[102] RGZ 142, 1, 4 (zu § 794 Abs. 1 Nr. 1) = JW 1934, 92 m. abl. Anm. *Lent*.
[103] Wegen Kosten siehe BGH v. 26. 6. 2003 – III ZB 52/02 [II].

§ 1054 Form und Inhalt des Schiedsspruchs

(1) ¹Der Schiedsspruch ist schriftlich zu erlassen und durch den Schiedsrichter oder die Schiedsrichter zu unterschreiben. ²In schiedsrichterlichen Verfahren mit mehr als einem Schiedsrichter genügen die Unterschriften der Mehrheit aller Mitglieder des Schiedsgerichts, sofern der Grund für eine fehlende Unterschrift angegeben wird.

(2) Der Schiedsspruch ist zu begründen, es sei denn, die Parteien haben vereinbart, dass keine Begründung gegeben werden muss, oder es handelt sich um einen Schiedsspruch mit vereinbartem Wortlaut im Sinne des § 1053.

(3) ¹Im Schiedsspruch sind der Tag, an dem er erlassen wurde, und der nach § 1043 Abs. 1 bestimmte Ort des schiedsrichterlichen Verfahrens anzugeben. ²Der Schiedsspruch gilt als an diesem Tag und diesem Ort erlassen.

(4) Jeder Partei ist ein von den Schiedsrichtern unterschriebener Schiedsspruch zu übermitteln.

Schrifttum: *van Houtte,* Die Übermittlung des Schiedsspruchs an die Parteien, FS Schlosser 2005, S. 997 (vgl. auch erg. Arb. Int. 19 [2003], 177); *Knoepfler/Schweizer,* Making of Awards ..., in: *Sarcevic* (Hrsg.), Essays on International Commercial Arbitration, 1989, S. 160; *Levy,* Dissenting Opinions in International Arbitration in Switzerland, Arb. Int. 5 (1989), 35; *Peltzer,* Die Dissenting Opinion in der Schiedsgerichtsbarkeit, 2000; *Poudret,* Légitimité et opportunité de l'opinion dissidente dans le silence de la loi?: poursuite d'un ami cal débat, FS Reymond, 2004, S. 243; *Schütze,* Dissenting Opinions im Schiedsverfahren, FS Nakamura, 1996, S. 526.

Übersicht

	Rn.		Rn.
I. Normzweck	1–4	2. Formulierung: Aufbau	24–31
1. Regelungszwecke	1, 2	a) Rubrum	25
2. Anwendungsbereich	3, 4	b) Entscheidungstenor	26
		c) Tatbestand	27
II. Formgebot (Abs. 1)	5–17	d) Entscheidungsmotiv	28–31
1. Grundsätzliches	5	3. Ausnahmen	32
2. Schriftform	6	**IV. Begleitumstände (Abs. 3)**	33–37
3. Unterschrift (Abs. 1 S. 1, 2. Halbs.)	7–13	1. Grundlagen und Bedeutung	33–35
a) Form	8–10	2. Ort (Abs. 3 S. 1, 2. Halbs.)	36
b) Zeit	11–13	3. Tag (Abs. 3 S. 1, 1. Halbs.)	37
4. Entbehrlichkeit	14–17	**V. Kundbarmachung (Abs. 4)**	38–45
III. Begründung (Abs. 2)	18–32	1. Übermittlung	38–40
1. Grundsatz	18–23	2. Modifikationen	41, 42
a) Einheitsentscheidung	20, 21	3. Niederlegung	43–45
b) Minderheitenvotum	22, 23		

I. Normzweck

1. Regelungszwecke. Die Vorschrift normiert die **formalen Minimalerfordernisse,**[1] die jedweder Schiedsspruch zwingend wahren muss. Sie erscheint als Pendant zu §§ 313–317, ist jedoch weitaus lockerer gefasst, ersetzt den schon im Zuge der IPR-Reform von 1986 mit Rücksicht auf die praktischen Bedürfnisse der internationalen Schiedsgerichtsbarkeit deutlich abgemilderten § 1039 aF[2] und übernimmt hierfür insgesamt Art. 31 ModG. Eine besondere Verkündung (§§ 310–312 [vgl. aber erg. Rn. 41: Parteiautonomie!]) ordnet das Gesetz dagegen nicht an, die bisher noch häufig nötige Niederlegung (§ 1039 Abs. 3 aF) wird im Zuge des ModG[3] gleichfalls generell entbehrlich (Rn. 43) – einzige Verlautbarungsform scheint demgemäß die formlose Übermittlung nach Abs. 4 (aber: Rn. 38 mit Rn. 41).

---

[1] *Holtzmann/Neuhaus* S. 836 mit 1st SN Nr. 86 = *Holtzmann/Neuhaus* S. 844 („obvious requirement").
[2] Zur Neuregelung BT-Drucks. 10/5632 S. 47 und dazu *von Hoffmann* IPRax 1986, 337, 338; *Sandrock* RIW-Beil. 2/1987 S. 1, 4 ff.
[3] Vgl. insbes. einerseits (zu Art. 31 ModG) 1st WGR Nr. 101 = *Holtzmann/Neuhaus* S. 848 mit 7th SN Art. 31 Nr. 6 = *Holtzmann/Neuhaus* S. 856 u. andererseits (zu Art. 35 ModG) 4th SN Nr. 29 = *Holtzmann/Neuhaus* S. 1029 mit CR Nr. 316 f. = *Holtzmann/Neuhaus* S. 1052 mit 2nd SN Nr. 27 = *Holtzmann/Neuhaus* S. 846.

Form und Inhalt des Schiedsspruchs 2–5 § 1054

Dem **Rechtsverkehr** soll der förmliche Abschluss des Schiedsverfahrens und die Authentizi- 2
tät des Schiedsspruchs dokumentiert werden[4] (Abs. 1 S. 1 [Rn. 5–13]), gleichzeitig wird ihm
auch die Individualität des Schiedsspruchs klargestellt (Abs. 3 [Rn. 33–37]). Den **Parteien** soll
die richterliche Entscheidung vermittelt (Abs. 4 [Rn. 38 ff.]) und begründet (Abs. 2 [Rn. 18–31])
werden, sodass ihre Kenntnisnahme (beweisbar) gewährleistet ist. Den **Richtern** schließlich wird
Obstruktion verwehrt (Abs. 1 S. 2 [Rn. 14–17]), was gezielt die Vorlage des § 1052 Abs. 2 zum
Ende führt. §§ 34.1, 34.3/4 DIS-SchO (Abs. 1–3) u. § 36.2 DIS-SchO (Abs. 4) enthalten weitgehend
ähnliche Regelungen, aber zusätzlich noch hilfreiche Präzisierungen (§ 34.2 [Inhalt] u. § 36
[Übersendung]).

2. Anwendungsbereich. Anders als bisher muss das reichlich „abgespeckte" Formgebot nun- 3
mehr **für jedweden Schiedsspruch** gelten, dh. für streiterledigende (Voll-/Teil-[5])Endentscheidungen
wie auch für bloß vorbereitende Zwischenentscheide (§ 1056 Rn. 8–10 u. 12): die zusätzliche
Differenzierung des § 1056 Abs. 1 („Endgültigkeit"?) fehlt; allein so vermag man auch nur
verlässlich zu erkennen, ob das Schiedsgericht mit Bindungswirkung für sich selbst (§ 1055 Rn. 36)
entscheiden wollte[6] – praktische Erschwernisse sind dadurch kaum zu befürchten. Erst wenn es
dann um Rechtskraft (§ 1055), Verfahrensbeendigung (§ 1056 Abs. 1, 1. Var.), Aufhebung (§ 1059
Abs. 1) oder Vollstreckung (§ 1060 Abs. 1) geht, kommen noch andere, *materielle* Voraussetzungen
zusätzlich ins Spiel (hier erfolgt auch künftig **Amtsprüfung**[7]).

§ 1054 unterfällt ebenso künftighin die nachträgliche Ergänzung oder Klarstellung (§ 1058 Abs. 5) 4
und auch der Vergleich, wenn und weil er zu einem parteiautonom vorformulierten Schiedsspruch
(„mit vereinbartem Wortlaut") führt (§ 1053 Abs. 2 S. 1, 1. Halbs.), aber nicht auch der „Zwischenentscheid"
zur Kompetenz des Schiedsgerichts[8] (§ 1040 Abs. 3 S. 1), die Feststellung *irregulärer*
Beendigung (§ 1056 Abs. 1, 2. Var.)[9] oder eine *Maßnahme* einstweiligen (Rechts-)Schutzes[10] (arg.
ex § 1041 Abs. 1 S. 1), denen insoweit eigene („pragmatische") Formen zustehen (arg. § 1045
Abs. 1 S. 3, 4. Var.: „sonstige Entscheidung[en]"). Andererseits empfiehlt sich für eine Vollziehbarerklärung
einstweiliger Maßnahmen (§ 1041 Abs. 2/3) vielleicht doch am Ende, sich ungezwungen
an § 1054 zu orientieren.

II. Formgebot (Abs. 1)

1. Grundsätzliches. Das **Schriftgebot mit Unterschrift** (Einzelheiten: Rn. 6 bzw. Rn. 7–17) 5
verbietet mündliche Verkündung, um den Schiedsspruch in Wirkung zu setzen, und ebenfalls elektronische
Surrogate; § 126a BGB iVm. § 126 Abs. 3 BGB (elektronische Surrogatform) ändert daran
nichts, zumal sich hier eben „aus dem Gesetz ein anderes ergibt". Mit der **Entäußerung** der
korrekt aufgenommenen Urkunde in den Rechtsverkehr ist der Schiedsspruch erlassen und wirksam,
also nicht bereits mit Unterschrift[11] durch die Schiedsrichter; die erfolgreiche **Übermittlung**
(Abs. 4, Rn. 38–40) ist hierfür nicht zwingend nötig,[12] mag sie auch regelmäßig wohl die Entäußerung
mitenthalten. Begründung und Unterschrift für sich sind nur innere Angelegenheiten,[13] genügen
somit (noch) nicht, um das Verfahren iSv. § 1056 Abs. 1, 1. Var. regulär zu beenden (also
Änderung noch rechtens[14]), ebenso wenig eine zusätzliche Verkündung.[15] Unberührt davon statt-

---

[4] Siehe auch schon BGHZ 96, 40, 43 [I 3] = NJW 1986, 1436; KTS 1980, 130, 132 [I 4a] im Anschluss an Mot. S. 478 = *Hahn* S. 495 aE unter altem Recht. 1st WGR Nr. 78 = *Holtzmann/Neuhaus* S. 847 („interests of certainty") bzw. 7th SN Art. 31 Nr. 1 = *Holtzmann/Neuhaus* S. 855 („for the sake of certainty") benennen gar allein den ersteren.
[5] OLG Saarbrücken, Beschl. v. 1. 8. 2000 – 4 Sch 7/00 [B I 1].
[6] *Schwab/Walter* Rn. 18.10; *Musielak/Voit* Rn. 2, wohl anders aber § 1055 Rn. 4 [Mitte].
[7] So bereits grundlegend RGZ 5, 397, 400 ff. (zu § 865 CPO) – ferner RGZ 49, 409, 410 f. (§ 1059 betr.) u. RGZ 68, 182, 184 aE (§ 1060 betr.).
[8] *Musielak/Voit* Rn. 2 mit § 1040 Rn. 9; hier recht unklar OLG Frankfurt/Main OLGR 2001, 302, 305 li. Sp. u. BayObLG SchiedsVZ 2004, 163, 164 [II 2].
[9] AA *Baumbach/Lauterbach/Hartmann* § 1056 Rn. 7.
[10] AA *Zöller/Geimer* Rn. 3 mit § 1041 Rn. 2 aE.
[11] So *Schwab/Walter* Rn. 20.3; *Thomas/Putzo/Reichold* Rn. 6; *Musielak/Voit* Rn. 10; *Zöller/Geimer* Rn. 7: interne Bindung.
[12] AA OLG München, Beschl. v. 28. 6. 2006 – 34 Sch 11/05 [II 2b] bzw. *Zöller/Geimer* Rn. 4; *Thomas/Putzo/Reichold* Rn. 9: externe Bindung. Dazu krit. aber CR Nr. 257 = *Holtzmann/Neuhaus* S. 865. Wegen altem Recht BGH KTS 1980, 130, 133 [II 1b].
[13] RGZ 38, 392, 395/396.
[14] OLG Düsseldorf, Beschl. v. 14. 8. 2007 – I-4 Sch 2/06 [II 1b aa/JURIS-Rn. 104].
[15] Dies sinngemäß nach RGZ 77, 315, 316; OLG Düsseldorf OLGZ 1984, 436, 438 mit S. 439 aE: dadurch keine Bindung.

§ 1054 6–11 Buch 10. Abschnitt 6. Schiedsspruch und Beendigung des Verfahrens

haft ist die allein ergänzende mündliche *Erläuterung* der Begründung und die *Verkündung* als Folge der Qualifizierung des Übermittlungsgebots (Rn. 41).

6 **2. Schriftform.** Der Schiedsspruch ist physisch zu fixieren. Er sollte sich als solcher bezeichnen (zwingend ist dies aber nur verlangt bei vorneweg vereinbartem Wortlaut, § 1053 Abs. 2 S. 2, 2. Halbs.) und muss auf alle Fälle Ort und Tag fixieren (Abs. 3, Rn. 33–37). Er muss dazuhin zum genauen Ausdruck bringen, **was entschieden ist** (Rn. 25 f.), objektiv nach Entscheidungsinhalt und subjektiv nach Parteibetroffenheit.[16] Ein perplexer Spruch ist ebenso unwirksam wie ein Spruch, dem jedwede Zuordnung mangelt. Allein auf die *nähere* Begründung kann man also verzichten (Abs. 2, Rn. 32), der genaue Inhalt muss schriftlich klar niedergelegt sein (Abs. 1 S. 1 [„Schiedsspruch"] mit § 1029 Abs. 1 [„Entscheidung"]), im Notfall mittels Anlagen (dann körperliche Verbindung unerlässlich: sog. ersetzende Bezugnahme[17]). Nachträge sind isoliert zu zeichnen[18] (arg. § 1058 Abs. 5). Ist nichts anderes vereinbart worden, gelten Schriftweise und Konventionen der **Verfahrenssprache** (§ 1045 Abs. 1 S. 3, 3. Var.). Probleme bereitet gemeinhin nur die Unterschrift (Rn. 7–17).

7 **3. Unterschrift (Abs. 1 S. 1, 2. Halbs.).** Schriftform (Rn. 6) impliziert schon idR stets Unterschrift[19] (aber: § 126 Abs. 1, 2. Var. BGB!). Das wird hier zum prozessual alleingültigen Formsiegel. Grundsätzlich (aber: Rn. 14–17) müssen **alle Schiedsrichter** den Schiedsspruch unterschreiben;[20] sie zeigen damit nach außen, dass die schriftlich niedergelegte Entscheidung als endgültige betrachtet werden soll und sie zugleich das Ergebnis ihrer Beratung (§ 1052) richtig wiedergibt. Unterschreiben ist – wie stets – die Übernahme persönlicher wie rechtlicher Verantwortung.[21] Abweichende Vereinbarungen sind demgemäß unzulässig. Das Unterschriftserfordernis ist dasselbe wie für Richter (§ 163 Abs. 1 S. 1: Protokoll u. § 315 Abs. 1 S. 1: Urteil [dazu § 315 Rn. 4]) und etwas enger (§ 129 Rn. 16) als das für Anwälte (§ 253 Abs. 4; § 130 Nr. 6: bestimmender Schriftsatz [dazu § 129 Rn. 8 ff.; § 253 Rn. 23, 156 ff.]) vor staatlichen Gerichten; § 126 Abs. 1, 1. Var. BGB liefert ohne weiteres insoweit alle nötigen Präzisierungen aus dem Begriff der Schriftform (Rn. 6).

8 **a) Form.** Unterschrieben werden muss persönlich und eigenhändig. **Eigenhändig** bedeutet handschriftlich; mechanische oder faksimilierte Unterschrift durch Druck, Stempel, Faxkopie etc. genügt nicht. Die Schiedsrichter können ihr Amt nicht delegieren, sie sind (höchst-)**persönlich** zur Streitentscheidung verpflichtet; darum genügt ebenso nicht die Unterschrift durch einen Vertreter mit seinem eigenen Namen oder, was sonst bei gesetzlicher Schriftform gemäß § 126 Abs. 1 BGB auch möglich wäre, mit dem Namen des vertretenen Schiedsrichters.[22]

9 Unterschreiben bedeutet **Namenszeichnung** (§ 315 Rn. 4), sodass eine zweifelsfreie Identifizierung des Schiedsrichters möglich ist. Am besten unterschreibt man mit vollem Vor- und Zunamen, Lesbarkeit ist nicht anzustreben, aber anzustreben, um von vornherein späteren möglichen Unbilden vorzubauen. Bloße Sichtvermerke, Handzeichen und Paraphen sind keine Unterschriften und folglich ungenügend.

10 Die Unterschrift muss den gesamten Schiedsspruch einschließlich der Gründe **räumlich abdecken.**[23] Sie hat nach hM[24] deshalb zwingend „unten" ihren Platz. Es reicht auch nicht etwa, dass ein Bestätigungsschreiben eines Schiedsrichters beigefügt wird oder gleichlautende Ausfertigungen durch jeweils einen Schiedsrichter unterzeichnet werden.[25] Die Mitzeichnung eines Protokollführers bleibt unschädlich.[26]

11 **b) Zeit.** Das Schiedsrichteramt muss prozessual wirksam begründet sein (§ 1035 Rn. 10–13) und nach außen noch bei Unterschrift weiter fortbestehen;[27] Teilnahme- (§ 1052 Abs. 2 S. 1) oder

---

[16] 1st SN Nr. 87 = *Holtzmann/Neuhaus* S. 844: „too obvious to be expressly stated".
[17] Näher zur Begriffsbildung bei *Münch, Die Reichweite der Unterschrift ...*, 1993; § 3 III 3 a, S. 55–57.
[18] RG JW 1910, 482, 482/483.
[19] Näher dazu *Münch, Die Reichweite der Unterschrift ...*, 1993; § 2 III, S. 28 ff.
[20] OLG Köln SchiedsVZ 2004, 269; OLG München, Beschl. v. 28. 6. 2006 – 34 Sch 11/05 [II 2 b]; OLG Düsseldorf, Beschl. v. 14. 8. 2007 – I-4 Sch 2/06 [II 1 b aa/JURIS-Rn. 103]: *zwingendes Erfordernis!* Sehr unklar hier leider *Zöller/Geimer* Rn. 4.
[21] RG JW 1910, 658, 659.
[22] Entgegen 1st WGR Nr. 78 aE = *Holtzmann/Neuhaus* S. 847 u. *Böckstiegel* IPRax 1982, 137. So wie hier *Schwab/Walter* Rn. 20.4 ff.; OLG Celle OLGRspr. 29 (1914), 288, 289 aE mit RG JW 1908, 15.
[23] *Schwab/Walter* Rn. 20.7; *Stein/Jonas/Schlosser* Rn. 6.
[24] Hiergegen *Münch* (Fn. 14) § 4 II–IV, S. 71 ff.
[25] So wie hier *Musielak/Voit* Rn. 6 – insoweit aA freilich OLG Frankfurt/Main OLGR 2001, 302, 305 li. Sp. (betr. Zwischenentscheid nach § 1040 Abs. 3 S. 2).
[26] KG JW 1928, 735.
[27] Wohl anders hier RG LZ 13 (1919), 887, 888 aE.

Unterschriftsverweigerung (§ 1054 Abs. 1 S. 2) ist aber nicht ohne weiteres gleich Rücktritt iSv. § 1039 Abs. 1 S. 1, 2. Var. – sonst müssten jene Regeln total leerlaufen.

Zur Einhaltung der gesetzlichen Schriftform genügt die **vorweggenommene Blankounterschrift;** diese deckt grundsätzlich den nachträglich eingesetzten Inhalt.[28] Dies ist hier allerdings insofern bedenklich, als der Schiedsrichter mit seiner Unterschrift – nicht anders als ein staatlicher Richter beim Urteil[29] – daneben auch bezeugt, dass die Begründung mit dem Ergebnis der Beratung übereinstimmt. Es handelt sich mithin neben einer Willenserklärung auch um eine Wissenserklärung, die logischerweise nicht vorneweg durch eine Blankounterschrift bestätigt werden kann. Indessen ist die Blankozeichnung überhaupt ein Oxymoron;[30] sie wird heutzutage aber gewohnheitsrechtlich zugelassen, und es ist dann folglich egal, wie sich die Richter von der notwendigen Übereinstimmung überzeugen;[31] schließlich darf die Wirksamkeit des Schiedsspruchs nicht durch eine Untersuchung über die Art und Weise, wie er gefunden worden ist, in Frage gestellt werden.[32] Das muss gleichfalls für das Zustandekommen der Unterschrift gelten, wobei aber der Einwand der Fälschung (oder Erschleichung?) der Unterschrift nicht ausgeschlossen ist. 12

Nach vollzogener Unterschrift können nach entsprechender (notfalls fernmündlicher oder auch schriftlicher) Absprache **nachträgliche Textänderungen** vor Entäußerung (Rn. 5) vorgenommen werden. So kann ein Schiedsrichter im Umlaufverfahren die Begründung schon unterzeichnen mit der Bitte an die anderen Schiedsrichter, man möge etwas ändern, seine Unterschrift decke dies mit ab. 13

4. Entbehrlichkeit. Im Regelfall unterschreiben alle Schiedsrichter (Abs. 1 S. 1, 2. Halbs., Rn. 7) – selbst der intern (§ 1052 Abs. 1) überstimmte; ausnahmsweise sind jedoch einzelne Unterschriften verzichtbar (Abs. 1 S. 2; § 34.1 S. 2 DIS-SchO) und insoweit ist § 1054 Abs. 1 S. 1 spezieller als § 1038 aF. § 1054 Abs. 1 S. 2 setzt die Obstruktionsvorkehrungen des § 1052 Abs. 2 ganz konsequent fort: wer die Mitwirkung verweigert, darf von vornherein nicht unterschreiben und ist demzufolge darum schon verhindert iSv. Rn. 16: Die einfache Mitteilung an die Parteien (§ 1052 Abs. 2 S. 2) wird sodann außenkundig wiederholt und erkennbar für den Rechtsverkehr im Schiedsspruch dokumentiert (Rn. 17). Nach Rn. 15 (1) und (2) dürfen klar mehrere Unterschriften fehlen, mag auch „der Grund für *eine* [zu lesen alsdann: jede] fehlende Unterschrift" anzugeben sein.[33] 14

Vorausgesetzt wird dafür ausdrücklich, dass (1) das Schiedsgericht aus *mehr als zwei* Schiedsrichtern besteht und (2) der Schiedsspruch wenigstens von der absoluten Mehrheit seiner Mitglieder unterschrieben ist. Nach dem Wortlaut würde für (1) zwar auch ein Zweierschiedsgericht genügen, insoweit ist indessen zu (2) keine **absolute Mehrheit erzielbar.** Im Unterschied zu § 1052 Abs. 1 (vgl. dort Rn. 15) ist das Mehrheitserfordernis auch nicht etwa disponibel gestaltet.[34] Weiter ist (3) sodann gesetzlich vorgeschrieben, dass der Verhinderungsgrund – entsprechend § 315 Abs. 1 S. 2 (wegen Einzelheiten indes Rn. 17) angegeben wird: Verlautbarung bzw. **Erklärung der Unterzahl.** Sonst bliebe uU unklar, ob denn nicht bloß ein erster Entwurf vorliegt. Der Grund ist mit Rücksicht auf die Rechtssicherheit selbstredend nicht nachprüfbar;[35] die irrtümliche Annahme eines Verhinderungsgrundes lässt die Wirksamkeit des Schiedsspruchs also unberührt. 15

Vorausgesetzt wird ferner eher implizit, dass (4) die fehlende „Unterschrift nicht zu erlangen" war (§ 1039 Abs. 1 S. 2 aF) bzw. der Schiedsrichter „verhindert [ist], seine Unterschrift beizufügen" (§ 315 Abs. 1 S. 2). Das folgt logisch schon aus (3), ist aber auch dem Ausnahmecharakter der Regelung zu entnehmen. Eine Unterschrift ist nicht zu erlangen, wenn der betreffende Schiedsrichter verstorben oder erkrankt ist, wenn er infolge längerer Abwesenheit oder aus anderen Gründen nicht unterzeichnen kann (oder will – wenn er also seine Unterschrift verweigert).[36] Eine absehbar rein vorübergehende Verhinderung scheidet jedoch aus. Dies alles gilt genauso für den Obmann,[37] auch er ist Schiedsrichter. Ob der betreffende Schiedsrichter an der Beratung und Abstimmung über den Schiedsspruch teilgenommen hat, gilt gleich (hier anders noch § 1039 Abs. 1 S. 2). 16

---

[28] BGHZ 53, 11, 15; 40, 65, 68; RGZ 78, 28, 29.
[29] BGH NJW 1975, 1177.
[30] Sehr klar *Jauernig* § 126 Rn. 6.
[31] RG SeuffA 66 (1911) Nr. 151, S. 298, 299.
[32] RGZ 38, 410, 412 f.; RG SeuffA 65 (1910) Nr. 133, S. 252, 254; *Stein/Jonas/Schlosser* Rn. 6.
[33] BT-Drucks. 13/5274 S. 55 re. Sp. [2] bzw. 2nd WGR Nr. 142 = *Holtzmann/Neuhaus* S. 850.
[34] BT-Drucks. 13/5274 S. 56 li. Sp. [4]; *Baumbach/Lauterbach/Hartmann* Rn. 3; *Musielak/Voit* Rn. 6.
[35] BGH NJW 1961, 762; 1980, 1849, 1850 (je zu § 315).
[36] Es gelten laschere Maßstäbe als bei § 315 (bzw. BGH NJW 1977, 765), *Musielak/Voit* Rn. 6.
[37] BT-Drucks. 13/5274 S. 56 li. Sp. [3]. Die frühere Streitfrage (Nachw. s. 2. Aufl. Fn. 31) ist damit erledigt.

§ 1054 17–21 Buch 10. Abschnitt 6. Schiedsspruch und Beendigung des Verfahrens

17   § 1054 Abs. 1 S. 2 aE übernimmt nur die Grundidee des § 315 Abs. 1 S. 2 – die Außenform ist aber nicht analog festgeschrieben. So muss **kein extra Vermerk** gefertigt werden; die Angabe darf ebenso gut im (Begründungs-)Text enthalten sein (aber: Abs. 2). Dies scheint auch durchaus zweckmäßig. Denn anders als bei § 315 Abs. 1 S. 2 müssen die **Unterschriften aller** verbleibenden Schiedsrichter die Angabe (räumlich?) decken; sie übernehmen damit kollektiv die Verantwortung dafür, dass der – ansonsten ja nicht nachprüfbare (Rn. 15) – Verhinderungsgrund denn auch tatsächlich vorliegt.[38] Eine Prioritätsfolge des Unterschreibens ist demnach entbehrlich, ja irreleitend und schädlich. Für eine Klage gegen den sich weigernden oder sonstwie mit seiner Unterschrift säumigen Schiedsrichter kraft vertraglicher (Mitwirkungs-)Verpflichtung fehlt unter den Voraussetzungen von Abs. 1 S. 2 das Rechtsschutzbedürfnis (Vor § 1034 Rn. 23).[39]

III. Begründung (Abs. 2)

18   **1. Grundsatz.** Die Begründung ist in der **Verfahrenssprache** (§ 1045 Abs. 1 S. 3, 3. Var.) zu geben, und zwar **schriftlich** (Abs. 1 S. 1). Die Vorschrift übernimmt inhaltlich den alten Aufhebungsgrund des § 1041 Abs. 1 Nr. 5 aF, der nunmehr im Gewande des § 1059 Abs. 2 Nr. 1 d unscheinbar wiederkehrt: vollständiges Fehlen oder lückenhafte Gründe machen praktisch den Kausalitätsbeweis unmöglich und geben daher stets einen relevanten **Aufhebungsgrund** wegen Gesetzesverstoßes ab[40] (Ausnahmen: Verzicht, Abs. 3 [Rn. 32]); Präklusion, §§ 1059 Abs. 3, 1060 Abs. 2 S. 3). Die Regelung findet insoweit ihr Pendant im absoluten Revisionsgrund des § 551 Nr. 7, mag auch der Maßstab insgesamt weniger streng gehandhabt werden (Rn. 28 mit Fn. 57).

19   Es ist also nicht etwa so, dass eine Art „abgekürzte Spruchform" wie nach §§ 313a Abs. 1, 495a Abs. 2 statthaft wäre oder eine schriftlich niedergelegte Tenorierung bloß noch ergänzend mündlich begründet werden dürfte. Dies scheitert auch praktisch meist deshalb schon, weil überhaupt nicht verkündet werden muss (Rn. 1 u. 5 – aber: Rn. 41) und dann damit jedwede Gelegenheit mangelt, die endgültigen Gründe verbal offenzulegen. – Zu unterscheiden ist, ob ein Schiedsspruch nicht ausreichend begründet oder ob über einen Teil der streitigen Ansprüche nicht entschieden ist.[41] Im letzteren Fall kann unter den Voraussetzungen des § 1058 Abs. 1 Nr. 3 ein ergänzender Schiedsspruch verlangt werden; aber der (unvollständige) Schiedsspruch ist gleichwohl begründet.

20   **a) Einheitsentscheidung.** Formuliert wird eine Einheitsentscheidung, wie sie sich aus der Beratung und Abstimmung (§ 1052 Abs. 1/2) ergibt. Da der Schiedsspruch samt Begründung **von allen Schiedsrichtern** unterschrieben werden muss (Abs. 1 S. 1, 2. Halbs., Rn. 7), obliegt ihnen die Begründung an sich gemeinsam.[42] Üblicherweise verfasst aber der **Obmann** die Begründung des Schiedsspruches, die jedoch solange bloß Entwurf bleibt, bis ihn die Beisitzer durch ihre Unterschrift autorisieren und außenwirksam bzw. unabänderbar (Rn. 7) werden lassen.

21   Auch ein **Dritter** kann mit dem Skizzieren einer Begründung beauftragt werden[43] und dann sogar an einer eigentlich geheimen Beratung teilnehmen (§ 1052 Rn. 5). Allerdings muss das Schiedsgericht die inhaltliche Entscheidung selbst finden[44] und insbesondere auch verantworten. Dem Dritten darf nur noch die (Aus-)Formulierung überlassen bleiben, die wesentliche Gedankenführung muss ihm jedoch vorgegeben werden („Formulierungshilfe"),[45] und die einzelnen Schiedsrichter müssen dann diese Gründe durch ihre Unterschrift gleichsam genehmigen.

---

[38] AA *Zimmermann* Rn. 7: Unterschrift des Vorsitzenden.
[39] Wohl ebenso auch *Zöller/Geimer* Rn. 6 – aA *Thomas/Putzo/Reichold* Rn. 6.
[40] BT-Drucks. 13/5274 S. 59/60; OLG Stuttgart OLGR 2002, 166 [1]; KG, Beschl. v. 8. 4. 2002 – 23/29 Sch 13/01 [II 2a]; OLG Frankfurt/Main IHR 2003, 93, 96 li. Sp. (jedoch mit Tendenz zu Nr. 2b: „wenn er einen solchen Grad der Widersinnigkeit oder Unlogik aufweist, dass von einem Schiedsspruch materiell nicht mehr gesprochen werden kann – mE recht fragwürdig! Vgl. auch erg. KG, Beschl. v. 23. 7. 2003 – 23 Sch 13/02 [II 2 a]: Gehörsverstoß [Nr. 2 a?] letztlich im Zweifel zu verneinen.); OLG Koblenz, Beschl. v. 19. 2. 2004 – 2 Sch 4/03; *Zöller/Geimer* § 1059 Rn. 45 mit Rn. 43 aE; aA *Musielak/Voit,* 1. Aufl., Rn. 2, aber abschwächend dann *Musielak/Voit,* 2. Aufl., Rn. 5 mit § 1059 Rn. 21.
[41] RGZ 47, 424, 430.
[42] OLG Hamburg KTS 1961, 174, 175.
[43] RG JW 1917, 46, 47; 1934, 3279, 3280 m. zust. Anm. *Jonas* JW 1935, 426 [2].
[44] BGH ZZP 71 (1958), 427, 435; OLG Düsseldorf BB 1976, 251/252 mit S. 252; BGHZ 110, 104, 107 f. = NJW 1990, 2199 – wohl aA *Sieg* JZ 1958, 719, 723 aE.
[45] OLG Düsseldorf BB 1976, 251 f., insbes. S. 251/252 (dafür parteiseitig sogar Ermächtigung nötig) – insoweit klar entgegen RG JW 1921, 1248 („Entscheidungsvorschlag"). Viel unspezifischer hier die Lit.: *Schwab/Walter* Rn. 19.8 mit Rn. 19.3 f. (Entwurf); *Musielak/Voit* Rn. 5 (Begründung); *Stein/Jonas/Schlosser* § 1042 Rn. 2 (Beratung).

Form und Inhalt des Schiedsspruchs   22–25 § 1054

b) Minderheitenvotum. Einem überstimmten Schiedsrichter ist zur Kundgabe abweichender 22
Meinung kein Minderheitenvotum[46] („*dissenting opinion*") erlaubt. Er hat, so wie alle staatlichen
Richter auch, das Beratungsgeheimnis zu wahren[47] (§ 1052 Rn. 3–7); die Frage unterliegt daher
auch weder der Parteidisposition nach § 1042 Abs. 3[48] noch der richterlichen Selbstverantwortung
des § 1042 Abs. 4 S. 1. Ein Minderheitenvotum stellt aber keinen Verfahrensverstoß dar, der zu einer Aufhebung hinführen würde;[49] die Sanktion bleibt beschränkt auf Schadensersatz wegen Verstoßes gegen schiedsrichterliche Vertragspflichten. Nichts einzuwenden ist dagegen, dass eine abweichende Meinung zu den vom Obmann geführten internen Akten gegeben wird; das kann auch Teil der (schriftlichen) Meinungsbildung sein.[50]

Lediglich alle Richter gemeinsam (einstimmig,[51] nicht etwa nur mehrheitlich iSv. § 1054 Abs. 1 23
oder gar etwa durch Obmann-Alleinentscheid gemäß § 1054 Abs. 3) könnten im Zusammenwirken
die Schweigepflicht aufheben, wenn und weil die *dissenting opinion* (nur) **parteiöffentlich** gemacht
werden soll.[52] Anders indes bei einer angestrebten **Veröffentlichung**. Alsdann besteht allemal ein
schutzwürdiges Interesse der Parteien an der Wahrung der Vertraulichkeit,[53] sodass auch ihr Einverständnis erforderlich ist. Insoweit gilt gleiches wie für das Mehrheitsvotum bzw. die erlassene Entscheidung überhaupt (zB § 42 DIS-SchO): Schiedsprozesse implizieren Vertraulichkeit. Sollte die
Abweichung den Sinn haben, die Unterschrift zu verweigern, hilft darüber jetzt Abs. 1 S. 2
(Rn. 14–17) hinweg.

2. Formulierung: Aufbau. Der äußere Aufbau des Schiedsspruchs orientiert sich zweckmäßi- 24
gerweise an § 313 Abs. 1, der aber nicht zwingend wirkt[54] (arg. § 1042 Abs. 4 S. 1). Rubrum und
Tenor (Rn. 25 f.) machen jedoch regelmäßig das **äußere Faktum** des Schiedsspruchs aus – solange
jede Aussage dazu offensteht, wer betroffen und was judiziert ist, fehlt es überhaupt an einer „Entscheidung durch ein Schiedsgericht" (§ 1029 Abs. 1) und kann dann demgemäß auch kein Schiedsspruch vorliegen (Rn. 6). Die Sachlogik gebietet also zwingend *inhaltliche* Mindestanforderungen,
die zu den *formellen* Existenzvoraussetzungen (Abs. 1 S. 1 u. Abs. 3: Schriftform, Unterschrift, Begleitumstände) hinzutreten und gemeinsam den Schiedsspruch erst hervorbringen. Alles andere
würde als ein Nicht-Schiedsspruch keine Wirkung haben können. Es ist hier nur so, dass diese Angaben nicht formell besonders abgesetzt sein müssen, sondern sie können sich ebenso gut erst aus
dem Gesamtzusammenhang ergeben. Davon zu unterscheiden ist die **Begründung** des Schiedsspruchs (Rn. 28–31), die fehlen kann, ohne dass dies seine Existenz zunächst tangiert (arg. Abs. 2 –
aber: § 1059 Abs. 2 Nr. 1 d, Rn. 18).

a) Rubrum. Das Rubrum (§ 313 Abs. 1 Nr. 1–3, dort Rn. 7 f.) gibt Auskunft über die *subjekti-* 25
ven Begleitumstände und nennt vor allem die Namen der Parteien und Richter. Es ist im Unterschied zu den objektiven Begleitumständen Tag und Ort (Abs. 3 S. 1, Rn. 36 f.) nicht zwingend
vorgeschrieben, aber praktisch unentbehrlich (§ 34.2 DIS-SchO mit Erweiterung auf Prozessbevollmächtigte). Die Richter werden zudem über ihre Unterschrift (Abs. 1 S. 1, 2. Halbs., Rn. 7–13)
zwangsläufig individualisiert, und einer exakten Parteibenennung bedarf es allein schon deswegen,
um den Streitgegenstand für Rechtskraft und Vollstreckung festzulegen. Der Tag der mündlichen
Verhandlung braucht nicht angegeben zu werden, selbst wenn tatsächlich mündlich verhandelt wurde – an seine Stelle tritt der Tag des Erlasses des Spruches (Abs. 3 S. 1, 1. Halbs., Rn. 37); damit die

---

[46] Generell hierzu *Zweigert* 47. DJT (1968) S. D 9 ff. – dazu: *Berger* NJW 1968, 961; *Federer* JZ 1968, 511; *Lüderitz* AcP 168 (1968), 329; *Pakuscher* JR 1968, 294; *Vollkommer* JR 1968, 241; speziell sodann: *Schütze*, FS Nakamura, 1996, S. 525; *Peltzer*, 2000, passim – mit umfangreicher Interessenanalyse de lege ferenda (S. 103 ff.).
[47] *Prütting*, FS Schwab, 1990, S. 409, 415; *Peltzer*, 2000, S. 67–69; *Schütze*, VIV-Reihe XVII (2006), S. 171, 197–199; sehr krit. auch *Lionnet/Lionnet* S. 395 ff., 398 – andere Einschätzung jedoch in BT-Drucks. 13/5274 S. 56 re. Sp. [5] mit Bezugnahme auf *Schlosser* RIPS Rn. 691 u. *Calavros*, 1988, S. 139; ferner *Zimmermann* Rn. 6 („Annex-Votum").
[48] So aber 7th SN Art. 31 Nr. 2 = *Holtzmann/Neuhaus* S. 856 – ebenso: *Schütze*, FS Nakamura, 1996, S. 526, 535; *Baumbach/Lauterbach/Hartmann* Rn. 4 (4. Abs.).
[49] RG JW 1932, 2877; aA *Schütze* SV Rn. 222 [3. Abs.] mit FS Nakamura, 1996, S. 525, 535 f.
[50] So aber weitergehend noch 7th SN Nr. 2 = *Holtzmann/Neuhaus* S. 856. Eine textliche Festlegung wurde indessen unterlassen.
[51] BGHZ 23, 138, 141; *Peltzer*, 2000, S. 57 – aA *Schütze*, FS Nakamura, 1996, S. 525, 533.
[52] Noch anders hier *Lachmann* Rn. 1775 (Billigung von Parteien *und* Richtern) bzw. *Peltzer*, 2000, S. 58 f. (Sperrbefugnis nur bei Parteivorgabe – aber: S. 129 mit Fn. 534 u. S. 49, 69?).
[53] Das auch gegen *Peltzer*, 2000, S. 39–42.
[54] Anders 1. Aufl. § 1040 aF Rn. 5; anders (und klarer) aber etwa auch § 21 SchVO/DDR. So wie hier OLG Stuttgart Justiz 2002, 410 [II]; *Zimmermann* Rn. 1 ff.: Zweckmäßigkeitsgebot; wohl auch *Thomas/Putzo/Reichold* Rn. 4.

§ 1054 26–29 Buch 10. Abschnitt 6. Schiedsspruch und Beendigung des Verfahrens

zeitliche Rechtskraftgrenze (§ 1055 Rn. 27) unbezweifelbar festliegt, empfiehlt es sich jedoch trotzdem, den Zeitpunkt festzuschreiben, an dem zuletzt Parteivortrag möglich war.

26 **b) Entscheidungstenor.** Es bedarf keiner äußerlich abgesetzten Spruchformel (so wie nach § 313 Abs. 1 Nr. 4, dort Rn. 9); ein Tenor kann sogar ganz fehlen, wenn sich nur aus dem Inhalt des Schiedsspruchs die Entscheidung des Rechtsstreits ergibt, zB dass das Schiedsgericht den Anspruch nicht für gegeben hält. Praktisch ist aber ein Tenor kaum entbehrlich, wenn und weil der Schiedsspruch als Grundlage für einen Vollstreckungstitel dienen soll – dann unterliegt er naturgemäß dem **Bestimmtheitsgebot** staatlicher Zwangsvollstreckung.[55] Für die Bestimmtheit gilt hier grundsätzlich nichts anderes als für ein Gerichtsurteil (§ 704 Rn. 8 ff.). Eventuell können jedoch bei der Vollstreckbarerklärung gewisse Fehlformulierungen korrigiert werden;[56] möglich wäre ferner, fristgerecht eine authentische Auslegung nach § 1058 Abs. 1 Nr. 2, Abs. 2 zu beantragen, um insoweit Klarheit zu schaffen. Ein Schiedsspruch muss aber eine nach geltendem Recht mögliche Rechtsfolge zum Gegenstand haben.[57]

27 **c) Tatbestand.** Der Tatbestand der Entscheidung (Parallele: § 313 Abs. 1 Nr. 5 mit Abs. 2: „knapp dargestellt", dort Rn. 10–13) wird gemeinhin kurz ausfallen. Umfassende Sachverhaltsschilderungen erscheinen meist entbehrlich oder mögen durch eine Bezugnahme (§ 313 Abs. 2 S. 2), etwa auf die gewechselten Schriftsätze, konzis abgemacht werden. Auch besteht kaum die Notwendigkeit, fein säuberlich nach Streitigem und Unstreitigem, Kläger- und Beklagtenvortrag zu differenzieren. Hier waltet ganz die Pragmatik. Ein Hinweis auf die Prozessgeschichte mag im Einzelfall dort sinnvoll sein, wo Teil- oder Zwischenentscheidungen vorausgegangen waren, dies macht den Bezug zum Gesamtprozess sinnhaft deutlich und gibt Anhaltspunkte zur Endgültigkeit iSv. § 1056 Abs. 1, 1. Var. (dort Rn. 4). Unverzichtbar erscheint demgegenüber die Angabe der erhobenen Ansprüche, denn damit wird der Streitgegenstand in objektiver Hinsicht umrissen; hieraus schöpft nämlich die Rechtskraftwirkung (§ 1055), insbesondere bei Teilabweisung; daneben wird dadurch erst klar, ob nur eine Teilentscheidung vorliegt oder fristgerecht um Ergänzung (§ 1058 Abs. 1 Nr. 3) nachgesucht werden muss.

28 **d) Entscheidungsmotiv.** An die Begründung (Parallele: § 313 Abs. 1 Nr. 6 mit Abs. 3: „kurze Zusammenfassung", dort Rn. 14 f.) können nicht die Anforderungen gestellt werden wie an die Urteile staatlicher Gerichte.[58] Es sind daher eher plastische **Motive** denn ziselierte **Gründe** mitzuteilen, wofür notfalls sogar Stichworte genügen können.[59] Möglicherweise können Widersprüche bereits mittels authentischer **Auslegung** vom Schiedsgericht beseitigt werden (§ 1058 Abs. 1 Nr. 2) – jedoch nur auf fristgemäßen Antrag hin; aber auch sonst geht eine (staatliche, § 1058 Rn. 10) Auslegung der Aufhebung vor.

29 Von den Schiedsrichtern kann nicht immer erwartet werden, dass sie eine juristisch einwandfreie Begründung formulieren,[60] oder umgekehrt auch: die Parteien können von ihren Richtern „keine vollständige, erschöpfende und sachgemäße Begründung" beanspruchen.[61] Es genügt daher im Allgemeinen, wenn sie sich nicht einfach mit dem bloßen Zu- oder Absprechen des streitigen Anspruchs begnügen, sondern ihrer Entscheidung auch **rechtfertigende Darlegungen** beigefügt haben. Erst wenn diesen wegen ihrer Inhaltsleere bzw. Dürftigkeit oder infolge widersinnigen Inhalts die Eigenschaft einer Begründung abzusprechen ist, kann von einem nicht begründeten Schieds-

---

[55] Dazu sinngemäß auch RGZ 149, 45, 50 u. BGH LM § 1042 aF Nr. 8 [II 2 a] (lediglich begrenzte Auslegung), best. BGH KTS 1980, 241, 242 (ausreichend deutliche Bestimmtheit).
[56] So zum vergleichbaren Fall der Vollstreckbarerklärung eines ausländischen Urteils BGH JZ 1987, 203 m. Bespr. *Stürner/Münch* JZ 1987, 178, 184 u. BGHZ 122, 16, 17 f.; BGH NJW 1990, 3084, 3085.
[57] RGZ 57, 331, 334; BGH LM § 1042 aF Nr. 8 [II 1 mit IV]; KTS 1980, 241, 242.
[58] BGH LM KWVO § 1 a Nr. 1 u. § 1040 ZPO aF Nr. 1 [III 1]; BGHZ 30, 89, 92; WM 1983, 1207; BGHZ 96, 40, 47 [III 2] = NJW 1986, 1436; LM § 1044 aF Nr. 15 [V 1 a bb] = NJW 1990, 2199; OLG Frankfurt/Main IHR 2003, 93, 96 li. Sp. RG SeuffA 39 (1884) Nr. 76, S. 118, 120 (insoweit nicht in RGZ 8, 377); RGZ 23, 432, 436; 47, 424, 428 (obiter); 68, 182, 184; JW 1903, 381, 382; LZ 17 (1923), 649, 650; HRR 1926 Nr. 1312; JW 1936, 1894, 1895 [3] aE. Sehr formal argumentierend hierzu aber OLG Hamburg SeuffA 40 (1885) Nr. 267, S. 383 u. KG OLGRspr. 27 (1913), 196, 198. Anders im Ansatz OLG Bremen IPRspr. 1999 Nr. 181, S. 434, 436/437 [3], jedoch „traditionell" wieder S. 438 [4 a] (UNÜ).
[59] Vgl. OLG Hamburg SeuffA 40 (1885) Nr. 267, S. 383 einerseits (mehr als eine bloße Redensart), OLG Jena SeuffA 44 (1889) Nr. 78, S. 126, 127 andererseits (summarische Verfahrensweise) – sehr weitgehend hier RG JW 1910, 658 f.; KG OLGRspr. 27 (1913), 196, 198.
[60] BGH LM KWVO § 1 a Nr. 1; *Baumbach/Lauterbach/Hartmann* Rn. 4 (3. Abs.); *Schwab/Walter* Rn. 19.11 aE m. weit. Nachw.
[61] RG LZ 17 (1923), 649, 650 mit JW 1910, 658, 659; ganz ähnlich auch bereits RG SeuffA 39 (1884) Nr. 76, S. 118, 120 (insoweit nicht in RGZ 8, 377) u. RG JW 1903, 381, 382.

Form und Inhalt des Schiedsspruchs 30, 31 § 1054

spruch die Rede sein.[62] Dass die Begründung lückenhaft oder falsch ist, macht sie als solche noch nicht hinfällig.[63] Wollte man schon in jeder unsachgemäßen und unvollständigen Begründung und Fassung einen Aufhebungsgrund sehen, so würde das womöglich die ganze Schiedsgerichtsbarkeit ernstlich in Frage stellen[64] und das Verbot der révision au fond (§ 1059 Rn. 7) faktisch aushöhlen.[65]

Die Begründung soll die Parteien in die Lage versetzen, die tragenden Erwägungen des Schiedsgerichts kennenzulernen;[66] sie ist aber nicht dazu bestimmt, die Nachprüfung des Schiedsspruchs durch die staatlichen Gerichte zu ermöglichen oder zu erleichtern[67] (arg. Rn. 32) – es gibt insoweit **keinerlei materielle Kontrolle** durch staatliche Gerichte; etwas anderes gilt intern bei vereinbartem schiedsgerichtlichem Instanzenzug. Statthaft ist lediglich eine **behutsame formale Kontrolle** auf Einhaltung des Abs. 2 („ist zu begründen"), dh. ob eine Begründung vollkommen fehlt oder sich als total inhaltslos darstellt. 30

Einzelfälle: Keineswegs ist zu jedem unselbständigen **Angriffs- und Verteidigungsmittel** Stellung zu nehmen[68] – das tun auch die staatlichen Gerichte nicht immer, und Vollständigkeit ist für Schiedsgerichte noch weniger geboten – ausschließlich zu „Kernpunkten" und demnach zum Vortrag, der streitentscheidend ist. Eine Partei hat keinen Anspruch darauf, dass man ihr Vorbringen so würdigt, wie sie das selbst für richtig erachtet.[69] Selbständige Ansprüche, Einwendungen und Einreden sind eher zu behandeln,[70] zB Erfüllung, Aufrechnung oder Verjährung, die in jedem Falle, wenn auch nur in einem Satz, erwähnt werden sollten. Geht es um ein umfangreiches **Rechenwerk** (zB Bauprozess), so kann es genügen, dass das Schiedsgericht, ohne auf Einzelpositionen einzugehen, unter Hinweis auf seine Prüfung zu einem bestimmten Endbetrag kommt,[71] ebenso bei sachverständigen (Ein-)Schätzungen.[72] Möglich ist auch die inhaltliche **Bezugnahme,** vor allem auf die Gründe eines früheren (zB Zwischen- oder Teil-)Schiedsspruchs,[73] aber auch auf ein veröffentlichtes oder sonst den Parteien bekanntes Urteil[74] oder auf ein im Verfahren eingeholtes Gutachten,[75] eine Abrechnung[76] etc. Auch für eine **Beweiswürdigung** kann nicht derselbe strenge Maßstab angelegt werden, der sonst für Urteile gilt[77] (vgl. § 286 Abs. 1 S. 2 einerseits [„leitende Gründe", dort Rn. 21 f.], § 1042 Abs. 4 S. 2, 3. Var. andererseits, dort Rn. 115 f.). 31

---

[62] RGZ 47, 424, 429 aE; JW 1936, 1894, 1895 [3]; BGH WM 1983, 1207, 1208 li. Sp. (Tenor kontra Gründe); BGHZ 96, 40, 47 [III 2] – ganz ähnlich auch OLG Hamburg HEZ 3 Nr. 33, S. 92, 95; MDR 1956, 494, 495; OLG Frankfurt/Main IHR 2003, 93, 96 li. Sp. Sehr plastisch dazu KG, Beschl. v. 8. 4. 2002 – 23/29 Sch 13/01 [II 2 a] („Begründungsattrappe"). – Lediglich „Widersinnigkeit" erwähnend: BayObLGZ 1929, 531, 546; OLG Hamburg MDR 1965, 54 [5 aE]; letztendlich zu weitgehend: KG DR A 1940, 748 (offensichtlich unrichtige Tatsachenfeststellung).
[63] RG SeuffA 39 (1884) Nr. 76, S. 118, 120; RGZ 23, 432, 436; LZ 17 (1923), 649, 650; OLG Hamburg HEZ 3 Nr. 33, S. 92, 93 mit S. 94 [Mitte]; MDR 1956, 494, 495; Beschl. v. 8. 6. 2001 – 11 Sch 1/01 [II 2 b aa]; OLG Rostock, Beschl. v. 18. 9. 2007 – 1 Sch 4/06 [B II 1 a].
[64] BGH LM KWVO § 1 a Nr. 1.
[65] BayObLGZ 1929, 531, 546.
[66] BGH LM § 1044 aF Nr. 15 [V 1 a bb] = NJW 1990, 2199; OLG Celle OLGR 2007, 664, 667 [II 2 d bb]; OLG München, Beschl. v. 25. 6. 2007 – 34 Sch 6/07 [II 5 b (2)].
[67] OLG 30, 89, 92 = NJW 1959, 1438 (ordre-public-Verstoß); zust. BGH NJW 1972, 2180, 2181 [II]; KG, Beschl. v. 23. 7. 2003 – 23 Sch 13/02 [II 2 a] (Gehörsverstoß).
[68] OLG Koblenz, Beschl. v. 19. 2. 2004 – 2 Sch 4/03; OLG Frankfurt/Main IHR 2003, 93, 96 li. Sp.; OLG Hamm, Beschl. v. 18. 10. 1999 – 17 SchH 5/99 [II 2 f] bzw. BGHZ 96, 40, 47 [III 2]; WM 1983, 1207, 1208 li. Sp.; OLG Hamburg, Beschl. v. 15. 12. 1998 – 9 U 36/98: allein *wesentliche* Gründe erörternswert bzw. OLG Stuttgart IPRspr. 2001 Nr. 204, S. 437, 438 [1 b]: nicht etwa jedes einzelne Argument, allein *wichtige* Punkte (mit Beschl. v. 3. 6. 2003 – 1 Sch 2/03 [II 2 c]: Verstöße sind Ausnahme).
Ganz ähnlich auch bereits OLG Hamburg SeuffA 40 (1885) Nr. 267, S. 383 – ferner: OLG Hamburg, Beschl. v. 8. 6. 2001 – 11 Sch 1/01 [II 2 b bb] u. KG, Beschl. v. 8. 4. 2002 – 23/29 Sch 13/01 [II 2 b] (zum „Deckmäntelchen" des Gehörsverstoßes); *Stein/Jonas/Schlosser* Rn. 9; *Schwab/Walter* Rn. 19.12; *Zöller/Geimer* Rn. 8 (Stellungnahme zu den wesentlichen Verteidigungsmitteln); *Musielak/Voit* Rn. 4.
[69] OLG Hamburg OLGR 2004, 97, 98.
[70] RGZ 119, 29, 32 (obiter – und zudem nur zu § 1041 Abs. 1 Nr. 1 aF); OLG Jena SeuffA 44 (1889) Nr. 78, S. 126; OLG Hamburg HEZ 3, 92; *Malzer* KTS 1972, 65, 72 – abzulehnen: RG HRR 1926 Nr. 1312 (Auslassung der Widerklage – trotz endgültigen [§ 1056 Abs. 1, 1. Var.] Endes).
[71] RGZ 47, 424, 428–430; BayObLG SeuffA 51 (1896) Nr. 81, S. 117, 118.
[72] RG WarnR 7 (1914) Nr. 70, S. 94, 95 aE; wohl auch RG LZ 17 (1923), 649, 650.
[73] RGZ 68, 182, 184. Das gilt auch bei verselbständigtem Kostenschiedsspruch iSv. § 1057 Abs. 2 S. 2 – eher lascher noch OLG Hamburg, Beschl. v. 30. 8. 2002 – 11 Sch 1/02 [II 1].
[74] Vgl. auch BGH NJW 1991, 2761, 2762 zu § 551 Nr. 7.
[75] OLG Colmar OLGspr. 27 (1913), 198, 199/200; OLG Hamm, Beschl. v. 18. 10. 1999 – 17 SchH 5/99 [II 2 f].
[76] BayObLG OLGR 2003, 370 [a].
[77] OLG München OLGR 2007, 361, 362 [2 b (2) aa] sowie auch schon RGZ 23, 432, 436.

§ 1054 32–36   Buch 10. Abschnitt 6. Schiedsspruch und Beendigung des Verfahrens

32 **3. Ausnahmen.** Die Begründungspflicht dient dem Interesse der Parteien[78] und unterliegt demzufolge ihrer Disposition. Sie können das Schiedsgericht schon in der Schiedsvereinbarung oder auch erst im weiteren Verlaufe des Verfahrens davon dispensieren, aber nicht mehr, nachdem es den Schiedsspruch erlassen hat.[79] Dann liegt ein nicht mehr heilbarer Mangel vor, und die Parteien sind am Zuge, sich dagegen zu wehren (§ 1059 Abs. 2 Nr. 1 d; Rn. 18). Doch erscheint auch ein nachträglicher Verzicht auf den gegebenen Aufhebungsgrund künftig weiterhin denkbar.[80] Das erübrigt der anfängliche **Dispens von der Pflicht** zur Begründung, der zumeist besonders erklärt ist (**1. Var.**) – ausdrücklich oder auch stillschweigend (zB bei Qualitätsarbitrage, Gebrauch institutionalisierter Gerichte)[81] –, beim Schiedsspruch mit vereinbartem Wortlaut (§ 1053 Abs. 1 S. 2 mit Abs. 2 S. 1) aber gleichsam gesetzlich fingiert wird (**2. Var.**). Wie könnten die Richter ein konkretes Ergebnis begründen, das sie selbst nicht einmal verantworten? Als Minus zulässig ist ferner die Freistellung hinsichtlich einzelner festgelegter Streitgegenstände oder auch Verteidigungsmittel oder parallele Erteilung abgekürzter und kompletter Schiedssprüche[82] in Anlehnung an § 317 Abs. 2 S. 2.

IV. Begleitumstände (Abs. 3)

33 **1. Grundlagen und Bedeutung.** Die *objektiven* Begleitumstände Ort und Tag (**Abs. 3 S. 1**) **identifizieren** den Schiedsspruch und treten ergänzend neben die *subjektiven* Begleitumstände, vor allem die Namen der Parteien und Richter, deren Angabe indes hier nicht zwingend gesetzlich bestimmt wurde, aber trotzdem doch praktisch unabdingbar erscheint (Rn. 25).

34 Die **Ortsangabe** (Rn. 36) hat materiell große Bedeutung deshalb, weil sie allgemein das anzuwendende (insoweit: deutsche) Verfahrensrecht (nachträglich) qualifiziert (§ 1025 Abs. 1 mit § 1043 Abs. 1: Territorialitätsprinzip) und auch den Weg über § 1060 („inländische Schiedssprüche") freigibt; die **Zeitangabe** (Rn. 37) ist dagegen nur Beiwerk, weil die fristgebundenen Handlungen gesetzlich anders angeknüpft werden (§ 1058 Abs. 2, § 1059 Abs. 3: Empfang) und auch die Rechtskraft-Präklusion sich nach ihrer eigenen Zeitgrenze richtet (Rn. 25 aE mit § 1055 Rn. 27). Dennoch stellt das Gesetz beide Angaben auf die gleiche Stufe, zumal sie sich – im bewussten Unterschied zu Art. 31 Abs. 3 S. 2 ModG, wo allein der Ort erfasst ist[83] – die **Fiktionswirkung** (**Abs. 3 S. 2**) ebenso teilen. Sie ist auch nicht etwa lediglich widerlegbare gesetzliche Vermutung iSv. § 292 S. 1,[84] sondern pauschale Fiktion ohne Wenn und Aber, an der sich Parteien wie Dritte festhalten lassen müssen – allein das Gericht kann die Fiktionsgrundlage gemäß § 1058 Abs. 1 Nr. 1 berichtigend abändern.

35 Orts- und Zeitangabe sind quasi **Tatbestandserfordernisse**, sodass anderenfalls ein unnützer Nicht-Schiedsspruch vorliegt.[85] Zweckmäßigerweise setzt man zu Anfang oder Schluss des Schiedsspruches einen Datumsvermerk mit Ortsbenennung oder noch klarer die Formel „erlassen am ... in ..." mit Ort und Tag, die für die Fiktion gelten sollen.

36 **2. Ort (Abs. 3 S. 1, 2. Halbs.).** Der Schiedsspruch muss den parteiautonom (§ 1043 Abs. 1 S. 1) oder hilfsweise richterlich (§ 1043 Abs. 1 S. 2/3) bestimmten Ort des Schiedsverfahrens ausweisen, nicht auch den wirklich vorhandenen Erlassort iSv. § 1043 Abs. 2.[86] Eine verharmlosende Auslegung als Anschrift des Schiedsrichters scheidet denkgesetzlich demgemäß aus;[87] ein gedruckter

---

[78] BGHZ 30, 89, 92 = NJW 1959, 1438.
[79] Anders 1. Aufl. § 1041 aF Rn. 18 im Anschluss an *Baumbach/Lauterbach/Albers,* 56. Aufl., § 1039 aF Rn. 12.
[80] Bisher (wegen § 1041 aF: Abs. 1 Nr. 5 mit Abs. 2) häufig als eine Frage nach dem Verzicht auf die Aufhebungsklage selbst angesehen worden, vgl. einerseits RGZ 35, 442; OLG Karlsruhe OLGRspr. 29 (1914), 290 u. andererseits BGHZ 96, 40, 46/47 [III 1] = NJW 1986, 1436.
[81] 7th SN Art. 31 Nr. 3 = *Holtzmann/Neuhaus* S. 856 mit 1st WGR Nr. 80 = *Holtzmann/Neuhaus* S. 848.
[82] 7th SN Art. 31 Nr. 3 = *Holtzmann/Neuhaus* S. 856.
[83] Vgl. BT-Drucks. 13/5274 S. 56 [7] einerseits – CR Nr. 253–255 = *Holtzmann/Neuhaus* S. 856 andererseits. Zust. *Musielak/Voit* Rn. 8 mit Fn. 28; wohl auch *Thomas/Putzo/Reichold* Rn. 8: Fiktionsakt – krit. *Schütze* SV Rn. 219 (Ort und Tag) bzw. *Zöller/Geimer* Rn. 9 (nur Tag): Gegenbeweis.
[84] Klarstellend 7th SN Art. 31 Nr. 5 = *Holtzmann/Neuhaus* S. 856 mit 4th WGR Nr. 115 = *Holtzmann/Neuhaus* S. 853.
[85] *Thomas/Putzo/Reichold* Rn. 10 (aber s auch Rn. 8!) u. *Stein/Jonas/Schlosser* Rn. 13 (spätere Nachholung möglich) – aA OLG Stuttgart NJW-RR 2003, 1438, 1439 [II 1 b] (Ergänzung durch Auslegung); *Baumbach/Lauterbach/Hartmann* Rn. 5; *Musielak/Voit* Rn. 7; *Zöller/Geimer* Rn. 9 f.; zweifelnd hier ebenfalls 1st WGR Nr. 79 = *Holtzmann/Neuhaus* S. 847.
[86] Dies übersieht wohl *Musielak/Voit* Rn. 8.
[87] AA OLG München SchiedsVZ 2005, 308, 309 [II 1]; OLG Düsseldorf IPRspr. 2000 Nr. 184, S. 406, 408/409 u. Beschl. v. 19. 8. 2003 – 6 Sch 2/99 [JURIS-Rn. 56].

Briefkopf[88] oder eine besondere Kopfzeile[89] mag allerdings hinreichen. Die Angabe ist zwingend (S. 1) und keinesfalls später widerlegbar (S. 2). Sie wirkt als „weitere Fiktion", nachdem schon der Schiedsort selbst ein allein virtueller ist (arg. § 1043 Abs. 2 [dort Rn. 4]), und hat große Bedeutung (Territorialitätsprinzip! – Rn. 34). Sie gibt einen Wink, den Schiedsort rechtzeitig festzulegen, und lässt ihn über das Verfahrensende kraft Schiedsspruchs (§ 1056 Abs. 1, 1. Var.) hinauswirken. Darin liegt erst die eigentliche Bedeutung der Namhaftmachung.[90] Denn das hat etwa Folgen für die Zuständigkeit (§ 1062 Abs. 1) und den Kontrollvorbehalt (§§ 1059 ff.) staatlicher Gerichte. Fehlt aber die Angabe völlig und hilft auch keine Auslegung oder Aufklärung, sollte man jedoch inländischen Schiedsort unterstellen, um klarstellende Aufhebung zu gestatten[91] (§ 1059 Rn. 68).

3. Tag (Abs. 3 S. 1, 1. Halbs.). Der Schiedsspruch ist auf den Tag seines Erlasses (anders § 1039 Abs. 1 S. 1 aF: Tag der Abfassung) zu datieren, und zwar eindeutig, dh. nach Tag, Monat und Jahr; man sollte am besten den Monat ausschreiben, damit keine Verwechslungen mit anglo-amerikanischen Gebräuchen entstehen können. Ansonsten gelten die Gepflogenheiten der Verfahrenssprache (§ 1045 Abs. 1). **Erlassen** ist der Spruch, sobald er **existent und bindend** (arg. § 318) geworden ist (Rn. 5), mag auch die Kenntnis der Parteien (Abs. 4, Rn. 38 ff.) bzw. der **Empfang** des Schiedsspruchs (§ 1058 Abs. 3 S. 2) erst nachfolgen. Das deklariert die Beendigung des Schiedsverfahrens (§ 1056 Abs. 1, 1. Var.). Die Angabe ist genauso zwingend wie die Angabe des Ortes, mit der sie – wie in der Fiktion des S. 2 auch – auf dieselbe Stufe gestellt wird. Die frühere Auffassung, das Datum diene nur der *besseren* Identifizierung, sein Fehlen schade also nicht,[92] wenn und weil die Individualität des Schiedsspruchs sonstwie sichergestellt sei, ist damit überholt. Schädlich wäre es auch, wenn jeder Schiedsrichter das Datum seiner Unterschrift angibt, weil dann keine eindeutige Angabe existiert. Genau dieses Problem will die Fiktion von vornherein vermeiden. 37

V. Kundbarmachung (Abs. 4)

1. Übermittlung. Der Schiedsspruch ist den Parteien bekannt zu machen. Damit wird der förmliche Verfahrensabschluss (§ 1056 Abs. 1, 1. Var.) mit Außenwirksamkeit besiegelt. Während früher – mannigfach kritisiert,[93] obwohl mit der IPR-Novelle von 1986 schon abgemildert und disponibel gestaltet – (Partei-)Zustellung (§ 1039 Abs. 2 aF mit §§ 166 ff.) vorgesehen war, genügt jetzt die **formlose Übermittlung** (Abs. 4 idF JKomG Art. 1 Nr. 51) – und zwar des unterschriebenen[94] (Abs. 1 S. 1, 2. Halbs.) Schiedsspruches. Diese erfolgt meistens weiterhin durch **Übersendung in Schriftform** (arg. Abs. 1 S. 1, 1. Halbs.) und schließt jedenfalls mündliche Verkündung aus (Rn. 1 u. 5 – aber: Rn. 41); übermittelt werden kann natürlich auch im Wege **förmlicher Zustellung** (Rn. 41), auf welche das Gesetz jedoch nun bewusst verzichtet,[95] oder **elektronischer Übertragung**, welche das Gesetz nun bewusst eröffnen möchte („übermitteln" statt „übersenden"[96]). Die Praxis sollte am besten jedoch die Form des Einschreibens gegen Rückschein wählen.[97] Bei unbekanntem Aufenthaltsort tritt dann auch die Empfangsfiktion des § 1028 Abs. 1 an die Stelle öffentlicher Zustellung (§§ 203 ff.). 38

Jedoch muss nicht die **Partei persönlich** den Schiedsspruch übermittelt erhalten, die Übermittlung mag genauso gut an den **bevollmächtigten (Prozess-)Vertreter** erfolgen (§ 1042 Abs. 2) – die besondere Erwähnung in § 1028 Abs. 1 hat lediglich klarstellende Bedeutung (dort Rn. 6) und rechtfertigt keinen Umkehrschluss bei § 1054 Abs. 4. Fragwürdig erscheint insoweit, dem Gericht ein zeitweiliges „Zurückbehaltungsrecht" zuzugestehen, bis Kosten und Gebühren vollständig bezahlt sind (§ 36.3 DIS-SchO).[98] 39

---

[88] OLG Stuttgart Justiz 2002, 410 [II].
[89] OLG Stuttgart OLGR 2001, 50 [1].
[90] Dies verkennt wohl BT-Drucks. 13/5274 S. 56 li. Sp. [6].
[91] Grundlegend missverstanden von OLG Stuttgart NJW-RR 2003, 1438, 1439 [II 1 b]: das Fehlen bleibt ein Tatbestandsmangel (Rn. 21) ... und führt zur Aufhebung! Ebenfalls sinnlos erscheint alsdann, nach einem effektiven Schiedsort zu forschen (aA OLG Düsseldorf Beschl. v. 19. 8. 2003 – 6 Sch 2/99 [JURIS-Rn. 57 f.]).
[92] BGH WM 1977, 320; RG SeuffA 63 (1908), Nr. 74, S. 120, 121; OLG Hamburg OLGRspr. 29 (1911), 253. Vgl. auch OLG Hamburg OLGRspr. 29 (1914), 286 (Verhandlungstag) u. BGH ZZP 71 (1958), 427, 434 (Beratungstag). Ebenso weiterhin jedoch *Zöller/Geimer* Rn. 9; *Baumbach/Lauterbach/Hartmann* Rn. 5.
[93] Vgl. zB *Stein/Jonas/Schlosser*, 21. Aufl., § 1039 aF Rn. 10 („ganz unzeitgemäße[s] ... Erfordernis").
[94] RG SeuffA 65 (1910) Nr. 133, S. 252, 253 („*nach* erfolgter Unterschrift" – Hervorhebung im Original).
[95] BT-Drucks. 13/5274 S. 56 re. Sp. [8].
[96] BT-Drucks. 15/4067 S. 36 re. Sp.
[97] Dazu vgl. auch BGH NJW 2001, 3787, 3788 aE [II 2 b cc (2)].
[98] Offenbar im Anschluss an 2nd WGR Nr. 185 = *Holtzmann/Neuhaus* S. 851 – aber: Vor § 1034 Rn. 41–43.

§ 1054 40–43   Buch 10. Abschnitt 6. Schiedsspruch und Beendigung des Verfahrens

40   Erfasst sein sollen **Abschrift wie Original**,[99] und insoweit ist ganz bewusst auch der Begriff der Ausfertigung vermieden, wie ihn noch § 1039 aF verwendete und der wohl ebenfalls Art. 31 Abs. 4 ModG („a copy signed by the arbitrators") zugrundeliegt. Diese Einschätzung des Gesetzgebers scheint kaum haltbar. Entweder ist der Schiedsspruch oder der Ausfertigungsvermerk unterschrieben, dem Gesetzeswortlaut genügt deutlich nur ersteres. Gemeint ist demnach der Schiedsspruch in der Form des Abs. 1 S. 1, mag dies letzthin auch dem ModG widersprechen. Dazu kommt noch folgendes: Nachdem jetzt auch keine Niederlegung mehr erforderlich ist (Rn. 43), muss irgendwie die Authentizität des Schiedsspruches gesichert sein. Dies erfolgt zweckmäßigerweise dadurch, dass den Parteien **inhaltsgleiche Originale** übermittelt werden (ebenso: § 36.1 S. 1 mit § 36.2 DIS-SchO); eventuelle inhaltliche Divergenzen wären (möglichst) rechtzeitig gemäß § 1058 Abs. 1 Nr. 1 (mit Abs. 4, 5) vom Gericht zu beheben. Bei späterem Streit lässt sich dann halbwegs sicher mittels Urkundenbeweis feststellen, was genau entschieden wurde, wenn jede Partei „ihren" Spruch vorlegt.

41   **2. Modifikationen.** Die Parteien können eine andere Art der Bekanntmachung vorschreiben und damit die Regelung des Abs. 4 parteiautonom (§ 1029 Abs. 1 bzw. § 1042 Abs. 3) qualifizieren (insbesondere *zusätzlich*[100] mündliche **Verkündung**) oder auch bloß konkretisieren (insbesondere *ausschließlich* Übersendung per Einschreiben mit Rückschein, wie es die Praxis bevorzugt; Einschaltung einer Institution [§ 36.1 S. 2 mit § 36.2 DIS-SchO]), aber nicht etwa reduzieren.[101] Durchweg genügt die Möglichkeit der Kenntnisnahme. Möglich ist genauso das frühere Gebot der **Zustellung** *als Wirksamkeitserfordernis* parteiseitig zu vereinbaren.[102] Aber auch ohne eine derartige Abmachung ist förmliche Zustellung weiterhin zu empfehlen:[103] klarer Nachweis des Empfangs, welcher gleich mehrere wichtige Fristen in Gang bringt (§§ 1058 Abs. 2, 1059 Abs. 3 S. 2, 1060 Abs. 2 S. 3 – Präklusion!).

42   Vereinbarte Zustellung erscheint im Verhältnis zu Abs. 4 als **qualifiziertes Wirksamkeitserfordernis** und ist demgemäß vom Schiedsgericht insgesamt zu betreiben.[104] Es kann jedoch eines seiner Mitglieder[105] oder auch eine dritte Hilfsperson[106] hiermit beauftragen; üblicherweise veranlasst der Obmann das Nötige, die Ermächtigung hierfür erfolgt idR konkludent durch Unterschrift und Weiterleitung.[107] Es findet **Parteizustellung** statt, §§ 166 ff.;[108] Veranlasser (§ 191 Nr. 2) ist das Schiedsgericht, Adressaten (§ 191 Nr. 3) sind insoweit *beide* Parteien. Die Zustellung muss nicht etwa,[109] darf aber auch[110] an den Prozessbevollmächtigten erfolgen. Öffentliche Zustellung (§§ 203 ff.) ist möglich, die vom Schiedsgericht angeordnet und dann vom Staatsgericht gemäß § 1050 ausgeführt wird; die Empfangsfiktion des § 1028 hilft *insoweit* nicht: es geht dann um förmliche Zustellung.

43   **3. Niederlegung.** Im Gegensatz zu § 1039 aF ist unter neuem Recht die **Niederlegung insgesamt entbehrlich**:[111] das beschleunigt das Schiedsverfahren und entlastet ganz nebenbei auch die staatlichen Gerichte. Der Verzicht liegt zugleich voll und ganz im modernen Trend, Förmlichkeiten möglichst zurückzufahren, wie er auch schon beim Verzicht aufs Zustellungserfordernis (Rn. 41) deutlich geworden ist. Ob diese bewusste gesetzgeberische Distanz allerdings wirklich entlastend wirkt, muss erst die Zukunft erweisen. Es könnte sich bald rächen, vorschnell Formen aufzugeben, die Außenwirksamkeit und Authentizität des Schiedsspruchs absichernd umkleiden. Eine Sicherstellung ohne alle Förmlichkeiten – die indes nicht zum Formalismus ausarten dürfen! – ist allemal ein schwieriges Unterfangen.

---

[99] BT-Drucks. 13/5274 S. 56 re. Sp. [10] mit [9] mit 1st SN Nr. 95 = *Holtzmann/Neuhaus* S. 845; so auch *Schwab/Walter* Rn. 20.9. – aA *Baumbach/Lauterbach/Hartmann* Rn. 6; wohl auch *Zöller/Geimer* Rn. 11.
[100] Nicht freilich ersatzweise: RGZ 38, 392, 396; SeuffA 65 (1910) Nr. 133, S. 252, 253.
[101] *Musielak/Voit* Rn. 9 aE.
[102] UU Weiterreichen altrechtlicher [§ 1039 Abs. 2 aF] Vereinbarung: BGH NJW 2001, 3787, 3788 [II 2 b].
[103] *Baumbach/Lauterbach/Hartmann* Rn. 6.
[104] RGZ 5, 397, 400 f. mit S. 403 aE; RG JW 1887, 206.
[105] WM 1977, 319, 320; RG SeuffA 43 (1888) Nr. 83, S. 120, 121 (Niederlegung).
[106] BGH ZZP 71 (1958), 427, 428.
[107] BGH WM 1977, 319, 320; ZZP 71 (1958), 427, 428 m. weit. Nachw.; RGZ 37, 412, 413. Die Ermächtigung steht allerdings unter prozessualem (OLG Düsseldorf OLGZ 1984, 436, 438 f.: Ablehnung des Obmanns) und materiellem (RGZ 37, 412, 414: Widerruf; Verwahrung) Vorbehalt.
[108] HM, vgl. etwa RG LZ 17 (1923), 649, 650; JW 1909, 732 – ausf. zur Form 2. Aufl. § 1039 aF Rn. 9.
[109] RG Gruchot 37 (1893), 765, 767; OLG Breslau OLGRspr. 19 (1909), 172: § 176 ist unanwendbar.
[110] RGZ 13, 430, 431: statthafte Vertretung – hM, vgl. *Baumbach/Lauterbach/Albers*, 56. Aufl., § 1039 aF Rn. 6; *Stein/Jonas/Schlosser* Rn. 17 m. weit. Nachw.; *Schwab/Walter* Rn. 20.11.
[111] BT-Drucks. 13/5274 S. 56 re. Sp. [10] – wegen altem Recht 2. Aufl. Rn. 27.

Nichts hindert jedoch die Parteien, fortan umgekehrt selbst vorzusorgen und vertraglich eine **44**
Niederlegung **zusätzlich zu vereinbaren** – aber idR bloß ausschließlich für *Nachweiszwecke*. Dafür kann jetzt aber natürlich kein staatliches Gericht mehr zuständig sein;[112] das Schiedsgericht (der Vorsitzende) selbst käme in Betracht (sorgfältige Aktenaufbewahrung ist nachwirkende Vertragspflicht – § 1056 Abs. 3 wirkt eben nur prozessual!), auch bietet sich Niederlegung bei einer dauerhaften schiedsgerichtlichen Institution an (§ 36.1 S. 2 DIS-SchO: „ein Exemplar zum Verbleib"). Denkbar wäre dazuhin notarielle Verwahrung, zwar nicht direkt (vgl. § 23 BNotO iVm. §§ 54a–e BeurkG), indes indirekt durch Beglaubigung von Abschriften (§ 39 iVm. § 42 Abs. 1 BeurkG) und wunschgemäße Verwahrung des Originals (§ 45 Abs. 3 BeurkG), was jedoch zusätzlich kostet.

Wird die Niederlegung gar noch zum eigenen *Wirksamkeitserfordernis* gemacht, muss die Parteivorgabe ganz glasklar abgefasst sein, weil ja dann zwangsläufig die Zuständigkeit zur Voraussetzung von Existenz des Schiedsspruchs und Abschluss des Schiedsverfahrens wird[113] und eine gesetzliche Auffangregel nach Art des § 1045 Abs. 1 aF bzw. jetzt § 1062 Abs. 1 fehlt.[114] Die Niederlegung erfolgt durch das Schiedsgericht, welches allerdings auch den Obmann oder einen Dritten damit beauftragen kann. Zweckmäßigerweise wird die Urschrift niedergelegt und lässt sich das Schiedsgericht über die Niederlegung eine Bestätigung ausstellen, von der die Parteien zu benachrichtigen sind, wodurch sie Klarheit über die Rechts- bzw. Außenwirksamkeit des ergangenen Schiedsspruchs erhalten. **45**

§ 1055 Wirkungen des Schiedsspruchs

Der Schiedsspruch hat unter den Parteien die Wirkungen eines rechtskräftigen gerichtlichen Urteils.

Schrifttum: *Altenrath*, Grundlage und Wirkung des Schiedsspruchs, 1907; *F. Baur*, Rechtshängig – Schiedshängig, FS Fasching, 1988, S. 81; *Bosch*, Rechtshängigkeit und Rechtskraft im Schiedsverfahren, 1991; *Gaul*, Rechtskraft und Aufhebbarkeit des Schiedsspruchs ..., FS Sandrock, 2000, S. 285; *Jacobson*, Die Rechtskraft von Schiedssprüchen, 1914; *Lindacher*, Schiedsspruch und Parteidisposition, KTS 1966, 153; *Loritz*, Probleme der Rechtskraft von Schiedssprüchen, ZZP 105 (1992), 1; *Mendelssohn-Bartholdy*, Die Rechtskraft des Schiedsspruchs, FS Klein, 1914, S. 147; *Neef*, Die Rechtskraft des Schiedsspruchs, 1933; *Schütze*, Zur Präzedenzwirkung von Schiedssprüchen, FS Glossner, 1994, S. 333; *ders.*, The Precedential Effect of Arbitration Decisions, J. Int. Arb. 11:3 (1994), 69; *Schwab*, Bemerkungen zur Rechtskraft Inter Omnes ..., FS Gaul, 1997, S. 729.

Übersicht

	Rn.		Rn.
I. Normzweck	1, 2	2. Subjektive Grenzen	21–26
		a) Grundsatz	21, 22
II. Formelle und materielle Rechtskraft	3–6	b) Zeiträume	23–26
1. Unanfechtbarkeit	3	3. Zeitliche Grenzen	27
2. Außenwirksamkeit	4	**V. Durchbrechung materieller Rechtskraft**	28–31
3. Endgültigkeit	5, 6		
III. Wirkungen materieller Rechtskraft	7–19	1. Kraft Parteiautonomie	28, 29
1. Grundlegung	7, 8	2. Durch Rechtsbehelfe	30, 31
2. Negative oder Sperrwirkung	9–11	**VI. Sonstige Wirkungen**	32–36
3. Einredeerfordernis	12, 13	1. Vollstreckbarkeit	32, 33
4. Positive oder Judizwirkung	14–16	2. Tatbestandswirkung	34
5. Sonderfälle	17–19	3. Protokollwirkung	35
IV. Grenzen materieller Rechtskraft	20–27	4. Bindungswirkung	36
1. Objektive Grenzen	20		

---

[112] *Zöller/Geimer* Rn. 12; *Schwab/Walter* Rn. 20.12.
[113] Vgl. zur Niederlegung unter altem Recht: RGZ 49, 409, 410f. (§ 1041) u. RGZ 68, 182, 184 (§ 1042); zur Abgrenzung und Präzisierung: BGHZ 55, 313, 317f. Weitergabe (BGH NJW-RR 1986, 61), Nachholung (BGHZ 85, 288) oder Abbedingung konnten heilen!
[114] Vgl. zur Niederlegung unter altem Recht: RGZ 30, 353, 354/355; 68, 182, 184/185.

§ 1055 1–4   Buch 10. Abschnitt 6. Schiedsspruch und Beendigung des Verfahrens

I. Normzweck

1 § 1055 entspricht wortgleich § 1040 aF, ist aber ohne ein Pendant im ModG;[1] die gleiche Regelung enthält § 108 Abs. 4 ArbGG. Der Schiedsspruch als eine an sich private Meinungs- und Willensäußerung erhält **partiell urteilsgleiche Wirkung,** was erst die praktische Tauglichkeit des Schiedsverfahrens als Alternative zur staatlichen Gerichtsbarkeit begründet. Doch mangelt eine völlige Gleichbehandlung. Vor allem **fehlt die Titelwirkung,** die zusätzliche Vollstreckbarerklärung (§§ 1060, 1061, Rn. 32) voraussetzt. Gemeint ist hierbei die *materielle* **Rechtskraft,** so wie sie in § 322 Abs. 1 umschreibt, als Garant für Rechtssicherheit und Rechtsfrieden,[2] welche seinerseits *formelle* Rechtskraft voraussetzt.

2 § 1055 normiert insoweit Funktionsidentität von Sprüchen mit Urteilen (Rn. 7 mit Rn. 9–11 u. 14–16)[3] – freilich mit gewissen Einschränkungen (Rn. 12).[4] Die Rechtskraft begründet den **Ausschluss sachlicher Nachprüfung**[5] – bis zur möglichen „kassatorischen" Aufhebung (§ 1059). Die Tätigkeit der Schiedsrichter im Schiedsverfahren ist infolgedessen **materielle Rechtsprechung** (Vor § 1025 Rn. 4). Die Neuregelung hat damit zu Recht den prozessualen Ansatz hochgehalten und sich der materiellen Lösung verschlossen, wie sie § 754 S. 1 E 1931 vorsah. Hiernach sollte der Schiedsspruch nur „die Wirkung eines Vertrages [haben], der das zwischen den Parteien streitige Rechtsverhältnis feststellt."

II. Formelle und materielle Rechtskraft

3 **1. Unanfechtbarkeit.** Formelle oder äußere Rechtskraft (§ 705 iVm. § 19 EGZPO) bedeutet Unanfechtbarkeit des Schiedsspruches mit *ordentlichen* Rechtsmitteln. Ein solches Rechtsmittel zu *staatlichen* Gerichten fehlt ganz bewusst – es ist auch nicht etwa durch Schiedsvereinbarung begründbar (§ 1029 Rn. 90, § 1059 Rn. 1). Wie im staatlichen Verfahren die Möglichkeit der Wiedereinsetzung (§§ 233 ff.) und Wiederaufnahme (§§ 578 ff.) der Rechtskraft nicht entgegensteht, so kann hier die denkbare nachträgliche Aufhebung (§ 1059) kein Hinderungsgrund sein: jene ist als eine besondere Kontrollmöglichkeit gestaltet, die Ausnahmecharakter hat und auch nicht suspensiert. Daran ändert auch nichts die neue dreimonatige Fristbindung des § 1059 Abs. 3, die – umgekehrt – die Bestandskraft des Schiedsspruchs gerade noch weiter stärken möchte.[6] Mithin kommt hier allein der parteiautonom vereinbarte Instanzenzug im Schiedsgerichtsverfahren in Betracht, wie dies von manchen Schiedsordnungen vorgesehen[7] und keineswegs irgendwie merkwürdig[8] ist.

4 **2. Außenwirksamkeit.** Maßgeblich ist die Erfüllung der Förmlichkeiten des § 1054,[9] dh. „förmlicher Abschluss des Verfahrens",[10] idR bislang durch förmliche Zustellung (§ 1039 Abs. 2 aF) samt Niederlegung (§ 1039 Abs. 3 aF) des formgerecht gefassten Schiedsspruchs, nunmehr durch seine einfache Übersendung (§ 1054 Abs. 4: „Schiedsspruch"; Art. 31 Abs. 4 ModG: „Ausfertigung") an *jede* Partei. Zählen muss dabei der *erste*[11] Benachrichtigungsakt, mit dem der Schiedsspruch außenwirksam schriftlich hervortritt und also existent wird – vorher ist noch kein wirksamer Schiedsspruch in der Welt. Die mündliche Verkündung des Schiedsspruchs genügt demzufolge nicht (§ 1054 Rn. 5). Der endgültige Schiedsspruch vollendet dazuhin das Verfahren regulär (§ 1056 Abs. 1, 1. Var.). Es steht den Parteien allerdings frei, *zusätzlich* weitere Bedingungen zu ver-

---

[1] Diese Frage blieb bewusst ausgeklammert: CR Nr. 259 = *Holtzmann/Neuhaus* S. 865 als Reaktion auf 6th SN Art. 31 Nr. 1 = *Holtzmann/Neuhaus* S. 854 (CSSR) u. SR bei *Holtzmann/Neuhaus* S. 859 ff. (hier insbes. auch SR 329 Nr. 9 = *Holtzmann/Neuhaus* S. 861/862 [BRD]).
[2] BGHZ 141, 90, 94 [5] = NJW 1999, 2370.
[3] Überblick zur Genese bei *Walter,* FS Schwab, 1990, S. 539, 545 ff.
[4] Die Rspr. betont zT lieber Unterschiede (BGHZ 40, 342, 345; 132, 278, 286 [II 6a], indes auch schon RGZ 8, 377, 378/379) als Gemeinsamkeiten (BGHZ 6, 248, 258; 6, 263, 265).
[5] BGHZ 98, 32, 36 mit BGHZ 65, 59, 61/62 – hier schief aber BGHZ 6, 248, 261; vgl. § 1059 Rn. 7.
[6] BT-Drucks. 13/5274 S. 60 li. Sp.
[7] Beispiele: RGZ 74, 307 f.; 114, 165, 167 f.; OLG Düsseldorf BB 1975, 251 u. OLG Hamm RIW 1983, 698: Maßgeblichkeit der Entscheidung des Oberschiedsgerichts. Vgl. auch erg. noch § 1029 Rn. 92.
[8] Das geht gegen OLG Nürnberg OLGZ 1975, 437, 439.
[9] BT-Drucks. 13/5274 S. 56 re. Sp. [1]; *Baumbach/Lauterbach/Hartmann* Rn. 2; *Thomas/Putzo/Reichold* Rn. 1; *Zöller/Geimer* Rn. 5; *Gaul,* FS Sandrock, 2000, S. 285, 288/289: arg. § 1056 Abs. 1 (1. Var.).
[10] BGH NJW-RR 1986, 61 [I 1]; NJW 1986, 1436 mit BGH KTS 1980, 130, 131 [I 3 vor a]; ZIP 1981, 1097, 1098/1099; genauso auch bereits ROHG 10, 391, 400 u. RG SeuffA 44 (1889) Nr. 87, S. 124, 125 mit RGZ 77, 315, 316. Wohl letztens OLG Hamm NZG 1999, 1099, 1100 [I 3/4] (zu § 1039 aF).
[11] AA *Musielak/Voit* Rn. 3: *letzte.*

einbaren, von denen der Eintritt formeller Rechtskraft abhängen soll;[12] *erleichtern* dürfen sie diese Voraussetzung demgegenüber nicht.[13]

3. Endgültigkeit. Der Eintritt formeller Rechtskraft (Rn. 3 f.) ist Voraussetzung der Wirkung materieller Rechtskraft iSv. § 1055 bzw. § 322 Abs. 1 – jedenfalls nach deutschem Verständnis.[14] Nötig ist zudem denknotwendig die Endgültigkeit: (nur) soweit der Schiedsspruch das Schiedsverfahren endgültig erledigt, kann er auch Rechtskraft wirken.[15] Die wörtliche Divergenz von § 1055 und § 1056 Abs. 1, 1. Var., der um das spezielle Endgültigkeitserfordernis erweitert ist, ändert hieran nichts – sie bleibt ein Redaktionsversehen. Es erklärt sich hieraus, dass § 1055 nF wortgetreu § 1040 aF entspricht und zudem klärend angepasst wurde; das neue Recht trägt einleuchtend keinen Umkehrschluss. Allerdings läuft auch die Begriffsbildung ansonsten nicht stringent in völlig denselben Bahnen (§ 1056 Rn. 4–12 einerseits; § 1060 Rn. 12 f. andererseits). Auch künftighin ist mithin der Seitenblick auf die hergebrachte Urteilslehre (Vor §§ 300 ff. Rn. 2) hilfreich: 5

Rechtskraftfähig ist auch ein **Teilschiedsspruch** (§ 1056 Rn. 7), soweit er reicht,[16] aber ausnahmsweise auch der Zwischenschiedsspruch über den Anspruchsgrund,[17] wenn und weil sodann genauso Feststellungsurteil (§ 256 Abs. 2) ergehen könnte und das Schiedsverfahren keine Antragsstrenge kennt (§ 1056 Rn. 12); rechtskraftunfähig sind dagegen alle anderen **Zwischenschiedssprüche** (§ 1056 Rn. 8),[18] welche sich nur als eine Art Vorstufe zu einer endgültigen Entscheidung verstehen. Die nötige Abgrenzung sollte erleichtert werden, indem man einen Teilschiedsspruch zweckmäßigerweise als solchen bezeichnet. Ausdruck der Endgültigkeit ist insoweit die **Unbedingtheit** – der Entscheidung und nicht des Anspruches. Eine Vollstreckungsbedingung (§ 726 Abs. 1) oder auch eine Haftungsbeschränkung (§ 305 [Abs. 1] iVm. § 780 [Abs. 1]) hat lediglich „exekutorische" Bedeutung (§ 1060 Rn. 13), tut aber der definitiven Feststellung des Anspruches selbst (inbegriffen seine Bedingtheit) keinen Abbruch. 6

III. Wirkungen materieller Rechtskraft

1. Grundlegung. Der scharf geführte dogmatische Streit in der Rechtskraftlehre um die materielle oder prozessuale **Erklärung der Rechtskraftfolgen**[19] ist eigentlich längst entschieden – zugunsten prozessualer Erklärung (Rn. 9–11 u. 14–16 mit § 322 Rn. 9 ff.). Er muss jedoch unterschieden werden vom Streit um die **Deutung der Schiedsspruchfolgen,** der ebenfalls mit diesen Adjektiven belegt ist und der mit der rechtlichen Zuordnung von Schiedsvereinbarung und Schiedsverfahren insgesamt zusammenhängt (Vor § 1025 Rn. 6): die materielle Erklärung bestreitet den „delegierten staatshoheitlichen Urteilsakt", sieht eher eine Art **„Vertragskraft"** und passt zum Einredeerfordernis (Rn. 12);[20] sie kann sich auf § 754 S. 1 E 1931 („Wirkung eines Vertrages") und auch die allerersten CPO-Beratungen[21] berufen – nur: beide sind eben nicht hernach Gesetz geworden. Der Gesetzeswortlaut verheißt dem Schiedsspruch vollmundig die „Wirkungen eines rechtskräftigen gerichtlichen Urteils". 7

Das meint materielle **Rechtskraft** mit einer *prozessualen* Basis. Die Wirkung ist weithin die übliche, wobei § 1055 von § 322 Abs. 1 zehrt; doch bleiben auch mannigfache **Unterschiede.** Der Wortlaut begrenzt sie sogleich auf das Verhältnis „unter den Parteien" (Rn. 21); sie unterliegt dazu andererseits auch mehrfach inzidenten Beschränkungen: verlangt wird insoweit eine Einrede (Rn. 12), und erlaubt wird genauso die parteiautonome Beseitigung der Rechtskraft (Rn. 28); an die Stelle der Wiederaufnahme tritt das – letzthin dichter gewobene – Netz des § 1059 (Rn. 30), in 8

---

[12] *Stein/Jonas/Schlosser* Rn. 1.
[13] RGZ 114, 165, 169.
[14] Anders die französische und anglo-amerikanische Sichtweise; das ModG hat hierzu – deswegen? – leider keine Stellung bezogen.
[15] *Loritz* ZZP 105 (1992), 1; *Zöller/Geimer* Rn. 6 („Endentscheidung").
[16] BGHZ 10, 325, 325/326; RG DR 1942, 908, 909 gegen RGZ 62, 353, 355 (zu §§ 1039–1042 aF).
[17] RG JW 1935, 1088, 1089; *Stein/Jonas/Schlosser* Rn. 15; *Schütze/Tscherning/Wais* Rn. 526; *Musielak/Voit* Rn. 4; *Kremer/Weimann* SchiedsVZ 2007, 238, 244 f. [V].
... und erst recht dann für den Schiedsspruch im Betragsverfahren (als „Ergänzung" des Erstspruches): BayObLG OLGRspr. 37 (1918), 206, 208 aE.
[18] Dazu vgl. etwa BGHZ 10, 325, 326 f. = NJW 1953, 1913 (Aufrechnungsvorbehalt), RGZ 169, 52, 53 (Vorabentscheidung) u. RGZ 69, 52, 53 ff.; 85, 391, 393 (Zwischenentscheidung) (zu §§ 1039–1042 aF), sowie aber auch schon RGZ 13, 349, 350 (Ablehnung einer Ablehnung).
[19] Dazu vgl. etwa *Koussoulis,* Beiträge zur modernen Rechtskraftlehre, 1986, S. 22 ff. u. *Gaul,* FS Flume I, 1978, S. 443 ff.
[20] Näher *K. Blomeyer,* FG Rosenberg, 1949, S. 51, 60 f. u. *W. Lorenz* AcP 157 (1958/59), 265, 275 ff.
[21] *Schubert,* Entstehung und Quellen der CPO von 1877, 1. Halbbd., 1987, S. 427.

§ 1055 9–13   Buch 10. Abschnitt 6. Schiedsspruch und Beendigung des Verfahrens

dem nicht nur die grundlegenden Verstöße hängen bleiben (Abs. 2 Nr. 2: amtswegig), sondern das auch quasi mindere prozessuale Verfehlungen herausfängt (Abs. 2 Nr. 1: Rügelast). Dazu tritt noch die Abkoppelung von Rechtskraft und Vollstreckbarkeit im Unterschied zu § 704 Abs. 1, 1. Var. (Rn. 1 mit Rn. 32), was jedoch nicht prägend ist[22] (arg. § 704 Abs. 1, 2. Var. u. § 794 Abs. 1).

9   **2. Negative oder Sperrwirkung.** Mit formalem (§ 1056 Abs. 1, 1. Var. mit § 1054) Abschluss des Schiedsverfahrens tritt bei **Streitgegenstandsidentität** die „Einrede" der Rechtskraft (Rn. 12) an die Stelle der Schiedseinrede (§ 1032 Abs. 1); alle Parteien sind – aber gleichsam bloß einseitig (Rn. 28f.) – an die Entscheidung des Schiedsgerichts gebunden, eine nochmalige gerichtliche Beurteilung scheidet aus – bei Geltung objektiver (Rn. 20) und zeitlicher (Rn. 27) Grenzen und ohnedies kraft Wortlaut nur „unter den Parteien" (Rn. 21 ff.).

10   So wie auch sonst (§ 322 Rn. 10, 38 ff. [aber auch: Rn. 27]) wird das durch die Lehre vom **Wiederholungsverbot** mit Annahme einer eigenständig *negativ* formulierten Prozessvoraussetzung am besten umgesetzt:[23] sie muss keine künstliche Differenzierung zwischen der Zeit vor und nach Vollstreckbarerklärung (§ 1060) oder Aufhebungsantrag (§ 1059) machen, und sie nimmt den Gedanken der Funktionsidentität (arg. § 1055: „die [gleichen] Wirkungen") weitaus ernster. Den Besonderheiten des Schiedsverfahrens ist schließlich schon über das fortwährende **Einredeerfordernis** (Rn. 12) genügend Rechnung getragen.

11   Das Bestehen von Aufhebungsgründen (§ 1059 Abs. 2), selbst amtswegig zu achtenden,[24] bleibt insoweit irrelevant: sie müssen – fristgerecht (§ 1059 Abs. 3 S. 1–3) – durchgesetzt werden, geben jedoch keine Replik gegen die Einrede der Rechtskraft.[25] Der formale Weg und genauso die Fristbindung würden sonst leicht leerlaufen! Dafür genügt indes eine nur vorläufig vollstreckbare Aufhebung,[26] die zwar nicht sogleich schon kassiert, wohl sofort aber suspendiert. Hier empfiehlt sich sicherlich dann Aussetzung nach § 148.

12   **3. Einredeerfordernis.** Gewissermaßen stillschweigend vorausgesetzt ist Beachtlichkeit nur auf Einredeerhebung hin, was nunmehr die Materialien offenherzig aussprechen[27] und üblicher Praxis[28] entsprach – aber gegen sonstige Gebräuche steht. Grund dafür ist, dass das Schiedsverfahren und auch die Rechtskraft des Schiedsspruchs lediglich auf einer privaten Parteivereinbarung beruhen.[29] Deshalb fehle das eindeutige öffentliche Interesse, einander widersprechende Hoheitsakte zu vermeiden.[30] Dafür spricht nicht zuletzt die weitgehende parteiautonome Herrschaft über das Schicksal des Schiedsspruches (Rn. 28), Nichtrüge ist gleichsam dann konkludente Abbedingung, und ferner, dass schon die Schiedsbindung selbst lediglich Einredewirkung entfaltet (§ 1032 Abs. 1), welche die Rechtskraft dann quasi bloß „verlängert" (Rn. 9–11): § 1055 verschiebt nicht zusätzlich die Initiativlast.

13   Eine Ausnahme liegt demgemäß nahe, wenn und weil der Schiedsspruch zuvor bereits rechtskräftig für vollstreckbar erklärt wurde,[31] ohne dass hier die feststellende Rechtskraft mit der titelgleichen Durchführung indes vertauscht würde. Die hL[32] beruft sich umgekehrt zwar darauf, dass der Staat für die äquivalente Verfahrensgüte geradestehe und sich daran später festhalten lassen müsse. Hiergegen spricht jedoch die wortlautgemäß klare Einschränkung des § 1055 auf Wirkungsgleichheit nur

---

[22] Dazu näher noch *Bosch*, 1991, S. 70 ff.
[23] AA *Bosch*, 1991, S. 85 ff., 89 u. *Stein/Jonas/Schlosser* Rn. 6 f.: Abweichungsverbot bzw. mangelndes Rechtsschutzbedürfnis.
[24] *Stein/Jonas/Schlosser* Rn. 1 mit § 1041 aF Rn. 3 (4. Abs.); *Zöller/Geimer* Rn. 14.
[25] *Stein/Jonas/Schlosser* § 1059 Rn. 28 mit Rn. 2; *Schwab/Walter* Rn. 25.2 aE.
[26] AA *Stein/Jonas/Schlosser* § 1059 Rn. 28.
[27] BT-Drucks. 13/5274 S. 56/57 [1] – zust. *Baumbach/Lauterbach/Hartmann* Rn. 4; *Thomas/Putzo/Reichold* Rn. 2; *Lachmann* Rn. 1785.
[28] RG WarnR 3 (1910) Nr. 299, S. 309 (obiter); JW 1920, 703, 704 m. Anm. *Kisch;* JW 1931, 1800, 1801 f. = HRR 1931 Nr. 1489; RGZ 146, 262, 267/268; BGH LM § 1040 aF Nr. 1; NJW 1958, 950; OLG Bremen NJW 1957, 1035, 1036 – eher vorsichtiger formulierend aber BGH ZIP 1981, 1097, 1099 [I 1 aE]. Zust.: *Zimmermann* Rn. 1; *Thomas/Putzo/Reichold* Rn. 2; *Baumbach/Lauterbach/Hartmann* Rn. 4; *Stein/Jonas/ Schlosser* Rn. 5; *Schreiber*, FS Schütze, 1999, S. 807, 817–819 [II 3 b] – krit.: *Gaul*, FS Sandrock, 2000, S. 285, 322; *Jauernig* ZPR § 92 VII 3; *Rosenberg/Schwab/Gottwald* ZPR Rn. 179.33; *Schwab/Walter* Rn. 21.6 im Anschluß an *Bosch*, 1991, S. 78 ff. – vgl. aber erg. Fn. 32.
[29] BayObLGZ 1984, 45, 48; ganz ähnlich auch *Baumbach/Lauterbach/Hartmann* Rn. 4: „kein Hoheitsakt, so daß das öffentliche Interesse fehlt".
[30] BGH NJW 1958, 950; *Baumbach/Lauterbach/Hartmann* Rn. 4; krit. *Loritz* ZZP 105 (1992), 1, 6.
[31] Insoweit krit. freilich *Bosch*, 1991, S. 71.
[32] *Bosch*, 1991, S. 70 ff., 75 ff.; *Loritz* ZZP 105 (1992), 1, 12; *Lindacher* KTS 1966, 153; *Habscheid* KTS 1957, 161, 165; *Blomeyer*, FG Rosenberg, 1949, S. 51, 60 ff.; *Beitzke* ZZP 60 (1936/37), 317, 319; *Musielak/Voit* Rn. 5; *Schwab/Walter* Rn. 21.6; *Schwab* RIW 1988, 946; *Zöller/Geimer* Rn. 8; wohl auch *Stein/Jonas/Schlosser* Rn. 6.

„unter den Parteien". Die Einrede ist verzichtbare Rüge iSd. § 282 Abs. 3 iVm. § 296 Abs. 3[33] – somit also stark präklusionsbedroht. Man kann sie sich nicht einfach bis zur letzten mündlichen Verhandlung aufsparen[34] – das würde ermöglichen, vor dem zweiten Gericht einen besseren Ausgang zu suchen und bei absehbarem Misslingen, die Einrede als Rettungsanker zu werfen.

4. Positive oder Judizwirkung. Ist die entschiedene Rechtsfolge präjudiziell für ein weiteres – späteres – Verfahren (**„Vorfragenrelevanz"**), vor Schieds- oder Staatsgerichten, wirkt auch hier die Rechtskraft.[35] Der Schiedsspruch bindet wie ein Urteil (§ 322 Rn. 11, 50 ff. [aber auch: Rn. 27]) und bestimmt bzw. begrenzt die richterliche Entscheidungsfindung. Da aber exakte Vorgaben für den Aufbau des Schiedsspruches fehlen (§ 1054 Rn. 24–31), wird es rein praktisch oftmals schwierig sein, den rechtskraftfähigen Ausspruch „herauszudestillieren". 14

Es verbleibt zwar beim Grundsatz, dass **nur der Tenor und nicht die Entscheidungsgründe** in Rechtskraft erwachsen (§ 322 Rn. 86 ff.),[36] wenn es aber an einem eindeutigen Tenor überhaupt fehlt, kann nur eine allumfassend angelegte Auslegung weiterhelfen, zumal auch das Zusammenspiel von § 322 Abs. 1 und § 256 Abs. 2 hier nicht viel nützt, ja sogar auch die schlüssige Antragstellung zugelassen ist (§ 1044 Rn. 20–23). Die Parteien sollten selber daher von vornherein auf klare Antragstellung sehen, um späterem bösen Erwachen vorzubeugen: sei es als ungewollte Rechtskraftausweitung oder in Form von Nichtigkeit wegen Perplexität.[37] 15

Das Schiedsgericht muss dazuhin stets bedacht sein, mögliche Auslegungszweifel gar nicht erst aufkeimen zu lassen. Eine Vernehmung der Schiedsrichter über den Sinn des Schiedsspruches scheidet generell aus[38] – die **Auslegung** muss „aus sich selbst heraus" erfolgen, wenn nicht noch die Monatsfrist für die „autonome" Interpretation beim Schiedsgericht (§ 1058 Abs. 1 Nr. 2 mit Abs. 2) noch offensteht. Auch die Präjudizialität wirkt bis zu einer möglichen späteren Aufhebung bindend.[39] 16

5. Sonderfälle. Ein Vergleich vor dem Schiedsgericht führt auf Antrag zum **Schiedsspruch mit vereinbartem Wortlaut** (§ 1053 Abs. 1 S. 2, 1. Halbs.), der in Gestalt (§ 1053 Abs. 2 S. 1 [direkt] mit § 1054) und Wirkung (§ 1053 Abs. 2 S. 2 [inzident] mit § 1055) dem richterlichen („gefällten") Schiedsspruch in nichts nachsteht, somit gleichfalls in Rechtskraft erwächst (§ 1053 Rn. 38). 17

Rechtskraft parteiautonomer Verabredung beizumessen, ist indes ein Novum, das gewachsene Traditionen vorschnell aufgibt. Mit Rücksicht auf die *Vollstreckbarkeit* mag eine solche Gleichstellung sicher angehen und scheint durchaus auch effektiv, namentlich bei Notwendigkeit von Auslandsvollstreckungen[40] – sie allein hat wohl auch nur das Vorbild in Art. 30 Abs. 2 S. 2 ModG („same status and effect") im Auge, weil ja dort an Rechtskraft überhaupt nicht gedacht wurde (Rn. 1); eine Parteivereinbarung mit *Rechtskraftwirkung* auszustatten, geht jedoch zu weit, zumal von einem konstitutiven Richterakt nicht mehr viel übrig bleibt, und verkehrt die früheren Vorzeichen (Rn. 7) gänzlich. Das Gericht ist nurmehr „Protokollinstanz" mit lediglich ganz minimaler Kontrollbefugnis auf ordre-public-Verstöße (§ 1053 Abs. 1 S. 2, 2. Halbs.). Am klaren Gesetzeswortlaut, der diese (Rechtskraft-)Wirkung durch undifferenzierte umfassende Gleichstellung zubilligt, kommt man jetzt jedoch kaum mehr vorbei. 18

Damit erhält zudem auch die rein schiedsvertraglich orientierte **Dritterstreckung der Rechtskraftwirkung** (Rn. 22) weitere Unterstützung: sie entspricht der Möglichkeit, Dritte als Vergleichspartner mit einzubeziehen (§ 1053 Rn. 11 f.). Abzugrenzen davon sind Fälle **statutarischer Schiedsbindung** (§ 1066), die Erstbindung ist – aber inhalts-/zeitgleich doch mehrere Personen betrifft. 19

IV. Grenzen materieller Rechtskraft

1. Objektive Grenzen. Es gelten entsprechende Regeln wie bei Urteilen staatlicher Gerichte, einschließlich der Erstreckung bei Aufrechnung.[41] Auf die Schiedskompetenz für die Aufrechnungs- 20

---

[33] AA *Stein/Jonas/Schlosser* Rn. 7.
[34] So aber zB RG JW 1910, 711; 1916, 965.
[35] OLG München IPRspr. 2002 Nr. 223, S. 564, 565/566 [B I vor 1].
[36] OLG Stuttgart OLGR 2006, 945, 947 [II 1].
[37] Dazu BGH MDR 1962, 367.
[38] BGHZ 23, 138, 141 = NJW 1957, 592.
[39] So nun auch *Stein/Jonas/Schlosser* § 1059 (22. Aufl. gegen 20. Aufl.) Rn. 28 mit Fn. 62 im Anschluß an *Bosch*, 1991, S. 90 ff.
[40] Vgl. BT-Drucks. 13/5274 S. 54 re. Sp. [§ 1053/3].
[41] So auch *Schwab/Walter* Rn. 21.9; *Stolzke*, Aufrechnung und Widerklage, 2006, S. 103 f.

§ 1055 21–25   Buch 10. Abschnitt 6. Schiedsspruch und Beendigung des Verfahrens

forderung kann es hier freilich nicht ankommen, zumal sich der Beschwerte hiergegen wehren muss. Hat das Schiedsgericht über einen nicht erhobenen Anspruch erkannt, so erstreckt sich die Rechtskraft ganz generell auch auf ihn,[42] unbeschadet der Möglichkeit, Aufhebung zu erreichen (§ 1059 Abs. 2 Nr. 1 c [Kompetenzübergriff] bzw. Nr. 1 d, 2. Var. [Spruch ultra petita]), was eine pünktliche Antragstellung abverlangt (§ 1059 Abs. 3: Dreimonatsfrist). Die Feststellung des Umfangs der Rechtskraft des Schiedsspruchs ist revisibel – wenn und weil sich die Auslegung auf den Schiedsspruch beschränkt und sich nicht auf die Schiedsvereinbarung und den Parteiwillen erstreckt.[43]

21   **2. Subjektive Grenzen. a) Grundsatz.** Die persönliche Wirkung der Rechtskraft reicht nach hM[44] so weit, wie das die angerufene Schiedsvereinbarung vorzeichnet; sie bindet regelmäßig allein die Partner als Parteien. Das besagt die explizite Begrenzung, die insoweit § 1055 vorsieht: die Wirkungsäquivalenz (Rn. 8) ist **lediglich „unter den Parteien"** („inter partes") angeordnet, somit von vornherein auf jenen prozessualen Regelfall zugeschnitten (§ 325 Abs. 1, 1. Var.); eine Wirkung erga omnes (wie etwa für §§ 248 Abs. 1 S. 1, 249 Abs. 1 S. 1 AktG nötig)[45] wird legislatorisch also ausgeschlossen. Das führt zum Umkehrschluss – obwohl jene Regeln erst der Novelle von 1898 entstammen, § 1055 (§ 1040 aF bzw. § 866 CPO) jedoch von Anfang an galten – und zur Nichtanwendbarkeit der *prozessualen* Rechts- und Besitznachfolgeregeln (§ 325 Abs. 1, 2./3. Var. mit Abs. 2).[46]

22   Sie sind allemal auch unnötig. Gemeint ist nämlich die Bindung der **Vertragsparteien des Schiedsvertrages** – und insoweit mag *materielle* Drittbindung eingreifen. Man billigt sie bei Rechtsnachfolge (§ 1029 Rn. 45–48) und soweit eine Wirkungserstreckung gilt (§ 1029 Rn. 49–54). Die Bindung an die Schiedsvereinbarung bewirkt implizite Bindung an den Schiedsspruch als natürliches Endresultat der Schiedsbindung, sie setzt sich daran ganz nahtlos fort[47] und füllt die „vertraglich abgedeckten Rechtsräume" (iSv. § 1029 Abs. 1) mit schon vorneweg verbindlichen Inhalten (gem. § 1055). Das wirkt letzthin sogar schärfer, zumal dann jeder Gutgläubigkeitsschutz fehlt – es gibt keinen lastenfreien Erwerb, so wie ihn ja immerhin § 325 Abs. 2 eröffnet. Der Zusatz erscheint mithin als schief, zumal er in einen ungewohnten Zusammenhang hineinführt.[48]

23   **b) Zeiträume.** Die Erstreckung der gewollten schiedsvertraglichen Wirkungen (Rn. 22) ersetzt funktionsgleich demnach § 325 Abs. 1. Praktisch gibt es aber ergänzend diverse zeitliche Zäsuren. **Vor Klageerhebung** bestehen keine Probleme: der Subjektswechsel erfolgt vollauf „prozessneutral", der befasste Nachfolger kann unbelastet agieren.

24   Der **Konstituierungsakt (§§ 1034 ff.)** bindet ihn jedoch. Man kann nicht verlangen, dass das Schiedsgericht unter Berücksichtigung eigener Richtervorschläge noch einmal aufs neue gebildet wird.[49] Der Nachfolger muss übernehmen, so wie es bisheriger Entwicklung entspricht und sich die Handlungen seines Vorgängers mithin zurechnen lassen. Ansonsten könnte man die Veräußerung dazu missbrauchen, die Bindungswirkung des § 1035 Abs. 2 zu umgehen. Die Abberufung von Schiedsrichtern ist hintennach idR nurmehr einverständlich möglich (arg. § 1039 Abs. 1 S. 1, 3. Var.). Im Übrigen könnte dadurch das Schiedsverfahren endlos verzögert werden.

25   Ganz Entsprechendes gilt für die **Entscheidungsphase (§§ 1042 ff.).** § 265 Abs. 2 S. 1 ist hier nicht anwendbar,[50] der Nachfolger muss übernehmen (er hat ja nun allein die Sachlegitimation), der Vorgänger muss übergeben (ihm fehlt die Prozessführungsbefugnis). Anderenfalls droht Prozessverlust. Allerdings gebührt ihm eigenes rechtliches Gehör,[51] zumal auch der Übergang selbst erörtert werden muss. Vielleicht hat ja der Nachfolger eine persönliche neue Einwendung? Dazu muss er genügend Gehör erhalten (§ 1042 Abs. 1 S. 2 bzw. § 1059 Abs. 2 Nr. 1 b, 2. Var.). Möglich sind dazuhin auch ad-hoc-Verfahrensvereinbarungen zwischen jenen beiden neuen Parteien.

---

[42] BGHZ 34, 339.
[43] RGZ 110, 50, 51 f.; BGHZ 24, 15, 20; LM § 1040 aF Nr. 1.
[44] BGHZ 132, 278, 285 ff. (286) [II 6 a] – ferner: *Zimmermann* Rn. 1; *Gaul*, FS Sandrock, 2000, S. 285, 298–300.
[45] BGHZ 132, 278, 285 ff. [II 6 a] = NJW 1996, 1753, insbes. S. 286 mit S. 289 f. u. S. 284 – näher dazu bei § 1030 Rn. 36.
[46] BGHZ 64, 122, 128 = BB 1975, 582; *Thomas/Putzo/Reichold* Rn. 3; *Schütze/Tscherning/Wais* Rn. 526. AA aber zB *Bosch*, 1991, S. 124; *Schwab/Walter* Rn. 21.2; *Zöller/Geimer* Rn. 7 („sofern die Parteien nichts Abweichendes vereinbaren"[?]). Offen insoweit indes *Stein/Jonas/Schlosser* Rn. 21.
[47] AA *Bosch*, 1991, S. 129 ff.
[48] Für einen Verzicht daher *Oberhammer* LBI XXVII (2002) S. 119.
[49] AA *Musielak/Voit* Rn. 8 mit § 1042 Rn. 17 bei Einzelrechtsnachfolge.
[50] *Schwab/Walter* Rn. 21.3; *Loritz* ZZP 105 (1992), 1, 15; *Stein/Jonas/Schlosser* Rn. 18.
[51] AA *Musielak/Voit* Rn. 7 bei Gehör des Vorgängers.

Nach Verfahrensende, dh. mit dem Schiedsspruch, entfällt dann freilich zwangsläufig die Gehörspflicht. Dann besteht jene vertragsgemäße Schiedsbindung (Rn. 22), es sei denn es käme zur Vollstreckbarerklärung (§ 1060 Abs. 1 iVm. § 794 Abs. 1 Nr. 4a): dann gilt über § 795 S. 1 doch noch § 727. Es geht jedoch hier um staatliche Hoheitsakte. 26

3. Zeitliche Grenzen. Im Zweifel umfasst die Schiedsvereinbarung auch Abänderung und Nachforderung.[52] Regelmäßig wird das Amt des alten Schiedsgerichts aber bereits beendet sein[53] (§ 1056 Abs. 3), zumal mehr als Auslegung (§ 1058 Abs. 1 Nr. 2) gefordert ist und nichts „vergessen" (§ 1058 Abs. 1 Nr. 3) wurde. Verlangt wird vielmehr eine Reaktion auf geänderte Verhältnisse. Dafür ist dann ein neues Schiedsgericht wie üblich (§§ 1034 ff.) zu bilden, sofern nicht doch die Schiedsvereinbarung auf bestimmte Personen abstellt[54] oder umsichtig Perpetuierung anordnete. Analog § 767 Abs. 2 wirkt als Zäsur die letzte Möglichkeit zum Tatsachenvortrag.[55] Indes wird nicht notwendig mündlich verhandelt (§ 1047 Abs. 1 versus § 296a), sodass hier die Schiedsrichter mit einem Stichtag für die allemal nötige Klarheit sorgen sollten (§ 1042 Abs. 4 S. 1). Im Nachhinein wird sonst bloß schwierige Aufklärungsarbeit notwendig (vgl. auch erg. § 1060 Rn. 33 ff.). 27

V. Durchbrechung materieller Rechtskraft

1. Kraft Parteiautonomie. Nach der im Schiedsverfahren vorherrschenden Parteiautonomie können die Parteien den Schiedsspruch durch Vereinbarung *nachträglich* (sonst: verkappte unzulässige staatliche Berufung! [Rn. 3]) aufheben oder ändern,[56] auch den Streit insgesamt neu austragen. Das kann vor Staatsgerichten geschehen oder durch eine Wiederholung jener eigentlich schon verbrauchten Schiedsvereinbarung (dies uU über § 1040 Abs. 2 iVm. § 1031 Abs. 6).[57] Die parteiautonome Durchbrechung entspringt der letztlich auf privater Abmachung beruhenden Schiedsbindung, die (auch) auf die (Rechtskraft-)Wirkung des erreichten Schiedsspruches ausstrahlt. Sie existiert eben lediglich „unter den Parteien" und ist damit dann quasi „(schieds-)vereinbarungsabhängig" (vgl. dazu erg. Rn. 21 f.) – auch nachträglich noch; die Erneuerung wäre demzufolge zulässiger actus contrarius. 28

Letztlich kann dabei die Frage nach der Abdingbarkeit nicht anders beantwortet werden, als zuvor die Frage, ob der Einwand der rechtskräftigen Entscheidung durch Schiedsspruch nur auf entsprechende Einredeerhebung zu beachten ist (Rn. 12). Geht es dort um die Beseitigung der Rechtskraft durch prozessuale *einseitige* Disposition, muss erst recht einverständliches Parteihandeln ausreichen. Die Parallelität von Einredeerfordernis und Aufhebungsbefugnis, ergibt aber auch eine Grenze: Aufhebbarkeit ist nur bis zur Vollstreckbarerklärung des Schiedsspruchs gegeben. Danach besteht dafür auch kein Bedürfnis mehr, denn ist der Schiedsspruch amtswegig zu berücksichtigen, ist der Streitgegenstand einer erneuten Entscheidung, für die die Aufhebung des alten Schiedsspruchs Raum schaffen sollte, ohnedies zwangsläufig entzogen. 29

2. Durch Rechtsbehelfe. Die für die Urteile staatlicher Gerichte geltenden Grundsätze, nach welchen die Rechtskraft beseitigt werden kann (§ 322 Rn. 207–232), wirken ganz ähnlich auch im Schiedsverfahren.[58] Für eine Durchbrechung nach § 826 BGB gilt das ganz problemlos, der allemal richtigere prozessuale Lösungsweg der §§ 578 ff. ZPO birgt freilich hier Probleme: der Antrag auf **gerichtliche Aufhebung** ist der speziellere – fristgebundene (§ 1059 Abs. 3)! – Rechtsbehelf, der Ausschließlichkeit für sich beansprucht (arg. § 1059 Abs. 1 u. 2: „nur"); und auch die tatbestandliche Verkoppelung mit den Restitutionsgründen (§ 1041 Abs. 1 Nr. 6aF iVm. § 580 Nr. 1–6) fehlt jetzt – wie sollen jedoch dem obdrein gerade für die Zukunft künftig eingeführten (§ 1059 Nr. 45). Das gilt auch bei **Rechtskraftkollision** (§ 580 Nr. 7 a), die bisher jedoch nicht eigens erfasst war – dabei gilt das Prioritätsprinzip,[59] ohne dass es auf grobes Verkennen ankäme;[60] die Rechtskraft verkörpert hier 30

---

[52] Vgl. *Baumbach/Lauterbach/Hartmann* § 1029 Rn. 21; *Musielak/Voit* Rn. 12.
[53] AA *Zöller/Geimer* Rn. 11.
[54] *Schwab/Walter* Rn. 21.10.
[55] BayObLGZ 2000, 131, 135 = NZI 2000, 366, 367 [II 3 c].
[56] RG JW 1920, 703, 704 m. zust. Anm. *Kisch* [3]; RGZ 146, 262, 268; BGH BB 1961, 264 [2]; OLG Bremen NJW 1957, 1035, 1036; BayObLGZ 1984, 45, 48; OLG Stuttgart OLGR 2002, 166 [3] – zust. *Thomas/Putzo/Reichold* Rn. 2; *Baumbach/Lauterbach/Hartmann* Rn. 4; *Zöller/Geimer* Rn. 10; aA aber zB *Schwab/Walter* 21.7 m. weit. Nachw.; *Musielak/Voit* Rn. 6 mit § 1048 Rn. 8 aE u. § 1042 Rn. 29; *Loritz* ZZP 105 (1992), 1, 13.
[57] Dazu unter altem Recht auch RG JW 1920, 703, 704; RGZ 146, 262, 267.
[58] *Schwab/Walter* Rn. 21.10; *Zöller/Geimer* Rn. 11.
[59] *Zöller/Geimer* Rn. 13 mit § 1032 Rn. 14.
[60] So aber *Schlosser* RIPS Rn. 880.

§ 1055 31–35   Buch 10. Abschnitt 6. Schiedsspruch und Beendigung des Verfahrens

Eigenwerte ohne Rücksicht auf die Intention. Dagegen gibt es kein eigenes Wiederaufnahmeverfahren abseits der Fristen des § 1059 Abs. 3[61] (im Unterschied zu § 1068 WBR [NL]).

31   Die Gründe des § 1059 Abs. 2 wirken dabei auch nur im **Aufhebungs-** (§ 1059) **und Vollstreckbarerklärungsverfahren** (§ 1060), sie taugen *für sich allein* aber nicht etwa als Mittel zur Inzidentverteidigung gegen die Sperr- oder Judizwirkung der Rechtskraft in einem späteren Verfahren (§ 1059 Rn. 84), und sie sind zudem fristgebunden gemäß § 1059 Abs. 3. Bei anderweitig anhängigem Aufhebungsantrag liegt Aussetzung nach § 148 nahe. Und auch der **erschlichene Schiedsspruch** wird regelmäßig nach § 1059 Abs. 2 Nr. 2b aufzuheben sein[62] – dem Umkehrschluss aus § 1041 Abs. 1 Nr. 6 aF ist nunmehr die Grundlage entzogen! An sich käme eine Durchbrechung der Rechtskraft mittels § 826 BGB, wie sie die Praxis – leider – beherrscht, jetzt häufiger in Betracht,[63] wenn keine Vollstreckung droht (arg. § 1060 Abs. 2 S. 3), man aber *im Wege des Angriffs* aus eigenem Antrieb die Beseitigung der Rechtskraft erreichen möchte. Doch dazu genügt auch eine **Feststellungsklage** (§ 256 Abs. 1). Nichtige Schiedssprüche darf man ganz unbeschränkt „missachten", denn ihnen steht ihre Unverbindlichkeit „auf die Stirn geschrieben".

VI. Sonstige Wirkungen

32   **1. Vollstreckbarkeit.** Die Vollstreckbarkeit des Schiedsspruchs setzt eigene (staatsgerichtliche[64]) Vollstreckbarerklärung voraus (§ 1060 Abs. 1 bzw. § 1061 Abs. 1 S. 1 iVm. UNÜ); der Schiedsspruch hat also **keine Titelkraft ipso iure;** Vollstreckungstitel ist erst der Zulassungsbeschluss des Staatsgerichtes (§ 794 Abs. 1 Nr. 4a). Dafür wird zuvor gleichsam inzident überprüft, ob eventuell Aufhebungsgründe vorliegen (§ 1060 Abs. 2 S. 1 mit § 1059 Abs. 2 – aber Präklusionsfrist nach § 1060 Abs. 2 S. 3 mit § 1059 Abs. 3!). Dazuhin setzt die Vollstreckbarerklärung ebenfalls Unanfechtbarkeit, Außenwirksamkeit und Endgültigkeit des Schiedsspruches voraus (Rn. 3–6 mit § 1060 Rn. 12), und also den Rechtskrafteintritt.

33   Das ist klar bei der Vollstreckung im jenem engeren Sinne der §§ 704ff., 803ff., wie namentlich bei § 894; das gilt gleicherweise aber bei sonstigen (Vollzugs-)Wirkungen (zB Registereintragung, die zT gar explizit Titulierung verlangt[65] [§ 895 ZPO, § 16 Abs. 1 HGB]); näher dazu bei § 1060 Rn. 5. Erst die Vollstreckbarerklärung schafft hier eine gewisse **„Bestandskraftgarantie":** sie beseitigt die Aufhebungsgefahr,[66] abgekoppelt von der Monatsfrist (§ 1059 Abs. 3 S. 4) und losgelöst vom Aufhebungsgrund (§ 1060 Abs. 2 S. 3); sie verdrängt die letzten Residuen parteiautonomen Handelns, Einredegebot (Rn. 12) und Verfügbarkeit (Rn. 28). Damit erst besteht eine volle Gleichstellung mit rechtskräftigen staatlichen Urteilen.

34   **2. Tatbestandswirkung.** Sie bedeutet, dass das rechtskräftige Urteil selbständig Tatbestandsmerkmal materieller Normen ist, insbes. wenn es eine Umstellung von Individual- auf Geldersatzleistung zulässt (§ 893 ZPO mit § 283 BGB: Rechtskraft), den Befreiungsanspruch des Bürgen begründet (§ 775 Abs. 1 Nr. 4 BGB: Titelwirkung) und die Haftung des Erben beschränkt (§§ 1973 Abs. 2, S. 3, 1991 Abs. 3 BGB). Dazu gehört systematisch sicher auch die **Verjährungsverlängerung** (§ 197 Abs. 1 Nr. 3 BGB: 30 Jahre – Einschränkung in § 197 Abs. 2 BGB). Sie beginnt ab formeller Rechtskraft (Rn. 3f.) oder hilfsweise späterer Fälligkeit.[67] Weil das Gesetz jedoch hier den Schiedsspruch demonstrativ eigenständig bedenkt (§ 220), legt das dann allgemein die Umkehrung nahe: Der Schiedsspruch ist hinsichtlich der Tatbestandswirkung einem rechtskräftigen Urteil *nicht* gleichgestellt; diese Wirkung muss jeweils in der anzuwendenden Norm ausdrücklich festgestellt werden.

35   **3. Protokollwirkung.** Die Protokollwirkung ist ein rein beweisrechtliches Phänomen und meint die Beweiskraft für Tatsachen und Vorgänge, die zwar die Urkunde (Schiedsspruch) erwähnt, die aber als bloß unselbständige Glieder des Subsumtionsschlusses nicht ihrerseits selbständig in Rechtskraft erwachsen. Bei Urteilen hat der Tatbestand solche Funktion (§ 314 mit § 415 bzw. § 418). Ein Schiedsspruch ist indes niemals einer öffentlichen Urkunde gleichzuachten.[68] Der

---

[61] AA *Stein/Jonas/Schlosser* § 1058 Rn. 4.
[62] Vgl. *Stein/Jonas/Schlosser* Rn. 9.
[63] Vgl. *Wieczorek/Schütze* § 1040 aF Rn. 8.
[64] Schiedsrichterliche Anordnung vorläufiger Vollstreckbarkeit (OLG Frankfurt/Main OLGR 2005, 548, 549) macht mithin keinen Sinn!
[65] AA *Loritz* ZZP 105 (1992) 1, 18 f.: Umkehrschluß.
[66] *K. Schmidt* ZGR 1988, 535 f.; *Wieczorek/Schütze* § 1042 aF Rn. 9; eher krit. dazu *Walter*, FS Schwab, 1990, S. 539, 552–554; *Loritz* ZZP 105 (1992) 1, 17 ff.
[67] OLG Celle NJW 1964, 820.
[68] *Schlosser* RIPS Rn. 717 mit Rn. 905 – aA KG SchiedsVZ 2007, 276, 277 re. Sp.

Rolle,[9] obwohl man später dann leider doch auf jede Definition verzichtet hat.[10] In dieser „Umkehrung der Sichtweise" liegt die wahre Bedeutung der Vorschrift. Im einzelnen sind statthaft:

2. Teilschiedssprüche. Teilschiedssprüche („**partial awards**") sind vom Schiedsgericht nicht **7** mehr abänderbare, einen Teil des Klageanspruchs erledigende Entscheidungen[11] – der Teilschiedsspruch darf vom weiteren Verlauf des Prozesses nicht mehr berührt sein,[12] der Schlussschiedsspruch darf ihm nicht widersprechen,[13] wie insbesondere bei einem Spruch über einen größenmäßig beschränkten Anspruchsteil[14] oder ein Kostenausspruch bei Entscheidung zur Zuständigkeit.[15] Ein Teilschiedsspruch ist formgebunden (§ 1054 Rn. 3), rechtskraftfähig (§ 1055 Rn. 6) und gleichfalls auch selbständig der Vollstreckbarerklärung (§ 1060 Rn. 12) zugänglich – er hat also *materielle* Entlastungsfunktion; nur über die Verfahrenskosten (§ 1057) kann vernünftigerweise erst mit endgültiger Beendigung (§ 1056 Abs. 1, 1. Var.) entschieden werden, weil idR erst zur Schlussentscheidung alle maßgeblichen Umstände vorliegen.

3. Zwischenschiedssprüche. Zwischenschiedssprüche („**interim awards**") sind formal ver- **8** selbständigte Subsumtionsschritte auf dem Weg zur Endentscheidung. Ein Zwischenschiedsspruch ist formgebunden iSv. § 1054, anderenfalls mangelt die formale Anknüpfung, die unerlässlich ist, um gesichert abzugrenzen gegenüber einer bloß vorläufigen, wenn auch schriftlichen Äußerung einer Rechtsansicht, welche das Gericht nie bindet; ein Zwischenschiedsspruch ist indes nicht der materiellen Rechtskraft fähig (§ 1055 Rn. 6 – Parallele: § 322 Rn. 35), sondern er erzeugt nur eine Art **Bindungswirkung** für das Schiedsgericht im laufenden Verfahren (in Anlehnung an § 318).[16] Das mag der Strukturierung des Prozessablaufs dienen.

Ein Zwischenschiedsspruch hat rein *prozessuale* Entlastungsfunktion (im Unterschied zu Rn. 7) – **9** und zwar allein fürs Schiedsverfahren: er kann weder mittels eines Aufhebungsantrages (§ 1059) angegriffen noch umgekehrt positiv wirken und für vollstreckbar erklärt (§ 1060) werden.[17] Möglich ist dagegen die spätere Klarstellung seitens des Schiedsgerichts (§ 1058 Abs. 1 Nr. 1/2). Zwischenschiedssprüche sind im Schiedsverfahren auch idR eher irritierend als nützlich (aber: Rn. 11 f.). Sie mögen etwa einen kleineren Zwischenstreit erledigen (§ 303), damit sich die Parteien auf die eigentlichen Streitpunkte zurückbesinnen können, aber ebenso gut auch als Vehikel für eine Art Eventualmaxime dienen (§ 1042 Abs. 4 S. 1!).[18]

Als Zwischenschiedsspruch wird mitunter auch die Entscheidung über die Klageforderung unter **10** **Vorbehalt** der Entscheidung über die Aufrechnung angesehen, wenn und weil der Vorbehalt die *eigene* Entscheidung des Schiedsgerichts betrifft,[19] und ebenso der Erstschiedsspruch, solange ein **Oberschiedsgericht** angerufen werden kann[20] – auch wenn dies dogmatisch kaum begründbar scheint und es ferner allein um die – anders viel besser mögliche (§ 1055 Rn. 3 einerseits, Rn. 36 andererseits) – Erklärung eingeschränkter sachlicher Wirkungen geht. Dass das Verfahren weiter anhängig bleibt, steht nunmehr angesichts § 1056 Abs. 1, 1. Var. außer Zweifel. – **Sonderfälle:**

a) Gesetzliche „Zwischenentscheide". Für die praktisch recht wichtige Frage der **Zustän- 11 digkeit des Schiedsgerichts** (§ 1040 Abs. 3 – Parallele: § 280) bemüht das Gesetz nunmehr „in

---

[9] 1st SN Nr. 82 = *Holtzmann/Neuhaus* S. 872; 1st WGR Nr. 73 = *Holtzmann/Neuhaus* S. 874 (abstrakte Umschreibung) bzw. 2nd WGR Nr. 134 = *Holtzmann/Neuhaus* S. 875/876 (konkrete Beschreibung).
[10] 4th WGR Nr. 118 f. = *Holtzmann/Neuhaus* S. 880.
[11] OLG Köln OLGRspr. 2 (1901), 95/96 [1]; RG JW 1910, 70 in Abgrenzung zu RGZ 62, 353, 355; BGHZ 10, 325, 325/326; BGH ZZP 71 (1958), 427, 436.
[12] OLG Frankfurt/Main SchiedsVZ 2007, 278, 279 re. Sp.; OLG Düsseldorf, Beschl. v. 14. 8. 2007 – I-4 Sch 2/06 [II 1 b bb/JURIS-Rn. 118].
[13] Gegenbeispiele: identische Vorfragen bei Klage und Widerklage (OLG Frankfurt/Main SchiedsVZ 2007, 278, 279 re. Sp. – fraglich die Inanspruchnahme von *formaler* staatsseitiger Kontrollkompetenz); Haupt- und Hilfsantrag (aA OLG Düsseldorf, Beschl. v. 14. 8. 2007 – I-4 Sch 2/06 [II 1 b bb/JURIS-Rn. 118–120]).
[14] Abgrenzend RGZ 96, 8, 11 (zu § 301).
[15] Unbesehen ob dies an sich statthaft ist: BGH NJW-RR 2007, 1008 [6 f.].
[16] Näher § 1055 Rn. 36 – aA 1. Aufl. § 1034 aF Rn. 43; § 1040 aF Rn. 4; offen RGZ 69, 52, 56.
[17] BGH NJW-RR 2007, 1008 [5] mit BGH NJW-RR 1993, 444, 445 [II 4b] u. weit. Nachw. – ferner: OLG Frankfurt/Main SchiedsVZ 2007, 278, 279 li. Sp.; RGZ 69, 52, 54–56; 85, 391, 393; wohl auch RGZ 169, 52, 53; dies ergibt sich ferner auch aus der Zusammenschau aus BGHZ 10, 325, 327 und RGZ 114, 165, 168; in der Begründung unrichtig daher LG Köln IPRax 1984, 90, dazu *Laschet* IPRax 1984, 72.
[18] So ist wohl RGZ 69, 52, 56 richtig zu deuten!
[19] BGHZ 10, 325, 326 f.; *Stolzke,* Aufrechnung und Widerklage, 2006, S. 102 f. mit S. 82–84 – aber: *Schwab/Walter* Rn. 18.7 (eigene Art); *Thomas/Putzo/Reichold* § 1054 Rn. 3 (kein Schiedsspruch). Anders bei Vorbehalt der *fremden* Entscheidung des Staatsgerichts: *Schwab/Walter* Rn. 3.14 mit OLG Stuttgart OLGR 2006, 945, 947 [II 1].
[20] RGZ 114, 165, 168 – aber: *Schwab/Walter* Rn. 18.13 („im Grunde").

der Regel" einen besonderen, staatlich anfechtbaren „Zwischenentscheid" (S. 1), der in terminologisch bewusster Gegenstellung zu Art. 16 Abs. 3 S. 1 ModG („may rule ... as a preliminary question or in an award on the merits") eben gerade *kein* „Schiedsspruch zur Sache" oder Zwischenschiedsspruch sein soll.[21] Damit hat sich der recht alte Streit um die Kompetenz-Kompetenz des Schiedsgerichts weitgehend erledigt und ist zugleich der Vorteil rechtzeitiger selbständiger (Über-)Prüfung (S. 2 - ebenso: § 280 Abs. 2 S. 1) eröffnet. Nur darf das Schiedsgericht sogar von sich aus, und mithin auch ohne Antrag (S. 3 - anders: § 280 Abs. 2 S. 2), das Schiedsverfahren fortsetzen und zur Sache befinden. Als ähnliches Institut erscheint die nicht explizit indes als Zwischenentscheid deklarierte staatsgerichtliche Überprüfung der **Ablehnung von Schiedsrichtern** (§ 1037 Abs. 3).

12 b) **Schiedsspruch zum Anspruchsgrund.** Er erscheint in Anlehnung an die Urteilslehre (arg. § 304) als ein Zwischenschiedsspruch denkbar, wobei sich die - oftmals nicht einfach vorzunehmende - Abgrenzung von Grund und Betrag am üblichen Maßstab orientiert (§ 304 Rn. 15 ff.). Aber: was nützt er? Es wird meistens viel interessengerechter sein, wenn man hier keine bewusste Zwischenentscheidung zum Anspruchsgrund annimmt, sondern von einer - vielleicht nur „verkappten" - **Zwischenfeststellung** des Anspruchsgrundes als präjudizielles Rechtsverhältnis (arg. § 256 Abs. 2) ausgeht,[22] die dann als Teilschiedsspruch auch (staats-)gerichtlich anzugreifen wäre und sogar Rechtskraft wirkt (§ 1055 [dort Rn. 6]).[23] Auf diese Weise kann man auch den Fall gut erfassen, dass das Schiedsgericht - auf Grund der Schiedsvereinbarung oder weil es sich dafür aus anderen Gründen für berechtigt oder verpflichtet hält - nur über den Anspruchsgrund entscheidet und eine Entscheidung über die Anspruchshöhe ablehnt.[24] Ob der Schiedsspruch eine Kostenregelung (§ 1057 Abs. 1 S. 1) enthält,[25] ist dabei wegen der Zweigleisigkeit von § 256 Abs. 1 und Abs. 2 indes ohne große Aussagekraft.

13 4. **Einstweilige Maßnahmen.** Die Maßnahmen des einstweiligen Rechtsschutzes (**„interlocutory awards"**), welche jetzt auch das Schiedsgericht anordnen darf (§ 1041), können vorläufiger *oder* sichernder Natur sein (Art. 17 S. 1 ModG: „interim measure of protection"). „Endgültiger Schiedsspruch" (§ 1056 Abs. 1, 1. Var.) und „vorläufige ... Maßnahme[n]" (§ 1041 Abs. 1 S. 1, 1. Var.) sind per se als begriffliche Gegensätze erkennbar, sie werden dazuhin ja auch in verschiedener Gestalt außenwirksam. Im Gegensatz zu §§ 916 ff. fehlt hier die Zweiteilung in Hauptsacheverfahren und einstweiligen Rechtsschutz mit parallel verlaufender Dopplung der (Streit-)Gegenstände in endgültige Befriedigung und vorläufige Sicherung (§ 1041 Rn. 26). Die einstweilige Maßnahme ist deswegen ohne weiteres ein (Zwischen-)Schritt auf dem Weg hin zum Schiedsspruch und daher nie geeignet, das Verfahren unmittelbar, dh. ohne einen Umweg über Abs. 2, sogleich zu beenden.

III. Irreguläre Beendigung (Abs. 1, 2. Var. mit Abs. 2)

14 1. **Grundlagen.** Das Verfahren kann auch irregulär enden, nämlich infolge eines ausdrücklichen **Beendigungsbeschlusses** des Schiedsgerichts (Abs. 1, 2. Var.) - als Konsequenz aus einem der enumerativ angeführten,[26] weit auszulegenden **Beendigungsgründe** (Abs. 2 - Rn. 16 ff.). Der Beschluss erfolgt losgelöst von § 1054[27] (ohne Schiedsspruch, kein Aufhebungsantrag!), er beendet formal die Schiedshängigkeit (Rn. 1) und zeitigt zusätzlich auch materielle Wirkung: Beginn der halbjährigen „Nachlauffrist" für die Verjährungshemmung (§ 204 Abs. 2 S. 1, 2. Var.),[28] Endfälligkeit der Schiedsrichtervergütung (§ 614 S. 1 BGB: „nach der Leistung" - indes Pflichtnachwirkung gemäß § 1056 Abs. 3 ZPO!).

15 Die Aufzählung der Tatbestände ist - mit Ausnahme von Nr. 1a und Nr. 3, 1. Var.[29] - nahezu wörtlich übernommen aus Art. 32 Abs. 2 ModG - bei allerdings unauffällig verschobener Systematik. Während sich nämlich das ModG klar der Reihenfolge „Kläger-Parteien-Gericht" unterwirft,

---

[21] *Thomas/Putzo/Reichold* § 1054 Rn. 3. Terminologisch recht mißverständlich daher OLG Bremen TranspR 2002, 405, 406.
[22] Ähnlich *Schwab/Walter* Rn. 18.11; *Schütze/Tscherning/Wais* Rn. 513. AA OLG Frankfurt/Main SchiedsVZ 2007, 278, 279 re. Sp.
[23] Vgl. auch RG JW 1935, 1088, 1089, ferner insbes. RGZ 100, 118, 121. Hierzu ausf. jüngst *Kremer/Weimann* SchiedsVZ 2007, 238, 241 ff., insbes. S. 244 f. [V].
[24] Vgl. RGZ 100, 118, 121 f. bzw. RG JW 1918, 137/138 – ferner: KG OLGRspr. 29 (1914), 291.
[25] Darauf hebt jedoch RGZ 100, 118, 122 aE entscheidend ab.
[26] AA *Musielak/Voit* Rn. 1.
[27] AA *Baumbach/Lauterbach/Hartmann* Rn. 7; wohl (implizit) auch *Stein/Jonas/Schlosser* Rn. 7.
[28] Vgl. auch erg. 4th WGR Nr. 48 = *Holtzmann/Neuhaus* S. 879; 7th SN Art. 32 Nr. 2 = *Holtzmann/Neuhaus* S. 884.
[29] BT-Drucks. 13/5274 S. 57 li. Sp. [1] bzw. [5].

gewährt die ZPO dem Gericht keine *eigenständige* Macht, das Schiedsverfahren *von sich aus* abzuschließen. Sie gibt statt dessen dafür (in Nr. 3) zwei *objektive* Gründe vor, von denen der Erste allerdings sachlich zu Nr. 2 (Beendigung durch einverständliches Parteiverhalten) gehört. Hieraus ergibt sich die nachfolgende binnenrechtliche Systematisierung, die an dem Parteiverhalten ausgerichtet ist.

2. Einseitige Verfahrensbeendigung. Einseitig kann natürlich nur der **Schiedskläger** das angefangene Verfahren beenden. Der **Schiedsbeklagte** bleibt darauf beschränkt, einen *einseitigen* Schritt des Klägers anzuregen oder eine *gemeinsame* Beendigung anzubieten, in die dann der Kläger, wenn er dies möchte, einzuwilligen vermag. Davon zu unterscheiden ist der Fall, dass der Beklagte den gegen ihn geltend gemachten Anspruch insgesamt oder teilweise **anerkennt.** Eine solche *prozessuale* Anspruchs-Disposition muss auch im Schiedsverfahren – sinngemäß § 307 Abs. 1 folgend – statthaft sein.

Einzelheiten zum Anerkenntnis: das Schiedsgericht ist hiermit jedweder Sachprüfung enthoben – ja noch viel weitergehend: es darf nicht mehr in eine sachliche Prüfung eintreten, sondern muss alsdann „dem Anerkenntnis gemäß ... verurteilen".[30] Weil jedoch der Kläger gewiss einen vollstreckbaren Titel haben möchte, muss er einen Schiedsspruch in die Hand bekommen. Hier bietet sich an, entsprechend § 1053 Abs. 1 S. 2 iVm. Abs. 2 zu verfahren und einen Schiedsspruch mit vereinbartem Wortlaut zu erlassen, der dann insoweit voll den Klageantrag nachzeichnet, obwohl dies an sich nichts mehr mit einem Kompromiss gemein hat. Damit passt die Richtschnur des ordre public als Notbehelf präventiver Kontrolle in § 1053 Abs. 1 S. 2, 2. Halbs. letzthin gut zusammen.[31]

Sollte der Kläger **verzichten,** lässt sich zugunsten des Beklagten in Anlehnung an § 306 sinngemäß verfahren – was ihm dann immerhin eine der Rechtskraft fähige Feststellung verschafft, dass der Anspruch nicht bestanden hat (§ 1053 Abs. 2 S. 1 mit § 1055 – dazu aber § 1055 Rn. 28f.), sodass er vor einer Klageerneuerung sicher sein dürfte. Ein spezieller Anerkenntnis- oder Verzichtsschiedsspruch ist daher unnötig.[32] – Demgegenüber geht es nunmehr im Folgenden um ein **Verfahrensende ohne Sachwirkungen** aus Anlass des Klägerverhaltens:

a) Klagerücknahme (Nr. 1 b). Sie ist einseitige Verfahrensbeendigung durch **positives Tun:** Der Schiedskläger kann sein Rechtsschutzgesuch zurückziehen.[33] Wenn der Schiedskläger die Unbegründetheit der von ihm erhobenen Klage anerkennt, kann allerdings auch[34] ein Klageverzicht (Rn. 18) vorliegen; was konkret gewollt ist, muss notfalls durch Auslegung geklärt werden. In Parallele zu § 269 Abs. 1 ist eine Klagerücknahme ohne weiteres möglich bei **Einwilligung** des Beklagten[35] – einer Zulassung durch das Schiedsgericht bedarf es nicht.

Jene Anleihe gilt entsprechend für Tatbestand (§ 269 Abs. 2: schriftliche Erklärung gegenüber Schiedsgericht) und Rechtswirkung (§ 269 Abs. 3 S. 1: Anhängigkeit entfällt mit Wirkung *ex tunc* – zu S. 2/3 vgl. § 1057 Rn. 27) der Klagerücknahme. Die Erklärungslast ist jedoch verlagert: bei § 269 Abs. 1 muss die Einwilligung *positiv* erklärt werden; hier dagegen wird Einwilligung vermutet, und der Beklagte muss zusehen, dass er sich *negativ* (Widerspruch bzw. Verwahrung) erklärt, um sich die Chance auf eine Sachentscheidung offenzuhalten. Dem Beklagten ist demzufolge die Rücknahme mitzuteilen (§ 1047 Abs. 3), und er hat sich in der gerichtsbestimmten Frist – anderenfalls unverzüglich, damit man bald die nötige Klarheit erhält – entsprechend darauf zu äußern.

Ob sich freilich die Chance auf tatsächliche Sachentscheidung verwirklicht, darüber entscheidet alsdann das Schiedsgericht, wenn und weil es ein „**berechtigtes Interesse** ... an der endgültigen Beilegung der Streitigkeit anerkennt", was im Zweifel zu bejahen ist.[36] Der Widerspruch indiziert eine sachliche Betroffenheit. Im Prinzip erlangt so das „rechtliche Interesse" an selbständiger negativer Feststellung des Streitverhältnisses (§ 256 Abs. 1) parallele Bedeutung: möchte nicht auch der Schiedsbeklagte an endgültiger rechtskraftfähiger Sachklärung interessiert sein?[37] Die Regelung des § 269 Abs. 1, welche mit Beginn der mündlichen Verhandlung grundsätzlich ein entsprechendes

---

[30] AA *Schütze/Tscherning/Wais* Rn. 515 als Folge des beschränkten Untersuchungsgrundsatzes (§ 1042 Rn. 104–111) – es geht aber hier um Disposition, nicht Inquisition!
[31] Näher dazu *Münch*, Vollstreckbare Urkunde..., 1989, § 10 II 3 c–d, S. 201 ff., zust. *Frische*, Verfahrenswirkungen und Rechtskraft gerichtlicher Vergleiche, 2006, S. 255.
[32] AA *Schwab/Walter* Rn. 18.15: Anerkenntnis-Schiedsspruch.
[33] Das ist abzugrenzen von der *Berufungs*rücknahme (Fortbestehen erstinstanzlicher Entscheidung!): OLG Hamburg NJW-RR 2000, 806 [II 1] – aA *Stein/Jonas/Schlosser* Rn. 6 Fn. 4.
[34] Im Widerspruch zu BGH BB 1958, 1146 = DB 1958, 1242.
[35] *Schwab/Walter* Rn. 16.30; *Baumbach/Lauterbach/Hartmann* § 1042 Rn. 11 („Klage").
[36] AA *Lachmann* Rn. 1460, 1851 u. *Musielak/Voit* Rn. 4: stets mangels Erlaß (nicht „Verzicht" wegen Rn. 18 aE mit Rn. 19) – dies widerstreitet aber dem Wesen der Klagerücknahme.
[37] So zutr. *Kisch*, Beiträge zum Schiedsverfahren, 1933, S. 1 ff., 3.

§ 1056 22–27   Buch 10. Abschnitt 6. Schiedsspruch und Beendigung des Verfahrens

Interesse unterstellt, musste hier schon deswegen einer flexiblen Anknüpfung je nach Sachlage[38] weichen, weil ein Schiedsgericht wesentlich freier prozediert (§ 1047 Abs. 1 mit § 1042 Abs. 1 S. 2) und auch ohne mündliche Verhandlung auskommen kann.

22   Bei Widerspruch und berechtigtem Interesse des Beklagten **entscheidet das Schiedsgericht** mit Rechtskraftwirkung zur Sache (§ 1055) und beendet das Verfahren regulär durch endgültigen Schiedsspruch (§ 1056 Abs. 1, 1. Var.), nicht etwa durch „Zwischenentscheid" (endgültige Festlegung!) oder gar in Beschlussform.[39] Ist streitig, ob die Klagerücknahme wirksam ist, hat das Schiedsgericht darüber zu entscheiden. Ist es der Auffassung, die Rücknahme sei unwirksam, so setzt es das Verfahren fort und gibt die Begründung dafür sofort in einem Zwischenschiedsspruch (Rn. 8 ff.) oder später bei der Endentscheidung.

23   Anderenfalls beschließt es das Ende des Verfahrens – und zwar durch rechtsförmlichen Beendigungsbeschluss (§ 1056 Abs. 1, 2. Var.), der indes kombinierbar mit einem gesonderten Kostenschiedsspruch ist (§ 1056 Abs. 3 mit § 1057 Abs. 2). Das Schiedsverfahren ist dann gewiss formal beendet, die Schiedsbindung besteht aber dennoch fort. Der Schiedskläger darf mithin seine Klage später erneuern, dem Schiedsbeklagten bleibt aber die Schiedseinrede vor dem ordentlichen Gericht erhalten,[40] und vor dem Schiedsgericht muss man ihm analog § 269 Abs. 6 ebenso eine Einrede zubilligen,[41] um seinem Kostenerstattungsanspruch adäquat Rechnung zu tragen. Sonst wäre stets schon das reine Kosteninteresse ein berechtigtes und der Doppeltatbestand liefe weithin leer.

24   **b) Klägersäumnis (Nr. 1a).** Sie bewirkt die einseitige Verfahrensbeendigung infolge Untätigkeit. Die Fallgruppe ist Konsequenz aus § 1048 Abs. 1. Sie erfordert Versäumung iSv. § 1048 Abs. 1 iVm. § 1046 Abs. 1 (§ 1048 Rn. 8) – gemeint ist hierbei Klagebegründung, nicht Klageerhebung (§ 1044 Rn. 6 mit § 1046 Rn. 2 f.) – sowie mangelnde Entschuldigung dafür (§ 1048 Abs. 4 S. 1) und ferner natürlich ebenso, dass jene Vorschrift denn überhaupt gilt, dh. nicht abbedungen wurde (§ 1048 Abs. 4 S. 2). Die Regelung vollendet damit scheinbar recht kraftvoll die angedrohte prozessuale Präklusion **(fehlendes Eigeninteresse)**. Doch bleibt dem Kläger frei, seine Klage detaillierter neu einzubringen. Im Gegensatz zu § 330 kommt es nicht zu einer Sachabweisung mit Rechtskraftfolge, andererseits bedarf es auch keines Beklagtenantrages, sondern das Gericht entscheidet von sich aus,[42] und zwar ohne dass es die Präklusionsfolge extra androhen müsste. Es wird sich für den Beklagten somit die Frage aufdrängen, ob er nicht deswegen seinerseits angreift, sozusagen den Spieß umdrehend auf selbständige negative Feststellung klagt (§ 256 Abs. 1 iVm. §§ 1044, 1046 Abs. 1/3) und den früheren Kläger dadurch in die Rolle des Beklagten drängt. Dann könnte eine Sachabweisung nach § 1048 Abs. 2/3 (mit § 1055) ergehen.

25   **3. Übereinstimmende Verfahrensbeendigung.** Wie die Parteien kraft ihrer Schiedsvereinbarung überhaupt erst das Schiedsgericht zur Entscheidung ihres Rechtsstreits berufen und sonach im Rahmen des § 1032 Abs. 1 das staatliche Gericht derogieren, so können sie ebenso jederzeit wieder dem Verfahren den Boden entziehen. Die vertragliche **Aufhebung der Schiedsvereinbarung** (§ 1029 Rn. 120) ist *actus contrarius*, sie stellt den *status quo ante* wieder her und beinhaltet als eine Art minus auch stets eine Vereinbarung über die förmliche Verfahrensbeendigung iSv. Nr. 2. Mangels fortwirkender Schiedsbindung kann nie mehr ein Schiedsverfahren stattfinden.

26   Im Unterschied dazu stehen hier jene Fälle einverständlichen Parteihandelns zur Debatte, die unter **Fortwirkung der Schiedsvereinbarung** zum – vorzeitigen bzw. irregulären – Verfahrensende führen. Ob sich dieses Ende als vorläufig oder endgültig darstellt, ist eine nächste, zweite Frage, welche nur anhand der konkreten Fallgestaltung (und dann entsprechend den allgemeinen Regeln) beurteilt werden kann. Die Auslegung muss notfalls auch ergeben, ob die Parteien die demgemäß „kleine" oder „große" Lösung gewollt haben – je nachdem, ob sie das Verfahren nur sistieren oder völlig blockieren wollen. Eine solche Vereinbarung der Beendigung mag ausdrücklich (oder auch konkludent) erfolgen.

27   **a) Vereinbarung (Nr. 2). aa) Erledigung.** Gemeint ist hierbei die **übereinstimmende** Erklärung der Parteien in Anlehnung an § 91 a,[43] die etwa als prozessuale Konsequenz der Erfüllung des klageweise geltend gemachten Anspruchs nachfolgt. Das Schiedsgericht prüft jedoch nicht, ob

---

[38] BT-Drucks. 13/5274, S. 57 li. Sp. [3], dazu erg. auch CR Nr. 262 = *Holtzmann/Neuhaus* S. 887. Konträr die Deutung von *Stein/Jonas/Schlosser* Rn. 4 einerseits, *Zöller/Geimer* Rn. 4 andererseits.
[39] AA *Baumbach/Lauterbach/Hartmann* Rn. 4.
[40] BGH BB 1958, 1146 = DB 1958, 1242.
[41] AA *Schwab/Walter* Rn. 16.30; *Kisch* (Fn. 34) S. 1 ff., 9/10 (aber – gegenläufig – auch S. 5 f.); *Hußlein-Stich*, 1990, S. 167 aE.
[42] AA *Musielak/Voit* Rn. 3 aE.
[43] BT-Drucks. 13/5274 S. 57 li. Sp. [4] – zust.: OLG Köln, Beschl. v. 26. 11. 2002 – 9 Sch 18/02; *Zöller/Geimer* Rn. 5 bzw. *Hußlein-Stich*, 1990, S. 168; *Calavros*, 1988, S. 143; *Schwab*, FS Nagel, 1987, S. 427, 441.

und wann sich die Hauptsache auch tatsächlich erledigt hat; zu prüfen ist allein die Wirksamkeit der Erklärungen als prozessualer Dispositionsakt und ferner die schiedsverfahrensrechtliche Zuständigkeit, da anderenfalls uU die Befugnis zur abschließenden Kostenentscheidung (§ 1056 Abs. 3 mit § 1057 Abs. 2 – dort Rn. 24–27) fehlt. Wie sonst ist davon die **einseitige** Erledigterklärung seitens des Klägers abzugrenzen, welche den Verfahrens*gang* insgesamt nicht tangiert (und darum kein Fall der Nr. 2 ist!), sondern nur das Verfahrens*ziel* modifiziert: Feststellung der Erledigung als – statthafte – Klageänderung (§ 1046 Rn. 21 f.).

bb) Vergleich. Gemeint ist hiermit der außerhalb geschlossene Vergleich, der *nicht* in einen Schiedsspruch mit vereinbartem Wortlaut (§ 1053 Abs. 1/2, hier Rn. 2, dort Rn. 34–37) hineinmündet.[44] Letzthin entscheidet durchweg, welche prozessualen Folgen die Parteien darin vereinbart haben (Verpflichtung?) und wie sie prozessual im Schiedsverfahren agieren (Verfügung!), wobei aber stets eine Beendigung nach Nr. 2 als beidseits interessengerecht naheliegt (§ 1053 Rn. 59). Führt er indes zu einem „Vergleichsspruch", was gemeinsame Antragstellung abverlangt (§ 1053 Abs. 1 S. 2), wird das Ende zusätzlich besonders deklariert (§ 1053 Abs. 1 S. 1), obwohl er eigentlich Regelbeendigung herbeiführt (Abs. 1, 1. Var. mit § 1053 Abs. 2 S. 2). Das dient der prozessualen Klarstellung, vor allem bei Teilvergleichen. 28

b) Untätigkeit (Nr. 3, 1. Var.). Möglich ist dazuhin übereinstimmende Verfahrensbeendigung infolge Unterlassen (im Unterschied zu Rn. 27 f., wo positives Tun gefordert ist). Das Gesetz sieht die schlichte, rein faktische Weigerung der Parteien, das Verfahren trotz Aufforderung weiterhin zu betreiben, als Sonderfall der in der 2. Variante (Rn. 32 f.) genannten Unmöglichkeit der Verfahrensfortsetzung (arg. „aus einem anderen Grund"). Die damit verbundene Gleichsetzung erscheint wenig glücklich gewählt. 29

Dies vor allem zumal das dann beiderseitige Nichtbetreiben eine **rein subjektive Ursache** darstellt und eben keine objektiv wirkende Blockade. Taktische Prozessverzögerung ist Konsequenz einseitigen Verhaltens (und verlangt eigene Sanktion: §§ 1042 Abs. 4 S. 1; 1046 Abs. 2; 1048), definitives Nichtbetreiben fordert dagegen **„faktische Einigkeit"**, kann indes keine offenbare Folge eines abgestimmten Verhaltens sein – dafür würde schon Nr. 2 (Rn. 27 f.) gelten. Es geht um dokumentiertes mangelndes Eigeninteresse, das sich nicht ganz zu förmlicher Einigkeit verdichtet, um Nichtstun trotz **gezielter Aufforderung.** Ihr muss insoweit Endgültigkeit anhaften. 30

Abzugrenzen ist davon die Vereinbarung *vorläufigen* Stillstandes (Aussetzung, Prozessruhe [Rn. 36 ff.]); das Verfahren wird dann zu dem von den Parteien gewählten, späteren Zeitpunkt wieder fortgesetzt. Allerdings sind die Schiedsrichter nicht gezwungen, ihr Amt zu diesem späten, bei ihrer Bestellung nicht absehbaren Zeitraum noch wahrzunehmen (Vor § 1034 Rn. 48–53: Kündigungsrecht).[45] Abzugrenzen ist ferner das Untätigbleiben des Schiedsgerichts (§ 1038). 31

4. Unmögliche Verfahrensfortführung (Nr. 3, 2. Var.). Das Schiedsgericht beendet ebenfalls das Verfahren, soweit es seinen Zweck nicht (mehr) erreichen kann, wenn es „unmöglich geworden" ist (weitergehend Art. 32 lit. c: „become unnecessary or impossible").[46] Jener Grund will nicht recht zur vertrauten dogmatischen Landschaft passen – auf den ersten Anblick jedenfalls. Mindestens ist die binnenrechtlich gewählte (und verengte) Gesetzesfassung **objektiv** gewendet (vgl. Rn. 15), also besteht kein Gerichtsermessen. Daraus folgt weiter: stets muss dabei eine *objektive* **Unmöglichkeit** vorliegen. Auch darum passt es kaum, die subjektive Untätigkeit der Parteien (Nr. 3, 1. Var., Rn. 29–31) über denselben Leisten zu schlagen. 32

Ähnliche Gründe fassbarer **Zweckvereitelung** sind alsdann bei näherem Zusehen auch im alten Recht schon gewesen[47] – etwa Stimmenpatt der Schiedsrichter (§ 1033 Nr. 2 aF),[48] Verlust der Schiedseinrede (§§ 282 Abs. 3, 296 Abs. 3/4 nun mit § 1032 Abs. 1), Sperrwirkung der Rechtskraft eines älteren staatlichen Urteils, sei es zur Sache (§ 322 Abs. 1) oder als eine Feststellung der Unzulässigkeit des Schiedsverfahrens insgesamt (§ 1032 Abs. 2/3) etc.[49] Aber auch sämtliche anderen 33

---

[44] BT-Drucks. 13/5274 S. 57 li. Sp. [4] mit S. 55 li. Sp. [§ 1053/4] aE bzw. 3rd Draft Art. F Abs. 1 lit. b Fn. 15 = *Holtzmann/Neuhaus* S. 878. Aber: CR Nr. 249 = *Holtzmann/Neuhaus* S. 835 läßt für Art. 30 ModG die Wahl.

[45] *Musielak/Voit* Rn. 6.

[46] Noch großzügiger hier Art. 32 Abs. 2 lit. b 5th Draft („unnecessary or inappropriate") – dagegen CR Nr. 263 = *Holtzmann/Neuhaus* S. 887 („too much discretion") und 3rd SN Nr. 40 aE = *Holtzmann/Neuhaus* S. 877 („justified objection") bzw. 3rd WGR Nr. 41 = *Holtzmann/Neuhaus* S. 878 („suitable notice"). Sehr krit. dazu *Calavros*, 1988, S. 143 f.

[47] Etwa *Stein/Jonas/Schlosser*, 21. Aufl., § 1025 aF Rn. 44; regelmäßig als ein Erlöschensgrund für die Schiedsvereinbarung gedeutet, vgl. 1. Aufl. § 1025 aF Rn. 33.

[48] Beispielhaft *Granzow*, 1988, S. 188 u. *Musielak/Voit* Rn. 7.

[49] Nicht mehr der Wegfall von Schiedsrichtern, vgl. § 1039 nF statt § 1033 Nr. 1 aF.

§ 1057   Buch 10. Abschnitt 6. Schiedsspruch und Beendigung des Verfahrens

Ursachen, die zum Erlöschen der Schiedsvereinbarung führen (zB Rücktritt, Anfechtung, § 1029 Rn. 121 ff.), und damit dem Verfahren quasi den Boden unter den Füßen wegziehen, dürfen hierher zählen[50] – mit Ausnahme der autonomen Aufhebung, die unter Nr. 2 fällt (Rn. 25).[51]

IV. Das Schicksal des Schiedsrichteramtes (Abs. 3)

34   Mit der Beendigung des Verfahrens, sei sie regulär (Abs. 1, Rn. 4 ff.) oder außer der Reihe (Abs. 2, Rn. 14 ff.), **endet regelmäßig das Schiedsrichteramt**, Abs. 3. Ist das Amt beendet, die Schiedsvereinbarung aber weiterwirkend (so namentlich in Anbetracht von Abs. 2 und § 1059 Abs. 5 [hinsichtlich desselben Streitstoffs!]), muss sich das **Schiedsgericht als Institution** ganz neu nach §§ 1034 ff. konstituieren, soweit es wieder mit der Sache befasst wird.[52] Die reguläre Beendigung des Verfahrens auf Grund eines endgültigen Schiedsspruchs (Abs. 1, 1. Var.) verbraucht demgegenüber für diesen Umfang die Schiedsvereinbarung (§ 1029 Rn. 121), sperrt alsdann jedoch infolge Rechtskraftwirkung (§ 1055 bzw. § 1053 Abs. 2 S. 2 – aber: § 1055 Rn. 28 f.) ein mögliches Folgeverfahren. – Mancherlei Ausnahmen bestätigen (wie immer) die Regel:

35   Die Schiedsrichter dürfen die **Kosten** nach Quote oder/und Summe noch zuweisen (1. Var. mit § 1057 Abs. 2, dort Rn. 4, 13–17), sie dürfen den Schiedsspruch berichtigend und auslegend **klarstellen** (2. Var. mit § 1058 Abs. 1 Nr. 1 u. 2, dort Rn. 5 f. u. 7–9) bzw. **ergänzen** (2. Var. mit § 1058 Abs. 1 Nr. 3, dort Rn. 13) – allerdings idR nicht von sich aus (Ausnahme: § 1058 Abs. 4) und nur innerhalb der gesetzlich oder vertraglich vorgesehenen Fristbindung (§ 1058 Abs. 2) –, sie müssen schließlich erneut entscheiden, sobald und weil das staatliche Gericht nach Aufhebung ans ursprüngliche Schiedsgericht **rückverwiesen** hat (3. Var. mit § 1059 Abs. 4, dort Rn. 78).[53] Nicht normiert ist hingegen die natürlich ebenfalls fortbestehende Befugnis der Schiedsrichter, (weitere) **Ausfertigungen** des Schiedsspruchs zu erteilen.

V. Stillstand des Verfahrens

36   Von der dauerhaften Beendigung des Verfahrens ist sein nur **vorübergehender Stillstand** - und zwar **aus Rechtsgründen** (in Abgrenzung zu Rn. 29 ff.) – zu unterscheiden, der aus vielfältigen Motiven prozessualer Pragmatik denkbar erscheint. Ein solcher Stillstand analog §§ 148 ff., §§ 239 ff. kommt zwar vom Ansatz her hier nicht in Betracht.[54]

37   Das Schiedsgericht kann aber die Wirkungen einer **Aussetzung** faktisch herbeiführen, indem es die Schiedssache bis zur Behebung des entsprechenden Grundes ruhen lässt (§ 1042 Abs. 4 S. 1). Dabei darf es sehr weites Ermessen in Anspruch nehmen. Eine Aussetzung wird geboten sein, wenn es die Parteien übereinstimmend verlangen, so vor allem zum Zwecke von Vergleichsverhandlungen; ihr aktives Vorbringen hindert aus insoweit eine negative Würdigung nach Abs. 2 Nr. 3, 2. Var. Eine Aussetzung dürfte ferner nahe liegen, wo anderenfalls der Grundsatz des rechtlichen Gehörs verletzt würde, etwa weil im Falle des Todes oder des Insolvenzverfahrens eine Einarbeitung des Rechtsnachfolgers oder des nunmehr prozessbefugten Insolvenzverwalters nötig ist.

38   Insoweit treten dann Tatbestände zivilprozessualer **Unterbrechung** im Gewand von Aussetzungsmöglichkeiten auf. Denkbar wäre genauso, eine staatliche Kontrollentscheidung abzuwarten (§ 1037 Abs. 3 [Befangenheit] bzw. § 1040 Abs. 3 [Kompetenzen]). Bei einem *sachlichem* Grund versagt Gegenwehr mittels § 1038.

§ 1057 Entscheidung über die Kosten

(1) ¹**Sofern die Parteien nichts anderes vereinbart haben, hat das Schiedsgericht in einem Schiedsspruch darüber zu entscheiden, zu welchem Anteil die Parteien die Kosten des schiedsrichterlichen Verfahrens einschließlich der den Parteien erwachsenen und zur zweckentsprechenden Rechtsverfolgung notwendigen Kosten zu tragen haben.** ²**Hierbei entscheidet das Schiedsgericht nach pflichtgemäßem Ermessen unter Berücksichtigung der Umstände des Einzelfalles, insbesondere des Ausgangs des Verfahrens.**

---

[50] Ebenso BT-Drucks. 13/5274 S. 57 re. Sp. [5].
[51] Anders BT-Drucks. 13/5274 S. 57 re. Sp. [5].
[52] OLG Frankfurt/Main, Beschl. v. 2. 11. 2007 – 26 SchH 3/07 [II/JURIS-Rn. 16–18); OLG Celle, Beschl. v. 4. 3. 2004 – 8 SchH 2/03 [2 c].
[53] So nun auch *Lachmann* Rn. 1871 gegen 1. Aufl. 1998, Rn. 546.
[54] *Schwab/Walter* Rn. 16.48 f.; *Baumbach/Lauterbach/Hartmann*, 65. Aufl., § 1042 Rn. 15 („Unterbrechung"); wegen § 240 siehe § 1029 Rn. 126 aE.

(2) ¹Soweit die Kosten des schiedsrichterlichen Verfahrens feststehen, hat das Schiedsgericht auch darüber zu entscheiden, in welcher Höhe die Parteien diese zu tragen haben. ²Ist die Festsetzung der Kosten unterblieben oder erst nach Beendigung des schiedsrichterlichen Verfahrens möglich, wird hierüber in einem gesonderten Schiedsspruch entschieden.

Schrifttum: *Berger,* Prozesskostensicherheit (cautio iudicatum solvi) im Schiedsverfahren, Bull. ASA 2004, 4; *Bühler,* Awarding Costs in International Commercial Arbitration: an Overview, Bull. ASA 2004, 249; *Buchwald,* Schiedsrichtervergütung bei vorzeitiger Verfahrensbeendigung, NJW 1994, 638; *Bühler,* Grundsätze und Praxis des Kostenrechts im ICC-Schiedsverfahren, ZVglRWiss. 87 (1988), 431; *Fasching,* Kostenvorschüsse zur Einleitung schiedsgerichtlicher Verfahren, JBl. 1993, 545; *Karrer/Desax,* Security for Costs in International Arbitration, FS Böckstiegel 2001, 339; *Karrer,* Naives Sparen birgt Gefahren – Kostenfragen aus Sicht der Parteien und des Schiedsgerichts, SchiedsVZ 2006, 113; *Loewe,* Kostenersatz im Schiedsverfahren, FS Matscher, 1993, S. 327; *Schwytz,* Kosten und Kostenentscheidung im schiedsrichterlichen Verfahren, BB 1974, 673; *Thiel/Pörnbacher,* Kostenentscheidungen und Kompetenz des Schiedsgerichts..., SchiedsVZ 2007, 295; *R. Wolff,* Streitwertfestsetzung bei wertabhängiger Schiedsrichtervergütung – Schiedsrichter in eigener Sache?, SchiedsVZ 2006, 131.

Übersicht

	Rn.		Rn.
I. Normzweck	1, 2	**III. Prinzipien und Wertungen**	13–23
II. Grundlagen	3–12	1. Quotenprinzip (Abs. 1, § 35.1 DIS-SchO)	13–15
1. Erstattungspflicht und Kostenfestsetzung	3–5	2. Summenprinzip (Abs. 2, § 35.3 DIS-SchO)	16, 17
2. Kostenmassen	6, 7	3. Die Erstattungsfähigkeit von Kosten	18–23
a) Interne Kosten (schiedsgerichtliche Kosten)	6	a) Allgemeines	18–20
b) Externe Kosten (außerschiedsgerichtliche Kosten)	7	b) Anwendungen	21–23
3. Die Besonderheiten der Schiedsrichtervergütung	8, 9	**IV. Sonderfälle**	24–28
4. Prozessuale versus materielle Erstattung	10, 11	1. Unzuständiges Schiedsgericht	24
a) Prozessuale Erstattungsregel	10	2. Vorzeitige Verfahrensbeendigung (§ 1056 Abs. 2)	25–27
b) Materieller Erstattungsanspruch	11	3. Aufhebung des Schiedsspruchs	28
5. Privatrechtliche Drittbeziehungen	12		

I. Normzweck

Die Kostenregelung ist ein Novum und von Art. 38–41 SchO motiviert; dem ModG ermangeln **1** entsprechende Vorbilder. Die Kostenverteilung richtete sich bislang nach parteiautonomer Abmachung oder institutionellen (Schieds-)Ordnungen (zB § 35.1-3 DIS-SchO), wobei freilich deren Effektivität unterschiedlicher Einschätzung unterlag.[1] Die „pessimistische" Sichtweise hat sich am Ende durchgesetzt und zu der **gesetzlichen Auffangregel** geführt, die allen hierbei größte (Gestaltungs-)Freiheiten belässt:

Den Parteien ist eröffnet, frei zu disponieren („Sofern ... nichts anderes vereinbart"), dem Ge- **2** richt ist ein Maßstab an die Hand gegeben, der kleinliche Beckmesserei ausschließt („nach pflichtgemäßem Ermessen"). Hierdurch wird letztlich normiert, was bisher oftmals mühsam mit ergänzender Vertragsauslegung der Schiedsvereinbarung (betr. Kompetenz [Rn. 24] wie Kriterien [Rn. 13–15]; dazu parallel auch Rn. 11) abgerungen werden musste. Allemal den Vorrang genießt aber auch künftig die Parteiautonomie.

II. Grundlagen

1. Erstattungspflicht und Kostenfestsetzung. Zu einer abschließenden Entscheidung des **3** Schiedsgerichts gehört auch die über die Kosten[2] (und zwar von Amts wegen,[3] arg. § 308 Abs. 2) – vorbehaltlich abweichender Vereinbarung. Die Kostenentscheidung hat immer nur Bedeutung für die **Kostenerstattungspflicht der Parteien untereinander.**

---

[1] Vgl. einerseits (positiv) 1ˢᵗ SN Nr. 94 = Holtzmann/Neuhaus S. 1146 mit 1ˢᵗ WGR Nr. 99 = Holtzmann/Neuhaus S. 1147 („not an appropriate matter to be dealt with"), andererseits (negativ) Kom.-Ber. S. 188/189 mit BT-Drucks. 13/5274 S. 57 re. Sp. [1].
[2] Vgl. BGH JZ 1977, 185 [1 a/b]; Stein/Jonas/Schlosser Rn. 1; Schwytz BB 1974, 673, 675 [III]; Schwab/Walter Rn. 33.3.
[3] Wie hier nun auch Stein/Jonas/Schlosser Rn. 1 aE.

§ 1057 4–9   Buch 10. Abschnitt 6. Schiedsspruch und Beendigung des Verfahrens

4   Im Schiedsverfahren gibt es kein Kostenfestsetzungsverfahren mit Rechtspflegerkompetenz (§§ 103 ff. ZPO; § 21 Nr. 1 RpflG[4] – auch nicht über § 1050! [dort Rn. 15]); deshalb muss das Schiedsgericht neben der **Kostenquote** (Abs. 1, Rn. 13–15) auch eine **Kostensumme** (Abs. 2, Rn. 16 f.) auswerfen, dh. selbst die zu erstattenden Kosten ziffernmäßig feststellen, um einen vollstreckungsfähigen Titel (zusätzlich bzw. wenigstens) für die Kosten zu schaffen.[5] Das impliziert die Befugnis zur Fixierung des Streitwertes.[6] Ein Verstoß könnte sogar (Teil-)Aufhebung gemäß § 1059 Abs. 2 Nr. 1 d gestatten[7] – doch besteht insoweit breites Ermessen des Schiedsgerichts!

5   Die Entscheidung erfolgt (einzig und allein) durch **Schiedsspruch** gemäß § 1054;[8] drei Möglichkeiten sind insoweit denkbar:[9] Annexausspruch in der Entscheidung zur Hauptsache (Abs. 1), ergänzender Schiedsspruch[10] (§ 1058 Abs. 1 Nr. 3, dort Rn. 13), gesonderter (Nachtrags-)Schiedsspruch (Abs. 2).

6   **2. Kostenmassen. a) Interne Kosten (schiedsgerichtliche Kosten).** Gemeint sind die „Kosten des schiedsrichterlichen Verfahrens" **(Abs. 1 S. 1, 1. Var.)**, welche das Gesetz zum Oberbegriff erhebt. Das sind die geldwerten Aufwendungen des Schiedsgerichts, etwa für eine Beweisaufnahme (Gerichtssachverständiger, § 1049 Rn. 11 ff.), für Zustellungen, Bereitstellung von Tagungsräumen, die Inanspruchnahme der Trägerorganisation etc.; auch taxmäßige Gebühren eines institutionellen Trägers dürften darunterfallen.[11] Sie sind ohne weiteres erstattungsfähig.

7   **b) Externe Kosten (außerschiedsgerichtliche Kosten).** Die „Kosten des schiedsrichterlichen Verfahrens" umschließen die den Schiedsparteien tatsächlich aus Anlass des Verfahrens entstandenen Fremdkosten **(Abs. 1 S. 1, 2. Var.)**, bilden aber eigentlich eine eigene Kostenmasse. Das meint vor allem – in Parallele zu § 91 Abs. 1/2 – eigene Auslagen anlässlich der Terminswahrung (**Parteikosten:** Reisekosten, Zeitaufwand etc., § 91 Abs. 1 S. 2) und ferner die Entlohnung (notwendiger) anwaltlicher Vertretung (**Anwaltskosten,** § 91 Abs. 2).

8   **3. Die Besonderheiten der Schiedsrichtervergütung.** Intern verursachte ([schieds-]„immanente", Rn. 6) Kosten sind auch am Ende alle Schiedsrichtervergütungen. Die Schiedsrichter dürfen andererseits jedoch *nicht in eigener Sache* entscheiden (§ 1036 Rn. 9–11 mit Vor § 1034 Rn. 33), dh. auch nicht ihre erwartete Vergütung *festsetzen*. Eine Selbstbegünstigung wäre ordre-public-widrig[12] (§ 1059 Abs. 2 Nr. 2 b). Die Schiedsrichter könnten mithin schon eine allgemeine **Erstattungsquote** festlegen, dies ist (noch) ein völlig neutraler Vorgang, bei dem alles über denselben Leisten geschlagen wird; ihnen wäre indes dann nicht (mehr) erlaubt, *eigennützig* eine bezifferte **Erstattungssumme** anzusetzen – das geht zu weit! § 1057 Abs. 2 ermächtigt zwar künftighin zur Kostenbezifferung; dies betrifft indessen bloß das Innenverhältnis der Streitparteien und schafft den Schiedsrichtern keine Eigentitulierung im Außenverhältnis.

9   Dafür muss indes die Kostensumme zunächst auch insoweit verbindlich feststehen. Ausgenommen wurden daher **unter altem Recht** schon immer solche eigenen Kosten, die vorab objektiv in

---

[4] OLG Dresden RPS 2001 I S. 20 re. Sp.; mit Hinweis auf OLG Nürnberg KTS 1970, 55; OLG Koblenz NJW 1969, 1540 f.; OLG Stuttgart OLGRspr. 43 (1924), 132; OLG Braunschweig OLGRspr. 25 (1912), 242, 243; OLG Kiel OLGRspr. 21 (1910), 121/122; OLG Hamburg OLGRspr. 19 (1909), 170; 15 (1907), 94, 95 *Schwab/Walter* Rn. 33.9; *Zöller/Geimer* Rn. 1 – aA KG JW 1932, 3635.
[5] BT-Drucks. 13/5274 S. 57 re. Sp. [3].
[6] OLG Dresden RPS 2001 I S. 20/21 – insoweit anders wohl LG Mönchengladbach SchiedsVZ 2007, 104, 106 [II 1]: spätere Nachprüfung mittels §§ 3 ff.
[7] KG JW 1926, 1599: unzulässiges Verfahren.
[8] OLG Köln SchiedsVZ 2004, 269: keine „Kostenfestsetzung" durch Gerichtsvorsitzenden – zust. *Schwab/Walter* Rn. 33.10 [b] mit Rn. 33.19 (S. 298/299); *Baumbach/Lauterbach/Hartmann* Rn. 4 (aber: jedwede Beschlussform [§ 1056 Abs. 2!] genügte [?] – in Widerspruch zu Rn. 5); *Musielak/Voit* Rn. 4 u. 7.
[9] Ebenso auch *Musielak/Voit* Rn. 4 mit Rn. 7 (kein eigener Festsetzungs*beschluss* möglich); leider etwas unklar OLG Stuttgart NJW-RR 2003, 1438, 1439 [II C].
[10] BT-Drucks. 13/5274 S. 58 li. Sp. [4] – aber: keine „Geltendmachung" nötig (arg. § 308 Abs. 2); keine Hinderung durch Fristbindung! – AA *Baumbach/Lauterbach/Hartmann* Rn. 6: eventuell nur Auslegung (§ 1058 Abs. 1 Nr. 2).
[11] OGH JBl. 1991, 402.
[12] BGH JZ 1977, 185 [2 d] (§ 1041 Abs. 1 Nr. 2 aF), dazu *Lachmann* Rn. 1887–1889 u. *R. Wolff* SchiedsVZ 2006, 131, 132 f. [II u. III]; OLG München OLGR 2007, 684 aE [II 3 c]; KG, Beschl. v. 6. 5. 2002 – 23 Sch 21/01 aE.
Modifizierend dazu *Schlosser* RIPS Rn. 709 (bb): in Fällen mit Auslandsbezug beschränkt auf exzessive Festlegungen, so wohl auch jüngst OLG München OLGR 2006, 404, 405 [2 b]; extrem krit. jüngst *R. Wolff* SchiedsVZ 2006, 131, 133–136 [IV]. Sehr großzügig auch OLG Hamburg HansRZ 10 (1927), 389, 391 [3].
Anders (aber nur) im Ansatz *Schwab/Walter* Rn. 33.15 (Nr. 1 a [?]); OLG Hamm, Beschl. v. 18. 10. 1999 – 17 SchH 5/99 [II 2 c] (Nr. 1 c) u. OLG Frankfurt/Main, Beschl. v. 30. 6. 2006 – 26 Sch 12/05 [II 1] (Nr. 1 d).

der Höhe feststanden,[13] etwa wenn sie im Schiedsrichtervertrag oder in einem späteren Abkommen der Schiedsrichter mit beiden Parteien summenmäßig oder errechenbar festgelegt waren[14] oder wenn beide Parteien vorbehaltlos die angeforderten Vorschüsse bezahlt hatten und diese auf sicheren Grundlagen beruhten (also nicht bei nur vorläufigem Streitwert).[15] Man sollte noch weiter gehen und **unter neuem Recht** die eigentliche schiedsrichterliche Streitwertfestsetzung zugestehen,[16] zumal über den Honoraranspruch, der aus dem Schiedsrichtervertrag erwächst, notfalls nach Verfahrensende das ordentliche Gericht entscheidet (Vor § 1034 Rn. 33 mit Rn. 43) – das genügt als neutrale Kontrolle![17]

4. Prozessuale versus materielle Erstattung. a) Prozessuale Erstattungsregel. Die prozessuale Erstattungsregelung begründet einen *materiellen*[18] Erstattungsanspruch, der mit Schiedshängigkeit aufschiebend, mit der Quotenbestimmung auflösend bedingt entsteht und insoweit etwa auch pfändbar ist.[19] Er wird gleich voll mittituliert – wenn und weil bereits Bezifferung möglich ist (Abs. 2 S. 1, Rn. 16), ansonsten nachträgliche Fixierung erforderlich (Abs. 2 S. 2, Rn. 17) – und zehrt von der Vollstreckungskraft des Schiedsspruchs (§ 1060 Abs. 1 – aber: § 1060 Rn. 13). Es ist dies die einfachere Rechtsdurchsetzung, die folglich insoweit der Klage aus dem materiellen Rechtsverhältnis idR das Rechtsschutzbedürfnis nimmt (wegen Ausnahmen siehe Rn. 11 aE). 10

b) Materieller Erstattungsanspruch. Ein materieller Erstattungsanspruch mag außerdem daneben bestehen, nicht nur kraft besonderer Vereinbarung[20] (insbes. § 280 Abs. 1/2 iVm. § 286 Abs. 1 BGB bzw. § 823 Abs. 1/2 BGB – aber: Rechtfertigung durch Rechtsverfolgung?); doch trägt eine Analogie zur Regelung des § 1057 nicht etwa hier auch als Anspruchsgrundlage.[21] Der materielle Weg (dazu näher noch 2. Aufl. Rn. 5 aE) wird nur dann bedeutsam, wenn Rn. 10 ausnahmsweise einmal ins Leere greift, so wenn das Schiedsgericht nicht mehr in der Lage oder bereit ist, eine abschließende (summenmäßig bezifferte) Kostenentscheidung zu fällen und führt zum Rechtsstreit vor *Staats*gerichten,[22] oder als eine Aufrechnungsposition. 11

5. Privatrechtliche Drittbeziehungen. § 1057 betrifft allein das **Innenverhältnis** der Parteien zueinander. Davon zu unterscheiden sind ihre **Außenbeziehungen** zu Zeugen, Sachverständigen, Anwälten (§ 36 Abs. 1 Nr. 1 RVG mit VV 3100 ff., 3200 ff.) und auch den Schiedsrichtern selbst (dazu näher Rn. 8), die auf privatrechtliche Vereinbarung zurückgehen und ihrerseits meist nicht schiedsunterworfen sind, vielmehr regelmäßig staatlicher Gerichtsbarkeit unterliegen. Sie sind für § 1057 lediglich als festzustellender und zu verteilender Kostenfaktor interessant. Es fehlt an Ent- 12

---

[13] Weitergehend *Stein/Jonas/Schlosser*, 21. Aufl., § 1042 aF Rn. 33 – mit alter Sicht hingegen: *Thomas/Putzo/Reichold* Rn. 6.
[14] OLG Frankfurt/Main, Beschl. v. 5. 9. 2005 – 26 Sch 14/05: Verweisung auf BRAGO/RVG.
[15] Vgl. BGH bei *Engelhardt* JZ 1987, 227, 229 Fn. 21 mit JZ 1977, 185 [1 d]; OLG Hamburg MDR 1965, 54, 55 [7]; unklar OLG Koblenz NJW 1969, 1540 re. Sp. (dazu vgl. auch Fn. 16 aE). Dies bestätigt auch BT-Drucks. 13/5274 S. 58 li. Sp. [3], zust. *Baumbach/Lauterbach/Hartmann* Rn. 5 u. OLG Dresden RPS 2001 II S. 22, 23; SchiedsVZ 2004, 44; Beschl. v. 6. 9. 2004 – 11 Sch 6/04, Beschl. v. 29. 6. 2005 – 11 Sch 7/05 u. Beschl. v. 13. 11. 2006 – 11 Sch 7/06; OLG München OLGR 2007, 684, 685 [II 3 c] u. SchiedsVZ 2007, 164, 166 [II 5 b]. Zweifelnd hinsichtlich der Vorschüsse *Breetzke* NJW 1971, 2080; *Lachmann* Rn. 1890; jüngstens sehr einläßlich *R. Wolff* SchiedsVZ 2006, 131, 135 [IV 2 a] mit S. 140 f. [V 4].
[16] Wohl wie hier *Stein/Jonas/Schlosser* Rn. 8 (in Abgrenzung zu Rn. 1 [S. 576/577]), *Rosenberg/Schwab/Gottwald* Rn. 179.23 u. *Musielak/Voit* Rn. 5 (in Abgrenzung zu Rn. 1); vgl. auch erg. *Lachmann* Rn. 1886 ff. (1898): Tendenzen zur Lockerung – aA die hM: *Schwab/Walter* Rn. 33.15; *Baumbach/Lauterbach/Hartmann* Rn. 5 mit Anh. § 1035 Rn. 10 aE; *Zöller/Geimer* Rn. 4; OLG Hamburg OLGRspr. 19 (1909), 170, 171 [gegen OLG Hamburg OLGRspr. 9 (1904), 88, 89 (obiter)]; KG JW 1929, 878, 879; OLG Celle BB 1963, 1241; OLG Hamburg MDR 1965, 54, 55 [7]; OLG Celle, Beschl. v. 27. 11. 2003 – 8 Sch 6/03. Unklar OLG Koblenz NJW 1969, 1540 re. Sp. (dazu vgl. auch Fn. 15 aE).
[17] Keine (Aufhebungs-)Kontrolle gemäß § 1059 Abs. 2 Nr. 1 d! – AA *R. Wolff* SchiedsVZ 2006, 131, 140 [V 3 b], ihm zust. indes *Musielak/Voit* Rn. 5.
[18] Übersehen von *Schlosser*, in: *Stein/Jonas* Rn. 1 mit Fn. 3.
[19] Vgl. auch erg. OLG München, Beschl. v. 12. 11. 2007 – 34 Sch 10/07 [II 2 – JURIS-Rn. 24]: Aufrechnung nach Festsetzung.
[20] Die sich aber oft auch erst kraft ergänzender Vertragsauslegung „offenbart": BGH NJW-RR 1998, 234, 235 aE; SG der HK Hamburg NJW 1997, 613, 614–616; *Musielak/Voit* Rn. 4.
[21] BGH NJW-RR 1998, 234, 235 mit BGH NJW 1988, 2032.
[22] RGZ 59, 149, 150 (Tod eines der Schiedsrichter – aber: § 1031 aF bzw. § 1039 nF?); BGH JZ 1977, 185 [2 a] (gesamtes Schiedsgericht entfällt); KG JW 1932, 3635/3636; OLG Koblenz NJW 1969, 1540; OLG Dresden RPS 2001 I S. 20, 21 li./re. Sp. Zweifelnd jüngst *Sandrock* IDR 2004, 106, 109 f. [II 2 a] bei internationalem Schiedsverfahren; einschr. *Stein/Jonas/Schlosser* Rn. 11 u. *Musielak/Voit* Rn. 7: Betrag, nicht jedoch Quote (hierfür ausschließlich *Schieds*gericht berufen).

§ 1057 13–16   Buch 10. Abschnitt 6. Schiedsspruch und Beendigung des Verfahrens

scheidungsmacht des Schiedsgerichtes[23] – mit Ausnahme der globalen **Veranlassungskontrolle** (Rn. 18–23), die auch die Höhe betreffen kann.

III. Prinzipien und Wertungen

13   **1. Quotenprinzip (Abs. 1, § 35.1 DIS-SchO).** Bestimmend bleibt vorderhand die **Vereinbarung der Parteien** (zB § 35.2 DIS-SchO: „Unterliegensprinzip mit Einzelfallkorrektur"), denn beide Sätze sind disponibel.[24] Die Parteien können zwingend auf §§ 91 ff. verweisen, eine andere Regelung vorgeben, Kostenaufhebung in Orientierung an § 92 Abs. 1 S. 2 vereinbaren oder sogar ganz auf eine Kostenerstattung und Kostenentscheidung verzichten. Sehr oft konkretisieren auch die in Bezug genommenen institutionellen Schiedsordnungen die Erstattungsregeln nach Art wie Höhe;[25] selbst solche „indirekten Regelungen" gehen hier vor.

14   Das Schiedsgericht ist bei der Kostengrund- oder Quotenentscheidung generell nicht an §§ 91 ff. gebunden[26] – es entscheidet nach **flexiblem Maßstab**: pflichtgemäßes (nicht: billiges, freies) Ermessen, Einzelfallumstände,[27] Verfahrensausgang. Vor allem die Betonung des letzten Aspekts („insbesondere") führt indirekt dann freilich doch wieder zu §§ 91 ff. als der geratenen Leitlinie zurück,[28] die allerdings genauso gut als bewährte Konkretisierung des Pflichtgemäßen begriffen werden können. Doch steht insoweit einer freimütigen Berücksichtigung atypischer Begleitumstände (etwa auch mit Blick auf § 1056 Abs. 2, dort Rn. 14 ff.) nichts im Wege. Bedenklich wäre die Berücksichtigung der finanziellen Verhältnisse der Parteien, und es wäre Willkür, der obsiegenden Partei die Kosten aufzuerlegen, weil sie sich nicht vergleichsbereit gezeigt hat.

15   Vor allem vom **Unterliegensprinzip** sollte aber dennoch nur in begründeten Ausnahmefällen abgewichen werden,[29] zB bei Verletzung der Wahrheitspflicht durch eine Partei oder extra Kosten infolge entschuldigter Säumnis (§ 1048 Abs. 4), die aber besser wohl gleich unmittelbar betragsmäßig abgerechnet werden; dazu zählt nicht eine anderslautende heimatrechtliche Rechtstradition.[30] Trotz des misslichen Wortlautes muss nicht jede Partei einen Anteil tragen, sondern ist genauso alleinige Kostenüberbürdung statthaft[31] und auch das Zusprechen summenmäßig pauschalierter Erstattung.[32]

16   **2. Summenprinzip (Abs. 2, § 35.3 DIS-SchO).** Um dem Bestimmtheitsgebot des Vollstreckungsrechts Rechnung zu tragen, muss das Schiedsgericht **im Schiedsspruch zur Hauptsache** zugleich eine betragsmäßige Kostenfestsetzung vornehmen. Das geht naturgemäß aber nur, „soweit die Kosten ... [schon zurzeit des Schiedsspruches gewiss] ... feststehen" (S. 1) – was aber nicht etwa bedeutet, dass sie angefallen, fälliggestellt oder bereits gar bezahlt sein müssten.[33] Vielmehr genügt eine objektiv einigermaßen abgesicherte Prognose, dass jene Kosten auf eine Partei auch wirklich zukommen,[34] von ihr – aus Anlass des Schiedsverfahrens – real geschuldet sind, wie typischerweise bei Kosten für Sachverständige, Zeugen oder auch (anwaltliche) Bevollmächtigte. Es ist also

---

[23] Vgl. RG OLGRspr. 13 (1906), 243 (Fn. 1), 244; OLG Braunschweig OLGRspr. 21 (1910), 122, 124; BGH JZ 1977, 185 [1 c] (Prozeßbevollmächtigter) – aus der Lit.: *Zöller/Geimer* Rn. 1; *Schwab/Walter* Rn. 33.2, 33.17; *Musielak/Voit* Rn. 5; *R. Wolff* SchiedsVZ 2006, 131, 137 f. [V 1 b].
[24] BT-Drucks. 13/5274 S. 57 re. Sp. [2].
[25] *Thomas/Putzo/Reichold* Rn. 1.
[26] OLG München, Beschl. v. 25. 9. 2006 – 34 Sch 12/06 [II 4 b (5) – JURIS-Rn. 40]; Sport-SG Frankfurt/Main SpuRt 2003, 212 re. Sp. – hM schon unter altem Recht, zB 1. Aufl. § 1040 aF Rn. 11; *Musielak/Voit*, 1. Aufl., Rn. 1 mit § 1034 aF Rn. 12; *Stein/Jonas/Schlosser*, 21. Aufl., § 1042 aF Rn. 27.
[27] Sehr instruktiv dazu *Stein/Jonas/Schlosser* Rn. 4 (mit Rn. 7); vgl. auch erg. *Schwab/Walter* Rn. 33.13.
[28] Ähnlich auch BT-Drucks. 13/5274 S. 57 re. Sp. [2] – ferner: *Thomas/Putzo/Reichold* Rn. 2; *Schwab/Walter* Rn. 33.1 aE; *Baumbach/Lauterbach/Hartmann* Rn. 3 aE; *Zöller/Geimer* Rn. 2; *Musielak/Voit* Rn. 3 bzw. *Lachmann* Rn. 1929; *Glossner/Bredow/Bühler* Rn. 483; *Maier* Rn. 503 mit Rn. 508 – anders hier jedoch einerseits *Stein/Jonas/Schlosser* Rn. 3 (Rückgriff „nicht sachgerecht"), andererseits *Schütze* SV Rn. 244 [1./2. Abs.] (Abweichung „erscheint unerträglich").
[29] Vgl. *Schwytz* BB 1974, 673, 675 zu Fn. 31, der freilich Nichtbeachtung als Aufhebungsgrund sieht (zu weitgehend).
[30] AA *Schütze* SV Rn. 244 [3. Abs.] für die *american rule of costs*.
[31] *Thomas/Putzo/Reichold* Rn. 2 aE – deutlicher hier jedenfalls § 35.1 DIS-SchO.
[32] *Stein/Jonas/Schlosser* Rn. 3.
[33] Hier anders wohl *Thomas/Putzo/Reichold* Rn. 6 u. *Musielak/Voit*, 1. Aufl., § 1034 aF Rn. 12 (sämtliche Drittverhältnisse betroffen – selbst über Rn. 8 hinaus).
[34] Ganz ähnlich auch *Thomas/Putzo/Reichold* Rn. 6 (jeweiliger Berechnungsmodus festgelegt) u. *Baumbach/Lauterbach/Hartmann* Rn. 5 (individuell belegte Aufwendungen) – unnötig aufbauschend dagegen *R. Wolff* SchiedsVZ 2006, 131, 138 f. [V 2].

zweckmäßig, dass die Parteien in ihren abschließenden Schriftsätzen dem Schiedsgericht ihren Kostenaufwand mitteilen bzw. tadellos substantiiert darlegen.

Sonst kann auch eine teils bezifferte, teils unbezifferte Kostenentscheidung ergehen. Sobald die 17 nicht ziffernmäßig festgestellten Kosten feststehen, dh. wenn genügende Belege vorliegen, eine Einigung zwischen allen Betroffenen erzielt worden ist oder die rechtskräftige Entscheidung eines staatlichen Gerichts Klärung herbeigeführt hat, kann die Erstattung begehrende Partei das Schiedsgericht erneut anrufen, das dann einen entsprechenden **Ergänzungsschiedsspruch** erlässt **(S. 2, 2. Var.)**. Dieselbe Möglichkeit steht zur Verfügung, wenn eine Kostenentscheidung insgesamt – absichtlich oder unfreiwillig – unterblieben ist **(S. 2, 1. Var.)**. Hiermit ist die bislang herrschend vertretene Auffassung[35] gesetzlich gedeckt, die in der Quoten- keine Schlussentscheidung, sondern einen Teilschiedsspruch sah und das Schiedsgericht stets ohne extra Vorbehalt zur Ergänzung befugt hielt.

3. Die Erstattungsfähigkeit von Kosten. a) Allgemeines. Erstattungsfähig sind – man- 18 gels anderweitiger Regelung – durchgängig die **internen Kosten** (Rn. 6), insbes. die an das Schiedsgericht gezahlten Gebühren und Auslagen, die **externen Kosten** der Parteien (Rn. 7) demgegenüber nur, wenn und weil sie zu den „zur zweckentsprechenden Rechtsverfolgung [sinnvoll zu ergänzen mit § 91 Abs. 1 S. 1: „oder Rechtsverteidigung"] notwendigen Kosten" (Abs. 1 S. 1 aE) gehören. Hier filtert eine Art **Plausibilitäts- oder Veranlassungskontrolle** überhöhte Kosten aus, während sonst die reine Verursachung *durch das Schiedsverfahren* (inklusive § 1058) genügt.

Hierzu darf man wohl ebenso die Kosten einstweiligen Rechtsschutzes durchs Schiedsgericht 19 (§ 1041) rechnen, der im Unterschied zu §§ 916 ff. nicht selbständig steht, sondern quasi als zusätzliche Anordnungsbefugnis dem Hauptsacheverfahren inkorporiert ist. Ferner rechnet hierzu der verauslagte Aufwand für staatliche *Aushilfe* (§ 1035 Abs. 3–5[36] u. § 1050, wohl auch § 1038 Abs. 1 iVm. § 1039 Abs. 1 – die Kostenträgerschaft mag insofern ja wechseln!), nicht aber für staatliche *Kontrolle* (§§ 1032 Abs. 2, 1034 Abs. 2, 1037 Abs. 3, 1040 Abs. 3 S. 2 sowie ganz besonders auch § 1059 u. §§ 1060, 1061) und staatlichen einstweiligen Rechtsschutz (§ 1033), die völlig separat stehen. Das sollte ebenso für ausländische Quer- oder Parallelklagen gelten, mag es auch keine Kostenerstattung dort geben.[37]

Ansonsten kann man hier die allgemeine Umschreibung (§ 91 Rn. 38) verwenden: **Zweckent-** 20 **sprechend** sind all jene Maßnahmen, die eine verständige Schiedspartei in der konkreten prozessualen Situation als sachdienlich ansehen durfte,[38] und **Notwendigkeit** ergibt sich für all jene Kosten, die zwingend und geeignet erscheinen, prozessual in jenem Sinne zu agieren, um damit sein Recht erfolgreich zu verfolgen/verteidigen.[39] Es gilt mithin ein **objektiver Kontrollmaßstab**. Die Parteien können indessen immer anderes vereinbaren, dh. eigene Berechnungsvorgaben machen. Im Einzelnen:

b) Anwendungen. Erstattungsfähig sind typischerweise etwa **Anwaltskosten**[40] (arg. § 1042 21 Abs. 2). Das gilt – eingeschränkt – auch für einfache Fälle, da das Schiedsverfahren Probleme aufwerfen kann, die sachkundige Kontrolle erfordern; abweichend ist allerdings für „Bagatellfälle" von „Profiparteien" (Branchenschiedsgerichte) zu entscheiden, wobei sich insoweit eine Nichtberücksichtigung von Vertretungskosten auch aus entsprechenden Übungen oder Abreden ergeben kann.[41] Handelt es sich auf einer Seite um mehrere Parteien, so kann jede einen besonderen Prozessbevollmächtigten bestellen.

Jede Partei hat das Recht, an einem Termin zur Verhandlung der Sache vor dem Schiedsgericht 22 teilzunehmen (vgl. auch erg. § 1047 Abs. 2 u. § 1049 Abs. 2 S. 2, 1. Halbs.); zumindest die **Reisekosten** und ihr Zeitaufwand sind deswegen erstattungsfähig. Mehrwertsteuer ist es nur dann, wenn keinerlei Vorsteuer abgezogen werden kann[42] – wofür man sich mit einer Pauschalerklärung indes wohl begnügen kann (arg. § 104 Abs. 2 S. 3). **Übersetzungskosten,** die gemäß § 1045 Abs. 2 an-

---

[35] RGZ 59, 149, 150; BGH JZ 1977, 185 [1 b] aE; OLG Koblenz NJW 1969, 1540; OLG Nürnberg KTS 1970, 50 – undeutlich 1. Aufl. § 1040 aF Rn. 9: Zwischenentscheidung.
[36] So nun auch *Thiel/Pörnbacher* SchiedsVZ 2007, 295, 297 f. [II 2].
[37] AA *Sandrock* IDR 2004, 106, 109 [II 1].
[38] ZB *Zöller/Herget* § 91 Rn. 13.
[39] ZB *Thomas/Putzo/Hüßtege* § 91 Rn. 9.
[40] BGH WM 1969, 74. Abwägend SG der HK Hamburg NJW 1997, 613, 615 (Qualitätsarbitrage – „Juristengericht"?); zögernd *Baumbach/Lauterbach/Hartmann* Rn. 3.
[41] Vgl. für „Hamburger freundschaftliche Arbitrage" und „Hamburger Schiedsgericht" *Straatmann/Ulmer* B 5 Nr. 2 u. 4.
[42] KG JurBüro 1995, 206; OLG Koblenz BB 1995, 482 – als Folge aus BFH NJW 1991, 1702.

§ 1057 23–27   Buch 10. Abschnitt 6. Schiedsspruch und Beendigung des Verfahrens

fallen, müssen erstattet werden, solche im Rahmen des § 1045 Abs. 1 S. 2 können aber ebenso notwendig veranlasst sein, sofern die Partei der gewählten Sprache nicht mächtig ist.

23 Im staatlichen Verfahren gelten Kosten für **Rechtsgutachten** (mit Ausnahme von § 293) als nicht erstattungsfähig[43] *(„iura novit curia")*, im Schiedsverfahren kann jedoch anderes gelten, da Richterqualifikation (§ 1035 Abs. 5) und anwendbares Recht (§ 1051) eigenen Maßstäben folgen. Inwieweit die Parteivorgaben auf Beurteilung der *Notwendigkeit* zurückwirken, ist aber ein sehr weites Feld. Nicht ersetzt werden allemal indes die Kosten für **Parteigutachten** von Sachverständigen (§ 1049 Abs. 2 S. 2, 2. Halbs.), die absolut auf eigenes Risiko eingeholt werden.

IV. Sonderfälle

24 **1. Unzuständiges Schiedsgericht.** Fehlt Kompetenz folgt Abweisung, und zwar per **(Prozess-)Schiedsspruch** (§ 1040 Rn. 29), der eine reguläre Kostenregelung auswirft.[44] Meist werden die Kosten dem voreiligen Kläger überbürdet (§ 1057 Abs. 2 S. 2 aE), doch gibt hier das Gesetz genügend Spielräume für Abwägungen.[45] Das Schiedsgericht könnte etwa darauf abstellen, wem die Ungültigkeit der Schiedsvereinbarung oder der Irrtum über das Bestehen einer solchen in erster Linie zuzurechnen ist. Die bisher bemühte Krücke einer isolierten – hintennach und konkludent getroffenen – (Kosten-)Schiedsvereinbarung[46] wird damit also überflüssig, und ebenso die Befassung staatlicher Instanzen kraft sachlichrechtlichem Erstattungsanspruch[47] (Rn. 11 – hier: § 426 BGB). Besonders problematisch erscheint die Miteinbeziehung von Drittbeteiligten.[48]

25 **2. Vorzeitige Verfahrensbeendigung (§ 1056 Abs. 2).** Der insoweit feststellende Beschluss beendigt regelmäßig zugleich das Schiedsrichteramt – lässt dennoch aber die Befugnis zur Kostenfestsetzung iSv. § 1057 Abs. 2 unberührt (§ 1056 Abs. 3 [1. Var.]). Die Regelung ist freilich höchst unklar: die Verweisung des § 1056 Abs. 3 auf § 1057 Abs. 2 ist wortgleich vom DiskE übernommen, der jedoch dort allein die nachträgliche Ergänzung (jetzt: Abs. 2 S. 2) vorsah. Dieses System stimmte bündig, denn § 1057 wurde ursprünglich noch ganz beherrscht durch die klare Trennung von anfänglich miterfolgter (Abs. 1) und nachträglich gesonderter (Abs. 2) Kostenentscheidung.[49]

26 Hierbei sollte man stehen bleiben, wenn es nun um die vorzeitige Verfahrensbeendigung geht. Das führt zu einem **Dualismus** von feststellendem Beschluss (Verfahrensbeendigung) und ergänzendem Schiedsspruch (Kostenfestsetzung), wobei die klare Trennung auch für den Fall der Vollstreckbarerklärung viel für sich hat und dazu den Anschluss an die bisher tradierte Praxis weitgehend wahrt. So wie sich das Gesetz jetzt gibt, bleibt reichlich dunkel, ob im Beschluss gleich zur *Quote* (Abs. 1) mitentschieden werden soll oder ob hier nur eine Entscheidung qua Schiedsspruch zur *Summe* (Abs. 2) statthaft ist. Mit Recht hat daher § 35.4 DIS-SchO dazu eine explizite Klarstellung getroffen. Es ergeht demzufolge ein **gesonderter Kostenschiedsspruch**,[50] der aber nicht etwa mit dem Beendigungsbeschluss ganz offiziell zu verbinden wäre.[51]

27 Für die Kostenquote mag das Schiedsgericht bei **Erledigung** (§ 1056 Abs. 2 Nr. 2) oder **Rücknahme** (§ 1056 Abs. 2 Nr. 1b) die Grundgedanken aus § 91a bzw. § 269 Abs. 3 S. 2/3 anwenden, ohne freilich daran gebunden zu sein.[52] Bei unentschuldigter **Säumnis des Klägers** (§ 1056 Abs. 2

---

[43] BVerfG NJW 1993, 2793; BVerwG Rpfleger 1991, 388.
[44] BGHZ 151, 79, 84 [3] = NJW 2002, 3031 = SchiedsVZ 2003, 39 m. zust. Anm. *Münch* [III]; OLG Stuttgart NJW-RR 2003, 1438, 1439 [II b B]; *Schwab/Walter* Rn. 33.4, 33.18; *Baumbach/Lauterbach/Hartmann* Rn. 4; *Stein/Jonas/Schlosser* Rn. 2; *Lachmann* Rn. 1879; hierzu auch: jüngst *Synatschke*, Die Unzuständigkeitserklärung des Schiedsgerichts, 2006, S. 201 ff. – im Gegensatz zu altem Recht: BGH NJW 1973, 191 m. weit. Nachw.; OLG München KTS 1974, 174. Anders weiterhin jedoch: *Thomas/Putzo/Reichold* Rn. 9; *Musielak/Voit* Rn. 2 mit FS Musielak, 2004, S. 595, 615 f.; wohl auch *Zöller/Geimer* Rn. 3 (anders zuvor aber § 1056 Rn. 1).
[45] *Schwab/Walter* Rn. 33.18 – aA *Stein/Jonas/Schlosser* Rn. 2 (keine Kosten zu Lasten eines Beklagten).
[46] BGH NJW 1973, 191; *Fasching*, FS Habscheid, 1989, S. 93, 96; *Thomas/Putzo/Reichold* Rn. 9.
[47] OLG München KTS 1974, 174; OLG Düsseldorf ZIP 1981, 172, 173 f.; *Fasching*, FS Habscheid, 1989, S. 93, 97/98.
[48] Dazu *Thiel/Pörnbacher* SchiedsVZ 2007, 295, 299 f, [III].
[49] Besser würde dann Abs. 1 S. 1 also daher lauten: „in dem [nicht: einem] Schiedsspruch" (richtig § 35.1 DIS-SchO).
[50] So auch BT-Drucks. 13/5274 S. 58 li. Sp. [4] aE mit S. 57 re. Sp. [2] – eine Erläuterung, die wortgleich vom DiskE übernommen ist! Ebenso: *Thomas/Putzo/Reichold* Rn. 2 u. 5; *Stein/Jonas/Schlosser* Rn. 10.
[51] AA *Baumbach/Lauterbach/Hartmann* Rn. 4.
[52] *Schwab/Walter* Rn. 33.14; *Baumbach/Lauterbach/Hartmann* § 1056 Rn. 4; vgl. auch *Kisch*, Beiträge zum Schiedsverfahren, 1933, S. 1, 9.

Nr. 1a) kann es sich an § 330 mit § 91 Abs. 1 S. 1 orientieren, was zur vollen Kostenquote für den Untätigen führt. Dagegen fehlt eine halbwegs plausible äußere Anknüpfung bei **Untätigkeit** der Parteien oder **Unmöglichkeit** des Verfahrens (§ 1056 Abs. 2 Nr. 3 – Näheres bei 2. Aufl. Rn. 13: „in Anlehnung an Abs. 1 S. 2").

3. Aufhebung des Schiedsspruchs. Die Kostenentscheidung wird als eine Nebenentscheidung mit Aufhebung des Schiedsspruches (§ 1059) von selbst hinfällig[53] – sogar bei nur einer teilweisen Aufhebung, da dann für eine Entscheidung über alle Verfahrenskosten des Schiedsprozesses eine zentrale Grundannahme entfällt, und ebenso bei selbständigem Kostenschiedsspruch. Die Kostenentscheidung im Aufhebungsverfahren (§§ 91 ff.) deckt sie nicht mit ab,[54] diese Kosten sind nicht Prozesskosten, allenfalls Prozessobjekt – und darum auch keine „Nebenforderung" iSv. § 4.[55] Der Ausgleich muss materiell-rechtlich erfolgen, je nach Situation durch Rückgewähr oder Erstattung;[56] uU kann man auch im nachfolgenden zweiten Schiedsverfahren (§ 1059 Abs. 4/5) entsprechend abwägen.[57] 28

§ 1058 Berichtigung, Auslegung und Ergänzung des Schiedsspruchs

(1) Jede Partei kann beim Schiedsgericht beantragen,
1. **Rechen-, Schreib- und Druckfehler oder Fehler ähnlicher Art im Schiedsspruch zu berichtigen;**
2. **bestimmte Teile des Schiedsspruchs auszulegen;**
3. **einen ergänzenden Schiedsspruch über solche Ansprüche zu erlassen, die im schiedsrichterlichen Verfahren zwar geltend gemacht, im Schiedsspruch aber nicht behandelt worden sind.**

(2) Sofern die Parteien keine andere Frist vereinbart haben, ist der Antrag innerhalb eines Monats nach Empfang des Schiedsspruchs zu stellen.

(3) Das Schiedsgericht soll über die Berichtigung oder Auslegung des Schiedsspruchs innerhalb eines Monats und über die Ergänzung des Schiedsspruchs innerhalb von zwei Monaten entscheiden.

(4) Eine Berichtigung des Schiedsspruchs kann das Schiedsgericht auch ohne Antrag vornehmen.

(5) § 1054 ist auf die Berichtigung, Auslegung oder Ergänzung des Schiedsspruchs anzuwenden.

Schrifttum: *Kuntson*, The Interpretation of Arbitral Awards, J. Int. Arb. 11:2 (1994), 99; *Liebscher*, The healty award, 2003; *Poudret*, L'interprétation des sentences arbitrales, in: *Reymond/Bucher* (Hrsg.), Schweizer Beiträge, 1984, S. 269–284; *Schroth*, Die „kleine Berufung" gegen Schiedsurteile im deutschen Recht, SchiedsVZ 2007, 291; *Vollmer/Bedford*, Post-Award Arbitral Proceedings, J. Int. Arb. 15:1 (1998), 37.

I. Normzweck

Die völlig neu – in Anlehnung an Art. 33 ModG bzw. Art. 35–37 SchO – konzipierte Regelung schafft eine **eigene Rechtsgrundlage** (Abs. 1) für die Klarstellung (Rn. 4ff.) und Ergänzung (Rn. 13f.) von Schiedssprüchen im Rahmen eines schiedsgebundenen Annexverfahrens (arg. § 1056 Abs. 3); sie macht den bislang mit Blick auf § 1040 aF (bzw. § 1055 nF) allgemein praktizierten Rückgriff auf § 319 Abs. 1 (Berichtigung) und § 321 Abs. 1 (Ergänzung) obsolet und sieht hierfür einen **eigenen Verfahrensgang** des Schiedsgerichts (Abs. 2–4) mit – allerdings disponibler[1] – Fristbindung vor. 1

Aus dem Rahmen fällt einzig Abs. 1 Nr. 2 (Art. 33 Abs. 1 S. 1, lit. b ModG): er bricht mit dem bisher geltenden – parteiautonom aber natürlich stets abdingbaren – Verbot der **authentischen In-** 2

---

[53] Zust. OLG Stuttgart NJW-RR 2003, 1438, 1439 [II A]: daher auch keine (neuerliche) Überprüfung der Kostengrundentscheidung bei Angriff auf Kostenfestsetzungsspruch! (hier einschr. aber *Baumbach/Lauterbach/ Hartmann* Rn. 4: „nicht stets").
[54] *Schwab/Walter* Rn. 33.12.
[55] RG JW 1934, 1852 gegen RG JW 1925, 2005.
[56] *Thomas/Putzo/Reichold* Rn. 8 (§ 812 BGB); *Musielak/Voit* Rn. 4 (Schiedsvereinbarung); *Schwab/Walter* Rn. 33.12 (§ 812 BGB – indes: „im Zweifel zu halbieren").
[57] Siehe dazu bei *Stein/Jonas/Schlosser* Rn. 14.
[1] Für Parteien (Abs. 2) *und* Gericht (Abs. 3: „soll" – Art. 33 Abs. 4 ModG [„may extend, if necessary"] rückt sinngemäß schon von Art. 35ff. SchO ab, 5th WGR Nr. 119–122 – *Holtzmann/Neuhaus* S. 898f.).

terpretation[2] des Schiedsspruchs und will so dazu beitragen, mögliche Aufhebungsverfahren im Keim zu vermeiden.[3]

3   Die Befugnis zur Klarstellung und Ergänzung ist – mit Ausnahme der Frist (Abs. 2) – **unabdingbar** vorgegeben;[4] insoweit ist der deutsche Gesetzgeber von Art. 33 ModG abgewichen, der die Auslegung von einer vorgängigen Parteivereinbarung abhängig macht (Abs. 1 lit. b) und die Statthaftigkeit eines Ergänzungsschiedsspruchs zur Parteidisposition stellt (Abs. 3).[5] Ferner wurden die ModG-Tages- auf ZPO-Monatsfristen umgestellt. – Die Regelung ist auf Schiedssprüche mit „gefundenem" Wortlaut zugeschnitten und bedarf bei vereinbartem Wortlaut gewisser Modifikation (§ 1053 Rn. 48 f.).

II. Klarstellung

4   **1. Voraussetzung der Klarstellung.** Voraussetzung einer Klarstellung durch Berichtigung (Abs. 1 Nr. 1, Art. 33 Abs. 1 S. 1 lit. a ModG; Art. 36 SchO [Rn. 5 f.]) oder Auslegung (Abs. 1 Nr. 2, Art. 33 Abs. 1 S. 1 lit. b ModG; Art. 35 SchO [Rn. 7–9]) ist jeweils übereinstimmend, dass überhaupt ein außenwirksamer Schiedsspruch vorliegt. Solange noch ein Schiedsspruch in der Form des § 1054 Abs. 1 fehlt,[6] sind die Schiedsrichter in der Gestaltung ihres Entscheids ohnedies völlig frei, selbst wenn sie diesen schon verkündet haben[7] (näher noch bei § 1054 Rn. 5). Erst danach wird die Möglichkeit einer Klarstellung praktisch relevant. Denn nun ist eine – auch den Parteien gegenüber wirkende – Selbstbindung eingetreten (§ 318 analog), die es verbietet, den Schiedsspruch sachlich abändernd anzutasten – die Grenzen werden von Abs. 1 Nr. 1 und Nr. 2 deutlich markiert. Sie zeichnen die Bindungswirkung gleichsam in negativen Konturen; das Schiedsgericht muss seinen ursprünglichen Spruch achten – im Unterschied zu Abs. 1 Nr. 3, wo es an einer solchen bindenden Vorgabe gerade mangelt. Anderes ist allemal nur mit Einverständnis der Parteien zulässig.

5   **2. Klarstellung durch Berichtigung (Abs. 1 Nr. 1).** Rechen-,[8] Schreib- und – rein tautologisch wohl – Druckfehler sind **Regelbeispiele offenbarer Unrichtigkeiten** („Fehler ähnlicher Art"), wie es bei § 319 Abs. 1 (dort Rn. 4 ff.) heißt. **Unrichtig** ist lediglich die *versehentliche* Abweichung zwischen Erklärtem und Gewolltem: Keinesfalls darf ein von dem ursprünglichen Spruch abweichender Wille zum Tragen kommen, da dies nicht mehr auf Grund der verbrauchten Schiedsvereinbarung (§ 1029 Abs. 1) geschehen kann und der Schiedsspruch insoweit der Aufhebung unterliegen müsste.[9] Auch können keine tragenden Begründungen nachgebracht werden,[10] wohl aber könnte eine Auslassung oder Unklarheit[11] im Tenor des Schiedsspruchs behoben werden, sofern die Gründe insoweit eindeutig (sonst: Abs. 1 Nr. 2 [Mehrdeutigkeit] oder Nr. 3 [Übergehen eines Anspruchs]) sprechen. **Offenbar** ist ein Erklärungsmangel,[12] der sich aus Entscheidungsinhalt[13] oder Begleitumständen[14] auch für unbeteiligte Dritte ohne weiteres ergibt, sich mithin von selbst geradezu aufdrängt.

6   Die Berichtigung bedarf keines Antrags, sondern ist genauso **amtswegig** statthaft (Abs. 4)[15] – fraglich ist hingegen, ob das Schiedsgericht insoweit nicht immerhin die Monatsfrist (Abs. 2) achten muss. Abs. 2 scheint nur den Antrag der Partei meinen zu wollen (vgl. auch erg. § 319 Abs. 1: „jederzeit"); andererseits sieht Art. 33 Abs. 2 ModG ganz eindeutig eine Fristbindung für das Schieds-

---

[2] Vgl. *Stein/Jonas/Schlosser* Rn. 1 bzw. *Schwab/Walter* Rn. 21.15 (Art. 145 OG); die Praxis verfuhr bisweilen großzügiger: RGZ 85, 391, 394/394. Die Vorschrift war keineswegs unumstritten: CR Nr. 266–268 = *Holtzmann/Neuhaus* S. 906 mit CR Nr. 269/270 = *Holtzmann/Neuhaus* S. 907.

[3] BT-Drucks. 13/5274, S. 58 li. Sp. [2] – dazu aber auch 7th SN Nr. Art. 33 Nr. 1 = *Holtzmann/Neuhaus* S. 901/902 einerseits, CR Nr. 266 aE = *Holtzmann/Neuhaus* S. 906 andererseits.

[4] *Thomas/Putzo/Reichold* Rn. 1; *Zöller/Geimer* Rn. 1.

[5] BT-Drucks. 13/5274, S. 58 li. Sp. [3].

[6] Wegen § 1054 Abs. 4 siehe § 1054 Rn. 38–40 bzw. OLG Koblenz OLGR 2004, 232 [1]: „Berichtigungs- und Ergänzungsbeschluss" (?).

[7] RG SeuffA 65 (1910) Nr. 133, S. 252, 253/254 – aA *Stein/Jonas/Schlosser*, 21. Aufl., § 1039 aF Rn. 22.

[8] Beispiel: RG HRR 1926 Nr. 1312.

[9] RG JW 1935, 2050; OLG Stuttgart OLGR 2002, 166; ganz ähnlich auch OLG Colmar OLGRspr. 27 (1913), 198, 199.

[10] Vgl. KG DR A 1940, 748 einerseits (Teilentscheid) u. OLG Hamburg OLGRspr. 41 (1921), 271 andererseits („Punktesache"); *Schwab/Walter* Rn. 21.14 – aA *Stein/Jonas/Schlosser* Rn. 3.

[11] Beispiel: OLG Frankfurt/Main SchiedsVZ 2005, 311, 312 („verkehrte" Zug-um-Zug-Verurteilung).

[12] Gegen dieses Merkmal *Baumbach/Lauterbach/Hartmann* Rn. 2.

[13] BGHZ 127, 74, 81 zu § 319 Abs. 1.

[14] BGHZ 20, 188, 192 zu § 319 Abs. 1.

[15] In jenem Sinne schon BGH WM 1977, 319, 320; OLG Naumburg JW 1935, 2050.

gericht vor, und es macht wohl auch wenig Sinn, Parteianträgen zur Rechtsklarheit mit Präklusion zu drohen, das Schlupfloch der bloßen „Anregung" amtswegiger Berichtigung aber unverstopft zu lassen. So besehen spricht einiges dafür, die **Monatsfrist** als allgemeinen Rechtsgedanken aufzufassen, der auch einer amtswegigen Berichtigung durch das Schiedsgericht eine Zeitgrenze setzt.[16] Freilich muss man beachten, dass hier die Grenze zur Auslegung fließend ist („falsa demonstratio"?) und Abs. 2 mit Abs. 1 Nr. 2 allein die authentisch *schiedsrichterlichen* Auslegungen zeitlich begrenzt. Alle später sachlich befassten Gerichte können bzw. müssen auslegen und demgemäß auch „berichtigend klarstellen", was gemeint ist.[17]

3. Klarstellung durch Auslegung (Abs. 1 Nr. 2). Das Auslegungsbegehren erfordert eine **konkrete Unklarheit,** eine Partei kann nicht gleichsam auf Verdacht hin den gesamten Schiedsspruch auslegen lassen, sie muss die auszumerzende Unklarheit spezifizieren und gleichzeitig ihr Rechtsschutzbedürfnis dartun. Indes muss sie nicht zugleich sagen, was letzthin als (Auslegungs-)Ergebnis denn herauskommen soll.[18] Auslegungsfähig sind ausschließlich **bestimmte einzelne Teile** oder (als eine Art Weniger) Punkte des Schiedsspruchs, was Missbräuchen und Verzögerung vorbeugen soll,[19] jedoch im Grunde nur Ausfluss der Parteiherrschaft darstellt. Das Schiedsgericht muss bei einer solchen Auslegung aber durchweg den schmalen Grat zwischen **eigener (innerprozessualer) Selbstbindung** (§ 1055 Rn. 36) und inhaltlich „richtiger" Begründung beachten.[20] 7

Die Auslegung ist **allein erläuternd, nicht etwa ergänzend,** es geht hierbei bloß um Klarstellung! Dies ist auch ein gutes Mittel gegen Übersetzungsmängel.[21] Lückenfüllung ist als sachliche Ergänzung nur unter den Voraussetzungen der Nr. 3 statthaft. Sämtliche Teile des Schiedsspruchs können ausgelegt werden, also sowohl der Tenor des Schiedsspruchs wie die Entscheidungsgründe[22] (beides lässt sich häufig nicht deutlich voneinander scheiden! – § 1054 Rn. 26). Bei offensichtlich klarem Schiedsspruch dürfte der Antrag schon unzulässig sein.[23] 8

Demnach ist hierbei ausnahmsweise ein stärker subjektiver Maßstab statthaft und dabei insbesondere „nicht an dem buchstäblichen Sinne des Ausdrucks zu haften"(§ 133 BGB) – wenn und weil überhaupt der Sinngehalt des Schiedsspruchs „nach außen dringt" und in der Entscheidung **formgerecht angedeutet** wurde. Mit dieser Maßgabe erhält das Schiedsgericht die Befugnis zur **authentischen Interpretation,**[24] *formal* begrenzt allein durch Parteiantrag (Abs. 1) und Fristbindung (Abs. 2), *materiell* indes immer angelehnt an den ursprünglichen Subsumtionsakt, wie ihn das Schiedsgericht nach § 1054 niedergelegt hat. Bevor ein anderes (staatliches) Gericht mit der Sache befasst wird, soll das „sachnähere" und von den Parteien ja zunächst präferierte Schiedsgericht klarstellen dürfen, was es mit seinen Worten meinte. 9

4. Abgrenzungen und Sonderfälle. Nach **Ablauf der Monatsfrist** gelten dann wieder die üblichen Maßstäbe – nun findet keinerlei *authentische* Interpretation (Rn. 9) mehr statt. Es besteht aber natürlich kein Auslegungsverbot. Jetzt legt das (staatliche) Gericht aus, für dessen Entscheidung der Schiedsspruch eine Rolle spielt; auch an eine selbständige Feststellungsklage (§ 256 Abs. 1) könnte man denken.[25] 10

Nur herrscht jetzt insoweit ein stärker **objektiver Maßstab** in Anlehnung an § 157 BGB: Wie versteht ein unbefangener Rechtsgenosse den Schiedsspruch? Was sagt ihm der Inhalt des Titels, so wie er sich ihm urkundlich präsentiert? Sonstige (außerurkundliche) Umstände dürfen nicht (mehr) berücksichtigt werden oder nur ganz ausnahmsweise, wie etwa bei Allgemeinkundigkeit.[26] Um Auslegungsdiskrepanzen auf Grund variierender Maßstäbe zu vermeiden, wird man wohl **vor Fristablauf** dem Schiedsgericht die alleinige Auslegungsbefugnis zubilligen müssen (arg. § 1056 Abs. 3), allemal wenn das ein Teil begehrt, und daher dem befassten Staatsgericht anraten, nach Antragstellung beim Schiedsgericht die Rechtssache kurzfristig auszusetzen (§ 148 analog). 11

---

[16] Anders OLG Frankfurt/Main SchiedsVZ 2005, 311, 312 (noch Berichtigung nach 3/4 Jahr); *Stein/Jonas/Schlosser* Rn. 7 mit Fn. 10.
[17] Vor allem das Verfahren der Vollstreckbarerklärung (§ 1060 Abs. 1 [dort Rn. 24] mit §§ 1063, 1064) erscheint hierzu geeignet, *Schwab/Walter* Rn. 26.6 – Beispiel: OLG München SchiedsVZ 2006, 111, 112 [II 2] (Parteibezeichnung).
[18] *Stein/Jonas/Schlosser* Rn. 8.
[19] 1st WGR Nr. 98 = *Holtzmann/Neuhaus* S. 893.
[20] Anders im Ansatz *Stein/Jonas/Schlosser* Rn. 5 f. („Durchbrechung der Selbstbindung") mit Rn. 2.
[21] CR Nr. 267 = *Holtzmann/Neuhaus* S. 906.
[22] So wie hier *Thomas/Putzo* Rn. 8 – insoweit anders aber *Stein/Jonas/Schlosser* Rn. 6 aE.
[23] *Weber,* FS Geimer, 2002, S. 1445, 1450 [III 1a].
[24] Welche staatlichen Gerichten abgeht, vgl. RGZ 109, 375, 380.
[25] ZB RGZ 82, 161, 164; 147, 27, 29 ff.; BGHZ 36, 11, 14 = NJW 1962, 109 f.
[26] Zur Auslegung von Vollstreckungstiteln allgemein *Stürner/Münch* JZ 1987, 178 u. *Münch* DNotZ 1995, 749.

§ 1058 12–17   Buch 10. Abschnitt 6. Schiedsspruch und Beendigung des Verfahrens

12   Was diese Art einer späteren Auslegung betrifft, so bindet die Schiedsvereinbarung hier nicht mehr, sondern ist alsdann erledigt. Bewirkt die Auslegung indes keine Klärung, ist der Schiedsspruch idR perplex und nichtig, das Schiedsverfahren demgemäß noch nicht beendet und ohne jedwede Bindung dann neu entscheidbar. Das wird aber nur in seltenen Ausnahmefällen zutreffen.

III. Ergänzung

13   Fällt das Schiedsgericht über abtrennbare Gegenstände (ganz *offen*) eine entsprechende Teilentscheidung, wird alsdann eine spätere Schlussentscheidung als selbstverständlich vorausgesetzt. Auch der **versehentlich nicht vollständige Schiedsspruch,** der streitbefangene Ansprüche „nicht behandelt", etwa aus Vergesslichkeit oder aus Nachlässigkeit der Schiedsrichter, ist in Wahrheit nur ein (demzufolge: *verdeckter*) Teilschiedsspruch und insoweit zu ergänzen (**Abs. 1 Nr. 3** [Art. 33 Abs. 3 S. 1 ModG; Art. 37 SchO]).[27] Dies gilt insbesondere auch für die fehlende Kostenentscheidung (§ 1057 Abs. 2 S. 2, dort Rn. 10, 17). Anspruch ist der prozessuale, der Streitgegenstand, nicht seine materiell-rechtliche Begründung als Angriffs- (oder: Verteidigungs-)Mittel. Ergänzung ermöglicht **Lückenfüllung, nicht Richtigstellung** – sie gibt keine „kleine Berufung" zur Korrektur allfälliger Missgriffe (Bindungswirkung des Teilschiedsspruchs!).[28]

14   Keine Ergänzung kommt demgegenüber in Betracht, wenn sich das Schiedsgericht, sei es auch zu Unrecht, bewusst der Entscheidung über einen Streitpunkt, etwa mangels Zuständigkeit, enthalten hat. Wird eine an sich statthafte Ergänzung vom Schiedsgericht verweigert, muss Antrag auf gerichtliche Entscheidung nach § 1038 Abs. 1 (dort Rn. 17) gestellt und notfalls ein Ersatzschiedsgericht gemäß § 1039 Abs. 1 (dort Rn. 10) bestellt werden, was letztlich auf den Austausch des gesamten Schiedsgerichts hinausläuft.[29] Demgegenüber muss sich das Schiedsgericht neu konstituieren, wenn der Ergänzungsantrag verfristet ist (Abs. 2) und sein Amt damit beendet wurde (arg. § 1056 Abs. 3): die Schiedsvereinbarung wirkt hier gleichwohl fort, sie ist eben nicht voll ausgeschöpft worden (vgl. auch erg. § 1056 Rn. 34).[30]

IV. Verfahren

15   **1. Antragsfrist.** Klarstellung wie Ergänzung sind antrags- (Ausnahme: Abs. 4 [Berichtigung, Rn. 6]) und fristgebunden (Vorgabe: Abs. 2 [Monatsfrist]). Die Frist zählt ab dem „**Empfang** des Schiedsspruchs" („receipt of the award"), wobei dieser jetzt jedoch nicht mehr förmlich zugestellt oder gar etwa niedergelegt zu werden braucht (§ 1054 Abs. 4). Was gewiss für den Erlass des Schiedsspruchs eine sinnvolle Vereinfachung darstellt, mag den Blick auf die wünschenswerte Fristenklarheit doch etwas trüben (arg. § 321 Abs. 2).

16   §§ 166 ff. wären ein Garant für klaren Fristbeginn, sie halten ausgefeilte Regeln dafür bereit, wie und wem der Schiedsspruch zur Kenntnis gebracht werden kann, sie stellen vor allem klar, dass potentielle Möglichkeit der Kenntnisnahme genügt. Unter diesem Aspekt wird man aber auch bei Abs. 2 Empfang als **Zugang**[31] (und nicht als reine „körperliche Aushändigung") verstehen dürfen, was zumindest den Rückgriff auf § 130 Abs. 1 BGB eröffnet; bei einem unbekannten Aufenthalt hilft § 1028 Abs. 1. Für die Praxis empfiehlt sich jedenfalls stets Übersendung per Einschreiben gegen Rückschein.

17   Die **Berechnung der Monatsfrist** folgt §§ 186 ff., insbes. §§ 187 Abs. 1, 188 Abs. 2, 3 BGB (vgl. § 222 Abs. 1 ZPO) mit § 193 BGB bzw. § 222 Abs. 2 ZPO (vgl. noch erg. § 1028 Rn. 20). Die Monatsfrist ist abdingbar; einverständlich kann man auch rückwirkend Verlängerung vereinbaren.[32] Sie gilt nur für das schiedsgerichtliche Verfahren (Rn. 5, 7–9: Klarstellung) und auch nur für das konstituierte Schiedsgericht (Rn. 14: Ergänzung); gleichgültig bleibt, ob vorher schon insoweit Aufhebungsantrag gestellt wurde.[33]

---

[27] Vgl. *Baumbach/Lauterbach/Hartmann* Rn. 4; *Schwab/Walter* Rn. 21.16 – eher rigider dazu RGZ 62, 353, 355.
[28] Deshalb irrig *Schroth* SchiedsVZ 2007, 291, 293 f.]III] – so hier *Lachmann* Rn. 2001, 2004.
[29] AA *Schroth* SchiedsVZ 2007, 291, 294 [III 2 aE] im Anschluss an Schwab/Walter Rn. 21.16 aE: Erlöschen der Schiedsvereinbarung.
[30] Unklar insoweit jedoch RGZ 47, 424, 430 (obiter).
[31] *Lachmann* Rn. 2009, 2018, 2028.
[32] *Musielak/Voit* Rn. 5.
[33] Arg. § 1059 Abs. 3 S. 3: Fristverlängerung mit „Höchstbegrenzung" (§ 1059 Rn. 56) bzw. RG HRR 1926 Nr. 1312.

2. Entscheidung. Der **Verfahrensgang** folgt allgemeinen Regeln (§§ 1042 ff.), erfordert somit **18**
vor allen Dingen stets rechtliches Gehör (§ 1042 Abs. 1 S. 2),[34] was Benachrichtigung des Gegners[35]
(§ 1047 Abs. 3 – Art. 33 Abs. 1, 3 ModG: „with notice to the other party") vom Antrag erfordert.
Die – einfachere – Klarstellung *soll* das Schiedsgericht binnen eines Monats (ab Eingang des Antrags!)[36] vornehmen **(Abs. 3, 1. Halbs.)**, für die regelmäßig schwierigere Ergänzung (selbständiger
neuer Sachausspruch [Rn. 20], uU mit mündlicher Verhandlung und Beweiserhebung!)[37] steht die
doppelte Zeitspanne zur Verfügung **(Abs. 3, 2. Halbs.)**. Mit diesen relativ kurzen Zeiträumen ist
sichergestellt, dass möglichst das alte Schiedsgericht in seiner ursprünglichen Besetzung entscheidet.[38] Je nach Schwierigkeit wird es dann von der Sollregelung Gebrauch machen; Fristüberschreitung bleibt letztlich prozessual allerdings folgenlos („soll").[39]

Zwingend ist hingegen die Regelung über Form und Inhalt des klarstellenden (Rn. 4 ff.) oder **19**
ergänzenden (Rn. 13 f.) **Schiedsspruchs (Abs. 5):** es gilt jedes Mal voll § 1054. Dogmatisch bestehen allerdings gewichtige Unterschiede:[40]

Der **Klarstellungs-Schiedsspruch** ist dogmatisch Bestandteil des ursprünglichen (Schluss-) **20**
Schiedsspruchs[41] (arg. Art. 33 Abs. 1 S. 3 ModG: „interpretation shall form part" bzw. § 319 Abs. 2
S. 2 ZPO: „Berichtigung ... wird ... auf dem Urteil vermerkt" – Konsequenz: separater Aufhebungsantrag unmöglich![42] bzw. umgekehrt Vollstreckbarerklärung mitumfasst[43]), der **Ergänzungs-Schiedsspruch** ist seinerseits selbständiger Schlussschiedsspruch zum ursprünglichen (dann deswegen bloß: Teil-)Schiedsspruch.[44] Daher sind dann hier beide Schiedssprüche separat vollstreckbar
– sofern sie sich bei Vollstreckbarerklärung (§ 1060 Abs. 1) wieder zusammengefasst werden –,
und genauso separat mittels Aufhebungsantrag (§ 1059) angreifbar.[45] Und: es gibt keinen Klarstellungs-Schiedsspruch mehr nach Fristablauf (Rn. 15 – Aufhebungsgrund: § 1059 Abs. 2 Nr. 1 d[46]),
wohl aber eine Ergänzung durch ein *neues* Schiedsgericht (Rn. 14).

---

[34] 5th WGR Nr. 124 = *Holtzmann/Neuhaus* S. 899 mit CR Nr. 271 = *Holtzmann/Neuhaus* S. 907 bzw. BT-Drucks. 13/5274 S. 58 re. Sp. [7] – zust. *Lachmann* Rn. 2036; *Thomas/Putzo/Reichold* Rn. 4; OLG Karlsruhe, Beschl. v. 29. 11. 2002 – 9 Sch 1/02 [2] – eher strenger noch OLG München, Beschl. v. 20. 12. 2006 – 34 Sch 27/06 [II 3 b (2)]: § 1047 Abs. 1. Weitaus restriktiver dagegen *Musielak/Voit* Rn. 6: allein Ergänzung und Auslegung erfasst bzw. OLG Frankfurt/Main SchiedsVZ 2005, 311, 312 aE: Berichtigung nicht gehörspflichtig.

[35] Bzw. beider Parteien soweit amtswegige Berichtigung stattfindet (§ 1058 Abs. 4).

[36] 5th WGR Nr. 123 = *Holtzmann/Neuhaus* S. 899.

[37] Dazu 4th SN Nr. 21–23 = *Holtzmann/Neuhaus* S. 897.

[38] *Schwab/Walter* Rn. 21.17.

[39] Dazu schon oben Fn. 1 mit BT-Drucks. 13/5274 S. 58 re. Sp. [5]; *Baumbach/Lauterbach/Hartmann* Rn. 3; aA *Schwab/Walter* Rn. 21.17: § 1059 Abs. 2 Nr. 1 d.

[40] Dazu auch BT-Drucks. 13/5274 S. 58 re. Sp. [6] u. *Musielak/Voit* Rn. 7.

[41] *Thomas/Putzo* Rn. 5; *Baumbach/Lauterbach/Hartmann* Rn. 4; *Zöller/Geimer* Rn. 4; *Schwab/Walter* Rn. 21.18.

[42] OLG München, Beschl. v. 20. 12. 2006 – 34 Sch 17/06 [II 3] sowie unter altem Recht BGH WM 1983, 1207/1208 [1] - aA *Stein/Jonas/Schlosser* Rn. 9; aber obiter auch OLG Frankfurt/Main SchiedsVZ 2005, 311, 312 (allerdings für Sonderfall mit „Nähe" zum Ergänzungsschiedsspruch!).

[43] OLG München, Beschl. v. 10. 8. 2007 – 34 Sch 29/06 [II 1]

[44] *Schwab/Walter* Rn. 21.16; *Zöller/Geimer* Rn. 4; *Baumbach/Lauterbach/Hartmann* Rn. 4; *Thomas/Putzo/Reichold* Rn. 11; *Schroth* SchiedsVZ 2007 291, 293 [II 3].

[45] OLG Düsseldorf, Beschl. v. 14. 8. 2007 – I-4 Sch 2/06 [II 1 a/JURIS-Rn. 95 f.]; OLG München, Beschl. v. 20. 12. 2006 – 34 Sch 27/06 [II 2] – insoweit aA *Calavros*, 1988, S. 146: arg. § 1059 Abs. 3 S. 3.

[46] AA *Musielak/Voit* Rn. 5: § 1059 Abs. 2 Nr. 1 c mit Parallele bei Ergänzung.

Abschnitt 7. Rechtsbehelf gegen den Schiedsspruch

§ 1059 Aufhebungsantrag

(1) Gegen einen Schiedsspruch kann nur der Antrag auf gerichtliche Aufhebung nach den Absätzen 2 und 3 gestellt werden.

(2) Ein Schiedsspruch kann nur aufgehoben werden,
1. wenn der Antragsteller begründet geltend macht, dass
    a) eine der Parteien, die eine Schiedsvereinbarung nach den §§ 1029, 1031 geschlossen haben, nach dem Recht, das für sie persönlich maßgebend ist, hierzu nicht fähig war, oder dass die Schiedsvereinbarung nach dem Recht, dem die Parteien sie unterstellt haben oder, falls die Parteien hierüber nichts bestimmt haben, nach deutschem Recht ungültig ist oder
    b) er von der Bestellung eines Schiedsrichters oder von dem schiedsrichterlichen Verfahren nicht gehörig in Kenntnis gesetzt worden ist oder dass er aus einem anderen Grund seine Angriffs- oder Verteidigungsmittel nicht hat geltend machen können oder
    c) der Schiedsspruch eine Streitigkeit betrifft, die in der Schiedsabrede nicht erwähnt ist oder nicht unter die Bestimmungen der Schiedsklausel fällt, oder dass er Entscheidungen enthält, welche die Grenzen der Schiedsvereinbarung überschreiten; kann jedoch der Teil des Schiedsspruchs, der sich auf Streitpunkte bezieht, die dem schiedsrichterlichen Verfahren unterworfen waren, von dem Teil, der Streitpunkte betrifft, die ihm nicht unterworfen waren, getrennt werden, so kann nur der letztgenannte Teil des Schiedsspruchs aufgehoben werden; oder
    d) die Bildung des Schiedsgerichts oder das schiedsrichterliche Verfahren einer Bestimmung dieses Buches oder einer zulässigen Vereinbarung der Parteien nicht entsprochen hat und anzunehmen ist, dass sich dies auf den Schiedsspruch ausgewirkt hat; oder
2. wenn das Gericht feststellt, dass
    a) der Gegenstand des Streites nach deutschem Recht nicht schiedsfähig ist oder
    b) die Anerkennung oder Vollstreckung des Schiedsspruchs zu einem Ergebnis führt, das der öffentlichen Ordnung (ordre public) widerspricht.

(3) [1]Sofern die Parteien nichts anderes vereinbaren, muss der Aufhebungsantrag innerhalb einer Frist von drei Monaten bei Gericht eingereicht werden. [2]Die Frist beginnt mit dem Tag, an dem der Antragsteller den Schiedsspruch empfangen hat. [3]Ist ein Antrag nach § 1058 gestellt worden, verlängert sich die Frist um höchstens einen Monat nach Empfang der Entscheidung über diesen Antrag. [4]Der Antrag auf Aufhebung des Schiedsspruchs kann nicht mehr gestellt werden, wenn der Schiedsspruch von einem deutschen Gericht für vollstreckbar erklärt worden ist.

(4) Ist die Aufhebung beantragt worden, so kann das Gericht in geeigneten Fällen auf Antrag einer Partei unter Aufhebung des Schiedsspruchs die Sache an das Schiedsgericht zurückverweisen.

(5) Die Aufhebung des Schiedsspruchs hat im Zweifel zur Folge, dass wegen des Streitgegenstandes die Schiedsvereinbarung wiederauflebt.

Schrifttum (allgemein): *Altenmüller,* Zur materiellrechtlichen Überprüfung von Schiedssprüchen, KTS 1974, 150; *Berard,* Die Aufhebung des Schiedsspruchs wegen Verfahrensverstoßes (§ 1041 I Nr. 1 und Nr. 4 ZPO), 1976; *Berger,* Internationale Wirtschaftsschiedsgerichtsbarkeit, 1992, S. 467ff.; *Borges,* Das Doppelexequatur von Schiedssprüchen, 1997, S. 77ff. (Bespr. Spellenberg ZZP 113 [2000], 237); *ders.,* Die Anerkennung und Vollstreckung von Schiedssprüchen..., ZZP 111 (1998), 487; *Broches,* Recours against the Award..., in: *Sanders* (Hrsg.), Uncitral's Project, Report VII, S. 201; *Gaul,* Die Rechtskraft und Aufhebbarkeit des Schiedsspruchs..., FS Sandrock, 2000, S. 285; *Habscheid,* Teil-, Zwischen- und Vorabschiedssprüche im schweizerischen und deutschen Recht, ihre Anfechtung und die Rechtsfolgen ihrer Aufhebung durch das Staatsgericht, ZSR 106 (1987), 669; *Hausmann,* Die Aufhebung von Schiedssprüchen nach neuem deutschen Schiedsverfahrensrecht, FS Hans Stoll, 2001, S. 593; *Kerameus,* Einschränkungen der Klage auf Aufhebung von Schiedssprüchen, FS Fasching, 1988, S. 257; *Kremer/Weimann,* Die Aufhebbarkeit von Schiedssprüchen, insbesondere Zwischen- oder Teilschiedssprüchen über den Anspruchsgrund – Widerspruch zu Prinzipien der Prozessökonomie?, SchiedsVZ 2007, 238; *Laschet,* Rechtsmittel gegen Prozeß-, Vorab- oder Zwischenentscheide eines Schiedsgerichts oder einer Schiedsorganisation, FS Nagel, 1987, S. 167; *Lent,* Ausschließungsgründe bei einem Schiedsrichter und Aufhebungsklage, KTS 1956, 97; *Malzer,* Das Übergehen selbständiger Angriffs- und Verteidigungsmittel im Schiedsspruch, KTS 1972, 65; *Mittelstein,* Schiedsspruch und Rechtsbehelfe, HansRZ 8 (1925), 1, 9 ff.; *Quinke,* Schiedsvereinbarungen und Eingriffsnormen, SchiedsVZ 2007, 246; *Sandrock,* Gewöhnliche Fehler in Schiedssprüchen: Wann können sie zur Aufhebung des Schiedsspruchs führen?, BB 2001, 2173; *Sarcevic,* The Setting Aside ... of Arbitral Awards under the UNCITRAL Model Law, in: *Sarcevic* (Hrsg.), Essays on International Commercial Arbitration, 1989, S. 176; *Schlosser,* Schiedsgerichtsbarkeit und Rechtsmittel zu den staatlichen Gerichten, ZZP 92 (1979), 125; *ders.,* Schiedsgerichtsbarkeit und Wiederaufnahme, FS Gaul, 1997, 679; *Schroeder,* Zur Aufhebung von Scheinschiedssprüchen und anderen formellen Schiedssprüchen durch staatliche Gerichte – Ein Beitrag zur Auslegung des Begriffes „Schiedsspruch" in § 1059, SchiedsVZ 2005, 244; *Solomon,* Die Verbindlichkeit von Schiedssprüchen in der internationalen privaten Schiedsgerichtsbarkeit, 2007; *Sonnauer,* Die Kontrolle der Schiedsgerichte durch staatliche Gerichte, 1991 (insbes. S. 51 ff. u. S. 113 ff.); *R. Wolff,* Zurückverweisung der Sache an das Schiedsgericht nach Aufhebung des Schiedsspruchs – zu den „geeigneten Fällen" nach § 1059 Abs. 4 ZPO, SchiedsVZ 2007, 254.

Schrifttum (ordre public): *Barber,* Objektive Schiedsfähigkeit und ordre public in der internationalen Schiedsgerichtsbarkeit, 1994; *F. Baur,* Einige Bemerkungen zum verfahrensrechtlichen ordre public, FS Guldener, 1973, S. 16; *Bruns,* Der anerkennungsrechtliche ordre public ..., JZ 1999, 278; *Eckstein-Puhl,* Prozessbetrug im Schiedsverfahren: Eine Studie zu den vom erschlichenen Schiedsspruch aufgeworfenen Fragen des Aufhebungsverfahrens gemäß § 1059 ZPO, 2004; *Fournier,* Bindungswirkung schiedsgerichtlicher Rechtsansichten und Tatsachenfeststellungen ..., 1999; *Gamauf,* Aktuelle Probleme des ordre public im Schiedsverfahren ..., ZfRV 2000, 41; *von Heymann,* Der ordre public in der privaten Schiedsgerichtsbarkeit, 1969; *Harbst,* Korruption und andere ordre public-Verstöße als Fan wände im Schiedsverfahren – Inwieweit sind staatliche Gericht an Sachverhaltsfeststellungen des Schiedsgerichts gebunden?, SchiedsVZ 2007, 22; *Hilbig,* Das gemeinschaftsrechtliche Kartellverbot im internationalen Handelsschiedsverfahren, 2006, S. 9–71; *Köhn,* Schiedsgerichtsbarkeit und ordre public ..., KTS 1956, 129, 166, 185; *Kornblum,* Grenzfragen des ordre public in der privaten Schiedsgerichtsbarkeit, KTS 1968, 143; *ders.,* „Ordre public transnational", „ordre public international" und „ordre public interne" im Recht der privaten Schiedsgerichtsbarkeit, FS Nagel, 1987, S. 150; *ders.,* Das „Gebot überparteilicher Rechtspflege" und der deutsche schiedsrechtliche ordre public, NJW 1987, 1105; *Marx,* Der verfahrensrechtliche ordre public bei der Anerkennung und Vollstreckung ausländischer Schiedssprüche, 1994; *Oberhammer,* Gemeinschaftsrecht und schiedsrechtlicher ordre public, RdW 1999, 62; *Racine,* L'arbitrage commercial international et l'ordre public, Paris 1999; *G. Roth,* Der Vorbehalt des Ordre Public gegenüber fremden gerichtlichen Entscheidungen, 1967; *Rüßmann,* Der erschlichene Schiedsspruch – der Betrüger als Nutznießer des neuen deutschen Schiedsverfahrensrechts?, FS Schlosser, 2005, S. 785; *Ruzik,* Die Anwendung von Europarecht durch Schiedsgerichte, 2003, S. 16–28; *Schäffler,* Zulässigkeit und Zweckmäßigkeit der Anwendung angloamerikanischer Beweismethoden in deutschen und internationalen Schiedsverfahren, 2003, S. 57–96; *Schulthess,* Der verfahrensrechtliche ordre public in der internationalen Schiedsgerichtsbarkeit der Schweiz, 1981; *Schlosser,* Ausländische Schiedssprüche und ordre public „international", IPRax 1991, 218; *Spiegel,* Kartellprivatrecht in der internationalen Handelsschiedsgerichtsbarkeit, 2000; *Völker,* Zur Dogmatik des ordre public ..., 1998; *Wunderer,* Der deutsche „Ordre Public d'Arbitrage international" und Methoden seiner Konkretisierung, 1993.

Übersicht

	Rn.		Rn.
I. Normzweck	1–5	2. Zeitliche Grenze: Fristvorgaben (Abs. 3 S. 1–3)	56–61
II. Aufhebungsgründe (Abs. 1 u. 2)	6–52	a) Dreimonatsfrist	56–58
1. Allgemeines	6–9	b) Fristablauf	59
2. Fehlende Schiedsfähigkeit	10, 11	c) Fristauslösung	60, 61
a) Subjektive Schiedsunfähigkeit (Nr. 1 a, 1. Var.)	10	3. Antragsinhalt und Streitgegenstand	62–65
b) Objektive Schiedsunfähigkeit (Nr. 2 a)	11	4. Sachliche Grenze: Schiedsspruch (Abs. 1)	66–68
3. Mangelnde Schiedsbindung	12–21	5. Zuständigkeit und Verfahrensablauf	69–71
a) Gültigkeitskontrolle (Nr. 1 a, 2. Var.)	13–17		
b) Reichweitenkontrolle (Nr. 1 c)	18–21	**IV. Aufhebungsfolgen (Abs. 4 u. 5)**	72–78
4. Falsches Schiedsverfahren	22–37	1. Hauptwirkungen	72–75
a) Gehörsmängel (Nr. 1 b)	22–28	2. Exkurs: Wirkungen der Abweisung	76
b) Prozessmängel (Nr. 1 d)	29–37	3. Nebenwirkungen	77, 78
5. Globaler Staatsvorbehalt (Nr. 2 b)	38–48	a) Staatsgericht oder Schiedsgericht (Abs. 5)	77
a) Grundlegung	38–41		
b) Kategorisierungen	42–44	b) Altes oder neues Schiedsgericht (Abs. 4)	78
c) Einzelfälle	45–48		
6. Kontrolldichte	49–52	**V. Konkurrenzen**	79–86
a) Prüfung von Amts wegen (Nr. 2)	50	1. Feststellungsbegehren	79, 80
b) Erhöhte Parteiaktivität (Nr. 1)	51, 52	2. Vollstreckbarerklärung	81, 82
III. Aufhebungsverfahren (Abs. 1 u. 3)	53–71		
1. Aufhebungsantrag	53–55	3. Sonstige Konkurrenzen	83–86

I. Normzweck

1 Der Aufhebungsantrag ist **einziger wirklicher Rechtsbehelf**[1] gegen einen Schiedsspruch, den noch neutrale staatliche Gerichte beurteilen und der völlige Befreiung schafft („Exklusivitätsprinzip" – arg. „nur" in *Abs. 1*). Er verwirklicht die individuelle Waffengleichheit, denn er erlaubt es, *angriffsweise* Aufhebungsgründe vorzubringen; und er ist Notbehelf staatlicher Kontrolle zur Verhinderung des Missbrauchs der den privaten Schiedsgerichten zugestandenen Rechtsprechungsbefugnis (Vor § 1025 Rn. 4) und um die Einhaltung grundlegender Rechtsregeln sicherzustellen, inklusive ordnungsgemäßer Kompetenz. Staatsrahmen (insbes. §§ 1029–1031) und Parteiwillen (insbes. § 1042 Abs. 3) begründen dafür erst das Fundament: „Fehlt es an diesen Erfordernissen, so ist dem Schiedsspruche die Grundlage entzogen."[2]

2 Der Schiedsspruch hat die Wirkung eines rechtskräftigen Urteils (§ 1055 – **keinerlei Inzidentprüfung statthaft!** [hier Rn. 83, dort Rn. 31]) – trotz privater Natur. Schon dies ist Belastung, nicht erst die Durchführung der Zwangsvollstreckung, die besondere Zulassung erfordert (§ 1060 Abs. 1) und der *einwendungsweise* Aufhebungsgründe entgegengehalten werden können (§ 1060 Abs. 2 [S. 1]). Der Beschwerte soll freilich nicht abwarten müssen oder immerhin davon abhängig sein, dass überhaupt eine Vollstreckung droht – und: er mag ja vielleicht sogar freiwillig leisten wollen, wenn und weil der Spruch ordnungsgemäß ergeht.

3 Systematisch ist Abs. 1 Programmnorm, Abs. 2 nummeriert als Kernstück die möglichen Aufhebungsgründe (Rn. 6ff.), Abs. 3 normiert (im Verbund mit § 1063 Abs. 2) das Aufhebungsverfahren (Rn. 53ff.) und Abs. 4 u. 5 widmen sich der Wirkung der Entscheidung (Rn. 72ff.). Die Aufhebungs*klage* (§ 1041 aF) ist jetzt zum Aufhebungs*antrag* (§ 1059 nF) mutiert. Das normative System entspricht in Abs. 1–3 weithin dem Vorbild in Art. 34 Abs. 1–3 ModG mit Programmsatz (Abs. 1), Tatbeständen (Abs. 2) und Fristbindung (Abs. 3),[3] wobei aber die **Aufhebungsgründe** ihrerseits Art. V UNÜ (§ 1061 Anh. 1) nachfolgen, sowohl was Struktur als auch was Wortlaut angeht.[4] Das bewirkt dann weithin einen Gleichlauf von § 1060 (Abs. 2 S. 1 mit § 1059 Abs. 2) und § 1061 (Abs. 1 S. 1 mit Art. V UNÜ).

4 Abs. 2 erscheint als **Erlaubnis staatsgerichtlicher Kontrolle (§ 1026)** von zentraler Bedeutung für Umfang und Schranken der Schiedsgerichtsbarkeit. Er markiert den Bereich latenter Schranken, deren Einhaltung beinahe alle Staaten überprüfen.[5] Die Aufzählung ist ebenso abschließend wie erschöpfend („**Enumerationsprinzip**" – arg. „nur" in *Abs. 2*[6] – **keine révision au fond** [Rn. 7]). Dass dabei nur schwerwiegende Mängel herausgefiltert werden können, berechtigt andererseits zur Folgerung, dass die Schiedsgerichtsbarkeit gegenüber der staatlichen Gerichtsbarkeit anerkannt und weitgehend verselbständigt ist (Vor § 1025 Rn. 4f.).

5 Neu ist die normative Ausdifferenzierung der Prüfungsintensität (Nr. 1: Rügepflicht bzw. Nr. 2: Amtsprüfung) sowie auch die Fristbindung (Abs. 3), um alsbaldig so „Klarheit über die Bestandskraft des Schiedsspruchs zu haben."[7] Das „können" (§ 1059 Abs. 2 nF: „kann ... aufgehoben werden") **bedeutet kein Ermessen,** sondern auch künftig „müssen"; ein staatsgerichtlicher Beurteilungsspielraum (Intensität, Verschulden, Auswirkung), widerspräche elementar deutschem Verständnis.[8] Es geht um eine gebundene richterliche Kontrolle auf Parteiantrag hin, nicht um einen Ermessensakt oder eine wertende Einschätzung des letzthin „Tolerablen" oder Angemessenen (so

---

[1] CR Nr. 274 = Holtzmann/Neuhaus S. 997. Kein Rechtsmittel: RGZ 165, 140, 142. Das entspricht kontinentaler Anschauung (*Calavros*, 1988, S. 146f. m. weit. Nachw.), war aber eine CPO-Neuerung: OLG Karlsruhe SeuffA 37 (1882) Nr. 176, S. 250, 251 mit ROHG 2, 156, 164f.

[2] Mot. S. 479 = Hahn S. 496; ganz ähnlich auch *Calavros*, 1988, S. 148/149. Sehr plastisch hier einerseits BGHZ 6, 335, 340 (obiter): „notwendige Sicherung ... gegen Willkür und unvertretbare Übergriffe", andererseits EuGH EuZW 1999, 565, 567 (Nr. 35): „Effizienz des Schiedsverfahrens".

[3] Bei gezielt restriktiver Tendenz: 7th SN Art. 34 Nr. 1 = Holtzmann/Neuhaus S. 964 mit Nr. 2 (Abs. 1), Nr. 5 u. 7 (Abs. 2).

[4] 7th SN Nr. 6 = Holtzmann/Neuhaus S. 965: „for the sake of harmony". Nicht übernommen wurde Art. V Abs. 1 lit. e UNÜ (7th SN Nr. 8f. = Holtzmann/Neuhaus S. 965 mit S. 965/966: „avoiding ,split' or ,relative' validity of international awards"), in Art. 34 Abs. 2 lit. a (i), 1. Var. ModG fehlt die Kollisionsregel zur subjektiven Schiedsfähigkeit (BT-Drucks. 13/5274 S. 59 li. Sp. [3]), nach Nr. 1 d ist leicht gestrafft und verändert worden (vgl. BT-Drucks. 13/5274 S. 59 li./re. Sp. [5] – Kausalitätserfordernis!).

[5] Zu Restriktionen in Belgien (Art. 1717 Abs. 4 CJ: Ausschluß) und der Schweiz (Art. 192 Abs. 1 IPRG (CH): Verzicht) bei mangelndem Inlandsbezug krit. *Sonnauer*, 1992, S. 118ff. u. *Lionnet/Lionnet* S. 415f.

[6] OLG Oldenburg OLGR 2003, 340; wohl auch BayObLG OLGR 2003, 370 [c].

[7] BT-Drucks. 13/5274 S. 60 li. Sp. [11] mit Kom.-Ber. S. 199.

[8] OLG Düsseldorf IDR 2002, 44 u. WuW/E DE-R S. 1647, 1648 [II b] – anders uU jedoch in Anglo-Amerika: Holtzmann/Neuhaus S. 22 m. weit. Nachw., aber jetzt auch Zöller/Geimer Rn. 31f.

Aufhebungsantrag 6–8 § 1059

wie in §§ 315 Abs. 3 S. 2, 319 Abs. 1 BGB). Genau genommen bedeutet die Regelung demgemäß: „darf nur", aber „muss auch".

II. Aufhebungsgründe (Abs. 1 u. 2)

1. Allgemeines. Abs. 1 betont hier zuerst das **Exklusivitätsprinzip** (Rn. 1): „der Antrag auf 6 gerichtliche Aufhebung" schafft das einzige *selbständige Angriffsmittel* iSv. (staats-)gerichtlicher (Kontroll-)Zuständigkeit (§ 1026). **Abs. 2** schließt daran das **Enumerationsprinzip** (Rn. 4): diese Überprüfung bleibt beschränkt auf wenige – erschöpfend aufgezählte – Gründe. Diese „Prinzipien-Dualität" betont der umständlich anmutende Brückenschlag von Abs. 1 auf Abs. 2, der ModG-Konzession ist.

So gibt es weder parteiautonom vereinbarte (Zusatz-)Gründe[9] noch eine inhaltliche (staats-)ge- 7 richtliche Überprüfung jenseits der ordre-public-Klausel: Verbot einer révision au fond[10] (§ 328 Rn. 98 bzw. § 723 Rn. 2 – § 110 Abs. 1 Nr. 2 ArbGG e contrario) – **keine Inhaltskontrolle des Schiedsspruches**[11] (vgl. dazu noch erg. § 1051 Rn. 4), nicht einmal in Gestalt einer Billigkeitsprüfung[12] oder Willkürkontrolle.[13] Fehlentscheidungen müssen grundsätzlich also hingenommen werden[14] (keine Kontrolle einer „Paragraphengerechtigkeit"[15]). Das Schiedsgericht ist eben nicht eine bloße „Vorschaltinstanz" (Rn. 1 mit § 1029 Rn. 90–92) – selbst wenn später OLG-Befassung möglich erscheint.

Die teilweise weitschweifige Anordnung der Aufhebungsgründe gehorcht den ModG- bzw. 8 UNÜ-Vorgaben (Rn. 3 mit Fn. 3f.); sie erklärt zum einen der internationale Impetus, der zugleich differenzierte Kollisionsregeln verlangt (Nr. 1 a/c u. Nr. 2 a[16] bzw. § 1041 Abs. 1 Nr. 1, 1. Var. aF

---

[9] AA noch *Stein/Jonas/Schlosser*, 21. Aufl., § 1041 aF Rn. 1 aE.
[10] Beispielhaft BayObLG, Beschl. v. 15. 12. 1999 – 4 Z Sch 23/99, S. 12 [II B 1 a] [nur gek. bei IPRspr. 1999 Nr. 184, S. 447, 448] u. OLG Köln, Beschl. v. 6. 11. 2003 – 9 Sch 14/03, SchiedsVZ 2005, 163, 165 [II 2 c] (Hauptsachespruch) – BGH JZ 1957, 630 (Kosten) – OLG Frankfurt/Main, Beschl. v. 30. 6. 2006 – 26 Sch 12/05 [II 2 a] u. OLG Stuttgart, Beschl. v. 14. 10. 2003 – 1 Sch 16/02 [B II 3 b aa/JURIS-Rn. 111] (Zinsen).
Einzelfälle: OLG Hamburg OLGR 2000, 19, 21/22, BayObLG, Beschl. v. 20. 3. 2003 – 4 Z Sch 23/02 [II 2 a] (Beweiswürdigung), Beschl. v. 23. 9. 2004 – 4 Sch 5/04 [II 3 d] (UNÜ: Sachverhalt u. Begründung); OLG Bremen OLGR 2006, 263, 265 [2 b] (Beweiswürdigung); OLG Frankfurt/Main SchiedsVZ 2006, 219, 223 [II 3] (Gehörsverstoß?); OLG München OLGR 2006, 906, 907 [4 b (1)] (Tatsachenfeststellung); OLG Frankfurt/Main, Beschl. v. 18. 5. 2006 – 26 Sch 26/05 [II] (Zumutbarkeit einer Auskunftserteilung); OLG München, Beschl. v. 25. 10. 2006 – 34 Sch 22/06 [II 2] (Schiedsspruch mit vereinbartem Wortlaut), Beschl. v. 22. 1. 2007 – 34 Sch 18/06 [II 4 b (4)] (Beweiswürdigung bzw. Auslegung), OLGR 2007, 684 [II 3 b] (Auslegung bzw. Umdeutung); OLG Celle OLGR 2007, 664, 667 [II 2 dbb] (Argumente einer Seite überzeugend); OLG Köln, Beschl. v. 22. 2. 2007 – 9 Sch 16/06 [B II 2 a] (Auslegung); OLG München, Beschl. v. 25. 6. 2007 – 34 Sch 6/07 [II 5 a (1)] (Beurteilung von Einwendungen). Siehe auch schon RG WarnR 7 (1914) Nr. 70, S. 94, 95 (Begründungsmangel?).
Ferner: RGZ 26, 371, 376; JW 1897, 632/633; RGZ 105, 139, 140; BGHZ 6, 248, 261; BGH WM 1956, 1432, 1435; BGHZ 27, 249, 254 aE; WM 1969, 72, 83 [III aE]; NJW 1990, 3210, 3211 [I 1]; *Baumbach/Lauterbach/Hartmann* Rn. 5; *Musielak/Voit* Rn. 18, 29; sehr anschaulich hier *Calavros*, 1988, S. 148 mit S. 147/148: nur Kontrolle *externer* Legalität!
[11] BT-Drucks. 13/5274 S. 58/59 [2] bzw. OLG Dresden RPS 2001 II S. 22, 23 [I 2]; OLG Stuttgart, Beschl. v. 3. 6. 2003 – 1 Sch 2/03 [II 3 mit 2 vor a: „solange das Ergebnis nicht unabdingbaren Rechtsgrundsätzen und Gerechtigkeitsvorstellungen widerspricht"] u. NJW-RR 2003, 495, 498 [III 3] = SchiedsVZ 2003, 84; BayObLG OLGR 2003, 370 [c] u. SchiedsVZ 2004, 319, 320 [II 3]; OLG Bremen, Beschl. v. 4. 12. 2003 – 2 Sch 2/03.
Beispiele: Vertragsauslegung (BGHZ 142, 204, 206 [II 2] = NJW 1999, 2974; OLG Hamburg HEZ 3 Nr. 33, S. 92, 93); Zug-um-Zug-Verurteilung (OLG München OLGR 2006, 208, 209 [2b]); OLG München, Beschl. v. 20. 12. 2006 – 34 Sch 17/06 [II 4b] (Vorliegen faktischer Gesellschaft). Ebenso im Ansatz OLG Naumburg JMBL LSA 2003, 4, 5/6 [II 3.2.1] – dann aber mit doch sehr „dezidierter" Sachprüfung. Bereits schon das geht zu weit!
[12] OLG Karlsruhe OLGR 2002, 94, 95 li. Sp. mit S. 96 aE – aA OLG Dresden SchiedsVZ 2005, 210, 213 li. Sp. [II 2a]: Kontrolle auf „eklatante" Unverhältnismäßigkeit.
[13] Weitherziger insoweit letztendlich freilich KG, Beschl. v. 8. 4. 2002 – 23/29 Sch 13/01 [II 2d]~ OLG Bremen, Beschl. v. 4. 12. 2003 – 2 Sch 2/03; wohl auch OLG Rostock, Beschl. v. 18. 7. 2007 – 1 Sch 4/06 [B II 1 b aa]: „einfache [?] Inhaltskontrolle ... versagt". Aber vgl. auch *H. P. Walter*, FS Kellerhals, 2005, S. 109 [CH]!
[14] So beiläufig sehr plastisch OLG Frankfurt/Main SchiedsVZ 2005, 311, 312 re. Sp.; OLG München OLGR 2006, 906, 907 [4 b (1)]; OLG Jena SchiedsVZ 2008, 44, 45 re. Sp. [IV]; OLG Düsseldorf, Beschl. v. 14. 8. 2007 – I-4 Sch 2/06 [II 1 b bb/JURIS-Rn. 106].
[15] OLG Karlsruhe OLGR 2002, 94, 95 li. Sp. mit S. 96 aE.
[16] BT-Drucks. 13/5274 S. 59 li. Sp. [3] mit Kom.-Ber. S. 196f. Das deckt den Regelungskomplex der §§ 1029–1031; näher: § 1029 Rn. 27ff., § 1030 Rn. 22–24, § 1031 Rn. 22ff.

[ungültiger Schiedsvertrag]), zum anderen die Bemühung um Klarheit, die offenbar Ausdifferenzierungen abnötigt (Nr. 1 b/d[17] bzw. § 1041 Abs. 1 Nr. 1, 2. Var. aF [unzulässiges Schiedsverfahren]). Erhalten hat sich der tradierte ordre-public-Vorbehalt (Nr. 2 b bzw. § 1041 Abs. 1 Nr. 2 aF). Die anderen „alten Gründe" dagegen mussten *formal* weichen, der klaren Rechtseinheit willen.

9 Inhaltlich bleibt gleichwohl vieles unverändert (2. Aufl. Rn. 4) – trotz durchgängig neuer Tatbestände, sodass die alte Kasuistik weiter Beachtung verdient. Die Zuordnung des erhobenen Vorwurfes zu Abs. 2 Nr. 1 oder Nr. 2 erheischt jetzt jedoch eigene Bedeutung, weil damit die Frage der Rügepflicht bzw. der Berücksichtigung von Amts wegen verbunden ist (Rn. 49–52). Überschneidungen zwischen den einzelnen Gründen sind durchaus aber möglich, insbesondere beim rechtlichen Gehör.

10 2. **Fehlende Schiedsfähigkeit. a) Subjektive Schiedsunfähigkeit (Nr. 1 a, 1. Var.).** Zum Abschluss einer gültigen Schiedsvereinbarung ist unbedingt notwendig die **Rechts- und Geschäftsfähigkeit** (nicht: Partei- und Prozessfähigkeit, § 1029 Rn. 18) der Vertragspartner. Dafür gilt nicht etwa stets deutsches Recht, sondern immer das „Recht, das für sie [die gerade handelnde Partei] persönlich maßgebend ist";[18] das verweist auf das durch das deutsche IPR berufene **Personalstatut** (§ 1029 Rn. 41 f.) im Zeitpunkt der Erklärung.

11 b) **Objektive Schiedsunfähigkeit (Nr. 2 a).** Der Aufhebungsgrund ist lex specialis und nicht nur Unterfall des allgemeinen Ungültigkeitseinwands gegen Schiedsvereinbarungen (Nr. 1 a).[19] Über einen nicht **schiedsfähigen Streitgegenstand** (§ 1030 – dazu Näheres dort) kann immer bloß ein staatliches Gericht entscheiden. Die Frage der objektiven Schiedsfähigkeit berührt wesentliche – unabdingbare – öffentliche Belange; daher auch die Berücksichtigung von Amts wegen[20] und die zwingende Verordnung *nationaler* Kontrolle gemäß „deutschem Recht" (§ 1029 Rn. 26–29).

12 3. **Mangelnde Schiedsbindung.** Die mangelnde Schiedsfähigkeit (Rn. 10 f.) erscheint nur als ein – besonders wichtiger – „januskövpfiger" Aufhebungsgrund aus dem allgemeinen Umfeld notwendiger Schiedsbindung. Auch insoweit gibt es zwei Tatbestände, die anstelle von § 1041 Abs. 1 Nr. 1, 1. Var. aF treten. Unabdingbar erforderlich ist die **freiwillige Unterwerfung** (dazu erg. auch Vor § 1025 Rn. 3 mit § 1029 Rn. 4 f.) – und sie muss gültig vereinbart werden! Alles andere würde auf einen unzulässigen Entzug staatlichen Rechtsschutzes hinauslaufen. Eine gewisse Einschränkung bewirkt zwar § 1066; insoweit ist dann aber die Wirksamkeit der Anordnung überprüfbar.[21]

13 a) **Gültigkeitskontrolle (Nr. 1 a, 2. Var.).** Hier steht ganz allgemein die *abstrakte* Schiedsbindung auf dem Prüfstand: besteht denn überhaupt eine gültige Schiedsvereinbarung? Ohne dabei gleich die heikle Frage nach der Rechtsnatur der Schiedsvereinbarung (§ 1029 Rn. 12–14) letztgültig zu beantworten, kann man zwei grundlegende Fallgruppen unterscheiden.

14 aa) **Prozessuale Hindernisse.** Sie dürften zumeist aus §§ 1029, 1031 herrühren (§ 1030 fällt speziell unter Nr. 2 a, Rn. 11), es geht insbes. also um die Vereinbarung *schiedsgerichtlicher* Entscheidung (§ 1029 Rn. 90–98, 107–109), das Bestimmtheitsgebot (§ 1029 Rn. 69 ff., 110 ff.) und die Schriftlichkeit (§ 1031 Rn. 10–12, 27–29 mit Rn. 30 ff. [Unternehmer] bzw. Rn. 44 ff. [Verbraucher]). Insoweit zehrt die zweite von der ersten Variante, die Eingangsworte gelten beiden gleicherweise, es hätte korrekter „diese" Schiedsvereinbarung heißen müssen (ModG: „the said agreement" bzw. „ladite convention", § 1031 Rn. 21) – anders herum gesagt: es gilt zwingend dafür deutsches Recht (arg. § 1025 Abs. 1), so wie parallel für § 1030 auf Grund von Nr. 2 a. Daher existiert schon allgemein *keine* Rechtswahlbefugnis oder allenfalls vielleicht eine „Ortswahlbefugnis" (§ 1025 Abs. 1 iVm. § 1043 Abs. 1 S. 1).

15 bb) **Materielle Hindernisse.** Sie entstammen dem regulären bürgerlich-rechtlichen Reglement, für welche Rechtswahl möglich ist, sodass dann darum subsidiär bloß deutsches Recht gilt: Ungültigkeit hinsichtlich der auserkorenen Rechtsordnung (**Schiedsvereinbarungsstatut**, § 1029 Rn. 31 ff.) sowie hilfsweise nach nationalem Recht als Recht des Schiedsortes[22] (§ 1025 Abs. 1

---

[17] BT-Drucks. 13/5274 S. 59 li. Sp. [5] mit Kom.-Ber. S. 197 (bei Einbeziehung von Nr. 1 c): „Verfahrensmangel, der nicht unter die genannten Vorschriften fällt, kaum vorstellbar".

[18] Jener Zusatz fehlt im ModG ganz bewußt (CR Nr. 280–282 = *Holtzmann/Neuhaus* S. 999 einerseits, BT-Drucks. 13/5274 S. 59 li. Sp. [3] andererseits) – im Unterschied zu Art. V Abs. 1 lit. a, 1. Halbs. UNÜ.

[19] Unklar hier leider *Thomas/Putzo/Reichold* Rn. 14.

[20] BT-Drucks. 13/5274 S. 59 re. Sp. [7] mit Kom.-Ber. S. 198.

[21] *Thomas/Putzo/Reichold* Rn. 7.

[22] Die Divergenz von Art. 34 ModG zu Art. 36 ModG (vgl. *Calavros*, 1988, S. 152 f. einerseits, *Granzow*, 1988, S. 93 f. u. *Hußlein-Stich*, 1990, S. 179 andererseits) stört national insoweit nicht; vgl. 5th SN Nr. 37 = *Holtzmann/Neuhaus* S. 106 („would lead to the same result").

iVm. § 1043 Abs. 1). Hierbei können geprüft werden (§ 1029 Rn. 17 ff.) Zugangs- und Konsensualerfordernisse (§§ 116–118, 130–132, 145–155 BGB) inklusive einer Auslegung gemäß §§ 133, 157 BGB; Anfechtung (§§ 142 Abs. 1, 119–124 BGB), Aufhebung, Rücktritt bzw. Kündigung; grundsätzliche inhaltliche Statthaftigkeit (§§ 134, 138; 305 ff. BGB) etc. Ungültig soll freilich auch eine Schiedsvereinbarung sein, die gezielt darauf ausgeht, die Anwendung zwingender Vorschriften, insbesondere bei AGB-Kontrolle, auszuschalten[23] – das geht zu weit, jedenfalls doch prozessual bzw. betreffend den Abschluss der Schiedsvereinbarung; ihre Anwendung wird durch Art. 34 EGBGB schon gesichert. Hierzu zählt ebenso die eigene persönliche Bindung als Vertragspartner oder Rechtsnachfolger (§ 1029 Rn. 44 ff.).

cc) Einschränkungen. Möglich ist allerdings die **Heilung** verschiedener Mängel während des Verfahrens, namentlich von Formmängeln (§ 1031 Abs. 6), und auch ein konkludenter (Neu-)Abschluss einer Schiedsvereinbarung durch ein pauschales rügeloses Einlassen erscheint diskutabel (§ 1040 Rn. 33 ff. mit § 1031 Rn. 63). Per saldo letzthin recht verwandt damit ist auch der Gegeneinwand treuwidrigen oder widersprüchlichen Verhaltens: wer das Schiedsverfahren veranlasst und betrieben hat, freilich dann verliert, handelt uU alsdann wider das **Gebot von Treu und Glauben** (§ 242 BGB), wenn er jene (Schieds-)Bindung später wieder leugnet;[24] dasselbe gilt, soweit man den Gegner in eine Schiedsklage quasi „hineindrängt";[25] Formmängel iSv. § 1031 Abs. 1–5 sind damit jedoch nicht „heilbar",[26] hier wirkt prozessualer Rigor bzw. eine Sonderregelung (§ 1031 Abs. 6), die Vorrang beansprucht. Dazuhin aber bestehen auch gewisse sonstige Bindungen vermittels **Rechtskraft oder Präklusion:** 16

Die *(staats-)gerichtliche* positive Feststellung der Zulässigkeit (§ 1032 Abs. 2, dort Rn. 22 ff.) bzw. Zuständigkeit (§ 1040 Abs. 3 S. 2, dort Rn. 46 ff.) bindet, das Versäumen der Rügefrist des § 1040 Abs. 3 S. 2 präkludiert (im Unterschied zu § 1040 Abs. 2 [S. 1]): „schiedsinterne Rügelast" [dazu näher dort Rn. 19 f.], d.h. wenn und weil es insoweit kompetenzbejahender Zwischenentscheid (§ 1040 Abs. 3 S. 1) vorliegt (näher dazu dort Rn. 27[27]). Demzufolge ist ein anhängiges Kontrollverfahren fortzuführen und abzuschließen (mit Aussetzung der Aufhebung gemäß § 148 wegen § 1032 Abs. 3 bzw. § 1040 Abs. 3 S. 2). Das Schiedsgericht hat hier nicht mehr die gleichsam *endgültig* bindende **Kompetenz-Kompetenz,** sie besitzen nur die Gerichte,[28] sondern lediglich eine *vorläufig* gegebene Befugnis autonomer **Kompetenz-Bewertung** (§ 1040 Abs. 1 S. 1). Maßgeblicher Zeitpunkt für die Beurteilung der Wirksamkeit ist idR der Zeitpunkt des Erlasses des Schiedsspruchs.[29] 17

b) Reichweitenkontrolle (Nr. 1 c). Als spezieller Fall mangelnder Schiedsbindung ist noch der **Kompetenz-Übergriff** eigens besonders genannt, dh. wenn die im angegriffenen Schiedsspruch entschiedene Streitigkeit – insgesamt oder teilweise – gar nicht durch die fragliche Schiedsvereinbarung abgedeckt ist. Im Unterschied zu Nr. 1a geht es hier um die ganz *konkrete* Schiedsbindung: wie weit reicht denn die Parteiermächtigung (§ 1029 Abs. 1)? Dass hier überhaupt eine Schiedsbindung abstrakt gültig vorliegt, wird andererseits nicht angezweifelt. Das entspricht nicht vollkommen dem Anliegen des § 308 Abs. 1 S. 1 (dazu Nr. 1 d, Rn. 37), denn es geht um die Schiedsvereinbarung (§ 1029 Abs. 1) und nicht die Verfahrenseinleitung (§ 1044), die noch enger gefasst werden könnte. Ebenso sind wieder eine konkludente Einbeziehung, sowie Rechtskraft und Präklusion (§ 1040 Abs. 3 S. 2 – im Unterschied zu § 1040 Abs. 2 [S. 3]) parallel zu beachten (Rn. 16 f.). 18

aa) Tatbestand (1. Halbs.). Es geht um eine Überschreitung der schiedsvertraglich eingeräumten Entscheidungsmacht[30] (Beispiel: Privatbeziehung bei Schiedsvereinbarung für Handelsgeschäft 19

---

[23] BGHZ 21, 120, 124 f. = NJW 1959, 720 mit KTS 1960, 75 f.; BGHZ 115, 324, 328 [3b] = NJW 1992, 575, dazu M. *Wolf* LM § 1027 aF Nr. 17 u. *Schlosser* BB 1992, 24; *Blomeyer*, FG Rosenberg, 1949, S. 51, 63.
[24] OLG Naumburg JMBL LSA 2003, 4, 5 [II 3.1.1]; OLG München IPRspr. 2002 Nr. 223, S. 564, 566 f. [B I 2b] bzw. RG HRR 1931, 1489 = Recht 1931, 454 (Nr. 562); RGZ 43, 407, 408/409 (Widerklage); verneinend im Einzelfall OLG Frankfurt/Main OLGR 2004, 9, 11/12.
[25] RGZ 40, 401, 403 (erfolgreiche Schiedseinrede); RG JW 1913, 655 f. (veranlasste Klagrücknahme); BGH NJW-RR 1987, 1194, 1195 = WM 1987, 1084 (vorprozessuale Korrespondenz); vgl. auch erg. BGHZ 50, 191, 194 f.
[26] Anders offenbar jedoch BGH NJW-RR 1987, 1194, 1195 aE; NJW 1998, 371 [I 1].
[27] Sehr offen hier indes CR Nr. 288 = *Holtzmann/Neuhaus* S. 1000 – mindestens für die „Amtsgründe" (Nr. 2) – aber: 7th SN Art. 34 Nr. 10 = *Holtzmann/Neuhaus* S. 966 mit Art. 16 Nr. 8–10 = *Holtzmann/Neuhaus* S. 510.
[28] BT-Drucks. 13/5274 S. 44.
[29] AA *Schwab/Walter* Rn. 24.8; *Stein/Jonas/Schlosser* Rn. 17: Zeitpunkt, in dem die Parteien die letzte Gelegenheit hatten, sich zu äußern.
[30] RG JW 1887, 68; KG DR A 1940, 748, 749.

§ 1059 20, 21   Buch 10. Abschnitt 7. Rechtsbehelf gegen den Schiedsspruch

oder eine Insolvenzmasse[31] – Fälle: § 1029 Rn. 86 – die bloße Antragsüberschreitung [§ 1044 S. 2, 2. Var. mit § 308 Abs. 1] fällt aber unter Nr. 1 d, 2. Var.[32] [Rn. 37]) und erst recht wohl das tatbestandliche **Mangeln** *jedweder* **Bindung**,[33] was auch unter Nr. 2 b fällt (Amtsprüfung!): die Schiedsbindung ist „willkürlich aus der Luft gegriffen"[34] bzw. es fehlt jede Spur einer Schiedsvereinbarung[35] – somit gemeint sind „extreme Fälle";[36] dazu reicht aber nicht schon die Annahme von Schweigen als Erklärung[37] (arg. § 1031 Abs. 6). Das Gesetz bringt das Gewollte umständlich durch eine Trias zum Ausdruck, die sich nur mittels überflüssiger Originaltreue erklärt (Art. 34 Abs. 2 lit. a (iii) ModG bzw. Art. V Abs. 1 lit. c UNÜ):[38] Schiedsspruch (1. Var.) und Schiedsabrede (2. Var.) werden allgemein gleich behandelt (§ 1029 Abs. 2) und sind dabei beides Erscheinungsformen der Schiedsvereinbarung (3. Var. bzw. § 1029 Abs. 1).

20   Man kann die Dopplung jedoch auch so deuten, dass nicht nur quantitative (1./2. Var.), sondern ganz genauso auch **qualitative** (3. Var.) Kompetenzübergriffe erfasst sein sollen: § 1051 wäre insoweit dann Grundlage *materieller* Kompetenz! Rügbar wären mithin die Entscheidung nach Billigkeit ohne Ermächtigung (§ 1051 Abs. 3)[39] sowie jene nach einer anderen als der subjektiv vereinbarten (§ 1051 Abs. 1) oder objektiv angeknüpften (§ 1051 Abs. 2) Rechtsordnung;[40] geprüft wird allemal bloß abstrakt, ob das Schiedsgericht das jeweilige Recht angewandt hat, und nicht auf inhaltliche Richtigkeit[41] (arg. Rn. 7). In Bezug auf die mangelnde **quantitative** Kompetenz dürfte der Rückgriff auf Nr. 1 c sich idR auf jene Fälle beschränken, in denen die Kompetenzüberschreitung erst im Schiedsspruch zu Tage tritt.[42] Kompetenzüberschreitung wäre auch an sich eine gesperrte einstweilige Anordnung iSv. § 1041 Abs. 1 S. 1 – doch ist das kein aufhebbarer Schiedsspruch (Rn. 66) und also insoweit eine besondere Kompetenzüberprüfung vor Vollziehbarerklärung notwendig (§ 1041 Abs. 2 S. 1). Denkbar ist dazuhin, vorneweg rein **zeitlich** die Kompetenz zu begrenzen[43] (Klagefrist, Spruchfrist).

21   **bb) Rechtsfolge (2. Halbs.).** Die Kompetenzüberschreitung führt aber nicht zu einer Totalaufhebung, sondern lediglich zur Reduktion um die dann quasi „überschüssigen" Teile – Teilbarkeit dabei unterstellt. „Streitpunkte" meint aber nicht etwa Vorfragen oder tragende Gründe, sondern vielmehr prozessuale Ansprüche und ebenso ein quantitatives Weniger; idR wird darum eine Teilung zu bejahen sein, mag sie jedoch völlig regelgerecht der Antragsgegner dartun müssen. Das achtet die „restliche" Schiedsbindung, vergeudet keine Ressource und hält den staatlichen Einfluss andersherum so klein wie nötig.[44] Am Ende bringt übrigens der 2. Halbs. (treff-)sicherer zum Ausdruck, was zuvor der 1. Halbs. – zumindest für den Regelfall (aber: § 1051!) relativ verwunden benennt: geprüft wird einfach, ob die judizierten „Streitpunkte ... dem schiedsrichterlichen Verfahren unterworfen waren". Aufheben*können* bedeutet nur wiederum nicht wörtlich ein Ermessen (Rn. 5), sondern sinnentsprechend hier Aufheben *dürfen*.

---

[31] OLG Karlsruhe OLGRspr. 29 (1914), 290.
[32] OLG Koblenz OLGR 2006, 670, 671 [2]; *Musielak/Voit* Rn. 14 mit § 1061 Rn. 16 (UNÜ) – aA *Schwab/Walter* Rn. 24.15 (ZPO) mit Rn. 57.4 (UNÜ).
[33] BayObLGZ 1999, 55, 56 aE [II 2 a] = NJW-RR 2000, 807 (obiter).
[34] BGHZ 55, 162, 171 [Nr. 1 d] mit BGHZ 52, 184, 190 = NJW 1969, 2093 [Nr. 2 b].
[35] BGH NJW 1978, 1744, 1745 (diese Wendung fehlt bei BGHZ 71, 131, 136/137 mit S. 135) [Nr. 2 b].
[36] BGHZ 57, 153, 158 = NJW 1972, 449 [Nr. 1 d]. Dies bewahrt auch BGHZ 142, 204, 206 [II 2] = NJW 1999, 2974 – lediglich Gläubigerseite betroffen!
[37] Anders hier uU OLG Rostock IPRspr. 2001 Nr. 206, S. 442, 447 [3 c] = IPRax 2001, 401 m. krit. Anm. *Kröll* (S. 384).
[38] Dazu *Calavros*, 1988, S. 154.
[39] So wie hier *Hausmann*, FS Hans Stoll, 2001, S. 593, 600 [II 1 d] – im Ausgangspunkt aA (Nr. 1 d): OLG München, Beschl. v. 25. 6. 2007 – 34 Sch 6/07 [II 5 a]; OLG Frankfurt/Main SchiedsVZ 2006, 219, 222 [II 2]; OLG München SchiedsVZ 2005, 308, 309 f. [II 2 b mit 2 f]; OLG Koblenz OLGR 2006, 670, 671 [2]; OLG Stuttgart, Beschl. v. 14. 10. 2003 – 1 Sch 16/02 [B II 3 b vor aa/JURIS-Rn. 109]. Leider etwas unklar *Musielak/Voit* § 1051 Rn. 5 (Nr. 1 d/Nr. 2), § 1059 Rn. 18 (Nr. 1 d), § 1061 Rn. 16 (Nr. 1 d/Nr. 2 b – nach 2. Aufl. noch: Nr. 1 c!).
[40] *Hausmann*, FS Hans Stoll, 2001, S. 593, 601 [II 1 d]; *Schlosser* RIPS Rn. 728; *Spickhoff* RabelsZ 56 (1992), 116, 136 f. Indes auch schon *Blomeyer*, FG Rosenberg, 1949, S. 51, 69 – einschr. *Gottwald*, FS Nagel, 1987, S. 54, 62: Willkür?
[41] ZB BGH RIW 1985, 970, 972; *Spickhoff* RabelsZ 56 (1992), 116, 139. CR Nr. 238 = *Holtzmann/Neuhaus* S. 806 meint offenbar wohl dasselbe.
[42] *Hußlein-Stich*, 1990, S. 180/181.
[43] Beispiele: BGH RIW/AWD 1976, 449, 451 (Klagefrist?) [Nr. 1 c]; BGHZ 104, 178, 180–182 (Spruchfrist!) [Nr. 1 d] = NJW 1988, 3090. Möglich wäre genauso Nr. 1 a (OLG Stuttgart OLGR 2002, 166 [1]; *Schwab/Walter* Rn. 24.16; *Musielak/Voit* Rn. 14).
[44] Positiv deshalb zB *Granzow*, 1987, S. 199 u. *Calavros*, 1988, S. 155.

4. Falsches Schiedsverfahren. a) Gehörsmängel (Nr. 1 b). Die Regelung ist Ausfluss der 22 Gewähr **rechtlichen Gehörs** (§ 1042 Abs. 1 S. 2 bzw. Art. 103 Abs. 1 GG),[45] die indes genauso unter Nr. 1 d („Prozessmangel" – aber: Kausalitätsgebot!, Rn. 33–35) oder Nr. 2 b (Ordre-public-Verstoß – dann: Amtsprüfung!, Rn. 50) sollte fallen können. Eine lästige Überschneidung scheint unausweichlich.[46] Man kann sie halbwegs so abfangen, dass man die Regelung gleichsam als lex specialis begreift, die einerseits vom Kausalitätserfordernis (Nr. 1 d, 3. Halbs.) freistellt[47] bzw. Kausalität unwiderleglich präsumiert, andererseits die eigentlich gebotene Amtsprüfung (Nr. 2) aussetzt, sondern eine spezielle Rüge fordert. Dies markiert eine quasi „mittlere" Linie. Dafür spricht schlagend, dass Nr. 1 b wie Nr. 1 d zwei Varianten gibt, welche beidseits in Parallele stehen.

aa) (Passive) Verfahrenskenntnis (1. Var.). Das meint das Vorfeld-Stadium der Konstituierung 23 des Schiedsgerichts (§§ 1034 ff.), und zwar die **„gehörige Kenntnis"**, dh. sachlich zutreffende *und* zeitlich vertretbare Benachrichtigung von der **Verfahrenseinleitung** (Var. 1 b iVm. § 1044) sowie der daran anschließenden **Richterbestellung** (Var. 1 a iVm. § 1035 Abs. 1–4), sie sei parteiseitig geregelt oder aber gesetzlich vorgegeben, sie erfolge autonom oder erst durch staatsgerichtliche Hilfe. „Gehörige" Kenntnis ist auch die „fingierte" des § 1028 Abs. 1; die Überprüfung erstreckt sich sodann nur auf dessen insgesamt regelgerechte Anwendung.

Maßgeblich ist die Nachricht von der Bestellung nicht nur zum Zweck eigener Bindung (§ 1035 24 Abs. 2 – hier besteht deshalb noch Disponibilität!, dazu vgl. dort Rn. 20), sondern vor allem mit Blick zum Partner, der selbst wissen muss, wer denn künftig richten soll (Namensangabe erforderlich!).[48] Bei der gesetzlich üblichen Dreierbank (§ 1034 Abs. 1 S. 2) geht es also idR um den „Fremden" und den Obmann, den „eigenen" Richter sollte man kennen – es sei denn, das Gericht würde handeln. Die Kenntnis erscheint schon deswegen notwendig, um den Streitstoff zu präzisieren (§ 1044 S. 2: Mindestangaben zur Risikoabwägung) und eine neutrale Richterbank zu garantieren (§§ 1036, 1037: Ablehnung wegen Befangenheit),[49] aber natürlich auch, um adäquat zu agieren (arg. 2. Var.: „aus einem anderen Grund").

bb) (Aktiver) Verfahrenseinfluss (2. Var.). Damit wird der tatsächliche Prozessablauf angesprochen. 25 Die Gewähr rechtlichen Gehörs beinhaltet, „seine Sache" vorbringen, dh. [schlüssige?[50]] **„Angriffs- oder Verteidigungsmittel** ... geltend machen [zu] können" (2. Var. iVm. § 1042 Rn. 34 ff. [Inhalte]) bzw. die eigene Präsentation seiner materiell geplanten Strategie (2. Var. iVm. § 1046 Rn. 26 [Begriff]). Dies ist weit zu deuten und umfasst einzelne Mittel[51] (nicht bloß den Gesamtvortrag), dh. insbesondere die Klagebegründung und -erwiderung (§ 1046 Abs. 1 S. 1), die Benennung bzw. Vorlegung von Beweisen (§ 1046 Abs. 1 S. 2 einerseits, § 1042 Abs. 4 S. 2 andererseits), die (rechtzeitige) Kenntnisgabe von Beweisterminen (§ 1047 Abs. 2) und Beweismitteln (§ 1047 Abs. 3) und genauso die „Strategie-Ergänzung" (§ 1046 Abs. 2, 1. Halbs.).

Speziell erfasst werden freilich auch Angriffs- und Verteidigungsmittel, die prozessual auf die Geltendmachung 26 von **Kompetenzmängeln** zielen (Nr. 1 a/c, Rn. 10, 18–21 – aber: § 1040 Abs. 2 [dennoch Präklusion möglich]!) – hier erfolgt eine „Inhaltskontrolle" selbst bei voller Möglichkeit, sie anzubringen. Gedeckt ist umgekehrt ebenfalls die **Präklusion** mit Angriffs- oder Verteidigungsmitteln: §§ 1046 Abs. 2, 2. Halbs., 1048. Geprüft wird dann nurmehr, ob die Präklusionsregel zuvor zutreffend gehandhabt wurde[52] – es genügt die bloße Gelegenheit des Vorbringens zur Gewähr rechtlichen Gehörs.

---

[45] So auch zB OLG Hamburg RPS 1999 I S. 13, 15 [II d].
[46] Dazu krit. auch *Thomas/Putzo/Reichold* Rn. 9; *Hausmann*, FS Hans Stoll, 2001, S. 593, 598 f. [II 1 c]. Bezeichnenderweise wurde hierzu erwogen, klarstellend Art. 18 ModG (§ 1042 Abs. 1) zu inkorporieren: bei Nr. 1 d (6th SN Add. 1 Nr. 31 = *Holtzmann/Neuhaus* S. 959/960 [UK-Comments]) *oder* Nr. 1 b (CR Nr. 287 = *Holtzmann/Neuhaus* S. 1000 [Commission]) – die Zuordnung blieb unpräzise (CR Nr. 302 aE = *Holtzmann/Neuhaus* S. 1003; vgl. auch erg. 7th SN Nr. 11 = *Holtzmann/Neuhaus* S. 966).
[47] AA *Musielak/Voit* Rn. 13 aE mit Rn. 27 u. § 1061 Rn. 15; *Stein/Jonas/Schlosser* Anh. § 1061 Rn. 82 mit FG BGH III (2000) S. 399; 416 [IV 1]; BGH SchiedsVZ 2008, 40, 42 [22]; OLG Karlsruhe, Beschl. v. 29. 11. 2002 – 9 Sch 1/02 [2]; OLG Celle OLGR 2004, 396; OLG Düsseldorf, Beschl. v. 14. 8. 2007 – I-4 Sch 2/06 [II 1 b bb/JURIS-Rn. 108, 110]. Anders auch OLG Bremen IPRspr. 1999 Nr. 181, S. 434 (UNÜ): Nr. 1 b betreffe das Äußerungsrecht (§ 1042 Rn. 34–43), insbes. auch die Kenntnisnahme (§ 1042 Rn. 49) (S. 435 [1]); Nr. 2 b erfordere den Nachweis der Kausalität (S. 437 [4 a]).
[48] OLG Köln ZZP 91 (1978), 318, 322 mit S. 320.
[49] Vgl. OLG Köln IPRax 1976, 529, 531; *Granzow*, 1987, S. 197.
[50] So formuliert es BayObLG SchiedsVZ 2004, 319, 320 [II 3] (lapsus linguae mit Blick auf II 4?).
[51] AA OLG Hamburg OLGR 2000, 19, 21 li. Sp. aE; *Zöller/Geimer* Rn. 40; OLG München, Beschl. v. 25. 6. 2007 – 34 Sch 6/07 [II 5 b (2)].
[52] ZB BayObLG OLGR 2003, 370 [c].

27 **Beispiele:** Nichtzustellung einer Klagebegründung bzw. Nichtanfordern einer Klageerwiderung;[53] unterbliebene Ladung einer Partei zur Beweisaufnahme;[54] abredewidrige Nichtanordnung einer mündlichen Verhandlung;[55] unmotivierte Zurückweisung eines erheblichen Beweisantrages,[56] vor allem bei Sanktionsabsicht;[57] bzw. Einordnung von Bestrittenem als unstreitig;[58] endgültige Entscheidung ohne sachliche Stellungnahme zu einem Angriffs- und Verteidigungsmittel,[59] denn allemal muss das Gehörte – grob jedenfalls – auch später erwogen werden (§ 1042 Rn. 49, § 1054 Rn. 28–31 – Ausnahme: § 1054 Abs. 2); Überraschungsentscheidung[60] (§ 1042 Rn. 39); mangelnde Vorbereitungs- oder auch Einarbeitungszeit bei einer personellen Veränderung;[61] ungleiche Informationslage der einzelnen Schiedsrichter;[62] weitgreifende Präklusion trotz genügender Entschuldigung.[63]

28 Man lässt es wohl bei derart unklarer Einzelfallbetrachtung besser bewenden. Die grundsätzliche Unterscheidung von rügefähigen Mängeln der Verfahrensgestaltung *(in procedendo)* und „unrügbaren" der Entscheidungsfindung *(in iudicando)*[64] gaukelt hier nämlich eine scharfe begriffliche Unterscheidung vor, die nirgendwo wirklich existiert. Sie macht die Grenzziehung nicht wirklich gewiss berechenbar! Wichtig bleibt hierbei allein, dass **keine inhaltliche Nachprüfung** stattfindet, dh. die Subsumtion dem hierfür konstituierten Schiedsgericht obliegt (Rn. 7) und keinerlei – gleichsam verdeckte – *révision au fond* erfolgt.

29 **b) Prozessmängel (Nr. 1 d).** Die nicht schon von Nr. 1 a–c abgedeckten sonstigen (Verfahrens-)Mängel sind quasi bloß „schlichte" Mängel, wenn nicht etwa der verfahrensrechtliche ordre public (Rn. 45 f.) nebenbei noch tangiert ist. Sie unterliegen einem zusätzlich ausdifferenzierten Tatbestand. Man trennt am besten wie folgt.

30 **aa) Kontrollkomplex (1. Halbs.).** Rügefähig sind neuerlich einerseits Mängel im Vorfeld, sog. **Konstituierungsmängel (1. Var.** iVm. §§ 1034 ff.: „Bildung des Schiedsgerichts"), wie andererseits solche im Verlauf, sog. **Prozessablaufsmängel (2. Var.** iVm. §§ 1042 ff.: „schiedsrichterliche[s] Verfahren"). Das deckt den Kernbestand der alten Fallgruppe unzulässigen Verfahrens (§ 1041 Abs. 1 Nr. 1, 2 Var. aF) und damit den „Löwenanteil" möglicher Fallstricke. Zu beachten ist freilich zur 1. Var., dass bestimmte Mängel spezielle Behandlung erheischen und dabei Präklusion droht (§ 1034 Abs. 2 [Übergewicht], dort Rn. 12; § 1037 Abs. 2 [Befangenheit], dort Rn. 30), die zukünftig dann fortwirkt, und ferner zur 2. Var., dass eine **rügelose Hinnahme** nach § 1027 gleichfalls Verlust herbeiführt,[65] es sei denn, die Regelung wäre zwingend (S. 1) oder der Fehltritt bliebe verborgen (S. 2). Für die bislang überwiegend vertretene, restriktive Meinung,[66] wonach stets

---

[53] OLG Hamburg OLGR 2002, 305.
[54] OLG Hamburg MDR 1968, 1018.
[55] BGH NJW 1994, 2155; OLG Naumburg NJW-RR 2003, 71, 72 [II 1] (Nr. 1 d?).
[56] BGH WM 1985, 1487 einerseits, OLG Hamburg RPS 1997 I S. 19, 20 andererseits – anders im Ansatz OLG Braunschweig SchiedsVZ 2005, 262, 264 [II 2 a] (Nr. 1 d); ganz anders noch BGH NJW 1966, 549; vermittelnd *Thomas/Putzo*, 20. Aufl., § 1041 aF Rn. 9.
[57] BGHZ 94, 92, 96 ff. (98) [4/5] = NJW 1985, 1903: Nichtbezahlung eingeforderter Kostenvorschüsse *für die Schiedsrichter* – nicht etwa zur Beweiserhebung.
[58] BGHZ 98, 40, 48 f. [IV 3]; OLG Hamburg, Beschl. v. 8. 6. 2001 – 11 Sch 1/01 [II 2 f]; OLG Stuttgart IPRspr. 2001 Nr. 204, S. 437, 438 [1 b] (UNÜ); OLG Bremen, Beschl. v. 4. 12. 2003 – 2 Sch 2/03 – nicht aber bei Fehlinterpretation.
[59] RGZ 119, 29, 32; wohl auch BGHZ 10, 325, 327 (Aufrechnungsvorbehalt); OLG Stuttgart IPRspr. 2001 Nr. 204, S. 437, 438 [1 b] (UNÜ).
[60] Anders im Ansatz OLG Frankfurt/Main, Beschl. v. 30. 6. 2006 – 26 Sch 12/05 [II 2 b] (Nr. 1 d – allerdings *insoweit* fragwürdig: Kausalitätsbeweis?).
[61] ZB für Insolvenzverwalter (*Smid* DZWiR 1993, 485, 486) sowie bei einem Anwaltswechsel (allg. BGHZ 27, 163, 165 ff.).
[62] OLG Hamburg HEZ 2 Nr. 123, S. 282, 284 f.
[63] OLG Celle OLGR 2004, 396/397 – allerdings nur bei Kausalität[?]: S. 397.
[64] Dazu etwa *Malzer* KTS 1972, 65, 68 f.; *Schwab/Walter* Rn. 24.22; vgl. aber auch erg. BGH LM KWVO Nr. 1 a; KG DR A 1940, 748, 749 einerseits, BGHZ 96, 40, 45 f. = NJW 1986, 1436; BGHZ 27, 249, 252 andererseits.
[65] 7th SN Art. 34 Nr. 10 = *Holtzmann/Neuhaus* S. 966 mit Art. 4 Nr. 6 = *Holtzmann/Neuhaus* S. 209; BT-Drucks. 13/5274 S. 59 re. Sp. [5]: „rechtzeitig, aber vergeblich" – zust.: *Baumbach/Lauterbach/Hartmann* Rn. 6 aE; *Borges* ZZP 111 (1998), 487, 494; *Rützel/Wegen/Wilske*, 2005, S. 153 [1. Abs.]. Sehr weitgehend hier *Musielak/Voit* Rn. 19 mit § 1042 Rn. 29: Verzicht mangels Anrufung eines Oberschiedsgerichts („verweigerte" Heilungschance).
[66] So BGH KTS 1956, 141 im Anschluss an RGZ 24, 397 – ferner: RGZ 35, 422, 425; 40, 401, 405; 47, 424, 426; 119, 29, 31 f.; JW 1932, 2877, 2878; HRR 1935 Nr. 304 (Ls.); RGZ 159, 92, 98; stv. für die Lit. *Schwab/Walter*, 5. Aufl., Rn. 24.8.

bloß **wesentliche Verfahrensverstöße** generell in Betracht kommen können, enthält die Neuregelung keinen überzeugenden Anhalt[67] (vgl. indes auch unten Rn. 35).

bb) Prüfungsmaßstab (2. Halbs.). Das Verfahren muss inkorrekt gewesen sein, dh. einer **gesetzlichen Vorschrift (1. Var.** iVm. §§ 1026–1058: „Bestimmung dieses Buches") oder **parteiautonomen Vorgabe (2. Var.** iVm. § 1042 Abs. 3: „Vereinbarung der Parteien") nicht entsprochen haben. Die Bezugnahme auf die Regelungen „dieses Buches" in der 1. Var. ist deshalb vollkommen richtig, weil dem Aufhebungsantrag von vornherein nur inländische Schiedssprüche unterworfen sind (vgl. Rn. 68 – arg. § 1025 Abs. 1); dies zeigt aber zugleich, dass §§ 128 ff., 253 ff., welche bisweilen analog angewandt werden, bloß relevant sind, wenn sie vorher autonom verbindlich gemacht wurden – das führt zum „Typenwechsel" von der 1. zur 2. Var.! Und dort schlägt dann die besondere Erwähnung, dass jene Abmachung eine „zulässige" sein muss, die Brücke von § 1059 Abs. 2 Nr. 1 d zu § 1042 Abs. 3, der seinerseits zwingende Normen vorbehält und so von der 2. zur 1. Var. zurückführt (so wird auch dem ModG voll Rechnung getragen, vgl. Art. 34 Abs. 2 lit. a (iv)). 31

Im Übrigen mag die Regelung eigenständig (§ 1042 Abs. 3, 1. Var.) oder bezugnehmend (§ 1042 Abs. 3, 2. Var.) erfolgen, etwa per Pauschalverweisung auf eine institutionelle Verfahrensordnung[68] (zB DIS/ICC) oder ein Prozessgesetz (zB ZPO, n. c. p. c.).[69] Das **Missachten richterlich verfügter (Prozess-)Regeln** (§ 1042 Abs. 4 S. 1) bleibt ungenannt und ungesühnt – aus guten Gründen: die Regeln wirken nur subsidiär und sind ermessensbestimmt, ad hoc also „anpassbar" und flexibel – sie beugen sich mithin der Verfahrensweise. Ein Verstoß wäre bloß denkbar bei gehörsrelevanter abrupter Regelveränderung (§ 1042 Rn. 90). Das **Missachten parteiautonom verfügter (Rechts-) Regeln** (§ 1051) ist ebenfalls nicht erheblich: zwar handelt es sich um eine selbstredend „zulässige Vereinbarung", jene steht aber außerhalb des prüfbaren „Kontrollkomplexes" (Rn. 30), sie lässt das Verfahren unberührt,[70] sie fällt indes uU jetzt unter Nr. 1 c (Rn. 20). Von wem der Verstoß letztlich ausgeht, Schiedsparteien oder -richtern, spielt keine Rolle – allein seine Wirkung (Rn. 33–35) zählt.[71] 32

cc) Ergebniswirkung (3. Halbs.). In Ergänzung zu Art. 34 Abs. 2 lit. a (iv) ModG, der hier anders wägt,[72] wurde die schon bislang hM[73] nunmehr gesetzlich abgesegnet, dass ein Verfahrensfehler nur dann einen reellen Aufhebungsgrund liefert, wenn er sich am Ende im Schiedsspruch überhaupt irgendwie niederschlägt – dies soll eine Aufhebung aus reinem formalen Grunde verhindern.[74] Der Aufhebungsgrund wirkt relativ, nicht absolut, so wie es die anderen tun. **Potentielle Kausalität** genügt allerdings (vgl. namentlich zur Gehörsrüge erg. Rn. 22 mit § 1042 Rn. 58). 33

Die Kernfrage ist: gibt es eine konkrete Aussicht abweichender (Sach-)Entscheidung? Notwendig ist ein **„Beruhen" in Anlehnung an § 545 Abs. 1**.[75] Dabei darf aber die **Subsumtion nicht angetastet** werden. Nur wenn ohne den Verfahrensfehler mit Gewissheit ganz gleich entschieden worden wäre, scheidet die Ursächlichkeit aus, so wenn zB das Schiedsgericht in unzulässiger Weise eidesstattliche Versicherungen entgegengenommen hat, dann aber allein aus Rechtsgründen entscheidet; notwendig scheiden demnach alle späteren Verstöße aus, wie etwa die Verletzung des Beratungsgeheimnisses[76] oder Befangenheitsumstände nach Schiedsspruchserlass.[77] Bei Verstoß des 34

---

[67] Für Weitergeltung der Einschränkung *Schwab/Walter* Rn. 24.21; OLG Hamburg NJW-RR 2000, 806, 807 [II 2] („gravierend unzulässiges Verfahren"[?]). So wie hier *Musielak/Voit* Rn. 17.
[68] BayObLG, Beschl. v. 15. 12. 1999 – 4 Z Sch 23/99, S. 10 [II B 1 vor a]; BGHZ 96, 40, 4445 = NJW 1986, 1436; RGZ 150, 92, 95.
[69] CR Nr. 276 aE = *Holtzmann/Neuhaus* S. 998.
[70] AA OLG Hamburg, Beschl. v. 8. 6. 2001 – 11 Sch 1/01 [II 2 a aa] im Anschluss an altes Recht: BGHZ 96, 40, 45 f. m. weit. Nachw. = NJW 1986, 1436 = JZ 1986, 370 m. krit. Anm. *Sandrock*; OLG Frankfurt/Main RIW 1984, 400, 401; 1. Aufl. § 1041 aF Rn. 12.
[71] AA *Eckstein-Puhl*, 2004, S. 86 f. – aber: Parteien müssen als *Einzel*handelnde den Rahmen beachten, den sie *gemeinsam* vorher festlegen!
[72] CR Nr. 303 = *Holtzmann/Neuhaus* S. 1003.
[73] Sehr klar hier RG JW 1932, 2877, 2878 („dafern man nicht ins Uferlose kommen will"); BGH NJW 1959, 2213, 2214; 1952, 27; OLG Hamburg MDR 1968, 1018; OLG Köln NVwZ 1991, 1116, 1117 – arg. § 1041 Abs. 1 Nr. 1 aF aE: „beruht".
[74] BT-Drucks. 13/5274 S. 59 li./re. Sp. [5].
[75] OLG Stuttgart, Beschl. v. 18. 8. 2006 – 1 Sch 1/06 [B III 2a]; OLG Saarbrücken SchiedsVZ 2003, 92, 93/94 [B]; *Malzer* KTS 1972, 65, 69; *Thomas/Putzo/Reichold* Rn. 14; *Musielak/Voit* Rn. 22; *Hausmann*, FS Hans Stoll, 2001, S. 593, 603 [II 1 e] mit Fn. 62 u. S. 605 [II 1 f] – etwas strenger indes *Zöller/Geimer* Rn. 44 mit Berufung auf OLG Celle OLGR 2004, 396, 397.
[76] RG JW 1932, 2877 (Mitteilung); aA *Schütze*, FS Nakamura, 1996, S. 526, 535 (Sondervotum).
[77] OLG München OLGR 2007, 361, 362 [2a (4)].

§ 1059 35–37 Buch 10. Abschnitt 7. Rechtsbehelf gegen den Schiedsspruch

Oberschiedsgerichts bleibt der erstinstanzliche Entscheid davon unberührt[78] (neue Berufungseinlegung oder Zurückverweisung nach Abs. 4 [Rn. 78] – Antrag?).

35 **Beweispflichtig** für die Ursächlichkeit ist allgemein aber derjenige, welcher Aufhebung begehrt; ihm hilft uU indes die tatsächliche Vermutung eventuellen Einflusses; der Kausalverlauf ist allemal ein hypothetischer.[79] Kausalität dürfte regelmäßig etwa anzunehmen sein bei Konstituierungsmängeln[80] und auch bei Fehlen von allgemeinen Prozessvoraussetzungen; unwesentliche Verfahrensfehler (dazu schon oben Rn. 30) werden idR jedoch den Schiedsspruch wohl selten relevant beeinflussen,[81] sodass hier zumindest eine Vermutung ausscheidet.

36 **dd) Einzelfälle.** Relevante **Konstituierungsmängel** sind etwa: fehlerhafte Besetzung des Schiedsgerichts,[82] zB infolge Mitwirkung anderer als der zunächst vereinbarten Personen,[83] bei Ausschaltung des Ablehnungsrechts[84] oder nach insgesamt erfolgreicher Ablehnung;[85] ferner wenn es nicht möglich oder zumutbar war, das Ablehnungsgesuch fristgerecht (vgl. § 1037 Abs. 2, dort Rn. 10) einzureichen und ganz genauso, wenn die Ablehnung vom staatlichen Gericht für berechtigt erklärt wird (arg. § 1037 Abs. 3 S. 2),[86] nicht aber der Verstoß eines Berufsrichters gegen § 40 Abs. 1 S. 2 DRiG;[87] in Inlandsfällen Alleinbesetzungsrecht einer Seite;[88] Geschäftsunfähigkeit[89] oder Parteistellung[90] eines Schiedsrichters, hier fehlt man dann sogar die Gerichtsqualität iSv. § 1029 Abs. 1: Grundprinzip unparteilicher Rechtspflege[91] (Nr. 2 b).

37 Beispiele für relevante **Prozessablaufmängel:** Zurückweisung eines Rechtsanwalts (§ 1042 Abs. 2);[92] Gehörsverstöße, soweit nicht von Nr. 1 b schon erfasst, und Ungleichbehandlung (§ 1042 Abs. 1); Ignorierung der Parteianträge, indem etwas zugesprochen wird, was nicht beantragt war,[93] wobei aber keine strenge Bindung iSv. § 308 Abs. 1 besteht (§ 1044 Rn. 23), oder Übergehen einer Ablehnung;[94] wirkungsloser Schiedsspruch,[95] (stattgebender) Schiedsspruch statt (prozessualer) Einstellung,[96] bei vereinbartem Wortlaut (§ 1053) uU arglistige Täuschung (§ 123 BGB);[97] Beteiligung Dritter an der Rechtsfindung[98] bzw. Übernahme fremder statt eigener Feststellungen;[99] unzulässige

---

[78] BayObLG BB 1999, 1187 [II 2].
[79] BGHZ 31, 43, 48 (§ 1041 Abs. 1 Nr. 4 aF): begründete Zweifel darzulegen; RG JW 1932, 2877, 2878 (§ 1041 Abs. 1 Nr. 1, 2. Var. aF): Berücksichtigung von Erfahrungssätzen; OLG Hamm, Beschl. v. 18. 10. 1999 – 17 SchH 5/99 [II 2 a]: mit Substanz[?] darlegen.
[80] AA OLG Karlsruhe SchiedsVZ 2008, 47, 48 [II 3 b] (UNÜ).
[81] So auch *Stein/Jonas/Schlosser* Rn. 24 bzw. *Musielak/Voit* Rn. 17.
[82] BGH NJW 1960, 1296, 1297; OLG München OLGR 2006, 404, 405 [2 a] (UNÜ); OLG Köln KTS 1971, 222, 225.
[83] BayObLG NJW-RR 2000, 360/361 [3 b].
[84] RGZ 152, 375, 379 (Nr. 1 d); OLG Köln ZZP 91 (1978), 318, 321 (Nr. 2 b!).
[85] RGZ 159, 92, 98.
[86] BGH NJW 1957, 791, 792.
[87] Offen insoweit indes BGH NJW 1964, 593, 594 aE u. BGHZ 55, 313, 319/320 = NJW 1971, 756 = LM § 1039 aF Nr. 3 m. Anm. *Rietschel*. So wie hier *Zimmermann* Rn. 11 aE; *Thomas/Putzo/Reichold* Rn. 13 aE. Hier anders noch 1. Aufl. § 1040 aF Rn. 12 – aber: das betrifft alleinig den Schiedsrichtervertrag, Vor § 1034 Rn. 57.
[88] Die Rspr. tendiert eher zu Nr. 1 a (BGHZ 51, 255, 262 f.; 54, 392, 400), möglich wäre genauso Nr. 2 b (offenlassend BGHZ 51, 255, 263; 52, 184, 191). Anders aber in Auslandsfällen: BGHZ 98, 70, 75 f. [II 7]; NJW-RR 2001, 1059, 1060 [II 4 a] = IPRspr 2001, 580 m. zust. Bespr. *Sandrock* (S. 550, 556 f. [III 4].
[89] ZB BGH NJW 1986, 3079, 3080 (§ 1036 Rn. 13 bei/mit Fn. 41).
[90] ZB BGHZ 142, 204, 206 [II 3] = NJW 1999, 2974 (obiter: lit. c und d[?] – gehört eher zu Nr. 2 b!, vgl. Rn. 45 mit § 1036 Rn. 9).
[91] BGHZ 51, 255, 263 = NJW 1969, 750; BGHZ 54, 392, 400 = NJW 1971, 139; BGHZ 65, 59, 62 = NJW 1976, 109: *jedenfalls* unzulässiges Verfahren. Ebenso zB ferner *Koussoulis* ZZP 107 (1994), 195, 205; *Kornblum*, Probleme der schiedsrichterlichen Unabhängigkeit, 1968, S. 177 ff.
[92] AA OLG Köln NVwZ 1991, 1116 f.
[93] Vgl. RGZ 8, 377, 379; BayObLG SeuffA 51 (1896) Nr. 81, S. 117, 118 aE u. RG JW 1920, 703, 704 (plus) gegen RG JW 1892, 273 aE; RGZ 149, 45, 49 (aliud); KG DR A 1940, 748; OLG Hamburg KTS 1983, 499, 504. Viel strenger noch ROHG 3, 167, 172: „null und nichtig". Ebenso nun jüngst OLG Koblenz OLGR 2006, 670, 671 [2]. Dazu vgl. auch *Eberl* SchiedsVZ 2003, 109, 111–114 [III] (UNÜ).
[94] OLG München, Beschl. v. 28. 6. 2006 – 34 Sch 2/06 [II 2 c].
[95] BGH LM § 1042 aF Nr. 8 [IV]; RGZ 57, 331, 334 – jedoch letzthin nur der Klarheit halber (Rn. 66).
[96] BayObLG, Beschl. v. 29. 9. 1999 – 4 Z Sch 2/99 [II 2].
[97] BGHZ 145, 376, 379 [2 a] = NJW 2001, 373 = ZZP 114 (2001), 351 m. zust. Anm. *Voit* – fragwürdig (§ 1053 Rn. 19).
[98] ZB OLG Düsseldorf BB 1976, 251 (Berater als Richter), § 1054 Rn. 21 mit § 1052 Rn. 5 f.
[99] RG DR 1944, 810 – aber nicht auch Verwertung „ungeeigneter" Beweismittel (arg. Rn. 7. – aA OLG München HRR 1940 Nr. 627).

Vereidigung von Zeugen durch das Schiedsgericht;[100] Missachtung des Prinzips der Parteiöffentlichkeit;[101] Substanzänderung durch Berichtigungsakt;[102] Verweigerung sachlicher Stellungnahme[103] oder vollkommen fehlende Begründung[104] (mit Ausnahme von § 1054 Abs. 2 – aber: vorherige Benachrichtigung notwendig[105]), im Einzelfall uU auch besondere Dürftigkeit oder Perplexität, nicht aber bloße Mangel- oder Lückenhaftigkeit (Einzelheiten: § 1054 Rn. 28–31), denn dies bedeutete eine verkappte Inhaltskontrolle. Die Kostenentscheidung ist aber keine Verfahrensfrage, sondern nur Annex des unüberprüfbaren Sachentscheides.[106]

5. Globaler Staatsvorbehalt (Nr. 2 b). a) Grundlegung. Ausfilterbar (bzw. auszufiltern – 38 Amtsprüfung!) ist dazuhin jeder Verstoß gegen den „ordre public" (ZPO) und die „public policy" (ModG). Das entspricht den „wesentlichen Grundsätzen des deutschen Rechts", die Grundrechtswidrigkeit mit einbegriffen[107] (§ 328 Abs. 1 Nr. 4 ZPO, Art. 6 EGBGB bzw. Art. 16 EVÜ; §§ 1041 Abs. 1 Nr. 2, 1044 Abs. 2 Nr. 2 aF) und hält dabei auch die Tuchfühlung mit § 1053 Abs. 1 S. 2, 2. Halbs. Die relativ kosmopolitische Wendung erfolgte im Hinblick auf die möglichst weltweite Akzeptanz. Man vertraut auf national wie international verfestigtes Verständnis – trotz generalklauselhafter Weite **Parallelregelungen**: § 1053 Abs. 1 S. 2, 2. Halbs. (dort Rn. 24–29); § 328 Abs. 1 Nr. 4 (dort Rn. 98 ff.) iVm. § 723 Abs. 2 S. 2; § 796a Abs. 3, 2. Var. (dort Rn. 14); Art. V Abs. 2 lit. b UNÜ (§ 1061 Anh. 1 [Rn. 67 ff.]); Art. 34 Nr. 1 Brüssel I-VO (Schlussanh. B 1 Rn. 11–14) iVm. Art. 45 Abs. 1 S. 1 Brüssel I-VO. Der jetzt gewählte Wortlaut bietet aber zwei Tücken:
(1) Der Verstoß muss – im Unterschied zu Art. 16 EVÜ – **kein offensichtlicher sein.** Das 39 deutet auf gezielte Misstrauen hin! Die nötige restriktive Handhabung vermag ohnedies allein schwerwiegende Verstöße anzuerkennen, die idR auch offenkundig sind. Zwingend ist dies aber nicht.[108] Ferner kommt es nicht darauf an, ob man dazu schon im Schiedsverfahren vorgetragen hat oder hätte können[109] (mit Ausnahme der Restitutionsgründe, arg. § 582[110]) und ob das Schiedsgericht die konkrete Norm erörtert hat.[111] Denn der BGH[112] lässt zu, dass die ordentlichen Gerichte den Sachverhalt auf einen ordre-public-Verstoß in rechtlicher und tatsächlicher Hinsicht voll überprüfen; hier zählen also allein der objektive Sachverhalt und ein rechtlich „vertretbares" Ergebnis.[113]

---

[100] KG JW 1926, 2219, 2220 – aber: Kausalität?
[101] OLG Hamburg MDR 1968, 1018.
[102] OLG Stuttgart OLGR 2002, 166.
[103] RGZ 119, 29, 32, zust. BGH LM KWVO § 1a Nr. 1 u. § 1040 aF Nr. 1 [III 1].
[104] BT-Drucks. 13/5274 S. 59/60 [10], OLG Frankfurt/Main IHR 2003, 93, 96 li. Sp.; vgl. noch erg. § 1054 Rn. 29–31.
[105] OLG Saarbrücken SchiedsVZ 2003, 92, 93 [B].
[106] BGH JZ 1957, 630 – zust. OLG Stuttgart IPRspr. 2001 Nr. 204, S. 437, 439 [1 d] (UNÜ); *Baumbach/Lauterbach/Hartmann* Rn. 13 aE; abl. *Schwab/Walter* Rn. 24.26. Erst recht bei einer ganz separaten Kostenentscheidung: OLG Stuttgart NJW-RR 2003, 1438, 1439 [II 1 b A]; offenlassend OLG Hamburg, Beschl. v. 30. 8. 2002 – 11 Sch 1/02 [II 2].
[107] BT-Drucks. 13/5274 S. 59 re. Sp. [8], zust.: BVerfG, Beschl. v. 18. 10. 2006 – 1 BvR 2505/06 [JURIS-Rn. 4]; OLG Karlsruhe OLGR 2002, 94, 95 re. Sp.; BayObLG SchiedsVZ 2004, 319, 320 [II 3]; OLG Dresden SchiedsVZ 2005, 210, 213 re. Sp. [II 3]; *Zimmermann* Rn. 12 [b]; *Zöller/Geimer* Rn. 64; *Baumbach/Lauterbach/Hartmann* Rn. 16.
[108] AA aber weiterhin wohl OLG Hamburg OLGR 2000, 19, 21; KG, Beschl. v. 13. 3. 2002 – 23/29 Sch 20/11 [III] u. Beschl. v. 27. 5. 2002 – 23 Sch 6/02; OLG München OLGR 2006, 906, 907 [4b (1)]; OLG Düsseldorf, Beschl. v. 14. 8. 2007 – I-4 Sch 2/06 [II 1 b bb/JURIS-Rn. 105 f.]; ebenso OGH ZfRV 1999, 24, 27 (obiter).
[109] RG DR A 1940, 1528, 1529 (obiter); BGH NJW 1972, 2180, 2181 [II].
[110] BGH LM § 1044 aF Nr. 6 [II 2] = KTS 1970, 24, 30 u. Nr. 15 [IV 2] = NJW 1990, 2199.
[111] BGH NJW 1969, 978, 979 [III 1].
[112] BGHZ 27, 249, 254 = JZ 1959, 173 m. zust. Anm. *Habscheid* (Rechtsauffassung) mit BGHZ 30, 89, 92 mit S. 94 f. (Tatsachengrund); LM § 1044 aF Nr. 4 [II 2 a]; GRUR 1966, 576, 580 [II 2 c]; BGHZ 46, 365, 370; ZZP 84 (1971), 203, 205 m. Anm. *Habscheid*; NJW 1972, 2180, 2181 [II] = ZZP 86 (1973), 215 m. Anm. *Kornblum* (S. 219 ff.); NJW 1973, 98, 99/100; WM 1983, 1207, 1208; OLG Düsseldorf WuW/E DE-R S. 1647, 1648 [II b] – indes auch schon RGZ 108, 139, 140; dann aA aber RG WarnR 27 (1935) Nr. 12, S. 28, 30; HRR 1936 Nr. 911 = JW 1936, 1894; OLG Celle JW 1937, 2834; KG DR A 1939, 2156, 2157 mit JW 1935, 59; OLG Köln NJW 1952, 1420, ferner unter neuem Recht jüngst OLG Hamburg OLGR 1998, 403, 405 (m. zust. Anm. *Trappe* RPS 2000 I S. 7, 8); 2000, 19, 21 re. Sp. aE im Anschluss an BB 1954, 577; NJW 1955, 390; AWD 1958, 79 bzw. *Zöller/Geimer* Rn. 49 ff., 53; *Trappe* J. Int. Arb. 17 (2000), 93; *Harbst* SchiedsVZ 2007, 22, 26 f. [II 2/3] u. *Haas*, 1991, S. 103 ff. Eher reserviert auch OGH ZfRV 1999, 24, 27 f. Dazu umf. auch *Altenmüller* KTS 1974, 150 f. u. *Gottwald*, FS Nagel, 1987, S. 54, 66 ff.
[113] BGH LM § 1044 aF Nr. 4 [II 2 a]: eindeutig falscher Entscheid; VersR 1982, 93, 94 [b] bzw. OLG Jena SchiedsVZ 2008, 44, 45 f. [IV]: „summarische Plausibilität"; OLG Rostock, Beschl. v. 18. 9. 2007 – 1 Sch 4/06 [B II 1 b bb]. Am Ende insoweit ganz ähnlich auch *Fournier*, 1999, S. 39 ff.

40 (2) Die Vorschrift ist abgestellt auf „**Anerkennung und Vollstreckung**". Das geht insoweit fehl, als Anerkennung nur für *ausländische* Schiedssprüche bereitsteht (§ 1061 Abs. 2 iVm. § 1025 Abs. 4); die Vollstreckung ist zwar jeweils gleichermaßen möglich, setzt jedoch davor eigene Vollstreckbarerklärung voraus, die aber für *inländische* Schiedssprüche dann inzident darauf doch wieder hinführt (§ 1060 Abs. 2). Mithin scheint ein lapsus linguae vorzuliegen bzw. ein undifferenzierter Anschluss ans Altrecht. Gemeint ist hiermit offenbar folgendes, ebenso wie bisher:[114] das **erzielte Ergebnis** (sei es das *materielle* Resultat oder das *prozessuale* Verfahren) muss selbst den ordre-public-Verstoß darstellen und damit den Schiedsspruch intolerabel machen.

41 Gemeint ist hierbei die **bundesdeutsche Binnenordnung**.[115] Dazu zählt aber nicht jede zwingende Norm,[116] sondern nur eine solche, die in einer die **Grundlagen des staatlichen oder wirtschaftlichen Lebens** berührenden, zentralen Frage wegen bestimmter staats- oder wirtschaftspolitischer Anschauungen[117] oder **elementarer Gerechtigkeitsvorstellungen**[118] ergangen ist.[119] Die Zielrichtung des Vorbehaltes ist januskopfig: Machterhaltungs- und Gerechtigkeitsfunktion.[120] Die ordre-public-Prüfung fungiert als die „Notbremse staatlicher Kontrolle" und als ein Einfallstor für Kasuistik (Rn. 45 ff.), welche sich an Art. 34 Nr. 1 Brüssel I-VO jedoch orientieren sollte. Zurückhaltung ist insgesamt dringendst anzuraten, ebenfalls eine möglichst enge Auslegung.[121] Maßgeblich für die Beurteilung ist der **Zeitpunkt** der letzten mündlichen Verhandlung im Aufhebungsverfahren;[122] inzwischen eingetretene Veränderungen der Rechtsregeln und Anschauungen sind somit noch zu berücksichtigen.

42 b) **Kategorisierungen.** Systematisch kann man noch zwischen materiellem (Art. 6 EGBGB) und **prozessualem ordre public,** und dort näher noch zwischen allgemeinem (§ 328 Abs. 1 Nr. 4 ZPO) und **besonderem ordre public** trennen. Die Maßstäbe dürften aber jeweils ähnlich sein. Vor allem macht es dabei wenig Sinn, den schiedsgerichtlichen ordre-public-Verstoß, was die Parteiinteressen angeht, auf Grund freiwilligen Handelns restriktiv(er) zu beurteilen[123] – man versperrt sich hierdurch den notwendigen Rückgriff auf gesicherte Kasuistik, man vernachlässigt die staatsgerichtliche Kontrollfunktion, die doch gerade auch den Schutz des einzelnen „vor sich selbst" bezweckt. Der verschiedene Wortlaut rechtfertigt keine „doppelte Zunge".

43 Vom Zweckgedanken her wäre eher doch eine gewisse Verschärfung gegenüber *inländischen* Schiedssprüchen weitaus nahe liegender: Unterscheidung zwischen **nationalem („internem")** **und internationalem ordre public,** welcher dann umgekehrt entsprechend weitherziger aufgefasst wird („abgesenkte Prüfdichte"), so wie es mindestens einem internationalem Trend entspricht.[124] Anerkennungs- bzw. binnenrechtlich ist das höchstrichterlich gebilligt für die Kontrolle von Verfahrensverstößen,[125] die sich als „schwerwiegenden, die Grundlagen des staatlichen und

---

[114] BGH NJW 1972, 2180, 2181; 1969, 978, 979 [III 1] = LM § 1029 aF Nr. 2.
[115] BT-Drucks. 13/5274 S. 59 re. Sp. [8].
[116] *Zöller/Geimer* Rn. 74 mit Rn. 65; *Musielak/Voit* Rn. 29; *Schütze/Tscherning/Wais* Rn. 542; *Stein/Jonas/Schlosser* Anh § 1061 Rn. 135; *Rosenberg/Schwab/Gottwald* Rn. 180.16 – aA *von Heymann,* 1969, S. 183 ff.; *Mezger* NJW 1970, 369; *Sachse* Gruchot 71 (1931), 476, 519.
[117] Insbes. RGZ 169, 240, 245 – ferner: BGHZ 22, 1, 15; 35, 329, 337; 42, 7, 12 f.
[118] Insbes. BGHZ 54, 123, 132 – ferner: BGHZ 118, 312, 330; 123, 268, 270; 138, 331, 334/335; NJW 1990, 3210, 3211 [I 1]; NJW-RR 1991, 757, 758 [II 3 b].
[119] Zusf. OLG Frankfurt/Main SchiedsVZ 2006, 219, 223 [II 3].
[120] In Anlehnung an *Kegel,* FS Lewald, 1953, S. 259, 277 mit Lb. § 16 IV 2 – zust.: *Zöller/Geimer* Rn. 57, 62; ähnl. *Stein/Jonas/Schlosser* Anh § 1061 Rn. 135: (über-)individueller Schutzbereich.
Ausführliche Definition und Systematisierung bei G. *Roth,* Ordre public, 1967, S. 9 ff.; *von Heymann,* Ordre public, 1969, S. 48 ff.; *Bartos,* Handelsschiedsgerichtsbarkeit, 1984, S. 29 ff., 35 ff., 47 ff.; *Schlosser* RIPS Rn. 734 ff. u. ZZP 92 (1979), 125, 139 ff.; *Gottwald,* FS Nagel, 1987, S. 66 ff.
[121] OLG Karlsruhe OLGR 2002, 94, 95 li. Sp.
[122] RGZ 108, 139, 140 mit S. 143 f.; JW 1933, 1411; BGHZ 30, 89, 97; 52, 184, 192; 138, 331, 335 = NJW 1998, 2358; 1980, 529, 531; NJW-RR 1991, 757, 758 = IPRax 1992, 380, 381 m. Bespr. *Samtleben* ebd. S. 362, 363/364; *Schütze/Tscherning/Wais* Rn. 542; *Thomas/Putzo/Reichold* Rn. 8 (Nr. 1 a) – wohl aA aber BGHZ 46, 365, 371 (Sonderfall?).
[123] So aber zB *Zöller/Geimer* Rn. 70 f., 62.
[124] 1st SN Nr. 21 = *Holtzmann/Neuhaus* S. 923 mit Sekretariatsstudie zum UNÜ Nr. 46 = *Holtzmann/Neuhaus* S. 1069 (Bestandsaufnahme); 2nd WGR Nr. 16–18 = *Holtzmann/Neuhaus* S. 930 (Meinungsbild); 3rd WGR Nr. 154 = *Holtzmann/Neuhaus* S. 1084 (Ablehnung *positiver* Benennung: „not generally accepted", „lacked precision").
BT-Drucks. 13/5274 S. 59 re. Sp. [8] zäumt das Pferd vom Schwanze auf: Geltungskraft der Binnenordnung (Rn. 41), die jedoch ebenso den „ordre public international" umfasse. Ganz andere Deutung bei *Borges* ZZP 111 (1998), 487, 495.
[125] BGHZ 98, 70, 73 f. [II 3] (Zitat dort Nr. 74) = NJW 1986, 3027; BGHZ 104, 178, 184 [3 e] = NJW 1988, 3091; BGHZ 110, 104, 107 [IV 1 a]; NJW-RR 2001, 1059, 1060 [II 4 a] mit § 1061 [II 4 b bb aE] (UNÜ);

wirtschaftlichen Lebens berührenden Mangel" darstellen müssen, und wird jüngstens auch erstreckt auf den materiellen Rechtsgrund;[126] hier jedoch bestehen lediglich zuweilen einmal Unterschiede, da der ordre public intern schon streng ausgelegt wird und sich nicht, wie in manchen anderen Ländern, auf sämtliche zwingenden Normen erstreckt. Dort spielt jene Unterscheidung daher keine wirklich große Rolle.[127]

Typologisch ist bedeutsamer die Unterscheidung von **materiell- und verfahrensrechtlichem ordre public.** Zumal viele Verfahrensfehler schon unter Nr. 1 fallen, wird zT eine Beschränkung der ordre-public-Prüfung auf eine reine materiellrechtliche Ergebniskontrolle verfochten[128] – richtigerweise erfasst sie jedoch prozessuale wie inhaltliche Mängel,[129] ist eine Art Subsidiärgrund oder Auffangklausel auch für alle entsprechend schwerwiegenden Verfahrensmängel („Mindeststandards an Verfahrensgerechtigkeit"[130] bzw. „fundamentale Prozessregeln"[131] ohne dass aber ein (potentieller) Kausalitätszusammenhang erforderlich ist.[132] 44

c) Einzelfälle. aa) Verfahrensrechtlicher ordre-public. In Betracht kommen etwa (vgl. noch erg. § 1061 Anh. 1 Art. V UNÜ Rn. 71–78), Gehörsverstöße (arg. Art. 103 Abs. 1 GG),[133] vor allem die Herabwürdigung zum Verfahrensobjekt,[134] prinzipiell mangelnde Neutralität des Schiedsgerichts,[135] Vorliegen eines Restitutionsgrundes[136] (so wie nach § 1041 Abs. 1 Nr. 6 aF iVm. § 580 45

BGH NJW 2007, 772, 774/775 [28] = SchiedsVZ 2006, 161; OLG Celle OLGR 2007, 664, 667 [II 2 d aa]; BayObLG IPRspr. 2003 Nr. 204, S. 664, 665 [II 3 a]; OLG Stuttgart, Beschl. v. 14. 10. 2003 – 1 Sch 16/02 [B II 5 vor a/JURIS-Rn. 140]; OLG Bremen IPRspr. 1999 Nr. 181, S. 434, 438 [4 a] (UNÜ) – sowie allg. schon: BGHZ 48, 327, 331 u. BGH NJW 1978, 1114, 1115 (Urteil). Die Formel selbst ist älter: BGHZ 55, 162, 175.

[126] BGHZ 138, 331, 334 = NJW 1998, 2358 (Börsentermingeschäft); BGHZ 118, 312, 330 = NJW 1992, 3096 (§ 722: Strafschadensersatz); wohl auch OLG Schleswig IPRspr. 2000 Nr. 185, S. 409, 414 [4] u. Beschl. v. 24. 6. 1999 – 16 SchH 1/99 [II 8] (UNÜ) bzw. OLG Köln, Beschl. v. 15. 2. 2000 – 9 Sch 13/99 [II 2 b] sowie auch schon OLG Hamburg ZIP 1980, 1088, 1089/1090 (Schmiergeldzahlung).

[127] Ganz pragmatisch hier *Gottwald*, FS Nagel, 1987, S. 54, 66 f., zust. *Hußlein-Stich*, 1990, S. 187. Sehr streng: *G. Roth*, 1967, S. 178 ff.; *von Heymann*, 1969, S. 155 ff.; Kornblum, FS Nagel, 1987, S. 140, JbPrSch. 1 (1987), 42 u. NJW 1987, 1105. Eher locker: *Schlosser* RIPS Rn. 868 mit Stein/Jonas/Schlosser Anh § 1061 Rn. 135; *Mezger* NJW 1970, 368, 369 f.; Altenmüller KTS 1974, 150; *F. Baur*, Neuere Probleme der privaten Schiedsgerichtsbarkeit, 1980, S. 15 ff.; *von Winterfeld* NJW 1987, 3059; 1. Aufl. § 1044 aF Rn. 10/11; *Habscheid*, FS Keller, 1989, S. 575.

[128] *Calavros*, 1988, S. 159 f. – offenlassend BGH WM 1956, 1432, 1435 (insoweit nicht in BGHZ 21, 365).

[129] CR Nr. 297 = Holtzmann/Neuhaus S. 1002: „fundamental principles of law and justice in substantive as well as procedural respects"; BT-Drucks. 13/5274 S. 59 re. Sp. [9]: „Unterfälle des verfahrensrechtlichen ordre public". HM unter altem Recht, zB: Baumbach/Lauterbach/Albers, 56. Aufl., § 1041 aF Rn. 16; Schwab/Walter, 5. Aufl., Rn. 24.20. Gewisse Unterschiede mögen sich aus Verzichtbarkeit ergeben (hierzu vgl. *Wagner* LM UNÜ Nr. 7 [2 aE]).

[130] OLG Köln SchiedsVZ 2005, 163, 165 [II 2 b].

[131] BGH SchiedsVZ 2008, 40, 42 [13].

[132] AA OLG Köln SchiedsVZ 2005, 163, 165 [II 2 b].

[133] BT-Drucks. 13/5274 S. 59 re. Sp. [9] mit Kom.-Ber. S. 199 – BGH SchiedsVZ 2005, 259, 260 [II 2] (obiter); BayObLGZ 1999, 55, 57 [II 2 a] = NJW-RR 2000, 807 u. IPRspr 1999 Nr. 184, S. 447, 118 [II B 2]; OLG Hamburg OLGR 2000, 19, 21; OLG Köln SchiedsVZ 2005, 163, 165 [II 2b]; OLG München SchiedsVZ 2006, 111, 112 [II 3 b vor (1)]; OLG Düsseldorf, Beschl. v. 14. 8. 2007 – I-4 Sch 2/06 [II 1 b bb/JURIS-Rn. 107] – wie auch OLG Köln SchiedsVZ 1971, 222, 226; OLG Hamburg MDR 1979, 840. Dazu eingehend *Roth*, Ordre Public, 1967, S. 64 ff. m. weit. Nachw. Aktuelles Beispiel: Nichteinhalten internen Instanzenzuges (aA BGH NJW 2007, 772, 775 [30–32] = SchiedsVZ 2006, 161). – Generell anders offenbar jedoch BGH ZIP 1988, 943, 945 f. (ICC/UNÜ) [III 3 c versus 3 e].

[134] OLG Frankfurt/Main IPRspr. 2001 Nr. 205, S. 440, 442 [3].

[135] BGHZ 51, 255, 263 = NJW 1969, 750; BGHZ 54, 392, 400 = NJW 1971, 139; 1973, 98 f. [I 2b/c]; so wohl aE auch im Fall OLG Köln, Beschl. v. 26. 11. 2002 – 9 Sch 18/02 – einschr. BGHZ 98, 70, 74 f. [II 4–6] = NJW 1986, 3027 mit BGHR § 1044 Abs. 2 Nr. 2 ZPO/aF – Befangenheit 1 u. NJW-RR 2001, 1059, 1060 [II 4 b aa aE] (UNÜ) (Kausalitätsnachweis); abw. jetzt uU sogar BGHZ 142, 204, 206 [II 3] = NJW 1999, 2974, dazu schon oben Rn. 36 bzw. Fn. 90.

[136] BT-Drucks. 13/5274 S. 59 re. Sp. [9] mit Kom.-Ber. S. 199 u. S. 61 re. Sp. [§ 1060/4], zust.: BGHZ 145, 376, 380 [2 b vor aa] = NJW 2001, 373 = ZZP 114 (2001), 351 m. zust. Anm. *Voit*; OLG Saarbrücken, Beschl. v. 1. 8. 2000 – 4 Sch 7/00 [B II vor 1]; OLG Stuttgart, Beschl. v. 3. 6. 2003 – 1 Sch 2/03 [II 2 a]; BayObLG SchiedsVZ 2004, 319, 320 [II 3]; OLG München, Beschl. v. 20. 12. 2006 – 34 Sch 17/06 [II 4 c (1)]; *Zimmermann* Rn. 12 [b]; *Zöller/Geimer* Rn. 67; *Musielak/Voit* Rn. 28 mit Rn. 25; *Baumbach/Lauterbach/Hartmann* Rn. 16; – so bislang bereits zu § 1044 aF: LM Nr. 6 [II 1]; BGHR § 1044 Abs. 2 Nr. 2 ZPO/aF – ordre public 1; LM Nr. 15 [IV 2] = NJW 1990, 2199. Dazu recht krit. jetzt *Gaul*, FS Sandrock, 2000, S. 285, 293/294 mit S. 294 ff. (§ 826 BGB) u. S. 310 ff. (§ 580 Nr. 7 a ZPO); dagegen aber *Eckstein-Puhl*, 2004, S. 123 ff. mit S. 255 ff. u. *Rüßmann*, FS Schlosser, 2005, S. 785, 790 796 [IV] (Prozeßbetrug).

§ 1059 46   Buch 10. Abschnitt 7. Rechtsbehelf gegen den Schiedsspruch

Nr. 1–6), wobei aber die Grenzen aus §§ 581, 582[137] zusätzlich zu beachten sind. Man könnte dies gleich auf sämtliche Nichtigkeitsgründe erweitern (§ 1041 Abs. 1 Nr. 3 aF hatte nur Augen für § 579 Abs. 1 Nr. 4 [mangelnde Vertretung]), wobei aber für § 579 Abs. 1 Nr. 1–3 (mangelnde Besetzung) sogleich Überschneidungen („Konstituierungsmängel" iSv. Nr. 1 d [Rn. 30]) und Überlagerungen (Abs. 2 iVm. §§ 1034 Abs. 2, 1037 Abs. 3) bestehen; Nr. 2 b eröffnet aber hier allemal eine gute Handhabe gegen das „Richten in eigenen Angelegenheiten"[138] (§ 1036 Rn. 9–11). Ordre-public-Verstoß ist ferner jeder Spruch unter Nichtachtung anderwärts rechtskräftig ergangener Entscheidung (arg. § 580 Nr. 7 a)[139] oder ohne jeden Anhalt in Schiedsvereinbarung (Rn. 19, zB ein Spruch gegen Dritte[140]); zudem soll die sittenwidrige Erschleichung (Ausnutzung des Schiedsspruches) darunterfallen.[141]

46 **Kein Verstoß** ist dagegen die Beachtlichkeit formloser (Schieds-)Vereinbarungen[142] (arg. § 1031 Abs. 6), ein einfaches (Partei-)Übergewicht auf der Richterbank[143] (arg. § 1034 Abs. 2: Verfristungsmöglichkeit), die Unmöglichkeit zur Wahl eines Schiedsrichters eigener Nationalität;[144] eine „Beratung bei der Beratung"[145] (§ 1054 Rn. 21 mit § 1052 Rn. 6); die amtswegige Zubilligung von Zinsen;[146] eine ausforschende Beweiserhebung („pre-trial-discovery") infolge der Geltung des beschränkten Untersuchungsgrundsatzes (§ 1042 Rn. 104–111 – aber auch § 1050 Rn. 27);[147] die Verwertung heimlich hergestellter Videoaufnahmen[148] oder eine Beweiswürdigung, die klar gegen Denk- und Erfahrungsgesetze verstößt[149] bzw. eine fehlende,[150] unlogische[151] bzw. schlechthin unnachvollziehbare[152] Begründung (dazu Rn. 37); Kostenverteilung losgelöst von §§ 91 ff.;[153] bloße Beweiserörterung anstatt einer Beweiserhebung;[154] das Nichtvorhandensein eines Instanzenzu-

---

[137] BGHZ 145, 376, 381 [2 b bb] = NJW 2001, 373 = ZZP 114 (2001), 351 m. zust. Anm. *Voit* mit BGH NJW 1952, 1018 (§ 581: Strafurteil); BGH WM 1969, 671 (§ 582: Präklusion); zust. OLG Stuttgart, Beschl. v. 3. 6. 2003 – 1 Sch 2/03 [II 2 a]; OLG München, Beschl. v. 20. 12. 2006 – 34 Sch 17/06 [II 4 c (2)] – aA *Hausmann*, FS Hans Stoll, 2001, S. 593, 609 [II 2 b]; *Eckstein-Puhl*, 2004, S. 202–222 u. *Rüßmann*, FS Schlosser, 2005, S. 785, 797–804 [VI]. Sehr instruktiv auch OLG Saarbrücken, Beschl. v. 1. 8. 2000 – 4 Sch 7/00: Frage der Begründetheit [B II 1], nicht der Zulässigkeit [B I 3] – aber: Möglichkeit zur Aussetzung (§§ 148, 149), zur Wahrung der Fristen aus § 1059 Abs. 3 [aA B II 2], denn späterer Schadensersatz gibt dafür keinen adäquaten Rechtsschutz (arg. § 1055).
[138] So ein Erst-recht-Schluß aus BGHZ 98, 70, 74/75 [II 5] = NJW 1986, 3027 („Willensvollstrecker") sowie obiter auch früher schon BGH JZ 1977, 185 [1 d] (Kostenfestsetzung – dazu jetzt aber: § 1057!) – aA aber uU BGHZ 142, 204, 206 = NJW 1999, 2974: (nur?) Nr. 1 c oder 1 d (Vortragslast!) bzw. BGHZ 94, 92, 98 mit S. 97/98 [5 b]: § 1041 Abs. 1 Nr. 1 aF mit OLG Frankfurt/Main, Beschl. v. 30. 6. 2006 – 26 Sch 12/05 [II 1]: Nr. 1 d. So wie hier *Thomas/Putzo/Reichold* Rn. 17; *Musielak/Voit* Rn. 26 mit § 1036 Rn. 4.
[139] *Gaul*, FS Sandrock, 2000, S. 285, 314–317 (mit Freistellung von Abs. 3 [S. 315]) – per saldo zutr. wegen Rn. 86! – Ausnahme: § 1053 Abs. 1/2 [S. 326 f.]); aA *Zöller/Geimer* Rn. 61.
[140] OLG München NJW 2007, 2129 [II 3]: Verurteilung der Gesellschafter bei verklagter GbR.
[141] BGHZ 145, 376, 381–383 [2 c], insbes S. 381/382 (Statthaftigkeit – abzulehnen: Sperrwirkung der Restitutionsgründe!) mit II 3 (Feststellungen – NJW 2001, 373, 374 aE) = ZZP 114 (2001), 351 m. zust. Anm. *Voit* – ebenso: KG, Beschl. v. 8. 4. 2002 – 23/29 Sch 13/01 [II 2 e]; BayObLG IPRspr. 2003 Nr. 204, S. 664, 665 [II 3 a] u. BayObLG SchiedsVZ 2004, 319, 320 [II 3]; OLG Stuttgart, Beschl. v. 3. 6. 2003 – 1 Sch 2/03 [II 2 b]; OLG München, Beschl. v. 20. 12. 2006 – 34 Sch 17/06 [II 4 c]. Vgl. noch erg. BGH NJW-RR 2001, 1059, 1061 [II 5] (UNÜ) zur Maßgeblichkeit von Auslandsrecht.
[142] BGHZ 71, 131, 137 = NJW 1978, 1744 (Auslandsfall).
[143] BGHZ 98, 70, 74–76 [II 4–7] = NJW 1986, 3027 (Auslandsfall/aF) mit BGH NJW-RR 2001, 1059, 1060 [II 4] u. IPRax 2001, 580 m. zust. Bespr. *Sandrock* (S. 550, 555–557 [III] (Auslandsfall/nF): Einzelschiedsrichter infolge „Nennungssäumnis"; OLG Celle OLGR 2007, 664, 667 [II 2 daa] (Auslandsfall/nF); OLG Köln, Beschl. v. 22. 12. 1999 – 9 Sch 15/99 [II 2] (Inlandsfall/nF) – rigider OLG Hamburg RIW 1989, 575, 576 für § 1025 Abs. 2 aF (Auslandsfall/aF).
[144] BGHZ 55, 162, 175 f. u. OLG Frankfurt/Main RIW 1989, 911, 913 bzw. OLG Karlsruhe SchiedsVZ 2008, 47, 48 [II 3 c] (UNÜ) (alle Auslandsfälle).
[145] BGHZ 110, 104, 107 f. = NJW 1990, 2199 (Auslandsfall).
[146] OLG Hamburg RPS 1999 I S. 13, 16 [II f.].
[147] BGHZ 118, 311, 323 f. = NJW 1992, 3096 (allg.) – hier aA wohl *Musielak/Voit* § 1042 Rn. 25.
[148] OLG Bremen OLGR 2006, 263, 265 [2 a].
[149] Hier aA wohl OLG Hamburg RPS 1997 I S. 19, 21. Einfache Beweiswürdigungsfehler scheiden allemal indes aus: OLG Bremen OLGR 2006, 263, 265 [2 b]; OLG Frankfurt/Main IHR 2003, 93, 96.
[150] OLG Schleswig IPRspr. 2000 Nr. 185, S. 409, 414/415 [4] mit BGHR § 1044 Abs. 2 Nr. 2 ZPO/aF – Begründung 1.
[151] AA OLG Frankfurt/Main IHR 2003, 93, 96 aE.
[152] AA OLG Karlsruhe SchiedsVZ 2006, 335, 336 [II 2 b].
[153] OLG München, Beschl. v. 25. 9. 2006 – 34 Sch 12/06 [II 4 b (5)/JURIS-Rn. 41]; OLG Celle, Beschl. v. 8. 8. 2002 – 8 Sch 11/01 [2]; OLG Stuttgart IPRspr. 2001 Nr. 204, S. 437, 439 [2 a] (UNÜ).
[154] OLG Frankfurt/Main IPRspr. 2001 Nr. 205, S. 440, 442 aE.

ges;[155] die Nichtunterbrechung trotz Insolvenzeröffnung;[156] die Abweisung als unzulässig;[157] ein Fest-halten an einer getroffenen Sprachregelung (§ 1045) trotz erkannter Sprachunkenntnis;[158] die fehlerhafte Beurteilung der Rücktrittsvoraussetzungen.[159] Und auch die Befangenheit bedeutet nicht zwingend einen ordre-public-Verstoß, vielmehr allenfalls insofern, als es der betroffenen Partei völlig unzumutbar war, die schieds- oder staatsgerichtlichen Rechtsbehelfe vorher zu nutzen.[160]

bb) Materiellrechtlicher ordre-public. Er erfasst zB (vgl. noch erg. § 1061 Anh. 1 Art. V UNÜ Rn. 79) einen Verstoß gegen wichtige, staats- oder wirtschaftspolitischen Interessen dienenden Preisvorschriften,[161] Kartellbestimmungen,[162] auch solche europäischen Rechts (Art. 81 Abs. 1 EUV [ex Art. 85 Abs. 1 EGV]),[163] Devisenregelungen,[164] (früher) die Regeln der Einfuhrbewirtschaftung,[165] Kulturgüterschutz,[166] Kriegswaffenkontrolle und internationale Embargoregeln, Abwehrnormen gegen Geldwäsche[167] etc. Wesentlich sind durchgängig Inhalt und Bedeutung der Regeln im jeweiligen konkreten Einzelfall.[168] Weiter rechnen hierzu die Verurteilung zu einer Leistung, die nur durch strafbare oder im öffentlichen Interesse verbotene Handlung erbracht werden kann,[169] zur Erfüllung eines sittenwidrigen Vertrags[170] oder einer Spielschuld,[171] zur ungesetzlichen Eintragung in ein öffentliches Register,[172] zu Strafschadensersatz („punitive damages").[173] Erkennt man richtig (§ 1030 Rn. 8–10) den ordre-public als eine immanente Grenze möglicher Schiedsfähigkeit, verfließen insoweit Nr. 2b und 2a ohnedies ineinander.

Kein Verstoß ist dagegen (vgl. noch erg. § 1061 Anh. 1 Art. V UNÜ Rn. 80) die Verurteilung zur Zahlung von Zinseszinsen,[174] die Missachtung des Termin- bzw. Differenzeinwands bei Börsen-

---

[155] BGH NJW 2007, 772, 775 [29] = SchiedsVZ 2006, 161.
[156] OLG Brandenburg IPRspr. 2000 Nr. 181, S. 395, 396.
[157] OLG Braunschweig SchiedsVZ 2005, 262, 263 [II 2b].
[158] BayObLG, Beschl. v. 9. 11. 2004 – 4 Sch 17/04 [II 3].
[159] BGHZ 151, 79, 81 [1 b aa] = NJW 2002, 3031 = SchiedsVZ 2003, 39 m. Anm. *Münch*.
[160] BGH NJW-RR 2001, 1059, 1060 f. [II 4b] = IPRspr. 2001 Nr. 202, S. 430 = LM UNÜ Nr. 7 m. zust. Anm. *Wagner* [3] (bei Vorrang von Nr. 1 d!) – IPRax 2001, 580 m. zust. Bespr. *Sandrock* (S. 550, 551–554 [II]: „local remedies rule") zum UNÜ mit BGHR § 1044 Abs. 2 Nr. 2 ZPO/aF – Befangenheit 1 u. KG, Beschl. v. 13. 3. 2002 – 23/29 Sch 20/11 [III]. Vgl. auch erg. *Kröll* ZZP 116 (2003), 195, 213 f. [VIII 2 a/b].
[161] RG DR A 1940, 1528, 1529; BGHZ 27, 249, 255 = NJW 1958, 1538; OLG Hamburg HEZ 1 Nr. 11, 255/256; NJW 1953, 1309, 1311 – eher einschr. aber BGH LM § 1025 aF Nr. 7 [II] = BB 1953, 811.
[162] BGHZ 30, 89, 96/97; GRUR 1966, 576, 578; BGHZ 46, 365, 367–369 = NJW 1967, 1178, dazu *Möhring* NJW 1968, 369 u. *Kroitzsch* GRUR 1969, 387 einerseits, *Kornblum* NJW 1969, 1793 bzw. *Kornblum/von Heymann* BB 1968, 1456 u. *Schwarz* NJW 1969, 296 andererseits; BGHZ 88, 314, 319 = NJW 1984, 1355; OLG Frankfurt/Main RIW 1989, 911, 913; OLG Düsseldorf IPRspr. 2002 Nr. 222, S. 563, 564 u. WuW/E DE-R S. 1647, 1649 [II b]; OLG Dresden SchiedsVZ 2005, 210, 211/212 [I 1b]; OLG Jena SchiedsVZ 2008, 44, 46 [IV] – aus der Lit.: *Wolf* RabelsZ 57 (1993), 643, 653; *Zimmer* ZEuP 1994, 163; *K. Schmidt*, FS Pfeiffer, 1988, S. 765, 770 f. u. BB 2006, 1397, 1399–1401 [II 4 mit III 1–3] mit S. 1403 [IV 3]; sehr moderat *Bosch*, FS Bechtold, 2006, S. 59, 63–68 [III] u. *Heukamp*, Schiedszusagen in Fusionskontrollentscheidungen, 2005, S. 163 ff. (166–168) – dagegen aber *K. Schmidt* BB 2006, 1397, 1400 [III 2].
[163] BGH NJW 1969, 978, 980 [III 2] = ZZP 84 (1971), 203 m. Anm. *Habscheid*; BGH NJW 1972, 2180, 2181 [I] = WM 1972, 1244 m. Anm. *Kornblum* ZZP 86 (1973), 216, 217–219; OLG Düsseldorf WuW/E DE-R S. 1647, 1649 [II b]. Ebenso EuGH EuZW 1999, 565, 567 („Eco Swiss") [Nr. 36 ff.] u. OGH ZfRV 1999, 24, 28 (EuÜ). Dazu näher noch *Raeschke-Kessler* EuZW 1990, 145.
[164] Vgl. OLG Köln NJW 1952, 1420; OLG Königsberg HRR 1941 Nr. 823; OLG Celle JW 1937, 2834; OLG Bamberg IPRspr. 1935–1944 Nr. 644 a, S. 1170, 1174 f.
[165] BGH LM § 1044 aF Nr. 4 [II].
[166] *Zöller/Geimer* Rn. 60.
[167] *von Schlabrendorff*, FS Schlosser, 2005, S. 851, 860 f.
[168] BGHZ 27, 249, 254/255; 30, 89, 96.
[169] Für Naturalleistung …: RGZ 26, 371, 376; JW 1897, 632, 633; RGZ 57, 331, 334; RGZ 131, 179, 181 (jeweils nur obiter!) – „unmögliche Erzwingung" (zweifelhaft in den Fällen des § 888 Abs. 3), ausgedehnt auf Überprüfung des Rechtsgrundes: RGZ 131, 179, 185 mit S. 183; WarnR 27 (1935) Nr. 12, S. 28, 30.
… wie Schadensersatz: BGH LM § 1044 aF Nr. 4 [II 1] (Abgrenzung: Garantieversprechen) mit WM 1956, 1432, 1434 (insoweit nicht in BGHZ 21, 365, 369/370 – Abgrenzung: Nebenpflichtverstoß [S. 1435]); BGH NJW 1972, 98, 100.
[170] Bei Prüfung des *Rechtsgrundes*, vgl. generell RGZ 144, 96, 104 u. speziell: RG HRR 1936 Nr. 911 = JW 1936, 1894; BGH WM 1956, 1432, 1435; NJW 1973, 98, 100; BayObLG SchiedsVZ 2004, 319, 320 [II 3] – zweifelhaft!
[171] OLG Hamburg NJW 1955, 390.
[172] RGZ 57, 331, 333 f. (nichteintragungsfähiges Grundstücksrecht).
[173] BGHZ 118, 309, 334 ff. = NJW 1992, 3096 (allg.). Dazu ausf. etwa *S. Lüke*, Punitive Damages in der Schiedsgerichtsbarkeit, 2003, S. 215 ff. (229–248) mit S. 287 ff.: „Übermaß-Kappung".
[174] OLG Hamburg RIW 1991, 152, 154; 1992, 939, 940.

termingeschäften[175] oder der clausula rebus sic stantibus,[176] die Verkennung der Voraussetzungen für Durchgriffshaftung;[177] eine Verurteilung trotz Scheingeschäfts[178] oder vollstreckungsrechtlicher Anfechtbarkeit;[179] Erfolgsbeteiligung bei Prozessfinanzierung;[180] Verjährungsregeln;[181] verbraucherschützende EU-Richtlinienvorgaben;[182] falscher Rechtsgrund für fristlose Kündigung.[183]

49 **6. Kontrolldichte.** Jegliche Aufhebungsgründe spiegeln grundlegende Gerechtigkeitsvorstellungen wieder (Rn. 41), doch trifft Abs. 2 hierzu eine ergänzend wirkende Abstufung mit Blick auf Rügelast und Verzicht. Angesichts möglicher **Überschneidungen** (Rn. 9 mit Rn. 22, 45) ist die Zuordnung deshalb besonders wichtig, man sollte nur keinen unbedachten „Übergriff" provozieren.[184]

50 **a) Prüfung von Amts wegen (Nr. 2).** Die Gründe der Nr. 2 zu kontrollieren, obliegt dem Gericht: erforderlich ist, dass sie „das Gericht feststellt" (ModG: „the court finds"). Dies meint eine Prüfung von Amts wegen[185] (allgemein: Einl. Rn. 312ff. iVm. § 56 Rn. 2), so wie etwa auch für Prozessvoraussetzungen gängig und üblich (arg. § 56 Abs. 1). Hier wie dort hat der Staat ein ursprüngliches Eigeninteresse strikt zu wahren, das gestattet die Parallele. Keinesfalls zwingt sie jedoch zur inquisitorisch konzipierten Amtsermittlung[186] – das Gericht „schöpft" wie sonst aus lediglich beigebrachten Tatsachen. Es lässt freilich eine starke Fürsorge walten (vgl. § 139 Abs. 2), urteilt ohne jede Bindung an einträchtigen Parteivortrag (kein Zugestehen [§ 138 Abs. 2/3] oder Geständnis [§ 288]) und hat die Möglichkeit zum Freibeweis. Die Tatsachenbeschaffung obliegt aber allemal auch weiterhin dem Angreifer (arg. § 335 Abs. 1 Nr. 1), er muss zwar keine schlüssigen (Nr. 1) wohl aber doch **geziemend „verdächtige" Tatsachen** vortragen, um die staatsgerichtlich vorgesehene Prüfungstätigkeit zielbewusst zu aktivieren. Nötig ist stets die verbindliche Feststellung eines Verstoßes, bloßer Verdacht genügt nicht.[187] Das Risiko der Beweisführung und namentlich des non-liquet trägt letzten Endes dennoch, wem der (Aufhebungs-)Grund konkret nützt.

51 **b) Erhöhte Parteiaktivität (Nr. 1).** Die Gründe der Nr. 1 verlangen erhöhte [Partei-]Aktivität: sie müssen „begründet geltend [ge]macht" werden (ModG: „the party ... furnishes proof"). Das meint aber nicht etwa die rechtlich korrekte Benennung des Aufhebungsgrundes *(iura novit curia!)*,[188] sondern schlüssigen Tatsachenvortrag[189] (im Unterschied zu Nr. 2 [Rn. 50]) und Beweis-

---

[175] Früher: §§ 53, 58 BörsG bzw. §§ 764, 762 BGB (aufgeh. durch 4. FMFG v. 21. 6. 2002, BGBl I S. 2010), hierzu BGH NJW-RR 2005, 1071, 1073 [III 2b] (Art. 6 EGBGB) – vgl. zur Zeit davor: BGH NJW-RR 1991, 757, 758 (Termingeschäftsfähige), krit. *Samtleben* IPRax 1992, 362, 364f.; BGH NJW-RR 1993, 1519 (Börsenausländer); BGHZ 138, 331, 336ff. = NJW 1998, 2358 (Termingeschäftsunfähige); zust. *Fischer* IPRax 1999, 450 – unter Bruch mit alter Übung: BGH WM 1975, 676, 677; NJW 1979, 488; 1981, 1898; 1984, 2037; 1987, 3193; wohl auch noch NJW 1992, 2215, 2216 (indes anders früher schon RGZ 26, 371, 376 u. ROHG 21, 97, 99–101!). Dazu näher noch *Schwark*, FS Sandrock, 2000, S. 881ff.
[176] Offen BayObLGZ 1998, 219, 223 = NJW-RR 1999, 644.
[177] OLG Bremen OLGR 2006, 263, 265 [2c].
[178] Offenlassend OLG Düsseldorf WuW/E DE-R S. 1647, 1649 [II c 1].
[179] BayObLG SchiedsVZ 2004, 319, 320 [II 3].
[180] KG, Beschl. v. 27. 5. 2002 – 23 Sch 6/02 – mit allerdings schiefer Begründung.
[181] Anders offenbar jedoch OLG Bremen IPRspr. 1999 Nr. 181, S. 434, 439 [4b] (UNÜ).
[182] AA aber uU EuGH NJW 2007, 135, 136 [34–38] = SchiedsVZ 2007, 46 m. abl. Anm. *Wagner* (S. 51 [5]) zur AGB-Klausel-RL (Anh. Nr. 1q, 2. Halbs., 1. Var.) – anders insoweit jedoch BGH NJW 2006, 262, 763f. [21–29] zur VerbrKr-RL (iVm. Art. 34 EGBGB).
[183] OLG München OLGR 2007, 361, 362 [2b (1)].
[184] Negativbeispiel: OLG Hamm OLGZ 1991, 347, 349f.
[185] BT-Drucks. 13/5274 S. 58 re. Sp. [2] mit S. 59 re. Sp. [6–8]; BGHZ 145, 376, 379/380 [2b] = NJW 2001, 373 = ZZP 114 (2001), 351 m. zust. Anm. *Voit* mit BGHZ 142, 204, 206 = NJW 1999, 2974; *Thomas/Putzo/Reichold* Rn. 6; *Baumbach/Lauterbach/Hartmann* Rn. 15 [vor A]; *Lachmann* Rn. 2175 mit Rn. 2294; *Schwab/Walter* Rn. 25.9. *Zöller/Geimer* Rn. 34–37, 47, 63 will offensichtlich weiter differenzieren: Wahrung unmittelbarer Staatsinteressen? (was wohl die Zurückdrängung verfahrensrechtlicher Mängelrügen intendiert!).
[186] Zutr. OLG Hamburg RIW/AWD 1979, 482, 486; sehr instruktiv dazu *Rimmelspacher*, Zur Prüfung von Amts wegen, 1966, passim (insbes. S. 150, 166f., 174f.) u. *Jansen/von König/Schuckmann* Vor §§ 8–18 FGG Rn. 23–26. AA aber zB *Zöller/Geimer* Rn. 36, 83f.; sehr undifferenziert auch OLG Naumburg OLGR 2006, 76, 77 aE.
[187] BGHZ 30, 89, 94; BGH LM § 1044 aF Nr. 4 [I] (Auslandsfall).
[188] So wie hier OLG München SchiedsVZ 2005, 308, 309 [II 2b]; unklar BT-Drucks. 13/5274, S. 64/65 [3] („geltend gemacht") u. BGHZ 142, 204, 206f. [II 3] („zur Nachprüfung ... gestellt") = NJW 1999, 2974 = ZIP 1999, 1575 = ZZP 113 (2000), 483 m. zust. Bespr. *Ehricke* ZZP 113 (2000), 453, 458–460 [III 2 mit 3a]. Anders jetzt wohl BGHZ 145, 376, 379 [2a] = NJW 2001, 373 = ZZP 114 (2001), 351 m. zust. Anm. *Voit*: Nr. 2b mit § 826 BGB statt Nr. 1d mit §§ 142 Abs. 1, 123 Abs. 1 BGB (aber: § 1053 Rn. 40!).
[189] BayObLG SchiedsVZ 2004, 319, 320 [II 4].

c) Fristauslösung. Die **Frist läuft** ab „dem Tag, an dem der Antragsteller den Schiedsspruch 60 empfangen hat" (S. 2). Notwendig ist dafür Zugang in der Form des § 1054 (Abs. 1 S. 1),[211] nicht wirkliche Kenntnisnahme; gleichgültig bleibt demgegenüber, ob das auch auf bewusste Veranlassung des Schiedsgerichts hin erfolgt (§ 1054 Abs. 4), wenn und weil dieses den Schiedsspruch nur überhaupt außenwirksam abgesetzt hat (Rn. 66 mit § 1054 Rn. 38). So mag auch der Begünstigte Übersendung veranlassen,[212] vielleicht nur zur Sicherheit, um (Fristen-)Klarheit zu erlangen.

Angesichts kurzer Fristdauer steht zu erwarten, dass sich oft Streit um den Empfangszeitpunkt als 61 eine Art „Notnagel" entzündet, um auf diese Weise der Präklusion am Ende doch noch zu entkommen. Hier empfiehlt sich **Übermittlung durch Einschreiben** gegen Rückschein § 1028 Abs. 1 (keine „Sperre" durch Abs. 2: es geht um den Abschluss des *Schieds*verfahrens [§ 1054 Abs. 4]!). Möglich wäre sicherheitshalber aber genauso (Partei-)**Zustellung** (§ 132 BGB iVm. §§ 191 ff., 166 ff. ZPO), die aber nicht zwingend verlangt würde.[213] Vielmehr genügt jede **authentische körperliche Übermittlung** des unterschriebenen (originalen) Schiedsspruches iSv. § 1054 Abs. 1 S. 1 (also nicht etwa Telefax, Fotokopie, Vorlesen etc.). Möglich wäre wohl genauso aber eine *formwahrende* elektronische Übermittlung, insoweit sie eröffnet ist.

3. Antragsinhalt und Streitgegenstand. Die Antragstellung sollte sich formal an § 253 Abs. 2 62 orientieren – also: „der Schiedsspruch vom ... des Schiedsgerichts ... wird [eventuell nur teilweise, Rn. 54] aufgehoben"; über Kosten (§ 308 Abs. 2) und vorläufige Vollstreckbarkeit wird insoweit ohne weiteres mitentschieden. Nachträgliche Klarstellungen (§ 1058 Abs. 1 Nr. 1 u. 2) werden von selbst miterfasst,[214] die spätere Ergänzung (§ 1059 Abs. 1 Nr. 3) fordert indes zur Antragserweiterung – hier empfiehlt sich idR dann ohnedies Zuwarten (vgl. Abs. 3 S. 3, Rn. 56). Kompetenzübergriff und daher unstatthaft wäre eine Abänderung (arg. Abs. 4 u. 5) – es gibt allein hier Kassation (Rn. 72 mit Rn. 1). Streitgegenstand ist dabei das **generelle Aufhebungsbegehren insgesamt,** individualisiert durch Schiedsklage (§ 1044 S. 2, 2. Var.) und Dispositiv des Schiedsspruchs (§ 1054 Abs. 1 S. 1). Der einzelne Aufhebungsgrund erheischt dafür – wider bisheriger Sicht – keine Bedeutung.

Alles andere hätte empfindliche Auswirkungen: der Antrag könnte mit einem anderen Grund 63 später wiederholt werden, auch wenn früherer Vortrag möglich erschien;[215] der frühere (innerprozessuale) Wechsel wäre – üblicherweise wohl sachdienliche – Antragsänderung (§ 263 analog)[216] und das Nachschieben anderer Gründe demnach nachträgliche Klagenhäufung (§ 260) – im Unterschied zur neuen Begründung für den bisherigen Grund[217] (§ 264 Nr. 1). Die **Konsequenz ist bedenklich,**[218] sie passt kaum zur Amtsprüfung (Abs. 2 Nr. 2) und genausowenig zur Fristbindung (Abs. 3), die immerhin nun eine Präklusion halbwegs stützen könnte – aber es geht um den rechtzeitigen Aufhebungs*antrag*, nicht etwa schon um spezifizierte Aufhebungs*gründe*.

Sicherlich müssen die Gründe angeführt werden, denn es gilt der Beibringungsgrundsatz (auch 64 im Zuge einer Amtsprüfung gemäß Abs. 2 Nr. 2, Rn. 50). Das jedoch ist **Substantiierung, nicht Individualisierung** (sehr anschaulich hier Abs. 2 Nr. 1: „begründet geltend macht") und Antragsbegründung, nicht Antragsbegehren. Es geht auch kaum an, zwischen einzelnen Ziffern oder Gründen zu differenzieren oder die dogmatische Vierteilung (Rn. 10 ff.) zum Maßstab zu erküren. Anderseits ist jedenfalls **keine rechtlich richtige Benennung nötig!**[219] Man darf sich auf hand-

---

[211] *Musielak/Voit* Rn. 36; ebenso jetzt auch *Lachmann*, 3. Aufl. 2008, Rn. 2375 gegen 1. Aufl. 2002, Rn. 593 – offen gelassen durch BGH NJW 2001, 3787, 3788 [II 2 b aa].
Möglich ist Antragstellung vor Empfang (OLG Celle, Beschl. v. 14. 12. 2006 – 8 Sch 14/05 [II 2 b dd]) – allerdings fehlt vor einer Bekanntgabe die Zulässigkeit (Rn. 66!).
[212] Er muß es aber nicht – hier aA aber beiläufig BT-Drucks. 13/5274 S. 60 li. Sp. [12]: „vom Gläubiger zu veranlassende[r] Akt".
[213] Anders hier früher noch RegE (BT-Drucks. 13/5274 S. 60 li. Sp. [12]) und DiskE (Kom.-Ber. S. 200). Das Gesetz findet so wiederum Anschluß an Art. 34 Abs. 3, 2. Halbs., 1. Var. ModG (dies übersieht wohl BT-Drucks. 13/9124 S. 47 li. Sp.).
[214] BGH WM 1983, 1207; *Stein/Jonas/Schlosser* Rn. 11.
[215] BGH NJW 1981, 2306; 1. Aufl. § 1041 aF Rn. 6 (2. Abs.); *Baumbach/Lauterbach/Hartmann* Rn. 19; *Schwab/Walter* Rn. 25.16; *Musielak/Voit* Rn. 35 u. 40 mit § 1060 Rn. 10.
[216] RGZ 23, 432 f.; JW 1927, 2137, 2138 li. Sp.; wohl auch OLG Karlsruhe OLGRspr. 29 (1914), 290; 1. Aufl. § 1041 aF Rn. 5; *Baumbach/Lauterbach/Hartmann* Rn. 4 (2. Abs.); *Musielak/Voit* Rn. 35 – offen *Schwab/Walter* Rn. 25.10; eher rigide wohl RGZ 131, 179, 181.
[217] RG JW 1927, 2137, 2138 li. Sp.
[218] Daher krit. schon *Stein/Jonas/Schlosser*, 21. Aufl., § 1041 aF Rn. 4; *Zöller/Geimer*, 20. Aufl., § 1041 aF Rn. 32: Präklusion analog § 767 Abs. 3 – auch dort erscheint aber eine „globale" Sicht treffender (*Münch*, Vollstreckbare Urkunde und prozessualer Anspruch, 1989, § 12 IV 3 b, S. 338 ff.).
[219] AA *Baumbach/Lauterbach/Hartmann* Rn. 4 (2. Abs.) mit Rn. 18 (1. Abs.).

§ 1059 65–67   Buch 10. Abschnitt 7. Rechtsbehelf gegen den Schiedsspruch

feste gerichtliche Rechtskenntnis verlassen (*iura novit curia* [Rn. 51]); das lindert nicht zuletzt die Fallstricke fließender Übergänge (Rn. 9 mit Rn. 22, 45).

65 Der Streitgegenstand ist demgemäß ein globaler: **Angreifbarkeit mit Aufhebungsgründen.** Und dementsprechend wirkt auch die Rechtskraft ebenfalls ganz umfassend[220] – natürlich nur innerhalb ihrer eigenen üblichen (Zeit-/Sach-)Grenzen. Das passt durchaus insofern auch zum Wortlaut des § 1060 Abs. 2 S. 2, der eben nicht bloß die einzelnen, sondern sämtliche Aufhebungsgründe versperrt, wenn und weil ein „Aufhebungsantrag rechtskräftig abgewiesen ist". Das „hierauf Stützen" ist demnach ein lapsus linguae und allemal historisch bedingt[221] bzw. nur Ausprägung zeitlicher Begrenzung der möglichen Kognition. Überhaupt ist jene Regelung weitgehend wohl entbehrlich (Rn. 82 mit § 1060 Rn. 22), geht es doch allenfalls um jene Aufhebungsgründe nach Nr. 2, die indes ohnehin schon amtswegiger Prüfung unterfallen, während die anderen dann regelmäßig gemäß § 1060 Abs. 2 S. 3 schon verfristet wären.

66 **4. Sachliche Grenze: Schiedsspruch (Abs. 1).** Aufhebbar sind lediglich Schiedssprüche im strengen **Wortsinn** und in der Form des § 1054 Abs. 1 S. 1[222] – gleichgültig, ob mit gesprochenem (§ 1052 Abs. 1/2) oder vereinbartem (§ 1053 Abs. 1/2) Wortlaut ergangen, ob zur Sache entschieden oder die Zuständigkeit verneint wird (§ 1040 Rn. 29), und auch ein – rechtslogisch ja selbständiger (§ 1058 Rn. 13 mit Rn. 20) – Ergänzungsschiedsspruch;[223] nicht aber ein Schiedsvergleich,[224] die Entscheidung einer Verbandsinstanz,[225] erst recht kein Kompromissvorschlag.[226] Aber nicht etwa die formale Gestalt oder gar bloß die Bezeichnung entscheiden, sondern maßgeblich ist der **Sinngehalt** (§ 1029 Abs. 1: Entscheidung einer [Rechts-] Streitigkeit[227] – näher: Vor § 1025 Rn. 1, 19; § 1029 Rn. 90–98). Die Form ist also notwendige, aber nicht auch hinreichende Bedingung der Kontrolle. Sie dokumentiert mit Außenwirkung, dass das Schiedsgericht das Verfahren insoweit bereits selbst aus den Händen gegeben hat und schließt den Kompetenzübergriff aus. Aus Gründen der Rechtsklarheit sollten aber auch *formell* unwirksame Schiedssprüche doch angreifbar sein, um jedweden bösen Anschein im Keim zu vermeiden (Meistbegünstigungsgedanke!), auch in ganz klaren Fällen.[228]

67 *Materiell* stets notwendig ist, so wie in § 1060 (dazu näher dort Rn. 8–14 mit § 1061 Rn. 8), ein **einheimischer** (deutscher, Rn. 68) **Schiedsspruch,**[229] der endgültig (§ 1056 Abs. 1, 1. Var. [dazu näher dort Rn. 4 ff.]) ist; dies ist eine **von Amts wegen zu prüfende besondere Prozessvoraussetzung des Aufhebungsverfahrens**[230] (§ 1054 Abs. 2). Der Schiedsspruch muss aber nicht auch zur Sache entscheiden,[231] sondern kann auch Prozessschiedsspruch bloß sein[232] (arg. § 1040 Abs. 1 S. 1 [dort Rn. 16]): Ziel ist dann mithin eine *Sach*entscheidung nach korrektem neuem (Schieds- [Abs. 4 u. 5, Rn. 77 f.]) Verfahren.

---

[220] Richtig *Zöller/Geimer* Rn. 9 mit Rn. 76 f.
[221] Die Motive schweigen leider!
[222] Dezidiert so jüngstens OLG München, Beschl. v. 28. 6. 2006 – 34 Sch 11/05 [II 2 b] u. OLG Köln, Beschl. v. 3. 6. 2003 – 9 Sch 6/03; *Kremer/Weimann* SchiedsVZ 2007, 238, 240 [IV 2 a]; hierzu vgl. ferner BGH KTS 1980, 130, 131 [I 3 vor a bzw. 3 b].
Also *unter altem Recht* samt Niederlegung...: BGHZ 96, 40, 43 = NJW 1986, 1436; BGHZ 85, 288, 290; RGZ 49, 409, 410 f. (411); OLG Hamburg HEZ 2 Nr. 123, S. 282, 283; BayObLGZ 1929, 531, 542.
... und Zustellung: RGZ 5, 397, 400 f.; 38, 392, 396; JW 1902, 133 Nr. 42 (Ls.); 1903, 27 Nr. 24 (Ls.). Unbeschadet von Formfehlern: RG JW 1908, 15 (Meistbegünstigung!).
[223] OLG München, Beschl. v. 20. 12. 2006 – 34 Sch 27/06 [II 2] einerseits, 34 Sch 17/06 [II 3] andererseits.
[224] OLG Frankfurt/Main SchiedsVZ 2003, 288 = RdL 2003, 161; OLG München OLGR 2007, 413, 414 [II 2] (jeweils zu § 1060). Erst recht kein Gütestellenvergleich: OLG Brandenburg NJW-RR 2001, 645, 646 [4].
[225] BGHZ 159, 207, 210/211 [2 b aa] = NJW 2004, 2226; OLG Frankfurt/Main OLGR 2004, 548/549; OLG Koblenz NJW-RR 2000, 1365 – hierzu näher noch bei § 1066 Rn. 16.
[226] OLG München, Beschl. v. 28. 6. 2006 – 24 SchH 11/05 [II 2 c].
[227] RGZ 49, 409, 410 aE bzw. *Kremer/Weimann* SchiedsVZ 2007, 238, 239 [IV 1] – bei Eröffnung des staatlichen Rechtsweges (§ 1029 Rn. 76 f.): OLG Frankfurt/Main NJW 1999, 3720.
[228] Insoweit einschr. freilich 1. Aufl. § 1041 aF Rn. 4a (gegen *Maier* Rn. 450) – ferner: *Stein/Jonas/Schlosser* Rn. 8; *Wieczorek/Schütze* § 1041 aF Rn. 54; so wie hier OLG Frankfurt/Main OLGR 2001, 302, 306 bzw. (im Erg.) *Schroeder* SchiedsVZ 2005, 244, 246 ff. [III/IV]; *Kremer/Weimann* SchiedsVZ 2007, 238, 240 [IV 1]. Ganz abl. noch *Baumbach/Lauterbach/Hartmann*, 65. Aufl., Rn. 3 (anders jetzt aber 66. Aufl., Rn. 4 [1. Abs.]. Für eine Feststellungsklage noch immer *Zöller/Geimer* Rn. 16 mit § 1041 aF Rn. 11 – aber: Leerlaufen der OLG-Kompetenz!
[229] BGHZ 159, 207; 210 [2 b] = NJW 2004, 2226 m. weit. Nachw.
[230] BGHZ 159, 207, 210 [2 b] = NJW 2004, 2226; KTS 1980, 130, 131 f. [I 3–5]; OLG Braunschweig SchiedsVZ 2005, 262, 263 [II 1 a aa]; OLG Frankfurt/Main OLGR 2005, 548/549.
[231] BT-Drucks. 13/5274 S. 44 li. Sp. [§ 1040/7]. Hier anders noch RGZ 114, 165, 171 aE mit S. 170 (obiter).
[232] BGHZ 151, 79, 81 [1 a] m. weit. Nachw. = SchiedsVZ 2003, 39 m. zust. Anm. *Münch*; OLG Hamburg, Beschl. v. 30. 8. 2002 – 11 Sch 2/00 [II 1].

Im Unterschied zu §§ 1060, 1061 folgt zwar die (Zusatz-) **Bedingung** *inländischen* **Ursprungs** 68
nicht direkt aus dem Gesetz, ja man könnte aus § 1062 Abs. 2 mit Abs. 1 Nr. 4, 1. Var. das diametrale Gegenteil ableiten. Das widerspräche dem Grundsatz territorial beschränkter staatlicher Kompetenz.[233] Dies ergibt auch die Vorgabe des § 1025 Abs. 1 und bestätigend der Umkehrschluss aus § 1025 Abs. 4: bei ausländischen Schiedssprüchen begrenzt die Sanktion sich auf eine inländische Nichtanerkennung (§ 1061 Abs. 2 statt § 1060 Abs. 1 S. 2). Hier besteht auch kein ausnahmsweises Aufhebungsrecht mehr bei (Auslands-)Sprüchen, die nach deutschem Verfahrensrecht getroffen sind (Art. 2 UNÜ-ZustG wurde aufgehoben durch Art. 2 § 2 SchiedsVfG); dies bewirkt uU alsdann eine Zuständigkeitslücke, wenn der Heimatstaat der alten Verfahrenstheorie (§ 1025 Rn. 10 u. § 1061 Rn. 7) folgt. Ausschlaggebend ist jetzt die Territorialität (§ 1025 Abs. 1 mit § 1043 Abs. 1), wie sie der angegriffene Schiedsspruch festschreibt (§ 1054 Abs. 3 – Fiktion!). Auch dem ModG erschien dann deswegen eine zusätzliche Klarstellung entbehrlich.[234] Danach muss also der Spruch auch weiterhin aus dem Inland herkommen.[235]

5. Zuständigkeit und Verfahrensablauf. Eingangsinstanz ist das – vereinbarte oder ortsbelegene – OLG (§ 1062 Abs. 1 Nr. 4, 1. Var. – Abs. 2 greift wegen Rn. 68 nicht!), seine Entscheidung 69
ist uU mit Rechtsbeschwerde zum BGH angreifbar (§ 1065 Abs. 1 S. 1). Ansonsten gelten die allgemeinen Prozessvoraussetzungen, inbegriffen des Einwands der Rechtskraft bzw. Rechtshängigkeit, selbst im Verhältnis zu § 1060. So hätte es eigentlich einer expliziten Vorschrift **(Abs. 3 S. 4)** nicht weiter bedurft. Sie besagt mittelbar, dass nach einer Vollstreckbarerklärung der Aufhebungsantrag nur mit Rechtsbeschwerde weiterzuverfolgen ist.

Das Verfahren ist **kein Klageverfahren mehr** und folgt idR seinen Regeln: Das Gericht befin- 70
det durch Beschluss (§ 1063 Abs. 1 S. 1, 2. Halbs.) auf Grund „erzwungener" mündlicher Verhandlung (§ 1063 Abs. 2, 1. Var. statt Abs. 1 S. 1, 2. Halbs. [dazu näher dort Rn. 8–13]), sie bürgt für die Gewähr rechtlichen Gehörs (§ 1063 Abs. 1 S. 2). Die Darlegungs- und Beweislast trägt, wer die Aufhebung beantragt[236] (Rn. 49–52 – aber: Rn. 33–35); uU besteht ein Anspruch auf Herausgabe der Prozessakten (§ 809 BGB analog – aber: § 1052 Rn. 3).[237] Es besteht keine Bindung an Tatsachenfeststellungen des Schiedsgerichtes (indes darf kein neuer Prozessstoff eingeführt werden, und auch die Beweiswürdigung bleibt ausgeklammert – das führt zu einer oftmalig schwierigen Gratwanderung zwischen statthafter Feststellung und verbotener *révision au fond*! [Rn. 7]).[238]

Gebühren und Kosten: Gerichtsgebühren (KV 1620, 1. Var. [2,0 – bei Rücknahme nur 1,0: 71
KV 1627]) sowie reguläre Anwaltsgebühren gemäß VV 3100 [1,3], VV 3104 [1,2 – § 1063 Abs. 2, 1. Var.!] (Vorbem. 3.1 Abs. 1 – selbständige Angelegenheit!)[239] – keine Erhöhung gemäß VV 3200, 3202 (arg. Vorbem. 3.1 Abs. 2: sogar Rechtsbeschwerde zählt „erstinstanzlich").[240] Der **Streitwert** bemisst sich nach Antrag[241] (Teilaufhebung) bzw. Beschwer[242] (Klagabweisung), zuerkannte Zinsen und (Verfahrens-)Kosten (§ 1057 Abs. 2) sind Nebenforderungen, also insoweit unbeachtlich[243]

---

[233] OLG Celle, Beschl. v. 14. 12. 2006 – 8 Sch 14/05 [II 1] – dazu unter altem Recht etwa: BGHZ 96, 40, 41; 21, 365, 368; RG Gruchot 70 (1929), 289, 290; RGZ 116, 193, 194 f.; JW 1918, 1223; OLG Köln ZZP 91 (1978), 318, 323 – ferner: *Westheimer* ZZP 39 (1910), 241, 303–305; 1. Aufl. Rn. 4; *Stein/Jonas/Schlosser* Rn. 41; *Wieczorek/Schütze* Rn. 49 – alle zu § 1041 aF.
[234] CR Nr. 276 = *Holtzmann/Neuhaus* S. 998.
[235] BayObLG IPRspr. 1999 Nr. 184, S. 447 [II A 1 b]; OLG Düsseldorf IPRspr 2000 Nr. 184, S. 406, 408 f. mit S. 407/408 u. Beschl. v. 19. 8. 2003 – 6 Sch 2/99 [JURIS-Rn. 51]; OLG Naumburg JMBL LSA 2003, 4, 5 [II 2]; *Thomas/Putzo/Reichold* Rn. 5; *Baumbach/Lauterbach/Hartmann* Rn. 4 (1. Abs.); *Musielak/Voit* Rn. 3; *Zöller/Geimer* Rn. 14; *Borges* ZZP 111 (1998), 487, 498–500 – aA *Thümmel*, FS Schütze, 1999, S. 935, 941.
[236] BGH LM § 1040 aF Nr. 1 [III 2] (Aufhebungsgrund) bzw. WM 1979, 1006, 1007 (Schiedsspruch).
[237] OLG Celle JW 1930, 766, 767.
[238] Allein im Ansatz zutr. mithin *Stein/Jonas/Schlosser* Rn. 10 mit § 1063 Rn. 8 a – aA OLG Oldenburg OLGR 2003, 340: Unüberprüfbarkeit *jeglicher*[?] Tatsachenfeststellung. Vgl. noch erg. Rn. 39, 52.
[239] *Zöller/Geimer* § 1059 Rn. 91 bzw. Rn. 16 – widersprüchlich *Schwab/Walter* Rn. 35.12: VV 3100 oder VV 3327 [4./5. Var.]? (Letzeres erfasst offenbar allein § 1050 S. 1!).
[240] *Musielak/Voit* § 1059 Rn. 44 (neues Recht) bzw. *Enders* JurBüro 1998, 281, 283 mit S. 281/282 (altes Recht).
[241] OLG Saarbrücken SchiedsVZ 2003, 92, 94 [B aE].
[242] BayObLG, Beschl. v. 15. 12. 1999 – 4 Z Sch 23/99, S. 16 [C 2]; OLG Stuttgart JW 1933, 1542 (Ls.); *Hartmann*, Kostengesetze, 36. Aufl., Anh. I § 48 GKG (§ 3 ZPO) Rn. 98: Wert der Abweisung.
[243] BGH NJW 1957, 103; OLG Hamburg Rpfleger 1958, 36 bzw. RG JW 1925, 2005; OLG Hamburg JW 1936, 344 – aA RG JW 1934, 1852 (Ls.); BayObLG, Beschl. v. 16. 3. 2000 – 4 Z Sch 50/99, S. 10; OLG München, Beschl. v. 10. 8. 2007 – 34 Sch 29/06 [II 3]. So wie hier auch die hL, vgl. zB *Schneider-Herget*, Streitwert-Kommentar, 11. Aufl., Rn. 4016; *Stein/Jonas/Schlosser* Rn. 14 a; *Zöller-Herget* § 3 Rn. 16 (Stichwort: schiedsrichterliches Verfahren).

§ 1059 72–74   Buch 10. Abschnitt 7. Rechtsbehelf gegen den Schiedsspruch

(arg. § 4 Abs. 1, 2. Halbs.); als Indiz mag dabei die hierzu übereinstimmend erfolgte Parteiangabe dienen.[244]

IV. Aufhebungsfolgen (Abs. 4 u. 5)

72 **1. Hauptwirkungen.** Der Antrag möchte die „gerichtliche Aufhebung" erreichen (Abs. 1), insgesamt oder teilweise, wenn und weil insoweit (quantitative) Teilbarkeit oder ohnehin bereits eine Anspruchshäufung vorliegt;[245] notwendig ist eine selbständige, trennbare Entscheidung[246] in Anlehnung an § 301 (Beispiele: Stattgabe und Abweisung;[247] Hauptanspruch ohne Zinsforderung[248] – nicht umgekehrt!); eine (qualitative) Abänderung ist unstatthaft.[249] Abs. 2 Nr. 1 c, 2. Halbs. wirkt hier nur klarstellend und rechtfertigt keinen Umkehrschluss; und wenn Abs. 1/2 dann den Schiedsspruch als solchen nur erwähnt, ist das lediglich eine verkürzte Ausdrucksweise,[250] hindert aber weder vorher einen Teilangriff noch später eine Teilaufhebung. **Aufhebung** ist eine Art Rechtsgestaltung (ausnahmsweise in Beschlussform!) – oder anders gesagt auch: die **Kassation** des Schiedsspruchs.[251] Er verfällt also nicht etwa automatisch der Nichtigkeit.[252] Mit der Aufhebung ist zudem der Boden für die potentielle ausländische Anerkennung und Vollstreckbarerklärung entzogen (Art. V Abs. 1 lit. e UNÜ bzw. – einschränkend – Art. IX EuÜ [Abs. 2!]). Der Antrag zielt darauf, den Schiedsspruch **rückwirkend**[253] zu vernichten und dadurch den status quo ante wiederherzustellen (Rn. 74 f.).

73 Der tragende Aufhebungsgrund erwächst aber mit in Rechtskraft, ist nicht nur Begründungselement; nur so ist zukünftigen Weiterungen effektvoll vorzubeugen. Eine Aussetzung mit schiedsgerichtlicher Nachbesserungschance, die eine klare permanente Kontrolle ermöglicht hätte, ist – im Unterschied zu Art. 34 Abs. 3 ModG – nämlich nicht verfügt, sondern letztlich deutscher Tradition folgend sofortige Aufhebung verordnet.[254] Hier stellte sich schon immer die Frage einer überzeugend erklärten Bindung,[255] die man auch künftighin am bündigsten doch mit der materiellen Rechtskraft beantwortet. Die Rechtskraft entlastet den Zweitantrag erheblich: die Missachtung der Vorentscheidung ist ein ordre-public-Verstoß iSv. Nr. 2 b[256] (Rn. 45 aE). Darum wird gewiss das nachbefasste Schiedsgericht die konkrete Vorgabe beachten, schon um keine persönliche Schadenshaftung auszulösen (Vor § 1034 Rn. 29: eindeutig falsches Verhalten ohne Freistellung durch § 839 Abs. 2 BGB analog!).

74 Zur **Hauptsache** schon Geleistetes ist zurückzugewähren, und zwar wohl gemäß § 812 Abs. 1 S. 2, 2. Var. BGB (condictio ob rem: Misserfolg *endgültiger* Erfüllung als Zweckverfehlung), nicht etwa als condictio indebiti (§ 812 Abs. 1 S. 1, 1. Var. BGB: Rückwirkung der Aufhebung) oder condictio ob causam finitam (§ 812 Abs. 1 S. 2, 1. Var. BGB: Aufhebung als Veränderung), denn zunächst entsteht bloß ein Schwebezustand, der Kläger mag schließlich im neuen Anlauf noch Erfolg haben. Insoweit ist der Ausspruch des Schiedsgerichts nur vorläufig, und berechtigt deswegen nur zum temporären Behalten. Der Einwand des § 814, 1. Var. BGB versagt dann bereits begriff-

---

[244] OLG München, Beschl. v. 20. 12. 2006 – 34 Sch 17/06 [II 6].
[245] OLG München NJW 2007, 2129, 2130 [II 3]; BGHZ 96, 40, 49 = NJW 1986, 1436; VersR 1982, 92 [a] re. Sp.; KTS 1980, 241, 243 [II 1 b]; 1961, 135, 136; RG HRR 1936 Nr. 301 aE; JW 1928, 2136, 2137 re. Sp.; RGZ 119, 29, 33; WarnR 6 (1913) Nr. 180, S. 215, 216; RGZ 46, 419, 421; OLG Hamburg HEZ 3 Nr. 33, S. 92, 93; ZIP 1980, 1088 – Ausnahme: KG NJW 1976, 1356, 1357 (Gesamtaufhebung bei Rechtsbeugung). *Schwab/Walter* Rn. 25.14 a; *Wieczorek/Schütze* § 1041 aF Rn. 63; *Stein/Jonas/Schlosser* Rn. 11 aE; *Rosenberg/Schwab/Gottwald* Rn. 181.26; *Baumbach/Lauterbach/Hartmann* Rn. 19.
[246] So schon ganz exakt OLG Hamburg SeuffA 44 (1889) Nr. 102, S. 165/166.
[247] OLG München, Beschl. v. 25. 6. 2007 – 34 Sch 6/07 [II 2 vor a].
[248] OLG Hamburg MDR 1965, 54, 55 [6].
[249] *Thomas/Putzo/Reichold* Rn. 20; *Baumbach/Lauterbach/Hartmann* Rn. 19; *Zöller/Geimer* Rn. 6 f.; *Musielak/Voit* Rn. 32, 40.
[250] Das hat bereits OLG Braunschweig SeuffA 53 (1898) Nr. 137, S. 240, 241 f. erkannt.
[251] BGHZ 159, 207, 210 [2 b] = NJW 2004, 2226 m. weit. Nachw. folgt dieser Sicht; zust. OLG Frankfurt/Main OLGR 2004, 548 aE; OLG München, Beschl. v. 12. 11. 2007 – 34 Sch 10/07 [II 2/JURIS-Rn. 25].
[252] So recht früh schon RG SeuffA 46 (1891) Nr. 163, S. 255/256 u. JW 1904, 43.
[253] BayObLGZ 15 (1916), 251, 255; KG NJW 1976, 1357, 1358; *Thomas/Putzo/Reichold* Rn. 1; *Zöller/Geimer* Rn. 7, 18, 86; *Stein/Jonas/Schlosser* Rn. 3.
[254] BT-Drucks. 13/5274 S. 60 re. Sp. [14]; sehr instruktiv dazu *Calavros*, 1988, S. 163 f. einerseits, CR Nr. 305 f. = *Holtzmann/Neuhaus* S. 1003 mit 7th SN Art. 34 Nr. 13 f. = *Holtzmann/Neuhaus* S. 967 („remission") andererseits.
[255] Ganz offen hier BT-Drucks. 13/5274 S. 60 re. Sp. [14]: „unter Beachtung der Gründe". Dazu vgl. etwa: *Musielak/Voit* Rn. 42 (faktische Bindung); *Schwab/Walter* Rn. 25.20 (Ersatzhaftung der Schiedsrichter); *Baumbach/Lauterbach/Hartmann* Rn. 19 (§ 563 [Abs. 2] analog).
[256] Ebenso *Smid* DZWiR 1993, 485, 486.

lich, so wie auch sonst bei einer Leistung zur Abwendung der Vollstreckung.[257] Die Anleihe bei § 717 Abs. 3[258] wirkt dagegen wenig überzeugend (keine Titelqualität des Schiedsspruchs!).

Der **Kostenausspruch** wird idR ganz hinfällig (damit dann „automatisch" auch die Kostenfestsetzung[259]), selbst bei bloßer Teilaufhebung; anders nur bei fester Quotierung, wie etwa wenn von vornherein Kostenaufhebung (§ 92 Abs. 1 S. 2) vereinbart wurde. Sonst muss jetzt das Schiedsgericht eine angepasste Quotierung auswerfen und alsdann die Beträge isoliert neu fixieren (§ 1057 Abs. 2 S. 2); hierfür steht Zurückverweisung offen (§ 1059 Abs. 4, Rn. 78), die regelmäßig dann insoweit auch angebracht ist. Das erspart umständliche materielle Zusatzklagen. Die Kosten des Schiedsverfahrens stammen aus einem anderen Rechtsstreit, können also nicht über § 91 Abs. 1 bzw. § 308 Abs. 2 sofort prozessual mitbedacht werden.[260] Das setzt indes die Wirksamkeit der Schiedsvereinbarung voraus; bei Ungültigkeit muss der Kläger die Kosten seines vergeblichen Anlaufes selbst tragen, der Beklagte materielle Erstattung begehren (§ 426 BGB, dazu § 1057 Rn. 11 mit Vor § 1034 Rn. 31–33). 75

2. Exkurs: Wirkungen der Abweisung. Die Abweisung wirkt umgekehrt als Verweigern der Gestaltung, hat aber zusätzlich noch die (positive) Feststellung zum Spruchinhalt, der angegriffene Schiedsspruch sei rechtswirksam: quasi eine Art „staatlich endgültige **Anerkennung**" als kontradiktorisches Gegenteil verwehrter Aufhebung. Damit stehen einer Vollstreckbarerklärung dann idR auch keine materiellen Hindernisse entgegen (arg. § 1060 Abs. 2 S. 2, dort Rn. 22). Auch dabei zeigt dann der globale Streitgegenstand (Rn. 62–65) „seine Zähne": die Erklärung ist letztlich nur noch reine Formsache. Umgekehrt wirkt ebenfalls die Vollstreckbarerklärung auf den Antrag ihrerseits „sperrend" zurück: Abs. 3 S. 4 (Rn. 81 mit Rn. 69). 76

3. Nebenwirkungen. a) Staatsgericht oder Schiedsgericht (Abs. 5). In gezieltem Gegensatz zu altem Recht[261] macht Abs. 5 die alte Regel für jetziger Ausnahme: **Wiederaufleben** der Schiedsvereinbarung (§ 1029 Abs. 1) als **Zweifelsmaxime**, nach Wortlaut zwar nur „wegen des Streitgegenstandes" (§ 1044 S. 2, 1. Var.); im Übrigen fehlt indes ohnehin der Erlöschensgrund, denn die Vereinbarung ist noch „unverbraucht". Man will den Parteien den erneuten Abschluss ersparen, der womöglich schwierig ist, aber ebenfalls staatliche Gerichte entlasten.[262] Die Präsumtion ist Konsequenz aus hypothetisch bewertetem Parteiwillen,[263] ihre Anwendung also unerlaubt bei explizit abweichenden Aussagen[264] oder mangelnder Vertrauenswürdigkeit des sachbefassten Schiedsgerichts.[265] Die Anwendung scheidet ebenfalls aus, soweit unbehebbare Mängel vorliegen, die ohnehin einen Neuabschluss fordern würden, dh. namentlich bei mangelnder Schiedsfähigkeit (Nr. 1a, 1. Var. u. Nr. 2a) bzw. Schiedsbindung (Nr. 1a, 2. Var. u. Nr. 1c, 1. Halbs.). Dann ist der Weg zu staatlichen Gerichten frei. Allgemein wird gleichwohl die Praxis[266] hinfällig, sofort Hauptsacheverurteilung gleich hilfsweise zu beantragen – denn dafür fehlt jede (sachliche) Zuständigkeit (arg. § 1062 Abs. 1 – aber auch dort Rn. 21–23). 77

b) Altes oder neues Schiedsgericht (Abs. 4). Das konstituierte Schiedsgericht ist indes idR außer Amt (arg. § 1056 Abs. 3), es sei denn es wäre ein ständiges. Ansonsten wird eine komplette Neubildung (§§ 1034 ff.) notwendig. Dieser Umständlichkeit möchte zukünftig Abs. 4 vorbeugen, **Dienlichkeit** („in geeigneten Fällen …") und **Parteiantrag** („… auf Antrag einer Partei") unterstellt. Daher erfolgt keine Zurückverweisung von Amts wegen; sekundär ist freilich, welche Partei den Antrag stellt, das kann auch der (Aufhebungs-)Antragsgegner. Von vornherein sind ungeeignet Fälle mangelhafter Konstituierung (Nr. 1 d, 1. Halbs., 1. Var., Rn. 29–37), und wenn sich 78

---

[257] Dazu stellvertretend bloß *Jauernig/Stadler* § 814 Rn. 4 mit *Jauernig/Stürner* § 362 Rn. 4.
[258] 1. Aufl. § 1041 aF Rn. 8 aE; *Zöller/Geimer* Rn. 86; *Schwab/Walter* Rn. 25.15 – RGZ 91, 195 betrifft staatliche Verfahren!
[259] OLG Köln, Beschl. v. 26. 11. 2002 – 9 Sch 18/02.
[260] BGH LM § 1041 Abs. 1 aF Nr. 1; BGH KTS 1980, 240, 243; *Stein/Jonas/Schlosser* Rn. 14 a.
[261] RG JW 1888, 409 aE; SeuffA 46 (1891) Nr. 163, S. 255, 256; RGZ 41, 396, 398; 69, 52, 54; JW 1904, 43; 1908, 15 aE; RGZ 108, 374, 379; 114, 165, 170; 119, 29, 33 aE; 133, 16, 19; BAG NJW 1964, 268, 270; OLG Bremen NJW 1957, 1035, 1036; OLG Düsseldorf BB 1976, 251; *Schwab/Walter*, 5. Aufl., Rn. 25.15 u. 17 – dazu krit. aber: *Stein/Jonas/Schlosser*, 21. Aufl., § 1041 aF Rn. 8 mit RIPS Rn. 248, sowie früher schon OLG Hamburg SeuffA 44 (1889) Nr. 102, S. 165 u. OLG Frankfurt/Main SeuffA 49 (1894) Nr. 140, S. 248 mit RGZ 55, 357, 360/361. Klarstellend freilich dazu RGZ 133, 16, 19/20: nur wenn es sich um die gleiche Streitigkeit handelt!
[262] BT-Drucks. 13/5274 S. 60 re. Sp. [15] mit Kom.-Ber. S. 201.
[263] *Musielak/Voit* Rn. 43 mit Rn. 2.
[264] OLG Frankfurt/Main, Beschl. v. 2. 11. 2007 – 26 SchH 3/07 [II/JURIS-Rn. 20] mit *Musielak/Voit* Rn. 43.
[265] OLG München NJW 2007, 2129, 2130 [II 4] mit *Stein/Jonas/Schlosser* Rn. 27. Brauchbare Fallgruppenbildung neuerdings bei *R. Wolff* SchiedsVZ 2007, 254, 255–258 [III/IV].
[266] ZB *Stein/Jonas/Schlosser*, 21. Aufl., § 1041 aF Rn. 5; *Wieczorek/Schütze* § 1041 aF Rn. 58.

§ 1059 79–81   Buch 10. Abschnitt 7. Rechtsbehelf gegen den Schiedsspruch

etwa das ursprünglich befasste Schiedsgericht als komplett inkompetent erwiesen hat[267] sowie die Fälle erlöschender Schiedsbindung (Abs. 5 geht Abs. 4 vor!). Bloßer Widerspruch der Gegenpartei schadet jedoch nicht,[268] weil ja just einseitige Antragstellung ausreichen soll. Die (Ermessens-)Entscheidung (arg. „kann") unterliegt nur Zweckmäßigkeitserwägungen[269] (Regeltatbestand: *behebbarer Verfahrensfehler*[270]). Möglich ist dann sogar auch die Zurückverweisung zum Zwecke des Vergleichs iSv. § 1053 Abs. 1/2,[271] der festere Wirkungen zeitigt als ein normaler Vergleich auf Grund von § 794 Abs. 1 Nr. 1 (§ 1053 Rn. 38–40).

V. Konkurrenzen

79 **1. Feststellungsbegehren.** Die Klagemöglichkeit des § 1032 Abs. 2 erlischt allemal früher (mit Bildung des Schiedsgerichts), das Antragsrecht des § 1040 Abs. 3 S. 2 mag demgegenüber noch bereitstehen, wenn der Schiedsspruch binnen Monatsfrist dem positiven Zwischenentscheid nachfolgt; näher aber liegt wohl, dass die zeitnah anhängig gemachte Prüfung später überholt wird (§ 1032 Abs. 3 bzw. § 1040 Abs. 3 S. 3). Da beide Verfahren indes nahezu parallel laufen (aber: § 1063 Abs. 2, 1. Var.!), mag sie anschließend das OLG hinterher miteinander verbinden (§ 147); es könnte aber ebenso die Kompetenzprüfung im Vorhinein eigenständig erledigen und den Aufhebungsantrag solange zunächst aussetzen (§ 148). Wichtig bleibt dabei aber, dass über einen (fristgerechten) Aufhebungsantrag die Berücksichtigung dem Schiedsspruch gegenüber denn überhaupt noch „offengehalten" wird.[272]

80 Fraglich ist hingegen, ob man eine eigene **Feststellung der (Un-)Wirksamkeit des Schiedsspruchs** (§ 256 Abs. 1) ebenso zulassen sollte, die dann aber der geläufigen Zuständigkeitsordnung (AG/LG) unterfällt. Soweit allerdings Aufhebungsantrag offensteht, fehlt ihr schon das Feststellungsinteresse[273] (Subsidiaritätsprinzip!), auch würde dann die Fristbindung womöglich unterminiert. Der Aufhebungsantrag erscheint als der spezielle Rechtsbehelf. Möglich wäre Aufklärung und Ausdeutung (§ 139 Abs. 1 bzw. Abs. 3) mit anschließender OLG-Verweisung (§ 281), solange jene Frist noch läuft. Auch für eine separate Wirksamkeitsfeststellung ermangelt das Rechtsschutzbedürfnis bzw. Feststellungsinteresse: der Schiedsspruch ist ohnehin solange als allseitig rechtswirksam anzusehen wie er nicht aufgehoben wurde oder die Vollstreckbarerklärung versagt ist (Rn. 81f.).

81 **2. Vollstreckbarerklärung.** Die Aufhebungsgründe können dem Antrag auf Vollstreckbarerklärung ebenso entgegengehalten werden (§ 1060 Abs. 2 S. 1). Die hM bevorzugt zwar allgemein den weiter reichenden Antrag auf Vollstreckbarerklärung: sie sperrt den später erhobenen Aufhebungsantrag mit Hinweis auf fehlendes Rechtsschutzbedürfnis[274] und hilft bei zuerst anhängigem Antrag analog § 148 mit Aussetzung[275] – verbleibt indes ansonsten dabei, die beiden Verfahren hätten unterschiedliche Streitgegenstände.[276] Was bisher dogmatisch schon fragwürdig schien, das wird unter neuem Recht endgültig jetzt hinfällig. Die verwehrte Aufhebung wirkt in Rechtskraft für die Beantragung der Vollstreckbarerklärung (§ 1060 Abs. 2 S. 2, hier Rn. 76 mit dort Rn. 22); das spricht für frühere „gleichlaufende" Rechtshängigkeit und damit für teilweise Identität des Streitgegenstan-

---

[267] So auch *Sonnauer*, 1992, S. 117 (in etwas anderem Zusammenhang).
[268] So aber *Schütze* SV Rn. 314 [3. Abs.]; *Schwab/Walter* Rn. 25.19; immerhin zweifelnd insoweit *Musielak/Voit* Rn. 41 aE; so wie hier jetzt auch *Zöller/Geimer* Rn. 88; OLG Düsseldorf, Beschl. v. 14. 8. 2007 – I-4 Sch 2/06 [II 2/JURIS-Rn. 126].
[269] Noch weiter geht *Calavros*, 1988, S. 164 f.: letzthin schrankenloses Ermessen.
[270] OLG München SchiedsVZ 2005, 308, 310 [II 5]; OLG Düsseldorf, Beschl. v. 14. 8. 2007 – I-4 Sch 2/06 [II 2/JURIS-Rn. 125].
[271] So auch *Thomas/Putzo/Reichold* Rn. 21.
[272] Anders im Ansatz *Zöller/Geimer* mit Rn. 17 mit § 1032 Rn. 14; *Haas*, FS Rechberger, 2005, S. 187, 207 f.: Klarstellung der Nichtigkeit.
[273] So auch OLG Köln, Beschl. v. 3. 6. 2003 – 9 Sch 6/03.
[274] *Schwab/Walter* Rn. 25.4 (1. Abs.) mit Rn. 27.4; *Zöller/Geimer* Rn. 4 u. 22; *Baumbach/Lauterbach/Hartmann* Vor § 1059 Rn. 2; *Musielak/Voit* Rn. 33. Wegen Rspr. siehe § 1060 Rn. 45 Fn. 110. – AA aber zB *Lachmann*, 3. Aufl. 2008, Rn. 2383 mit 2. Aufl. 2002, Rn. 1253.
[275] RG SeuffA 60 (1905) Nr. 542, 464, 465; *Zöller/Geimer* Rn. 4 u. 23; *Baumbach/Lauterbach/Hartmann* Rn. 4 (1. Abs.) mit Vor § 1059 Rn. 2 – *Schwab/Walter* Rn. 25.4 (1. Abs. – aber: 3. Abs.!) läßt gar die Wahl, welches Verfahren auszusetzen sei. – OLG Frankfurt/Main, Beschl. v. 30. 6. 2006 – 26 Sch 12/05 [II 2b aE]; OLG München, Beschl. v. 25. 9. 2006 – 34 Sch 12/06 [II 2/JURIS-Rn. 25]; OLG Hamm, Beschl. v. 18. 7. 2007 – 8 Sch 2/07 [II 1a/JURIS-Rn. 23f.]; *Thomas/Putzo/Reichold* Rn. 4 u. *Musielak/Voit* Rn. 33 wollen gleich fehlendes Rechtsschutzbedürfnis bemängeln (hierzu mR anders OLG Naumburg JMBl LSA 2003, 4, 5 [II 2] mit Beschl. v. 26. 3. 2002 – 10 Sch 9/01 [II 3]).
[276] 1. Aufl. § 1041 aF Rn. 3; *Stein/Jonas/Schlosser* Rn. 4 – ferner: *Schwab/Walter* Rn. 25.5; *Zöller/Geimer* Rn. 20; *Baumbach/Lauterbach/Hartmann* Vor § 1059 Rn. 2 aE.

des. Umgekehrt gilt ebenfalls: Die erteilte Vollstreckbarerklärung bewirkt Unstatthaftigkeit des Aufhebungsantrags (§ 1059 Abs. 3 S. 4 – hier anders noch § 1043 aF). Das verbürgt nicht zuletzt auch berechenbare, klare Verhältnisse.

Beide Vorschriften haben zwar jeweils sprachliche Defekte, die jedoch problemlos teleologisch **82** korrigiert werden: unter § 1060 Abs. 2 S. 2 zählt dann der Entscheidungszeitpunkt (anstatt des Zeitpunkts der Zustellung),[277] für § 1059 Abs. 3 S. 4 ist vorläufige Vollstreckbarkeit (§ 1064 Abs. 2) ungenügend,[278] und generell scheidet die notarielle Vollstreckbarerklärung aus (§ 1053 [Abs. 4] – dort Rn. 52–54), der immer Rechtskraft fehlt. Die ganze Regelung deutet letztlich darauf, die überkommene Praxis normativ besser abzusichern; man kann sie aber ebenso gut als – teilweise verunglückten – Ausdruck einer Streitgegenstandsidentität sehen. Das Verhältnis von Aufhebungsantrag und Antrag auf Vollstreckbarerklärung kommt dann dem Verhältnis von negativer Feststellungs- zu positiver Leistungsklage (dazu § 256 Rn. 61 f.) gleich,[279] nur dass hier der materielle Rechtsgrund im Voraus außer Streit steht (§ 1055); gestritten wird nur noch beschränkt um das Vorliegen von Aufhebungsgründen. Hier wie dort geht es aber um die Erteilung des titelbegründenden staatlichen Leistungsbefehls.

3. Sonstige Konkurrenzen. Abzugrenzen hiervon ist der Angriff auf den staatlichen (OLG-) **83** Beschluss, regulär durch die Rechtsbeschwerde (§ 1065 Abs. 1 S. 1 mit Abs. 2), nach einer Rechtswegerschöpfung auch durch eine Verfassungsbeschwerde,[280] sowie irregulär durch **Wiederaufnahme** des eigentlich erledigten staatlichen Verfahrens analog §§ 578 ff. Zwar liegt kein „Urteil" vor, aber der ganz ähnliche *rechtskräftige* Beschluss nach § 1063 Abs. 1 S. 1 iVm. Abs. 2, 1. Var., der gleichsam die gesetzliche Rechtskraft des Schiedsspruchs (§ 1055) verstärkt. Die Analogie ist geläufig (§ 578 Rn. 18a) und sicherlich auch angemessen.[281] Es gibt nur eine sozusagen „zweite" Kontrolle, um staatsgerichtliche Verfahrensverstöße (§ 579: Nichtigkeitsklage – beachte: Abs. 2!) oder die Erschütterung der Tatsachenlage (§ 580: Restitutionsklage – beachte: § 581). Insoweit muss stets nur klar sein, dass die neuen Erkenntnisse nur das Staats- und nicht das Schiedsverfahren betreffen können, denn sonst würde kalt die präklusive Fristbindung (Abs. 3 S. 1–3, Rn. 56 ff.) unterlaufen (hier anders noch § 1043 aF).

Hier hilft auch darum dann keine **Rechtskraftdurchbrechung** gemäß § 826 BGB.[282] Auch an- **84** dere materielle Ausgleichsansprüche straucheln: die Rechtskraft (§ 1055) „schützt" den Rechtsgrund des Behaltens (§ 812 Abs. 1 BGB) und wirkt insofern präjudiziell. Die einredeweise Geltendmachung von Aufhebungsgründen scheidet grundsätzlich jenseits des § 1060 Abs. 2 S. 1 aus[283] (arg. § 1059 Abs. 1/2: „nur"). Etwas völlig anderes ist allerdings die Klarstellung zeitlich verlängerter Rechtskraftgrenzen (Beispiel: streitige *nachträgliche* Erfüllung); hier muss eine verlässliche Klärungsmöglichkeit offen stehen, um Berührung zu bekämpfen (§ 256 Abs. 1) – insofern kann freilich noch die ursprüngliche Schiedsbindung weiterwirken. Den Aufhebungsantrag als schadensersatzbewehrten Vertraulichkeitsverstoß anzusehen,[284] wäre aber eine mittelbare Vergällung mit Zwang zum Verzicht, der unzulässig ist (Rn. 53).

Das Erfordernis vorheriger gestaltender Aufhebung (Rn. 1 mit Rn. 72: „Kassation") entfällt aus- **85** nahmsweise insoweit als absolute Nichtigkeit vorliegt:[285] **Nichtigkeitsgründe verdrängen bzw. überlagern Aufhebungsgründe.** Sie wirken ganz direkt, dh. unmittelbar und fristenfrei; das eröffnet dann partiell die Möglichkeit zur umfassenden Inzidentkontrolle – doch nur in Ausnahmefällen! Denn selbst schwerste Mängel sollen lediglich – fristfixierte (Abs. 3)[286] – Aufhebung recht-

---

[277] *Schwab/Walter* Rn. 25.4 (2. Abs.).
[278] *Baumbach/Lauterbach/Hartmann* Rn. 4 (1. Abs.).
[279] Dies konzediert auch RG SeuffA 60 (1905) Nr. 242, S. 464, 465 – (nur) insoweit abw. *Bettermann*, Rechtshängigkeit und Rechtsschutzform, 1949, S. 68–70 mit S. 28 ff.
[280] BVerfG NJW-RR 1995, 232.
[281] *Zöller/Geimer* Rn. 11.
[282] So aber BT-Drucks. 13/5274 S. 60 li. Sp. [11] aE (OLG-Kompetenz?) u. BGHZ 145, 376, 381–383 [2 c] = NJW 2001, 373 = ZZP 114 (2001), 351 m. zust. Anm. *Voit* – vgl. auch erg. § 1055 Rn. 16; zust. *Zimmermann* Rn. 4; *Zöller/Geimer* Rn. 78; *Schlosser*, FS Gaul, 1997, S. 679, 687 f. mit S. 682; krit. *Gaul*, FS Sandrock, 2000, S. 285, 294 ff.
[283] *Calavros*, 1988, S. 162; *Stein/Jonas/Schlosser* Rn. 28; *Zöller/Geimer* Rn. 18 mit Rn. 24; *Baumbach/Lauterbach/Hartmann* Vor § 1059 Rn. 2; *Musielak/Voit* Rn. 1 u. 38, ferner: KG OLGRspr. 29 (1914), 291, 292 (für Leistungsklage auf feststellendem Schiedsspruch hin) – aA jedoch beiläufig einmal RG HRR 1931 Nr. 1489 u. WarnR 7 (1914) Nr. 70, S. 94. Zuletzt krit. *Solomon*, Die Verbindlichkeit von Schiedssprüchen, 2007, S. 208–210.
[284] *Zöller/Geimer* Rn. 29 mit *Schlosser* RIPS Rn. 394 aE.
[285] *Schlosser*, FS Mitsopoulos, 1993, S. 1183 bzw. *Stein/Jonas* Rn. 7; *Bosch*, Rechtshängigkeit und Rechtskraft, 1991, S. 57 ff.; *Musielak/Voit* Rn. 5 u. 1; *Zöller/Geimer* Rn. 15.
[286] Just deshalb eher generös *Stein/Jonas/Schlosser* Rn. 7 mit Fn. 14 bzw. *Schlosser*, FS Gaul, 1997, S. 679, 681.

fertigen (arg. ex Abs. 2 [insbes. Nr. 2b]), sodass rasch Umgehung droht. Das würde das normierte System aushöhlen. Zur Klarstellung ist aber stets auch der sichere Aufhebungsantrag gegeben.[287]
Anwendungsbeispiele möglicher Nichtigkeitsgründe:

86 Entscheidung trotz *vorher* bereits staatsseits festgestellter Inkompetenz (§ 1032 Abs. 2 bzw. § 1040 Abs. 3 S. 2),[288] vorheriges staatsgerichtliches Sachurteil (§ 1032 Abs. 1: mangels Einrede und genauso infolge Verwerfung oder Präklusion – hilfsweise: ordre-public-Verstoß, arg. § 580 Nr. 7a [Rn. 45]),[289] Entscheidung durch eine Art Nichtgericht (Beschlussvorlage, Sekretariatsentwurf, Drittbefassung etc.) oder schon rein tatbestandlich fehlende Spruchqualität (Rn. 66) – ohne Tatbestand keine Wirkungen; diese Anknüpfung klärt jeder spätere Rechtsanwender autonom. Nichtig ist genauso der unlösbar (§ 1058!) widersinnige („perplexe") Schiedsspruch[290] (§ 1054 Rn. 6, § 1055 Rn. 15; § 1058 Rn. 12). Nicht hierher zählt dagegen Schiedsunfähigkeit, das selbst bei Offensichtlichkeit,[291] zumal jener Mangel nicht schwer genug wiegt (arg. Abs. 2 Nr. 2a, Rn. 11), und auch an sich ein Verfahren ohne jeglichen Anhalt einer echten Schiedsbindung (Vereinbarung, Veranlassung – arg. Abs. 2 Nr. 1c [Rn. 19] bzw. Nr. 2b [Rn. 45]). Bei eindeutig groben Verstößen ist jener Weg indes allemal eleganter als ein Rückgriff auf § 826 BGB, um die enge Frist nachfolgend etwas abzumildern.

---

[287] *Stein/Jonas/Schlosser* Rn. 8; *Zöller/Geimer* Rn. 16; *Musielak/Voit* Rn. 5 aE mit § 1055 Rn. 10. Ebenso nun jüngst OLG Stuttgart NJW-RR 2003, 495, 496 [II 2] = SchiedsVZ 2003, 84 (obiter); unklar OLG Frankfurt/Main NJW-RR 2003, 498, 501 re. Sp.

[288] *Schlosser*, FS Nagel, 1987, S. 352, 360 mit *Stein/Jonas/Schlosser* Rn. 7 aE; *Musielak/Voit* Rn. 4, 26 mit § 1032 Rn. 14 u. § 1040 Rn. 12; wohl auch *Zöller/Geimer* Rn. 17.

[289] *Musielak/Voit* Rn. 4, 28 mit § 1032 Rn. 9.

[290] *Bosch* (Fn. 285) S. 59; *Stein/Jonas/Schlosser* Rn. 7 – aA die hL (*Wieczorek/Schütze* § 1041 aF Rn. 24; *Schwab/Walter* Rn. 24.42 aE; *Baumbach/Lauterbach/Hartmann* Rn. 17 (2. Abs.); *Musielak/Voit* Rn. 26) – wohl alle im Anschluss an RGZ 38, 410, 411/412 u. BGH ZZP 75 [1962], 119, 122/123 (vgl. dazu erg. § 1060 Fn. 23): lediglich *Aufhebung* – „aus der Natur der Sache".

[291] *Musielak/Voit* Rn. 5; dies meinen wohl ferner *Stein/Jonas/Schlosser* Rn. 7 (Ehescheidung) u. *Zöller/Geimer* Rn. 15 (Pflegerbestellung) – zweifelnd *Bosch* (Fn. 285) S. 58.

Abschnitt 8. Voraussetzungen der Anerkennung und Vollstreckung von Schiedssprüchen

§ 1060 Inländische Schiedssprüche
(1) Die Zwangsvollstreckung findet statt, wenn der Schiedsspruch für vollstreckbar erklärt ist.
(2) [1]Der Antrag auf Vollstreckbarerklärung ist unter Aufhebung des Schiedsspruchs abzulehnen, wenn einer der in § 1059 Abs. 2 bezeichneten Aufhebungsgründe vorliegt. [2]Aufhebungsgründe sind nicht zu berücksichtigen, soweit im Zeitpunkt der Zustellung des Antrags auf Vollstreckbarerklärung ein auf sie gestützter Aufhebungsantrag rechtskräftig abgewiesen ist. [3]Aufhebungsgründe nach § 1059 Abs. 2 Nr. 1 sind auch dann nicht zu berücksichtigen, wenn die in § 1059 Abs. 3 bestimmten Fristen abgelaufen sind, ohne dass der Antragsgegner einen Antrag auf Aufhebung des Schiedsspruchs gestellt hat.

Schrifttum: *Bernuth*, Die Doppelkontrolle von Schiedssprüchen durch staatliche Gerichte, 1995; *Borges*, Anerkennung und Vollstreckung von Schiedssprüchen nach dem neuen Schiedsverfahrensrecht, ZZP 111 (1998), 487; *Borris/Schmidt*, Vollstreckbarkeit von Schiedssprüchen und materiellrechtliche Einwendungen des Schiedsbeklagten, SchiedsVZ 2004, 273 u. 2005, 254; *Bülow*, Der Schiedsvertrag im Exequaturverfahren, NJW 1972, 415; *Mittelstein*, Vollstreckbarerklärung eines Schiedsspruchs, HansRZ 8 (1925), 137; *Münch*, Das Exequatur von Schiedssprüchen: materielle Einwendungen zur prozessualen Verteidigung?, FS Ishikawa, 2001, S. 335; *Nelle*, Anspruch, Titel und Vollstreckung..., 2000, S. 536 ff.; *Schlosser*, Die Durchsetzung von Schiedssprüchen und ausländischen Urteilen im Urkundenprozeß und mittels eines ausländischen Arrests, FS Schwab, 1990, S. 435; *Sieg*, Die Vollstreckbarerklärung von Schiedssprüchen, die den Streit nicht endgültig beenden, JZ 1959, 752; *Stolzke*, Aufrechnung und Widerklage in der Schiedsgerichtsbarkeit, DIS 18 (2006), S. 175 ff. (dazu *Peters* ZZP 120 [2007], 533); *G. Wagner*, Materielle Einwendungen gegen den Schiedsspruch, JZ 2001, 598 (Erwiderung *Peters* u. Schlußwort *G. Wagner* JZ 2001, 1171); *Walter*, Die Vollstreckbarerklärung als Voraussetzung bestimmter Wirkungen des Schiedsspruchs, FS Schwab, 1990, S. 539.

Übersicht

	Rn.		Rn.
I. Normzweck	1, 2	a) Schiedsspruch mit vereinbartem Wortlaut (§ 1053)	29
II. Titelerfordernis (Abs. 1)	3–6	b) Vollstreckbarer Anwaltsvergleich (§ 794 Abs. 1 Nr. 4 b iVm §§ 796 a–c)	30
III. Voraussetzungen (Abs. 2)	7–28	c) Vollstreckbare Urkunde (§ 794 Abs. 1 Nr. 5)	31
1. Zulässigkeit	7–14	d) Einstweilige schiedsgerichtliche Anordnung (§ 1041)	32
a) Allgemeine Prozessvoraussetzungen	7	2. Vollstreckungsabwehrklage	33–40
b) Spezielle Schiedsspruchererfordernisse	8–14	a) Inzidente Abwehr	33–36
2. Verfahrensregeln	15–17	b) Separate Abwehr	37–40
3. Begründetheit	18–22	3. Alternative Klageformen	41–47
4. Sachentscheidung	23–28	a) Für den Gläubiger	41–43
a) Positiv (Abs. 1)	23–25	b) Für den Schuldner	44–47
b) Negativ (Abs. 2 S. 1)	26–28		
IV. Konkurrenzen	29–47		
1. Alternative Titulierung	29–32		

I. Normzweck

§ 1060 Abs. 1 u. Abs. 2 S. 1 entspricht § 1042 aF. Im Gegensatz zu Art. 35, 36 ModG bezieht sich § 1060 wie bisher allein auf **inländische Schiedssprüche** (beim ausländischen [§ 1061 Rn. 7 f.] Schiedsspruch gilt § 1061 und mithin das UNÜ!) und beschränkt sich zielsicher auf die Frage der **Vollstreckbarerklärung** (die kein Teil des Schiedsverfahrens ist,[1] sondern autonomes staatliches Verfahren[!], und ebenso wenig schon zur Vollstreckung zählt[2]). Eine eigene Anerken- **1**

---
[1] Anders – obiter – einmal BGHZ 40, 342, 345.
[2] OLG Dresden v. 25. 9. 1998 – 11 Sch 1/98; OLG Brandenburg IPRspr. 2000 Nr. 181, S. 395: Vorbereitungsakt ohne Vollstreckungswirkung.

§ 1060 2–5   Buch 10. Abschnitt 8. Voraussetzungen der Anerkennung u. Vollstreckung

nung findet also nicht statt: § 1055 verleiht ohne weiteres und *ipso iure* dem Schiedsspruch die Wirkungen eines rechtskräftigen gerichtlichen (Staats-)Urteiles; § 1059 gestattet nur die Aufhebung, geht grundsätzlich also von Beachtlichkeit aus, die sich bestenfalls einmal beseitigen lässt. Das fordert den Schuldner bzw. Verlierer, der beschwert ist und zeitnah Aufhebungsantrag stellen muss (§ 1059 Abs. 3)[3] – der Gläubiger bzw. Gewinner kann zuwarten und sich der Rechtskraft indessen ungestört erfreuen.

2   Nie kann aber aus einem Schiedsspruch quasi sofort vollstreckt werden: er ist kein Titel iSv. § 794 Abs. 1. § 1055 könnte ihn dem Urteil auch insoweit zwar gleichstellen (§ 704 Abs. 1, 2. Var.), dies verwehrt **Abs. 1** aber explizit. Dem Schiedsspruch muss daher – originär – durch **staatlichen besonderen (Kontroll-)Akt** die Vollstreckbarkeit eigens verliehen werden.[4] Er erhält erst damit „die volle Qualität eines gerichtlichen Urteils".[5] **Abs. 2** regelt die Voraussetzungen und verzahnt die Vollstreckbarerklärung mit § 1059 Abs. 2/3: sachlich (S. 1, Rn. 18 ff.), förmlich (S. 2, Rn. 22 – „Gegenpart": § 1059 Abs. 3 S. 4) und zeitlich (S. 3, Rn. 21). Damit wird der erstrebte **Entscheidungseinklang** erreicht, mehrfache Befassung vermieden und die neuartige Dreimonatsgrenze als Präklusionsfrist (§ 1059 Abs. 3) gesichert – jedoch natürlich lediglich soweit Amtsprüfung nicht unerlässlich ist (§ 1059 Abs. 2 Nr. 1 statt Nr. 2).

II. Titelerfordernis (Abs. 1)

3   Die Vollstreckungsgewalt liegt ganz ausschließlich beim Staat. Deshalb bedarf der Schiedsspruch, der nur die Autorität einer von Privatleuten auf Grund (Schieds-)Vereinbarung erfolgten Streitentscheidung hat (§ 1029 Abs. 1), der vorherigen staatlichen Gestattung, um Zwangsvollstreckung zu ermöglichen. Neben Staatsinteressen (§ 1059 Abs. 2 Nr. 2: Amtsprüfung) spielt dabei auch die Parteifürsorge (§ 1059 Abs. 2 Nr. 1: Parteiinitiative) eine recht wichtige Rolle, die eine **präventive Kontrolle angezeigt** erscheinen lässt. Das *Ergebnis* ist insofern nämlich nicht ein freiwilliger Akt (im Unterschied zu § 794 Abs. 1 Nr. 1 u. 5), sondern nur der *Weg* dorthin ist Ausfluss freiwilliger Abreden. Gerade insoweit bedarf es nun aber einer minimalen staatlichen Kontrolle, zumal auch nicht mehr kompletter nachträglicher Rechtsschutz offensteht (im Unterschied zu §§ 797 Abs. 4, 767 Abs. 2).

4   Abs. 1 folgt dabei § 1042 Abs. 1 aF, der allerdings den Schiedsspruch als maßgeblichen Vollstreckungstitel proklamierte („Aus dem Schiedsspruch …" – ganz genauso noch § 1060 Abs. 1 DiskE); der geänderte Wortlaut soll demgegenüber nur ganz glattstellen, dass hier nicht etwa der Schiedsspruch als solcher Titelkraft erlangt, sondern Titel die **staatliche Vollstreckbarerklärung** ihrerseits ist,[6] die aber ihren Inhalt alleinig vom Schiedsspruch her empfängt. Dem entspricht nun vollkommen § 794 Abs. 1 Nr. 4a („aus Entscheidungen, die Schiedssprüche für vollstreckbar erklären, …"), der auch erst die benötigte Titelkraft verordnet: ohne § 794 Abs. 1 Nr. 4a fehlt der Titel, ohne § 1060 Abs. 1 fehlt aber die Ermächtigungsgrundlage zur Vollstreckbarerklärung. Beide brauchen daher einander. Die Vollstreckbarerklärung ist nachträgliche Erteilung des staatlichen Leistungsbefehls.[7] Entsprechend wurde gemeinhin „für vollstreckbar erklärt", nicht etwa „die Vollstreckung zugelassen".[8]

5   Abs. 1 verwahrt sich zugleich noch gegen einen voreiligen Rückschluss aus § 1055 auf § 704 Abs. 1, 1. Var. (Rn. 1 f.), ist seinerseits aber gleichfalls recht zweideutig formuliert („Die Zwangsvollstreckung findet statt …"): es stellt nicht frei von anderen regulär nötigen Vollstreckungsvoraussetzungen und namentlich nicht etwa vom Erfordernis der Vollstreckungsklausel (§§ 724 ff.).[9] Das Verfahren der Vollstreckbarerklärung ist bloß eine Art vorausgehende **Titelkreation** – im Übrigen gelten insoweit uneingeschränkt §§ 724–793 (§ 795 S. 1); die Zwangsvollstreckung (in ihrem „engeren" Sinne) richtet sich alsdann nach §§ 803 ff. Eine Willenserklärung gilt trotz § 1055 daher erst

---

[3] Mithin schief *Borges* ZZP 111 (1998), 487 Fn. 1.
[4] *Schwab/Walter* Rn. 26.1; *Wieczorek/Schütze* § 1042 aF Rn. 1 u. 2.
[5] BGHZ 141, 90, 95 [6] = NJW 1999, 2370.
[6] BT-Drucks. 13/5274 S. 61 li. Sp. [2] bzw. BGH, Beschl. v. 28. 10. 1999 – III ZB 43/99, S. 4; OLG Stuttgart, Beschl. v. 15. 4. 2002 – 1 Sch 16/01 [2] [II 1 aE]; OLG Frankfurt/Main, Beschl. v. 26. 7. 2005 – 26 Sch 3/05 [II 2]; das galt schon bisher: *Schwab* ZZP 74 (1961), 372, 373; RG WarnR 4 (1911) Nr. 305, S. 339, 340, hier aA noch RGZ 19, 406, 408 („Schiedsspruch … nur in Verbindung mit dem Vollstreckungsurteile") u. OLG Hamburg OLGRspr. 27 (1913), 194 aE („Nicht das Vollstreckungsurteil, sondern der Schiedsspruch …").
[7] Sehr pointiert hier *Zöller/Geimer* Rn. 1: Rechtsgestaltung; aber vgl. auch BGH NJW-RR 2002, 933 [II 1] mit OLG München SchiedsVZ 2007, 164, 165 [II 3] mit MDR 2006, 226 u. OLGR 2006, 163, 164 [2]: „Erkenntnisverfahren besonderer Art".
[8] OLG Hamburg OLGRspr. 27 (1913), 194.
[9] OLG Hamburg RPS 2000 II S. 13, 14 [II 1]; *Stein/Jonas/Schlosser* Rn. 2 aE.

mit der rechtskräftigen Vollstreckbarerklärung als abgegeben (§ 894)[10] – die Erklärungsfiktion als *Wirkung* ist Vollstreckungsakt und systematisch dem regulären Vollstreckungsverfahren zugeordnet; folglich müssen dessen Vorgaben auch erfüllt sein (also: Rechtskraft der Titulierung!).

Es geht aber um **Leistungstitel** in einem weiteren Sinne, nicht allein solche kraft materieller Ansprüche oder Haftungen, die zur eigentlichen Zwangsvollstreckung (im engeren Sinne) berechtigen. Möglich ist auch die Titelverwendung für letztlich weitergehende Wirkungen, etwa Registereintragung[11] oder Einstellung anderweitiger Vollstreckung[12] (§ 775 Nr. 1). Zur „Durchsetzung" der **Feststellungs- und Gestaltungsaussprüche** des Schiedsgerichts genügt dagegen idR bereits allein die Rechtskraftwirkung des § 1055, ohne dass noch dafür eine extra Anerkennung nötig wäre (dazu erg. noch Rn. 1 einerseits, Rn. 11 andererseits: Vollstreckbarerklärung zur Rechtsvergewisserung?[13]). Eine Prüfung erfolgt dazu freilich erst gar nicht: es liegt am Belasteten, fristgemäß auf Aufhebung anzutragen (§ 1059 Abs. 1–3). Diese gleichsam „nichtexekutiven" Wirkungen tragen sich selbst,[14] mithin fehlt Bedarf nach exekutionsähnlicher „Wirkungszuweisung" im Unterschied zu § 894. 6

III. Voraussetzungen (Abs. 2)

1. Zulässigkeit. a) Allgemeine Prozessvoraussetzungen. Für die Zulässigkeitsvoraussetzungen besteht die Pflicht zur Amtsprüfung – aber selbstredend mit Beibringungslast des Antragenden! Notfalls muss Abweisung als unzulässig erfolgen (§ 1064 Rn. 14 mit Fn. 27). Die (OLG-)**Zuständigkeit** ergibt sich aus § 1062 Abs. 1 Nr. 4, 2. Var. (nicht Abs. 2 wegen Rn. 14);[15] ggf. ist gem. § 281 analog zu verweisen. Das Verfahren wird durch einen **(ordnungsgemäßen) Antrag** gemäß § 1064 Abs. 1 eingeleitet, der nicht fristgebunden ist. Er hat zu bezeichnen, was begehrt ist; erfolgt das präzise genug, kann die Vorlage des – originalen oder beglaubigten – Schiedsspruches später nachgeholt werden. Antragsbefugnis hat jede Partei, die obsiegt hat,[16] wenn auch bloß in recht geringer Weise (zB Kosten), oder begünstigt (§ 328 Abs. 1 BGB[17]) wird; Antragsgegner ist der künftige schiedsgerichtlich benannte Vollstreckungsschuldner[18] – doch erweitert dies die hM[19] auf Rechtsnachfolger (§ 727 analog); hier scheint die Leistungsklage der ehrlichere Weg (Rn. 42). 7

b) Spezielle Schiedsspruchserfordernisse. Weitergehende besondere Voraussetzung ist das Vorliegen eines inländischen (Rn. 14, erg. § 1061 Rn. 7f.), rechtsverbindlichen (Rn. 12f., erg. § 1061 Rn. 10) und vollstreckungsfähigen (Rn. 11) Schiedsspruchs (Rn. 9f., erg. § 1061 Rn. 9). Unnötig ist dagegen, die Besorgnis der Nichterfüllung[20] – der Leistungsbefehl (Rn. 3ff.) verlangt keine weiteren (materiellen) Erfordernisse, etwa Fristsetzung oder Mahnung.[21] 8

---

[10] BPatG IPRspr. 2002 Nr. 220, S. 558/559; BGH JZ 1962, 287, 288 = ZZP 75 (1962), 119 m. Anm. *Schwab*; BB 1961, 264 [1] = KTS 1961, 31/32 (aber [2]: materielle Parallelpflicht – fragwürdig!) – ebenso *Schwab/Walter* Rn. 21.12 bzw. *Walter*, FS Schwab, 1990, S. 539, 557f.; *Baumbach/Lauterbach/Hartmann* Rn. 1 u. 5; *Musielak/Voit* Rn. 2 aE – anders zB jedoch OLG Dresden RPS 2001 II S. 22 [I 1]; *Stein/Jonas/Schlosser* Rn. 2 [1. Abs.] mit RIPS Rn. 902; *Zöller/Geimer* Rn. 12 (gegen *Zöller/Stöber* § 894 Rn. 5); *Loritz* ZZP 105 (1992), 1, 17f.
[11] BayObLGZ 1984, 45, 47f. = BB 1984, 746; *Thomas/Putzo/Reichold* Rn. 7; *Baumbach/Lauterbach/Hartmann* Rn. 1 u. 5 – aA BGH JZ 1962, 287, 288 = ZZP 75 (1962), 119 m. Anm. *Schwab*; *Vollmer* BB 1984, 1774, 1777; *Loritz* ZZP 105 (1992) 18f.; *Schwab/Walter* Rn. 28.19 bzw. *Walter*, FS Schwab, 1990, S. 539, 555f.; *Musielak/Voit* Rn. 3 mit § 1055 Rn. 11; *Stein/Jonas/Schlosser* Rn. 2 [1. Abs.].
[12] BGHZ 99, 143, 148.
[13] Sonderfall: Tabelleneintragung im Insolvenzverfahren (§ 183 Abs. 2 InsO) – keine Vollstreckbarerklärung nötig (hM: *Heidbrink/von der Groeben* ZIP 2006, 265, 268f. [I 2]; *Ehricke* ZIP 2006, 1847, 1851f. [III 1] mit *Jaeger/Weber* § 146 KO Rn. 6), und auch keine Prüfungsbefugnis des Insolvenzgerichts (aA *Ehricke* ZIP 2006, 1847, 1852 [III 2]).
[14] So auch *Schwab/Walter* Rn. 21.12; *Stein/Jonas/Schlosser* Rn. 2 [2. Abs.] – aA BayObLGZ 1984, 45, 47f. = BB 1984, 746; *Wieczorek/Schütze* § 1042 aF Rn. 9; *K. Schmidt* ZGR 1988, 523, 536, 541; JZ 1989, 1077, 1083; AG 1995, 551, 554 (zu § 241 Nr. 5 AktG – dazu § 1030 Rn. 35f.).
[15] *Zöller/Geimer* Rn. 17.
[16] BGH NJW-RR 2007, 1366 [8].
[17] BayObLG OLGR 2003, 370 [a].
[18] Vgl. *Glossner/Bredow/Bühler* Rn. 494 einerseits, *Wieczorek/Schütze* § 1042 aF Rn. 15 andererseits.
[19] RGZ 41, 396, 397; OLG Hamburg OLGRspr. 39 (1919), 95, 96; BGH KTS 1970, 30, 32 = LM § 1044 aF Nr. 6 [I 2 bb] – zust. *Zöller/Geimer* Rn. 8f.; *Thomas/Putzo/Reichold* Rn. 7; *Stein/Jonas/Schlosser* Rn. 14 [1. Abs.]; *Wieczorek/Schütze* § 1042 aF Rn. 15 m. weit. Nachw. BGH NJW-RR 2007, 1366/1367 [12] verwechselt bei seiner Kritik der Voraufl. Antrags*gegner* mit Antrags*steller*.
[20] Anders offenbar jedoch OLG Frankfurt/Main IHR 2002, 38 – dann richtig aber OLG Frankfurt/Main, Beschl. v. 18. 5. 2006 – 26 Sch 26/05 [II] (dort näher auch zu § 93).
[21] OLG München OLGR 2006, 163, 164 [2].

§ 1060   9–11   Buch 10. Abschnitt 8. Voraussetzungen der Anerkennung u. Vollstreckung

9   **aa) Schiedsspruch.** Erforderlich (§ 1060 Abs. 1) und mit einzureichen (§ 1064 Abs. 1) ist ein Schiedsspruch iSv. § 1054. Er muss nach den dortigen Formvorgaben verbindlich geworden sein. Niederlegung (§ 1039 Abs. 3 S. 1 aF) ist aber dafür nicht mehr erforderlich, es genügt die **außenwirksam – schriftförmlich – mitgeteilte Entscheidung** des Schiedsgerichts (§ 1054 Rn. 5ff., 38) in – allerdings bloß abstrakter (arg. § 1059 Abs. 3 Nr. 1 c), gänzlicher oder auch bloß teilweiser[22] – Erfüllung seiner Pflichten (§ 1029 Abs. 1: „Entscheidung"). Der Schiedsspruch darf dazuhin nicht nichtig sein.[23] Die entsprechenden (Formal-)Voraussetzungen müssen **vor Schluss der letzten Tatsachenverhandlung** vorliegen (§ 139 Abs. 3!), was in der Rechtsbeschwerdeinstanz (§ 1065) noch amtswegig überprüft wird.[24]

10   Die (förmliche) Bezeichnung als Schiedsspruch bleibt ohne Belang, der wahre (materielle) Entscheidungsinhalt zählt – **Abgrenzungen:** Schiedsgutachten (Vor § 1025 Rn. 39ff.); reiner Schiedsvergleich (§ 1056 Rn. 28) ohne „Erhöhung" zum Schiedsspruch nach § 1053 Abs. 1/2; Einstellungsbeschluss (§ 1056 Abs. 1, 2. Var. [dort Rn. 14ff.]) – mit Ausnahme des Kostenschiedsspruchs (§ 1056 Abs. 3 iVm. § 1057 Abs. 2 [dort Rn. 25–27]); Zwischenschiedsspruch (§ 1056 Rn. 8ff.)[25] bzw. ein sonstiger *prozessualer* Entscheid (zB § 1040 Abs. 3 S. 1[26]); Schlichtungssprüche (§ 1029 Rn. 90–92); „Schiedssprüche" von Verbandsgerichten (§ 1066 Rn. 23f.); Schiedsspruch unter Staatsvorbehalt.[27] Bei Abweisung ist jedenfalls die Kostenentscheidung (§ 1057) vollstreckungsfähig, sogar bei einer Abweisung mangels Kompetenz[28] (§ 1057 Rn. 24).

11   **bb) Vollstreckungsfähigkeit.** Der Schiedsspruch muss aber **vollstreckungsfähig** sein. Ansonsten fehlt das Rechtsschutzbedürfnis für die Vollstreckbarerklärung. Zwar sollte gemäß alten Rechts[29] auch ein feststellender[30] bzw. klageabweisender[31] und ebenso ein gestaltender[32] Schiedsspruch für vollstreckbar erklärt werden können, um ihn so gegen spätere Aufhebung weithin abzusichern (arg. § 1043 Abs. 1, 2 mit § 1041 Abs. 1 Nr. 1–5 aF – „Waffengleichheit" der Prozessparteien).[33] Davor schützt jetzt bereits zulänglich die Zeitgrenze des § 1059 Abs. 3 (dazu näher noch Rn. 21), vor allem bei Aufhebungsgründen iSv. § 1059 Abs. 2 Nr. 1 (arg. Abs. 2 S. 3!). Nur ausnahmsweise mag womöglich für amtswegig prüfpflichtige Hemmnisse ein Bedürfnis zur prompten (positiven) Feststellungsklage (aber: Rn. 43) bestehen. Man sollte trotz allem jedoch allgemein künftig Vollstreckungsfähigkeit fordern,[34] wobei aber die im weiteren Sinne auslangt,

---

[22] BGHZ 10, 325/326, 327; OLG Düsseldorf OLGR 2005, 254; RG JW 1910, 70 u. DR 1942, 908, 909 gegen RGZ 62, 353, 355: Teilschiedsspruch.

[23] Dies sinngemäß nach RGZ 38, 410, 411/412 (perplexer Schiedsspruch) bzw. RGZ 57, 331, 333f. (unmögliche Leistung) mit BGH JZ 1962, 287 (Leitsatz – anders jedoch S. 287/288: Rechtsschutzbedürfnis bzw. ZZP 75 [1962], 119, 122/123: Aufhebungsgrund – hierzu klarstellend *Schwab* ZZP 75 [1962], 123).

[24] RGZ 5, 397, 403; 169, 52; BGH KTS 1980, 130, 131f. [I 3–5]; BGHZ 85, 288, 290; dazu vgl. auch OLG Stuttgart BB 1957, 195 u. OLG Breslau OLGRspr. 21 (1910), 120 – ferner jüngst BGHZ 171, 245 [25] = SchiedsVZ 2007, 160, 161 = NJW-RR 2007, 1511 = NZBau 2007, 299 = ZZP 120 (2007), 367 m. Anm. *R. Wolff:* Ausfallen auflösender Bedingung (Fn. 27).

[25] Ausgenommen die endgültige Kostenentscheidung: OLG Hamburg, Beschl. v. 14. 3. 2006 – 6 Sch 11/05 [II 2].

[26] *Stein/Jonas/Schlosser* Rn. 8. Unter altem Recht auch die Abweisung mangels Kompetenz: RGZ 52, 283, 285 mit RGZ 13, 349/350 (obiter).

[27] AA BGHZ 171, 245 [18–20] (Fn. 24) – aber: § 1029 Rn. 90–92.

[28] Hier aA noch RGZ 52, 283, 286. Die Kompetenzverwahrung (§ 1040 Rn. 29f.) selbst ist jedoch vollstreckungsunfähig (Rn. 11).

[29] Ebenso jetzt die hM zum neuen Recht: *Schwab/Walter* Rn. 26.7; *Lachmann* Rn. 2404ff.; *Stein/Jonas/Schlosser* Rn. 2 [3. u. 4. Abs.]; *Thomas/Putzo/Reichold* Rn. 1; *Zimmermann* Rn. 4; *Baumbach/Lauterbach/Hartmann* Rn. 5f. Wegen Rspr. siehe Fn. 34.
Anders schon bisher *Zöller/Geimer,* 20. Aufl., § 1042 aF Rn. 2 (jetzt: § 1060 Rn. 2 mit § 1059 Rn. 25 u. MittBayNot. 1998, 360, 361 [6]): positive Feststellung genügend; ferner jetzt auch *Musielak/Voit* Rn. 2 mit Rn. 5: Schutz durch Frist reiche.

[30] RGZ 16, 420, 421f.; JW 1895, 225; WarnR 7 (1914) Nr. 70, S. 94; RGZ 99, 129–131; JW 1924, 906, 907; RGZ 149, 45, 50, 51; 169, 52, 53; BGH JZ 1962, 287; BGHZ 99, 143, 148; KG OLGRspr. 29 (1914), 291f. u. OLG Hamburg MDR 1964, 853, 854 (Schiedsspruch nur zum Anspruchsgrund); OLG Köln ZZP 91 (1978), 318, 319 (Auslandsfall).

[31] BGH WM 1960, 198 = BB 1960, 302; JZ 1962, 287.

[32] RGZ 153, 193, 197 aE mit RGZ 147, 22, 23ff.; BayObLGZ 1984, 45, 48; BGHZ 99, 143, 148 = NJW 1987, 651.

[33] Insoweit sehr deutlich RGZ 16, 420, 422; 99, 129, 130.

[34] *AA die hM:* BGH NJW-RR 2006, 995, 996 [10–13] m. weit. Nachw. [11] = WM 2006, 1121 = SchiedsVZ 2006, 278 m. krit. Anm. *Wolff/Falk* (S. 280), best. NJW-RR 2007, 1366 [9 aE] – ferner: OLG München, Beschl. v. 28. 9. 2007 – 34 Sch 16/07 [II 2 a], Beschl. v. 25. 6. 2007 – 34 Sch 6/07 [II 2 b], Beschl. v. 22. 1. 2007 – 34 Sch 18/06 [II 4 b (5)], Beschl. v. 25. 9. 2006 – 34 Sch 12/06 [II 3/JURIS-Rn. 26f.],

und jene Frage „sehenden Auges" nicht etwa ins eventuelle Klauselerteilungsverfahren abschieben.[35]

cc) Endgültigkeit. Der Schiedsspruch muss endgültig und also **verfahrensabschließend** 12 (§ 1056 Abs. 1, 1. Var.) sein. Das ist ungeschriebene Voraussetzung des § 1060 Abs. 1 und gilt auch bei § 1055 (dazu näher dort Rn. 5) – ein Umkehrschluss aus § 1056 Abs. 1, 1. Var. wäre zu kurz gegriffen; die besondere Betonung dort rechtfertigt sich aus der Möglichkeit von *Teil*entscheidungen. Es sollen niemals vorher vollendete Tatsachen geschaffen werden; statthaft wäre lediglich eine Interimsregelung iSv. § 1041 Abs. 1, welche man dann durchaus selbständig für vollziehbar erklären kann (aber Haftung nach § 1041 Abs. 4). Es bedarf eines endgültigen Ausspruchs, der das Verfahren insgesamt oder zumindest doch einen eigenständig abtrennbaren Teil davon **„endurteilsmäßig"** abschließt,[36] ohne dass noch konkrete Anfechtungsmöglichkeiten bestehen.

Nur **vorläufig** ist beispielsweise ein Schiedsspruch, der noch einem internen schiedsgerichtlichen Instanzenzug unterliegt[37] und auch die Kostenscheidung (§ 1057), solange nur Teilantrag zur Hauptsache gestellt ist.[38] Der gleicherweise nur provisorische Schiedsspruch ist freilich von dem endgültigen Schiedsspruch abzugrenzen, der auf eine bedingte oder befristete Leistung geht; der Eintritt des Umstands ist dann vor Klauselerteilung nachzuprüfen (§ 726) bzw. lediglich als Vollstreckungsvoraussetzung bedeutsam (§ 751 bzw. §§ 756, 765).[39] Abzugrenzen ist andererseits die Pflicht, die **staatliche** Vollstreckbarerklärung ihrerseits für vorläufig vollstreckbar zu erklären (§ 1064 Abs. 2 wegen § 1065 – dann Haftung nach § 717 Abs. 3 analog) und die vorläufige Gestattung der Sicherungsvollstreckung (§ 1063 Abs. 3) von Staatsseite aus.

dd) Nationalität. Der Schiedsspruch muss **inländischer Herkunft** sein. Das ergibt die amt- 14 liche Überschrift des § 1060 und ebenso der Umkehrschluss aus § 1061 Abs. 1 bzw. § 1025 Abs. 4 (näher zur Abgrenzung bei § 1061 Rn. 7f.). Nötig ist dafür ein im Schiedsspruch dokumentierter (§ 1054 Abs. 3) inländischer Schiedsort (§ 1043 Abs. 1) – denn nur insoweit gilt das deutsche Schiedsverfahrensrecht (§ 1025 Abs. 1): **Territorialitätsprinzip.**

2. Verfahrensregeln. Es gelten insoweit die üblichen Regeln (§§ 1063–1065), vor allem die 15 Sondervorschrift des § 1064 (dazu erg. auch Rn. 7 [Abs. 1] bzw. Rn. 23 [Abs. 2]): **fakultative mündliche Verhandlung** im Beschlussverfahren (§ 1063 Abs. 1 S. 1), aber **„erzwungene" mündliche Verhandlung,** wenn „Aufhebungsgründe nach § 1059 Abs. 2 in Betracht kommen" (§ 1063 Abs. 2 aE – dazu näher dort Rn. 8ff.).

Vor ihrer Anordnung fehlt der Anwaltszwang (§ 1063 Abs. 4 iVm. § 78 Abs. 3). Der Antragsteller muss darlegen und beweisen, dass ein den Anforderungen des § 1054 genügender Schiedsspruch 16 vorliegt.[40] Bei Unzulässigkeit des Antrages bedarf es jedoch entgegen § 1063 Abs. 1 S. 2 keines gegnerischen Gehörs;[41] insoweit fehlt die Schutzbedürftigkeit, da jedwede Beschwer mangelt; es würden nur unnötige Kosten entstehen. Die OLG-Entscheidung (§ 1062 Abs. 1 Nr. 4, 2. Var. – Rn. 7)

SchiedsVZ 2006, 165, 166 [II 3 aE]; OLG Jena SchiedsVZ 2008, 44, 45 [III] (implizit); OLG Köln, Beschl. v. 22. 4. 2004 – 9 Sch 20/03; BayObLG, Beschl. v. 11. 11. 2004 – 4 Sch 19/04 [II 2], Beschl. v. 17. 7. 2003 – 4 Sch 18/03 [II 2], Beschl. v. 28. 5. 2003 – 4 Sch 10/03 [II] u. NJW-RR 2003, 502, 503 [II 5]; KG, Beschl. v. 8. 4. 2002 – 23/29 Sch 13/01 [II 1]; OLG Hamm OLGR 2001, 335 [B I]; siehe zudem Fn. 29 u. 35. So wie hier KG SchiedsVZ 2005, 310, 311 [II 3 a] (Vorinstanz im BGH-Verfahren); OLG Frankfurt/Main, Beschl. v. 26. 7. 2005 – 26 Sch 3/05 [II 1].

[35] So wollen es hier BayObLG BB 1999, 1948 = RPS 2000 II S. 14; OLG München SchiedsVZ 2006, 165, 166 [II 3] u. OLGR 2006, 208, 209 [3 a] – nicht unbedingt indes OLG München SchiedsVZ 2006, 111, 112 [II 3 c] (Konkretisierung geschuldeter Mehrwertsteuer).

[36] Dazu verneinend etwa BGHZ 10, 325, 326 f. = NJW 1953, 1913 (Aufrechnungsvorbehalt), RGZ 169, 52, 53 (Vorabentscheidung) u. RGZ 69, 52, 53 ff.; 85, 391, 393; JW 1924, 906/907 (Zwischenentscheidung – relativierend RG JW 1935, 1088, 1089: Zusammenschau mit Endentscheid); OLG Jena SchiedsVZ 2008, 44, 45 [III]: Zwischenfeststellung.

[37] Vgl. RGZ 114, 165, 167–169 (168) gegen RGZ 29, 387, 390/391; BGHZ 10, 325, 326/327; *Wieczorek/Schütze* § 1042 aF Rn. 3; *Schwab/Walter* Rn. 26.5; *Baumbach/Lauterbach/Hartmann* Rn. 3; *Musielak/Voit* Rn. 5; *Stein/Jonas/Schlosser* Rn. 5 mit § 1042 Rn. 4; *Schütze,* FS Trinkner, 1995, S. 399, 403 u. JZ 1994, 371, 372; *Sieg* JZ 1959, 752. Alsdann zählt der Ablauf der Berufungsfrist (aA OLG Hamburg OLGRspr. 39 [1919], 95, 97/98) bzw. die (End-)Entscheidung des Berufungsgerichts.

[38] RG JW 1903, 381, 382.

[39] ZT abweichend hier allerdings RGZ 85, 391, 395 f. (396) Prüfung schon bei Vollstreckbarerklärung; so aber zB auch *Wieczorek/Schütze* § 1042 aF Rn. 5; *Schwab/Walter* Rn. 26.6. Richtig jüngst dagegen OLG München SchiedsVZ 2007, 164, 165 [II 3].

[40] BGH WM 1979, 1006, 1007.

[41] So auch *Schwab/Walter* Rn. 27.7; *Zimmermann* Rn. 4; *Baumbach/Lauterbach/Hartmann* Rn. 8 – aA *Musielak/Voit* Rn. 6.

§ 1060   17–20   Buch 10. Abschnitt 8. Voraussetzungen der Anerkennung u. Vollstreckung

ist der Rechtsbeschwerde zum BGH (§ 1065 Abs. 2) unter den geläufigen Revisionsvoraussetzungen zugänglich (§ 1065 Abs. 1 S. 1).

17   **Gebühren und Kosten:** Gerichtsgebühren (KV 1620, 2./3. Var. [2,0 – bei Rücknahme[42] nur 1,0: KV 1627]) sowie reguläre Anwaltsgebühren gemäß VV 3100 [1,3], VV 3104 [1,2 – § 1063 Abs. 2, 2. Var.] – so wie nach § 1059 Rn. 71. Bei Ablehnung mit Aufhebung (§ 1060 Abs. 2 S. 1) fallen die Gebühren nur einmal an (keinerlei Kumulation statthaft!)[43]. Der **Streitwert** entspricht dem Wert der Hauptsache, über die der Schiedsspruch erkannt hat[44] bzw. worüber Titulierung begehrt wird[45] (inhaltliche Begrenzung!), einschließlich *feststehender* Verfahrenskosten[46] (nicht aber eine bloße Kostengrundentscheidung[47] – Problemfall: Vollstreckbarerklärung des Kostenausspruchs bei Klagabweisung[48]), der Wert einer Schiedsklageabweisung bleibt außer Ansatz[49] (arg. Rn. 11).

18   **3. Begründetheit.** Der Antrag auf Vollstreckbarerklärung ist begründet, wenn ihm **kein Aufhebungsgrund nach § 1059 Abs. 2** entgegensteht (arg. Abs. 2). Jene Aufzählung dort ist abschließend, die Vollstreckbarerklärung kein Rechtsmittelverfahren.[50] Das impliziert die Verteilung der Vortragslast (Rn. 21), obwohl Abs. 2 S. 1 nur abstrakt auf das (Nicht-)Vorliegen der dortigen Aufhebungsgründe abstellt. Dafür spricht nicht zuletzt Art. 36 ModG: Dieser enumeriert eigens, aber doch allemal ohne eine wirkliche inhaltliche Divergenz, und normiert dann dieselbe Differenzierung in gezielter Anlehnung an Art. 34 Abs. 2 ModG, dh. die Regelung der Aufhebungsgründe (lit. a: „if that party furnishes ... proof that"; lit. b: „if the court finds that"). Ziel des Vollstreckbarerklärungsverfahrens ist also nicht etwa eine letztlich umfassendere Kontrolle als bei gegenläufigem Aufhebungsantrag.[51]

19   Es geht um eher **formelle Einwände** gegen den Bestand des Schiedsspruches; zusätzlich sind allerdings auch nachträglich begründete (§ 767 Abs. 2!) **materielle Einwendungen** gegen seinen Inhalt erlaubt (Rn. 33 ff.); unüberprüft bleibt unabdingbar jedoch, ob der Schiedsspruch überhaupt inhaltlich zutreffend erscheint[52] und auch nicht grob unbillig ist (Verbot der révision au fond). Das Staatsgericht prüft letztendlich nur (mit Ausnahme von § 1059 Abs. 2 Nr. 2 b) die Einhaltung der parteiseits vereinbarten Spielregeln samt ihrer Grundlegung (§§ 1029–1031).

20   Jene Aufhebungsgründe sind also entweder amtswegig nachzuprüfen (§ 1059 Abs. 2 Nr. 2 – dazu näher dort Rn. 50) oder begründet geltend zu machen (§ 1059 Abs. 2 Nr. 1 – dazu näher dort Rn. 51 f.), um staatliche Vollstreckbarerklärung zu verhindern. Es **bedarf aber keiner „grundgenauen" Antragstellung**,[53] obgleich sie Art. 36 Abs. 2 lit. a ModG („at the request of the party") nahelegt. Jenes Erfordernis blieb unrezipiert. **„Geltendmachen"** iSv. § 1059 Abs. 2 Nr. 1 fordert nicht etwa die rechtlich korrekte Benennung des Aufhebungsgrundes *(iura novit curia!)*,[54] sondern schlüssigen Tatsachenvortrag[55] (im Unterschied zu § 1059 Abs. 2 Nr. 2) – und zwar zudem hinreichend substantiiert[56] – und Beweiserbringung. Es genügt national mithin Tatsachenvortrag, der

---

[42] Hier gilt dann aber auch § 269 Abs. 3: OLG München OLGR 2006, 247.
[43] *Schwab/Walter* Rn 34.7 (zu VV 1620 [1./2. Var.]).
[44] OLG München, Beschl. v. 22. 1. 2007 – 34 Sch 18/06 [III]; OLG Saarbrücken, Beschl. v. 16. 9. 2005 – 4 Sch 2/04 [II C]; BayObLG, Beschl. v. 23. 9. 2004 – 4 Sch 5/04 [II 6]; OLG Hamburg, Beschl. v. 8. 6. 2001 – 11 Sch 1/01 [II 3] (Bewertungszeit: Antragstellung).
[45] *Stein/Jonas/Schlosser* § 1063 Rn. 14; *Hartmann*, Kostengesetze, 36. Aufl., Anh. I § 48 GKG (§ 3 ZPO) Rn. 97 – je m. weit. Nachw.
[46] OLG München SchiedsVZ 2007, 164, 166 [II 7] (§ 1060) bzw. BayObLG SchiedsVZ 2003, 142, 144 [II 10] (§ 1061).
[47] BayObLG SchiedsVZ 2004, 319, 320 [II 7]; wohl auch OLG Dresden, Beschl. v. 4. 5. 2007 – 11 Sch 4/07.
[48] Dazu *Stein/Jonas/Schlosser* § 1063 Rn. 14 einerseits, *Schwab/Walter* Rn. 34.9 mit Rn. 33.8 andererseits.
[49] AA OLG München, Beschl. v. 20. 12. 2006 – 34 Sch 17/06 [II 7].
[50] KG, Beschl. v. 8. 4. 2002 – 23/29 Sch 13/01 [II 2 vor a]; OLG Dresden RPS 2001 II S. 22, 23 [I 2].
[51] Hier aA aber *Thomas/Putzo/Reichold* Rn. 2: arg. § 1063 Abs. 2(?) [vgl. aber erg. auch Rn. 4 mit § 1059 Rn. 6]. So wie hier *Musielak/Voit* Rn. 9; *Zöller/Geimer* Rn. 1 aE; *Baumbach/Lauterbach/Hartmann* Rn. 12 mit Rn. 8.
[52] RGZ 19, 406, 407; 43, 407, 408 f.; 105, 385, 387.
[53] OLG München SchiedsVZ 2005, 308, 310 [II 4]: bloßer „unselbständiger" Antrag.
[54] Unklar BT-Drucks. 13/5274, S. 64/65 [3] („geltend gemacht") u. einerseits BGHZ 142, 204, 206/207 [II 3] = NJW 1999, 2974 = ZIP 1999, 1575 („zur Nachprüfung ... gestellt") bzw. andererseits BGH NJW-RR 2001, 1059 [II 3 a] = IPRspr. 2001 Nr. 202, S. 430 („substanziiert berufen") – aA *Musielak/Voit* Rn. 3: Geltendmachung *mit* Hinweispflicht bzw. *Ehricke* ZZP 113 (2000), 453, 458–461 [III 2/3]: Angabe der Normen – *ohne* Hilfe über § 139! So wie hier *Schlosser* LM § 1065 nF Nr. 1/2 [3].
[55] BayObLG SchiedsVZ 2004, 319, 320 [II 4] – anders im Ansatz OLGR Stuttgart 2000, 386 [2] (obiter): „ernsthaft[e]" Möglichkeit? bzw. KG, Beschl. v. 13. 3. 2002 – 23/29 Sch 20/11 [IV] u. OLG Köln, Beschl. v. 22. 2. 2007 – 9 Sch 16/06 [B I 3 b]: offenbare Unschlüssigkeit.
[56] OLG Karlsruhe SchiedsVZ 2006, 335, 336 [II 3] – bloße Behauptung nicht ausreichend: OLG München, Beschl. v. 26. 7. 2006 – 34 Sch 14/06 [II 4].

einem beliebigen Aufhebungsgrund unterfällt, bei Pflicht zur Amtsprüfung sogar bloße Andeutungen, sonst vollabdeckend inhaltlich substantiiert.

Hinsichtlich der „Amtsprüfungs"-Gründe (§ 1059 Abs. 2 Nr. 2)[57] fällt aber die **Fristbindung** 21 **des § 1059 Abs. 3** (Abs. 2 S. 3 e contrario) – sie sind nicht präklusionsbedroht oder korrekter lediglich dann, wenn ein siegloses Aufhebungsverfahren voranging (Abs. 2 S. 2). Nur hinsichtlich der „Vortragslast-Gründe" (§ 1059 Abs. 2 Nr. 1) existiert eine parallele präklusive Zeitgrenze – freigestellt von Rechtskraft, um diese Regelung nicht zu entwerten: „Anderenfalls könnte der Schuldner in jedem Fall abwarten, bis der Gläubiger die Vollstreckbarerklärung beantragt."[58] Dies ist eine grundsätzliche Neuerung und zugleich ein namhafter Nachteil gegenüber ausländischen Schiedssprüchen (§ 1061 Abs. 1 S. 1 iVm. Art. V UNÜ). Bei Doppelrelevanz gelten die Regeln der Amtsprüfung.[59] Ein rückgenommener Aufhebungsantrag ist unzureichend, die Präklusion zu verhindern (arg. § 269 Abs. 3 S. 1, 1. Halbs.).[60]

Die Prüfung von Aufhebungsgründen unterbleibt, wenn und weil bei Antragszustellung 22 („Rechtshängigwerden")[61] „ein auf sie gestützter Aufhebungsantrag rechtskräftig abgewiesen ist" **(Abs. 2 S. 2).**[62] Dies ist aber selbstverständliche Rechtskraftwirkung und darum letztlich recht missverständlich, vor allem zur Streitgegenstandsbestimmung (näher dazu bei § 1059 Rn. 62 ff.). Ein prozessuales Anerkenntnis **(§ 307)** scheint ebenso möglich, natürlich nur in den Schranken statthafter prozessualer Disposition, also keinesfalls über den ordre-public-Begriff (§ 1059 Abs. 2).[63]

4. Sachentscheidung. a) Positiv (Abs. 1). Der stattgebende Beschluss lautet auf Vollstreck- 23 barerklärung des Schiedsspruches, er ist seinerseits für vorläufig vollstreckbar zu erklären (§ 1064 Abs. 2) – und zwar bei vermögensrechtlich geprägter Rechtsstreitigkeit[64] ohne eine Sicherheitsleistung (§ 708 Nr. 10 analog). Der Schiedsspruch ist bezugnehmend mit beizufügen oder seine Formel wortgetreu zu **übernehmen** sowie uU sogar zu **übersetzen** (§ 184 GVG gegen § 1045 Abs. 1 S. 3 ZPO). Enthält der Schiedsspruch keinerlei förmliche Tenorierung, so ist zu prüfen, ob sich auslegend eine bestimmte Entscheidung entnehmen lässt.

Stets sind die geläufigen vollstreckungsrechtlichen Bestimmtheitsanforderungen (§ 704 Rn. 8 ff.) 24 einzulösen; die Staatsgerichte mögen hier indes offenbare **Unrichtigkeiten** iSv. § 319 Abs. 1 (iVm. § 1058 Abs. 1 Nr. 1 [dort Rn. 5 f.]) bereinigen,[65] aber zudem ebenso **konkretisierend** helfen, solange sie sich nur im Rahmen *erläuternder* Auslegungen halten: sicher feststellbar fixierte, *urkundliche* Fakten und außerdem offenkundige Umstände dürfen und sollen berücksichtigt werden (§ 722 Rn. 21),[66] wenn und weil das keine hemmende statische Verengung bedeutet.[67] Maßgeblich ist dabei, „was der Richter erkennbar zum Ausdruck gebracht hat".[68] Faktisch unmöglich freilich ist die Vollstreckbarerklärung eines widersinnigen Schiedsspruchs,[69] rechtlich verboten die Korrektur von Versehen, die allein dem Schiedsgericht obliegt (§ 1058). Eine ergänzende Verzinsung[70] oder eine Zug-um-Zug-Einschränkung[71] beizufügen, wäre daher klar unstatthaft, ebenso die Mitberücksichtigung der Schiedsrichtervergütung[72] oder von Kosten bei bloßer Kostengrund-

---

[57] Gemäß § 1060 Abs. 2 S. 2, 2. Var. DiskE nicht bei Nr. 2a – dazu noch erg. Fn. 62.
[58] BT-Drucks. 13/5274 S. 61 li. Sp. [3] aE – dazu widersprüchlich wohl re. Sp. [5]; dazu vgl. auch BGHZ 145, 376, 380 [2b vor aa] = NJW 2001, 373 = ZZP 114 (2001), 351 m. Anm. *Voit*.
[59] BGHZ 145, 376, 380 [2b vor aa] = NJW 2001, 373 = ZZP 114 (2001), 351 m. Anm. *Voit*.
[60] AA OLG Frankfurt/Main, Beschl. v. 30. 6. 2006 – 26 Sch 12/05 [II 2b aE].
[61] So der ganz klare Wortlaut – hieran berechtigte Kritik bei *Thomas/Putzo/Reichold* Rn. 2: Entscheidungszeitpunkt bei Aussetzungsmöglichkeit. Vgl. dazu erg. dazu erg. *Musielak/Voit* Rn. 10.
[62] Gemäß § 1060 Abs. 2 S. 2, 1. Var. DiskE nicht bei Nr. 2b – dazu erg. Fn. 57.
[63] So wie hier *Schwab/Walter* Rn. 27.29 – bloß verkürzend wohl OLG Frankfurt/Main RPS 2001 II S. 23.
[64] AA *Thomas/Putzo/Reichold* Rn. 7 u. *Baumbach/Lauterbach/Hartmann* Rn. 11: generell.
[65] OLG München, Beschl. v. 25. 6. 2007 – 34 Sch 6/07 [II 3] mit *Schwab/Walter* Rn. 28.7 („mechanische Schreibfehler").
[66] BGH JZ 1987, 203 mit Bespr. *Stürner/Münch* (S. 178, 185 f.) – insbes. *gesetzliche* Zinsen: OLG Stuttgart, Beschl. v. 14. 10. 2003 – 1 Sch 16/02 [B II 3 c dd (2) mit 7/JURIS-Rn. 128 f., 155]; OLG Koblenz SchiedsVZ 2005, 260, 262 re. Sp. [II]; OLG Celle OLGR 2007, 664, 668 [II 3]. Aber zB auch OLG München SchiedsVZ 2006, 111, 112 [II 2 aE] (*subjektive* Bestimmtheit). Anders im Ansatz *Stein/Jonas/Schlosser* Rn. 7: Klauselerteilungsverfahren.
[67] Näher dazu *Münch* RIW 1989, 18, 21 – eher rigider wohl OLG München, Beschl. v. 25. 9. 2006 – 34 Sch 12/06 [II 3/JURIS-Rn. 26]: generell „Nachbesserung" verboten[?].
[68] BGH ZZP 75 (1962), 119, 121; OLG Rostock, Beschl. v. 18. 9. 2007 – 1 Sch 4/06 [B II 2].
[69] *Schwab/Walter* Rn. 26.6; *Musielak/Voit* Rn. 14; *Stein/Jonas/Schlosser* Rn. 7.
[70] RGZ 85, 391, 396; OLG München, Beschl. v. 25. 10. 2006 – 34 Sch 22/06 [II 3] – zT hier aA wohl *Stein/Jonas/Schlosser* Rn. 12.
[71] OLG Karlsruhe SchiedsVZ 2006, 281, 283 [II 2].
[72] *Zöller/Geimer* Rn. 6 mit § 1057 Rn. 4.

§ 1060 25–30 Buch 10. Abschnitt 8. Voraussetzungen der Anerkennung u. Vollstreckung

entscheidung[73] (vgl. § 1057 Abs. 2 S. 2 versus S. 1), erst recht eine Bewilligung von Ratenzahlung.[74]

25 Das Gericht ist insoweit doppelt gebunden: einmal vom Inhalt des Schiedsspruches, ferner vom Antrag der Partei[75] (§ 308 Abs. 1). Dazuhin mag das Gericht nur ein Minus zusprechen, wenn der Aufhebungsgrund ein entsprechend beschränkter ist (ein Umkehrschluss aus § 1059 Abs. 2 Nr. 1c, 2. Halbs. wäre sicher verfehlt!) und der Rest als Teilschiedsspruch ebenso gelten könnte (§ 1059 Rn. 72). Nach Vollstreckbarerklärung ist dann der Schiedsspruch gegen Aufhebungsgründe gesichert (§ 1059 Abs. 3 S. 4); das führt zu einer Art besonderen „Bestandskraft" der Streitklärung[76] – jenseits der Regelung des § 1055!

26 **b) Negativ (Abs. 2 S. 1).** Liegt denn ein Aufhebungsgrund vor, ist nicht „nur" die beantragte Vollstreckbarerklärung abzulehnen, sondern von Amts wegen auch der **mangelhafte Schiedsspruch aufzuheben.**[77] Ein extra Ausspruch ist notwendig,[78] nicht aber ein eigener Antrag hierauf. Nicht so bei einem unzulässigen Antrag (Rn. 7–13) oder ausnahmsweise greifender materieller Einwendung (Rn. 33 ff.): dann fehlt jene grundlegende Missbilligung. Sonst ist indes mitzuentscheiden, um die unnötige Dopplung von Aufhebungsantrag (§ 1059: Verpflichteter) und Antrag auf Vollstreckbarerklärung (§ 1060: Berechtigter) zu vermeiden und damit die Sache umfassend zu erledigen.

27 Man wird dann auch die Zurückverweisungsbefugnis des **§ 1059 Abs. 4** dem befassten Staatsgericht zustehen, mag auch die nötige ausdrückliche Antragstellung fehlen – die Vollstreckbarerklärung reicht weiter und sperrt mithin den Aufhebungsantrag (Rn. 45 mit § 1059 Rn. 81). Dann würde aber § 1059 Abs. 4 häufig leerlaufen müssen. Auch **§ 1059 Abs. 5** (Wiederaufleben der Schiedsbindung) gilt.[79] Der Beschluss ist auf Grund allgemeiner Vorschriften – schon allein der Kosten wegen – **für vorläufig vollstreckbar zu erklären**: kein Umkehrschluss aus § 1064 Abs. 2 (Rn. 25), aber ebenso wenig auch ein Rückschluss aus § 794 Abs. 1 Nr. 3 iVm. § 1065 Abs. 1,[80] alsdann hätte nämlich § 1064 Abs. 1 plötzlich beschränkenden Charakter, was allemal kaum gewollt ist.

28 Die Verweigerung der Vollstreckbarerklärung ist **Nichtgewährung der Titeleigenschaft** und also letzthin eine Art Klageabweisung. Fällt sie mit einer Aufhebung zusammen, hat dies zudem auch ergänzend konstitutive Bedeutung: der Schiedsspruch ist verbindlich in seiner Wirkung sistiert (§ 1059 Rn. 72) – wenn fürs Erste auch bloß vorläufig. Mit Abweisung des Antrages entfällt per se die eventuelle Gestattung der Sicherungsvollstreckung (§ 1063 Abs. 3 – jedoch ist Klarstellung ratsam: § 775 Nr. 1) bzw. die Wirkung der vorinstanzlich angeordneten vorläufigen Vollstreckbarkeit (arg. § 717 Abs. 1).

IV. Konkurrenzen

29 **1. Alternative Titulierung. a) Schiedsspruch mit vereinbartem Wortlaut (§ 1053).** Er fällt regulär unter § 1060 (§ 1053 Rn. 51). Hier existiert scheinbar noch die zusätzliche Möglichkeit *notarieller* Vollstreckbarerklärung (§ 1053 Abs. 4 S. 1), insoweit die Parteien das wünschen. Der Prüfungsumfang ist dann „verengt" auf eine ordre-public-Kontrolle iSv. § 1059 Abs. 2 Nr. 2b (§ 1053 Abs. 4 S. 2); daneben bestehen die üblichen Amtspflichten (§ 14 BNotO). Die Entscheidung wirkt selbstredend keine Rechtskraft! Ihr fehlt aber darum die erforderliche Titelqualität (§ 1053 Rn. 52 ff.). Folgt man dem nicht, dann gilt: Der notarielle Akt verschiebt die Initiativlast, der Schuldner muss alsbald Aufhebungsantrag stellen; nach Fristablauf aber steht negative Feststellungsklage partiell offen (Rn. 46).

30 **b) Vollstreckbarer Anwaltsvergleich (§ 794 Abs. 1 Nr. 4b iVm. §§ 796 a–c).** Ihn prägen das Niederlegungserfordernis und die Unterwerfungserklärung (§ 796 a) bei letzlich „dichterer" Kontrolle (§ 796 a Abs. 3: Wirksamkeit): notarielle (§ 796 c) oder gerichtliche (§ 796 b) Vollstreckbarerklärung, letztere dann indessen beim regulär zuständigen staatlichen Gericht.

---

[73] OLG Koblenz OLGR 2004, 232 [1].
[74] OLG Karlsruhe, Beschl. v. 23. 11. 2004 – 9 Sch 1/04.
[75] Beispiele: Prozesskostenzahlung nach Hauptsacheerfüllung (RGZ 19, 406, 408 – aA *Schwab/Walter* Rn. 33.8); Korrektur eines Versehens (OLG Hamburg HEZ 3 Nr. 33, S. 92, 93/94) – Gegenbeispiel: Anwaltsvergütung nach Schiedsspruchserlass (OLG Celle OLGR 2007, 664, 668 [II 4]).
[76] BGH NJW-RR 2006, 995, 996 [13] = WM 2006, 1121 = SchiedsVZ 2006, 278 m. krit. Anm. *Wolff/Falk* (S. 281).
[77] BGH MDR 1958, 508 (§ 1042 Abs. 2 aF); OLG Hamburg, Beschl. v. 30. 8. 2002–11 Sch 1/02 [II 2]; *Hausmann*, FS Hans Stoll, 2001, S. 593, 615 [III 6a]; *Lachmann* Rn. 2491; *Musielak/Voit* Rn. 15; *Stein/Jonas/Schlosser* Rn. 10 [1. Abs.].
[78] Anders aber früher OLG Hamburg SeuffA 46 (1891) Nr. 163, S. 253, 254 f.
[79] Zutr. *Musielak/Voit* Rn. 15 aE; *Lachmann* Rn. 2491; *Hausmann*, FS Hans Stoll, 2001, S. 593, 615 [III 6a].
[80] Wie hier *Thomas/Putzo/Reichold* Rn. 6; so jedoch von *Zimmermann* Rn. 4 vertreten.

c) **Vollstreckbare Urkunde (§ 794 Abs. 1 Nr. 5).** Die Parteien können im Voraus einen be- 31
stimmten Anspruch vollstreckbar stellen und dann die materiellen Einwendungen (§ 767 Abs. 1)
einem späteren Schiedsverfahren zuweisen. Dies setzt voraus, dass vornweg Klarheit herrscht, wer
Gläubiger und Schuldner ist und auch über das Begehrte. Möglich wäre allemal auch, den Abschluss des Prozesses (§ 1056 Abs. 1) mit einer solchen Unterwerfung zu „befestigen". Das würde
die Vollstreckbarerklärung ersparen, fordert andererseits aber auch nachwirkende weitere Freiwilligkeit.

d) **Einstweilige schiedsgerichtliche Anordnung (§ 1041).** Das Schiedsgericht kann vorläu- 32
fige oder sichernde Maßnahmen eigenständig verordnen (§ 1041 Abs. 1 S. 1). Damit wird die unsichere Schwebelage *bis zum Schiedsspruch* abgedeckt. Das Staatsgericht lässt sie auch zur Vollziehung
zu (§ 1041 Abs. 2 S. 1), wobei breites Ermessen besteht (näher dazu bei § 1041 Rn. 37–40). Die
Vollziehbarerklärung entspricht funktionell weitgehend der Vollstreckbarerklärung.

2. **Vollstreckungsabwehrklage. a) Inzidente Abwehr.** Vollstreckbarerklärung (§ 1060) und 33
Vollstreckungsabwehrklage (§ 767) sind auf eine eigenartige Weise miteinander verwoben (vgl. dazu
erg. § 722 Rn. 46f.; § 767 Rn. 10f.): beide sind quasi Antagonisten, die eine zielt auf Verleihung
der Vollstreckbarkeit, die andere auf deren Beseitigung. Beide verwirklichen dabei aber ein eigenständiges Streitprogramm:[81] § 1060 fordert die **formale Überprüfung** des Prozesslaufs und seine
korrekte vertragliche Gründung, verbietet aber allgemein eine Inhaltskontrolle (Verbot der révision
au fond, § 1059 Rn. 6f.); § 767 verlangt gleich vornweg einen wirksamen Titel und gestattet
nachträgliche **materielle Einwendungen** hiergegen. Es wäre schwerlich wohl überzeugend, beide
Verfahren unkoordiniert nebeneinander herlaufen zu lassen bzw. zeitlich zu staffeln, zumal § 767
stets einen Titel voraussetzt (aber: Rn. 39). Unter altem Recht war dies feste Praxis, unter neuem
Recht schaut das anders aus.

Den Schuldner auf den Weg der späteren bzw. separaten Vollstreckungsabwehrklage zu verwei- 34
sen, würde einen unnötigen Kosten- und Zeitaufwand mit sich bringen. Doch stellen sich nunmehr
zwei Probleme: § 1060 ist jetzt als zwingendes Beschlussverfahren konzipiert (§ 1063 Abs. 1 S. 1);
§ 767 Abs. 1 verweist ans Prozessgericht des ersten Rechtszuges, welches eigentlich hier das OLG
wäre (§ 1062 Abs. 1 Nr. 4, 2. Var. [dort Rn. 9]), was dann die möglichen Rechtsmittel verändert
(§ 1065 Abs. 1 S. 1) bzw. eine zweite Tatsacheninstanz kostet. Dies ist eine unausweichliche Konsequenz der Neufassung, wenn und weil parallele Verhandlung gewünscht wird. Was indes hindert
den redlichen – ernsthaft bedrohten – Schuldner, dieses Risiko einzugehen? Vor allem bei recht
eindeutigem Sachverhalt!

Doch wäre stets dann wohl unabhängig von § 1063 Abs. 2, 2. Var. **mündliche Verhandlung** 35
anzuordnen, um „klagegleiche" Verhältnisse zu schaffen. Deshalb sind auch künftig materielle
Einwendungen im Beschlussverfahren zuzulassen („inzidente Vollstreckungsabwehrklage"),[82] soweit
nur die Gründe, auf denen sie beruhen, nach dem Zeitpunkt entstanden sind, in dem sie im
Schiedsverfahren hätten geltend gemacht werden müssen[83] (arg. § 767 Abs. 2). So sieht es jetzt „im

---

[81] Anders offenbar jedoch *Musielak/Voit* Rn. 13: teilweise Identität.
[82] Näher dazu *Münch,* FS Ishikawa, 2001, S. 335, 344ff.; *so wie hier* OLG Hamm NJW-RR 2001, 1362f.
[1 b]; OLG Dresden, Beschl. v. 9. 2. 2005 – 11 Sch 3/04 [B II 2a] u. SchiedsVZ 2005, 210, 214 [II 4b] m. abl.
Anm. *Borris/Schmidt* SchiedsVZ 2005, 254 [II]; OLG Frankfurt/Main, Beschl. v. 18. 5. 2006 – 26 Sch 18/05 u.
26/05 [II] (aber: Fn. 89); wohl auch OLG Düsseldorf SchiedsVZ 2005, 214, 216 [II 2] m. abl. Anm. *Borris/
Schmidt* SchiedsVZ 2005, 254 [III] u. OLG Koblenz SchiedsVZ 2005, 260, 262 li. Sp. [II] (aber: Fn. 89) – aus
der Lit.: § 1061 Anh. 1 Art. V UNÜ Rn. 16 *(Adolphsen)* [lediglich betr. Aufrechnung?]; *Stein/Jonas/Münzberg*
§ 767 Rn. 46 aE; *Baumbach/Lauterbach/Hartmann* Rn. 10 (Gegenausnahme: Teilerfüllung[?]); *Musielak/Voit*
Rn. 12 mit ZZP 114 (2001), 355, 358f. [4]; *Zöller/Geimer* Rn. 4a; *Schütze* SV Rn. 281 u. 284; *Schwab/Walter*
Rn. 27.12 mit Rn. 13 aE; *Henn* Rn. 502; *Lachmann* Rn. 2434ff.; *Rosenberg/Schwab/Gottwald* Rn. 181.6;
Köhne/Langner RIW 2003, 361, 369 [II 2 c dd]; *Mack* IDR 2006, 36, 37 f [II 2].
AA: BayObLGZ 2000, 124, 127 f. [4 b bb, cc] (prinzipaliter zum Aufrechnungseinwand) = JZ 2000, 1170 (m.
krit. Anm. *G. Wagner* – dazu: Erwiderung *Peters* JZ 2001, 598 mit Schlußwort *G. Wagner* JZ 2001, 598–600) =
MDR 2000, 968 (m. zust. Anm. *Weigel*) = NJW-RR 2001, 1363; BayObLGZ 2000, 131, 134 [II 3 a] (eventualiter zur Masseunzulänglichkeit – aber: Fn. 89) = NZI 2000, 366 = NJW-RR 2001, 1359 = KTS 2000, 436;
OLG Stuttgart OLGR 2001, 50 [2a] = MDR 2001, 595; wohl auch OLG München, Beschl. v. 25. 9. 2006 –
34 Sch 12/06 [II 4b (4)/JURIS-Rn. 39] (Hilfsbegründung – aber: Fn. 89). Ebenso zB *Kawano* ZZP Int. 4
(1999), 393, 406; *Thomas/Putzo/Reichold* Rn. 3; *Musielak/Lackmann* § 767 Rn. 5; *Borris/Schmidt* SchiedsVZ
2004, 273, 276–278 [II 2 f] (zT leider verzerrend: S. 277!) mit SchiedsVZ 2005, 254. Sehr unklar insoweit § 767
Rn. 10 *(K. Schmidt).*
[83] RG WarnR 4 (1911) Nr. 305, S. 339 im Anschluss an RGZ 13, 347, 348 f. (zu § 661 CPO bzw. § 723
ZPO); JW 1934, 362, 363; RGZ 148, 270, 276 mit S. 273 f. = JW 1935, 3102 bzw. BGH LM § 1042 aF Nr. 4;
BGHZ 34, 274, 277 f. = NJW 1961, 1067; ZZP 74 (1961), 371, 372 m. zust. Anm. *Schwab;* BGHZ 38, 259,
263 = NJW 1963, 538 (m. Anm. *Nirk*) = JZ 1963, 642 m. Anm. *Schwab* mit NJW 1965, 1138; WM 1969, 72,

§ 1060 36, 37   Buch 10. Abschnitt 8. Voraussetzungen der Anerkennung u. Vollstreckung

Interesse der Verfahrenskonzentration" auch der BGH.[84] Sie **können vorgebracht werden – müssen es jedoch nicht** (Rn. 40). UU besteht auch hierfür eine Schiedsbindung (§ 1032 Abs. 1 iVm. § 1029 Abs. 2).[85] Bei Begründetheit ist jedoch der Antrag immer ohne ergänzende Aufhebung abzuweisen (§ 1060 Abs. 2 S. 1, 2. Halbs.).[86] Die Gegenmeinung will allenfalls **offenkundig unbestrittene Einwendungen** gestatten[87] (Beispiele: rechtskräftige Feststellung; entbehrliche Beweisaufnahme) oder gar etwa jegliche (Inzident-)Einwendungen versagen.[88]

36 Zwar haben jene verschiedenen Einschränkungen bislang schon öfter erlaubt, die grundsätzliche Streitfrage gezielt dahinzustellen[89] oder intuitiv wegzudenken[90] – doch scheint eine baldige höchstrichterliche Klärung geboten. Sie sollte diesen Zusatzweg nicht verwehren, geht schon jetzt doch der BGH[91] nahezu bereits darüber hinaus, soweit er analog § 1059 Abs. 2 den materiellen Einwand sittenwidriger vorsätzlicher Schädigung (§ 826 BGB) erlaubt und demgemäße Feststellungen abfordert (§ 1059 Rn. 84 mit Fn. 282). Das Gegenargument der systemwidrigen erstinstanzlichen OLG-Betätigung will demgegenüber nicht so recht durchschlagen (arg. § 12 AVAG) – man sollte mithin die angestrebte Verkürzung und Vereinfachung des Verfahrens zur Vollstreckbarerklärung nicht ohne Not so „betriebsblind" übersteigern.

37 **b) Separate Abwehr.** Eine andere Frage bleibt dann, ob man jene sofortige Gegenwehr letztendlich noch formalisiert und dazu einen **separaten Gegenantrag (als eine Art „Widerklage")** abfordert.[92] Alle Vorzüge, die man erhofft, sind jedoch auch anders erreichbar: immer besteht Zwang zu einer mündlichen Verhandlung (Rn. 35), einer Verzögerungstaktik steht effektiv § 1063 Abs. 3 entgegen (vice versa gilt § 769), und die Kostenlasten sollten einfach entsprechend zugeteilt werden. Schließlich macht es kaum einen Sinn, Kostenstreitwerte quasi „hochzutreiben" (§ 45 Abs. 1 S. 1 GKG) – von sonstigen Bedenken (es geht um verschiedene Prozessarten: Rn. 33 mit § 1064 Rn. 7) gänzlich abgesehen.

73; NJW 1990, 3210, 3211 [II 1]; NJW-RR 1997, 1289. – Ebenso: *Zöller/Geimer* Rn. 4c; *Baumbach/Lauterbach/Hartmann* Rn. 10; *Musielak/Voit* Rn. 12 mit § 1061 Rn. 12; *Stein/Jonas/Schlosser* § 1063 Rn. 6 [2. Abs.]; *Schwab/Walter* Rn. 37.12 mit Rn. 15. Sehr eingehend dazu *Nelle*, 2000, S. 537–539 (Grundsatz) mit S. 543 ff. (Schranken).

[84] BGH SchiedsVZ 2008, 40, 43 [31 mit 26 aE, 32].

[85] *Baumbach/Lauterbach/Hartmann* § 1060 Rn. 10 aE; *Musielak/Voit* § 1060 Rn. 12 (soweit Berufung darauf erfolgt!); *Zöller/Geimer* § 1060 Rn. 4b; *Stein/Jonas/Schlosser* § 1063 Rn. 5 – siehe auch schon BayObLGZ 1929, 531, 552/553.

[86] *Zöller/Geimer* Rn. 4a; *Musielak/Voit* § 1060 Rn. 12; wohl auch *Stein/Jonas/Schlosser* Rn. 10 [2. Abs.].

[87] BayObLGZ 2000, 124, 128 aE [II 4 b cc] (obiter) – ferner: OLG Stuttgart OLGR 2001, 50 [2 a] = MDR 2001, 509; OLG Köln, Beschl. v. 22. 4. 2004 – 9 Sch 20/03; OLG München, Beschl. v. 25. 9. 2006 – 34 Sch 12/06 [II 4 b (4)/JURIS-Rn. 39] (eventualiter); sowie auch schon OLG Hamburg HansRZ 8 (1925), 442, 443 (gutheißend im Nachhinein RGZ 148, 270, 273; ganz ähnlich auch BGH LM § 1042 aF Nr. 4 [2] = NJW 1957, 793 [Ausreißer?]) u. BayObLG, Beschl. v. 11. 11. 2004 – 4 Z Sch 19/04 [II 2] (Rechtsschutzbedürfnis) – siehe dazu näher noch *Münch* FS Ishikawa, 2001, S. 335, 354 f. mit S. 341 f.

[88] KG, Beschl. v. 26. 2. 2007 – 20 Sch 1/07 [II 1 a–d/JURIS-Rn. 5–8] mit OLG Köln, Beschl. v. 12. 7. 2007 – 8 W 59/07 [II/JURIS-Rn. 6].

[89] Schon früh in jenem Sinn BGH WM 2000, 1972 aE (obiter), später offen dann zur
Präklusion: OLG Koblenz SchiedsVZ 2005, 260, 262 li. Sp. [II]; BayObLGZ 2000, 131, 133 [II 3 vor a].
Schiedsbindung: OLG München, Beschl. v. 25. 9. 2006 – 34 Sch 12/06 [II 4 b (4)/JURIS-Rn. 39] u. SchiedsVZ 2006, 165/166 [II 3]; OLG Saarbrücken OLGR 2006, 220, 221/222 [A 4 b]; OLG München MDR 2005, 1244.
Unstreitigkeit: OLG Frankfurt/Main, Beschl. v. 18. 5. 2006 – 26 Sch 18/05 u. 26/05 [II]; OLG Düsseldorf SchiedsVZ 2005, 214, 216 [II 2] m. abl. Anm. *Borris/Schmidt* SchiedsVZ 2005, 254 [III]; OLG Bremen, Beschl. v. 7. 7. 2004 – 2 Sch 02/04 [II vor a].

[90] Beachtlichkeit möglicher Einwendungen …: OLG Celle, Beschl. v. 18. 9. 2006 – 8 Sch 1/06 [II]; OLG Hamm SchiedsVZ 2006, 106, 110 [VI]; OLG Köln SchiedsVZ 2005, 163, 165 [II 2 d] u. Beschl. v. 6. 11. 2003 – 9 Sch 14/03; KG; Beschl. v. 23. 7. 2003 – 23 Sch 13/02 [II 1] (obiter); OLG Hamburg, Beschl. v. 19. 3. 2001 – 6 Sch 13/00 [II 1] u. RPS 2000 II S. 13/14 [II 1]; OLG Schleswig, Beschl. v. 11. 2. 1999 – 16 SchH 03/98 [II d];
… bzw. Nichtberücksichtigung im Einzelfalle: OLG Karlsruhe SchiedsVZ 2006, 281, 283 [II 3]; OLG Bremen OLGR 2006, 250, 252 [II aE]; OLG München, Beschl. v. 10. 4. 2006 – 34 Sch 10/06 [II 1 aE/JURIS-Rn. 31]; OLG Hamburg, Beschl. v. 14. 3. 2006 – 6 Sch 11/05 [II 2]; OLG Köln, Beschl. v. 3. 12. 2004 – 9 Sch 08/04, Beschl. v. 30. 7. 2002 – 9 Sch 14/02, Beschl. v. 15. 2. 2000 – 9 Sch 13/99 [2 d], Beschl. v. 22. 6. 1999 – 9 Sch 08/98 [II 4]; OLG Düsseldorf, Beschl. v. 16. 3. 1999 – 4 Sch 01/98 [II 2].

[91] BGHZ 145, 376, 381–383, insbes S. 381/382 (Statthaftigkeit) mit II 3 (Feststellungen – NJW 2001, 373, 374 aE), vgl. *Voit* ZZP 114 (2001), 355, 358 f. [4].

[92] *Nelle*, 2000, S. 580–583, 585 gegenüber S. 577–580 (Ablehnung *inzidenter* Kontrolle); zust. *Stein/Jonas/Schlosser* § 1063 Rn. 4 u. *Frische*, Verfahrenswirkungen und Rechtskraft …, 2006, S. 344–346 mit S. 353 (UNÜ).

Hiervon zu trennen ist die **„separate Vollstreckungsabwehrklage"**, die hinsichtlich der Zu- 38 ständigkeit aber ähnliche Probleme aufwirft: fortwirkende OLG-Kompetenz als eine Art Annexverfahren (Rechtsmittelverlust!) oder neufixierte staatsgerichtliche Erstinstanz?[93] Die besseren Gründe sprechen für den absoluten Neuanfang unter Rückgriff auf die regulären Verfahrensvorschriften. Die Neufestlegung der Zuständigkeit kann sich dann an Streitwert und Schiedsort (vgl. § 1043 Abs. 1 iVm. § 1054 Abs. 3 S. 1) ausrichten, in einem Auslandsfall hilft die Anleihe bei § 1062 Abs. 2. Mit erfolgter Vollstreckbarerklärung fehlt auch nicht mehr der Titel als taugliches „Angriffsziel" (arg. § 794 Abs. 1 Nr. 4 a). Freilich ist vorneweg zuerst zu klären, ob nicht auch diese Einwendung ihrerseits einer sperrenden Schiedsbindung unterfällt (§ 1032 Abs. 1 iVm. § 1029 Abs. 1), entweder der einstigen, wenn sie noch fortwirkt,[94] oder aber einer gänzlich neuen, die nur die konkrete Einwendung betrifft[95] – was freilich Umstände bereitet (§ 775 Nr. 1? § 769? – dazu erg. auch § 1029 Rn. 80) und mindestens Zeitverlust verursacht.

Die hM[96] zum alten Recht erlaubte indes schon vor einer Vollstreckbarerklärung die Vollstre- 39 ckungsabwehrklage, die dann zwangsläufig eine separate wäre; kein Schuldner brauche abzuwarten, bis jenes Verfahren betrieben werde. Sofern der Antrag schon gestellt wurde, besteht indes die Möglichkeit inzidenter Gegenklage (Rn. 35), und zuvor fehlt der Vollstreckungsgefahr in Ermangelung einer Titulierung. Alles andere würde auch schlecht mit dem festgefügten (Allgemein-)Verständnis der Abwehrklage harmonieren (§ 767 Rn. 2): sie bedarf eines Titels als „Angriffsobjekt"[97] – das hier definitionsgemäß erst mit erfolgter Vollstreckbarerklärung existiert (§ 794 Abs. 1 Nr. 4 a).

Das Interesse an Gewissheit befriedigt auch genauso gut eine **(negative) Feststellungsklage** 40 (§ 256 Abs. 1). Das Feststellungsinteresse mag späterhin dann wegfallen,[98] sobald die inzidente Klage statthaft ist. Doch spielt hier die Frage des Streitgegenstandes und besonders der Rechtskraftwirkung (§ 767 Rn. 1–3, 39–42, 96 u. 98) ebenso mit hinein. Stichtag ist wiederum die letzte Vortragsmöglichkeit im Schiedsverfahren, denn die inzidente Geltendmachung verbleibt Recht und wird nicht etwa zur Pflicht[99] – auch nicht, wenn mündliche Verhandlung anberaumt ist.[100] Denn das wäre weitgreifende Präklusion ohne gesetzliche Ermächtigung.[101] Prinzipiell nicht präkludiert ist aber die Aufrechnung, wenn und weil das Schiedsgericht die Entscheidung dazu unterlassen hat[102] – hier war noch nie eine reelle Prüfung eröffnet. Man könnte den Antragsgegner zwar ebenso gut auch auf eine eigene (Leistungs-)Klage verweisen, doch müsste er dabei zunächst Vollstreckung

---

[93] *Sachliche Kompetenz:* einerseits *Wagner* JZ 2000, 1172, 1173 f. u. *Mack* IDR 2006, 36, 37 [II 1], so nun auch OLG München, Beschl. v. 12. 11. 2007 – 34 Sch 10/07 [II 1/JURIS-Rn. 16] (OLG – hM) – andererseits OLG Dresden, Beschl. v. 9. 2. 2005 – 11 Sch 3/04 [B II 2 a] (obiter); *Baumbach/Lauterbach/Hartmann* § 1060 Rn. 10; *Musielak/Voit* § 1060 Rn. 13 (AG/LG – aA) – vgl. dazu bei § 1062 Rn. 9 mit Fn. 12.
Örtliche Kompetenz in Anlehnung an § 1062 Abs. 1/2: *Peters* JZ 2001, 598 [2 c]; *Borris/Schmidt* SchiedsVZ 2004, 273, 279 li. Sp. [III 2]; *Musielak/Voit* § 1060 Rn. 13; *Thomas/Putzo/Reichold* § 1060 Rn. 3. Besser scheint jedoch, das Schuldnerprivileg des § 797 Abs. 5 heranzuziehen (uU wohl ebenso *Linke*, FS Schlosser, 2005, S. 503, 505 f. [II 2]).
[94] Beispiel: BGH WM 1969, 72/73 (obiter).
[95] Beispiel: BGHZ 99, 143, 146, 147 mit S. 147–149 = NJW 1987, 651.
[96] Siehe vor allem 1. Aufl. § 1042 aF Rn. 6; *Schwab/Walter*, 5. Aufl., Rn. 27.12; *Stein/Jonas/Schlosser* § 1042 aF Rn. 25 [a]; *Rosenberg/Gaul/Schilken* § 40 VI 4 – sämtlich im Anschluss an RGZ 148, 270, 275 f. (Sonderfall?) = JW 1935, 3102 m. zust. Anm. *Jonas* (S. 3104, 3105 [II]).
Ebenso unter neuem Recht auch § 767 Rn. 10 aE *(K. Schmidt); Schwab/Walter* Rn. 27.12; *Stein/Jonas/Schlosser* § 1063 Rn. 7 [1. Abs.] bzw. *Stein/Jonas/Münzberg* § 767 Rn. 46 aE; *Frische*, Verfahrenswirkungen und Rechtskraft, 2006, S. 342 u. *Borris/Schmidt* SchiedsVZ 2004, 273, 278 [II 2 fee] mit Fn. 40 – je mit falscher Berufung auf 2. Aufl. Rn. 15; *Nelle*, 2001, S. 559/560, 570 (indes konsequent wegen S. 564 mit S. 339 ff.).
[97] Sehr deutlich etwa *Stein/Jonas/Münzberg* § 767 Rn. 11 (zum Parallelfall des betr. § 794 Abs. 1 Nr. 4 b) mit Rn. 42 – ferner: *Baur/Stürner/Bruns* ZVR 45.4 mit Rn. 45.6; *Zöller/Herget* § 767 Rn. 5; *Rosenberg/Gaul/Schilken* § 40 III 1; *Jauernig/Berger* ZVR Rn. 12.2/3.
[98] Angedeutet von RGZ 148, 270, 276 u. BGHZ 38, 259, 262/263 – freilich insoweit unter falscher Prämisse: Rechtsschutzbedürfnis für Vollstreckungsabwehrklage (so auch 1. Aufl. § 1042 aF Rn. 6; *Thomas/Putzo/Reichold* Rn. 9). Anders schon bisher *Glossner/Bredow/Bühler* Rn. 503.
[99] So aber zB *Wieczorek/Schütze* § 1042 aF Rn. 22; *Schwab/Walter* Rn. 27.12; wohl tendenziell auch RG WarnR 4 (1911) Nr. 305, S. 339, 340.
[100] So aber zB *Schwab/Walter* Rn. 27.14 – im Anschluss an BGHZ 38, 259, 262 f. mit BGH NJW 1965, 1138 [d].
[101] Sehr deutlich dazu RGZ 148, 270, 276 m. zust. Anm. *Jonas* JW 1935, 3104, 3105 [I]. So wie hier *Baur/Stürner* ZVR Rn. 57.3 (§§ 722, 723) u. *Bosch*, Rechtskraft und Rechtshängigkeit, 1991, S. 74; ganz ähnlich auch *Musielak/Voit* Rn. 13 aE.
[102] BGHZ 38, 259, 265 f. = NJW 1963, 538, 540 m. Anm. *Nirk* = JZ 1963, 246 m. Anm. *Schwab* mit BGH NJW 1965, 1138, 1139; OLG Hamburg HansRGZ 1927, 111 u. RIW/AWD 1975, 645 – im Unterschied zu der Regelpraxis bei Gestaltungsrechten (§ 767 Rn. 80): BGH WM 1969, 72, 73.

§ 1060   41–46   Buch 10. Abschnitt 8. Voraussetzungen der Anerkennung u. Vollstreckung

erdulden. § 767 leistet jedoch nicht auch die Arbeit des bisher geltenden § 1043 aF (nachträgliche Aufhebungsklage),[103] denn es geht um nachträglich entstandene materielle Einwendungen.

41   **3. Alternative Klageformen. a) Für den Gläubiger. aa) Leistungsklage.** Eine Leistungsklage auf Erfüllung des Schiedsspruchs ist regelmäßig (aber Rn. 42) unzulässig. Ihr steht zum einen die Rechtskraft entgegen (§ 1055 – Sperrwirkung), zum anderen fehlt dazuhin das Rechtsschutzbedürfnis, wenn und weil es nur um eine Titelerlangung geht: die Vollstreckbarerklärung ist dafür der einfachere,[104] obendrein spezieller geregelte[105] Weg, den ausgeurteilten Rechtserfolg durchzusetzen.

42   Dies gilt nicht mehr nach einer Rechtsnachfolge.[106] Jene ließe sich einfach über § 727 zwar geltendmachen, insoweit fehlt aber vor Vollstreckbarerklärung die Titellegitimation und dafür wiederum fehlt die Aktivlegitimation wegen eben jener Rechtsnachfolge (aber: Rn. 7!). Überhaupt wird ausnahmsweise ganz allgemein eine extra materielle Klage aus Gründen der Prozessökonomie bei besonderem Bedürfnis zugelassen, so wenn zB der Tenor des Schiedsspruchs in einer für die Zwangsvollstreckung ungeeigneten Weise gefasst (und konkretisierungsunfähig, Rn. 23 f.) ist oder nur eine Feststellung enthält,[107] bei totalem Verlust des Schiedsspruchs oder Streit um dessen Originalität, bei fundierten Aufhebungszweifeln des Gläubigers etc. Dabei ist stets sorgfältig jedoch zu prüfen, inwieweit die vorherige Schiedsbindung fortwirkt (§ 1032 Abs. 1). UU wirkt hier die Rechtskraft des Schiedsspruchs doch noch inhaltsprägend (§ 1055 – Präjudizialität).

43   **bb) Positive Feststellungsklage.** Die Wirksamkeit des Schiedsspruches positiv festzustellen (§ 256 Abs. 1), besteht aber idR kein Rechtsschutzbedürfnis[108] – diese Frage wird so oder so nämlich inzident geklärt! Das entweder sogleich bei § 1059 bzw. § 1060 oder indirekt über eine Vorfrageprüfung (dann uU aber Zwischenfeststellungsklage, § 256 Abs. 2). Ergänzend ist auch noch die Subsidiarität zur Leistungsklage (§ 256 Rn. 49) zu beachten.

44   **b) Für den Schuldner. aa) Abänderungsklage (§ 323).** Sie erscheint ergänzend zur Vollstreckungsabwehrklage (§ 767 [Rn. 33 ff.]) statthaft für Einwendungen gegen regelmäßig wiederkehrende Leistungen, wenn und weil nachträglich eine erhebliche Veränderung der Verhältnisse eintritt. Dafür gelten indes dann cum grano salis die Grundsätze der Vollstreckungsabwehrklage.

45   **bb) Aufhebungsantrag (§ 1059).** Der Aufhebungsantrag ist eine Art Wider-„Klage". § 1059 Abs. 3 S. 4 sperrt rein formal erst nachdem positiv Vollstreckbarerklärung erfolgt ist. Doch bewirkt eine verweigerte Vollstreckbarerklärung dasselbe Resultat (Abs. 2 S. 1), ist gleichsam das kontradiktorische Gegenteil, also muss eine derartige „Widerklage" scheitern (§ 33 Rn. 8 mit § 1059 Rn. 81).[109] Ihr mangelt demnach nicht erst das Rechtsschutzbedürfnis[110] – es besteht vielmehr bereits eine anderweitige Rechtshängigkeit eines gleichartigen Streitprogramms. Umgekehrt kann natürlich Vollstreckbarerklärung im Rahmen eines bereits anhängigen Aufhebungsverfahrens erweiternd geltend gemacht werden.[111]

46   **cc) Negative Feststellungsklage (§ 256 Abs. 1).** Die negative Feststellungsklage ist subsidiär zur Aufhebung, die letztendlich hier weiterreicht, dafür aber einen sehr engen Zeitrahmen setzt, der sonst umgangen würde. Der Schuldner hat ausreichende eigenständige Verteidigung – ihm fehlt somit ein Feststellungsinteresse. Zuzulassen wäre allerdings eine solche Klage nach Fristablauf und begrenzt auf die Tatbestände des § 1059 Abs. 2 Nr. 2 (arg. Abs. 2 S. 3 e contrario), wenn und weil der Gläubiger noch stillhält.[112] Mit seiner Antragstellung wird sie aber unzulässig (so wie nach § 256

---

[103] So aber offenbar wohl BT-Drucks. 13/5274 S. 61 re. Sp. [5].
[104] RGZ 117, 386, 388 (inländischer Schiedsspruch) bzw. OLG Hamburg HRR 1933 Nr. 1711 (ausländischer Schiedsspruch); *Wieczorek/Schütze* § 1042 aF Rn. 12; *Stein/Jonas/Schlosser* Rn. 15; *Thomas/Putzo/Reichold* Rn. 9; *Zöller/Geimer* Rn. 3. Anders hier früher ROHG 21, 97, 98/99 „Judikatsklage".
[105] *Musielak/Voit* Rn. 4 (arg. § 1060 Abs. 2 – ferner: §§ 1062–1065!).
[106] BGH KTS 1970, 30, 32 f. mit RGZ 124, 146, 151; *Musielak/Voit* Rn. 7 mit Rn. 4. – aA *Stein/Jonas/Schlosser* Rn. 15 mit Rn. 14 [1. Abs.].
[107] RGZ 100, 118, 121 f.; RG WarnR 7 (1914) Nr. 70, S. 94 mit KG OLGRspr. 29 (1914), 291; *Stein/Jonas/Schlosser* Rn. 15.
[108] RGZ 99, 129, 131 („Umweg zum Ziele"); *Baumbach/Lauterbach/Hartmann* Grundz. § 1059 Rn. 1; *Schütze/Tscherning/Wais* Rn. 531; *Stein/Jonas/Schlosser* Rn. 17 – hier aA wohl *Zöller/Geimer* Rn. 4 a.
[109] AA aber zB OLG Hamburg OLGR 2004, 66, 67 [2].
[110] So aber zB OLG Hamburg SchiedsVZ 2003, 284, 286 [II 3 b]; OLG Koblenz OLGR 2004, 232 [2]; OLG München, Beschl. v. 26. 7. 2006 – 34 Sch 14/06 [II 4]; OLG Rostock, Beschl. v. 18. 9. 2007 – 1 Sch 4/06 [B vor I]; wohl auch OLG Hamm, Beschl. v. 18. 7. 2007 – 8 Sch 2/07 [II 1 a/JURIS-Rn. 23]. Wegen Lit. siehe § 1059 Rn. 81 Fn. 274.
[111] *Stein/Jonas/Schlosser* § 1059 Rn. 4; *Schwab/Walter* Rn. 27.4. mit Rn. 25.5.; *Zöller/Geimer* § 1059 Rn. 4. Auch das ist aber keine „Widerklage" (aber: § 1059 Rn. 81 f.) – Folge: Erledigung der Aufhebung (hier aA wohl BayObLG SchiedsVZ 2004, 163, 164 [II 1]).
[112] So auch *Borges* ZZP 111 (1998), 487, 501; *Hausmann*, FS Hans Stoll, 2001, S. 593, 616 [III 6 b].

Rn. 49). Zulässig wäre auch die Feststellung *formaler* Ungültigkeit[113] im Falle zB eines „Scheinschiedsspruchs".

dd) Vollstreckungsbehelfe. Keine direkte Konkurrenz besteht allerdings mit den Rechtsbehelfen des Klauselerteilungsverfahrens (Klauselerinnerung, § 732) und des Vollstreckungsverfahrens (Vollstreckungserinnerung, § 766 Abs. 1). Jene greifen erst anschließend im eigentlichen Vollstreckungsverfahren und haben eine insgesamt völlig andere Intention. 47

§ 1061 Ausländische Schiedssprüche

(1) ¹Die Anerkennung und Vollstreckung ausländischer Schiedssprüche richtet sich nach dem Übereinkommen vom 10. Juni 1958 über die Anerkennung und Vollstreckung ausländischer Schiedssprüche (BGBl. 1961 II S. 121). ²Die Vorschriften in anderen Staatsverträgen über die Anerkennung und Vollstreckung von Schiedssprüchen bleiben unberührt.

(2) Ist die Vollstreckbarerklärung abzulehnen, stellt das Gericht fest, dass der Schiedsspruch im Inland nicht anzuerkennen ist.

(3) Wird der Schiedsspruch, nachdem er für vollstreckbar erklärt worden ist, im Ausland aufgehoben, so kann die Aufhebung der Vollstrckbarerklärung beantragt werden.

Schrifttum: *Anderegg*, Zum „Doppelexequatur" ausländischer Schiedssprüche, RabelsZ 53 (1989), 171; *van den Berg*, The New York Arbitration convention of 1958, 1981 – und fortlaufende Kommentierung: YCA 7 (1982), 290; 8 (1983), 337; 9 (1984), 329; 10 (1985), 335; 11 (1986), 399; 12 (1987), 409; 14 (1989), 528; 16 (1991), 432; 19 (1994), 475; 21 (1996), 394; *Berger*, Internationale Wirtschaftsschiedsgerichtsbarkeit, 1992; *Bertheau*, Das New Yorker Abkommen vom 10. Juni 1958 über die Anerkennung und Vollstreckung ausländischer Schiedssprüche, 1965; *Borges*, Das Doppelexequatur von Schiedssprüchen – Die Anerkennung ausländischer Schiedssprüche und Exequaturentscheidungen, 1997 (Bespr. *Spellenberg* ZZP 113 [2000], 237); *Dolinar*, Vollstreckung aus einem ausländischen, einen Schiedsspruch bestätigenden Exequaturteil – Gedanken zur Merger-Theorie, FS Schütze, 1999, S. 187; *Broches*, ... Recognition and Enforcement of the Award, in: Sanders (Hrsg.), Uncitral's Project, Report VII, S. 201; *Ernemann*, Zur Anerkennung und Vollstreckung ausländischer Schiedssprüche nach § 1044 ZPO, 1979; *Gessner*, Anerkennung und Vollstreckung von Schiedssprüchen in den USA und in Deutschland, 2001; *Glossner*, Das UN-Übereinkommen über die Anerkennung und Vollstreckung ausländischer Schiedssprüche vom 10. Juni 1958 – 40 Jahre danach, FS Schütze, 1999, S. 221; *Haas*, Die Anerkennung und Vollstreckung ausländischer und internationaler Schiedssprüche, 1991; *ders.*, Convention on the Recognition and Enforcement of Foreign Arbitral Awards, in: Weigand (ed.), Practitioner's handbook on international arbitration, 2002; *Jonas*, Anerkennung und Vollstreckung ausländischer Schiedssprüche, JZ 1927, 1297; *Kahn*, Vollstreckung ausländischer Schiedssprüche im Inland, ZZP 55 (1930), 114; *Kilgus*, Zur Anerkennung und Vollstreckbarerklärung englischer Schiedssprüche ..., 1995; *Kröll*, Recognition and Enforcement of Foreign Arbitral Awards in Germany, Int. Arb. L. Rev. 2002, 160; *ders.*, Die Schiedsvereinbarung im Verfahren zur Anerkennung und Vollstreckbarerklärung ausländischer Schiedssprüche, ZZP 117 (2004), 453; *ders.*, Die Präklusion von Versagungsgründen bei der Vollstreckbarerklärung ausländischer Schiedssprüche, IPRax 2007, 430; *Laschet*, Zur Anerkennung ausländischer Zwischenschiedssprüche, IPRax 1984, 72; *Linke*, Gescheiterte Aufrechnung im Schiedsverfahren – Nachholung im Exequaturverfahren?, FS Schlosser, 2005, S. 503; *Maier*, Europäisches Übereinkommen und UN-Übereinkommen über die internationale Schiedsgerichtsbarkeit, 1966; *Mallmann*, Bedeutung der Schiedsvereinbarung im Verfahren zur Anerkennung und Vollstreckung ausländischer Schiedssprüche, SchiedsVZ 2004, 152; *Mezger*, Zum Begriff des ausländischen Schiedsspruchs, NJW 1959, 2196; *Moller*, Schiedsverfahrensnovelle und Vollstreckung ausländischer Schiedssprüche, NZG 1999, 143; *Nelle*, Anspruch, Titel und Vollstreckung ..., 2000, S. 536 ff.; *Nienaber*, Die Anerkennung und Vollstreckung im Sitzstaat aufgehobener Schiedssprüche, 2002; *Paulsson*, L'exécution des sentences arbitrales dans le mondes de demain, Rev. Arb. 1998, 611; *Di Pietro/Platte*, Enforcement of International Arbitration Awards – The New York Convention of 1958, 2001; *Sandrock*, Wann wird ein ausländischer Schiedsspruch im Sinne des Art. V Abs. 1 Buchst. (e) der New Yorker Konvention und des § 1044 ZPO verbindlich?, FS Trinkner, 1995, S. 669; *Sarcevic*, The ... Enforcement of Arbitral Awards under the UNCITRAL Model Law, in: Sarcevic (Hrsg.), Essays on International Commercial Arbitration, 1989, S. 176; *Schlosser*, Verfahrensintegrität und Anerkennung von Schiedssprüchen im deutsch-amerikanischen Verhältnis, NJW 1978, 455; *ders.*, Das Recht der internationalen privaten Schiedsgerichtsbarkeit [RIPS], 2. Aufl. 1989; *Schroeder/Oppermann*, Anerkennung und Vollstreckung von Schiedssprüchen nach lex mercatoria in Deutschland, England und Frankreich, ZVglRWiss 99 (2000), 410; *Solomon*, Die Verbindlichkeit von Schiedssprüchen in der internationalen privaten Schiedsgerichtsbarkeit – Zur Bedeutung nationaler Rechtsordnungen und der Entscheidung nationaler Gerichte für die Wirksamkeit internationaler Schiedssprüche, 2007; *Ungar*, The Enforcement of Arbitral Awards under UNCITRAL's Model Law on International Commercial Arbitration, Col. J.-TransnatL 1987, 717; *Weinacht*, Die Vollstreckung ausländischer Schiedssprüche nach ihrer Annulierung im Herkunftsstaat, ZVglRWiss 98 (1999), 139 bzw. J. Int. Arb. 19 (2002), 313; *Westin*, Die Vollstreckbarkeit ausländischer Urteile und Schiedssprüche, ZVglRWiss. 87 (1988),

---

[113] BGH KTS 1980, 130, 131 [I 3 a].

§ 1061 1–4 Buch 10. Abschnitt 8. Voraussetzungen der Anerkennung u. Vollstreckung

145; *Westheimer,* Der ausländische Schiedsspruch – Seine Wirksamkeit und Vollstreckbarkeit im Inlande, ZZP 39 (1910), 241. Ausführliche Hinweise bei § 1061 Anh. 1.

Übersicht

	Rn.		Rn.
I. Normzweck	1–3	III. Ausgestaltung (Abs. 2 u. 3)	22–30
II. Rechtsgrundlagen (Abs. 1)	4–21	1. Verfahrensgang (§ 1025 Abs. 4)	22–24
1. Regelungsmodelle	4–6	2. Anfängliche Nichtanerkennung (Abs. 2)	25–27
2. Die Unterscheidung in- und ausländischer Schiedssprüche	7, 8	3. Nachträglicher Aufhebungsantrag (Abs. 3)	28–30
3. Die Geltung des New Yorker Übereinkommens (Abs. 1 S. 1)	9–17	IV. Sonderfälle	31–35
a) Erfordernisse	9–13	1. Doppelexequatur	31–33
b) Rechtsfolgen	14–17	2. Umgehungsklagen	34, 35
4. Regelungsvorrang	18–21		
a) Multilaterale Übereinkommen	20		
b) Bilaterale Abkommen	21		

I. Normzweck

1 Die Vorschrift ermöglicht die **inländische Beachtlichkeit ausländischer Schiedssprüche.** Sie fasst dabei zwei Schritte gleichermaßen zusammen: den Brückenschlag vom Aus- ins Inland, den selbst Urteile angehen müssen (§§ 328; 722, 723: „territorial begrenzte Staatsmacht"), und die Gleichstellung privater Rechtsprechung, wie sie die inländischen Schiedssprüche ebenso trifft (§§ 1059, 1060: „inhaltlich begrenzte Schiedsmacht"). Die Vorschrift hat demzufolge eine **Kontrollfunktion** – ist in der Grundtendenz aber eher wohlgesonnen: Das ausländische Recht und mit ihm sein Schiedsspruch wird in den Grenzen des Abs. 1 S. 1 iVm. Art. V UNÜ hingenommen (Rn. 11), ohne dass es auf eine eigene Gegenseitigkeitsverbürgung ankäme. Es bedarf auch keiner irgendwie qualifizierenden sonstigen Inlandsbeziehung[1] (arg. ex § 1062 Abs. 2 aE).

2 Begehrt wird regelmäßig bloß **Vollstreckbarerklärung** („**Exequatur**" – UNÜ: Zulassung zur Vollstreckung) als eines förmlichen Aktes („exekutorische Formenstrenge") – sie impliziert die Anerkennung des Schiedsspruches[2] (arg. Abs. 2 [Rn. 25–27]) und lebt von der fremden (ausländischen) Vorgabe (arg. Abs. 3 [Rn. 28–30]); dagegen fehlt jedwede – autonome bzw. deutsche – Kompetenz zur Aufhebung (§ 1059 Rn. 68 bzw. auch arg. Art. 2 § 2 SchiedsVfG entgegen Art. 2 UNÜ-ZustG).

3 Die bloße Anerkennung tritt allerdings gemeinhin auch ohne förmliches Exequatur ein, sofern bloß dafür alle konkreten Voraussetzungen vorliegen **(Inzidentanerkennung).** Auch das neue Recht gibt **keine Separatanerkennung** – trotz Abs. 1 S. 1 („Anerkennung *und* Vollstreckung") iVm. Art. III–VI UNÜ;[3] es verfährt nach dem Vorbild der §§ 328; 722, 723: Ausländische Schiedssprüche wirken ohne weiteres Rechtskraft, die jeweils inzident anerkannt wird – wenn überhaupt denn die lex fori für das Schiedsverfahren dem Schiedsspruch solche Wirkungen zumisst, wie sie national § 1055 normiert (bloße **Wirkungserstreckung,** nicht Gleichstellung [§ 328 Rn. 3f. u. 144–146] – hier einmal unter umgekehrten Vorzeichen!). Daher fehlt auch konsequenterweise eine entsprechende staatsgerichtliche Zuständigkeit (vgl. § 1062 Abs. 1 Nr. 4, 2. Var.).

II. Rechtsgrundlagen (Abs. 1)

4 **1. Regelungsmodelle.** Für die (Anerkennung und) Vollstreckbarerklärung waren mehrere Lösungen denkbar. Der Tradition alten Rechts gehorcht die **separate Regelung für den ausländischen Schiedsspruch** (§ 1044 aF),[4] die Vorgabe des Modellgesetzes beherzigend ist die Erweiterung auf die Anerkennung (Art. 35, 36 ModG); beide normier(t)en einen vollauf eigenständigen Katalog von Ablehnungsgründen (§ 1044 Abs. 2 aF [laxer als § 1042 Abs. 2 iVm. § 1041 aF für die

---

[1] AA *Schütze* NJW 1966, 1598, 1599 – ferner: *Schütze/Tscherning/Wais* Rn. 646; *Wieczorek/Schütze* § 1044 aF Rn. 2; *Schütze* SV Rn. 259.
[2] Anders möglicherweise jedoch BGH NJW 1987, 1146 [II] = RIW 1987, 312 (Fn. 53 – dazu aber § 722 Rn. 24 einerseits, Rn. 40 andererseits) – für Urteile und nebenbei auch nicht ganz deutlich („[nur?] soweit das ausländische Urteil anzuerkennen ist").
[3] *Musielak/Voit* Rn. 1 f.; *Zöller/Geimer* Rn. 16 f. – aber (krit.) auch: Rn. 19.
[4] Eingeführt mit G vom 25. 7. 1930 (RGBl. I S. 361).

Ausländische Schiedssprüche

entsprechenden inländischen Schiedssprüche] bzw. Art. 36 Abs. 1 ModG [abgestimmte gleichlaufende Anforderung – zusätzlich gilt allerdings lit. a (v), Rn. 12]) – dagegen folgt das neue Recht voll dem UNÜ-Regelungsmuster. Das fördert die Vereinheitlichung und Übersichtlichkeit – und nicht nur international!

Denn § 1059 Abs. 2 bzw. § 1060 Abs. 2 S. 1 orientieren sich ihrerseitig über Art. 34 Abs. 2 ModG an Art. V UNÜ (wiederum mit Ausnahme von Abs. 1 lit. e, Rn. 11 f.), so wie auch Art. 36 ModG. Und dessen Übernahme war sowieso nur angedacht als eine Art „Notanker" bei mangelnder UNÜ-Einbindung.[5] Also konnte man gleich generell auf das UNÜ rekurrieren. 5

Dies entweder rein **binnenrechtlich,** durch demzufolge *konstitutive* Verweisung gemäß Abs. 1 S. 1[6] von der ZPO auf das UNÜ (so vom 1. 1. 1998 bis 31. 8. 1998), oder aber **völkerrechtlich,** per Rücknahme des Vertragsstaatenvorbehalts (Art. I Abs. 3 S. 1 UNÜ), was derweilen auch geschehen ist.[7] Damit hat jetzt jene Norm nurmehr *deklaratorische* Verheißung völkerrechtlicher Regelungen (ab 1. 9. 1998),[8] – mit einigen ganz wenigen nationalen Eigenarten (Tatbestand der Anknüpfung [Rn. 9; Reichweite der Regelungen [Rn. 14–16]). Abs. 1 S. 1 entspricht Art. 194 IPRG[9] – das UNÜ ist inzwischen „proprio vigore" anzuwenden; daneben gelten dazuhin günstigere staatsvertragliche Regelungen (Art. VII Abs. 1 UNÜ statt Abs. 1 S. 2 [Rn. 18]); vgl. aber erg. Rn. 14–16. 6

2. Die Unterscheidung in- und ausländischer Schiedssprüche. In Deutschland folgte man bisher regelmäßig der **Verfahrenstheorie:** ausländischer Schiedsspruch war danach ein solcher, der – rein effektiv – nach ausländischem Schiedsverfahrensrecht ergangen war[10] (1. Aufl. § 1044 aF Rn. 2–4), sogar wo einem (deutschen) Schiedsgericht sonst jegliche Auslandsberührung mangelte. Jene Anknüpfung wird mit § 1025 Abs. 1 (dort Rn. 10) iVm. § 1043 Abs. 1 und dem Umwechseln auf das **Territorialitätsprinzip** nunmehr aber obsolet:[11] bei *inländischem* Schiedsort (§ 1043 Abs. 1) gilt zwingend auch inländisches Schiedsrecht (§ 1025 Abs. 1). „**Anationale" Schiedssprüche** würden sich dieser eindeutigen Kategorisierung widersetzen; die ZPO versagt sich solchen Konstrukten (§ 1025 Rn. 11). 7

Alle in der Bundesrepublik Deutschland ergangenen Schiedssprüche (oder korrekter wohl: alle Schiedssprüche, die einen **inländischen Schiedsort** bekannt geben, § 1054 Abs. 3 [S. 2!]) gehören daher *nicht* zum Anwendungsbereich des § 1061 – für diese gelten jetzt § 1060 *und* § 1059![12] Das ergibt der einprägsame Umkehrschluss aus § 1025 Abs. 4. Alle anderen Sprüche sind – gemäß neuer Sicht – ausländische iSv. § 1061 iVm. § 1025 Abs. 4 (dort Rn. 20 f.),[13] auch soweit jene trotz *ausländischem* **Schiedsort** unter Rückgriff auf deutsches (Schiedsverfahrens-)Recht ergehen.[14] Fehlt jedoch die Angabe eines Schiedsortes, ist derselbe zu erkunden;[15] dabei gibt die Vorgabe des § 1043 eine nützliche Orientierungshilfe: Formalsitz oder Tagungsort. 8

3. Die Geltung des New Yorker Übereinkommens (Abs. 1 S. 1). a) Erfordernisse. Der Zugriff auf das UNÜ ist eröffnet für ausländische (Rn. 7 f.) Schiedssprüche, sie mögen von ständigen oder Gelegenheitsschiedsgerichten stammen (Art. I Abs. 2 UNÜ). Was **Schiedsspruch** ist, dies 9

---

[5] BT-Drucks. 13/5274 S. 62 li. Sp. [4].
[6] AA *Moller* NZG 1999, 143, 144 [II 3].
[7] BGBl. 1999 II S. 7 [= RPS 1999 I S. 13] gegen BGBl. 1961 II S. 121; 1987 II S. 389.
[8] BT-Drucks. 13/5274 S. 61/62 [3]; wohl auch NJW-RR 2001, 1059 [II 1b]; 2004, 1504 [II 2 b aa] = SchiedsVZ 2003, 281, 282; BGH NJW 2007, 772, 774 [19] = SchiedsVZ 2006, 161 – hier einschr. aber *Musielak/Voit* Rn. 28: („Ermessensverbot" – anders zuvor wohl Rn. 13!).
[9] Dazu BSK-IPRG (CH)/*Patocchi/Jermini* Art. 194 Rn. 18 ff.
[10] BGHZ 21, 365, 367 f. = NJW 1956, 1838; RIW/AWD 1976, 449, 451 [V 1]; NJW 1984, 2763, 2764; BGHZ 96, 40, 41 = NJW 1986, 1436; 1988, 3090, 3091; NJW-RR 2001, 1059 [II 1a] = IPRspr. 2001 Nr. 202, S. 430; OLG Köln ZZP 91 (1978), 318; OLG Frankfurt/Main IPRax 1982, 149, 150; NJW 1984, 2768; RIW/AWD 1989, 911, 912; OLG Hamburg IPRax 1990 Nr. 236, S. 508, 509; OLG Düsseldorf, Beschl. v. 19. 8. 2003 – 6 Sch 2/99 [JURIS-Rn. 46] – aus der Lit. dazu beispielhaft etwa: *Habscheid* JZ 1957, 26, 27 f., ZZP 70 (1957) 25, 36 u. KTS 1964, 146, 147 ff.; *Böhm* ZfRV 1968, 262, 281 ff.; *Walter/Stadler* ZZP 100 (1987), 239, 242; *Schlosser* RIPS Rn. 64 f.; *Schwab*, 3. Aufl. S. 222 f., aA *Schwab/Walter* Rn. 30.6.
[11] BT-Drucks. 13/5274 S. 62 li. Sp. [5] mit S. 31 li. Sp. (§ 1025 [5]). Das gilt konsequenterweise auch für Art. I Abs. 1 S. 2 UNÜ. Gut zusammengefaßt bei *Borges* ZZP 111 (1998), 487, 502–504.
[12] Beispiele: BayObLG IPRspr. 1999 Nr. 184, S. 447 [II A 1b]; OLG Köln, Beschl. v. 30. 7. 2002 – 9 Sch 14/02.
[13] Beispiele: BGH NJW 2001, 1730 [II 2 vor a] = IPRspr. 2001 Nr. 203, S. 435; OLG Düsseldorf, Beschl. v. 19. 8. 2003 – 6 Sch 2/99 [JURIS-Rn. 52–54].
[14] BT-Drucks. 13/5274 S. 62 li. Sp. [6] mit S. 31 (§ 1025 [6]) u. S. 66/67 – ebenso: *Thomas/Putzo/Reichold* Rn. 1; *Zimmermann* Rn. 1; *Musielak/Voit* Rn. 4 mit § 1043 Rn. 1; *Schwab/Walter* Rn. 30.6; offen OLG Bremen OLGR 2006, 650, 651 [II]; aA *Schütze* SV Rn. 288 [1. Abs.].
[15] AA hier *Borges* ZZP 111 (1998), 487, 505: subsidiäre staatsgerichtliche Bestimmung.

§ 1061 10, 11   Buch 10. Abschnitt 8. Voraussetzungen der Anerkennung u. Vollstreckung

ergibt eine „**Doppelqualifikation**"[16] (während das UNÜ autonom qualifiziert[17]): Charakteristika eines Schiedsspruches gemäß deutschem Recht – nicht förmlich (§ 1054),[18] wohl aber sachlich (§ 1056 Abs. 1, 1. Var.) – aber ausgefüllt nach Heimatrecht. Denn es geht um eine Wirkungserstreckung unter nationaler randscharfer Abgrenzung zwischen Staatsurteilen (§§ 722, 723 iVm. § 328) und Schiedssprüchen (§ 1061 Abs. 1 S. 1 iVm. UNÜ). Und dabei zählt die **Funktionsäquivalenz**,[19] nicht etwa die Bezeichnung. Was aber gemäß Heimatrecht kein Schiedsspruch sein möchte (vgl. noch erg. Rn. 31–33), kann sich erst recht vor einem (deutschen) Exequaturgericht nicht einfach als solcher gerieren.

10   Der Spruch muss – nach Heimatrecht![20] – eine **verbindliche Entscheidung** sein, dh. darf nicht noch einer oberschieds- oder staatsgerichtlichen Überprüfung unterliegen bzw. formaler staatlicher Bestätigung („Exequatur") bedürfen.[21] Das folgte bisher direkt aus § 1044 aF und künftighin aus Art. V Abs. 1 lit. e UNÜ (Rn. 11). Die bloße (potentielle) **Möglichkeit einer Aufhebung** des Schiedsspruchs oder Wiederaufnahme des Verfahrens im Ausland steht seiner Verbindlichkeit jedoch nicht entgegen.[22] Denn Art. VI UNÜ stellt dafür eine selbständige Regelung bereit, welche die Aussetzung des Verfahrens oder die Verordnung einer Sicherheit erlaubt – aber just erst nach eingebrachtem Aufhebungsantrag bzw. aktualisierter Aufhebungsgefahr. Der Schiedsspruch ist unverbindlich, sobald gültige Aufhebung erfolgt, sei es nur durch vorläufig vollstreckbare Entscheidung[23] (arg. Art. V Abs. 1 lit. e, Var. 2b UNÜ: „einstweilen gehemmt"). Er besteht unberührt staatlicher Umstürze im Herkunftsstaat als Akt privater Gerichtsbarkeit fort.[24]

11   Dem Parteiantrag wird stattgegeben, wenn keinerlei **Versagungsgründe (Art. V UNÜ)** vorliegen. Die enumerierten Gründe entsprechen nahezu vollständig den nationalen Aufhebungsgründen (§ 1059 Abs. 2),[25] die über das ModG vom UNÜ direkt rezipiert wurden. Der Eingangssatz bei Nr. 1 ist insoweit marginal geändert und härter vielleicht gefasst („den Beweis erbringt"); Nr. 1a, 2. Var. („Wirksamkeitskontrolle") und Nr. 1d („Gesetzmäßigkeitskontrolle") verweisen naturgemäß subsidiär auf das Heimatrecht. Insgesamt bleiben geänderte Formalanforderungen (Nr. 1a: Art. II Abs. 1/2 UNÜ anstatt § 1031 [Abs. 2–6][26] – aber: Art. VII Abs. 1 UNÜ [§ 1031 Rn. 21]), der Verzicht auf das Kausalerfordernis bei den Verfahrensfehlern[27] (Nr. 1d) und namentlich der eigenständige **Versagungsgrund mangelnder Verbindlichkeit** (Art. V Abs. 1 lit. e, 1. Var. UNÜ

---

[16] RG IPRspr. 1935–1944 Nr. 644b, S. 1176; KG OLGR 1996, 68, 70; *Zöller/Geimer* Rn. 4f. mit IZPR Rn. 3892; wohl ebenso auch *Martiny* Hdb. IZVR III/1 Kap. I Rn. 526 u. *Ernemann*, 1979, S. 6–8. Dazu auch näher noch *Haas*, 1991, S. 134ff.
[17] BGH NJW 1982, 1224, 1225 = IPRax 1982, 143 m. Anm. *Wenger* (S. 135); OLG Hamburg IPRax 1982, 146, 147/148; § 1061 Anh. 1 Art. I UNÜ Rn. 2–4 *(Adolphsen)*. – Etwas weicher jetzt *Musielak/Voit* Rn. 3 u. *Schwab/Walter* Rn. 30.11 („ZPO mit UNÜ").
[18] Irrig insoweit daher OLG Rostock RPS 2000 I S. 20, 22 [2.1] = IPRspr. 1999 Nr. 183, S. 443 u. IPRax 2002, 401, 403 [II 2] = IPRspr. 2001 Nr. 206, S. 442 (UNÜ); OLG Düsseldorf SchiedsVZ 2005, 214, 215 re. Sp. [II 2].
[19] BGH NJW 1982, 1224, 1226 [A I 5] mit OLG Hamburg IPRax 1982, 146, 147 im Anschluß an *Schlosser* RIPS Rn. 769 bzw. *Stein/Jonas/Schlosser*, 21. Aufl., § 1044 aF Rn. 3. Wohl relativ ähnlich auch BSK-IPRG (CH)/*Patocchi/Jermini* Art. 194 Rn. 2.
[20] BGHZ 52, 184, 188 = NJW 1969, 2093; 1978, 1744 [II 2]; 1984, 2763, 2764 [III 1]; OLG Hamburg IPRspr. 1964/1965 Nr. 275 S. 787, 789ff.; OLG Rostock RPS 2000 I S. 20, 23 [2.3] = IPRspr. 1999 Nr. 183, S. 443 – aA zB *van den Berg*, 1981, Absch. 341ff.; *Bertheau*, 1965, S. 90ff.; *Stein/Jonas/Schlosser*, Anh. § 1061 Rn. 127 (Kombination).
[21] BGHZ 104, 178, 180 [3a] = NJW 1988, 3090; 2001, 1730 [II 2b] = IPRspr. 2001 Nr. 203, S. 435.
[22] RT-Drucks. IV/2298 (1928) S. 6 zu § 1044 aF bzw. OLG Hamburg HRR 1933 Nr. 1711 aE; BGHZ 52, 184, 188 = NJW 1969, 2093; 1978, 1744 [II 2]; BGHZ 104, 178, 180 [3a] = NJW 1988, 3090; BGH NJW 2007, 772, 774 [23] = SchiedsVZ 2006, 161; OLG München OLGR 2007, 684 [II 3b aE]; BayObLG NJW-RR 2003, 502, 503/504 [II 6a]; OLG Stuttgart ZIP 1987, 1213, 1214 – zust. *Musielak/Voit* Rn. 5; einschränkend: *Habscheid* KTS 1970, 1, 9f.; *Schütze* SV Rn. 258.
[23] OLG Rostock RPS 2000 I S. 20, 23 [2.3] = IPRspr. 1999 Nr. 183, S. 443; wohl auch OLG Dresden SchiedsVZ 2007, 327, 329 li./re. Sp. [II 4] – ferner: *Schwab/Walter* Rn. 30.14 aE; *Baumbach/Lauterbach/Albers*, 56. Aufl., § 1044 aF Rn. 6; *Nelle*, 2000, S. 571–574 m. weit. Nachw.
[24] OLG Hamm NJW-RR 1995, 1343 (Jugoslawien/Kroatien).
[25] Auch gegenüber § 1044 aF hat sich „im wesentlichen nichts geändert" (BayObLGZ 1998, 219, 222 = NJW-RR 1999, 644).
[26] Hierzu näher *Moller* NZG 1999, 143, 145f. [III–V] – jüngst tendenziell anders BGH NJW 2005, 3499, 3500 [II 2c bb] m. weit. Nachw., ferner *Kröll* IPRax 2002, 384, 386 [III 2] bzw. ZZP 117 (2004), 453, 469–478 [V], insbes. S. 477f. (arg. Art. VII Abs. 1 UNÜ).
[27] Die Begrenzung ist im UNÜ umstritten, vgl. § 1061 Anh. 1 Art. V UNÜ Rn. 52 *(Adolphsen)* einerseits (Wesentlichkeit), *Schlosser* RIPS Rn. 817f. andererseits (Kausalität); vgl. auch erg. OLG Stuttgart, Beschl. v. 14. 10. 2003 – 1 Sch 16/02 [B II 3abb/JURIS-Rn. 96ff., 105–107].

Ausländische Schiedssprüche   12–14 § 1061

[§ 1061 Anh. 1 Art. V UNÜ Rn. 54–57]), welcher den bisherigen Normgehalt des § 1044 aF aufnimmt, jedoch nicht mehr amtswegiger Prüfung unterstellt. Dazu tritt noch die endgültige Aufhebung bzw. einstweilige Hemmung (Art. V Abs. 1 lit. e, 2. Var. mit § 1061 Anh. 1 Art. VI UNÜ [§ 1061 Anh. 1 Art. V UNÜ Rn. 59 f., 63 f.]). Dabei gilt *binnenrechtlich* auch nicht die Beschränkung des Art. IX Abs. 2 EuÜ (er hat bloß völkerrechtlich Verbindlichkeit!).

Die **Anerkennungsfähigkeit** der Auslandsentscheidung (§ 328 für Staats-, § 1061 Abs. 1 für **12**
Schiedsgerichte) spielt dafür jedoch keine Rolle; überprüfbar ist allein das Faktum, dass kein Schiedsspruch mehr besteht, und namentlich der aufhebenden (Staats-)Instanz (Art. V Abs. 1 lit. e UNÜ: „von einer zuständigen Behörde ... aufgehoben"). Das wird idR sein Heimatstaat sein (§ 1061 Anh. 1 Art. V UNÜ Rn. 60), dessen nationale Normen eine entsprechende Aufhebungskompetenz bereitstellen müssen; Art. V Abs. 1 lit. e UNÜ respektiert sie, begründet sie aber nicht. Es dürfte unter neuem Recht weiter bei der tradierten Praxis[28] verbleiben, die vorab **ausländisch schon verfristete Aufhebungsgründe** nach Art. V Abs. 1 u. Abs. 2 lit. a UNÜ (§ 1044 Abs. 2 Nr. 1 aF) präkludiert.[29] Das berücksichtigt die Vorhand des Heimatstaates, fördert den internationalen Entscheidungseinklang und führt zur Gleichbehandlung in- und ausländischer Schiedssprüche (§ 1060 Abs. 2 S. 3). Bei einer späteren (heimatstaatlichen) Aufhebung hilft Abs. 3 (Rn. 28–30).

Maßgeblich ist insoweit die Entscheidung eines Rechtsstreits durch Schiedsrichter[30] auf einer **13**
(privat-)rechtsgeschäftlichen (§ 1029 oder § 1066) Basis[31] (näher: Vor § 1025 Rn. 1 f. mit § 1029 Rn. 4–6) – oder anders gesagt auch: die privatorganisierte Ausübung rechtsprechender Gewalt. **Nicht in Betracht kommen** neben Urteilen („Typenzwang" ohne Mischformen)[32] Schiedsgutachten, Zwischenentscheide (hier: § 1040 Abs. 3 S. 1) und Schiedsvergleiche (aber: § 1053), die irreguläre Verfahrensbeendigung (hier: § 1056 Abs. 2) oder eine sonstige Äußerung des Schiedsgerichts, die auch nach ihrem (Heimat-)Recht nicht als Schiedsspruch angesehen werden kann, und namentlich prozessleitende Verfügungen. Vergleichbar scheint demnach ein staatlicherseits bestätigter kalifornischer Schiedsspruch;[33] umgekehrt beim italienischen *lodo irrituale,* der den Grundanforderungen *deutscher* Funktionsäquivalenz letztlich nicht standhält.[34]

b) Rechtsfolgen. Für die „Anerkennung und [Zulassung zur] Vollstreckung" gilt kraft natio- **14**
naler – zwar weithin bloß deklaratorischer (Rn. 6) – Verweisung jetzt das New Yorker oder **UN-**

---

[28] BGHZ 52, 184, 189 = NJW 1969, 2093 mit BGHZ 55, 162, 168 f. (zust.: *Metzger* AWD 1970, 258, 260 mit NJW 1962, 278 f.; *Münzberg* ZZP 83 [1970], 330; *Raeschke-Kessler* RPS 1992, 19, 21; *Haas* IPRax 1993, 382, 384 f. [II 5] – krit.: *Habscheid* KTS 1970, 1, 9; *Pfaff* AWD 1970, 55; 1971, 235; *Bülow* NJW 1972, 415 mit NJW 1971, 486). Ferner: BGHZ 57, 153, 157; RIW/AWD 1976, 449, 451 [V 2]; BGHZ 71, 131, 134 ff. = NJW 1978, 1744; 1984, 2763, 2764 [III 2 a]; NJW-RR 1988, 572; WM 1991, 576, 577; BGHR § 1044 Abs. 2 Nr. 1 aF – Einwendungen 1 u. Abs. 2 Nr. 2 – Befangenheit 1.

[29] Zust. OLG Karlsruhe SchiedsVZ 2008, 47, 48 [II 2]; 2006, 281, 282 f. [II 1] m. zust. Anm. *Gruber*, S. 283, 284 f. [IV]; SchiedsVZ 2006, 335, 336 [II 1], hierzu krit. jüngst *Kröll* IPRax 2007, 430; OLG Hamm SchiedsVZ 2006, 106, 108 [IV 1 a/b] (§ 242 BGB); OLG Koblenz SchiedsVZ 2005, 260, 261 re. Sp. [II]; OLG Stuttgart, Beschl. v. 14. 10. 2003 – 1 Sch 16/02 [B II 1 a/b mit 4 a u. 5 e aa/JURIS-Rn. 60–65, 131, 148]; *Musielak*/*Voit* Rn. 12 aE u. 20; § 1061 Anh. 1 Art. V UNÜ Rn. 2 (*Adolphsen*: „Zwang zum Auswärtsspiel"); *Sandrock* IPRax 2001, 550, 551–553 [II 1] („local remedies rule"); *Kröll* IPRax 2002, 384, 387 li. Sp. [III 3]. Offenlassend OLG Rostock IPRspr. 2001 Nr. 206, S. 442, 447 f. [II 3 d] (Willkürakt? – dagegen indes mR *Kröll* IPRax 2002, 384, 387 [III 3]) u. *Zöller*/*Geimer* Rn. 26–29, insbes. Rn. 29. Unklar insoweit leider BGH NJW-RR 2001, 1059, 1060 f. [II 4 b].
Differenzierend *Mallmann* SchiedsVZ 2004, 152, 157 f. [IV 1 b/c]: materiell-rechtliche Mängel nicht präklusionsfähig, mit Ausnahme für ICC-Verfahren (Terms of Reference!). *Schriftform* ist aber immer unumgänglich: OLG Frankfurt/Main IHR 2007, 42, 43 re. Sp. u. OLG Celle, Beschl. v. 18. 9. 2003 – 8 Sch 12/02 [2] – je mit Hinweis auf BayObLGZ 2002, 392, 394–396 [II 2] – Ausnahme davon wiederum: rügeloses Einlassen (OLG Schleswig IPRspr. 2000 Nr. 185, S. 409, 412 [2 a (2)]; BayObLG, Beschl. v. 23. 9. 2004 – 4 Sch 5/04 [II 3 a]; *Mallmann* SchiedsVZ 2004, 152, 157 li. Sp. [IV 1 a] (UNÜ) mit S. 158 re. Sp. [IV 2 a] (EuÜ); *Schwab*/*Walter* Rn. 44.10; *Stein*/*Jonas*/*Schlosser* Anh. § 1061 Rn. 53.
Anders der Ansatz bei KG SchiedsVZ 2007, 108, 111 f. [II 1 b]: inländischer Treuwidrigkeitseinwand (§ 242 BGB) wegen unauflöslichem Selbstwiderspruch (allerdings für Sonderfall – aber mE doch verallgemeinerungsfähig!).
Generell abl. hingegen BayObLG NJW-RR 2001, 431, 432 [2 d]; OLG Schleswig IPRspr. 2000 Nr. 185, S. 409, 413 [2 b (2)]; *Schlosser*, VIV-Reihe XI (2000), S. 163, 196 bzw. *Stein*/*Jonas*/*Schlosser* Anh. § 1061 Rn. 76 [2. Abs. aE]; *Wegen*/*Wilske* IDR 2004, 77, 80 [II 2]; *Kröll* ZZP 117 (2004), 453, 485 [VII 1 c]; *Harbst* SchiedsVZ 2007, 22, 29 [III 3 b]. Sehr krit. auch *Ernemann*, 1979, S. 110 ff., 115 ff. (125).

[30] BGH NJW 1982, 1224, 1225 (UNÜ).
[31] KG OLGR 1996, 68, 69 (UNÜ); OLG Köln ZZP 91 (1978), 318 (§ 1044 aF).
[32] RG IPRspr. 1935–1944 Nr. 644 b, S. 1176, 1177 gegen OLG Bamberg ebd. Nr. 644 a, S. 1170, 1171.
[33] BayObLG NJW-RR 2003, 502, 503 [II 4], zust. *Plaßmeier* SchiedsVZ 2004, 234, 236 f.
[34] Vgl. die Nachw. bei Fn. 19.

§ 1061   15–19   Buch 10. Abschnitt 8. Voraussetzungen der Anerkennung u. Vollstreckung

Übereinkommen vom 10. 6. 1958 (BGBl. 1961 II S. 122 – dazu § 1061 Anh. 1 mit ausführlicher Kommentierung *[Adolphsen]*) auch im Verhältnis zu Nichtvertragsstaaten bzw. ohne Rücksicht auf verbürgte Gegenseitigkeit.

15   Es handelt sich hierbei um eine **beschränkte Verweisung** auf Art. II Abs. 1, 2, Art. III S. 1 und Art. IV–VI UNÜ:[35] Art. III S. 2 UNÜ (prozessuale Gleichbehandlung) und Art. VII Abs. 1 UNÜ (materielle Meistbegünstigung) werden national eigenständig geregelt (§ 1025 Abs. 4 mit §§ 1062– 1065 [Rn. 22] einerseits, § 1061 Abs. 1 S. 2 [Rn. 18 ff.] andererseits); Art. I Abs. 1 UNÜ u. Abs. 3 UNÜ regeln Anwendungsvoraussetzungen, welche ja gerade Abs. 1 S. 1 künftighin nun überspielt; Art. I Abs. 2 UNÜ bringt eine letztendlich selbstverständliche Klarstellung; Art. II Abs. 3 UNÜ betrifft andere Probleme und findet seine Heimat bei § 1032 Abs. 1 S. 1 abstrahiert hier insbesondere vom Vertragsstaatenvorbehalt (Art. I Abs. 3 S. 1 UNÜ)[36] und auch vom Handelssachenvorbehalt (Art. I Abs. 3 S. 2 UNÜ), der bei der ZPO-Konzeption (Vor § 1025 Rn. 118 mit § 1025 Rn. 3) von vornherein bedeutungslos erscheinen muss.

16   Man wird die Norm als **statische Verweisung** jedoch verstehen müssen, zumal eine ganz exakt bestimmte[37] (BGBl.-)Fundstelle angegeben wird; eine eventuell künftige Änderung des **Ursprungstextes** würde also nicht automatisch inkorporiert. Ebenso gilt die dort publizierte nichtamtliche Übersetzung.[38] Ausgelegt wird dabei aber nicht national, sondern idR autonom, dh. **„übereinkommensorientiert".**

17   Nach dem Wortlaut des Gesetzes begehrt werden kann sowohl Anerkennung (Art. III S. 1, 1. Var. UNÜ – national nur inzident) wie Zulassung zur (Zwangs-)Vollstreckung (Art. III S. 1, 2. Var. UNÜ – impliziert national Anerkennung) – dazu schon oben Rn. 2 f. –, und zwar gemäß gleichlaufender förmlicher (Art. IV UNÜ) und sachlicher (Art. V UNÜ) Voraussetzungen: beizubringen sind – gehörig beglaubigt (Art. IV Abs. 1 UNÜ [Art. 35 Abs. 2 S. 1 ModG]) und uU auf Deutsch übersetzt (Art. IV Abs. 2 UNÜ [Art. 35 Abs. 2 S. 2 ModG]) – Schiedsspruch und -vereinbarung (viel laxer hier § 1064 Abs. 1; dazu näher dort Rn. 4). Das „Versagen*dürfen*" bedeutet korrekterweise freilich ein „Versagen*müssen*" und eröffnet **kein Ermessen**[39] (§ 1061 Anh. 1 Art. V UNÜ Rn. 4 mit § 1059 Rn. 5)! Die Ablehnung ergibt sich mithin notwendig, ist quasi „zwangsläufige" Folge des Versagungsgrundes und also nicht etwa ein „prätorischer Rechtsbehelf".

18   **4. Regelungsvorrang.** Bi- und multilaterale Abmachungen „in anderen Staatsverträgen ... bleiben unberührt" (**Abs. 1 S. 2** mit § 1064 Abs. 3). Das entspricht ihrem offenbaren völkerrechtlichen Regelungsvorrang, den einfaches Recht nicht beseitigt. Die Regelung hat *insoweit* nur **letzthin klarstellende Funktion** (in Anlehnung an Art. VII Abs. 1, 1. Halbs. UNÜ). Im Prinzip ist der Vertrag innerhalb seines konkreten Anwendungsbereichs originär zu bedienen, sodass es demnach darauf ankommt, ob sich dieser seinerseits Sperrwirkung zumisst (§ 1061 Anh. 1 Art. VII UNÜ Rn. 3) oder statt dessen **Meistbegünstigung** zulässt (so wie nach Art. VII Abs. 1, 2. Halbs. UNÜ) – was gemeinhin wohl Regelfall ist![40] Die „weitergeleitete" fremde Meistbegünstigung ermöglicht ein bewusstes „exequatur shopping", das noch sogar „amtswegig" wirkt (keine Parteiberufung darauf erforderlich![41]).

19   Das Binnenrecht führt über Abs. 1 S. 1 jedenfalls dann zum UNÜ hin. Insofern erheischt freilich Abs. 1 S. 2 dann doch noch **durchaus konstitutive Funktion,** zumal er von allen eventuellen Anwendungsvorbehalten (Art. I Abs. 3 UNÜ) abstrahiert.[42] Den Verweis auf eigene innerstaatliche Regeln (Art. VII Abs. 1, 2. Halbs., 1. Var. UNÜ) lässt allerdings Abs. 1 S. 1 leerlaufen; es verbleibt beim Rückgriff auf die Staatsverträge der Bundesrepublik Deutschland (Art. VII Abs. 1, 2. Halbs., 2. Var. UNÜ), so wie es Abs. 1 S. 2 ja auch vorsieht. Gemeint sind jedwede Regelungen zur Anerkennung oder Vollstreckung – aber nicht etwa Verträge explizit hierüber. Immer kann nur eine

---

[35] AA *Baumbach/Lauterbach/Hartmann* Rn. 2: Art. 3–6.
[36] Dazu schon oben Fn. 7.
[37] Aber falsch benannte: S. 122 statt S. 121! S. 121 betrifft das deutsche Zustimmungsgesetz, das hier sicher keine Rolle spielt und zudem noch durch Art. 2 § 2 SchiedsVfG geändert wurde.
[38] So nun auch *Kröll* ZZP 117 (2004), 453, 477/478.
[39] Zum UNÜ: BT-Drucks. 3/2160 S. 26; *Schwab/Walter* Rn. 56.3. Zur ZPO: *Musielak/Voit* Rn. 28; *Schwab/Walter* Rn. 56.3 – anders aber *Schlosser*, VIV-Reihe XI (2000), S. 163, 197 f.
[40] BT-Drucks. 13/5274 S. 62 re. Sp. [7] – allerdings noch restriktiv – 1. Aufl. § 1044 aF Rn. 19. Sehr pauschalierend aber *Thomas/Putzo/Reichold* Rn. 7 u. *Zöller/Geimer* Rn. 2.
[41] BGH NJW 2007, 772, 774 [19] = SchiedsVZ 2006, 161 u. NJW 2005, 3499, 3500 [II 2 c aa] mit NJW-RR 2004, 1504 [II 1 b aa] = SchiedsVZ 2003, 281; OLG Düsseldorf, Urt. v. 9. 2. 2007 – I-17 U 39/06 [JURIS-Rn. 41] u. I-17 U 257/06 [JURIS-Rn. 33] – aA OLG München NJW-RR 1996, 1532 [I 2 aE].
[42] Hier verkürzend wohl BT-Drucks. 13/5274 S. 62 re. Sp. [7].

Regelung im Ganzen berücksichtigt werden – keine Vermengung einzelner nützlicher Teile[43] als eine Art „Rosinentheorie"! In Betracht kommen insoweit:

a) Multilaterale Übereinkommen. Die Genfer Vorläufer des UNÜ[44] sind wegen Art. VII Abs. 2 UNÜ heute weitestgehend bedeutungslos, Brüssel I-VO und LugÜ klammern „die Schiedsgerichtsbarkeit" extra aus ihrem Anwendungsbereich aus (Art. 1 Abs. 2 Nr. 4). Die Brüssel I-VO versagt sich solcher Zuständigkeit, die einem Schiedsverfahren dient (Vor § 1025 Rn. 64 mit Rn. 107). Dazu zählen insoweit zweifellos die Entscheidungen zur Anerkennung (Art. 33 ff.) und Vollstreckbarerklärung (Art. 38 ff.).[45] Damit verbleibt im Wesentlichen als potentieller „Konkurrenzfall" nur der Genfer Nachfolge zum UNÜ,[46] die jedoch andere Fragen regelt, insbes. lediglich die Aufhebung (Art. IX EuÜ), und ihrerseits das UNÜ ganz unberührt lässt (Art. X Abs. 7 EuÜ). **20**

b) Bilaterale Abkommen. Bilaterale Abkommen sind verschiedentlich hingegen noch einschlägig (näher dazu bei § 1061 Anh. 1 Art. VII UNÜ Rn. 11–13). Die meisten **verweisen hierbei ihrerseits auf das UNÜ** bzw. auf die Genfer Übereinkommen, welche dem UNÜ wichen. Das gilt jetzt auch für den Vertrag mit Belgien: Art. 13 Abs. 4 verweist auf § 1061 Abs. 1 S. 1 ZPO, doch bestehen noch materielle (Abs. 1: bloß § 1059 Abs. 1 Nr. 2b) und formelle (Abs. 3: kein § 1062 Abs. 1) Modifikationen. Die bisweilen noch geltende **Gleichstellungsklausel für Schiedsvergleiche** (zB Art. 9 Abs. 3 deutsch-schweizerischer Vertrag; Art. 13 Abs. 2 deutsch-belgischer Vertrag; Art. 12 Abs. 2 deutsch-österreichischer Vertrag) behält trotz leicht missverstehenden Wortlauts (Abs. 1 S. 2: „Schiedssprüchen") weiterhin ihre Bedeutung.[47] **21**

III. Ausgestaltung (Abs. 2 u. 3)

1. Verfahrensgang (§ 1025 Abs. 4). Das Verfahren ist dasselbe wie bei inländischen Schiedssprüchen (dazu § 1060 Rn. 15–17 – arg. ex § 1025 Abs. 4, der insgesamt auf § 1061 und §§ 1062–1065 verweist[48] – Einzelheiten: §§ 1062 ff., insbes. § 1064): OLG-Zuständigkeit (§ 1062 Abs. 1 Nr. 4, Var. 2/3 u. Abs. 2, 3. Var.) mit Möglichkeit zur Rechtsbeschwerde (§ 1065 Abs. 1 S. 2 u. Abs. 2); Beschlussentscheid (§ 1063 Abs. 1 S. 1 mit Abs. 2), der **Titelwirkung** hat (§ 1064 Abs. 2 mit § 794 Abs. 1 Nr. 4a). Staatsvertraglichen Regelungen gebührt selbstverständlich Vorrang auch bezüglich des Verfahrens (§ 1064 Abs. 3 [dort Rn. 2]),[49] und mithin nicht nur zur Sache selbst (§ 1061 Abs. 1 [hier Rn. 18 ff.]); das erfasst eigentlich ebenso das UNÜ, weil es denn bereits originär eingreift, also nicht erst kraft Abs. 1 S. 1[50] (Rn. 6 – aber: ohnedies „bloß" Gleichbehandlung, Art. III S. 2 UNÜ). Art. IV UNÜ bringt aber hierzu ergänzende Vorlage- und Übersetzungspflichten, die sehr hilfreich sind. **22**

Gebühren und Kosten: Gerichtsgebühren (KV 1620, 2. u. 3. Var. [2,0 – bei Rücknahme nur 1,0: KV 1627] – vgl. die Bem. mit Vorbem. 1.5) sowie reguläre Anwaltsgebühren gemäß VV 3100 [1,3], VV 3104 [1,2 – § 1063 Abs. 2, 2. Var.] – so wie nach § 1060 Rn. 17 iVm. § 1059 Rn. 71. **23**

Spätestens muss die Vollstreckbarerklärung die Formel des Schiedsspruchs in deutscher **Übersetzung** festlegen (§ 184 Abs. 1 GVG!) – denn wie soll sonst effektiv zugegriffen werden? Eventuell ist gleichzeitig die Spruchformel handhabbar zu präzisieren (§ 1060 Rn. 24, § 1064 Rn. 12). Auch sonst gilt die verfahrensmäßige **Gleichbehandlung** in- und ausländischer Schiedssprüche als quasi oberstes Gebot. § 1061 regelt indes dazu nicht allein verweisend, Abs. 2 (anstelle des § 1060 Abs. 2 S. 1, Rn. 25–27) und Abs. 3 (parallel mit Art. V Abs. 1 lit. e, 2. Var. UNÜ, Rn. 28–30) normieren eigenständig partielle Ergänzungen, die insoweit Abs. 1 vorgehen, ihn gleichsam überlagernd be- **24**

---

[43] Schlosser RIPS Rn. 158 u. Stein/Jonas/Schlosser Anh. § 1061 Rn. 160; Walter/Wackenhuth IPRax 1985, 200, 201 krit. zu OLG Hamm IPRax 1985, 218 f.; Haas IPRax 1993, 382, 383.
[44] Genfer Protokoll über die Schiedsklauseln vom 24. 9. 1923 (RGBl. 1925 II S. 47) u. Genfer Abkommen zur Vollstreckung ausländischer Schiedssprüche vom 26. 9. 1927 (RGBl. 1930 II S. 1068 [§ 1061 Anh. 4]).
[45] BGH NJW 1988, 3090, 3091 [II 1], insoweit nicht in BGHZ 104, 178, mit OLG Stuttgart ZIP 1987, 1213, 1215; Schlosser EuZPR Art. 1 Brüssel I-VO Rn. 24; Kropholler Art. 1 Brüssel I-VO Rn. 43; Geimer/Schütze EuZVR, 2. Aufl., Art. 1 EuGVÜ Rn. 159; Rauscher/Mankowski EuZPR, 2. Aufl., Art. 1 Brüssel I-VO Rn 28 – zT abw. uU die Rechtspraxis in „merger"-Fällen (Rn. 32 f. mit Fn. 67, 68, 72).
[46] Genfer Europäisches Übereinkommen über die Internationale Handelsschiedsgerichtsbarkeit vom 21. 4. 1961 (BGBl. 1964 II S. 426 [§ 1061 Anh. 2]) mit Pariser Vereinbarung über die Vollstreckung des Europäischen Übereinkommens vom 17. 12. 1962 (BGBl. 1964 II S. 449 [§ 1061 Anh. 3]).
[47] BayObLG IPrspr. 2004 Nr. 194, S. 441, 442 [2] (Österreich); Stein/Jonas/Schlosser § 1053 Rn. 10.
[48] BGH NJW-RR 2002, 933 [II 1] = IPRspr. 2002 Nr. 219.
[49] Ähnlich auch bereits § 1044 Abs. 1 aF (S. 21 hinfällig, 1. Aufl. S. 7).
[50] Dies meint wohl BT-Drucks. 13/5274, S. 65 re. Sp. [5] mit relativ unklarem Hinweis auf ein (binnenrechtliches?) Günstigkeitsprinzip. Sachliche und förmliche Kriterien müssen stets aber zusammenbleiben (Rn. 19 aE mit Fn. 43), zugestanden wird nur eine „Gesamtoption" – aA die hM (§ 1064 Rn. 4).

§ 1061 25–29 Buch 10. Abschnitt 8. Voraussetzungen der Anerkennung u. Vollstreckung

gleiten. Sonst bleibt alles beim alten, und **Einwendungen** gegen den Anspruch selbst sind natürlich auch einem ausländischen Schiedsspruch gegenüber soweit möglich, als eine (inländische) Vollstreckungsabwehrklage (§ 767) noch ebenso darauf gestützt werden könnte (§ 1060 Rn. 33 ff., 35) – anders gesagt: § 767 Abs. 2 gilt insoweit entsprechend;[51] das UNÜ steht dem nicht entgegen (arg. Art. III – § 1061 Anh. 1 Art. V UNÜ Rn. 15).

25 **2. Anfängliche Nichtanerkennung (Abs. 2).** Ist der Antrag auf Vollstreckbarerklärung abzulehnen, werden ausländische im Unterschied zu *inländischen* Schiedssprüchen (§ 1060 Abs. 2 S. 1, dort Rn. 26–28) nicht zugleich (gestaltend) aufgehoben, sondern es ist lediglich (feststellend) auszusprechen, dass ihnen die Anerkennung – allein für das Inland! – versagt wird.[52] § 1061 Abs. 3 nF entspricht inhaltlich § 1044 Abs. 3 aF (formuliert als Ausnahme von § 1042 Abs. 2 aF). Das deutsche Staatsgericht hat internationale Zuständigkeit lediglich für eine Entscheidung über die Anerkennung und Vollstreckung (§ 1025 Abs. 4), nicht über die Aufhebung (sie fehlt daher in Abs. 2!).

26 Die Regel ist indes nicht so apodiktisch zu verstehen, wie zunächst ihr Wortlaut glauben macht. Beruht die Ablehnung der Vollstreckbarerklärung auf Gründen, die mit der Anerkennungsfähigkeit des Schiedsspruchs nichts zu tun haben, zB bei Unzuständigkeit oder fehlendem Nachweis über das Bestehen des Schiedsspruchs, dann erschöpft sich die Rechtskraftwirkung darin, dass die Vollstreckung im Inland nicht zulässig ist; ein neues Verfahren ist dann nicht ausgeschlossen und die verbindliche Feststellung der Nichtanerkennung ebenfalls nicht veranlasst. Infolgedessen erscheint konsequent eine neue (inländische) Leistungsklage entbehrlich[53] – es mangelt ihr allemal am Rechtsschutzbedürfnis!

27 Ist der Schiedsspruch im Ausland aufgehoben, bevor der obsiegende Teil im Inland die Vollstreckbarerklärung betreibt, bleibt stets die Klage des unterlegenen Teils auf **Feststellung,** der Schiedsspruch sei (inländisch) nicht anzuerkennen – ja darüber hinausgehend: Abs. 2 taugt insgesamt nicht für einen Umkehrschluss oder eine „Junktimverknüpfung";[54] wie sonst muss dabei die subsidiäre Feststellungsklage unzulässig werden, sobald eigenständig Vollstreckbarerklärung (als Pendant zur Leistungsklage) beantragt ist; hier greift dann der ganz spezielle Versagungsgrund des Abs. 1 S. 1 iVm. Art. V Abs. 1 lit. e, 2. Var. UNÜ (Rn. 12).

28 **3. Nachträglicher Aufhebungsantrag (Abs. 3).** Wird ein ausländischer Schiedsspruch im Herkunftsland aufgehoben, kann er auch im Inland dann nicht mehr wirken; für eine Vollstreckbarerklärung ist kein Raum mehr: *rechtshängig* gewordene Anträge sind deshalb nach Art. V Abs. 1 lit. e, Var. 2a UNÜ abzuweisen (Rn. 10), *rechtskräftig*[55] abgeschlossene Verfahren können „wiederaufgenommen" werden, genauer: nach Abs. 3 (der weitgehend § 1044 Abs. 4 S. 1 aF entspricht!) kann die „**Aufhebung der Vollstreckbarerklärung beantragt** werden". Jener Antrag unterliegt keiner Frist (mehr);[56] demgegenüber kann andererseits jedoch der Antrag auf Aufhebung (im Ausland) natürlich selbst fristgebunden sein, so wie es jetzt (im Inland) gemäß § 1059 Abs. 3 (bzw. Art. 34 Abs. 3 ModG) der Fall ist, und dazuhin besteht die Präklusionsgefahr des § 767 Abs. 2.[57] Jene Aufhebung muss endgültig sein (Rechtskraft[58] – und nicht nur vorläufig gehemmte Wirkungen [anders: Art. V Abs. 1 lit. e UNÜ, Rn. 10]).

29 **Begründet** ist der Antrag nur und allein, soweit der Spruch im Ausland – präziser: nicht irgendwo, sondern gerade in seinem Herkunftsland![59] – aufgehoben wurde. Unerheblich ist, worauf die Aufhebung beruht, insbesondere ob das ausländische Gericht einen Aufhebungsgrund bejaht,

---

[51] BGHZ 34, 274, 277 f. = NJW 1961, 1067; BGHZ 38, 259, 263 = NJW 1963, 538; NJW 1965, 1138; NJW-RR 1987, 1289. Näher dazu *Nelle*, 2000, S. 539–542 (zum UNÜ mit S. 566–569 [separate Abwehr möglich] bzw. S. 584 f. [inzidente Abwehr lediglich vermittels einer „Widerklage"], zust. *Frische*, Verfahrenswirkungen und Rechtskraft ..., 2006, S. 352 f.) – allerdings: Heimatrecht maßgeblich (*Nelle*, aaO, S. 541 f. bzw. *Frische*, aaO, S. 350 f. – aA § 1061 Anh. 1 Art. 5 UNÜ Rn. 14 [*Adolphsen*]).

[52] Dazu OLG Köln ZZP 91 (1978), 318, 323 m. Anm. *Kornblum*. Wegen „umgekehrter" Konstellation siehe OLG Hamburg SchiedsVZ 2003, 284, 286 [II 3 a].

[53] Auf diese Art hilft bekanntlich BGH NJW 1987, 1146 [II] = RIW 1987, 312 bei rechtskräftig abgelehnter Vollstreckbarerklärung eines ausländischen *Urteils*.

[54] OLG Nürnberg KTS 1966, 111; *Stein/Jonas/Schlosser* Rn. 7; *Schwab/Walter* Rn. 30.39; *Baumbach/Lauterbach/Albers*, 56. Aufl., § 1044 aF Rn. 17. Für möglichsten Gleichklang nun *Musielak/Voit* Rn. 9 f.: Feststellungsantrag mit OLG-Zuständigkeit.

[55] So wie hier *Schwab/Walter* Rn. 30.33.

[56] Im Unterschied zu § 1044 Abs. 4 S. 2 aF (BT-Drucks. 13/5274 S. 62 re. Sp. [8]) – dazu 1. Aufl. Rn. 17.

[57] *Schütze/Tscherning/Wais* Rn. 646 aE; *Zöller/Geimer* Rn. 59 mit IZPR Rn. 3881; *Schwab/Walter* Rn. 30.33 [aa].

[58] *Baumbach/Lauterbach/Hartmann* Rn. 5; *Schwab/Walter* Rn. 30.34.

[59] *Borges* ZZP 111 (1998), 487, 510/511; *Musielak/Voit* Rn. 29.

den das inländische zuvor verneint hatte. Das deutsche Staatsgericht zieht bloß die Konsequenz aus der Beurteilung im Heimatstaat, daher erfolgt keine Überprüfung der Rechtmäßigkeit[60] oder Anerkennungsfähigkeit[61] der Aufhebung (Rn. 12). Mit Aufhebung der Vollstreckbarerklärung ist auch die inländische Anerkennung abzusprechen (Abs. 2 analog, Rn. 25).[62]

Zuständig ist das OLG beim Antragsgegner oder am Orte der Belegenheit (§ 1062 Abs. 2 mit Abs. 1 Nr. 4, 3. Var.); bei subjektiver Anknüpfung dreht sich jetzt die Zuständigkeit („actor sequitur forum rei"), bei objektiver kann sie auch fortwirken (näher: § 1062 Rn. 13 ff.); zweckmäßiger wäre es aber demgegenüber gewesen, das vorbefasste OLG, das schon die voraufgegangene Vollstreckbarerklärung ausgesprochen hat, generell für zuständig zu erklären (arg. § 584 Abs. 1 – § 1047 aF, der bislang diese Aufgabe „im Verborgenen" geleistet hat, ist entfallen). Auch scheidet eine Klagehäufung (§ 260) mit Rückgewähr- oder Ausgleichsansprüchen wegen bereits vorgenommener Vollstreckung mangels (OLG-)Zuständigkeit hierfür aus. UU ist im Nachhinein Rechtsbeschwerde eröffnet (§ 1065 Abs. 1 S. 1 mit § 1062 Abs. 1 Nr. 4, 3. Var.), und vorneweg kommt die Einstellung der Zwangsvollstreckung in Betracht (§ 707 analog).[63] 30

IV. Sonderfälle

1. Doppelexequatur. Gemeint damit ist untechnisch die **Hintereinanderschaltung von Vollstreckbarerklärungen**: nicht zweifache („doppelte") Exequatur des nämlichen Schiedsspruches, sondern (zweitstaatliche) Exequatur des (erststaatlichen) Exequatur. Damit wird ein wichtiger Typenwechsel verbunden, wenn und weil originäre Staatsakte vorliegen, die etwa dann auch gemäß §§ 722, 723 ZPO oder trotz Art. 1 Abs. 2 Nr. 4 Brüssel I-VO/LugÜ (Rn. 20) sogar über Art. 38 ff. Brüssel I-VO/LugÜ ureigene Inlandswirkung erhalten. Dies ergäbe eine wahlweise Alternative gegenüber § 1061 Abs. 1, impliziert indes anderseits einen Typenwechsel. 31

Die Rechtsprechung hat das freilich lange mit Recht verwehrt, unterschiedslos für Schiedssprüche[64] wie Staatsurteile[65] („*exequatur sur exequatur ne vaut*")[66] – damit hat der BGH[67] indes (mindestens New Yorker Schiedssprüche betreffend[68]) im Anschluss an *Schlosser*[69] gebrochen: zufolge amerikanischer Doktrin gehe der Schiedsspruch im gerichtlichen Bestätigungsurteil auf *("merger")* und enthalte eine letzthin total selbständige Verurteilung („judgment upon the award"). Eine freie Wahl ist damit aber insoweit bloß eröffnet, als es um die Erlangung erststaatlicher Exequatur geht – denn damit büßt konsequenterweise dann der Schiedsspruch seine Tragfähigkeit ein[70] und hört auf zu existieren. Andernfalls bestünde eine doppelte Titulierung. Das müsste uU sogar bei drittstaatlichem (anglo-amerikanischem[71]) Exequaturvorgang gelten. Dies beschränkt wohl das „Doppelexe- 32

---

[60] *Schwab/Walter* Rn. 30.34; *Baumbach/Lauterbach/Albers*, 56. Aufl., § 1044 aF Rn. 17.
[61] *Musielak/Voit* Rn. 29; aA *Schütze* SV Rn. 261 mit JbPrSch. 3 (1989), 118, 121.
[62] *Schwab/Walter* Rn. 30.35; *Baumbach/Lauterbach/Albers*, 56. Aufl., § 1044 aF Rn. 17.
[63] *Stein/Jonas/Schlosser*, 21. Aufl., § 1044 aF Rn. 72; *Thomas/Putzo*, 20. Aufl., § 1044 aF Rn. 19 mit § 1043 aF Rn. 4.
[64] RGZ 5, 397, 399 f.; 30, 368, 369/370; letztens wieder erst OLG Frankfurt/Main IHR 2005, 212, 216 aE = NJOZ 2006, 4360, 4367. Zur Literatur bei *Borges*, 1997, S. 10 ff. Unklar RGZ 116, 76, 77 f.: „anerkennungsfreie Erfüllungsklage" (Fn. 81).
[65] EuGHE 1994, 117, 153 f. (Owens/Bracco) zum EuGVÜ. Ebenso *Kegel*, FS Müller-Freinfels, 1986, S. 377; anders *Schütze* ZZP 77 (1964), 287.
[66] *Gavalda* Clunet 62 (1935), 106, 113.
[67] BGH NJW 1984, 2765 u. 2763 [I]; ferner OLG Hamburg RIW 1992, 939, 940 (England) – dazu näher noch: *Dielmann* RIW 1984, 558 bzw. *Mezger* RIW 1984, 647; *Schlosser* IPRax 1985, 141; *Raeschke-Kessler* NJW 1988, 3041, 3049; *Schütze* JbPrSch. 3 (1989), 118 mit RIW 1984, 734 u. *Schütze/Tscherning/Wais* Rn. 637; *Anderegg* RabelsZ 53 (1989), 171; *Dolinar*, FS Schütze, 1999, 187.
Aktuell zum Meinungsstand bei *Borges* IHR 2005, 206, 207 [1 b] m. weit. Nachw.
Ferner: *Thomas/Putzo/Reichold* Rn. 3 (zust.); *Zöller/Geimer* Rn. 8 f. mit IZPR Rn. 3891 bzw. EuZVR, 2. Aufl., Art. 1 Brüssel I-VO Rn. 159, *Musielak/Voit* Rn. 6, *Rauscher/Mankowski* EuZPR, 2. Aufl., Art. 1 Brüssel I-VO Rn. 30, *Kropholler* Art. 1 Brüssel I-VO Rn. 46 (abl.). Näher noch zur doctrin of merger *Kilgus*, Zur Anerkennung und Vollstreckbarerklärung englischer Schiedssprüche in Deutschland, 1995, S. 121 ff.
[68] Inländische (scil. New Yorker) Vollstreckbarerklärung vorausgesetzt. Insoweit im Anschluß OLG Hamburg NJW-RR 1992, 568 [2] = RIW 1992, 939; OLG Frankfurt/Main IHR 2005, 212, 214 = NJOZ 2006, 4360, 4362 ff. – jeweils für England.
[69] RIPS, 1. Aufl. 1975, Rn. 782, sowie kommentierend zudem IPRax 1985, 141 u. *Stein/Jonas/Schlosser* Rn. 4 – aber: BT-Drucks. 10/61 S. 31 ff., 44 (Nr. 65)!
[70] Dies verkennt aber BGH NJW 1984, 2763 [I]: zweitstaatliche freie Wahlmöglichkeit. Dazu abw. *Haas*, 1991, S. 140 f. u. § 1061 Anh. 1 Art. V UNÜ Rn. 58 [*Adolphsen*]. Dazu krit. auch *Dolinar*, FS Schütze, 1999, S. 187, 193–195.
[71] Hierzu näher *Borges*, 1997, S. 275 ff.

quatur" auf den vom BGH vorliegend entschiedenen Sonderfall, der nicht zum klassischen deutschen Verständnis der Vollstreckbarerklärung passt.

33 Damit besteht *keine* Wahlmöglichkeit.[72] Sie brächte auch kaum Vorzüge,[73] allenfalls den Rückgriff auf die Brüssel I-VO. Wenn man dann zT aber zur Vermeidung von Umgehungen ohnedies auf die Maßstäbe des § 1061 Abs. 1 S. 1 iVm. Art. V UNÜ rekurriert,[74] dann entsteht der Eindruck einer reinen Farce. Die Schiedsgerichtsbarkeit hat es heutzutage nicht (mehr) nötig, sich mit dem heimischen Mäntelchen nationaler Vollstreckbarerklärung Absicherung zu verschaffen – sie kann und soll die unerlässliche Prüfung selbstbewusst angehen, sie hat nicht das Geringste zu verbergen. Etwas anderes ist dagegen, ob das Heimatrecht zur Verbindlichkeit (Rn. 10) das Exequatur *selbst* erfordert.[75]

34 **2. Umgehungsklagen.** Möglich wäre genauso – parallel zu Urteilen[76] – selbständige Klageerhebung („Binnenrechtsschutz") – wenn und weil insoweit international deutsche Zuständigkeit (des AG/LG!) vorliegt. Bedarf existiert hier besonders für eine **negative Feststellungsklage,**[77] zumal der Aufhebungsantrag nur gegen *inländische* Schiedssprüche hilft (§ 1059 Rn. 68) und möglichst Waffengleichheit vorliegen sollte: sonst müsste der Verlierer stets ausharren, bis sein Gegenüber sich anschickt, den bemängelten Schiedsspruch seinerseits inländisch zu gebrauchen. Unverzichtbar sind dann aber hohe Anforderungen beim Feststellungsinteresse. Fordert man dazuhin Vollstreckungsfähigkeit[78] für die Vollstreckbarerklärung (so wie im Inland: § 1060 Rn. 11) müsste man uU dem Gewinner im Gegenzug positive Feststellungsklage eröffnen, wenn es denn gar der Vollstreckungswirkungen „im weiteren Sinne" mangelte – er hat dann aber die Möglichkeit der Direktklage mit Inzidentanerkennung (Rn. 3), sodass jene meistens am Subsidiaritätsprinzip scheitert.

35 Zugelassen wurde aber lange Zeit sogar eine **direkte Leistungsklage** anstelle Vollstreckbarerklärung, doch allemal bloß deshalb, um formellen Hindernissen möglichst auszuweichen.[79] Die Klage war dabei eine Art Judikatsklage aus dem Schiedsspruch und mithin gefeit vor Einwendungen aus dem ursprünglichen materiellen Rechtsverhältnis,[80] aber nicht auch vor der Anerkennungsproblematik.[81] Dem hat die Einführung des § 1044 aF im Jahre 1930 Rechung getragen[82] (Abs. 1 S. 2: „§ 1039 ist nicht anzuwenden."); seither fehlt das Rechtsschutzbedürfnis für die eigenständige Leistungsklage[83] – jedenfalls im Normalfall.[84]

Anhang zu § 1061. Internationale Schiedsgerichtsbarkeit

Schrifttum: *Aden,* Internationale Handelsschiedsgerichtsbarkeit, Kommentar zu den Verfahrensordnungen, 2003; *Adolphsen,* Internationale Dopingstrafen, 2003, *Bandel,* Einstweiliger Rechtsschutz durch Schiedsgerichte, 2000; *Bartos,* Internationale Handelsschiedsgerichtsbarkeit, 1984; *van den Berg,* International Handbook on Com-

---

[72] Dies beachtet auch BGH NJW 1984, 2765: Prüfungsmaßstab aus §§ 722, 723 iVm. § 328. Dazu abw. *Haas,* 1991, S. 140 f. u. § 1061 Anh. 1 Art. V UNÜ Rn. 58 *[Adolphsen];* OLG Frankfurt/Main NJOZ 2006, 4360 = IHR 2005, 212, 214 f. m. weit. Nachw. u. zust. Anm. *Borges* IHR 2005, 206, 207–209 [2–4]; so wie hier *Dolinar,* FS Schütze, 1999, S. 187, 196 ff.
[73] Dazu näher *Borges,* 1997, S. 225–235.
[74] Hierzu *Mezger* RIW 1984, 647, 648; *Schlosser* IPRax 1985, 141, 143; *Anderegg* RabelsZ 53 (1989) 171, 183. Die sachlichen Unterschiede erscheinen freilich sehr marginal: *Borges,* 1997, S. 73–207.
[75] Vgl. einerseits BGHZ 71, 131, 134/135 u. OLG Stuttgart ZIP 1987, 1213, 1215 [II 1] (bilateral [Belgien] bejahend), andererseits BGHZ 104, 178, 180 [3 a] = NJW 1988, 3090 (multilateral [UNÜ] verneinend).
[76] *Positive* Leistungsklage (BGH NJW 1987, 1146 [II] – Rechtskraftbindung! Rechtsschutzbedürfnis? [krit. Zöller/Geimer Rn. 60 mit Rn. 61 u. 18: positive Feststellung der Anerkennung]) oder *negative* Feststellungsklage (RGZ 167, 373, 380/381).
[77] OLG Nürnberg KTS 1966, 111, 112; *Wieczorek/Schütze* § 1041 aF Rn. 49; *Stein/Jonas/Schlosser* Rn. 7; *Zöller/Geimer* Rn. 61; *Schwab/Walter* Rn. 30.39. Krit. OLG Stuttgart, Beschl. v. 14. 10. 2003 – 1 Sch 16/02 [B III 1/JURIS-Rn. 156] (UNÜ) – wo jedoch unstatthafte Klagenegation vorlag (§ 1061 Abs. 2!).
[78] *Zöller/Geimer* Rn. 18 mit Rn. 61, *Musielak/Voit* Rn. 2 u. wohl auch *Thomas/Putzo/Reichold* Rn. 6 („Anerkennung"?) – aA *Schlosser* RIPS Rn. 901.
[79] Deutlich RGZ 117, 386, 387 u. RG JW 1901, 424 mit RG JW 1895, 505 (Nr. 8) u. RGZ 30, 368, 369 ff.; sowie auch schon ROHG 10, 391, 398–401 (AGO) u. ROHG 17, 425, 428 (c. c.); offenlassend RGZ 116, 193, 195/196. Dazu näher noch *Westheimer* ZZP 39 (1910), 241, 315 ff.
[80] RG SeuffA 67 (1912) Nr. 240, S. 426, 427 f., best. RG WarnR 8 (1915) Nr. 68, S. 95; HRR 1928 Nr. 2057 – hier aA wohl OLG Hamburg OLGRspr. 27 (1913), 201.
[81] Dies meint wohl RGZ 116, 76, 77 f. („Korrekturversuch: RG HRR 1928 Nr. 2057).
[82] RT-Drucks. IV/2298 (1928) S. 4 li. Sp.
[83] Zutr. OLG Hamburg HRR 1933 Nr. 1711.
[84] Einschränkung bei Rechtsnachfolge: BGH LM § 1044 aF Nr. 6 [I 3 b] = KTS 1970, 30 („zweifelhafte Rechtslage"), dazu krit. aber § 1060 Rn. 41 f. mit Rn. 7.

mercial Arbitration, 3 Bde. (Loseblatt), 1993; *Berger,* Internationale Wirtschaftsschiedsgerichtsbarkeit, 1992 (= International Economic Arbitration, 1993); *Bernstein,* Handbook of Arbitration Practice, 1987; *Böckstiegel,* Recht und Praxis der Schiedsgerichtsbarkeit der internationalen Handelskammer, 1986; *Borges,* Die Doppelexequatur von Schiedssprüchen, 1997; *Born,* International Commercial Arbitration in the United States, 1994; *Broches,* Commentary on the UNCITRAL Model Law on International Commercial Arbitration, 1990; *Calavros,* Das UNCITRAL-Modellgesetz über die internationale Handelsschiedsgerichtsbarkeit, 1988; *Carbonneau,* Resolving Transnational Disputes through International Arbitration, 1984; *Craig/Park/Paulsson,* International Chamber of Commerce Arbitration, 2. Aufl. 1990; *David,* Arbitration in International Trade, 1985; *Fouchard/Gaillard/Goldman,* Traité de l'arbitrage commercial international, 1996; *Gottwald,* Internationale Schiedsgerichtsbarkeit, 1997; *Grigera Naón,* Choice of Law Problems in International Commercial Arbitration, 1992; *Haas,* Die Anerkennung und Vollstreckung ausländischer und internationaler Schiedssprüche, 1991; *Hunter/Marriott/Veeder,* The Internationalisation of International Arbitration, 1995; *Hußlein-Stich,* Das UNCITRAL-Modellgesetz über die internationale Handelsschiedsgerichtsbarkeit, 1990; *Kilgus,* Zur Anerkennung und Vollstreckbarerklärung englischer Schiedssprüche in Deutschland, 1995; *Lew-Mistelis-Kröll,* Comparative International Commercial Arbitration, 2003; *Lionett/Lionett,* Handbuch Schiedsgerichtsbarkeit, 3. Aufl., 2005; *G. Lörcher/H. Lörcher,* Das Schiedsverfahren – national/international, 1997; *Poudret-Besson,* Droit comparé de l'arbitrage international, 2002; *Redfern/Hunter,* Law and practice of international commercial arbitration, 2004; *Rensmann,* Anationale Schiedssprüche, 1997; *Rubino-Sammartano,* International Arbitration Law, 1990; *Sanders* (Ed.), New Trends in the Development of International Commercial Arbitration and the Role of Arbitral and other Institutions, 1983; *Schlosser,* Das Recht der internationalen privaten Schiedsgerichtsbarkeit, 2. Aufl. 1989; *Schwab/Walter,* Schiedsgerichtsbarkeit, 7. Aufl. 2005; *Schroeder,* Die lex mercatoria arbitralis, 2007; *Schütze/Tscherning/Wais,* Handbuch des Schiedsverfahrens, 2. Aufl. 1990; *Schwebel,* International Arbitration, 1987; *Solomon,* Die Verbindlichkeit von Schiedssprüchen in der internationalen privaten Schiedsgerichtsbarkeit, 2007; *Wühler,* Die internationale Schiedsgerichtsbarkeit in der völkerrechtlichen Praxis der Bundesrepublik Deutschland, 1985.

1. New Yorker UN-Übereinkommen über die Anerkennung und Vollstreckung ausländischer Schiedssprüche vom 10. Juni 1958 (UNÜ)

(BGBl. II 1961 S. 122)

In der Bundesrepublik Deutschland in Kraft seit dem 29. September 1961. Authentisch gleichberechtigt sind der chinesische, englische, französische, russische und spanische Text; die deutsche (nichtamtliche) Fassung beruht auf einem Einvernehmen zwischen der Bundesrepublik Deutschland, Österreich und der Schweiz.

Vertragsstaaten des UNÜ (aktuelle Liste unter www.uncitral.org)**:** Afghanistan, Ägypten, Albanien, Algerien, Antigua und Barbuda, Argentinien, Armenien, Aserbeidschan, Australien, Bahamas, Bahrain, Bangladesch, Barbados, Belgien, Benin, Bolivien, Bosnien-Herzegowina, Botswana, Brunei, Brasilien, Bulgarien, Burkina Faso, Chile, China, Costa Rica, Dänemark, Deutschland, Dominikanische Republik, Dschibuti, Ecuador, Elfenbeinküste, El Salvador, Estland, Finnland, Frankreich, Gabun, Georgien, Ghana, Griechenland, Guatemala, Guinea, Haiti, Heiliger Stuhl, Honduras, Indien, Indonesien, Iran, Irland, Island, Israel, Italien, Jamaika, Japan, Jordanien, Kambodscha, Kamerun, Kanada, Kasachstan, Katar, Kenia, Kirgisien, Kolumbien, Korea, Kroatien, Kuba, Kuwait, Laos, Lesotho, Lettland, Libanon, Liberia, Litauen, Luxemburg, Madagaskar, Malaysia, Mali, Malta, Marokko, Marshallinseln, Mauretanien, Mauritius, Mazedonien, Mexiko, Monaco, Mongolei, Montenegro, Mosambik, Nepal, Neuseeland, Nicaragua, Niederlande, Niger, Nigeria, Norwegen, Oman, Österreich, Pakistan, Panama, Paraguay, Peru, Philippinen, Polen, Portugal, Republik Moldau, Rumänien, Russische Föderation, San Marino, Sambia, Saudi Arabien, Schweden, Schweiz, Senegal, Serbien, Simbabwe, Singapur, Slowakei, Slowenien, Spanien, Sri Lanka, St. Vincent und Grenada, Südafrika, Syrien, Tansania, Thailand, Trinidad und Tobago, Tschechische Republik, Türkei, Tunesien, Uganda, Ukraine, Ungarn, Uruguay, Usbekistan, Venezuela, Vereinigtes Königreich von Großbritannien und Nordirland, Vereinigte Arabische Emirate, Vereinigte Staaten von Amerika, Vietnam, Weißrussland, Zentralafrikanische Republik, Zypern.

Schrifttum: *van den Berg,* The New York Convention of 1958, 1981; *Bertheau,* Das New Yorker Abkommen vom 10. 6. 1958, 1965; *Brotóns,* La reconnaissance et l'exécution des sentences arbitrales étrangères, Rd C 184 (1984-I), 169; *Bülow/Böckstiegel/Bredow,* Internationaler Rechtsverkehr in Zivil- und Handelssachen (C I 3), Lfg. 14, 1991; Denkschrift der Bundesregierung zum UN-Übereinkommen, BT-Drucks. III/2160, S. 22 ff.; *Gaja,* The New York Convention, in: International Commercial Arbitration, New York 1978–1988; *Glossner,* Das Übereinkommen von New York über die Anerkennung und Vollstreckung ausländischer Schiedssprüche von 1958 – ein Fazit, FS Stödter, 1979, S. 47 ff.; *Gottwald,* Die sachliche Kontrolle internationaler Schiedssprüche durch staatliche Gerichte, FS Nagel, 1987, S. 54 ff.; *Heß,* Sportgerichtsbarkeit im Lichte der New Yorker Konvention, ZZPInt. 3 (1998), 457; *Maier,* Europäisches Übereinkommen und UN-Übereinkommen über die internationale Schiedsgerichtsbarkeit, 1966; *ders.,* Handbuch der Schiedsgerichtsbarkeit, 1979; *Mann,* Zur Nationalität des Schiedsspruchs, FS Oppenhoff, 1985, S. 215; *Moller,* Der Vorrang des UN-Übereinkommens über Schiedsgerichtsbarkeit vor dem Europäischen Übereinkommen über Handelsschiedsgerichtsbarkeit, EWS 1996, 297; *Rensmann,* Anationale Schiedssprüche, 1997; *Schlosser,* Das Recht der internationalen privaten Schiedsgerichtsbarkeit, 2. Aufl. 1989; *Schwab/Walter,* Schiedsgerichtsbarkeit, 7. Aufl. 2005; *Schwab,* Kollisionsrechtliche Fragen des Deutschen Internationalen Verfahrensrechts, FS M. Luther, 1976, S. 167 ff. The American Review of International Arbitration (seit 1990); Arbitration (seit 1915); International Arbitration (seit 1985); Journal of In-

§ 1061 Anh. 1 UNÜ Art. I   Anh. zu § 1061. Internationale Schiedsgerichtsbarkeit

ternational Arbitration (seit 1983); Revue de l'arbitrage (seit 1955); World Arbitration and Mediation Report (seit 1990); Yearbook Commercial Arbitration (YCA) (seit 1976); Zeitschrift für Schiedsverfahren – German Arbitration Journal (SchiedsVZ) (seit 2003).

Art. I. (1) ¹Dieses Übereinkommen ist auf die Anerkennung und Vollstreckung von Schiedssprüchen anzuwenden, die in Rechtsstreitigkeiten zwischen natürlichen oder juristischen Personen in dem Hoheitsgebiet eines anderen Staates als desjenigen ergangen sind, in dem die Anerkennung und Vollstreckung nachgesucht wird. ²Es ist auch auf solche Schiedssprüche anzuwenden, die in dem Staat, in dem ihre Anerkennung und Vollstreckung nachgesucht wird, nicht als inländische anzusehen sind.

(2) Unter „Schiedssprüchen" sind nicht nur Schiedssprüche von Schiedsrichtern, die für eine bestimmte Sache bestellt worden sind, sondern auch solche eines ständigen Schiedsgerichtes, dem sich die Parteien unterworfen haben, zu verstehen.

(3) ¹Jeder Staat, der dieses Übereinkommen unterzeichnet oder ratifiziert, ihm beitritt oder dessen Ausdehnung gemäß Artikel X notifiziert, kann gleichzeitig auf der Grundlage der Gegenseitigkeit erklären, dass er das Übereinkommen nur auf die Anerkennung und Vollstreckung solcher Schiedssprüche anwenden werde, die in dem Hoheitsgebiet eines anderen Vertragsstaates ergangen sind. ²Er kann auch erklären, dass er das Übereinkommen nur auf Streitigkeiten aus solchen Rechtsverhältnissen, sei es vertraglicher oder nicht vertraglicher Art, anwenden werde, die nach seinem innerstaatlichen Recht als Handelssachen angesehen werden.

Übersicht

	Rn.		Rn.
I. Bedeutung und Inhalt des Übereinkommens	1	V. Bestimmung des Ortes, an dem der Schiedsspruch ergangen ist	13
II. Schiedssprüche	2–6	VI. Unanwendbarkeit des UNÜ	14
1. Autonome Qualifikation	2	VII. Schiedssprüche über Rechtsstreitigkeiten jeder Art	15, 16
2. Schiedsspruch	3		
3. Entscheidungen von Schiedsgerichten	4	VIII. Rechtsstreitigkeiten natürlicher und juristischer Personen	17, 18
4. Anationale Schiedssprüche	5		
5. Ad-hoc Schiedssprüche und Schiedssprüche ständiger Schiedsgerichte	6	IX. Vorbehalte des Art. I Abs. 3 UNÜ	19–23
		1. Beschränkung der Anwendung	19, 20
III. Im Ausland ergangene Schiedssprüche	7–10	a) Vertragsstaatsvorbehalt	19
1. Universalität des Übereinkommens	8	b) Verhältnis zu Art. I Abs. 1 S. 2 UNÜ	20
2. „Im Ausland ergangen" als alleiniges Kriterium	9	2. Beschränkung auf Handelssachen	22
3. Unanwendbarkeit auf im Inland ergangene Schiedssprüche	10	3. Verhältnis der beiden Vorbehalte zueinander	23
IV. Im Vollstreckungsland ergangene Schiedssprüche	11, 12	X. Unzulässigkeit der Beschränkung durch nationale Gesetzgebung	24
1. Allgemeines	11	XI. Zeitlicher Anwendungsbereich	25
2. Bestimmung des Verfahrensstatuts	12		

I. Bedeutung und Inhalt des Übereinkommens

1   Das New Yorker UN-Übereinkommen von 1958 war 2007 von 142 Staaten ratifiziert und ist damit das wichtigste Übereinkommen über die internationale Handelsschiedsgerichtsbarkeit. Es regelt und vereinheitlicht (teilweise entgegen dem Wortlaut des Art. I) sowohl die Anerkennung von Schiedsvereinbarungen (Art. II) als auch die Anerkennung von Schiedssprüchen und ihre Zulassung zum staatlichen Zwangsvollstreckungsverfahren. Das Zwangsvollstreckungsverfahren selbst folgt dem jeweiligen nationalen Recht. Für die Bundesrepublik ist das Abkommen am 28. 9. 1961 in Kraft getreten.[1]

---

[1] BGBl. 1962 II, 102.

II. Schiedssprüche

1. Autonome Qualifikation. Das Übereinkommen enthält selbst keine Definition des Begriffs 2
Schiedsspruch. Es ist als multilaterales Übereinkommen aus sich heraus auszulegen, es erfolgt eine
autonome Qualifikation. Eine Bestimmung nach nationalem Recht unter Rückgriff auf Kollisionsrecht scheidet aus.[2] Maßgeblich sind bei der Qualifikation Wortlaut, Sinn und Zweck und die Entstehungsgeschichte des Übereinkommens.[3] Da das Ziel des UNÜ darin besteht, die gegenseitige
Anerkennung und Vollstreckung von Schiedssprüchen zu ermöglichen, geht die hM von einem anerkennungsfreundlichen und gegen einen von nationaler Strenge geprägten Begriff des Schiedsspruchs aus.[4]

2. Schiedsspruch. Schiedsspruch ist danach eine Entscheidung, die auf der Grundlage einer 3
Vereinbarung der Parteien einen Rechtsstreit durch einen unabhängigen Dritten mit urteilsgleicher
bindender Wirkung entscheidet.[5] Die Bindung folgt aus dem Recht des Staates, auf dessen Boden
der Schiedsspruch erlassen wurde, nicht dem Recht des Vollstreckungsstaates.[6] Der Inhalt eines
Schiedsspruchs muss nicht dem entsprechen, was ein staatliches Gerichtsurteil enthalten könnte.[7]
Vollstreckungsfähigkeit ist nicht erforderlich, auch ein feststellender Schiedsspruch unterfällt Art. I.[8]
Die Freiwilligkeit der Schiedsvereinbarung und die Übermacht einer Partei hinsichtlich der Auswahl der Schiedsrichter sind Wirksamkeitsvoraussetzungen, nicht jedoch konstitutives Merkmal
eines Schiedsspruchs.[9] Zwischenschiedssprüche sind dann keine Schiedssprüche, wenn sie sich ausschließlich mit prozessualen, nicht über das Verfahren hinauswirkenden Fragen befassen,[10] anders
jedoch, wenn zB eine prozessual (ohne Abänderungsbefugnis des Schiedsgerichts) oder inhaltlich
bindende Entscheidung ergeht.[11] Der Teilschiedsspruch, mit dem über einen quantifizierbaren Teil
des Streitgegenstands endgültig und nicht nur im Wege eines *interim payments* entschieden wird, fällt
unter Art. I (Art. V Rn. 56).[12] Auch der Vergleichsschiedsspruch *(consent award, award on agreed terms)*,
Schiedsspruch mit vereinbartem Wortlaut (Art. 30 UNCITRAL ML, § 1053 ZPO) ist Schiedsspruch,[13] nicht aber der Schiedsvergleich bzw. der Anwaltsvergleich (§ 796a ZPO).[14] Maßnahmen
des einstweiligen Rechtsschutzes können als Schiedssprüche iSd. UNÜ vollzogen werden (s. Art. V
Rn. 57) In Deutschland erfolgt die Vollziehbarerklärung gem. § 1041 Abs. 2 ZPO auch ausländischer Maßnahmen (arg. ex § 1062 Abs. 1 Nr. 3 ZPO)). Nicht in den Anwendungsbereich fallen
obligationenrechtliche Schiedssprüche vor allem italienischen Typs *(lodo di arbitrato irrituale),*[15]
Schiedsgutachten[16] sowie ADR-Verfahren.[17] Gerade bei feststellenden Schiedsgutachten kann gelegentlich die Grenze zum feststellenden Schiedsspruch erreicht sein.[18]

3. Entscheidungen von Schiedsgerichten. Nur Sprüche von Schiedsgerichten werden vom 4
UNÜ erfasst, aber nicht definiert. Hierbei sind die Schiedsgerichte insbesondere von staatlichen
Gerichten abzugrenzen. Ein Schiedsspruch liegt grundsätzlich dann vor, wenn sich die Parteien
dem entscheidenden Gericht im Rahmen ihrer Privatautonomie frei unterworfen haben (s. § 1029
ZPO).[19] Bei Vollstreckungsurteilen angloamerikanischer Prägung, bei denen der Schiedsspruch im

---

[2] *Schlosser* Rn. 766; *Baumbach/Lauterbach/Hartmann* Bem. zu Art. 2 Rn. 1; *Weigand/Haas* Part 3 Prel. Remarks Rn. 8, Art. I Rn. 46.
[3] BGH v. 18. 5. 1992 – 19 U 22/92 = NJW 1982, 1224 = IPRax 1982, 1431 (m. Anm. *Wenger* S. 135).
[4] *Schlosser* Rn. 766; *Stein/Jonas/Schlosser* Anh. § 1061 Rn. 9; *Weigand/Haas* Part 3 Art. I Rn. 46; *Haas* ZEuP 1999, 355, 365.
[5] Zu den Voraussetzungen im Einzelnen *Weigand/Haas* Part 3 Art. I Rn. 46 ff.
[6] *Weigand/Haas* Part 3 Art. I Rn. 61; *Stein/Jonas/Schlosser* Anh. § 1061 Rn. 9.
[7] *Stein/Jonas/Schlosser* Anh. § 1061 Rn. 9; *Bandel*, Einstweiliger Rechtsschutz im Schiedsverfahren, 2000, S. 134 (für den Inhalt schiedsrichterlicher Maßnahmen des einstweiligen Rechtsschutzes).
[8] *Weigand/Haas* Part 3 Art. I Rn. 61; *Laschet* IPRax 1984, 72, 73.
[9] *Adolphsen*, Internationale Dopingstrafen, S. 504; *Weigand/Haas* Part 3 Art. I Rn. 67 ff.
[10] *Laschet* IPRax 1984, 72.
[11] *Weigand/Haas* Part 3 Art. I Rn. 61; *Stein/Jonas/Schlosser* Anh. § 1061 Rn. 9.
[12] *Laschet* IPRax 1984, 72, 74; *Stein/Jonas/Schlosser* Anh. § 1061 Rn. 11.
[13] *Saenger* MDR 1999, 662.
[14] *Lionnett-Lionnett* S. 405 f.; *Weigand/Haas* Part 3 Art. I Rn. 66.
[15] BGH v. 8. 10. 1981 – III ZR 42/80 = NJW 1982, 1224; *Schwab/Walter* Kap. 42 Rn. 4.
[16] *van den Berg* S. 44; *Weigand/Haas* Part 3 Art. I Rn. 65; *Schwab/Walter* Kap. 42 Rn. 5.
[17] *Weigand/Haas* Part 3 Art. I Rn. 71.
[18] *Schwab/Walter* Kap. 42 Rn. 5; zur Abgrenzung *Habscheid*, Das Schiedsgutachten, FS Lehmann, Bd. II, 1956, S. 789 ff.; *Garger*, Das Schiedsgutachtenrecht, 1996, S. 295 ff.; *Kröll*, Ergänzung und Anpassung von Verträgen durch Schiedsgerichte, 1998, S. 248 ff.
[19] *Schlosser* Rn. 9, 17.

§ 1061 Anh. 1 UNÜ Art. I   Anh. zu § 1061. Internationale Schiedsgerichtsbarkeit

gerichtlichen Bestätigungsurteil aufgeht (*doctrine of merger*, s. u. Art. V Rn. 58), ist die Abgrenzung umstritten.[20] Sonstige Korrekturen eines Schiedsspruchs durch ein staatliches Gericht lassen nicht den Charakter eines Schiedsspruchs entfallen, solange nicht das staatliche Gericht die volle Verantwortung für den Inhalt übernommen hat.[21] Die Abgrenzung zu privaten Vereins- und Verbandsgerichten erfolgt nach den Kriterien Unabhängigkeit und Rechtswegausschluss.[22]

5   **4. Anationale Schiedssprüche.** Die Frage, ob es anationale Schiedssprüche gibt, ist von der weiteren zu trennen, ob solche, wenn es sie gibt, nach dem UNÜ anzuerkennen und zu vollstrecken sind. Ob es Schiedssprüche gibt, die keine Basis in einem nationalen Verfahrensrecht haben – sog. anationale Schiedssprüche –, ist international zwischen Internationalisten und Territorialisten umstritten. Nach traditioneller Ansicht ist jedem Schiedsspruch ein bestimmtes nationales Verfahrensrecht zuzuordnen. Die Befürworter dieser Meinung entnehmen ihre Argumente vor allem der Vorschrift des Art. V Abs. 1 lit. e, die eine Abhängigkeit des schiedsgerichtlichen vom staatlichen gerichtlichen Verfahren dokumentiere,[23] und rechtspolitischen Forderungen an ein geordnetes Rechtsschutzsystem.[24] Andere wollen aus Art. V Abs. 1 lit. d das Recht herleiten, auch anationales Verfahrensrecht zu vereinbaren. Wer anationale Schiedsverfahren und Schiedssprüche akzeptiert, ist meist auch bereit, das UNÜ auf sie anzuwenden und sie nach diesem Übereinkommen anzuerkennen[25] (s. aber Art. V Rn. 49). Hiervon zu unterscheiden ist die Frage, ob Schiedssprüche anzuerkennen sind, die materiellrechtlich nach der lex mercatoria ergangen sind (s. Art. V Rn. 39).

6   **5. Ad-hoc Schiedssprüche und Schiedssprüche ständiger Schiedsgerichte.** Art. I Abs. 2 UNÜ stellt klar, dass sowohl Sprüche von ständigen Schiedsgerichten als auch Sprüche von ad-hoc gebildeten Schiedsgerichten unter das UNÜ fallen.

III. Im Ausland ergangene Schiedssprüche

7   Das UNÜ erfasst primär alle Schiedssprüche, die in einem anderen als dem Land ergangen sind, in dem um Anerkennung bzw. Vollstreckung nachgesucht wird. Inländische Schiedssprüche werden grds. nach dem nationalen Recht vollstreckt (§ 1060 ZPO). Indem Abs. 1 S. 1 auf den Ort abstellt, an dem der Schiedsspruch ergangen ist, wird die Territorialitätslehre anerkannt.[26] Welches Verfahrensrecht zur Anwendung kam, ist unerheblich.

8   **1. Universalität des Übereinkommens.** Das Übereinkommen findet grundsätzlich auch auf Schiedssprüche Anwendung, die in einem Nichtvertragsstaat ergangen sind. Diese Universalität kann jedoch von den Vertragsstaaten ausgeschlossen werden (vgl. Art. I Abs. 3 S. 1; s. Rn. 19 ff.).

9   **2. „Im Ausland ergangen" als alleiniges Kriterium.** Für die Anwendung des UNÜ nach Art. I Abs. 1 S. 1 ist allein entscheidend, dass der Schiedsspruch im Hoheitsgebiet eines anderen Staates ergangen ist.[27] Dabei ist nicht notwendig auf den realen Ort der Beschlussfassung und Unterschrift, sondern auf den Sitz des Schiedsgerichts abzustellen (s. u. Rn. 13). Nicht erforderlich ist, dass dem Schiedsspruch ein internationaler Sachverhalt zugrunde liegt. Nach welchem Recht das Schiedsverfahren durchgeführt wurde, spielt ebenso wenig eine Rolle[28] wie die Staatsangehörigkeit bzw. der Wohnsitz der Parteien. Dieser kann auch im Vollstreckungsstaat liegen.[29]

---

[20] BGH v. 27. 3. 1984 – IX ZR 24/83 = NJW 1984, 2765; BGH, v. 10. 5. 1984 – III ZR 206/82 = NJW 1984, 2763 (für Wahlrecht, den Schiedsspruch oder die staatliche Exequaturentscheidung anerkennen und für vollstreckbar erklären zu lassen), BayObLG, Beschl. v. 22. 11. 2002 – 4 Z Sch 13/02 = RIW 2003, 385 = SchiedsVZ 2003, 142; *Borges*, Die Doppelexequatur von Schiedssprüchen, 1997; *Dolinar*, FS Schütze, 1999, S. 187; *Schwab/Walter* Kap. 42 Rn. 7; *Weigand/Haas* Part 3 Art. I Rn. 73; *Schlosser* Rn. 788, 908; *ders.* IPRax 1985, 141; *Schütze* ZVglRWiss 104 (2005) 427.
[21] *Stein/Jonas/Schlosser* Anh. § 1061 Rn. 10.
[22] *Adolphsen*, Internationale Dopingstrafen, S. 503 ff. Ebenso für das deutsche Recht BGH, Beschl. v. 27. 5. 2004 – III ZB 53/03 = NJW 2004, 2226 = SchiedsVZ 2004, 205 = JuS 2004, 926 = DB 2004, 2097; OLG Dresden, Beschl. v. 10. 11. 2005 – 11 Sch 0017/05 = Causa Sport 2006, 418; OLG Braunschweig v. 12. 5. 2005 – 8 Sch 1/04 = SchiedsVZ 2005, 262.
[23] Im Einzelnen *Weigand/Haas* Part 3 Art. I Rn. 29.
[24] *Lionnett-Lionnett* S. 98.
[25] *Weigand/Haas* Part 3 Art. I Rn. 30; *Rensmann* S. 206 ff., 221; vgl. *Haas* S. 123 ff.
[26] Vgl. *Wetzmüller*, Der „internationale" Schiedsspruch im UN-Übereinkommen über die Anerkennung und Vollstreckung ausländischer Schiedssprüche, 1966, S. 10 ff.; *Schwab/Walter* Kap. 42 Rn. 2; *Lionnett-Lionnett* S. 9108 f.; zur Verfahrenstheorie s. Rn. 9.
[27] BGH v. 14. 4. 1988 – III ZR 12/87 = BGHZ 104, 178 = NJW 1988, 3090, 3091.
[28] *Schwab/Walter* Kap. 42 Rn. 2.
[29] *Schwab/Walter* Kap. 42 Rn. 3; *Weigand/Haas* Part 3 Art. I Rn. 4.

3. Unanwendbarkeit auf im Inland ergangene Schiedssprüche. Auf im Inland ergangene 10
Schiedssprüche findet das UNÜ in der Regel keine Anwendung. Eine Ausnahme besteht, wenn ein
im Vollstreckungsland ergangener Schiedsspruch dort auf Grund der Geltung der Verfahrenstheorie als ausländischer Schiedsspruch betrachtet wird, was in Deutschland nicht der Fall sein kann
(s. Rn. 11).

IV. Im Vollstreckungsland ergangene Schiedssprüche

1. Allgemeines. Das UNÜ kann gem. Art. I Abs. 1 S. 2 auch im Vollstreckungsland ergangene 11
Schiedssprüche erfassen, wenn sich nach dem Recht des Vollstreckungslandes die Nationalität eines
Schiedsspruchs nach dem Verfahrensrecht, dem der Schiedsspruch untersteht, und nicht nach dem
Ort, an dem der Schiedsspruch ergangen ist (so die Territorialitätstheorie; s. Rn. 7), beurteilt. Diese
prozessuale Theorie wurde bis 1998, dem Inkrafttreten des Gesetzes zur Neuregelung des Schiedsverfahrensrechts,[30] auch in Deutschland vertreten.[31] Durch Art. I Abs. 1 S. 2 soll vermieden werden,
dass Schiedssprüche, die in einem Vertragsstaat unter Anwendung von ausländischem Verfahrensrecht ergehen, weder nach dem inländischen Recht des Vertragsstaates noch nach dem UNÜ vollstreckbar sind.[32] Dies spielt in Deutschland keine Rolle, weil in Deutschland ergangene Schiedssprüche gem. § 1025 Abs. 1 ZPO immer nach deutschem Verfahrensrecht ergehen und immer
inländische Schiedssprüche sind, die nicht in den Anwendungsbereich des UNÜ fallen, sondern
nach nationalem Verfahrensrecht vollstreckt werden (§ 1060 ZPO).

2. Bestimmung des Verfahrensstatuts. Im Rahmen des Art. I Abs. 1 S. 2 bestimmt sich das 12
Verfahrensstatut nach dem jeweiligen Kollisionsrecht des Vollstreckungsstaates, nicht nach Art. V
Abs. 1 lit. d. Dies ergibt sich aus dem Wortlaut des Art. I Abs. 1 S. 2[33] sowie aus dessen Sinn und
Zweck. Denn durch die Schaffung dieser zweiten Anknüpfungsalternative sollte keine für alle Vertragsstaaten bindende Anknüpfungsvorschrift zur Bestimmung der Nationalität eines Schiedsspruches geschaffen werden.[34] Vielmehr sollte diese Anknüpfungsalternative den Vertragsstaaten den
Beitritt zum UNÜ ermöglichen, die die Nationalität eines Schiedsspruches verfahrensrechtlich bestimmen.

V. Bestimmung des Ortes, an dem der Schiedsspruch ergangen ist

Das UNÜ selbst lässt offen, wie zu ermitteln ist, an welchem Ort ein Schiedsspruch erging. 13
Herrschend ist eine subjektive Bestimmung des Ortes im Anschluss an Art. 20 UNCITRAL-Modellgesetz und § 1043 Abs. 1 ZPO durch eine den Sitz des Schiedsgerichts fixierende Parteivereinbarung[35] gegenüber einer objektiven Bestimmung zB nach dem Ort der Unterschriftsleistung.[36]
Hilfsweise gilt der vom Schiedsgericht bestimmte Ort. Dieser Schiedsort dient der normativen Anknüpfung von Schiedsvereinbarungen, Schiedsverfahren und Schiedsspruch, braucht aber nicht mit
dem realen Tagungsort des Schiedsgerichts übereinzustimmen (vgl. § 1043 Abs. 2 ZPO). Fehlt eine
Bestimmung des Ortes durch Parteien und Schiedsgericht, so ist auf den örtlichen Schwerpunkt des
Verfahrens abzustellen.[37]

VI. Unanwendbarkeit des UNÜ

Auf Klagen, die auf Aufhebung eines Schiedsspruches gerichtet sind, findet das UNÜ keine An- 14
wendung. Liegen Versagungsgründe vor, kann nur die Anerkennung bzw. die Vollstreckung versagt
werden. Nach der Konzeption werden Schiedssprüche nur durch die Gerichte aufgehoben, dem der
Schiedsspruch unterliegt (arg. ex. Art. V Abs. 1 lit. e, VI, vgl. Art. V Rn. 60).

---

[30] Gesetz vom 22. 12. 1997 (BGBl. I S. 3224).
[31] *Wetzmüller*, Der „internationale" Schiedsspruch im UN-Übereinkommen über die Anerkennung und Vollstreckung ausländischer Schiedssprüche vom 10. 6. 1958 von New York, 1966, S. 10 ff.
[32] *Maier* Anm. 4; zur Historie *Solomon* S. 64 f.
[33] Der deutsche Wortlaut des letzten Halbsatzes wäre zutreffender mit „nicht als inländische angesehen werden" zu übersetzen.
[34] *Stein/Jonas/Schlosser* Anh. § 1061 Rn. 17; *Weigand/Haas* Part 3 Art. I Rn. 14.
[35] *Mann*, FS Oppenhoff, 1985, S. 215, 222; *Schlosser* Rn. 242; *Stein/Jonas/Schlosser* Anh. § 1061 Rn. 18; *Weigand/Haas* Part 3 Art. I Rn. 8; *Solomon* S. 62, 424.
[36] So englische Gerichte s. Outhwaite v. Hiscox, House of Lords, Entscheidung vom 24. 7. 1991 = auszugsweise YCA Vol. XVII (1992), 599, 603. Zu diesem Verfahren *Rensmann* RIW 1991, 911.
[37] *Schlosser* Rn. 242; *Mann*, FS Oppenhoff, 1985, S. 215, 221 ff.; *Rensmann* RIW 1991, 911.

VII. Schiedssprüche über Rechtsstreitigkeiten jeder Art

15 Die Anwendbarkeit ist nicht auf privatrechtliche Streitigkeiten beschränkt.[38] Das UNÜ erfasst Schiedssprüche jeder Art, auch Rechtsstreitigkeiten nichtvertraglicher Art und öffentlichrechtliche Streitigkeiten.[39] Der Wortlaut des UNÜ ist an keiner Stelle auf privatrechtliche Streitigkeiten begrenzt. In vielen Ländern ist die Unterteilung privatrechtlich – öffentlichrechtlich – vor allem verwaltungsrechtlich – unüblich, jedenfalls gänzlich uneinheitlich.[40] Zudem hat sich in den letzten Jahrzehnten gerade bei Streitigkeiten aus Investitionsverträgen ein erheblicher Bereich an vermögensrechtlichen Streitigkeiten entwickelt, der aus deutscher Sicht dem Verwaltungsrecht und/oder dem Völkerrecht zuzuordnen wäre.[41] Für alle entsprechenden Schiedsverfahren und Schiedssprüche besteht ein erhebliches Bedürfnis, sie dem UNÜ zu unterstellen. Nachdem der Wortlaut des UNÜ dies nicht ausschließt, sollte man die Schiedsgerichtsbarkeit soweit wie möglich dem UNÜ zuordnen. Die Vertragsstaaten können von der Möglichkeit des Art. 1 Abs. 3 S. 2 Gebrauch machen und die Anwendbarkeit auf Handelssachen beschränken. Soweit bestimmte öffentlichrechtliche Streitigkeiten nicht schiedsfähig sind, besteht keine Anerkennungspflicht (Art. V Abs. 1 lit. a).

16 Erforderlich ist außerdem, dass die Rechtsstreitigkeit, auf die sich die getroffene Schiedsvereinbarung bezieht, hinreichend bestimmt ist (arg. Art. II Abs. 1); s. Art. II Rn. 8.

VIII. Rechtsstreitigkeiten natürlicher und juristischer Personen

17 Nach Art. I Abs. 1 S. 1 ist das UNÜ auf Rechtsstreitigkeiten natürlicher oder juristischer Personen anwendbar. Auch **juristische Personen des öffentlichen Rechts** kommen als Parteien von Schiedssprüchen im Sinne des UNÜ in Betracht. Jedoch kann die Schiedsfähigkeit von juristischen Personen des öffentlichen Rechts durch nationale Vorschriften begrenzt bzw. ausgeschlossen werden, ohne dass insoweit ein Verstoß gegen das UNÜ vorliegt, da sich die Schiedsfähigkeit einer Person nach ihrem Personalstatut bestimmt (arg. Art. V Abs. 1 lit. a UNÜ).[42]

18 **Staaten** sind ebenfalls als juristische Personen des öffentlichen Rechts anzusehen.[43] Mit dem Abschluss einer Schiedsvereinbarung verzichtet ein Staat im Zweifel auf eine etwaige Jurisdiktionsimmunität und auf die generelle, nicht objektbezogene Vollstreckungsimmunität.[44]

IX. Vorbehalte des Art. I Abs. 3 UNÜ

19 **1. Beschränkung der Anwendung. a) Vertragsstaatsvorbehalt.** Gem. Art. I Abs. 1 ist der Anwendungsbereich des UNÜ grds. universell. Jeder Vertragsstaat kann aber bestimmen, dass er das Übereinkommen nur im Verhältnis zu anderen Vertragsstaaten anwendet. Diesen Vorbehalt haben gut die Hälfte der Vertragsstaaten erklärt.[45] Deutschland hatte ursprünglich ebenfalls diesen Vorbehalt erklärt.[46] Da gemäß § 1061 Abs. 1 S. 1 ZPO alle ausländischen Schiedssprüche nach dem UNÜ anerkannt werden, hatte der Vorbehalt keine praktische Bedeutung mehr und ist auch for-

---

[38] Stein/Jonas/Schlosser Anh. § 1061 Rn. 6; Weigand/Haas Part 3 Art. I Rn. 56.
[39] So auch Maier Anm. 1; Stein/Jonas/Schlosser Anh. § 1061 Rn. 6.
[40] Stein/Jonas/Schlosser Anh. § 1061 Rn. 6; rechtsvergleichend der Bericht der Regierungssachverständigen (Jenard-Bericht) anlässlich des Beitritts von Dänemark, Irland und dem Vereinigten Königreich zum EuGVÜ, ABlEG C 59 vom 5. 3. 1979, S. 9 f.
[41] Vgl. Markert, Rohstoffkonzessionen in der internationalen Schiedsgerichtsbarkeit, 1989; Theodorou, Investitionsschutzverträge vor Schiedsgerichten, 2001.
[42] So auch Maier Anm. 2.
[43] Langkeit, Staatenimmunität und Schiedsgerichtsbarkeit, 1989, S. 83; Rensmann S. 226 ff.
[44] Langkeit S. 89 ff.; Rensmann S. 266 ff.
[45] Den Vorbehalt haben folgende Staaten erklärt: Afghanistan, Algerien, Antigua und Barbadu, Argentinien, Armenien, Bahrain, Barbados, Belgien, Bosnien-Herzegowina, Botswana, Bulgarien, Brunei, China (Volksrepublik, einschl. Macau), Dänemark, Ecuador, Frankreich, Griechenland, Guatemala, Heiliger Stuhl, Indien, Indonesien, Iran, Irland, Jamaika, Japan, Kenia, Korea, Kroatien, Kuba, Kuwait, Libanon, Luxemburg, Madagaskar, Malaysia, Malta, Marokko, Mauritius, Mazedonien, Moldawien, Monaco, Mongolei, Mosambik, Montenegro, Nepal, Neuseeland, Niederlande, Nigeria, Norwegen, Pakistan, Philippinen, Polen, Portugal, Rumänien, Russische Föderation, Saudi Arabien, Serbien, Singapur, Slowenien, St. Vincent und Grenada, Tansania, Trinidad und Tobago, Türkei, Tunesien, Uganda, Ungarn, Venezuela, Vereinigtes Königreich Großbritannien, Vereinigte Staaten von Amerika, Vietnam, Zentralafrikanische Republik, Zypern. Nur im Falle der vereinbarten oder verbürgten Gegenseitigkeit werden Schiedssprüche, die in einem Nichtvertragsstaat ergangen sind, nach der Maßgabe des UNÜ in folgenden Staaten vollstreckt: Bulgarien, Kuba, Rumänien, Tschechische Republik, Slowakei, Russische Föderation Ukraine, Weißrussland und Litauen.
[46] Bekanntmachung vom 23. 3. 1962 BGBl. II S. 102.

mell zurück genommen worden.[47] Danach wenden diese Länder das UNÜ nur an, wenn der Schiedsspruch, der anerkannt/vollstreckt werden soll, in einem anderen Vertragsstaat ergangen ist. Die Vorschrift ist unproblematisch, solange die beteiligten Staaten die Nationalität des Schiedsspruchs nach dem Schiedsort bestimmen, also dem Territorialitätsprinzip folgen.

b) Verhältnis zu Art. I Abs. 1 S. 2 UNÜ. Die Verfasser des UNÜ haben es versäumt, den Gegenseitigkeitsvorbehalt dem später eingefügten Art. I Abs. 1 S. 2 anzupassen.[48] Im Verhältnis zu Art. I Abs. 1 S. 2 UNÜ stellt sich die Frage, wie sich der Gegenseitigkeitsvorbehalt auswirkt. 20

Ergeht der Schiedsspruch im Vollstreckungsstaat, der der Verfahrenstheorie folgt und einen Gegenseitigkeitsvorbehalt erklärt hat, nach dem Verfahrensrecht eines Vertragsstaates, so ist der Schiedsspruch anzuerkennen und zu vollstrecken. Art. I Abs. 3 soll keineswegs die Verfahrenstheorie beseitigen.

Ergeht der Schiedsspruch im Vollstreckungsstaat, der der Verfahrenstheorie folgt, unter Anwendung des Verfahrensrechts eines Nichtvertragsstaates, so handelt es sich grds. nach der universellen Anwendbarkeit des UNÜ um einen ausländischen Schiedsspruch, der nach dem UNÜ anzuerkennen und zu vollstrecken ist. Hätte der Vollstreckungsstaat jedoch den Gegenseitigkeitsvorbehalt erklärt, so würde die Anwendung des UNÜ daran scheitern, dass dem Schiedsspruch das Verfahrensrecht eines Nichtvertragsstaates zugrunde liegt. In diesem (äußerst seltenen) Fall ist jedoch das UNÜ anwendbar.[49] Denn der Zweck des Gegenseitigkeitsvorbehalts ist es, Nichtvertragsstaaten zum Beitritt zum UNÜ zu bewegen. Würde man im geschilderten Fall das UNÜ nicht anwenden, so würde dies nur den Schiedsparteien schaden, eine Beeinflussung des Nichtvertragsstaates wäre dadurch kaum erreichbar.

Ergeht der Schiedsspruch in einem Nichtvertragstaat, der der Verfahrenstheorie folgt, unter Anwendung des Verfahrensrechts eines Vertragsstaates, so ist das UNÜ dagegen nicht anwendbar.[50] 21

2. Beschränkung auf Handelssachen. Jeder Vertragsstaat kann den Anwendungsbereich des UNÜ auf Handelssachen begrenzen.[51] Deutschland hat dies nicht getan. Ob eine Sache eine Handelssache ist, bestimmt sich auf Grund des Wortlauts des Art. I Abs. 3 S. 2 nach dem Recht des Staates, der den Vorbehalt geltend macht.[52] Der Vorbehalt ist an sich überflüssig, da gem. Art. V Abs. 2 lit. a keine Anerkennungs- und Vollstreckungsverpflichtung besteht, wenn eine Sache nicht schiedsfähig ist.[53] 22

3. Verhältnis der beiden Vorbehalte zueinander. Der Wortlaut des Art. I Abs. 3 S. 1 „auf der Grundlage der Gegenseitigkeit" macht nur Sinn, wenn man ihn auf den Handelssachenvorbehalt in S. 2 bezieht, da im Verhältnis zu Vertragsstaaten immer die Gegenseitigkeit verbürgt ist.[54] Hat ein Vertragsstaat den Gegenseitigkeitsvorbehalt geltend gemacht, nicht aber den Vorbehalt, das UNÜ nur auf Handelssachen anzuwenden, so findet das UNÜ keine Anwendung, wenn in dem Vertragsstaat ein Schiedsspruch bezüglich einer „Nichthandelssache" vollstreckt werden soll, der in einem anderen Vertragsstaat ergangen ist, falls dieser Vertragsstaat den Vorbehalt bezüglich der Handelssachen erklärt hat.[55] Hier liegt nämlich die erforderliche Gegenseitigkeit nicht vor. Dieses Ergebnis folgt nicht aus Art. IX, da dieser nur eine völkerrechtliche Verpflichtung, nicht aber das Ver- 23

---

[47] BGBl. 1999 II S. 7.
[48] *Schlosser* Rn. 69; *Weigand/Haas* Part 3 Art. I Rn. 35.
[49] *Schlosser* Rn. 69; *Reithmann/Martiny/Hausmann,* Internationales Vertragsrecht, Rn. 3250; aA *Bertheau* S. 51 f.; *van den Berg* S. 26.
[50] Ebenso *Schwab/Walter* Kap. 42 Rn. 8.
[51] Folgende Staaten haben diesen Vorbehalt erklärt: Afghanistan, Algerien, Antigua und Barbadu, Argentinien, Armenien, Bahrain, Barbados, Bosnien-Herzegowina, Botswana, China (Volksrepublik), Dänemark, Ecuador, Griechenland, Guatemala, Heiliger Stuhl, Indien, Indonesien, Iran, Jamaika, Kanada (bez. aller Provinzen mit Ausnahme von Quebec), Korea, Kroatien, Kuba, Madagaskar, Makedonien, Malaysia, Monaco, Mongolei, Montenegro, Nepal, Nigeria, Philippinen, Polen, Rumänien, Serbien, Slowenien, St. Vincent und Grenada, Trinidad und Tobago, Türkei, Tunesien, Ungarn, Venezuela, Vereinigte Staaten von Amerika, Vietnam, Zentralafrikanische Republik, Zypern.
[52] Zur Qualifizierung der Handelssache vgl. *Stein/Jonas/Schlosser* Anh. § 1061 Rn. 24; *Weigand/Haas* Part 3 Art. I Rn. 43; *Redfern-Hunter* 10–30; zu Streitigkeiten um die Schiedsfähigkeit von Streitigkeiten aus Arbeitsverträgen von Seeleuten nach US amerikanischem Recht vgl. *Nickson,* Closing U. S. Courts to Foreign Seaman: The Judicial Excision of the FAA Seamen's Arbitration Exemtion from the New York Convention Act, Texas Int. Law.J. 2006, 103.
[53] *Brotóns,* Recueil des Cours 1984 I 211 f.; *Stein/Jonas/Schlosser* Anh. § 1061 Rn. 24; *Weigand/Haas* Part 3 Art. I Rn. 42.
[54] *Weigand/Haas* Part 3 Art. I Rn. 37, 45; *Haas* IPRax 2000, 432, 433.
[55] *Stein/Jonas/Schlosser* Anh. § 1061 Rn. 26; *Reithmann/Martiny/Hausmann* Rn. 3251.

§ 1061 Anh. 1 UNÜ Art. II   Anh. zu § 1061. Internationale Schiedsgerichtsbarkeit

hältnis der Parteien regelt.[56] In Deutschland sind – vorbehaltlich der weiteren Voraussetzungen –
nach Rücknahme des Gegenseitigkeitsvorbehalts alle im Ausland gefällten Schiedssprüche, auch
solche in Nichthandelssachen vollstreckbar, selbst wenn diese in einem Vertragsstaat ergangen sind,
der einen Vorbehalt nach Art. I Abs. 3 S. 2 erklärt hat (§ 1061 ZPO).

X. Unzulässigkeit der Beschränkung durch nationale Gesetzgebung

24   Den Vertragsstaaten ist es nur im Rahmen der Vorbehalte des Art. I Abs. 3 gestattet, den Anwendungsbereich des UNÜ zu begrenzen. Jede weiterreichende Anwendungsbegrenzung ist vertragswidrig.

XI. Zeitlicher Anwendungsbereich

25   Das UNÜ enthält keine Regelung des zeitlichen Anwendungsbereichs. Die Frage ist deshalb
nach wie vor aktuell, weil immer neue Staaten Vertragsstaaten werden. Es ist, nach allerdings umstrittener Ansicht, anwendbar, unabhängig davon, wann der Schiedsspruch zustande kam.[57] Selbst
wenn der Staat, in dem das Schiedsverfahren durchgeführt wurde, bzw. der Exequaturstaat, dem
UNÜ erst beigetreten ist, nachdem der Schiedsspruch ergangen ist, findet das UNÜ Anwendung.
Ein schutzwürdiges Vertrauen einer Partei, dass ein Schiedsspruch nicht nach dem UNÜ anerkannt/vollstreckt werden kann, gibt es nicht.[58]

**Art. II. (1) Jeder Vertragsstaat erkennt eine schriftliche Vereinbarung an, durch die sich
die Parteien verpflichten, alle oder einzelne Streitigkeiten, die zwischen ihnen aus
einem bestimmten Rechtsverhältnis, sei es vertraglicher oder nichtvertraglicher Art, bereits entstanden sind oder etwa künftig entstehen, einem schiedsrichterlichen Verfahren
zu unterwerfen, sofern der Gegenstand des Streites auf schiedsrichterlichem Wege geregelt werden kann.**

**(2) Unter einer „schriftlichen Vereinbarung" ist eine Schiedsklausel in einem Vertrag
oder eine Schiedsabrede zu verstehen, sofern der Vertrag oder die Schiedsabrede von
den Parteien unterzeichnet oder in Briefen oder Telegrammen enthalten ist, die sie gewechselt haben.**

**(3) Wird ein Gericht eines Vertragsstaates wegen eines Streitgegenstandes angerufen,
hinsichtlich dessen die Parteien eine Vereinbarung im Sinne dieses Artikels getroffen
haben, so hat das Gericht auf Antrag einer der Parteien sie auf das schiedsrichterliche
Verfahren zu verweisen, sofern es nicht feststellt, dass die Vereinbarung hinfällig, unwirksam oder nicht erfüllbar ist.**

Schrifttum: *Arfazadeh,* Arbitrability under the New York Convention: the fori revisited, ArbInt 2001, 73; *Baron-Liniger,* A second look at arbitrability, Arb. Int. 2003, 27; *Berger,* Das neue Recht der Schiedsgerichtsbarkeit, 1998; *Bork,* Begriff der objektiven Schiedsfähigkeit, ZZP 100 (1987), 249; *Born-Koepp,* Towards a Uniform Standard of Validity of Arbitration Agreements, FS Schlosser, 2005, S. 59; *Otto,* Das Schriftformerfordernis bei internationalen Schiedsgerichtsvereinbarungen, IPRax 2003, 333; *Epping,* Die Schiedsvereinbarung im internationalen privaten Rechtsverkehr nach der Reform des deutschen Schiedsverfahrensrechts, 1999; *Gildeggen,* Internationale Schieds- und Schiedsverfahrensvereinbarungen in Allgemeinen Geschäftsbedingungen vor deutschen Gerichten, 1991; *Haas,* Zur formellen materiellen Wirksamkeit des Schiedsvertrages, IPRax 1993, 382; *Hahnkamper,* Neue Regeln für Schiedsvereinbarungen, SchiedsVZ 2006, 65; *Koussoulis,* Zur Dogmatik des auf die Schiedsvereinbarung anwendbaren Rechts, FS Schlosser, 2005, S. 415; *Kröll,* Die Schiedsvereinbarung im Verfahren zur Anerkennung und Vollstreckbarerklärung ausländischer Schiedssprüche, ZZP (117) 2004, 453; *Lindacher,* Schiedsklauseln und Allgemeine Geschäftsbedingungen im internationalen Handelsverkehr, FS Habscheid, 1989, S. 167; *Mallmann,* Die Bedeutung der Schiedsvereinbarung im Verfahren zur Anerkennung und Vollstreckbarerklärung ausländischer Schiedssprüche, SchiedsVZ 2004, 152; *Schlosser,* Die objektive Schiedsfähigkeit des Streitgegenstandes, FS Fasching, 1988, S. 405; *Schütze,* Die verkannte Funktion der Schiedsvereinbarung im internationalen Zivilprozessrecht, IPRax 2006, 442; *Sieg,* Internationale Gerichtsstands- und Schiedsklauseln in Allgemeinen Geschäftsbedingungen, RIW 1998, 102; *Wackenhuth,* Die Schriftform für Schiedsvereinbarungen nach dem UN-Übereinkommen und Allgemeine Geschäftsbedingungen, ZZP 99 (1986), 445.

---

[56] *Weigand/Haas* Part 3 Art. I Rn. 37, 45; *Haas* IPRax 2000, 432, 433; *Stein/Jonas/Schlosser* Anh. § 1061 Rn. 23; *Reithmann/Martiny/Hausmann* Rn. 3251; aA OGH, Beschl. v. 26. 11. 1997 – Ob 320/97 y = IPRax 2000, 429, 431.

[57] So BGH v. 8. 10. 1981 – III ZR 42/80 = NJW 1982, 1224 = IPRax 1982, 143; Hanseatisches OLG Hamburg v. 27. 7. 1978 – 6 U 174/77; 63 O 156/76 = auszugsweise YCA Vol. IV (1979), 266, 267; *van den Berg* S. 72 ff.; *Schwab/Walter* Kap. 42 Rn. 13 (dort Darstellung des Streitstands).

[58] *Weigand/Haas* Part 3 Art. I Rn. 12; aA *Schlosser* Rn. 139, 142.

1. New Yorker UN-Übereinkommen **Art. II § 1061 Anh. 1 UNÜ**

Übersicht

	Rn.		Rn.
I. Allgemeines	1–3	d) Schiedsvereinbarungen zwischen Kaufleuten	20
1. Grundsatz	2	e) Heilung von Formmängeln	21
2. Auslegung	3	7. Anforderungen an die Willenseinigung	22
II. Anwendungsbereich	4–6	8. Auswirkungen des EuÜ auf Art. II	23
1. Vorfrage für Anerkennung/Vollstreckung	5	**IV. Erlöschen der Schiedsabrede**	24
2. Schiedseinrede	6	**V. Einrede der Schiedsvereinbarung**	25–36
III. Voraussetzungen für die Anerkennung einer Schiedsvereinbarung	7–23	1. Allgemeines	25
1. Inhalt einer Schiedsvereinbarung	7	2. Anwendungsbereich	26
2. Bestimmtes Rechtsverhältnis	8	3. Gerichtliche Prüfung	27
3. Schiedsvereinbarung wegen bestehender oder zukünftiger Rechtsstreitigkeiten	9	a) Form und Zeitpunkt	27
		b) Wirksamkeit	28–31
4. Schiedsabrede oder Schiedsklausel	10	c) Keine Notwendigkeit einer tatsächlichen Streitigkeit	32
5. Schiedsfähigkeit des Streitgegenstandes	11	d) Folgen einer wirksamen Schiedsvereinbarung	33
6. Form der Schiedsvereinbarung	12		
a) Schriftform	13–16	e) Kompetenz staatlicher Gerichte zum Erlass einstweiliger Maßnahmen	34
b) Abweichende nationale Formvorschriften	17, 18	4. Feststellungsklage	35
c) Allgemeine Geschäftsbedingungen	19	5. Auswirkungen des EuÜ	36

I. Allgemeines

Art. II wurde erst zu einem späten Stadium in das Übereinkommen aufgenommen, daraus resultiert eine nicht ausreichende Abstimmung mit den das Anerkennungs- und Vollstreckbarerklärungsverfahren regelnden Bestimmungen.[1] Die Vorschrift enthält für einen Teil der Rechtsfragen, die den Abschluss einer Schiedsvereinbarung betreffen, vereinheitlichte Sachnormen, die jeden Rückgriff auf nationales Sachrecht hindern. Für andere, nicht durch vereinheitlichtes Sachrecht geregelte Fragen enthält nicht Art. II, aber Art. V vereinheitlichte Kollisionsnormen (zB objektive Schiedsfähigkeit), die auch in den Verfahrensstadien vor der Anerkennung und Vollstreckbarerklärung gelten und den Rückgriff auf nationales Kollisionsrecht sperren. Bedeutung hat Art. II auch im Rahmen des Art. V Abs. 1 lit. a, der eine Schiedsvereinbarung iSd. Art. II voraussetzt (Rn. 5). 1

1. Grundsatz. Art. II weist mehrere Funktionen auf. Er verpflichtet die Vertragsstaaten nicht nur zur **Anerkennung von Schiedsvereinbarungen,** sondern legt darüber hinaus durch vereinheitlichte Sachnormen (allerdings lückenhaft) bindend fest, welche **Anforderungen an** einen **Schiedsvertrag,** bzw. an eine Schiedsklausel gestellt werden dürfen. Abs. 3 bestimmt, dass ein staatliches Gericht, das mit einer Streitsache befasst ist, die Parteien auf Antrag einer Partei auf den Schiedsweg verweisen muss, wenn eine wirksame Schiedsvereinbarung vorliegt. 2

2. Auslegung. Art. II ist, soweit er als Sachrechtsnorm fungiert, autonom und unter Beachtung von Sinn und Zweck des UNÜ auszulegen.[2] 3

II. Anwendungsbereich

Der Anwendungsbereich des Art. II ist nicht ausdrücklich geregelt, sondern aus der Zielsetzung des Übereinkommens, insbesondere unter Beachtung des Art. I zu ermitteln. 4

1. Vorfrage für Anerkennung/Vollstreckung. Soweit die Wirksamkeit einer Schiedsvereinbarung als Vorfrage im Rahmen des Art. V Abs. 1 lit. a auftaucht, ist Art. II immer dann anzuwenden, wenn es um die Anerkennung/Vollstreckung eines Schiedsspruches geht, der unter das UNÜ fällt.[3] 5

2. Schiedseinrede. Wird ein staatliches Gericht eines Vertragsstaates wegen einer Streitsache angerufen und erhebt eine der Parteien im Verfahren die Schiedseinrede, so hat das angerufene Ge- 6

---

[1] *van den Berg* S. 56.
[2] Vgl. *Schwab/Walter* Kap. 44 Rn. 7; *van den Berg* S. 173; *Weigand/Haas* Part 3 Art. II Rn. 15; *Baumbach/Lauterbach/Albers* Bem. 2 zu Art. II; *Reithmann/Martiny/Hausmann* Rn. 3260.
[3] *Stein/Jonas/Schlosser* Anh. § 1061 Rn. 28; *Bertheau* S. 27 f.; *Weigand/Haas* Part 3 Art. II Rn. 4; *Haas* S. 164 f.; *Reithmann/Martiny/Hausmann* Rn. 3304.

§ 1061 Anh. 1 UNÜ Art. II   Anh. zu § 1061. Internationale Schiedsgerichtsbarkeit

richt Art. II dann zu beachten, wenn die Schiedsvereinbarung der Parteien aus der Sicht des angerufenen Gerichts zu einem ausländischen Schiedsspruch iSd. Art. I führen könnte, wobei, wenn der Schiedsort noch nicht feststeht, allein die Möglichkeit ausreicht.[4] Schiedsvereinbarungen in rein nationalen Angelegenheiten werden nicht erfasst. Hier gilt § 1032 ZPO.

III. Voraussetzungen für die Anerkennung einer Schiedsvereinbarung

7 **1. Inhalt einer Schiedsvereinbarung.** Das UNÜ erkennt die **Parteiautonomie** an und stellt in Übereinstimmung mit nationalen Verfahrensrechten nur minimale Anforderungen an den Inhalt einer Schiedsvereinbarung. Ausreichend ist demnach eine Vereinbarung, in der sich die Parteien verpflichten, ihre Rechtsstreitigkeit dem schiedsrichterlichen Verfahren zu unterwerfen.

8 **2. Bestimmtes Rechtsverhältnis.** Nach Art. II Abs. 1 muss sich die abgeschlossene Schiedsvereinbarung auf ein bestimmtes Rechtsverhältnis beziehen. Unwirksam sind demnach generalklauselartige Schiedsabreden, in denen sich die Parteien losgelöst von jedem Rechtsverhältnis der Schiedsgerichtsbarkeit unterwerfen. Dadurch soll verhindert werden, dass für die Parteien noch nicht überschaubare Rechtsstreitigkeiten den Schiedsgerichten zugewiesen und damit der staatlichen Gerichtsbarkeit entzogen werden.[5] Aus diesem Erfordernis ergibt sich nicht, dass der Schiedsvereinbarung notwendig ein vertragliches Rechtsverhältnis zugrunde liegen muss. Es genügt vielmehr eine Rahmenvereinbarung. Aus dem Wortlaut des Abs. 1 folgt zudem ausdrücklich, dass die Vereinbarung nichtvertragliche Ansprüche, aus Geschäftsführung ohne Auftrag, ungerechtfertigter Bereicherung oder unerlaubter Handlung einbeziehen kann.[6] Zu den Auswirkungen des EuÜ auf das Bestimmtheitserfordernis s. Rn. 23.

9 **3. Schiedsvereinbarung wegen bestehender oder zukünftiger Rechtsstreitigkeiten.** Unerheblich ist, ob sich die Schiedsvereinbarung auf bereits bestehende *(compromis)* oder zukünftige *(clause compromissoire)* Rechtsstreitigkeiten bezieht.

10 **4. Schiedsabrede oder Schiedsklausel.** Art. II Abs. 2 lässt ausdrücklich zwei Formen der Schiedsvereinbarung zu: (1) die Schiedsklausel als Bestandteil eines Hauptvertrages oder (2) die gesonderte Schiedsabrede. Auch § 1029 Abs. 2 ZPO erfasst mit dem Oberbegriff Schiedsvereinbarung beide Varianten. Für beide Formen legt Art. II Abs. 2 einheitliche Formanforderungen fest (s. u. Rn. 12 ff.).

11 **5. Schiedsfähigkeit des Streitgegenstandes.** Art. II Abs. 1 bestimmt, dass die Schiedsfähigkeit des Streitgegenstandes Voraussetzung für eine wirksame Schiedsvereinbarung ist. Das UNÜ hat den Begriff der Schiedsfähigkeit weder vereinheitlicht noch das Recht bestimmt, nach dem die Schiedsfähigkeit in der Einredesituation zu beurteilen ist. Das UNÜ enthält zwei möglicherweise anwendbare Kollisionsnormen für das Anerkennungs-/Vollstreckbarerklärungsverfahren mit der allgemeinen Kollisionsnorm des Art. V Abs. 1 lit. a und der speziellen Kollisionsnorm Art. V Abs. 2 lit. a. In Art. II Abs. 1 und in Art II Abs. 3 ist die objektive Schiedsfähigkeit erwähnt bzw. vorausgesetzt. Art. V Abs. 1 lit. a und Art. II Abs. 3 sprechen die Schiedsfähigkeit zwar nicht direkt an, der Begriff der Ungültigkeit bzw. Unwirksamkeit setzt jedoch die objektive Schiedsfähigkeit voraus, weil die Schiedsfähigkeit des Streitgegenstandes Voraussetzung für die Wirksamkeit der Schiedsvereinbarung ist. In Art. 6 Abs. 2 EuÜ und Art. 34 Nr. 2b (i) UNCITRAL ML findet sich die Regel des Art. V Abs. 2 lit. a UNÜ wieder. Wie die Schiedsfähigkeit zu bestimmen ist, ist nach wie vor streitig: Die einen folgern aus der Gesamtschau des UNÜ, dass sich die objektive Schiedsfähigkeit *kumulativ* sowohl nach dem Recht des Anerkennungs- und Vollstreckungsstaates (Art. V Abs. 2 lit. a) als dem mit der Sache befassten Gericht als auch nach dem Schiedsvertragsstatut, also dem von den Parteien vereinbarten Recht oder hilfsweise nach dem Recht am Sitz des Schiedsgerichts (Art. V Abs. 1 lit. a UNÜ) beurteilt.[7] Nach einer neueren, zuzustimmenden Ansicht ist die objektive Schiedsfähigkeit in analoger Anwendung des Art. V Abs. 2 lit. a sowohl in der Anerkennungs- als auch in der Einredesituation ausschließlich nach dem Recht des mit der Frage (Einrede/Anerkennung/Voll-

---

[4] Vgl. OLG Hamm v. 15. 11. 1994 – 29 U 70/92 = RIW 1995, 681; *Schwab/Walter* Kap. 42 Rn. 10.; *Stein/Jonas/Schlosser* Anh. § 1061 Rn. 27; aA *van den Berg* S. 61 ff. (63), der das Vorliegen eines internationalen Elements verlangt, wobei die Ergebnisse meist gleich sein dürften, vgl. *Weigand/Haas* Part 3 Art. II Rn. 8.
[5] *Weigand/Haas* Part 3 Art. II Rn. 19; *Bertheau* S. 28.
[6] *van den Berg* S. 148; *Weigand/Haas* Part 3 Art. II Rn. 20; *Reithmann/Martiny/Hausmann* Rn. 3262.
[7] *Nagel/Gottwald* IZPR § 16 Rn. 17; *Lew*, Applicable Law in International Commercial Arbitration, 1978, S. 73; *Nolting* IPRax 1987, 349, 352; *Bühler* IPRax 1989, 253, 256; *Haas* S. 257; *Mayer* ArbInt. 1986, 274, 290; *v. Hülsen*, Die Gültigkeit von Schiedsvereinbarungen, S. 135 f.; *Schlosser*, 1. Aufl., Rn. 312 (aufgegeben *Schlosser*, 2. Aufl., Rn. 299); *ders.*, FS Fasching, 1988, S. 405, 419; *Stein/Jonas/Schlosser* Anh. § 1061, Rn. 43.

streckbarerklärung) befassten Gerichts zu beurteilen (lex fori).[8] Eine kumulative Berücksichtigung des Schiedsvertragsstatuts (Art. V Abs. 1 lit. a) hat zu unterbleiben, da dies zu Wertungswidersprüchen führen kann[9] und zudem dieses Recht in vielen Fällen nur einen geringen Bezug zum Streit hat, da insbesondere der Ort des Verfahrens häufig rein aus Gründen der Neutralität gewählt wird.[10] Auch die alleinige Anknüpfung an das Schiedsvertragsstatut ist aus diesem Grunde abzulehnen.[11] Eine transnationale Bestimmung der objektiven Schiedsfähigkeit, die US-amerikanische Gerichte vorgenommen haben,[12] scheidet ebenfalls aus. Aus der fehlenden Vereinheitlichung durch das UN und andere internationale Übereinkommen, folgt die Bedeutung nationalen Rechts. Nach deutschem Recht ist jeder vermögensrechtliche Anspruch schiedsfähig;[13] nichtvermögensrechtliche Ansprüche sind schiedsfähig, soweit sich die Parteien darüber vergleichen können (§ 1030 Abs. 1 ZPO). Ausgenommen sind nur Streitigkeiten über den Bestand von Mietverhältnissen über inländischen Wohnraum (§ 1030 Abs. 2 ZPO) sowie zwingende Gesetzesvorbehalte in Sondernormen (§ 1030 Abs. 3 ZPO). Auch die Schweiz (Art. 177 IPRG) und Österreich (nach dem Schiedsrechtsänderungsgesetz 2006 in § 582 Abs. 1 öZPO[14]) stellen auf das Kriterium des vermögensrechtlichen Anspruchs ab. Im englischen Arbitration Act 1996[15] und im US-amerikanischen Federal Arbitration Act (FAA),[16] fehlen abstrakte Kriterien für die Regelung der objektiven Schiedsfähigkeit gänzlich,[17] die Einstellung zur objektiven Schiedsfähigkeit ergibt sich insofern aus einer Analyse einschlägiger Literatur und Rechtsprechung.[18] In England sind alle Sachverhalte objektiv schiedsfähig, *„which affect the civil interest of parties",*[19] sec. 81 verweist darauf, dass bestehende Regeln, die die Schiedsgerichtsbarkeit ausschließen, durch den Arbitration Act nicht berührt werden. Im Fall der USA ist zudem zu berücksichtigen, dass der Begriff der *arbitrabilty* (of the dispute) nicht mit dem Begriff der Schiedsfähigkeit identisch ist, sondern weiter verstanden wird, indem z. B. Fragen des Umfangs der Schiedsvereinbarung darunter gefasst werden.[20]

6. Form der Schiedsvereinbarung. Nach Art. II Abs. 1 muss die Schiedsvereinbarung schriftlich erfolgen, wobei Abs. 2 näher bestimmt, wann diese Voraussetzung erfüllt ist. Eine mündliche, auch stillschweigende Schiedsvereinbarung ist im Anwendungsbereich des UNÜ nicht genügend.[21] Diese Formanforderung gilt nur für die Schiedsabrede, nicht für Vereinbarungen über das Schiedsverfahren.[22] Die Abgrenzung ist vertragsautonom ohne Rückgriff auf ein nationales Recht vorzunehmen:[23] Das Schriftformerfordernis des Abs. 2 bezieht sich nur auf die Unterwerfung der Parteien unter die Entscheidungszuständigkeit eines Schiedsgerichts. Andere Fragen, wie der Ort des Verfahrens, Schiedsrichteranzahl etc. sind nicht hierzu zu rechnen. 12

a) Schriftform. Art. II Abs. 2 enthält zwei Varianten der Schriftform: Er verlangt einen von beiden Parteien unterzeichneten Vertrag, lässt daneben aber auch eine Schiedsvereinbarung gelten, die sich aus dem Wechsel von Briefen oder Telegrammen ergibt. 13

---

[8] *Schwab/Walter* Kap. 44 Rn. 1; *Schlosser* Rn. 299; *Stein/Jonas/Schlosser* Anh. § 1061 Rn. 43; *Weigand/Haas* Part 3 Art. II Rn. 58; *Geimer* IZPR, Rn. 3811; *Reithmann/Martiny/Hausmann* Rn. 3324; *van den Berg* S. 152 f.; *Bertheau* S. 28; *Arfazadeh* ArbInt 2001, 73; anders noch *Adolphsen,* Internationale Dopingstrafen, S. 523.
[9] Im Einzelnen *Adolphsen,* Internationale Dopingstrafen, S. 521.
[10] *Weigand/Haas* Part 3 Art. II Rn. 56, 58.
[11] So Cour d'appel de Bruxelles (4. 10. 1985 M. c/S. A. M.) JT 1986, 93 = YCA XIV (1989) 618.
[12] United States District Court, E. D. N. Y., Entscheidung vom 29. 3. 1991 = auszugsweise YCA Vol. XVII (1992), 686, 691 f.
[13] Verfassungsrechtliche Bedenken bei *Hesselbarth,* Schiedsgerichtsbarkeit und Grundgesetz, 2004, S. 174; dagegen *Prütting,* Schiedsgerichtsbarkeit und Verfassungsrecht, FS Schlosser, 2005, S. 705, 709; *Musielak/Voit* § 1030 Rn. 1.
[14] SchiedsRÄG 2006 (BGBl 2006/7).
[15] Dazu *Merkin,* Arbitration Act 1996, 2000; *Haas* ZZPInt 2 (1997), 409 ff.
[16] 9 U. S. C. § 1–208 (1982), *Baron-Liniger* Arb. Int. 2003, 27, 28 f.
[17] *Haas* ZZPInt 2 (1997), 409, 416; *Schlosser* Rn. 295; *ders.* FS Fasching, 1988, S. 405, 413; *Zimmer* ZEuP 1994, 163, 166. Eine Regelung findet man allerdings insofern, als Art. V Abs. 2 lit. a UNÜ wortgleich in den Federal Arbitration Act übernommen wurde, vgl. *Schlosser,* FS Fasching, 1988, S. 405, 415.
[18] Zum Stand 1995 vgl. *Kilgus,* Zur Anerkennung und Vollstreckbarerklärung englischer Schiedssprüche in Deutschland, S. 221.
[19] *Haas* ZZPInt 2 (1997), 409, 417; *Schlosser,* FS Fasching, 1988, S. 405, 7.
[20] *Schlosser* Rn. 296; *ders.,* FS Fasching, 1988, S. 405, 415.
[21] BayObLG, Beschl. v. 12. 12. 2002 – 4 Z Sch 16/02, NJW-RR 2003, 719; *Weigand/Haas* Part 3 Art. II Rn. 38; *Schwab/Walter* Kap. 44 Rn. 8.
[22] *Schlosser* Rn. 257 ff.; *Stein/Jonas/Schlosser* Anh. § 1061 Rn. 49; *Reithmann/Martiny/Hausmann* Rn. 3268; *Weigand/Haas* Part 3 Art. II Rn. 30.
[23] *Reithmann/Martiny/Hausmann* Rn. 3268; *Weigand/Haas* Part 3 Art. II Rn. 30; aA *Schlosser* Rn. 261; *ders.,* FS Rammos, 1979, S. 797, 802.

§ 1061 Anh. 1 UNÜ Art. II   Anh. zu § 1061. Internationale Schiedsgerichtsbarkeit

14   **aa)** Die **von beiden Seiten unterzeichnete Schiedsvereinbarung** setzt eine handschriftliche Unterschriftsleistung beider Vertragsparteien auf einer Vertragsurkunde voraus.[24] Dies ist häufig, muss aber nicht, ein Vertragsschluss unter Anwesenden sein. Werden mehrere Vertragsurkunden erstellt, so reicht es aus, wenn jede Partei die Urkunde unterzeichnet, die für die andere Partei bestimmt ist.[25] Wird eine Vertragsurkunde zur Unterschrift verschickt, ist nach Unterschriftsleistung keine Rücksendung erforderlich.[26] Nicht erforderlich ist, dass die Schiedsklausel in einer separaten Urkunde enthalten ist[27] und sich die Unterschriften gerade auf die Schiedsklausel beziehen. Vielmehr reicht es aus, wenn beide Parteien den Gesamtvertrag unterzeichnet haben und dieser eine Schiedsklausel enthält.[28] Eine wirksame Schiedsvereinbarung kann auch bei geleisteter Blankounterschrift zustandekommen.[29]

15   **bb)** Die Schiedsvereinbarung kann sich auch aus **wechselseitigen Briefen** oder **Telegrammen** ergeben. Fernschreiben sowie **elektronische Kommunikationsformen,** die eine schriftliche Niederlegung des Textes ermöglichen, sind (in Anlehnung der Auslegung an Art. 7 Abs. 2 UNCITRAL ML[30]) wie Telegramme zu behandeln. Ausreichend ist der wechselseitige Austausch eines Dokuments. Eine handschriftliche Unterzeichnung ist hier auch bei Briefen nicht erforderlich.[31] Entscheidendes Kriterium ist die Wechselseitigkeit. Die einseitige Zusendung eines Vertrages reicht nicht aus. Die stillschweigende Annahme eines Vertragsangebots begründet keine Schiedsvereinbarung. Dies gilt selbst dann, wenn zwischen den Parteien laufende Geschäftsbeziehungen bestehen.[32] Eine Auftragsbestätigung, die erstmals eine Schiedsklausel enthält, begründet eine Schiedsvereinbarung nur bei Rückbestätigung des Anbieters.[33] Genügend ist dagegen, wenn eine Partei der anderen ein Vertragsangebot, das eine Schiedsklausel enthält, zusendet und der Vertragspartner das Angebot unterschrieben zurückschickt. Bei Verlängerung eines Vertrages, der eine formgerechte Schiedsklausel enthält, wirkt die Einhaltung des Formerfordernisses fort, so dass selbst eine mündliche Vertragsverlängerung genügend ist.[34] Dabei spielt es keine Rolle, ob der Vertrag eine Verlängerungsklausel enthält.[35] Wird ein von beiden Parteien autorisierter Dritter zwischengeschaltet, der die Vertragsschriften an die Parteien verschickt und an den diese Schriften zurückgesendet werden, so kann dadurch eine Schiedsabrede wirksam vereinbart werden, auch wenn der Dritte die Schriftstücke nicht weiterleitet.[36] Aus dem gegenseitigen Schriftwechsel muss hervorgehen, dass eine bestimmte Schiedsabrede Vertragsbestandteil sein soll. Das kann durch schriftliche Bezugnahme auf eine die Schiedsklausel enthaltene Bestellung (zB durch eine Rechnung) erfolgen.[37] Eine formgerechte Schiedsvereinbarung liegt auch vor, wenn beide Vertragsparteien auf verschiedene Schiedsklauseln Bezug nehmen, zB Schiedsorte in verschiedenen Ländern vorsehen, weil sich die Divergenz nicht auf die essentialia der Schiedsvereinbarung, sondern auf Verfahrensfragen bezieht.[38]

16   **cc)** Für die **Vollmacht zum Abschluss eines Schiedsvertrages** gilt Art. II Abs. 2 nicht; die Form der Vollmacht bestimmt sich vielmehr nach allgemeinem Kollisionsrecht.[39]

---

[24] *Stein/Jonas/Schlosser* Anh. § 1061 Rn. 51; *Reithmann/Martiny/Hausmann* Rn. 3270.
[25] *Schwab/Walter* Kap. 44 Rn. 7.
[26] OLG Köln v. 18. 5. 1992 – 19 U 22/92 (allerdings zum parallelen Art. 1 Abs. 2 EuÜ) = NJW 1992, 3113 = RIW 1992, 760 = EuZW 1993, 711; *Stein/Jonas/Schlosser* Anh. § 1061 Rn. 51; *Reithmann/Martiny/Hausmann* Rn. 3270; *Weigand/Haas* Part 3 Art. II Rn. 32.
[27] OLG Hamm RIW 1995, 681.
[28] *Stein/Jonas/Schlosser* Anh. § 1061 Rn. 51; *Reithmann/Martiny/Hausmann* Rn. 3270; *van den Berg* S. 192; *Weigand/Haas* Part 3 Art. II Rn. 33.
[29] *Stein/Jonas/Schlosser* Anh. § 1061 Rn. 51; *Weigand/Haas* Part 3 Art. II Rn. 33.
[30] *Stein/Jonas/Schlosser* Anh. § 1061 Rn. 53; *Reithmann/Martiny/Hausmann* Rn. 3272; *Weigand/Haas* Part 3 Art. II Rn. 35.
[31] *Reithmann/Martiny/Hausmann* Rn. 3272; *Stein/Jonas/Schlosser* Anh. § 1061 Rn. 52; *Weigand/Haas* Part 3 Art. II Rn. 36.
[32] Vgl. *Stein/Jonas/Schlosser* Anh. § 1061 Rn. 57; *van den Berg* S. 196 ff.
[33] Schiedsgericht der Bundeskammer Wien RIW 1995, 590.
[34] *Stein/Jonas/Schlosser* Anh. § 1061 Rn. 56; *Reithmann/Martiny/Hausmann* Rn. 3277.
[35] AA *Stein/Jonas/Schlosser* Anh. § 1061 Rn. 56.
[36] LG Hamburg, Entscheidung vom 19. 12. 1967 = auszugsweise YCA Vol. II (1977), 235; *Weigand/Haas* Part 3 Art. II Rn. 37; *Reithmann/Martiny/Hausmann* Rn. 3291; aA OLG Köln v. 6. 12. 1992 = OLGR 1993, 201.
[37] *Reithmann/Martiny/Hausmann* Rn. 3274 gegen Corte di Cassazione, no. 58/SU, Entscheidung vom 10. 3. 2000 – no. 58/SU = auszugsweise YCA Vol. XXVI (2001) 816, 820 ff.
[38] United States Court of Appeals, 4th circuit, Entscheidung vom 9. 1. 1981 = auszugsweise YCA Vol. VII (1982) 379 f.; *Reithmann/Martiny/Hausmann* Rn. 3276; *Weigand/Haas* Part 3 Art. II Rn. 37.
[39] *Reithmann/Martiny/Hausmann* Rn. 3291; *Schwab/Walter* Kap. 44 Rn. 19; *Stein/Jonas/Schlosser* Anh. § 1061 Rn. 45; *Weigand/Haas* Part 3 Art. II Rn. 40 (zur Bestimmung des anwendbaren Rechts nach deutschem IPR *Schlosser* Rn. 352; *Reithmann/Martiny/Hausmann* Rn. 2468).

b) Abweichende nationale Formvorschriften. aa) Durch Art. II sollten die Voraussetzungen, die an die Form einer Schiedsvereinbarung gestellt werden dürfen, abschließend festgelegt werden (Gültigkeitsform). Innerhalb des Anwendungsbereichs des UNÜ entfalten deswegen **strengere Formvorschriften** des vereinbarten Rechts (zB § 1031 Abs. 5 ZPO) keine Wirkung.[40] Das gilt, wenn die Schiedsklausel in AGB enthalten ist, auch für AGB Regeln, die eine Einbeziehungskontrolle ermöglichen.[41]

bb) Umstritten ist, ob Art. II einen **Rückgriff auf weniger strenge Formvorschriften** nationalen Rechts sperrt. Dabei muss man berücksichtigen, dass durch die Schaffung des UNÜ die Durchsetzung von Schiedsvereinbarungen erleichtert werden sollte. Man bezweckte nicht die Aufstellung strengerer Voraussetzungen, als sie im nationalen Recht enthalten sind. Dies wird vor allem aus der in Art. VII Abs. 1 enthaltenen Meistbegünstigungsklausel ersichtlich (vgl. dazu Art. VII Rn. 1, 4). Deswegen verdrängt Art. II weniger strenge Formvorschriften des nationalen Rechts nicht. Der Rückverweis des § 1061 ZPO auf das UNÜ ist insoweit unbeachtlich.[42] Jedoch ist die Anerkennung einer solchen Schiedsvereinbarung bzw. die Vollstreckung des auf der Grundlage dieser Vereinbarung ergangenen Schiedsspruchs nicht im Rahmen des UNÜ möglich, sondern vielmehr nur auf Grund der Meistbegünstigungsklausel erreichbar (Art. VII Rn. 4).[43] Zu den Auswirkungen des EuÜ s. Rn. 23.

c) Allgemeine Geschäftsbedingungen. Schiedsvereinbarungen können auch durch Verwendung Allgemeiner Geschäftsbedingungen getroffen werden. Insoweit gilt das oben unter Rn. 14 Gesagte. Erforderlich ist in jedem Fall, dass auf die Allgemeinen Geschäftsbedingungen Bezug genommen ist;[44] es genügt also nicht, wenn diese lediglich beigelegt werden. Nicht einheitlich beurteilt wird, ob ein spezieller Hinweis auf eine Schiedsklausel in den AGB erforderlich ist.[45] Eine allgemeine Bezugnahme auf die Geschäftsbedingungen ist ausreichend, wenn diese dem Vertrag beigelegt sind,[46] bzw. im Rahmen des Schriftwechsels beiden Parteien zugehen und von beiden Parteien akzeptiert werden. Liegen die Allgemeinen Geschäftsbedingungen nicht beiden Parteien vor, so ist (neben dem Hinweis auf die AGB) dann kein ausdrücklicher Hinweis auf eine darin enthaltene Schiedsklausel erforderlich, wenn der Vertragspartner gleichwohl eine zumutbare Möglichkeit der Kenntnisnahme hat.[47] Wann dies der Fall ist, hängt von den Umständen ab. Bei laufenden Geschäftsbeziehungen bedarf es nur der Einigung, ohne dass die AGB erneut übersandt werden müssten.[48] Auch branchenspezifische Kenntnisse müssen berücksichtigt werden.[49] Art. II Abs. 2 nimmt aber (anders als Art. 23 Abs. 1 S. 3 lit. c EuGVO) nicht auf internationale Handelsbräuche Bezug. Durch Schweigen auf ein kaufmännisches Bestätigungsschreiben wird die Schriftform daher nicht erfüllt.[50]

d) Schiedsvereinbarungen zwischen Kaufleuten. Art. II Abs. 2 gilt ohne Einschränkungen auch für Kaufleute. Die dort aufgestellten Formvorschriften müssen auch von diesen beachtet werden, falls sie eine nach dem UNÜ anerkennungsfähige Schiedsabrede treffen wollen. Soweit das nationale Recht weniger strenge Anforderungen an die Form stellt, gilt das oben Gesagte (Rn. 18).

e) Heilung von Formmängeln. Eine Heilung von Formmängeln sieht das UNÜ ausdrücklich nicht vor (anders Art. V EuÜ, § 1031 Abs. 6 ZPO). Ihm ist aber das **Verbot widersprüchlichen Verhaltens** immanent,[51] was bei der Berufung auf die Formnichtigkeit einer Schiedsvereinbarung zu beachten ist. So kann die Einlassung einer Partei vor dem Schiedsgericht der späteren Berufung auf

---

[40] *Stein/Jonas/Schlosser* Anh. § 1061 Rn. 55; *van den Berg* S. 173 ff.; *Mallmann* SchiedsVZ 2004, 152, 155.
[41] *Reithmann/Martiny/Hausmann* Rn. 3264.
[42] BGH, Beschl. v. 21. September 2005 – III ZB 18/05 = SchiedsVZ 2005, 306, 307; OLG Celle, Beschl. v. 14. 12. 2006 – 8 Sch 14/05 (zustimmend Kröll, SchiedsVZ 2007, 145, 155); *Stein/Jonas/Schlosser* Anh. § 1061 Rn. 159; *Schwab/Walter* Kap. 44 Rn. 12; aA OLG Frankfurt, Beschl. v. 26. 6. 2006 – 26 Sch 28/05; *Musielak/Voit* § 1061 Rn. 14, § 1031 Rn. 18; *Mallmann* SchiedsVZ 2004, 152, 156.
[43] *Schwab/Walter* Kap. 44 Rn. 12; *Reithmann/Martiny/Hausmann* Rn. 3267; *Stein/Jonas/Schlosser* Anh. § 1061 Rn. 54; aA *Kröll* ZZP 2004, 453, 473 ff.
[44] BayObLG RIW 1998, 965.
[45] Umfassend *Weigand/Haas* Part 3 Art. II Rn. 43 ff.
[46] *Sieg* RIW 1998, 102, 106; *Haas* S. 169 f.; *Reithmann/Martiny/Hausmann* Rn. 3282.
[47] *Weigand/Haas* Part 3 Art. II Rn. 45; *Adolphsen*, Internationale Dopingstrafen, S. 551 (zu Bezugnahme auf Sportregeln, die Schiedsklauseln enthalten).
[48] *Weigand/Haas* Part 3 Art. II Rn. 45.
[49] *Reithmann/Martiny/Hausmann* Rn. 3285.
[50] *Reithmann/Martiny/Hausmann* Rn. 3287.
[51] *van den Berg* S. 185; BayObLG v. 23. 9. 2004 – 4 Z Sch 005/04.

§ 1061 Anh. 1 UNÜ Art. II   Anh. zu § 1061. Internationale Schiedsgerichtsbarkeit

mangelnde Schriftform entgegenstehen.[52] In einigen Fällen wird sich das prozessuale Verhalten der Parteien auch als neue, den Anforderungen an Konsens und Form genügende Schiedsvereinbarung iSd. Art. II Abs. 2 Alt. 2 deuten lassen. Dies ist insbesondere der Fall, wenn die Parteien terms of reference (Art. 18 ICC Arbitration Rules) unterzeichnen.[53]

22   **7. Anforderungen an die Willenseinigung.** Ist die Form eingehalten, so ist dies ein wichtiges Indiz dafür, dass auch eine tatsächliche Willenseinigung vorliegt. Beides ist aber, wie bei internationalen Gerichtsstandsvereinbarungen, zu trennen.[54]

23   **8. Auswirkungen des EuÜ[55] auf Art. II.** Das EuÜ stellt geringere Anforderungen an eine wirksame Schiedsvereinbarung als das UNÜ. Zum einen verlangt Art. I Abs. 2 lit. a EuÜ nicht, dass sich eine Schiedsvereinbarung auf ein bestimmtes Rechtsverhältnis bezieht, zum anderen lässt es zwischen Staaten, die die Schriftform bei der Schiedsabrede nicht fordern, jede Vereinbarung zu, die in den nach diesen Rechtsordnungen zulässigen Formen geschlossen ist.[56] Für das UNÜ ergibt sich daraus folgendes: Soweit ein Vertragsstaat auch das EuÜ ratifiziert hat, ist bei der Anwendung des Art. II der Art. I Abs. 2 lit. a EuÜ zu beachten. Liegt eine wirksame Schiedsvereinbarung iSd. EuÜ vor, so hat der Vertragsstaat diese Vereinbarung im Rahmen des UNÜ auch dann anzuerkennen, wenn sie nicht den Anforderungen des Art. II entspricht.[57] Näheres zum Verhältnis UNÜ-EuÜ s. Art. VII Rn. 6.

IV. Erlöschen der Schiedsabrede

24   Eine Schiedsvereinbarung gilt als erloschen, wenn sich das Schiedsgericht zu Recht oder zu Unrecht für unzuständig erklärt hat, bzw. wenn es sich auf Grund der vorliegenden Tatsachen für unzuständig erklären müsste, denn auf Grund von Treu und Glauben kann dann ein Festhalten an der Schiedsvereinbarung nicht mehr verlangt werden.[58]

V. Einrede der Schiedsvereinbarung

25   **1. Allgemeines.** Abs. 3 schützt eine Partei davor, dass ein staatliches Gerichtsverfahren durchgeführt wird, obwohl bezüglich der Streitsache eine Schiedsvereinbarung getroffen wurde, indem es das mit der Streitsache befasste Gericht dazu verpflichtet, die Einrede der Schiedsvereinbarung zu beachten.

26   **2. Anwendungsbereich.** Abs. 3 kommt immer dann zur Anwendung, wenn die geltend gemachte Schiedsvereinbarung zu einem ausländischen Schiedsspruch iSd. Art. I führen könnte (s. Art. I Rn. 7).

27   **3. Gerichtliche Prüfung. a) Form und Zeitpunkt.** Wie und zu welchem Zeitpunkt die Einrede (spätestens) zu erheben ist, bestimmt sich nach dem Verfahrensrecht des angerufenen Gerichts (lex fori). Nach deutschem Recht bedarf die Einrede keiner bestimmten Form. Sie muss vor der Verhandlung zur Hauptsache erhoben werden (§§ 1032 Abs. 1, 282 Abs. 3, 296 Abs. 3 ZPO). Im Anwendungsbereich des EuÜ von 1961 ist Art. VI EuÜ zu beachten, der insbesondere spezielle Präklusionsnormen enthält (näheres dazu s. Art. VI EuÜ; zum Verhältnis UNÜ/EuÜ s. Art. VII Rn. 6).

28   **b) Wirksamkeit. aa)** Das mit der Sache befasste Gericht hat zu prüfen, ob eine Schiedsvereinbarung iSd. Art. II vorliegt, was voraussetzt, dass die in Abs. 1 und 2 von Art. II genannten Kriterien erfüllt sind. Demnach hat das Gericht auch zu prüfen, ob der Streitgegenstand schiedsfähig ist

---

[52] BayObLG, Beschl. v. 12. 12. 2002 – 4 Z Sch 16/02 = NJW-RR 2003, 719, 320; *Schwab/Walter* Kap. 44 Rn. 10; *Reithmann/Martiny/Hausmann* Rn. 3292; *Lachmann*, Handbuch für die Schiedsgerichtspraxis, Rn. 395; OLG Frankfurt, Beschl. v. 26. 6. 2006 – 26 Sch 28/05 (mit nicht zutreffenden Nachweisen, mit *Kröll* SchiedsVZ 2007, 145, 155); aA *Weigand/Haas* Part 3 Art. II Rn. 91.

[53] *Greenberg-Secomb*, Terms of reference and negative jurisdictional decisions: a lesson from Australia, ArbInt 2002, 125, 130; *Kröll* ZZP 2004, 453, 482; *Mallmann* SchiedsVZ 2004, 152, 158.

[54] Vgl. *Staehelin*, Gerichtsstandsvereinbarungen im internationalen Handelsverkehr Europas, 1994, S. 41 ff.; *Adolphsen*, Internationale Dopingstrafen, S. 448 ff.; 539 ff.

[55] Genfer Europäisches Übereinkommen über die internationale Handelsschiedsgerichtsbarkeit v. 21. 4. 1961, BGBl. II 1964 S. 426; s. unten 2.

[56] Näheres s. Art. I EuÜ Rn. 13.

[57] BGH v. 25. 5. 1970 – VII ZR 157/68 = AWD 1970, 417 = WM 1970, 1050; *van den Berg* S. 92 ff., 97; *Haas* IPRax 1993, 382, 383; *Weigand/Haas* Part 3 Art. II Rn. 101; *Wackenhuth* ZZP 99 (1986), 445, 450; *Reithmann/Martiny/Hausmann* Rn. 3357; *Mallmann* SchiedsVZ 2004, 152, 156; aA *Maier* Anm. 6 zu Art. I EuÜ.

[58] BGH v. 6. 3. 1969 – VII ZR 163/68 = IPRspr. 1968/69, Nr. 256, S. 656, 658 = WM 1969, 671 = DB 1969, 922 = MDR 1969, 576 = BB 1969, 892; *Schwab/Walter* Kap. 7 Rn. 11.

(s. Rn. 11). Kann auf Grund einer Vereinbarung eine Partei zwischen der Schiedsgerichtsbarkeit und der staatlichen Gerichtsbarkeit wählen, so liegt gleichwohl eine Schiedsvereinbarung vor. Die Einrede der Schiedsvereinbarung kann dann erhoben werden, wenn die Partei ihr Wahlrecht zugunsten der Schiedsgerichtsbarkeit ausgeübt hat.[59]

bb) Die Einrede ist unbeachtlich, wenn die **Schiedsvereinbarung hinfällig, unwirksam oder** 29 **nicht erfüllbar** ist. Darüber entscheidet trotz der Qualifikation der Schiedseinrede als Prozesshindernis nicht die lex fori, sondern grds. das Recht, das gemäß Art. V Abs. 1 lit. a auf die Schiedsvereinbarung anzuwenden ist.[60] Haben die Parteien kein anwendbares Recht bestimmt, so ist anstelle des Rechts des Landes, in dem der Schiedsspruch ergangen ist, auf das Recht des vereinbarten Schiedsortes abzustellen. Ist auch der Schiedsort nicht bestimmt, so hat das Gericht auf seine allgemeinen Kollisionsnormen zurückzugreifen. Soweit insbesondere von US-amerikanischen Gerichten die Ansicht vertreten wird, dass die Begriffe „hinfällig, unwirksam, nicht erfüllbar" durch autonome Auslegung einheitlich ausgefüllt werden müssen,[61] kann dem nicht gefolgt werden. Dem stehen vor allem entgegen, dass dies nicht der Systematik des UNÜ entspricht, da Art. V Abs. 1 lit. a auf ein bestimmtes anwendbares Recht verweist und nicht etwa auf vertragsautonome Grundsätze abstellt. Für Art. II Abs. 3 darf nichts anderes gelten. Denn es wäre sinnwidrig, wenn eine Schiedsvereinbarung zwar gemäß Art. II Abs. 3 beachtlich wäre, dasselbe Gericht jedoch die Vollstreckung des Schiedsspruches, der auf Grund der Vereinbarung ergeht, versagen müsste, wenn etwa die Schiedsvereinbarung nach dem auf sie anwendbaren Recht ungültig wäre. Trotzdem muss der vereinheitlichte sachrechtliche Gehalt der Vorschrift berücksichtigt werden. Daher ist das nationale Recht in der Ausgestaltung der Unwirksamkeitsgründe nicht frei: Unwirksamkeitsgründe nationalen Rechts sind dann unbeachtlich, wenn sie „international völlig aus dem Rahmen fallen".[62] Dies ist z. B. gegeben, wenn ein nationales Recht das Erlöschen der Schiedsklausel für den Fall anordnete, dass ein auf dieser Basis ergangener Schiedsspruch aufgehoben wird.[63] Auch eine Anordnung, dass eine Schiedsvereinbarung deshalb unwirksam sei, weil das nationale Recht gegen den Schiedsspruch ein Rechtsmittel zum staatlichen Gericht eröffnet, fiele aus dem Rahmen.[64]

cc) Die Schiedsvereinbarung ist auch dann unwirksam, wenn die subjektive Schiedsfähigkeit 30 einer Partei nicht gegeben ist, was sich nach dem jeweiligen Personalstatut der Parteien bestimmt (arg. Art. V Abs. 1 lit. a).

dd) Da Art. II Abs. 3 im Einklang mit Art. V auszulegen ist, ist mit Rücksicht auf Art. V Abs. 2 31 lit. b die Schiedsvereinbarung auch dann unwirksam, wenn sie dem ordre public des Landes des mit der Sache befassten Gerichts widerspricht.

c) Keine Notwendigkeit einer tatsächlichen Streitigkeit. Nicht erforderlich ist, dass die 32 Streitigkeit, auf die sich die Schiedsvereinbarung bezieht, tatsächlich streitig ist. Vielmehr steht die Schiedsvereinbarung auch dann einem Verfahren vor dem ordentlichen Gericht entgegen, wenn eine Partei ihren Pflichten gegenüber der anderen nicht nachkommt, ohne das Vorliegen der Pflicht zu leugnen. Denn durch eine Schiedsvereinbarung soll generell verhindert werden, dass sich ein staatliches Gericht mit der Sache befasst.[65]

d) Folgen einer wirksamen Schiedsvereinbarung. Liegt eine wirksame Schiedsvereinbarung 33 vor, so hat das Gericht die Parteien auf das Schiedsverfahren zu verweisen, wenn ein entsprechender Antrag gestellt wird. Dem Antragserfordernis liegt der Gedanke zugrunde, dass die Parteien frei darüber disponieren können, ob sie an ihrer Schiedsvereinbarung festhalten wollen. Die Verweisung ist obligatorisch. Wie sie erfolgt, bestimmt sich nach der lex fori des mit der Sache befassten Ge-

---

[59] So auch *Stein/Jonas/Schlosser* Anh. § 1061 Rn. 32.
[60] So auch *Bertheau* S. 38; *van den Berg* S. 126 ff.; *Schwab/Walter* Kap. 7 Rn. 5; *Reithmann/Martiny/Hausmann* Rn. 2363; aA *Maier* Anm. 15/14, der auf das internationale Privatrecht des erkennenden Gerichts abstellt. In Riley v. Kingsley Underwriting Agencies Ltd. hat der U.S. Court of Appeals (10th Cir.) [1994] I. L. Pr. 18 auf die eigene lex fori abgestellt.
[61] So die amerikanische Rspr., vgl. United States Court of Appeals, 4th Cir., Entscheidung vom 9. 1. 1981 = auszugsweise YCA Vol. VII (1982), 379, 381; United States Court of Appeals, 1st Cir., Entscheidung vom 30. 8. 1982 = auszugsweise YCA Vol. IX (1984), 471, 472 f.; United States District Court, S. D. N. Y., Entscheidung vom 3. 3. 1985 = auszugsweise YCA Vol. XII (1987), 532, 533; ebenso *Born-Koepp*, FS Schlosser, 2005, S. 59, 68.
[62] *Stein/Jonas/Schlosser* Anh. § 1061 Rn. 39; *Reithmann/Martiny/Hausmann* Rn. 3296; in besonderen Verfahrenssituationen auch *Weigand/Haas* Part 3 Art. II Rn. 107.
[63] *Schlosser* Rn. 248; *Reithmann/Martiny/Hausmann* Rn. 3297.
[64] *Schlosser* Rn. 248; *Reithmann/Martiny/Hausmann* Rn. 3297.
[65] So auch *Schlosser*, FS Fasching, 1988, S. 405, 426; *Weigand/Haas* Part 3 Art. II Rn. 17 f. mit Nachw. Zur gegenläufigen internationalen Rspr.; aA *van den Berg* S. 146 ff. m. weit. Nachw.

richts. Nach deutschem Recht ist die Klage als unzulässig abzuweisen (§ 1032 Abs. 1 ZPO). Befindet das staatliche Gericht dagegen rechtskräftig, dass keine wirksame Schiedsvereinbarung vorliegt, so ist das Schiedsgericht an diese Entscheidung gebunden. Ein gleichwohl ergehender Schiedsspruch wäre nach hM nichtig.[66]

34 e) **Kompetenz staatlicher Gerichte zum Erlass einstweiliger Maßnahmen.** Inwieweit ein staatliches Gericht Maßnahmen des einstweiligen Rechtsschutzes trotz Vorliegens einer Schiedsvereinbarung erlassen kann, regelt das UNÜ im Unterschied zu Art. VI Abs. 4 EuÜ und Art. 17 UNCITRAL ML nicht.[67] Das EuÜ, das UNCITRAL ML, Schiedsordnungen und nationale Kodifikationen gehen heute zumeist von konkurrierender Zuständigkeit aus.[68] Die Frage ist nicht nach der lex fori des Gerichts zu beurteilen, bei dem um einstweiligen Rechtsschutz nachgesucht wird.[69] Dies würde zu einer weltweit uneinheitlichen Durchsetzung einer Schiedsvereinbarung führen. Ob das nach dem Verfahrensstatut anwendbare Recht (Art. V Abs. 1 lit. d)[70] oder das auf die Schiedsvereinbarung anwendbare Recht (Art. V Abs. 1 lit. a)[71] maßgeblich ist, ist strittig. Für eine weltweit einheitliche Beurteilung der Wirkung der Schiedsvereinbarung ist der Streit ohne Bedeutung, weil in beiden Fällen eine einheitliche Beurteilung erfolgt. Für das Recht der Schiedsvereinbarung spricht, dass dies in jedem Fall feststeht, während das Recht des Schiedsverfahrens in einem frühen Stadium eines Streits noch nicht fixiert sein muss. Die englischen[72] und italienischen Gerichte[73] gehen überwiegend davon aus, dass die Sperrwirkung der Schiedsvereinbarung ein staatliches Gericht nicht daran hindere, vorläufige Maßnahmen zu erlassen. In den USA entschied zunächst der Court of Appeals of the Third Circuit gegenteilig. Er sah sich in *McCreary Tire & Rubber Company v. CEAT S. p. A.*[74] durch die Sperrwirkung des Art. II Abs. 3 UNÜ daran gehindert, eine einstweilige Maßnahme zu erlassen, weil dies die Schiedsvereinbarung umgehe. Andere Gerichte haben dem widersprochen und die grundsätzlich trotz Schiedsvereinbarung fortbestehende Zuständigkeit der staatlichen Gerichte für den Erlass vorläufiger Maßnahmen betont.[75] Das House of Lords hat in *Channel Tunnel Group Ltd. v. Balfour Beatty Construction Ltd.* die McCreary-Doktrin abgelehnt und eine parallele Zuständigkeit staatlicher Gerichte angenommen.[76] In Frankreich hat die Cour de Cassation 1985 den staatlichen Gerichten jedoch die Befugnis abgesprochen, dem Verfügungskläger eine sog. *provision*, eine Abschlagszahlung, zuzusprechen, wenn in der Hauptsache die Zuständigkeit eines Schiedsgerichts vereinbart ist.[77] In Deutschland ist 2005 das OLG Nürnberg[78] unzutreffend davon ausgegangen, dass durch eine Vereinbarung eines Schiedsgerichts mit Sitz in Genf und der Vereinbarung schweizerischen Rechts als Hauptsachestatut die Zuständigkeit der deutschen Gerichte auch für Maßnahmen des einstweiligen Rechtsschutzes derogiere.[79] Das ist im Ergebnis eine ver-

---

[66] *Musielak/Voit* § 1032 Rn. 9; *Zöller/Geimer* § 1032 Rn. 14; *Huber* SchiedsVZ 2003, 73, 74.

[67] United District Court, C. C. California, 141 F. Supp. 2 d 1013, China National Metal Products Company v. Apex Digital Inc.; *Weigand/Haas* Part 3 Art. II Rn. 104; *van den Berg* S. 144; *Born* S. 772; *Lamm/Spoorenberg*, The enforcement of foreign arbitral awards under the New York Convention, Recent developments, http://www.sccinstitute.com/_upload/shared_files/artikelarkiv/lamm_spoorenberg.pdf. (abgerufen 22. 2. 2007).

[68] *Beraudo* JIntArb 2005, 245; *Gottwald*, Internationale Schiedsgerichtsbarkeit, S. 62; zum neuen spanischen Schiedsverfahrensrecht aus dem Jahr 2003 *Krassel-Priemer* IPRax 2005, 164, 167; *Schroeder* S. 328. *Schlosser* will seine These von der Subsidiarität (*Schlosser* ZZP 99 (1986), 241, 245, 257; so schon *Nicklisch* RIW/AWD 1978, 633, 639) nur als Aufforderung zur Gesetzesinterpretation verstanden wissen. Dort wo ein Gesetzgeber anders entscheide, sei „der sprachlogische Sinn des Gesetzestextes vorrangiges Auslegungssubstrat" (ZZP 99 (1986), 241, 257).

[69] So aber wohl der Generalanwalt Léger in der Sache van Uden, EuGH v. 17. 11. 1998, Rs C-391/95 = EuGHE 1998, I-7091, 7107 (Rn. 69 f.).

[70] *Bandel*, Einstweiliger Rechtsschutz im Schiedsverfahren, S. 25; *Geimer* IZPR, Rn. 3820.

[71] *Schlosser* Anh. § 1061 Rn. 46; *Reithmann/Martiny/Hausmann* Rn. 3319; *Weigand/Haas* Part 3 Art. II Rn. 104.

[72] Admirality Court (Queens Bench Division), January 13, 1978, The Rena K (U. K. no. 6).

[73] Corte di Cassazione (Sez. Un.) Mai 12, 1977, no. 3989, Scherk Enterprises A. G. v. Société des Grandes Marques (Italy no. 28), zitiert nach *van den Berg* S. 140.

[74] July 8, 1974 (U. S. no. 5).

[75] U. S. District Court of California, N. D., September 26, 1977, Carolina Power & Light Company v. G. I. E. URANEX (U.S. no. 323); United District Court, C. C. California, 141 F. Supp. 2 d 1013, China National Metal Products Company v. Apex Digital Inc.; *Lamm/Spoorenberg*, The enforcement of foreign arbitral awards under the New York Convention, Recent developments, http://www.sccinstitute.com/_upload/shared_files/artikelarkiv/lamm_spoorenberg.pdf. (abgerufen 22. 2. 2007); *Schroeder* S. 324. *Schlosser* Rn. 403.

[76] [1993] 1 AllER 664 (H. L.), dazu *Schroeder* S. 325 ff.

[77] Zu diesem Fall *Schlosser* Rn. 403.

[78] OLG Nürnberg, Beschl. v. 30. 11. 2004 – 12 U 2881/04 = SchiedsVZ 2005, 51 = IPRax 2005, 468 (*Schütze* 442).

[79] *Nagel/Gottwald* IZPR § 16 Rn. 102; *Schütze* IPRax 2005, 442; *Geimer* SchiedsVZ 2005, 52.

fehlte Gleichsetzung einer Schiedsvereinbarung mit einer Gerichtsstandsvereinbarung.[80] Zwar kann auch die Zuständigkeit des staatlichen Gerichts insgesamt ausgeschlossen werden,[81] dieses gibt jedoch die Auslegung einer Schiedsvereinbarung zugunsten eines Schiedsgerichts im Ausland nicht her.

4. Feststellungsklage. Das Vorliegen einer wirksamen Schiedsvereinbarung steht einer Feststellungsklage bezüglich der Frage, ob eine wirksame Schiedsvereinbarung vorliegt, nicht entgegen, vorausgesetzt, die lex fori des mit der Sache befassten Gerichts lässt dies zu.[82]   35

5. Auswirkungen des EuÜ. Das EuÜ, das eine Ergänzung zum UNÜ darstellt, enthält in Art. VI EuÜ ebenfalls eine Regelung über die Schiedseinrede. Ist der Anwendungsbereich des EuÜ eröffnet (s. Art. I EuÜ Rn. 1 ff.), so hat das mit der Sache befasste Gericht die Schiedseinrede zu beachten, soweit die Voraussetzungen des Art. VI EuÜ vorliegen (s. Art. VI EuÜ Rn. 4 ff.; zum Verhältnis EuÜ/UNÜ s. Art. VII Rn. 6).   36

Art. III. ¹**Jeder Vertragsstaat erkennt Schiedssprüche als wirksam an und läßt sie nach den Verfahrensvorschriften des Hoheitsgebietes, in dem der Schiedsspruch geltend gemacht wird, zur Vollstreckung zu, sofern die in den folgenden Artikeln festgelegten Voraussetzungen gegeben sind.** ²**Die Anerkennung oder Vollstreckung von Schiedssprüchen, auf die dieses Übereinkommen anzuwenden ist, darf weder wesentlich strengeren Verfahrensvorschriften noch wesentlich höheren Kosten unterliegen als die Anerkennung oder Vollstreckung inländischer Schiedssprüche.**

I. Pflicht zur Anerkennung und Vollstreckung ausländischer Schiedssprüche

Art. III S. 1 begründet die völkerrechtliche Verpflichtung der Vertragsstaaten, Schiedssprüche anzuerkennen und zu vollstrecken, wenn die Anforderungen der Art. IV bis VI erfüllt werden. Die Anerkennung und Vollstreckbarerklärung darf nur aus den in Art. V genannten Gründen verweigert werden.   1

Die Wirkungen eines Schiedsspruchs werden – ebenso wie die eines gerichtlichen Urteils – durch das Recht des Staates gewährt, dem der Schiedsspruch untersteht. Sie sind originär auf dieses Territorium begrenzt. Aus der Pflicht zur Anerkennung und Vollstreckung ergibt sich, dass die staatlichen Gerichte anderer Vertragsstaaten die Wirkungen, die ein ordnungsgemäß ergangener Schiedsspruch nach seinem Heimatrecht entfaltet, beachten müssen. Dies gilt nicht für die Wirkung der Vollstreckbarkeit, die durch den Vollstreckungsstaat auf Grund des Exequaturs verliehen wird. Folgt man der **Theorie der Wirkungserstreckung** (§ 1061 Rn. 3),[1] sind richtigerweise auch solche Wirkungen eines Schiedsspruches zu beachten, die weiter reichen, als die eines nationalen.[2] Es erfolgt nicht nur eine Gleichstellung mit einem nationalen Schiedsspruch vergleichbaren Inhalts **(Gleichstellungstheorie).**[3] Soweit Korrekturen erforderlich sind, kann der *ordre public* Einwand genutzt werden, soweit dessen enge Voraussetzungen gegeben sind. Entfaltet der Schiedsspruch beispielsweise auch Rechtskraft bezüglich einzelner präjudizieller Rechtsverhältnisse, so ist dies von den deutschen staatlichen Gerichten zu beachten, auch wenn deutschen Schiedssprüchen eine solche Wirkung fremd ist. Insoweit genießt der internationale Entscheidungseinklang Vorrang vor dem nationalen.[4] Die Vollstreckungswirkungen ergeben sich dagegen ausschließlich aus dem Recht des Vollstreckungsvertragsstaates. Die Anerkennung und Vollstreckung ausländischer Schiedssprüche hat nach hM wegen der Bestandskraft der Vollstreckbarerklärungsentscheidung (res iudicata) unabhängig davon zu erfolgen, ob die Schiedssprüche einen vollstreckungsfähigen Inhalt aufweisen oder nicht[5] und unabhängig von verwertbarem Vermögen des Vollstreckungsschuldners im Vollstre-   2

---

[80] *Geimer* SchiedsVZ 2005, 52.
[81] Str. s. *Adolphsen,* Internationale Dopingstrafen, S. 579 ff.; zustimmend *Geimer* SchiedsVZ 2005, 52; *Bandel,* Einstweiliger Rechtsschutz im Schiedsverfahren, S. 337; *Leitzen,* Die Anordnung vorläufiger oder sichernder Maßnahmen durch Schiedsgerichte nach § 1041 ZPO, 2002, S. 241 f.; *Musielak/Voit* § 1033 Rn. 3.
[82] So auch *van den Berg* YCA Vol. XII (1987), 409, 441.
[1] *Schlosser* Rn. 904; *Stein/Jonas/Schlosser* Anh. § 1061 Rn. 63; *Weigand/Haas* Part 3 Art. III Rn. 4; *Schütze,* Schiedsgericht und Schiedsverfahren, Rn. 258; *ders.* ZVglRWiss 104 (2005), 427, 439.
[2] *Nagel/Gottwald* IZPR § 11 Rn. 23; *Kropholler* IPR § 60 V 11b; *Adolphsen,* Europäisches und Internationales Zivilprozessrecht in Patentsachen, 2006, Rn. 895, 905.
[3] *Loritz* ZZP 105 (1992), 1, 11; *Bosch,* Rechtskraft und Rechtshängigkeit im Schiedsverfahren, 1991, S. 155. Zur Gleichstellungstheorie s. *Nelle* S. 540; *Weigand/Haas* Part 3 Art. III Rn. 4.
[4] So auch *Schlosser* Rn. 904.
[5] *Schlosser* Rn. 888, 901; *Nagel/Gottwald* IZPR § 16 Rn. 118; *Weigand/Haas* Part 3 Art. III Rn. 5; *Laschet* IPRax 1984, 72, 73; aA *Zöller/Geimer* Anh § 1061 Rn. 61.

ckungsvertragsstaat.[6] Insoweit entspricht die Anerkennung und Vollstreckbarerklärung eines nicht vollstreckungsfähigen Schiedsspruchs der Feststellung der Anerkennung. Dies vermeidet die Notwendigkeit einer gesonderten Feststellungsklage (§ 256 ZPO).

II. Vollstreckungsverfahren

3   Das UNÜ enthält entgegen ursprünglicher Pläne[7] keine eigenen Bestimmungen zur Regelung des Vollstreckungsverfahrens. Demnach ist es den Vertragsstaaten grundsätzlich freigestellt, wie sie dieses ausgestalten.[8] Art. III S. 2 verbietet jedoch die Diskriminierung ausländischer Schiedssprüche gegenüber inländischen. Ein Recht zur Privilegierung ausländischer Schiedssprüche besteht jedoch. Im deutschen Verfahrensrecht ist diese Gleichbehandlung gewährleistet, da inländische und ausländische Schiedssprüche im gleichen Beschlussverfahren für vollstreckbar erklärt werden, §§ 1060 f., 1062 ff. ZPO.

4   US-amerikanische Gerichte haben auf die forum non conveniens Doktrin als Teil des Verfahrensrechts zurückgegriffen und auf dieser Grundlage die Anerkennung und Vollstreckbarerklärung verweigert.[9] Diese Rechtsprechung verkennt, dass es gerade Sinn des UNÜ, insbesondere der Art. III und V ist, den Gerichten der Vertragsstaaten jeglichen Ermessensspielraum bezüglich der Anerkennung und Vollstreckbarerklärung zu nehmen.[10]

5   Vollstreckungsfristen sieht das UNÜ nicht vor. Insoweit gilt die lex fori des jeweiligen Vollstreckungsstaates.[11] Im deutschen Recht gibt es keine Frist.

6   **Vollstreckungsgegeneinwände** können im Vollstreckungsvertragsstaat geltend gemacht werden (Art. V Rn. 15). Zur **Präklusion** im Exequatur- bzw. Vollstreckungsverfahren s. Art. V Rn. 6 ff.

III. Erfüllungsklage aus Schiedsspruch

7   Das Recht des Vollstreckungsvertragsstaates entscheidet auch über die Zulässigkeit einer *actio ex contractu*. In Deutschland fehlt auf Grund der Existenz des einfacheren Vollstreckbarerklärungsverfahrens das Rechtsschutzbedürfnis für eine solche Leistungsklage.[12]

Art. IV. (1) Zur Anerkennung und Vollstreckung, die im vorangehenden Artikel erwähnt wird, ist erforderlich, dass die Partei, welche die Anerkennung und Vollstreckung nachsucht, zugleich mit ihrem Antrag vorlegt:

a) die gehörig legalisierte (beglaubigte) Urschrift des Schiedsspruches oder eine Abschrift, deren Übereinstimmung mit einer solchen Urschrift ordnungsgemäß beglaubigt ist;

b) die Urschrift der Vereinbarung im Sinne des Artikels II oder eine Abschrift, deren Übereinstimmung mit einer solchen Urschrift ordnungsgemäß beglaubigt ist.

(2) ¹Ist der Schiedsspruch oder die Vereinbarung nicht in einer amtlichen Sprache des Landes abgefaßt, in dem der Schiedsspruch geltend gemacht wird, so hat die Partei, die seine Anerkennung und Vollstreckung nachsucht, eine Übersetzung der erwähnten Urkunden in diese Sprache beizubringen. ²Die Übersetzung muss von einem amtlichen oder beeidigten Übersetzer oder von einem diplomatischen oder konsularischen Vertreter beglaubigt sein.

I. Allgemeines

1   **1. Grundsatz.** Art. IV regelt, welche Nachweise der Antragsteller erbringen muss, wenn er die Vollstreckbarerklärung eines Schiedspruchs begehrt. Diese Nachweise muss eine Partei auch dann

---

[6] *Stein/Jonas/Schlosser* Anh. § 1061 Rn. 63; *Weigand/Haas* Part 3 Art. III Rn. 5.
[7] Historie bei *van der Berg* S. 234 ff.
[8] *van der Berg* S. 236.
[9] 158 F. Supp. 2d 377 (S.D.N.Y) 2001; 311 F. 3d 488 (2d Cir. 2002) Monegasque de Reassurances SAM v. Nak Naftogaz de Ukraine; 284 F. 3d 1114 (9th Cir. 2002) Glencore Grain Rotterdam BV v. Shivnath Rai Harnarain; 283 F. 3d 208, 211 (4th Cir. 2002) Base Meatl Trading Ltd. v. OLKS.
[10] *Ivanova*, Forum non conveniens and personal jurisdiction: procedural limitations on the enforcement of foreign arbitral awards und er the New York Convention, Bost. Univ. L. Rev. 2003, 899; kritisch auch *Lamm/Spoorenberg*, The enforcement of foreign arbitral awards under the New York Convention, Recent developments, http://www.sccinstitute.com/_upload/shared_files/artikelarkiv/lamm_spoorenberg.pdf. (abgerufen 22. 2. 2007).
[11] *Bülow/Böckstiegel/Bredow* Anm. 2.
[12] *Schlosser* Rn. 907; *Zöller/Geimer* Anh § 1061 Rn. 60; *Weigand/Haas* Part 3 Art. III Rn. 12; *Schütze*, Schiedsgericht und Schiedsverfahren, Rn. 256.

1. New Yorker UN-Übereinkommen **Art. IV § 1061 Anh. 1 UNÜ**

führen, wenn sie im Rahmen einer gerichtlichen Entscheidung inzident die Anerkennung eines Schiedsspruchs erreichen will.[1]

Der Antragsteller hat grundsätzlich die Existenz des Schiedsspruches sowie der Schiedsvereinbarung zu beweisen (Abs. 1). Außerdem muss er unter Umständen Übersetzungen dieser Urkunden beibringen (Abs. 2). Art. IV ist im Zusammenhang mit Art. V zu sehen: Der Nachweis der Wirksamkeit und Gültigkeit von Schiedsvertrag und Schiedsspruch wird vom Antragsgegner verlangt. Vom Antragsteller wird nach Art. IV der Nachweis der Existenz von Schiedsvereinbarung und Schiedsspruch anhand der geforderten Urkunden verlangt, wodurch ein „prima facie-Beweis" erbracht ist, auf Grund dessen vermutet wird, dass ein vollstreckungs-/anerkennungsfähiger Schiedsspruch vorliegt.[2] Es ist nun Sache des Vollstreckungsgegners, diese Vermutung zu widerlegen (arg. Art. V Abs. 1). 2

2. Nachweispflichten des Antragstellers. Art. IV regelt die Nachweispflichten des Antragstellers insoweit abschließend, als nicht weitere, als die dort aufgezählten Nachweise von ihm verlangt werden können.[3] In Deutschland schwächt jedoch § 1064 Abs. 3 ZPO die Anforderungen des Art. IV UNÜ erheblich ab: Dem Antrag auf Vollstreckbarerklärung eines ausländischen Schiedsspruchs ist nur dieser im Original oder in einer beglaubigten Abschrift beizufügen. Die Vorlage der Schiedsvereinbarung ist ebenso wenig erforderlich, wie die einer Übersetzung des Schiedsspruchs. Allerdings kann das Gericht nach allgemeinen Regeln (§ 142 ZPO, § 184 GVG) die Vorlage entsprechender Unterlagen und Übersetzungen verlangen.[4] Anders als bei einer Anwendbarkeit von Art. IV UNÜ handelt es sich dabei jedoch nicht um eine Zulässigkeitsvoraussetzung des Antrags auf Vollstreckbarerklärung. § 1064 ZPO gilt gem. dessen Abs. 3 trotz Verweis des § 1061 ZPO auf das UNÜ auch für ausländische Schiedssprüche, so dass das Günstigkeitsprinzip des Art. VII UNÜ zu beachten ist und § 1064 Abs. 3 ZPO Vorrang vor Art. IV UNÜ zukommt, ohne dass sich die Parteien darauf berufen müssten.[5] 3

3. Vorlegung von Urkunden. Nach dem Wortlaut des Art. IV Abs. 1 sind die geforderten Nachweise zugleich mit dem Vollstreckungs-/Anerkennungsantrag vorzulegen. Jedoch ist heute allgemein anerkannt, dass die geforderten Urkunden auch nachgereicht werden können, wenn und soweit dies nach dem Verfahrensrecht des Vollstreckungsgerichts (lex fori) möglich ist.[6] 4

II. Vorlagepflichten des Vollstreckungsklägers

1. Nachweis des Schiedsspruchs (lit. a). In Deutschland ist gem. § 1064 Abs. 3 iVm Abs. 1 und 2 ZPO nur die Vorlage des Schiedsspruchs im Original oder in beglaubigter Abschrift erforderlich (Rn. 3). Eine Legislation (amtliche Bestätigung, dass der vorgelegte Schiedsspruch tatsächlich ergangen ist) ist entbehrlich.[7] 5

Auf der Grundlage des UNÜ klärungsbedürftig ist, ob der Antragsteller nur verpflichtet ist, die Echtheit des Schiedsspruchs nachzuweisen, wenn diese streitig ist. Dies könnte sich aus der Natur des Art. IV als Beweismittelregel ergeben. Der BGH hat diese Ansicht vertreten, bevor er von dem Vorrang des § 1064 Abs. 3 ZPO gegenüber Art. IV, der gänzlich auf das Erfordernis der Legalisation verzichtet, ausging. Es wäre eine reine Förmelei, von dem Antragsteller zu verlangen, dass er die unstreitige Existenz und Authentizität des abschriftlich mitgeteilten Schiedsspruchs zusätzlich mittels der in Art. IV Abs. 1 lit. a UNÜ genannten Urkunden nachweist. Die Vorlage einer beglaubigten, wenn auch nicht von einer legalisierten Urschrift des Schiedsspruchs gefertigten Abschrift sollte in 6

---

[1] *Weigand/Haas* Part 3 Art. IV Rn. 2.
[2] BayObLG, Beschl. v. 12. 12. 2002 – 4 Z Sch 16/02, NJW-RR 2003, 719; *Weigand/Haas* Part 3 Art. IV Rn. 3; *Ghikas* ArbInt 1006, 53, 65.
[3] *Stein/Jonas/Schlosser* Anh. § 1061 Rn. 65; *van den Berg* S. 248; *Weigand/Haas* Part 3 Art. IV Rn. 4.
[4] *Kröll* SchiedsVZ 2003, 282, 284.
[5] BGH, Beschl. v. 25. 9. 2003 – III ZB 68/02 = NJW-RR 2004, 1504; OLG Köln, Beschl. v. 23. April 2004 – 9 Sch 01/03 = SchiedsVZ 2005, 163; BayObLG, Beschl. v. 11. 8. 2000 – 4 Z Sch 5/00 = BayOLGZ 2000, 233, 236 = NJOZ 2001, 740; OLG Schleswig, Beschl. v. 15. 7. 2003 – 16 Sch 01/03 = SchiedsVZ 2003, 237, 238; *Schwab/Walter* Kap. 58 Rn. 2; *Thomas/Putzo/Reichold* §§ 1061 Rn. 6, 1064 Rn. 3; *Kröll* SchiedsVZ 2003, 282; *Mallmann* SchiedsVZ 2004, 152, 153; aA *Münch* § 1064 Rn. 4; vor der Entscheidung des BGH OLG Rostock, Beschl. v. 22. 11. 2001 – 1 Sch 03/00 = IPRax 2002, 401.
[6] Tribunale Supremo (Spanien), Entscheidung vom 6. 4. 1989 = auszugsweise YCA Vol. XXI (1996), 676 f.; *Weigand/Haas* Part 3 Art. IV Rn. 6; *Stein/Jonas/Schlosser* Anh. § 1061 Rn. 65; *van den Berg* S. 249.
[7] Zur Rechtslage in Österreich *Öhlberger* SchiedsVZ 2007, 77.

diesem Fall genügen.[8] Auch US-amerikanische[9] und österreichische[10] Gerichte sind dem gefolgt. Andere, vor allem italienische Gerichte sind davon ausgegangen, dass die Anforderungen, die Art. IV stellt, von Amts wegen zu beachten sind.[11]

7 Ist außerhalb Deutschlands die Echtheit des Schiedsspruchs nach der dortigen Rechtsprechung von Amts wegen zu beweisen oder nur im Falle des Bestreitens, kann der Antragsteller den Nachweis führen, indem er die legalisierte Urschrift des Schiedsspruches oder eine beglaubigte Abschrift davon vorlegt. Im in der Praxis häufigeren zweiten Falle ist bei enger Auslegung nicht nur die Beglaubigung der Abschrift als solche erforderlich; vielmehr muss außerdem die regelmäßig in den Akten verbliebene Urschrift, die der Abschrift zugrunde lag, legalisiert gewesen sein.[12] Dies ergibt sich zum einen aus dem Wortlaut des Übereinkommens – „... eine Abschrift, deren Übereinstimmung mit einer solchen Urschrift ..." –, zum anderen aus dem Gesamtzusammenhang: Die Beglaubigung der Abschrift bestätigt nur die Existenz einer gleichlautenden Urschrift, nicht aber deren Echtheit. Dennoch begnügt sich die Praxis häufig mit einer beglaubigten Abschrift, deren Urschrift nicht legalisiert war.[13]

8 **2. Nachweis der Schiedsvereinbarung (lit. b).** In Deutschland ist gem. § 1064 Abs. 3 iVm. Abs. 1 und 2 ZPO die Vorlage der Schiedsvereinbarung keine Zulässigkeitsvoraussetzung des Vollstreckbarerklärungsverfahrens.

9 Auf der Grundlage des UNÜ muss der Vollstreckungskläger den Nachweis erbringen, dass eine Schiedsvereinbarung iSd. Art. II existiert. Das Vorlageerfordernis entfällt, wenn der Gegner den behaupteten Inhalt der Schiedsvereinbarung nicht bestreitet.[14] Wurde ein schriftlicher Schiedsvertrag abgeschlossen, so kann dieser Nachweis durch die Vorlage des Originals, das sich in der Regel in der Hand der Parteien befindet, oder einer beglaubigten Abschrift des Originals erfolgen. Problematischer ist der Nachweis der Existenz einer Schiedsvereinbarung, wenn diese sich aus von Parteien gewechselten Briefen/Telegrammen ergibt (vgl. Art. II Abs. 2 2. Alt.). Soweit es dem Antragsteller nicht möglich ist, den gesamten Schriftverkehr, auf dem die Vereinbarung beruht, im Original vorzulegen, weil er nur die Schreiben des Vollstreckungsgegners, nicht aber seine Schreiben an diesen in Besitz hat, ist die Vollstreckbarerklärung dennoch zu gewähren. Es ist dann ausreichend, dass der Vollstreckungskläger nur die Briefe/Telegramme vorlegt, die er auf Grund des Schriftwechsels mit dem Vollstreckungsgegner erhalten hat.[15]

10 **3. Zuständigkeit. a) Legalisation.** In Deutschland ist gem. § 1064 Abs. 3 iVm Abs. 1 und 2 ZPO keine Legalisation des Schiedsspruchs erforderlich.

11 Art. IV Abs. 1 lit. a verlangt die Legalisation des Schiedsspruches, ohne jedoch zu bestimmen, nach welchem Recht diese zu erfolgen hat. Überwiegend wird auf die lex fori verwiesen, weil diese Anknüpfung für das Vollstreckungsgericht die hinreichende Gewähr dafür biete, dass die Authentizität des Schiedsspruches ordnungsgemäß von einer zuständigen Stelle überprüft wurde.[16] Das auf die Legalisation anzuwendende Recht bestimmt auch, wer für ihre Erteilung zuständig ist. Eine

---

[8] BGH, Beschl. v. 17. 8. 2000 – III ZB 43/99 = NJW 2000, 3650 = IPRax 2001, 458; BGH, Beschl. v. 22. 2. 2001 – III ZB 71/99 = NJW 2001, 1730 (Der BGH hat sich später (BGH, Beschl. v. 25. 9. 2003 – III ZB 68/02 = NJW-RR 2004, 1504) für den Vorrang des § 1064 Abs. 3 ZPO vor Art. IV UNÜ ausgesprochen. Danach ist unabhängig von der Frage des Bestreitens keine Vorlage der Schiedsvereinbarung erforderlich).

[9] United States District Court, S. D. N. Y., Entscheidung vom 8. 12. 1997 – no. 97 Civ. 5898 (DC) = auszugsweise YCA Vol. XXIII (1998), 1096, 1102; United States District Court, E. D. Mich., Southern Division, Entscheidung vom 15. 3. 1977 – no. 6-71054 = auszugsweise YCA Vol. III (1978), 291, 292.

[10] Ö. OGH, Entscheidung vom 7. 6. 1963 – 3 Ob 86/63 = SZ 36 (1963) Nr. 80 = EvBl 1963 Nr. 365, S. 496 = RZ 1963, 158.

[11] Corte di Cassazione, Entscheidung vom 12. 2. 1987 – no. 1526, Entscheidung vom 26. 5. 1987 – no. 4706 = auszugsweise YCA Vol. XVII (1992) 525, 527; Corte di Cassazione, Entscheidung vom 26. 5. 1981 – no. 3456 = auszugsweise YCA Vol. VII (1982), 345, 346.

[12] So auch *Stein/Jonas/Schlosser* Anh. § 1061 Rn. 67; aA *van den Berg* S. 256 f.

[13] Vgl. President of Rechtbank of Zutphen, Entscheidung vom 9. 12. 1981 – no. 13.062 = auszugsweise YCA Vol. VIII (1983), 399, 401; Supreme Court of Spain, Entscheidung vom 24. 3. 1982 – no. 561/81 = auszugsweise YCA Vol. VIII (1983), 408; ö. OGH, Entscheidung vom 11. 6. 1969 – no. 3 Ob 62/69 = auszugsweise YCA Vol. II (1977), 232 = SZ 42 (1969) Nr. 87 = EvBl 1969 Nr. 432.

[14] BGH, Beschl. v. 22. 2. 2001 – III ZB 71/99 = NJW 2001, 1730 (Der BGH übersieht den Vorrang des § 1064 Abs. 3 ZPO vor Art. IV UNÜ. Danach war unabhängig von der Frage des Bestreitens die Vorlage der Schiedsvereinbarung nicht erforderlich).

[15] OLG Schleswig, OLG, Beschl. v. 30. 3. 2000 – 16 schH 5/99, RIW 2000, 706, 707; *Weigand/Haas* Part 3 Art. IV Rn. 11; So auch *Stein/Jonas/Schlosser* Anh. § 1061 Rn. 68.

[16] Auf das Recht des Vollstreckungsstaates verweisen: *Schwab/Walter* Kap. 58 Rn. 1; *Schlosser* Rn. 928; *Stein/Jonas/Schlosser* Anh. § 1061 Rn. 66; *Weigand/Haas* Part 3 Art. IV Rn. 13; *van den Berg* S. 252 ff.; *Bülow/Böckstiegel/Bredow* Anm. 2.

Legalisation nach ausländischem Recht reicht grundsätzlich nicht aus, da eine ausländische öffentliche Urkunde geringere Beweiswirkung entfaltet, als eine inländische öffentliche Urkunde. Ausnahmsweise ist eine ausländische Legalisation ausreichend, wenn eine doppelte Legalisation erfolgt ist, dh., wenn durch eine ausländische Stelle der Schiedsspruch legalisiert wurde und zusätzlich die zuständige Behörde des Vollstreckungsstaats durch Legalisation bestätigt hat, dass die Erstlegalisation eine echte öffentliche Urkunde darstellt. Eine solche Zweitlegalisation ist dann nicht erforderlich, wenn auf Grund zwischenstaatlicher Übereinkommen ausländische öffentliche Urkunden von der Legalisation befreit sind.[17] Eine Legalisation nach dem Recht des Schiedsortes ist aus den o. g. Gründen ebenfalls in der Regel nicht ausreichend, wenn in einem anderen Staat vollstreckt werden soll.[18]

Eine gerichtliche Bestätigung eines Schiedsspruchs, die nach US-amerikanischem Recht erforderlich ist, muss nicht vorgelegt werden (zur Frage der Verbindlichkeit Art. V Rn. 56).

b) Beglaubigung. Die Beglaubigung einer Abschrift erbringt Beweis dafür, dass die Abschrift inhaltlich mit der zur Beglaubigung vorgelegten Urschrift übereinstimmt. Wer zur Beglaubigung berechtigt ist, bestimmt sich nach dem Recht, nach dem die Beglaubigung erfolgt. Grundsätzlich sollte die Beglaubigung nach dem Recht des Vollstreckungsstaates, und somit von danach zuständigen Stellen durchgeführt sein. Liegt eine Beglaubigung durch eine ausländische Behörde vor, so bedarf die Beglaubigung regelmäßig der Legalisation, außer wenn diese auf Grund zwischenstaatlicher Vereinbarungen entbehrlich ist.[19] Nach deutschem Recht sind für die Beglaubigung die deutschen Notare (§ 20 BNotO) und Konsularbeamten (§ 10 Abs. 1 Nr. 2 KonsularG) zuständig. 12

4. Beschränkung der Vorlagepflichten. a) Verzicht des Vollstreckungsgegners. Soweit bestimmte Vorlageerfordernisse allein dem Schutz des Vollstreckungsgegners dienen, erscheint es als zweckmäßig, diesem die Möglichkeit des Verzichts darauf im Vollstreckungsverfahren einzuräumen. Da das UNÜ die Vollstreckung ausländischer Schiedssprüche erleichtern soll, ist die Einräumung der Möglichkeit des Verzichts mit dem Übereinkommen vereinbar, auch wenn es selbst eine solche Beschränkung der Vorlageerfordernisse nicht vorsieht.[20] Der Vollstreckungsbeklagte kann deswegen auf die Legalisation der Urschrift des Schiedsspruches sowie auf die Beglaubigung der Abschrift des Schiedsspruches bzw. der Schiedsvereinbarung verzichten.[21] Nicht möglich ist dagegen ein Verzicht auf die Vorlage des Schiedsspruches bzw. der Schiedsvereinbarung, da das Vollstreckungsgericht von Amts wegen zu prüfen hat, ob Vollstreckungs-/Anerkennungsversagungsgründe nach Art. V Abs. 2 vorliegen. Diese Prüfung ist nur möglich, wenn dem Gericht Schiedsspruch und Schiedsvereinbarung vorliegen. 13

b) Beschränkung aus Billigkeitsgründen. Aus Billigkeitsgründen ist von dem Erfordernis der Legalisation dann abzusehen, wenn es dem Vollstreckungskläger unmöglich, bzw. nicht zumutbar ist, diese herbeizuführen.[22] In diesen Fällen sollte das Vollstreckungsgericht auf seine allgemeinen Beweisregeln für private Urkunden zurückgreifen und die Vollstreckung dann zulassen, wenn danach der Beweis der Echtheit und des Inhalts des Schiedsspruches geführt werden kann. Zweifelhaft ist, ob von dem Erfordernis der Legalisation dann abgesehen werden kann, wenn der Schiedsspruch bereits durch ein ausländisches Gericht für vollstreckbar erklärt wurde.[23] Zumindest wenn auf Grund der Vollstreckbarerklärung eine Legalisation des Schiedsspruches nicht mehr möglich ist, sollte darauf verzichtet werden.[24] 14

---

[17] So im Ergebnis auch *Stein/Jonas/Schlosser* Anh. § 1061 Rn. 66. Zu beachten sind: Haager Übereinkommen zur Befreiung ausländischer öffentlicher Urkunden von der Legalisation v. 5. 10. 1961 (BGBl. II 1965 S. 876); Londoner Europäisches Übereinkommen zur Befreiung der von diplomatischen oder konsularischen Vertretern errichteten Urkunden von der Legalisation v. 7. 6. 1968 (BGBl. II 1971 S. 86); Abkommen zwischen der Bundesrepublik Deutschland und der Französischen Republik über die Befreiung öffentlicher Urkunden von der Legalisation v. 13. 9. 1971 (BGBl. II 1974 S. 1075); eine Übersicht darüber, gegenüber welchen Staaten die Bundesrepublik Deutschland auf die Legalisation verzichtet, findet sich bei *Hoffmann/Glietsch* Konsularrecht Anh. zu § 13 KonsularG.
[18] So auch *Stein/Jonas/Schlosser* Anh. § 1061 Rn. 66; aA österr. OGH Wien, Entscheidung vom 26. 11. 1997 – 3 Ob 320/97 y = IPRax 2000, 429 (dazu *Haas* S. 432); zur österreichischen Praxis *Öhlberger* SchiedsVZ 2007, 77, 78; *van den Berg* S. 252 ff.; Denkschrift der Bundesregierung zum UNÜ BT-Drucks. 3/2160, S. 25.
[19] *Weigand/Haas* Part 3 Art. IV Rn. 14.
[20] So auch *Weigand/Haas* Part 3 Art. IV Rn. 15.
[21] *van den Berg* S. 248 ff., 250.
[22] *Weigand/Haas* Part 3 Art. IV Rn. 16; *Stein/Jonas/Schlosser* Anh. § 1061 Rn. 68.
[23] So *Stein/Jonas/Schlosser* Anh. § 1061 Rn. 68; vgl. auch OLG Hamburg, Beschl. v. 21. 5. 1969 – 6 W 26/69 = WM 1969, 875 f.
[24] So im Falle des OLG Hamburg, Beschl. v. 21. 5. 1969 – 6 W 26/69 = WM 1969, 875 f.

III. Vorlage einer Übersetzung

15 In Deutschland ist gem. § 1064 Abs. 3 iVm. Abs. 1 und 2 ZPO keine Übersetzung erforderlich. In der Praxis wird jedoch empfohlen, zumindest den Entscheidungstenor in Übersetzung vorzulegen, um Verzögerungen – zB durch eine Anordnung gem. § 142 ZPO – zu vermeiden: Denn der Tenor wird wörtlich in den die Vollstreckbarerklärung aussprechenden Beschluss aufgenommen.[25]

16 Gem. Art. IV Abs. 2 ist der Vollstreckungskläger verpflichtet, eine beglaubigte Übersetzung des Schiedsspruches bzw. der Schiedsvereinbarung vorzulegen, falls diese nicht in der Sprache des Vollstreckungsstaates abgefasst sind. Die Parteien können den Übersetzer frei wählen; sie sind nicht auf anerkannte Übersetzer des Vollstreckungsstaates beschränkt.[26] Die Pflicht zur Vorlage einer Übersetzung besteht sowohl im Interesse des Vollstreckungsgegners als auch im Interesse des Vollstreckungsgerichts. Es bedarf keiner Übersetzung, wenn beide darauf verzichten, oder wenn alle Beteiligten die Sprache, in der Schiedsvereinbarung und Schiedsspruch abgefasst sind, offensichtlich beherrschen.[27] Zum Zeitpunkt der Vorlage s. Rn. 4.

17 Wird eine Übersetzung benötigt, so ist diese grundsätzlich zu beglaubigen. Jedoch können alle Beteiligten einvernehmlich darauf verzichten.[28] Die Beglaubigung der Übersetzung hat durch einen konsularischen oder diplomatischen Beamten oder durch einen amtlichen bzw. beeidigten Übersetzer des Vollstreckungsstaates zu erfolgen.[29] Ist die Beglaubigung durch ausländische amtliche/beeidigte Übersetzer bzw. diplomatische/konsularische Vertreter erfolgt, so ist grundsätzlich eine Legalisation der Amtshandlung erforderlich. Hat ein amtlicher oder beeidigter Übersetzer des Vollstreckungsstaates die Übersetzung angefertigt, so entfällt das Erfordernis der Beglaubigung.

Art. V. (1) Die Anerkennung und Vollstreckung des Schiedsspruches darf auf Antrag der Partei, gegen die er geltend gemacht wird, nur versagt werden, wenn diese Partei der zuständigen Behörde des Landes, in dem die Anerkennung und Vollstreckung nachgesucht wird, den Beweis erbringt,

a) dass die Parteien, die eine Vereinbarung im Sinne des Artikels II geschlossen haben, nach dem Recht, das für sie persönlich maßgebend ist, in irgendeiner Hinsicht hierzu nicht fähig waren, oder dass die Vereinbarung nach dem Recht, dem die Parteien sie unterstellt haben, oder, falls die Parteien hierüber nichts bestimmt haben, nach dem Recht des Landes, in dem der Schiedsspruch ergangen ist, ungültig ist, oder

b) dass die Partei, gegen die der Schiedsspruch geltend gemacht wird, von der Bestellung des Schiedsrichters oder von dem schiedsrichterlichen Verfahren nicht gehörig in Kenntnis gesetzt worden ist oder dass sie aus einem anderen Grund ihre Angriffs- oder Verteidigungsmittel nicht hat geltend machen können, oder

c) dass der Schiedsspruch eine Streitigkeit betrifft, die in der Schiedsabrede nicht erwähnt ist oder nicht unter die Bestimmungen der Schiedsklausel fällt, oder dass er Entscheidungen enthält, welche die Grenzen der Schiedsabrede oder der Schiedsklausel überschreiten; kann jedoch der Teil des Schiedsspruches, der sich auf Streitpunkte bezieht, die dem schiedsrichterlichen Verfahren unterworfen waren, von dem Teil, der Streitpunkte betrifft, die ihm nicht unterworfen waren, getrennt werden, so kann der erstgenannte Teil des Schiedsspruches anerkannt und vollstreckt werden, oder

d) dass die Bildung des Schiedsgerichtes oder das schiedsrichterliche Verfahren der Vereinbarung der Parteien oder, mangels einer solchen Vereinbarung, dem Recht des Landes, in dem das schiedsrichterliche Verfahren stattfand, nicht entsprochen hat, oder

e) dass der Schiedsspruch für die Parteien noch nicht verbindlich geworden ist oder dass er von einer zuständigen Behörde des Landes, in dem oder nach dessen Recht er ergangen ist, aufgehoben oder in seinen Wirkungen einstweilen gehemmt worden ist.

---

[25] *Kröll* SchiedsVZ 2003, 282, 284.
[26] *Weigand/Haas* Part 3 Art. IV Rn. 17.
[27] *Weigand/Haas* Part 3 Art. IV Rn. 17; *Stein/Jonas/Schlosser* Anh. § 1061 Rn. 70; *van den Berg* S. 258 f.
[28] *Weigand/Haas* Part 3 Art. IV Rn. 18; *Bülow/Böckstiegel/Bredow* Anm. 4; *Stein/Jonas/Schlosser* Anh. § 1061 Rn. 70.
[29] *Weigand/Haas* Part 3 Art. IV Rn. 18; *Schwab/Walter* Kap. 58 Rn. 2; aA *van den Berg* S. 256 ff., der auch genügen lässt, wenn die Beglaubigung durch Konsularbeamte, Diplomaten, oder amtliche/beeidigte Übersetzer des Schiedsortes erfolgt; aA auch *Bertheau* S. 103, nach dessen Ansicht der Vollstreckungskläger in der Wahl des beglaubigenden konsularischen Vertreters frei ist.

(2) Die Anerkennung und Vollstreckung eines Schiedsspruches darf auch versagt werden, wenn die zuständige Behörde des Landes, in dem die Anerkennung und Vollstreckung nachgesucht wird, feststellt,

a) dass der Gegenstand des Streites nach dem Recht dieses Landes nicht auf schiedsrichterlichem Wege geregelt werden kann, oder
b) dass die Anerkennung oder Vollstreckung des Schiedsspruches der öffentlichen Ordnung dieses Landes widersprechen würde.

Schrifttum: *Fadlallah,* L'ordre public dans les sentences arbitrales, Rd C 249 (1994-V), 367; *Farhad,* Provisional enforcement of international arbitral awards made in France, JIntArb 2006, 115; *Gaillard,* L'exécution des sentences annulées dans leur pays d'origine, J.D.I 125 (1998), 645; *Heß,* Sportschiedsgerichte im Lichte der New Yorker Konvention, ZZPInt. 3 (1998), 457; *Karrer,* Judicial Review of International Arbitral Awards, FS Schütze, 1999, S. 337; *Kröll,* Die Schiedsvereinbarung im Verfahren zur Anerkennung und Vollstreckbarerklärung ausländischer Schiedssprüche, ZZP 117 (2004), 453; *Mallmann,* Die Bedeutung der Schiedsvereinbarung im Verfahren zur Anerkennung und Vollstreckbarerklärung ausländischer Schiedssprüche, SchiedsVZ 2004, 152; *Nelle,* Anspruch, Titel und Vollstreckung im internationalen Rechtsverkehr, 2000, Kap. 12 (S. 536 ff.); *Nienaber,* Die Anerkennung und Vollstreckung im Sitzstaat aufgehobener Schiedssprüche, 2002; *Schütze,* Aktuelle Fragen der Anerkennung und Vollstreckbarerklärung von US-amerikanischen Schiedssprüchen und Gerichtsurteilen in Deutschland, ZVglRWiss 104 (2005), 427; *Solomon,* Die Verbindlichkeit von Schiedssprüchen in der internationalen privaten Schiedsgerichtsbarkeit, 2007; *Stolzke,* Aufrechnung und Widerklage in der Schiedsgerichtsbarkeit, 2006; *Weinacht,* Die Vollstreckung ausländischer Schiedssprüche nach ihrer Annullierung im Herkunftsstaat, ZVglRWiss. 98 (1999), 139.

Übersicht

	Rn.		Rn.
I. Allgemeines	1–5	c) Teilanerkennung/Teilvollstreckung eines Schiedsspruches	44
II. Präklusion im Exequatur- bzw. Vollstreckungsverfahren	6–14	5. Fehler bei der Bildung des Schiedsgerichts oder im Schiedsverfahren (Art. V Abs. 1 lit. d)	45–52
III. Verfahren zur Geltendmachung materiellrechtlicher Einwände gegen den Schiedsspruch	15, 16	a) Bestimmung des Verfahrensrechts	46–50
		b) Verfahrensfehler	51, 52
IV. Auf Rüge beachtliche Anerkennungs-/Vollstreckungsversagungsgründe (Art. V Abs. 1)	17–64	6. Fehlende Verbindlichkeit des Schiedsspruchs (Art. V Abs. 1 lit. e)	53–64
1. Allgemeines	17	a) Verbindlicher Schiedsspruch	54–58
2. Unwirksame Schiedsvereinbarung (Art. V Abs. 1 lit. a)	18–24	b) Aufhebung des Schiedsspruchs	59–62
a) Vereinbarung	18	c) Sonstiger Fall des nachträglichen Wegfalls der Verbindlichkeit	63
b) Subjektive Schiedsfähigkeit der Parteien	19	d) Einstweilige Wirkungshemmung des Schiedspruches	64
c) Unwirksamkeit der Schiedsvereinbarung nach dem für sie maßgeblichen Recht	20–24	V. Von Amts wegen beachtliche Anerkennungsversagungsgründe	65–81
		1. Allgemeines	65
3. Anerkennungs-/Vollstreckungsversagungsgründe des Art. V Abs. 1 lit. b	25–34	2. Fehlen der objektiven Schiedsfähigkeit (Art. V Abs. 2 lit. a)	66
a) Allgemeines	25	3. Verstoß gegen den ordre public (Art. V Abs. 2 lit. b)	67
b) Anwendbares Recht	26–30	a) Allgemeines	67
c) Kausalität	31	b) Ordre public intern und ordre public international	68
d) Gehörige Inkenntnissetzung	32	c) Der deutsche ordre public	69
e) Rechtsprechungsbeispiele	33, 34	d) Keine Bindung des staatlichen Gerichts an Feststellungen/Rechtsauffassung des Schiedsgerichts	70
4. Kompetenzüberschreitung durch das Schiedsgericht (Art. V Abs. 1 lit. c)	35–44		
a) Überschreitung der Zuständigkeitskompetenz	36	e) Einzelfälle zum deutschen ordre public	71–81
b) Überschreitung der Entscheidungsbefugnis	37–43		

I. Allgemeines

Art. V regelt, in welchen Fällen die Anerkennung bzw. Vollstreckung eines Schiedsspruches versagt werden kann, obwohl die nach Art. IV erforderlichen Nachweise erbracht sind. Dabei sind in Abs. 1 die Versagungsgründe aufgezählt, die nur auf konkrete Einrede des Vollstreckungsgegners hin geprüft werden, während Abs. 2 die von Amts wegen zu beachtenden Versagungsgründe enthält.

§ 1061 Anh. 1 UNÜ Art. V   Anh. zu § 1061. Internationale Schiedsgerichtsbarkeit

2   Die Regeln des Art. V sind nicht nur im Anerkennungs- und Vollstreckungsverfahren, sondern bereits vorher, etwa bei der Berufung auf eine Schiedseinrede zu beachten. Im praktischen Ergebnis enthält Art. V daher ein generelles, vereinheitlichtes Kollisionsrecht zum Zustandekommen und zur Wirksamkeit von Schiedsvereinbarungen.[1]

3   Die Behauptungs- und Beweislast für das Vorliegen eines Versagungsgrundes nach Art. V trägt der Vollstreckungsgegner.[2] Für die Versagungsgründe nach Abs. 1 ergibt sich dies unmittelbar aus dem Gesetzeswortlaut. Abs. 2 enthält dagegen keine ausdrückliche Beweislastregel. Daraus, dass dessen Versagungsgründe von Amts wegen berücksichtigt werden, lässt sich nicht herleiten, wer letztendlich das Beweisrisiko trägt. Die Anerkennung/Vollstreckung darf jedoch im Rahmen des Abs. 2 nur versagt werden, wenn tatsächlich festgestellt wird, dass einer der Versagungsgründe vorliegt. Die Möglichkeit allein, dass ein solcher gegeben ist, reicht nicht aus.[3] Daraus lässt sich ableiten, dass es nicht Sache des Vollstreckungsklägers ist, das Fehlen eines ordre public Verstoßes nachzuweisen. Seine Nachweispflichten sind abschließend in Art. IV geregelt. Ihre Erfüllung begründet eine Art prima facie-Beweis. Es ist nun Sache des Vollstreckungsgegners, diesen zu widerlegen, was zur Folge hat, dass ihm insoweit das Beweisrisiko zukommt.[4]

4   Liegt einer der Versagungsgründe vor, so muss die zuständige Behörde die Anerkennung/Vollstreckung versagen. Der insoweit irreleitende Wortlaut des Gesetzes – „darf versagt werden" bzw. „may be refused" – ist nicht dahingehend zu deuten, dass der Behörde insoweit ein Ermessensspielraum eingeräumt wurde, bzw. durch nationale Gesetzgeber eingeräumt werden kann.[5] Er ist vielmehr von der völkerrechtlichen Perspektive her zu verstehen, dass das UNÜ die Gründe für die Versagung beschränken und nur in den in Art. V genannten Fällen erlauben wollte.[6]

5   Art. V regelt abschließend, in welchen Fällen die Anerkennung/Vollstreckung versagt werden kann. Die Vertragsstaaten können keine weiteren Versagungsgründe aufstellen. Wie bei ausländischen Urteilen findet **keine révision au fond** statt.[7] Insbesondere darf die Anerkennung/Vollstreckung nicht mit der Begründung, dass der Schiedsspruch inhaltlich unrichtig sei, verweigert werden, solange der ordre public nicht verletzt ist.[8] Eine Anwendung der US-amerikanischen **forum non conveniens Doktrin** ist unzulässig (s. Art. III Rn. 4).

II. Präklusion im Exequatur- bzw. Vollstreckungsverfahren

6   Das UNÜ enthält – anders als Art. V Abs. 1, 2 EuÜ – keine Präklusionsregeln. Es verweist in Art. III auf nationales Zwangsvollstreckungsrecht und stellt in Art. V die Anerkennungsversagungsgründe dem Wortlaut nach uneingeschränkt zur Verfügung. Ob materielle Einwendungen und Zuständigkeitsrügen, die im Schiedsverfahren (gänzliche Nichtteilnahme am Verfahren, rügelose Einlassung) oder im Herkunftsland des Schiedsspruchs (Versäumung von Rechtsbehelfen) nicht vorgebracht wurden bzw. nicht vorgebracht werden konnten (nachträgliche Entstehung, Aufrechnungsforderung nicht von der Schiedsvereinbarung erfasst, Berücksichtigung Aufrechnungsforderung vom Schiedsgericht zu Unrecht nicht erfolgt), im Exequatur- bzw. Vollstreckungsverfahren noch geltend gemacht werden können, wird unterschiedlich beurteilt. Von dieser Frage, inwieweit noch Einwendungen erhoben werden können, ist die weitere zu trennen, in welchem Verfahren dies zu erfolgen hat (dazu Rn. 15 ff.).

7   Hinsichtlich der ersten Frage sind vier Fallgruppen zu unterscheiden: (1) Der Antragsgegner im Vollstreckbarerklärungs- bzw. Vollstreckungsverfahren lässt sich rügelos auf das Schiedsverfahren ein und rügt erst im Vollstreckbarerklärungs- bzw. Vollstreckungsverfahren die Zuständigkeit des Schiedsgerichts (2) Der Antragsgegner im Vollstreckbarerklärungs- bzw. Vollstreckungsverfahren nahm gar nicht am Schiedsverfahren teil, weil er das Schiedsgericht für nicht zuständig hält und rügt im Vollstreckbarerklärungs- bzw. Vollstreckungsverfahren die Zuständigkeit des Schiedsgerichts bzw. macht mate-

---

[1] *Reithmann/Martiny/Hausmann* Rn. 3304; ähnlich *Schwab/Walter* Kap. 43 Rn. 2.
[2] BGH v. 14. 4. 1988 – III ZR 12/87 = BGHZ 104, 178 = NJW 1988, 3090, 3091; OLG Hamburg v. 23. 9. 1982 – 6 U 4/81 = KTS 1983, 499, 504; *Schlosser* Rn. 920; *Stein/Jonas/Schlosser* Anh. § 1061 Rn. 74; *Weigand/Haas* Part 3 Art. V Rn. 5; *Schwab/Walter* Kap. 57 vor Rn. 1, 24.
[3] *Schlosser* Rn. 920; *Weigand/Haas* Part 3 Art. V Rn. 7.
[4] OLG Celle v. 20. 11. 2003 – 8 Sch 2/03; *Schlosser* Rn. 920; *Weigand/Haas* Part 3 Art. V Rn. 7; *Kröll* SchiedsVZ 2005, 139, 149; aA Bertheau S. 59 f.
[5] So auch Denkschrift der Bundesregierung BT-Drucks. 3/2160, S. 26; *Maier* Anm. 1; *Schwab/Walter* Kap. 56 Rn. 3; *Weigand/Haas* Part 3 Art. V Rn. 4; nach *Stein/Jonas/Schlosser* Anh. § 1061 Rn. 73 kann ein Staat dagegen seinen Gerichten einen Ermessensspielraum einräumen.
[6] Vgl. dazu *Schwab/Walter* Kap. 56 Rn. 3.
[7] *Weigand/Haas* Part 3 Art. V Rn. 3.
[8] Vgl. OLG Hamm v. 26. 6. 1997 – 1 U 1/96 = RIW 1997, 962, 963.

riellrechtliche Einwendungen geltend (3) Der Antragsgegner im Vollstreckbarerklärungs- bzw. Vollstreckungsverfahren hat die Zuständigkeit des Schiedsgerichts im Schiedsverfahren gerügt, das Schiedsgericht hielt sich jedoch für zuständig, der Antragsgegner hat einen Rechtsbehelf gegen den (Zwischen-)Schiedsspruch im Herkunftsstaat nicht wahrgenommen und rügt im Vollstreckbarerklärungs- bzw. Vollstreckungsverfahren die Zuständigkeit des Schiedsgerichts (4) Der Antragsgegner macht im Vollstreckbarerklärungs- bzw. Vollstreckungsverfahren materiellrechtliche Einwendungen geltend, die das Schiedsgericht nicht berücksichtigt hat.

Die Entscheidung dieser Fallgruppen ist nicht allein eine kollisionsrechtliche Frage, ob eine eventuelle Präklusionswirkung des Rechts des Staates, in dem der Schiedsspruch ergangen ist, anzuerkennen ist oder ob dies durch das Recht des Vollstreckungsvertragsstaates bestimmt wird (s. u. Rn. 14).[9] Bei der Lösung ist vor allem das UNÜ zu beachten. Daraus folgt zunächst der Vorrang der Art. IV bis VI.[10] Daneben ist das Verbot widersprüchlichen Verhaltens dem UNÜ immanent.[11] Hiermit lassen sich die Fallgruppen weitgehend lösen. 8

Daraus folgt für Fallgruppe (1), dass der Antragsgegner im Vollstreckbarerklärungs- bzw. Vollstreckungsverfahren mit der Rüge der Unzuständigkeit des Schiedsgerichts ausgeschlossen ist, wenn er sich im Schiedsverfahren rügelos zur Sache eingelassen hat. Überwiegend wird hierbei zwischen Einwänden, die die Form der Schiedsvereinbarung betreffen und solchen, die die sonstige materielle Wirksamkeit der Schiedsvereinbarung betreffen, differenziert. Nur im ersteren Fall solle es zu einer Präklusion kommen.[12] Richtigerweise ist die Präklusion in diesem Fall auf alle Fälle der Unwirksamkeit der Schiedsvereinbarung zu erstrecken.[13] An das Erfordernis eines Erklärungsbewusstseins sind keine überhöhten Anforderungen zu stellen. 9

Hat der Antragsgegner – wie in Fallgruppe (2) – gar nicht am Schiedsverfahren teilgenommen, weil er die Schiedsvereinbarung als unwirksam ansieht, scheidet eine Präklusion wegen widersprüchlichen Verhaltens aus. Eine Pflicht, am Schiedsverfahren teilzunehmen und dort die Unzuständigkeit zu rügen, besteht ebenso wenig wie die Pflicht, Rechtsbehelfe am Schiedsort auszunutzen.[14] Insoweit bedarf es genauer Analyse, ob eine Teilnahme am Schiedsverfahren erfolgen soll, wenn die Wirksamkeit einer Schiedsvereinbarung unklar oder streitig ist. 10

In Fallgruppe (3) stellt sich die Frage, ob der Antragsgegner des Vollstreckbarerklärungs- bzw. Vollstreckungsverfahrens verpflichtet war, eventuell bestehende Rechtsbehelfe gegen die Entscheidung des Schiedsgerichts (Zwischenschiedsspruch über die Zuständigkeit oder abschließender Schiedsspruch) auszuschöpfen, um nicht mit seinen Einwendungen präkludiert zu sein. Eine Präklusion ergab sich in diesem Fall nach der Rechtsprechung des BGH auf der Grundlage alten Rechts.[15] Der BGH nahm 2001 noch nach altem Recht an, dass ein ordre public Verstoß nur dann gerügt werden kann, wenn die Befangenheit eines letztlich als Alleinschiedsrichter agierenden Schiedsrichters im Ursprungsland des Schiedsspruchs vor einem staatlichen Gericht geltend gemacht wurde.[16] Ob die Rechtsprechung zum alten Recht, die sich maßgeblich auf den Wortlaut des § 1044 Abs. 2 Nr. 1 ZPO stützte, nach Einführung des pauschalen Verweises durch § 1061 ZPO auf das UNÜ fortgilt, ist umstritten.[17] Das OLG 11

---

[9] So im Ansatz jedoch nicht klar als vertragsautonome Auslegung gekennzeichnet auch *Schwab/Walter* Kap. 44 Rn. 10; *Stein/Jonas/Schlosser* Anh. § 1061 Rn. 53. *Nelle* S. 539 ff. geht dagegen von einem kollisionsrechtlichen Ansatz aus, modifiziert jedoch den anwendbaren § 767 Abs. 2 ZPO.
[10] *van den Berg* S. 239; *Weigand/Haas* Part 3 Art. III Rn. 9.
[11] OLG Schleswig, Beschl. v. 30. 3. 2000 – 16 SchH 5/99, RIW 2000, 706, 707; *van den Berg* S. 185; *Schwab/Walter* Kap. 44 Rn. 10; *Kröll* ZZP 2004, 453, 483; *ders.* SchiedsVZ 2007, 145, 155; *Mallmann* SchiedsVZ 2004, 152, 157.
[12] OLG Schleswig, Beschl. v. 30. 3. 2000 – 16 SchH 5/99, RIW 2000, 706, 707; *Mallmann* SchiedsVZ 2004, 152, 157.
[13] Ebenso *Kröll* ZZP 2004, 453, 483.
[14] BayObLG, Beschl. v. 12. 12. 2002 – 4 Z Sch 16/02, NJW-RR 2003, 719, 720; ebenso *Kröll* ZZP 2004, 453, 484; *Mallmann* SchiedsVZ 2004, 152, 158.
[15] BGH v. 26. 6. 1969 – VII ZR 32/67 = BGHZ 52, 184, 189 = NJW 1969, 2093; BGH v. 7. 1. 1971 – VII ZR 160/69 = BGHZ 55, 162, 169 = NJW 1971, 986; BGH v. 21. 10. 1971 – VII ZR 45/70 = BGHZ 57, 153, 157 = NJW 1972, 449 = MDR 1972, 137 = WM 1971, 1485 = VersR 1972, 91; BGH v. 10. 5. 1984 – III ZR 206/82 = NJW 1984, 2763. Kritik an der damaligen Rechtsprechung bei *Bülow* NJW 1971, 486.
[16] BGH v. 1. 2. 2001 – III ZR 332/99 = NJW-RR 2001, 1059, 1060; hierzu *Mallmann* SchiedsVZ 2004, 152, 158, der daraus keine Aussagen für die Präklusion von Einwendungen gegen einen unwirksamen Schiedsvertrag ableiten will. Dagegen geht BayObLG, Beschl. v. 20. 11. 2003 – 4 Z Sch 17/03 = IHR 2004, 81 = IPRspr 2003, Nr. 204, 664 unter Hinweis auf BGH v. 26. 4. 1990 – III ZR 56/89 = IPRspr. 1990 Nr. 236 b davon aus, dass Einwendungen, die unter Art. V Abs. 2 lit. b fallen, generell nicht präkludiert sein können.
[17] Dafür *Nagel/Gottwald* IZPR § 16 Rn. 126; *Rosenberg/Schwab/Gottwald* § 181 Rn. 27; *Musielak/Voit* § 1061 Rn. 20; anders bzw. einschränkend OLG Schleswig, Beschl. v. 30. 3. 2000 – 16 SchH 5/99, RIW 2000, 706,

§ 1061 Anh. 1 UNÜ Art. V   Anh. zu § 1061. Internationale Schiedsgerichtsbarkeit

Hamm[18] sah eine Präklusion von Einwendungen gegen eine Schiedsvereinbarung, wenn die Partei, die diese für unwirksam hält, an der Konstituierung des Schiedsgerichts mitwirkt und gegen einen ihr nachteiligen Zwischenschiedsspruch kein Rechtsmittel nutzt und vorbehaltlos weiterverhandelt. Insofern liege ein Verstoß gegen das Gebot redlicher Prozessführung vor. Das OLG Karlsruhe versagte die Berücksichtigung von Anerkennungsversagungsgründen, nachdem der Antragsgegner von der Möglichkeit der Aufhebungsklage in der Schweiz keinen Gebrauch gemacht hatte.[19] Weder die völkervertragliche Geltung des UNÜ noch seine Geltung als einfaches Recht auf Grund des Verweises in § 1061 ZPO verwehre den deutschen Gerichten eine restriktive Handhabung von Anerkennungsversagungsgründen. Das UNÜ verhindere keine anerkennungsfreundlichere Praxis nationalen Rechts. Die teleologische Reduktion nationalen Rechts stehe den Gerichten frei, sodass alle Gründe auch unter der neuen Regelung fortbestünden, die eine Präklusion unter altem Recht gerechtfertigt haben. Da auch bei deutschen Schiedssprüchen eine Präklusion von Einwendungen erfolge, solle dies aus Gründen der Rechtssicherheit auch für ausländische Schiedssprüche gelten.

12   Richtigerweise wird man immer dann von einer Präklusion von Anerkennungsversagungsgründen im Vollstreckbarerklärungsverfahren ausgehen, wenn die Parteien am Schiedsverfahren teilnehmen und von einem Rechtsmittel gegen den Schiedsspruch im Erlassstaat keinen Gebrauch machen. Dies gilt sowohl bei verfahrensrechtlichen Rügen wie der der Befangenheit eines Schiedsrichters, als auch für die Zuständigkeitsrüge.[20] Insoweit besteht ein „Zwang zum Auswärtsspiel", keine Partei kann sich darauf verlassen, sie könne später im Vollstreckbarerklärungsverfahren ihre Argumente erneut vorbringen. Aus der Teilnahme am Verfahren folgt die Pflicht, dieses Verfahren effektiv zu betreiben und nicht in ein späteres Verfahren in einem Vollstreckungsvertragsstaat zu verschieben. Dieses ist nicht unzumutbar.[21] Nach älterer Rechtsprechung des BGH kann für extreme Fälle eine Ausnahme zu machen sein, wenn ein ausländisches Schiedsgericht seine Zuständigkeit willkürlich, ohne dafür in den Vereinbarungen der Parteien überhaupt irgendeine Grundlage zu haben, angenommen hat.[22] Wird das Aufhebungsverfahren im Ausland erfolglos durchgeführt, so wird die Geltendmachung entsprechender Versagungsgründe präkludiert.[23]

13   Fallgruppe (4) betrifft materiellrechtliche Einwendungen gegen den Schiedsspruch. Hier kann das Schiedsgericht zu Recht oder Unrecht davon ausgegangen sein, dass die materielle Einwendung nicht schiedsfähig oder nicht von der Schiedsvereinbarung erfasst war. Es kann sich auch um nachträglich entstandene Einwendungen handeln. In jedem Fall hat das Schiedsgericht den Einwand nicht geprüft, eine Präklusion wegen widersprüchlichen Verhaltens als dem UNÜ immanenter Grundsatz (Rn. 8) scheidet aus, weil sich der Antragsgegner nicht widersprüchlich verhält, wenn er die Einwendung geltend gemacht hat. Anders ist dies, wenn die materiellrechtliche Einwendung bereits bei Erlass des Schiedsspruchs bestand und nicht geltend gemacht wurde. Soweit dies im Schiedsverfahren möglich war, greift das Verdikt widersprüchlichen Verhaltens mit der Folge, dass die Einwendung präkludiert ist. Dieses ergibt sich unmittelbar aus dem UNÜ, eines Rückgriffs auf § 767 Abs. 2 ZPO bedarf es nicht.[24]

14   In dem Fall des nachträglichen Entstehens einer materiellrechtlichen Einwendung stellt sich die Frage, ob sich die Präklusionswirkung aus dem Heimatrecht des Schiedsspruchs oder der lex fori des mit der Vollstreckbarerklärung befassten Gerichts ergeben oder Präklusionsvorschriften beider Rechte kombiniert angewendet werden. Bei der Aufrechnung bedarf es zusätzlich der Entscheidung, ob auf die Aufrechnungslage oder die Ausübung abzustellen ist. Die Rspr. wendet § 767 Abs. 2 ZPO analog auf ausländische Schiedssprüche an.[25] Sowohl ein hinsichtlich der Präklusionswirkungen strengeres als auch günstigeres Recht sei unbeachtlich, entscheidend sei allein der Maß-

---

708; BayObLG, Beschl. v. 16. 3. 2000 – 4 Z Sch 50/99 – NJW-RR 2001, 431; offen gelassen KG, Beschl. v. 10. 8. 2006 – 20 Sch 7/04 = SchiedsVZ 2007, 108, 112; *Schwab/Walter* Kap. 30 Rn. 19; *Kröll* ZZP 2004, 453, 480 ff.; *Mallmann* SchiedsVZ 2004, 152, 156 ff.

[18] OLG Hamm, Beschl. v. 27. 9. 2005 – 29 Sch 1/05 SchiedsVZ 2006, 106, 108.

[19] OLG Karlsruhe, Beschl. v. 3. 7. 2006 – 9 Sch 1/06 = SchiedsVZ 2006, 282; s. auch OLG Karlsruhe, Beschl. v. 27. 3. 2006 – 9 Sch 2/05 = SchiedsVZ 2006, 335.

[20] AA *Kröll* ZZP 2004, 453, 485 (nur bei Rüge der Befangenheit Pflicht zur Einlegung eines Rechtsmittels).

[21] So aber *Kröll* ZZP 2004, 453, 485 für den Fall der Zuständigkeitsrüge.

[22] BGH v. 26. 6. 1969 – VII ZR 32/67 = BGHZ 52, 184, 190 = NJW 1969, 2093, 2094 (nur obiter dictum); so auch OLG Rostock v. 22. 11. 2001 – 1 Sch 3/2000, IPRax 2002, 401 (*Kröll* 384).

[23] *Musielak/Voit* § 1061 Rn. 20.

[24] So aber BGH v. 22. 11. 1962 – VII ZR 55/61 = NJW 1963, 538, 540; *Nelle* S. 544; *Linke,* FS Schlosser, 2005, 503, 508.

[25] BGH v. 22. 11. 1962 – VII ZR 55/61 = BGHZ 38, 259, 264 = NJW 1963, 538.

stab des § 767 Abs. 2 ZPO.[26] Die Literatur folgt dem zum Teil.[27] Die Gegenmeinung geht von der Maßgeblichkeit der Präklusionswirkungen des Heimatrechts des Schiedsspruchs aus.[28] Qualifiziert man die Präklusion als Urteilswirkung,[29] spricht dies bei Zugrundelegung der Theorie der Wirkungserstreckung (Art. III Rn. 2; § 1061 Rn. 3) dafür, die Präklusionswirkung dem Heimatstaat des Schiedsspruchs zu entnehmen. Unter Zugrundelegung der Gleichstellungstheorie bzw. bei Qualifikation der Präklusion als Durchführungsregel der Vollstreckungsabwehrklage, entschiede die lex fori nach dem in Art. III enthaltenen Verweis auf das nationale Zwangsvollstreckungsverfahren (Art. III Rn. 3) auch die Frage der Präklusion.[30] Letztlich sprechen die Tatsache, dass es sonst der Heimatstaat des Schiedsspruchs in der Hand hätte, durch Einführung fristgebundener Rechtsbehelfe gegen einen Schiedsspruch Präklusionswirkungen vorzugeben,[31] die überaus komplexe Abgrenzung von ausländischen Präklusionsvorschriften und außerordentlichen, die Rechtskraft durchbrechenden Rechtsbehelfen,[32] der Charakter des § 767 Abs. 2 ZPO zumindest als Teil des Vollstreckungsrechts[33] und die Einfachheit der Lösung dafür, die Präklusionswirkung dem Recht des Vollstreckungsstaates zu entnehmen.

III. Verfahren zur Geltendmachung materiellrechtlicher Einwände gegen den Schiedsspruch

Aufgrund der Verweisung des Art. III entscheidet das Recht des Vollstreckungsvertragsstaates darüber, in welchem Verfahren Einwände zu erheben sind. Der Schuldner kann im Rahmen der Vollstreckung die Rechtsbehelfe ergreifen, die das Recht des Vollstreckungsvertragsstaates bietet. Ob dies in einem gesonderten Exequaturverfahren, das einige Rechtsordnungen nicht kennen,[34] erfolgt oder erst im Vollstreckungsverfahren, bestimmt sich nach diesem Recht. Das UNÜ schließt es nicht aus, materiellrechtliche Einwände bereits im Vollstreckbarerklärungsverfahren zu erheben.[35]

In Deutschland ist die Zulässigkeit der Aufrechnung im Vollstreckbarerklärungsverfahren auf Grund der Regelung der ZPO umstritten. Das BayObLG[36] und im Anschluss daran auch das OLG Stuttgart[37] haben es abgelehnt, den Aufrechnungseinwand im Vollstreckbarerklärungsverfahren zu berücksichtigen und den Vollstreckungsschuldner aus prozessökonomischen Gründen auf die Vollstreckungsgegenklage verwiesen. Als Begründung führte das BayObLG aus, es könne als Rechtsmittelgericht keine einem erstinstanzlichen Gericht entsprechende Beweisaufnahme durchführen und wolle nicht einer Abkürzung des Instanzenzuges Vorschub leisten. Es hat sich damit gegen die zum alten Schiedsverfahrensrecht bestehende Praxis gewendet, wonach eine Aufrechnung wahlweise im Verfahren der Vollstreckbarerklärung oder durch Erhebung einer Vollstreckungsabwehrklage geltend gemacht werden konnte, soweit nicht das Schiedsgericht auch für den (schiedsfähigen) Streitgegenstand der Gegenforderung zuständig war.[38] Andere OLG's sind dem entgegen getreten.[39]

---

[26] BGH v. 22. 11. 1962 – VII ZR 55/61 = BGHZ 38, 259, 264 = NJW 1963, 538; *Nelle* S. 540.
[27] *Stolzke* S. 1676.
[28] *Nelle* S. 540; *Stein/Jonas/Schlosser* § 1063 Rn. 6.
[29] So *Nelle* S. 240.
[30] So *Stolzke* S. 168.
[31] Ebenso *Musielak/Voit* § 1061 Rn. 20.
[32] Hierzu *Nelle* S. 541.
[33] LG Hamburg v. 27. 3. 1974 – 5 O 197/73 = RIW/AWD 1975, 223, 224; OLG Hamburg v. 27. 3. 1975 – 6 U 147/74 = RIW/AWD 1975, 645.
[34] *van der Berg* S. 235.
[35] BGH v. 16. 2. 1961 – VII ZR 191/59 = BGHZ 34, 274, 277 (zum deutsch-amerikanischen Handelsvertrag, aber generalisierend). Für die Zulassung *Stein/Jonas/Schlosser* § 1063 Rn. 4 unter Hinweis auf die geringe praktische Bedeutung von Einwänden im Vollstreckbarerklärungsverfahren auf Grund der Schiedsfähigkeit der Vollstreckungsgegenklage; differenzierend *Nelle* S. 585, der für die Zulassung der Vollstreckungsabwehrklage als Widerklage im Vollstreckbarerklärungsverfahren plädiert.
[36] BayObLG, Beschl. v. 12. 4. 2000 – 4 Z Sch 2/00 = NJW-RR 2001, 1363 = NJOZ 2001, 737 = NJOZ 2001, 1534 = BayObLGZ 2000, 124 = BB 2000, 1109 = JZ 2000, 1170 = MDR 2000, 968 = InVo 2000, 327; BayObLG, Beschl. v. 4. 5. 2000 – 4Z Sch 4/00 = NJW-RR 2000, 1359, 1360; kritisch *Wagner* JZ 2000, 1171; *Lachmann*, Handbuch für die Schiedsgerichtspraxis, Rn. 1286; zustimmend *Borris/Schmidt* SchiedsVZ 2004, 273.
[37] OLG Stuttgart Beschl. v. 4. 10. 2010 – 1 Sch 13/99 = OLG Report 3/2001, 50.
[38] Der BGH hat dies im Verfahren über die vorläufige Einstellung des Zwangsvollstreckungsverfahrens (Beschl. v. 10. 8. 2000 – III ZB 27/00), das der Entscheidung des BayObLG vom 12. 4. 2000 zugrunde lag, offen gelassen.
[39] OLG Hamm v. 20. 6. 2001 – 8 Sch 2/00 = NJW-RR 2001, 1362; OLG Dresden, Beschl. v. 20. 4. 2005 – 11 Sch 01/05 = SchiedsVZ 2005, 210, 213; in der Tendenz ebenso aber offen gelassen von OLG Koblenz, Beschl. v. 28. 7. 2005 – 2 Sch 4/05 = SchiedsVZ 2005, 261, 262. Kritisch *Borris/Schmidt* SchiedsVZ 2005, 254.

§ 1061 Anh. 1 UNÜ Art. V   Anh. zu § 1061. Internationale Schiedsgerichtsbarkeit

Da das OLG aber auch für die Vollstreckungsabwehrklage zuständig ist,[40] sollte an der zum alten Recht bestehenden Praxis festgehalten und die Aufrechnung frühzeitig schon im Vollstreckbarerklärungsverfahren zugelassen werden.[41]

IV. Auf Rüge beachtliche Anerkennungs-/Vollstreckungsversagungsgründe (Art. V Abs. 1)

17 **1. Allgemeines.** Für die in Abs. 1 enthaltenen Versagungsgründe kommt dem Antragsgegner die Darlegungspflicht und Beweislast[42] zu. Das Vorliegen solcher Verstöße wird nur geprüft, wenn sich der Vollstreckungsgegner darauf substantiiert beruft. Auch Existenz und Inhalt ausländischen Rechts gehören zu den Beweisobliegenheiten des Vollstreckungsschuldners, wodurch § 293 ZPO eingeschränkt wird.[43] Stellt der Versagungsgrund jedoch auch einen ordre public-Verstoß dar, so kann er im Rahmen des Art. V Abs. 2 lit. b selbst dann überprüft werden, wenn der Vollstreckungskläger dazu nichts vorträgt.[44] Dies ergibt sich zum einen aus dem Wortlaut des Abs. 2, wonach immer dann die Anerkennung/Vollstreckung versagt werden kann, wenn die zuständige Behörde einen ordre public-Verstoß feststellt, und zwar unabhängig davon, welchen Standpunkt der Vollstreckungsgegner insoweit vertritt. Zum anderen dient der ordre public immer auch dem Schutz der inländischen öffentlichen Ordnung als solcher. Das Recht eines Vertragsstaates, seinem ordre public Geltung zu verschaffen, besteht unabhängig vom Handeln einzelner.

18 **2. Unwirksame Schiedsvereinbarung (Art. V Abs. 1 lit. a).** Gemäß Art. V Abs. 1 lit. a ist die Anerkennung/Vollstreckung dann zu versagen, wenn keine wirksame Schiedsvereinbarung vorliegt. Der Versagungsgrund hat in der Praxis herausragende Bedeutung.[45]

a) Vereinbarung. Art. V Abs. 1 lit. a setzt voraus, dass die Parteien eine Vereinbarung iSd. Art. II getroffen haben. Fehlt eine solche, bzw. entspricht sie nicht den Anforderungen des Art. II, so liegt bereits darin ein Anerkennungsversagungsgrund. Zu den Anforderungen, die Art. II an die Wirksamkeit einer Vereinbarung knüpft, s. Art. II Rn. 7 ff. Zur Bedeutung des Meistbegünstigungsgrundsatzes s. Art. II Rn. 18, Art. VII Rn. 1, 4.

19 **b) Subjektive Schiedsfähigkeit der Parteien.** Gem. Art. V Abs. 1 lit. a ist zur Überprüfung der subjektiven Schiedsfähigkeit der Parteien auf deren Personalstatut zurückzugreifen. Dieses bestimmt sich nach dem IPR des Exequaturstaates.[46] Überwiegend wird an Staatsangehörigkeit, gewöhnlichen Aufenthalt oder domicile angeknüpft (zum deutschen Recht vgl. Art. 7 EGBGB).

20 **c) Unwirksamkeit der Schiedsvereinbarung nach dem für sie maßgeblichen Recht.** Die Anerkennung/Vollstreckung ist auch dann zu versagen, wenn die getroffene Vereinbarung nach dem auf sie anwendbaren Recht unwirksam ist. Für die Bestimmung dieses Rechts enthält Art. V Abs. 1 lit. a zwei Kollisionsnormen: primär ist auf das von den Parteien vereinbarte Recht abzustellen; fehlt eine solche Vereinbarung, ist auf das Recht des Schiedsortes abzustellen. Diese Regeln sind nicht nur für das Anerkennungsverfahren, sondern bereits für die Gerichte des Staates maßgeblich, in dem ein Beklagter eine Schiedseinrede (§ 1032 Abs. 1 ZPO) erhebt.[47] Die Kollisionsnor-

---

[40] OLG Hamm v. 20. 6. 2001 – 8 Sch 2/00 = NJW-RR 2001, 1362; OLG Dresden, Beschl. v. 20. 4. 2005 – 11 Sch 01/05 = SchiedsVZ 2005, 210, 213; in der Tendenz ebenso aber offen gelassen von OLG Koblenz, Beschl. v. 28. 7. 2005 – 2 Sch 4/05 = SchiedsVZ 2005, 261, 262. Nach *Nelle* S. 565 folgt dies auf Grund einer Gesamtanalogie zu § 1062 Abs. 1 und Abs. 2 ZPO; nach *Stein/Jonas/Schlosser* § 1063 Rn. 4 analog § 1062 Abs. 1 Nr. 4 ZPO (erforderlich ist aber ein gesonderter Antrag gegen die Vollstreckung), nach *Wagner* JZ 2000, 1171, 1173 folgt dies aus der analogen Anwendung des § 767 Abs. 1 ZPO; aA *Borris/Schmidt* SchiedsVZ 2004, 273, 279; *dies.* SchiedsVZ 2005, 254, 255.

[41] Neben den zuvor genannten im Ergebnis auch *Schwab/Walter* Kap. 27 Rn. 13; MüKo-ZPO/*Münch* § 1060 Rn. 14; *Musielak/Voit* § 1060 Rn. 12; *Lachmann*, Handbuch Schiedsgerichtspraxis, Rn. 1284 f.; *Linke*, FS Schlosser, 2005, S. 503, 506; aA *Nagel/Gottwald* IZPR § 16 Rn. 115, 145; *Peters* JZ 2001, 598; *Borris/Schmidt* SchiedsVZ 2004, 273; *dies.* SchiedsVZ 2005, 254.

[42] *Weigand/Haas* Part 3 Art. V Rn. 5; OLG Schleswig, Beschl. v. 30. 3. 2000 – 16 SchH 5/99, RIW 2000, 706, 707.

[43] *Schlosser* Rn. 924; *Weigand/Haas* Part 3 Art. V Rn. 6.

[44] So auch *van den Berg* S. 298 ff., 300; *Bertheau* S. 75 f.; *Walter* IPRax 1985, 200, 203; *Stein/Jonas/Schlosser* Anh. § 1061 Rn. 74.

[45] *Kröll*, SchiedsVZ 2007, 145, 155; *ders.*, ZZP 2004, 453; *Mallmann* SchiedsVZ 2004, 152.

[46] Vgl. BGH v. 23. 4. 1998 – III ZR 195/96 = NJW 1998, 2452 = RIW 1998, 628; *Weigand/Haas* Part 3 Art. V Rn. 21; *Haas* S. 181 ff.; *Schwab/Walter* Kap. 44 Rn. 18; *Schlosser* Rn. 325; *Stein/Jonas/Schlosser* Anh. § 1061 Rn. 79.

[47] *Reithmann/Martiny/Hausmann* Rn. 3304; *Schwab/Walter* Kap. 43 Rn. 2; *Stein/Jonas/Schlosser* Anh. § 1061 Rn. 44, 79.

men des jeweils berufenen staatlichen Rechts bleiben dabei außer Betracht.[48] Die Unwirksamkeit kann sich aus den Gründen des allgemeinen Vertragsrechts ergeben. Die objektive Schiedsfähigkeit ist ausschließlich nach der Kollisionsnorm des Art. V Abs. 2 lit. a zu beurteilen (Art. II Rn. 11).

Der Vollstreckungsgegner kann die Einrede der Unwirksamkeit der Schiedsvereinbarung dann **21** nicht mehr geltend machen, wenn er damit präkludiert ist (zur Präklusion Rn. 6 ff.). Erfolgt eine rügelose Einlassung auf das Verfahren, wird das Problem der Präklusion durch den dem UNÜ immanenten Grundsatz widersprüchlichen Verhaltens gelöst.[49] Daneben wird der Antragsgegner mit Rügen präkludiert, wenn er die im Erlassstaat des Schiedsspruchs erforderlichen Rechtsschutzmöglichkeiten nicht komplett ausnutzt. Eine Präklusion kann darüber hinaus nach Art. V Abs. 2 EuÜ eingetreten sein.[50]

aa) Haben die Schiedsparteien das Recht eines Landes bestimmt, das der Schiedsvereinbarung **22** zugrunde liegen soll, so ist deren Wirksamkeit daran zu messen. Für die Rechtswahl gelten keine Formerfordernisse. Sie kann demnach auch konkludent erfolgen.[51] Freilich wird es in der Praxis häufig schwierig zu klären sein, ob tatsächlich eine Einigung zugunsten eines bestimmten Rechts vorliegt oder nicht. Die Rechtswahlfreiheit der Parteien besteht unbeschränkt, lediglich die Grenze des ordre public ist zu beachten (s. Rn. 67 ff.). Das gewählte Recht kann „neutral" sein; es muss keinen Bezug zur Streitsache bzw. zu der Nationalität der Parteien haben.[52] Es muss weder dem auf das Schiedsverfahren, noch dem auf die materielle Streitsache anwendbaren Recht entsprechen.

bb) Fehlt eine Rechtswahl durch die Parteien, so bestimmt sich die Wirksamkeit der Schiedsver- **23** einbarung nach dem Recht am Sitz des Schiedsgerichts.[53] Zur Ermittlung des „Sitzes" ist auf den örtlichen Schwerpunkt des Schiedsverfahrens abzustellen (s. Art. I Rn. 13).

cc) Die formelle Wirksamkeit der Schiedsvereinbarung ist am Maßstab des Art. II zu prüfen. **24** Dessen Formvorschriften sind als vereinheitlichte Sachnormen lex specialis gegenüber den Formvorschriften des für die Schiedsvereinbarung gemäß Art. V Abs. 1 lit. a maßgeblichen Rechts.[54] Strengere bzw. geringere Formvorschriften dieses Rechts sind unbeachtlich (arg. Art. II Abs. 1 und 2).[55] Sind die Formerfordernisse, die Art. II aufstellt, nicht erfüllt, so scheitert die Anerkennung/Vollstreckung nach dem UNÜ selbst dann, wenn die Schiedsvereinbarung in der Form des auf sie anwendbaren Rechts abgeschlossen wurde (arg. Art. IV Abs. 1 lit. b).[56] Durch Anwendung der Meistbegünstigungsklausel Art. VII können weniger strenge Formvorschriften des Exequaturstaates und des die Schiedsvereinbarung regelnden Rechts zur Anwendung kommen (s. Art. II Rn. 18, Art. VII Rn. 1, 4).

3. Anerkennungs-/Vollstreckungsversagungsgründe des Art. V Abs. 1 lit. b. a) Allge- **25** **meines.** Art. V Abs. 1 lit. b dient der Sicherung des rechtlichen Gehörs oder allgemein der prozessualen Teilhaberechte der Parteien am Schiedsverfahren. Als spezielle Anerkennungs-/Vollstreckungsversagungsgründe führt Art. V Abs. 1 lit. b die Fälle auf, in denen der Antragsgegner von der Bestellung des Schiedsgerichts bzw. von dem schiedsrichterlichen Verfahren nicht gehörig in Kenntnis gesetzt wurde. Die Anerkennung ist gemäß dem letzten Halbs. des Art. V Abs. 1 lit. b auch dann zu versagen, wenn der Vollstreckungsgegner aus anderen Gründen seine Angriffs- oder Verteidigungsmittel nicht geltend machen konnte. Damit werden vor allem die Fälle der Verletzung des rechtlichen Gehörs erfasst. Soweit ein Verstoß gegen Art. V Abs. 1 lit. b auch eine Verletzung des ordre public darstellt – dies ist bei einer Verletzung des rechtlichen Gehörs regelmäßig der Fall – kann die Anerkennung/Vollstreckung auch gemäß Art. V Abs. 2 lit. b versagt werden (s. Rn 73).

b) Anwendbares Recht. Mehr dogmatisch als praktisch relevant[57] ist die Bestimmung des **26** Rechts, nach dem sich das Vorliegen eines Versagungsgrundes iSd. Art. V Abs. 1 lit. b beurteilt.

---

[48] Allg. Ansicht; vgl. zB *van den Berg* S. 291.
[49] OLG Schleswig, Beschl. v. 30. 3. 2000 – 16 SchH 5/99, RIW 2000, 706, 707; *Haas* IPRax 1993, 382, 384; *Schwab/Walter* Kap. 44 Rn. 10; *Mallmann* SchiedsVZ 2004, 152, 157.
[50] *Schwab/Walter* Kap. 57 Rn. 2; s. Art. V EuÜ Rn. 7 ff.
[51] HM; vgl. *Weigand/Haas* Part 3 Art. V Rn. 18; *Stein/Jonas/Schlosser* Anh. § 1061 Rn. 77; *Bertheau* S. 34; weit. Nachw. bei *van den Berg* S. 292 f.
[52] *Gildeggen* S. 127 ff.; *Weigand/Haas* Part 3 Art. V Rn. 17; *Reithmann/Martiny/Hausmann* Rn. 3306.
[53] *Weigand/Haas* Part 3 Art. V Rn. 19; *Reithmann/Martiny/Hausmann* Rn. 3307.
[54] Vgl. *Maier* Anm. 6; *van den Berg* S. 284 ff.; anders Corte di Cassazione v. 15. 4. 1979 – No. 2448, VI YCA (1981) 233, 234; hierzu *Kröll* ZZP 117 (2004), 453, 470.
[55] OLG Celle v. 18. 9. 2004 – 8 Sch 12/02 (zitiert bei *Kröll* SchiedsVZ 2005, 139, 147); aA für die geringeren Anforderungen des § 1031 ZPO *Kröll* IPRax 2002, 384, 386; *ders.* ZZP 117 (2004) 453, 470 ff.; *ders.* SchiedsVZ 2005, 139, 147.
[56] So schon *Maier* Anm. 6.
[57] *van den Berg* S. 298 („rather academic"); *Weigand/Haas* Part 3 Art. V Rn. 29.

27 **aa)** Zum Teil wird die Ansicht vertreten, dass insoweit auf das Recht des Vollstreckungsstaates zurückzugreifen ist.[58] Diese Anknüpfung lässt sich jedoch kaum mit dem Regelungsinhalt des Art. V Abs. 1 lit. d in Einklang bringen, wonach es primär Sache der Parteien ist, das Schiedsverfahrensrecht zu bestimmen und sekundär das Verfahrensrecht des Schiedsortes herangezogen wird; das Verfahrensrecht des Exequaturstaates soll also unberücksichtigt bleiben. Auch ist kein Grund ersichtlich, weshalb man beispielsweise bei auftauchenden Ladungs- oder Zustellungsfragen auf das Verfahrensrecht des Exequaturstaates zurückgreifen sollte. Zum Teil wird einschränkend die Ansicht vertreten, dass über Art. V Abs. 1 lit. b nur der vom Vollstreckungsstaat für unverzichtbar gehaltene Mindeststandard gewährleistet werden soll.[59]

28 **bb)** Gegen eine ausschließliche Anknüpfung an das nach Art. V Abs. 1 lit. d ermittelte Verfahrensrecht[60] spricht, dass dies Art. V Abs. 1 lit. b überflüssig machen würde, da alle dort genannten Versagungsgründe auch von Art. V Abs. 1 lit. d erfasst würden.

29 **cc)** Eine ausschließliche autonome Auslegung des Art. V Abs. 1 lit. b[61] würde unter Umständen den Parteivereinbarungen nicht gerecht. Haben die Parteien beispielsweise Ladungs- oder Zustellungsvereinbarungen getroffen, so erscheint es als geboten, diese auch im Rahmen des Art. V Abs. 1 lit. b zu berücksichtigen.

30 **dd)** Vorzugswürdig erscheint insgesamt eine autonome Auslegung des Art. V Abs. 1 lit. b unter Berücksichtigung des gem. Art. V Abs. 1 lit. d anzuwendenden Verfahrensrechts.[62] Diese Lösung wird zum einen den Vereinbarungen der Parteien gerecht, eröffnet aber gleichzeitig die Möglichkeit, dem Anspruch auf rechtliches Gehör dann zur Durchsetzung zu verhelfen, wenn dieser durch die Parteivereinbarungen nicht hinreichend gesichert ist. Ergänzend steht zusätzlich noch die Anwendung des ordre public Vorbehalts der lex fori des mit der Vollstreckbarerklärung befassten Gerichts offen.[63]

31 **c) Kausalität.** Liegt ein Verstoß iSd. Art. V Abs. 1 lit. b vor, so ist dieser nur bei gegebener Kausalität beachtlich, wobei jedoch die Möglichkeit ausreicht, dass bei Fehlen des Verstoßes ein Schiedsspruch anderen Inhalts ergangen wäre.[64] Nahm demnach beispielsweise der Vollstreckungsgegner trotz fehlender Ladung an dem Verfahren teil, so kann er sich nicht auf Art. V Abs. 1 lit. b berufen (arg. Art. V Abs. 1 lit. b letzter Halbs.). Nahm er nicht teil, so kann er sich auf Art. V Abs. 1 lit. b nur dann berufen, wenn durch seine Teilnahme möglicherweise die Entscheidung beeinflusst worden wäre, was wohl im Zweifelsfall zu vermuten ist.

32 **d) Gehörige Inkenntnissetzung.** Für die Inkenntnissetzung gelten keine speziellen Vorschriften. Haben die Parteien darüber Vereinbarungen getroffen, so sind diese zu berücksichtigen. Die Parteien können insbesondere auch Fristen bzgl. der Ladung bzw. der Beibringung von Beweismitteln und ähnliches regeln. Solche Vereinbarungen führen freilich dann zu einer Versagung der Anerkennung/Vollstreckung, wenn die Fristen so bemessen sind, dass eine Partei tatsächlich nicht mehr in der Lage ist, diese einzuhalten.

33 **e) Rechtsprechungsbeispiele. aa)** Das Vorliegen eines Versagungsgrundes wurde von der Rspr. in folgenden Fällen bejaht: (1) Fehlende Bekanntgabe der konkret bestellten Richter. Dadurch sei eine Befangenheitsüberprüfung unmöglich geworden.[65] (2) Fehlende Bekanntgabe des Sachvortrags des Klägers gegenüber dem Beklagten. Dies stelle eine Verletzung des rechtlichen Gehörs dar.[66] (3) Fehlende Gelegenheit zur Äußerung vor Verlängerung der Entscheidungsfrist des Schiedsrichters gemäß Art. 18 Abs. 2 der Verfahrensordnung des Schiedsgerichtshofes der ICC.[67] (4) Fehlende Angabe des Namens eines Sachverständigen, der vom Schiedsgericht beauftragt wurde.[68]

---

[58] Hanseatisches OLG Hamburg v. 27. 7. 1978 – 6 U 174/77; 63 O 156/76 = auszugsweise YCA Vol. IV (1979), 266, 267; *Maier* Anm. 11.
[59] *Schwab/Walter* Kap. 51 Rn. 1, 57 Rn. 9.
[60] Dafür *Bertheau* S. 75.
[61] So *Gaja* Introduction I. C. 3.
[62] So wohl auch *Stein/Jonas/Schlosser* Anh. zu § 1066 Rn. 81, 83a; vgl. OLG Hamm v. 26. 6. 1997 – 1 U 1/96 = RIW 1997, 962, 963; *Haas* S. 211.
[63] *Weigand/Haas* Part 3 Art. V Rn. 29.
[64] Allg. Ansicht: vgl. OLG Hamburg v. 3. 4. 1975 – 6 U 70/74 = RIW 1975, 432f.; *Schwab/Walter* Kap. 57 Rn. 10; *Weigand/Haas* Part 3 Art. V Rn. 37; *van den Berg* S. 301 f.; vgl. auch BGH v. 8. 10. 1959 – VII ZR 87, 58 = NJW 1959, 2213 (zu § 1041 ZPO aF).
[65] So OLG Köln v. 10. 6. 1976 – 1 U 192/74 = IPRspr. 1976, 529, 531 = ZZP 91 (1978), 318ff. m. Anm. *Kornblum* S. 323ff.
[66] So LG Bremen, Entscheidung vom 20. 1. 1983 – 12 O 184/1981 = auszugsweise YCA Vol. XII (1987), 486f.
[67] BGH v. 14. 4. 1988 – III ZR 12/87 = BGHZ 104, 178 = NJW 1988, 3090, 3092; aA OLG Stuttgart v. 22. 12. 1986 – 5 U 3/86 = IPRax 1987, 369, 372 (dazu *Hermanns* S. 353 u. *Wackenhuth* S. 355).
[68] Cour de Cassation, 30. 11. 1978, Rev. Arb. 1979, 355.

bb) Das Vorliegen eines Versagungsgrundes wurde verneint: (1) Zugang eines Schriftstückes an 34 eine Partei am Abend vor der mündlichen Verhandlung, wenn die Partei den Schriftsatz nicht mehr zur Kenntnis nimmt. Dadurch habe die Partei selbst gegen ihre Pflicht verstoßen, aktiv am Prozess teilzunehmen.[69] (2) Keine Einsicht der Parteien in interne Unterlagen des Schiedsgerichts einschließlich Rechtsansichten.[70] (3) Durchführung des Verfahrens in einer Sprache, die eine Partei nicht versteht, wenn eine Sprachregelung durch die Parteien nicht erfolgt ist.[71]

4. Kompetenzüberschreitung durch das Schiedsgericht (Art. V Abs. 1 lit. c). Liegt eine 35 Kompetenzüberschreitung durch das Schiedsgericht vor, so ist nach Art. V Abs. 1 lit. c die Anerkennung/Vollstreckung des Schiedsspruches zu versagen. Der Versagungsgrund entfällt jedoch, wenn der Vollstreckungsgegner mit der Rüge der Kompetenzüberschreitung präkludiert wurde. Eine solche Präklusion kann insbesondere wegen Art. V Abs. 2 EuÜ eintreten.[72]

a) Überschreitung der Zuständigkeitskompetenz. Eine Kompetenzüberschreitung liegt vor, 36 wenn zwar eine wirksame Schiedsvereinbarung existiert, diese aber den Streitgegenstand des Schiedsspruchs nicht erfasst (Art. V Abs. 1 lit. c). Insofern bereitet die Abgrenzung zu Art. V Abs. 1 lit. a Schwierigkeiten. Wenn es überhaupt an einer wirksamen Schiedsvereinbarung fehlt, ist Art. V Abs. 1 lit. a und nicht Art. V Abs. 1 lit. c anzuwenden.[73] Ob eine Schiedsvereinbarung eine Streitigkeit erfasst, bestimmt sich nach dem Inhalt der Abrede, ergänzend nach dem auf den Schiedsvertrag anwendbaren Recht (vgl. dazu Art. V Abs. 1 lit. a).[74]

b) Überschreitung der Entscheidungsbefugnis. aa) Ob das Schiedsgericht bei seiner Ent- 37 scheidung seine Befugnisse überschritten hat, hängt davon ab, inwieweit die Parteien dem Schiedsgericht Entscheidungsbefugnis eingeräumt haben. Die Frage nach dem Umfang der eingeräumten Entscheidungskompetenz ist verfahrensrechtlich zu qualifizieren.[75] Sie beantwortet sich demnach nach dem anwendbaren Verfahrensrecht (zu dessen Bestimmung vgl. Art. V Abs. 1 lit. d). Voraussetzung für die Versagung der Anerkennung wegen Überschreitung der Entscheidungskompetenz ist außerdem, dass diese für den Schiedsspruch möglicherweise kausal war.[76]

bb) Entscheidung nach Billigkeit. Ob, bzw. unter welchen Voraussetzungen das Schiedsge- 38 richt befugt ist, nach Billigkeit zu entscheiden, ist eine Frage des Verfahrensrechts und bestimmt sich demnach nach dem Recht, das das Schiedsverfahren regelt (zur Bestimmung vgl. Art. V Abs. 1 lit. d). Regelmäßig wird in den Schiedsverfahrensordnungen gefordert, dass die Parteien das Schiedsgericht zur Billigkeitsentscheidung ausdrücklich ermächtigen (vgl. Art. VII Abs. 2 EuÜ). Ein Schiedsgericht, das trotz fehlender Ermächtigung eine Billigkeitsentscheidung trifft, überschreitet seine Entscheidungsbefugnisse.[77] Dem Schiedsspruch ist gemäß Art. V Abs. 1 lit. c die Anerkennung/Vollstreckung zu versagen. Für den umgekehrten Fall gilt dies nicht. Ein Schiedsgericht, das nach Billigkeit entscheiden soll, kann auch eine Rechtsentscheidung treffen.[78] Das zur Billigkeitsentscheidung ermächtigte Gericht ist grds. auch befugt, von den Parteien vereinbarte Vertragsklauseln zu modifizieren.[79] Eine Kompetenzüberschreitung liegt jedoch dann vor, wenn der amiable compositeur die vom ordre public interne des Schiedsstatuts aufgestellten Regeln nicht beachtet.[80]

cc) Entscheidung nach der lex mercatoria. Eine Parteivereinbarung, dass die gewünschte 39 Entscheidung auch unter Zugrundelegung der lex mercatoria erfolgen darf, ist ohne Zweifel anzu-

---

[69] So OLG Hamburg, Entscheidung vom 27. 7. 1978 – 6 U 174/77, 63 O 156/76 = auszugsweise YCA Vol. IV (1979), 266, 267.
[70] BGH v. 8. 10. 1959 – VII ZR 87/58 = BGHZ 31, 43, 46; Hanseatisches OLG Hamburg v. 16. 2. 1961 – 3 U 127/60 = KTS 1962, 119, 121; *Hermans* IPRax 1987, 353, 354.
[71] OLG Celle v. 2. 10. 2001 – 8 Sch 3/01; dazu *Kröll* SchiedsVZ 2004, 113, 121.
[72] *Weigand/Haas* Part 3 Art. V Rn. 61; s. u. Art. V EuÜ Rn. 7 ff.
[73] *Weigand/Haas* Part 3 Art. V Rn. 42; *van den Berg* S. 312.
[74] *Gaja* Introduction 1.c.2.; vgl. auch *van den Berg* S. 312 f.
[75] Vgl. *Gottwald*, FS Nagel, 1987, S. 54, 61 m. weit. Nachw.
[76] *Schlosser* Rn. 863; *Weigand/Haas* Part 3 Art. V Rn. 60.
[77] Vgl. dazu *Gottwald*, FS Nagel, 1987, S. 54, 61; *Schlosser* Rn. 863; *Stein/Jonas/Schlosser* Anh. § 1061 Rn. 119; *Weigand/Haas* Part 3 Art. V Rn. 49; vgl. aber öOGH v. 18. 11. 1982 – 8 OB 520/82 = KTS 1983, 666, 668 m. zu Recht abl. Anm. *Schlosser* S. 668 ff. = RIW 1983, 868, 870 m. Anm. *Seidl-Hohenveldern* = IPRax 1984, 97, 99 m. Anm. *von Hoffmann* S. 106; das Gericht verneint eine Überschreitung der Entscheidungsbefugnis, wenn das Schiedsgericht einen Schadensersatzanspruch nach billigem Ermessen zuspricht, ohne zur Billigkeitsentscheidung ermächtigt zu sein.
[78] Vgl. *Gottwald*, FS Nagel, 1987, S. 54, 61; *Stein/Jonas/Schlosser* Anh. § 1061 Rn. 119; *Weigand/Haas* Part 3 Art. V Rn. 49; Cour d'Appel de Paris J. Int. Arb. 2 (1985), 103 = Rev. Arb. 1985, 285.
[79] Vgl. *Gottwald*, FS Nagel, 1987, S. 54, 61; Cour d'Appel de Paris Rev. Arb. 1985, 299 = J. Int. Arb. 2 (1985), 105; zust. *Loquin* Rev. Arb. 1985, 149.
[80] Vgl. *Gottwald*, FS Nagel, 1987, S. 54, 61 m. weit. Nachw.

§ 1061 Anh. 1 UNÜ Art. V   Anh. zu § 1061. Internationale Schiedsgerichtsbarkeit

erkennen (arg. Art. V Abs. 1 lit. d). Aus einer negativen, unklaren oder gescheiterten Rechtswahlvereinbarung wird man im Zweifel nicht schließen können, dass das Schiedsgericht zur Anwendung der lex mercatoria ermächtigt wird.[81] Ist das Schiedsgericht auf Grund der Parteivereinbarung bzw. nach dem Schiedsverfahrensrecht zu einer Billigkeitsentscheidung befugt, kann die Entscheidung auch auf die lex mercatoria gestützt werden. Problematisch ist, ob eine Ermächtigungsüberschreitung vorliegt, wenn das Schiedsgericht seinen Spruch auf die lex mercatoria stützt, obwohl es nach dem Schiedsverfahrensrecht verpflichtet ist, eine Rechtsentscheidung zu fällen.[82] Darin liegt dann keine Überschreitung der Entscheidungsbefugnis, wenn man diese Entscheidung als Rechtsentscheidung ansieht, wie es u. a. französische Gerichte tun.[83] Bei der Frage, welche Anforderungen an eine Rechtsentscheidung gestellt werden, handelt es sich um eine Vorfrage. Da im Rahmen internationaler Schiedssachen der internationalen Entscheidungsharmonie mehr Gewicht zukommt als dem nationalen Entscheidungseinklang, ist diese Vorfrage unselbständig anzuknüpfen. Ob eine Entscheidung nach der lex mercatoria eine Rechtsentscheidung darstellt, ist nach dem Recht des Staates zu beantworten, dessen Verfahrensrecht dem Schiedsverfahren zugrundelag (vgl. Art. V Abs. 1 lit. d).[84] Für das deutsche Recht geht die h. M. davon aus, dass Handelsbräuche nicht als selbständige Rechtsquelle anzuerkennen sind. Kommt also deutsches materielles Recht zur Anwendung und entscheidet das Schiedsgericht unter Zugrundelegung der lex mercatoria, so liegt eine Kompetenzverletzung vor, sofern die Parteien das Schiedsgericht nicht dazu ermächtigt haben, nach Billigkeit bzw. nach der lex mercatoria zu entscheiden.[85]

40   dd) **Entscheidung nach einer anderen Rechtsordnung.** Eine Überschreitung der Entscheidungsbefugnis liegt auch dann vor, wenn die Schiedsparteien für die Sachentscheidung die Anwendung eines bestimmten materiellen Rechts vereinbart haben und das Schiedsgericht bei seiner Entscheidung willkürlich von dieser Vereinbarung abweicht.[86] Nimmt das Schiedsgericht dagegen irrtümlich an, das von den Parteien bestimmte Recht sei nicht anzuwenden, beispielsweise weil das Gericht meint, den Parteien stehe kein Wahlrecht zu, und greift das Gericht deswegen auf das seiner Ansicht nach passende Recht zurück, so liegt keine Kompetenzüberschreitung vor.[87] Diese kollisionsrechtlich falsche Entscheidung beruht dann nämlich nicht auf einer verfahrensrechtlich zu qualifizierenden Überschreitung der Entscheidungsbefugnis.[88] Vielmehr verletzt das Gericht das materielle Recht.[89] Auch schränkt die Rechtswahl der Parteien nicht die Befugnis des Gerichts ein, bei Unwirksamkeit der Rechtswahl das anwendbare Recht zu bestimmen. Irrt sich das Schiedsgericht demnach über die Wirksamkeit der Rechtswahl, so handelt es sich dabei lediglich um eine materiellrechtlich falsche Entscheidung, mit der Konsequenz, dass die Anerkennung/Vollstreckung nicht versagt werden kann. Aus dem Gesagten ergibt sich weiterhin, dass bei Fehlen einer Rechtswahl durch die Parteien der Rückgriff des Schiedsgerichts auf das falsche materielle Recht nur dann eine Überschreitung der Entscheidungsbefugnis darstellt, wenn das Gericht bewusst und willkürlich das falsche Recht bestimmt hat.[90]

41   ee) **Abweichen des Schiedsgerichts vom Streitgegenstand.** Legen die Schiedsparteien zu Beginn des Schiedsverfahrens den Streitgegenstand durch eine weitere die Schiedsvereinbarung überlagernde Abmachung, compromis, terms of reference (s. zB Art. 18 ICC Arbitration Rules)[91]

---

[81] *Handorn*, Das Sonderkollisionsrecht in der deutschen internationalen Schiedsgerichtsbarkeit, 2005, S. 105.
[82] Vgl. *Gottwald*, FS Nagel, 1987, S. 54, 63; *Schlosser* KTS 1983, 666, 670 f.; *Rivkin* Arb. Int. 9 (1993), 67; *U. Stein*, Lex mercatoria, 1995, S. 148 ff., 239 ff.
[83] So Cour d'Appel de Paris Clunet 109 (1982), 931 = Rev. Arb. 1981, 292; Cour d'Appel de Paris Rev. Arb. 1982, 183 = Clunet 109 (1982); *Fouchard* Clunet 109 (1982), 374, 397; s. weit. Nachw. bei *Schlosser* KTS 1983, 666, 668 f.; vgl. auch öOGH KTS 1983, 666, 667 = RIW 1983, 868, 870 = IPRax 1984, 97; danach soll eine allgemein auf Treu und Glauben gestützte Entscheidung wohl eine Rechtsentscheidung sein. Ordnend *Zumbansen*, Lex mercatoria: Zum Geltungsanspruch transnationalen Rechts, RabelsZ 67 (2003), S. 637, 677.
[84] *Weigand/Haas* Part 3 Art. V Rn. 52.
[85] Vgl. *Gottwald*, FS Nagel, 1987, S. 54, 64 f.; *Schlosser* KTS 1983, 666, 670; *Triebel-Petzold* RIW 1988, 245, 250; *Nagel/Gottwald* IZPR § 16 Rn. 132; *Lepschy*, § 1051 ZPO – Das anwendbare Recht in internationalen Schiedsverfahren, 2003, S. 188.
[86] *Weigand/Haas* Part 3 Art. V Rn. 51.
[87] *Gottwald*, FS Nagel, 1987, S. 54, 62; *Sandrock* JZ 1986, 370, 374; *Weigand/Haas* Part 3 Art. V Rn. 51.
[88] So qualifiziert jedoch generell die hM; vgl. BGH v. 26. 9. 1985 – III ZR 16/84 = BGHZ, 96, 40 = KTS 1986, 182, 183 m. weit. Nachw. = JZ 1986, 401, 402 f. = NJW 1986, 1436, 1437; OLG Frankfurt v. 26. 10. 1983 – 21 U 2/83 = RIW 1984, 400, 401 = KTS 1985, 377, 379; *Schlosser* Rn. 863; *Schwab/Walter* S. 216.
[89] Vgl. *Gottwald*, FS Nagel, 1987, S. 54, 62; *Sandrock* JZ 1986, 370, 374.
[90] *Gottwald*, FS Nagel, 1987, S. 54, 63.
[91] *Stein/Jonas/Schlosser* Anh. § 1061 Rn. 113, 115; *Weigand/Haas* Part 3 Art. V Rn. 40.

einvernehmlich fest und ergibt sich daraus, dass eine einseitige Änderung des Streitgegenstandes nicht möglich sein soll, so überschreitet das Gericht seine Entscheidungsbefugnisse, wenn es von dieser Festlegung abweicht, sei es auf Antrag einer Partei oder auf eigene Initiative hin;[92] die Abweichung ist hier von der Parteivereinbarung nicht gedeckt. Dies gilt auch dann, wenn das Schiedsgericht entgegen der einvernehmlichen Festlegung nur über einen Teil des vereinbarten Streitgegenstandes entscheidet (infra petita), falls nur die einheitliche Entscheidung über den gesamten Streitgegenstand eine der Vereinbarung entsprechende Erledigung der schiedsrichterlichen Aufgabe darstellt.[93] Fehlt jedoch eine einvernehmliche Festlegung des Streitgegenstandes, so liegt keine Überschreitung der Entscheidungsbefugnis vor, wenn das Schiedsgericht mehr, weniger oder etwas anderes zuspricht, als beantragt ist, solange der Entscheidungsumfang von der Schiedsabrede gedeckt ist.[94] Freilich kann im letzteren Falle ein Verfahrensfehler iSd. Art. V Abs. 1 lit. d vorliegen, was sich nach dem anwendbaren Verfahrensrecht bestimmt. Auch kann eine Verletzung des rechtlichen Gehörs (Art. V Abs. 1 lit. b) gegeben sein.[95]

ff) Anordnung einer unzulässigen Rechtsfolge in der schiedsrichterlichen Entscheidung. Eine Überschreitung der Entscheidungsermächtigung liegt grundsätzlich nicht vor, wenn das Schiedsgericht auf Grund fehlerhafter Rechtsanwendung eine nach dem Sachrecht unzulässige Rechtsfolge anordnet.[96] Findet beispielsweise auf die Hauptsache deutsches materielles Recht Anwendung und tritt eine Partei von einem Kaufvertrag zurück, während die andere auf Abnahme der Kaufsache und Zahlung des Kaufpreises klagt, so liegt eine falsche materielle Entscheidung, nicht aber eine Überschreitung der Entscheidungsbefugnis vor, wenn das Schiedsgericht entscheidet, dass der Käufer die Sache zu einem geminderten Preis abnehmen muss. Etwas anderes gilt freilich dann, wenn nach dem auf das Schiedsverfahren anwendbaren Verfahrensrecht der Schiedsspruch aufzuheben ist, falls das Schiedsgericht nach dem materiellen Recht unzulässige Rechtsfolgen anordnet. Hier ist die Anerkennung/Vollstreckung nach Art. V Abs. 1 lit. c zu versagen, da letztendlich das Verfahrensrecht den Rahmen der Entscheidungskompetenz bestimmt. 42

gg) Zeitliche Begrenzung der Entscheidungsbefugnis. Ist die Entscheidungsbefugnis des Schiedsgerichts auf Grund festgelegter Amtszeit nach dem anzuwendenden Schiedsverfahrensrecht (vgl. Art. V Abs. 1 lit. d) begrenzt, so liegt eine Überschreitung der Entscheidungsermächtigung vor, wenn das Schiedsgericht das Urteil nach Ablauf der Amtszeit fällt. Häufig sind solche Befristungen (s. Art. 24 ICC Arbitration Rules[97]) jedoch nur Ordnungsvorschriften, deren Verletzung die Entscheidungsbefugnis nicht beeinträchtigt.[98] 43

c) Teilanerkennung/Teilvollstreckung eines Schiedsspruches. Hat das Schiedsgericht seine Kompetenzen nur teilweise überschritten, so kann der Schiedsspruch nach Art. V Abs. 1 lit. c letzter Halbs. dennoch insoweit vollstreckt werden, als keine Verletzung der Entscheidungsermächtigung vorliegt. Die Teilanerkennung/-vollstreckung setzt aber voraus, dass der wirksame Teil des Schiedsspruches vom unwirksamen getrennt werden kann.[99] 44

5. Fehler bei der Bildung des Schiedsgerichts oder im Schiedsverfahren (Art. V Abs. 1 lit. d). Die Anerkennung/Vollstreckung des Schiedsspruches ist bei Vorliegen eines schiedsgerichtlichen Verfahrensfehlers sowie bei fehlerhafter Konstituierung des Schiedsgerichts zu versagen. Maßgeblich ist dabei das Recht, auf das die Kollisionsnormen des Art. V Abs. 1 lit. d verweisen. 45

a) Bestimmung des Verfahrensrechts. aa) Das von den Parteien vereinbarte Verfahrensrecht. α) Art. V Abs. 1 lit. d stellt eine der umstrittensten Regeln des UNÜ dar. Danach ist die Verfahrensausgestaltungsfreiheit der Parteien garantiert. Es ist primär auf das von den Parteien vereinbarte Verfahrensrecht unmittelbar zurückzugreifen und nur subsidiär auf das Recht des Landes, in dem das Verfahren stattgefunden hat.[100] Die Vertragsstaaten haben diese Rechtswahl 46

---

[92] So auch *Stein/Jonas/Schlosser* Anh. § 1061 Rn. 115; *Weigand/Haas* Part 3 Art. V Rn. 43; *Eberl* SchiedsVZ 2003, 109.
[93] So *Stein/Jonas/Schlosser* Anh. § 1061 Rn. 115; aA *van den Berg* S. 320 f.; *Schwab/Walter* Kap. 57 Rn. 4.
[94] BayObLG, Beschl. v. 22. 11. 2002 – 4 Z Sch 13/02 = SchiedsVZ 2003, 142, zustimmend *Eberl* SchiedsVZ 2003, 109; aA wohl *van den Berg* S. 314, der auch in diesem Fall Art. V Abs. 1 lit. c anwenden will.
[95] *Stein/Jonas/Schlosser* Anh. § 1061 Rn. 115.
[96] *Stein/Jonas/Schlosser* Anh. § 1061 Rn. 118; *Weigand/Haas* Part 3 Art. V Rn. 50.
[97] http://www.iccwbo.org/court/english/arbitration/rules.asp.
[98] *Weigand/Haas* Part 3 Art. V Rn. 59. Dies sollte für Art. 18 VerfO ICC gelten; vgl. *Stein/Jonas/Schlosser* Anh. § 1061 Rn. 120; BGH v. 14. 4. 1988 – III ZR 12/87 = NJW 1988, 3090; Appelationsgericht Basel IPRax 1985, 44.
[99] *van den Berg* S. 318 f.; *Schwab/Walter* Kap. 24 Rn. 17.
[100] *Solomon*, Die Verbindlichkeit von Schiedssprüchen in der internationalen privaten Schiedsgerichtsbarkeit, S. 60; *Weigand/Haas* Part 3 Art. V Rn. 64.

§ 1061 Anh. 1 UNÜ Art. V   Anh. zu § 1061. Internationale Schiedsgerichtsbarkeit

zu respektieren.[101] Den Parteien ist dabei nicht nur die Möglichkeit eingeräumt, die Rechtswahl zugunsten eines bestimmten nationalen Verfahrensrechts zu treffen. Vielmehr können sie das Verfahren grundsätzlich und abweichend durch eine entsprechende Vereinbarung unabhängig von einer nationalen Rechtsordnung selbst regeln bzw. die Anwendung der Verfahrensordnung einer Schiedsorganisation (zB der Internationalen Handelskammer Paris, der American Arbitration Association etc.) vereinbaren.[102] Für diese Interpretation des Art. V Abs. 1 lit. d spricht vor allem sein Wortlaut, sowie die Systematik des Übereinkommens. Art. V Abs. 1 lit. d verweist auf die Vereinbarung selbst und nicht auf ein Recht, das durch die Vereinbarung bestimmt wurde. Soweit das Übereinkommen lediglich eine Rechtswahl zulässt, stellt es dies ausdrücklich klar (vgl. etwa Art. V Abs. 1 lit. a).[103] Demnach handelt es sich bei Art. V Abs. 1 lit. d um eine sachrechtliche und nicht um eine kollisionsrechtliche Vorschrift.[104] Selbst wenn die Entstehungsgeschichte dieser Auslegung entgegenstehen würde,[105] wäre dies auf Grund des eindeutigen Wortlautes unbeachtlich.[106]

47 Die Vereinbarung kann ausdrücklich oder stillschweigend getroffen werden. Aus der Wahl des Schiedsortes folgt regelmäßig der Parteiwille, (hilfsweise) das dort geltende Verfahrensrecht anzuwenden.[107] Auch die rügelose Einlassung vor dem Schiedsgericht kann als nachträgliche Wahl des Verfahrensrechts auszulegen sein.[108]

48 β) Aus der durch das UNÜ gewährten umfassenden Freiheit der Parteien, das Verfahrensrecht selbst zu regeln, kann jedoch nicht gefolgert werden, dass die Schiedsparteien in keiner Weise an die **zwingenden Normen des staatlichen Verfahrensrechtes** des Sitzstaates gebunden sind.[109] Zum einen gilt Art. V Abs. 1 lit. d nur im Rahmen der Anerkennung/Vollstreckung eines ausländischen Schiedsspruches, nicht aber in dessen Heimatland.[110] Die Einschränkung der Verfahrensausgestaltungsfreiheit der Parteien erfolgt trotz der umfassend durch Art. V Abs. 1 lit. d gewährten Freiheit in erster Linie durch dieses nationale Recht. Bei einem Verstoß gegen zwingendes Recht des Heimatstaates kann der Schiedsspruch in diesem aufgehoben werden, was nach Art. V Abs. 1 lit. e UNÜ zur Versagung der Anerkennung/Vollstreckung führt[111] (vgl. Rn. 59 ff.). Der Vereinbarungsfreiheit werden außerdem durch die Art. V Abs. 1 lit. b und Art. V Abs. 2 lit. a und b (vgl. dazu Rn. 65 ff.) rechtliche Schranken gesetzt.[112]

49 γ) Die Möglichkeit der Parteien, das Verfahren selbst zu regeln, führt auch nicht zwingend zur Loslösung von jeglichem nationalen Verfahrensrecht. Ein **anationales Schiedsverfahren**, dh. ein Schiedsverfahren, das ohne jegliches nationales Verfahrensrecht auskommt, gibt es zumindest aus deutscher Sicht nicht.[113] Das deutsche Recht gestattet zwar, über die Wahlmöglichkeit des § 1043 Abs. 1 ZPO das Schiedsverfahren einer anderen nationalen Rechtsordnung zu unterstellen, nicht aber jegliches staatliche Recht abzuwählen.[114] Liegt der Schiedsort in Deutschland, so sind die zwingenden Verfahrensregeln des 10. Buches (§§ 1025 ff. ZPO) stets anzuwenden, auch wenn die Parteien das Verfahren direkt oder durch Verweisung auf eine Verfahrensordnung eines institutionellen Schiedsgerichts regeln.[115] Es ist nicht zutreffend, dass die Regeln nationalen Schiedsverfahrensrechts nur Gerichte bei ihrer ergänzenden Tätigkeit binden, nicht aber die am Schiedsverfahren Be-

---

[101] *Schlosser* Rn. 448; *van den Berg* S. 322 f.; *Rensmann* S. 47; *Weigand/Haas* Part 3 Art. V Rn. 65; *Haas* S. 77 ff.; *Reithmann/Martiny/Hausmann* Rn. 3332.
[102] Ganz hM; so u. a. *Stein/Jonas/Schlosser* Anh. § 1061 Rn. 122; *Solomon* S. 58 f.; *van den Berg* S. 323; *Schwab/Walter* Kap. 57 Rn. 13, Kap. 50 Rn. 2; *Schwab*, FS Luther, 1976, S. 163; *Rensmann* S. 211; *Reithmann/Martiny/Hausmann* Rn. 3331; *Bertheau* S. 86; *Münzberg*, Die Schranken der Parteivereinbarungen in der internationalen Schiedsgerichtsbarkeit, 1970, S. 102.
[103] Ebenso *Solomon* S. 60; *Schwab/Walter* Kap. 50 Rn. 2.
[104] So *Stein/Jonas/Schlosser* Anh. § 1061 Rn. 122; *Solomon* S. 59, 446 f.; *Weigand/Haas* Part 3 Art. V Rn. 65.
[105] So Bülow ZZP 85, 116.
[106] So zu Recht *Schwab/Walter* Kap. 50 Rn. 2; *Solomon* S. 456.
[107] OLG Frankfurt/a. M. v. 26. 6. 1989 – 6 U (Kart.) 115/88 = RIW 1989, 911, 912; *Reithmann/Martiny/Hausmann* Rn. 3333; *Schwab/Walter* Kap. 50 Rn. 4; *Weigand/Haas* Part 3 Art. V Rn. 69.
[108] BGH v. 26. 9. 1985 – III ZR 16/84 = BGHZ 96, 40, 42 = NJW 1986, 1436; OLG Frankfurt v. 21. 12. 1983 – 21 U 2/83 = NJW 1984, 2768; *Weigand/Haas* Part 3 Art. V Rn. 69; *Reithmann/Martiny/Hausmann* Rn. 3334.
[109] *Weigand/Haas* Part 3 Art. V Rn. 67; *Reithmann/Martiny/Hausmann* Rn. 3335.
[110] *Schwab/Walter* Kap. 46 Rn. 3; *Reithmann/Martiny/Hausmann* Rn. 3335; aA *Rensmann* S. 47, 56, 61; vgl. Art. I (Anwendungsbereich).
[111] Dies sieht auch *Rensmann* S. 61.
[112] *Schlosser* Rn. 448; *Weigand/Haas* Part 3 Art. V Rn. 66.
[113] Zur Sicht des französischen Rechts *Solomon* S. 232 ff.
[114] Gegen die lex mercatoria als Schiedsverfahrensstatut *Rensmann* S. 92 ff., 113 ff.
[115] *Zöller/Geimer* § 1025 Rn. 3, 5.

teiligten.[116] Das 10. Buch richtete sich erkennbar an alle am Schiedsverfahren Beteiligte als Normadressaten, auch wenn der Verstoß gegen dessen Bestimmungen nicht in jedem Fall sanktioniert wird.[117] Ferner muss auf ein nationales Verfahrensrecht zurückgegriffen werden, soweit die Parteivereinbarungen lückenhaft sind. Zum anderen bedarf das Schiedsgericht der Autorität eines staatlichen Gerichts, beispielsweise wenn richterliche Handlungen für erforderlich erachtet werden (§§ 1034 Abs. 2, 1035 Abs. 3, 1037 Abs. 3, § 1040 Abs. 3, § 1041 Abs. 2, § 1050 ZPO). Ein **anationaler Schiedsspruch** als Ergebnis eines anationalen Verfahrens würde zudem den Anforderungen an ein geordnetes Rechtsschutzsystem nicht gerecht. Denn er könnte in keinem Land mit weltweiter Wirkung aufgehoben werden, so dass sich die verurteilte Partei in jedem möglichen Vollstreckungsstaat neu gegen die Vollstreckung verteidigen müsste.[118] Unklar wäre auch, nach welchem Recht sich die Verbindlichkeit des Schiedsspruches bestimmen würde (s. Rn. 55). Demnach ist jedes Schiedsverfahrensrecht in einem nationalen Verfahrensrecht geerdet.[119] Haben die Schiedsparteien kein bestimmtes nationales Recht vereinbart, so ist dieses im Rahmen des UNÜ nach Art. V Abs. 1 lit. d zu bestimmen; maßgeblich ist dann das Verfahrensrecht des Schiedsortes.

bb) Anwendung des Verfahrensrechts des Schiedsortes. α) Haben die Parteien keine Vereinbarung über das anwendbare Schiedsverfahrensrecht getroffen, so ist gemäß Art. V Abs. 1 lit. d auf das nationale Verfahrensrecht des Schiedsortes abzustellen. Zur Bestimmung des Schiedsortes s. Art. I Rn. 13. β) Die Geltung des zwingenden Verfahrensrecht des Schiedsortes kann das Schiedsgericht in eine Zwickmühle bringen: Wenn die Vereinbarung der Parteien über das Verfahren gegen staatliches zwingendes Verfahrensrecht verstößt, droht die Nichtanerkennung im Vollstreckungsstaat, wenn das Schiedsgericht der Parteivereinbarung außer Acht lässt und sich dem staatlichen Verfahrensrecht beugt. Anders herum droht die Aufhebung in dem Staat, dessen Verfahrensrecht verletzt wurde.[120] γ) Dem Verfahrensrecht des Schiedsortes kann auch im Rahmen der Schiedsvereinbarung Bedeutung zukommen. Soweit die Parteien das Verfahrensrecht nicht erschöpfend geregelt haben, ist ebenfalls das nationale Verfahrensrecht des Schiedsortes heranzuziehen. Dies gilt insbesondere für Pflichten, Verfahrensmängel geltend zu machen, oder die Folgen mangelhafter Mitwirkung im Schiedsverfahren.[121] Etwas anderes gilt freilich, wenn die Parteien ergänzend zu ihren speziellen Vereinbarungen auf ein nationales Recht Bezug genommen haben. 50

b) Verfahrensfehler. aa) Verfahrensbegriff. Im Rahmen des Art. V Abs. 1 lit. d ist von einem weiteren Verfahrensbegriff auszugehen. Das schiedsrichterliche Verfahren beginnt mit der Einreichung der Klageschrift und endet mit Erlass des Schiedsspruches.[122] Nur bei Zugrundelegung des weiten Verfahrensbegriffes kann gewährleistet werden, dass das Schiedsgericht die verfahrensrechtlichen Vereinbarungen der Parteien umfassend beachtet. Eine Vereinbarung, dass Streitigkeiten nach Möglichkeit auf dem Verhandlungsweg beizulegen sind, begründet keine Pflicht, ein mehrstufiges Schiedsverfahren (Vorarbitrage) durchzuführen.[123] Insbesondere muss man auch den Schiedsspruch als Bestandteil des Schiedsverfahrens ansehen. Haben die Parteien vereinbart, dass der Schiedsspruch begründet sein muss und ergeht der Schiedsspruch ohne Begründung, so liegt ein Verfahrensfehler iSd. Art. V Abs. 1 lit. d vor.[124] Im Anwendungsbereich des EuÜ ist bei der Frage nach der Begründungspflicht Art. VIII EuÜ zu beachten. Dabei findet Art. VIII EuÜ unmittelbar Anwendung, wenn die Schiedsparteien das Verfahrensrecht eines Vertragsstaates des EuÜ vereinbart haben, da dieses das nationale Verfahrensrecht der Vertragsstaaten modifiziert.[125] Ist der Exequaturstaat Vertragsstaat des EuÜ, so hat er Art. VIII EuÜ selbst zu beachten, wenn die Schiedsparteien das Verfah- 51

---

[116] So aber *Voit* JZ 1997, 120, 122; *Musielak/Voit* § 1025 Rn. 3.
[117] So schon *Adolphsen*, Internationale Dopingstrafen, S. 598 ff.
[118] *Gottwald*, Internationale Schiedsgerichtsbarkeit, S. 104; *Rensmann* S. 187 ff.
[119] So zu Recht *Schwab/Walter* Kap. 50 Rn. 4; *Münzberg*, Die Schranken der Parteivereinbarungen in der internationalen Schiedsgerichtsbarkeit, S. 101 ff.; aA *van den Berg* S. 28 ff., der die Existenz anationaler Schiedssprüche zwar bejaht, diese aber nicht nach dem UNÜ anerkennen/vollstrecken will; anders auch die französische und niederländische Rspr., vgl. Cour d'Appel de Paris, 1st Chamber, Entscheidung vom 21. 2. 1980 – no. F 9224 = Clunet 1980, 660, 668 m. Anm. *Fouchard* S. 669 ff. = auszugsweise YCA Vol. VI (1981), 221, 224; Cour d'Appel de Paris, Entscheidung vom 20. 12. 1984 = auszugsweise YCA Vol. XII (1984), 482, 483; Dutch Supreme Court (Hoge Raad), Entscheidung vom 7. 11. 1975 = auszugsweise YCA Vol. I (1976), 198.
[120] *Schwab/Walter* Kap. 50 Rn. 6; *Weigand/Haas* Part 3 Art. V Rn. 68; *Reithmann/Martiny/Hausmann* Rn. 3335.
[121] *Reithmann/Martiny/Hausmann* Rn. 3336.
[122] So auch *Maier* Anm. 15/8.
[123] OLG Celle, Beschl. v. 6. 10. 2005 – 8 Sch 6/05.
[124] *Schwab/Walter* Kap. 54 Rn. 4; Corte di Cassazione, Entscheidung vom 8. 2. 1982 – no. 722 = auszugsweise YCA Vol. IX (1984), 418, 421; aA *Mezger* RabelsZ 29 (1965), 284, der zwischen Schiedsspruch und Schiedsverfahren unterscheiden will; zur Begründungspflicht vgl. auch Art. VIII EuÜ.
[125] Vgl. *Mezger* RabelsZ 29 (1965), 290.

§ 1061 Anh. 1 UNÜ Art. V   Anh. zu § 1061. Internationale Schiedsgerichtsbarkeit

rensrecht eines Nichtvertragsstaates vereinbart haben, da Art. VIII EuÜ die Vermutung einer ihm entsprechenden Parteivereinbarung begründet. Letzteres setzt freilich voraus, dass der Exequaturstaat das EuÜ gegenüber dem Staat, in dem der Schiedsspruch ergangen ist, anwenden darf (s. Art. VII Rn. 6).

52 **bb) Wesentlicher Verfahrensfehler/Kausalität.** Es erscheint als zu weitgehend, wenn jeder Verfahrensfehler, unabhängig von seiner Erheblichkeit, zur Versagung der Anerkennung/Vollstreckung führt.[126] Richtig erscheint es, die Anerkennung/Vollstreckung nur dann zu versagen, wenn ein wesentlicher Verfahrensfehler vorliegt.[127] Maßstab sollte insoweit grundsätzlich das anwendbare Verfahrensrecht selbst sein. Die Wesentlichkeit eines Verfahrensfehlers ist demnach zu bejahen, wenn er nach dem nach Art. V Abs. 1 lit. d anzuwendenden Verfahrensrecht einen Aufhebungsgrund darstellt. Es besteht kein Grund dafür, dass man im Exequaturstaat strengere Verfahrensanforderungen aufstellt als sie das anzuwendende Verfahrensrecht enthält, zumal auftretende Unbilligkeiten über Art. V Abs. 2 lit. b berücksichtigt werden können. Gleiches sollte für die Kausalität gelten. Sie ist dann im Rahmen des Art. V Abs. 1 lit. d beachtlich, wenn das anwendbare Verfahrensrecht die Aufhebung des Schiedsspruches von ihrem Vorliegen abhängig macht.[128]

53 **6. Fehlende Verbindlichkeit des Schiedsspruchs (Art. V Abs. 1 lit. e).** Nach Art. V Abs. 1 lit. e ist die Anerkennung/Vollstreckung dann zu versagen, wenn der Antragsgegner nachweisen kann, dass der Schiedsspruch noch nicht verbindlich ist, bzw. dass seine Verbindlichkeit später weggefallen oder einstweilen gehemmt ist. Art. V Abs. 1 lit. e enthält ohne Zweifel eine Kompetenznorm. Richtigerweise wird man darin aber auch eine Verpflichtung der Vertragsstaaten begründet sehen, ein gerichtliches Aufhebungssystem zur Verfügung zu stellen.[129]

54 **a) Verbindlicher Schiedsspruch.** Die Bezeichnung als Schiedsspruch ist nicht nötig. Zu Recht hat der US Court of Appeals for the Seventh Circuit einen Schiedsspruch, der lediglich als *order* und nicht als *award* gekennzeichnet war, zur Vollstreckung zugelassen.[130]

55 **aa) Bestimmung der Verbindlichkeit.** Problematisch ist die Bestimmung des Rechts, aus dem sich der Zeitpunkt ergibt, in dem ein Schiedsspruch verbindlich wird. Überwiegend wird auf das Verfahrensrecht abgestellt, das dem Schiedsspruch zugrunde liegt (zur Bestimmung s. Rn. 46),[131] bei Schiedssprüchen institutioneller Schiedsgerichte also auf deren Verfahrensordnung (zB Art. 15, 25, 28 ICC Arbitration Rules). Die Verbindlichkeit eines Schiedsspruches liegt demnach ab dem Zeitpunkt vor, in dem er nach dem ihm zugrundeliegenden Verfahrensrecht für vollstreckbar erklärt werden kann. Nicht erforderlich ist, dass tatsächlich eine Vollstreckbarerklärung im Heimatstaat erfolgte (sog. Doppelexequatur).[132] Andere wollen den Begriff „verbindlich" autonom interpretieren.[133] Richtigerweise wird man beide Ansätze kombinieren.[134] Dafür spricht auch, dass die allein auf das anwendbare Verfahrensrecht abstellende Ansicht selbst Korrekturen der Bedeutung nationalen Rechts vornimmt, die zT nichts anderes sind, als die hier präferierte Überlagerung durch eine autonome Auslegung.[135] Das anwendbare Verfahrensrecht entscheidet darüber, welche Bindungswirkungen ein Schiedsspruch zu einem bestimmten Zeitpunkt hat. Auch die Frage, ob die Parteien befugt sind, die Verbindlichkeit durch Vereinbarungen (zB Rechtsmittelverzicht etc.) vorzuverlagern, bestimmt das anwendbare Verfahrensrecht. Ob sich daraus jedoch eine Verbindlichkeit iSd UNÜ ergibt, ist autonom zu bestimmen. Durch diese Überlagerung des anwendbaren Verfahrensrechts können sich Korrekturen ergeben, die eine international einheitliche Anerkennung und Vollstreckung von Schiedssprüchen gewährleisten. Daraus folgt, dass die Möglichkeit eines (in der Praxis

---

[126] So wohl *Schlosser* Rn. 817, 818, für das UNÜ, der jedoch Kausalität des Verfahrensfehlers verlangt. Einschränkend in *Stein/Jonas/Schlosser* Anh. § 1061 Rn. 122 aE.
[127] So zu Recht *Schwab/Walter* S. 495 f.
[128] AA *Schlosser* Rn. 817; *Stein/Jonas/Schlosser* Anh. § 1061 Rn. 122.
[129] Ebenso *Schwab/Walter* Kap. 57 Rn. 25.
[130] 206 F.3 d 725 (7th Cir. 2000) Publicis Communications et al. v. True North Communications Inc., abgedruckt XXV YCA (2000) 1152; dazu *Lamm/Spoorenberg*, The enforcement of foreign arbitral awards under the New York Convention, Recent developments, http://www.sccinstitute.com/_upload/shared_files/artikelarkiv/lamm_spoorenberg.pdf. (abgerufen 22. 2. 2007).
[131] *Schwab/Walter* Kap. 57 Rn. 19; *Weigand/Haas* Part 3 Art. V Rn. 78; *Gaja* Introduction I.C. 4; differenzierend *Stein/Jonas/Schlosser* Anh. § 1061 Rn. 127.
[132] *Schwab/Walter* Kap. 57 Rn. 19; *Stein/Jonas/Schlosser* Anh. § 1061 Rn. 27; *Weigand/Haas* Part 3 Art. V Rn. 77; *van den Berg* S. 337; *Bülow/Böckstiegel/Bredow* Anm. 2e (aa); *Sandrock*, FS Trinkner, 1995, S. 669, 683; *Solomon* S. 92.
[133] *van den Berg* S. 341 ff.
[134] *Sandrock*, FS Trinkner, 1995, S. 669, 678; So auch *Stein/Jonas/Schlosser* Anh. § 1061 Rn. 127; *Schwab/Walter* Kap. 57 Rn. 20.
[135] Exemplarisch *Schwab/Walter* Kap. 57 Rn. 20 aE.

kaum vorkommenden) Rechtsbehelfs, der zu einer vollumfänglichen Prüfung des Schiedsspruchs führt, die Verbindlichkeit ausschließt.[136] Es ist dagegen unerheblich, ob nach dem Schiedsverfahrensrecht das staatliche Exequatur Voraussetzung für den Eintritt der Verbindlichkeit des Schiedsspruches ist.[137] Unerheblich ist ferner, dass noch die Möglichkeit einer Aufhebungsklage oder eines außerordentlichen Rechtsbehelfs (die jeweils keine umfassende Nachprüfung des Schiedsspruchs ermöglichen) nach nationalem Recht besteht[138] oder solche anhängig sind. Dies gilt auch dann, wenn das nationale Recht die Vollstreckbarkeit im Erlassstaat ausschließt, solange noch ein solcher Rechtsbehelf eingelegt werden kann oder ein solcher eingelegt worden ist.[139] Zu Recht hat das BayObLG entschieden, dass ein Schiedsspruch, der nach kalifornischem Recht bestätigt worden war, auch dann für vollstreckbar zu erklären ist, wenn gegen die Bestätigung ein *appeal* anhängig ist.[140] Soweit das nationale Recht vorsieht, dass der Schiedsspruch innerhalb bestimmter Fristen für vollstreckbar erklärt sein muss, ist dies für die Frage der Verbindlichkeit nach dem UNÜ unerheblich; dies gilt auch dann, wenn das nationale Recht die Befristung mit extraterritorialer Wirkung versieht.[141] Damit kann die Vollstreckbarkeit im Ausland in Einzelfällen auch früher als im Inland eintreten.

bb) Verbindlichkeit von Zwischenschiedssprüchen. Fraglich ist, inwieweit Zwischenschiedssprüche einer Anerkennung/Vollstreckung zugänglich sind. Nach deutschem Recht unterscheidet man zwischen vollstreckungsfähigen Teilschiedssprüchen, die über den prozessualen Anspruch teilweise entscheiden, und nicht vollstreckungsfähigen Zwischenschiedssprüchen.[142] Entscheidet ein Schiedsgericht lediglich über den Grund eines Anspruchs, nicht aber über dessen Höhe, so ist diese Entscheidung dann vollstreckbar, wenn das Schiedsgericht selbst auch noch über die Höhe des Schiedsspruches entscheidet.[143] Im Rahmen des UNÜ muss man sich von dieser nationalen Regelung lösen. Inwieweit im Anwendungsbereich des UNÜ ein Zwischenschiedsspruch entsprechend einem deutschen Teilschiedsspruch zu behandeln ist, inwieweit er also selbstständig anerkannt/vollstreckt werden kann, ist nach dem auf das Schiedsverfahren gemäß Art. V Abs. 1 lit. d anzuwendenden nationalen Recht zu bestimmen.[144] Parteivereinbarungen sind beachtlich, wenn das Verfahrensrecht sie zulässt.[145] 56

cc) Auch die Frage, ob **einstweilige schiedsrichterliche Maßnahmen** nach dem UNÜ als verbindliche und damit anerkennungs-/vollstreckungsfähige Teilschiedssprüche zu qualifizieren sind,[146] sollte man nach dem Schiedsverfahrensrecht lösen. Das UNÜ enthält insoweit keine Lösung.[147] Das deutsche Recht gibt dem Gericht in § 1041 Abs. 2 ZPO die Befugnis, die Vollziehung vorläufiger oder sichernder Maßnahmen des Schiedsgerichts zuzulassen, solange nicht einstweiliger Rechtsschutz beim staatlichen Gericht beantragt wurde. In diesem Rahmen sollten auch Maßnahmen ausländischer Schiedsgerichte vollzogen werden können.[148] 57

dd) Kein Wegfall des Schiedsspruchs durch dessen Aufgehen in einem Urteil. Nach dem Recht vieler common law Staaten erlischt die Selbstständigkeit eines Schiedsspruches mit dessen Vollstreckbarerklärung durch ein staatliches Gericht *(doctrine of merger).*[149] Die Vollstreckbarerklärungen durch die staatlichen Gerichte dieser Länder stehen nach herrschender deutscher Sicht ei- 58

---

[136] *Sandrock,* FS Trinkner, 1995, S. 669, 684 f.; *van den Berg* S. 346; im Ansatz auch BGH v. 14. 4. 1988 = NJW 1998, 3090, 3091 = WM 1988, 1178, 1179.
[137] BGH v. 14. 4. 1988 – III ZR 12/87 = NJW 1988, 3090, 3091 = WM 1988, 1178, 1179 *Stein/Jonas/Schlosser* Anh. § 1061 Rn. 127; aA *Weigand/Haas* Part 3 Art. V Rn. 81.
[138] Ebenso BGH v. 14. 4. 1988 – III ZR 12/87 = NJW 1988, 3090, 3091 = WM 1988, 1178, 1179 im Anschluss an BGH v. 26. 6. 1969 – VII ZR 32/67 = BGHZ 52, 184, 188 = NJW 1969, 2039 (zu § 1044 ZPO aF); *Schwab/Walter* Kap. 57 Rn. 20; *Weigand/Haas* Part 3 Art. V Rn. 80; *Solomon* S. 116; *Sandrock,* FS Trinkner, 1995, S. 669, 689 (unter der Prämisse der Vollstreckbarkeit im Erlassstaat).
[139] *Stein/Jonas/Schlosser* Anh. § 1061 Rn. 127; aA *Sandrock,* FS Trinkner, 1995, S. 669, 692.
[140] BayObLG, Beschl. v. 22. 11. 2002 – 4 Z Sch 13/02 = SchiedsVZ 2003, 142, 144; dazu *Plaßmeier* Schieds-VZ 2003, 234.
[141] *Stein/Jonas/Schlosser* Anh. § 1061 Rn. 131; *Weigand/Haas* Part 3 Art. V Rn. 83; *Schwab/Walter* Kap. 57 Rn. 20; *Solomon* S. 134 f.; sowohl auch öOGH, Entscheidung vom 26. 11. 1997 – 3 Ob 320/97 y = SZ 70/249.
[142] *Schwab/Walter* Kap. 18 Rn. 10.
[143] Vgl. zum Ganzen *Schwab/Walter* Kap. 18 Rn. 12; zum Letzteren vgl. *Schlosser* ZZP 99 (1986), 241, 247 ff.
[144] *Schlosser* Rn. 774; *Stein/Jonas/Schlosser* Anh. § 1061 Rn. 128; OLG Hamburg IPRspr. 1964/65, Nr. 275, S. 787, 791.
[145] Vgl. *Schlosser* Rn. 773.
[146] Vgl. dazu *Schlosser* ZZP 99 (1986), 241, 248 f.; *Schlosser* Rn. 775 ff.; *Laschet* ZZP 99 (1986), 271, 288.
[147] *Stein/Jonas/Schlosser* § 1041 Rn. 20.
[148] *Stein/Jonas/Schlosser* § 1041 Rn. 20.
[149] Rechtsvergleichend *Solomon* S. 135 ff.

§ 1061 Anh. 1 UNÜ Art. V   Anh. zu § 1061. Internationale Schiedsgerichtsbarkeit

nem Urteil gleich und können demnach gemäß § 722 ZPO vollstreckt werden.[150] Eine solche Exequaturentscheidung steht einer Anerkennung/Vollstreckung des Schiedsspruches nach dem UNÜ nicht entgegen (Optionslösung).[151] Da die Vollstreckbarerklärung, die zu einem *merger* führt, jedoch den Schiedsspruch gerade bestätigt und nicht aufhebt, ist es sinnvoll, die Vollstreckbarerklärung zu ermöglichen.[152]

59 **b) Aufhebung des Schiedspruchs.** Kann der Anerkennungs-/Vollstreckungsgegner nachweisen, dass der Schiedsspruch inzwischen von der zuständigen Behörde aufgehoben wurde, so ist die Anerkennung/Vollstreckung nach Art. V Abs. 1 lit. e zu versagen. Warum die Aufhebung erfolgte, ist grundsätzlich unbeachtlich.[153] Das deutsche Recht billigt dem Gericht kein Ermessen zu, den Schiedsspruch trotz Vorliegens des Versagungsgrundes anzuerkennen.[154] Andere Länder sehen die Aufhebung im Heimatstaat als irrelevant an. Dies ist in Frankreich unter Geltung des Art. 1502 NCPC der Fall.[155] Zu dem Fall, dass eine Aufhebung erst beantragt wurde, vgl. Art. VI. In anderen Ländern (zB Frankreich, da Art. 1502 NCPC den Versagungsgrund der fehlenden Verbindlichkeit nicht kennt) kann die Aufhebung im Heimatstaat aber irrelevant sein.[156] Eine solche Regelung ist nach Art. VII zulässig (s. Art. VII Rn. 5). Unerheblich ist es, wenn die Vollstreckbarerklärung bereits in einem anderen Land, das nicht Ursprungsstaat des Schiedsspruchs ist, abgelehnt wurde.[157]

60 **aa) Zuständige Behörde.** Gemäß Art. V Abs. 1 lit. e ist im Rahmen des UNÜ die Aufhebung nur dann beachtlich, wenn sie durch die zuständige Behörde des Landes erfolgte, in dem oder nach dessen Recht der Schiedsspruch ergangen ist. Die Aufhebung des Spruches in anderen Staaten ist unbeachtlich.[158] Problematisch ist die Bestimmung der in Art. V Abs. 1 lit. e geregelten Zuständigkeitskompetenz. Zum einen wird vertreten, dass Art. V Abs. 1 lit. e im Lichte des Art. V Abs. 1 lit. a gesehen werden muss, mit der Folge, dass primär die Behörden des Staates zur Aufhebung zuständig sein sollen, dessen Verfahrensrecht die Parteien für das Schiedsverfahren vereinbart haben.[159] Richtig erscheint es jedoch, Art. V Abs. 1 lit. e im Zusammenhang mit Art. I Abs. 1 und der dort geregelten Problematik der Nationalität eines Schiedsspruches zu sehen (s. o. zu Art. I Rn 7 ff., 11 ff.).[160] Dass nach Art. V Abs. 1 lit. e die Aufhebung auch dann beachtlich sein soll, wenn sie durch die Behörde des Staates erfolgte, dessen Verfahrensrecht dem Schiedsspruch zugrundelag, erklärt sich aus der Berücksichtigung der Staaten, die die Nationalität des Schiedsspruches verfahrensrechtlich bestimmen.[161] Zuständig iSd. Art. V Abs. 1 lit. e ist demnach ein Staat für die Aufhebung nur dann, wenn er sich als Heimatstaat des Schiedsspruches ansieht. Das hängt wiederum davon ab, wie in einem Staat die Nationalität eines Schiedsspruches bestimmt wird – verfahrensrechtlich oder territorial.[162] Wird beispielsweise in einem Land die Nationalität eines Schiedsspruches verfahrensrechtlich bestimmt, so ist ein staatliches Gericht dieses Landes unzuständig iSd. Art. V Abs. 1 lit. e, wenn der Schiedsspruch in diesem Land unter Anwendung von ausländischem Verfahrensrecht ergangen ist. Gleiches gilt dann, wenn ein Staat den Schiedsort territorial bestimmt und das Schiedsverfahren zwar unter Anwendung des Verfahrensrechts dieses Landes, aber in einem anderen Staat durchgeführt wurde. Fraglich ist auch, ob in einem Land, in dem die Nationalität eines Schieds-

---

[150] BGH v. 27. 3. 1984 – IX ZR 24/83 = NJW 1984, 2765 = RIW 1984, 557 m. Anm. *Dielmann* S. 558 = IPRax 1985, 157, 158 (*Schlosser* S. 141 ff.); *Schlosser* Rn. 908; aA *Dolinar*, FS Schütze, 1999, S. 187.
[151] So BGH v. 10. 5. 1984 – III ZR 206/82 = NJW 1984, 2763 = WM 1984, 1014 = IPRax 1985, 158 (*Schlosser* 141); OLG Hamburg, Entscheidung vom 27. 7. 1978 – 6 U 174/77; 63 O 156/76 = auszugsweise YCA Vol. IV (1979), 266, 267 f.; *Stein/Jonas/Schlosser* Anh. § 1061 Rn. 130; *Weigand/Haas* Part 3 Art. V Rn. 84; *Schwab/Walter* Kap. 57 Rn. 23; *van den Berg* S. 346 f.; *Borges* 275 ff.; *Schütze* ZVglRWiss 104 (2005), 427, 440 f.
[152] *Schlosser* Rn. 788; *Solomon* S. 141.
[153] *Schwab/Walter* Kap. 57 Rn. 23.
[154] *Schwab/Walter* Kap. 56 Rn. 3; *Weigand/Haas* Part 3 Art. V Rn. 4, 87; *Solomon* S. 167.
[155] S. jüngst *Solomon* S. 8 ff.; 226 f.
[156] Sieh*r* ZZZ 115 (2002), 143; *Stein/Jonas/Schlosser* Anh. § 1061 Rn. 131 a; *Schwab/Walter* Kap. 57 Rn. 23; *Solomon* S. 160 ff. Darstellung der französischen Rechtsprechung bei *Nienaber* S. 45 ff.
[157] Hanseatisches OLG Hamburg, Beschl. v. 24. 1. 2003 – 11 Sch 06/01 = SchiedsVZ 2003, 284, 286.
[158] *Weigand/Haas* Part 3 Art. V Rn. 88; *van den Berg* S. 350; *Schlosser* Rn. 789; *Nienaber* S. 20; *Solomon* S. 143. Freilich darf nicht übersehen werden, dass das UNÜ im Heimatland des Schiedsspruches keine Anwendung findet (vgl. Art. I). Die Aufhebungszuständigkeit ergibt sich demnach nicht aus dem UNÜ.
[159] So *Bülow* KTS 1959, 1, 11; *Schwab/Walter* Kap. 57 Rn. 22; Denkschrift der Bundesregierung, BT-Drucks. 3/2160, S. 28, mit Hinweis auf die Entstehungsgeschichte des UNÜ.
[160] *Schlosser* Rn. 789; *Weigand/Haas* Part 3 Art. V Rn. 89; *Solomon* S. 144.
[161] So auch *van den Berg* S. 350; *Schwab/Walter* Kap. 57 Rn. 22.
[162] Vgl. auch *Schwab/Walter* Kap. 57 Rn. 23; *Solomon* S. 148; *Bülow* KTS 1959, 1, 11; *Bertheau* S. 97; die praktische Bedeutung ist sehr gering, da sie nur hervortritt, wenn einem aufhebenden Gericht ein Fehler bei der Bestimmung seiner Zuständigkeit unterlaufen ist.

spruches verfahrensrechtlich bestimmt wird, ein Exequaturgericht die Aufhebung des Schiedsspruches durch ein Gericht des Schiedsortes im Rahmen des Art. V Abs. 1 lit. e als Anerkennungsversagungsgrund akzeptieren muss, wenn dem Schiedsverfahren das Verfahrensrecht des Exequaturstaates zugrundelag. Da das UNÜ die Aufhebungszuständigkeiten als gleichwertig anerkennt, sind in diesem Fall beide Gerichte zuständig und somit zur Aufhebung berechtigt, wohl aber auch verpflichtet, die Aufhebung durch den anderen Staat anzuerkennen.[163]

bb) Auswirkungen des Art. IX EuÜ. Soweit ein Staat neben dem UNÜ auch das EuÜ (Genfer Europäisches Übereinkommen über die internationale Handelsschiedsgerichtsbarkeit von 1961) ratifiziert hat, ist im Anwendungsbereich des EuÜ (vgl. dazu Art. I EuÜ) die Aufhebung des Schiedsspruches durch eine nach Art. V Abs. 1 lit. e zuständige Behörde nur beachtlich, wenn sie auf einem der in Art. IX Abs. 1 EuÜ genannten Gründe beruht (Art. IX Abs. 2 EuÜ). Die dort aufgezählten Gründe entsprechen im Wesentlichen denen des Art. V Abs. 1. Unbeachtlich ist dann aber die Aufhebung wegen eines ordre public Verstoßes, s. Art. IX EuÜ Rn. 11; zum Verhältnis UNÜ-EuÜ vgl. auch Art. VII Rn. 6. Wird ein für vollstreckbar erklärter Schiedsspruch anschließend in seinem Ursprungsstaat aufgehoben, kann dies auch auf Grund günstigen nationalen Rechts unbeachtlich sein. 61

cc) Aufhebung eines Schiedsspruches nach seiner Vollstreckbarerklärung in Deutschland. Ist ein in Deutschland nach dem UNÜ für vollstreckbar erklärter Schiedsspruch später in seinem Heimatland aufgehoben worden, so kann nach § 1061 Abs. 3 ZPO die Aufhebung der Vollstreckbarkeit beantragt werden. 62

c) Sonstiger Fall des nachträglichen Wegfalls der Verbindlichkeit. Art. V Abs. 1 lit. e ist entsprechend heranzuziehen, wenn die Verbindlichkeit des Schiedsspruches nachträglich weggefallen ist, ohne dass dieser Wegfall auf der Entscheidung einer staatlichen Behörde beruht. Entscheidend ist hierbei, ob die Verbindlichkeit des Schiedsspruches zwischen den Parteien noch existiert oder nicht.[164] 63

d) Einstweilige Wirkungshemmung des Schiedsspruches. Fraglich ist, welche Fälle eine einstweilige Wirkungshemmung iSd. Art. V Abs. 1 lit. e und damit eine Anerkennungsversagung begründen. Abzustellen ist hierbei auf das Recht des Staates, dessen Behörde für die Aufhebung des Schiedsspruches zuständig ist. Als nicht ausreichend wird man die Einstellung der Zwangsvollstreckung im Heimatstaat des Schiedsspruches ansehen müssen, da diese nur die Vollstreckbarkeit des Schiedsspruches, nicht aber den Schiedsspruch als solchen in seinen Wirkungen beeinträchtigt.[165] Auch wäre ansonsten einem Schiedsspruch, der bereits für vollstreckbar erklärt wurde, unter Umständen die Anerkennung eher zu versagen, als wenn noch keine Vollstreckbarerklärung erfolgt wäre. 64

V. Von Amts wegen beachtliche Anerkennungsversagungsgründe (Art. V Abs. 2)

1. Allgemeines. Abs. 2 enthält die von Amts wegen zu berücksichtigenden Anerkennungsversagungsgründe. Fehlt dem Streitgegenstand die objektive Schiedsfähigkeit oder verstößt der Schiedsspruch gegen den ordre public des Anerkennungs-/Vollstreckungsstaates, so ist die Anerkennung/Vollstreckung zu versagen, und zwar unabhängig davon, ob sich der Antragsgegner darauf beruft oder nicht. Das Beweisrisiko trägt auch im Rahmen des Abs. 2 der Vollstreckungsgegner (s. Rn. 3).[166] 65

2. Fehlen der objektiven Schiedsfähigkeit (Art. V Abs. 2 lit. a). Nach Art. V Abs. 2 lit. a ist die Anerkennung/Vollstreckung eines Schiedsspruches zu versagen, wenn dessen Streitgegenstand nach dem Recht des Anerkennungs-/Vollstreckungsstaates nicht schiedsfähig ist. Eine kumulative Berücksichtigung des auf die Schiedsvereinbarung anwendbaren Rechts (Art. V Abs. 1 lit. a) erfolgt nicht (Art. II Rn. 11). Dabei ist primär zu prüfen, ob nach dem Recht des Exequaturstaates die Schiedsfähigkeit des Streitgegenstandes für die Anerkennung/Vollstreckung ausländischer Schiedssprüche überhaupt beachtlich ist. Sinngemäß gilt diese Regelung bereits im Einredeverfahren (s. Rn. 2). 66

---

[163] *Schlosser* Rn. 64, 789.
[164] So zu Recht *Stein/Jonas/Schlosser* Anh. § 1061 Rn. 131.
[165] *Schlosser* Rn. 788, 789; *Stein/Jonas/Schlosser* Anh. § 1061 Rn. 133; *Weigand/Haas* Part 3 Art. V Rn. 92; aA *Schwab/Walter* Kap. 57 Rn. 22; *van den Berg* S. 351.
[166] Zum Zusammenhang von ordre public und Schiedsfähigkeit vgl. *Weigand/Haas* Part 3 Art. V Rn. 97; *Haas*, Das Verhältnis der staatlichen Gerichtsbarkeit zur privaten Schiedsgerichtsbarkeit, in: Oberhammer (Hrsg.), Schiedsgerichtsbarkeit in Zentraleuropa, 2005, S. 19, 50 ff.; *Thieffry* J. Int. Arb. II (1985), 27, 36; *Bertheau* S. 60; *Schwab/Walter* Kap. 57 Rn. 34.

§ 1061 Anh. 1 UNÜ Art. V   Anh. zu § 1061. Internationale Schiedsgerichtsbarkeit

67 **3. Verstoß gegen den ordre public (Art. V Abs. 2 lit. b). a) Allgemeines.** Gemäß Art. V Abs. 2 lit. b kann die Anerkennung/Vollstreckung eines Schiedsspruches versagt werden, wenn ihm der ordre public des Anerkennungs-/Vollstreckungsstaates entgegensteht. In dessen engen Grenzen kann die Entscheidung des Schiedsgerichts sachlich beanstandet werden. Dabei ist das staatliche Gericht insoweit weder an die Rechtsauffassung noch an die tatsächlichen Feststellungen des Schiedsgerichts gebunden. Die Prüfung darf jedoch nicht zu einer révision au fond führen.[167] Auch die Auffassungen der Schiedsparteien sind unbeachtlich. Letzteres hat zur Folge, dass ein Anerkennungsversagungsgrund iSd. Art. V Abs. 1, der zugleich einen ordre public-Verstoß begründet, auch ohne Rüge des Anerkennungs-/Vollstreckungsgegners nach Art. V Abs. 2 lit. b zur Anerkennungsversagung führen kann (s. Rn. 25).

68 **b) Ordre public intern und ordre public international.** In internationalen Fällen wird häufig zwischen einem internen und einem internationalen ordre public unterschieden, wobei der internationale enger gefasst wird.[168] Diese Unterscheidung hat jedoch nur in den Staaten einen Sinn, in denen der ordre public intern sehr weit gefasst wird, vor allem, weil er sämtliche zwingenden Vorschriften in den Geltungsbereich einbezieht. Vor allem in der Schweiz,[169] in Frankreich,[170] in Portugal[171] sowie in den USA[172] ist man gegenüber internationalen Schiedssprüchen sehr liberal eingestellt. Wird allerdings in einem Land der ordre public intern bereits sehr eng gefasst, was beispielsweise in Deutschland der Fall ist, das nicht bereits alle zwingenden Normen zum ordre public rechnet, ist die Unterscheidung zwar als Orientierung an international liberalen Wertmaßstäben sinnvoll, hat aber keine effektive Bedeutung.[173]

69 **c) Der deutsche ordre public.** Art. V Abs. 2 lit. b stellt auf einen Widerspruch zur öffentlichen Ordnung des Landes ab, in dem der Schiedsspruch anerkannt und vollstreckt werden soll. In Deutschland ist also auf den deutschen ordre public abzustellen, der dann verletzt ist, wenn die Anerkennung zu einem Ergebnis führen würde, das mit wesentlichen Grundsätzen des deutschen Rechts offensichtlich unvereinbar wäre.[174] (Zu Einzelfällen s. Rn. 71 ff.).

70 **d) Keine Bindung des staatlichen Gerichts an Feststellungen/Rechtsauffassung des Schiedsgerichts.** Bei der im Rahmen des Art. V Abs. 2 lit. b erforderlichen Prüfung ist das staatliche Gericht weder an die tatsächlichen Feststellungen des Schiedsgerichts noch an dessen Rechtsauffassung gebunden.[175] Das Gericht prüft ausschließlich aus seiner Sicht, ob das im Schiedsspruch erzielte Ergebnis den ordre public verletzt. Ist dies der Fall, so muss das Gericht den Schiedsspruch

---

[167] BGH v. 12. 5. 1958 – VII ZR 436/56 = BGHZ 27, 249; BGH v. 23. 4. 1959 – VII ZR 2/58 = BGHZ 30, 89; 46, 365 = KTS 1967, 149 f.; BGH v. 7. 1. 1971 – VII ZR 160/69 = KTS 1972, 24, 30; öOGH, Beschl. v. 26. 1. 2005 – 3 Ob 221/04 b = IPRax 2006, 496 (*Spickhoff* 522); *Habscheid* KTS 1973, 232, 234 f.; *Gottwald*, FS Nagel, 1987, S. 54, 66 m. weit. Nachw.; *Geimer*, FS Yessiou-Faltsi, 2007, S. 169, 170.

[168] Vgl. etwa BGH v. 18. 10. 1967 – VIII ZR 145/66 = BGHZ 48, 327 (331) = NJW 1968, 354 = LM § 328 ZPO Nr. 18; ebenso BGH v. 19. 9. 1977 – VIII ZR 120/7 = NJW 1978, 1114, 1115; BGH v. 15. 5. 1986 – III ZR 192/84 = NJW 1986, 3027, 3028; BGH v. 18. 1. 1990 – III ZR 269/88 = BGHZ 110, 104 = NJW 1990, 2199; OLG Celle, Beschl. v. 6. 10. 2005 – 8 Sch 6/05; BayObLG, Beschl. v. 20. 11. 2003 – 4 Z Sch 17/03 = IHR 2004, 81 = IPRspr 2003, Nr. 204, 664; *van den Berg* S. 360 ff.; *Stein/Jonas/Schlosser* Anh. § 1066 Rn. 135; *Haas* S. 221; ausf. dazu *Kornblum*, FS Nagel, 1987, S. 140 ff.; *Völker*, Zur Dogmatik des ordre public – Die Vorbehaltsklauseln bei der Anerkennung fremder gerichtlicher Entscheidungen und ihr Verhältnis zum ordre public des Kollisionsrechts, 1998, S. 257.

[169] Vgl. dazu *Kornblum*, FS Nagel, 1987, S. 140, 145 f.; *Marx* S. 80 f.; vgl. auch Cour de Justice de Genève, Entscheidung vom 17. 9. 1976 = auszugsweise YCA Vol. IV (1979), 311, 312.

[170] Vgl. Art. 1498 NCPC.

[171] Código De Processo Civil, Artigo 1096 (f).

[172] Vgl. Scherk v. Alberto-Culver, 417 U. S. 506 (1974); Mitsubishi Motors Corp. v. Soler Chrysler Plymouth Inc., 105 S. Ct. 3346 = 53 USLW 5069 (dazu *Lange-Wiessner* RIW 1985, 757; *Robert* Rev. Arb. 1986, 173 u. *Weitbrecht* IPRax 1986, 313); Development Bank v. Chemtex, 617 F. Supp. 55 (S. N. D. Y. 1985).

[173] So *Schwab/Walter* Kap. 30 Rn. 21; *Kornblum*, FS Nagel, 1987, S. 140, 142 ff.; aA *Bartos*, Internationale Handelsschiedsgerichtsbarkeit, 1984, S. 60 ff.; *Wunderer*, Das deutsche „ordre public d'arbitrage international", 1993, S. 68 ff., 167 ff.

[174] *Schwab/Walter* Kap. 24 Rn. 37 ff.; *Stein/Jonas/Schlosser* Anh. § 1061 Rn. 135; *Lachmann*, Handbuch für die Schiedsgerichtspraxis, Rn. 1223 ff.

[175] BGH v. 12. 5. 1958 – VII ZR 436/56 = BGHZ 27, 254 = NJW 1958, 1538; BGH v. 23. 4. 1959 – VII ZR 2/58 = BGHZ 30, 89, 94 = NJW 1959, 1438; BGH v. 25. 10. 1966 – KZR 7/65 = BGHZ 46, 365, 369 = NJW 1967, 1178; *Kornblum* NJW 1969, 1793; ders. ZZP 86 (1973), 216, 219 f.; *Rosenberg/Schwab/Gottwald*, ZPR, § 180 II 4; *Reiner* IPRax 2000, 323, 325; aA BGH JW 1936, 1894 („Quotenschacher"); OLG Köln NJW 1952, 1420; OLG Hamburg v. 1. 10. 1954 – 1 U 66/54 = BB 1955, 618; *v. Brunn* NJW 1969, 823, 824; *Zöller/Geimer* § 1059 Rn. 53 (Bindung an tatsächliche Feststellungen solange kein Verfahrensmangel vorliegt); *Geimer*, FS Yessiou-Faltsi, 2007, S. 169, 178.

aufheben. Auch wenn damit im Extremfall ein staatliches Gericht einen Schiedsspruch wegen des ordre public Vorbehalts aufhebt, weil das Schiedsgericht zu einer zwar vertretbaren, aber von der Meinung des staatlichen Gerichts abweichenden Rechtsansicht gekommen ist,[176] liegt darin kein Verstoß gegen das Verbot der révision au fond.[177] Realistischerweise ist es schwer vorstellbar, dass ein staatliches Gericht ein Ergebnis, zu dem das Schiedsgericht im Rahmen einer im angewendeten Recht vorgesehenen Abwägung gelangt, aufhebt. Wenn dies gleichwohl geschieht, ist das hinzunehmen, zumal sich diese atypische Überprüfungsdichte nur im Bereich der absolut zwingenden Normen, die zum ordre public gerechnet werden, ergibt.[178]

e) Einzelfälle zum deutschen ordre public. aa) Fehlen eines Schiedsvertrages. Der 71 BGH hat zu Recht entschieden, dass die Anerkennung eines Schiedsspruches gegen den ordre public verstößt, wenn keine wirksame Schiedsvereinbarung vorliegt, da nach den deutschen Ordnungsvorstellungen niemand ohne freiwillige Unterwerfung von einem Schiedsgericht verurteilt werden kann.[179] Dieser Mangel kann nach Ansicht des BGH jedoch im Rahmen der Anerkennung des Schiedsspruches nur dann beachtet werden, wenn er im Ausgangsland innerhalb der dort geltenden Fristen formgemäß geltend gemacht wurde, außer wenn das Schiedsgericht seine Zuständigkeit völlig willkürlich angenommen hat.[180] (zur Präklusion s. Rn. 6ff.) Fehlt eine wirksame Schiedsvereinbarung, so ist die Vollstreckung/Anerkennung auch nach Art. V Abs. 1 lit. a zu versagen.

bb) Wahl einer ungehörigen Rechtsordnung. Eine Verletzung des ordre public liegt auch in 72 der Wahl einer ungehörigen Rechtsordnung, die keine Beziehungen zur Streitsache aufweist, wenn die Parteien dadurch zwingendes Recht der beteiligten Rechtsordnung ausschalten wollen. Insoweit ist die Rechtswahlfreiheit der Parteien, die nach den Art. V Abs. 1 lit. a und d grundsätzlich im Rahmen des UNÜ anerkannt ist, durch den ordre public begrenzt.[181] In der Vereinbarung eines anationalen Schiedsverfahrensrechts als solcher liegt aber, falls man sie als wirksam ansieht (s. Rn. 49), kein Verstoß gegen den deutschen ordre public.[182]

cc) Verletzung des rechtlichen Gehörs. Die Verletzung des rechtlichen Gehörs stellt nicht 73 nur einen Anerkennungsversagungsgrund iSd. Art. V Abs. 1 lit. b, sondern auch einen ordre public-Verstoß dar,[183] s. Rn. 25.

dd) Abhängigkeit/Alleinentscheidung des Schiedsrichters. Nach der Rspr. des BGH liegt 74 bei gegebener Parteilichkeit eines Schiedsrichters ein ordre public Verstoß vor, wenn diese sich im Schiedsverfahren konkret ausgewirkt hat.[184] Der ordre public Verstoß kann nur dann geltend gemacht werden, wenn es der betroffenen Partei nicht möglich oder nicht zumutbar gewesen ist, die im Schiedsverfahren selbst oder vor den Gerichten des Erlassstaates bestehenden Rechtsschutzmöglichkeiten zu nutzen (zur Präklusion der Rüge Rn. 6ff.).[185] Auch die Fällung des Schiedsspruchs durch einen Alleinschiedsrichter, der nur von einer Partei ernannt worden ist, nachdem die andere Partei von ihrem Ernennungsrecht keinen Gebrauch gemacht hatte, stellt bei Anwendbarkeit ausländischen (englischen) Verfahrensrechts keinen ordre public Verstoß dar.[186] Die gem. Art. 27 ICC Arbitration Rules erforderliche Genehmigung des Schiedsspruches durch den Gerichtshof, der „unter Wahrung der Entscheidungsfreiheit des Schiedsgerichts [...] dieses auf Punkte hinweisen [kann],

---

[176] So ausdrücklich BGH v. 25. 10. 1966 – KZR 7/65 = BGHZ 46, 365, 369 = NJW 1967, 1178; dagegen v. Brunn NJW 1969, 823, 826.
[177] So Habscheid KTS 1967, 1, 6; ders. KTS 1970, 1, 6; ders. KTS 1973, 232, 235; Stein/Jonas/Schlosser Anh. § 1061 Rn. 141; v. Brunn NJW 1969, 823, 824; Steindorff WuW 1984, 189, 198.
[178] Adolphsen, Internationale Dopingstrafen, S. 663.
[179] BGH v. 26. 6. 1969 – VII ZR 32/67 = BGHZ 52, 184 = KTS 1970, 39, 41 f. = ZZP 83 (1970), 327 m. Anm. Münzberg (krit. Pfaff AWD 1970, 55); BGH KTS 1972, 24, 26 ff. = AWD 1971, 235 m. Anm. Pfaff.
[180] BGH v. 10. 5. 1984 – III ZR 206/82 = NJW 1984, 2763; krit. dazu Habscheid KTS 1970, 1, 9 f.; ders. KTS 1972, 209, 213 ff.; Schütze/Tscherning/Wais Rn. 642; aA zu § 1061 ZPO OLG Schleswig, Beschl. v. 30. 3. 2000 – 16 SchH 5/99, RIW 2000, 706, 708 (v. Werder).
[181] Vgl. Gottwald, FS Nagel, 1987, S. 54, 68; Kornblum KTS 1972, 59, 63; Ernemann, Zur Anerkennung und Vollstreckung ausländischer Schiedssprüche nach § 1044 ZPO, 1979, S. 79; aA für das UNÜ von Hoffmann, Internationale Handelsschiedsgerichtsbarkeit, 1970, S. 86.
[182] Rensmann S. 224 f.
[183] Marx S. 87.
[184] BGH v. 15. 5. 1986 – III ZR 192/84 = NJW 1986, 3027, 3028.
[185] BGH v. 1. 2. 2001 – III ZR 332/99 = NJW-RR 2001, 1059 = EWiR Art. 5 UNÜ 1/01, 395 (Kröll).
[186] BGH v. 15. 5. 1986 – III ZR 192/84 = BGHZ 98, 70 = NJW 1986, 3027 = JZ 1987, 154 = RIW 1986, 916; BGH v. 1. 2. 2001 – III ZR 332/99 = NJW-RR 2001, 1060; vgl. auch Bucher, FS Keller, 1980, S. 599; Schlosser ZZP 93 (1980), 121. Anders ist dies, wenn deutsches Verfahrensrecht gilt vgl. BGH v. 5. 11. 1970 – VII ZR 31/69 = BGHZ 54, 392 = NJW 1971, 139; Stein/Jonas/Schlosser § 1034 Rn. 3.

§ 1061 Anh. 1 UNÜ Art. V   Anh. zu § 1061. Internationale Schiedsgerichtsbarkeit

die den sachlichen Inhalt des Schiedsspruchs betreffen", wahrt nach hM die Entscheidungsfreiheit des Schiedsrichters ausreichend und ist mit dem deutschen ordre public vereinbar.[187] Ebenso wenig verstößt bei einem ausländischen Verfahrensrecht unterliegenden Schiedsverfahren die Mitwirkung eines juristischen Beraters in der mündlichen Verhandlung und bei der Absetzung des Schiedsspruches gegen wesentliche Grundsätze des deutschen Rechts.[188]

75   **ee) Unbegründeter Schiedsspruch.** Problematisch ist, ob eine ordre public-Verletzung vorliegt, wenn der Schiedsspruch nicht begründet wurde. § 1054 Abs. 2 ZPO verlangt für nationale Schiedssprüche eine Begründung nur, wenn die Parteien nichts anderes vereinbart haben. Daraus ließe sich ableiten, dass die Begründung als solche nicht zum deutschen ordre public gehört. Haben die Schiedsparteien eine Verfahrensordnung gewählt, nach der ein Schiedsspruch nicht begründet werden muss, oder haben sie im Rahmen ihrer Vereinbarungen auf eine Begründung des Schiedsspruches verzichtet, so ist ein Schiedsspruch ohne Begründung anzuerkennen.[189] Auch Art. VIII EuÜ verlangt in diesen Fällen keine Begründung (s. Art. VIII EuÜ Rn. 6 ff.). In diesem Rahmen werden auch im Ausland unbegründete Schiedssprüche anerkannt.[190] In England wurden bis zum Erlass des English Arbitration Act of 1979[191] Schiedssprüche regelmäßig nicht begründet, da ein Schiedsspruch bis zu diesem Zeitpunkt bei offensichtlichen Fehlern aufgehoben werden konnte. Seit dem Wegfall dieses Aufhebungsgrundes werden in England Schiedssprüche häufiger begründet; unter bestimmten Voraussetzungen besteht sogar ein entspr. Anspruch der Partei.[192] Die Begründungspflicht hat sich international auf Grund des Art. 31 Abs. 2 ML durchgesetzt. Auch wenn nach wie vor die fehlende Begründung nicht generell zu einem ordre public-Verstoß führen sollte, so ist die Anerkennung jedoch zu versagen, wenn ein Schiedsspruch entgegen dem Willen einer Partei ohne Begründung ergeht, weil die Parteien durch den Begründungszwang vor Willkür des Schiedsgerichts geschützt werden. Dabei ist regelmäßig davon auszugehen, dass die Parteien eine Begründung wollen. Etwas anderes gilt nur dann, wenn sie eine Verfahrensordnung wählen, nach der keine Begründung vorgesehen ist (s. Art. VIII EuÜ Rn. 7 f.). Zu den Anforderungen, die an eine Begründung gestellt werden, s. Art. VIII EuÜ Rn. 11 ff.

76   **ff) Nichtberücksichtigung der Aufrechnung.** Wird im Schiedsverfahren eine Aufrechnungsmöglichkeit nicht berücksichtigt, so liegt darin kein ordre public Verstoß[193] (zur Präklusion s. Rn. 6 ff.).

77   **gg) Vorliegen eines Restitutionsgrundes.** Nach Ansicht des BGH gebietet der ordre public die Versagung der Anerkennung/Vollstreckung eines Schiedsspruches, wenn ein Restitutionsgrund iSv. § 580 ZPO vorliegt, vorausgesetzt, die Partei war ohne ihr Verschulden außerstande, den Restitutionsgrund im Schiedsverfahren geltend zu machen.[194]

78   **hh) Verstöße gegen Grundanforderungen eines fairen Verfahrens.** Auch sonstige Verstöße gegen Grundanforderungen eines fairen Verfahrens und wirksamen Rechtsschutzes können zu einem ordre public Verstoß führen.[195] Ein Verstoß gegen den ordre public liegt vor, wenn die Parteien außerhalb des Schiedsverfahrens einen Vergleich geschlossen haben und eine Partei trotz Zahlung der Vergleichssumme das Verfahren weiter betreibt und einen Schiedsspruch zu ihren

---

[187] Vgl. *Habscheid* RIW 1998, 421, 424 f.; *Böckstiegel* NJW 1977, 463, 465 f.; *Gaudet*, in: Böckstiegel (Hrsg.), Recht und Praxis der Schiedsgerichtsbarkeit der IHK, 1986, S. 1, 6. Zu Art. 21 aF der ICC Arbitration Rules ablehn. *Schlosser* Rn. 163 ff., 524.
[188] BGH v. 18. 1. 1990 – III ZR 269/88 = BGHZ 110, 104 = NJW 1990, 2199.
[189] Vgl. OLG Hamburg, Entscheidung vom 27. 7. 1978 – 6 U 174/77; 63 O 156/76 = auszugsweise YCA Vol. IV (1979), 266, 267; *Schwab/Walter* Kap. 57 Rn. 37; *Stein/Jonas/Schlosser* Anh. § 1061 Rn. 155; *Weigand/Haas* Part 3 Art. V Rn. 109.
[190] Zu Frankreich vgl. Cour de Cassation Rev. Arb. 1980, 496; App. Paris Rev. Arb. 1963, 93; zu Italien vgl. Corte di Cassazione, Entscheidung vom 8. 2. 1982 – no. 722 = auszugsweise YCA Vol. IX (1984), 418, 421; zur Schweiz vgl. Rev. Arb. 1960, 105; Cour de justice Regeste, Entscheidung vom 12. 12. 1975 = BGE 101 I a 521, 525; zu Spanien vgl. Tribunal Supremo, Entscheidung vom 14. 1. 1983 = auszugsweise YCA Vol. XI (1986), 523, 525.
[191] Vgl. dazu *Schmitthoff* YCA Vol. V (1980), 231; *Kodwo Bentil* J. Int. Arb. 1988 Nr. 1 S. 49.
[192] Vgl. dazu *Kodwo Bentil* J. Int. Arb. 1988 Nr. 1, S. 49.
[193] LG Hamburg v. 27. 3. 1974 – 5 O 197/73; OLG Hamburg v. 27. 3. 1975 – 6 U 147/74 = IPRspr. 1975, 519, 522, 523 = RIW 1975, 645.
[194] BGH, Beschl. v. 2. 11. 2000 – III ZB 55/99 = NJW 2001, 373, 374; *Schwab/Walter* Kap. 24 Rn. 51; *Lachmann*, Handbuch für die Schiedsgerichtspraxis, Rn. 1229; dies entspricht der Rspr. vor 1998, vgl. BGH v. 6. 3. 1969 – VII ZR 269/88 = LM § 1044 Nr. 6 = BB 1969, 892 = MDR 1969, 567 = WM 1969, 671, 672.
[195] Vgl. *Baur*, FS Guldner, 1983, S. 1; *Marx* S. 88, 91 ff.

Gunsten erlangt.¹⁹⁶ Allein die Behauptung, ein Schiedsspruch beruhe auf einer vorsätzlich falschen Zeugenaussage, macht die Anerkennung/Vollsteckbarerklärung nicht ordre public widrig.¹⁹⁷

ii) Materielle Rechtsverstöße. Materielle Verstöße betreffen meist zwingendes staatliches Wirtschaftsrecht.¹⁹⁸ Der Begriff zwingenden Rechts bzw. der **Eingriffsnormen** ist international umstritten. Er ist keineswegs gleichbedeutend mit dem des innerstaatlich zwingenden Rechts. Dessen Außerachtlassung begründet regelmäßig keinen ordre public-Verstoß.¹⁹⁹ Art. 8 des Entwurfs der Rom I Verordnung²⁰⁰ enthält im Anschluss an die **Arblade-Entscheidung des EuGH**²⁰¹ folgende Definition: Eingriffsnorm ist eine zwingende Vorschrift, deren Einhaltung als so entscheidend für die Wahrung der politischen, sozialen oder wirtschaftlichen Organisation eines Staates angesehen wird, dass ihre Anwendung auf alle Sachverhalte, die in ihren Anwendungsbereich fallen, vorgeschrieben ist, ungeachtet des nach Maßgabe dieser Verordnung auf den Vertrag anzuwendenden Rechts. Schiedsgerichte sind im Geltungsbereich des UNÜ zur Anwendung von zwingendem Recht zumindest des Schiedsortes verpflichtet.²⁰² Der EuGH betonte 1999 die Pflicht staatlicher Gerichte, bei denen beantragt wird, einen Schiedsspruch aufzuheben, der Aufhebungsklage stattzugeben, wenn sie meinen, der Schiedsspruch widerspreche EG-Kartellrecht (konkret Art. 81 EGV).²⁰³ Aus dem Urteil lässt sich auf die Verpflichtung internationaler Schiedsgerichte mit Schiedsort in einem EU-Mitgliedsstaat rückschließen, die Regeln des EG-Kartellrechts anzuwenden.²⁰⁴ EG-Kartellrecht ist Bestandteil des nationalen ordre public der Mitgliedsstaaten.²⁰⁵ Nach der deutschen Rspr. liegt ein ordre public Verstoß vor, wenn die Schiedssprüche gegen deutsches oder EG-Kartellrecht (§§ 1, 20, 21 GWB; Art. 81 EGV)²⁰⁶ verstoßen. Gleiches gilt für Schiedssprüche, die zur Erfüllung oder zum Schadensersatz wegen Nichterfüllung eines sittenwidrigen Vertrages verurteilen.²⁰⁷ Die Falsch- oder Nichtanwendung von ausländischem statutszugehörigem zwingendem Recht kann nur in Ländern zur Aufhebung bzw. Nichtanerkennung des Schiedsspruchs führen, die wie die Schweiz der Schuldstatutstheorie folgen (Art. 13 S. 1 IPRG). Gegen den deutschen ordre public verstoßen Schiedssprüche, die *punitive damages* zusprechen, soweit der Betrag den (großzügig bemessenen) Schadensausgleich (zuzüglich Kosten und Zinsen) übersteigt.²⁰⁸ Entsprechendes gilt für Schiedssprüche auf Grund US-amerikanischer RICO-claims.²⁰⁹ Auch ein Schiedsspruch, der zur Zahlung von Schmiergeld verurteilt, verstößt gegen den ordre public.²¹⁰

Kein ordre public Verstoß liegt dagegen vor, wenn ein Schiedsgericht Schadenersatz wegen Nichterfüllung eines Vertrages zuspracht, wenn die Vertragspflicht aus devisenrechtlichen Gründen nicht erfüllt werden konnte.²¹¹ Dies gilt zumindest dann, wenn eine behördliche Genehmigung hätte erteilt werden können. Kein Verstoß liegt vor, wenn der Beklagte Unmöglichkeit (infolge eines Embargos) einwendet, nach Ansicht des Schiedsgerichtes aber beweisfällig geblieben ist.²¹²

---

¹⁹⁶ BayObLG, Beschl. v. 20. 11. 2003 – 4 Z Sch 17/03 = IHR 2004, 81 = IPRspr 2003, Nr. 204, 664.
¹⁹⁷ ÖOGH, Beschl. v. 26. 1. 2005 – 3 Ob 221/04 b = IPRax 2006, 496 (*Spickhoff* 522).
¹⁹⁸ Dazu *Diwan*, Problems associated with the enforcement of arbitral awards, ArbInt 2003, 55.
¹⁹⁹ *Schwab/Walter* Kap. 24 Rn. 33; *Stein/Jonas/Schlosser* Anh. § 1061 Rn. 135; *Weigand/Haas* Part 3, Art. V Rn. 107; *Lachmann*, Handbuch für die Schiedsgerichtspraxis, Rn. 1223.
²⁰⁰ Vorschlag für eine Verordnung des Europäischen Parlaments und des Rates über das auf vertragliche Schuldverhältnis anzuwendende Recht (Rom I) vom 15. 12. 2005, KOM (2005) 650 endgültig. Rat und Parlament haben am 7.12. 2007 eine politische Einigung erzielt und den vom Europäischen Parlament am 29. 11. 2007 angenommenen Verordnungstext gebilligt.
²⁰¹ EuGH v. 23. 11. 1999 – Rs. C-369/96 und C-376/96 = EuGHE 1999 I, 8453.
²⁰² *Steindorff* WuE 1984, 189, 197; *Adolphsen*, Internationale Dopingstrafen, S. 651; aA *Drobnig*, FS Kegel, 1987, S. 95, 106.
²⁰³ EuGH v. 1. 6. 1999 – Rs. C-126/97 = EuGHE 1999 I-3079, 3094 (Rn. 38) = EuZW 1999, 565. Zur Anwendung von Kartellrecht durch Schiedsgerichte nach der 7. GWB-Novelle *K. Schmidt* BB 2006, 1397.
²⁰⁴ *Adolphsen*, Internationale Dopingstrafen, S. 651; ebenso *Spiegel* EuZW 1999, 568, 569.
²⁰⁵ BGH v. 27. 2. 1969 – KZR 3/68 = NJW 1969, 978, 979 f.; *Stein/Jonas/Schlosser* Anh. § 1061 Rn. 148; *Gamauf* ZfRV 2000, 41, 44.
²⁰⁶ BGH v. 23. 4. 1959 – VII ZR 2/58 = BGHZ 30, 89 = NJW 1959, 1438; BGH v. 25. 10. 1966 – KZR 7/65 = BGHZ 46, 365 = NJW 1967, 1178; weit. Nachw. bei *Gottwald*, FS Nagel, 1987, S. 54, 68.
²⁰⁷ Vgl. BGH v. 26. 10. 1972 – VII ZR 232/71 = KTS 1973, 128, 131; ebenso bei Börsentermingeschäftsfähigkeit, BGH v. 26. 2. 1991 – XI ZR 349/89 = RIW 1991, 420; *Schwab/Walter* Kap. 24 Rn. 36.
²⁰⁸ Allg. zur Entwicklung bei punitive damages *Bachmann*, FS Schlosser, 2005, S. 1.
²⁰⁹ *Kühn* J. Int. Arb. 11/2 (1994), 37, 43 ff.
²¹⁰ Cour d'appel de paris, Rev. Arb. 1994, 359; *Schwab/Walter* Kap. 24 Rn. 36.
²¹¹ RGZ 108, 139; BGH v. 3. 10. 1956 – V ZR 22/55 = BGHZ 21, 365 = NJW 1956, 1838 = JZ 1957, 26 = BB 1956, 1045 = DB 1956, 113 = WM 1956, 1432 = VersR 1957 21.
²¹² Hanseatisches OLG Hamburg v. 26. 1. 1989 – 6 U71/89 = RIW 1991, 152.

§ 1061 Anh. 1 UNÜ Art. VI Anh. zu § 1061. Internationale Schiedsgerichtsbarkeit

81   Ein Zuspruch von **Zinsen**, die weit über den inländischen Verzugszinsen liegen, führt nicht per se zu einem ordre public Verstoß.[213] Ein solcher kann aber vorliegen, wenn eine hohe Verzinsung mit einer täglichen Kapitalisierung (Komfortmethode) verbunden wird.[214] Eine Vertragsstrafe, die 40% der Hauptleistung erreicht, verstößt nicht ohne das Hinzutreten weiterer Umstände allein wegen der Höhe gegen den ordre public.[215]

Art. VI. Ist bei der Behörde, die im Sinne des Artikels V Absatz 1 Buchstabe e zuständig ist, ein Antrag gestellt worden, den Schiedsspruch aufzuheben oder ihn in seinen Wirkungen einstweilen zu hemmen, so kann die Behörde, vor welcher der Schiedsspruch geltend gemacht wird, sofern sie es für angebracht hält, die Entscheidung über den Antrag, die Vollstreckung zuzulassen, aussetzen; sie kann aber auch auf Antrag der Partei, welche die Vollstreckung des Schiedsspruches begehrt, der anderen Partei auferlegen, angemessene Sicherheit zu leisten.

Schrifttum: *Farhad*, Provisional enforcement of international arbitral awards made in France, JIntArb 2006, 115; *Ghikas*, A principled approach to adjourning the decision to enforce under the Model Law and the New York Convention, ArbInt 2006, 53; *Sampson*, Staying the enforcement of foreign commercial arbitration awards: a federal practice contravening the purposes of the New York Convention, Brook. J. Intl. L. 2001, 1839; *Solomon*, Die Verbindlichkeit von Schiedssprüchen in der internationalen privaten Schiedsgerichtsbarkeit, 2007; S. 168 ff.; *Rica*, Searching for standards; suspension of enforcement proceedings under Article VI of the New York Convention, Asian Int'l Arb. J. 2005, 1.

1   Die Aufhebung des Schiedsspruch hindert gem. Art. V Abs. 1 lit. e die Anerkennung/Vollstreckung. Art. VI ist im Zusammenhang mit dieser Vorschrift zu sehen. Er versucht in der Phase ab Einleitung des Verfahrens zur Aufhebung des Schiedsspruchs oder zur Hemmung seiner Wirksamkeit einen Ausgleich zwischen den Interessen der die Vollstreckbarerklärung beantragenden und der sich gegen sie wendenden Partei herbeizuführen. In dieser Phase drohen einander widersprechende Entscheidungen der Gerichte, die im Erlassstaat um Aufhebung und im Vollstreckungsstaat um Anerkennung und Vollstreckbarerklärung angerufen werden.[1]

2   Das Exequaturgericht kann die Entscheidung über die Vollstreckbarerklärung des Schiedsspruches aussetzen, wenn im Heimatstaat des Schiedsspruches ein Antrag auf Aufhebung oder auf einstweilige Wirkungshemmung des Schiedsspruches gestellt wurde. Dabei räumt Art. VI, anders als Art. V Abs. 1 lit. e nach deutscher Auffassung, dem Gericht einen weiten Ermessensspielraum ein, der sich einmal darauf bezieht, ob das Verfahren überhaupt ausgesetzt wird, und zum anderen, ob die Aussetzung nur gegen Sicherheitsleistung des Vollstreckungsgegners erfolgt.[2] Das Ziel des UNÜ, die Anerkennung von Schiedssprüchen zu erleichtern, muss gewahrt werden.[3] Kriterien für die Ausübung des Ermessens nennt die Vorschrift nicht. Dies ist kein Grund, Art. VI nicht anzuwenden.[4] Voraussetzung ist, dass der Antrag auf Aufhebung bzw. auf Wirkungshemmung bei der nach Art. V Abs. 1 lit. e zuständigen Behörde gestellt wurde (s. Art. V Rn. 60), was der Vollstreckungsgegner nachzuweisen hat. Allein die Einleitung eines Aufhebungsverfahrens ist jedoch – anders als nach Art. 1 Abs. 2 lit. d Genfer Abkommen 1927 (s. Schlussanhang Nr. 6 d) – nicht ausreichend.[5] Entsprechende nationale Regeln, wie Art. 1506 NCPC, können im Anwendungsbereich des UNÜ keine Geltung beanspruchen.[6] Daneben muss der Vollstreckungsgegner darlegen, dass die von ihm geltend gemachten Aufhebungsgründe tatsächlich Erfolg versprechend sind.[7] Die US-amerikanischen Gerichte wenden Art. VI zT im Sinne eines *automatic stay* an,[8] zT wird aber auch der Versuch unternommen, Kriterien für die Ausübung des Ermessens zu entwickeln.[9] Die Sicherheitsleistung

---

[213] BGH, Beschl. v. 4. 3. 1993 – IX ZR 55/93 = NJW 1993, 1801, 1802.
[214] ÖOGH, Beschl. v. 26. 1. 2005 – 3 Ob 221/04 b = IPRax 2006, 496 (*Spickhoff* 522).
[215] OLG Celle, Beschl. v. 6. 10. 2005 – 8 Sch 6/05.
[1] *Ghikas* ArbInt 2006, 53, 71.
[2] Ebenso *Stein/Jonas/Schlosser* Anh. § 1061 Rn. 157; *Weigand/Haas* Part 3, Art. VI Rn. 3.
[3] *Sampson* Brook. J. Intl. L. 2001, 1839, 1864.
[4] So aber *Paulsson* 30 ICLQ (1981) 374; dagegen *Stein/Jonas/Schlosser* Anh. § 1061 Rn. 157.
[5] *Ghikas* ArbInt 2006, 53, 58.
[6] Supreme Court Schweden v. 13. 8. 1979, VI YCA, 237; *Farhad* JIntArb 2006, 115, 119.
[7] *Stein/Jonas/Schlosser* Anh. § 1061 Rn. 157; *Weigand/Haas* Part 3 Art. VI Rn. 3; *van den Berg* S. 353 f.; *Ghikas* ArbInt 2006, 53, 66; aA 663 F. Supp. 871 (S. D. N. Y. 1987) Spier v. Calzaturificio Tecnica S. p. A: Versagung der Aussetzung nur, wenn das Aufhebungsverfahren *transparently frivolous* sei.
[8] *Sampson* Brook. J. Intl. L. 2001, 1839, 1862.
[9] 156 F. 3rd 310 (2nd Cir. 1998) Europcar Italia S. P. A. v. Maiellano Tours Inc.; dazu *Ghikas* ArbInt 2006, 53, 59; *Sampson* Brook. J. Intl. L. 2001, 1839, 1857.

1. New Yorker UN-Übereinkommen Art. VII § 1061 Anh. 1 UNÜ

kann nur auf Antrag des Vollstreckungsklägers angeordnet werden. Wie Sicherheit zu leisten ist, bestimmt sich nach der lex fori des Exequaturgerichts.

Art. VII. (1) Die Bestimmungen dieses Übereinkommens lassen die Gültigkeit mehrseitiger oder zweiseitiger Verträge, welche die Vertragsstaaten über die Anerkennung und Vollstreckung von Schiedssprüchen geschlossen haben, unberührt und nehmen keiner beteiligten Partei das Recht, sich auf einen Schiedsspruch nach Maßgabe des innerstaatlichen Rechts oder der Verträge des Landes, in dem er geltend gemacht wird, zu berufen.

(2) Das Genfer Protokoll über die Schiedsklauseln von 1923 und das Genfer Abkommen zur Vollstreckung ausländischer Schiedssprüche von 1927 treten zwischen den Vertragsstaaten in dem Zeitpunkt und in dem Ausmaß außer Kraft, in dem dieses Übereinkommen für sie verbindlich wird.

In Art. VII ist das Verhältnis des UNÜ zu anderen internationalen Verträgen sowie zur nationalen Regelung des jeweiligen Vollstreckungsstaates normiert, soweit diese ebenfalls die Anerkennung/Vollstreckung ausländischer Schiedssprüche betreffen. Die durch den Meistbegünstigungsgrundsatz erforderliche Anwendung schiedsfreundlicheren Rechts gilt für Bestimmungen in nationalen Schiedsverfahrensrechten und für Kollisionsregeln, die ein Statut der Schiedsvereinbarung berufen können.[1] Auf diese Weise können auch liberalere Formvorschriften für eine Schiedsvereinbarung nach Maßgabe des Kollisionsrechts des Exequaturstaates Anwendung finden. Das UNÜ bekennt sich damit zum Meistbegünstigungsprinzip (s. Rn. 4). Indem es selbst bilateralen Verträgen Vorrang einräumt, ermöglicht es bedauerlicherweise ein sog. „exequatur shopping" (§ 1061 Rn. 18). 1

I. Verhältnis zum Genfer Protokoll über die Schiedsklauseln von 1923[2] sowie zum Genfer Abkommen zur Vollstreckung ausländischer Schiedssprüche von 1927[3]

Nach Art. VII Abs. 2 sind das Genfer Protokoll sowie das Genfer Abkommen zwischen den Vertragsstaaten des UNÜ außer Kraft gesetzt, sobald das UNÜ verbindlich wird. Konsequenz ist, dass die genannten Abkommen nur noch zur Anwendung kommen, wenn der Staat, in dem das Schiedsverfahren stattgefunden hat, diesen Abkommen, nicht aber dem UNÜ beigetreten ist. In diesem Fall ist jedoch die in Art. V des Genfer Abkommens normierte Meistbegünstigungsklausel zu beachten, die wiederum zu einer Anwendung des UNÜ führen kann. Dies gilt freilich nur für die Vertragsstaaten des UNÜ, die nicht den Gegenseitigkeitsvorbehalt nach Art. I Abs. 3 S. 1[4] erklärt haben, und somit nicht für die Bundesrepublik Deutschland.[5] Die Genfer Vereinbarungen finden selbst dann keine Anwendung mehr, wenn der betreffende Schiedsspruch vor der Inkraftsetzung des UNÜ ergangen ist (s. Art. I Rn. 25). 2

II. Gewährleistung der Wirksamkeit von anderen die Anerkennung/Vollstreckung von Schiedssprüchen betreffenden Staatsverträgen, soweit sie vor dem UNÜ wirksam wurden

Art. VII Abs. 1 setzt den Grundsatz lex posterior derogat legi priori außer Kraft. Danach bleiben sonstige Staatsverträge, die die Anerkennung/Vollstreckung von Schiedssprüchen betreffen, unberührt, soweit sie in einem Vertragsstaat vor dem UNÜ in Kraft getreten sind. Dieser Passus stellt sicher, dass Staaten durch den Beitritt zum UNÜ nicht geltendes Völkerrecht verletzen.[6] Eine generelle Unanwendbarkeit des UNÜ im Anwendungsbereich solcher Verträge lässt sich dagegen aus dieser Klausel nicht ableiten. Vielmehr beantwortet sich die Frage, inwieweit das UNÜ neben solchen Staatsverträgen anwendbar ist, nach deren Inhalt und Zweckrichtung. Nur solche Staatsverträge, die die Anerkennung/Vollstreckung von Schiedssprüchen abschließend regeln wollten, stehen der Anwendung des UNÜ entgegen.[7] Da die Abkommen regelmäßig den Sinn haben, die Anerkennung/Vollstreckung zu erleichtern, kann davon ausgegangen werden, dass sie grundsätzlich einer zusätz- 3

---

[1] BGH, Beschl. v. 21. 9. 2005 – III ZB 18/05 = SchiedsVZ 2005, 306, 307; *Stein/Jonas/Schlosser* § 1031 Rn. 24; *Schwab/Walter* Kap. 44 Rn. 12.
[2] RGBl. II 1925 S. 47.
[3] RGBl. 1930, S. 1068.
[4] S. Art. I Rn. 18 f.
[5] *Schlosser* Rn. 132.
[6] So auch *Schwab/Walter* Kap. 42 Rn. 27; *Weigand/Haas* Part 3 Art. VII Rn. 7.
[7] *Weigand/Haas* Part 3 Art. VII Rn. 8.

§ 1061 Anh. 1 UNÜ Art. VII   Anh. zu § 1061. Internationale Schiedsgerichtsbarkeit

lichen Anwendung des UNÜ nicht entgegenstehen.[8] Haben die Staaten, die ein spezielles Anerkennungs-/Vollstreckungsabkommen geschlossen haben, später auch das UNÜ ratifiziert, so ist letzteres nach dem Grundsatz lex posterior derogat legi priori vorrangig anwendbar.[9] Näheres zu den einzelnen Verträgen der Bundesrepublik Deutschland s. Rn. 11 ff.

III. Die Meistbegünstigungsklausel des UNÜ

4   Nach Art. VII Abs. 1 kann sich die Partei, die die Anerkennung/Vollstreckung eines Schiedsspruches begehrt, neben dem UNÜ auch auf das nationale Recht (Kollisions- und Sachrecht) oder auf sonstige vom Exequaturstaat ratifizierte Vereinbarungen, unabhängig vom Zeitpunkt ihrer Inkraftsetzung, berufen. Dem Anerkennungs-/Vollstreckungskläger steht demnach die Möglichkeit offen, sich das für ihn günstigste Recht herauszusuchen.[10] Freilich ist die Vermengung verschiedener Regelungssysteme (Rosinentheorie) nicht möglich (§ 1061 Rn. 19). Die Anerkennung kann nur nach dem UNÜ, nach anderen Abkommen oder nach dem nationalen Verfahrensrecht erfolgen.[11] Entgegen dem Wortlaut des Art. VII ist es nicht erforderlich, dass sich der Vollstreckungs-/Anerkennungskläger ausdrücklich auf eine bestimmte Regelung beruft, da das UNÜ nicht die nationalen Regeln für die Rechtsanwendung modifiziert.[12] Damit ist es zumindest in Vertragsstaaten, in denen der Richter völkerrechtliche Verträge von Amts wegen zu berücksichtigen hat, möglich, dass sich der Antragsteller für die Anerkennung/Vollstreckung sowohl auf nationales Recht als auch auf das UNÜ beruft und dem Richter die Wahl des günstigeren Rechts überlässt.[13] Ein Gericht, das zur Beachtung völkerrechtlicher Verträge von Amts wegen verpflichtet ist, kann auch, ohne dass sich eine Partei überhaupt auf das anerkennungsfreundlichere Recht beruft, dieses anwenden.[14] Durch die Neuordnung des Schiedsverfahrensrechts ist in Deutschland eine Diskrepanz zwischen den völkerrechtlichen Verträgen und dem nationalen Recht weitgehend beseitigt worden, da sich die Anerkennung/Vollstreckung gem. § 1061 Abs. 1 ZPO ganz nach den bestehenden Staatsverträgen richtet. Allerdings gilt § 1064 ZPO gem. dessen Abs. 3 trotz des generellen Verweises durch § 1061 ZPO auf das UNÜ auch für ausländische Schiedssprüche, so dass das Günstigkeitsprinzip des Art. VII UNÜ zu beachten ist. § 1064 Abs. 3 ZPO hat daher Vorrang vor Art. IV UNÜ (s. Art. IV Rn. 2). Art. VII ermöglicht trotz des Rückverweises in § 1061 die Anwendung des § 1031 (s. Art. II Rn. 18). Möglich bleiben weiterhin Divergenzen zwischen den Staatsverträgen (s. Rn. 6 ff.). Obwohl sich die Meistbegünstigungsklausel des Art. VII auf Grund der späten Einfügung des Art. II in das Übereinkommen nur auf die Anerkennung/Vollstreckung von Schiedssprüchen bezieht, ist sie, um Regelungslücken zu vermeiden, auch auf die Anerkennung von Schiedsvereinbarungen im Rahmen einer Schiedseinrede anzuwenden.[15]

5   Nach Art. 1502 **franz. NCPC** kann ein ausländischer oder internationaler Schiedsspruch in Frankreich auch dann anerkannt werden, wenn er im Heimatstaat aufgehoben worden ist.[16] Über Art. VII führt dies zur Unanwendbarkeit von Art. V Abs. 1 lit. e.[17] Die Anerkennung eines aufgehobenen ausländischen Schiedsspruchs verstößt nicht gegen den französischen ordre public.[18] Auch ein **U. S. District Court** hat inzwischen einen aufgehobenen Schiedsspruch nach US-Recht für vollstreckbar erklärt.[19] Andere Gerichte sind jedoch zu gegenteiligen Ergebnissen gekommen.[20]

---

[8] Vgl. *Schwab/Walter* Kap. 42 Rn. 27; *Weigand/Haas* Part 3 Art. VII Rn. 7.
[9] *Schwab/Walter* Kap. 42 Rn. 27; *Schlosser* Rn. 137.
[10] BGH, Beschl. v. 21. 9. 2005 – III ZB 18/05 = SchiedsVZ 2005, 306, 307; OLG Celle, Beschl. v. 14. 12. 2006 – 8 Sch 14/05; a. A. OLG Frankfurt, Beschl. v. 26. 6. 2006 – 28 Sch 28/05.
[11] *Schwab/Walter* Kap. 42 Rn. 25; *Stein/Jonas/Schlosser* Anh. § 1061 Rn. 160; *van den Berg* S. 85 f.; *Mallmann* SchiedsVZ 2004, 152, 156; *Spickhoff* IPRax 2006, 522; aA *Kröll* ZZP 2004, 453, 473 ff.
[12] AA *Petrochilos* I. C. L. Q 1999, 856, 865 f.
[13] Vgl. *Schwab/Walter* Kap. 42 Rn. 26; *Stein/Jonas/Schlosser* Anh. § 1061 Rn. 161; *Weigand/Haas* Part 3 Art. VII Rn. 12.
[14] BGH, Beschl. v. 25. 9. 2003 – III ZB 68/02 = SchiedsVZ 2003, 281; BGH, Beschl. v. 21. 9. 2005 – III ZB 18/05 = SchiedsVZ 2005, 303, 307; BGH, Beschl. v. 23. 2. 2006 – III ZB 50/05 = SchiedsVZ 2006, 161, 163; *Nienaber* S. 229.
[15] So zu Recht *Weigand/Haas* Part 3 Art. VII Rn. 1.
[16] Cour de Cass. ZZPInt. 3 (1998), 485 *(Schlosser)*; vgl. *Gaillard* J. D. I. 125 (1998), 645; *Weinacht* ZVglRWiss. 98 (1999), 139, 148 ff.; *Siehr* ZZP15 (2002), 143; *Nienaber* S. 64; *Solomon* S. 11, 226 ff.
[17] *Nienaber*, Die Anerkennung und Vollstreckung im Sitzstaat aufgehobener Schiedssprüche, 64.
[18] Cour de Cassation Rev. Arb. 1994, 327.
[19] U. S. District Court for the District of Columbia, 939 F. Supp. 907 = ZZPInt. 3 (1998), 499 *(Schlosser);* vgl. *Davis*, Unconvential Wisdom: A new look at Articles V and VII of the Convention on the Recognition and Enforcement of Foreign Arbitral Awards, Texas. Int. L. J 2002, 43, 48 ff.; *Weinacht* ZVglRWiss. 98 (1999), 139, 151 ff.
[20] 191 F. 3 d 194 (2 d Cir. 1999) Baker Marine Ltd. V. Chevron Ltd, 77 F. Supp. 2 d 279 (S. D. N. Y. 1999) Spier v. Calzaturificio S. P. A.; dazu *Davis*, Texas. Int. L. J 2002, 43, 50 ff.

IV. Das Verhältnis des UNÜ zu einzelnen Verträgen[21]

1. Das Verhältnis UNÜ – EuÜ. Während das UNÜ die Anerkennung/Vollstreckung ausländischer Schiedssprüche betrifft, enthält das Genfer Europäische Übereinkommen über die internationale Handelsschiedsgerichtsbarkeit vom 21. 4. 1961 (s. Anh. § 1061 Nr. 2) Regelungen, die den Schiedsvertrag, das Schiedsverfahren sowie den Schiedsspruch betreffen. Überschneidungen sind deswegen selten. Das EuÜ kann sich auf folgende Normen des UNÜ auswirken: Art. II (vgl. Art. I Abs. 2 lit. a und Art. VI EuÜ); Art. V Abs. 1 lit. a (vgl. Art. V EuÜ), Art. V Abs. 1 lit. d (vgl. Art. VIII EuÜ), Art. V Abs. 1 lit. e (vgl. Art. IX EuÜ). Ist der Anwendungsbereich beider Übereinkommen eröffnet, so hat der Exequaturstaat, sofern er beide Abkommen ratifiziert hat, folgende Prämissen zu beachten. 6

(1) Die Anwendung der Übereinkommen darf nicht geltendes Völkerrecht verletzen. (Ausschließlich) zur Vermeidung solcher Verstöße enthalten beide Übereinkommen die Klausel, dass früher abgeschlossene Verträge unberührt bleiben.[22] Ist beispielsweise ein Schiedsspruch in einem Staat ergangen, der nicht das EuÜ ratifiziert hat und kam dabei das Verfahrensrecht des Schiedsortes zur Anwendung, so kann ein deutsches Exequaturgericht die Vollstreckung des Schiedsspruches nicht versagen, wenn er nach dem UNÜ, nicht aber bei Berücksichtigung des EuÜ für vollstreckbar zu erklären ist, vorausgesetzt das Schiedsland ist dem UNÜ beigetreten, bevor die Bundesrepublik Deutschland das EuÜ ratifiziert hat. In diesem Fall ist die Bundesrepublik gegenüber dem Schiedsland auf Grund des UNÜ völkerrechtlich verpflichtet, den Schiedsspruch zu vollstrecken. Etwas anderes gilt, wenn das Schiedsland dem UNÜ beigetreten ist, nachdem Deutschland das EuÜ ratifiziert hat (arg. Art. VII Abs. 1; Art. X Abs. 7 EuÜ: früher abgeschlossene Verträge bleiben unberührt). 7

(2) Soweit ein Verstoß gegen Völkerrecht nicht in Betracht kommt, bestimmt sich das Verhältnis des UNÜ zum EuÜ nach dem Grundsatz lex posterior derogat legi priori; das später in Kraft getretene Abkommen genießt demnach Vorrang.[23] Die Unberührtheitsklausel bleibt im Verhältnis der beiden Übereinkommen zueinander unbeachtlich. 8

(3) Hat nach den Grundsätzen (1) und (2) das UNÜ Vorrang vor dem EuÜ, so kann das EuÜ über die Meistbegünstigungsklausel des UNÜ dennoch zum Zuge kommen. 9

(4) Das EuÜ modifiziert in seinem Geltungsbereich das nationale Recht der Vertragsstaaten. Sofern demnach eine Kollisionsnorm des UNÜ auf das Recht eines EuÜ-Vertragsstaates verweist, kommt das EuÜ insoweit zur Anwendung, vorausgesetzt, sein Anwendungsbereich ist eröffnet.[24] 10

2. Verhältnis UNÜ – bilaterale Abkommen. a) Nach dem lex posterior Prinzip gilt im Verhältnis zu Art. 6 des **deutsch-amerikanischen Vertrags**,[25] sowie zu Art. 8 des **deutsch-sowjetischen Abkommens**[26] und zum **deutsch-belgischen Abkommen**[27] vorrangig das UNÜ, da die Vertragsstaaten nach Inkrafttreten dieser Abkommen auch das UNÜ ratifiziert haben. Diesen bilateralen Übereinkommen kommt jedoch über die Meistbegünstigungsklausel des UNÜ (s. Art. VII Rn. 4) Bedeutung zu, soweit sie an die Anerkennung/Vollstreckung von Schiedssprüchen geringere Anforderungen stellen.[28] Auch im Verhältnis zum **deutsch-tunesischen Vertrag**[29] sollte 11

---

[21] Vgl. dazu *Schwab/Walter* Kap. 42 Rn. 24 ff.; *Schlosser* Rn. 131 ff.; die behandelten Abkommen sind abgedruckt bei *Schwab/Walter* Kap. 42 Rn. 28 ff.
[22] *Weigand/Haas* Part 3 Art. VII Rn. 16.
[23] So BGH v. 25. 5. 1970 – VII ZR 157/68 = AWD 1970, 417, 418 = IPRspr. 1970, Nr. 133, S. 455, 456; *Weigand/Haas* Part 3 Art. VII Rn. 16; aA *Moller* EWS 1996, 297, 298 ff. (Vorrang des UNÜ).
[24] So zu Recht *Mezger* RabelsZ 29 (1965), 290.
[25] Freundschafts-, Handels- und Schifffahrtsvertrag zwischen der Bundesrepublik Deutschland und den Vereinigten Staaten von Amerika v. 29. 10. 1954, BGBl. II 1956 S. 488 (s. Anh. § 1061 Nr. 6).
[26] Abkommen über allgemeine Fragen des Handels und der Seeschifffahrt zwischen der Bundesrepublik Deutschland und der Union der Sozialistischen Sowjetrepubliken v. 25. 4. 1958, BGBl. II 1959 S. 222 (Anh. § 1061 Nr. 5). Der Vertrag gilt offenbar im Verhältnis zur Russischen Föderation fort, vgl. *Schwab/Walter* Kap. 42 Rn. 30 (Fn. 76).
[27] Abkommen zwischen der Bundesrepublik Deutschland und dem Königreich Belgien über die gegenseitige Anerkennung und Vollstreckung von gerichtlichen Entscheidungen, Schiedssprüchen und öffentlichen Urkunden in Zivil- und Handelssachen v. 30. 6. 1958, BGBl. II 1959 S. 766.
[28] OLG Frankfurt, Entscheidung vom 29. 6. 1989 – 6 U (Kart.) 115/88 = RIW 1989, 911; *Schlosser* Rn. 111, 136.
[29] Deutsch-tunesischer Vertrag über Rechtsschutz und Rechtshilfe, die Anerkennung und Vollstreckung gerichtlicher Entscheidungen in Zivil- und Handelssachen sowie über die Handelsschiedsgerichtsbarkeit v. 19. 7. 1966, BGBl. II 1969 S. 27.

§ 1061 Anh. 2 EuÜ Art. I   Anh. zu § 1061. Internationale Schiedsgerichtsbarkeit

man das UNÜ als lex posterior betrachten, obwohl Tunesien im Zeitpunkt der Ratifizierung dem UNÜ schon beigetreten war.[30]

12 b) Das **deutsch-schweizerische**[31] und das **deutsch-italienische**[32] **Abkommen** sind mit der Maßgabe anzuwenden, dass zwischen den Staaten statt der Genfer Abkommen nun nach Art. VII Abs. 2 das UNÜ gilt.[33]

13 c) Der **deutsch-österreichische,**[34] **deutsch-griechische**[35] und der **deutsch-niederländische**[36] **Vertrag** verweisen auf die zwischen den Staaten in Kraft befindlichen Verträge, was zur Anwendung dieser Verträge und über Art. VII Abs. 1 zusätzlich zur Anwendung des nationalen Rechts des Exequaturstaates führt.[37]

2. Genfer Europäisches Übereinkommen über die internationale Handelsschiedsgerichtsbarkeit vom 21. April 1961 (EuÜ)

Vertragsstaaten des EuÜ: Albanien, Aserbeidschan, Belgien, Bosnien-Herzegowina, Bulgarien, Bundesrepublik Deutschland, Burkina Faso, Dänemark, Frankreich, Italien, (ehem.) Jugoslawien, Kasachstan, Kroatien, Kuba, Lettland, Luxemburg, Mazedonien, Moldau, Österreich, Polen, Rumänien, Russland, Serbien-Montenegro, Slowakei, Slowenien, Spanien, Tschechien, Türkei, Ukraine, Ungarn, Weißrussland.

Schrifttum: *Gentinetta,* Das Verhalten des Europäischen Übereinkommens über die Internationale Handelschiedsgerichtsbarkeit von 1961 zu anderen multilateralen Abkommen, SchweizJbIntR 1968, 149; *Hascher,* European Convention on International Commercial Arbitration of 1961, YCA XVII (1992), 711; *Kaiser,* Das europäische Übereinkommen über die internationale Handelsschiedsgerichtsbarkeit, 1967; *Klein,* Das Europäische Übereinkommen über die internationale Handelsschiedsgerichtsbarkeit, ZZP 76 (1963), 342; *H.J. Maier,* Europäisches Übereinkommen über die internationale Handelsschiedsgerichtsbarkeit und UN-Übereinkommen über die Anerkennung und Vollstreckung ausländischer Schiedssprüche, 1966; *Mezger,* Das europäische Übereinkommen über die Handelsschiedsgerichtsbarkeit, RabelsZ 29 (1965), 231; *Moller,* Der Vorrang des UN-Übereinkommens über Schiedsgerichtsbarkeit vor dem Europäischen Übereinkommen über Handelsschiedsgerichtsbarkeit, EWS 1996, 297; *ders.,* Schiedsverfahrensnovelle und Europäisches Übereinkommen über die internationale Handelsschiedsgerichtsbarkeit, NZG 2000, 57; *Nagel/Gottwald,* Internationales Zivilprozessrecht, 6. Aufl. 2007, § 16 Rn. 156ff.; *Reithmann/Martiny/Hausmann,* Internationales Vertragsrecht, 6. Aufl. 2004, Rn. 3340ff.; *Schwab/Walter,* Schiedsgerichtsbarkeit, 7. Aufl. 2005; *Solomon,* Die Verbindlichkeit von Schiedssprüchen in der internationalen privaten Schiedsgerichtsbarkeit, 2007, S. 170ff.

Art. I. Anwendungsbereich des Übereinkommens. (1) Dieses Übereinkommen ist anzuwenden:

a) auf Schiedsvereinbarungen, die zum Zwecke der Regelung von bereits entstandenen oder künftig entstehenden Streitigkeiten aus internationalen Handelsgeschäften zwischen natürlichen oder juristischen Personen geschlossen werden, sofern diese bei Abschluß der Vereinbarung ihren gewöhnlichen Aufenthalt oder ihren Sitz in verschiedenen Vertragsstaaten haben;
b) auf schiedsrichterliche Verfahren und auf Schiedssprüche, die sich auf die in Absatz 1 Buchstabe a bezeichneten Vereinbarungen gründen.

---

[30] Str.; vgl. *Schwab/Walter* Kap. 42 Rn. 32; *Schlosser* Rn. 112, 137 m. weit. Nachw.; *Ganske* AWD 1970, 154.
[31] Deutsch-schweizerisches Abkommen über die gegenseitige Anerkennung und Vollstreckung von gerichtlichen Entscheidungen und Schiedssprüchen v. 2. 11. 1929, RGBl. II 1930 S. 1270.
[32] Deutsch-italienisches Abkommen über die Anerkennung und Vollstreckung gerichtlicher Entscheidungen in Zivil- und Handelssachen v. 9. 3. 1936, RGBl. II 1937 S. 145, wieder in Kraft seit 1. 10. 1952.
[33] Vgl. *Schwab/Walter* Kap. 42 Rn. 28.
[34] Vertrag zwischen der Bundesrepublik Deutschland und der Republik Österreich über die gegenseitige Anerkennung und Vollstreckung von gerichtlichen Entscheidungen, Vergleichen und öffentlichen Urkunden in Zivil- und Handelssachen v. 6. 6. 1959, BGBl. II 1960 S. 1246.
[35] Vertrag zwischen der Bundesrepublik Deutschland und dem Königreich Griechenland über die gegenseitige Anerkennung und Vollstreckung von gerichtlichen Entscheidungen, Vergleichen und öffentlichen Urkunden in Zivil- und Handelssachen v. 4. 11. 1961, BGBl. II 1963 S. 110.
[36] Vertrag zwischen der Bundesrepublik Deutschland und dem Königreich der Niederlande über die gegenseitige Anerkennung und Vollstreckung gerichtlicher Entscheidungen und anderer Schuldtitel in Zivil- und Handelssachen v. 30. 8. 1962, BGBl. II 1965 S. 27.
[37] BGH v. 26. 2. 1991 – XI ZR 349/89 = RIW 1991, 420; ob ein Rückgriff auf nationales Recht möglich ist, ist str.; vgl. *Schwab/Walter* Kap. 42 Rn. 29; *Schlosser* Rn. 110, 136 m. weit. Nachw.

(2) Im Sinne dieses Übereinkommens bedeutet

a) „Schiedsvereinbarung" eine Schiedsklausel in einem Vertrag oder eine Schiedsabrede, sofern der Vertrag oder die Schiedsabrede von den Parteien unterzeichnet oder in Briefen, Telegrammen oder Fernschreiben, die sie gewechselt haben, enthalten ist und, im Verhältnis zwischen Staaten, die in ihrem Recht für Schiedsvereinbarungen nicht die Schriftform fordern, jede Vereinbarung, die in den nach diesen Rechtsordnungen zulässigen Formen geschlossen ist;

b) „Regelung durch ein Schiedsgericht" die Regelung von Streitigkeiten nicht nur durch Schiedsrichter, die für eine bestimmte Sache bestellt werden (ad hoc-Schiedsgericht), sondern auch durch ein ständiges Schiedsgericht;

c) „Sitz" den Ort, an dem sich die Niederlassung befindet, welche die Schiedsvereinbarung geschlossen hat.

I. Bestimmung des Anwendungsbereichs

Das EuÜ ist gemäß Art. I Abs. 1 nur anwendbar, wenn die beiden folgenden Voraussetzungen erfüllt sind: (1) ein (subjektiver) personenbezogener Aufenthalt oder Sitz der Parteien in verschiedenen Vertragsstaaten (Abs. 1 lit. a) und (2) eine (objektive) sachbezogene Schiedsvereinbarung über Streitigkeiten aus internationalen Handelsgeschäften (Abs. 1 lit. a 1. Halbs.). Das EuÜ geht dabei nicht wie das UNÜ vom Schiedsspruch aus, sondern von der Schiedsvereinbarung. Schiedssprüche werden nur erfasst, wenn sie auf einer Schiedsvereinbarung iSd. Abs. 1 lit. a beruhen (Abs. 1 lit. b).[1] Darunter ist sowohl eine Schiedsabrede, dh. eine selbstständige Schiedsvereinbarung (über bereits entstandene Streitigkeiten), als auch eine Schiedsklausel, dh. eine Schiedsvereinbarung für künftige Streitigkeiten innerhalb eines Hauptvertrages zu verstehen.[2] Aus Art. I EuÜ folgt aber mittelbar auch die Pflicht der Vertragsstaaten, Schiedsvereinbarungen, die den in Abs. 2 aufgestellten Anforderungen entsprechen, anzuerkennen.[3] 1

1. Personenbezogene Voraussetzung. Nach Art. I Abs. 1 lit. a 2. Halbs. müssen die Parteien der Schiedsvereinbarung ihren gewöhnlichen Aufenthalt oder ihren Sitz bei Abschluss dieser Vereinbarung in verschiedenen Vertragsstaaten des Übereinkommens haben.[4] Ist das der Fall ist es unerheblich, ob das Schiedsverfahren in einem Nichtvertragsstaat nach dem dortigen Schiedsverfahrensrecht stattfindet.[5] Bei Vereinbarungen mit Zweigniederlassungen ist unter „Sitz" gemäß Art. I Abs. 2 lit. c der Ort zu verstehen, an dem sich die „Niederlassung" befindet, die die Schiedsvereinbarung geschlossen hat. Da es auf den Zeitpunkt des Abschlusses der Vereinbarung ankommt, ist das Übereinkommen anwendbar, wenn der Sitz nach Abschluss der Schiedsvereinbarung von einem Vertragsstaat in einen Nichtvertragsstaat verlegt wird.[6] Die Anknüpfung an den gewöhnlichen Aufenthalt und nicht etwa an den Wohnsitz findet ihre Rechtfertigung in der teilweise unterschiedlichen Auslegung des Wohnsitzbegriffes in den Vertragsstaaten.[7] Die Nationalität der Beteiligten ist irrelevant.[8] Das EuÜ ist nicht anzuwenden, wenn eine Partei der Schiedsvereinbarung aus einem Nichtvertragsstaat kommt.[9] 2

2. Sachbezogene Voraussetzung. Das EuÜ gilt ausschließlich für die Handelsschiedsgerichtsbarkeit: Die zwischen den Parteien geschlossene Schiedsvereinbarung (Schiedsklausel oder Schiedsabrede) muss sich auf ein internationales Handelsgeschäft beziehen (Abs. 1 lit. a 1. Halbs.). 3

a) Internationales Handelsgeschäft. Wann ein Handelsgeschäft „international" ist, bestimmt das EuÜ nicht selbst. Der Begriff ist gleichwohl nicht nach der jeweiligen lex fori auszulegen,[10] sondern nach vertragsautonomen Kriterien zu bestimmen.[11] Dies erfolgt im Gegensatz zu Art. I 4

---

[1] *Schlosser* Rn. 88; *Schwab/Walter* Kap. 42 Rn. 14; *Reithmann/Martiny/Hausmann* Rn. 3341.
[2] Denkschrift zum EuÜ, BT-Drucks. 4/1597, S. 26; *Maier* Anm. 1.
[3] *Stein/Jonas/Schlosser* Anh. § 1061 Rn. 170; *Reithmann/Martiny/Hausmann* Rn. 3350; *Gildeggen* S. 100.
[4] OLG Köln v. 18. 5. 1992 – 19 U 22/92 = EuZW 1992, 711, 712; *Schlosser* Rn. 90; *Hascher* YCA XX (1995), 1006, Rn. 4.
[5] *Stein/Jonas/Schlosser* Anh. § 1061 Rn. 169; *Schwab/Walter* Kap. 42 Rn. 15; einschränkend *Hascher* YCA XX (1995), 1006, Rn. 15.
[6] *Solomon* S. 172; *Reithmann/Martiny/Hausmann* Rn. 334.
[7] Denkschrift zum EuÜ, BT-Drucks. 4/1597, S. 27; *Schlosser* Rn. 90.
[8] *Hascher* YCA XX (1995), 1006, Rn. 6.
[9] *Stein/Jonas/Schlosser* Anh. § 1061 Rn. 167.
[10] AA *Klein* ZZP 76 (1963), 346.
[11] *Schwab/Walter* Kap. 42 Rn. 14; *Solomon* S. 172; *Hascher* YCA XX (1995), 1006, Rn. 12, 13; *Stein/Jonas/Schlosser* Anh. § 1061 Rn. 167; *Reithmann/Martiny/Hausmann* Rn. 3343.

§ 1061 Anh. 2 EuÜ Art. I   Anh. zu § 1061. Internationale Schiedsgerichtsbarkeit

Abs. 3 S. 2 UNÜ und Art. 1 Abs. 2 GP, die einen Vorbehalt für den nationalen Gesetzgeber vorsehen, den Anwendungsbereich auf Handelssachen im Sinne des nationalen Rechts zu beschränken. Der Zweck des EuÜ, die internationale Rechtsverfolgung durch die Schiedsgerichtsbarkeit zu erleichtern, gebietet es, an einen vom nationalen Recht losgelösten, für alle Vertragsstaaten einheitlich geltenden Begriff anzuknüpfen. Auch aus Gründen der Rechtssicherheit ist ein einheitlicher „übernationaler" Begriff des internationalen Handelsgeschäfts zugrundezulegen. Auf diese Weise hat das EuÜ in allen Vertragsstaaten denselben Anwendungsbereich.[12]

5   Ein internationales Handelsgeschäft liegt danach grundsätzlich vor, wenn Leistungen (Transfer von Sachen, Kapital, Dienstleistungen oder jede andere gegen Entgelt) über Staatsgrenzen hinweg erbracht werden sollen.[13] Liegen Vertragsschluss und Leistungsaustausch in demselben Staat, ist das EuÜ nicht anzuwenden.[14]

6   Wegen der vergleichbaren Interessenlage findet das EuÜ auch Anwendung, wenn zwischen Parteien verschiedener Vertragsstaaten ein Handelsgeschäft über eine in einem Drittland zu erbringende Leistung geschlossen wird, gleichgültig, ob dieses „Drittland" Vertragsstaat des EuÜ ist oder nicht (zB eine Firma in Deutschland schließt mit einer Firma in England einen Vertrag über eine in Spanien zu erbringende Leistung); derartige Geschäfte sind auf Leistungen „von einem Land in ein anderes gerichtet".[15]

7   **b) Handelsgeschäft.** Ob und unter welchen Voraussetzungen ein Handelsgeschäft vorliegt, ist autonom und nicht nach der jeweiligen nationalen Rechtsordnung auszulegen.[16] Ein deutsches Gericht darf daher das EuÜ nicht nur auf Handelsgeschäfte iSd. § 343 HGB anwenden.[17] Für eine autonome Auslegung sprechen wiederum Sinn und Zweck des EuÜ und die Rechtssicherheit. Handelsgeschäft iSd. Art. I ist danach ein Geschäft, das auf Erbringung von Leistungen gegen Entgelt gerichtet und an dem mindestens eine Vertragspartei in nicht privater Funktion beteiligt ist.[18] Kaufmannseigenschaft im Sinne des HGB ist nicht erforderlich.[19]

8   Nach dem Wortlaut des Abs. 1 lit. a erfasst das EuÜ nur Streitigkeiten aus Handelsgeschäften. Unter das EuÜ fallen jedoch nicht ausschließlich Streitigkeiten aus Verträgen bzw. vertragliche Ansprüche.[20] Gesetzliche Schuldverhältnisse, insbesondere aus unerlaubter Handlung, fallen nur dann nicht in den Anwendungsbereich des EuÜ, wenn sie in keinerlei Zusammenhang mit dem von der Schiedsvereinbarung geregelten Handelsgeschäft stehen.[21] Das EuÜ findet daher auch Anwendung, wenn der Gläubiger durch die aus dem internationalen Handelsgeschäft zu erbringende Leistung in seinen sonstigen Rechtsgütern verletzt wird. Eine solche Auslegung des Abs. 1 entspricht am ehesten dem Willen der Parteien, Vertragsstörungen insgesamt vom Schiedsgericht beurteilen zu lassen und nicht zwischen verschiedenen Anspruchsgrundlagen zu differenzieren.

II. Das Bestimmtheitserfordernis

9   Die Schiedsvereinbarung muss sich nicht auf ein bestimmtes Rechtsverhältnis zwischen den Parteien beziehen. Anders als nach Art. 1 GP, Art. II Abs. 1 UNÜ und § 1029 ZPO sind daher Generalklauseln wirksam, in denen sich die Parteien für mehrere oder alle Streitigkeiten aus internationalen Handelsgeschäften der Schiedsgerichtsbarkeit unterwerfen. Unterliegt ein Schiedsspruch sowohl dem UNÜ als auch dem EuÜ (Art. I Abs. 1 lit. b iVm. Abs. 1 lit. a) und ist die betreffende Schiedsvereinbarung nur nach Art. II Abs. 1 UNÜ, nicht aber nach Art. I Abs. 1 EuÜ wegen Unbestimmtheit unwirksam, so ist er dennoch nach dem UNÜ anzuerkennen und für vollstreckbar zu erklären.[22] Soweit der betreffende Staat das UNÜ vor dem EuÜ ratifiziert hat, folgt dies bereits aus Art. VII Abs. 1 UNÜ iVm. dem Grundsatz lex posterior derogat legi priori.[23] Die Wirksamkeit

---

[12] *Kaiser* S. 57; *Mezger* RabelsZ 29 (1965), 231, 240; *Schwab/Walter* Kap. 42 Rn. 14.
[13] *Mezger* RabelsZ 29 (1965), 231, 240; *Schwab/Walter* Kap. 42 Rn. 14; *Solomon* S. 173; *Reithmann/Martiny/Hausmann* Rn. 3344; *Nagel/Gottwald* IZPR § 16 Rn. 159.
[14] *Stein/Jonas/Schlosser* Anh. § 1061 Rn. 167.
[15] *Reithmann/Martiny/Hausmann* Rn. 3344; *Nagel/Gottwald* IZPR § 16 Rn. 159.
[16] *Moller* NZG 2000, 57, 58.
[17] Offengelassen von BGH v. 20. 3. 1980 – III ZR 151/79 = IPRax 1981, 53 Nr. 9; BGHZ 77, 32, 36, da im zu entscheidenden Fall jedenfalls die Voraussetzungen des § 343 HGB erfüllt waren.
[18] *Reithmann/Martiny/Hausmann* Rn. 3344; *Schwab/Walter* Kap. 42 Rn. 14; *Stein/Jonas/Schlosser* Anh. § 1061 Rn. 167.
[19] *Nagel/Gottwald* IZPR § 16 Rn. 160.
[20] So aber *Schwab/Walter* Kap. 42 Rn. 14.
[21] Vgl. *von Hülsen* S. 93; *Reithmann/Martiny/Hausmann* Rn. 3345.
[22] AA *Maier* Art. 1 Anm. 1.
[23] *Stein/Jonas/Schlosser* Anh. § 1061 Rn. 173; *Reithmann/Martiny/Hausmann* Rn. 3348; vgl. auch BGH v. 25. 5. 1970 – VII ZR 157/68 = WM 1970, 1050; *Wackenhuth* ZZP 99 (1986), 445, 450.

nach Art. I Abs. 1 ist aber auch dann für das UNÜ maßgebend, wenn dieses nach dem EuÜ ratifiziert worden ist.[24] Denn wegen der grundsätzlichen Ergänzungsfunktion des EuÜ gegenüber dem UNÜ[25] ist auch für diesen Fall der Vorrang des Art. I vor dem UNÜ anzuerkennen.[26] Auch ist kein Grund ersichtlich, die Gültigkeit von Schiedsvereinbarungen bzw. die Anerkennung und Vollstreckung eines Schiedsspruches allein vom Zeitpunkt der Ratifizierung der beiden Übereinkommen abhängig zu machen.

Mangels genügender Bestimmtheit nichtig ist jedoch eine Schiedsvereinbarung, aus der das zur Entscheidung berufene Schiedsgericht weder bestimmt noch bestimmbar ist.[27] Erleichterungen hins. des Bestimmtheitsgebotes bestehen daher nur für die in Frage stehenden Rechtsverhältnisse, die der Schiedsvereinbarung unterstehen sollen.

III. Grunddefinitionen

1. Schriftform der Schiedsvereinbarung. Nach Abs. 2 lit. a 2. Halbs. ist eine Schiedsvereinbarung als Schiedsklausel in einem Vertrag oder als selbstständige Schiedsabrede wirksam (zum Unterschied zwischen Schiedsklausel und Schiedsabrede s. Rn. 1). Strengeres Recht der Vertragsstaaten wird verdrängt, § 1031 ZPO ist nicht anwendbar. In beiden Fällen muss die Schiedsvereinbarung von beiden Parteien unterzeichnet sein. Dies entspricht Art. II Abs. 2 UNÜ (s. Art. II UNÜ Rn. 14). Wann die Gegenseite die Vereinbarung unterzeichnet hat, ist unerheblich. Ausreichend ist eine nachträgliche schriftliche Zustimmung; selbst ein erst im Prozess (Unterzeichnung der *terms of reference*) erklärtes Einverständnis genügt, um eine wirksame Schiedsabrede zu begründen.[28]

Eine beiderseitige Unterzeichnung ist jedoch keine Wirksamkeitsvoraussetzung, wenn die Schiedsvereinbarung in Briefen, Telegrammen oder Fernschreiben, die die Parteien gewechselt haben, enthalten ist. Wirksamkeitsvoraussetzung ist hier allein die Wechselseitigkeit; durch einseitiges Zusenden von Briefen usw., die eine Schiedsklausel enthalten oder denen eine Schiedsabrede beigelegt ist, kann eine wirksame Schiedsvereinbarung nicht zustandekommen. Auch in der widerspruchslosen Entgegennahme eines derartigen Schreibens ist keine – stillschweigende – Zustimmung zu einer Schiedsvereinbarung zu sehen. Der Schutz der anderen Partei verlangt vielmehr ein ausdrücklich erklärtes Einverständnis in einem Brief, Telegramm oder Fernschreiben.[29] Sowohl die schriftliche Erklärung einer Partei bei mündlicher Zustimmungserklärung der anderen, als auch die schriftliche Bestätigung einer vorher mündlich getroffenen Schiedsabrede durch eine Partei führen somit grundsätzlich nicht zu einer formwirksamen Schiedsvereinbarung. Zur evtl. Präklusion der Rüge der mangelnden Form der Schiedsvereinbarung vgl. Art. V Rn. 6 f.

2. Auflockerung des Schriftformerfordernisses. Von dem grundsätzlichen Erfordernis der Schriftlichkeit ist nach Abs. 2 lit. a 2. Halbs. nur dann abzusehen, wenn beide Parteien Vertragsstaaten angehören, nach deren Rechtsordnungen für Schiedsvereinbarungen keine Schriftform gefordert wird. In diesem Fall sind die erleichterten Wirksamkeitsvoraussetzungen dieser Staaten maßgebend, Art. I Abs. 2 lit. a.[30] Nach Art. I Abs. 1 lit. a gilt dann das Recht der Vertragsstaaten, in denen die Parteien ihren gewöhnlichen Aufenthalt oder Sitz haben.[31] Können nach den betreffenden nationalen Rechtsordnungen Schiedsvereinbarungen auch stillschweigend oder mündlich geschlossen werden, so kann der Schiedsrichter einer solchen Vereinbarung nicht unter Berufung auf das Schriftlichkeitserfordernis des Abs. 2 lit. a die Wirksamkeit versagen. Die Vereinbarung ist dann auch im Rahmen des UNÜ wirksam (s. Art. II UNÜ Rn. 18). Eine Formerleichterung nur nach dem Recht einer Partei oder nach Schiedsvertragsstatut genügt nicht.[32]

---

[24] *Reithmann/Martiny/Hausmann* Rn. 3348; van den Berg S. 96; *Wackenhuth* ZZP 99 (1986), 445, 450.
[25] Vgl. dazu etwa die Präambel des EuÜ; *von Bülow* AWD 1961, 144; Denkschrift zum EuÜ, BT-Drucks. 4/1597, S. 26.
[26] Im Ergebnis ebenso *van den Berg* S. 96; *Wackenhuth* ZZP 99 (1986), 445, 447, 451.
[27] So BGH v. 2. 12. 1982 – III ZR 85/8 = IPRax 1984, 148 für den Fall, dass nach der Schiedsvereinbarung zwei ständige Schiedsgerichte für die Entscheidung in Betracht kommen.
[28] BGH v. 2. 12. 1982 – III ZR 85/81= NJW 1983, 1267 = RIW 1983, 209 = IPRax 1984, 148; OLG Köln v. 18. 5. 1992 – 19 U 22/92 = EuZW 1992, 711, 712 = RIW 1992, 760; ICC Schiedsspruch 6531/1991, YCA XVII (1992) 221, 223; *Schwab/Walter* Kap. 44 Rn. 14; *Reithmann/Martiny/Hausmann* Rn. 3352.
[29] Prinzip der Schriftlichkeit; *Kaiser* S. 41 f.
[30] BGH v. 25. 5. 1970 – VII ZR 157/68 = WM 1970, 1050; *Mezger* RabelsZ 29 (1965), 231, 241; *Reithmann/Martiny/Hausmann* Rn. 3354; *Schwab/Walter* Kap. 44 Rn. 14.
[31] *Schwab/Walter* Kap. 44 Rn. 14; *Reithmann/Martiny/Hausmann* Rn. 3354; aA Klein ZZP 76 (1963), 346, wonach auch das Schiedsverfahrensrecht sowie das Ortsstatut des Schiedsgerichts und das des Vollstreckungsstaates heranzuziehen seien.
[32] BayObLG, Beschl. v. 12. 12. 2002 – 4 Z Sch 16/02, NJW-RR 2003, 719, 720; *Schwab/Walter* Kap. 44 Rn. 14; *Reithmann/Martiny/Hausmann* Rn. 3355; *Hascher* YCA XVII (1992), 711 Rn. 22.

§ 1061 Anh. 2 EuÜ Art. II, III   Anh. zu § 1061. Internationale Schiedsgerichtsbarkeit

14   **3. Schiedsvereinbarung und Allgemeine Geschäftsbedingungen.** Eine Schiedsvereinbarung kann auch in Allgemeinen Geschäftsbedingungen wirksam vereinbart werden. Voraussetzung ist aber, dass diese Bestandteil des (Haupt-)Vertrages geworden sind.[33] Sind sie einem Brief, Telegramm oder einem Fernschreiben lediglich beigelegt, so kommt eine wirksame Schiedsvereinbarung nur zustande, wenn die Geschäftsbedingungen im Rahmen eines Schriftwechsels zwischen den Parteien von der anderen Partei ausdrücklich akzeptiert werden. Etwas anderes gilt nur, wenn die Parteien Vertragsstaaten angehören, die an die Einbeziehung von Allgemeinen Geschäftsbedingungen geringere Anforderungen stellen.[34]

15   **4. Art des Schiedsgerichts.** Aufgrund der in Abs. 2 lit. b enthaltenen Definition des Begriffes „Regelung durch ein Schiedsgericht" werden ständige Schiedsgerichte den „ad hoc-Schiedsgerichten" ausdrücklich gleichgestellt.[35]

16   **5. Sitz der Partei.** Die in Abs. 2 lit. c enthaltene Definition des „Sitzes" einer Partei oder juristischen Person dient nicht nur der Bestimmung des Anwendungsbereiches des EuÜ. Die Vorschrift hat auch Bedeutung bei der Bestimmung des nach Art. IV Abs. 3 zuständigen Handelskammerpräsidenten.

17   „Sitz" iSd. Abs. 2 lit. c kann auch eine Zweigniederlassung sein;[36] maßgebend ist dann nicht der Sitz der Hauptniederlassung, sondern derjenige dieser Zweigniederlassung.[37] Danach ist der Anwendungsbereich des EuÜ auch dann eröffnet, wenn zwar nicht die Haupt-, jedoch die die Schiedsvereinbarung abschließende Zweigniederlassung einem anderen Vertragsstaat als die Gegenpartei angehört. Der Sitzdefinition liegt ein ökonomisches Konzept zugrunde, so dass für die Bestimmung des „Sitzes" nicht der satzungsmäßige, sondern der tatsächliche maßgebend ist.[38]

Art. II. Schiedsfähigkeit der juristischen Personen des öffentlichen Rechts. (1) In den Fällen des Artikels I Abs. 1 haben die juristischen Personen, die nach dem für sie maßgebenden Recht „juristische Personen des öffentlichen Rechts" sind, die Fähigkeit, wirksam Schiedsvereinbarungen zu schließen.

(2) Jeder Staat kann bei der Unterzeichnung oder Ratifizierung des Übereinkommens oder beim Beitritt erklären, dass er diese Fähigkeit in dem Ausmaße beschränkt, das in seiner Erklärung bestimmt ist.

1   Art. II begründet (vorbehaltlich einer Erklärung nach Abs. 2) die subjektive Schiedsfähigkeit von Personen des öffentlichen Rechts. Die Regel hat Vorrang vor dem Recht des jeweiligen Heimatstaates.[1] Der Begriff „juristische Person" ist weit auszulegen und erfasst auch den Staat selbst, Teilstaaten und selbständig tätige staatliche Agenturen oder Unternehmen.[2]

2   Der Vorbehalt des Abs. 2 diente dazu, Rechtsordnungen, die die Schiedsfähigkeit juristischer Personen des öffentlichen Rechts verneinen, den Abschluss zu ermöglichen.[3] Belgien hat davon Gebrauch gemacht.[4]

Art. III. Fähigkeit der Ausländer zum Schiedsrichteramt. Ausländer können in schiedsrichterlichen Verfahren, auf die dieses Übereinkommen anzuwenden ist, zu Schiedsrichtern bestellt werden.

1   Nach Art. III können auch Angehörige von Nichtvertragsstaaten zu Schiedsrichtern bestellt werden. Die Vorschrift ist vor allem historisch bedingt, da zum Zeitpunkt des Abschlusses des Übereinkommens einige Staaten entgegenstehende Rechtsvorschriften hatten, die die Bildung international besetzter Schiedsgerichte nicht ermöglichten. Entgegenstehendes nationales Recht

---

[33] BGH v. 25. 5. 1970 – VII ZR 157/68 = WM 1970, 1050; *Reithmann/Martiny/Hausmann* Rn. 3351.
[34] Zur danach uU ebenfalls gegebenen Möglichkeit der Einbeziehung von Geschäftsbedingungen über die Grundsätze des Schweigens auf ein kaufmännisches Bestätigungsschreiben vgl. BGH v. 25. 5. 1970 – VII ZR 157/68 = WM 1970, 1050.
[35] Vgl. dazu *Kaiser* S. 47 f. und Art. IV.
[36] *Kaiser* S. 42.
[37] *Maier* Art. I Anm. 8.
[38] *Reithmann/Martiny/Hausmann* Rn. 3342; *Hascher* YCA XX (1995), 1006, Art. I Rn. 5.
[1] *Nagel/Gottwald* IZPR § 16 Rn. 158.
[2] *Hascher* YCA XX (1995), 1006, Art. I Rn. 25.
[3] *Kaiser* S. 68; *Hascher* YCA XX (1995), 1006, Art. I Rn. 27, 89.
[4] *Hascher* YCA XX (1995), 1006, Art. I Rn. 89.

wird durch die Vorschrift verdrängt.[1] Heute bestehen derartige nationale Rechtsvorschriften nicht mehr.[2]

Art. III steht einer Beschränkung der Wahlfreiheit auf Schiedsrichterlisten, die Schiedsgerichte nationalisieren, nicht entgegen.[3] Wird die Bestellung von Ausländern durch die Satzung bzw. Verfahrensordnung einer Schiedsinstitution ausgeschlossen, stellt dies keinen Verstoß gegen Art. III dar.[4]

Art. IV. Gestaltung des schiedsrichterlichen Verfahrens. (1) Den Parteien einer Schiedsvereinbarung steht es frei zu bestimmen,

a) dass ihre Streitigkeiten einem ständigen Schiedsgericht unterworfen werden; in diesem Fall wird das Verfahren nach der Schiedsgerichtsordnung des bezeichneten Schiedsgerichts durchgeführt; oder

b) dass ihre Streitigkeiten einem ad hoc-Schiedsgericht unterworfen werden; in diesem Fall können die Parteien insbesondere
  1. die Schiedsrichter bestellen oder im Einzelnen bestimmen, wie die Schiedsrichter bei Entstehen einer Streitigkeit bestellt werden;
  2. den Ort bestimmen, an dem das schiedsrichterliche Verfahren durchgeführt werden soll;
  3. die von den Schiedsrichtern einzuhaltenden Verfahrensregeln festlegen.

(2) ¹Haben die Parteien vereinbart, die Regelung ihrer Streitigkeiten einem ad hoc-Schiedsgericht zu unterwerfen, und hat eine der Parteien innerhalb von 30 Tagen, nachdem der Antrag, mit dem das Schiedsgericht angerufen wird, dem Beklagten zugestellt worden ist, ihren Schiedsrichter nicht bestellt, so wird dieser Schiedsrichter, sofern nichts anderes vereinbart ist, auf Antrag der anderen Partei von dem Präsidenten der zuständigen Handelskammer des Staates bestellt, in dem die säumige Partei bei Stellung des Antrags, mit dem das Schiedsgericht angerufen wird, ihren gewöhnlichen Aufenthalt oder ihren Sitz hat. ²Dieser Absatz gilt auch für die Ersetzung von Schiedsrichtern, die von einer Partei oder von dem Präsidenten der oben bezeichneten Handelskammer bestellt worden sind.

(3) ¹Haben die Parteien vereinbart, die Regelung ihrer Streitigkeiten einem ad hoc-Schiedsgericht, das aus einem Schiedsrichter oder aus mehreren Schiedsrichtern besteht, zu unterwerfen, und enthält die Schiedsvereinbarung keine Angaben über die Maßnahmen der in Absatz 1 bezeichneten Art, die zur Gestaltung des schiedsrichterlichen Verfahrens erforderlich sind, so werden diese Maßnahmen, wenn die Parteien sich hierüber nicht einigen und wenn nicht ein Fall des Absatzes 2 vorliegt, von dem Schiedsrichter oder von den Schiedsrichtern getroffen, die bereits bestellt sind. ²Kommt zwischen den Parteien über die Bestellung des Einzelschiedsrichters oder zwischen den Schiedsrichtern über die zu treffenden Maßnahmen eine Einigung nicht zustande, so kann der Kläger, wenn die Parteien den Ort bestimmt haben, an dem das schiedsrichterliche Verfahren durchgeführt werden soll, sich zu dem Zweck, dass diese Maßnahmen getroffen werden, nach seiner Wahl entweder an den Präsidenten der zuständigen Handelskammer des Staates, in dem der von den Parteien bestimmte Ort liegt, oder an den Präsidenten der zuständigen Handelskammer des Staates wenden, in dem der Beklagte bei Stellung des Antrags, mit dem das Schiedsgericht angerufen wird, seinen gewöhnlichen Aufenthalt oder seinen Sitz hat; haben die Parteien den Ort, an dem das schiedsrichterliche Verfahren durchgeführt werden soll, nicht bestimmt, so kann sich der Kläger nach seiner Wahl entweder an den Präsidenten der zuständigen Handelskammer des Staates, in dem der Beklagte bei Stellung des Antrags, mit dem das Schiedsgericht angerufen wird, seinen gewöhnlichen Aufenthalt oder seinen Sitz hat, oder an das Besondere Komitee wenden, dessen Zusammensetzung und dessen Verfahren in der Anlage zu diesem Übereinkommen geregelt sind. ³Übt der Kläger die ihm in diesem Absatz eingeräumten Rechte nicht aus, so können sie von dem Beklagten oder von den Schiedsrichtern ausgeübt werden.

---

[1] *Schwab/Walter* Kap. 47 Rn. 4; *Kaiser* S. 72; *Mezger* RabelsZ 29 (1965), 231, 253.
[2] *Nagel/Gottwald* IZPR § 16 Rn. 162; *Stein/Jonas/Schlosser* Anh. § 1061 Rn. 177.
[3] *Hascher* YCA XX (1995), 1006, Art. I Rn. 28.
[4] *Stein/Jonas/Schlosser* Anh. § 1061 Rn. 177; *Hascher* YCA XX (1995), 1006, Art. I Rn. 28; *Nagel/Gottwald* IZPR § 16 Rn. 162; *Kaiser* S. 72; *Mezger* RabelsZ 29 (1965), 231, 253.

(4) Der Präsident oder das Besondere Komitee kann, je nach den Umständen des ihm vorgelegten Falles, folgende Maßnahmen treffen:
a) den Einzelschiedsrichter, den Obmann des Schiedsgerichts, den Oberschiedsrichter oder den dritten Schiedsrichter bestellen;
b) einen oder mehrere Schiedsrichter ersetzen, die nach einem anderen als dem in Absatz 2 vorgesehenen Verfahren bestellt worden sind;
c) den Ort bestimmen, an dem das schiedsrichterliche Verfahren durchgeführt werden soll, jedoch können die Schiedsrichter einen anderen Ort wählen;
d) unmittelbar oder durch Verweisung auf die Schiedsgerichtsordnung eines ständigen Schiedsgerichts die von den Schiedsrichtern einzuhaltenden Verfahrensregeln festlegen, wenn nicht mangels einer Vereinbarung der Parteien über das Verfahren die Schiedsrichter dieses selbst festgelegt haben.

(5) Haben die Parteien vereinbart, die Regelung ihrer Streitigkeiten einem ständigen Schiedsgericht zu unterwerfen, ohne dass sie das ständige Schiedsgericht bestimmt haben, und einigen sie sich nicht über die Bestimmung des Schiedsgerichts, so kann der Kläger diese Bestimmung gemäß dem in Absatz 3 vorgesehenen Verfahren beantragen.

(6) [1]Enthält die Schiedsvereinbarung keine Angaben über die Art des Schiedsgerichts (ständiges Schiedsgericht oder ad hoc-Schiedsgericht), dem die Parteien ihre Streitigkeit zu unterwerfen beabsichtigt haben, und einigen sich die Parteien nicht über diese Frage, so kann der Kläger von dem in Absatz 3 vorgesehenen Verfahren Gebrauch machen. [2]Der Präsident der zuständigen Handelskammer oder das Besondere Komitee kann die Parteien entweder an ein ständiges Schiedsgericht verweisen oder sie auffordern, ihre Schiedsrichter innerhalb einer von ihm festgesetzten Frist zu bestellen und sich innerhalb derselben Frist über die Maßnahmen zu einigen, die zur Durchführung des schiedsrichterlichen Verfahrens erforderlich sind. [3]In diesem letzten Falle sind die Absätze 2, 3 und 4 anzuwenden.

(7) Ist ein Antrag der in den Absätzen 2, 3, 4, 5 und 6 vorgesehenen Art von dem Präsidenten der in diesen Absätzen bezeichneten Handelskammer innerhalb von 60 Tagen nach Eingang des Antrags nicht erledigt worden, so kann sich der Antragsteller an das Besondere Komitee wenden, damit dieses die Aufgaben übernimmt, die nicht erfüllt worden sind.

I. Regelungsinhalt, Überblick

1   Art. IV enthält vereinheitlichtes Sachrecht für das eigentliche Schiedsverfahren. Nach Art. IV Abs. 1 können die Parteien das Schiedsverfahren weitgehend selbst regeln **(Grundsatz der Parteiautonomie);** Abs. 2 bestimmt, was zu geschehen hat, wenn die Parteien zwar eine ad hoc-Regelung getroffen haben, doch eine Vertragspartei diese zu unterlaufen versucht. Abs. 3 bis 6 behandeln verschiedene Fälle, in denen eine Regelung nach Abs. 1 nicht getroffen wurde, unvollständig oder fehlerhaft ist. Inhalt und Ausgestaltung der enthaltenen Regeln beruhen auf dem Vorbehalt gegenüber staatlichen Institutionen im Ost-West-Handel.[1]

2   Ein derartiger Vorbehalt bestand nicht unter den westeuropäischen Ländern. Im Verhältnis zu Belgien, Dänemark, Frankreich, Italien, Luxemburg und Österreich werden die Absätze 2 bis 7 durch die **Pariser Vereinbarung über die Anwendung des Europäischen Übereinkommens** über die internationale Handelsschiedsgerichtsbarkeit vom 17. 12. 1962 (s. Anh. § 1061 Nr. 3) ersetzt. Soweit die Schiedsparteien, natürliche oder juristische Personen, ihren gewöhnlichen Aufenthalt oder Sitz in Vertragsstaaten haben, gilt danach folgende Regelung:

„Enthält die Schiedsvereinbarung keine Angaben über die Gesamtheit oder einen Teil der in Art. IV Abs. 1 des Europäischen Übereinkommens über die internationale Handelsschiedsgerichtsbarkeit bezeichneten Maßnahmen, so werden die bei der Bildung oder der Tätigkeit des Schiedsgerichts etwa entstehenden Streitigkeiten auf Antrag einer Partei durch das zuständige staatliche Gericht behoben."

II. Parteiautonomie im Schiedsverfahren

3   **1. Wahl zwischen ständigem und ad hoc-Schiedsgericht.** Art. IV Abs. 1 übernimmt das Prinzip der Parteiautonomie von Art. V Abs. 1 lit. d UN-Übereinkommen von 1958;[2] die Ver-

---
[1] Historische Darstellung bei *Kaiser* S. 76 f.
[2] *Kaiser* S. 83.

tragsparteien können ihre Streitigkeiten danach einem ständigen Schiedsgericht unterwerfen (Abs. 1 lit. a) oder ein ad hoc-Schiedsgericht (Abs. 1 lit. b) mit der Entscheidung ihrer Streitigkeiten betrauen (anders noch Art. 2 Abs. 1 GP 1923). Da das Übereinkommen insoweit keine Einschränkungen enthält, können sich die Parteien auch auf einen Verfahrensort in einem Nichtvertragsstaat einigen.[3]

a) Wahl eines ständigen Schiedsgerichts. Haben die Parteien die Streitigkeit einem ständigen Schiedsgericht unterworfen, unterliegen die Zusammensetzung des Schiedsgerichts, der Gerichtsort sowie die Gestaltung des Schiedsverfahrens den Regeln der Schiedsordnung dieses Schiedsgerichts.[4] Art. IV Abs. 1 lit. a ist somit Ausdruck der dem Übereinkommen zugrunde liegenden Anerkennung der Gleichwertigkeit der Schiedsgerichte in den osteuropäischen mit denen in den westeuropäischen Staaten. 4

b) Wahl eines ad hoc-Schiedsgerichts. Haben die Parteien ihre Streitigkeit einem ad hoc-Schiedsgericht unterstellt, so erstreckt sich die Parteiautonomie anders als bei der Wahl eines ständigen Schiedsgerichts auch auf die Bestimmung der Schiedsrichter, des Schiedsortes[5] und der anzuwendenden Verfahrensregeln (lit. b Nr. 1 bis 3). Abs. 1 lit. b stellt keine abschließende Regelung dar („insbesondere") und ist im Zusammenhang mit Art. VI Abs. 2 und Art. VII zu sehen, wonach die Parteien die Schiedsvereinbarung und die Hauptsache jeweils einer bestimmten Rechtsordnung unterwerfen können. Danach haben die Parteien die Befugnis, für Schiedsabrede, -verfahren und Hauptsache die Anwendbarkeit verschiedener Rechtsordnungen zu vereinbaren. Doch müssen Schiedsverfahren und Schiedsspruch der gleichen Rechtsordnung unterstellt werden.[6] 5

Der Wirksamkeit solcher Parteivereinbarungen stehen evtl. widersprechende Bestimmungen (auch zwingende) des einschlägigen autonomen nationalen Rechts grundsätzlich nicht entgegen.[7] Denn das Übereinkommen will es den Parteien des internationalen Handelsgeschäfts ermöglichen, ein ihrer konkreten Streitigkeit angepasstes Verfahren zu vereinbaren. Internationale Schiedsvereinbarungen, auf die das Übereinkommen Anwendung findet, sind insoweit am weniger nationalen Recht, sondern an dem Übereinkommen selbst zu messen. 6

2. Grenzen der Parteiautonomie. a) Haben sich die Parteien auf ein **ständiges Schiedsgericht** geeinigt, so können sie die Gestaltung des Schiedsverfahrens nur beeinflussen, soweit dies die betreffende Schiedsordnung (satzungsmäßig) vorsieht; ansonsten gelangen die Verfahrensregeln der Schiedsordnung des ausgewählten Schiedsgerichts uneingeschränkt zur Anwendung. 7

b) Im Übrigen findet die umfassende Parteiautonomie, insbesondere im Fall des ad hoc-Schiedsgerichts, stets ihre Grenzen durch das Recht des Beklagten auf **Gewährung rechtlichen Gehörs**[8] und den **ordre public-Vorbehalt.**[9] 8

III. Ersatzbestellung eines ad hoc-Schiedsrichters

1. Regelungszweck. Haben sich beide Parteien verpflichtet, Schiedsrichter zu bestellen, kommt eine Partei jedoch dieser Verpflichtung nicht nach, so soll durch Art. IV Abs. 2 verhindert werden, dass dadurch das Schiedsverfahren unterlaufen werden kann und der anderen Partei Nachteile entstehen. 9

2. Voraussetzungen. Abs. 2 ist nur anwendbar, wenn die Parteien sich auf ein ad hoc-Schiedsgericht geeinigt haben, der Schiedsvertrag ein Schiedsrichterkollegium bestehend aus „Parteischiedsrichtern" vorsieht und „eine der Parteien innerhalb von 30 Tagen, nachdem der Antrag, mit dem das Schiedsgericht angerufen wird, dem Beklagten zugestellt worden ist, ihren Schiedsrichter nicht bestellt". 10

3. Rechtsfolgen. Haben die Parteien für diesen Fall keine Vereinbarung (im Schiedsvertrag oder später) getroffen, so wird auf Antrag der anderen Partei die Bestellung des Schiedsrichters durch den Präsidenten der zuständigen Handelskammer des Landes vorgenommen, in dem die säumige Partei ihren gewöhnlichen Aufenthalt oder Sitz (vgl. Art. I Abs. 2 lit. c) hat: Welcher Handelskammerpräsident zuständig ist, bestimmt das jeweilige nationale Recht. Bleibt auch dieser Präsident untätig, so 11

---

[3] *Mezger* S. 253.
[4] BGH v. 2. 12. 1982 – III ZR 85/81 = NJW 1983, 1268; *Kornblum* RIW 1980, 381; *Kaiser* S. 85.
[5] BGH v. 20. 3. 1980 – III ZR 151/79 = NJW 1980, 2022 = BGHZ 77, 32, 40.
[6] *Mezger* S. 277.
[7] BGH v. 20. 3. 1980 – III ZR 151/79 = NJW 1980, 2022 = BGHZ 77, 32, 40; *Stein/Jonas/Schlosser* Anh. § 1061 Rn. 178; *Reithmann/Martiny/Hausmann* Rn. 3360; *Rensmann* S. 47 f.; *Moller* NZG 2000, 57, 61.
[8] *Kaiser* S. 83.
[9] *Stein/Jonas/Schlosser* Anh. § 1061 Rn. 178; *Kaiser* S. 83.

§ 1061 Anh. 2 EuÜ Art. IV   Anh. zu § 1061. Internationale Schiedsgerichtsbarkeit

erfolgt die Bestellung durch das **Besondere Komitee** (Zusammensetzung und Verfahren des Besonderen Komitees richten sich gem. Abs. 3 nach der Anlage zum EuÜ[10]) nach Maßgabe des Abs. 7. Von dieser Regelung geht eine heilsame Wirkung aus; die Regeln finden daher in praxi kaum jemals Anwendung.

IV. Ersatzweise Regelung des Schiedsverfahrens

12 **1. Zweck der Regelung.** Die Abs. 3 bis 7 regeln den Fall, dass zwar eine gültige Schiedsvereinbarung vorliegt, die Parteien jedoch von der ihnen gemäß Abs. 1 gewährten Parteiautonomie keinen oder nicht in vollem Umfang Gebrauch gemacht haben. Im Gegensatz zur Regelung in Art. V Abs. 1 lit. d UNÜ ist nicht das Recht des Landes anwendbar, in dem das Schiedsverfahren stattfindet, sondern die Regelung der Abs. 3 bis 7.

13 Erfasst werden sollen insbesondere sog. „Blankettklauseln", in denen die Vertragsparteien lediglich eine Übereinstimmung hinsichtlich des Prinzips der schiedsrichterlichen Streiterledigung erzielt, aber keine oder nur eine lückenhafte Regelung der Organisation und/oder der Gestaltung des schiedsrichterlichen Verfahrens getroffen haben. Die Regelung des Abs. 3 soll allerdings derartige Blankettklauseln keineswegs fördern.

Die Abs. 3 bis 7 haben subsidiären Charakter. Nur wenn bei Vereinbarung eines ad hoc-Schiedsgerichts eine Einigung über die Gestaltung des Schiedsverfahrens (vorbehaltlich Abs. 2) fehlt (Abs. 3) oder über die Bestimmung (Abs. 5) bzw. Art des Schiedsgerichts (ständiges oder ad hoc-Schiedsgericht) nicht getroffen wurde, greift auf Veranlassung einer Partei der Ergänzungsmechanismus des Abs. 3 ein.

14 **2. Bestimmung von Verfahrensfragen, Überwindung von Meinungsverschiedenheiten.**
a) Haben die Parteien ihre Streitigkeiten einem **ad hoc-Schiedsgericht** unterworfen, fehlt jedoch eine Vereinbarung hinsichtlich des Schiedsverfahrens im Einzelnen (Ort, Verfahrensregeln, Bestellung der Schiedsrichter; vgl. Abs. 1 lit. b) oder wurde sie nicht wirksam getroffen, so ist die Lücke nach Maßgabe des Abs. 3 zu füllen. Zuvor ist stets zu prüfen, ob nicht durch Auslegung des (vorgehenden) Parteiwillens ermittelt werden kann, was anstelle der zwar getroffenen, aber unwirksamen Vereinbarung gelten soll.[11] Dies folgt sowohl aus dem subsidiären Charakter der Abs. 3 bis 7 als auch aus der großen Bedeutung, die das Übereinkommen dem Parteiwillen beimisst.

15 **b)** Liegt kein Fall des Abs. 2 vor und hilft auch die Auslegung nicht, so sind die fehlenden nicht wirksam zustande gekommenen Maßnahmen, von dem bzw. den bereits bestellten Schiedsrichtern zu treffen (Abs. 3 S. 1).

16 **c)** Wenn zwischen den Parteien über die Bestellung des Einzelschiedsrichters, der diese Maßnahmen zu treffen hat, oder zwischen den (bestellten) Schiedsrichtern über die zu treffenden Maßnahmen keine Einigung erzielt werden kann, greift Abs. 3 S. 2 ein. Haben sich die Parteien über den Ort des Schiedsverfahrens geeinigt, so hat der Kläger ein Wahlrecht, ob er sich an den Präsidenten der zuständigen Handelskammer des Staates wendet, in dem der Schiedsort sich befindet oder in dem der Beklagte bei Stellung des Antrags, mit dem das Schiedsgericht angerufen wurde, seinen gewöhnlichen Aufenthalt oder Sitz hat.

17 **d)** Wurde eine Einigung über den Ort des Schiedsverfahrens nicht getroffen, kann sich der Kläger entweder an den **Präsidenten der** für den Sitz bzw. Aufenthalt des Beklagten zuständigen **Handelskammer** oder aber an das **Besondere Komitee** (vgl. Anlage zum EuÜ) wenden. Die Maßnahmen, die der zuständige Präsident der Handelskammer bzw. das Besondere Komitee treffen können, sind in Abs. 4 lit. a bis d aufgeführt.

18 **e)** Haben die Parteien zwar eine Vereinbarung darüber getroffen, dass ein ständiges Schiedsgericht über bestehende Streitigkeiten entscheiden solle, nicht jedoch darüber, welches zuständig ist, dann hat der Kläger gemäß Abs. 5 die Befugnis, diese Bestimmung nach Maßgabe des in Abs. 3 angeordneten Verfahrens zu treffen. In diesem Fall beschränken sich die Befugnisse des Präsidenten der zuständigen Handelskammer und die des Besonderen Komitees darauf, das institutionell zuständige Schiedsgericht zu bestimmen; das Schiedsverfahren richtet sich nach dessen Satzung bzw. Schiedsgerichtsordnung. Denn auch im Falle der Einigung auf ein bestimmtes Schiedsgericht ist gemäß Abs. 1 lit. a dessen Verfahrensordnung maßgebend.

19 **f)** Haben die Parteien keine Vereinbarung darüber getroffen, ob ein ständiges oder ein ad hoc-Schiedsgericht entscheiden soll und einigen sie sich nicht über diese Frage, so verweist Abs. 6 wiederum auf das in Abs. 3 vorgesehene Verfahren.

---

[10] Abgedruckt bei *Kaiser* S. 207 f.; s. auch *Hascher* YCA XX (1995), 1006, Art. IV Rn. 34.
[11] Vgl. dazu auch *von Bülow* AWD 1961, 144 f.

Art. V. Einrede der Unzuständigkeit des Schiedsgerichts. (1) ¹Will eine Partei die Einrede der Unzuständigkeit des Schiedsgerichts erheben, so hat sie die Einrede, wenn diese damit begründet wird, die Schiedsvereinbarung bestehe nicht, sei nichtig oder sei hinfällig geworden, in dem schiedsrichterlichen Verfahren spätestens gleichzeitig mit ihrer Einlassung zur Hauptsache vorzubringen; wird die Einrede damit begründet, der Streitpunkt überschreite die Befugnisse des Schiedsgerichts, so hat die Partei die Einrede vorzubringen, sobald der Streitpunkt, der die Befugnisse des Schiedsgerichts überschreiten soll, in dem schiedsrichterlichen Verfahren zur Erörterung kommt. ²Wird eine Einrede von den Parteien verspätet erhoben, so hat das Schiedsgericht die Einrede dennoch zuzulassen, wenn die Verspätung auf einem von dem Schiedsgericht für gerechtfertigt erachteten Grund beruht.

(2) ¹Werden die in Absatz 1 bezeichneten Einreden der Unzuständigkeit nicht in den dort bestimmten zeitlichen Grenzen erhoben, so können sie, sofern es sich um Einreden handelt, die zu erheben den Parteien nach dem von dem Schiedsgericht anzuwendenden Recht überlassen ist, im weiteren Verlauf des schiedsrichterlichen Verfahrens nicht mehr erhoben werden; sie können auch später vor einem staatlichen Gericht in einem Verfahren in der Hauptsache oder über die Vollstreckung des Schiedsspruches nicht mehr geltend gemacht werden, sofern es sich um Einreden handelt, die zu erheben den Parteien nach dem Recht überlassen ist, welches das mit der Hauptsache oder mit der Vollstreckung des Schiedsspruches befasste staatliche Gericht nach seinen Kollisionsnormen anzuwenden hat. ²Das staatliche Gericht kann jedoch die Entscheidung, mit der das Schiedsgericht die Verspätung der Einrede festgestellt hat, überprüfen.

(3) Vorbehaltlich einer dem staatlichen Gericht nach seinem Recht zustehenden späteren Überprüfung kann das Schiedsgericht, dessen Zuständigkeit bestritten wird, das Verfahren fortsetzen; es ist befugt, über seine eigene Zuständigkeit und über das Bestehen oder die Gültigkeit der Schiedsvereinbarung oder des Vertrages, in dem diese Vereinbarung enthalten ist, zu entscheiden.

I. Regelungsinhalt

Art. V regelt zum einen die **Einrede der Unzuständigkeit des Schiedsgerichts** im schiedsgerichtlichen Verfahren. Art. VI dagegen betrifft die Einrede der Unzuständigkeit des staatlichen Gerichts. Art. V Abs. 1 und 2 enthalten – anders als das UNÜ (s. § 1061 Anh. 1 Art. V UNÜ Rn. 6 ff.) – Präklusionsvorschriften. Dadurch soll eine zeitliche Konzentration der Zuständigkeitsrügen und damit die Beschleunigung des Schiedsverfahrens erreicht werden; bei nicht rechtzeitiger Geltendmachung können die Parteien nach Maßgabe der Abs. 1 und 2 mit diesen Einreden grundsätzlich nicht mehr gehört werden. Zum anderen wird in Art. V Abs. 3 die Frage der sog. **„Kompetenz-Kompetenz"** des Schiedsgerichts behandelt, dh. die Frage, ob das Schiedsgericht mit bindender Wirkung für die staatlichen Gerichte über seine eigene Zuständigkeit entscheiden kann. 1

II. Zeitliche Grenzen für die Erhebung der Einrede

Art. V Abs. 1 behandelt zwei Arten von Einreden gegen die Zuständigkeit des Schiedsgerichts: (1) die den Bestand der Schiedsvereinbarung betreffende (Abs. 1 1. Halbs.) und (2) die Einrede der partiellen Unzuständigkeit des Schiedsgerichts (Abs. 1 2. Halbs.). 2

1. Einrede gegen den Bestand der Schiedsvereinbarung. Die Einrede, dass die Schiedsvereinbarung nicht bestehe oder hinfällig geworden sei, muss spätestens gleichzeitig mit der Einlassung zur Hauptsache vorgebracht werden; andernfalls, dh. im Fall der rügelosen Einlassung zur Hauptsache, wird die Partei damit vorbehaltlich der Regelung in Abs. 1 S. 2 nicht mehr gehört. Erfolgt die Einlassung zur Hauptsache mittels Schriftsatz, so ist maßgebender Zeitpunkt für die Verwirkung der Rügemöglichkeit der Eingang dieses Schriftsatzes beim Schiedsgericht.[1] Bei obligatorischer mündlicher Verhandlung ist der Zeitpunkt der ersten mündlichen Sacherörterung maßgebend. Unter Abs. 1 1. Halbs. fallende Einreden sind insbesondere diejenigen, mit denen die Formunwirksamkeit der Schiedsvereinbarung auf Grund Art. I Abs. 2 lit. a oder wegen mangelnder subjektiver Schiedsfähigkeit geltend gemacht wird. „Hinfällig" kann eine Schiedsvereinbarung werden, wenn sie nur für einen bestimmten Zeitraum Geltung haben sollte und dieser abgelaufen ist. 3

---

[1] BGH v. 2. 12. 1982 – III ZR 85/81= IPRax 1984, 148, 151; BGH v. 22. 5. 1967 – VII ZR 188/64 = NJW 1967, 2057, 2059 = BGHZ 48, 35, 45; öOGH, Beschl. v. 26. 1. 2005 – 3 Ob 221/04b = IPRax 2006, 496 (*Spickhoff* 522, 523); *Reithmann/Martiny/Hausmann* Rn. 3363; *Stein/Jonas/Schlosser* Anh. § 1061 Rn. 180.

4 **2. Einrede der partiellen Unzuständigkeit.** Will eine Partei geltend machen, ein konkreter Streitpunkt werde von der Schiedsvereinbarung nicht erfasst und falle daher nicht in die Zuständigkeit des Schiedsgerichts, so muss diese Unzuständigkeitsrüge (erst) erhoben werden, sobald der betreffende Streitpunkt tatsächlich zur Erörterung gelangt.[2] Streitpunkt kann ein weiterer Klageantrag sein, ebenso eine Widerklage. Die materielle Basis der Streitentscheidung, zB die Befugnis zur Anwendung der lex mercatoria ist nicht Streitpunkt in diesem Sinne.[3]

5 **3. Zulassung der Einrede trotz Verspätung.** Wird eine unter Abs. 1 S. 1 fallende Einrede nicht rechtzeitig erhoben, so ist sie gemäß Abs. 1 S. 2 dennoch zuzulassen, wenn die Verspätung nach Ansicht des Schiedsgerichts auf einem für gerechtfertigt erachteten Grund beruht.[4] Dem Schiedsgericht steht insoweit ein (pflichtgemäßer) Ermessensspielraum nur hinsichtlich der Frage zu, ob die Verspätung auf einem genügend entschuldigten Grund beruht. Wann ein derartiger Grund vorliegt, regelt Art. V nicht. Wegen der Unterschiede in den nationalen Regelungen ist diese Frage aus Gründen der Rechtssicherheit autonom anzuknüpfen.[5] Danach kann die verspätete Rüge zumindest bei Kenntnis und grobfahrlässiger Unkenntnis des Mangels der Schiedsvereinbarung bzw. der partiellen Unzuständigkeit zurückgewiesen werden. Hat das Schiedsgericht jedoch das Vorliegen eines rechtfertigenden Grundes bejaht, so muss es die Rüge zulassen; das Schiedsgericht besitzt also kein Ermessen auf der Rechtsfolgeseite („hat ... zuzulassen"). Zur Bindung des staatlichen Gerichts an die die (Nicht-)Zulassung der Rüge betreffende Entscheidung des Schiedsgerichts s. Rn. 11 ff.

6 **4. Keine Präklusion bei Nichtteilnahme am Verfahren.** Ob eine Präklusion auch dann erfolgen kann, wenn der Schiedsbeklagte am Verfahren gar nicht teilnimmt, wird uneinheitlich beurteilt. Zum Teil wird dies bejaht.[6] Der Wortlaut des Art. V Abs. 1 erzwingt diese Ansicht nicht: Dieser kann sich ebenso auf eine Rügeobliegenheit nur für den Fall der Einlassung zur Hauptsache beziehen.[7] Die Entstehungsgeschichte des Übereinkommens spricht für die Auslegung, dass die Verwirkungsfolgen nur eintreten, wenn eine Teilnahme erfolgt.[8] Für die letztere Ansicht spricht auch, dass ein Schiedsbeklagter, der sich gar nicht am Verfahren beteiligt, keinen Vertrauenstatbestand schafft.[9] Daher gilt Abs. 2 nicht, wenn sich ein Schiedsbeklagter auf ein Verfahren gar nicht einlässt.

III. Reichweite und Folgen der Präklusion

7 Der Verlust der Unzuständigkeitseinrede wegen rügeloser Einlassung bezieht sich nur auf die in Abs. 1 S. 1 aufgeführten Unzuständigkeitsgründe, also auf das Nichtbestehen, die Nichtigkeit oder Hinfälligkeit der Schiedsvereinbarung oder auf die partielle Unzuständigkeit des Schiedsgerichts.[10] Abs. 1 S. 1 bildet insoweit eine abschließende Regelung. Nicht erfasst werden zB Einwendungen gegen die Bildung bzw. Zusammensetzung des Schiedsgerichts. Dies folgt aus dem allgemeinen Grundsatz, wonach Verwirkungsnormen als Ausnahmevorschriften eng auszulegen und einer Analogie grundsätzlich nicht zugänglich sind.[11]

8 Abs. 2 S. 1 1. Halbs. sieht einen grundsätzlichen Ausschluss einer (nicht genügend entschuldigten) verspäteten Einrede gegen die Zuständigkeit des Schiedsgerichts für das weitere Schiedsverfahren vor. Die gleiche Rechtsfolge (in der Regel Verwirkung der Einrede) gilt nach S. 1 2. Halbs. für ein späteres Verfahren über die Hauptsache oder für die Anerkennung und Vollstreckbarerklärung des Schiedsspruchs vor einem staatlichen Gericht.[12]

9 **1. Keine Präklusion der von Amts wegen zu beachtenden Gründe im Schiedsverfahren.** Art. V Abs. 2 S. 1 macht jedoch eine Ausnahme von der Präklusionswirkung, da danach eine Präklusion im Verfahren vor dem Schiedsgericht nur für solche Unzuständigkeitsgründe eintreten kann, „die zu erheben den Parteien nach dem vom Schiedsgericht anzuwendenden Recht überlas-

---

[2] Vgl. auch BGH v. 31. 10. 1963 – VII ZR 285/61= DB 1964, 182; BGH v. 28. 6. 1965 – VII ZR 128/63 = WM 1965, 1014; *Reithmann/Martiny/Hausmann* Rn. 3363.
[3] *Stein/Jonas/Schlosser* Anh. § 1061 Rn. 180.
[4] Vgl. BGH v. 2. 12. 1982 – III ZR 85/81= IPRax 1984, 148; *Stein/Jonas/Schlosser* Anh. § 1061 Rn. 180; *Reithmann/Martiny/Hausmann* Rn. 3364.
[5] *Stein/Jonas/Schlosser* Anh. § 1061 Rn. 180; *Reithmann/Martiny/Hausmann* Rn. 3364; für eine dem § 1040 Abs. 2 S. 4 ZPO entsprechende Auslegung *Moller* NZG 2000, 57, 65.
[6] *Kaiser* S. 117.
[7] *Schlosser* Rn. 814; *Mallmann* SchiedsVZ 2004, 152, 159.
[8] *Kaiser* S. 117 (Fn. 32); *Bülow* NJW 1972, 415, 419; *Schlosser* Rn. 814.
[9] Ebenso *Mallmann* SchiedsVZ 2004, 152, 159.
[10] *Kaiser* S. 115; *Reithmann/Martiny/Hausmann* Rn. 3365; aA *Mezger* RabelsZ 29 (1965), 231, 266.
[11] Vgl. auch *Kaiser* S. 115 f. unter Bezugnahme auf die Entstehungsgeschichte des Art. V.
[12] *Reithmann/Martiny/Hausmann* Rn. 3366; YCA XVII (1992), 711 Rn. 42.

sen ist". Im Umkehrschluss folgt daraus, dass von Amts wegen zu beachtende Unzuständigkeitsgründe nicht präkludiert sind.[13] Das EuÜ regelt jedoch nicht, nach welcher Rechtsordnung die danach maßgebliche Frage (Beachtung von Amts wegen oder nur auf Rüge der Parteien) zu entscheiden ist. Entsprechend ist str., ob auf das Recht des Schiedsverfahrens,[14] der Hauptsache[15] oder auf das auf die Schiedsvereinbarung anwendbare Recht abzustellen ist. Das auf die Schiedsvereinbarung anwendbare Recht entscheidet allein darüber, ob die Schiedsvereinbarung wirksam ist, also ob ein Unzuständigkeitsgrund tatsächlich vorliegt, regelt aber nicht die verfahrensmäßige Relevanz. Daher ist auf das dem Schiedsverfahren zugrundeliegende Recht abzustellen.

2. Kein Ausschluss vor dem staatlichen Gericht. Ebenso gilt die grundsätzliche Ausschlusswirkung des Abs. 2 in einem späteren Verfahren über die Hauptsache oder die Vollstreckbarerklärung des Schiedsspruches vor einem staatlichen Gericht nur, wenn die Unzuständigkeitsgründe nach den Kollisionsnormen des mit der Sache befassten staatlichen Gerichts nur auf Einrede hin zu beachten sind, Abs. 2 S. 1 2. Halbs. Eine Präklusion kommt daher nur für Rügen in Betracht, auf die die Parteien verzichten können.[16] Wie im Verfahren vor dem Schiedsgericht bestimmt das EuÜ wiederum nicht, nach welchem Recht diese Frage zu entscheiden ist (s. Rn. 9). Auch diese Frage ist als verfahrensrechtlich zu qualifizieren. Maßgebend ist daher das das Verfahrensrecht bestimmende Kollisionsrecht; das staatliche Gericht hat daher in der Regel sein eigenes Verfahrensrecht zugrundezulegen (lex-fori-Prinzip).[17] Eine danach eintretende Präklusion hat insbesondere Bedeutung für den Fall der Anerkennung und Vollstreckbarerklärung des Schiedsspruches nach dem UNÜ: Soweit eine Partei nach Art. V Abs. 2 wirksam präkludiert ist, entfällt auch die Möglichkeit, sich vor dem Exequaturgericht auf die Versagungsgründe des Art. V Abs. 1 lit. a und lit. c UNÜ zu berufen.[18] Das EuÜ überlagert insoweit Art. V Abs. 1 UNÜ (Art. VII UNÜ). 10

IV. Bindung des staatlichen Gerichts

Für die in Abs. 2 aE angeordnete Bindung des staatlichen Gerichts an die Entscheidung des Schiedsgerichts über die Zulassung einer Rüge iSd. Abs. 1 und 2 ist danach zu unterscheiden, ob das Schiedsgericht die Einrede zurückgewiesen oder zugelassen hat. 11

1. Zulassung der Einrede auf Grund fehlender oder entschuldigter Verspätung. Für die Frage, ob die Rüge der Unzuständigkeit des Schiedsgerichts unverschuldet versäumt wurde, ist allein die Ansicht des Schiedsgerichts maßgebend (arg. Abs. 1 S. 2). Das staatliche Gericht kann diese Entscheidung nicht überprüfen und ist an die Entscheidung des Schiedsgerichts gebunden.[19] 12

2. Zurückweisung wegen nicht genügend entschuldigter Verspätung. Weist das Schiedsgericht eine erhobene Einrede iSd. Abs. 1 wegen rügeloser Einlassung zurück, so ist das später mit der Sache befasste staatliche Gericht an diese Entscheidung insofern nicht gebunden, als es dahingehenden Antrag prüfen kann, ob objektiv tatsächlich Verspätung vorgelegen hat, Abs. 2 S. 2 iVm. Abs. 3.[20] Hat auch nach Ansicht des staatlichen Gerichts Verspätung vorgelegen, so ist die Einrede endgültig verwirkt; die Frage nach einer evtl. bestehenden Entschuldbarkeit der Versäumung wird vom staatlichen Gericht nicht untersucht.[21] Hat objektiv keine Verspätung vorgelegen, so besteht keine Bindung des staatlichen Gerichts an die gegenteilige des Schiedsgerichts. Das staatliche Gericht hat insofern die Einrede auch im Vollstreckbarerklärungsverfahren zu berücksichtigen.[22] 13

---

[13] *Stein/Jonas/Schlosser* Anh. § 1061 Rn. 180; *Reithmann/Martiny/Hausmann* Rn. 3365; *Schwab/Walter* Kap. 51 Rn. 5; *Mallmann* SchiedsVZ 2004, 152, 154; *Mezger* RabelsZ 29 (1965), 231, 265; *K. Schmidt*, FS Nagel, 1987, S. 373, 379.
[14] So *Schwab/Walter* Kap. 51 Rn. 5; *Kaiser* S. 119; *Schlosser* Rn. 814; *Reithmann/Martiny/Hausmann* Rn. 3365.
[15] Also letztlich Art. VII; so *Fouchard* Rn. 259, 263.
[16] öOGH, Beschl. v. 26. 1. 2005 – 3 Ob 221/04b = IPRax 2006, 496 (*Spickhoff* 522); *Hascher* YCA XX (1995), 1006, Art. V Rn. 43; *Schlosser* Rn. 812; *Reithmann/Martiny/Hausmann* Rn. 3366.
[17] *Reithmann/Martiny/Hausmann* Rn. 3366; *Haas* IPRax 1993, 383, 385; aA *Stein/Jonas/Schlosser* Anh. § 1061 Rn. 183 (Recht der Schiedsvereinbarung).
[18] *Reithmann/Martiny/Hausmann* Rn. 3366.
[19] BGH v. 2. 12. 1982 – III ZR 85/81 = IPRax 1984, 148, 151; *Nagel/Gottwald* IZPR § 16 Rn. 165; *Stein/Jonas/Schlosser* Anh. § 1061 Rn. 182; *Schlosser* Rn. 813; *Reithmann/Martiny/Hausmann* Rn. 3367; *Mallmann* SchiedsVZ 2004, 152, 159; *Moller* NZG 2000, 57, 65.
[20] *Schwab/Walter* Kap. 51 Rn. 6; *Reithmann/Martiny/Hausmann* Rn. 3367; *Kaiser* S. 118; *Mallmann* SchiedsVZ 2004, 152, 159.
[21] BGH v. 2. 12. 1982 – III ZR 85/81 = IPRax 1984, 148.
[22] *Hascher* YCA XX (1995), 1006, Art. V Rn. 44.

§ 1061 Anh. 2 EuÜ Art. V

14 **3. Überprüfung durch das staatliche Gericht.** Lässt das Schiedsgericht jedoch die Frage der Zulassung der an sich verspäteten Rüge ausdrücklich offen, da diese jedenfalls unbegründet sei, so bewirkt dies keine Bindungswirkung gegenüber dem staatlichen Gericht; andernfalls könnte das Schiedsgericht durch den bloßen Hinweis auf die Unbegründetheit der Rüge stets eine Überprüfungsmöglichkeit hins. der Rechtzeitigkeit des Vorbringens durch das staatliche Gericht unterlaufen.[23] Die Frage der Zulässigkeit der Rüge sei hier allein vom staatlichen Gericht zu prüfen, da die Zuständigkeit des Schiedsgerichts mit Erlass des Schiedsspruchs ende.[24]

V. Kompetenz-Kompetenz-Entscheidung des Schiedsgerichts

Art. V Abs. 3 regelt die Frage der sog. „Kompetenz-Kompetenz" des Schiedsgerichts.

15 **1. Fortsetzung des Schiedsverfahrens.** Gemäß Abs. 3 kann das Schiedsgericht das Schiedsverfahren auch im Falle der von einer Partei ausdrücklich bestrittenen Zuständigkeit weiterführen. Andernfalls könnte die gerade durch Art. V Abs. 1 und 2 angestrebte Beschleunigung des Schiedsverfahrens durch (offensichtlich) unbegründete Zuständigkeitsrügen unterlaufen werden.[25] Das Schiedsgericht muss sein Verfahren beim Bestreiten seiner Zuständigkeit nicht fortsetzen („kann"), sondern kann das Verfahren auch bis zur Klärung dieser Frage durch ein staatliches Gericht aussetzen.[26] Auf Grund des Charakters als „Kann-Vorschrift" und nach dem das EuÜ beherrschenden Grundsatz der Parteiautonomie ist jedoch eine Vereinbarung zwischen den Parteien zulässig und für das Schiedsgericht bindend, in der die Fortsetzung des Verfahrens oder dessen Aussetzung für den Fall der Erhebung derartiger Rügen ausdrücklich vorgesehen ist.[27]

16 **2. Die vorläufige Kompetenz-Kompetenz.** Wird die Zuständigkeit des Schiedsgerichts bestritten, so kann es – vorbehaltlich abweichender Parteivereinbarungen (s. Rn. 15) – das Verfahren fortsetzen und gemäß Abs. 3 2. Halbs. zunächst über seine Zuständigkeit und das Bestehen oder die Gültigkeit der Schiedsvereinbarung entscheiden (unter Umständen durch Zwischenentscheid; s. § 1040 Abs. 3 S. 1 ZPO). Hierbei wendet es die für das staatliche Gericht geltenden Kollisionsnormen des Art. VI Abs. 2 analog an (s. Art. VI Rn. 7). Diese Entscheidung bindet jedoch ein später mit der Sache befasstes staatliches Gericht nicht;[28] sie steht vielmehr unter dem Vorbehalt einer späteren Nachprüfung durch das staatliche Gericht, das mit der Hauptsache, der Vollstreckbarkeitserklärung oder der Aufhebung des Schiedsspruches befasst wird. Verneint das staatliche Gericht im Gegensatz zum Schiedsgericht die Gültigkeit der Schiedsvereinbarung, so kann es dem Schiedsspruch die Anerkennung versagen bzw. auf entsprechenden Antrag hin in der Sache selbst entscheiden. Aufgrund des Vorrangs der Parteiautonomie können die Parteien dem Schiedsgericht auch die Kompetenz übertragen, darüber zu entscheiden, ob ein bestimmter Streitpunkt von der Schiedsvereinbarung erfasst wird. Nach der Neuregelung des § 1040 ZPO kann die Entscheidung des Schiedsgerichts das staatliche Gericht jedoch nicht endgültig binden.[29]

17 **3. Selbständigkeit von Schiedsvereinbarung und Hauptvertrag.** Abs. 3 ermächtigt das Schiedsgericht auch, über das Bestehen oder die Gültigkeit des Hauptvertrages zu entscheiden, in dem die Schiedsvereinbarung (Schiedsklausel) enthalten ist. Ist demnach die Schiedsvereinbarung Teil des Hauptvertrages, auf den sie sich bezieht, so müsste sie grundsätzlich dessen rechtliches Schicksal teilen. Wäre daher nach Ansicht des Schiedsgerichts der Hauptvertrag aus irgendeinem Grunde unwirksam oder nichtig, so müsste dies, wenn man der Lehre von der Untrennbarkeit von Schiedsvereinbarung und Hauptvertrag folgte, folgerichtig auch für die Schiedsvereinbarung gelten, mit der Folge, dass das Schiedsgericht seine Zuständigkeit verneinen müsste. Dieses Ergebnis steht aber in der Regel nicht in Einklang mit dem Willen der Schiedsvertragsparteien. Auch bei Unwirksamkeit des Hauptvertrages besteht daher die Kompetenz des Schiedsgerichts zur Streitentscheidung. Eine Schiedsvereinbarung gilt im Zweifel für sämtliche aus dem Hauptvertrag herrührenden Streitigkeiten, also auch für solche, die sich gerade aus seiner Unwirksamkeit ergeben (etwa Berei-

---

[23] BGH v. 2. 12. 1982 – III ZR 85/81 = IPRax 1984, 148, 151; *Stein/Jonas/Schlosser* Anh. § 1061 Rn. 182; *Reithmann/Martiny/Hausmann* Rn. 3367; *Mallmann* SchiedsVZ 2004, 152, 159.
[24] BGH (Fn. 20).
[25] *Maier* Art. V Rn. 12; *Reithmann/Martiny/Hausmann* Rn. 3368; *Hascher* YCA XVII (1992) 711, 730.
[26] *Mezger* RabelsZ 29 (1965), 231, 269; *Schwab/Walter* Kap. 51 Rn. 7; aA *Maier* Rn. 12 zu Art. V.
[27] *Reithmann/Martiny/Hausmann* Rn. 3368.
[28] *Mezger* RabelsZ 29 (1965), 231, 264; *Schwab/Walter* Kap. 51 Rn. 7; *Reithmann/Martiny/Hausmann* Rn. 3369; *von Bülow* KTS 1970, 125; *Kaiser* S. 111.
[29] Die bisherige Rechtsprechung (BGH v. 5. 5. 1977 – III ZR 177/74 = BGHZ 68, 356) ist damit überholt.

cherungsansprüche).³⁰ Grundsätzlich ist daher von einer Selbstständigkeit der Schiedsvereinbarung gegenüber dem diese enthaltenden Hauptvertrag auszugehen (ebenso § 1040 Abs. 1 S. 2 ZPO), auch wenn Abs. 3 die Frage selbst nicht regelt.³¹

Art. VI. Zuständigkeit der staatlichen Gerichte. (1) Der Beklagte kann die Einrede der Unzuständigkeit, die damit begründet wird, es liege eine Schiedsvereinbarung vor, in einem Verfahren vor einem staatlichen Gericht, das eine Partei der Schiedsvereinbarung angerufen hat, nur vor oder gleichzeitig mit seiner Einlassung zur Hauptsache erheben, je nachdem ob die Einrede der Unzuständigkeit nach dem Recht des angerufenen staatlichen Gerichts verfahrensrechtlicher oder materiellrechtlicher Natur ist; andernfalls ist die Einrede ausgeschlossen.

(2) ¹Hat ein Gericht eines Vertragsstaates über das Bestehen oder die Gültigkeit einer Schiedsvereinbarung zu entscheiden, so hat es dabei die Fähigkeit der Parteien nach dem Recht, das für sie persönlich maßgebend ist, und sonstige Fragen wie folgt zu beurteilen:

a) nach dem Recht, dem die Parteien die Schiedsvereinbarung unterstellt haben;
b) falls die Parteien hierüber nichts bestimmt haben, nach dem Recht des Staates, in dem der Schiedsspruch ergehen soll;
c) falls die Parteien nichts darüber bestimmt haben, welchem Recht die Schiedsvereinbarung unterstellt wird, und falls im Zeitpunkt, in dem das staatliche Gericht mit der Frage befasst wird, nicht vorausgesehen werden kann, in welchem Staat der Schiedsspruch ergehen wird, nach dem Recht, welches das angerufene Gericht nach seinen Kollisionsnormen anzuwenden hat.

²Das angerufene Gericht kann einer Schiedsvereinbarung die Anerkennung versagen, wenn die Streitigkeit nach seinem Recht der Regelung durch ein Schiedsgericht nicht unterworfen werden kann.

(3) Ist ein schiedsrichterliches Verfahren vor der Anrufung eines staatlichen Gerichts eingeleitet worden, so hat das Gericht eines Vertragsstaates, das später mit einer Klage wegen derselben Streitigkeit zwischen denselben Parteien oder mit einer Klage auf Feststellung, dass die Schiedsvereinbarung nicht bestehe, nichtig oder hinfällig geworden sei, befasst wird, die Entscheidung über die Zuständigkeit des Schiedsgerichts auszusetzen, bis der Schiedsspruch ergangen ist, es sei denn, dass ein wichtiger Grund dem entgegensteht.

(4) Wird bei einem staatlichen Gericht ein Antrag gestellt, einstweilige Maßnahmen, einschließlich solcher, die auf eine Sicherung gerichtet sind, anzuordnen, so gilt dies weder als unvereinbar mit der Schiedsvereinbarung noch als Unterwerfung der Hauptsache unter die staatliche Gerichtsbarkeit.

I. Regelungsinhalt, Überblick

Der Regelungsgegenstand des Art. VI ist deutlich weiter, als es die allein auf die Zuständigkeit der staatlichen Gerichte abstellende Überschrift vermuten lässt. Abs. 1 enthält eine Präklusionsvorschrift für die Möglichkeit, sich vor einem staatlichen Gericht auf das Vorliegen einer Schiedsvereinbarung zu berufen (s. Rn. 1). Die in Abs. 2 enthaltene Kollisionsnorm bestimmt, nach welcher Rechtsordnung sich die Gültigkeit der Schiedsvereinbarung bestimmt, soweit diese Fragen nicht bereits vom EuÜ selbst geregelt sind (s. Rn. 8). Abs. 3 legt – im Zusammenspiel mit Art. V Abs. 3 – die Reichweite der Unzuständigkeit des staatlichen Gerichts fest (s. Rn. 16). Abs. 4 behandelt schließlich die Frage, welche Auswirkungen ein Antrag auf Erlass einstweiliger Maßnahmen für die Geltendmachung von Unzuständigkeitseinreden im weiteren Verfahren hat (s. Rn. 20).   1

II. Zeitliche Grenzen der Schiedseinrede

Ebenso wie Art. V Abs. 1 und 2 die Möglichkeit einschränkt, sich vor dem Schiedsgericht auf die Unwirksamkeit oder das Nichtbestehen einer Schiedsabrede zu berufen, kann gemäß Art. VI Abs. 1 die Unzuständigkeit eines mit der Sache befassten staatlichen Gerichts unter Berufung auf das Vor-   2

---
³⁰ Vgl. *Mezger* RabelsZ 29 (1965), 231, 264; *Kaiser* S. 112; auch die neueren Schiedsordnungen sehen diese Selbstständigkeit ausdrücklich vor, vgl. Art. 21 Abs. 2 UNCITRAL-SchO und Art. 6 Abs. 4 ICC-SchGO 1998.
³¹ Vgl. *Hascher* YCA XX (1995), 1006, Art. V Rn. 46; *Kaiser* S. 113.

§ 1061 Anh. 2 EuÜ Art. VI   Anh. zu § 1061. Internationale Schiedsgerichtsbarkeit

liegen einer gültigen Schiedsvereinbarung nur zeitlich begrenzt geltend gemacht werden. Art. VI Abs. 1 ergänzt insoweit Art. II Abs. 3 UNÜ und dient der Verfahrensbeschleunigung.

3   Für den Zeitpunkt, bis zu dem die Einrede der Unzuständigkeit des angerufenen staatlichen Gerichts geltend gemacht werden kann, unterscheidet das EuÜ danach, ob die Einrede nach der lex fori des mit der Sache befassten staatlichen Gerichts prozessualer oder materiellrechtlicher Natur ist.[1] Ist die Einrede des Schiedsvertrages prozessualer Natur – so zB nach deutschem Recht, vgl. §§ 282 Abs. 3 S. 1, 1032 Abs. 1 ZPO –, so muss sie vor Einlassung zur Hauptsache geltend gemacht werden. Ist sie dagegen danach materiellrechtlicher Natur, muss sie spätestens gleichzeitig mit der Einlassung zur Hauptsache vorgebracht werden. Das EuÜ regelt die Frage, wann eine „Einlassung zur Hauptsache" vorliegt, nicht selbst. Daher ist auf das jeweilige nationale Verfahrensrecht zurückzugreifen (im Geltungsbereich der ZPO: Verhandlung zur Hauptsache in der mündlichen Verhandlung bzw. im schriftlichen Verfahren – Eingang des ersten, zur Hauptsache Stellung nehmenden Schriftsatzes).[2]

4   Erfolgt die Rüge rechtzeitig, verweist das staatliche Gericht die Streitsache auf Antrag nach Maßgabe des Abs. 3 an das Schiedsgericht, soweit es die Wirksamkeit der Schiedsvereinbarung bejaht (vgl. auch Art. II Abs. 3 UNÜ); fehlt ein Verweisungsantrag, ist die Klage als unzulässig abzuweisen.

5   Wird ohne Rüge der Unzuständigkeit zur Hauptsache verhandelt, so tritt grundsätzlich Präklusion ein, Abs. 1 2. Halbs.; die Partei ist mit der Einrede ausgeschlossen. Art. VI Abs. 1 sieht anders als zB Art. V Abs. 1 (letzter Satz) keine Möglichkeit vor, eine verspätete Rüge zu entschuldigen.[3] Trotzdem ist eine Entschuldigungsmöglichkeit anzunehmen: Denn die Zulässigkeit solcher Einreden folgt aus dem Charakter der Präklusionsvorschriften. Als Einschränkungen bzw. Durchbrechungen des Grundsatzes des rechtlichen Gehörs sind sie eng auszulegen; dies muss insbesondere dann gelten, wenn der Grundsatz der Gewährung rechtlichen Gehörs – wie in Deutschland – zum ordre public gehört (vgl. auch § 296 Abs. 3 ZPO).[4]

III. Kollisionsrechtliche Beurteilung der Schiedsvereinbarung

6   **1. Geltungsbereich.** Das EuÜ enthält zT einheitliche Sachnormen für einzelne Gültigkeitsvoraussetzungen der Schiedsvereinbarung (so zB in Art. I Abs. 2 lit. a die Form der Schiedsvereinbarung; in Art. II die Schiedsfähigkeit juristischer Personen des öffentlichen Rechts, in Art. III die Bestellung ausländischer Schiedsrichter). Dadurch wird die Gültigkeit der Schiedsvereinbarung in allen Vertragsstaaten einheitlich, dh. allein nach dem EuÜ, beurteilt. Für andere Fragen der Gültigkeit der Schiedsvereinbarung, zB Dissens, Irrtum, Kündigung oder Geschäftsfähigkeit, die im EuÜ nicht durch einheitliche Sachnormen geregelt sind, enthält es Kollisionsnormen, so dass diese Fragen nach der vom staatlichen Gericht bzw. Schiedsgericht auf die inhaltliche Gültigkeit der Schiedsvereinbarung anzuwendenden Rechtsordnung zu entscheiden sind. Für das staatliche Gericht, das die Gültigkeit der Schiedsvereinbarung bei Erhebung der Einrede des Schiedsvertrages iSv. Abs. 1 oder als Vollstreckungsgericht zu überprüfen hat, bestimmt die in Art. VI Abs. 2 enthaltene Kollisionsnorm welche Rechtsordnung maßgebend ist.

7   Für das Schiedsgericht enthält das EuÜ in Art. V keine Art. VI Abs. 2 entsprechende Kollisionsnorm; auf Grund der vergleichbaren Interessen- und Sachlage ist Art. VI Abs. 2 aber entsprechend anzuwenden, soweit das Schiedsgericht nach Art. V Abs. 3 in Ausübung seiner (vorläufigen) „Kompetenz-Kompetenz" (s. Art. V Rn. 16) über die Gültigkeit bzw. Wirksamkeit der Schiedsvereinbarung zu entscheiden hat.[5]

8   **2. Regelungsinhalt.** Art. VI Abs. 2 unterscheidet streng zwischen der „Fähigkeit der Parteien" (insbesondere Geschäftsfähigkeit), eine Schiedsvereinbarung zu schließen und „sonstigen Fragen" der Wirksamkeit der Schiedsvereinbarung; nur für letztere gelten die Regeln des Abs. 2 lit. a bis c. Die „Fähigkeit der Parteien" bestimmt sich dagegen „nach dem Recht, das für sie persönlich maßgebend ist". Der maßgebende Anknüpfungspunkt (Staatsangehörigkeit, Wohnsitz oder gewöhnlicher Aufenthalt) wird vom EuÜ selbst nicht festgelegt. Daher hat das jeweils mit der Sache befasste Gericht diese Frage nach seinem internationalen Privatrecht zu beantworten (ein deutsches Gericht

---

[1] *Schwab/Walter* Kap. 45 Rn. 6; *Stein/Jonas/Schlosser* Anh. § 1061 Rn. 185; *Reithmann/Martiny/Hausmann* Rn. 3371.
[2] *Stein/Jonas/Schlosser* Anh. § 1061 Rn. 185; *Reithmann/Martiny/Hausmann* Rn. 3371.
[3] Vgl. *Maier* Anm. 3; *Stein/Jonas/Schlosser* Anh. § 1061 Rn. 185.
[4] *Schwab/Walter* Kap. 45 Rn. 6; *Reithmann/Martiny/Hausmann* Rn. 3371; für unmittelbare Anwendung des § 296 Abs. 3 ZPO: *Moller* NZG 2000, 57, 65.
[5] *Reithmann/Martiny/Hausmann* Rn. 3376; *Maier* Anm. 4; *Hascher* YCA XX (1995), 1006, Art. V Rn. 46.

knüpft bei natürlichen Personen an die Staatsangehörigkeit, bei juristischen Personen an den Sitz an, Art. 7 EGBGB).[6]

a) Sonstige Fragen. Sonstige Fragen, die die Wirksamkeit der Schiedsvereinbarung betreffen, also weder an anderer Stelle im EuÜ geregelt sind, noch die „Fähigkeit der Parteien" betreffen, sind nach Maßgabe des Abs. 2 lit. a bis c zu lösen. Die Kollisionsnorm des Abs. 2 unterwirft die Schiedsvereinbarung primär dem von den Parteien gewählten Recht (lit. a), geht daher auch hier von dem Grundsatz der Parteiautonomie (vgl. Art. IV Rn. 3) aus, jedoch begrenzt durch Abs. 2 S. 1 1. Halbs. („Fähigkeit der Parteien") und die Regelung des Abs. 2 S. 2 (s. Rn. 12). Das gewählte Recht entscheidet auch, ob die Schiedsabrede für bestimmte Streitigkeiten gilt oder nicht gilt.[7] 9

Soweit die Parteien eine Vereinbarung nicht getroffen haben, gilt subsidiär das Recht des Staates, in dem der Schiedsspruch ergehen soll, Abs. 2 lit. b.[8] Nicht maßgebend ist dagegen, ob der Schiedsspruch tatsächlich in diesem Staat ergangen ist (vgl. dagegen Art. IX Abs. 1 lit. a). 10

Steht auch diese Rechtsordnung, dh. der Ort, an dem der Schiedsspruch ergehen soll, noch nicht fest und haben die Parteien keine Vereinbarung getroffen, so ist gemäß Abs. 2 lit. c das Recht des voraussichtlichen Verfahrensstaates anzuwenden. Kann eine solche Vorhersage nicht getroffen werden, so greifen letztlich die Kollisionsnormen der lex fori des jeweils angerufenen staatlichen Gerichts ein. 11

b) Die objektive Schiedsfähigkeit. Nach Art. VI Abs. 2 S. 2 muss die Streitigkeit nach der lex fori des angerufenen staatlichen Gerichts schiedsfähig sein. Ebenso wie im Anwendungsbereich des UNÜ sollte in Art. VI Abs. 2 S. 2 eine abschließende Regelung der objektiven Schiedsfähigkeit gesehen werden, eine kumulative Prüfung des Schiedsvereinbarungsstatuts nach Art. VI Abs. 2 S. 1 lit. a scheidet aus (s. Art. II UNÜ Rn. 11, Art. V UNÜ Rn. 20).[9] Trotz des Wortlautes („kann") besteht kein Ermessen des angerufenen Gerichts. Ist die Schiedsfähigkeit des Streitgegenstandes nach der maßgeblichen Rechtsordnung zu verneinen, so muss der Schiedsvereinbarung die Gültigkeit versagt und das Verfahren vor dem staatlichen Gericht durchgeführt werden.[10] Das mit der Sache befasste deutsche Gericht hat demnach nur zu prüfen, ob nach deutschem Recht eine Schiedsvereinbarung über den Streitgegenstand getroffen werden kann (§ 1030 ZPO). 12

IV. Aussetzung des staatlichen Gerichtsverfahrens

1. Zweck. Art. VI Abs. 3 enthält eine klarstellende Regelung der **Schiedshängigkeit** für parallele Verfahren vor staatlichen Gerichten und Schiedsgerichten.[11] Schon aus der in Art. V Abs. 3 angeordneten (vorläufigen) Kompetenz-Kompetenz des Schiedsgerichts ließe sich (arg. e contrario) ableiten, dass sich das staatliche Gericht während eines laufenden Schiedsverfahrens grundsätzlich nicht mit der Sache befassen darf. Dieses stellt Art. VI Abs. 3 ausdrücklich klar. Damit soll nicht nur der Gefahr sich widersprechender Entscheidungen vorgebeugt, sondern auch verhindert werden, dass sich eine Partei der einmal getroffenen Schiedsvereinbarung auf Kosten der anderen Partei entzieht und das Schiedsverfahren blockiert.[12] 13

2. Regelungsinhalt. Die Zuständigkeit der staatlichen Gerichte endet nicht erst mit Konstituierung des Schiedsgerichts, sondern bereits ab dem Zeitpunkt, in dem ein „schiedsrichterliches Verfahren … eingeleitet worden ist", dh., wenn der Kläger definitiv zu erkennen gegeben hat, dass er die Konstituierung des Schiedsgerichts wünscht. Ansonsten könnte der Gegner statt einen Schiedsrichter zu benennen, einfach das staatliche Gericht anrufen. Ist das Schiedsverfahren noch nicht eingeleitet worden, so verbleibt es bei der Möglichkeit, vor dem staatlichen Gericht die Einrede der Schiedsvereinbarung nach Abs. 1 zu erheben.[13] 14

3. Einrede. Die aus der Einleitung des Schiedsverfahrens folgende Unzuständigkeit des staatlichen Gerichts ist nicht von Amts wegen, sondern nur auf Antrag einer Partei zu beachten;[14] Abs. 3 15

---

[6] BGH v. 23. 4. 1998 – III ZR 194/96 = RIW 1998, 628 ff.; *Reithmann/Martiny/Hausmann* Rn. 3378; *Schwab/Walter* Kap. 44 Rn. 20; *Maier* Anm. 7.
[7] OLG Frankfurt v. 24. 9. 1985 – 5 U 167/84 = RIW 1986, 379, 380 f.
[8] Vgl. BGH v. 20. 3. 1980 – III ZR 151/79 = BGHZ 77, 32, 38.
[9] Ebenso *Reithmann/Martiny/Hausmann* Rn. 3379; *Stein/Jonas/Schlosser* Anh. § 1061 Rn. 186.
[10] Vgl. auch OLG Frankfurt v. 16. 1. 1986 – 16 U 40/85 = RIW 1986, 902 f.
[11] *Schlosser* Rn. 617; *Stein/Jonas/Schlosser* Anh. § 1061 Rn. 187.
[12] *Kaiser* S. 139; *Schlosser* Rn. 623; *Reithmann/Martiny/Hausmann* Rn. 3372.
[13] *Schlosser* Rn. 618; *Stein/Jonas/Schlosser* Anh. § 1061 Rn. 192; *Reithmann/Martiny/Hausmann* Rn. 3372.
[14] *Kaiser* S. 142 unter Berufung auf Art. II Abs. 3 UNÜ und Art. 4 GP; *Reithmann/Martiny/Hausmann* Rn. 3372 aE; *Schlosser* Rn. 622.

§ 1061 Anh. 2 EuÜ Art. VI   Anh. zu § 1061. Internationale Schiedsgerichtsbarkeit

regelt somit nur einen Sonderfall der in Abs. 1 allgemein geregelten „Einreden" der Unzuständigkeit des staatlichen Gerichts.[15]

16 **4. Umfang der Unzuständigkeit.** Trotz des missverständlichen Wortlauts endet mit Einleitung des Schiedsverfahrens nicht nur die Kompetenz des staatlichen Gerichts, über die Zuständigkeit des Schiedsgerichts, sondern auch in der Hauptsache selbst zu entscheiden.[16] Andernfalls wäre nicht nur Abs. 3 aE überflüssig; es widerspräche auch der Prozessökonomie, wenn das staatliche Gericht zur Hauptsache entscheiden würde, ohne dass seine Zuständigkeit feststeht.

17 Die Pflicht zur Aussetzung des Verfahrens besteht nach Abs. 3 bereits mit Geltendmachung der Einrede. Nicht überprüft wird vom staatlichen Gericht, ob die behauptete Schiedsvereinbarung auch tatsächlich besteht; insoweit besteht eine (vorläufige) Kompetenz-Kompetenz des Schiedsgerichts gemäß Art. V Abs. 3.

18 Die Pflicht zur Aussetzung des Verfahrens ist nicht durch den Streitgegenstand des Schiedsverfahrens begrenzt. Das ergibt sich schon aus dem Wortlaut („oder mit einer Klage auf Feststellung"). Ansonsten liefe die angestrebte Wirkung der Schiedshängigkeit leer und es käme auf Grund der unterschiedlichen europäischen Streitgegenstandsbegriffe zu divergierenden Entscheidungen. Daher kann auch vor dem staatlichen Gericht keine Klage geführt werden, dass die Feststellung begehrt wird, dass außer für die vor dem Schiedsgericht geltend gemachten Ansprüche eine Zuständigkeit des Schiedsgerichts nicht bestehe.[17]

19 **5. Wichtiger Grund.** Die Pflicht zur Aussetzung des Verfahrens besteht nicht, wenn ein wichtiger Grund dagegen spricht. Dadurch soll verhindert werden, dass eine Partei – ohne dass überhaupt eine Schiedsvereinbarung getroffen wurde – ein Schiedsverfahren einleitet, nur um das von der Gegenpartei angerufene staatliche Gericht auszuschalten.[18] Der Begriff des wichtigen Grundes ist wegen des Ausnahmecharakters dieses Vorbehalts eng auszulegen.[19] Ein wichtiger Grund ist nur zu bejahen, wenn die Unzuständigkeit des Schiedsgerichts ohne nähere Prüfung zweifellos feststeht. Andernfalls würde auch Art. VI Abs. 4 leerlaufen, der die Parteiinteressen in den Fällen, in denen die Unzuständigkeit des Schiedsgerichts nicht ohne weiteres feststeht, ausreichend berücksichtigt.[20] Hat das Schiedsgericht seinerseits das Verfahren gerade ausgesetzt, um die Zweifel an der eigenen Zuständigkeit einer Klärung durch das staatliche Gericht zuzuführen, ist ein wichtiger Grund gegeben.[21]

V. Einstweilige Maßnahmen des staatlichen Gerichts

20 Durch Abs. 4 wird klargestellt, dass die Parteien vor staatlichen Gerichten einstweilige Maßnahmen (einstw. Verfügung, Arrest, Beweissicherung etc.) beantragen können, ohne Gefahr zu laufen, die Schiedseinrede zu verlieren (für das deutsche Recht ebenso § 1033 ZPO).[22] Der Antrag auf Erlass derartiger Maßnahmen ist vereinbar mit der Schiedsvereinbarung, dh. die Einrede der Schiedsvereinbarung kann noch später erhoben werden. Auch kann aus einem Antrag auf Erlass einer einstweiligen Maßnahme nicht die Unterwerfung unter die staatliche Gerichtsbarkeit abgeleitet werden, in der Beantragung derartiger Maßnahmen liegt kein Verzicht auf die Geltendmachung der Schiedseinrede nach Art. VI Abs. 1 im Hauptprozess. Im Anwendungsbereich des UNÜ fehlt eine entsprechende Regel (Art. III UNÜ Rn. 31). Eine Verpflichtung der Vertragsstaaten, einstweiligen Rechtsschutz bereit zu stellen, kann man aus der Vorschrift nicht entnehmen.[23] In welchem Umfang einstweilige Maßnahmen die Hauptsache vorwegnehmen, ist Sache nationalen Rechts. Diese Frage ist durch das EuÜ nicht geregelt worden. Es war bei den Verhandlungen gewollt, dass jede Rechtsordnung selbst darüber entscheidet, ob und in welchem Umfang staatliche Gerichte zur Durchführung vorsorglicher oder provisorischer Maßnahmen zur Verfügung gestellt werden.[24] Selbst wenn nach dem Erlass einer einstweiligen Maßnahme durch ein staatliches Gericht für eine

---

[15] *Schlosser* Rn. 622.
[16] *Stein/Jonas/Schlosser* Anh. § 1061 Rn. 190; abw. *Maier* Anm. 16.
[17] *Schlosser* Rn. 619 f.; *Stein/Jonas/Schlosser* Anh. § 1061 Rn. 189; *Reithmann/Martiny/Hausmann* Rn. 3372.
[18] *Kaiser* S. 142; *Stein/Jonas/Schlosser* Anh. § 1061 Rn. 193; *Reithmann/Martiny/Hausmann* Rn. 3373.
[19] AA *Maier* Anm. 16.
[20] Vgl. *Schlosser* Rn. 624.
[21] *Schwab/Walter* Kap. 45 Rn. 7; *Stein/Jonas/Schlosser* Anh. § 1061 Rn. 193; *Reithmann/Martiny/Hausmann* Rn. 3373.
[22] *Bandel*, Einstweiliger Rechtsschutz im Schiedsverfahren, 2000, S. 267 ff.; *Mezger* RabelsZ 29 (1965), 231, 270.
[23] *Stein/Jonas/Schlosser* Anh. § 1061 Rn. 196; *Reithmann/Martiny/Hausmann* Rn. 3374; *Schwab/Walter* Kap. 45 Rn. 8.
[24] *Kaiser* S. 143 f.

Entscheidung des Schiedsgerichts wenig Substanz bestünde, weil die staatliche einstweilige Maßnahme die Hauptsache vorwegnimmt, kann dem EuÜ keine immanente Begrenzung der Zulässigkeit der Vorwegnahme der Hauptsache entnommen werden. Eine wie auch immer geartete Übertragung der Rspr. des EuGH in der Sache van Uden,[25] die den Rückgriff auf nationales Recht des einstweiligen Rechtsschutzes über Art. 31 EuGVO begrenzt, kann nicht erfolgen.

Art. VII. Anwendbares Recht. (1) [1]**Den Parteien steht es frei, das Recht zu vereinbaren, welches das Schiedsgericht in der Hauptsache anzuwenden hat.** [2]**Haben die Parteien das anzuwendende Recht nicht bestimmt, so hat das Schiedsgericht das Recht anzuwenden, auf das die Kollisionsnormen hinweisen, von denen auszugehen das Schiedsgericht jeweils für richtig erachtet.** [3]**In beiden Fällen hat das Schiedsgericht die Bestimmungen des Vertrages und die Handelsbräuche zu berücksichtigen.**

(2) Das Schiedsgericht entscheidet nach Billigkeit, wenn dies dem Willen der Parteien entspricht und wenn das für das schiedsrichterliche Verfahren maßgebende Recht es gestattet.

I. Regelungsgehalt

1 Art. VII regelt die Bestimmung des in der Hauptsache anwendbaren Rechts. Ebenso wie das Recht der Schiedsvereinbarung (Art. VI Abs. 2 lit. a) und des Schiedsverfahrens (Art. IV Abs. 1 lit. b Nr. 3) unterliegt das Recht der Hauptsache grundsätzlich der Disposition der Parteien, Art. VII Abs. 1 S. 1. Nur wenn die Parteien keine Rechtswahl getroffen haben, bestimmt das Schiedsgericht das anwendbare Recht nach näherer Maßgabe des Art. VII Abs. 1 S. 2. Der Bedeutung von Handelsbräuchen im Rahmen der Sachentscheidung wird durch Art. VII Abs. 1 S. 3 Rechnung getragen. In Abs. 2 wird darüber hinaus die Befugnis des Schiedsgerichts zur Fällung von Billigkeitsentscheidungen (sog. „amiable composition") behandelt.

2 Mit Art. VII inhaltlich übereinstimmende Vorschriften enthalten die Schiedsverfahrensordnungen der ICC Paris (ICC Arbitration Rules Art. 17) http://www.uncitral.org/pdf/english/texts/arbitration/arb-inles/arb-rules.pdf und des Ausschusses für internationales Handelsrecht der Vereinten Nationen (UNCITRAL-SchO Art. 33) http://www.ICCurbo.org/uploadedFiles/Court/Arbitration/other/rules_arb_german.pdf.

II. Vereinbarung des in der Hauptsache anwendbaren Rechts

3 Entsprechend dem im EuÜ allgemein geltenden Prinzip der Parteiautonomie gestattet die internationale Kollisionsnorm[1] des Art. VII Abs. 1 S. 1 den Parteien, das in der Hauptsache maßgebliche materielle Recht frei zu bestimmen. Die **Wahlfreiheit** ist nicht auf Rechtsordnungen, die in irgendeiner tatsächlichen oder rechtlichen Beziehung zur Streitsache stehen, beschränkt, sondern erstreckt sich auch auf neutrale Rechte.[2]

4 Von der Freiheit der Rechtswahl ist zu unterscheiden, ob die Parteien das Schiedsgericht von der Anwendung jeglichen materiellen Rechts entbinden können; diese „Wahlmöglichkeit" wird durch Abs. 2 geregelt.

5 Fraglich ist, ob die Rechtswahlfreiheit den Parteien uneingeschränkt zusteht oder gewissen **Beschränkungen** unterliegt.[3] Da dem Wortlaut des Art. VII Abs. 1 S. 1 keine Begrenzung zu entnehmen ist, wird zum Teil[4] nur der ordre public als einzig zulässige Grenze der durch S. 1 gewährten Parteiautonomie anerkannt. Danach bestünde Rechtswahlfreiheit auch, soweit nach nationalem Kollisionsrecht gesondert und zwingend abweichend von der Parteivereinbarung anzuknüpfen ist (zB für Fragen der Rechts- oder Geschäftsfähigkeit, vgl. zB Art. 7 EGBGB). Ein derartiger Eingriff in das internationale Privatrecht der Vertragsstaaten war durch Art. VII nicht beabsichtigt. Kaiser S. 148. Für Fragen der Geschäfts- und Rechtsfähigkeit folgt dies bereits aus Art. VI Abs. 2 S. 1, wonach diese der Parteiautonomie entzogen und dem Personalstatut unterworfen sind. Art. VII Abs. 1 S. 1 findet daher keine Anwendung auf Fragen, die in den Vertragsstaaten zwingend geson-

---

[25] EuGH v. 17. 11. 1998, Rs C-391/95 = EuGHE 1998, I-7091.
[1] *von Hoffmann*, Internationale Handelsschiedsgerichtsbarkeit. Die Bestimmung des maßgeblichen Rechts, 1970, S. 128; *Mezger* RabelsZ 29 (1965), 231, 278; *Moller* NZG 2000, 57,66 f.; *Martiny*, FS Schütze, 1999, S. 529, 531.
[2] *Kaiser* S. 147; *Maier* Anm. 1; *Stein/Jonas/Schlosser* Anh. § 1061 Rn. 198; *Reithmann/Martiny/Hausmann* Rn. 3382; *Moller* NZG 2000, 57, 68.
[3] Zum Streitstand: *Schwab/Walter* Kap. 55 Rn. 1; *Stein/Jonas/Schlosser* Anh. § 1061 Rn. 198.
[4] *Moller* NZG 2000, 57, 68.

§ 1061 Anh. 2 EuÜ Art. VII   Anh. zu § 1061. Internationale Schiedsgerichtsbarkeit

dert anzuknüpfen sind.[5] Auf der anderen Seite ist die Wahlfreiheit nicht auf vertragliche Ansprüche begrenzt. Da „Streitigkeiten aus internationalen Handelsgeschäften" iSv. Art. I Abs. 1 lit. a auch solche aus unerlaubter Handlung, c. i. c. etc. sein können, sofern sie nur im Zusammenhang mit dem Vertragsverhältnis entstanden sind (s. Art. I Rn. 8), ist eine Rechtswahlfreiheit der Parteien auch insoweit anzuerkennen.

III. Mangels Vereinbarung anwendbares Recht

6   Haben die Parteien das auf die Hauptsache anwendbare Recht nicht bestimmt, so hat das Schiedsgericht gemäß Art. VII Abs. 1 S. 2 „das Recht anzuwenden, auf das die Kollisionsnormen hinweisen, von denen auszugehen das Schiedsgericht jeweils für richtig erachtet". Zum Teil wird daraus gefolgert, der Schiedsrichter könne das ihm passend erscheinende materielle nationale Recht unmittelbar auswählen.[6] Aufgrund des eindeutigen Wortlauts des Abs. 1 S. 2 ist ein derartiger direct approach abzulehnen: Art. VII Abs. 1 S. 2 verlangt ausdrücklich, dass der Schiedsrichter zunächst eine Kollisionsnorm zu bestimmen hat, aus der sich erst das anwendbare Sachrecht ergibt.[7] Anders als die Parteien, die das materielle Recht gemäß Abs. 1 S. 1 unmittelbar bestimmen können, hat das Schiedsgericht daher nur die Freiheit der Wahl der Kollisionsnorm. Unter „Kollisionsnorm" iSv. Art. VII Abs. 1 S. 2 ist nicht das gesamte internationale Privatrecht eines bestimmten Staates, sondern eine einzelne Konfliktsregel zu verstehen.[8]

7   Die dem Schiedsrichter nach Art. VII Abs. 1 S. 1 eingeräumte Befugnis darf nicht im Sinne einer völligen **Freiheit hinsichtlich der Wahl der Kollisionsnorm** verstanden werden, da dies zu einem beachtlichen Maß an Rechtsunsicherheit führen würde.[9] Zudem bestünde die Gefahr der Manipulation durch das Schiedsgericht bei der Rechtswahl.[10] Denn der Schiedsrichter kann durch die Wahl der Kollisionsnorm und die daraus folgende Entscheidung über das anzuwendende materielle Recht über die Schiedsfähigkeit des Streitgegenstandes[11] befinden. Einigkeit besteht daher, dass dem Schiedsrichter kein freies Ermessen eingeräumt werden sollte. Nach der in Deutschland hM[12] hat das Schiedsgericht von den Kollisionsnormen der „beteiligten" Rechtsordnungen auszugehen. Haben diese Kollisionsnormen den gleichen Inhalt, so ist das maßgebende Sachrecht nach ihnen zu bestimmen. Nur wenn zwischen diesen Kollisionsnormen Unterschiede bestehen, kann der Schiedsrichter die seiner Ansicht nach für die Streitsache geeignetste auswählen.[13] Dadurch wird sowohl einer willkürlichen Rechtswahl durch das Schiedsgericht vorgebeugt als auch das notwendige Maß von Flexibilität hinsichtlich der Auffindung der geeignetsten Rechtsordnung gewahrt. Der Exequaturrichter hat die Wahl des Schiedsgerichts grundsätzlich hinzunehmen. Einen Verfahrensfehler darf er allenfalls annehmen, wenn eine bewusste, willkürliche Fehlanwendung vorliegt.[14]

IV. Inhaltliche Bindungen des Schiedsgerichts

8   Abs. 1 S. 1 und 2 behandelt die Frage, nach welchen Kriterien das auf die Hauptsache anwendbare Recht als solches festgelegt wird. Hiervon ist die verfahrensrechtliche Frage zu unterscheiden, wie der Inhalt des anzuwendenden Rechts zu ermitteln ist. Art. VII Abs. 1 S. 3 schreibt insoweit vor, dass „das Schiedsgericht die Bestimmungen des Vertrages und die Handelsbräuche zu berücksichtigen" hat. Die hier angeordnete Berücksichtigungspflicht hinsichtlich der Vertragsbestimmungen und Handelsbräuche bezieht sich nur auf die materielle Rechtsanwendung, nicht auch auf die kollisionsrechtliche Rechtswahl durch das Schiedsgericht nach Abs. 1 S. 2.[15] Andernfalls wäre zumindest für Abs. 1 S. 1 (Rechtswahl durch die Parteien) die Erwähnung der Vertragsbestimmungen in Abs. 1 S. 3 überflüssig.

---

[5] HM; *Schwab/Walter* Kap. 55 Rn. 1; *Schlosser* Rn. 739; *Reithmann/Martiny/Hausmann* Rn. 3382.
[6] So *Kaiser* S. 150 f.
[7] *Stein/Jonas/Schlosser* Anh. § 1061 Rn. 198; *Schwab/Walter* Kap. 55 Rn. 2; *Reithmann/Martiny/Hausmann* Rn. 3383; *Moller* NZG 2000, 57, 68.
[8] *Gentinetta* AWD 1969, 49, 53; *Stein/Jonas/Schlosser* (Fn. 8).
[9] *Böckstiegel*, FS Beitzke, 1979, S. 443, 447; *Gottwald*, FS Nagel, 1987, S. 54, 63.
[10] *Stein/Jonas/Schlosser* Anh. § 1044 Rn. 129.
[11] Vgl. dazu im Einzelnen *Bork* ZZP 100 (1987), 249 ff.
[12] *Reithmann/Martiny/Hausmann* Rn. 3383; zu der davon zum Teil abweichenden Praxis vgl. *Böckstiegel*, FS Beitzke, 1979, S. 443 ff.
[13] *von Hoffmann*, Internationale Handelsschiedsgerichtsbarkeit. Die Bestimmung des maßgeblichen Rechts, S. 128 ff.; *Reithmann/Martiny/Hausmann* Rn. 3383.
[14] *Gottwald*, FS Nagel, 1987, S. 54, 63; *Schlosser* Rn. 863.
[15] *Mezger* RabelsZ 29 (1965), 231, 280; aA *Kaiser* S. 150 f.; *Gentinetta* AWD 1969, 49, 53.

Da der Schiedsrichter nach S. 3 „Handelsbräuche" zu berücksichtigen hat, ist ein anhaltender **9** Streit entstanden, ob diese nur im Rahmen des auf die Hauptsache anwendbaren materiellen Rechts heranzuziehen sind oder ob internationale Handelsbräuche als eigenständige Rechtsquelle gleichwertig neben oder gar über den nationalen Rechtsordnungen bestehen.[16] Nach der **Lehre von der „lex mercatoria"** werden Rechtsverhältnisse des internationalen Handels neben den Normen des staatlichen Rechts auch von objektiven Regeln eines nichtstaatlichen (internationalen) Handelsrechts beherrscht. Zur Begründung wird auf eine lang andauernde, einheitliche Praxis bei der Handhabung bestimmter Vertragsarten hingewiesen,[17] zum Teil[18] wird gerade Art VII Abs. 1 S. 3 als Grundlage dieser Lehre angesehen. Soweit danach jedoch ein absoluter Vorrang der Handelsbräuche vor nationalen Rechtsordnungen behauptet wird, ist dem für Art. VII Abs. 1 S. 3 nicht zu folgen. Dagegen spricht bereits der Wortlaut der Vorschrift („berücksichtigen").[19] Art. VII Abs. 1 S. 3 sollte lediglich sicherstellen, dass der Schiedsrichter neben dem anwendbaren nationalen Recht auch die Handelsbräuche berücksichtigt, selbst wenn die Parteien ihre Geltung nicht ausdrücklich vereinbart haben.[20] Abs. 1 S. 3 wird dadurch nicht inhaltslos oder überflüssig.[21] Besteht zB ein für das Rechtsverhältnis zwischen den Parteien anerkannter (internationaler) Handelsbrauch, kennt aber das von den Parteien (Abs. 1 S. 1) oder dem Schiedsgericht über die Wahl einer Kollisionsnorm (Abs. 1 S. 2) bestimmte nationale Recht einen derartigen Handelsbrauch nicht, so ist dieses Recht unter Heranziehung des Handelsbrauchs auszulegen. Die Handelsbräuche haben daher weder Vorrang vor den nationalen Rechtsordnungen noch überlagern sie diese. Im Rahmen des Art. VII Abs. 1 S. 3 dienen sie vielmehr nur als Auslegungshilfen innerhalb des auf die Hauptsache anwendbaren Rechts. Widerspricht danach der Handelsbrauch diesem Recht, so muss er unberücksichtigt bleiben (und nicht umgekehrt). Etwas anderes kann nur gelten, wenn die Parteien ausdrücklich vereinbaren, dass bestimmte Handelsbräuche (neben dem anwendbaren nationalen Recht) auf jeden Fall Berücksichtigung finden sollen; steht den Parteien nämlich nach Abs. 1 S. 1 die Freiheit zu, das Recht der Hauptsache zu vereinbaren, so muss es ihnen auch gestattet sein, die Geltung oder den Vorrang bestimmter Handelsbräuche festzulegen.

V. Entscheidung nach Billigkeit

Gemäß Art. VII Abs. 2 kann das Schiedsgericht unter zwei Voraussetzungen eine **Billigkeitsent-** **10** **scheidung,** dh. einen Schiedsspruch ohne Bindung an Normen eines nationalen Rechts *(amiable composition)* erlassen: Die Entscheidung muss (1) nach dem für das schiedsrichterliche Verfahren maßgebenden Recht[22] zulässig sein und (2) dem Willen der Parteien entsprechen.

1. Zulässigkeit nach dem Schiedsverfahrensrecht. Durch den Verweis auf das anzuwenden- **11** de Schiedsverfahrensrecht sollte nicht allein auf ein nationales Verfahrensrecht Bezug genommen werden.[23] Vielmehr zählen hierzu die von den Parteien unter Umständen gewählten Verfahrensbzw. Schiedsordnungen (ICC-, UNCITRAL-SchGO etc.). Auch wenn man eine derartige Verfahrensordnung nur als Statut ansieht, das stets in ein nationales Verfahrensrecht eingegliedert ist,[24] ist ein Rückgriff auf dieses nationale Verfahrensrecht nur nötig, wenn und soweit die gewählte Ordnung hierzu keine Regelung enthält und die Parteien selbst keine ergänzenden Vereinbarungen getroffen haben (vgl. auch Art. 13 ICC-, 15 UNCITRAL-SchGO). Gerade die Zulässigkeit der Billigkeitsentscheidung ist jedoch üblicherweise geregelt (vgl. Art. 17 ICC-, 33 UNCITRAL-SchGO).[25]

2. Bindung an den Parteiwillen. Eine Entscheidung „ex aequo et bono" ist ferner nur zuläs- **12** sig, wenn dies dem Willen der Parteien entspricht. Wegen der großen Tragweite ist für Art. VII Abs. 2 eine ausdrückliche Ermächtigung der Parteien zu verlangen.[26] Fehlt eine derartige Ermäch-

---

[16] Vgl. insbes. *David,* FS Ficker, 1967, S. 121 ff.; *Schmitthoff* RabelsZ 28 (1964), 47 ff.; zur davon zu trennenden Frage, ob eine Entscheidung, die ohne diesbezügliche Ermächtigung durch die Parteien ausschließlich unter Berufung auf Handelsbräuche ergeht, auf einem unzulässigen Verfahren beruht, vgl. unten zu Art. VII Abs. 2.
[17] Dazu *Schlosser* RIW 1982, 857, 865 f.
[18] *von Hoffmann* IPRax 1984, 106; wohl auch *Hascher* YCA XVII (1992), 711 Rn. 63.
[19] *Mezger* RabelsZ 29 (1965), 231, 280; *Kaiser* S. 150.
[20] *Reithmann/Martiny/Hausmann* Rn. 3522.
[21] So aber *von Hoffmann* Internationale Handelsschiedsgerichtsbarkeit. Die Bestimmung des maßgeblichen Rechts, S. 124; *Schlosser* Rn. 737.
[22] Es gilt nicht das Statut der Schiedsvereinbarung, vgl. *Stein/Jonas/Schlosser* Anh. § 1061 Rn. 200; *Reithmann/Martiny/Hausmann* Rn. 3384; *Schwab/Walter* Kap. 55 Rn. 4.
[23] *Schwab/Walter* Kap. 55 Rn. 4; *Reithmann/Martiny/Hausmann* Rn. 3384; aA *Kaiser* S. 153.
[24] OLG Frankfurt v. 26. 10. 1983 – 21 U 2/83 = RIW 1984, 400.
[25] Vgl. auch BGH v. 26. 9. 1985 – III ZR 16/84 = NJW 1986, 1436, 1437.
[26] *Maier* Anm. 7.

tigung, so hat der Schiedsspruch nach dem Willen der Parteien auf der Grundlage einer bestimmten nationalen Rechtsordnung zu ergehen. Ein dennoch nur auf allgemeine Billigkeits- und Gerechtigkeitsgesichtspunkte gestützter Schiedsspruch beruht dann auf einem unzulässigen Verfahren.[27] Seine Anerkennung und Vollstreckbarerklärung kann gem. Art. V Abs. 1 lit. c UNÜ versagt bzw. nach nationalem Recht (§ 1059 II Nr. 1 lit. c ZPO) aufgehoben werden (s. Art. V UNÜ Rn. 37).

3. Entscheidung nach der „lex mercatoria". Streitig ist, ob ein solcher Verfahrensfehler auch vorliegt, wenn eine Ermächtigung iSv. Abs. 2 nicht vorliegt, das Schiedsgericht seinen Spruch aber ausschließlich unter Berufung auf (international bestehende) Handelsbräuche erlässt. Entscheidend ist, ob ein solcher Schiedsspruch eine Billigkeits- oder aber eine Rechtsentscheidung darstellt. Bejaht man das Vorliegen einer Billigkeitsentscheidung, so beruht der Schiedsspruch wegen Überschreitung der Entscheidungskompetenz auf einem Verfahrensfehler (s. Rn. 10). Vor allem in der französischen Rechtslehre hat sich jedoch die Auffassung von der „lex mercatoria" durchgesetzt, wonach sich im internationalen Handel auf Grund lang andauernder einheitlicher Vertragspraxis für bestimmte Arten von Verträgen eine von jeglichem nationalen Recht losgelöste Rechtsordnung, eben die sog. „lex mercatoria" entwickelt habe (s. Rn. 8).[28] Ein Schiedsspruch, der allein auf internationale Handelsbräuche gestützt werde, sei daher keine Billigkeits-, sondern eine Rechtsentscheidung;[29] es liege danach auch kein zu beachtender Verfahrensfehler vor.

Der Umfang der Entscheidungskompetenz des Schiedsgerichts bestimmt sich nach dem zugrundeliegenden Schiedsverfahrensrecht (vgl. Art. VII Abs. 2). Daher müssen auch die Anforderungen, die an das Vorliegen eines Rechtsentscheids zu stellen sind – als Vorfrage – diesem Recht entnommen werden. Liegt danach dem Schiedsverfahren deutsches Verfahrensrecht zugrunde, so ist die Rechtssatzqualität von Handelsbräuchen abzulehnen; sie sind lediglich Auslegungsmittel zur Beurteilung von Handlungen oder Unterlassungen im Handelsverkehr.[30] Ist daher ohne dahingehende Ermächtigung seitens der Parteien der Schiedsspruch allein auf Handelsbräuche gestützt und besteht keine entsprechende Ermächtigung durch das anzuwendende staatliche Recht, so wird das Schiedsgericht als „amiable compositeur" tätig.[31] Die Entscheidung beruht dann auf einem unzulässigen Verfahren (Überschreitung der Entscheidungskompetenz; s. Art. V UNÜ Rn. 37). Die Anerkennung/Vollstreckbarerklärung kann gem. Art. V. Abs. 1 lit. c UNÜ versagt werden.

Art. VIII. Begründung des Schiedsspruches. Es wird vermutet, dass die Parteien davon ausgegangen sind, der Schiedsspruch werde begründet werden, es sei denn,

a) dass die Parteien ausdrücklich erklärt haben, der Schiedsspruch bedürfe keiner Begründung, oder

b) dass sie sich einem schiedsrichterlichen Verfahrensrecht unterworfen haben, nach welchem es nicht üblich ist, Schiedssprüche zu begründen, sofern nicht in diesem Fall von den Parteien oder von einer Partei vor Schluss der mündlichen Verhandlung oder, wenn eine mündliche Verhandlung nicht stattgefunden hat, vor der schriftlichen Abfassung des Schiedsspruches eine Begründung ausdrücklich verlangt worden ist.

I. Regelungszweck

Art. VIII will den unterschiedlichen nationalen Regelungen zur Begründungspflicht von Schiedssprüchen Rechnung tragen und die unter Umständen zweifelhafte Frage, ob einem unbegründeten ausländischen Schiedsspruch vom Exequaturrichter die Wirksamkeit versagt werden kann, losgelöst vom autonomen Recht des jeweiligen Anerkennungs- und Vollstreckungsstaates regeln. Er schafft damit ein internationales Einheitsrecht der Begründungspflicht.

In Deutschland sind Schiedssprüche gemäß § 1054 Abs. 2 ZPO zu begründen, sofern die Parteien nichts anderes vereinbart haben oder es sich um einen Schiedsspruch mit vereinbartem Wortlaut handelt.

---

[27] Überschreitung der Entscheidungskompetenz des Schiedsgerichts; vgl. BGH v. 26. 9. 1985 – III ZR 16/84 = NJW 1986, 1436, 1437; *Schlosser* RIW 1982, 866 f. u. Art. V UNÜ Rn. 19 ff.
[28] *Fragistas*, Rev. crit. dr. int. pr. 1960, 1 ff.; *Goldstaijn*, J. Bus. L. 1961, 12 ff.; *Goldman*, Archives de philosophie du droit, 1964, 177; *ders.*, FS P. Lalive, 1993, S. 241 ff.; *Kahn*, La vente commerciale internationale, 1964, S. 365 ff.
[29] Vgl. auch OGH Wien v. 18. 11. 1982 – 8 Ob 520/82 = KTS 1983, 666 m. krit. Anm. *Schlosser* sowie Deutsche Schachtbau v. Rakoil [1987] 2 AllER 769 (House of Lords); dazu *Kappus* IPRax 1990, 133.
[30] Vgl. *Gottwald*, FS Nagel, 1987, S. 54; 64; *Schlosser* KTS 1983, 668; *ders.* RIW 1982, 857, 865.
[31] *Gottwald*, FS Nagel, 1987, S. 54, 65.

In Frankreich ist die Begründung von Schiedssprüchen auch nach der Reform von 1980 unabdingbar, und zwar selbst dann, wenn den Schiedsrichtern die Stellung von „amiables compositeurs" eingeräumt wird oder die Parteien ausdrücklich auf eine Begründung verzichtet haben;[1] das Fehlen einer Begründung hat stets die Nichtigkeit des Schiedsspruches zur Folge. Die Anerkennung und Vollstreckung ausländischer Schiedssprüche wird durch diese Regelung grundsätzlich nicht gehindert, da diese nicht französischem, sondern ausländischem Recht unterstehen;[2] sie könnte aber unter Umständen auf Grund dieser für inländische Schiedssprüche geltenden Regelung eventuell gegen den französischen ordre public verstoßen.[3] 3

Nach dem englischen Arbitration Act 1996 sind Schiedssprüche zu begründen, sofern die Parteien nichts anderes vereinbaren (sec. 52).[4] 4

II. Begründungspflicht als Regel

Art. VIII statuiert eine Begründungspflicht.[5] Sein Wortlaut, es bestehe die „Vermutung", die Parteien seien davon ausgegangen, der Schiedsspruch solle begründet werden, ist missverständlich. Nur wenn eine der in Art. VIII lit. a oder lit. b genannten Ausnahmen eingreift, kann von einer Begründung angesehen werden. 5

III. Verzicht auf Begründung

Nach Art. VIII lit. a besteht diese Pflicht nicht, wenn die Parteien darauf ausdrücklich verzichtet haben. Auf Grund des eindeutigen Wortlauts der Vorschrift und aus Gründen der Rechtssicherheit genügt ein konkludent erklärter Verzicht nicht.[6] Selbst die Vereinbarung einer Schiedsordnung, die einen Verzicht vorsieht, soll nicht ausreichen.[7] In der Ermächtigung als „amiable compositeur" zu entscheiden, liegt kein Verzicht auf eine Begründung insgesamt,[8] sondern nur auf eine nach strengem Recht. Es geht daher nicht um die Frage des ausdrücklichen oder stillschweigenden Verzichts auf eine Begründung. Problematisch ist vielmehr, wann eine ausreichende Begründung einer Billigkeitsentscheidung vorliegt (s. Rn. 11). 6

IV. Entbehrlichkeit der Begründung nach dem Schiedsverfahrensrecht

Eine weitere Ausnahme vom Begründungszwang besteht gemäß Art. VIII lit. b, wenn die Parteien „sich einem schiedsrichterlichen Verfahrensrecht unterworfen haben, nach welchem es nicht üblich ist, Schiedssprüche zu begründen". 7

1. Art der Schiedsverfahrensregelung. Die Formulierung „schiedsrichterliches Verfahrensrecht" im deutschen Text beruht auf einem Übersetzungsfehler des französischen Begriffs procédure arbitrale bzw. des englischen arbitrale procedure.[9] Denn von lit. b soll nicht nur nationales Schiedsverfahrensrecht erfasst werden. Der Anwendungsbereich des Art. VIII lit. b ist vielmehr auch dann eröffnet, wenn sich die Parteien auf Grund der ihnen nach Art. IV EuÜ zustehenden Parteiautonomie der Schiedsordnung einer Schiedsorganisation unterworfen haben, die eine Begründung von Schiedssprüchen nicht vorsieht; „Verfahrensrecht" ist somit im Sinne von „Verfahrens-" bzw. „Schiedsordnung" zu verstehen.[10] Die ICC Arbitration Rules sehen seit 1998 in Art. 25 Abs. 2 eine Begründungspflicht vor. Art. 32 Abs. 3 UNCITRAL Schiedsordnung sieht grds. eine Begründungspflicht vor, es sei denn, die Parteien haben vereinbart, dass er nicht zu begründen ist. 8

2. Üblichkeit des Fehlens einer Begründung. Durch den Hinweis in lit. b auf die Üblichkeit entfällt eine Begründungspflicht auch, wenn die Parteien eine Schiedsordnung gewählt haben, nach der – wie früher in England nach dem Arbitration Act 1979 – eine Begründung zwar verlangt werden kann oder erforderlich ist, die Praxis den Schiedsspruch aber vielfach nicht mit Gründen versieht. Die Begründungspflicht entfällt nach dem Wortlaut von lit. b bereits bei Üblichkeit der 9

---

[1] Vgl. Art. 31 Abs. 2 und 40 des „Decret relatif à l'arbitrage et dertiné à s'integrer dans le Nouveau Code de Procédure civile" v. 14. 5. 1980; *Mezger* ZZP 94 (1981), 117, 146; *ders.* RIW 1980, 677 ff.; *Schlosser* Rn. 852.
[2] Rev. crit. 1960, 393; 1967, 272.
[3] Ebenso *Schlosser* Rn. 852.
[4] Vgl. *Maxwell,* in: *Gottwald,* Internationale Schiedsgerichtsbarkeit, 1997, S. 323.
[5] *Maier* Anm. 1; *Hascher* YCA XVII (1992), 711 Rn. 66; vgl. auch Art. 32 Abs. 3 der UNCITRAL-SchO.
[6] Krit. *Mezger* RabelsZ 29 (1965), 231, 282.
[7] *Stein/Jonas/Schlosser* Anh. § 1061 Rn. 202; *Moller* NZG 2000, 57, 70.
[8] AA *Maier* Anm. 3.
[9] AllgM; *Kaiser* S. 162 mit Fn. 14; *Stein/Jonas/Schlosser* Anh. § 1061 Rn. 202; *Schwab/Walter* Kap. 54 Rn. 2.
[10] Vgl. auch den französischen „procedure arbitrale" bzw. englischen „procedure"-Text des Übereinkommens.

§ 1061 Anh. 2 EuÜ Art. VIII   Anh. zu § 1061. Internationale Schiedsgerichtsbarkeit

Nichtbegründung. Nicht erforderlich ist, dass die gewählte Schiedsordnung zusätzlich keine Begründungspflicht vorsieht.[11] Art. VIII lit. b 2. Halbs. ist jedoch nicht anwendbar, wenn die von den Parteien gewählte Verfahrensordnung eine Begründungspflicht zwar nicht vorsieht bzw. keine die Begründung des Schiedsspruchs betreffende Regelung enthält, eine Begründung jedoch üblicherweise gegeben wird.

10   **3. Begründungsbegehren der Parteien.** Trotz der Wahl einer Verfahrensordnung, die eine Begründungspflicht nicht vorsieht, ist der Schiedsspruch zu begründen, wenn eine Begründung von einer oder beiden Parteien vor Schluss der mündlichen Verhandlung oder, wenn eine solche nicht stattgefunden hat, vor der schriftlichen Abfassung des Schiedsspruchs verlangt wird. Insoweit wird auch hier dem Parteiwillen letztlich der Vorrang eingeräumt. Diese Regelung wurde kritisiert, weil keine Notwendigkeit besteht, die Parteien von den selbst gewählten Rechtsfolgen freizustellen.[12] Jedoch kann sich gerade im Laufe eines Schiedsverfahrens aus Sicht einer Partei die Notwendigkeit ergeben, den sich abzeichnenden (ihr nachteiligen) Schiedsspruch durch eine Begründung insb. in Anerkennungs- und Vollstreckungsverfahren einer gewissen Überprüfung zugänglich machen zu können.[13]

V. Anforderungen an die Begründung

11   **1. Begründung eines Rechtsentscheids.** Art. VIII regelt nicht, welche Mindestanforderungen an eine Begründung des Schiedsspruches zu stellen sind. Abgestellt wird meist auf diejenigen Erfordernisse, die nach der anwendbaren Verfahrensordnung gelten.[14] Die Begründung ist dann ausreichend, wenn der Schiedsspruch den Erfordernissen genügt, die von der gewählten Verfahrensordnung an eine wirksame Begründung gestellt werden; der Exequaturrichter darf in diesem Fall von der Begründung nicht die unter Umständen strengeren Anforderungen seiner nationalen Rechtsordnung verlangen. Erwägenswert ist auch, da es sich bei Art. VIII um internationales Einheitsrecht handelt, die Anforderungen an die Begründung vertragsautonom zu bestimmen.[15] Ein Eingehen auf wesentliches Parteivorbringen dürfte danach zu verlangen sein,[16] Tenor und Entscheidungsgründe dürfen sich grds. nicht widersprechen, es sei denn, es ist gleichwohl ohne weiteres die ratio decidendi erkennbar.[17]

12   Unterliegt das Schiedsverfahren deutschem Recht, so wird dem völligen Fehlen einer Begründung der Fall gleichgestellt, dass die Gründe offenbar widersinnig sind oder im Widerspruch zum Entscheidungstenor stehen;[18] anders verhält es sich, wenn die Gründe nur einzelne Widersprüche aufweisen, falsch oder lückenhaft sind.[19]

13   **2. Begründung eines Billigkeitsentscheids.** Eine Billigkeitsentscheidung (sog. „amiable composition") ist mit der Begründungspflicht grundsätzlich vereinbar.[20] Eine Begründung liegt aber nicht vor, wenn der Schiedsspruch ausschließlich damit begründet wird, die getroffene Entscheidung entspreche der Billigkeit; vielmehr ist zu verlangen, dass das Schiedsgericht zumindest im Einzelnen näher ausführt, warum der ergangene Schiedsspruch der Billigkeit entspricht. Davon ist der Fall zu unterscheiden, dass der Schiedsspruch entgegen dem Willen der Parteien auf Grund (näher ausgeführter) Billigkeit statt nach strengem Recht ergeht; hier liegt eine Begründung zwar vor, doch beruht sie bzw. der Schiedsspruch auf einem unzulässigen Verfahren. Das Schiedsgericht hat hier seine Entscheidungskompetenz überschritten.[21] Die Anerkennung/Vollstreckbarerklärung kann gem. Art. V Abs. 1 lit. c UNÜ versagt werden.

VI. Sanktionen bei fehlender Begründung

14   **1. Verweisung auf das Recht des Exequaturstaates.** Greift die Vermutungsregel des Art. VIII ein, oder hat eine Partei gem. Art. VIII lit. b 2. Halbs. vom Schiedsgericht eine Begründung

---

[11] AA *Schwab/Walter* Kap. 54 Rn. 2.
[12] *Mezger* RabelsZ 29 (1965), 231, 283; *Kaiser* S. 146.
[13] Zur Prüfungskompetenz staatlicher Gerichte vgl. *Gottwald*, FS Nagel, 1987, S. 54 ff.
[14] *Schwab/Walter* Kap. 54 Rn. 3; *Stein/Jonas/Schlosser* Anh. § 1061 Rn. 203.
[15] So im Ansatz wohl *Schlosser* Rn. 854; anders aber *Stein/Jonas/Schlosser* Anh. § 1061 Rn. 203.
[16] *Schlosser* Rn. 854; vgl. auch OLG Hamburg v. 15. 4. 1964 – 5 U 116/1963 = IPRspr. 1964/65 Nr. 275.
[17] *Schlosser* Rn. 854.
[18] OLG Hamburg v. 7. 3. 1956 – 4 U 289/55 = MDR 1956, 494; *Schwab/Walter* Kap. 19 Rn. 12.
[19] *Schwab/Walter* Kap. 19 Rn. 12.
[20] *Schwab/Walter* S. 179.
[21] *Gentinetta* AWD 1969, 49, 52; *Gottwald*, FS Nagel, 1987, S. 54, 61; *Schlosser* Rn. 863; s. Art. V UNÜ Rn. 22.

verlangt, wird der Schiedsspruch aber dennoch nicht mit Gründen versehen, so ist ihm grundsätzlich die Anerkennung und Vollstreckung zu versagen. Entgegen einer zum Teil vertretenen Ansicht[22] folgt dies jedoch nicht unmittelbar aus Art. VIII. Denn Art. VIII regelt nicht unmittelbar einen Anerkennungs- und Vollstreckungsversagungsgrund.[23] Eine fehlende (oder dieser gleichstehende mangelhafte) Begründung kann daher nur zur Anerkennungs- und Vollstreckungsversagung führen, wenn sich dies nach dem von dem Exequaturrichter anzuwendenden Recht ergibt.[24]

2. Folgen nach dem UNÜ. Erfolgt die Anerkennung und Vollstreckung nach dem UNÜ und hat der Exequaturstaat auch das EuÜ ratifiziert, so ist dem ohne eine erforderliche Begründung ergangenen Schiedsspruch gem. Art. V Abs. 1 lit. d UNÜ (Verstoß gegen das schiedsrichterliche Verfahren) die Rechtswirksamkeit zu versagen.[25] Dagegen wird vorgebracht, ein Verstoß gegen Art. V Abs. 1 lit. d UNÜ liege nicht vor, weil die Begründung zum Schiedsspruch und nicht zum Verfahren gehöre und daher eine fehlende Begründung kein Verfahrensfehler iSv. Art. V Abs. 1 lit. d UNÜ sei.[26] Dem ist nicht zu folgen. Der Wortlaut des Art. VIII lit. b und die darin zum Ausdruck kommende enge Verknüpfung zwischen Verfahren und Schiedsspruch lassen eine Aufspaltung in Schiedsverfahren und Schiedsspruch insofern nicht zu. Die Parteien können nach der ihnen gewährten Privatautonomie (vgl. Art. IV) das anzuwendende Verfahrensrecht frei wählen und damit auch bestimmen, ob der Schiedsspruch zu begründen ist. 15

3. Fehlende Begründung und ordre public. Die Versagung der Anerkennung und Vollstreckung eines ohne Begründung ergangenen Schiedsspruches unter Berufung auf dessen ordre public-Widrigkeit ist ausgeschlossen, wenn die Parteien wirksam auf eine Begründung verzichtet haben und nach der Rechtsordnung desjenigen Staates, in dem die Anerkennung und Vollstreckung erfolgen soll, es den Parteien freigestellt ist, auf eine Begründung zu verzichten (wie in Deutschland). Da die (nationale) Rechtsordnung des Vollstreckungsstaates die Begründung des Schiedsspruchs zur Parteidisposition stellt, kann eine Begründung nicht zu den nach dem ordre public unverzichtbaren Justizgarantien gehören. 16

Aber auch diejenigen Vertragsstaaten, deren Rechtsordnungen eine Begründungspflicht für Schiedssprüche zwingend vorsehen (so in Frankreich), können die Vollstreckung grundsätzlich nicht mehr unter Berufung auf einen Verstoß gegen ihren ordre public versagen, wenn das Schiedsverfahren einem ausländischen Recht untersteht, das die Begründung des Schiedsspruches den Parteien zur Disposition stellt und diese hiervon Gebrauch gemacht haben. Durch die Anerkennung der in Art. VIII enthaltenen Regelung haben diese Vertragsstaaten gezeigt, dass sie eine Begründung eines ausländischen Schiedsspruches nicht als unabdingbar ansehen (s. Rn. 1 f.). 17

Jedoch ist stets die Reichweite des Art. VIII zu beachten. Selbst wenn die Parteien eine Verfahrensordnung wählen, nach der eine Begründung nicht erforderlich ist, hat jede Partei nach Maßgabe des Art. VIII lit. b 2. Halbs. einen Anspruch auf eine Begründung, wenn sie eine solche verlangt. Durch Schaffung des Art. VIII wollte man den Parteien ersichtlich die Möglichkeit einer Begründung garantieren. Ergeht daher ein Schiedsspruch ohne Begründung, obwohl zumindest eine Partei eine solche ausdrücklich verlangt hat (Art. VIII lit. b 2. Halbs.), so kann ein Verstoß gegen den ordre public des Vollstreckungsstaates nicht generell verneint werden. Im Anwendungsbereich des EuÜ muss hinzukommen, dass die Parteien von der ihnen gewährten Möglichkeit (eine Begründung zu erhalten) auch tatsächlich Gebrauch gemacht haben. Greift somit die Vermutungsregel des Art. VIII ein oder hat eine Partei gem. Art. VIII lit. b 2. Halbs. dem Schiedsgericht eine Begründung des Schiedsspruches ausdrücklich aufgegeben, und unterbleibt eine solche, so kann im Falle der Vollstreckung nach UNÜ dem Schiedsspruch die Anerkennung unter Berufung auf Art. V Abs. 2 lit. b UNÜ zu versagen sein (s. Art. V UNÜ Rn. 55). 18

Art. IX. Aufhebung des Schiedsspruches. (1) Ist ein unter dieses Übereinkommen fallender Schiedsspruch in einem Vertragsstaat aufgehoben worden, so bildet dies in einem anderen Vertragsstaat nur dann einen Grund für die Versagung der Anerkennung oder der Vollstreckung, wenn die Aufhebung in dem Staat, in dem oder nach dessen Recht der Schiedsspruch ergangen ist, ausgesprochen worden ist, und wenn sie auf einem der folgenden Gründe beruht:

---

[22] *Kaiser* S. 165; *Gentinetta* AWD 1969, 49, 51.
[23] *Schlosser* Rn. 852; *Schwab/Walter* Kap. 54 Rn. 4.
[24] *Schwab/Walter* Kap. 54 Rn. 4.
[25] *Schlosser* Rn. 852; *Schwab/Walter* Kap. 54 Rn. 4; aA *Moller* EWS 1996, 297, 300 f.
[26] *Mezger* RabelsZ 29 (1965), 231, 284.

§ 1061 Anh. 2 EuÜ Art. IX   Anh. zu § 1061. Internationale Schiedsgerichtsbarkeit

a) die Parteien, die eine Schiedsvereinbarung geschlossen haben, waren nach dem Recht, das für sie persönlich maßgebend ist, in irgendeiner Hinsicht hierzu nicht fähig, oder die Vereinbarung ist nach dem Recht, dem die Parteien sie unterworfen haben, oder, falls die Parteien hierüber nichts bestimmt haben, nach dem Recht des Staates, in dem der Schiedsspruch ergangen ist, ungültig; oder
b) die Partei, welche die Aufhebung des Schiedsspruches begehrt, ist von der Bestellung des Schiedsrichters oder von dem schiedsrichterlichen Verfahren nicht gehörig in Kenntnis gesetzt worden, oder sie hat aus einem andern Grund ihre Angriffs- oder Verteidigungsmittel nicht geltend machen können; oder
c) der Schiedsspruch betrifft eine Streitigkeit, die in der Schiedsabrede nicht erwähnt ist oder nicht unter die Bestimmungen der Schiedsklausel fällt, oder er enthält Entscheidungen, welche die Grenzen der Schiedsabrede oder der Schiedsklausel überschreiten; kann jedoch der Teil des Schiedsspruches, der sich auf Streitpunkte bezieht, die dem schiedsrichterlichen Verfahren unterworfen waren, von dem Teil, der Streitpunkte betrifft, die ihm nicht unterworfen waren, getrennt werden, so muss der erstgenannte Teil des Schiedsspruches nicht aufgehoben werden; oder
d) die Bildung des Schiedsgerichts oder das schiedsrichterliche Verfahren hat der Vereinbarung der Parteien oder, mangels einer solchen Vereinbarung, den Bestimmungen des Artikels IV, nicht entsprochen.

(2) Im Verhältnis zwischen Vertragsstaaten, die auch Vertragsparteien des New Yorker Übereinkommens vom 10. Juni 1958 über die Anerkennung und Vollstreckung ausländischer Schiedssprüche sind, hat Absatz 1 die Wirkung, die Anwendung des Artikels V Abs. 1 Buchstabe e des New Yorker Übereinkommens auf die Aufhebungsgründe zu beschränken, die in Absatz 1 dieses Artikels aufgezählt sind.

I. Regelungsinhalt und Bedeutung der Vorschrift

1   Entgegen der missverständlichen Überschrift regelt Art. IX nicht die Aufhebung des Schiedsspruches, sondern die Wirkung, die ein Aufhebungsurteil eines staatlichen Gerichts eines Vertragsstaates in den anderen Vertragsstaaten des EuÜ für die Frage der Anerkennung und Vollstreckbarerklärung des Schiedsspruches hat. Er normiert eine angesichts der privaten Rechtsnatur des Schiedsspruchs keineswegs selbstverständliche Abhängigkeit des Schiedsspruchs von dessen Bestand im Ursprungsstaat.[1] Allein die Einleitung eines Aufhebungsverfahrens ist kein Grund, das Vollstreckbarerklärungsverfahren auszusetzen. Möglich ist jedoch die Anwendung des Art. VI UNÜ. Ist ein in einem Vertragsstaat ergangener Schiedsspruch, der unter das EuÜ fällt, von einem staatlichen Gericht dieses Vertragsstaates aufgehoben worden, so wäre die Anerkennung und Vollstreckbarerklärung dieses Schiedsspruches in einem anderen Vertragsstaat nach Art. V Abs. 1 lit. e UNÜ ausgeschlossen. Denn nach dieser Vorschrift ist einem Schiedsspruch, der von der dazu zuständigen Behörde aufgehoben worden ist, die Anerkennung und Vollstreckbarerklärung generell zu versagen, gleichgültig auf welchem (nationalen) Aufhebungsgrund das Aufhebungsurteil beruht. Art. IX beschränkt diese Wirkung auf die Fälle, in denen die Aufhebung auf einem der in Art. IX Abs. 1 lit. a bis d genannten Gründe beruht.[2]

2   Soweit die Vertragsstaaten des EuÜ auch das UNÜ ratifiziert haben, wird somit die absolute Wirkung, die ein Aufhebungsurteil nach Art. V Abs. 1 lit. e UNÜ besitzt, auf die in Art. IX Abs. 1 lit. a bis d aufgeführten Aufhebungsgründe beschränkt.[3] Diese Wirkung des Art. IX auf das UNÜ folgt zwar bereits aus Art. VII UNÜ, wird jedoch in Art. IX Abs. 2 nochmals ausdrücklich klargestellt. Erfolgt das Verfahren der Anerkennung und Vollstreckbarerklärung des Schiedsspruches nicht nach dem UNÜ, so modifiziert Art. IX insoweit die maßgeblichen nationalen Rechtsnormen der Vertragsstaaten des EuÜ.[4]

---

[1] *Mezger* RabelsZ 29 (1965), 231, 285; *Schwab/Walter* Kap. 57 Rn. 26; *Solomon* S. 275 ff.; *Schlosser* Rn. 792; *Stein/Jonas/Schlosser* Anh. § 1061 Rn. 204.
[2] *Rensmann* S. 63; *Gómez Jene* IPRax 2005, 84, 85; *Hascher* YCA XVII (1992), 711 Rn. 74 ff.; *Nienaber*, Die Anerkennung und Vollstreckung im Sitzstaat aufgehobener Schiedssprüche, S. 28 f.; Krit. zu dem von Art. IX aufgestellten „Reziprozitätsvorbehalt" (sowohl Vollstreckungsstaat als auch Aufhebungsstaat müssen dem EuÜ angehören) *Stein/Jonas/Schlosser* Anh. § 1061 Rn. 204; *Kaiser* S. 177.
[3] öOGH, Beschl. v. 26. 1. 2005 – 3 Ob 221/04 b = IPRax 2006, 496 (*Spickhoff* 522); OLG Dresden, Beschl. v. 31. 1. 2007 – 11 Sch 18/05.
[4] *Schwab/Walter* Kap. 57 Rn. 26; *Schlosser* Rn. 792.

II. Zuständigkeit für die Aufhebung des Schiedsspruches

Unabhängig von den in Abs. 1 lit. a bis d aufgeführten Gründen ist ein Aufhebungsurteil eines staatlichen Gerichts im Verfahren der Anerkennung und Vollstreckbarerklärung nur zu beachten, wenn die Aufhebung durch das zuständige Gericht erfolgt ist. Zuständig für die Aufhebung ist nur das staatliche Gericht, „in dem oder nach dessen Recht der Schiedsspruch ergangen ist", Art. IX Abs. 1 S. 1.[5] Das Land, „nach dessen Recht der Schiedsspruch ergangen ist", ist dasjenige, dessen Rechtsordnung für das Schiedsverfahrensrecht maßgebend war.[6] Art. IX enthält insoweit (übereinstimmend mit Art. V Abs. 1 lit. e UNÜ) eine Regelung über die (internationale) Zuständigkeit für den Erlass des Aufhebungsurteils. Verneint daher der Exequaturrichter die Zuständigkeit des den Schiedsspruch aufhebenden staatlichen Gerichts, so besteht unabhängig von Abs. 1 lit. a bis d bereits aus diesem Grunde keinerlei Bindung an das ergangene Aufhebungsurteil; auf Art. IX Abs. 1 lit. a bis d ist nicht mehr abzustellen. 3

III. Die relevanten Aufhebungsgründe

Die Aufhebungsgründe lehnen sich eng an Art. V Abs. 1 lit. a bis d UNÜ an.[7] Es handelt sich um die Aufhebungsgründe (1) der Unwirksamkeit der Schiedsvereinbarung (lit. a), (2) der Versagung des rechtlichen Gehörs (lit. b), (3) der Überschreitung der schiedsrichterlichen Zuständigkeit (lit. c) und (4) des Mangels des schiedsrichterlichen Verfahrens (lit. d). 4

1. Unwirksamkeit der Schiedsvereinbarung. Nach Abs. 1 lit. a ist ein von dem zuständigen Gericht erlassenes Aufhebungsurteil in den anderen Vertragsstaaten des EuÜ zu beachten, wenn die Aufhebung des Schiedsspruches wegen Unwirksamkeit der Schiedsvereinbarung erfolgte. Besonders hervorgehoben wird hierbei die Unwirksamkeit der Schiedsvereinbarung wegen fehlender subjektiver Schiedsfähigkeit (vgl. auch Art. V Abs. 1 lit. a UNÜ). Entsprechend Art. VI Abs. 2 ist insoweit auf das jeweilige Personalstatut zurückzugreifen (für Deutschland vgl. Art. 5 EGBGB). Das Statut der subjektiven Schiedsfähigkeit ist daher ebenso wie im Falle des Art. VI einer Parteivereinbarung hierfür nicht zugänglich. Für sonstige die Wirksamkeit der Schiedsvereinbarung betreffende Fragen ist primär das von den Parteien gewählte Recht maßgebend.[8] Haben die Parteien keine derartige Rechtswahl getroffen, so ist auf die Rechtsordnung des Landes abzustellen, in dem der Schiedsspruch ergangen ist. Zu den Formerfordernissen s. Art. I Rn. 11 ff. Zur möglichen Präklusion der Einrede der Unwirksamkeit vor dem Exequaturgericht s. Art. V Rn. 3 ff. 5

2. Verletzung des rechtlichen Gehörs. Das Aufhebungsurteil ist auch dann von den übrigen Vertragsstaaten anzuerkennen, wenn es ergangen ist, weil einer Partei nicht oder nicht ausreichend rechtliches Gehör gewährt worden ist (vgl. Art. V Abs. 1 lit. b UNÜ). Eine Verletzung des rechtlichen Gehörs liegt vor, wenn die Partei von der Ernennung des Schiedsrichters oder von dem Schiedsverfahren nicht oder nicht gehörig unterrichtet worden ist[9] oder sie aus anderen Gründen ihre Angriffs- oder Verteidigungsmittel nicht geltend machen konnte. Zur Frage des maßgeblichen Rechts und zur Kausalität zwischen fehlendem rechtlichen Gehör und ergangenem Schiedsspruch s. Art. V Rn. 13 ff. 6

3. Entscheidung ultra petita. Nach Art. IX lit. c 1. Halbs. ist die Aufhebung des Schiedsspruchs bei der Anerkennung und Vollstreckbarerklärung in einem anderen Vertragsstaat beachtlich, wenn der Schiedsspruch dem Inhalt nach nicht von der Schiedsvereinbarung gedeckt war (Überschreitung der Zuständigkeitskompetenz des Schiedsgerichts). In Betracht kommen folgende Fälle: (1) die Streitigkeit war insgesamt der Schiedsgerichtsbarkeit nicht zugänglich oder entzogen; (2) die Entscheidung des Schiedsgerichts erging zu einzelnen, von der Schiedsvereinbarung nicht erfassten Streitpunkten (sog. „partielle Unzuständigkeit"); (3) das Schiedsgericht fällte eine Billigkeitsentscheidung ohne ausdrückliche Ermächtigung der Parteien (vgl. Art. VII Abs. 2). Zur Frage der Präklusion einer sich hierauf stützenden Einrede vgl. Art. V. 7

Lit. c 1. Halbs. wird durch den 2. Halbs. dieser Vorschrift eingeschränkt. Danach soll die uneingeschränkte Aufhebung eines Schiedsspruches nicht zu einer Versagung der Anerkennung und Vollstreckbarerklärung in vollem Umfange führen. Trotz eines umfassenden Aufhebungsurteils kann im Falle nur partieller Unzuständigkeit der Teil des Schiedsspruchs anerkennungs- und vollstreckungs- 8

---

[5] Sog. „Heimat- oder Ursprungsstaat" *Mezger* RabelsZ 29 (1965), 231, 286; *Kaiser* S. 177.
[6] *Schwab/Walter* Kap. 57 Rn. 27; *Kaiser* S. 177.
[7] *Schlosser* Rn. 793; *Schwab/Walter* Kap. 57 Rn. 28.
[8] Vgl. *Haas* S. 81.
[9] *Hascher* YCA XVII (1992), 711 Rn. 77.

fähig bleiben, der von der Schiedsvereinbarung erfasst wird. Voraussetzung ist jedoch, dass dieser Teil von dem übrigen Schiedsspruch getrennt werden kann. Auch bei vollständiger Aufhebung eines Schiedsspruchs ist somit ein **Teilexequatur** möglich.[10] Durch diese Regelung werden die Fälle erfasst, in denen das staatliche Gericht den ganzen Schiedsspruch aufgehoben hat, das Schiedsgericht seine Befugnisse aber nur hinsichtlich eines oder einiger Streitpunkte überschritten hatte. Wird hier einem Antrag auf Anerkennung und Vollstreckbarerklärung des Schiedsspruches in einem anderen Vertragsstaat des EuÜ die völlige Aufhebung des Schiedsspruches entgegengehalten, so soll nach lit. c 2. Halbs. das Aufhebungsurteil nur insoweit beachtlich sein, als der – abtrennbare – Teil des Schiedsspruches betroffen ist, mit dem das Schiedsgericht seine Zuständigkeit überschritten hat. Durch diese Regelung wird vermieden, dass einem Schiedsspruch nur deshalb die Anerkennung und Vollstreckbarerklärung zu versagen ist, weil in ihm über von der Schiedsvereinbarung nicht erfasste Nebenansprüche mitentschieden wurde.

9 **4. Verletzung des Schiedsverfahrensrechts.** Gem. Art. IX lit. d ist das Aufhebungsurteil anzuerkennen, wenn der Schiedsspruch aufgehoben wurde, weil das Schiedsgericht nicht ordnungsgemäß zusammengesetzt oder das Schiedsverfahren nicht ordnungsgemäß durchgeführt worden war. Ob dies der Fall war, beurteilt sich primär nach der Parteivereinbarung (Grundsatz der Parteiautonomie); fehlt eine derartige Vereinbarung, ist als Maßstab die Regelung des Art. IV heranzuziehen (vgl. auch Art. V Abs. 1 lit. d UNÜ). Im Gegensatz zur Regelung in Art. V Abs. 1 lit. d UNÜ wird also nicht auf das Recht des Ortes zurückgegriffen, an dem das Schiedsverfahren stattgefunden hat.[11]

IV. Prüfung der Aufhebungsentscheidung

10 Das Gericht des Vollstreckungsstaates hat sich bei der Prüfung, ob das Aufhebungsurteil anzuerkennen ist, darauf zu beschränken, ob dieses Urteil auf einem der vier in lit. a bis d enthaltenen Gründe beruht. Keinesfalls darf das Exequaturgericht nachprüfen, ob das staatliche Gericht, das den Schiedsspruch aufgehoben hat, das Gesetz bzw. das EuÜ richtig angewandt hat, ob also die Aufhebungsgründe auch tatsächlich vorgelegen haben. Die Prüfungskompetenz beschränkt sich auf die Frage der Zuständigkeit des den Schiedsspruch aufhebenden staatlichen Gerichts (s. Rn. 3).

V. Ordre public und mangelnde objektive Schiedsfähigkeit

11 Zu den nach Art. IX Abs. 1 lit. a bis d von den Vertragsstaaten anzuerkennenden Aufhebungsgründen zählen **nicht** der Verstoß gegen den **ordre public** des Aufhebungsstaates und grundsätzlich auch nicht der **Mangel der objektiven Schiedsfähigkeit** des Streitgegenstandes. Die Frage der ordre public-Widrigkeit wird von dem den Schiedsspruch aufhebenden Gericht allein nach seinem nationalen Recht beurteilt. Erfolgt daraufhin eine Aufhebung des Schiedsspruches, so soll der Vollstreckungsstaat nicht an diese nationale Beurteilung gebunden sein. Gerade die Frage des ordre public-Verstoßes des Schiedsspruches kann vom Exequaturgericht bzw. nach dessen Rechtsordnung evtl. anders beurteilt werden als von dem Gericht des Staates (bzw. dessen Rechtsordnung), das den Schiedsspruch aufgehoben hat. Die ordre public-Widrigkeit eines Schiedsspruchs hat daher im Rahmen des EuÜ nur dann allgemeine Bedeutung, wenn zugleich einer der in Art. IX lit. a bis d aufgeführten Aufhebungsgründe vorliegt bzw. gerade ein solcher zur Bejahung des ordre public-Verstoßes geführt hat.[12] Den Belangen des Exequaturstaates wird dadurch ausreichend Rechnung getragen, als das Exequaturgericht die Anerkennung und Vollstreckbarerklärung des Schiedsspruches seinerseits ablehnen kann, weil der Spruch gegen seine eigene öffentliche Ordnung verstößt und/oder ihm die objektive Schiedsfähigkeit fehlt.[13] Im Fall der mangelnden objektiven Schiedsfähigkeit des Streitgegenstandes ist jedoch zu beachten, dass regelmäßig der Aufhebungsgrund des Art. IX Abs. 1 lit. a (Unwirksamkeit der Schiedsvereinbarung) vorliegen wird. Freilich muss sich die unterlegene Partei entsprechend in jedem Vertragsstaat erneut gegen die Vollstreckung zur Wehr setzen.

---

[10] Vgl. *Bertheau* S. 121 m. Anm. 20.
[11] *Hascher* YCA XVII (1992), 711 Rn. 81.
[12] *Schlosser* Rn. 792; *Solomon* S. 181.
[13] Vgl. auch Art. V Abs. 2 UNÜ; *Klein* ZZP 76 (1963), 352.

Art. X [Schlußbestimmungen]. (1)–(6) *(nicht abgedruckt)*

(7) Die Bestimmungen dieses Übereinkommens lassen die Gültigkeit mehrseitiger oder zweiseitiger Verträge, welche die Vertragsstaaten auf dem Gebiete der Schiedsgerichtsbarkeit geschlossen haben oder noch schließen werden, unberührt.

(8)–(12) *(nicht abgedruckt)*

Art. X Abs. 7 sieht zwar nicht selbst den Meistbegünstigungsgrundsatz vor.[1] Indem aber die Gültigkeit anderer Übereinkommen vorbehalten wird, folgt der Meistbegünstigungsgrundsatz meist aus Art. VII UNÜ. Die Parteien dürfen sich dann auf das ihnen im konkreten Fall günstigere Übereinkommen berufen.[2]

3. Pariser Vereinbarung über die Anwendung des Europäischen Übereinkommens über die internationale Handelsschiedsgerichtsbarkeit vom 17. Dezember 1962

(BGBl. II 1964 S. 449)

(Auszug)

In der Bundesrepublik Deutschland in Kraft seit 15. 1.1965. Authentisch gleichberechtigt sind der englische und französische Text.

Vertragsstaaten: Belgien, Bundesrepublik Deutschland, Dänemark, Frankreich, Italien, Luxemburg und Österreich, Republik Moldau.

Art. 1. Für die Beziehungen zwischen natürlichen und juristischen Personen, die ihren gewöhnlichen Aufenthalt oder ihren Sitz in den Vertragsstaaten dieser Vereinbarung haben, werden die Absätze 2 bis 7 des Artikels IV des Europäischen Übereinkommens über die internationale Handelsschiedsgerichtsbarkeit, das am 21. April 1961 in Genf zur Unterzeichnung aufgelegt worden ist, durch die folgende Vorschrift ersetzt: „Enthält die Schiedsvereinbarung keine Angaben über die Gesamtheit oder einen Teil der in Artikel IV Abs. 1 des Europäischen Übereinkommens über die internationale Handelsschiedsgerichtsbarkeit bezeichneten Maßnahmen, so werden die bei der Bildung oder der Tätigkeit des Schiedsgerichts etwa entstehenden Schwierigkeiten auf Antrag einer Partei durch das zuständige staatliche Gericht behoben."

Art. 2–6 *(nicht abgedruckt)*

Zur Erläuterung s. Art. IV EuÜ Rn. 2.

4. Genfer Abkommen zur Vollstreckung ausländischer Schiedssprüche vom 26. September 1927

(RGBl. II 1930 S. 1068)

Art. 1. (1) In den Gebieten eines der hohen vertragschließenden Teile, auf die dieses Abkommen anzuwenden ist, wird ein Schiedsspruch, der auf Grund einer Schiedsabrede oder einer Schiedsklausel ergangen ist, wie sie in dem seit dem 24. September 1923 in Genf aufgelegten Protokoll über die Schiedsklauseln vorgesehen sind, als wirksam anerkannt und gemäß den Verfahrensvorschriften des Landes, in dem er geltend gemacht wird, zur Vollstreckung zugelassen, wenn er im Gebiete eines der hohen vertragschließenden Teile, auf das dieses Abkommen anzuwenden ist, und zwischen Personen ergangen ist, die der Gerichtsbarkeit eines der hohen vertragschließenden Teile unterstehen.

(2) Zu dieser Anerkennung oder Vollstreckung ist ferner notwendig:

a) daß der Schiedsspruch auf Grund einer Schiedsabrede oder einer Schiedsklausel ergangen ist, die nach der auf sie anwendbaren Gesetzgebung gültig sind;

---

[1] *Schlosser* Rn. 815.
[2] *Hascher* YCA XVII (1992), 711 Rn. 85; s. Art. II UNÜ Rn. 5.

b) daß nach dem Rechte des Landes, in dem der Schiedsspruch geltend gemacht wird, der Gegenstand des Schiedsspruchs einem schiedsgerichtlichen Verfahren unterworfen werden kann;
c) daß der Schiedsspruch von dem Schiedsgericht gefällt wurde, das in der Schiedsabrede oder der Schiedsklausel vorgesehen oder gemäß der Vereinbarung der Parteien und den auf das Schiedsverfahren anwendbaren Rechtsvorschriften gebildet worden ist;
d) daß der Schiedsspruch in dem Lande, in dem er ergangen ist, eine endgültige Entscheidung darstellt; er gilt nicht als endgültig, wenn er dem Einspruch, der Berufung oder der Richtigkeitsbeschwerde unterworfen ist (in den Ländern, in denen diese Rechtsbehelfe bestehen), oder wenn nachgewiesen wird, daß ein Verfahren zwecks Anfechtung der Gültigkeit des Schiedsspruchs anhängig ist;
e) daß die Anerkennung oder Vollstreckung des Schiedsspruchs nicht der öffentlichen Ordnung oder den Grundsätzen des öffentlichen Rechts des Landes, in dem er geltend gemacht wird, widerspricht.

Art. 2. (1) Auch wenn die im Artikel 1 vorgesehenen Voraussetzungen gegeben sind, ist die Anerkennung und Vollstreckung des Schiedsspruchs zu versagen, wenn der Richter feststellt,
a) daß der Schiedsspruch in dem Lande, in dem er ergangen ist, für nichtig erklärt worden ist;
b) daß die Partei, gegen die der Schiedsspruch geltend gemacht wird, nicht zeitig genug von dem schiedsgerichtlichen Verfahren Kenntnis erlangt hat, um ihre (Angriffs- und Verteidigungs-)Mittel geltend machen zu können, oder daß sie im Falle ihrer Prozeßunfähigkeit nicht ordnungsmäßig vertreten war;
c) daß der Schiedsspruch nicht die in der Schiedsabrede erwähnten oder unter die Bestimmungen der Schiedsklausel fallenden Streitpunkte betrifft, oder daß er Entscheidungen enthält, welche die Grenzen der Schiedsabrede oder der Schiedsklausel überschreiten.

(2) Wenn der Schiedsspruch nicht alle dem Schiedsgericht unterbreiteten Fragen entschieden hat, kann die zuständige Behörde des Landes, in dem die Anerkennung oder Vollstreckung nachgesucht wird, die Anerkennung oder Vollstreckung, wenn sie dies für angebracht hält, aussetzen, oder von einer Sicherheitsleistung abhängig machen, die sie zu bestimmen hat.

Art. 3. Wenn die Partei, zu deren Ungunsten der Schiedsspruch ergangen ist, dartut, daß sie nach den auf das Schiedsverfahren anwendbaren Rechtsvorschriften die Gültigkeit des Schiedsspruchs aus einem anderen Grunde als den im Artikel 1 lit. a und c und Artikel 2 lit. b und c erwähnten Gründen gerichtlich anzufechten berechtigt ist, kann der Richter nach seinem Ermessen die Anerkennung oder Vollstreckung versagen oder sie aussetzen und der Partei eine angemessene Frist bestimmen, um vor dem zuständigen Gericht den Ausspruch der Nichtigkeit herbeizuführen.

Art. 4. (1) Die Partei, die den Schiedsspruch geltend macht oder seine Vollstreckung beantragt, hat insbesondere vorzulegen:
1. Die Urschrift des Schiedsspruchs oder eine Abschrift, die nach der Gesetzgebung des Landes, in dem er ergangen ist, alle für ihre Beweiskraft erforderlichen Bedingungen erfüllt;
2. die Urkunden und Unterlagen, die dartun, daß der Schiedsspruch in dem Lande, in dem er ergangen ist, eine endgültige Entscheidung im Sinne des Artikel 1 lit. d darstellt;
3. erforderlichenfalls die Urkunden und Unterlagen, die dartun, daß die im Artikel 1 Abs. 1 und Abs. 2 lit. a und c bestimmten Voraussetzungen vorliegen.

(2) [1] Auf Verlangen ist eine Übersetzung des Schiedsspruchs und der anderen in diesem Artikel erwähnten Urkunden in die amtliche Sprache des Landes, in dem der Schiedsspruch geltend gemacht wird, beizubringen. [2] Diese Übersetzung muß von einem diplomatischen oder konsularischen Vertreter des Landes, dem die Partei, die den Schiedsspruch geltend macht, angehört oder von einem beeidigten Dolmetscher des Landes, in dem der Schiedsspruch geltend gemacht wird, als richtig bescheinigt sein.

Art. 5. Die Bestimmungen der vorangehenden Artikel schließen nicht aus, daß eine Partei von einem Schiedsspruch nach Maßgabe der Gesetzgebung oder der Verträge des Landes, in dem er geltend gemacht wird, Gebrauch macht.

Art. 6. Dieses Abkommen findet nur auf Schiedssprüche Anwendung, die nach dem Inkrafttreten des in Genf seit dem 24. September 1923 aufgelegten Protokolls über die Schiedsklauseln ergangen sind.

I. Heutige Bedeutung des Abkommens

Das Genfer Abkommen (abgekürzt: GA) ist für das Deutsche Reich am 1. 12. 1930 in Kraft getreten (Bek. v. 5. 11. 1930, RGBl. II S. 1296). Nach Art. VII Abs. 2 UNÜ tritt das GA zwischen den Staaten außer Kraft, die neben dem GA auch das UNÜ gezeichnet haben. Daher gilt das Abkommen heute nur noch im Verhältnis zu Anguilla, Bahamas, Myanmar.[1]

II. Zweck des Abkommens

Erklärter Zweck das GA ist es, das Genfer Protokoll über die Schiedsklauseln im Handelsverkehr v. 24. 9. 1923 (abgekürzt: GP) zu ergänzen. Das GA soll insbesondere die Anerkennung und Vollstreckung von Schiedssprüchen sicherstellen, die im Ausland auf der Grundlage des GP ergangen sind. Erfüllt der Schiedsspruch die Anforderungen, die das GA an ihn stellt, so sind die Vertragsstaaten verpflichtet, ihn anzuerkennen und zu vollstrecken. Die Anerkennungswirkung und das Vollstreckungsverfahren bestimmen sich nach dem Recht des Exequaturstaates.

III. Sachlicher Anwendungsbereich

Art. 1 Abs. 1 regelt den sachlichen Anwendungsbereich des Abkommens. Erfasst werden nur solche Schiedssprüche, die (1) auf Schiedsvereinbarungen im Sinne des GP basieren, (2) in einem Vertragsstaat und (3) zwischen Parteien ergangen sind, die der Gerichtsbarkeit eines Vertragsstaates unterstehen. Letzteres bedeutet, dass es nicht auf die Staatsangehörigkeit ankommt.[2] Erforderlich ist eine Dauerbeziehung zu einem Vertragsstaat,[3] wobei die Parteien ihren allgemeinen Gerichtsstand in verschiedenen Vertragsstaaten haben müssen.[4]

IV. Voraussetzungen der Anerkennung des Schiedsspruchs

Art. 1 Abs. 2 und Art. 2 Abs. 1 enthalten die positiven bzw. negativen Voraussetzungen für die Anerkennung eines Schiedsspruches. Welche Voraussetzungen von Amts wegen und welche nur auf Einrede hin geprüft werden, bestimmt sich nach der lex fori des Exequaturstaates. In den in Art. 2 genannten Fällen trägt der Anerkennungs-/Vollstreckungsgegner die Beweislast.

1. Anerkennungsvoraussetzungen. Art. 1 Abs. 2 enthält folgende Anerkennungsvoraussetzungen: (1) Die Schiedsvereinbarung muss nach dem Recht, das ihr zugrunde liegt, gültig sein, Art. 1 Abs. 2 lit. a. Dabei bestimmt sich das auf die Schiedsvereinbarung anwendbare Recht nach dem Kollisionsrecht des Exequaturstaates.[5] Das anwendbare Recht ist jedoch nur insoweit beachtlich, als das GA nicht einheitliches Sachrecht enthält. (2) Der Streitgegenstand muss nach dem Recht des Vollstreckungsstaates schiedsfähig sein, Art. 1 Abs. 2 lit. a. (3) Der Schiedsspruch muss von dem gemäß der Schiedsvereinbarung zuständigen und ordnungsgemäß besetzten Gericht gefällt sein, Art. 1 Abs. 2 lit. e. (4) Der Schiedsspruch muss in seinem Heimatland eine endgültige Entscheidung darstellen, Art. 1 Abs. 2 lit. d. Ein Schiedsspruch ist demnach nicht anerkennungsfähig, wenn am Schiedsort noch ein Rechtsmittel gegen ihn eingelegt werden kann oder wenn ein Anfechtungsverfahren anhängig ist. Letzteres allein ist im Anwendungsbereich des UNÜ kein Grund, die Anerkennung/Vollstreckbarerklärung abzulehnen (Art. VI UNÜ Rn. 2). (5) Der Anerkennung des Schiedsspruches darf nicht der ordre public des Exequaturstaates entgegenstehen, Art. 1 Abs. 2 lit. e.

---

[1] *Nagel/Gottwald* IZPR, § 16 Rn. 176; *Jayme/Hausmann*, Internationales Privat- und Verfahrensrecht, 13. Aufl. Nr. 240 Fn. 2 (Abkommen bis zur 11. Aufl. abgedruckt).
[2] *Schwab/Walter* Kap. 42 Rn. 21, 18.
[3] *Schwab/Walter* Kap. 42 Rn. 21.
[4] Vgl. dazu *Greminger*, Die Genfer Abkommen von 1923 und 1927 über die internationale private Schiedsgerichtsbarkeit, 1975, S. 13 ff., 52 f.; *Stein/Jonas/Schlosser* 19. Aufl. Anh. § 1044 A I, Art. 3 GP, III; *Schwab/Walter* Kap. 42 Rn. 21 aE.
[5] Vgl. *Greminger* S. 55; *Stein/Jonas/Schlosser* 19. Aufl. Anh. § 1044 A II, Art. 1 GA II 1.

§ 1061 Anh. 4 GA Art. 6

2. Anerkennungsversagungsgründe.

6 Art. 2 Abs. 1 enthält zusätzlich folgende negative Voraussetzungen: (1) Der Schiedsspruch darf in dem Land, in dem er ergangen ist, nicht für nichtig erklärt worden sein, Art. 2 Abs. 1 lit. a. (2) Die Anerkennung ist auch dann zu versagen, wenn das rechtliche Gehör des Vollstreckungsgegners im Schiedsverfahren verletzt wurde oder wenn er im Falle seiner Prozessunfähigkeit nicht ordnungsgemäß vertreten wurde, Art. 2 Abs. 1 lit. b; letzteres bestimmt sich nach dem auf das Schiedsverfahren anwendbaren Recht. (3) Das Schiedsgericht darf seine Entscheidungskompetenz, die sich aus der Schiedsvereinbarung ergibt, nicht überschritten haben, Art. 2 Abs. 1 lit. c.

V. Aussetzung der Anerkennung; Sicherheitsleistung

7 Art. 2 Abs. 2 eröffnet der Vollstreckungsbehörde die Möglichkeit, die Anerkennung/Vollstreckung auszusetzen bzw. von einer Sicherheitsleistung des Vollstreckungsklägers abhängig zu machen, sofern das Schiedsgericht keine den gesamten Streitstoff umfassende Entscheidung getroffen hat. Der Vollstreckungsbehörde ist hierbei ein Ermessensspielraum eingeräumt.[6]

VI. Einwendungen gegen den Schiedsspruch im Exequaturverfahren

8 Nach Art. 3 kann der Anerkennungs-/Vollstreckungsgegner im Exequaturverfahren alle Einwendungen geltend machen, die sich aus dem für das Schiedsverfahren anwendbaren Recht ergeben. Das Exequaturgericht kann diese Einwendungen dann entweder selbst prüfen und ggf. die Anerkennung/Vollstreckung versagen, oder aber sein Verfahren aussetzen und so dem Vollstreckungsgegner die Möglichkeit einräumen, binnen einer bestimmten Frist die Nichtigkeit des Schiedsspruchs herbeizuführen. Die fristgemäße Einleitung des Nichtigkeitsverfahrens hat zur Folge, dass bis zum Abschluss des Verfahrens eine Anerkennung/Vollstreckung des Schiedsspruchs nicht mehr zulässig ist (Art. 1 Abs. 2 lit. d). Wird Nichtigkeitsklage nicht fristgemäß erhoben, so ist der geltend gemachte Einwand für das Exequaturgericht unbeachtlich. Wurde am Schiedsort Nichtigkeitsklage erhoben bevor die Einwendung beim Exequaturgericht geltend gemacht wurde, so ist die Anerkennung nach Art. 1 Abs. 2 lit. d zu versagen; eine bereits erfolgte Nichtigkeitserklärung steht nach Art. 2 Abs. 2 lit. a der Anerkennung/Vollstreckung entgegen.

VII. Umfang der Vorlagepflicht

9 Art. 4 regelt, welche Unterlagen der Antragsteller vorzulegen hat. Die nach Abs. 1 erforderlichen Dokumente dienen als Nachweis für das Vorliegen eines wirksamen und endgültigen Schiedsspruchs (arg. Art. 4 Abs. 1 Nr. 1 und 2). Soweit erforderlich, sollen die Unterlagen auch belegen, dass (1) der sachliche Anwendungsbereich des GA (Art. 1 Abs. 1) eröffnet ist, (2) eine wirksame Schiedsvereinbarung vorliegt (Art. 1 Abs. 2 lit. a) und (3) das zuständige Schiedsgericht tätig wurde (Art. 1 Abs. 2 lit. c) (arg. Art. 4 Abs. 1 Nr. 3). Dabei ergibt sich aus S. 1 („insbesondere"), dass das Exequaturgericht weitere Nachw. verlangen kann. Der erforderliche Nachweis der Endgültigkeit des Schiedsspruches (Art. 4 Abs. 1 Nr. 2) kann regelmäßig nur durch eine Vollstreckbarerklärung am Schiedsort geführt werden, was praktisch die Notwendigkeit des „Doppelexequatur" zur Folge hat.

Nach Abs. 2 kann von dem Antragsteller eine diplomatisch oder konsularisch bestätigte Übersetzung der Unterlagen verlangt werden.

VIII. Meistbegünstigungsgrundsatz

10 Art. 5 enthält die sog. Meistbegünstigungsklausel. Dadurch soll dem Antragsteller die Möglichkeit eingeräumt werden, sich bei der Vollstreckung auf das autonome oder das sonstige Vertragsrecht des Exequaturstaates (für ausländische Schiedssprüche) zu berufen, wenn dieses im Gegensatz zum GA die Anerkennung/Vollstreckung des Schiedsspruches zulässt. In Deutschland erleichtert § 1064 ZPO die Vollstreckbarerklärung.

---

[6] *Schwab/Walter* Kap. 58 Rn. 4f.

5. Abkommen über allgemeine Fragen des Handels- und der Seeschifffahrt zwischen der Bundesrepublik Deutschland und der Union der Sozialistischen Sowjetrepubliken

vom 25. 4. 1958 (BGBl. II 1959 S. 222)

(Auszug)

Art. VIII. (1) ¹Natürliche Personen, juristische Personen und Handelsgesellschaften der Bundesrepublik Deutschland und natürliche Personen und juristische Personen der Union der Sozialistischen Sowjetrepubliken können vereinbaren, daß die aus den Verträgen in Handelssachen entstehenden Streitigkeiten der Entscheidung durch ein Schiedsgericht unterworfen werden. ²Die Schiedsvereinbarung muß in dem Vertrag selbst oder in einer besonderen Vereinbarung vorgesehen sein, die in der für den Vertrag erforderlichen Form getroffen worden ist. ³Eine solche Vereinbarung schließt die Zuständigkeit der staatlichen Gerichte aus.

(2) ¹Die beiden Staaten verpflichten sich, die Vollstreckung von Schiedssprüchen, die aufgrund einer in Absatz 1 erwähnten Vereinbarung ergangen sind, in ihrem Gebiet zuzulassen, ohne Rücksicht darauf, ob sie in dem Gebiet eines der beiden Staaten oder in dem Gebiet eines dritten Staates erlassen sind. ²Für die Anordnung und die Durchführung der Vollstreckung eines Schiedsspruches sind die Gesetze des Staates maßgebend, in dem er vollstreckt werden soll.

(3) Die Anordnung der Vollstreckung eines Schiedsspruches kann nur versagt werden:
a) wenn der Schiedsspruch nach dem Recht des Staates, in dem er ergangen ist, unter den Parteien nicht die Wirkung eines rechtskräftigen Urteils hat;
b) wenn der Schiedsspruch gegen die öffentliche Ordnung des Staates verstößt, in dem die Vollstreckung nachgesucht wird.

(4) Eine sachliche Nachprüfung des Schiedsspruchs findet nicht statt.

Anlage zum Abkommen über allgemeine Fragen des Handels- und der Seeschiffahrt zwischen der Bundesrepublik Deutschland und der Union der Sozialistischen Sowjetrepubliken vom 25. April 1958

Rechtsstellung der Handelsvertretung der Union der Sozialistischen Sowjetrepubliken in der Bundesrepublik Deutschland

Art. 1. Die Handelsvertretung der Union der Sozialistischen Sowjetrepubliken in der Bundesrepublik Deutschland hat folgende Aufgaben: ...
c) Sie tätigt im Namen der Regierung der Union der Sozialistischen Sowjetrepubliken Handelsgeschäfte in der Bundesrepublik Deutschland.

Art. 2. (1) Die Handelsvertretung, die ihren Sitz in Köln hat, ist ein Bestandteil der Botschaft der Union der Sozialistischen Sowjetrepubliken in der Bundesrepublik Deutschland und genießt dementsprechend die folgenden Vorrechte:
a) Die von der Handelsvertretung benutzten Räumlichkeiten ... genießen die Immunitäten und Privilegien, die den Räumlichkeiten der Botschaft der Union der Sozialistischen Sowjetrepubliken in der Bundesrepublik Deutschland aufgrund des Völkerrechts zustehen;
...

Art. 3. (1) ¹Die Handelsvertretung handelt für die Regierung der Union der Sozialistischen Sowjetrepubliken. ²Die Regierung der Union der Sozialistischen Sowjetrepubliken haftet nur für solche Handelsgeschäfte, welche die Handelsvertretung in der Bundesrepublik Deutschland abgeschlossen oder garantiert hat und die von zwei dazu bevollmächtigten Personen für die Handelsvertretung unterzeichnet sind.
...

§ 1061 Anh. 6 Art. VI   Anh. zu § 1061. Internationale Schiedsgerichtsbarkeit

Art. 4. (1) Die Rechte, Immunitäten und Privilegien, die der Handelsvertretung aufgrund von Artikel 2 Absatz 1 dieser Anlage gewährt werden, erstreckt sich auch auf ihre handelsgeschäftliche Tätigkeit, jedoch mit folgenden Ausnahmen:

a) Streitigkeiten aus Handelsgeschäften, die von der Handelsvertretung nach Artikel 3 dieser Anlage in dem Gebiet der Bundesrepublik Deutschland abgeschlossen oder garantiert werden, unterliegen der Entscheidung durch die Gerichte der Bundesrepublik Deutschland, sofern nicht die Zuständigkeit eines Schiedsgerichts oder einer anderen Gerichtsbarkeit vereinbart worden ist; in diesen Streitigkeiten ist Beklagte oder Klägerin die Handelsvertretung der Union der Sozialistischen Sowjetrepubliken in der Bundesrepublik Deutschland. Hierbei sind jedoch Maßnahmen zur Sicherung von Forderungen gegen die Handelsvertretung nicht zulässig.

b) Eine Zwangsvollstreckung aus rechtskräftigen Urteilen, die gegen die Handelsvertretung über solche unter a) genannte Streitigkeiten ergangen sind, ist zulässig. Sie kann in das gesamte Vermögen der Union der Sozialistischen Sowjetrepubliken in der Bundesrepublik Deutschland betrieben werden, insbesondere in Vermögen, Rechte oder Interessen aus Handelsgeschäften, die von der Handelsvertretung abgeschlossen sind oder für die sie die Garantie übernommen hat, mit Ausnahme von Vermögen der in Artikel 3 Absatz 3 dieser Anlage genannten Organisationen.

(2) Vermögen und Räumlichkeiten, die nach internationalem Brauch ausschließlich zur Ausübung politischer und diplomatischer Rechte in der Bundesrepublik Deutschland durch die Union der Sozialistischen Sowjetrepubliken bestimmt sind, wie auch die Räumlichkeiten, die von der Handelsvertretung benutzt werden, und die Einrichtung, die sich darin befindet, sind von jeder Zwangsvollstreckung ausgenommen.

Art. 5 *(nicht abgedruckt)*

1   Das deutsch-sowjetische Handels- und Seeschifffahrts-Abkommen[1] ist im Verhältnis zur **Russischen Föderation** am 20. 12. 2000 außer Kraft getreten.[2] Es gilt im Verhältnis zu den Nachfolgestaaten weiter.[3]

6. Freundschafts-, Handels- und Schifffahrtsvertrag zwischen der Bundesrepublik Deutschland und den Vereinigten Staaten von Amerika

Vom 29. 10. 1954 (BGBl. II 1956 S. 488, 763)

(Auszug)

Art. VI. (1) [1]Den Staatsangehörigen und Gesellschaften des einen Vertragsteils wird dem Gebiet des anderen Vertragsteils hinsichtlich des Zutritts zu den Gerichten und Verwaltungsgerichten sowie Amtsstellen aller Instanzen für die Verfolgung wie auch die Verteidigung ihrer Rechte Inländerbehandlung gewährt. [2]Es besteht Einvernehmen darüber, daß Gesellschaften des einen Vertragsteils, die sich nicht in dem Gebiet des anderen Vertragsteils betätigen, dort diesen Zutritt haben, ohne daß eine Registrierung oder Niederlassung erforderlich ist.

(2) [1]Verträgen zwischen Staatsangehörigen oder Gesellschaften des einen Vertragsteils und Staatsangehörigen oder Gesellschaften des anderen Vertragsteils, welche die Entscheidung von Streitigkeiten durch Schiedsrichter vorsehen, darf die Anerkennung in dem Gebiet eines jeden der Vertragsteile nicht lediglich deshalb versagt werden, weil sich der für die Durchführung des Schiedsgerichtsverfahrens bestimmte Ort außerhalb seines Gebiets befindet oder weil ein Schiedsrichter oder mehrere Schiedsrichter nicht seine Staatsangehörigen sind. [2]In einem Verfahren zur Vollstreckbarerklärung, das vor den zuständigen Gerichten eines Vertragsteils anhängig gemacht wird, soll ein ordnungsmäßig aufgrund solcher Verträge ergangener und nach den Gesetzen des Orts, an dem er gefällt wurde, endgültiger und vollstreckbarer Schiedsspruch als bindend angesehen werden. [3]Das Gericht muß ihn für vollstreckbar erklären, außer wenn die Aner-

---

[1] *Nagel/Gottwald*, IZPR, § 16 Rn. 203 ff.
[2] BGBl. 2000 II S. 40.
[3] BGH, Beschl. v. 23. 2. 2006 – III ZB 50/05 = SchiedsVZ 2006, 161, 163 (Weißrussland).

kennung des Schiedsspruchs gegen die guten Sitten oder die öffentliche Ordnung verstoßen würde. ⁴Ist der Schiedsspruch für vollstreckbar erklärt, so steht er hinsichtlich der Wirkungen und der Vollstreckung einem inländischen Schiedsspruch gleich. Es besteht jedoch Einverständnis, daß ein außerhalb der Vereinigten Staaten von Amerika ergangener Schiedsspruch vor den Gerichten eines Staates der Vereinigten Staaten von Amerika nur in gleichem Maße Anerkennung genießt wie Schiedssprüche, die in einem anderen Staate der Vereinigten Staaten von Amerika erlassen worden sind.

Abs. 1 enthält das Gebot der Inländerbehandlung beim **Zugang zu Gericht**. Danach steht US-Amerikanern der allgemeine Justizanspruch zu, wie er nach dem Grundgesetz und allgemeinen Völkerrecht besteht.[1] 1

Die **Anerkennung und Vollstreckung US-amerikanischer Schiedssprüche** werden in Abs. 2 gewährleistet.[2] Schon nach sonstigem deutschen Recht ist beides nicht vom Schiedsort oder der Nationalität des Schiedsrichters abhängig. 2

Gegenüber dem UNÜ beschränkt Abs. 2 S. 3 die Kontrolle beiderseitiger Schiedssprüche auf eine reine **ordre public-Kontrolle** (s. Art. V UNÜ Rn. 48 ff.). Andere Versagungsgründe haben außer Betracht zu bleiben. Beide Vertragsstaaten sind auch Vertragsstaaten des UNÜ, so dass die Meistbegünstigungsklausel des Art. VII UNÜ greift. 3

---

[1] Vgl. BVerfG, Beschl. v. 22. 6. 1982 – 1 BvR 56/82 = BVerfGE 61, 14, 17 = NJW 1982, 2234; BVerfG, Beschl. v. 20. 4. 1982 – 2 BvL 26/81 = BVerfGE 60, 253, 303 f. = NJW 1982, 2425 = DVBl 1982, 888.
[2] *Nagel/Gottwald*, IZPR, § 16 Rn. 200 ff.; *Schütze* ZVglRWiss 104 (2005), 427, 439.

Abschnitt 9. Gerichtliches Verfahren

§ 1062 Zuständigkeit

(1) Das Oberlandesgericht, das in der Schiedsvereinbarung bezeichnet ist oder, wenn eine solche Bezeichnung fehlt, in dessen Bezirk der Ort des schiedsrichterlichen Verfahrens liegt, ist zuständig für Entscheidungen über Anträge betreffend
1. die Bestellung eines Schiedsrichters (§§ 1034, 1035), die Ablehnung eines Schiedsrichters (§ 1037) oder die Beendigung des Schiedsrichteramtes (§ 1038);
2. die Feststellung der Zulässigkeit oder Unzulässigkeit eines schiedsrichterlichen Verfahrens (§ 1032) oder die Entscheidung eines Schiedsgerichts, in der dieses seine Zuständigkeit in einem Zwischenentscheid bejaht hat (§ 1040);
3. die Vollziehung, Aufhebung oder Änderung der Anordnung vorläufiger oder sichernder Maßnahmen des Schiedsgerichts (§ 1041);
4. die Aufhebung (§ 1059) oder die Vollstreckbarerklärung des Schiedsspruchs (§§ 1060 ff.) oder die Aufhebung der Vollstreckbarerklärung (§ 1061).

(2) Besteht in den Fällen des Absatzes 1 Nr. 2 erste Alternative, Nr. 3 oder Nr. 4 kein deutscher Schiedsort, so ist für die Entscheidungen das Oberlandesgericht zuständig, in dessen Bezirk der Antragsgegner seinen Sitz oder gewöhnlichen Aufenthalt hat oder sich Vermögen des Antragsgegners oder der mit der Schiedsklage in Anspruch genommene oder von der Maßnahme betroffene Gegenstand befindet, hilfsweise das Kammergericht.

(3) In den Fällen des § 1025 Abs. 3 ist für die Entscheidung das Oberlandesgericht zuständig, in dessen Bezirk der Kläger oder der Beklagte seinen Sitz oder seinen gewöhnlichen Aufenthalt hat.

(4) Für die Unterstützung bei der Beweisaufnahme und sonstige richterliche Handlungen (§ 1050) ist das Amtsgericht zuständig, in dessen Bezirk die richterliche Handlung vorzunehmen ist.

(5) ¹Sind in einem Land mehrere Oberlandesgerichte errichtet, so kann die Zuständigkeit von der Landesregierung durch Rechtsverordnung einem Oberlandesgericht oder dem obersten Landesgericht übertragen werden; die Landesregierung kann die Ermächtigung durch Rechtsverordnung auf die Landesjustizverwaltung übertragen. ²Mehrere Länder können die Zuständigkeit eines Oberlandesgerichts über die Ländergrenzen hinaus vereinbaren.

Schrifttum: *Escher/Reichert,* Die subsidiäre Zuständigkeit des Kammergerichts Berlin nach § 1062 Abs. 2 aE ZPO: Globale Allzuständigkeit oder minimaler Inlandsbezug?, SchiedsVZ 2007, 71.

Übersicht

	Rn.		Rn.
I. Normzweck	1, 2	III. Auffangregeln (Abs. 1–3)	12–20
II. Enumeration (Abs. 1 u. 4)	3–11	1. Fest vorgegebener Schiedsort (Abs. 1)	12
1. Regelannahme: OLG-Zuständigkeit (Abs. 1)	3–9	2. Rein ausländischer Schiedsort (Abs. 2)	13–19
a) Bildung des Schiedsgerichts (Nr. 1)	5	3. Noch unbestimmter Schiedsort (Abs. 3)	20
b) Statthaftigkeit des schiedsgerichtlichen Hauptsache-Verfahrens (Nr. 2)	6	IV. Prorogation	21–28
c) Umsetzung des summarischen schiedsgerichtlichen Rechtsschutzes (Nr. 3)	7	1. Sachliche Zuständigkeit	21–23
d) Kontrolle des Schiedsspruchs (Nr. 4)	8, 9	2. Örtliche Zuständigkeit	24–27
2. Durchbrechung: AG-Zuständigkeit (Abs. 4)	10, 11	a) „Unechte" Prorogation	25
		b) „Echte" Prorogation	26
		c) Indirekte Prorogation	27
		3. Grenzen statthafter Prorogation	28

I. Normzweck

1   Die Vorschrift fasst übersichtlich alle Zuständigkeiten von Staatsgerichten zusammen; das Verfahren ist anschließend erst ausgestaltet (§§ 1063–1065) – hierdurch wird die alte Regelung (§§ 1045,

1046 aF) sinnvoll „entzerrt" und der staatliche **Zuständigkeitskatalog** wesentlich transparenter, namentlich für Ausländer. Grundsätzlich wird unterschieden nach regelmäßiger OLG-Zuständigkeit (Abs. 1, Rn. 3–9) und ausnahmsweiser AG-Zuständigkeit (Abs. 4, Rn. 10f.), das LG ist gesetzlich nicht mehr sachbefasst (aber: dennoch vertraglich Prorogation möglich [str. – Rn. 21–23]); bei – freilich rechtzeitig gerügter (Rn. 21 u. 27 – je aE) – Unzuständigkeit hilft notfalls Verweisung (§ 281).

§ 1062 Abs. 1 u. 4 (Art. 5 ModG) gehören systematisch sicher zu § 1026 (Art. 6 ModG): sie füllen den **Eingriffsvorbehalt** des § 1026 normativ mit Inhalten. Die Aufzählung ist angelegt auf **Vollständigkeit**[1] – alles Ungenannte fällt in die Kompetenz der Schiedsgerichte (§ 1026)[2] (insoweit Schiedsbindung vorliegt!)[3] – **Ausnahmen:** § 1033 bzw. spezielle anderweitige Anordnung entsprechender Anwendung (zB § 36a Abs. 3 UrhG). Der einstweilige staatsgerichtliche Rechtsschutz ist zwar vorbehalten worden, aber ungenannt geblieben; die Zuständigkeit folgt mithin allgemeinen Regeln (dazu noch § 1033 Rn. 19–21). Der ZPO-Katalog ist aber dennoch ausgefeilter als sein Vorbild (§§ 1045, 1046 aF).

II. Enumeration (Abs. 1 u. 4)

1. Regelannahme: OLG-Zuständigkeit (Abs. 1). Für die vollkommen neu nun verordnete Eingangszuständigkeit der Oberlandesgerichte sollen sprechen:[4] die Gleichwertigkeit des Schiedsverfahrens als quasi „erste Instanz",[5] die erstrebte Entlastung der Justiz, die Konzentration der Zuständigkeit und schließlich der Rechtsvergleich (zB Art. 191 IPRG [CH]; Art. 1482ff. n. c. p. c. [F]). Das letzte (wie auch das erste) Argument trifft aber allein die Fälle der Nr. 4 – dass die anderen „sehr selten", jedoch „durchaus heikel" sind,[6] genügt kaum zu begründen, sie insgesamt über denselben Leisten zu schlagen (arg. Abs. 4). Und wie sich all dies mit der erstrebten Entlastung („vorrangiger Gesichtspunkt"[?!]) verträgt, bleibt letztlich offene Spekulation.

Hier scheint eher das Bedürfnis der Vater des Gedankens. Man hat den Eindruck, dass ein *internationales* oder *handelsrechtliches* Schiedsverfahren mit hohen Streitwerten als latente Modellvorstellung gedient hat,[7] während das Schiedsverfahren als „kleine Münze" und Alternative unter Nachbarn, bei Handwerkern und Lieferanten, kraft Einsetzung (§ 1066) etc. evident aus dem Blick geraten ist – ob man dann nicht „mit Kanonen auf Spatzen schießt"? Die plausible Zuständigkeitskonzentration jedenfalls hätte man ohne Probleme auch anders erreicht (arg. § 1047 aF). Was bleibt ist, dass man den weitgehenden Ausschluss von Rechtsmitteln (§ 1065 Abs. 1) leichter vielleicht hinnimmt, jedenfalls unterschwellig mindestens – ein rechter Affront gegen die Brauchbarkeit landgerichtlicher Arbeit!

a) Bildung des Schiedsgerichts (Nr. 1). aa) Bestellung (1. Var.: §§ 1034, 1035). Das Gericht hilft dabei mangels Einigung der Parteien (§ 1035 Abs. 3 S. 1 [Einerschiedsgericht]; Abs. 4, Var. 2a) bzw. Schiedsrichter (§ 1035 Abs. 3 S. 3, 2. Var. [Dreierschiedsgericht]; Abs. 4, Var. 2b) aus und ebenso bei Untätigkeit (§ 1035 Abs. 3 S. 3, 1. Var. [Partei]; Abs. 4, 3. Var. [Dritte]), um drohenden Stillstand zu verhindern. Das Staatsgericht kann jedoch auch eingreifend (§ 1034 Abs. 2 S. 1) oder kontrollierend (§ 1035 Abs. 4, 1. Var.) mit der Schiedsrichterbestellung befasst werden. Gleichgültig ist, ob die Bestellung erstmalig (§§ 1034ff.) erfolgt. Ferner sind erfasst die gerichtlichen Entscheidungen zur **bb) Ablehnung (2. Var.:** § 1037 [Abs. 4 S. 1]) sowie **cc) Entlassung (3. Var.:** § 1038 [Abs. 1 S. 2]) von Schiedsrichtern.[8] Hierher gehört auch der Fall, dass Streit darüber herrscht, ob das Schiedsrichteramt niedergelegt worden ist.

b) Statthaftigkeit des schiedsgerichtlichen Hauptsache-Verfahrens (Nr. 2). Die Frage mag schon *vor* (**1. Var.** mit § 1032 [Abs. 2]: „Zulässigkeitskontrolle") oder erst *nach* (**2. Var.** mit § 1040 [Abs. 3 S. 2]: „Zuständigkeitskontrolle") der Bildung des Schiedsgerichts aufgeworfen werden. Ohne Zwischenentscheidung bzw. nach fruchtlosem Fristablauf iSv. § 1040 Abs. 3 kann allen-

---

[1] BT-Drucks. 13/5274 S. 63 li. Sp. [2].
[2] Beispiel: Festsetzung des Streitwerts (OLG Dresden RPS 2001 I S. 20).
[3] Beispiel: Zustimmungsklage betr. Verfahrensgestaltung/Schiedsrichtervertrag (OLG München OLGR 2007, 410 [1]: Klageerhebung vor Staatsgericht).
[4] BT-Drucks. 13/5274 S. 63f. [4–8] mit DiskE S. 212ff. (mE wesentlich ausgewogener formuliert).
[5] Ähnlich *Musielak/Voit* Rn. 2, wohl auch *Lachmann*, 2. Aufl. 2002, Rn. 1168 mit Rn. 1169 (anders jetzt aber 3. Aufl. 2008, Rn. 2046): OLG funktionell als Rechtsmittelgericht.
[6] BT-Drucks. 13/5274 S. 63/64 [8].
[7] Vgl. auch die Kritik bei *Berger*, 1992, S. 494ff., 496f. mit Fn. 247; zust. hingegen *Kreindler*, FS Sandrock, 2000, S. 515, 532f. (besser noch gleich zum BGH!).
[8] Nicht auch von Schiedsgutachtern: OLG München SchiedsVZ 2006, 286, 288 [II 4] gegen *Schwab/Walter* Rn. 2.12.

§ 1062 7–10   Buch 10. Abschnitt 9. Gerichtliches Verfahren

falls noch der Aufhebungsantrag (§ 1059 – dafür Zuständigkeit gemäß Nr. 4, 1. Var.) oder eine Inzidentüberprüfung vor Vollstreckbarerklärung (§ 1060 – dafür Zuständigkeit gemäß Nr. 4, 2. Var.) helfen. Die überflüssige, teilweise aber auch streitige,[9] Doppelspurigkeit von Beschlussverfahren (§ 1045 Abs. 1, 2. Var. aF: „Erlöschen eines Schiedsvertrages") und Klageverfahren (§ 1046, 2. Var. aF: „Unzulässigkeit des schiedsrichterlichen Verfahrens") entfällt.

7   **c) Umsetzung des summarischen schiedsgerichtlichen Rechtsschutzes (Nr. 3).** Ob und ggf. wie einstweilige Sicherungen, die das Schiedsgericht verfügt, zwangsweise per Staatsmacht durchgesetzt werden können, ist wie bei den Hauptsacheentscheidungen (Rn. 8 f.) ebenfalls staatlichen Gerichten vorbehalten, mag auch die Kontrolldichte dort zurückgenommen sein (arg. § 1059 Abs. 2). Nr. 3 ähnelt darum strukturell jenen Fällen, denen sich gleich auch Nr. 4 dann widmet: **präventive** (1. Var. mit § 1041 [Abs. 2 S. 1, 1. Halbs.: Vollziehung bzw. S. 2: Abänderung]) oder **repressive** (2. u. 3. Var. mit § 1041 [Abs. 3: Aufhebung oder Abänderung]) Befassung des Gerichtes. „Vollziehung" meint hier die Vollziehbarerklärung bzw. Vollzugszulassung (§ 1041 Rn. 29), nicht etwa die Durchführung der (Zwangs-)Vollsteckung (§ 1041 Rn. 36); das zeigt die Trias, die insgesamt auf § 1041 Abs. 2/3 verweist. Wenig Sinn macht allerdings, dem OLG das Verfahren zu sistieren, sobald AG oder LG direkt angegangen werden (§ 1041 Abs. 2 S. 1, 2. Halbs. bzw. § 1033 [dort Rn. 21]).

8   **d) Kontrolle des Schiedsspruchs (Nr. 4).** Diese Norm ist hier gewiss die bedeutendste, sie behandelt die ureigenen Vorbehalte staatlicher Kontrolle, wie sie der siebte und achte Abschnitt zusammenfasst. Das Staatsgericht kann entweder **repressiv** (Aufhebung: 1. Var. mit § 1059 [Schiedsspruch]; 3. Var. mit § 1061 Abs. 3 [Vollstreckbarerklärung]) oder aber **präventiv** (Vollstreckbarerklärung: 2. Var. mit § 1060 Abs. 1/2 [Inland] bzw. § 1061 Abs. 1/2 [Ausland] – die Verweisung „ff." ist allemal irreführend) mit der Sache befasst sein. Nr. 4 deckt im Wesentlichen den Anwendungsbereich des § 1046 aF ab. Die Anerkennung ausländischer Schiedssprüche erfolgte wie bislang allerdings inzidenter von dem konkret befassten Gericht, sodass dafür auch keine besondere Zuständigkeit verordnet werden musste (vgl. § 1044 Abs. 1 S. 1 aF); für inländische Schiedssprüche gilt im Übrigen nichts anderes (arg. § 1055 nF).

9   Mittelbar bekommt das OLG dadurch letztlich auch die Annexzuständigkeit als **Prozessgericht des ersten Rechtszuges** für Klauselerteilung (§§ 724 ff.) samt Rechtsbehelfen (für den Gläubiger: § 731[10] u. § 573; für den Schuldner: § 732 u. § 768), Individualvollstreckung (§§ 887 ff.[11] – dazu auch § 1041 Rn. 36) und Vollstreckungsabwehrklage (§ 767[12] – dazu auch § 1060 Rn. 33–38). Das aber würde dann den Rechtsbehelfszug ungebührlich beschneiden; besser erscheint mithin die Zuordnung zu AG oder LG je nach Streitwert und örtlichem Rückgriff auf den bestimmten (inländischen – sonst: Abs. 2 statt § 797 Abs. 5 analog) Schiedsort. – Bei der Vollstreckbarerklärung von **Schiedssprüchen mit vereinbartem Wortlaut** ist die *konkurrierende* Zuständigkeit der Notare mit Amtssitz im Gerichtsbezirk zu beachten, falls die Parteien zustimmen (§ 1053 Abs. 4; vgl. dort Rn. 52).

10   **2. Durchbrechung: AG-Zuständigkeit (Abs. 4).** Die grundsätzliche OLG-Zuständigkeit als Eingangsgericht, über die sich ohnedies mit Fug streiten lässt (Rn. 3 f.), wäre sicher im Rahmen des § 1050 (auch uU iVm. § 1025 Abs. 2, 3. Var.), also bei **Notwendigkeit staatsgerichtlicher Unterstützung** in- oder ausländischer Schiedsgerichte, mangels Ortsnähe relativ unpraktisch. Die Sachnähe gebietet insoweit eine andere, **dezentrale Anknüpfung**,[13] die auch nicht etwa der Verfügung der Parteien unterliegt. Im Gegensatz zu § 1045 aF ist die – sachliche wie örtliche – Zuständigkeit insgesamt eigenständig verordnet und so von Abs. 1–3 allemal deutlich abgehoben; ob-

---

[9] Betr. die Feststellung anfänglicher Unwirksamkeit der Schiedsvereinbarung: bejahend *Stein/Jonas/Schlosser*, 21. Aufl., § 1045 aF Rn. 9 aE u. § 1046 aF Rn. 1 [sub 2] m. weit. Nachw.; verneinend 1. Aufl. § 1045 aF Rn. 1 [sub 3] – (entgegen *Schlosser*, aaO, Fn. 23) zutr. im Anschluß an BGHZ 7, 184, 185, 186 mit S. 186 aE = NJW 1952, 1336.
[10] RGZ 85, 391, 396.
[11] OLG Stuttgart, Beschl. v. 15. 4. 2002 – 1 Sch 16/01 (2) [II 1]; OLG Saarbrücken OLGR 2006, 220, 222 [A 4 c aa]; *Lachmann* Rn. 2929–2931 (§ 890 – aber: § 1041 Rn. 36) – unentschieden OLG Jena SchiedsVZ 2008, 44, 46 [V]; unverständlich OLG Frankfurt/Main, Beschl. v. 26. 7. 2005 – 26 Sch 3/05 [II 2]: Parteivereinbarung als Schiedsgerichtsakt[?].
[12] OLG Frankfurt/Main, Beschl. v. 18. 5. 2006 – 26 Sch 18/05 [II]; OLG Dresden SchiedsVZ 2005, 210, 213 re. Sp. [II 4 a] u. Beschl. v. 5. 1. 2004 – 11 Sch 11/03; OLG Hamm NJW-RR 2001, 1362 f. [1 b aa mit cc]; aber – obiter – auch OLG Stuttgart MDR 2001, 595 aE sowie auch schon OLG Hamburg HansRGZ 1927, 111 – aA BayObLGZ 2000, 124, 127 [II 4 a „kontra" 4 b] (implizit); KG OLGR 2007, 157 bzw. Beschl. v. 26. 2. 2007 – 20 Sch 1/07 [II 1 a–d/JURIS-Rn. 4–8] (explizit). Dazu siehe noch § 1060 Rn. 38 mit Fn. 93 u. § 1061 Anh. 1 Art. V UNÜ Rn. 16 *(Adolphsen)*.
[13] Ähnlich auch bereits *Holtzmann/Neuhaus* S. 240 zu Art. 6 ModG.

wohl das Gesetz sie nicht als **ausschließliche Zuständigkeit** explizit anspricht, erscheint die Parallele zur Rechtshilfe[14] (§§ 156 ff., insbes. § 157 Abs. 1 GVG) näher liegend, wo jener Zusatz – absolut ohne Schaden[15] – ebenso fehlt. Allein so bleibt die Intention des Reformgesetzgebers, die Orts- und Praxisnähe der Amtsgerichte einzubringen,[16] sinnvoll erhalten. Während also bei Abs. 1–3 das OLG mittels Parteiabrede „*ent*lastbar" scheint (Rn. 21–23), kann man es bei Abs. 4 nicht im Gegenzug einfach *be*lasten.

Die **sachliche** AG-Zuständigkeit ist unabänderlich, die interne Zuweisung Aufgabe der Geschäftsverteilung bzw. Dienstanweisung (bei Möglichkeit richterlicher Delegation). Hingegen ist die **örtliche** AG-Zuständigkeit flexibel und „fliegend" ausgestaltet, je nachdem, wo konkret „die richterliche Handlung vorzunehmen ist" (uU ist Abgabe [§ 158 Abs. 2 S. 2 GVG analog] angezeigt). Vernehmungen sollten im Zweifel am jeweiligen Wohnsitz abgehalten („vorgenommen") werden,[17] doch werden hier durchaus gewisse Konzessionen gemacht (§ 157 GVG Rn. 12) und steht dabei die Zweckmäßigkeit durchgängig im Vordergrund. Insoweit hat also das Schiedsgericht einen kleinen (Einschätzungs-)Spielraum, wo konkret es die vorzunehmende Handlung lokalisiert erachtet, bei ausnahmsweise kumulierter Zuständigkeit existiert ein gleichsam echtes Wahlrecht (arg. § 35);[18] die verbindliche Entscheidung liegt freilich stets beim Staatsgericht. In Zweifelsfällen wird nach § 36 geholfen. Die amtliche Begründung[19] sieht dies insgesamt wohl etwas strenger, wenn sie hier (internationale) Zuständigkeit voraussetzt. **11**

III. Auffangregeln (Abs. 1–3)

1. Fest vorgegebener Schiedsort (Abs. 1). Zuständig ist subsidiär **(Abs. 1),** soweit keinerlei Abrede (Rn. 21 ff.) vorliegt, die hier primär gilt, **sachlich**[20] das **Oberlandesgericht** (Ausnahme: Abs. 4, Rn. 10 f.), **örtlich** jenes, welches für den von den Parteien vereinbarten (§ 1043 Abs. 1 S. 1) oder vom (Schieds-)Gericht bestimmten (§ 1043 Abs. 1 S. 2/3) **Schiedsort** zuständig zeichnet (Ausnahme: Konzentration von Kompetenzen, innerhalb eines Landes [**Abs. 5 S. 1**] sowie darüber hinaus [**Abs. 5 S. 2**][21]). Der Schiedsort befindet sich meistens in Deutschland (arg. § 1025 Abs. 1), sodass problemlos das zuständige OLG festgelegt ist. Er ist hier das Kriterium für Sachnähe,[22] vor allem für internationale Schiedsprozesse. Die normalen Gerichtsstände (§§ 12 ff.) spielen (fast) keine Rolle mehr, und genauso wenig der Streitwert (§§ 2 ff.). Die (Un-)Zuständigkeit ist nicht der Rechtsbeschwerde ausgesetzt (§ 1065 Abs. 1 S. 2 mit § 576 Abs. 2). Es gibt allerdings **zwei Problemfälle**, für welche das Gesetz (**Abs. 2** [Rn. 13–19] u. **Abs. 3** [Rn. 20]) Vorsorge trifft und zudem eine Reihe von Sonderfällen (dazu näher noch 2. Aufl. Rn. 20–23). **12**

2. Rein ausländischer Schiedsort (Abs. 2). Abs. 2 hilft und schließt damit eine öfter beklagte Lücke,[23] wenn und weil Schiedsmaßnahmen inländische Staatsvorbehalte berühren, dh. Umsetzung notwendig oder Kontrolle statthaft ist. Das gilt für Maßnahmen einstweiligen Rechtsschutzes (**Abs. 1 Nr. 3** – Rn. 7) wie für den Schiedsspruch in der Hauptsache (**Abs. 1 Nr. 4** – Rn. 8 f.). Allerdings trägt die Regel: **13**

Denn § 1040 (Nr. 3) und § 1059 (Nr. 4) sind schon gar nicht anwendbar (arg. § 1025 e contrario), § 1060 ist rein für Inlandsfälle gedacht, sodass also letztlich bloß § 1061 übrigbleibt, der ein- **14**

---

[14] *Musielak/Voit* Rn. 2.
[15] § 157 GVG Rn. 10; *Kissel/Mayer* § 157 GVG Rn. 1 („Gericht der Zwangsbereitschaft").
[16] BT-Drucks. 13/5274 S. 64 li./re. Sp. [12].
[17] RG JW 1912, 305 zu § 157 GVG.
[18] OLG Hamm NJW 1956, 1446 zu § 157 GVG.
[19] BT-Drucks. 13/5274 S. 64 li. Sp. [12].
[20] BayObLGZ 2001, 311, 313 [II 2] = NJW-RR 2002, 323; KG, Beschl. v. 17. 3. 2003 – 23 SchH 2/03; OLG Hamm, Beschl. v. 18. 9. 2003 – 17 SchH 7/03 [II 1]; OLG Frankfurt/Main, Beschl. v. 10. 4. 2006 – 26 Sch 1/06; OLG München, Beschl. v. 9. 10. 2006 – 34 Sch 21/06 [II 1] – anders im Ansatz OLG Brandenburg NJW-RR 2001, 645 [1–3], OLG Frankfurt/Main, Beschl. v. 26. 7. 2005 – 26 Sch 3/05 [II vor 1] u. KG, Beschl. v. 26. 2. 2007 – 20 Sch 1/07 [II 1 e mit 2/JURIS-Rn. 9 f.], OLGR 2007, 157 u. Beschl. v. 27. 5. 2002 – 23 Sch 6/02; OLG München, Beschl. v. 12. 1. 2007 – 34 SchH 16/06 [II 1 a]; OLG Köln, Beschl. v. 12. 7. 2007 – 8 W 59/07 [II/JURIS-Rn. 5]: funktional(?); offenlassend OLG Stuttgart NJW-RR 2007, 495, 496 [II 1] = SchiedsVZ 2003, 84. Aber: Sonderzuständigkeiten, wie etwa für Familiensachen (§ 1030 Rn. 17 f.), Landpachtsachen (OLG Hamm AUR 2003, 379, 380 li. Sp. [Mitte] – aA OLG Frankfurt/Main SchiedsVZ 2003, 288 = RdL 2003, 161) oder Kartellsachen (aA OLG Düsseldorf IDR 2002, 44) gelten nicht einmal: *Zöller/Geimer* Rn. 6; *Musielak/Voit* Rn. 2; wohl auch *Schwab/Walter* Rn. 31.2.
[21] Wegen Einzelnachw. siehe SchiedsVZ 2007, 318, 319.
[22] BT-Drucks. 13/5274 S. 64 li. Sp. [9].
[23] BT-Drucks. 13/5274 S. 64 li. Sp. [10]; *Stein/Jonas/Schlosser*, 21. Aufl., § 1045 aF Rn. 5. Art. 2 § 1 Schieds-VfG kann daher auch Art. 2 AG UN-Übk. ohne Folgen aufheben.

§ 1062 15–20   Buch 10. Abschnitt 9. Gerichtliches Verfahren

schlägig ist (§ 1025 Abs. 4 – vgl. dort erg. Rn. 20 f.). Allemal muss hierbei ja nach dem Verfahrensstand regelmäßig bereits (im Ausland!) ein Schiedsort festgelegt sein. Jene Regelung gilt zugleich auch den Fällen der **Abs. 1 Nr. 2, 1. Var.** („Zulässigkeitskontrolle" gem. § 1032 Abs. 2, Rn. 6), wenn nur kein deutscher Schiedsort feststeht, also bei rein ausländischem *oder aber* noch ganz unbestimmtem Schiedsort (gleichwohl ist § 1032 anzuwenden: § 1025 Abs. 2, 1. Var.), dh. selbst bei reiner Inlandsbeziehung, soweit ein deutscher Schiedsort vorhanden ist, es aber an einer Lokalisierung fehlt.[24]

15   Der Enumerationskatalog des Abs. 1 ist also durch Abs. 2 u. 3 damit fast abgedeckt – einzig **Abs. 1 Nr. 2, 2. Var.** („Zuständigkeitskontrolle" gem. § 1040 Abs. 3 S. 2, Rn. 6) fehlt, und mit Recht, denn spätestens jene Zwischenentscheidung vermittelt einen Schiedsort, an den nach der Grundregel (§ 1062 Abs. 1 bzw. § 1025 Abs. 1) wieder angeknüpft werden kann.

16   Abs. 2 stellt mehrere Anknüpfungen bereit, indes aber nicht wahlweise, wie dies gemäß § 35 Regel wäre, sondern in einem **Stufenverhältnis** (arg. „hilfsweise").[25] Die freie Auswahl würde die ernst zu nehmende Gefahr heraufbeschwören, dass sich die Zuständigkeit unnütz „aufsplittert". Als Reihung sollen drei Stufen genügen, die aber in sich durchaus einige Offenheiten lassen:

17   **(1) Persönliche Anknüpfung** an den Sitz[26] oder gewöhnlichen Aufenthaltsort (§ 1025 Rn. 24–26) des *Antragsgegners,* also wie auch ansatzweise Abs. 3 (Rn. 20) nachfolgend anknüpft. Vorbild mögen hierbei §§ 13, 17 Abs. 1 bzw. §§ 16, 20 sein.

18   **(2) Sachliche Anknüpfung** in zwei weiteren Ausformungen: (irgendwelche) Vermögenswerte des Antragsgegners oder ganz konkret die Belegenheit des Streitobjekts – es sei dasjenige der Hauptsacheentscheidung („Schiedsklage"; Abs. 1 Nr. 4 mit § 1061) oder einer einstweiligen „Maßnahme" (Abs. 1 Nr. 3 mit § 1041). Pate war klar § 23 Abs. 1, dessen Präzisierungen (§ 23 Rn. 15 ff. – mitsamt S. 2) mithin verwertbar erscheinen. Bei Vermögensstreuung gilt das Prioritätsprinzip, § 261 Abs. 3 Nr. 1; ob das Vermögen vor Ort zur Befriedigung ausreicht, spielt keine Rolle,[27] selbst vollstreckungsimmunes Vermögen genügt.[28] Die Anknüpfung ist vor allem für die effektive (sichernde oder befriedigende) Vollstreckung bedeutsam.

19   **(3) Hilfsweise Anknüpfung** bzw. subsidiäre Zuständigkeit des Kammergerichts (indes auch bloß bei hinreichendem Inlandsbezug![29]). Die Berlin-Verweisung hat Tradition, betraf bislang jedoch besonders untere Instanzen (AG Berlin-Schöneberg).

20   **3. Noch unbestimmter Schiedsort (Abs. 3).** Abs. 3 hilft, wenn eine Vereinbarung fehlt und solange bis das Schiedsgericht den Ort fixiert, dh. zumeist vor Bildung des Schiedsgerichts[30] (**Abs. 1 Nr. 1** – Rn. 5). Insoweit können nach § 1025 Abs. 3 deutsche Gerichte bisweilen auch international zuständig sein, sofern mindestens eine Prozesspartei einen inländischen Sitz[31] (§ 1025 Rn. 26) oder gewöhnlichen Aufenthalt (§ 1025 Rn. 25) innehat; diese Anknüpfung nimmt Abs. 3 folgerichtig auf und bestimmt das OLG des einschlägigen Gerichtsbezirks als zuständig – auffällig ist dabei nur, dass insoweit die Reihung der Personen vertauscht wurde, mithin der Kläger als erster genannt ist. Geben nämlich beide Prozessparteien einen inländischen Anknüpfungspunkt, was kaum selten vorkommt (reine Inlandsfälle!), bleibt recht unklar, welches OLG berufen ist: Hat der Kläger freie Wahl (§ 35)? Verdient der Beklagte Schutz (arg. 12)? Oder ist jene Reihung bewusst gewollt, so wie in Abs. 2 (Rn. 13 ff.)?[32]

---

[24] Nur hier erweist sich die Negativformulierung als folgenreich! Die Regel fehlt übrigens noch im DiskE. Dies übersieht wohl auch OLG Hamm RPS 1999 II S. 10, 11 [II 1]. Wie hier nun auch OLG Köln SchiedsVZ 2003, 238, 239 [I 3] mit *Schroeter* SchiedsVZ 2004, 288, 289 [II 1 a]; die aber beide 2. Aufl. Rn. 12 mit Fn. 27 missverstehen (Rn. 13 [3]!); OLG München, Beschl. v. 12. 1. 2007 – 34 SchH 16/06 [II 1 b mit 2]. Anders im Ansatz OLG Stuttgart OLGR 2000, 386 [II 1] (altrechtlich gefällter Schiedsspruch): Abs. 3 analog.
[25] Krit. *Schwab/Walter* Rn. 31.6 f. („Allzuständigkeit"?) mit treffender Erwiderung von *Musielak/Voit* Rn. 4 (Rechtsschutzbedürfnis!) – hier aA auch OLG Köln, Beschl. v. 15. 2. 2000 – 9 Sch 13/99 [II 1] mit berechtigter (!) Kritik von *Schroeter* SchiedsVZ 2004, 288, 289 [II 1 a].
[26] Siehe dazu auch unten Fn. 31.
[27] OLG Köln, Beschl. v. 15. 2. 2000 – 9 Sch 13/99 [II 1].
[28] KG SchiedsVZ 2007, 108, 111 [II 1 a aa–cc].
[29] KG SchiedsVZ 2007, 108, 112 [II 2 a/b] mit *Schwab/Walter* Rn. 31.7 [dd], hierzu eingeh. jüngst *Escher/Reichert* SchiedsVZ 2007, 71.
[30] Demgemäß fehlt jegliche Notwendigkeit des Staatsgerichts, den hypothetischen Schiedsort zu prognostizieren (aA OLG Düsseldorf, Beschl. v. 6. 7. 1998 – 12 Sch 1/98 [II]; wohl auch OLG Brandenburg Beschl. v. 26. 6. 2000 – 8 SchH 1/00 (1) [II 1 c bb mit 2]).
[31] Entgegen BT-Drucks. 13/5274 S. 31 nicht parallel auch Wohnsitz, § 1025 Rn. 25.
[32] Dazu eingehend noch 2. Aufl. Rn. 11 – dagegen *Stein/Jonas/Schlosser* Rn. 2 [a].

IV. Prorogation

1. Sachliche Zuständigkeit. Im Regelfall ist das OLG zuständig (Rn. 12 mit 3f.). Indes ist 21 seine Zuständigkeit **keine ausschließliche** (aA die hM), sodass folglich für *vermögensrechtliche* Ansprüche eine abweichende Vereinbarung offen stehen würde (arg. § 40 Abs. 2 S. 1 – per se ist § 40 Abs. 1 erfüllt, vgl. § 1029 Abs. 1 S. 1), wenn und weil § 38 dies gestattet. § 1062 Abs. 1 nF selbst erlaubt diese Auswahl nicht mehr – im Unterschied zu § 1045 Abs. 1 Nr. 1 aF („Amts- oder ... Landgericht"), der sich damit begnügt hatte, dass das Gericht nur „im Schiedsvertrag als solches bezeichnet ist";[33] andererseits steht er einer allgemeinen Abrede ebenso wenig entgegen bzw. ist insoweit nur unverfügbar, als überhaupt die staatliche Kontrollinstanz garantiert bleiben muss.[34] So können AG oder LG als eigentlich „unzuständiges Gericht des ersten Rechtszuges" über § 38 doch kraft *ausnahmsweise* (§ 38 Rn. 1) **erlaubter Vereinbarung** zuständig werden,[35] und auch gemäß § 39 S. 1 (aber: S. 2 mit § 504!) als Konsequenz **rügeloser Einlassung.** Jene Normen sind nicht etwa begrenzt auf den Klageweg.[36]

Stets wird das gesetzlich nach Abs. 1 zuständige OLG als „Gericht des ersten Rechtszuges" ange- 22 sprochen, welches die Aufgabe einer genuinen Eingangsinstanz erbringt. Dieses Verständnis ist zwar vielleicht ungewohnt, aber insgesamt konsequent. Die Folge ist indes, dass dies zugleich auch den **Instanzenzug vollständig ändert** und eine volle Beschwerdeinstanz (§ 567 Abs. 1) mit ganz neuer Tatsachenprüfung (§ 571 Abs. 2 S. 1) eröffnet; denn „das Verfahren" nach § 567 Abs. 1 Nr. 2 ist nicht eng wörtlich zu verstehen, sondern bedeutet hierbei „der Rechtsstreit",[37] sodass ohne weiteres auch der Antrag auf Sachentscheidung selbst dadurch erfasst wird; die Rechtsbeschwerde muss sich dann aber an § 574 Abs. 1/2 messen lassen. Die Regelung des § 1065 wird hierdurch zwar konterkariert, andererseits wird der BGH auch entlastet. Die Schiedsparteien ändern nur allein das Eingangsgericht, nicht etwa den Instanzenzug! **Einseitige Wahlrechte** sind jedenfalls aber unzulässig.

Freilich dürfte recht selten insoweit eine wirksame Prorogation erfolgen. Denn es wird künf- 23 tig nicht einfach mit einem Zusatz getan sein, den man der Schiedsvereinbarung einverleibt. Für alle **Neufälle** gilt: nur wer den restriktiven Kriterien des § 38 standhält, dem steht die andere Anknüpfung bereit, dh. beide Parteien müssen Kaufleute sein (§ 38 Abs. 1: „ausdrückliche oder stillschweigende Vereinbarung") oder es darf (möglichst) keine Partei einen Inlandswohnsitz haben (§ 38 Abs. 2: „schriftlich abgeschlossen oder ... bestätigt" – zu beachten dann freilich § 1031 Abs. 5!). Erst nach Verfahrenseinleitung (§ 1044) sind dann Abreden erleichtert möglich (§ 38 Abs. 3 Nr. 1: „ausdrücklich und schriftlich"). Immerhin ist damit für internationale Schiedsverfahren eine gewisse Freiheit erzielbar; allerdings wird hier sicherlich gerade begrüßt werden, dass das Gesetz nun gleich eine (gründliche) OLG-Prüfung ermöglicht. – Anderes gilt dagegen für **Altfälle:** hier wirkt jene Absprache fort (arg. Art. 3 Abs. 1 SchiedsVfG – näher dazu siehe 2. Aufl. Rn. 15).

2. Örtliche Zuständigkeit. Das Gesetz belässt den Parteien freie Hand, ein örtlich zuständiges 24 OLG festzulegen und gibt nur hilfsweise ein Netz (Rn. 12). Die abweichende Vereinbarung ist demzufolge (im Unterschied zu Rn. 21–23) als Normalfall voll akzeptiert. Statthaft sind vier Varianten, die alle zum selben Ziel führen, aber teilweise unterschiedliche Anforderungen voraussetzen. Der Gestaltungsspielraum des § 1043 (Abs. 1 S. 1) wird quasi damit dann „verlängert".

a) „Unechte" Prorogation. Hiermit sei gemeint, dass die Parteien von **Abs. 1,** 1. Var. Ge- 25 brauch machen und „in der Schiedsvereinbarung" ein *konkretes* OLG festlegen, gleich anfänglich

---

[33] Die Regel bestimmt jetzt nur noch die *örtliche* Zuständigkeit, Rn. 24f.
[34] RGZ 152, 375, insbes. S. 378 mit Aufgabe von RGZ 53, 387; WarnR 3 (1910) Nr. 304 – zu §§ 1032, 1045 aF; dazu vgl. auch *Riehle* NJW 1950, 854 – aA die hM: Fn. 35.
[35] *AA die hM:* BayObLGZ 2001, 311, 313 [II 2] = NJW-RR 2002, 323; KG, Beschl. v. 27. 5. 2002 – 23 Sch 6/02 (implizit) bzw. Beschl. v. 17. 3. 2003 – 23 SchH 2/03 (explizit); OLG Celle, Beschl. v. 4. 3. 2004 – 8 SchH 2/03 [2a]; OLG Frankfurt/Main, Beschl. v. 10. 4. 2006 – 26 Sch 1/06; OLG München Beschl. v. 5. 7. 2006 – 34 Sch 5/06 [II 1], B. v. 9. 10. 2006 – 34 Sch 21/06 [II 1], Beschl. v. 12. 12. 2006 – 34 Sch 16/06 [II 2], Beschl. v. 19. 1. 2007 – 34 Sch 9/06 [II 1], Beschl. v. 21. 2. 2007 – 34 Sch 1/07 [II 1], OLGR 2007, 681, 682 [II 1], Beschl. v. 23. 5. 2007 – 34 SchH 1/07 [II 1] („abschließende und zwingende erstinstanzliche [sic] Zuständigkeit") – ebenso *Thomas/Putzo/Reichold* Rn. 1; *Baumbach/Lauterbach/Hartmann* Rn. 1 aE; *Musielak/Voit* Rn. 2 aE; *Stein/Jonas/Schlosser* Rn. 1; *Nacimiento/Geimer* SchiedsVZ 2003, 88/89: abschließende und zwingende (OLG-)Zuständigkeit.
[36] *Zöller/Vollkommer* § 38 Rn. 2 m. weit. Nachw. – mit freilich problematischem Beispiel (§ 802 mit § 40 Abs. 2 S. 1, 2. Var.!).
[37] RGZ 6, 390, 391; 47, 364, 365.

§ 1062 26–28   Buch 10. Abschnitt 9. Gerichtliches Verfahren

oder erst nachträglich,[38] gleich formgerecht (§ 1031 Abs. 1–5)[39] oder wirksam bloß infolge einer Heilung durch rügelose Einlassung (§ 1031 Abs. 6),[40] sogar in einem schriftlichen Verfahren (§ 1063 Abs. 1/2).[41] Am besten ist immer, man bezeichnet den Gerichts*sitz;* genügen wird jedoch auch, wenn man bloß einen Ort im Gerichts*bezirk* benennt.[42] Das vereinbarte Gericht des § 1062 Abs. 1 ist alsdann zuständiges Gericht, während § 38 dagegen die Vereinbarung eines an sich zunächst unzuständigen Gerichts betrifft.[43] Selbst wer später die Rechtswirksamkeit der Schiedsvereinbarung bekämpft (vor allem in einem Verfahren gemäß Nr. 2, Rn. 6) ist trotzdem an die damalige Ortsbestimmung gebunden.[44]

26   b) „Echte" Prorogation. Gemeint ist ein Vertrag iSv. § 38 iVm. § 40, der so wie bei der sachlichen (Rn. 21–23) erst recht auch bei der örtlichen Zuständigkeit denkbar scheint.[45] Hierfür gelten uU mindere Formanforderungen, vor allem für Vollkaufleute (§ 38 Abs. 1), freilich bei strenger Beschränkung auf einen kleinen Personenkreis. Nach Ingangsetzung eines Schiedsverfahrens (§ 1044) reicht durchweg jedoch (§ 38 Abs. 3 Nr. 1) eine ausdrückliche *und* schriftliche Abrede, ohne dass jene „in der [betreffenden] Schiedsvereinbarung" mitenthalten zu sein brauchte. Die Praxis[46] versucht ferner zuweilen, altrechtliche (LG-)Bestimmungen unter neuem Recht als „Prorogation" ans jeweilige OLG aufrechtzuerhalten.

27   c) Indirekte Prorogation. Beide bisher genannten Varianten führen direkt zum Ziel hin; sie haben beide ein Pendant, das mittelbar dieselben Resultate auf anderem Weg erzielt, nämlich: Schiedsortbestimmung (§ 1043 Abs. 1 S. 1), die dann zur subsidiären gesetzlichen Hilfsregel (Abs. 1, 2. Var.) führt und so zum „gewünschten" OLG (-Bezirk), und rügelose Einlassung (§ 39 mit § 40 Abs. 2)[47] vor einem von vornherein ohnehin unzuständigen Gericht, weil natürlich auch örtlich kein ausschließlicher Gerichtsstand verordnet ist. Das Schiedsgericht ist aber nicht befugt, den Parteien (wahlweise) Vorgaben zu machen.[48]

28   3. Grenzen statthafter Prorogation. Die Parteien dürfen alleinig die örtliche und sachliche Zuständigkeit bestimmen (Rn. 21–25: § 1062 Abs. 1) bzw. verändern (Rn. 26: § 38). Sie können nicht auch die funktionelle Zuständigkeit eines Gerichts vereinbaren oder auf eine interne Geschäftsverteilung Einfluss nehmen, sich zB also der Zuständigkeit eines bestimmten Senats versichern.[49] Die Zuständigkeit einer nichtstaatlichen Stelle[50] oder eines ausländischen Gerichts[51] darf ebenso wenig nach deutschem Prozessrecht begründet werden. In allen nichtvermögensrechtlichen

---

[38] Vorausgesetzt ist Ergänzung (OLG Hamburg OLGRspr. 17 [1908], 216; OLG München KTS 1976, 57, 59 [II 1 a]) bzw. Abänderung (RG JW 1926, 1325 – ferner: OLG Rostock SeuffA 80 [1926], 125; OLG Bamberg JW 1927, 2636; OLG München KTS 1976, 57, 59 [II 1 a] der Schiedsvereinbarung.
[39] RGZ 68, 182, 196 mit JW 1918, 44; BayObLG NJW-RR 2002, 934, 935.
[40] Unklar dazu jedoch OLG München KTS 1976, 57, 60 [II 2].
[41] OLG Karlsruhe JW 1932, 2901 – allerdings zu § 39.
[42] Soweit das nicht – ausnahmsweise indes nur – als echte Prorogation eines ansässigen AG oder LG auszulegen ist (Rn. 21 ff.) – nicht etwa bei Bestimmung eines Landgerichts unter *altem* Recht: OLG Naumburg JMBL LSA 2003, 4, 5 [II 1].
[43] 1. Aufl. § 1045 aF Rn. 2 im Anschluss an *Schütze/Tscherning/Wais* Rn. 205. Ausschließlichkeit des Gerichtsstandes war unter § 1045 Abs. 1 Nr. 2 (!) aF demgemäß ohne jede Relevanz – offengelassen (obwohl oft anders interpretiert) von BGHZ 6, 248, 259/260.
[44] BGHZ 7, 184, 186 f. = NJW 1952, 1363 – die Entscheidung hat auch ohne § 1047 aF noch voll Gültigkeit! RG LZ 20 (1926), 232, 233 aE (obiter) betrifft allein hingegen § 1045 Abs. 1 Nr. 2 aF.
[45] So wie hier OLG Köln, Beschl. v. 11. 3. 2004 – 9 Sch 15/03; OLG Stuttgart, Beschl. v. 20. 12. 2001 – 1 Sch 16/01 (1) [II 1] – aber aA wohl BayObLG NJW-RR 2002, 934/935, das von abschließender und zwingender *örtlicher* Zuständigkeit ausgeht.
[46] OLG Hamm RPS 1999 II S. 10, 11 [II 1] u. OLGR 2007, 95, 96 [1 a]; OLG Düsseldorf, Beschl. v. 16. 3. 1999 – 4 Sch 1/98 [II 1]; OLG Naumburg, Beschl. v. 26. 3. 2002 – 10 Sch 9/01 [II 1]; wohl auch OLG München, Beschl. v. 9. 10. 2006 – 34 Sch 21/06 [II 1] u. Beschl. v. 12. 1. 2007 – 34 SchH 16/06 [II 2]. Hintersinnig die Formulierung bei OLG München, Beschl. v. 9. 2. 2007 – 34 Sch 15/06 [II].
[47] OLG Hamm, Beschl. v. 18. 7. 2007 – 8 Sch 2/07 [II 1 a/JURIS-Rn. 22); OLG München, Beschl. v. 25. 9. 2006 – 34 Sch 12/06 [II 1/JURIS-Rn. 24]; OLG Stuttgart NJW-RR 2003, 495, 496 [II 1] = SchiedsVZ 2003, 84 m. zust. Anm. *Nacimiento/Geimer* (S. 88); BayObLG RPS 1999 I S. 17, 18 aE (obiter); *Schwab/Walter* Rn. 31.2; *Schroeter* SchiedsVZ 2004, 288, 289, 290 [II 1 a] – so auch früher: *Schütze/Tscherning/Wais* Rn. 205; *Stein/Jonas/Schlosser,* 21. Aufl., § 1045 aF Rn. 2; OLG Karlsruhe JW 1932, 2901 m. insofern zust. Anm. *Baumbach* (vgl. dazu erg. Fn. 41).
[48] BayObLG NJW-RR 2002, 934, 935 aE.
[49] BGHZ 55, 313 = NJW 1971, 755 (KfH, §§ 93 ff. GVG); BGHZ 6, 248, 260 mit S. 257, 258 (LwG) – unter altem Recht.
[50] RGZ 152, 375, insbes. S. 378 (vgl. Fn. 34).
[51] BGH NJW 1986, 1436.

Streitigkeiten bleibt von vornherein die sachliche Zuständigkeit unberührt (§ 40 Abs. 2 S. 1, 1. Var.). Nachdem ein Gericht angegangen wurde, vermögen ihm die Parteien seine Zuständigkeit auch nicht mehr zu nehmen: **perpetuatio fori,** § 261 Abs. 3 Nr. 2. Zudem ist immer die Zweckmäßigkeit der Kompetenzwahl sorgfältig zu überdenken (2. Aufl. Rn. 19).

§ 1063 Allgemeine Vorschriften[*]

(1) ¹Das Gericht entscheidet durch Beschluss. ²Vor der Entscheidung ist der Gegner zu hören.

(2) Das Gericht hat die mündliche Verhandlung anzuordnen, wenn die Aufhebung des Schiedsspruchs beantragt wird oder wenn bei einem Antrag auf Anerkennung oder Vollstreckbarerklärung des Schiedsspruchs Aufhebungsgründe nach § 1059 Abs. 2 in Betracht kommen.

(3) ¹Der Vorsitzende des Zivilsenats kann ohne vorherige Anhörung des Gegners anordnen, dass der Antragsteller bis zur Entscheidung über den Antrag die Zwangsvollstreckung aus dem Schiedsspruch betreiben oder die vorläufige oder sichernde Maßnahme des Schiedsgerichts nach § 1041 vollziehen darf. ²Die Zwangsvollstreckung aus dem Schiedsspruch darf nicht über Maßnahmen zur Sicherung hinausgehen. ³Der Antragsgegner ist befugt, die Zwangsvollstreckung durch Leistung einer Sicherheit in Höhe des Betrages, wegen dessen der Antragsteller vollstrecken kann, abzuwenden.

(4) Solange eine mündliche Verhandlung nicht angeordnet ist, können zu Protokoll der Geschäftsstelle Anträge gestellt und Erklärungen abgegeben werden.

Schrifttum: *Sessler/Schreiber,* Ausgewählte Rechtsfragen der Sicherungsvollstreckung gemäß § 1063 Abs. 3 ZPO, SchiedsVZ 2006, 119.

Übersicht

	Rn.		Rn.
1. Verfahrenseinleitung	1, 2	b) Inhalt	20–22
2. Verfahrensgang	3–18	4. Gebühren und Kosten	23–25
a) Möglichkeiten	3, 4	5. Vorabentscheidung bzw. Sicherungsvollstreckung (Abs. 3)	26–32
b) Fakultative mündliche Verhandlung (Abs. 1 mit § 128 Abs. 4)	5–7	a) Grundsätzliches	26, 27
c) „Erzwungene" mündliche Verhandlung (Abs. 2)	8–13	b) „Einstweilige" Vollstreckbarkeit (1. Var. mit §§ 1060, 1061)	28, 29
d) Schriftliches Verfahren	14–16	c) „Einstweilige" Vollziehbarkeit (2. Var. mit § 1041)	30
e) Besonderheiten	17, 18	d) Verfahrensfragen	31, 32
3. Gerichtsentscheidung (Abs. 1 S. 1)	19–22		
a) Formen	19		

1. Verfahrenseinleitung. Das Verfahren setzt einen **Antrag** voraus, der wohl den Anforderungen der Klageschrift (§ 253 mit § 130) sinngemäß zu gehorchen hat; die **Zuständigkeit** bestimmt sich auf Grund § 1062. Der Antrag mag entweder **schriftlich** eingereicht werden (dann Anwaltszwang beim OLG: § 78 Abs. 1)[1] oder er wird statt dessen **mündlich** zu Protokoll der Geschäftsstelle erklärt (Abs. 4 mit § 153 GVG), jener des zuständigen Gerichts (beim OLG kein Anwaltszwang: § 78 Abs. 3) oder eines ganz beliebigen AG (§ 129a Abs. 1). **Fristwahrung** tritt dann indes *frühestens* mit dem Eingang des Protokolls ein (§ 129a Abs. 2). Der Antrag muss in deutscher Sprache abgefasst sein (§ 184 GVG), auch wenn schiedsprozessual eine andere Verfahrenssprache (§ 1045) gegolten hatte. Dieses kann leicht zum Fallstrick werden; leider fehlt eine Regel wie § 3 Abs. 3 AVAG. Die nötigen Abschriften *sollen* beigefügt werden (§ 253 Abs. 5 bzw. § 133 Abs. 1 S. 1 [so wie § 1042b Abs. 1 aF] – sonst: §§ 281 Abs. 1 S. 2, 17 Abs. 1 GKG mit KV 9000; anders für Antrag auf Vollstreckbarerklärung: § 1064 Abs. 1 [„eine", arg. § 133 Abs. 1 S. 2). 1

Der Antrag ist allemal **einer Klage ähnlich.** Er wird anhängig und rechtshängig (§§ 261, 262), ist nach Zulässigkeit und Begründetheit zu prüfen und kann im Lauf des Verfahrens ganz normal 2

---

[*] § 1063 Abs. 1 S. 1, 2. Halbs. (Beschluss, „der ohne mündliche Verhandlung ergehen kann") wurde aufgehoben durch ZPO-RG vom 27. 7. 2001 (BGBl. I S. 1887 [Art. 2 Nr. 104]) mit Wirkung vom 1. 1. 2002 (Art. 53 Nr. 3 ZPO-RG).
[1] Ebenso für den LG-Prozeß alten Rechts: OLG Hamburg OLGRspr. 17 (1908), 208; OLG Frankfurt/Main JurBüro 1974, 592.

§ 1063 3–7   Buch 10. Abschnitt 9. Gerichtliches Verfahren

geändert (§§ 263 f., 267 f.) oder zurückgenommen (§ 269) werden. Rügelose *schriftsätzliche* Einlassung zur Hauptsache genügt für die Einwilligungsfiktion des § 267, während demgegenüber für die Sperrwirkung des § 269 Abs. 1 wirkliche *mündliche* Verhandlung (Abs. 2! – Rn. 8–13) notwendig erscheint[2] – denn bei §§ 1059 ff. (iVm. § 1062 Abs. 1 Nr. 4) kann urteilsgleich die Rechtskraft „prolongiert" werden, sodass hier ein gewisser „Gegner-Schutz" opportun ist. Antragshäufung ist ebenfalls (analog § 260) statthaft,[3] naheliegenderweise inhaltlich jedoch beschränkt auf Fälle der Vollstreckbarerklärung. – Der Antrag ist **dennoch keine Klage**, weder kann dafür Ausländersicherheit (§ 110 Abs. 1)[4] noch Gerichtskostenvorschuss (§ 12 Abs. 1 GKG)[5] verlangt werden, selbst wenn („erzwungenermaßen") mündlich verhandelt wird (Abs. 2!).

3   **2. Verfahrensgang. a) Möglichkeiten.** Abs. 1 gilt allgemein, Abs. 2–4 nur vor dem OLG, nicht bei einer AG-Aushilfe gemäß § 1062 Abs. 4 iVm. § 1050 (§ 1062 Rn. 10) – Sonderregelung: § 1064. Dem Gegner ist **rechtliches Gehör** zu gewähren (Abs. 1 S. 2 bzw. Art. 103 Abs. 1 GG), sofern nicht der Antrag von vornherein abzuweisen ist;[6] freilich ist insoweit dem *Antragsteller* uU ein Hinweis (§§ 139, 278 Abs. 3) und seinerseits das rechtliche Gehör zu geben. Dass auf ausdrücklich gestellten Parteiantrag hin stets mündlich zu verhandeln sei,[7] erscheint aber überzogen (arg. Abs. 1 S. 2). Demgemäß sind konkret **sechs Verfahrensweisen** denkbar:

4   **(1)** Abweisung des Antrags ohne Anhörung des Gegners bei **sofortiger Abweisungsreife** (als teleologische Beschränkung des Abs. 1 S. 2). **(2/3) „Erzwungene" mündliche Verhandlung gemäß Abs. 2 iVm. § 128 Abs. 4 aE** (Rn. 8–13), ohne weiteres kraft Aufhebungsantrags und mithin von Anfang an (1. Var. mit § 1059) oder wegen konkreter Veranlassung durch einen Aufhebungsgrund (2. Var. mit §§ 1060, 1061) oder dem Geltendmachung materieller Einwendungen (§ 1060 Rn. 33 ff.). **(4)** Ausnahme:[8] schriftliches Verfahren trotz grundsätzlicher Mündlichkeit (§ 128 Abs. 2 u. 3). **(5/6)** Fakultative **mündliche Verhandlung gemäß Abs. 1 S. 1 iVm. § 128 Abs. 4** nach Ermessen des Gerichts, dh. mündliches Verfahren ohne Notwendigkeit vorbereitender Schriftsätze (Rn. 5–7) oder lediglich schriftliches Verfahren (Rn. 14–16).

5   **b) Fakultative mündliche Verhandlung (Abs. 1 mit § 128 Abs. 4).** Es besteht **normalerweise keine Verpflichtung, mündlich zu verhandeln** (Abs. 1 S. 1 mit § 128 Abs. 4), sondern nur eine bloße Anhörungspflicht (Abs. 1 S. 2). Anders gesagt: die mündliche Verhandlung ist regelmäßig nur fakultativ, steht also stets im **Ermessen des Gerichts**, nicht etwa des Vorsitzenden, der erst nach deren Anordnung gewisse Freiräume (§§ 216, 273 Abs. 2, 136) gewinnt; darauf weist klar Abs. 2 und auch, dass eine grundlegende Wertung erforderlich wird, die stets dem Gericht obliegt.[9]

6   Die Anordnung erfolgt durch formlos mitgeteilten **Beschluss**, förmliche Zustellung ist allerdings notwendig bei zeitgleicher Termins- oder Fristbestimmung (§ 329 Abs. 2 S. 1 bzw. S. 2). Wird mündlich verhandelt, sind Einlassungs- (§ 274 Abs. 3) bzw. Ladungsfrist (§ 217) zu wahren; zugestellt (§§ 270 S. 1, 271 Abs. 1 analog), terminiert (§ 216 Abs. 1) und geladen (§ 214 – samt Hinweis nach § 215! [anders § 1042 Abs. 2 S. 2 aF: „soll"]) wird von Amts wegen. Die Gestaltung ist freigestellt von §§ 272, 275–278,[10] wogegen § 273 und § 358 a allemal anwendbar erscheinen. Auch findet **kein Versäumnisverfahren nach §§ 330 ff.** statt, nicht etwa einfach deshalb, weil durch Beschluss entschieden wird (vgl. Rn. 19), sondern weil es eine *notwendige* mündliche Verhandlung voraussetzt (§ 330 Rn. 11).[11]

7   Die *fakultative* mündliche Verhandlung hat demgegenüber nur eine Art **„Informationscharakter"**,[12] sie soll lediglich noch ergänzen, berichtigen und vervollständigen, was schriftlich ohnehin

---

[2] Anders *Schwab/Walter* Rn. 27.24; OLG Düsseldorf NJW 1982, 2452 (zu § 920).
[3] Dazu näher etwa *Stein/Jonas/Schlosser* Rn. 3 mit RIPS Rn. 745 f.
[4] Vgl. für das alte Beschlußverfahren nach §§ 1042 a ff. aF: BGHZ 52, 321, 324 f. = NJW 1969, 2089 mit treffend *materieller* Abwägung (dazu allg. auch *Münch*, Vollstreckbare Urkunde, 1989, § 12 III 3 b, S. 324 ff., 326/327 mit Fn. 141); OLG Frankfurt/Main RIW 1994, 686; 1. Aufl. § 1042 b aF Rn. 3 – aA *Schütze* SV Rn. 280 u. *Schütze/Tscherning/Wais* Rn. 352; *Haase* BB 1995, 1252, 1254 f.
[5] Arg. § 12 GKG Abs. 3–5 u. Art. 2 § 14 SchiedsVfG – beide Male e contrario; vgl. *Stein/Jonas/Schlosser* Rn. 10.
[6] *Schwab/Walter* Rn. 27.7, 18; *Stein/Jonas/Schlosser* Rn. 2 u. *Stein/Jonas/Leipold* Vor § 128 Rn. 59 (immerhin keinerlei Beschwer) mit § 128 Rn. 118. AA *Musielak/Voit* Rn. 6: stets Gehör.
[7] So BT-Drucks. 13/5274 S. 65 li. Sp. [3 aE].
[8] OLG Hamm SchiedsVZ 2006, 106, 110 [VII] – anders *Baumbach/Lauterbach/Hartmann* Rn. 1 aE.
[9] Ob der Vorsitzende damit zugleich einer sofortigen Abweisung (Rn. 3 u. 4) vorgreifen würde (so *Baumbach/Lauterbach/Albers*, 56. Aufl., § 1042 a aF Rn. 7), spielt dann keine Rolle mehr.
[10] Widersprüchlich *Stein/Jonas/Schlosser* Rn. 2 aE.
[11] *Hoffmann* Gruchot 24 (1880), 730, 745 f.; vgl. dazu erg. RG JW 1895, 382.
[12] *Hoffmann* Gruchot 24 (1880), 730, 736 f. – heute hM, § 128 Rn. 25 m. weit. Nachw. Ferner *Musielak/Voit* Rn. 5.

bereits Prozessstoff geworden ist. **Entscheidungsgrundlage** ist dann folglich also Akteninhalt *plus* mündliches Vorbringen – mit Präklusionsgefahr nach § 296a (dort Rn. 3). Mit Anordnung der Verhandlung gilt durchgängig vor dem OLG Anwaltszwang (§ 78 Abs. 1 anstatt Abs. 3 iVm. § 1063 Abs. 4).

c) „Erzwungene" mündliche Verhandlung (Abs. 2). Eine mündliche Verhandlung ist aber ausnahmsweise doch gesetzlich zwingend vorgesehen (Abs. 2), soweit nämlich Aufhebungsgründe iSv. § 1059 Abs. 2[13] berührt werden, entweder **angriffsweise** (1. Var. mit § 1059:[14] Aufhebungsantrag [gilt nicht beim Antrag nach §§ 1061 Abs. 3, 1062 Abs. 1 Nr. 4, 3. Var.!]) oder aber **verteidigend** (2. Var. mit §§ 1060, 1061:[15] Vollstreckbarerklärungsantrag). Jene 1. Var. („beantragt wird") gilt gleichermaßen § 1059 Abs. 2 Nr. 1 *und* Nr. 2, denn trotz ganz unterschiedlicher Prüfungsintensität (§ 1059 Rn. 49–52) erfolgt ein Angriff, was schon der gestellte Antrag offenbart; die 2. Var. [„in Betracht kommen"] ist etwas heikler: In Betracht kommt insoweit alles, was man zuvor „begründet geltend macht" (§ 1059 Abs. 2 Nr. 1) oder ohnehin amtswegiger Prüfung zufällt (§ 1059 Abs. 1 Nr. 2):[16] 8

Vortrag geziemend „verdächtiger" (Nr. 2) bzw. schlüssiger (Nr. 1) Tatsachen (vgl. noch erg. § 1060 Rn. 20). So ist mithin ein Gleichlauf doch ermöglicht. Andererseits nützt selbst Geltendmachung nichts, wo Präklusion wegen Rechtskraft (§ 1060 Abs. 2 S. 2) oder Zeitablauf (§ 1060 Abs. 2 S. 3) vorliegt. Es ist dann nur zu fragen, ob nicht ebenso für den Streit um die Präklusionsreichweite mündliche Verhandlung angezeigt wäre; dies sollte sich freilich gemäß allgemeiner Regel (Abs. 1 S. 1: Gerichtsermessen, Rn. 5) beantworten:[17] es geht lediglich doch um Zulässigkeit des Tatsachenvortrages, nicht aber wirklich mehr um Begründetheit des Aufhebungsgrundes, der also noch weiteres mehr sachlich iSd. 2. Var. „in Betracht" kommt. Dies wirkt auch verzögernden „Störmanövern" wirkungsvoll entgegen. 9

Abs. 2 macht aber die fakultative mündliche Verhandlung des Abs. 1 nicht zu einer „notwendigen" im technischen Sinne.[18] Sie wird erst vom Gericht angeordnet und gilt nicht etwa ipso iure schon (Textalternative wäre ja dann gewesen: „Aufgrund mündlicher Verhandlung wird entschieden, wenn …"); im Gegensatz zu § 1042a Abs. 1 S. 2 aF wird bei Anordnung auch nicht mehr durch Urteil entschieden – es bleibt also mithin bei der Vorstellung fakultativ mündlicher Verhandlung, obwohl der Ermessensspielraum des Gerichts über deren Anordnung gleichsam auf Null reduziert ist: **„erzwungene" mündliche Verhandlung** mit Informationscharakter[19] (oben Rn. 7). Sie erscheint als angemessener Garant erschöpfender Sachverhaltserforschung, weil von vornherein nur eine (staatliche) Tatsacheninstanz bereitsteht. 10

Selbst wenn einmal das Bestehen eines Aufhebungsgrundes unstreitig wäre, muss zukünftig mündlich verhandelt werden. Im Unterschied zu § 1042a Abs. 2 aF anerkennt Abs. 2 auch **keinerlei Ausnahme mehr für den Fall, dass offenbar „die *alsbaldige* Ablehnung des Antrags** [auf Vollstreckbarerklärung] gerechtfertigt erscheint". Doch fragt sich, ob dann überhaupt noch rechtliches Gehör erforderlich ist (*sofortige* Ablehnung? – Rn. 4 sub [1]). Die Praxis scheint insoweit jedenfalls nicht selten die weitere Mühe zu scheuen.[20] Mündliche Verhandlung wird ergänzend erforderlich bei Kombination mit vollstreckungsrechtlichen Gestaltungsklagen, wie insbes. bei zeitgleicher Geltendmachung materieller Einwendungen[21] (§ 767 – dazu § 1060 Rn. 33 ff.) bzw. Titelumschreibung auf Rechtsnachfolger[22] (§ 731 – dazu § 1064 Rn. 12 f.). 11

Die „erzwungene" mündliche Verhandlung ist **so wie im gewöhnlichen Verfahren** (§ 128 Abs. 1) vorzubereiten (§§ 129 ff., 273, 358a) und durchzuführen (insbes. §§ 136 ff., 272, 275 ff.). Dies begründet auch Förderungspflichten (§ 282) und Präklusionsgefahren (§§ 230 f., 295 f. – nicht: § 531 Abs. 2). Da der Antrag vor Anordnung der „erzwungenen" mündlichen Verhandlung schrift- 12

---

[13] Oder Art. V UNÜ nach § 1061 Abs. 1 S. 1 bzw. entsprechende bilaterale Übereinkommen (§ 1061 Abs. 1 S. 2). Insoweit ist der Wortlaut trügerisch!
[14] BGHZ 142, 204, 207 [II 4] = NJW 1999, 2974 = ZIP 1999, 1575 = ZZP 113 (2000), 483; zust. OLG Köln, Beschl. v. 22. 2. 2007 – 9 Sch 16/06 [B I 3 a].
[15] Hier aA aber *Ehricke* ZZP 113 (2000), 453, 463f. [IV 2] mit *Schlosser* LM § 1065 Nr. 1/2 [2 c] – moderater dann letztlich aber *Stein/Jonas/Schlosser* Rn. 2 [1. Abs.].
[16] BGHZ 142, 204, 207 [II 4] = NJW 1999, 2974 = ZIP 1999, 1575 = ZZP 113 (2000), 483; zust. OLG Karlsruhe, Beschl. v. 29. 11. 2002 – 9 Sch 1/02 [5].
[17] So nun auch OLG Karlsruhe SchiedsVZ 2006, 281, 283 [II 4] mit SchiedsVZ 2006, 335, 336 [II 3].
[18] AA BayObLGZ 1999, 55, 56 [II 2 a] = NJW-RR 2000, 807, allerdings mit vorsichtiger Formulierung im Leitsatz; *Musielak/Voit* Rn. 5.
[19] *Rosenberg/Schwab/Gottwald* Rn. 79.59 f.
[20] Beispiel: OLG Hamburg, Beschl. v. 14. 3. 2006 – 6 Sch 11/05 [II 2].
[21] OLG Hamm NJW-RR 2001, 1362 [1 b aa]. Deshalb grds. dagegen OLG Stuttgart MDR 2001, 595.
[22] AA OLGR Stuttgart 2000, 386 [2].

§ 1063 13–19   Buch 10. Abschnitt 9. Gerichtliches Verfahren

lich oder zu Protokoll der Geschäftsstelle (Rn. 1) wirksam gestellt ist, braucht er in der mündlichen Verhandlung nicht erneut gestellt zu werden; § 297 findet keine Anwendung.[23] Maßgeblich ist der dem Gericht unterbreitete Sachverhalt am Schluss der mündlichen Verhandlung (§ 296 a). **Unanwendbar sind nur §§ 330 ff.** über das *Versäumnisverfahren* (arg. §§ 330, 331 Abs. 1: Termin zur [notwendigen, § 330 Rn. 11] mündlichen Verhandlung; § 514 Abs. 2: *Berufungs*möglichkeit).[24]

13 Demnach hat das Gericht trotz Säumnis somit das gesamte schriftliche Vorbringen der Parteien zu verwerten, auch wenn diese nicht in der mündlichen Verhandlung darauf Bezug nehmen, und ebenso jeden Anhalt bei vorgelegtem Schiedsspruch (vgl. § 1064 Abs. 1 S. 1) zu berücksichtigen; kurz formuliert: Bei Säumnis einer Partei wird wie in Verfahren nach Abs. 1 (Rn. 6) nach Lage des gesamten Akteninhalts judiziert. Dabei wird aber durch § 335 Abs. 1 Nr. 1–3 eine verallgemeinerungsfähige **Mindestgarantie** rechtlicher Gehörsgewährung festgeschrieben, die hier analog eingreifen sollte. Sonst bleibt nurmehr die Rechtsbeschwerde zum BGH (§ 1065 Abs. 1 iVm. § 1064 Abs. 1 Nr. 2 u. 4), die indes dem Säumigen keine Plattform für neuen (versäumten) Tatsachenvortrag schafft.

14 **d) Schriftliches Verfahren.** Jenseits der Fälle des Abs. 2 wird der Antrag dem Gegner, ggf. dessen Bevollmächtigtem (aber: § 172 ist noch nicht anwendbar[25]), zweckmäßigerweise mit der Aufforderung zugestellt, binnen einer angemessenen (richterlich gesetzten) Frist **Stellung zu nehmen**. Erst die Einlassung zeigt verlässlich, ob eine mündliche Verhandlung „notwendig" oder zweckmäßig ist – es sei denn, dass in dem Antrag potentiellen erheblichen Einwendungen schon „vorgebaut" wurde.

15 Oft genügt wohl jedoch lediglich schriftliches Verfahren (die Frage der [OLG-] Postulationsfähigkeit eingeschärft Abs. 4 [„Solange eine mündliche Verhandlung nicht angeordnet ist, ..."] mit § 78 Abs. 3, dazu Rn. 1). Hier droht aber weder nach § 296 Abs. 1 (Enumerationsprinzip)[26] noch nach §§ 231, 232 (keine Prozesshandlung) Präklusion, sodass auch späterer Vortrag durchaus noch solange berücksichtigbar scheint, bis das Gericht endgültig entscheidet; es kann jedoch sofort nach fruchtlosem Fristablauf entscheiden, dem Anhörungserfordernis (Abs. 1 S. 2) ist damit Genüge getan.[27] **Entscheidungsgrundlage** ist hier der gesamte Akteninhalt zu dem Zeitpunkt, in dem der Beschluss außenwirksam ergeht und also nicht mehr geändert werden kann.

16 Um von Anbeginn jeden Anschein eines Wettlaufs zu vermeiden, sollte man jedoch dem Gericht die (schwache) Präklusionsmöglichkeit auf Grund § 296 Abs. 2 iVm. § 282 Abs. 1/2 analog zubilligen, mag es auch zu keiner mündlichen Verhandlung kommen. Diese Förderpflichten sind allgemeinerer Natur und wirken hier ebenso; konsequent müssen auch gleich §§ 296 Abs. 3, 282 Abs. 3 (aber: „Klage", dazu: Rn. 2) gelten. Das scheint als eine im Vergleich zu § 128 Abs. 2 S. 2, 1. Halbs. analog flexiblere Lösung.

17 **e) Besonderheiten. aa) Beweisaufnahme (§§ 284 ff., 355 ff.).** Sie wird stets nach allgemeinen Regeln durchgeführt, und zwar ganz egal wie verhandelt wurde. Selbst bei schriftlichem Verfahren ist richterliche Überzeugung durch förmlichen **Strengbeweis** zu begründen (§ 128 Rn. 22); die Beweismittel sind nur jene der ZPO; Unmittelbarkeit (§ 355) und Parteiöffentlichkeit (§ 357) gelten hierbei ebenso;[28] einzig im Rahmen des § 1059 Abs. 2 Nr. 2 (dort Rn. 50) besteht die Pflicht zur „Prüfung von Amts wegen".

18 **bb) Gerichtshilfe (§ 1062 Abs. 4 mit § 1050).** Über die staatliche Gerichtshilfe entscheidet der Einzelrichter (§ 22 Abs. 1 u. 4 GVG), der Vorsitzenden und Gerichtsbank in einem verkörpert; darum verfließen beide Funktionen – kein Anwaltszwang! Hier gilt bloß Abs. 1 (Rn. 3). In der Ferienzeit besteht kein Verlegungsanspruch, § 227 Abs. 3 S. 2 Nr. 8, 2. Var. Für **Beweisaufnahmen** erweitert § 1050 S. 3 sowohl § 357 Abs. 1 (Anwesenheitsrecht) wie § 397 (uU auch iVm. §§ 411 Abs. 3, 402; 451) (Befragungsrecht) von den Parteien auf die Schiedsrichter.

19 **3. Gerichtsentscheidung (Abs. 1 S. 1). a) Formen.** Die Regelung beseitigt die bisherige Zweispurigkeit von Urteils- und Beschlussverfahren,[29] die teilweise recht verworren war. Die Ent-

---

[23] AA BayObLGZ 1999, 55, 57 [II 2 b] = NJW-RR 2000, 807.
[24] Wie hier jetzt BGHZ 166, 278, 281 f. [13 f.] = NJW 2007, 772 = SchiedsVZ 2006, 161, aber offenlassend noch BGHZ 159, 207, 209 f. [2 a] = NJW 2004, 2226 – aA OLG Hamm OLGR 2007, 95, 97 [1 b bb]; OLG Koblenz OLGR 2004, 232 [1] mit Beschl. v. 19. 4. 2004 – 2 Sch 4/03; BayObLGZ 1999, 55, 57 [II 2 b]; *Thomas/Putzo/Reichold* Vor § 330 Rn. 2; *Schwab/Walter* Rn. 28.10. Differenzierend *Zöller/Geimer* § 1059 Rn. 84; *Musielak/Voit* Rn. 5 (Notwendigkeit mündlicher Verhandlung?); *Stein/Jonas/Schlosser* Rn. 8 a.
[25] *Stein/Jonas/Schlosser*, 21. Aufl., § 1042 a aF Rn. 8 aE gegen *Schütze/Tscherning/Wais* Rn. 531.
[26] *Stein/Jonas/Schlosser*, 21. Aufl., § 1042 a aF Rn. 10 aE gegen *Wieczorek/Schütze* § 1042 a aF Rn. 17.
[27] OLG Köln KTS 1971, 222.
[28] Partiell einschränkend insoweit *Schwab/Walter*, 5. Aufl., Rn. 31.20 aE.
[29] BT-Drucks. 13/5274 S. 64 re. Sp. [2]: „bedeutsame Änderung".

Allgemeine Vorschriften 20–25 § 1063

scheidung ergeht jetzt einheitlich durch **Beschluss,** der stets zuzustellen ist, wenn er für einen **Vollstreckungstitel** steht (§ 329 Abs. 3, 1. Var. mit § 1062 Abs. 1 Nr. 3, 1. u. 3. Var.: Vollziehbarkeit; § 1062 Abs. 1 Nr. 4, 2. Var.: Vollstreckbarkeit) oder dagegen eine befristete **Rechtsbeschwerde** offensteht (§ 329 Abs. 3, 2. Var. analog mit §§ 1065 Abs. 1, 1062 Abs. 1 Nr. 2 u. Nr. 4, 575 Abs. 1 S. 1). § 1028 ist hierfür unanwendbar. Sonst gilt indes je nach Ablauf des Verfahrens: **ohne mündliche Verhandlung** wird der Beschluss nach § 329 Abs. 2 bekanntgemacht, durch formlose Mitteilung (§ 1062 Abs. 1 Nr. 1; Nr. 3, 2. Var.; Abs. 4) oder uU auch förmliche Zustellung (§ 1062 Abs. 1 Nr. 2; Nr. 4, 3. Var. mit §§ 1065 Abs. 1, 575 Abs. 1 S. 1 [hier somit „Überlagerung" durch § 329 Abs. 3, 2. Var.!]); **bei mündlicher Verhandlung** – egal ob nach § 128 Abs. 4 oder § 1063 Abs. 2 – wird zwingend verkündet (§ 329 Abs. 1 S. 1 – Einzelheiten: S. 2 iVm. §§ 310 Abs. 1, 311 Abs. 4, 312; § 160 Abs. 3 Nr. 6 u. 7). Das macht den Beschluss nach außen existent; für Fristlauf ist dann jedoch noch uU ergänzend Zustellung notwendig.

b) Inhalt. aa) Materiell. Der Beschluss muss die **Hauptsache** mit *deutlicher* Formel bescheiden, 20 und zwar unter Bindung an die gestellten (arg. § 308 Abs. 1) Sachanträge – freier ist das Gericht nur bei § 1062 Abs. 1 Nr. 1, 1. Var. (arg. § 1035 Abs. 5) u. Nr. 3, 1. Var. (vgl. § 1041 Abs. 2 S. 2); in dem Fall einer Aufhebung (§ 1062 Abs. 1 Nr. 4, 1. Var.) kann das OLG auf zusätzlichen Parteiantrag (sogar von Seiten des Gegners!) den Streit an das damals (konstituierte) Schiedsgericht zurückverweisen, sofern ein „reparabler" Aufhebungsgrund vorliegt (§ 1059 Abs. 4).

Neben der Entscheidung in der Hauptsache ist über die **Verfahrenskosten** (§ 1063 Rn. 23f.; 21 § 1064 Rn. 15; § 1065 Rn. 19) zu befinden, dies – wie stets – von Amts wegen (arg. § 308 Abs. 2 mit § 91ff.) – und – insoweit jedenfalls – versehen mit vorläufiger **Vollstreckbarkeit** (arg. § 103 Abs. 1 mit §§ 708 Nr. 10, 711 analog. Das gilt indes nicht ohne weiteres zur Hauptsache (arg. §§ 708ff.: „Urteile" bzw. § 1064 Abs. 2 e contrario), auch wo eine staatliche Vollstreckung ieS sich anschließen kann (§ 1062 Abs. 1 Nr. 3/4). Bei Nr. 3, 1. u. 3. Var. ist vielleicht die Anordnung implizit mitgedacht, indes dann darum unnötig, weil sogleich Rechtskraft eintritt (§ 1065 Abs. 1 S. 2), bei Nr. 4, 2. Var. ist sie gar explizit vorgesehen (§ 1064 Abs. 2); doch muss auch der zugehörige actus contrarius (Nr. 3, 2. Var. u. Nr. 4, 3. Var.) wegen § 775 Nr. 1, 1. Var. für vorläufig vollstreckbar erklärt werden.

bb) Formell. Es empfiehlt sich eine Anlehnung an § 313 Abs. 1 Nr. 1–4; lediglich der Zeit- 22 punkt iSv. Nr. 3 ist nach jeweiliger Verfahrensweise anzupassen. (Auch) ein Beschluss muss naturgemäß klar ausdrücken, was wie (und für wen) entschieden wurde, uU mit Beachtung des Bestimmtheitsgebots der Zwangsvollstreckung. Doch ist eine **Begründung** (Abs. 1 Nr. 5 [mit Abs. 2], Nr. 6 [mit Abs. 3]) nicht durchweg nötig (§ 329 Rn. 4), sondern idR bloß bei Ablehnung oder Möglichkeit einer Anfechtung. Steht Rechtsbeschwerde offen (§ 1065 Abs. 1 S. 1 mit § 1062 Abs. 1 Nr. 2 u. Nr. 4), folgt die Pflicht zur Begründung indes schon gesetzlich aus § 576 Abs. 3 mit § 547 Nr. 6 u. § 559 Abs. 1 S. 1, 1. Var.: Notwendigkeit tatsächlicher Feststellungen, in formellem Tatbestand, gesonderter Sachverhaltsschilderung oder uU auch durch eine Bezugnahme auf den Schiedsspruch.[30] Im Übrigen bleibt sie stets ein nobile officium des alleinentscheidenden OLG.

4. Gebühren und Kosten. Einzelhinweise dazu finden sich bei der Erläuterung der konkreten 23 einschlägigen Verfahren. Der **Streitwert** (§ 2 ZPO, § 48 Abs. 1 GKG) bzw. Gegenstandswert (§ 2 Abs. 1 RVG) wird regelmäßig nach § 3, 1. Halbs. vom Gericht nach dessen freien Ermessen festgelegt, soweit nicht etwa §§ 4–9 Sonderregeln ausnahmsweise bereithalten (zB § 4 Abs. 1, 2. Halbs. [Nebenansprüche]). Teilweise gilt dabei eine (Abschlags-)Quote als praktischer Erfahrungswert („Faustregel").

Gerichtskosten nach KV 1625 [AG], KV 1620–1624, 1626, 1627 [OLG] bzw. KV 1628, 1629 24 [BGH]; **Anwaltsgebühren bei § 1062 Abs. 1 Nr. 2–4** nach VV 3100, 3104 (vom Schiedsverfahren *verschiedene* Angelegenheiten [kein Gegenschluss aus § 17 Nr. 6 RVG für Nrn. 2 u. 4!]) – trotz OLG-Kompetenz (Vorbem. 3.1. Abs. 1) und auch bei Rechtsbeschwerde (Vorbem. 3.2 Abs. 2); Anwaltsgebühren **bei § 1062 Abs. 1 Nr. 1 u. Abs. 4** nach VV 3327 [0,75], VV 3332 [0,5] nur soweit *separat* Vertretung erfolgt (anderenfalls: *dieselbe* Angelegenheit, § 16 Nr. 10 iVm. § 15 Abs. 2 S. 1 RVG).

Das **Kostenfestsetzungsverfahren** nach §§ 103ff. kann auch auf Grund der nicht beschwerde- 25 fähigen Beschlüsse in den Verfahren nach § 1062 Abs. 1 Nr. 1 u. 3 (§ 1065 Abs. 1 S. 2) betrieben werden; beschwerdefähigen Beschlüssen iSd. § 794 Abs. 1 Nr. 3 – wie hier § 1062 Abs. 1 Nr. 2 u.

---

[30] BGHZ 142, 204, 205/206 = NJW 1999, 2974f. [II 1] = ZIP 1999, 1575; letzteres allein freilich „in tatsächlich einfach gelagerten Fällen" – zust. *Ehricke* ZZP 113 (2000), 453, 455f. [II]; abw. KG RPS 2000 I S. 13 u. S. 15 (§ 543 Abs. 1 aF analog).

§ 1063 26–30   Buch 10. Abschnitt 9. Gerichtliches Verfahren

4 (§ 1065 Abs. 1 S. 1) – werden nämlich nach hM[31] die mit ihrem Wirksamwerden in Rechtskraft erwachsenden Beschlüsse gleichgestellt (§ 1064 Rn. 15; § 1065 Rn. 3).

26   **5. Vorabentscheidung bzw. Sicherungsvollstreckung (Abs. 3). a) Grundsätzliches.** Die *endgültige,* uU (Rn. 21) ihrerseits für vorläufig vollstreckbar erklärte Entscheidung kann zu spät kommen – deshalb jetzt die Möglichkeit, *vorläufige* **Sicherungsvollstreckung** zuzulassen, das sowohl für endgültige (S. 1, **1. Var.** mit §§ 1062 Abs. 1 Nr. 4, 2. Var., 1060, 1061: Vollstreckbarkeit) wie auch für bloß vorläufige (S. 1, **2. Var.** mit §§ 1062 Abs. 1 Nr. 3, 1. u. 3. Var., 1041) schiedsrichterliche Entscheidungen. Weil sie nun [32] über das reine Vollstreckbarerklärungsverfahren (§ 1064) hinausreicht, ist jene Regel – etwas verwirrend zumal – den „allgemeine[n] Vorschriften" zugeschlagen worden, obwohl sie nicht für alle Gerichtsverfahren gilt (was aber auch für Abs. 2 [Rn. 8–13] zutrifft!). **Zuständig** für die „**Anordnung**" ist der **Vorsitzende** des sachbefassten OLG-Senates, der selbst in Fällen des Abs. 2 (2. Var. mit Abs. 3, S. 1, 1. Var.: Vollstreckbarkeit trotz Aufhebungsgrund?) und gegen die Regel des Abs. 1 S. 2 entscheiden kann, dh. ohne zuvor rechtliches Gehör gewährt zu haben.

27   Diese Neuerung zehrt mutmaßlich von Parallelen beim einstweiligen Rechtsschutz (§ 944 bzw. teleologisch motivierte Beschränkung des Art. 103 Abs. 1 GG auf nachträgliche Anhörung),[33] ist jedoch ohne jede Grenzen (Dringlichkeit, Zweckgefährdung etc.) formuliert und muss darum erst einmal noch die Feuerprobe vor dem BVerfG überstehen. Man mag hier mit Fug zweifeln, ob damit nicht des Guten etwas zu viel getan wurde. Auch sonst fügt sich die Norm nicht bündig ins System ein, sondern lässt äußerst viele Fragen offen. Immerhin klärt die Anleihe bei § 944, dass auch der Vorsitzende – regelwidrig – insofern durch **Beschluss** entscheidet (§ 944 Rn. 4).[34] Jener ist nicht anfechtbar (arg. § 1065 Abs. 1 S. 2 [S. 1 iVm. § 1062 Abs. 1 Nr. 4 erfasst offensichtlich allein *End*entscheidungen[35]]), unterliegt indes doch der Gegenvorstellung.

28   **b) „Einstweilige" Vollstreckbarkeit (1. Var. mit §§ 1060, 1061).** Die Reformkommission hat Art. 39 EuGVÜ [Art. 47 Abs. 2/3 Brüssel I-VO] (mit §§ 20ff. AVAG) zum Vorbild erklärt,[36] der aber unter ganz anderen Vorzeichen steht. Er wirkt bereits kraft Gesetzes und überbrückt die Zeit von der Entscheidung bis zur Rechtskraft, ist demgemäß quasi Surrogat für vorläufige Vollstreckbarkeit und dient allemal dabei dem Schuldnerschutz, indem er zunächst ja den Gläubiger auf die sichernden Maßnahmen beschränkt. Hier dagegen soll die Sicherungsvollstreckung (§ 720a) bereits im Vorfeld voll möglich sein, noch ehe überhaupt ein Staatsgericht zur begehrten Vollstreckbarkeit judiziert. Man kann nur hoffen, dass der Vorsitzende moderat und sorgsam mit dieser scharfen Waffe umgeht, zumal er damit leicht seinen Senat „präjudiziert" und ohne Anhörung auch seltenst wohl von vornherein schuldnerische Verzögerungstaktik zweifellos feststeht. Zwar konnte nach altem Recht (§ 1042a Abs. 1 S. 1 aF) im Beschlussverfahren auch schon ohne mündliche Verhandlung entschieden werden[37] – aber nicht ohne jedes vorgängige rechtliche Gehör!

29   Darüber hinaus mangelt der „Anordnung"[38] gesetzlich die Titelkraft, § 794 nennt sie nicht! Es müsste mithin schon § 1063 Abs. 3 selbst hier Rechtsgrundlage sein, was allerdings angesichts des passgenauen Zusammenspiels von § 1060 Abs. 1 mit § 794 Abs. 1 Nr. 4a womöglich wenig überzeugend wirkt. Anders wird man sich jedoch kaum weiter behelfen können,[39] um den Sinn halbwegs zu erhalten. Auch fehlt jede Haftung für Vollstreckungsschäden des Schuldners, doch fällt dies nicht ähnlich ins Gewicht, zumindest wenn man hier mit § 717 Abs. 3 ernst macht: denn wegen bloßer Sicherungsvollstreckung (S. 2) ist die Bereicherung regelmäßig ausgleichbar, für Abwendungsschäden (S. 3) gilt das aber nicht unbedingt, und es ist generell auch fraglich, ob der summarischen (Vorab-)Entscheidung denn überhaupt eine ähnliche Richtigkeitsgewähr zukommen kann.

30   **c) „Einstweilige" Vollziehbarkeit (2. Var. mit § 1041).** Die zweite Fallgruppe ist nicht vergleichbar stark problembehaftet, zumal hier die Parallele zum Staatsverfahren ähnliche Ergebnisse erbringt (§ 928 statt § 794 Abs. 1; §§ 930–932: Geldvollstreckung nur mit Sicherungszweck). Hier

---

[31] *Baur/Stürner/Bruns* ZVR Rn. 16.3; *Stein/Jonas/Münzberg* § 794 Rn. 79; *Zöller/Stöber* § 794 Rn. 20; *Rosenberg/Gaul/Schilken* ZVR § 13 VI 2, S. 191 f.; *Thomas/Putzo* § 794 Rn. 43.
[32] Anders noch vorher § 1064 Abs. 3 DiskE, wonach sie auf staatliche Vollstreckbarerklärungen beschränkt war!
[33] Grundlegend BVerfGE 9, 89, 98 – näher: § 922 Rn. 1–4 m. weit. Nachw. bzw. Einl. Rn. 212 ff., 214.
[34] AA beiläufig OLG Frankfurt/Main NJW-RR 2001, 1078 [a]: Verfügung.
[35] AA *Musielak/Voit* § 1065 Rn. 3.
[36] Vgl. Kom.-Ber. S. 221/222 mit BT-Drucks. 13/5274 S. 65 li. Sp. [4].
[37] Richtig daher allemal Kom.-Ber. S. 221, wo rechtliches Gehör noch immer vorausgehen musste.
[38] Die gemeinhin nur eine vorbereitende (§§ 273, 141 ff.) oder prozessleitende (§ 140) Maßnahme darstellt oder zumindest unselbständig (§§ 711 ff., 713) erscheint.
[39] *Musielak/Voit* Rn. 9.

erlangt dazuhin auch die Eilbedürftigkeit ein besonderes Gewicht – oder man muss eine zeitliche Überholung riskieren. Dies würde jedoch § 1041 zugunsten § 1033 aushöhlen. Wenn man aber dem Schiedsgericht einstweilige Sicherungsakte zugesteht, dann indes – konsequent – einen staatlichen Vollziehungsvorbehalt vorschaltet, muss das Staatsverfahren der Eilbedürftigkeit angemessen Rechnung zollen, sonst wäre der direkte Weg über § 1033 iVm. §§ 916ff. stets einfacher und schneller. Wiederum wird dann demgemäß § 1063 Abs. 3 zur eigenständig wirkenden (Eingriffs-) Ermächtigung und „trägt" die Zwangsvollstreckung.

d) Verfahrensfragen. Der Vorsitzende entscheidet **nach Ermessen** (S. 1: „kann" – Gesichtspunkte: Sicherungsbedürfnis [Rn. 28], Eilbedürftigkeit [Rn. 30] etc.), nicht aber von Amts wegen; der Gläubiger muss vielmehr darauf antragen, schon weil ihn begünstigt, aber uU auch (risiko-)belasten kann. Die Anordnung ist jederzeit abänder- bzw. aufhebbar und kann der jeweiligen Prozesslage angepasst werden – wohl ebenfalls bloß auf Antrag hin (arg. § 927 Abs. 2 u. § 620b Abs. 1 – Gleichbehandlung!); das Ermessen verbraucht sich keineswegs, sondern deckt genauso einen späteren actus contrarius. Wie weit **Sicherungsvollstreckung (S. 2)** geht, verdeutlichen §§ 720a Abs. 1, 930–932: rangwahrende Pfändung ohne befriedigende Verwertung[40] (wegen Einzelheiten näher dort Rn. 4); eine Wartefrist nach § 750 Abs. 3 ist aber nicht einzuhalten (sie ist auch bloß auf § 720a bezogen), der Zeitgewinn wäre sonst sofort wieder perdu. 31

Die **Abwendungsbefugnis (S. 3)** des Schuldners bedarf keines besonderen Ausspruches, sie besteht kraft Gesetzes, ähnelt § 720a Abs. 3, 1. Halbs. (aber: der Gesamtbetrag [nicht bloß der Hauptanspruch] ist abzudecken!) und folgt alsdann §§ 108, 109; geboten ist danach idR Bankbürgschaft. S. 3 („Höhe des Betrages") legt zugleich nahe, Abs. 3 insgesamt auf Verfahren der **Geldvollstreckung** von vorneherein zu beschränken. In § 720a ist dies deutlich so normiert, der Arrest (§§ 916ff.) ist gleichermaßen darauf zugeschnitten – nur: S. 1 erfasst offenbar ebenso die Tatbestände einstweiliger Verfügungen, also **Individualvollstreckung**, was auch für Art. 39 EuGVÜ [Art. 47 Abs. 2/3 Brüssel I-VO] gilt und dort schon manche Fragen offen lässt.[41] Freilich wiegt Verzicht hier nicht ganz so schwer wie dort, und deswegen muss letztlich der Wortlaut den Ausschlag geben. Es geht insoweit kaum an, dem Schuldner das Abwendungsrecht zu nehmen. 32

§ 1064 Besonderheiten bei der Vollstreckbarerklärung von Schiedssprüchen

(1) ¹Mit dem Antrag auf Vollstreckbarerklärung eines Schiedsspruchs ist der Schiedsspruch oder eine beglaubigte Abschrift des Schiedsspruchs vorzulegen. ²Die Beglaubigung kann auch von dem für das gerichtliche Verfahren bevollmächtigten Rechtsanwalt vorgenommen werden.

(2) Der Beschluss, durch den ein Schiedsspruch für vollstreckbar erklärt wird, ist für vorläufig vollstreckbar zu erklären.

(3) Auf ausländische Schiedssprüche sind die Absätze 1 und 2 anzuwenden, soweit Staatsverträge nicht ein anderes bestimmen.

1. Normzweck. Die Vorschrift ergänzt § 1063 für die Vollstreckbarerklärung von Schiedssprüchen (§ 1062 Abs. 1 Nr. 4 mit §§ 1060, 1061), inländischer (§ 1025 Abs. 1 mit § 1060, zur Zuständigkeit: § 1062 Abs. 1 Nr. 4, 2. Var.) wie ausländischer (§ 1025 Abs. 4 u. § 1064 Abs. 3 mit § 1061, zur Zuständigkeit: § 1062 Abs. 2, 3. Var.), auch solcher mit vorherig vereinbartem Wortlaut (§ 1053 Abs. 1 S. 2 mit Abs. 2), für welche uU jedoch konkurrierend daneben Notarzuständigkeit besteht (§ 1053 Abs. 4 S. 1: „Mit Zustimmung der Parteien ..."). Es geht um die Umsetzung bedeutsamer Wirkungen des Schiedsspruchs als gleichsam eine Ergänzung des § 1055. Vollstreckungstitel ist der die Vollstreckbarkeit aussprechende OLG-Beschluss (§ 794 Abs. 1 Nr. 4a, 1. Halbs. – in Zusammenschau mit dem Schiedsspruch, vgl. § 1060 Rn. 4). 1

Die Vorlagepflicht des **Abs. 1** gründet im Verzicht auf Niederlegung als Voraussetzung der Vollstreckbarerklärung (§ 1054 Rn. 43 – im Unterschied zu § 1039 Abs. 3 S. 1 aF), sie wird indes bei einem ausländischen Schiedsspruch durch Art. IV UNÜ wegen § 1061 Abs. 1 S. 1 noch ergänzt (aA die hM: Rn. 4). **Abs. 2** hilft, die Zeit bis zur Rechtskraft zu überbrücken und lässt die vorläufige Vollstreckbarkeit ausreichen (§ 794 Abs. 1 Nr. 4a, 2. Halbs., 2. Var.); die Regelung entspricht insoweit § 1042c Abs. 1 aF. **Abs. 3** steht im Kontext mit § 1025 Abs. 4 u. § 1061 Abs. 1 S. 2 – hat aber nicht lediglich deklaratorische Bedeutung (anders: § 1025 Rn. 20f.; § 1061 Rn. 18f.): er ge- 2

---

[40] Zur grundlegenden vollstreckungsrechtlichen Unterscheidung von Sicherung und Befriedigung vgl. *Baur/Stürner*, Fälle, S. 14/15.
[41] *Baur/Stürner/Bruns* ZVR Rn. 55.18.

§ 1064 3–6

stattet die Anwendung von Abs. 1, 2 im Herrschaftsfeld von Staatsverträgen (wo das ohne Kollision geht) und überlagert insoweit demzufolge deutsche Ausführungsregeln.[1]

3   **2. Verfahrenseinleitung.** Für den Antrag auf Vollstreckbarerklärung (allgemein: § 1063 Rn. 1 f.) ist **zuständig** das OLG (§ 1062 Abs. 1 Nr. 4, 2. Var. bzw. Abs. 2, 3. Var. – dazu näher dort). Er muss jene **Angaben** enthalten, die das Gericht in die Lage versetzen, die notwendige Nachprüfung vorzunehmen. Dazu gehören eine Bezeichnung der Parteien und des Gerichts, des Schiedsspruchs und des konkreten Begehrens, auch quantitativ (§ 308 Abs. 1[2]).

4   Dazuhin werden **Anlagen** verlangt (bloße Beweismittelregelung, keine Prozessvoraussetzung![3]): Der Schiedsspruch ist im Original oder – passender – in Abschrift beizufügen **(Abs. 1 S. 1).** Diese Vorlagepflicht folgt Art. 35 Abs. 2 S. 1 ModG, der freilich weitergehend verlangt, noch zusätzlich die Schiedsvereinbarung mit beizufügen. Darauf hat zwar der deutsche Gesetzgeber bewusst verzichten wollen,[4] doch gilt die Pflicht dennoch für ausländische Schiedssprüche wegen Art. IV Abs. 1 UNÜ kraft § 1061 Abs. 1 S. 1;[5] notfalls beschafft sie sich der Richter mittels Vorlegungsanordnung (§ 142 Abs. 1/2). § 142 Abs. 3 (statt: Art. 35 Abs. 2 S. 2 ModG) gibt auch eine Handhabe, eventuell erforderliche Übersetzungen (§ 1045!) beizuschaffen.[6]

5   Die Abschrift ist zu beglaubigen (Einzelheiten: § 169 Rn. 5 ff.), was meist – zweckmäßigerweise (sonst: §§ 39, 42 BeurkG) – durch den prozessbevollmächtigten Rechtsanwalt geschieht **(Abs. 1 S. 2).** Der Beglaubigungsvermerk muss sich auf die gesamte Urkunde (den Schiedsspruch iSv. § 1054!) beziehen, einschließlich der Unterschriften der Schiedsrichter,[7] den Gleichlaut bestätigen[8] und selbst ordnungsgemäß unterschrieben werden. Ausnahmsweise wird nur „*eine*" Abschrift benötigt, und zwar darum, weil dem Gegner der Spruch ja ohnehin bereits bekannt ist (§ 1054 Abs. 4 mit § 133 Abs. 1 S. 2, § 1063 Rn. 1 aE), das angegangene Gericht jedoch mangels Niederlegung (Rn. 2 u. § 1054 Rn. 43) keine amtliche Kenntnis mehr erhalten kann.

6   Der Antrag bewirkt analog § 261 Abs. 1 iVm. Abs. 3 den Eintritt der **prozessualen Rechtshängigkeitsfolgen;** indes vermag er nicht (trotz bzw. wegen § 262) die Verjährung zu hemmen (§ 204 Abs. 1 Nr. 1 BGB: „Klage"), was aber idR auch unschädlich ist (vorher: § 197 Abs. 1 Nr. 3 BGB mit § 1055 ZPO; danach: § 212 Abs. 1 Nr. 2 BGB).

---

[1] Unklar dazu jedoch BT-Drucks. 13/5274 S. 65 re. Sp. [5]: „Vorbehalt des günstigeren [Prozeß-?]Rechts".

[2] Jedenfalls wenn es sich nur auf einen Teil des Schiedsspruchs bezieht (Haupt- oder Nebenentscheidung, zB Kosten – *Schwab/Walter* Rn. 27.3), was im Hinblick auf Streitwert und Kosten bedeutsam sein kann, vgl. OLG Frankfurt/Main NJW 1961, 735 m. Anm. *K. H. Schwab*.

[3] BGH NJW 2000, 3650 = IPRspr 2000 Nr. 187, S. 417 = IPRax 2001, 458 (m. zust. Bespr. *Krapfl*, S. 443) = RPS 2000 II S. 10 (m. krit. Anm. *Lachmann*, S. 8, 9 [3]); NJW-RR 2001, 1059 [II 2] = IPRspr. 2001 Nr. 202, S. 430; NJW 2001, 1730 [II 2 a] = IPRspr. 2001, S. 435; OLG Karlsruhe, Beschl. v. 29. 11. 2002 – 9 Sch 1/02 [1]; OLG Schleswig SchiedsVZ 2003, 237 [II 1 a/b]; BayObLG NJW-RR 2003, 502, 503 [II 3] u. OLG Stuttgart, Beschl. v. 14. 10. 2003 – 1 Sch 16/02 [B I/JURIS-Rn. 32] (Art. IV Abs. 1 UNÜ); OLG Hamm SchiedsVZ 2006, 106, 108 [III 1]; *Musielak/Voit* § 1061 Rn. 11 aE; Haas IPrax 2000, 432, 433–435; *Mallmann* SchiedsVZ 2004, 152, 154 f. [II 2].

[4] BT-Drucks. 13/5274 S. 65 re. Sp. [2] – und durfte das: Fn. *** zu Art. 35 ModG: „Höchstanforderungen".

[5] So wie hier *Borges* ZZP 111 (1998), 487, 510 [III 3]; *Moller* NZG 1999, 143, 144; OLG Rostock IPRspr. 2001 Nr. 206, S. 442, 444 [3 a] = IPRax 2002, 401 m. abl. Anm. *Kröll* (S. 384, 388 [III 4]); siehe noch bei § 1061 Rn. 19 aE mit Fn. 43 – *aA die hM:* BGH NJW-RR 2004, 1504, 1505 [II 2 b bb] = SchiedsVZ 2003, 281, 282 m. zust. Anm. *Kröll* (ebd.), *Heidkamp* IHR 2004, 17 u. *Gebhardt* IDR 2004, 43; OLG Karlsruhe SchiedsVZ 2008, 47, 48 [II 1]; OLG Celle OLGR 2007, 664, 665 [II 1]; OLG München OLGR 2007, 684 [II 3 a], Beschl. v. 25. 10. 2006 – 34 Sch 22/06 [II 1], OLGR 2006, 404 [1] u. SchiedsVZ 2006, 111, 112 [II 1]; OLG Celle, Beschl. v. 14. 12. 2006 – 8 Sch 14/05 [II 2 a]; OLG Hamburg, Beschl. v. 20. 11. 2006 – 6 Sch 5/06; KG SchiedsVZ 2007, 108, 111 [II 1 a dd]; OLG Hamm SchiedsVZ 2006, 106, 108 [III 1]; OLG Koblenz SchiedsVZ 2005, 260, 261 li. Sp. [II]; OLG Köln SchiedsVZ 2005, 163, 164/165 [II 1]; BayObLG, Beschl. v. 9. 11. 2004 – 4 Sch 17/04 [II 2], Beschl. v. 23. 9. 2004 – 4 Sch 5/04 [II 2] u. BayObLG IPRspr. 2004 Nr. 194, S. 441, 443 [4] (aber: fehlender Fallbezug); OLG Schleswig SchiedsVZ 2003, 237 [II 2 b/c]; OLG Brandenburg IPRspr. 2002 Nr. 221, S. 559, 560 [II]; OLG Karlsruhe, Beschl. v. 29. 11. 2001 – 9 Sch 2/01 [II]; BayObLGZ 2000, 233, 235 f. [II 3 b]; OLG Rostock RPS 2000 I S. 20, 23 [2.2.4] = IPrspr 1999 Nr. 183, S. 443; OLG Hamburg NJW-RR 1999, 1738, 1739 [II a/b] u. RPS 1999 I S. 16, 17 [II a/b]; *Lachmann* RPS 2000 II S. 8, 9 [2]; *Kröll* ZZP 117 (2004), 453, 455–459 [III 1]; *Mallmann* SchiedsVZ 2004, 152, 153 f. [II 1]; *Musielak/Voit* § 1061 Rn. 11; § 1061 Anh. 1 Art. IV UNÜ Rn. 3 *(Adolphsen);* Stein/Jonas/Schlosser Rn. 4: arg. Art. VII Abs. 1 UNÜ – das führt zu einer Art „Rosinentheorie".

[6] BayObLGZ 2000, 233, 236 [II 3 b aE]; OLG München, Beschl. v. 25. 10. 2006 – 34 Sch 22/06 [II 1]; OLG Hamburg, Beschl. v. 20. 11. 2006 – 6 Sch 5/06. Nach Art. IV Abs. 2 UNÜ (iVm. § 1061 Abs. 1 S. 1) obliegt dies dagegen von vornherein dem Antragsteller.

[7] BT-Drucks. 13/5274 S. 65 re. Sp. [2] im Anschluss an BGH NJW 1974, 1383; 1976, 2264 zu § 170.

[8] Recht großzügig dabei BGHZ 55, 251; 76, 222, 228 = NJW 1971, 659; 1980, 1460.

3. Verfahrensgang. Der Schuldner kann durch Geltendmachung von Aufhebungsgründen 7
(§ 1063 Abs. 2, 2. Var.) oder materiellen Einwendungen in den Grenzen des § 767 Abs. 2⁹ (arg.
§ 128 Abs. 1, näher dazu bei § 1060 Rn. 35) **mündliche Verhandlung** erzwingen (aber: § 128
Abs. 3); auch sonst aber orientiert sich das Verfahren idR an den allgemeinen Vorschriften.[10] Allerdings findet **kein Versäumnisverfahren** analog §§ 330 ff. statt (näher dazu bei § 1063 Rn. 8 ff.);
mangels „Verfahrenskompatibilität" bleibt letztendlich auch eine **Wider*klage*** verschlossen.[11] Freilich kann natürlich aber stets eine Vollstreckbarerklärung auch im Wege des „Wider*antrags*" gegen
einen anhängigen Aufhebungsantrag angestrebt werden,[12] der daraufhin für erledigt zu erklären
wäre, sobald einseitige Rücknehmbarkeit ausscheidet.

Möglich ist genauso zB der Rückgriff auf die Regeln zur Klageänderung[13] (§§ 263, 264) und 8
Klagerücknahme[14] (§ 269), und auch ein **prozessuales Anerkenntnis** (§ 307 Abs. 1) in den Sachgrenzen prozessualer Disposition;[15] die Notwendigkeit der Amtsprüfung (§ 1059 Abs. 2 Nr. 2 – im
Unterschied zu Nr. 1 [dort Rn. 50]) muss hiervon zumindest aber unberührt bleiben. In der Ferienzeit besteht kein Verlegungsanspruch, § 227 Abs. 3 S. 2 Nr. 8, 1. Var. Vorab kann der Senatsvorsitzende – insoweit: alleinentscheidend – **einstweilen Sicherungsvollstreckung ermöglichen**
(§ 1063 Abs. 3 [S. 1, 1. Var.]), er sollte dabei jedoch zurückhaltend verfahren (§ 1063 Rn. 26 ff.:
Eilbedürftigkeit; Verzögerungsabsicht?); die Anordnung ist abänderbar und tritt spätestens durch die
Endentscheidung außer Kraft (Rn. 16).

4. Gerichtsentscheidung. a) Sicherheitsleistung, Abwendungsbefugnis (§ 1064 Abs. 2). 9
Der Beschluss gehorcht den üblichen Vorgaben (§ 1063 Rn. 19–22). Er ist ausdrücklich für **vorläufig vollstreckbar** zu erklären, **Abs. 2** (als wörtliche Übernahme von § 1042 c Abs. 1 aF ins neue
Recht), ohne dass aber der Wortlaut dazu etwas sagt, ob ohne oder gegen **Sicherheitsleistung**.
Dieses regeln mithin §§ 708 ff. analog,[16] wobei hier jetzt alle vermögensrechtlichen Streitigkeiten
von der verordneten OLG-Zuständigkeit (§ 1062 Abs. 1 Nr. 4, 2. Var.) profitieren (§ 708 Nr. 10).
Umgekehrt muss jedoch dem Verlierer eine **Abwendungsbefugnis** (§ 711 S. 1) gleich von Amts
wegen zugestanden werden. Jene Regeln gelten ganz unabhängig davon, wie zur Sache entschieden
wurde: positiv durch Anordnung oder negativ durch Ablehnung der begehrten Vollstreckbarerklärung. Diesen Fall erfasst Abs. 2 zwar nicht, doch steht dann nur noch ein „normaler" Kostenerstattungsanspruch offen. Die Bagatellregel des § 708 Nr. 11 ist aber wegen Nr. 10 irrelevant, ausgenommen abweichend vereinbarte Zuständigkeit (§ 1062 Rn. 21 ff.).

b) Stattgebende Entscheidung. Der *positive* Beschluss ist **Vollstreckungstitel** (§ 794 Abs. 1 10
Nr. 4 a, dessen Wortlaut nunmehr korrekt angepasst ist[17] [alt: vollstreckbar erklärter Schiedsspruch;
neu: vollstreckbar erklärende Entscheidung]) – und zwar bei vorläufiger Vollstreckbarkeit der Voll-

---

[9] BGH NJW 1961, 1627 = ZZP 74 (1961), 371 m. Anm. *Schwab*; BGHZ 38, 259, 261 f. = NJW 1963, 538, 539 m. Anm. *Nirk* = JZ 1963, 642 m. Anm. *Schwab*; BGHZ 52, 321, 325 – unter neuem Recht: *Musielak/Voit* § 1063 Rn. 4.
[10] BGH NJW-RR 2002, 933 [II 1] = IPRspr. 2002 Nr. 219 mit BGHZ 166, 278, 280 f. [8–11] = NJW 2007, 772 = SchiedsVZ 2006, 161 (§§ 80 ff.); OLG Köln SchiedsVZ 2003, 238 [I 1] (§§ 145, 281) bzw. S. 239 [II] (§ 148); OLG Hamm, Beschl. v. 5. 9. 2007 – 8 Sch 1/07 [II/JURIS-Rn. 11] (§ 263); BayObLGZ 2002, 324, 326 [II 2] (§ 321 a – implizit); OLG Hamm OLGR 2001, 335 [A I], OLG München MDR 2006, 226, OLG Saarbrücken OLGR 2006, 220, 221 [II vor A], OLG Frankfurt/Main, Beschl. v. 18. 5. 2006 – 26 Sch 18/05 [II] u. 26 Sch 26/05 [II] (§§ 91 ff.); OLG München, Beschl. v. 9. 2. 2007 – 34 SchH 15/06 [II] (§ 281) – §§ 239 ff. gelten ebenfalls (OLG Köln, Beschl. v. 19. 3. 2004 – 9 Sch 10/03 [II 1] (§ 240) im Anschluß an BGH KTS 1966, 246, 247 [II – § 1041 aF: *Urteils*verfahren!]; OLG München, Beschl. v. 26. 7. 2006 – 34 Sch 14/06 [II 2 a] (§ 241) – aA OLG Brandenburg IPRspr. 2000 Nr. 181, S. 395).
[11] Im Erg. so auch *Zöller/Geimer* Rn. 3. Siehe auch schon OLG Köln OLGRspr. 2 (1901), 95, 96 [2] u. OLG Hamburg OLGRspr. 19 (1909), 170, 172 [3].
[12] OLG München, Beschl. v. 12.11. 2007 – 34 Sch 10/07 [I 1/JURIS-Rn. 16]; *Baumbach/Lauterbach/Albers*, 56. Aufl., § 1042 b aF Rn. 1.
[13] BGH NJW 1951, 405.
[14] OLG München MDR 2006, 226.
[15] So wie hier OLG Frankfurt/Main RPS 2001 II S. 23; *Schwab/Walter* Rn. 27.29; *Stein/Jonas/Schlosser* § 1063 Rn. 8.
[16] OLG Hamburg, Beschl. v. 30. 8. 2002 – 11 Sch 2/00 [II 2 c aE] (§ 708) bzw. 11 Sch 1/02 [II 2 aE] (§ 711) – aA die hM (Vollstreckbarerklärung *ohne* Sicherheitsleistung): KG, Beschl. v. 8. 4. 2002 – 23/29 Sch 13/01 [II 3 aE]; BayObLG SchiedsVZ 2003, 142, 144 [II 9]; 2004, 319, 320 [II 6]; *Thomas/Putzo/Reichold* Rn. 2; *Musielak/Voit* Rn. 3; *Baumbach/Lauterbach/Hartmann* Rn. 3 (§ 1065 Abs. 2 S. 2 e contrario); *Stein/Jonas/Schlosser* Rn. 3. Zum alten Recht vgl. 1. Aufl. Rn. 1; *Thomas/Putzo*, 20. Aufl., Rn. 1; *Zöller/Geimer*, 20. Aufl., Rn. 1 – je zu § 1042 c aF.
[17] So wie beim Auslandstitel die inländische Vollstreckbarerklärung entscheidend ist, BGHZ 118, 312, 313 = NJW 1992, 3096; NJW 1986, 1440 [II 1]. Hier anders noch OLG Hamburg OLGRspr. 27 (1913), 194.

streckbarerklärung (nicht etwa des Schiedsspruches![18]), die gemäß Abs. 2 stets anzuordnen ist, sowie erst recht nach Eintritt der Rechtskraft der (Vollstreckbarerklärungs-)Entscheidung. Ist der Ausspruch versehentlich verabsäumt worden, muss der Beschluss ergänzt werden (§ 716 mit § 321 analog) und ist solange faktisch wertlos – es sei denn, dass umgehend Rechtskraft eintritt; selbst dann sieht aber das Gesetz die Anordnung als Regelfall zur Klarstellung vor, sogar wenn offensichtlich eine Rechtsbeschwerde (§ 1065 Abs. 1 S. 1) ausscheidet (dazu näher noch 2. Aufl. Rn. 5). Wegen der Kosten siehe §§ 795 a, 105 – sie müssen sinngemäß gelten, zumal trotz Beschlussform materiell rechtskräftig judiziert wird.

11 Soweit das Gericht dem Antrag stattgeben will, bringt es mit entsprechender **Formulierung** zum Ausdruck, dass nunmehr der Schiedsspruch (vollständig/teilweise) vollstreckbar sein soll. Der Schiedsspruch ist dabei so zu bezeichnen, dass er gut identifizierbar ist, etwa *objektiv* mittels Angabe von Tag und Ort seines Erlasses (§ 1054 Abs. 3), *subjektiv* durch Erwähnung der Schiedsparteien, auf alle Fälle soweit diese verschieden von den Beteiligten des Verfahrens zur Vollstreckbarerklärung sind (Rn. 12 aE mit 13). Zweckmäßigerweise wird die Spruchformel **wiederholt** sowie uU (§ 1045 Abs. 1!) zudem **übersetzt**, arg. § 7 S. 2 AVAG (indes erfolgt keine Währungsumrechnung[19]); andernfalls muss die Entscheidung um eine Abschrift des Schiedsspruchs ergänzt werden, damit der Umfang der Verpflichtung verbindlich klargestellt ist:[20] einfache Ausfertigung bei körperlicher Verbindung oder (richterlich[21]) beglaubigte Abschrift, ohne dass dann solche Beifügung notwendig wäre.

12 Denn maßgebende Zwangsvollstreckungstitulierung ist ausschließlich der Vollstreckbarerklärungsbeschluss (Rn. 10), der deshalb „aus sich heraus" verständlich sein muss. Notfalls kann die Spruchformel des Schiedsakts extrahiert oder berichtigt, umformuliert oder konkretisiert werden (§ 1060 Rn. 24, § 1061 Rn. 24); jedoch muss die gebotene Maßnahme ganz unzweifelhaft sein.[22] Die endgültige Grundlage der Zwangsvollstreckung ist indes die **vollstreckbare Ausfertigung** (§ 795 S. 1 mit § 724 Abs. 1), dh. (vollständige?) Beschlussausfertigung (§ 329 Abs. 1 S. 2 mit § 317 Abs. 2 S. 1 u. Abs. 3) mit Vollstreckungsklausel (§ 725); zuständig ist idR der jeweilige Urkundsbeamte der OLG-Geschäftsstelle (§ 724 Abs. 2 iVm. § 1062 Abs. 1 Nr. 4, 2. Var. – aber dort Rn. 21 ff.). Der Schiedsspruch kann dabei – wie stets – für und gegen **Rechtsnachfolger** umgeschrieben werden (§§ 795 S. 1, 727, 731); fraglich ist allerdings der Stichtag:

13 In Betracht kommen Rechtshängigkeit (vgl. § 325 Abs. 1) oder Verfahrensschluss (arg. § 767 Abs. 2).[23] Gewiss darf man im Beschlussverfahren nach § 1064 die Umschreibung quasi vorwegnehmen,[24] und zwar insoweit dann als „praktische Kombination" mit § 731, vergleichbar der Kombination mit § 767 zur Geltendmachung materieller Einwendungen (§ 1060 Rn. 33 ff.)[25] – indes: man muss nicht! Hier wie dort nicht, da der Präklusion die gesetzlich nötige Grundlage abgeht. Wer also den Umstellungsantrag versäumt hat, vermag ihn später problemlos noch nachzuholen – er hat lediglich die einfachere Möglichkeit verabsäumt, alles „in einem Aufwasch" zu erhalten. Die Nähe zu § 731 ergibt darüber hinaus, dass die Beweismittelbeschränkung des § 727 dabei konsequenterweise nicht gilt.[26] Bei Rechtsnachfolgeeintritt *nach* Vollstreckbarerklärung bekommt man

---

[18] Was aber unschädlich wäre, BGH, Beschl. v. 28. 10. 1999 – III ZB 43/99, S. 4.
[19] OLG München SchiedsVZ 2006, 111, 112 [II 3 d].
[20] Näher dazu *Münch* JZ 2000, 210 f. u. Reichweite der Unterschrift, 1993, S. 54–57 – teilweise aA die hM: Kumulation, vgl. *Schwab/Walter* Rn. 28.6; 1. Aufl. § 1042a aF Rn. 5; *Baumbach/Lauterbach/Albers*, 56. Aufl., § 1042 a aF Rn. 4.
Stein/Jonas/Schlosser § 1063 Rn. 11 lässt dagegen nur den zweiten Fall gelten (indes bleibt mir unklar, wieso wir beide im Grundsätzlichen eine Meinungsdivergenz hätten: Bestimmtheit ist bei Vollstreckung immer oberstes Gebot – dies nur zu Fn. 38!).
[21] Nicht jene gemäß Abs. 1, die in den Akten verbleibt und auch die Übereinstimmung mit dem Gerichtsentscheid nicht belegen würde.
[22] Dazu etwa *Schwab/Walter* Rn. 28.7; *Schütze/Tscherning/Wais* Rn. 532; RG HRR 1930 Nr. 1269; offenlassend BGH WM 1977, 319, 320; abgrenzend OLG Karlsruhe SchiedsVZ 2006, 281, 283 [II 2]. Beispielsfall: OLG Rostock, Beschl. v. 18. 9. 2007 – 1 Sch 4/06 [B II 2] („Den [mitgeteilten] Anträgen ... wird stattgegeben").
[23] Zweite Frage: aufs ursprüngliche Schiedsverfahren oder nachfolgende Gerichtsverfahren zur Vollstreckbarerklärung bezogen?
[24] BGH LM § 1044 aF Nr. 6 = BGH WM 1969, 671 = KTS 1970, 30, 32 [I 2 b bb u. dd] bzw. BGH NJW-RR 2007, 1366 f. [10–12] m. weit. Nachw.; OLG München, Beschl. v. 22. 1. 2007 – 34 Sch 18/06 [II 2]; OLG Celle, Beschl. v. 18. 9. 2006 – 8 Sch 1/08 [II] (implizit); OLG Hamburg RPS 2000 II S. 13, 14 [II 2]; OLGR Stuttgart 2000, 386 [2]; *Stein/Jonas/Schlosser* § 1060 Rn. 14; *Zöller/Geimer* § 1060 Rn. 9; *Thomas/Putzo* § 1060 Rn. 7 aE in Anlehnung an §§ 727 ff.
[25] Überhaupt ähneln sich beide insoweit: § 731 Rn. 3.
[26] BGH NJW-RR 2007, 1366/1367 [12]; OLGR Stuttgart 2000, 386 [2] – einschr. hier jedoch *Stein/Jonas/Schlosser* § 1060 Rn. 14.

Rechtsmittel **1 § 1065**

natürlich die titelübertragende Klausel ohne Problem nach allgemeinen Vorschriften (§ 727 bzw. § 731).

c) Ablehnende Entscheidung. Bei **förmlichen Mängeln** (§ 1060 Rn. 7–17) wird der Antrag **14** als unzulässig verworfen,[27] bei **sonstigen Mängeln** (§ 1060 Rn. 18 f.) als unbegründet zurückgewiesen. Bei Vorliegen eines – berücksichtigungsfähigen (§ 1060 Abs. 2 S. 2 u. 3) – Aufhebungsgrundes ist außerdem und zugleich der Schiedsspruch aufzuheben (§ 1060 Abs. 2 S. 1 mit § 1059 Abs. 2).[28] Insoweit hat der Beschluss dann quasi eine Doppelwirkung: negative Feststellung (betr. Titulierung) und aktive Gestaltung (betr. Rechtskraft). Dazu bedarf es keines besonderen Antrages, die Aufhebung erfolgt allemal amtswegig;[29] § 1059 Abs. 2 S. 1 ist gleichsam eine Ergänzung des § 308 Abs. 2. Ist versehentlich die Aufhebung des Schiedsspruches unterblieben, so kann leicht nach § 319 berichtigt werden,[30] es bedarf also keiner Ergänzung nach § 321.

Der *negative* Beschluss kann naturgemäß kein Vollstreckungstitel sein – zur Hauptsache ist gerade **15** ablehnend judiziert worden – und über die **Kosten des Vollstreckbarerklärungsverfahrens** nur dem Grunde nach entschieden. Dafür ist Titel der Kostenfestsetzungsbeschluss (§ 794 Abs. 1 Nr. 2 mit §§ 103 ff.), wobei hierfür trotz § 103 Abs. 1 („nur auf Grund eines zur Zwangsvollstreckung geeigneten Titels") nicht weiter schaden dürfte, dass Vollstreckbarkeit des Hauptausspruches fehlt: der actus contrarius würde ja ausreichen; dazu kommt hier speziell die Titelfähigkeit auf Grund § 794 Abs. 1 Nr. 3 mit § 1065 Abs. 1 S. 1 (§ 1063 Rn. 25).[31] Doch sollte fürsorglich die Ablehnung dann trotzdem noch für vorläufig vollstreckbar erklärt sein – zwar nicht nach Abs. 2, der an die positive Entscheidung anknüpft, sondern schlichtweg gemäß allgemeiner Regel (analog §§ 708 ff., insbes. § 708 Nr. 10 u. 11).

d) Verhältnis zur „einstweiligen" Entscheidung (§ 1063 Abs. 3). Hatte hier der Senats- **16** vorsitzende zuvor schon Sicherungsvollstreckung zugelassen (§ 1063 Abs. 3 [S. 1, 1. Var.]), ist fraglich, ob die Anordnung von selbst nun außer Kraft tritt (wie etwa gemäß § 620f Abs. 1) oder zusätzlich mit aufzuheben ist, entweder von Amts wegen oder aber allein auf Antrag hin (so wie nach § 927 [dort Rn. 9]). Klar ist eins: Die einstweilige muss allemal der endgültigen Regelung weichen. Und weil hier die einstweilige als Pendant für vorläufige Vollstreckbarkeit steht – das Schiedsgericht ist quasi dabei die Erstinstanz – liegt wohl die Anleihe bei § 717 Abs. 1 am nächsten. Bei *ablehnender* Entscheidung (Rn. 14 f.) fällt also die Anordnung vollkommen automatisch weg (Folge: §§ 775 Nr. 1, 776), bei *stattgebender* Entscheidung (Rn. 10–13) geht sie in der Vollstreckbarerklärung auf.[32] Der Gläubiger kann nun so (insbesondere: befriedigend [oder sichernd nach § 720 a direkt]) vollstrecken, wie es der Beschluss ausweist.

§ 1065 Rechtsmittel*

(1) ¹Gegen die in § 1062 Abs. 1 Nr. 2 und 4 genannten Entscheidungen findet die **Rechtsbeschwerde** statt. ²Im Übrigen sind die Entscheidungen in den in § 1062 Abs. 1 bezeichneten Verfahren unanfechtbar.

(2) ¹Die Rechtsbeschwerde kann auch darauf gestützt werden, dass die Entscheidung auf einer Verletzung eines Staatsvertrages beruht. ²Die §§ 707, 717 sind entsprechend anzuwenden.

1. Statthaftigkeit. Der Rechtsmittelwildwuchs unter altem Recht (sofortige Beschwerde **1** [§§ 1045 Abs. 3, 1042c Abs. 3 aF]; Widerspruch [§ 1042c Abs. 2 aF]; Berufung, ggf. Revision in den Klageverfahren des § 1046 aF) wurde gründlich beschnitten. Es gibt lediglich noch ein einheitliches Beschlussverfahren (§ 1063 Abs. 1 S. 1, 1. Halbs.), dazu gesellt sich die einheitliche **Rechtsbeschwerde** zum BGH, die jedoch nur in wenigen Fällen gewährt ist (Abs. 1 *mit* § 574 Abs. 1 S. 1 Nr. 1 u. Abs. 2): Enumerationsprinzip (Rn. 2–4) und Zulassungsfähigkeit (Rn. 5) geben eine recht hohe Hürde vor.

---

[27] Verlangt ist insoweit ein „wirklicher" (*Thomas/Putzo/Reichold* § 1060 Rn. 1) bzw. „ordnungsgemäßer" (*Schwab/Walter* Rn. 27.7; *Baumbach/Lauterbach/Hartmann* § 1060 Rn. 8 iVm. Rn. 3) Schiedsspruch als besondere Verfahrensvoraussetzung (Antragsbefugnis!).
[28] Im Gegensatz zu sonstigen Einwänden *formeller* (*Schwab/Walter* Rn. 28.4) oder *materieller* (*Zöller/Geimer*, 20. Aufl., § 1042 aF Rn. 4) Herkunft, *Stein/Jonas/Schlosser* § 1060 Rn. 10.
[29] BGH LM § 1042 aF Nr. 6 [I].
[30] *Stein/Jonas/Schlosser* § 1060 Rn. 10; *Baumbach/Lauterbach/Albers*, 56. Aufl., § 1042a aF Rn. 3.
[31] So nun auch BayObLGZ 2001, 311, 315 [II 8] = NJW-RR 2002, 323.
[32] *Baur/Stürner/Bruns* ZVR Rn. 15.31.
* Neu gefasst mit Art. 2 Nr. 105 ZPO-RG vom 27. 7. 2001 (BGBl. I S. 1887).

§ 1065   2–7   Buch 10. Abschnitt 9. Gerichtliches Verfahren

2   **a) Enumerationsprinzip.** Die **Rechtsbeschwerde** ist weitgehend beschränkt, und zwar auf eine Kontrolle der „(Verfahrens-)Zulässigkeit" (§ 1032 [Abs. 2]) bzw. „(Gerichts-)Zuständigkeit" (§ 1040 [Abs. 3 S. 2]) als Fälle des § 1062 Abs. 1 Nr. 2 (dort Rn. 6), dazuhin auf den Bereich der „Staatsvorbehalte" als Fälle des § 1062 Abs. 1 Nr. 4 (dort Rn. 8 f.): Aufhebungsantrag (§§ 1059, 1061 [Abs. 3]) bzw. Vollstreckbarerklärung (§§ 1060, 1061 [Abs. 1/2]). Alle anderen **Beschlüsse des OLG** (§ 1062 Abs. 1 Nr. 1 u. 3) sind unumstößlich und **unanfechtbar** (**Abs. 1 S. 2** *gegen* § 574 Abs. 1 Nr. 2).[1]

3   Werden sie wirksam (§ 1063 Rn. 19), so entfalten sie Rechtskraft – es sei denn, eine Wiederholung wäre ausdrücklich vorbehalten, wie etwa durch § 1041 Abs. 3 für die vorläufigen bzw. sichernden Maßnahmen einstweiligen Rechtsschutzes – und haben die Titelwirkung des § 794 Abs. 1 Nr. 3 analog, womit dann das Kostenfestsetzungsverfahren (§ 103) eröffnet ist (§ 1063 Rn. 25; § 1064 Rn. 15).

4   Die Regelung des Abs. 1 beschränkt sich auf OLG-Entscheidungen iSv. § 1062 Abs. 1, die „**Rechts**hilfe"-**Entscheidungen des AG** gem. §§ 1050, 1062 Abs. 4 **werden nicht erfasst**.[2] Über Anfechtbarkeit wird im entsprechenden Sachzusammenhang mitentschieden. Beispiel: bei Verweigerung der Unterstützung zur Beweisaufnahme findet gemäß § 159 Abs. 1 S. 1 GVG – trotz des missverständlichen Wortlauts – die Beschwerde zum OLG und unter den Voraussetzungen des § 159 Abs. 1 S. 2/3 GVG die weitere Beschwerde zum BGH statt.[3]

5   **b) Zulassungsfähigkeit.** Die **Rechtsbeschwerde** ist inzwischen allgemein normiert (§§ 574 ff. – dazu näher dort); erfasst wird *nicht* auch analog § 280 Abs. 2 S. 1 ein (OLG-)Vorabentscheid zur Zulässigkeit[4] (arg. § 576 Abs. 2 – Rn. 13). Die hypothetische Revisionsfähigkeit (2. Aufl. Rn. 3) spielt jetzt keine „direkte" Rolle mehr (aber beachte auch § 543 Abs. 2 S. 1: Parallelregelung der Zulassungsgründe). Die Rechtsbeschwerde ist abstrakt ausdrücklich eröffnet (§ 574 Abs. 1 Nr. 1), steht aber konkret doch unter **Zulässigkeitsvorbehalt:** Die Rechtssache muss **grundsätzliche Bedeutung** haben (§ 574 Abs. 2 Nr. 1) oder zur **Rechtseinheit bzw. -fortbildung** erforderlich sein (§ 574 Abs. 2 Nr. 2). Bei ordre-public-Verstoß wird man dies meistens wohl annehmen;[5] nichtsdestotrotz ist dafür wie immer aber eine begründete Darlegung notwendig (§ 575 Abs. 3 Nr. 2). Anschlussbeschwerde bleibt künftig aber ebenso möglich (§ 574 Abs. 4).

6   **2. Zulässigkeit. a) Formgerechte Einlegung.** Die Beschwerdeschrift ist beim BGH einzureichen (§ 575 Abs. 1 S. 1, 2. Halbs. mit § 133, 3. Var. GVG). Sie muss den bekämpften Beschluss bezeichnen (§ 575 Abs. 1 S. 2 Nr. 1), am besten unter Angabe von Gericht, Parteien, Verkündungsdatum und Aktenzeichen,[6] und ferner die Erklärung enthalten, dass Rechtsbeschwerde eingelegt wird (§ 575 Abs. 1 S. 2 Nr. 2), wobei es auf die genaue Benennung nicht ankommt (weitere Einzelheiten: § 575 Abs. 4 S. 1 iVm. §§ 129 ff. [Inhalt]; § 575 Abs. 1 S. 3 [Anlage]; § 575 Abs. 4 S. 2 iVm. §§ 166 ff. [amtswegige Zustellung]). Es ist dies ein bestimmender Schriftsatz; freilich besteht zunächst kein Anwaltszwang,[7] § 1063 Abs. 4 (dazu näher dort Rn. 1) gilt jetzt nämlich immer noch!

7   **b) Beschwerdefrist.** Die *Erst*beschwerde muss **binnen eines Monats** ab Zustellung einlangen; die Frist ist **Notfrist** (§ 575 Abs. 1 S. 1, 1. Halbs.). Sie kann weder abgekürzt (vgl. § 224 Abs. 1 S. 1) noch verlängert werden (arg. § 224 Abs. 2), freilich kann Wiedereinsetzung nach §§ 233 ff. gewährt werden.[8] Auf diesem Weg lassen sich deswegen auch die uU erschwerten Bedingungen des Auslandsverkehrs einzelfallgerecht berücksichtigen. Fristbeginn (idR) mit Zustellung (§ 1063 Rn. 19) des – vollständig abgefassten – Beschlusses; das Fristende wird errechnet gemäß § 222 Abs. 1 ZPO mit §§ 186 ff. BGB, insbes. §§ 187 Abs. 1, 188 Abs. 2, 1. Var. mit Abs. 3 samt der „Wochenendregel" des § 193 BGB bzw. § 222 Abs. 2 ZPO. Einlegung vor Zustellung ist möglich,[9] jedoch nicht vor Erlass der Entscheidung.[10] Die Frist läuft für jede der Parteien gesondert. –

---

[1] BGH NJW 2001, 3787 [II 1 c] – gesetzwidrige Zulassung unerheblich: BGH NJW 2003, 211, 212 (Wiedereinsetzung); NJW 2006, 2924 [4] m. weit. Nachw. (Freigabeverfahren); MünchKommZPO/*Lipp* § 574 nF Rn. 11 – hier anders aber BT-Drucks. 14/4722, S. 116 re. Sp. (sonst gibt die Erwähnung des § 1062 dort keinerlei Sinn), worauf ich (DStR 2002, 133, 139 Fn. 151) zuerst blind vertraut hatte.
[2] *Baumbach/Lauterbach/Hartmann* Rn. 1.
[3] Vgl. *Baumbach/Lauterbach/Hartmann* § 159 GVG Rn. 1, 4.
[4] AA BGH NJW 2001, 3787 [II 1] – freilich unter Altrecht!
[5] BGH NJW-RR 2004, 1504 [II 2 a] = SchiedsVZ 2003, 281, 282.
[6] BGH NJW 1991, 1081 zu § 519 Abs. 2.
[7] AA dazu jedoch BGH NJW 2002, 2181; *Thomas/Putzo/Reichold* Rn. 3.
[8] BGHZ 21, 142 = NJW 1956, 1518.
[9] RGZ 29, 340, 341; 50, 347, 352; JW 1930, 3549 – je m. weit. Nachw.
[10] RGZ 46, 418 (Beschwerde) u. RGZ 110, 169, 170 f. (Einspruch).

Die *Anschluss*beschwerde (§ 574 Abs. 4) muss innerhalb eines Monats seit Zustellung der Begründung der Rechtsbeschwerde eingelegt sein. Fruchtloser Fristablauf lässt **Rechtskraft** eintreten.[11]

c) Begründungszwang. Die Beschwerde ist zu begründen (§ 575 Abs. 2 S. 1 mit Abs. 3); **8** sie muss vor allem Anträge enthalten (§ 575 Abs. 3 Nr. 1 – wegen § 577 Abs. 2 S. 1), die konkrete Zulassungsfähigkeit darlegen (§ 575 Abs. 3 Nr. 2 mit § 574 Abs. 2 [Rn. 5]) und dazuhin Beschwerdegründe angeben (§ 575 Abs. 3 Nr. 3 – bei einer Verfahrensrüge wegen § 577 Abs. 2 S. 3 besonders bedeutsam – aber: §§ 576 Abs. 3, 556, 295); ergänzend gelten die allgemeinen Vorschriften (§ 575 Abs. 4 S. 1 iVm. §§ 130 ff.). Neue Tatsachen sind nur zur Rüge von vorherigen (OLG-)Verfahrensverstößen vortragbar[12] (§§ 577 Abs. 2 S. 4, 559 Abs. 1, 551 Abs. 3 Nr. 2 b); das OLG muss daher bereits sämtliche relevanten Tatsachen feststellen (§ 1063 Rn. 22 aE). Im Rechtsbeschwerdeverfahren nach § 1062 Abs. 1 Nr. 4 soll nicht einmal ein **Nachschieben von Aufhebungsgründen** iSd. § 1059 Abs. 2 Nr. 1 (im Unterschied zu Nr. 2: Prüfung von Amts wegen!) mehr möglich sein, wenn und weil sie nicht vorher schon „in einer dem Erfordernis ‚begründeter Geltendmachung' genügenden Weise zur Nachprüfung durch das [Erst-]Gericht gestellt" sind[13] – das geht zu weit (§ 1063 Rn. 8 f.), vermengt Tatsachenvortrag und Rechtsanwendung, widerstreitet dem Grundgedanken *iura novit curia* und genauso der Vorgabe des § 577 Abs. 2 S. 1.

d) Begründungsfrist. Die Begründung mag zeitgleich mit Einlegung oder später erfolgen; **9** dann ist aber ein fristgerecht eingehender, eigener Schriftsatz erforderlich. Die Begründungsfrist **folgt grundsätzlich der Einlegungsfrist** (§ 575 Abs. 2 S. 1/2 – wegen Berechnung siehe demzufolge Rn. 7); möglich sind aber Anträge auf Verlängerung (§ 575 Abs. 2 S. 3 iVm. § 551 Abs. 2 S. 5/6) und Wiedereinsetzung (§ 233).

3. Verletzung einer Rechtsnorm. a) Prüfungsmaßstäbe. Gesetz iSd. Abs. 2 S. 1 ist jede **10 Rechtsnorm** (§ 12 EGZPO); dazu gehören außer Bundes- und Landesgesetzen im formellen Sinne auch Gesetze im materiellen Sinne, also Rechtsverordnungen, die Rechte und Pflichten mit Wirkung nach außen regeln, autonome Satzungen und das Gewohnheitsrecht (näher dazu bei § 545 Rn. 2 ff.) und analog die Allgemeinen Geschäftsbedingungen.[14] Dazu zählen auch – entsprechende „Ausstrahlung" vorausgesetzt – Schiedsklauseln;[15] entsprechendes muss erst recht auch für institutionelle **Schiedsordnungen** (§ 1042 Abs. 3, 2. Var.) gelten. Dagegen liegt die Frage, ob ein Handels- oder Börsenbrauch besteht und welchen konkreten Inhalt er hat (wie zB für § 1031 Abs. 2 aE u. § 1051 Abs. 4, 2. Halbs.), auf tatsächlichem Gebiet und kann vom Rechtsbeschwerdegericht nicht überprüft werden.

Mit dem ZPO-RG ist der **Maßstab inhaltlicher Prüfung** jedoch beiläufig **verändert** worden: **11** bisher war bewusst keinerlei Begrenzung auf revisibles Bundes- oder Landesrecht vorgesehen (2. Aufl. Rn. 7), also auch die Anwendung radizierten (lokalen) Landesrechts sowie vor allem ausländischen Rechts prüfungsfähig. Das verwehrt nun § 576 Abs. 1 iVm. §§ 576 Abs. 3, 560, Normen deren Inhalt in der Verweisungskette des Abs. 2 S. 2 aF früher gezielt fehlte; erhalten hat sich bloß die Erweiterung auf Staatsverträge in Abs. 2 S. 1 (als schiedsrichterliche Verfahrenseigenheit, die „erhaltenswert" sei[16] – arg. § 1061 Abs. 1 S. 2).

Es muss also eine **Verletzung von Bundesrecht** oder einer Regelung vorliegen, deren Gel- **12** tungsbereich sich über einen OLG-Bezirk hinauserstreckt (§ 576 Abs. 1) – doch ist damit nicht die OLG-**Entscheidung über Auslandsrecht** für den BGH unabwendbar auch verbindlich (§§ 576 Abs. 3, 560)! Er prüft immerhin im Aufhebungs- und Vollstreckbarerklärungsverfahren (§ 1062 Abs. 1 Nr. 4) die Wirksamkeit der Schiedsvereinbarung uU gemäß ausländischem Recht, das insoweit von *deutschen* Normen (§ 1059 Abs. 2 Nr. 1 a – nicht: Nr. 2 a) angerufen ist. Ob diese Verwerfungen wirklich beabsichtigt waren, muss mit einem deutlichen Fragezeichen

---

[11] OLG Celle, Beschl. v. 9. 2. 2004 – 8 Sch 1/04 [2].
[12] Wegen *Ausnahmen* siehe BGH NJW 2001, 1730, 1730/1731 [II 2 b] = IPRspr. 2001 Nr. 203, S. 435 m. weit. Nachw., ferner BGHZ 171, 245 [25] = SchiedsVZ 2007, 160, 162 = NJW-RR 2007, 1511 = NZBau 2007, 299 = ZZP 120 (2007), 367 m. Anm. *R. Wolff*: prozessuale Veränderung; amtswegige Nachprüfung; vorgreifliche Entscheidung – ganz ähnlich auch bereits BGH DB 1980, 201.
[13] BGHZ 142, 204, 206 f. = NJW 1999, 2974, 2975 [II 3] = ZIP 1999, 1575 f. = ZZP 113 (2000), 483 m. zust. Bespr. *Ehricke* ZZP 113 (2000), 453, 458–460 [III 2 mit 3 a].
[14] Erstmals so offenbar RGZ 81, 117, 119 f.; dann grundlegend etwa RG DR 1941, 1211; BGHZ 1, 83, 85 f.; vgl. § 546 Rn. 8, aber insbes. auch BGH NJW 1976, 852 [Schiedsklausel] bzw. BGH NJW 1984, 669 [Schlichtungsklausel].
[15] BGH NJW 1976, 852; vgl. auch erg. BGH NJW 1984, 669 (Schlichtungsklauseln).
[16] BT-Drucks. 14/3750, S. 94.

§ 1065 13–16

angemerkt und insgesamt bezweifelt werden. Letzthin dürfte auch – mit Blick auf § 1059 Abs. 2 Nr. 1 b u. 1 d – die (OLG-)Auslegung der ICC-Verfahrensordnung voll überprüfbar sein.[17]

13 **b) Gesetzesverletzung.** Die Gesetzesverletzung kann sich als die Nicht- oder Fehlanwendung eines materiellen Rechtssatzes oder einer prozessrechtlichen Norm darstellen (§ 576 Abs. 3 iVm. § 546); ausgeklammert bleiben Tatfragen (Rn. 14). Die **Verletzung von Verfahrensnormen,** die keine amtswegige Beachtung erheischen, muss präzis gerügt werden (§ 577 Abs. 2 S. 3 mit §§ 575 Abs. 3, 574 Abs. 4 S. 2). Allemal unbeachtet bleiben vorher geheilte Mängel (§§ 576 Abs. 3, 556) sowie Zuständigkeitsmängel gemäß § 576 Abs. 2 (das OLG ist ausnahmsweise hier „Gericht des ersten Rechtszuges"). Die Überprüfung der **Verletzung materiellen Rechts** unterliegt demgegenüber grundsätzlich keinen „revisionsrechtlichen" Schranken auf vorher benannte Gründe (§ 577 Abs. 2 S. 2), sondern wird nur durch die Parteianträge begrenzt (§ 577 Abs. 2 S. 1); vgl. aber erg. auch Rn. 8 aE.

14 Das Rechtsbeschwerdegericht darf nur **Rechts- aber nicht Tatfragen** überprüfen (§§ 577 Abs. 2 S. 4, 559). Die Abgrenzung erweist sich insbesondere mit Blick auf die vorinstanzliche **Auslegung von Willenserklärungen** bisweilen als schwierig. Auszugehen ist dabei stets von der Überlegung, dass das Rechtsbeschwerdegericht die Beachtung der gesetzlichen Auslegungsregeln (§§ 133, 157 BGB) sowie der zu ihnen entwickelten, allgemein anerkannten Auslegungsgrundsätze zu überprüfen hat; das schließt auch die Kontrolle daraufhin ein, ob alle für die Auslegung erheblichen Umstände berücksichtigt und in den Gründen nachvollziehbar gewürdigt worden sind und auch, ob eine Mehrdeutigkeit bzw. Auslegungsfähigkeit überhaupt konkret denn besteht (§ 546 Rn. 9 f.). Nicht nachprüfbar ist dagegen die Feststellung des Erklärungstatbestandes selbst, insbesondere des maßgeblichen Wortlauts. Das gilt insbesondere auch für Schiedsvereinbarungen[18] (§ 1029 Rn. 105 ff.). Um Zufallsergebnisse der Auslegung zu vermeiden und eine Auslegungsregel zu finden, die dem Tatrichter vorgibt, was „im Zweifel" als gewollt anzusehen ist, hat der BGH jedoch schon früher sog. **ständig wiederkehrende Abreden** insgesamt eigenständig ausgelegt[19] und damit AGB-Schiedsklauseln (Rn. 10) per saldo gleichgestellt; dies ist gut so (arg. § 1029 Abs. 2). – Völlig unproblematisch ist dagegen die Auslegung des **Schiedsspruchs** selbst,[20] der hier einem staatlichen Urteil gleichsteht (arg. § 1055).

15 **c) Kausalitätsgebot.** Die Gesetzesverletzung muss für die Entscheidung ursächlich gewesen sein (§ 576 Abs. 1 bzw. § 1065 Abs. 2 S. 2: „beruht"): **„konkreter" Beschwerdegrund.** Erweist sich die Entscheidung trotz einer Rechtsverletzung aus anderen Gründen als richtig, ist die Rechtsbeschwerde gleichwohl zurückzuweisen (§ 577 Abs. 3).[21] Der Schwierigkeit, die Kausalität bei der Verletzung einer *verfahrensrechtlichen* Norm aufzuzeigen, ist dadurch zu begegnen, dass der Rechtsbeschwerde schon dann stattzugeben ist, wenn ohne den Verfahrensverstoß möglicherweise anders entschieden worden wäre (§ 545 Rn. 14). Im Übrigen ist dazuhin über § 576 Abs. 3 auch § 547 anwendbar, demzufolge in den dort genannten Fällen die Ursächlichkeit des Verfahrensverstoßes unwiderleglich vermutet wird: **„absoluter" Beschwerdegrund.**

16 **4. Verfahrensweise.** Nach wie vor sind Zulässigkeits- (§ 577 Abs. 1) und Begründetheitsprüfung (§ 577 Abs. 2) zu unterscheiden. Entschieden wird jeweilig durch **Beschluss** (§ 1063 Abs. 1 S. 1 statt § 577 Abs. 6 S. 1), dh. regelmäßig ohne mündliches Verhandeln (§ 128 Abs. 4). § 1063 Abs. 2 ist künftighin aber voll anzuwenden, sodass – anders als bisher (2. Aufl. Rn. 11) – doch uU eine **mündliche Verhandlung** notwendig werden kann: denn § 1063 Abs. 2 gilt nunmehr auch für § 1065 gegenüber § 128 Abs. 4 als lex specialis! Der BGH hat dem Gegner rechtliches Gehör zu gewähren (§ 1063 Abs. 1 S. 2 bzw. Art. 103 Abs. 1 GG), falls nicht die Beschwerde ohne weiteres erfolglos bleiben muss.[22]

---

[17] AA unter altem Recht BGHZ 104, 178, 181 [3 b bb] = NJW 1988, 3090 – im konkreten Fall legte er gleichwohl selbst aus, weil das Berufungsgericht untätig geblieben war (aaO S. 181 f.).

[18] RG SeuffA 79 (1925) Nr. 57, S. 95, 96; JW 1930, 2428, 2429; RGZ 133, 16, 19; BGHZ 24, 15, 19; LM § 1027 aF Nr. 5 [III 1]; KTS 1964, 104, 105/106; BGHZ 40, 320, 325 aE; Beschl. v. 26. 6. 1986 – III ZR 200/85 [JURIS-Rn. 3]; BGHZ 99, 143, 150; NJW-RR 2002, 387 [II 1 b vor aa]; BGHZ 165, 376, 379 [12] = NJW 2006, 779 = SchiedsVZ 2006, 101 = JR 2007, 69; SchiedsVZ 2007, 215, 216 [15]; SchiedsVZ 2007, 273, 275 [21]. „Dies gilt auch für die Auslegung nach ausländischem Recht zu beurteilender Schiedsvereinbarungen" (BGH IPRspr. 1990 Nr. 1, S. 1, 2) – und zwar jetzt uneingeschränkt (arg. Rn. 10).

[19] BGHZ 53, 315, 319 f. = NJW 1970, 1046; NJW 1983, 1267, 1268 [B I 2 c]; *Lachmann* Rn. 2789; *Zöller/Geimer* Rn. 5.

[20] BGH SchiedsVZ 2008, 40, 42 [14]; LM § 1040 aF Nr. 1 [III 3]; BGHZ 24, 15, 20 mit RGZ 8, 377, 387; 40, 418, 420; JW 1911, 51, 52; RGZ 100, 50, 51, 52; 169, 52.

[21] *Rosenberg/Schwab/Gottwald* Rn. 144.3.

[22] *Stein/Jonas/Schlosser* § 1063 Rn. 1 aE (viel deutlicher noch § 1042 c Rn. 7 [2. Abs.] mit *Stein/Jonas/Grunsky* § 573 Rn. 4 u. BVerfGE 7, 95, 98 f.).

Rechtsmittel 17–19 § 1065

5. Gerichtsentscheidung. Der BGH kann die Beschwerde als unzulässig verwerfen oder als unbegründet zurückweisen. Hat hingegen die Rechtsbeschwerde **Erfolg,** kann der BGH dann selbst befinden (§ 577 Abs. 5) oder zurückverweisen (§ 577 Abs. 4). Der konkrete Entscheidungsinhalt variiert aber je nach Vorentscheidung, die zudem natürlich stets aufzuheben ist. **§ 1062 Abs. 1 Nr. 2:** Feststellung der (Un-)Zulässigkeit (§ 1032 Abs. 2) bzw. (Un-)Zuständigkeit (§ 1040 Abs. 3 S. 2). Nach Schiedsspruch (§ 1032 Abs. 3 bzw. § 1040 Abs. 3 S. 2) wird ergänzend Aufhebungsantrag notwendig. **§ 1062 Abs. 1 Nr. 4, 1. Var.:** Abweisung des Aufhebungsantrages bzw. Aufhebung des Schiedsspruches mit Zurückverweisung an das alte Schiedsgericht (§ 1059 Abs. 4), Notwendigkeit eines neuen Schiedsgerichts (§ 1059 Abs. 5) oder aber Statthaftigkeit staatlichen Rechtsschutzes. **§ 1062 Abs. 1 Nr. 4, 3. Var.:** Abweisung des Aufhebungsantrages bzw. Aufhebung der nationalen Vollstreckbarerklärung (§ 1061 Abs. 3); der Schiedsspruch selbst ist hier zuvor bereits im Ausland aufgehoben worden. 17

Besonderes gilt betreffend die Vollstreckbarerklärung **(§ 1062 Abs. 1 Nr. 4, 2. Var.).** Der BGH kann hier auf die Rechtsbeschwerde endgültig (dh. rechtskräftig – aber: § 1061 Abs. 3) für vollstreckbar erklären oder andererseits aber die Vollstreckbarerklärung aufheben, womit ohne weiteres auch deren angeordnete (§ 1064 Abs. 3) vorläufige Vollstreckbarkeit dahinfällt (§ 717 Abs. 1), und den angebrachten Antrag zurückweisen. Zuvor ist schon eine einstweilige Einstellung der Vollstreckung möglich (§ 1065 Abs. 2 S. 2 iVm. § 707[23]), was wohl die generelle Regelung (§ 575 Abs. 5 iVm. § 570 Abs. 1 [Suspension bei Zwangsmitteln] bzw. Abs. 3 [Eröffnung einstweiliger Anordnung]) insoweit verdrängt:[24] Abs. 2 S. 2 gilt für Abs. 2 S. 1 *und* Abs. 1 S. 1![25] Eine Einstellung ohne Sicherheitsleistung ist Ausnahmefall (arg. § 707 Abs. 1 S. 2) und sollte darum stets auch die äußerst sorgfältige Prüfung der Erfolgsaussichten umfassen. Bei ausländischem Schiedsspruch ist allerdings noch zusätzlich die mangelnde (inländische) Anerkennungsfähigkeit festzustellen (§ 1061 Abs. 2). 18

6. Gebühren und Kosten. Gerichtsgebühren nach KV 1628 [3,0 – bei Rücknahme nur 1,0: KV Nr. 1629[26]][27] sowie reguläre Anwaltsgebühren gemäß VV 3100 [1,3], VV 3104 [1,2] – keine Erhöhung gemäß VV 3200, 3202: die Rechtsbeschwerde zählt „erstinstanzlich" (Vorbem. 3.1 Abs. 2).[28] 19

---

[23] AA *Stein/Jonas/Schlosser* Rn. 2: § 719 Abs. 2 analog – § 1065 Abs. 2 S. 2 nennt aber extra doch § 707! Unanwendbar ist demgegenüber zB § 712: OLG Köln, Beschl. v. 15. 2. 2000 – 9 Sch 13/99 [II 3].
[24] Sehr unklar dazu BT-Drucks. 14/3750, S. 94.
[25] Zutr. *Musielak/Voit* Rn. 2 aE.
[26] Anders unter altem Recht noch BGH KTS 2002, 574–575 = SchiedsVZ 2003, 43 m. abl. Anm. *Schumacher* u. NJW-RR 2004, 287 = SchiedsVZ 2004, 43.
[27] *Schwab/Walter* Rn. 34.12; *Musielak/Voit* § 1065 Rn. 5.
[28] *Musielak/Voit* § 1065 Rn. 5; *Schwab/Walter* Rn. 35.13.

Abschnitt 10. Außervertragliche Schiedsgerichte

§ 1066 Entsprechende Anwendung der Vorschriften des Buches 10
Für Schiedsgerichte, die in gesetzlich statthafter Weise durch letztwillige oder andere nicht auf Vereinbarung beruhende Verfügungen angeordnet werden, gelten die Vorschriften dieses Buches entsprechend.

Schrifttum: *Bandel,* Schiedsklauseln in Testamenten und Erbverträgen, NotBZ 2005, 381; *Beckmann,* Statutarische Schiedsklauseln im deutschen Recht ..., 2007; *Böckstiegel* (Hrsg.), Schiedsgerichtsbarkeit in gesellschaftsrechtlichen und erbrechtlichen Angelegenheiten, DIS XI (1996) (mit Beiträgen von *de Lousanoff, H. P. Westermann, D. Weber* bzw. *Schiffer, Happe, Schlosser*); *Ebbing,* Satzungsmäßige Schiedsklauseln, NZG 1999, 754; *Fenn,* Zur Abgrenzung von Verbandsgerichtsbarkeit und statutarischer Schiedsgerichtsbarkeit, FS Henckel, 1995, S. 173; *Geimer,* Nichtvertragliche Schiedsgerichte, FS Schlosser 2005, S. 197; *Grunsky,* Schiedsgerichtsbarkeit im deutschen Fußball, FS Röhricht, 2005, S. 1137; *Haas,* Zur Einführung von Schiedsklauseln durch Satzungsänderungen in Vereinen, ZGR 2001, 325; *ders.,* Beruhen Schiedsabreden in Gesellschaftsverträgen nicht auf Vereinbarungen i. S. des § 1066 oder vielleicht doch?, SchiedsVZ 2007, 1; *ders.,* Letztwillige Schiedsverfügungen i. S. des § 1066 ZPO, ZEV 2007, 49; *Habersack,* Die Personengesellschaft und ihre Mitglieder in der Schiedsgerichtspraxis, SchiedsVZ 2003, 241; *Harder,* Das Schiedsverfahren im Erbrecht, 2007; *Haug,* Die Schiedsgerichtsbarkeit des DLV, SchiedsVZ 2004, 190; *Heinemann,* Schiedsgerichte kraft Satzung, Gruchot 73 (1933), 316; *R. Kohler,* Letztwillige Schiedsklauseln, DNotZ 1962, 125; *Kölbl,* Schiedsklauseln in Vereinssatzungen, 2004; *Kröll,* „Schiedsklauseln" in Satzungen – zur Abgrenzung von Vereinsgericht und Schiedsgericht, ZIP 2005, 13; *Nicklisch,* Schiedsgerichtsklauseln und Gerichtsstandsvereinbarungen in Verbandssatzungen und Allgemeinen Geschäftsbedingungen, BB 1972, 1285; *Offenhausen,* Mehrparteienschiedsgerichtsbarkeit bei der Beteiligung einer Gesellschaft bürgerlichen Rechts, 2007, S. 13–69; *Pawlytta,* Erbrechtliches Schiedsgericht und Pflichtteilsrecht, ZEV 2003, 89; *Reichert/Harbarth,* Statutarische Schiedsklauseln – Einführung, Aufhebung und umwandlungsrechtliche Behandlung, NZG 2003, 379; *Schiffer,* Erbrechtliche Gestaltung: Letztwillige Schiedsklauseln – Möglichkeiten und Hinweise, RPS 1995 II S. 2; *Schlosser,* Vereins- und Verbandsschiedsgerichtsbarkeit, 1972; *K. Schmidt,* Statutarische Schiedsklauseln zwischen prozessualer und verbandsrechtlicher Legitimation – Ein Beitrag zum Anwendungsbereich des § 1048 ZPO, JZ 1989, 1077; *Schütte,* Die Einsetzung von Schiedsgerichten durch die Satzungen juristischer Personen des Privatrechts, 1969; *Schulze,* Letztwillig eingesetzte Schiedsgerichte, MDR 2000, 314; *Sengle,* Verbandsgerichtsbarkeit und Schiedsgerichtsbarkeit im nationalen Fußball (DFB), FS Röhricht, 2005, S. 1205; *Stommel,* Die Vereins- und Verbandsgerichtsbarkeit unter besonderer Berücksichtigung der Berufsverbände, 2002; *Vollmer,* Satzungsmäßige Schiedsklauseln, ..., 1970; *ders.,* Unternehmensverfassungsrechtliche Schiedsgerichte, ZGR 1982, 15; *U. Walter,* Schiedsverträge und Schiedsklauseln in der notariellen Praxis, insbesondere bei letztwilligen Verfügungen, MittRhNotK 1984, 69; *Wegmann,* Die Schiedsgerichtsbarkeit in Nachlaßsachen, ZEV 2003, 20; *Westermann,* Gesellschaftsrechtliche Schiedsgerichte, FS R. Fischer, 1979, S. 853.

Übersicht

	Rn.		Rn.
I. Normzweck und Anwendungsbereich	1–3	4. Reichweite der Schiedsbindung	16–19
		a) Persönlich	16, 17
II. Letztwillig angeordnete Schiedsgerichte	4–7	b) Sachlich	18, 19
		5. Abgrenzung	20–22
III. Satzungsmäßige Schiedsgerichte	8–22	a) Vertragsschiedsgerichte	20
1. Allgemeines	8, 9	b) Verbandsgerichtsbarkeit	21
2. Tatbestand	10–14	c) Parteischiedsgerichte	22
a) Spezielle Kriterien	10–12	IV. Rechtsfolgen	23–25
b) Allgemeine Erfordernisse	13, 14	1. Entsprechende Anwendung	23, 24
3. Besetzung des Schiedsgerichts	15	2. Weitere Anwendungsfälle	25

I. Normzweck und Anwendungsbereich

1 § 1066 betrifft **Schiedsgerichte ohne Vertragsgrundlage,** dh. Schiedsgerichte, die ihre Befugnis *nicht* aus einer „freien" Vereinbarung iSv. § 1029 Abs. 1 ableiten (dazu näher dort Rn. 45 ff. mit Rn. 15 ff.), sondern aus einer (idR einseitigen) **privatrechtlichen Verfügung bzw. Anordnung** („Schieds*verfügung*"[1] als Gegenpol zur „Schieds*vereinbarung*"); somit fallen nicht darunter

---

[1] *Sareika* ZZP 90 (1977), 285, 291 f.

Entsprechende Anwendung der Vorschriften des Buches 10   2–5 § 1066

die unmittelbar durch Gesetz oder Verordnung (staat- bzw. hoheitlich) eingesetzten Schiedsgerichte.[2]

Die Bestimmung setzt Statthaftigkeit und Vollwirksamkeit gemäß einschlägigem Recht voraus[3] **2** und zieht die prozessuale Konsequenz aus der materiellen Gestaltung; sie hat primär **Klarstellungsfunktion** und eröffnet die – lediglich *entsprechende* – Anwendung der §§ 1025ff. (Rn. 23f.): **Anpassungsfunktion**. Hierbei muss mitunter der Fremdbestimmung der Schiedsparteien speziell Rechnung getragen werden. Der Schiedsort hat in Deutschland zu liegen, dh. auch § 1025 Abs. 1 gilt und wird nicht etwa von § 1066 verdrängt,[4] zumal dieser keine originäre (internationale) Zuständigkeitsregel darstellen.

Im Einzelnen betrifft § 1066 vor allem die Schiedsgerichte juristischer Personen des öffentlichen **3** Rechts, soweit sie Privatautonomie haben (die großen Religionsgemeinschaften,[5] Industrie- und Handelskammern usw.), und des privaten Rechts (AG, GmbH, Stiftung, e. V.)[6] (Rn. 8–19) sowie satzungsmäßige Schiedsgerichte nicht rechtsfähiger Vereine[7] und schließlich die testamentarisch eingesetzten Schiedsgerichte (Rn. 4–7). Siehe wegen weiterer Fälle näher 2. Aufl. Rn. 13–15.

II. Letztwillig angeordnete Schiedsgerichte

Sie beruhen idR auf Anordnung per **Testament** nach der alle oder auch nur bestimmte Streitig- **4** keiten zwischen Erben untereinander, die sich auf die letztwillige Verfügung gründen, durch ein Schiedsgericht zu erledigen sind.[8] Der Erblasser bestimmt die gegebene Kompetenz.[9] Entsprechende Schiedsklauseln finden sich allerdings selten, obwohl sie recht geeignet wären, zur Wahrung des Familienfriedens beizutragen und den Angehörigen langwierige und kostspielige Rechtsstreitigkeiten zu ersparen.[10] Enthält ein **Erbvertrag** jedoch eine Schiedsklausel, so gelten für die hieran unmittelbar Beteiligten §§ 1025ff. direkt (samt der Form gem. § 1031);[11] hingegen gilt § 1066 für die durch den Erbvertrag bedachten Dritten und für Streitigkeiten zwischen dem überlebenden Teil des Erbvertrags mit solchen Dritten:[12] hier liegt eine Fremdbestimmung (Rn. 2) vor.

Die **Gültigkeit** der Schiedsgerichtsanordnung richtet sich allein nach Erbrecht (§ 1066: „in ge- **5** setzlich statthafter Weise"). Das beinhaltet ein Zweifaches: *Äußerlich* sind letztwillige Schiedsklauseln

---

[2] *Schwab/Walter* Rn. 32.1; *Musielak/Voit* Rn. 1; *Stein/Jonas/Schlosser* Rn. 2. – Beispiele: RGZ 157, 106, 113f. (Marktschiedsgerichte des Reichsnährstandes); BGHZ 48, 35, 43f. = NJW 1967, 2057, 2058f. (Versorgungsanstalt des Bundes und der Länder – aber: individuelle Schiedsabrede mit Satzung als AGB; vgl. dazu erg. BVerfG, Beschl. v. 18. 10. 2006 – 1 BvR 2505/06 [JURIS-Rn 3]); BGHZ 128, 380, 383 [1 a] = DtZ 1995, 246 (Kammer für Außenhandel der ehemaligen DDR – aber: Sonderbehandlung kraft Überleitungsrecht). Vgl. ferner RGZ 108, 194, 198/199 m. weit. Nachw. u. RGZ 107, 352, 353; OLG Düsseldorf NJW 1950, 876, 877.

[3] Anders der Ansatz von *Geimer*, FS Schlosser, 2005, S. 197, 202f. [IV].

[4] Unklar *Thomas/Putzo/Reichold* Rn. 1; *Baumbach/Lauterbach/Hartmann* Rn. 1; *Zöller/Geimer* Rn. 1: ausländisches Schiedsgericht?

[5] Gänzlich abl. freilich OLG Frankfurt/Main KirchE 37 (1999), 116f. = NJW 1999, 3720.

[6] Vgl. RG JW 1897, 306, 307 (Stiftung); BGH LM AktG § 199 aF Nr. 1 = MDR 1951, 674 (AG); BGHZ 38, 155, 159 (GmbH/offen); BGHZ 48, 35, 43 (Verein/obiter) mit RGZ 153, 267, 270; BGHZ 144, 146, 148 [II 1] = NJW 2000, 1713 (Verein); BGHZ 159, 207, 211 [2 b bb] = NJW 2004, 2226 (Verein); BayObLG, Beschl. v. 19. 4. 1999 – 4 Sch 2/99 [II 1] (Verein); OLG Hamburg SchiedsVZ 2004, 266, 268 [II 1 b aa] (GmbH); OLG Frankfurt/Main OLGR 2005, 548, 549 (Verein).

[7] RGZ 165, 140, 143f.; BGH NJW 1980, 1049 [II 3 b]; WM 1979, 1428, 1429; OLG Hamm NJW-RR 1993, 1535, 1536; *Habscheid/Calavros* KTS 1979, 1, 4; *K. Schmidt* JZ 1989, 1077, 1082 [IV 2a]; krit. *Schlosser*, 1972, S. 116ff.; KG NJW 1977, 57 sowie *Sareika*, Die Gültigkeit von Schiedsgerichtsvereinbarungen nach kanadischem und deutschem Recht, 1978, S. 153.

[8] RGZ 100, 76, 77; vgl. auch erg. RGZ 133, 128, 131f.; 170, 380, 383; OLG Hamm NJW-RR 1991, 455, 456 – ferner: *Stein/Jonas/Schlosser* Rn 3 [1. Abs.]; *Schwab/Walter* Rn. 32.25; *Wegmann* ZEV 2003, 20, 21 [2.2 mit 3]; *Haas* ZEV 2007, 49, 50 mit S. 52 [3].
Sinnentsprechendes gilt für Vermächtnisnehmer – nicht aber für Pflichtteilsberechtigte: ihnen wird genommen, nicht etwa gegeben! (*Rosenberg/Schwab/Gottwald* Rn. 175.3; *Haas* ZEV 2007, 49; 51 [2.2.3]; *Bandel* NotBZ 2005, 381, 385/386 [I 2 e] – aA *Pawlytta* ZEV 2003, 89, 91–94 [4/5]; *Zöller/Geimer* Rn. 18).

[9] *Zöller/Geimer* Rn. 16.

[10] *Schiffer* RPS 1995 I S. 2; *U. Walter* MittRhNotK 1984, 69, 77. Vorschlag zur Formulierung bei *Wegmann* ZEV 2003, 20, 22 [6].

[11] ZB OLG Hamm NJW-RR 1991, 455, 456; *Musielak/Voit* Rn. 5; *Schulze* MDR 2000, 314 [II] m. weit. Nachw.; *Haas* ZEV 2007, 49, 51/52 [2.3] – so schon zu § 1027 aF *Kohler* DNotZ 1962, 125, 127; *Schütze* BB 1992, 1877, 1881; *Nieder*, Handbuch der Testamentsgestaltung, Rn. 771; *Stein/Jonas/Schlosser* Rn. 3 [1. Abs. aE]; *Schwab/Walter* Rn. 32.25 Fn. 84. Weiter differenzierend *Bandel* NotBZ 2005, 381, 387–389 [I 4].

[12] OLG Hamm NJW-RR 1991, 455, 456; *Kohler* DNotZ 1962, 125, 127; *Schütze* BB 1992, 1877, 1880/1881; *Nieder*, aaO (Fn. 11), Rn. 771; *Stein/Jonas/Schlosser* Rn. 3 [1. Abs. aE].

§ 1066 6–8

nicht der **Formvorschrift** des § 1031 unterworfen,[13] sondern es ist hierbei die Form des öffentlichen (§§ 2232 f. BGB), eigenhändigen (§ 2247 BGB) oder außerordentlichen (§§ 2249–2252 BGB; §§ 10 f. KonsG) Testaments einzuhalten; und *inhaltlich* gelten bisweilen engere **Schranken** als sie § 1030 für die Schiedsfähigkeit von Streitigkeiten vorsieht. Denn obwohl nach § 1030 Abs. 1 großer Freiraum waltet, schränkt § 1030 Abs. 3 das wieder ein – indes freilich nur betreffs expliziter „Vorschriften außerhalb dieses Buches" gegen schiedsgerichtliche Foren (§ 1030 Rn. 31). Weil § 1066 aber faktisch ein Fremdkörper ist, gleichsam ein Appendix zum Zehnten ZPO-Buch, das klar auf *vereinbarte* Schiedsgerichte zugeschnitten ist, und er nun ausdrücklich materiell wirksame Anordnung verlangt bzw. zwingend voraussetzt, wird § 1030 demzufolge einfach überspielt: keine entsprechende Anwendung ohne statthafte Anordnung, für welche uU engere (erbrechtliche) Grenzen gelten.

6   Eine materielle Grenzlinie gibt insbesondere § 2065 BGB vor. Danach kann der Erblasser eine letztwillige Verfügung nicht in der Weise treffen, dass ein Dritter über die Gültigkeit (Abs. 1) oder den Bedachten (Abs. 2) zu bestimmen hat. Daraus ist herzuleiten, dass nicht per Schiedsgericht über die **Erbenstellung** als solche *konstitutiv* entschieden werden darf.[14] Das Schiedsgericht kann dagegen, falls die Verfügung dies deckt, das Testament auslegen und darüber entscheiden;[15] es darf nur nicht auf eine Weise entscheiden, die einer Bestimmung nach § 2065 BGB gleichkäme, zB unter Zugrundelegung unstreitigen Parteivorbringens, wenn dies mit dem Testament nicht in Einklang steht. In anderem Zusammenhang erkennt das Erbrecht aber durchaus eine Drittbestimmung an (§ 2048 BGB [Teilungsanordnung], §§ 2155 ff. BGB [Vermächtnis], § 2193 BGB [Auflage], §§ 2198–2200 BGB [Person des Testamentsvollstreckers], insoweit muss hier auch ein Schiedsverfahren möglich sein – wenn und weil zugleich Schiedsfähigkeit (§ 1030 Abs. 1) auch vorliegt.

7   Zum Schiedsrichter kann – erbrechtlich – auch der **Testamentsvollstrecker** bestellt werden;[16] soweit er selbst Nachlassbeteiligter ist oder sonstwie über seine Befugnisse entscheiden würde, steht – *prozessual* – dem indes das Verbot entgegen, Richter in eigener Sache zu sein (§ 1036 Rn. 9–11). Materielle Grenzen (§§ 2220, 2227 BGB) sperren dann allerdings selbst ein völlig neutrales Schiedsgericht, das über die Entlassung des Vollstreckers richten soll:[17] was der Erblasser nicht durfte, soll der Schiedsrichter nicht können. Ist die Gültigkeit der Schiedsklausel zweifelhaft, allemal der Streit aber schiedsfähig nach § 1030 (Abs. 1 S. 1), so steht es den Parteien frei, ein Schiedsgericht (formgerecht!) nachträglich zu vereinbaren; hier gelten dann §§ 1025 ff. unmittelbar, dh. also nicht über § 1066 „nur" entsprechend. **Erbscheinsverfahren** als solche bleiben außen vor (Rechtsfürsorgeakt als fG-Angelegenheit: 1029 Rn. 77).[18]

III. Satzungsmäßige Schiedsgerichte

8   **1. Allgemeines.** Satzungen können für bestimmte Streitigkeiten zwischen Mitgliedern untereinander und zwischen Mitgliedern und dem Rechtsträger (mitsamt dessen Organen) bzw. Verein die Zuständigkeit eines Schiedsgerichts vorsehen. Die Anwendbarkeit des § 1066 ergibt sich aus dem nichtvertraglichen Charakter satzungsmäßiger Schiedsklauseln. Bei der **Stiftung** (§§ 80 ff. BGB) als einseitigem Rechtsgeschäft liegt das auf der Hand, bei **Satzungen** steht eher die Mit-

---

[13] *Kohler* DNotZ 1962, 125, 127; *Schiffer* RPS 1995 I S. 2, 3; *Wiesen* MittRhNotK 1996, 165, 168; *Schulze* MDR 2000, 314, 315 [II]; *Bandel* NotBZ 2005, 381, 383 [I 2b]; *Haas* ZEV 2007, 49, 50 [2.2.1]; *Nieder*, aaO (Fn. 11), Rn. 771; *Schütze/Tscherning/Wais* Rn. 168 u. *Wieczorek/Schütze* § 1048 aF Rn. 12, 17; *Musielak/Voit* Rn. 2; *Stein/Jonas/Schlosser* Rn. 4.

[14] *Kohler* DNotZ 1962, 125, 129 u. *Schütze* BB 1992, 1877, 1881 verweisen ausdrücklich auf § 2065 BGB. Die Bestimmung des Erben ist indes uU keine streitentscheidende Tätigkeit, weswegen ein Schiedsgericht schon deshalb nicht in Betracht kommt – missinterpretiert von *Stein/Jonas/Schlosser* Rn. 3 bei/mit Fn. 7.

[15] RGZ 100, 76, 77 f. („Die Grenze ... mag manchmal nicht leicht zu ziehen sein" [S. 78]); zweifelnd BGHZ 41, 23, 25 aE – allg. *U. Walter* MittRhNotK 1984, 69, 77; *Jauernig/Stürner* § 2065 Rn. 3; *Palandt/Edenhofer* § 2065 Rn. 14; *Stein/Jonas/Schlosser* Rn. 3 [1. Abs.]; *Schwab/Walter* Rn. 32.26; *Musielak/Voit* Rn. 4; *Schulze* MDR 2000, 314, 317 [III 3 c]; *Tröder* MittRhNotK 2000, 379, 382/383 [5]; *Bandel* NotBZ 2005, 381, 384 f. [I 2 d].

[16] RGZ 100, 76, 78 f.; OLG Hamm NJW-RR 1991, 455, 456; wohl auch BayObLGZ 2000, 279, 284 [II 2b]; *Kohler* DNotZ 1962, 125, 126; *U. Walter* MittRhNotK 1984, 69, 78; *Haas* ZEV 2007, 49, 54 [6]; *Baumbach/Lauterbach/Hartmann* Rn. 2; *Stein/Jonas/Schlosser* § 1036 Rn. 5 – aA *Kipp/Coing*, Erbrecht, § 78 III 5. – Kollisionsgefahr zB bei Fragen zum Amtsbestand (BGHZ 41, 23, 25/26) und zur Entlastung (RG JW 1932, 1359).

[17] RGZ 133, 128, 135 f. – zust. *Baumbach/Lauterbach/Hartmann* Rn. 2 u. *Musielak/Voit* Rn. 4; krit. *Schulze* MDR 2000, 314, 317 f. [III 3 d]; abl. *Stein/Jonas/Schlosser* Rn. 3 [1. Abs.] u. *Schwab/Walter* Rn. 32.26.

[18] Anders im Ansatz *Wegmann* ZEV 2003, 20 [2.1.2]: mangelnde erga-omnes-Wirkungen; so wie hier *Haas* ZEV 2007, 49, 53 [4.2].

gliedschaft im Vordergrund[19] und nicht der Vertragsgrund, der auch nur die Gründer binden würde. Die Reformkommission freilich legte unter Berufung auf den EuGH[20] satzungsmäßigen Schiedsklauseln *vertraglichen* Charakter bei, will also ihre Heimstatt von § 1066 zu § 1029 verlagern;[21] auf eine verbindliche Festlegung wurde indes verzichtet.

Man wollte „die Rechtsentwicklung im Anschluss an die zitierte Entscheidung des Europäischen Gerichtshofes nicht zu präjudizieren". Das EuGH-Urteil ist aber nicht einschlägig:[22] allein für den Zweck der (autonomen!) Anwendung des Art. 17 EuGVÜ [Art. 23 Brüssel I-VO] ist nämlich die Satzung der AG als Vertrag und damit als Gerichtsstands*vereinbarung* anzusehen. Folgerungen für die nationale Rechtsanwendung sind damit also nicht intendiert oder gar nicht indiziert. Gegen einen vertraglichen Charakter satzungsmäßiger Schiedsklauseln spricht noch künftig, dass die Mitglieder idR keine Möglichkeit haben, auf den Inhalt maßgeblichen Einfluss zu nehmen, sondern die Satzung vielmehr mit dem Eintritt Verbindlichkeit für das Mitglied erlangt. Demzufolge ist an der Anwendbarkeit des § 1066 auf satzungsmäßige Schiedsklauseln festzuhalten.[23]

2. Tatbestand. a) Spezielle Kriterien. (1) Anordnung durch „Verfügung", somit auf einer insgesamt nichtvertraglichen Grundlage. Die Satzung jedes Vereins muss sämtliche das Vereinsleben bestimmenden Leitprinzipien und Grundsatzregelungen enthalten, die nicht bereits gesetzlich greifen,[24] das gilt daher auch für Schiedsklauseln (§ 1029 Abs. 1) und ebenso für Verfahrensregeln (§ 1042 Abs. 3). Die Satzung muss demnach selbst die wesentlichen Punkte festschreiben, dh. sowohl die Konstituierung des Schiedsgerichts (§§ 1034ff.) regeln[25] wie auch das spätere Prozedere angeben. Das kann nicht etwa einem Vereinsorgan oder einer beliebigen Schiedsordnung überlassen bleiben[26] – diese muss schon vermittels Verweisung zum wesentlichen Satzungsbestandteil gemacht werden.

(2) Anordnung eines Schiedsgerichts, dh. Einrichtung einer verbindlichen Entscheidungsinstanz für Rechtsstreitigkeiten (§ 1029 Rn. 83, 90–92) bei Ausschluss staatlicher Instanzen; weder der bloße Streit über Tatsachen oder (Rechts-)Ansichten genügt noch die bindende Festlegung auf ein internes Vorverfahren, ebenso wenig die Einrichtung eines Satzungsorgans.[27]

(3) Die Anordnung muss weiterhin **„in gesetzlich statthafter Weise"** erfolgen, wie § 1066 explizit klarstellt. Damit sind materielle Wirksamkeitserfordernisse zu prozessualen Gültigkeitsbedingungen erhoben. Die Anordnung muss aber natürlich ebenfalls auch **in prozessual wirksamer Weise** erfolgen, was Einhaltung der §§ 1029–1031 gebietet – soweit sie eben nicht gerade durch § 1066 (lediglich *entsprechende* Anwendung!) überlagert oder verdrängt werden (Rn. 13f. einerseits, Rn. 23f. andererseits).

b) Allgemeine Erfordernisse. Insbesondere muss **Bestimmtheit** der konkreten Schiedsbindung vorliegen (§ 1029 Rn. 73–75); eine Klausel, wonach alle Streitigkeiten aus der Berufstätigkeit der Mitglieder oder aus ihrem Geschäftsverkehr[28] umfasst sind, genügt also keinesfalls, ganz davon abgesehen, dass sie sich (auch) auf Individualrechte bezieht (Rn. 19); dagegen ist die Geltung der

---

[19] RGZ 153, 267, 270 (Verein); OLG München NZG 1999, 780, 781 [2].
[20] Urt. v. 10. 3. 1992, EuGHE 1992, 1769 (Nr. 16) = RIW 1992, 492 im Anschluß an EuGHE 1983, 987 (Nr. 13) zu Art. 5 Nr. 1 EuGVÜ (Verein), näher dazu bei *Mülbert* ZZP 118 (2005), 313.
[21] Explizit Kom.-Ber. S. 226 f., schwächer BT-Drucks. 13/5274 S. 66 re. Sp. (mit jeweils dem nachfolgenden Zitat) – im Unterschied zu § 768 Abs. 2 E 1931! Sehr unklar auch jüngst BGHZ 160, 127, 132 [II 3a] = NJW 2004, 2898. Vermittlungsversuch bei *Stein/Jonas/Schlosser* Rn. 10.
[22] So auch *K. Schmidt* ZHR 162 (1998), 265, 276.
[23] Ebenso: *Musielak/Voit* Rn. 7; *K. Schmidt* ZHR 162 (1998), 265, 275 ff. (277); *Ebbing* NZG 1998, 281; 1999, 754 f.; *Geimer*, FS Schlosser, 2005, S. 197, 210–212 [VI 1] mit S. 198–200 [II]; OLG Hamm RPS 1999 II S. 10, 11 f. [II 2a mit 2b dd]; BayObLG, Beschl. v. 19. 4. 1999 – 4 Sch 2/99 [II 1]; OLG Hamburg OLGR 2001, 196 [II 1 mit 2b].
Differenzierend einerseits *Haas* SchiedsVZ 2007, 1, 4–9 [V] (lesenswert!), andererseits *Stein/Jonas/Schlosser* Rn. 10 ff.; anders *Soergel/Hadding* § 25 BGB Rn. 26 a mit *Hadding* FS R. Fischer, 1979, S. 165, 179; *Schwab/Walter* Rn. 32.5–7 – je m. weit. Nachw.
[24] BGHZ 47, 172, 177 = NJW 1967, 1268, 1270; BGHZ 105, 306, 315 = NJW 1989, 1724.
[25] BGHZ 88, 314, 316 = NJW 1984, 1355 = LM GWB § 91 Nr. 4; OLG Hamm NJW-RR 1993, 1535, 1536 – aA BGHZ 47, 172, 177 (?) u. OLG München NZG 1999, 780, 781 [4]: Bezugnahme sei ausreichend (nicht thematisiert durch BGHZ 144, 146, 148–150 [II 2a] = NJW 2000, 1713).
[26] BGHZ 88, 314, 316 = NJW 1984, 1355 = LM GWB § 91 aF Nr. 4; OLG Hamm RPS 1999 II S. 10, 11 [II 2b] – aA für GmbH OLG Hamburg SchiedsVZ 2004, 266, 268 [II 1 b bb (1)]; *Lüttmann/Breyer* ZZP 119 (2006), 475, 482.
[27] Vgl. BGHZ 43, 261, 264 [I 2] = NJW 1965, 1378 einerseits, OLG Hamburg SchiedsVZ 2004, 266, 267 [II 1a] („Gericht") bzw. OLG Hamm NZG 1999, 1099 [I 1] („Beirat") andererseits.
[28] Sinngemäß RG JW 1908, 458 (Geschäftsverbindung); RGZ 85, 177, 180 (Geschäftsverkehr); OLG Hamm OLGRspr. 15 (1907), 123 u. OLG Celle OLGRspr. 33 (1916), 138 (Börsenzugehörigkeit); *Soelling* JR 1925, 96, 97 ff.

§ 1066   14–16   Buch 10. Abschnitt 10. Außervertragliche Schiedsgerichte

Schiedsklausel für „alle Streitigkeiten aus dem Vereinsverhältnis"[29] insgesamt ausreichend bestimmt. Überlagert werden allerdings die prozessualen Begrenzungen der (objektiven) **Schiedsfähigkeit,** welche vor allem mit Blick auf § 1030 Abs. 3 gelten (dazu näher dort Rn. 31 ff.). Indes: Der große Freiraum gemäß § 1030 Abs. 1 (S. 1) bleibt letztlich verschlossen, weil § 1066 *auch* materielle Wirksamkeit abverlangt (vgl. auch erg. noch Rn. 5 u. 18). Das materielle Recht wirkt begrenzend und gleichsam dabei kumulativ mit § 1030.

14   Anders aber zur **Formvorgabe** (§ 1031), für welche § 1066 total verdrängend wirkt; das war bislang noch wichtig, weil die Form manch satzungsmäßige Schiedsklauseln nicht wahrhaftig standzuhalten vermochten, das wird zukünftig noch wichtiger, weil generell Formfreiheit entfällt (aber: § 1031 Abs. 6). § 1031 zählt hier zum Abschlusstatbestand, teilweise auch materiell (Abs. 2/3), den § 1066 selbst bestimmend regelt – § 1031 verbleibt daher unanwendbar,[30] auch dort, wo er eigentlich nur begünstigt (Abs. 6: rügelose Einlassung); das lässt sich nicht zuletzt sogar historisch belegen.[31] Es gelten vielmehr allein die für die Satzung maßgeblichen Formvorschriften, also einfache Schriftform (§§ 22, 59 Abs. 2 Nr. 1 BGB, § 5 GenG) oder notarielle Beurkundung (§ 2 GmbHG, § 23 AktG). Als Satzungsbestandteil sind Schiedsklausel und -ordnung beim Registergericht mit einzureichen.[32]

15   **3. Besetzung des Schiedsgerichts.** Sie steht unter dem Gebot überparteilicher Rechtspflege. Die „Überlegenheitsklausel" des § 1025 Abs. 2 aF wurde zwar durch den ebenfalls auf statutarische Schiedsklauseln anzuwendenden[33] § 1034 Abs. 2 ersetzt, welcher „Verschlechterungen" bedingt (Antragslast, Fristbindung!) – das Gebot, dass niemand eigene Sachen richten darf, gilt weiterhin aber allgemein (§ 1036 Rn. 9–11) und würde spätere Aufhebung (§ 1059 Abs. 2 Nr. 2 b: ordre-public-Verstoß [dort Rn. 45]) gestatten. Daher dürfen keine vertretungsberechtigten Organe bestellt werden,[34] wobei es unerheblich ist, ob diese nur einen von mehreren Schiedsrichterposten besetzen; anders indes etwa für „einfache" (Vereins-)Mitglieder[35] – handelt dagegen die Gesamtheit der Mitglieder, ist das „Schiedsgericht" nur ein Vereinsorgan.[36] Entscheiden darf ebenso wenig der GmbH-Gesellschafter[37] oder -Geschäftsführer Streitigkeiten zwischen der Gesellschaft und ihren (anderen) Mitgliedern, die Generalversammlung Streitigkeiten mit den einzelnen Genossen.

16   **4. Reichweite der Schiedsbindung. a) Persönlich.** Eine statutarische Schiedsgerichtsanordnung bindet – von Beginn weg (Gründung) oder später erst (Beitritt) – jeden, der einmal **Gesellschafter** bzw. **Vereinsmitglied** wird. Eine besondere Billigung („Unterwerfungswille") wird dadurch entbehrlich; die Mitglieder sind allein auf Grund dieser ihrer Eigenschaft die betreffende Bindung eingegangen[38] („vinkulierte Mitgliedschaft"); das gilt auch bei Monopolvereinen mit rechtstatsächlich bestehendem („faktischem") Beitrittszwang.[39] Jene Schiedsbindung kann nur unter den Voraussetzungen der Satzungsänderung wieder beseitigt werden.[40]

---

[29] *Stein/Jonas/Schlosser* Rn. 14; *Musielak/Voit* Rn. 9.
[30] So die hM zum Verhältnis von § 1048 aF und § 1027 aF, vgl. BGH NJW 1980, 1049 [II 3a] mit BGHZ 38, 155, 159 (GmbH) = NJW 1963, 203, 204 sowie LM AktG § 199 aF (1 AG) = MDR 1951, 674; RGZ 153, 267, 270; 165, 140, 143/144; DR 1939, 1338; auch schon och RGZ 147, 213, 220 (VVaG) im Anschluß an RGZ 144, 96, 100–102 – aus der Lit.: *Roth,* FS Nagel 1987, S. 318, 322; *von Trotha* DB 1988, 1367, 1368–1370; *K. Schmidt* ZGR 1988, 523, 530; *Schütze* BB 1992, 1877, 1879 f. § 768 Abs. 2 E 1931 wollte hier einmal gegensteuern.
Unter neuem Recht: OLG Hamm RPS 1999 II S. 10, 12 [II 2 b dd]; *Thomas/Putzo/Reichold* Rn. 3; *Zöller/Geimer* Rn. 2 u 24; *Baumbach/Lauterbach/Hartmann* Rn. 5; *Zimmermann* Rn. 1; *Musielak/Voit* Rn. 7; *Haas* SchiedsVZ 2007, 1, 2 f. [III] – aA *Schwab/Walter* Rn. 32.5 f.
[31] Näher *K. Schmidt* JZ 1989, 1077, 1080 f. [III 2 b].
[32] OLG München KTS 1977, 178.
[33] *Thomas/Putzo/Reichold* Rn. 3; *Zöller/Geimer* Rn. 3; *Musielak/Voit* Rn. 1; wohl auch *Baumbach/Lauterbach/Hartmann* Rn. 5 – aA *Schwab/Walter* Rn. 4 m. weit. Nachw.
[34] RGZ 88, 395, 402; 90, 306, 308; 92, 288 f. – aber vgl. auch BGHZ 65, 59, 67 f. = NJW 1976, 109, 111.
[35] RGZ 113, 321, 322 f.; einschr. OLG Frankfurt/Main NJW 1970, 2250, 2251; OLG München NZG 1999, 780, 782 [7]; wohl auch BGHZ 159, 207, 213, 214 [2 b dd (3)] = NJW 2004, 2226.
[36] RGZ 80, 189, 191.
[37] RGZ 55, 326.
[38] RGZ 153, 267, 270; 165, 140, 143 f.; aA RG LZ 1925, 1082 (Nr. 20); *Schwab/Walter* Rn. 32.5 ff.: §§ 1025 ff. aF analog. Vgl. noch erg. Fn. 39.
[39] AA BGHZ 144, 146, 148–150 [II 2] = NJW 2000, 1713 = LM Art. 2 GG Nr. 74 m. zust. Anm. *Prinz von Sachsen Gessaphe* = NZG 2000, 897 m. abl. Anm. *Ebbing* gegen OLG München NZG 1999, 780, 781 [2] u. OLG Hamm RPS 1999 II S. 10, 12 [II 2 b bb] – zust.: *Musielak/Voit* Rn. 8; *Haas* SpuRt 2000, 139, 140 [2 b] (aA aber im Fall in Kenntnis erfolgten Beitritts: S. 140 f. [2 c]); *Habersack* SchiedsVZ 2003, 241; 245 [I 5 b]; krit. *Adolphsen,* Internationale Dopingstrafen, 2003, S. 557 ff.
[40] BGH NJW 1963, 204.

Entsprechende Anwendung der Vorschriften des Buches 10   17–20 § 1066

Wer sich hingegen als **Dritter** einer Verbandsschiedsgerichtsbarkeit unterwirft, muss dies gemäß 17 §§ 1029–1031 tun:[41] Ausdrücklichkeit, Formerfordernis etc.; im Handelsverkehr gilt insbesondere § 1031 Abs. 2–4! Dritter kann auch ein Mitglied im Rahmen einer Individualstreitigkeit (Rn. 19) sein. Die Schiedsklausel betrifft an sich nicht mehr ausgeschiedene Mitglieder; doch können noch nachwirkende Ansprüche aus der Mitgliedschaft (zB rückständige Beiträge oder Gewinnbeteiligungen) vor dem vorgesehenen Schiedsgericht geltend gemacht werden.[42]

b) Sachlich. Eine satzungsmäßige Schiedsklausel kann nur solche Streitigkeiten umfassen, die 18 **Gegenstand statutarischer Bindung** sind, jedoch nicht solche über individual-rechtliche Ansprüche.[43] In Betracht kommen insoweit: Stimmrechte, Mitwirkungsrechte, Sonderrechte, Ansprüche der Mitglieder auf Gewinnbeteiligung,[44] Beitragspflichten, Erwerb und Verlust der Mitgliedschaft, Vereinsstrafen[45] sowie zudem auch Anfechtungs- und Nichtigkeitsklage gegen Hauptversammlungsbeschlüsse einer AG oder GmbH[46] (dazu näher noch § 1030 Rn. 35f.).

Individualrechte hingegen unterfallen generell §§ 1029–1031; sie betreffen die persönliche 19 Rechtsstellung und haben keinerlei satzungsmäßige Grundlage (Beispiel: Geschäftsbeziehung unter Vereinsmitgliedern,[47] wohl auch Schadensersatz gegen Geschäftsführer[48]). Doch ist zu berücksichtigen, dass in den Gesellschaftsvertrag Bestimmungen aufgenommen werden können, die nicht kraft autonomer Rechtsetzung, sondern kraft Vereinbarung Geltung erlangen,[49] also Individualpositionen sind, zB die Bestellung eines Geschäftsführers[50] oder gewinnunabhängige Geschäftsführertantiemen,[51] Darlehen der Gesellschafter an die Gesellschaft, Konkurrenzverbote usw. Im Einzelfall kann die Unterscheidung schwierig sein.[52] Die Schiedsvereinbarung wirkt hier bloß unter den vertragsschließenden Gründungsmitgliedern und auch nur, wenn die Form des § 1031 gewahrt ist.

5. Abgrenzung. a) Vertragsschiedsgerichte. Nicht hierher gehören Schiedsklauseln in Ge- 20 sellschaftsverträgen von **Personengesellschaften** (oHG, KG)[53] – sie beruhen auf vereinbarter Grundlage, nicht auf einer statutarischen Bindung mit verselbständigter Mitgliedschaft. Wer hier beitritt, unterwirft sich nicht etwa dem fremden Statut, sondern er schließt einen neuen, eigenen Gesellschaftsvertrag ab und dazu ergänzend eine Schiedsvereinbarung. Dies gilt auch für eine Massen- oder Publikums-KG.[54] Ferner gehören nicht hierher satzungsmäßig zwar eingerichtete (institutionelle) Schiedsgerichte, die jedoch lediglich angeboten werden und nur bei **vorherigem Einverständnis** entscheiden, dh. nur auf insgesamt vertraglicher Grundlage; anders aber soweit eine mitgliedschaftliche Verpflichtung der Mitglieder verordnet ist, das fragliche Schiedsgericht anzurufen. Schließlich mögen auch sonst Satzungen individuelle Bindungen festschreiben. Eine Abgrenzung wird oft sehr schwierig sein;[55] im Zweifel sollte man materiell statutarischen Charakter an-

---

[41] Großzügiger *Baumbach/Lauterbach/Hartmann* Rn. 3 aE im Anschluß an RGZ 85, 177, 180f. gegen *Kissel/Mayer* § 13 GVG Rn. 206.
[42] RGZ 113, 321, 323; aA *Stein/Jonas/Schlosser,* 21. Aufl., § 1048 aF Rn. 8 mit Fn. 50 (wie hier jetzt § 1066 nF Rn. 9!).
[43] BGHZ 38, 155, 159ff. (161/162) = NJW 1963, 203; BGHZ 48, 35, 43 = NJW 1967, 2057, 2058; OLG Hamm OLGZ 1990, 453, 454; OLG Koblenz WM 1990, 1992, 1993; OLG München NZG 1999, 780, 781 [2]; *Thomas/Putzo/Reichold* Rn. 2; *Musielak/Voit* Rn. 9; *Stein/Jonas/Schlosser* Rn. 6.
[44] Hier anders unverständlicherweise jedoch wohl OLG Jena DB 2006, 271 [1a].
[45] Vgl. OLG Frankfurt/Main NJW 1970, 2250, 2251 – aber: Rn. 21 – das missversteht *Reichert* SpuRt 2003, 50 [I 1/2 mit II 2] vollständig, denn es geht um eine Prüfung *verhängter* Strafen!
[46] Anders BGHZ 132, 278, 281ff. = NJW 1996, 1753 gegen OLG Karlsruhe WM 1995, 271 (Vorinstanz); so wie der BGH auch OLG Celle NZG 1999, 167, 168; OLG Düsseldorf ZIP 2004, 1956, 1960–1962 [I 2 c cc] = GmbHR 2004, 572; vgl. auch erg. OLG Hamburg OLGR 2001, 196 [II 2 b].
[47] OLG Frankfurt/Main JW 1930, 2490 – zur Abgrenzung: OLG Hamm OLGZ 1990, 453, 454 (Lieferpflicht gegenüber Gesellschaft).
[48] BayObLG, Beschl. v. 15. 12. 1999 – 4 Z SchH 6/99 [3 c].
[49] BGH NJW 1963, 203, 204.
[50] BGH NJW 1961, 507.
[51] BGH NJW 1955, 1716.
[52] BGH NJW 1963, 203/204; RGZ 144, 96, 99f.; DR 1939, 1338, 1339.
[53] BGH NJW 1980, 1049f. [II 3] (explizit) mit BGHZ 45, 282, 284–286 [2] = NJW 1966, 1960 (implizit); OLG Karlsruhe NJW-RR 1991, 493 (oHG); OLG Oldenburg NZG 2002, 931, 933 (Partenreederei) – hM; krit. *Roth,* FS Nagel, 1987, S. 318, 323f. u. *K. Schmidt* JZ 1989, 1077, 1082f. [IV 1 u. 2c]; DB 1989, 2315; 1991, 904; ZGR 1988, 523, 538f.; GmbHR 1990, 16, 18; ZHR 162 (1998), 265, 277ff.; *Habersack* SchiedsVZ 2003, 241; 243f. [I 3/4]; *Zöller/Geimer* Rn. 1 aE mit Rn. 13f.
[54] BGH NJW 1980, 1049f. [II 3c] (dazu differenzierend aber *K. Schmidt* JZ 1989, 1077, 1082f.); OLG Oldenburg NZG 2002, 931, 933 (Partenreederei); offengelassen jüngstens durch OLG München OLGR 2007, 681, 682 [II 2a].
[55] RGZ 144, 96, 98f.

§ 1066   21, 22   Buch 10. Abschnitt 10. Außervertragliche Schiedsgerichte

nehmen – die Aufnahme der Schiedsklausel in das Statut bzw. in den Gesellschaftsvertrag indiziert mitgliedschaftliche Bedeutung.

21 **b) Verbandsgerichtsbarkeit.**[56] Zu § 1066 zählen ferner nicht die Fälle organschaftlicher Entscheidungsakte. Ein in der Satzung als solches bezeichnetes „Schiedsgericht" mag also bloß ein Vereinsorgan sein, welches Geschäfte delegiert bekommt und dessen Maßnahmen, zB Vereinsstrafe oder -ausschluss, nach allgemeinen Vorschriften zu überprüfen sind.[57] Es kann sich jedoch dann bloß um unternehmerisch freie Sachbeurteilung handeln, nicht um gebunden rechtliche Entscheidung. Gretchenfrage der Abgrenzung ist demnach, in Anlehnung an § 1029 Abs. 1:[58] Geht es um eine Entscheidung über eine Rechtsstreitigkeit, die durch eine unabhängige und überparteiliche Instanz vorgenommen wird und die den ordentlichen Rechtsweg ersetzt und ausschließt?[59] Die Verhängung von Sanktionen zählt dazu idR aber nicht.[60] Es geht andererseits zu weit, dies als eine Art „Gesamtschau" zu simplifizieren,[61] zumal dann die Beliebigkeit das Feld rasch zurückgewinnt. Im Zweifel ist eher vom Vorliegen einfacher Verbandsgerichtsbarkeit auszugehen,[62] wie etwa bei DGB-Schiedsstellen,[63] Freizeitvereinen[64] oder Berufsverbänden[65] und vielen der Sportgerichte von DSB[66] und DFB.[67] Verlangt wird meistens eine eindeutig getroffene Regelung zugunsten schiedsgerichtlicher Kompetenz.[68]

22 **c) Parteischiedsgerichte.** Fraglich ist, ob die sog. Parteischiedsgerichte[69] der politischen Parteien prozessförmliche „echte" Schiedsgerichte iSv. § 1066 darstellen oder Verbandsgerichte ohne Rechtsprechungsqualität sind. § 14 PartG, der die gesetzliche Grundlage der Parteischiedsgerichtsbarkeit bildet, wollte offenbar den Parteien hierzu jegliche Ausgestaltungsmöglichkeiten belassen. Nicht als Schiedsgerichte sind angesehen worden die Schiedskommissionen der SPD;[70] die Parteischiedsgerichtsbarkeit von CDU[71] und NPD[72] wird demgegenüber wohl überwiegend anders eingeordnet. Die Frage ist satzungsindividuell und nicht parteiabhängig zu entscheiden; insoweit ist sie letzthin nur ein Teilaspekt der allgemeinen Problematik (Rn. 21).

---

[56] Zur Abgrenzung vgl. eingehender *Hilpert* BayVBl 1988, 161, 169f.; *Fenn*, FS Henckel, 1995, S. 173; *Haas* ZEuP 1999, 359, 361ff. [II]; *Adolphsen*, Internationale Dopingstrafen, 2003, S. 503–508 mit S. 501, 530–533; *Kröll* ZIP 2005, 13, 14f. [III/IV]; *Grunsky*, FS Röhricht, 2005, S. 1137–1144.

[57] Vgl. RGZ 57, 154, 156 u. BGHZ 43, 261, 265 [I 4] = NJW 1965, 1378; BGHZ 128, 93, 110 [III 2] = NJW 1995, 583; BGHZ 159, 207, 211 [2b aa] = NJW 2004, 2226; OLG Nürnberg OLGZ 1975, 437; OLG Frankfurt/Main NJW 1970, 2250; OLG Koblenz NJW-RR 2000, 1365; OLG Düsseldorf NJW-RR 2003, 142 aE; *Habscheid/Calavros* KTS 1979, 4; *Schwab/Walter* Rn. 32.23 [1. Abs.].

[58] *Fenn*, FS Henckel, 1995, S. 173, 185ff.

[59] BGHZ 128, 93, 108f. [III 1] = NJW 1995, 583; BGHZ 159, 207, 212 mit S. 211/212 [2b cc] = NJW 2004, 2226; OLG Braunschweig SchiedsVZ 2005, 262, 263 [II 1abb]; BayObLG MDR 2003, 1132, 1033; OLG Düsseldorf NJW-RR 2003, 142 li./re. Sp.; OLG Frankfurt/Main OLGR 2005, 548, 549; 2001, 302, 305f.; OLG Hamburg OLGR 2001, 196 [I 1]; OLG Naumburg, Beschl. v. 17. 4. 2000 – 10 Sch 1/00.

[60] Insoweit richtig *Reichert* SpuRt 2003, 50 (aber: Fn. 45) gegen SG Frankfurt/Main SpuRt 2003, 212 li./re. Sp. [1] iVm. OLG Frankfurt/Main NJW 1970, 2250, 2251; DLV-SG Frankfurt/Main 2004, 219, 221 [A].

[61] So die Deutung von BGHZ 159, 207, 211–214 [2b] = NJW 2004, 2226 bei *Schlosser* LMK 2004, 169 [2]; *Elsing* JR 2005, 199, 200f. [II/III] – dazu krit. auch *Kröll* ZIP 2005, 13, 15ff. [VI–IX]; *Meyer* SpuRt 2005, 97, 98 [III 1] u. *Grunsky*, FS Röhricht, 2005, S. 1137, 1140–1144.

[62] *Fenn*, FS Henckel, 1995, S. 173, 195.

[63] BAGE 84, 146, 179f.

[64] BGHZ 159, 207, 213f. [2b dd] = NJW 2004, 2226 (Hundezucht); OLG Naumburg, Beschl. v. 17. 4. 2000 – 10 Sch 1/00 (Kleingärtner) – aA OLG Braunschweig SchiedsVZ 2005, 262, 263 [II 1 acc] (Kleingärtner).

[65] OLG Frankfurt/Main OLGR 2001, 302, 305f. (Ehrenratsspruch des Bundesverbandes der Heilpraktiker).

[66] Vgl. die Bestandsaufnahme bei *Hilpert* BayVBl. 1988, 161, 169f., ferner *Hantke* SpuRt 1998, 186. Beispiel: OLG Koblenz NJW-RR 2000, 1365 (Schachbund); OLG Frankfurt/Main NJW-RR 2000, 1117, 1119 [I 2] (DLV-Rechtsausschuss) – *anders aber* hier jüngst OLG Frankfurt/Main OLGR 2005, 548, 549 – aber: S. 550? („Schiedsgericht" nur Vorschaltinstanz!); OLG Hamburg OLGR 2001, 196 [I 1] (Hockeybund); OLG Frankfurt/Main NJW-RR 2001, 1078, 1079 [b/c] (DLV-Rechtsausschuss – aber: nur Folge aus § 242 BGB!).

[67] *Grunsky*, FS Röhricht, 2005, S. 1137, 1144–1148 mit *Sengle*, FS Röhricht, 2005, 1205.

[68] BayObLG MDR 2003, 1132, 1033 – jedoch am Ende wohl zu streng!

[69] Dazu: *Vollkommer*, FS Nagel, 1987, S. 474ff.; *Kressel*, Parteiengerichtsbarkeit und Staatsgerichtsbarkeit, 1998, S. 131ff.

[70] OLG Frankfurt/Main NJW 1970, 2250; OLG Düsseldorf NJW-RR 2003, 142.

[71] *Vollkommer*, FS Nagel, 1987, S. 474, 488f., 502; LG Hamburg v. 27. 4. 1989 – 77 O 307/88 bei *Kressel*, aaO (Fn. 69), S. 278ff.; einer Einstufung von Rehabilitationsverfahren als echte Schiedsverfahren zuneigend LG Bonn NVwZ 1991, 1118; aA OLG Köln NVwZ 1991, 1116.

[72] LG Berlin v. 24. 1. 2002 – 21 O 602/01 – anders zuvor noch Urt. v. 8. 11. 2001 – 21 O 474/01.

IV. Rechtsfolgen

1. Entsprechende Anwendung. Die (lediglich) *entsprechende* Anwendung der Vorschriften „**dieses [Zehnten ZPO-]Buches**" auf Schiedsgerichte ohne Vertragsgrundlage iSv. § 1029 Abs. 1 ergibt sich im Grunde schon aus der Natur der Sache – freilich nur insoweit als §§ 1025 ff. nicht ganz zwecknotwendig eine Vereinbarung voraussetzen (zB § 1029 [Begriffsbestimmung] sowie vor allem § 1031 [Formvorschriften], dazu schon oben Rn. 5 u. 7 aE).[73] Die Krux liegt also darin festzustellen, ob § 1066 vom Tatbestand der „Vereinbarung" absehen lässt und den Zugriff auf die normierte Rechtsfolge gestattet (was Regelfall ist! – zB §§ 1026–1028, § 1032 [Schiedseinrede], §§ 1042 ff.), oder ob eine begriffliche Fixierung zugrundeliegt, die schon vorneweg kraft des *Tatbestandes* des § 1066 verdrängt ist. 23

Umgekehrt ist von insgesamt entsprechender Anwendung nichts zu spüren, sobald Staatsvorbehalte gelten (§§ 1059–1061) oder Staatsverfahren wirken (§§ 1062–1065) – dies vollzieht sich außerhalb des (Schieds-)Verfahrens, völlig ungeachtet des Begründungsaktes. Im engeren Sinne von § 1066 gemeint sein können deshalb allein die Vorschriften des **1. bis 6. Abschnitts** aus dem Zehnten ZPO-Buch; die Anwendung des 7. bis 9. Abschnitts versteht sich geradezu von selbst, ohne dass eine Anpassung infolge lediglich entsprechender Anwendung hierzu nötig wäre – ausgenommen der Aufhebungsgrund des § 1059 Abs. 2 Nr. 1 a. Insoweit ist nach der Gültigkeit der Anordnung zu fragen. 24

2. Weitere Anwendungsfälle. Auf einige besondere Arten des Schiedsverfahrens finden ebenfalls §§ 1025 ff. ZPO insgesamt (generelle „**Buchverweisung**", zB § 66 a Abs. 1 S. 2 LwAnpG u. § 38 a VermG) oder zum Teil zumindest (partielle „**Normverweisung**", zB § 14 VZOG [§ 1059 Abs. 2 Nr. 1 d u. Nr. 2 b], § 42 Abs. 2 ErstrG u. § 33 Abs. 1 ArbnErfG [jeweils: §§ 1042 Abs. 1 u. 2, 1050]) Anwendung – und dies vollkommen ohne Rücksicht auf den teilweise öffentlich-rechtlichen Charakter der Ansprüche (§ 1029 Rn. 79). Näher dazu siehe noch 2. Aufl. Rn. 17. 25

---

[73] RGZ 153, 268, 270 (Kartell) – aber etwa auch § 1033 Nr. 1 aF, vgl. BGHZ 128, 380, 386/387 [2 a] mit BGHZ 125, 7, 16 [2 d].

Buch 11. Justizielle Zusammenarbeit in der Europäischen Union

Abschnitt 1. Zustellung nach der Verordnung (EG) Nr. 1348/2000

Vorbemerkungen zu den §§ 1067 ff.

Schrifttum: *Geimer,* in: *Geimer/Schütze,* Europäisches Zivilverfahrensrecht, 2. Aufl., 2004, A. 3.; *Gottwald,* Sicherheit vor Effizienz? – Auslandszustellung in der Europäischen Union in Zivil- und Handelssachen, FS Schütze, 1999, 225; *Heiderhoff,* EG-ZustellVO in: *Rauscher* (Hrsg.), EuZPR, 2. Aufl., 2006 Band 2 Nr. 3; *dies.,* Keine Inlandszustellung an Adressaten mit ausländischem Wohnsitz mehr?, EuZW 2006, 235; *Heß,* Die Zustellung von Schriftstücken im Europäischen Justizraum, NJW 2001, 15; *Jastrow,* Auslandszustellung im Zivilverfahren – Erste Praxiserfahrungen mit der EG-Zustellungsverordnung, NJW 2002, 3383; *ders.,* Europäische Zustellung und Beweisaufnahme 2004 – Neuregelungen im deutschen Recht und konsularische Beweisaufnahme, IPRax 2004, 11; *ders.,* Europäische Zustellungsverordnung (EuZVO) in: *Gebauer/Wiedmann* (Hrsg.), Zivilrecht unter europäischem Einfluss, 2005, 1269; *Lindacher,* Europäisches Zustellungsrecht, ZZP 114 (2001) 179; *Rahlf/ Gottschalk,* Das Europäische Zustellungsrecht, EWS 2004, 303; *Schmidt,* Europäisches Zivilprozessrecht, Das 11. Buch der ZPO, 2004; *Stadler,* Neues europäisches Zustellungsrecht, IPRax 2001, 514; *dies.,* Die Reform des deutschen Zustellungsrechts und ihre Auswirkungen auf die internationale Zustellung, IPRax 2002, 471; *dies.,* Die Europäisierung des Zivilprozessrechts, FS 50 Jahre BGH, III, 645, 650; *dies.,* in: *Musielak,* ZPO, 5. Aufl., 2006, EuZustVO; *Sujecki,* Verordnungsvorschlag zur Änderung der Europäischen Zustellungsverordnung – Ein Schritt in die richtige Richtung, EuZW 2006, 1; *ders.,* Das Übersetzungserfordernis und dessen Heilung nach der Europäischen Zustellungsverordnung, ZEuP 2007, 353.

I. Normzweck der §§ 1067–1071

1. Ausführungsbestimmungen zur EG-ZustellVO. a) Die §§ 1067–1071 enthalten **Ausführungsbestimmungen** zu der Verordnung (EG) Nr. 1348/2000 vom 29. 5. 2000 (EG-ZustellVO).[1] Wegen der unmittelbaren Geltung der EG-ZustellVO ergibt sich die anwendbare Rechtslage primär aus dieser;[2] §§ 1067–1071 haben lediglich ergänzenden Charakter für die Anwendung in Deutschland.

1

b) §§ 1067–1069, 1071 ersetzen das durch Art. 2 EG-BeweisaufnahmeDG[3] aufgehobene EG-ZustDG;[4] § 1070 wurde durch das EG-BeweisaufnahmeDG neu eingeführt. Durch die Übernahme dieser und weiterer Ausführungsbestimmungen zu EG-Rechtsakten, welche die Justizielle Zusammenarbeit in der EU betreffen, in ein 11. Buch der ZPO soll die Übersichtlichkeit gefördert werden. Ausführungsbestimmungen zu das EuZPR betreffenden EG-Verordnungen finden sich jedoch weiterhin auch in Nebengesetzen, insbesondere dem AVAG[5] sowie dem IntFamRVG.[6] In den in Art. 299 Abs. 2 EGV genannten (**überseeischen**) **Gebieten** der Mitgliedstaaten gilt EU-Recht, soweit keine besonderen Maßnahmen seitens des Rates beschlossen wird. Die EG-ZustellVO (wie auch die anderen VOen nach Art. 61 lit. c., 65 EGV) gilt also im Verhältnis zu den **französischen** departements d'outre mere (Guadeloupe, Guyana, Martinique, Réunion), für **Spanien** auch den Kanarischen Inseln und in den Exklaven Ceuta und Melilla, für **Portugal** auf den Azoren und Madeira, für das **Vereinigte Königreich** in Gibraltar. **Keine Anwendung** findet die EG-ZustellVO gegenüber Monaco und San Marino, die nicht an den auswärtigen Beziehungen von Frankreich bzw. Italien teilnehmen (Art. 299 Abs. 4 EGV e contrario); ebenso nicht für die in Anhang II zum EGV genannten Gebiete, also die Überseegebiete **Frankreichs** mit dem Status der territoires d'outre mere (Neukaledoinien und Nebengebiete, Französisch-Polynesien, Französische Süd- und Antarktisgebiete, Wallis und Futuna, Mayotte, Saint Pierre und Miquelon), der **Niederlande** (Aru-

2

---

[1] ABlEG 2000 L 160/37; die Verordnung ist im Anhang zu §§ 1067–1071 abgedruckt. Die Verordnung wird mit Geltung ab 13. 11. 2008 ersetzt durch die Verordnung (EG) Nr. 1393/2007 vom 13. 11. 2007, ABlEG 2007 L 324/79, im Folgenden: „EG-ZustellVO-a".
[2] Deren Bestimmungen sind an entsprechender Stelle bei den §§ 1067–1071 dargestellt.
[3] BGBl. 2003 I S. 2166.
[4] BGBl. 2001 I S. 1536.
[5] Betreffend die Ausführung der Verordnung (EG) Nr. 44/2001 (Brüssel I-VO) kommentiert im Schlussanhang IZPR B.1. (Verordnung) und B.3. (AVAG).
[6] Betreffend die Ausführung der Verordnung (EG) Nr. 2201/2003 (Brüssel IIa-VO) kommentiert im Schlussanhang IZPR B.4. (Verordnung) und B.5. (IntFamRVG).

ba, Bonaire, Curacao, Saba, Sint Eustatius, Sint Maarten) und des **Vereinigten Königreichs** (Anguilla, Cayman Inseln, Falkland Inseln, Südgeorgien und Südliche Sandwich Inseln, Montserrat, Pitcairn, St. Helena und Nebengebiete, Britisches Antarktisterritorium, Britische Territorien im Indischen Ozean, Turks und Caicos Inseln, Britische Jungferninseln, Bermuda). Im Hinblick auf Art. 299 Abs. 6 lit. c EGV unklar, iE aber zu verneinen[7] ist die Anwendung auf den zum Vereinigten Königreich gehörenden Kanalinseln (Guernsey, Jersey, Alderney, Sark) und der Isle of Man.

3   **2. Anwendungsbereich. a)** Der **Anwendungsbereich** der §§ 1067–1071 folgt dem der EG-ZustellVO. Diese gilt **sachlich** für Zustellungen in Zivil- und Handelssachen (Art. 1 Abs. 1 EG-ZustellVO[8]), **räumlich** für Zustellungen zwischen den Mitgliedstaaten der EG ohne Dänemark (Erwägungsgrund Nr. 18 EG-ZustellVO)[9] und **zeitlich** für Zustellungen seit dem 31. 5. 2001 (Art. 25 EG-ZustellVO).

4   **b)** Gerichtliche Schriftstücke sind in deren Anwendungsbereich ausnahmslos nach der EG-ZustellVO zuzustellen (Art. 4 Abs. 1 EG-ZustellVO); deutsches Recht ist nur anwendbar, soweit auf die *lex fori* des die Zustellung betreibenden Staates verwiesen ist oder die VO keine Regelung trifft. Verdrängt sind im Anwendungsbereich der EG-ZustellVO auch völkervertragliche Zustellungsregeln. Außergerichtliche Schriftstücke können, müssen aber nicht nach diesen Regeln in einen anderen Mitgliedstaat übermittelt werden (Art. 16 EG-ZustellVO).

II. Sonstiges internationales Zustellungsrecht

5   **1. Zustellungsregeln in anderen EG-Verordnungen. a)** Die Verordnung (EG) Nr. 805/2004 (**EG-VollstrTitelVO**[10]) enthält zwar in Art. 13 ff. Vorschriften über Anforderungen an Zustellungen; dies sind jedoch keine originären Zustellungsbestimmungen, sondern ex post zu prüfende Mindeststandards, ohne deren Wahrung ein Titel nicht als Europäischer Vollstreckungstitel bestätigt werden kann. Die Zustellung unterliegt jedoch weiterhin der EG-ZustellVO; bei Auswahl des Zustellungsweges ist jedoch tunlich darauf zu achten, dass die Mindeststandards der Art. 13 ff. EG-VollstrTitelVO gewahrt sind, so der Titel später bestätigt werden soll.

6   **b)** Die ab dem 12. 12. 2008 geltende EG-MahnVO[11] wird ebenfalls Zustellungsvorschriften enthalten, die zwar in das autonome EG-Mahnverfahren eingebunden sind, gleichwohl aber nur Maßstab dafür sind, ob eine erfolgte Zustellung zur Grundlage eines Europäischen Zahlungsbefehls gemacht werden kann. Die EG-ZustellVO bleibt auch hier unberührt.[12] Dasselbe sollte für vergleichbare Bestimmungen der ab dem 1. 1. 2009 geltenden EG-BagatellVO[13] und einer künftigen EG-UnterhaltsVO[14] gelten.

7   **2. Völkervertragliches Zustellungsrecht. a)** Das **Haager Zustellungsübereinkommen (HZÜ)**[15] sowie das zugehörige Ausführungsgesetz[16] gelten (nur) für die Zustellung aus und nach Deutschland im Verhältnis zu Vertragsstaaten, die nicht Mitgliedstaaten iSd. EG-ZustellVO sind (Art. 20 Abs. 1 EG-ZustellVO), also auch für Zustellungen zwischen Deutschland und Dänemark.

---

[7] *Rauscher/Rauscher/Pabst* EuZPR, Art. 2 EG-VollstrTitelVO Rn. 21.
[8] Der Begriff entspricht Art. 1 Abs. 1 Brüssel I-VO, die EG-ZustellVO gilt aber auch für die in Art. 1 Abs. 2 Brüssel I-VO ausgenommenen Gebiete.
[9] Ausdrücklich Art. 1 Abs. 3 der künftigen EG-ZustellVO-a; eine Ausdehnung auf Dänemark ist nur durch Abschluss eines völkerrechtlichen Vertrages zwischen der EU und Dänemark möglich; hierfür liegt ein Kommissionsvorschlag vom 18. 4. 2005 vor, KOM (2005) 146.
[10] ABl. EU 2004 L 143/15; die Verordnung ist im Anhang zu §§ 1079–1087 abgedruckt.
[11] ABl. EU 2006 L 399/1.
[12] *Rauscher/Rauscher* EuZPR, 2. Aufl. (2006), Einführung EG-MahnVO Rn. 25.
[13] Vorschlag vom 15. 3. 2005 für eine Verordnung des Europäischen Parlaments und des Rates zur Einführung eines europäischen Verfahrens für geringfügige Forderungen, KOM (2005) 87; näher hierzu *Rauscher/Rauscher* EuZPR 2. Aufl. (2006), Einführung EG-BagatellVO-E.
[14] Vorschlag vom 15. 12. 2005 für eine Verordnung des Rates über die Zuständigkeit und das anwendbare Recht in Unterhaltssachen, die Anerkennung und Vollstreckung von Unterhaltsentscheidungen und die Zusammenarbeit im Bereich der Unterhaltspflichten, KOM (2005) 649; näher hierzu *Rauscher/Rauscher* EuZPR, 2. Aufl. (2006), Einführung EG-UnterhaltsVO.
[15] Haager Übereinkommen über die Zustellung gerichtlicher und außergerichtlicher Schriftstücke im Ausland in Zivil- oder Handelssachen vom 15. 11. 1965, BGBl. 1977 II S. 1453; kommentiert im Schlussanhang C.4.
[16] Gesetz zur Ausführung des Haager Übereinkommens vom 15. November 1965 über die Zustellung gerichtlicher und außergerichtlicher Schriftstücke im Ausland in Zivil- oder Handelssachen und des Haager Übereinkommens vom 18. März 1970 über die Beweisaufnahme im Ausland in Zivil- oder Handelssachen vom 22. 12. 1977, BGBl. 1977 I S. 3105.

Vorbemerkungen **8–14 Vor §§ 1067–1071**

b) Bilaterale Völkerverträge, die der Erleichterung der Zustellung im Rahmen des HZÜ[17] **8** dienen, gelten auch im Verhältnis zu Mitgliedstaaten der EG-ZustellVO bilateral insoweit fort; solche Verträge können auch neu abgeschlossen werden (Art. 20 Abs. 2 EG-ZustellVO). Mit einzelnen Nichtmitgliedstaaten der EG-ZustellVO und Nichtvertragsstaaten des HZÜ bestehen außerdem die Zustellung regelnde bilaterale Rechtshilfeabkommen.[18] Auskunft gibt hierzu der Länderteil der ZRHO (Rn. 13 f.).

3. Deutsches internationales Zustellungsrecht. a) Zustellung im Ausland. aa) Eine **Zu- 9 stellung im Ausland** darf nur nach §§ 183 ff. erfolgen, wenn der Staat, in dem zuzustellen ist, weder Mitgliedstaat iSd. EG-ZustellVO ist, noch im Verhältnis zu diesem Staat völkervertragliche Vereinbarungen bestehen. Soweit in solchen Instrumenten einzelne Fragen der Zustellung nicht geregelt sind bzw. die Zustellung in den in §§ 183 ff. genannten Formen gestattet ist, gilt diese Verdrängung deutschen Zustellungsrechts selbstverständlich nicht.

bb) Im **Anwendungsbereich der EG-ZustellVO** (vgl. § 183 Abs. 3) darf gemäß Art. 14 **10** Abs. 1 EG-ZustellVO iVm. § 1068 Abs. 1 durch Einschreiben mit Rückschein (also wie unter § 183 Abs. 1) unter Wahrung der unterschiedlichen Anforderungen des Empfängerstaats zugestellt werden (dazu § 1068 Rn. 1, 4 ff.). Soweit kein Vorbehalt nach Art. 13 Abs. 2 EG-ZustellVO besteht, kann gemäß Art. 13 Abs. 1 EG-ZustellVO in Anwendung von § 183 Abs. 2 2. Alt. zugestellt werden.[19] Die Zustellung durch Behörden des Zustellungsstaats findet hingegen nicht nach § 183 Abs. 2 1. Alt., sondern in den Formen nach Art. 4 ff. EG-ZustellVO statt. Eine Zustellung nach § 184 Abs. 2 S. 1 ZPO an eine Person mit Wohnsitz in einem Mitgliedstaat der EG-ZustellVO ist unzulässig, da die Zustellung per Post nach Art. 14 Abs. 1 EG-ZustellVO iVm. § 1068 Abs. 1 Vorrang hat.[20]

b) Öffentliche Zustellung. Die **öffentliche Zustellung** nach §§ 185 ff. ist Zustellung im In- **11** land, auch wenn der Zustellungsadressat sich im Ausland aufhält. Sie wird nicht durch völkervertragliche Instrumente verdrängt; in deren Anwendungsbereich wird jedoch wegen der völkerrechtlichen Sicherstellung der Zustellung selten § 185 Nr. 2 eingreifen. Im Anwendungsbereich der EG-ZustellVO kann nach § 185 Nr. 1 zugestellt werden, wenn der Adressat unbekannten Aufenthalts ist, da die Verordnung in diesem Fall nicht gilt (Art. 1 Abs. 2 EG-ZustellVO), auch wenn er sich mutmaßlich in einem Mitgliedstaat aufhält.[21] Eine Zustellung nach § 185 Nr. 2 ist hingegen ausgeschlossen.[22]

c) Rechtshilfe in anderen Fällen. Rechtshilfe zur Zustellung in Deutschland wird auslän- **12** dischen Staaten, soweit internationale Rechtsinstrumente nicht bestehen **(vertragsloser Rechtshilfeverkehr),** auf der Grundlage der Gegenseitigkeit nach dem Recht des ersuchten Staates gewährt. Auskunft, ob und in welcher Weise dies im Einzelfall erfolgt, gibt der Länderteil der ZRHO (Rn. 13 f.).

4. Bedeutung der ZRHO. a) Bei Zustellungen im Ausland **(ausgehende Ersuchen)** und bei **13** Rechtshilfe anlässlich der Zustellung in Deutschland auf Veranlassung ausländischer Stellen **(eingehende Ersuchen)** ist, sowohl auf der Grundlage der EG-ZustellVO und völkervertraglicher Instrumente als auch im zwischenstaatlich nicht geregelten Bereich, ergänzend die ZRHO[23] beachtlich. Sie ist für die Abwicklung des Rechtshilfeverkehrs als Richtlinie für das Handeln der Justizbehörden zu beachten und verletzt, da Rechtshilfeverkehr Verwaltungshandeln bedeutet, nicht die richterliche Unabhängigkeit.[24]

b) §§ 31 a ff. ZRHO enthalten spezielle Bestimmungen für ausgehende, §§ 65 a ff. ZRHO für **14** eingehende Ersuchen nach der **EG-ZustellVO,** sind also neben §§ 1067–1071 Ausführungsbestimmungen im weiteren Sinn. Angaben zu zuständigen Behörden und Gerichten in den Mitgliedstaaten, an die Ersuchen im direkten Verkehr zu richten sind, enthält der **Europäische Gerichtsatlas in Zivilsachen.**[25]

---

[17] Siehe Schlussanhang C.4.V.
[18] Siehe Schlussanhang C.4.VI.
[19] *Stadler* IPRax 2002, 471, 474.
[20] *Heidrich* EuZW 2005, 743, 745; *Heiderhoff* EuZW 2006, 235, 237.
[21] *Heidrich* EuZW 2005, 743, 745.
[22] *Heiderhoff* EuZW 2006, 235, 237 mit Nachw.
[23] Die Rechtshilfeordnung in Zivilsachen ist eine Verwaltungsvorschrift des Bundes und der Länder, abrufbar im Justizportal des Landes NRW (http://www.datenbanken.justiz.nrw.de/pls/jmi/ir_par_start) mit für die Praxis nützlicher Einführung, Arbeitshilfen und Länderhinweisen.
[24] BGH NJW 1983, 2769.
[25] http://ec.europa.eu/justice_home/judicialatlascivil/html/index_de.htm.

§ 1067 Zustellung durch diplomatische oder konsularische Vertretungen*

Eine Zustellung nach Artikel 13 Abs. 1 der Verordnung (EG) Nr. 1348/2000 des Rates vom 29. Mai 2000 über die Zustellung gerichtlicher und außergerichtlicher Schriftstücke in Zivil- oder Handelssachen in den Mitgliedstaaten (ABl. EG Nr. L 160 S. 37), die in der Bundesrepublik Deutschland bewirkt werden soll, ist nur zulässig, wenn der Adressat des zuzustellenden Schriftstücks Staatsangehöriger des Übermittlungsmitgliedstaats ist.

I. Normzweck

1 **1. Vorbehaltsmöglichkeit nach Art. 13 Abs. 2 EG-ZustellVO.** § 1067 beruht auf **Art. 13 Abs. 2 EG-ZustellVO.** Die Zustellung von Schriftstücken durch diplomatische oder konsularische Vertretungen an Personen mit Wohnsitz im Empfangsstaat[1] gehört nach Art. 13 Abs. 1 EG-ZustellVO zu den „anderen Arten" der Zustellung, welche die EG-ZustellVO zulässt, soweit sie das Recht des zustellenden Staates vorsieht. Art. 13 Abs. 2 EG-ZustellVO erlaubt es jedoch jedem Mitgliedstaat in der Rolle als Empfangsstaat, diese Art der Zustellung auf Staatsangehörige des Entsendestaats zu beschränken.[2]

2 **2. Deutscher Vorbehalt.** Mit § 1067, der § 1 ZustDG übernimmt,[3] macht **Deutschland von diesem Vorbehalt Gebrauch.** Dies entspricht dem nach § 6 S. 1 des Ausführungsgesetzes zum HZÜ geltenden Vorbehalt.[4] Die Ausübung des Vorbehalts setzt sich auch nicht mit der auf Art. 13 Abs. 1 EG-ZustellVO iVm. § 183 Abs. 1 Nr. 2 2. Alt. geübten deutschen Praxis im spiegelbildlichen Fall der Zustellung durch deutsche Vertretungen in Widerspruch,[5] die überwiegend nur den Vorteil der Kommunikation eines deutschen Zustellungsadressaten mit einer deutschen Behörde nutzt. Diese häufig mit Einschreiben/Rückschein ausgeführte Form der Zustellung verliert ohnehin an Bedeutung, soweit nach Art. 14 EG-ZustellVO (dazu § 1068) bereits das Gericht im Entsendestaat mit Einschreiben/Rückschein zustellen kann.[6]

II. Zulässigkeit diplomatischer/konsularischer Zustellung

3 **1. Begriff.** Von § 1067 erfasst ist nur die Zustellung, die nach dem **Recht des Entsendestaats,** also nach einer zu § 183 Abs. 1 Nr. 2 2. Alt. spiegelbildlichen Bestimmung, unmittelbar durch ausländische diplomatische und konsularische Vertretungen in Deutschland bewirkt wird. Zustellungen auf anderen Übermittlungswegen, die ohne Einschaltung deutscher Behörden erfolgen, insbesondere die Zustellung aus einem Mitgliedstaat auf postalischem Weg, sind nicht berührt (dazu § 1068 und § 1071).

4 **2. Zulässige Fälle. a)** Eine ausländische Vertretung kann in Deutschland nur wirksam zustellen, wenn der Adressat des zuzustellenden Schriftstücks **Angehöriger des Übermittlungsmitgliedstaats** ist (vgl. § 65 r ZRHO). Übermittlungsstaat ist der Mitgliedstaat, dessen Gerichte das Schriftstück zum Zweck der Zustellung übermitteln (Art. 1 Abs. 1 EG-ZustellVO). Bei mehrfacher (auch deutsch-ausländischer) Staatsangehörigkeit genügt es, dass der Adressat auch dem Übermittlungsstaat angehört, da § 1067 dessen Befugnisse begrenzt, nicht aber den Adressaten als Angehörigen eines anderen Staates, insbesondere als Deutschen, schützt.

5 **b)** In aller Regel wird es sich bei dem **Übermittlungsmitgliedstaat** zugleich um den **Entsendestaat** der Vertretung handeln; dies ist jedoch nicht Voraussetzung. Nimmt eine diplomatische oder konsularische Vertretung des Staates A in Deutschland die Interessen des Staates B wahr, so kann sie wirksam auch Schriftstücke des Übermittlungsmitgliedstaats B an dessen Staatsangehörige zustellen. Handelt es sich bei Staat B nicht um einen Mitgliedstaat, so ist § 1067 nicht anwendbar;

---

* § 1067 soll zum 13. 11. 2008 neugefasst werden, siehe Gesetzentwurf der Bundesregierung vom Januar 2008, abgedruckt als Anh. III zu Buch 11.
[1] Der Begriff „Empfangsstaat" wird im Folgenden völkerrechtlich im Sinn des Staates, in dem die Gesandtschaft akkreditiert ist, verstanden; er ist zu unterscheiden vom dem zustellungsrechtlichen Begriff des „Empfangsmitgliedstaats" (Art. 7 Abs. 1 EG-ZustellVO) als des Staates, in dem die Zustellung zu bewirken ist.
[2] Die für die Beschränkung im spiegelbildlichen Fall (Zustellung nach Art. 13 Abs. 1 EG-ZustellVO iVm. § 183 Nr. 2 2. Alt.) zu beachtenden Vorbehalte anderer Mitgliedstaaten finden sich in deren Mitteilungen zu Art. 23 EG-ZustellVO bzw. im Länderteil der ZRHO jeweils zu II. Ausgehende Ersuchen.
[3] Zur Eingliederung des ZustDG in die ZPO vgl. Vor §§ 1067 ff. Rn. 2.
[4] BT-Drucks. 14/5910 S. 6.
[5] Kritisch jedoch *Bamberger/Roth/Hartmann* Rn. 1 f.
[6] Zutreffend *Gebauer/Wiedmann/Jastrow* Art. 12 EuZVO Rn. 215.

es gilt ggf. Art. 8 Abs. 1 HZÜ mit der entsprechenden Einschränkung aus § 6 S. 1 Durchführungsgesetz (Rn. 2).

c) An Staatenlose kann eine Vertretung eines anderen Mitgliedstaats daher in Deutschland nicht zustellen. Problematisch ist die Behandlung von Flüchtlingen und Asylberechtigten. Die Konstellation, dass die Person die Staatsangehörigkeit des zustellenden Mitgliedstaats besitzt, jedoch in Deutschland den Status nach Art. 12 Genfer Flüchtlingskonvention (ggf. iVm. § 3 AsylVerfG) genießt, wird es innerhalb der EU hoffentlich nicht geben. Denkbar ist jedoch, dass der Zustellungsadressat im Übermittlungsstaat diese Rechtsstellung besitzt und zugleich Staatsangehöriger eines dritten Staates oder Staatenloser ist. In diesem Fall liegt es im Kontext des EuZPR nahe, den kollisionsrechtlichen Inländerstatus im Übermittlungsstaat auch für Zwecke des § 1067 genügen zu lassen.[7]

d) Nicht erforderlich ist, dass der Zustellungsadressat seinen **Wohnsitz** in Deutschland hat. Eine solche Beschränkung ergibt sich weder aus § 1067, der den Wohnsitz nicht erwähnt, noch aus Art. 13 Abs. 1 EG-ZustellVO. Danach muss der Zustellungsadressat lediglich Wohnsitz in einem anderen Mitgliedstaat als dem Übermittlungsstaat haben. Auf § 183 Abs. 1 Nr. 2 2. Alt. kann ebenfalls nicht abgestellt werden, weil diese Regelung nur die Zustellung durch deutsche Vertretungen im Ausland begrenzt. Soweit es das Recht des Entsendestaats zulässt (Art. 13 Abs. 1 EG-ZustellVO), kann dessen Vertretung in Deutschland an einen eigenen Staatsangehörigen zustellen, auch wenn er Wohnsitz in einem dritten Staat hat.

e) Strittig ist, ob eine solche Zustellung nur an **natürliche Personen** erfolgen kann, wovon der Gesetzentwurf des ZustDG ausgeht.[8] Gegen das dort angeführte Argument, ausländische **juristische Personen** hätten ihren Sitz im Ausland, sprechen zwei Gründe. Zum einen entstammt das Argument der hergebrachten Sitztheorie, die nach der jüngeren Rechtsprechung des EuGH im Verhältnis der Mitgliedstaaten insoweit Art. 43, 48 EG nicht standhält, als sie es ausländischen juristischen Personen verwehrt, eine (Zweig-)Niederlassung im Inland zu begründen.[9] Zum anderen enthält schon Art. 60 Brüssel I-VO eine Bestimmung des Wohnsitzes, die es zulässt, dass eine juristische Person mit Satzungssitz in einem Mitgliedstaat „Wohnsitz" (nämlich Hauptverwaltung oder Hauptniederlassung) in einem anderen Mitgliedstaat hat.[10] An eine nach dem Recht eines Mitgliedstaats gegründete juristische Person kann damit in Deutschland durch die diplomatischen und konsularischen Vertretungen ihres „Heimatstaats" zugestellt werden. Fraglich ist hingegen, ob sämtliche Wohnsitze iSd. Art. 60 Brüssel I-VO die Staatsangehörigkeit der juristischen Person bestimmen.[11] Richtig erscheint es, die juristische Person nur als Staatsangehörige des Staates zu betrachten, dessen Recht ihr Gesellschaftsstatut bestimmt; dies ist, jedenfalls bei Gründung in einem Mitgliedstaat ihr Gründungsrecht.

3. Rechtsfolgen unzulässiger Zustellung. a) Eine gegen § 1067 verstoßende Zustellung ist **nicht ordnungsgemäß**. § 1067 ist als Regelung nach Art. 13 Abs. 2 EG-ZustellVO auch aus Sicht jedes Mitgliedstaatengerichts zu beachten. Die Folgen des Fehlers bestimmen sich jedoch nicht nach deutschem Recht, insbesondere unterliegt die **Heilung** nicht § 189.[12] Vielmehr bestimmen sich die Fehlerfolgen, insbesondere die Frage der Heilung, nach dem für das jeweilige Ausgangsverfahren maßgeblichen Verfahrensrecht des Übermittlungsstaats unter Einschluss europarechtlicher und völkervertraglicher Regelungen.[13] Da die Zustellung, anders als jene nach Art. 4 iVm. 7 Abs. 1 EG-ZustellVO keine Zustellung „nach dem Recht des Empfangsmitgliedstaats" ist, kommt auch in zweiter Stufe § 189 nicht etwa als Regelung des für die Modalitäten der Zustellung angewendeten Rechts zur Anwendung.

b) Die Rechtsfolgen einer **nicht geheilten fehlerhaften Zustellung** bestimmen sich ebenfalls nach dem Verfahrensrecht im Ausgangsverfahren.[14] Das umfasst die Frage, ob die Zustellung bei Kenntnis des Mangels zu wiederholen ist. Obgleich Art. 13 Abs. 2 EG-ZustellVO jedes Gericht in einem Mitgliedstaat zwingt, die Zustellung als mangelhaft zu behandeln, auch wenn sie der *lex fori* entspräche, bedeutet dies nicht, dass sie als unwirksam anzusehen ist.

---

[7] Einem in Österreich als Asylant anerkanntem Drittstaatenflüchtling, der sich in Deutschland aufhält, kann damit die österreichische Botschaft zustellen.
[8] So BT-Drucks. 14/5910 S. 6.
[9] Eingehend MünchKommBGB/*Sonnenberger* 4. Aufl., 2006, Einl. IPR Rn. 181 ff.
[10] *Rauscher/Heiderhoff* Art. 13 EG-ZustellVO Rn. 2.
[11] So *Geimer* IPRax 2004, 505, 506.
[12] AA *Baumbach/Lauterbach/Hartmann* Rn. 5.
[13] EuGH Rs C-305/88 *Lancray/Peters* IPRax 1991, 177 (Anm. *Rauscher*) = EuZW 1990, 352 (Anm. *Geimer*); zur Frage der Heilung von Mängeln wegen Verstößen gegen die EG-ZustellVO *Stadler* IPRax 2001, 514, 520.
[14] Zutreffend *Stadler* IPRax 2001, 514, 519 gegen die österreichische Ausführungsbestimmung, die als Mangelfolge anordnet, die Zustellung gelte als nicht erfolgt.

§ 1068 Buch 11. Abschnitt 1. VO (EG) Nr. 1348/2000

11   c) Ob ein in diesem Verfahren ergehendes Urteil in anderen Mitgliedstaaten, insbesondere in Deutschland **anerkennungsfähig** ist, beurteilt sich nach den maßgeblichen europäischen Rechtsinstrumenten (bei verfahrenseinleitenden Schriftstücken Art. 34 Nr. 2 Brüssel I-VO; Art. 22 lit. b, 23 lit. b, c, Art. 41 Abs. 2 lit. a Brüssel II a-VO; Art. 6 Abs. 1 lit. c iVm. Art. 12ff., 18 EG-VollstrTitel-VO u. a.). Da die vollständige Ordnungsmäßigkeit dort überwiegend nicht mehr gefordert ist, kann ein Verstoß gegen § 1067 letztlich auch folgenlos bleiben. Soweit der Gegenstand des Verfahrens sachlich (noch) nicht von europäischen Rechtsinstrumenten erfasst ist,[15] beurteilt sich die Bedeutung des Mangels für die Anerkennungsfähigkeit nach der *lex fori* des Anerkennungsstaats, aus deutscher Sicht nach § 328 Abs. 1 (Nr. 2 bei Verfahrenseinleitung, Nr. 5 für sonstige Zustellung) bzw. nach § 15 a FGG.

12   d) Ob eine Zustellung **anderweitige Rechtshängigkeit** begründet, entscheidet das hierfür maßgebliche Recht, im jeweiligen sachlichen Anwendungsbereich also Art. 27 ff. Brüssel I-VO und Art. 19 Brüssel II a-VO, sonst die *lex fori*, in Deutschland die analoge Anwendung von § 261 Abs. 3 Nr. 1. Bei fehlerhafter Zustellung ergibt sich jedoch die Frage, ob das konkurrierende Verfahren überhaupt „eingeleitet" ist. Diese Vorfrage ist primär nach den für dieses Verfahren geltenden Rechtshängigkeitsregeln zu behandeln: Da Art. 30 Brüssel I-VO und Art. 16 Brüssel II a-VO für die frühere „Anrufung" eines Gerichts die Einreichung und das Bemühen des Klägers/Antragstellers um die ihm obliegenden Zustellungsmaßnahmen genügen lassen, berührt der ihm nicht anzulastende Zustellungsmangel nicht den Vorrang dieses Verfahrens,[16] so lange das Gericht das Verfahren nicht beendet. Im Fall des § 261 Abs. 3 Nr. 1 ist hingegen die wirksame Zustellung Vorfrage des Rechtshängigkeitseinwands; hier kommt es für die Verfahrenseinleitung insgesamt auf das Recht des erstangerufenen Gerichts an, das auch zu beurteilen hat, ob eine fehlerhafte Zustellung Rechtshängigkeit begründet. Eine ggf. strengere Sicht des deutschen Rechts setzt sich nicht durch; Rechtshängigkeitsregeln sind nicht dazu da, Zustellungsmängel zwischen den Mitgliedstaaten zu sanktionieren, sondern Parallelverfahren zum selben Streitgegenstand zu vermeiden. Dieses Risiko besteht aber, so lange das erstangerufene Gericht trotz des Mangels der Zustellung das Verfahren betreibt.

13   e) **Rechtsbehelfe** beurteilen sich ebenfalls nicht nach deutschem Recht,[17] da in der betroffenen Fallgestaltung weder ein deutsches Gericht noch eine deutsche Behörde tätig wird. Maßgeblich ist wiederum das auf das jeweilige Verfahren anwendbare Recht, das entscheidet, ob gegen ein in dem Verfahren ergehendes Urteil Rechtsbehelfe mit Erfolg auf den Mangel der Zustellung gestützt werden können. In einen **Rechtsbehelf vor deutschen Gerichten** kann die mangelhafte Zustellung insbesondere münden, wenn der Adressat gegen die Anerkennung und/oder Vollstreckung des ausländischen Urteils vorgeht.

§ 1068 Zustellung durch die Post*

(1) ¹Eine Zustellung nach Artikel 14 Abs. 1 der Verordnung (EG) Nr. 1348/2000 in einem anderen Mitgliedstaat der Europäischen Union ist unbeschadet weiterer Bedingungen des jeweiligen Empfangsmitgliedstaats nur in der Versandform des Einschreibens mit Rückschein zulässig. ²Zum Nachweis der Zustellung genügt der Rückschein.

(2) ¹Eine Zustellung nach Artikel 14 Abs. 1 der Verordnung (EG) Nr. 1348/2000, die in der Bundesrepublik Deutschland bewirkt werden soll, ist nur in der Versandform des Einschreibens mit Rückschein zulässig. ²Hierbei muss das zuzustellende Schriftstück in einer der folgenden Sprachen abgefasst oder es muss ihm eine Übersetzung in eine dieser Sprachen beigefügt sein:
1. **Deutsch oder**
2. **die Amtssprache oder eine der Amtssprachen des Übermittlungsmitgliedstaats, sofern der Adressat Staatsangehöriger dieses Mitgliedstaats ist.**

(3) Ein Schriftstück, dessen Zustellung eine deutsche Empfangsstelle im Rahmen von Artikel 7 der Verordnung (EG) Nr. 1348/2000 zu bewirken oder zu veranlassen hat, kann ebenfalls durch Einschreiben mit Rückschein zugestellt werden.

Schrifttum: *Emde,* Zulässigkeit von Direktzustellungen ausländischer Prozessbevollmächtigter an deutsche Parteien nach Art. 14 EuZVO, NJW 2004, 1830; *Gsell,* Direkte Postzustellung an Adressaten im EU-Ausland

---

[15] Insbesondere die Ausnahmen in Art. 1 Abs. 2 Brüssel I-VO (zB Erbsachen, Ehegüterrecht, Statussachen), soweit nicht die Brüssel II a-VO (Ehesachen) greift.
[16] So auch *Geimer* IPRax 2004, 505, 507.
[17] AA *Baumbach/Lauterbach/Hartmann* Rn. 5.
* § 1068 soll zum 13. 11. 2008 neugefasst werden, siehe Gesetzentwurf der Bundesregierung vom Januar 2008, abgedruckt als Anh. III zu Buch 11.

Zustellung durch die Post 1–3 § 1068

nach neuem Zustellungsrecht, EWS 2002, 115; *Heidrich,* Amts- und Parteizustellungen im internationalen Rahmen: Status quo und Reformbedarf, EuZW 2005, 743; *Heß,* Noch einmal: Direktzustellungen nach Art. 14 EuZVO, NJW 2004, 3301; *Schmidt,* Parteizustellung im Ausland durch Einschreiben mit Rückschein – Ein gangbarer Weg?, IPRax 2004, 13.

Übersicht

	Rn.		Rn.
I. Normzweck	1–5	**IV. ZdP aus dem EU-Ausland nach Deutschland (Abs. 2)**	25–30
1. Abs. 1	1	1. Beschränkung der Versandform (Abs. 2 S. 1)	25
2. Abs. 2	2, 3	2. Sprache des zuzustellenden Schriftstücks (Abs. 2 S. 2)	26–29
3. Abs. 3	4, 5	3. Mangelfolgen, Rechtsbehelfe	30
II. Zustellung durch die Post (ZdP) – Anwendungsbereich	6–11	**V. ZdP für EU-ausländische Übermittlungsstelle (Abs. 3)**	30–44
1. Abgrenzung gegen Art. 15 EG-ZustellVO, § 1071	6–9	1. Struktur der Zustellung auf Ersuchen nach ZustellVO	30–37
2. Abgrenzung gegen Art. 8 EG-ZustellVO, § 1070	10, 11	2. ZdP als zulässige Form der Zustellung durch deutsche Empfangsstelle	38, 39
III. ZdP durch deutsche Übermittlungsstellen im EU-Ausland (Abs. 1)	12–24	3. Sprache, Belehrung über Rechte nach Art. 8 EG-ZustellVO	40–42
1. Versandform (Abs. 1 S. 1)	12–14	4. Mangelfolgen, Rechtsbehelfe	43, 44
2. Bedingungen des Empfangsmitgliedstaats	15, 16		
3. Sprache des zuzustellenden Schriftstücks	17–19		
4. Zustellungsnachweis (Abs. 1 S. 2)	20, 21		
5. Mangelfolgen, Rechtsbehelfe	22–24		

I. Normzweck

1. Abs. 1. Abs. 1 nimmt als Nachfolgenorm zu § 2 EG-ZustDG[1] eine **Klarstellung** vor. Die 1 Bestimmung betrifft Zustellungen durch die Post, die durch deutsche Stellen in einem anderen Mitgliedstaat (EU ohne Dänemark) veranlasst werden. Art. 14 Abs. 1 EG-ZustellVO regelt diese Form der Zustellung nicht selbst, sondern überlässt deren Zulässigkeit dem Recht des die Zustellung veranlassenden Mitgliedstaats. Diese Zulässigkeit für **Zustellungen aus Deutschland** ist nun unmittelbar am Standort der Ausführungsbestimmungen in Abs. 1 S. 1 geregelt, § 183 Abs. 3 S. 2 und 3 idF des EG-ZustDG sind entfallen.[2] Abs. 1 S. 2 entspricht der **Beweisregel** in § 183 Abs. 2 S. 1.

2. Abs. 2. a) Abs. 2 S. 1, der § 2 Abs. 1 S. 1 EG-ZustDG ersetzt, beinhaltet **einschränkende** 2 **Bedingungen iSd. Art 14 Abs. 2 EG-ZustellVO.** Anders als im Anwendungsbereich des HZÜ, das ebenfalls eine unmittelbare Zustellung durch die Post gestattet, jedoch jedem Mitgliedstaat hiergegen einen Vorbehalt erlaubt (Art. 10 lit. a HZÜ), den Deutschland im Einklang mit den damaligen Zustellungsgrundsätzen der ZPO erklärt hatte,[3] erlaubt Art. 14 Abs. 2 EG-ZustellVO zwar noch die Festsetzung von einschränkenden Modalitäten, jedoch keinen umfassenden Souveränitätsvorbehalt mehr. Abs. 2 schreibt für solche **Zustellungen nach Deutschland** im Einklang mit §§ 175, 183 die Form des Einschreibens mit Rückschein vor, die der Rechtssicherheit dient und einen der Zustellungsurkunde vergleichbaren Zustellungsnachweis sichert.[4]

b) Abs. 2 S. 2, der § 2 Abs. 1 S. 2 EG-ZustDG ersetzt, regelt auch die für eine solche Zustel- 3 lung nach Deutschland zulässige **Sprache.** Auch eine solche Regelung ist als „Bedingung" iSd. Art. 14 Abs. 2 EG-ZustellVO zulässig und in zahlreichen Mitgliedstaaten in unterschiedlicher Weise üblich.[5] Eine Änderung der EG-ZustellVO ist geplant, wonach die Zustellung nach Art. 14 EG-ZustellVO nur noch in der Versandungsform Einschreiben gegen Rückschein zulässig sein wird und die Mitgliedstaaten keine Bedingungen mehr setzen können.[6] Die Sprachregelung des Art. 8

---
[1] Zur Integration in die ZPO vgl. Vor §§ 1067 ff. Rn. 2.
[2] BT-Drucks. 15/1062 S. 8; vgl. Vor § 1067 ff. Rn. 10.
[3] § 6 Ausführungsgesetz zum HZÜ; dieser Vorbehalt bleibt ausdrücklich durch § 1068 unberührt, dazu BT-Drucks. 14/4554 S. 23, weil grundsätzlich die deutsche Souveränität eine Zustellung in Deutschland nur durch deutsche Behörden und Gerichte gestattet und hier nur gegenüber Mitgliedstaaten eine Einschränkung zu machen ist.
[4] BT-Drucks. 14/5910 S. 7.
[5] Vgl. *Stadler* IPRax 2001, 514, 519.
[6] Vorschlag für eine Verordnung zur Änderung der EG-ZustellVO vom 11. 7. 2005, KOM (2005) 305 endgültig/2.

EG-ZustellVO soll dann ausdrücklich für alle Zustellungsarten, auch für die Zustellung nach Art. 14 EG-ZustellVO gelten.[7]

4   **3. Abs. 3. a)** Abs. 3 ersetzt § 2 Abs. 2 EG-ZustDG. Die Bestimmung dient der Klarstellung. Deutsche Empfangsstellen, die ein Zustellungsersuchen nach Art. 4ff. EG-ZustellVO zu erledigen haben, bewirken die **Zustellung nach Art. 7 Abs. 1 EG-ZustellVO** grundsätzlich nach deutschem Recht als Recht des Empfangsmitgliedstaats. Schon aus § 175 ergibt sich, dass zu den Zustellungsformen des deutschen Rechts auch die Übermittlung durch Einschreiben gegen Rückschein zählt. Abs. 3 stellt klar, dass dies auch gilt, wenn im Rahmen eines Ersuchens nach Art. 4, 7 EG-ZustellVO zugestellt wird.

5   **b)** Unklar ist das Verhältnis von Abs. 3 zu **Art. 7 Abs. 1 Halbs. 2 EG-ZustellVO.** Nach seinem Wortlaut könnte Abs. 3 auch gelten, wenn die übermittelnde ausländische Stelle eine besondere, insbesondere förmliche Zustellung wünscht. Dies dürfte nicht selten der Fall sein, da die übermittelnde Stelle sonst kaum den Weg über Art. 4, 7 EG-ZustellVO wählen würde, sondern selbst gegen Einschreiben mit Rückschein (Art. 14 Abs. 1 EG-ZustellVO, zulässig nach Art. 14 Abs. 2 EG-ZustellVO iVm. § 1068 Abs. 2, dazu Rn. 2f.) an den Adressaten in Deutschland zustellen könnte. Die Normhierarchie ergibt eindeutig, dass Abs. 3 sich nur auf Art. 7 Abs. 1 Halbs. 1 EG-ZustellVO bezieht; soweit die deutsche Empfangsstelle die Wahl hat, kann sie nach Abs. 3 zustellen; Wünsche der übermittelnden Stelle hat sie nach Art. 7 Abs. 1 Halbs. 2 EG-ZustellVO zu beachten, da eine förmliche Zustellung nach § 176 möglich ist, deutschem Recht also nicht widerspricht.

II. Zustellung durch die Post (ZdP) – Anwendungsbereich

6   **1. Abgrenzung gegen Art. 15 EG-ZustellVO, § 1071. a)** Die Zustellung durch die Post ist in Art. 14 EG-ZustellVO[8] als eine „andere Art der Übermittlung und Zustellung" (Überschrift Abschnitt 2) eingeordnet und steht daher systematisch außerhalb der förmlichen Zustellung durch Rechtshilfe nach Art. 4ff., 7 EG-Zustell-VO sowie neben der „unmittelbaren Zustellung" nach Art. 15 EG-ZustellVO, mit der die Zustellung durch Parteien bzw. Parteivertreter gemeint ist (dazu § 1071). Vor dem Hintergrund, dass in einigen Mitgliedstaaten die Zustellung durch Rechtsanwälte die Regel ist, wurde strittig, ob Art. 14 EG-ZustellVO und damit auch § 1068 sich nur auf die von Gerichten und Behörden veranlasste ZdP bezieht oder auch die von Rechtsanwälten veranlasste ZdP regelt und damit in den Grenzen des § 1068 auch nach Deutschland gestattet.

7   **b)** Ungeeignet ist der Schluss aus der bloßen **„Beleihung"** Privater mit der Zustellungsbefugnis im jeweiligen nationalen Recht auf die Anwendbarkeit von Art. 14 EG-ZustellVO,[9] da dies nichts über deren Funktion in einem europäischen Rechtsinstrument aussagt. Nicht geeignet ist andererseits das **formale Argument** Art. 15 EG-ZustellVO regle die Zustellung durch Private abschließend, weshalb sie insbesondere durch § 1071 auch als ZdP nach Deutschland ausgeschlossen sei.[10]

8   **c)** Erforderlich ist ein **autonomer Auslegungsansatz**, der Regelungszwecke und Begrifflichkeiten der EG-ZustellVO einbezieht. Insoweit spricht zwar für eine Zulässigkeit der ZdP durch Rechtsanwälte, dass das EuZPR in Art. 30 Brüssel I-VO die private Zustellung nach Verfahrenseinleitung als ein der Amtszustellung gleichwertiges System erkennt und deshalb ZdP nicht auf die Mitgliedstaaten beschränkt werden kann, die den Amtsbetrieb kennen.[11] Dagegen spricht freilich, dass offenbar Art. 15 Abs. 2[12] EG-ZustellVO den Mitgliedstaaten die Abwehr von Privatzustellungen in ihrem Territorium erlaubt, was sich gewiss nicht nur auf von Privaten veranlasste förmliche Zustellungen beziehen kann, sondern erst recht ZdP durch Private umfassen muss.[13]

9   **d)** Die **Lösung** ergibt sich daraus, dass die EG-ZustellVO nicht staatliche Stellen gegen Private, sondern „Übermittlungsstellen" (Art. 2 Abs. 1 EG-ZustellVO) gegen sonstige Beteiligte abgrenzt; Art. 15 EG-ZustellVO bezieht sich vor diesem Hintergrund auf Personen, die nicht Übermittlungsstelle sind, Art. 14 EG-ZustellVO gilt hingegen nur für die ZdP durch Übermittlungsstellen.

---

[7] *Sujecki* EuZW 2006, 1, 2, derzeit Art. 15a des Änderungsvorschlags.
[8] In der Neufassung des Art. 14 EG-ZustellVO-a zum 13. 11. 2008 wird ohne nationale Regelung der Modalitäten nur die Zustellung per Einschreiben mit Rückschein oder gleichwertigem Beleg zugelassen.
[9] So OLG Köln IPRax 2004, 521; *Heidrich* EuZW 2005, 743, 746.
[10] So LG Trier NJW-RR 2003, 287.
[11] *Hess* NJW 2004, 3301, 3302; ebenso ohne Begründung Baumbach/Lauterbach/*Hartmann* Rn. 5.
[12] Ab 13. 11. 2008 wird Art. 15 EG-ZustellVO-a diesen Vorbehalt beseitigen. Die unmittelbare Zustellung muss aber weiter im Recht des Zustellungsstaates vorgesehen sein.
[13] Zutreffend Rauscher/*Heiderhoff* Art. 14 EG-ZustellVO Rn. 4.

Nicht die Befugnis zur Zustellung im staatlichen Recht, sondern erst die Benennung als Übermittlungsstelle bewirkt insbesondere, dass ein Rechtsanwalt nicht mehr nach Art. 15 EG-ZustellVO, sondern als „staatliche Stelle" iSd. Verordnung[14] zustellt und dann wie jede andere Übermittlungsstelle die Wahl zwischen der förmlichen Zustellung nach Art. 4ff. EG-ZustellVO und der ZdP nach Art. 14 EG-ZustellVO hat.[15] Art. 14 EG-ZustellVO und damit § 1068 gilt also nur für Zustellungen, die durch Übermittlungsstellen veranlasst werden.[16] Daher ist auch eine ZdP nach Abs. 1 durch den deutschen Gerichtsvollzieher im Auftrag einer Partei nicht zulässig, weil der Gerichtsvollzieher nicht Übermittlungsstelle ist.[17]

2. Abgrenzung gegen Art. 8 EG-ZustellVO, § 1070. a) Die Regelung der bei ZdP zu verwendenden **Sprache** als „Bedingung" iSd. Art. 14 Abs. 2 EG-ZustellVO (dazu Rn. 3) verlangt nach Abgrenzung gegen Art. 8 EG-ZustellVO, § 1071, wonach ein Zustellungsadressat die Annahme verweigern kann,[18] wenn das zuzustellende Schriftstück nicht in einer der dort bestimmten Sprachen abgefasst ist. Art. 8 EG-ZustellVO gilt nach seiner systematischen Stellung[19] für förmliche Zustellungen nach Art. 4ff. EG-ZustellVO, wird aber von der hM auf alle Zustellungen entsprechend angewendet. Dadurch kommt es zu einer Überlagerung von Abs. 2 S. 2 und Art. 8 Abs. 1 EG-ZustellVO bei ZdP (dazu Rn. 18, 28). 10

b) Hingegen gilt für eine Zustellung nach **Abs. 3,** die Element der förmlichen Zustellung ist, nicht Abs. 2 S. 2, sondern nur § 1070 sowie Art. 8 Abs. 1 EG-ZustellVO. 11

III. ZdP durch deutsche Übermittlungsstellen im EU-Ausland (Abs. 1)

1. Versandform (Abs. 1 S. 1). a) Abs. 1 gilt für die ZdP, die **durch deutsche Übermittlungsstellen in anderen Mitgliedstaaten** bewirkt wird. Übermittlungsstellen (Art. 2 Abs. 1 EG-ZustellVO, dazu § 1069 Abs. 1) sind nicht zu verwechseln mit den nach Art. 3 EG-ZustellVO benannten Zentralstellen (dazu § 1069 Abs. 3). Die Zustellung wird im direkten Betrieb durch die Übermittlungsstellen veranlasst und nicht über die Zentralstellen, die beratende und unterstützende Funktionen haben. 12

b) Die ZdP aus Deutschland ist nur in der Versandform des **Einschreibens mit Rückschein** statthaft. Da es sich um eine durch Art. 14 Abs. 1 EG-ZustellVO ausdrücklich jedem Mitgliedstaat überlassene Einschränkung handelt, ist dieser Begriff aus Sicht des deutschen Rechts auszulegen. Es gelten dieselben Grundsätze wie zu §§ 175, 183 Abs. 1. Möglich ist diese Zustellungsform jedenfalls durch den im Weltpostvertrag vorgesehenen Rückschein.[20] Nach ihrem Sinn ist die Regelung jedoch nicht auf die dort so bezeichnete Urkunde beschränkt, sondern funktional auszulegen, wenn die Zustellung durch private Postdienste erfolgt. Entscheidend ist die an den Absender zurückzuleitende, vom Adressaten oder einem Empfangsbevollmächtigten bei Entgegennahme vom Postdienst schriftlich dokumentierte Übergabe der Sendung.[21] Nicht genügend ist eine Versendungsform, bei der der Empfang quittiert wird, die Quittung jedoch bei dem Postdienst verbleibt. Nicht genügend ist auch das Empfangsbekenntnis, das nicht im Zeitpunkt der Übergabe durch den Postdienst abgegeben wird. 13

c) Die ZdP ist gegenüber der förmlichen Zustellung nach Art. 4ff., 7 EG-ZustellVO **nicht subsidiär,** auch wenn sie in der EG-ZustellVO unter den „anderen Arten" geführt wird. Es gilt für das Verhältnis zur förmlichen Zustellung im Rechtshilfeweg nichts anderes als in Anwendung von §§ 175, 183 Abs. 1.[22] Insbesondere verdrängt die Möglichkeit der ZdP im Verhältnis zu den Mitgliedstaaten sowohl § 184 als auch § 185 Nr. 2. Die deutschen Übermittlungsstellen sind andererseits nicht vorrangig auf die ZdP festgelegt; es ist nach pflichtgemäßem Ermessen, auch unter Be- 14

---

[14] Nicht ganz klar *Emde* NJW 2004, 1830, 1832.
[15] Das von der Gegenansicht (*Hess* NJW 2004, 3301, 3303; Baumbach/Lauterbach/*Hartmann* Rn. 5) verfolgte Prinzip der zusätzlichen Zustellung nach Art. 4ff. (Doppelzustellung) ist bei richtiger Handhabung des Art. 14 EG-ZustellVO allenfalls ausnahmsweise sinnvoll: *Schmidt* Rn. 226; *ders.* IPRax 2004, 13, 15.
[16] *Musielak/Wolst* Rn. 1; *Rauscher/Heiderhoff* Art. 14 EG-ZustellVO Rn. 4; *Schmidt* IPRax 2004, 13, 15; Gebauer/Wiedmann/*Jastrow* Rn. 222; *Geimer* IPRax 2004, 505, 506.
[17] So auch *Heidrich* EuZW 2005, 743, 744.
[18] Nach Art. 8 Abs. 1 EG-ZustellVO-a (ab 13. 11. 2008) darf der Adressat ausdrücklich das Schriftstück auch binnen einer Woche zurücksenden.
[19] Zu Reformfragen oben Rn. 3.
[20] Alle Mitgliedstaaten gehören dem Weltpostvertrag an, Rauscher/*Heiderhoff* Art. 14 EG-ZustellVO Rn. 8; Gebauer/Wiedmann/*Jastrow* Rn. 223.
[21] *Musielak/Wolst* Rn. 2.
[22] EuGH Rs C 473/04 *Plumex/Yang Sports N. V.* NJW 2006, 975; Rauscher/*Heiderhoff* Einl. EG-ZustellVO Rn. 12 mit Nachweisen.

rücksichtigung von Erfahrungen mit dem Postwesen in einzelnen Mitgliedstaaten, zwischen ZdP und förmlicher Zustellung nach Art. 4 ff. EG-ZustellVO abzuwägen. Auch das Risiko der Annahmeverweigerung ist zu bedenken (dazu § 1070 Rn. 23). Wie Art. 7 Abs. 1 2. Alt. EG-ZustellVO zeigt, steht es jeder Übermittlungsstelle frei, die Zustellung im Rechtshilfeweg zu wählen und hierbei um eine besondere, förmliche Zustellungsform zu ersuchen.

15 **2. Bedingungen des Empfangsmitgliedstaats. a)** Zu beachten sind zusätzlich die **Bedingungen**, die der Empfangsmitgliedstaat nach **Art. 14 Abs. 2** EG-ZustellVO setzen darf. Diese Regelungen[23] betreffen nicht nur die postalische Versendungsform, bei der mehrheitlich Einschreiben gegen Rückschein verlangt wird, sondern auch die Verwendung der Formblätter im Anhang zur EG-ZustellVO, Sprachregelungen sowie Beschränkungen des Personenkreises, an den eine Ersatzzustellung erfolgen kann. Dies erschwert die ZdP nicht unerheblich, weshalb in Art. 14 EG-ZustellVO-a[24] einheitlich Einschreiben gegen Rückschein vorgesehen und eine Sprachregelung getroffen werden soll und weitere Einschränkungen nach Art. 14 Abs. 2 EG-ZustellVO dann nicht mehr möglich sind.

16 b) Die nach Art. 14 Abs. 2 EG-ZustellVO gesetzten Bedingungen des Empfangsmitgliedstaats **erleichtern nicht** die von Abs. 1 geforderte Form. Auch wenn der Empfangsmitgliedstaat einen einfachen Brief genügen ließe, bleibt für deutsche Übermittlungsstellen immer nach Abs. 1 Einschreiben gegen Rückschein erforderlich.[25]

17 **3. Sprache des zuzustellenden Schriftstücks. a)** Nach der Systematik der EG-ZustellVO ist die Sprache des zuzustellenden Schriftstücks nicht autonom geregelt. Art. 8 EG-ZustellVO gilt *prima facie* nur für die förmliche Zustellung, enthält aber jedenfalls nur ein Annahmeverweigerungsrecht und schreibt nicht abstrakt bestimmte Sprachen vor. Die Sprachproblematik ist im Rahmen des Art. 14 Abs. 2 EG-ZustellVO den Mitgliedstaaten überlassen.[26] Zu beachten sind die vom **Empfangsmitgliedstaat** gesetzten Bedingungen an die Sprache des zuzustellenden Schriftstücks (Rn. 15). Diese Bedingungen müssen, auch wenn dies die Arbeit deutscher Übermittlungsstellen erschweren mag, noch bei Zugang der ZdP vorliegen.[27]

18 b) Zudem gehen der deutsche Gesetzgeber und die hM davon aus, dass der Rechtsgedanke des **Art. 8 EG-ZustellVO** sowie § 1070 auch auf die ZdP durch deutsche Übermittlungsstellen entsprechend anzuwenden ist.[28]

19 Dies entspricht zwar nicht der **Systematik** der EG-ZustellVO,[29] ist jedoch in **§ 31 q Abs. 3 ZRHO** bestimmt und als rechtsstaatlicher Mindeststandard dem Adressaten geschuldet, der nicht durch die Zustellung eines Schriftstücks gebunden sein kann, das er sprachlich nicht zu verstehen braucht. Der Empfänger hat also ein Annahmeverweigerungsrecht, wenn die verwendete Sprache nicht den in Art. 8 Abs. 1 EG-ZustellVO angeführten Sprachen entspricht. Auf dieses Recht ist der Empfänger durch die Übermittlungsstelle gemäß Muster ZRH 6[30] hinzuweisen. Für die **Frist zur Annahmeverweigerung** und den Hinweis auf diese gilt § 1070 (dazu § 1070 Rn. 9 ff.).[31]

20 **4. Zustellungsnachweis (Abs. 1 S. 2). a)** Ob der (internationale) Rückschein öffentliche Urkunde iSd. § 415 ist, ist umstritten.[32] Gegen eine (entsprechende) Anwendung von § 415 spricht, dass trotz der Gleichstellung der Zustellung nach § 175 mit der nach § 176 der Rückschein seine Beweisfunktion nicht aufgrund einer Beurkundung durch den Postdienst entfaltet, sondern aufgrund der Unterschrift des Adressaten. Abs. 1 S. 2 stellt jedoch eine **gesetzliche Beweisregel** dahingehend auf, dass der Rückschein als Nachweis der Zustellung genügt. Dies schließt den Nachweis durch andere Beweismittel nicht aus.

---

[23] *Rauscher/Heiderhoff* Art. 14 EG-ZustellVO Rn. 13; Aktualisierungen erfolgen jeweils durch Mitteilung an die Kommission nach Art. 23 EG-ZustellVO, die im ABl. EU veröffentlicht werden. Vgl. dazu auch den Europäischen Gerichtsatlas für Zivilsachen http://ec.europa.eu/justice_home/judicialatlascivil/html/index_de.htm.
[24] Vor §§ 1067 ff. Fn. 1.
[25] *Gebauer/Wiedmann/Jastrow* Rn. 222; *Schmidt* Rn. 315.
[26] Zutreffend *Zöller/Geimer* Rn. 2; *Heidrich* EuZW 2005, 743, 744.
[27] AA *Baumbach/Lauterbach/Hartmann* Rn. 11, jedoch einschränkend für den (einzig relevanten) Fall des Wechsels der Staatsangehörigkeit.
[28] BT-Drucks. 15/1062 S. 9; ebenso *Rahlf/Gottschalk* EWS 2004, 303, 308; *Jastrow* IPRax 2004, 11, 12; *Schmidt* Rn. 316; *Rauscher/Heiderhoff* Art. 14 EG-ZustellVO Rn. 22: „Art. 8 als Mindestmaß"; aA *Heß* NJW 2002, 2417, 2422 f.
[29] Zutreffend *Zöller/Geimer* § 1070 Rn. 4.
[30] http://www.datenbanken.justiz.nrw.de/ir_htm/zrh_6.doc.
[31] *Schmidt* Rn. 316.
[32] Ablehnend *Gebauer/Wiedmann/Jastrow* Rn. 223; zweifelnd *Baumbach/Lauterbach/Hartmann* Rn. 7; vgl. *Baumbach/Lauterbach/Hartmann* § 418 Rn. 5 zu „Post".

b) Die **Entkräftung** der auf Abs. 1 S. 2 beruhenden Zustellungsvermutung ist, ordnet man den 21
Rückschein nicht unter § 415 ein, nicht nur gemäß § 419, sondern mit jedem zulässigen Beweismittel möglich. Insbesondere kann nachgewiesen werden, dass der den Rückschein Unterzeichnende nicht der Adressat, sein Empfangsbevollmächtigter oder eine zur Ersatzzustellung (auch nach den vom Empfangsmitgliedstaat aufgestellten Regeln) geeignete Person ist.

5. **Mangelfolgen, Rechtsbehelfe. a)** Über die **Heilung von Mängeln** bei ZdP entscheidet 22
grundsätzlich das Prozessrecht des die Zustellung veranlassenden Gerichts (§ 1067 Rn. 9); da es sich hier um Zustellungen aus Deutschland handelt, also das deutsche Verfahrensrecht. Probleme ergeben sich gleichwohl deshalb, weil die bei der Zustellung zu beachtenden Kautelen teils dem deutschen Recht entstammen (Abs. 1), teils einer Analogie zu Art. 8 EG-ZustellVO entspringen (Rn. 18), teils aber vom Empfangsmitgliedstaat nach Art. 14 Abs. 2 EG-ZustellVO gesetzt sind. Heilbar nach § 189 sind nur Verstöße gegen deutsches Zustellungsrecht, also gegen Abs. 1, nicht aber solche gegen Art. 8 EG-ZustellVO. Nicht heilbar sind auch Verstöße gegen die Bedingungen des Empfangsmitgliedstaats.

b) Die **Folgen nicht geheilter Mängel** bestimmen sich ebenfalls nach dem maßgeblichen Prozessrecht, im deutschen Zivilprozess (§ 1067 Rn. 10) also nach deutschem Recht. Für Anerkennungsfähigkeit und anderweitige Rechtshängigkeit unter EG-Rechtsinstrumenten gilt nichts anderes als bei sonstigen Fehlern der Zustellung, da die EG-ZustellVO keine eigenständigen Mangelfolgen festlegt. Mitgliedstaaten können im Rahmen ihrer Regelungen nach Art. 14 Abs. 2 EG-ZustellVO nur die geforderten Modalitäten festlegen, deren Verletzung zu Zustellungsmängeln führt, nicht aber die Fehlerfolge bestimmen. 23

c) **Rechtsbehelfe** wegen nicht geheilten Mängeln der ZdP ins Ausland unterliegen vor deutschen Gerichten der ZPO. Ein Urteil, das auf einer nach Abs. 1 oder nach Bestimmungen des Empfangsmitgliedstaats mangelhafte Zustellung beruht, ist auf Berufung oder Revision aufzuheben. 24

IV. ZdP aus dem EU-Ausland nach Deutschland (Abs. 2)

1. **Beschränkung der Versandform (Abs. 2 S. 1).** Für die ZdP an einen Adressaten in 25
Deutschland bestimmt Abs. 2 die gemäß Art. 14 Abs. 2 EG-ZustellVO vom Empfangsmitgliedstaat zu setzenden Bedingungen. Die Versandform beschränkt Abs. 2 S. 1 auf das **Einschreiben gegen Rückschein**. Insoweit gilt ebenfalls deutsches Recht, das die Bedingungen nach Art. 14 Abs. 1 EG-ZustellVO zu setzen befugt ist, also dieselben Konditionen wie zu Abs. 1 S. 1 (oben Rn. 13).

2. **Sprache des zuzustellenden Schriftstücks (Abs. 2 S. 2). a)** Das an den Adressaten in 26
Deutschland zuzustellende Schriftstück muss nach Abs. 2 S. 2 (ebenso § 65 s ZRHO) grundsätzlich in **Deutsch** gefasst sein oder es muss eine deutsche Übersetzung beigefügt sein. Ist der Zustellungsadressat **Staatsangehöriger des Übermittlungsmitgliedstaats**, so genügt es, wenn das Schriftstück in der Amtssprache oder in einer von mehreren Amtssprachen des Übermittlungsstaats gefasst oder von einer Übersetzung in diese begleitet ist. Da diese Regelung aus deutscher Sicht die ZdP im Inland einschränkt, ist maßgeblicher Zeitpunkt für das Vorliegen dieser Kriterien nicht der der Absendung durch die ausländische Übermittlungsstelle, sondern der des Zugangs der ZdP.[33]

b) Diese Regelung orientiert sich an den **Kriterien** des Art. 8 EG-ZustellVO, kopiert dessen 27
Sprachregelung aber nicht, was zulässig ist, da jeder Mitgliedstaat Bedingungen nach Art. 14 Abs. 2 EG-ZustellVO setzen darf, aber zu Spannungen führt, da Art. 8 EG-ZustellVO nach hM auch für die ZdP aus Deutschland gilt (Rn. 18), muss zwangsläufig Art. 8 EG-ZustellVO als richtungsneutrale EG-Regelung auch hier gelten, überlagert also Abs. 2 S. 2. Unter Abs. 2 S. 2 genügt, anders als nach Art. 8 EG-ZustellVO die Sprache des Übermittlungsstaats nicht, wenn die ZdP an einen Deutschen erfolgt, der diese Sprache versteht. Andererseits genügt diese Sprache, wenn die Zustellung an einen Staatsangehörigen des Übermittlungsstaats erfolgt, auch wenn dieser die Sprache nicht versteht. Nach Art. 8 Abs. 1 EG-ZustellVO darf dieser gleichwohl die Annahme verweigern. Einig sind beide Regeln dahingehend, dass bei Zustellung an einen Ausländer im Empfangsmitgliedstaat Deutschland die Verwendung der deutschen Sprache immer genügt, was dadurch gerechtfertigt ist, dass in Deutschland lebender Ausländer auch mit Zustellungen deutscher Gerichte in der Gerichtssprache rechnen muss.[34]

c) Problematisch ist auch die Frage der **Annahmeverweigerung** bei Verletzung von Abs. 2 S. 2. 28
Ein solches Recht ist nicht ausdrücklich bestimmt.[35] Einer förmlichen Regelung eines Rechts zur

---

[33] Was nur ausnahmsweise, zB bei Verlust einer Staatsangehörigkeit, eine Rolle spielen wird.
[34] Ebenso *Stadler* IPRax 2001, 514, 521.
[35] Zutreffend *Rahlf/Gottschalk* EWS 2004, 303, 308.

Annahmeverweigerung bedarf es im Gegensatz zu Art. 8 EG-ZustellVO nicht, da Abs. 2 S. 2 die Sprache vorschreibt, ein Verstoß gegen Abs. 2 S. 2 also per se einen Zustellungsmangel bedeutet, während bei Art. 8 EG-ZustellVO erst die Annahmeverweigerung die Zustellung mangelhaft macht. Gleichwohl kann der Adressat die Zustellung auch unter Hinweis auf Abs. 2 S. 2 ohne Nachteile zurückweisen, weil niemanden eine Obliegenheit trifft, mangelhafte Zustellungen entgegenzunehmen.

29 Problematisch ist in diesem Fall auch die Ausübung des Annahmeverweigerungsrechts nach dem – entsprechend auch für die ZdP geltenden – **Art. 8 EG-ZustellVO.** Die Abschätzung, ob die Voraussetzungen des Abs. 2 S. 2 vorliegen, ist für den Adressaten meist praktisch unmöglich, weil ihm der Postbedienstete das in aller Regel in einem Umschlag befindliche Schriftstück erst übergeben wird, wenn er den Rückschein unterzeichnet hat. Zudem ist keine Empfangsstelle eingeschaltet, so dass kein Hinweis nach Art. 8 Abs. 1 EG-ZustellVO erfolgt. Eine **Regelung im deutschen Recht,** wonach der Adressat einkommender ZdP über Art. 8 EG-ZustellVO zu belehren wäre, existiert nicht; §§ 65 l, 65 m ZRHO gelten nur für die förmliche Zustellung; es wäre auch schwierig, dem Postdienst eine Belehrungspflicht aufzuerlegen. Nur Bestimmungen im **Recht des Übermittlungsstaats,** die dem Adressaten ein nachträgliches Annahmeverweigerungsrecht geben und ihm eine Belehrungspflicht enthalten, wie etwa das österreichische und das ungarische Recht[36] sowie im spiegelbildlichen Fall auch das deutsche Recht aufgrund von § 31 q ZRHO (dazu Rn. 19) beheben das Problem. Dies kann das Recht auf sachgerechte Verteidigung iSd. Art. 6 Abs. 1 EMRK beschränken[37] und verlangt nach Vereinheitlichung der Sprach- und Hinweisvoraussetzungen.[38]

30 3. **Mangelfolgen, Rechtsbehelfe.** Für **Heilung, Mangelfolgen** im laufenden Prozess, anlässlich der **Anerkennung** und hinsichtlich der konkurrierenden **Rechtshängigkeit** sowie für **Rechtsbehelfe** gilt nichts anderes als für sonstige Zustellungen aus dem Ausland nach Deutschland (vgl. § 1067 Rn. 7 ff.). Es entscheidet also, soweit es EG-rechtliche Regelungen gibt, das EG-Recht, sonst das Verfahrensrecht des befassten Gerichts. Eine fehlerhafte ZdP nach Deutschland kann insbesondere im Anerkennungsstadium von deutschen Gerichten zu beurteilen sein. Da die Anerkennungsregeln des EuZPR nicht mehr umfassend Ordnungsmäßigkeit der Zustellung des verfahrenseinleitenden Schriftstücks verlangen (§ 1067 Rn. 11), können auch Verstöße gegen Abs. 2 unschädlich sein; Mängel bei nicht verfahrenseinleitenden Zustellungen sind nur am *ordre public* zu messen. Da gerade bei fehlender Übersetzung das rechtliche Gehör betroffen ist, liegt eine Anerkennungsversagung nicht fern.

V. ZdP für EU-ausländische Übermittlungsstelle (Abs. 3)

31 1. **Struktur der Zustellung auf Ersuchen nach EG-ZustellVO. a)** Abs. 3 ist im Kontext der förmlichen Zustellung **(Rechtshilfezustellung)** nach Art. 4 ff., 7 EG-ZustellVO zu verstehen. Bei dieser Zustellung wirken die **Übermittlungsstellen** (Art. 2 Abs. 1 EG-ZustellVO) des die Zustellung betreibenden Mitgliedstaats und die **Empfangsstellen** (Art. 2 Abs. 2 EG-ZustellVO) des ersuchten Staates zusammen.[39]

32 **b)** Die **Übermittlung** erfolgt im unmittelbaren Rechtshilfeverkehr (Art. 4 Abs. 1 EG-ZustellVO), also, anders als nach dem HZÜ, nicht über die Zentralstellen (Art. 3 EG-ZustellVO), die beratend und helfend tätig werden und nur ausnahmsweise Zustellungsanträge erledigen. Während fast alle Mitgliedstaaten die Idee des unmittelbaren Verkehrs auf Seite der Übermittlungsstellen realisiert haben, also Gerichte, teils auch Gerichtsvollzieher benannt haben, ist der Grad der Dezentralisierung bei den Empfangsstellen geringer, was die Zustellung verlangsamt.[40] Für die Übermittlung sind alle geeigneten Übermittlungswege zugelassen einschließlich elektronischer Übermittlung, solange exakte Übereinstimmung des gesendeten und des empfangen Dokuments und dessen Lesbarkeit sichergestellt ist (Art. 4 Abs. 2 EG-ZustellVO; zur Rückgabe bei Zweifeln an der Übereinstimmung § 65 c ZRHO).

33 **c)** Der **Zustellungsantrag** ist auf dem Formblatt im Anhang zur EG-ZustellVO in der Amtssprache des Empfangsmitgliedstaats, bei mehreren Amtssprachen in einer des Ortes an dem die Zustellung erfolgen soll, oder in einer sonstigen vom Empfangsmitgliedstaat zugelassenen

---

[36] *Stadler* IPRax 2001, 514, 520; *Rahlf/Gottschalk* EWS 2004, 303, 308.
[37] Dazu *Stadler* IPRax 2001, 514, 520.
[38] Vgl. den Änderungsvorschlag zur EG-ZustellVO KOM (2005) 305 endgültig/2.
[39] Aktuelle Angaben zu den Übermittlungs- und Empfangsstellen im Europäischen Gerichtsatlas für Zivilsachen: http://ec.europa.eu/justice_home/judicialatlascivil/html/index_de.htm.
[40] Angaben dazu im Einzelnen bei *Gebauer/Wiedmann/Jastrow* Rn. 46 ff., 49 ff.

Sprache[41] auszufüllen (Art. 4 Abs. 3 EG-ZustellVO). Deutsche Empfangsstellen nehmen nur Ersuchen in Deutsch und Englisch entgegen; Ersuchen in anderen Sprachen können (müssen aber nicht!) unerledigt zurückgeleitet werden (§ 65d S. 3 ZRHO). Der Vordruck selbst kann in jeder Sprache eines Mitgliedstaats abgefasst sein, da das System einheitlicher Vordrucke in den Anhängen der EG-ZustellVO die Lesbarkeit sicherstellt (ausdrücklich § 65d S. 2 ZRHO). Beglaubigung, Legalisation oder Apostillierung der zu übermittelnden Dokumente ist nicht erforderlich (Art. 4 Abs. 4 EG-ZustellVO).

d) Die **Empfangsstelle** übersendet schnellstmöglich, jedenfalls innerhalb von sieben Tagen auf schnellstem Weg eine Empfangsbestätigung (Art. 6 Abs. 1 EG-ZustellVO; vgl. § 65g ZRHO) und nimmt ggf. mit der Übermittlungsstelle Kontakt auf, um durch Nachforderung von Urkunden Zustellungshindernisse zu beheben (Art. 6 Abs. 2 EG-ZustellVO; vgl. § 65h ZRHO). Bei offenkundiger Unzuständigkeit oder Unmöglichkeit der Zustellung aus Formgründen ist der Zustellungsantrag sofort zurückzusenden (Art. 6 Abs. 3 EG-ZustellVO; vgl. § 65i ZRHO). Bei örtlicher Unzuständigkeit und im Übrigen korrektem Antrag leitet die Empfangsstelle den Antrag hingegen an die zuständige Empfangsstelle weiter (Art. 6 Abs. 4; vgl. § 65j ZRHO).

e) Die eigentliche **Zustellung** wird von der Empfangsstelle in den Formen des Rechts des Empfangsmitgliedstaats bewirkt. Auf diese Phase bezieht sich Abs. 3. Wünscht die Übermittlungsstelle eine besondere Form, so hat die Empfangsstelle dies zu beachten, sofern dieses Verfahren mit dem Recht des Empfangsmitgliedstaats vereinbar ist (Art. 7 Abs. 1 EG-ZustellVO). Auch dies ist beschleunigt durchzuführen; Art 7 Abs. 2 idF der künftigen EG-ZustellVO sieht zwingend eine Ausführung binnen einem Monat vor. Ist die Zustellung nicht binnen einem Monat nach Eingang möglich, so bedarf es schon nach der geltenden Fassung einer Mitteilung an die Übermittlungsstelle (Art. 7 Abs. 2 EG-ZustellVO; vgl. § 65 o ZRHO), die jedoch nicht weitere Zustellungsbemühungen entbehrlich macht.[42] Verweigerungsrechte regelt Art. 8 EG-ZustellVO (dazu § 1070).

f) Letzter Schritt der förmlichen Zustellung ist die Ausstellung und Übersendung der **Zustellungsbescheinigung**. Diese wird in (einer) der Amtssprache(n) des Übermittlungsstaats auf dem entsprechenden Formblatt im Anhang der EG-ZustellVO ausgestellt (Art. 10 Abs. 2 EG-ZustellVO). Zur Ausfüllung in Deutschland im Einzelnen § 65f ZRHO; die Postzustellungsurkunde wird hingegen nicht der Übermittlungsstelle übersandt (§ 65p Abs. 3 ZRHO).

Wünscht die Übermittlungsstelle eine **Rücksendung des zuzustellenden Schriftstücks** zusammen mit der Bescheinigung, so übersendet sie dies zweifach (Art. 4 Abs. 5 EG-ZustellVO) und erhält eine Abschrift zurück. Die Bescheinigung ist auch für die Mitteilung vorgesehen, dass die Zustellung nicht binnen Monatsfrist erfolgen konnte (Art. 7 Abs. 2 EG-ZustellVO). Ebenso findet dieses Formblatt Verwendung, wenn der Adressat die Annahme nach Art. 8 EG-ZustellVO verweigert. Zur Verwendung der Formblätter, Identifizierung des zugestellten Schriftstücks und Zuordnung des Zustellungsantrags zur Übermittlungsstelle vgl. §§ 65e, 65p ZRHO.

2. ZdP als zulässige Form der Zustellung durch deutsche Empfangsstelle. a) Abs. 3 stellt klar, dass zu den für die Zustellung durch eine deutsche Empfangsstelle nach Art. 7 EG-ZustellVO (Rn. 33) **zulässigen Formen** des deutschen Rechts auch die Zustellung durch Einschreiben mit Rückschein zählt. Dies wäre an sich schon aus § 175 herzuleiten, da Art. 7 Abs. 1 EG-ZustellVO auf das Recht des Empfangsmitgliedstaats verweist. Zweifel könnten freilich deshalb bestehen, weil in dieser Form schon die ausländische Übermittlungsstelle nach Deutschland zustellen könnte, so dass durch die Wahl des förmlichen Weges nach Art. 4ff. EG-ZustellVO der Zustellungsvorgang, der letztlich nach Abs. 3 abgeschlossen wird, nicht sicherer, sondern meist nur umständlicher wird. Deshalb wird die deutsche Empfangsstelle nur ausnahmsweise nach Abs. 3 zustellen.[43] Die unterschiedliche Fassung der Sprachregeln (unten Rn. 40f.) kann aber im Einzelfall ein guter Grund für die Zustellung über Art. 4ff., 7 EG-ZustellVO iVm. Abs. 3 sein.

b) Die **Übermittlungsstelle** kann jedenfalls eine bestimmte Zustellungsform gemäß Art. 7 Abs. 1 Halbs. 2 EG-ZustellVO wünschen. Wünscht sie insbesondere eine Zustellung nach §§ 176ff., so kann die Empfangsstelle nicht auf die ZdP nach Abs. 3 zurückgreifen, weil die Zustellung nach §§ 176ff. mit dem deutschen Recht iSd. Art. 7 Abs. 1 EG-ZustellVO „vereinbar" ist (vgl. auch § 65k ZRHO). Insbesondere ist Abs. 3 keine Bestimmung, welche die Zustellung nach §§ 176ff.

---

[41] Viele Mitgliedstaaten erlauben die Ausfüllung in Englisch, näher *Rauscher/Heiderhoff* Art. 4 EG-ZustellVO Rn. 10.
[42] So ab 13. 11. 2008 ausdrücklich Art. 7 Abs. 2 lit. b EG-ZustellVO-a.
[43] *Thomas/Putzo/Hüßtege* Rn. 3; *Schlosser* Art. 7 EuZVO Rn. 2; *Rauscher/Heiderhoff* Art. 7 EG-ZustellVO Rn. 2.

§ 1068   Buch 11. Abschnitt 1. VO (EG) Nr. 1348/2000

mit deutschem Recht „unvereinbar" macht;[44] das folgt schon aus der Verwendung des Wortes „kann" in Abs. 3. Außerdem wäre es geradezu widersinnig, eine in der ZPO geregelte Zustellungsart als mit deutschem Recht unvereinbar zu bezeichnen.

40   **3. Sprache, Belehrung über Rechte nach Art. 8 EG-ZustellVO. a)** Für diese ZdP gilt **nicht Abs. 2**, insbesondere nicht Abs. 2 S. 2,[45] denn die Zustellung nach Abs. 2 ist nicht eine aus einem anderen Mitgliedstaat kommende ZdP nach Art. 14 Abs. 1 EG-ZustellVO, sondern eine Inlandszustellung, welche die Zustellung im Rechtshilfeweg abschließt.

41   **b)** Die ZdP nach Abs. 3 unterliegt jedoch, wie jede andere Zustellung, die nach Art. 4ff. EG-ZustellVO bewirkt wird, der **Sprachregelung** bzw. dem **Annahmeverweigerungsrecht** des Art. 8 EG-ZustellVO.[46] Der Empfänger kann die Annahme verweigern, wenn das Schriftstück nicht in der Amtssprache des Empfangsmitgliedstaats ggf. einer am Zustellungsort zugelassenen Amtssprache abgefasst ist oder in einer Sprache des Übermittlungsstaats,[47] die er versteht. Hierüber hat die Empfangsstelle den Empfänger zu belehren (Art. 8 Abs. 1 EG-ZustellVO) und zwar in jedem Fall, unabhängig von der Sprache des zuzustellenden Schriftstücks (gemäß § 65m Abs. 2 ZRHO auf dem Muster ZRH 7[48]). Ob die Annahmeverweigerung zu Recht erfolgt, also die Sprachkenntnis des Adressaten, kann und muss die Empfangsstelle nicht prüfen; auch eine förmliche Zustellung hilft in diesem Fall nicht, da das Annahmeverweigerungsrecht unabhängig von der von der Empfangsstelle gewählten Zustellungsart ist. Das Zustellungsersuchen geht unerledigt zurück und über die Berechtigung der Annahmeverweigerung ist im Ausgangsverfahren im Übermittlungsmitgliedstaat zu entscheiden.[49] Deshalb stellt sich für die Empfangsstelle im Anwendungsbereich von Art. 8 EG-ZustellVO auch die Frage nach dem **Zeitpunkt**, auf den für die (überdies kaum wandelbaren[50]) Verhältnisse abzustellen ist, nicht.

42   **c)** Wegen der **Unterschiede zwischen Abs. 2 S. 2 und Art. 8 Abs. 1 EG-ZustellVO** kann es trotz der Möglichkeit einer ZdP unmittelbar durch die Übermittlungsstelle günstiger sein, den an sich umständlicheren und kostenträchtigen Weg über Art. 4ff. EG-ZustellVO zu wählen.[51]

43   **4. Mangelfolgen, Rechtsbehelfe. a)** Die **Heilung** von Zustellungsmängeln beurteilt sich grundsätzlich nach dem Recht des Übermittlungsstaats unter Einschluss der EG-ZustellVO, die keine Heilungsvorschriften kennt. Soweit jedoch im Rahmen des Art. 7 EG-ZustellVO die Empfangsstelle deutsches Zustellungsrecht anwendet und hierbei Fehler unterlaufen, bestimmt sich die Heilung nach § 189. Dadurch können allerdings keine Verletzungen von Art. 8 EG-ZustellVO geheilt werden, auch wenn dessen Voraussetzungen in §§ 65m f. ZRHO wiederholt werden.

44   **b)** Die Folgen einer mangelhaften, nicht geheilten Zustellung für das **Ausgangsverfahren**, die **Anerkennung** oder die frühere **Rechtshängigkeit** sowie **Rechtsbehelfe** beurteilen sich wie für jede andere mangelhafte Zustellung (dazu § 1067 Rn. 10ff.).

§ 1069 Zuständigkeiten nach der Verordnung (EG) Nr. 1348/2000*

(1) Für Zustellungen im Ausland sind als deutsche Übermittlungsstelle im Sinne von Artikel 2 Abs. 1 der Verordnung (EG) Nr. 1348/2000 zuständig:
1. für gerichtliche Schriftstücke das die Zustellung betreibende Gericht und
2. für außergerichtliche Schriftstücke dasjenige Amtsgericht, in dessen Bezirk die Per-

---

[44] *Thomas/Putzo/Hüßtege* Rn. 4; aA *Baumbach/Lauterbach/Hartmann* Rn. 10.
[45] AA *Thomas/Putzo/Hüßtege* Rn. 3.
[46] *Stadler* IPRax 2002, 471, 476.
[47] In Art. 8 EG-ZustellVO-a wird ab 13. 11. 2008 die Beschränkung auf Sprachen des Übermittlungsstaats entfallen.
[48] http://www.datenbanken.justiz.nrw.de/ir_htm/zrh_7.doc.
[49] Zur *Heilung* bei Übergehen einer berechtigten Annahmeverweigerung nach Art. 8 EG-ZustellVO EuGH Rs C-443/03 *Leffler/Berlin ChemieAG* NJW 2006, 491; Anm. *Rösler/Siepmann* NJW 2006, 475; Anm. *Rauscher* JZ 2006, 248; Anm. *Stadler* IPRax 2006, 116; Anm. *Heiderhoff* EuZW 2006, 235; Anm. *Schütze* RIW 2006, 352; Anm. *Eichenhofer* ZESAR 2006, 165; die Heilung durch Nachholung sowie die Folgen der Heilung für den Zeitpunkt der Zustellung sind ab 13. 11. 2008 in Art. 8 Abs. 3 geregelt.
[50] Es müsste denn der Adressat zwischen Veranlassung der Zustellung und deren Zugang die Sprache des Übermittlungsstaats lernen oder dieser seine Amtssprachen ändern.
[51] Spricht zB der Adressat Englisch, ohne Staatsangehöriger des UK zu sein, so kann ein englisches Gericht ohne Beifügung einer Übersetzung die Zustellung nach Art. 4ff., 7 EG-ZustellVO iVm. Abs. 3 in Deutschland veranlassen, ohne dass ein Annahmeverweigerungsrecht nach Art. 8 EG-ZustellVO besteht. Hingegen genügt eine ZdP aus dem UK nicht Abs. 2 S. 2 Nr. 2.

* § 1069 soll zum 13. 11. 2008 geändert werden, siehe Gesetzentwurf der Bundesregierung vom Januar 2008, abgedruckt als Anh. III zu Buch 11.

son, welche die Zustellung betreibt, ihren Wohnsitz oder gewöhnlichen Aufenthalt hat; bei notariellen Urkunden auch dasjenige Amtsgericht, in dessen Bezirk der beurkundende Notar seinen Amtssitz hat; bei juristischen Personen tritt an die Stelle des Wohnsitzes oder des gewöhnlichen Aufenthalts der Sitz; die Landesregierungen können die Aufgaben der Übermittlungsstelle einem Amtsgericht für die Bezirke mehrerer Amtsgerichte durch Rechtsverordnung zuweisen.

(2) ¹Für Zustellungen in der Bundesrepublik Deutschland ist als deutsche Empfangsstelle im Sinne von Artikel 2 Abs. 2 der Verordnung (EG) Nr. 1348/2000 dasjenige Amtsgericht zuständig, in dessen Bezirk das Schriftstück zugestellt werden soll. ²Die Landesregierungen können die Aufgaben der Empfangsstelle einem Amtsgericht für die Bezirke mehrerer Amtsgerichte durch Rechtsverordnung zuweisen.

(3) ¹Die Landesregierungen bestimmen durch Rechtsverordnung die Stelle, die in dem jeweiligen Land als deutsche Zentralstelle im Sinne von Artikel 3 Satz 1 der Verordnung (EG) Nr. 1348/2000 zuständig ist. ²Die Aufgaben der Zentralstelle können in jedem Land nur einer Stelle zugewiesen werden.

(4) Die Landesregierungen können die Befugnis zum Erlass einer Rechtsverordnung nach Absatz 1 Nr. 2, Absatz 2 Satz 2 und Absatz 3 Satz 1 einer obersten Landesbehörde übertragen.

I. Normzweck

1. § 1069 ersetzt § 4 EG-ZustDG;[1] die Bestimmung regelt **Zuständigkeiten** deutscher Gerichte und Behörden in Ausführung von Art. 2 und 3 EG-ZustellVO.

2. Abs. 1 bestimmt die deutschen **Übermittlungsstellen** gemäß Art. 2 Abs. 1 EG-ZustellVO, welche Schriftstücke zur förmlichen Zustellung gemäß Art. 4 Abs. 1 EG-ZustellVO übermitteln bzw. selbst auf andere Weise, insbesondere nach Art. 14 EG-ZustellVO (dazu § 1068) zustellen können.

3. Abs. 2 bestimmt die deutschen **Empfangsstellen** gemäß Art. 2 Abs. 2 EG-ZustellVO, die im Rahmen der förmlichen Zustellung nach Art. 4 ff. EG-ZustellVO das Schriftstück nach Art. 6 EG-ZustellVO entgegennehmen, nach Art. 7 EG-ZustellVO die Zustellung bewirken und nach Art. 10 EG-ZustellVO der Übermittlungsstelle die Bescheinigung erteilen (zum Ablauf vgl. § 1068 Rn. 30 ff.).

4. Abs. 3 überlässt es den Landesregierungen, die im jeweiligen Bundesland (vgl. Art. 3 S. 2 EG-ZustellVO) zuständige **Zentralstelle** zu bestimmen, welche die beratenden und vermittelnden Aufgaben nach Art. 3 EG-ZustellVO wahrnimmt.

5. Abs. 4 **ermächtigt** die Landesregierungen, die ihnen nach Abs. 3 sowie im Rahmen der Konzentration der Übermittlungs- und Empfangsstellen übertragenen Ermächtigungen auf eine oberste Landesbehörde weiter zu übertragen.

II. Übermittlungsstellen (Abs. 1)

1. **Funktion nach der EG-ZustellVO.** Die Übermittlungsstellen sind nach **Art. 2 Abs. 1 EG-ZustellVO** die durch jeden Mitgliedstaat für sein Gebiet zu bestimmenden Behörden, Amtspersonen oder sonstigen Personen, welche im Rahmen der EG-ZustellVO die Funktion der Übermittlung gerichtlicher Schriftstücke zum Zweck der Zustellung in einem anderen Mitgliedstaat wahrnehmen (dazu § 1068 Rn. 31). Andere Stellen sind, mit Ausnahme der Zustellung nach Art. 15 EG-ZustellVO (dazu § 1071), nicht befugt, Zustellungen zu übermitteln; sie müssen eine Übermittlungsstelle einschalten.[2] Dies gilt auch dann, wenn sie nach dem Zivilprozessrecht des Übermittlungsstaats Zustellungen durchführen können. Auch die Zustellung durch die Post (Art. 14 EG-ZustellVO) kann nur durch Übermittlungsstellen veranlasst werden (dazu § 1068 Rn. 3 ff.).

2. **Zuständige deutsche Übermittlungsstellen. a) Gerichtliche Schriftstücke.** In Deutschland sind als Übermittlungsstellen **nur Gerichte** berufen. Für gerichtliche Schriftstücke ist Übermittlungsstelle das die jeweilige Zustellung betreibende Gericht (Abs. 1 Nr. 1). Der Begriff des gerichtlichen Schriftstücks ist, obgleich die Mitgliedstaaten der Kommission hierzu mehr oder weniger klare Angaben gemacht haben, im Kern selbsterklärend: Wo es ein Gericht gibt, welches das Ver-

---

[1] Zur Integration in die ZPO vgl. Vor §§ 1067 ff. Rn. 2.
[2] Zöller/Geimer Rn. 2.

§ 1069 8–15

fahren betreibt, in dem die Zustellung erforderlich wird, ist dieses Gericht die örtlich zuständige Übermittlungsstelle.[3]

8 **b) Außergerichtliche Schriftstücke.** Auch für außergerichtliche Schriftstücke sind **nur Gerichte** als Übermittlungsstellen berufen; Gerichtsvollzieher, Rechtsanwälte und Notare sind keine Übermittlungsstellen. Sie können ohne Übermittlungsstelle nur höchst eingeschränkt nach Art. 15 EG-ZustellVO zustellen (dazu § 1071). Als Übermittlungsstelle sachlich und örtlich zuständig ist dasjenige Amtsgericht, in dessen Bezirk die Person, die die Zustellung betreibt, ihren Wohnsitz oder gewöhnlichen Aufenthalt hat (Abs. 1 Nr. 2 Halbs. 1); beide Anknüpfungskriterien sind, soweit sie auseinander fallen, alternativ. Wohnsitz- und Aufenthaltsbegriff bestimmen sich nach deutschem Recht, weil sie Grundlage der Zuständigkeitsbestimmung im deutschen Verfahrensrecht sind. Hat der die Zustellung Betreibende in Deutschland weder Wohnsitz noch gewöhnlichen Aufenthalt, so sind deutsche Gerichte im Rahmen der EG-ZustellVO nicht als Übermittlungsstellen für außergerichtliche Schriftstücke zuständig, es sei denn, es handelt sich um Urkunden eines deutschen Notars (Rn. 10).

9 Der **Begriff** des außergerichtlichen Schriftstücks ergibt sich im Umkehrschluss aus dem des gerichtlichen: Jedes nach einem maßgeblichen (nicht notwendig dem deutschen) Verfahrensrecht zustellungsbedürftige Schriftstück, das nicht unmittelbar auf ein gerichtliches Verfahren bezogen ist, fällt hierunter. Um den umfassend gewollten Anwendungsbereich der EG-ZustellVO (Art. 16) zu gewährleisten, kommt eine einschränkende Auslegung dieses Begriffs nicht in Betracht.

10 Bei **notariellen Urkunden** ist auch das Amtsgericht zuständig, in dem der beurkundende Notar seinen Amtssitz (§ 10 BNotO) hat (Abs. 1 Nr. 2 Halbs. 2). Insoweit hat der die Zustellung Betreibende die Wahl, dieses Gericht oder sein Wohnsitzgericht einzuschalten. Insbesondere kann die Zustellung von Urkunden eines deutschen Notars auch dann über deutsche Gerichte als Übermittlungsstellen betrieben werden, wenn der Betreibende in Deutschland weder Wohnsitz noch Aufenthalt hat.

11 Betreiben **juristische Personen** die Zustellung, so ist das Amtsgericht am Sitz der juristischen Person zuständig (Abs. 1 Nr. 2 Halbs. 3). Damit hängt insbesondere die Zuständigkeit deutscher Gerichte als Übermittlungsstellen davon ab, dass die betreibende juristische Person Sitz in Deutschland hat. Angesichts der kollisionsrechtlich problematischen Entscheidung, ob an den Gründungs- oder Verwaltungssitz anzuknüpfen ist, empfiehlt es sich, insoweit nicht auf deutsches Recht abzustellen, sondern den Rechtsgedanken des Art. 60 Abs. 1 Brüssel I-VO heranzuziehen; es genügt wahlweise der Satzungssitz, der Verwaltungssitz oder der Hauptniederlassung in Deutschland.

12 Nach Abs. 1 Nr. 2 Halbs. 4 kann durch RechtsVO der jeweiligen Landesregierung die Aufgabe der Übermittlungsstelle einem **Amtsgericht für den Bezirk mehrerer Amtsgerichte** übertragen werden. Diese Ermächtigung betrifft nach der systematischen Stellung in Nr. 2 nur die Zuständigkeit als Übermittlungsstelle für außergerichtliche Schriftstücke, was vom Gesetzgeber wohl auch so gewollt[4] und nicht sinnwidrig ist, da gerichtliche Schriftstücke am ehesten durch das Gericht selbst zugestellt werden.

13 **3. Bedeutung der Prüfungsstellen.** Prüfungsstellen (§ 9 ZRHO) sieht die EG-ZustellVO nicht vor. § 27 ZRHO nimmt den Anwendungsbereich der EG-ZustellVO nicht gänzlich aus der Einschaltung der Prüfungsstellen aus, gestattet jedoch, dass die Landesjustizverwaltungen im Bereich der EG-ZustellVO von deren Einschaltung absehen. Europarechtlich erscheint die Einschaltung von Prüfungsstellen trotz des in Art. 4 Abs. 1 EG-ZustellVO bestimmten unmittelbaren Verkehrs unbedenklich, weil es den Mitgliedstaaten sogar freisteht, die Aufgaben der Übermittlungs- und Empfangsstellen beliebig zu konzentrieren.[5] Insbesondere die Gewährleistung klarer und einfacher Ersuchen deutscher Übermittlungsstellen (§ 28 Abs. 1 ZRHO) dient letztlich der Beschleunigung und ist jedenfalls einer Zentralisierung der Übermittlungsstellen vorzuziehen.

14 **4. Rechtsfolgen bei Unzuständigkeit.** Die Folgen des Tätigwerdens einer sachlich oder örtlich unzuständigen Stelle als Übermittlungsstelle bestimmen sich, wie für jeden Zustellungsmangel, nach dem jeweiligen Verfahrensrecht (im Einzelnen § 1067 Rn. 9 ff.).

III. Empfangsstellen (Abs. 2)

15 **1. Funktion nach der EG-ZustellVO.** Empfangsstellen sind die nach **Art. 2 Abs. 2 EG-ZustellVO** von jedem Mitgliedstaat für die Entgegennahme gerichtlicher und außergerichtlicher

---

[3] *Rauscher/Heiderhoff* Art. 1 EG-ZustellVO Rn. 6.
[4] BT-Drucks. 14/5910 S. 8; aA wohl *Rauscher/Heiderhoff* Art. 2 EG-ZustellVO Rn. 7; Art. 16 EG-ZustellVO Rn. 5.
[5] Einige Mitgliedstaaten konnten sich Zustellungen im unmittelbaren Verkehr nicht vorstellen: *Meyer* IPRax 1997, 403.

Schriftstücke aus einem anderen Mitgliedstaat zum Zweck der Zustellung benannten Behörden, Amtspersonen oder sonstigen Personen. Den Empfangsstellen obliegen zahlreiche Aufgaben im Rahmen der förmlichen Zustellung nach Art. 4 ff. EG-ZustellVO, insbesondere die Durchführung der Zustellung an den Adressaten (Art. 7 EG-ZustellVO) und deren Bescheinigung (Art. 10 EG-ZustellVO). Zum Ablauf der förmlichen Zustellung nach der EG-ZustellVO s. § 1068 Rn. 30 ff. Die Zustellung durch die Post nach Art. 14 Abs. 1 EG-ZustellVO iVm. § 1068 Abs. 2 erfordert hingegen nicht die Einschaltung einer (deutschen) Empfangsstelle.

2. Zuständigkeiten als deutsche Empfangsstellen. Als Empfangsstellen sind in Deutschland **sachlich nur Amtsgerichte** zuständig. Insbesondere kann ein förmliches Zustellungsersuchen aus dem Ausland nicht direkt an einen Gerichtsvollzieher oder die Post (§ 176) gerichtet werden. Wegen der Zustellung durch die Post vgl. Rn. 15.   **16**

Örtlich zuständig ist das Amtsgericht, in dessen Bezirk das Schriftstück zugestellt werden soll. Wo zugestellt werden soll, entscheidet die ausländische Übermittlungsstelle durch die Angaben, die sie in Ziff. 4 des Antrags (Anhang zur EG-ZustellVO) zur Anschrift des Empfängers macht.   **17**

Nach Abs. 2 S. 2 kann durch RechtsVO der jeweiligen Landesregierung die Aufgabe der Empfangsstelle einem **Amtsgericht für den Bezirk mehrerer Amtsgerichte** übertragen werden. Von der Möglichkeit einer Konzentration haben Gebrauch gemacht (in Klammern die zuständigen Gerichte) **Hamburg:** § 1 Nr. 8 ZustAGHamburg-VO idF v. 17. 7. 2001, GVBl. 2001, 249 (AG Hamburg); **Nordrhein-Westfalen:** § 3 ZustVO EUZHA vom 6. 1. 2004, GVBl. 2004, 24 (Duisburg, Essen, Gelsenkirchen, Herne, Mönchengladbach).   **18**

3. Rechtsfolgen bei Unzuständigkeit. Geht ein **Zustellungsantrag** (Art. 4 Abs. 3 EG-ZustellVO) bei einer örtlich unzuständigen deutschen Empfangsstelle ein, so leitet diese das zuzustellende Schriftstück samt dem Antrag an das als Empfangsstelle örtlich zuständige deutsche Amtsgericht weiter und setzt die Übermittlungsstelle unter Verwendung des Formblatts im Anhang der EG-ZustellVO davon in Kenntnis (Art. 6 Abs. 4 S. 1 EG-ZustellVO; § 65j ZRHO). Eine entsprechende Anwendung kommt in Betracht, wenn die nach dem Zustellungsantrag örtlich zuständige Empfangsstelle im Verlauf der Zustellung eine abweichende Anschrift des Adressaten ermittelt, die im Bezirk einer anderen Empfangsstelle liegt.[6] Sind hingegen deutsche Gerichte als Empfangsstellen unzuständig, weil die Zustellung nicht in Deutschland erfolgen soll, so ist der Zustellungsantrag nach Art. 6 Abs. 3 EG-ZustellVO zurückzuleiten.[7]   **19**

Die Folgen des Tätigwerdens einer **sachlich oder örtlich unzuständigen Stelle** als Empfangsstelle bestimmen sich, wie für jeden Zustellungsmangel, nach dem jeweiligen Verfahrensrecht (im Einzelnen § 1067 Rn. 9 ff.).   **20**

IV. Zentralstellen (Abs. 3)

1. Funktion nach der EG-ZustellVO. Gemäß Art. 3 EG-ZustellVO bestimmt jeder Mitgliedstaat eine Zentralstelle; Bundesstaaten können auch mehrere Zentralstellen bestimmen. Diese haben keine regelmäßige Aufgabe im Zustellungsvorgang. Ihre wichtigste Aufgabe besteht darin, **Auskünfte** zu erteilen (Art. 3 lit. a EG-ZustellVO), wobei alle an einer Auslandszustellung Beteiligten auskunftsberechtigt sind.[8]   **21**

Die Zentralstellen haben auch nach **Lösungswegen** zu suchen, wenn bei der Übermittlung von Schriftstücken zum Zweck der Zustellung Schwierigkeiten auftreten (Art. 3 lit. b EG-ZustellVO). Hierzu gehören zB negative Zuständigkeitskonflikte zwischen Empfangsstellen oder durch Rückleitung nach Art. 6 Abs. 3 EG-ZustellVO ausgelöste strittige Situationen, nicht aber Fälle der Nichtermittelbarkeit von Zustellungsadressen.   **22**

Eine **Weiterleitung** eines zuzustellenden Schriftstücks an die zuständige Empfangsstelle erfolgt nur ausnahmsweise auf Ersuchen einer ausländischen Übermittlungsstelle (Art. 3 lit. c EG-ZustellVO).[9] Regelmäßig wird hier jedoch eine Auskunft (Mitteilung der zuständigen Empfangsstelle) genügen.   **23**

2. Zuständigkeiten als deutsche Zentralstellen. Die Zentralstellen werden durch die Landesregierungen der **Bundesländer** durch Rechtsverordnung bestimmt.[12] Jedes Bundesland kann nur eine Zentralstelle bestimmen (Abs. 3).   **24**

Zentralstellen sind: **Baden-Württemberg:** AG Freiburg (§ 16 a Nr. 1 JZustVO idF v. 16. 2. 2004, GVBl. 2004, 129); **Bayern:** Staatsministerium der Justiz (§ 6 a ZustVO idF v. 11. 12. 2001,   **25**

---

[6] IE ebenso, jedoch ohne Beachtung von Art. 6 Abs. 4 EG-ZustellVO *Baumbach/Lauterbach/Hartmann* Rn. 5.
[7] *Rauscher/Heiderhoff* Art. 6 EG-ZustellVO Rn. 3; aA *Schlosser* Art. 6 EuZVO Rn. 4.
[8] *Rauscher/Heiderhoff* Art. 3 Rn. 2.
[9] Entgegen dem weiten Wortlaut bezieht sich Art. 3 lit. c EG-ZustellVO nur auf die Zentralstelle des Empfangsmitgliedstaats: *Rauscher/Heiderhoff* Art. 3 EG-ZustellVO Rn. 5.

§ 1070 1 Buch 11. Abschnitt 1. VO (EG) Nr. 1348/2000

GVBl. 2001, 1008); **Berlin:** Senatsverwaltung für Justiz (§ 1 VO v. 18. 12. 2001, GVBl. 2001, 715); **Brandenburg:** Für Justiz zuständiges Ministerium[11] (§ 1 VO v. 19. 12. 2001, GVBl. 2002 II, S. 6); **Bremen:** Präsident des LG Bremen (§ 1 VO v. 14. 8. 2001, GBl. 2001, 261); **Hamburg:** AG Hamburg (§ 1 Nr. 8 ZustAGHamburg-VO idF v. 17. 7. 2001, GVBl. 2001, 249); **Hessen:** Präsident des OLG Frankfurt/Main (§ 1 Nr. 3 VO v. 15. 12. 2004, GBl. 2004, 452); **Mecklenburg-Vorpommern:** Justizministerium (§ 1 Nr. 5 VO v. 22. 8. 2006, GVBl. 2006, 693); **Niedersachsen:** Justizministerium (§ 16f Nr. 1 ZustVO-Justiz idF v. 21. 5. 2004, GVBl. 2004, 162); **Nordrhein-Westfalen:** Präsidentin des OLG Düsseldorf (ZustVO EUZHA v. 6. 1. 2004, GVBl. 2004, 24); **Rheinland-Pfalz:** Für Angelegenheiten der Rechtspflege zuständiges Ministerium[12] (VO v. 20. 1. 2004, GVBl. 2004, 52); **Saarland:** Ministerium der Justiz (VO v. 13. 12. 2003, AmtsBl. 2003, 174); **Sachsen:** Präsident des OLG Dresden (§ 1 Nr. 5 SächsZRHZuVO idF v. 29. 10. 2001, GVBl. 2001, 694); **Sachsen-Anhalt:** Ministerium der Justiz (§ 1 ZStVO v. 10. 5. 2007, GVBl. LSA 2007, 158); **Schleswig-Holstein:** Ministerium für Justiz, Frauen, Jugend und Familie (VO v. 29. 10. 2001, GVBl. 2001, 191); **Thüringen:** Das für Rechts- und Amtshilfeverkehr mit dem Ausland zuständige Ministerium[13] (§ 1 Nr. 1 VO v. 19. 1. 2006, GVBl. 2006, 31).

V. Übertragung auf oberste Landesbehörde (Abs. 4)

26 Abs. 4 ermächtigt die Landesregierungen, die in Abs. 1 Nr. 2 (Konzentration Übermittlungsstellen), Abs. 2 S. 2 (Konzentration Empfangsstellen) und Abs. 3 S. 1 (Bestimmung Zentralstellen) enthaltenen Befugnisse zum Erlass einer Rechtsverordnung einer obersten Landesbehörde zu übertragen.

27 Folgende **Bundesländer** haben die Kompetenz nach Abs. 4 übertragen: **Baden-Württemberg:** Justizministerium (§ 1 SubDelVO v. 13. 1. 2004, GVBl. 2004, 37); **Brandenburg:** Minister für Justiz (§ 1 JuZÜV idF v. 26. 3. 2004, GVBl. 2004 II S. 298); **Hamburg:** Justizbehörde (Nr. 6 Weiterübertragungsvo idF v. 10. 2. 2004, GVBl. 2004, 61); **Hessen:** Minister der Justiz (§ 1, § 2 Nr. 7 RVOG idF v. 5. 5. 2006 GVBl. 2006, 168); **Niedersachsen:** (§ 1 Nr. 22 ErmÜVO idF v. 27. 6. 2006, GVBl. 2006, 241); **Thüringen:** Ministerium für Justiz (§ 1 Nr. 56 ThürErmÜVJ v. 25. 10. 2004, GVBl. 2004, 846).

§ 1070 Annahmeverweigerung auf Grund der verwendeten Sprache*

¹Für Zustellungen im Ausland beträgt die Frist zur Erklärung der Annahmeverweigerung durch den Adressaten nach Artikel 8 Abs. 1 der Verordnung (EG) Nr. 1348/2000 zwei Wochen. ²Sie ist eine Notfrist und beginnt mit der Zustellung des Schriftstücks. ³Der Adressat ist auf diese Frist hinzuweisen.

Schrifttum: *Rösler/Siepmann,* Zum Sprachenproblem im Europäischen Zustellungsrecht, NJW 2006, 475; *Vogl,* EuZVO – Nachreichen einer Übersetzung heilt Zustellungsmangel, JurBüro 2006, 60; *Wilske/Krapfl,* Zur Qualität von Übersetzungen bei Zustellung ausländischer gerichtlicher Schriftstücke, IPRax 2006, 10.

Übersicht

	Rn.		Rn.
I. Normzweck	1–3	2. Frist zur Annahmeverweigerung (S. 1, S. 2)	13–15
II. Sprachregelung und Annahmeverweigerung nach Art. 8 EG-ZustellVO	4–8	3. Hinweis (S. 3)	16–19
1. Anwendungsbereich	4	4. Rechtsfolgen bei unterbliebenem Hinweis	20, 21
2. Regelung	5–8	5. Verfahren bei Annahmeverweigerung	22–24
III. Frist zur Annahmeverweigerung bei Zustellung im Ausland	9–24	IV. Sprachproblem bei Zustellung nach Deutschland	25–28
1. Anwendungsbereich, Verhältnis zu Art. 8 EG-ZustellVO	9–12	1. Förmliche Zustellung	25, 26
		2. Nicht-förmliche Zustellung	27, 28

I. Normzweck

1 1. § 1070 beruht auf Art. 8 EG-ZustellVO. Danach ist das zuzustellende Schriftstück nicht in einer **bestimmten Sprache** zu fassen. Der Zustellungsadressat hat jedoch das Recht, die **Annahme**

---

[10] Die deutschen Zentralstellen sind aufgeführt bei *Rauscher/Heiderhoff* Art. 3 EG-ZustellVO Rn. 12.
[11] Derzeit: Ministerium der Justiz und für Europaangelegenheiten.
[12] Derzeit: Ministerium der Justiz.
[13] Derzeit: Justizministerium.
* § 1070 soll zum 13. 11. 2008 aufgehoben werden, siehe Gesetzentwurf der Bundesregierung vom Januar 2008, abgedruckt als Anh. III zu Buch 11.

zu verweigern, wenn das zuzustellende Schriftstück in einer anderen Sprache als den in Art. 8 Abs. 1 EG-ZustellVO genannten abgefasst ist; hierauf hat ihn die Empfangsstelle hinzuweisen. Art. 8 EG-ZustellVO enthält keine Regelungen zu den Modalitäten, insbesondere, ob und binnen welcher Frist das Recht zur Annahmeverweigerung nachträglich ausgeübt werden kann. Nach Art. 8 Abs. 1 EG-ZustellVO-a[1] wird ab 13. 11. 2008 eine einheitliche Frist von einer Woche für die nachträgliche Annahmeverweigerung durch Rücksendung und eine Erweiterung der Hinweispflicht hierauf gelten.

2. § 1070 führt eine Ausführungsbestimmung zu Art. 8 EG-ZustellVO ein, die das EG-ZustDG noch nicht enthielt[2] und die der Rechtssicherheit dient. Die von Art. 8 EG-ZustellVO ungeklärten Fragen werden nicht mehr der Rechtsprechung überlassen, sondern gesetzlich geregelt. Nur für Zustellungen aus Deutschland in andere Mitgliedstaaten bestimmt § 1070 eine **Frist** zur – damit auch nachträglich möglichen – Annahmeverweigerung sowie eine **Hinweispflicht** hierauf. Für Zustellungen nach Deutschland könnte der deutsche Gesetzgeber schwerlich eine Regelung treffen.

3. Dass es für diese Ausführungsbestimmung **keine Ermächtigung** in der EG-ZustellVO gibt, ist unschädlich.[3] Soweit die EG-ZustellVO keine Regelung enthält, greift die *lex fori* des befassten Gerichts. Soweit diese noch keine Regelungen für durch die EG-ZustellVO geschaffene Fragen enthält, ist es legitim, eine entsprechende Regelung zu treffen, zumal Deutschland damit nur die Wirksamkeit eigener Zustellungen präzisiert. Die relative Kürze der Frist ist nur bedenklich,[4] wenn und soweit dem Adressaten eine Erklärung gegenüber dem die Zustellung veranlassenden deutschen Gericht abverlangt wird (dazu Rn. 14). Kann er sich an eine Empfangsstelle im Empfangsmitgliedstaat wenden, sind zwei Wochen genug.

II. Sprachregelung und Annahmeverweigerung nach Art. 8 EG-ZustellVO

1. Anwendungsbereich. Art. 8 EG-ZustellVO gilt für die **förmliche Zustellung** nach Art. 4ff. EG-ZustellVO insoweit, als Teil der EG-Regelung, unabhängig davon, ob die Zustellung von oder nach Deutschland erfolgt. Nach ganz hM ist jedoch der Rechtsgedanke des Art. 8 EG-ZustellVO auch auf **alle anderen Zustellungsarten,** insbesondere auf die Zustellung durch die Post (Art. 14 EG-ZustellVO) anzuwenden (dazu § 1068 Rn. 18, 28). Daraus ergibt sich unproblematisch aber nur das Annahmeverweigerungsrecht, wenn das Schriftstück nicht den Spracherfordernissen nach Art. 8 Abs. 1 EG-ZustellVO entspricht. Die Belehrung durch die Empfangsstelle, die Art. 8 Abs. 1 EG-ZustellVO vorsieht, kann nur bei förmlicher Zustellung erfolgen, da bei anderen Zustellungsarten eine Empfangsstelle nicht eingeschaltet wird. Insoweit ergeben sich Regelungslücken, die nur teilweise im nationalen Recht geschlossen sind.

2. Regelung. a) Art. 8 EG-ZustellVO regelt kein formales Übersetzungserfordernis für das zuzustellende Schriftstück, um den EG-Zustellungsverkehr von unnötigen Förmeleien frei zu halten. Statt dessen gibt die Bestimmung dem Empfänger ein **Annahmeverweigerungsrecht,** wenn das Schriftstück[5] nicht entweder (a) in der Amtssprache des Empfangsmitgliedstaats oder einer der Amtssprachen des Zustellungsorts abgefasst ist oder (b) in der Sprache des Übermittlungsmitgliedstaats,[6] die der Empfänger versteht.[7] Anders als im Fall des § 1068 Abs. 2 S. 2 ist eine Zustellung in einer anderen Sprache also nicht per se mangelhaft (dazu § 1068 Rn. 28f.). Eine berechtigte Annahmeverweigerung macht die Zustellung mangelhaft, wobei dieser Mangel durch die alsbaldige Übermittlung einer den Sprachvorgaben des Art. 8 Abs. 1 EG-ZustellVO entsprechenden Übersetzung geheilt werden kann.[8] Eine unberechtigte Annahmeverweigerung ist nach der *lex fori* des Übermittlungsmitgliedstaats zu beurteilen; aus deutscher Sicht greift § 179.[9] Ob die Annahmeverweigerung berechtigt oder unberechtigt ist, entscheidet das mit der Sache befasste Gericht, bei Zustellung gerichtlicher Schriftstücke also das die Zustellung veranlassende Gericht.

---

[1] Dazu Vor §§ 1067 ff. Rn. 1 Fn. 1.
[2] Zur Eingliederung des ZustDG in die ZPO vgl. Vor §§ 1067 ff. Rn. 2.
[3] Kritisch hingegen *Heidrich* EuZW 2005, 743, der ausschließlich den ausländischen Empfangsmitgliedstaat als zuständig zur Regelung der Modalitäten des Annahmeverweigerungsrechts bei Zustellung auf seinem Territorium ansieht.
[4] Dazu *Baumbach/Lauterbach/Hartmann* Rn. 1.
[5] Zur Übersetzung von Anlagen vgl. Vorlagebeschluss BGH EuZW 2007, 187.
[6] Diese Einschränkung entfällt ab 13. 11. 2008 in Art. 8 Abs. 1 lit. a EG-ZustellVO-a.
[7] Zum „Verstehen" bei gewerblicher Tätigkeit und vertraglich vereinbarter Sprache des Schriftverkehrs BGH 21. 12. 2006, VI ZR 164/05.
[8] EuGH Rs C-443/03 *Leffler/Berlin ChemieAG* NJW 2006, 491; anders die vorher hM, die von Scheitern, also Unwirksamkeit der Zustellung ausging: *Zöller/Geimer* Rn. 2.
[9] *Rauscher/Heiderhoff* Art. 8 EG-ZustellVO Rn. 16.

6 b) Art. 8 Abs. 1 EG-ZustellVO schreibt überdies vor, dass der **Empfänger** über sein Annahmeverweigerungsrecht **in Kenntnis zu setzen** ist. Das ist insbesondere deshalb unabdingbar, weil bei Annahme die Zustellung mangelfrei ist, in welcher Sprache das Schriftstück auch abgefasst sein mag; erst die berechtigte Verweigerung begründet den Zustellungsmangel.

7 c) Auch der **Verfahrensbeteiligte,** der das Schriftstück zum Zweck der Übermittlung übergibt, wird – von der Übermittlungsstelle – von dem Annahmeverweigerungsrecht des Empfängers in Kenntnis gesetzt (Art. 5 Abs. 1 EG-ZustellVO). Er kann damit entscheiden, ob er eine vorsorgliche Übersetzung veranlasst, um der Ausübung des Rechts nach Art. 8 Abs. 1 EG-ZustellVO die Grundlage zu entziehen. Zum entsprechenden Verfahren bei ausgehenden Zustellungsersuchen s. § 31 f ZRHO. Mit der Entscheidung des EuGH zur Heilbarkeit des Mangels nach Art. 8 Abs. 1 EG-ZustellVO (Rn. 6) hat sich das Risiko des die Übermittlung Veranlassenden auf die Frage reduziert, ob eine zum Zweck der Heilung nachträgliche Übermittlung einer Übersetzung ggf. fristwahrend ist.[10]

8 d) Ungeklärt ist auch die Frage, welche Bedeutung die **Qualität der Übersetzung** für Art. 8 Abs. 1 EG-ZustellVO hat. Es erscheint gerade wegen der Individualisierung der Sprachvoraussetzungen auf die Verständnismöglichkeit des Empfängers zwingend, nur eine im Wesentlichen verständliche Übersetzung genügen zu lassen. Das bedeutet nicht Fehlerfreiheit, schließt aber die Eignung von Übersetzung mit entstellendem oder zweifelhaftem Sinn aus.[11]

III. Frist zur Annahmeverweigerung bei Zustellung im Ausland

9 **1. Anwendungsbereich, Verhältnis zu Art. 8 EG-ZustellVO. a)** § 1070 ergänzt Art. 8 EG-ZustellVO; für das in Art. 8 Abs. 1 EG-ZustellVO bestimmte Annahmeverweigerungsrecht ist eine Frist bestimmt, aus deren Beginn („mit der Zustellung") sich implizit die Zulässigkeit der **nachträglichen Annahmeverweigerung** ergibt.[12] Im Übrigen gilt für die Voraussetzungen des Annahmeverweigerungsrechts Art. 8 Abs. 1 EG-ZustellVO (dazu Rn. 5 ff.).

10 b) Problematisch ist das Verhältnis zu Art. 8 Abs. 1 EG-ZustellVO in Ansehung der **Hinweispflicht.** Während danach auf das Annahmeverweigerungsrecht die Empfangsstelle im anderen Mitgliedstaat hinzuweisen hat, sieht § 1070 S. 3 einen zusätzlichen Hinweis auf die Frist nach S. 1 durch die deutsche Übermittlungsstelle vor, was logischer Weise auch einen Hinweis auf das Recht aus Art. 8 Abs. 1 EG-ZustellVO einschließt. Diese Doppelgleisigkeit ist freilich unvermeidbar,[13] weil die Empfangsstelle die Frist deutschen Rechts nicht kennt und nur über den insoweit lückenhaften Art. 8 EG-ZustellVO belehren kann.

11 c) § 1070 gilt nach seinem eindeutigen Wortlaut nur für den Fall der **Zustellung aus Deutschland** in einen anderen Mitgliedstaat. Diese Beschränkung ist zwingend, da § 1070 das Tätigwerden einer deutschen Übermittlungsstelle impliziert.

12 d) Der Anwendungsbereich ist jedoch nicht auf die förmliche Zustellung nach Art. 4 EG-ZustellVO beschränkt. Da nach hM Art. 8 EG-ZustellVO entsprechend auch für andere Arten der Zustellung gilt (dazu § 1068 Rn. 18, 28 f.), ist auch § 1070 anzuwenden, soweit es sich um eine Zustellung aus Deutschland handelt. § 1070 ist insbesondere auf ausgehende **Zustellungen durch die Post** (Art. 14 EG-ZustellVO, § 1068 Abs. 1, vgl. § 31 q Abs. 3 ZRHO; dazu § 1068 Rn. 18), sowie auf **Zustellungen durch deutsche Auslandsvertretungen** (§ 31 p Abs. 4 ZRHO) anzuwenden.

13 **2. Frist zur Annahmeverweigerung (S. 1, S. 2). a)** Die Frist zur Annahmeverweigerung beträgt **zwei Wochen** (S. 1). Der **Fristlauf** bestimmt sich nach deutschem Recht, da die Frist in einer deutschen verfahrensrechtlichen Bestimmung angeordnet ist. Es gilt also § 222.[14] Für den Fristbeginn, der durch die Zustellung des Schriftstücks ausgelöst wird (S. 2), ist jedoch das auf die Zustellung angewendete Recht insoweit maßgeblich, als es den Zeitpunkt der Zustellung bestimmt. Dies ist bei Zustellung durch eine Empfangsstelle nach Art. 7 EG-ZustellVO das Recht des Empfangsmitgliedstaats, bei Zustellung nach Art. 13 oder 14 EG-ZustellVO deutsches Recht. Ist danach die Zustellung aus anderen als Sprachgründen unwirksam, so wird die Frist nicht in Lauf gesetzt.[15]

---

[10] Zu auftretenden Problemen *Rauscher* JZ 2006, 248; *Rauscher/Heiderhoff* Art. 8 EG-ZustellVO Rn. 14.
[11] So zu der ähnlichen Frage in Anwendung von Art. 5 Abs. 1 HZÜ: OLG Nürnberg IPRax 2006, 38; *Wilske/Krapfl* IPRax 2006, 10.
[12] *Gebauer/Wiedmann/Jastrow* Rn. 157; eingehend *Sujecki* EuZw 2007, 363.
[13] Kritisch jedoch *Heidrich* EuZW 2005, 743.
[14] *Thomas/Putzo/Hüßtege* Rn. 3.
[15] *Thomas/Putzo/Hüßtege* Rn. 4.

b) Die **Annahmeverweigerung** ist zugangsbedürftige Willenserklärung; über ihre Fristgemäß- 14
heit entscheidet der Zugang. Obgleich die deutsche Übermittlungsstelle nach S. 3 auf die Frist hinweist, ist die Annahmeverweigerung der ausländischen Empfangsstelle[16] zu erklären, sofern eine solche (bei förmlicher Zustellung) eingeschaltet wurde. Dies folgt aus Art. 8 Abs. 2 EG-ZustellVO, der freilich von dem Grundschema der förmlichen Zustellung ausgeht, bei dem die Empfangsstelle über das Annahmeverweigerungsrecht belehrt. Eine Annahmeverweigerung gegenüber der deutschen Übermittlungsstelle wird man genügen lassen müssen, weil der Adressat bei förmlicher Zustellung durch zwei Belehrungen (Art. 8 Abs. 1 EG-ZustellVO und § 1070 S. 3) verwirrt wird. Bei Zustellung in anderer Weise durch eine deutsche Übermittlungsstelle (Art. 13 und 14 EG-ZustellVO) muss es genügen, dass die Annahmeverweigerung dieser gegenüber erklärt wird;[17] hier hat der Adressat andererseits nicht mit einer Empfangsstelle zu tun, so dass er keinerlei Anlass hat, sich an eine Empfangsstelle, die nie als solche eingeschaltet war, zu wenden.[18]

c) Die Frist ist **Notfrist** (§ 224 Abs. 1 S. 2), kann also weder abgekürzt noch verlängert werden. 15
Wiedereinsetzung in den vorigen Stand nach § 233 ist möglich. Hierüber entscheidet das mit dem Ausgangsverfahren befasste Gericht.[19]

3. Hinweis (S. 3). a) Der Empfänger ist auf die Frist nach S. 1 und 2 **hinzuweisen** (S. 3). Die- 16
ser Hinweis kann nur durch die **deutsche Übermittlungsstelle** erfolgen, da nur sie § 1070 anzuwenden hat. Dies führt zwangsläufig dazu, dass auch die deutsche Übermittlungsstelle auf das Annahmeverweigerungsrecht nach Art. 8 Abs. 1 EG-ZustellVO hinweist. Entsprechend sieht § 31 i ZRHO eine Belehrung des Zustellungsempfängers auf Muster ZRH 6[20] über das Recht aus Art. 8 Abs. 1 EG-ZustellVO und über die Frist nach § 1070 vor. Dies ist insbesondere bedeutsam, wenn die deutsche Übermittlungsstelle nach Art. 14 EG-ZustellVO durch die Post zustellt.[21]

b) Der **Hinweis** muss für den Empfänger **verständlich** sein.[22] Er ist daher in einer der in Art. 8 17
Abs. 1 lit. a EG-ZustellVO genannten Sprachen zu geben, um den Hinweis nicht mit der Frage der Sprachkenntnis des Empfängers zu belasten. Überdies ist eine Amtssprache zu wählen, die am Ort der Zustellung zugelassen ist; die Verwendung regional zugelassener Amtssprachen ist daher untunlich, wenn im gesamten Staatsgebiet des Empfangsmitgliedstaats geltende Amtssprache existiert.[23] Muster ZRH 6 (Rn. 16) ist in diesen Amtssprachen verfügbare.

c) Nach § 31 i S. 3 Halbs. 2 ZRHO soll die **Hinweispflicht nicht bestehen,** wenn das Schrift- 18
stück in eine der Amtssprachen des Empfangsmitgliedstaats übersetzt ist. Dies ist zweifelhaft. Zum einen folgt § 1070 Art. 8 EG-ZustellVO, der die Hinweispflicht zu Recht formalisiert und die Belehrung in jedem Fall vorsieht. Für eine abweichende Auslegung spricht auch nicht, dass die deutsche Übermittlungsstelle weiß, in welche Sprache das Schriftstück übersetzt ist. Zum einen kann sie die Qualität der Übersetzung nicht beurteilen (dazu Rn. 8). Zum anderen verkürzt § 31 i ZRHO den Inhalt des Art. 8 EG-ZustellVO. Es genügt nicht, dass das Schriftstück in einer der Amtssprachen des Empfangsmitgliedstaats übersetzt ist, es muss in eine am Ort der Zustellung zugelassene Amtssprache übersetzt sein.[24] Insoweit gibt § 31 i S. 3 Halbs. 2 ZRHO eine falsche Auslegung zu § 1070 iVm. Art. 8 Abs. 1 EG-ZustellVO. Die Hinweispflicht besteht in jedem Fall.

d) Die Verpflichtung der Empfangsstelle, auf das Annahmeverweigerungsrecht nach Art. 8 EG- 19
ZustellVO hinzuweisen, bleibt davon unberührt. Dies kann zu Verwirrungen führen, da der Empfänger zwei Hinweise erhält, was jedenfalls im Rahmen des Zugangs der Annahmeverweigerung berücksichtigt werden muss (dazu Rn. 14). Bei Zustellung durch die Post nach Art. 14 Abs. 1 EG-ZustellVO ist zu beachten, dass keine Empfangsstelle tätig wird.

4. Rechtsfolgen bei unterbliebenem Hinweis. a) Ist der Hinweis nach S. 3 unterblieben, so 20
ist die Zustellung mangelhaft.[25] Das Unterbleiben des Hinweises hindert zwar nicht den Lauf der Frist, die mit der Zustellung, nicht mit dem Hinweis beginnt (S. 2). Weist der Zustellungs-

---

[16] *Baumbach/Lauterbach/Hartmann* Rn. 4; aA *Jastrow* IPRax 2004, 11; *Thomas/Putzo/Hüßtege* Rn. 3.
[17] Ebenso *Baumbach/Lauterbach/Hartmann* Rn. 4.
[18] AA *Baumbach/Lauterbach/Hartmann* Rn. 4.
[19] *Gebauer/Wiedmann/Jastrow* Rn. 163.
[20] http://www.datenbanken.justiz.nrw.de/ir_htm/zrh_6.doc.
[21] *Jastrow* IPRax 2004, 11, 12; *Rahlf/Gottschalk* EWS 2004, 303, 307; nach Art. 8 EG-ZustellVO erfolgt in diesem Fall kein Hinweis.
[22] *Schmidt* Rn. 317.
[23] ZB sollte der Hinweis auch bei Zustellung in Alicante nicht in Valenciano, sondern in Castellano gegeben werden.
[24] ZB genügt eine Übersetzung in eine in Spanien für autonome Regionen als Amtssprache regional zugelassene Sprache nicht, wenn die Zustellung in Madrid erfolgt.
[25] *Thomas/Putzo/Hüßtege* Rn. 4.

empfänger die Zustellung **verspätet zurück,** so ist ihm jedoch ggf. **Wiedereinsetzung** zu gewähren. Dabei ist zu seinen Lasten eine Verspätung zu berücksichtigen, die auch die nach Art. 8 Abs. 1 EG-ZustellVO zu beurteilenden Grenzen einer angemessenen Überlegungszeit überschreitet.

21 b) Ist der Hinweis nach S. 3 unterblieben und weist der Zustellungsempfänger die Zustellung **nicht zurück,** so ist entscheidend, ob nur § 1070 oder auch Art. 8 Abs. 1 EG-ZustellVO verletzt wurde. Wurde der Empfänger durch die Empfangsstelle ordnungsgemäß nach Art. 8 EG-ZustellVO belehrt, so ist das Unterbleiben der Belehrung nach S. 3 nicht mehr als ursächlich für das Unterbleiben der Annahmeverweigerung anzusehen, kann also außer Betracht bleiben. Wurde auch der Hinweis nach Art. 8 Abs. 1 EG-ZustellVO unterlassen, so ist dem Empfänger vor dem mit der Sache befassten deutschen Gericht Wiedereinsetzung zu gewähren, wenn er später von seinem Recht aus Art. 8 Abs. 1 EG-ZustellVO erfährt. Dabei ist zu berücksichtigen, wenn der Empfänger sich eine Übersetzung hat fertigen lassen und den Inhalt des Schriftstücks kennt.[26] Eine Wiedereinsetzung kommt dann wegen widersprüchlichen Verhaltens nicht mehr in Betracht. Hat der Empfänger sich tatsächlich passiv verhalten und im Verfahren auch nicht gemeldet, so ist das daraufhin ergehende (Versäumnis-)Urteil auf Rechtsmitteln hin aufzuheben. Zudem ist das deutsche Urteil in anderen Mitgliedstaaten nicht anerkennungsfähig (Art. 34 Nr. 2 Brüssel I-VO u. a.).[27]

22 **5. Verfahren bei Annahmeverweigerung.** a) Verweigert der Zustellungsempfänger die Annahme, so setzt die **Empfangsstelle** die deutsche Übermittlungsstelle hiervon unverzüglich unter Verwendung der Bescheinigung nach Art. 10 EG-ZustellVO in Kenntnis und sendet den Antrag sowie die Schriftstücke, um deren Übersetzung ersucht wird, zurück (Art. 8 Abs. 2 EG-ZustellVO).

23 b) Über die **Berechtigung der Annahmeverweigerung** entscheidet letztlich das mit der Sache befasste Gericht;[28] bei außergerichtlichen Schriftstücken entscheidet sich diese Frage ggf. erst nach geraumer Zeit. War die Annahmeverweigerung **berechtigt** und wird nicht durch Zustellung einer Übersetzung geheilt (dazu Rn. 24), so ist die Zustellung gescheitert. War die Annahmeverweigerung **unberechtigt,** so gilt im Fall förmlicher Zustellung vor deutschen Gerichten § 179. Ob bei förmlicher Zustellung das Schriftstück zurückgelassen wurde, hängt maßgeblich von den Regelungen des auf die Zustellung angewendeten Rechts des Empfangsmitgliedstaats (Art. 7 Abs. 1 EG-ZustellVO) ab. Ggf. kann auch eine Heilung nach dem unmittelbar auf die Zustellung (nach Art. 7 Abs. 1 EG-ZustellVO) angewendeten Recht in Betracht kommen. Bei Annahmeverweigerung einer Zustellung nach Art. 14 EG-ZustellVO gilt, ebenso wie innerhalb Deutschlands zu § 175, der § 179 nicht.[29] Die unberechtigte Verweigerung der Annahme einer Zustellung durch Einschreiben gegen Rückschein führt also nicht zu einer Zustellungsfiktion.

24 c) Wegen den damit selbst bei unberechtigter Annahmeverweigerung[30] verbundenen erheblichen Unsicherheiten ist daher die Möglichkeit, durch nachgeholte **Zustellung einer Übersetzung** die Zustellung jedenfalls zu **heilen,**[31] von erheblichem Interesse. Die Übermittlungsstelle wird tunlich, wohl auch aus prozessualer Fürsorge, die andere Partei bzw. die die Zustellung betreibende Partei auf die Heilungsmöglichkeit hinweisen. Die Entscheidung, in dieser Situation keine Übersetzung zuzustellen, setzt insbesondere den Prozessbevollmächtigten einem Haftungsrisiko aus. Der EuGH verlagert sogar das Risiko der Fristwahrung weitgehend auf den Empfänger, sofern die Übersetzung in angemessener Frist zugestellt wird, wofür der EuGH etwa einen Monat ansetzt.[32] Für die Kosten einer nunmehr zu fertigenden Übersetzung gilt Art. 5 Abs. 2 EG-ZustellVO entsprechend.

IV. Sprachproblem bei Zustellung nach Deutschland

25 **1. Förmliche Zustellung.** a) Für aus anderen Mitgliedstaaten eingehende förmliche Zustellungsersuchen (Art. 4ff. EG-ZustellVO) gilt selbstverständlich ebenfalls **Art. 8 EG-ZustellVO.** Es fehlt jedoch an einer § 1070 entsprechenden **Fristregelung.** Solange eine einheitliche Regelung,

---

[26] Das ist aber nicht bloßer Pragmatismus, vgl. *Rauscher/Heiderhoff* Art. 8 EG-ZustellVO Rn. 10; *Schlosser* Art. 8 EuZVO Rn. 5.
[27] *Rauscher/Heiderhoff* Art. 8 EG-ZustellVO Rn. 11.
[28] *Thomas/Putzo/Hüßtege* Rn. 5.
[29] BSG NJW 2003, 382.
[30] Hinzu kommt die Ungewissheit der Beurteilung von Sprachkenntnissen, wenn in Deutsch zugestellt wurde, Art. 8 Abs. 1 lit. b EG-ZustellVO.
[31] Zur Rechtsprechung des EuGH oben Rn. 5.
[32] Im Einzelnen *Rauscher/Heiderhoff* Art. 8 EG-ZustellVO Rn. 13ff.

die für Art. 8 EG-ZustellVO geplant ist,³³ nicht existieren, bestehen Fristen nur, soweit das Recht des Übermittlungsmitgliedstaats sie vorsieht.³⁴

b) Die **deutsche Empfangsstelle belehrt,** wie dies Art. 8 Abs. 1 EG-ZustellVO vorschreibt, **26** den Empfänger gemäß § 65 m ZRHO unabhängig von der Sprache des zuzustellenden Schriftstücks auf dem Muster ZRH 7³⁵ über das Annahmeverweigerungsrecht. Die Zustellung wird, was Art. 8 Abs. 1 EG-ZustellVO entspricht, unabhängig von der verwendeten Sprache durchgeführt (§ 65 n Abs. 1 ZRHO). Eine Belehrung über eine **nach ausländischem Recht bestehende Frist** durch die dortige Übermittlungsstelle wird mit zugestellt. Bei Annahmeverweigerung verfährt die deutsche Empfangsstelle nach Art. 8 Abs. 2 EG-ZustellVO (vgl. § 65 q ZRHO), ohne eine Entscheidung über die Berechtigung zu treffen (vgl. § 65 l Abs. 4 ZRHO). Die Annahmeverweigerung ist der deutschen Empfangsstelle zu erklären, soweit sich nicht aus einer Belehrung durch die ausländische Übermittlungsstelle etwas anderes ergibt (vgl. zum spiegelbildlichen Fall Rn. 14).

2. Nicht-förmliche Zustellung. a) Art. 8 Abs. 1 EG-ZustellVO gilt entsprechend für nicht **27** förmliche Zustellungen, insbesondere die Zustellung durch die Post nach Deutschland, soweit sie zulässig ist (dazu § 1068 Abs. 2 S. 1). Überdies gilt für diesen Fall das von Art. 8 Abs. 1 EG-ZustellVO inhaltlich und systematisch abweichende Spracherfordernis des § 1068 Abs. 2 S. 2 (dazu § 1068 Rn. 27), das nur implizit zu einem Annahmeverweigerungsrecht führt (§ 1068 Rn. 28). Ein Hinweis nach Art. 8 Abs. 1 EG-ZustellVO findet nicht statt, da keine Empfangsstelle eingeschaltet wird. Eine Frist hierfür besteht, wie bei förmlicher Zustellung (Rn. 24), nur nach Maßgabe des Rechts des Übermittlungsstaats. Die Annahmeverweigerung ist, wie im spiegelbildlichen Fall (Rn. 14) der ausländischen Übermittlungsstelle zu erklären.

b) Ebenso wenig wird auf **§ 1068 Abs. 2 S. 2** hingewiesen; hier wäre ein Hinweis unsinnig, da **28** die Sprachregelung als solche von der ausländischen Übermittlungsstelle zu beachten ist und von einer Annahmeverweigerung nicht abhängt, weshalb es auch keine Frist hierfür geben kann.

§ 1071 Parteizustellung aus dem Ausland*

Eine Zustellung nach Artikel 15 Abs. 1 der Verordnung (EG) Nr. 1348/2000 ist in der Bundesrepublik Deutschland unzulässig.

I. Normzweck

§ 1071, der § 3 EG-ZustDG übernimmt, beinhaltet einen nach Art. 15 Abs. 2 EG-ZustellVO **1** zulässigen Vorbehalt gegen Art. 15 Abs. 1 EG-ZustellVO. Mit der kryptisch formulierten Regelung in Art. 15 Abs. 1 EG-ZustellVO ist, wie die Überschrift zu § 1071 klarstellt, die Zustellung im Parteibetrieb gemeint. Diese verletzt aus deutscher Sicht Souveränitätsinteressen und ist für Zustellungen nach Deutschland auch im HZÜ und im HBÜ ausgeschlossen.¹ Ab 13. 11. 2008 ist gemäß Art. 15 EG-ZustellVO-a die Parteizustellung nach Deutschland zulässig, soweit sie auch im Inland zulässig wäre (vgl. § 191).

II. Parteizustellung nach Deutschland

1. Parteizustellungen an Empfänger in Deutschland sind **unzulässig**. Dies gilt insbesondere **2** für die Zustellung durch Rechtsanwälte in anderen Mitgliedstaaten. Nicht möglich ist sowohl die Beauftragung deutscher Zustellungsorgane unmittelbar durch Parteien und Rechtsanwälte im EU-Ausland, als auch die Zustellung durch die Post durch solche Personen (dazu § 1068 Rn. 6 f.). Dies gilt insbesondere auch dann, wenn der die Zustellung Veranlassende nach dem nationalen Verfahrensrecht des Gerichtsstaats zustellungsbefugt ist.

2. Zulässig sind Zustellungen durch Rechtsanwälte und andere Personen (nur) insoweit, als diese **3** gemäß Art. 2 Abs. 1 EG-ZustellVO vom Übermittlungsmitgliedstaat als **Übermittlungsstellen** benannt sind. In diesem Fall gehören sie gerade nicht mehr dem Personenkreis des Art. 15 EG-ZustellVO („jeder ... Beteiligte") an.

---

³³ KOM (2005) 305 endgültig/2.
³⁴ *Gebauer/Wiedmann/Jastrow* Rn. 162; *Rauscher/Heiderhoff* Art. 8 EG-ZustellVO Rn. 9 b.
³⁵ http://www.datenbanken.justiz.nrw.de/ir_htm/zrh_7.doc.
* § 1071 soll zum 13. 11. 2008 aufgehoben werden, siehe Gesetzentwurf der Bundesregierung vom Januar 2008, abgedruckt in Anh. III zu Buch 11.
¹ BT-Drucks. 14/5910 S. 7; kritisch *Gsell* EWS 2002, 115, 117; *Heß* NJW 2001, 15, 21; *Rahlf/Gottschalk* EWS 2004, 303, 309.

§§ 1067ff. Anh. Buch 11. Abschnitt 1. VO (EG) Nr. 1348/2000

4   3. Zulässig sind Direktzustellungen durch Personen die nicht Übermittlungsstellen sind, soweit dies in **Ausführungsvereinbarungen** zwischen Deutschland und dem Übermittlungsstaat so bestimmt ist (zulässig nach Art. 20 Abs. 2 EG-ZustellVO). Ob das deutsch-britische Rechtshilfeabkommen vom 20. 3. 1928, das eine unmittelbare Beauftragung von zuständigen Personen im Zustellungsstaat erlaubt, den deutschen (und britischen) Vorbehalt verdrängt,[2] ist nur deshalb zweifelhaft, weil weder Deutschland noch das UK dieses Übereinkommen der Kommission nach Art. 20 Abs. 3 EG-ZustellVO angezeigt haben. Da diese Anzeige jedoch nicht konstitutiv ist, bleibt die unmittelbare Zustellung im Rahmen des Übereinkommens zulässig.[3]

III. Parteizustellung aus Deutschland

5   1. Parteizustellungen aus Deutschland sind jedenfalls in jene Mitgliedstaaten unzulässig, die ebenfalls einen **Vorbehalt nach Art. 15 EG-ZustellVO** erklärt haben, also nach Estland, Lettland, Litauen, Luxemburg (mangels Gegenseitigkeit), Österreich, Polen, Portugal, Slowenien, die Tschechische Republik und Ungarn.[4] Im Verhältnis zum UK, das den Vorbehalt für England, Wales und Nordirland erklärt hat, hat wiederum das deutsch-britische Übereinkommen Vorrang (Rn. 4), so dass die Parteizustellung nicht bereits an dem Vorbehalt scheitert.

6   2. **Im Übrigen** ergibt sich die Zulässigkeit der Zustellung auf unmittelbare Veranlassung einer Partei oder ihres Verfahrensbevollmächtigten nicht bereits aus Art. 15 Abs. 1 EG-ZustellVO, der diese Art der Zustellung lediglich nicht ausschließt. Maßgeblich ist also, soweit der Empfangsmitgliedstaat sie nicht abwehrt, das deutsche Verfahrensrecht. Da § 1071 die Parteizustellung aus Deutschland nicht regelt, ist diese also weder durchgehend zulässig, noch durchgehend verboten, sondern in den Fällen zulässig, in denen die Zustellung auf Betreiben der Parteien (§§ 191 ff.) auch für Inlandsfälle vorgesehen ist.[5] Der die Zustellung Veranlassende hat hierbei im Übrigen die Bestimmungen der EG-ZustellVO zu beachten, soweit diese auch für Art. 15 EG-ZustellVO gelten. Insbesondere ist Art. 8 EG-ZustellVO anwendbar, so dass es tunlich ist, den Empfänger über sein Annahmeverweigerungsrecht zu belehren.

Anhang zu §§ 1067 ff.

Verordnung (EG) Nr. 1348/2000 des Rates vom 29. Mai 2000 über die Zustellung gerichtlicher und außergerichtlicher Schriftstücke in Zivil- und Handelssachen in den Mitgliedstaaten*

DER RAT DER EUROPÄISCHEN UNION –

gestützt auf den Vertrag zur Gründung der Europäischen Gemeinschaft, insbesondere auf Artikel 61 c) und Artikel 67 Absatz 1, auf Vorschlag der Kommission[1], nach Stellungnahme des Europäischen Parlaments[2], nach Stellungnahme des Wirtschafts- und Sozialausschusses[3], in Erwägung nachstehender Gründe:

(1) Die Union hat sich zum Ziel gesetzt, einen Raum der Freiheit, der Sicherheit und des Rechts, in dem der freie Personenverkehr gewährleistet ist, zu erhalten und weiterzuentwickeln. Zum schrittweisen Aufbau dieses Raums erlässt die Gemeinschaft unter anderem im Bereich der justitiellen Zusammenarbeit in Zivilsachen die für das reibungslose Funktionieren des Binnenmarkts erforderlichen Maßnahmen.

(2) Für das reibungslose Funktionieren des Binnenmarkts muß die Übermittlung gerichtlicher und außergerichtlicher Schriftstücke in Zivil- oder Handelssachen, die in

---

[2] *Schmidt* Rn. 325 mit Nachweisen.
[3] Eingehend *Rauscher/Heiderhoff* Art. 15 EG-ZustellVO Rn. 4.
[4] *Rahlf/Gottschalk* EWS 2004, 303, 309.
[5] *Gebauer/Wiedmann/Jastrow* Rn. 249; *Rauscher/Heiderhoff* Art. 15 EG-ZustellVO Rn. 5, jeweils mit Nachweisen auch zu erweiternden und einschränkenden Gegenansichten.
* ABlEG 2000 L 160/37. Die nachfolgenden Fußnoten sind Teil des Normtextes; Anmerkungen in [ ] sind redaktionell; Änderungen durch die künftige, voraussichtlich ab 13. 11. 2008 geltende, EG-ZustellVO-a (Verordnung [EG] Nr. 1393/2007 vom 13. 11. 2007, ABlEU 2007 L 324/79 sind nur in der vorstehenden Kommentierung, nicht im Text der Verordnung berücksichtigt.
[1] ABl. C 247 vom 31. 8. 1999, S. 11.
[2] Stellungnahme vom 17. November 1999 [ABlEG 1999 C 329 d. Verf.].
[3] ABl. C 368 vom 20. 12. 1999, S. 47.

einem anderen Mitgliedstaat zugestellt werden sollen, zwischen den Mitgliedstaaten verbessert und beschleunigt werden.

(3) Dieser Bereich unterliegt nunmehr Artikel 65 des Vertrags.

(4) Nach dem in Artikel 5 des Vertrags niedergelegten Subsidiaritäts- und Verhältnismäßigkeitsprinzip können die Ziele dieser Verordnung auf der Ebene der Mitgliedstaaten nicht ausreichend erreicht werden; sie können daher besser auf Gemeinschaftsebene erreicht werden. Diese Verordnung geht nicht über das für die Erreichung dieser Ziele erforderliche Maß hinaus.

(5) Der Rat hat mit Rechtsakt vom 26. Mai 1997[4] ein Übereinkommen über die Zustellung gerichtlicher und außergerichtlicher Schriftstücke in Zivil- oder Handelssachen in den Mitgliedstaaten der Europäischen Union erstellt und das Übereinkommen den Mitgliedstaaten zur Annahme gemäß ihren verfassungsrechtlichen Vorschriften empfohlen. Dieses Übereinkommen ist nicht in Kraft getreten. Die bei der Aushandlung dieses Übereinkommens erzielten Ergebnisse sind zu wahren. Daher übernimmt die Verordnung weitgehend den wesentlichen Inhalt des Übereinkommens.

(6) Die Wirksamkeit und Schnelligkeit der gerichtlichen Verfahren in Zivilsachen setzt voraus, daß die Übermittlung gerichtlicher und außergerichtlicher Schriftstücke unmittelbar und auf schnellstmöglichem Wege zwischen den von den Mitgliedstaaten benannten örtlichen Stellen erfolgt. Die Mitgliedstaaten müssen jedoch erklären können, daß sie nur eine Übermittlungs- oder Empfangsstelle oder eine Stelle, die beide Funktionen zugleich wahrnimmt, für einen Zeitraum von fünf Jahren benennen wollen. Diese Benennung kann jedoch alle fünf Jahre erneuert werden.

(7) Eine schnelle Übermittlung erfordert den Einsatz aller geeigneten Mittel, wobei bestimmte Anforderungen an die Lesbarkeit und die Übereinstimmung des empfangenen Schriftstücks mit dem Inhalt des versandten Schriftstücks zu beachten sind. Aus Sicherheitsgründen muß das zu übermittelnde Schriftstück mit einem Formblatt versehen sein, das in der Sprache des Ortes auszufüllen ist, an dem die Zustellung erfolgen soll, oder in einer anderen vom Empfängerstaat anerkannten Sprache.

(8) Um die Wirksamkeit dieser Verordnung zu gewährleisten, ist die Möglichkeit, die Zustellung von Schriftstücken zu verweigern, auf Ausnahmefälle beschränkt.

(9) Auf eine schnelle Übermittlung muß auch eine schnelle Zustellung des Schriftstücks in den Tagen nach seinem Eingang folgen. Konnte das Schriftstück nach Ablauf eines Monats nicht zugestellt werden, so setzt die Empfangsstelle die Übermittlungsstelle davon in Kenntnis. Der Ablauf dieser Frist bedeutet nicht, daß der Antrag an die Übermittlungsstelle zurückgesandt werden muß, wenn feststeht, daß die Zustellung innerhalb einer angemessenen Frist möglich ist.

(10) Um die Interessen des Empfängers zu wahren, erfolgt die Zustellung in der Amtssprache oder einer der Amtssprachen des Orts, an dem sie vorgenommen wird, oder in einer anderen Sprache des Übermittlungsmitgliedstaats, die der Empfänger versteht.

(11) Aufgrund der verfahrensrechtlichen Unterschiede zwischen den Mitgliedstaaten bestimmt sich der Zustellungszeitpunkt in den einzelnen Mitgliedstaaten nach unterschiedlichen Kriterien. Unter diesen Umständen und in Anbetracht der möglicherweise daraus entstehenden Schwierigkeiten sollte diese Verordnung deshalb eine Regelung vorsehen, bei der sich der Zustellungszeitpunkt nach dem Recht des Empfangsmitgliedstaats bestimmt. Müssen jedoch die betreffenden Schriftstücke im Rahmen von Verfahren, die im Übermittlungsmitgliedstaat eingeleitet werden sollen oder schon anhängig sind, innerhalb einer bestimmte Frist zugestellt werden, so bestimmt sich der Zustellungszeitpunkt im Verhältnis zum Antragsteller nach dem Recht des Übermittlungsmitgliedstaats. Ein Mitgliedstaat kann jedoch aus angemessenen Gründen während eines Übergangszeitraums von fünf Jahren von den vorgenannten Bestimmungen abweichen. Er kann diese Abweichung aus Gründen, die sich aus seinem Rechtssystem ergeben, in Abständen von fünf Jahren erneuern.

(12) In den Beziehungen zwischen den Mitgliedstaaten, die Vertragsparteien der von den Mitgliedstaaten geschlossenen bilateralen oder multilateralen Übereinkünfte oder

---

[4] ABl. C 261 vom 27. 8. 1997, S. 1. Der Rat hat am Tag der Fertigstellung des Übereinkommens den erläuternden Bericht zu dem Übereinkommen zur Kenntnis genommen. Dieser erläuternde Bericht ist auf Seite 26 des vorstehenden Amtsblatts enthalten.

§§ 1067ff. Anh. Buch 11. Abschnitt 1. VO (EG) Nr. 1348/2000

Vereinbarungen sind, insbesondere des Protokolls zum Brüsseler Übereinkommen vom 27. September 1968[5] und des Haager Übereinkommens vom 15. November 1965, hat diese Verordnung in ihrem Anwendungsbereich Vorrang vor den Bestimmungen der Übereinkünfte oder Vereinbarungen mit demselben Anwendungsbereich. Es steht den Mitgliedstaaten frei, Übereinkünfte oder Vereinbarungen zur Beschleunigung oder Vereinfachung der Übermittlung von Schriftstücken beizubehalten oder zu schließen, sofern diese Übereinkünfte oder Vereinbarungen mit dieser Verordnung vereinbar sind.

(13) Die nach dieser Verordnung übermittelten Daten müssen angemessen geschützt werden. Diese Frage wird durch die Richtlinie 95/46/EG des Europäischen Parlaments und des Rates vom 24. Oktober 1995 zum Schutz natürlicher Personen bei der Verarbeitung personenbezogener Daten und zum freien Datenverkehr[6] und die Richtlinie 97/66/EG des Europäischen Parlaments und des Rates vom 15. Dezember 1997 über die Verarbeitung personenbezogener Daten und den Schutz der Privatsphäre im Bereich der Telekommunikation[7] geregelt.

(14) Die zur Durchführung dieser Verordnung erforderlichen Maßnahmen sollten gemäß dem Beschluß 1999/468/EG des Rates vom 28. Juni 1999 zur Festlegung der Modalitäten für die Ausübung der der Kommission übertragenen Durchführungsbefugnisse[8] erlassen werden.

(15) Diese Maßnahmen umfassen auch die Erstellung und Aktualisierung eines Handbuchs unter Verwendung geeigneter moderner Mittel.

(16) Spätestens drei Jahre nach Inkrafttreten dieser Verordnung hat die Kommission die Anwendung der Verordnung zu prüfen und gegebenenfalls erforderliche Änderungen vorzuschlagen.

(17) Das Vereinigte Königreich und Irland haben gemäß Artikel 3 des dem Vertrag über die Europäische Union und dem Vertrag zur Gründung der Europäischen Gemeinschaft beigefügten Protokolls über die Position des Vereinigten Königreichs und Irlands mitgeteilt, daß sie sich an der Annahme und Anwendung dieser Verordnung beteiligen möchten.

(18) Dänemark wirkt gemäß den Artikeln 1 und 2 des dem Vertrag über die Europäische Union und dem Vertrag zur Gründung der Europäischen Gemeinschaft beigefügten Protokolls über die Position Dänemarks an der Annahme dieser Verordnung nicht mit. Diese Verordnung ist daher für diesen Staat nicht verbindlich und ihm gegenüber nicht anwendbar –

HAT FOLGENDE VERORDNUNG ERLASSEN:

Kapitel I. Allgemeine Bestimmungen

Art. 1. Anwendungsbereich. (1) Diese Verordnung ist in Zivil- oder Handelssachen anzuwenden, in denen ein gerichtliches oder außergerichtliches Schriftstück von einem in einen anderen Mitgliedstaat zum Zwecke der Zustellung zu übermitteln ist.

(2) Diese Verordnung gilt nicht, wenn die Anschrift des Empfängers des Schriftstücks unbekannt ist.

Art. 2. Übermittlungs- und Empfangsstellen. (1) Jeder Mitgliedstaat benennt die Behörden, Amtspersonen oder sonstigen Personen, die für die Übermittlung gerichtlicher und außergerichtlicher Schriftstücke, die in einem anderen Mitgliedstaat zuzustellen sind, zuständig sind, im folgenden „Übermittlungsstellen" genannt.

(2) Jeder Mitgliedstaat benennt die Behörden, Amtspersonen oder sonstigen Personen, die für die Entgegennahme gerichtlicher und außergerichtlicher Schriftstücke aus einem anderen Mitgliedstaat zuständig sind, im folgenden „Empfangsstellen" genannt.

(3) Die Mitgliedstaaten können entweder eine Übermittlungsstelle und eine Empfangsstelle oder eine Stelle für beide Aufgaben benennen. Bundesstaaten, Staaten mit

---

[5] Brüsseler Übereinkommen vom 27. September 1968 über die gerichtliche Zuständigkeit und die Vollstreckbarkeit gerichtlicher Entscheidungen in Zivil- und Handelssachen (ABl. L 299 vom 31. 12. 1972, S. 32; konsolidierte Fassung in ABl. C 27 vom 26. 1. 1998, S. 1).
[6] ABl. L 281 vom 23. 11. 1995, S. 31.
[7] ABl. L 24 vom 30. 1. 1998, S. 2.
[8] ABl. L 184 vom 17. 7. 1999, S. 23.

mehreren Rechtssystemen oder Staaten mit autonomen Gebietskörperschaften können mehrere derartige Stellen benennen. Diese Benennung ist für einen Zeitraum von fünf Jahren gültig und kann alle fünf Jahre erneuert werden.

(4) Jeder Mitgliedstaat teilt der Kommission folgende Angaben mit:
a) die Namen und Anschriften der Empfangsstellen nach den Absätzen 2 und 3,
b) den Bereich, für den diese örtlich zuständig sind,
c) die ihnen zur Verfügung stehenden Möglichkeiten für den Empfang von Schriftstücken und
d) die Sprachen, in denen das Formblatt im Anhang ausgefüllt werden darf.

Die Mitgliedstaaten teilen der Kommission jede Änderung dieser Angaben mit.

Art. 3. Zentralstelle. Jeder Mitgliedstaat benennt eine Zentralstelle, die
a) den Übermittlungsstellen Auskünfte erteilt;
b) nach Lösungswegen sucht, wenn bei der Übermittlung von Schriftstücken zum Zwecke der Zustellung Schwierigkeiten auftreten;
c) in Ausnahmefällen auf Ersuchen einer Übermittlungsstelle einen Zustellungsantrag an die zuständige Empfangsstelle weiterleitet.

Bundesstaaten, Staaten mit mehreren Rechtssystemen oder Staaten mit autonomen Gebietskörperschaften können mehrere Zentralstellen benennen.

Kapitel II. Gerichtliche Schriftstücke

Abschnitt I. Übermittlung und Zustellung von gerichtlichen Schriftstücken

Art. 4. Übermittlung von Schriftstücken. (1) Gerichtliche Schriftstücke sind zwischen den nach Artikel 2 benannten Stellen unmittelbar und so schnell wie möglich zu übermitteln.

(2) Die Übermittlung von Schriftstücken, Anträgen, Zeugnissen, Empfangsbestätigungen, Bescheinigungen und sonstigen Dokumenten zwischen den Übermittlungs- und Empfangsstellen kann auf jedem geeigneten Übermittlungsweg erfolgen, sofern das empfangene Dokument mit dem versandten Dokument inhaltlich genau übereinstimmt und alle darin enthaltenen Angaben mühelos lesbar sind.

(3) Dem zu übermittelnden Schriftstück ist ein Antrag beizufügen, der nach dem Formblatt im Anhang erstellt wird. Das Formblatt ist in der Amtssprache des Empfangsmitgliedstaats oder, wenn es in diesem Mitgliedstaat mehrere Amtssprachen gibt, der Amtssprache oder einer der Amtssprachen des Ortes, an dem die Zustellung erfolgen soll, oder in einer sonstigen Sprache, die der Empfangsmitgliedstaat zugelassen hat, auszufüllen. Jeder Mitgliedstaat hat die Amtssprache oder die Amtssprachen der Europäischen Union anzugeben, die er außer seiner oder seinen eigenen für die Ausfüllung des Formblatts zuläßt.

(4) Die Schriftstücke sowie alle Dokumente, die übermittelt werden, bedürfen weder der Beglaubigung noch einer anderen gleichwertigen Formalität.

(5) Wünscht die Übermittlungsstelle die Rücksendung einer Abschrift des Schriftstücks zusammen mit der Bescheinigung nach Artikel 10, so übermittelt sie das betreffende Schriftstück in zweifacher Ausfertigung.

Art. 5. Übersetzung der Schriftstücke. (1) Der Verfahrensbeteiligte wird von der Übermittlungsstelle, der er das Schriftstück zum Zweck der Übermittlung übergibt, davon in Kenntnis gesetzt, daß der Empfänger die Annahme des Schriftstücks verweigern darf, wenn es nicht in einer der in Artikel 8 genannten Sprachen abgefasst ist.

(2) Der Verfahrensbeteiligte trägt etwaige vor der Übermittlung des Schriftstücks anfallende Übersetzungskosten unbeschadet einer etwaigen späteren Kostenentscheidung des zuständigen Gerichts oder der zuständigen Behörde.

Art. 6. Entgegennahme der Schriftstücke durch die Empfangsstelle. (1) Nach Erhalt des Schriftstücks übersendet die Empfangsstelle der Übermittlungsstelle auf schnellstmöglichem Wege und so bald wie möglich, auf jeden Fall aber innerhalb von sieben Tagen nach Erhalt des Schriftstücks, eine Empfangsbestätigung unter Verwendung des Formblatts im Anhang.

§§ 1067ff. Anh. Buch 11. Abschnitt 1. VO (EG) Nr. 1348/2000

(2) Kann der Zustellungsantrag aufgrund der übermittelten Angaben oder Dokumente nicht erledigt werden, so nimmt die Empfangsstelle auf schnellstmöglichem Wege Verbindung zu der Übermittlungsstelle auf, um die fehlenden Angaben oder Schriftstücke zu beschaffen.

(3) Fällt der Zustellungsantrag offenkundig nicht in den Anwendungsbereich dieser Verordnung oder ist die Zustellung wegen Nichtbeachtung der erforderlichen Formvorschriften nicht möglich, sind der Zustellungsantrag und die übermittelten Schriftstücke sofort nach Erhalt zusammen mit dem Formblatt im Anhang für die Benachrichtigung über Rücksendung an die Übermittlungsstelle zurückzusenden.

(4) Eine Empfangsstelle, die ein Schriftstück erhält, für dessen Zustellung sie örtlich nicht zuständig ist, leitet dieses Schriftstück zusammen mit dem Zustellungsantrag an die örtlich zuständige Empfangsstelle in demselben Mitgliedstaat weiter, sofern der Antrag den Voraussetzungen in Artikel 4 Absatz 3 entspricht; sie setzt die Übermittlungsstelle unter Verwendung des Formblatts im Anhang davon in Kenntnis. Die örtlich zuständige Empfangsstelle teilt der Übermittlungsstelle gemäß Absatz 1 den Eingang des Schriftstücks mit.

Art. 7. Zustellung der Schriftstücke. (1) Die Zustellung des Schriftstücks wird von der Empfangsstelle bewirkt oder veranlaßt, und zwar entweder nach dem Recht des Empfangsmitgliedstaats oder in einer von der Übermittlungsstelle gewünschten besonderen Form, sofern dieses Verfahren mit dem Recht des Empfangsmitgliedstaats vereinbar ist.

(2) Alle für die Zustellung erforderlichen Schritte sind so bald wie möglich vorzunehmen. Konnte die Zustellung nicht binnen einem Monat nach Eingang des Schriftstücks vorgenommen werden, teilt die Empfangsstelle dies der Übermittlungsstelle unter Verwendung der Bescheinigung mit, die in dem Formblatt im Anhang vorgesehen und gemäß Artikel 10 Absatz 2 auszustellen ist. Die Frist wird nach dem Recht des Empfangsmitgliedstaats berechnet.

Art. 8. Verweigerung der Annahme eines Schriftstücks. (1) Die Empfangsstelle setzt den Empfänger davon in Kenntnis, daß er die Annahme des zuzustellenden Schriftstücks verweigern darf, wenn dieses in einer anderen als den folgenden Sprachen abgefaßt ist:
a) der Amtssprache des Empfangsmitgliedstaats oder, wenn es im Empfangsmitgliedstaat mehrere Amtssprachen gibt, der Amtssprache oder einer der Amtssprachen des Ortes, an dem die Zustellung erfolgen soll, oder
b) einer Sprache des Übermittlungsmitgliedstaats, die der Empfänger versteht.

(2) Wird der Empfangsstelle mitgeteilt, daß der Empfänger die Annahme des Schriftstücks gemäß Absatz 1 verweigert, setzt sie die Übermittlungsstelle unter Verwendung der Bescheinigung nach Artikel 10 unverzüglich davon in Kenntnis und sendet den Antrag sowie die Schriftstücke, um deren Übersetzung ersucht wird, zurück.

Art. 9. Datum der Zustellung. (1) Unbeschadet des Artikels 8 ist für das Datum der nach Artikel 7 erfolgten Zustellung eines Schriftstücks das Recht des Empfangsmitgliedstaats maßgeblich.

(2) Wenn jedoch die Zustellung eines Schriftstücks im Rahmen eines im Übermittlungsmitgliedstaat einzuleitenden oder anhängigen Verfahrens innerhalb einer bestimmten Frist zu erfolgen hat, ist im Verhältnis zum Antragsteller als Datum der Zustellung der Tag maßgeblich, der sich aus dem Recht des Übermittlungsmitgliedstaats ergibt.

(3) Ein Mitgliedstaat kann aus angemessenen Gründen während eines Übergangszeitraums von fünf Jahren von den Absätzen 1 und 2 abweichen.

Dieser Übergangszeitraum kann von einem Mitgliedstaat aus Gründen, die sich aus seinem Rechtssystem ergeben, in Abständen von fünf Jahren erneuert werden. Der Mitgliedstaat teilt der Kommission den Inhalt der Abweichung und die konkreten Einzelheiten mit.

Art. 10. Bescheinigung über die Zustellung und Abschrift des zugestellten Schriftstücks. (1) Nach Erledigung der für die Zustellung des Schriftstücks vorzunehmenden Schritte wird nach dem Formblatt im Anhang eine entsprechende Bescheinigung ausgestellt, die der Übermittlungsstelle übersandt wird. Bei Anwendung von Artikel 4 Absatz 5 wird der Bescheinigung eine Abschrift des zugestellten Schriftstücks beigefügt.

(2) Die Bescheinigung ist in der Amtssprache oder in einer der Amtssprachen des Übermittlungsmitgliedstaats oder in einer sonstigen Sprache, die der Übermittlungsmitgliedstaat zugelassen hat, auszufüllen. Jeder Mitgliedstaat hat die Amtssprache oder die Amtssprachen der Europäischen Union anzugeben, die er außer seiner oder seinen eigenen für die Ausfüllung des Formblatts zuläßt.

Art. 11. Kosten der Zustellung. (1) Für die Zustellung gerichtlicher Schriftstücke aus einem anderen Mitgliedstaat darf keine Zahlung oder Erstattung von Gebühren und Auslagen für die Tätigkeit des Empfangsmitgliedstaats verlangt werden.

(2) Der Verfahrensbeteiligte hat jedoch die Auslagen zu zahlen oder zu erstatten, die dadurch entstehen,
a) daß bei der Zustellung eine Amtsperson oder eine andere nach dem Recht des Empfangsmitgliedstaats zuständige Person mitwirkt;
b) daß eine besondere Form der Zustellung eingehalten wird.

Abschnitt 2. Andere Arten der Übermittlung und Zustellung gerichtlicher Schriftstücke

Art. 12. Übermittlung auf konsularischem oder diplomatischem Weg. Jedem Mitgliedstaat steht es in Ausnahmefällen frei, den nach Artikel 2 oder Artikel 3 benannten Stellen eines anderen Mitgliedstaats gerichtliche Schriftstücke zum Zweck der Zustellung auf konsularischem oder diplomatischem Weg zu übermitteln.

Art. 13. Zustellung von Schriftstücken durch die diplomatischen oder konsularischen Vertretungen. (1) Jedem Mitgliedstaat steht es frei, Personen, die ihren Wohnsitz in einem anderen Mitgliedstaat haben, gerichtliche Schriftstücke unmittelbar durch seine diplomatischen oder konsularischen Vertretungen ohne Anwendung von Zwang zustellen zu lassen.

(2) Jeder Mitgliedstaat kann nach Artikel 23 Absatz 1 mitteilen, daß er eine solche Zustellung in seinem Hoheitsgebiet nicht zuläßt, außer wenn das Schriftstück einem Staatsangehörigen des Übermittlungsmitgliedstaats zuzustellen ist.

Art. 14. Zustellung durch die Post. (1) Jedem Mitgliedstaat steht es frei, Personen, die ihren Wohnsitz in einem anderen Mitgliedstaat haben, gerichtliche Schriftstücke unmittelbar durch die Post zustellen zu lassen.

(2) Jeder Mitgliedstaat kann nach Artikel 23 Absatz 1 die Bedingungen bekanntgeben, unter denen er eine Zustellung gerichtlicher Schriftstücke durch die Post zuläßt.

Art. 15. Unmittelbare Zustellung. (1) Diese Verordnung schließt nicht aus, daß jeder an einem gerichtlichen Verfahren Beteiligte gerichtliche Schriftstücke unmittelbar durch Amtspersonen, Beamte oder sonstige zuständige Personen des Empfangsmitgliedstaats zustellen lassen kann.

(2) Jeder Mitgliedstaat kann nach Artikel 23 Absatz 1 erklären, daß er die Zustellung gerichtlicher Schriftstücke nach Absatz 1 in seinem Hoheitsgebiet nicht zuläßt.

Kapitel III. Außergerichtliche Schriftstücke

Art. 16. Übermittlung. Außergerichtliche Schriftstücke können zum Zweck der Zustellung in einem anderen Mitgliedstaat nach Maßgabe dieser Verordnung übermittelt werden.

Kapitel IV. Schlussbestimmungen

Art. 17. Durchführungsbestimmungen. Die zur Durchführung dieser Verordnung erforderlichen Maßnahmen in bezug auf die nachstehenden Sachbereiche sind nach dem Beratungsverfahren des Artikels 18 Absatz 2 zu erlassen:
a) die Erstellung und jährliche Aktualisierung eines Handbuchs mit den von den Mitgliedstaaten nach Artikel 2 Absatz 4 mitgeteilten Angaben;

§§ 1067ff. Anh. Buch 11. Abschnitt 1. VO (EG) Nr. 1348/2000

b) die Erstellung eines Glossars in den Amtssprachen der Europäischen Union über die Schriftstücke, die nach Maßgabe dieser Verordnung zugestellt werden können;
c) die Aktualisierung oder technischen Anpassungen des Formblatts im Anhang.

Art. 18. Ausschuß. (1) Die Kommission wird von einem Ausschuß unterstützt.

(2) Wird auf diesen Absatz** Bezug genommen, so gelten die Artikel 3 und 7 des Beschlusses 1999/468/EG.

(3) Der Ausschuß gibt sich eine Geschäftsordnung.

Art. 19. Nichteinlassung des Beklagten. (1) War ein verfahrenseinleitendes Schriftstück oder ein gleichwertiges Schriftstück nach dieser Verordnung zum Zweck der Zustellung in einen anderen Mitgliedstaat zu übermitteln und hat sich der Beklagte nicht auf das Verfahren eingelassen, so hat das Gericht das Verfahren auszusetzen, bis festgestellt ist,

a) daß das Schriftstück in einer Form zugestellt worden ist, die das Recht des Empfangsmitgliedstaats für die Zustellung der in seinem Hoheitsgebiet ausgestellten Schriftstücke an dort befindliche Personen vorschreibt, oder
b) daß das Schriftstück tatsächlich entweder dem Beklagten persönlich ausgehändigt oder nach einem anderen in dieser Verordnung vorgesehenen Verfahren in seiner Wohnung abgegeben worden ist,

und daß in jedem dieser Fälle das Schriftstück so rechtzeitig ausgehändigt bzw. abgegeben worden ist, daß der Beklagte sich hätte verteidigen können.

(2) Jeder Mitgliedstaat kann nach Artikel 23 Absatz 1 mitteilen, daß seine Gerichte ungeachtet des Absatzes 1 den Rechtsstreit entscheiden können, auch wenn keine Bescheinigung über die Zustellung oder die Aushändigung bzw. Abgabe eingegangen ist, sofern folgende Voraussetzungen gegeben sind:

a) Das Schriftstück ist nach einem in dieser Verordnung vorgesehenen Verfahren übermittelt worden.
b) Seit der Absendung des Schriftstücks ist eine Frist von mindestens sechs Monaten verstrichen, die das Gericht nach den Umständen des Falles als angemessen erachtet.
c) Trotz aller zumutbaren Schritte bei den zuständigen Behörden oder Stellen des Empfangsmitgliedstaats war eine Bescheinigung nicht zu erlangen.

(3) Unbeschadet der Absätze 1 und 2 kann das Gericht in dringenden Fällen einstweilige Maßnahmen oder Sicherungsmaßnahmen anordnen.

(4) War ein verfahrenseinleitendes Schriftstück oder ein gleichwertiges Schriftstück nach dieser Verordnung zum Zweck der Zustellung in einen anderen Mitgliedstaat zu übermitteln und ist eine Entscheidung gegen einen Beklagten ergangen, der sich nicht auf das Verfahren eingelassen hat, so kann ihm das Gericht in bezug auf Rechtsmittelfristen die Wiedereinsetzung in den vorigen Stand bewilligen, sofern

a) der Beklagte ohne sein Verschulden nicht so rechtzeitig Kenntnis von dem Schriftstück erlangt hat, daß er sich hätte verteidigen können, und nicht so rechtzeitig Kenntnis von der Entscheidung erlangt hat, daß er sie hätte anfechten können, und
b) die Verteidigung des Beklagten nicht von vornherein aussichtslos scheint.

Ein Antrag auf Wiedereinsetzung in den vorigen Stand kann nur innerhalb einer angemessenen Frist, nachdem der Beklagte von der Entscheidung Kenntnis erhalten hat, gestellt werden. Jeder Mitgliedstaat kann nach Artikel 23 Absatz 1 erklären, daß dieser Antrag nach Ablauf einer in seiner Mitteilung anzugebenden Frist unzulässig ist; diese Frist muß jedoch mindestens ein Jahr ab Erlaß der Entscheidung betragen.

(5) Absatz 4 gilt nicht für Entscheidungen, die den Personenstand betreffen.

Art. 20. Verhältnis zu Übereinkünften oder Vereinbarungen, die die Mitgliedstaaten abgeschlossen haben. (1) Die Verordnung hat in ihrem Anwendungsbereich Vorrang vor den Bestimmungen, die in den von den Mitgliedstaaten geschlossenen bilateralen oder multilateralen Übereinkünften oder Vereinbarungen enthalten sind, insbesondere vor Artikel IV des Protokolls zum Brüsseler Übereinkommen von 1968 und vor dem Haager Übereinkommen vom 15. November 1956.

** Syntaxfehler im ABlEG.

(2) Die Verordnung hindert einzelne Mitgliedstaaten nicht daran, Übereinkünfte oder Vereinbarungen zur weiteren Beschleunigung oder Vereinfachung der Übermittlung von Schriftstücken beizubehalten oder zu schließen, sofern sie mit dieser Verordnung vereinbar sind.

(3) Die Mitgliedstaaten übermitteln der Kommission
a) eine Abschrift der zwischen den Mitgliedstaaten geschlossenen Übereinkünfte oder Vereinbarungen nach Absatz 2 sowie Entwürfe dieser von ihnen geplanten Übereinkünfte oder Vereinbarungen sowie
b) jede Kündigung oder Änderung dieser Übereinkünfte oder Vereinbarungen.

Art. 21. Prozeßkostenhilfe. Artikel 23 des Abkommens über den Zivilprozeß vom 17. Juli 1905, Artikel 24 des Übereinkommens über den Zivilprozeß vom 1. März 1954 und Artikel 13 des Abkommens über die Erleichterung des internationalen Zugangs zu den Gerichten vom 25. Oktober 1980 bleiben im Verhältnis zwischen den Mitgliedstaaten, die Vertragspartei dieser Übereinkünfte sind, von dieser Verordnung unberührt.

Art. 22. Datenschutz. (1) Die Empfangsstelle darf die nach dieser Verordnung übermittelten Informationen – einschließlich personenbezogener Daten – nur zu dem Zweck verwenden, zu dem sie übermittelt wurden.

(2) Die Empfangsstelle stellt die Vertraulichkeit derartiger Informationen nach Maßgabe ihres nationalen Rechts sicher.

(3) Die Absätze 1 und 2 berühren nicht das Auskunftsrecht von Betroffenen über die Verwendung der nach dieser Verordnung übermittelten Informationen, das ihnen nach dem einschlägigen nationalen Recht zusteht.

(4) Die Richtlinien 95/46/EG und 97/66/EG bleiben von dieser Verordnung unberührt.

Art. 23. Mitteilung und Veröffentlichung. (1) Die Mitgliedstaaten teilen der Kommission die Angaben nach den Artikeln 2, 3, 4, 9, 10, 13, 14 und 15, Artikel 17 Buchstabe a) und Artikel 19 mit.

(2) Die Kommission veröffentlicht die Angaben nach Absatz 1 im *Amtsblatt der Europäischen Gemeinschaften.*

Art. 24. Überprüfung. Die Kommission legt dem Europäischen Parlament, dem Rat und dem Wirtschafts- und Sozialausschuß spätestens am 1. Juni 2004 und danach alle fünf Jahre einen Bericht über die Anwendung dieser Verordnung vor, wobei sie insbesondere auf die Effizienz der in Artikel 2 benannten Stellen und auf die praktische Anwendung von Artikel 3 Buchstabe c) und Artikel 9 achtet. Diesem Bericht werden erforderlichenfalls Vorschläge zur Anpassung dieser Verordnung an die Entwicklung der Zustellungssysteme beigefügt.

Art. 25. Inkrafttreten. Diese Verordnung tritt am 31. Mai 2001 in Kraft.

Diese Verordnung ist in allen ihren Teilen verbindlich und gilt gemäß dem Vertrag zur Gründung der Europäischen Gemeinschaften unmittelbar in den Mitgliedstaaten.

Geschehen zu Brüssel am 29. Mai 2000.

Im Namen des Rates
Der Präsident
A. COSTA

Auf den Abdruck der Anhänge wurde verzichtet.

Abschnitt 2. Beweisaufnahme nach der Verordnung (EG) Nr. 1206/2001

Vorbemerkungen zu den §§ 1072 ff.

Schrifttum: *Alio*, Änderungen im deutschen Rechtshilferecht – Beweisaufnahme nach der Europäischen Beweisaufnahmeverordnung, NJW 2004, 2706; *Berger*, Die EG-Verordnung über die Zusammenarbeit der Gerichte auf dem Gebiet der Beweisaufnahme in Zivil- und Handelssachen (EuBVO), IPRax 2001, 522; *ders.*, Grenzüberschreitende Beweisaufnahme zwischen Österreich und Deutschland, FS Rechberger, 2005, 39; *Heß*, Neue Formen der Rechtshilfe in Zivilsachen im Europäischen Justizraum, GedS Blomeyer, 2004, 617; *Heß/Müller*, Die Verordnung 1206/01/EG zur Beweisaufnahme im Ausland, ZZPInt 6 (2001) 149; *Huber*, Europäische Beweisaufnahmeverordnung, in: Gebauer/Wiedmann (Hrsg.), Zivilrecht unter europäischem Einfluss (2005); *Leipold*, Neue Wege im Recht der internationalen Beweiserhebung – einige Bemerkungen zur Europäischen Beweisaufnahmeverordnung, FS Schlechtriem, 2003, 91; *Schmidt*, Europäisches Zivilprozessrecht – Das 11. Buch der ZPO, 2004; *Stadler*, Grenzüberschreitende Beweisaufnahmen in der Europäischen Union – die Zukunft der Rechtshilfe in Beweissachen, FS Geimer, 2002, 1281.

I. Normzweck der §§ 1072–1075

1   **1. Ausführungsbestimmungen zur EG-BewVO. a)** §§ 1072–1075 enthalten Ausführungsbestimmungen zu der **EG-BewVO**[1], insbesondere auch zu den nach Art. 22 EG-BewVO der Kommission mitzuteilenden und von dieser nach Art. 19 EG-BewVO in einem Handbuch[2] zu sammelnden Angaben zu den Zuständigkeiten. Wegen der unmittelbaren Geltung der EG-BewVO ergibt sich die Rechtslage primär aus dieser;[3] §§ 1072–1075 haben Hinweisfunktion[4] und ergänzenden Charakter für die Anwendung der BeweisVO in Deutschland.

2   **b)** §§ 1072–1075 wurden durch das **EG-Beweisaufnahmedurchführungsgesetz** vom 4. 11. 2003 eingefügt,[5] das ein 11. Buch der ZPO schafft.[6]

3   **2. Anwendungsbereich. a)** Der Anwendungsbereich der §§ 1072–1075 folgt dem der EG-BewVO. **Sachlich** erfasst sind **Ersuchen um Beweisaufnahme** in Zivil- und Handelssachen (Art. 1 Abs. 1 EG-BewVO); anders als im HBÜ[7] sind Ersuchen um andere gerichtliche Handlungen nicht eingeschlossen.[8] Der Begriff der Zivil- und Handelssache entspricht dem in Art. 1 Brüssel I-VO ohne die dort in Art. 1 Abs. 2 Brüssel I-VO bestimmten Ausnahmen. §§ 1072–1075 gelten damit auch für Beweisersuchen in Familien- oder Erbsachen. Auf Schiedsverfahren (vgl. Art. 1 Abs. 2 lit. d Brüssel I-VO) ist jedoch auch die EG-BewVO nicht anwendbar, weil sachlich nur Beweisersuchen durch (staatliche) Gerichte erfasst sind.[9] Das Beweisaufnahmeersuchen muss sich auf ein bereits eingeleitetes oder zu eröffnendes gerichtliches Verfahren beziehen (Art. 1 Abs. 2 EG-BewVO); dies schließt die **Beweissicherung** vor Klageerhebung grundsätzlich ein,[10] die nicht auf eine einstweilige (regelnde und damit anerkennungsfähige) Maßnahme iSd. Art. 31 Brüssel I-VO gerichtet ist und damit ausschließlich der EG-BewVO unterfällt.[11]

4   **b) Räumlich** gelten §§ 1072–1075 und die EG-BewVO für ausgehende Beweisersuchen an Gerichte sowie für eingehende Ersuchen von Gerichten anderer **Mitgliedstaaten**. Dies sind alle Mit-

---

[1] Verordnung (EG) Nr. 1206/2001 des Rates vom 28. 5. 2001 über die Zusammenarbeit zwischen den Gerichten der Mitgliedstaaten auf dem Gebiet der Beweisaufnahme in Zivil- und Handelssachen, ABlEG 2001 L 174/1; abgedruckt im Anhang zu §§ 1072–1075.
[2] Die Informationen sind im Europäischen Gerichtsatlas für Zivilsachen: http://ec.europa.eu/justice_home/judicialatlascivil/html/te_otherinfo_de.htm.
[3] Deren Bestimmungen sind an entsprechender Stelle bei den §§ 1072–1075 dargestellt.
[4] BT-Drucks. 15/1062 S. 10.
[5] BGBl. 2003 I S. 2166; Gesetzentwurf BT-Drucks. 15/1062; Beschlussempfehlung und Bericht des Rechtsausschusses BT-Drucks. 15/1283.
[6] Zur gleichzeitigen Einstellung der §§ 1067–1071 vgl. Vor §§ 1067 ff. Rn. 2.
[7] Kommentiert im Schlussanhang C.3.
[8] Zur unmittelbaren Justizgewährung in solchen Fällen durch Gerichte in Mitgliedstaaten aufgrund des Diskriminierungsverbots *Heß/Müller* ZZPInt 6 (2001) 149, 152.
[9] *Berger* IPRax 2001, 522, 523; *Schmidt* Rn. 336; zu gerichtlichen Nebenverfahren zu Schiedsverfahren Gebauer/Wiedmann/*Huber* Rn. 18, 25.
[10] Dazu *Stadler*, FS Geimer, 2002, S. 1281, 1302; Rauscher/*von Hein*, EuZPR, Art. 1 EG-BewVO Rn. 51.
[11] EuGH Rs. C-104/03 *St. Paul Dairy/Unibel* EuGHE 2005 I, 3481, 3505.

gliedstaaten der EU mit Ausnahme Dänemarks (Art. 1 Abs. 3 EG-BewVO; zu den (**überseeischen**) **Gebieten** vgl. Vorbem §§ 1067–1071 Rn. 3). **Zeitlich** sind die §§ 1072–1075 und die EG-BewVO auf Beweiserhebungen anwendbar, um die seit dem 1. 1. 2004 ersucht wird. Der Zeitpunkt der Einleitung des zugehörigen Verfahrens ist ohne Bedeutung.

c) Im Verhältnis zwischen den Mitgliedstaaten ist die EG-BewVO **in ihrem Anwendungsbereich vorrangig** gegenüber einschlägigen bilateralen und multilateralen völkervertraglichen Übereinkommen (Art. 21 Abs. 1 EG-BewVO), so dass insbesondere eine Beweisaufnahme nach dem HBÜ ausscheidet, soweit diese in der EG-BewVO geregelt ist. Dies gilt auch für die konsularische Beweisaufnahme (Art. 15, 16 HBÜ), die als mit deren Zielen unvereinbar nicht in die EG-BewVO aufgenommen wurde.[12] Andererseits gilt das HBÜ für sachlich nicht erfasste andere gerichtliche Handlungen weiter, soweit diese nicht als Beweisaufnahme in weiter europäisch-autonomer Auslegung des Anwendungsbereichs der EG-BewVO zu verstehen sind.[13] Die EG-BewVO steht der Fortgeltung[14] oder dem Abschluss neuer, die Beweisaufnahme weiter vereinfachender Übereinkommen nicht entgegen (Art. 21 Abs. 2 EG-BewVO), die (für die Fortgeltung nicht konstitutiv) der Kommission mitzuteilen (Art. 21 Abs. 3 EG-BewVO) und von dieser in das Handbuch nach Art. 19 Abs. 1 EG-BewVO[15] aufzunehmen sind. Einzelheiten ergeben sich für die deutsche Praxis aus dem Länderteil zur ZRHO (§ 36 Abs. 2 ZRHO).

II. Sonstiges internationales Beweisrecht

1. Völkervertragliche und vertragslose Rechtshilfe. a) Im Verhältnis zu Nicht-Mitgliedstaaten iSd. EG-BewVO (zu Mitgliedstaaten Rn. 5) erfolgt Rechtshilfe zur Beweisaufnahme nach multilateralen und bilateralen **völkervertraglichen Vereinbarungen**. In Kraft sind insbesondere das HBÜ,[16] sowie im Verhältnis zu dessen Vertragsstaaten, soweit sie dem HBÜ nicht beigetreten sind, das HZPÜ.[17]

b) Rechtshilfeersuchen werden im Übrigen auch **vertragslos** durchgeführt (vgl. § 36 Abs. 1 S. 2 ZRHO). Auf welchem Weg solche Rechtshilfeersuchen zu übermitteln sind, ergibt sich aus dem Länderteil zur ZRHO.

2. Extraterritoriale Beweismittelbeschaffung. a) Die **EG-BewVO** steht zwischen den Mitgliedstaaten nicht der extraterritorialen Beweismittelbeschaffung durch das Prozessgericht nach Grundsätzen der jeweiligen *lex fori* entgegen,[18] da sie nur die Beweisaufnahme im Wege der aktiven (Beweiserhebung vor dem ausländischen Gericht, Art. 1 Abs. 1 lit. a, 4 ff. EG-BewVO) und passiven Rechtshilfe (Beweiserhebung des Prozessgerichts im Ausland, Art. 1 Abs. 1 lit. b, 17 EG-BewVO) erfasst. Extraterritoriale Beweismittelbeschaffung bedeutet die Durchführung einer inländischen Beweisaufnahme, für die das erforderliche Beweismittel ohne Rechtshilfe „importiert" wird.

b) Die Wahl zwischen der extraterritorialen Beweismittelbeschaffung und der Beweisaufnahme mittels Rechtshilfe ist nach pflichtgemäßem Ermessen auszuüben. Ob eine solche Wahl besteht, hängt wesentlich von der **Art des Beweismittels** ab. Die Reichweite der **Zulässigkeit extraterritorialer Beweismittelbeschaffung** muss im räumlichen Anwendungsbereich der EG-BewVO autonom nach deren Wertungen bestimmt werden, nicht durch Rückgriff auf das Souveränitätsverständnis der jeweiligen betroffenen Rechtsordnungen. Zulässig ist der Beweismittelimport bei beweglichen Augenscheinsobjekten und Urkunden im Besitz vorlagebereiter Parteien oder Dritter[19] und freiwillig erscheinenden Zeugen.[20] Auch die Beauftragung privater ausländischer Sachverständiger, soweit nicht im Ausland Befundtatsachen zu erheben sind, sollte nicht auf Souveränitätsbedenken stoßen,[21] wenngleich § 40 Abs. 1 ZRHO dies anders sieht; ein privater Gutachter ist nicht primär Untertan seines Heimatstaats, sondern privates Rechtssubjekt.

---

[12] *Schmidt* Rn. 330; aA *Leipold,* FS Schlechtriem, 2003, S. 91, 94.
[13] Zur Blutprobe: *Rauscher/von Hein,* EuZPR, Art. 21 EG-BewVO Rn. 2.
[14] Insbesondere das deutsch-britische Abkommen vom 20. 3. 1928, RGBl. II S. 623.
[15] http://ec.europa.eu/justice_home/judicialatlascivil/html/te_otherinfo_de.htm.
[16] Haager Übereinkommen über die Beweisaufnahme im Ausland in Zivil- und Handelssachen vom 18. 3. 1970, BGBl. 1977 II S. 1472.
[17] Haager Übereinkommen über den Zivilprozeß vom 1. 3. 1954, BGBl. 1958 II S. 577.
[18] *Rauscher/von Hein,* EuZPR, Art. 1 EG-BewVO Rn. 18.
[19] Zur Androhung (prozessualer) Nachteile im Zusammenhang mit der Vorlageanordnung *Gebauer/Wiedmann/Huber* Rn. 38, 39.
[20] Die Ladung erfolgt nach der EG-ZustellVO, idR nach § 1068 Abs. 1 durch Einschreiben/Rückschein, so dass Souveränitätsbedenken nicht mehr bestehen; zur Androhung von Zwang *Gebauer/Wiedmann/Huber* Rn. 40.
[21] Im Einzelnen: Gebauer/Wiedmann/*Huber* Rn. 36 ff.; *Schmidt* Rn. 357 ff.

10 Zwingend ist hingegen die **Beweisaufnahme im Rechtshilfeweg,** wenn außerhalb des Forumstaats Zwang erforderlich wird, im Ausland befindliche Augenscheinsobjekte nicht (Immobilien) oder schwer transportabel sind, Sachverständige im Ausland Befundtatsachen erheben müssen,[22] oder Zeugen sowie Parteien im Ausland einvernommen werden müssen. Strittig ist, ob eine schriftliche Aussage (§ 377 Abs. 3) eines im Ausland befindlichen Zeugen außerhalb des Rechtshilfeweges möglich ist. Entgegen einer starken, an § 39 S. 2 ZRHO orientierten Ansicht,[23] sollte darin keine Ausübung von Hoheitsrechten auf fremdem Territorium gesehen werden, sofern der Zeuge vollständig freiwillig handelt;[24] der Hinweis nach § 377 Abs. 3 S. 2 ist in diesem Fall auf die Möglichkeit der Einvernahme im Rechtshilfeweg auszurichten, da das Prozessgericht nicht (verpflichtend) laden könnte. Schwerer wiegen Bedenken gegen die Zulässigkeit der extraterritorialen Einbeziehung in eine Videovernehmung (§ 128a), da Art. 17 Abs. 4 S. 3 EG-BewVO dies offenbar als Form der unmittelbaren Beweisaufnahme durch das Prozessgericht im anderen Mitgliedstaat einordnet. Art. 17 EG-BewVO lockert zwar Souveränitätsvorbehalte, spricht aber nicht für eine Ausdehnung der extraterritorialen Beweismittelbeschaffung,[25] denn Art. 17 EG-BewVO lockert die Souveränitätsbedenken nur im Rahmen der dort geregelten unmittelbaren Beweisaufnahme.

11 **3. Bedeutung der ZRHO.** Die ZRHO[26] ist auch im Rahmen der Rechtshilfe nach der EG-BewVO iVm. §§ 1072–1075 als Richtlinie für das Handeln der Justizbehörden zu beachten. Für ausgehende Ersuchen gelten insbesondere §§ 36–40a ZRHO, für eingehende Ersuchen §§ 82–88a ZRHO. Soweit die aus Anlass der EG-BewVO reformierten[27] Bestimmungen der ZRHO nicht speziell auf den Anwendungsbereich der EG-BewVO zugeschnitten sind, bedürfen sie jedoch ggf. der einschränkenden Auslegung (vgl. Rn. 9), da sie grundsätzlich vor dem Hintergrund des unter dem HBÜ herrschenden engen Souveränitätsverständnisses stehen.

§ 1072 Beweisaufnahme in den Mitgliedstaaten der Europäischen Union

Soll die Beweisaufnahme nach der Verordnung (EG) Nr. 1206/2001 des Rates vom 28. Mai 2001 über die Zusammenarbeit zwischen den Gerichten der Mitgliedstaaten auf dem Gebiet der Beweisaufnahme in Zivil- oder Handelssachen (ABl. EG Nr. L 174 S. 1) erfolgen, so kann das Gericht
1. unmittelbar das zuständige Gericht eines anderen Mitgliedstaats um Aufnahme des Beweises ersuchen oder
2. unter den Voraussetzungen des Artikels 17 der Verordnung (EG) Nr. 1206/2001 eine unmittelbare Beweisaufnahme in einem anderen Mitgliedstaat beantragen.

Übersicht

	Rn.		Rn.
I. Normzweck	1–3	6. Kosten	30–34
II. Ersuchen um Beweisaufnahme – aktive Rechtshilfe (Nr. 1 iVm. Art. 2 ff. EG-BewVO)	4–37	7. Rechtsbehelfe	35–37
		III. Ersuchen um unmittelbare Beweisaufnahme (Nr. 2 iVm. Art. 17 EG-BewVO)	38–57
1. Unmittelbarer Geschäftsverkehr, Zuständigkeit (Art. 2 EG-BewVO)	4, 5	1. Zuständigkeiten	38
2. Form, Inhalt und Übermittlung des Ersuchens (Art. 4, 6 EG-BewVO)	6–18	2. Ersuchen	39–43
3. Sprache (Art. 5 EG-BewVO)	19–22	3. Genehmigung	44–50
4. Erledigung des Ersuchens (Art. 7–9 EG-BewVO)	23–28	4. Durchführung der Beweisaufnahme	51–54
5. Beweisaufnahme durch das ersuchte Gericht (Art. 10, 13–16 EG-BewVO)	29	5. Kosten	55–56
		6. Rechtsbehelfe	57

---

[22] Hierzu *Berger,* FS Rechberger, 2005, S. 39, 41; Rauscher/*von Hein,* EuZPR, Art. 1 EG-BewVO Rn. 25; *Heß/Müller* ZZPInt 6 (2001) 149, 174.
[23] BGH NJW 1984, 2039; so auch *Schmidt* Rn. 362; *Musielak/Stadler* § 363 Rn. 10.
[24] *Zöller/Geimer* § 263 Rn. 5; *Musielak/Huber* § 377 Rn. 7; *Schulze* IPRax 2001, 527; Gebauer/Wiedmann/*Huber* Rn. 41.
[25] Vgl. aber Gebauer/Wiedmann/*Huber* Rn. 41; *Stadler,* FS Geimer, 2002, S. 1281, 1289.
[26] Zur Rechtsnatur Vor §§ 1067 ff. Rn. 13 f.
[27] *Jastrow* IPRax 2004, 13.

I. Normzweck

1. §§ 1072, 1073 betreffen die Inanspruchnahme von Rechtshilfe zur Beweisaufnahme durch ein deutsches Gericht in einem anderen Mitgliedstaat. § 1072 weist auf die beiden nach der EG-BewVO vorgesehenen **Wege der Beweisaufnahme** hin, die dem deutschen Gericht gemäß Art. 1 Abs. 1 EG-BewVO zur Verfügung stehen.[1] Die Regelung gilt für beliebige zivilprozessuale Beweisverfahren (§§ 355 ff.) einschließlich selbstständiger Beweisverfahren (§§ 485 ff.).[2] Mit eingehenden Ersuchen befassen sich §§ 1074, 1075.

2. Nr. 1 betrifft den traditionellen Erledigungsweg des **Rechtshilfeersuchens um Durchführung der Beweisaufnahme** durch ein ausländisches Gericht gemäß Art. 1 Abs. 1 lit. a EG-BewVO.

3. Nr. 2 betrifft die durch Art. 1 Abs. 1 lit. b, 17 EG-BewVO geregelte **unmittelbare Beweisaufnahme** durch ein deutsches Gericht in einem anderen Mitgliedstaat. Diese bedeutet einen Verzicht auf Souveränitätsinteressen und ist nur auf freiwilliger Grundlage ohne Zwangsmaßnahmen statthaft. Insoweit verleiht Nr. 2 jedem deutschen Gericht als innerstaatliche Rechtsvorschrift iSd. Art. 1 Abs. 1 EG-BewVO die Befugnis, von der Möglichkeit des Art. 17 EG-BewVO Gebrauch zu machen,[3] was erforderlich ist, da Art. 17 EG-BewVO nur ein Instrument verfügbar macht, aber nicht dahingehend zu verstehen ist, dass sie die Gerichte der Mitgliedstaaten berechtigt, dieses Instrument auch zu nutzen.[4]

II. Ersuchen um Beweisaufnahme – aktive Rechtshilfe (Nr. 1 iVm. Art. 2 ff. EG-BewVO)

1. Unmittelbarer Geschäftsverkehr, Zuständigkeit (Art. 2 EG-BewVO). a) Art. 2 EG-BewVO sieht für das Ersuchen um Durchführung der Beweisaufnahme durch das Gericht eines anderen Mitgliedstaats nach Art. 1 Abs. 1 lit. a iVm. Art. 2 ff. EG-BewVO den unmittelbaren Geschäftsverkehr zwischen dem Prozessgericht als „**ersuchendes Gericht**" und dem für die Beweisaufnahme zuständigen Gericht des anderen Mitgliedstaats als „**ersuchtes Gericht**" vor. Die **Zentralstellen** nach Art. 3 EG-BewVO sind, anders als unter dem HBÜ, nicht regelmäßig in die Übermittlung im Rechtshilfeverkehr eingeschaltet und haben auch keine Prüfungskompetenz,[5] sondern leiten neben ihrer beratenden und vermittelnden Funktion (Art. 3 Abs. 1 lit. a und b EG-BewVO) nur ausnahmsweise auf Bitte des ersuchenden Gerichts ein Ersuchen an das zuständige Gericht weiter, wenn es nicht genügt, mitzuteilen, welches Gericht als ersuchtes Gericht in concreto zuständig ist.

b) Als **ersuchendes Gericht** kann gemäß Halbs. 1 jedes deutsche Gericht tätig werden und unmittelbar das zuständige ausländische Gericht ersuchen. Die (Entscheidungs-)Zuständigkeit des ersuchenden Gerichts ist im Rechtshilfeverfahren ohne Belang. Unzuständigkeit kann im deutschen Verfahren ein Rechtsmittel gegen die Entscheidung in der Hauptsache begründen und – in unterschiedlichem Maß – die Anerkennung nach der jeweils maßgeblichen EG-VO (Brüssel I, Brüssel II a, Vollstreckungstitel etc.) betreffen. Welches ausländische Gericht als **ersuchtes Gericht** zuständig ist, ergibt sich aus dem Recht des ausländischen Mitgliedstaats, der eine Liste der örtlich und sachlich zuständigen Gerichte nach Art. 2 Abs. 2 EG-BewVO zu erstellen und der Kommission mitzuteilen hat (Art. 22 Nr. 1 EG-BewVO).[6] Das zuständige ersuchte Gericht (Rn. 5) ist durch das ersuchende Gericht zu ermitteln. Ausnahmsweise kann die Hilfe der ausländischen Zentralstelle beansprucht werden (Art. 3 Abs. 1 lit. c EG-BewVO; § 36 Abs. 1 Fn 5 ZRHO).

2. Form, Inhalt und Übermittlung des Ersuchens (Art. 4, 6 EG-BewVO). a) Formblatt. Form und Inhalt des Ersuchens bestimmen sich nach **Art. 4 EG-BewVO.** Das Ersuchen wird unter Verwendung des Formblattes A im Anhang zur EG-BewVO[7] beantragt. Zur **Sprache** Rn. 19 ff. Soweit das Formblatt A Angaben fordert, die Art. 4 EG-BewVO nicht ausdrücklich vorsieht (zB Tele-

---

[1] BT-Drucks. 15/1062 S. 10: Verminderung der Gefahr, dass einschlägiges Gemeinschaftsrecht übersehen wird.
[2] Baumbach/Lauterbach/*Hartmann* Rn. 3; Musielak/*Stadler* Rn. 1.
[3] BT-Drucks. 15/1062 S. 10.
[4] Rauscher/*von Hein*, EuZPR, Art. 1 EG-BewVO Rn. 18: „Freischaltung" der Anwendbarkeit.
[5] *Berger* IPRax 2001, 522, 523.
[6] Die konkret zuständigen Gerichte ergeben sich aus dem Europäischen Gerichtsatlas für Zivilsachen http://ec.europa.eu/justice_home/judicialatlascivil/html/te_otherinfo_de.htm.
[7] Abrufbar in allen Amtssprachen unter http://ec.europa.eu/justice_home/judicialatlascivil/html/te_filling_de.htm; im Folgenden „Formblatt A".

fon- und Faxnummern), kann wegen deren Fehlen die Erledigung nicht abgelehnt werden. Soweit Felder für Angaben nach Art. 4 EG-BewVO im Formblatt fehlen (insbesondere zu Erläuterungen nach Art. 4 Abs. 1 lit. g EG-BewVO), sind diese ggf. als Anhang in Klartext zu ergänzen.[8]

7 **b) Gerichte und Parteien.** Anzugeben sind das ersuchende und das ersuchte Gericht (Art. 4 Abs. 1 lit. a EG-BewVO; zur Zuständigkeit Rn. 5). Die Angabe von Name und Anschrift der Parteien und ggf. deren Vertreter (Art. 4 Abs. 1 lit. b EG-BewVO) ist autonom zu verstehen und erlaubt, wie Ziff. 4 des Formblattes A zeigt, nicht nur die Angabe einer Wohnanschrift, sondern auch die Angabe einer Postfachanschrift, ggf. auch einer Berufsanschrift. Angaben zu Art und Gegenstand der Rechtssache (Art. 4 Abs. 1 lit. c EG-BewVO) sind in Klartext mitzuteilen und müssen dem ersuchten Gericht die Prüfung ermöglichen, ob das Ersuchen in den sachlichen Anwendungsbereich der EG-BewVO fällt.

8 **c) Vernehmungsersuchen, Sachverständigenbeweis. aa)** Wesentliche Bedeutung kommt der Bezeichnung der **durchzuführenden Beweisaufnahme** (Art. 4 Abs. 1 lit. d EG-BewVO) zu. **Vernehmungsersuchen** (Art. 4 Abs. 1 lit. e EG-BewVO) werden im Formblatt A nur als „Vernehmung von Zeugen" (Ziff. 12.2.) aufgeführt. Dort ist jedoch auch die Parteivernehmung, unter Hinweis darauf, dass es sich um bei der zu vernehmenden Person um eine Partei handelt, zu beantragen. **Sachverständigenbeweis,** der grundsätzlich eine „andere Beweisaufnahme" ist, ist jedenfalls unter Ziff. 12.1. zu beantragen, wobei Angaben zur Person des Sachverständigen unter 12.2. (Ersetzung des Wortes „Zeugen" durch „Sachverständiger") eingetragen werden oder, wenn der Sachverständige durch das ersuchte Gericht bestimmt werden soll, nur Ziff. 12.3. zum Beweisgegenstand auszufüllen ist.[9]

9 **bb)** Das **Beweisthema** (Formblatt A Ziff. 12.2.6.) ist alternativ durch Angabe konkreter, der Beweisperson zu stellender Fragen zu bezeichnen oder durch Angabe des Sachverhalts. Werden Fragen gestellt, bedarf es nicht der Angabe des Sachverhalts. Soll zu einem Sachverhalt einvernommen werden, so bedarf es einer Darstellung, die über die Darstellung des Gegenstandes der Rechtssache hinausgehen muss und dem ersuchten Gericht konkret die Durchführung der Beweisaufnahme ermöglicht.[10] Obgleich in autonomer Auslegung auch ein **Ausforschungsbeweis** im Rahmen des Art. 4 Abs. 1 EG-BewVO statthaft wäre,[11] ist ein ersuchendes deutsches Gericht hinsichtlich der Statthaftigkeit des Beweisthemas durch die ZPO gebunden.

10 **cc)** Eventuell nach deutschem Recht bestehende **Zeugnisverweigerungsrechte** sind vom ersuchenden deutschen Gericht anzugeben (Art. 4 Abs. 1 lit. e 3. Strich EG-BewVO), weil sich die Vernehmungsperson sowohl auf Aussageverweigerungsrechte und -verbote des Rechts des Staates des ersuchten Gerichts berufen darf, als auch auf solche im Recht des ersuchenden Staates (Meistbegünstigungsprinzip nach Art. 14 Abs. 1 lit. a und b EG-BewVO).

11 Der **Begriff „Zeugnisverweigerungsrechte"** ist nicht technisch *lege fori*, sondern autonom auszulegen und umfasst alle in Betracht kommenden **Aussageverweigerungsrechte und -verbote**[12] einschließlich solcher, die nicht der Disposition der Vernehmungsperson unterliegen. Die einschlägigen deutschen Gesetzesbestimmungen sind in diesen Fällen unter Ziff. 12.2.7. des Formblatts A wörtlich anzuführen, auf Aussageverweigerungsrechte ist hinzuweisen und das ersuchte Gerichte darum zu bitten, die zu vernehmende Person darüber zu belehren (§ 37 Abs. 2 ZRHO). Dies gilt entsprechend für Ersuchen um Vernehmung einer Partei einschließlich der Belehrung gemäß §§ 453 Abs. 2, 446 (§ 37 Abs. 4 ZRHO).

12 **dd) Beeidigungsanträge** (Art. 4 Abs. 1 lit. c 4. Strich EG-BewVO) sind unter Angabe der Qualität (Vernehmung unter Eid/eidesstattliche Versicherung) unter Ziff. 12.2.8. des Formblatts A zu stellen. Die zu verwendende Eidesformel kann nach Art. 4 Abs. 1 lit. e 4. Strich EG-BewVO angegeben werden; dies ist jedoch als Antrag auf Durchführung der Beweisaufnahme in einer besonderen Form zu qualifizieren und kann nach Art. 10 Abs. 3 EG-BewVO abgelehnt werden. Bei Ersuchen um eidliche Vernehmung von Zeugen und Sachverständigen ist darauf hinzuweisen, dass nach deutschem Recht das Aussageverweigerungsrecht ein **Eidesverweigerungsrecht** einschließt und das ersuchte Gericht zu bitten, die zu vernehmende Person hierüber zu belehren. Dies ist unter Ziff. 12.2.9. des Formblatts A aufzunehmen (§ 37 Abs. 3 ZRHO). Entsprechendes gilt für das Eidesverweigerungsrecht bei Parteivernehmung (§ 37 Abs. 4 ZRHO).

---

[8] Rauscher/*von Hein*, EuZPR, Art. 4 EG-BewVO Rn. 4.
[9] Rauscher/*von Hein*, EuZPR, Art. 4 EG-BewVO Rn. 10.
[10] Gebauer/Wiedmann/*Huber* Rn. 75.
[11] Dazu im Einzelnen Rauscher/*von Hein*, EuZPR, Art. 4 EG-BewVO Rn. 12; Gebauer/Wiedmann/*Huber* Rn. 75.
[12] Gebauer/Wiedmann/*Huber* Rn. 76; Rauscher/*von Hein*, EuZPR, Art. 4 EG-BewVO Rn. 14.

d) Urkundenbeweis und Augenschein. aa) Urkundenbeweis und Augenschein sind als **andere** bzw. **sonstige Beweisaufnahme** (Ziff. 12.3. Formblatt A bzw. Art. 4 Abs. 1 lit. f EG-BewVO) zu beantragen. Die zu prüfenden Schriftstücke, Gegenstände oder der sonstige Gegenstand der Beweisaufnahme sind genau zu bezeichnen, ggf. auch unter Hinweis auf Umstände, denen das ersuchte Gericht Beachtung schenken möge, um eine sachgerechte Beweisaufnahme zu ermöglichen.

bb) Vorlageverweigerungsrechte sind für die sonstige Beweisaufnahme weder in Art. 4 Abs. 1 lit. f EG-BewVO noch im Formblatt A erwähnt. Bei wortlautentsprechender Anwendung von Art. 14 Abs. 1 EG-BewVO, der solche Rechte ebenfalls nicht nennt, also das Meistbegünstigungsprinzip auf diese nicht ausdehnt, erscheint dies folgerichtig, da nicht mitzuteilen wäre, was vor dem ersuchten Gericht keine Beachtung findet.[13] Dem Sinn des Art. 14 Abs. 1 EG-BewVO dürfte es freilich eher entsprechen, diese Bestimmung analog auf Vorlageverweigerungsrechte anzuwenden; dann aber ist auch eine analoge Anwendung der Mitteilungsverpflichtung nach Art. 4 Abs. 1 lit. e EG-BewVO geboten.[14] Hierfür spricht insbesondere, dass bei Umgehung eines nach deutschem Recht bestehenden Vorlageverweigerungsrecht durch Beweisaufnahme im Wege der Rechtshilfe sich im deutschen Prozess aus dem sehenden Auges verletzten Recht ein Verwertungsverbot ergeben kann. Keinesfalls ist Art. 14 Abs. 1 EG-BeweisVO geeignet, Verweigerungsrechte des deutschen Verfahrensrechts außer Kraft zu setzen.

e) Sonstige Modalitäten. aa) Ziff. 13 des Formblatts A setzt die in Art. 10 Abs. 3 EG-BewVO eingeräumte Möglichkeit um, das ersuchte Gericht um eine Beweisaufnahme in einer besonderen Form zu ersuchen; insbesondere kann auch um die Verwendung von **Kommunikationstechnologien** ersucht werden (Art. 10 Abs. 4 EG-BewVO), soweit dies auch nach § 128a gestattet ist. Dies dient neben den Aufwand einer Entsendung eines Mitglieds des ersuchenden Gerichts nach § 1073 Abs. 1 S. 1 der Stärkung des Unmittelbarkeitsgrundsatzes.[15] Da die EG-BewVO eine Förderung der Verwendung solcher Technologien anstrebt, geht Art. 10 Abs. 4 EG-BewVO davon aus, dass das ersuchte Gericht dem grundsätzlich entspricht, sofern dies nicht mit dem Recht des Mitgliedstaats des ersuchten Gerichts unvereinbar oder wegen erheblicher tatsächlicher Schwierigkeiten unmöglich ist. Entsprechend kann aus deutscher Sicht bei Beantragung einer Video- oder Telekonferenz auf die – im sonstigen Rechtshilfeverkehr übliche – Vorabanfrage an das ersuchte Gericht verzichtet werden (§ 37b Abs. 2 S. 2 ZRHO).

bb) Zur **Teilnahme** des Gerichts und der Parteien vgl. § 1073.

cc) Das Ersuchen und die beigefügten Urkunden bedürfen weder der **Beglaubigung** noch einer anderen gleichwertigen Formalität (Art. 4 Abs. 2 EG-BewVO).

f) Übermittlung. Ersuchen und weitere Mitteilungen (zB Vervollständigungsersuchen nach Art. 9 EG-BewVO) werden auf dem schnellstmöglichen Weg übermittelt, mit dem der ersuchte Mitgliedstaat sich einverstanden erklärt hat (Art. 6 EG-BewVO). Außer dem Postweg sind von zahlreichen Mitgliedstaaten die Übermittlung durch Telefax, teils auch durch e-mail zugelassen.[16] Bei der Übermittlung muss die genaue inhaltliche Übereinstimmung des versandten mit dem empfangenen Dokument[17] und die Lesbarkeit sichergestellt sein (Art. 6 S. 2 EG-BewVO).

3. Sprache (Art. 5 EG-BewVO). a) Das Ersuchen ist in der **Amtssprache des ersuchten Mitgliedstaats** abzufassen. Gibt es in diesem Staat mehrere Amtssprachen, so ist die bzw. eine der Amtssprachen zu verwenden, die am Ort der beantragten Beweisaufnahme gilt (Art. 5 S. 1 Halbs. 1 EG-BewVO). Das Ersuchen kann jedoch auch in einer anderen Sprache abgefasst werden, die der ersuchte Staat zugelassen hat (Art. 5 S. 1 Halbs. 2 EG-BewVO). Das Spracherfordernis bezieht sich hinsichtlich des Formblatts nur auf die Eintragungen; einer Übersetzung des verwendeten Formblatts bedarf es hingegen nicht (§ 36 Abs. 6 S. 2 ZRHO), da dessen Austauschbarkeit gerade dem Sinn des Formblattsystems der EG-BewVO entspricht. Viele, jedoch durchaus nicht alle Mitgliedstaaten[18] gestatten eingehende Ersuchen in Englisch, einige Staaten haben Angaben zu den darüber hinaus gehenden Sprachkenntnissen ihrer Zentralstellen gemacht, was aber nur dahingehend gedeu-

---

[13] So Rauscher/*von Hein*, EuZPR, Art. 4 EG-BewVO Rn. 19.
[14] So zutreffend Gebauer/Wiedmann/*Huber* Rn. 77.
[15] *Musielak/Stadler* Rn. 2.
[16] Informationen hierzu unter http://ec.europa.eu/justice_home/judicialatlascivil/html/te_otherinfo_de.htm.
[17] Insbesondere sollte beim Scannen keine Behandlung mit OCR-Software erfolgen, sondern eine Bilddatei versandt werden. Die Versendung von Textdateien birgt die erhebliche Gefahr versehentlicher Veränderung beim Öffnen und Ausdruck.
[18] Deutschland, Frankreich und Italien haben keine fremde Sprache zugelassen (§ 1075).

§ 1072 20–25

tet werden kann, dass Anfragen, nicht aber Beweisersuchen in diesen weiteren Sprachen an die Zentralstellen geleitet werden können.[19]

20 b) **Schriftstücke,** die als **Anlagen** dem Antrag auf Formblatt A beigefügt werden, sind mit einer Übersetzung in der Sprache zu versehen, in der das Ersuchen abgefasst wurde (Art. 4 Abs. 3 EG-BewVO). Missverständnisse ergeben sich insoweit deshalb, weil Art. 5 S. 1 Halbs. 2 EG-BewVO für das Ersuchen die Zulassung weiterer Sprachen durch den ersuchten Mitgliedstaat vorsieht, Art. 5 S. 2 EG-BewVO jedoch nur von der Angabe der Sprachen „für die Ausfüllung des Formblatts" zulässt. Diese mangelnde Präzision hat dazu geführt, dass einige Staaten in der Tat die Verwendung weiterer Sprachen ausdrücklich auf das Ausfüllen des Formblatts beschränkt haben, was wiederum nicht im Einklang mit Art. 4 Abs. 3 EG-BewVO steht, der eindeutig die Übersetzung in die Sprache des Ersuchens genügen lässt. Um Nichtbearbeitung zu vermeiden empfiehlt es sich freilich, in diesen Fällen den Anlagen eine Übersetzung in die jeweilige Amtssprache beizugeben.[20]

21 c) Das **ersuchte Gericht** kann sich ebenfalls seiner Amtssprache bedienen, weil Art. 5 S. 1 EG-BewVO sich auch auf die nach der EG-BewVO gemachten Mitteilungen bezieht; faktisch ist dieser Grundsatz auf die gesamte Korrespondenz auszudehnen, die somit – vorbehaltlich der Zulassung weiterer Sprachen – in der Amtssprache des ersuchten Gerichts geführt wird.

22 d) Ersuchen in einer **nicht zugelassenen Sprache** werden nicht bearbeitet, bis das Ersuchen in korrekter Sprache übermittelt wird. Das ersuchte Gericht vermerkt den Mangel (Art. 7 Abs. 1 Halbs. 2 EG-BewVO) in der Empfangsbestätigung auf Formblatt B im Anhang der EG-BewVO; die Fristen für die Erledigung beginnen in diesem Fall erst mit dem Eingang des ordnungsgemäß ausgefüllten Ersuchens beim ersuchten Gericht zu laufen (Art. 9 Abs. 1 EG-BewVO).

23 **4. Erledigung des Ersuchens (Art. 7–9 EG-BewVO). a) Entgegennahme. aa)** Ist das ersuchte Gericht **zuständig,** so übersendet es innerhalb von sieben Tagen nach Eingang eine Empfangsbestätigung auf Formblatt B im Anhang der EG-BewVO; ggf. wird ein Vermerk angebracht, wenn das Ersuchen nicht den Bedingungen nach Art. 5, 6 EG-BewVO (dazu Rn. 18, 19 ff.) entspricht (Art. 7 Abs. 1 EG-BewVO).

24 **bb)** Ist das ersuchte Gericht **nicht zuständig,** so leitet es das Ersuchen an das zuständige Gericht im selben Mitgliedstaat weiter und unterrichtet das ersuchende Gericht auf Formblatt A Ziff. 14 (Art. 7 Abs. 2 EG-BewVO). Die Weiterleitung ist nicht bindend, so dass auch das verwiesene Gericht nach Art. 7 Abs. 2 EG-BewVO vorgehen kann. In diesem Fall des negativen Kompetenzkonflikts kann das ersuchende deutsche Gericht die Zentralstelle des ersuchten Mitgliedstaats anrufen (Art. 3 Abs. 1 lit. c EG-BewVO), die verbindlich entscheidet, welches Gericht im ersuchten Staat zuständig ist.[21] Eine Weiterleitung **außerhalb des Mitgliedstaats** des ersuchten Gerichts ist nicht vorgesehen. In diesem Fall weist das ersuchte Gericht das Ersuchen unter Hinweis auf seine fehlende internationale Erledigungszuständigkeit zurück.[22]

25 b) **Vervollständigung des Ersuchens. aa)** Nach Art. 8 EG-BewVO prüft das ersuchte Gericht beim Ersuchen um aktive Rechtshilfe auch die **Vollständigkeit des Ersuchens nach Art. 4 EG-BewVO,** also den notwendigen Inhalt, da dieser Grundlage der vor dem ersuchten Gericht durchzuführenden Beweisaufnahme ist. Ein Ersuchen um Vervollständigung kann (nur) gestellt werden, wenn die Angaben unvollständig sind und (kumulativ) deshalb das Ersuchen nicht erledigt werden kann. Es geht also nicht um Förmelei, sondern um die Beseitigung substanzieller Erledigungshindernisse. Die Mitteilung über die Unvollständigkeit und das Ersuchen um Vervollständigung erfolgen unter möglichst genauer Bezeichnung des Mangels auf Formblatt C im Anhang zur EG-BewVO. Dies soll unverzüglich, spätestens aber binnen 30 Tagen nach Eingang des Ersuchens geschehen, wobei allerdings eine Überschreitung dieser Frist[23] im konkreten Verfahren folgenlos bleibt.[24] Insbesondere kann sich das ersuchende deutsche Gericht, dem das Ersuchen um Vervollständigung nach Ablauf der Frist zugeht, nicht auf den Standpunkt stellen, das ersuchte Gericht müsse die Beweisaufnahme nach Fristablauf ohne die erforderliche Vervollständigung durchführen.

---

[19] Angaben zu den zugelassenen Sprachen im Einzelnen finden sich unter: http://ec.europa.eu/justice_home/judicialatlascivil/html/te_otherinfo_de.htm.
[20] IE ebenso Gebauer/Wiedmann/*Huber* Rn. 90.
[21] Gebauer/Wiedmann/*Huber* Rn. 110; Rauscher/*von Hein,* EuZPR, Art. 7 EG-BewVO Rn. 8.
[22] Gebauer/Wiedmann/*Huber* Rn. 112.
[23] Die Frage, ob die Frist nur durch Zugang der Aufforderung gewahrt wird, so Gebauer/Wiedmann/*Huber* Rn. 116 ist damit wohl rein akademisch.
[24] Zu Staatshaftungsansprüchen, einem Vertragsverletzungsverfahrens sowie der Individualbeschwerde zum EGMR wegen Verstoß gegen Art. 6 Abs. 1 EMRK vgl. Rauscher/*von Hein,* EuZPR, Art. 10 EG-BewVO Rn. 2.

bb) Ähnliches gilt, wenn das Ersuchen nicht erledigt werden kann, weil eine **Kaution** oder ein **Vorschuss** nach Art. 18 Abs. 3 EG-BewVO erforderlich ist; auch hier erfolgt spätestens 30 Tage nach Eingang unter Verwendung des Formblatts C eine Mitteilung, die auch Angaben umfasst, wie die Kaution oder der Vorschuss zu leisten sind (Art. 8 Abs. 2 EG-BewVO; vgl. Rn. 33). Hier dürfte davon auszugehen sein, dass die Überschreitung der Frist dazu führt, dass eine Kaution bzw. ein Vorschuss nicht mehr gefordert werden kann. Die Erstattungspflicht nach Art. 18 Abs. 2 EG-BewVO (Rn. 31) bleibt unberührt. 26

cc) Wird das ersuchende deutsche Gericht auf Formblatt C zur Vervollständigung aufgefordert, so hat dies zur Folge, dass die **Erledigungsfrist von 90 Tagen** (Art. 10 Abs. 1 EG-BewVO) für das ersuchte Gericht erst mit Eingang des vervollständigten Ersuchens beim ersuchenden Gericht beginnt (Art. 9 Abs. 1 EG-BewVO). Dasselbe gilt bei Anforderung eines Vorschusses oder einer Kaution (Art. 9 Abs. 2 EG-BewVO). 27

Zudem läuft **zu Lasten des ersuchenden Gerichts** eine Frist von 30 Tagen. Kommt das ersuchende deutsche Gericht der Aufforderung auf Ergänzung des Ersuchens nicht innerhalb von 30 Tagen nach Zugang der Aufforderung nach, so kann das ersuchte Gericht das Rechtshilfeersuchen ablehnen (Art. 14 Abs. 2 lit. c EG-BewVO). Entsprechendes gilt für die Aufforderung zur Hinterlegung bzw. Einzahlung einer Kaution bzw. eines Vorschusses, für die eine Frist von 60 Tagen läuft (Art. 14 Abs. 2 lit. d EG-BewVO). 28

5. Beweisaufnahme durch das ersuchte Gericht (Art 10, 13–16 EG-BewVO). Die Durchführung der Beweisaufnahme, um die wirksam ersucht wurde, ist aus Sicht deutscher Gerichte insbesondere für eingehende Ersuchen von Interesse (dazu § 1074 Rn. 30 ff.). 29

6. Kosten. a) Grundsatz: Kostenfreiheit. Das aktive Rechtshilfeverfahren ist nach Art. 18 Abs. 1 EG-BewVO grundsätzlich kostenfrei; für die Durchführung der Beweisaufnahme nach Art. 10 EG-BewVO darf die Erstattung von Gebühren oder Auslagen nicht verlangt werden. 30

b) Ausnahmen. aa) Ausnahmen sind abschließend in Art. 18 Abs. 2 EG-BewVO geregelt. Danach kann das ersuchte Gericht die Sicherstellung der Aufwendungen für **Sachverständige** und **Dolmetscher** sowie der Auslagen für vom ersuchenden Gericht erbetene **besondere Formen** der Beweisaufnahme (Art. 10 Abs. 3 EG-BewVO) und für die Beweisaufnahme mittels **Kommunikationstechnologien** (Art. 10 Abs. 4 EG-BewVO) verlangen. „Sicherstellung" bedeutet (im Umkehrschluss zu Art. 18 Abs. 3 EG-BewVO) nicht Sicherheitsleistung, sondern Übernahme der Kosten. Nach zutreffender Ansicht kann die Erledigung des Ersuchens nicht von einer vorherigen schriftlichen Zahlungszusage abhängig gemacht werden;[25] das ersuchende Gericht schuldet nach Durchführung der Beweisaufnahme **Erstattung der Auslagen**. Zutreffend weisen §§ 37a Abs. 3, 37b Abs. 3 ZRHO darauf hin, dass ein um Durchführung nach Art. 10 Abs. 3 oder 4 EG-BewVO ersuchendes deutsches Gericht mit Kosten rechnen muss. 31

Schuldner dieses Anspruchs ist das ersuchende (deutsche) Gericht. Die **Kostentragungspflicht der Parteien** beurteilt sich im Verhältnis zu dem ersuchenden deutschen Gericht nach deutschem Verfahrensrecht (Art. 18 Abs. 2 S. 2 EG-BewVO). 32

bb) Noch enger sind die Voraussetzungen für die Anforderung einer **Kaution** bzw. eines **Vorschusses**, die das ersuchte Gericht nur im Fall des Ersuchens um die Stellungnahme eines **Sachverständigen** verlangen kann (Art. 18 Abs. 3 EG-BewVO). Die Kaution oder der Vorschuss werden unter Verwendung des Formblattes C spätestens 30 Tage nach Eingang des Ersuchens angefordert (Art. 8 Abs. 2 S. 1 EG-BewVO). Das ersuchte Gericht bestätigt sodann den Eingang der Kaution oder des Vorschusses spätestens innerhalb von 10 Tagen unter Verwendung des Formblatts D (Art. 8 Abs. 2 S. 2 EG-BewVO). 33

Wiederum handelt es sich nur um eine Verpflichtung des ersuchenden Gerichts im Verhältnis zum ersuchten Gericht. Ob die **Parteien** einen Vorschuss zu leisten haben, bestimmt sich im Verfahren vor einem deutschen ersuchenden Gericht nach deutschem Recht (Art. 18 Abs. 3 EG-BewVO). 34

7. Rechtsbehelfe. a) Für Rechtsmittel gegen das vor dem ersuchenden deutschen Gericht **ergehende Urteil**, die auf die Verwertung des Beweisergebnisses, die Anordnung der Beweisaufnahme oder deren Unterlassen gestützt werden, gelten die allgemeinen Vorschriften.[26] 35

b) Gegen die **Durchführung der Beweisaufnahme** durch das ersuchte ausländische Gericht, insbesondere gegen Zwangsmaßnahmen, finden im Hinblick auf die Durchführung nach dem Recht des ersuchten Staates (Art. 10 Abs. 2 EG-BewVO) die dort vorgesehenen Rechtsbehelfe statt. 36

---

[25] Gebauer/Wiedmann/*Huber* Rn. 219; Rauscher/*von Hein*, EuZPR, Art. 18 EG-BewVO Rn. 2.
[26] *Baumbach/Lauterbach/Hartmann* Rn. 10.

37 c) Gegen die **Ablehnung der Erledigung** des Ersuchens durch das ersuchte Gericht nach Art. 14 EG-BewVO sieht die EG-BewVO keine Rechtsbehelfe vor. In Betracht kommen hier nur die *lege fori* des ersuchten Gerichts statthaften Rechtsbehelfe, welche die beweisinteressierte Partei im Mitgliedstaat des ersuchten Gerichts einlegen kann.[27] Bei Häufung unberechtigter Ablehnungen ist auch an ein Vertragsverletzungsverfahren gegen den betreffenden Mitgliedstaat zu denken, das freilich der Partei im konkreten Fall nichts hilft.

III. Ersuchen um unmittelbare Beweisaufnahme (Nr. 2 iVm. Art. 17 EG-BewVO)

38 1. **Zuständigkeiten.** Ersuchen nach Art. 1 Abs. 1 lit. b iVm. Art. 17 EG-BewVO stellt ebenfalls **jedes deutsche Gericht** selbst. Sie sind jedoch naturgemäß nicht einem ausländischen Gericht, sondern der nach Art. 3 EG-BewVO bestimmten Zentralstelle des anderen Mitgliedstaats bzw. der durch diesen Staat bestimmten zuständigen Behörde zu übermitteln. Auch insoweit kann es der Ermittlung einer örtlich zuständigen Behörde[28] bedürfen, da Bundesstaaten mehrere Zentralstellen benennen können (Art. 3 Abs. 2 EG-BewVO) und jeder Mitgliedstaat mehrere verantwortliche Behörden für Anträge nach Art. 17 EG-BewVO bestimmen kann (Art. 3 Abs. 3 EG-BewVO).[29]

39 2. **Ersuchen. a) Form, Inhalt und Übermittlung. aa)** Das nach Art. 17 Abs. 1 EG-BewVO erforderliche **Ersuchen**[30] ist unter Verwendung des Formblatts I im Anhang der EG-BewVO[31] bei der zuständigen (Rn. 38) Zentralstelle oder gesondert benannten Behörde des ersuchten Mitgliedstaats zu stellen. Für den Inhalt des Ersuchens gilt grundsätzlich ebenfalls Art. 4 EG-BewVO, wie sich aus dem Versagungsgrund in Art. 17 Abs. 5 lit. c EG-BewVO schließen lässt. Gleichwohl ergeben sich aus der Natur der Sache andere Anforderungen insbesondere an die Intensität der Beschreibung des Beweisgegenstands, da die ersuchte Behörde die Beweisaufnahme nicht selbst muss durchführen können. Dem entspricht die von Formblatt A in einigen Punkten abweichende Fassung des Formblatts I. Für die danach zu machenden Angaben zu dem ersuchenden Gericht, dem Verfahren und den Parteien gelten im Einzelnen dieselben Grundsätze wie zum Ersuchen nach Art. 4 EG-BewVO (Rn. 7).

40 bb) Zum **Gegenstand des Verfahrens** (Ziff. 10 des Formblatts I) sind nur kurze Erläuterungen veranlasst, die der ersuchten Behörde die Prüfung ermöglichen, ob das Ersuchen in den sachlichen Anwendungsbereich der EG-BewVO fällt. Die **Beschreibung** der durchzuführenden Beweisaufnahme (Ziff. 11.1. des Formblatts I) muss die ersuchte Behörde nicht in die Lage versetzen, eine Beweisaufnahme durchzuführen, sondern dient lediglich der Beurteilung, ob Ablehnungsgründe vorliegen. Der Schwerpunkt liegt bei der Darlegung der Art der Beweisaufnahme und ihren Modalitäten. Gleichwohl verlangt das Formblatt I bei der Einvernahme von Zeugen (auch Parteien, vgl. Rn. 8) neben Name und Anschrift der einzuvernehmenden Person auch Angaben zu den der Einvernahme zugrunde liegenden Fragen bzw. dem Sachverhalt sowie zu Zeugnisverweigerungsrechten. Letzteres ist angesichts der ohnehin bestehenden Freiwilligkeit dieser Form der Beweisaufnahme (Rn. 51) merkwürdig.

41 cc) Im Ersuchen mitzuteilen ist die **Person, welche die Beweisaufnahme durchführt** (Ziff. 9 des Formblatts I; hierzu § 1073 Abs. 2). Direkte Beweisaufnahme kann auch unter **Einsatz von Kommunikationstechnologien** beantragt werden (Ziff. 12 des Formblatts I), was wiederum dem gesamten Spruchkörper eine begrenzte Unmittelbarkeit ermöglicht und zudem Reisekosten spart.

42 dd) Für die **Übermittlung** gilt Art. 6 EG-BewVO, der schon nach seinem Wortlaut „alle" Ersuchen nach der EG-BewVO betrifft (dazu Rn. 18).

43 b) **Sprache.** Art. 5 EG-BewVO ist jedenfalls nach seinem Sinn auch auf Ersuchen nach Nr. 2 iVm. Art. 17 EG-BewVO anzuwenden (so auch § 40a Abs. 3 iVm. § 36 Abs. 6 ZRHO), wobei, ebenso wie für Ersuchen nach Nr. 1 iVm. Art. 4 EG-BewVO, die Sprachregelung für den gesamten Inhalt des Ersuchens samt eventueller Anlagen gilt. Soweit einzelne Mitgliedstaaten für die Kom-

---

[27] *Gebauer/Wiedmann/Huber* Rn. 192; *Rauscher/von Hein*, EuZPR, Art. 14 EG-BewVO Rn. 24.
[28] Auch hierüber gibt der Europäische Gerichtsatlas für Zivilsachen (vorige Fn) Auskunft.
[29] Kritisch *Heß/Müller* ZZPInt 6 (2001) 149, 164; in der Tat ist es für ein deutsches Gericht ähnlich schwierig, festzustellen, ob der Beweisort in Schottland oder England liegt, wie es für ein englisches Gericht sein dürfte, die deutschen Ländergrenzen richtig zu ziehen.
[30] Bei dem in Art. 17 Abs. 1 verwendeten Wort „beauftragt" handelt es sich um einen Übersetzungsfehler bei Redaktion des deutschen Textes. Ein stimmiger Sinn ergibt sich bei Ersetzung durch das Wort „beabsichtigt" vgl. *Gebauer/Wiedmann/Huber* Rn. 197; eine Ersetzung durch „beantragt" findet zwar im englischen Text eine Stütze – vgl. *Schulze* IPRax 2001, 527, 530 – erscheint aber ebenfalls semantisch nicht stimmig.
[31] Abrufbar in allen Amtssprachen unter http://ec.europa.eu/justice_home/judicialatlascivil/html/te_filling_de.htm.

munikation mit ihren Zentralstellen weitere Sprachen mitgeteilt haben (dazu Rn. 19) kann das Ersuchen nach Art. 17 EG-BewVO auch in einer solchen Sprache an die Zentralstelle gerichtet werden, selbst wenn diese Sprache im unmittelbaren Verkehr mit einem ersuchten Gericht dieses Mitgliedstaats nicht statthaft wäre. Im Übrigen gilt für die Sprache dasselbe wie für Ersuchen nach Nr. 1 (Rn. 19 ff.).

3. Genehmigung. a) Genehmigungserfordernis. Die Durchführung der unmittelbaren Beweisaufnahme steht unter dem Vorbehalt der **Genehmigung durch die ersuchte Behörde.** Insoweit handelt es sich um einen Kompromiss, der auch im Verhältnis zwischen den Mitgliedstaaten noch einen Rest von Souveränität gegen Beweisaufnahme durch ausländische Gerichte sichert, insbesondere durch den ordre public-Vorbehalt nach Art. 17 Abs. 5 lit. c EG-BewVO. 44

b) Entgegennahme, Behandlung des Ersuchens. aa) Hinsichtlich der **Behandlung des Ersuchens** durch die zuständige Behörde ergeben sich einige Zweifelsfragen, die darauf beruhen, dass die EG-BewVO einen systematischen Bruch zwischen Art. 4–6 und Art. 7 ff. EG-BewVO aufweist. Während in Art. 4–6 EG-BewVO anscheinend mit „Ersuchen" auch das Ersuchen nach Art. 17 EG-BewVO gemeint ist, beziehen sich Art. 7 ff. EG-BewVO anscheinend nur auf Ersuchen um aktive Rechtshilfe; dies wird zwar systematisch in keiner Weise aus der Überschrift des Abschnitts 2 EG-BewVO erkennbar, lässt sich aber daraus erschließen, dass in Art. 7 ff. EG-BewVO durchgehend von einem „ersuchten Gericht" die Rede ist, das es bei Ersuchen nach Art. 17 EG-BewVO nicht gibt. 45

bb) Eine **Empfangsbestätigung** (Rn. 23) ist für das Ersuchen nach Art. 17 EG-BewVO nicht vorgesehen. Das folgt nicht nur aus der insoweit zweifelhaften Systematik, sondern auch aus dem Fehlen eines entsprechenden Formblatts in den Anlagen. Die ersuchte Behörde kann also nur mittels des Formblatts J reagieren, dh., sie kann dem Ersuchen stattgeben oder es ablehnen. Hierfür sieht Art. 17 Abs. 4 EG-BewVO eine **Frist von 30 Tagen** nach Eingang des Ersuchens vor, ohne dass die Einhaltung dieser Frist unmittelbar sanktioniert ist. Insbesondere ergibt sich aus der Überschreitung der Frist keine Genehmigungsfiktion.[32] 46

cc) Mangels einer Empfangsbestätigung entfällt die Möglichkeit eines Hinweises auf die **Unvollständigkeit** des Antrags und dessen Vervollständigung. Dass Art. 8, 9 EG-BewVO auch nicht entsprechend anzuwenden sind, ergibt sich im Umkehrschluss aus Art. 17 Abs. 5 lit. b EG-BewVO, der Unvollständigkeit als Ablehnungsgrund nennt. 47

dd) Nicht geregelt ist aber auch, wie zu verfahren ist, wenn das Ersuchen **nicht lesbar** ist oder wenn es in einer **nicht statthaften Sprache** abgefasst ist. Dieser Fall kann wegen der abschließenden Natur der Ablehnungsgründe in Art. 17 Abs. 5 EG-BewVO nicht der Unvollständigkeit (Rn. 46) gleichgestellt werden, sondern ist wohl in Analogie zu Art. 7 Abs. 1, 9 Abs. 1 EG-BewVO zu behandeln. Die ersuchte Behörde unterlässt also die Bearbeitung, teilt dies dem ersuchenden Gericht mit, das den Mangel beseitigen kann, was, insbesondere bei Sprachmängeln einem völlig neuen Ersuchen gleichkommen kann, ggf. aber auch in der Nachreichung einzelner unlesbar übermittelter Seiten bestehen kann.[33] 48

c) Ablehnungsgründe. Die Genehmigung kann nur aus den in Art. 17 Abs. 5 EG-BewVO **enumerierten Gründen** versagt werden. Neben der erwähnten Unvollständigkeit (Rn. 46) eines Ersuchens (Art. 17 Abs. 5 lit. b EG-BewVO)[34] kann die Ablehnung nur darauf gestützt werden, dass das Ersuchen nicht in den (sachlichen) Anwendungsbereich der EG-BewVO fällt (Art. 17 Abs. 5 lit. a EG-BewVO; dazu Vorbemerkungen zu §§ 1072–1075 Rn. 3) sowie auf einen Verstoß gegen wesentliche Rechtsgrundsätze des Mitgliedstaats der ersuchten Behörde (Art. 17 Abs. 5 lit. c EG-BewVO). Insoweit ist nicht auf einen europäischen ordre public abzustellen, sondern, ebenso wie für das Anerkennungshindernis des *ordre public* auf die innerstaatlichen Rechtsgrundsätze des ersuchten Staates. Vgl. für die spiegelbildliche Situation der Behandlung eingehender Ersuchen durch deutsche Zentralstellen § 1074 Rn. 59 ff. 49

d) Bedingungen. Liegen keine Ablehnungsgründe vor, so ist dem **Ersuchen stattzugeben.** Art. 17 Abs. 4 EG-BewVO gestattet jedoch auch, dass die ersuchte Behörde dem Ersuchen unter **Bedingungen** nach Maßgabe des Rechts ihres Mitgliedstaats stattgibt. Insbesondere kann die **Teilnahme eines Gerichts** des ersuchten Mitgliedstaats an der Beweisaufnahme angeordnet werden, um sicherzustellen, dass Art. 17 EG-BewVO ordnungsgemäß angewendet und die gesetzten Bedin- 50

---

[32] IE ebenso *Gebauer/Wiedmann/Huber* Rn. 207; für eine solche Fiktion de lege ferenda *Huber* GPR 2003/ 04, 115, 117.
[33] Vgl. *Gebauer/Wiedmann/Huber* Rn. 204; *Rauscher/von Hein,* EuZPR, Art. 17 EG-BewVO Rn. 5.
[34] *Gebauer/Wiedmann/Huber* Rn. 203.

gungen eingehalten werden (Art. 17 Abs. 4 S. 2 EG-BewVO). Diese Regelung, die das Setzen von Bedingungen nur durch die Worte „soweit erforderlich" begrenzt, bedarf einer einschränkenden Auslegung. Sie kann im Kontext zu dem Grundsatz der Statthaftigkeit der unmittelbaren Beweisaufnahme bei begrenztem Katalog von Ablehnungsgründen nur so verstanden werden, dass nur solche Bedingungen zulässig sind, welche einen sonst zu besorgenden *ordre public*-Verstoß beheben.[35] Die ersuchte Behörde kann also nicht durch das Setzen beliebiger Bedingungen die unmittelbare Beweisaufnahme de facto ihrem innerstaatlichen Prozessrecht unterstellen. In Betracht kommen insbesondere Bedingungen, welche prozessuale Grundrechte von Vernehmungspersonen sicherstellen[36] (dazu für den spiegelbildlichen Fall des Setzens von Bedingungen bei eingehenden Ersuchen in Deutschland § 1074 Rn. 59 ff.).

51 **4. Durchführung der Beweisaufnahme. a) Freiwilligkeit. aa)** Eine wesentliche Einschränkung gegenüber der Beweisaufnahme im Inland oder der durch aktive Rechtshilfe ergibt sich aus Art. 17 Abs. 2 EG-BewVO. Die unmittelbare Beweisaufnahme ist nur statthaft, wenn sie auf **freiwilliger Grundlage** und **ohne Zwangsmaßnahmen** erfolgen kann.[37] Art. 17 Abs. 2 EG-BewVO verdrängt insoweit auch Art. 18 HBÜ, auf den zur Anordnung von Zwangsmaßnahmen nicht subsidiär zurückgegriffen werden kann. Das Prinzip der Freiwilligkeit gilt für alle Arten der Beweisaufnahme; im Fall der Beweisaufnahme durch Einvernahme einer Person besteht eine ausdrückliche Verpflichtung zur Belehrung über diese Freiwilligkeit (Art. 17 Abs. 2 S. 2 EG-BewVO), nicht jedoch im Fall der Urkundenvorlage, Vorlage von Augenscheinsobjekten oder Bereitstellung von Befundtatsachen für einen Sachverständigenbeweis. Auch § 40 a ZRHO schließt die insoweit bestehende Lücke aus Sicht des ersuchenden deutschen Gerichts nicht. Eine Hinweispflicht kann hier jedenfalls durch die genehmigende Zentralstelle des ersuchten Staates als Bedingung iSd. Art. 17 Abs. 2 letzter Halbs. EG-BewVO angeordnet werden.[38] Die Belehrung sollte jedoch in rechtsstaatskonformer erweiternder Auslegung von Art. 17 Abs. 2 S. 2 EG-BewVO durch das ersuchende deutsche Gericht auch ohne eine solche Bedingung erfolgen.[39] Sonstige Belehrungen über Aussageverweigerungsrechte sind nicht vorgesehen, da angesichts der Freiwilligkeit die Aussage ohnehin ohne weitere Begründung verweigert werden kann.

52 **bb)** Häufig wird die Verweigerung freiwilliger Mitwirkung erst **nach Genehmigung der unmittelbaren Beweisaufnahme erkennbar** werden. In diesem Fall kann das ersuchende Gericht nur beim zuständigen Gericht des ersuchten Staates einen Antrag nach Nr. 1 (aktive Rechtshilfe) stellen.[40] Dies ist zwar, anders als im HBÜ, nicht ausdrücklich bestimmt, ergibt sich aber schon daraus, dass die aktive und die passive Rechtshilfe nicht in einem alternativ ausschließlichen Verhältnis stehen, sondern jederzeit, abgesehen von rechtsmissbräuchlichem Verhalten, ein Wechsel zwischen beiden Methoden der Rechtshilfe möglich ist.

53 **cc)** Soweit die Beweisaufnahme nach Art. 17 EG-BewVO durchgeführt wird und eine Vernehmungsperson bzw. eine auf Vorlage von Beweismitteln in Anspruch genommene Person von ihrem Verweigerungsrecht nach Art. 17 Abs. 2 S. 1 EG-BewVO Gebrauch macht, können hieraus **keine nachteiligen Schlüsse** gezogen werden.[41] Dies ist anders als im Fall der extraterritorialen Beweismittelbeschaffung, weil es sich dort um eine inländische Beweisaufnahme handelt, für die die Einschränkungen des Art. 17 EG-BewVO nicht gelten. Dies führt dazu, dass zB § 371 Abs. 3 Anwendung findet, wenn die Partei in einem deutschen Mängelgewährleistungsprozess um einen PKW den Augenschein verweigert, sofern der Transport des PKW nach Deutschland zumutbar ist, während § 371 Abs. 3 nicht anwendbar ist, wenn der unmittelbare (Art. 17 EG-BewVO) Augenschein an einer in einem anderen Mitgliedstaat belegenen Immobilie verweigert wird.

54 **b) Durchführung durch ersuchendes deutsches Gericht oder Sachverständigen.** Zu den zur Durchführung der Beweisaufnahme befugten Personen siehe § 1073 Abs. 2.

55 **5. Kosten. a)** Die EG-BewVO enthält zum Ersuchen nach Art. 17 EG-BewVO **keine Kostenregelung**. Art. 18 EG-BewVO bezieht sich ausdrücklich nur auf die Durchführung der aktiven Rechtshilfe nach Art. 10 EG-BewVO. Aus dem Sinn des Grundsatzes der Kostenfreiheit (Art. 18

---

[35] *Rauscher/von Hein*, EuZPR, Art. 17 Rn. 9.
[36] Vgl. zu möglichen Bedingungen *Berger* IPRax 2001, 522, 526; *Rauscher/von Hein*, EuZPR, Art. 17 EG-BewVO Rn. 10.
[37] Kritisch *Heß*, GedS Blomeyer, 2004, S. 617, 630; vgl. andererseits *Baumbach/Lauterbach/Hartmann* Rn. 5: „selbstverständlich".
[38] *Rauscher/von Hein*, EuZPR, Art. 17 EG-BewVO Rn. 17.
[39] So wohl auch iE *Musielak/Stadler* Rn. 3.
[40] *Leipold*, FS Schlechtriem, 2003, S. 91, 100.
[41] *AA* wohl *Schmidt* Rn. 352.

Abs. 1 EG-BewVO) ist jedoch zu folgern, dass der zuständigen Behörde im Zusammenhang mit der Entscheidung über das Ersuchen keine Kosten zu erstatten sind. Das muss auch für die Kosten der im Wege der Bedingung angeordneten **Hinzuziehung eines Gerichts** des ersuchten Mitgliedstaats gelten.

b) Hingegen entspricht die Interessenlage bei Durchführung einer Beweiserhebung mittels **56 Kommunikationstechnologie** im Rahmen des Art. 17 EG-BewVO der bei aktiver Rechtshilfe unter Verwendung derselben Methoden. Insoweit ist Art. 18 Abs. 2 EG-BewVO entsprechend anzuwenden (dazu Rn. 31 f.).[42] Weniger eindeutig ist die Vergleichbarkeit, wenn die ersuchte Behörde die Zuziehung eines Sachverständigen oder eines Dolmetschers im Wege der Bedingung (Rn. 50) anordnet. Hier handelt es sich einerseits um Kosten, welche durch die ersuchte Behörde ausgelöst wurden; andererseits wird hierdurch die unmittelbare Beweisaufnahme erst möglich, so dass letztlich auch hier die Grundlage für eine Analogie zu Art. 18 Abs. 2, ggf. auch Abs. 3 EG-BewVO (dazu Rn. 33) besteht.[43]

6. Rechtsbehelfe. Für Rechtsbehelfe gegen die vom ersuchenden deutschen Gericht zu fällen- **57** de Entscheidung sowie gegen die Versagung der Beweiserhebung durch die ausländische Behörde gilt dasselbe wie im Fall der aktiven Rechtshilfe (Rn. 35, 37). Hingegen sind Rechtsbehelfe gegen die **Art der Durchführung der Beweisaufnahme** ausschließlich nach deutschem Recht als dem Recht des ersuchenden Gerichts, welches die unmittelbare Beweisaufnahme nach deutschem Recht durchführt oder durch einen Sachverständigen durchführen lässt (§ 1073 Abs. 2), zu beurteilen.

§ 1073 Teilnahmerechte

(1) ¹**Das ersuchende deutsche Gericht oder ein von diesem beauftragtes Mitglied darf im Geltungsbereich der Verordnung (EG) Nr. 1206/2001 bei der Erledigung des Ersuchens auf Beweisaufnahme durch das ersuchte ausländische Gericht anwesend und beteiligt sein.** ²**Parteien, deren Vertreter sowie Sachverständige können sich hierbei in dem Umfang beteiligen, in dem sie in dem betreffenden Verfahren an einer inländischen Beweisaufnahme beteiligt werden dürfen.**

(2) **Eine unmittelbare Beweisaufnahme im Ausland nach Artikel 17 Abs. 3 der Verordnung (EG) Nr. 1206/2001 dürfen Mitglieder des Gerichts sowie von diesem beauftragte Sachverständige durchführen.**

Schrifttum: *Schulze*, Dialogische Beweisaufnahme im internationalen Rechtshilfeverkehr, IPRax 2001, 527.

Übersicht

	Rn.		Rn.
I. Normzweck	1–3	2. Teilnahme des ersuchenden Gerichts (Abs. 1 S. 1)	6–12
Abs. 1	1, 2		
Abs. 2	3	3. Beteiligung der Parteien, ihrer Vertreter und Sachverständiger (Abs. 1 S. 2)	13–18
II. Ausführung der Beweisaufnahme durch ersuchtes Gericht, Teilnahmerechte (Abs. 1)	4–18	III. Unmittelbare Beweisaufnahme (Abs. 2)	19–23
1. Erledigung des Ersuchens nach der EG-BewVO	4, 5	1. Durchführung durch Gericht oder Sachverständige	19–21
		2. Anwendbares Recht	22, 23

I. Normzweck

1. Abs. 1 S. 1 konkretisiert Art. 12 Abs. 1 und 4 EG-BewVO, wonach im Fall der aktiven **1** Rechtshilfe (Art. 1 Abs. 1 lit. a EG-BewVO, § 1072 Nr. 1) die Beauftragten des ersuchenden (deutschen) Gerichts das Recht haben, bei der Beweisaufnahme durch das ersuchte ausländische Gericht zugegen zu sein,[1] sofern dies mit dem Recht des Mitgliedstaats des ersuchenden Gerichts vereinbar ist. Die Grundlage für diese Vereinbarkeit bei Ersuchen deutscher Gerichte schafft Abs. 1 S. 1.

Abs. 1 S. 2 füllt zum einen Art. 11 Abs. 1 und 4 EG-BewVO aus, wonach bei Erledigung des **2** Ersuchens, also bei der Beweisaufnahme vor dem ersuchten Gericht die Parteien und ihre Vertreter

---

[42] *Gebauer/Wiedmann/Huber* Rn. 220; *Rauscher/von Hein*, EuZPR, Art. 17 Rn. 4.
[43] Ebenso *Rauscher/von Hein*, EuZPR, Art. 17 Rn. 4.
[1] BT-Drucks. 15/1062, 10.

das Recht haben, zugegen zu sein. Die Bestimmung regelt außerdem die Teilnahme von Sachverständigen, die nach Art. 12 Abs. 2 S. 2 EG-BewVO vom ersuchenden Gericht als teilnahmeberechtigte Beauftragte bestimmt werden können.² Abs. 1 S. 2 ist als Regelung deutschen Rechts erforderlich, da Art. 11 Teilnahmerechte nur nach Maßgabe des Rechts des ersuchenden Gerichts gewährt.

3 **2. Abs. 2.** Abs. 2 konkretisiert Art. 17 Abs. 3 EG-BewVO, der für die zur Durchführung der unmittelbaren Beweisaufnahme (Art. 1 Abs. 1 lit. b EG-BewVO, § 1072 Nr. 2) befugten Personen auf das Recht des Mitgliedstaats des ersuchenden Gerichts abstellt, so dass es im deutschen Recht einer entsprechenden Regelung bedarf. Neben Mitgliedern des Gerichts werden Sachverständige als „andere Personen" iSd. Art. 17 Abs. 3 EG-BewVO bestimmt.³

II. Ausführung der Beweisaufnahme durch ersuchtes Gericht, Teilnahmerechte (Abs. 1)

4 **1. Erledigung des Ersuchens nach der EG-BewVO. a)** Das ersuchte Gericht erledigt ein vollständiges und statthaftes Ersuchen nach Art. 1 Abs. 1 lit. a, Art. 4ff. (§ 1072 Nr. 1) um Beweisaufnahme im Wege der aktiven Rechtshilfe unverzüglich, spätestens innerhalb einer **Frist von 90 Tagen** nach Eingang des Ersuchens; im Fall einer erforderlichen Vervollständigung gemäß Art. 8, 9 EG-BewVO beginnt diese Frist mit Eingang des vollständigen Ersuchens bzw. des Vorschusses oder der Kaution (vgl. § 1072 Rn. 27).

5 **b)** Die Durchführung der Beweisaufnahme unterliegt dem **Recht** des Mitgliedstaats des ersuchten Gerichts (Art. 10 Abs. 2 EG-BewVO). Die in Abs. 1 und Abs. 2 geregelten Teilnahmerechte beruhen auf Ausnahmen von diesem Grundsatz, die Art. 11 und 12 EG-BewVO autonom bzw. nach Maßgabe des Rechts des Mitgliedstaats des ersuchenden Gerichts vorsehen.

6 **2. Teilnahme des ersuchenden Gerichts (Abs. 1 S. 1). a) Anwesenheit. aa)** Art. 12 Abs. 1 EG-BewVO gibt **Beauftragten** des ersuchenden deutschen Gerichts das Recht, bei der Beweisaufnahme zugegen zu sein (Anwesenheitsrecht); hierunter sind nach Art. 12 Abs. 2 EG-BewVO Gerichtsangehörige oder vom ersuchenden Gericht bestimmte andere Personen zu verstehen. Abs. 1 S. 1 beruft wahlweise den gesamten Spruchkörper des ersuchenden deutschen Gerichts oder ein von diesem beauftragtes Mitglied. In der Praxis wird bei Kollegialgerichten der Berichterstatter beauftragt werden.⁴ Einer Genehmigung durch die Bundesregierung, wie sonst bei Teilnahme an der Beweisaufnahme im Ausland, bedarf der Beauftragte nicht (§ 38 a Abs. 1 ZRHO).

7 **bb)** Ein **Sachverständiger** kann zwar nach Art. 12 Abs. 2 S. 2 EG-BewVO „Beauftragter" sein; Abs. 1 nutzt jedoch diese Möglichkeit nur, um die Teilnahme Sachverständiger an sich zu eröffnen. Wie sich aus Abs. 1 S. 2 ergibt, bleibt der teilnehmende Sachverständige aus Sicht des deutschen Rechts immer funktional Sachverständiger und ist nicht wie ein beauftragter Richter berufen.⁵ Rechtsanwälte oder Parteien können nach deutschem Recht nicht zu Beauftragten bestimmt werden.⁶

8 **cc)** Die Voraussetzungen der Anwesenheit bestimmen sich **ausschließlich nach deutschem Recht** als dem Recht des ersuchenden Gerichts. Das ersuchende Gericht teilt lediglich – mit dem Ersuchen oder später – gemäß Art. 12 Abs. 3 EG-BewVO auf dem Formblatt A mit, dass seine Beauftragten zugegen sein werden. Das ersuchte Gericht kann die Anwesenheit weder förmlich⁷ verlangen oder anregen, noch muss es sie genehmigen oder kann ihr gar widersprechen (vgl. § 38a Abs. 1 ZRHO).

9 **dd)** Das Anwesenheitsrecht umfasst das Recht, einen **Dolmetscher** mitzubringen, um überhaupt der Beweisaufnahme folgen zu können.⁸ Es begründet jedoch kein Recht auf aktive Teilnahme an der Beweisaufnahme, die nur im Rahmen des Beteiligungsrechts (Rn. 10ff.) erreicht werden kann.

10 **b) Aktive Beteiligung. aa)** Abs. 1 S. 1 gestattet dem ersuchenden deutschen Gericht oder seinem beauftragten Mitglied (nur eingeschränkt dem Sachverständigen, dazu Rn. 16f.) die „Beteiligung". Dies ist freilich nur unter den in der EG-BewVO gemachten Einschränkungen zu verste-

---

² BT-Drucks. 15/1062, 11.
³ BT-Drucks. 15/1062, 11.
⁴ BT-Drucks. 15/1062, 11; *Zöller/Geimer* Rn. 5.
⁵ Zweifelnd dazu *Gebauer/Wiedmann/Huber* Rn. 162; *Musielak/Stadler* Rn. 3.
⁶ *Gebauer/Wiedmann/Huber* Rn. 162; *Rauscher/von Hein*, EuZPR, Art. 12 Rn. 4; *Schulze* IPRax 2001, 530.
⁷ Zur formlosen Anregung Rauscher/*von Hein*, EuZPR, Art. 12 EG-BewVO Rn. 6.
⁸ *Schmidt* Rn. 343; *Schulze* IPRax 2001, 527, 530.

hen. Eine Beteiligung des ersuchenden Gerichts bzw. seines Beauftragten muss **beantragt** werden; auch dies geschieht unter Verwendung des Formblatts A mit dem Ersuchen oder später (Art. 12 Abs. 3 S. 1 Halbs. 2 EG-BewVO). Insbesondere kann eine aktive Beteiligung an einer Beweisaufnahme durch Videokonferenz beantragt werden (Art. 12 Abs. 4 iVm. Art. 10 Abs. 4 EG-BewVO).

bb) Das **ersuchte Gericht** legt nach Art. 10 EG-BewVO, also in Anwendung seines Rechts,[9] die **Bedingungen für die Teilnahme** fest (Art. 12 Abs. 4 EG-BewVO); die Verwendung des Oberbegriffs „Teilnahme" ist hier unpräzise, da die Anwesenheit gerade nicht unter Bedingungen gestellt werden darf, sondern nur die aktive Beteiligung.[10] Für die Gestattung bzw. Ablehnung der Beteiligung gelten die Maßstäbe des Art. 10 Abs. 3 EG-BewVO; das ersuchte Gericht entspricht also dem Antrag, es sei denn, die Form der Teilnahme ist mit dem Recht des ersuchten Staates unvereinbar oder praktisch undurchführbar; hierfür genügt es nicht, dass das Recht des ersuchten Mitgliedstaats an sich keine solche Beteiligung vorsieht, weil die grundsätzliche Möglichkeit durch Art. 12 Abs. 4 EG-BewVO bereitgestellt wird.[11]

cc) Auch bei Beteiligung des ersuchenden Gerichts obliegt die Durchführung der Beweisaufnahme weiter dem **ersuchten Gericht**. Da die Art und Weise der Beteiligung nicht in allen Einzelheiten vorab geregelt werden kann, erfordert dies durchaus eine gewisse Zurückhaltung des oder der Teilnehmer des ersuchenden Gerichts.[12]

3. Beteiligung der Parteien, ihrer Vertreter und Sachverständiger (Abs. 1 S. 2). a) Parteien und Parteivertreter. aa) Für Parteien und Parteivertreter spricht Abs. 1 S. 2 von „beteiligen", womit jedoch nach den Gesetzesmaterialien sowohl passive Anwesenheit iSd. Art. 11 Abs. 1, 2 EG-BewVO als auch aktive Beteiligung iSd. Art. 11 Abs. 3–5 EG-BewVO gemeint sein soll.[13] Dies erscheint missverständlich, weil Art. 11 EG-BewVO für Parteien und deren Vertreter in gleicher Weise wie Art. 12 EG-BewVO für Gerichtsbeauftragte strukturiert ist: Die Anwesenheit bestimmt sich nach dem Recht des ersuchenden Gerichts (Art. 11 Abs. 1 EG-BewVO) und ist nur mitzuteilen (Art. 11 Abs. 2 EG-BewVO; auf Formblatt A Ziff. 10); sie kann vom ersuchten Gericht nicht, auch nicht aufgrund seines ordre public, abgelehnt[14] und auch nicht mit Bedingungen[15] versehen werden. Parteien (einschließlich Streithelfer und Streitverkündete nach ihrem Beitritt[16]) sowie gesetzliche und gewillkürte Parteivertreter haben somit jedenfalls ein **Anwesenheitsrecht** nach Maßgabe der deutschen Bestimmungen.

bb) Die **aktive Beteiligung**, die wohl nur in der Ausübung von Fragerechten und -anregungen bestehen kann,[17] ist zu beantragen, unterliegt grundsätzlich dem Recht des ersuchten Gerichts (Art. 10 Abs. 2 EG-BewVO) und kann von diesem unter Bedingungen gestellt werden (Art. 11 Abs. 3 EG-BewVO). Abs. 1 S. 2 ist hierbei nicht als unzulässige Erweiterung der Beteiligungsrechte nach dem Recht des ersuchenden (deutschen) Gerichts zu verstehen.[18] Der Schwerpunkt des Abs. 1 S. 2 liegt nämlich nicht in der Zulassung aktiver Beteiligung, sondern in deren Beschränkung: Den Parteien und ihren Vertretern ist die Beteiligung an der Beweisaufnahme durch das ersuchte Gericht *nur* in dem Umfang gestattet, in dem sie sich auch bei einer inländischen Beweisaufnahme im entsprechenden Verfahren beteiligen könnten.[19] Dies erscheint *a minore ad maius* konsequent: Wenn das Recht des ersuchenden Staates schon die Anwesenheit beschränken kann, so erst recht die aktive Beteiligung.[20] Insbesondere scheidet nach §§ 397 Abs. 1, 402 eine direkte Befragung von Zeugen und Sachverständigen durch Parteien aus, auch wenn das Recht des ersuchten Gerichts diese gestatten würde.[21]

---

[9] *Rauscher/von Hein,* EuZPR, Art. 12 Rn. 7.
[10] *Berger,* FS Rechberger, 2005, S. 39, 47.
[11] *Berger* IPRax 2001, 525; *Rauscher/von Hein,* EuZPR, Art. 12 Rn. 7; aA *Schulze* IPRax 2001, 530.
[12] Zutreffend *Baumbach/Lauterbach/Hartmann* Rn. 2, 6: kein dauerndes besserwisserisches Dazwischenreden.
[13] BT-Drucks. 15/1062, 20.
[14] *Rauscher/von Hein,* EuZPR, Art. 11 EG-BewVO Rn. 10; Art. 10 Abs. 3 ist nicht auf die Anwesenheit, sondern nur auf die Beteiligung entsprechend anzuwenden, aA wohl *Schulze* IPRax 2001, 531.
[15] AA *Berger* IPRax 2001, 522, 524 f., wenn das Recht des Gerichts des ersuchten Staates die Anwesenheit nicht vorsieht; zur Verbreitung des Grundsatzes der Parteiöffentlichkeit in Europa vgl. *Stadler,* FS Geimer, 2002, S. 1287, 1292 f.
[16] *Baumbach/Lauterbach/Hartmann* Rn. 8.
[17] *Leipold,* FS Schlechtriem, 2003, S. 91, 97.
[18] Kritisch *Rauscher/von Hein,* EuZPR, Art. 11 EG-BewVO Rn. 14.
[19] Nicht erreichbar ist hingegen die im Gesetzentwurf geäußerte Zielsetzung, dass die Rechte der Parteien und Vertreter nicht durch den Umstand der Beweisaufnahme im Ausland *verringert* werden sollen (BT-Drucks. 15/1062, 11); dem stehen Art. 10 Abs. 2, Art. 11 Abs. 3 EG-BewVO entgegen.
[20] Zutreffend *Alio* NJW 2004, 2706, 2708.
[21] So iE auch *Rauscher/von Hein,* EuZPR, Art. 11 EG-BewVO Rn. 14.

§ 1073 15–21 Buch 11. Abschnitt 2. VO (EG) Nr. 1206/2001

15   cc) Ist die Anwesenheit von Parteien und/oder deren Vertretern angezeigt und/oder deren Beteiligung beantragt, so teilt das ersuchte Gericht **Ort und Zeitpunkt** der Beweisaufnahme auf Formblatt F mit (Art. 11 Abs. 4 EG-BewVO). Das ersuchte Gericht kann auch unbeschadet eines Anwesenheitsrechts und einer Anwesenheitsanzeige des ersuchenden Gerichts die Parteien und ggf. ihre Vertreter um Anwesenheit oder Beteiligung bitten. Dies ist nur insoweit zulässig, als das Recht des ersuchenden (deutschen) Gerichts dies vorsieht (Art. 11 Abs. 5 EG-BewVO), was auch der Fall sein kann, wenn zwar kein Anwesenheits*recht* besteht, aber die Möglichkeit der Zuziehung;[22] die Grenzen des Abs. 1 S. 2 sind jedoch auch hierbei zu beachten, weil diese die Art der Beteiligung von Parteien und nicht das Ob ihrer Anwesenheit beschränken.

16   **b) Sachverständige. aa)** Sachverständige können nach Abs. 1 S. 2 wie Parteien (*nur,* dazu Rn. 14) nach **Maßgabe des deutschen Prozessrechts** anwesend sein und sich beteiligen. Das deutsche Recht entsendet also Sachverständige zwar unter Art. 12 Abs. 2 EG-BewVO als „Beauftragte", gibt ihnen aber nicht eine Stellung als Gerichtsbeauftragte, sondern begrenzt ihre – sonst nach dem Recht des ersuchten Gerichts zu beurteilende (Art. 10 Abs. 2 EG-BewVO) – Beteiligung auf die dem Sachverständigen in einer Beweisaufnahme nach deutschem Recht zukommenden Beteiligungsbefugnisse.

17   **bb)** Im Übrigen gilt auch für Sachverständige, dass deren **Anwesenheit** nur mitzuteilen ist (Art. 12 Abs. 3 EG-BewVO). Die **aktive Beteiligung** ist hingegen zu beantragen, deren Bedingungen kann das ersuchte Gericht in gleicher Weise wie bei einem Beauftragten des Gerichts (Rn. 11, dazu Art. 12 Abs. 4, Art. 10 Abs. 3 EG-BewVO) festlegen.

18   **cc) Parteisachverständige,** die nicht durch das ersuchende Gericht zum Sachverständigen bestellt sind, können nicht als Parteivertreter anwesend sein. Sie können jedoch nach Art. 12 Abs. 2 S. 2 nach Bestimmung durch das ersuchende Gericht anwesend sein und haben, wiederum in den Grenzen des anwendbaren Rechts des ersuchten Gerichts, gemäß Abs. 1 S. 2 höchstens die Beteiligungsrechte, die ihnen nach deutschem Recht zustehen.

III. Unmittelbare Beweisaufnahme (Abs. 2)

19   **1. Durchführung durch Gericht oder Sachverständige. a)** Abs. 2 setzt voraus, dass die unmittelbare Beweisaufnahme gemäß Art. 17 Abs. 1 EG-BewVO **beantragt** ist und die ersuchte ausländische Zentralstelle sie gemäß Art. 17 Abs. 4 EG-BewVO, ggf. unter Bedingungen, **genehmigt** hat. Abs. 2 füllt die nach Art. 17 Abs. 3 EG-BewVO vom Recht des ersuchenden Gerichts zu treffende Bestimmung der zur Durchführung der Beweisaufnahme befugten Personen aus.

20   **b)** Die Durchführung der Beweisaufnahme erfolgt gemäß Abs. 2 durch den Spruchkörper des ersuchenden deutschen Gerichts oder durch ein oder mehrere Mitglieder. Die ebenfalls zugelassene Durchführung durch einen gerichtsbeauftragten Sachverständigen (der in dem konkreten Verfahren zum Sachverständigen bestellt sein muss[23]) ist aus dem Blickwinkel des deutschen Verfahrens dahingehend einschränkend zu verstehen, dass im Rahmen eines Sachverständigenbeweises der Sachverständige durch das deutsche Gericht beauftragt werden kann, im ersuchten Staat Beweistatsachen zu ermitteln (vgl. § 40 Abs. 1 letzter Halbs. ZRHO), zB einen Ortstermin durchzuführen,[24] ohne dass hieran ein Mitglied des Gerichts mitwirken müsste.[25] Hingegen gibt Abs. 2 keine Rechtsgrundlage, einen Sachverständigen mit der Erhebung anderer Beweise, insbesondere Zeugenbeweis[26] oder Augenschein zu beauftragen. So kann zB in einem Prozess um Baumängel an einem spanischen Ferienhaus der bautechnische Sachverständige zur Ermittlung des Bauzustandes beauftragt werden, nicht aber der rechtsvergleichende Gutachter zur Einvernahme von Zeugen.

21   **c)** Beweisaufnahme durch einen vom Gericht im ersuchten Mitgliedstaat bestellten Sachverständigen ist nicht nach Abs. 2 iVm. Art. 17 EG-BewVO möglich, da **nur der vom ersuchenden Gericht bestellte Sachverständige** die Beweisaufnahme durchführen kann.[27] Dem ersuchenden Gericht ist es unbenommen, auf informellem Weg ein Gericht im anderen Mitgliedstaat

---

[22] So wohl *Berger* IPRax 2001, 522, 524, der eine Zuziehung nach Art. 11 Abs. 5 EG-BewVO auch dann für statthaft hält, wenn ein Anwesenheitsrecht nach dem Recht des ersuchenden Staates nicht besteht.
[23] *Baumbach/Lauterbach/Hartmann* Rn. 15.
[24] BT-Drucks. 15/1062 S. 11.
[25] Zur Frage der Zulässigkeit auf Grundlage bisherigen Rechts: *Schmidt* Rn. 353; zutreffend ist aus Art. 17 EG-BewVO herzuleiten, dass die Erhebung von Beweisgrundlagen durch einen Sachverständigen im Ausland *nur* im Wege der beantragten unmittelbaren Beweisaufnahme statthaft ist: *Musielak/Stadler* Rn. 4.
[26] Zweifelnd *Gebauer/Wiedmann/Huber* Rn. 202.
[27] Unklar *Rauscher/von Hein,* EuZPR, Art. 17 EG-BewVO Rn. 15.

um Rat bei der Auswahl eines geeigneten dort ansässigen Sachverständigen zu ersuchen und diesen dann selbst zu bestellen. Auch den Parteien kann die förmliche Benennung des Sachverständigen nicht überlassen werden, da Art. 17 Abs. 3 EG-BewVO sich nur auf vom ersuchenden Gericht bestimmte Personen bezieht.[28]

2. Anwendbares Recht. a) Die unmittelbare Beweisaufnahme eines deutschen Gerichts in einem anderen Mitgliedstaat unterliegt – unbeschadet der von der genehmigenden Behörde gesetzten Bedingungen (Art. 17 Abs. 4 EG-BewVO) – **deutschem Verfahrensrecht** (Art. 17 Abs. 6 EG-BewVO).[29] Herr der Beweisaufnahme ist das Gericht. Dies gilt auch dann, wenn im Rahmen des Einsatzes von **Kommunikationstechnologien** ein Gericht des ersuchten Staates zur Überwachung (vgl. Art. 17 Abs. 4 S. 2 EG-BewVO) zugeschaltet ist und das deutsche Gericht sich nicht von seinem Gerichtsort entfernt.[30] Auch bei Beweisaufnahme im Ausland durch den beauftragten Sachverständigen ist § 404a anzuwenden.[31]

b) Die Beweisaufnahme darf nur **ohne Zwang** erfolgen (Art. 17 Abs. 2 S. 1 EG-BewVO). Hierzu, sowie zur Belehrung über die Freiwilligkeit (Art. 17 Abs. 2 S. 2 EG-BewVO) siehe § 1072 Rn. 51.

22

23

§ 1074 Zuständigkeiten nach der Verordnung (EG) Nr. 1206/2001

(1) Für Beweisaufnahmen in der Bundesrepublik Deutschland ist als ersuchtes Gericht im Sinne von Artikel 2 Abs. 1 der Verordnung (EG) Nr. 1206/2001 dasjenige Amtsgericht zuständig, in dessen Bezirk die Verfahrenshandlung durchgeführt werden soll.

(2) Die Landesregierungen können die Aufgaben des ersuchten Gerichts einem Amtsgericht für die Bezirke mehrerer Amtsgerichte durch Rechtsverordnung zuweisen.

(3) Die Landesregierungen bestimmen durch Rechtsverordnung die Stelle, die in dem jeweiligen Land
1. als deutsche Zentralstelle im Sinne von Artikel 3 Abs. 1 der Verordnung (EG) Nr. 1206/2001 zuständig ist,
2. als zuständige Stelle Ersuchen auf unmittelbare Beweisaufnahme im Sinne von Artikel 17 Abs. 1 der Verordnung (EG) Nr. 1206/2001 entgegennimmt.

Die Aufgaben nach den Nummern 1 und 2 können in jedem Land nur jeweils einer Stelle zugewiesen werden.

(4) Die Landesregierungen können die Befugnis zum Erlass einer Rechtsverordnung nach den Absätzen 2 und 3 Satz 1 einer obersten Landesbehörde übertragen.

Übersicht

	Rn.		Rn.
I. Normzweck	1, 2	4. Aussageverweigerungsrechte und -verbote	36–42
II. Zuständigkeiten in Deutschland	3–12	5. Anwesenheit und Beteiligung des ersuchenden Gerichts	43–47
1. Ersuchtes Gericht (Abs. 1, 2)	3–7	6. Anwesenheit und Beteiligung der Parteien	48–51
2. Zentralstellen und Behörden nach Art. 3 Abs. 3 EG-BewVO (Abs. 3)	8–11	7. Zwangsmittel (Art. 13 EG-BewVO)	52, 53
3. Übertragung auf oberste Landesbehörde (Abs. 4)	12	8. Kosten	54
		9. Rechtsbehelfe	55
III. Behandlung eingehender Ersuchen um aktive Rechtshilfe (Art. 1 Abs. 1 lit. a, 2 ff. EG-BewVO)	13–55	IV. Behandlung eingehender Ersuchen um passive Rechtshilfe (Art. 17 EG-BewVO)	56–65
1. Formelle Behandlung (Art. 7–9 EG-BewVO)	13–22	1. Formelle Behandlung	56–58
2. Ablehnung eines Ersuchens (Art. 14 EG-BewVO)	23–30	2. Ablehnung, Genehmigung, Bedingungen	59–61
3. Erledigung des Ersuchens (Art. 10 EG-BewVO)	31–35	3. Durchführung der Beweisaufnahme	62, 63
		4. Rechtsbehelfe	64, 65

---

[28] Zutreffend *Rauscher/von Hein,* EuZPR, Art. 17 EG-BewVO Rn. 15.
[29] *Stadler,* FS Geimer, 2002, S. 1281, 1301.
[30] *Gebauer/Wiedmann/Huber* Rn. 214.
[31] *Thomas/Putzo/Reichold* Rn. 2; *Musielak/Stadler* Rn. 4.

I. Normzweck

1 1. §§ 1074, 1075 beziehen sich auf Ersuchen nach der EG-BeweisVO, die in Deutschland eingehen. § 1074 füllt den Auftrag aus Art. 2 Abs. 2 EG-BewVO aus, wonach die Mitgliedstaaten die für die Durchführung der **eingehenden Beweisersuchen** und der Beweisaufnahmen **zuständigen Gerichte**, nach Art. 3 Abs. 1 EG-BewVO die **Zentralstellen** und fakultativ nach Art. 3 Abs. 3 EG-BewVO sonstige Behörden für die Entscheidung über eingehende Ersuchen auf unmittelbare Beweisaufnahme nach Art. 17 EG-BewVO bestimmen, soweit diese Funktion nicht den Zentralstellen übertragen wird.[1]

2 2. Abs. 3 macht von der in Art. 3 Abs. 2 EG-BewVO eingeräumten Möglichkeit Gebrauch, in Bundesstaaten mehrere Zentralstellen zu bestimmen und überträgt die Befugnis auf die Landesregierungen.

II. Zuständigkeiten in Deutschland

3 1. **Ersuchtes Gericht (Abs. 1, 2).** a) Örtliche, sachliche Zuständigkeit. Die **sachliche Zuständigkeit** als ersuchtes Gericht im Wege der aktiven Rechtshilfe nach Art. 1 Abs. 1 lit. a EG-BewVO (zur Funktion siehe § 1072 Rn. 4ff.) liegt bei den Amtsgerichten (Abs. 1). **Örtlich** zuständig ist das Amtsgericht, in dessen Bezirk die Verfahrenshandlung, um die ersucht wird, durchgeführt werden soll. Entsprechend dem sachlichen Anwendungsbereich der EG-BewVO (Vorb. zu §§ 1072–1075 Rn. 3) kann es sich hierbei nur um Beweisaufnahmen handeln. Diese ist durchzuführen am Wohnsitz der Vernehmungsperson (Zeuge, Partei, Sachverständiger) bzw. am Ort der Belegenheit des Beweismittels (Augenschein, Urkunde).[2] Erfasst sind alle im Kontext der Beweisaufnahme erforderlichen Handlungen, insbesondere die formelle Behandlung des Ersuchens nach der EG-BewVO (Rn. 10ff.), die Durchführung der Beweisaufnahme unter Einschluss von Zwangsmaßnahmen (Rn. 14ff.).

4 b) **Funktionelle Zuständigkeit.** Die **funktionelle Zuständigkeit** ist nach dem RPflG abzugrenzen; da die Durchführung eines Beweisersuchens im Rechtshilfeweg nicht nach §§ 3 Nr. 4a, 29 RPflG dem Rechtspfleger übertragen ist, ist der Richter funktionell zuständig.[3]

5 c) **Konzentration der Zuständigkeit.** Abs. 2 ermächtigt die Landesregierungen, die Aufgaben des ersuchten Gerichts durch Rechtsverordnung zu **konzentrieren auf ein Amtsgericht** für den Bezirk mehrerer Amtsgerichte. Obgleich von der entsprechenden Befugnis im Rahmen der EG-ZustellVO (§ 1069 Abs. 2 S. 2) nur in geringem Umfang Gebrauch gemacht wurde, dürfte sich hier ein höherer Konzentrationsbedarf ergeben, da Beweisaufnahmeersuchen verhältnismäßig selten sind und deshalb eine Konzentration von Kompetenz sinnvoll erscheint.[4] Auch technische Kriterien, insbesondere die Ausstattung für die Schaltung von Videokonferenzen, lassen eine Konzentration sinnvoll erscheinen. Eine zu starke Konzentration und damit die Rückkehr zum Zentralstellensystem des HBÜ scheidet schon deshalb aus, weil das ersuchte Gericht selbst die Beweisaufnahme durchführt, also erhebliche Arbeitsbelastung zu tragen hat.

6 Von der Möglichkeit einer **Konzentration** haben Gebrauch gemacht (in Klammern die zuständigen Gerichte: **Berlin:** § 6 ZustVO idF v. 11. 5. 2004, GBl. 2004, 207 (AG Schöneberg); **Hamburg:** § 1 Nr. 9 ZustAGHamburgVO idF v. 27. 2. 2004, GVBl. 2004, 123 (AG Hamburg); **Nordrhein-Westfalen:** § 4 ZustVO EUZHA vom 6. 1. 2004, GVBl. 2004, 24 (AGe Duisburg, Essen, Gelsenkirchen, Herne, Mönchengladbach); **Rheinland-Pfalz:** § 15 ZivilZustVO (AG am Sitz des LG). Bei Zweifeln kann jedes Amtsgericht, bei dem Ersuchen eingehen, aus dem Europäischen Gerichtsatlas für Zivilsachen ermitteln, ob es zuständig ist.[5]

7 d) **Unzuständigkeit.** Zur formellen Behandlung eingehender Ersuchen nach Art. 1 Abs. 1 lit. a, Art 2 Abs. 1 EG-BewVO bei Unzuständigkeit siehe Rn. 14.

8 2. **Zentralstellen und Behörden nach Art. 3 Abs. 3 EG-BewVO (Abs. 3). a) Aufgaben. aa)** Die den **Zentralstellen** zugewiesenen Aufgaben ergeben sich aus Art. 3 Abs. 1 EG-BewVO; Zentralstellen haben unterstützende Funktion, übernehmen aber nur ausnahmsweise die Weiterleitung eines Ersuchens aus einem anderen Mitgliedstaat an das zuständige deutsche Gericht (Art. 3 Abs. 1 lit. c EG-BewVO).

---

[1] BT-Drucks. 15/1062 S. 12.
[2] *Rauscher/von Hein*, EuZPR, Art. 2 Rn. 7.
[3] *Baumbach/Lauterbach/Hartmann* Rn. 4.
[4] BT-Drucks. 15/1062 S. 12.
[5] http://ec.europa.eu/justice_home/judicialatlascivil/html/te_searchmunicipality_de.jsp?#statePage0. (Suche nach der Postleitzahl des Ortes, an dem die Beweisaufnahme durchzuführen ist).

Zuständigkeiten nach der Verordnung (EG) Nr. 1206/2001   9–14 § 1074

bb) Die Behörden nach Art. 3 Abs. 3 EG-BewVO, die auch mit den Zentralstellen identisch sein können und dies in Deutschland ersichtlich durchweg sind, entscheiden über Ersuchen um Zulassung unmittelbarer Beweisaufnahme nach Art. 17 EG-BewVO. Dazu im Einzelnen Rn. 25 ff. 9

b) Bestimmung. Die Bestimmung der jeweiligen Zentralstelle sowie der Behörden nach Art. 3 Abs. 3 EG-BewVO ist durch Abs. 3 Nr. 1 und Nr. 2 den Bundesländern übertragen. Jedes Bundesland kann nur eine Zentralstelle und eine Behörde nach Art. 3 Abs. 3 EG-BewVO bestimmen (Abs. 3 S. 2). Die deutschen Zentralstellen finden sich im Europäischen Gerichtsatlas für Zivilsachen.[6] 10

c) Zentralstellen nach Landesrecht. Zentralstellen sind: **Baden-Württemberg:** § 16a Nr. 2 JZustVO idF v. 16. 2. 2004, GVBl. 2004, 129); **Bayern:** Staatsministerium der Justiz (§ 6c ZustVO idF v. 8. 1. 2004, BayGVBl. 2004, 1); **Berlin:** Senatsverwaltung für Justiz (VO v. 11. 5. 2004, GVBl. 2004, 207); **Brandenburg:** Für Justiz zuständiges Ministerium[7] (§ 1 VO v. 12. 5. 2004, GVBl. 2004 II S. 330); **Bremen:** Präsident des LG Bremen (§ 1 VO v. 6. 1. 2004, GBl. 2004, 18); **Hamburg:** § 1 Nr. 9 ZustAG-Hamburg-VO idF v. 27. 2. 2004, GVBl. 2004, 123; **Hessen:** Präsident des OLG Frankfurt/Main (§ 1 Nr. 4 VO v. 15. 12. 2004, GBl. 2004, 452); **Mecklenburg-Vorpommern:** Justizministerium (§ 1 Nr. 6 VO v. 22. 8. 2006, GVBl. 2006, 693); **Niedersachsen:** Justizministerium (§ 16f Nr. 2, 3 ZustVO-Justiz idF v. 21. 5. 2004, GVBl. 2004, 162); **Nordrhein-Westfalen:** Präsidentin des OLG Düsseldorf (ZustVO EUZHA v. 6. 1. 2004, GVBl. 2004, 24); **Rheinland-Pfalz:** Für Angelegenheiten der Rechtspflege zuständiges Ministerium[8] (VO v. 20. 1. 2004, GVBl. 2004, 52); **Saarland:** Ministerium der Justiz (VO vom 24. 1. 2006, ABl. 2006, 174); **Sachsen:** Präsident des OLG Dresden (§ 1 Nr. 7 SächsZRHZuVO idF v. 12. 2. 2004, GVBl. 2004, 65); **Sachsen-Anhalt:** Ministerium der Justiz (§ 1 ZustDVO v. 10. 5. 2007, GVBl. LSA 2007, 158); **Thüringen:** Das für Rechts- und Amtshilfeverkehr mit dem Ausland zuständige Ministerium[9] (§ 1 Nr. 2, 3 VO v. 9. 1. 2006, GVBl. 2006, 31). 11

3. Übertragung auf oberste Landesbehörde (Abs. 4). Abs. 4 ermächtigt die Landesregierungen, die Verordnungsbefugnisse nach Abs. 2 und 3 S. 1 einer **obersten Landesbehörde** zu übertragen. Folgende **Bundesländer** haben die Kompetenz nach Abs. 4 übertragen: **Baden-Württemberg:** Justizministerium (§ 1 SubDelVO idF v. 13. 1. 2004, GVBl. 2004 II, 37); **Brandenburg:** Minister für Justiz (§ 1 JuZÜV idF v. 26. 3. 2004, GVBl. 2004 II. 298; **Hamburg:** Justizbehörde (Nr. 7 WeiterübertragungsVO idF v. 10. 2. 2004, GVBl. 2004, 61); **Niedersachsen:** (§ 1 Nr. 22 ErmÜVO idF v. 27. 6. 2006, GVBl. 2006, 241); **Schleswig-Holstein** § 1 Nr. 35 JErmVO idF v. 17. 6. 2004, GBl. 2004, 234; **Thüringen:** Ministerium für Justiz (§ 1 Nr. 56 ThürErmÜVJ v. 25. 10. 2004, GVBl. 2004, 846). 12

III. Behandlung eingehender Ersuchen um aktive Rechtshilfe (Art. 1 Abs. 1 lit. a, 2 ff. EG-BewVO)

1. Formelle Behandlung (Art. 7–9 EG-BewVO). a) Art des Ersuchens. Ersuchen eines Gerichts aus einem Mitgliedstaat nach Art. 1 Abs. 1 lit. a, 2 ff. EG-BewVO (auf Anlage A zur EG-BewVO) sind auf die Durchführung der **Beweisaufnahme durch das ersuchte deutsche Gericht** gerichtet. Es handelt sich hierbei um die zu § 1072 Nr. 1 spiegelbildliche Situation, so dass *mutatis mutandis* auf die Erläuterungen hierzu verwiesen werden kann (§ 1072 Rn. 4–37). Nachfolgend sind die wesentlichen Gesichtspunkte aus dem Blickwinkel des deutschen Gerichts als ersuchtes Gericht behandelt. 13

b) Behandlung bei Zuständigkeit, Fristen. aa) Ist das deutsche Gericht, bei dem das Ersuchen eingeht, als ersuchtes Gericht iSd. Abs. 1 zuständig, so übersendet es dem ersuchenden Gericht innerhalb von sieben Tagen nach Eingang des Ersuchens eine **Empfangsbestätigung** auf Formblatt B im Anhang der EG-BewVO.[10] Entspricht das Ersuchen nicht den **Sprachanforderungen** (Art. 5 EG-BewVO iVm. § 1075) oder ist das Ersuchen oder eines der mit dem Ersuchen empfangenen Dokumente nicht lesbar oder ist erkennbar, dass das eingegangene mit dem versandten Ersuchen **nicht übereinstimmt** (Art. 6 EG-BewVO) – zB bei Fehlen von Seiten einer Anlage, das aber nicht zur Unvollständigkeit iSd. Art. 4 EG-BewVO führt (dazu Rn. 15) – so ist dies auf der Empfangsbestätigung zu vermerken. Ein solches Ersuchen wird sodann nicht weiter bearbeitet.[11] 14

---

[6] http://ec.europa.eu/justice_home/judicialatlascivil/html/te_centralbody_de.htm; vgl. auch Rauscher/*von Hein*, EuZPR, Art. 3 EG-BewVO Rn. 12.
[7] Derzeit: Ministerium der Justiz und für Europaangelegenheiten.
[8] Derzeit: Ministerium der Justiz.
[9] Derzeit: Justizministerium.
[10] http://ec.europa.eu/justice_home/judicialatlascivil/html/te_filling_de.htm.
[11] Rauscher/*von Hein*, EuZPR, Art. 6 EG-BewVO Rn. 3.

§ 1074 15–23 Buch 11. Abschnitt 2. VO (EG) Nr. 1206/2001

15   bb) Ergibt die Prüfung des Ersuchens, dass dieses **unvollständig** ist, weil es nicht alle erforderlichen Angaben nach Art. 4 EG-BewVO enthält, so ist das ersuchende Gericht hiervon unverzüglich, spätestens innerhalb von **30 Tagen** nach Eingang des Ersuchens unter Verwendung des Formblatts C in Kenntnis zu setzen (Art. 8 Abs. 1 EG-BewVO). Zur Behandlung von Ersuchen in einer nicht gemäß § 1075 zulässigen Sprache siehe dort.

16   cc) Dasselbe gilt, wenn für die Beweisaufnahme, um die ersucht wird, ein **Kostenvorschuss** gemäß Art. 18 Abs. 3 EG-BewVO eingefordert werden soll. Sicherheitsleistung oder Vorschuss kann danach nur für Sachverständigenkosten verlangt werden. In allen anderen Fällen darf die Erledigung des Ersuchens nicht von einer Sicherheitsleistung oder einem Vorschuss abhängig gemacht werden, selbst wenn das ersuchende Gericht gemäß Art. 18 Abs. 2 EG-BewVO oder nach Art. 11 Abs. 2 EG-ZustellVO zur Kostenerstattung verpflichtet ist (dazu Rn. 54). Kostenvorschüsse sind binnen der 30-Tagesfrist unter Verwendung des Formblatts C unter Angabe der Bankverbindung der Gerichtskasse und des Verwendungszwecks bzw. der Buchungsstelle anzufordern (§ 83 Abs. 4 ZRHO). Der Eingang des Vorschusses ist sodann innerhalb von 10 Tagen auf Formblatt D zu bestätigen (Art. 8 Abs. 2 S. 2 EG-BewVO, § 83 Abs. 4 S. 2 ZRHO).

17   dd) Ein vollständiges und nicht aus einem der in Art. 14 EG-BewVO abschließend bestimmten Gründe abzulehnendes (dazu Rn. 23 ff.) Ersuchen ist innerhalb von **90 Tagen** nach seinem Eingang **zu erledigen** (Art. 10 Abs. 1 EG-BewVO, dazu Rn. 34 ff.). Diese Frist beginnt im Fall eines Ersuchens um Vervollständigung oder Leistung eines Kostenvorschusses (Rn. 15, 16) erst mit dem Eingang des ordnungsgemäß ausgefüllten Ersuchens (Art. 9 Abs. 1 EG-BewVO) bzw. des Vorschusses (Art. 9 Abs. 2 EG-BewVO).

18   Ist das ersuchte deutsche Gericht nicht in der Lage, das Ersuchen innerhalb der Frist von 90 Tagen (Rn. 17) zu erledigen, so setzt es hiervon das ersuchende Gericht unter Verwendung des Formblatts G in Kenntnis. Dabei sind die Gründe für die **Verzögerung** anzugeben sowie der Zeitraum, der nach Einschätzung des ersuchten deutschen Gerichts für die Erledigung voraussichtlich benötigt wird (Art. 15 EG-BewVO).

19   ee) **Nach Erledigung** leitet das ersuchte deutsche Gericht die Schriftstücke, aus denen sich die Erledigung des Ersuchens ergibt und ggf. die vom ersuchenden Gericht überlassenen Schriftstücke und eine **Erledigungsbestätigung** auf Formblatt H zurück. Unter den erstgenannten Schriftstücken sind die Niederschriften über die erbetenen Amtshandlungen nebst Anlagen zu verstehen, die in Urschrift oder Ausfertigung zu übersenden sind. Hingegen verbleiben sonstige Schriftstücke (Ladungen, leitende Beschlüsse) beim ersuchten Gericht (§ 88 ZRHO).

20   c) **Verfahren bei Unzuständigkeit. aa)** Ist das deutsche Gericht, bei dem ein Ersuchen eingeht, nach Abs. 1 unzuständig, so ist danach zu unterscheiden, ob das Ersuchen den **sprachlichen Anforderungen** des Art. 5 EG-BewVO iVm. § 1075 genügt. Ist dies nicht der Fall, so besteht gemäß Art. 7 Abs. 2 EG-BewVO keine Verpflichtung zur Weiterleitung. Das Gericht bestätigt jedoch auch nicht den Empfang auf Formblatt B, sondern weist das ersuchende Gericht formlos auf den Mangel der verwendeten Sprache hin und bearbeitet das Ersuchen im Übrigen nicht.[12] Dies gilt nicht bei Mängeln der **Lesbarkeit** oder der **Übereinstimmung** iSd. Art. 6 EG-BewVO (vgl. Rn. 14). Solche Ersuchen sind grundsätzlich weiterzuleiten (Rn. 19), es sei denn der Mangel verhindert die Bestimmung des zuständigen Gerichts.[13]

21   bb) Entspricht das Ersuchen den sprachlichen Anforderungen des Art. 5 EG-BewVO iVm. § 1075, so erfolgt eine **Weiterleitung** an das zuständige deutsche Gericht, für die zwar keine Frist angeordnet ist, die jedoch ebenfalls unverzüglich erfolgen sollte. Hiervon ist das ersuchende Gericht unter Verwendung des Formblatts A (Nr. 14) zu unterrichten (Art. 7 Abs. 2 EG-BewVO). Das Gericht, an das weitergeleitet wird, ist nicht im Sinne einer Abgabe gebunden. Ergibt sich ein negativer Kompetenzkonflikt, so ist die Entscheidung der Zentralstelle einzuholen, sofern Gerichte im selben Bundesland betroffen sind; anderenfalls ist um Vermittlung der beiden zuständigen Zentralstellen zu ersuchen.

22   cc) Eine Weiterleitung an ein Gericht in einem **dritten Mitgliedstaat** erfolgt nicht. Ersuchen, für deren Erledigung kein deutsches Gericht nach Abs. 1 örtlich zuständig ist, sind in entsprechender Anwendung von Art. 14 Abs. 2 lit. a EG-BewVO abzulehnen.[14]

23   2. **Ablehnung eines Ersuchens (Art. 14 EG-BewVO). a) Aussageverweigerungsrechte, Aussageverbote (Art. 14 Abs. 1 EG-BewVO).** Art. 14 Abs. 1 EG-BewVO behandelt die Gel-

---

[12] Gebauer/Wiedmann/Huber Art. 7 EG-BewVO Rn. 111; Rauscher/von Hein, EuZPR, Art. 5 EG-BewVO Rn. 5.
[13] Dazu Rauscher/von Hein, EuZPR, Art. 7 EG-BewVO Rn. 5.
[14] Rauscher/von Hein, EuZPR, Art. 7 EG-BewVO Rn. 4; Gebauer/Wiedmann/Huber Rn. 112.

tendmachung von Aussageverweigerungsrechten und -verboten systematisch unrichtig[15] als Gründe für die Ablehnung eines Beweisersuchens. Dies ist nicht dahingehend zu verstehen, dass das ersuchte Gericht schon wegen des abstrakten Bestehens eines solchen Rechts die Erledigung verweigert; vielmehr wird das Ersuchen erledigt, bis der Berechtigte sich auf ein solches Recht beruft. Dazu im Einzelnen Rn. 36 ff.

b) Echte Ablehnungsgründe (Art. 14 Abs. 2 EG-BewVO). aa) Die Gründe, aus denen das ersuchte Gericht die Erledigung ablehnen darf, sind in Art. 14 EG-BewVO **abschließend aufgezählt**. Liegt keiner dieser Gründe vor, so besteht eine Verpflichtung zur Erledigung. Insbesondere darf ein Ersuchen nicht deshalb abgelehnt werden, weil für die Sache, in der das Beweisersuchen gestellt wird, eine **ausschließliche Zuständigkeit** deutscher Gerichte besteht (Art. 14 Abs. 3 EG-BewVO). Dieser Umstand kann erst im Stadium der Anerkennung der späteren Entscheidung bedeutsam werden. 24

bb) Das Ersuchen kann abgelehnt werden, wenn es nicht in den **sachlichen Anwendungsbereich nach Art. 1 EG-BewVO** fällt (Art. 14 Abs. 2 lit. a EG-BewVO; dazu Vorb. zu §§ 1072–1075 Rn. 3). Dies beurteilt das ersuchte Gericht nach Maßgabe der autonom-europäischen Auslegung des Begriffs der Zivil- und Handelssache, ohne dass sich eine Einschränkung auf eine offenkundige Überschreitung des Anwendungsbereichs ergibt.[16] Von diesem Ablehnungsgrund muss Gebrauch gemacht werden, es sei denn, es ergibt sich eine andere Grundlage der Rechtshilfe außerhalb der EG-BewVO, auf die jedoch nur nach entsprechender Abstimmung mit dem ersuchenden Gericht zurückgegriffen werden sollte. 25

cc) Das Ersuchen kann abgelehnt werden wegen **fehlender Gerichtsgewalt**. Maßgeblich ist insoweit das deutsche Recht als Recht des ersuchten Gerichts (Art. 14 Abs. 2 lit. b EG-BewVO). Maßstab sind die §§ 18–20 GVG sowie die für Deutschland geltenden völkerrechtlichen Verträge, insbesondere das WKÜ,[17] das WDÜ[18] und das EuStImmÜ.[19] Abzulehnen ist das Ersuchen auch, wenn das zugrunde liegende Verfahren gegen Völkerrecht verstößt, zB bei Verfahren gegen amtierende Staatsoberhäupter,[20] erst recht bei Verstößen gegen die Staatenimmunität der Bundesrepublik. In allen diesen Fällen muss das Ersuchen abgelehnt werden, um Rechtsverstöße durch das ersuchte deutsche Gericht zu vermeiden. 26

Darüber hinaus gibt Art. 14 Abs. 2 lit. b EG-BewVO einen Ablehnungsgrund auch bei Fehlen der innerstaatlichen **wesenseigenen Zuständigkeit**. Da für ein deutsches Amtsgericht die Beweisaufnahme in einer Zivil- oder Handelssache an sich nie wesensfremd ist, insbesondere Wesensfremdheit nicht schon deshalb gegeben ist, weil das zugrunde liegende Verfahren einen dem deutschen Recht unbekannten Streitgegenstand betrifft (Art. 14 Abs. 3 EG-BewVO; zB Trennung von Ehegatten ohne Lösung des Ehebandes), kann es in praxi nur um bestimmte Formen der Beweisaufnahme, zB der Eidesleistung gehen, die das ersuchende Gericht wünscht. In einem solchen Fall geht jedoch die Ablehnung der ersuchten Form nach Art. 10 Abs. 3 EG-BewVO der Ablehnung des Ersuchens im Ganzen vor. Dass eine erbetene Form zwar nicht dem deutschen ordre public widerspricht (Art. 10 Abs. 3 EG-BewVO), aber einem Amtsgericht wesensfremd ist, dürfte kaum vorkommen.[21] 27

dd) Abgelehnt werden kann das Ersuchen auch wegen **Fristüberschreitungen**, wenn das ersuchende Gericht einer Aufforderung zur Ergänzung gemäß Art. 8 Abs. 1 EG-BewVO (Rn. 15) nicht innerhalb von 30 Tagen nach Zugang der Bitte um Ergänzung nachkommt (Art. 14 Abs. 1 lit. c EG-BewVO). Dasselbe gilt, wenn eine Kaution oder ein Vorschuss, der nach Art. 8 Abs. 2 iVm. Art. 18 Abs. 3 EG-BewVO angefordert wurde, nicht innerhalb von 60 Tagen hinterlegt bzw. einbezahlt wurde (Art. 14 Abs. 1 lit. d EG-BewVO). 28

Fraglich ist, ob insoweit eine **Ablehnungspflicht** besteht. Da einer Erledigung des Beweisersuchens trotz Fristüberschreitung weder die EG-BewVO noch deutsche Vorschriften entgegenstehen, könnte allenfalls das Interesse einer der Parteien des Ausgangsverfahrens bedeutsam sein. Insoweit ist es jedoch ausschließlich Sache des ersuchenden Gerichts, die Ursachen und prozessualen Konsequenzen einer verzögerten Beweiserhebung zu beurteilen. Verspätet komplettierte Ersuchen können also schlicht erledigt werden[22] und müssen nicht als neue Ersuchen (mit neuer förmlicher Ent- 29

---

[15] *Alio* NJW 2004, 2708, 2709.
[16] *Berger* IPRax 2001, 522, 523.
[17] Wiener UN-Übereinkommen über konsularische Beziehungen vom 24. 4. 1963, BGBl. 1969 II S. 1587.
[18] Wiener UN-Übereinkommen über diplomatische Beziehungen vom 18. 4. 1961, BGBl. 1964 II S. 958.
[19] Baseler Europäisches Übereinkommen über Staatenimmunität vom 16. 5. 1972, BGBl. 1990 II S. 35.
[20] *Rauscher/von Hein*, EuZPR, Art. 14 EG-BewVO Rn. 18.
[21] Zutreffend *Gebauer/Wiedmann/Huber* Rn. 188.
[22] *Gebauer/Wiedmann/Huber* Rn. 189; im Fall des Überkreuzens von Ablehnung und Vervollständigung ist jedoch die Ablehnung wirksam.

gegennahme etc.)²³ behandelt werden, solange das deutsche Gericht das Ersuchen nicht wegen der Verspätung abgelehnt hat. Sinnvoll ist dies vor allem bei geringfügigen Verzögerungen, die das ersuchende Gericht womöglich sogar avisiert hat; hier erspart eine gewisse Flexibilität erneuten Verwaltungsaufwand.

30 ee) Eine Ablehnung des Ersuchens ist innerhalb von **60 Tagen** nach dem Eingang des Ersuchens unter Verwendung des Formblatts H im Anhang der EG-BewVO dem ersuchenden Gericht mitzuteilen (Art. 14 Abs. 4 EG-BewVO). Die Frist kann im Fall der Ablehnung wegen Fristüberschreitungen (Rn. 28) schwerlich anwendbar sein: Wenn das ersuchte Gericht die 30-Tage-Frist nach Art. 8 Abs. 1 bzw. 2 ausgeschöpft hatte, entsteht der Ablehnungsgrund nach Art. 14 Abs. 1 lit. c EG-BewVO erst 60 Tage, der nach lit. d erst 90 Tage nach Eingang des Ersuchens. Eine Analogie zur 30-Tage-Frist in Art. 8 EG-BewVO²⁴ ist eher fern liegend, zumal das ersuchte Gericht ein verspätet vervollständigtes Ersuchen ohne weiteres erledigen kann. Auf die 90tägige Erledigungsfrist des Art. 10 Abs. 1 EG-BewVO kann ebenfalls nicht abgestellt werden. In den Fällen des Art. 8 EG-BewVO beginnt diese Frist nicht zu laufen (Art. 9 EG-BewVO), ehe das vollständige Ersuchen bzw. der Vorschuss eintrifft. Ablehnungsgrund nach Art. 14 Abs. 2 lit. c, d EG-BewVO ist aber das Nichteintreffen, so dass die 90tägige Frist des Art. 10 Abs. 1 EG-BewVO nie anläuft; für eine analoge Anwendung einer nicht laufenden Frist²⁵ fehlt die Grundlage. Im Grunde fehlt es an einem Bedürfnis für eine Frist: So lange das ersuchende Gericht eine erbetene Vervollständigung oder einen erbetenen Vorschuss nicht leistet, besteht kein Klarstellungsbedarf, weil das ersuchende Gericht mit einer Erledigung ohnehin nicht rechnen kann. Will das ersuchte Gericht aus der Verfristung nach Art. 14 Abs 2 lit. c, d EG-BewVO hingegen die Konsequenz der Ablehnung ziehen, um für sich Klarheit zu schaffen, so besteht kein vernünftiger Grund, diese Entscheidung nicht unverzüglich mitzuteilen.

31 **3. Erledigung des Ersuchens (Art. 10 EG-BewVO). a) Erledigung nach deutschem Recht. aa)** Das ersuchte Gericht erledigt das Ersuchen unverzüglich, spätestens innerhalb von 90 Tagen nach dem Eingang des Ersuchens (Art. 10 Abs. 1 EG-BewVO) bzw. nach Vervollständigung oder Eingang eines angeforderten Vorschusses (Art. 9 EG-BewVO). Die Erledigung erfolgt nach **deutschem Recht** (Art. 10 Abs. 2 EG-BewVO). Dies betrifft jedoch nur den Vorrang der Informationsbeschaffung im Rahmen der stattfindenden Beweisaufnahme, nicht aber die Voraussetzungen der Beweiserhebung; Beweisantritt und Beweisbeschluss unterliegen daher nicht dem deutschen Recht, sondern werden durch das Ersuchen ersetzt.²⁶ Zu Aussageverweigerungsrechten und -verboten Rn. 36 ff. Insbesondere findet die Beweisaufnahme vor dem ersuchten Gericht in deutscher Sprache statt; es gelten §§ 184, 185 GVG.²⁷ Auch das Protokoll ist in deutscher Sprache zu führen.

32 **bb)** Bereits ohne ein entsprechendes förmliches Ersuchen um Beweisaufnahme in besonderer Form (Rn. 31 ff.) sollte darauf geachtet werden, dass das Beweisergebnis auch mit **Rücksicht auf eine formstrenge Verfahrensordnung** des ersuchenden Gerichts verwertbar ist. Der Vorhalt schriftlicher Aufzeichnungen gegenüber Zeugen (dazu § 85 ZRHO), eine schriftliche Befragung (§ 84 ZRHO) oder Protokollberichtigungen durch Streichungen oder Ergänzungen können das Beweisergebnis aus Sicht des ersuchenden Gerichts unbrauchbar machen.

33 **b) Erledigung in besonderer Form, um die ersucht wurde. aa)** Hat das ersuchende Gericht um Erledigung in einer besonderen Form ersucht (vgl. § 1072 Rn. 15), ist dem zu entsprechen, es sei denn, dass diese Form **mit deutschem Recht unvereinbar** oder ihre Durchführung wegen tatsächlicher Schwierigkeiten undurchführbar ist (Art. 10 Abs. 3 EG-BewVO). Hierzu gehört insbesondere auch das Ersuchen um Verwendung von **Kommunikationstechnologien,** insbesondere Videoeinvernahme und Videokonferenz. Bei Ablehnung einer besonderen Form ist das ersuchende Gericht auf **Formblatt E** – unter Beifügung einer Begründung²⁸ – zu unterrichten, was impliziert, dass das Ersuchen im Übrigen nicht abgelehnt, sondern durchgeführt wird. Es empfiehlt sich allerdings eine formlose Abstimmung mit dem ersuchenden Gericht, ob aus dessen Sicht eine Durchführung nach deutschem Recht tunlich ist.²⁹

34 **bb)** An die Ablehnung sind **strenge Anforderungen** zu stellen; es handelt sich um eine Bestimmung, die dazu dient, den ordre public des ersuchten Mitgliedstaats zu wahren, was impliziert,

---

²³ So *Rauscher/von Hein*, EuZPR, Art. 14 EG-BewVO Rn. 21.
²⁴ IE ebenso *Gebauer/Wiedmann/Huber* Rn. 194.
²⁵ So *Rauscher/von Hein*, EuZPR, Art. 14 EG-BewVO Rn. 21.
²⁶ *Gebauer/Wiedmann/Huber* Rn. 123.
²⁷ *Rauscher/von Hein*, EuZPR, Art. 10 EG-BewVO Rn. 5.
²⁸ Zur Ablehnung der Beeidigung in den Fällen des § 393 vgl. § 86 Abs. 1 S. 2 ZRHO.
²⁹ *Gebauer/Wiedmann/Huber* Rn. 133; *Rauscher/von Hein*, EuZPR, Art. 10 EG-BewVO Rn. 12.

dass die Auslegungskompetenz des EuGH, wie bei den ordre public-Klauseln im Anerkennungsrecht[30] nur die Gewichtigkeit der Kriterien, nicht aber deren Inhalt erfasst. Auch die Unmöglichkeit einer bestimmten Art der Beweisaufnahme ist restriktiv zu beurteilen und nicht bereits zu bejahen, wenn ein gewisser zusätzlicher Aufwand erforderlich ist. Die nach Art. 10 Abs. 3 S. 2 EG-BewVO vorausgesetzte bloße „Unvereinbarkeit" gibt auch nicht mehr Spielraum für eine Ablehnung als im Fall der unmittelbaren Beweisaufnahme Art. 17 Abs. 5 EG-BewVO;[31] das würde implizieren, dass ein ausländisches Gericht im Inland freier agieren dürfte als ein deutsches; entscheidend ist aber, was die deutsche Rechtsordnung bei Beweisaufnahme im Inland erlaubt, einerlei, wer sie durchführt. Dies ist anders als im Fall des Anerkennungs-ordre public, der sich auf Handlungen fremder Gerichte im Ausland bezieht.

cc) Abzulehnen sind nach diesen Kriterien zwingende **religiöse Eidesformeln,** die gegen Art. 4 GG verstoßen; ebenso abzulehnen ist der **Zwang zur Vereidigung,**[32] nicht hingegen dem deutschen Prozessrecht lediglich unbekannte Eidesformen (zugeschobener Eid, Voreid, vgl. § 86 Abs. 3 ZRHO). Die Durchführung eines **Kreuzverhörs,** das vorbehaltlich § 185 GVG in deutscher Sprache zu führen ist und deshalb in der Regel für die in dessen Techniken geschulten angelsächsischen Anwälte von geringem Interesse ist,[33] kann, trotz Bedenken, ob ein deutsches Gericht ein solches Kreuzverhör angemessen überwachen kann, gestattet werden, da durch leitende Maßnahmen des deutschen Gerichts Eingriffe in die Menschenwürde und das Persönlichkeitsrecht von Zeugen vermieden werden können.[34] Auf **Videoeinvernahmen** ist § 128a mit Modifikationen anzuwenden, die dem Umstand Rechnung tragen, dass das Beweis erhebende deutsche Gericht nicht zugleich das an dem unmittelbaren Eindruck interessierte Prozessgericht ist.[35] Auch eine **Videokonferenz** kann in entsprechender Anwendung von § 128a geschaltet werden (§ 83 Abs. 2 ZRHO), um der grundsätzlich von Art. 10 Abs. 4 EG-BewVO gewollten Förderung dieser Methode zu entsprechen und die Beteiligungsrechte des ersuchenden Gerichts und der Parteien effizient umzusetzen.[36]

4. Aussageverweigerungsrechte und -verbote. a) Meistbegünstigung, Behandlung im Verfahren. aa) Das **Bestehen** von Aussageverweigerungsrechten und -verboten beurteilt sich im Wege der **Meistbegünstigung** der Aussageperson kumulativ nach deutschem Recht (Recht des ersuchten Gerichts, Art. 14 Abs. 1 lit. a EG-BewVO) und nach dem Recht des ersuchenden Gerichts (Art. 14 Abs. 1 lit. b EG-BewVO). Art. 14 Abs. 1 EG-BewVO behandelt diese zwar als Gründe zur Ablehnung des Ersuchens. Tatsächlich aber ist das Ersuchen so lange durchzuführen, bis sich die betreffende Aussageperson auf ein Aussageverweigerungsrecht oder -verbot beruft. Aus der Kumulation beider Rechte folgt auch, dass die Entbindung einer Aussageperson von einer **Verschwiegenheitspflicht** den Erfordernissen der Rechtsordnungen entsprechen muss, nach der die Pflicht besteht, ggf. also den Erfordernissen beider Rechtsordnungen.[37]

bb) Das Bestehen von Aussageverweigerungsrechten und -verboten **nach deutschem Recht** beurteilt das ersuchte deutsche Gericht.[38] Es handelt sich um einen Zwischenstreit (§§ 387 ff.), der vor dem Rechtshilfegericht geführt wird.[39] Eine erforderliche **Aussagegenehmigung** ist von Amts wegen einzuholen (§ 87 ZRHO).

cc) Das Bestehen von Aussageverweigerungsrechten und -verboten **nach dem Recht des ersuchenden Gerichts** wird zum einen bindend durch die seitens des ersuchenden Gerichts im Ersuchen gemachten Angaben (dazu § 1072 Rn. 10) festgelegt (Art. 14 Abs. 1 lit. b 1. Alt. EG-BewVO). Wenn sich die Aussageperson auf ein nicht im Ersuchen bezeichnetes Aussageverweigerungsrecht oder -verbot beruft, ist „erforderlichenfalls" (Art. 14 Abs. 1 lit. b 2. Alt. EG-BewVO) das Bestehen solcher Rechte auf Verlangen des ersuchten Gerichts vom ersuchenden Gericht – wiederum bindend – zu bestätigen. Unklar ist, ob das ersuchte Gericht um diese Bestätigung ersuchen muss, oder ob es auch selbstständig das Recht des ersuchenden Gerichts ermitteln darf.[40] Hiergegen

---

[30] EuGH Rs. C-7/98 Krombach/Bamberski NJW 2000, 1853.
[31] AA Gebauer/Wiedmann/Huber Rn. 128; wohl auch Rauscher/von Hein, EuZPR, Art. 10 EG-BewVO Rn. 16.
[32] Rauscher/von Hein, EuZPR, Art. 10 EG-BewVO Rn. 24.
[33] Dazu Gebauer/Wiedmann/Huber Rn. 131.
[34] Gebauer/Wiedmann/Huber Rn. 131; Rauscher/von Hein, EuZPR, Art. 10 EG-BewVO Rn. 22.
[35] Im Einzelnen Rauscher/von Hein, EuZPR, Art. 10 EG-BewVO Rn. 36 f.
[36] Im Einzelnen Gebauer/Wiedmann/Huber Rn. 139; Rauscher/von Hein, EuZPR, Art. 10 EG-BewVO Rn. 36; Heß/Müller ZZPInt 6 (2001) 149, 163.
[37] Gebauer/Wiedmann/Huber Rn. 179.
[38] Berger IPRax 2001, 522, 524.
[39] Rauscher/von Hein, EuZPR, Art. 14 EG-BewVO Rn. 9.
[40] So Schlosser Art. 14 EuBVO Rn. 6.

§ 1074 39–44

spricht nach zutreffender Ansicht,[41] dass die von Art. 14 Abs. 1 lit. b EG-BewVO vorgesehene Bindung an die Beurteilung durch das in seiner Rechtsordnung besser kundige ersuchende Gericht beliebig umgangen würde.

39 dd) Kann ein Beweisersuchen wegen berechtigter Berufung auf ein Aussageverweigerungsrecht oder -verbot nicht weiter erledigt werden, so fehlt es in der EG-BewVO an einer **Regelung des weiteren Verfahrens**. Insoweit ist in entsprechender Anwendung des Art. 14 Abs. 4 EG-BewVO das ersuchte Gericht unter Verwendung des Formblatts H in Kenntnis zu setzen. Nicht entsprechend anwendbar ist die dort bestimmte 60tägige Frist seit Eingang des Ersuchens, da sich die Inanspruchnahme des Aussageverweigerungsrechts oder -verbots ggf. erst gegen Ende der 90tägigen Frist zur Erledigung ergibt. Da das ersuchte Gericht, anders als im Fall von Art. 14 Abs. 2 lit. c, d EG-BewVO (Rn. 28) kein Ermessen hat, sondern zwangsläufig das Ersuchen nicht weiter erledigen kann, ist das ersuchende Gericht hiervon unverzüglich nach Berufung der Aussageperson auf das Recht in Kenntnis zu setzen.[42]

40 b) Anwendungsbereich, Mitwirkungsverweigerungsrechte, Zeugnisunfähigkeit.
aa) Art. 14 Abs. 1 EG-BewVO bezieht sich nach seinem Wortlaut nur auf Beweisaufnahmen, welche die **Aussage einer Person** zum Gegenstand haben. Dies umfasst den Zeugenbeweis, Sachverständigenbeweis und die Einvernahme als Partei.

41 bb) Nach dem Wortlaut nicht erfasst sind **Mitwirkungsverweigerungsrechte** beim Urkundsbeweis und beim Augenschein. Wegen erheblicher Schutzgefälle problematisch sind insoweit im internationalen Rechtsverkehr insbesondere Rechte zur Verweigerung der Urkundenvorlage wegen Geschäftsgeheimnissen sowie die Verweigerung der Mitwirkung an Untersuchungen im Rahmen von Abstammungsverfahren. Gegen die Erstreckung des Meistbegünstigungsprinzips und damit für die Anwendung des (deutschen) Rechts des ersuchten Gerichts (Art. 10 Abs. 2 EG-BewVO) spricht durchaus, dass den Verfassern der EG-BewVO das Problem vom HBÜ her hätte bekannt sein müssen und die EG-BewVO geradezu als Korrektur der unterschiedlichen Sprachfassungen des HBÜ in die falsche Richtung verstanden werden kann.[43] Dem steht freilich entgegen, dass unbedachte Formulierungen in Brüsseler Verordnungen zum EuZPR eher die Regel sind. Sinn und Zweck sprechen für eine analoge Anwendung von Art. 14 Abs. 1 EG-BewVO, da sonst das Schutzgefälle durch Wahl des Beweisortes umgangen werden könnte[44] und überdies Konflikte zwischen den häufig parallel ausgestalteten Aussage- und Vorlageverweigerungsrechten entstünden.[45]

42 cc) Die nur noch vereinzelt vorkommende **absolute Zeugnisunfähigkeit** (Unfähigkeit in dem zugrunde liegenden Verfahren Zeuge zu sein) sowie die **relative Zeugnisunfähigkeit** (objektives Vereidigungsverbot) sollen nach überwiegender Ansicht nicht dem Meistbegünstigungsprinzip unterfallen, sondern vor dem ersuchten deutschen Gericht nach deutschem Recht zu beurteilen sein (Art. 10 Abs. 2 EG-BewVO).[46] Das Argument, Art. 14 Abs. 1 EG-BewVO beziehe sich nach seinem Wortlaut nur auf der Berufung bedürftige Rechte, überzeugt insoweit nicht, da das Meistbegünstigungsprinzip eher erst recht für absolute Verbote gelten müsste. Eher stichhaltig ist die Erwägung, dass ein nach dem Recht des ersuchenden Gerichts ohne Berufung der Aussageperson bestehendes Recht schon das Ersuchen bzw. den Antrag auf Beeidigung hindern muss. Gleichwohl ist fraglich, ob einer Aussageperson eine Vernehmung zugemutet werden kann, die nach dem Recht des sodann aufgrund dieses Beweises erkennenden Gerichts nicht erhoben werden dürfte. Insoweit fehlt es für Zwangsmaßnahmen an der Erforderlichkeit, so dass eine Weigerung unter Berufung auf die Zeugnisunfähigkeit jedenfalls faktisch erfolgreich ist.

43 5. Anwesenheit und Beteiligung des ersuchenden Gerichts. a) Grundsätze. Die Anwesenheit und die Beteiligung von Beauftragten des ersuchenden Gerichts bestimmt sich nach Art. 12 EG-BewVO und folgt damit bei der Beweisaufnahme vor einem ersuchten deutschen Gericht spiegelbildlich den zu § 1073 Abs. 1 S. 1 dargestellten Grundsätzen (§ 1073 Rn. 6–12).

44 b) **Anwesenheit**. Wer als **Beauftragter** des ersuchenden Gerichts zur bloßen Anwesenheit berechtigt ist, bestimmt das Recht des ersuchenden Gerichts; das ersuchte deutsche Gericht hat den ihm auf dieser Grundlage im Ersuchen oder zu einem späteren Zeitpunkt auf Formblatt A avisier-

---

[41] *Rauscher/von Hein,* EuZPR, Art. 14 EG-BewVO Rn. 12.
[42] AA *Rauscher/von Hein,* EuZPR, Art. 14 EG-BewVO Rn. 15: 90-Tage-Frist nach Art. 10 Abs. 1 EG-BewVO.
[43] Detailliert *Stadler,* FS Geimer, 2002, S. 1281, 1295.
[44] Vgl. dazu *Berger,* FS Rechberger, 2005, S. 39, 52 f.
[45] Wie hier: *Rauscher/von Hein,* EuZPR, Art. 14 EG-BewVO Rn. 7; *Gebauer/Wiedmann/Huber* Rn. 185; *Schmidt* Rn. 346.
[46] *Gebauer/Wiedmann/Huber* Rn. 181; *Rauscher/von Hein,* EuZPR, Art. 14 EG-BewVO Rn. 4.

ten (Art. 12 Abs. 3 EG-BewVO) Personen die Anwesenheit zu gestatten. Die Einschränkung des Personenkreises in § 87b Abs. 1 S. 1 und 2 ZRHO („Mitglieder des ausländischen Gerichts", „Sachverständige") sowie die Einschränkung in § 87b Abs. 1 S. 1 Halbs. 2 ZRHO („soweit deutsches Recht nicht entgegensteht") verstoßen gegen Europarecht. Insbesondere können Beauftragte nicht deshalb zurückgewiesen werden, weil sie weder Gerichtsmitglieder noch Sachverständige sind, da „Beauftragte" iSd. Art. 12 Abs. 2 EG-BewVO auch andere Personen sein können, soweit das Recht des ersuchenden Gerichts dies vorsieht. Ist die Anwesenheit auf Formblatt A avisiert, so hat das ersuchte Gericht Ort und Zeit der Beweisaufnahme auf Formblatt F mitzuteilen; Art. 12 Abs. 5 EG-BewVO bezieht sich nicht nur auf den Fall der Beantragung der Beteiligung (missverständlich § 87b Abs. 1 S. 4 ZRHO), was sich logischerweise daraus ergibt, dass auch für die Anwesenheit die Kenntnis von Ort und Zeit der Beweisaufnahme erforderlich ist.

c) Aktive Beteiligung. aa) Aktive Beteiligung von Beauftragten des ersuchenden Gerichts **45** ist hingegen zu **beantragen** und bedarf der **Gestattung durch das ersuchte deutsche Gericht,** das ggf. auch Bedingungen hierfür setzen kann. Beides ist unter Verwendung des Formblatts F dem ersuchenden Gericht mitzuteilen. Eine eventuelle Ablehnung erfolgt ebenfalls auf Formblatt F.[47]

bb) Die gewünschte Art der Beteiligung kann vom ersuchten deutschen Gericht nur abgelehnt **46** werden, wenn sie **mit deutschem Recht unvereinbar** oder **praktisch undurchführbar** ist. Maßstab hierfür ist Art. 10 Abs. 3 EG-BewVO, auf den Art. 12 Abs. 4 EG-BewVO verweist. Eine Ablehnung kommt also nicht schon deshalb in Betracht, weil eine Beteiligung eines ausländischen Gerichts bei Beweisaufnahme im Rechtshilfeweg im deutschen Recht nicht ausdrücklich geregelt ist. Es empfiehlt sich vielmehr die entsprechende Anwendung der Bestimmungen über die Parteiöffentlichkeit, so dass jedenfalls ein Fragerecht in den Grenzen des § 397 zu gestatten ist. Die Leitung der Beweisaufnahme einschließlich der Sitzungspolizei ist jedoch immer in den Händen des ersuchten deutschen Gerichts.[48] Will das ersuchende Gericht eine weitergehende Autonomie erreichen, so muss es den Weg des Ersuchens um unmittelbare Beweisaufnahme nach Art. 17 EG-BewVO (Rn. 56ff.) wählen.

d) Anregung der Beteiligung. Das ersuchte deutsche Gericht kann nicht förmlich das ersu- **47** chende Gericht um Teilnahme oder Entsendung eines Beauftragten ersuchen, da dies Art. 12 EG-BewVO, anders als für Parteien in Art. 11 Abs. 5 EG-BewVO nicht vorsieht. Eine informelle Anregung ist hingegen zulässig.

6. Anwesenheit und Beteiligung der Parteien. a) Grundsätze. Die Anwesenheit und Be- **48** teiligung von Parteien und Parteivertretern ist in Art. 11 EG-BewVO geregelt und folgt den für die spiegelbildliche Situation zu § 1073 Abs. 1 S. 2 dargestellten Grundsätzen (§ 1073 Rn. 13–15).

b) Anwesenheit. Das Recht zu bloßer Anwesenheit bestimmt sich nach dem Recht des Mit- **49** gliedstaats des **ersuchenden Gerichts,** das dem ersuchten deutschen Gericht auf Formblatt A mitteilt, wenn die Parteien und ggf. ihre Vertreter zugegen sind. Ein Ablehnungsrecht besteht nicht; auch Bedingungen für die Anwesenheit dürfen nicht gesetzt werden; Art. 11 Abs. 3 EG-BewVO formuliert insoweit ungenau („Teilnahme"), bezieht sich aber nur auf die aktive Beteiligung[49] (insoweit zutreffend § 87a Abs. 2 S. 1 ZRHO). Ort und Zeit der Beweisaufnahme sind auf Formblatt F den Parteien, ggf. ihren Vertretern mitzuteilen (Art. 11 Abs. 4 EG-BewVO). Das ersuchte deutsche Gericht kommuniziert insoweit also unmittelbar mit den Parteien; die Mitteilung an den Prozessbevollmächtigten genügt.[50]

c) Aktive Beteiligung. Eine aktive Beteiligung kann das ersuchende Gericht beantragen; sie **50** bedarf der Genehmigung durch das ersuchte deutsche Gericht, das hierfür auch Bedingungen festlegen kann. In Betracht kommt insbesondere eine Beschränkung des Fragerechts teilnehmender Parteien nach Maßgabe des § 397. Beides erfolgt auf Formblatt F (Art. 11 Abs. 4 EG-BewVO; § 87a Abs. 2 S. 3 ZRHO).

d) Herstellung der Parteiöffentlichkeit durch das ersuchte Gericht. Art. 11 Abs. 5 EG- **51** BewVO erlaubt es auch, dass das ersuchte (deutsche) Gericht die Parteien und ihre Vertreter bittet, der Beweisaufnahme beizuwohnen oder sich daran zu beteiligen; Maßstab hierfür ist das Recht des ersuchten Gerichts, so dass für die Anwesenheit § 357, für den Umfang der Beteiligung § 397 un-

---

[47] *Genauer/Wiedmann/Huber* Rn. 167; *Rauscher/von Hein,* EuZPR, Art. 12 EG-BewVO Rn. 7.
[48] *Rauscher/von Hein,* EuZPR, Art. 12 EG-BewVO Rn. 8.
[49] *Rauscher/von Hein,* EuZPR, Art. 11 EG-BewVO Rn. 7 ff., zu vereinzelten Beschränkungsvorschlägen dort Rn. 9 f.
[50] *Rauscher/von Hein,* EuZPR, Art. 11 EG-BewVO Rn. 15.

§ 1074 52–58   Buch 11. Abschnitt 2. VO (EG) Nr. 1206/2001

mittelbar gelten, wobei freilich die Einladung der Parteien im pflichtgemäßen Ermessen des deutschen Gerichts steht.

52   **7. Zwangsmittel (Art. 13 EG-BewVO). a) Anwendbares Recht.** Die Anwendung von Zwangsmaßnahmen im Rahmen der Beweisaufnahme durch das ersuchte deutsche Gericht bestimmt sich nach **deutschem Recht** (Art. 13 EG-BewVO). Dies gilt nicht nur für Art und Umfang, sondern auch für die **Voraussetzungen.** Zwangsmaßnahmen können daher nur in den Fällen angeordnet werden, die das deutsche Recht vorsieht; das bedeutet, dass prozessuale Pflichten im Recht des ersuchenden Gerichts, die das deutsche Recht nicht kennt, nicht mit Zwang durchgesetzt werden können. Insbesondere können ein **Eid** (§ 484), eine **Videoaufzeichnung** (§ 128a), die **Parteivernehmung** (§ 446) und die **Urkundenvorlage durch Parteien** sowie ein **Kreuzverhör** mangels Grundlage im deutschen Zivilprozessrecht nicht erzwungen werden.[51] Welche Folgerungen aus der Verweigerung einer Mitwirkung zu ziehen sind, bestimmt sich vor dem ersuchenden Gericht ausschließlich nach dessen Recht[52] und hat für das Rechtshilfeverfahren keine Bedeutung.

53   **b) Notwendige Zwangsmaßnahmen.** Andererseits besteht eine **Verpflichtung,** Zwangsmaßnahmen, die nach deutschem Recht zulässig und für die Durchführung des Beweisersuchens erforderlich sind, auch tatsächlich anzuordnen.[53] Wünscht jedoch das ersuchende Gericht ausdrücklich, dass Zwangsmaßnahmen unterbleiben, so ist dem Folge zu leisten, um die Verwertbarkeit des Beweisergebnisses nicht zu gefährden. Von sich aus muss das ersuchte deutsche Gericht jedoch nicht prüfen, ob eine von ihm angeordnete Zwangsmaßnahme die Verwertbarkeit nach dem Recht des ersuchenden Gerichts gefährdet.[54]

54   **8. Kosten.** Für die **Kosten** der Beweisaufnahme sowie für die Einholung von **Vorschüssen** gilt Art. 18 EG-BewVO. Das ersuchte deutsche Gericht kann also nur unter denselben Voraussetzungen wie im spiegelbildlichen Fall (dazu § 1072 Rn. 30–33) dem ersuchenden Gericht Auslagen und Vorschüsse auferlegen. Kosten erforderlicher Zustellungen unterliegen nicht Art. 18 Abs. 1 EG-BewVO, sondern können nach Art. 11 Abs. 2 EG-ZustellVO erhoben werden (§ 98 Abs. 1 ZRHO). Ein nach Art. 18 Abs. 3 EG-BewVO zulässiger Kostenvorschuss ist nach Art. 8 Abs. 2 EG-BewVO anzufordern (§§ 98 Abs. 1, 83 Abs. 4 ZRHO, vgl. Rn. 16).

55   **9. Rechtsbehelfe.** Rechtsbehelfe gegen die Ablehnung sowie gegen die Durchführung des **Ersuchens** durch ein deutsches Gericht beurteilen sich, abgesehen von einem möglichen Vertragsverletzungsverfahren gegen die Bundesrepublik Deutschland, als Justizverwaltungshandeln nach § 23 EGGVG.[55] Für den Streit um die Anerkennung bzw. die Verweigerung der Anerkennung eines **Aussageverweigerungsrechts** gilt § 387 entsprechend, weil insoweit das Beweis erhebende Gericht zwar nicht als Prozessgericht, gleichwohl aber richterlich tätig ist.[56]

IV. Behandlung eingehender Ersuchen um passive Rechtshilfe (Art. 17 EG-BewVO)

56   **1. Formelle Behandlung. a) Eingang.** Die nach Abs. 3 Nr. 2 zuständige Behörde nimmt das auf Formblatt I in der Anlage zur EG-BewVO gestellte Ersuchen nach Art. 17 EG-BewVO (vgl. dazu im spiegelbildlichen Fall § 1072 Rn. 39ff.) des ersuchenden Gerichts eines anderen Mitgliedstaats entgegen (§ 88a Abs. 2 ZRHO). Art. 7 bis 9 EG-BewVO finden keine Anwendung. Eine Eingangsbestätigung ist also nicht vorgesehen. Zur Behandlung unvollständiger, nicht lesbarer oder entgegen § 1075 nicht in deutscher Sprache abgefasster Ersuchen siehe § 1072 Rn. 47f.

57   **b) Verfahren bei Unzuständigkeit.** Ist das Ersuchen an eine unzuständige Behörde gerichtet, so ergibt sich aus der EG-BewVO keine Verpflichtung zur Weiterleitung. Dies steht jedoch einer entsprechenden Verwaltungspraxis nicht entgegen.[57] Eine Weiterleitung ist ggf. mangels Verwendbarkeit des Formblatts A formlos dem ersuchenden Gericht mitzuteilen.

58   **c) Mitteilung der Entscheidung, Frist.** Die zuständige Behörde teilt nach Prüfung der Ablehnungsgründe des Art. 17 Abs. 5 EG-BewVO dem ersuchenden Gericht innerhalb von **30 Tagen nach** Eingang auf Formblatt J mit, ob dem Ersuchen stattgegeben werden kann und erforderlichen-

---

[51] *Gebauer/Wiedmann/Huber* Rn. 171; *Rauscher/von Hein,* EuZPR, Art. 13 Rn. 10; *Heß/Müller* ZZPInt 6 (2001) 149, 156.
[52] *Berger* IPRax 2001, 522, 525.
[53] *Heß/Müller* ZZPInt 6 (2001) 149, 156; *Berger* IPRax 2001, 522, 525; *Gebauer/Wiedmann/Huber* Rn. 173.
[54] *Gebauer/Wiedmann/Huber* Rn. 173.
[55] *Schlosser* Art. 14 EuBVO Rn. 9, 11; *Schmidt* Rn. 347; *Gebauer/Wiedmann/Huber* Rn. 192.
[56] *Schlosser* Art. 14 EuBVO Rn. 8, 10.
[57] *Rauscher/von Hein,* EuZPR, Art. 17 EG-BewVO Rn. 3.

falls unter welchen Bedingungen die betreffende Beweisaufnahme durchzuführen ist (Art. 17 Abs. 4 S. 1 EG-BewVO, § 88a Abs. 3 ZRHO). Wird das Ersuchen abgelehnt, so ist es der Landesjustizverwaltung des betreffenden Bundeslandes vorzulegen (§ 88a Abs. 5 ZRHO); die zuständige Behörde ist jedoch nicht gehalten, die vorherige Entscheidung oder Zustimmung der Landesjustizverwaltung einzuholen.

2. Ablehnung, Genehmigung, Bedingungen. a) Enumerierte Ablehnungsgründe. 59
aa) Grundsätzlich ist einem Ersuchen um unmittelbare Beweisaufnahme **stattzugeben.** Insbesondere ist auch die unmittelbare Beweisaufnahme unter Einsatz von **Kommunikationstechnologie** zu fördern (Art. 17 Abs. 4 S. 3 EG-BewVO), weshalb auch über § 128a hinausgehende Beweiserhebungen in Videokonferenzen nicht generell abzulehnen sind. Eine Ablehnung des Ersuchens kommt nur aus den in Art. 17 Abs. 5 EG-BewVO enumerierten Gründen in Betracht (dazu für den spiegelbildlichen Fall § 1072 Rn. 49).

bb) Ein Verstoß gegen den **deutschen ordre public** (Art. 17 Abs. 5 lit. c EG-BewVO) wird 60
angesichts der Freiwilligkeit der Mitwirkung der Betroffenen an der unmittelbaren Beweisaufnahme (Art. 17 Abs. 1 EG-BewVO) zwar selten vorliegen, ist aber durchaus nicht ganz fernliegend, soweit geschützte Rechte nicht disponibel sind (zB die Menschenwürde) oder nicht der Disposition der Aussageperson unterliegen insbesondere, wenn ein bestehendes Aussageverbot, Aussageverweigerungsrecht oder Berufsgeheimnis auch oder sogar vorrangig Interessen Dritter oder der Allgemeinheit dient.[58] Bei Einvernahme eines Arztes ohne Entbindung von der Schweigepflicht, Aussage eines deutschen Beamten ohne Einholung einer erforderlichen Aussagegenehmigung, Einvernahme eines Mitarbeiters, ggf. gar eines Betriebsspions über fremde Betriebsgeheimnisse, eines Bankmitarbeiters über Verhältnisse von Kunden oder Vorlage datenschutzrechtlich geschützter Unterlagen durch den Besitzer ist jeweils der deutsche ordre public betroffen. Auch eine freiwillige Lügendetektorbefragung in Deutschland kommt nicht in Betracht.[59]

b) Bedingungen. Bedingungen der Durchführung der unmittelbaren Beweisaufnahme nach 61
Art. 17 Abs. 4 EG-BewVO stehen nicht im freien Ermessen der ersuchten Behörde, sondern dienen vor dem Hintergrund der grundsätzlichen Zulässigkeit nur der Ausräumung ansonsten bestehender Bedenken aus dem Blickwinkel des deutschen **ordre public.**[60] Aus deutscher Sicht kann etwa die Anwesenheit eines deutschen Gerichts bei der Beweisaufnahme, ggf. in Verbindung mit der Anordnung der Beweisaufnahme in deutscher Sprache angeordnet werden, um das Persönlichkeitsrecht des Zeugen – besonders bei einem Kreuzverhör – zu gewährleisten. Die Anwesenheit eines deutschen Gerichts kann auch Bedenken gegen eine nach dem Recht des ersuchenden Staates zulässige Beweisaufnahme durch einen Rechtsanwalt oder eine beauftragte Privatperson ausräumen; die Anwesenheit eines Dolmetschers stellt ggf. das rechtliche Gehör sicher; die Anwesenheit eines Rechtsanwalts das Recht auf anwaltlichen Beistand. Angeordnet werden kann auch die in Art. 17 Abs. 2 S. 2 EG-BewVO fehlende Belehrung einer Beweismittel-Vorlageperson über die Freiwilligkeit nach Art. 17 Abs. 2 S. 1 EG-BewVO.[61] Hingegen kann die Wahrung von Aussageverweigerungsrechten deutschen Rechts nicht zum Gegenstand einer Bedingung gemacht werden, da die Aussage im Rahmen des Art. 17 Abs. 2 S. 1 EG-BewVO ohnehin freiwillig erfolgt. Ob die Anordnung der Tragung bestimmter Kosten statthaft ist, die nicht ohnehin das ersuchende Gericht zu tragen hat (vgl. § 1072 Rn. 55f.), erscheint fraglich, jedenfalls soweit es um Kosten deutscher Gerichte und Behörden geht. Die Anordnung der Erstattung von Auslagen an einen Zeugen, dem ansonsten die Teilnahme an der Beweisaufnahme nicht zuzumuten ist, ist jedoch möglich.

3. Durchführung der Beweisaufnahme. a) Unbeschadet einer im Wege der Bedingung an- 62
geordneten Überwachung durch ein deutsches Gericht sowie angeordneter Modalitäten führt das **ersuchende Gericht** die Beweisaufnahme in Deutschland **nach seinem Recht** durch und ist Herr der Verfahrensführung. Es ist hierbei an die Bestimmungen der EG-BewVO, insbesondere an den Freiwilligkeitsgrundsatz (Art. 17 Abs. 2 EG-BewVO) gebunden (im Einzelnen im spiegelbildlichen Fall § 1072 Rn. 51 ff.).

b) Zur **aktiven Förderung** der unmittelbaren Beweisaufnahme, insbesondere zur Bereitstellung 63
von Räumen, ist die deutsche Behörde nicht verpflichtet; die Durchführung in deutschen Gerichtsräumen fördert allerdings die Seriosität der gerichtlichen Beweisaufnahme.[62] Im Fall der unmittelbaren Beweisaufnahme durch **Kommunikationstechnologie** ergibt sich jedoch aus Art. 17 Abs. 4

---

[58] Eingehend *Stadler*, FS Geimer, 2002, S. 1281, 1299.
[59] *Schmidt* Rn. 350.
[60] *Rauscher/von Hein*, EuZPR, Art. 17 EG-BewVO Rn. 10.
[61] *Rauscher/von Hein*, EuZPR, Art. 17 EG-BewVO Rn. 10.
[62] *Schlosser* Art. 17 EuBVO Rn. 5.

§ 1075 1-4   Buch 11. Abschnitt 2. VO (EG) Nr. 1206/2001

S. 3 EG-BewVO wohl nicht nur die Verpflichtung, diese zu gestatten, sondern auch eine gewisse praktische Förderungspflicht (so wohl auch § 88a Abs. 4 ZRHO), etwa durch Vermittlung von Kontakten zu einem entsprechend ausgestatteten deutschen Gericht. Zu hierbei entstehenden Kosten vgl. § 1072 Rn. 56.

64   4. **Rechtsbehelfe.** a) Rechtsbehelfe gegen die **Gestattung oder Versagung** der unmittelbaren Beweisaufnahme durch eine deutsche Behörde bestimmen sich, unbeschadet eines möglichen Vertragsverletzungsverfahrens gegen die Bundesrepublik Deutschland, nach § 23 EGGVG. Auch ein impliziter Streit um Reichweite und Verzichtbarkeit von Aussageverboten etc. (vgl. Rn. 37) ist nicht Zwischenstreit im Rahmen richterlicher Tätigkeit, da die nach Abs. 3 Nr. 2 zuständige Behörde nur justizverwaltend tätig wird.

65   b) Die **Durchführung der Beweisaufnahme** kann hingegen nur im Staat des ersuchenden Gerichts mit Rechtsbehelfen angegriffen werden (vgl. § 1072 Rn. 57). Bei schweren Verstößen kommt aus deutscher Sicht die Versagung der Anerkennung der sodann gefällten Entscheidung in Betracht, soweit die Anerkennungsregeln einen ordre public-Vorbehalt noch enthalten. Bei grundrechtswidriger Durchführung einer Beweisgewinnung in Deutschland ist ein solcher Verstoß durchaus zu bejahen. Bei einer Häufung von Verstößen oder bei besonders gravierenden Verstößen ist auch ein Vertragsverletzungsverfahren gegen den ersuchenden Staat möglich. Strafrechtlicher Schutz gegen in Deutschland erfolgende Übergriffe des die Beweisaufnahme durchführenden Gerichts bleibt unberührt.

§ 1075 Sprache eingehender Ersuchen

Aus dem Ausland eingehende Ersuchen auf Beweisaufnahme sowie Mitteilungen nach der Verordnung (EG) Nr. 1206/2001 müssen in deutscher Sprache abgefasst oder von einer Übersetzung in die deutsche Sprache begleitet sein.

I. Normzweck

1   § 1075 steht im Zusammenhang mit Art. 5 EG-BewVO, wonach Rechtshilfeersuchen in der Amtssprache des ersuchten Mitgliedstaats abzufassen sind oder in einer anderen Sprache, die der ersuchte Mitgliedstaat zugelassen hat. Deutschland lässt allerdings für eingehende Ersuchen keine andere Sprache als Deutsch zu und macht damit von der in Art. 5 S. 1 2. Alt. EG-BewVO genannten Möglichkeit keinen Gebrauch. Der Hinweis auf die Gerichtssprache (§ 184 GVG)[1] begründet freilich nur unzulänglich, warum Deutschland es nicht als tunlich ansieht, an dieser Stelle etwas für Beschleunigung und gegen Übersetzungskosten zu tun. Die Antwort findet sich wohl am ehesten in dem Umstand, dass sich auch Italien, Frankreich und Spanien kaum bewegen[2] und wohl Sorge vor anglophoner Dominanz herrscht.

II. Sprache bei Behandlung eingehenden Ersuchen

2   **1. Reichweite der Verwendung der deutschen Sprache.** a) Die Bestimmung gilt für alle in Deutschland eingehenden **Ersuchen nach der EG-BeweisVO,** also sowohl für solche um aktive Rechtshilfe (Art. 1 Abs. 1 lit. a EG-BewVO), als auch für solche um Gestattung der unmittelbaren Beweisaufnahme (Art. 1 Abs. 1 lit. b EG-BewVO, § 1074 Abs. 3). Zur Sprache bei **ausgehenden Ersuchen** siehe § 1072 Rn. 19–22, 43.

3   b) Eingehende Ersuchen müssen in **deutscher Sprache** abgefasst oder von einer Übersetzung in die deutsche Sprache begleitet sein. Letzteres ist kein Zugeständnis an die Verwendung der Sprache des ersuchenden Gerichts, weil letztlich die deutsche Sprache maßgeblich bleibt. Es erlaubt aber dem ersuchten Gericht oder der ersuchten deutschen Behörde bei vorhandenen Sprachkenntnissen, ggf. Fehler der Übersetzung aufzudecken.

4   c) Abfassung in deutscher Sprache bedeutet für das Ersuchen, dass der in den erforderlichen Formblättern **ausgefüllte Text** (vgl. Art. 5 S. 2 EG-BewVO) sowie sämtliche notwendigen **Anlagen** in Deutsch abgefasst sind. Hingegen ist nicht erforderlich, dass die deutsche Version des Formblatts verwendet wurde; insoweit stellt das Formblattsystem der EG-BewVO mit identischer Nummerierung die Lesbarkeit sicher.

---

[1] BT-Drucks. 15/1062 S. 12.
[2] Spanien lässt neben der Landessprache auch Portugiesisch zu, was nicht recht weiter hilft; hingegen lässt das Vereinigte Königreich neben Englisch auch Französisch zu.

EG-BeweisVO **Anh §§ 1072–1075**

d) Da die vom ersuchten Staat zugelassene Sprache **Korrespondenzsprache** für das gesamte 5
Verfahren zwischen den Gerichten bzw. Behörden ist, nicht aber als solche für die Beweisaufnahme
selbst gilt, sind grundsätzlich auch alle Erklärungen deutscher Stellen sowie des ersuchenden Gerichts im Rahmen der Entgegennahme und der Erledigung (dazu § 1074 Rn. 12 ff., 55 ff.) in deutscher Sprache zu fassen (§ 83 Abs. 3 ZRHO). Auch Bedingungen, die für eine unmittelbare Beweisaufnahme nach Art. 17 EG-BewVO gesetzt werden, sind in Deutsch im Formblatt J zu vermerken
(§ 88a Abs. 3 EG-BewVO). Ob der gut gemeinte Versuch, in diesem Bereich die Kategorie der
Höflichkeit zu bemühen,[3] um die Benutzung auch der Sprache des ersuchenden Gerichts zu gestatten, sofern alle Beteiligten ihrer mächtig sind, Erfolg hat, erscheint fraglich. Gewiss ist nichts dagegen einzuwenden, wenn ein deutscher Richter mit seinem ausländischen Kollegen kurzerhand in dessen Muttersprache korrespondiert, um technische Probleme zu überwinden. Die nach der EG-BewVO notwendigen Dokumente sollten jedoch schon deshalb in Deutsch gefasst werden, weil § 1075 das Ziel hat, § 184 GVG zum Maßstab des Verfahrens zu machen und daher bei Verwendung einer anderen Sprache ggf. ein rechtsmittelfähiger Verstoß vorliegt.

e) Zur Behandlung von **Ersuchen, die nicht in deutscher Sprache** oder mit deutscher Übersetzung eingehen siehe § 1074 Rn. 13, 19 (aktive Rechtshilfe) § 1074 Rn. 55, § 1072 Rn. 48 (passive Rechtshilfe nach Art. 17 EG-BewVO). 6

2. Sprache der Beweisaufnahme. a) Aktive Rechtshilfe. § 1075 gilt nicht für die Durchführung der Beweisaufnahme. Insoweit ergibt sich die Verwendung der deutschen Sprache bei Beweisaufnahmen im Weg **aktiver Rechtshilfe** durch das ersuchte deutsche Gericht aufgrund der Verweisung auf deutsches Recht in Art. 10 Abs. 2 EG-BewVO unmittelbar aus § 184 GVG. Die Frage, ob ein deutsches Gericht die Beweisaufnahme in einer fremden Sprache durchführen darf, wenn alle Beteiligten ihrer mächtig sind, ist also keinesfalls für den Anwendungsbereich der EG-BewVO anders zu beantworten,[4] als sonst unter § 184 GVG. § 185 Abs. 2 GVG eröffnet insoweit zwar die Möglichkeit, dass ein Beteiligter sich in einer anderen Sprache äußert, falls alle Verfahrensbeteiligten einschließlich des Gerichts verstehen. Für die Verwendung einer fremden Sprache durch das Gericht oder gar eine Protokollierung in fremder Sprache fehlt hingegen eine Rechtsgrundlage.[5] § 1075 lässt nur den Schluss zu, dass der Gesetzgeber, der schon dort, wo er nach der EG-BewVO angeregt war, andere Sprachen zuzulassen, dies unterlassen hat, schwerlich dort, wo die EG-BewVO rein auf deutsches Recht verweist, die sprachliche Flexibilität erhöhen wollte. 7

b) **Unmittelbare Beweisaufnahme.** Führt das ersuchende Gericht die Beweisaufnahme unmittelbar gemäß Art. 17 EG-BewVO durch, so geschieht dies nach seinem Recht, also auch in seiner Gerichtssprache. Etwas anderes gilt, soweit die gestattende deutsche Behörde die Verwendung der deutschen Sprache oder die Zuziehung eines Dolmetschers zur Bedingung gemacht hat (dazu § 1074 Rn. 59). 8

Anhang zu §§ 1072 ff.

Verordnung (EG) Nr. 1206/2001 des Rates vom 28. Mai 2001 über die Zusammenarbeit zwischen den Gerichten der Mitgliedstaaten auf dem Gebiet der Beweisaufnahme in Zivil- oder Handelssachen[*]

DER RAT DER EUROPÄISCHEN UNION –
gestützt auf den Vertrag zur Gründung der Europäischen Gemeinschaft, insbesondere
auf Artikel 61 Buchstabe c) und Artikel 67 Absatz 1,
auf Initiative der Bundesrepublik Deutschland[6],
nach Stellungnahme des Europäischen Parlaments[7],
nach Stellungnahme des Wirtschafts- und Sozialausschusses[8],
in Erwägung nachstehender Gründe:

---

[3] So *Baumbach/Lauterbach/Hartmann* Rn. 2.
[4] Bejahend für die EG-BewVO *Musielak/Stadler* Rn. 1; *Baumbach/Lauterbach/Hartmann* Rn. 2.
[5] Zutreffend *Baumbach/Albers* § 185 GVG Rn. 3.
[*] ABlEG 2001 L 174/1. Die zu den Erwägungsgründen nachfolgend abgedruckten nummerierten Fußnoten sind Teil des im ABlEG veröffentlichten amtlichen Textes. Anmerkungen in [ ] sind redaktionell.
[6] ABl. C 314 v. 3. 11. 2000, S. 2.
[7] Stellungnahme vom 14. März 2001 [ABlEG Nr. C 343/184].
[8] Stellungnahme vom 28. Februar 2001 [ABlEG Nr. C 139/10].

(1) Die Union hat sich zum Ziel gesetzt, einen Raum der Freiheit, der Sicherheit und des Rechts, in dem die Freizügigkeit gewährleistet ist, zu erhalten und weiterzuentwickeln. Zum schrittweisen Aufbau dieses Raums erlässt die Gemeinschaft unter anderem im Bereich der justiziellen Zusammenarbeit in Zivilsachen die für das reibungslose Funktionieren des Binnenmarkts erforderlichen Maßnahmen.

(2) Für das reibungslose Funktionieren des Binnenmarkts sollte die Zusammenarbeit zwischen den Gerichten auf dem Gebiet der Beweisaufnahme verbessert, insbesondere vereinfacht und beschleunigt werden.

(3) Der Europäische Rat hat auf seiner Tagung vom 15. und 16. Oktober 1999 in Tampere daran erinnert, dass neue verfahrensrechtliche Vorschriften für grenzüberschreitende Fälle, insbesondere im Bereich der Beweisaufnahme, auszuarbeiten sind.

(4) Dieser Bereich fällt unter Artikel 65 des Vertrags.

(5) Da die Ziele dieser Verordnung – die Verbesserung der Zusammenarbeit zwischen den Gerichten auf dem Gebiet der Beweisaufnahme in Zivil- oder Handelssachen – auf der Ebene der Mitgliedstaaten nicht ausreichend erreicht werden können und daher besser auf Gemeinschaftsebene erreicht werden können, kann die Gemeinschaft diese Maßnahmen im Einklang mit dem in Artikel 5 des Vertrags niedergelegten Grundsatz der Subsidiarität annehmen. Entsprechend dem in demselben Artikel niedergelegten Verhältnismäßigkeitsprinzip geht diese Verordnung nicht über das für die Erreichung dieser Ziele erforderliche Maß hinaus.

(6) Bislang gibt es auf dem Gebiet der Beweisaufnahme keine alle Mitgliedstaaten bindende Übereinkunft. Das Haager Übereinkommen vom 18. März 1970 über die Beweisaufnahme im Ausland in Zivil- oder Handelssachen* gilt nur zwischen elf Mitgliedstaaten der Europäischen Union**.

(7) Da es für eine Entscheidung in einem bei einem Gericht eines Mitgliedstaats anhängigen zivil- oder handelsrechtlichen Verfahren oft erforderlich ist, in einem anderen Mitgliedstaat Beweis erheben zu lassen, darf sich die Tätigkeit der Gemeinschaft nicht auf den unter die Verordnung (EG) Nr. 1348/2000 des Rates vom 29. Mai 2000 über die Zustellung gerichtlicher und außergerichtlicher Schriftstücke in Zivil- oder Handelssachen in den Mitgliedstaaten[4] fallenden Bereich der Übermittlung gerichtlicher und außergerichtlicher Schriftstücke in Zivil- und Handelssachen beschränken. Daher muss die Zusammenarbeit der Gerichte der Mitgliedstaaten auf dem Gebiet der Beweisaufnahme weiter verbessert werden.

(8) Eine effiziente Abwicklung gerichtlicher Verfahren in Zivil- oder Handelssachen setzt voraus, dass die Übermittlung der Ersuchen um Beweisaufnahme und deren Erledigung direkt und auf schnellstmöglichem Wege zwischen den Gerichten der Mitgliedstaaten erfolgt.

(9) Eine schnelle Übermittlung der Ersuchen um Beweisaufnahme erfordert den Einsatz aller geeigneten Mittel, wobei bestimmte Bedingungen hinsichtlich der Lesbarkeit und der Zuverlässigkeit des eingegangenen Dokuments zu beachten sind. Damit ein Höchstmaß an Klarheit und Rechtssicherheit gewährleistet ist, müssen die Ersuchen um Beweisaufnahme anhand eines Formblatts übermittelt werden, das in der Sprache des Mitgliedstaats des ersuchten Gerichts oder in einer anderen von diesem Staat anerkannten Sprache auszufüllen ist. Aus denselben Gründen empfiehlt es sich, auch für die weitere Kommunikation zwischen den betreffenden Gerichten nach Möglichkeit Formblätter zu verwenden.

(10) Ein Ersuchen um Beweisaufnahme sollte rasch erledigt werden. Kann das Ersuchen innerhalb von 90 Tagen nach Eingang bei dem ersuchten Gericht nicht erledigt werden, so sollte dieses das ersuchende Gericht hiervon unter Angabe der Gründe, die einer zügigen Erledigung des Ersuchens entgegenstehen, in Kenntnis zu*** setzen.

(11) Um die Wirksamkeit dieser Verordnung zu gewährleisten, ist die Möglichkeit, die Erledigung eines Ersuchens um Beweisaufnahme abzulehnen, auf eng begrenzte Ausnahmefälle zu beschränken.

---

* BGBl. 1977 II 1472.
** Dänemark, Deutschland, Finnland, Frankreich, Italien, Luxemburg, Niederlande, Portugal, Schweden, Spanien, Vereinigtes Königreich.
*** So der Text im Amtsblatt.
[4] ABl. L 160 vom 30. 6. 2000, S. 37.

(12) Das ersuchte Gericht sollte das Ersuchen nach Maßgabe des Rechts seines Mitgliedstaats erledigen.

(13) Die Parteien und gegebenenfalls ihre Vertreter sollten der Beweisaufnahme beiwohnen können, wenn dies im Recht des Mitgliedstaats des ersuchenden Gerichts vorgesehen ist, damit sie die Verhandlungen wie im Falle einer Beweisaufnahme im Mitgliedstaat des ersuchenden Gerichts verfolgen können. Sie sollten auch das Recht haben, die Beteiligung an den Verhandlungen zu beantragen, damit sie an der Beweisaufnahme aktiver mitwirken können. Die Bedingungen jedoch, unter denen sie teilnehmen dürfen, sollten vom ersuchten Gericht nach Maßgabe des Rechts seines Mitgliedstaats festgelegt werden.

(14) Die Beauftragten des ersuchenden Gerichts sollten der Beweisaufnahme beiwohnen können, wenn dies mit dem Recht des Mitgliedstaats des ersuchenden Gerichts vereinbar ist, damit eine bessere Beweiswürdigung erfolgen kann. Sie sollten ebenfalls das Recht haben, die Beteiligung an den Verhandlungen zu beantragen – wobei die vom ersuchten Gericht nach Maßgabe des Rechts seines Mitgliedstaats festgelegten Bedingungen zu beachten sind –, damit sie an der Beweisaufnahme aktiver mitwirken können.

(15) Damit die Beweisaufnahme erleichtert wird, sollte es einem Gericht in einem Mitgliedstaat möglich sein, nach seinem Recht in einem anderen Mitgliedstaat mit dessen Zustimmung unmittelbar Beweis zu erheben, wobei die von der Zentralstelle oder der zuständigen Behörde des ersuchten Mitgliedstaats festgelegten Bedingungen zu beachten sind.

(16) Für die Erledigung des Ersuchens nach Artikel 10 sollte keine Erstattung von Gebühren und Auslagen verlangt werden dürfen. Falls jedoch das ersuchte Gericht die Erstattung verlangt, sollten die Aufwendungen für Sachverständige und Dolmetscher sowie die aus der Anwendung von Artikel 10 Absätze 3 und 4 entstehenden Auslagen nicht von jenem Gericht getragen werden. In einem solchen Fall hat das ersuchende Gericht die erforderlichen Maßnahmen zu ergreifen, um die unverzügliche Erstattung sicherzustellen. Wird die Stellungnahme eines Sachverständigen verlangt, kann das ersuchte Gericht vor der Erledigung des Ersuchens das ersuchende Gericht um eine angemessene Kaution oder einen angemessenen Vorschuß für die Sachverständigenkosten bitten.

(17) Diese Verordnung sollte in ihrem Anwendungsbereich Vorrang vor den Bestimmungen zwischen den Mitgliedstaaten geschlossener internationaler Übereinkommen haben. Es sollte den Mitgliedstaaten freistehen, untereinander Übereinkünfte oder Vereinbarungen zur weiteren Vereinfachung der Zusammenarbeit auf dem Gebiet der Beweisaufnahme zu treffen, sofern diese Übereinkünfte oder Vereinbarungen mit dieser Verordnung vereinbar sind.

(18) Die nach dieser Verordnung übermittelten Daten müssen geschützt werden. Da die Richtlinie 95/46/EG des Europäischen Parlaments und des Rates vom 24. Oktober 1995 zum Schutz natürlicher Personen bei der Verarbeitung personenbezogener Daten und zum freien Datenverkehr[5] und die Richtlinie 97/66/EG des Europäischen Parlaments und des Rates vom 15. Dezember 1997 über die Verarbeitung personenbezogener Daten und den Schutz der Privatsphäre im Bereich der Telekommunikation[6] Anwendung finden, sind entsprechende spezielle Bestimmungen in dieser Verordnung über Datenschutz nicht erforderlich.

(19) Die zur Durchführung dieser Verordnung erforderlichen Maßnahmen sollten gemäß dem Beschluss 99/468/EG des Rates vom 28. Juni 1999 zur Festlegung der Modalitäten für die Ausübung der der Kommission übertragenen Durchführungsbefugnisse[7] erlassen werden.

(20) Um eine einwandfreie Anwendung dieser Verordnung sicherzustellen, sollte die Kommission deren Durchführung prüfen und gegebenenfalls die notwendigen Änderungen vorschlagen.

(21) Das Vereinigte Königreich und Irland haben gemäß Artikel 3 des dem Vertrag über die Europäische Union und dem Vertrag zur Gründung der Europäischen Gemein-

---

[5] ABl. L 281 vom 23. 11. 1995, S. 31.
[6] ABl. L 24 vom 30. 1. 1998, S. 1.
[7] ABl. L 184 vom 17. 7. 1999, S. 23.

schaft beigefügten Protokolls über die Position des Vereinigten Königreichs und Irlands mitgeteilt, dass sie sich an der Annahme und Anwendung dieser Verordnung beteiligen möchten.

(22) Dänemark beteiligt sich gemäß den Artikeln 1 und 2 des dem Vertrag über die Europäische Union und dem Vertrag zur Gründung der Europäischen Gemeinschaft beigefügten Protokolls über die Position Dänemarks nicht an der Annahme dieser Verordnung, die daher für Dänemark nicht bindend und Dänemark gegenüber nicht anwendbar ist –

HAT FOLGENDE VERORDNUNG ERLASSEN:

Kapitel I. Allgemeine Bestimmungen

Art. 1. Anwendungsbereich. (1) Diese Verordnung ist in Zivil- oder Handelssachen anzuwenden, wenn das Gericht eines Mitgliedstaats nach seinen innerstaatlichen Rechtsvorschriften

a) das zuständige Gericht eines anderen Mitgliedstaats um Beweisaufnahme ersucht, oder

b) darum ersucht, in einem anderen Mitgliedstaat unmittelbar Beweis erheben zu dürfen.

(2) Um Beweisaufnahme darf nicht ersucht werden, wenn die Beweise nicht zur Verwendung in einem bereits eingeleiteten oder zu eröffnenden gerichtlichen Verfahren bestimmt sind.

(3) Im Sinne dieser Verordnung bezeichnet der Ausdruck „Mitgliedstaat" die Mitgliedstaaten mit Ausnahme Dänemarks.

Art. 2. Unmittelbarer Geschäftsverkehr zwischen den Gerichten. (1) Ersuchen nach Artikel 1 Absatz 1 Buchstabe a) (nachstehend „Ersuchen" genannt) sind von dem Gericht, bei dem das Verfahren eingeleitet wurde oder eröffnet werden soll (nachstehend „ersuchendes Gericht" genannt), unmittelbar dem zuständigen Gericht eines anderen Mitgliedstaats (nachstehend „ersuchtes Gericht" genannt) zur Durchführung der Beweisaufnahme zu übersenden.

(2) Jeder Mitgliedstaat erstellt eine Liste der für die Durchführung von Beweisaufnahmen nach dieser Verordnung zuständigen Gerichte. In dieser Liste ist auch der örtliche Zuständigkeitsbereich und gegebenenfalls die besondere fachliche Zuständigkeit dieser Gerichte anzugeben.

Art. 3. Zentralstelle. (1) Jeder Mitgliedstaat bestimmt eine Zentralstelle, die

a) den Gerichten Auskünfte erteilt;
b) nach Lösungswegen sucht, wenn bei einem Ersuchen Schwierigkeiten auftreten;
c) in Ausnahmefällen auf Ersuchen eines ersuchenden Gerichts ein Ersuchen an das zuständige Gericht weiterleitet;

(2) Bundesstaaten, Staaten mit mehreren Rechtssystemen oder Staaten mit autonomen Gebietskörperschaften können mehrere Zentralstellen bestimmen.

(3) Jeder Mitgliedstaat benennt ferner die in Absatz 1 genannte Zentralstelle oder eine oder mehrere zuständige Behörden als verantwortliche Stellen für Entscheidungen über Ersuchen nach Artikel 17.

Kapitel II. Übermittlung und Erledigung der Ersuchen

Abschnitt 1. Übermittlung des Ersuchens

Art. 4. Form und Inhalt des Ersuchens. (1) Das Ersuchen wird unter Verwendung des im Anhang enthaltenen Formblattes A oder gegebenenfalls des Formblattes I gestellt. Es enthält folgende Angaben:

a) das ersuchende und gegebenenfalls das ersuchte Gericht;
b) den Namen und die Anschrift der Parteien und gegebenenfalls ihrer Vertreter;
c) die Art und den Gegenstand der Rechtssache sowie eine gedrängte Darstellung des Sachverhalts;

d) die Bezeichnung der durchzuführenden Beweisaufnahme;
e) bei einem Ersuchen um Vernehmung einer Person:
   – Name und Anschrift der zu vernehmenden Personen;
   – die Fragen, welche an die zu vernehmenden Personen gerichtet werden sollen, oder den Sachverhalt, über den sie vernommen werden sollen;
   – gegebenenfalls einen Hinweis auf ein nach dem Recht des Mitgliedstaats des ersuchenden Gerichts bestehendes Zeugnisverweigerungsrecht;
   – gegebenenfalls den Antrag, die Vernehmung unter Eid oder eidesstattlicher Versicherung durchzuführen, und gegebenenfalls die dabei zu verwendende Formel;
   – gegebenenfalls alle anderen Informationen, die das ersuchende Gericht für erforderlich hält;
f) bei einem Ersuchen um eine sonstige Beweisaufnahme die Urkunden oder die anderen Gegenstände, die geprüft werden sollen;
g) gegebenenfalls Anträge nach Artikel 10 Absätze 3 und 4, Artikel 11 und Artikel 12 und für die Anwendung dieser Bestimmungen erforderliche Erläuterungen.

(2) Die Ersuchen sowie alle dem Ersuchen beigefügten Unterlagen bedürfen weder der Beglaubigung noch einer anderen gleichwertigen Formalität.

(3) Schriftstücke, deren Beifügung das ersuchende Gericht für die Erledigung des Ersuchens für notwendig hält, sind mit einer Übersetzung in die Sprache zu versehen, in der das Ersuchen abgefasst wurde.

Art. 5. Sprachen. Das Ersuchen und die aufgrund dieser Verordnung gemachten Mitteilungen sind in der Amtssprache des ersuchten Mitgliedstaats oder, wenn es in diesem Mitgliedstaat mehrere Amtssprachen gibt, in der Amtssprache oder einer der Amtssprachen des Ortes, an dem die beantragte Beweisaufnahme durchgeführt werden soll, oder in einer anderen Sprache, die der ersuchte Mitgliedstaat zugelassen hat, abzufassen. Jeder Mitgliedstaat hat die Amtssprache bzw. die Amtssprachen der Organe der Europäischen Gemeinschaft anzugeben, die er außer seiner bzw. seinen eigenen für die Ausfüllung des Formblatts zulässt.

Art. 6. Übermittlung der Ersuchen und der sonstigen Mitteilungen. Ersuchen und Mitteilungen nach dieser Verordnung werden auf dem schnellstmöglichen Wege übermittelt, mit dem der ersuchte Mitgliedstaat sich einverstanden erklärt hat. Die Übermittlung kann auf jedem geeigneten Übermittlungsweg erfolgen, sofern das empfangene Dokument mit dem versandten Dokument inhaltlich genau übereinstimmt und alle darin enthaltenen Angaben lesbar sind.

Abschnitt 2. Entgegennahme des Ersuchens

Art. 7. Entgegennahme des Ersuchens. (1) Das ersuchte zuständige Gericht übersendet dem ersuchenden Gericht innerhalb von sieben Tagen nach Eingang des Ersuchens eine Empfangsbestätigung unter Verwendung des Formblatts B im Anhang; entspricht das Ersuchen nicht den Bedingungen der Artikel 5 und 6, so bringt das ersuchte Gericht einen entsprechenden Vermerk in der Empfangsbestätigung an.

(2) Fällt die Erledigung eines unter Verwendung des Formblatts A im Anhang gestellten Ersuchens, das die Bedingungen nach Artikel 5 erfüllt, nicht in die Zuständigkeit des Gerichts, an das es übermittelt wurde, so leitet dieses das Ersuchen an das zuständige Gericht seines Mitgliedstaats weiter und unterrichtet das ersuchende Gericht unter Verwendung des Formblatts A im Anhang hiervon.

Art. 8. Unvollständiges Ersuchen. (1) Kann ein Ersuchen nicht erledigt werden, weil es nicht alle erforderlichen Angaben gemäß Artikel 4 enthält, so setzt das ersuchte Gericht unverzüglich, spätestens aber innerhalb von 30 Tagen nach Eingang des Ersuchens das ersuchende Gericht unter Verwendung des Formblatts C im Anhang davon in Kenntnis und ersucht es, ihm die fehlenden Angaben, die in möglichst genauer Weise zu bezeichnen sind, zu übermitteln.

(2) Kann ein Ersuchen nicht erledigt werden, weil eine Kaution oder ein Vorschuss nach Artikel 18 Absatz 3 erforderlich ist, teilt das ersuchte Gericht dem ersuchenden Gericht dies unverzüglich, spätestens 30 Tage nach Eingang des Ersuchens unter Verwendung des Formblatts C im Anhang mit; es teilt dem ersuchenden Gericht ferner

mit, wie die Kaution oder der Vorschuss geleistet werden sollten. Das ersuchte Gericht bestätigt den Eingang der Kaution oder des Vorschusses unverzüglich, spätestens innerhalb von 10 Tagen nach Erhalt der Kaution oder des Vorschusses unter Verwendung des Formblatts D.

Art. 9. Vervollständigung des Ersuchens. (1) Hat das ersuchte Gericht gemäß Artikel 7 Absatz 1 auf der Empfangsbestätigung vermerkt, dass das Ersuchen nicht die Bedingungen der Artikel 5 und Artikel 6 erfüllt, oder hat es das ersuchende Gericht gemäß Artikel 8 davon unterrichtet, dass das Ersuchen nicht erledigt werden kann, weil es nicht alle erforderlichen Angaben nach Artikel 4 enthält, beginnt die Frist nach Artikel 10 Absatz 1 erst mit dem Eingang des ordnungsgemäß ausgefüllten Ersuchens beim ersuchten Gericht zu laufen.

(2) Sofern das ersuchte Gericht gemäß Artikel 18 Absatz 3 um eine Kaution oder einen Vorschuss gebeten hat, beginnt diese Frist erst mit der Hinterlegung der Kaution oder dem Eingang des Vorschusses.

Abschnitt 3. Beweisaufnahme durch das ersuchte Gericht

Art. 10. Allgemeine Bestimmungen über die Erledigung des Ersuchens. (1) Das ersuchte Gericht erledigt das Ersuchen unverzüglich, spätestens aber innerhalb von 90 Tagen nach Eingang des Ersuchens.

(2) Das ersuchte Gericht erledigt das Ersuchen nach Maßgabe des Rechts seines Mitgliedstaats.

(3) Das ersuchende Gericht kann unter Verwendung des Formblatts A im Anhang beantragen, dass das Ersuchen nach einer besonderen Form erledigt wird, die das Recht seines Mitgliedstaats vorsieht. Das ersuchte Gericht entspricht einem solchen Antrag, es sei denn, dass diese Form mit dem Recht des Mitgliedstaats des ersuchten Gerichts unvereinbar oder wegen erheblicher tatsächlicher Schwierigkeiten unmöglich ist. Entspricht das ersuchte Gericht aus einem der oben genannten Gründe nicht dem Antrag, so unterrichtet es das ersuchende Gericht unter Verwendung des Formblatts E im Anhang hiervon.

(4) Das ersuchende Gericht kann das ersuchte Gericht bitten, die Beweisaufnahme unter Verwendung von Kommunikationstechnologien, insbesondere im Wege der Videokonferenz und der Telekonferenz, durchzuführen. Das ersuchte Gericht entspricht einem solchen Antrag, es sei denn, dass dies mit dem Recht des Mitgliedstaats des ersuchten Gerichts unvereinbar oder wegen erheblicher tatsächlicher Schwierigkeiten unmöglich ist. Entspricht das ersuchte Gericht aus einem dieser Gründe dem Antrag nicht, so unterrichtet es das ersuchende Gericht unter Verwendung des Formblatts E im Anhang hiervon. Hat das ersuchende oder das ersuchte Gericht keinen Zugang zu den oben genannten technischen Mitteln, können diese von den Gerichten im gegenseitigen Einvernehmen zur Verfügung gestellt werden.

Art. 11. Erledigung in Anwesenheit und unter Beteiligung der Parteien. (1) Sofern im Recht des Mitgliedstaats des ersuchenden Gerichts vorgesehen, haben die Parteien und gegebenenfalls ihre Vertreter das Recht, bei der Beweisaufnahme durch das ersuchte Gericht zugegen zu sein.

(2) Das ersuchende Gericht teilt in seinem Ersuchen unter Verwendung des Formblatts A im Anhang dem ersuchten Gericht mit, dass die Parteien und gegebenenfalls ihre Vertreter zugegen sein werden und dass gegebenenfalls ihre Beteiligung beantragt wird. Diese Mitteilung kann auch zu jedem anderen geeigneten Zeitpunkt erfolgen.

(3) Wird die Beteiligung der Parteien und gegebenenfalls ihrer Vertreter an der Durchführung der Beweisaufnahme beantragt, so legt das ersuchte Gericht nach Artikel 10 die Bedingungen für ihre Teilnahme fest.

(4) Das ersuchte Gericht teilt den Parteien und gegebenenfalls ihren Vertretern unter Verwendung des Formblatts F im Anhang Ort und Zeitpunkt der Verhandlung und gegebenenfalls die Bedingungen mit, unter denen sie teilnehmen können.

(5) Die Absätze 1 bis 4 lassen die Möglichkeit des ersuchten Gerichts unberührt, die Parteien und gegebenenfalls ihre Vertreter zu bitten, der Beweisaufnahme beizuwohnen

oder sich daran zu beteiligen, wenn das Recht des Mitgliedstaats des ersuchenden Gerichts dies vorsieht.

Art. 12. Erledigung in Anwesenheit und unter Beteiligung von Beauftragten des ersuchenden Gerichts. (1) Sofern mit dem Recht des Mitgliedstaats des ersuchenden Gerichts vereinbar, haben die Beauftragten des ersuchenden Gerichts das Recht, bei der Beweisaufnahme durch das ersuchte Gericht zugegen zu sein.

(2) Der Begriff „Beauftragte" im Sinne dieses Artikels umfasst vom ersuchenden Gericht nach Maßgabe des Rechts seines Mitgliedstaats bestimmte Gerichtsangehörige. Das ersuchende Gericht kann nach Maßgabe des Rechts seines Mitgliedstaats auch andere Personen wie etwa Sachverständige bestimmen.

(3) Das ersuchende Gericht teilt in seinem Ersuchen unter Verwendung des Formblatts A im Anhang dem ersuchten Gericht mit, dass seine Beauftragten zugegen sein werden und gegebenenfalls, dass ihre Beteiligung beantragt wird. Diese Mitteilung kann auch zu jedem anderen geeigneten Zeitpunkt erfolgen.

(4) Wird die Beteiligung der Beauftragten des ersuchenden Gerichts an der Beweisaufnahme beantragt, legt das ersuchte Gericht nach Artikel 10 die Bedingungen für ihre Teilnahme fest.

(5) Das ersuchte Gericht teilt dem ersuchenden Gericht unter Verwendung des Formblatts F im Anhang Ort und Zeitpunkt der Verhandlung und gegebenenfalls die Bedingungen mit, unter denen die Beauftragten daran teilnehmen können.

Art. 13. Zwangsmaßnahmen. Soweit erforderlich, wendet das ersuchte Gericht bei der Erledigung des Ersuchens geeignete Zwangsmaßnahmen in den Fällen und in dem Umfang an, wie sie das Recht des Mitgliedstaats des ersuchten Gerichts für die Erledigung eines zum gleichen Zweck gestellten Ersuchens inländischer Behörden oder einer beteiligten Partei vorsieht.

Art. 14. Ablehnung der Erledigung. (1) Ein Ersuchen um Vernehmung einer Person wird nicht erledigt, wenn sich die betreffende Person auf ein Recht zur Aussageverweigerung oder auf ein Aussageverbot beruft,
a) das nach dem Recht des Mitgliedstaats des ersuchten Gerichts vorgesehen ist oder
b) das nach dem Recht des Mitgliedstaats des ersuchenden Gerichts vorgesehen und im Ersuchen bezeichnet oder erforderlichenfalls auf Verlangen des ersuchten Gerichts von dem ersuchenden Gericht bestätigt worden ist.

(2) Die Erledigung eines Ersuchens kann über die in Absatz 1 genannten Gründe hinaus nur insoweit abgelehnt werden, als
a) das Ersuchen nicht in den Anwendungsbereich dieser Verordnung nach Artikel 1 fällt oder
b) die Erledigung des Ersuchens nach dem Recht des Mitgliedstaats des ersuchten Gerichts nicht in den Bereich der Gerichtsgewalt fällt oder
c) das ersuchende Gericht der Aufforderung des ersuchten Gerichts auf Ergänzung des Ersuchens gemäß Artikel 8 nicht innerhalb von 30 Tagen, nachdem das ersuchte Gericht das ersuchende Gericht um Ergänzung des Ersuchens gebeten hat, nachkommt oder
d) eine Kaution oder ein Vorschuss, die gemäß Artikel 18 Absatz 3 verlangt wurden, nicht innerhalb von 60 Tagen nach dem entsprechenden Verlangen des ersuchenden Gerichts hinterlegt bzw. einbezahlt werden.

(3) Die Erledigung darf durch das ersuchte Gericht nicht allein aus dem Grund abgelehnt werden, dass nach dem Recht seines Mitgliedstaats ein Gericht dieses Mitgliedstaats eine ausschließliche Zuständigkeit für die Sache in Anspruch nimmt oder das Recht jenes Mitgliedstaats ein Verfahren nicht kennt, das dem entspricht, für welches das Ersuchen gestellt wird.

(4) Wird die Erledigung des Ersuchens aus einem der in Absatz 2 genannten Gründe abgelehnt, so setzt das ersuchte Gericht unter Verwendung des Formblatts H im Anhang das ersuchende Gericht innerhalb von 60 Tagen nach Eingang des Ersuchens bei dem ersuchten Gericht davon in Kenntnis.

Art. 15. Mitteilung über Verzögerungen. Ist das ersuchte Gericht nicht in der Lage, das Ersuchen innerhalb von 90 Tagen nach Eingang zu erledigen, setzt es das ersuchende Gericht unter Verwendung des Formblatts G im Anhang hiervon in Kenntnis. Dabei sind die Gründe für die Verzögerung anzugeben sowie der Zeitraum, der nach Einschätzung des ersuchten Gerichts für die Erledigung des Ersuchens voraussichtlich benötigt wird.

Art. 16. Verfahren nach Erledigung des Ersuchens. Das ersuchte Gericht übermittelt dem ersuchenden Gericht unverzüglich die Schriftstücke, aus denen sich die Erledigung des Ersuchens ergibt, und sendet gegebenenfalls die Schriftstücke, die ihm von dem ersuchenden Gericht zugegangen sind, zurück. Den Schriftstücken ist eine Erledigungsbestätigung unter Verwendung des Formblatts H im Anhang beizufügen.

Abschnitt 4. Unmittelbare Beweisaufnahme durch das ersuchende Gericht

Art. 17. (1) Beauftragt ein Gericht eine unmittelbare Beweisaufnahme in einem anderen Mitgliedstaat, so übermittelt es der nach Artikel 3 Absatz 3 bestimmten Zentralstelle oder zuständigen Behörde in diesem Staat unter Verwendung des Formblatts I im Anhang ein entsprechendes Ersuchen.

(2) Die unmittelbare Beweisaufnahme ist nur statthaft, wenn sie auf freiwilliger Grundlage und ohne Zwangsmaßnahmen erfolgen kann. Macht die unmittelbare Beweisaufnahme die Vernehmung einer Person erforderlich, so teilt das ersuchende Gericht dieser Person mit, dass die Vernehmung auf freiwilliger Grundlage erfolgt.

(3) Die Beweisaufnahme wird von einem nach Maßgabe des Rechts des Mitgliedstaats des ersuchenden Gerichts bestimmten Gerichtsangehörigen oder von einer anderen Person wie etwa einem Sachverständigen durchgeführt.

(4) Die genannte Zentralstelle oder die zuständige Behörde des ersuchten Mitgliedstaats teilt dem ersuchenden Gericht unter Verwendung des Formblatts J im Anhang innerhalb von 30 Tagen nach Eingang des Ersuchens mit, ob dem Ersuchen stattgegeben werden kann und, soweit erforderlich, unter welchen Bedingungen nach Maßgabe des Rechts ihres Mitgliedstaats die betreffende Handlung vorzunehmen ist. Die Zentralstelle oder die zuständige Behörde kann insbesondere ein Gericht ihres Mitgliedstaats bestimmen, das an der Beweisaufnahme teilnimmt, um sicherzustellen, dass dieser Artikel ordnungsgemäß angewandt wird und die festgelegten Bedingungen eingehalten werden. Die Zentralstelle oder die zuständige Behörde fördert den Einsatz von Kommunikationstechnologie, wie Video- und Telekonferenzen.

(5) Die Zentralstelle oder die zuständige Stelle kann die unmittelbare Beweisaufnahme nur insoweit ablehnen, als

a) das Ersuchen nicht in den Anwendungsbereich dieser Verordnung nach Artikel 1 fällt,
b) das Ersuchen nicht alle nach Artikel 4 erforderlichen Angaben enthält oder
c) die beantragte unmittelbare Beweisaufnahme wesentlichen Rechtsgrundsätzen ihres Mitgliedstaats zuwiderläuft.

(6) Unbeschadet der nach Absatz 4 festgelegten Bedingungen erledigt das ersuchende Gericht das Ersuchen nach Maßgabe des Rechts seines Mitgliedstaats.

Abschnitt 5. Kosten

Art. 18. (1) Für die Erledigung des Ersuchens nach Artikel 10 darf die Erstattung von Gebühren oder Auslagen nicht verlangt werden.

(2) Falls jedoch das ersuchte Gericht dies verlangt, stellt das ersuchende Gericht unverzüglich die Erstattung folgender Beträge sicher:
– der Aufwendungen für Sachverständige und Dolmetscher und
– der Auslagen, die durch die Anwendung von Artikel 10 Absätze 3 und 4 entstanden sind.

Die Pflicht der Parteien, diese Aufwendungen und Auslagen zu tragen, unterliegt dem Recht des Mitgliedstaats des ersuchenden Gerichts.

(3) Wird die Stellungnahme eines Sachverständigen verlangt, kann das ersuchte Gericht vor der Erledigung des Ersuchens das ersuchende Gericht um eine angemessene

Kaution oder einen angemessenen Vorschuss für die Sachverständigenkosten bitten. In allen übrigen Fällen darf die Erledigung eines Ersuchens nicht von einer Kaution oder einem Vorschuss abhängig gemacht werden. Die Kaution oder der Vorschuss wird von den Parteien hinterlegt bzw. einbezahlt, falls dies im Recht des Mitgliedstaats des ersuchenden Gerichts vorgesehen ist.

Kapitel III. Schlussbestimmungen

Art. 19. Durchführungsbestimmungen. (1) Die Kommission sorgt für die Erstellung und regelmäßige Aktualisierung eines Handbuchs, das auch in elektronischer Form bereit gestellt wird und die von den Mitgliedstaaten nach Artikel 22 mitgeteilten Angaben sowie die in Kraft befindlichen Übereinkünfte oder Vereinbarungen nach Artikel 21 enthält.

(2) Die Aktualisierung oder technische Anpassung der im Anhang wiedergegebenen Formblätter erfolgt nach dem Beratungsverfahren gemäß Artikel 20 Absatz 2.

Art. 20. Ausschuss. (1) Die Kommission wird von einem Ausschuss unterstützt.

(2) Wird auf diesen Absatz Bezug genommen, so gelten die Artikel 3 und 7 des Beschlusses 1999/468/EG.

(3) Der Ausschuss gibt sich eine Geschäftsordnung.

Art. 21. Verhältnis zu bestehenden oder künftigen Übereinkünften oder Vereinbarungen zwischen Mitgliedstaaten. (1) In den Beziehungen zwischen den Mitgliedstaaten, die Vertragsparteien einschlägiger, von den Mitgliedstaaten geschlossener bilateraler oder multilateraler Übereinkünfte oder Vereinbarungen sind, insbesondere des Haager Übereinkommens vom 1. März 1954 über den Zivilprozess und des Haager Übereinkommens vom 18. März 1970 über die Beweisaufnahme im Ausland in Zivil- oder Handelssachen, hat diese Verordnung in ihrem Anwendungsbereich Vorrang vor den Bestimmungen, die in den genannten Übereinkünften oder Vereinbarungen enthalten sind.

(2) Diese Verordnung hindert die Mitgliedstaaten nicht daran, dass zwei oder mehr von ihnen untereinander Übereinkünfte oder Vereinbarungen zur weiteren Vereinfachung der Beweisaufnahme schließen oder beibehalten, sofern sie mit dieser Verordnung vereinbar sind.

(3) Die Mitgliedstaaten übermitteln der Kommission

a) zum 1. Juli 2003 eine Abschrift der zwischen den Mitgliedstaaten beibehaltenen angeführten Übereinkünfte oder Vereinbarungen nach Absatz 2,
b) eine Abschrift der zwischen den Mitgliedstaaten geschlossenen Übereinkünfte oder Vereinbarungen nach Absatz 2 und den Entwurf von ihnen geplanter Übereinkünfte oder Vereinbarungen sowie
c) jede Kündigung oder Änderung dieser Übereinkünfte oder Vereinbarungen.

Art. 22. Mitteilungen. Jeder Mitgliedstaat teilt der Kommission bis zum 1. Juli 2003 Folgendes mit:

1. die Liste nach Artikel 2 Absatz 2 sowie eine Angabe des örtlichen und gegebenenfalls fachlichen Zuständigkeitsbereichs der Gerichte;
2. den Namen und die Anschrift der Zentralstellen und zuständigen Behörden nach Artikel 3 unter Angabe ihres örtlichen Zuständigkeitsbereichs;
3. die technischen Mittel, über die die in der Liste nach Artikel 2 Absatz 2 aufgeführten Gerichte für die Entgegennahme von Ersuchen verfügen;
4. die Sprachen, die für die Ersuchen nach Artikel 5 zugelassen sind.

Die Mitgliedstaaten teilen der Kommission alle späteren Änderungen dieser Angaben mit.

Art. 23. Überprüfung. Bis zum 1. Januar 2007 und danach alle fünf Jahre legt die Kommission dem Europäischen Parlament, dem Rat und dem Wirtschafts- und Sozialausschuss einen Bericht über die Anwendung dieser Verordnung vor, wobei sie insbesondere auf die praktische Anwendung des Artikels 3 Absatz 1 Buchstabe c) und Absatz 3 und der Artikel 17 und 18 achtet.

Art. 24. Inkrafttreten. (1) Diese Verordnung tritt am 1. Juli 2001 in Kraft.

(2) Diese Verordnung gilt ab dem 1. Januar 2004, mit Ausnahme der Artikel 19, 21 und 22, die ab dem 1. Juli 2001 gelten.

Diese Verordnung ist in allen ihren Teilen verbindlich und gilt gemäß dem Vertrag zur Gründung der Europäischen Gemeinschaft unmittelbar in den Mitgliedstaaten.

Geschehen zu Brüssel am 28. Mai 2001.

Im Namen des Rates
Der Präsident
T. BODSTRÖM

Auf den Abdruck der Anhänge wurde verzichtet

Abschnitt 3. Prozesskostenhilfe nach der Richtlinie 2003/8/EG

Schrifttum: *Fischer,* Grenzüberschreitende Prozesskostenhilfe nach dem EG-Prozeßkostenhilfegesetz, ZAP Fach 13, 1287; *Jastrow,* EG-Richtlinie 8/2003 – Grenzüberschreitende Prozesskostenhilfe in Zivilsachen, MDR 2004, 75; *Rellermeyer,* Rechtspflegergeschäfte nach dem EG-Prozesskostenhilfegesetz, Rpfleger 2005, 61; *Schmidt,* Europäisches Zivilprozessrecht – Das 11. Buch der ZPO, 2004.

§ 1076 Anwendbare Vorschriften

Für die grenzüberschreitende Prozesskostenhilfe innerhalb der Europäischen Union nach der Richtlinie 2003/8/EG des Rates vom 27. Januar 2003 zur Verbesserung des Zugangs zum Recht bei Streitsachen mit grenzüberschreitendem Bezug durch Festlegung gemeinsamer Mindestvorschriften für die Prozesskostenhilfe in derartigen Streitsachen (ABl. EG Nr. L 26 S. 41, ABl. EU Nr. L 32 S. 15) gelten die §§ 114 bis 127a, soweit nachfolgend nichts Abweichendes bestimmt ist.

I. Normzweck

1. Umsetzung der PKH-Richtlinie. Der Abschnitt 3 setzt die **Prozesskostenhilfe-Richtlinie** 2003/8/EG[1] in deutsches Recht um, soweit §§ 114 ff. nicht ohnehin den Anforderungen der Richtlinie genügen. Sie ist nicht unmittelbar anwendbar, setzt nur Mindeststandards und erlaubt daher insbesondere eine dem Antragsteller günstigere Regelung bzw. Auslegung des nationalen Rechts; unmittelbar maßgeblich sind die durch das **EG-Prozesskostenhilfegesetz** vom 15. 12. 2004[2] eingefügten §§ 1076–1078. 1

Die PKH-Richtlinie unterscheidet nicht zwischen PKH und **Beratungshilfe**; insoweit ist die PKH-Richtlinie in § 10 BerHG[3] umgesetzt. 2

2. Verweisung auf allgemeine Regeln. Im Übrigen erklärt § 1076 auch für den grenzüberschreitenden Fall die §§ 114 bis 127a für anwendbar, was insbesondere als Verweisung auf die Gewährungsvoraussetzungen zu verstehen ist, die mit Art. 5, 6 der PKH-Richtlinie vereinbar sind.[4] 3

II. Anwendungsbereich

1. Sachlicher Anwendungsbereich. a) § 1076 (und damit §§ 1077, 1078) gelten aufgrund Bezugnahme auf Art. 1 Abs. 2 PKH-Richtlinie[5] für Streitsachen in **Zivil- und Handelssachen**, was dem Begriff in Art. 1 Abs. 1 Brüssel I-VO ohne die dort in Abs. 2 gemachten Einschränkungen entspricht; Familien- und Erbsachen sind also eingeschlossen.[6] (vgl. ebenso Vor §§ 1072–1075 Rn. 3). § 1076 gilt überdies im **patentrechtlichen** und im **arbeitsgerichtlichen Verfahren**.[7] 4

b) Die Beschränkung auf **Streitsachen** wirft für die PKH-Richtlinie das Problem auf, dass autonom-europäisch eine Abgrenzung gefunden werden müsste, was nahezu unmöglich erscheint, weil nicht alle Mitgliedstaaten zwischen Zivilprozess und Freiwilliger Gerichtsbarkeit unterscheiden. Jedenfalls erfasst sind das zivilprozessuale Erkenntnis- und Vollstreckungsverfahren.[8] Ob schon die PKH-Richtlinie als solche wegen der fehlenden Grenzziehung auf Verfahren der FG anwendbar ist[9] und ob ggf. nur Streitsachen erfasst wären, kann dahinstehen: Da die PKH-Richtlinie nur Mindeststandards setzt, sollte § 1076, der die „Streitsache" nur im Zitat des Namens der Verordnung er- 5

---

[1] Richtlinie 2003/8/EG des Rates vom 27. 1. 2003 zur Verbesserung des Zugangs zum Recht bei Streitsachen mit grenzüberschreitendem Bezug durch Festlegung gemeinsamer Mindestvorschriften für die Prozesskostenhilfe in derartigen Streitsachen, ABlEG 2003 L 26/41, berichtigt ABl. EU 2003 L 32/15; abgedruckt in NJW 2003, 1101; im folgenden „PKH-Richtlinie".
[2] BGBl. 2004 I S. 3392; dazu BT-Drucks. 15/3281 (Gesetzentwurf, Stellungnahme des Bundesrates, Gegenäußerung); BT-Drucks. 15/4057 (Beschlussempfehlung und Bericht des Rechtsausschusses).
[3] IdF des EG-Prozesskostenhilfegesetzes, vorige Fn.
[4] BT-Drucks. 15/3281, S. 10.
[5] BT-Drucks. 15/3281, S. 10.
[6] *Schmidt* Rn. 377; *Jastrow* MDR 2004, 75, 76.
[7] *Jastrow* MDR 2004, 75, 76.
[8] *Jastrow* MDR 2004, 75, 76.
[9] Bejahend *Büttner,* FS Groß, 2004, S. 35; *Fischer* ZAP Fach 13, 1287.

§ 1077

wähnt, dahin verstanden werden, dass auch PKH in EU-grenzüberschreitenden FG-Sachen, soweit § 14 FGG auf §§ 114 ff. verweist,[10] erfasst sind.

6 **2. Räumlicher Anwendungsbereich.** §§ 1076–1078 gelten nur bei **grenzüberschreitendem Bezug**. Dieser besteht gemäß Art. 2 PKH-Richtlinie,[11] wenn die PKH beantragende Partei ihren Wohnsitz iSd. Art. 59 Brüssel I-VO oder gewöhnlichen Aufenthalt in einem anderen Mitgliedstaat als dem Mitgliedstaat des Gerichtsstands oder dem Vollstreckungsmitgliedstaat hat. Da § 1076 für die grenzüberschreitende PKH „**innerhalb der EU**" gilt, ist klargestellt, dass grenzüberschreitende PKH-Anträge im Verhältnis zu **Drittstaaten** nicht erfasst sind. Die Anwendung im Verhältnis zu Dänemark („innerhalb der EU"), das nicht Mitgliedstaat iSd. PKH-Richtlinie ist (Erwägungsgrund Nr. 34 PKH-Richtlinie) ist ebenfalls nicht möglich, da §§ 1077, 1078 auf Gegenseitigkeit beruhen.

7 **3. Völkervertragliche Bestimmungen.** Die auf der Umsetzung der Richtlinie beruhenden Regelungen haben zwischen den Mitgliedstaaten Vorrang vor bilateralen und multilateralen Übereinkommen. Im Verhältnis zu Drittstaaten bestehen aus deutscher Sicht Regelungen zur Gewährung von PKH in Art. 20 ff. HZPÜ[12] iVm. dem HZPÜAG,[13] Art. 8 Pariser Europäisches Niederlassungsabkommen,[14] dem Europäischen Übereinkommen über die Übermittlung von PKH-Anträgen[15] sowie bilaterale Verträge.[16]

III. Verweisung auf §§ 114–127 a

8 **1. Verhältnis zu §§ 1077, 1078.** Auf EU-grenzüberschreitende PKH-Anträge sind §§ 114–127 a anzuwenden, soweit in §§ 1077, 1078 nicht anderes bestimmt ist. **§§ 1077, 1078** beziehen sich im Wesentlichen auf verfahrensrechtliche Aspekte, die neben §§ 117–127 a treten, sowie auf einzelne materielle Besonderheiten wegen der grenzüberschreitenden Situation (zB § 1078 Abs. 3; vgl. Art. 7 PKH-Richtlinie). Die PKH-Richtlinie ist nicht unmittelbar anzuwenden, kann jedoch die Auslegung der §§ 114–127 a beeinflussen, die über § 1077 als Umsetzung der Richtlinie zu behandeln und daher insbesondere europarechtskonform auszulegen sind.

9 **2. Anwendung von §§ 114–116. a)** §§ 114–116 gelten für die vom deutschen Gericht zu treffenden Entscheidung über eingehende Ersuchen. Nach §§ 114 ff. bestimmen sich die materiellen Voraussetzungen der **Gewährung**. Obgleich die PKH-Verordnung nur auf natürliche Personen Anwendung findet, wurde § 116 S. 1 Nr. 2 zur Vermeidung der Diskriminierung[17] auf juristische Personen etc. aus anderen Mitgliedstaaten (unter Einschluss Dänemarks) ausgedehnt.

10 **b)** Auch bei ausländischem Wohnsitz oder Aufenthalt des Antragstellers ist daher für die Gewährung von PKH durch deutsche Gerichte das **Unvermögen** zur Tragung der Kosten der Prozessführung nach §§ 114–116 zu beurteilen. Dies entspricht Art. 5 PKH-Richtlinie.[18] Anzuwenden sind auch die Voraussetzungen der **hinreichenden Erfolgsaussicht** und des **Fehlens der Mutwilligkeit**; da in Deutschland Beratungshilfe für vorprozessuale Rechtsberatung gewährt wird, sind diese Einschränkungen mit Art. 6 Abs. 2, 3 PKH-Richtlinie vereinbar.[19]

§ 1077 Ausgehende Ersuchen

(1) ¹Für die Entgegennahme und Übermittlung von Anträgen natürlicher Personen auf grenzüberschreitende Prozesskostenhilfe ist das Amtsgericht zuständig, in dessen Bezirk der Antragsteller seinen Wohnsitz oder gewöhnlichen Aufenthalt hat (**Übermittlungsstelle**). ²Die Landesregierungen können die Aufgaben der Übermittlungsstelle

---

[10] Zur Frage analoger Anwendung der §§ 114 ff. OLG Celle FGPrax 2003, 30; OLG Dresden FamRZ 2005, 1188; OLG Frankfurt/Main FGPrax 2003, 175; einschränkend *Zimmermann*, FS Musielak, 2004, S. 736.
[11] *Zöller/Geimer* Rn. 3.
[12] Haager Übereinkommen über den Zivilprozess vom 1. 3. 1954, BGBl. 1958 II S. 577; dem Haager Übereinkommen vom 25. 10. 1980 über die Erleichterung des internationalen Zugangs zu den Gerichten gehört Deutschland nicht an: http://www.hcch.net/index_en.php?act=conventions.status&cid=91.
[13] Vom 18. 12. 1958, BGBl. I S. 939.
[14] Vom 13. 12. 1955, BGBl. 1959 II S. 998.
[15] Vom 27. 1. 1977, von Deutschland nicht gezeichnet.
[16] Iran: Art. 8 Abs. 2 Übk. vom 17. 2. 1929, RGBl. 1930 II S. 1006, BGBl. 1955 II S. 829; Marokko: Art. 17 Übk. vom 29. 10. 1985, BGBl. II S. 1055; USA: Protokoll Ziff. 7 zu dem Übk. vom 29. 10. 1954, BGBl. 1956 II S. 488.
[17] *Fischer* ZAP Fach 13, 1287.
[18] BT-Drucks. 15/3281 S. 10.
[19] BT-Drucks. 15/3281 S. 10; *Zöller/Geimer* Rn. 4.

einem Amtsgericht für die Bezirke mehrerer Amtsgerichte durch Rechtsverordnung zuweisen. ³Sie können die Ermächtigung durch Rechtsverordnung auf die Landesjustizverwaltungen übertragen.

(2) ¹Das Bundesministerium der Justiz wird ermächtigt, durch Rechtsverordnung mit Zustimmung des Bundesrates die in Artikel 16 Abs. 1 der Richtlinie 2003/8/EG vorgesehenen Standardformulare für Anträge auf grenzüberschreitende Prozesskostenhilfe und für deren Übermittlung einzuführen. ²Soweit Standardformulare für Anträge auf grenzüberschreitende Prozesskostenhilfe und für deren Übermittlung eingeführt sind, müssen sich der Antragsteller und die Übermittlungsstelle ihrer bedienen.

(3) ¹Die Übermittlungsstelle kann die Übermittlung durch Beschluss vollständig oder teilweise ablehnen, wenn der Antrag offensichtlich unbegründet ist oder offensichtlich nicht in den Anwendungsbereich der Richtlinie 2003/8/EG fällt. ²Sie kann von Amts wegen Übersetzungen von dem Antrag beigefügten fremdsprachigen Anlagen fertigen, soweit dies zur Vorbereitung einer Entscheidung nach Satz 1 erforderlich ist. ³Gegen die ablehnende Entscheidung findet die sofortige Beschwerde nach Maßgabe des § 127 Abs. 2 Satz 2 und 3 statt.

(4) ¹Die Übermittlungsstelle fertigt von Amts wegen Übersetzungen der Eintragungen im Standardformular für Anträge auf Prozesskostenhilfe sowie der beizufügenden Anlagen
a) in eine der Amtssprachen des Mitgliedstaats der zuständigen Empfangsstelle, die zugleich einer der Amtssprachen der Europäischen Union entspricht, oder
b) in eine andere von diesem Mitgliedstaat zugelassene Sprache.
²Die Übermittlungsstelle prüft die Vollständigkeit des Antrags und wirkt darauf hin, dass Anlagen, die nach ihrer Kenntnis zur Entscheidung über den Antrag erforderlich sind, beigefügt werden.

(5) ¹Die Übermittlungsstelle übersendet den Antrag und die beizufügenden Anlagen ohne Legalisation oder gleichwertige Förmlichkeiten an die zuständige Empfangsstelle des Mitgliedstaats des Gerichtsstands oder des Vollstreckungsmitgliedstaats. ²Die Übermittlung erfolgt innerhalb von 14 Tagen nach Vorliegen der gemäß Absatz 4 zu fertigenden Übersetzungen.

(6) ¹Hat die zuständige Stelle des anderen Mitgliedstaats das Ersuchen um Prozesskostenhilfe aufgrund der persönlichen und wirtschaftlichen Verhältnisse des Antragstellers abgelehnt oder eine Ablehnung angekündigt, so stellt die Übermittlungsstelle auf Antrag eine Bescheinigung der Bedürftigkeit aus, wenn der Antragsteller in einem entsprechenden deutschen Verfahren nach § 115 Abs. 1 und 2 als bedürftig anzusehen wäre. ²Absatz 4 Satz 1 gilt für die Übersetzung der Bescheinigung entsprechend. ³Die Übermittlungsstelle übersendet der Empfangsstelle des anderen Mitgliedstaats die Bescheinigung der Bedürftigkeit zwecks Ergänzung des ursprünglichen Ersuchens um grenzüberschreitende Prozesskostenhilfe.

Übersicht

	Rn.		Rn.
I. Normzweck	1, 2	1. Formelle Prüfung	10, 11
II. Deutsche Übermittlungsstelle (Abs. 1)	3–6	2. Materielle Prüfung	12–17
1. Funktion	3	V. Übersetzungen (Abs. 4 S. 1)	18, 19
2. Zuständigkeit	4–6	1. Anfertigung von Amts wegen	18
III. Standardformulare (Abs. 2)	7–9	2. Kosten	19
1. Ermächtigung	7	VI. Übersendung an die Empfangsstelle (Abs. 5)	20, 21
2. Formulare	8		
3. Antrag im Übrigen	9	VII. Bedürftigkeitsbescheinigung (Abs. 6)	22–24
IV. Überprüfung, Ablehnung wegen offensichtlicher Unbegründetheit (Abs. 3, Abs. 4 S. 1)	10–17		

I. Normzweck

1   § 1077 regelt im Einzelnen, wie die **Übermittlung** eines Antrags auf grenzüberschreitende PKH aus Deutschland an die zuständige Behörde in einem anderen Mitgliedstaat erfolgt (**ausgehende Ersuchen**). Die Regelung beruht darauf, dass Art. 13 Abs. 1 PKH-Richtlinie die wahlweise Einreichung von PKH-Anträgen bei einer Übermittlungsbehörde (im Wohn- oder Aufenthaltsmitgliedstaat des Antragstellers) oder einer Empfangsbehörde (im Gerichts- oder Vollstreckungsmitgliedstaat) vorsieht.

2   Aus der **PKH-Richtlinie** werden in § 1077 umgesetzt: Art. 14 (Übermittlungsstellen, **Abs. 1**), Art. 16 (Standardformulare, **Abs. 2**), Art. 13 Abs. 3 (Ablehnung bei offensichtlicher Unbegründetheit durch die Übermittlungsstelle, **Abs. 3**), Art. 13 Abs. 2, Abs. 4 S. 1, 2, Abs. 6 S. 1 (Sprache, Unterstützung bei Antragstellung, Kostenfreiheit, **Abs. 4**), Art. 13 Abs. 5 (keine Legalisation, **Abs. 5**) und Art. 5 Abs. 4 (Ausgleich unterschiedlicher Schwellenwerte, **Abs. 6**).

II. Deutsche Übermittlungsstelle (Abs. 1)

3   **1. Funktion.** § 1077 betrifft Anträge **natürlicher Personen,** die ein in Deutschland wohnender oder sich aufhaltender Antragsteller **in einem anderen Mitgliedstaat** stellt. Die PKH wird in diesem Fall materiell nach dem Recht des Mitgliedstaats des Gerichtsstands oder des Vollstreckungsmitgliedstaats (Empfangsmitgliedstaat) beantragt und gewährt. Die deutsche Übermittlungsstelle hat nur Aufgaben im Zusammenhang mit der Einreichung und Übermittlung des Antrags. Die Entscheidung obliegt, mit den in Abs. 3 und Abs. 6 bestimmten Ausnahmen der zuständigen Behörde des Empfangsmitgliedstaats.[1] Dem Antragsteller bleibt es unbenommen, Anträge unmittelbar dort einzureichen (vgl. Art. 13 Abs. 1 PKH-Richtlinie).[2]

4   **2. Zuständigkeit. a) Sachlich zuständig** für die Entgegennahme und Übermittlung (**Übermittlungsstelle**) sind die Amtsgerichte. Die **örtliche Zuständigkeit** bestimmt sich – wie schon nach § 10 HZPÜAG[3] – nach dem Wohnsitz oder gewöhnlichen Aufenthalt des Antragstellers (Abs. 1 S. 1). Der Wohnsitz bestimmt sich aufgrund Art. 2 Abs. 2 PKH-Richtlinie, Art. 59 Brüssel I-VO nach deutschem Recht, also nach §§ 7ff. BGB. Bei mehreren inländischen Wohnsitzen und/oder abweichendem gewöhnlichen Aufenthalt bestehen alternative Zuständigkeiten.

5   b) Abs. 1 S. 2 ermächtigt die **Landesregierungen,** zum Zweck der **Kompetenzkonzentration**[4] die Aufgaben der Übermittlungsstelle einem Amtsgericht für die Bezirke mehrerer Amtsgerichte zu übertragen; Abs. 1 S. 3 ermächtigt die Landesregierungen zur Übertragung dieser Ermächtigung durch Rechtsverordnung auf die Landesjustizverwaltungen. Hiervon haben Gebrauch gemacht: **Nordrhein-Westfalen:** Delegations-VO v. 15. 2. 2005 (GVBl. 2005, 144): an Justizministerium; Konzentrations-VO v. 7. 4. 2005 (GVBl. 2005, 445): AGe Duisburg, Mönchengladbach und Essen jeweils für den LG Bezirk; **Sachsen-Anhalt:** ÜbertragungsVO vom 20. 6. 2005 (GBl. 2005, 310): an Justizminister/in.

6   c) **Funktional zuständig** ist der Rechtspfleger (§ 20 Nr. 6 S. 1 RPflG). Dies gilt nicht nur für die reinen Verfahrenshandlungen, sondern auch für die (nur kursorische)[5] Begründetheitsprüfung einschließlich der Befugnis der Ablehnung bei offensichtlicher Unbegründetheit nach Abs. 3 S. 1.[6] Es handelt sich um eine echte Rechtspflegerangelegenheit, auf die §§ 5 bis 11 RPflG uneingeschränkt anzuwenden sind.[7]

III. Standardformulare (Abs. 2)

7   **1. Ermächtigung.** Abs. 2 enthält die **Ermächtigung** an den BMJ, durch Rechtsverordnung mit Zustimmung des Bundesrates Standardformulare für Anträge auf grenzüberschreitende PKH und für deren Übermittlung einzuführen. Hintergrund ist, dass die entsprechenden EU-Formulare nicht Teil der PKH-Richtlinie sind, sondern gemäß Art. 16 PKH-Richtlinie nach deren Inkrafttre-

---

[1] Art. 12 PKH-Richtlinie; *Schmidt* Rn. 386.
[2] *Schmidt* Rn. 387; *Fischer* ZAP Fach 13, 1287, 1288; *Jastrow* MDR 2004, 75, 76; zu den Empfangsstellen unten Rn. 20f.
[3] BT-Drucks. 15/3281 S. 10; siehe auch § 1076 Rn. 7.
[4] BT-Drucks. 15/3281 S. 10.
[5] *Rellermeyer* Rpfleger 2005, 61, 62.
[6] *Zöller/Geimer* § 1076 Rn. 6.
[7] *Rellermeyer* Rpfleger 2005, 61, 62.

ten von der Kommission in Abstimmung mit dem Europarat zur Harmonisierung mit den Formblättern für das Europäische Übereinkommen (§ 1076 Rn. 7 Fn. 15)[8] erarbeitet wurden.

2. Formulare. Zwei **Standardformulare** für die Antragstellung sowie für die Übermittlung 8 wurden mit Beschluss der Kommission vom 26. 8. 2005 erlassen[9] und können unter Verwendung des im Internet bereitgestellten elektronischen Vordrucks[10] ausgefüllt und ausgedruckt, nicht aber unmittelbar elektronisch versandt werden. Diese Vordrucke wurden gemäß EG-PKHVV der BMJ vom 21. 12. 2004[11] eingeführt. Ihre Verwendung ist für die Antragsteller und die Übermittlungsstellen zwingend (Abs. 2 S. 2). Die für die Verwendung in Deutschland bestimmten Formulare nach der PKHVV[12] können nicht verwendet werden; auf § 117 Abs. 2 kann jedoch bei Zweifelsfragen zurückgegriffen werden.[13]

3. Antrag im Übrigen. Der Antrag ist, wenn er nicht direkt beim zuständigen ausländischen 9 Gericht eingereicht wird, an die deutsche **Übermittlungsstelle** zu richten. Bestehen, zB wegen Abs. 1 S. 2 (Rn. 5), Zweifel, gibt der Europäische Gerichtsatlas in Zivilsachen[14] Auskunft. Wird der Antrag bei einer deutschen Übermittlungsstelle gestellt, so ist jedenfalls das Antragsformular in **deutscher Sprache** auszufüllen.[15] Zwar fehlt eine § 1078 Abs. 1 S. 2 (eingehende Anträge) entsprechende Bestimmung; § 184 GVG dürfte jedoch unmittelbar für den Antrag nach § 1077 gelten. Dies impliziert auch Abs. 3 S. 2, der eine Übersetzung durch die deutsche Übermittlungsstelle zu Prüfungszwecken nur für fremdsprachige *Anlagen* regelt, weshalb solche Anlagen dem Antrag nicht in deutscher Übersetzung beiliegen müssen. Der Vorteil der Einreichung bei der deutschen Übermittlungsstelle besteht nicht nur in der Vermeidung von Korrespondenz mit ausländischen Behörden, sondern auch in der kostenfreien Übersetzung und Unterstützung durch die Übermittlungsstelle (Abs. 4, Art. 8, 13 Abs. 4 PKH-Richtlinie).[16] Kosten eines Rechtsanwalts des Antragstellers sind, den Anforderungen des Art. 8 lit. a PKH-Richtlinie entsprechend, im Rahmen der Beratungshilfe zu übernehmen.

IV. Überprüfung, Ablehnung wegen offensichtlicher Unbegründetheit (Abs. 3, Abs. 4 S. 1)

1. Formelle Prüfung. a) Die Übermittlungsstelle prüft nach Abs. 4 S. 2 die formelle Vollstän- 10 digkeit des Antrags und der erforderlichen Anlagen. Über eine rein förmliche Prüfung hinaus sieht Abs. 4 S. 2 in Übereinstimmung mit dem Ziel des Art. 13 Abs. 4 PKH-Richtlinie vor, dass zur Unterstützung des Antragstellers auf die Beifügung aller Anlagen hinzuwirken ist, die nach Kenntnis der Übermittlungsstelle zur Entscheidung erforderlich sind. Dies schließt Besonderheiten im Verkehr mit bestimmten Mitgliedstaaten ein. Die Prüfung ist wesentlich, weil der Eingang des formell ordnungsgemäßen Antrags bei der Empfangsstelle die Kostentragungspflicht gemäß Art. 8 lit. a PKH-Richtlinie vom Übermittlungsstaat auf den Empfangsstaat übergehen lässt.[17]

b) Die Aufforderung zur Ergänzung sollte im Hinblick auf die angestrebte Beschleunigung, die 11 auch in der Übermittlungsfrist nach Abs. 5 S. 2 Ausdruck findet, alsbald erfolgen und mit einer Fristsetzung versehen werden. Übereilung[18] ist aber nicht notwendig, da die Übermittlungsfrist nach Abs. 5 S. 2 erst nach Vorliegen der Übersetzungen anläuft, die ggf. auch von den nach Aufforderung nachgereichten Anlagen gefertigt werden müssen. Die Übermittlungsstelle steht also nicht in Gefahr, eine Frist zu versäumen, ehe der Antrag vollständig ist.

2. Materielle Prüfung. a) Abs. 3 gibt der Übermittlungsstelle die Befugnis, die Übermittlung 12 abzulehnen, wenn der Antrag **offensichtlich unbegründet** ist oder offensichtlich nicht in den **Anwendungsbereich** der PKH-Richtlinie fällt. Dies steht im Einklang mit Art. 13 Abs. 3 S. 1 PKH-Richtlinie.[19] Der nicht ausdrücklich geregelte Prüfungsumfang wird durch den Zweck der

---

[8] BT-Drucks. 15/3281 S. 11.
[9] ABl. EU 2005 L 225/23.
[10] http://ec.europa.eu/justice_home/judicialatlascivil/html/la_fillingforms_de.htm.
[11] BGBl. 2004 I S. 3538.
[12] BGBl. 1994 I S. 3001.
[13] *Baumbach/Lauterbach/Hartmann* Rn. 7.
[14] Eine Suche nach der Postleitzahl des Wohnsitzes/gewöhnlichen Aufenthalts des Antragstellers ermöglicht: http://ec.europa.eu/justice_home/judicialatlascivil/html/la_transmittingautho_de.jsp#statePage0.
[15] Einschränkend BT-Drucks. 15/3281 S. 11: „Im Regelfall".
[16] *Fischer* ZAP Fach 13, 1287, 1288.
[17] *Jastrow* MDR 2004, 75, 76.
[18] Vgl. *Baumbach/Lauterbach/Hartmann* Rn. 8: „ganz kurze Frist".
[19] BT-Drucks. 15/3281 S. 11.

§ 1077 13–18   Buch 11. Abschnitt 3. RL 2003/8/EG

Regelung begrenzt, offensichtlich unnötige Übersetzungs- und Übermittlungskosten zu ersparen. Die substantielle Prüfungskompetenz muss dagegen bei der Empfangsstelle verbleiben. Insbesondere erreicht die Prüfung nach Abs. 3 nicht die Intensität der Schlüssigkeitsprüfung nach § 114.[20]

13   b) Die **Beurteilung** liegt beim Rechtspfleger, der nicht in den Fehler verfallen sollte, eine gründliche Sachprüfung anzustellen. In Betracht kommen insbesondere offenbare Mängel des sachlichen Anwendungsbereichs (keine Zivil- oder Handelssache, Antrag einer juristischen Person) sowie der Bedürftigkeit. Hingegen kann der Rechtspfleger eine Prüfung der Erfolgsaussicht, die maßgeblich vom IPR des fremden Staates und ggf. von ausländischem Zivilrecht abhängt, nicht leisten und muss dies auch nicht versuchen.

14   c) Nach Abs. 3 S. 2 kann der Rechtspfleger, soweit dies zur Vorbereitung seiner Entscheidung nach Abs. 3 S. 1 erforderlich ist, **Übersetzungen** von den dem Antrag beigefügten fremdsprachlichen Anlagen in die deutsche Sprache fertigen lassen. Damit ist, anders als unter Abs. 4, der die Übermittlung vorbereitet, keine regelmäßige und vollständige Übersetzung gemeint, die ggf. erhebliche nutzlose Kosten auslöst. In Betracht kommen insbesondere auch Teilübersetzungen, welche genügen, um zB die zivilrechtliche Natur des Anspruchs zu belegen. Es ist immer zu bedenken, dass diese Übersetzungen für die Weiterleitung nutzlos sind (insoweit siehe zu Übersetzungen Rn. 17 f.).

15   d) Liegen die Voraussetzungen einer Zurückweisung ganz oder für Teile des Antrags vor, so hat der Rechtspfleger **kein Entscheidungsermessen**; der Antrag ist zwingend zurückzuweisen. Der Beschluss über die Ablehnung kann – nach Anhörung des Antragstellers[21] – ohne mündliche Verhandlung ergehen (§§ 1076, 127 Abs. 1 S. 1) und ist zu begründen (vgl. Art. 13 Abs. 3 S. 2, Art. 15 Abs. 2 PKH-Richtlinie).[22] Wegen Abs. 3 S. 3 (sofortige Beschwerde) ist die Entscheidung zuzustellen (§ 329 Abs. 3).

16   e) Eine **Kostenentscheidung** ist nicht ausdrücklich vorgesehen; aus Art. 8 PKH-Richtlinie ergibt sich eine Kostentragungsregelung nur im Verhältnis der (Staatskassen der) Mitgliedstaaten; die Verweisung aus § 1076 würde nur zu den allgemeinen Grundsätzen des § 127 führen.[23] § 28 Abs. 3 GKG bestimmt jedoch, dass (auch) im Fall der Ablehnung der Übermittlung des Antrags nach Abs. 3 S. 1 der Antragsteller die Auslagen für Übersetzungen zu tragen hat. Dies fügt sich trotz des Prinzips der Kostenfreiheit (Art. 13 Abs. 6 S. 1 PKH-Richtlinie) in das System der PKH-Richtlinie: Art. 13 Abs. 6 S. 2 erlaubt, dass die Mitgliedstaaten eine Regelung der Erstattung von Übersetzungskosten bei Zurückweisung des Antrags durch die zuständige Behörde vorsehen können.[24] Jede weitere Kostenerstattung (auch von Kosten der anderen Partei) verstieße jedoch gegen Art. 13 Abs. 6 S. 1 PKH-Richtlinie.

17   f) Gegen die Ablehnung findet die **sofortige Beschwerde** statt (Abs. 3 S. 3). §§ 127 Abs. 2 S. 2, 3 sind entsprechend anzuwenden.[25] Die Notfrist beträgt einen Monat ab Zustellung (§ 127 Abs. 2 S. 3). Kostenerstattung ist auch im Beschwerdeverfahren nur im Rahmen des § 28 Abs. 3 GKG möglich.[26]

V. Übersetzungen (Abs. 4 S. 1)

18   **1. Anfertigung von Amts wegen.** Die Übermittlungsstelle veranlasst von Amts wegen Übersetzungen der Eintragungen in dem Standardformular (nicht des in allen Amtssprachen verfügbaren vorgedruckten Teils, auch wenn der deutsche Vordruck verwendet wurde),[27] sowie der dem Antrag beigefügten Anlagen in eine der Amtssprachen des Mitgliedstaats der zuständigen Empfangsstelle, die zugleich einer der Amtssprachen der EU entspricht oder in eine andere von diesem Mitgliedstaat zugelassene Sprache.[28] Dies gilt selbstverständlich nicht für Anlagen, die bereits in einer der zulässigen Sprache des Empfangsmitgliedstaats gefertigt sind. Auf eine Übersetzung ist auch zu ver-

---

[20] *Rellermeyer* Rpfleger 2005, 61, 62.
[21] *Baumbach/Lauterbach/Hartmann* Rn. 9.
[22] *Rellermeyer* Rpfleger 2005, 61, 62.
[23] *Baumbach/Lauterbach/Hartmann* § 127 Rn. 21.
[24] Vgl. auch BT-Drucks. 15/3281 S. 15.
[25] Im Einzelnen *Rellermeyer* Rpfleger 2005, 61, 62.
[26] AA *Baumbach/Lauterbach/Hartmann* Rn. 12.
[27] *Jastrow* MDR 2004, 75, 75.
[28] Welche Sprachen für den jeweiligen Empfangsstaat zulässig sind, ergibt sich aus dem Europäischen Gerichtsatlas für Zivilsachen http://ec.europa.eu/justice_home/judicialatlascivil/html/la_receivingautho_de.jsp#statePage0 unter „Mitteilungen der Mitgliedsstaaten".

zichten, wenn der Antragsteller den Antrag auch in einer solchen Sprache ausgefüllt vorlegt und sich gegen die Richtigkeit keine Bedenken ergeben.[29]

2. Kosten. Die **Kosten der Übersetzung** trägt die Staatskasse des jeweiligen Bundeslandes.[30] Dies folgt aus Art. 8 PKH-Richtlinie, der die Kostentragung im Verhältnis der Mitgliedstaaten regelt und Art. 13 Abs. 4, Abs. 6 S. 1 PKH-Richtlinie, wonach die Abwälzung dieser Kosten auf den Antragsteller nicht zulässig ist. Wird der Antrag jedoch durch die zuständige Empfangsstelle abgelehnt, so ist dem Antragsteller die Erstattung der Übersetzungskosten aufzuerlegen (§ 28 Abs. 3 GKG, statthaft gemäß Art. 13 Abs. 6 S. 2 PKH-Richtlinie). Dies gilt nur für die Übersetzungskosten; Gerichtsgebühren oder die Erstattung weiterer Auslagen der Behörde oder des Prozessgegners sind nicht zulässig (vgl. Rn. 16).

VI. Übersendung an die Empfangsstelle (Abs. 5)

1. Die Übermittlungsstelle übersendet den Antrag der zuständigen Empfangsstelle[31] des Mitgliedstaates des Gerichtsstands oder des Vollstreckungsmitgliedstaats. Die Legalisation der Urkunden oder vergleichbare Förmlichkeiten (Apostille), sind nicht erforderlich. Als **Übermittlungsweg** sind alle durch den Empfangsmitgliedstaat zugelassenen Kommunikationswege[32] statthaft. Die Übermittlung erfolgt innerhalb von 14 Tagen (Abs. 5 S. 2). Die Frist beginnt erst mit Vorliegen der nach Abs. 4 zu fertigenden Übersetzungen, da auf deren Herstellung die Übermittlungsstelle keinen Einfluss hat.

2. Fraglich ist, in welchem Umfang die Übermittlungsstelle zur Bestimmung des international zuständigen Gerichts verpflichtet ist. Abs. 5 spricht lapidar von der „zuständigen Empfangsstelle", das Standardformular für die Beantragung der PKH bei der deutschen Übermittlungsstelle enthält jedoch bei geplanten (noch nicht anhängigen) Verfahren keinerlei vom Antragsteller zu machenden Festlegungen des Empfangsmitgliedstaats bzw. des mit dem Rechtsstreit oder der Vollstreckungsmaßnahme zu befassenden Gerichts. Diese Festlegung kann nicht im Rahmen der „Unterstützung" nach Abs. 4 S. 2 iVm. Art. 13 Abs. 4 PKH-Richtlinie dem Rechtspfleger angesonnen werden, sondern ist im Zweifel vom Antragsteller zu treffen. Im Bedarfsfall ist der Antragsteller auf die Einholung von Rechtsrat und Beratungshilfe zu verweisen (vgl. Art 8 lit. a PKH-Richtlinie).

VII. Bedürftigkeitsbescheinigung (Abs. 6)

1. Abs. 6 realisiert das Anliegen des Art. 5 Abs. 4 PKH-Richtlinie, Nachteile zu vermeiden, die dem Antragsteller angesichts eines Gefälles der Lebenshaltungskosten entstehen könnten, wenn er Einkommensschwellen des Empfangsstaates für die Gewährung von PKH überschreitet, gleichwohl aber nach den Verhältnissen des Übermittlungsstaates die Prozesskosten nicht tragen kann. Die Bestimmung setzt daher voraus, dass der PKH-Antrag durch die zuständige Stelle des Empfangsmitgliedstaats **aufgrund der persönlichen und wirtschaftlichen Verhältnisse** des Antragstellers abgelehnt wurde. Dies hat wegen der relativ hohen Lebenshaltungskosten und Sozialstandards für in Deutschland lebende Antragsteller erhebliche Bedeutung.[33]

2. Nur in diesem Fall der Ablehnung stellt der Rechtspfleger (auch insoweit § 20 Nr. 6 RPflG) der deutschen Übermittlungsstelle dem Antragsteller eine **Bedürftigkeitsbescheinigung** aus. Voraussetzung hierfür ist, dass der Antragsteller in einem entsprechenden deutschen Verfahren nach § 115 Abs. 1 und 3 als bedürftig anzusehen wäre. Der Rechtspfleger prüft dies in Anwendung deutschen Rechts. Die Bescheinigung kann sich auf die Mitteilung beschränken, dass dem Antragsteller in Deutschland PKH mit oder ohne Ratenzahlung zu bewilligen wäre:[34] Gegen die Ablehnung der Erteilung der Bescheinigung findet nach Maßgabe des § 127 Abs. 2 S. 2 sofortige Beschwerde, sonst befristete Erinnerung (§ 11 Abs. 1 RPflG) statt.[35]

3. Die Bedürftigkeitsbescheinigung soll dem Antragsteller den ihm nach Art. 5 Abs. 4 PKH-Richtlinie obliegenden **Nachweis** ermöglichen. Sie ist in eine der in Abs. 4 S. 1 genannten Spra-

---

[29] *Baumbach/Lauterbach/Hartmann* Rn. 14.
[30] *Rellermeyer* Rpfleger 2005, 61, 63.
[31] Die Empfangsstellen ergeben sich aus dem Europäischen Gerichtsatlas für Zivilsachen http://ec.europa.eu/justice_home/judicialatlascivil/html/la_receivingautho_de.jsp#statePage0.
[32] Im Europäischen Gerichtsatlas für Zivilsachen unter „Mitteilungen der Mitgliedstaaten".
[33] BT-Drucks. 15/3281 S. 12.
[34] *Rellermeyer* Rpfleger 2005, 61, 63; den Landesjustizverwaltungen ist es unbenommen, hierfür Vordrucke zu entwickeln, BT-Drucks. 15/3281 S. 12.
[35] *Rellermeyer* Rpfleger 2005, 61, 63.

§ 1078 1–4   Buch 11. Abschnitt 3. RL 2003/8/EG

chen zu übersetzen (Abs. 5 S. 2; dazu Rn. 18f.) und der Empfangsstelle zwecks Ergänzung des ursprünglichen Ersuchens von Amts wegen zu übersenden (Abs. 5 S. 3). Eine **Bindungswirkung** entfaltet die Bescheinigung nicht. Gewährt die Empfangsstelle die beantragte PKH gleichwohl nicht, so können hiergegen nur im Mitgliedstaat der Empfangsstelle die dort statthaften Rechtsbehelfe eingelegt werden.

§ 1078 Eingehende Ersuchen

(1) ¹Für eingehende Ersuchen um grenzüberschreitende Prozesskostenhilfe ist das Prozessgericht oder das Vollstreckungsgericht zuständig. ²Die Anträge müssen in deutscher Sprache ausgefüllt und die Anlagen von einer Übersetzung in die deutsche Sprache begleitet sein. ³Eine Legalisation oder gleichwertige Förmlichkeiten dürfen nicht verlangt werden.

(2) ¹Das Gericht entscheidet über das Ersuchen nach Maßgabe der §§ 114 bis 116. ²Es übersendet der übermittelnden Stelle eine Abschrift seiner Entscheidung.

(3) Der Antragsteller erhält auch dann grenzüberschreitende Prozesskostenhilfe, wenn er nachweist, dass er wegen unterschiedlich hoher Lebenshaltungskosten im Mitgliedstaat seines Wohnsitzes oder gewöhnlichen Aufenthalts einerseits und im Geltungsbereich dieses Gesetzes andererseits die Kosten der Prozessführung nicht, nur zum Teil oder nur in Raten aufbringen kann.

(4) ¹Wurde grenzüberschreitende Prozesskostenhilfe bewilligt, so gilt für jeden weiteren Rechtszug, der von dem Antragsteller oder dem Gegner eingeleitet wird, ein neuerliches Ersuchen um grenzüberschreitende Prozesskostenhilfe als gestellt. ²Das Gericht hat dahin zu wirken, dass der Antragsteller die Voraussetzungen für die Bewilligung der grenzüberschreitenden Prozesskostenhilfe für den jeweiligen Rechtszug darlegt.

I. Normzweck

1 § 1078 regelt die Behandlung aus dem EU-Ausland (§ 1076 Rn. 6) **eingehender grenzüberschreitender PKH-Ersuchen.**[1] Erfasste Konstellation ist die Gewährung von PKH für ein Verfahren vor einem deutschen Gericht an eine Partei mit Wohnsitz oder gewöhnlichem Aufenthalt in einem anderen Mitgliedstaat iSd. PKH-Richtlinie (dazu § 1076 Rn. 6). PKH für die Rechtsverfolgung vor ausländischen Gerichten kann hingegen nicht nach deutschem Recht gewährt werden; hierfür gilt § 1077; deutsche Gerichte haben in solchen Fällen nur Übermittlungsfunktion.

2 Die Bestimmung ist zugeschnitten auf die Übermittlung durch eine ausländische **Übermittlungsstelle,** also den zu § 1077 spiegelbildlichen Fall. Unmittelbar von der Partei gestellte Anträge unterliegen zwar grundsätzlich keinen Besonderheiten gegenüber §§ 114ff., die keine Einschränkungen hinsichtlich des Wohnsitzes des Antragstellers enthält.[2] § 1078 gilt gleichwohl mutatis mutandis auch für direkt beim deutschen Gericht eingereichte Anträge, soweit materielle Begünstigungen aufgrund der PKH-Richtlinie umgesetzt sind (zB Abs. 3, 4).

3 Aus der **PKH-Richtlinie** umgesetzt sind: Art. 14 (Empfangsstellen, **Abs. 1 S. 1**); Art. 13 Abs. 5 (keine Legalisation, **Abs. 1 S. 3**); Art. 15 Abs. 1, Art. 13 Abs. 6 S. 2 (Benachrichtigung der Übermittlungsstelle, um dieser die Prüfung zu ermöglichen, ob sie ggf. Auslagen zurückfordert,[3] **Abs. 2**); Art. 5 Abs. 4 (Bedürftigkeit bei unterschiedlichen Lebenshaltungskosten, vgl. auch § 1077 Abs. 6, **Abs. 3**) und Art. 9 Abs. 4 (neue Prüfung für jeden Rechtszug, **Abs. 4**).

II. Zuständigkeit für eingehende Ersuchen, Antrag, Sprache (Abs. 1)

4 **1. Zuständigkeit. a) Empfangsstelle** für eingehende PKH-Ersuchen ist das jeweilige mit dem Rechtsstreit oder der Zwangsvollstreckung zu befassende deutsche Gericht.[4] Dies gilt sowohl bei Übermittlung des Antrags durch die ausländische Übermittlungsstelle (vgl. im spiegelbildlichen Fall § 1077 Rn. 3ff.) als auch bei direkter Antragstellung durch die Partei. Örtliche und sachliche Zuständigkeit bestimmen sich nach den allgemeinen Vorschriften. Eine Konzentration der Zuständig-

---

[1] BT-Drucks. 15/3281 S. 12.
[2] *Fischer* ZAP Fach 13, 1287, 1288.
[3] BT-Drucks. 15/3281 S. 12.
[4] Ausländischen Übermittlungsstellen und Antragstellern können die Empfangsstelle im Europäischen Gerichtsatlas für Zivilsachen http://ec.europa.eu/justice_home/judicialatlascivil/html/la_information_de.htm bestimmen (unter „Empfangsbehörden").

keiten ist, anders als für ausgehende Ersuchen (§ 1077 Abs. 1 S. 2) nicht vorgesehen; eine „Zentralstelle" wäre reine Weiterleitungsstelle, da nach deutschem PKH-Recht ohnehin das befasste Gericht entscheidet.[5]

b) Funktionell zuständig ist bei Anträgen an das Prozessgericht der Richter. Über PKH-Anträge in FG-Sachen, die dem Rechtspfleger übertragen sind, entscheidet der Rechtspfleger (§ 4 Abs. 1 RPflG).[6] Für Anträge an das Vollstreckungsgericht ist grundsätzlich der Rechtspfleger (§ 20 Nr. 6 RPflG) zuständig. Die Entscheidung bleibt hier dem Richter vorbehalten, soweit PKH für eine Rechtsverfolgung oder -verteidigung beantragt wird, die eine richterliche Handlung erfordert (§ 20 Nr. 6 Halbs. 2 RPflG); dadurch ist die Zuständigkeit in Verfahren nach § 1078 in gleicher Weise verteilt wie in sonstigen PKH-Verfahren (§ 4 Abs. 1, § 20 Nr. 5 RPflG).

2. Antrag, Formalien, Sprache. a) Der Antrag muss in deutscher Sprache ausgefüllt, Anlagen von einer Übersetzung in die deutsche Sprache begleitet sein (Abs. 1 S. 2). Die „Ausfüllung" in deutscher Sprache bezieht sich insbesondere auf die Verwendung der Standardformulare nach der PKH-Richtlinie, für die durchaus ein nicht in deutscher Sprache gefasster Vordruck verwendet werden kann, solange nur die Ausfüllung in Deutsch erfolgt (vgl. § 1077 Rn. 7ff.; zu deren Verwendung Rn. 7).

b) Die Verwendung bestimmter **Formulare** schreibt § 1078, anders als für ausgehende Anträge § 1077 Abs. 2 iVm. EG-PKHVV (§ 1077 Rn. 7ff.) nicht vor. Die Verwendung der Standardformulare für den Antrag und dessen Übermittlung durch die ausländische Übermittlungsstelle ergibt sich jedoch aus Art. 16 PKH-Richtlinie, für dessen Umsetzung der jeweilige Übermittlungsstaat sorgt. Unmittelbar ohne Einschaltung einer Übermittlungsstelle gestellte PKH-Anträge im Ausland wohnender Parteien können jedenfalls auf dem für inländische Fälle vorgesehenen **Formular nach der PKHVV** gestellt werden, weil die Partei nicht von den Möglichkeiten der PKH-Richtlinie Gebrauch machen muss. Die **EU-Standardformulare** können ebenfalls verwendet werden, da unmittelbar eingereichte Anträge nach Art. 13 Abs. 1 lit. b PKH-Richtlinie vorgesehen sind und der Vortext zum Antragsformular im Europäischen Gerichtsatlas für Zivilsachen[7] die unmittelbare Übersendung dieser Formulare als eine von zwei gleichwertigen Optionen nennt. § 1 EG-PKHVV kann jedenfalls in diesem Sinne verstanden werden. **Formfreie Anträge** müssen hingegen nicht zugelassen werden; Abs. 1 S. 3 (vgl. Art. 13 Abs. 5 PKH-Richtlinie) bezieht sich nur auf die Legalisation und gleichwertige Förmlichkeiten.

c) Die **Legalisation** iSd. § 438 oder eine gleichwertige Förmlichkeit (Apostille) für den Antrag oder für Anlagen darf nicht gefordert werden (Abs. 1 S. 3). Öffentliche Urkunden eines anderen EG-Mitgliedstaates haben auch ohne solche Förmlichkeit den Beweiswert einer öffentlichen Urkunde.

III. Anwendbares Recht, Entscheidung (Abs. 2)

1. Über den Antrag ist vollumfänglich nach **§§ 114–116** zu entscheiden. Im Übrigen gilt auch für eingehende Ersuchen die Verweisung aus § 1076 auf §§ 114–127a. Da die Voraussetzungen der Gewährung von PKH nach deutschem Recht den Vorgaben der PKH-Richtlinie entsprechen, insbesondere Art. 5, 6 PKH-Richtlinie die zentralen Kriterien der PKH-Gewährung zulässt, ist über den ausländischen Antrag grundsätzlich wie über einen inländischen zu entscheiden. Die Grundsätze zur Erfolgsaussicht und zur Mutwilligkeit gelten in gleicher Weise; hinsichtlich der wirtschaftlichen Verhältnisse sind insbesondere die sich aus den unterschiedlichen Lebenshaltungskosten ergebenden Besonderheiten (dazu Abs. 3, Rn. 13) zu beachten. Auch eine **Änderung oder Aufhebung** der PKH-Bewilligung wegen veränderter Verhältnisse nach § 124 ist möglich.[8]

2. Im Übrigen sind die deutschen Bestimmungen **richtlinienkonform anzuwenden.** Dies bedeutet insbesondere die Beachtung von Art. 7, 8 PKH-Richtlinie.[9] Die in Deutschland gewährte PKH umfasst die in Art. 7 PKH-Richtlinie genannten durch den grenzüberschreitenden Charakter bedingten Kosten, also Dolmetscherleistungen, Übersetzungskosten und Reisekosten des Antragstellers, soweit die Anwesenheit des Antragstellers angeordnet wird. Art. 8 PKH-Richtlinie beschreibt die Abgrenzung der Tragung der PKH zwischen dem Wohnsitz- und dem Gerichtsmitgliedstaat,

---

[5] BT-Drucks. 15/3281 S. 12.
[6] *Rellermeyer* Rpfleger 2005, 61, 63.
[7] http://ec.europa.eu/justice_home/judicialatlascivil/html/la_information_de.htm unter „Formblätter ausfüllen".
[8] *Jastrow* MDR 2004, 75, 77.
[9] *Jastrow* MDR 2004, 75, 77.

§ 1078 11–15   Buch 11. Abschnitt 3. RL 2003/8/EG

was bei eingehenden Ersuchen dahingehend zu beachten ist, dass die dort nicht genannten Posten von der deutschen PKH erfasst sind.

11   3. Die **Entscheidung** ist dem Antragsteller bekannt zu geben (vgl. Art. 15 PKH-Richtlinie) und zu begründen. Die **Kosten** des Verfahrens bestimmen sich wie für jedes andere deutsche PKH-Verfahren; Art. 7, 8 PKH-Richtlinie haben mit den Verfahrenskosten nichts zu tun, sondern betreffen den Umfang der zu gewährenden PKH;[10] Art. 13 Abs. 6 PKH-Richtlinie trifft ebenfalls keine Festlegungen für die Kosten, die im PKH-Verfahren vor dem über den Antrag entscheidenden Gericht entstehen.[11] Die Entscheidung kann (nur) mit den sonst gegen PKH-Entscheidungen statthaften **Rechtsbehelfen** angefochten werden.[12]

12   4. Die Entscheidung ist auch der **Übermittlungsstelle** bekannt zu geben; dies gilt selbstredend nur, wenn der Antrag über eine Übermittlungsstelle eingegangen ist. Die Bekanntgabe erfolgt in deutscher Sprache, einer Übersetzung bedarf es nicht; Art. 14 Abs. 3 PKH-Richtlinie gilt nicht für diese Bekanntgabe, die ohnehin von der PKH-Richtlinie nicht vorgesehen ist und lediglich die Übermittlungsstelle in den Stand versetzen soll, gegenüber dem Antragsteller ggf. Auslagen nach einer auf Art. 13 Abs. 6 S. 2 PKH-Richtlinie gestützten Bestimmung (vgl. im spiegelbildlichen Fall § 1077 Rn. 13) zurückzufordern.

IV. Bedürftigkeit bei Lebenshaltungskosten-Gefälle (Abs. 3)

13   1. Abweichend von einer rein an Bemessungskriterien für Inlandsfälle orientierten Entscheidung über das Unvermögen zur Tragung der Prozesskosten, sieht Abs. 3 im Einklang mit Art. 5 Abs. 4 PKH-Richtlinie vor, dass PKH auch zu gewähren ist, wenn der Antragsteller wegen **unterschiedlich hoher Lebenshaltungskosten** im Mitgliedstaat seines Wohnsitzes oder gewöhnlichen Aufenthalts einerseits und in Deutschland andererseits die Kosten der Prozessführung nicht, nur zum Teil oder in Raten aufbringen kann. Diese Situation wird in aller Regel nur dann gegeben sein, wenn die Lebenshaltungskosten im Wohnsitz-/Aufenthaltsstaat höher sind als in Deutschland, so dass deutsche Schwellenwerte den erforderlichen Lebensbedarf dort nicht decken. Maßgeblich sind die tatsächlichen wirtschaftlichen Verhältnisse, nicht das ausländische PKH-Recht (vgl. aber Rn. 14).

14   2. Die **Darlegungs- und Beweislast** trägt der Antragsteller. Diese Last betrifft nur die wirtschaftlichen Verhältnisse, nicht aber das dortige PKH-Recht, das nicht Gegenstand der Prüfung ist. Im Zweifel sollte ein Nachweis durch abstrakte Kaufkraftindizes, Warenkorbwerte etc. genügen. Fraglich ist, wie zu verfahren ist, wenn der Wohnsitz-/Aufenthaltsstaat bei etwa gleichen Lebenshaltungskosten in seinem PKH-Recht andere Zumutbarkeitsgrenzen setzt. Einerseits beurteilt sich die Gewährung von PKH nach deutschem Recht, was die Bewertung der Zumutbarkeit einschließt; der abstrakte Nachweis anderer Zumutbarkeitskriterien im ausländischen Recht genügt daher nicht. Andererseits zeigt § 1077 Abs. 6 im spiegelbildlichen Fall, dass der deutsche Gesetzgeber die Erwartung hegt, ausländische Gerichte sollten Art. 5 Abs. 4 PKH-Richtlinie in der Weise ausfüllen, dass schon die nachgewiesene PKH-Berechtigung in Deutschland die im Gerichtsstaat indiziert. Wird in einer § 1077 Abs. 6 vergleichbaren Weise die Bedürftigkeit nachgewiesen, so sollte deshalb die Bedürftigkeit iSd. Abs. 3 als indiziert angesehen werden.

V. PKH im weiteren Rechtszug (Abs. 4)

15   1. **Fiktion neuerlichen Ersuchens.** Abs. 4 bestätigt in Einklang mit Art. 9 Abs. 4 PKH-Richtlinie das Prinzip des § 119 Abs. 1. Die Bewilligung von PKH erfolgt für jeden Rechtszug gesondert.[13] Abs. 4 S. 1 bestimmt jedoch die **Fiktion der Antragstellung** für jeden weiteren Rechtszug. Dies setzt voraus, dass es sich dem fingierten Antrag um ein **neuerliches** PKH-Ersuchen handeln würde; die Partei muss also bereits in der Vorinstanz ein grenzüberschreitendes PKH-Ersuchen *gestellt* und PKH *bewilligt* erhalten haben.[14] Abs. 4 hat lediglich den Zweck, einer Partei, die nach ihrem gewohnten Heimatrecht davon ausgeht, einmal gewährte PKH decke den gesamten Instanzenzug ab, die nach § 119 Abs. 1 erforderliche erneute Antragstellung abzunehmen;[15] wer in

---

[10] AA *Baumbach/Lauterbach/Hartmann* Rn. 10.
[11] Das entspricht auch dem Zweck der PKH-Richtlinie, den Service durch die Übermittlungsstelle kostenfrei zu stellen, damit die tatsächlichen und wirtschaftlichen Hürden des Zugangs zur PKH im Gerichtsstaat zu beseitigen und Inländergleichstellung im Gerichtsstaat zu erreichen.
[12] *Baumbach/Lauterbach/Hartmann* Rn. 7.
[13] BT-Drucks. 15/3281 S. 13.
[14] AA anscheinend *Baumbach/Lauterbach/Hartmann* Rn. 8.
[15] *Zöller/Geimer* Rn. 3.

erster Instanz keinen PKH-Antrag gestellt hat, kann sich hingegen nicht darüber im Irrtum befinden, dass er in höherer Instanz einen solchen Antrag stellen muss, wenn er PKH erhalten möchte.

2. Weiterer Rechtszug. Die Fiktion greift nur ein, wenn ein **weiterer Rechtszug eingeleitet** 16 ist. Wer einen Rechtsbehelf eingelegt hat, ist unerheblich. Beabsichtigt der vormalige PKH-Antragsteller keine weitere Rechtsverfolgung und ist er auch keiner Rechtsverteidigung gegen einen gegnerischen Rechtsbehelf ausgesetzt, so würde eine abstrakte Fiktion keinen Sinn ergeben. Die Fiktion wird auch nicht ausgelöst, wenn der Antragsteller von der PKH-Bewilligung die weitere Rechtsverfolgung abhängig macht.[16] Für eine entsprechende Anwendung auf die Zwangsvollstreckung nach Gewährung von PKH im Erkenntnisverfahren[17] spricht, dass im Fall des Art. 9 Abs. 1 PKH-Richtlinie der Antragsteller denselben Irrtümern unterliegen kann wie im Fall des Art. 9 Abs. 3 PKH-Richtlinie.

3. Voraussetzungen der PKH-Gewährung. Abs. 4 stellt den Antragsteller nicht von der er- 17 neuten sachlichen Prüfung seines (fingierten) Antrags frei.[18] Das Gericht hat jedoch nach Abs. 4 S. 2 auf die Darlegung der Voraussetzungen hinzuwirken, muss also von sich aus die betreffende Partei um Darlegung der Gewährungsvoraussetzungen, insbesondere von Änderungen gegenüber dem Erstantrag[19] ersuchen.

---

[16] BT-Drucks. 15/3281 S. 13.
[17] So *Rellermeyer* Rpfleger 2005, 61, 63.
[18] *Rellermeyer* Rpfleger 2005, 61, 63.
[19] BT-Drucks. 15/3281 S. 13.

Abschnitt 4. Europäische Vollstreckungstitel nach der Verordnung (EG) Nr. 805/2004

Vorbemerkung zu den §§ 1079 ff.

Schrifttum zum EG-Vollstreckungstitel-Durchführungsgesetz: *Reichel,* Das EG-Vollstreckungstitel-Durchführungsgesetz und die Auswirkungen auf das arbeitsgerichtliche Verfahren, NZA 2005, 1096; *Rellermeyer,* Der Europäische Vollstreckungstitel für unbestrittene Forderungen, Rpfleger 2005, 389; *Wagner,* Das Gesetz zur Durchführung der Verordnung (EG) Nr. 805/2004 zum Europäischen Vollstreckungstitel unter besonderer Berücksichtigung der Vollstreckungsabwehrklage, IPRax 2005, 401. Zum Referentenentwurf *Franzmann,* MittBayNot 2004, 404, 406; *Leible/Lehmann* NotBZ 2004, 453, 458. Materialien: BR-Drucks. 88/05; BT-Drucks. 55/5222.

Schrifttum zur EG-VollstrTitelVO: *Bajons,* Von der Internationalen zur Europäischen Urteilsanerkennung und -vollstreckung, Entwicklungsstadien des österreichischen Rechts auf dem Weg zum Europäischen Vollstreckungstitel, Festschrift Rechberger (2005) 1; *Becker,* Grundrechtsschutz bei der Anerkennung und Vollstreckbarerklärung im europäischen Zivilverfahrensrecht; Bestimmung der Grenzen für die Einführung eines europäischen Vollstreckungstitels, 2004; *Brenn,* Europäischer Vollstreckungstitel, Zak 2005, 3; *Coester-Waltjen,* Einige Überlegungen zu einem künftigen europäischen Vollstreckungstitel, FS Beys 2003, S. 183; *dies.,* Der neue europäische Vollstreckungstitel, JURA 2005, 394; *dies.,* Der europäische Vollstreckungstitel – Bestandsaufnahme und kritische Bewertung, FS Tugrul Ansay, 2006, S. 47; *dies.,* Und noch einmal: Der europäische Vollstreckungstitel, FS Yessiou-Faltsi, 2007, S. 39; *Crifò,* First steps to the Harmonisation of Civil Procedure: the Regulation Creating a European Enforcement Order for Uncontested Claims, Civil Justice Quarterly 24 (2005), 200; *Ernst,* Europäischer Vollstreckungstitel für unbestrittene Forderungen, JurBüro 2005, 568; *Franzmann,* Der Europäische Vollstreckungstitel für unbestrittene Forderungen – Hinweise für die notarielle Praxis, MittBayNot 2005, 470; *ders.,* Die Verordnung (EG) Nr. 805/2004 – notarielle Urkunden europaweit vollstreckbar, MittBayNot 2004, 404; *Geimer,* Salut für die Verordnung (EG) Nr. 44/2001 (Brüssel I-VO), IPRax 2002, 69; *ders.,* Verbesserung der Rechtsverfolgung über die Grenze in der Europäischen Union, FS Vollkommer, 2006, S. 385; *Gebauer,* Vollstreckung von Unterhaltstiteln nach der EG-VollstrTitelVO und der geplanten Unterhaltsverordnung, FPR 2006, 252; *ders.,* Der Europäische Vollstreckungstitel für unbestrittene Forderungen, Neue Justiz 2006, 103; *Gerling,* Die Gleichstellung ausländischer mit inländischen Vollstreckungstiteln durch die Verordnung zur Einführung eines Europäischen Vollstreckungstitels für unbestrittene Forderungen, 2006; *Guillaume-Schwitter,* Europäische und schweizerische öffentliche Urkunden als Vollstreckungstitel, AJP 2006, 660; *Heringer,* Der Europäische Vollstreckungstitel für unbestrittene Forderungen, 2007; *Hess,* Neues deutsches und europäisches Zustellungsrecht, NJW 2002, 2417; *Hess,* EMRK, Grundrechte und europäisches Zivilverfahrensrecht, FS Jayme 2004, S. 339 ff.; *ders.,* Europäischer Vollstreckungstitel und nationale Vollstreckungsgegenklage, IPRax 2004, 493; *Hohloch,* Vollstreckung deutscher Unterhaltstitel im Ausland, FPR 2006, 244; *Hök,* Die grenzüberschreitende Forderungs- und Kontopfändung, MDR 2005, 306; *ders.,* Der Europäische Vollstreckungstitel für unbestrittene Forderungen, ZAP 25, 159; *Hüßtege,* Der europäische Vollstreckungstitel, in: *Gottwald* (Hrsg.), Aktuelle Entwicklungen des Europäischen Zivilverfahrensrechts, Veröffentlichungen der Wissenschaftlichen Vereinigung für Internationales Verfahrensrecht 15 (2004), 113; *ders.,* Braucht die Verordnung über den Europäischen Vollstreckungstitel eine ordre-public-Klausel?, FS Jayme (2004), 371; *Jayme-Kohler,* Europäisches Kollisionsrecht 2004, IPRax 2004, 481; *Kellerhals-Güngerich,* Der europäische Vollstreckungstitel, SZZP 2006, 210; *Klippstein,* Verordnung über den Europäischen Vollstreckungstitel (EG-VollstrTitelVO), in: *Gebauer* (Hrsg.), Zivilrecht unter europäischem Einfluss (2005), 1537; *Kohler,* Der europäische Justizraum für Zivilsachen und das Gemeinschaftskollisionsrecht, IPRax 2003, 401; *ders.,* Das Prinzip der gegenseitigen Anerkennung in Zivilsachen im europäischen Justizraum, ZSchR 2005, 263; *ders.,* Systemwechsel im europäischen Anerkennungsrecht: Von der EuGVVO zur Abschaffung des Exequaturs, in: *Baur/Mansel* (Hrsg.), Systemwechsel im europäischen Kollisionsrecht, 2002; *Kropholler,* Europäisches Zivilprozeßrecht, 8. Aufl. 2005; *Leible-Lehmann,* Die Verordnung über den Europäischen Vollstreckungstitel für unbestrittene Forderungen und ihre Auswirkungen auf die notarielle Praxis, NotBZ 2004, 453; *Luckey,* Der Europäische Vollstreckungstitel (EG-VO Nr. 805/2004), ZGS 2005, 420; *ders.,* Gerichtsvollzieher ohne Grenzen, ProzRB 2005, 242–247; *McGuire,* Rechtsbehelfe des Schuldners gegen den EU-Vollstreckungstitel, ecolex 2006, 83; *Mohr,* Exekutionsordnungs-Novelle 2005, ecolex 2005, 602; *Münch,* Die vollstreckbare Notariatsurkunde im Anwendungsbereich der VO (EG) Nr 805/2004, FS Rechberger (2005) 395; *Oberhammer,* Der Europäische Vollstreckungstitel: Rechtspolitische Ziele und Methoden, JBl 2006, 477; *Pfeiffer,* Einheitliche, unmittelbare und unbedingte Urteilsgeltung in Europa, FS Jayme, 2004, S. 675 ff.; *ders.,* Europa als einheitlicher Vollstreckungsraum, BauR 2005, 1541; *ders.,* Der einheitliche europäische Vollstreckungsraum, ZGS 2005, 401; *Pietsch,* Der Europäische Vollstreckungstitel für unbestrittene Forderungen im Jahre 2005, FF 2005, 180; *Rausch,* Vereinfachte Unterhaltsvollstreckung in der EU mit dem neuen Europäischen Vollstreckungstitel, FuR 2005, 437; *ders.,* Der Europäische Vollstreckungstitel – Erleichterungen bei grenzüberschreitender Unterhaltsvollstreckung, FamRBint 2005, 79; *Rauscher,* Der Europäische Vollstreckungstitel für unbestrittene Forderungen 2004; *ders.,* Europäisches Zivilprozessrecht, 2. Aufl. 2006; *ders.,* Der europäische Vollstreckungstitel für unbestrittene Forderungen, GPR 5/03–04, 286; *Rechberger/Frauenberger-Pfeiler,* Der Europäische Vollstreckungstitel – Eine Annäherung, FS P. Fischer, 2004, 399; *Riedel,* Europäischer Vollstreckungstitel für un-

Vorbemerkung **Vor §§ 1079 ff.**

bestrittene Forderungen, 2005; *ders.*, Europäischer Vollstreckungstitel für unbestrittene Forderungen, PROZRB 2005, 324; *Röthel-Sparmann,* Der europäische Vollstreckungstitel für unbestrittene Forderungen, WM 2006, 2285; *Rott,* Bedrohung des Verbraucherschutzes im Internationalen Verfahrens- und Privatrecht durch den Binnenmarkt, EuZW 2005, 168; *Schmidt,* Der Europäische Vollstreckungstitel für unbestrittene Geldforderungen – Hinweise für die Bestände in den Jugendämtern, Das Jugendamt 2005, 445; *Schwander,* Vollstreckbare öffentliche Urkunden – Rechtsnatur, Verfahren der Erstellung und der Vollstreckung, AJP 2006, 667; *Sima,* Der Europäische Vollstreckungstitel, ZIK 2005, 55; *Stadler,* Das Europäische Zivilprozessrecht – Wie viel Beschleunigung verträgt Europa?, IPRax 2004, 2; *dies.,* Kritische Anmerkungen zum Europäischen Vollstreckungstitel, RIW 2004, 801; *Stein,* Der Europäische Vollstreckungstitel für unbestrittene Forderungen – Einstieg in den Ausstieg aus dem Exequaturverfahren bei der Auslandsvollstreckung, EuZW 2004, 679; *ders.,* Der Europäische Vollstreckungstitel für unbestrittene Forderungen tritt in Kraft – Aufruf zu einer nüchternen Betrachtung, IPRax 2004, 181; *ders.,* Neuere Entwicklungen bei der gegenseitigen Anerkennung und Vollstreckung von zivilrechtlichen Urteilen in Europa, WiRO 2003, 289; *Stoppenbrink,* Systemwechsel im internationalen Anerkennungsrecht: Von der EuGVVO zur geplanten Abschaffung des Exequaturs, ERPL 2002, 641; *Tsikrikas,* Die Einlegung von Rechtsbehelfen im Vollstreckungsverfahren aufgrund eines europäischen Vollstreckungstitels, ZZP Int 11 (2006), 51; *Vlas/Ibili,* Civil Jurisdiction and Enforcement of Judgements in Europe, Netherlands International Law Review 52 (2005), 109; *R. Wagner,* Die neue Verordnung zum Europäischen Vollstreckungstitel, IPRax 2005, 189; *ders.,* Der Europäische Vollstreckungstitel, NJW 2005, 1157; *ders.,* Der Europäische Vollstreckungstitel – Neue Aufgaben für Rechtspflegerinnen und Rechtspfleger, RpflStud 2005, 147–151; *ders.,* Zur Vereinheitlichung des Internationalen Privat- und Zivilverfahrensrechts fünf Jahre nach In-Kraft-Treten des Amsterdamer Vertrags, NJW 2004, 1835; *ders.,* Zur Vereinheitlichung des Internationalen Privat- und Zivilverfahrensrechts fünf Jahre nach In-Kraft-Treten des Amsterdamer Vertrags, NJW 2003, 2344; *ders.,* Vom Brüsseler Übereinkommen über die Brüssel I-Verordnung zum europäischen Vollstreckungstitel, IPRax 2002, 75; *ders.,* Zur Vereinheitlichung des Internationalen Privat- und Zivilverfahrensrechts sechs Jahre nach In-Kraft-Treten des Amsterdamers Vertrags, NJW 2005, 1754; *Yessiou-Faltsi,* Die Folgen des Europäischen Vollstreckungstitels für das Vollstreckungsrecht in Europa, in Gottwald (Hrsg.), Perspektiven der justiziellen Zusammenarbeit in der Europäischen Union, Veröffentlichungen der Wissenschaftlichen Vereinigung für Internationales Verfahrensrecht 15 (2004), 213.

Übersicht

	Rn.		Rn.
I. Einleitung	1–5	**IV. Anwendungsbereich**	20–37
1. EG-Vollstreckungstitel-Durchführungsgesetz	1	1. Räumlicher Anwendungsbereich	20
2. Der europäische Vollstreckungstitel (EuVT)	2–5	2. Zeitlicher Anwendungsbereich	21
		3. Sachlicher Anwendungsbereich – Unbestrittene Forderungen	22
II. Legislatorischer Hintergrund	6–11	a) Forderung	23
1. Kompetenz der Gemeinschaftsorgane	6	b) Fälligkeit	24
2. Politische Programme als Grundlage	7	c) Unbestritten	25–36
3. Neue Integrationsstufe	8	d) Die nicht mehr unstreitigen Forderungen (Art. 3 Abs. 2 EG-VollstrTitelVO)	37
4. Der Grundsatz gegenseitigen Vertrauens	9	**V. Verhältnis zu anderen Sekundärrechtsakten**	38, 39
5. Auslegung der EG-VollstrTitelVO	10, 11	1. Verhältnis zur Verordnung (EG) Nr. 44/2001	38
III. Abschaffung des Exequaturverfahrens	12–19	2. Verhältnis zur EG-ZustellVO[1]	39
1. Überblick	12	**VI. Mindestvorschriften**	40–42
2. Kritik	13–19		
a) Rechtspolitische Kritik	14		
b) Verfassungsrechtliche Kritik	15–19		

I. Einleitung

1. EG-Vollstreckungstitel-Durchführungsgesetz. Der Abschnitt 4 wurde durch das Gesetz **1** zur Durchführung der Verordnung 805/2004 über einen Europäischen Vollstreckungstitel für unbestrittene Forderungen (EG-VTDG)[1] zur Durchführung der EG-VollstrTitelVO in das 11. Buch der ZPO aufgenommen. Die Vorschriften gelten gem. § 13a ArbGG auch für die Arbeitsgerichtsbarkeit. Im Titel 1 (§§ 1079–1081) ist die Bestätigung inländischer Titel als EuVT normiert, im Titel 2 (§§ 1082–1086) die Vollstreckung von im Ausland als Europäischer Vollstreckungstitel (EuVT) bestätigten Titeln im Inland. Das EG-VTDG passt darüber hinaus die ZPO an die Mindeststandards des Kapitels III der EG-VollstrTitelVO an, wozu zusätzliche Belehrungspflichten in die Bücher 2 und 3 der ZPO aufgenommen wurden. Neu geschaffen wurde der § 790, der die Vollstreckung dynami-

---

[1] BGBl. 2005 I S. 2477.

Vor §§ 1079 ff. 2–6

sierter Unterhaltstitel im Ausland ermöglicht. Hinzukommen Änderungen des GKG, der Kostenordnung und des RVG. Eine Änderung der Zustellungsvorschriften erfolgte nicht. Der Gesetzgeber hat eine Durchführungsregelung im AVAG[2] bewusst vermieden, da dieses das Vollstreckbarerklärungsverfahren regelt, dass im Rahmen der EG-VollstrTitelVO gerade entfällt.[3]

2 **2. Der europäische Vollstreckungstitel (EuVT).** Der EuVT genießt Urteilsfreizügigkeit in allen Mitgliedstaaten, für die die EG-VollstrTitelVO gilt (zum räumlichen Anwendungsbereich Rn. 20). An den Formulierungen der EG-VollstrTitelVO wird deutlich, dass sich diese an den Grundfreiheiten, vor allen der Waren- und Dienstleistungsfreiheit, orientiert. Das wirtschaftsrechtliche Herkunftslandprinzip wird auf den grenzüberschreitenden Vollstreckungsrechtsverkehr übertragen.[4]

3 Mit der Einführung eines Vollstreckungstitels für unbestrittene Forderungen wurde in Europa ein **Pilotprojekt** lanciert, das mittelfristig zu einer vollkommenen Abschaffung aller Exequaturverfahren führen und die effektive Errichtung eines einheitlichen Europäischen Rechtsraums ermöglichen soll. Der Wegfall der Zwischenverfahren wird in Art. 1 EG-VollstrTitelVO erwähnt und in Art. 5 EG-VollstrTitelVO für Entscheidungen, in Art. 24 Abs. 2 EG-VollstrTitelVO für gerichtliche Vergleiche und in Art. 25 Abs. 2 EG-VollstrTitelVO für öffentliche Urkunden ausgeführt. Die Vollstreckung soll dadurch vereinfacht, beschleunigt und kostengünstiger werden. Bereits im Aktionsplan, der nach dem Tampere-Programm[5] beschlossen wurde, findet man den Hinweis, dass eine schnelle Realisierung von Forderungen eine absolute Notwendigkeit für die Geschäftswelt und eine dauerhafte Sorge für die wirtschaftlichen Sektoren sei, deren Interesse in einer angemessenen Regelung des gemeinschaftlichen Marktes liege.[6] Diese Forderungen sind in erster Linie an den Interessen der Gläubiger orientiert. Die Interessen der Schuldner schienen dem Normsetzer offenbar zunächst deshalb wenig schutzwürdig, weil es sich ja um unbestrittene Forderungen handelt. Dabei wurde aber nicht bedacht, dass auch Säumnisentscheidungen als Entscheidungen iSd. Art. 3 EG-VollstrTitelVO gelten.[7]

4 Durch Einführung des EuVT wird nicht nur das **Herkunftslandprinzip für Titel** realisiert[8] sondern auch das Prinzip der Anerkennung im europäischen Raum revolutioniert. Die Bestätigung im Ursprungsmitgliedstaat ersetzt das Vollstreckbarerklärungsverfahren im Vollstreckungsmitgliedstaat. Die Prüfung der Anerkennung wird aus dem Anerkennungs- und Vollstreckungsstaat in den Ursprungsmitgliedstaat verlagert und mit dem Verbot verbunden, die Entscheidung bzw. ihre Anerkennung im Vollstreckungsmitgliedstaat nachzuprüfen. Damit entscheidet ausschließlich der Ursprungsmitgliedstaat über die europaweite Anerkennung und Vollstreckung einer Entscheidung. Die anderen Mitgliedstaaten, die ihr Zwangsvollstreckungsverfahren zur Verfügung stellen müssen, ohne selbst konstitutiv beteiligt zu werden, haben sich jeder Kontrolle zu enthalten. Der *ordre public*-Vorbehalt wird gänzlich abgeschafft.

5 Titel, die später als EuVT vollstreckt werden, werden durch nationale Gerichte im Ursprungsmitgliedstaat erlassen. Ob die erfassten Titel in einem rein nationalen Verfahren oder einem mit einem bereits bestehenden Auslandsbezug ergehen, ist für die Anwendung der VO unerheblich. Jeder nationale Titel kann, wenn die Mindestvorschriften erfüllt sind, als EuVT bestätigt und in anderen Mitgliedstaaten vollstreckt werden.

II. Legislatorischer Hintergrund

6 **1. Kompetenz der Gemeinschaftsorgane.** Die EG-VollstrTitelVO fußt auf den Art. 61 lit. c, 65 EGV. Als erster Rechtsakt aus dem Bereich der justiziellen Zusammenarbeit in Zivilsachen ist sie im Mitentscheidungsverfahren nach Art. 251 EGV erlassen worden. Der Rat hat beschlossen, dass alle Maßnahmen des Titels IV mit Ausnahme der legalen Zuwanderung ab 1. Januar 2005 im Mit-

---

[2] BGBl. 2001 I S. 288, 436.
[3] *R. Wagner* IPRax 2005, 401, 402; für eine Integration aller Bestimmungen von EG-Verordnungen in die ZPO *Leible-Lehmann* NotBZ 2004, 453, 459.
[4] Kritisch *Kohler* ZSR 2005, 263, 297.
[5] ABlEG C 12 vom 15. 1. 2001, S. 1 ff. http://europa.eu.int/eur-lex/pri/en/oj/dat/2001/c_012/c_012200 10115en00010009.pdf (abgerufen am 4. 4. 2006).
[6] ABlEG C 12 vom 15. 1. 2001, S. 4.
[7] Ähnlich *Rauscher/Rauscher/Pabst*, EuZPR, EG-VollstrTitelVO, Einl. Rn. 18 ff.
[8] *Kohler* ZSR 2005, 263; 280; *Hess* ZSR 2005, 183, 189. Allerdings geschieht dies nicht umfassend, weil im Vollstreckungsmitgliedstaat die Vollstreckung gem. Art. 21 EG-VollstrTitelVO verweigert werden oder Maßnahmen gem. Art. 23 EG-VollstrTitelVO ergriffen werden können. Auch die Statthaftigkeit der Vollstreckungsabwehrklage (§ 1086 ZPO) schränkt die Bedeutung des Herkunftslandprinzips ein, *R. Wagner* IPRax 2005, 401, 405.

Vorbemerkung

entscheidungsverfahren mit qualifizierter Mehrheit entschieden werden.[9] Der Gemeinsame Standpunkt, der mit dem Text der VO deckungsgleich ist, kam nur mit qualifizierter Mehrheit zustande, da die Niederlande nicht zustimmten.

2. Politische Programme als Grundlage. Politische Grundlage der Schaffung eines Raums 7 der Freiheit, der Sicherheit und des Rechts in der Europäischen Union waren zunächst die Schlussfolgerungen des Europäischen Rates von Tampere aus dem Oktober 1999. Danach soll die Union zu einem Raum der Freiheit, der Sicherheit und des Rechts ausgebaut werden, in dem Urteile und Entscheidungen anerkannt und vollstreckt werden können. Der Grundsatz der gegenseitigen Anerkennung soll zum Eckstein der justiziellen Zusammenarbeit werden.[10] Dazu erforderlich ist der Abbau der Zwischenmaßnahmen, die notwendig sind, um die Anerkennung und die Vollstreckung einer Entscheidung oder eines Urteils im ersuchten Staat zu ermöglichen. In der Folge verabschiedete der Rat ein Maßnahmenprogramm zur Umsetzung des Grundsatzes der gegenseitigen Anerkennung gerichtlicher Entscheidungen in Zivil- und Handelssachen.[11] 2004 kam es zu einer Bilanz des Tampere-Programms.[12] Daraufhin hat der Europäische Rat ein neues Mehrjahresprogramm – das so genannte „Haager Programm"[13] – angenommen, das durch einen Aktionsplan[14] konkretisiert wurde. Der Vollendung des Programms zur Umsetzung des Grundsatzes der gegenseitigen Anerkennung und Vollstreckung gerichtlicher Entscheidungen in Zivil- und Handelssachen wird darin Vorrang eingeräumt.

3. Neue Integrationsstufe. Mit der Einführung eines EuVT wird in Zivil- und Handelssachen 8 die derzeit höchste Integrationsstufe erreicht und ein Systemwechsel vorgenommen.[15] Die Regelung der EG-VollstrTitelVO stellt in Europa bereits die dritte Stufe der gegenseitigen Anerkennung/ Vollstreckbarerklärung dar.[16] Die erste Stufe wurde durch das Verfahren der Anerkennung und Vollstreckung im Europäischen Gerichtsstands- und Vollstreckungsübereinkommen von 1968 (EuGVÜ)[17] (Titel III, Art. 25 ff.) gebildet. Das EuGVÜ enthielt noch prozessuale und materiellrechtliche Mindestanforderungen, die im Vollstreckbarerklärungsverfahren durch die Gerichte des Anerkennungsstaates zu prüfen waren. Die vereinheitlichten Zuständigkeitsvorschriften waren aber bereits damals (weitgehend) von jeder Nachprüfung ausgenommen (Art. 28 Abs. 3 EuGVÜ). Diese Form der Anerkennung besteht heute noch im parallelen, allerdings in Überarbeitung begriffenen, Lugano-Übereinkommen.[18] Die am 1. 3. 2002 in Kraft getretene Verordnung über die gerichtliche Zuständigkeit und die Anerkennung und Vollstreckung von Entscheidungen in Zivil- und Handelssachen („Brüssel I"/EuGVO)[19] enthielt die zweite Integrationsstufe: wenn auch der *ordre public*-Vorbehalt nicht abgeschafft wurde, so erfolgt die Prüfung von materiellen Anerkennungsversagungsgründen im Vollstreckbarerklärungsverfahren zunächst nicht. Selbst Verstöße gegen den inländischen *ordre public* dürfen nicht mehr im Vollstreckbarerklärungsverfahren berücksichtigt werden.

---

[9] Beschluss des Rates 2004/927/EG vom 22. Dezember 2004 über die Anwendung des Verfahrens des Artikels 251 des Vertrags zur Gründung der Europäischen Gemeinschaft auf bestimmte Bereiche, die unter Titel IV des Dritten Teils dieses Vertrags fallen (ABl. L 396 vom 31. 12. 2004, S. 45); dazu *Stein* IPRax 2004, 181, 182.

[10] Dazu *Mansel*, Anerkennung als Grundprinzip des Europäischen Rechtsraums, RabelsZ 70 (2006), 651.

[11] ABlEG C 12 vom 15. 1. 2001, S. 1 ff. http://europa.eu.int/eur-lex/pri/en/oj/dat/2001/c_012/c_01220 010115en00010009.pdf (abgerufen am 4. 4. 2006).

[12] Mitteilung der Kommission an den Rat und das europäische Parlament – Raum der Freiheit, der Sicherheit und des Rechts: Bilanz des Tampere-Programms und Perspektiven, KOM(2004) 401 endg.

[13] http://ec.europa.eu/justice_home/doc_centre/doc/hague_programme_de.pdf.

[14] Aktionsplan des Rates und der Kommission zur Umsetzung des Haager Programms zur Stärkung von Freiheit, Sicherheit und Recht in der Europäischen Union vom 10. 6. 2005, http://ec.europa.eu/justice_home/doc_centre/doc/action_plan_jai_207_de.pdf.

[15] *Kohler*, Systemwechsel im europäischen Anerkennungsrecht: Von der EuGVVO zur Abschaffung des Exequaturs, in Baur/Mansel (Hrsg.), Systemwechsel im europäischen Kollisionsrecht, 2002, S. 147 ff.; *Rauscher*, Der Europäische Vollstreckungstitel für unbestrittene Forderungen, Rn. 13; *Rauscher/Rauscher/Pabst*, EuZPR, EG-VollstrTitelVO, Einl. Rn. 14; *Kropholler*, EZPR, Art. 5 EG-VollstrTitelVO Rn. 9.

[16] *Stoppenbrink* ERPL 2002, 641, 662; *Adolphsen*, in Gropp/Lipp/Steiger (Hrsg.): Rechtswissenschaft im Wandel, 2007, S. 87, 95 f.

[17] EG-Übereinkommen vom 27. 9. 1968 über die gerichtliche Zuständigkeit und die Vollstreckung gerichtlicher Entscheidungen in Zivil- und Handelssachen (BGBl 1972 II, 773).

[18] Lugano-Übereinkommen vom 16. 9. 1988 über die gerichtliche Zuständigkeit und Vollstreckung gerichtlicher Entscheidungen in Zivil- und Handelssachen (BGBl 1994 II, 2658).

[19] Verordnung (EG) Nr. 44/2001 des Rates vom 22. 12. 2000 über die gerichtliche Zuständigkeit und die Anerkennung und Vollstreckung von Entscheidungen in Zivil- und Handelssachen über die gerichtliche Zuständigkeit und die Anerkennung und Vollstreckung von Entscheidungen in Zivil- und Handelssachen („Brüssel I").

Nur wenn der Vollstreckungsschuldner ein Beschwerdeverfahren (Art. 43 EuGVO) durchführt, können Versagungsgründe geprüft werden. Die nächste, dann vierte Integrationsstufe ist trotz der Kritik an der EG-VollstrTitelVO bereits in Sicht: Der Vorschlag für eine Unterhaltsverordnung[20] sieht in Art. 28 für die Anerkennung und Vollstreckung in einem Mitgliedstaat nur die Vorlage einer Ausfertigung der Entscheidung vor, die die für ihre Beweiskraft erforderlichen Voraussetzungen erfüllt, sowie eine von der zuständigen Behörde bzw. Stelle erstellte Kurzfassung. Weder eine Vollstreckbarerklärung noch eine Bestätigung nach dem System der EG-VollstrTitelVO soll danach erfolgen.[21]

9 **4. Der Grundsatz gegenseitigen Vertrauens.** Möglich wird dieses hohe Integrationsniveau durch das gegenseitige Vertrauen in die ordnungsgemäße Rechtspflege der Mitgliedstaaten.[22] Das gegenseitige Vertrauen war ein Mittel der Bildung eines einheitlichen Rechtsraums im Entwurf einer Verfassung (Art. I-41 Abs. 1 lit. b), fehlt jedoch im Vertrag von Lissabon. Dieser Terminus taucht in jüngerer Vergangenheit vermehrt in den Erwägungsgründen der neueren Gemeinschaftsverordnungen[23] und auch der Rechtsprechung des EuGH auf. Im Urteil *Turner v. Grovit*[24] stellt der EuGH zunächst vorab klar, dass das Brüsseler Übereinkommen auf dem Vertrauen beruht, das die Vertragsstaaten gegenseitig ihren Rechtssystemen und Rechtspflegeorganen entgegenbringen. Dieses gegenseitige Vertrauen habe es ermöglicht, ein für die Gerichte verbindliches Zuständigkeitssystem zu schaffen und auf die innerstaatlichen Vorschriften der Vertragsstaaten über die Anerkennung und die Vollstreckbarerklärung ausländischer Urteile zugunsten eines vereinfachten Anerkennungs- und Vollstreckungsverfahrens zu verzichten. Es sei wesentlicher Bestandteil des Grundsatzes des gegenseitigen Vertrauens, dass im Anwendungsbereich des Übereinkommens dessen Zuständigkeitsregeln von jedem dieser Gerichte mit gleicher Sachkenntnis ausgelegt und angewandt werden können. Ebenso wenig gestatte das Übereinkommen die Prüfung der Zuständigkeit eines Gerichts durch das Gericht eines anderen Vertragsstaats. Nunmehr wird dieses Postulat genutzt, um die gänzliche Abschaffung aller Zwischenverfahren zu rechtfertigen. Die Kritik nennt den Rückgriff auf das gegenseitige Vertrauen angesichts der real bestehenden Unterschiede der Justizsysteme eine „reine Leerformel", die ungeeignet sei, eine Verkürzung individuellen Rechtsschutzes zu rechtfertigen.[25] Es werde das Ziel, einen einheitlichen Rechtsraum zu schaffen, transformiert in eine Fiktion seines schon gegenwärtigen Bestehens.[26]

10 **5. Auslegung der EG-VollstrTitelVO.** Die Auslegung folgt den Regeln, die auch für die EuGVO und die anderen auf Art. 61, 65 EGV basierenden Gemeinschaftsverordnungen gelten.[27] Gem. Art. 68 Abs. 1 EGV sind vorlage*verpflichtet* nur noch letztinstanzliche Gerichte. Entscheidend ist, dass das Gericht im konkreten Verfahren die letzte Instanz bildet.[28]

11 In der Sache werden die Vorschriften der EuGVO überwiegend autonom ausgelegt, lediglich bei einzelnen Problemfeldern hält der EuGH einen Rückgriff auf nationales Recht für erforderlich.[29] Gleiches gilt für die EG-VollstrTitelVO: auch hier ist eine autonome Auslegung anzustreben. Aufgrund der zahlreichen Parallelen zur EuGVO wird es den nationalen Gerichten in vielen Fällen möglich sein, auf schon vorliegende Rechtsprechung zur Auslegung zurückzugreifen.

III. Abschaffung des Exequaturverfahrens

12 **1. Überblick.** Art. 5 EG-VollstrTitelVO schließt die Kontrolle einer Entscheidung im Vollstreckungsstaat aus. Für gerichtliche Vergleiche folgt dies aus Art. 24 Abs. 2 EG-VollstrTitelVO, für öf-

---

[20] Verordnung des Rates über die Zuständigkeit und das anwendbare Recht in Unterhaltssachen, die Anerkennung und Vollstreckung von Unterhaltsentscheidungen und die Zusammenarbeit im Bereich der Unterhaltspflichten, KOM (2005) 649 endg.
[21] *Gebauer* FPR 2006, 252, 254; *Linke* FPR 2006, 237, 239.
[22] Erwägungsgrund 18; *Rauscher/Rauscher/Pabst,* EuZPR, EG-VollstrTitelVO, Einl. Rn. 15.
[23] Erwägungsgrund 16 der EuGVO; Erwägungsgrund 18 der EG-VollstrTitelVO; Erwägungsgrund 21 der Brüssel IIa Verordnung (Verordnung (EG) des Rates vom 27. 11. 2003 über die Zuständigkeit und die Anerkennung und Vollstreckung von Entscheidungen in Ehesachen und in Verfahren betreffend die elterliche Verantwortung zur Aufhebung der Verordnung (EG) Nr. 1347/2000, ABlEG Nr. L 338/1 vom 23. 12. 2003.
[24] EuGH, v. 27. 4. 2004, Rs. C-159/02. Kritisch *Althammer/Löhnig* ZZPInt 9 (2004), 23.
[25] *Kohler* ZSR 2005, 263, 285; gegen eine solche „Leerformel" *Linke* FPR 2006, 237, 239.
[26] *Rauscher,* Der Europäische Vollstreckungstitel für unbestrittene Forderungen, Rn. 15.
[27] *Rauscher/Rauscher/Pabst,* EuZPR, EG-VollstrTitelVO, Einl. Rn. 34.
[28] Zur Vorlageberechtigung *Kropholler,* EZPR, Einl. Rn. 32 ff.; *Nagel/Gottwald,* IZPR, § 1 Rn. 67; zu Auslegung und Vorlageberechtigung der EuGVO und zur Vorlageberechtigung *Nagel/Gottwald,* IZPR, § 3 Rn. 11 ff.
[29] *Kropholler,* EZPR, Einl. Rn. 40 ff.; MünchKommZPO/*Gottwald* AktBd. vor Art. 1 EuGVO Rn. 7.

fentliche Urkunden aus Art. 25 Abs. 2 EG-VollstrTitelVO. Die aus Art. 34, 35 EuGVO bekannten Versagungsgründe dürfen nicht geprüft werden. Auch eine *ordre public*-Kontrolle scheidet aus. Nur bei Unvereinbarkeit der zu vollstreckenden Entscheidung mit einer früheren in einem Mitgliedstaat oder einem Drittland ergangenen Entscheidung kann der Schuldner gem. Art. 21 EG-VollstrTitel-VO beantragen, dass die Vollstreckung verweigert wird (Art. 21 EG-VollstrTitelVO entspricht im Ansatz Art. 34 Nr. 3 und 4, mit dem Unterschied, dass Art. 21 das Prioritätsprinzip ohne Nationalisierung einhält). Das deutsche Recht hat jedoch gem. § 1086 die Vollstreckungsabwehrklage zugelassen. Gegen die Art und Weise der Vollstreckung kann sich der Schuldner mit der Erinnerung (§ 766) wehren.

2. Kritik. Die Kritiker sehen schon das Konzept des einheitlichen europäischen Rechtsraums und die Prämisse der Gleichwertigkeit der Justizsysteme als Fiktion an (s. o. Rn. 12) und lehnen auf dieser Basis den Verzicht auf eine Kontrolle im Anerkennungs- und Vollstreckungsstaat ab.[30] Die Zeit sei, auch vor dem Hintergrund der jüngsten und demnächst bevorstehenden Erweiterungen nicht reif, auf jegliche Kontrolle im Anerkennungs- und Vollstreckungsstaat zu verzichten. Wiederholt wurden verfassungsrechtliche Bedenken wegen des erheblichen Eingriffs in staatliche Souveränität durch die Abschaffung des *ordre public*-Vorbehalts geltend gemacht. Argumentationsmaterial lieferten zumeist die *Krombach*-Entscheidungen des EuGH[31] und des EGMR,[32] die belegten, dass selbst in alten Demokratien wie Frankreich den verfahrensrechtlichen *ordre public* verletzende Rechtsvorschriften existierten, die die Beibehaltung einer Kontrolle erforderlich machten. Befürworter sehen in der Realisierung des Herkunftslandprinzips die konsequente Fortentwicklung des Systems gegenseitiger Anerkennung und Urteilsfreizügigkeit. Der Verzicht auf eine Kontrolle im Mitgliedstaat werde durch die Anforderungen im Bestätigungsverfahren kompensiert.[33]

a) Rechtspolitische Kritik. Die Kritik muss rechtspolitische und rechtliche, vor allem verfassungsrechtliche Argumente trennen. Rechtspolitisch ist zu bedenken, dass die Abschaffung der Zwischenverfahren im politischen Konsens erfolgte. Die Mitgliedstaaten haben sich im Tampere und im Haager-Programm darauf verständigt, diese in Zivil- und Handelssachen schrittweise, letztlich aber gänzlich abzuschaffen. Die hiergegen vorgebrachte grundsätzliche Kritik muss für eine generelle Umkehr oder zumindest eine zeitliche Aussetzung plädieren, die nach dem Gemeinsamen Standpunkt wohl nicht realistisch ist.[34]

b) Verfassungsrechtliche Kritik. Bei einer verfassungsrechtlichen Bewertung sind die Zuständigkeit für die Prüfung und der Prüfungsmaßstab zu bestimmen. Bei der Frage, an welchen Grundrechten Erlass und Inhalt der EG-VollstrTitelVO zu messen sind, handelt es sich um ein Problem des **Verfassungskollisionsrechts.** Das BVerfG prüft diese Frage bei der Ermittlung der Reichweite eigener Gerichtsbarkeit. Ein Rückgriff auf die Entscheidung des BVerfG zur Anerkennung fremder Hoheitsakte im Fall des deutsch-österreichischen Rechtshilfevertrags[35] darf nicht erfolgen, da sich diese noch auf Art. 24 GG stützte, der Gesetzgeber aber durch Art. 23 GG die Mitwirkung bei der europäischen Integration auf eine neue Grundlage gestellt hat.[36] Da es sich bei der EG-VollstrTitelVO als einer Norm sekundären Gemeinschaftsrechts nicht um einen Akt deutscher öffentlicher Gewalt i. S. Art. 93 Abs. 1 Nr. 4a GG handelt, scheidet eine **Verfassungsbeschwerde** gegen die EG-VollstrTitelVO aus. Um einen Akt deutscher öffentlicher Gewalt handelt es sich jedoch, wenn deutsche Vollstreckungsorgane im Vollstreckungsverfahren auf der Grundlage der EG-VollstrTitelVO tätig werden. Auch insofern ist Maßstab der Prüfung jedoch nicht deutsches Verfassungsrecht, weil das BVerfG in seiner **Solange II-Entscheidung**[37] ausgeführt hat, dass es seine Gerichtsbarkeit über die Anwendbarkeit von abgeleitetem Gemeinschaftsrecht, das als Rechtsgrundlage für ein Verhalten deutscher Gerichte und Behörden im Hoheitsbereich der Bundesrepublik Deutsch-

---

[30] *Kohler*, Systemwechsel im europäischen Anerkennungsrecht: Von der EuGVVO zur Abschaffung des Exequaturs, in: *Baur/Mansel* (Hrsg.), Systemwechsel im europäischen Kollisionsrecht, S. 156; *ders.* ZSR 2005, 263, 282 („Vision"); *Stadler* IPRax 2004, 2, 7; *Roth* IPRax 2006, 466.
[31] EuGH, v. 28. 3. 2000 Rs. C-7/98, *Krombach/Bamberski*, Slg. 2000 I 1935 = EuGRZ 2000, 160, 161 = ZIP 2000, 859 = JZ 2000, 723 (*v. Bar* 725). Dazu *Jayme*, Nationaler ordre public und europäische Integration, Betrachtungen zum Krombach Urteil des EuGH, 2000; *Gundel* EWS 2000, 442; *Hess* IPRax 2001, 301; *Geimer* ZIP 2000, 863; *Matscher* IPRax 2001, 428.
[32] Urteil des EGMR vom 13. 2. 2001. No. 29731/96, IPRax 2001, 454.
[33] *Hess* ZSR 2005, 183, 193; *Stein* IPRax 2004, 181, 182 ff.; *Hüßtege*, FS Jayme, 2004, S. 371, 373 f.
[34] Zu Recht *Stein* IPRax 2004, 181, 183.
[35] BVerfG, Beschl. v. 22. 3. 1983 – 2 BvR 475/78 = NJW 1983, 2757.
[36] Zum Folgenden detailliert *Becker* S. 69 ff.
[37] BVerfG, Beschl. v. 22. 10. 1986 – 2 BvR 197/83 = BVerfGE 79, 339 = NJW 1987, 577.

land in Anspruch genommen wird, nicht mehr ausübt und dieses Recht mithin nicht am Maßstab der Grundrechte des GG überprüft. Das Maastricht-Urteil[38] hat diesen Grundsatz nicht verändert.[39] Verfassungsbeschwerden, die insoweit auf Vorschriften des GG gestützt werden, sind unzulässig, soweit nicht dargelegt ist, dass der europäische Grundrechtsschutz unter den nach Maßgabe des BVerfG erforderlichen Grundrechtstandard abgesunken ist. Dieses dürfte auch vor dem Hintergrund der **Charta der Grundrechte,** schwer fallen.[40]

16 Der **EGMR** prüft Rechtsakte der EG nicht anhand der EMRK nach, weil die Europäische Gemeinschaft der EMRK nicht beigetreten ist und auch bisher nicht beitreten konnte.[41] Die Konventionsstaaten[42] unterliegen jedoch beim Vollzug von Gemeinschaftsrecht *ratione personae* den Bindungen der EMRK, da sie sich nicht durch Übertragung von Hoheitsrechten auf zwischenstaatliche Einrichtungen ihrer völkervertraglichen Verpflichtung aus der EMRK entziehen können. Die EKMR war allerdings in der *Melchers*-Entscheidung der Ansicht, dass Beschwerden von einzelnen Bürgern gegen einen EU-Mitgliedstaat, die materielle Akte des Gemeinschaftsrechts betreffen, solange unzulässig sind, als auf EU-Ebene ein effektiver und gleichwertiger Grundrechtsschutz zur Verfügung steht.[43] Ob der EGMR in der *Matthews*-Entscheidung[44] der Linie der Kommission weiterhin folgen wollte, wird uneinheitlich beurteilt. Nach einer Ansicht ergibt sich letztlich aus der Besonderheit des Judikats keine Änderung zur *Melchers*-Entscheidung der EKMR. Gegen die Vollstreckung eines EuVT durch einen Mitgliedstaat wäre danach keine Beschwerde zum EGMR zulässig, da Rechtsschutz vor dem EuGH erlangt werden kann.[45] Nach anderer Ansicht erfordert die effektive Wirksamkeit der Gewährleistung von Rechten durch die EMRK eine gegenüber dem Grundrechtsschutz des EuGH vorrangigen Schutz durch den EGMR.[46]

17 Da der EGMR in der *Matthews*-Entscheidung ausdrücklich darauf verwiesen hat, dass „es sich nicht um einen ‚normalen' Rechtsakt der Gemeinschaft handelte, sondern um einen innerhalb der Rechtsordnung der Gemeinschaft geschlossenen Vertrag", der gerade nicht vor dem EuGH angegriffen werden könne, spricht vieles dafür, dass bei einem normalen Vollzug von Gemeinschaftsrecht durch Mitgliedstaaten, die zugleich Vertragstaaten der Konvention sind, die Leitlinien der Kommission weiterhin Bestand haben. Die Rechtslage würde sich ändern, wenn die Union der EMRK beiträte, wie dies in Art. 6 II des Vertrags von Lissabon angestrebt wird.

18 Demnach ist es Sache des **EuGH**, eine Norm sekundären Gemeinschaftsrechts und deren Vollzug durch die Mitgliedstaaten an höherrangigem Recht zu prüfen. Es besteht, solange der Grundrechtsschutz durch den EuGH gewährleistet ist, ein **einstufiger Grundrechtsschutz.**[47] Prüfungsmaßstab ist zunächst europäisches Primärrecht und gem. Art. 6 Abs. 2 EUV sich aus der EMRK und den gemeinsamen Verfassungsüberlieferungen der Mitgliedstaaten als allgemeine Grundsätze des Gemeinschaftsrechts ergebenden Grundrechte. Art. 6 EUV sichert die nationale Identität der Mitgliedstaaten der Union. Ob sich aus Art. 6 Abs. 3 EUV unmittelbar eine Notwendigkeit ergibt, die Vorbehaltsklausel aufrecht zu erhalten, erscheint zweifelhaft.[48] Sicher entspricht der Kernbestand, den der *ordre public* traditionell sichert, keineswegs dem Kernbestand nationaler und regionaler Vielfalt, den Art. 6 Abs. 3 EUV meint.[49] Dem Normsetzer dürfte zudem ein weiter Entscheidungsspielraum zukommen, mit welchen Mitteln er die nationale Identität sichert bzw. wie er Gefährdungen kompensiert. Die EG-VollstrTitelVO versucht zumindest, die mit einem Verzicht auf jede Kontrolle der Entscheidung im Vollstreckungsstaat verbundene Gefährdung des Grundrechtsschutzes, vor allem des Schutzes rechtlichen Gehörs, dadurch auszugleichen, dass Mindestvorschriften etabliert werden, die die Grundrechte bereits im Urteilsstaat schützen.

---

[38] BVerfG – Entscheidung vom 12. 10. 1993 – 2 BvR 2134/92 u. a. = BVerfGE 89, 155 = NJW 1993, 1347 = BB 1993, 2479 = DÖV 1994, 119 = DVBl 1993, 1254 = JZ 1993, 1100 = WM 1993, 2057 = ZIP 1993, 1636.
[39] Deutlich *Limbach* NJW 2001, 2913, 2917.
[40] Im Ergebnis ebenso *Gerling* S. 160.
[41] EuGH, Gutachten vom 28. 3. 1996, – 2/94, Slg. 1996, I-1759, 1788 f. = EuZW 1996, 307.
[42] Ratifikationsstand unter http://conventions.coe.int/Treaty/Commun/ChercheSig.asp?NT=005&CM=7&DF=4/4/2007&CL=GER.
[43] Entscheidung vom 9. 2. 1990, Beschwerde Nr. 13258/87, DR 64, 138; *Krüger/Polakiewicz* EuGRZ 2001, 92, 96; *Giegerich* ZaöRV 1990, 836; *Becker* S. 86; ohne Auseinandersetzung mit diesen Fragen *Rauscher/Rauscher/Pabst*, EuZPR, EG-VollstrTitelVO, Einl. Rn. 41 ff.
[44] EGMR, v. 18. 2. 1999 – 7/1998/910/ (Matthews/Vereinigtes Königreich) 1122 = NJW 1999, 3107.
[45] *Becker* S. 93.
[46] *Lenz* EuZW 1999, 311.
[47] So schon *Giegerich* ZaöRV 1990, 836, 863.
[48] So die Überlegungen von *Pfeiffer*, FS Jayme, 2004, S. 675, 688.
[49] Das gesteht auch *Pfeiffer*, FS Jayme, 2004, S. 675, 688 zu.

Der EuGH nutzt die EMRK neben den gemeinsamen Verfassungstraditionen der Mitgliedstaaten 19
als Erkenntnisquelle für die allgemeinen Grundsätze des Gemeinschaftsrechts, die er selbst zu sichern hat.[50] Dabei ist augenfällig, dass der EuGH die vom EGMR vorgenommene Auslegung weitgehend unverändert und rücksichtsvoll in das Gemeinschaftsrecht transferiert. Auch in der *Krombach*-Entscheidung führt der EuGH aus, dass die Grundrechte zu den allgemeinen Rechtsgrundsätzen gehörten, deren Wahrung der Gerichtshof zu sichern hat. Die grundlegende Bestätigung dieser Rechtsprechung ist durch Art. 6 Abs. 2 EUV erfolgt.[51] Art. 6 Abs. 2 EUV verweist aber lediglich auf die aus der EMRK abgeleiteten allgemeinen Grundsätze des Gemeinschaftsrechts und nicht direkt auf die EMRK. Ob durch Art. 6 Abs. 2 EUV eine über diese Bestätigung hinausgehende Bindung erfolgt, ist umstritten.[52] Sicher scheint inzwischen, dass sich der EuGH grundsätzlich *materiell* an die EMRK binden will, was in dem Begriff der *Achtung* zum Ausdruck kommt.[53] Zahlreiche Urteile zum EuGVÜ und zur EuGVO haben deutlich gemacht, dass die europäischen Justizgrundrechte auch im Anerkennungs- und Vollstreckbarerklärungsverfahren Anwendung finden.[54] So erkennt der EuGH in ständiger Rechtsprechung einen Anspruch auf rechtliches Gehör und ein faires Verfahren als allgemeinen Grundsatz des Gemeinschaftsrechts an.[55] Die Geltung des Art. 6 I EMRK im Exequaturverfahren ist dagegen umstritten. Wenn Art. 6 I EMRK das Recht auf Zugang zu einem Gericht, also ein Erkenntnisverfahren, garantiert, ist damit nicht ohne weiteres darüber entschieden, ob auch in der Anerkennungs- und Vollstreckungsphase einer bereits ergangenen Entscheidung die Verfahrensgarantien gelten.[56]

IV. Anwendungsbereich

1. Räumlicher Anwendungsbereich. Es muss sich um eine Entscheidung handeln, die in einem 20
Mitgliedstaat ergeht und dort als europäischer Vollstreckungstitel bestätigt wird. Diesen Mitgliedstaat definiert die EG-VollstrTitelVO in Art. 4 Nr. 4 als **Ursprungsmitgliedstaat**. Der europäische Vollstreckungstitel wird sodann in einem anderen Mitgliedstaat, dem **Vollstreckungsmitgliedstaat** (Art. 4 Nr. 5 EG-VollstrTitelVO) vollstreckt. Die EG-VollstrTitelVO gilt als sekundäres Gemeinschaftsrecht (Art. 249 EGV) unmittelbar in allen Mitgliedstaaten. Gemäß Art. 3 des dem Vertrag über die Europäische Union und dem Vertrag zur Gründung der Europäischen Gemeinschaft beigefügten Protokolls über die Position des Vereinigten Königreichs und Irlands haben diese Mitgliedstaaten mitgeteilt, dass sie sich an der Annahme und Anwendung dieser Verordnung beteiligen möchten.[57] **Dänemark** beteiligt sich gemäß den Art. 1 und 2 des dem Vertrag über die Europäische Union und dem Vertrag zur Gründung der Europäischen Gemeinschaft beigefügten Protokolls über die Position Dänemarks nicht an der Annahme dieser Verordnung, die für Dänemark somit nicht bindend oder anwendbar ist.[58] Mitgliedstaaten im Sinne der EG-VollstrTitelVO sind damit alle Mitgliedstaaten der EU ohne Dänemark (Art. 2 Abs. 3 EG-VollstrTitelVO). Unerheblich ist, ob das Verfahren in einem Mitgliedstaat zunächst in irgendeiner Form einen Auslandsbezug hat. Auch Entscheidungen in rein nationalen Verfahren können als europäischer Vollstreckungstitel bestätigt werden. Nicht relevant sind ferner Wohnsitz oder Staatsangehörigkeit der Parteien.

2. Zeitlicher Anwendungsbereich. Gem. Art. 26 gilt die EG-VollstrTitelVO nur für nach ih- 21
rem Inkrafttreten ergangene Entscheidungen, gerichtlich gebilligte oder geschlossene Vergleiche und aufgenommene oder registrierte öffentliche Urkunden. Die EG-VollstrTitelVO ist gem. Art. 33 Abs. 1 am 21. 1. 2005 in Kraft getreten. Der Zeitpunkt der Anwendbarkeit ist jedoch (mit Ausnahme der Art. 30–32 EG-VollstrTitelVO) gem. Art. 33 Abs. 2 auf den 21. 10. 2005 datiert worden. Daraus folgt, dass Entscheidungen, die nach dem 21. 1. 2005 ergangen sind (der Begriff entspricht dem des Erlasses in Art. 66 Abs. 2 EuGVO), Vergleiche, die danach gerichtlich gebilligt

---

[50] Nachweise bei *Krüger/Polakiewicz* EuGRZ 2001, 92, 97 Fn. 36; *Wildhaber* EuGRZ 2002, 569, 573; *Frowein/Peukert*, EMRK, 2. Aufl. 1996, Einl. N. 14 aE; *Schlosser*, EU-Zivilprozessrecht, Einl. N. 32; *Matscher* IPRax 2001, 428; *Zuleeg* EuGRZ 2000, 511.
[51] *Limbach* EuGRZ 2000, 417, 419; *Matscher* IPRax 2001, 428; *Geimer* ZIP 2000, 863, 864.
[52] *Grabitz/Hilf*, Kommentar zur Europäischen Union, Art. F EuV N. 26 ff.
[53] *Grabitz/Hilf*, Kommentar zur Europäischen Union, Art. F EuV N. 32; *Hoffmann-Riem* EuGRZ 2002, 473, 478.
[54] Darstellung bei *Becker* S. 101.
[55] *Becker* S. 115 m. Nachw. in Fn. 371.
[56] Dagegen *Frowein/Peukert*, EMRK, 2. Aufl. 1996, Art. 6 Rn. 52; *Vogler*, in: *Golsong* (Hrsg.), Internationaler Kommentar zur EMRK, Art. 6 Rn. 255 f. Dafür *Becker* S. 104.
[57] Erwägungsgrund 24.
[58] Erwägungsgrund 25.

oder geschlossen wurden und Urkunden, die danach aufgenommen oder registriert wurden, ab dem 21. 10. 2005 als EuVT bestätigt werden konnten.

22 **3. Sachlicher Anwendungsbereich – Unbestrittene Forderungen.** Die EG-VollstrTitelVO und damit die §§ 1079 ff. gelten nur für unbestrittene Forderungen. Die Definition der Forderung folgt aus Art. 4 EG-VollstrTitelVO, in Art. 3 Abs. 1 S. 2 EG-VollstrTitelVO wird das Kriterium *unbestritten* definiert. Art. 3 Abs. 2 EG-VollstrTitelVO bezieht Entscheidungen, die nach einer Anfechtung der Bestätigung als EuVT ergangen sind, in den Anwendungsbereich der VO ein.

23 **a) Forderung.** Der Begriff der Forderung ist in Art. 4 Nr. 2 EG-VollstrTitelVO legal definiert als Forderung auf Zahlung einer bestimmten Geldsumme, die fällig ist oder deren Fälligkeitsdatum in der Entscheidung, dem gerichtlichen Vergleich oder der öffentlichen Urkunde angegeben ist. Demnach können ausschließlich Titel über **Geldforderungen** als EuVT vollstreckt werden. Titel auf Herausgabe oder Unterlassung erfasst die VO nicht.[59] Unter bestimmten Umständen kann jedoch auch ein Titel auf Zahlung einer Geldsumme Zug um Zug gegen eine Gegenleistung als EuVT bestätigt werden, da die EG-VollstrTitelVO auf den Charakter der Forderung des Gläubigers abstellt und keinerlei Aussagen trifft, inwieweit der Schuldner eine Einrede aufgrund einer nicht auf Zahlung einer Geldsumme gerichteten Forderung erheben kann. Die Forderung muss **bestimmt** sein. Dieses Erfordernis erfüllen nur ziffernmäßig bestimmte Geldforderungen, die Art der Währung ist unerheblich. Titel, die Prozentangaben enthalten (z. B. die Angabe des Prozentsatzes des Regelbetrags nach § 1612a BGB), sind nach überwiegender Ansicht nicht erfasst.[60] Bezugnahmen auf den Basiszinssatz der EZB sind zulässig. Um dem Bestimmtheitserfordernis zu genügen, hat der Gesetzgeber durch das EG-VTDG § 790 eingeführt, der eine Umschreibung eines Titels nach § 1612a BGB ermöglicht, der den Unterhalt als Vomhundertsatz des jeweiligen Regelbetrages nach der Regelbetrags-Verordnung festsetzt, in einen ziffernmäßig bestimmten Titel.

24 **b) Fälligkeit.** Die Forderung muss fällig sein oder es muss das Fälligkeitsdatum in der Entscheidung, dem gerichtlichen Vergleich oder der öffentlichen Urkunde angegeben sein. Hieraus wird überwiegend gefolgert, dass **Zug um Zug Verurteilungen** nicht als EuVT bestätigt werden können.[61] Das ist unzutreffend, weil bei allen Zurückbehaltungsrechten die Forderung fällig sein muss, die Gegenforderung jedenfalls in den Fällen der §§ 273, 320 BGB, nicht aber im Fall des § 1000 BGB.[62] Die Zurückbehaltungsrechte gewähren nur eine Einrede, die der Forderung die Durchsetzbarkeit nimmt, aber die Fälligkeit unberührt lässt. Die EG-VollstrTitelVO nimmt keinesfalls nicht durchsetzbare Forderungen generell vom Anwendungsbereich aus. Dies wird auch durch einen Blick auf die englische Fassung bestätigt. Dort wird der Ausdruck *due date* (Fälligkeit) und nicht etwa der der *enforceability* (Durchsetzbarkeit) verwendet. Zug um Zug Verurteilungen sind kein Problem der Fälligkeit, sondern eines des Bestätigungsverfahrens (§ 1080 Rn. 59).[63]

Durch die Möglichkeit, eine Forderung, die noch nicht fällig ist, aber in der das Fälligkeitsdatum in der Entscheidung, dem gerichtlichen Vergleich oder der öffentlichen Urkunde angegeben ist, können vor allem Titel auf **Unterhalt** als EuVT bestätigt werden. In den Formblättern I, II, II und V EG-VollstrTitelVO sind allerdings Eintragungen zur Fälligkeit nur für wiederkehrende Leistungen und Zinsen, nicht jedoch für das Fälligkeitsdatum vorgesehen. Daher muss die Bestätigung erfolgen, wenn sich aus der Entscheidung, dem gerichtlichen Vergleich oder der öffentlichen Urkunde keine Einschränkungen der Fälligkeit ergeben. Der Hintergrund dieses wohl redaktionellen Versehens dürfte die späte Aufnahme der späteren Fälligkeit erst im Gemeinsamen Standpunkt sein, wobei eine Änderung des Formulars offenbar vergessen wurde.

Hängt der Eintritt der Fälligkeit noch von einer Bedingung ab, so muss deren Eintritt der für die Bestätigung zuständigen Stelle nachgewiesen werden.[64]

25 **c) Unbestritten.** Die Beschränkung der EG-VollstrTitelVO auf unbestrittene Forderungen entspricht den politischen Maßnahmeprogrammen. Das den Tampere-Beschlüssen folgende Maßnahmenprogramm sieht vor, dass das Konzept der unbestrittenen Forderungen alle Fälle erfasst, in denen ein Gläubiger ohne Anfechtung von Art und Umfang der Forderung einen Vollstreckungstitel

---

[59] *R. Wagner* IPRax 2005, 189, 192; *Rauscher/Rauscher/Pabst,* EuZPR, EG-VollstrTitelVO, Art. 4 Rn. 6.
[60] *Zöller/Geimer* § 1079 Rn. 7; *R. Wagner* IPRax 2005, 401, 409; aA *Rauscher/Rauscher/Pabst,* EuZPR, EG-VollstrTitelVO, Art. 4 Rn. 7; *Rellermeyer* Rpfleger 2005, 389, 392.
[61] *Kropholler,* EZPR, Art. 4 EG-VollstrTitelVO Rn. 5; *Rauscher,* Der Europäische Vollstreckungstitel für unbestrittene Forderungen, Rn. 51; *Rauscher/Rauscher/Pabst,* EuZPR, EG-VollstrTitelVO, Art. 4 Rn. 14; *R. Wagner* IPRax 2005, 189, 192; *Jennissen* InVo 2006, 218, 221.
[62] *Palandt/Heinrichs* § 273 BGB Rn. 7; *Palandt/Grüneberg* § 320 BGB Rn. 5; *Palandt/Bassenge* § 1000 BGB Rn. 1.
[63] Zutreffend *Rellermeyer* Rpfleger 2005, 389, 399.
[64] *Rellermeyer* Rpfleger 2005, 389, 393.

erlangt hat.⁶⁵ Diese Intention findet sich in Erwägungsrund 5 der EG-VollstrTitelVO wieder. Der Begriff unbestritten erfährt seine nähere Ausgestaltung in Art. 3 Abs. 1 lit. a–d EG-VollstrTitelVO. Der Gesamtkomplex unbestrittener Forderungen zerfällt in zwei Teile: zum einen in die **aktiv unbestrittenen Forderungen**, dies sind die in Art. 3 Abs. 1 S. 2 lit. a) und d) und die **passiv unbestrittenen Forderungen**, dies sind die lit. b) und c).⁶⁶ Im ersten Fall hat sich der Schuldner ausdrücklich der Forderung unterworfen, sei es durch Vergleich, Anerkenntnis (lit. a) oder in öffentlicher Urkunde (lit. d). Dies erfolgt in aller Regel erst nach entsprechender Belehrung durch das zuständige Rechtspflegeorgan, so dass Schutzmaßnahmen zugunsten des Schuldners in geringerem Maße erforderlich sind als in der zweiten Fallgruppe. Durch lit. b und c werden auch „zu keinem Zeitpunkt bestrittene Forderungen" und „nicht mehr bestrittene Forderungen" in den Anwendungsbereich der EG-VollstrTitelVO einbezogen. Dadurch werden **Säumnisentscheidungen** umfassend erfasst. Sie sind es auch, die die Notwendigkeit der Statuierung von Mindestvorschriften mit sich bringen. Die Mindeststandards des Kapitels III gelten ausschließlich für die passiv unbestrittenen Forderungen (Art. 12 Abs. 1 EG-VollstrTitelVO).

aa) Ausdrückliche Zustimmung durch Anerkenntnis oder Vergleich (lit. a). Art. 3 Abs. 1 S. 2 lit. a EG-VollstrTitelVO erfasst alle Forderungen, wenn ihnen der Schuldner im gerichtlichen Verfahren ausdrücklich durch Anerkenntnis oder in einem Vergleich (zu den erfassten Vergleichen s. § 1079 Rn. 5 ff.) zugestimmt hat. Gem. Art. 6 EG-VollstrTitelVO bestätigt werden können demnach ohne weiteres Anerkenntnisurteile (§ 307 S. 1) 26

bb) Zu keinem Zeitpunkt bestrittene Forderung (lit. b). Bei den zu keinem Zeitpunkt bestrittenen Forderungen handelt es sich um passiv unbestrittenen Forderungen, für die der Anwendungsbereich der Mindeststandards eröffnet ist (Art. 12 Abs. 1 EG-VollstrTitelVO). Die Vorschrift erfasst alle Fälle, in denen der Schuldner der Forderung im gerichtlichen Verfahren zu keiner Zeit nach den maßgeblichen Verfahrensvorschriften des Rechts des Ursprungsmitgliedstaats widersprochen hat. Lit. b erfasst also sowohl das Erscheinen ohne jedes Bestreiten als auch das Nichterscheinen, sprich die Säumnis in der mündlichen Verhandlung und die Unterlassung der Verteidigungsanzeige.⁶⁷ Verhalten im vorgerichtlichen Bereich ist generell nicht geeignet, eine Bestätigung als EuVT zu verhindern. Zu den Fällen des lit. b zählen das Versäumnisurteil gegen den Beklagten, sei es, dass dieses im schriftlichen Vorverfahren oder aufgrund mündlicher Verhandlung ergeht (§§ 331 Abs. 1 und 3), und der Vollstreckungsbescheid (§ 699). Wird ein Widerspruch gegen den Mahnbescheid eingelegt und erscheint der Beklagte im Termin zur mündlichen Verhandlung nicht, so erfolgte der Widerspruch im gerichtlichen Verfahren, so dass lit. b ausscheidet. Es liegt ein Fall des lit. c vor. Erscheint der Beklagte bzw. nimmt er schriftlich Stellung, so ist ein Widerspruch relevant, wenn sich dieser gegen die Forderung richtet. Nicht ausreichend ist es, wenn der Beklagte Einwände gegen die Zuständigkeit des Gerichts erhebt. Lässt sich der Beklagte nur hilfsweise ein, bestreitet aber die Forderung, greift lit. b nicht ein.⁶⁸ 27

Kostenfestsetzungsbeschlüsse sind nicht *per se* unbestritten iSd. Art. 3 EG-VollstrTitelVO, auch wenn im Kostenfestsetzungsverfahren Einwände weitestgehend ausgeschlossen sind.⁶⁹ Kostenfestsetzungsbeschlüsse sind immer dann als EuVT geeignet, wenn sie selbst unstreitig ergangen sind, auch wenn sie nach einem streitigen Hauptverfahren ergehen (§ 1079 Rn. 3).⁷⁰ Zu klären ist dann, zu welchem Zeitpunkt sich ein Widerspruch gegen die Kostenfestsetzung dahin auswirkt, dass es sich um einen bestrittenen Kostenfestsetzungsbeschluss handelt, der nicht als EuVT bestätigt werden kann. Nach einer Ansicht kann der Widerspruch im Erkenntnis- oder im Kostenfestsetzungsverfahren erhoben werden,⁷¹ nach anderer Ansicht nur im Kostenfestsetzungsverfahren.⁷² Soweit lit. b angewendet werden soll, wird man auf das gesamte gerichtliche Verfahren abstellen müssen, auch wenn dann der Rechtspfleger im Kostenfestsetzungsverfahren ermitteln muss, ob der Schuldner im Erkenntnisverfahren widersprochen hat. Erhebt der Schuldner Einwendungen gegen den Kostenfestsetzungsantrag des Gläubigers, ist die daraufhin ergehende Kostenfestsetzungsentscheidung nicht unbestritten i. S. lit. b. Wird dem Schuldner der Kostenfestsetzungsantrag des Gläubigers formlos übermittelt und unterbleibt eine Reaktion, so kann das Gericht diese Passivität frei, mithin 28

---

⁶⁵ ABlEG C 12 vom 15. 1. 2001, S. 4.
⁶⁶ Bezeichnung nach *Rauscher*, Der Europäische Vollstreckungstitel für unbestrittene Forderungen, Rn. 52, 54.
⁶⁷ Erwägungsgrund 6.
⁶⁸ *Rauscher*, Der Europäische Vollstreckungstitel für unbestrittene Forderungen, Rn. 55; *Rauscher/Rauscher/Pabst*, EuZPR, EG-VollstrTitelVO, Art. 4 Rn. 15; *Kropholler*, EZPR, Art. 3 EG-VollstrTitelVO Rn. 5.
⁶⁹ *Baumbach/Lauterbach/Hartmann* § 104 ZPO Rn. 11 ff.
⁷⁰ So *Hök* ZAP 2005, 159, 163; aA *R. Wagner* IPRax 2005, 189, 196.
⁷¹ *R. Wagner* IPRax 2005, 189, 196.
⁷² *Hök* ZAP 2005, 159, 163.

auch als Zugeständnis würdigen. Insofern liegt ein Fall des lit. c vor. Erfolgt eine Verteilung der Kosten nach Quoten (§ 106), so reicht entweder die Partei einen Festsetzungsantrag ein, der der Gegenpartei unter der Aufforderung, die eigene Kostenberechnung einzureichen, zugeleitet wird oder die Gegenpartei stellt von vornherein selbst einen Festsetzungsantrag. Unabhängig vom Ablauf wird man in der Stellung des Antrags kein Bestreiten iSd. EG-VollstrTitelVO sehen können, sondern nur als Antrag an das Gericht, den eigenen erstattungsfähigen Betrag festzusetzen. Kostenfestsetzungsbeschlüsse nach § 106 fallen daher unter lit. b.[73] Kostenfestsetzungsbeschlüsse nach einem Zwangsvollstreckungsverfahren (§ 788 Abs. 2 i. V. m. § 103 Abs. 2, 104, 107) können unter lit. b fallen, wenn keine kostenrechtlichen Einwände erhoben werden. Gleiches gilt für Beschlüsse nach § 11 RVG, die gem. § 11 Abs. 2 RVG nach den Vorschriften über das Kostenfestsetzungsverfahren ergehen.[74]

29 Die VO stellt auf die maßgeblichen Verfahrensvorschriften des Rechts des Ursprungsmitgliedstaats ab. Dieses Recht entscheidet darüber, ob ein Widerspruch wirksam, d. h. eine Umqualifizierung einer Forderung in eine bestrittene bewirken kann. Damit entscheidet die *lex fori* über Form, Zeitpunkt und Befugnis zum Bestreiten. Die Notwendigkeit, dass im Geltungsbereich deutschen Anwaltszwangs ein Rechtsanwalt Prozesshandlungen vornimmt, wird hier relevant, ebenso wie Fragen der Handhabung von Fristen als Ausschluss- oder Leitungsfristen: Im Landgerichtsprozess ist die Partei ohne Anwalt nicht postulationsfähig und daher säumig. Der Widerspruch gegen einen Mahnbescheid kann nach deutschem Recht entgegen der Frist in § 692 Abs. 1 Nr. 3 solange beachtet werden, bis der Vollstreckungsbescheid verfügt ist (§ 694 Abs. 1).

30 **cc) Die nicht mehr bestrittenen Forderungen (lit. c).** In lit. c werden alle Fälle erfasst, in denen Säumnis nach einem Widerspruch gegen eine Forderung im gerichtlichen Verfahren vorliegt und ein solches Verhalten nach dem Recht des Ursprungsmitgliedstaats als stillschweigendes Zugeständnis der Forderung oder des vom Gläubiger behaupteten Sachverhalts anzusehen ist. Bei der Frage, ob eine Forderung nach einem zwischenzeitlichen Widerspruch nunmehr unstreitig iSd. Art. 3 Abs. 1 S. 2 lit. c EG-VollstrTitelVO ist, ist zwischen Verfahren erster und zweiter Instanz zu trennen.

31 α) **Fälle von Säumnis und vorausgegangenem Widerspruch in erster Instanz.** Erfolgt die Säumnis in einem weiteren Termin zur mündlichen Verhandlung, wenn zuvor in einem Termin die Forderung bestritten wurde, so liegt der Fall des lit. c vor. Erfolgt die Säumnis in der mündlichen Verhandlung nachdem Einspruch gegen ein Versäumnisurteil eingelegt wurde, so hat ein zweites Versäumnisurteil nach § 345 zu ergehen. Auch hier liegt nach überwiegender Ansicht der in lit. c genannte Fall vor.[75] Allerdings fehlt dem technisch zweiten Versäumnisurteil die von lit. c geforderte Geständnisfiktion. Es wird lediglich der Einspruch gegen das erste Versäumnisurteil, das eine Geständnisfiktion hat, verworfen mit der Folge, dass der Partei nur die eingeschränkte Berufung (§ 514 Abs. 2) bzw. Revision (§ 565) bleibt. Insofern ähnelt das zweite Versäumnisurteil der Zurückweisung der Berufung gem. § 539 Abs. 1, bei der überwiegend angenommen wird, dass eine Geständnisfiktion fehle (s. Rn. 35). Das erste Versäumnisurteil bleibt allerdings bestehen, ohne dass dies im Tenor der Entscheidung zum Ausdruck kommt. Insofern erscheint es als ausreichend, dass das erste Versäumnisurteil Geständnisfiktion hat, obwohl das im Einspruch nach § 338 liegende Bestreiten eigentlich anschließend durch ein Nichterscheinen mit Geständnisfiktion verdrängt werden müsste. Andernfalls machte allein der Einspruch aus der Forderung, die zuvor im Versäumnisverfahren und auch in der mündlichen Verhandlung nach dem Einspruch unstreitig war, eine bestrittene Forderung und schlösse die Bestätigung als EuVT aus. Dies überzeugt deshalb nicht, weil in Art. 3 Abs. 2 EG-VollstrTitelVO für den Fall, dass die Bestätigung als EuVT angefochten wird, ausdrücklich die Forderung durch den Rechtsbehelf nicht in eine streitige umqualifiziert wird. Ein zweites Versäumnisurteil kann daher als EuVT bestätigt werden. Das gilt auch, wenn das zweite Versäumnisurteil nach einem Einspruch gegen einen Vollstreckungsbescheid ergeht.

32 Verhandelt die Partei zwar im Einspruchstermin streitig, ist dann aber wiederum in einem Folgetermin säumig, darf nach deutschem Recht kein weiteres erstes Versäumnisurteil ergehen. Es liegt Säumnis mit Geständnisfiktion (§ 331 Abs. 1 S. 1) nach Widerspruch vor, so dass das weitere erste Versäumnisurteil als EuVT bestätigt werden kann. Wird ein Versäumnisurteil nach streitiger Verhandlung über den Einspruch gem. § 343 aufrechterhalten, so kann diese Entscheidung nicht als EuVT bestätigt werden, weil sie in einem streitigen Verfahren erging.

---

[73] *Hök* ZAP 2005, 159, 163.
[74] *Hök* ZAP 2005, 159, 164.
[75] *Kropholler*, EZPR, Art. 3 EG-VollstrTitelVO Rn. 9; *Rauscher/Rauscher/Pabst*, EuZPR, EG-VollstrTitelVO, Art. 3 Rn. 23; *Rauscher*, Der Europäische Vollstreckungstitel für unbestrittene Forderungen, Rn. 60.

Bei einer Entscheidung nach Aktenlage (§ 331a) kann das Vorbringen beider Parteien berücksichtigt werden, es fehlt an einer Geständnisfiktion, so dass die Bestätigung als EuVT ausscheidet. 33

Lit. c erfasst zudem Fälle im Mahnverfahren: Ist der Schuldner in der mündlichen Verhandlung säumig, nachdem er (häufig rein vorsorglich) Widerspruch gegen einen Mahnbescheid eingelegt hat (§ 694), so greift lit. c ein, weil das deutsche Recht an das Nichterscheinen die Geständnisfiktion des § 331 Abs. 1 S. 1 knüpft.[76] Erfolgt Einspruch gegen einen Vollstreckungsbescheid, so kann das zweite Versäumnisurteil als EuVT bestätigt werden (Rn. 31). 34

β) **Säumnis in Rechtsmittelinstanz.** Ist der Berufungskläger nach streitigem Urteil erster Instanz in der Berufungsinstanz säumig, so wird seine Berufung auf Antrag zurückgewiesen (§ 539 Abs. 1). Das Gesetz knüpft in § 539 Abs. 1, anders als im Fall des § 539 Abs. 2, an die Säumnis keine Geständnisfiktion, so dass das Versäumnisurteil, mit dem die Berufung zurückgewiesen wird, keine Grundlage eines EuVT sein kann.[77] Erscheint dagegen der Berufungsbeklagte nicht und beantragt der Berufungskläger gegen ihn ein Versäumnisurteil, so ist das tatsächliche Vorbringen des Berufungsklägers als zugestanden anzunehmen (§ 539 Abs. 2). Die erforderliche Zugeständnisfiktion liegt vor: unabhängig davon, ob Berufungsbeklagter der Kläger oder der Beklagte ist, kommt es zum Erlass eines (echten) Versäumnisurteils, das als EuVT bestätigt werden kann. 35

dd) Ausdrückliche Anerkennung der Forderung in öffentlicher Urkunde (lit. d). Eine Forderung gilt als „unbestritten", wenn der Schuldner die Forderung ausdrücklich in einer öffentlichen Urkunde anerkannt hat. Der Begriff der öffentlichen Urkunde ist in Art. 4 Nr. 3 EG-VollstrTitelVO definiert. Ein unmittelbarer Rückgriff auf § 415 darf nicht erfolgen (s. im Einzelnen § 1079 Rn. 9). 36

d) Die nicht mehr unstreitigen Forderungen (Art. 3 Abs. 2 EG-VollstrTitelVO). Art. 3 Abs. 2 EG-VollstrTitelVO war notwendig geworden, nachdem statt der ursprünglich von der Kommission vorgesehen Rechtskraft bereits die vorläufige Vollstreckbarkeit als Grundlage einer Bestätigung ausreicht. Art. 6 Abs. 1 lit. a) EG-VollstrTitelVO sieht vor, dass eine Entscheidung, die im Ursprungsmitgliedstaat vorläufig vollstreckbar ist, als EuVT bestätigt werden kann. Erwägungsrund 7 enthält ebenfalls diesen Ansatz. Gemeint ist eine bis dahin unbestrittene (Art. 3 Abs. 1 S. 2 EG-VollstrTitelVO) Entscheidung (Art. 4 Nr. 1 EG-VollstrTitelVO), die national noch einem Rechtsbehelf unterliegt, zB in Deutschland dem Einspruch gegen ein Versäumnisurteil. Legt die unterliegende Partei diesen Rechtsbehelf ein, so läge eigentlich eine bestrittene Forderung vor, die nicht bestätigungsfähig wäre. Damit eine einmal als EuVT bestätigte Entscheidung nicht durch den nationalen Rechtsbehelf entwertet wird, bedarf es des Abs. 2. 37

V. Verhältnis zu anderen Sekundärrechtsakten

1. Verhältnis zur Verordnung (EG) Nr. 44/2001. Die EG-VollstrTitelVO Verordnung berührt nicht die Möglichkeit, die Anerkennung und Vollstreckung einer Entscheidung über eine unbestrittene Forderung, eines gerichtlichen Vergleichs oder einer öffentlichen Urkunde gemäß der Verordnung (EG) Nr. 44/2001 zu betreiben (Art. 27 EG-VollstrTitelVO). Der Gläubiger hat zwischen den Vollstreckungssystemen nach der EG-VollstrTitelVO und der EuGVO die freie Wahl (s. auch Erwägungsgrund 20). Er kann auch beide Verfahren parallel beginnen.[78] Meist wird das Verfahren der EG-VollstrTitelVO einfacher und schneller sein. Gerade bei notwendiger Vollstreckung in mehreren Mitgliedstaaten wird es wesentlich günstiger sein, einmal eine Bestätigung im Ursprungsmitgliedstaat zu erlangen als in allen Vollstreckungsmitgliedstaaten ein Vollstreckbarerklärungsverfahren durchzuführen. 38

2. Verhältnis zur EG-ZustellVO.[79] Die EG-VollstrTitelVO lässt die Anwendung der EG-ZustellVO unberührt (Art. 28 EG-VollstrTitelVO). Die Vorschrift ist die notwendige Konsequenz 39

---

[76] *Kropholler*, EZPR, Art. 3 EG-VollstrTitelVO Rn. 7; *Rauscher*, Der Europäische Vollstreckungstitel für unbestrittene Forderungen, Rn. 58.

[77] *Kropholler*, EZPR, Art. 3 EG-VollstrTitelVO Rn. 9; *Rauscher/Rauscher/Pabst*, EuZPR, EG-VollstrTitelVO, Art. 3 Rn. 23; *Rauscher*, Der Europäische Vollstreckungstitel für unbestrittene Forderungen, Rn. 60.

[78] R. *Wagner* IPRax 2005, 189, 190; *Kropholler*, EZPR, Art. 27 EG-VollstrTitelVO Rn. 1; *Thomas/Putzo/Hüßtege* Anh. § 1086 Rn. 1.

[79] Verordnung (EG) Nr. 1348/2000 des Rates vom 29. 5. 2000 über die Zustellung gerichtlicher und außergerichtlicher Schriftstücke in Zivil- oder Handelssachen in den Mitgliedstaaten, ABlEG Nr. L 160/37. Beachte aber Verordnung EG Nr. 1393/2007 des Europäischen Parlaments und des Rates vom 13. November 2007 über die Zustellung gerichtlicher und außergerichtlicher Schriftstücke in Zivil- oder Handelssachen in den Mitgliedstaaten („Zustellung von Schriftstücken") und zur Aufhebung der Verordnung (EG) Nr. 1348/2000 des Rates, ABlEG Nr. L 324/79. Die VO gilt ab 13. 11. 2008.

§ 1079   Buch 11. Abschnitt 4. VO (EG) Nr. 805/2004

aus der Einführung von Mindeststandards (Rn. 40), die das Gericht des Ursprungsmitgliedstaates im Erkenntnisverfahren nicht binden, aber im Bestätigungsverfahren zu prüfen sind. Für die Bestätigung ist allein die Einhaltung der Mindeststandards ausreichend, ob die Anforderungen der EG-ZustellVO höher oder niedriger sind, ist unerheblich. Ob das Nebeneinander zweier Zustellsysteme in Europa auf Dauer sinnvoll ist, erscheint zweifelhaft. Zum jetzigen Zeitpunkt kann das System durchaus missbraucht werden.[80]

VI. Mindestvorschriften

40   Eine Bestätigung als EuVT darf nur erfolgen, wenn das Verfahren zur Erlangung dieses Titels bestimmten, im Kapitel III der EG-VollstrTitelVO genannten Mindestvorschriften genügt (§ 1080 Rn. 10). Ein unmittelbarer Einfluss auf nationales Prozessrecht schied mangels Kompetenzgrundlage von vornherein aus, da auch rein nationale Entscheidungen als EuVT bestätigt werden können und Art. 65 EGV einen grenzüberschreitenden Bezug erfordert, der erst bei der Vollstreckung im Ausland vorliegen kann. Daher bilden die Mindestvorschriften nur einen Kontrollmaßstab für die Entscheidung im Bestätigungsverfahren, aber keinen Maßstab für das nationale Verfahren, das den zu bestätigenden Titel hervorbringt. Die Einhaltung der Mindestvorschriften ist Voraussetzung der Bestätigung gem. Art. 6 Abs. 1 lit. c EG-VollstrTitelVO, also ausschließlich von dem für die Bestätigung zuständigen Gericht im Ursprungsmitgliedstaat und nicht später von einem Gericht des Vollstreckungsmitgliedstaats zu prüfen (Art. 21 Abs. 2 EG-VollstrTitelVO).

41   In Deutschland ist eine Anpassung an die Mindestvorschriften erfolgt, indem durch das EG-VTDG zusätzliche Belehrungspflichten in die Bücher 2 und 3 der ZPO aufgenommen wurden (Vor §§ 1079ff. Rn. 1). Die (ausschließliche) Möglichkeit, das Institut des EuVT den eigenen Bürgern zur Verfügung zu stellen, sollte Anreiz für die Mitgliedstaaten sein, ihr Recht dieser Verordnung anzupassen.[81] Trotz Anpassung nationalen Rechts bleibt der Prüfungsmaßstab im Bestätigungsverfahren allein die Vorschriften in Kapitel III EG-VollstrTitelVO.

42   Zwar sind die in der EG-VollstrTitelVO aufgeführten Mindestvorschriften für sich betrachtet kaum zu beanstanden.[82] In einem größeren Zusammenhang stellen sich jedoch zumindest zwei Probleme: Durch Mindeststandards, seien sie nun verbindlich oder nur ein Anreiz, kommt es zu einer partiellen Harmonisierung nationalen Prozessrechts, die über das bisher bekannte Maß des IZPR hinausgeht. Dieses vor allem deshalb, weil auch Urteile in rein nationalen Verfahren als EuVT genutzt werden können, also auch das nationale Recht einiger Mitgliedstaaten angepasst werden müsste. Fraglich ist weiterhin, ob es sinnvoll ist, Zustellungsvorschriften als Mindeststandards einzuführen, die den Vorschriften der (parallel geltenden) EG-ZustellVO nicht entsprechen und bei denen eine vollständige Übernahme in nationales Recht problematisch ist, weil diese einen völligen Verzicht auf fiktive Zustellungen erfordern.[83] Viele Mitgliedstaaten werden nicht vollständig auf fiktive Zustellungen verzichten wollen, so dass sie die Mindeststandards in gesonderten Teilregelungen umsetzen werden, was die Übersichtlichkeit nicht erhöhen wird.

Titel 1. Bestätigung inländischer Titel als Europäische Vollstreckungstitel

§ 1079 Zuständigkeit

Für die Ausstellung der Bestätigungen nach
1. Artikel 9 Abs. 1, Artikel 24 Abs. 1, Artikel 25 Abs. 1 und
2. Artikel 6 Abs. 2 und 3
der Verordnung (EG) Nr. 805/2004 des Europäischen Parlaments und des Rates vom 21. April 2004 zur Einführung eines Europäischen Vollstreckungstitels für unbestrittene Forderungen (ABl. EU Nr. L 143 S. 15) sind die Gerichte, Behörden oder Notare zuständig, denen die Erteilung einer vollstreckbaren Ausfertigung des Titels obliegt.

---

[80] *Rauscher,* Der Europäische Vollstreckungstitel für unbestrittene Forderungen, Rn. 103; *Stadler* RIW 2004, 801, 807.
[81] Erwägungsgrund 19. Zur Anpassung niederländischen Rechts *Sujecki* IPRax 2006, 525.
[82] Ebenso *Rauscher,* Der Europäische Vollstreckungstitel für unbestrittene Forderungen, Rn. 41.
[83] Hierzu *Coester-Waltjen,* FS Beys, 2003, S. 183, 188f.

Übersicht

	Rn.		Rn.
I. Überblick	1	4. Bestätigungen der Nichtvollstreckbarkeit nach Art. 6 Abs. 2 EG-VollstrTitelVO	10, 11
II. Arten der Bestätigungen	2–15	5. Bestätigung nach Art. 6 Abs. 3 EG-VollstrTitelVO – Ersatzbestätigung	12–15
1. Bestätigungen nach Art. 9 Abs. 1 EG-VollstrTitelVO	2–4	**III. Zuständigkeit**	16–19
2. Bestätigungen nach Art. 24 Abs. 1 EG-VollstrTitelVO – Gerichtliche Vergleiche	5–8	1. Gerichtliche Entscheidungen	17
3. Bestätigungen nach Art. 25 Abs. 1 EG-VollstrTitelVO – Öffentliche Urkunden ..	9	2. Gerichtliche Vergleiche	18
		3. Öffentliche Urkunden	19

I. Überblick

Die §§ 1079–1081 betreffen die Bestätigung in Deutschland ergangener Titel als EuVT. Die Bestätigung gibt dem Gläubiger die Möglichkeit, in allen Mitgliedstaaten unmittelbar ohne weitere Zwischenverfahren die Zwangsvollstreckung nach dem dortigen nationalen Recht (Art. 20 Abs. 1 EG-VollstrTitelVO) zu betreiben. § 1079 normiert die Zuständigkeit für die Ausstellung der Bestätigung, die in der EG-VollstrTitelVO bewusst nicht geregelt wurde (Rn. 16). Die Voraussetzungen für die Bestätigung einer über eine unbestrittene Forderung ergangenen Entscheidung als EuVT und die Zuständigkeit für die Entgegennahme des Antrags auf Bestätigung sind in Art. 6 EG-VollstrTitelVO enthalten. Die Bestätigung selbst ist in Art. 9 EG-VollstrTitelVO normiert. Für die Bestätigung gerichtlicher Vergleiche gilt Art. 24 EG-VollstrTitelVO. Für öffentliche Urkunden findet sich die entsprechende Regelung in Art. 25 EG-VollstrTitelVO, allerdings fehlt dort eine Bestimmung der Zuständigkeit für die Empfangnahme. Diese bestimmen die Mitgliedstaaten selbst. Gem. § 1079 ist einheitlich die Stelle zuständig, der die Erteilung einer vollstreckbaren Ausfertigung des Titels obliegt. Art. 7 EG-VollstrTitelVO enthält eine Sonderregelung für Kostenentscheidungen, Art. 8 EG-VollstrTitelVO eine für Entscheidungen, die nur teilweise die Voraussetzungen für die Bestätigung als EuVT erfüllen. 1

II. Arten der Bestätigungen

1. Bestätigungen nach Art. 9 Abs. 1 EG-VollstrTitelVO. Die Bestätigung betrifft **gerichtliche Entscheidungen** gem. Art. 4 Nr. 1 EG-VollstrTitelVO (zum Verfahren § 1080 Rn. 5 ff.). Der Begriff der Entscheidung findet sich ebenso in Art. 32 EuGVO. Problematisch erscheint allein, ob auch Entscheidungen, die im Verfahren des einstweiligen Rechtsschutzes ergehen, darunter fallen. Die Ansichten sind geteilt.[1] **Entscheidungen im einstweiligen Rechtsschutz** sind grds. Titel iSd. Art. 32 EuGVO.[2] Der EuGH hat allerdings für das EuGVÜ (Art. 25) und damit heute für die EuGVO die Vollstreckung derartiger Entscheidungen eingeschränkt. Einstweilige Maßnahmen unterfallen nur dann Art. 32 EuGVO, wenn sie nach der Gewährung rechtlichen Gehörs erlassen werden.[3] Erforderlich sind also in jedem Fall Ladung bzw. Zustellung. Derartige Entscheidungen werden nicht aufgrund von Art. 34 Nr. 2 EuGVO nicht anerkannt, sondern sind schon keine Entscheidungen i. S. Art. 32 EuGVO.[4] Aus den Anforderungen des EuGH für die Vollstreckung von Entscheidungen im einstweiligen Rechtsschutz wird für die EG-VollstrTitelVO gefolgert, dass einstweilige Maßnahmen nicht als EuVT bestätigt werden können, da insofern Mindeststandards erforderlich seien.[5] Dieser Ansicht kann nicht gefolgt werden. Der Normsetzer der EuVTVO hat von der Statuierung von Mindeststandards für die Bestätigung von Entscheidungen im einstweiligen Rechtsschutz als EuVT abgesehen. Zudem kommt es auch im Rahmen des Art. 32 EuGVO, soweit rechtliches Gehör gewährt wurde, nicht darauf an, ob es tatsächlich zu einem streitigen Verfahren kam oder der Gegner säumig blieb.[6] Zu übertragen auf Art. 4 Nr. 1 EG-VollstrTitelVO ist zunächst 2

---

[1] Dagegen *Kropholler*, EZPR, Art. 4 EG-VollstrTitelVO Rn. 2; dafür *Rauscher/Rauscher/Pabst*, EuZPR, EG-VollstrTitelVO, Art. 4 Rn. 4; *Rellermeyer* Rpfleger 2005, 389, 392; *Riedel* S. 4.
[2] Jenard-Bericht ABlEG C 59/43; BGH, Beschl. v. 16. 5. 1979 – VIII ZB 8/79 = BGHZ 74, 278 = NJW 1980, 528 (franz. Arrestbefehl).
[3] EuGH, v. 21. 5. 1980 *(Denilauler v. Couchez Frères)* = IPRax 1981, 95; Slg. 1980, 1553; *Kropholler*, EZPR, Art. 32 Rn. 22; *Nagel/Gottwald*, IZPR, § 12 Rn. 128; *Schlosser*, EU-Zivilprozessrecht, Art. 32 Rn. 6.
[4] *Schlosser*, EU-Zivilprozessrecht, Art. 32 Rn. 6.
[5] *R. Wagner* IPRax 2002, 75, 89 (allerdings *de lege ferenda*), im Anschluss daran *Kropholler*, EZPR, Art. 4 EG-VollstrTitelVO Rn. 2 (allerdings *de lege lata*).
[6] EuGH, C-474/93 vom 13. 7. 1995, Rn. 14.

§ 1079 3–5   Buch 11. Abschnitt 4. VO (EG) Nr. 805/2004

die Rechtsprechung des EuGH: Erfolgt keine Gewährung rechtlichen Gehörs im Verfahren einstweiligen Rechtsschutzes, so liegt schon keine Entscheidung vor. Ist die Gewährung rechtlichen Gehörs aber erfolgt, so liegt auch eine Entscheidung i. S. von Art. 4 Nr. 1 EG-VollstrTitelVO vor, die als EuVT bestätigt werden kann.[7] Kann sich nach Zustellung der Entscheidung an den Antragsgegner durch dessen Widerspruch eine Möglichkeit der Gewährung rechtlichen Gehörs ergeben, ist dies ausreichend.[8] Ob die Aufstellung von Mindeststandards sinnvoll gewesen wäre, kann *de lege lata* keine Rolle spielen. Ob diese Entscheidungen als unstreitige in den sachlichen Anwendungsbereich der VO fallen, ist anhand des Art. 3 EG-VollstrTitelVO zu prüfen. Im Verfahren des einstweiligen Rechtsschutzes können durchaus unstreitige Entscheidungen iSd. EG-VollstrTitelVO ergehen, die als EuVT bestätigt werden können.

3   **Kostenfestsetzungsbeschlüsse** sind isoliert vollstreckbar (§§ 104, 794 Nr. 2). Art. 4 Nr. 1 EG-VollstrTitelVO ermöglicht insofern die Bestätigung als EuVT gem. Art. 9 EG-VollstrTitelVO.[9] Kostenfestsetzungsbeschlüsse sind von den vollstreckbaren Entscheidungen über die Höhe der mit dem gerichtlichen Verfahren verbundenen Kosten, einschließlich Zinsen nach Art. 7 EG-VollstrTitelVO abzugrenzen. Im deutschen Recht gibt es bezifferte Aussprüche über die zu erstattenden Kosten im Urteil iSd. Art. 7 EG-VollstrTitelVO nicht. Dort enthält das Urteil nur die nicht vollstreckungsfähige Kostengrundentscheidung, die Höhe der zu erstattenden Kosten ergibt sich aus dem Kostenfestsetzungsverfahren gem. §§ 103–107. Unter Art. 7 EG-VollstrTitelVO fallen nur Kostenentscheidungen, die als Annex einer als EuVT zu bestätigenden Entscheidung ergehen und einen bezifferten Ausspruch über die Kosten enthalten.[10]

4   Fraglich ist, ob es bei Kostenfestsetzungsbeschlüssen nach Art. 4 Nr. 1 EG-VollstrTitelVO entsprechend Art. 7 EG-VollstrTitelVO notwendig ist, dass es sich bei der Kostenentscheidung um eine Entscheidung handelt, die als Annex einer Hauptentscheidung ergeht, die als EuVT bereits bestätigt ist oder bestätigt wird.[11] Bei Art. 7 EG-VollstrTitelVO ergibt sich der Grundsatz limitierter Akzessorietät aus dem Wortlaut der Vorschrift („auch hinsichtlich"), so dass die Hauptentscheidung unstreitig ergangen sein muss.[12] Bei Art. 4 Nr. 1 EG-VollstrTitelVO ergibt sich aus dem Wortlaut kein solcher Zusammenhang. Insoweit wird zu Recht angenommen, dass es bei Art. 4 Nr. 1 EG-VollstrTitelVO nicht darauf ankommt, ob die zugrunde liegende Hauptsacheentscheidung streitig oder unstreitig ergangen ist. Andernfalls wäre die selbständige Erwähnung des Kostenfestsetzungsbeschlusses in Art. 4 Nr. 1 EG-VollstrTitelVO nicht zu erklären. Es kommt daher allein darauf an, ob der Kostenfestsetzungsbeschluss unstreitig erging.[13]

5   **2. Bestätigungen nach Art. 24 Abs. 1 EG-VollstrTitelVO – Gerichtliche Vergleiche.**
Art. 24 EG-VollstrTitelVO knüpft an Art. 3 Abs. 1 EG-VollstrTitelVO an. Die VO bezieht Vergleiche, die von einem Gericht gebilligt sind oder die vor einem Gericht im Lauf des Verfahrens geschlossen wurde, in ihren Anwendungsbereich ein (Art. 3 Abs. 1 lit. a, 24 Abs. 1 EG-VollstrTitelVO). Ein solcher Vergleich kann unter Verwendung des Formblattes im Anhang II bestätigt werden (zum Verfahren § 1080 Rn. 2, 5 ff.). Der Begriff des Vergleichs in Art. 24 EG-VollstrTitelVO ist weiter als der in Art. 58 EuGVO, da neben Vergleichen, die vor einem Gericht geschlossen wurden, auch solche erfasst sind, die lediglich durch ein Gericht gebilligt werden. Damit fallen die vor einem Gericht geschlossenen Vergleiche iS § 794 Abs. 1 Nr. 1, § 118 Abs. 1 S. 3 und § 492 Abs. 3 in den Anwendungsbereich. Aufgrund der Erweiterung auf von einem Gericht gebilligte Vergleiche werden denn auch außergerichtliche Vergleiche nach deutscher Terminologie einbezogen, wenn sie von einem Gericht (dort auch vom Rechtspfleger)[14] bestätigt werden, womit jedoch keine inhaltliche Akzeptanz gemeint ist.[15] Daher werden Vergleiche nach § 278 Abs. 6 in den Anwendungsbereich einbezogen. Diese fallen unter Art. 3 Abs. 1 lit. a EG-VollstrTitelVO.[16] Gleiches gilt für den

---

[7] Ebenso *Riedel* PROZRB 2005, 324.
[8] EuGH, Urt. v. 14. 10. 2004, Rs C-39/02 = EuGHE 2004 I 9657 (Rn. 50); ebenso OLG Stuttgart, Beschl. v. 24. 5. 2007 – 8 W 184/07 – NJW-RR 2007, 1583; *Rauscher/Leible,* EuZPR, Brüssel I-VO, Art. 32 Rn. 12 a.
[9] OLG Stuttgart, Beschl. v. 24. 5. 2007 – 8 W 184/07 = NJW-RR 2007, 1583; *R. Wagner* IPRax 2005, 189, 196; *Rauscher,* Der Europäische Vollstreckungstitel für unbestrittene Forderungen, Rn. 46; *Hök* ZAP 2005, 159, 163.
[10] *Kropholler,* EZPR, Art. 7 EG-VollstrTitelVO Rn. 1, 3.
[11] So *R. Wagner* IPRax 2005, 189, 196.
[12] *R. Wagner* IPRax 2005, 189, 196; *aA Rauscher,* Der Europäische Vollstreckungstitel für unbestrittene Forderungen, Rn. 46; *Rauscher/Rauscher/Pabst,* EuZPR, EG-VollstrTitelVO, Art. 7 Rn. 1.
[13] OLG Stuttgart, Beschl. v. 24. 5. 2007 – 8 W 184/07 = NJW-RR 2007, 1583.
[14] *Rellermeyer* Rpfleger 2005, 389, 392.
[15] *Leible-Lehmann* NotBZ 2004, 453, 456; *R. Wagner* IPRax 2005, 189, 192; *Rauscher/Rauscher/Pabst,* EuZPR, EG-VollstrTitelVO, Art. 3 Rn. 6.
[16] Ebenso *Leible-Lehmann* NotBZ 2004, 453, 456; *Rauscher/Rauscher/Pabst,* EuZPR, EG-VollstrTitelVO, Art. 3 Rn. 9.

vollstreckbar erklärten und beim Amtsgericht niedergelegten **Anwaltsvergleich** (§§ 796 a, 796 b). Vollstreckungstitel ist der Gerichtsbeschluss, der die Vollstreckbarkeit ausspricht (§ 794 Abs. 1 Nr. 4 lit. b).[17] Nicht vom Gericht bestätigt iSd. EG-VollstrTitelVO wird jedoch der Anwaltsvergleich, der von einem Notar nach § 796 c in Verwahrung genommen und für vollstreckbar erklärt wird. Dieser wird jedoch als öffentliche Urkunde erfasst (Rn. 9).[18] Vergleiche, die in einem Schiedsverfahren geschlossen werden (§ 1053, § 107, 109 ArbGG) sind auch nach Erklärung der Vollstreckbarkeit nicht erfasst, weil sie schon nicht in den Anwendungsbereich der EG-VollstrTitelVO fallen.[19]

Nicht erfasst werden materiellrechtliche Vergleiche (§ 779 BGB), da diese nicht vor Gericht geschlossen werden und jede Billigung durch ein Gericht fehlt. Vergleiche vor der Gütestelle nach § 15 a EGZPO sind lediglich öffentliche Urkunden (Rn. 9).[20] Die dort geschlossenen Vergleiche sind außergerichtliche, da ein Verfahren noch nicht rechtshängig ist. Das Verfahren vor der Gütestelle ist landesrechtlich Sachurteilsvoraussetzung für die zu erhebende Klage[21] und findet vor der durch die Landesjustizverwaltung eingerichteten oder anerkannten Gütestelle statt. Dies sind Rechtsanwälte oder Notare, was es ausschließt, Vergleiche vor der Gütestelle mit lit. a zu erfassen, auch wenn diese, was ihre Vollstreckbarkeit betrifft, den Prozessvergleichen gleichgestellt werden (§ 794 Abs. 1 Nr.1). Nicht erfasst wird das Schuldanerkenntnis gem. §§ 780, 781 BGB, da dieses ein gegenseitiger Vertrag zwischen den Streitparteien ist, der nicht vor Gericht geschlossen werden muss, während das Anerkenntnis eine einseitige an das Gericht gerichtete Prozesshandlung ist ohne Doppelnatur.

Wenig geklärt scheint derzeit, ob auch die Kostenentscheidung, die im Fall übereinstimmender 7 Erledigungserklärung ergeht (§ 91 a), unter Art. 24 Abs. 1, Art. 3 Abs. 1 lit. a EG-VollstrTitelVO fällt. Diese wird zwar nicht unmittelbar von den in der VO verwendeten Begriffen erfasst. Nach der Intention spricht jedoch einiges dafür, die Kostenentscheidung einzubeziehen.[22]

Der Vergleich muss lediglich vollstreckbar sein, was Art. 6 Abs. 1 lit. a EG-VollstrTitelVO ent- 8 spricht. Weitere Bestätigungsvoraussetzungen bestehen nicht, da Art. 6 Abs. 1 gem. Art. 24 Abs. 3 EG-VollstrTitelVO nicht für entsprechend anwendbar erklärt wurde. Insbesondere hängt die Bestätigung nicht von der Einhaltung von Mindestvorschriften ab (§ 1080 Rn. 11).

3. Bestätigungen nach Art. 25 Abs. 1 EG-VollstrTitelVO – Öffentliche Urkunden. 9
Art. 25 EG-VollstrTitelVO betrifft die Vollstreckung aus öffentlichen Urkunden. Die Vorschrift knüpft an Art. 3 Abs. 1 lit. d EG-VollstrTitelVO an. Sie treibt den Vormarsch vor allem notarieller Urkunden in Europa im Anschluss an Art. 50 EuGVÜ und Art. 57 EuGVO weiter voran.[23] Eine öffentliche Urkunde kann unter Verwendung des Formblattes im Anhang III bestätigt werden (zum Verfahren § 1080 Rn. 5 ff.). Der **Begriff der öffentlichen Urkunde** ist, nachdem weder EuGVÜ noch EuGVO, ebenso wenig wie der *Jenard*-Bericht,[24] eine Definition bereit hielten, in Art. 4 Nr. 3 EG-VollstrTitelVO nach dem Vorbild der Unibank-Entscheidung des EuGH aus dem Jahr 1999[25] definiert worden. Die Urkunde muss unter Beteiligung einer Behörde errichtet worden sein, deren Aufgabe es ist, diese zu beurkunden, um ihr Gewissheit und Beweiskraft zu verleihen, und zwar nicht nur im Hinblick auf ihre äußeren Voraussetzungen wie zB das Datum und die Unterschrift, sondern auch bezüglich ihrer inhaltlichen Voraussetzungen.[26] Die Beurkundung muss sich deshalb auf den Inhalt und die Unterschrift beziehen und von einer dazu ermächtigten Behörde oder Stelle vorgenommen worden sein. Gedacht war in erster Linie an deutsche und französische notarielle Urkunden.[27] Zu bedenken ist, dass die Urkunden immer in den sachlichen Anwendungsbereich der

---

[17] *Leible-Lehmann* NotBZ 2004, 453, 456; *R. Wagner* IPRax 2005, 189, 192.
[18] *Rauscher/Rauscher/Pabst,* EuZPR, EG-VollstrTitelVO, Art. 3 Rn. 10; *Jennissen* InVo 2006, 218, 221.
[19] AA für den Vergleich im arbeitsgerichtlichen Schiedsverfahren *Rauscher/Rauscher/Pabst,* EuZPR, EG-VollstrTitelVO, Art. 3 Rn. 9.
[20] *Leible-Lehmann* NotBZ 2004, 453, 456; *Rauscher/Rauscher/Pabst,* EuZPR, EG-VollstrTitelVO, Art. 4 Rn. 10.
[21] Die Regelung in Nordrhein-Westfalen ist verfassungsgemäß, BVerfG, Beschl. v. 14. 2. 2007 – 1 BvR 1351/01. Die Nichtdurchführung eines Streitschlichtungsverfahrens kann auch noch in der Berufungsinstanz gerügt werden, OLG Saarbrücken v. 14. 12. 2006 – 8 U 724/05 = NJW 2007, 1292; aA LG Marburg v. 13. 4. 2005 – 5 S 81/04 = NJW 2005, 2866.
[22] S. auch *Hök* ZAP 2005, 159, 163.
[23] *Münch,* FS Rechberger, 2005, S. 395, 411.
[24] Bericht Jenard, ABlEG 1979, C 59 S. 1.
[25] EuGH, v. 17. 6. 1999, Rs. C 260/97 – Unibank/Flemming G. Christensen) = Slg. 1999 I, 3715 = IPRax 2000, 409 (*Geimer* 366).
[26] *Generalanwalt La Pergola* in den Schlussanträgen vom 2. Februar 1999, Rs. C 260/97; s. auch *Münch,* FS Rechberger, 2005, S. 395, 404 f.
[27] *Schlosser,* EU-Zivilprozessrecht, Art. 57 Rn. 2.

EG-VollstrTitelVO fallen müssen.[28] Alle notariellen Urkunden iS. § 794 Abs. 1 Nr. 5 erfüllen diese Voraussetzungen,[29] nicht jedoch einfache Zeugnisse und Unterschriftsbeglaubigungen gem. §§ 39, 40 BeurkG.[30] Unter Art. 3 Abs. 1 lit. d, 4 Nr. 3 EG-VollstrTitelVO fallen der durch einen Notar in Verwahrung genommene und für vollstreckbar erklärte (§ 796 c) und der vor der Gütestelle nach § 15a EGZPO geschlossene Vergleich.[31] Von den Jugendämtern beurkundete Erklärungen (§ 59 Abs. 1 S. 1 Nr. 3, 4 SGB VIII) sind erfasst.[32] Zur Bestätigung muss die öffentliche Urkunde lediglich (im Zeitpunkt der Bestätigung[33]) vollstreckbar sein, was Art. 6 Abs. 1 lit. a EG-VollstrTitelVO entspricht. Weitere Bestätigungsvoraussetzungen bestehen wie im Falle des Art. 24 EG-VollstrTitelVO nicht (Rn. 8, Mindestvoraussetzungen sind nicht einzuhalten (§ 1080 Rn. 11). Die Bestätigung einer öffentlichen Urkunde ist demnach aufgrund der Belehrung durch die öffentliche Stelle, vor allem der Notare, deutlich gegenüber der gerichtlicher Urteile erleichtert.[34] Ob der Vollstreckungsmitgliedstaat selbst öffentliche Urkunden als Vollstreckungstitel kennt, ist unerheblich.[35]

10 **4. Bestätigungen der Nichtvollstreckbarkeit nach Art. 6 Abs. 2 EG-VollstrTitelVO.** Der Schuldner kann, wenn eine als EuVT bestätigte Entscheidung nicht mehr vollstreckbar ist oder ihre Vollstreckbarkeit ausgesetzt oder eingeschränkt wurde, auf jederzeitigen Antrag an das Ursprungsgericht unter Verwendung des Formblatts in Anhang IV eine Bestätigung der Nichtvollstreckbarkeit bzw. der Beschränkung der Vollstreckbarkeit erhalten (Gegenbestätigung[36]). Gem. Art. 24 Abs. 3 und Art. 25 Abs. 3 EG-VollstrTitelVO ist die Bestätigung nach Art. 6 Abs. 2 EG-VollstrTitelVO auch für gerichtliche Vergleiche und öffentliche Urkunden zu erteilen. Dem Schuldner wird es so ermöglicht, gegen Veränderungen der Vollstreckbarkeit selbst aktiv zu werden. Wird der Antrag zurückgewiesen, kann der Schuldner Klauselerinnerung erheben (§§ 1080 Abs. 2 iVm. § 732, vgl. § 1080 Rn. 62). Im Formular ist anzugeben, ob die Vollstreckung einstweilig ausgesetzt, auf Sicherheitsmaßnahmen beschränkt oder von einer noch ausstehenden Sicherheitsleistung in zu beziffernder Höhe abhängig gemacht wurde. Art. 6 Abs. 2 EG-VollstrTitelVO ist letztlich die konsequente Fortsetzung der Regelung in Art. 11 EG-VollstrTitelVO, wonach sich die Vollstreckungsmöglichkeit im Ausland aus der Vollstreckbarkeit der Entscheidung im Inland ableitet.[37]

11 Der Antrag kann *jederzeit* gestellt werden, eine Frist ist nicht vorgesehen.[38] Die Auswirkung einer deutschen Gegenbestätigung auf das Vollstreckungsverfahren im Ausland regelt das dortige Vollstreckungsrecht. Zur Wirkung einer ausländischen Gegenbestätigung s. § 1085 Rn. 1.

12 **5. Bestätigung nach Art. 6 Abs. 3 EG-VollstrTitelVO – Ersatzbestätigung.** Art. 6 Abs. 3 EG-VollstrTitelVO ist erforderlich geworden, weil die vorläufige Vollstreckbarkeit für eine Bestätigung als EuVT ausreicht und die EG-VollstrTitelVO nach Art. 3 Abs. 2 auch für solche Entscheidungen gilt, die nach einer Anfechtung von Entscheidungen ergeht, die als EuVT bereits bestätigt sind. Kommt es in der Folge zu einer Anfechtung der Entscheidung, bei der im Rechtsbehelfsverfahren eine vollstreckbare Entscheidung ergeht, so kann für diese Bestätigung unter Verwendung des Formulars im Anhang V erlangt werden. Gem. Art. 24 Abs. 3 und Art. 25 Abs. 3 EG-VollstrTitelVO ist die Bestätigung nach Art. 6 Abs. 3 EG-VollstrTitelVO auch für gerichtliche Vergleiche und öffentliche Urkunden zu erteilen. Die Ersatzbestätigung tritt an die Stelle der Bestätigung.[39] Dies folgt nicht deutlich genug aus der EG-VollstrTitelVO, jedoch aus dem Formular Anhang V Ziff. B. Dabei kann es nicht darauf ankommen, ob das nationale Recht eine Entscheidung aufrecht erhält, eine neue vorsieht oder die Entscheidung abändert. In jedem Fall tritt die Entscheidung im Rechtsbehelfsverfahren an die Stelle des EuVT und kann als neuer EuVT bestätigt werden, soweit sie vollstreckbar ist. Daher ist es unerheblich, dass im deutschen Recht nach einem Ein-

---

[28] *Rauscher/Rauscher/Pabst,* EuZPR, EG-VollstrTitelVO, Art. 4 Rn. 17.
[29] *Münch,* FS Rechberger, 2005, S. 395, 407; *Leible-Lehmann* NotBZ 2004, 453, 456; *Rauscher/Rauscher/Pabst,* EuZPR, EG-VollstrTitelVO, Art. 4 Rn. 20.
[30] *Franzmann* MittBayNot 2005, 470, 471; *Leible-Lehmann* NotBZ 2004, 453, 456.
[31] *Leible-Lehmann* NotBZ 2004, 453, 456; *Rauscher/Rauscher/Pabst,* EuZPR, EG-VollstrTitelVO, Art. 4 Rn. 20.
[32] *Rauscher/Rauscher/Pabst,* EuZPR, EG-VollstrTitelVO, Art. 4 Rn. 24; *Kropholler,* EZPR, Art. 4 EG-VollstrTitelVO Rn. 8.
[33] *Rauscher/Rauscher/Pabst,* EuZPR, EG-VollstrTitelVO, Art. 4 Rn. 22.
[34] *Franzmann* MittBayNot 2004, 404, 406.
[35] *Leible-Lehmann* NotBZ 2004, 453, 457; *Franzmann* MittBayNot 2005, 470, 472; rechtsvergleichender Überblick bei *Münch,* FS Rechberger, 2005, S. 395, 397.
[36] Begriff von *Kropholler,* EZPR, Art. 6 EG-VollstrTitelVO Rn. 16.
[37] *Stein* EuZW 2004, 679, 682; *Kropholler,* EZPR, Art. 6 EG-VollstrTitelVO Rn. 16.
[38] *Rauscher/Rauscher/Pabst,* EuZPR, EG-VollstrTitelVO, Art. 6 Rn. 37.
[39] *Rauscher/Rauscher/Pabst,* EuZPR, EG-VollstrTitelVO, Art. 6 Rn. 40.

spruch gegen ein Versäumnisurteil das Gericht zu dem Ergebnis kommen kann, dass ein Urteil zu ergehen hat, das mit dem Versäumnisurteil übereinstimmt (§ 343 S. 1).

Die Zuständigkeit für die Erteilung der Ersatzbestätigung ist in Art. 6 Abs. 3 EG-VollstrTitelVO nicht normiert, sie folgt in Deutschland aus § 1079. Danach ist, solange der Rechtsstreit bei dem höheren Gericht anhängig ist, dieses für die Entgegennahme des Antrags und für die Entscheidung zuständig (§ 724 Abs. 2). **13**

Ob immer eine Ersatzbestätigung zu ergehen hat, wenn im Rechtsbehelfsverfahren nach einer Bestätigung eine Entscheidung ergeht, ist deshalb fraglich, weil damit der Charakter der Unbestrittenheit, der bis zum Erlass der ersten als EuVT bestätigten Entscheidung vorliegt, für das gesamte weitere Rechtsbehelfsverfahren zementiert wird. Ergeht im Rechtsbehelfsverfahren nach streitiger Verhandlung eine Entscheidung, so ist fraglich, ob diese als EuVT bestätigt werden kann. Die Regelung in Art. 12 Abs. 2 EG-VollstrTitelVO, auf die Art. 6 Abs. 3 aE EG-VollstrTitelVO verweist, gibt für die Entscheidung dieser Streitfrage nichts her. Dafür spricht Art. 3 Abs. 2 EG-VollstrTitelVO, nach dem der Charakter einer einmal unbestrittenen Forderung nicht durch Nutzung eines Rechtsbehelfs nach der Bestätigung als EuVT entfällt. Auch die Kommission ist davon ausgegangen.[40] **14**

Wenn auf die Anfechtung ein streitiges Verfahren folgt, bedarf es nach zutreffender Ansicht der Kommission nicht der Prüfung der Mindestvorschriften der Art. 12 ff. EG-VollstrTitelVO. Nur wenn der Schuldner im Termin über die Anfechtung nicht erscheint oder nicht vertreten ist, sind vor Erlass der Ersatzbestätigung die Einhaltung der Mindestvorschriften der Art. 12 ff. EG-VollstrTitelVO zu prüfen. **15**

III. Zuständigkeit

Die EG-VollstrTitelVO normiert keine Zuständigkeit für das Bestätigungsverfahren. Art. 6 Abs. 1 EG-VollstrTitelVO sieht lediglich vor, dass das Ursprungsgericht für die Empfangnahme des Antrags auf Bestätigung zuständig ist. Gleiches gilt für Art. 24 EG-VollstrTitelVO, während Art. 25 EG-VollstrTitelVO den Mitgliedstaaten auch die Bestimmung der zur Entgegennahme des Antrags zuständigen Stelle überlässt. Die Regelung der funktionellen Zuständigkeit bzw. der Geschäftsverteilung bleibt den Mitgliedstaaten überlassen. Mit dieser Konzeption sollte der Befürchtung begegnet werden, die Funktion des Bestätigungsverfahrens als Kontrollverfahren werde beeinträchtigt, wenn die Entscheidungsinstanz selbst oder aber eine organisatorisch mit der Entscheidungsinstanz verbundene Instanz (anderer Spruchkörper des Gerichts) mit dieser Aufgabe betraut werden. **16**

1. Gerichtliche Entscheidungen. Zuständig ist das Gericht, das in der Sache entschieden hat, also entweder das Gericht erster Instanz oder das höhere Gericht. Deutschland hat also keine strikte Trennung zwischen dem gerichtlichen und dem Bestätigungsverfahren herbeigeführt, die die EG-VollstrTitelVO nach der Kritik aus den Mitgliedstaaten ermöglicht hat, indem sie nur die Zuständigkeit für die Empfangnahme in Art. 6 Abs. 1 EG-VollstrTitelVO normiert.[41] Funktionell zuständig ist jedoch entgegen § 724 Abs. 2 nicht der Urkundsbeamte der Geschäftsstelle, sondern der Rechtspfleger (§ 20 Nr. 11 RPflG[42]), der in den meisten Fällen bereits für die Erteilung der zugrundeliegenden Entscheidung, wie bei Vollstreckungsbescheiden (§ 20 Nr. 1 RPflG) und im vereinfachten Unterhaltsverfahren (§§ 645 ff., § 20 Nr. 10 RPflG) zuständig war.[43] Unberührt bleibt die Möglichkeit der Vorlage an den Richter gem. § 5 RPflG und die Bearbeitung durch den Richter gem. § 6 RPflG. **17**

2. Gerichtliche Vergleiche. Zuständig ist das Gericht, vor dem der Vergleich geschlossen wurde bzw. das ihn gebilligt hat. Funktionell zuständig ist der Rechtspfleger (§ 20 Nr. 11 RPflG). **18**

3. Öffentliche Urkunden. Die Bestätigung ist von der Stelle auszustellen, der auch die Erteilung einer vollstreckbaren Ausfertigung des Titels obliegt (§ 797). Damit sind die Notare und Behörden zuständig, die den Titel geschaffen haben und verwahren entsprechend § 797 Abs. 2.[44] Gem. § 60 S. 3 Nr. 1 SGB VIII ist das Jugendamt für die Ausstellung der Bestätigung als EuVT zu- **19**

---

[40] KOM (2004) 90 endg. S. 10. Ebenso *Kropholler*, EZPR, Art. 6 EG-VollstrTitelVO Rn. 18; aA *Rauscher*, Der Europäische Vollstreckungstitel für unbestrittene Forderungen, Rn. 76; *Rauscher/Pabst*, EuZPR, EG-VollstrTitelVO, Art. 6 Rn. 42.

[41] In Österreich ist gem. § 7a Exekutionsordnung (EO, RGBl. Nr. 79/1896 zuletzt geändert durch BGBl. I Nr. 68/2005) immer das Gericht erster Instanz für die Entscheidung zuständig. Funktionell ist der Rechtspfleger zuständig (§ 16 Abs. 1 Nr. 7 RPflG) vgl. *Burgstaller/Neumayr* ÖJZ 2006, 179, 186.

[42] Nr. 11 neu gefasst mit Wirkung vom 21. 10. 2005 durch Gesetz vom 18. 8. 2005 (BGBl. I S. 2477).

[43] *R. Wagner* IPRax 2004, 401, 403.

[44] *Franzmann* MittBayNot 2004, 404, 406.

§ 1080 1   Buch 11. Abschnitt 4. VO (EG) Nr. 805/2004

ständig, dem die Beurkundung der Verpflichtungserklärung übertragen ist. Das EG-VTDG hat § 60 S. 3 Nr. 1 SGB VIII neu gefasst.[45] Für gerichtlich verwahrte konsularische Urkunden ist der Rechtspfleger des AG Schöneberg zuständig (§ 10 Abs. 3 Nr. 4 S. 2, Nr. 5 S. 2 KonsularG).

§ 1080 Entscheidung

(1) ¹Bestätigungen nach Artikel 9 Abs. 1, Artikel 24 Abs. 1, Artikel 25 Abs. 1 und Artikel 6 Abs. 3 der Verordnung (EG) Nr. 805/2004 sind ohne Anhörung des Schuldners auszustellen. ²Eine Ausfertigung der Bestätigung ist dem Schuldner von Amts wegen zuzustellen.

(2) Wird der Antrag auf Ausstellung einer Bestätigung zurückgewiesen, so sind die Vorschriften über die Anfechtung der Entscheidung über die Erteilung einer Vollstreckungsklausel entsprechend anzuwenden.

Übersicht

	Rn.
I. Überblick	1–4
1. Zweck des Bestätigungsverfahrens	1
2. Formblätter	2
3. Antrag	3
4. Keine Anhörung	4
II. Voraussetzungen für die Bestätigung als EuVT	5–57
1. Anwendungsbereich der EG-VollstrTitelVO	6
2. Unbestrittene Forderung	7
3. Vollstreckbarkeit (Art. 6 lit. a EG-VollstrTitelVO)	8
4. Kein Widerspruch zu Zuständigkeitsvorschriften (Art. 6 lit. b EG-VollstrTitelVO)	9
5. Mindestvorschriften (Art. 6 lit. c EG-VollstrTitelVO	10–44
a) Zweck	10
b) Anwendungsbereich	11
c) Verfahrenseinleitendes Schriftstück	12
d) Kontroll- nicht Entscheidungsmaßstab	13
e) Einhaltung von Zustellungsregeln (Art. 13–15 EG-VollstrTitelVO)	14–31
f) Ordnungsgemäße Unterrichtung des Schuldners über die Forderung (Art. 16 EG-VollstrTitelVO)	32–36
g) Ordnungsgemäße Unterrichtung des Schuldners über die Verfahrensschritte zum Bestreiten der Forderung (Art. 17 EG-VollstrTitelVO)	37–42
h) Verbrauchersachen (Art. 6 lit. d EG-VollstrTitelVO)	43–45
6. Heilung der Nichteinhaltung von Mindestvorschriften (Art. 18 EG-VollstrTitelVO)	46–52
a) Zweck	46
b) Von Art. 27 Nr. 2 EuGVÜ über Art. 34 Nr. 2 EuGVO zu Art. 18 EG-VollstrTitelVO	47
c) Heilung bei Nichteinlegung eines Rechtsbehelfs (Art. 18 Abs. 1 EG-VollstrTitelVO)	48–51
d) Heilung von Zustellungsmängeln (Art. 18 Abs. 2 EG-VollstrTitelVO)	52
7. Mindestvorschriften für eine Überprüfung in Ausnahmefällen (Art. 19 EG-VollstrTitelVO)	53–58
a) Ersatzzustellung (Art. 19 Abs. 1 lit. a EG-VollstrTitelVO)	54
b) Höhere Gewalt (Art. 19 Abs. 1 lit. b EG-VollstrTitelVO)	55
c) Erfordernis unverzüglichen Tätigwerdens	56
d) Großzügigere Bedingungen im nationalen Recht (Abs. 2)	57
e) Kein Anpassungsbedarf im deutschen Recht	58
III. Zug um Zug Verurteilungen	59
IV. Zustellung der Bestätigung (Abs. 1 S. 2)	60
V. Rechtsbehelfe (Abs. 2)	61–63
1. Des Gläubigers	61, 62
2. Des Schuldners	63

I. Überblick

1   1. Zweck des Bestätigungsverfahrens. Das Bestätigungsverfahren im Ursprungsmitgliedstaat ersetzt das Vollstreckbarerklärungsverfahren im Vollstreckungsmitgliedstaat und nimmt die Vollstreckbarerklärungsversagungsgründe teilweise auf. Dieses Vorgehen entspricht dem Systemwechsel im Rahmen der Vollstreckung, der nationale Souveränitätserwägungen zugunsten von Effektivitätserwägungen zurückgedrängt hat (s. Vor §§ 1079 ff. Rn. 2 ff.; 12). Neben der eingeschränkten Kontrollmöglichkeit im Rahmen des Berichtigungs- und Widerrufsverfahrens (§ 1081 iVm. Art. 10 EG-VollstrTitelVO) ist das Bestätigungsverfahren die einzige vorgesehene Kontrolle der zu vollstre-

---

[45] Art. 2 Abs. 6.

ckenden Entscheidung. Dabei unterscheidet sich der Maßstab der Überprüfung von dem der Entscheidung, weil die zu prüfenden Mindestvorschriften im Entscheidungsverfahren (Art. 12 ff. EG-VollstrTitelVO) keine Verbindlichkeit beanspruchen, sondern nur einen Kontrollmaßstab für das Bestätigungsverfahren bilden (§ 1079 Rn. 40).

2. Formblätter. Für gerichtliche Entscheidungen wird die Bestätigung unter Verwendung des Formblattes in Anhang I erteilt. Für gerichtliche Vergleiche ist das in Anhang II, für öffentliche Urkunden das Formblatt in Anhang III zu nutzen. Die Formblätter sind geeignet, das Sprachenproblem der EU zumindest in diesem Bereich zu lösen. Die Bestätigung wird nach Art. 9 Abs. 2 EG-VollstrTitelVO in der Sprache ausgestellt, in der die Entscheidung abgefasst ist. Die Formblätter liegen in den Sprachen der Mitgliedstaaten vor, bei der Ausfüllung bedarf es nur des Ankreuzens bzw. der Ergänzung von Namen und Zahlen. Die Formblätter sind im Europäischen Justizatlas zugänglich und können dort ausgefüllt werden.[1] Für die zuständige Stelle im Vollstreckungsmitgliedstaat ergibt sich aus dem Vergleich mit dem Formular in der eigenen Sprache ohne weiteres Sinn und Inhalt der Bestätigung. Werden in das Formblatt weitere Angaben aufgenommen (vorgesehen ist dies nach der Gestaltung des Formblattes nicht), so kann eine Übersetzung der Bestätigung (keinesfalls der Entscheidung, da die Vollstreckung allein auf der Grundlage der Angaben in der Bestätigung erfolgt) nach Art. 20 Abs. 2 lit. c EG-VollstrTitelVO gefordert werden.[2] 2

3. Antrag. Für die Bestätigung ist ein Antrag erforderlich, der *jederzeit* gestellt werden kann. Dieser kann bereits bei Einleitung des Erkenntnisverfahrens erfolgen, wenn noch gar nicht absehbar ist, ob das Verfahren mit einer unbestrittenen Entscheidung endet oder eine Vollstreckung im Ausland erforderlich wird.[3] Fristlos möglich ist auch die Antragstellung nach Abschluss des Erkenntnisverfahrens. Die Einführung von Fristen durch die Mitgliedstaaten wäre unzulässig.[4] 3

4. Keine Anhörung. Der Verzicht auf eine Anhörung des Schuldners im Bestätigungsverfahren durch die EG-VollstrTitelVO und § 1080 Abs. 1 entspricht dem Vollstreckbarerklärungsverfahren nach der EuGVO, das ebenfalls als einseitiges Verfahren ausgestaltet ist. Rechtliches Gehör kann nur im Rahmen des Berichtigungs- bzw. Widerrufsverfahrens gewährt werden (§ 1081). Die Zustellung des Antrags des Gläubigers auf Bestätigung an den Schuldner ist in der EG-VollstrTitelVO – entgegen erster Pläne – aus Effizienzgründen nicht vorgesehen.[5] Geregelt ist jedoch in § 1080 Abs. 1 S. 2 die Zustellung der Bestätigung, so dass der Schuldner nicht erst zu Beginn der Vollstreckung von der Bestätigung erfährt (s. u. Rn. 60). 4

II. Voraussetzungen für die Bestätigung als EuVT

Die Voraussetzungen für die Bestätigung differieren danach, ob eine aktiv oder passiv unbestrittene Forderung (zu dieser Unterscheidung Vor §§ 1079 ff. Rn. 25) bestätigt werden soll und danach, ob eine Entscheidung gegen einen Verbraucher zu bestätigen ist (Rn. 43 ff.). Die Voraussetzungen nach Art. 6 Abs. 1 lit. a und lit. b gelten für alle Entscheidungen, lit. c und lit. d nur für passiv unbestrittene Forderungen und lit. d nur für passiv unbestrittene Forderungen gegen einen Verbraucher. Für gerichtliche Vergleiche und öffentliche Urkunden sind die Voraussetzungen des Art. 6 Abs. 1 EG-VollstrTitelVO unbeachtlich (Art. 24 Abs. 3, 25 Abs. 3 EG-VollstrTitelVO). 5

1. Anwendungsbereich der EG-VollstrTitelVO. Obwohl dies nicht ausdrücklich angeordnet ist, hat die für die Bestätigung zuständige Stelle zunächst zu prüfen, ob überhaupt der Anwendungsbereich der EG-VollstrTitelVO eröffnet ist. Es muss sich also um eine Entscheidung handeln, die in den zeitlichen und sachlichen Anwendungsbereich der Verordnung fällt. Die Notwendigkeit, den Anwendungsbereich nachzuprüfen, entspricht der Rechtslage der EuGVO: Auch dort ist dies weder in Art. 32 EuGVO noch in den Anerkennungsversagungsgründen (Art. 32 EuGVO) normiert, die Prüfungsnotwendigkeit entspricht jedoch der allgemeinen Meinung.[6] 6

2. Unbestrittene Forderung. Weiter muss die zuständige Stelle prüfen, ob eine unbestrittene Forderung iSd. Art. 3 EG-VollstrTitelVO vorliegt. Dies ist im entsprechenden Formblatt Anhang I in Zeile 8 vorgesehen. 7

---

[1] http://ec.europa.eu/justice_home/judicialatlascivil/html/rc_forms_de_de.htm.
[2] *Kropholler*, EZPR, Art. 9 EG-VollstrTitelVO Rn. 2; Art. 20 EG-VollstrTitelVO Rn. 7. Weitergehend *Rauscher/Rauscher/Pabst*, EuZPR, EG-VollstrTitelVO, Art. 20 Rn. 13.
[3] *R. Wagner* NJW 2005, 1157, 1159; *Burgstaller/Neumayr* ÖJZ 2006, 179, 186; *Kropholler*, EZPR, Art. 6 EG-VollstrTitelVO Rn. 2.
[4] *Rauscher*, Der Europäische Vollstreckungstitel für unbestrittene Forderungen, Rn. 71.
[5] Kommission, Gemeinsamer Standpunkt (EG) Nr. 19/2004, ABl. EU 2004, C 79E/59, S. 6.
[6] BGH, v. 26. 6. 2003 – III ZR 245/98 = BGHZ 155, 279, 281 = NJW 2003, 3488; *Kropholler*, EZPR, Art 32 Rn. 3; *Kondrin* EWS 1995, 217; *Burgstaller/Neumayr* ÖJZ 2006, 179, 183.

§ 1080 8–11   Buch 11. Abschnitt 4. VO (EG) Nr. 805/2004

8 **3. Vollstreckbarkeit (Art. 6 lit. a EG-VollstrTitelVO).** Es ist erforderlich aber auch ausreichend, dass die Entscheidung in Deutschland vollstreckbar ist. Rechtskraft ist entgegen der ursprünglichen Pläne nicht erforderlich.[7] Vorläufige Vollstreckbarkeit reicht aus. Dies entspricht Art. 38 Abs. 1 EuGVO. Die Vollstreckbarkeit bildet den Rahmen der Wirkung der Entscheidung im Vollstreckungsmitgliedstaat (Art. 11 EG-VollstrTitelVO). Wird eine vorläufig vollstreckbare Entscheidung nach Erteilung der Bestätigung angefochten, so ändert dies nichts am Vorliegen einer unbestrittenen Forderung (Art. 3 Abs. 2 EG-VollstrTitelVO).

9 **4. Kein Widerspruch zu Zuständigkeitsvorschriften (Art. 6 lit. b EG-VollstrTitelVO).** Nach lit. b erfordert die Bestätigung, dass die Entscheidung nicht im Widerspruch zu den Zuständigkeitsregeln in Kapitel II Abschnitte 3 und 6 der EuGVO ergangen ist. Dabei handelt es sich um die Zuständigkeit in Versicherungssachen (Art. 8 ff. EuGVO) und die ausschließlichen Zuständigkeiten in Art. 22 EuGVO. Lit. b entspricht im Wesentlichen Art. 35 Abs. 1 EuGVO. In dem Formular Anhang I Ziff. 9 ist zu bestätigen, dass die Entscheidung im Einklang mit den Anforderungen des lit. b steht. Hieraus folgt – wie in Art. 35 Abs. 3 EuGVO ausdrücklich normiert – dass im Bestätigungsverfahren nicht die Einhaltung weiterer Zuständigkeitsvorschriften geprüft werden darf. Da die Zuständigkeitsvorschriften in Arbeitssachen (Art. 18 ff. EuGVO) in lit. b wie auch in Art. 35 Abs. 1 EuGVO nicht genannt sind, darf ebenso wie im Rahmen der EuGVO keine Nachprüfung erfolgen. Dass in lit. b Verbrauchersachen nicht genannt sind, ist mit der Sonderregelung in lit. d zu erklären (s. Rn. 43). Eine rügelose Einlassung (Art. 24 EuGVO) kann bei Versicherungssachen eine internationale Zuständigkeit begründen, stellt also dann keinen Widerspruch iSd. lit. b dar. Anders ist dies bei ausschließlichen Zuständigkeiten, weil hier eine rügelose Einlassung ohne Wirkung ist. Strittig ist, ob die zuständige Stelle bei der Nachprüfung im Bestätigungsverfahren entsprechend Art. 35 Abs. 2 EuGVO an die tatsächlichen Feststellungen gebunden ist, aufgrund derer das Gericht des Ursprungsmitgliedstaats seine Zuständigkeit angenommen hat.[8] Sinnvollerweise wird man eine Bindung an die tatsächlichen Feststellungen fordern, aber eine andere rechtliche Bewertung zulassen. Dies erleichtert die Entscheidung der für die Bestätigung zuständigen Stelle, indem weitere Aufklärungs- und Ermittlungstätigkeit vermieden wird und führt damit zu der notwendigen Beschleunigung des Bestätigungsverfahrens. Ein Grund, warum das Bestätigungsverfahren nach der EG-VollstrTitelVO aufwendiger sein sollte als das Anerkennungs- und Vollstreckbarerklärungsverfahren nach der EuGVO, ist zudem nicht ersichtlich.

10 **5. Mindestvorschriften (Art. 6 lit. c EG-VollstrTitelVO,** s. o. Vor §§ 1079 ff. Rn. 40). Das gerichtliche Verfahren muss den Vorschriften des Kapitels III entsprochen haben. **a) Zweck.** Die Mindestvorschriften sollen zum einen sicherstellen, dass dem Schuldner das verfahrenseinleitende Schriftstück (Rn. 12) zugestellt wurde. Zum anderen soll er über die Forderung und die Verfahrensschritte zum Bestreiten der Forderung ordnungsgemäß unterrichtet werden. Ziel ist, dass die Nichtteilnahme am Verfahren auf einer dem Schuldner zumindest zurechenbaren, möglichst jedoch einer bewussten Entscheidung beruht. In dem Formular Anhang I Ziff. 11–13 ist die Einhaltung der Mindestvorschriften zu bestätigen.

11 **b) Anwendungsbereich.** Nur bei passiv unbestrittenen Forderungen (Art. 3 Abs. 1 lit. b oder c) muss das gerichtliche Verfahren im Ursprungsmitgliedstaat den Voraussetzungen des Kapitels III entsprochen haben. Dies folgt aus lit. c und entsprechend Art. 12 Abs. 1 EG-VollstrTitelVO. In Art. 12 Abs. 2 EG-VollstrTitelVO ist die Einhaltung der Mindestvorschriften für die dort genannten Rechtsbehelfsentscheidungen angeordnet. Dadurch wird der Anwendungsbereich auf Bestätigungen und Ersatzbestätigungen ausgedehnt, die nach Anfechtung einer Entscheidung ergangen sind, wenn zum Zeitpunkt der Entscheidung die Bedingungen nach Art. 3 Abs. 1 lit. b) oder c) erfüllt sind, die Forderung also passiv unbestritten war. Der erste Fall liegt vor, wenn noch keine Bestätigung erteilt wurde, zB in einem Termin streitig verhandelt wurde, dann aber in einem Folgetermin der Beklagte säumig ist. Gleiches gilt nach Einspruch gegen ein VU, wenn der Einspruchsführer im Termin wiederum säumig ist. Erfolgt der Erlass eines VU in der Berufungsinstanz, wenn zunächst in 1. Instanz streitig verhandelt worden ist, dann aber Berufung eingelegt wird und der Berufungskläger säumig ist, so darf die Bestätigung ebenfalls nur erteilt werden, wenn bei dieser Entscheidung die Mindestvorschriften eingehalten wurden. Der zweite in Art. 12 Abs. 2 EG-VollstrTitelVO genannte Fall ist gegeben, wenn eine Ersatzbestätigung nach Art. 6 Abs. 3 EG-VollstrTitelVO erteilt wurde. Auch bei dieser Erteilung muss die Einhaltung der Mindestvorschriften geprüft werden. Für gerichtliche

---

[7] Zum Hintergrund R. *Wagner* IPRax 2005, 189, 193.
[8] Für eine Bindung entsprechend Art. 35 Abs. 2 EuGVO *Kropholler*, EZPR, Art. 6 EG-VollstrTitelVO Rn. 7; dagegen *Rauscher*, Der Europäische Vollstreckungstitel für unbestrittene Forderungen, Rn. 92; *Rauscher/Rauscher/Pabst*, EuZPR, EG-VollstrTitelVO, Art. 6 Rn. 16.

c) Verfahrenseinleitendes Schriftstück ist entsprechend Art. 34 Nr. 2 EuGVO die von der jeweiligen Rechtsordnung vorgesehene Urkunde, durch deren Zustellung der Beklagte erstmalig von dem der Entscheidung zugrundeliegenden Verfahren Kenntnis erlangt.[9] Dies geschieht meist durch Erhebung der Klage. Dies ist der Fall in Deutschland (§ 253) und Österreich (§ 226 Abs. 1 öZPO), ebenso wie regelmäßig in Frankreich *(assignation)*, wenn nicht die Parteien das Gericht gemeinsam anrufen *(requête conjointe)*,[10] in England vor dem englischen High Court (*writ*-Klage), vor dem County Court die *summons*-Klage[11] und in Italien.[12] Als verfahrenseinleitendes Schriftstück sind zudem der deutsche Mahnbescheid (nicht der Vollstreckungsbescheid) und der österreichische Zahlungsbefehl anerkannt.[13]

d) Kontroll- nicht Entscheidungsmaßstab. Die im Kapitel III der EG-VollstrTitelVO normierten Regeln sind reiner Kontrollmaßstab im Bestätigungsverfahren, nicht Entscheidungsmaßstab im Verfahren, das die Entscheidung hervorbringt. Unabhängig von einer Kompetenz im EGV war es politisch nicht durchsetzbar, die Zustellungsregeln europaweit zu vereinheitlichen. Der Normsetzer ist daher den Weg gegangen, es den Mitgliedstaaten freizustellen, ihr nationales Recht an die Mindestvorschriften anzupassen. In Zukunft dürfte sich durch die Anpassung nationalen Rechts der Mitgliedstaaten an Art. 13–15 EG-VollstrTitelVO ein europäisch autonomes Zustellungsrecht herausbilden. Dies geschieht zwar durch den Kunstgriff von Mindestvorschriften, ist aber in diesem für die europaweite Rechtsdurchsetzung von Forderungen eminent wichtigen technischen Bereich des Zivilprozesses kein unzulässiger Eingriff in nationale Rechtskultur, sondern im Grundsatz zu begrüßen.[14] Die Anpassung in Deutschland ist durch das EG-VTDG erfolgt. Kontrollmaßstab bleiben trotz Anpassung nationalen Rechts die Vorschriften des Kapitels III der EG-VollstrTitelVO.

e) Einhaltung von Zustellungsregeln (Art. 13–15 EG-VollstrTitelVO). Art. 13 EG-VollstrTitelVO enthält die Zustellungsformen, die unmittelbar nachweisen, dass den Schuldner selbst das verfahrenseinleitende Schriftstück erreicht hat, während Art. 14 EG-VollstrTitelVO die Regelung der Ersatzzustellung enthält. Gem. Art. 15 EG-VollstrTitelVO können Zustellungen gem. Art. 13 und 14 EG-VollstrTitelVO auch an den Vertreter des Schuldners bewirkt werden. Art. 18 EG-VollstrTitelVO enthält eine Vorschrift zur Heilung von Verstößen gegen Zustellungsregeln. Im Verordnungsvorschlag war zunächst eine Rangordnung unter den Verfahren der Zustellung vorgesehen, nach der eine Ersatzzustellung erst zulässig sein sollte, wenn alle zumutbaren Anstrengungen, um das Schriftstück persönlich zuzustellen, erfolglos waren.[15] Diese Rangordnung wurde im Gemeinsamen Standpunkt aufgegeben.[16]

aa) Zustellung mit Nachweis des Empfangs durch den Schuldner (Art. 13 EG-VollstrTitelVO). Die EG-VollstrTitelVO verzichtet in Art. 13 EG-VollstrTitelVO auf das Kriterium der Rechtzeitigkeit als Bestätigungsvoraussetzung,[17] sieht allerdings eine Heilungsmöglichkeit in Art. 18 Abs. 2 EG-VollstrTitelVO vor, wenn durch das Verhalten des Schuldners im gerichtlichen Verfahren nachgewiesen ist, dass er das zuzustellende Schriftstück so rechtzeitig persönlich bekommen hat, dass er Vorkehrungen für seine Verteidigung treffen konnte. Primär sollen allein die verschiedenen *Formen* der Zustellung das rechtliche Gehör des Beklagten sichern. Die Entwicklung vom EuGVÜ zur EuGVO verlief gerade gegenläufig: Das EuGVÜ sah noch vor, die Zustellung ordnungsgemäß und so rechtzeitig erfolgte, dass sich der Beklagte verteidigen konnte (Art. 27 Nr. 2). Die EuGVO hat dann aber darauf verzichtet, die Ordnungsmäßigkeit der Zustellung zum Anerkennungserfordernis zu machen (Art. 34 Nr. 2), vor allem, weil unter Geltung des EuGVÜ Urteile nur wegen Verstoß gegen Zustellungsvorschriften nicht anerkennungsfähig waren, obwohl der Beklagte ausreichend Gelegenheit zur Vorbereitung der Verteidigung hatte. In den Fällen des Art. 13 Abs. 1 lit. a, lit. b 1. Alt., lit. c und lit. d EG-VollstrTitelVO liegen Zustellungsformen vor, die direkt belegen, dass der Schuldner eine Kenntnisnahmemöglichkeit hat. In Art. 13 Abs. 1 lit. b

---

[9] Umfassend *Frank*, Das verfahrenseinleitende Schriftstück in Art. 27 Nr. 2 EuGVÜ, Lugano-Übereinkommen und in Art. 6 Haager Unterhaltsübereinkommen 1973, 1998.
[10] *Frank* S. 35; *Schlosser*, EU-Zivilprozessrecht, Art. 34–36 EuGVVO Rn. 10.
[11] *Frank* S. 42, 45.
[12] *Frank* S. 53; *Schlosser*, EU-Zivilprozessrecht, Art. 34–36 EuGVVO Rn. 10.
[13] *Schlosser*, EU-Zivilprozessrecht, Art. 34–36 EuGVVO Rn. 10.
[14] *Hess* NJW 2002, 2417, 2426; *Rauscher*, Der Europäische Vollstreckungstitel für unbestrittene Forderungen, Rn. 41; aA *Stadler* IPRax 2004, 2, 4.
[15] KOM (2002) 159 endg, S. 11.
[16] ABl. 2004 Nr. C 79 E, 59 S. 81.
[17] Kritisch *Rauscher*, Der Europäische Vollstreckungstitel für unbestrittene Forderungen, Rn. 107.

2. Alt. EG-VollstrTitelVO ist dagegen ein komplexerer Fall der Zustellung geregelt, weil die Berechtigung der Annahmeverweigerung nicht normiert wurde (Rn. 20). Die in Art. 13 EG-VollstrTitelVO geforderten Nachweise sind solche nationalen Rechts, eine Vereinheitlichung oder Formalisierung der Nachweisformen konnte, da keine Kompetenz zum Eingriff in nationales Verfahrensrecht besteht, nicht erfolgen.

16 α) **Persönliche Zustellung (Art. 13 Abs. 1 lit. a EG-VollstrTitelVO).** Bei der persönlichen Zustellung im Fall des lit. a reicht die Unterzeichnung einer Empfangsbestätigung unter Angabe des Empfangsdatums aus, eine Rücksendung ist nicht erforderlich. Im Gemeinsamen Standpunkt ist das im Vorschlag enthaltene Erfordernis der Zurücksendung der Empfangsbestätigung gestrichen worden. Das deutsche Übergabeeinschreiben fällt nicht unter Art. 13 Abs. 1 lit. a EG-VollstrTitelVO, da es sich um eine postalische Zustellung handelt, bei der der Postbedienstete nicht als Zustellperson, sondern nur in postalischer Funktion agiert.[18] Art. 13 Abs. 1 lit. a EG-VollstrTitelVO (iVm. Art. 15) wird durch die Zustellung gegen Empfangsbekenntnis (§ 174) erfüllt.[19]

17 β) **Persönliche Zustellung (Art. 13 Abs. 1 lit. b 1. Alt. EG-VollstrTitelVO).** Im Fall der 1. Alt. des lit. b unterzeichnet die Zustellperson ein Dokument, in dem angegeben ist, dass der Schuldner das Schriftstück erhalten hat und an welchem Datum dies erfolgte. Die Zustellung mit Zustellungsauftrag gem. §§ 176 ff. erfüllt diese Voraussetzungen.[20]

18 γ) **Postalische Zustellung (Art. 13 Abs. 1 lit. c EG-VollstrTitelVO).** Anders als im Fall des Art. 13 Abs. 1 lit. a EG-VollstrTitelVO ist bei Art. 13 Abs. 1 lit. c EG-VollstrTitelVO neben der Unterzeichnung einer Empfangsbestätigung die Rücksendung durch den Schuldner erforderlich. Daher genügt ein Einwurf-Einschreiben (dokumentiert wird nur Einwurf in Briefkasten) nicht, da es schon an der Unterzeichnung einer Empfangsbestätigung fehlt. Beim Übergabe-Einschreiben erfolgt zwar die Unterzeichnung einer Empfangsbestätigung, die jedoch nicht zurückzusenden ist. Unter Art. 13 Abs. 1 lit. c EG-VollstrTitelVO fällt das Einschreiben mit Rückschein (§ 175).[21] § 175 wurde wegen Art. 14 EG-ZustellVO durch das EG-Zustellungsdurchführungsgesetz[22] in die ZPO aufgenommen.

19 δ) **Elektronische Zustellung (Art. 13 Abs. 1 lit. d EG-VollstrTitelVO).** Eine elektronische Zustellung kennt das deutsche Recht bisher nicht. Nach Art. 13 Abs. 1 lit. d EG-VollstrTitelVO reicht die elektronische Zustellung per Fax oder e-mail als Nachweis aus. Zusätzlich wird ein Zurück*schicken* der Empfangsbestätigung gefordert. Dies kann postalisch aber auch auf elektronischem Wege erfolgen.[23] Zum Teil wird bei elektronischer Rücksendung die Verwendung einer elektronischen Signatur gefordert.[24]

20 ε) **Zustellung bei unberechtigter Annahmeverweigerung (lit. b 2. Alt.).** Art. 13 Abs. 1 lit. b 2. Alt. EG-VollstrTitelVO ist ein Fremdkörper in der Systematik des Art. 13 EG-VollstrTitelVO, weil lediglich der Versuch einer Zustellung vorliegt.[25] Er wurde erst spät auf Initiative des Parlaments,[26] die durch die Kommission[27] und den Gemeinsamen Standpunkt leicht modifiziert wurde, in den Text aufgenommen. Der Versuch, das Problem unberechtigter Annahmeverweigerung europaweit zu regeln, ist ehrenwert, aber missglückt, weil die EG-VollstrTitelVO selbst keine Gründe für eine berechtigte Annahmeverweigerung enthält. Die Kommission ging zutreffend davon aus, dass sich ein Recht auf Annahmeverweigerung aus Art. 8 EG-ZustellVO ergeben kann, dessen Prüfung durch die Zustellungsperson jedoch schon schwer genug ist. Weitere Gründe können sich aber auch aus dem Recht des Vollstreckungsmitgliedstaates (zB Zustellung zur Unzeit oder nicht am

---

[18] *Rauscher,* Der Europäische Vollstreckungstitel für unbestrittene Forderungen, Rn. 110; *Rauscher/Rauscher/Pabst,* EuZPR, EG-VollstrTitelVO, Art. 13 Rn. 6; *Heringer* S. 92; *Kropholler,* EZPR, Art. 13 EG-VollstrTitelVO Rn. 3.
[19] *Rauscher,* Der Europäische Vollstreckungstitel für unbestrittene Forderungen, Rn. 110; *Rauscher/Rauscher/Pabst,* EuZPR, EG-VollstrTitelVO, Art. 13 Rn. 7; *Heringer* S. 92; *Kropholler,* EZPR, Art. 13 EG-VollstrTitelVO Rn. 3.
[20] *Kropholler,* EZPR, Art. 13 EG-VollstrTitelVO Rn. 4; *Heringer* S. 92.
[21] *Kropholler,* EZPR, Art. 13 EG-VollstrTitelVO Rn. 6; *Heringer* S. 94; *Rauscher/Rauscher/Pabst,* EuZPR, EG-VollstrTitelVO, Art. 13 Rn. 14.
[22] Gesetz vom 9. Juli 2001, BGBl. I S. 1536.
[23] Ebenso *Kropholler,* EZPR, Art. 13 EG-VollstrTitelVO Rn. 7; aA *Rauscher,* Der Europäische Vollstreckungstitel für unbestrittene Forderungen, Rn. 115.
[24] *Rauscher/Rauscher/Pabst,* EuZPR, EG-VollstrTitelVO, Art. 16; s. auch *Heringer* S. 95 Fn. 547.
[25] *Stadler* RIW 2004, 801, 806.
[26] Bericht des Ausschusses für Recht und Binnenmarkt, Dok. A5–01082003 (Änderungsantrag 9).
[27] KOM (2004) 90 endg. S. 5 (die Fassung „wenn der Schuldner seine Weigerung rechtlich nicht begründen kann", wurde nicht in die Endfassung der VO übernommen).

rechten Ort) und des Ursprungsmitgliedstaates, auch in Verbindung mit dem Haager Zustellungsübereinkommen (HZÜ) ergeben.[28] Wie die Zustellperson diese Berechtigungen aus verschiedenen internationalen, europäischen und nationalen Rechtsnormen ermitteln und prüfen soll, ist völlig unklar.[29] In Deutschland ist die Frist des § 1070 zu beachten. Erfolgt die Annahmeverweigerung zu Recht, so liegt keine wirksame Zustellung vor, die Mindeststandards sind nicht eingehalten, so dass eine Bestätigung als EuVT zu versagen ist. Eine Heilung ist gem. Art. 18 Abs. 2 EG-VollstrTitelVO möglich. Im deutschen Recht enthält § 176 den lit. b entsprechende Zustellungsauftrag, § 179 eine Regelung unberechtigter Annahmeverweigerung. Der Vergleich offenbart einen weiteren Mangel des Art. 13 Abs. 1 lit. b EG-VollstrTitelVO: Es wurde offenbar versäumt zu normieren, dass das Schriftstück zurückzulassen ist. Die Vorschrift sollte daher dahin ausgelegt werden, dass das Schriftstück zurückgelassen werden muss, um eine wirksame Zustellung zu begründen, weil ansonsten der Schuldner keine erleichterte Möglichkeit hat, vom Inhalt des Schriftstücks nachträglich Kenntnis zu erlangen.[30]

ζ) Zustellung einer Ladung zu einer Gerichtsverhandlung (Art. 13 Abs. 2 EG-VollstrTitelVO). Dem Schuldner kann auch eine Ladung zu einer Gerichtsverhandlung in einer der Formen des Art. 13 Abs. 1 EG-VollstrTitelVO zugestellt werden. Die Norm erlangt dann Relevanz, wenn die Zustellung der Ladung zur Gerichtsverhandlung nicht zusammen mit der Zustellung des verfahrenseinleitenden Schriftstücks erfolgt (wie im Fall des § 275 Abs. 2), zB wenn das Gericht die Durchführung eines schriftlichen Vorverfahrens (§ 276) angeordnet hat. Darüber hinaus kann dem Schuldner eine Ladung mündlich in einer vorausgehenden Verhandlung über dieselbe Forderung bekannt gemacht worden sein, wobei dies im Protokoll dieser Verhandlung festgehalten werden muss. Die Möglichkeit ist bedeutsam, wenn der Schuldner zu einer Verhandlung erschienen ist und die Forderung bestritten hat, dann aber beschließt, den Widerspruch nicht aufrecht zu halten und an einer zweiten Verhandlung, zu der er im Laufe der ersten Verhandlung mündlich geladen wurde, nicht teilnimmt.[31] 21

bb) Zustellung ohne Nachweis des Empfangs durch den Schuldner (Art. 14 EG-VollstrTitelVO). Art. 14 EG-VollstrTitelVO enthält eine abschließende[32] Regelung der **Ersatzzustellung**. Die aufgeführten Zustellungsformen sind nach Ansicht des Normgebers durch ein hohes Maß an Wahrscheinlichkeit dafür gekennzeichnet, dass das zugestellte Schriftstück dem Empfänger zugegangen ist.[33] Eine Entscheidung, die nach Zustellung des verfahrenseinleitenden Schriftstücks gem. Art. 14 EG-VollstrTitelVO ergangen ist, soll jedoch nur dann als EuVT bestätigt werden, wenn der Ursprungsmitgliedstaat über einen geeigneten Mechanismus verfügt, der es dem Schuldner unter bestimmten Voraussetzungen ermöglicht, eine vollständige Überprüfung der Entscheidung gemäß Art. 19 zu verlangen, und zwar dann, wenn das Schriftstück dem Empfänger trotz Einhaltung des Art. 14 EG-VollstrTitelVO ausnahmsweise nicht zugegangen ist.[34] Es besteht **keine Hierarchie** innerhalb der Zustellungsformen des Art. 14 EG-VollstrTitelVO und auch keine zwischen Art. 13 und Art. 14 EG-VollstrTitelVO.[35] Anfängliche Pläne, die eine Ersatzzustellung nur zuließen, wenn eine persönliche gescheitert war, wurden nicht realisiert. Gem. Art. 14 Abs. 2 EG-VollstrTitelVO ist eine Ersatzzustellung unzulässig, wenn die Anschrift des Schuldners nicht mit Sicherheit ermittelt werden kann. Ziel ist es, alle nationalen Zustellungsvorschriften, die eine fiktive Zustellung bei unbekannter Anschrift/Aufenthaltsort des Schuldners ermöglichen, aus dem Anwendungsbereich der EG-VollstrTitelVO auszuschließen.[36] Gem. Art. 14 Abs. 3 EG-VollstrTitelVO ist für eine Bestätigung als EuVT erforderlich, dass die dort genannten Bescheinigungen vorgelegt werden. 22

α) Persönliche Ersatzzustellung an eine in derselben Wohnung wie der Schuldner lebende Person oder an eine dort beschäftigte Person (Art. 14 Abs. 1 lit. a EG-VollstrTitelVO). Die Vorschrift sieht die Zustellung unter der Privatanschrift des Schuldners vor. Dies 23

---

[28] *Kropholler*, EZPR, Art. 13 EG-VollstrTitelVO Rn. 5; *aA Rauscher*, Der Europäische Vollstreckungstitel für unbestrittene Forderungen, Rn. 112.
[29] Kritisch zu Recht *Stadler* RIW 2004, 801, 806.
[30] *AA Rauscher/Rauscher/Pabst*, EuZPR, EG-VollstrTitelVO, Art. 13 Rn. 11.
[31] KOM (2002) 159, S. 12.
[32] KOM (2004) 90, S. 6; *Heringer* S. 95.
[33] Erwägungsgrund 14.
[34] Das hält *Gerling* S. 105 f. nicht für ausreichend.
[35] KOM (2004) 90, S. 6; *Rauscher/Rauscher/Pabst*, EuZPR, EG-VollstrTitelVO, Art. 14 Rn. 3; *Kropholler*, EZPR, Art. 14 EG-VollstrTitelVO Rn. 3; *Heringer* S. 95, 100; *aA Thomas/Putzo/Hüßtege* Anh. § 1086 Art. 3 Rn. 1 (wohl noch auf der Grundlage der Entwürfe).
[36] KOM (2002) 159, S. 12.

§ 1080 24–26   Buch 11. Abschnitt 4. VO (EG) Nr. 805/2004

kann ein Verbraucher oder ein Unternehmer bzw. ein Selbständiger sein. Der Begriff der **Privatanschrift** wird in der EG-VollstrTitelVO nicht normiert, muss aber verordnungsautonom ausgelegt werden. Diesem Ziel europaweit einheitlicher Auslegung diente gerade die Änderung der Formulierung von „privatem Wohnsitz" im Verordnungsvorschlag, der *lege fori* unterschiedlich bestimmt worden wäre, in „Privatanschrift". Ein Rückgriff auf § 7 BGB darf keinesfalls erfolgen. In lit. a ist ein klarer Bezug der Privatanschrift zur Wohnung des Schuldners hergestellt. Unzulässig ist es, direkt den Begriff der Privatanschrift der Wohnung in lit. a unter Rückgriff auf nationales Recht der Mitgliedstaaten, zB § 178 zu bestimmen. Indirekt ist dies jedoch zulässig, wenn dabei nicht nationale Besonderheiten verabsolutiert werden. Privatanschrift ist daher der räumliche Lebensmittelpunkt des Schuldners.[37] Lit. a stellt anders als der Verordnungsvorschlag und zB § 178 keine Anforderungen an die Eignung bzw. das **Alter** der Person, die in der Wohnung des Schuldners lebt oder dort beschäftigt ist, auf. Man wird aber, um den Zweck der Vorschrift, eine sichere Kenntnisnahmemöglichkeit zu gewährleisten, 14 Jahre als regelmäßiges notwendiges Mindestalter ansehen müssen.[38] Eine **Annahmeverweigerung** der Person, an die ersatzweise zugestellt werden soll, kann grds. die Wirkung der Zustellung nicht begründen. Dies ergibt sich aus dem Fehlen einer Art. 13 Abs. 1 lit. b EG-VollstrTitelVO entsprechenden Vorschrift, aus Erwägungsgrund 15 und der entsprechenden Begründung hierzu.[39] Beruht die unberechtigte Annahmeverweigerung aber auf einem kollusiven Zusammenwirken der Person, an die ersatzweise zugestellt werden soll und dem Schuldner, so wird man dennoch erwägen können, die Weigerung einer erfolgten Zustellung gleichzustellen.

24   β) **Ersatzzustellung in Geschäftsräumen des Schuldners (Art. 14 Abs. 1 lit. b EG-VollstrTitelVO).** In den Geschäftsräumen des Schuldners können an dort beschäftigte Personen verfahrenseinleitende Schriftstücke zugestellt werden, auch in Verfahren, die keinerlei Bezug zur Geschäftstätigkeit des Schuldners haben.[40] Der **Schuldner** kann Selbständiger oder juristische Person sein. Die Begriffe Selbständiger und juristische Person sind verordnungsautonom auszulegen. Erfasst werden Gewerbetreibende, Handwerker und Freiberufler gleichermaßen. **Geschäftsraum** ist in Anlehnung an § 178 Abs. 1 Nr. 2 ein Raum jeder Art, in dem regelmäßig (auch) Geschäfte ausgeübt werden. Beschäftigte Personen sind alle Arbeitnehmer des Schuldners, unabhängig von ihrer Funktion. Hierzu zählen auch Auszubildende, auch die Ehefrau, die für den Schuldner tätig wird. Auf die Entgeltlichkeit der Tätigkeit kommt es nicht an. Wegen der Einbeziehung von Auszubildenden wird man, um eine sichere Kenntnisnahmemöglichkeit zu gewährleisten, auch hier ein Mindestalter von regelmäßig 14 Jahren fordern müssen. Zustellungen nach § 178 Abs. 1 Nr. 2 genügen den Mindestanforderungen.

25   γ) **Hinterlegung im Briefkasten (Art. 14 Abs. 1 lit. c EG-VollstrTitelVO).** Die Ersatzzustellung kann, anders als im Fall des § 180, gleichrangig gegenüber den anderen Zustellungsformen (Rn. 14) durch Hinterlegung in den Briefkasten des Schuldners erfolgen. Lit. c ist gegenüber dem ursprünglichen Kommissionsvorschlag, der von der „Hinterlegung des Schriftstücks im Briefkasten am Wohnsitz des Schuldners, sofern der Briefkasten für die sichere Aufbewahrung von Post geeignet ist" sprach,[41] sprachlich erheblich gestrafft worden. Damit sollte keine „größere" inhaltliche Änderung erfolgen,[42] was sich aber aus der geltenden sprachlichen Fassung nicht ohne weiteres ergibt. Diese gesetzgeberische Intention muss in Zukunft bei der Auslegung der Vorschrift beachtet werden:[43] Gemeint ist der Briefkasten an den in Art. 14 Abs. 1 lit. a und lit. b EG-VollstrTitelVO genannten Orten. Ob der Briefkasten für die sichere Aufbewahrung von Post geeignet ist, ist dagegen heute unerheblich; das Risiko des Verlustes – auch durch unberechtigten Zugriff Dritter – trägt in jedem Fall der Schuldner.[44]

26   δ) **Hinterlegung bei Postamt/Behörde mit Benachrichtigung (Art. 14 Abs. 1 lit. d EG-VollstrTitelVO).** Die Zustellung kann, anders als im Fall des § 181, gleichrangig gegenüber den anderen Zustellungsformen (Rn. 14) auch durch Hinterlegung des Schriftstücks beim Postamt

---

[37] Ebenso *Rauscher/Rauscher/Pabst*, EuZPR, EG-VollstrTitelVO, Art. 14 Rn. 10.
[38] Ebenso *Kropholler*, EZPR, Art. 14 EG-VollstrTitelVO Rn. 9; *Rauscher*, Der Europäische Vollstreckungstitel für unbestrittene Forderungen, Rn. 123; *Rauscher/Rauscher/Pabst*, EuZPR, EG-VollstrTitelVO, Art. 14 Rn. 16; *Heringer* S. 96; *Gerling* S. 102.
[39] KOM (2004) 90, S. 8 zu Erwägungsgrund 11 b.
[40] *Kropholler*, EZPR, Art. 14 EG-VollstrTitelVO Rn. 14; *Rauscher/Rauscher/Pabst*, EuZPR, EG-VollstrTitelVO, Art. 14 Rn. 13.
[41] KOM (2002) 159, S. 25, Art. 12 Abs. 1 lit. c.
[42] KOM (2004) 90, S. 10 zu Art. 12.
[43] Einschränkend wohl *Rauscher/Rauscher/Pabst*, EuZPR, EG-VollstrTitelVO, Art. 14 Rn. 17.
[44] *Rauscher*, Der Europäische Vollstreckungstitel für unbestrittene Forderungen, Rn. 125; *Kropholler*, EZPR, Art. 14 EG-VollstrTitelVO Rn. 17; *Stadler* RIW 2004, 801, 806; kritisch *Gerling* S. 103.

oder bei den zuständigen Behörden mit entsprechender schriftlicher Benachrichtigung erfolgen. Der Begriff des **Postamts** schließt private Postdienste, sowohl die Deutsche Post AG als auch nach Wegfall des Briefmonopols sonstige Briefdienste ein, solange eine zumutbare Möglichkeit besteht, das Schriftstück abzuholen.[45] Behörden sind auch Gerichte.[46] Die schriftliche Benachrichtigung muss in den Briefkasten des Schuldners eingeworfen werden. Hierfür gelten die Ausführungen in Rn. 25 entsprechend. In der schriftlichen Benachrichtigung muss das Schriftstück eindeutig als gerichtliches Schriftstück bezeichnet *oder* darauf hingewiesen werden, dass die Zustellung durch die Benachrichtigung als erfolgt gilt und damit Fristen zu laufen beginnen. Im Kommissionsvorschlag mussten Bezeichnung als gerichtliches Schriftstück und Hinweis auf den Fristenlauf noch kumulativ („und") vorliegen.[47] Eine Begründung für das jetzige Alternativverhältnis fehlt. Gegen den eindeutigen Wortlaut kann man nicht von einem Redaktionsversehen ausgehen,[48] zumal der Inhalt der Benachrichtigung auch dann einen ausreichenden Informationsgehalt zum Schutz des Schuldners aufweist, wenn man von einem Alternativverhältnis ausgeht.[49] Die in § 181 Abs. 1 S. 2 vorgesehene Mitteilung über die Niederlegung eines Schriftstücks erfüllt die Anforderungen nicht, weil sich aus dem Vordruck des § 1 Nr. 4, Anlage 4 ZustVV[50] weder ergibt, dass es sich um ein gerichtliches Schriftstück handelt noch dass mit der Zustellung Fristen zu laufen beginnen.

ε) **Postalische Ersatzzustellung (Art. 14 Abs. 1 lit. e EG-VollstrTitelVO).** Eine dem 27 deutschen Recht unbekannte einfache Form der **Inlandszustellung** führt lit. e ein. Es reicht die postalische Zustellung, ohne dass es eines weiteren Nachweises nach Art. 14 Abs. 3 EG-VollstrTitelVO bedürfte. Voraussetzung ist lediglich, dass der Schuldner seine Anschrift im Ursprungsmitgliedstaat hat. Der Begriff der Anschrift umfasst die Privatanschrift des Schuldners iSd. lit. a (Rn. 23) und die Geschäftsanschrift iSd. lit. b.[51] Bei Versäumnisurteilen kann sich das Problem ergeben, dass der Gläubiger eine Anschrift des Schuldners im Inland erfindet.[52] In diesem Fall läge zwar keine wirksame Zustellung vor, dies kann jedoch, wenn das Gericht die angegebene Anschrift nicht vor der Bestätigung nachprüft, unentdeckt bleiben. Im Formblatt (Anhang I, Ziff. 11) ist lediglich gefordert, eine Zustellung nach Art. 14 EG-VollstrTitelVO anzukreuzen, was jedenfalls keine Aufforderung zu einer eingehenden Überprüfung der Anschrift ist. Gleichzeitig wäre der Schuldner mangels Kenntnis der Möglichkeit beraubt, das in Art. 19 EG-VollstrTitelVO vorgesehene Rechtsmittel einzulegen.

ζ) **Elektronische Ersatzzustellung (Art. 14 Abs. 1 lit. f EG-VollstrTitelVO).** Alternativ 28 und gleichrangig zulässig gegenüber der Zustellung nach Art. 13 EG-VollstrTitelVO und den anderen in Art. 14 EG-VollstrTitelVO aufgeführten Formen der Ersatzzustellung kann die Ersatzzustellung elektronisch mit automatisch erstellter Sendebestätigung erfolgen, sofern sich der Schuldner vorab ausdrücklich mit dieser Art der Zustellung einverstanden erklärt hat. Erfasst werden Zustellungen per Fax und e-mail. Ob das Einverständnis generell oder im Einzelfall zu erteilen ist, ist ebenso wenig geregelt wie die Form der Erklärung.[53] Ausreichend dürfte ein vorab erklärtes ausdrückliches und generelles (nicht konkret für das Verfahren, das einen EuVT hervorbringt) **Einverständnis** sein, das formlos erteilt werden kann.[54] Das Einverständnis kann auch durch Einbeziehung von AGB erteilt werden, bei einseitiger Regelung zu Lasten einer Partei wird eine unangemessene Benachteiligung angenommen.[55] Im Unterschied zu Art. 13 Abs. 1 lit. d EG-VollstrTitelVO muss der Schuldner keine Empfangsbestätigung unterzeichnen und zurückschicken. Es reicht eine *Sende-*

---

[45] Gegen die Einbeziehung privater Briefdienste *Rauscher/Rauscher/Pabst,* EuZPR, EG-VollstrTitelVO, Art. 14 Rn. 18.
[46] *Kropholler,* EZPR, Art. 14 EG-VollstrTitelVO Rn. 18; *Rauscher/Rauscher/Pabst,* EuZPR, EG-VollstrTitelVO, Art. 14 Rn. 18.
[47] KOM (2002) 159, S. 25 f., Art. 12 Abs. 1 lit. d.
[48] So *Rauscher,* Der Europäische Vollstreckungstitel für unbestrittene Forderungen, Rn. 126; *Rauscher/Rauscher/Pabst,* EuZPR, EG-VollstrTitelVO, Art. 14 Rn. 19; aA *Kropholler,* EZPR, Art. 14 EG-VollstrTitelVO Rn. 20; *Heringer* S. 98.
[49] Zutreffend *Kropholler,* EZPR, Art. 14 EG-VollstrTitelVO Rn. 20.
[50] Verordnung zur Einführung von Vordrucken für die Zustellung im gerichtlichen Verfahren (ZustVV) vom 12. 2. 2002 (BGBl. I S. 671, ber. S. 1019), zuletzt geändert durch Art. 1 Erste ÄndVO vom 23. 4. 2004 (BGBl. I S. 619).
[51] *Kropholler,* EZPR, Art. 14 EG-VollstrTitelVO Rn. 22.
[52] *Stadler* RIW 2004, 801, 806.
[53] Kritisch *Stadler* RIW 2004, 801, 806.
[54] *Kropholler,* EZPR, Art. 14 EG-VollstrTitelVO Rn. 25; *Rauscher/Rauscher/Pabst,* EuZPR, EG-VollstrTitelVO, Art. 14 Rn. 25.
[55] *Pfeiffer* BauR 2005, 1541, 1546; *Rauscher/Rauscher/Pabst,* EuZPR, EG-VollstrTitelVO, Art. 14 Rn. 25; *Heringer* S. 98.

bestätigung aus, eine *Empfangs*bestätigung ist nicht erforderlich. Als **Sendebestätigung** kommt bereits der Sendebericht des absendenden Faxgerätes, wenn er eine Empfangsnachricht des Adressaten Faxgerätes protokolliert[56] und die vom jeweiligen e-mail Programm generierte Meldung der Absendung in Betracht, die zumindest sicherstellt, dass die Daten beim Provider der zustellenden Stelle eingegangen sind.[57] Ob eine Sendebestätigung wirklich die angestrebte sichere Kenntnisnahmemöglichkeit gewährleistet, ist zweifelhaft, weil keineswegs sichergestellt ist, dass der Provider der zustellenden Stelle die Daten an den Provider des Zustellungsadressaten übermittelt.[58]

29 η) **Unsichere Ermittlung der Anschrift des Schuldners (Art. 14 Abs. 2 EG-VollstrTitelVO).** Kann die Anschrift des Schuldners nicht mit Sicherheit ermittelt werden, ist eine Zustellung nach Art. 14 Abs. 1 EG-VollstrTitelVO unzulässig. Abs. 2 soll deutlich machen, dass alle Zustellungsmethoden, die auf der juristischen Fiktion beruhen, dass das Schriftstück mangels aktueller Anschrift, an der es zugestellt werden könnte, in den Herrschaftsbereich des Schuldners gelangt, für die Zwecke der vorgeschlagenen Verordnung nicht zulässig sind.[59] Fiktive Zustellungen, die zB Belgien, die Niederlande, Luxemburg, Italien, Griechenland und Frankreich *(remise au parquet)*,[60] aber auch das deutsche Recht (§§ 184 Abs. 2, 185) kennen, hindern damit eine spätere Bestätigung der Entscheidung als EuVT.

30 ϑ) **Zustellungsbescheinigung (Art. 14 Abs. 3 EG-VollstrTitelVO).** Für die Bestätigung als EuVT ist der Nachweis der in Art. 14 Abs. 3 EG-VollstrTitelVO genannten Zustellungsbescheinigung erforderlich. Der Inhalt ergibt sich direkt aus der VO. Geeignet ist jede Bescheinigung nach nationalem Recht, die den geforderten Inhalt aufweist. Eine Vereinheitlichung dieser Bescheinigung konnte mangels Kompetenz nicht erfolgen, ebenso wenig wie die Einführung entsprechender Formblätter. In allen Fällen, in denen die Zustellung durch tatsächliche Übergabe an eine Person erfolgt ist (Art. 14 Abs. 1 lit. a und lit. b EG-VollstrTitelVO), kann diese Bescheinigung alternativ durch die Zustellungsperson (Art. 14 Abs. 3 lit. a) oder die Person, der das Schriftstück zugestellt wurde (Art. 14 Abs. 3 lit. b), ausgestellt werden. In den Fällen des Art. 14 Abs. 1 lit. c und lit. d EG-VollstrTitelVO kann die Ausstellung nur durch die Zustellungsperson erfolgen, in den Fällen des Art. 14 Abs. 1 lit. e und lit. f EG-VollstrTitelVO ist kein Nachweis nach Abs. 3 erforderlich. Der Inhalt der **Zustellungsurkunde** gem. § 182 Abs. 2 genügt den Anforderungen des Art. 14 Abs. 3 lit. a EG-VollstrTitelVO.

31 cc) **Zustellung an die Vertreter des Schuldners (Art. 15 EG-VollstrTitelVO).** Die Zustellung gemäß Art. 13, 14 EG-VollstrTitelVO kann auch an den Vertreter des Schuldners bewirkt worden sein. Art. 15 EG-VollstrTitelVO findet auf die gesetzliche und die gewillkürte Stellvertretung Anwendung.[61] Die Zulässigkeit der Zustellung an den Vertreter folgt unmittelbar aus Art. 15 EG-VollstrTitelVO. Im Bestätigungsverfahren ist eine Prüfung der Zulässigkeit der Zustellung an den Vertreter unter Rückgriff auf nationales Recht, der ursprünglich vorgesehen war,[62] nicht zulässig. Selbst wenn das Recht des Ursprungsgerichts diese Zustellung nicht vorsieht (und das Gericht im Erkenntnisverfahren die unzulässige Zustellung übersähe), ist die Bestätigung als EuVT zu erteilen.

32 f) **Ordnungsgemäße Unterrichtung des Schuldners über die Forderung (Art. 16 EG-VollstrTitelVO).** Die Vorschrift soll ebenso wie Art. 17 EG-VollstrTitelVO (Rn. 37) sicherstellen, dass der Schuldner auf einer ausreichenden Informationsgrundlage eine bewusste Entscheidung treffen kann, an einem ausländischen Verfahren nicht teilzunehmen, also passiv zu bleiben. Dabei betrifft Art. 16 EG-VollstrTitelVO die Unterrichtung des Schuldners über die Forderung und Art. 17 EG-VollstrTitelVO die Unterrichtung über die verfahrensrechtlichen Erfordernisse des Bestreitens der Forderung und die Folgen des Nichtbestreitens oder Nichterscheinens. Die ordnungsgemäße Unterrichtung ist im Formblatt Anhang I, Ziff. 11.2 zu bestätigen. Vorgegeben wird der Inhalt des verfahrenseinleitenden oder eines gleichwertigen Schriftstücks. Der Begriff entspricht dem des Art. 34 Nr. 2 EuGVO (Rn. 12).

33 aa) **Name und Anschrift (lit. a).** Inhaltlich ist die Angabe des Namens und der Anschrift der Parteien erforderlich. Der Begriff der Anschrift umfasst die Privatanschrift des Schuldners iSd. Art. 14 lit. a und die Geschäftsanschrift iSd. Art. 14 lit. b.

---

[56] *Rauscher/Rauscher/Pabst,* EuZPR, EG-VollstrTitelVO, Art. 14 Rn. 24; *Kropholler,* EZPR, Art. 14 EG-VollstrTitelVO Rn. 24.
[57] *Rauscher/Rauscher/Pabst,* EuZPR, EG-VollstrTitelVO, Art. 14 Rn. 24.
[58] Zu Recht kritisch *Stadler* RIW 2004, 801, 806.
[59] KOM (2002) 159, S. 12., zu Art. 12 Abs. 3.
[60] *Hess* NJW 2001, 15, 18; *Nagel/Gottwald,* IZPR, § 6 Rn. 37; § 7 Rn. 13 f., 71.
[61] Erwägungsgrund 16.
[62] KOM (2003) 341 endg. S. 15; KOM (2004) 90 endg., S. 6 zu Abänderung 10.

bb) Höhe der Forderung (lit. b). Anzugeben ist die Höhe der Forderung. Der Wortlaut 34 scheint eindeutig unbezifferte Klageanträge, die nach deutschem Recht relativ großzügig für zulässig gehalten werden,[63] auszuschließen. Ob es – wie im deutschen Recht – zulässig ist, die tatsächlichen Grundlagen der Berechnung ohne Angabe einer ungefähren Größenordnung[64] anzugeben, ist daher sehr zweifelhaft, auch wenn es dadurch dem Schuldner ermöglicht würde, eine Abwägung des Nutzens einer Verteidigung mit dem Risiko der Säumnis vorzunehmen.[65] Die gleiche Formulierung wie in lit. b findet man auch in Art. 7 Abs. 2 lit. b der Verordnung zur Einführung eines europäischen Mahnverfahrens.[66] Dort ist es jedenfalls ausgeschlossen, unbezifferte Anträge geltend zu machen.

cc) Zinsen (lit. c). Anzugeben ist der Zinssatz und der Zeitraum, für den die Zinsen gefordert 35 werden. Dies ist dann nicht erforderlich, wenn die Rechtsvorschriften des Ursprungsmitgliedstaats vorsehen, dass auf die Hauptforderung automatisch ein gesetzlicher Zinssatz angerechnet wird. Problematisch ist insoweit, dass der Zinsanspruch für Geldforderungen in Kontinentaleuropa materiellrechtlich qualifiziert wird und für ihn das Statut der Hauptforderung gilt.[67] Der Verordnungsgeber ging offenbar unzutreffend von einer verfahrensrechtlichen Qualifikation nach der *lex fori* aus.[68] Legt man den Begriff *Rechtsvorschriften des Ursprungsmitgliedstaats* aber dahin aus, dass er auch dessen Kollisionsnormen erfasst,[69] so wäre auch das für die Hauptforderung geltende ausländische Statut erfasst. Lit. c wäre dann dahin zu lesen, dass die Angabe des Zinses nicht erforderlich ist, wenn die anwendbaren Rechtsvorschriften vorsehen, dass auf die Hauptforderung automatisch ein gesetzlicher Zinssatz angerechnet wird.

dd) Bezeichnung des Forderungsgrundes (lit. d). Die Formulierung soll zweifelsfrei klar- 36 stellen, dass die kurzen Angaben zur Forderung, die in Mahnverfahren üblich ist, auch den Erfordernissen für eine Bestätigung als EuVT entsprechen.[70] Die Darstellung des der Forderung zugrunde liegenden Sachverhalts ist daher nicht erforderlich.[71] Die in § 690 Abs. 1 Nr. 3 für den Antrag auf Erlass eines Mahnbescheids geforderten Angaben genügen ohne weiteres.[72] Merkwürdigerweise fordert Art. 7 Abs. 2 lit. d der Verordnung zur Einführung eines europäischen Mahnverfahrens weiter gehend, dass im Antrag anzugeben ist der „Streitgegenstand einschließlich einer Beschreibung des Sachverhalts, der der Haupt- und ggf. der Zinsforderung zugrunde liegt".

g) Ordnungsgemäße Unterrichtung des Schuldners über die Verfahrensschritte zum 37 **Bestreiten der Forderung (Art. 17 EG-VollstrTitelVO).** Art. 17 EG-VollstrTitelVO soll den Schuldner über die Möglichkeiten des Bestreitens (lit. a) und die Konsequenzen des Nichtbestreitens oder Nichterscheinens (lit. b) informieren. Der Umfang notwendiger Informationen geht über den Umfang nationalen Rechts der meisten Mitgliedstaaten – auch des bisherigen deutschen Rechts – hinaus.

aa) Anpassung deutschen Rechts. Gem. § 215 Abs. 1 ist in der Ladung zur mündlichen Ver- 38 handlung über die Folgen einer Versäumung des Termins zu belehren (§§ 331 Abs. 3 bis 331 a). Die Belehrung hat die Rechtsfolgen aus den §§ 91 und 708 Nr. 2 zu umfassen. Auch § 276 Abs. 2, § 338 und § 499 wurden Art. 17 EG-VollstrTitelVO angepasst.[73]

---

[63] *Butzer* MDR 1992, 539; *Dunz* NJW 1984, 1734; *v. Gerlach* VersR 2000, 525.
[64] BGH, v. 2. 2. 1999 – VI ZR 25/98 = BGHZ 140, 335, 341 = NJW 1999, 1339, 1340; BGH, v. 30. 4. 1996 – VI ZR 55/95 = BGHZ 132, 341, 351 = NJW 1996, 2425, 2427.
[65] So *Rauscher*, Der Europäische Vollstreckungstitel für unbestrittene Forderungen, Rn. 139.
[66] Verordnung (EG) Nr. 1896/2006 des europäischen Parlaments und des Rates vom 12. Dezember 2006 zur Einführung eines Europäischen Mahnverfahrens, ABl. L 339/1 vom 30. 12. 2006. S. Anh. I zum 11. Buch.
[67] *Kegel/Schurig*, IPR, 8. Aufl. § 17 VII (S. 160); *Reithmann-Martiny*, Internationales Vertragsrecht, 6. Aufl. Rn. 277; *Nagel/Gottwald*, IZPR, § 5 Rn. 16; *Rauscher*, Der Europäische Vollstreckungstitel für unbestrittene Forderungen, Rn. 140; *Kropholler*, EZPR, Art. 16 EG-VollstrTitelVO Rn. 3; *Rauscher/Pabst*, EuZPR, EG-VollstrTitelVO, Art. 16 Rn. 10.
[68] Der gleiche Fehler findet sich auch in der Verordnung des Europäischen Parlaments und des Rates zur Einführung eines europäischen Mahnverfahrens (ABl. L 339/1 vom 30. 12. 2006). In Art. 7 Abs. 2 lit. c heißt es, dass die Angabe des Zinses erforderlich ist, „es sei denn, gesetzliche Zinsen werden nach dem Recht des Ursprungsmitgliedstaats automatisch zur Hauptforderung hinzugerechnet".
[69] So *Rauscher*, Der Europäische Vollstreckungstitel für unbestrittene Forderungen, Rn. 140; *Rauscher/Pabst*, EuZPR, EG-VollstrTitelVO, Art. 16 Rn. 10; ihm folgend *Kropholler*, EZPR, Art. 16 EG-VollstrTitelVO Rn. 3.
[70] KOM (2004) 90 endg., S. 5 zu Abänderung 14.
[71] *Rauscher/Rauscher/Pabst*, EuZPR, EG-VollstrTitelVO, Art. 14 Rn. 11.
[72] *Rauscher/Rauscher/Pabst*, EuZPR, EG-VollstrTitelVO, Art. 14 Rn. 11; *Kropholler*, EZPR, Art. 16 EG-VollstrTitelVO Rn. 4.
[73] Neufassung der Paragraphen durch Art. 1 Nr. 2–4 EG-VTDG (Vor §§ 1079 ff.). Zu den Auswirkungen des Art. 17 EG-VollstrTitelVO auf das arbeitsgerichtliche Verfahren *Reichel* NZA 2005, 1096, 1098.

39 bb) Die **Notwendigkeit umfassender Information** erklärt sich daraus, dass es den Unionsbürgern vielfach noch an einem geschärften Bewusstsein fehlt, welche Folgen passives Verhalten gegenüber ausländischen Erkenntnisverfahren haben kann.[74] Die ordnungsgemäße Unterrichtung ist im Formblatt Anhang I, Ziff. 11.2, 12 zu bestätigen. Art. 17 EG-VollstrTitelVO bezieht sich auf das verfahrenseinleitende Schriftstück, ein gleichwertiges Schriftstück oder eine Ladung zu einer Gerichtsverhandlung oder auf eine zusammen mit diesem Schriftstück oder dieser Ladung zugestellte Belehrung. Ziel ist es, unabhängig von verfahrensrechtlichen Ausgestaltungen der Einleitung von Verfahren durch die Mitgliedstaaten, die Informationspflicht umzusetzen. Eine Vereinheitlichung oder Formalisierung des Informationsschreibens schied mangels Kompetenz der Union zur Regelung nationalen Verfahrensrechts aus. Offen ist, ob das Schriftstück vom Gericht oder vom Kläger zugestellt wird. Dies erscheint angesichts der Unterschiede in den Mitgliedstaaten berechtigt.[75]

40 cc) Nicht geregelt wurde die **Sprache**, in der die Unterrichtung zu erfolgen hat. Da die Schriftstücke ins Ausland zuzustellen sind, gilt insoweit die EG-ZustellVO. Nach Art. 8 EG-ZustellVO besteht kein generelles Übersetzungserfordernis, sondern ein Zurückweisungsrecht des Empfängers, wenn das Schriftstück in einer anderen als der Amtssprache des Empfangsmitgliedstaates verfasst ist oder einer Sprache des Übermittlungsstaates, die der Empfänger versteht.[76]

41 dd) **Inhalt für Bestreiten (lit. a).** In dem Schriftstück ist auf die im nationalen Verfahrensrecht des Ursprungsmitgliedstaates vorgesehene Frist hinzuweisen, innerhalb der die Forderung schriftlich bestritten werden kann, ggf. den Termin der Gerichtsverhandlung, die Bezeichnung und die Anschrift der Stelle, an die die Antwort zu richten bzw. vor der ggf. zu erscheinen ist, sowie die Information darüber, ob nach der *lex fori* Anwaltszwang besteht. Die Auflistung ist wegen der Regelungshoheit nationalen Rechts für das Bestreiten nicht abschließend („insbesondere").

42 ee) **Inhalt für Nichtbestreiten oder Nichterscheinen (lit. b).** Das Schriftstück muss über die im Verfahrensrecht des Ursprungsmitgliedstaates vorgesehenen verfahrensrechtlichen Konsequenzen des Nichtbestreitens oder des Nichterscheinens, insbesondere die etwaige Möglichkeit einer Entscheidung oder ihrer Vollstreckung gegen den Schuldner und die Verpflichtung zum Kostenersatz hinweisen. Mit dem Begriff der Vollstreckung ist ausschließlich auf die Vollstreckungsmöglichkeit nach nationalem Recht verwiesen. Ein Hinweis auf die europaweite Vollstreckungsmöglichkeit durch die Bestätigung als EuVT ist nicht erforderlich. Dies ergibt sich aus dem Wortlaut, der lediglich auf die Vollstreckung nach der lex fori abstellt und der Entstehungsgeschichte der Norm, da der Hinweis zunächst geplant, dann aber gestrichen wurde.[77] Auch ein Hinweis darauf, dass eine Entscheidung auf der Grundlage des klägerischen Vortrags oder nach Aktenlage ergehen kann, ist aus den gleichen Gründen nicht erforderlich (im deutschen Recht erfolgt aber in § 276 Abs. 2 nunmehr ein Hinweis auf §§ 331 Abs. 3 (Rn. 6)), war aber ebenfalls zunächst vorgesehen.[78]

43 h) **Verbrauchersachen (Art. 6 lit. d EG-VollstrTitelVO).** Für Verbrauchersachen ist in Art. 6 lit. d EG-VollstrTitelVO eine eigene zusätzliche Bestätigungsvoraussetzung normiert worden, die sichert, dass ein als EuVT zu bestätigendes Urteil über eine passiv unbestrittene Forderung immer im Heimatstaat des Verbrauchers ergangen ist. Verbrauchersachen sind also nicht generell vom Anwendungsbereich der EG-VollstrTitelVO ausgenommen worden. Stattdessen sucht man einen angemessenen Verbraucherschutz in der EG-VollstrTitelVO zu realisieren, hat aber dabei drastisch die Bedeutung der EG-VollstrTitelVO gegenüber Verbrauchern reduziert.[79] Der Begriff der Verbrauchersache in Art. 6 lit. d EG-VollstrTitelVO ist weiter als der in Art. 15 EuGVO, da keine Beschränkung auf bestimmte Vertragstypen erfolgt ist und kein spezifischer Bezug zum Wohnsitzstaat des Verbrauchers verlangt wird.[80] Lit. d bezieht sich jedoch ausschließlich auf passiv unbestrittene Forderungen, bei aktiv unbestrittenen Forderungen iSd. Art. 3 lit. a und lit. d EG-VollstrTitelVO ist kein besonderer Schutz vorgesehen. Allerdings sind die Gerichte eines anderen Mitgliedstaates

---

[74] *Stadler* IPRax 2004, 2, 9 f.
[75] Zur Verfahrenseinleitung in dem Mitgliedstaaten rechtsvergleichend *Frank* S. 30 ff.
[76] *Rauscher/Rauscher/Pabst*, EuZPR, EG-VollstrTitelVO, Art. 17 Rn. 6; *Kropholler*, EZPR, Art. 17 EG-VollstrTitelVO Rn. 3; zu den praktischen Schwierigkeiten und den Folgen der Zurückweisung (vor Einführung des § 1070 ZPO) *Stadler* IPRax 2001, 514, 518.
[77] KOM (2002) 159 endg. S. 28, Art. 17 lit. e. Im Ergebnis ebenso *Rauscher/Rauscher/Pabst*, EuZPR, EG-VollstrTitelVO, Art. 17 Rn. 10; *Kropholler*, EZPR, Art. 17 EG-VollstrTitelVO Rn. 6.
[78] KOM (2002) 159 endg. S. 27 f., Art. 17 lit. c.
[79] Hierzu *Stein* IPRax 2004, 181, 189; *R. Wagner* IPRax 2005, 189, 194; *Rott* EuZW 2005, 167, 168; *Rauscher/Rauscher/Pabst*, EuZPR, EG-VollstrTitelVO, Art. 17 Rn. 33; kritisch *Wieczorek/Schütze* Vorb. §§ 1079–1086, Rn. 1 („Papiertiger").
[80] *Burgstaller/Neumayr* ÖJZ 2006, 179, 184; *R. Wagner* IPRax 2005, 189, 194; *Rauscher/Rauscher/Pabst*, EuZPR, EG-VollstrTitelVO, Art. 6 Rn. 30.

für Klagen gegen Verbraucher gem. Art. 16 Abs. 2 EuGVO nicht international zuständig. Erkennt der Verbraucher jedoch die Forderung im Ausland an oder schließt er einen Vergleich, kommt es zu einer rügelosen Einlassung (Art. 24 EuGVO), die die internationale Zuständigkeit des ausländischen Gerichts begründet. Das Urteil kann als EuVT bestätigt werden. Auch auf Grundlage der EuGVO wäre eine Anerkennung und Vollstreckung möglich, da es durch das prozessuale Verhalten des Verbrauchers im Ausland zu einer zuständigkeitsbegründenden rügelosen Einlassung (Art. 24 EuGVO) kommt. In diesem Punkt bleibt der Schutz des Verbrauchers in der EG-VollstrTitelVO also nicht hinter dem nach der EuGVO zurück.[81] Diese Entscheidung hat der Normgeber bewusst getroffen.[82]

Den Verbraucher trifft weder nach der EG-VollstrTitelVO noch nach der EuGVO ein „Zwang **44** zum Auswärtsspiel". Naturgemäß gibt es die Möglichkeit, dass die ausländischen Gerichte ihre internationale Zuständigkeit gegen einen Verbraucher mit Wohnsitz im Ausland zu Unrecht annehmen und dies im Bestätigungsverfahren nicht korrigiert wird. Das reicht jedoch nicht aus, eine Bedrohung des Verbraucherschutzes anzunehmen.[83] Im Anwendungsbereich der EuGVO kann der Verbraucher ein ausländisches Verfahren vollkommen ignorieren, und in Fällen, in denen das ausländische Gericht seine internationale Zuständigkeit zu Unrecht angenommen und eine Säumnisentscheidung erlassen hat, das Fehlen der internationalen Zuständigkeit im Vollstreckbarerklärungsverfahren nach Art. 35 Abs. 1 EuGVO rügen mit der Folge der Anerkennungs- bzw. Vollstreckungsversagung.

Statt ein besonderes Schutzregime für Verbraucher in der Art. 6 Abs. 1 lit. d EG-VollstrTitelVO **45** zu schaffen, hätte man – wie zunächst im Vorschlag für die Verordnung vorgesehen[84] – die Einhaltung der Art. 15 ff. EuGVO in Art. 6 lit. b fordern können. Dagegen bestanden jedoch wegen der Komplexität der Voraussetzungen der Art. 15 ff. EuGVO Bedenken, weil sowohl das Gericht des Ursprungsmitgliedstaats als auch die bestätigende Stelle die Vorschriften falsch anwenden könnten.[85] Ob diese Sorge wirklich berechtigt ist, kann hier offen bleiben. Im Ergebnis spielt die EG-VollstrTitelVO in Verbrauchersachen bei passiv unbestrittenen Forderungen nur eine Rolle, wenn nach einer Entscheidung in seinem Wohnsitzstaat (Art. 59 EuGVO) in Vermögen des Verbrauchers außerhalb seines Wohnsitzstaates vollstreckt werden soll.

6. Heilung der Nichteinhaltung von Mindestvorschriften (Art. 18 EG-VollstrTitelVO). 46
a) Zweck. Art. 18 EG-VollstrTitelVO ermöglicht die Heilung von Verfahrensfehlern und eine Bestätigung der Entscheidung als Europäischer Vollstreckungstitel trotz Nichteinhaltung der Mindeststandards. Dabei betrifft Abs. 1 eine Heilung wegen Nichterhebung eines Rechtsmittels und Abs. 2 eine Heilung von Zustellungsmängeln, wenn der Schuldner effektiv Kenntnis vom Verfahren erlangt hatte. Die Vorschrift basiert auf der Annahme, dass Schuldnerschutz weder Selbstzweck noch Förmelei sein soll. Die Heilung ist im Formblatt Anhang I Ziff. 13 zu bestätigen.

b) Von Art. 27 Nr. 2 EuGVÜ über Art. 34 Nr. 2 EuGVO zu Art. 18 EG-VollstrTitel- 47 VO. Die Intention der Heilungsvorschrift wird deutlich, wenn man sich die Gründe für die Neufassung des Art. 34 Nr. 2 EuGVO gegenüber Art. 27 Nr. 2 EuGVÜ klar macht. Art. 18 EG-VollstrTitelVO ist bewusst in Anlehnung an Art. 34 Nr. 2 EuGVO konzipiert worden.[86] Art. 34 Nr. 2 EuGVO verzichtet auf eine doppelte Sicherung zugunsten des Beklagten, die noch in Art. 27 Nr. 2 EuGVÜ vorgesehen war. Unter Geltung des Art. 27 Nr. 2 EuGVÜ wurde ein Zustellungsmangel des verfahrenseinleitenden Schriftstücks nicht dadurch irrelevant, dass der Beklagte das Schriftstück tatsächlich so rechtzeitig erhalten hatte, dass er sich verteidigen konnte.[87] Das Zustellungserfordernis wurde hier zur Förmelei, der EuGH hielt dennoch daran fest.[88] Die EuGVO hat daraufhin auf das Erfordernis der ordnungsgemäßen Zustellung verzichtet, so dass einer Entscheidung nicht deshalb die Anerkennung zu versagen ist, weil gegen Zustellungsvorschriften im Erststaat verstoßen wurde. Nur der Mangel der Rechtzeitigkeit der Zustellung ist noch ein Anerken-

---

[81] Richtig *Burgstaller/Neumayr* ÖJZ 2006, 179, 184; dies verkennt offenbar *R. Wagner* IPRax 2005, 189, 194.
[82] *R. Wagner* IPRax 2005, 189, 194; *Burgstaller/Neumayr* ÖJZ 2006, 179, 184; aA *Rauscher,* Der Europäische Vollstreckungstitel für unbestrittene Forderungen, Rn. 96.
[83] So aber *Rott* EuZW 2005, 167, 168.
[84] KOM (2002) 159 (S. 7).
[85] *Stadler* RIW 2004, 801, 804; *Stein* IPRax 2004, 181, 189; *Rauscher/Rauscher/Pabst,* EuZPR, EG-VollstrTitelVO, Art. 6 Rn. 23.
[86] KOM (2002) 159 endg. S. 13 zu Art. 19.
[87] EuGH v. 3. 7. 1990, Rs. C-305/88, *Lancray/Peters,* Slg. 1990, 2725 = RIW 1990, 927 = EuZW 1990, 352 (*Geimer*) = IPRax 1991, 177 (*Rauscher* 155); kritisch auch *Schlosser,* EU-Zivilprozessrecht, Art. 34–36 EuGVO Rn. 8.
[88] EuGH v. 3. 7. 1990, Rs. C-305/88, *Lancray/Peters,* Slg. 1990, 2725.

nungshindernis im Rahmen der EuGVO. Für den Schuldner ist dies ohne weiteres hinnehmbar, weil für ihn weniger die Einhaltung der Zustellungsregeln als vielmehr die effektive Kenntnis von dem verfahrenseinleitenden Schriftstück von Bedeutung ist.[89] Diese Entscheidung des europäischen Gesetzgebers liegt Art. 18 Abs. 2 EG-VollstrTitelVO zugrunde. Gleichzeitig hat Art. 34 Nr. 2 EuGVO eine Rechtsbehelfsobliegenheit eingeführt, die nunmehr in Art. 18 Abs. 1 EG-VollstrTitelVO übernommen wurde. Reine Passivität gegenüber einem ausländischen Erkenntnisverfahren wird daher heute weder durch Versagung der Anerkennung in der EuGVO noch durch Ausschluss der Bestätigungsmöglichkeit als EuVT honoriert.

48   c) **Heilung bei Nichteinlegung eines Rechtsbehelfs (Art. 18 Abs. 1 EG-VollstrTitelVO).** Abs. 1 ermöglicht die Heilung sowohl von Zustellungs- (Art. 13, 14 EG-VollstrTitelVO) als auch von Unterrichtungsmängeln (Art. 16, 17 EG-VollstrTitelVO). Erforderlich ist, dass die in Art. 18 Abs. 1 lit. a bis lit. c genannten Voraussetzungen kumulativ erfüllt sind.

49   aa) **Zustellung der Entscheidung (lit. a).** Die Entscheidung (Bezugspunkt der Vorschrift ist nicht das verfahrenseinleitende Schriftstück!), die unter Verstoß gegen die Mindestvorschriften ergangen ist, muss dem Schuldner gem. Art. 13, 14 EG-VollstrTitelVO zugestellt worden sein, so dass davon auszugehen ist, dass der Schuldner diese Entscheidung erhalten hat. Auch eine Zustellung gem. Art. 15 EG-VollstrTitelVO an den Vertreter dürfte ausreichend sein, obwohl ein entsprechender Verweis fehlt.[90]

50   bb) **Möglichkeit Rechtsbehelf einzulegen (lit. b).** Lit. b fordert die Existenz eines Rechtsbehelfs und die Information über diesen Rechtsbehelf. Der Schuldner muss die Möglichkeit gehabt haben, einen eine uneingeschränkte Überprüfung umfassenden Rechtsbehelf gegen die Entscheidung einzulegen. Dass es sich bei diesem Rechtsbehelf um einen spezifisch auf den Zustellungs- bzw. Unterrichtungsmangel ausgerichteten handeln muss, gibt weder die EG-VollstrTitelVO vor noch die parallele Vorschrift der EuGVO. Eine Beschränkung auf Rechtsbehelfe wegen des anfänglichen Verfahrensfehlers ist zudem abzulehnen, weil keineswegs gesichert ist, dass derartige Rechtsbehelfe in allen Mitgliedstaaten existieren.[91] Mit dem Rechtsbehelf muss aber zumindest auch der Verstoß gegen die Mindestvorschriften gerügt werden können. Der Rechtsbehelf muss eine uneingeschränkte Überprüfung der den Mindeststandards nicht entsprechenden Entscheidung ermöglichen. Mit dem Kriterium der „uneingeschränkten Überprüfung" weicht lit. b von der Parallelvorschrift Art. 34 Nr. 2 EuGVO ab. Der Schuldner ist also nicht gehalten, einen Rechtsbehelf einzulegen, der nur eine Überprüfung in tatsächlicher Hinsicht oder eine nur eingeschränkte Rechtskontrolle ermöglicht. Der Schuldner muss in oder zusammen mit der Entscheidung ordnungsgemäß, d. h. entsprechend den Vorschriften des Ursprungsmitgliedstaats, über die verfahrensrechtlichen Erfordernisse für die Einlegung eines solchen Rechtsbehelfs, einschließlich der Bezeichnung und der Anschrift der Stelle, bei der der Rechtsbehelf einzulegen ist, und gegebenenfalls der Frist unterrichtet werden. Eine Sprachregelung fehlt wie im Fall der Unterrichtung (Art. 17 EG-VollstrTitelVO), so dass Art. 8 EG-ZustellVO Anwendung findet (Art. 17 Rn. 3). Um den Erfordernissen des Art. 18 EG-VollstrTitelVO zu genügen, wurde § 338 S. 2 durch das EG-VTDG (Vor §§ 1079 ff. Rn. 1) neugefasst, so dass Versäumnisurteile und Vollstreckungsbescheide nach einem Verstoß gegen Mindeststandards aufgrund der Einspruchsmöglichkeit geheilt werden können. Da bei Urteilen eine entsprechende Belehrung fehlt, ist eine Heilung nicht möglich.[92]

51   cc) **Nichteinlegung des Rechtsbehelfs (lit. c).** Heilung und damit Bestätigungsmöglichkeit als EuVT tritt nur ein, wenn der Schuldner es versäumt hat, einen Rechtsbehelf gegen die Entscheidung nach den einschlägigen verfahrensrechtlichen Erfordernissen des Ursprungsmitgliedstaates einzulegen. Dazu ist der Ablauf der Rechtsbehelfsfrist erforderlich. Besteht die Möglichkeit der Wiedereinsetzung nach dem Recht des Ursprungsmitgliedstaates, so ist allein dies nicht geeignet, eine Heilung und damit die Bestätigung als EuVT zu hindern. Stellt der Schuldner aber Wiedereinsetzungsantrag, ist eine Heilung nicht erfolgt, eine Bestätigung kann nicht erfolgen.[93]

---

[89] *Geimer* IPRax 2002, 69, 72; *ders.*, FS Beys, 2003, S. 391, 397.
[90] Zutreffend *Rauscher/Rauscher/Pabst*, EuZPR, EG-VollstrTitelVO, Art. 18 Rn. 4.
[91] AA *Rauscher*, Der Europäische Vollstreckungstitel für unbestrittene Forderungen, Rn. 148; s. aber nunmehr *Rauscher/Rauscher/Pabst*, EuZPR, EG-VollstrTitelVO, Art. 18 Rn. 5; *Kropholler*, EZPR, Art. 34 EuGVO Rn. 43; *Rauscher/Leible*, EZPR, Art. 34 Brüssel I-VO Rn. 40.
[92] Kritisch *Rauscher/Rauscher/Pabst*, EuZPR, EG-VollstrTitelVO, Art. 18 Rn. 7.
[93] Ebenso *Rauscher/Rauscher/Pabst*, EuZPR, EG-VollstrTitelVO, Art. 18 Rn. 8; *Rauscher*, Der Europäische Vollstreckungstitel für unbestrittene Forderungen, Rn. 150; *Kropholler*, EZPR, Art. 16 EG-VollstrTitelVO Rn. 8.

d) Heilung von Zustellungsmängeln (Art. 18 Abs. 2 EG-VollstrTitelVO). Die Vorschrift 51
sieht eine Heilungsmöglichkeit vor, wenn die Mindeststandards der Zustellung (Art. 13, 14 EG-VollstrTitelVO) nicht eingehalten wurden. Erforderlich ist, dass durch das Verhalten des Schuldners im gerichtlichen Verfahren nachgewiesen wird, dass er das zuzustellende Schriftstück so rechtzeitig persönlich bekommen hat, dass er Vorkehrungen für seine Verteidigung treffen konnte. Die Heilungsmöglichkeit setzt voraus, dass die Unterrichtungsvorschriften (Art. 16, 17 EG-VollstrTitelVO) eingehalten wurden. Die Verletzung dieser Vorschriften kann nicht gem. Abs. 2 geheilt werden.[94] Da ein verhaltensbedingter (explizit oder implizit)[95] Nachweis gefordert wird, kann reine Passivität im gerichtlichen Verfahren keinen Zustellungsmangel heilen. Erforderlich aber auch ausreichend ist zB, dass der Schuldner im Verfahren die fehlerhafte Zustellung rügt.[96] Dies sollte auch gelten, wenn ein nicht postulationsfähiger Beklagter durch sein Verhalten im gerichtlichen Verfahren deutlich macht, dass er das zuzustellende Schriftstück bekommen hat.[97]

7. Mindestvorschriften für eine Überprüfung in Ausnahmefällen (Art. 19 EG-Vollstr- 52
TitelVO). Die Vorschrift statuiert einen weiteren Mindeststandard, der die Gewährung rechtlichen Gehörs absichern soll. Ziel ist es, in Fällen, in denen trotz der Sicherungen, die die Mindeststandards der Art. 13–17 EG-VollstrTitelVO einführen, keine effektive Kenntnisnahme von dem zuzustellenden Schriftstück erfolgt ist, eine Rechtsbehelfsmöglichkeit im nationalen Recht zu fordern, die abstrakt Voraussetzung für die Bestätigung als EuVT ist. Art. 19 EG-VollstrTitelVO enthält demnach keine Voraussetzungen für eine Überprüfung in den dort genannten Ausnahmefällen, sondern macht die Bestätigung als EuVT von entsprechenden einzelstaatlichen Verfahrensvorschriften abhängig.[98] Das Rechtsbehelfsverfahren haben die Mitgliedstaaten der Kommission mitzuteilen (Art. 30 Abs. 1 lit. a EG-VollstrTitelVO).[99] Im Formblatt Anhang I ist ein entsprechender Eintrag erforderlich, weil das Rechtsbehelfsverfahren abstrakt im Ursprungsmitgliedstaat zur Verfügung stehen muss und nicht im konkreten Fall. Welcher Art dieses Rechtsbehelfsverfahren ist, wird nationalem Recht der Mitgliedstaaten überlassen. In Betracht kommen Rechtsbehelfe mit und ohne Devolutiveffekt, Regeln über Wiedereinsetzung etc.[100] Diese müssen jedoch eine *unbeschränkte* Überprüfung ermöglichen. Dieses Erfordernis ergibt sich zwar nicht aus dem Wortlaut, der insoweit von Art. 18 Abs. 1 lit. b EG-VollstrTitelVO abweicht, folgt jedoch aus der Mitteilung der Kommission an das Parlament betreffend den Gemeinsamen Standpunkt.[101] Dabei betrifft Art. 19 Abs. 1 lit. a den Fall der Ersatzzustellung, wenn die Kenntnisnahme ohne Verschulden des Schuldners nicht so rechtzeitig erfolgt ist, dass er Vorkehrungen für seine Verteidigung hätte treffen können. Art. 19 Abs. 1 lit. b betrifft dagegen alle Zustellungsarten, wenn der Schuldner aufgrund höherer Gewalt oder aufgrund außergewöhnlicher Umstände ohne eigenes Verschulden der Forderung nicht widersprechen konnte.

In Deutschland erfüllen der Einspruch (§ 338), die (im Falle der erneuten Säumnis eingeschränkte (§ 514 Abs. 2) Berufung (§§ 511 ff.) bei Entscheidungen nach Lage der Akten (§ 331 a) und die Regelungen über die Wiedereinsetzung (§ 233) die Anforderungen des Art. 19 EG-VollstrTitelVO.[102]

a) Ersatzzustellung (Art. 19 Abs. 1 lit. a EG-VollstrTitelVO). Abs. 1 lit. a betrifft aus- 54
schließlich den Fall der Ersatzzustellung (Art. 14 EG-VollstrTitelVO), wenn die Kenntnisnahme ohne Verschulden des Schuldners nicht so rechtzeitig erfolgt ist, dass er Vorkehrungen für seine Verteidigung hätte treffen können. Die Vorschrift berücksichtigt, dass es, anders als in den Fällen des Art. 13 EG-VollstrTitelVO, im Fall der Ersatzzustellung keineswegs sicher ist, dass der Schuldner das zuzustellende Schriftstück auch tatsächlich erhält. Erwägungsgrund 14 geht selbst nur von

---

[94] KOM (2002) 159 endg. S. 13 zu Art. 19.
[95] KOM (2004) 90 endg., S. 7 zu Abänderung 15.
[96] *Rauscher/Rauscher/Pabst,* EuZPR, EG-VollstrTitelVO, Art. 18 Rn. 12.
[97] *Rauscher/Rauscher/Pabst,* EuZPR, EG-VollstrTitelVO, Art. 18 Rn. 13; *Rauscher,* Der Europäische Vollstreckungstitel für unbestrittene Forderungen, Rn. 153.
[98] KOM (2004) 90 endg., S. 11 zu Artikel 20; *Rauscher/Rauscher/Pabst,* EuZPR, EG-VollstrTitelVO, Art. 19 Rn. 4; *Rauscher,* Der Europäische Vollstreckungstitel für unbestrittene Forderungen, Rn. 156; *Kropholler,* EZPR, Art. 19 EG-VollstrTitelVO Rn. 1.
[99] Darstellung der Mitteilungen im Europäischen Gerichtsatlas in Zivilsachen unter http://ec.europa.eu/justice_home/judicialatlascivil/html/rc_otherinfoeeo_de.htm.
[100] Ursprünglich war der Anwendungsbereich der Vorschrift auf Regeln über die Wiedereinsetzung begrenzt, vgl. KOM (2002) 159 endg. S. 13 f.: zu Art. 20.
[101] KOM (2004) 90 endg., S. 4 unter 3.1. Allgemeines. Ebenso bereits *Rauscher,* Der Europäische Vollstreckungstitel für unbestrittene Forderungen, Rn. 161; *Kropholler,* EZPR, Art. 19 EG-VollstrTitelVO Rn. 5.
[102] Deutsche Mitteilungen zu Art. 19 EG-VollstrTitelVO unter http://ec.europa.eu/justice_home/judicialatlascivil/html/rc_otherinfoeeo_de_de.htm#rc_otherinfoeeo2.

einem hohen Maß an Wahrscheinlichkeit aus. Sollte bei Zustellung nach Art. 13 EG-VollstrTitel-VO keine rechtzeitige Kenntnis eintreten, ist dies kein Fall des Abs. 1 lit. a, eine analoge Anwendung scheidet angesichts des Wortlauts und der Begründung aus.[103] In diesen Fällen kann Abs. 1 lit. b angewendet werden. Abs. 1 lit. a lit. ii enthält offensichtlich einen Formulierungsfehler, da auf die Zustellung abgestellt wird, die nicht rechtzeitig erfolgt ist. Durch die Ersatzzustellung ist jedoch die Zustellung bewirkt, so dass auf die Kenntnis abzustellen ist, die ohne Verschulden des Schuldners nicht rechtzeitig eingetreten ist.[104]

55 **b) Höhere Gewalt (Art. 19 Abs. 1 lit. b EG-VollstrTitelVO).** Abs. 1 lit. b betrifft generalklauselartig alle Fälle, in denen der Schuldner bei jeglicher Zustellung gem. Art. 13, 14 EG-VollstrTitelVO aufgrund höherer Gewalt oder aufgrund außergewöhnlicher Umstände ohne eigenes Verschulden der Forderung nicht widersprechen konnte.

56 **c) Erfordernis unverzüglichen Tätigwerdens.** In beiden Fällen des Abs. 1 ist weitere Voraussetzung, dass der Schuldner unverzüglich tätig wird. Die Formulierung ist unklar und wohl mit der Fehlvorstellung des Normsetzers zu erklären, er könne das mitgliedstaatliche Verfahren unmittelbar normieren. Deutet man die Formulierung in einen Mindeststandard um, so kann sie entweder bedeuten, dass Vorschriften nationalen Rechts, die ein unverzügliches Tätigwerden fordern, dem Mindeststandard genügen oder dass kurze Fristenregelungen im nationalen Verfahrensrecht zulässig sind.

57 **d) Großzügigere Bedingungen im nationalen Recht (Abs. 2).** Lediglich deklaratorisch, den Charakter des Mindeststandards betonend, ordnet Abs. 2 an, dass es den Mitgliedstaaten freisteht, eine Überprüfung der Entscheidung unter großzügigeren Bedingungen als nach Absatz 1 vorzusehen.

58 **e) Kein Anpassungsbedarf im deutschen Recht.** Der Gesetzgeber hat keine Notwendigkeit gesehen, das deutsche Recht den Vorgaben des Art. 19 EG-VollstrTitelVO anzupassen: Die §§ 338, 700 gingen über das Mindestmaß des Art. 19 EG-VollstrTitelVO hinaus, indem der Partei, gegen die ein Versäumnisurteil oder ein Vollstreckungsbescheid erlassen worden ist, der Einspruch unabhängig von einem etwaigen Verschulden zusteht. Die Einspruchsfrist nach § 339 Abs. 1 sei an die – wirksame – Zustellung des Urteils bzw. des Vollstreckungsbescheides gebunden und bei unverschuldeter Fristversäumung gebe es die Möglichkeit der Wiedereinsetzung in den vorigen Stand nach § 233.[105]

III. Zug um Zug Verurteilungen

59 Zug um Zug Verurteilungen können als EuVT bestätigt werden. Im Bestätigungsverfahren muss der Nachweis der dem Gläubiger obliegenden Leistung bei einer Zug und Zug Verurteilung erfolgen, wenn der Gläubiger sich ein solches Urteil als EuVT bestätigen lassen will.[106] Überwiegend wird dagegen angenommen, dass es bei einer derartigen Verurteilung an der Fälligkeit der Forderung fehlt (s. o. Einführung Rn. 19).[107] Die Geltendmachung eines Zurückbehaltungsrechts hindert jedoch nicht die Fälligkeit der Forderung iSd. Art. 4 Nr. 2 EG-VollstrTitelVO, so dass diese einer Bestätigung nicht entgegensteht. Das Verfahren zur Vollstreckung von Zug um Zug Verurteilungen in Deutschland aber auch Österreich ist komplex. Andere Länder kennen Zug um Zug Verurteilungen gar nicht.[108] In Deutschland wird die Vollstreckungsklausel erteilt, ohne dass der Nachweis der Befriedigung bzw. des Annahmeverzugs des Schuldners bei der Erteilung der Vollstreckungsklausel geprüft würde (§ 726 Abs. 2). Die Überprüfung der vom Gläubiger zu erbringenden Gegenleistung erfolgt erst zu Beginn des Vollstreckungsverfahrens. Bei Zuständigkeit des Gerichtsvollziehers hat dieser die Gegenleistung tatsächlich anzubieten (§ 756), anderen Vollstreckungsorganen ist die Befriedigung bzw. der Annahmeverzug des Schuldners nachzuweisen (§ 765 S. 1). In Österreich ist die Bewilligung der Exekution nach § 8 EO nicht von dem Nachweis abhängig, dass die Gegenleistung bewirkt oder ihre Erfüllung sichergestellt ist. Das Gericht muss in der Exekutionsbewilligung darauf hinweisen, dass der Verpflichtete die Leistung nur Zug um Zug gegen die Gegenleistung zu erbringen hat. Die Vollstreckung erfolgt anschließend allerdings ohne dass der Gläubiger

---

[103] KOM (2004) 90 endg., S. 11 zu Artikel 20.
[104] Zutreffend *Rauscher/Rauscher/Pabst*, EuZPR, EG-VollstrTitelVO, Art. 19 Rn. 9; *Rauscher*, Der Europäische Vollstreckungstitel für unbestrittene Forderungen, Rn. 158.
[105] BT-Drucks. 15/5222 S. 10.
[106] *Rellermeyer* Rpfleger 2005, 389, 399; *Franzmann* MittBayNot 2005, 470, 472.
[107] *Kropholler*, EZPR, Art. 4 EG-VollstrTitelVO Rn. 5; *Rauscher*, Der Europäische Vollstreckungstitel für unbestrittene Forderungen, Rn. 51; *Rauscher/Rauscher/Pabst*, EuZPR, EG-VollstrTitelVO, Art. 4 Rn. 14; *R. Wagner* IPRax 2005, 189, 192; *Jennissen* InVo 2006, 218, 221.
[108] *Kessler*, Die Vollstreckbarkeit und ihr Beweis gem. Art. 31 und 47 Nr. 1 EuGVÜ, 1998, S. 193 ff.; *R. Wagner* IPRax 2002, 75, 76 (Fn. 17).

die Gegenleistung bewirken oder sicherstellen muss.[109] Aus diesen Besonderheiten zu folgern, dass Titel, die auf Zug um Zug Verurteilung lauten, generell nicht als EuVT bestätigt werden können, geht fehl, weil die EG-VollstrTitelVO hierfür *de lege lata* keinen Ansatz bietet, auch wenn Zug um Zug Verurteilungen während der Verhandlungen als Problem erkannt wurden und die Vollstreckung erschweren.[110] Keinesfalls kann aber gefordert werden, Zug um Zug Verurteilungen einfach als EuVT zu bestätigen und darauf zu bauen, dass ausländische Vollstreckungsorgane bei derartigen Titeln wie deutsche agieren, also zu Beginn der Vollstreckung die Leistung anbieten oder sich den Nachweis der Leistung erbringen lassen. Dies wird regelmäßig scheitern, wenn derartige Verurteilungen in dem betreffenden Land unbekannt sind. Die Prüfung in ein Verfahren zur Erteilung einer Vollstreckungsklausel zu verlagern, scheitert daran, dass es ein Exequaturverfahren im Anwendungsbereich der EG-VollstrTitelVO nicht gibt. Somit bleibt allein das Bestätigungsverfahren. Wenn der Gläubiger bei der Bestätigung den Nachweis der ihm obliegenden Leistung führt, kann auch ein Zug um Zug Titel als EuVT bestätigt werden. Wenn der Gläubiger diese Vorleistung vermeiden will, bleibt der Weg über die Vollstreckung nach der EuGVO.

IV. Zustellung der Bestätigung (Abs. 1 S. 2)

Die Bestätigung wird ohne Anhörung des Schuldners erteilt, ist diesem jedoch von Amts wegen zuzustellen (S. 2). Grundlage der Zustellung ist die EG-ZustellVO. **60**

V. Rechtsbehelfe (Abs. 2)

1. Des Gläubigers. Wird der Antrag des Gläubigers auf Ausstellung der Bestätigung zurückgewiesen, so ist die Anordnung eines Rechtsbehelfs Sache nationalen Rechts, weil die EG-VollstrTitelVO insoweit keine Regelung trifft. Im Vorschlag der Verordnung war ursprünglich vorgesehen, dass gegen die Entscheidung über einen Antrag auf Erteilung einer Bescheinigung über den Europäischen Vollstreckungstitel generell kein Rechtsbehelf möglich ist.[111] Art. 10 Abs. 4 EG-VollstrTitelVO steht heute der Gewährung eines Rechtsbehelfes *zugunsten* des Gläubigers nicht entgegen, weil dieser nur einen Rechtsbehelf *gegen* die Bestätigung ausschließt. **61**

Da gem. Abs. 2 die Vorschriften über die Anfechtung der Entscheidung über die Erteilung einer Vollstreckungsklausel entsprechend anzuwenden sind, ist jedenfalls die Statthaftigkeit der **Erinnerung** (§ 573) und der **sofortigen Beschwerde** (§ 567 Abs. 1 Nr. 2) zu bejahen.[112] Andere meinen, der Gläubiger solle auch die Möglichkeit haben, Klage auf Erteilung der Klausel (§ 731) bzw. Klauselerinnerung (§ 732) zu erheben.[113] Die Klauselerteilungsklage ist jedoch nicht statthaft, weil es sich um eine Feststellungsklage[114] und nicht um eine Anfechtungsklage gegen eine Versagungsentscheidung handelt.[115] Die Klage nach § 731 kommt nur in Betracht, wenn die Erteilung einer qualifizierten Klausel nicht erreicht werden kann, weil der erforderliche Nachweis nicht durch öffentliche oder öffentlich beglaubigte Urkunden geführt werden kann. § 732 ist schon deshalb nicht analog als Rechtsbehelf des Gläubigers nutzbar, weil er ausschließlich Einwendungen des Schuldners betrifft.[116] In Österreich wird die Möglichkeit eines Rekurses bejaht.[117] Alternativ kann der Gläubiger auch das Vollstreckbarerklärungsverfahren nach der EuGVO betreiben oder einen neuen Bestätigungsantrag stellen, da Art. 6 Abs. 1 EG-VollstrTitelVO einen „jederzeitigen Antrag" vorsieht.[118]

Wird der Antrag auf Erteilung der Bestätigung für eine öffentliche Urkunde durch den Notar zurückgewiesen, kann der Antragsteller gem. Abs.2 i. V. m. § 54 BeurkG Beschwerde einlegen.[119] Ob das auch gilt, wenn das Jugendamt die Erteilung der Bestätigung ablehnt, ist umstritten.[120] **62**

---

[109] *Rechberger/Oberhammer,* Exekutionsrecht, 4. Aufl. 2005, Rn. 101.
[110] *R. Wagner* IPRax 2002, 75, 76.
[111] Art. 8 KOM (2002) 159 endg.
[112] *Rellermeyer* Rpfleger 2005, 389, 400; *Coester-Waltjen* JURA 2005, 394, 396; *Thomas/Putzo/Hüßtege* Rn. 3; *Rauscher/Rauscher/Pabst,* EuZPR, EG-VollstrTitelVO, Art. 9 Rn. 16; *Heringer* S. 149. Für eine Präzisierung *Leible-Lehmann* NotBZ 2004, 453, 459.
[113] *Wieczorek/Schütze* Rn. 4; im Ansatz auch *Leible/Lehmann* NotBZ 2004, 453, 459.
[114] Ganz hM s. nur *Thomas/Putzo/Hüßtege* § 731 Rn. 1.
[115] AA *Wieczorek/Schütze* Rn. 4.
[116] Wie hier *Wieczorek/Schütze* Rn. 3; *Rauscher/Rauscher/Pabst,* EuZPR, EG-VollstrTitelVO, Art. 9 Rn. 16; Das übersieht offenbar *Thomas/Putzo/Hüßtege* Rn. 3.
[117] *Burgstaller/Neumayr* ÖJZ 2006, 179, 188.
[118] *R. Wagner* NJW 2005, 1157, 1159; *Rauscher/Rauscher/Pabst,* EuZPR, EG-VollstrTitelVO, Art. 9 Rn. 19.
[119] *Franzmann* MittBayNot 2005, 470, 472; *Rellermeyer* Rpfleger 2005, 389, 400; *Heringer* S. 149.
[120] Dafür *Rellermeyer* Rpfleger 2005, 389, 400; *Huhn/von Schuckmann/Preuß,* BeurkG/DONot, § 54 BeurkG Rn. 7; *Heringer* S. 149. Dagegen *Winkler,* BeurkG, 15. Aufl. 2003, § 54 Rn. 1.

§ 1081 1, 2 Buch 11. Abschnitt 4. VO (EG) Nr. 805/2004

63 **2. Des Schuldners.** Der Schuldner hat *gegen* die Bestätigung keinen Rechtsbehelf (Art. 10 Abs. 4 EG-VollstrTitelVO). Auch die Anordnung von Rechtsbehelfen im nationalen Recht ist unzulässig. Möglich sind jedoch der Antrag auf Berichtigung oder Widerruf der Bestätigung gem. § 1081 iVm Art. 10 Abs. 1 EG-VollstrTitelVO.

64 Wird ein Antrag des Schuldners auf Bestätigung der Nichtvollstreckbarkeit gem. Art. 6 Abs. 2 EG-VollstrTitelVO (s. o. § 1079 Rn. 10) zurückgewiesen, so ist die Klauselerinnerung (§ 732) statthaft.[121] Abs. 2 gilt auch für die Verweigerung der Erteilung der Gegenbestätigung.[122]

§ 1081 Berichtigung und Widerruf

(1) [1]Ein Antrag nach Artikel 10 Abs. 1 der Verordnung (EG) Nr. 805/2004 auf Berichtigung oder Widerruf einer gerichtlichen Bestätigung ist bei dem Gericht zu stellen, das die Bestätigung ausgestellt hat. [2]Über den Antrag entscheidet dieses Gericht. [3]Ein Antrag auf Berichtigung oder Widerruf einer notariellen oder behördlichen Bestätigung ist an die Stelle zu richten, die die Bestätigung ausgestellt hat. [4]Die Notare oder Behörden leiten den Antrag unverzüglich dem Amtsgericht, in dessen Bezirk sie ihren Sitz haben, zur Entscheidung zu.

(2) [1]Der Antrag auf Widerruf durch den Schuldner ist nur binnen einer Frist von einem Monat zulässig. [2]Ist die Bestätigung im Ausland zuzustellen, beträgt die Frist zwei Monate. [3]Sie ist eine Notfrist und beginnt mit der Zustellung der Bestätigung, jedoch frühestens mit der Zustellung des Titels, auf den sich die Bestätigung bezieht. [4]In dem Antrag auf Widerruf sind die Gründe darzulegen, weshalb die Bestätigung eindeutig zu Unrecht erteilt worden ist.

(3) § 319 Abs. 2 und 3 ist auf die Berichtigung und den Widerruf entsprechend anzuwenden.

I. Überblick

1 Gem. Art. 10 Abs. 2 EG-VollstrTitelVO ist es Sache der Mitgliedstaaten, das Verfahren der Berichtigung und des Widerrufs auszugestalten. In Deutschland wird das Verfahren einheitlich für Berichtigung und Widerruf durch Abs. 2 und 3 ausgestaltet. Dieses Vorgehen vermeidet Abgrenzungsschwierigkeiten zwischen Berichtigung und Widerruf. In Österreich wird das Verfahren durch § 7a EO, für Gerichte in Verbindung mit § 7 Abs. 3 EO geregelt. Die nationale Ausgestaltung ist der Kommission mitzuteilen (Art. 30 Abs. 1 lit. a EG-VollstrTitelVO).[1] Gem. Abs. 1 ist der Antrag auf Berichtigung oder Widerruf einer gerichtlichen Entscheidung bei dem Gericht zu stellen, dass die Bestätigung ausgestellt hat. Funktionell zuständig ist der Rechtspfleger (§ 20 Nr. 11 RPflG). Die Vorschrift gibt nur den Inhalt von Art. 10 Abs. 1 EG-VollstrTitelVO wider, der sich auf die Regelung der Empfangszuständigkeit beschränkt. Dieses Gericht hat auch über den Antrag zu entscheiden. Diese Zuständigkeit wird durch Abs. 1 begründet, sie ist nicht durch die EG-VollstrTitelVO vorgegeben. Bei notariellen oder behördlichen Bestätigungen ist das AG zuständig, in dessen Bezirk der bestätigende Notar oder die Behörde den Sitz hat.

2 Art. 10 EG-VollstrTitelVO gilt unmittelbar nur für Entscheidungen (Art. 4 Nr. 1 EG-VollstrTitelVO), gem. Art. 24 Abs. 3 EG-VollstrTitelVO entsprechend für gerichtliche Vergleiche und gem. Art. 25 Abs. 3 EG-VollstrTitelVO entsprechend für öffentliche Urkunden. Die Mitgliedstaaten sind gehindert, weitere Rechtsbehelfe gegen die Bestätigung einzuführen. Davon zu trennen ist die Frage, ob die Mitgliedstaaten Rechtsbehelfe gegen die Art und Weise der Vollstreckung zur Verfügung stellen können (dazu § 1082 Rn. 5). Art. 10 EG-VollstrTitelVO ist sprachlich und strukturell missglückt. Sie spiegelt die Diskussion um die Notwendigkeit eines echten Rechtsbehelfs gegen die Bestätigung als EuVT wider, ohne jedoch noch einmal bereinigt worden zu sein. Einen gänzlich falschen Eindruck vermittelt Art. 10 Abs. 4 EG-VollstrTitelVO mit seinem offenbar strikten Ausschluss eines Rechtsbehelfs, nachdem die vorgehenden Absätze gerade einen solchen statuieren. Inhaltlich ist die Vorschrift aber geeignet, die Diskussion um die angeblich unverhältnismäßige Ver-

---

[121] Ebenso *Wieczorek/Schütze* Rn. 5.
[122] BT-Drucks. 15/5222, S. 13 zu § 1080 E; *Rauscher/Rauscher/Pabst*, EuZPR, EG-VollstrTitelVO, Art. 6 Rn. 38.
[1] Darstellung der Mitteilungen im Europäischen Gerichtsatlas in Zivilsachen unter http://ec.europa.eu/justice_home/judicialatlascivil/html/rc_otherinfoeeo_de.htm.
Darstellung der deutschen Rechtslage zu Widerruf und Berichtigung unter http://ec.europa.eu/justice_home/judicialatlascivil/html/rc_otherinfoeeo_de_de.htm#rc_otherinfoeeo1.

kürzung des Rechtsschutzes im Ursprungsmitgliedstaat zu beenden (Übersicht Rn. 11 ff.), wenn die Gerichte der Mitgliedstaaten den Widerruf in Abs. 1 lit. b als effektiven Rechtsbehelf ausgestalten.

II. Entstehungsgeschichte

Im Verordnungsvorschlag war zunächst kein Rechtsbehelf gegen die Bestätigung vorgesehen. Dies wurde damit begründet, dass der Beklagte am Verfahren aktiv teilnehmen und so die Entscheidung dem Anwendungsbereich der Verordnung entziehen könne, dass die Voraussetzungen für die Bestätigung, insbes. die Mindestvorschriften sorgfältig geprüft würden, dass ein weitgehendes Vertrauen der Mitgliedstaaten in die ordnungsgemäße Rechtspflege und die Möglichkeit der Wiedereinsetzung in den vorigen Stand bestehe, wenn der Schuldner nicht in der Lage war, die Forderung anzufechten.[2] Der Gemeinsame Standpunkt hat dann jedoch die Berichtigung und den Widerruf eingeführt, allerdings mit dem ausdrücklichen Hinweis, dass trotzdem kein Rechtsbehelf gegen die Bestätigung zur Verfügung gestellt würde.[3]

3

III. Berichtigung

Die Berichtigung erfolgt, wenn die Entscheidung und die Bestätigung aufgrund eines materiellen Fehlers voneinander abweichen. Der deutsche Gesetzgeber geht davon aus, dass damit Fälle gemeint sind, in denen Angaben aus dem Titel, zB durch falsche Schreibweise des Namens oder der Anschrift des Gläubigers oder Schuldners, unzutreffend in die Bestätigung übertragen wurden.[4] Erfasst werden soll trotz des Bezugs auf einen materiellen Fehler jedes **Abweichen von Entscheidung und Bestätigung**.[5] Damit können alle Inhalte der Entscheidung, die fehlerhaft in das Formblatt in Anhang I übertragen worden sind, berichtigt werden. Dies entspricht im deutschen Recht der Berichtigung offenbarer Unrichtigkeiten nach § 319. Insofern ist es konsequent, dass der Gesetzgeber dieses Verfahren auch zur Ausgestaltung des Berichtigungsverfahrens nutzt (Abs. 3 iVm. § 319 Abs. 2, 3). Für den Antrag auf Berichtigung kann fakultativ das Formblatt im Anhang VI genutzt werden. Der Schuldner ist allerdings gezwungen, den Grund der Berichtigung individuell zu formulieren, was aufgrund der mangelnden Verständlichkeit der Vorschrift Probleme bereiten wird.[6]

4

IV. Widerruf

Der Widerruf ist die notwendige Möglichkeit, den Beklagtenschutz im Ursprungsmitgliedstaat zu gewährleisten. Die Bestätigung ist zu widerrufen, wenn sie hinsichtlich der in der EG-VollstrTitel-VO festgelegten Voraussetzungen eindeutig zu Unrecht erteilt wurde. Für den Antrag auf Widerruf kann ebenfalls das Formblatt im Anhang VI genutzt werden. Hierbei sind alle Bestätigungsvoraussetzungen zu prüfen, also die Eröffnung des Anwendungsbereichs der EG-VollstrTitelVO, die Einordnung als unbestrittene Forderung (Art. 3 Abs. 1 EG-VollstrTitelVO), die Vollstreckbarkeit (Art. 6 Abs. 1 lit. a EG-VollstrTitelVO), die Einhaltung der Zuständigkeitsregeln (Art. 6 Abs. 1 lit. b EG-VollstrTitelVO), die Einhaltung der Mindestvorschriften (Art. 6 Abs. 1 lit. c EG-VollstrTitelVO) und des Verbraucherschutzregimes (Art. 6 Abs. 1 lit. d EG-VollstrTitelVO). Auslegungsbedürftig ist das Erfordernis der Eindeutigkeit. Seine Auslegung durch die Gerichte der Mitgliedstaaten kann über Wohl und Wehe des Rechtsschutzes des Schuldners entscheiden. Die Formulierung ist offenbar noch von der Entstehungsgeschichte der Vorschrift geprägt, die zunächst gar keinen und dann im Wege des Kompromisses nur einen sehr begrenzten Rechtsbehelf des Schuldners gegen die Bestätigung gewähren wollte. Diese Auslegung geht jedoch angesichts des aktuellen Integrationsstandes in der EU, der aktuellen Erweiterung und der Notwendigkeit, die Verfahrensrechte des Schuldners angemessen zu sichern, fehl. Daher ist nach hier vertretener Sicht das Kriterium belanglos: Immer wenn die Bestätigung zu Unrecht erteilt wurde, ist sie zu widerrufen.[7] Das Kriterium der Eindeutigkeit bezieht sich daher nicht darauf, dass sich der Fehler direkt aus der Bestätigung ergeben müsse, weil sich der Verstoß gegen bestimmte Vorschriften nicht unmittelbar im Formblatt widerspiegelt. Das Kriterium taugt auch nicht dazu, eine subjektive Beweislast zu begründen. Macht

5

---

[2] KOM (2002) 159 endg. S. 10.
[3] ABl. 2004 Nr. C 79 E, 59 S. 22.
[4] BT-Drucks. 55/5222 S. 13.
[5] Ebenso *Kropholler*, EZPR, Art. 10 EG-VollstrTitelVO Rn. 4.
[6] Kritisch insofern *Rauscher*, Der Europäische Vollstreckungstitel für unbestrittene Forderungen, Rn. 165.
[7] Ebenso *Kropholler*, EZPR, Art. 10 EG-VollstrTitelVO Rn. 7; *Rauscher*, Der Europäische Vollstreckungstitel für unbestrittene Forderungen, Rn. 168; *Stein* IPRax 2004, 181, 190; *Rechberger/Frauenberger-Pfeiler*, FS Fischer, 2004, S. 399, 407; *Burgstaller/Neumayr* ÖJZ 2006, 179, 187.

der Schuldner von dem Rechtsbehelf des Widerrufs Gebrauch, so darf der Widerruf nur erfolgen, wenn die für den Widerruf zuständige Stelle feststellt, dass die Bestätigung zu Unrecht erfolgt ist. Dafür brauchte es keines Begriffs der Eindeutigkeit.

V. Kein *sonstiger* Rechtsbehelf gegen die Bestätigung

6   Aus der Einordnung des Widerrufs als echten Rechtsbehelf gegen die Bestätigung ergibt sich, dass Art. 10 Abs. 4 EG-VollstrTitelVO gänzlich irreführend formuliert ist. Der komplette Ausschluss eines Rechtsbehelfs spiegelt noch die Intention des Verordnungsvorschlags wider. Nach der Änderung der Vorschrift durch den Gemeinsamen Standpunkt ist der Wortlaut jedoch korrigierend auszulegen: Neben den Rechtsbehelfen Berichtigung und Widerruf gibt es keinen weiteren.[8] Art. 10 Abs. 4 EG-VollstrTitelVO betrifft nur einen Rechtsbehelf gegen die Ausstellung der Bestätigung. Wird dem Gläubiger die Bestätigung verweigert, kann er die im nationalen Recht vorgesehenen Rechtsbehelfe nutzen. In Deutschland sind gem. § 1080 Abs. 2 die Vorschriften über die Anfechtung der Entscheidung über die Erteilung einer Vollstreckungsklausel entsprechend anzuwenden (§ 1080 Rn. 61).

7   Unabhängig von § 1081 und Art. 10 EG-VollstrTitelVO können die Rechtsbehelfe im Ausgangsverfahren nach der Ausgestaltung des jeweiligen Prozessrechts genutzt werden, was dem Ziel der Verfahrenskonzentration im Ursprungsmitgliedstaat entspricht.[9]

VI. Das Verfahren der Berichtigung und des Widerrufs (Abs. 2)

8   **1. Fristen.** Der Antrag auf Berichtigung ist nicht befristet. Der Antrag auf Widerruf ist nur binnen einer Frist von einem Monat zulässig (Abs. 2 S. 1). Ist die Bestätigung im Ausland zuzustellen, beträgt die Frist zwei Monate. Bei der Frist handelt es sich um eine Notfrist (§ 224 Abs. 1). Sie beginnt mit der Zustellung der Bestätigung, jedoch frühestens mit der Zustellung des Titels, auf den sich die Bestätigung bezieht. Zusätzliche Voraussetzung ist, dass der zu Grunde liegende Titel bereits zugestellt ist oder gleichzeitig mit der Bestätigung zugestellt wird. Diese Regelung soll sicherstellen, dass dem Schuldner, selbst wenn der Titel erst nach der Bestätigung zugestellt wird, die volle Frist zur Verfügung steht, um anhand von Bestätigung und Titel das Vorliegen eines Widerrufsgrundes zu prüfen. Ein zeitliches Auseinanderfallen der Zustellung der Bestätigung und des Titels kann insbesondere bei einer Parteizustellung des Titels vorkommen.[10] Die Befristung des Widerrufsrechts ist in der EG-VollstrTitelVO nicht vorgesehen. Sie soll der Rechtssicherheit dienen, da der Gläubiger nach Ablauf der Frist, abgesehen von der Berichtigungsmöglichkeit, auf die Bestätigung vertrauen kann.[11] Die Länge der Widerrufsfrist entspricht der Rechtsmittelfrist im Vollstreckbarerklärungsverfahren nach Art. 43 Abs. 5 EuGVO. Gegen die Vereinbarkeit der Befristung mit der EG-VollstrTitelVO, die nur Raum für die Ausgestaltung des Verfahrens gibt, wurden Bedenken angemeldet.[12] Allerdings dürfte sich der Gesetzgeber bei der Einführung einer Frist noch im Rahmen zulässiger Verfahrensausgestaltungsfreiheit auf der Grundlage des Art. 10 Abs. 2 EG-VollstrTitelVO bewegen.

9   **2. Begründung.** In dem Antrag auf Berichtigung und Widerruf sind die Gründe darzulegen, weshalb die Bestätigung eindeutig zu Unrecht erteilt worden ist. Dies folgt nur für den Widerruf aus Abs. 2 S. 4. Aus der EG-VollstrTitelVO (bzw. aus Ziff. 5 des Formblattes in Anhang VI) ergibt sich jedoch, dass auch in einem Antrag auf Berichtigung die Gründe darzulegen sind. Ohne die Substantiierung des Vortrags ist der Antrag als unzulässig zurückzuweisen.

10 **3. Rechtsbehelf.** Im Übrigen gelten die § 319 Abs. 2 und 3 entsprechend. Entgegen § 319 Abs. 3 ist gegen die Ablehnung der Berichtigung oder des Widerrufs durch den Rechtspfleger die **befristete Erinnerung** (§ 11 Abs. 2 RPflG) gegeben und nicht die sofortige Beschwerde.[13] Gegen die Berichtigung oder den Widerruf ist die sofortige Beschwerde gem. §§ 319 Abs. 3 Alt. 2, 567, § 11 Abs. 1 RPflG statthaft.[14]

---

[8] *Kropholler*, EZPR, Art. 10 EG-VollstrTitelVO Rn. 10; *Stein* IPRax 2004, 181, 190.
[9] *Rauscher/Rauscher/Pabst*, EuZPR, EG-VollstrTitelVO, Art. 10 Rn. 4; *Zöller/Geimer* Rn. 2
[10] BT-Drucks. 15/5222 S. 14 zu § 1081-E.
[11] BT-Drucks. 15/5222 S. 14 zu § 1081-E.
[12] *Leible-Lehmann* NotBZ 2004, 453, 460; *Thomas/Putzo/Hüßtege* § 1081 Rn. 3.
[13] BT-Drucks. 15/5222 S. 14 zu § 1081-E; *Kropholler*, EZPR, Art. 10 EG-VollstrTitelVO Rn. 18; *Heringer* S. 141; *Rauscher/Rauscher/Pabst*, EuZPR, EG-VollstrTitelVO, Art. 10 Rn. 26.
[14] OLG Stuttgart, Beschl. v. 24. 5. 2007 – 8 W 184/07 = NJW-RR 2007, 1583; *Heringer* S. 141; *Rauscher/Rauscher/Pabst*, EuZPR, EG-VollstrTitelVO, Art. 10 Rn. 26.

Wegen bestehender Rechtsschutzlücken wird teilweise erwogen, eine Individualbeschwerde zum EGMR zuzulassen,[15] was jedoch verkennt, dass in Europa ein einstufiger Grundrechtsschutz durch den EuGH besteht (Vor §§ 1079ff Rn. 18). Eine Verfassungsbeschwerde wäre in jedem Fall unzulässig (Vor §§ 1079ff Rn. 15).

4. Aussetzung oder Beschränkung der Vollstreckung. Gem. Art. 23 EG-VollstrTitelVO **11** kann das zuständige Gericht oder die befugte Stelle im Vollstreckungsmitgliedstaat, wenn der Schuldner einen Antrag auf Berichtigung oder Widerruf der Bestätigung gestellt hat, auf Antrag des Schuldners das Vollstreckungsverfahren auf Sicherungsmaßnahmen beschränken oder die Vollstreckung von der Leistung einer von dem Gericht oder der befugten Stelle zu bestimmenden Sicherheit abhängig machen oder unter außergewöhnlichen Umständen das Vollstreckungsverfahren aussetzen.

Titel 2. Zwangsvollstreckung aus Europäischen Vollstreckungstiteln im Inland

§ 1082 Vollstreckungstitel

Aus einem Titel, der in einem anderen Mitgliedstaat der Europäischen Union nach der Verordnung (EG) Nr. 805/2004 als Europäischer Vollstreckungstitel bestätigt worden ist, findet die Zwangsvollstreckung im Inland statt, ohne dass es einer Vollstreckungsklausel bedarf.

I. Überblick

§ 1082 gibt den durch die EG-VollstrTitelVO (Art. 5, 24 Abs. 2, 25 Abs. 2, Vor §§ 1079ff. **1** Rn. 12) erfolgten Systemwechsel wieder, der jegliche Kontrolle einer als EuVT in einem Mitgliedstaat bestätigten Entscheidung, gerichtlichen Vergleich oder öffentlichen Urkunde ausschließt. Die Vollstreckungsklausel wird durch die Bestätigung als EuVT im Ursprungsmitgliedstaat ersetzt. Art. 20–23 EG-VollstrTitelVO (Kapitel IV) enthalten die Regelungen der Vollstreckung. In Art. 20 Abs. 1 EG-VollstrTitelVO wird die Maßgeblichkeit des Rechts des Vollstreckungsmitgliedstaats statuiert, in Abs. 2 Vorgaben für die Übermittlung notwendiger Urkunden getroffen und in Abs. 3 das Verbot von Sicherheitsleistungen angeordnet. Soweit die EG-VollstrTitelVO keine Vorgaben enthält, finden auf die Zwangsvollstreckung in Deutschland die allgemeinen Vorschriften (§§ 704ff.) Anwendung. Es gelten daher die Regeln über Voraussetzungen und Durchführung der Zwangsvollstreckung, einschließlich der Bestimmungen zum Schuldnerschutz (§§ 811, 811c, 812, 850ff). Die §§ 724–734 gelten gem. § 1082 iVm Art. 5 EG-VollstrTitelVO nicht. § 750 Abs. 1 gilt nur insoweit, als nicht eine Vollstreckungsklausel gefordert wird. In Österreich findet die Exekutionsordnung (EO) Anwendung. Diese wurde durch die Novelle aus dem Jahr 2005 den Vorgaben der EG-VollstrTitelVO angepasst. Es kann ein Auftrag gem. § 10 ZustG erteilt werden, einen Zustellungsbevollmächtigten (§ 9 ZustG) zu benennen.[1]

II. Titel

Die Zwangsvollstreckung findet statt aus Entscheidungen (Art. 5 EG-VollstrTitelVO), gerichtli- **2** chen Vergleichen (Art. 24 EG-VollstrTitelVO, zum Begriff § 1079 Rn. 5) und öffentlichen Urkunden (Art. 25 EG-VollstrTitelVO, zum Begriff § 1079 Rn. 9), die im Ursprungsmitgliedstaat als EuVT bestätigt worden sind. Vollstreckbare Entscheidungen über die Höhe der mit dem gerichtlichen Verfahren verbundenen Kosten, einschließlich Zinsen nach Art. 7 EG-VollstrTitelVO (zur Abgrenzung von den Kostenfestsetzungsbeschlüssen § 1079 Rn. 3) können als EuVT bestätigt werden, so dass daraus in Deutschland vollstreckt werden kann. Das österreichische Recht bietet ein Beispiel für den Anwendungsbereich des Art. 7 EG-VollstrTitelVO in § 54 öZPO: Die Kostennote der Partei ist bei sonstigem Verlust des Ersatzanspruchs vor Schluss der der Entscheidung über den Kostenersatzanspruch unmittelbar vorangehenden Verhandlung dem Gericht zu übergeben. Wird aus einem bestätigten Vergleich oder einer öffentlichen Urkunde in Deutschland vollstreckt, ist § 1086 Abs. 2 (§ 1086 Rn. 3) zu beachten.

---

[15] *Rauscher/Rauscher/Pabst*, EuZPR, EG-VollstrTitelVO, Art. 10 Rn. 28.
[1] *Burgstaller/Neumayr* ÖJZ 2006, 179, 189; kritisch *Brenn* Zak 2005, 3, 6.

III. Wirkungserstreckung

3   Art. 11 EG-VollstrTitelVO ordnet an, dass die Bestätigung als Europäischer Vollstreckungstitel Wirkung nur im Rahmen der Vollstreckbarkeit der Entscheidung entfaltet. Die Vorschrift wurde erstmals in den Gemeinsamen Standpunkt aufgenommen. Sie spiegelt den auch innerhalb der EuGVO geltenden Grundsatz der Wirkungserstreckung wider, erweitert diesen aber im Hinblick auf die Vollstreckbarkeit (Rn. 3). Schon im *Jenard*-Bericht zum EuGVÜ war ausgeführt, dass durch die Anerkennung einer Entscheidung die Wirkungen beigelegt werden sollen, die ihr in dem Staat zukommen, in dessen Hoheitsgebiet sie ergangen ist.[2] Die EuInsVO[3] hat diesen Grundsatz in Art. 17 Abs. 1 ausdrücklich normiert.[4] Keinesfalls soll mit Hilfe der Bestätigung als EuVT einer Entscheidung eine gegenüber der Vollstreckbarkeit im Inland weitergehende Wirkung im Ausland zukommen. Dies wäre auf der Grundlage der sog. Gleichstellungstheorie, nach der sich die Urteilswirkungen nach denen einer inländischen Entscheidung bestimmen, grundsätzlich denkbar, auch wenn die Gleichstellungstheorie vor allem zur Begrenzung ausländischer unbekannter Urteilswirkungen eingesetzt wird.[5] Mittelbar setzt Art. 11 EG-VollstrTitelVO den Systemwechsel, den die EG-VollstrTitelVO vorgenommen hat, durch. Der Geltungsgrund der Entscheidung ist auch bezüglich der Vollstreckbarkeit dem Recht des Ursprungsmitgliedstaates zu entnehmen und nicht wie bei der Vollstreckung im staatsvertraglichen Modell des EuGVÜ oder im vergemeinschafteten Modell des EuGVO dem Recht des Vollstreckungsmitgliedstaates, das der Entscheidung die Vollstreckbarkeit eigenständig verleiht und diese nicht etwa anerkennt.[6] Konsequent sieht Art. 6 Abs. 2 EG-VollstrTitelVO vor, dass der Schuldner, wenn die Entscheidung im Ursprungsmitgliedstaat nicht mehr oder nur unter bestimmten Voraussetzungen vollstreckbar ist, sich die Nichtvollstreckbarkeit oder die eingeschränkte Vollstreckbarkeit bestätigen lassen kann. Die Bestätigung als EuVT soll dann nicht dazu dienen, den Gläubiger zu einer weiteren bzw. unbeschränkten Vollstreckung in anderen Mitgliedstaaten zu berechtigen.

IV. Gleichstellung des EuVT mit nationalen Titeln

4   Art. 20 Abs. 1 EG-VollstrTitelVO. Die Vorschrift dient dazu, den EuVT einem nationalen Titel gleichzustellen. Kernaussage ist letztlich der spät eingefügte Abs. 1 S. 2: eine als EuVT bestätigte Entscheidung wird unter den gleichen Bedingungen wie eine im Vollstreckungsmitgliedstaat ergangene Entscheidung vollstreckt.[7] Dazu wurde in Österreich durch die EO-Novelle 2005 § 2 Abs. 2 EO eingefügt, der den EuVT dem Anwendungsbereich des § 79 EO entzieht.[8] Für das österreichische Recht sind eine Vollstreckbarkeitsbestätigung und das Vollstreckbarerklärungsverfahren entbehrlich.[9] Eine Exekutionsbewilligung wird nach wie vor für erforderlich gehalten.[10] Inwieweit der Verweis auf nationales Vollstreckungsrecht auch nationale Rechtsbehelfe im Vollstreckungsverfahren erfasst, ist nicht abschließend geklärt (Rn. 5). Aus der Formulierung „unbeschadet" ergibt sich, dass Regelungen, die die EG-VollstrTitelVO selbst trifft, als sekundäres Gemeinschaftsrecht nationalem Vollstreckungsrecht vorgehen.

V. Rechtsbehelfe

5   Im Vollstreckungsmitgliedstaat werden durch Art. 20 Abs. 1 EG-VollstrTitelVO Rechtsbehelfe jedenfalls insoweit ausgeschlossen, als die EG-VollstrTitelVO selbst eine Regelung trifft (Art. 10 Abs. 1, 23 EG-VollstrTitelVO) oder einen Rechtsbehelfsausschluss vorsieht (Art. 5, 10 Abs. 4 EG-VollstrTitelVO). Rechtsbehelfe des Klauselerteilungsverfahrens sind sämtlich ausgeschlossen, da es ein solches nicht gibt. Rechtsbehelfe, die sich gegen die Vollstreckung selbst, insbesondere gegen

---

[2] ABlEG C 59 vom 5. 3. 1979 zu Art. 26 EuGVÜ.
[3] Verordnung (EG) Nr. 1346/2000 des Rates vom 29. 5. 2000 über Insolvenzverfahren.
[4] *Gruber*, in: *Haß/Huber/Gruber/Heiderhoff*, EuInsVO 2005, Art. 17 Rn. 2; *Duursma-Kepplinger/Duursma/Chalupsky*, Europäische Insolvenzverordnung 2002, Art. 17 Rn. 6.
[5] BGH NJW 1983, 514, 515; *Schack*, IZVR, Rn. 791 ff. Dass die Kommission selbst dogmatisch falsch von einer Gleichstellung spricht (KOM (2004) 90 endg., S. 9 zu Art. 8 y), wirkt bei einer dogmatisch so wesentlichen Frage befremdlich.
[6] Deutlich *Schack*, IZVR Rn. 778; *Kohler* ZSR 2005, 263, 271.
[7] KOM (2004) 90 endg., S. 11 zu Artikel 21.
[8] *Burgstaller/Neumayr* ÖJZ 2006, 179, 189; *Rechberger/Oberhammer*, Exekutionsrecht, Rn. 79 a.
[9] Zur Trennung von Vollstreckbarkeitsbestätigung und Exekutionsbewilligung *Rechberger/Oberhammer*, Exekutionsrecht, Rn. 80.
[10] *Rechberger/Frauenberger-Pfeiler*, FS Fischer, 2004, S. 399, 412; *Burgstaller/Neumayr* ÖJZ 2006, 179, 189; *McGuire* ecolex 2006, 83, 85.

die Art und Weise der Zwangsvollstreckung richten, sind aufgrund der Maßgeblichkeit nationalen Vollstreckungsrechts in vollem Umfang zulässig.[11] Daher ist die Erinnerung (§ 766) statthaft,[12] sowie ein Antrag nach § 765a[13] und § 775 Nr. 5.[14] Eine auf § 826 BGB gestützte Schadensersatzklage, die die Rechtsprechung gegen die Vollstreckung von Urteilen in Kenntnis ihrer Unrichtigkeit relativ großzügig zulässt,[15] ist wegen Art. 21 Abs. 2 EG-VollstrTitelVO nicht statthaft, soweit damit eine Überprüfung in der Sache bzw. eine ordre public-Kontrolle angestrebt ist.[16] Ein Dritter kann Vorzugs- (§ 805) oder Drittwiderspruchsklage (§ 771) erheben. Die Vollstreckungsabwehrklage (§ 767) ist nach dem Willen des Gesetzgebers und der überwiegenden Ansicht in der Literatur[17] statthaft (§ 1086). In Österreich sind Rechtsbehelfe gegen die Exekutionsbewilligung zulässig, soweit geltend gemacht wird, dass kein den Antrag deckender EuVT vorliegt oder die Anwendungen Angaben betreffen, die nicht durch den EuVT bescheinigt wurden.[18] Die Impugnationsklage (§ 36 EO)[19] ist zulässig. Ob die der deutschen Vollstreckungsabwehrklage in etwa entsprechende Oppositionsklage (§ 35 EO) oder ein Oppositionsgesuch (§ 40 EO)[20] zulässig ist, wird nicht einheitlich beantwortet.[21] Eine deliktische Klage gegen die Ausnutzung eines Titels kennt das österreichische Recht nicht.[22]

VI. Notwendige Unterlagen

Art 20 Abs. 2 EG-VollstrTitelVO führt die Unterlagen auf, die durch den Schuldner zu Beginn **6** der Vollstreckung dem nach nationalem Recht zuständigen Vollstreckungsorgan zu übermitteln sind. Dies sind die Ausfertigung der Entscheidung und die Ausfertigung der Bestätigung als EuVT. Diese müssen die „für ihre Beweiskraft erforderlichen Voraussetzungen erfüllen." Die Formulierung entspricht Art. 51 Abs. 1 EuGVO. Darunter ist vereinfacht der Nachweis der Echtheit der Urkunden zu verstehen.[23] Die Voraussetzungen sind nach dem nationalen Recht des Ursprungsmitgliedstaates zu bestimmen. Weitere Anforderungen darf der Vollstreckungsmitgliedstaat nicht stellen. Wegen der fehlenden Vereinheitlichung der Formen in der EU kann es zu Problemen kommen, wenn die übermittelten Unterlagen nicht den Anforderungen des Vollstreckungsmitgliedstaates an entsprechende nationale Urkunden entsprechen.[24]

Gegebenenfalls ist eine **Transkription** (lateinisch/griechisch) der Bestätigung als Europäischer **7** Vollstreckungstitel oder eine Übersetzung der Bestätigung (nicht der Entscheidung) in die Amtssprache des Vollstreckungsmitgliedstaats vorzulegen (§ 1083 Rn. 1).

VII. Verbot der Sicherheitsleistung

Das Verbot einer Sicherheitsleistung folgt aus Art. 20 Abs. 3 EG-VollstrTitelVO. Dies entspricht **8** Art. 51 EuGVO. Die Vorschrift findet auch auf Angehörige von Drittstaaten Anwendung.

§ 1083 Übersetzung

Hat der Gläubiger nach Artikel 20 Abs. 2 Buchstabe c der Verordnung (EG) Nr. 805/2004 eine Übersetzung vorzulegen, so ist diese in deutscher Sprache zu verfassen und von einer hierzu in einem der Mitgliedstaaten der Europäischen Union befugten Person zu beglaubigen.

---

[11] KOM (2002) 159 endg. S. 15 zu Art. 22 Abs. 2; *McGuire* ecolex 2006, 83, 84.
[12] *Kropholler*, EZPR, Art. 20 EG-VollstrTitelVO Rn. 12; *R. Wagner* IPRax 2005, 401, 405; *Gerling* S. 145; *Coester-Waltjen* JURA 2005, 394, 397.
[13] *Coester-Waltjen* JURA 2005, 394, 397.
[14] *Kropholler*, EZPR, Art. 20 EG-VollstrTitelVO Rn. 12.
[15] Übersicht bei *Rosenberg/Schwab/Gottwald*, ZPR, § 161 III.
[16] *Kropholler*, EZPR, Art. 20 EG-VollstrTitelVO Rn. 12; *Oberhammer* JBl 2006, 477, 500; aA *Rauscher*, Der Europäische Vollstreckungstitel für unbestrittene Forderungen, Rn. 178, 67.
[17] *Coester-Waltjen* JURA 2005, 394, 397; *Kropholler*, EZPR, Art. 20 EG-VollstrTitelVO Rn. 12; *Thomas/Putzo/Hüßtege* § 1086 Rn. 1.
[18] *McGuire* ecolex 2006, 83, 85.
[19] *Rechberger/Oberhammer*, Exekutionsrecht, Rn. 211 ff.
[20] *Rechberger/Oberhammer*, Exekutionsrecht, Rn. 196 ff., 208.
[21] Dafür *Burgstaller/Neumayr* ÖJZ 2006, 179, 190; zweifelnd *McGuire* ecolex 2006, 83, 85.
[22] *Oberhammer* JBl 2006, 477, 500.
[23] *Kropholler*, EZPR, Art. 53 EuGVO Rn. 2; *Rauscher/Rauscher/Pabst*, EuZPR, EG-VollstrTitelVO, Art. 20 Rn. 10.
[24] Hinweis bei *Rauscher*, Der Europäische Vollstreckungstitel für unbestrittene Forderungen, Rn. 176.

§ 1084 1   Buch 11. Abschnitt 4. VO (EG) Nr. 805/2004

1   Wann eine Transkription (§ 1082 Rn. 7) oder Übersetzung der Bestätigung als EuVT erforderlich ist, regelt weder die EG-VollstrTitelVO noch das deutsche Recht (§ 1083). Aus der Vorschlagsbegründung ergibt sich aber, dass eine Übersetzung nicht schon dann nötig ist, wenn die Bestätigung in einer im Vollstreckungsmitgliedstaat nicht zugelassenen Sprache erteilt wurde,[25] sondern nur dann, wenn die Bestätigung außer Eintragungen von Namen und Zahlen und Ankreuzen von Kästchen weitere schriftliche Erläuterungen enthält.[26] Diese Beschränkung des Übersetzungserfordernisses findet sich auch in der Begründung des Gesetzentwurfs zum EG-VTDG.[27] Ansonsten würde der Sinn der Einführung von Formblättern, das Sprachproblem in der EU teilweise zu lösen, konterkariert. Die Übersetzung muss, ebenso wie bei Art. 55 Abs. 2 EuGVO, von einer hierzu in einem der Mitgliedstaaten der EU befugten Person beglaubigt werden (§ 1083 iVm Art. 20 Abs. 1 lit. c S. 3).

§ 1084 Anträge nach den Artikeln 21 und 23 der Verordnung (EG) Nr. 805/2004

    (1) [1]Für Anträge auf Verweigerung, Aussetzung oder Beschränkung der Zwangsvollstreckung nach den Artikeln 21 und 23 der Verordnung (EG) Nr. 805/2004 ist das Amtsgericht als Vollstreckungsgericht zuständig. [2]Die Vorschriften des Buches 8 über die örtliche Zuständigkeit des Vollstreckungsgerichts sind entsprechend anzuwenden. [3]Die Zuständigkeit nach den Sätzen 1 und 2 ist ausschließlich.

    (2) [1]Die Entscheidung über den Antrag nach Artikel 21 der Verordnung (EG) Nr. 805/2004 ergeht durch Beschluss. [2]Auf die Einstellung der Zwangsvollstreckung und die Aufhebung der bereits getroffenen Vollstreckungsmaßregeln sind § 769 Abs. 1 und 3 sowie § 770 entsprechend anzuwenden. [3]Die Aufhebung einer Vollstreckungsmaßregel ist auch ohne Sicherheitsleistung zulässig.

    (3) [1]Über den Antrag auf Aussetzung oder Beschränkung der Vollstreckung nach Artikel 23 der Verordnung (EG) Nr. 805/2004 wird durch einstweilige Anordnung entschieden. [2]Die Entscheidung ist unanfechtbar.

Durch § 1084 erfolgt die Einpassung der gerichtlichen Zuständigkeiten in das bereits bestehende inländische System der sachlichen und funktionellen Zuständigkeiten auf dem Gebiet des Zwangsvollstreckungsrechts. Zu Recht wurde die Schaffung von Sonderzuständigkeiten vermieden. Das AG als Vollstreckungsgericht ist gem. Abs. 1 S. 3 entsprechend § 802 ausschließlich zuständig. Die örtliche Zuständigkeit bestimmt sich nach dem 8. Buch der ZPO. Funktionell ist der Richter zuständig, eine Übertragung auf den Rechtspfleger ist bewusst nicht erfolgt, da man die Prüfung einer Titelkollision durch den Rechtspfleger nicht für angemessen hielt.[1] Der Richter entscheidet durch Beschluss (Abs. 2 S. 1).

I. Antrag nach Art. 21 EG-VollstrTitelVO

1   **1. Normzweck.** Art. 21 EG-VollstrTitelVO normiert einen Grund zur Verweigerung der Vollstreckung, wenn die als EuVT bestätigte Entscheidung mit einer früheren Entscheidung unvereinbar ist, die in einem Mitgliedstaat oder einem Drittland ergangen ist. Art. 23 EG-VollstrTitelVO sieht die Möglichkeit vor, die Vollstreckung auszusetzen oder zu beschränken.

Die Anordnung eines derartigen Anerkennungs- und Versagungsgrundes wegen Unvereinbarkeit der als EuVT bestätigten Entscheidung mit einer früheren Entscheidung ist kein Systembruch, weil es nicht darum geht, die ausländische Entscheidung nachzuprüfen, sondern darum, den Vorrang einer anderen Entscheidung durchzusetzen.[2] Eine Überprüfung der Entscheidung bzw. der Bestätigung ist entsprechend dem angestrebten Systemwechsel der Vollstreckung (Vorbem §§ 1079 ff. Rn. 12) unzulässig. Die Verweigerung erfolgt nur auf Antrag des Schuldners, nicht von Amts wegen. Bei Vergleichen (Art. 24 Abs. 3 EG-VollstrTitelVO) und öffentlichen Urkunden (Art. 25 Abs. 3 EG-VollstrTitelVO) scheidet eine Verweigerung der Vollstreckung wegen Unvereinbarkeit aus.

---

[25] So aber *Rauscher,* Der Europäische Vollstreckungstitel für unbestrittene Forderungen, Rn. 177; *Rauscher/Rauscher/Pabst,* EuZPR, EG-VollstrTitelVO, Art. 20 Rn. 13.
[26] KOM (2002) 159 endg. S. 8 f. zu Art. 7; S. 14 zu Art. 21; *Heringer* S. 128; *Rellermeyer* Rpfleger 2005, 389, 401; *Thomas/Putzo/Hüßtege* Rn. 1; *Wieczorek/Schütze* Rn. 1.
[27] BT-Drucks. 15/5222, S. 14 zu § 1083 E.
[1] BT-Drucks. 15/5222 S. 15 zu § 1084 E.
[2] *Stein* EuZW 2004, 679, 682.

2. Unvereinbarkeit mit früherer Entscheidung (Art. 21 Abs. 1 EG-VollstrTitelVO). Die 2
Vorschrift gilt, anders als Art. 34 (Nr. 3 und Nr. 4) EuGVO, für alle unvereinbaren Entscheidungen, unabhängig davon, in welchem Land sie ergangen sind. Das Prioritätsprinzip zugunsten der unvereinbaren Entscheidung gilt umfassend, der in Art. 34 Nr. 3 EuGVO enthaltene Nationalismus zugunsten der Entscheidungen des Vollstreckungsmitgliedstaates ist nicht übernommen worden. Die frühere Entscheidung muss, entsprechend Art. 34 Nr. 4 EuGVO, zwischen denselben Parteien wegen desselben Streitgegenstands ergangen sein (lit. a). Die Begriffe sind verordnungsautonom auszulegen. Eine Anwendung des deutschen Streitgegenstandsbegriffs ist unzulässig, es gilt die Kernpunkttheorie des EuGH.[3] Die frühere Entscheidung muss zusätzlich im Vollstreckungsmitgliedstaat ergangen sein oder es müssen die notwendigen Voraussetzungen für ihre Anerkennung im Vollstreckungsmitgliedstaat erfüllt sein (lit. b). Neu (aber dem deutschen Recht nicht unbekannt, vgl. § 580 Nr. 7) ist die weitere Notwendigkeit, dass der Schuldner die Unvereinbarkeit schon im gerichtlichen Verfahren im Ursprungsmitgliedstaat geltend machen muss. Er kann die Unvereinbarkeit nur unter dieser Voraussetzung noch im Vollstreckungsverfahren geltend machen, es sei denn, er war an der Geltendmachung gehindert (lit. c). Alle weiteren der EuGVO bekannten Versagungsgründe sind nicht anwendbar.

3. Verbot der Nachprüfung (Abs. 2). Entsprechend Art. 36 EuGVO darf weder die Ent- 3
scheidung noch ihre Bestätigung als EuVT im Vollstreckungsmitgliedstaat in der Sache selbst nachgeprüft werden.

II. Antrag nach Art. 23 EG-VollstrTitelVO

1. Normzweck. Der Richter entscheidet über Anträge nach Art. 23 EG-VollstrTitelVO gem. 4
Abs. 3 durch einstweilige Anordnung. Diese ist in Anlehnung an § 707 Abs. 2 S. 2 unanfechtbar. Mit der Entscheidung in der Hauptsache im Ursprungsmitgliedstaat werden die in Deutschland getroffenen einstweiligen Anordnungen hinfällig.[4]
Art. 23 EG-VollstrTitelVO muss in Zusammenhang mit Art. 11 und Art. 6 Abs. 2 EG-VollstrTitelVO gesehen werden. Aus Art. 11 EG-VollstrTitelVO folgt der Grundsatz, dass ein Titel im Vollstreckungsmitgliedstaat nicht leichter als im Ursprungsmitgliedstaat vollstreckt werden soll. Art. 6 Abs. 2, 23 EG-VollstrTitelVO sind Ausprägungen dieses Grundsatzes. Art. 6 Abs. 2 EG-VollstrTitelVO gibt dem Schuldner die Möglichkeit, eine Bestätigung der Nichtvollstreckbarkeit bzw. der Beschränkung der Vollstreckbarkeit zu erlangen. Hat die Einlegung eines Rechtsbehelfs bereits zu einer Beschränkung der Vollstreckbarkeit geführt, so kann der Schuldner nur einen Antrag auf eine Gegenbestätigung im Ursprungsmitgliedstaat gem. Art. 6 Abs. 2 EG-VollstrTitelVO stellen. Während des laufenden Rechtsbehelfsverfahrens im Ursprungsmitgliedstaat kann er dagegen im Vollstreckungsmitgliedstaat einen Antrag gem. Art. 23 EG-VollstrTitelVO stellen.
Art. 23 EG-VollstrTitelVO gilt direkt nur für Entscheidungen, über die Verweisungen in Art. 24 5
Abs. 3, 25 Abs. 3 EG-VollstrTitelVO aber entsprechend für gerichtliche Vergleiche und öffentliche Urkunden.
Die Aussetzung oder Beschränkung im Vollstreckungsmitgliedstaat darf gem. Art. 21 Abs. 2 EG- 6
VollstrTitelVO nicht zu einer inhaltlichen Nachprüfung der Entscheidung oder Bestätigung, auch nicht unter *ordre public* Gesichtspunkten genutzt werden (Rn. 3).[5]

2. Laufendes Verfahren im Ursprungsmitgliedstaat. Art. 23 EG-VollstrTitelVO geht von 7
einem laufenden Rechtsbehelfs-, Berichtigungs- oder Widerrufsverfahren im Ursprungsmitgliedstaat aus. Der Antrag auf Rechtsbehelf muss bereits gestellt, die Berichtigung oder der Widerruf beantragt sein und das Verfahren darf noch nicht zu einer Beschränkung der Vollstreckbarkeit geführt haben,[6] ansonsten muss der Schuldner nach Art. 6 Abs. 2 EG-VollstrTitelVO vorgehen.

3. Art der Verfahren im Ursprungsmitgliedstaat. Art. 23 EG-VollstrTitelVO nennt den 8
Rechtsbehelf gegen eine bereits als EuVT bestätigte Entscheidung, wozu auch der in Art. 19 EG-VollstrTitelVO geforderte zählt (1. Spiegelstrich) und den Angriff gegen die Bestätigung in Form des Antrags auf Widerruf oder Berichtigung (Art. 10 EG-VollstrTitelVO) (2. Spiegelstrich). Die Voraussetzungen der Rechtsbehelfe gegen die Entscheidung ergeben sich

---

[3] EuGH v. 6. 12. 1994 – Rs C-406/92, Tatry/Maciej Rataj, Slg. 1994, S. 5460 ff.; v. 8. 12. 1987, Rs. C-144/86, Gubisch Maschinenfabrik/Palumbo, Slg. 1987, S. 4871 ff.
[4] BT-Drucks. 15/5222 S. 15. *Thomas/Putzo/Hüßtege* Rn. 3.
[5] *Gerling* S. 129; aA *Rauscher,* Der Europäische Vollstreckungstitel für unbestrittene Forderungen, Rn. 182 (anders aber Rn. 33).
[6] KOM (2002)159 endg. S. 15 f. zu Art. 23.

§§ 1085, 1086   Buch 11. Abschnitt 4. VO (EG) Nr. 805/2004

aus dem Recht des Ursprungsmitgliedstaates. Es handelt sich, da eine Beschränkung auf ordentliche Rechtsbehelfe im Gegensatz zu Art. 37 Abs. 1 EuGVO nicht erfolgt ist, um alle gegen die Entscheidung nach nationalem Recht zur Verfügung stehenden (ordentlichen und außerordentlichen) Rechtsbehelfe. Ein Ausschluss von Verfassungsbeschwerden ist weder durch den Wortlaut geboten noch sinnvoll. Daher sind die Verfassungsbeschwerde aber auch die Individualbeschwerde zum EuGMR unter den Begriff des Rechtsbehelfs zu fassen.[7] Dass Verfassungsbeschwerden bei der Fassung der EG-VollstrTitelVO nicht bedacht wurden, ist kein Argument dagegen.[8]

9   **4. Entscheidungsmöglichkeiten des Gerichts oder der befugten Stelle im Vollstreckungsmitgliedstaat.** Die Entscheidung liegt im Ermessen des Gerichts oder der befugten Stelle und ergeht nur auf Antrag, nicht von Amts wegen. Maßgebend sind dabei die Beurteilung der Erfolgsaussichten des Antrags sowie die Wahrscheinlichkeit, dass eine bedingungslose Vollstreckung einen nicht wiedergutzumachenden Schaden verursachen würde.[9]

Das Gericht oder die befugte Stelle kann wahlweise das Vollstreckungsverfahren auf Sicherungsmaßnahmen beschränken (lit. a) oder die Vollstreckung von der Leistung einer von ihm zu bestimmenden Sicherheit abhängig machen (lit. b). Nachrangig kann unter außergewöhnlichen Umständen das Vollstreckungsverfahren ausgesetzt werden. Ein außergewöhnlicher Fall liegt wegen eines Verstoßes gegen Art. 21 Abs. 2 EG-VollstrTitelVO nicht dann vor, wenn ein Mangel gerügt wird, der den *ordre public* des Vollstreckungsmitgliedstaates verletzt.[10]

§ 1085 Einstellung der Zwangsvollstreckung

Die Zwangsvollstreckung ist entsprechend den §§ 775 und 776 auch dann einzustellen oder zu beschränken, wenn die Ausfertigung einer Bestätigung über die Nichtvollstreckbarkeit oder über die Beschränkung der Vollstreckbarkeit nach Artikel 6 Abs. 2 der Verordnung (EG) Nr. 805/2004 vorgelegt wird.

1   Wird eine Ausfertigung einer ausländischen Bestätigung über die Nichtvollstreckbarkeit oder über die Beschränkung der Vollstreckbarkeit gemäß Art. 6 Abs. 2 EG-VollstrTitelVO (s. § 1079 Rn. 9) in Deutschland vorgelegt, wird die Zwangsvollstreckung entsprechend § 775 eingestellt oder beschränkt. Für die Aufhebung von Vollstreckungsmaßregeln gilt § 776 entsprechend.

2   Der Verweis des § 1085 erweitert die in § 775 genannten Gründe um den der Vorlage der Ausfertigung einer ausländischen Bestätigung über die Nichtvollstreckbarkeit oder über die Beschränkung der Vollstreckbarkeit gemäß Art. 6 Abs. 2 EG-VollstrTitelVO. Andere dort genannte Gründe (Nr. 3–5) bleiben anwendbar, da § 1085 schon dem Wortlaut nach („auch") insofern keine abschließende, die weiteren Gründe ausschließende Regelung ist.[1]

3   Der lediglich pauschale Hinweis auf § 776 erklärt sich mit der Vielgestaltigkeit der Maßnahmen, die gem. Art. 6 Abs. 2 EG-VollstrTitelVO im Ausland bestätigt werden können. Daher ist es nicht möglich, die einzelnen Tatbestände des § 776 genau ausländischen Maßnahmen zuzuordnen, wie es § 776 für die einzelnen nationalen Fälle des § 775 tut. Bei der entsprechenden Anwendung von § 776 muss daher im Einzelfall geprüft werden, mit welchem Tatbestand des § 775 die im Ursprungsstaat getroffene Entscheidung am ehesten vergleichbar ist, und dann die hierfür in § 776 vorgesehene Rechtsfolge gewählt werden.[2]

§ 1086 Vollstreckungsabwehrklage

(1) ¹Für Klagen nach § 767 ist das Gericht ausschließlich örtlich zuständig, in dessen Bezirk der Schuldner seinen Wohnsitz hat, oder, wenn er im Inland keinen Wohnsitz hat, das Gericht, in dessen Bezirk die Zwangsvollstreckung stattfinden soll oder stattgefunden hat. ²Der Sitz von Gesellschaften oder juristischen Personen steht dem Wohnsitz gleich.

---

[7] *Rauscher/Rauscher/Pabst*, EuZPR, EG-VollstrTitelVO, Art. 23 Rn. 10; *Rauscher*, Der Europäische Vollstreckungstitel für unbestrittene Forderungen, Rn. 28, 181; wohl auch *Gerling* S. 129.
[8] So aber *R. Wagner* IPRax 2005, 189, 198; *Kropholler*, EZPR, Art. 23 EG-VollstrTitelVO Rn. 4.
[9] KOM (2002) 159 endg. S. 15 f. zu Art. 23.
[10] *Gerling* S. 129; aA *Rauscher*, Der Europäische Vollstreckungstitel für unbestrittene Forderungen, Rn. 182.
[1] *Wieczorek/Schütze* Rn. 4; *Thomas/Putzo/Hüßtege* Rn. 1/2; *Heringer* S. 146.
[2] BT-Drucks. 15/5222, S. 15 zu § 1085 E; *Wieczorek/Schütze* Rn. 5; *Thomas/Putzo/Hüßtege*; Rn. 1/2; *Heringer* S. 146.

(2) § 767 Abs. 2 ist entsprechend auf gerichtliche Vergleiche und öffentliche Urkunden anzuwenden.

1. Normzweck. Die Zulassung der Vollstreckungsabwehrklage ist verordnungskonform, weil damit keine unzulässige Überprüfung der Entscheidung in der Sache selbst zu sehen ist, da diese Einwendungen vom Richter im Ursprungsmitgliedstaat noch nicht berücksichtigt werden konnten.[1] Dass die Vollstreckungsabwehrklage dem Vollstreckungsverfahren zugeordnet sei, das die EG-VollstrTitelVO gem. Art. 20 Abs. 1 unberührt lässt, kann jedoch die Statthaftigkeit nicht entscheidend stützen,[2] da eine solche Betrachtung den Fortbestand des mit Einführung des EuVT europaweit angestrebten Systemwechsels von nationalen gesetzlichen Ordnungsideen abhängig machte und verkennt, dass es sich um eine Klageart im Grenzbereich von materiellem und Prozessrecht handelt. Entscheidend ist der Schuldnerschutz, der insofern nicht unter dem nationaler Zwangsvollstreckungsmaßregeln zurückbleiben soll. Der Schuldner ist damit nicht gezwungen (aber berechtigt), nachträgliche materiellrechtliche Einwendungen gegen den Titel im Ursprungsmitgliedstaat geltend zu machen.[3] Auch Art. 21 Abs. 2 EG-VollstrTitelVO steht der Statthaftigkeit der Vollstreckungsgegenklage dann nicht entgegen, wenn diese auf Einwendungen beschränkt wird, die im Erkenntnisverfahren im Ursprungsmitgliedstaat nicht berücksichtigt werden konnten.[4]

2. Internationale Zuständigkeit. Ob sich die internationale Zuständigkeit für die Vollstreckungsabwehrklage nach Art. 22 Nr. 5 EuGVO beurteilt,[5] ist zunehmend streitig, weil einige meinen, dass sich die Vollstreckungsabwehrklage nicht gegen die Zwangsvollstreckung sondern gegen den Titel richtet.[6] Gem. Abs. 1 ist für Klagen nach § 767 Abs. 1 das Prozessgericht örtlich ausschließlich zuständig, in dessen Bezirk der Schuldner seinen Wohnsitz oder Sitz hat, hilfsweise das Gericht, in dessen Bezirk die Zwangsvollstreckung stattfinden soll oder stattgefunden hat. Im Übrigen gelten die allgemeinen Vorschriften (§§ 23, 71, 96 GVG). Funktionell ist das Prozessgericht zuständig (§ 767). In Unterhaltssachen entscheidet das Familiengericht (§ 23b GVG).[7]

Entsprechende Anwendung § 767 Abs. 2. Nach Abs. 2 wird die Präklusionsvorschrift des § 767 Abs. 2 für entsprechend anwendbar erklärt, mit der Folge, dass § 797 Abs. 4 keine Anwendung findet. Ziel ist es, vor dem Hintergrund des Anfechtungsausschlusses gem. Abs. 2 nur nach Errichtung des Titels entstandene Einwendungen zu berücksichtigen.[8] Aufgrund der fehlenden Rechtskraftpräklusion bei Vergleichen könnten sonst auch anfängliche Einwendungen vorgebracht werden. Die Vorschrift soll dem Vergleich keine Rechtskraftwirkung zumessen.[9]

Anhang zu Buch 11

I. EG-MahnVO[1] (Einführung)

Schrifttum: *Einhaus*, Europäisches Mahnverfahren: Grenzüberschreitende Verweisung bei Unzuständigkeit?, EuZW 2005, 165; *Freitag*, Rechtsschutz des Schuldners gegen den Europäischen Zahlungsbefehl nach der EuMahnVO, IPRax 2007, 509; *Rott*, Bedrohung des Verbraucherschutzes im Internationalen Verfahrens- und Privatrecht durch den Binnenmarkt, EuZW 2005, 167; *Sujecki*, Europäisches Mahnverfahren nach dem Verordnungsvorschlag der Europäischen Kommission, EuZW 2005, 45; *ders.*, Europäisches Mahnverfahren: Die Notwendigkeit einer ausschließlichen Gerichtsstandsregelung!, EuZW 2005, 165; *ders.*, Erste Überlegungen zum europäischen elektronischen Mahnverfahren, MMR 2005, 213; *ders.*, Das Europäische Mahnverfahren, NJW 2007, 1622; *Schollmeyer*, Europäisches Mahnverfahren, IPRax 2002, 478; *Tschütscher/Weber*, Die Verordnung zur Einführung eines Europäischen Mahnverfahrens, ÖJZ 2007, 303.

---

[1] *Wieczorek/Schütze* Rn. 1; *Thomas/Putzo/Hüßtege* Rn. 1; *R. Wagner* IPRax 2005, 401, 405; *Heringer* S. 143; aA *Leible/Lehmann* NotBZ 2004, 453, 461; *Hess* IPRax 2004, 493 ff.
[2] So aber BT-Drucks. 15/5222 S. 15 zu § 1086 E; *Heringer* S. 144.
[3] *Wieczorek/Schütze* Rn. 2; aA *Hess* IPRax 2004, 493, 494; *Leible/Lehmann* NotBZ 2004, 453, 461.
[4] *Gerling* S. 137, 143.
[5] So u. a. *Rauscher/Rauscher/Pabst*, EuZPR, EG-VollstrTitelVO, Art. 20 Rn. 6; *Heringer* S. 147.
[6] *Nelle*, Anspruch, Titel und Vollstreckung im internationalen Rechtsverkehr, 2000, S. 366 ff.; *Hau* ZVglRWiss 100 (2001) 495, 497; *Hess* IPRax 2004, 493, 494; *Münzberg*, FS Geimer, 1999, S. 745, 748.
[7] BT-Drucks. 15/5222 S. 15. Anders die bisher hM *Kropholler*, EZPR, Art. 22 EuGVO Rn. 61; *Thomas/Putzo/Hüßtege* Art. 22 EuGVO Rn. 15; *Nagel/Gottwald*, IZPR, § 3 Rn. 183.
[8] BT-Drucks. 15/5222 S. 15.
[9] *R. Wagner* IPRax 2005, 401, 408; kritisch *Hess* IPRax 2004, 493, 494.
[1] Verordnung (EG) Nr. 1896/2006 des Europäischen Parlaments und des Rates vom 12. 12. 2006 zur Einführung eines Europäischen Mahnverfahrens, ABl. EU 2006 L 399/1; Text im Anhang zu dieser Einführung.

I. Normzweck

1. Verordnungsgebungsverfahren, Inkrafttreten, Geltung. Die Kommission legte im Rahmen des Maßnahmenprogramms zum Europäischen Zivilprozessrecht aufgrund des Ratsbeschlusses von Tampere[2] nach einem Grünbuch-Verfahren[3] am 26. 4. 2004 einen Vorschlag für eine **Verordnung** des Europäischen Parlaments und des Rates[4] **zur Einführung eines Europäischen Mahnverfahrens**[5] vor. Das Fehlen einer Beschränkung des Anwendungsbereichs auf grenzüberschreitende Sachverhalte führte zu Zweifeln am Bestehen des erforderlichen Binnenmarktbezuges[6] und zu einem geänderten Verordnungsvorschlag der Kommission unter selbem Titel vom 7. 2. 2006.[7] Auf dieser Grundlage wurde im Rat „Justiz und Inneres" eine politische Einigung erzielt und am 30. 6. 2006 die Verordnung als Gemeinsamer Standpunkt[8] (Art. 251 Abs. 2 3. Strich EGV) beschlossen. Das Europäische Parlament hat zu dem Gemeinsamen Standpunkt am 25. 10. 2006 gemäß Art. 251 Abs. 2 lit. c EGV Abänderungen vorgeschlagen.[9] Nach Annahme im Rat[10] und zustimmender Stellungnahme der Kommission[11] gilt die Verordnung als erlassen (Art. 251 Abs. 3 EGV). Sie ist am 13. 12. 2006 in Kraft getreten, **gilt jedoch erst ab 12. 12. 2008** mit Ausnahme der vorbereitenden Bestimmungen (Mitteilungen der Mitgliedstaaten, Art. 28 bis 31 EG-MahnVO), die ab dem 12. 6. 2008 gelten (Art. 33 EG-MahnVO). Als Ausführungsvorschriften zur EG-MahnVO sollen in die ZPO die §§ 1087–1096 als neuer Abschnitt 5 eingefügt werden, siehe Gesetzentwurf der Bundesregierung vom Januar 2008, der als Anh. III zu Buch 11 abgedruckt ist.

2. Zielsetzung. Ziel der Verordnung ist die Erleichterung der Durchsetzung **faktisch unstreitiger Forderungen** im Binnenmarkt. Da im nationalen Zivilverfahrensrecht einiger Mitgliedstaaten kein vereinfachtes Verfahren für die Titulierung solcher Forderungen besteht, führt die EG-MahnVO nicht nur zu einer Vereinheitlichung, sondern auch zu einer erheblichen Erweiterung der Rechtsschutzmöglichkeiten des Gläubigers. Nachdem die EG-VollstrTitelVO (vgl. §§ 1079–1086) erstmals auf das Exequatur als Voraussetzung der Vollstreckbarkeit eines Titels in einem anderen Mitgliedstaat verzichtet hat, führt die EG-MahnVO nun erstmals ein vereinheitlichtes *Erkenntnisverfahren* in den Mitgliedstaaten ein, das freilich keine geschlossene zivilprozessuale Regelung darstellt; geregelt sind nur die das Mahnverfahren spezifisch prägenden Aspekte, im Übrigen richtet sich das Verfahren nach dem jeweiligen nationalen Prozessrecht. Der in diesem Verfahren erlangte **Vollstreckbare Europäische Zahlungsbefehl** (Art. 18 EG-MahnVO) wird per se ein in allen Mitgliedstaaten ohne Exequatur vollstreckbarer Titel sein.

3. Verhältnis zu §§ 688 ff. a) Das geplante Europäische Mahnverfahren betrifft nur **grenzüberschreitende Rechtssachen** iSd. Art. 3 EG-MahnVO, setzt also voraus, dass mindestens eine Partei ihren Wohnsitz oder gewöhnlichen Aufenthalt in einem anderen Mitgliedstaat als dem des befassten Gerichts hat (zur Begrifflichkeit und zu Parteikonstellationen Rn. 8). Das Verhältnis zu §§ 688 ff. bestimmt sich damit in Abgrenzung zum Anwendungsbereich der EG-MahnVO, so dass es hierfür auf Begrifflichkeiten des deutschen Rechts (Wohnsitz, allgemeiner Gerichtsstand) nicht ankommt. Ist der Anwendungsbereich der EG-MahnVO *nicht* eröffnet, so findet vor deutschen Gerichten weiterhin nur das Mahnverfahren nach §§ 688 ff. statt. Nur ein Mahnbescheid nach §§ 688 ff. kann also beantragt werden, wenn der Antragsteller und der Antragsgegner beide in Deutschland, einer in einem Nicht-Mitgliedstaat, oder beide in einem Nicht-Mitgliedstaat Wohn-

---

[2] Zur Bedeutung dieses Beschlusses für die Entwicklung des EuZPR *Rauscher/Rauscher/Pabst,* EuZPR, 2006, Einl. EG-VollstrTitelVO Rn. 4.
[3] Grünbuch über ein Europäisches Mahnverfahren und über Maßnahmen zur einfacheren und schnelleren Beilegung von Streitigkeiten mit geringem Streitwert vom 20. 12. 2002, KOM (2002) 746; die Dokumente sind abrufbar auf der website der EU (www.europa.eu) sowie – systematisch nach Verordnungen aufgelistet – auf der des *Verfassers* (www.euzpr.eu) unter „EU-Dokumente".
[4] Anwendbarkeit des Verfahrens nach Art. 251 EGV nach Ablauf der in Art. 67 Abs. 1 EGV bestimmten Übergangsfrist seit Inkrafttreten des Vertrages von Amsterdam.
[5] Die Realisierung einer Verordnung über ein *Europäisches Bagatellverfahren,* die von dem Grünbuchverfahren noch mit umfasst war und Gegenstand eines Kommissionsvorschlags vom 15. 3. 2005 (KOM [2005] 87) und eines Ratsvorschlags vom 2. 5. 2006 (Ratsdokument 8408/06 JUSTCIV 100) ist, erscheint noch nicht abschätzbar.
[6] Dazu insbesondere Gutachten des Juristischen Dienstes vom 4. 10. 2004, Ratsdokument 10 107/04 JUSTCIV 80; Vermerk des Ratsvorsitzes vom 29. 11. 2005, Ratsdokument 15048/05 JUSTCIV 219.
[7] KOM (2006) 57.
[8] Ratsdokument 7535/06 JUSTCIV 65.
[9] Hierzu die Empfehlung des Rechtsausschusses für die Zweite Lesung vom 5. 10. 2006, Europäisches Parlament A6–0316/2006.
[10] Dokument des EP und des Rates vom 28. 11. 2006, PE-CONS 3659/06 JUSTCIV 238.
[11] Vom 6. 12. 2006 KOM (2006) 797.

sitz oder gewöhnlichen Aufenthalt haben. In diesem Fall beurteilt sich auch die Einschränkung der Zulässigkeit wegen erforderlicher Zustellung im Ausland nur nach § 688 Abs 3.

b) Ist die EG-MahnVO hingegen räumlich anwendbar, so greift sie vor deutschen Gerichten gleichwohl **nur fakultativ** neben dem Verfahren nach §§ 688 ff. ein, wobei mangels Befassung der EG-MahnVO mit der Konkurrenz zu ähnlichen nationalen Verfahren das nationale Zivilprozessrecht über Abgrenzungsfragen entscheidet (Art. 26 EG-MahnVO). Gegen eine Partei mit Wohnsitz in einem anderen Mitgliedstaat kann also vor deutschen Gerichten wahlweise das Mahnverfahren nach §§ 688 ff. oder das Europäische Mahnverfahren betrieben werden. Die *Zurückweisung eines Antrags* in einem der Verfahren steht insbesondere nicht der Antragstellung im anderen Verfahren entgegen; dem gleichzeitigen Betreiben beider Verfahren steht zwar weder die Rechtshängigkeit iSd Art. 27 Brüssel I-VO, noch die Gefahr widersprechender Entscheidungen iSd Art. 28 Brüssel I-VO entgegen; es dürfte jedoch dem später gestellten Antrag am Rechtsschutzbedürfnis fehlen. Fehlen die Voraussetzungen für den Erlass eines beantragten Europäischen Zahlungsbefehls so kann dieser Antrag weder als Mahnbescheidsantrag behandelt, noch zu diesem Zweck an das nach § 689 zuständige Gericht abgegeben werden. Die Anträge nach § 690 und Art. 7 EG-MahnVO sind nicht nur formell (andere Formblätter), sondern auch materiell verschieden. Der Antragsteller trägt also insbesondere das Risiko des Verlustes einer verjährungsunterbrechenden Wirkung.

Auch die bisher gegebenen Möglichkeiten einen *Vollstreckungsbescheid* (§ 699) in einem anderen Mitgliedstaat zu **vollstrecken,** werden nicht eingeschränkt. Dasselbe gilt für die Vollstreckung vergleichbarer Titel aus anderen Mitgliedstaaten in Deutschland. Insbesondere kommt also weiterhin die **Vollstreckbarerklärung** nach Art. 38 ff. Brüssel I-VO oder die **Bestätigung** und nachfolgende unmittelbare Vollstreckung nach Art. 5 ff. EG-VollstrTitelVO in Betracht. Unterschiedliche Zustellungserfordernisse und Rechtsbehelfsmöglichkeiten in den dadurch entstehenden drei Möglichkeiten der Titulierung und Vollstreckung stellen auch die Praxis in Deutschland vor Entscheidungen im Einzelfall, die Vor- und Nachteile bergen: Während der „klassische Weg" über §§ 688 ff. und die Vollstreckbarerklärung das Überraschungsmoment fördern kann, erleichtert der Weg über die EG-VollstrTitelVO die universelle Vollstreckbarkeit, freilich um den Preis der Wahrung verschärfter Zustellungsmodalitäten. Diese Zustellungsmodalitäten gelten auch für das Verfahren nach der EG-MahnVO, wo andererseits dem Antragsgegner ein § 700 entsprechender Rechtsbehelf nicht mehr zur Verfügung steht. Hinzu tritt das nicht unbeträchtliche Risiko von Anwendungsfehlern bei beiden EG-Instrumenten, die für einen überraschenden Ausgang sorgen können.

4. Ausführungsbestimmungen. Ausführungsbestimmungen zu der EG-MahnVO werden zum Anwendungsbeginn (12. 12. 2008, Rn. 1) nach der inzwischen verfestigten Praxis in das 11. Buch (§§ 1087 ff.) eingestellt werden.[11a] Entsprechende Mitteilungen der Mitgliedstaaten an die Kommission sind bis zum 12. 6. 2008 vorgesehen (Art. 29 Abs. 1 EG-MahnVO). Der Regelungsbedarf ergibt sich zum einen aus den ausdrücklich den Mitgliedstaaten abverlangten Ausführungsbestimmungen (Art. 29 Abs. 1 EG-MahnVO). Zu regeln ist die sachliche und örtliche[12] Zuständigkeit zum Erlass des Europäischen Zahlungsbefehls, die Bereitstellung eines Überprüfungsverfahrens (Wiedereinsetzung) nach Art. 20 EG-MahnVO, die zulässigen Kommunikationsmittel, insbesondere für die Antragstellung (Art. 7 Abs. 5 EG-MahnVO) sowie die bei eingehenden Vollstreckungsaufträgen zulässigen Sprachen (Art. 21 Abs. 2 EG-MahnVO). Anders als im Fall des Europäischen Vollstreckungstitels (§§ 1079–1081), für den nur die Bestätigung der Regelung bedurfte, ergeben sich zusätzliche Detailfragen, für das bei Schaffung eines Europäischen Zahlungsbefehls vor deutschen Gerichten stattfindende Erkenntnisverfahren (Art. 26 EG-MahnVO), das, so weit dies möglich ist, in Anlehnung an §§ 688 ff gestaltet werden sollte. Hinzu kommen Gerichtskostenregelungen, die Art. 25 EG-MahnVO verlangt. Zu regeln sind schließlich materiellrechtliche Wirkungen, insbesondere die Einbeziehung des Antrags nach Art. 7 EG-MahnVO in § 204 Abs. 1 Nr. 3 BGB.

II. Schaffung eines Europäischen Zahlungsbefehls vor deutschen Gerichten

1. Anwendungsbereich. a) Ein Europäischer Zahlungsbefehl kann **sachlich** in Zivil- und Handelssachen beantragt werden, wobei Art. 2 Abs. 1 EG-MahnVO weitgehend den Anwendungsbereich des Art. 1 Brüssel I-VO übernimmt. Das Verfahren beschränkt sich aber auf bezifferte und fällige Ansprüche in Geld (Art. 4 EG-MahnVO); anders als für die EG-VollstrTitelVO ist Unstreitigkeit nicht erforderlich; bestreitet der Schuldner die Forderung rechtzeitig, so führt dies freilich, wie nach § 696, zur Überleitung in das ordentliche Verfahren.

[11a] Vgl. dazu den Gesetzentwurf der Bundesregierung vom Januar 2008, abgedruckt als Anh. III zu Buch 11.
[12] Soweit nicht in der Brüssel I-VO, die gemäß Art. 6 Abs. 1 EG-MahnVO Anwendung findet, zusammen mit der internationalen Zuständigkeit geregelt.

7   Ausgenommen sind zudem **außervertragliche Schuldverhältnisse**, soweit sie nicht Gegenstand einer Vereinbarung oder eines Schuldanerkenntnisses sind oder sich auf bezifferte Ansprüche aus gemeinsamem Eigentum an beweglichen Sachen beziehen (Art. 2 Abs. 2 EG-MahnVO); insbesondere ist die Abwicklung von Verkehrsunfällen damit nicht erfasst.

8   b) **Räumlich** beschränkt sich das Verfahren auf grenzüberschreitende Rechtssachen iSd. Art. 3 EG-MahnVO, was voraussetzt, dass eine Partei bei Einreichung des Antrags (Art. 3 Abs. 3 EG-MahnVO) in einem anderen Mitgliedstaat als dem Gerichtsstaat Wohnsitz oder gewöhnlichen Aufenthalt hat (Art. 3 Abs. 1 EG-MahnVO). Der *Wohnsitzbegriff* der EG-MahnVO entspricht gemäß Art. 3 Abs. 2 EG-MahnVO dem der Art. 59 (natürliche Personen), Art. 60 (juristische Personen) Brüssel I-VO. Der Begriff des *gewöhnlichen Aufenthaltes* ist, wie auch sonst im EuZPR, autonom zu bestimmen, wobei sich eine Anlehnung an die Begriffsbildung der Haager Übereinkommen empfiehlt.[13] *Mitgliedstaaten* sind, wie bereits für die bisherigen EG-Verordnungen zum EuZPR, alle Mitgliedstaaten mit Ausnahme von Dänemark (Art. 2 Abs. 3 EG-MahnVO). Keine ausdrückliche Regelung enthält Art. 3 EG-MahnVO für Fälle der *Streitgenossenschaft*. Damit ist fraglich, ob eine grenzüberschreitende Rechtssache bereits dann vorliegt, wenn nur einer der Streitgenossen in einem anderen Mitgliedstaat als dem Gerichtsstaat Wohnsitz oder gewöhnlichen Aufenthalt hat und die andere Partei diese Voraussetzung nicht erfüllt (zB Mahnantrag vor deutschen Gerichten durch einen in Deutschland wohnenden Antragsteller gegen zwei Antragsgegner mit Wohnsitz in Deutschland und in Österreich). Da die EG-MahnVO sich des Zuständigkeitssystems der Brüssel I-VO bedient (Rn. 10), bietet sich die Übernahme des Maßstabes aus Art. 6 Nr. 1, 28 Abs. 3 Brüssel I-VO (vgl. auch Art. 34 Nr. 3 Brüssel I-VO) an: Besteht zwischen den Gegenständen der Anträge der dort beschriebene Zusammenhang, was nicht die Identität des Streitgegenstandes im Sinne deutschen Rechts bedeutet,[14] so kann das EG-Mahnverfahren auch gegen den in Deutschland oder einem Drittstaat wohnenden/sich gewöhnlich aufhaltenden Streitgenossen betrieben werden. Die Notwendigkeit der Zustellung in einen Drittstaat steht dem ebenso wenig entgegen wie die später ggf. notwendige Vollstreckung in einem Drittstaat, die auch in zweifelsfrei grenzüberschreitenden Situationen bestehen (Vermögen in Drittstaat) oder entstehen (Wohnsitzwechsel) kann.

9   c) **Intertemporal** wird die Einleitung eines Europäischen Mahnverfahrens (Art. 4 EG-MahnVO) ab dem in Art. 33 S. 2 EG-MahnVO bezeichneten Zeitpunkt der uneingeschränkten Geltung, also dem 12. 12. 2008 möglich sein.

10 2. **Zuständigkeit.** a) Die **internationale Zuständigkeit** deutscher Gerichte bestimmt sich nach der Brüssel I-VO (Art. 6 Abs. 1 EG-MahnVO). Da der räumliche Anwendungsbereich des Art. 3 Abs. 1 EG-MahnVO auch Fälle umfasst, in denen der Beklagte seinen Wohnsitz in einem Drittstaat hat,[15] gilt auch die in Art. 3 Abs. 1, 4 Abs. 1 Brüssel I-VO geregelte Abgrenzung zwischen den Zuständigkeiten der Brüssel I-VO und denen *lege fori*. Zu Verbrauchersachen siehe Rn. 29.

11 b) Die **örtliche Zuständigkeit** bestimmt sich, soweit nicht die Brüssel I-VO eine Regelung enthält (zB Art. 5 Nr. 1 Brüssel I-VO) nach der deutschen *lex fori* und bedarf noch einer Regelung, ggf. einer Verweisung auf die allgemeinen Vorschriften, in den deutschen Ausführungsbestimmungen. Die **sachliche Zuständigkeit** sowie die **funktionelle Zuständigkeit** sind in deutschen Ausführungsbestimmungen zu regeln.

12 3. **Antrag.** a) Für den Antrag ist das **Formblatt** A (Anhang EG-MahnVO) zu verwenden. Neben der Antragstellung in Papierform mit Unterschrift (Art. 7 Abs. 6 EG-MahnVO) sind die noch in Ausführungsbestimmungen zu regelnden (elektronischen) Kommunikationsmittel zulässig (Art. 7 Abs. 5 EG-MahnVO).

13 b) Die im Antrag zu machenden Angaben zur Forderung ergeben sich aus Art. 7 Abs. 2 EG-MahnVO und sind in dem Antragsformular ersichtlich; zu bezeichnen sind Name und Anschrift der Verfahrensbeteiligten und deren Vertreter, Höhe der Forderung, ggf. Zinsen, Vertragsstrafen und Kosten, sowie Zeiträume, für die Zinsen geltend gemacht werden. Gesetzliche Zinsen sind vor deutschen Gerichten ebenfalls zu bezeichnen, da sie *lege fori* nicht automatisch der Hauptforderung zugerechnet werden (vgl. Art. 7 Abs. 2 lit. c EG-MahnVO). Die ebenfalls geforderte Beschreibung des Streitgegenstandes, auch in tatsächlicher Hinsicht, sowie der Beweismittel verlangt keinen Urkundsbeweis, sondern lediglich eine Bezeichnung, welche die Identifikation ermöglicht. Die Zuständigkeitsgründe nach der Brüssel I-VO sowie die Umstände, welche einen grenzüberschreitenden Sachverhalt begründen, sind ebenfalls anzugeben.

---

[13] Vgl. *Hausmann* EuLF 2000/01, 276; *Rauscher/Rauscher*, EuZPR, Art. 3 Brüssel II a-VO Rn. 12.
[14] *Rauscher/Leible*, EuZPR, Art. 28 Rn. 3 f.
[15] Zum einen stellt Art. 3 EG-MahnVO neben dem Wohnsitz auch auf den gewöhnlichen Aufenthalt ab, zum anderen genügt hier auch Wohnsitz des Klägers in einem anderen Mitgliedstaat.

c) Problematisch ist vor deutschen Gerichten die geforderte Erklärung, dass die Angaben nach **14** bestem Wissen und Gewissen gemacht sind (Art. 7 Abs. 3 EG-MahnVO). Dies sollte nicht das Maß der prozessualen Wahrheitspflicht (§ 138 ZPO) verschärfen, zumal zivilprozessuale Konsequenzen nicht erkennbar sind und die Strafbarkeitsschwelle zum Prozessbetrug nicht durch eine eher unklare europarechtliche Verfahrensregel gesenkt werden dürfte.

d) Im Antrag, aber auch noch nachfolgend, kann der Antragsteller die **Überleitung in das** **15** **streitige Verfahren** nach Einspruch beantragen (Art. 7 Abs. 4 EG-MahnVO).

4. Erlass des Europäischen Zahlungsbefehls. a) Das Gericht prüft die Anwendungsvoraus- **16** setzungen (Art. 2, 3, 4, 6, 7 EG-MahnVO) der Verordnung, sowie „ob die Forderung begründet erscheint" (Art. 8 EG-MahnVO). Damit ist eine höhere Prüfungsdichte gemeint als die bloße Schlüssigkeitsprüfung. Prima facie muss sich, den Nachweis der unter Beweis gestellten Tatsachen durch die mitgeteilten Beweismittel unterstellt, der Anspruch als begründet erweisen (Erwägungsgrund Nr. 16 S. 1 EG-MahnVO).

b) Hierbei besteht die Verpflichtung des Gerichts, den Antragsteller auf Lücken hinzuweisen und **17** ihm die Möglichkeit einzuräumen, den Antrag zu **vervollständigen** oder zu **berichtigen,** wenn die zu prüfenden Voraussetzungen nicht erfüllt sind, es sei denn, der Antrag ist offensichtlich unbegründet oder unzulässig. Die Formblätter B und C (Anhang EG-MahnVO) sehen auch den Vorschlag seitens des Gerichts vor, einen teilweise unzulässigen oder unbegründeten Antrag zu ändern; hier verschwimmen die Grenzen zwischen richterlicher Hinweispflicht und Rechtsberatung.

c) Für die **Ausstellung** des der Stufe des Mahnbescheids entsprechenden Europäischen Zah- **18** lungsbefehls ist das Formblatt E im Anhang EG-MahnVO zu verwenden. Für die Ausstellung sieht Art. 12 EG-MahnVO eine Frist von 30 Tagen vor, was nur zur Beschleunigung gemahnt und keine weiteren Rechtsfolgen zeitigt. Die **Zurückweisung** des Antrags erfolgt ggf. auf Formblatt D.

5. Zustellung. a) Die Zustellung erfolgt in **Deutschland** nach den Bestimmungen der ZPO; **19** Zustellungen in einen anderen **Mitgliedstaat** sind nach der EG-ZustellVO (§§ 1068, 1069), Zustellungen in einen **Drittstaat**[16] nach dem HZÜ, bilateralen Abkommen oder der ZPO durchzuführen (dazu §§ 1067–1071 Vorbem 7–9). Obgleich Art. 13–15 EG-MahnVO Regelungen zur Art der Zustellung enthalten, ergibt sich aus Art. 27 EG-MahnVO, wonach die EG-ZustellVO unberührt bleibt, dass es sich hierbei nicht um unmittelbar anzuwendendes Zustellungsrecht handelt. Vielmehr beschreiben Art. 13–15 EG-MahnVO Mindeststandards nach dem Vorbild der Art. 13–15 EG-VollstrTitelVO; das Gericht muss eine Zustellungsart nach dem anwendbaren Zustellungsrecht wählen, die diesen Standards entspricht, weil sonst ein Vollstreckbarer Europäischer Zahlungsbefehl nicht erteilt werden darf.

b) Die bei Zustellung zu verwendende **Sprache** ist nicht geregelt. Zu wahren sind jedenfalls die **20** nach internationalem Zustellungsrecht bestehenden Sprachregelungen, insbesondere Art. 8 EG-ZustellVO. Darüber hinaus dürfte sich eine Ausführungsbestimmung empfehlen, die sicherstellt, dass der Schuldner den zuzustellenden Europäischen Zahlungsbefehl eines deutschen Gerichts versteht. Anderenfalls besteht die Gefahr, dass der mangels Einspruch ausgelöste Automatismus hin zum Vollstreckbaren Europäischen Zahlungsbefehl unter Verletzung des rechtlichen Gehörs des Schuldners abläuft. Die Sprachregelung für die Vollstreckung (Art. 21 Abs. 2 lit. b EG-MahnVO) löst jedenfalls das Problem des rechtlichen Gehörs *vor* Versäumung des Einspruchs nicht.

6. Einspruch. a) Gegen den Europäischen Zahlungsbefehl kann der Schuldner unter Verwen- **21** dung des Formblatts F (Anhang EG-MahnVO) **Einspruch** einlegen. Ein nicht auf diesem Formblatt eingelegter Einspruch ist gleichwohl nicht unwirksam, solange er dem betreffenden Verfahren zugeordnet werden kann. Der Rechtsbehelf ist auf 30 Tage ab Zustellung befristet, wobei Absendung des Einspruchs die Frist wahrt (Art. 16 Abs. 2 EG-MahnVO). Eine Begründung ist nicht erforderlich, die Mitteilung des Bestreitens genügt (Art. 16 Abs. 2 EG-MahnVO). Für die Übermittlung sind neben der Schriftform wiederum die vom Ursprungsmitgliedstaat (hier: Deutschland) zugelassenen Kommunikationswege sowie die in Art. 16 Abs. 5 EG-MahnVO vorgesehenen Signaturbestimmungen zu wahren.

b) Bei rechtzeitigem Einspruch ist das Verfahren in das **streitige Verfahren** überzuleiten, sofern **22** der Antragsteller dies beantragt oder beantragt hat. Anderenfalls wird das Verfahren eingestellt (Art. 7 Abs. 4 EG-MahnVO).

---

[16] Da es für das Vorliegen einer grenzüberschreitenden Rechtssache auf die Verhältnisse bei Einreichung des Antrags ankommt (Art. 3 Abs. 3 EG-MahnVO) kann die Zustellung nach Art. 13 ff. EG-MahnVO auch in einem Drittstaat erforderlich werden.

23 c) Da für die internationale Zuständigkeit im Europäischen Mahnverfahren die Bestimmungen der Brüssel I-VO gelten, sollte es grundsätzlich nicht dazu kommen, dass für das streitige Verfahren keine Zuständigkeit der Gerichte des das Mahnverfahren durchführenden Mitgliedstaats besteht. Eine **Abgabe** kann jedoch insoweit erforderlich werden, als die örtliche und/oder sachliche Zuständigkeit für das Europäische Mahnverfahren in den deutschen Ausführungsbestimmungen abweichend von der für das Streitverfahren geregelt wird, was absehbar und sinnvoll ist, um insbesondere nicht Landgerichte mit Mahnverfahren zu befassen. Es bedarf also einer § 696 Abs. 1 S. 1 vergleichbaren Ausführungsbestimmung.

24 **7. Vollstreckbarer Europäischer Zahlungsbefehl. a)** Wird innerhalb der Frist (Rn. 21) kein Einspruch eingelegt, so erklärt das Gericht unter Berücksichtigung eines angemessenen Zeitraums für die Übermittlung eines möglicherweise im Postweg befindlichen Einspruchs unverzüglich von Amts wegen den Europäischen Zahlungsbefehl für vollstreckbar. Dies erfolgt auf Formblatt G (Anhang EG-MahnVO). Weitere Voraussetzungen der Vollstreckbarkeit beurteilen sich nach dem Recht des Ursprungsmitgliedstaates, hier also nach deutschem Recht.

25 b) Gegen den Vollstreckbaren Europäischen Zahlungsbefehl ist, anders als nach § 700, **kein Einspruch** statthaft. Ein verspäteter Einspruch gegen den Europäischen Zahlungsbefehl ist somit unwirksam: trifft hingegen ein rechtzeitig abgesendeter Einspruch ein, nachdem bereits der Vollstreckbare Europäische Zahlungsbefehl erlassen wurde, so ist dieser, da offenbar zu Unrecht erlassen, im Überprüfungsverfahren nach Art. 20 Abs. 2 EG-MahnVO aufzuheben.

26 **8. Rechtsbehelfe. a)** Da ein Einspruch nicht vorgesehen ist, steht dem **Antragsgegner** nur der außerordentliche Rechtsbehelf der Überprüfung nach Art. 20 EG-MahnVO zu. Dieser Rechtsbehelf ist nicht durch die EG-MahnVO festgelegt, sondern bedarf der Ausfüllung in deutschen Ausführungsbestimmungen. Er ist nach Art. 20 Abs. 1 EG-MahnVO für den Fall vorzusehen, dass die Zustellung nach Art. 14 EG-MahnVO (also ohne unmittelbaren Empfangsnachweis) erfolgte – an sich also der Verordnung genügte – gleichwohl aber der Antragsgegner nicht rechtzeitig Vorkehrungen für seine Verteidigung treffen konnte, sowie in Fällen höherer Gewalt oder sonst unverschuldeter Verhinderung durch außergewöhnliche Umstände. Strukturell entsprechen die Anforderungen an diesen Rechtsbehelf der Wiedereinsetzung in den vorigen Stand, so dass wohl die für diesen Fall vorgesehene Nichtigerklärung des Europäischen Zahlungsbefehls (Art. 20 Abs. 3 S. 2 EG-MahnVO) das Verfahren in den Stand vor dessen Erlass zurückversetzt. Es dürfte sich jedoch empfehlen, in den deutschen Ausführungsbestimmungen zumindest eine klarstellende Regelung aufzunehmen.

27 Den Rechtsbehelfen der Berichtigung und des Widerrufs in Art. 10 EG-VollstrTitelVO entspricht der **Rechtsbehelf der Überprüfung** nach Art. 20 Abs. 2 EG-MahnVO, der nur zum Erfolg führt, wenn der Europäische Zahlungsbefehl gemessen an den Bestimmungen der Verordnung oder aufgrund von anderen außergewöhnlichen Voraussetzungen *offensichtlich zu Unrecht* erlassen wurde. Daneben findet der Rechtsbehelf der Überprüfung auch statt, wenn der Einspruch gegen den Zahlungsbefehl verfristet ist, dieser in einer der in Art. 14 EG-MahnVO vorgesehenen Formen zugestellt wurde, die Zustellung aber nicht so rechtzeitig erfolgte, dass der Antragsgegner Vorkehrungen für seine Verteidigung treffen konnte oder durch höhere Gewalt bzw. außergewöhnliche Umstände am Einspruch gehindert war (Art. 20 Abs. 1 EG-MahnVO). Insoweit ist die Überprüfung funktionsäquivalent zur Überprüfung nach Art. 19 EG-VollstrTitelVO, soll also die Vollstreckbarkeit in Fällen beseitigen, in denen die Zustellung zwar den Mindeststandards entsprach, aber nicht rechtzeitig die Verteidigung ermöglichte.

28 b) Der Antragsteller hat, anders als unter Art. 10 Abs. 4 EG-VollstrTitelVO keinen Rechtsbehelf gegen die Ablehnung der Vollstreckbarerklärung. Es ist auch nicht vorgesehen, dass ein solcher Rechtsbehelf nach nationalem Recht zur Verfügung gestellt wird. Lediglich nicht devolutive Rechtsbehelfe nach Maßgabe nationalen Rechts, insbesondere eine Gegenvorstellung, bleiben statthaft (Erwägungsgrund Nr. 17 EG-MahnVO). Man wird hoffen müssen, dass nicht wegen dieser Neigung des EG-Gesetzgebers zum „kurzen Prozess" die Verfassungsbeschwerde zum BVerfG (Art. 14 Abs. 1 GG und Art. 20 Abs. 3 GG könnten verletzt sein) der übliche Rechtsbehelf gegen die Zurückweisung von Mahnanträgen wird.

29 **9. Verbraucherschutz.** Der Europäische Zahlungsbefehl dient nicht zuletzt der Durchsetzung von Ansprüchen, die Unternehmern **gegen zahlungsunwillige Verbraucher** zustehen. Trotz dieser anfangs stark betonten Zielsetzung achtet der EG-MahnVO nun strikt das von der EG-VollstrTitel-VO vorgegebene Maß des prozessualen Verbraucherschutzes. Ist der Antragsgegner Verbraucher, so sind nur die Gerichte des Mitgliedstaates zuständig, in dem der Verbraucher seinen Wohnsitz hat. Gegen Verbraucher hat der Europäische Zahlungsbefehl somit in zwei Fällen praktische Bedeutung: Zum einen ermöglicht er Unternehmern, auch gegen Verbraucher, in deren Wohnsitzstaat bislang ein Mahnverfahren fehlt, die schnelle Schaffung eines Titels außerhalb des ordentlichen streitigen Verfahrens, dies freilich nur vor den Gerichten des Wohnsitzstaates des Verbrauchers. Zum zweiten ist nach Antragstellung in einem zuständigen Mitgliedstaat die Flucht des Verbrauchers in einen anderen Mitgliedstaat keine wohlfeile Taktik mehr, um sich Forderungen zu entziehen, die den Aufwand der Rechtsverfolgung im Ausland kaum lohnen; der erlangte Vollstreckbare Europäische Zahlungsbefehl ist EU-weit vollstreckbar. „Erfahrene" Schuldner könnte vor allem das Fehlen eines Einspruchs gegen den Vollstreckbaren Europäischen Zahlungsbefehl überraschen, da mit § 700 verbundene taktische Manöver unter dem EG-MahnVO entfallen.

III. Vollstreckung eines Europäischen Zahlungsbefehls aus einem anderen Mitgliedstaat

1. Unmittelbare Vollstreckung, Voraussetzungen. a) Ein Vollstreckbarer Europäischer Zahlungsbefehl aus einem anderen Mitgliedstaat (EU ohne Dänemark, Rn. 8) ist in Deutschland vollstreckbar, ohne dass es einer Exequatur-Entscheidung eines deutschen Gerichts bedarf (Art. 19 EG-MahnVO). Insoweit gleicht er dem Europäischen Vollstreckungstitel nach der EG-VollstrTitelVO. Es bedarf jedoch keiner Bestätigung, da der Vollstreckbare Europäische Zahlungsbefehl originär als EU-Vollstreckungstitel entsteht und die Wahrung der Voraussetzungen, insbesondere an die Zustellung, Teil des besonderen Erkenntnisverfahrens ist. Das Vollstreckungsverfahren richtet sich nach deutschem Recht, soweit die Verordnung keine Regelung enthält.

b) Dem an das zuständige deutsche Vollstreckungsorgan zu richtenden Antrag bzw. Auftrag sind zum Nachweis der Vollstreckbarkeit ausschließlich die in Art. 21 EG-MahnVO genannten Urkunden beizufügen: Erforderlich ist eine beweiskräftige Ausfertigung des Vollstreckbaren Europäischen Zahlungsbefehls, sowie eine Übersetzung nach Maßgabe der deutschen Ausführungsbestimmungen, wobei absehbar entsprechend § 1083 auch hier eine Übersetzung in die deutsche Sprache gefordert werden wird und weitere Sprachen nicht als zulässig erklärt werden. Legalisation oder Apostillierung sind nicht erforderlich.

2. Ablehnung der Vollstreckung. a) Die unmittelbare Vollstreckbarkeit impliziert die Anerkennung unter Wegfall von Anerkennungsversagungsgründen, so dass auch insoweit der Vollstreckbare Europäische Zahlungsbefehl dem Europäischen Vollstreckungstitel gleichsteht. Damit ergibt sich auch für ihn das Problem einer fehlenden *ordre public*-Kontrolle, wobei sich beim Vollstreckbaren Europäischen Zahlungsbefehl die Problematik sogar verstärkt, weil auch eine Selbstkontrolle im Ursprungsmitgliedstaat, die der Europäische Vollstreckungstitel anlässlich der Bestätigung erfährt, nicht stattfindet.[17] Der Rechtsbehelf nach Art. 20 Abs. 2 EG-MahnVO kann diese Kontrolle nicht leisten, zumal der Titel auch ohne Sicht des Ursprungsmitgliedstaates nicht an (offenbaren) Mängeln leiden muss und gleichwohl Verfahrensgrundrechte verletzen kann.

b) Die Vollstreckung kann (nur) verweigert werden, wenn der Vollstreckbare Europäische Zahlungsbefehl **unvereinbar** ist mit einer früheren Entscheidung (auch einem Vollstreckungsbescheid, Zahlungsbefehl etc.), die zwischen denselben Parteien zum selben Streitgegenstand in einem Mitgliedstaat oder Drittstaat ergangen ist, im Vollstreckungsmitgliedstaat (Deutschland) anerkennungsfähig ist und die Unvereinbarkeit im gerichtlichen Verfahren des Ursprungsmitgliedstaats nicht geltend gemacht werden konnte. Der Streitgegenstandsbegriff entspricht hierbei dem des Art. 27 Brüssel I-VO. Gegenüber Art. 34 Nr. 3 Brüssel I-VO entfällt der absolute Schutz inländischer Entscheidungen im Vollstreckungsstaat; auch für diese gilt das Prioritätsprinzip, das Art. 34 Nr. 4 Brüssel I-VO nur für ausländische Entscheidungen vorsieht. Zudem wird dieses Anerkennungshindernis zur Disposition des Antragsgegners gestellt, der ggf. die Unvereinbarkeit schon im Ursprungsmitgliedstaat rügen muss.

c) Die **Erfüllung der titulierten Forderung** behandelt Art. 22 Abs. 2 EG-MahnVO in der dem Entwurf leider an manchen Stellen eigenen ungelenken Sprache[18] als Grund, die Vollstreckung auf Antrag zu verweigern. Für die Zwangsvollstreckung in Deutschland bedeutet dies, dass die Vollstreckungsabwehrklage, gestützt auf die Erfüllung nach Titulierung, auch gegen den Vollstreckbaren Europäischen Zahlungsbefehl stattfindet. Eine bemerkenswerte Weiterung ergibt sich daraus, dass Art. 22 Abs. 2 EG-MahnVO nach seinem Wortlaut auch eine Vollstreckungsabwehrklage im Fall der Erfüllung vor Erlass des Titels gestattet. Obgleich hier unreflektiert formuliert wurde, ergeben

---

[17] Vgl. *Rauscher/Rauscher*, EuZPR, Einf. EG-MahnVO Rn. 46.
[18] Statt des Rechtsbegriffs „Erfüllung" liest man volkstümlich „sofern und insoweit der Antragsgegner den Betrag... entrichtet hat".

sich keine sicheren Anhaltspunkte für eine einschränkende Auslegung. Als vorrangiges Europarecht ginge sodann diese Regelung § 767 Abs. 2 ZPO vor.

35 **d)** Anders als in Art. 23 EG-VollstrTitelVO ist keine **Aussetzung oder Beschränkung der Vollstreckung** im Fall eines gegen den Titel anhängigen Rechtsbehelfs vorgesehen. Dies ist zwar vor dem Hintergrund konsequent, dass gegen den Vollstreckbaren Europäischen Zahlungsbefehl im Ursprungsmitgliedstaat ein ordentlicher Rechtsbehelf nicht stattfindet; es nimmt aber den deutschen Gerichten die Möglichkeit, bei besonders groben Verletzungen von Verfahrensgrundrechten, wegen derer der Antragsgegner bereits Individualbeschwerde zum EGMR eingelegt hat, durch Aussetzung vollendete Tatsachen zu verhindern. Geholfen werden kann hier nur, indem zumindest die Einlegung der Individualbeschwerde als Fall der Aussetzung wegen außergewöhnlicher Umstände (Art. 23 lit. c EG-MahnVO) verstanden wird. Dies alles zeigt, wie schon im Kontext der EG-VollstrTitelVO,[19] dass die Schaffung eines effektiven Grundrechtsschutzes innerhalb der EU in Gestalt eines Individualbeschwerdeverfahrens samt einstweiliger Rechtsbehelfe und Eingriffskompetenz des EuGH in grundrechtswidrige Entscheidungen dringend erforderlich ist. Der EGMR kann mangels Aufhebungskompetenz diese Funktion nicht wahrnehmen.

Verordnung (EG) Nr. 1896/2006 des Europäischen Parlaments und des Rates vom 12. Dezember 2006 zur Einführung eines Europäischen Mahnverfahrens[*]

DAS EUROPÄISCHE PARLAMENT UND DER RAT DER EUROPÄISCHEN UNION –

gestützt auf den Vertrag zur Gründung der Europäischen Gemeinschaft, insbesondere auf Artikel 61 Buchstabe c,
auf Vorschlag der Kommission,
nach Stellungnahme des Europäischen Wirtschafts- und Sozialausschusses,[1]
gemäß dem Verfahren des Artikels 251 des Vertrages,[2]
in Erwägung nachstehender Gründe:

(1) Die Gemeinschaft hat sich zum Ziel gesetzt, einen Raum der Freiheit, der Sicherheit und des Rechts, in dem der freie Personenverkehr gewährleistet ist, zu erhalten und weiterzuentwickeln. Zur schrittweisen Schaffung eines solchen Raums erlässt die Gemeinschaft unter anderem im Bereich der justiziellen Zusammenarbeit in Zivilsachen mit grenzüberschreitendem Bezug die für das reibungslose Funktionieren des Binnenmarkts erforderlichen Maßnahmen.

(2) Gemäß Artikel 65 Buchstabe c des Vertrags schließen diese Maßnahmen die Beseitigung der Hindernisse für eine reibungslose Abwicklung von Zivilverfahren ein, erforderlichenfalls durch Förderung der Vereinbarkeit der in den Mitgliedstaaten geltenden zivilrechtlichen Verfahrensvorschriften.

(3) Auf seiner Tagung am 15. und 16. Oktober 1999 in Tampere forderte der Europäische Rat den Rat und die Kommission auf, neue Vorschriften zu jenen Aspekten auszuarbeiten, die unabdingbar für eine reibungslose justizielle Zusammenarbeit und einen verbesserten Zugang zum Recht sind, und nannte in diesem Zusammenhang ausdrücklich auch das Mahnverfahren.

(4) Am 30. November 2000 verabschiedete der Rat ein gemeinsames Programm der Kommission und des Rates über Maßnahmen zur Umsetzung des Grundsatzes der gegenseitigen Anerkennung gerichtlicher Entscheidungen in Zivil- und Handelssachen[3]. Darin wird die Schaffung eines besonderen, gemeinschaftsweit einheitlichen oder harmonisierten Verfahrens zur Erwirkung einer gerichtlichen Entscheidung in speziellen Bereichen, darunter die Beitreibung unbestrittener Forderungen, in Erwägung gezogen. Dies wurde durch das vom Europäischen Rat am 5. November 2004 angenommene

---

[19] *Rauscher/Rauscher/Pabst,* EuZPR, Einl. EG-VollstrTitelVO Rn. 37 ff.
[*] ABl. EU 2006 L 399/1.
[1] ABl. C 221 vom 8. 9. 2005, S. 77.
[2] Stellungnahme des Europäischen Parlaments vom 13. Dezember 2005 (noch nicht im Amtsblatt veröffentlicht), Gemeinsamer Standpunkt des Rates vom 30. Juni 2006 (noch nicht im Amtsblatt veröffentlicht), Standpunkt des Europäischen Parlaments vom 25. Oktober 2006. Beschluss des Rates vom 11. Dezember 2006.
[3] ABl. C 12 vom 15. 1. 2001, S. 1.

Haager Programm, in dem eine zügige Durchführung der Arbeiten am Europäischen Zahlungsbefehl gefordert wird, weiter vorangebracht.

(5) Am 20. Dezember 2002 nahm die Kommission ein Grünbuch über ein Europäisches Mahnverfahren und über Maßnahmen zur einfacheren und schnelleren Beilegung von Streitigkeiten mit geringem Streitwert an. Mit dem Grünbuch wurde eine Anhörung zu den möglichen Zielen und Merkmalen eines einheitlichen oder harmonisierten Europäischen Mahnverfahrens zur Beitreibung unbestrittener Forderungen eingeleitet.

(6) Für die Wirtschaftsbeteiligten der Europäischen Union ist die rasche und effiziente Beitreibung ausstehender Forderungen, die nicht Gegenstand eines Rechtsstreits sind, von größter Bedeutung, da Zahlungsverzug eine der Hauptursachen für Zahlungsunfähigkeit ist, die vor allem die Existenz von kleinen und mittleren Unternehmen bedroht und für den Verlust zahlreicher Arbeitsplätze verantwortlich ist.

(7) Alle Mitgliedstaaten versuchen, dem Problem der Beitreibung unzähliger unbestrittener Forderungen beizukommen, die meisten Mitgliedstaaten im Wege eines vereinfachten Mahnverfahrens, doch gibt es bei der inhaltlichen Ausgestaltung der einzelstaatlichen Vorschriften und der Effizienz der Verfahren erhebliche Unterschiede. Überdies sind die derzeitigen Verfahren in grenzüberschreitenden Rechtssachen häufig entweder unzulässig oder praktisch undurchführbar.

(8) Der daraus resultierende erschwerte Zugang zu einer effizienten Rechtsprechung bei grenzüberschreitenden Rechtssachen und die Verfälschung des Wettbewerbs im Binnenmarkt aufgrund des unterschiedlichen Funktionierens der verfahrensrechtlichen Instrumente, die den Gläubigern in den einzelnen Mitgliedstaaten zur Verfügung stehen, machen eine Gemeinschaftsregelung erforderlich, die für Gläubiger und Schuldner in der gesamten Europäischen Union gleiche Bedingungen gewährleistet.

(9) Diese Verordnung hat Folgendes zum Ziel: die Vereinfachung und Beschleunigung grenzüberschreitender Verfahren im Zusammenhang mit unbestrittenen Geldforderungen und die Verringerung der Verfahrenskosten durch Einführung eines Europäischen Mahnverfahrens sowie die Ermöglichung des freien Verkehrs Europäischer Zahlungsbefehle in den Mitgliedstaaten durch Festlegung von Mindestvorschriften, bei deren Einhaltung die Zwischenverfahren im Vollstreckungsmitgliedstaat, die bisher für die Anerkennung und Vollstreckung erforderlich waren, entfallen.

(10) Das durch diese Verordnung geschaffene Verfahren sollte eine zusätzliche und fakultative Alternative für den Antragsteller darstellen, dem es nach wie vor freisteht, sich für die im nationalen Recht vorgesehenen Verfahren zu entscheiden. Durch diese Verordnung sollen mithin die nach nationalem Recht vorgesehenen Mechanismen zur Beitreibung unbestrittener Forderungen weder ersetzt noch harmonisiert werden.

(11) Der Schriftverkehr zwischen dem Gericht und den Parteien sollte soweit wie möglich mit Hilfe von Formblättern abgewickelt werden, um die Abwicklung der Verfahren zu erleichtern und eine automatisierte Verarbeitung der Daten zu ermöglichen.

(12) Bei der Entscheidung darüber, welche Gerichte dafür zuständig sind, einen Europäischen Zahlungsbefehl zu erlassen, sollten die Mitgliedstaaten dem Erfordernis, den Zugang der Bürger zur Justiz zu gewährleisten, gebührend Rechnung tragen.

(13) Der Antragsteller sollte verpflichtet sein, in dem Antrag auf Erlass eines Europäischen Zahlungsbefehls Angaben zu machen, aus denen die geltend gemachte Forderung und ihre Begründung klar zu entnehmen sind, damit der Antragsgegner anhand fundierter Informationen entscheiden kann, ob er Einspruch einlegen oder die Forderung nicht bestreiten will.

(14) Dabei muss der Antragsteller auch eine Bezeichnung der Beweise, der zum Nachweis der Forderung herangezogen wird, beifügen. Zu diesem Zweck sollte in dem Antragsformular eine möglichst erschöpfende Liste der Arten von Beweisen enthalten sein, die üblicherweise zur Geltendmachung von Geldforderungen angeboten werden.

(15) Die Einreichung eines Antrags auf Erlass eines Europäischen Zahlungsbefehls sollte mit der Entrichtung der gegebenenfalls fälligen Gerichtsgebühren verbunden sein.

(16) Das Gericht sollte den Antrag, einschließlich der Frage der gerichtlichen Zuständigkeit und der Bezeichnung der Beweise, auf der Grundlage der im Antragsformular enthaltenen Angaben prüfen. Dies ermöglicht es dem Gericht, schlüssig zu prüfen, ob die Forderung begründet ist, und unter anderem offensichtlich unbegründete Forde-

rungen oder unzulässige Anträge auszuschließen. Die Prüfung muss nicht von einem Richter durchgeführt werden.

(17) Gegen die Zurückweisung des Antrags kann kein Rechtsmittel eingelegt werden. Dies schließt allerdings eine mögliche Überprüfung der zurückweisenden Entscheidung in derselben Instanz im Einklang mit dem nationalen Recht nicht aus.

(18) Der Europäische Zahlungsbefehl sollte den Antragsgegner darüber aufklären, dass er entweder den zuerkannten Betrag an den Antragsteller zu zahlen hat oder, wenn er die Forderung bestreiten will, innerhalb von 30 Tagen eine Einspruchsschrift versenden muss. Neben der vollen Aufklärung über die vom Antragsteller geltend gemachte Forderung sollte der Antragsgegner auf die rechtliche Bedeutung des Europäischen Zahlungsbefehls und die Folgen eines Verzichts auf Einspruch hingewiesen werden.

(19) Wegen der Unterschiede im Zivilprozessrecht der Mitgliedstaaten, insbesondere bei den Zustellungsvorschriften, ist es notwendig, die im Rahmen des Europäischen Mahnverfahrens anzuwendenden Mindestvorschriften präzise und detailliert zu definieren. So sollte insbesondere eine Zustellungsform, die auf einer juristischen Fiktion beruht, im Hinblick auf die Einhaltung der Mindestvorschriften nicht als ausreichend für die Zustellung eines Europäischen Zahlungsbefehls angesehen werden.

(20) Alle in den Artikeln 13 und 14 aufgeführten Zustellungsformen gewähren entweder eine absolute Gewissheit (Artikel 13) oder ein hohes Maß an Wahrscheinlichkeit (Artikel 14) dafür, dass das zugestellte Schriftstück dem Empfänger zugegangen ist.

(21) Die persönliche Zustellung an bestimmte andere Personen als den Antragsgegner selbst gemäß Artikel 14 Absatz 1 Buchstaben a und b sollte die Anforderungen der genannten Vorschriften nur dann erfüllen, wenn diese Personen den Europäischen Zahlungsbefehl auch tatsächlich erhalten haben.

(22) Artikel 15 sollte auf Situationen Anwendung finden, in denen der Antragsgegner sich nicht selbst vor Gericht vertreten kann, etwa weil er eine juristische Person ist, und in denen er durch einen gesetzlichen Vertreter vertreten wird, sowie auf Situationen, in denen der Antragsgegner eine andere Person, insbesondere einen Rechtsanwalt, ermächtigt hat, ihn in dem betreffenden gerichtlichen Verfahren zu vertreten.

(23) Der Antragsgegner kann seinen Einspruch unter Verwendung des in dieser Verordnung enthaltenen Formblatts einreichen. Die Gerichte sollten allerdings auch einen in anderer Form eingereichten schriftlichen Einspruch berücksichtigen, sofern dieser klar erklärt ist.

(24) Ein fristgerecht eingereichter Einspruch sollte das Europäische Mahnverfahren beenden und zur automatischen Überleitung der Sache in einen ordentlichen Zivilprozess führen, es sei denn, der Antragsteller hat ausdrücklich erklärt, dass das Verfahren in diesem Fall beendet sein soll. Für die Zwecke dieser Verordnung sollte der Begriff „ordentlicher Zivilprozess" nicht notwendigerweise im Sinne des nationalen Rechts ausgelegt werden.

(25) Nach Ablauf der Frist für die Einreichung des Einspruchs sollte der Antragsgegner in bestimmten Ausnahmefällen berechtigt sein, eine Überprüfung des Europäischen Zahlungsbefehls zu beantragen. Die Überprüfung in Ausnahmefällen sollte nicht bedeuten, dass der Antragsgegner eine zweite Möglichkeit hat, Einspruch gegen die Forderung einzulegen. Während des Überprüfungsverfahrens sollte die Frage, ob die Forderung begründet ist, nur im Rahmen der sich aus den vom Antragsgegner angeführten außergewöhnlichen Umständen ergebenden Begründungen geprüft werden. Zu den anderen außergewöhnlichen Umständen könnte auch der Fall zählen, dass der Europäische Zahlungsbefehl auf falschen Angaben im Antragsformular beruht.

(26) Gerichtsgebühren nach Artikel 25 sollten beispielsweise keine Anwaltshonorare oder Zustellungskosten einer außergerichtlichen Stelle enthalten.

(27) Ein Europäischer Zahlungsbefehl, der in einem Mitgliedstaat ausgestellt wurde und der vollstreckbar geworden ist, sollte für die Zwecke der Vollstreckung so behandelt werden, als ob er in dem Mitgliedstaat ausgestellt worden wäre, in dem die Vollstreckung betrieben wird. Gegenseitiges Vertrauen in die ordnungsgemäße Rechtspflege in den Mitgliedstaaten rechtfertigt es, dass das Gericht nur eines Mitgliedstaats beurteilt, ob alle Voraussetzungen für den Erlass eines Europäischen Zahlungsbefehls vorliegen und der Zahlungsbefehl in allen anderen Mitgliedstaaten vollstreckbar ist, ohne dass im Vollstreckungsmitgliedstaat zusätzlich von einem Gericht geprüft werden muss, ob die prozes-

sualen Mindestvorschriften eingehalten worden sind. Unbeschadet der in dieser Verordnung enthaltenen Vorschriften, insbesondere der in Artikel 22 Absätze 1 und 2 und in Artikel 23 enthaltenen Mindestvorschriften, sollte das Verfahren der Vollstreckung des Europäischen Zahlungsbefehls nach wie vor im nationalen Recht geregelt bleiben.

(28) Die Berechnung der Fristen sollte nach Maßgabe der Verordnung (EWG, Euratom) Nr. 1182/71 des Rates vom 3. Juni 1971 zur Festlegung der Regeln für die Fristen, Daten und Termine[4] erfolgen. Der Antragsgegner sollte darüber unterrichtet sowie darauf hingewiesen werden, dass dabei die gesetzlichen Feiertage in dem Mitgliedstaat des Gerichts, das den Europäischen Zahlungsbefehl erlässt, berücksichtigt werden.

(29) Da die Ziele dieser Verordnung, nämlich die Schaffung eines einheitlichen, zeitsparenden und effizienten Instruments zur Beitreibung unbestrittener Geldforderungen in der Europäischen Union, auf Ebene der Mitgliedstaaten nicht ausreichend verwirklicht werden können und wegen ihres Umfangs und ihrer Wirkung daher besser auf Gemeinschaftsebene zu verwirklichen sind, kann die Gemeinschaft im Einklang mit dem in Artikel 5 des Vertrags niedergelegten Subsidiaritätsprinzip tätig werden. Entsprechend dem in demselben Artikel genannten Grundsatz der Verhältnismäßigkeit geht diese Verordnung nicht über das für die Erreichung dieser Ziele erforderliche Maß hinaus.

(30) Die zur Durchführung dieser Verordnung erforderlichen Maßnahmen sind nach Maßgabe des Beschlusses 1999/468/EG des Rates vom 28. Juni 1999 zur Festlegung der Modalitäten für die Ausübung der der Kommission übertragenen Durchführungsbefugnisse[5] zu erlassen.

(31) Das Vereinigte Königreich und Irland haben gemäß Artikel 3 des dem Vertrag über die Europäische Union und dem Vertrag zur Gründung der Europäischen Gemeinschaft beigefügten Protokolls über die Position des Vereinigten Königreichs und Irlands mitgeteilt, dass sie sich an der Annahme und Anwendung der vorliegenden Verordnung beteiligen möchten.

(32) Gemäß den Artikeln 1 und 2 des dem Vertrag über die Europäische Union und dem Vertrag zur Gründung der Europäischen Gemeinschaft beigefügten Protokolls über die Position Dänemarks beteiligt sich Dänemark nicht an der Annahme dieses Beschlusses, der für Dänemark nicht bindend und nicht auf Dänemark anwendbar ist –

HABEN FOLGENDE VERORDNUNG ERLASSEN:

Art. 1. Gegenstand. (1) Diese Verordnung hat Folgendes zum Ziel:

a) Vereinfachung und Beschleunigung der grenzüberschreitenden Verfahren im Zusammenhang mit unbestrittenen Geldforderungen und Verringerung der Verfahrenskosten durch Einführung eines Europäischen Mahnverfahrens, und

b) Ermöglichung des freien Verkehrs Europäischer Zahlungsbefehle in den Mitgliedstaaten durch Festlegung von Mindestvorschriften, bei deren Einhaltung die Zwischenverfahren im Vollstreckungsmitgliedstaat, die bisher für die Anerkennung und Vollstreckung erforderlich waren, entfallen.

(2) Diese Verordnung stellt es dem Antragsteller frei, eine Forderung im Sinne von Artikel 4 im Wege eines anderen Verfahrens nach dem Recht eines Mitgliedstaats oder nach Gemeinschaftsrecht durchzusetzen.

Art. 2. Anwendungsbereich. (1) Diese Verordnung ist in grenzüberschreitenden Rechtssachen in Zivil- und Handelssachen anzuwenden, ohne dass es auf die Art der Gerichtsbarkeit ankommt. Sie erfasst insbesondere nicht Steuer- und Zollsachen, verwaltungsrechtliche Angelegenheiten sowie die Haftung des Staates für Handlungen oder Unterlassungen im Rahmen der Ausübung hoheitlicher Rechte („acta jure imperii").

(2) Diese Verordnung ist nicht anzuwenden auf

a) die ehelichen Güterstände, das Gebiet des Erbrechts einschließlich des Testamentsrechts,

---

[4] ABl. L 124 vom 8. 6. 1971, S. 1.
[5] ABl. L 184 vom 17. 7. 1999, S. 23. Geändert durch den Beschluss 2006/512/EG (ABl. L 200 vom 22. 7. 2006, S. 11).

b) Konkurse, Verfahren im Zusammenhang mit dem Abwickeln zahlungsunfähiger Unternehmen oder anderer juristischer Personen, gerichtliche Vergleiche, Vergleiche und ähnliche Verfahren,
c) die soziale Sicherheit,
d) Ansprüche aus außervertraglichen Schuldverhältnissen, soweit
   i) diese nicht Gegenstand einer Vereinbarung zwischen den Parteien oder eines Schuldanerkenntnisses sind,
oder
   ii) diese sich nicht auf bezifferte Schuldbeträge beziehen, die sich aus gemeinsamem Eigentum an unbeweglichen Sachen ergeben.

(3) In dieser Verordnung bedeutet der Begriff „Mitgliedstaat" die Mitgliedstaaten mit Ausnahme Dänemarks.

Art. 3. Grenzüberschreitende Rechtssachen. (1) Eine grenzüberschreitende Rechtssache im Sinne dieser Verordnung liegt vor, wenn mindestens eine der Parteien ihren Wohnsitz oder gewöhnlichen Aufenthalt in einem anderen Mitgliedstaat als dem des befassten Gerichts hat.

(2) Der Wohnsitz wird nach den Artikeln 59 und 60 der Verordnung (EG) Nr. 44/2001 des Rates vom 22. Dezember 2000 über die gerichtliche Zuständigkeit und die Anerkennung und Vollstreckung von Entscheidungen in Zivil- und Handelssachen[6] bestimmt.

(3) Der maßgebliche Augenblick zur Feststellung, ob eine grenzüberschreitende Rechtssache vorliegt, ist der Zeitpunkt, zu dem der Antrag auf Erlass eines Europäischen Zahlungsbefehls nach dieser Verordnung eingereicht wird.

Art. 4. Europäisches Mahnverfahren. Das Europäische Mahnverfahren gilt für die Beitreibung bezifferter Geldforderungen, die zum Zeitpunkt der Einreichung des Antrags auf Erlass eines Europäischen Zahlungsbefehls fällig sind.

Art. 5. Begriffsbestimmungen. Im Sinne dieser Verordnung bezeichnet der Ausdruck
1. „Ursprungsmitgliedstaat" den Mitgliedstaat, in dem ein Europäischer Zahlungsbefehl erlassen wird,
2. „Vollstreckungsmitgliedstaat" den Mitgliedstaat, in dem die Vollstreckung eines Europäischen Zahlungsbefehls betrieben wird,
3. „Gericht" alle Behörden der Mitgliedstaaten, die für einen Europäischen Zahlungsbefehl oder jede andere damit zusammenhängende Angelegenheit zuständig sind,
4. „Ursprungsgericht" das Gericht, das einen Europäischen Zahlungsbefehl erlässt.

Art. 6. Zuständigkeit. (1) Für die Zwecke der Anwendung dieser Verordnung wird die Zuständigkeit nach den hierfür geltenden Vorschriften des Gemeinschaftsrechts bestimmt, insbesondere der Verordnung (EG) Nr. 44/2001.

(2) Betrifft die Forderung jedoch einen Vertrag, den eine Person, der Verbraucher, zu einem Zweck geschlossen hat, der nicht der beruflichen oder gewerblichen Tätigkeit dieser Person zugerechnet werden kann, und ist der Verbraucher Antragsgegner, so sind nur die Gerichte des Mitgliedstaats zuständig, in welchem der Antragsgegner seinen Wohnsitz im Sinne des Artikels 59 der Verordnung (EG) Nr. 44/2001 hat.

Art. 7. Antrag auf Erlass eines Europäischen Zahlungsbefehls. (1) Der Antrag auf Erlass eines Europäischen Zahlungsbefehls ist unter Verwendung des Formblatts A gemäß Anhang I zu stellen.

(2) Der Antrag muss Folgendes beinhalten:
a) die Namen und Anschriften der Verfahrensbeteiligten und gegebenenfalls ihrer Vertreter sowie des Gerichts, bei dem der Antrag eingereicht wird;
b) die Höhe der Forderung einschließlich der Hauptforderung und gegebenenfalls der Zinsen, Vertragsstrafen und Kosten;

---

[6] ABl. L 12 vom 16. 1. 2001, S. 1. Zuletzt geändert durch die Verordnung (EG) Nr. 2245/2004 der Kommission (ABl. L 381 vom 28. 12. 2004, S. 10).

c) bei Geltendmachung von Zinsen der Zinssatz und der Zeitraum, für den Zinsen verlangt werden, es sei denn, gesetzliche Zinsen werden nach dem Recht des Ursprungsmitgliedstaats automatisch zur Hauptforderung hinzugerechnet;
d) den Streitgegenstand einschließlich einer Beschreibung des Sachverhalts, der der Hauptforderung und gegebenenfalls der Zinsforderung zugrunde liegt;
e) eine Bezeichnung der Beweise, die zur Begründung der Forderung herangezogen werden;
f) die Gründe für die Zuständigkeit, und
g) den grenzüberschreitenden Charakter der Rechtssache im Sinne von Artikel 3.

(3) In dem Antrag hat der Antragsteller zu erklären, dass er die Angaben nach bestem Wissen und Gewissen gemacht hat, und anerkannt, dass jede vorsätzliche falsche Auskunft angemessene Sanktionen nach dem Recht des Ursprungsmitgliedstaats nach sich ziehen kann.

(4) Der Antragsteller kann in einer Anlage zu dem Antrag dem Gericht gegenüber erklären, dass er die Überleitung in ein ordentliches Verfahren im Sinne des Artikels 17 für den Fall ablehnt, dass der Antragsgegner Einspruch einlegt. Dies hindert den Antragsteller nicht daran, das Gericht zu einem späteren Zeitpunkt, in jedem Fall aber vor Erlass des Zahlungsbefehls, hierüber zu informieren.

(5) Die Einreichung des Antrags erfolgt in Papierform oder durch andere – auch elektronische – Kommunikationsmittel, die im Ursprungsmitgliedstaat zulässig sind und dem Ursprungsgericht zur Verfügung stehen.

(6) Der Antrag ist vom Antragsteller oder gegebenenfalls von seinem Vertreter zu unterzeichnen. Wird der Antrag gemäß Absatz 5 auf elektronischem Weg eingereicht, so ist er nach Artikel 2 Nummer 2 der Richtlinie 1999/93/EG des Europäischen Parlaments und des Rates vom 13. Dezember 1999 über gemeinschaftliche Rahmenbedingungen für elektronische Signaturen[7] zu unterzeichnen. Diese Signatur wird im Ursprungsmitgliedstaat anerkannt, ohne dass weitere Bedingungen festgelegt werden können.

Eine solche elektronische Signatur ist jedoch nicht erforderlich, wenn und insoweit es bei den Gerichten des Ursprungsmitgliedstaats ein alternatives elektronisches Kommunikationssystem gibt, das einer bestimmten Gruppe von vorab registrierten und authentifizierten Nutzern zur Verfügung steht und die sichere Identifizierung dieser Nutzer ermöglicht. Die Mitgliedstaaten unterrichten die Kommission über derartige Kommunikationssysteme.

Art. 8. Prüfung des Antrags. Das mit einem Antrag auf Erlass eines Europäischen Zahlungsbefehls befasste Gericht prüft so bald wie möglich anhand des Antragsformulars, ob die in den Artikeln 2, 3, 4, 6 und 7 genannten Voraussetzungen erfüllt sind und ob die Forderung begründet erscheint. Diese Prüfung kann im Rahmen eines automatisierten Verfahrens erfolgen.

Art. 9. Vervollständigung und Berichtigung des Antrags. (1) Das Gericht räumt dem Antragsteller die Möglichkeit ein, den Antrag zu vervollständigen oder zu berichtigen, wenn die in Artikel 7 genannten Voraussetzungen nicht erfüllt sind und die Forderung nicht offensichtlich unbegründet oder der Antrag unzulässig ist. Das Gericht verwendet dazu das Formblatt B gemäß Anhang II.

(2) Fordert das Gericht den Antragsteller auf, den Antrag zu vervollständigen oder zu berichtigen, so legt es dafür eine Frist fest, die ihm den Umständen nach angemessen erscheint. Das Gericht kann diese Frist nach eigenem Ermessen verlängern.

Art. 10. Änderung des Antrags. (1) Sind die in Artikel 8 genannten Voraussetzungen nur für einen Teil der Forderung erfüllt, so unterrichtet das Gericht den Antragsteller hiervon unter Verwendung des Formblatts C gemäß Anhang III. Der Antragsteller wird aufgefordert, den Europäischen Zahlungsbefehl über den von dem Gericht angegebenen Betrag anzunehmen oder abzulehnen; er wird zugleich über die Folgen seiner Entscheidung belehrt. Die Antwort des Antragstellers erfolgt durch Rücksendung des von dem

---

[7] ABl. L 13 vom 19. 1. 2000, S. 12.

Gericht übermittelten Formblatts C innerhalb der von dem Gericht gemäß Artikel 9 Absatz 2 festgelegten Frist.

(2) Nimmt der Antragsteller den Vorschlag des Gerichts an, so erlässt das Gericht gemäß Artikel 12 einen Europäischen Zahlungsbefehl für den Teil der Forderung, dem der Antragesteller zugestimmt hat. Die Folgen hinsichtlich des verbleibenden Teils der ursprünglichen Forderung unterliegen nationalem Recht.

(3) Antwortet der Antragsteller nicht innerhalb der von dem Gericht festgelegten Frist oder lehnt er den Vorschlag des Gerichts ab, so weist das Gericht den Antrag auf Erlass eines Europäischen Zahlungsbefehls insgesamt zurück.

Art. 11. Zurückweisung des Antrags. (1) Das Gericht weist den Antrag zurück,

a) wenn die in den Artikeln 2, 3, 4, 6 und 7 genannten Voraussetzungen nicht erfüllt sind,
oder
b) wenn die Forderung offensichtlich unbegründet ist,
oder
c) wenn der Antragsteller nicht innerhalb der von dem Gericht gemäß Artikel 9 Absatz 2 gesetzten Frist seine Antwort übermittelt,
oder
d) wenn der Antragsteller gemäß Artikel 10 nicht innerhalb der von dem Gericht gesetzten Frist antwortet oder den Vorschlag des Gerichts ablehnt. Der Antragsteller wird anhand des Formblatts D gemäß Anhang IV von den Gründen der Zurückweisung in Kenntnis gesetzt.

(2) Gegen die Zurückweisung des Antrags kann kein Rechtsmittel eingelegt werden.

(3) Die Zurückweisung des Antrags hindert den Antragsteller nicht, die Forderung mittels eines neuen Antrags auf Erlass eines Europäischen Zahlungsbefehls oder eines anderen Verfahrens nach dem Recht eines Mitgliedstaats geltend zu machen.

Art. 12. Erlass eines Europäischen Zahlungsbefehls. (1) Sind die in Artikel 8 genannten Voraussetzungen erfüllt, so erlässt das Gericht so bald wie möglich und in der Regel binnen 30 Tagen nach Einreichung eines entsprechenden Antrags einen Europäischen Zahlungsbefehl unter Verwendung des Formblatts E gemäß Anhang V.

Bei der Berechnung der 30-tägigen Frist wird die Zeit, die der Antragsteller zur Vervollständigung, Berichtigung oder Änderung des Antrags benötigt, nicht berücksichtigt.

(2) Der Europäische Zahlungsbefehl wird zusammen mit einer Abschrift des Antragsformulars ausgestellt. Er enthält nicht die vom Antragsteller in den Anlagen 1 und 2 des Formblatts A gemachten Angaben.

(3) In dem Europäischen Zahlungsbefehl wird der Antragsgegner davon in Kenntnis gesetzt, dass er

a) entweder den im Zahlungsbefehl aufgeführten Betrag an den Antragsteller zahlen kann,
oder
b) gegen den Europäischen Zahlungsbefehl bei dem Ursprungsgericht Einspruch einlegen kann, indem er innerhalb von 30 Tagen ab dem Zeitpunkt der Zustellung des Zahlungsbefehls an ihn seinen Einspruch versendet.

(4) In dem Europäischen Zahlungsbefehl wird der Antragsgegner davon unterrichtet, dass

a) der Zahlungsbefehl ausschließlich auf der Grundlage der Angaben des Antragstellers erlassen und vom Gericht nicht nachgeprüft wurde,
b) der Zahlungsbefehl vollstreckbar wird, wenn nicht bei dem Gericht nach Artikel 16 Einspruch eingelegt wird,
c) im Falle eines Einspruchs das Verfahren von den zuständigen Gerichten des Ursprungsmitgliedstaats gemäß den Regeln eines ordentlichen Zivilprozesses weitergeführt wird, es sei denn, der Antragsteller hat ausdrücklich beantragt, das Verfahren in diesem Fall zu beenden.

(5) Das Gericht stellt sicher, dass der Zahlungsbefehl dem Antragsgegner gemäß den nationalen Rechtsvorschriften in einer Weise zugestellt wird, die den Mindestvorschriften der Artikel 13, 14 und 15 genügen muss.

Art. 13. Zustellung mit Nachweis des Empfangs durch den Antragsgegner. Der Europäische Zahlungsbefehl kann nach dem Recht des Staats, in dem die Zustellung erfolgen soll, dem Antragsgegner in einer der folgenden Formen zugestellt werden:
a) durch persönliche Zustellung, bei der der Antragsgegner eine Empfangsbestätigung unter Angabe des Empfangsdatums unterzeichnet,
b) durch persönliche Zustellung, bei der die zuständige Person, die die Zustellung vorgenommen hat, ein Dokument unterzeichnet, in dem angegeben ist, dass der Antragsgegner das Schriftstück erhalten hat oder dessen Annahme unberechtigt verweigert hat und an welchem Datum die Zustellung erfolgt ist,
c) durch postalische Zustellung, bei der der Antragsgegner die Empfangsbestätigung unter Angabe des Empfangsdatums unterzeichnet und zurückschickt,
d) durch elektronische Zustellung wie beispielsweise per Fax oder E-Mail, bei der der Antragsgegner eine Empfangsbestätigung unter Angabe des Empfangsdatums unterzeichnet und zurückschickt.

Art. 14. Zustellung ohne Nachweis des Empfangs durch den Antragsgegner. (1) Der Europäische Zahlungsbefehl kann nach dem Recht des Staats, in dem die Zustellung erfolgen soll, dem Antragsgegner auch in einer der folgenden Formen zugestellt werden:
a) persönliche Zustellung unter der Privatanschrift des Antragsgegners an eine in derselben Wohnung wie der Antragsgegner lebende Person oder an eine dort beschäftigte Person;
b) wenn der Antragsgegner Selbstständiger oder eine juristische Person ist, persönliche Zustellung in den Geschäftsräumen des Antragsgegners an eine Person, die vom Antragsgegner beschäftigt wird;
c) Hinterlegung des Zahlungsbefehls im Briefkasten des Antragsgegners;
d) Hinterlegung des Zahlungsbefehls beim Postamt oder bei den zuständigen Behörden mit entsprechender schriftlicher Benachrichtigung im Briefkasten des Antragsgegners, sofern in der schriftlichen Benachrichtigung das Schriftstück eindeutig als gerichtliches Schriftstück bezeichnet oder darauf hingewiesen wird, dass die Zustellung durch die Benachrichtigung als erfolgt gilt und damit Fristen zu laufen beginnen;
e) postalisch ohne Nachweis gemäß Absatz 3, wenn der Antragsgegner seine Anschrift im Ursprungsmitgliedstaat hat;
f) elektronisch, mit automatisch erstellter Sendebestätigung, sofern sich der Antragsgegner vorab ausdrücklich mit dieser Art der Zustellung einverstanden erklärt hat.

(2) Für die Zwecke dieser Verordnung ist eine Zustellung nach Absatz 1 nicht zulässig, wenn die Anschrift des Antragsgegners nicht mit Sicherheit ermittelt werden kann.

(3) Die Zustellung nach Absatz 1 Buchstaben a, b, c und d wird bescheinigt durch
a) ein von der zuständigen Person, die die Zustellung vorgenommen hat, unterzeichnetes Schriftstück mit den folgenden Angaben:
  i) die gewählte Form der Zustellung, und
  ii) das Datum der Zustellung sowie
  iii) falls der Zahlungsbefehl einer anderen Person als dem Antragsgegner zugestellt wurde, der Name dieser Person und die Angabe ihres Verhältnisses zum Antragsgegner,
oder
b) eine Empfangsbestätigung der Person, der der Zahlungsbefehl zugestellt wurde, für die Zwecke von Absatz 1 Buchstaben a und b.

Art. 15. Zustellung an einen Vertreter. Die Zustellung nach den Artikeln 13 oder 14 kann auch an den Vertreter des Antragsgegners bewirkt werden.

Art. 16. Einspruch gegen den Europäischen Zahlungsbefehl. (1) Der Antragsgegner kann beim Ursprungsgericht Einspruch gegen den Europäischen Zahlungsbefehl unter Verwendung des Formblatts F gemäß Anhang VI einlegen, das dem Antragsgegner zusammen mit dem Europäischen Zahlungsbefehl zugestellt wird.

(2) Der Einspruch muss innerhalb von 30 Tagen ab dem Tag der Zustellung des Zahlungsbefehls an den Antragsgegner versandt werden.

(3) Der Antragsgegner gibt in dem Einspruch an, dass er die Forderung bestreitet, ohne dass er dafür eine Begründung liefern muss.

(4) Der Einspruch ist in Papierform oder durch andere – auch elektronische – Kommunikationsmittel, die im Ursprungsmitgliedstaat zulässig sind und dem Ursprungsgericht zur Verfügung stehen, einzulegen.

(5) Der Einspruch ist vom Antragsgegner oder gegebenenfalls von seinem Vertreter zu unterzeichnen. Wird der Einspruch gemäß Absatz 4 auf elektronischem Weg eingelegt, so ist er nach Artikel 2 Nummer 2 der Richtlinie 1999/93/EG zu unterzeichnen. Diese Signatur wird im Ursprungsmitgliedstaat anerkannt, ohne dass weitere Bedingungen festgelegt werden können.

Eine solche elektronische Signatur ist jedoch nicht erforderlich, wenn und insoweit es bei den Gerichten des Ursprungsmitgliedstaats ein alternatives elektronisches Kommunikationssystem gibt, das einer bestimmten Gruppe von vorab registrierten und authentifizierten Nutzern zur Verfügung steht und die sichere Identifizierung dieser Nutzer ermöglicht. Die Mitgliedstaaten unterrichten die Kommission über derartige Kommunikationssysteme.

Art. 17. Wirkungen der Einlegung eines Einspruchs. (1) Wird innerhalb der in Artikel 16 Absatz 2 genannten Frist Einspruch eingelegt, so wird das Verfahren vor den zuständigen Gerichten des Ursprungsmitgliedstaats gemäß den Regeln eines ordentlichen Zivilprozesses weitergeführt, es sei denn, der Antragsteller hat ausdrücklich beantragt, das Verfahren in einem solchen Fall zu beenden.

Hat der Antragsteller seine Forderung im Wege des Europäischen Mahnverfahrens geltend gemacht, so wird seine Stellung in nachfolgenden ordentlichen Zivilprozessen durch keine Maßnahme nach nationalem Recht präjudiziert.

(2) Die Überleitung in ein ordentliches Zivilverfahren im Sinne des Absatzes 1 erfolgt nach dem Recht des Ursprungsmitgliedstaats.

(3) Dem Antragsteller wird mitgeteilt, ob der Antragsgegner Einspruch eingelegt hat und ob das Verfahren als ordentlicher Zivilprozess weitergeführt wird.

Art. 18. Vollstreckbarkeit. (1) Wurde innerhalb der Frist des Artikels 16 Absatz 2 unter Berücksichtigung eines angemessenen Zeitraums für die Übermittlung kein Einspruch beim Ursprungsgericht eingelegt, so erklärt das Gericht den Europäischen Zahlungsbefehl unter Verwendung des Formblatts G gemäß Anhang VII unverzüglich für vollstreckbar. Das Ursprungsgericht überprüft das Zustellungsdatum des Europäischen Zahlungsbefehls.

(2) Unbeschadet des Absatzes 1 richten sich die Voraussetzungen der Zwangsvollstreckung für die Vollstreckbarkeit nach den Rechtsvorschriften des Ursprungsmitgliedstaats.

(3) Das Gericht übersendet dem Antragsteller den vollstreckbaren Europäischen Zahlungsbefehl.

Art. 19. Abschaffung des Exequaturverfahrens. Der im Ursprungsmitgliedstaat vollstreckbar gewordene Europäische Zahlungsbefehl wird in den anderen Mitgliedstaaten anerkannt und vollstreckt, ohne dass es einer Vollstreckbarerklärung bedarf und ohne dass seine Anerkennung angefochten werden kann.

Art. 20. Überprüfung in Ausnahmefällen. (1) Nach Ablauf der in Artikel 16 Absatz 2 genannten Frist ist der Antragsgegner berechtigt, bei dem zuständigen Gericht des Ursprungsmitgliedstaats eine Überprüfung des Europäischen Zahlungsbefehls zu beantragen, falls

a) i) der Zahlungsbefehl in einer der in Artikel 14 genannten Formen zugestellt wurde, und
   ii) die Zustellung ohne Verschulden des Antragsgegners nicht so rechtzeitig erfolgt ist, dass er Vorkehrungen für seine Verteidigung hätte treffen können,
   oder
b) der Antragsgegner aufgrund höherer Gewalt oder aufgrund außergewöhnlicher Umstände ohne eigenes Verschulden keinen Einspruch gegen die Forderung einlegen konnte,

wobei in beiden Fällen vorausgesetzt wird, dass er unverzüglich tätig wird.

(2) Ferner ist der Antragsgegner nach Ablauf der in Artikel 16 Absatz 2 genannten Frist berechtigt, bei dem zuständigen Gericht des Ursprungsmitgliedstaats eine Über-

prüfung des Europäischen Zahlungsbefehls zu beantragen, falls der Europäische Zahlungsbefehl gemessen an den in dieser Verordnung festgelegten Voraussetzungen oder aufgrund von anderen außergewöhnlichen Umständen offensichtlich zu Unrecht erlassen worden ist.

(3) Weist das Gericht den Antrag des Antragsgegners mit der Begründung zurück, dass keine der Voraussetzungen für die Überprüfung nach den Absätzen 1 und 2 gegeben ist, bleibt der Europäische Zahlungsbefehl in Kraft. Entscheidet das Gericht, dass die Überprüfung aus einem der in den Absätzen 1 und 2 genannten Gründe gerechtfertigt ist, wird der Europäische Zahlungsbefehl für nichtig erklärt.

Art. 21. Vollstreckung. (1) Unbeschadet der Bestimmungen dieser Verordnung gilt für das Vollstreckungsverfahren das Recht des Vollstreckungsmitgliedstaats. Ein vollstreckbar gewordener Europäischer Zahlungsbefehl wird unter den gleichen Bedingungen vollstreckt wie eine im Vollstreckungsmitgliedstaat vollstreckbar gewordene Entscheidung.

(2) Zur Vollstreckung in einem anderen Mitgliedstaat legt der Antragsteller den zuständigen Vollstreckungsbehörden dieses Mitgliedstaats folgende Dokumente vor:

a) eine Ausfertigung des von dem Ursprungsgericht für vollstreckbar erklärten Europäischen Zahlungsbefehls, die die für seine Beweiskraft erforderlichen Voraussetzungen erfüllt,
und

b) gegebenenfalls eine Übersetzung des Europäischen Zahlungsbefehls in die Amtssprache des Vollstreckungsmitgliedstaats oder – falls es in diesem Mitgliedstaat mehrere Amtssprachen gibt – nach Maßgabe der Rechtsvorschriften dieses Mitgliedstaats in die Verfahrenssprache oder eine der Verfahrenssprachen des Ortes, an dem die Vollstreckung betrieben wird, oder in eine sonstige Sprache, die der Vollstreckungsmitgliedstaat zulässt. Jeder Mitgliedstaat kann angeben, welche Amtssprache oder Amtssprachen der Organe der Europäischen Union er neben seiner oder seinen eigenen für den Europäischen Zahlungsbefehl zulässt. Die Übersetzung ist von einer hierzu in einem der Mitgliedstaaten befugten Person zu beglaubigen.

(3) Einem Antragsteller, der in einem Mitgliedstaat die Vollstreckung eines in einem anderen Mitgliedstaat erlassenen Europäischen Zahlungsbefehls beantragt, darf wegen seiner Eigenschaft als Ausländer oder wegen Fehlens eines inländischen Wohnsitzes oder Aufenthaltsorts im Vollstreckungsmitgliedstaat eine Sicherheitsleistung oder Hinterlegung, unter welcher Bezeichnung es auch sei, nicht auferlegt werden.

Art. 22. Verweigerung der Vollstreckung. (1) Auf Antrag des Antragsgegners wird die Vollstreckung vom zuständigen Gericht im Vollstreckungsmitgliedstaat verweigert, wenn der Europäische Zahlungsbefehl mit einer früheren Entscheidung oder einem früheren Zahlungsbefehl unvereinbar ist, die bzw. der in einem Mitgliedstaat oder einem Drittland ergangen ist, sofern

a) die frühere Entscheidung oder der frühere Zahlungsbefehl zwischen denselben Parteien wegen desselben Streitgegenstands ergangen ist,
und

b) die frühere Entscheidung oder der frühere Zahlungsbefehl die notwendigen Voraussetzungen für die Anerkennung im Vollstreckungsmitgliedstaat erfüllt,
und

c) die Unvereinbarkeit im gerichtlichen Verfahren des Ursprungsmitgliedstaats nicht geltend gemacht werden konnte.

(2) Auf Antrag wird die Vollstreckung ebenfalls verweigert, sofern und insoweit der Antragsgegner den Betrag, der dem Antragsteller in einem Europäischen Zahlungsbefehl zuerkannt worden ist, an diesen entrichtet hat.

(3) Ein Europäischer Zahlungsbefehl darf im Vollstreckungsmitgliedstaat in der Sache selbst nicht nachgeprüft werden.

Art. 23. Aussetzung oder Beschränkung der Vollstreckung. Hat der Antragsgegner eine Überprüfung nach Artikel 20 beantragt, so kann das zuständige Gericht im Vollstreckungsmitgliedstaat auf Antrag des Antragsgegners

a) das Vollstreckungsverfahren auf Sicherungsmaßnahmen beschränken,
oder
b) die Vollstreckung von der Leistung einer von dem Gericht zu bestimmenden Sicherheit abhängig machen,
oder
c) unter außergewöhnlichen Umständen das Vollstreckungsverfahren aussetzen.

Art. 24. Rechtliche Vertretung. Die Vertretung durch einen Rechtsanwalt oder sonstigen Rechtsbeistand ist nicht zwingend

a) für den Antragsteller im Hinblick auf die Beantragung eines Europäischen Zahlungsbefehls,
b) für den Antragsgegner bei Einlegung des Einspruchs gegen einen Europäischen Zahlungsbefehl.

Art. 25. Gerichtsgebühren. (1) Die Gerichtsgebühren eines Europäischen Mahnverfahrens und eines ordentlichen Zivilprozesses, der sich an die Einlegung eines Einspruchs gegen den Europäischen Zahlungsbefehl in einem Mitgliedstaat anschließt, dürfen insgesamt nicht höher sein als die Gerichtsgebühren eines ordentlichen Zivilprozesses ohne vorausgehendes Europäisches Mahnverfahren in diesem Mitgliedstaat.

(2) Für die Zwecke dieser Verordnung umfassen die Gerichtsgebühren die dem Gericht zu entrichtenden Gebühren und Abgaben, deren Höhe nach dem nationalen Recht festgelegt wird.

Art. 26. Verhältnis zum nationalen Prozessrecht. Sämtliche verfahrensrechtlichen Fragen, die in dieser Verordnung nicht ausdrücklich geregelt sind, richten sich nach den nationalen Rechtsvorschriften.

Art. 27. Verhältnis zur Verordnung (EG) Nr. 1348/2000. Diese Verordnung berührt nicht die Anwendung der Verordnung (EG) Nr. 1348/2000 des Rates vom 29. Mai 2000 über die Zustellung gerichtlicher und außergerichtlicher Schriftstücke in Zivil- und Handelssachen in den Mitgliedstaaten.[8]

Art. 28. Informationen zu den Zustellungskosten und zur Vollstreckung. Die Mitgliedstaaten arbeiten zusammen, um der Öffentlichkeit und den Fachkreisen folgende Informationen zur Verfügung zu stellen:

a) Informationen zu den Zustellungskosten, und
b) Information darüber, welche Behörden im Zusammenhang mit der Vollstreckung für die Anwendung der Artikel 21, 22 und 23 zuständig sind,

insbesondere über das mit der Entscheidung 2001/470/EG des Rates[9] eingerichtete Europäische Justizielle Netz für Zivil- und Handelssachen.

Art. 29. Angaben zu den zuständigen Gerichten, den Überprüfungsverfahren, den Kommunikationsmitteln und den Sprachen. (1) Die Mitgliedstaaten teilen der Kommission bis zum 12. Juni 2008 Folgendes mit:

a) die Gerichte, die dafür zuständig sind, einen Europäischen Zahlungsbefehl zu erlassen;
b) Informationen über das Überprüfungsverfahren und die für die Anwendung des Artikels 20 zuständigen Gerichte;
c) die Kommunikationsmittel, die im Hinblick auf das Europäische Mahnverfahren zulässig sind und den Gerichten zur Verfügung stehen;
d) die nach Artikel 21 Absatz 2 Buchstabe b zulässigen Sprachen.

Die Mitgliedstaaten unterrichten die Kommission über alle späteren Änderungen dieser Angaben.

(2) Die Kommission macht die nach Absatz 1 mitgeteilten Angaben durch Veröffentlichung im Amtsblatt der Europäischen Union und durch andere geeignete Mittel öffentlich zugänglich.

---

[8] ABl. L 160 vom 30. 6. 2000, S. 37.
[9] ABl. L 174 vom 27. 6. 2001, S. 25.

Art. 30. Änderung der Anhänge. Die Formblätter in den Anhängen werden nach dem in Artikel 31 Absatz 2 vorgesehenen Verfahren aktualisiert oder in technischer Hinsicht angepasst; solche Änderungen müssen den Vorschriften dieser Verordnung vollständig entsprechen.

Art. 31. Ausschuss. (1) Die Kommission wird von dem nach Artikel 75 der Verordnung (EG) Nr. 44/2001 eingesetzten Ausschuss unterstützt.

(2) Wird auf diesen Absatz Bezug genommen, so gelten Artikel 5a Absätze 1 bis 4 und Artikel 7 des Beschlusses 1999/468/EG, unter Beachtung von dessen Artikel 8.

(3) Der Ausschuss gibt sich eine Geschäftsordnung.

Art. 32. Überprüfung. Die Kommission legt dem Europäischen Parlament, dem Rat und dem Europäischen Wirtschafts- und Sozialausschuss bis zum 12. Dezember 2013 einen detaillierten Bericht über die Überprüfung des Funktionierens des Europäischen Mahnverfahrens vor. Dieser Bericht enthält eine Bewertung des Funktionierens des Verfahrens und eine erweiterte Folgenabschätzung für jeden Mitgliedstaat.

Zu diesem Zweck und damit gewährleistet ist, dass die vorbildliche Praxis in der Europäischen Union gebührend berücksichtigt wird und die Grundsätze der besseren Rechtsetzung zum Tragen kommen, stellen die Mitgliedstaaten der Kommission Angaben zum grenzüberschreitenden Funktionieren des Europäischen Zahlungsbefehls zur Verfügung. Diese Angaben beziehen sich auf die Gerichtsgebühren, die Schnelligkeit des Verfahrens, die Effizienz, die Benutzerfreundlichkeit und die internen Mahnverfahren der Mitgliedstaaten.

Dem Bericht der Kommission werden gegebenenfalls Vorschläge zur Anpassung der Verordnung beigefügt.

Art. 33. Inkrafttreten. Diese Verordnung tritt am Tag nach ihrer Veröffentlichung im Amtsblatt der Europäischen Union in Kraft.

Sie gilt ab dem 12. Dezember 2008 mit Ausnahme der Artikel 28, 29, 30 und 31, die ab dem 12. Juni 2008 gelten.

Diese Verordnung ist in allen ihren Teilen verbindlich und gilt gemäß dem Vertrag zur Gründung der Europäischen Gemeinschaft unmittelbar in den Mitgliedstaaten.

Geschehen zu Straßburg am 12. Dezember 2006.
Im Namen des Europäischen Parlaments
Der Präsident
J. BORRELL FONTELLES

Im Namen des Rates
Der Präsident
M. PEKKARINEN

Vom Abdruck der Anhänge wird abgesehen

II. EG-BagatellVO (Einführung)

Schrifttum: *Hau,* Zur Entwicklung des Internationalen Zivilverfahrensrechts in der Europäischen Union in den Jahren 2005 und 2006, GPR 2007, 93; *Jahn,* Das Europäische Verfahren für geringfügige Forderungen, NJW 2007, 2890; *Mayer/Lindemann,* Zum Stand des Verfahrens über den Vorschlag für eine Verordnung des Europäischen Parlaments und des Rates zur Einführung eines europäischen Verfahrens für geringwertige Forderungen, BRAK-Mitt 2006, 207; *Rauscher,* Vorschlag vom 15. 3. 2005 für eine Verordnung des Europäischen Parlaments und des Rates zur Einführung eines europäischen Verfahrens für geringwertige Forderungen, in: Rauscher (Hrsg.) EuZPR, 2. Aufl., 2006; *Schriever,* Europäisierung des deutschen Zivilprozessrechts, AnwBl 2005, 487.

I. Normzweck

1. Verordnungsgebungsverfahren, Inkrafttreten, Geltung. a) Die Einführung eines europäischen Verfahrens für geringfügige Forderungen („**Eu-Bagatell-Verfahren**") ist ein weiterer Schritt in dem auf der Grundlage der Art. 65 ff. EGV voranschreitenden Ausbau eines Raumes der

Anh. II zu Buch 11 2–6

Freiheit, der Sicherheit und des Rechts.[1] Der Europäische Rat hatte auf seiner Tagung am 15./ 16. 10. 1999 in Tampere den Rat und die Kommission aufgefordert, gemeinsame Verfahrensregeln für vereinfachte und beschleunigte grenzüberschreitende Gerichtsverfahren bei verbraucher- und handelsrechtlichen Ansprüchen mit geringem Streitwert zu verabschieden.[2] Diese Zielsetzung fand Eingang in das „Haager Programm" des Europäischen Rates[3] und wurde zur Grundlage für ein Grünbuch[4] der Kommission. Dem Kommissionsvorschlag[5] folgte ein geänderter Vorschlag des Rates[6] sowie zahlreiche weitere Änderungen. Die Verordnung wurde am 11. 7. 2007 erlassen.[7]

2 b) Die Verordnung gilt **ab dem 1. 1. 2009**; Eu-Bagatellverfahren werden also erstmals von diesem Stichtag an eingeleitet werden können. Die vorbereitenden Mitteilungspflichten der Mitgliedstaaten und damit auch die Verpflichtung zur Schaffung der erforderlichen Ausführungsbestimmungen sollen ab 1. 1. 2008 gelten (Art. 29 Abs. 2 EG-BagatellVO). Als Ausführungsvorschriften zur EG-BagatellVO sollen in die ZPO die §§ 1097–1108 als neuer Abschnitt 6 eingefügt werden, siehe Gesetzentwurf der Bundesregierung vom Januar 2008, der als Anh. III zu Buch 11 abgedruckt ist.

3 **2. Zielsetzung. a)** Ziel der Verordnung ist die Schaffung eines in allen Mitgliedstaaten geltenden **einheitlichen europäischen Erkenntnisverfahrens,** in dem geringwertige (bis 2000 €, dazu Rn. 12) Forderungen in grenzüberschreitenden Sachen in einem vereinfachten und preisgünstigen Verfahren geltend gemacht werden können. Der Verordnungsgeber sieht eine Verzerrung des Wettbewerbs, die darauf beruht, dass viele Mitgliedstaaten solche vereinfachte Verfahren bereits eingeführt haben, die verfahrensrechtlichen Instrumente zur Durchsetzung von Forderungen in den einzelnen Mitgliedstaaten jedoch unterschiedlich funktionieren.[8] Diesem Ausgangspunkt ist grundsätzlich zuzustimmen, da im grenzüberschreitenden Verkehr der Binnenmarktbezug nicht zu bezweifeln ist und gerade hier bislang von einer Rechtsverfolgung nicht selten aus Kostengründen abgesehen werden dürfte.

4 **b)** Dieser neue Verfahrenstypus führt zugleich per se zu einem Urteil, welches in das durch die EG-VollstrTitelVO (dazu §§ 1079 ff.) begründete und in der EG-MahnVO (dazu Anhang I zum 11. Buch) aufgenommene **System der unmittelbaren Vollstreckbarkeit** einbezogen wird. Die gegen den vollständigen Verzicht auf eine Kontrolle (insbesondere des *ordre public*) im Vollstreckungsmitgliedstaat geltend zu machenden Bedenken[9] treffen daher auch die EG-BagatellVO, zumal auch in diesem Verfahren Versäumnisurteile ergehen können (Art. 7 Nr. 3 EG-BagatellVO).

5 **3. Verhältnis zu Verfahren der ZPO.** Das Verfahren nach der EG-BagatellVO ist **fakultativ,**[10] verdrängt die nach der ZPO bestehenden Verfahren nicht. Soweit der Anwendungsbereich der VO reicht, hat der Kläger die Wahl, seinen grenzüberschreitenden Anspruch vor deutschen Gerichten im normalen streitigen ZPO-Verfahren (§§ 253 ff.) geltend zu machen, wobei bei Streitwerten bis 600 € die Bagatellregelung des § 495a Anwendung findet.[11] Offen steht auch weiterhin das Mahnverfahren (§§ 688 ff.).

6 **4. Verhältnis zu anderen EG-Verordnungen. a)** Die EG-BagatellVO schafft ein Erkenntnis- und Vollstreckungsverfahren, **das die Regelungen anderer EG-Verordnungen unberührt lässt,** so dass der Kläger weitere Optionen zur Durchsetzung seiner Forderung hat. Die damit eröffneten Wahlmöglichkeiten stellen die Praxis vor nicht geringe Probleme, da ggf. abzuwägen ist zwischen zwei Mahnverfahren (§§ 688 ff., EG-MahnVO) und drei streitigen Verfahrenstypen (§§ 253 ff., EG-VollstrTitelVO, EG-BagatellVO), die zu Titeln führen, die teils eines Exequatur bedürfen, teils unmittelbar vollstreckbar sind. Wegen der jeweils unterschiedlichen Kautelen, die es bei Nutzung der EG-Verfahrenswege zu wahren gilt, kann durchaus auch der formell mühsamere Weg der Exequatur-Vollstreckung eines nach §§ 253 ff. ZPO erstrittenen Urteils im Einzelfall Vorteile bieten, wenn etwa der Überraschungseffekt bei der Vollstreckung gewahrt werden soll oder Zustellungskautelen der EG-Verordnungen bei einem flüchtigen Schuldner nicht gewahrt werden können.

---

[1] Erwägungsgründe Nr. 1 bis 3.
[2] Erwägungsgrund Nr. 4.
[3] Erwägungsgrund Nr. 5.
[4] Vom 20. 12. 2002 KOM (2002) 746.
[5] KOM (2005) 87.
[6] *Rat der Europäischen Union* Vermerk des Vorsitzes, 2. 5. 2006, 8408/06 JUSTCIV 100.
[7] Verordnung (EG) Nr. 861/2007 des Europäischen Parlaments und des Rates vom 11. 7. 2007 zur Einführung eines europäischen Verfahrens für geringfügige Forderungen, ABl.EU 2007 Nr. L 199/1.
[8] Erwägungsgrund Nr. 7.
[9] *Rauscher/Rauscher/Pabst,* EuZPR, EG-VollstrTitelVO Einl. Rn. 33, 37 ff., 41.
[10] Erwägungsgrund Nr. 8.
[11] *Hau* GPR 2007, 93, 95.

II. EG-BagatellVO

b) Die **Brüssel I-VO** bleibt nach Maßgabe ihres in Art. 3, 4 Brüssel I-VO beschriebenen räumlich-persönlichen Anwendungsbereichs zum einen auch für Verfahren nach der EG-BagatellVO die Grundlage für die Bestimmung der (internationalen) Zuständigkeit. Der Kläger kann sich überdies auch für die Titulierung von Forderungen, die in den sachlichen Anwendungsbereich der EG-BagatellVO fallen, des normalen ZPO-Verfahrens bedienen und die Vollstreckung im Exequaturverfahren der Art. 38 ff. Brüssel I-VO betreiben.

c) Unberührt bleiben auch die Bestimmungen der **EG-VollstrTitelVO** (dazu §§ 1079 ff.), so dass der Kläger auch einen Anspruch unter der Wertgrenze des Art. 2 Abs. 1 EG-BagatellVO im normalen ZPO-Verfahren einklagen kann und, sofern die Forderung unbestritten bleibt, insbesondere ein Versäumnisurteil ergeht, und die weiteren Voraussetzungen hierfür vorliegen, die Bestätigung als Eu-Vollstreckungstitel erreichen und hieraus die unmittelbare Vollstreckung ohne Exequatur betreiben kann.

d) Schließlich tritt die EG-BagatellVO auch neben die fast zeitgleich zur Anwendung kommende **EG-MahnVO** (dazu Anhang I zum 11. Buch), deren nicht streitig durchgeführtes Verfahren ebenfalls zu einem unmittelbar ohne Exequatur vollstreckbaren Titel führt.

5. Ausführungsbestimmungen. Ausführungsbestimmungen zu der EG-BagatellVO werden zum Anwendungsbeginn (1. 1. 2009, Rn. 2) nach der inzwischen verfestigten Praxis in das 11. Buch im Anschluss an die ebenfalls noch zu erlassenden Ausführungsbestimmungen zur EG-MahnVO[12] eingestellt werden (§§ 1097 ff.).[12a] Entsprechende Mitteilungen der Mitgliedstaaten an die Kommission sind bis zum 1. 1. 2008 vorgesehen (Art. 25 Abs. 1 EG-BagatellVO), was freilich nicht stimmig ist, da zu diesem Datum Art. 25 EG-BagatellVO erst in Kraft tritt. Ausführungsbestimmungen der jeweils anderen Mitgliedstaaten werden nicht nur durch die Kommission im AblEU veröffentlicht, sondern auch im Rahmen der Zusammenarbeit im Europäischen Justiziellen Netz für Zivil- und Handelssachen (Art. 24 EG-BagatellVO), insbesondere im Europäischen Gerichtsatlas in Zivilsachen[13] publiziert (vgl. Art. 25 Abs. 2 EG-BagatellVO). **Regelungsbedarf** ergibt sich zum einen aus den ausdrücklich den Mitgliedstaaten abverlangten Ausführungsbestimmungen (Art. 25 Abs. 1 EG-BagatellVO). Zu regeln ist danach die sachliche und funktionelle Zuständigkeit zum Erlass eines Urteils im Eu-Bagatellverfahren (Abs. 1 lit. a), die zulässigen Kommunikationsmittel zur Übermittlung des Klageformblatts (Abs. 1 lit. b, vgl. Art. 4 EG-BagatellVO) an deutsche Gerichte, die nach Art. 17 EG-BagatellVO statthaften Rechtsmittel gegen das im Eu-Bagatellverfahren ergehende Urteil (Abs. 1 lit. c), die im Vollstreckungsverfahren nach deutschen Gerichten gemäß Art. 21 Abs. 2 lit. b EG-BagatellVO zugelassenen Sprachen (Abs. 1 lit. d), sowie die für die Vollstreckung und die Aussetzung bzw. Beschränkung der Vollstreckung nach Art. 23 EG-BagatellVO zuständigen Behörden (Abs. 1 lit. e). Da die VO ein eigenständiges Erkenntnisverfahren schafft, ergeben sich, wie für das EG-Mahnverfahren[14] weitere in Ausführungsbestimmungen regelungsbedürftige Aspekte zu den in Art. 8 bis 14 EG-BagatellVO teilweise ausfüllungsbedürftig beschriebenen Verfahrensregeln, etwa zu den zulässigen Formen der mündlichen Verhandlung mittels Kommunikationstechnologie (Art. 8 EG-BagatellVO), den Beweisaufnahmeregeln (Art. 9 EG-BagatellVO) oder den den Parteien zu gewährenden „Hilfestellungen" (Art. 11 EG-BagatellVO) oder „Unterrichtungen" (Art. 12 Abs. 2 EG-BagatellVO). Auch die Gerichtskosten werden einer Regelung bedürfen, da Art. 16 EG-BagatellVO nur die Kostentragung regelt.

II. Europäisches Verfahren für geringwertige Forderungen vor deutschen Gerichten

1. Anwendungsbereich. a) Die EG-BagatellVO geht aus vom **sachlichen Anwendungsbereich** der Brüssel I-VO, umfasst also Zivil- und Handelssachen mit den in Art. 1 Abs. 2 Brüssel I-VO bestimmten Ausnahmen, die in Art. 2 Abs. 2 lit. a bis e EG-BagatellVO übernommen wurden. Aus dem Anwendungsbereich der Brüssel I-VO sind jedoch weitere Materien ausgenommen; die EG-BagatellVO ist nicht anwendbar auf das Unterhaltsrecht (Art. 2 Abs. 2 lit. b EG-BagatellVO), das künftig in einer eigenen Verordnung erfasst und dann auch aus der Brüssel I-VO und der EG-VollstreckungstitelVO ausgegliedert werden soll. Nicht einbezogen sind auch das Arbeitsrecht (lit. f), Miete und Pacht unbeweglicher Sachen mit Ausnahme von Klagen wegen Geldforderungen (Mietzins, Schadensersatz) (lit. g) und Ansprüche aus Verletzung der Privatsphäre, Persönlichkeitsrechtsverletzung und Ehrverletzung (lit. h).

---

[12] Oben Anh. I Rn. 5.
[12a] Vgl. Gesetzentwurf der Bundesregierung vom Januar 2008, abgedruckt als Anh. III zu Buch 11.
[13] http://ec.europa.eu/justice_home/judicialatlascivil/html/index_de.htm
[14] Vgl. oben Anh. I Rn. 5.

Anh. II zu Buch 11   12–16

12 Die wesentliche sachliche Einschränkung für die hier geschaffene besondere Verfahrensart ergibt sich aus dem Begriff der **geringfügigen Forderung,** die in Art. 2 Abs. 1 EG-BagatellVO durch einen Streitwert der Klage definiert ist, der ohne Zinsen, Kosten und Auslagen 2000 €[15] nicht überschreitet, was der Ausurteilung von Zinsen, Kosten und Auslagen nach Maßgabe des nationalen Verfahrensrechts nicht entgegensteht.[16] Maßgeblich ist der Zeitpunkt des Eingangs der Klage beim Gericht, so dass durch Teilleistungen ein Anspruch in den Anwendungsbereich der VO gelangen kann. Die Geltendmachung eines die Streitwertgrenze nicht übersteigenden Teilanspruchs einer höheren Gesamtforderung dürfte hingegen nach dem Zweck der Regelung ausgeschlossen sein, ein schnelles Verfahren zur abschließenden Klärung bereitzustellen. Zulässig ist hingegen die Geltendmachung eines die Streitwertgrenze unterschreitenden fälligen Teilanspruchs aus einer insgesamt höheren, aber noch nicht fälligen Gesamtforderung. Eine Widerklage, die als solche in den sachlichen Anwendungsbereich fällt, entzieht das Verfahren nicht den besonderen Verfahrensregeln der VO, auch wenn die Summe der Streitwerte aus Klage und Widerklage 2000 € übersteigt. Übersteigt hingegen der Streitwert der Widerklage 2000 €, so ist das Verfahren insgesamt als streitiges Verfahren nach § 253 ZPO und nicht mehr nach der EG-BagatellVO durchzuführen (Art. 5 Abs. 7 EG-BagatellVO). Wird die Klage nach Anhängigkeit erweitert und übersteigt der Gesamtstreitwert 2000 €, so ist ebenfalls das Verfahren nach §§ 253 ff. ZPO fortzusetzen.

13 **b)** Räumlich gilt die EG-BagatellVO in allen Mitgliedstaaten außer Dänemark (Art. 2 Abs. 3 EG-BagatellVO).[17] Sie gilt überdies nur für grenzüberschreitende Sachverhalte, wobei der Begriff in Art. 3 EG-BagatellVO dem des Art. 3 EG-MahnVO entspricht;[18] da auch die EG-BagatellVO das Zuständigkeitssystem der Brüssel I-VO übernimmt, ergeben sich auch hier die bei Art. 3 EG-MahnVO auftretenden Fragen zur grenzüberschreitenden Konstellation bei Streitgenossenschaft.[19] Ein Bezug zu einem anderen Mitgliedstaat ist nicht erforderlich.

14 **2. Zuständigkeit.** Die **internationale Zuständigkeit** deutscher Gerichte beurteilt sich im Anwendungsbereich der EG-BagatellVO nach Maßgabe der Art. 3, 4 Brüssel I-VO nach dieser, wenn der Beklagte seinen Wohnsitz in einem Mitgliedstaat hat, sonst nach deutschem Recht als lex fori, was bei Anrufung deutscher Gerichte durch einen Kläger mit Wohnsitz in einem anderen Mitgliedstaat gegen einen Beklagten mit Wohnsitz in einem Drittstaat durchaus in Betracht kommt. Die **örtliche** Zuständigkeit folgt ebenfalls der lex fori, soweit sie nicht in einzelnen Bestimmungen der Brüssel I-VO mit geregelt ist (zB Art. 5 Nr. 1 und Nr. 3 Brüssel I-VO). Die **sachliche** Zuständigkeit ist nach Art. 25 Abs. 1 lit. a EG-BagatellVO durch nationale Ausführungsbestimmung zu regeln und wird absehbar in Deutschland bei den Amtsgerichten liegen. Da es sich um ein, wenn auch vereinfachtes, streitiges Verfahren handelt, wird die **funktionelle** Zuständigkeit dem Richter zu übertragen sein; ob sich dies bereits aus Erwägungsgrund Nr. 27 ergibt, erscheint fraglich, da auch der Rechtspfleger Richter im verfassungsrechtlichen Sinn ist; jedenfalls aber handelt es sich um originär richterliche Tätigkeit.

15 **3. Verfahrenseinleitung. a)** Das Eu-Bagatellverfahren wird in Deutschland eingeleitet, indem der Kläger das **Klageformblatt** A (Anhang I zur VO), das bei den Gerichten vorgehalten werden muss (Art. 4 Abs. 5 EG-BagatellVO), dem zuständigen Gericht einreicht, auf dem Postweg übersendet oder in einer anderen nach den deutschen Ausführungsbestimmungen zugelassenen Weise übermittelt (Art. 4 Abs. 1 S. 1 EG-BagatellVO). Gleichzeitig sind die **Beweismittel** zu beschreiben (Art. 4 Abs. 1 S. 2 EG-BeweisVO), ggf. können sie auch beigefügt werden. Da die VO zu der Frage schweigt, wie mit später bezeichneten Beweismitteln zu verfahren ist, kann nicht davon ausgegangen werden, dass später mitgeteilte Beweismittel ausgeschlossen sind. Es gilt vielmehr lückenfüllend deutsches Verfahrensrecht; daher dürfte § 296 Abs. 2 ZPO in Betracht zu ziehen sein. Da die spätere Vorlage angekündigter Beweismittel ohnehin nicht ausgeschlossen ist,[20] wird eine verspätete Mitteilung präsenter Beweismittel das Verfahren selten verzögern. Klageformblatt und Beschreibung der Beweismittel sind vor deutschen Gerichten in deutscher Sprache vorzulegen (Art. 6 Abs. 1 EG-BagatellVO); als Beweismittel vorgelegte Urkunden sind dagegen nicht zwingend zu übersetzen (Art. 6 Abs. 2 EG-BagatellVO).

16 **b)** Fällt die Klage nicht in den **Anwendungsbereich** der EG-BagatellVO, so teilt das Gericht dies dem Kläger mit, um ihm Gelegenheit zu geben, die Klage zurückzunehmen (Art. 4 Abs. 3

---

[15] Kritisch zu dieser recht hohen „Bagatell"-Grenze *Hau* GPR 2007, 93, 95.
[16] Erwägungsgrund Nr. 10.
[17] Dazu Erwägungsgründe Nr. 37, 38.
[18] Dazu oben Anh. I Rn. 8.
[19] Dazu oben Anh. I Rn. 8.
[20] Dazu Erwägungsgrund Nr. 12.

S. 1 EG-BagatellVO); nimmt er sie nicht zurück, sieht Art. 4 Abs. 3 S. 2 EG-BagatellVO vor, dass mit der Klage nach Maßgabe der lex fori zu verfahren ist; vor deutschen Gerichten ist die Klage als in dieser Verfahrensart unzulässig abzuweisen. Fraglich erscheint, ob der Kläger auch die Möglichkeit hat, eine Weiterbehandlung seiner Klage im Klageverfahren nach §§ 253 ff. ZPO zu beantragen. Da auch dies der lex fori anheimgestellt ist, dürfte eine solche Möglichkeit vor deutschen Gerichten gegeben sein, sofern das Formblatt den Erfordernissen der Klageschrift entspricht, insbesondere postulationsfähig unterzeichnet ist. Dies kann insbesondere für eine durch Klageerhebung angestrebte Hemmung der Verjährung Bedeutung haben, weil ggf. die Rechtshängigkeit im EG-Bagatellverfahren bereits durch Einreichung des Klageformblattes eintritt (dazu Rn. 20) und bei Umstellung auf das Klageverfahren nach §§ 253 ff. ZPO ebenso wenig entfiele wie bei einer Verweisung einer im Verwaltungsrechtsweg erhobenen Klage an die Zivilgerichte (§ 17a GVG). Dass die Klageerhebung im EG-Bagatellverfahren als solche die Wirkungen des § 204 Abs. 1 Nr. 1 BGB hat, bedarf wohl keiner Klarstellung in § 204 BGB, da es sich um ein zulässiges Klageverfahren handelt.

c) Ist das Klageformblatt **nicht ordnungsgemäß ausgefüllt** oder sind die Angaben unzureichend oder unklar, ohne dass ein Fall offensichtlicher Unbegründetheit oder Unzulässigkeit vorliegt, gibt das Gericht unter Verwendung von Formblatt B (Anhang II der VO; Art. 4 Abs. 4 S. 2 EG-BagatellVO) und unter Setzung einer (verlängerbaren, Art. 14 Abs. 2 EG-BagatellVO) Frist dem Kläger Gelegenheit zur Vervollständigung, Berichtigung, Ergänzung, Vorlage weiterer Urkunden oder Klagerücknahme (Art. 4 Abs. 4 S. 1 EG-BagatellVO). Bei Fristversäumnis wird die Klage (als unzulässig) abgewiesen; dasselbe gilt, wenn die Klage **offensichtlich unzulässig oder offensichtlich unbegründet** ist (Art. 4 Abs. 4 S. 3 EG-Bagatell-VO), wobei beide Begriffe nach Maßgabe der deutschen lex fori zu beurteilen sind.[21] Eine offensichtlich unzulässige Klage ist durch Prozessurteil abzuweisen. Anwendungsprobleme dürften sich wegen der Möglichkeit der Abweisung einer „offensichtlich unbegründeten" Klage ergeben. Da Grundlage nur der klägerische Vortrag ist und die Beweismittel nicht abschließend mit dem Klageformular einzureichen sind, sollte „offensichtlich unbegründet" im Sinn von „offensichtlich unschlüssig" verstanden werden, so dass von einer Prüfungsdichte auszugehen ist, die am ehesten der im Mahnverfahren vor der Vereinfachungsnovelle[22] entspricht. Vermieden werden sollte jedenfalls, was den Verfassern der Verordnung gänzlich entgangen zu sein scheint, dass eine Abweisung als „offensichtlich unbegründet" trotz der eingeschränkten Prüfungsdichte in Rechtskraft erwächst.

d) Ist die Klage im vorstehenden Sinn mangelfrei, so **stellt das Gericht dem Beklagten eine Abschrift zu** zusammen mit dem seitens des Gerichts in Teil I auszufüllenden Standardantwortformblatt C (Anhang III der VO) (Art. 5 Abs. 2 EG-BagatellVO). Der Beklagte hat innerhalb einer Frist von 30 Tagen auf die Klage zu erwidern, ggf. unter Beifügung geeigneter Beweismittel, wobei dem Beklagten jedenfalls nicht ausdrücklich die Verpflichtung auferlegt ist, im übrigen die Beweismittel zu bezeichnen (Art. 5 Abs. 3 EG-BagatellVO), obwohl Teil II Ziff. 2 des hierfür vorgesehenen Formblatts zu einer solchen Bezeichnung auffordert. Die Klageerwiderung ist jedenfalls nicht formgebunden und kann auf jede andere geeignete Weise erfolgen, was dahingehend zu verstehen sein dürfte, dass sich der Beklagte aller Formen bedienen kann, die in den (deutschen) Ausführungsbestimmungen für die Übermittlung des Klageformblatts zugelassen werden. Nach dem insoweit vagen Wortlaut des Art. 5 Abs. 3 EG-BagatellVO wird die 30-Tage-Frist, die überdies durch das Gericht verlängert werden kann (Art. 14 Abs. 2 EG-BagatellVO), bereits durch Absendung der Klageerwiderung gewahrt. Für die Fristberechnung im Übrigen gelten die Bestimmungen der Verordnung (EWG, Euratom) Nr. 1182/71.[23]

e) Eine **Widerklage** kann auf Formblatt A erhoben werden, wenn der Streitwert der Widerklage (ohne Berücksichtigung der Klage) unter der Wertgrenze (2000 €) liegt (Art. 5 Abs. 6, Abs. 7 EG-BagatellVO); die Widerklage wird dann wie eine Klage im EG-Bagatellverfahren zugestellt und ist wiederum innerhalb von 30 Tagen zu beantworten (Art. 5 Abs. 6 EG-BagatellVO); übersteigt der Wert der Widerklage die Wertgrenze, so wird das gesamte Verfahren nach Maßgabe des Verfahrensrechts der lex fori behandelt, was vor deutschen Gerichten wohl dahingehend zu verstehen ist, dass die Klage rechtshängig bleibt und im Verfahren nach §§ 253 ff. ZPO weitergeführt wird. Für die Zulässigkeit der Widerklage gilt im übrigen Art. 6 Abs. 3 Brüssel I-VO.[24] Eine **Aufrechnung** des Beklagten ist auch im Eu-Bagatellverfahren nicht als Widerklage zu behandeln, bedarf nicht der

---

[21] Erwägungsgrund Nr. 13.
[22] Vom 3. 12. 1976, BGBl. I S. 3281.
[23] ABl. 1971 L 124 S. 1; vgl. Erwägungsgrund Nr. 24.
[24] Vgl. auch Erwägungsgrund Nr. 16.

Verwendung des Klageformblatts und kann in jeder für die Klageerwiderung zulässigen Form erfolgen.[25]

20 **f)** Für die weitere Behandlung sind dem Gericht **Fristen zur Beschleunigung**[26] gesetzt, die einerseits durch Art. 14 Abs. 3 EG-BagatellVO relativiert sind, andererseits durch einen allgemeinen Grundsatz der Beschleunigung[27] ergänzt werden. Die Klageerwiderung ist dem Kläger innerhalb von 14 Tagen zu übersenden (Art. 5 Abs. 4 EG-BagatellVO); wendet der Beklagte ein, dass der Wert einer nicht lediglich auf Geldzahlung gerichteten Klage die Verfahrens-Wertgrenze (2000 €) übersteigt, so entscheidet das Gericht hierüber innerhalb von 30 Tagen nach dieser Übersendung (Art. 5 Abs. 5 S. 1 EG-BagatellVO); zur Vermeidung einer Verletzung des rechtlichen Gehörs des Klägers wird diesem ggf. eine Frist zur ergänzenden Stellungnahme zu setzen sein. Die Entscheidung ergeht als unanfechtbarer Beschluss, wenn die Klage im EG-Bagatellverfahren statthaft ist und als unanfechtbares Prozessurteil, wenn sie in der gewählten Verfahrensart unzulässig ist (Art. 5 Abs. 5 S. 2 EG-BagatellVO).

21 **g)** Nicht ausdrücklich geregelt ist der Zeitpunkt des Eintritts der **Rechtshängigkeit.** Insoweit gilt einerseits § 261 Abs. 1 ZPO, soweit nicht für Zwecke konkurrierender Litispendenz Art. 27 ff. Brüssel I-VO Vorrang haben. Andererseits gilt nicht § 253 Abs. 1 ZPO, da die Modalitäten der Klageerhebung abschließend in Art. 4 EG-BagatellVO geregelt sind. Da Art. 4 die (in Art. 5 Abs. 2 EG-BagatellVO geregelte) Zustellung nicht zu den Formalien der Verfahrenseinleitung rechnet, dürfte die Rechtshängigkeit im EG-Bagatellverfahren bereits durch die Einreichung des Klageformblatts eintreten. Hierfür spricht auch der anzustrebende Einklang mit Art. 30 Brüssel I-VO, der zwar nur für konkurrierende Litispendenz gilt, jedoch für ein EG-Erkenntnisverfahren weitergedacht werden kann.

22 **4. Verfahrensgrundsätze. a)** Das EG-Bagatellverfahren ist grundsätzlich **schriftlich** (Art. 5 Abs. 1 S. 1 EG-BagatellVO). **Mündliche Verhandlung** findet auf Anordnung des Gerichts nach pflichtgemäßem Ermessen statt (Art. 5 Abs. 5 S. 2 EG-BagatellVO); beantragt eine Partei mündliche Verhandlung, so kann das Gericht durch unanfechtbaren (Art. 5 Abs. 5 S. 5 EG-BagatellVO) Beschluss den Antrag ablehnen, wenn in Anbetracht der konkreten Fallumstände ein faires Verfahren offensichtlich auch ohne mündliche Verhandlung sichergestellt werden kann (Art. 5 Abs. 1 S. 3 EG-BagatellVO); die Verfahrenslage muss in diesem Fall also klar gegen die Notwendigkeit einer mündlichen Verhandlung sprechen, wobei auch dann die Möglichkeit der Verweigerung einer mündlichen Verhandlung mit Rücksicht auf Art. 6 Abs. 1 EMRK bedenklich ist.[28] Mündliche Verhandlung im Wege der Video-Konferenz oder anderer Kommunikationstechnologie ist statthaft (Art. 8 EG-BagatellVO). Auch im schriftlichen Verfahren ist auf eine vergleichsweise Erledigung hinzuwirken (Art. 12 Abs. 3 EG-BagatellVO). Eine **rechtliche Würdigung** der Klage wird, aus deutscher Sicht nichts Neues, von den Parteien nicht erwartet (Art. 12 Abs. 1 EG-BagatellVO). Selbstredend erfordert es die Wahrung des rechtlichen Gehörs, dass das Gericht Rechtsausführungen in dem auch im ZPO-Verfahren üblichen Maß zur Kenntnis nimmt.

23 **b)** Die **Verfahrenssprache** ist vor deutschen Gerichten grundsätzlich deutsch, soweit Klage, Widerklage, Klageerwiderung und Beschreibung der Beweismittel betroffen sind (Art. 6 Abs. 1 EG-BagatellVO); die Vorlage einer Übersetzung von weiteren Unterlagen kann hingegen nur bei Erforderlichkeit von Amts wegen gefordert werden (Art. 6 Abs. 2 EG-BagatellVO); die andere Partei kann die Annahme eines im Verfahren vorgelegten Schriftstücks jedoch nach Art. 8 EG-ZustellVO entsprechenden (Art. 6 Abs. 3 EG-BagatellVO) Grundsätzen verweigern, worüber das Gericht sodann die vorlegende Partei in Kenntnis setzt, damit diese eine Übersetzung des Schriftstücks vorlegt.

24 **c)** Die **Beweiserhebung** ist in Art. 9 EG-BagatellVO äußerst vage beschrieben, so dass sich ein Rückgriff auf die Beweisvorschriften des Verfahrensrechts der lex fori kaum vermeiden lässt, was Art. 9 Abs. 1 EG-BagatellVO mit einem Verweis auf den „Rahmen der für die Zulässigkeit von Beweisen geltenden Bestimmungen" wohl auch klarstellt. Es gilt der Grundsatz, dass das Gericht das einfachste, am wenigsten kostenaufwändige Beweismittel zu wählen hat, was insbesondere auch für Sachverständigenbeweis zu beachten ist (Art. 9 Abs. 2, 3 EG-BagatellVO). Für den Zeugen-, Sachverständigen- und Parteibeweis gestattet Art. 9 Abs. 1 ausdrücklich die schriftliche Aussage sowie die Aussage mittels Kommunikationstechnologie, freilich nach Maßgabe der lex fori.[29] Die Unmit-

---

[25] Erwägungsgrund Nr. 17.
[26] Zur Fristberechnung oben Rn. 17.
[27] Erwägungsgrund Nr. 23.
[28] *Hau* GPR 2007, 93, 95.
[29] Erwägungsgrund Nr. 20.

telbarkeit wird vor dem Hintergrund des Grundsatzes der Kostengünstigkeit sogar zur Ausnahme (Art. 9 Abs. 2 EG-BagatellVO).

d) Anwaltszwang besteht nicht und darf lege fori auch nicht vorgesehen werden (Art. 10 EG-BagatellVO). Die VO geht überdies an mehreren Stellen von einer Verpflichtung des Gerichts zu rechtlichem Rat bzw. rechtlicher Unterstützung der Parteien aus. Insbesondere sieht Art. 11 EG-BagatellVO – arg „bürgernah"-betulich – „Hilfestellung" beim Ausfüllen der Formblätter, die nicht nur die technische Bereitstellung dieser Formblätter umfasst,[30] vor, was vor deutschen Gerichten wohl nur durch die Zulassung der Klage zu Protokoll der Geschäftsstelle erreichbar ist, will man die im Richterzimmer die Klage verfassende Partei vermeiden. Auch die Verpflichtung, die Parteien erforderlichenfalls über Verfahrensfragen zu unterrichten (Art. 12 Abs. 2 EG-BagatellVO), haucht eher versuchte Bürgernähe als juristische Präzision und sollte im Sinne von Hinweis- und Belehrungspflichten nach Art der §§ 499, 504 ZPO verstanden werden.[31] 25

5. Zustellung. a) Art. 13 Abs. 1 EG-BagatellVO sieht aus Kostengründen[32] eine Zustellung durch Postdienste mit Empfangsbescheinigung (Einschreiben gegen Rückschein) als Regelfall vor; ansonsten wird auf die Zustellungsarten in Art. 13, 14 EG-VollstrTitelVO verwiesen. Da die verwiesenen Zustellungsarten freilich dort nur als Mindeststandards für die Bestätigung als Eu-Vollstreckungstitel beschrieben sind, kann auch die Verweisung nicht dahingehend verstanden werden, dass Art. 13 Abs. 1 EG-BagatellVO ein autonomes Zustellungsrecht schafft.[33] Insbesondere kann Art. 13 EG-BagatellVO im Verhältnis zu Nicht-Mitgliedstaaten nicht die Geltung völkerrechtlicher Verträge oder die Geltung des nationalen Zustellungsrechts verdrängen. Soweit die EG-BagatellVO Zustellungen vorschreibt, erfolgen diese also zwischen den Mitgliedstaaten nach den Bestimmungen der **EG-ZustellVO** (dazu §§ 1067ff.), anderenfalls nach den im Verhältnis zum jeweiligen Empfangsstaat anwendbaren Bestimmungen.[34] Dabei ist allerdings zur Sicherstellung der späteren unmittelbaren Vollstreckbarkeit auf die Wahrung der Mindeststandards der Art. 13, 14 EG-VollstrTitelVO zu achten. 26

b) Die **Sprache** des zuzustellenden Schriftstücks bestimmt sich im Rahmen der Anwendung der EG-ZustellVO grundsätzlich nach Art. 8 EG-ZustellVO. Art. 6 Abs. 3 EG-BagatellVO impliziert jedoch das Ablehnungsrecht nach Art. 8 EG-ZustellVO offenbar für sämtliche nach der EG-BagatellVO erforderlichen Zustellungen[35] und nimmt zugleich die vom EuGH in *Leffler/Berlin Chemie AG*[36] eröffnete Heilungsmöglichkeit durch Nachreichung einer Übersetzung ausdrücklich auf. 27

6. Urteil. a) Soweit die Klage nicht bereits als offensichtlich unzulässig oder unbegründet abzuweisen ist (Rn. 16), hat das Gericht nach Eingang der Klage- bzw. Widerklageerwiderung zwei grundsätzliche **Verfahrensoptionen.** Entweder erlässt das Gericht ein Sachurteil aufgrund des Ergebnisses des schriftlichen Verfahrens (Art. 7 Abs. 1 1. Alt EG-BagatellVO); oder das Gericht setzt das Verfahren fort, indem es die Parteien auffordert, innerhalb einer zu setzenden Frist, die 30 Tage nicht überschreiten darf, aber verlängerbar ist (Art. 14 Abs. 2 EG-BagatellVO), ergänzend Stellung zu nehmen, indem es eine Beweisaufnahme durchführt oder mit einer Frist von maximal 30 Tagen ab der Ladung zur mündlichen Verhandlung lädt (Art. 7 Abs. 1 2. Alt lit. a, b, c EG-BagatellVO). In diesem Fall erlässt das Gericht das Sachurteil innerhalb von 30 Tagen nach der mündlichen Verhandlung bzw. dem Vorliegen der Entscheidungsgrundlagen, wobei diese Frist, wie alle der Beschleunigung durch das Gericht dienenden Fristen, durch Art. 14 Abs. 3 EG-BagatellVO relativiert ist. 28

b) Das Urteil ist beiden Parteien zuzustellen (dazu Rn. 25). Es ist zwingend ohne Sicherheitsleistung vorläufig vollstreckbar (Art. 15 Abs. 1 EG-BagatellVO), wobei auch bei Vollstreckung im Urteilstaat eine Aussetzung oder Beschränkung der Vollstreckung nach Art. 23 EG-BagatellVO, insbesondere die Anordnung einer Sicherungsvollstreckung oder der Vollstreckung gegen Sicherheitsleistung, möglich ist (Art. 15 Abs. 2 EG-BagatellVO). 29

---

[30] Erwägungsgrund Nr. 21.
[31] So wohl auch Erwägungsgrund Nr. 22 mit Hinweis auf die lex fori.
[32] Erwägungsgrund Nr. 18.
[33] Vgl. zum Parallelproblem bei der EG-MahnVO Anhang I zu Buch 11 Rn. 19; die Problematik macht leider deutlich, dass es dem Verordnungsgeber angesichts der Vielfalt der Verordnungen und der jeweils unkoordinierten Systematik nicht gelingt, Stimmigkeit der Verordnungen herzustellen. Die Mindeststandards der EG-VollstrTitelVO werden schleichend wie Zustellungsregeln behandelt, ohne dass dogmatisch geklärt wäre, wie diese Mindeststandards in den Folgeverordnungen durchsetzbar sind.
[34] Dazu oben Vor §§ 1067ff. Rn. 5ff.
[35] Erwägungsgrund Nr. 19.
[36] Rs. C-443/03.

30 c) Die **Kosten** des Verfahrens einschließlich der außergerichtlichen Kosten trägt die unterlegene Partei; nicht notwendige oder außer Verhältnis zum Streitgegenstand stehende Kosten sind nicht zuzusprechen (Art. 16 EG-BagatellVO). Die Kostentragung ist im Urteil auszusprechen, wobei fraglich ist, wie mangels Regelung in der VO zu tenorieren ist.[37] Unterstellt man die Tenorierung der deutschen lex fori, so ist die Kostentragung nur dem Grunde nach auszusprechen. Zwar spräche für eine Tenorierung der Kosten dem Betrag nach, wie sie in anderen Mitgliedstaaten (zB Österreich) auch im nationalen Zivilprozess stattfindet, dass das Formblatt für die Bestätigung des Vollstreckungstitels (Formblatt D, Anhang IV) in Ziff. 4.3.1. eine konkrete Ausweisung der Kosten vorsieht. Jedoch ging der Verordnungsgeber offensichtlich davon aus, dass auch im Eu-Bagatellverfahren ein Kostenfestsetzungsbeschluss erforderlich werden kann, der nach den Regeln der VO vollstreckt wird.[38] Die Kostentragung ist also vor deutschen Gerichten in der üblichen Weise zu tenorieren.

31 7. **Rechtsbehelfe. a)** Die gegen das Urteil stattfindenden **Rechtsmittel** sind nicht in der EG-BagatellVO geregelt; hierüber entscheidet jeder Mitgliedstaat durch Ausführungsbestimmungen (vgl. Art. 17 Abs. 1 EG-BagatellVO). Für Deutschland ist davon auszugehen, dass die Berufung im selben Umfang stattfinden wird, wie gegen sonstige amtsgerichtliche Urteile (§ 511). Lediglich die Kostentragung durch die unterlegene Partei ist, was für den deutschen Zivilprozess nicht neu ist, auch für die Rechtsmittelinstanz ausdrücklich bestimmt (Art. 17 Abs. 2 EG-BagatellVO).

32 b) Daneben sieht Art. 18 EG-BagatellVO einen nicht-devolutiven Rechtsbehelf der **Überprüfung** durch das das Urteil erlassende Gericht vor, wenn das Klageformblatt ohne persönliche Empfangsbestätigung in einer Art. 14 EG-VollstrTitelVO entsprechenden Weise zugestellt wurde, und die Zustellung ohne Verschulden des Beklagten nicht rechtzeitig zur Verteidigung erfolgte oder höhere Gewalt den Beklagten am Bestreiten hinderte. Dieser Rechtsbehelf entspricht dem der Überprüfung nach Art. 19 EG-VollstrTitelVO bzw. nach Art. 20 Abs. 1 EG-MahnVO,[39] nicht aber dem nach Art. 20 Abs. 2 EG-MahnVO. Unerfindlich bleibt, warum hier das zu Recht angegriffene Urteil nichtig ist, während in derselben Situation der Europäische Zahlungsbefehl für nichtig erklärt wird.[40] Ungeklärt ist auch hier, in welchen Stand das Verfahren durch die Nichtigkeit des erlassenen Urteils gelangt. Es ist wohl davon auszugehen, dass das Verfahren nach ordnungsgemäßer Beteiligung des Rechtsbehelfsführers erneut seinen Fortgang nimmt.

33 8. **Verbraucherschutz.** Anders als die EG-VollstrTitelVO und die EG-MahnVO[41] sieht die EG-BagatellVO keine Bestimmungen vor, die die Einhaltung der verbraucherschützenden Zuständigkeitsregeln in Art. 16 Abs. 2 Brüssel I-VO sicherstellen. Da die unmittelbare Vollstreckung, anders als die Vollstreckbarerklärung nach Art. 35 Abs. 1 Brüssel I-VO, nicht versagt werden kann, wenn der Ursprungsmitgliedstaat für ein gegen einen Verbraucher gerichtetes Verfahren unzuständig war, ergibt sich eine bedenkliche Schutzlücke. Der Rat hatte, wohl nicht ohne Grund, eine ausdrückliche Verpflichtung zur Prüfung der Abschnitte 4 und 6 des Kapitels II der Brüssel I-VO vorgeschlagen, um gegen unreflektierte Verstöße des Ursprungsgericht gegen Verbraucherzuständigkeiten und ausschließliche Zuständigkeiten im summarisch gestalteten Eu-Bagatellverfahren eine Handhabe zu schaffen.[42] Auch der Verbraucher muss damit den Mangel der Zuständigkeit ggf. im Ursprungsmitgliedstaat im Rechtsmittelzug geltend machen.

III. Anerkennung und Vollstreckung in Deutschland

34 1. **Unmittelbare Vollstreckung, Voraussetzungen. a)** Grundsätzlich folgt die Vollstreckung des im Eu-Bagatellverfahren ergangenen Urteils dem Prinzip der **unmittelbaren Vollstreckung**, wie es aus der EG-VollstrTitelVO und der EG-MahnVO bekannt ist. Gleichwohl tragen Art. 20 ff. EG-BagatellVO insoweit zu der für die Praxis höchst bedauerlichen „Artenvielfalt" im EuZPR bei, als hierzu weder das Modell der Bestätigung nach Überprüfung der Mindeststandards aus Art. 3 EG-VollstrTitelVO noch das Modell der bestätigungslosen Vollstreckung aus Art. 18 Abs. 1 EG-MahnVO übernommen wird. Vielmehr bedarf das Urteil gemäß Art. 20 Abs. 2 EG-BagatellVO zwar einer Bestätigung, die auf Antrag einer Partei auf Formblatt D im Anhang IV der VO erteilt wird. Diese Bestätigung setzt aber keinerlei Überprüfung voraus, so dass, wie schon unter der EG-MahnVO,[43] insbesondere die Einhaltung der Zustellungs-Mindeststandards als Teil des besonderen

---

[37] Zur Tenorierung des Umfangs Erwägungsgrund Nr. 29.
[38] Erwägungsgrund Nr. 33.
[39] Dazu oben Anh. I Rn. 27.
[40] Dazu oben Anh. I Rn. 26.
[41] Dazu oben Anh. I Rn. 29.
[42] Vgl. im Einzelnen *Rauscher/Rauscher*, EuZPR, Einf. EG-BagatellVO-E Rn. 10.
[43] Dazu oben Anh. I Rn. 30.

II. EG-BagatellVO

b) Ein in einem anderen Mitgliedstaat ergangenes und in dieser (Rn. 33) Weise bestätigtes Urteil **35** ist damit in Deutschland ohne Durchführung eines Exequaturverfahrens vollstreckbar (Art. 21 Abs. 1 S. 2 EG-BagatellVO). Die nach Art. 21 Abs. 2 EG-BagatellVO dem Vollstreckungsantrag beizufügenden Urkunden entsprechen denen bei Vollstreckung eines Europäischen Zahlungsbefehls.[44] Das Vollstreckungsverfahren richtet sich nach deutschem Recht, soweit die EG-BagatellVO keine Sonderregelungen trifft (Art. 21 Abs. 1 S. 1 EG-BagatellVO).

2. Ablehnung und Aussetzung der Vollstreckung. Die Vollstreckung eines solchen aus einem anderen Mitgliedstaat stammenden Urteils darf nur unter den Voraussetzungen der Art. 22, 23 **36** EG-BagatellVO abgelehnt oder ausgesetzt werden. Beide Bestimmungen entsprechen mutatis mutandis den Art. 22, 23 EG-MahnVO,[45] wobei es nicht für die Sorgfalt der europäischen Normsetzung spricht, dass dort die „Ablehnung" der Vollstreckung als „Verweigerung" bezeichnet wird.

Verordnung (EG) Nr. 861/2007 des Europäischen Parlaments und des Rates vom 11. Juli 2007 zur Einführung eines europäischen Verfahrens für geringfügige Forderungen*

DAS EUROPÄISCHE PARLAMENT UND DER RAT DER EUROPÄISCHEN UNION –
gestützt auf den Vertrag zur Gründung der Europäischen Gemeinschaft, insbesondere auf Artikel 61 Buchstabe c und Artikel 67,
auf Vorschlag der Kommission,
nach Stellungnahme des Europäischen Wirtschafts- und Sozialausschusses,[1]
gemäß dem Verfahren des Artikels 251 des Vertrages,[2]
in Erwägung nachstehender Gründe:

(1) Die Gemeinschaft hat sich zum Ziel gesetzt, einen Raum der Freiheit, der Sicherheit und des Rechts, in dem der freie Personenverkehr gewährleistet ist, zu erhalten und weiterzuentwickeln. Zur schrittweisen Schaffung eines solchen Raums erlässt die Gemeinschaft unter anderem im Bereich der justiziellen Zusammenarbeit in Zivilsachen mit grenzüberschreitendem Bezug die für das reibungslose Funktionieren des Binnenmarkts erforderlichen Maßnahmen.

(2) Gemäß Artikel 65 Buchstabe c des Vertrags schließen diese Maßnahmen die Beseitigung der Hindernisse für eine reibungslose Abwicklung von Zivilverfahren ein, erforderlichenfalls durch Förderung der Vereinbarkeit der in den Mitgliedstaaten geltenden zivilrechtlichen Verfahrensvorschriften.

(3) Bisher hat die Gemeinschaft in diesem Bereich unter anderem bereits folgende Maßnahmen erlassen: Verordnung (EG) Nr. 1348/2000 des Rates vom 29. Mai 2000 über die Zustellung gerichtlicher und außergerichtlicher Schriftstücke in Zivil- oder Handelssachen in den Mitgliedstaaten,[3] Verordnung (EG) Nr. 44/2001 des Rates vom 22. Dezember 2000 über die gerichtliche Zuständigkeit und die Anerkennung und Vollstreckung von Entscheidungen in Zivil- und Handelssachen,[4] Entscheidung 2001/470/EG des Rates vom 28. Mai 2001 über die Einrichtung eines Europäischen Justiziellen Netzes für Zivil- und Handelssachen,[5] Verordnung (EG) Nr. 805/2004 des Europäischen Parlaments und des Rates vom 21. April 2004 zur Einführung eines europäischen Vollstreckungstitels für unbestrittene Forderungen[6] und Verordnung (EG) Nr. 1896/2006 des

---

[44] Dazu oben Anh. I Rn. 31.
[45] *Hau* GPR 2007, 93, 96; dazu oben Anh. I Rn. 32 bis 35.
* ABl. EU 2007 L 199/1.
[1] ABl. C 88 vom 11. 4. 2006, S. 61.
[2] Stellungnahme des Europäischen Parlaments vom 14. Dezember 2006 (noch nicht im Amtsblatt veröffentlicht) und Beschluss des Rates vom 13. 6. 2007.
[3] ABl. L 160 vom 30. 6. 2000, S. 37.
[4] ABl. L 12 vom 16. 1. 2001, S. 1. Geändert durch die Verordnung (EG) Nr. 1791/2006 (ABl. L 363 vom 20. 12. 2006, S. 1).
[5] ABl. L 174 vom 27. 6. 2001, S. 25.
[6] ABl. L 143 vom 30. 4. 2004, S. 15. Geändert durch die Verordnung (EG) Nr. 1869/2005 der Kommission (ABl. L 300 vom 17. 11. 2005, S. 6).

Europäischen Parlaments und des Rates vom 12. Dezember 2006 zur Einführung eines Europäischen Mahnverfahrens.[7]

(4) Der Europäische Rat forderte auf seiner Tagung vom 15. und 16. Oktober 1999 in Tampere den Rat und die Kommission auf, gemeinsame Verfahrensregeln für vereinfachte und beschleunigte grenzüberschreitende Gerichtsverfahren bei verbraucher- und handelsrechtlichen Ansprüchen mit geringem Streitwert zu verabschieden.

(5) Am 30. November 2000 verabschiedete der Rat ein gemeinsames Programm der Kommission und des Rates über Maßnahmen zur Umsetzung des Grundsatzes der gegenseitigen Anerkennung gerichtlicher Entscheidungen in Zivil- und Handelssachen.[8] In dem Programm wird auf die Vereinfachung und Beschleunigung der Beilegung grenzüberschreitender Streitigkeiten Bezug genommen. Dies wurde durch das vom Europäischen Rat am 5. November 2004 angenommene Haager Programm,[9] in dem eine aktive Durchführung der Arbeiten zu geringfügigen Forderungen gefordert wird, weiter vorangebracht.

(6) Am 20. Dezember 2002 nahm die Kommission ein Grünbuch über ein Europäisches Mahnverfahren und über Maßnahmen zur einfacheren und schnelleren Beilegung von Streitigkeiten mit geringem Streitwert an. Mit dem Grünbuch wurde eine Konsultation über Maßnahmen zur Vereinfachung und Beschleunigung von Streitigkeiten mit geringem Streitwert eingeleitet.

(7) Viele Mitgliedstaaten haben vereinfachte zivilrechtliche Verfahren für Bagatellsachen eingeführt, da der Zeit-/Kostenaufwand und die Schwierigkeiten, die mit der Rechtsverfolgung verbunden sind, nicht unbedingt proportional zum Wert der Forderung abnehmen. Die Hindernisse für ein schnelles Urteil mit geringen Kosten verschärfen sich in grenzüberschreitenden Fällen. Es ist daher erforderlich, ein europäisches Verfahren für geringfügige Forderungen einzuführen. Ziel eines solchen europäischen Verfahrens sollte der erleichterte Zugang zur Justiz sein. Die Verzerrung des Wettbewerbs im Binnenmarkt aufgrund des unterschiedlichen Funktionierens der verfahrensrechtlichen Instrumente, die den Gläubigern in den einzelnen Mitgliedstaaten zur Verfügung stehen, machen eine Gemeinschaftsregelung erforderlich, die für Gläubiger und Schuldner in der gesamten Europäischen Union gleiche Bedingungen gewährleistet. Bei der Festsetzung der Kosten für die Behandlung von Klagen im Rahmen des europäischen Verfahrens für geringfügige Forderungen sollten die Grundsätze der Einfachheit, der Schnelligkeit und der Verhältnismäßigkeit berücksichtigt werden müssen. Zweckdienlicherweise sollten die Einzelheiten zu den zu erhebenden Gebühren veröffentlicht werden und die Modalitäten zur Festsetzung dieser Gebühren transparent sein.

(8) Mit dem europäischen Verfahren für geringfügige Forderungen sollten Streitigkeiten mit geringem Streitwert in grenzüberschreitenden Fällen vereinfacht und beschleunigt und die Kosten verringert werden, indem ein fakultatives Instrument zusätzlich zu den Möglichkeiten geboten wird, die nach dem Recht der Mitgliedstaaten bestehen und unberührt bleiben. Mit dieser Verordnung sollte es außerdem einfacher werden, die Anerkennung und Vollstreckung eines Urteils zu erwirken, das im europäischen Verfahren für geringfügige Forderungen in einem anderen Mitgliedstaat ergangen ist.

(9) Diese Verordnung soll der Förderung der Grundrechte dienen und berücksichtigt insbesondere die Grundsätze, die mit der Charta der Grundrechte der Europäischen Union anerkannt wurden. Das Gericht sollte das Recht auf ein faires Verfahren sowie den Grundsatz des kontradiktorischen Verfahrens wahren, insbesondere wenn es über das Erfordernis einer mündlichen Verhandlung und über die Erhebung von Beweisen und den Umfang der Beweisaufnahme entscheidet.

(10) Zur Vereinfachung der Berechnung des Streitwertes sollten dabei Zinsen, Ausgaben und Auslagen unberücksichtigt bleiben. Dies sollte weder die Befugnis des Gerichts, diese in seinem Urteil zuzusprechen, noch die nationalen Zinsberechnungsvorschriften berühren.

(11) Zur Erleichterung der Einleitung des europäischen Verfahrens für geringfügige Forderungen sollte der Kläger ein Klageformblatt ausfüllen und beim zuständigen Ge-

---

[7] ABl. L 399 vom 30. 12. 2006, S. 1.
[8] ABl. C 12 vom 15. 1. 2001, S. 1.
[9] ABl. C 53 vom 3. 3. 2005, S. 1.

richt einreichen. Das Klageformblatt sollte nur bei einem zuständigen Gericht eingereicht werden.

(12) Dem Klageformblatt sollten gegebenenfalls zweckdienliche Beweisunterlagen beigefügt werden. Dies steht der Einreichung weiterer Beweisstücke durch den Kläger während des Verfahrens jedoch nicht entgegen. Der gleiche Grundsatz sollte für die Antwort des Beklagten gelten.

(13) Die Begriffe „offensichtlich unbegründet" im Zusammenhang mit der Zurückweisung einer Forderung und „unzulässig" im Zusammenhang mit der Abweisung einer Klage sollten nach Maßgabe des nationalen Rechts bestimmt werden.

(14) Das europäische Verfahren für geringfügige Forderungen sollte schriftlich durchgeführt werden, sofern nicht das Gericht eine mündliche Verhandlung für erforderlich hält oder eine der Parteien einen entsprechenden Antrag stellt. Das Gericht kann einen solchen Antrag ablehnen. Diese Ablehnung kann nicht separat angefochten werden.

(15) Die Parteien sollten nicht verpflichtet sein, sich durch einen Rechtsanwalt oder sonstigen Rechtsbeistand vertreten zu lassen.

(16) Der Begriff der „Widerklage" sollte im Sinne des Artikels 6 Absatz 3 der Verordnung (EG) Nr. 44/2001 als Widerklage verstanden werden, die auf denselben Vertrag oder Sachverhalt wie die Klage selbst gestützt wird. Die Artikel 2 und 4 sowie Artikel 5 Absätze 3, 4 und 5 sollten entsprechend für Widerklagen gelten.

(17) Macht der Beklagte während des Verfahrens ein Recht auf Aufrechnung geltend, so sollte diese Forderung nicht als Widerklage im Sinne dieser Verordnung gelten. Daher sollte der Beklagte nicht verpflichtet sein, das in Anhang I vorgegebene Klageformblatt A für die Inanspruchnahme eines solchen Rechts zu verwenden.

(18) Der Empfangsmitgliedstaat für die Zwecke der Anwendung des Artikels 6 sollte der Mitgliedstaat sein, in dem die Zustellung oder in den die Versendung eines Schriftstücks erfolgt. Damit die Kosten verringert und die Fristen verkürzt werden, sollten Unterlagen den Parteien vorzugsweise durch Postdienste mit Empfangsbestätigung zugestellt werden, aus der das Datum des Empfangs hervorgeht.

(19) Eine Partei kann die Annahme eines Schriftstücks zum Zeitpunkt der Zustellung oder durch Rücksendung innerhalb einer Woche verweigern, wenn dieses nicht in einer Sprache abgefasst ist, die die Partei versteht oder die Amtssprache des Empfangsmitgliedstaates ist, (wenn es in diesem Mitgliedstaat mehrere Amtssprachen gibt, der Amtssprache oder einer der Amtssprachen des Ortes, an dem die Zustellung erfolgen soll oder an den das Schriftstück gesandt werden soll) und ihm auch keine Übersetzung in diese Sprache beiliegt.

(20) Bei der mündlichen Verhandlung und der Beweisaufnahme sollten die Mitgliedstaaten vorbehaltlich der nationalen Rechtsvorschriften des Mitgliedstaats, in dem das Gericht seinen Sitz hat ist, den Einsatz moderner Kommunikationsmittel fördern. Das Gericht sollte sich für die einfachste und kostengünstigste Art und Weise der Beweisaufnahme entscheiden.

(21) Die praktische Hilfestellung, die die Parteien beim Ausfüllen der Formblätter erhalten sollen, sollte Informationen zur technischen Verfügbarkeit und zum Ausfüllen der Formblätter umfassen.

(22) Informationen zu Verfahrensfragen können auch vom Gerichtspersonal nach Maßgabe des einzelstaatlichen Rechts erteilt werden.

(23) Angesichts des Ziels dieser Verordnung, Streitigkeiten mit geringem Streitwert in grenzüberschreitenden Rechtssachen zu vereinfachen und zu beschleunigen, sollte das Gericht auch in den Fällen, in denen diese Verordnung keine Frist für einen bestimmten Verfahrensabschnitt vorsieht, so schnell wie möglich tätig werden.

(24) Die Berechnung der in dieser Verordnung vorgesehenen Fristen sollte nach Maßgabe der Verordnung (EWG, Euratom) Nr. 1182/71 des Rates vom 3. Juni 1971 zur Festlegung der Regeln für die Fristen, Daten und Termine[10] erfolgen.

(25) Zur schnelleren Durchsetzung geringfügiger Forderungen sollte das Urteil ohne Rücksicht auf seine Anfechtbarkeit und ohne Sicherheitsleistung vollstreckbar sein, sofern in dieser Verordnung nichts anderes bestimmt ist.

---

[10] ABl. L 124 vom 8. 6. 1971, S. 1.

(26) Immer wenn in dieser Verordnung auf Rechtsmittel Bezug genommen wird, sollten alle nach dem einzelstaatlichen Recht möglichen Rechtsmittel umfasst sein.

(27) Dem Gericht muss eine Person angehören, die nach nationalem Recht dazu ermächtigt ist, als Richter tätig zu sein.

(28) Wenn das Gericht eine Frist setzt, sollte es die betroffene Partei über die Folgen der Nichtbeachtung dieser Frist informieren.

(29) Die unterlegene Partei sollte die Kosten des Verfahrens tragen. Die Kosten des Verfahrens sollten nach einzelstaatlichem Recht festgesetzt werden. Angesichts der Ziele der Einfachheit und der Kosteneffizienz sollte das Gericht anordnen, dass eine unterlegene Partei lediglich die Kosten des Verfahrens tragen muss, einschließlich beispielsweise sämtlicher Kosten, die aufgrund der Tatsache anfallen, dass sich die Gegenpartei durch einen Rechtsanwalt oder sonstigen Rechtsbeistand hat vertreten lassen, oder sämtlicher Kosten für die Zustellung oder Übersetzung von Dokumenten, die im Verhältnis zum Streitwert stehen oder die notwendig waren.

(30) Um die Anerkennung und Vollstreckung zu erleichtern, sollte ein im europäischen Verfahren für geringfügige Forderungen ergangenes Urteil in einem anderen Mitgliedstaat anerkannt werden und vollstreckbar sein, ohne dass es einer Vollstreckbarerklärung bedarf und ohne dass die Anerkennung angefochten werden kann.

(31) Es sollte Mindeststandards für die Überprüfung eines Urteils in den Fällen geben, in denen der Beklagte nicht imstande war, die Forderung zu bestreiten.

(32) Im Hinblick auf die Ziele der Einfachheit und Kosteneffizienz sollte die Partei, die ein Urteil vollstrecken lassen will, in dem Vollstreckungsmitgliedstaat – außer bei den Stellen, die gemäß dem einzelstaatlichen Recht dieses Mitgliedstaats für das Vollstreckungsverfahren zuständig sind – keine Postanschrift nachweisen und auch keinen bevollmächtigten Vertreter haben müssen.

(33) Kapitel III dieser Verordnung sollte auch auf die Kostenfestsetzungsbeschlüsse durch Gerichtsbedienstete aufgrund eines im Verfahren nach dieser Verordnung ergangenen Urteils Anwendung finden.

(34) Die zur Durchführung dieser Verordnung erforderlichen Maßnahmen sollten gemäß dem Beschluss 1999/468/EG des Rates vom 28. Juni 1999 zur Festlegung der Modalitäten für die Ausübung der der Kommission übertragenen Durchführungsbefugnisse[11] erlassen werden.

(35) Insbesondere sollte die Kommission die Befugnis erhalten, die zur Durchführung dieser Verordnung erforderlichen Maßnahmen im Zusammenhang mit Aktualisierungen oder technischen Änderungen der in den Anhängen vorgegebenen Formblätter zu erlassen. Da es sich hierbei um Maßnahmen von allgemeiner Tragweite handelt, die eine Änderung bzw. Streichung von nicht wesentlichen Bestimmungen und eine Hinzufügung neuer nicht wesentlicher Bestimmungen der vorliegenden Verordnung bewirken, sind diese Maßnahmen gemäß dem Regelungsverfahren mit Kontrolle des Artikels 5a des Beschlusses 1999/468/EG zu erlassen.

(36) Da die Ziele dieser Verordnung, nämlich die Schaffung eines Verfahrens zur Vereinfachung und Beschleunigung von Streitigkeiten mit geringem Streitwert in grenzüberschreitenden Rechtssachen und die Reduzierung der Kosten, auf Ebene der Mitgliedstaaten nicht ausreichend verwirklicht werden können und daher wegen ihres Umfangs und ihrer Wirkung besser auf Gemeinschaftsebene zu verwirklichen sind, kann die Gemeinschaft im Einklang mit dem in Artikel 5 des Vertrags niedergelegten Subsidiaritätsprinzip tätig werden. Entsprechend dem in demselben Artikel genannten Grundsatz der Verhältnismäßigkeit geht diese Verordnung nicht über das zur Erreichung dieser Ziele erforderliche Maß hinaus.

(37) Das Vereinigte Königreich und Irland haben gemäß Artikel 3 des dem Vertrag über die Europäische Union und dem Vertrag zur Gründung der Europäischen Gemeinschaft beigefügten Protokolls über die Position des Vereinigten Königreichs und Irlands mitgeteilt, dass sie sich an der Annahme und Anwendung dieser Verordnung beteiligen möchten.

---

[11] ABl. L 184 vom 17. 7. 1999, S. 23. Geändert durch den Beschluss 2006/512/EG (ABl. L 200 vom 22. 7. 2006, S. 11).

(38) Gemäß den Artikeln 1 und 2 des dem Vertrag über die Europäische Union und dem Vertrag zur Gründung der Europäischen Gemeinschaft beigefügten Protokolls über die Position Dänemarks beteiligt sich Dänemark nicht an der Annahme dieser Verordnung, die für Dänemark nicht bindend und nicht auf Dänemark anwendbar ist –
HABEN FOLGENDE VERORDNUNG ERLASSEN:

Kapitel I. Gegenstand und Anwendungsbereich

Art. 1. Gegenstand. Mit dieser Verordnung wird ein europäisches Verfahren für geringfügige Forderungen eingeführt, damit Streitigkeiten in grenzüberschreitenden Rechtssachen mit geringem Streitwert einfacher und schneller beigelegt und die Kosten hierfür reduziert werden können. Das europäische Verfahren für geringfügige Forderungen steht den Rechtssuchenden als eine Alternative zu den in den Mitgliedstaaten bestehenden innerstaatlichen Verfahren zur Verfügung.

Mit dieser Verordnung wird außerdem die Notwendigkeit von Zwischenverfahren zur Anerkennung und Vollstreckung der in anderen Mitgliedstaaten im Verfahren für geringfügige Forderungen ergangenen Urteile beseitigt.

Art. 2. Anwendungsbereich. 1. Diese Verordnung gilt für grenzüberschreitende Rechtssachen in Zivil- und Handelssachen, ohne dass es auf die Art der Gerichtsbarkeit ankommt, wenn der Streitwert der Klage ohne Zinsen, Kosten und Auslagen zum Zeitpunkt des Eingangs beim zuständigen Gericht 2000 EUR nicht überschreitet. Sie erfasst insbesondere nicht Steuer- und Zollsachen, verwaltungsrechtliche Angelegenheiten sowie die Haftung des Staates für Handlungen oder Unterlassungen im Rahmen der Ausübung hoheitlicher Rechte („acta iure imperii").

2. Diese Verordnung ist nicht anzuwenden auf

a) den Personenstand, die Rechts- und Handlungsfähigkeit sowie die gesetzliche Vertretung von natürlichen Personen,

b) die ehelichen Güterstände, das Unterhaltsrecht und das Gebiet des Erbrechts einschließlich des Testamentsrechts,

c) Konkurse, Verfahren im Zusammenhang mit der Abwicklung zahlungsunfähiger Unternehmen oder anderer juristischer Personen, gerichtliche Vergleiche, Vergleiche und ähnliche Verfahren,

d) die soziale Sicherheit,

e) die Schiedsgerichtsbarkeit,

f) das Arbeitsrecht

g) die Miete oder Pacht unbeweglicher Sachen, mit Ausnahme von Klagen wegen Geldforderungen, oder

h) die Verletzung der Privatsphäre oder der Persönlichkeitsrechte, einschließlich der Verletzung der Ehre.

3. In dieser Verordnung bedeutet der Begriff „Mitgliedstaat" die Mitgliedstaaten mit Ausnahme Dänemarks.

Art. 3. Grenzüberschreitende Rechtssachen. 1. Eine grenzüberschreitende Rechtssache im Sinne dieser Verordnung liegt vor, wenn mindestens eine der Parteien ihren Wohnsitz oder gewöhnlichen Aufenthalt in einem anderen Mitgliedstaat als dem des angerufenen Gerichts hat.

2. Der Wohnsitz bestimmt sich nach den Artikeln 59 und 60 der Verordnung (EG) Nr. 44/2001.

3. Maßgeblicher Augenblick zur Feststellung, ob eine grenzüberschreitende Rechtssache vorliegt, ist der Zeitpunkt, zu dem das Klageformblatt beim zuständigen Gericht eingeht.

Kapitel II. Das europäische Verfahren für geringfügige Forderungen

Art. 4. Einleitung des Verfahrens. 1. Der Kläger leitet das europäische Verfahren für geringfügige Forderungen ein, indem er das in Anhang I vorgegebene Klageformblatt A ausgefüllt direkt beim zuständigen Gericht einreicht oder diesem auf dem Postweg übersendet oder auf anderem Wege übermittelt, der in dem Mitgliedstaat, in dem das Verfahren eingeleitet wird, zulässig ist, beispielsweise per Fax oder E-Mail. Das Klageformblatt muss eine Beschreibung der Beweise zur Begründung der Forderung enthalten; gegebenenfalls können ihm als Beweismittel geeignete Unterlagen beigefügt werden.

2. Die Mitgliedstaaten teilen der Kommission mit, welche Übermittlungsarten sie zulassen. Diese Mitteilung wird von der Kommission bekannt gemacht.

3. Fällt die erhobene Klage nicht in den Anwendungsbereich dieser Verordnung, so unterrichtet das Gericht den Kläger darüber. Nimmt der Kläger die Klage daraufhin nicht zurück, so verfährt das Gericht mit ihr nach Maßgabe des Verfahrensrechts des Mitgliedstaats, in dem das Verfahren durchgeführt wird.

4. Sind die Angaben des Klägers nach Ansicht des Gerichts unzureichend oder nicht klar genug, oder ist das Klageformblatt nicht ordnungsgemäß ausgefüllt und ist die Klage nicht offensichtlich unbegründet oder nicht offensichtlich unzulässig, so gibt das Gericht dem Kläger Gelegenheit, das Klageformblatt zu vervollständigen oder zu berichtigen oder ergänzende Angaben zu machen oder Unterlagen vorzulegen oder die Klage zurückzunehmen, und setzt hierfür eine Frist fest. Das Gericht verwendet dafür das in Anhang II vorgegebene Formblatt B.

Ist die Klage offensichtlich unbegründet oder offensichtlich unzulässig oder versäumt es der Kläger, das Klageformblatt fristgerecht zu vervollständigen oder zu berichtigen, so wird die Klage zurück- bzw. abgewiesen.

5. Die Mitgliedstaaten sorgen dafür, dass das Klageformblatt bei allen Gerichten, in denen das europäische Verfahren für geringfügige Forderungen eingeleitet werden kann, erhältlich ist.

Art. 5. Durchführung des Verfahrens. 1. Das europäische Verfahren für geringfügige Forderungen wird schriftlich durchgeführt. Das Gericht hält eine mündliche Verhandlung ab, wenn es diese für erforderlich hält oder wenn eine der Parteien einen entsprechenden Antrag stellt. Das Gericht kann einen solchen Antrag ablehnen, wenn es der Auffassung ist, dass in Anbetracht der Umstände des Falles ein faires Verfahren offensichtlich auch ohne mündliche Verhandlung sichergestellt werden kann. Die Ablehnung ist schriftlich zu begründen. Gegen die Abweisung des Antrags ist kein gesondertes Rechtsmittel zulässig.

2. Nach Eingang des ordnungsgemäß ausgefüllten Klageformblatts füllt das Gericht Teil I des in Anhang III vorgegebenen Standardantwortformblatts C aus.

Es stellt dem Beklagten gemäß Artikel 13 eine Kopie des Klageformblatts und gegebenenfalls der Beweisunterlagen zusammen mit dem entsprechend ausgefüllten Antwortformblatt zu. Diese Unterlagen sind innerhalb von 14 Tagen nach Eingang des ordnungsgemäß ausgefüllten Klageformblatts abzusenden.

3. Der Beklagte hat innerhalb von 30 Tagen nach Zustellung des Klageformblatts und des Antwortformblatts zu antworten, indem er Teil II des Formblatts C ausfüllt und es gegebenenfalls mit als Beweismittel geeigneten Unterlagen an das Gericht zurücksendet oder indem er auf andere geeignete Weise ohne Verwendung des Antwortformblatts antwortet.

4. Innerhalb von 14 Tagen nach Eingang der Antwort des Beklagten ist eine Kopie der Antwort gegebenenfalls zusammen mit etwaigen als Beweismittel geeigneten Unterlagen an den Kläger abzusenden.

5. Macht der Beklagte in seiner Antwort geltend, dass der Wert einer nicht lediglich auf eine Geldzahlung gerichteten Klage die in Artikel 2 Absatz 1 festgesetzte Wertgrenze übersteigt, so entscheidet das Gericht innerhalb von 30 Tagen nach Absendung der Antwort an den Kläger, ob die Forderung in den Anwendungsbereich dieser Verordnung fällt. Gegen diese Entscheidung ist ein gesondertes Rechtsmittel zulässig.

6. Etwaige Widerklagen, die mittels Formblatt A zu erheben sind, sowie etwaige Beweisunterlagen werden dem Kläger gemäß Artikel 13 zugestellt. Die Unterlagen sind innerhalb von 14 Tagen nach deren Eingang bei Gericht abzusenden.

Der Kläger hat auf eine etwaige Widerklage innerhalb von 30 Tagen nach Zustellung zu antworten.

7. Überschreitet die Widerklage die in Artikel 2 Absatz 1 festgesetzte Wertgrenze, so werden die Klage und die Widerklage nicht nach dem europäischen Verfahren für geringfügige Forderungen, sondern nach Maßgabe des Verfahrensrechts des Mitgliedstaats,

in dem das Verfahren durchgeführt wird, behandelt. Artikel 2 und Artikel 4 sowie die Absätze 3, 4 und 5 des vorliegenden Artikels gelten entsprechend für Widerklagen.

Art. 6. Sprachen. 1. Das Klageformblatt, die Antwort, etwaige Widerklagen, die etwaige Antwort auf eine Widerklage und eine etwaige Beschreibung etwaiger Beweisunterlagen sind in der Sprache oder einer der Sprachen des Gerichts vorzulegen.

2. Werden dem Gericht weitere Unterlagen nicht in der Verfahrenssprache vorgelegt, so kann das Gericht eine Übersetzung der betreffenden Unterlagen nur dann anfordern, wenn die Übersetzung für den Erlass des Urteils erforderlich erscheint.

3. Hat eine Partei die Annahme eines Schriftstücks abgelehnt, weil es nicht in

a) der Amtssprache des Empfangsmitgliedstaats oder – wenn es in diesem Mitgliedstaat mehrere Amtssprachen gibt – der Amtssprache oder einer der Amtssprachen des Ortes, an dem die Zustellung erfolgen soll oder an den das Schriftstück gesandt werden soll, oder

b) einer Sprache, die der Empfänger versteht,

abgefasst ist, so setzt das Gericht die andere Partei davon in Kenntnis, damit diese eine Übersetzung des Schriftstücks vorlegt.

Art. 7. Abschluss des Verfahrens. 1. Innerhalb von 30 Tagen, nachdem die Antworten des Beklagten oder des Klägers unter Einhaltung der Frist des Artikels 5 Absatz 3 oder Absatz 6 eingegangen sind, erlässt das Gericht ein Urteil oder verfährt wie folgt:

a) Es fordert die Parteien innerhalb einer bestimmten Frist, die 30 Tage nicht überschreiten darf, zu weiteren die Klage betreffenden Angaben auf,

b) es führt eine Beweisaufnahme nach Artikel 9 durch,

c) es lädt die Parteien zu einer mündlichen Verhandlung vor, die innerhalb von 30 Tagen nach der Vorladung stattzufinden hat.

2. Das Gericht erlässt sein Urteil entweder innerhalb von 30 Tagen nach einer etwaigen mündlichen Verhandlung oder nach Vorliegen sämtlicher Entscheidungsgrundlagen. Das Urteil wird den Parteien gemäß Artikel 13 zugestellt.

3. Ist bei dem Gericht innerhalb der in Artikel 5 Absatz 3 oder Absatz 6 gesetzten Frist keine Antwort der betreffenden Partei eingegangen, so erlässt das Gericht zu der Klage oder der Widerklage ein Urteil.

Art. 8. Mündliche Verhandlung. Das Gericht kann eine mündliche Verhandlung über Video-Konferenz oder unter Zuhilfenahme anderer Mittel der Kommunikationstechnologie abhalten, wenn die entsprechenden technischen Mittel verfügbar sind.

Art. 9. Beweisaufnahme. 1. Das Gericht bestimmt die Beweismittel und den Umfang der Beweisaufnahme, die im Rahmen der für die Zulässigkeit von Beweisen geltenden Bestimmungen für sein Urteil erforderlich sind. Es kann die Beweisaufnahme mittels schriftlicher Aussagen von Zeugen oder Sachverständigen oder schriftlicher Parteivernehmung zulassen. Des Weiteren kann es die Beweisaufnahme über Video-Konferenz oder mit anderen Mitteln der Kommunikationstechnologie zulassen, wenn die entsprechenden technischen Mittel verfügbar sind.

2. Das Gericht kann Sachverständigenbeweise oder mündliche Aussagen nur dann zulassen, wenn dies für sein Urteil erforderlich ist. Dabei trägt es den Kosten Rechnung.

3. Das Gericht wählt das einfachste und am wenigsten aufwändige Beweismittel.

Art. 10. Vertretung der Parteien. Die Vertretung durch einen Rechtsanwalt oder einen sonstigen Rechtsbeistand ist nicht verpflichtend.

Art. 11. Hilfestellung für die Parteien. Die Mitgliedstaaten gewährleisten, dass die Parteien beim Ausfüllen der Formblätter praktische Hilfestellung erhalten können.

Art. 12. Aufgaben des Gerichts. 1. Das Gericht verpflichtet die Parteien nicht zu einer rechtlichen Würdigung der Klage.

2. Das Gericht unterrichtet die Parteien erforderlichenfalls über Verfahrensfragen.

3. Soweit angemessen, bemüht sich das Gericht um eine gütliche Einigung der Parteien.

Art. 13. Zustellung von Unterlagen. 1. Unterlagen werden durch Postdienste mit Empfangsbestätigung zugestellt, aus der das Datum des Empfangs hervorgeht.

2. Ist eine Zustellung gemäß Absatz 1 nicht möglich, so kann die Zustellung auf eine der Arten bewirkt werden, die in den Artikeln 13 und 14 der Verordnung (EG) Nr. 805/2004 festgelegt sind.

Art. 14. Fristen. 1. Setzt das Gericht eine Frist fest, so ist die betroffene Partei über die Folgen der Nichteinhaltung dieser Frist zu informieren.

2. Das Gericht kann die Fristen nach Artikel 4 Absatz 4, Artikel 5 Absätze 3 und 6 und Artikel 7 Absatz 1 ausnahmsweise verlängern, wenn dies notwendig ist, um die Rechte der Parteien zu wahren.

3. Kann das Gericht die Fristen nach Artikel 5 Absätze 2 bis 6 sowie Artikel 7 ausnahmsweise nicht einhalten, veranlasst es so bald wie möglich die nach diesen Vorschriften erforderlichen Verfahrensschritte.

Art. 15. Vollstreckbarkeit des Urteils. 1. Das Urteil ist ungeachtet eines möglichen Rechtsmittels vollstreckbar. Es darf keine Sicherheitsleistung verlangt werden.

2. Artikel 23 ist auch anzuwenden, wenn das Urteil in dem Mitgliedstaat zu vollstrecken ist, in dem es ergangen ist.

Art. 16. Kosten. Die unterlegene Partei trägt die Kosten des Verfahrens. Das Gericht spricht der obsiegenden Partei jedoch keine Erstattung für Kosten zu, soweit sie nicht notwendig waren oder in keinem Verhältnis zu der Klage stehen.

Art. 17. Rechtsmittel. 1. Die Mitgliedstaaten teilen der Kommission mit, ob ihr Verfahrensrecht ein Rechtsmittel gegen ein im europäischen Verfahren für geringfügige Forderungen ergangenes Urteil zulässt und innerhalb welcher Frist das Rechtsmittel einzulegen ist. Diese Mitteilung wird von der Kommission bekannt gemacht.

2. Artikel 16 gilt auch für das Rechtsmittelverfahren.

Art. 18. Mindeststandards für die Überprüfung des Urteils. 1. Der Beklagte ist berechtigt, beim zuständigen Gericht des Mitgliedstaats, in dem das Urteil im europäischen Verfahren für geringfügige Forderungen ergangen ist, eine Überprüfung des Urteils zu beantragen, sofern

a) i) ihm das Klageformblatt oder die Ladung zur Verhandlung ohne persönliche Empfangsbestätigung gemäß Artikel 14 der Verordnung (EG) Nr. 805/2004 zugestellt wurde und
   ii) die Zustellung ohne sein Verschulden nicht so rechtzeitig erfolgt ist, dass er Vorkehrungen für seine Verteidigung hätte treffen können,
   oder
b) der Beklagte aufgrund höherer Gewalt oder aufgrund außergewöhnlicher Umstände ohne eigenes Verschulden daran gehindert war, das Bestehen der Forderung zu bestreiten,

wobei in beiden Fällen vorausgesetzt wird, dass er unverzüglich tätig wird.

2. Lehnt das Gericht die Überprüfung mit der Begründung ab, dass keiner der in Absatz 1 genannten Gründe zutrifft, so bleibt das Urteil in Kraft. Entscheidet das Gericht, dass die Überprüfung aus einem der in Absatz 1 genannten Gründe gerechtfertigt ist, so ist das im europäischen Verfahren für geringfügige Forderungen ergangene Urteil nichtig.

Art. 19. Anwendbares Verfahrensrecht. Sofern diese Verordnung nichts anderes bestimmt, gilt für das europäische Verfahren für geringfügige Forderungen das Verfahrensrecht des Mitgliedstaats, in dem das Verfahren durchgeführt wird.

Kapitel III. Anerkennung und Vollstreckung in einem anderen Mitgliedstaat

Art. 20. Anerkennung und Vollstreckung. 1. Ein im europäischen Verfahren für geringfügige Forderungen ergangenes Urteil wird in einem anderen Mitgliedstaat anerkannt und vollstreckt, ohne dass es einer Vollstreckbarerklärung bedarf und ohne dass die Anerkennung angefochten werden kann.

2. Auf Antrag einer Partei fertigt das Gericht eine Bestätigung unter Verwendung des in Anhang IV vorgegebenen Formblatts D zu einem im europäischen Verfahren für geringfügige Forderungen ergangenen Urteil ohne zusätzliche Kosten aus.

Art. 21. Vollstreckungsverfahren. 1. Unbeschadet der Bestimmungen dieses Kapitels gilt für das Vollstreckungsverfahren das Recht des Vollstreckungsmitgliedstaats.

Jedes im europäischen Verfahren für geringfügige Forderungen ergangene Urteil wird unter den gleichen Bedingungen vollstreckt wie ein im Vollstreckungsmitgliedstaat ergangenes Urteil.

2. Die Partei, die die Vollstreckung beantragt, muss Folgendes vorlegen:
a) eine Ausfertigung des Urteils, die die Voraussetzungen für den Nachweis seiner Echtheit erfüllt; und
b) eine Ausfertigung der Bestätigung im Sinne des Artikels 20 Absatz 2 sowie, falls erforderlich, eine Übersetzung davon in die Amtssprache des Vollstreckungsmitgliedstaats oder – falls es in diesem Mitgliedstaat mehrere Amtssprachen gibt – nach Maßgabe der Rechtsvorschriften dieses Mitgliedstaats in die Verfahrenssprache oder eine der Verfahrenssprachen des Ortes, an dem die Vollstreckung betrieben wird, oder in eine sonstige Sprache, die der Vollstreckungsmitgliedstaat zulässt. Jeder Mitgliedstaat kann angeben, welche Amtssprache oder Amtssprachen der Organe der Europäischen Union er neben seiner oder seinen eigenen für das europäische Verfahren für geringfügige Forderungen zulässt. Der Inhalt des Formblatts D ist von einer Person zu übersetzen, die zur Anfertigung von Übersetzungen in einem der Mitgliedstaaten befugt ist.

3. Für die Vollstreckung eines Urteils, das in dem europäischen Verfahren für geringfügige Forderungen in einem anderen Mitgliedstaat erlassen worden ist, darf von der Partei, die die Vollstreckung beantragt, nicht verlangt werden, dass sie im Vollstreckungsstaat über

a) einen bevollmächtigten Vertreter oder
b) eine Postanschrift

außer bei den Vollstreckungsagenten verfügt.

4. Von einer Partei, die in einem Mitgliedstaat die Vollstreckung eines im europäischen Verfahren für geringfügige Forderungen in einem anderen Mitgliedstaat ergangenen Urteils beantragt, darf weder wegen ihrer Eigenschaft als Ausländer noch wegen Fehlens eines inländischen Wohnsitzes oder Aufenthaltsorts im Vollstreckungsmitgliedstaat eine Sicherheitsleistung oder Hinterlegung, unter welcher Bezeichnung auch immer, verlangt werden.

Art. 22. Ablehnung der Vollstreckung. 1. Auf Antrag der Person, gegen die die Vollstreckung gerichtet ist, wird die Vollstreckung vom zuständigen Gericht im Vollstreckungsmitgliedstaat abgelehnt, wenn das im europäischen Verfahren für geringfügige Forderungen ergangene Urteil mit einem früheren in einem Mitgliedstaat oder einem Drittland ergangenen Urteil unvereinbar ist, sofern

a) das frühere Urteil zwischen denselben Parteien wegen desselben Streitgegenstandes ergangen ist,
b) das frühere Urteil im Vollstreckungsmitgliedstaat ergangen ist oder die Voraussetzungen für die Anerkennung im Vollstreckungsmitgliedstaat erfüllt und
c) die Unvereinbarkeit im gerichtlichen Verfahren des Mitgliedstaats, in dem das Urteil im europäischen Verfahren für geringfügige Forderungen ergangen ist, nicht geltend gemacht wurde und nicht geltend gemacht werden konnte.

2. Keinesfalls darf ein im europäischen Verfahren für geringfügige Forderungen ergangenes Urteil im Vollstreckungsmitgliedstaat in der Sache selbst nachgeprüft werden.

Art. 23. Aussetzung oder Beschränkung der Vollstreckung. Hat eine Partei ein im europäischen Verfahren für geringfügige Forderungen ergangenes Urteil angefochten oder ist eine solche Anfechtung noch möglich oder hat eine Partei eine Überprüfung nach Artikel 18 beantragt, so kann das zuständige Gericht oder die zuständige Behörde im Vollstreckungsmitgliedstaat auf Antrag der Partei, gegen die sich die Vollstreckung richtet,

a) das Vollstreckungsverfahren auf Sicherungsmaßnahmen beschränken
b) die Vollstreckung von der Leistung einer von dem Gericht zu bestimmenden Sicherheit abhängig machen oder
c) unter außergewöhnlichen Umständen das Vollstreckungsverfahren aussetzen.

Kapitel IV. Schlussbestimmungen

Art. 24. Information. Die Mitgliedstaaten arbeiten insbesondere im Rahmen des gemäß der Entscheidung 2001/470/EG eingerichteten Europäischen Justiziellen Netzes für Zivil- und Handelssachen zusammen, um die Öffentlichkeit und die Fachwelt über das europäische Verfahren für geringfügige Forderungen, einschließlich der Kosten, zu informieren.

Art. 25. Angaben zu den zuständigen Gerichten, den Kommunikationsmitteln und den Rechtsmitteln. 1. Die Mitgliedstaaten teilen der Kommission bis zum 1. Januar 2008 mit,

a) welche Gerichte dafür zuständig sind, ein Urteil im europäischen Verfahren für geringfügige Forderungen zu erlassen;
b) welche Kommunikationsmittel für die Zwecke des europäischen Verfahrens für geringfügige Forderungen zulässig sind und den Gerichten nach Artikel 4 Absatz 1 zur Verfügung stehen;
c) ob nach ihrem Verfahrensrecht Rechtsmittel im Sinne des Artikels 17 eingelegt werden können, und bei welchem Gericht sie eingelegt werden können;
d) welche Sprachen nach Artikel 21 Absatz 2 Buchstabe b zugelassen sind; und
e) welche Behörden für die Vollstreckung zuständig sind und welche Behörden für die Zwecke der Anwendung des Artikels 23 zuständig sind.

Die Mitgliedstaaten unterrichten die Kommission über alle späteren Änderungen dieser Angaben.

2. Die Kommission macht die nach Absatz 1 mitgeteilten Angaben durch Veröffentlichung im *Amtsblatt der Europäischen Union* und durch alle anderen geeigneten Mittel öffentlich zugänglich.

Art. 26. Durchführungsmaßnahmen. Die Maßnahmen zur Änderung nicht wesentlicher Bestimmungen dieser Verordnung, einschließlich durch Hinzufügung neuer nicht wesentlicher Bestimmungen, die eine Aktualisierung oder eine technische Änderung der Formblätter in den Anhängen bewirken, werden nach dem in Artikel 27 Absatz 2 genannten Regelungsverfahren mit Kontrolle erlassen.

Art. 27. Ausschuss. 1. Die Kommission wird von einem Ausschuss unterstützt.
2. Wird auf diesen Absatz Bezug genommen, so gelten Artikel 5a Absätze 1 bis 4 und Artikel 7 des Beschlusses 1999/468/EG unter Beachtung von dessen Artikel 8.

Art. 28. Überprüfung. Die Kommission legt dem Europäischen Parlament, dem Rat und dem Europäischen Wirtschafts- und Sozialausschuss bis zum 1. Januar 2014 einen detaillierten Bericht über die Überprüfung des Funktionierens des europäischen Verfahrens für geringfügige Forderungen, einschließlich der Wertgrenze einer Klage gemäß Artikel 2 Absatz 1, vor. Dieser Bericht enthält eine Bewertung des Funktionierens des Verfahrens und eine erweiterte Folgenabschätzung für jeden Mitgliedstaat.

Zu diesem Zweck, und damit gewährleistet ist, dass die vorbildliche Praxis in der Europäischen Union gebührend berücksichtigt wird und die Grundsätze der besseren Rechtsetzung zum Tragen kommen, stellen die Mitgliedstaaten der Kommission Angaben zum grenzüberschreitenden Funktionieren des europäischen Verfahrens für geringfügige Forderungen zur Verfügung. Diese Angaben beziehen sich auf die Gerichtsgebühren, die Schnelligkeit des Verfahrens, die Effizienz, die Benutzerfreundlichkeit und die internen Verfahren für geringfügige Forderungen der Mitgliedstaaten.

III. Gesetzentwurf ZPO – ÄndG (§§ 1067ff., 1087ff., 1097ff.) **Anh. III zu Buch 11**

Dem Bericht der Kommission werden gegebenenfalls Vorschläge zur Anpassung der Verordnung beigefügt.

Art. 29. Inkrafttreten. Diese Verordnung tritt am Tag nach ihrer Veröffentlichung im *Amtsblatt der Europäischen Union* in Kraft.

Sie gilt ab dem 1. Januar 2009, mit Ausnahme des Artikels 25, der ab dem 1. Januar 2008 gilt.

Diese Verordnung ist in allen ihren Teilen verbindlich und gilt gemäß dem Vertrag zur Gründung
der Europäischen Gemeinschaft unmittelbar in den Mitgliedstaaten.

Geschehen zu Straßburg am 11. Juli 2007

Im Namen des Europäischen Parlaments Im Namen des Rates
Der Präsident   Der Präsident

Vom Abdruck der Anhänge wird abgesehen.

III. Gesetzentwurf der Bundesregierung für ein Gesetz zur Verbesserung der grenzüberschreitenden Forderungsdurchsetzung und Zustellung

Vom [Datum der Ausfertigung]

Art. 1. Änderung der Zivilprozessordnung

Die Zivilprozessordnung in der Fassung der Bekanntmachung vom 5. Dezember 2005 (BGBl. I S. 3202, 2006 I S. 431, 2007 I S. 1781), zuletzt geändert durch Artikel 3 Abs. 6 des Gesetzes vom 26. März 2007 (BGBl. I S. 370), wird wie folgt geändert:

1.–7. (nicht abgedruckt)
8. Die Überschrift von Abschnitt 1 des Buches 11 wird wie folgt gefasst:

„*Abschnitt 1. Zustellung nach der Verordnung (EG) Nr. 1393/2007*".

9. Die §§ 1067 und 1068 werden wie folgt gefasst:

„*§ 1067. Zustellung durch diplomatische oder konsularische Vertretungen.* Eine Zustellung nach Artikel 13 der Verordnung (EG) Nr. 1393/2007 des Europäischen Parlaments und des Rates vom 13. November 2007 über die Zustellung gerichtlicher und außergerichtlicher Schriftstücke in Zivil- oder Handelssachen in den Mitgliedstaaten und zur Aufhebung der Verordnung (EG) Nr. 1348/2000 (ABl. EU Nr. L 324 S. 79), die in der Bundesrepublik Deutschland bewirkt werden soll, ist nur zulässig, wenn der Adressat des zuzustellenden Schriftstücks Staatsangehöriger des Übermittlungsstaats ist.

§ 1068. Zustellung durch die Post. (1) Zum Nachweis der Zustellung nach Artikel 14 der Verordnung (EG) Nr. 1393/2007 genügen der Rückschein oder der gleichwertige Beleg.

(2) Ein Schriftstück, dessen Zustellung eine deutsche Empfangsstelle im Rahmen von Artikel 7 Abs. 1 der Verordnung (EG) Nr. 1393/2007 zu bewirken oder zu veranlassen hat, kann ebenfalls durch Einschreiben mit Rückschein zugestellt werden."

10. § 1069 wird wie folgt geändert:
  a) In der Überschrift werden die Wörter „nach der Verordnung (EG) Nr. 1348/2000" gestrichen.
  b) In den Absätzen 1 bis 3 wird jeweils die Angabe „1348/2000" durch die Angabe „1393/2007" ersetzt.
11. Die §§ 1070 und 1071 werden aufgehoben.
12. Dem Buch 11 wird folgender Abschnitt 5 angefügt:

„*Abschnitt 5. Europäisches Mahnverfahren nach der Verordnung (EG) Nr. 1896/2006*

Titel 1. Allgemeine Vorschriften

§ 1087. Zuständigkeit. Für die Bearbeitung von Anträgen auf Erlass und Überprüfung sowie die Vollstreckbarerklärung eines Europäischen Zahlungsbefehls nach der Verordnung (EG) Nr. 1896/2006 des Europäi-

schen Parlaments und des Rates vom 12. Dezember 2006 zur Einführung eines Europäischen Mahnverfahrens (ABl. EU Nr. L 399 S. 1) ist das Amtsgericht Wedding in Berlin ausschließlich zuständig.

§ 1088. Maschinelle Bearbeitung. (1) Der Antrag auf Erlass des Europäischen Zahlungsbefehls und der Einspruch können in einer nur maschinell lesbaren Form bei Gericht eingereicht werden, wenn diese dem Gericht für seine maschinelle Bearbeitung geeignet erscheint. § 130 a Abs. 3 gilt entsprechend.

(2) Der Senat des Landes Berlin bestimmt durch Rechtsverordnung, die nicht der Zustimmung des Bundesrates bedarf, den Zeitpunkt, in dem beim Amtsgericht Wedding die maschinelle Bearbeitung der Mahnverfahren eingeführt wird; er kann die Ermächtigung durch Rechtsverordnung auf die Senatsverwaltung für Justiz des Landes Berlin übertragen.

§ 1089. Zustellung. (1) Ist der Europäische Zahlungsbefehl im Inland zuzustellen, gelten die Vorschriften über das Verfahren bei Zustellungen von Amts wegen entsprechend. Die §§ 185 bis 188 sind nicht anzuwenden.

(2) Ist der Europäische Zahlungsbefehl in einem anderen Mitgliedstaat der Europäischen Union zuzustellen, gelten die Vorschriften der Verordnung (EG) Nr. 1393/2007 sowie für die Durchführung § 1068 Abs. 1 und § 1069 Abs. 1 entsprechend.

Titel 2. Einspruch gegen den Europäischen Zahlungsbefehl

§ 1090. Verfahren nach Einspruch. (1) Im Fall des Artikels 17 Abs. 1 der Verordnung (EG) Nr. 1896/2006 fordert das Gericht den Antragsteller mit der Mitteilung nach Artikel 17 Abs. 3 der Verordnung (EG) Nr. 1896/2006 auf, das Gericht zu bezeichnen, das für die Durchführung des streitigen Verfahrens zuständig ist. Das Gericht setzt dem Antragsteller hierfür eine nach den Umständen angemessene Frist und weist ihn darauf hin, dass dem für die Durchführung des streitigen Verfahrens bezeichneten Gericht die Prüfung seiner Zuständigkeit vorbehalten bleibt. Die Aufforderung ist dem Antragsgegner mitzuteilen.

(2) Nach Eingang der Mitteilung des Antragstellers nach Absatz 1 Satz 1 gibt das Gericht, das den Europäischen Zahlungsbefehl erlassen hat, das Verfahren von Amts wegen an das vom Antragsteller bezeichnete Gericht ab. § 696 Abs. 1 Satz 3 bis 5, Abs. 2, 4 und 5 sowie § 698 gelten entsprechend.

(3) Die Streitsache gilt als mit Zustellung des Europäischen Zahlungsbefehls rechtshängig geworden, wenn sie nach Übersendung der Aufforderung nach Absatz 1 Satz 1 und unter Berücksichtigung der Frist nach Absatz 1 Satz 2 alsbald abgegeben wird.

§ 1091. Einleitung des Streitverfahrens. § 697 Abs. 1 bis 3 gilt entsprechend.

Titel 3. Überprüfung des Europäischen Zahlungsbefehls in Ausnahmefällen

§ 1092. Verfahren. (1) Die Entscheidung über einen Antrag auf Überprüfung des Europäischen Zahlungsbefehls nach Artikel 20 Abs. 1 oder Abs. 2 der Verordnung (EG) Nr. 1896/2006 ergeht durch Beschluss. Der Beschluss ist unanfechtbar.

(2) Der Antragsgegner hat die Tatsachen, die eine Aufhebung des Europäischen Zahlungsbefehls begründen, glaubhaft zu machen.

(3) Erklärt das Gericht den Europäischen Zahlungsbefehl für nichtig, endet das Verfahren nach der Verordnung (EG) Nr. 1896/2006.

(4) Eine Wiedereinsetzung in die Frist nach Artikel 16 Abs. 2 der Verordnung (EG) Nr. 1896/2006 findet nicht statt.

Titel 4. Zwangsvollstreckung aus dem Europäischen Zahlungsbefehl

§ 1093. Vollstreckungsklausel. Aus einem nach der Verordnung (EG) Nr. 1896/2006 erlassenen und für vollstreckbar erklärten Europäischen Zahlungsbefehl findet die Zwangsvollstreckung im Inland statt, ohne dass es einer Vollstreckungsklausel bedarf.

§ 1094. Übersetzung. Hat der Gläubiger nach Artikel 21 Abs. 2 Buchstabe b der Verordnung (EG) Nr. 1896/2006 eine Übersetzung vorzulegen, so ist diese in deutscher Sprache zu verfassen und von einer in einem der Mitgliedstaaten der Europäischen Union hierzu befugten Person zu beglaubigen.

§ 1095. Vollstreckungsschutz und Vollstreckungsabwehrklage gegen den im Inland erlassenen Europäischen Zahlungsbefehl. (1) Wird die Überprüfung eines im Inland erlassenen Europäischen Zahlungsbefehls nach Artikel 20 der Verordnung (EG) Nr. 1896/2006 beantragt, gilt § 707 entsprechend. Für die Entscheidung über den Antrag nach § 707 ist das Gericht zuständig, das über den Antrag nach Artikel 20 der Verordnung (EG) Nr. 1896/2006 entscheidet.

(2) Einwendungen, die den Anspruch selbst betreffen, sind nur insoweit zulässig, als die Gründe, auf denen sie beruhen, nach Zustellung des Europäischen Zahlungsbefehls entstanden sind und durch Einspruch nach Artikel 16 der Verordnung (EG) Nr. 1896/2006 nicht mehr geltend gemacht werden können.

§ 1096. Anträge nach den Artikeln 22 und 23 der Verordnung (EG) Nr. 1896/2006; Vollstreckungsabwehrklage. (1) Für Anträge auf Verweigerung der Zwangsvollstreckung nach Artikel 22 Abs. 1 der Verordnung (EG) Nr. 1896/2006 gilt § 1084 Abs. 1 und 2 entsprechend. Für Anträge auf Aussetzung oder Beschränkung der Zwangsvollstreckung nach Artikel 23 der Verordnung (EG) Nr. 1896/2006 ist § 1084 Abs. 1 und 3 entsprechend anzuwenden.

(2) Für Anträge auf Verweigerung der Zwangsvollstreckung nach Artikel 22 Abs. 2 der Verordnung (EG) Nr. 1896/2006 gilt § 1086 Abs. 1 entsprechend. Für Klagen nach § 767 sind § 1086 Abs. 1 und § 1095 Abs. 2 entsprechend anzuwenden."

13. Dem Buch 11 wird folgender Abschnitt 6 angefügt:

„**Abschnitt 6. Europäisches Verfahren für geringfügige Forderungen nach der Verordnung (EG) Nr. 861/2007**

Titel 1. Erkenntnisverfahren

§ 1097. Einleitung und Durchführung des Verfahrens. (1) Die Formblätter gemäß der Verordnung (EG) Nr. 861/2007 des Europäischen Parlaments und des Rates vom 11. Juli 2007 zur Einführung eines europäischen Verfahrens für geringfügige Forderungen (ABl. EU Nr. L 199 S. 1) und andere Anträge oder Erklärungen können als Schriftsatz, als Telekopie oder nach Maßgabe des § 130 a als elektronisches Dokument bei Gericht eingereicht werden.

(2) Im Falle des Artikels 4 Abs. 3 der Verordnung (EG) Nr. 861/2007 wird das Verfahren über die Klage ohne Anwendung der Vorschriften der Verordnung (EG) Nr. 861/2007 fortgeführt.

§ 1098. Annahmeverweigerung auf Grund der verwendeten Sprache. Die Frist zur Erklärung der Annahmeverweigerung nach Artikel 6 Abs. 3 der Verordnung (EG) Nr. 861/2007 beträgt eine Woche. Sie ist eine Notfrist und beginnt mit der Zustellung des Schriftstücks. Der Empfänger ist über die Folgen einer Versäumung der Frist zu belehren.

§ 1099. Widerklage. (1) Eine Widerklage, die nicht den Vorschriften der Verordnung (EG) Nr. 861/2007 entspricht, ist außer im Fall des Artikels 5 Abs. 7 Satz 1 der Verordnung (EG) Nr. 861/2007 als unzulässig abzuweisen.

(2) Im Fall des Artikels 5 Abs. 7 Satz 1 der Verordnung (EG) Nr. 861/2007 wird das Verfahren über die Klage und die Widerklage ohne Anwendung der Vorschriften der Verordnung (EG) Nr. 861/2007 fortgeführt. Das Verfahren wird in der Lage übernommen, in der es sich zur Zeit der Erhebung der Widerklage befunden hat.

§ 1100. Mündliche Verhandlung. (1) Das Gericht kann den Parteien sowie ihren Bevollmächtigten und Beiständen gestatten, sich während einer Verhandlung an einem anderen Ort aufzuhalten und dort Verfahrenshandlungen vorzunehmen. § 128a Abs. 1 Satz 2 und Abs. 3 bleibt unberührt.

(2) Die Bestimmung eines frühen ersten Termins zur mündlichen Verhandlung (§ 275) ist ausgeschlossen.

§ 1101. Beweisaufnahme. (1) Das Gericht kann die Beweise in der ihm geeignet erscheinenden Art aufnehmen, soweit Artikel 9 Abs. 2 und 3 der Verordnung (EG) Nr. 861/2007 nichts anderes bestimmt.

(2) Das Gericht kann einem Zeugen, Sachverständigen oder einer Partei gestatten, sich während einer Vernehmung an einem anderen Ort aufzuhalten. § 128a Abs. 2 Satz 2, 3 und Abs. 3 bleibt unberührt.

§ 1102. Urteil. Urteile bedürfen keiner Verkündung. Die Verkündung eines Urteils wird durch die Zustellung ersetzt.

§ 1103. Säumnis. Äußert sich eine Partei binnen der für sie geltenden Frist nicht oder erscheint sie nicht zur mündlichen Verhandlung, kann das Gericht eine Entscheidung nach Lage der Akten erlassen. § 251a ist nicht anzuwenden.

§ 1104. Abhilfe bei unverschuldeter Säumnis des Beklagten. (1) Liegen die Voraussetzungen des Artikels 18 Abs. 1 der Verordnung (EG) Nr. 861/2007 vor, wird das Verfahren fortgeführt; es wird in die Lage zurückversetzt, in der es sich vor Erlass des Urteils befand. Auf Antrag stellt das Gericht die Nichtigkeit des Urteils durch Beschluss fest.

Anh. III zu Buch 11

(2) Der Beklagte hat die tatsächlichen Voraussetzungen des Artikels 18 Abs. 1 der Verordnung (EG) Nr. 861/2007 glaubhaft zu machen.

Titel 2. Zwangsvollstreckung

§ 1105. Zwangsvollstreckung inländischer Titel. *(1) Urteile sind für vorläufig vollstreckbar ohne Sicherheitsleistung zu erklären. § 712 und § 719 Abs. 1 Satz 1 in Verbindung mit § 707 sind nicht anzuwenden.*

(2) Für Anträge auf Beschränkung der Zwangsvollstreckung nach Artikel 15 Abs. 2 in Verbindung mit Artikel 23 der Verordnung (EG) Nr. 861/2007 ist das Gericht der Hauptsache zuständig. Die Entscheidung ergeht im Wege einstweiliger Anordnung. Sie ist unanfechtbar. Die tatsächlichen Voraussetzungen des Artikels 23 der Verordnung (EG) Nr. 861/2007 sind glaubhaft zu machen.

§ 1106. Bestätigung inländischer Titel. *(1) Für die Ausstellung der Bestätigung nach Artikel 20 Abs. 2 der Verordnung (EG) Nr. 861/2007 ist das Gericht zuständig, dem die Erteilung einer vollstreckbaren Ausfertigung des Titels obliegt.*

(2) Vor Ausfertigung der Bestätigung ist der Schuldner anzuhören. Wird der Antrag auf Ausstellung einer Bestätigung zurückgewiesen, so sind die Vorschriften über die Anfechtung der Entscheidung über die Erteilung einer Vollstreckungsklausel entsprechend anzuwenden.

§ 1107. Ausländische Vollstreckungstitel. *Aus einem Titel, der in einem Mitgliedstaat der Europäischen Union nach der Verordnung (EG) Nr. 861/2007 ergangen ist, findet die Zwangsvollstreckung im Inland statt, ohne dass es einer Vollstreckungsklausel bedarf.*

§ 1108. Übersetzung. *Hat der Gläubiger nach Artikel 21 Abs. 2 Buchstabe b der Verordnung (EG) Nr. 861/2007 eine Übersetzung vorzulegen, so ist diese in deutscher Sprache zu verfassen und von einer in einem der Mitgliedstaaten der Europäischen Union hierzu befugten Person zu erstellen.*

§ 1109. Anträge nach den Artikeln 22 und 23 der Verordnung (EG) Nr. 861/2007; Vollstreckungsabwehrklage. *(1) Auf Anträge nach Artikel 22 der Verordnung (EG) Nr. 861/2007 ist § 1084 Abs. 1 und 2 entsprechend anzuwenden. Auf Anträge nach Artikel 23 der Verordnung (EG) Nr. 861/2007 ist § 1084 Abs. 1 und 3 entsprechend anzuwenden.*

(2) § 1086 gilt entsprechend."

Art. 2–6. (Änderung weiterer Gesetze)

Art. 7. Inkrafttreten. *(1) Dieses Gesetz tritt am 12. Dezember 2008 in Kraft, soweit in Absatz 2 nichts Abweichendes bestimmt ist.*

(2) Artikel 1 Nr. 1 Buchstabe a und b und Nr. 2, 3 und 8 bis 11 tritt am 13. November 2008 in Kraft. Artikel 1 Nr. 1 Buchstabe d und Nr. 13 tritt am 1. Januar 2009 in Kraft.

Ein oberstes Landesgericht war bislang nur in Bayern eingerichtet (BayObLG, § 8 Abs. 1 EGVVG, Art. 10, 11 BayAGGVG aF). Mit Wirkung vom 1. 7. 2006 wurde das BayObLG jedoch aufgelöst.[1] § 7 hat demgemäß gegenwärtig keinen Anwendungsbereich.[2] Für eine Kommentierung des § 7 vgl. den Aktualisierungsband ZPO-Reform 2002.

§ 8 *(aufgehoben)*

Zum Gewohnheitsrecht siehe OLG Hamm RPfleger 1979, 32; *Stein/Jonas/Schlosser* Rn. 1.

§ 9 [Bestimmung des zuständigen Gerichts]

Das oberste Landesgericht für bürgerliche Rechtsstreitigkeiten bestimmt das zuständige Gericht auch dann, wenn nach § 36 Abs. 2 der Zivilprozeßordnung ein in seinem Bezirk gelegenes Oberlandesgericht zu entscheiden hätte.

Auch § 9 bezieht sich auf den Fall, dass in einem Bundesland ein oberstes Landesgericht eingerichtet worden ist. Gegenwärtig hat die Vorschrift daher – da das BayObLG aufgelöst worden ist (vgl. oben § 7 Rn. 1) – keinen Anwendungsbereich.

§ 10 *(gegenstandslos)*

§ 11 [Landesrechtliche Aufgebotsverfahren]

Die Landesgesetze können bei Aufgeboten, deren Zulässigkeit auf landesgesetzlichen Vorschriften beruht, die Anwendung der Bestimmungen der Zivilprozeßordnung über das Aufgebotsverfahren ausschließen oder diese Bestimmungen durch andere Vorschriften ersetzen.

Von der Ermächtigung ist nicht Gebrauch gemacht.

§ 12 [Gesetz im Sinne der ZPO]

Gesetz im Sinne der Zivilprozeßordnung und dieses Gesetzes ist jede Rechtsnorm.

§ 12 bestimmt den Gesetzesbegriff im Sinne der ZPO ebenso wie § 2 EGBGB für das BGB. Dem formellen Gesetz wird jedes andere materielle Gesetz gleichgestellt, gleichgültig wie es entstanden ist, ob zB durch VO oder ob es auf Gewohnheitsrecht beruht. Ohne Bedeutung ist auch, ob es sich um Bundes- oder Landesrecht handelt. Auch das Recht der EG ist zu beachten, also insbesondere Verordnungen, aber auch Richtlinien nach Art. 249 EG. Internationale Übereinkommen erlangen Geltung aufgrund des jeweiligen Transformationsgesetzes.

§ 13 *(aufgehoben)*

§ 14 [Verhältnis zu den Reichs-Landesgesetzen]

(1) Die prozeßrechtlichen Vorschriften der Landesgesetze treten für alle bürgerlichen Rechtsstreitigkeiten, deren Entscheidung in Gemäßheit des § 3 nach den Vorschriften der Zivilprozeßordnung zu erfolgen hat, außer Kraft, soweit nicht in der Zivilprozessordnung auf sie verwiesen oder soweit nicht bestimmt ist, daß sie nicht berührt werden.

(2) *(gegenstandslos)*

I. Normzweck

Die Vorschrift regelt das Verhältnis der ZPO zu prozessualen Regelungen der Landesgesetze. Sie geht davon aus, dass landesrechtliche Vorschriften außer Kraft sind, da die ZPO das gerichtliche

---

[1] BayObLG AufG v. 25. 10. 2004, BayGVBl. 2004, 400.
[2] Zu möglichen Schwierigkeiten in der Übergangszeit vgl. *Zöller/Gummer/Heßler* Rn. 4.

Verfahren in der ordentlichen Zivilgerichtsbarkeit in dem von § 3 umschriebenen Geltungsbereich abschließend regeln will. Die Geltung landesrechtlicher Verfahrensvorschriften kommt nur in Betracht, soweit die ZPO darauf verweist oder sonst ihre Geltung bundesrechtlich vorgesehen ist.

II. Geltung landesrechtlicher Vorschriften

2 Kraft ausdrücklicher Verweisung gelten landesrechtliche Vorschriften über die Beweiskraft öffentlicher Urkunden (§ 418 Abs. 2 und 3 ZPO), über die Zwangsvollstreckung bei Eisenbahnen (§ 871 ZPO), über Besonderheiten im Aufgebotsverfahren (§ 1006 Abs. 3, § 1009 Abs. 3, §§ 1023, 1024 ZPO und § 11). Ausdrückliche Vorbehalte zugunsten der Landesgesetzgebung enthält § 15.

III. Außerkrafttreten landesrechtlicher Vorschriften

3 Das Außerkrafttreten nach § 14 setzt voraus, dass es sich um **prozessrechtliche Vorschriften** handelt. Maßgebend dafür ist die beim Inkrafttreten der ZPO im Jahre 1877 bestehende Auffassung. Zu den prozessrechtlichen Vorschriften gehören insbesondere die Fragen, die in der ZPO geregelt sind, einschließlich des Vollstreckungsrechts. Gerichtsverfassungsrechtliche Inhalte gehören nicht dazu. Jedoch können prozessrechtliche Vorschriften auch im GVG enthalten sein, so zB Regelungen über Rechtshilfe (§§ 156 ff. GVG), über die Gerichtssprache (§§ 184 ff. GVG), über Beratung und Abstimmung (§§ 192 ff. GVG), über Feriensachen (§§ 199 ff. GVG), aber auch über die Öffentlichkeit und die Sitzungsgewalt (§§ 169 ff. GVG), einschließlich der Ungebühr in der Verhandlung. Vorschriften über Ungebühr außerhalb der Sitzung fallen jedoch nicht unter die prozessrechtlichen Vorschriften.[1]

4 Ausdrücklich geregelt ist das Außerkrafttreten von Vorschriften über die **bindende Kraft strafgerichtlicher Urteile** für den Zivilrichter (Abs. 2 **Nr. 1**).[2] Der Zivilrichter darf deshalb anders entscheiden, als in einem Strafurteil rechtskräftig festgestellt.[3] Das Strafurteil hat für den Zivilrichter aber die Funktion einer Beweisurkunde gemäß §§ 415, 417 f. ZPO, wenn sie von einer Partei in den Prozess eingebracht wird.[4] Dies gilt sowohl für die Tatsache der Verurteilung oder des Freispruchs als auch für die vor Gericht gemachten Aussagen.[5] Die tatsächlichen Feststellungen des Strafrichters kann der Zivilrichter in freier Beweiswürdigung nach § 286 ZPO übernehmen.[6] In der rechtlichen Bewertung dieser Tatsachen bleibt der Zivilrichter aber frei. Soweit das Strafurteil Tatbestandsvoraussetzung für eine zivilrechtliche oder zivilprozessuale Rechtsfolge ist, wie zB gemäß § 581 ZPO,[7] ist der Zivilrichter auch an das Vorliegen eines Strafurteils gebunden. Dies gilt aber nur soweit die Rechtsfolge reicht, im Wiederaufnahmeverfahren also gemäß § 581 ZPO nur bezüglich des Wiederaufnahmegrundes, nicht bezüglich der übrigen Beurteilung des Streitgegenstandes.[8]

5 **Nr. 2** setzt landesrechtliche Vorschriften über den Ausschluss oder die Beschränkung einzelner Arten von Beweismitteln außer Kraft, wie sie das bayerische Landesrecht[9] und in einigen Ländern geltende französische Recht[10] vorgesehen hat. **Nr. 3** beseitigt landesrechtliche Wahrscheinlichkeitsvermutungen. **Nr. 4** hebt die Befugnis zur Gewährung von Moratorien, über Urteilsfristen für die Vollstreckung und über Zahlungsfristen für den Schuldner auf. **Nr. 5** hebt Vorschriften auf, die von der Aberkennung von Nebenansprüchen ausgehen, über die trotz Antrags nicht entschieden worden ist. Dies würde auch § 321 ZPO widersprechen.

§ 15 [Landesrechtliche Vorbehalte]

Unberührt bleiben:

1. die landesgesetzlichen Vorschriften über die Einstellung des Verfahrens für den Fall, daß ein Kompetenzkonflikt zwischen den Gerichten und den Verwaltungsbehörden oder Verwaltungsgerichten entsteht;

---

[1] OLG Hamburg ZZP 52, 220; aA *Baumbach/Lauterbach/Hartmann* Rn. 1.
[2] Ausf. *Völzmann*, Die Bindungswirkung von Strafurteilen im Zivilprozeß, 2006.
[3] Deshalb kommt auch eine Aussetzung nicht in Betracht (OLG Saarbrücken NJW-RR 2003, 176).
[4] *Baumbach/Lauterbach/Hartmann* Rn. 1.
[5] S. dazu auch BGH VersR 1963, 195; 1970, 332 und 375; OLG München VersR 1976, 1143; OLG Köln MDR 1972, 957.
[6] RG Gruchot 52, 446; BayObLGZ 1959, 115; *E. Schneider* MDR 1975, 445; *Stein/Jonas/Schlosser* Rn. 2.
[7] S. BGHZ 50, 123.
[8] BGH NJW 1983, 230.
[9] Art. 399 bayZPO.
[10] Art. 1341 bis 1348, 1353 CC.

2. die landesgesetzlichen Vorschriften über das Verfahren bei Streitigkeiten, welche die Zwangsenteignung und die Entschädigung wegen derselben betreffen;
3. die landesgesetzlichen Vorschriften über die Zwangsvollstreckung wegen Geldforderungen gegen einen Gemeindeverband oder eine Gemeinde, soweit nicht dingliche Rechte verfolgt werden;
4. die landesgesetzlichen Vorschriften, nach welchen auf die Zwangsvollstreckung gegen einen Rechtsnachfolger des Schuldners, soweit sie in das zu einem Lehen, mit Einschluß eines allodifizierten Lehens, zu einem Stammgute, Familienfideikommiß oder Anerbengute gehörende Vermögen stattfinden soll, die Vorschriften über die Zwangsvollstreckung gegen einen Erben des Schuldners entsprechende Anwendung finden.

I. Normzweck

§ 15 sieht Vorbehalte zugunsten einzelner landesrechtlicher Vorschriften prozessualen Inhalts vor. Danach bleiben bereits bestehende, aber auch künftig ergehende[1] landesrechtliche Vorschriften der in Nr. 1 bis 4 genannten Regelungsbereiche als spezielle Vorschriften in Kraft und verdrängen insoweit die allgemeinen bundesrechtlichen Vorschriften, insbesondere der ZPO.

II. Einzelne Vorbehalte

1. Einstellung bei Kompetenzkonflikt. Die Einstellung im Falle eines Kompetenzkonflikts entspricht der Aussetzung nach § 148 ZPO. Nr. 1 betrifft nur einen Kompetenzkonflikt zwischen Gerichten und Verwaltungsbehörden. Sie gilt auch nur, soweit der Kompetenzkonflikt auf Landesrecht beruht. Kompetenzkonflikte zwischen Gerichten werden von der Vorschrift nicht erfasst. Für sie gelten insbesondere § 36 Nr. 5 und 6 ZPO und die Vorschriften, die der Vermeidung solcher Kompetenzkonflikte dienen (§ 281 ZPO, § 17a GVG).

2. Streitigkeiten bei Enteignung. Nr. 2 betrifft landesrechtliche Verfahrensvorschriften über Streitigkeiten bei Enteignungen und Entschädigungen hierfür. Während Nr. 2 die verfahrensrechtlichen Vorschriften betrifft, bezieht sich Art. 109 EGBGB auf die materiell-rechtlichen Bestimmungen. Landesrechtliche Sondervorschriften haben aber nur insoweit Bestand, als sie Art. 14, 15 GG beachten, d.h. insbesondere für die Höhe der Entschädigung den Rechtsweg zu den ordentlichen Gerichten und im Übrigen gemäß Art. 19 Abs. 4 GG überhaupt den Rechtsweg zu den Gerichten offenhalten. Das Landesrecht kann nach Nr. 2 das Verfahren auch nur insoweit regeln, als die verfahrensrechtlich geforderten Garantien für ein rechtsstaatliches Gerichtsverfahren gewahrt bleiben. Dazu gehören neben der Wahrung der richterlichen Unabhängigkeit (Art. 97 GG), des gesetzlichen Richter (Art. 101 GG) und dem rechtlichen Gehör (Art. 103 Abs. 1 GG) auch die Gleichbehandlung der Parteien im Verfahren, der Grundsatz der Öffentlichkeit als Bestandteil des Rechtsstaatsprinzips, nicht aber der Verhandlungsgrundsatz. Zulässig sind landesrechtliche Regelungen über die Zuständigkeit, einschließlich einer von ZPO und GVG abweichenden Regelung des Rechtsmittelzugs und seiner Verkürzung,[2] ferner über ausschließliche Gerichtsstände, über Ausschlussfristen für die gerichtliche Geltendmachung[3] oder über die Vertretung der Parteien.[4] Für Baulandsachen enthält § 229 Abs. 2 BauGB eine Konzentrationsermächtigung und § 232 BauGB lässt die Übertragung landesrechtlicher Übereignungsstreitigkeiten auf die Kammern und Senate für Baulandsachen zu.

3. Zwangsvollstreckung wegen Geldforderungen gegen eine Gemeinde. Nr. 3 überlässt es dem Landesrecht, die Zwangsvollstreckung wegen Geldforderungen gegenüber einer Gemeinde oder einem Gemeindeverband zu regeln.[5] Das Landesrecht kann sowohl die Zulässigkeit der Vollstreckung an sich wie auch die Zuständigkeit und das Vollstreckungsverfahren gestalten.[6] Die landesrechtlichen Regelungen sind nicht zulässig bei anderen Forderungen als Geldforderungen und auch nicht bei Geltendmachung dinglicher Rechte. Für Vollstreckungen gegen andere juristische Personen des öffentlichen Rechts gilt nicht Nr. 2, sondern § 882a ZPO. Analog § 882a ZPO sind auch Vollstreckungen in solche Sachen, die für die Aufgabenerfüllung unerlässlich sind oder deren

---

[1] S. auch Art. 1 Abs. 2 EGBGB; BGH NJW 1980, 583; *Stein/Jonas/Schlosser* Rn. 1; *Baumbach/Lauterbach/Hartmann* Rn. 1.
[2] BGH NJW 1980, 583 (zum hamb. EnteignungsG).
[3] BayObLGZ 1967, 110; 1968, 159.
[4] RGZ 104, 137: Befreiung vom Anwaltszwang in 1. u. 2. Instanz durch hamb. EnteignungsG.
[5] S. dazu auch *Geißler* NJW 1953, 1853.
[6] *Stein/Jonas/Schlosser* Rn. 3.

Veräußerung ein öffentliches Interesse entgegensteht, gegenüber Gemeinden und Gemeindeverbänden nicht zulässig.[7] Landesrechtliche Sondervorschriften über die Vollstreckung gegen Gemeinden und Gemeindeverbände finden sich in erster Linie in den Gemeindeordnungen und Landkreisordnungen, so etwa in § 127 bawü GemO und Art. 77 bay GemO.

5   **4. Zwangsvollstreckung gegen Rechtsnachfolger.** Nr. 4 enthält die Ermächtigung des Landesgesetzgebers, die Vorschriften über die Zwangsvollstreckung gegen Erben des Schuldners, insbesondere §§ 780ff. ZPO, für die Zwangsvollstreckung gegen Rechtsnachfolger bestimmter Sondervermögen für anwendbar zu erklären.

§ 15 a [Einigungsversuch]

(1) [1]Durch Landesgesetz kann bestimmt werden, dass die Erhebung der Klage erst zulässig ist, nachdem von einer durch die Landesjustizverwaltung eingerichteten oder anerkannten Gütestelle versucht worden ist, die Streitigkeit einvernehmlich beizulegen
1. in vermögensrechtlichen Streitigkeiten vor dem Amtsgericht über Ansprüche, deren Gegenstand an Geld oder Geldeswert die Summe von 750 Euro nicht übersteigt,
2. in Streitigkeiten über Ansprüche aus dem Nachbarrecht nach den §§ 910, 911, 923 des Bürgerlichen Gesetzbuchs und nach § 906 des Bürgerlichen Gesetzbuchs sowie nach den landesgesetzlichen Vorschriften im Sinne des Artikels 124 des Einführungsgesetzes zum Bürgerlichen Gesetzbuche, sofern es sich nicht um Einwirkungen von einem gewerblichen Betrieb handelt,
3. in Streitigkeiten über Ansprüche wegen Verletzung der persönlichen Ehre, die nicht in Presse oder Rundfunk begangen worden sind,
4. in Streitigkeiten über Ansprüche nach Abschnitt 3 des Allgemeinen Gleichbehandlungsgesetzes.

[2]Der Kläger hat eine von der Gütestelle ausgestellte Bescheinigung über einen erfolglosen Einigungsversuch mit der Klage einzureichen. [3]Diese Bescheinigung ist ihm auf Antrag auch auszustellen, wenn binnen einer Frist von drei Monaten das von ihm beantragte Einigungsverfahren nicht durchgeführt worden ist.

(2) [1]Absatz 1 findet keine Anwendung auf
1. Klagen nach den §§ 323, 324, 328 der Zivilprozessordnung, Widerklagen und Klagen, die binnen einer gesetzlichen oder gerichtlich angeordneten Frist zu erheben sind,
2. Streitigkeiten in Familiensachen,
3. Wiederaufnahmeverfahren,
4. Ansprüche, die im Urkunden- oder Wechselprozess geltend gemacht werden,
5. die Durchführung des streitigen Verfahrens, wenn ein Anspruch im Mahnverfahren geltend gemacht worden ist,
6. Klagen wegen vollstreckungsrechtlicher Maßnahmen, insbesondere nach dem Achten Buch der Zivilprozessordnung.

[2]Das Gleiche gilt, wenn die Parteien nicht in demselben Land wohnen oder ihren Sitz oder eine Niederlassung haben.

(3) [1]Das Erfordernis eines Einigungsversuchs vor einer von der Landesjustizverwaltung eingerichteten oder anerkannten Gütestelle entfällt, wenn die Parteien einvernehmlich einen Einigungsversuch vor einer sonstigen Gütestelle, die Streitbeilegungen betreibt, unternommen haben. [2]Das Einvernehmen nach Satz 1 wird unwiderleglich vermutet, wenn der Verbraucher eine branchengebundene Gütestelle, eine Gütestelle der Industrie- und Handelskammer, der Handwerkskammer oder der Innung angerufen hat. [3]Absatz 1 Satz 2 gilt entsprechend.

(4) Zu den Kosten des Rechtsstreits im Sinne des § 91 Abs. 1, 2 der Zivilprozessordnung gehören die Kosten der Gütestelle, die durch das Einigungsverfahren nach Absatz 1 entstanden sind.

(5) Das Nähere regelt das Landesrecht; es kann auch den Anwendungsbereich des Absatzes 1 einschränken, die Ausschlussgründe des Absatzes 2 erweitern und bestimmen, dass die Gütestelle ihre Tätigkeit von der Einzahlung eines angemessenen Kostenvorschusses abhängig machen und gegen eine im Gütetermin nicht erschienene Partei ein Ordnungsgeld festsetzen darf.

---

[7] *Stein/Jonas/Schlosser* Rn. 3.

(6) ¹Gütestellen im Sinne dieser Bestimmung können auch durch Landesrecht anerkannt werden. ²Die vor diesen Gütestellen geschlossenen Vergleiche gelten als Vergleiche im Sinne des § 794 Abs. 1 Nr. 1 der Zivilprozessordnung.

Schrifttum: *Becker/Nicht*, Einigungsversuch und Klagezulässigkeit, ZZP 120 (2007), 159; *Bitter*, Die Crux mit der obligatorischen Schlichtung nach § 15a EGZPO – Zulässige und unzulässige Strategien zur Vermeidung eines Schlichtungsverfahrens, NJW 2005, 1235; *Friedrich*, Aktuelle Entscheidungen zu § 15a EGZPO, NJW 2002, 3223; *ders.*, Aktuelle Entscheidungen zum obligatorischen außergerichtlichen Schlichtungsverfahren, NJW 2003, 3534; *Jenkel*, Der Streitschlichtungsversuch als Zulässigkeitsvoraussetzung in Zivilsachen, Diss. Berlin 2002; *Lauer*, Erfahrungen mit der außergerichtlichen Schlichtung in Ausführung des § 15a EGZPO, NJW 2004, 1280; *Prütting* (Hrsg), Außergerichtliche Streitschlichtung, 2003; *Röhl/Weiß*, Die obligatorische Streitschlichtung in der Praxis, 2005.

Übersicht

	Rn.		Rn.
I. Einführung	1–3	IV. Ausnahmen	27–34
II. Das Schlichtungsverfahren als Zulässigkeitsvoraussetzung	4–11	1. Verfahrensbedingte Unzulässigkeit	27–29
1. Durchführung vor Klageerhebung	4–7	2. Unzulässigkeit wegen räumlicher Distanz	30, 31
2. Klageänderung	8, 9	3. Einvernehmlicher Einigungsversuch vor sonstiger Gütestelle	32–34
3. Klagehäufung	10, 11	V. Landesrechtliche Ausgestaltung des Verfahrens	35, 36
III. Anwendungsbereich	12–26	VI. Beendigung des Schlichtungsverfahrens	37–40
1. Ermächtigungsgrundlage für landesrechtliche Vorschriften	12	1. Einvernehmliche Beilegung	37
2. Vermögensrechtliche Streitigkeiten bis 750,– Euro	13–20	2. Scheitern des Schlichtungsversuches	38–40
3. Nachbarstreitigkeiten	21–23	VII. Hemmung der Verjährung	41
4. Streitigkeiten wegen Ehrverletzung	24	VIII. Kosten	42–44
5. Streitigkeiten nach Abschnitt 3 des Allgemeinen Gleichbehandlungsgesetzes	25, 26		

I. Einführung

§ 15a EGZPO ermächtigt die Länder, für bestimmte Streitigkeiten ein vorgerichtliches **obliga-** **torisches Güteverfahren** als besondere Prozessvoraussetzung einzuführen.[1] Dieses Güteverfahren soll den Streitparteien die Möglichkeit der außergerichtlichen Konfliktbeilegung an die Hand geben und so zu einer Entlastung der Justiz führen.[2]   1

Die Länder können frei entscheiden, ob sie von der Möglichkeit des § 15a EGZPO Gebrauch machen. Sie können hierbei auch den Anwendungsbereich des Güteverfahrens einschränken; sie dürfen aber nicht über den durch § 15a festgesetzten Rahmen hinausgehen. Sie haben ferner die Möglichkeit, die Einrichtung der Gütestellen und das Verfahren zu regeln. § 15a regelt hier nur bestimmte Einzelfragen. Von der Ermächtigung zur Einführung eines obligatorischen Schlichtungsverfahrens haben bislang[3] **acht Bundesländer,** nämlich Baden-Württemberg,[4] Bayern (befristet bis 31. 12. 2008),[5] Brandenburg,[6] Hessen (befristet bis 31. 12.   2

---

[1] § 15a wurde durch das Gesetz zur Förderung der außergerichtlichen Streitbeilegung vom 15. 12. 1999 (BGBl. I S. 2400) eingefügt. Es wurde geändert durch das Gesetz zur Einführung des Euro in der Rechtspflege vom 13. 12. 2001 (BGBl. I S. 3574) und das Gesetz zur Umsetzung der europäischen Richtlinie zur Verwirklichung des Grundsatzes der Gleichbehandlung vom 14. 8. 2006 (BGBl. I S. 866).
[2] Gesetzesentwurf BT-Drucks. 14/980, S. 5; *Becker/Nicht* ZZP 120 (2007), 159, 165.
[3] Stand 31. 12. 2007.
[4] Gesetz zur obligatorischen außergerichtlichen Streitschlichtung (SchlG) vom 28. 6. 2000, Ba-WüGVBl. 11/2000 S. 470.
[5] Bayerisches Gesetz zur obligatorischen außergerichtlichen Streitschlichtung in Zivilsachen und zur Änderung gerichtsverfassungsrechtlicher Vorschriften (Bayerisches Schlichtungsgesetz – BaySchlG) vom 25. 4. 2000 (BayGVBl. 11/2000 S. 268), zuletzt geändert durch Gesetz zur Änderung des Bayerischen Schlichtungsgesetzes und des Gesetzes zur Ausführung des Gerichtsverfassungsgesetzes und von Verfahrensgesetzen des Bundes vom 24. 12. 2005 (BayGVBl. 2005, 655) und durch Gesetz zur Änderung des Bayerischen Schlichtungsgesetzes vom 24. 5. 2007 (BayGVBl. 2007 S. 343).
[6] Gesetz zur Einführung einer obligatorischen außergerichtlichen Streitschlichtung im Land Brandenburg (Brandenburgisches Schlichtungsgesetz – BbgSchlG) vom 5. 10. 2000 (GVBl. I/00, S. 134), zuletzt geändert durch Artikel 2 des Gesetzes vom 18. 12. 2006 (GVBl. I/06, S. 186).

2010),[7] Nordrhein-Westfalen,[8] Saarland (befristet bis 31. 12. 2010),[9] Sachsen-Anhalt (befristet bis 31. 12. 2008)[10] und Schleswig-Holstein (befristet bis 31. 12. 2008)[11] Gebrauch gemacht.[12]

3 Die Einführung des obligatorischen Güteverfahrens durch § 15 a ist **verfassungsrechtlich** unbedenklich. Das BVerfG hat in einem Nichtannahmebeschluss ausgesprochen, dass das obligatorische außergerichtliche Schlichtungsverfahren weder gegen Art. 19 Abs. 4 GG noch den allgemeinen Justizgewährleistungsanspruch verstößt.[13] Auch eine restriktive Auslegung der Landesgesetze dahingehend, dass bei erkennbarer Aussichtslosigkeit die Durchführung des Schlichtungsverfahrens entbehrlich werde, sei verfassungsrechtlich nicht geboten.[14]

II. Das Schlichtungsverfahren als Zulässigkeitsvoraussetzung

4 **1. Durchführung vor Klageerhebung.** Abs. 1 S. 1 ermächtigt die Landesgesetzgeber, für die in S. 1 Nr. 1 bis 4 bestimmten Streitigkeiten die Durchführung eines vorherigen Schlichtungsversuchs zur **Zulässigkeitsvoraussetzung** für die Erhebung einer Klage zu machen. Eine ohne den durch Landesgesetz vorgeschriebenen Einigungsversuch erhobene Klage ist als derzeit unzulässig abzuweisen. Der Einigungsversuch muss sich auf den nunmehr anhängigen Rechtsstreit bezogen haben, wobei eine großzügige Beurteilung vorzunehmen ist.[15] Hat das erstinstanzliche Gericht angenommen, das außergerichtliche Streitschlichtungsverfahren sei entbehrlich, ist dies vom **Berufungsgericht** und auch vom Revisionsgericht zu überprüfen. Eine analoge Anwendung der §§ 513 Abs. 1, 545 Abs. 2 ZPO kommt insoweit nicht in Betracht.[16]

5 § 15 a bezieht sich nur auf der ZPO unterliegende Verfahren. Nicht anwendbar ist § 15 a auf Angelegenheiten der freiwilligen Gerichtsbarkeit, weil sich die EGZPO hierauf nicht erstreckt, sowie im arbeitsgerichtlichen Verfahren. Es muss sich ferner um Verfahren handeln, die durch die **Erhebung einer Klage** eingeleitet werden. Hierbei kommt es nicht darauf an, ob eine Leistungs-, Feststellungs- oder Gestaltungsklage erhoben werden soll. Einer Klageerhebung iSd. § 15 a zumindest gleichzustellen ist ein **Parteiwechsel** oder eine Parteierweiterung im Verfahren.[17] Die in anderer Weise einzuleitenden Verfahren, wie zB das Mahnverfahren (s. auch Abs. 2 Nr. 5 und Rn. 20), die vollstreckungsrechtlichen Anträge, das Verfahren über Arrest und einstweilige Verfügung sowie das Schiedsverfahren nach §§ 1025 ff. ZPO sind demgegenüber vom Anwendungsbereich des obligatorischen Schlichtungsverfahrens ausgenommen.[18] Auch das selbständige Beweisverfahren wird

---

[7] Gesetz zur Regelung der außergerichtlichen Streitschlichtung vom 6. 2. 2001 (GVBl. I S. 98), zuletzt geändert durch Art. 1 des Zweiten Gesetzes zur Ausführung des § 15 a des Gesetzes betreffend die Einführung der ZPO vom 1. 12. 2005 (GVBl. I 2005, S. 782).
[8] Gesetz über die Anerkennung von Gütestellen im Sinne des § 794 Abs. 1 Nr. 1 der Zivilprozeßordnung und die obligatorische außergerichtliche Streitschlichtung in Nordrhein-Westfalen (Gütestellen- und Schlichtungsgesetz – GüSchlG NRW) vom 9. 5. 2000, GV. NRW 2000 S. 476, zuletzt geändert durch Gesetz zur Änderung des Gesetzes zur Ausführung von § 15 a des Gesetzes betreffend die Einführung der ZPO (Ausführungsgesetz zu § 15 a EGZPO – AG § 15 a EGZPO) vom 20. 11. 2007 (GV. NRW 2007, S. 572). Durch das zuletzt genannte Gesetz wurde die Befristung der Ausführungsvorschriften zu § 15 a EGZPO aufgehoben und durch eine Berichtspflicht zum 31. 10. 2012 ersetzt.
[9] Das bestehende Gesetz zur Ausführung bundesrechtlicher Justizgesetze (AGJusG) wurde ergänzt durch das Saarländische Gesetz Nr. 1464 zur Ausführung des § 15 a des Gesetzes betreffend die Einführung der Zivilprozessordnung und zur Änderung von Rechtsvorschriften (Landesschlichtungsgesetz – LSchlG) vom 21. 2. 2001 (Amtsbl. S. 532); zuletzt wurde es geändert durch Art. 1 des Gesetzes zur Fortgeltung und Änderung des Landesschlichtungsrechts und zur Änderung des Maßregelvollzugs vom 16. 5. 2007 (AmtsBl. S. 1226).
[10] Schiedsstellen- und Schlichtungsgesetz (SchStG) vom 22. 6. 2001 (GVBl. LSA 2001 S. 214), verlängert durch Art. 3 des Gesetzes zur Änderung von Justizgesetzen und anderer Vorschriften vom 8. 12. 2005 (GVBl. LSA 2005 S. 726).
[11] Gesetz zur Ausführung von § 15 a des Gesetzes betreffend die Einführung der Zivilprozessordnung (Landesschlichtungsgesetz – LSchlG) vom 11. 12. 2001, GVOBl. SH 2001 361, ber. GVOBl. SH 2002 S. 218, verlängert durch Gesetz vom 9. 12. 2005 (GVOBl. SH S. 538).
[12] Soweit ein Landesgesetz bis zum Schluss der letzten mündlichen Verhandlung außer Kraft treten sollte, wird die ohne vorangegangenes Güteverfahren erhobene und damit zunächst unzulässige Klage nachträglich wieder zulässig (BGH NJW 2007, 519).
[13] BVerfG v. 14. 2. 2007, 1 BvR 1351/01, NJW-RR 2007, 1073.
[14] BVerfG aaO, NJW-RR 2007, 1073, 1075.
[15] Siehe OLGR Saarbrücken 2007, 306.
[16] BGH v. 22. 10. 2004 V ZR 47/04 = NJW-RR 2005, 501; OLG Saarbrücken NJW 2007, 1292, 1293 f.; *Thomas/Putzo/Hüßtege* Rn. 2; aA LG Marburg NJW 2005, 2866 = MDR 2005, 1248 mit abl. Bespr. *Rimmelspacher/Arnold* NJW 2006, 17; *Bausch* JR 2007, 444.
[17] AG Neumünster SchlHA 2006, 361 in zutr. Abgrenzung zu BGH v. 22. 10. 2004 V ZR 47/04 = NJW-RR 2005, 501.
[18] Gesetzesentwurf BT-Drucks. 14/980 S. 6 l. Sp.

nicht von § 15a erfasst.[19] Wird die Klage zunächst vor einem sachlich oder örtlich **unzuständigen Gericht** erhoben, bei dem keine Schlichtungspflicht bestanden hätte, und verweist dieses Gericht weiter an ein Gericht, bei dem die vorherige Durchführung eines Schlichtungsverfahrens vorausgesetzt wird, ist die Klage entgegen der hL als unzulässig abzuweisen.[20] Maßgeblich für die Auslegung sollte sein, ob § 15a seinem Sinn und Zweck nach auch in diesem Fall die Durchführung eines Güteverfahrens gebietet. Es besteht nach Sinn und Zweck des § 15a kein Grund, den Kläger, der – bewusst oder unbewusst – die Klage vor einem unzuständigen Gericht erhebt, von dem obligatorischen Güteverfahren zu entbinden.[21]

Der Einigungsversuch muss der **Klageerhebung vorausgehen**. Er kann nach der zustimmenswerten Auffassung des BGH, sobald die Klage rechtshängig geworden ist, nicht mehr nachgeholt werden.[22] Dass das Güteverfahren im laufenden Rechtsstreit nicht nachgeholt werden kann, legt bereits der Wortlaut der Vorschrift nahe und wird auch in der Begründung des Gesetzesentwurfs vorausgesetzt.[23] Würde die Klage in diesem Fall nicht zwingend als derzeit unzulässig abgewiesen, sondern das streitige Verfahren nur ausgesetzt, könnte das Schlichtungsverfahren kaum zum Erfolg führen. Der Kläger würde in diesem Fall keine erfolgreiche Schlichtung anstreben, sondern sich regelmäßig einer Einigung verweigern, da die erhobene Klage im Falle einer erfolgreichen Schlichtung unzulässig würde und der Kläger sodann die Kosten des Rechtsstreits zu tragen hätte.[24] Dem Kläger bleibt es unbenommen, das Güteverfahren durchzuführen und anschließend die dann zulässige Klage erneut zu erheben.[25] Die Fälle der anhängigen Klage sind der rechtshängigen Klage insoweit gleichzustellen.[26]

Ist die Klage wegen der fehlenden Durchführung des Güteverfahrens zunächst nicht zulässig erhoben, fällt das Erfordernis des Güteverfahrens aber aufgrund nachträglich eingetretener objektiver Umstände im Laufe des Verfahrens weg, wird die Klage zulässig und es ist über den Antrag in der Sache zu entscheiden.[27] Denkbar ist etwa, dass der Beklagte im Laufe des Verfahrens seinen Wohnsitz in ein anderes Bundesland verlegt und damit der Ausnahmetatbestand des Abs. 2 S. 2 eingreift.[28] Es besteht kein Grund, die Klage als unzulässig abzuweisen, wenn sie nunmehr ohne Durchführung eines Güteverfahrens (neu) erhoben werden könnte.[29]

---

[19] *Baumbach/Lauterbach/Hartmann* Rn. 4.
[20] Wie hier *Stein/Jonas/Schlosser* Rn. 12; aA *Zöller/Gummer/Heßler* RdnN. 18; dem folgend *Schilken*, FS Ishikawa (2001), S. 471, 473 in Fn. 15; *Prütting/Taxis* Rn. 179; *Stickelbrock* JZ 2002, 633, 636 f.; auch *Bitter* NJW 2005, 1235, 1239 (ausgenommen nur die Fälle des Rechtsmissbrauchs); für Nachholung des Güteverfahrens in diesem Fall *Becker/Nicht* ZZP 120 (2007), 159, 191 f.
[21] Der Kläger muss sich maW so behandeln lassen, als habe er die Klage vor dem zuständigen – einen vorherigen Güteversuch voraussetzenden – Gericht erhoben. Wenn man demgegenüber formal darauf abstellt, dass das angerufene (aber unzuständige) Gericht keinen vorherigen Güteversuch vorsieht, ist bei einer wertenden Betrachtung der nach § 281 ZPO erforderliche Verweisungsantrag der Klageerhebung gleichzustellen (abw. *Stickelbrock* JZ 2002, 633, 637).
[22] BGH v. 23. 11. 2004 VI ZR 336/03, BGHZ 161, 145 = NJW 2005, 437 m. weit. Nachw.; dem folgend OLG Saarbrücken NJW 2007, 1292; zust. auch *Bitter* NJW 2005, 1235, 1236 f.; zuvor bereits *Jenkel* S. 252 f.; *Beunings* AnwBl. 2004, 82, 84; *Fricke* VersR 2000, 1194, 1195; abw. *Becker/Nicht* ZZP 120 (2007), 159, 169 ff. (unter Hinweis auf die Nachholbarkeit verwaltungsrechtlicher Vorverfahren und die arbeitsrechtlichen Güteverhandlung – Ruhen des Verfahrens analog §§ 278 Abs. 5 S. 3, 251 ZPO); *Friedrich* NJW 2002, 798, 799 m. weit. Nachw.; *Reiß*, Obligatorische außergerichtliche Streitschlichtung, Diss. 2003, S. 24 f.; *Unberath* JR 2001, 355, 356 f.; *Schmidt* DAR 2001, 481, 486.
[23] Gesetzesentwurf BT-Drucks. 14/980 S. 6 r. Sp.
[24] *Bitter* NJW 2005, 1235, 1237.
[25] *Zöller/Gummer/Heßler* Rn. 25. Nach Ansicht des LG Karlsruhe (Justiz 2003, 265) kann § 269 Abs. 6 ZPO analog angewendet werden mit der Maßgabe, dass die Beklagten berechtigt sind, in einem neu eingeleiteten Streitschlichtungsverfahren über denselben Streitgegenstand die Einlassung zu verweigern, bis ihnen die Kosten des vorangegangenen Rechtsstreites erstattet sind.
[26] AG Saarbrücken v. 3. 8. 2006 – 37 C 280/06 – juris.
[27] Maßgeblich ist auch hier der Zeitpunkt der letzten mündlichen Verhandlung.
[28] Einzelne Ausführungsgesetze sehen gegenwärtig (31. 12. 2007) vor, dass beide Parteien ihren Sitz oder Wohnsitz in demselben LG-Bezirk haben müssen (so die Ausführungsgesetze in Bayern (Art. 2 BaySchlG), in Brandenburg (§ 2 BbgSchlG), in Schleswig-Holstein (§ 1 Abs. 2 S. 2 LSchliG) und in Nordrhein-Westfalen (§ 11 GüSchlG NW). Baden-Württemberg lässt auch benachbarte Landgerichtsbezirke genügen (§ 1 Abs. 3 SchlG). In allen diesen Fällen kommt es zu einer nachträglichen Zulässigkeit der Klage, wenn eine der Parteien im laufenden Verfahren ihren Sitz bzw. Wohnsitz aus dem entsprechenden LG-Bezirk heraus verlegt.
[29] Siehe zu einer insoweit vergleichbaren Situation (Außerkrafttreten der landesgesetzlichen Regelung nach Klageerhebung) BGH NJW 2007, 519; aA LG Kiel SchlHA 2006, 359.

8 **2. Klageänderung.** Die **Klageänderung** gem. § 263 ZPO sowie § 264 Nr. 2 ZPO[30] ist nach Ansicht des BGH im Rahmen des § 15a von einer Klageerhebung zu unterscheiden. Sie ist grundsätzlich nicht mit dem Erfordernis eines neuerlichen Güteverfahrens verbunden. Dies gilt jedenfalls dann, wenn für die ursprünglich eingelegte Klage bereits ein Güteverfahren durchgeführt worden ist.[31] Hierfür spricht, dass sich § 15a schon von seinem Wortlaut nur auf die Klageerhebung und nicht die Klageänderung bezieht. Eine andere Auslegung würde iÜ für die Parteien zu erhöhten Kosten und einem (angesichts des gescheiterten ersten Güteversuchs) zumeist unnötigen Zeitaufwand führen.[32]

9 Zweifelhaft ist allerdings, ob die geänderte Klage auch dann zulässig ist, wenn für den ursprünglich gestellten Antrag kein Güteverfahren notwendig war, aber die geänderte Klage, wäre sie in dieser Form ursprünglich erhoben worden, die Voraussetzungen von § 15a bzw. des entsprechenden Landesgesetzes erfüllt hätte. Denkbar ist etwa, dass der ursprüngliche Antrag im Mahnverfahren geltend gemacht wurde – was gem. Abs. 2 S. 1 Nr. 5 eine vorherige obligatorische Güteverhandlung ausschließt – und der Kläger nunmehr im Anschluss an eine Klageänderung einen Antrag stellt, für den das Mahnverfahren nicht zulässig ist und der als Klageantrag von § 15a erfasst wäre. Nach einer Auffassung ist die geänderte Klage, wenn zuvor kein Güteverfahren durchgeführt wurde, als unzulässig abzuweisen.[33] Hiergegen spricht indes der Wortlaut des § 15a, der nur auf die Klageerhebung abstellt, aber nachträgliche Klageänderungen nicht erfasst. Zu berücksichtigen ist weiter, dass der Kläger anderenfalls in seiner Möglichkeit, das Verfahren durch Klageänderungen zu gestalten, eingeschränkt wäre. Er wäre uU gezwungen, an einem nicht oder nicht mehr interessengerechten Antrag festzuhalten, nur um einer Klageabweisung zu entgehen. Nach der zustimmenswerten Gegenauffassung ist damit die geänderte Klage lediglich dann per se unzulässig, wenn ein Fall des Rechtsmissbrauchs vorliegt, also insb. der ursprünglich gestellte Antrag offensichtlich unschlüssig war und nur dem Zweck diente, als Vehikel für den geänderten – isoliert betrachtet schlichtungsbedürftigen – Antrag zu dienen.[34] Ferner bleibt gem. § 263 ZPO nach allgemeinen Grundsätzen zu prüfen, ob eine Einwilligung des Beklagten vorliegt oder die Klageänderung sachdienlich ist.[35] Die Grundsätze über den Rechtsmissbrauch gelten auch für den Fall, dass der Kläger den Anspruch zunächst im Urkunden- oder Wechselprozess verfolgt (Abs. 2 Nr. 4) und erst anschließend in das gewöhnliche Verfahren wechselt.[36] Auch in anderen Konstellationen kann im Falle der Klageänderung ein **Rechtsmissbrauch** anzunehmen sein (siehe unten Rn. 17).

10 **3. Klagehäufung.** Die Anwendbarkeit des § 15a ist weiter für die verschiedenen Konstellationen einer anfänglichen oder nachträglichen **Klagehäufung** zu klären. Die hL geht davon aus, dass dann, wenn ein schlichtungspflichtiger Antrag mit einem nicht schlichtungspflichtigen Antrag verbunden wird, kein Güteverfahren durchzuführen ist.[37] Sie verweist darauf, dass der Kläger anderenfalls – unter Inkaufnahme eines erhöhten Kosten- und Zeitaufwands – gezwungen wäre, zwei getrennte Verfahren zu führen oder aber mit dem uU wirtschaftlich deutlich bedeutsameren nicht schlichtungsbedürftigen Verfahrensteil bis zum Abschluss des Güteverfahrens für den schlichtungsbedürftigen Verfahrensteil zuzuwarten.[38] Der Zielkonflikt zwischen § 260 ZPO und § 15a EGZPO sei damit zugunsten des § 260 ZPO zu lösen.[39] Anders sei nur in den Fällen des Rechtsmissbrauchs zu entscheiden. Ein Rechtsmissbrauch sei insb. dann anzunehmen, wenn der nicht schlichtungsbedürftige Antrag erkennbar unschlüssig und nur deshalb gestellt sei, um den an sich schlichtungsbe-

---

[30] Entsprechendes gilt für § 264 Nr. 1 und 3 ZPO.
[31] BGH v. 22. 10. 2004 – V ZR 47/04 = NJW-RR 2005, 501, 503.
[32] BGH aaO; im Erg. abw. *Becker/Nicht* ZZP 120 (2007), 159, 169 f. (nachträgliche Durchführung eines Güteverfahrens erf., wenn der neue Streitgegenstand nicht einmal im Kern Gegenstand des bereits durchlaufenen obligatorischen Güteverfahrens war).
[33] AG Kleve, Urt. v. 29. 5. 2006 30 C 78/06 – juris in Abgrenzung zu AG Halle NJW 2001, 2099; siehe auch AG Brakel NJW-RR 2002, 935 (in diesem Fall die Sachdienlichkeit der Klageänderung verneinend) mit weitgehend zust. Bespr. *Kimmelmann/Winter* JuS 2003, 951.
[34] *Bitter* NJW 2005, 1235, 1237.
[35] Die Sachdienlichkeit ist idR zu bejahen, wenn der bisherige Streitstoff eine verwertbare Entscheidungsgrundlage bleibt (hierzu etwa *Thomas/Putzo/Reichold* § 263 Rn. 8). Allein der Umstand, dass der ursprüngliche Antrag nicht schlichtungsbedürftig war, steht einer Sachdienlichkeit nicht entgegen; aA – eine Sachdienlichkeit verneinend – AG Brakel NJW-RR 2002, 935.
[36] *Prütting/Schmidt* Rn. 158; *Bitter* aaO.
[37] *Bitter* NJW 2005, 1235, 1237; *Zöller/Gummer/Heßler* Rn. 3; *Baumbach/Lauterbach/Hartmann* Rn. 18; aus der Rspr. LG Aachen NJW-RR 2002, 1439; AG Halle NJW 2001, 2099; aA *Becker/Nicht* ZZP 120 (2007), 159, 190 f.; *Prütting/Schmidt* Rn. 120.
[38] LG Aachen aaO.
[39] LG Aachen aaO; *Bitter* NJW 2005, 1235, 1238.

dürftigen Antrag ohne Güteverhandlung in das Verfahren einzubringen.[40] Der Vorrang des § 260 ZPO sei auch für die anfängliche Klagehäufung als Konsequenz aus der Entscheidung des BGH zur nachträglichen Klageänderung bzw. -erweiterung abzuleiten. Aus der Entscheidung des BGH lasse sich entnehmen, dass der Kläger seine Klage nachträglich ohne Durchführung eines Güteverfahrens um einen (isoliert betrachtet) schlichtungsbedürftigen Antrag erweitern könne. In diesem Fall könne es ihm nicht verwehrt werden, diese beiden Anträge von vornherein zu stellen, ohne ein Güteverfahren durchzuführen.[41]

Nach der hier vertretenen Auffassung ist demgegenüber jeder Antrag isoliert zu beurteilen. Dies 11 gilt sowohl bei der anfänglichen als auch – die Fälle des § 264 Nr. 2 ZPO ausgenommen – bei der nachträglichen Klagehäufung. Grundsätzlich ist zu § 260 ZPO anerkannt, dass diese Vorschrift nichts an der isolierten Zulässigkeitsprüfung bei den einzelnen Anträgen ändert.[42] Es besteht kein Anlass, im Falle des § 15a von diesem Grundsatz abzuweichen. Die Vorteile, die sich für den Kläger aus einer Klagehäufung ergeben mögen, sind – wie sonst auch – nicht geeignet, die (derzeit) fehlende Zulässigkeit einzelner Anträge zu überwinden. Dies gilt umso mehr, als anderenfalls eine weitere Möglichkeit zur Umgehung des § 15a geschaffen würde, die sich – etwa bei sachlich nicht zusammenhängenden Anträgen – mit der Figur des Rechtsmissbrauchs nicht hinreichend sicher begrenzen lässt. Es vermag nicht zu überzeugen, dass ein Kläger, der gegen den Beklagten eine Zahlungsklage anhängig gemacht hat, bei nachfolgenden Nachbarstreitigkeiten (Abs. 1 S. 1 Nr. 2) oder Rechtsstreitigkeiten wegen Ehrverletzung (Abs. 1 S. 1 Nr. 3) kein Güteverfahren mehr beantragen muss, nur weil er den entsprechenden Antrag formell im Rahmen einer Klagehäufung stellt. Nichts hindert die Parteien iÜ daran, im Güteverfahren die Zahlungsklage zur Sprache zu bringen und auch insoweit eine Vereinbarung anzustreben. Auch die Entscheidung des BGH steht – näher betrachtet – einer isolierten Betrachtung der beiden Anträge nicht entgegen. Der BGH hatte, was die Klageerweiterung anbelangt, offensichtlich nur den Fall des § 264 Nr. 2 ZPO im Auge.[43] Verallgemeinerungsfähige Aussagen zur anfänglichen oder nachträglichen Klagehäufung lassen sich der Entscheidung daher nicht entnehmen.[44]

III. Anwendungsbereich

1. Ermächtigungsgrundlage für landesrechtliche Vorschriften. Abs. 1 S. 1 legt die Fälle 12 fest, in denen die Länder obligatorische Güteverfahren vorsehen können. Den Ländern steht es frei, den von § 15a festgelegten Rahmen ganz oder teilweise auszufüllen. Außerhalb der Grenzen des § 15a können die Länder demgegenüber keine obligatorischen Güteverfahren vorsehen. Entsprechende landesrechtliche Vorschriften wären mangels Gesetzgebungskompetenz nichtig.[45]

2. Vermögensrechtliche Streitigkeiten bis 750,– Euro. Abs. 1 S. 1 Nr. 1 bestimmt, dass 13 ein obligatorischer Güteversuch für Streitigkeiten über vermögensrechtliche Ansprüche mit einem Gegenstandswert von maximal 750,– Euro vorgesehen werden kann. Bei solchen Streitigkeiten hält der Bundesgesetzgeber die Einschaltung einer kostengünstigeren Gütestelle bereits deshalb für sinnvoll, weil die Bedeutung der Sache in keinem angemessenen Verhältnis zu dem Kosten- und Zeitaufwand eines gerichtlichen Verfahrens steht.[46] Abs. 1 S. 1 Nr. 1 wird rechtspolitisch kritisiert, da der Streitwert nichts darüber aussage, ob der Rechtsstreit für ein Güteverfahren geeignet sei oder nicht.[47] Ferner kann die Vorschrift durch Vorschaltung eines Mahnverfahrens umgangen werden (unten Rn. 20). Dementsprechend sehen gegenwärtig nur noch relativ wenige Länder eine Umsetzungsvorschrift zu Abs. 1 S. 1 Nr. 1 vor.[48]

---

[40] Allein eine nachträgliche Trennung nach § 145 ZPO soll aber als solche nicht zwingend zur Annahme eines Rechtsmissbrauchs führen (*Bitter* aaO; im Erg. wohl aA LG Aachen aaO).
[41] *Bitter* aaO („Ist aber die nachträgliche Verbindung eines an sich schlichtungspflichtigen mit einem bereits zulässigerweise gestellten Antrag möglich, so muss es letztlich auch eine Klagehäufung sein, die bereits bei Klageerhebung erfolgt.").
[42] Vgl. für alle nur *Thomas/Putzo/Reichold* § 260 ZPO Rn. 11.
[43] Der BGH weist in einem Klammerzitat, was die Klageerweiterung anbelangt, ausdrücklich (nur) auf § 264 Nr. 2 ZPO hin (BGH aaO, NJW-RR 2005, 501, 503).
[44] Sind beide Anträge schlichtungsbedürftig, so ist demgemäß nach der hier vertretenen Auffassung für beide Anträge ein Güteverfahren durchzuführen. Ein Güteverfahren reicht nur dann aus, wenn es sich dem Gegenstand nach auf beide Anträge bezogen hat.
[45] Vgl. *Hartmann* NJW 1999, 3748.
[46] Gesetzesentwurf BT-Drucks. 14/980 S. 5 r. Sp. und S. 6 l. Sp.
[47] Ausf. Darstellung bei *Jenkel* S. 153 ff.; ferner *Jansen*, Die außergerichtliche Streitschlichtung nach § 15a EGZPO, S. 249 ff.
[48] Eine Umsetzung zu Abs. 1 S. 1 Nr. 1 findet sich in Baden-Württemberg (§ 1 Abs. 1 Nr. 1 SchlG), Sachsen-Anhalt (§ 34a I Nr. 1 SchStG) und Schleswig-Holstein (§ 1 Abs. 1 Nr. 1 LSchlG). In Bayern, Brandenburg,

14 **Vermögensrechtliche Streitigkeiten** iSd. Nr. 1 sind solche, deren Anspruchsinhalt auf Geld oder geldwerte Gegenstände gerichtet ist – dann ohne Rücksicht auf die Natur des zugrunde liegenden Rechtsverhältnisses –, oder die auf einem vermögensrechtlichen, also auf Geld bzw. geldwerte Gegenstände gerichteten Rechtsverhältnis beruhen.[49] Auf die Klageart kommt es nicht an. Abs. 1 S. 1 Nr. 1 gilt also auch zB bei einer (negativen) Feststellungsklage.[50]

15 Es muss sich um vermögensrechtliche Streitigkeiten handeln, die zur **Zuständigkeit der Amtsgerichte** gehören. Die den Landgerichten gemäß § 71 Abs. 2 GVG ohne Rücksicht auf den Wert des Streitgegenstandes zugewiesenen Sachen sind dagegen nicht erfasst.

16 Maßgeblich für die Feststellung des **Streitwerts** sind §§ 3 ff. ZPO.[51] Bei Klagehäufung findet § 5 ZPO Anwendung. Ist die Klage aber offenkundig nur in einer Höhe schlüssig, die zur Erforderlichkeit eines Güteverfahrens führen würde, und macht der Kläger erkennbar nur deshalb einen höheren Anspruch geltend, um das Güteverfahren zu vermeiden, ist dies als rechtsmissbräuchlich anzusehen. Es ist dann von der Erforderlichkeit eines Güteverfahrens auszugehen.[52]

17 Eine im Verlauf des Rechtsstreits erfolgte zulässige **Klageänderung nach § 263** bzw. nach § 264 Nr. 2 ZPO macht grundsätzlich keinen neuen außergerichtlichen Schlichtungsversuch erforderlich (siehe bereits oben Rn. 8).[53] Etwas anderes gilt aber in dem Fall, in dem vor Erhebung der ursprünglichen Klage kein Schlichtungsverfahren durchgeführt wurde, obwohl der Streitwert unter 750,- Euro lag, und die Klageänderung oder -erweiterung nach § 264 Nr. 2 ZPO über den Streitwert von 750,- Euro hinaus **rechtsmissbräuchlich** allein deshalb vorgenommen wird, um die Abweisung der Klage als unzulässig zu vermeiden. Von einer rechtsmissbräuchlichen Klageerweiterung ist dann auszugehen, wenn die zusätzlich geltend gemachten Ansprüche auch für den Kläger erkennbar unschlüssig sind.[54] In diesem Fall ist die geänderte Klage als derzeit unzulässig abzuweisen.

18 Kein Fall einer missbräuchlichen Klageerweiterung liegt nach einer in der Rechtsprechung vertretenen Auffassung dann vor, wenn Klage und Klageerweiterung in demselben Zeitpunkt zugestellt werden.[55] Zu einer gleichzeitigen Zustellung von Klage und Klageerweiterung kann es insbesondere dann kommen, wenn das Gericht den Kläger bereits nach Eingang und vor Zustellung der Klage auf ihre Unzulässigkeit wegen fehlender Streitschlichtung hinweist. Allerdings schließt die gleichzeitige Zustellung den Rechtsmissbrauch nicht notwendig aus. Abzustellen ist auch hier – nicht anders als bei der ursprünglichen Klageerhebung (Rn. 16) – darauf, inwieweit Klage bzw. Klageerweiterung offensichtlich unschlüssig sind und nur dem Ziel dienen, ein Güteverfahren zu vermeiden.[56]

19 Umgekehrt macht eine teilweise **Klagerücknahme**, die zu einem Streitwert von unter 750,- Euro führt, keine (nachträgliche) Durchführung einer Güteverhandlung erforderlich. Anders verhält es sich wiederum nur, wenn der ursprünglich gestellte Antrag teilweise offensichtlich unschlüssig und insoweit ein Fall des Rechtsmissbrauchs vorlag. Dann war bereits die ursprünglich erhobene Klage mangels Durchführung des Güteverfahrens unzulässig.

20 Die praktische Bedeutung der Nr. 1 wird entscheidend dadurch geschmälert, dass die **Einleitung des Mahnverfahrens** vom Anwendungsbereich des obligatorischen Schlichtungsverfahrens ausgenommen ist (Abs. 2 S. 1 Nr. 5). Bei Erhebung des Widerspruchs bzw. bei Einlegung des Einspruchs geht deshalb das Mahnverfahren gemäß § 696 Abs. 1 bzw. § 700 Abs. 3 ZPO unmittelbar in das gerichtliche Verfahren über, ohne dass hierfür ein Schlichtungsversuch notwendig wäre. In der anwaltlichen Praxis wird regelmäßig die Flucht in das Mahnverfahren unternommen, um das vorherige Schlichtungsverfahren zu vermeiden.[57] Dadurch verliert der in der Nr. 1 vorgesehene Schlichtungsversuch praktisch weitgehend an Bedeutung.[58] Ist der im Mahnverfahren geltend gemachte Anspruch

---

Hessen, dem Saarland und – mit Wirkung vom 1. 1. 2008 – in Nordrhein-Westfalen sind die ursprünglich geschaffenen Vorschriften zu Nr. 1 zwischenzeitlich außer Kraft getreten bzw. gestrichen worden.

[49] BGHZ 14, 72, 74; aus der Lit. etwa *Thomas/Putzo/Putzo* Einl. IV Rn. 1.
[50] Nach zustimmenswerter Ansicht des AG Wuppertal gilt Nr. 1 auch bei einer Klage auf Feststellung einer Forderung zur Insolvenztabelle (ZInsO 2002, 91 m. zust. Anm. *Mankowski* EWiR 2002, 347).
[51] BGH v. 22. 10. 2004 – V ZR 47/04 = NJW-RR 2005, 502.
[52] *Bitter* NJW 2005, 1235, 1237; *Friedrich* NJW 2003, 3534; *ders.* MDR 2003, 1313, 1314; *Stein/Jonas/Schlosser* Rn. 6.
[53] Zu Baden-Württemberg BGH v. 22. 10. 2004 V ZR 47/04 = NJW-RR 2005, 501.
[54] AG Schleswig SchlHA 2006, 60; auch (die Rechtsmissbräuchlichkeit im konkreten Fall verneinend) LG Konstanz WuM 2007, 326; LG Kassel NJW 2002, 2256; s. auch *Deckenbrock/Dötsch* ProzRB 2004, 306, 308 f.; *Friedrich* MDR 2003, 1313, 1314.
[55] LG München MDR 2003, 1313; LG Baden-Baden NJW-RR 2002, 735.
[56] Zutr. *Bitter* NJW 2005, 1235, 1237; *Friedrich* NJW 2003, 3534; *ders.* MDR 2003, 1313, 1314.
[57] Vgl. etwa *Röhl/Weiß* S. 280; ferner hess. RegE LT-Drucks. 16/4132, S. 9 f.
[58] Ausf. *Wesche* MDR 2003, 1029, 1032 f.; auch *Bitter* NJW 2005, 1235.

nicht gegeben, und stellt der Kläger seinen Antrag entsprechend um, gelten die dargestellten Grundsätze zur Klageänderung (siehe Rn. 9).[59]

3. Nachbarstreitigkeiten. Für bestimmte nachbarrechtliche Streitigkeiten ermächtigt **Abs. 1 S. 1 Nr. 2** die Länder unabhängig vom Gegenstandswert zur Einführung eines obligatorischen Schlichtungsverfahrens.[60] Von der Ermächtigung in § 15a Abs. 1 S. 1 Nr. 2 EGZPO haben alle Länder Gebrauch gemacht, die ein obligatorisches Schlichtungsverfahren eingeführt haben.[61] Dieses soll neben der Streitbeilegung auch den Erhalt bzw. die Wiederherstellung nachbarlicher Sozialbeziehungen gewährleisten. Nr. 2 erfasst zunächst Streitigkeiten wegen Überhanges (§ 910 BGB), Überfalls (§ 911 BGB) sowie Streitigkeiten um einen Grenzbaum (§ 923 BGB). Hierbei kommt es nicht darauf an, ob die Einflüsse auf einen Gewerbebetrieb zurückzuführen sind oder nicht.[62]   21

Erfasst werden ferner Rechtsstreitigkeiten wegen Immissionen iSd. § 906 BGB sowie Auseinandersetzungen nach landesrechtlichen Vorschriften iSd. Art. 124 EGBGB.[63] Abs. 1 S. 1 Nr. 2 Halbs. 2 sieht in diesen Fällen allerdings eine Ausnahme vom Zwang zum Güteverfahren vor, wenn es sich um Einwirkungen von einem gewerblichen Betrieb handelt. Der Grund hierfür liegt darin, dass hier der persönliche Aspekt zwischen den Prozessparteien idR keine Rolle spielt.[64] Der Begriff des gewerblichen Betriebs erfasst auch unselbständige Gewerbetreibende, Freiberufler und Künstler sowie die Landwirtschaft.[65]   22

Da die in Nr. 2 genannten Vorschriften nicht durchweg Ansprüche enthalten, fallen die genannten Streitigkeiten unabhängig von der materiellrechtlichen Anspruchsgrundlage – wie zB §§ 1004, 823, 812 BGB – unter Nr. 2.[66] Erfasst werden vor allem Ansprüche auf Beseitigung und Unterlassung sowie auf Erstattung von Beseitigungskosten.[67] Es werden auch deliktische Ansprüche erfasst, die mit einer nachbarrechtlichen Streitigkeit eng verbunden sind.[68] Nr. 2 gilt unabhängig davon, ob die Streitigkeit einen vermögensrechtlichen Charakter hat oder nicht; es kommt auch nicht darauf an, ob die Zuständigkeit der Amts- oder Landgerichte gegeben ist.[69]   23

4. Streitigkeiten wegen Ehrverletzung. Der Anwendungsbereich des obligatorischen Güteverfahrens erstreckt sich gemäß **Abs. 1 S. 1 Nr. 3** ferner auch auf Ansprüche wegen Verletzung der persönlichen Ehre als Teil des allgemeinen Persönlichkeitsrechts. Von der Ermächtigung in Abs. 1 S. 1 Nr. 3 haben alle Länder Gebrauch gemacht, die ein obligatorisches Schlichtungsverfahren eingeführt haben.[70] Erfasst werden Ansprüche auf Unterlassung, Widerruf, Schmerzensgeld und Schadensersatz[71] unabhängig vom Streitwert und der Zuständigkeit von Amts- oder Landgericht.[72]   24

---

[59] Bitter NJW 2005, 1235, 1238.
[60] Bayern, Baden-Württemberg, Hessen, das Saarland, Nordrhein-Westfalen, Sachsen-Anhalt, Brandenburg und Schleswig-Holstein.
[61] Bayern (Art. 1 BaySchlG), Baden-Württemberg (§ 1 Abs. 1 S. 1 SchlG) und Brandenburg (§ 1 Abs. 1 BbgSchlG) setzen allerdings voraus, dass die Zuständigkeit eines Amtsgerichts besteht.
[62] Zöller/Gummer/Heßler Rn. 5; Prütting/Schmidt Rn. 128 f. Dies wird im Wortlaut der meisten Ländergesetze klargestellt.
[63] Eine Nachbarstreitigkeit ist gegeben, wenn das Nachbarrechtsgesetz Regelungen enthält, die für den Interessenkonflikt der Nachbarn von Bedeutung sind (BGH v. 22. 10. 2004 V ZR 47/04 = NJW-RR 2005, 501). Zu den einzelnen landesrechtlichen Vorschriften siehe etwa Prütting/Schmidt Rn. 127. Nicht erfasst werden solche nachbarrechtlichen Vorschriften der Länder, die nicht auf Art. 124 EGBGB beruhen (Prütting/Schmidt aaO).
[64] Soweit § 34a Abs. 1 Nr. 2 des sachsen-anhaltinischen SchStG bei Immissionen nach § 906 BGB auch solche erfasst, die von einem gewerblichen Betrieb herrühren, geht die Regelung über die in § 15a enthaltene Ermächtigung hinaus. Die Regelung ist insoweit mangels Gesetzgebungskompetenz nichtig. Der Richter hat hier das Verfahren gem. Art. 100 Abs. 1 S. 1 und 2 GG auszusetzen (Jenkel S. 173).
[65] Ausf. zu den Einzelheiten Erdel MDR 2005, 721 ff.; Prütting/Schmidt Rn. 131; zur Landwirtschaft wohl abw. Stein/Jonas/Schlosser Rn. 7.
[66] Zu § 1004 Abs. 1 BGB LG Karlsruhe Justiz 2003, 265; Zöller/Gummer/Heßler Rn. 5.
[67] Prütting/Schmidt Rn. 121 f.
[68] AG Nürnberg MDR 2002, 1189 (Schädigung einer Hoffläche durch Wurzeln); zust. Baumbach/Lauterbach/Hartmann Rn. 5; abw. Zöller/Gummer/Heßler Rn. 5.
[69] Stein/Jonas/Schlosser Rn. 7; Zöller/Gummer/Heßler Rn. 5; Jenkel S. 160. Die Landesgesetze Bayerns (Art. 1 BaySchlG), Baden-Württembergs (§ 1 Abs. 1 S. 1 SchlG) und Brandenburgs (§ 1 Abs. 1 BbgSchlG) setzen allerdings (einschränkend) voraus, dass die Zuständigkeit eines Amtsgerichts besteht.
[70] Entsprechende Regelungen bestehen also in Bayern, Baden-Württemberg, Hessen, dem Saarland, Nordrhein-Westfalen, Sachen-Anhalt, Brandenburg und Schleswig-Holstein.
[71] Prütting/Schmidt Rn. 135.
[72] Die Landesgesetze Bayerns (Art. 1 BaySchlG), Baden-Württembergs (§ 1 Abs. 1 S. 1 SchlG) und Brandenburgs (§ 1 Abs. 1 BbgSchlG) setzen allerdings (einschränkend) voraus, dass die Zuständigkeit eines Amtsgerichts besteht.

Voraussetzung ist jedoch, dass die Ehrverletzung nicht in Presse oder Rundfunk begangen wurde. Der Begriff der „Presse" entspricht dem Begriff der „Druckwerke" in den Landespressegesetzen.[73] Unter dem Begriff des Rundfunks sind alle öffentlich übertragenen Ton- und Fernseh-Rundfunksendungen einschließlich des Internets zu verstehen.[74] Im Rundfunk ist eine Ehrverletzung dann begangen, wenn das die Ehre verletzende Geschehen durch öffentliche Vorführung der Allgemeinheit bekannt gemacht worden ist.[75] Die lediglich aufspeichernde Aufnahme der Ehrverletzung mittels Tonbands oder Films zum Zwecke einer späteren Vorführung reicht alleine nicht aus, um den Zwang des Güteverfahrens entfallen zu lassen. Kommt es indes später tatsächlich zu einer öffentlichen Vorführung des Geschehens oder steht eine solche unmittelbar bevor, kann sofort Klage erhoben werden. Schadensersatzansprüche wegen schwerwiegender Körperverletzungen oder Sexualdelikten fallen nicht unter Nr. 3.[76]

25 **5. Streitigkeiten nach Abschnitt 3 des Allgemeinen Gleichbehandlungsgesetzes (AGG).** Durch Gesetz vom 14. 8. 2006 wurde der Katalog der von § 15a EGZPO erfassten Streitigkeiten um Verfahren nach Abschnitt 3 des Allgemeinen Gleichbehandlungsgesetzes (AGG) erweitert **(Abs. 1 S. 1 Nr. 4).**[77] Für die Erweiterung des Katalogs sprach, dass Streitigkeiten über Benachteiligungen iSd. AGG einer konsensualen Beilegung in besonderer Weise zugänglich sind.[78] Ferner besteht eine Sachnähe zu den durch Abs. 1 S. 1 Nr. 3 erfassten Streitigkeiten über eine Ehrverletzung.[79]

26 Eine Streitigkeit nach Abschnitt 3 des AGG liegt vor, wenn eine **Beseitigung der Beeinträchtigung** oder eine **Unterlassung** nach § 21 Abs. 1 AGG verlangt wird. Sie liegt ferner vor, wenn der Benachteiligte nach § 21 Abs. 2 Ersatz des ihm entstandenen materiellen oder immateriellen Schadens verlangt. Eine Streitigkeit nach Abschnitt 3 AGG ist auch dann gegeben, wenn der Benachteiligte neben dem in § 21 Abs. 2 speziell geregelten **Schadensersatzanspruch** weitere vertragliche oder – gem. § 21 Abs. 3 AGG nicht verdrängte – allgemein deliktische Ansprüche geltend macht.[80]

IV. Ausnahmen

27 **1. Verfahrensbedingte Unzulässigkeit.** Unabhängig vom Vorliegen der Voraussetzungen des Abs. 1 kann das obligatorische Güteverfahren auch aus anderen Gründen ausscheiden. Kommt die Gütestelle zum Ergebnis, dass ein Güteverfahren nicht zwingend durchzuführen ist, so hat sie den Parteien hierüber eine Bescheinigung auszustellen (unten Rn. 38).

28 In den in **Abs. 2 S. 1 Nr. 1 bis 6** genannten Verfahrensarten bzw. Fallgestaltungen ist dem Landesgesetzgeber die Einführung eines obligatorischen Schlichtungsverfahrens verwehrt. So kann ein außergerichtlicher Güteversuch nicht zur Zulässigkeitsvoraussetzung gemacht werden für:

a) Abänderungsklagen nach § 323 ZPO, Nachforderungsklagen gemäß § 324 ZPO, Urteilsanerkennungsklagen gemäß § 328 ZPO,[81] Widerklagen und Klagen, die innerhalb einer gesetzlich oder gerichtlich angeordneten (zB § 431 Abs. 1 ZPO, § 494a ZPO, §§ 926, 936 ZPO) Frist zu erheben sind **(Abs. 2 S. 1 Nr. 1),**[82] wobei bloße Verjährungs- oder Verwir-

---

[73] Erfasst werden auch die Buchpresse sowie Flugschriften, Schallplatten und Kassetten (*Prütting/Schmidt* Rn. 138).
[74] Dieses Verständnis des Rundfunkbegriffs liegt auch § 169 S. 2 GVG zugrunde. Zum Internet („Gästebuch" einer Internetseite) AG St. Wendel SchAZtg 2005, 202; *Stein/Jonas/Schlosser* Rn. 8; *Zöller/Gummer/Heßler* Rn. 6; *Baumbach/Lauterbach/Hartmann* Rn. 6.
[75] Zu einem möglichen Grenzfall siehe *Hartmann* NJW 1999, 3745, 3747.
[76] OLGR Saarbrücken 2005, 553.
[77] Gesetz zur Umsetzung der europäischen Richtlinie zur Verwirklichung des Grundsatzes der Gleichbehandlung vom 14. 8. 2006 (BGBl. I S. 866). Von der Ermächtigung haben bislang (Stand 31. 12. 2007) nur Bayern und – mit Wirkung vom 1. 1. 2008 – Nordrhein-Westfalen Gebrauch gemacht (Art. 1 Nr. 4 BaySchlG, § 10 Abs. 1 Nr. 3 GüSchlG NRW).
[78] Siehe Beschlussempfehlung und Bericht des Ausschusses für Familie, Senioren, Frauen und Jugend, BT-Drucks. 15/5717, S. 39 r. Sp.; gleichlautend RegE BT-Drucks. 16/1780, S. 58 r. Sp.
[79] Beschlussempfehlung und Bericht des Ausschusses für Familie, Senioren, Frauen und Jugend, BT-Drucks. 15/5717, S. 39 r. Sp.; gleichlautend RegE BT-Drucks. 16/1780, S. 58 r. Sp.
[80] Zu den möglichen Anspruchskonkurrenzen näher MünchKommBGB/*Thüsing* § 21 AGG Rn. 75ff.
[81] Auch andere Anerkennungsverfahren, soweit sie überhaupt mit einer Klage eingeleitet werden, werden von dem Ausnahmetatbestand erfasst (vgl. etwa *Zöller/Gummer/Heßler* Rn. 9; *Stein/Jonas/Schlosser* Rn. 9).
[82] In Wohnungseigentumssachen werden zB Anfechtungsklagen von Güteverfahren ausgenommen (*Niedenführ* NJW 2007, 1841, 1843); ausgeschlossen ist wegen § 558b Abs. 2 S. 2 BGB auch die Klage auf Zustimmung zu einer verlangten Mieterhöhung (*Prütting/Schmidt* Rn. 146).

Einigungsversuch 29, 30 § 15a EGZPO

kungsfristen[83] oder vertraglich vereinbarte Klagefristen[84] von der Ausnahme nicht erfasst werden,
b) Streitigkeiten in Familiensachen gemäß § 23b GVG **(Abs. 2 S. 1 Nr. 2)**,
c) Wiederaufnahmeverfahren iSd. § 578 ZPO **(Abs. 1 S. 1 Nr. 3)**,
d) Ansprüche, die im Urkunden- oder Wechselprozess gem. §§ 592ff. ZPO geltend gemacht werden **(Abs. 2 S. 1 Nr. 4)**, wobei auch der Scheckprozess erfasst ist[85] und sich der Ausnahmetatbestand auch auf das Nachverfahren erstreckt,[86]
e) streitige Verfahren, denen ein Mahnverfahren gemäß §§ 688ff. ZPO vorausgegangen ist **(Abs. 2 S. 1 Nr. 5)**,
f) Klagen wegen vollstreckungsrechtlicher Maßnahmen, insbesondere nach dem 8. Buch der ZPO, wie zB Vollstreckungsabwehrklagen nach § 767 ZPO und Drittwiderspruchsklagen nach § 771 ZPO **(Abs. 2 S. 1 Nr. 6)**. Erfasst wird auch die gegen eine Vollstreckung gerichtete Klage nach § 826 BGB.[87] Andere Verfahren, die nicht durch Klagen eingeleitet werden, wie zB die Erinnerung nach § 766 ZPO, fallen von vornherein nicht unter § 15a (s. Rn. 5).

Den Ländern steht es frei, **weitere Ausnahmetatbestände** zu schaffen. Viele Ländergesetze sehen vor, dass **Adhäsionsverfahren** vom Anwendungsbereich des obligatorischen Güteverfahrens ausgeschlossen sind.[88] Hierbei handelt es sich allerdings nur um eine Klarstellung, da die Verfahren nicht durch eine Klage eingeleitet werden und daher ohnehin nicht vom Anwendungsbereich des § 15a erfasst sind.[89] Sachsen-Anhalt und das Saarland nehmen ferner solche Klagen aus, bei denen die **öffentliche Hand** beteiligt ist;[90] Hessen ferner solche Klagen, die auf Duldung gerichtet und im Gewerbebetrieb des Klägers begründet sind.[91] Vielfach ausgenommen werden auch Fälle, bei denen bereits ein **Vorverfahren aufgrund anderer Vorschriften** vorgeschaltet ist.[92]

2. Unzulässigkeit wegen räumlicher Distanz. Die Einführung eines obligatorischen Güteverfahrens ist weiterhin unabhängig von Abs. 1 und Abs. 2 unzulässig, wenn die Parteien nicht in **demselben Bundesland** wohnen oder dort ihren Sitz oder eine Niederlassung haben (Abs. 2 S. 2). Die Tatbestandsmerkmale „Sitz" und „Niederlassung" sind im Sinne der §§ 17ff. und § 21 ZPO[93] zu verstehen.[94] Demgegenüber geht der Begriff des „Wohnens" über den in § 13 ZPO verwendeten Begriff des Wohnsitzes hinaus. Er erfasst neben dem Wohnsitz auch den tatsächlichen Aufenthalt der Parteien.[95] Die Regelung soll gewährleisten, dass die Parteien den Ort des Schlichtungsverfahrens ohne größeren zeitlichen und finanziellen Aufwand erreichen können. Der Zwang zum Schlichtungsversuch entfällt deshalb nur dann, wenn die Parteien zum Zeitpunkt der Klageerhebung weder ihren Wohnsitz noch ihren tatsächlichen Aufenthalt in demselben Bundesland haben. Dem gleichzustellen ist der Fall, dass der Aufenthalt einer Partei unbekannt ist.[96] Sind an dem Ver-

---

[83] Nachbarrechtliche Beseitigungsansprüche, die ohne Klageerhebung binnen Jahresfrist nicht mehr geltend gemacht werden können, werden daher von der Ausnahmevorschrift nicht erfasst (so im Erg. auch AG Königstein NJW 2003, 1954). Zur Verjährung wie hier *Kothe/Anger*, Schlichtungsgesetz Baden-Württemberg, 2001, § 1 SchlG Rn. 23.
[84] Abw. *Baumbach/Lauterbach/Hartmann* Rn. 9; *Zöller/Gummer/Heßler* Rn. 9 (dann aber hätten die Parteien die Möglichkeit, das obligatorische Güteverfahren durch die einfache Vereinbarung einer Klagefrist zu umgehen).
[85] Einzelne Ländergesetze stellen hier klar, dass auch Ansprüche im Scheckprozess von der Ausnahmevorschrift erfasst werden (vgl. etwa in Baden-Württemberg § 1 Abs. 2 Nr. 4 SchlG, in Nordrhein-Westfalen § 10 Abs. 2 Nr. 4 GüSchlG und in Schleswig-Holstein § 1 Abs. 1 Nr. 4 lit. d LSchliG). Dies ist aber bereits einer teleologischen Auslegung der Nr. 4 zu entnehmen (im Erg. auch *Prütting/Schmidt* Rn. 155; *Baumbach/Lauterbach/Hartmann* Rn. 12; vgl. ausdrücklich Gesetzentwurf, BT-Drucks. 14/980 S. 7 l. Sp.).
[86] *Prütting/Schmidt* Rn. 157.
[87] *Baumbach/Lauterbach/Hartmann* Rn. 14.
[88] Nur Bayern und Baden-Württemberg sehen keine entsprechende Regelung vor.
[89] *Jenkel* S. 175f.; *Prütting/Schmidt* Rn. 133.
[90] In Sachsen-Anhalt folgt dies unmittelbar aus § 34a Abs. 2 Nr. 9 SchStG; im Saarland lässt sich dies aus § 13 Abs. 3 SSchO ableiten (näher *Prütting/Schmidt* Rn. 167).
[91] § 1 Abs. 2 Nr. 7 hess SchliG. Erfasst werden damit Ansprüche auf Duldung des Betretens von Räumen und Unterbrechung der Strom- oder Gaszufuhr. Es soll damit einer Verzögerungsstrategie des (zahlungsunwilligen oder -unfähigen) Kunden entgegengewirkt werden (vgl. *Prütting/Schmidt* Rn. 165; *Hofmann* SchaZtg. 2001, 97, 98).
[92] Derartige Ausnahmetatbestände finden sich in Hessen (§ 1 Abs. 2 Nr. 9 SchliG), Nordrhein-Westfalen (§ 10 Abs. 2 Nr. 8 GüSchlG), Sachsen-Anhalt (§ 34a Abs. 2 Nr. 8 SchStG), dem Saarland (§ 37a Abs. 2 Nr. 8 AGJusG) und in Schleswig-Holstein (§ 1 Abs. 2 S. 1 Nr. 8 LSchliG); vgl. näher *Prütting/Schmidt* Rn. 164; *Jenkel* S. 176f.
[93] Vgl. hierzu im Einzelnen die dortige Kommentierung.
[94] Gesetzesentwurf BT-Drucks. 14/980, S. 7 r. Sp.
[95] Gesetzesentwurf BT-Drucks. 14/980, S. 7 r. Sp.
[96] *Baumbach/Lauterbach/Hartmann* Rn. 15; *Prütting/Taxis* Rn. 177.

fahren mehr als zwei Parteien beteiligt – werden also etwa zwei Beklagte in Anspruch genommen –, so schließt Abs. 2 S. 2 das Güteverfahren für alle Parteien aus, wenn auch nur eine Partei (etwa einer der beiden Beklagten) keinen Sitz, Wohnsitz bzw. tatsächlichen Aufenthalt in dem betreffenden Bundesland hat.[97] Ist die Klage zum Zeitpunkt der Rechtshängigkeit auch ohne vorangegangenes Schlichtungsverfahren zulässig, da die Ausnahme nach Abs. 2 S. 2 greift, ändert eine nachträgliche Veränderung von Sitz oder Wohnsitz in entsprechender Anwendung von § 261 Abs. 3 Nr. 2 ZPO an dieser einmal bestehenden Zulässigkeit nichts mehr.

31 Nach Abs. 5 steht es den Landesgesetzgebern frei, die Ausnahme vom Schlichtungszwang durch eine Beschränkung des Abs. 2 S. 2 auf **kleinere räumliche Bereiche** (zB Landgerichtsbezirke) zu erweitern. Hiervon haben verschiedene Länder Gebrauch gemacht.[98]

32 **3. Einvernehmlicher Einigungsversuch vor sonstiger Gütestelle.** Ein gemäß Abs. 1 und Abs. 2 an sich notwendiger Schlichtungsversuch vor einer von der Landesjustizverwaltung eingerichteten oder anerkannten (Abs. 1 S. 1) bzw. vom Landesgesetzgeber anerkannten (Abs. 6 S. 1) Gütestelle entfällt, wenn die Parteien einvernehmlich einen Güteversuch vor einer sonstigen Gütestelle unternommen haben **(Abs. 3).**

33 Als **sonstige Gütestelle** kommen sowohl staatliche als auch nichtstaatliche Stellen in Betracht. Voraussetzung ist lediglich, dass diese Stellen „Streitbeilegung betreiben". Das ist der Fall, wenn sich die entsprechende Stelle nicht nur einmalig, sondern grundsätzlich auf Dauer angelegt mit Streitschlichtung befasst.[99] Neben den in Abs. 3 S. 2 aufgezählten Stellen kommen hierfür insbesondere der als Vermittler, Schlichter oder Mediator tätige Rechtsanwalt bzw. der als Schlichter tätige Notar in Betracht.[100]

34 Die Parteien müssen den Güteversuch **einvernehmlich** unternommen haben. Einvernehmlichkeit ist immer dann zu bejahen, wenn die Initiative für die Anrufung einer sonstigen Gütestelle von beiden Parteien ausgeht oder wenn die Initiative zwar nur von einer Partei ausgeht, die andere sich aber freiwillig auf das Güteverfahren einlässt. Durch das Erfordernis des Einvernehmens soll sichergestellt werden, dass keine Partei zu einem Einigungsversuch vor einer sonstigen, evtl. branchengebundenen Schlichtungsstelle gedrängt wird, welche durch Organisation und Finanzmittel des wirtschaftlich Stärkeren unterstützt wird. Als Ausnahme von diesem Grundsatz wird das Einvernehmen nach Abs. 3 S. 2 jedoch in den Fällen **unwiderleglich vermutet,** in denen der Verbraucher eine der dort aufgeführten Gütestellen aus eigener Initiative anruft. In diesen Fällen besteht die soeben erörterte Gefahr nicht. Auch die sonstigen Gütestellen haben dem Rechtsuchenden eine gem. Abs. 1 S. 2 mit der Klage einzureichende Bescheinigung über den erfolglosen Einigungsversuch auszustellen (Abs. 3 S. 3 iVm. Abs. 1 S. 2).

V. Landesrechtliche Ausgestaltung des Verfahrens

35 Die **Einrichtung der Gütestellen** einschließlich der Frage ihrer Besetzung bleibt gemäß Abs. 5 Halbs. 1 den Ländern vorbehalten. Dem Landesgesetzgeber steht es frei, die Gütestellen mit Personen zu besetzen, die keinen rechtsberatenden Beruf ausüben.[101] Verfassungsrechtliche Bedenken bestehen hiergegen nicht.[102] Auch die nähere **Regelung des Verfahrens** bleibt gemäß Abs. 5 Halbs. 1 den Ländern vorbehalten. So können die Länder gemäß Abs. 5 Halbs. 2 aE die Tätigkeit der Gütestellen von der Einzahlung eines angemessenen Kostenvorschusses abhängig machen[103] und die Festsetzung von Ordnungsgeld gegen eine im Gütetermin nicht erschienene Partei vorsehen.[104]

---

[97] LG Essen MDR 2005, 351; AG Ahrensburg SchlHA 2004, 26 (zur Klage gegen einen Kfz-Halter und dessen Versicherung).
[98] Einzelne Ausführungsgesetze sehen gegenwärtig (zum 31. 12. 2007) vor, dass beide Parteien ihren Sitz oder Wohnsitz in demselben LG-Bezirk haben müssen (so die Ausführungsgesetze in Bayern (Art. 2 BaySchlG), in Brandenburg (§ 2 BbgSchlG), in Schleswig-Holstein (§ 1 Abs. 2 LSchliG) und in Nordrhein-Westfalen (§ 11 GüSchlG NW)). Baden-Württemberg lässt auch benachbarte Landgerichtsbezirke genügen (§ 1 Abs. 3 SchlG).
[99] BT-Drucks. 14/980, S. 7.
[100] BT-Drucks. 14/980, S. 8. Zu der Ausgestaltung in den Ländern im Einzelnen *Jenkel* S. 187 ff.
[101] In Brandenburg, Hessen, Nordrhein-Westfalen, Saarland, Sachsen-Anhalt und Schleswig-Holstein wurden die Schiedsämter mit der Gütestellenfunktion betraut. Hier sind ehrenamtliche Schlichter tätig. Daneben kommen auch andere Personen (zB auch Notare, Anwälte) als Gütestellen in Betracht (zu den Einzelheiten siehe *Prütting/Krafka/Schmidt* Rn. 263 ff.). In Bayern werden in erster Linie Notare und Rechtsanwälte, in Baden-Württemberg in erster Linie Rechtsanwälte als Schlichter tätig.
[102] BVerfG v. 14. 2. 2007 – 1 BvR 1351/01 = NJW-RR 2007, 1073, 1075.
[103] Zu den Regelungen in den Landesgesetzen siehe *Jenkel* S. 230 ff.
[104] Dies sehen die Landesgesetze in Sachsen-Anhalt (§ 34 e Abs. 4 iVm. § 24 Abs. 2 S. 1 SchStG – bei Fernbleiben der Gegenpartei), Schleswig-Holstein (§§ 5 bzw. 7 S. 1 LSchliG iVm. § 23 Abs. 3 S. 1 SchO) und Hessen (§ 18 Abs. 4 S. 1 HessSchAG, nur bei Fernbleiben der Gegenpartei) vor.

Die Aufzählung in Abs. 5 Halbs. 2 ist lediglich exemplarisch und nicht abschließend. Da es dem Landesgesetzgeber auf Grund der Generalermächtigung in Abs. 5 Halbs. 1 freisteht, im Rahmen des Güteverfahrens eine Beweisaufnahme vorzusehen, kann er deshalb zB auch die Festsetzung eines Ordnungsgeldes für einen nicht erschienenen Zeugen vorsehen.[105]

Zwingend festschreiben müssen die Landesgesetzgeber bei Einführung des Güteverfahrens jedoch die Pflicht der Gütestellen, eine **Bescheinigung** über einen erfolglosen Einigungsversuch auszustellen (vgl. Abs. 1 S. 2). Eine solche Verpflichtung muss der Landesgesetzgeber auch für die Fälle vorsehen, in denen aus einer Partei beantragte Güteverfahren binnen einer Frist von drei Monaten nicht durchgeführt worden ist und eine Partei (nicht notwendig der Antragsteller)[106] eine entsprechende Bescheinigung beantragt hat (Abs. 1 S. 3). Die nähere Regelung des Inhalts der Bescheinigung bleibt den Ländern vorbehalten.[107]

VI. Beendigung des Schlichtungsverfahrens

1. Einvernehmliche Beilegung. Die einvernehmliche Beilegung der Streitigkeit vor der Gütestelle stellt einen **Vergleich und damit einen Vollstreckungstitel** iSd. § 794 Abs. 1 Nr. 1 ZPO dar. Für die Streitbeilegung durch eine von der Landesjustizverwaltung eingerichtete bzw. anerkannte Gütestelle iSd. Abs. 1 ergibt sich dies unmittelbar aus dem Wortlaut des § 794 Abs. 1 Nr. 1 ZPO. Für die durch Landesrecht anerkannten Gütestellen iSd. Abs. 6 S. 1 ergibt sich dies durch die Gleichstellung in Abs. 6 S. 2.

2. Scheitern des Schlichtungsversuches. Bei Scheitern einer einvernehmlichen Streitbeilegung hat die Gütestelle den Parteien hierüber von Amts wegen eine **Bescheinigung** auszustellen, deren Vorlage sie für eine zulässige Klageerhebung, gleichgültig ob Leistungsklage oder negative Feststellungsklage, benötigen **(vgl. Abs. 1 S. 2).** Ein Schlichtungsversuch kann dann gescheitert, wenn die angerufene Gütestelle zum Ergebnis kommt, dass die Voraussetzungen für die Durchführung eines Schlichtungsverfahrens nicht vorliegen. Auch hierüber ist den Parteien eine Bescheinigung auszustellen (Negativattest). Das nachfolgend angerufene Gericht ist an diese Entscheidung gebunden.[108] Es sollte – auch unter dem Gesichtspunkt von Art. 19 Abs. 4 GG – nicht dazu kommen, dass dem Kläger bei Meinungsverschiedenheiten zwischen Gericht und Gütestelle ein effektiver und rascher Rechtsschutz verweigert wird.[109]

Die Gütestelle hat eine entsprechende Bescheinigung auf Antrag einer Partei auch dann auszustellen, wenn das beantragte Einigungsverfahren binnen einer Frist von drei Monaten nicht bis zum Abschluss durchgeführt worden ist **(Abs. 1 S. 3).** Woran die Durchführung des Einigungsverfahrens gescheitert ist, ist grundsätzlich ohne Bedeutung.[110] Die Landesgesetze sehen aber vor, dass der Antragsteller immerhin – grundsätzlich persönlich[111] – vor der **Gütestelle erscheinen** muss, um eine Bescheinigung zu erhalten. Bei unentschuldigtem Fernbleiben gilt der Antrag als zurückgenommen, oder es wird das Ruhen des Verfahrens angeordnet.[112] Die Ausstellung darf aber nicht mit der Begründung verweigert werden, dass sich der Kläger auf keine Zugeständnisse eingelassen hat.[113] Wird die Ausstellung der Bescheinigung zu Unrecht **verweigert,** so kann der Kläger nach Ablauf der Dreimonatsfrist unmittelbar Klage erheben. Ihn in eine Auseinandersetzung mit der Gütestelle zu zwingen, würde zu einer nicht mehr angemessenen – auch im Lichte von Art. 19 Abs. 4 GG nicht unproblematischen – Verzögerung führen.[114]

Die Bescheinigung iSd. Abs. 1 S. 2, 3 ist grundsätzlich allen am Verfahren beteiligten Parteien auszustellen. Entgegen dem Wortlaut von Abs. 1 S. 3 hat die Gütestelle daher auf Antrag auch der Partei eine entsprechende Bescheinigung auszustellen, die das Einigungsverfahren nicht beantragt

---

[105] AA *Hartmann* NJW 1999, 3745, 3749.
[106] Vgl. hierzu Rn. 40.
[107] BT-Drucks. 14/1306, S. 3.
[108] *Baumbach/Lauterbach/Hartmann* Rn. 25; *Jenkel* S. 180; abw. *Zöller/Gummer/Heßler* Rn. 24.
[109] Es ist zu berücksichtigen, dass die Gütestelle immer dann, wenn sie – aus welchem Grund auch immer – kein Güteverfahren durchführt, binnen drei Monaten eine Bescheinigung über den erfolglosen Einigungsversuch auszustellen hat (§ 15a Abs. 1 S. 3). Geht man also davon aus, dass das Gericht nicht an die Rechtsauffassung der Gütestelle gebunden ist – und bliebe die Gütestelle bei der Auffassung, dass kein Güteverfahren durchzuführen ist –, würde sich das Problem durch schlichten (aber unnützen) Zeitablauf erledigen.
[110] Gesetzesentwurf BT-Drucks. 14/980, S. 7 l. Sp. (zB am Verhalten eines auf Zeitgewinn spielenden Schuldners oder bei einer zeitweisen Überlastung der Gütestelle).
[111] Zu den einzelnen landesgesetzlichen Regelungen vgl. *Jenkel* S. 133 f.
[112] Näher *Prütting/Schmidt* Rn. 539, 556, 562 f.
[113] Für alle *Stein/Jonas/Schlosser* Rn. 2.
[114] *Baumbach/Lauterbach/Hartmann* Rn. 8.

hat. Es sind Fälle denkbar, in denen sich aus einem der Einigungsstelle von einer Partei vorgetragenen Sachverhalt letztlich beide Parteien anspruchsberechtigt fühlen. Sofern es sich um Ansprüche aus demselben Lebenssachverhalt handelt (zB Verkehrsunfall mit Schaden unter 750,– Euro), muss es nach Durchführung des Einigungsversuchs bzw. nach Ablauf der in Abs. 1 S. 3 bezeichneten Frist beiden Parteien möglich sein, Klage, zB auch negative Feststellungsklage, zu erheben. Nur der Partei die Möglichkeit einer zulässigen Klageerhebung zuzugestehen, die das Güteverfahren beantragt hat, würde zu unnötigen Verzögerungen führen und den Anspruch des Antragsgegners auf Justizgewährung und effektiven Rechtsschutz beeinträchtigen.[115]

VII. Hemmung der Verjährung

41 Für die Hemmung der Verjährung durch Einleitung des Schlichtungsverfahrens gilt auf Grund der Gleichstellung der Gütestellen mit den Gütestellen des § 794 Abs. 1 Nr. 1 ZPO in Abs. 6 S. 2 die Vorschrift des § 204 Abs. 1 Nr. 4 BGB.[116] Danach tritt die Hemmung grundsätzlich mit der **Veranlassung der Bekanntgabe** ein. Sie tritt bereits mit der **Einreichung des Güteantrags** ein, wenn die Bekanntgabe des Antrags vergleichbar § 167 ZPO demnächst nach der Einreichung des Antrags veranlasst wird (§ 204 Abs. 1 Nr. 4 Halbs. 2 BGB). Eine Veranlassung der Bekanntgabe ist etwa dann anzunehmen, wenn der an den Schuldner adressierte Brief zur Post gegeben worden ist.[117] Es kommt nicht darauf an, ob und wann dieser Brief zugegangen ist.[118] Die Hemmung tritt nicht nur ein, wenn der Gläubiger den Antrag stellt, sondern nach dem Grundgedanken des § 203 BGB auch, wenn der Schuldner den Güteantrag stellt.[119] Ein Vergleich mit der negativen Feststellungsklage ist wegen der Zielsetzung des Güteverfahrens, eine einvernehmliche Lösung herbeizuführen, nicht angebracht.[120] Eine Hemmung tritt auch ein, wenn der Antrag bei einer örtlich oder sachlich unzuständigen Gütestelle gestellt wird.[121]

VIII. Kosten

42 Hinsichtlich der Kosten regelt die Rahmenvorschrift des § 15 a in Abs. 4 lediglich, dass die **Kosten der Gütestelle** zu den Kosten des nachfolgenden Rechtsstreits iSv. § 91 Abs. 1 und 2 ZPO zählen. Die eigentliche Regelung über Entstehung und Umfang der Kosten vor der Gütestelle bleibt gemäß Abs. 5 Halbs. 1 den Ländern überlassen. Eine bedürftige Partei kann gem. § 1 Abs. 1 BerHG im Schlichtungsverfahren grundsätzlich Beratungshilfe erhalten.[122]

43 § 15 a Abs. 4 ist als eine gegenüber § 91 Abs. 3 ZPO vorrangige Sonderregelung anzusehen, da sie sich – anders als § 91 Abs. 3 ZPO – auf obligatorische Güteverfahren beschränkt.[123] Die Vorschrift bezieht sich explizit auf die Kosten der Gütestelle und lässt die Frage nach der Erstattungsfähigkeit von **Anwaltskosten**[124] offen. Einem allgemeinen Umkehrschluss dahingehend, dass Anwaltskosten im Falle des Scheiterns der Schlichtung im Rahmen der Kostenerstattung nach § 91

---

[115] *Jenkel* S. 126 f. Diese Auslegung dürfte auch der Umsetzung in § 13 Abs. 1 GüSchlG NRW zugrunde liegen; dort ist „den Parteien" eine Bescheinigung zu erteilen; abw. aber wohl § 34 h Abs. 1 des sachsen-anhaltinischen SchStG („der antragstellenden Partei").
[116] S. im Einzelnen *Wagner* NJW 2001, 182.
[117] Bericht des Rechtsausschusses, BT-Drucks. 14/7052 S. 181; *Friedrich* NJW 2003, 1781; MünchKommBGB/*Grothe* § 204 Rn. 36; AnwKomBGB/*Mansel/Budzikiewicz* § 204 Rn. 61; Zöller/Gummer/Heßler Rn. 20; *Prütting/Taxis* Rn. 214; krit. zu dieser Regelung *Staudinger/Eidenmüller* NJW 2004, 23, 25.
[118] Vgl. nur Bericht des Rechtsausschusses, BT-Drucks. 14/7052 S. 181; abw. (auf die Bekanntgabe selbst abstellend) *Palandt/Heinrichs* § 204 BGB Rn. 19. Die Gegenauffassung ist jedoch weder mit dem Wortlaut noch mit der Gesetzgebungsgeschichte vereinbar (vgl. etwa MünchKommBGB/*Grothe* § 204 Rn. 36).
[119] *Friedrich* NJW 2003, 1781, 1783; aA MünchKommBGB/*Grothe* § 204 Rn. 36; *Palandt/Heinrichs* § 204 BGB Rn. 19; AnwKomBGB/*Mansel/Budzikiewicz* § 204 Rn. 62. Lässt sich in diesem Fall der Gläubiger auf das Güteverfahren ein, kommt nach dieser Auffassung aber jedenfalls eine Hemmung nach § 203 BGB in Betracht.
[120] AA *Palandt/Heinrichs* § 204 BGB Rn. 19.
[121] Ausf *Friedrich* NJW 2003, 1781, 1782; MünchKommBGB/*Grothe* § 204 Rn. 36; *Palandt/Heinrichs* § 204 BGB Rn. 19; AnwKomBGB/*Mansel/Budzikiewicz* § 204 Rn. 63.
[122] Vgl. aber AG Nürnberg JurBüro 2002, 147: IdR keine Beratungshilfe für anwaltliche Vertretung, wenn auch die Gegenseite ohne Anwalt auftritt.
[123] *Baumbach/Lauterbach/Hartmann* § 91 ZPO Rn. 106.
[124] Der Rechtsanwalt erhält gem. VV 2403 eine Geschäftsgebühr von 1,5. Nach VV 1000 ergibt sich im Falle einer Einigung zusätzlich eine Einigungsgebühr iHv 1,5. Die Geschäftsgebühr ist nach Vorbem. 3 VV zur Hälfte, jedoch höchstens zu 0,75 auf die Verfahrensgebühr des gerichtlichen Verfahrens anzurechnen. Ebenso anzurechnen ist die Geschäftsgebühr nach VV 2400 auf die in einem nachfolgenden Güteverfahren anfallende Geschäftsgebühr nach VV 2403.

ZPO in einem nachfolgenden Klageverfahren nicht erstattungsfähig sein sollen, ist sie nicht zugänglich.[125]

Zumeist wird angenommen, dass sich eine Erstattungsfähigkeit der Anwaltsgebühren für das obligatorische außergerichtliche Güteverfahren unter dem Gesichtspunkt **notwendiger Vorbereitungskosten** ergeben kann.[126] Die Frage, ob derartige Anwaltskosten tatsächlich „notwendig" sind, ist allerdings nicht allgemein zu bejahen, sondern für den Einzelfall zu prüfen.[127] Bei ganz einfach gelagerten Fällen kann die Notwendigkeit von Anwaltskosten verneint werden. 44

§§ 16, 17 *(aufgehoben)*

§ 18 *(gegenstandslos)*

§ 19 [Begriff der Rechtskraft]

(1) Rechtskräftig im Sinne dieses Gesetzes sind Endurteile, welche mit einem ordentlichen Rechtsmittel nicht mehr angefochten werden können.

(2) Als ordentliche Rechtsmittel im Sinne des vorstehenden Absatzes sind diejenigen Rechtsmittel anzusehen, welche an eine von dem Tage der Verkündung oder Zustellung des Urteils laufende Notfrist gebunden sind.

§ 19 bezieht sich, wie der Wortlaut deutlich macht, auf die Rechtskraft im Sinne „dieses Gesetzes"; dh. der EGZPO und damit auf die gegenstandslos gewordenen §§ 18, 20,[1] die bei Inkrafttreten der ZPO anhängige Verfahren betreffen. Der Gesetzgeber hat damit jedoch seine Vorstellungen von der formellen Rechtskraft zum Ausdruck gebracht, die auch für die ZPO gelten sollen.[2] 1

§ 20 Übergangsvorschriften zum Sechsten Gesetz zur Änderung der Pfändungsfreigrenzen

(1) [1]Eine vor dem Inkrafttreten des Sechsten Gesetzes zur Änderung der Pfändungsfreigrenzen vom 1. April 1992 (BGBl. I S. 745) am 1. Juli 1992 ausgebrachte Pfändung, die nach den Pfändungsfreigrenzen des bis zu diesem Zeitpunkt geltenden Rechts bemessen worden ist, richtet sich hinsichtlich der Leistungen, die nach dem 1. Juli 1992 fällig werden, nach den seit diesem Zeitpunkt geltenden Vorschriften. [2]Auf Antrag des Gläubigers, des Schuldners oder des Drittschuldners hat das Vollstreckungsgericht den Pfändungsbeschluss entsprechend zu berichtigen. [3]Der Drittschuldner kann nach dem Inhalt des früheren Pfändungsbeschlusses mit befreiender Wirkung leisten, bis ihm der Berichtigungsbeschluss zugestellt wird.

(2) [1]Soweit die Wirksamkeit einer Verfügung über Arbeitseinkommen davon abhängt, dass die Forderung der Pfändung unterworfen ist, sind die Vorschriften des Artikels 1 des Sechsten Gesetzes zur Änderung der Pfändungsfreigrenzen vom 1. April 1992 (BGBl. I S. 745) auch dann anzuwenden, wenn die Verfügung vor dem 1. Juli 1992 erfolgt ist. [2]Der Schuldner der Forderung kann nach Maßgabe der bis zu diesem Zeitpunkt geltenden Vorschriften so lange mit befreiender Wirkung leisten, bis ihm eine entgegenstehende vollstreckbare gerichtliche Entscheidung zugestellt wird oder eine Verzichtserklärung desjenigen zugeht, an den der Schuldner auf Grund dieses Gesetzes weniger als bisher zu leisten hat.

---

[125] BayObLG NJW-RR 2005, 724 = BayObLGZ 2004, 169; abw. OLGR Hamm AGS 2007, 672; OLG Hamburg MDR 2002, 115 (jeweils unter Anwendung von § 91 Abs. 3 ZPO). Nach der Begründung zum Gesetzentwurf hat die Vorschrift nur den Zweck, eine Klarstellung im Hinblick auf die Kosten der Gütestelle zu bringen (BT-Drucks. 14/980, S. 8 l. Sp.).
[126] BayObLG NJW-RR 2005, 724 = BayObLGZ 2004, 169; LG Mönchengladbach Rpfleger 2003, 269; auch LG Nürnberg-Fürth NJW-RR 2003, 1508 (für ein freiwilliges Güteverfahren); *Friedrich* NJW 2003, 3534, 3536; *Schütt* MDR 2002, 116; *Zöller/Gummer/Heßler* Rn. 26; *Baumbach/Lauterbach/Hartmann* § 91 ZPO Rn. 106; *ders.* NJW 1999, 3745, 3748; abw. OLG Hamm AGS 2007, 429; OLG Hamburg MDR 2002, 115 (Kosten seien nach Sinn und Zweck des Güteverfahrens nicht notwendig).
[127] BayObLG NJW-RR 2005, 724, 725 = BayObLGZ 2004, 169.
[1] *Prütting* NJW 1980, 361, 366; *Tiedemann* ZZP 93 (1980), 23, 27.
[2] *Hahn*, Mat. CPO, Bd. 1, 1880, S. 506; *Tiedemann* ZZP 93 (1980), 23, 28.

§ 21 Übergangsvorschriften zum Siebten Gesetz zur Änderung der Pfändungsfreigrenzen

(1) ¹Für eine vor dem 1. Januar 2002 ausgebrachte Pfändung sind hinsichtlich der nach diesem Zeitpunkt fälligen Leistungen die Vorschriften des § 850a Nr. 4, § 850b Abs. 1 Nr. 4, § 850c und § 850f Abs. 3 der Zivilprozessordnung in der ab diesem Zeitpunkt geltenden Fassung anzuwenden. ²Auf Antrag des Gläubigers, des Schuldners oder des Drittschuldners hat das Vollstreckungsgericht den Pfändungsbeschluss entsprechend zu berichtigen. ³Der Drittschuldner kann nach dem Inhalt des früheren Pfändungsbeschlusses mit befreiender Wirkung leisten, bis ihm der Berichtigungsbeschluss zugestellt wird.

(2) ¹Soweit die Wirksamkeit einer Verfügung über Arbeitseinkommen davon abhängt, dass die Forderung der Pfändung unterworfen ist, sind die Vorschriften des § 850a Nr. 4, § 850b Abs. 1 Nr. 4, § 850c und § 850f Abs. 3 der Zivilprozessordnung in der ab dem 1. Januar 2002 geltenden Fassung hinsichtlich der Leistungen, die nach diesem Zeitpunkt fällig werden, auch anzuwenden, wenn die Verfügung vor diesem Zeitpunkt erfolgt ist. ²Der Drittschuldner kann nach den bis zum 1. Januar 2002 geltenden Vorschriften so lange mit befreiender Wirkung leisten, bis ihm eine entgegenstehende vollstreckbare gerichtliche Entscheidung zugestellt wird oder eine Verzichtserklärung desjenigen zugeht, an den der Schuldner nach den ab diesem Zeitpunkt geltenden Vorschriften weniger zu leisten hat.

§ 22 Überleitungsvorschriften zum Zweiten Gesetz zur Änderung zwangsvollstreckungsrechtlicher Vorschriften (2. Zwangsvollstreckungsnovelle)

(1) ¹§ 708 Nr. 11 der Zivilprozessordnung ist in seiner bis zum 1. Januar 1999 geltenden Fassung (Inkrafttreten der 2. Zwangsvollstreckungsnovelle vom 17. Dezember 1997 (BGBl. I S. 3039, 1998 I S. 583), die durch Artikel 8 des Gesetzes vom 19. Dezember 1998 (BGBl. I S. 3836) geändert worden ist) anzuwenden, wenn die mündliche Verhandlung, auf die das Urteil ergeht, vor dem 1. Januar 1999 geschlossen worden ist. ²Im schriftlichen Verfahren tritt an die Stelle des Schlusses der mündlichen Verhandlung der Zeitpunkt, bis zu dem Schriftsätze eingereicht werden können.

(2) § 765a Abs. 3 der Zivilprozessordnung in der Fassung des Artikels 1 Nr. 9 Buchstabe c der 2. Zwangsvollstreckungsnovelle gilt nicht, wenn die Räumung binnen einem Monat seit Inkrafttreten der 2. Zwangsvollstreckungsnovelle am 1. Januar 1999 stattfinden soll.

(3) § 788 Abs. 1 Satz 3 der Zivilprozessordnung in der Fassung des Artikels 1 Nr. 11 Buchstabe a der 2. Zwangsvollstreckungsnovelle gilt nur für Kosten, die nach Inkrafttreten der 2. Zwangsvollstreckungsnovelle am 1. Januar 1999 entstehen.

(4) § 794 Abs. 1 Nr. 5 der Zivilprozessordnung ist in seiner bis zum 1. Januar 1999 geltenden Fassung anzuwenden, wenn die Urkunde vor dem Inkrafttreten der 2. Zwangsvollstreckungsnovelle am 1. Januar 1999 errichtet wurde.

(5) § 807 Abs. 1 Nr. 3 und 4 der Zivilprozessordnung in der Fassung des Artikels 1 Nr. 14 Buchstabe a der 2. Zwangsvollstreckungsnovelle gilt nicht für die Verfahren, in denen der Gerichtsvollzieher die Vollstreckung vor dem Inkrafttreten der 2. Zwangsvollstreckungsnovelle am 1. Januar 1999 versucht hatte.

(6) § 833 Abs. 2 der Zivilprozessordnung in der Fassung des Artikels 1 Nr. 23 Buchstabe a der 2. Zwangsvollstreckungsnovelle gilt nicht für Arbeits- oder Dienstverhältnisse, die vor dem Inkrafttreten der 2. Zwangsvollstreckungsnovelle am 1. Januar 1999 beendet waren.

(7) § 866 Abs. 3 Satz 1 und § 867 Abs. 2 der Zivilprozessordnung in der Fassung des Artikels 1 Nr. 26 und 27 Buchstabe a der 2. Zwangsvollstreckungsnovelle gelten nicht für Eintragungen, die vor dem Inkrafttreten der 2. Zwangsvollstreckungsnovelle am 1. Januar 1999 beantragt worden sind.

(8) Die Frist des § 885 Abs. 4 Satz 1 der Zivilprozessordnung in der Fassung des Artikels 1 Nr. 28 Buchstabe b der 2. Zwangsvollstreckungsnovelle beginnt nicht vor dem Tage des Inkrafttretens der 2. Zwangsvollstreckungsnovelle am 1. Januar 1999.

(9) Auf Anträge auf Bestimmung eines Termins zur Abnahme der eidesstattlichen Versicherung, die vor dem 1. Januar 1999 gestellt worden sind, finden die §§ 807, 899, 900 der Zivilprozessordnung und § 20 Nr. 17 des Rechtspflegergesetzes in der jeweils bis zum 1. Januar 1999 geltenden Fassung Anwendung.

§ 23 *(gegenstandslos)*

§ 24 **[Übergangsvorschrift zum Gesetz zur Neugliederung, Vereinfachung und Reform des Mietrechts vom 19. Juni 2001]**
Auf einen Räumungsrechtsstreit, der vor dem 1. September 2001 rechtshängig geworden ist, finden § 93b Abs. 1 und 2, § 721 Abs. 7 sowie § 794a Abs. 5 der Zivilprozessordnung in der bis zu diesem Zeitpunkt geltenden Fassung Anwendung.

§ 24a *(aufgehoben)*

§ 25 **[Erlaubnisinhaber nach dem Rechtsberatungsgesetz]**[1]
Der in die Rechtsanwaltskammer gemäß § 209 der Bundesrechtsanwaltsordnung aufgenommene Erlaubnisinhaber steht im Sinne der § 88 Abs. 2, § 121 Abs. 2, § 133 Abs. 2, §§ 135, 157 Abs. 1 Satz 1 und Abs. 2 Satz 1, § 169 Abs. 2, §§ 174, 178 Abs. 1 Nr. 2, §§ 195, 317 Abs. 4 Satz 2, § 397 Abs. 2, § 811 Nr. 7 der Zivilprozeßordnung einem Rechtsanwalt gleich.

Die durch das Dritte Gesetz zur Änderung der Bundesnotarordnung und anderer Gesetze[2] mit Wirkung zum 8. 9. 1998 neu eingeführte Vorschrift regelt die **Rechtsstellung** der gemäß § 209 BRAO in die Rechtsanwaltskammer aufgenommenen Rechtsbeistände. Nur für diese bis zum 27. 8. 1980 mit Vollerlaubnis ausgestatteten sog. Kammerrechtsbeistände ist § 25 anwendbar. Keine Anwendung findet die Vorschrift dagegen auf die Rechtsberater, die nach diesem Zeitpunkt nur noch mit einer auf die in Art. 1 § 1 Abs. 1 S. 2 RBerG aufgezählten Sachbereiche beschränkten Teilerlaubnis ausgestattet wurden. 1

Für diese verbleibenden Kammerrechtsbeistände sieht § 25 für das amtsgerichtliche Verfahren eine überwiegende **Gleichstellung mit den Rechtsanwälten** vor.[3] Soweit es sich nicht um einen Anwaltsprozess iSd. § 78 ZPO handelt, können Kammerrechtsbeistände im Wesentlichen ebenso wie Rechtsanwälte gemäß **§ 157 ZPO** vor dem Amtsgericht auftreten. Sie können ihrem Mandanten auf dessen Antrag hin in gleicher Weise wie ein Rechtsanwalt im Wege der Prozesskostenhilfe beigeordnet werden **(§ 121 Abs. 2 ZPO)**. Die Beschränkung dieser Befugnisse der Kammerrechtsbeistände auf das amtsgerichtliche Verfahren ist verfassungsgemäß und verstößt nicht gegen Art. 12 GG.[4] 2

Weiterhin werden sie durch die Verweisung in § 25 den Personen und Stellen gleichgestellt, an die im vereinfachten Verfahren zugestellt werden kann **(§§ 133 Abs. 2, 135 174, 178 Abs. 1 Nr. 2, 195 ZPO)**, bzw. die darin durch Beglaubigung mitwirken können **(§§ 169 Abs. 2, 317 Abs. 4 (richtig: Abs. 4) S. 2 ZPO)**. Schließlich werden Kammerrechtsbeistände auch im Hinblick auf die Prozessvollmacht **(§ 88 Abs. 2 ZPO)**, dem Recht zur unmittelbaren Befragung von Zeugen **(§ 397 Abs. 2 ZPO)** sowie dem Pfändungsschutz aus **§ 811 Nr. 7 ZPO** den Rechtsanwälten gleichgestellt. 3

Die Vorschrift gilt nur noch bis Mitte 2008. Ab dem 1. 7. 2008 findet sich die Gleichsetzung der Kammerrechtsbeistände mit den Rechtsanwälten in § 3 Abs. 1 Nr. 1 RDGEG.[5] 4

---

[1] § 25 aufgehoben mit Wirkung vom 1. 7. 2008 durch Gesetz vom 12. 12. 2007 (BGBl. I S. 2840), siehe Rn. 4.
[2] Vom 31. 8. 1998, BGBl. I S. 2585.
[3] Vgl. auch BT-Drucks. 13/4184, S. 40.
[4] BGH v. 18. 9. 2003 – V ZB 9/03 = NJW 2003, 3765.
[5] Einführungsgesetz zum Rechtsdienstleistungsgesetz (RDGEG). Das Gesetz wurde als Art. 2 des Gesetzes zur Neuregelung des Rechtsberatungsrechts vom 12. 12. 2007 (BGBl. I S. 2840) vom Bundestag beschlossen. § 3 Abs. 1 Nr. 1 RDGEG lautet: „Kammerrechtsbeistände stehen in den nachfolgenden Vorschriften einem Rechtsanwalt gleich:
1. § 79 Abs. 2 Satz 1, § 88 Abs. 2, § 121 Abs. 2, § 133 Abs. 2, §§ 133, 157, 169 Abs. 2, §§ 174, 195, 317 Abs. 4 Satz 2, § 397 Abs. 2 und § 811 Nr. 7 der Zivilprozessordnung."

§ 26 [Übergangsvorschriften zum Gesetz zur Reform des Zivilprozesses vom 27. Juli 2001]

Für das Gesetz zur Reform des Zivilprozesses vom 27. Juli 2001 gelten folgende Übergangsvorschriften:

1. *(aufgehoben)*
2. ¹Für am 1. Januar 2002 anhängige Verfahren finden die §§ 23, 105 Abs. 3 des Gerichtsverfassungsgesetzes und § 92 Abs. 2, §§ 128, 269 Abs. 3, §§ 278, 313a, 495a der Zivilprozessordnung sowie die Vorschriften über das Verfahren im ersten Rechtszug vor dem Einzelrichter in der am 31. Dezember 2001 geltenden Fassung weiter Anwendung. ²Für das Ordnungsgeld gilt § 178 des Gerichtsverfassungsgesetzes in der am 31. Dezember 2001 geltenden Fassung, wenn der Beschluss, der es festsetzt, vor dem 1. Januar 2002 verkündet oder, soweit eine Verkündung nicht stattgefunden hat, der Geschäftsstelle übergeben worden ist.
3. ¹Das Bundesministerium der Justiz gibt die nach § 115 Abs. 3 Nr. 2 Satz 1 vom Einkommen abzusetzenden Beträge für die Zeit vom 1. Januar 2002 bis zum 30. Juni 2002 neu bekannt. ²Die Prozesskostenhilfebekanntmachung 2001 ist insoweit nicht mehr anzuwenden.
4. Ist die Prozesskostenhilfe vor dem 1. Januar 2002 bewilligt worden, gilt § 115 Abs. 1 Satz 4 der Zivilprozessordnung für den Rechtszug in der im Zeitpunkt der Bewilligung geltenden Fassung weiter.
5. ¹Für die Berufung gelten die am 31. Dezember 2001 geltenden Vorschriften weiter, wenn die mündliche Verhandlung, auf die das anzufechtende Urteil ergeht, vor dem 1. Januar 2002 geschlossen worden ist. ²In schriftlichen Verfahren tritt an die Stelle des Schlusses der mündlichen Verhandlung der Zeitpunkt, bis zu dem Schriftsätze eingereicht werden können.
6. § 541 der Zivilprozessordnung in der am 31. Dezember 2001 geltenden Fassung ist nur noch anzuwenden, soweit nach Nummer 5 Satz 1 über die Berufung nach den bisherigen Vorschriften zu entscheiden ist, am 1. Januar 2002 Rechtsfragen zur Vorabentscheidung dem übergeordneten Oberlandesgericht oder dem Bundesgerichtshof vorliegen oder nach diesem Zeitpunkt noch vorzulegen sind.
7. ¹Für die Revision gelten die am 31. Dezember 2001 geltenden Vorschriften weiter, wenn die mündliche Verhandlung, auf die das anzufechtende Urteil ergeht, vor dem 1. Januar 2002 geschlossen worden ist. ²In schriftlichen Verfahren tritt an die Stelle des Schlusses der mündlichen Verhandlung der Zeitpunkt, bis zu dem Schriftsätze eingereicht werden können.
8. ¹§ 544 der Zivilprozessordnung in der Fassung des Gesetzes zur Reform des Zivilprozesses vom 27. Juli 2001 (BGBl. I S. 1887) ist bis einschließlich 31. Dezember 2011 mit der Maßgabe anzuwenden, dass die Beschwerde gegen die Nichtzulassung der Revision durch das Berufungsgericht nur zulässig ist, wenn der Wert der mit der Revision geltend zu machenden Beschwerde zwanzigtausend Euro übersteigt. ²Dies gilt nicht, wenn das Berufungsgericht die Berufung verworfen hat.
9. ¹In Familiensachen finden die Bestimmungen über die Nichtzulassungsbeschwerde (§ 543 Abs. 1 Nr. 2, §§ 544, 621e Abs. 2 Satz 1 Nr. 2 der Zivilprozessordnung in der Fassung des Gesetzes zur Reform des Zivilprozesses vom 27. Juli 2001, BGBl. I S. 1887) keine Anwendung, soweit die anzufechtende Entscheidung vor dem 1. Januar 2010 verkündet oder einem Beteiligten zugestellt oder sonst bekannt gemacht worden ist. ²Dies gilt nicht, wenn das Berufungsgericht die Berufung verworfen hat.
10. Für Beschwerden und für die Erinnerung finden die am 31. Dezember 2001 geltenden Vorschriften weiter Anwendung, wenn die anzufechtende Entscheidung vor dem 1. Januar 2002 verkündet oder, soweit eine Verkündung nicht stattgefunden hat, der Geschäftsstelle übergeben worden ist.
11. Soweit nach den Nummern 2 bis 5, 7 und 9 in der vor dem 1. Januar 2002 geltenden Fassung Vorschriften weiter anzuwenden sind, die auf Geldbeträge in Deutscher Mark Bezug nehmen, sind diese Vorschriften vom 1. Januar 2002 an mit der Maßgabe anzuwenden, dass die Beträge nach dem Umrechnungskurs 1 Euro = 1,95583 Deutsche Mark und den Rundungsregeln der Verordnung (EG) Nr. 1103/97 des Rates vom 17. Juni 1997 über bestimmte Vorschriften im Zusammenhang mit der Einführung des Euro (ABl. EG Nr. L 162 S. 1) in die Euro-Einheit umgerechnet werden.

I. Normzweck und Allgemeines

Das ZPO-RG ist in seinen wesentlichen Teilen am 1. 1. 2002 in Kraft getreten.[1] Hierdurch wurde insbesondere das zivilprozessuale Verfahrensrecht grundlegend umgestaltet. Um sicherzustellen, dass sich einerseits die Gerichte in der Gestaltung des Prozessablaufes und die Parteien in ihrer Prozessführung der geänderten Rechtslage anpassen, andererseits aber auch die mit der Reform bezweckten Verbesserungen möglichst frühzeitig eintreten können, führt Artikel 3 Nr. 3 des Gesetzes mit § 26 die hierzu erforderlichen Vorschriften für die Übergangszeit ein. 1

Die Übergangsregelungen des § 26 beschränken sich nicht auf die im Rahmen der Prozessreform vorgenommenen Modifikationen der Zivilprozessordnung selbst. Sie erstrecken sich vielmehr, wie der einleitende Satzteil der Vorschrift verdeutlicht, auf alle durch das Zivilprozessreformgesetz geänderten Gesetze sowie auf alle bundesgesetzlichen Regelungen, die die durch das Zivilprozessreformgesetz geänderten Vorschriften für entsprechend anwendbar erklären.[2] Eine umfassende Kommentierung des § 26 findet sich im Aktualisierungsband ZPO-Reform 2002. 2

II. Zwischenzeitliche Änderungen des § 26

Zwischenzeitlich haben sich bei § 26 EGZPO einige Änderungen ergeben, die – in Vervollständigung der im Ergänzungsband vorhandenen Kommentierung – kurz dargestellt werden sollen. 3

1. § 26 Nr. 1. § 26 Nr. 1 wurde durch das Gesetz zur Stärkung der Selbstverwaltung der Rechtsanwaltschaft vom 26. 3. 2007[3] aufgehoben. Die bisherige Fiktion der Zulassung von Rechtsanwälten beim OLG ist durch die hierdurch erfolgte Änderung der BRAO überflüssig geworden. 4

2. § 26 Nr. 8. Die Befristung der Wertgrenze für Nichtzulassungsbeschwerden in allgemeinen Zivilsachen in § 26 Nr. 8 wurde bis zum 31. 12. 2011 verlängert. Durch die Zulässigkeitsbeschränkung der Nichtzulassungsbeschwerde soll in der Übergangszeit einer möglichen Überlastung des BGH vorbeugend entgegengewirkt werden.[4] 5

Ferner wurde der Satz 2 angefügt, durch den verwerfende Berufungsurteile aus dem Anwendungsbereich der Nr. 8 ausgenommen werden.[5] Hintergrund für diese Regelung ist, dass eine unzulässige Berufung sowohl durch Beschluss (§ 552 Abs. 1 S. 3 ZPO) als auch durch Urteil verworfen werden kann. Wird die Berufung durch Beschluss verworfen, so findet stets – unabhängig vom Wert der Beschwer – die Rechtsbeschwerde statt (§ 522 Abs. 1 S. 4 ZPO). Es läge eine wenig überzeugende Ungleichbehandlung von wesentlich Gleichem vor, wenn die Rechtsbeschwerde dann, wenn die Berufung durch Urteil verworfen wird, an einen Beschwerdewert von 20 000,– EUR geknüpft wäre. Der Gesetzgeber hat sich mit der Einfügung von Satz 2 dafür entschieden, diese Ungleichbehandlung zu beseitigen. 6

3. § 26 Nr. 9. Die Befristung des Ausschlusses der Nichtzulassungsbeschwerde in Familiensachen wurde bis zum 1. 1. 2010 verlängert. Ferner wurde ein Satz 2 angefügt, nach dem die Bestimmungen über die Nichtzulassungsbeschwerde Anwendung finden, soweit das Berufungsgericht die Berufung verworfen hat. Damit wird auch hier – wie im Fall von Nr. 8 – sichergestellt, dass allein aus dem Umstand, dass die Berufung durch Urteil und nicht durch Beschluss verworfen wird, keine Nachteile für den Beschwerdeführer entstehen. 7

§ 27 [Übergangsvorschrift zum Gesetz zur Einführung des Euro in Rechtspflegegesetzen und in Gesetzen des Straf- und Ordnungswidrigkeitenrechts, zur Änderung der Mahnvordruckverordnungen sowie zur Änderung weiterer Gesetze vom 13. Dezember 2001]

Auf vereinfachte Verfahren über den Unterhalt Minderjähriger (§§ 645 bis 660 der Zivilprozessordnung), in denen der Antrag auf Festsetzung von Unterhalt vor dem 1. Januar 2002 eingereicht wurde, finden die Vorschriften über das vereinfachte Verfah-

---

[1] Die Änderungen in Artikel 2 Nr. 13 (§ 104 ZPO) und Artikel 6 und 7 (Vordruckverordnungen) traten gemäß Artikel 53 Nr. 1 bereits am 1. 10. 2001 in Kraft, die in Artikel 32 Nr. 2 l, m und m1 (Anlage 1 des GKG) gemäß Artikel 53 Nr. 2 erst am 2. 1. 2002.
[2] Vgl. auch BT-Drucks. 14/4722, S. 125.
[3] BGBl. 2007 I 358.
[4] Vgl. BT-Drucks. 14/4722, S. 126.
[5] Art. 2 Nr. 1 des Ersten Gesetzes zur Modernisierung der Justiz (1. Justizmodernisierungsgesetz), BGBl. I 2004 S. 2198.

ren über den Unterhalt Minderjähriger in der am 31. Dezember 2001 geltenden Fassung weiter Anwendung.

§ 28 [Übergangsvorschrift zum Gesetz zur Modernisierung des Schuldrechts vom 26. November 2001]

(1) Das Mahnverfahren findet nicht statt für Ansprüche eines Unternehmers aus einem Vertrag, für den das Verbraucherkreditgesetz gilt, wenn der nach dem Verbraucherkreditgesetz anzugebende effektive oder anfängliche effektive Jahreszins den bei Vertragsschluss geltenden Basiszinssatz nach § 247 des Bürgerlichen Gesetzbuchs um mehr als zwölf Prozentpunkte übersteigt.

(2) § 690 Abs. 1 Nr. 3 der Zivilprozessordnung findet auf Verträge, für die das Verbraucherkreditgesetz gilt, mit der Maßgabe Anwendung, dass an die Stelle der Angabe des nach den §§ 492, 502 des Bürgerlichen Gesetzbuchs anzugebenden effektiven oder anfänglichen effektiven Jahreszinses die Angabe des nach dem Verbraucherkreditgesetz anzugebenden effektiven oder anfänglichen effektiven Jahreszinses tritt.

§ 29 [Übergangsvorschriften zum 1. Justizmodernisierungsgesetz]

Für das 1. Justizmodernisierungsgesetz vom 24. August 2004 (BGBl. I S. 2198) gelten folgende Übergangsvorschriften:
1. Auf Verfahren, die am 1. September 2004 anhängig sind, findet § 91 a der Zivilprozessordnung in der vor dem 1. September 2004 geltenden Fassung Anwendung.
2. [1] § 91 in der seit dem 1. September 2004 geltenden Fassung ist auch auf Verfahren anzuwenden, die zu diesem Zeitpunkt anhängig oder rechtskräftig abgeschlossen worden sind; einer Kostenrückfestsetzung steht nicht entgegen, dass sie vor dem 1. September 2004 abgelehnt worden ist. [2] Haben die Parteien etwas anderes vereinbart, bleibt es dabei.
3. Auf Verfahren, die am 1. September 2004 anhängig sind, findet § 411 a der Zivilprozessordnung keine Anwendung.

§ 30 [Übergangsvorschrift zum Justizkommunikationsgesetz]

Für Artikel 1 Nr. 2 a und 3 a des Justizkommunikationsgesetzes vom 22. März 2005 (BGBl. I S. 837) gilt folgende Übergangsvorschrift: [1] Ist einer Partei vor dem Inkrafttreten dieses Gesetzes für einen Rechtszug Prozesskostenhilfe bewilligt worden, so ist für diesen Rechtszug insoweit das bisherige Recht anzuwenden. [2] Maßgebend ist das Datum des Bewilligungsbeschlusses. [3] Eine Maßnahme der Zwangsvollstreckung gilt als besonderer Rechtszug.

§ 31 [Übergangsvorschrift zum Kapitalanleger-Musterverfahren-Einführungsgesetz]

Für das Gesetz zur Einführung von Kapitalanleger-Musterverfahren vom 16. August 2005 (BGBl. I S. 2437) gilt folgende Übergangsvorschrift:
[1] Auf Verfahren, die nach dem 31. Oktober 2005 anhängig werden, findet § 32 b der Zivilprozessordnung keine Anwendung, wenn zu diesem Zeitpunkt bereits bei einem anderen Gericht mindestens zehn Verfahren anhängig sind, in denen die Voraussetzungen für ein Musterverfahren ebenso wie bei dem neu anhängig werdenden Verfahren vorliegen. [2] In den Verfahren nach Satz 1 richtet sich die Zuständigkeit der Gerichte nach den bisher geltenden Vorschriften.

I. Normzweck und Allgemeines

1 Seit Inkrafttreten des § 32 b ZPO zum 1. 11. 2005[1] ist für bestimmte Schadensersatzklagen von Kapitalanlegern ausschließlich zuständig das Gericht am Sitz des Emittenten, des betroffenen Anbieters von sonstigen Vermögensanlagen oder der Zielgesellschaft.[2] Diese Regelung ändert die bis zum

---

[1] Vgl. zum Zeitraum der Geltung der Norm: § 32 b ZPO, Rn. 1.
[2] Vgl. § 32 b ZPO Rn. 3 ff.

31. 10. 2005 gültigen Zuständigkeitsregelungen, nach welchen ausschließlich zuständig waren die Gerichte am Sitz der zuständigen Börse bzw. das Gericht, in dessen Bezirk die Bundesanstalt für Finanzdienstleistungen (BaFin) ihren Sitz hat.[3] Mit **Einführung des KapMuG zum 1. 11. 2005** ergibt sich daher die unbefriedigende Situation, dass einerseits mehrere zu diesem Zeitpunkt bereits anhängige Verfahren bei grundsätzlich fortbestehender Zuständigkeit[4] unter Anwendung des neuen KapMuG bei dem einen Oberlandesgericht zu verhandeln sind, während andererseits ein neu anhängiges und im Sinne des KapMuG gleichgerichtetes Kapitalanleger-Verfahren unter Anwendung des neuen § 32b ZPO[5] bei einem anderen Oberlandesgericht zu verhandeln ist. Um dieses, dem Zweck des KapMuG widersprechende Auseinanderfallen der Zuständigkeiten jedenfalls teilweise zu vermeiden, wurde die Überleitungsvorschrift des § 31 EGZPO (wie das KapMuG und § 32b ZPO zeitlich begrenzt bis zum 31. 10. 2010) geschaffen.[6]

II. Die Übergangsvorschrift im Einzelnen

§ 31 EGZPO nimmt bestimmte Verfahren aus dem Anwendungsbereich des § 32b ZPO **aus** zugunsten der vormaligen, bis zum 31. 10. 2005 geltenden Zuständigkeitsregelungen mit deren Anknüpfung an den Sitz der zuständigen Börse beziehungsweise den Sitz der BaFin.

1. Voraussetzung. Voraussetzung ist, dass bis zum 31. 10. 2005 bei einem anderen Gericht mindestens zehn Verfahren anhängig sind, in denen die Voraussetzungen für ein Musterverfahren **ebenso** wie bei dem neu anhängig werdenden Verfahren vorliegen, wobei sich die zehn Verfahren nicht gegen denselben Beklagten richten müssen.[7] Aus dem Wortlaut („ebenso") und dem Zweck der Regelung[8] ist abzuleiten, dass für alle genannten mindestens elf Verfahren die Voraussetzungen für ein und dasselbe Musterverfahren vorliegen müssen.

2. Rechtsfolge. Rechtsfolge ist, dass sich die Zuständigkeit **einheitlich** nach den bisher geltenden Vorschriften richtet. So wird in der Übergangszeit jedenfalls in den genannten Fällen eine Bündelung bei den nach altem Recht zuständigen Oberlandesgerichten erreicht und so eine Anhängigkeit von gleichgerichteten Musterverfahren bei verschiedenen Oberlandesgerichten vermieden.

Sind nicht zehn der genannten Verfahren bei einem anderen Gericht bis einschließlich 31. Oktober 2005 anhängig und/oder liegen in dem neu anhängigen Verfahren die Voraussetzungen für ein Musterverfahren nicht ebenso vor, kommt es zu einer **zweigeteilten Zuständigkeit**: Die vormalige Zuständigkeit der Gerichte für die bis zum 31. 10. 2005 anhängigen Verfahren bleibt unberührt[9] – für die zwischen dem 1. 11. 2005 und dem 31. 10. 2010 anhängig werdenden Verfahren gilt uneingeschränkt die neue Regelung des § 32b ZPO.

§ 32 Überleitungsvorschriften zum Gesetz zur Entlastung der Rechtspflege

(1) [1]**Wenn vor dem Inkrafttreten des Gesetzes zur Entlastung der Rechtspflege vom 11. Januar 1993 (BGBl. I S. 50) am 1. März 1993 die mündliche Verhandlung, auf die das anzufechtende Urteil ergeht, geschlossen worden ist, gelten für die Zulässigkeit der Berufungen die bis dahin geltenden Vorschriften.** [2]**Im schriftlichen Verfahren tritt an die Stelle des Schlusses der mündlichen Verhandlung in den Fällen des § 128 Abs. 2 der Zivilprozessordnung der Zeitpunkt, bis zu dem Schriftsätze eingereicht werden können, im Übrigen der Zeitpunkt, zu dem die Geschäftsstelle zum Zwecke der Zustellung die anzufechtende Entscheidung an die Parteien hinausgegeben hat.**

(2) Für anhängige Verfahren in der Zivilgerichtsbarkeit gelten die Vorschriften über das Verfahren vor dem Einzelrichter, die §§ 9, 29a Abs. 1, § 128 Abs. 3 Satz 1 und § 495a Abs. 1 Satz 1 der Zivilprozessordnung, § 23 Nr. 1 und 2 Buchstabe a und § 23b Abs. 3 Satz 2 des Gerichtsverfassungsgesetzes in der bis zum 1. März 1993 geltenden Fassung.

---

[3] Vgl. § 48 BörsG aF und § 13 Abs. 2 Satz 1 Nr. 1 und 2 VerkProspG aF.
[4] Vgl. EGZPO, Allgemeine Grundsätze, Rn. 3 mit Hinweis auf § 261 Abs. 3 Nr. 2 ZPO (perpetuatio fori) sowie § 32b ZPO Rn. 7.
[5] S. aber zur vorrangigen Weitergeltung des § 13 Abs. 2 VerkProspG aF in bestimmten Fällen OLG Dresden, Beschl. v. 13. 8. 2007 – 1 AR 45/07.
[6] Vgl. BT-Drucks. 15/5695, S. 25.
[7] Vgl. BT-Drucks. 15/5695, S. 25.
[8] Vgl. Rn. 1.
[9] Vgl. Nachweise in Fn. 4.

§ 33 Überleitungsvorschriften zum Schiedsverfahrens-Neuregelungsgesetz

(1) Die Wirksamkeit von Schiedsvereinbarungen, die vor dem Inkrafttreten des Schiedsverfahrens-Neuregelungsgesetzes vom 22. Dezember 1997 (BGBl. I S. 3224) am 1. Januar 1998 geschlossen worden sind, beurteilt sich nach dem bis zu diesem Zeitpunkt geltenden Recht.

(2) ¹Für schiedsrichterliche Verfahren, die am 1. Januar 1998 noch nicht beendet waren, ist das bis zu diesem Zeitpunkt geltende Recht mit der Maßgabe anzuwenden, dass an die Stelle des schiedsrichterlichen Vergleichs der Schiedsspruch mit vereinbartem Wortlaut tritt. ²Die Parteien können jedoch die Anwendung des neuen Rechts vereinbaren.

(3) Für gerichtliche Verfahren, die bis zum 1. Januar 1998 anhängig geworden sind, ist das bis zu diesem Zeitpunkt geltende Recht weiter anzuwenden.

(4) ¹Aus für vollstreckbar erklärten schiedsrichterlichen Vergleichen, die vor dem 1. Januar 1998 geschlossen worden sind, findet die Zwangsvollstreckung statt, sofern die Entscheidung über die Vollstreckbarkeit rechtskräftig oder für vorläufig vollstreckbar erklärt worden ist. ²Für die Entscheidung über die Vollstreckbarkeit gilt das bis zum Inkrafttreten des Schiedsverfahrens-Neuregelungsgesetzes vom 22. Dezember 1997 (BGBl. I S. 3224) geltende Recht.

I. Inkrafttreten der Neuregelung

1 Die Neuregelung des Schiedsverfahrens erfolgte durch Neufassung des Zehnten ZPO-Buches (Art. 1 Nr. 7 SchiedsVfG: §§ 1025–1066 ZPO) mit Anpassung der Titelwirkung vollstreckbarerklärender Beschlüsse (Art. 1 Nr. 2 SchiedsVfG: § 794 Abs. 1 Nr. 4a ZPO). Sie gilt gemäß § 33 Abs. 1 (früher: Art. 5 Abs. 1 SchiedsVfG) **mit Wirkung vom 1. 1. 1998** (0.00 Uhr);[1] das alte Schiedsverfahren galt also uneingeschränkt noch bis 31. 12. 1997 (24.00 Uhr) und kommt danach nurmehr im Rahmen der Übergangsregelung des **§ 33** (Rn. 2 ff.) zur Anwendung. Das maßgebliche „Gesetz zur Neuregelung des Schiedsverfahrensrechts (Schiedsverfahrens-Neuregelungsgesetz – SchiedsVfG)" vom 22. 12. 1997 (BGBl. I S. 3224) hat jetzt infolge jenes Transfers der Überleitungsregelung[2] keinen Regelungsgehalt mehr und fällt weg.

II. Überleitung der Altregelung

2 **1. Grundsatz.** Mit Inkrafttreten eines neuen Prozessrechts ist dieses auch sofort für sämtliche, noch schwebenden Prozesshandlungen (der Parteien oder des Gerichts) anzuwenden; es gibt an sich – aber allemal nur in den Grenzen des verfassungsrechtlichen Rückwirkungsverbotes! – keinen „Vertrauensschutz infolge Anhängigkeit", vor Schiedsgerichten genauso wenig wie vor staatlichen Gerichten.[3] **§ 33** (Art. 4 § 1 SchiedsVfG) regelt letztlich also Ausnahmen hierzu mit seinen positiven Übergangsvorschriften für die Überleitung vom alten zum neuen Schiedsverfahrensrecht mit Wirkung zum **Jahreswechsel 1997/98** als dem insoweit maßgebenden Stichtag (Rn. 1). Die Norm kennt zwei Fälle, den **Normalfall** mit einem Verfahrensabschluß durch Schiedsspruch (Abs. 1–3, Rn. 3–8) und daneben den **Sonderfall** der vergleichsweisen Verfahrensbeendigung (Abs. 2 u. 4, Rn. 9 f.).

3 **2. Normalfall: Bestandsschutz und Prozesskontinuität. a) Schiedsvereinbarung.** Sie genießt Vertrauensschutz,[4] wenn sie nach altem Recht schon vollwirksam vereinbart wurde **(Abs. 1)**. Was bereits *tatbestandlich* wirksam war, bleibt dies unter neuem Recht auch – nur gehorchen die *Rechtsfolgen* (insbes. §§ 1032 Abs. 1, 1041 Abs. 1, 1042 Abs. 3 ZPO) jener Abmachung (§ 1029 Abs. 2 ZPO: Abrede oder Klausel) schon der neuen Ordnung (arg. Abs. 2 S. 1 e contrario), wie dies ja auch der Grundregel (Rn. 2) entspricht. Abs. 1 erhält namentlich mithin formlosen Vereinbarungen zwischen **Vollkaufleuten** die Wirksamkeit[5] (vgl. § 1027 Abs. 2 ZPO aF [als Einschränkung

---

[1] Zum Redaktionsversehen bei § 1025 Abs. 2, 2. Var. ZPO siehe dort Rn. 17: Inkrafttreten (erst nachträglich) mit Wirkung vom 1. 7. 1998, Art. 1 b Nr. 5 HRefG (BGBl. I 1998 S. 1474, 1481) bzw. Art. 1 b Nr. 5 BtÄndG (BGBl. I 1998 S. 1580, 1583).
[2] Art. 49 Nr. 5 iVm. Art. 52 Erstes Gesetz über die Bereinigung von Bundesrecht im Zuständigkeitsbereich des Bundesministeriums der Justiz vom 19. 4. 2006 (BGBl. I S. 866).
[3] Allgemein: Vor §§ 1 ff. Rn. 2; *Stein/Jonas/Schlosser* § 1 Rn. 4 – je m. weit. Nachw.
[4] Vgl. *Stein/Jonas/Schlosser* § 1044 ZPO aF Rn. 87 mit RIPS Rn. 138 ff. – nach RGZ 144, 96, 99 eine lediglich deklaratorische Regelung!
[5] BT-Drucks. 13/5274 S. 71; *Berger* DZWiR 1998, 54: Rückwirkungsverbot; Vertrauensschutz.

von § 1027 Abs. 1 ZPO aF] mit §§ 1–6; 343, 344 HGB – im Unterschied zu § 1031 ZPO nF) und schützt die „(wohl-)erworbene Position".

Referenzzeit ist der Vertragsschluss: Die Schiedsvereinbarung muss vor dem 1. 1. 1998 als Stichtag (Rn. 1) geschlossen und (gemäß altem Recht!) vollwirksam geworden sein, um in den Genuss des Bestandsprivilegs zu kommen; war die Vereinbarung noch nicht perfekt, gilt insgesamt also neues Recht – war sie „nur" noch nicht wirksam, würde Abs. 1 dafür (wörtlich genommen!) altes Recht berufen (zB: Genehmigungserfordernis). Man wird den Parteien jedoch zugestehen müssen, durch informellen Bestätigungsakt (§ 141 BGB) ihre Schiedsvereinbarung neuem Recht zu unterstellen, was etwa bei mangelnder „altrechtlicher" Schiedsfähigkeit (§ 1025 Abs. 1 ZPO aF, § 1030 ZPO nF) Bedeutung erheischt. 4

b) Schiedsverfahren. Ein schon eingeleitetes, noch laufendes Schiedsverfahren folgt kraft positiver Anordnung – wider die sonst geltende Regel (Rn. 2) – *insgesamt* **(Abs. 2 S. 1)** dem alten Recht – inbegriffen (staats-)gerichtliche Kompetenzen,[6] ausgenommen die Maßgabe zum Schiedsvergleich (dazu näher Rn. 9). **Referenzzeit** ist hier der Verfahrensbeginn iSv. § 1044 ZPO (vor dem 1. 1. 1998)[7] bzw. das Verfahrensende iSv. § 1056 ZPO (nach dem 31. 12. 1997). Allerdings vermögen die Parteien (ohne Bindung an § 1031 ZPO; selbstredend auch konkludent[8]) zu vereinbaren, *künftighin* gemäß den neuen Regelungen zu prozedieren **(Abs. 2 S. 2:** „opting-in"). Insoweit haben sie einen Freiraum, wechselseitige Einigkeit vorausgesetzt. Da unter dieser Prämisse ohnedies jedoch (fast) alles geht (§ 1034 Abs. 2 ZPO aF bzw. § 1042 Abs. 3 ZPO nF), sollte man hier die Wahlfreiheit nicht überbewerten. Die Wahl kann nur in toto erfolgen: entweder neue oder alte Regelung, kein „Mischsystem". Theoretisch denkbar wäre dagegen, unter neuem Recht – jenseits zwingender Vorgaben – einzelne alte Normen über § 1042 Abs. 3 ZPO zu berufen. 5

c) Gerichtsverfahren. aa) Laufende Gerichtsverfahren. Auch die laufenden Gerichtsverfahren sollen gemäß alten Regeln zu Ende gebracht werden **(Abs. 3),** insoweit sogar zwingend, ohne Wahlrecht für die Parteien. Dies ist angesichts der grundlegenden Veränderungen in den §§ 1062 ff. ZPO (OLG-Zuständigkeit, Beschlussverfahren, Rechtsbeschwerde etc.) ökonomisch und zweckmäßig. Dazu würde eine abrupte Umstellung des Prozessrechts im Zeitpunkt des Inkrafttretens des neuen Gesetzes der Interessenlage der Parteien schwerlich gerecht.[9] **Referenzzeit ist die Anhängigkeit:** Einreichung oder Anbringung (vgl. § 169 ZPO) der Klage/des Antrages vor dem 1. 1. 1998 als Stichtag (Rn. 1) genügt, Rechtshängigkeit als Zustellungsfolge (§§ 261 Abs. 1, 253 Abs. 1, 270 S. 1 ZPO) ist nicht hierfür notwendig. 6

bb) Künftige Gerichtsverfahren. Alle später erst anhängig gemachten, dh. künftigen Gerichtsverfahren hingegen sollen neuem Recht folgen, etwa Feststellungsanträge[10] (§ 1032 Abs. 2 ZPO) oder Ersatzbestellungen[11] (§ 1035 Abs. 3 ZPO), aber insbes. auch Aufhebungsanträge[12] (§ 1059 ZPO) und Anträge auf Vollstreckbarerklärung[13] (§§ 1060, 1061 iVm. § 1064 ZPO)[14] (für § 1059 Abs. 3 S. 2 ZPO [Fristbeginn für Präklusion] mag allerdings das altrechtliche Zustellungs-/Niederlegungserfordernis weitergelten![15] – arg. Art. 4 § 1 Abs. 2 SchiedsVfG, nicht aber die Verfahrenstheorie [§ 1025 ZPO Rn. 10; § 1061 ZPO Rn. 7] zur Qualifizierung in-/ausländischer Schiedssprüche[16]). 7

Da die Aufhebungsgründe im alten und neuen Recht im wesentlichen identisch sind, soll dadurch kein Vertrauen in nicht zu rechtfertigender Weise enttäuscht werden.[17] Die Frage ist in- 8

---

[6] Sehr umständlich hier *Musielak/Voit*, 4. Aufl., § 1025 ZPO Rn. 13; dazu abw. auch BayObLGZ 2000, 187, 189 = RPS 2000 II S. 21 (§ 1035 Abs. 4 ZPO nF statt § 1033 Nr. 1 ZPO aF).
[7] *Musielak/Voit*, 4. Aufl., § 1025 ZPO Rn. 10.
[8] OLG Zweibrücken SchiedsVZ 2003, 92, 93 [B].
[9] *Berger* DZWiR 1998, 54. Zur „Vorwirkung" neuen Prozessrechts OLG Düsseldorf ZIP 2004, 1956, 1962 [I 2 c dd (2.2)] (§ 1032 ZPO – Sonderfall!).
[10] BayObLGZ 2001, 311, 313 [II 1]; OLG Hamm AUR 2003, 379/380; BayObLG RPS 1999 I S. 18, 19 [II 1 b].
[11] OLG München, Beschl. v. 19. 1. 2007 – 34 Sch 9/06 [II 1].
[12] BGH NJW 2001, 3787 [II 1 vor a]; BayObLG NJW-RR 2000, 360; OLG Hamm, Beschl. v. 18. 10. 1999 – 17 SchH 5/99 [II vor 1 mit 2 a].
[13] BayObLG NJW-RR 1999, 644, 645 [II 2]; OLG Stuttgart OLGR 2000, 386 [1]; OLG Hamburg SchiedsVZ 2003, 284, 285 [II 1].
[14] Anders und falsch OLG Düsseldorf, Beschl. v. 23. 2. 2000 – 6 Sch 2/99, S. 13 (insoweit nicht komplett in IPRspr. 2000 Nr. 184) u. Beschl. v. 19. 8. 2003 – 6 Sch 2/99 [JURIS-Rn. 46]; OLG Hamm, Beschl. v. 18. 5. 1998 – 1 Sch 1/98.
[15] BGH NJW 2001, 3787, 3788 [II 2 b bb/cc]; OLG Hamburg SchiedsVZ 2003, 284, 286 [II 3 a]; OLG Hamm, Beschl. v. 18. 10. 1999 – 17 SchH 5/99 [II 1 mit I 1].
[16] AA OLG Düsseldorf, Beschl. v. 19. 8. 2003 – 6 Sch 2/99 [JURIS-Rn. 46–50].
[17] *Berger* DZWiR 1998, 54 im Anschluss an BT-Drucks. 13/5274, S. 72, dazu siehe auch BayObLG NJW-RR 1999, 644, 645 [II 2].

EGZPO § 34

des, ob man das so unbesehen angesichts der künftigen scharfen Präklusion (§ 1059 Abs. 3 ZPO bzw. § 1060 Abs. 2 S. 3 ZPO) gelten lassen möchte; und auch die früher geläufige „Kompetenz-Kompetenz" der Schiedsgerichte (2. Aufl. § 1040 ZPO Rn. 4) bedeutete weniger strenge Maßstäbe.[18] Den klaren Willen des Gesetzgebers wird man aber dennoch nicht einfach ignorieren können. Das führt zur OLG-Zuständigkeit und zum Beschlussverfahren (§§ 1062 ff. ZPO).[19]

9 3. **Sonderfall: Schiedsspruch mit vereinbartem Wortlaut.** Der Schiedsspruch mit vereinbartem Wortlaut (§ 1053 ZPO nF – im Anschluss an Art. 30 ModG) tritt nun an die Stelle des Schiedsvergleichs (§ 1044a ZPO aF), und zwar für *künftige* wie auch – infolge der „Maßgabe" des **Abs. 2 S. 1, 2. Halbs.** – für schon *laufende* Schiedsverfahren. Die Parteien leiden insoweit selten Nachteile (2. Aufl. SchiedsVfG Rn. 6 [1. Abs.]). **Abs. 4** stellt dazuhin sicher, dass in allen (vor dem Stichtag, Rn. 1) durch Schiedsvergleich *beendeten* Schiedsverfahren, trotz Neufassung des § 794 Abs. 1 Nr. 4a ZPO mit Zuschnitt lediglich auf Schiedssprüche (richterlichen [§ 1054 ZPO] oder vereinbarten [§ 1053 ZPO] Wortlauts), die Titelwirkung erhalten und mithin die Vollstreckung iSv. §§ 704 ff., 803 ff. ZPO eröffnet bleibt (S. 1, 1. Halbs.: „findet ... statt"). Nach dem Stichtag (Rn. 1) abgeschlossene Schiedsvergleiche geben demgegenüber keine „Ermächtigungsgrundlage" für eine Vollstreckbarerklärung.[20]

10 Fraglich war hingegen, wie man den Vorbehalt (S. 1, 2. Halbs.: „sofern") zu verstehen habe (näher dazu siehe 2. Aufl. SchiedsVfG Rn. 6 [2. Abs.]). Wenn die Vollstreckbarerklärung noch ausstand, war zwar klar, *dass* jene auch weiterhin statthaft bleibt,[21] nicht hingegen indes, *wie* jene erfolgen soll. Das klärt nun S. 2 im Sinne der Anwendbarkeit alten Rechts und schließt die einstige Regelungslücke.[22] Misslich ist hierbei letztendlich nur die Formulierung – statt „Entscheidung über die Vollstreckbarkeit" müsste es besser „Entscheidung über die Vollstreckbarerklärung" heißen (es geht um Titelkreation, nicht Titelexekution). – Möglich bleibt daneben natürlich auch weiterhin eine *außer*schiedsgerichtliche Einigung, die unter die Normalfallregel des Abs. 2 (Rn. 5) fällt: einfache Verfahrensbeendigung (§ 1056 Abs. 2 Nr. 2 ZPO) also lediglich dann, wenn neues Recht kraft Vereinbarung (S. 2) gilt.

§ 34 Überleitungsvorschriften zum Gesetz zur Vereinfachung und Beschleunigung gerichtlicher Verfahren

In ihrer bis zum Inkrafttreten des Gesetzes zur Vereinfachung und Beschleunigung gerichtlicher Verfahren vom 3. Dezember 1976 (BGBl. I S. 3281) geltenden Fassung sind weiter anzuwenden:

1. Vorschriften über die Aufforderung an den Beklagten, es dem Gericht anzuzeigen, wenn er sich gegen die Klage verteidigen wolle, über die Fristen zur schriftlichen Klageerwiderung, zur schriftlichen Berufungserwiderung und zur schriftlichen Stellungnahme auf diese, über die Begründung des Einspruchs gegen ein Versäumnisurteil sowie über die Folgen einer Verletzung dieser Vorschriften durch die Parteien, wenn vor dem 1. Juli 1977 die Klage oder das Versäumnisurteil zugestellt oder die Berufung eingelegt wurde;
2. sonstige Vorschriften über die Nichtzulassung nicht rechtzeitig vorgebrachter Angriffs- und Verteidigungsmittel, wenn das Angriffs- oder Verteidigungsmittel in einer vor dem 1. Juli 1977 abgehaltenen mündlichen Verhandlung vorgebracht wurde;
3. Vorschriften über die Nichtzulassung neuer Angriffs- und Verteidigungsmittel im Berufungsrechtszug, die bereits in der ersten Instanz vorzubringen waren, wenn die mündliche Verhandlung im ersten Rechtszug vor dem 1. Juli 1977 geschlossen wurde;
4. Vorschriften über das Urteil, wenn der Termin, in dem die mündliche Verhandlung geschlossen wurde, vor dem 1. Juli 1977 stattgefunden hat;
5. Vorschriften über die Zustellung und Ausfertigung der Urteile, wenn das Urteil vor dem 1. Juli 1977 verkündet worden ist oder, wenn es ohne mündliche Verhandlung ergangen ist, der Geschäftsstelle übergeben wurde;

---

[18] Für Fortwirkung OLG Schleswig, Beschl. v. 24. 6. 1999 – 16 SchH 1/99 [II 2].
[19] BayObLGZ 2000, 57, 58/59 mit S. 59 (§ 1032 Abs. 2 ZPO nF bzw. § 1046, 2. Var. ZPO aF).
[20] OLG Frankfurt/Main OLGR 1999, 294 – mit „Aushilfsversuchen" bei *Musielak/Voit*, 4. Aufl., § 1025 ZPO Rn. 11.
[21] BT-Drucks. 13/5274 S. 72.
[22] BT-Drucks. 16/47 S. 60 re. Sp.

6. Vorschriften über die Fristen zur Einlegung von Rechtsmitteln und des Einspruchs, wenn die anzufechtende Entscheidung vor dem 1. Juli 1977 verkündet oder statt einer Verkündung zugestellt worden ist;
7. Vorschriften über das Mahnverfahren, wenn der Mahnantrag vor dem 1. Juli 1977 gestellt wurde.

§ 35 [Übergangsvorschrift zum 2. Justizmodernisierungsgesetz]

Auf Verfahren, die vor dem 31. Dezember 2006 rechtskräftig abgeschlossen worden sind, ist § 580 Nr. 8 der Zivilprozessordnung nicht anzuwenden.

Die Vorschrift stellt sicher, dass es nicht zu einer unzulässigen rückwirkenden Anwendung von § 580 Nr. 8 ZPO kommt. **1**

§ 36 [Übergangsvorschriften für das Gesetz zur Änderung des Unterhaltsrechts]

Für das Gesetz zur Änderung des Unterhaltsrechts vom 21. Dezember 2007 (BGBl. I S. 3189) gelten folgende Übergangsvorschriften:

1. Ist über den Unterhaltsanspruch vor dem 1. 1. 2008 rechtskräftig entschieden, ein vollstreckbarer Titel errichtet oder eine Unterhaltsvereinbarung getroffen worden, sind Umstände, die vor diesem Tag entstanden sind und durch das Gesetz zur Änderung des Unterhaltsrechts erheblich geworden sind, nur zu berücksichtigen, soweit eine wesentliche Änderung der Unterhaltsverpflichtung eintritt und die Änderung dem anderen Teil unter Berücksichtigung seines Vertrauens in die getroffene Regelung zumutbar ist.
2. Die in Nummer 1 genannten Umstände können bei der erstmaligen Änderung eines vollstreckbaren Unterhaltstitels nach dem 1. 1. 2008 ohne die Beschränkungen des § 323 Abs. 2 und des § 767 Abs. 2 der Zivilprozessordnung geltend gemacht werden.
3. Ist einem Kind der Unterhalt aufgrund eines vollstreckbaren Titels oder einer Unterhaltsvereinbarung als Prozentsatz des jeweiligen Regelbetrags nach der Regelbetrag-Verordnung zu leisten, gilt der Titel oder die Unterhaltsvereinbarung fort. An die Stelle des Regelbetrags tritt der Mindestunterhalt. An die Stelle des bisherigen Prozentsatzes tritt ein neuer Prozentsatz. Hierbei gilt:
    a) Sieht der Titel oder die Vereinbarung die Anrechnung des hälftigen oder eines Teils des hälftigen Kindergelds vor, ergibt sich der neue Prozentsatz, indem dem bisher zu zahlenden Unterhaltsbetrag das hälftige Kindergeld hinzugerechnet wird und der sich so ergebende Betrag in Verhältnis zu dem bei Inkrafttreten des Gesetzes zur Änderung des Unterhaltsrechts geltenden Mindestunterhalt gesetzt wird; der zukünftig zu zahlende Unterhaltsbetrag ergibt sich, indem der neue Prozentsatz mit dem Mindestunterhalt vervielfältigt und von dem Ergebnis das hälftige Kindergeld abgezogen wird.
    b) Sieht der Titel oder die Vereinbarung die Hinzurechnung des hälftigen Kindergelds vor, ergibt sich der neue Prozentsatz, indem vom bisher zu zahlenden Unterhaltsbetrag das hälftige Kindergeld abgezogen wird und der sich so ergebende Betrag in Verhältnis zu dem bei Inkrafttreten des Gesetzes zur Änderung des Unterhaltsrechts geltenden Mindestunterhalt gesetzt wird; der zukünftig zu zahlende Unterhaltsbetrag ergibt sich, indem der neue Prozentsatz mit dem Mindestunterhalt vervielfältigt und dem Ergebnis das hälftige Kindergeld hinzugerechnet wird.
    c) Sieht der Titel oder die Vereinbarung die Anrechnung des vollen Kindergelds vor, ist Buchstabe a anzuwenden, wobei an die Stelle des hälftigen Kindergelds das volle Kindergeld tritt.
    d) Sieht der Titel oder die Vereinbarung weder eine Anrechnung noch eine Hinzurechnung des Kindergelds oder eines Teils des Kindergelds vor, ist Buchstabe a anzuwenden.
    Der sich ergebende Prozentsatz ist auf eine Dezimalstelle zu begrenzen. Die Nummern 1 und 2 bleiben unberührt.
4. Der Mindestunterhalt minderjähriger Kinder im Sinne des § 1612a Abs. 1 des Bürgerlichen Gesetzbuchs beträgt
    a) für die Zeit bis zur Vollendung des sechsten Lebensjahrs (erste Altersstufe) 279 Euro,

b) für die Zeit vom siebten bis zur Vollendung des zwölften Lebensjahrs (zweite Altersstufe) 322 Euro,
c) für die Zeit vom 13. Lebensjahr an (dritte Altersstufe) 365 Euro
jeweils bis zu dem Zeitpunkt, in dem der Mindestunterhalt nach Maßgabe des § 1612a Abs. 1 des Bürgerlichen Gesetzbuchs den hier festgelegten Betrag übersteigt.
5. In einem Verfahren nach § 621 Abs. 1 Nr. 4, 5 oder Nr. 11 der Zivilprozessordnung können die in Nummer 1 genannten Umstände noch in der Revisionsinstanz vorgebracht werden. Das Revisionsgericht kann die Sache an das Berufungsgericht zurückverweisen, wenn bezüglich der neuen Tatsachen eine Beweisaufnahme erforderlich wird.
6. In den in Nummer 5 genannten Verfahren ist eine vor dem 1. 1. 2008 geschlossene mündliche Verhandlung auf Antrag wieder zu eröffnen.
7. Unterhaltsleistungen, die vor dem 1. 1. 2008 fällig geworden sind oder den Unterhalt für Ehegatten betreffen, die nach dem bis zum 30. Juni 1977 geltenden Recht geschieden worden sind, bleiben unberührt.

I. Normzweck

1 § 36 EGZPO enthält die für das Gesetz zur Änderung des Unterhaltsrechts vom 21. 12. 2007[1] maßgeblichen **Übergangsvorschriften**. Das neue Recht gilt nicht für Unterhaltsleistungen, die vor dem 1. 1. 2008 fällig geworden sind. Nicht erfasst wird ferner der Unterhalt für Ehegatten, die nach dem bis zum 30. 6. 1977 geltenden Recht geschieden worden sind (Nummer 7). Diesbezüglich bleibt es im vollen Umfang bei der Geltung des alten Rechts.

2 Im Übrigen ist das **neue Recht** aber auf sämtliche Unterhaltsansprüche anwendbar, die ab dem 1. 1. 2008 fällig werden. Hätte der Gesetzgeber grundlegend anders entschieden, wären altes und neues Recht noch lange Zeit nebeneinander anzuwenden gewesen. Der Gesetzgeber wollte dies vermeiden und hat daher eine weitgehende Anwendung des neuen Rechts auch auf bereits bestehende familienrechtliche Verhältnisse angeordnet.

3 Ausgehend von diesem Grundsatz befasst sich Nummer 1 mit der Frage, inwieweit darüber hinaus auch nach dem alten Recht errichtete **Unterhaltstitel und -vereinbarungen** von der neuen Rechtslage betroffen sind. Die Vorschrift strebt einen Kompromiss zwischen der vom Gesetzgeber angestrebten Anpassung an das neue Recht einerseits und den Vertrauensinteressen der Beteiligten andererseits an. Nummer 2 schließt in diesem Zusammenhang bestimmte Präklusionsregeln aus, die ansonsten einer Änderung von Unterhaltstiteln entgegenstünden. Nummer 3 enthält schließlich eine Sonderregel für bestimmte **dynamische Unterhaltstitel** und Vereinbarungen, die auf den Regelbetrag nach der Regelbetrag-Verordnung Bezug nehmen. Diese Titel werden ohne besonderes Verfahren durch bloße Umrechnung in das neue Recht überführt.

4 Nummer 4 bringt für eine Übergangszeit eine bedeutsame materiellrechtliche Ergänzung zu **§ 1612a Abs. 1 BGB**. Sie bestimmt den Mindestunterhalt bis zu dem Zeitpunkt, in dem der nach Maßgabe des § 1612a Abs. 1 BGB ermittelte Betrag den in Nummer 4 festgesetzten Betrag überschreitet.

5 Nummern 5 und 6 enthalten die Übergangsvorschriften für im Zeitpunkt des Inkrafttretens dieses Gesetzes noch **nicht rechtskräftig abgeschlossene Verfahren**. Auch diese Vorschriften fördern die Anpassung an das neue Unterhaltsrecht.

II. Änderung bestehender Titel und Vereinbarungen (Nummern 1–3)

6 **1. Maßstab für Anpassung von Titeln und nicht titulierten Vereinbarungen.** Nummer 1 befasst sich mit der Frage, nach welchen Maßstäben aufgrund der geänderten Rechtslage bei **bestehenden Titeln** und nicht titulierten **Vereinbarungen** eine Anpassung verlangt werden kann. Liegt kein Titel und auch keine untitulierte Vereinbarung vor, ist Nummer 1 nicht anwendbar. Es bleibt dann dabei, dass auf ab dem 1. 1. 2008 fällige Ansprüche das neue Unterhaltsrecht ohne weiteres anzuwenden ist. Ein Vertrauensschutz wird nicht gewährt.[2]

7 Die Vorschrift befasst sich nur mit den **Maßstäben** einer Änderung bei bestehenden Titeln und Vereinbarungen, stellt aber keinen besonderen verfahrensrechtlichen Rechtsbehelf zur Verfügung.

---

[1] BGBl. I S. 3189.

[2] Rechtspolitisch ist dies – gerade etwa bei lang andauernden Ehen – nicht zweifelfrei (vgl. *Schwab* FamRZ 2005, 1417, 1425, der darüber hinaus auch verfassungsrechtliche Bedenken im Hinblick auf das Rückwirkungsverbot äußert; vgl. Stellungnahme vor dem Rechtsausschuss, http://www.bundestag.de/ausschuesse/a06/anhoerungen/05_Unterhaltsrecht/04_StN/Stellungnahme_Prof_Schwab.pdf

Es bleibt hier bei den allgemeinen Vorschriften, insbesondere – bei titulierten Unterhaltsverpflichtungen – bei der Abänderungsklage nach § 323 ZPO.[3]

Eine Anpassung ist nach Nummer 1 unter zwei Voraussetzungen möglich. Zunächst muss aufgrund der Rechtsänderung eine wesentliche Änderung der Unterhaltsverpflichtung eingetreten sein.[4] Darüber hinaus muss die Änderung der Unterhaltsverpflichtung dem anderen Teil unter besonderer Berücksichtigung seines Vertrauens in die getroffene Regelung zumutbar sein. 8

Die **„Wesentlichkeit"** der Änderung der Unterhaltsverpflichtung bestimmt sich nach den zu § 323 Abs. 1 ZPO entwickelten Kriterien.[5] Dies gilt sowohl bei Urteilen und sonstigen Unterhaltstiteln als auch bei nicht titulierten Unterhaltsvereinbarungen.[6] Soweit es sich um nicht titulierte Unterhaltsvereinbarungen handelt, bewirkt die Nummer 1 eine Konkretisierung der Maßstäbe des § 313 BGB.[7] 9

Insgesamt ist daher in Anlehnung an § 323 ZPO zu prüfen, ob sich die Umstände in einer Gesamtschau aller Umstände in einem **relevanten Umfang** geändert haben. Hierbei wird – entsprechend der ratio des § 36 EGZPO – keine Änderung tatsächlicher Umstände vorausgesetzt.[8] Es reicht aus, dass sich die maßgebliche Rechtslage geändert hat.[9] Haben sich zusätzlich auch die maßgeblichen tatsächlichen Umstände geändert, sind diese ebenfalls im Rahmen einer Gesamtschau zu berücksichtigen.[10] 10

In der allgemeinen Rechtsprechungspraxis zum Unterhaltsrecht ging man bislang davon aus, dass eine wesentliche Änderung dann erreicht ist, wenn sie in etwa **10 Prozent des Unterhaltsanspruchs** beträgt. Hierbei handelt es sich jedoch nicht um eine starre Grenze; vielmehr ist auf die Umstände des Einzelfalls abzustellen. Vor allem bei beengten wirtschaftlichen Verhältnissen kann die „Wesentlichkeit" bereits bei einem geringeren Wert erreicht werden.[11] Diese Grundsätze sind auf die Auslegung der Nummer 1 zu übertragen.[12] 11

Liegt eine wesentliche Änderung der Verhältnisse vor, so ist in einem zweiten Schritt zu prüfen, ob die Änderung dem **anderen Teil** unter Berücksichtigung seines Vertrauens in die getroffene Regelung **zumutbar** ist. Unter dem „anderen Teil" ist dann, wenn sich die Unterhaltspflicht vergrößert, der Unterhaltsverpflichtete zu verstehen. Verringert sich die Unterhaltspflicht, ist unter dem anderen Teil der Unterhaltsberechtigte zu verstehen.[13] Das Gesetz verwendet mit der „Zumutbarkeit" ein Merkmal, das der Rechtsprechung einen sehr großen Spielraum belässt und damit der Rechtssicherheit abträglich ist.[14] Es kommt hierbei nicht darauf an, ob die Beibehaltung des alten Titels bzw. der alten Vereinbarung durch das neue Recht Begünstigten schlechthin unzumutbar ist.[15] Vielmehr wird umgekehrt (nur) danach gefragt, ob die Anwendung des neuen Rechts dem durch das neue Recht schlechter gestellten anderen Teil zugemutet werden kann. 12

Grundsätzlich geht das Gesetz – wie sich aus der prinzipiellen Geltung des neuen Rechts für ab dem 1. 1. 2008 fällige Ansprüche ergibt – davon aus, dass die Anwendung des neuen Rechts als solche dem anderen Teil zumutbar ist. Die Erstreckung des neuen Rechts auf bestehende Unterhaltsansprüche ist nach der Begründung zum Regierungsentwurf sogar „ein Gebot der Gerechtigkeit". Denn soweit das bisherige Unterhaltsrecht zu unbilligen und damit ungerechten Ergebnissen geführt habe, könnten diese nicht dauerhaft aufrechterhalten bleiben.[16] Aufgrund dessen verfolge das Gesetz das Ziel, „eine schnellstmögliche und umfassende Anwendung des neuen Rechts" zu verwirklichen.[17] Demgemäß führt der bloße Umstand, dass sich der andere Teil subjektiv auf ein **be**- 13

---

[3] Zur Abgrenzung zwischen der Abänderungsklage nach § 323 ZPO und der Vollstreckungsgegenklage nach § 767 ZPO siehe etwa BGH NJW 2005, 1213.
[4] Hierdurch soll verhindert werden, dass es aufgrund des neuen Unterhaltsrechts „zu einer Flut von Abänderungsverfahren kommt" (RegE BT-Drucks. 16/1830 S. 33 l. Sp.).
[5] RegE BT-Drucks. 16/1830 S. 33 l. Sp.
[6] RegE BT-Drucks. 16/1830 S. 33 l. Sp.
[7] RegE BT-Drucks. 16/1830 S. 33 l. Sp.
[8] RegE BT-Drucks. 16/1830 S. 33 r. Sp.
[9] Dies ist i. Ü. bereits bei direkter Anwendung von § 323 ZPO anerkannt; siehe etwa oben *Gottwald* § 323 ZPO Rn. 70.
[10] RegE BT-Drucks. 16/1830 S. 33 r. Sp. („flexible, an der Einzelfallgerechtigkeit orientierte Überleitung bestehender Unterhaltsregelungen").
[11] Zu alledem oben *Gottwald* § 323 ZPO Rn. 86 m. weit. Nachw.; *Musielak/Borth*, § 323 ZPO Rn. 31.
[12] So auch *Ehinger/Rasch* FamRB 2007, 78, 79; *Börger* ZAP 2008, 17, 28.
[13] Vgl. *Born* NJW 2008, 1, 7.
[14] *Ehinger/Rasch* FamRB 2007, 78, 79.
[15] Abw. *Ehinger/Rasch* FamRB 2007, 78, 79.
[16] RegE aaO.
[17] RegE BT-Drucks. 16/1830 S. 32 r. Sp.

stimmtes **Unterhaltsniveau** nach dem alten Recht eingestellt hat und sich nach dem neuen Recht ggf. in seinen Lebensumständen einschränken muss, noch nicht zu einer Unzumutbarkeit. Es bedarf darüber hinausgehender Umstände, die im Einzelfall ein besonderes Vertrauen begründen und eine Zumutbarkeit ausschließen.

14 Beim **Unterhaltsverpflichteten** fehlt es nach der hier vertretenen Auffassung regelmäßig bereits an einem schützenswerten Vertrauen, wenn er nach altem Recht in Anspruch genommen und in einem streitigen Verfahren verurteilt worden ist. Anderenfalls stünde dieser Unterhaltsverpflichtete besser als vergleichbare Unterhaltsverpflichtete, die die nach dem alten Recht geschuldete Summe freiwillig bezahlt haben und sich nun ab dem 1. 1. 2008 ohne weiteres auf das neue Recht einstellen müssen. Man würde ihn m.a.W. dafür prämieren, dass er es nach dem alten Recht auf eine Klage hat ankommen lassen. Anders mag es sich ausnahmsweise dann verhalten, wenn der Unterhaltsverpflichtete ursprünglich auf einen noch höheren Betrag in Anspruch genommen wurde und die nur teilweise Verurteilung bei ihm ein konkretes **Vertrauen** darauf erzeugt hat, auch zukünftig nur zu der geringeren Unterhaltsleistung verpflichtet zu sein. Allerdings wird man im Rahmen der Zumutbarkeitsprüfung zumindest idR verlangen müssen, dass das Vertrauen betätigt wurde, also der Unterhaltsverpflichtete im Vertrauen auf die Fortgeltung des Titels bestimmte vermögensrelevante Entscheidungen (z.B. Anmietung einer vergleichsweise teuren Wohnung) getroffen hat und diese Entscheidungen fortwirken. Ferner dürfte der Vertrauensschutz idR zeitlich zu begrenzen sein.

15 Auch in der umgekehrten Situation – in der sich nach dem neuen Recht geringere Ansprüche ergeben als in dem titulierten Unterhaltsurteil – sollte die Anpassung als Regelfall anzusehen sein. Spiegelbildlich zu dem oben Gesagten sollte ein Vertrauensschutz aber dann in Erwägung gezogen werden, wenn ein betätigtes Vertrauen vorliegt, also der **Unterhaltsberechtigte** im Vertrauen auf die Fortgeltung des Titels bestimmte Verpflichtungen eingegangen ist oder sonstige Entscheidungen getroffen hat, die – wie etwa eine Beurlaubung[18] – nicht ohne weiteres rückgängig gemacht werden können. Hier kommt im Einzelfall auch eine „gestufte" Absenkung des Unterhalts in Betracht. Dem gleichzustellen sind Fälle, in denen es der Unterhaltsberechtigte im Vertrauen auf die Fortgeltung des Titels unterlassen hat, sich beruflich neu zu orientieren, und er nunmehr – etwa aufgrund seines **Alters** – auch nicht mehr in der Lage ist, dies nachzuholen. In diesen Fällen dürfte im Einzelfall sogar eine zeitlich unbeschränkte Aufrechterhaltung des alten Titels in Frage kommen.

16 Nach der Begründung zum Regierungsentwurf kommt ferner ein schützenswertes Vertrauen in Betracht, wenn sich die Veränderung der Rechtslage dahingehend auswirkt, dass bestimmte Unterhaltsberechtigte – insbesondere die **Kinder des Verpflichteten** – besser gestellt werden und sich zugleich die Rechtsstellung anderer Unterhaltsberechtigter – etwa der **geschiedenen Ehefrau** – verschlechtert. Die Regierungsbegründung weist darauf hin, dass es in diesem Fall nicht nur ein schlichtes Entweder-Oder zwischen der Anpassung an die neue Rechtslage und einer gänzlich unveränderten Beibehaltung des alten Titels bestehe. Vielmehr könne nach einer flexiblen Einzelfalllösung gesucht werden. Von dem rechnerischen Ergebnis, wie ein bestimmter Betrag nach neuem Recht unter mehreren Unterhaltsberechtigten zu verteilen sei, könne der Richter „maßvoll abweichen" und damit zu einer billigen Aufteilung gelangen.[19]

17 Nach der hier vertretenen Auffassung kommt eine derartige Lösung nur insoweit und solange in Betracht, als nicht auch bezüglich der anderen Unterhaltsberechtigten eine Anpassung möglich ist. Schuldet also der Unterhaltsverpflichtete den Kindern nach neuem Recht einen höheren Betrag als nach dem alten Recht, steht dies einer Anpassung nicht entgegen, soweit der Unterhaltsberechtigte der geschiedenen Ehefrau nach dem neuen Recht nichts oder jedenfalls entsprechend weniger schuldet und er dies auch durch eine Abänderungsklage bzw. über § 313 BGB erreichen kann. Damit kommt auch hier regelmäßig nur für eine gewisse **Übergangszeit** – bis auch mit Blick auf den anderen Unterhaltsberechtigten eine Anpassung erfolgt ist bzw. erfolgen kann –, die Gewährung von Vertrauensschutz in Betracht.[20]

18 Bei **Vereinbarungen** über den Unterhalt ist zunächst zu ermitteln, ob die Parteien in der Vereinbarung selbst eine Regelung für den Fall einer Rechtsänderung getroffen haben.[21] Im Übrigen ist ggf. im Wege ergänzender Auslegung zu prüfen, inwieweit die Vereinbarung auch den Zweck hatte, bei bestimmten Änderungen tatsächlicher oder rechtlicher Art fortzuwirken. Ergeben sich

---

[18] *Ehinger/Rasch* FamRB 2007, 78, 80; *Vießhues/Mleczko*, Das neue Unterhaltsrecht 2008, S. 208.
[19] RegE BT-Drucks. 16/1830 S. 34 l. Sp.
[20] Andernfalls bliebe – entgegen dem gesetzgeberischen Ziel – das alte Unterhaltsrecht dauerhaft erhalten (vgl. RegE BT-Drucks. 16/1830 S. 32 r. Sp.).
[21] Oben *Gottwald* § 323 ZPO Rn. 102.

auch insoweit keine Anhaltspunkte für eine vorrangige vertragliche Regelung, ist auf das in Nummer 1 festgelegte Vertrauensprinzip zu rekurrieren. Ein Vertrauensschutz kommt insbesondere in Betracht, wenn eine getroffene Unterhaltsvereinbarung Teil einer größeren, umfassenderen Regelung war. Die Begründung zum Regierungsentwurf weist hier auf die Fälle hin, in denen sich die Ehegatten anlässlich von Trennung oder Scheidung über Unterhalt, Güterrecht, Hausrat sowie ggf. über den Versorgungsausgleich geeinigt haben. Kommt man in diesen Fällen doch zu einer Anpassung der Unterhaltsverpflichtung, so kann dies Rückwirkungen auf die anderen Teile der Vereinbarung haben. Denkbar ist hier, dass die Geschäftsgrundlage für die Gesamtvereinbarung entfällt.[22]

Die wesentliche Änderung und die Zumutbarkeit für den anderen Teil zählen nach dem Wortlaut der Vorschrift zu den positiven Tatbestandsmerkmalen für eine Änderung. Die **Darlegungs- und Beweislast** für die Wesentlichkeit der Änderung und die Zumutbarkeit für den anderen Teil liegt damit grundsätzlich bei demjenigen, der Anpassung verlangt.[23] Allerdings ist zu berücksichtigen, dass nach der hier vertretenen Auffassung die Zumutbarkeit den Regelfall darstellt und sich das schützenswerte Vertrauen des anderen Teils zumeist aus Umständen ergibt, die sich, wie etwa das Eingehen bestimmter finanzieller Verpflichtungen, in seiner Sphäre abgespielt haben. In diesem Fall sollte es ihm obliegen, diese Umstände darzulegen und zu beweisen. 19

2. Nichtanwendung von Präklusionsvorschriften. Durch das neue Recht können bestimmte tatsächliche Umstände, die nach dem alten Recht ohne Bedeutung waren, erheblich werden. Nummer 2 stellt sicher, dass diese Umstände nicht präkludiert sind und ohne Einschränkung in das Verfahren eingeführt werden können.[24] Erfolgt die Anpassung im Wege einer Abänderungsklage (§ 323 ZPO) oder im Wege einer Vollstreckungsgegenklage (§ 767 ZPO), sind damit die § 323 Abs. 2 ZPO bzw. § 767 Abs. 2 ZPO nicht anwendbar. Die Vorschrift gilt nur für eine erstmalige Anpassung des Titels nach dem 1. 1. 2008, nicht für eine spätere Anpassung.[25] 20

Nach dem Wortlaut bezieht sich die Ausnahme von der Präklusion nur auf solche Umstände, die durch die Rechtsänderung erheblich geworden sind, also nach dem alten Recht ohne Bedeutung waren. Dem gleichzustellen sind Umstände, die nach dem alten Recht zu einer abweichenden Rechtsfolge geführt haben.[26] Bei Umständen, die bereits nach dem alten Recht für den konkreten Fall von Bedeutung waren und im Falle ihrer Berücksichtigung zu derselben oder jedenfalls vergleichbaren Rechtsfolge geführt hätten wie im neuen Recht, bleibt demgegenüber die einmal eingetretene Präklusion erhalten.[27] Insgesamt ist daher bei der Anwendung von Nummer 2 nicht nur das neue, sondern weiterhin auch das alte Recht in den Blick zu nehmen. 21

3. Sonderregel für dynamische Unterhaltstitel und Vereinbarungen. Nummer 3 enthält eine Regelung für dynamische Unterhaltstitel und Vereinbarungen, die auf den Prozentsatz des jeweiligen Regelbetrags nach der Regelbetrag-Verordnung Bezug nehmen. Diese Titel und Vereinbarungen werden ohne gesondertes Verfahren in das neue Recht überführt. Es erfolgt allein eine **Umrechnung** nach Maßgabe der Satz 4 lit. a–d. Der vom Unterhaltsschuldner zu zahlende Betrag bleibt dabei zunächst gleich.[28] Die Umrechnung kann von dem Vollstreckungsorgan selbst vorgenommen werden.[29] Auch nach Inkrafttreten des neuen Rechts kann daher aus den unter dem alten Recht entstandenen Titeln vollstreckt werden.[30] 22

Durch die Umrechnung wird sichergestellt, dass die bisherige Dynamisierung der Titel und Vereinbarungen erhalten bleibt. Lediglich der Anknüpfungspunkt für die Dynamisierung wird ausgetauscht. Bislang orientierten sich die Unterhaltsregelungen am Regelbetrag. Im neuen Recht bezie- 23

---

[22] RegE BT-Drucks. 16/1830 S. 33 r. Sp.
[23] Der Nachweis wird dadurch erleichtert, dass in Unterhaltsstreitigkeiten zwischen Verwandten, Ehegatten und nichtehelichen Eltern nach § 643 ZPO – ggf. auch in gestalt einer Stufenklage – auf Auskunft geklagt werden kann.
[24] RegE BT-Drucks. 16/1830 S. 34 l. Sp.; *Bosch* FF 2007, 293, 306.
[25] *Thomas/Putzo/Hüßtege* § 36 ZPO Rn. 9.
[26] Keine Präklusion liegt etwa dann vor, wenn es sich um eine Abänderung aufgrund veränderter Rangverhältnisse geht (*Ehinger/Rasch* FamRB 2007, 78, 79).
[27] *Ehinger/Rasch* FamRB 2007, 78, 79.
[28] RegE BT-Drucks. 16/1830 S. 34 l. Sp.; Berechnungsbeispiel etwa bei *Bosch* FF 2007, 293, 307.
[29] RegE aaO.
[30] Bei im Ausland zu vollstreckenden Titeln stellt sich weitergehend die Frage, ob der deutsche Titel auch aus der Sicht des ausländischen Vollstreckungsstaates hinreichend bestimmt ist. Allerdings ist etwa von der deutschen Rechtsprechung anerkannt, dass im Rahmen des Vollstreckbarerklärungsverfahrens eine Konkretisierung eines ausländischen Titels durch Auslegung anzustreben ist (ausf. *Rauscher/Mankowski*, Europäisches Zivilprozessrecht, 2. Aufl. 2006, Art. 38 Brüssel I-VO Rn. 24). Eine derartige Konkretisierung ist nach Auffassung des BGH u. a. bei indexierten Unterhaltsentscheidungen möglich (BGH NJW 1986, 1440, 1441).

hen sie sich auf den **Mindestunterhalt** und sind damit durch diesen dynamisiert.[31] Die Titel und Vereinbarungen nehmen daher auch in Zukunft an Steigerungen des Mindestunterhalts teil.[32]

24 Nach Satz 3 tritt gleichzeitig an die Stelle des bisherigen Prozentsatzes ein neuer Prozentsatz. Wie dieser berechnet wird, ergibt sich aus Satz 4 lit. a–d und Satz 5. Satz 4 lit. a bezieht sich auf gesetzlichen Regelfall, in dem der Titel oder die Vereinbarung die Anrechnung des hälftigen oder eines Teils des hälftigen Kindergelds anordnet (§ 1612b Abs. 1 und 5 BGB a. F.). Satz 4 lit. b bezieht sich auf § 1612b Abs. 2 BGB a. F. Satz 4 lit. c behandelt die Fälle des § 1612b Abs. 3 BGB a. F. Satz 4 lit. d schließlich erfasst die Fälle, in denen der Titel oder die Vereinbarung keine Anrechnung und auch keine Hinzurechnung des Kindergelds oder eines Teils des Kindergelds anordnet.[33]

25 Die durch das neue Unterhaltsrecht bewirkte materielle Rechtsänderung wird durch die Umrechnung nicht nachvollzogen. Es ist daher nicht gewährleistet, dass die alten Zahlbeträge dem neuen Recht entsprechen. Die materielle Rechtsänderung ist, was Satz 6 klarstellt, nach Maßgabe der Nummern 1 und 2 geltend zu machen, also insbesondere im Wege einer Abänderungsklage.

III. Übergangsregel für den Mindestunterhalt

26 Nummer 4 bezieht sich auf den **Mindestunterhalt** minderjähriger Kinder im Sinne des § 1612a Abs. 1 BGB und legt hier eine Untergrenze fest, bis der (neu) nach § 1612a Abs. 1 BGB berechnete Betrag diesen Mindestbetrag übersteigt.[34] Nummer 4 stellt hierbei auf 100 Prozent des Regelbetrags West zuzüglich des halben Kindergelds ab.[35] Die Vorschrift wirkt einer durch § 1612a Abs. 1 BGB n. F. bewirkten Absenkung der Beträge entgegen.

27 Die Vorschrift gilt überall dort, wo das Gesetz auf den Mindestunterhalt verweist. Anzuwenden ist sie also im Rahmen des § 645 ZPO (vereinfachtes Verfahren) und bei § 653 Abs. 1 ZPO (Unterhalt bei Vaterschaftsfeststellung). Ferner gilt sie im Rahmen des § 36 Nr. 3 EGZPO bei der Dynamisierung von Unterhaltstiteln.

28 Die Vorschrift setzt einen einheitlichen Betrag für die alten und die neuen Bundesländer fest. In den neuen Bundesländern ist der zu zahlende Unterhalt dadurch vielfach höher als vorher.[36]

IV. Vorschriften für laufende Verfahren

29 Nummer 5 soll gewährleisten, dass Verfahren, die vor dem **Bundesgerichtshof** anhängig sind, auf der Grundlage des neuen Rechts sachgerecht abgewickelt werden können. Zu diesem Zweck regelt Satz 1 eine Ausnahme von dem Grundsatz, dass neue Tatsachen im Revisionsverfahren nicht berücksichtigt werden.

30 Nummer 6 sieht vor, dass in einer Unterhaltssache eine bereits **geschlossene mündliche Verhandlung** auf Antrag wieder zu eröffnen ist, um den Parteien Gelegenheit zu geben, Tatsachen, die erst durch dieses Gesetz Relevanz erlangt haben, noch vorzutragen. Das in § 156 ZPO vorgesehene Ermessen wird daher reduziert.

---

[31] Etwa *Born* NJW 2008, 1, 7.
[32] RegE aaO.
[33] Berechungsbeispiele bei *Thomas/Putzo/Hüßtege* § 36 ZPO Rn. 16; *Viefhues/Mleczko*, Das neue Unterhaltsrecht 2008, S. 212 ff.
[34] Die Vorschrift ist auf Vorschlag des Rechtsausschusses in das Gesetz aufgenommen worden (vgl. BT-Drucks. 16/6980).
[35] Siehe § 1 der Regelbetragsverordnung (West) nach Maßgabe der Fünften Verordnung zur Änderung der Regelbetragverordnung vom 5. 6. 2007 (BGBl. 2007 I S. 1044).
[36] *Scholz* FamRZ 2007, 2021, 2023.

Gerichtsverfassungsgesetz

Vom 27. Januar 1877 (RGBl. S. 41)
in der Fassung der Bekanntmachung vom 9. Mai 1975 (BGBl. I S. 1077)
(BGBl. III 300-2)
Zuletzt geändert durch Gesetz vom 21. 12. 2007 (BGBl. I S. 3198)*

Einleitung

I. Gegenstand der Gerichtsverfassung

Das Gerichtsverfassungsrecht regelt, wie bereits der Begriff „Verfassung" andeutet, die Grundlagen der Gerichtsbarkeit. Diese beschränken sich aber nicht auf die Rechtsprechungsartikel der Art. 92 ff. GG. Das GG regelt weder die Organisation der Gerichte der Länder noch Einzelfragen der Organisation. Als Organ der Gerichtsbarkeit wird auch nur der Richter erwähnt, nicht aber andere Organe, wie zB der Rechtsanwalt, der Rechtspfleger, die Staatsanwaltschaft oder der Gerichtsvollzieher. Das Gerichtsverfassungsrecht beschränkt sich auch nicht auf die Organisation und Aufgabenverteilung unter den Gerichten.[1] Vielmehr umfasst es neben der Organisation und Aufgabenverteilung auch die materiell-inhaltlichen Grundlagen, die die Rechtsprechungstätigkeit im eigentlichen Sinn und die ihr sachlich zugeordneten Tätigkeiten unabhängig von verfahrensrechtlichen Einzelregelungen als charakteristisch prägen.[2] Zu diesen materiell-inhaltlichen Grundlagen gehören insbesondere die Qualifikationsregeln,[3] wie etwa der Grundsatz der richterlichen Unabhängigkeit, die richterliche Neutralität und die rechtlich vorgezeichnete gesellschaftliche Funktion des Richters wie der Gerichtsbarkeit. Zu den materiell-inhaltlichen Grundlagen der Gerichtsverfassung sind aber auch die Rechtsprechungsgrundsätze[4] zu zählen, die das Verhältnis zwischen Bürger und Gerichten bestimmend gestalten und mit Grundprinzipien wie rechtliches Gehör (Art. 103 Abs. 1 GG), Justizgewährungsanspruch, gesetzlicher Richter (Art. 101 GG), faires Verfahren und Öffentlichkeit die Grundstrukturen richterlicher Tätigkeit festlegen. Als Grundstrukturen richterlicher Tätigkeit bestimmen sie die Stellung der Gerichte im gesamten Rechts- und Gesellschaftssystem überhaupt und gehören damit im Gegensatz zur Detailregelung des Verfahrensablaufs zu den Grundlagen der Gerichtsbarkeit und ihrer Verfassung.

1

II. Regelungsbereich des GVG

Das GVG enthält die Vorschriften der Gerichtsverfassung nicht abschließend, stellt aber einen wichtigen Teil des Gerichtsverfassungsrechts dar. Das GVG wird neben den verfassungsrechtlichen Vorschriften der Art. 92 ff. GG durch weitere wichtige Gesetze, wie zB das DRiG, das RpflG, die BRAO oder die BNotO, ergänzt, die vor allem die Rechtsstellung und Aufgaben einzelner Organe näher regeln. Das 1877 veröffentlichte und am 1. 10. 1879 zusammen mit den anderen Reichsjustizgesetzen in Kraft getretene GVG[5] enthält demgegenüber vor allem allgemeine Fragen des Rechtswegs und der gerichtlichen Organisation, der Rechtshilfe, der Öffentlichkeit, Sitzungspolizei, Gerichtssprache, Beratung und Abstimmung.

2

III. Ordentliche Gerichtsbarkeit und andere Gerichtsbarkeiten

1. Ordentliche streitige Gerichtsbarkeit. Das GVG gilt gemäß § 2 EGGVG unmittelbar nur für die ordentliche streitige Gerichtsbarkeit, dh. für die Strafgerichtsbarkeit und die Zivilgerichtsbarkeit. Die freiwillige Gerichtsbarkeit fällt danach nicht unmittelbar unter den Anwendungsbereich

3

---

* §§ ohne Gesetzesangaben sind die des GVG.
[1] *Manfred Wolf* § 1 I 1 b; *Kissel/Mayer* Einl. Rn. 140.
[2] *Manfred Wolf* § 1 I 1 c.
[3] S. dazu *Manfred Wolf* § 1 I 3 b.
[4] *Manfred Wolf* § 1 I 3 c; *Schilken* Rn. 1, 2.
[5] S. zur Entstehungsgeschichte etwa *Kern*, Geschichte des Gerichtsverfassungsrechts, 1954, S. 86; *Eb. Schmidt*, Einführung in die Geschichte der deutschen Strafrechtspflege, 3. Aufl. 1965, S. 412 ff.; *Selbert* JuS 1977, 781; *Bettermann* ZZP 78 (1965), 365; *Kissel/Mayer* Einl. Rn. 50 ff.

GVG Einl. 4–7 Einleitung

des GVG. Jedoch bedient sich die freiwillige Gerichtsbarkeit der Organisation der ordentlichen Gerichtsbarkeit und gliedert sich damit weitgehend in das System des GVG ein.[6]

4 **2. BVerfG und die anderen Gerichtsbarkeiten.** Für das BVerfG und die anderen Gerichtsbarkeiten finden sich gerichtsverfassungsrechtliche Regelungen, insbesondere über den Aufbau der Gerichte, deren Instanzenzug und die Besetzung der Spruchkörper in den jeweiligen Verfahrensgesetzen. Daneben werden Vorschriften des GVG ausdrücklich für anwendbar erklärt und, soweit Besonderheiten der jeweiligen Gerichtsbarkeit nicht entgegenstehen, kann das GVG auch darüber hinaus analoge Anwendung finden.[7]

5 **3. EuGH.** Der Europäische Gerichtshof (EuGH) mit Sitz in Luxemburg leitet seine Gerichtsbarkeit nicht von den nationalen Gerichtsbarkeiten ab, sondern ist ein selbständiger übernationaler Gerichtshof der Europäischen Gemeinschaft,[8] dessen Gerichtsbarkeit sich auf Art. 7 EGV, Art. 7 EGKS V und Art. 3 EAGV in Verbindung mit Art. 3, 4 des Abkommens über gemeinsame Organe für die Europäischen Gemeinschaften vom 25. 3. 1957[9] stützt. Das GVG findet deshalb keine Anwendung. Vorschriften zur Gerichtsverfassung finden sich in einzelnen Artikeln des EGV, des EGKS V und des EAGV sowie in den Protokollen über die Satzung der vormaligen Gerichtshöfe der EWG, der EGKS und der EAG[10] und in der Verfahrensordnung des Gerichtshofs der Europäischen Gemeinschaften vom 4. 12. 1974.[11] Die Rechtsprechungsgrundsätze, wie der Justizgewährungsanspruch, der Anspruch auf rechtliches Gehör und auf ein faires Verfahren und der Grundsatz der Öffentlichkeit,[12] ergeben sich ebenso wie die Gewährleistung der richterlichen Neutralität und Unabhängigkeit aus Art. 6 MRK in Verbindung mit den Gemeinschaftsverträgen und der VerfOEuGH.[13]

6 **4. Gericht erster Instanz der Europäischen Gemeinschaften.** Durch Art. 225 EGV, Art. 140a EAGV und Art. 32d EGKS V in Verbindung mit dem Beschluss des Rates vom 24. 10. 1988[14] ist ein „Gericht erster Instanz der Europäischen Gemeinschaften" errichtet worden, das seit 31. 10. 1989 tätig ist und in bestimmten Streitigkeiten, insbesondere Beamtenklagen, Wettbewerbssachen und einzelnen Verfahren nach dem EGKS V (s. Art. 3 des Beschlusses), in erster Instanz entscheidet.[15] Das Gericht wird auch als Tatsacheninstanz tätig. Gegen dessen Entscheidung findet ein auf Rechtsfragen beschränktes Rechtsmittel an den EuGH statt. Die Bestimmung über die Stellung der Richter und die Einrichtung entsprechen im Wesentlichen den Vorschriften beim EuGH.[16]

7 **5. Europäischer Gerichtshof für Menschenrechte (EuGMR).** Der Europäische Gerichtshof für Menschenrechte (EuGMR) ist als übernationaler selbständiger und unabhängiger Gerichtshof mit Sitz in Straßburg seit 1958 eingerichtet. Als neuer ständiger Gerichtshof hat er gem. Art. 19 EMRK[17] seine Tätigkeit zum 1. 11. 1998 aufgenommen. Damit wird der bisherige Rechtsschutz in Menschenrechtssachen, der durch die Europäische Kommission für Menschenrechte (EKMR) und den EuGMR gemeinsam gewährleistet wurde, durch den EuGMR als alleinige Instanz ersetzt. Die EKMR hat ihren Dienst zum 31. 10. 1998 beendet. Beim EuGMR besteht die Möglichkeit einer Individualbeschwerde (Art. 34 EMRK) oder einer Staatenbeschwerde (Art. 33 EMRK). Die Beschwerde kann bei Verletzung der EMRK und der Protokolle dazu innerhalb von 6 Monaten nach der endgültigen innerstaatlichen Entscheidung eingelegt werden, nachdem zuvor der innerstaatliche Rechtsweg einschließlich des BVerfG erschöpft worden ist. Insbesondere hat eine Angabe der verletzten Konventionsrechte, der innerstaatlichen, aber erfolglos gebliebenen Rechtsbehelfe sowie eine Auflistung der einschlägigen amtlichen Entscheidungen zu erfolgen. Die ergangenen amtlichen Entscheidungen müssen nach Datum, Gericht oder Behörde und Inhalt der Entscheidung bezeich-

---

[6] S. § 2 EGGVG Rn. 1 ff.
[7] S. § 2 EGGVG Rn. 1.
[8] S. auch BVerfGE 77, 339, 366 = NJW 1987, 577, 578.
[9] BGBl. II S. 1156.
[10] S. Fn. 19.
[11] ABl. Nr. L 350/1. Zu notwendigen Veränderungen des Gerichtssystems bei einer Erweiterung der EU s. *Streinz/Leible*, Die Zukunft des Gerichtssystems der Europäischen Gemeinschaft – Reflexionen über Reflexionspapiere, EWS 2001, 1 ff.
[12] S. auch den Umkehrschluss aus Art. 27 § 1 VerfOEuGH.
[13] S. BVerfGE 77, 339, 366 = NJW 1987, 577, 578.
[14] ABl. Nr. L 319/1.
[15] S. *Rabe* NJW 1989, 3041.
[16] S. Art. 44, 45 Protokoll über die Satzung des Gerichtshofs der EWG vom 17. 4. 1957; Art. 44, 45 Protokoll über die Satzung des Gerichtshofs der EGKS vom 18. 4. 1951; Art. 45, 46 Protokoll über die Satzung des Gerichtshofs der EAG vom 17. 4. 1957.
[17] In der Fassung des 11. Protokolls, das am 11. 5. 1994 durch die BRD ratifiziert wurde.

Richterliche Unabhängigkeit 1 § 1 GVG

net und in Kopie beigelegt werden. Hinsichtlich des Verfahrens ist im Einzelnen die Verfahrensordnung des neuen EuGMR vom 4. 11. 1998 (VerfO EuGMR) zu beachten. Einzelheiten des Verfahrens sind in den Art. 31 ff. geregelt. So bestimmt zB Art. 34 VerfO EuGMR die Gerichtssprache grundsätzlich als englisch und französisch. Die Beschwerde kann zwar auch in deutsch erfolgen, dies kann jedoch wegen der notwendigen Übersetzung zu einer Verzögerung in der Bearbeitung führen.

Erster Titel. Gerichtsbarkeit

§ 1 [Richterliche Unabhängigkeit]
Die richterliche Gewalt wird durch unabhängige, nur dem Gesetz unterworfene Gerichte ausgeübt.

Schrifttum: *Achterberg,* Die richterliche Unabhängigkeit im Spiegel der Dienstgerichtsbarkeit, NJW 1985, 3041; *Behringer,* Die Richterliche Unabhängigkeit, DRiZ 1995, 321; *Benda,* Richter im Rechtsstaat, DRiZ 1979, 358; *Domke,* Verfassungsrechtliche Aspekte der Justizverwaltung, FS Bengl, 1984, 1; *Dütz,* Richterliche Unabhängigkeit und Politik, JuS 1985, 745; *Grimm,* Richterliche Unabhängigkeit und Dienstaufsicht, 1972; *Kissel,* Der „neue" Duden und die richterliche Unabhängigkeit, NJW 1997, 1097; *Kramer,* Das neue Steuerungsmodell und die Unabhängigkeit der Richter, ZZP Bd. 114, 267; *Limbach,* Die Richterliche Unabhängigkeit – ihre Bedeutung für den Rechtsstaat, NJW 1995, 281; *Papier,* Richterliche Unabhängigkeit und Dienstaufsicht, NJW 1990, 8; *Pfeiffer,* Zum Spannungsverhältnis richterlicher Unabhängigkeit – Dienstaufsicht – Justizgewährungspflicht, FS Bengl, 1984, S. 85; *Rudolph,* Richterliche Unabhängigkeit und Dienstaufsicht, DRiZ 1979, 97; *Schmidt-Räntsch,* Dienstaufsicht über Richter, 1985; *Schreiber,* Wie unabhängig ist der Richter?, FS Jescheck, 1985, S. 757; *Sendler,* Zur Unabhängigkeit des Verwaltungsrichters, NJW 1983, 1449; *ders.,* Unabhängigkeit als Mythos?, NJW 1995, 2464; *Strauch,* Die Bindung des Richters an Gesetz und Recht – eine Bindung durch Kohärenz, KritV 2002, 311; *Wassermann,* Die richterliche Gewalt, 1985; *Wipfelder,* Die richterliche Unabhängigkeit und ihre Gefährdung durch die praktische Politik, DRiZ 1984, 41.

Übersicht

	Rn.		Rn.
I. Normzweck	1	V. Die Unabhängigkeit der Gerichte	19–29
II. Die richterliche Gewalt	2–5	1. Die institutionelle Unabhängigkeit	19–21
1. Rechtsprechungsbegriff des Grundgesetzes	3, 4	a) Inkompatibilität	20
a) Formeller Rechtsprechungsbegriff	3	b) Richterliche Selbstverwaltung	21
b) Materieller Rechtsprechungsbegriff	4	2. Die Unabhängigkeit des einzelnen Richters	22–29
2. Begriff der richterlichen Gewalt in § 1	5	a) Die sachliche Unabhängigkeit	23–26
III. Die Gerichts- und Justizverwaltung	6–14	b) Die persönliche Unabhängigkeit	27–29
1. Die Gerichtsverwaltung	7–11	VI. Die Bindung des Richters an das Gesetz	30–46
a) Kernbereich	8	1. Der Gesetzesbegriff des § 1	31–34
b) Hausrecht	9	a) Jede Rechtsnorm	31
c) Dienstaufsicht	10	b) Gewohnheitsrecht	32, 33
d) Dienstaufsichtsbeschwerde	11	c) Verwaltungsvorschriften	34
2. Die Justizverwaltung	12–14	2. Die richterliche Gesetzesprüfung	35–41
a) Verwaltungsaufgaben nach außen	12	a) Die Prüfungskompetenz	36–38
b) Abgrenzung gegenüber der rechtsprechenden Tätigkeit	13, 14	b) Das Verwerfungsmonopol der Verfassungsgerichte	39–41
IV. Die Ausübung richterlicher Gewalt durch die Gerichte	15–18	3. Die Besonderheiten bezüglich des Rechts der Europäischen Gemeinschaft	42–46
1. Schutz des Richters und der Gerichte	15	a) Auslegungszweifel	43
2. Berufsrichter und ehrenamtliche Richter	16–18	b) Zweifel an der Gültigkeit	44–46
a) Berufsrichter	17		
b) Ehrenamtliche Richter	18		

I. Normzweck

§ 1 stellt mit der richterlichen Unabhängigkeit das wesentliche Grundprinzip rechtsprechender **1** Tätigkeit auch räumlich an die Spitze des GVG. Nachdem die Weimarer Verfassung in den Art. 102 und 104 und das Grundgesetz in Art. 97 die richterliche Unabhängigkeit in Verfassungsrang erhoben hat, hat § 1 seine Bedeutung für die ordentliche Gerichtsbarkeit weitgehend eingebüßt. Die richterliche Unabhängigkeit, die § 1 auf die Gerichte bezieht, ist durch Art. 97 GG dem Richter als Person gewährt. Ebenso ist der auf die sachliche Unabhängigkeit begrenzte Schutz von § 1 durch Art. 97 GG auf die persönliche Unabhängigkeit ausgedehnt worden, und während § 1 in seinem Anwendungsbereich auf die ordentliche streitige Gerichtsbarkeit beschränkt ist (§ 2 EGGVG), gilt Art. 97 GG für alle Richter und für jede Art von Gerichtsbarkeit. Da die wesentlichen Grundlagen der richterlichen Unabhängigkeit durch die Verfassung bestimmt sind, wird auch die Auslegung von § 1 durch diese verfassungsrechtlichen Grundlagen beherrscht. § 1 gilt seit dem 3. 10. 1990 auch in den neuen Bundesländern und Berlin. § 9 RPflG enthält eine Garantie für die *sachliche* Unabhängigkeit („Selbständigkeit") des Rechtspflegers.

II. Die richterliche Gewalt

2   Der Begriff der richterlichen Gewalt nach § 1 weist keine klaren Konturen auf, so dass der Anwendungsbereich dieser Vorschrift nicht auf Anhieb erkennbar ist. Auch die Tatsache, dass die rechtsprechende Gewalt gemäß Art. 92 Halbs. 1 GG den Richtern anvertraut ist und mit rechtsprechender Gewalt die im Grundgesetz häufiger erwähnte Rechtsprechung gemeint ist, legt nur die Annahme nahe, dass mit den Begriffen der richterlichen Gewalt, der rechtsprechenden Gewalt und der Rechtsprechung annähernd Gleiches ausgedrückt werden sollte. Dies führt indes nicht viel weiter, weil das Grundgesetz keine Legaldefinition der Rechtsprechung liefert.

3   **1. Rechtsprechungsbegriff des Grundgesetzes. a) Formeller Rechtsprechungsbegriff.** Üblicherweise wird zwischen einem formellen und einem materiellen Rechtsprechungsbegriff unterschieden.[1] Der formelle Rechtsprechungsbegriff führt zu einer Definition der Rechtsprechung, die aus der Gesamtheit der gesetzlichen Aufgabenzuweisung ermittelt wird und die Bestimmung der Rechtsprechung vorwiegend deskriptiv und ausgerichtet an traditionellen Zuweisungen vornimmt.[2]

4   **b) Materieller Rechtsprechungsbegriff.** Demgegenüber wird beim materiellen Rechtsprechungsbegriff dem Umstand Rechnung getragen, dass die Konstituierung einer eigenständigen und unabhängigen Rechtsprechung zu den besonderen Zielen des Verfassungsgebers gehörte und dementsprechend dem Rechtsprechungsbegriff ein originärer Gehalt zukommen muss, der der Disposition des Gesetzgebers nicht zugänglich ist.[3] Es bestehen jedoch verschiedene Auffassungen darüber, welches Merkmal den materiellen Rechtsprechungsbegriff auszeichnen soll. Die Hervorhebung der Streitentscheidung nach Rechtsregeln durch den Richter als unbeteiligtes Organ[4] berücksichtigt zu wenig, dass in Strafsachen und bei zivilprozessualen Gestaltungsurteilen wie im Scheidungsverfahren der Richter aus Gründen der Rechtsdurchsetzung auch dann zur Entscheidung berufen ist, wenn ein Streit zwischen den Beteiligten nicht besteht. Die Rechtsanwendung im Einzelfall[5] kann die Rechtsprechung nicht ausreichend von der Verwaltungstätigkeit abzugrenzen. Dies gilt auch dann, wenn man zusätzlich auf die rechtskräftige oder sonst endgültig verbindliche Entscheidung als Kennzeichen abstellt,[6] denn es gibt gerichtliche Entscheidungen, die nicht endgültig verbindlich sind, wie zB dem Richter übertragene Maßnahmen der Freiheitsentziehung (Art. 104 Abs. 2 GG),[7] und ebenso können Verwaltungsakte, wie zB der Bußgeldbescheid (§ 84 OWiG), in Rechtskraft erwachsen. Auch das Abstellen auf die Gewährung individuellen Rechtsschutzes und die Ausübung von Rechtskontrolle im Interesse des einzelnen Bürgers[8] gibt das Kennzeichen der Rechtsprechung nur teilweise wieder, denn nicht nur hat die Verwaltung ebenfalls die Rechte des Bürgers zu schützen (s. Art. 1 Abs. 3 GG), sondern die Rechtsprechung hat über den individuellen Rechtsschutz hinaus auch objektive Ordnungsaufgaben, wie etwa Organstreitigkeiten und Normenkontrollen durch das BVerfG (Art. 93 GG) deutlich machen.[9] Das wesentliche Merkmal der Rechtsprechung ergibt sich nur, wenn man auch auf die Bestimmung der Rechtsprechung im Rechtsstaat zugewiesene Funktion abstellt. Danach besteht die Aufgabe der Rechtsprechung in der verbindlichen Rechtskontrolle unter höchstmöglichen Richtigkeitsgarantien im Interesse der Effektivität des

---

[1] S. zu einem Überblick *Manfred Wolf* § 2 II; *Manfred Wolf* ZZP 99 (1986), 361, 366 ff.
[2] S. BVerfGE 22, 49, 77; 64, 175, 179; *Baur* DNotZ 1955, 507.
[3] BVerfGE 22, 49, 74 f.
[4] S. etwa *Friesenhahn* DV 1949, 748; *Bötticher* ZZP 51 (1926), 201 ff.
[5] *Flume*, FS Smend, 1952, S. 59 ff.; *von Turegg* NJW 1953, 1201, 1202.
[6] So etwa *A. Arndt* NJW 1959, 605, 607; *Bettermann* AöR 92, 498, 505; s. auch BVerfGE 60, 253, 270.
[7] S. zB § 70 FGG.
[8] So etwa *Stein/Jonas/Schumann*, 20. Aufl., Einl. Rn. 477.
[9] S. im einzelnen noch *Manfred Wolf* § 2 II 4.

Rechts.[10] Die Gewährleistung höchstmöglicher Richtigkeitsgarantien bei der Rechtserkenntnis und bei der Rechtsanwendung ist danach das hervorstehende Merkmal, das die Rechtsprechung vor der Verwaltung auszeichnet. Diese Richtigkeitsgarantien bestehen vor allem in der verfassungsrechtlich gesicherten Unabhängigkeit und Neutralität des Richters, aber auch in verfahrensrechtlichen Garantien.[11]

2. Begriff der richterlichen Gewalt in § 1. Allein ein materielles Verständnis des Rechtsprechungsbegriffs genügt der verfassungsrechtlichen Bedeutung der rechtsprechenden Gewalt. Im Rahmen des § 1 muss darüber hinaus auch der Bereich erfasst sein, der den Gerichten zur Ausübung übertragen ist, ohne dass es sich notwendig um Rechtsprechung im verfassungsrechtlichen Sinne handeln muss. Dies folgt daraus, dass der Gesetzgeber durch die Zuweisung weiterer Aufgaben zu erkennen gibt, dass auch diesen Bereichen eine höchstmögliche Richtigkeitsgarantie zugeordnet werden soll. Bestandteil dieser Richtigkeitsgarantie ist aber insbesondere die in § 1 angesprochene richterliche Unabhängigkeit, weshalb die richterliche Gewalt hier alle Angelegenheiten umfasst, die den Gerichten als Rechtsprechungsorganen übertragen sind. Damit entspricht das Tatbestandsmerkmal der richterlichen Gewalt im Rahmen des § 1 inhaltlich dem formalen Rechtsprechungsbegriff.[12] § 1 gilt jedoch nur für die streitige ordentliche Gerichtsbarkeit (§ 2 EGGVG).[13]

III. Die Gerichts- und Justizverwaltung

Nicht vom Begriff der richterlichen Gewalt umfasst sind solche Tätigkeiten, die den Gerichten nicht als Organ der Rechtsprechung zugewiesen werden. Hierzu zählen die Gerichts- und die Justizverwaltung. Terminologisch besteht keine eindeutige Abgrenzung der beiden Tätigkeitsbereiche, was praktisch ohne Auswirkungen ist. Gerichts- und Justizverwaltung bezeichnen einzeln einen getrennten, zusammen aber den gesamten Tätigkeitsbereich der rechtsprechenden Gewalt, in dem materiell zur Exekutive zählende Handlungen vorgenommen werden.

1. Die Gerichtsverwaltung. Die Gerichtsverwaltung bezeichnet den Aufgabenbereich der Gerichte, der die sachlichen und persönlichen Voraussetzungen für das Funktionieren der Rechtsprechung in den einzelnen Gerichtsbarkeiten sicherzustellen hat und innerorganisatorisch für das reibungslose Ablaufen gerichtlicher Tätigkeit sorgt.[14] In der Praxis versteht man darunter die Verwaltung der einzelnen Gerichte.

a) Kernbereich. Die Gerichtsverwaltung im eigentlichen Sinn umfasst zunächst die Einrichtung der Spruchkörper auf der Grundlage der im Haushaltsplan vorgesehenen Personalstellen. In persönlicher Hinsicht gehört dazu die Verwaltung eines Teils des Personals (zB des Reinigungspersonals). In sachlicher Hinsicht gehört dazu die Bereitstellung und Zuweisung von Räumen und Sachmitteln, in denen und mit denen die richterliche Tätigkeit ausgeübt werden kann, dh neben Mobiliar, Schreib- und Datenverarbeitungsgeräten etwa auch das Anschaffen von Büchern und Zeitschriften, ferner etwa die Beschaffung und Unterhaltung von Dienstfahrzeugen. Zur Gerichtsverwaltung gehören auch Dienstleistungen, wie das Erledigen von Schreibarbeiten, die Durchführung von Versendungen und der Postverkehr, das Führen und Aufbewahren der Akten, sowie das Haushalts- und Kassenwesen der Gerichte. Weiterhin zählt zur Gerichtsverwaltung die Regelung des Geschäftsgangs und der Aufgabenverteilung unter Rechtspflegern, Urkundsbeamten und sonstigem Justizpersonal. Die Verteilung der richterlichen Rechtsprechungsangelegenheiten erfolgt nach §§ 21a ff. durch den Geschäftsverteilungsplan im Wege richterlicher Selbstverwaltung. Sie ist aus der Gerichtsverwaltung herausgenommen, um sie den Sicherungen der richterlichen Unabhängigkeit unterstellen zu können. Vom Richter im Rahmen von § 4 DRiG ausgeübte Verwaltungstätigkeiten werden dagegen durch die Gerichtsverwaltung verteilt. Über die rein innerorganisatorischen Angelegenheiten hinaus gehört auch der Amtshilfeverkehr mit anderen Behörden zur Gerichtsverwaltung, wie zB die Erteilung von Auskünften. Nicht zur Gerichtsverwaltung zählt dagegen der Rechtshilfeverkehr (§ 156), soweit dieser richterliche Rechtsprechungstätigkeit umfasst, wie zB Zeugen zu vernehmen.[15]

b) Hausrecht. Grundsätzlich gehört auch die Aufrechterhaltung der Ordnung im Gerichtsgebäude auf Grund des Hausrechts zur Gerichtsverwaltung. Dabei ist jedoch zu beachten, dass die all-

---
[10] S. *Manfred Wolf* § 2 II 5; *Manfred Wolf* ZZP 99 (1986), 361, 371; zust. *Schilken* Rn. 55.
[11] S. *Manfred Wolf* § 2 II 5a; *Manfred Wolf* ZZP 99 (1986), 361, 372f.
[12] Rn. 3.
[13] § 2 EGGVG Rn. 1 ff.
[14] Ähnlich *Kissel/Mayer* § 12 Rn. 85; *Schilken* Rn. 250; abweichend in der Terminologie *Manfred Wolf* in der 2. Aufl., *Baumbach/Lauterbach/Hartmann* Anhang nach § 21 Rn. 1.
[15] S. i. e. § 156 Rn. 4 ff.

gemeinen Regeln des Hausrechts sowohl durch die sitzungspolizeilichen Vorschriften[16] und den Grundsatz der Öffentlichkeit als auch durch das Recht auf rechtliches Gehör teilweise überlagert werden. So darf etwa der Behördenleiter als Inhaber des Hausrechts grundsätzlich keinem Zuhörer den Zutritt zum Sitzungssaal verwehren, solange keine sitzungspolizeiliche Anordnung diesem Zutritt verbietet. Dies folgt daraus, dass die richterliche Sitzungspolizei dem Schutzbereich der richterlichen Unabhängigkeit unterfällt und damit dem Einfluss des Behördenleiters entzogen ist.[17] Allgemeine Kontrollen, die für die Sicherheit des Gerichtsgebäudes insgesamt und der darin befindlichen Personen zwingend erforderlich sind, fallen jedoch unter das Hausrecht des Behördenleiters.[18] In Grenz- und Zweifelsfällen muss eine Abstimmung mit dem Vorsitzenden als Inhaber der Sitzungspolizei erfolgen. Keinesfalls darf gegen den Willen des Vorsitzenden der Zutritt zum Verhandlungsraum verwehrt werden. Aus der Aufgabe der Gerichtsverwaltung, den Gerichten eine den §§ 169 ff. entsprechende Verhandlung zu ermöglichen, folgt darüber hinausgehend, dass der Behördenleiter die auf den Zutritt von Zuhörern bezogenen Anordnungen nicht nur dulden muss, sondern gleichfalls zu unterstützen hat. Ähnlich dem Verhältnis zwischen Hausrecht und Sitzungspolizei besteht auch zwischen dem Hausrecht und dem Grundsatz der Öffentlichkeit ein grundsätzlicher Vorrang der Öffentlichkeit des Verfahrens. Wenngleich der Grundsatz der Öffentlichkeit der Verhandlung nicht ausdrücklich als Verfassungsrechtssatz verankert ist,[19] zählt die Öffentlichkeit gerichtlicher Verfahren doch zu den Essentialen eines Rechtsstaats,[20] so dass das Hausrecht insoweit begrenzt ist, als die Öffentlichkeit des Verfahrens gewahrt bleiben muss. Deshalb muss grundsätzlich jedem Interessenten Einlass gewährt werden. Zur Sicherung anderer wesentlicher Belange, wie etwa unabdingbarer Sicherheitsvorkehrungen,[21] die nur durch eine gewisse Einschränkung der Öffentlichkeit erreicht werden können, scheitern entsprechende Maßnahmen zwar nicht am Grundsatz der Öffentlichkeit, weil diesem keine absolute Geltungskraft zukommt. Eine Einschränkung ist jedoch immer nur durch das mildeste der zur Verfügung stehenden Mittel zulässig. Keinesfalls darf das Hausrecht dazu benutzt werden, in das Recht auf rechtliches Gehör einer Prozesspartei einzugreifen und diese etwa am Betreten des Gerichtsgebäudes zu hindern. Hier kommt dem Grundsatz des rechtlichen Gehörs (Art. 103 Abs. 1 GG) absoluter Vorrang zu, so dass ggf. erforderlich scheinende Maßnahmen, etwa gegen eine volltrunkene Partei, nur im Rahmen der sitzungspolizeilichen Befugnisse zur Verfügung stehen und damit vom Behördenleiter nicht angeordnet werden können. Für andere Verfahrensbeteiligte, die sich nicht unmittelbar auf den Grundsatz des rechtlichen Gehörs berufen können (Zeugen, Sachverständige, Rechtsanwälte), muss dieses Ergebnis gleichfalls gelten.[22] Auch hier geht die richterliche Rechtsfindung dem allgemeinen Hausrecht vor, weshalb allein sitzungspolizeiliche Maßnahmen angeordnet werden dürfen und es dem Behördenleiter nicht zusteht, den Verfahrensgang zu beeinflussen.[23]

10 **c) Dienstaufsicht.** Auch die Dienstaufsicht als zweiter Bestandteil der Gerichtsverwaltung wird nicht vom Begriff der richterlichen Gewalt umfasst. Sie betrifft die Überwachung der ordnungsgemäßen Ausführung der Dienstgeschäfte durch die Arbeiter, Angestellten, Beamten und Richter. Zu überwachen ist die ordnungsgemäße Einhaltung der Dienstvorschriften, etwa die Einhaltung der Dienstzeiten, die Art und Weise der Bibliotheksbenutzung oder die Inanspruchnahme von Schreibkräften und Protokollführern. Die Dienstaufsicht über Richter findet ihre Grenzen jedoch dort, wo die richterliche Unabhängigkeit beginnt. Gegen Maßnahmen der Dienstaufsicht kann der Richter gerichtliche Nachprüfung gemäß § 26 Abs. 3 DRiG beantragen.[24]

11 **d) Dienstaufsichtsbeschwerde.** Der Bürger kann im Wege der Dienstaufsichtsbeschwerde Maßnahmen der Dienstaufsicht anregen. Die Bearbeitung von Dienstaufsichtsbeschwerden gehört zum Bereich der Justizverwaltung.[25]

12 **2. Die Justizverwaltung. a) Verwaltungsaufgaben nach außen.** Nicht zur Gerichtsverwaltung gehört der Tätigkeitsbereich, bei dem die Gerichte oder richterlichen Amtsträger Verwaltungsaufgaben nach außen gegenüber dem Bürger wahrnehmen, ohne dass hierbei eine Verbindung mit

---

[16] § 176 Rn. 11.
[17] Vgl. BGHSt. NJW 1982, 947; s. auch BGHSt. NJW 1972, 1144; OLG Hamburg NJW 1980, 1007; *Oehler* JR 1981, 33.
[18] Dazu auch *Kissel/Mayer* § 12 Rn. 96 f.
[19] Vgl. BVerfGE 4, 74, 94; 15, 303, 307.
[20] *Manfred Wolf* § 25 I 2.
[21] Vgl. OLG Koblenz NJW 1975, 1333.
[22] S. auch *Kissel/Mayer* § 12 Rn. 94.
[23] BGH NJW 1982, 947; JZ 1972, 663 m. Anm. *Stürner*; *Manfred Wolf* § 26 I 2; *Schilken* Rn. 207.
[24] Zu Einzelheiten *Schmidt-Räntsch* § 26 DRiG Rn. 34 ff.; *Manfred Wolf* § 19 III; s. auch Rn. 24.
[25] *Manfred Wolf* § 6 I 1 b; für Gerichtsverwaltung *Kissel/Mayer* § 12 Rn. 129.

der Rechtsprechungstätigkeit im materiellen Sinn besteht.[26] Wenngleich die Erledigung dieser Aufgaben der Justizverwaltung auch anderen Verwaltungsbehörden hätte aufgetragen werden können, sprechen Zweckmäßigkeitserwägungen,[27] Gründe der Sachkunde, des inneren Zusammenhangs oder auch der Tradition für einen Einbezug der Dritten Gewalt in den staatlichen Vollzugsablauf.[28] Berücksichtigt werden muss jedoch, dass eine Vermischung exekutiver und judikativer Aufgaben, die eine Vermengung weisungsfreier und weisungsgebundener Tätigkeiten mit sich bringt, dem Prinzip der organisatorischen Gewaltenteilung entgegenläuft und deshalb grundsätzlich nur in den von § 4 DRiG gesetzten engen Grenzen zulässig ist.[29]

b) Abgrenzung gegenüber der rechtsprechenden Tätigkeit. Bei der Abgrenzung der Tätigkeiten im Rahmen der Justizverwaltung gegenüber der rechtsprechenden Tätigkeit ergeben sich mitunter große Schwierigkeiten, weil der Gesetzgeber den Gerichten einige Aufgaben anvertraut hat, die sie als Organ rechtsprechender Gewalt zu erledigen haben, obwohl diese Aufgaben dem materiellen Rechtsprechungsbegriff nicht untergeordnet werden können. In diesen Fällen ist nach wohl allgemeiner Ansicht nicht die jeweilige Bezeichnung der Tätigkeit im Gesetz ausschlaggebend, sondern der materielle Charakter der zugewiesenen Tätigkeit.[30]

Zur Justizverwaltung gehören etwa die Ausbildung der Rechtsreferendare, Mitwirkung an Prüfungen; im personellen Bereich gehören dazu die Personalverwaltung, Ernennung, Einstellung, Versetzung, Entlassung und Beförderung, einschließlich der Richterstellen, jedoch mit den Einschränkungen, die sich aus der Sicherung der richterlichen Unabhängigkeit ergeben ferner die Befreiung vom Ehefähigkeitszeugnis für Ausländer durch den Oberlandesgerichtspräsidenten gemäß § 1309 Abs. 2 BGB;[31] die Anerkennung freier Ehen rassisch oder politisch Verfolgter gemäß § 3 Abs. 1 Bundesgesetz über die Anerkennung freier Ehen; die Zulassung als Prozessagent durch den Präsidenten des LG oder des AG gemäß § 157 Abs. 3 ZPO; die Versagung ist als Justizverwaltungsakt gemäß § 23 EGGVG auf seine Rechtmäßigkeit hin überprüfbar (außerhalb der ordentlichen Gerichtsbarkeit nur im Verwaltungsrechtsweg);[32] die Erledigung der Anträge auf Auskunft, Berichtigung oder Löschung von Einträgen in das vom Bundeskartellamt gemäß § 20 AGBG geführte Register;[33] die Gewährung von Akteneinsicht gemäß § 299 Abs. 2 ZPO.[34]

IV. Die Ausübung richterlicher Gewalt durch die Gerichte

1. Schutz des Richters und der Gerichte. Obwohl der Wortlaut des § 1 allein eine Regelung hinsichtlich „der Gerichte" als solche zu treffen scheint, muss der Bedeutungsgehalt des Gerichtsbegriffs weiter gefasst werden. Auch der Einzelne mit einem konkreten Rechtsfall befasste Richter geniesst unmittelbar den Schutz der Unabhängigkeitsgarantie.[35] Dies zeigt sich auf Verfassungsebene insbesondere durch Art. 97 Abs. 1 und Art. 92 1. Halbs. GG; auf einfachgesetzlicher Ebene parallel dazu etwa in §§ 25, 1 DRiG wieder. Die Erstreckung der richterlichen Unabhängigkeit auf die Person des Richters hat vor allem zur Folge, dass dem Richter als Amtsinhaber ein eigenes Recht auf Schutz seiner richterlichen Unabhängigkeit zusteht.[36]

2. Berufsrichter und ehrenamtliche Richter. Es entspricht deutscher Tradition, dass nicht nur den rechtswissenschaftlich besonders ausgebildeten und vorgebildeten **Berufsrichtern** die Stellung als Richter im Sinne des Grundgesetzes zukommt, sondern dass auch den ehrenamtlichen Richtern als **Laienrichtern** die Mitwirkung bei der Rechtsprechung eingeräumt werden kann.[37] Dementsprechend ist grundsätzlich davon auszugehen, dass der Richterbegriff sowohl Berufs- als auch Laienrichter umfasst, soweit nicht der Normtext oder dessen offenkundige Zielsetzung eine abweichende Definition erfordern. Auch Laienrichter sind somit vom Schutz des § 1 erfasst (s. auch § 45 Abs. 2 DRiG).[38]

---

[26] Vgl. *Stern* Bd. II § 43 I 5 b β; *Manfred Wolf* § 6 I 2; *Schilken* Rn. 254.
[27] Vgl. RGZ 82, 39, 43.
[28] Vgl. *Domcke*, Festschr. für Bengl, S. 56.
[29] Vgl. *Maunz/Dürig/Herzog* Art. 92 Rn. 55, 59; *Kissel/Mayer* § 1 Rn. 32 ff.; *Manfred Wolf* § 16 V.
[30] Vgl. RGZ 82, 39, 43; *Kissel/Mayer* Einl. Rn. 144 f.
[31] BGHZ 41, 136.
[32] Zur Sozialgerichtsbarkeit BVerwGE 40, 112.
[33] *Wolf/Horn/Lindacher* § 20 AGBG Rn. 12; KG OLGZ 1980, 394 ff.
[34] S. zu weiteren Einzelheiten § 23 EGGVG Rn. 25.
[35] BVerfGE 12, 252, 259; *Schilken* Rn. 464; *Manfred Wolf* § 18 VI.
[36] BGHZ 51, 363, 368; *Manfred Wolf* § 18 VI.
[37] BVerfGE 18, 241, 254; 27, 312, 322.
[38] S. zur Unabhängigkeit der Laienrichter *Manfred Wolf* § 23 III 1, 2; *Schilken* Rn. 532.

17 a) Berufsrichter. Das sind alle Richter, die durch Aushändigung einer Urkunde gemäß § 17 Abs. 1 DRiG zum Richter ernannt wurden. Grundsätzlich soll der Richter seine ganze berufliche Tätigkeit oder zumindest einen überwiegenden Teil davon dem Richteramt widmen. Davon gibt es Ausnahmen; vgl. § 4 Abs. 2 DRiG. Übt ein Hochschullehrer gleichzeitig (im Nebenamt) ein Richteramt aus (vgl. § 4 Abs. 2 Nr. 3 DRiG), dann ist er insoweit Berufsrichter. Zulässige Statusformen des Richterdienstverhältnisses sind gemäß § 17 Abs. 3 DRiG eine Ernennung als Richter auf Lebenszeit, auf Zeit, auf Probe oder kraft Auftrags; andere Ausgestaltungen sind unzulässig. Rechtspfleger sind keine Berufsrichter.[39]

18 b) Ehrenamtliche Richter. Neben den Berufsrichtern sind zur richterlichen Tätigkeit im Rahmen eines Gerichtsverfahrens nur noch ehrenamtliche Richter zugelassen. Dabei kommen für den Zivilprozess insbesondere die Handelsrichter an den Kammern für Handelssachen gemäß §§ 93ff. in Betracht. Ehrenamtliche Richter sind ferner gemäß § 2 Abs. 2 LwVG[40] auch in allen Instanzen der Landwirtschaftsgerichte bei einem Rechtsstreit über Landwirtschaftssachen tätig.[41]

V. Die Unabhängigkeit der Gerichte

19 1. Die institutionelle Unabhängigkeit. Die in § 1 festgeschriebene Unabhängigkeit der Gerichte lässt zunächst auf das Erfordernis einer Unabhängigkeit der Gerichte als Institution schließen, wie sie auch dem Grundsatz der Gewaltenteilung unmittelbar entnommen werden kann. Mittel zur Verwirklichung dieser institutionellen Unabhängigkeit sind im Wesentlichen der Grundsatz der Inkompatibilität und die richterliche Selbstverwaltung.

20 a) Inkompatibilität. Dem in § 4 Abs. 1 DRiG ausdrücklich festgelegten Grundsatz der Inkompatibilität zufolge darf ein Richter nicht neben seinen Aufgaben in der rechtsprechenden Gewalt gleichzeitig solche der gesetzgebenden oder vollziehenden Gewalt wahrnehmen.[42] Einzelne Ausnahmen von diesem Grundsatz finden sich in § 4 Abs. 2 DRiG.

21 b) Richterliche Selbstverwaltung. Die zweite Ausprägung der institutionellen Unabhängigkeit, die richterliche Selbstverwaltung, ist im GVG geregelt. Durch die richterliche Selbstverwaltung und die daraus hervorgehende Wahl des Präsidiums, dessen Aufgabe es ist, die interne Geschäftsverteilung (der Richter, nicht der Rechtspfleger) zu regeln,[43] soll eine Einflussnahme der gesetzgebenden oder vollziehenden Gewalt auf die Zuteilung eines Einzelfalles an einen bestimmten Richter ausgeschlossen werden.[44]

22 2. Die Unabhängigkeit des einzelnen Richters. Nicht nur die Unabhängigkeit der Gerichte als Institution, sondern insbesondere die jedes einzelnen Richters wird garantiert.[45] Der Schutz der richterlichen Unabhängigkeit umfasst sowohl die sachliche Unabhängigkeit (Art. 97 Abs. 1 GG) wie die persönliche Unabhängigkeit (Art. 97 Abs. 2 GG).[46]

23 a) Die sachliche Unabhängigkeit. aa) Weisungsfreiheit, Entziehungsfreiheit, Verantwortungsfreiheit. Der Grundgedanke der sachlichen Unabhängigkeit wird als **Weisungsfreiheit** im Bereich der richterlichen Tätigkeit beschrieben.[47] Damit sind nicht nur verbindliche „Befehle" gemeint, sondern auch das Verbot bloßer Empfehlungen für bestimmte Sachen sowie sonstiger Einflussnahmen wie Ersuchen, Anregungen und Bitten erfasst.[48] Unzulässig sind insbesondere auch rein psychologische Einwirkungen, wenn sie geeignet sind, zB durch ungerechtfertigte Benachteiligungen oder faktische Zwänge wie Dienststunden,[49] Einfluss auf die richterliche Entscheidungsfreiheit zu nehmen.[50] Unzulässig ist es, dem Richter außerhalb der üblichen Bürozeiten den Zugang zu sei-

---

[39] BVerfG NJW 1971, 605; BVerfGE 55, 370, 372; *Manfred Wolf* ZZP 99 (1986), 361, 376ff., 381 m. weit. Nachw.; aA *Habscheid* Rpfleger 1968, 237; *Lindacher* SchlHA 1975, 137, 139.
[40] BGBl. 1953 I S. 667.
[41] S. zu einem Überblick *Manfred Wolf* § 23 I 3.
[42] S. im einzelnen *Schmidt-Räntsch* § 4 DRiG Rn. 3ff.; *Kissel/Mayer* Rn. 32ff.
[43] Vgl. hierzu § 21 e.
[44] S. zu Erweiterungsbestrebungen, insbesondere im Hinblick auf Richterwahlausschüsse und Präsidialräte *Kissel/Mayer* § 1 Rn. 34ff.
[45] S. Rn. 15.
[46] Vgl. BVerfGE 12, 67, 71; 14, 56, 69; 26, 186, 198f.; 27, 312, 322; 36, 174, 185; 38, 1, 21; *Stern* Bd. I § 20 IV 5 d J; *Maunz/Dürig/Herzog* Art. 92 GG Rn. 74; *Schmidt-Räntsch,* Dienstaufsicht über Richter, 1985, S. 16 m. weit. Nachw.
[47] S. etwa BVerfGE 31, 137, 140; 36, 174, 185; *Kissel/Mayer* Rn. 39.
[48] BGHZ 46, 147, 149; *Kissel/Mayer* Rn. 40; *Schilken* Rn. 466; *Manfred Wolf* § 19 I 2a.
[49] BGH NJW 1991, 1103, 1104.
[50] S. etwa BVerfGE 12, 81, 88; 26, 79, 93; 38, 1, 21; BGHZ 46, 66, 70; 51, 363, 369; BGH NJW 1978, 2509; *Manfred Wolf* § 19 I 2b.

nem Dienstzimmer zu beschränken.[51] Dagegen sind allgemeine Hinweise ohne Bezug zu einem konkreten Verfahren, wie zB Hinweise auf bevorstehende Gesetzesänderungen oder Gerichtsentscheidungen, zulässig.[52] Zulässig ist auch ein Hinweis auf einen offensichtlichen Fehlgriff, zB dass der Richter nicht einen störenden Anwalt durch Wachtmeister aus dem Sitzungssaal entfernen lassen darf.[53] Auch die Anordnung einer Erprobung beim OLG zum Zwecke der Beförderung ist kein Eingriff in die Unabhängigkeit.[54] Weisungsfreiheit besteht nicht nur gegenüber dem Dienstvorgesetzten (Gerichtspräsident, Justizminister), sondern auch gegenüber anderen Stellen, wie zB der Regierung (und ihren Mitgliedern) und der gesetzgebenden Körperschaft[55] wie auch den örtlichen Abgeordneten und Mandatsträgern. Wenn Politiker gleichwohl unzulässig Druck auf Richter ausüben, hat es allerdings für die Politiker keine Konsequenzen, weshalb die Unabhängigkeit des Richters unzureichend geschützt ist. Außer der Weisungsfreiheit gehören zum Schutz der sachlichen Unabhängigkeit auch die Entziehungsfreiheit und die Verantwortungsfreiheit.[56] **Entziehungsfreiheit** bedeutet, dass dem Richter eine Sache, für die er als gesetzlicher Richter zuständig ist, nicht entzogen werden darf. Hier berühren sich das Gebot des gesetzlichen Richters und die richterliche Unabhängigkeit.[57] **Verantwortungsfreiheit** heißt, dass der Richter außer im Falle der Rechtsbeugung weder strafrechtlich noch schadensersatzrechtlich zur Verantwortung gezogen werden darf (§ 339 StGB, § 839 Abs. 2 BGB).

bb) **Dienstaufsicht.** Schwierigkeiten bereitet mitunter die **Abgrenzung der zulässigen Dienstaufsicht** von dem unzulässigen Eingriff in die richterliche Unabhängigkeit. Auch der Richter unterliegt grundsätzlich einer Dienstaufsicht. Diese folgt im Wesentlichen der Dienstaufsicht über Beamte, soweit es sich nicht um rechtsprechende Aufgaben des Richters handelt.[58] Die Dienstaufsicht ist aber gemäß § 26 DRiG beschränkt, soweit bei rechtsprechenden Aufgaben die richterliche Unabhängigkeit beeinträchtigt werden kann. Zu den rechtsprechenden Tätigkeiten gehört nicht nur der Kernbereich der richterlichen Entscheidungstätigkeit, sondern auch der äußere Ordnungsbereich mit den vorbereitenden, begleitenden und nachfolgenden Tätigkeiten,[59] wie zB Terminbestimmungen,[60] Ladungen und Fristbestimmungen, die Bestellung eines beauftragten Richters, prozessleitende Maßnahmen, Maßnahmen der Prozessbeschleunigung, die Form der Protokollaufnahme,[61] die Durchführung der Beweisaufnahme, Äußerungen im Rahmen eines Ablehnungsverfahrens,[62] Maßnahmen der Sitzungspolizei.[63] Zum rechtsprechenden Tätigkeitsbereich gehört auch die richterliche Vergleichstätigkeit.[64] Geschützt ist auch die Aufstellung des Geschäftsverteilungsplans sowohl durch das Präsidium nach § 21 e[65] als auch durch den Vorsitzenden nach § 21 g.[66] Der Vorsitzende ist im Rahmen von § 21 g zwar befugt, einem beisitzenden Berufsrichter die Urteilsabfassung zu übertragen, nicht jedoch einem ehrenamtlichen Richter.[67] Soweit es den Kernbereich und den äußeren Ordnungsbereich richterlicher Rechtsprechung betrifft, sind gemäß § 26 Abs. 2 DRiG nur Vorhalt und Ermahnung als Dienstaufsichtsmaßnahmen zulässig.[68] Werden diese oder andere Maßnahmen zu Unrecht angeordnet, so steht dem Richter zum Schutz seiner Unabhängigkeit gemäß § 26 Abs. 3 DRiG der Rechtsweg offen.[69] Dies gilt auch gegenüber Beanstandungen in Dienstzeugnissen.[70]

---

[51] BGH NJW 2003, 282.
[52] *Arndt* DRiZ 1971, 260; *Kissel/Mayer* Rn. 83.
[53] BGHZ 46, 147/150; 47, 275/287; 67, 184; aA Vorauflage (m. weit. Nachw.) und *Manfred Wolf* NJW 1977, 1063.
[54] BGH NJW 2005, 3289.
[55] S. BVerfGE 12, 67, 71, 17, 252; 26, 79; *Manfred Wolf* § 18 III.
[56] S. *Eickmann* Rpfleger 1976, 153, 158.
[57] S. auch BVerfGE 23, 321, 325; 27, 312, 319; 30, 149, 153.
[58] BGHZ 42, 163, 169; *Schmidt-Räntsch* § 26 DRiG Rn. 19.
[59] BGHZ 42, 163, 169; 93, 238; *Schmidt-Räntsch* § 26 DRiG Rn. 23 ff.; *Manfred Wolf* § 19 I 1 a, II a; *Schilken* Rn. 467; gegen diese Abgrenzung R. *Schmidt-Räntsch,* Dienstaufsicht über Richter, 1985, S. 61 ff., 128 ff.
[60] BGHZ 51, 280, 287.
[61] BGH NJW 1978, 2509.
[62] BGH NJW 1980, 2530.
[63] BGHZ 67, 184.
[64] BGHZ 47, 275, 287.
[65] BVerfGE 12, 252, 256; BGHZ 46, 147.
[66] *Kissel/Mayer* Rn. 84, *Manfred Wolf* § 19 I 1 a dd.
[67] BGHZ 42, 163, 172; s. auch Rn. 26.
[68] S. im einzelnen *Schmidt-Räntsch* § 26 DRiG Rn. 26 ff.
[69] *Schmidt-Räntsch* § 26 DRiG Rn. 34 ff.; *Manfred Wolf* § 19 III.
[70] BGHZ 57, 344, 350; 90, 41, 46 ff.; BGH NJW 1984, 2535; *Schmidt-Räntsch* § 26 DRiG Rn. 35; *Manfred Wolf* § 19 II 4 e.

25 cc) **Gegenüber anderen Rechtsprechungsorganen.** Die sachliche **Unabhängigkeit** besteht grundsätzlich auch **gegenüber Trägern der rechtsprechenden Gewalt**,[71] so zB auch gegenüber Anordnungen in einem Geschäftsverteilungsplan.[72] Jedoch sind Ausnahmen anzuerkennen, die durch Gesichtspunkte der Rechtssicherheit als Ausfluss des Rechtsstaatsprinzips gerechtfertigt sind.[73] So ist insbesondere die Bindung des Instanzgerichts an eine Entscheidung des Rechtsmittelgerichts im Falle der Zurückverweisung gemäß § 563 Abs. 2 ZPO und gemäß § 138 Abs. 3 zulässig. Bindung besteht ferner gemäß § 31 Abs. 2 S. 1 BVerfGG an mit Gesetzeskraft ausgestattete Urteile des BVerfG. Dagegen besteht keine Bindung an früher ergangene Entscheidungen desselben oder eines anderen Gerichts, soweit nicht solche Ausnahmen eingreifen.

26 dd) **Für einzelne Mitglieder des Kollegialgerichts.** Sachliche Unabhängigkeit besteht auch zwischen den einzelnen Mitgliedern eines Kollegialgerichts. Die Verteilung der Geschäfte innerhalb des Spruchkörpers erfolgt nach § 21 g, also nicht mehr durch den Vorsitzenden allein. Nur noch die Vorbereitung und Anberaumung der Termine in Kammersachen (Senatssachen) und die Verhandlungsleitung räumen dem Vorsitzenden eine gewisse Vorrangstellung gegenüber den Beisitzern ein. Auch kann er dem Berichterstatter, nicht jedoch einem ehrenamtlichen Richter,[74] die Erstattung von Gutachten und Urteilsentwürfen aufgeben. Es besteht aber keine Weisungsbefugnis des Vorsitzenden gegenüber den Beisitzern bei der Rechtsfindung im konkreten Einzelfall, insbesondere nicht bei der Abstimmung gemäß § 196. Insoweit sind alle Mitglieder des erkennenden Gerichts hinsichtlich der Aufgabe der Rechtsfindung und der hierfür erforderlichen Leistung und Verantwortung völlig gleich.[75] Der BGH[76] bejaht einen inhaltlich richtungweisenden Einfluss des Vorsitzenden auf die Rechtsprechung seines Spruchkörpers; das wird in der Literatur teilweise abgelehnt[77] und kann seit Einführung des umfassenden Einzelrichtersystems (§§ 348, 348a ZPO) ohnehin allenfalls in Kammersachen (Senatssachen) gelten.

27 b) **Die persönliche Unabhängigkeit. Zweck ist,** der Gefahr entgegenzutreten, dass der Richter bei einer seinem Dienstherrn nicht genehmen Entscheidung abgesetzt oder aber zumindest versetzt wird. Die in Art. 97 Abs. 2 GG geregelte persönliche Unabhängigkeit will die Innehabung und Ausübung des konkreten Richteramts[78] schützen. Gleichzeitig wird durch diesen im DRiG konkretisierten Schutz vor Entlassung, Versetzung und Amtsenthebung (vgl. hierzu §§ 21, 30, 31, 32, 34 DRiG) dem sonst auf dem Richter lastenden psychologischen Druck vorgebeugt, eine Entscheidung zu treffen, mit der der Dienstherr einverstanden ist.

28 Die Ausübung eines konkreten Richteramtes kann auch durch andere Maßnahmen, wie Beurlaubungen, Abordnungen oder die unzureichende Berücksichtigung im Geschäftsverteilungsplan beeinträchtigt werden.[79] Nach seinem Sinn und Zweck muss Art. 97 Abs. 2 GG über seinen Wortlaut hinaus auf den **Schutz gegen alle Maßnahmen** ausgedehnt werden, die die Ausübung eines konkreten Richteramtes ohne gesetzliche Grundlage und ohne sachliche Rechtfertigung behindern.[80] Zur persönlichen Unabhängigkeit gehört auch die wirtschaftliche Sicherung, die beeinträchtigt ist, wenn die Besoldung eindeutig so unangemessen ist, dass sie dem Richter und seiner Familie keinen ausreichenden Lebensunterhalt ermöglicht.[81]

29 Die volle persönliche Unabhängigkeit kommt den **hauptamtlich und planmäßig endgültig angestellten Richtern** zu (Art. 97 Abs. 2 GG). Das sind die unwiderruflich angestellten Richter auf Lebenszeit (§ 10 DRiG) und auf Zeit (§ 11 DRiG). Einem **Richter auf Probe** und einem **Richter kraft Auftrags** steht nicht der volle Schutz der persönlichen Unabhängigkeit zu (s. §§ 13, 22, 23 DRiG), was jedoch verfassungsrechtlich so lange nicht zu beanstanden ist, als die Verwendung von Richtern ohne die Garantie der persönlichen Unabhängigkeit nicht zur Regel wird und dies wegen der Notwendigkeit der Heranbildung des Nachwuchses oder aus anderen zwingenden Gründen erforderlich ist.[82] **Ehrenamtliche Richter** werden nicht von Art. 97 Abs. 2 GG unmittelbar geschützt. Sie genießen jedoch den Schutz des Art. 97 Abs. 1 GG, woraus das BVerfG auch

---

[71] *Manfred Wolf* § 18 III; aA BVerfGE 12, 67, 71.
[72] Insoweit die eigene Rechtsprechung einschränkend, BVerfGE 17, 252.
[73] *Maunz/Dürig/Herzog* Art. 97 GG Rn. 36.
[74] BGHZ 42, 163, 172.
[75] BVerfGE 26, 72, 76.
[76] BGHZ 37, 210, 49, 64, 66; BGHSt. 25, 54.
[77] S. auch BVerfGE 18, 344, 351 ff.; *Manfred Wolf* § 13 II 1 c; einschränkend auch *Schilken* Rn. 361.
[78] S. *Schmidt-Räntsch* § 27 DRiG Rn. 5, 6.
[79] S. BVerfGE 17, 252.
[80] *Manfred Wolf* § 20 I 2.
[81] BVerfGE 26, 157; s. auch BVerfGE 12, 81, 88.
[82] Vgl. BVerfGE 14, 156, 162; einen Verstoß gegen Art. 6 EMRK bejaht *Lippold* NJW 1991, 2383.

VI. Die Bindung des Richters an das Gesetz

Begrenzendes und zugleich rechtfertigendes Pendant zur sachlichen und persönlichen Unabhängigkeit des Richters ist seine Bindung an das Gesetz, die in Art. 97 Abs. 1 GG und § 1 dadurch festgeschrieben wird, dass die Gerichte nur dem Gesetz unterworfen sein sollen. Ein inhaltliche Abweichung gegenüber Art. 20 Abs. 3 GG, der von einer Bindung an Gesetz und Recht spricht, ist hiermit nicht bezweckt.[84] Insbesondere soll durch die Wortwahl des § 1 kein Gesetzespositivismus festgeschrieben werden, der die Rechtsprechungstätigkeit auf ein mechanisches Erkennen und Aussprechen der vom Gesetzgeber vorgefertigten Entscheidungen reduziert. Vielmehr ist davon auszugehen, dass die Bindung des Richters „nur" an das Gesetz keine Bindung allein an den Buchstaben des Gesetzes und einen Zwang zur allein wörtlichen Auslegung anstrebt, sondern dass hier ein Gebundensein an den **Sinn und Zweck des Gesetzes**[85] erreicht werden soll. Kommt der Richter zu dem Schluss, dass ein nachkonstitutionelles Gesetz mit den von der Verfassung vorgegebenen Wertvorstellungen nicht in Einklang steht, bleibt allein die Vorlage an das BVerfG gemäß Art. 100 GG.[86]

1. Der Gesetzesbegriff des § 1. a) Jede Rechtsnorm. Wenngleich im GVG eine den § 12 EGZPO, § 7 EGStPO und Art. 2 EGBGB entsprechende Regelung fehlt, ist auch hier dem Begriff des Gesetzes jede Rechtsnorm unterzuordnen, gleichgültig, welchem Rechtsgebiet sie zuzurechnen ist. Dementsprechend besteht eine Bindung des Richters an die Bundesgesetze und die früheren Reichsgesetze, soweit sie als Bundesrecht weiter gelten, weiterhin an das Recht der Europäischen Gemeinschaft, insbesondere an Verordnungen gemäß Art. 249 Abs. 2 EGV aber auch an Richtlinien gem. Art. 249 Abs. 3 mit Art. 10 EGV. Eine Bindung besteht an ratifizierte Staatsverträge und die allgemeinen Regeln des Völkerrechts (Art. 25 GG). Nur gültige Gesetze vermögen eine Bindungswirkung zu begründen. Bindung besteht auch an das von der vollziehenden Gewalt auf Grund einer gesetzlichen Ermächtigung gesetzte Verordnungsrecht.[87] Zu beachten ist jedoch, dass dem Richter bei Rechtsverordnungen nicht nur eine Prüfungskompetenz zukommt, wie dies bei formellen Gesetzen der Fall ist, sondern dass ihm hier auch eine Verwerfungskompetenz zusteht. Neben dem Bundesrecht ist der Richter durch § 1 auch an Landesrecht gebunden, wobei dies wiederum sowohl für formelle Landesgesetze als auch für Rechtsverordnungen der Länder gilt. Schließlich unterfällt auch das hinsichtlich des örtlichen Geltungsbereichs besonders begrenzte Recht, wie zB gemeindliche Satzungen, dem Gesetzesbegriff des § 1.

b) Gewohnheitsrecht. Nicht unbestritten ist die Bindung des Richters an Gewohnheitsrecht und Observanzen. Gewohnheitsrecht gibt es heute ohnehin kaum mehr. Theoretisch ist es Gesetz im Sinne von § 1, so dass Bindung besteht.[88] Zu den Handels- und Börsenbräuchen vgl. § 346 HGB.

Eine ständige Rechtsprechung kann für sich alleine eine rechtliche Bindung des Richters nicht zu erzeugen.[89]

c) Verwaltungsvorschriften. Verwaltungsvorschriften binden den Richter nicht unmittelbar.[90] Dies ergibt sich zunächst daraus, dass Verwaltungsvorschriften ihre unmittelbaren Rechtswirkungen im staatlichen Innenbereich als verwaltungsinterne Regelungen entfalten. Weiterhin wäre es mit der richterlichen Unabhängigkeit nicht zu vereinbaren, wenn Regierungs- oder Verwaltungsstellen ohne gesetzgeberische Legitimation und ohne die Schranken aus Art. 80 GG durch generell-abstrakte Weisungen Einfluss auf die Tätigkeit der rechtsprechenden Gewalt nehmen könnten.[91] Grundsätzlich vom Richter zu beachten ist demgegenüber die Selbstbindung der Verwaltung gemäß

---
[83] BVerfGE 18, 241, 255; 27, 312, 322.
[84] Vgl. *Kissel/Mayer* Rn. 110; *Schmidt-Räntsch* § 25 DRiG Rn. 11; ebenso für Art. 97 GG *Maunz/Dürig/Herzog* Art. 97 GG Rn. 5.
[85] Vgl. BVerfGE 8, 263, 29; 22, 28, 37; 35, 263, 279.
[86] Vgl. hierzu Rn. 40 f.
[87] Vgl. für den insoweit identischen Wortlaut des Art. 97 Abs. 1 GG BVerfGE 18, 52, 53.
[88] So im Ergebnis die hM, vgl. *Schmidt-Räntsch* § 25 DRiG Rn. 11; *Baumbach/Lauterbach/Hartmann* Rn. 3; *Kissel/Mayer* Rn. 114; *Löwe/Rosenberg/Böttcher* Rn. 6; aA *von Münch/Meyer*, GG, 3. Aufl. 1996, Art. 97 Rn. 11.
[89] BGH MDR 1996, 811.
[90] S. BVerfGE 61, 82, 115; 73, 339, 373; 78, 214, 226 ff.
[91] Vgl. *Maunz/Dürig/Herzog* Art. 97 GG Rn. 25.

Art. 3 Abs. 1 GG bei einer durch Verwaltungsvorschriften veranlassten ständigen Verwaltungspraxis zugunsten des Bürgers. Es ist zwischen norminterpretierenden und normkonkretisierenden Verwaltungsvorschriften zu unterscheiden.[92] Norminterpretierende Verwaltungsvorschriften binden den Richter über Art. 3 Abs. 1 GG hinaus nicht, da dem Richter die Herrschaft der Norminterpretation vor der Verwaltung gerade durch Art. 97 Abs. 1 GG, § 1 GVG gesichert werden soll. Normkonkretisierende Verwaltungsvorschriften liegen demgegenüber vor, wenn der Gesetzgeber etwa im technischen Bereich auf konkrete Vorgaben verzichtet und der Verwaltung die Ausfüllung des gesetzlich gewährten Beurteilungsspielraums und das Auffinden der technisch und wissenschaftlich einzuhaltenden Richtlinien überlässt. Der Richter ist an solche normkonkretisierenden Verwaltungsvorschriften gebunden, wenn sie sich innerhalb der vom Gesetzgeber gesetzten Vorgaben halten, wenn sie in einem offenen und transparenten Verfahren ergangen sind, in das alle maßgeblichen Wertungen Eingang finden konnten und wenn ihr Ergebnis willkürfrei ist, dh. keine sachfremden Einflüsse vorherrschen und die Vorschriften neuen Erkenntnissen und Wertungen angepasst werden.[93]

35 **2. Die richterliche Gesetzesprüfung.** Gesetze, die den Richter im Rahmen seiner Entscheidungstätigkeit binden und dem § 1 unterfallen, sind grundsätzlich allein solche, die zum geltenden Recht zählen.

36 **a) Die Prüfungskompetenz.** Das **richterliche Prüfungsrecht** besteht **grundsätzlich uneingeschränkt**. Durch Art. 7 des Vertrages über die abschließende Regelung in Bezug auf Deutschland vom 12. 9. 1990 haben die ehemaligen Besatzungsmächte auf ihre Rechte verzichtet. Damit hat Deutschland die volle Souveränität erlangt und das Besatzungsrecht ist damit außer Geltung gesetzt.

37 Inhaltlich umfasst die richterliche Prüfung zunächst die **formelle Wirksamkeit** eines Gesetzes, wie etwa das Erfordernis des ordnungsgemäßen Verfahrens sowie ordnungsgemäßer Ausfertigung und Verkündung.[94] Darüber hinausgehend fällt dem Richter bei Rechtsverordnungen auch die Prüfung zu, ob eine für den Erlass der Rechtsverordnung erforderliche Ermächtigungsgrundlage vorliegt.

38 Neben die formelle Prüfung der Gesetze tritt die **materielle Prüfungskompetenz** der Gerichte.[95] Hierdurch wird den Gerichten die Berechtigung zur Überprüfung der materiellen Gültigkeit eines Gesetzes im Sinne seiner Vereinbarkeit mit höherrangigem Recht zugesprochen. Das Prüfungsrecht erstreckt sich jedoch allein auf die Rechtmäßigkeit des jeweiligen Gesetzes, nicht auf die Zweckmäßigkeit oder Geeignetheit für einen bestimmten Zweck.

39 **b) Das Verwerfungsmonopol der Verfassungsgerichte.** In der Praxis wird inzident und stillschweigend geprüft; nur bei besonderen Anhaltspunkten und daher sehr selten wird konkret geprüft. Bejaht der Richter nach entsprechender Prüfung die formelle und materielle Wirksamkeit eines Gesetzes, wendet er es an und schreibt über die Prüfung nichts weiter ins Urteil. Verneint der Richter jedoch die Rechtmäßigkeit eines Gesetzes, so kommt ihm eine Verwerfungskompetenz, die ihn von einer Anwendung befreit, nur dann zu, wenn keiner der Vorbehalte zugunsten des BVerfG oder eines Landesverfassungsgerichts eingreift. Ausgeschlossen ist ein solcher Vorbehalt der Verfassungsgerichte dann, wenn nicht die Gültigkeit eines förmlichen Gesetzes, sondern einer **Rechtsverordnung** verneint wird. Rechtsverordnungen entfalten zwar gegenüber dem Richter eine Bindungswirkung.[96] Sind sie jedoch nach Auffassung des Richters, etwa infolge einer Überschreitung der gesetzlichen Ermächtigung, unwirksam, dann steht es in seiner Kompetenz, diese Ungültigkeit festzustellen und die Rechtsverordnung bei der anstehenden Entscheidung unbeachtet zu lassen.[97] Kein Vorbehalt zugunsten des BVerfG besteht auch bezüglich der Gültigkeit **vorkonstitutioneller Gesetze**. Greift indes einer der in Rn. 40 ff. im Einzelnen dargestellten Vorbehalte ein, muss das Gericht das Verfahren von Amts wegen aussetzen und die Entscheidung des BVerfG einholen. Verletzt das Gericht die Pflicht zur Vorlage an das BVerfG, so kann hierin zugleich ein Verstoß gegen das Recht auf den gesetzlichen Richter gem. Art. 101 Abs. 1 S. 2 GG liegen.[98]

40 **aa) Das Entscheidungsmonopol des Bundesverfassungsgerichts.** Zunächst besteht ein Entscheidungsmonopol des BVerfG gemäß Art. 100 Abs. 1 GG hinsichtlich der Feststellung der

---

[92] S. BVerwGE 72, 300, 315 ff.; zu einer Typologie auch *Ossenbühl*, FS 25 Jahre BVerwG, 1978, S. 437 ff.
[93] S. *Gerhardt* NJW 1989, 2233, 2238 ff.
[94] *Stern*, Staatsrecht, Bd. II, 1980, § 44 IV 5.
[95] *Maunz/Dürig/Herzog* Art. 97 GG Rn. 20 f.; *Stern*, Staatsrecht II, § 44 IV 5.
[96] Vgl. hierzu Rn. 31.
[97] Vgl. BVerfGE 18, 52, 59.
[98] Vgl. BVerfGE 23, 288, 319; 64, 1, 12.

Grundgesetzwidrigkeit eines förmlichen **nachkonstitutionellen**[99] Bundes- oder Landesgesetzes und der Unvereinbarkeit von Landesgesetzen mit einem Bundesgesetz. Weiterhin muss ein Gericht die Vorlagepflicht an das BVerfG dann beachten, wenn in einem Gerichtsverfahren streitig und erheblich ist, ob die vom Gericht grundsätzlich für gültig[100] gehaltene vorkonstitutionelle gesetzliche Regelung den Rang eines Bundesgesetzes trägt oder nicht.[101] Gemäß Art. 100 Abs. 2 GG besteht eine Vorlagepflicht auch dann, wenn in einem Rechtsstreit Zweifel darüber entstehen, ob eine Regel des Völkerrechts Bestandteil des Bundesrechts ist und welche Wirkungen sie gegenüber dem Einzelnen entfaltet.

bb) Die Verwerfungskompetenz der Landesverfassungsgerichte. Kommt ein Gericht bei der Prüfung der Verfassungsmäßigkeit eines Landesgesetzes zu dem Schluss, dass ein Verstoß gegen die Landesverfassung vorliegt, darf es auch hier das entsprechende Gesetz nicht einfach unbeachtet lassen, sondern muss das Verfahren aussetzen und die Entscheidung des Landesverfassungsgerichts einholen. Die überwiegende Zahl der Länder hat entsprechend Art. 100 Abs. 1 S. 1 GG zur Nachprüfung der Verfassungsmäßigkeit von Landesgesetzen Landesverfassungsgerichte eingerichtet. Eine diesbezügliche Regelung findet sich in Art. 88, 68 BaWüVerf., Art. 92, 98 BayVerf., Art. 142 BreVerf., Art. 64 HbgVerf., Art. 133 HessVerf., Art. 75 NRWVerf. und Art. 130 RhldPfVerf. In Bayern wurde das Verwerfungsmonopol des BayVerfGH auf die Überprüfung vorkonstitutionellen und untergesetzlichen Rechts erweitert, worin jedoch kein Verstoß gegen Art. 100 Abs. 1 S. 1 GG liegt.[102] Besteht kein Landesverfassungsgericht oder Staatsgerichtshof, kommt dem Richter nicht nur die Prüfungs-, sondern auch die Nichtanwendungsbefugnis zu.[103] Möglich ist aber auch, dass ein Land kein eigenes Verfassungsgericht bildet, sondern diese Aufgaben dem Bundesverfassungsgericht überträgt (so Schleswig-Holstein). 41

3. Die Besonderheiten bezüglich des Rechts der Europäischen Gemeinschaft. Zu den Gesetzen, die die deutsche richterliche Gewalt nach § 1 binden, zählt auch das **primäre Gemeinschaftsrecht** in den europäischen Gemeinschaftsverträgen (EGV, EAGV, EGKS V), wodurch gemäß Art. 24 Abs. 1 GG Hoheitsrechte auf Gemeinschaftsorgane übertragen worden sind. Bindende Rechtsvorschriften enthält aber auch das abgeleitete **(sekundäre) Gemeinschaftsrecht,** insbesondere in Gestalt von Verordnungen gemäß Art. 249 Abs. 2 EGV, die unmittelbar binden, aber auch in Gestalt von Richtlinien, die unter bestimmten Voraussetzungen unmittelbar wirken und die auch bei der Auslegung nationalen Rechts zu beachten sind.[104] Auch Empfehlungen gemäß Art. 249 Abs. 5 EGV entfalten bei der Auslegung nationalen Rechts bindende Wirkung.[105] Deutsche Gerichte haben unmittelbar geltendes Gemeinschaftsrecht ihren Entscheidungen zugrunde zu legen und selbständig auszulegen. Es bestehen jedoch bei Zweifeln über die Auslegung und Gültigkeit von Gemeinschaftsrecht besondere Zuständigkeiten des EuGH gemäß Art. 234 EGV. Dagegen hat der EuGH nach Art. 234 EGV nicht über die Gültigkeit nationalen Rechts, auch nicht über seine Vereinbarkeit mit dem EGV zu entscheiden.[106] Die Nichtbeachtung der Auslegungszuständigkeit des EuGH durch nationale Gerichte verletzt das Gebot des gesetzlichen Richters jedoch nur bei willkürlicher Missachtung.[107] 42

a) Auslegungszweifel. Die Befugnis zur Auslegung von Gemeinschaftsrecht ist insofern beschränkt, als der Richter Auslegungszweifel bei Anwendung von Gemeinschaftsrecht nicht wie bei innerstaatlichem Recht selbst entscheiden darf, sondern die Behebung dieser Zweifel nach Art. 234 EGV, Art. 150 EAGV der Entscheidung des EuGH vorbehalten ist. Dies gilt sowohl für primäres Gemeinschaftsrecht (Art. 234 Abs. 1 lit. a EGV, Art. 150 Abs. 1 lit. a EAGV) wie für sekundäres Gemeinschaftsrecht (Art. 234 Abs. 1 lit. b EGV, Art. 150 Abs. 1 lit. b EAGV). Auslegungszweifel bestehen bei objektiver Mehrdeutigkeit oder Unklarheit einer Regelung des Gemeinschaftsrechts.[108] Durch die Entscheidung des EuGH als gemeinsamer Instanz für alle Mitgliedsländer soll eine einheitliche Anwendung des Gemeinschaftsrechts in den einzelnen Mitgliedstaaten gewährleistet wer- 43

---

[99] Seit BVerfGE 2, 124, 128 st. Rspr.; krit. *Stern,* Staatsrecht II, § 44 IV 5.
[100] Vgl. BVerfGE 4, 214, 216.
[101] Vgl. BVerfGE 1, 162, 164 f.; 3, 354, 356; 3, 357, 358 f.; 3, 368, 373; 8, 186, 190; 16, 82, 89; BGHZ 5, 218, 238 f.
[102] Vgl. BVerfGE 1, 184, 201; 4, 178, 188.
[103] Vgl. *Maunz/Dürig/Maunz* Art. 100 GG Rn. 37.
[104] S. etwa EuGHE 1974, 1337, 1348; 1980, 3585, 3621; *Spetzler* RIW 1990, 286.
[105] EuGH NJW 1991, 346.
[106] EuGH EuZW 1991, 183.
[107] BVerfG NJW 1988, 1456; krit. dazu *Clausnitzer* NJW 1989, 641; *Schiller* RIW 1988, 452, 455 f.; s. im einzelnen noch § 16 Rn. 24.
[108] *Beutler/Bieber/Pipkorn/Streil,* Die Europäische Union, 4. Aufl. 1993, S. 257.

den. Für letztinstanzliche Gerichte besteht nach Art. 234 Abs. 3 EGV, Art. 150 Abs. 3 EAGV eine Vorlagepflicht. Sonstige innerstaatliche Gerichte sind nach Art. 234 Abs. 2 EGV, Art. 150 Abs. 2 EAGV zur Vorlage befugt. Die Auslegungsentscheidung des EuGH bindet nur im konkreten Verfahren.[109]

44 **b) Zweifel an der Gültigkeit.** Die innerstaatlichen Gerichte haben auch die Gültigkeit von Gemeinschaftsrecht zu überprüfen. Bei Gültigkeitszweifeln gelten jedoch für primäres und sekundäres Gemeinschaftsrecht unterschiedliche Regeln.

45 **aa) Gültigkeit primären Gemeinschaftsrechts.** Die Überprüfung der Gültigkeit primären Gemeinschaftsrechts ist nach Art. 234 EGV, Art. 105 EAGV nicht dem EuGH übertragen. Das Gemeinschaftsrecht hat seine Grundlage in Art. 24 Abs. 1 GG. Durch die dort vorgesehene Übertragung von Hoheitsrechten auf die EG als zwischenstaatliche Einrichtung darf der Wesensgehalt der Grundrechte des GG nicht beeinträchtigt werden.[110] Die innerstaatlichen Gerichte haben deshalb zu prüfen, ob durch das Übertragungsgesetz gemäß Art. 24 Abs. 1 GG und das in dessen Vollzug entstandene primäre Gemeinschaftsrecht der Wesensgehalt der Grundrechte gewahrt bleibt. Hält das innerstaatliche Gericht die Vereinbarkeit mit dem Wesensgehalt der Grundrechte nicht für gegeben, so hat es die Sache nach Art. 100 Abs. 1 GG dem BVerfG vorzulegen.[111]

46 **bb) Gültigkeit sekundären Gemeinschaftsrechts.** Die Gültigkeit sekundären Gemeinschaftsrechts hat der EuGH nach Art. 234 Abs. 1 lit. b EGV, Art. 150 Abs. 1 lit. b EAGV zu prüfen. Bei Gültigkeitszweifeln, die beim erkennenden Gericht vorliegen, muss das letztinstanzliche Gericht die Sache gemäß Art. 234 Abs. 3 EGV, Art. 150 Abs. 3 EAGV dem EuGH vorlegen, sonstige innerstaatliche Gerichte sind gemäß Art. 234 Abs. 2 EGV, Art. 150 Abs. 2 EAGV zur Vorlage befugt. Soweit Gültigkeitszweifel ernsthaft bestehen, muss das letztinstanzliche Gericht dem EuGH vorlegen und darf, anders als nach Art. 100 GG, auch nicht von sich aus bei Gültigkeitszweifeln im positiven Sinn der Gültigkeit entscheiden. Dem EuGH steht außer der Verwerfungskompetenz für ungültiges sekundäres Gemeinschaftsrecht auch die alleinige Kompetenz der Gültigerklärung zu. Während die Entscheidung über die Gültigkeit nur im jeweiligen Vorlageverfahren bindet, entfalten Entscheidungen, die eine Vorschrift für nichtig erklären, nach den Grundgedanken der Art. 10, 231 Abs. 2, 233 EGV generelle Bindungswirkung auch für die Mitgliedstaaten.[112] Eine Überprüfung des sekundären Gemeinschaftsrechts auf die Vereinbarkeit mit den Grundrechten des GG kommt daneben nicht in Betracht, solange die EG und insbesondere der EuGH einen wirksamen Grundrechtsschutz gewährleisten, der dem Grundrechtsschutz des GG im Wesentlichen gleich zu achten ist. Dies ist nach dem neueren Standard des Grundrechtsschutzes in der EG unter Mitberücksichtigung der für die einzelnen Mitgliedstaaten verbindlichen EMRK gewährleistet. Eine Vorlage nach Art. 100 Abs. 1 GG ist insoweit nicht zulässig.[113]

§§ 2–9 (weggefallen)

§ 10 [Referendare]

¹Unter Aufsicht des Richters können Referendare Rechtshilfeersuchen erledigen und außer in Strafsachen Verfahrensbeteiligte anhören, Beweise erheben und die mündliche Verhandlung leiten. ²Referendare sind nicht befugt, eine Beeidigung anzuordnen oder einen Eid abzunehmen.

Schrifttum: *Oexmann,* Zeugenvernehmung und Fortsetzung der mündlichen Verhandlung durch Referendare nach § 10 GVG, JuS 1976, 36; *Pfeiffer/Buchinger,* Die Zeugenvernehmung durch Rechtsreferendare (§ 10 GVG), JA 2005, 138.

I. Normzweck

1 § 10 will es im Interesse der Ausbildung (nicht: zur Entlastung des Richters) ermöglichen, Referendaren in Zivilsachen (auch in Familiensachen, FGG-Sachen) einzelne richterliche Handlungen

---

[109] *Beutler/Bieber/Pipkorn/Streil* (Fn. 108) S. 261.
[110] BVerfGE 73, 339, 375 f. = NJW 1987, 577, 580; BVerfGE 37, 271, 279 f.; *Jarass/Pieroth* Art. 24 GG Rn. 7 f.
[111] *Jarass/Pieroth* Art. 100 GG Rn. 2.
[112] *Beutler/Bieber/Pipkorn/Streil* (Fn. 108) S. 260.
[113] BVerfGE 73, 339, 387 = NJW 1987, 577; aA zuvor BVerfGE 37, 271, 285.

zur Erledigung zu übertragen (zur Teilnahme an der Beratung vgl. § 193). Die Zuständigkeit zur Entscheidung des Rechtsstreits kann ihm nicht übertragen werden,[1] einen Urteilsentwurf darf er aber fertigen. Bei Wahrnehmung der entscheidungsvorbereitenden Tätigkeiten handelt der Referendar unter Aufsicht des Richters, dessen Verantwortlichkeit für die jeweilige Amtshandlung damit erhalten bleibt. § 10 stellt deshalb keine Durchbrechung des Prinzips des gesetzlichen Richters (Art. 101 Abs. 1 GG) dar. Die Mitwirkung des Referendars muss deshalb auch nicht im Geschäftsverteilungsplan abstrakt für ein Jahr im Voraus geregelt werden. Im Hinblick auf die vorgesehene Aufsicht des Richters wird auch der Grundsatz der Unmittelbarkeit (§ 355 ZPO) gewahrt. Eingeschränkt wird jedoch das auf Art. 92 GG beruhende Richtermonopol,[2] da dem Referendar der Richterstatus fehlt, er insbesondere nicht die verfassungsrechtliche Sicherung der Unabhängigkeit gemäß Art. 97 GG genießt. Diese Einschränkung ist jedoch wegen des Ausbildungsbedürfnisses und wegen der verbleibenden Richterverantwortung verfassungsgemäß.

II. Adressaten des § 10

1. Referendare. Referendare, die sich im Vorbereitungsdienst nach § 5a DRiG befinden, können für die in § 10 genannten Aufgaben an die Stelle des funktionell zuständigen Richters treten. Dabei ist ohne Bedeutung, ob der Referendar in ein Beamtenverhältnis auf Widerruf berufen ist oder ob er, ohne Widerrufsbeamter zu sein, in einem öffentlich-rechtlichen Ausbildungsverhältnis steht.[3] Der Richter muss die fachliche Qualifikation des Referendars im Einzelfall berücksichtigen. Soweit der Referendar mit den enumerativ genannten Tätigkeiten betraut ist, übt er richterliche Tätigkeit im Sinne des Grundgesetzes und des Gerichtsverfassungsrechts aus. Für die Übertragung von Rechtspflegeraufgaben gilt nicht § 10, sondern § 2 Abs. 5 RPflG. 2

2. Teilnehmer der einphasigen Ausbildung; Gleichgestellte. Nicht in § 10 ausdrücklich aufgenommen, aber ebenfalls zulässig, ist die Übertragung der genannten Tätigkeiten auf Teilnehmer der einphasigen Ausbildung, bei denen eine Ernennung zum Referendar entfällt.[4] Durch § 5b Abs. 2 DRiG werden die Teilnehmer an der einphasigen Ausbildung hinsichtlich bestimmter Tätigkeiten, zu denen auch § 10 zählt, den Referendaren gleichgestellt. Diese Gleichstellung erfolgt jedoch nur dann, wenn ein für die betreffende Tätigkeit erforderlicher Ausbildungsstand erreicht ist, so dass den beauftragenden und aufsichtführenden Richter hier eine konkret benannte Prüfungspflicht trifft. Das Rechtspflege-Anpassungsgesetz (BGBl. I S. 1147) hatte weitere Personenkreise (zB DDR-Diplomjuristen) den Referendaren gleichgestellt, ist aber durch Art. 3 des G. v. 19. 4. 2006 (BGBl. I S. 866) aufgehoben worden. 3

III. Die Einzelnen zulässigen Aufgaben

Zur Übertragung richterlicher Tätigkeiten auf Referendare bedarf es wegen des auf Art. 92 GG beruhenden Richtermonopols für Rechtsprechungsaufgaben einer gesetzlichen Regelung, so dass eine Übertragung weiterer richterlicher Aufgaben, die über die Aufzählung des § 10 hinausgehen, nicht erfolgen darf. 4

1. Rechtshilfeersuchen, Amtshilfe. Auf Referendare darf generell die Erledigung aller Rechtshilfeersuchen übertragen werden. Der Begriff Rechtshilfe umfasst zunächst die Rechtshilfe iSd. §§ 156 ff. unter Gerichten.[5] Wenn aber schon Rechtshilfetätigkeiten, die unter dem Schutz der richterlichen Unabhängigkeit des Art. 97 GG stehen,[6] dem Referendar übertragen werden dürfen, so muss dies erst recht für Angelegenheiten der Amtshilfe zwischen Gerichten und Behörden gelten, für die das Richtermonopol und der Schutz der richterlichen Unabhängigkeit nicht gilt.[7] Rechtshilfe iSv. § 10 schließt deshalb Amtshilfe ein, deren Erledigung ebenfalls auf den Referendar übertragen werden darf.[8] 5

2. Erledigung des Rechtshilfeersuchens. Zulässig ist allein die „Erledigung" des Rechtshilfeersuchens durch einen Referendar. Vom Begriff des Erledigens ist die Ablehnung eines Ersuchens 6

---

[1] Vgl. *Musielak/Wittschier* Rn. 1.
[2] *Manfred Wolf* § 2 I 2, § 15 I 1; *Schilken* Rn. 32.
[3] S. dazu *Schmidt-Räntsch* § 5a DRiG Rn. 2.
[4] *Schmidt-Räntsch* § 5b DRiG Rn. 8.
[5] S. Vor § 156 Rn. 3; § 156 Rn. 3 ff.
[6] Vor § 156 Rn. 3.
[7] Vor § 156 Rn. 4.
[8] OLG Celle NJW 1967, 993, 994; *Zöller/Gummer* Rn. 3; *Kissel/Mayer* Rn. 7; *Löwe/Rosenberg/Böttcher* Rn. 8; krit. zur alten Gesetzesfassung *Booss* NJW 1967, 1869 f.

gemäß § 158 Abs. 2 ausgenommen. Die Ablehnung obliegt allein dem Richter.[9] Gleiches gilt für den Erlass eines Rechtshilfeersuchens an andere Gerichte.

7   **3. Anhörung von Verfahrensbeteiligten.** Dem Referendar kann außer im Strafverfahren auch die Anhörung von Verfahrensbeteiligten übertragen werden. Dies betrifft im Zivilprozess die Anhörung im Rahmen der Anordnung des persönlichen Erscheinens gemäß §§ 141, 273 Abs. 2 ZPO. Die Parteivernehmung gemäß §§ 445 ff. ZPO ist dagegen Beweismittel und fällt unter die Beweiserhebung (Rn. 8). Auch die Anhörung der Beteiligten im Verfahren der freiwilligen Gerichtsbarkeit ist zulässig.[10]

8   **4. Beweiserhebung.** Die Erhebung von Beweisen kann dem Referendar ebenfalls übertragen werden. Eine Beschränkung auf einzelne Beweismittel besteht nicht. Die Erhebung von Beweisen umfasst sowohl die Anordnung der Beweisaufnahme wie die Beweisaufnahme selbst.[11] Die Aufsicht des Richters und die ihm übertragene Verantwortung für die Entscheidung verlangen jedoch, dass der Richter den Beweisbeschluss mit unterschreibt. Gemäß § 10 S. 2 darf weder die Anordnung noch die Abnahme eines Eides vom Referendar vorgenommen werden darf (der vom Referendar abgenommene falsche Eid ist deshalb nicht als Meineid strafbar).[12] Die Anordnung und Durchführung der Beeidigung eines Zeugen oder Sachverständigen gemäß §§ 391, 410 ZPO obliegt deshalb allein dem Richter.

9   **5. Leitung der mündlichen Verhandlung.** Zulässig ist schließlich die Leitung der mündlichen Verhandlung durch einen Referendar. Die Leitung der mündlichen Verhandlung umfasst die in § 136 ZPO genannten Handlungen. Dazu gehören theoretisch auch Maßnahmen zur Aufrechterhaltung der Ordnung in der Sitzung.[13] Rechtsmittelfähige Entscheidungen nach § 181 sind jedoch vom Richter zu treffen, ebenso die Urteilsverkündung und gegebenenfalls der mündlichen Begründung, was aus §§ 136 Abs. 4, 296 a S. 1 ZPO folgt.[14]

10   **6. Einzelrichter.** Die Verhandlungsleitung darf nur beim Einzelrichter auf den Referendar übertragen werden, nicht beim **Kollegialspruchkörper** (Zivilkammer), hM.[15] Das folgt aus § 28 Abs. 2 S. 2 DRiG. Dies gilt jedoch nicht, wenn eine Übertragung auf den Einzelrichter (§§ 348, 348 a, 526 ZPO) oder den beauftragten Richter (§ 361 ZPO) möglich ist. Insoweit können im Rahmen von § 10 auch Referendare tätig werden.

IV. Die Beaufsichtigung des Referendars durch den Richter

11   **1. Aufsichtspflicht.** Die Aufsichtspflicht des Richters erstreckt sich auf sämtliche Tätigkeitsbereiche, die dem Referendar übertragen werden. Der Referendar muss nach Einschätzung des Richters eine dem jeweiligen Schwierigkeitsgrad der Aufgabe angemessene fachliche Reife besitzen.

12   **2. Präsenzpflicht.** Einige Stimmen in der Literatur[16] halten keine ständige Anwesenheit des Richters für erforderlich, da das Ausbildungsziel eine selbständiges Arbeiten verlange. Anders zu Recht die hM,[17] für die der Wortlaut des § 10 spricht und das Argument, dass die übertragbaren Aufgaben dem Bereich materieller Rechtsprechungstätigkeit zuzuordnen sind. Hieraus folgt, dass die vom Referendar vorgenommenen Handlungen notwendig in der Verantwortung eines Richters liegen und dieser notfalls eingreifen können muss. Deshalb ist mit der hM an einer ständigen Präsenzpflicht festzuhalten. Es kann hier eine nur zeitweise Abwesenheit noch eine nachträgliche Durchsicht des Protokolls[18] als ausreichend angesehen werden. Wird die Aufsicht nicht ordnungsgemäss ausgeübt (zB: der Richter entfernt sich während der Vernehmung), ist die Folge, dass ein Anfechtungsgrund besteht.[19]

13   **3. Handlungen des Richters.** Aufgrund der Aufsichtspflicht des Richters und seiner Verantwortung für alle Maßnahmen des Referendars[20] werden dessen Tätigkeiten rechtlich als Handlungen

---

[9] Vgl. *Musielak/Wittschier* Rn. 6.
[10] *Keidel/Kuntze/Winkler/Kayser* § 12 FGG Rn. 167.
[11] S. *Rosenberg/Schwab/Gottwald* § 112 VI; aA *Musielak/Wittschier* Rn. 8.
[12] BGHSt NJW 1957, 756; RGSt 65, 206.
[13] AA *Musielak/Wittschier* Rn. 9.
[14] AA OLG Oldenburg NJW 1952, 1310.
[15] Vgl. *Zöller/Gummer* Rn. 3; *Kissel/Mayer* Rn. 11.
[16] Vgl. *Löwe/Rosenberg/Böttcher* Rn. 7, *Hahn* NJW 1973, 1782 f.
[17] Vgl. BVerwG DöV 1980, 140; KG NJW 1974, 2094; *Zöller/Gummer* Rn. 5; *Kissel/Mayer* Rn. 12; *Wieczorek/Schütze/Schreiber* Rn. 7; *Oexmann* JuS 1976, 37.
[18] Vgl. OLG Köln NdsRpfl. 1974, 86; *Löwe/Rosenberg/Böttcher* Rn. 6; *Kissel/Mayer* Rn. 12.
[19] *Kissel/Mayer* Rn. 18.
[20] S. auch Rn. 1.

des Richters angesehen. Etwaige Rechtsmittel und Rechtsbehelfe gegen Maßnahmen des Referendars sind deshalb dieselben wie gegen Maßnahmen des Richters selbst.

§ 11 (weggefallen)

§ 12 [Ordentliche Gerichte]
Die ordentliche streitige Gerichtsbarkeit wird durch Amtsgerichte, Landgerichte, Oberlandesgerichte und durch den Bundesgerichtshof (den obersten Gerichtshof des Bundes für das Gebiet der ordentlichen Gerichtsbarkeit) ausgeübt.

I. Normzweck

§ 12 benennt die **obligatorischen Gerichte** der Länder (AG, LG und OLG) und des Bundes (BGH) im Rahmen der ordentlichen streitigen Gerichtsbarkeit. Damit wird den Ländern die Errichtung der erstgenannten Gerichtsarten aufgegeben, ohne jedoch durch die Regelung weiterer Detailfragen in die Kompetenz der Länder zur Gerichtsorganisation nach Art. 30, 92 GG einzugreifen. Die Errichtung, Aufhebung und Sitzverlegung der Gerichte fällt allein in die Organisationsgewalt des Landes. Zumindest ein Gericht jeder Gerichtsart muss aber bestehen. Die namentliche Bezeichnung der jeweiligen Gerichtsart ist festgelegt. Eine Ausnahme bildet insoweit allein das Berliner Kammergericht, dem diese Bezeichnung auf Grund langer Tradition zukommt (es gibt daher kein OLG Berlin). 1

§ 12 legt fest, dass die ordentliche Gerichtsbarkeit grundsätzlich nur durch die dort genannten Gerichte ausgeübt werden kann (sog. organisatorische Ausschließlichkeit).[1] Damit wird in Verbindung mit Art. 92, 95 GG ein **Monopol der staatlichen Gerichtsbarkeit** geschaffen. Auch die kirchliche Gerichtsbarkeit schließt die Rechtsprechung der staatlichen Gerichte in bürgerlichen Rechtssachen nicht aus.[2] Die Wirkung der kirchlichen Rechtsprechung ist auf den geistlichen innerkirchlichen Bereich beschränkt. Ebenso schließt § 12 Privatgerichte aus. Diese können nicht mit den Staat bindender Wirkung Recht sprechen, soweit nicht Ausnahmen, insbesondere wie für Schiedsgerichte in §§ 1025 ff. ZPO zugelassen sind mit den Einschränkungen aus §§ 1050, 1059, 1060 ZPO. Aus § 12 ergibt sich aber auch eine funktionale Ausschließlichkeit[3] des Inhalts, dass diese Gerichte grundsätzlich nur für die zur ordentlichen Gerichtsbarkeit gehörenden Angelegenheiten zuständig sind. Der Bundesgesetzgeber kann nach Art. 74 GG, der Landesgesetzgeber nach §§ 3, 4 EGGVG Ausnahmen vorsehen.[4] Die in § 12 genannten Gerichte sind auch für Justizverwaltungssachen[5] zuständig und für Angelegenheiten der freiwilligen Gerichtsbarkeit. 2

Es steht den Ländern gemäß § 8 EGGVG frei, **Oberste Landesgerichte** für bestimmte Rechtsstreitigkeiten zu errichten. Ein solches Gericht bestand nur in Bayern; dieses BayObLG wurde aber mit Ablauf des 30. 6. 2006 (ohne ausreichenden Grund) aufgelöst,[6] seine Aufgaben wurden auf das OLG übertragen. 3

II. Ordentliche Gerichtsbarkeit und Sondergerichte

1. Ordentliche Gerichtsbarkeit. Der Begriff der ordentlichen streitigen Gerichtsbarkeit wird weder in § 12 noch in einer anderen Bestimmung definiert, sondern als inhaltlich bekannt vorausgesetzt. Die ordentliche Gerichtsbarkeit umfasst die Zivilgerichtsbarkeit (einschließlich der wesentlichen Teile der freiwilligen Gerichtsbarkeit) und die Strafgerichtsbarkeit. Der Begriff der ordentlichen Gerichtsbarkeit ist historisch bedingt. Weil anfangs allein die Zivil- und Strafgerichte mit unabhängigen Richtern besetzt waren, hat man sie als ordentliche Gerichte bezeichnet,[7] im Gegensatz etwa zu den Verwaltungsgerichten vor 1945. Die Abgrenzung der ordentlichen Gerichtsbarkeit zu anderen Gerichtsbarkeiten ist heute eine Frage der Rechtswegzuständigkeit. Die Abgrenzung ist dabei im Kernbereich durch Zuweisung der bürgerlichen Rechtsstreitigkeiten in die ordentliche 4

---

[1] S. *Kissel/Mayer* Rn. 1.
[2] *von Camphausen*, Staatskirchenrecht, 3. Aufl. 1996, § 24; *ders.*, FS Ruppel, 1968, S. 262, 275; für Subsidiarität der staatlichen Gerichte aber BGHZ 34, 372.
[3] S. auch *Musielak/Wittschier* Rn. 1.
[4] S. auch Rn. 5 f.
[5] S. § 1 Rn. 12.
[6] BayObLG AuflG v. 25. 10. 2004 BayGVBl. S. 400. Hierzu *Zöller/Gummer* EGGVG § 8 Rn. 2.
[7] S. auch *Kissel/Mayer* Rn. 1 ff.; *ders.* DRiZ 1980, 83.

Gerichtsbarkeit nach § 13 klargestellt. In Randbereichen ergeben sich jedoch Abgrenzungsprobleme.

5   **2. Sondergerichte.** Grundsätzlich von der streitigen ordentlichen Gerichtsbarkeit zu unterscheiden ist die Streitentscheidung durch Sondergerichte, die gemäß Art. 101 Abs. 2 GG auf Grund eines allgemeinen Gesetzes für bestimmte Sachgebiete errichtet sind. Hierzu zählen etwa die selbständig neben den ordentlichen Gerichten stehenden Arbeitsgerichte.

6   Ein Sondergericht stellt auch das auf Grund der Ermächtigung des Art. 96 Abs. 1 GG errichtete BPatG dar. Es entscheidet gemäß § 65 Abs. 1 S. 1 PatG über die Beschwerden gegen Beschlüsse der Prüfungsstellen oder Patentabteilungen des Patentamts sowie über Klagen auf Erklärung der Nichtigkeit oder Zurücknahme von Patenten und auf Erteilung von Zwangslizenzen; gemäß § 66 Abs. 1 MarkenG auf die Erledigung der Beschwerden gegen Beschlüsse der Markenstelle und der Markenabteilung nach dem MarkenG sowie gemäß § 10 Abs. 1 GebrMG auf die Erledigung der Beschwerden gegen Beschlüsse der Gebrauchsmusterstelle und der Gebrauchsmusterabteilungen. Demgegenüber fallen die Patentstreitsachen gemäß § 143 Abs. 1 PatG, bei denen ein Anspruch aus einem der im PatG geregelten Rechtsverhältnisse den Streitgegenstand bildet, nicht in die Zuständigkeit des Bundespatentgerichts, sondern ohne Rücksicht auf den Streitwert in die der Landgerichte. S. zu weiteren Sondergerichten §§ 14, 17a.

7   **3. EuGH, BVerfG, Gemeinsamer Senat der obersten Gerichtshöfe.** Nicht zur ordentlichen Gerichtsbarkeit zählen der **EuGH**,[8] das **BVerfG** und der Gemeinsame Senat der obersten Gerichtshöfe, der gemäß Art. 95 Abs. 3 GG die Einheitlichkeit der Rechtsprechung sichern soll. Dies gilt auch dann, wenn die zur Entscheidung stehende Frage einen zivilrechtlichen Gehalt hat und der Gemeinsame Senat oder das BVerfG zur Vorbereitung oder auf Grund einer Entscheidung eines ordentlichen Gerichts angerufen werden.

III. Errichtung der Gerichte

8   Die Errichtung des BGH ist in Art. 95 GG verfassungsrechtlich bindend vorgeschrieben. Für die Errichtung, Aufhebung, Sitz und Bestimmung der Gerichtsbezirke der Gerichte in den Ländern gelten die Gerichtsorganisationsgesetze der Länder.

§ 13 [Zuständigkeit der ordentlichen Gerichte]

Vor die ordentlichen Gerichte gehören alle bürgerlichen Rechtsstreitigkeiten und Strafsachen, für die nicht entweder die Zuständigkeit von Verwaltungsbehörden oder Verwaltungsgerichten begründet ist oder auf Grund von Vorschriften des Bundesrechts besondere Gerichte bestellt oder zugelassen sind.

Übersicht

	Rn.		Rn.
I. Normzweck	1–3	a) Zuweisung an Verwaltungsgerichte	17
II. Bürgerliche Rechtsstreitigkeiten	4–15	b) Zuweisung an Verwaltungsbehörden	18, 19
1. Bürgerliches Recht als Recht für jedermann	5–9	2. Sonderzuweisungen in den Zivilrechtsweg	20–27
a) Interessentheorie	6	a) Entschädigungsansprüche	21
b) Subjektionstheorie	7	b) Schadensersatzansprüche	22, 23
c) Subjektstheorie, Sonderrechtstheorie	8, 9	c) Ansprüche aus öffentlicher Verwahrung	24, 25
2. Maßgebliche Beurteilungsgrundlagen	10–15	d) Entscheidung über die Rechtmäßigkeit von Verwaltungsakten	26
a) Klagebegehren	10–13	e) Verfahrensvorschriften	27
b) Mehrere Ansprüche mit unterschiedlicher Rechtswegzuständigkeit	14	IV. Die Rechtswegzuständigkeit als Prozessvoraussetzung	28, 29
c) Einwendungen des Beklagten	15	V. Rechtsprechungsübersicht (alphabetisch geordnet)	30–183
III. Besondere Zuweisungen	16–27		
1. Zuweisung von Zivilrechtssachen an Verwaltungsgerichte und -behörden	17–19		

---

[8] S. Einl. Rn. 5.

I. Normzweck

§ 13 hat seine ursprüngliche Bedeutung als Rechtsweggarantie wegen Art. 92, 95, 19 Abs. 4 GG **1** weitgehend verloren und dient heute im Wesentlichen nur noch der Abgrenzung des Rechtswegs zu anderen Gerichten im Sinne der **Rechtswegzuständigkeit.** Seine Funktion als einfachgesetzliche Rechtsweggarantie und Justizgewährungsanspruch kommt aber noch insoweit zum Tragen als eine verfassungsrechtliche Gewährleistung nicht besteht wie uU bei Verbandsklagen.[1] In Form einer Generalklausel weist § 13 alle bürgerlichen Rechtsstreitigkeiten den ordentlichen Gerichten zu. Maßgeblich ist danach die materiell-rechtliche Einordnung einer Streitigkeit. Daneben erlaubt § 13 spezialgesetzliche Zuweisungen an besondere Gerichte, wie zB durch § 14 oder die Zuweisung der arbeitsrechtlichen Streitigkeiten an die Arbeitsgerichte durch §§ 2, 2a ArbGG, die ohne diese Zuweisung als bürgerliche Rechtsstreitigkeiten einzuordnen wären. Umgekehrt sind einzelne Streitigkeiten unabhängig von ihrer materiell-rechtlichen Qualifizierung den ordentlichen Gerichten zugewiesen (Art. 14 Abs. 3, 19 Abs. 4, 34 S. 2 GG, § 40 Abs. 2 VwGO),[2] worüber innerhalb der ordentlichen Gerichtsbarkeit die Zivilgerichte entscheiden. Korrespondierende Vorschriften für die anderen Gerichtsbarkeiten enthalten neben §§ 2, 2a ArbGG noch § 40 VwGO, § 51 SGG, § 33 FGO.

Mit der Bestimmung des Rechtswegs zu den ordentlichen Gerichten entscheidet § 13 auch über **2** die im Instanzenzug zur Verfügung stehenden Gerichte, über die maßgeblichen Spruchkörper sowie über die Art der anzuwendenden Verfahrensordnung.

Die Rechtswegzuständigkeit ist eine **Prozessvoraussetzung,** die für jede Klage gegeben sein **3** muss und in erster Instanz bis zum Zeitpunkt des Urteilserlasses von Amts wegen geprüft werden muss,[3] falls nicht eine Vorabentscheidung nach § 17a Abs. 3 ergeht.[4] Wegen der weitgehenden und grundsätzlichen Konsequenzen für die Gerichtsorganisation unterliegt § 13 nicht der Parteidisposition, sondern ist **zwingend.** Der Rechtsweg zu den ordentlichen Gerichten kann nicht ausgeschlossen werden.[5] Lediglich die Vereinbarung eines Schiedsgerichts nach §§ 1025 ff. ZPO oder der Gerichte anderer Staaten gemäß §§ 38 ff. ZPO, Art. 23, 24 EuGVVO ist möglich.

II. Bürgerliche Rechtsstreitigkeiten

Mit den bürgerlichen Rechtsstreitigkeiten als Abgrenzungsmerkmal greift der Gesetzgeber auf die **4** materiellrechtliche Einordnung von Rechtsstreitigkeiten zurück, weil die einzelnen Gerichtsbarkeiten im Sinne einer Spezialisierung nur mit einer **bestimmten Art materiellrechtlicher Streitigkeiten** befasst werden sollen. Bedeutsam ist insbesondere die Abgrenzung zu den öffentlich-rechtlichen Streitigkeiten nicht verfassungsrechtlicher Art. Die anderen Gerichtsbarkeiten lassen sich entweder als Spezialgebiet der bürgerlichen Rechtsstreitigkeiten verstehen, wie die Arbeitsgerichtsbarkeit, oder es handelt sich um spezielle Formen der Verwaltungsgerichtsbarkeit, wie die Finanz- und Sozialgerichtsbarkeit. Diese Spezialgerichtsbarkeiten erhalten ihre Aufgaben zudem durch enumerative Aufzählung zugewiesen. Demgegenüber werden die Zivilgerichtsbarkeit und die allgemeine Verwaltungsgerichtsbarkeit, sofern ausnahmsweise spezielle Zuweisungen vorliegen, durch generalklauselartige Begriffe voneinander abgegrenzt.

1. Bürgerliches Recht als Recht für jedermann. Ob eine bürgerliche Rechtsstreitigkeit vor- **5** liegt, richtet sich nach der **Natur des Rechtsverhältnisses, aus dem der Klageanspruch hergeleitet** wird.[6] Die Regelung des Rechtsverhältnisses durch bestimmte Gesetze bietet dafür einen ersten Anhaltspunkt. Bürgerliche Rechtsstreitigkeiten sind aber nicht allein die Rechtsverhältnisse des BGB, sondern aller Zivilrechtsgesetze wie insbesondere des HGB, des AktG, des GmbHG, des UWG, des GWB, des UrhG, des MarkenG, des PatG, des ProdHaftG, der InsO, der ZPO und zahlreicher anderer zivilrechtlicher Nebengesetze. Da aber einzelne dieser Gesetze auch öffentlich-rechtliche Regelungen enthalten und vereinzelt öffentlich-rechtliche Ansprüche aus zivilrechtlichen Vorschriften abgeleitet werden,[7] ist die Ableitung von Rechtsverhältnissen aus bestimmten Gesetzen nicht allein entscheidend.

---

[1] S. *Pfeiffer,* Internationale Zuständigkeit und prozessuale Gerechtigkeit, 1995, S. 723.
[2] Dazu Rn. 20 ff.
[3] BVerfG NJW 1992, 360.
[4] S. im einzelnen Rn. 26 ff.
[5] S. etwa BGH NJW 1987, 2818; aA *Musielak/Wittschier* Rn. 3.
[6] S. GmS-OGB BGHZ 97, 312 = NJW 1986, 2359; GmS-OGB BSGE 37, 292 = NJW 1974, 2087; BGHZ (GS) 66, 232; 67, 84; BGHZ 133, 240 = NJW 1996, 3012.
[7] S. zB BVerwG NJW 1985, 2436 zu § 812 BGB; BGHZ 33, 251; 65, 348; VGH Mannheim NJW 1977, 1843 zu §§ 677 ff. BGB; s. auch Rn. 11.

6 **a) Interessentheorie.** Die sog. Interessentheorie bestimmt die Zuordnung eines Rechtsverhältnisses danach, ob die das Rechtsverhältnis beherrschenden Normen die Interessen der Bürger oder überwiegend die Interessen der Allgemeinheit zum Gegenstand haben.[8] Soweit aber Normen zB durch Gestaltungsklagen die Rechtsklarheit im Interesse des Rechtsverkehrs gewährleisten wollen, wie etwa Nichtigkeits- und Anfechtungsklagen gemäß §§ 241 ff., 275 AktG, § 61 GmbHG, dienen sie zugleich dem Allgemeininteresse und sind dennoch als bürgerliche Rechtsstreitigkeiten einzuordnen. Auch lässt sich das Interesse der Allgemeinheit nicht immer sicher bestimmen und von Individualinteressen absondern. Die Abgrenzung nach der Interessentheorie ist deshalb nicht immer zuverlässig möglich.[9]

7 **b) Subjektionstheorie.** Die Abgrenzung wird gemäß der Subjektionstheorie auch danach vorgenommen, dass Rechtsverhältnisse des bürgerlichen Rechts durch ein **Rechtsverhältnis der Gleichordnung** zwischen den Beteiligten gekennzeichnet seien, während in Rechtsverhältnissen des öffentlichen Rechts ein **Über-Unterordnungsverhältnis** bestehe.[10] Daran ist so viel richtig, dass bei Vorliegen eines Über-Unterordnungsverhältnisses mit öffentlicher Gewalt stets eine öffentlich-rechtliche Streitigkeit anzunehmen ist.[11] Es gilt aber nicht umgekehrt, dass bei Vorliegen eines Gleichordungsverhältnisses stets eine bürgerliche Rechtsstreitigkeit anzunehmen wäre,[12] da etwa Verwaltungsabkommen zwischen Bund und Ländern, zwischen Ländern oder zwischen Gemeinden, zwischen Gleichgeordneten abgeschlossen werden und dennoch dem Verwaltungsrecht zuzurechnen sind.

8 **c) Subjektstheorie, Sonderrechtstheorie.** Die **Subjektstheorie** bestimmt die Zuordnung danach, welche Rechtssubjekte an einem Rechtsverhältnis beteiligt sind. Sind an einem Rechtsverhältnis Träger öffentlicher Gewalt, insbesondere juristische Personen des öffentlichen Rechts wie Bund, Länder, Gemeinden, sonstige Körperschaften und Anstalten des öffentlichen Rechts, aber auch sog. beliehene Unternehmen, beteiligt, so liegt ein öffentlich-rechtliches Rechtsverhältnis vor, während ein bürgerliches Rechtsverhältnis anzunehmen ist, wenn lediglich Bürger oder juristische Personen des Privatrechts beteiligt sind. Da jedoch die Träger hoheitlicher Gewalt, zB bei Abschluss eines Kaufvertrags, auch an bürgerlichen Rechtsverhältnissen beteiligt sein können, muss die Subjektstheorie in der Weise modifiziert werden, dass nur solche Rechtsverhältnisse dem öffentlichen Recht zuzuzählen sind, bei denen auf einer Seite als Berechtigter oder Verpflichteter notwendig ein Träger öffentlicher Gewalt beteiligt sein muss, weil es sich um Rechte und Pflichten handelt, die nur einem Träger öffentlicher Gewalt zustehen bzw. diesen treffen können, während an bürgerlich-rechtlichen Rechtsverhältnissen auf beiden Seiten Privatpersonen beteiligt sein können. Das bürgerliche Recht ist danach das Recht für jedermann, während das öffentliche Recht das Sonderrecht der Träger öffentlicher Gewalt enthält. Man bezeichnet die modifizierte Subjektstheorie deshalb auch als **Sonderrechtstheorie.** Die Sonderrechtstheorie ermöglicht in Zweifelsfällen regelmäßig eine Entscheidung und wird deshalb von der hM als maßgeblich zugrunde gelegt.[13]

9 In Gleichordnungsverhältnissen ist eine öffentlich-rechtliche Streitigkeit anzunehmen, wenn ein Gegenstand betroffen ist, der in die hoheitliche Kompetenz eines Trägers öffentlicher Verwaltung fällt und nur von diesem wahrgenommen werden kann. **Öffentlich-rechtliche Verträge,** die die Wahrnehmung hoheitlicher Aufgaben zum Gegenstand haben und an denen nach den darin geregelten Rechten und Pflichten notwendig ein Träger öffentlicher Gewalt beteiligt sein muss, gehören deshalb zu den öffentlich-rechtlichen Streitigkeiten.[14] Privatrechtliche Verträge haben dagegen Rechte und Pflichten zum Gegenstand, die jeden treffen können. Sofern Unternehmen und Anstalten der öffentlichen Hand bei der Ausgestaltung ihrer Rechtsverhältnisse zu den Benutzern zwischen öffentlich-rechtlichen und privatrechtlichen Benutzungsverhältnissen wählen können, hängt die Zuordnung zum Privatrecht davon ab, ob sie bei der Begründung und Ausgestaltung der Rechtsverhältnisse sich den für jedermann geltenden Rechten und Pflichten unterwerfen. Nehmen sie Sonderrechte für sich in Anspruch, so ist von einem öffentlich-rechtlichen Verhältnis auszugehen.

---

[8] S. etwa BGHZ 49, 282, 286 = NJW 1968, 893; BGH NJW 1973, 1077; BVerwGE 5, 325; 19, 312; 41, 130; 47, 11.
[9] S. auch *Rimmelspacher* JZ 1975, 165.
[10] S. etwa BGHZ 14, 222, 225 f. = NJW 1954, 1486; BGHZ 35, 175, 177 = NJW 1961, 1356; BGHZ 67, 81, 86 = NJW 1976, 1941; *Kissel/Mayer* Rn. 13.
[11] GmS-OGB BGHZ 97, 312 = NJW 1986, 2359.
[12] GmS-OGB BGHZ 97, 312 = NJW 1986, 2359.
[13] S. GmS-OGB BGHZ 97, 312 = NJW 1986, 2359; BGH NJW 1990, 1527; BGH NJW 1976, 1794; BVerwGE 38, 281; BSGE 35, 188; *Gern* NJW 1979, 644; *Wilke* JuS 1966, 482.
[14] S. auch BGHZ 35, 71; 56, 365; 76, 16; BVerwGE 22, 138; 42, 331; *Gusy* DVBl. 1983, 1222; *Lange* NVwZ 1983, 314; *Martens* NVwZ 1983, 722; s. im einzelnen noch Rn. 163 ff.

Solange Sonderrechte nicht ausdrücklich in Anspruch genommen werden und deutlich erkennbar sind, ist ein privatrechtliches Verhältnis anzunehmen. Dies gilt insbesondere für das sog. Verwaltungsprivatrecht, das grundsätzlich vor die Zivilgerichte gehört.[15] Dies gilt etwa für Krankenhäuser, Sparkassen[16] oder für öffentliche Verkehrsmittel und Versorgungsträger.[17] Nicht entscheidend ist die Rechtsform des öffentlichen Unternehmens.[18] Auch ein durch Verwaltungsakt begründetes Rechtsverhältnis kann privatrechtlich abzuwickeln sein.[19] Enthalten Verträge gemischte öffentliche und private Elemente, so ist die Natur der Rechte und Pflichten im Einzelfall zu bestimmen.[20] Rückgewähransprüche bezüglich der vertraglichen Leistung sind ebenso wie die vertragliche Leistungspflicht einzuordnen.[21] S. zur Abgrenzung bei Einzelproblemen die einzelnen Punkte in alphabetischer Reihenfolge Rn. 30 ff.

2. Maßgebliche Beurteilungsgrundlagen. a) Klagebegehren. Maßgebliche Beurteilungsgrundlage für das Vorliegen einer privatrechtlichen oder öffentlich-rechtlichen Streitigkeit ist das Klagebegehren, dh. das der Klage erkennbar zugrundeliegende Rechtsschutzziel und die vom Kläger dafür vorgetragenen tatsächlichen Behauptungen.[22] Unklarheiten über das Klageziel sind durch richterliche Aufklärung nach § 139 ZPO und durch Auslegung der Klage zu beseitigen. Der im Klagebegehren zum Ausdruck kommende Klägerwille ist jedoch nur in tatsächlicher Hinsicht bindend. 10

Die rechtliche Zuordnung des Klagebegehrens obliegt dagegen nicht dem Kläger, sondern allein dem Gericht.[23] Maßgebend ist deshalb die **wirkliche rechtliche Natur**[24] des vom Kläger tatsächlich behaupteten Rechtsverhältnisses. Entscheidend ist aber nicht allein die formale Zuordnung der Anspruchsgrundlage zu einem bestimmten Rechtsgebiet, sondern die materielle Zuordnung der begehrten Rechtsfolge. Ein Aufwendungsersatz aus § 670 BGB, ein Bereicherungsanspruch aus § 812 BGB oder ein Unterlassungsanspruch aus § 1004 BGB ist nicht allein deshalb privatrechtlicher Natur, weil er sich auf das BGB stützt, sondern nur, wenn die begehrte Rechtsfolge gegen jeden gerichtet sein kann. Kann die begehrte Rechtsfolge nur einen Träger hoheitlicher Gewalt treffen, wie zB ein Besitzrecht aus öffentlicher Widmung[25] oder die Rückzahlung zu Unrecht gezahlter Steuern, so ist das Klagebegehren trotz seiner Herleitung aus § 985 BGB oder aus § 812 BGB dennoch öffentlich-rechtlicher Natur. Die Abtretung eines öffentlich-rechtlichen Anspruchs macht die Streitigkeit nicht zu einer zivilrechtlichen.[26] 11

Die rechtliche Zuordnung von **Vorfragen,** insbesondere einzelner Tatbestandsmerkmale, ist ohne Bedeutung. Sind zB im Arbeitsverhältnis Eigentumsfragen zu klären, so bleibt dennoch das Arbeitsgericht zuständig, wenn der Kläganspruch vor die Arbeitsgerichte gehört. Ebenso kann ein Verwaltungsgericht über das Bestehen eines Eigentumsrechts entscheiden. An einen Verwaltungsakt sind die Gerichte aber gebunden, bis er auf Anfechtungsklage von den Verwaltungsgerichten aufgehoben worden ist, es sei denn, dass er nichtig ist.[27] An die Rechtskraft verwaltungsgerichtlicher Entscheidungen sind die Zivilgerichte gebunden[28] wie umgekehrt die Verwaltungsgerichte an rechtskräftige Entscheidungen der Zivilgerichte.[29] 12

Bei **unterschiedlichen tatsächlichen Behauptungen von Kläger und Beklagtem,** die eine unterschiedliche Rechtswegzuständigkeit zur Folge haben, ist grundsätzlich allein vom Klägervor- 13

---

[15] S. auch BGHZ 52, 325; BGH JZ 1962, 217; BGH NVwZ 1991, 606; zu Ausnahmen Rn. 49; s. auch *Zöller/Gummer* Rn. 38 a.
[16] S. auch BGHZ 9, 145.
[17] BGH NJW 1954, 1323 (Elektrizitätswerk); BGH NJW 1979, 2615; NVwZ 1991, 606 (Wasserwerk); VGH Mannheim DVBl. 1955, 745 (Freibad); BGH JZ 1962, 217 (Schlachthof).
[18] BGHZ 32, 215.
[19] BGHZ 20, 80; 24, 390.
[20] BGHZ 32, 216.
[21] BGHZ 56, 367; 71, 182; 72, 57.
[22] St. Rspr. GmS-OGB BGHZ 97, 312 = NJW 1986, 2359; *ders.* BGH NJW 1990, 1527; NJW 1974, 2087; BGHZ 14, 222; 66, 229, 232 (GS); 67, 81, 84 (GS); 71, 181; 72, 57; BGH NJW 1987, 773; NVwZ 1991, 606; NJW 1991, 2147, 2148; BGH NJW 1998, 2743.
[23] S. auch BAG NJW 1996, 2948.
[24] GmS-OGB BGHZ 97, 312 = NJW 1986, 2359; *ders.* NJW 1974, 2087; BGHZ (GS) 66, 229, 232 = NJW 1976, 1794; BGHZ (GS) 67, 81, 84 = NJW 1976, 1941; BGHZ 89, 250, 251; BGH NVwZ 1991, 606; NJW 1991, 2147, 2148; BGHZ 133, 240 = NJW 1996, 3012.
[25] S. BGH NJW 1990, 899.
[26] RGZ 143, 94; *Baumbach/Lauterbach/Hartmann* Rn. 1.
[27] BGHZ 48, 243; BGH NJW 1951, 359.
[28] Vgl. BGHZ 9, 329; 10, 227; 15, 17; 20, 379.
[29] BVerwGE 16, 36.

trag auszugehen.[30] Bei einer negativen Feststellungsklage[31] sowie bei einem vermutlich vorgeschobenem Klagevorbringen[32] sind jedoch die Behauptungen des Beklagten zu berücksichtigen. Da der Kläger das Gericht anruft, muss ihm gestattet sein, den eigenen Tatsachenvortrag für die Auswahl zugrunde zu legen. Kann dieser Tatsachenvortrag nicht bewiesen werden, so bleibt die Rechtswegzuständigkeit davon unberührt, die Klage wird jedoch im Regelfall als unbegründet abzuweisen sein (s. aber § 17 Abs. 2).

14 **b) Mehrere Ansprüche mit unterschiedlicher Rechtswegzuständigkeit.** Aus dem klägerischen Vortrag können sich auch mehrere Ansprüche mit unterschiedlicher Rechtswegzuständigkeit ergeben, so zB wenn der vom Kläger behauptete Vertrag sich nicht als Gesellschaftsvertrag, sondern als Arbeitsvertrag darstellt (entweder- oder- Fälle) oder wenn der Anspruch gegen den Beamten auf Schadensersatz sowohl aus der Verletzung einer beamtenrechtlichen Fürsorgepflicht wie aus Amtshaftung nach § 839 BGB, Art. 34 GG begründet werden kann (sowohl-als-auch-Fälle). Hier wird nicht mehr jeder Anspruch in dem für ihn maßgeblichen Rechtsweg geprüft; vgl. § 17 Abs. 2.

15 **c) Einwendungen des Beklagten.** Einwendungen des Beklagten ändern die Rechtswegzuständigkeit grundsätzlich nicht, auch wenn sie sich auf Rechtsvorschriften aus einem anderen Rechtsgebiet stützen.[33] Eine Ausnahme gilt jedoch dann, wenn die Einwendung aus einer Rechtsbeziehung abgeleitet wird, die auch die Zuordnung des Anspruchs beeinflusst. So wird zB der privatrechtliche Herausgabeanspruch aus § 985 BGB zu einem öffentlich-rechtlichen Herausgabeanspruch, wenn ihm eine aus einer öffentlich-rechtlichen Widmung abgeleitete Einwendung entgegengehalten wird, weil die öffentlich-rechtliche Widmung auch den Herausgabeanspruch beeinflusst und ihn einer öffentlich-rechtlichen Beurteilung unterstellt.[34] Wird die Einwendung, die die Rechtsnatur des Anspruchs ändert, jedoch als eine unter mehreren in einem bereits anhängigen Zivilrechtsstreit erhoben, so erscheint es sachgerechter, die Zivilgerichte auf Grund einer Zuständigkeit kraft Sachzusammenhangs auch über diese Einwendung entscheiden zu lassen.[35] Zur Frage der Rechtswegentscheidung hinsichtlich einer zur Aufrechnung gestellten öffentlich-rechtlichen Gegenforderungen gegen einen zivilrechtlichen Anspruch vgl. § 17 Rn. 15.

III. Besondere Zuweisungen

16 § 13 gestattet die Zuweisung zivilrechtlicher Streitigkeiten an Verwaltungsgerichte oder an Verwaltungsbehörden in einem Vorschaltverfahren. Umgekehrt werden Streitigkeiten spezialgesetzlich der Zivilgerichtsbarkeit zugewiesen, ohne dass es sich um bürgerliche Rechtsstreitigkeiten zu handeln braucht. Daneben können gemäß § 14 Sondergerichte geschaffen werden. Gesetzliche Regelungen, nach denen „die gerichtliche Klage" oder „der Rechtsweg" vorgesehen ist, enthalten keine besondere Zuweisung in einen bestimmten Rechtsweg, auch nicht in den Zivilrechtsweg.[36] Der Rechtsweg ist in diesen Fällen vielmehr gemäß allgemeinen Grundsätzen nach der wirklichen Natur des streitigen Rechtsverhältnisses zu bestimmen.

17 **1. Zuweisung von Zivilrechtssachen an Verwaltungsgerichte und -behörden. a) Zuweisung an Verwaltungsgerichte.** § 13 eröffnet die Möglichkeit, neben Strafsachen auch bürgerliche Rechtsstreitigkeiten den Verwaltungsgerichten, einschließlich der Sozial- und Finanzgerichte als besonderen Verwaltungsgerichten, oder Verwaltungsbehörden zuzuweisen. Eine Zuweisung bürgerlicher Rechtsstreitigkeiten an Verwaltungsgerichte ergibt sich zB aus § 51 Abs. 2 S. 3 SGG. Danach ist für Streitigkeiten aus der privaten Pflegeversicherung der Rechtsweg zu den Sozialgerichten gegeben.[37]

18 **b) Zuweisung an Verwaltungsbehörden.** Eine Zuweisung bürgerlicher Rechtsstreitigkeiten an Verwaltungsbehörden als Gerichtsersatz scheidet wegen des in Art. 92 GG begründeten Rechtsprechungsmonopols der Gerichte aus,[38] sofern es sich um Rechtsprechungsangelegenheiten (vgl. § 1) handelt. Den Verwaltungsbehörden können jedoch unter bestimmten Voraussetzungen bürgerliche Rechtsstreitigkeiten in Form eines sog. **Vorschaltverfahrens** zugewiesen werden, das je nach

---

[30] BGH NJW 1998, 2743.
[31] GmS NJW 1988, 2295.
[32] BGH NVwZ 1990, 1104; BVerwG NVwZ 1993, 358.
[33] BGH NJW 1955, 1187; BGH NJW 1984, 1622; 1985, 2820.
[34] Vgl. auch BGH NJW 1990, 899.
[35] AA noch BGH NJW 1990, 899 vor § 17 Abs. 2 nF.
[36] BVerfG DVBl. 1982, 590; GmS-OGB NJW 1971, 1606.
[37] Vgl. BSG FamRZ 1997, 213; *Römer* VersR 1996, 562.
[38] BVerfGE 10, 200, 216; 18, 241, 254; 54, 159, 166; *Manfred Wolf* § 2 V.

der gesetzlichen Regelung vor Anrufung der Gerichte in Anspruch genommen werden kann oder in Anspruch genommen werden muss. Nur bei zwingend vorgesehener Abwicklung des Vorschaltverfahrens handelt es sich um eine Sachurteilsvoraussetzung des gerichtlichen Verfahrens.[39] Ein behördliches Vorschaltverfahren ist jedoch in allen Fällen ausgeschlossen, in denen den Gerichten die Kompetenz des ersten Wortes zusteht. Dies ist außer in den Fällen einer ausdrücklich vorgesehenen richterlichen Erstkompetenz wie in Art. 13 Abs. 2, Art. 18 S. 2, Art. 22 Abs. 2 S. 2, Art. 104 Abs. 2 GG dann anzunehmen, wenn die richterliche Erstkompetenz aus Gründen des effektiven Rechtsschutzes für besonders wichtige Rechtsgüter geboten ist,[40] so insbesondere beim Schutz der persönlichen Freiheitssphäre sowie bei status- und personenrechtlichen Fragen. Wegen des Bedürfnisses nach Rechtssicherheit ist auch in vermögensrechtlichen Streitigkeiten von nicht unerheblicher Bedeutung grundsätzlich von einer richterlichen Erstkompetenz auszugehen. Dies schließt grundsätzlich auch eine generelle Erstzuständigkeit des Rechtspflegers aus, solange dieser nicht die vollen Sicherungen der richterlichen Unabhängigkeit genießt.[41] Ein nichtrichterliches Verfahren kann aber für vermögensrechtliche Streitigkeiten in verfassungsrechtlich unbedenklicher Weise vorgeschaltet werden,[42] wenn es wahlweise neben der Anrufung eines Gerichts (zB durch Klage) zur Verfügung steht,[43] wie zB das Mahnverfahren (§§ 688ff. ZPO) und das vereinfachte Verfahren über den Unterhalt Minderjähriger nach §§ 645ff. ZPO. Die Zuständigkeit des Rechtspflegers in diesen Fällen (§ 17 Nr. 2a, § 20 Nr. 1 und § 11 RPflG) ist deshalb unbedenklich. Ein Vorschaltverfahren ist aber auch zulässig in Streitigkeiten mit geringen Richtigkeitsrisiken, so insbesondere bei Festsetzung gesetzlicher Gebühren gemäß § 11 RVG oder bei der Festsetzung und Anpassung von Unterhaltsleistungen gemäß einem vorgegebenen Regelunterhalt wie in §§ 645ff. ZPO. Auch Gesichtspunkte der Sachnähe und des Sachzusammenhangs können Verfahren ohne richterliche Erstkompetenz rechtfertigen, so etwa Zuständigkeiten des Rechtspflegers bei vollstreckungsrechtlichen Entscheidungen nach § 765a ZPO, §§ 30a ff. ZVG. Nicht zu den Vorschaltverfahren zählt die Zuweisung einer Sache in die freiwillige Gerichtsbarkeit, wenn der Richter zuständig ist.

Ist das Vorschaltverfahren zwingend vorgesehen, so ist es **Prozessvoraussetzung.** Eine zuvor **19** erhobene Klage ist als zurzeit unzulässig abzuweisen.[44] Die sofortige Klage ist ausnahmsweise aber dennoch zulässig, wenn die Verwaltungsbehörde eine Entscheidung ablehnt,[45] wenn sie aussichtslos erscheint[46] oder wenn die Parteien auf das Vorschaltverfahren verzichten können.[47]

2. Sonderzuweisungen in den Zivilrechtsweg. Mit der Generalklausel des § 40 VwGO, die **20** alle öffentlich-rechtlichen Streitigkeiten nicht verfassungsrechtlicher Art den Verwaltungsgerichten zuweist, hat die subsidiäre Zuständigkeit der ordentlichen Gerichte gemäß Art. 19 Abs. 4 GG an praktischer Bedeutung eingebüßt. Sonderzuweisungen in den ordentlichen Rechtsweg kommen deshalb nur bei ausdrücklicher spezialgesetzlicher Zuweisung durch Bundesrecht oder durch Landesrecht in Betracht. Eine Zuständigkeit kraft Sachzusammenhangs kommt nur ausnahmsweise bei Verbindung mehrerer Anspruchsgrundlagen in einem Streitgegenstand in Betracht.[48] Zu einer Erweiterung der Zuständigkeit der Zivilgerichte kann es auf Grund von Art. 1 VO (EG) Nr. 44/2001 kommen, der einen vom EuGH autonom bestimmten Begriff der „Zivilsachen" enthält. Art. 1 VO (EG) Nr. 44/2001 erweitert zwar nicht die Zuständigkeit der Zivilgerichte, soweit es um ein in Deutschland als Erststaat durchgeführtes Erkenntnisverfahren geht. Ist allerdings in einem ausländischen Vertragsstaat ein Urteil ergangen und in Deutschland zu vollstrecken, so wird die Zuständigkeit der Zivilgerichte durch die Art. 38ff. VO (EG) Nr. 44/2001 für das in Deutschland durchzuführende Vollstreckungsverfahren begründet, gleichviel ob es sich um eine bürgerlich-rechtliche Streitigkeit handelt oder nicht. Praktische Konsequenzen ergeben sich vor allem in Abgrenzung zur Zuständigkeit der Arbeitsgerichte (s. § 14 GVG Rn. 15ff.). Für die Vollstreckung der in anderen Vertragsstaaten ergangenen arbeitsgerichtlichen Entscheidungen sind die Zivilgerichte zuständig.

a) Entschädigungsansprüche. Entschädigungsansprüche sind trotz hoheitlichen Handelns ge- **21** mäß Art. 14 Abs. 3 S. 4 GG, § 40 Abs. 2 VwGO den ordentlichen Gerichten zugewiesen, wofür die Zivilgerichte zuständig sind. Die Zuständigkeit der Zivilgerichte gemäß Art. 14 Abs. 3 S. 4 GG

---

[39] S. auch BGHZ 85, 106; BGH NJW 1976, 1264.
[40] *Manfred Wolf* ZZP 99 (1986), 361, 387ff.
[41] S. zu den Unterschieden *Manfred Wolf* ZZP 99 (1986), 361, 376ff.
[42] S. auch BVerfGE, 4, 409; 8, 246; BGHZ 85, 106.
[43] Dazu *Manfred Wolf* ZZP 99 (1986), 361, 400.
[44] *Baumbach/Lauterbach/Hartmann* Rn. 4.
[45] RG JW 1925, 55.
[46] BGHZ 32, 345.
[47] BGHZ 32, 7.
[48] S. Rn. 14.

ist nur bezüglich der Höhe der Enteignungsentschädigung gegeben, aber auch bezüglich der Art der Entschädigung.[49] Die Frage nach der Höhe der Entschädigung umfasst auch den Grund des Anspruchs, wenn eine Entschädigung ganz abgelehnt worden ist.[50] Die Aufhebung der Enteignung selbst kann nur vor den Verwaltungsgerichten durch Anfechtungsklage erreicht werden, sofern nicht ausnahmsweise wie in Baulandsachen auch hierfür die Zuständigkeit der Zivilgerichte begründet ist. Das Vorliegen einer Enteignung ist aber im Verfahren über die Entschädigung als Vorfrage zu prüfen.[51] Die Zuständigkeit der Zivilgerichte für die Höhe der Enteignungsentschädigung ist ferner in weiteren speziellen Gesetzen vorgesehen, so zB in §§ 93 ff. BauGB, §§ 59, 17 ff. LandbeschaffungsG,[52] §§ 58 ff. BundesleistungsG,[53] § 25 SchutzbereichsG.[54] Die Zuständigkeit der Zivilgerichte erstreckt sich auch auf enteignende und enteignungsgleiche Eingriffe.[55] Sie ist ebenso für vermögensrechtliche Aufopferungsansprüche gegeben (§ 40 Abs. 2 VwGO). Zu den dem Zivilrechtsweg nach § 40 Abs. 2 S. 1 VwGO zugewiesenen Ansprüchen sind auch **Ausgleichsansprüche** im Rahmen der Inhaltsbestimmung des Eigentums nach Art. 14. Abs. 1 S. 2 GG zu zählen.[56] Der abweichenden Auffassung[57] steht vor allem entgegen, dass die Abgrenzung zwischen einer Inhaltsbestimmung des Eigentums gem. Art. 14 Abs. 1 S. 2 GG und einer Enteignung nach Art. 14 Abs. 3 S. 4 GG bzw. einem enteignungsgleichen Eingriff oftmals schwerfällt und damit nur unnötige Unsicherheiten in der Rechtswegabgrenzung entstehen. Zum anderen ist die Gefahr einer Rechtswegspaltung in den Fällen gegeben, in denen das Klagebegehren zugleich auf Amtshaftung gestützt wird, worüber die Verwaltungsgerichte wegen Art. 34 S. 3 GG und § 17 Abs. 2 S. 2 GVG nicht entscheiden können.[58]

22   **b) Schadensersatzansprüche.** Für Schadensersatzansprüche aus Amtspflichtverletzung sieht **Art. 34 S. 3 GG** den ordentlichen Rechtsweg vor, was nach der Natur der Sache die Zuständigkeit der Zivilgerichte begründet. Art. 34 GG betrifft Ansprüche aus Amtspflichtverletzungen jeder Art gegenüber Dritten, nicht nur Ansprüche aus § 839 BGB. Daneben weist **§ 40 Abs. 2 VwGO** Schadensersatzansprüche aus der Verletzung öffentlich-rechtlicher Pflichten, die nicht auf einem öffentlich-rechtlichen Vertrag beruhen, in den ordentlichen Rechtsweg, was neben Amtshaftungsansprüchen auch sonstige Schadensersatzansprüche umfasst, zB Ansprüche aus Verletzung der Verkehrssicherungspflicht, wenn diese öffentlich-rechtlich und nicht ohnehin zivilrechtlich geregelt ist[59] oder Ansprüche wegen Verletzung der straßen- und wegerechtlichen Unterhaltspflicht[60] auch wegen Verzugsschadens[61] Schadensersatzansprüche aus öffentlicher Gefährdungshaftung, wie zB nach § 70 Abs. 3 WHG[62] oder Ansprüche gegen den Notar aus § 19 BNotO[63] oder Ansprüche wegen verspäteter Erfüllung der Zusicherung zum Erlass eines Verwaltungsakts.[64]

23   **Nicht** in den ordentlichen Rechtsweg gehören seit der Neufassung des § 40 Abs. 2 VwGO vom 1. 1. 1977 Schadensersatzansprüche aus öffentlich-rechtlichen Verträgen. Dasselbe hat aus Gründen der Sachnähe zu gelten für Ansprüche aus Verschulden bei den Vertragsverhandlungen zu solchen Verträgen (culpa in contrahendo)[65] sowie für die Verletzung vertragsähnlicher Pflichten.[66] Auch öffentlich-rechtliche Benutzungsverhältnisse sind vielfach den öffentlich-rechtlichen Verträgen vergleichbar. Schadensersatzansprüche daraus sollten deshalb vor die Verwaltungsgerichte,[67] was für Erfüllungsansprüche ohnehin schon gilt, falls die Benutzungsverhältnisse nicht privatrechtlich geregelt sind. Konkurrieren solche Ansprüche mit Ansprüchen aus Amtshaftung, so hat nach § 17 Abs. 2 das

---

[49] BGHZ 9, 250.
[50] BVerwG NJW 1954, 525.
[51] BGHZ 15, 270.
[52] V. 23. 2. 1957, BGBl. I S. 900.
[53] V. 27. 9. 1961, BGBl. I S. 1769, 1920.
[54] V. 7. 2. 1956, BGBl. I S. 899.
[55] BGHZ 90, 17; BGH NJW 1984, 1876.
[56] BGHZ 128, 204 = NJW 1995, 964; *Schenke* NJW 1995, 3145.
[57] BVerwGE 1994, 1 = NJW 1993, 2949; zustimmend *Lege* NJW 1995, 2745.
[58] *Schenke* NJW 1995, 3145, 3152.
[59] BGHZ 9, 373; 20, 59; 54, 165; BGH NJW 1978, 1627 ff.
[60] OLG Celle NVwZ 1987, 260.
[61] BVerwGE 37, 233.
[62] BVerwG NJW 1987, 2758.
[63] S. etwa BGH NJW 1991, 1113.
[64] VGH Mannheim DVBl. 1981, 265.
[65] S. BVerwG NJW 1973, 2172; BGH BayVBl. 1980, 151; *Henke* JZ 1984, 446; aA aber BGH NJW 1986, 1109; *Lüke* JuS 1980, 647; *Musielak/Wittschier* Rn. 9; *Kissel/Mayer* Rn. 68.
[66] BVerwGE 37, 238; *Backhaus* DVBl. 1981, 268.
[67] *Kopp/Schenke* § 40 VwGO Rn. 72; aA BGHZ 59, 305; BGH NJW 1984, 617; BGH NJW 1983, 622.

zuerst angerufene Gericht auch über den jeweils in den anderen Rechtsweg gehörenden Anspruch zu entscheiden.[68] § 40 Abs. 2 VwGO begründet nicht die Zuständigkeit der Zivilgerichte, wenn ein anderer Rechtsweg gesetzlich vorgesehen ist, wozu auch § 51 SGG gehört.[69] § 40 Abs. 2 VwGO erfasst auch nur Schadensersatzansprüche des Bürgers gegen den Staat, nicht umgekehrt Ansprüche des Staates gegen den Bürger.[70]

c) Ansprüche aus öffentlicher Verwahrung. Ansprüche aus öffentlicher Verwahrung werden durch § 40 Abs. 2 VwGO ebenfalls den ordentlichen Gerichten und damit naturgemäß den Zivilgerichten zugewiesen. Die Zuweisung umfasst sowohl Schadensersatzansprüche wie den Rückgabeanspruch. Wird die Rückgabe auf den Folgenbeseitigungsanspruch gestützt, so wäre dafür an sich der Verwaltungsrechtsweg gegeben. Nach § 17 Abs. 2 hat das zuerst angerufene Zivil- oder Verwaltungsgericht jedoch über alle Anspruchsgrundlagen für die Rückgabe zu entscheiden.[71] Gleiches gilt, wenn mit dem Anspruch aus öffentlich-rechtlicher Verwahrung Ansprüche aus beamtenrechtlicher oder soldatenrechtlicher Fürsorgepflicht konkurrieren.[72]   24

Die Verwahrung muss **in Erfüllung öffentlicher Aufgaben** erfolgen, indem eine Behörde oder ein Privater für eine Behörde[73] eine Sache zur Wahrung öffentlicher Belange in die Obhut nimmt[74] und dabei zugleich für den Bürger aufbewahrt,[75] zB bei Beschlagnahme und Sicherstellung von Sachen im Zusammenhang mit Strafverfolgungsmaßnahmen oder nach Polizeirecht[76] oder bei Inbesitznahme von Sachen im Zusammenhang mit einer Pfändung nach dem Verwaltungsvollstreckungsrecht.[77] Nicht erfasst wird die Einziehung eines Führerscheins[78] oder die Rückzahlung gebuchten Geldes, weil und so lange es nicht auf die Rückgabe konkreter Geldscheine ankommt.[79] Das öffentlich-rechtliche Verwahrungsverhältnis besteht unabhängig davon, ob die die Verwahrung anordnende Verfügung nichtig ist oder später aufgehoben wird, sofern sie und sei es auch nur in vermeintlicher Erfüllung öffentlicher Aufgaben erfolgt und zu diesem Zweck tatsächlich für den Berechtigten aufbewahrt wird.[80] Erfasst werden nur Ansprüche des Bürgers gegen den Staat, nicht umgekehrt Ansprüche des Staates gegen den Bürger,[81] zB auf Aufwendungsersatz, die durch eine Verfügung vom Bürger angefordert werden können, wogegen der Verwaltungsrechtsweg gegeben ist.   25

d) Entscheidung über die Rechtmäßigkeit von Verwaltungsakten. In besonderen Fällen ist auch die Entscheidung über die Rechtmäßigkeit von Verwaltungsakten den ordentlichen Gerichten zugewiesen. Dies gilt etwa für die Rechtmäßigkeitskontrolle von Justizverwaltungsakten nach §§ 23 ff. EGGVG, insbesondere auf Grund einer Anfechtungs- und Verpflichtungsklage. Ebenso sind Beschwerden gegen Maßnahmen der Kartellbehörden den ordentlichen Gerichten zugewiesen, wofür gemäß § 63 Abs. 4 GWB das OLG am Sitz der Kartellbehörde ausschließlich in erster Instanz zuständig ist mit der Möglichkeit der Rechtsbeschwerde an den BGH (§ 74 GWB). Nach § 71 Abs. 5 GWB darf das OLG auch einen Ermessensfehlgebrauch der Kartellbehörde überprüfen. Über Verwaltungsakte entscheidet auch die Kammer für Baulandsachen nach §§ 217 ff. BauGB, die bei den Landgerichten in der Besetzung mit zwei Richtern des Landgerichts und einem hauptamtlichen Verwaltungsrichter gebildet wird (§ 220 BauGB).   26

e) Verfahrensvorschriften. Hinsichtlich der in den Fällen der Sonderzuweisung anzuwendenden Verfahrensvorschriften sind in erster Linie die besonderen Regelungen in Zusammenhang mit den jeweiligen Zuweisungen maßgeblich wie in §§ 23 ff. EGGVG, wo in § 29 Abs. 2 EGGVG ergänzend auf das FGG verwiesen wird, oder in §§ 63 ff. GWB, wo § 73 GWB nur auf bestimmte Institute der ZPO und des GVG verweist, oder in §§ 217 ff. BauGB, wo § 221 BauGB prinzipiell die für Klagen in bürgerlichen Rechtsstreitigkeiten geltenden Vorschriften, dh. im Regelfall ZPO und GVG, für anwendbar erklärt, aber in Abs. 2 die Untersuchungsmaxime vorsieht. Soweit keine   27

---

[68] S. dazu Rn. 14; aA aber früher BGHZ 43, 34; BVerwGE 37, 238; aA auch *Kopp/Schenke* § 40 VwGO Rn. 71 immer Verwaltungsrechtsweg.
[69] BSG NJW 1984, 1424.
[70] BGHZ 43, 269.
[71] S. Rn. 14; aA *Kopp/Schenke* § 40 VwGO Rn. 64.
[72] AA früher BVerwGE 52, 247.
[73] AG Hamburg MDR 1978, 52.
[74] BGHZ 21, 219; BGH NJW 1952, 658.
[75] *Stern* JuS 1965, 357.
[76] BGH NJW 1987, 2575.
[77] *Kopp/Schenke* § 40 VwGO Rn. 65.
[78] *Stern* JuS 1965, 357.
[79] *Kopp/Schenke* § 40 VwGO Rn. 65.
[80] BGH LM BGB § 688 Nr. 7; AG Hamm MDR 1978, 52.
[81] LG Köln NJW 1965, 1440; s. auch Rn. 166; *Schwerdtfeger* JuS 1970, 121; aA OLG Oldenburg NJW 1984, 187; *Menge/Erichsen* VerwA 1966, 73.

ausdrücklichen Verfahrensregelungen bestehen, sind mit der Zuweisung in den ordentlichen Rechtsweg grundsätzlich auch die in diesem Rechtsweg geltenden Verfahrensvorschriften der ZPO und des GVG anwendbar,[82] wobei jedoch die dem jeweiligen Streitgegenstand entsprechenden sachgerechten Anpassungen vorzunehmen sind, zB die Anwendung der auch in der ZPO vorgesehenen Untersuchungsmaxime, wo die Parteien nicht über den Streitgegenstand verfügen können. Bei Anfechtungs- und Verpflichtungsklagen ist die Klagebefugnis analog § 24 EGGVG zu bestimmen und die Tenorierung analog § 28 EGGVG vorzunehmen.

IV. Die Rechtswegzuständigkeit als Prozessvoraussetzung

28   Die Rechtswegzuständigkeit ist als Prozessvoraussetzung unter Beachtung der Einschränkungen aus § 17a in jeder Lage des Verfahrens **von Amts wegen zu prüfen,** nach § 17a Abs. 5 dagegen nicht mehr in der Rechtsmittelinstanz, abgesehen von der Beschwerde nach § 17a Abs. 4. Die Frage muss vor der Begründetheit geprüft werden und darf nicht offen bleiben. Sie muss, falls nicht von der Vorabentscheidung nach § 17a Abs. 3 Gebrauch gemacht wird, bei der Letzten mündlichen Verhandlung gegeben sein.[83] Zur Gewährung rechtlichen Gehörs muss uU die mündliche Verhandlung nochmals eröffnet werden (§ 156 ZPO). Die bei Rechtshängigkeit einmal bestehende Rechtswegzuständigkeit bleibt nach § 17 Abs. 1 S. 1 aber auch bei einer Änderung der sie begründenden Umstände bestehen. Umgekehrt schadet eine anfängliche Unzuständigkeit nicht, wenn sie bis zum Zeitpunkt zur letzten Tatsachenverhandlung behoben wird, zB durch eine Gesetzesänderung oder eine vorweg erforderliche Verwaltungsentscheidung wie nach §§ 173 ff., 210 ff. BEG, §§ 49 ff., 81 BLeistG. Die Rechtswegzuständigkeit ist zwingend und nicht durch Parteivereinbarung abänderbar.

29   Bei **Fehlen der Rechtswegzuständigkeit** ist die Klage durch Beschluss von Amts wegen gemäß § 17a Abs. 2 an das zuständige Gericht zu verweisen. Ausführungen zur Begründetheit sind unbeachtlich und nehmen nicht an der Rechtskraft teil.

V. Rechtsprechungsübersicht (alphabetisch geordnet)

30   **Abwehrklage.** Der Rechtsweg zu den **ordentlichen Gerichten** wurde **bejaht** für die Klage auf Herstellung von Schutzeinrichtungen gegen Störungen, die von der Abwassereinleitung aus der **Kanalisationsanlage** einer Gemeinde verursacht werden, allerdings nur insoweit, als keine wesentliche Änderung der Anlage im Einzelnen oder im Rahmen ihrer Gesamtplanung begehrt wird;[84] für eine Immissionsabwehrklage wegen Geräusch- und Geruchsimmissionen, die durch eine **Kirmesveranstaltung** hervorgerufen werden, weil die veranstaltende Gemeinde nicht hoheitlich tätig wird;[85] für eine gegen eine Gebietskörperschaft gerichtete Klage eines Kfz-Schilderherstellers, mit der die Vermietung eines Raumes im Gebäude der Kraftfahrzeugzulassungsstelle an einen **Konkurrenten** verhindert werden soll;[86] für eine Klage auf Beseitigung oder eine den Verwendungszweck beeinträchtigende Veränderung von **Luftschutzanlagen;** das Verbot solcher Maßnahmen nach § 27 Abs. 2 des 1. Ges. über Maßnahmen zum Schutz der Zivilbevölkerung (BGBl. 1957 I S. 1696) steht dem nicht entgegen;[87] für eine Immissionsabwehrklage auf Verlegung der Haltestelle einer privatrechtlich betriebenen **Omnibuslinie** auch dann, wenn die Verlegung eine behördliche Genehmigung erfordert;[88] für die Abwehrklage des Anliegers gegen übermäßige **Sondernutzung** eines anderen Anliegers, wenn das Recht zur Sondernutzung aus einem Pachtvertrag mit der Wegeigentümerin hergeleitet wird;[89] für Klagen auf Unterlassung von Belästigungen durch Geräusche einer Fontänenanlage in einem **städtischen Park.**[90]

31   Der Rechtsweg zu den **ordentlichen Gerichten** wurde **verneint** für Abwehrklagen (§ 1004 BGB) gegen Beeinträchtigungen, die nach dem Klagevortrag von schlicht-hoheitlichem **Anlagenbetrieb** ausgehen (zB: Ablauf des Niederschlagswassers von einer Straße auf ein anliegendes Grundstück);[91] ebenso für die Abwehr von Geräuschimmissionen eines von der Gemeinde als

---

[82] S. auch *Baumgärtel* ZZP 73 (1960), 387.
[83] *Kissel/Mayer* Rn. 209; *Rosenberg/Schwab/Gottwald* § 133 III 2; *Zeiss* ZPR Rn. 262; *Schilken* ZPR Rn. 333.
[84] BGH MDR 1965, 196.
[85] BGHZ 41, 264; OLG Karlsruhe NJW 1960, 2241, 2242; aA OLG Karlsruhe MDR 1979, 238; s. auch Rn. 31.
[86] BGH NJW 1998, 3778; OLG Stuttgart MDR 1970, 338.
[87] BGH MDR 1965, 985.
[88] BGH NJW 1984, 1242.
[89] OLG Köln NJW 1962, 322.
[90] BGH MDR 1968, 312.
[91] BGH MDR 1972, 225.

Asylunterkunft gemieteten Hauses;[92] für den nachbarlichen Abwehranspruch gegen einen städtischen **Bauhof** und dort ausgeführte Arbeiten wie Unterbringung, Wartung und Instandsetzung der Fahrzeuge und des Arbeitsgeräts der Baukolonne sowie die Reparatur von Straßenschildern und Parkbänken und dem damit zusammenhängenden Fahrzeugverkehr;[93] für die Klage gegen die Erlaubnis zum Betreiben eines **Biergartens,** von dem Lärmbelästigungen ausgehen;[94] für die Klage eines Eigentümers, mit der verlangt wird, dass eine Gemeinde unterlasse, auf einem **Festplatz** Veranstaltungen zu dulden, von denen Lärm- und Geruchsbelästigungen ausgehen;[95] für eine Abwehrklage, die sich gegen Störungen des Eigentums an einem der städtischen Abwasserkanalisation angeschlossenen Grundstück durch Überschwemmungen aus der **Kanalisation** richtet;[96] für die Klage eines Grundstückseigentümers gegen eine Nachbargemeinde, auf die diese zu Unterlassungen oder doch Schutzmaßnahmen in Ansehung einer von ihr öffentlich-rechtlich eingerichteten **Regenwasserkanalisation** verurteilt werden soll;[97] für die Abwehrklage gegen die von einem **Kinderspielplatz** („Bolzplatz") ausgehenden Geräuschimmissionen, wenn der Spielplatz im Bebauungsplan vorgesehen, im Vollzug dieser Planung von der Gemeinde eingerichtet sowie in Dienst gestellt und damit einem öffentlichen Zweck gewidmet worden ist;[98] aber auch für Abwehransprüche wegen der von einem baurechtlich nicht genehmigten gemeindlichen Kinderspielplatz ausgehenden Beeinträchtigungen;[99] für die Klage eines Nachbarn gegen das **liturgische Glockengeläute** einer als Körperschaft des öffentlichen Rechtes anerkannten Kirche;[100] für den Abwehranspruch eines Nachbarn gegen den Lärm, der von einem von der öffentlichen Hand betriebenen **Sportplatz** ausgeht;[101] für den Anspruch eines Nachbarn gegen die Bundespost auf Beseitigung einer **Telefonzelle.**[102]

Amtspflichtverletzung. Der **ordentliche Rechtsweg** wurde bejaht für die Ausgleichsansprüche 32 zwischen mehreren öffentlich-rechtlichen Körperschaften, die für denselben auf Amtspflichtverletzung beruhenden Schaden als **Gesamtschuldner** haften;[103] für den **Rückgriffsanspruch** des Dienstherrn gegen einen Angestellten oder Arbeiter (hier Werkstudent), der in Ausübung ihm anvertrauter hoheitlicher Tätigkeit die ihm einem Dritten gegenüber obliegende Amtspflicht verletzt hat.[104]

Arbeitgeberbeiträge. Das Vorliegen des Rechtswegs zu den **Sozialgerichten** (dazu § 51 SGG) 33 und nicht zu den ordentlichen Gerichten wurde angenommen für die Frage, ob der **Alleingesellschafter** einer GmbH für die von der Gesellschaft geschuldeten Arbeitgeberbeiträge zur Sozialversicherung nach Grundsätzen des sog. „Durchgriffs" haftet;[105] ebenso für den Anspruch auf den **Arbeitgeberzuschuss** nach dem früheren § 405 RVO.[106]

Arbeitsverhältnis. Eine bürgerlich-rechtliche Streitigkeit und die Zuständigkeit der **ordentlichen** 34 **Gerichte** wurde bejaht bei der Entscheidung über Schadensersatzansprüche der Arbeitgeber gegen die für die Ausrufung und Durchführung des Druckerstreiks vom Mai 1952 verantwortlichen Gewerkschaften, denn ein sog. **politischer Streik,** der die Verwirklichung einer Forderung der organisierten Arbeitnehmerschaft durch den Gesetzgeber erstrebt, ist kein Arbeitskampf iSd. § 2 Abs. 1 Nr. 1 ArbGG.[107]

Eine bürgerlich-rechtliche Streitigkeit iSd. Zuständigkeit der **Arbeitsgerichte** wurde bejaht 35 bei der Entscheidung über einen **Anspruch aus § 850h Abs. 2 ZPO,** wenn der Schuldner Arbeitnehmer oder arbeitnehmerähnliche Person gemäß § 5 Abs. 1 ArbGG ist; und zwar auch bei einem sog. familienhaften Beschäftigungsverhältnis;[108] ferner bei einem **Erstattungsanspruch** eines öffentlich-rechtlichen Arbeitgebers gegen einen Angestellten des öffentlichen Dienstes, der

---

[92] OLG Köln VersR 1992, 225.
[93] OVG Münster NJW 1984, 1982.
[94] VGH München NVwZ 1995, 1021.
[95] OLG Karlsruhe MDR 1979, 238; s. aber Fn. 2, 8.
[96] BGH MDR 1961, 918.
[97] BGH MDR 1969, 737.
[98] BGH NJW 1976, 570.
[99] VGH München NJW 1989, 1301.
[100] BVerwG NJW 1984, 989; ebenso OLG Frankfurt NJW-RR 1986, 735.
[101] BVerwG NJW 1989, 1291; OVG Hamburg NJW 1986, 2333.
[102] VGH Mannheim NJW 1985, 2352.
[103] BGHZ 9, 65.
[104] OLG Hamburg MDR 1969, 227.
[105] BGH NJW 1972, 1237.
[106] GmS-OGB NJW 1974, 2087.
[107] BGHZ 14, 347.
[108] BGH MDR 1977, 573.

auch dann ein arbeitsrechtlicher Anspruch ist, wenn er in Anwendung des ErstattungsG vom 18. 4. 1937 durch VA (Erstattungsbeschluss) geltend gemacht wird;[109] für Klagen zwischen **Franchisenehmer** und Franchisegeber bei wirtschaftlich abhängigem und gleich einem Arbeitnehmer schutzbedürftigen Franchisenehmer;[110] für Streitigkeiten aus sog. Kommissionsverträgen in Fällen der „Scheinselbständigkeit".[111] Der Rechtsweg zu den Arbeitsgerichten ist auch gegeben für eine Schadensersatzklage aus § 61 InsO gegen den Insolvenzverwalter, wenn er zunächst eine arbeitsrechtliche Masseverbindlichkeit begründet, diese aber aus der Masse nicht erfüllen kann.[112]

36   Eine **öffentlich-rechtliche Streitigkeit** wurde angenommen bei einer Klage des Arbeitnehmers auf **Berichtigung** der auf dem Rentenversicherungsnachweis und der Lohnsteuerkarte bescheinigten Beträge;[113] ferner wenn die Parteien zwar formell einen Arbeitsvertrag geschlossen haben, der aber der Ausbildung für eine vertraglich in Aussicht genommene Übernahme in ein Beamtenverhältnis im Justizvollzugsdienst dient, für die Klage des Arbeitgebers auf **Rückzahlung** der Ausbildungsvergütung[114]

37   **Arzneilieferungsvertrag** (s. auch Krankenkasse). Die Zuständigkeit der **ordentlichen Gerichte** wurde bejaht für Streitigkeiten aus dem Arzneilieferungsvertrag für NRW vom 20. 6./4. 7. 1978 wegen **Rechnungsbeanstandungen**;[115] für die Entscheidung über Streitigkeiten zwischen Apothekern und Krankenkassen aus dem sog. Arzneilieferungsvertrag für Nordrhein vom 20. 2. 1953, soweit es die **Zahlungspflicht** der Kasse für die vom Apotheker bedienten Kassenrezepte betrifft,[116] für Klagen auf **Zulassung zur Belieferung** von Versicherten mit Heil- und Hilfsmitteln auf Grund eines Vertrags zwischen Trägern der gesetzlichen Krankenversicherung oder ihren Verbänden mit Leistungserbringern,[117] sowie für Streitigkeiten über die Belieferung von Patienten mit Arzneimitteln zwischen Apothekern und Trägern der Sozialhilfe, die nach dem früheren § 37 BSHG Krankenhilfe zu gewähren haben.[118]

38   Der **Sozialrechtsweg** ist gegeben für die Klage eines Arzneimittelherstellers auf Abänderung der vom Bundesausschuss der Ärzte und Krankenkassen beschlossenen Arzneimittel-Richtlinien.[119]

39   **Atomschäden.** Der Rechtsweg vor den **ordentlichen Gerichten** ist gegeben für den Anspruch gemäß **§ 38 Abs. 2 AtomG** auf Ausgleich des durch ein nukleares Ereignis entstandenen Schadens.[120]

40   Hingegen sind Ansprüche auf Ersatz von Atomschäden, die auf eine aus Billigkeitsgründen erlassene **Ausgleichsrichtlinie** gestützt werden, im **Verwaltungsrechtsweg** geltend zu machen.[121]

41   **Aufrechnung.** Bei der **verwaltungsgerichtlichen Klage** gegen einen behördlichen Leistungsbescheid kann ein **Anfechtungskläger** nur dann mit einer Gegenforderung, für die der ordentliche Rechtsweg gegeben ist, aufrechnen, wenn diese rechtskräftig oder bestandskräftig festgestellt oder unbestritten ist. Andernfalls hat das VG, wenn die Entscheidung vom Bestehen der Forderung abhängt, das Verfahren in analoger Anwendung von § 94 VwGO auszusetzen, auch wenn noch kein Zivilrechtsstreit über die Forderung anhängig ist.[122] Das Zivilgericht, das über eine Anfechtungsklage zu entscheiden hat, ist an einen Bescheid des Finanzamts gebunden, mit dem dieses Steuerforderungen verrechnet. Einwendungen gegen die Zulässigkeit der Aufrechnung sind von den Finanzgerichten zu entscheiden.[123]

42   **Auftragssperre** (s. auch öffentliche Aufträge). Der **Zivilrechtsweg** ist gegeben, wenn eine Gebietskörperschaft verfügt, dass ein Unternehmer wegen seines Verhaltens während der Geschäfts-

---

[109] BVerwG MDR 1971, 785.
[110] BGH NJW 1999, 218; Zuständigkeit der Zivilgerichte dagegen bei eigenverantwortlich tätigen Franchisenehmern mit Arbeitgeberfunktion, vgl. BGH NJW-RR 2000, 1436.
[111] BGH NJW 1998, 701.
[112] BGH WM 2007, 226; im Ergebnis auch BAG ZIP 2003, 1617, 1618.
[113] LAG Schleswig-Holstein MDR 1987, 168.
[114] BAG NJW 1991, 943 = JZ 1991, 563 m. Anm. *Kopp*.
[115] BGH NJW-RR 1987, 1458.
[116] LG Köln MDR 1967, 224.
[117] GmS-OGB BGHZ 97, 312 = NJW 1986, 2359.
[118] BGH NJW 2000, 872.
[119] BSG NJW 1989, 2771.
[120] VG Köln NJW 1988, 1995; s. auch AG Bonn NJW 1988, 1393 (Tschernobyl); aA OVG Münster NJW 1990, 3226.
[121] VG Köln NJW 1988, 1996.
[122] BVerwG NJW 1987, 2530.
[123] BGH WM 2006, 2382.

verbindung bei der Vergebung öffentlicher Aufträge nicht mehr zu berücksichtigen ist (sog. **Auftragssperre**); das gilt auch dann, wenn die Maßnahme in einer Weisung an die Bediensteten der Behörde oder eine Weisung der übergeordneten Dienststelle an nachgeordnete Dienststellen innerhalb derselben Gebietskörperschaft besteht;[124] ferner für die Beseitigung einer etwaigen **ehrkränkenden Wirkung** der in einer solchen Weisung enthaltenen Tatsachenbehauptungen;[125] des Weiteren, wenn eine Behörde gegenüber einem Handelsvertreter ein **Hausverbot** erlässt;[126] schließlich, wenn eine **Polizeibehörde** auf Grund ihrer verkehrspolizeilichen Aufgaben Abschleppunternehmer vermittelt oder beauftragt für hierüber entstehende Streitigkeiten.[127] Vgl. zu diesem Problemkreis im Übrigen § 17 Rn. 15.

Auskunftsverlangen. Der Rechtsweg zu den **ordentlichen Gerichten** ist gegeben für die Klage 43 gegen eine private Auskunftei, durch die der von einer Übermittlung personenbezogener Daten oder einer Auskunftserteilung Betroffene seinerseits Auskunft über die Identität und das berechtigte Interesse der Datenempfänger begehrt;[128] für Ansprüche auf Auskunftserteilung und Abgabe einer eidesstattlichen Versicherung, die lediglich als **Hilfs- und Nebenansprüche** eines auf Geldersatz gerichteten Amtshaftungsanspruchs geltend gemacht werden;[129] für die Klage eines privaten Unternehmens gegen eine Körperschaft des öffentlichen Rechts (Vereinigung von **Wettbewerbern** des Unternehmens) auf Erteilung der Auskunft zur Vorbereitung eines auf ein Verwaltungshandeln gestützten Schadensersatzanspruchs ist der Rechtsweg vor den ordentlichen Gerichten gegeben, wenn und soweit die Körperschaft dem Unternehmen auf dem Boden der Gleichordnung gegenübersteht und nach dem Vorbringen des Klägers das Verwaltungshandeln ihm gegenüber wettbewerbswidrig ist.[130] Zum Rechtsweg bei Presseauskünften vgl. *Gundel* AfP 2001, 194.

Hingegen ist der **Verwaltungsrechtsweg** gegeben für eine Klage auf Auskunft über perso- 44 nenbezogene Daten, die in einer **Kriminalakte** gesammelt sind;[131] für die Klage auf Auskunft über den **Namen des Beamten,** der gegenüber dem Kläger im Rahmen eines öffentlichrechtlichen Benutzungsverhältnisses tätig wurde.[132]

Beamte. Klagt ein beamteter **Arzt,** der wegen Schließung der von ihm geleiteten Klinik versetzt 45 worden ist und dadurch seine private Nebentätigkeit verloren hat, vor dem Verwaltungsgericht auf Aufhebung der Versetzungsverfügung, auf Entschädigung wegen des Verlustes der Liquidationserlöse und auf Feststellung, dass das Land ihm allein weiteren Schaden ersetzen muss, der ihm aus der Aufgabe der Klinik noch entstehen werde, so ist daneben eine Schadensersatzklage vor dem **ordentlichen Gericht** zulässig.[133] Der Zivilrechtsweg ist ferner zu bejahen für die Klage eines von einem Dienstunfall betroffenen Beamten auf Zahlung eines **Schmerzensgeldes;**[134] für Schadensersatzansprüche, die unmittelbar aus Verletzung einer **Zusicherung** auf Einstellung als Beamter hergeleitet werden.[135]

Die **Verwaltungsgerichte** sind zuständig für Streitigkeiten auf Grund eines öffentlich- 46 rechtlichen **Ausbildungsverhältnisses** eigener Art, das begründet wird, wenn Ausländer den juristischen Vorbereitungsdienst ableisten,[136] ferner für Ansprüche aus einem **Schuldanerkenntnis,** das an die Stelle einer sonst möglichen Regelung durch VA getreten ist (hier: Schuldanerkenntnis eines Beamten gegenüber dem Dienstherrn, der zu viel gezahlte Dienstbezüge zurückfordert).[137]

Beliehene. Der Rechtsweg zu den **ordentlichen Gerichten** ist gegeben, wenn Leistungen der 47 staatlichen **Daseinsvorsorge** durch eine vom Staat gegründete juristische Person des Privatrechts gewährt werden, sofern ihr nicht hoheitliche Befugnisse erteilt sind.[138] Der Zivilrechtsweg ist

---

[124] BVerwG NJW 1958, 394; Anm. *Stern* NJW 1958, 683 f. und *Bettermann* DVBl. 1958, 867; s. auch *Bender* JuS 1962, 178 ff.; aA noch BGH NJW 1954, 1486.
[125] BGH NJW 1954, 1486; auch hierzu *Bender* JuS 1962, 178 ff., diese Auffassung des BGH ist inzwischen aufgegeben; s. Rn. 172.
[126] BGH NJW 1954, 1486; 1967, 1911.
[127] BGH NJW 1976, 628.
[128] OVG Münster NJW 1981, 1285.
[129] BGH NJW 1981, 675.
[130] BGHZ 67, 81.
[131] BVerwG NJW 1990, 2765.
[132] BVerwG NJW 1960, 1538.
[133] OLG Hamm MDR 1986, 944.
[134] BVerwG NJW 1965, 929.
[135] BGHZ 23, 36.
[136] OVG Münster NVwZ 1990, 889.
[137] BGH NJW 1988, 1264.
[138] BVerwG NVwZ 1990, 754.

auch gegeben für Wettbewerbsstreitigkeiten mit einem staatlichen Vermessungsamt.[139] Der **Verwaltungsrechtsweg** wurde bejaht für die Klage eines freiberuflichen Tierarztes, der zum **Fleischbeschautierarzt** im Nebenberuf bestellt worden ist und daher zur Bestellungskörperschaft in einem öffentlich-rechtlichen Dienstverhältnis steht, für Ansprüche aus diesem Dienstverhältnis;[140] für die Gebührenklage eines öffentlich bestellten **Vermessungsingenieurs** gegen einen privaten Auftraggeber, wenn der Auftrag auf die Feststellung und Wiederherstellung von Grundstücksgrenzen gerichtet war.[141]

48 **Benutzungsverhältnis.** Der Rechtsweg zu den **ordentlichen Gerichten** ist zu bejahen für Streitigkeiten über die Tarifgestaltung eines Verkehrsbetriebs, wenn die Rechtsbeziehungen, die der Verkehrsbetrieb einer Stadtgemeinde mit den Benutzern unterhält, nicht öffentlich-rechtlicher Art sind, sondern auf Grund der verwendeten allgemeinen Beförderungsbedingungen als privatrechtlicher **Beförderungsvertrag** zustande kommen;[142] für die Klage einer Gemeinde gegen eine Privatperson auf Unterlassung des **Betretens** eines behördlichen Gebäudes und des dazugehörigen Gesamtgrundstücks;[143] für den Streit über die Entscheidung, mit welchen Festplatzbewerbern eine Gemeinde Mietverträge über einen derartigen **Festplatz** abschließen will, weil beim Abschluss solcher Mietverträge die Gemeinde privatrechtlich tätig wird;[144] für die Klage gegen ein behördliches **Hausverbot** im Rahmen von Verhandlungen über die Erteilung eines privatrechtlichen Forschungs- und Entwicklungsauftrags;[145] bzw. im Zusammenhang mit einer arbeitsrechtlichen Kündigung;[146] für die Durchsetzung des Anspruchs auf **Rückgabe** entliehener Bücher gegen den Benutzer einer Bücherei, sofern das Verhältnis der Bücherei zu ihren Benutzern keiner öffentlich-rechtlichen Gestaltung unterworfen ist;[147] für die Geltendmachung von **Schadensersatzansprüchen,** die aus der Verletzung eines öffentlich-rechtlichen Benutzungsverhältnisses in sinngemäßer Anwendung von §§ 276, 278 BGB hergeleitet werden;[148] für Streitigkeiten über die Rechtsbeziehungen zwischen einer **Spielbank** und ihren Besuchern; für die Verfolgung eines etwaigen bürgerlich-rechtlichen Anspruchs auf Abschluss eines Benutzungs- oder Spielvertrages steht auch dann nicht der Verwaltungsrechtsweg offen, wenn dieser Anspruch in das Gewand einer gegen die Aufsichtsbehörde gerichteten Anfechtungs- oder Vornahmeklage gekleidet wird, um über die Aufsichtsbehörde diesen seiner wahren Natur nach bürgerlich-rechtlichen Anspruch durchzusetzen;[149] für eine Klage, mit der ein Anspruch auf vertraglich vereinbarte unentgeltliche **Wasserbelieferung** durch die Gemeinde für die Zukunft geltend gemacht und außerdem Rückzahlung des Wasserzinses begehrt wird, den der Kläger auf Grund einer Inanspruchnahme unter Vorbehalt geleistet hat, wenn die Vereinbarung als privatrechtlicher Vertrag zu qualifizieren ist;[150] für Streitigkeiten aus einem privaten **Wasserbezugsrecht,** auch wenn es als Sonderregelung neben dem allgemein durch Satzung geregelten öffentlich-rechtlichen Benutzungsverhältnis besteht;[151] Anspruch auf Bewirtschaftung des Restaurants in der Stadthalle.[152]

49 Der Rechtsweg zu den **Verwaltungsgerichten** ist zu bejahen für die Klage gegen einen Bescheid einer Gemeinde, städtische Amtsgebäude nur noch zur Wahrung eigener öffentlich-rechtlicher Belange zu betreten und jeweils am Eingang den Zweck des **Betretens** zu nennen;[153] bei einem Streit um die Benutzung eines **kirchlichen Friedhofs;**[154] für Klagen wegen des Anspruchs auf **Zulassung zu öffentlichen Einrichtungen** nach der jeweiligen Landesgemeindeordnung oder nach § 5 PartG, zB die **Vergabe von Hallen und Sälen,** denn diese gehört auch dann dem öffentlichen Recht an, wenn das Benutzungsverhältnis selbst nicht öffentlich-rechtlich, sondern privatrechtlich geregelt ist.[155]

---

[139] BGH NJW 1993, 1659.
[140] BVerwG MDR 1968, 865.
[141] OLG Hamm MDR 1984, 677; LG Kiel BauR 1991, 372.
[142] BGH NJW 1969, 2195.
[143] BGH NJW 1961, 308.
[144] LG Stuttgart BB 1970, 1118; s. aber Rn. 49.
[145] BVerwG MDR 1970, 614.
[146] VGH Mannheim NJW 1994, 2500.
[147] LG Berlin NJW 1962, 55.
[148] BGH VersR 1963, 477, 478.
[149] OVG Koblenz NJW 1959, 2229.
[150] BGH NJW 1979, 2615; s. aber auch Rn. 175, 176.
[151] BGH MDR 1966, 136.
[152] VGH München NVwZ-RR 2002, 465.
[153] VGH München NJW 1982, 1717.
[154] BVerwG MDR 1967, 429.
[155] BVerwG NJW 1990, 134; OVG Münster NJW 1969, 1077; VGH München NJW 1966, 751.

Bereicherungsausgleich (s. auch Rückerstattung). Der **Zivilrechtsweg** wurde bejaht, falls eine 50
Besatzungsmacht den Geschädigten abfindet, ohne den Forderungsübergang auf den Versicherungsträger anzuerkennen, wenn dieser **Bereicherungsansprüche** gegen den Geschädigten geltend macht; die Tatsache, dass es sich hierbei um öffentlich-rechtliche Bereicherungsansprüche handelt, bleibt unberücksichtigt, wenn andernfalls kein Rechtsweg offenstünde;[156] bei **Einweisung** wegen Obdachlosigkeit nicht nur für den Ersatzanspruch der Ordnungsbehörde gegen den Polizeipflichtigen, sondern auch für den **Erstattungsanspruch** des Polizeipflichtigen gegen die Ordnungsbehörde wegen angeblich zu Unrecht geleisteter Entschädigung;[157] für den Bereicherungsanspruch auf Rückzahlung der Erben wegen auch nach dem Tod des Berechtigten weitergezahlter **Rentenbeträge**;[158] für den Bereicherungsanspruch eines sogenannten **Scheinvaters** nach erfolgreicher Anfechtung der Ehelichkeit des Kindes gegenüber dem Träger der Sozialhilfe, der dem Kind Hilfe gewährt und dessen Unterhaltsanspruch gemäß dem früheren § 90 BSHG auf sich übergeleitet hat;[159] für Ansprüche auf bereicherungsrechtliche Rückabwicklung (§ 816 Abs. 2 BGB) von Zahlungen an den **Steuerfiskus**, die auf Grund privatrechtlicher Abmachungen auf die Steuerverbindlichkeit eines Dritten geleistet wurden.[160]

Der Rechtsgrundsatz, dass ungerechtfertigte Bereicherungen nach Maßgabe der §§ 812 ff. 51
BGB auszugleichen sind, gilt nicht nur im privaten, sondern ebenso im öffentlichen Recht. Ist im Einzelfall das öffentlich-rechtliche (Ausgleichs-)Gebot einschlägig, so führt das zur öffentlich-rechtlichen Qualität des **Ausgleichsanspruchs** und damit zur Eröffnung des **Verwaltungsrechtsweges**.[161] So ist zB für Klagen auf Rückzahlung staatlicher Ausbildungshilfen der Verwaltungsrechtsweg selbst dann gegeben, wenn der Empfänger seine Rückzahlungspflicht in notarieller Urkunde anerkannt hat.[162] Gleiches gilt für eine Klage auf Rückzahlung der nach dem Tod eines Beamten zu viel gezahlten Bezüge.[163] Der **Sozialrechtsweg** ist gegeben, wenn von der Bundesanstalt für Arbeit zu Unrecht gezahlte Krankenversicherungsbeiträge nach Bereicherungsrecht zurückverlangt werden.[164]

Berufsausbildung. Wird im Rahmen des **Strafvollzuges** zwischen dem Träger der Vollzugsanstalt 52
und einem Strafgefangenen ein Berufsausbildungsverhältnis begründet, so handelt es sich hierbei um ein öffentlich-rechtliches Rechtsverhältnis; die **Arbeitsgerichte** sind hierfür **nicht** zuständig.[165]

Berufsgenossenschaft. Der Rechtsweg zu den **ordentlichen Gerichten** ist gegeben für die Ent- 53
scheidung über **Ersatzansprüche** einer Berufsgenossenschaft gegen Unternehmer oder diesen gleichgestellten Personen;[166] insbesondere auch für die Entscheidung über die **Rückgriffsansprüche** der Berufsgenossenschaften gemäß § 640 RVO (jetzt §§ 110 ff. SGB VII).[167]

Der Rechtsweg zu den **Sozialgerichten** ist gegeben für Streitigkeiten zwischen Berufsgenos- 54
senschaften und der Post über die **Erstattung** von Aufwendungen, die der Post durch Auszahlung von Renten aus der gesetzlichen Unfallversicherung entstehen;[168] für auf § 14 SVwG gestützte Schadensersatzansprüche einer Berufsgenossenschaft gegen ihren Geschäftsführer, denn sie sind öffentlich-rechtlicher Natur und betreffen eine Angelegenheit der Sozialversicherung; der Rechtsweg zu den Sozialgerichten (§ 51 Abs. 1 SGG) ist nicht durch § 40 Abs. 2 S. 1 VwGO ausgeschlossen.[169]

Beseitigungsanspruch (s. auch Abwehrklage). Der Anspruch auf **Beseitigung** einer störenden 55
Anlage, die eine öffentliche Stelle in Ausübung hoheitlicher Befugnisse errichtet hat, deren hoheitsrechtliche Bindung aber aus besonderen Gründen gelöst ist (frühere Wehrmachtsanlagen in privaten Gebäuden) kann im **ordentlichen Rechtsweg** verfolgt werden.[170]

---

[156] BGH NJW 1954, 719, 720.
[157] OVG Münster JZ 1957, 313.
[158] OLG Karlsruhe NJW 1988, 1920; VGH München NJW 1990, 933.
[159] BGH NJW 1981, 48.
[160] BGH NJW 1984, 982.
[161] BVerwG NJW 1980, 2538.
[162] BGH NJW 1994, 2620; BVerwG NJW 1994, 2909 und 1995, 1105.
[163] OVG Koblenz NVwZ 1988, 1038.
[164] BGH NJW 1988, 1731.
[165] BAG MDR 1987, 610.
[166] BGH NJW 1957, 384.
[167] BGH NJW 1968, 1429.
[168] BGH NJW 1967, 781, 782.
[169] BSG MDR 1972, 455 zum früheren Recht.
[170] OVG Koblenz NJW 1986, 953.

56 Für einen (**Folgen-)Beseitigungsanspruch** wegen der von einer Straßenlampe ausgehenden unmittelbaren (Licht) und mittelbaren (Insekten und Spinnen) Einwirkungen ist der **Verwaltungsrechtsweg** gemäß § 40 VwGO eröffnet.[171]

57 Binnenschifffahrt. Für den Anspruch der Bundesrepublik Deutschland auf Zahlung des Unterschiedsbetrags zwischen dem festgesetzten und dem vereinbarten **Entgelt gemäß § 31 Abs. 3 BinnSchVG** ist der **ordentliche Rechtsweg** gegeben.[172]

58 Für Streitigkeiten über Ansprüche des Schiffseigners gegen einen für einzelne Lotsungen angenommenen Rheinlotsen wegen Ausgleichs von Schäden aus einem **Schiffszusammenstoß** während der Lotsung sind nicht die Arbeitsgerichte, sondern die **Rheinschifffahrtsgerichte** zuständig.[173]

59 Bürgschaft. Für den Anspruch aus einer Bürgschaft, die der Geschäftsführer einer GmbH für **rückständige Sozialversicherungsbeiträge** der GmbH übernommen hat, ist der Rechtsweg zu den **ordentlichen Gerichten** gegeben.[174]

60 Für die Geltendmachung von Ansprüchen aus einer selbstschuldnerischen Bürgschaft zur Absicherung von **Rückzahlungsansprüchen** des Bundes und eines Bundeslandes im Rahmen von Auftragshilfen für deutsche Werften ist der **Verwaltungsgerichtsweg** gegeben.[175]

61 Bundesanstalt für Arbeit (jetzt: Bundesagentur für Arbeit). Der Anspruch der Bundesanstalt auf **Rückzahlung eines Darlehens**, das zur Förderung der ganzjährigen Beschäftigung in der Bauwirtschaft gemäß dem früheren § 143b AVAVG bewilligt wurde, ist jedenfalls dann ein vor den **Zivilgerichten** zu verfolgender privatrechtlicher Anspruch, wenn die Vereinbarung ausdrücklich als Darlehensvertrag bezeichnet worden ist.[176]

62 Über eine Klage der Bundesanstalt gegen den Empfänger von Unterhaltsgeld (Maßnahme der beruflichen Fortbildung) auf Erstattung gezahlter **Krankenversicherungsbeiträge** haben auch dann die **Sozialgerichte** zu entscheiden, wenn das Klagebegehren auf die zivilrechtlichen Vorschriften über ungerechtfertigte Bereicherung und unerlaubte Handlung gestützt ist.[177]

63 Bundesanstalt für landwirtschaftliche Marktordnung. Für die Geltendmachung des Anspruchs der Bundesanstalt (jetzt: BA für Landwirtschaft und Ernährung) auf Zahlung einer zu ihren Gunsten zwischen Dritten vereinbarten **Vertragsstrafe** wegen Nichteinhaltung der Bedingungen beim Absatz von Butterfett aus Lagerbeständen der EG steht der **ordentliche Rechtsweg** offen.[178]

64 Bundesanstalt für Straßenwesen. Bietet die Bundesanstalt die Teilnahme an von ihr veranstalteten Eignungsprüfungen von Markierungsstoffen für Bundesfernstraßen einem Hersteller solcher Stoffe gegen kostenlose Überlassung von Mustern und gegen Zahlung einer Vergütung an, so kommt bei Annahme eines solchen Angebots zwischen dem Rechtsträger der Anstalt und dem Hersteller ein öffentlich-rechtlicher Vertrag zustande; so dass für etwaige **Vergütungs- oder Erstattungsansprüche** der **Verwaltungsrechtsweg** eröffnet ist.[179]

65 Bundesanstalt für vereinigungsbedingte Sonderaufgaben.[180] Der **Zivilrechtsweg** war gegeben bei Rechtsstreitigkeiten über die Veräußerung und **Rückgabe von Vermögenswerten** durch die (frühere) Treuhandanstalt. Die Bundesanstalt wird ab 1. 1. 2004 abgewickelt.[181]

66 Bundesversicherungsanstalt für Angestellte. Ein auf **ungerechtfertigte Bereicherung** gestützter Anspruch gegen die BfA auf Ersatz des Geldwerts von Beitragsmarken der Angestelltenversicherung, die der Erwerber durch Feuer verloren hat, ist vor den **Sozialgerichten** geltend zu machen.[182]

67 Bundeswehr. Der **Zivilrechtsweg** wurde **bejaht** für Streitigkeiten aus Verträgen der Bundesrepublik Deutschland mit den **Heimbetriebsleitern** der Bundeswehrheime (Kantinen) über die Überlassung der Räume und des Inventars (Überlassungsverträge) und Verträgen der Heimbetriebsgesellschaft mbH mit den Heimbetriebsleitern über die Bewirtschaftung der Bundeswehrheime (Bewirtschaftungsverträge).[183]

---

[171] BGHZ 18, 253.
[172] BGHZ 64, 159; vgl. auch BVerwGE 17, 242.
[173] BGH MDR 1973, 118.
[174] BGH MDR 1984, 576 = NJW 1984, 1622 = NVwZ 1984, 604.
[175] LG Frankfurt NVwZ 1984, 267.
[176] BGHZ 52, 155.
[177] BGH NJW 1988, 1731.
[178] BGH NJW 1983, 519.
[179] BGH MDR 1983, 828.
[180] Vgl. VO vom 20. 12. 1994, BGBl. I S. 3913.
[181] G. v. 28. 10. 2003, BGBl. I S. 2081.
[182] BSG MDR 1973, 618.
[183] BGH NJW 1979, 1208.

Der **Zivilrechtsweg** wurde **verneint** für Streitigkeiten zwischen einem **Arzt** und der Bundesrepublik Deutschland, die sich daraus ergeben, dass der Arzt als Mitglied einer Kassenärztlichen Vereinigung an der ärztlichen Versorgung der Soldaten der Bundeswehr beteiligt ist;[184] für eine Klage, mit der die Bundesrepublik von einem früheren Angehörigen der Bundeswehr im Wege des Schadensersatzes die **Rückzahlung** von Teilen seines Soldes mit der Behauptung verlangt, er habe sich die Einstellung in die Bundeswehr durch betrügerische Angaben erschlichen;[185] für die Klage gegen die Ablehnung eines Antrags auf vorzeitige **Zurruhesetzung** nach dem Gesetz zur Verbesserung der Personalstruktur in den Streitkräften.[186] 68

Deutsche Bahn. Seit der Bahnprivatisierung ist der Betrieb der Bahn zivilrechtlich geordnet, vgl. Gesetz über die Gründung einer Deutschen Bahn Aktiengesellschaft (DBGrG), Art. 2 Eisenbahnneuordnungsgesetz (ENeuOG) vom 27. 12. 93, BGBl. I, 2386. Der **Zivilrechtsweg** ist deshalb gegeben für Ansprüche gegen die Bahn auf **Immissionsabwehr**,[187] bzw. für Unterlassungsansprüche eines Privaten gegen die Bahn aus **UWG**.[188] Der **Verwaltungsrechtsweg** ist aber gegeben für Streitigkeiten über den Bau von Eisenbahnanlagen nach § 3 Abs. 1 Nr. 2 DBGrG.[189] Gleiches gilt für vertragliche Ansprüche der Bahn gegen eine Gemeinde auf Ersatz der Kosten für die **Umbenennung eines Bahnhofs**[190] sowie für Klagen der Beamten aus dem Beamtenverhältnis.[191] 69

Dienstwohnung. Der **Verwaltungsrechtsweg** ist gegeben für Ansprüche eines Beamten oder Angestellten des öffentlichen Dienstes im Zusammenhang mit der Überlassung einer Dienstwohnung.[192] 70

Eheaufhebungsklage. Für die Klage gegen die nach § 1316 BGB zuständige Verwaltungsbehörde mit dem Ziel der **Erzwingung** der Aufhebungsklage nach §§ 1313 ff. BGB ist der **ordentliche Rechtsweg** nach § 23 EGGVG gegeben.[193] 71

Einstweilige Anordnung. Für eine Klage aus § 945 ZPO ist der Rechtsweg zu den **ordentlichen Gerichten** auch dann gegeben, wenn im Ausgangsverfahren ein Verwaltungsgericht gemäß § 123 VwGO entschieden hat.[194] 72

Elektrizitätsversorgung. Der **Zivilrechtsweg** ist gegeben für die Geltendmachung des **Kostenerstattungsanspruchs** eines Elektrizitätsversorgungsunternehmens gegenüber einem Stromabnehmer, und zwar auch dann, wenn das Elektrizitätswerk von einer Gemeinde betrieben wird; ausschlaggebend ist, ob die Parteien ihre Rechtsbeziehungen im Wege der Gleichordnung geregelt haben;[195] ebenso für Rechtsstreitigkeiten über die Vergütung für Stromeinspeisungen in das Netz öffentlicher Elektrizitätsversorgungsunternehmen.[196] 73

Enteignung (Beschlagnahme). Der Rechtsweg zu den **ordentlichen Gerichten** wurde bejaht für Streitigkeiten zwischen einer Behörde und einem von ihr mit einer **Beschlagnahmeverfügung** in Anspruch genommenen Dritten;[197] für die Klage des Enteignungsunternehmers, der die Entschädigung bereits vor der unanfechtbaren oder rechtskräftigen Festsetzung zugunsten des Eigentümers hinterlegt oder gezahlt hat und nunmehr die **Herabsetzung** der Entschädigung und die Rückzahlung des zu viel Gezahlten erstrebt;[198] für Klagen wegen der **Höhe** der Entschädigung im Falle der Enteignung, und zwar sowohl des Enteigneten als auch des durch die Enteignung begünstigten Entschädigungspflichtigen;[199] in einem Rechtsstreit über die Höhe einer Enteignungsentschädigung entscheidet das ordentliche Gericht auch über die Vorfrage, ob eine Enteignung oder ein enteignungsgleicher Eingriff in das Eigentum vorliegt;[200] gemäß § 157 BBauG aF (entspr. § 217 BauGB) für eine Klage auf Feststellung der **Nichtigkeit** eines Enteignungsbe- 74

---

[184] BGH MDR 1977, 125 = BGH NJW 1976, 2303.
[185] LG Darmstadt NJW 1966, 739.
[186] BVerwG NVwZ 1986, 555.
[187] BGH NJW 1997, 744.
[188] Hamburg OLGZ 1994, 246.
[189] BVerwG NVwZ 1994, 371.
[190] BGH NJW 1975, 2015 = MDR 1975, 1009.
[191] VGH Mannheim NVwZ-RR 1996, 540.
[192] AG Grevenbroich NJW 1990, 1305.
[193] KG NJW 1987, 197 noch zu § 24 EheG; s. auch § 23 EGGVG Rn. 33.
[194] BGH NJW 1981, 349.
[195] BGH NJW 1954, 1323.
[196] Konkludent abzuleiten aus BGH NJW 1996, 3005; BGH NJW 1997, 574.
[197] VG Düsseldorf NJW 1971, 855.
[198] BGH MDR 1960, 746.
[199] BGHZ 9, 242.
[200] BGHZ 15, 268.

schlusses (§ 113 BBauG aF, entspr. § 113 BauGB);²⁰¹ für Klagen gegen die Feststellung der Ansprüche auf „Entschädigung" wegen „Rückenteignung" im Anwendungsbereich des **Preußischen Enteignungsgesetzes** v. 11. Juni 1874 durch die Enteignungsbehörde;²⁰² für den Anspruch des Landabgabepflichtigen auf Erstattung der **Rechtsanwaltskosten**, die ihm in dem die Enteignungsentschädigung betreffenden Verwaltungsverfahren entstanden sind, und zwar auch dann, wenn über die Entschädigung selbst nicht gestritten wird;²⁰³ für Ansprüche auf Feststellung von **Rückerstattungsschäden**, die auf die Grundsätze der Enteignung (Art. 14 GG) und der Staatshaftung aus Amtspflichtverletzung (§ 839 BGB, Art. 34 GG) gestützt werden.²⁰⁴ Die bloße Möglichkeit, dass ein Grundstück Gegenstand einer Enteignung iSd. **Vermögensgesetzes** (VermG) gewesen ist, führt nicht zum Ausschluss des Rechtswegs zu den Zivilgerichten. Der für einen zivilrechtlichen Anpruch begründete Rechtsweg entfällt vielmehr nur, wenn die verfahrensrechtliche Ausschlusswirkung des VermG mit Gewissheit feststeht.²⁰⁵

75 **Enteignungsgleicher Eingriff.** Der Anspruch aus § 39 NRWOBG ist als speziell geregelter Fall eines enteignungsgleichen Engriffs im **ordentlichen Rechtsweg** geltend zu machen (Entschädigung für Rücknahme rechtswidrig erteilter Baugenehmigung).²⁰⁶ Für Ansprüche aus Aufopferung und für Ausgleichsansprüche im Rahmen der Inhaltsbestimmung des Eigentums nach Art. 14 Abs. 1 S. 2 GG vgl. Rn. 21.

76 **Entschädigung, Schadensersatz.** Der Rechtweg zu den **Zivilgerichten** ist gegeben nach § 61 Abs. 1 BSeuchG (jetzt: § 68 InfektionsschutzG) sowohl für Klagen auf Zahlung einer Entschädigung nach § 49 BSeuchG (§ 56 IfSG) als auch bei Streitigkeiten über die **Erstattung** einer solchen Entschädigung;²⁰⁷ Für die Klage auf Auszahlung einer nach DDR-Recht festgesetzten, jedoch nicht geleisteten (steckengebliebenen) Enteignungsentschädigung ist der Zivilrechtsweg gegeben;²⁰⁸ für die Entscheidung über Ansprüche eines **Kleingärtners** auf Zahlung einer angemessenen Entschädigung nach Kündigung des Pachtvertrages;²⁰⁹ für Klagen auf Entschädigung nach Art. 36 Abs. 1 BayNatSchG wegen eingeschränkter **landwirtschaftlicher Nutzbarkeit**;²¹⁰ wenn der Geschädigte bei einem **Stationierungsschaden** gegen den Entschädigungsbescheid der zuständigen deutschen Behörde vorgehen möchte;²¹¹ für die Entschädigungsklage wegen **Staubentwicklung** auf einem Autobahngelände während der Durchführung von Bauarbeiten;²¹² gemäß § 13 StrEG für Entschädigungen für **Strafverfolgungsmaßnahmen** nur hinsichtlich des Anspruchsumfangs;²¹³ sowohl für die Entschädigungsansprüche nach dem **AHK-Gesetz Nr. 47** (Kriegsfolgeschäden) als auch für die **Erstattungs**ansprüche wegen zu Unrecht empfangener Entschädigung;²¹⁴ für die Entscheidung von Streitigkeiten über die nach dem **ViehseuchenG** für den Verlust seuchenkranker und seuchenverdächtiger Tiere zu leistende Entschädigung.²¹⁵ Ebenso für Ansprüche gem. § 13 VermG wegen Pflichtverletzungen des staatlichen Verwalters.²¹⁶

76a **Erschließungsvertrag.** Zur Entscheidung über einen Anspruch auf Zahlung aus einer Vorfinanzierungsvereinbarung in einem Erschließungsvertrag mit einer Gemeinde ist das Verwaltungsgericht zuständig.²¹⁷ Streitigkeiten aus einer in einem mit der Gemeinde abgeschlossenen notariellen Grundstückskaufvertrag übernommenen Bau- und bzw. Rückbauverpflichtung sind zivilrechtlicher Natur.²¹⁸

Fernmeldegebühren s. unter Post.

---

²⁰¹ BVerwG NVwZ 1986, 1014; BGH NJW 1977, 716.
²⁰² BGHZ 76, 365.
²⁰³ BVerwG MDR 1972, 1058.
²⁰⁴ BVerwG MDR 1975, 170.
²⁰⁵ BGH WM 2000, 2318.
²⁰⁶ OLG Düsseldorf NJW 1987, 1336.
²⁰⁷ BGH NJW 1983, 2029.
²⁰⁸ BGH WM 2004, 598.
²⁰⁹ BGH NJW 1960, 914.
²¹⁰ BGH NJW 1995, 964.
²¹¹ BGH NJW 1961, 312.
²¹² BGH NJW 1967, 1857.
²¹³ BGH NJW 1987, 2573; eine Prüfung des Anspruchsgrundes findet im Verfahren vor den Zivilgerichten nicht statt (darüber entscheidet nach § 8 StrEG der Strafrichter).
²¹⁴ BVerwG MDR 1967, 153.
²¹⁵ BVerwG NJW 1972, 70.
²¹⁶ BGH NJW 2001, 2416.
²¹⁷ BGH WM 2000, 2118 = MDR 2000, 1270.
²¹⁸ BGH NJW-RR 2004, 142.

Fideikommiß. Für fideikommißrechtliche Streitigkeiten im Land Nordrhein-Westfalen sind in 77 erster und letzter Instanz die **Fideikommiß-Senate** am OLG zuständig.[219]

Finanzamt. Gegen einen Duldungsbescheid der Finanzbehörde, mit dem ein anfechtungsrechtlicher Rückgewähranspruch geltend gemacht wird, ist der Rechtsweg zu den Finanzgerichten gegeben.[220]

Flurbereinigungsgesetz. Der durch § 50 Abs. 2 S. 3 FlurbG begründete **Wegnahmeanspruch** 78 ist öffentlich-rechtlicher Natur, auch wenn er von einer Privatperson gegen eine andere Privatperson geltend gemacht wird. Über ihn haben die **Verwaltungsgerichte,** und zwar nach Maßgabe des § 140 FlurbG die **Flurbereinigungsgerichte,** zu befinden.[221] Für Klagen aus einem im Zusammenhang mit § 52 FlurbG geschlossenen Vertrag ist dagegen der Rechtsweg zu den **ordentlichen Gerichten** gegeben.[222]

Freiheitsentziehung. Für Klagen auf Feststellung der Rechtswidrigkeit von **polizeilicher Freiheitsentziehung** wurde während der Freiheitsentziehung wie nach Entlassung der Rechtsweg zu den **ordentlichen Gerichten** bejaht.[223]

Friedhofsbenutzung. Der **Verwaltungsrechtsweg** ist eröffnet, wenn die Befugnis zur Benutzung 80 aus öffentlichem Recht hergeleitet wird.[224] Der Zivilrechtsweg ist dagegen zu bejahen für Streitigkeiten aus einem privatrechtlich ausgestalteten Betriebsverhältnis.[225]

Fürsorgeerziehung. Lehnt das Landesjugendamt einen Antrag auf **Beurlaubung** aus der (früheren) Fürsorgeerziehung ab, so ist zur Überprüfung ausschließlich das **Vormundschaftsgericht** – nicht das Verwaltungsgericht – zuständig.[226]

Gegendarstellung. Für die Durchsetzung des Anspruchs auf Abdruck einer Gegendarstellung 82 steht der **Zivilrechtsweg** offen.[227]

Gemeindeparlament. Der **ordentliche Rechtsweg** ist gegeben für die Klage des Mitglieds eines 83 Gemeindeparlaments gegen ein anderes auf Widerruf ehrverletzender Äußerungen, die in einer parlamentarischen Aussprache gefallen sind (s. Rn. 158). Der **Verwaltungsrechtsweg** ist gegeben gegen den Beschluss einer Gemeinderatsfraktion, ein Mitglied aus der Fraktion auszuschließen.[228]

Genossenschaft. Für einen Anspruch einer Genossenschaft, mit welchem sie ihre **Aufnahme in** 84 **einen Prüfungsverband** verfolgt, ist der **ordentliche Rechtsweg** gegeben.[229]

Gerichtsvollzieher. Für den wettbewerbsrechtlichen Unterlassungsanspruch gegen den Gerichtsvollzieher aus § 1 UWG wegen Verstoßes gegen § 813 ZPO ist der **ordentliche Rechtsweg** gegeben.[230]

Gewerkschaft. Streiten ein Verband und eine Gewerkschaft ausschließlich über die Zulässigkeit 86 einer konkreten Äußerung einer Gewerkschaftsvertreterin auf einer Kundgebung, so ist der Rechtsweg zu den ordentlichen Gerichten und nicht der zu den Arbeitsgerichten gegeben.[231]

Grundbuchberichtigung. Für eine Klage aus § 894 BGB ist der Rechtsweg zu den **ordentlichen** 87 **Gerichten** auch dann zulässig, wenn der Beklagte auf Grund eines staatlichen **Hoheitsaktes** anstelle des Klägers als Eigentümer im Grundbuch eingetragen worden ist und der Kläger die Unrichtigkeit daraus herleitet, dass der Staatshoheitsakt rechtsunwirksam sei.[232]

Grundstückseigentum. Der **Verwaltungsrechtsweg** ist gegeben für die Klage eines Grundstückseigentümers gegen eine Gemeinde auf Herausgabe eines Teils seines Grundstücks, über das sie ohne seine Zustimmung einen dem öffentlichen Allgemeinverkehr **gewidmeten Weg** angelegt hatte, wenn die Widmung nicht unwirksam (= nichtig) ist.[233] Der Rechtsweg zu den or-

---

[219] BGH NJW-RR 1991, 57.
[220] BGH FamRZ 2006, 1836.
[221] BGHZ 35, 175.
[222] BGH NVwZ-RR 1990, 222.
[223] BVerwG NJW 1989, 1048; VGH München NJW 1989, 1754 jeweils mit Art. 17 bay. PAG; OVG Münster NJW 1990, 3224.
[224] BVerwGE 25, 364; NJW 1990, 2079; OVG Bremen NVwZ 1995, 805 für die Benutzung eines kirchlichen Friedhofs.
[225] VGH München NVwZ-RR 1995, 60.
[226] VG Braunschweig FamRZ 1964, 105.
[227] BGH NJW 1963, 1155.
[228] OVG Münster NJW 1989, 1105.
[229] BGHZ 37, 160.
[230] KG NJW-RR 1986, 201.
[231] BGH NJW 2000, 2358.
[232] BGHZ 5, 76.
[233] BGHZ 48, 239.

dentlichen Gerichten wurde auch verneint für eine Klage eines Grundstückseigentümers gegen die Vermessungsbehörde auf Berichtigung einer Flurkarte, auch wenn der Anspruch in einen auf Naturalrestitution gerichteten Amtshaftungsanspruch eingekleidet ist.[234] Für einen Anspruch auf Grundbuchberichtigung wegen Nichtigkeit des Verkaufs eines Grundstücks zum Zwecke der Errichtung von DDR-Grenzanlagen ist der Zivilrechtsweg gegeben.[235]

89 **Grundstücksverträge.** Die Zulässigkeit des **ordentlichen Rechtswegs** bei Ansprüchen aus einem Grundstückstauschvertrag, der sowohl privatrechtliche als auch öffentlich-rechtliche Regelungen enthält, ist zu bejahen, wenn der „Schwerpunkt" der Vereinbarung auf privatrechtlichem Gebiet liegt und dem Vertrag dadurch das „Gepräge" gibt.[236]

90 **Handwerkskammer.** Für die auf § 1 UWG gestützte Klage der AOK auf Unterlassung von Äußerungen einer Handwerkskammer, die auf die Förderung des Innungskrankenkassenwesens gerichtet sind, ist der **ordentliche Rechtsweg** gegeben;[237] ferner für einen Antrag mit dem Ziel, den Geschäftsführer der Handwerkskammer und die Kammer selbst zur **Unterlassung** bestimmter Aussagen über einen der Kammer angeschlossenen Handwerksbetrieb zu verurteilen.[238]

91 **Hochschule.** Der Verwaltungsrechtsweg ist gegeben für Klagen gegen die Verleihung vermeintlich irreführender **akademischer Titel.**[239]

92 **Immissionen** (s. auch Abwehrklage). Der **Zivilrechtsweg** ist gegeben sowohl für die auf einen bürgerlich-rechtlichen **Aufopferungsanspruch** (nachbarrechtlicher Ausgleichsanspruch) als auch für die auf einen öffentlich-rechtlichen **Entschädigungsanspruch** aus enteignendem Eingriff gestützte Klage bei Beeinträchtigung eines Grundstücks durch von einem anderen Grundstück ausgehende Immissionen.[240]

93 Der **Verwaltungsrechtsweg** ist gegeben, für eine Klage wegen **Ausgleichsansprüchen** nach § 74 Abs. 2 S. 3 VwVfG, wobei für diesen einfachgesetzlichen Ausgleichsanspruch unbedeutend ist, ob die Eingriffsintensität die vorgegebene Grundstückssituation nachhaltig verändert und dadurch das Grundeigentum schwer und unerträglich trifft, wofür nach Ansicht des BGH dann ein Anspruch aus enteignendem Eingriff (für diesen: ordentlicher Rechtsweg) besteht;[241] für eine Klage gegen eine öffentlich-rechtliche Körperschaft auf Unterlassung von **Immissionen,** sofern ein unmittelbarer Zusammenhang mit **schlicht hoheitlichen** Aufgaben besteht.[242]

94 **Innerbehördliche Rundverfügung.** Die Klage auf **Aufhebung** einer innerbehördlichen Rundverfügung muss im **Verwaltungsrechtsweg** verfolgt werden, wenn der umfassende Schutz des Bürgers gegenüber Beeinträchtigungen durch Verwaltungsbehörden anders nicht erreicht werden kann.[243]

95 **Insolvenz.** Der Rechtsweg zu den **ordentlichen Gerichten** wurde bejaht für den Streit über die Insolvenzbefangenheit (§§ 35, 38 InsO) einer öffentlich-rechtlichen Forderung in Angelegenheiten der Sozialversicherung.[244] Auch der insolvenzrechtliche Anfechtungsanspruch ist eine bürgerliche Rechtsstreitigkeit; die durch eine anfechtbare Rechtshandlung erlangte Aufrechnungslage ist jedoch nicht rechtswegbestimmend.[245] Bei einer Anfechtung außerhalb des Insolvenzverfahrens nach § 191 AO sind die Finanzgerichte zuständig auch gegen einen drohenden Duldungsbescheid.[246]

96 **Insolvenzverwalter.** Der **Zivilrechtsweg** besteht für **Anfechtungsansprüche** nach §§ 129 ff. InsO, auch wenn ihnen öffentlich-rechtliche Rechtshandlungen wie Vollstreckungsmaßnahmen des Finanzamtes zugrunde liegen.[247] Auch Haftungsansprüche von **Steuergläubigern** gegen den Insolvenzverwalter nach § 60 InsO wegen schuldhaft verspäteter Zahlung von zur Tabelle festgestellten steuerlichen Insolvenzforderungen sind im Zivilrechtsweg geltend zu machen.[248]

---

[234] OLG München NJW-RR 1991, 1248.
[235] BGH NJ 2005, 182.
[236] BGH MDR 1983, 827.
[237] BGH NJW 1987, 329.
[238] LG Konstanz NVwZ 1988, 94.
[239] BGH NJW 1998, 546 für den Titel Diplom-Wirtschaftsjurist.
[240] BGH MDR 1967, 910.
[241] BGHZ 97, 114, 361.
[242] OLG Karlsruhe NVwZ 1986, 964.
[243] BGH MDR 1958, 494, 495.
[244] BGH NJW 1985, 976 noch zu §§ 1, 3 KO.
[245] BGH NJW-RR 2005, 1138.
[246] BGH WM 2006, 1794.
[247] BGH NJW 1991, 2147, 2148 noch zu § 30 KO.
[248] BGH NJW 1989, 303 noch zu § 82 KO.

Zuständigkeit der ordentlichen Gerichte 97–102 § 13 GVG

Interventionsware. Verkäufe von Interventionsware können von der Bundesanstalt für landwirtschaftliche Marktordnung mit den Mitteln des Privatrechts, also durch privatrechtliche Verträge, durchgeführt werden. Ist dies der Fall, so steht für den Anspruch auf **Untersagung des verbilligten Verkaufs** der Rechtsweg zu den **ordentlichen Gerichten** offen.[249] 97

Jugendhilfe. Das Vorliegen einer privatrechtlichen Streitigkeit und damit der Rechtsweg zu den **ordentlichen Gerichten** wurde bejaht für Streitigkeiten, insbesondere für Zahlungsansprüche aus einem **Pflegekindervertrag** zwischen dem Jugendamt und der Pflegeperson, denn dieser ist kein öffentlich-rechtlicher Vertrag, sondern ein bürgerlich-rechtlicher Dienstleistungsvertrag.[250] Der Verwaltungsrechtsweg ist dagegen für Streitigkeiten nach SGB VIII gegeben, vgl. Art. 17 KJHG. Für Streitigkeiten zwischen Trägern der Jugendhilfe existieren jedoch Schiedsgerichte, vgl. § 89h Abs. 1 S. 1 SGB VIII.[251] 98

Kartellsachen. Grundsätzlich ergibt sich aus § 87 Abs. 1 GWB nicht nur die sachliche Zuständigkeit, sondern auch der **Zivilrechtsweg,** so dass diesbezüglich etwaige sonstige Zuweisungen weichen müssen.[252] Ob der Zivilrechtsweg gem. § 87 Abs. 1 GWB auch gegenüber einer Betätigung iSv. § 51 Abs. 2 SGG offen steht, ist umstritten.[253] Für eine Feststellungsklage zu einer **öffentlich-rechtlichen Streitigkeit kartellrechtlichen Inhalts** zwischen einer Körperschaft des öffentlichen Rechts und ihrer staatlichen Aufsichtsbehörde ist der Rechtsweg vor den **ordentlichen Gerichten (Kartellgerichten) jedoch nicht** gegeben.[254] 99

Kassenärztliche Vereinigung. Für die Klage eines pharmazeutischen Unternehmens gegen eine Kassenärztliche Vereinigung und eine Allgemeine Ortskrankenkasse, mit dem Ziel, die Verwendung einer gemeinsamen Erklärung zu untersagen, in der Kassenärzte aufgefordert werden, bestimmte Medikamente wegen medizinischer Entbehrlichkeit nicht mehr zu verordnen, wurde der Rechtsweg zu den Sozialgerichten bejaht.[255] 100

Kirche. Der **Zivilrechtsweg** wurde bejaht für eine auf das **Eigentum** gestützte Unterlassungsklage einer Kirchenstiftung gegen Bestattungshandlungen gewerblicher Bestattungsunternehmen und für eine Widerklage des Bestattungsunternehmers, die auf ein Verbot an die Stiftung abzielt, ihn an der gewerblichen Betätigung auf dem Friedhof zu hindern, soweit keine landesrechtliche Sonderzuweisung eingreift;[256] für eine Klage gegen eine Kirche auf Unterlassung von Äußerungen über andere Religionsgemeinschaften;[257] ebenso für die Klage gegen eine Kirchengemeinde auf Aufnahme eines Kindes in den kirchlichen **Kindergarten.**[258] Für Unterlassungsansprüche nach dem **UWG,** die sich daraus ergeben, dass ein kirchlich getragenes Unternehmen (hier eine GmbH für das Versicherungswesen im kirchlich-diakonisch-caritativen Bereich) bei Wahrnehmung der ihm übertragenen Aufgaben in einen vom Grundsatz der Gleichordnung geprägten Wettbewerb mit privaten Unternehmen tritt;[259] für die Klage gegen eine Kirchengemeinde wegen Verletzung ihrer **Verkehrssicherungspflicht** im Kirchengebäude.[260] 101

Der Rechtsweg zu den **Verwaltungsgerichten** wurde bejaht für die Klage einer Kirchengemeinde gegen eine politische Gemeinde auf Tragung der Baulast hinsichtlich des Turmes der Pfarrkirche aus einem unter der Geltung des Gemeinen Rechts entstandenen, einen Vertrag ersetzenden Herkommen, sofern es seinem Inhalt nach öffentlich-rechtlich ist;[261] für die Klage eines Geistlichen auf Feststellung des Fortbestehens seines **Dienstverhältnisses** sowie für vermögensrechtliche Ansprüche der Geistlichen und Kirchenbeamten aus ihrem Amtsverhältnis sofern eine entsprechende innerkirchliche Regelung des Rechtswegs vorliegt oder durch Auslegung des Verhaltens der Kirche zu ermitteln ist;[262] für die Klage eines Nachbarn wegen des Glockenschlags 102

---

[249] VGH Kassel NJW 1985, 2100.
[250] OVG Münster NJW-RR 1986, 1012; KG MDR 1978, 413.
[251] S. BVerwG DVBl. 1996, 873.
[252] BGH NJW 1992, 2964.
[253] Bejahend BGH NJW 1995, 2353; offen in BSG NJW 1995, 1575; ablehnend OLG Saarbrücken NJW 1995, 1562.
[254] BGHZ 41, 194.
[255] BGH NJW 2000, 874; für Verwaltungsrechtsweg BVerwG MDR 1980, 165 (noch zu §§ 368ff. RVO).
[256] BGHZ 14, 294.
[257] OLG Bremen NVwZ 2001, 957.
[258] OVG Münster NVwZ 1996, 813 = NJW 1996, 2809.
[259] BGH NJW 1981, 2811 = MDR 1982, 203.
[260] OLG Koblenz NJW-RR 1991, 153.
[261] BGHZ 31, 115; s. auch Rn. 134.
[262] BVerwG NJW 1994, 3367; 1968, 1345; BVerwG JZ 1967, 410; BGH NJW 1966, 2162.

einer **Kirchturmuhr** soll es auf den Zweck ankommen;[263] für Klagen gegen das liturgische **Glockengeläute** einer als Körperschaft des öffentlichen Rechts anerkannten Kirche ist der Verwaltungsrechtsweg gegeben;[264] ebenso für die Klage auf Errichtung eines **Grabmals** auf einem kirchlichen Friedhof; für die Klage eines Bundeslandes auf **kirchenrechtliche Entwidmung** eines Gebäudes, wenn die ursprüngliche Überlassung durch Hoheitsakt erfolgt war.[265] Abwehransprüche gegen Äußerungen des Sektenbeauftragten einer Kirche sind im Verwaltungsrechtsweg geltend zu machen, wenn die Äußerungen dem Kernbereich des kirchlichen Wirkens zuzuordnen sind.[266]

103 **Staatlicher Rechtsschutz** ist insgesamt **ausgeschlossen** für **innerkirchliche Angelegenheiten**,[267] im Einzelnen wurde er verneint für den Antrag eines katholischen Diakons auf Einräumung einer Räumungsfrist gemäß § 721 ZPO für seine **Dienstwohnung**;[268] für den Streit zwischen Gemeindeglied und katholischer Kirchengemeinde um ein **Kirchenstuhlrecht**;[269] für die Nachprüfung der Regelung der **Organisation und der Rechtsverhältnisse** innerhalb der Kirchen (das kirchliche Verfassungsrecht);[270] für die Klage eines evangelischen Geistlichen betreffend sein **Pfarrerdienstverhältnis** (Statusklage) einschließlich seiner vermögensrechtlichen Ansprüche gegen seine Landeskirche,[271] sofern keine kirchengesetzliche Zuweisung an Gerichte der staatlichen Jurisdiktionsgewalt vorliegt;[272] für die Klage auf Feststellung, dass die Evangelische Landeskirche verpflichtet ist, die beamtenrechtlichen **Versorgungsanwartschaften** der Kirchenbeamten unmittelbar und nicht durch eine Rentenversicherung bei der BfA zu gewährleisten.[273]

104 **Kläranlage.** Die Errichtung einer öffentlichen Kläranlage ist, auch in ihrer Auswirkung auf das dabei etwa verletzte Eigentum eines Dritten, ein nach öffentlichem Recht zu beurteilender Vorgang. Ein auf die **Beseitigung** einer derartigen Anlage gerichteter Anspruch ist im **Verwaltungsrechtsweg** zu verfolgen.[274]

105 **Krankenhaus.** Der **Zivilrechtsweg** ist gegeben für den Rechtsstreit aus einem Vertrag zwischen einer juristischen Person des Zivilrechts und einer Kommune über die Errichtung und den Betrieb eines Krankenhauses, da der Vertrag dem Zivilrecht zuzuordnen ist;[275] ebenfalls ist der Zivilrechtsweg eröffnet für Streitigkeiten über die Entsendung von Delegierten der Landeskrankenhausgesellschaft in die Schiedsstelle des § 18a KHG.[276]

106 Der Rechtsweg zu den ordentlichen Gerichten wurde **verneint** für den Anspruch des Krankenhauses gegenüber der **kassenärztlichen Vereinigung** auf Vergütung von Sachkosten, da diese vom Umfang der Beteiligung des Chefarztes abhängt, dessen Beziehungen zur kassenärztlichen Vereinigung ihrerseits öffentlich-rechtlich sind;[277] für die behördliche Festsetzung der **Krankenhauspflegesätze**;[278] für den Anspruch des Trägers des Landeskrankenhauses in NRW gegen eine nach dem PsychKG oder durch ihren Betreuer mit Genehmigung des Vormundschaftsgerichts untergebrachte volljährige Person auf Erstattung der **Unterbringungskosten**.[279]

107 **Krankentransport.** Für die Klage eines **privaten Krankentransportunternehmers** gegen den gesetzlichen Krankenversicherungsträger ist der Zivilrechtsweg gegeben.[280]

---

[263] Vgl. BVerwG NJW 1994, 956 (Zivilrechtsweg); NJW 1992, 2779 zu OVG Saarbrücken NVwZ 1992, 72 (Verwaltungsrechtsweg); s. auch *Lorenz* JuS 1995, 492.
[264] BVerwG MDR 1984, 606 = NJW 1984, 989 = NVwZ 1984, 306.
[265] BVerwG JZ 1991, 616 m. Anm. *Bachof*.
[266] BGH NJW 2001, 3537.
[267] BVerfG NJW 1999, 349; 1983, 2569; BVerwG NJW 1994, 3367; 1983, 2580; BGH NJW 1961, 1116; 1966, 2162; soweit innerkirchliche Angelegenheiten lediglich als Vorfrage zu einem zivilrechtlichen Klagebegehren zu prüfen sind, ist staatlicher Rechtsschutz dagegen zu gewähren, s. BGH NJW 2000, 1555.
[268] AG Bonn NJW-RR 1990, 156.
[269] OLG Köln NJW 1988, 1736.
[270] BGHZ 12, 321.
[271] BVerfG NJW 1983, 2569; Bestätigung von BVerwG NJW 1983, 2580; 1994, 3367; BAG NJW 1990, 2082.
[272] BGHZ 34, 372.
[273] BVerwG NJW 1983, 2582.
[274] BVerwG NJW 1974, 817.
[275] OVG Münster 1991, 61.
[276] BVerwG NJW 1995, 1628.
[277] OLG Stuttgart NJW 1970, 1238.
[278] BGH MDR 1979, 568.
[279] BGHZ 53, 184.
[280] OLG München NJW-RR 1988, 1013; LG Köln NJW-RR 1988, 1016.

Krankenversicherung. Der Zivilrechtsweg ist bejaht worden für Streitigkeiten aus den Rechts- **108** beziehungen der Allgemeinen Ortskrankenkassen zu den **Apotheken** und den Lieferanten sonstiger Heilmittel;[281] für den Anspruch desjenigen, der tätig wird, um einen verletzten Krankenversicherten der notwendigen ärztlichen Behandlung zuzuführen und dabei selbst Gesundheitsschäden erleidet, auf **Aufwendungsersatz aus Geschäftsführung ohne Auftrag** gegenüber der Krankenkasse des Verletzten;[282] für die Klage eines Arztes gegen die Krankenkasse einer Versicherten auf Ersatz der Aufwendungen für die Reinigung eines Mantels, der anlässlich der **privaten Hilfeleistung** beim Abtransport der verletzten Versicherten beschmutzt worden ist;[283] für eine wettbewerbsrechtliche **Unterlassungsklage,** und zwar auch, wenn zwischen den Parteien eine entsprechende positive Feststellungsklage vor einem Sozialgericht rechtshängig ist;[284] wenn sich die öffentliche Hand (hier: Ersatzkasse der gesetzlichen Krankenversicherung) bei der Erfüllung öffentlicher Aufgaben in einem vom Grundsatz der Gleichordnung geprägten **Wettbewerb** mit privaten Unternehmen (hier: private Krankenkassen) begibt, für die Entscheidung über einen von privaten Mitbewerbern oder einem klagebefugten Verband erhobenen, auf Verletzung des UWG und nicht des SGB gestützten Unterlassungsanspruchs;[285] für die Klage eines Verbraucherschutzverbandes gegen eine Ersatzkasse zur Durchsetzung eines Unterlassungsanspruchs gegen ungebetene Telefonwerbung.[286] Für **wettbewerbsrechtliche Streitigkeiten** zwischen einer AOK und privaten Lieferanten medizinischer Hilfsmittel (hier: Brillen);[287] für Rechtsstreitigkeiten zwischen den Anbietern des Fachhandels und den Trägern der gesetzlichen Krankenversicherung über die Zulässigkeit der **Wiederverwendung** der den Krankenkassen gehörenden Hilfsmittel und deren erneute Gebrauchsüberlassung an Leistungsberechtigte;[288] für den Streit des **Zahnarztes** mit der Krankenkasse um den Ausgleich der mit der Genehmigung eines zahnprothetischen Behandlungsplans übernommenen privatrechtlich-dienstvertraglichen Verpflichtung.[289] Wird ein wettbewerbsrechtlicher Anspruch einer privaten Krankenkasse gegen eine gesetzliche Krankenkasse nicht auf einen Verstoß gegen Vorschriften des SGB V, sondern ausschließlich auf wettbewerbsrechtliche Normen gestützt, deren Beachtung auch jedem privaten Mitbewerber obliegt, handelt es sich nicht um eine Angelegenheit der gesetzlichen Krankenversicherung iSv. § 51 I Nr. 2, II 1 SGG, sondern um eine Streitigkeit, für die der Rechtsweg zu den ordentlichen Gerichten nach § 13 GVG eröffnet ist.[290]

Der Rechtsweg zu den **Sozialgerichten** gegeben in Angelegenheiten der gesetzlichen Kran- **109** kenversicherung, gleichgültig ob die Streitigkeit privatrechtlicher oder öffentlich-rechtlicher Natur ist, auch wenn eine Partei als Repräsentant von Leistungserbringern in Anspruch genommen wird.[291] So ist der Rechtsweg zu den Sozialgerichten bejaht worden für Rechtsstreitigkeiten im **Abrechnungsverhältnis** zwischen Krankenhausträger und gesetzlicher Krankenkasse über die stationäre Behandlung von Kassenpatienten,[292] auch bei Ansprüchen aus Geschäftsführung ohne Auftrag;[293] für Streitigkeiten über Verletzung von **Auskunftspflichten** aus dem Versicherungsverhältnis eines Krankenkassenmitglieds;[294] wenn sich eine Allgemeine Ortskrankenkasse an Kassenärzte mit der **Empfehlung** wendet, statt eines als „kostspielig" bezeichneten Medikaments in größerem Umfang ein „preisgünstigeres" zu verschreiben, für eine Klage des Herstellers des ersten Medikaments auf Unterlassung, Widerruf und Zuerkennung der Veröffentlichungsbefugnis;[295] für Ansprüche von **Hebammen** gegen Krankenkassen aus dem früheren § 376a RVO;[296] für die Entscheidung über Rechtsstreitigkeiten zwischen Ersatzkassen und Krankenkassen nach § 225 RVO (jetzt §§ 173 ff. SGB V) über die Zulässigkeit von Maßnahmen der **Mitgliederwer-**

---

[281] BGHZ 36, 91, 93.
[282] BGHZ 33, 251.
[283] BSG MDR 1971, 957.
[284] OLG Düsseldorf MDR 1984, 764.
[285] BGHZ 66, 229; BGH NJW 2007, 1819.
[286] BGH NJW 1998, 3418.
[287] OLG Düsseldorf MDR 1984, 764 im Anschluß an BGHZ 82, 375 = MDR 1982, 639.
[288] GmS-OGB NJW 1988, 2295 = MDR 1988, 554; s. auch GmS-OGB NJW 1988, 2297; aA wegen § 51 Abs. 2 S. 1 Nr. 3 SGG seit 1. 1. 1989 BSG NJW 1989, 2773 (Sozialrechtsweg).
[289] LG Frankfurt NJW 1979, 1940.
[290] BGH NJW 2007, 1819.
[291] BGH NJW-RR 2004, 1119.
[292] BGH NJW 1984, 1820.
[293] BGH NJW 1997, 1636.
[294] BSG MDR 1978, 346.
[295] BGH NJW 1964, 2208; vgl. auch BGH NJW 2000, 874 sowie Rn. 100.
[296] BGHZ 31, 24.

bung²⁹⁷ für die Klage eines Unternehmens gegen eine Betriebskrankenkasse mit dem Ziel, dieser zu untersagen, ihren Versicherten Produkte nicht nur leihweise zur Verfügung zu stellen, die vom Unternehmen vertrieben werden, sowie andere Unternehmen als die Klägerin mit der Versorgung ihrer Versicherten zu beauftragen, wenn ein Versicherter sein Wahlrecht zugunsten der Klägerin ausgeübt hat.²⁹⁸ Die Sozialgerichte sind auch zuständig für Streitigkeiten über die Vergütung von ambulanten Pflegeleistungen und hauswirtschaftlicher Versorgung.²⁹⁹ Vgl. ferner § 51 SGG.

110 **Kreditinstitute.** Der Zivilrechtsweg wurde bejaht für den Fall, dass ein privatrechtliches Kreditinstitut, das im Rahmen eines staatlichen Förderprogramms im eigenen Namen Gelder an Private ausgezahlt hat, aus eigenem Recht Rückzahlungsansprüche gegen die Empfänger geltend macht.³⁰⁰

111 **Kunstausstellung.** Für Streitigkeiten aus einem Vertrag zwischen einem Künstler und dem staatlichen Veranstalter einer öffentlichen Kunstausstellung über die **Überlassung von Bildern** des Künstlers zum Zweck ihrer Ausstellung ist der **ordentliche Rechtsweg** gegeben.³⁰¹

112 **Landesinnungsmeister.** Ein **Landesinnungsmeister** ist nicht Organ einer Körperschaft des öffentlichen Rechts, da die Landesinnungsverbände nach § 80 HandwO juristische Personen des privaten Rechts sind. Für Klagen gegen sie oder ihre Organe sind daher die **ordentlichen Gerichte** zuständig.³⁰²

113 **Lebensmittelkontrolle.** Für die Klage eines Lebensmittelimporteurs, mit der er den Umfang seiner **lebensmittelrechtlichen Warenuntersuchungspflichten** feststellen lassen will, ist der Rechtsweg zu den allgemeinen **Verwaltungsgerichten** eröffnet.³⁰³

114 **Öffentliche Aufträge.** Der Rechtsweg zu den **ordentlichen Gerichten** wurde bejaht für den Streit darüber, ob in einem öffentlichen Ausschreibungsverfahren einem Bewerber der Zuschlag zu erteilen war, wenn der Bewerber Angehöriger eines **bevorzugt zu berücksichtigenden Personenkreises** war.³⁰⁴

115 **Perpetuatio fori.** Der Rechtsweg vor dem Prozessgericht bleibt gemäß § 17 Abs. 1 S. 1 auch dann bestehen, wenn die ihn rechtfertigende Rechtsprechung nach Rechtshängigkeit der Sache durch eine höchstrichterliche Entscheidung aufgegeben wird.³⁰⁵

116 **Pflegeversicherung.** Streitigkeiten aus der privaten Pflegeversicherung sind nach § 51 Abs. 2 S. 3 SGG den **Sozialgerichten** zugewiesen.³⁰⁶

117 **Politische Partei.** Der Rechtsweg zu den **ordentlichen Gerichten** ist gegeben für Rechtsstreitigkeiten wegen **Aufnahme** in eine politische Partei;³⁰⁷ für Klagen einer politischen Partei gegen einen privaten **Fernsehsender** auf Ausstrahlung einer Wahlwerbesendung;³⁰⁸ für Klagen zur Feststellung der Unwirksamkeit von **Wahlen** in einem Ortsverband;³⁰⁹ für die Klage, mit der eine politische Partei oder eine andere privatrechtliche Vereinigung eine andere Partei auf Unterlassung des Gebrauchs eines (verwechslungsfähigen) **Namens** oder dessen Abkürzung in Anspruch nimmt; für Ablehnung der Kontoeröffnung;³¹⁰ Unterlassung von Äußerungen einer Fraktion im nichtamtlichen Teil des Gemeindeblatts.³¹¹

118 Im **Verwaltungsrechtsweg** ist der Anspruch einer politischen Partei auf Überlassung **öffentlicher Einrichtungen** für Parteiveranstaltungen geltend zu machen;³¹² dies gilt auch für die Klage einer politischen Partei gegen eine **städtische KG** auf Feststellung, dass diese ihr auf dem von ihr betriebenen Ausstellungsgelände eine Halle für die Durchführung einer Parteiveranstaltung vermieten müsse.³¹³

---

²⁹⁷ GmS-OGB NJW 1990, 1527; BSG NJW 1985, 1420; MDR 1974, 348; BGH MDR 1998, 1050.
²⁹⁸ BGH WRP 2000, 1303.
²⁹⁹ BGH NJW-RR 2005, 1138.
³⁰⁰ BGH WM 2000, 185.
³⁰¹ BVerwG MDR 1976, 874.
³⁰² BGH MDR 1986, 556.
³⁰³ BVerwGE 77, 207.
³⁰⁴ BVerwG MDR 1962, 681, 682.
³⁰⁵ BGH MDR 1978, 479 noch zu § 261 Abs. 3 Nr. 2 ZPO aF.
³⁰⁶ BSG FamRz 1997, 213; s. auch *Römer* VersR 1996, 562.
³⁰⁷ BGHZ 101, 193; VGH Mannheim NJW 1977, 72.
³⁰⁸ LG Mainz NJW 1990, 2556.
³⁰⁹ KG NJW 1988, 3159.
³¹⁰ VG Hannover NJW 2001, 3354.
³¹¹ VGH Mannheim NVwZ-RR 2002, 525.
³¹² OVG Lüneburg NJW 1985, 2347.
³¹³ OLG Hamburg MDR 1968, 677.

Post. Mit Aufteilung der Deutschen Bundespost in die drei Teilbereiche Postdienst, Postbank und **119** Telekom durch das PoststruktG[314] wurde die bis dahin hoheitliche Tätigkeit der Deutschen Bundespost privatrechtlich ausgestaltet.[315] Durch § 1 PostUmwG[316] wurden die Unternehmen der Deutschen Bundespost schließlich in Aktiengesellschaften umgewandelt. Für Streitigkeiten mit diesen ist seit 1. 1. 1995 der Rechtsweg zu den ordentlichen Gerichten eröffnet.

Privatschule. Der Zivilrechtsweg ist zu bejahen für Streitigkeiten zwischen einer Privatschule und **120** den Eltern eines Schülers, die die disziplinäre **Entlassung** des Schülers aus der Schule zum Gegenstand haben;[317] für Streitigkeiten aus dem Rechtsverhältnis zwischen einer anerkannten Privatschule und ihren Schülern in Bezug auf die schulischen Verhaltenspflichten der Schüler und der diesbezüglichen **Erziehungsmaßnahmen** der Schule jedenfalls dann, wenn die Schüler der Schulpflicht entwachsen sind.[318]

Der **Verwaltungsrechtsweg** ist gegeben, soweit es um die Bindung einer anerkannten Ersatz- **121** schule an die für die entsprechenden öffentlichen Schulen geltenden Aufnahme- und Versetzungsbestimmungen geht; die anerkannten Ersatzschulen sind insoweit Verwaltungsbehörden iSd. Verwaltungsprozessrechts.[319]

Prozessagent. Für Streitigkeiten über die Zulassung als Prozessagent bei einem Amtsgericht sind **122** nicht die Verwaltungsgerichte, sondern die **Zivilgerichte** zuständig.[320]

Prozessvergleich. Aus einem Prozessvergleich, in dem der eine Teil sich zur **Rücknahme eines** **123** **Strafantrags** verpflichtet hat, kann im **Zivilrechtsweg** auf Erfüllung geklagt werden.[321]

Rechtsanwaltsgebühren. Für Gebührenklagen nach § 34 ZPO ist der Rechtsweg zu den **ordent-** **124** **lichen Gerichten** gegeben, auch für Gebühren aus Finanzgerichtsprozess.[322] Der in § 34 ZPO geregelte Wahlgerichtsstand betrifft nicht den Rechtsweg.[323]

Rechtsanwaltskammer. Für die Klage des Mandanten eines Rechtsanwalts auf Verpflichtung des **125** Vorstandes der Rechtsanwaltskammer, seine standesrechtliche **Überwachungspflicht** wahrzunehmen (§ 73 Abs. 2 Nr. 4 BRAO), ist nicht der Rechtsweg zum Ehrengerichtshof für Rechtsanwälte, sondern der **Verwaltungsrechtsweg** gegeben.[324]

Rechtshilfe. Der **ordentliche Rechtsweg** wurde bejaht für Einwendungen des Betroffenen ge- **126** gen strafprozessuale Maßnahmen, die im Wege der Rechtshilfe erfolgt sind.[325]

Religionsgesellschaft. Der **Verwaltungsrechtsweg** ist gegeben für die Errichtung eines **Grab-** **127** **mals** auf dem von einer Religionsgesellschaft betriebenen Friedhof.[326] → Kirche.

Rentenrückerstattung. Der **ordentliche Rechtsweg** ist gegeben, wenn ein **Dritter** die für **128** einen anderen bestimmte Rente nach dessen Tode von der Rentenzahlstelle abgeholt hat und der Versicherungsträger Rückerstattung verlangt;[327] das gilt auch für die Rückforderung von Rentenzahlungen, die irrtümlich nach dem Tode des Rentenberechtigten an dessen **Erben** gelangt sind.[328]

Rückerstattung (s. auch Bereicherungsausgleich). Der Rechtsweg zu den **ordentlichen Gerich-** **129** **ten** wurde bejaht, wenn die Polizeibehörde im Wege der Ersatzvornahme eingreift, weil bei einem Manöver der amerikanischen Streitkräfte durch auslaufendes Öl das Grundwasser zu verseuchen droht, für den öffentlich-rechtlichen Anspruch auf Erstattung ihrer Kosten nach **Art. VIII** **Abs. 5 des NATO-Truppenstatuts** gegenüber der Bundesrepublik;[329] für eine Klage auf Rückzahlung einer bar **hinterlegten Sicherheit** zur Abwendung des Vollzugs eines Haftbefehls trotz dessen öffentlich-rechtlicher Natur kraft besonderer Zuweisung (§ 3 Abs. 3 S. HintO);[330]

---

[314] PoststruktG vom 8. 6. 1989, BGBl. S. 1026.
[315] Vgl. *Gramlich* NJW 1994, 985; *Schatzschneider* NJW 1989, 2373.
[316] Art. 3 § 1 PtNeuOG vom 14. 9. 1994, BGBl. S. 2325, 2340.
[317] BGH MDR 1961, 845; OVG Münster NJW 1998, 1579. Zur Privatschulaufnahme VG Hannover NdsVBl 2002, 53.
[318] VGH Mannheim NJW 1971, 2089.
[319] VGH Mannheim NJW 1980, 2597.
[320] BVerwG MDR 1970, 262.
[321] BGH MDR 1974, 650.
[322] FG Hamburg DStRE 2002, 256.
[323] BAG NJW 1998, 1092; vgl. auch BFH RPfleger 1992, 82.
[324] VGH Mannheim NJW 1982, 2011.
[325] BVerwG NJW 1991, 649.
[326] BVerwG NJW 1990, 2079; s. auch Rn. 100 ff.
[327] BSG MDR 1971, 429.
[328] BGH NJW 1978, 1385 m. Anm. *Bethge* NJW 1978, 1801; s. dagegen Rn. 140–145, 148, 153.
[329] BGH NJW 1970, 1416.
[330] BGH NJW 1985, 2820.

für die Erstattung der im Verwaltungsverfahren entstandenen **Kosten** (Rechtsanwaltsgebühren), sofern sie ausnahmsweise auf einen materiell-rechtlichen Erstattungsanspruch aus (Amtspflichtverletzung) gestützt werden.[331] Ebenso für Ausgleichsforderungen gem. § 31 Abs. 5 S. 3.[332]

130 Der Rechtsweg zu den **Verwaltungsgerichten** wurde bejaht, wenn sich eine Gemeinde anlässlich der Behandlung eines Baugesuchs vom Baubewerber in einem sog. **Anbauvertrag** ohne rechtliche Grundlage eine Geldzuwendung hat versprechen lassen, die der Erfüllung ihrer durch die Bautätigkeit vermehrten Verwaltungsaufgaben dienen soll, für den auf die Nichtigkeit der Vertragsbestimmung gestützten Anspruch auf Rückgewähr der Zuwendung;[333] für den Anspruch auf Rückerstattung einer **Requisitionsentschädigung**, sofern auch für die Klage auf Gewährung dieser Leistungen die Verwaltungsgerichte zuständig sind; fehlt eine Verweisung an den Rechtsweg vor die ordentlichen Gerichte, bleibt dieser auch dann verschlossen, wenn die Leistungen durch eine unerlaubte Handlung erlangt wurden; das gilt jedenfalls dann, wenn die Einbuße der öffentlichen Hand nur in der Minderung ihres Vermögens durch die zu Unrecht gezahlten Beträge besteht.[334]

131 **Rundfunk** (öffentlich-rechtliche Anstalt). Für Ansprüche wegen Verletzung des **Persönlichkeitsrechts** durch eine die Ehre beeinträchtigende Rundfunk- oder Fernsehsendung ist der **Zivilrechtsweg** eröffnet.[335] Dies gilt auch dann, wenn die Ausstrahlung auf Ersuchen der Staatsanwaltschaft erfolgt.[336]

132 **Sozialhilfe.** Grds ist der Rechtsweg zu den Sozialgerichten gegeben. Der Rechtsweg zu den **ordentlichen Gerichten** wurde **bejaht** für Klagen, die eine „**drittbegünstigende Mietgarantie**" eines Sozialhilfeträgers gegenüber einem Vermieter zum Gegenstand haben;[337] ebenso für weitere Klagen aus einem auf den Träger der Sozialhilfe übergeleiteten bzw. übergegangenen **Unterhaltsanspruch** gegen den Pflichtigen.[338]

133 Der Rechtsweg zu den **ordentlichen Gerichten** wurde **verneint** für **Rückerstattungsansprüche**, und zwar im Einzelnen bei der Klage eines Sozialleistungsberechtigten auf Rückzahlung von angeblich zu Unrecht nach § 48 SGB I vorgenommenen Auszahlungen an Dritte;[339] für Streitigkeiten zwischen einer Behörde und einem Privaten über den Abschluss einer **Pflegesatzvereinbarung** nach dem früheren § 93 Abs. 2 BSHG;[340] für den Anspruch auf Rückzahlung einer zu Unrecht gezahlten **Tuberkulosehilfe**, weil die Entscheidung einen Verwaltungsakt darstellt;[341] für den Anspruch des Sozialhilfeträgers auf Rückgewähr ohne Rechtsgrund geleisteter Sozialhilfe, wenn die Leistungen im Hinblick auf einen unwirksamen Darlehensvertrag nach dem früheren § 89 BSHG erbracht worden sind.[342]

134 **Sozialplan.** Für die Geltendmachung von Ansprüchen aus dem Sozialplan im Wege des **Durchgriffs** gegen einen GmbH-Gesellschafter sind die **Arbeitsgerichte** zuständig (§§ 2 Abs. 1 Nr. 3 a, 3 ArbGG). Der Begriff der Rechtsnachfolge in § 3 ArbGG ist weit auszulegen.[343]

135 **Sozialversicherungsbeiträge** (s. auch Arbeitgeberbeiträge). Für den Anspruch aus einer **Bürgschaft**, die der Geschäftsführer einer GmbH für rückständige Sozialversicherungsbeiträge einer GmbH übernommen hat, ist der Zivilrechtsweg gegeben.[344]

136 Wird der Kommanditist nach **§ 176 HGB** für Beitragsforderungen des Sozialversicherungsträgers in Anspruch genommen, so ist der Rechtsweg zu den **Sozialgerichten** gegeben.[345]

137 **Sozialversicherungsträger.** Der Rechtsweg zu den **ordentlichen Gerichten** wurde bejaht für **Bereicherungsansprüche**,[346] ebenso für eine Klage, mit der ein Sozialversicherungsträger von einem anderen Sozialversicherungsträger eine **Beteiligung** an der Abfindungssumme verlangt, die dieser zur Abgeltung eines nach § 1542 RVO (jetzt § 116 SGB X) auf ihn übergegangenen

---

[331] LG Heidelberg NJW 1967, 2317.
[332] OLG Brandenburg OLG-NL 2001, 142.
[333] BGH NJW 1971, 1842 = MDR 1971, 830.
[334] BGH NJW 1967, 156.
[335] BGH NJW 1976, 1198; 1994, 2500.
[336] OLG Frankfurt NJW 1971, 47; 48.
[337] BVerwG NJW 1994, 2969 m. weit. Nachw.
[338] *Kunkel* FamRZ 1994, 548.
[339] OLG Düsseldorf NJW 1988, 2674.
[340] BGH NJW 1992, 1238.
[341] OLG Düsseldorf MDR 1962, 141.
[342] BGH NJW 1988, 490 (LS) = NVwZ 1988, 92 = MDR 1988, 33.
[343] BAG NJW 1987, 2606.
[344] BGH NJW 1984, 1622.
[345] BSG MDR 1976, 962.
[346] S. im einzelnen unterschiedlich Rn. 50 und 51.

Schadensersatzanspruchs erhalten hat;³⁴⁷ streitig für Regressansprüche nach § 116 Abs. 7 SGB X;³⁴⁸ für die Klage auf Unterlassung einer unzulässigen **Preisunterbietung** für freiwillig (Kranken-)Versicherte durch einen Sozialversicherungsträger trotz der Rechtsstellung des Sozialversicherungsträgers als Körperschaft des öffentlichen Rechts (§ 29 Abs. 1 SGB IV) und der öffentlich-rechtlichen Natur des Versicherungsverhältnisses des Sozialversicherungsträgers auch zu seinen freiwillig versicherten Mitgliedern;³⁴⁹ für die Durchsetzung eines **Rückgriffs-** oder **Schadensersatzanspruchs** gemäß § 640 Abs. 1 RVO (jetzt §§ 110 ff. SGB VII);³⁵⁰ dies gilt auch für die Überprüfung der Entscheidung des Sozialversicherungsträgers nach § 640 Abs. 1 und 2 RVO (jetzt §§ 110 ff. SGB VII) auf die Durchsetzung des Rückgriffsanspruchs zu verzichten;³⁵¹ für **Schadensersatzansprüche** eines Sozialversicherungsträgers gegen seinen Geschäftsführer wegen Pflichtverletzungen aus der Zeit nach Inkrafttreten des SGB IV, sofern der Geschäftsführer Dienstordnungs-Angestellter ist;³⁵² für die Klage des Trägers der gesetzlichen Rentenversicherung gegen den GmbH-Geschäftsführer auf **Schadensersatz nach § 823 Abs. 2 BGB, § 266a StGB**;³⁵³ für Rechtsstreitigkeiten zwischen nichtärztlichen Leistungserbringern und Trägern der gesetzlichen Krankenversicherung über die **Vergütung medizinischer Badeleistungen,** und zwar unabhängig davon, ob die Beziehungen zwischen Leistungserbringern und Versicherungsträgern auf vertraglicher Grundlage beruhen oder nicht;³⁵⁴ für Klagen auf **Zulassung** zur Belieferung von Versicherten mit Heil- und Hilfsmitteln auf Grund eines Vertrages zwischen Trägern der gesetzlichen Krankenversicherung oder ihren Verbänden mit Leistungserbringern.³⁵⁵

Der Rechtsweg zu den **Sozialgerichten** wurde bejaht für eine Klage der (früheren) Bundesanstalt für Arbeit gegen den Empfänger von Unterhaltsgeld auf **Erstattung** gezahlter Krankenversicherungsbeiträge auch dann, wenn das Klagebegehren auf die zivilrechtlichen Vorschriften über ungerechtfertigte Bereicherung und unerlaubte Handlungen gestützt ist;³⁵⁶ für den Anspruch des Sozialversicherungsträgers auf Rückerstattung fehlgegangener Rentenzahlungen an den Erben des Rentenberechtigten aus § 50 Abs. 2 SGB-X;³⁵⁷ für den Anspruch auf Ersatz von **Heilungskosten,** die durch einen Unfall des Versicherten in den Räumen seines Sozialversicherungsträgers entstanden sind;³⁵⁸ für das Begehren des Versicherten auf **Vornahme einer Amtshandlung** zur Herstellung des Zustandes, der bestehen würde, wenn der Versicherungsträger eine ihm aus dem öffentlich-rechtlichen Versicherungsverhältnis obliegende Beratungspflicht nicht verletzt hätte.³⁵⁹

Sport. Der **Zivilrechtsweg** ist gegeben für die Klage gegen einen privaten Rennveranstalter, auch wenn das Rennen öffentlich-rechtlich genehmigt ist, sofern es sich um die Unterlassung von Beeinträchtigungen handelt, die von der Genehmigung nicht gedeckt sind.³⁶⁰ Der **Verwaltungsrechtsweg** ist gegeben für Abwehransprüche wegen des Sportlärms, der von einem von einem Verwaltungsträger betriebenen Sportplatz ausgeht.³⁶¹

Steuerrecht. Der Rechtsweg zu den **ordentlichen Gerichten** wurde **bejaht,** wenn die Finanzbehörde zur Durchsetzung einer Steuerforderung einen **Anfechtungsanspruch** nach § 7 AnfG gegen den Dritten geltend macht,³⁶² für die Klage eines **Lohnsteuerhilfevereins** gegen ein Land, die darauf gerichtet ist, die Auszahlung von Steuererstattungsansprüchen an vorfinanzierende Kreditinstitute zu unterlassen;³⁶³ ebenso wenn der Inhaber eines Gewerbebetriebes in einer anderen Gemeinde eine weitere Betriebsstätte errichtet hat, ohne der ihm nach § 14 GemO und

---

³⁴⁷ BGH NJW 1985, 2756 = MDR 1986, 309.
³⁴⁸ Bejahend *Kissel/Mayer* Rn. 132; ablehnend OLG Frankfurt OLG-Report 1996, 142.
³⁴⁹ BGH NJW 1982, 2125.
³⁵⁰ BGH NJW 1972, 107; BGH NJW 1968, 251; Anm. *Walter* NJW 1968, 991 f.: ebenso BAG NJW 1968, 908.
³⁵¹ BGH NJW 1972, 107.
³⁵² BGH NJW 1985, 2194.
³⁵³ LG Nürnberg-Fürth NJW 1988, 1856.
³⁵⁴ GmS-OBG NJW 1988, 2297; s. auch MDR 1988, 554.
³⁵⁵ GmS-OBG MDR 1986, 822.
³⁵⁶ BGH NJW 1988, 1731.
³⁵⁷ OLG Hamm NJW 1986, 2769; OLG Karlsruhe NJW 1988, 1920; anders Rn. 235.
³⁵⁸ OLG Köln MDR 1975, 940.
³⁵⁹ BSG MDR 1976, 610.
³⁶⁰ OLG München NJW-RR 1989, 1245.
³⁶¹ BVerwG NJW 1989, 1291.
³⁶² BGH NJW 1991, 1061.
³⁶³ OLG Nürnberg NJW-RR 1990, 1455.

§ 138 AO obliegenden **Meldepflicht** nachzukommen, für die Entscheidung des Streits darüber, ob er dieser Gemeinde den Anteil an der Gewerbesteuer ersetzen muss, der ihr infolgedessen entgangen ist;[364] für die Klage auf Ausstellung einer **Rechnung** nach § 14 Abs. 1 UStG;[365] für einen **Schadensersatzanspruch** entsprechend § 945 ZPO wegen der ungerechtfertigten Anordnung und Vollziehung eines Steuerarrestes.[366]

141 Der Rechtsweg zu den **ordentlichen Gerichten** wurde **verneint**, wenn eine Wohngemeinde den Anspruch auf **Gewerbesteuerausgleich** bei der Betriebsgemeinde deshalb nicht innerhalb der gesetzlichen Ausschlussfrist hat anmelden können, weil ihr ein Betriebsinhaber die auswärts wohnenden Arbeitnehmer nicht gemeldet hat, für die Entscheidung des Streits, ob der Betriebsinhaber der Wohngemeinde den Ausfall an Steuerausgleich zu ersetzen hat;[367] für die Klage des Finanzamtes auf Rückzahlung eines Erstattungsbetrages nach § 37 II AO (öffentlich-rechtlicher Erstattungsanspruch).[368]

142 **Strafrecht, Strafverfahren.** Die zivilrechtlich übernommene Verpflichtung, einen gestellten Strafantrag **zurückzunehmen**, ist vor den **Zivilgerichten** einklagbar.[369] Die Zivilgerichte sich auch zuständig, wenn sich ein Dritter gegen die Vollstreckung eines im Strafverfahren angeordneten Arrests wendet.[370]

143 **Straßenrecht.** Der Rechtsweg zu den **ordentlichen Gerichten** wurde bejaht für den Anspruch auf **Entgelt** für die Sondernutzung öffentlichen Straßenlandes;[371] so zB für die Verfolgung eines auf (städtisches) Straßeneigentum gestützten Anspruchs gegen einen Straßenhändler auf Zahlung von Nutzungsentgelt für die Überlassung von Straßengelände;[372] für Ansprüche auf **Rückübereignung** eines Grundstücks in Bayern, das zum Straßenbau übertragen wurde, nach Abstandnahme vom Straßenbau;[373] für den auf ihr Eigentum gestützten Anspruch einer Gemeinde auf **Unterlassung** der Benutzung einer von ihr betriebenen, nicht dem öffentlichen Verkehr gewidmeten Privatstraße;[374] für Ansprüche, die auf Geschäftsführung ohne Auftrag oder Bereicherung mit der Begründung gestützt werden, der Kläger habe die der beklagten öffentlich-rechtlichen Körperschaft obliegende **Verkehrssicherungspflicht** bezüglich einer öffentlichen Straße erfüllt;[375] für Streitigkeiten zwischen Straßenbaubehörde und **Versorgungsunternehmen** darüber, wer die Kosten einer durch Straßenausbau erforderlich gewordenen Neuverlegung von Versorgungsleitungen zu tragen hat, und zwar auch, wenn zwischen den Beteiligten keine vertraglichen Beziehungen bestehen;[376] für Klagen über bestimmte Fernstrassen-Folgekosten.[377]

144 Der Rechtsweg zu den **Verwaltungsgerichten** wurde bejaht für den nach Veräußerung des Anliegergrundstücks erhobenen Geldanspruch wegen Übereignung von Straßenland, das „unentgeltlich" an die **Erschließungsgemeinde** unter dem Vorbehalt der Verrechnung auf die später entstehenden Straßenbaukosten abgetreten ist;[378] für den eigentumsrechtlich begründeten Anspruch auf Teilhabe am **Gemeingebrauch**;[379] für den in der Form einer „beseitigenden Unterlassungsklage" geltend gemachten Anspruch auf **Instandsetzung** einer öffentlichen Straße gegen die verkehrssicherungspflichtige Gemeinde;[380] für Ansprüche auf Duldung der **Mitbenutzung** eines nicht dem Verkehr gewidmeten Weges, der zu der Kläranlage einer Gemeinde gehört, und für die Feststellung eines entsprechenden Notwegs;[381] für den Anspruch auf Verlegung einer **Straßenlampe** gegen die Gemeinde;[382] wenn die Bundesrepublik als Träger der Straßenbaulast beim Ausbau einer Bundesfernstraße eine Kiesgrube verfüllen lässt, die unter **Verletzung von**

---

[364] BGH NJW 1968, 1675; aA BGHZ 49, 282.
[365] BGH NJW 1975, 310.
[366] BGHZ 63, 277 = MDR 1975, 393; BGHZ 30, 123.
[367] BGHZ 49, 282; aA BGH NJW 1968, 1675 (s. Fn. 364).
[368] OLG Hamm NJW-RR 1993, 64.
[369] OLG München MDR 1967, 223.
[370] BGH NJW 2006, 65.
[371] KG MDR 1977, 315.
[372] BGHZ 19, 85.
[373] BayObLG NJW 1967, 1664.
[374] OLG Koblenz MDR 1981, 671.
[375] BGH NJW 1971, 1218 = MDR 1971, 649.
[376] BGHZ 37, 353.
[377] BGH NJW 2001, 3059.
[378] BGH NJW 1974, 1709.
[379] LG Tübingen NVwZ 1990, 696.
[380] BayKKGH NJW 1959, 1195, 1196; OLG Frankfurt NVwZ 1992, 917.
[381] OLG Koblenz MDR 1981, 671.
[382] VGH Kassel NJW 1989, 1500.

§§ 9, 9 a FStrG angelegt worden ist, für den Anspruch gegen den Unternehmer der Kiesgrube auf Kostenersatz.[383]

Straßenreinigung. Ein **privatrechtlich** ausgestaltetes **Straßenreinigungsentgelt** kann auch dann von den Straßenanliegern erhoben werden, wenn die Straßenreinigung durch Gesetz unmittelbar einer öffentlich-rechtlichen Körperschaft auferlegt worden ist.[384]

Studienförderung. Für die **Rückforderung** zu Unrecht gezahlter Beträge im Rahmen der Studienförderung ist nicht der ordentliche, sondern der **Verwaltungsrechtsweg** gegeben;[385] ebenso für die Rückforderung von Studienförderungsmitteln, wenn diese für Nachwuchskräfte der Beamtenlaufbahn gewährt wurden.[386]

Subventionierung. Die **Verwaltungsgerichte** sind zuständig für Streitigkeiten aus der Gewährung von Subventionen in Form **verlorener Zuschüsse,** denn diese sind in der Regel auch dann einstufig öffentlich-rechtlich geregelt, wenn die Auszahlung durch ein Kreditinstitut bewirkt wird;[387] dies gilt etwa, wenn die Bundesrepublik einem Filmhersteller für ein Filmvorhaben eine Spielfilmprämie gewährt hat und von ihm, weil er den Film nicht hergestellt hat, Rückzahlung der Subventionierung verlangt.[388] Bei einer zweistufig-geregelten Subvention kommt es dagegen darauf an, ob die Durchführung öffentlich-rechtlich oder zivilrechtlich erfolgt.[389] Zum Ganzen vgl. *Leinenbach/Jurczyk* LKV 2001, 450.

Telekommunikation. Der Vertrag über die Kostenlast im Falle der Verlegung, Änderung oder Sicherung von Telekommunikationslinien, die sich in oder auf öffentlichen Straßenverkehrswegen befinden, anlässlich von Maßnahmen, die dem Schienen- und/oder dem Straßenverkehr dienen, ist öffentlich-rechtlicher Natur, wenn er zwischen einem Schienennetzbetreiber und einem Lizenznehmer nach § 69 Abs. 1 TKG 2004 geschlossen wird.[390]

Unterlassung. Der Rechtsweg zu den **ordentlichen Gerichten** wurde bejaht für einen Unterlassungsanspruch, der sich gegen **ehrverletzende Äußerungen** richtet, die ein Mitglied einer Gemeindevertretung in einem Parteigremium (s. a. politische Partei) macht;[391] für die Klage auf Unterlassung der Selbstabgabe von Brillen durch einen Träger der gesetzlichen **Krankenversicherung;**[392] für die Klage gegen die Verwendung eines Grundstücks zum Zwecke der Müllablagerung, wenn dieser keine entsprechende öffentlich-rechtliche Widmung zugrunde liegt, denn dann gehen die Beeinträchtigungen durch die Geruchsentwicklung auf dem **Müllplatz** nicht unmittelbar auf hoheitliche Maßnahmen zurück;[393] wenn ein nach städtischem Bebauungsplan dem Schulsport gewidmeter **Tennisplatz** der Stadt nach Schulschluss den ortsansässigen Sportvereinen zur Verfügung gestellt wird, denn hierfür fehlt eine öffentlich-rechtliche Rechtsgrundlage;[394] für den Anspruch auf Unterlassung einer **Theateraufführung** wegen Verletzung des Persönlichkeitsrechts und Verstoßes gegen Schutzgesetze auch dann, wenn die Aufführung von Städtischen Bühnen als Teil der Daseinsvorsorge erbracht wird;[395] für die Klage eines privaten Unternehmens gegen eine Körperschaft des öffentlichen Rechts (Vereinigung von Wettbewerbern des Unternehmens) auf Unterlassung eines Verwaltungshandelns gegenüber den ihrer öffentlichen Gewalt Unterworfenen, wenn und soweit die Körperschaft dem Unternehmen auf dem Boden der Gleichordnung gegenübersteht und nach dem Vorbringen des Klägers das Verwaltungshandeln ihm gegenüber **wettbewerbswidrig** ist.[396]

Unternehmensgesetz. Der Rechtsweg zu den ordentlichen Gerichten wurde bejaht für den Streit über die Rückzahlung eines Ablösungsbetrags im Zusammenhang mit der Rückgabe einer Unternehmensbeteiligung nach dem Gesetz über die Gründung und Tätigkeit privater Unternehmen und über Unternehmensbeteiligungen.[397]

---

[383] BGH MDR 1975, 130.
[384] BGH MDR 1987, 125.
[385] OLG Köln NJW 1967, 735.
[386] BGH MDR 1994, 719; vgl. auch BGH NJW 1971, 763 für Nachwuchskräfte der Bundeswehr.
[387] BGH MDR 1985, 1001.
[388] BGH NJW 1972, 210; zur Rückforderung einer Subvention in Form einer „Hermes"-Bürgschaft vgl. BGH NJW 1997, 328.
[389] BGH NJW 1997, 328.
[390] BGH NJW 2006, 850.
[391] BGH NJW 1961, 1625; BVerwG NJW 1990, 1808; s. auch Rn. 171.
[392] BGH NJW 1982, 2117.
[393] BVerwG NJW 1967, 2128.
[394] LG Aachen NVwZ 1988, 189.
[395] LG Frankfurt NJW 1986, 1258.
[396] BGHZ 67, 81 = MDR 1977, 117.
[397] BGH WM 2000, 90.

150 Untersuchungshaft. Der Rechtsweg zu den **ordentlichen Gerichten** wurde bejaht für die Klage des Trägers einer Justizvollzugsanstalt auf Ersatz seiner **Aufwendungen zur Wiederherstellung der Gesundheit** eines Untersuchungsgefangenen, der einen **Selbstmordversuch** begangen hat.[398]

151 Vereinsrecht. Für Klagen gegen einen privatrechtlichen Verein auf **Zulassung** als Trabtrainer und als Berufsfahrer ist der **Zivilrechtsweg** gegeben.[399]
Vergabe. Für Streitigkeiten im Vergabeverfahren, die nicht dem Anwendungsbereich der §§ 97 ff. GWB unterfallen, weil sie Aufträge unterhalb der Schwellenwerte betreffen, ist der Rechtsweg zu den ordentlichen Gerichten und nicht zu den Verwaltungsgerichten eröffnet. Dies gilt jedenfalls dann, wenn bei der Entscheidung über die Vergabe eines öffentlichen Auftrags keine gesetzliche Verpflichtung zu bevorzugter Berücksichtigung eines bestimmten Personenkreises zu beachten ist.[400] Für den Streit über die Zulassung zu einem Weihnachtsmarkt ist grds der Zivilrechtsweg gegeben.[401]

152 Vergleich. Für die Zulässigkeit des Rechtswegs kommt es bei Ansprüchen aus Vergleichen grundsätzlich auf das dem Vergleich **zugrunde liegende Rechtsverhältnis** an. Handelt es sich dabei um öffentliches Recht, hat der Vergleich zur Folge, dass die sich hieraus ergebenden Rechtsbeziehungen wiederum dem öffentlichen Recht angehören, es sei denn, dass die Absicht der Beteiligten darauf gerichtet war, ein neues bürgerliches Rechtsverhältnis zu schaffen.[402]

153 Versorgungsanstalt des Bundes. Die Rechtsbeziehungen zwischen der Versorgungsanstalt des Bundes und der Länder und den bei ihr versicherten Personen gehören nicht dem öffentlichen Recht an. Für Rechtsstreitigkeiten aus diesen Beziehungen ist deshalb der Rechtsweg vor die **ordentlichen Gerichte** gegeben.[403]

154 Vertrag. Ob ein Vertrag dem öffentlichen Recht zuzurechnen ist, bei dem im Falle von Streitigkeiten aus diesem Vertrag der Rechtsweg zu den Verwaltungsgerichten offensteht, oder ob ein Vertrag dem privaten Recht zuzurechnen ist, bei dem im Falle von Streitigkeiten der Rechtsweg zu den Zivilgerichten offensteht, entscheidet sich nicht allein danach, ob die an dem Vertrag beteiligten Rechtsobjekte solche des öffentlichen oder des privaten Rechts sind. Auch juristische Personen des öffentlichen Rechts können untereinander oder mit Privatpersonen Verträge privatrechtlichen Inhalts schließen. Umgekehrt können auch Privatpersonen an öffentlich-rechtlichen Verträgen beteiligt sein. Die Abgrenzung der öffentlich-rechtlichen Verträge von den privatrechtlichen muss von der Sache her, vom Gegenstand des Vertrages her im Einzelfall getroffen werden.[404] Der Umstand, dass ein zwischen Parteien des bürgerlichen Rechts geschlossener Vertrag auf Veranlassung und unter **Mitwirkung einer Behörde** zustande gekommen ist, die damit öffentliche Belange hat sichern wollen, rechtfertigt in der Regel noch nicht seine öffentlich-rechtliche Einordnung.[405] **Verweist** ein Vertrag auf einen vorausgegangenen Kaufvertrag über ein Baugrundstück und „nimmt auf seinen Inhalt Bezug", können auch die in Bezug genommenen Vereinbarungen die Zuordnung des Vertrages zum öffentlichen oder privaten Recht bestimmen.[406] Gleiches gilt, wenn ein nach den sonstigen Umständen privatrechtlicher Vertrag einen öffentlich-rechtlichen Vertrag ablösen soll.[407]

155 Der Rechtsweg zu den **ordentlichen Gerichten** wurde bejaht für Klagen des **Abschleppunternehmers** gegen die Polizei auf Bezahlung der Abschleppkosten, wenn sie ein an verbotener Stelle parkendes Kraftfahrzeug abschleppen lässt;[408] ebenso für die Frage, ob die Vorenthaltung solcher Aufträge rechtswidrig ist;[409] zivilrechtlich ist auch der Vertrag einer juristischen Person des Privatrechts mit einer Kommune über die Errichtung und den Betrieb eines **Altenheims,** weshalb für Streitigkeiten hieraus der Zivilrechtsweg gegeben ist; das Gleiche gilt für Errichtung und Betrieb eines Krankenhauses und eines Schwesternheims;[410] für Streitigkeiten aus einem Vertrag,

---

[398] BGH NJW 1990, 1604.
[399] BVerwG MDR 1977, 867.
[400] BVerwG NJW 2007, 2275; VGH Mannheim Justiz 2007, 244; dazu *Siegel* DVBl 2007, 942; *Ennuschat/Ulrich* NJW 2007, 2224; *Kallerhof* NZBau 2008, 97; *Burgi* NVwZ 2007, 737; *Antweiler* NW VBl 2007, 285.
[401] OLG Frankfurt GewA 2007, 87.
[402] BayObLG MDR 1966, 935; s. zur Vollstreckung Rn. 170.
[403] BGHZ 48, 35.
[404] BGH NJW 1960, 1457, 1458; BGHZ 56, 365; OLG Hamm NJW-RR 1991, 639, 640; s. auch Rn. 9.
[405] BGH NJW 1967, 1318.
[406] BVerwG NJW 1966, 219.
[407] OLG Hamm NJW-RR 1991, 639.
[408] Vgl. BVerwG DÖV 1973, 244; BGH NJW 1977, 628.
[409] BGH NJW 1977, 628, 629.
[410] OVG Münster NJW 1991, 61.

den zwei Privatpersonen nach Einleitung eines **bergrechtlichen Zwangsabtretungsverfahrens**, aber außerhalb dieses Verfahrens geschlossen haben, um das Gelände dem Bergwerkseigentümer vorübergehend gegen Entgelt zu überlassen;[411] für Ansprüche aus einem vor Inkrafttreten des 6. Teils des BauGB geschlossenen **Erschließungsvertrags**;[412] für Streit aus einem Garnisonsvertrag;[413] für Rechtsstreitigkeiten um den Abschluss eines **Jagdpachtvertrages** auch dann, wenn die Körperschaft des öffentlichen Rechts Verpächter ist;[414] für Streitigkeiten aus Verträgen, die die öffentliche Hand zum Zwecke des Betriebes von **Musikschulen** mit Musiklehrern über die Vermittlung von Schülern schließt, weil diese auf der Ebene des Privatrechts geschlossen werden;[415] für bestimmte **Schadensersatzansprüche** eines Bürgers gegen die öffentliche Hand;[416] für Streitigkeiten aus einem Vertrag über eine sog. **Unternehmerstraße**, durch den sich der Unternehmer zur Anlegung einer öffentlichen Ortsstraße verpflichtet, soweit dieser auf privatrechtlicher Grundlage geschlossen wurde;[417] für Streitigkeiten aus einem Vertrag, durch den die **Vermessungsbehörde** eines Landes einem Verlag Nutzungsrecht an topographischen Kartenwerken einräumt, auch dann, wenn die gewerbliche Nutzung der Kartenwerke durch Landesgesetz unter einen Erlaubnisvorbehalt gestellt ist;[418] für einen Schadensersatzanspruch aus **Verschulden bei Vertragsschluss** eines öffentlich-rechtlichen Vertrags;[419] für Zahlungsansprüche aus einem Vertrag, durch den sich ein betroffener Anwohner verpflichtet, seinen **Widerspruch** gegen die nach dem Bundes-Immissionsschutzgesetz erteilte Genehmigung einer gewerblichen Anlage gegen Zahlung eines Entgelts zurückzunehmen, denn dieser ist privatrechtlicher Natur.[420]

Der Rechtsweg zu den **Verwaltungsgerichten** wurde bejaht für Ansprüche aus einem **Ablösevertrag**, durch den sich der Bauherr gegen Befreiung von seiner Stellplatzpflicht zur Zahlung eines Ablösebetrages verpflichtet, den die Gemeinde zur Herstellung von Parkraum zu verwenden hat;[421] für Streitigkeiten aus einem Vertrag, den der zukünftige Eigentümer mit der Gemeinde geschlossen hat und in dem er sich verpflichtet, gemäß der in einer Teilungsgenehmigung gemachten Auflage als Vorleistung auf die künftig fällig werdenden **Anliegerbeiträge** einen Geländestreifen zu übertragen;[422] wenn Bauinteressenten mit einer Gemeinde einen Vertrag geschlossen haben, durch den **Erschließungskosten** abgelöst werden sollen, und sie auf Grund dieses Vertrages für einen Miteigentümer Zahlungen an die Gemeinde geleistet haben, für ihre Klage gegen den Miteigentümer auf Erstattung ihrer Aufwendungen;[423] desgleichen für Ansprüche aus einem Vertrag, in dem der Grundstückseigentümer zur Verrechnung auf die später entstehenden Straßenbaukosten der Gemeinde „unentgeltlich" Straßenland abtritt;[424] für Streitigkeiten aus **Erschließungsverträgen** nach § 123 Abs. 3 BBauG aF (entspr. § 124 Abs. 1 BauGB), und zwar auch dann, wenn die Gemeinde die Erschließung nur teilweise oder unter bestimmten Auflagen und Sonderregelungen in einzelnen Beziehungen überträgt;[425] für den polizeilichen **Erstattungsanspruch** für Abschleppkosten gegenüber dem Kraftfahrer, dessen verkehrswidrig geparktes Kfz abgeschleppt wurde, sowie ggf. entstehende Rückzahlungsansprüche des Kraftfahrers;[426] für Erfüllungsansprüche aus bestimmten **öffentlich-rechtlichen Kooperationsverträgen (vgl. Rn. 64)**; für den Anspruch auf Abschluss eines **Stromlieferungsvertrags** und auf Herstellung eines Anschlusses für die Stromzufuhr, auch wenn der später geschlossene Vertrag zwischen dem Elektrizitätsversorgungsunternehmen und den einzelnen Abnehmern bürgerlich-rechtlicher Natur ist.[427] Vor die Verwaltungsgerichte gehört auch ein Streit aus einem außergerichtlichen **Vergleich** zur Beilegung einer öffentlich-rechtlichen Streitigkeit.[428]

---

[411] BGH MDR 1973, 568.
[412] BGH MDR 1972, 501 noch zum BBauG.
[413] BGH MDR 1972, 503.
[414] BGH NJW 1996, 474.
[415] BGH NJW 1980, 1046.
[416] BGHZ 43, 34.
[417] BGH NJW 1961, 73, 74.
[418] BGH NJW 1980, 337.
[419] BGH NJW 1978, 1802.
[420] BGH NJW 1981, 811.
[421] BVerwG NJW 1980, 1294.
[422] BGH MDR 1973, 128.
[423] LG Hannover MDR 1981, 942.
[424] BGH MDR 1974, 1010.
[425] BGHZ 54, 287.
[426] Vgl. VG Gelsenkirchen DAR 1980, 94.
[427] OVG Lüneburg BB 1965, 1207.
[428] OLG Hamm NJW-RR 1991, 639.

157 Verwahrungsverhältnis, öffentlich-rechtliches. § 40 Abs. 2 S. 1 VwGO begründet **nicht** die Zuständigkeit der **Zivilgerichte** zur Entscheidung über Ansprüche einer Behörde auf Zahlung von **Lagerkosten,** welche im Zusammenhang mit einer öffentlich-rechtlichen Verwahrung entstanden sind, sondern nur bei solchen Ansprüchen, die vom Berechtigten gegen die verwahrende Behörde wegen der Verletzung der Verwahrungspflicht erhoben werden.[429]

158 Verweisung. Rechtsprechung vor 1991 zur Verweisung ist überholt, weil die Verweisung nach § 17a von Amts wegen und durch Beschluss erfolgt sowie eine Bindung eintritt und der Beschluss nur in einem besonderen Verfahren der sofortigen Beschwerde überprüft werden kann.

159 Viehseuchengesetz. Für die Entscheidung von Streitigkeiten über die nach dem Viehseuchengesetz für den Verlust seuchenkranker und seuchenverdächtiger Tiere zu leistende **Entschädigung** sind die **Verwaltungsgerichte** zuständig.[430]

160 Vollstreckung. Der Rechtsweg zu den **ordentlichen Gerichten** wurde bejaht für die Anordnung der Wohnungsdurchsuchung im Rahmen der Vollstreckung eines **Bußgeldbescheids** gemäß § 104 OWiG.[431]

161 Die Gerichte der **allgemeinen Verwaltungsgerichtsbarkeit** sind zuständig für die Vollstreckung aus vor ihnen geschlossenen **Vergleichen,** und zwar auch dann, wenn bürgerlich-rechtliche Ansprüche Gegenstand des Vergleichs sind;[432] ebenso für die Vollstreckung aus einem vom Verwaltungsgericht erlassenen **Vergütungsfestsetzungsbeschluss** iSd. § 11 RVG, weil gemäß § 167 Abs. 1 S. 2 VwGO das Verwaltungsgericht als Gericht des ersten Rechtszugs im Erkenntnisverfahren Vollstreckungsgericht ist und diese Zuständigkeitsregelung eine Entscheidung des Gesetzgebers für die Eröffnung des Verwaltungsrechtsweges beinhaltet.[433] Hat eine Behörde einen den Betroffenen verpflichtenden **vollstreckbaren Verwaltungsakt** zur Rückzahlung erbrachter Leistungen erlassen, so ist der Verwaltungsrechtsweg für die Klage des Betroffenen gegeben, auch wenn die öffentlich-rechtliche Natur des erhobenen Anspruchs umstritten ist.[434]

162 Für die Klage des **Vollstreckungsgläubigers** gegen das Finanzamt als Drittschuldner auf Auszahlung eines durch Beschluss des Amtsgerichts gepfändet und zur Einziehung überwiesenen Umsatzsteuererstattungsanspruchs ist der **Finanzrechtsweg** gegeben;[435] ebenso wenn das Finanzamt wegen rückständiger Steuern eine Buchgrundschuld pfändet und die Pfändung in das Grundbuch eingetragen wird, für eine auf **Löschung des Pfändungsvermerks** gerichtete Klage des Grundschuldgläubigers, die auf die Nichtentstehung oder Tilgung der Steuerschuld gestützt ist.[436]

163 Für die Klage des Gläubigers aus Auszahlung des gepfändeten und ihm zur Einziehung überwiesenen Anspruchs des Schuldners auf **Arbeitslosenhilfe** ist das **Sozialgericht** zuständig.[437]

164 Vorkaufsrecht. Die Erklärung der **Gemeinde** über die Ausübung des gesetzlichen Vorkaufsrechts nach §§ 24 bis 27 BauGB ist ein privatrechtsgestaltender Verwaltungsakt, der von dem Verkäufer und dem Käufer des Grundstücks im **Verwaltungsrechtsweg** angefochten werden kann.[438]

165 Wahlen. Der Zivilrechtsweg wurde bejaht für die Klage auf Feststellung der Ungültigkeit von Wahlen des Ortsverbands einer politischen Partei.[439]

166 Wasserrecht. Der **ordentliche Rechtsweg** wurde bejaht für Schadensersatzansprüche eines Anschlussnehmers gegen eine Gemeinde aus einem öffentlich-rechtlichen Leistungs- und Benutzungsverhältnis bezüglich einer **Abwasserkanalisation,** auch wenn das Benutzungsverhältnis durch einseitige Zulassung zur Benutzung der Einrichtung begründet wurde;[440] dies gilt aber nicht für den Anspruch auf Zahlung einer Abwasserabgabe (Rn. 176). Handelt es sich um Ersatz für die **Beschädigung** durch eindringende Wurzeln von Straßenbäumen, so soll dies lediglich dann gelten, wenn der Schaden auf dem Privatgrund des Anliegers und nicht im öffentlichen Straßenraum eintritt;[441] für **Ausgleichsansprüche,** die ein gemäß § 96 PreußWG Unterhalts-

---

[429] LG Köln NJW 1965, 1440, 1441; s. allgemein Rn. 24f.
[430] BVerwG MDR 1972, 75.
[431] VGH Mannheim NJW 1986, 1190.
[432] OVG Münster NJW 1969, 524; s. auch Rn. 161.
[433] OVG Münster NJW 1986, 1190.
[434] BVerwG NJW 1961, 234.
[435] BFH NJW 1988, 1407.
[436] Offengelassen ob Finanz- oder Verwaltungsgerichte BGH NJW 1967, 563.
[437] SG Düsseldorf MDR 1978, 963.
[438] OVG Münster NJW 1968, 1298.
[439] KG NJW 1988, 3159.
[440] BGH MDR 1978, 298.
[441] BGHZ 97, 231; OVG Lüneburg NVwZ 1991, 81.

pflichtiger gegen einen anderen Unterhaltspflichtigen geltend macht;[442] wenn ein Anspruch auf **Ersatz von Auslagen** für die Unterhaltung eines Wasserlaufs auf privatrechtliche Gründe gestützt wird, ohne dass ein Streit über die öffentlich-rechtliche Verpflichtung zur Unterhaltung eines Wasserlaufs besteht oder wenn der Ersatz der Kosten für den Wasser- und Kanalanschluss auf ein privatrechtlich gestaltetes Benutzungsverhältnis gegründet wird trotz Bestehens eines Anschluss- und Benutzungszwangs;[443] für Streitigkeiten über die Gewährung von Entschädigung wegen Beeinträchtigungen eines **Gewerbebetriebs** oder des **Grundeigentums** durch den Ausbau von Hochwasserschutzanlagen für Grund und Höhe des Anspruchs;[444] für den Streit über die Höhe, nicht aber den Grund, **nachträglicher Entschädigungen** auf Grund verwaltungsbehördlicher Festsetzung gemäß § 10 WHG;[445] für den **Schadensersatzanspruch** des Gewässeranliegers gegen den Unterhaltsverpflichteten (§ 30 Abs. 3 WHG), da er ebenso wie ein etwaiger Anspruch aus Amtshaftung, Aufopferung für das gemeine Wohl oder aus enteignungsgleichem Eingriff zu behandeln ist;[446] für Schadensersatzansprüche gegen eine Stadtgemeinde wegen Lieferung **schädlichen Leitungswassers** aus einem als Gemeindeanstalt betriebenen Wasserwerk auch insoweit, als der Klageanspruch aus der Verletzung einer öffentlich-rechtlichen Pflicht hergeleitet wird;[447] für Schadensersatzansprüche, die ein Mitglied eines Wasser- und Bodenverbandes gegen diesen wegen **unerlaubter Handlung** (hier: Verletzung der Pflicht zur Instandhaltung einer Stauklappe) erhebt;[448] für den Anspruch der durch das Wasserhaushaltsgesetz geschützten Personen auf Unterlassung rechtswidriger Maßnahmen gegenüber einer nicht behördlich zugelassenen Grundwassernutzung;[449] für die Klage, mit der ein Anspruch auf im Jahre 1875 **vertraglich vereinbarte unentgeltliche Wasserbelieferung** durch die Gemeinde für die Zukunft geltend gemacht wird, da zu dieser Zeit die Rechtsform des öffentlich-rechtlichen Vertrags noch ganz ungebräuchlich war.[450]

Die **Verwaltungsgerichte** sind zuständig für Ansprüche eines Zweckverbands auf Zahlung einer Abwasserabgabe.[451] Das BVerwG im ersten und letzten Rechtszug entscheidet, ob ein Bundesland das Eigentum des Bundes an Seewasserstraßen und angrenzenden Mündungstrichtern der Binnenwasserstraßen nach Maßgabe des § 1 Abs. 3 WaStrG nutzen darf (hier: Sand- und Kiesabbau im Jadebusen).[452] **167**

Wegestreitigkeiten. Für eine Klage auf Duldung eines Notweges über ein städtisches Grundstück, das für den **Feuerwehrdienst** gewidmet ist, ist der **Verwaltungsrechtsweg** gegeben.[453] **168**

Wertpapierdepots. Der öffentlich-rechtliche Anspruch auf **Abführung toter Wertpapierdepots** an den Präsidenten des Bundesausgleichsamtes ist kraft Zuweisung gemäß § 35 Wertpapierbereinigungsschlussgesetz im **Zivilrechtsweg** geltend zu machen.[454] **169**

Wettbewerbsstreitigkeiten. Für Wettbewerbsstreitigkeiten zwischen einem privaten Bestattungsunternehmen und einer öffentlich-rechtlichen **Bestattungsanstalt** ist – unabhängig von der Regelung des Benutzungsverhältnisses – der Rechtsweg zu den **Zivilgerichten** eröffnet, soweit Interessenten zwischen den konkurrierenden Angeboten beider Seiten frei wählen können.[455] Der Zivilrechtsweg ist auch gegeben für eine wettbewerbsrechtliche Klage gegen eine öffentlich-rechtliche **Krankenkasse** wegen Dumpingtarifen;[456] dies gilt allgemein für alle auf Wettbewerbsverstöße gestützten Klagen, auf die allein das UWG und nicht das SGB V anwendbar ist;[457] es gilt auch für eine Klage auf Unterlassung von Wettbewerbsbeschränkungen in einer **Pflegesatzvereinbarung**.[458] Der Rechtsweg zu den ordentlichen Gerichten wurde auch bejaht für eine wettbewerbsrechtliche Klage eines Interessenverbandes der öffentlich bestellten **Vermessungs- 170**

---

[442] BGH NJW 1965, 1595.
[443] BGHZ 19, 126; BGH NVwZ 1991, 606.
[444] OVG Hamburg MDR 1972, 979.
[445] BGHZ 99, 256 = NJW 1987, 2747.
[446] BVerwG NJW 1987, 2758.
[447] BGHZ 17, 191.
[448] BGHZ 35, 209; vgl. auch BGH MDR 1994, 207.
[449] OLG München NJW 1967, 570.
[450] BGH MDR 1980, 51.
[451] BGH NJW 1991, 1686, 1687.
[452] BGH MDR 1987, 648.
[453] BGH MDR 1969, 650.
[454] BGH NJW-RR 1987, 1526 = MDR 1987, 912.
[455] BayObLG MDR 1975, 587.
[456] OLG Frankfurt NJW 1997, 2391.
[457] BGH NJW 2007, 1819.
[458] BGH NJW 1993, 789.

ingenieure, obwohl für deren Tätigwerden nach dem maßgeblichen Landesrecht öffentliches Recht anzuwenden ist;[459] ebenso für wettbewerbsrechtliche Streitigkeiten zwischen öffentlich bestelltem Vermessungsingenieur und staatlichem Vermessungsamt.[460]

171 **Widerruf.** Der Rechtsweg zu den **ordentlichen Gerichten** ist gegeben für den Widerrufsanspruch eines **Arbeitnehmers** gegen den Arbeitgeber, wenn die ehrenkränkenden Behauptungen nicht im inneren Zusammenhang mit den arbeitsvertraglichen Pflichten stehen.[461] Der ordentliche Rechtsweg wurde auch bejaht für eine Klage aus Verletzung von Amtspflichten, gerichtet auf den Widerruf dienstlicher Äußerungen eines Beamten im **„fiskalischen" Bereich** seines Dienstherrn, sofern sie mit der fiskalischen Tätigkeit in engem Zusammenhang stehen.[462]

172 Der Rechtsweg zu den **Verwaltungsgerichten** wurde bejaht für Klagen wegen Widerrufs dienstlicher Äußerungen eines **Amtsvormundes;**[463] für Klagen gegen die Eintragung einer Person in die Warnmitteilungen des Präsidenten des **Bundesausgleichsamtes,** durch die die mit der Bearbeitung von Anträgen befassten Behörden zu besonders sorgfältiger Prüfung bei den Anträgen der verzeichneten Personen angehalten werden;[464] wenn ein Schreiben einer staatlichen Baubehörde, das an gleich- und nachgeordnete Behörden gerichtet ist, eine **Dienstanweisung** enthält, für das Verlangen des Bauunternehmers, in ihr enthaltene, ihm nachteilige Behauptungen zu widerrufen;[465] für die Klage gegen eine öffentlich-rechtliche Körperschaft auf Widerruf der Äußerung eines Beamten, die letzterer in einem dem **dienstlich-hoheitlichen Bereich** der Körperschaft zuzurechnenden Geschehensablauf getätigt hat;[466] für Ansprüche auf Widerruf oder Unterlassung rufgefährdender Erklärungen einer Behörde gegenüber der Presse dann, wenn die Äußerungen zwar Vorgänge aus dem **fiskalischen Bereich** zum Gegenstand haben, aber zur Darstellung oder Rechenschaft über hoheitliche Verwaltungstätigkeit abgegeben werden;[467] für eine Klage auf Widerruf einer von einer **Justizpressestelle** oder der Staatsanwaltschaft in amtlicher Eigenschaft abgegebenen Presseerklärung;[468] ebenso für den Widerrufsanspruch gegen die Anstellungskörperschaft wegen ehrverletzender Äußerungen eines **Richters** in Ausübung seines Amtes;[469] wenn Äußerungen des Vorsitzenden einer **staatlichen Forschungskommission,** die in engem Zusammenhang mit der Verhandlungsleitung und der Beschlussfassung über öffentlich-rechtliche Organisationsfragen stehen, unter dem Gesichtspunkt der Ehrverletzung beanstandet werden, für den Anspruch auf Unterlassung und Rücknahme.[470]

173 **Wirtschaftsprüfer.** Der **Verwaltungsrechtsweg** ist gegeben für die Klage eines Wirtschaftsprüfers gegen präventive Maßnahmen der Wirtschaftsprüferkammer.[471]

174 **Wirtschaftsverband.** Für den Anspruch auf **Aufnahme** in einen Wirtschaftsverband, der nach seiner Satzung die Berufsinteressen der Unternehmen eines bestimmten Gewerbe- oder Handelszweigs vertritt, steht dem Unternehmen, das die satzungsgemäßen Voraussetzungen der Mitgliedschaft erfüllt, der Rechtsweg zu den **Zivilgerichten** offen.[472]

175 **Wohnungsbaudarlehen.** Der Rechtsweg zu den **ordentlichen Gerichten** wurde bejaht für Ansprüche aus dem **Darlehensvertrag** (hier: Ablösungserklärung des Darlehensnehmers, § 102 Abs. 2 S. 2 WoBauG);[473] für den Streit über die Befugnis des Gläubigers des öffentlichen Baudarlehens zu verlangen, dass neben den Zinsen aus dem Darlehen **zusätzliche Leistungen** entrichtet werden.[474]

176 Der **Bescheid der Bewilligungsbehörde** über den Antrag auf Herabsetzung der Zinsen eines öffentlichen Wohnungsbaudarlehens ist ein Verwaltungsakt, so dass bei Streitigkeiten hierüber der **Verwaltungsrechtsweg** offensteht.[475]

---

[459] BGH NJW-RR 1991, 363.
[460] BGH NJW 1993, 1659.
[461] OLG Hamm NJW-RR 1988, 1022.
[462] BGH MDR 1961, 665 m. Anm. *Bettermann* MDR 1961, 837 f.; s. auch Rn. 83.
[463] BVerwG NJW 1988, 2399.
[464] BVerwG MDR 1966, 533.
[465] BGHZ 14, 222.
[466] OVG Koblenz NJW 1987, 1660.
[467] BGH NJW 1978, 1860.
[468] BVerwG NJW 1989, 412; LG Kiel JZ 1959, 258.
[469] OVG Münster NJW 1988, 2636.
[470] BGH NJW 1963, 1203.
[471] OVG Münster NJW 1990, 2150.
[472] BGHZ 21, 1, 3.
[473] BGH MDR 1972, 308.
[474] BVerwG MDR 1972, 357.
[475] BVerwG NJW 1962, 170.

Zinsen. Ein Anspruch auf Ersatz des Verzugsschadens, der vom Berechtigten aus einem öffentlich-rechtlichen Verhältnis von anderer als vertraglicher Art hergeleitet wird, muss, wenn er in aktuellem Zusammenhang mit möglichen Ansprüchen aus **Amtshaftung** steht, im **ordentlichen Rechtsweg** geltend gemacht werden.[476] Für die Entscheidung, ob die Vorschriften über **Verzugszinsen** nach §§ 286 ff. BGB für öffentlich-rechtliche Über- und Unterordnungsverhältnisse entsprechend anzuwenden sind, ist deshalb der Verwaltungsrechtsweg nicht gegeben;[477] dies gilt etwa für Klagen auf Zahlung von Zinsen für geleistete und später zurückerstattete Anliegerbeiträge.[478] 177

Hingegen sind für Streitigkeiten wegen der Verzinsung fälliger **Erschließungsbeiträge** die **Verwaltungsgerichte** zuständig.[479] Die **Sozialgerichte** entscheiden über den Anspruch eines zum Bezuge einer **Rente** aus der Arbeiterrentenversicherung Berechtigten gegen den Rentenversicherungsträger auf Verzugszinsen jedenfalls dann, wenn der Anspruch auf die Verzugszinsen ohne Angabe eines selbständigen konkreten Tatbestandes der Amtspflichtverletzung und eines besonderen Verzugsschadens erhoben wird.[480] 178

Zivildienst. Bei **Schadensersatzansprüchen** gegen einen Zivildienstleistenden ist nicht der Verwaltungsrechtsweg, sondern der **Zivilrechtsweg** eröffnet;[481] ebenso für Schadensersatzansprüche des Bundes gegen eine Beschäftigungsstelle.[482] 179

Der **Verwaltungsrechtsweg** ist aber gegeben für Schadensersatzansprüche wegen Verletzung von Fürsorgepflichten im Zivildienstverhältnis, insbesondere auch für Schadensersatzansprüche der Bundesrepublik gegen eine anerkannte Beschäftigungsstelle wegen Verletzung von Pflichten aus dem verwaltungsrechtlichen Schuldverhältnis.[483] 180

Zuchtvereinigung. Für die Klage eines Pferdezüchters auf Verpflichtung (Verurteilung) der Zuchtvereinigung, einen Hengst in das **Zuchtbuch** einzutragen, ist der Rechtsweg zu den **Zivilgerichten** eröffnet. Die Züchtervereinigungen handeln bei der Zuchtbuchführung nicht in Ausübung öffentlich-rechtlicher Verwaltungskompetenzen.[484] 181

Zusatzversorgung. Für die Klage eines Versicherten gegen den Dachverband der niedersächsischen Sparkassen in der Rechtsform einer Körperschaft öffentlichen Rechts als Träger einer nicht rechtsfähigen Zusatzversorgungseinrichtung gem. § 3 des Tarifvertrags über die Versorgung der Arbeitnehmer kommunaler Verwaltungen und Betriebs mit der Bezeichnung Emder Zusatzversorgungskasse für Sparkassen ist der Rechtsweg zu den ordentlichen Gerichten gegeben.[485]

Zuschuss. Der Rechtsweg zu den **Verwaltungsgerichten** wurde bejaht für den Streit über das Bestehen eines Anspruchs auf Gewährung eines Zuschusses zur **Altölbeseitigung**;[486] wenn sich ein Baubewerber gegenüber einer Gemeinde zur Zahlung eines verlorenen Zuschusses verpflichtet, damit diese in Änderung ihrer Planung den **Entwässerungskanal** zum Baugrundstück früher als vorgesehen verlegt, für Streitigkeiten aus der Verpflichtungserklärung.[487] 182

Zwangsarbeit. Für Klagen ehemaliger Ostarbeiter auf Entschädigung für im Zweiten Weltkrieg geleistete Zwangsarbeit ist der Rechtsweg zu den Zivilgerichten und nicht der zu den Arbeitsgerichten eröffnet.[488] 183

§ 13 a [Zuweisung durch Landesrecht]

Durch Landesrecht können einem Gericht für die Bezirke mehrerer Gerichte Sachen aller Art ganz oder teilweise zugewiesen sowie auswärtige Spruchkörper von Gerichten eingerichtet werden.

---

[476] BVerwG MDR 1971, 605.
[477] BVerwG MDR 1962, 600.
[478] OVG Münster MDR 1964, 955.
[479] BVerwG NJW 1971, 1148.
[480] BSG NJW 1965, 1998.
[481] VG Darmstadt NVwZ 1986, 331.
[482] BGH MDR 1991, 227.
[483] BGH NVwZ 1990, 1103.
[484] BVerwG NJW 1981, 2482.
[485] BGH NZA-RR 2006, 430.
[486] VGH Kassel NJW 1972, 2062.
[487] BGH NJW 1972, 585.
[488] BAG NJW 2000, 1438.

I. Normzweck, Einfügung

1 § 13a wurde eingefügt durch das 1. Gesetz über die Bereinigung von Bundesrecht im Zuständigkeitsbereich des BMJ vom 19. 4. 2006 (BGBl. I S. 866). Bisher galt eine entsprechende Regelung im Einigungsvertrag nur für die neuen Bundesländer; durch § 13a gilt sie im ganzen Bundesgebiet. Die entsprechende Regelung im Einigungsvertrag wurde „außer Wirksamkeit gesetzt" (BT-Drucks. 16/47, S. 49).

II. Regelung

2 § 13a ermöglicht gerichtsbezirksübergreifende Zuständigkeitskonzentrationen. Den Ländern wird eine entsprechende Regelungsbefugnis eingeräumt (sog. Öffnungsklausel). Sie ist beschränkt auf die ordentliche Gerichtsbarkeit. Andere spezielle Konzentrationsermächtigungen (wie § 23c, § 74d) bleiben dadurch unberührt. Da jedes Land die Sache nach eigenem Gutdünken regeln kann, werden dadurch die Zuständigkeiten noch unübersichtlicher als sie ohnehin schon sind, zum Schaden der Bürger und ihrer Anwälte.

§ 14 [Besondere Gerichte]

Als besondere Gerichte werden Gerichte der Schiffahrt für die in den Staatsverträgen bezeichneten Angelegenheiten zugelassen.

I. Normzweck

1 § 14 enthält eine Ermächtigung des Bundesgesetzgebers an die Länder, für Schifffahrtsangelegenheiten besondere Gerichte zu errichten. Da die Gerichte des Bundes in Art. 95, 96 GG abschließend aufgezählt sind, können sie als Gerichte des Bundes nicht errichtet werden. § 14 betrifft jedoch nur die Schifffahrtsgerichte für die in Staatsverträgen mit anderen Ländern bezeichneten Angelegenheiten, was insbesondere Grenzflüsse betrifft, nicht aber die Binnenschifffahrt. § 14 enthält einen Anwendungsfall für die in Art. 101 Abs. 2 GG zugelassenen Gerichte für besondere Sachgebiete.

II. Allgemeines zu den besonderen Gerichten

2 **1. Besondere Gerichte.** Besondere Gerichte sind für besondere Sachgebiete gegründete Gerichte, die für das ihnen zugewiesene Rechtsgebiet vom Zeitpunkt ihrer Errichtung bis zu ihrer Auflösung an die Stelle der sonst zuständigen ordentlichen Gerichte treten. Die besonderen Gerichte zählen jedoch weder zu den ordentlichen Gerichten iSd. § 12, noch handelt es sich um Ausnahmegerichte iSd. § 16. Vielmehr wird durch die Errichtung eines besonderen Gerichts ein **neuer Rechtsweg** eröffnet.[1] Besondere Gerichte der Länder sind durch Art. 95, 96 GG nicht begrenzt, bedürfen aber für ihre Errichtung einer bundesgesetzlichen Zulassung. Besteht eine derartige Zulassung besonderer Landesgerichte, kann das Land jedoch, anstatt ein besonderes Gericht zu errichten, die Erledigung der jeweiligen Fälle durch die ordentlichen Gerichte bestehen lassen und lediglich gemäß § 3 Abs. 1 EGGVG abweichende Zuständigkeitsregelungen oder gemäß § 3 Abs. 2 EGGVG abweichende Verfahrensregelungen treffen.

3 **2. Abteilungen.** Keine besonderen Gerichte mit eigenem Rechtsweg stellen die bei den ordentlichen Gerichten gegründeten Abteilungen für bestimmte Teile des Geschäftsbetriebs dar, wie die Familiengerichte bei den Amtsgerichten (§ 23b Abs. 1 S. 1), die Kammern für Handelssachen nach §§ 93ff., die Kammer für Baulandsachen nach §§ 217ff. BauGB, die Landwirtschaftsgerichte nach § 2 LwVG, die Wiedergutmachungskammern nach den Rückerstattungsgesetzen,[2] die Patentgerichte nach § 143 Abs. 1 PatG, die Kartellgerichte nach § 89 Abs. 1 GWB, die Kartellsenate nach § 91 GWB, die Urheberrechtsgerichte nach § 105 Abs. 1 und 2 UrhG und die Sortenschutzgerichte nach § 48 SortSchG. In diesen Fällen handelt es sich um organisatorisch und personell voll eingegliederte Teile der ordentlichen Gerichtsbarkeit, die aber nicht allein durch den Geschäftsverteilungsplan zugelassen werden können, sondern einer besonderen gesetzlichen Zulassung bedürfen.

---

[1] RGZ 156, 291.
[2] S. zur Zuständigkeit des BGH als oberste Instanz das Überleitungsgesetz vom 17. 12. 1990 (BGBl. I S. 2862), dazu NJW 1991, 1875.

III. Schifffahrtsgerichte

Für die besonderen Gerichte der Schifffahrt stellt § 14 die erforderliche bundesgesetzliche Zulassungsnorm dar, soweit es sich um die als wahlweise Berufungsinstanz zugelassene Zentralkommission für die Rheinschifffahrt in Straßburg[3] oder den Berufungsausschuss der Moselschifffahrtskommission in Trier handelt. Demgegenüber stellen weder die Binnen- noch die Rhein- noch die Moselschifffahrtsgerichte besondere Gerichte iSd. § 14 dar, sondern müssen als zur ordentlichen Gerichtsbarkeit zugehörig verstanden werden.[4] Entsprechendes gilt für die jeweiligen Schifffahrtsobergerichte als Berufungsgerichte. Im Einzelnen ergibt sich folgende Zuständigkeitsverteilung: 4

1. Die Rheinschifffahrtsgerichte. a) Zuständigkeiten. Der **Tätigkeitsbereich** der Rheinschifffahrtsgerichte umfasst die in der Revidierten Rheinschifffahrtsakte vom 17. Oktober 1868 (sog. Mannheimer Akte)[5] enumerativ benannten Bereiche. Nach Art. 34 Abs. 2 lit. c der Rheinschifffahrtsakte erstreckt sich die Zuständigkeit in Zivilsachen im Wesentlichen auf solche Beschädigungen, die von Schiffern oder Flößern während ihrer Fahrt oder beim Anlanden hervorgerufen wurden. Erfasst sind damit insbesondere sämtliche Kollisionsschäden. Gemäß Art. 34 bis 1. Halbs. gilt diese Zuständigkeitsregelung auch dann, wenn die Parteien zueinander in einem Vertragsverhältnis stehen. Die Zuständigkeit der Rheinschifffahrtsgerichte erstreckt sich jedoch gemäß Art. 34 bis 2. Halbs. auf die auf einen Vertrag gestützten Klagen gegen einen Schiffer wegen Schäden, die an Bord desselben befindliche Personen oder Güter durch sein Verschulden erlitten haben. Daneben erstreckt sich die Zuständigkeit gemäß Art. 34 Abs. 2 lit. a auf Klagen wegen Zahlung der Lotsen-, Kran-, Waage-, Hafen- und Bohlwerksgebühren und ihres Betrages. 5

In die Zuständigkeit fallen aber auch Klagen eines Schiffseigners gegen einen selbständigen Rheinlotsen wegen eines Ausgleichs von Schäden aus einem **Schiffszusammenstoß während der Lotsung**. Wenngleich eine derartige Streitigkeit nicht unmittelbar dem Anwendungsbereich des Art. 34 Abs. 2 lit. c unterfällt, kann dieser Regelung doch entnommen werden, dass sie grundsätzlich eine einheitliche Beurteilung eines Schiffsunfalls intendiert, so dass nicht nur die Streitigkeiten mit dem Geschädigten, sondern auch die gegebenenfalls vorliegenden Streitigkeiten über Ausgleichsansprüche in die Zuständigkeit der Rheinschifffahrtsgerichte einzuordnen sind.[6] 6

Zur Zuständigkeit gehören auch solche wegen **Verletzung der Verkehrssicherungspflicht**, insbesondere durch die für den deutschen Teil des Rheins unterhaltungspflichtige Bundesrepublik.[7] Demgegenüber zählen solche Klagen gegen die Bundesrepublik, die auf Amtspflichtverletzungen gestützt werden, nicht zu den Rheinschifffahrtssachen, weil hier hoheitliches Handeln überprüft wird und nicht davon auszugehen ist, dass eine hoheitliche Handlung ohne ausdrückliche Vereinbarung einer internationalen Institution wie der Rheinzentralkommission in Straßburg unterworfen wird.[8] 7

Für den Fall, dass eine Sache anhängig wird, die keine Rheinschifffahrtssache darstellt, ist auf Antrag hin eine **Verweisung** an das von den Parteien vereinbarte oder an das zuständige Gericht vorzunehmen, andernfalls ist die Klage auf Grund fehlender Zuständigkeit des Gerichts **abzuweisen.**[9] Es dürfen keine Streitigkeiten vom Rheinschifffahrtsgericht entschieden werden, die keine Rheinschifffahrtssachen sind; eine Vereinbarung ist insoweit nicht möglich. Die Parteien können aber die Zuständigkeit eines anderen Gerichts **vereinbaren,** weil die Rheinschifffahrtsgericht keine ausschließliche Zuständigkeit haben. Vereinbaren die Parteien die Zuständigkeit eines anderen Gerichts, dann zählt die Streitsache nicht als Rheinschifffahrtssache.[10] Auch für Schadensersatzansprüche, die auf einer Kollision auf nichtdeutschem Gebiet beruhen, kann durch Parteivereinbarung die Zuständigkeit eines deutschen Gerichts und damit der deutschen Gerichtsbarkeit begründet werden.[11] 8

b) Instanzenzug und Verfahren. Erste Instanz der Rheinschifffahrtsstreitigkeiten ist (ohne Rücksicht auf den Streitwert) das Rheinschifffahrtsgericht, das dem Amtsgericht angegliedert ist. 9

---

[3] Vgl. BGHZ 18, 267, 270.
[4] Vgl. BGHZ 45, 237, 240; aA hinsichtlich der Rhein- und Moselschifffahrtsgerichte *Kissel/Mayer* Rn. 7 f.
[5] Text neu bekanntgemacht am 11. 3. 1969, BGBl. II S. 597, letzte Änderung durch die Zusatzprotokolle zu der Revidierten Rheinschifffahrtsakte Nr. 2, BGBl. II 1980 S. 871 und Nr. 3, BGBl. II 1980 S. 876.
[6] Vgl. BGH NJW 1973, 101, 102; VersR 1956, 430.
[7] Vgl. BGH MDR 1973, 743, 744.
[8] Vgl. BGHZ 45, 237, 245.
[9] Vgl. BGHZ 45, 237, 242 f.
[10] Vgl. § 14 Abs. 2 S. 2 BinnSchVerfG; BGHZ 45, 237, 242; RGZ 87, 251.
[11] BGHZ 42, 385, 387.

Gegen das erstinstanzliche Urteil wird der unterlegenen Partei eine alternative Rechtsmittelzuständigkeit in 2. Instanz gewährt. Nach freier Wahl kann der Berufungskläger seine Beschwerde oder Berufung entweder an das dem OLG angegliederte Rheinschifffahrtsobergericht oder an die Zentralkommission für die Rheinschifffahrt mit Sitz in Straßburg wenden. Für den Fall, dass eine Partei Berufung zur Zentralkommission in Straßburg einlegt und die andere Partei das Rheinschifffahrtsobergericht als Berufungsgericht anruft, ist die Zuständigkeit des Gerichts gegeben, das zeitlich zuerst angerufen wurde. Bei gleichzeitigem Eingang ist das Gericht zuständig, das der Beklagte angerufen hat (Art. 37). Die Zentralkommission setzt sich aus einem Richter je Vertragsstaat[12] zusammen. Wird die Berufung oder Beschwerde an das Rheinschifffahrtsobergericht gerichtet, sind durch das Länderabkommen Baden-Württembergs, Hessens, Nordrhein-Westfalens und Rheinland-Pfalz v. 8. 2. 1954[13] infolge einer entsprechenden Gliederung der Gerichtsbezirke allein die beim OLG Karlsruhe und beim OLG Köln angegliederten Rheinschifffahrtsobergerichte zuständig. Die Berufung beim Rheinschifffahrtsobergericht ist gemäß § 17 BinnSchVerfG ohne Rücksicht auf den Streitwert zulässig. Für das **Verfahren** vor der Zentralkommission gilt entsprechend der Mannheimer Akte die Verfahrensordnung der Berufungskammer v. 23. 10. 1969.[14]

10 Nach Auffassung des BGH[15] ist gegen Urteile der Rheinschifffahrtsobergerichte die **Revision** zum BGH nach Maßgabe der §§ 542 ff. ZPO, §§ 14, 9 Abs. 2 BinnSchVerfG zulässig. Merkwürdiges Ergebnis ist, dass nach der freien Wahl des Berufungsklägers entweder ein dreigliedriger nationaler Instanzenzug besteht oder nur eine nationale Eingangsinstanz (AG) und eine internationale zweite Instanz angerufen werden können, da der internationalen Zentralkommission nach Art. 37 Abs. 2 bis 5 keine weitere Instanz übergeordnet ist.

11 Gemäß § 21 BinnSchVerfG werden Entscheidungen außerdeutscher Rheinschifffahrtsgerichte auf Grund einer von dem Rheinschifffahrtsobergericht Köln kostenfrei zu erteilenden *Vollstreckungsklausel* vollstreckt.

12 **2. Die Moselschifffahrtsgerichte.** Für die Moselschifffahrt gilt auf Grund des Vertrages zwischen der Bundesrepublik, Frankreich und Luxemburg[16] iVm. §§ 4, 18a BinnSchVerfG eine zu den Rheinschifffahrtssachen[17] weitgehend parallel laufende Regelung. Deshalb wird auf Rn. 5 ff. verwiesen. Zuständig ist in erster Instanz das AG als Moselschifffahrtsgericht. Für die Berufungsinstanz besteht auch hier eine alternative Zuständigkeit nach Wahl des Berufungsklägers: er kann entweder das OLG als Moselschifffahrtsobergericht oder aber den Berufungsausschuss der Moselkommission in Trier anzurufen. Das Verfahren vor dem Berufungsausschuss der Moselkommission richtet sich nach der Verfahrensordnung des Berufungsausschusses v. 9. 10. 1970.[18] Auch bei Moselschifffahrtssachen ist die Berufung an das Moselschifffahrtsobergericht gemäß § 18d BinnSchVerfG ohne Rücksicht auf den Streitwert zulässig.

13 **3. Die Binnenschifffahrtsgerichte.** Soweit es sich nicht um eine Rhein- oder Moselschifffahrtssache handelt und die Voraussetzungen des § 2 BinnSchVerfG erfüllt sind, liegt eine Binnenschifffahrtssache vor, die (ohne Rücksicht auf den Streitwert) in die Zuständigkeit der bei den Amtsgerichten bestehenden Schifffahrtsgerichte fällt. Die Berufung an das Schifffahrtsobergericht, das beim OLG eingerichtet wird, ist gemäß § 9 Abs. 1 BinnSchVerfG ohne Rücksicht auf den Streitwert zulässig. Gegen die Urteile des Berufungsgerichts ist unter den auch sonst geltenden Voraussetzungen der §§ 542 ff. ZPO die Revision an den BGH zulässig. Die sachliche und örtliche Zuständigkeit der Schifffahrtsgerichte richtet sich grundsätzlich nach § 3 BinnSchVerfG.

14 Besonders berücksichtigt werden muss, dass die Landesregierungen gemäß § 4 Abs. 1 BinnSchVerfG ermächtigt sind, die Verhandlung und Entscheidung von Binnenschifffahrtssachen einem AG als Schifffahrtsgericht oder einem OLG als Schifffahrtsobergericht für bestimmte Binnengewässer oder bestimmte Abschnitte von Binnengewässern aus dem Bezirk mehrerer Gerichte zuzuweisen. Weiterhin sind Vereinbarungen der Länder gemäß § 4 Abs. 2 BinnSchVerfG zu berücksichtigen, in denen die Verhandlung und Entscheidung von Binnenschifffahrtssachen eines Landes ganz oder teilweise den Gerichten eines anderen Landes zugewiesen werden.

---

[12] Neben der Bundesrepublik noch Belgien, Frankreich, Niederlande, Schweiz und das Vereinigte Königreich, vgl. die Bek. v. 12. 6. 1967, BGBl. II S. 2000 und das Zusatzprotokoll v. 25. 10. 1972, BGBl. II 1974 S. 1385; in Kraft seit dem 27. 2. 1975, BGBl. II S. 743.
[13] SaBl. 861; ratifiziert von Hessen durch Gesetz v. 1. 6. 1954, GVBl. S. 97 und Baden-Württemberg durch Gesetz v. 28. 6. 1954, GBl. S. 95.
[14] Bek. v. 23. 1. 1970, BGBl. II S. 37.
[15] BGHZ 18, 267.
[16] V. 27. 10. 1956, BGBl. II S. 1838.
[17] Rn. 5 ff.
[18] Bek. v. 15. 5. 1972, BGBl. II S. 340.

4. Die Arbeitsgerichte. Seit der Neuregelung der §§ 17 ff. GVG und des § 48 ArbGG ist der Rechtsweg zu den Arbeitsgerichten als selbständiger Rechtsweg zu einer eigenständigen Gerichtsbarkeit anzusehen; früher war das umstritten.

Die Frage, ob die **Zuständigkeit der Arbeitsgerichte** gemäß §§ 2, 2a und 3 ArbGG gegeben ist, entscheidet sich nach der tatsächlichen Sachlage und ist von **Amts wegen zu prüfen**.[19] Ausreichend für die Bejahung der arbeitsgerichtlichen Zuständigkeit ist, dass der Sachverhalt zumindest teilweise arbeitsrechtlicher Natur ist.[20]

Ein sog. **negativer Kompetenzkonflikt**, bei dem sowohl das ordentliche Gericht als auch das Arbeitsgericht die eigene Zuständigkeit verneinen, ist wegen der Bindung nach § 17a Abs. 2 S. 2 grundsätzlich ausgeschlossen. Tritt er auf Grund eines Fehlers dennoch auf, so ist § 36 Nr. 6 ZPO entsprechend anzuwenden.

5. Das Patentgericht. Ein besonderes Gericht stellt auch das auf Grund der Ermächtigung des Art. 96 Abs. 1 GG errichtete BPatG dar. Es entscheidet (in erster Instanz) über die Beschwerden gegen Beschlüsse der Prüfungsstellen oder Patentabteilungen des Patentamts sowie über Klagen auf Erklärung der Nichtigkeit oder Zurücknahme von Patenten und auf Erteilung von Zwangslizenzen (§ 65 PatG), bestimmte Streitigkeiten nach § 66 Abs. 1 MarkenG und § 10 Abs. 1 GebrMG. Rechtsmittelgericht ist der BGH. Demgegenüber fallen die **Patentstreitsachen** gemäß § 143 Abs. 1 PatG nicht in die Zuständigkeit des Bundespatentgerichts, sondern ohne Rücksicht auf den Streitwert in die Zuständigkeit der Zivilkammern bei den Landgerichten (ausschließliche Zuständigkeit), mit Konzentration auf bestimmte LG.

6. Die hessischen Ortsgerichte. Bei den hessischen Ortsgerichten handelt es sich nicht um streitentscheidende Gerichte, sondern nach § 2 S. 1 HessOrtsgerichtsG[21] um Hilfsbehörden der Justiz, so dass sie nicht unter § 14 fallen. Ihnen obliegen die in den §§ 13 ff. HessOrtsgerichtsG im Einzelnen aufgeführten Aufgaben auf dem Gebiet der freiwilligen Gerichtsbarkeit und des Schätzungswesens.

7. Die Schiedsmänner. Auch das in verschiedenen Ländern eingerichtete Amt der Schiedsmänner (Hessen, Niedersachsen, Nordrhein-Westfalen, Saarland, Schleswig-Holstein) bedeutet nicht die Errichtung besonderer Gerichte iSd. § 14. Der Schiedsmann kann in bürgerlichen Rechtsstreitigkeiten über vermögensrechtliche Ansprüche auf einen Vergleich hinwirken, aus dem die gerichtliche Zwangsvollstreckung stattfindet. Eine Befugnis zur Streitentscheidung steht einem Schiedsmann indes nicht zu.

§ 15 (weggefallen)

§ 16 [Ausnahmegerichte]

¹Ausnahmegerichte sind unstatthaft. ²Niemand darf seinem gesetzlichen Richter entzogen werden.

Übersicht

	Rn.		Rn.
I. Normzweck	1, 2	b) Andere Tätigkeiten	13
		c) Gerichtlicher Vergleich	14
II. Das Verbot der Ausnahmegerichte	3–8	d) Richter	15–17
1. Begriff der Ausnahmegerichte	3, 4	e) Rechtspfleger	18
2. Die Zulässigkeit der Sondergerichte	5–7	3. Inhaber des Rechts auf den gesetzlichen Richter	19
3. Spezialspruchkörper bei den Gerichten	8	4. Die erforderliche Bestimmtheit des gesetzlichen Richters	20
III. Das Recht auf den gesetzlichen Richter	9–26	5. Adressaten des Gebots	21–26
1. Zweck und Bedeutung	9–11	a) Exekutive	21
2. Geltungsbereich	12–18	b) Einfacher Gesetzgeber	22
a) Rechtsprechungstätigkeit	12	c) Rechtsprechung	23–26

---

[19] Vgl. BAGE 15, 325, 327.
[20] BAG AP ArbGG § 2 Nr. 28; s. auch BAG JZ 1965, 63.
[21] IdF v. 2. 4. 1980, Hess GVBl. I S. 113, II 28-1.

I. Normzweck

1 § 16 gewährleistet als einfaches Gesetz das Recht auf den gesetzlichen Richter, wie es sich fast wortgleich auch in Art. 101 Abs. 1 GG findet. Das in S. 1 ausgesprochene Verbot von Ausnahmegerichten wird hierbei als das engere Verbot von dem in S. 2 allgemein ausgesprochenen **Verbot der Richterentziehung** als dem weiterreichenden Verbot mitumfasst.[1]

2 Unter verfassungsrechtlichen Gesichtspunkten enthält der Grundsatz des gesetzlichen Richters eine **Konkretisierung des Rechtsstaatsgebots** für den Bereich der Gerichtsverfassung. Das Gebot des gesetzlichen Richters setzt danach einen Bestand von Rechtssätzen voraus, die für jeden denkbaren Streitfall im Voraus (also nach dem Zufallsprinzip) den im Einzelfall zuständigen Richter bezeichnen.[2] Das sind die Geschäftsverteilungspläne. Eingriffe in die Rechtspflege sollen dadurch vermieden werden, die darin bestehen könnten, dass von Seiten interessierter staatlicher Organe außerhalb oder innerhalb der Justiz[3] eine zu entscheidende Sache jeweils dem Richter zugewiesen wird, der die akzeptabelste Auffassung vertritt; die Nachteile des Zufallsprinzips müssen deshalb in Kauf genommen werden. Durch das damit verbundene **Verbot der Richtermanipulationen** wird die Gefahr sachfremder Einflüsse auf die Rechtsprechung eingeschränkt.[4]

II. Das Verbot der Ausnahmegerichte

3 **1. Begriff der Ausnahmegerichte.** Ausnahmegerichte sind solche Gerichte, die in Abweichung von der gesetzlichen Zuständigkeit besonders gebildet und **zur Entscheidung einzelner konkreter oder individuell bestimmter Fälle** berufen sind.[5] Deshalb kann auch ein einzelner Spruchkörper (zB eine Zivilkammer) dem Begriff des Ausnahmegerichts unterfallen, wenn ihm durch die Geschäftsverteilung ein Einzelfall oder eine Gruppe von Einzelfällen zugewiesen wird.[6] Ebensowenig ist für die Einstufung als Ausnahmegericht entscheidend, ob die besondere Zuweisung auf Grund einer entsprechenden Geschäftsverteilung oder auf Grund Gesetzes vorgenommen wird.

4 Das Verbot der Ausnahmegerichte richtet sich nicht nur an die **Exekutive** und hier insbesondere an die Justizverwaltung, sondern auch an das **Präsidium** im Rahmen der Geschäftsverteilung und den **Gesetzgeber** des Bundes und der Länder.[7]

5 **2. Die Zulässigkeit der Sondergerichte.** Sondergerichte oder auch Gerichte für besondere Sachgebiete sind solche Gerichte, die von vornherein **abstrakt und generell für bestimmte Sachgebiete** vorgesehen sind.[8] Sondergerichte sind deshalb mit Art. 101 Abs. 1 S. 2 GG und § 16 vereinbar. Für ihre Errichtung ist aber der Gesetzesvorbehalt des Art. 101 Abs. 2 GG zu beachten.

6 Sondergerichte des Bundes können nicht durch einfaches Gesetz errichtet werden, denn als Gericht des Bundes sind nur die im Grundgesetz in Art. 95, 96 vorgesehenen Gerichte zugelassen.[9] Dagegen ist die Errichtung im Grundgesetz nicht vorgesehener **Sondergerichte der Länder** durch einfaches Gesetz zulässig. Als Sondergerichte der Länder kommen insbesondere die Berufs- und Standesgerichte in Betracht.[10]

7 **Keine Zuweisung an ein Sondergericht** liegt vor, wenn der Rechtsweg zu den einzelnen Gerichtsbarkeiten abweichend von der allgemeinen Regelung gesetzlich anders bestimmt wird.[11] Eine derartige Auswechslung zweier Rechtswege ist zulässig.[12]

8 **3. Spezialspruchkörper bei den Gerichten.** Anders als die Sondergerichte bedürfen die sog. Spezialspruchkörper keiner ausdrücklichen **gesetzlichen Grundlage**. Sie können vielmehr durch das Präsidium im Geschäftsverteilungsplan gebildet werden.[13]

---

[1] BayVerfGH NJW 1984, 2813; *Rinck* NJW 1964, 1652 f.; *Maunz/Dürig/Herzog* Art. 101 GG Rn. 4; *Kissel/Mayer* Rn. 1.
[2] S. etwa BVerfGE 19, 52, 59 f.; 27, 18, 34.
[3] BVerfGE 48, 246, 254.
[4] BVerfGE 17, 294, 299; 48, 246, 254.
[5] BVerfGE 10, 200, 212; BayVerfGH NJW 1984, 2813; *Maunz/Dürig/Herzog* Art. 101 GG Rn. 3.
[6] BVerfGE 17, 294, 299; 19, 52, 59 f.; 26, 186, 192 f.; 40, 356, 361; *Kissel/Mayer* Rn. 14.
[7] BayVerfGH NJW 1984, 2813.
[8] Vgl. BVerfGE 10, 200, 212 f.; dazu auch § 14 Rn. 2.
[9] Art. 92 GG; BVerfGE 10, 200, 213; 26, 186, 192.
[10] BVerfGE 18, 241, 257; 22, 42, 47; 26, 186, 192.
[11] S. § 13 Rn. 20 ff.
[12] Vgl. für die Kammern und Senate für Baulandsachen BVerfGE 4, 387, 398 f. und für die Zuweisung von Notarsachen an die Zivilgerichte BVerfG NJW 1963, 446, 447; wie hier auch *Kissel/Mayer* Rn. 18.
[13] S. auch § 21 e Rn. 10 ff.

Bei Verstößen durch **richterliche Entscheidung** genügt der objektive Verstoß allein dagegen nicht. Vielmehr ist der gesetzliche Richter nach der Rechtsprechung des BVerfG nur verletzt, wenn **willkürlich** von den gesetzlichen Vorschriften oder den Vorschriften des Geschäftsverteilungsplans abgewichen wird,[39] damit nicht gegen jede irrtümliche Anwendung von Zuständigkeitsvorschriften das BVerfG als eine Superrevisionsinstanz angerufen werden kann. Auch entscheidet trotz eines Zuständigkeitsfehlers immer noch ein neutraler und unabhängiger Richter von dem im Regelfall keine unsachliche Einflussnahme auf den Inhalt der Entscheidung droht. Richterliche Willkür liegt vor bei offensichtlicher Unhaltbarkeit und Unverständlichkeit der Zuständigkeitsentscheidung. Die fehlerhafte Rechtsanwendung muss solcher Art sein, dass sie nicht mehr verständlich ist und nicht mehr als Rechtsanwendung angesehen werden kann.[40] Darunter fällt auch die bloß irrtümlich ergangene falsche Entscheidung, weil nicht die subjektive Motivation, sondern die Offensichtlichkeit des objektiven Fehlers entscheidet. Das BVerfG[41] hat deshalb eine Bestimmung des zuständigen Gerichts nach § 36 Nr. 6 ZPO zu Recht als willkürlich angesehen, weil ein nach dem Gesetz keinesfalls zuständiges Gericht als zuständig festgelegt wurde, obwohl dies nicht subjektiv willkürlich, sondern irrtümlich geschah. Willkür kann auch bei einer Zuständigkeitsbestimmung durch richterliche Rechtsfortbildung contra legem vorliegen[42] oder wenn ein Gericht trotz entscheidungserheblicher Auslegungszweifel die Vorlage an den EuGH nach Art. 234 EGV überhaupt nicht in Erwägung zieht[43] oder seinen Beurteilungsrahmen in unvertretbarer Weise überschreitet.[44] Neben dem objektiven Willkürbegriff muss aber zum Schutz der Rechtsuchenden auch die subjektive Willkür als Verstoß gegen Art. 101 Abs. 1 S. 2 GG angesehen werden. Sie liegt etwa vor, wenn ein Gericht bewusst von der Rechtsprechung des EuGH abweicht und dennoch nicht diesem vorlegt.[45]

Eine Verletzung des gesetzlichen Richters durch richterliche Entscheidung liegt vor, wenn ein Ablehnungsgesuch offensichtlich zu Unrecht zurückgewiesen worden ist[46] oder wenn das grundsätzlich auf die Überprüfung von Rechtsfragen beschränkte Revisionsgericht zu Unrecht Aufgaben der Tatsachenfeststellung übernimmt[47] oder wenn es die Zurückweisung an die Tatsacheninstanz oder die Pflicht zur Vorlage an ein anderes Gericht, auch an den EuGH oder an einen Großen Senat, unterlässt[48] oder wenn ein Richter die Erledigung einer Sache verweigert oder ungebührlich lange verzögert[49] oder wenn die Zulassung eines Rechtsmittels (Revision) unterbleibt, obwohl die Voraussetzungen gegeben sind.[50] Der gesetzliche Richter ist auch verletzt, wenn eine Sache entgegen § 348 Abs. 3 ZPO dem Einzelrichter übertragen wird[51] oder entgegen § 568 Satz 2 ZPO nicht vom Einzelrichter an die Kammer abgegeben wird.[52]

Verstöße richterlicher Entscheidungen gegen das Gebot des gesetzlichen Richters sind zunächst durch die verfahrensmäßigen Rechtsmittel geltend zu machen. Dazu gehört auch die Nichtigkeitsklage nach § 579 Nr. 1 bis 3 ZPO.[53] Erst bei Erschöpfung des Rechtswegs ist die Verfassungsbeschwerde gemäß Art. 93 Abs. 1 Nr. 4 a GG möglich.

§ 17 [Entscheidung über die Zulässigkeit des Rechtsweges]

(1) ¹Die Zulässigkeit des beschrittenen Rechtsweges wird durch eine nach Rechtshängigkeit eintretende Veränderung der sie begründenden Umstände nicht berührt. ²Während der Rechtshängigkeit kann die Sache von keiner Partei anderweitig anhängig gemacht werden.

---

[39] BVerfGE 29, 45, 48; BVerfG NJW 1984, 1874; BVerfG NJW 1988, 1456 und 2177 betr. Vorlage an den EuGH.
[40] BVerfGE 29, 45, 49; 29, 198, 207; s. auch BayVerfGH NJW 1985, 2894; BAG SAE 1985, 81, 84; BGHZ 85, 116; BVerwG NJW 1983, 896.
[41] BVerfGE 29, 45.
[42] S. auch BVerfGE 48, 246, 262 und dissenting opinion S. 264 ff.
[43] BVerfG NJW 1988, 1456, 1457.
[44] BVerfG NJW 1988, 1456, 1457.
[45] BVerfG NJW 1988, 1456 sowie 1459 und 2173.
[46] BVerfGE 31, 145, 164.
[47] BVerfGE 3, 359, 363.
[48] BVerfGE 18, 441; 19, 38, 43; 29, 198, 207 (betr. die Vorlage an den EuGH); ferner BVerfGE 31, 149, 169, 171; BVerfG NJW 1988, 1456 (Vorlage an EuGH); NJW 1989, 3007.
[49] BVerfGE 3, 359, 364; offengelassen in BVerfGE 27, 297, 304.
[50] BVerfG NJW-RR 1999, 519 (zu § 541 Abs. 1 S. 1 ZPO); *Proske* NJW 1997, 352.
[51] OLG Schleswig NJW 1988, 69.
[52] BGH NJW 2003, 1254; NJW 2004, 448.
[53] S. BayVerfGH NJW 1986, 372.

(2) ¹Das Gericht des zulässigen Rechtsweges entscheidet den Rechtsstreit unter allen in Betracht kommenden rechtlichen Gesichtspunkten. ²Artikel 14 Abs. 3 Satz 4 und Artikel 34 Satz 3 des Grundgesetzes bleiben unberührt.

Schrifttum: *Althammer/Zieglmeier,* Der Rechtsweg bei Beeinträchtigung Privater durch die kommunale Daseinsvorsorge bzw. erwerbswirtschaftliches Handeln von Kommunen, DVBl 2006, 810; *Decker,* Zur Verfahrensgestaltung im Falle kumulativer Rechtswegzuständigkeit, ZZP 110 (1997), 341; *Fischer,* Zulässigkeit der Klage und Zulässigkeit des Rechtswegs, Jura 2003, 748; *Kissel,* Die neuen §§ 17 bis 17b GVG in der Arbeitsgerichtsbarkeit, NZA 1995, 345; *Schaub,* Die Rechtszuständigkeit und die Verweisung des Rechtswegs, BB 1993, 1666; *Windel,* Die Bedeutung der §§ 17 Abs. 2, 71a GVG für den Umfang richterlicher Kognition und dir Rechtswegzuständigkeit, ZZP 111 (1998), 3.

I. Normzweck

1   Die §§ 17, 17a und 17b sind durch das Gesetz zur Neuregelung des verwaltungsgerichtlichen Verfahrens vom 17. 12. 1990¹ an Stelle der bisherigen §§ 17 und 17a neu eingefügt worden. Zweck der Neufassung war der **Abbau von Rechtsstreitigkeiten** und der damit verbundenen Verzögerungen und Kosten. Zwar wird mit der Zuweisung bestimmter Sachgebiete in einzelne Rechtswege eine Spezialisierung der Aufgaben erreicht. Doch ist der Rechtsschutz gegeben, gleichgültig in welchem Rechtsweg eine Angelegenheit entschieden wird. Aus diesem Grund heben die §§ 17, 17a und 17b die Rechtswegprüfung zwar nicht auf, sehen aber wesentliche Vereinfachungen vor.

2   Eine wichtige Vereinfachung ist die **Konzentration der Entscheidung bei einem Gericht** durch § 17 Abs. 2 S. 1, auch wenn der Streitgegenstand unter verschiedenen rechtlichen Gesichtspunkten zu bewerten ist, die an sich in unterschiedliche Rechtswege verwiesen sind.² Der Gesetzgeber hat damit der Zuständigkeit kraft Sachzusammenhangs³ ausdrücklich den Vorzug gegeben. Zu beachten sind jedoch die verfassungsrechtlichen Gewährleistungen des ordentlichen Rechtswegs in Art. 14 Abs. 3 und Art. 34 S. 3 GG. Die Rechtshängigkeit in einem Rechtsweg begründet die Unzulässigkeit einer Klage mit demselben Streitgegenstand in einem anderen Rechtsweg (§ 17 Abs. 1 S. 2). Die Beibehaltung des Rechtswegs trotz nachträglicher Veränderungen (perpetuatio fori) war früher in § 261 Abs. 3 Nr. 2 ZPO geregelt und ist in § 17 eingefügt worden.

II. Anwendungsbereich

3   **1. Geltung für alle Verfahrensarten.** § 17 ist, ebenso wie §§ 17a und 17b, grundsätzlich für alle Verfahrensarten anwendbar. Er gilt im normalen Erkenntnisverfahren, im Urkunden- und Wechselprozess (§§ 592ff. ZPO), in Ehe-, Familien- und Kindschaftssachen (§§ 606ff. ZPO), im selbständigen Beweisverfahren (§§ 485ff. ZPO), im Mahnverfahren (§§ 688ff. ZPO) und im Arrest- und einstweiligen Verfügungsverfahren.⁴ Ungeklärt ist die Geltung innerhalb der ordentlichen Gerichtsbarkeit (interne Verweisung Zivilkammer – Strafkammer).⁵ Wendet sich ein Dritter mit Klage nach § 771 ZPO gegen eine Maßnahme in Vollziehung eines im Strafverfahren erlassenen Arrests (§ 111d StPO) ist die streitige Zivilgerichtsbarkeit zuständig.⁶ Vom Zweck der §§ 17ff. **nicht** erfasst ist demgegenüber das Prozesskostenhilfeverfahren, bei dem noch keine Rechtshängigkeit vorliegt und dessen Sinn und Zweck nicht dahingehend ausgeweitet werden kann, vorab eine Entscheidung über die Rechtswegfrage herbeizuführen.⁷ Die Zulässigkeit des Rechtswegs ist im Rahmen der Erfolgsaussicht zu prüfen. Wird sie verneint und die Prozesskostenhilfe abgelehnt, so findet dagegen sofortige Beschwerde nur nach § 127 ZPO, nicht dagegen nach § 17a Abs. 3 statt. Auch eine *bindende* Verweisung gemäß § 17a Abs. 2 ist im Prozesskostenhilfeverfahren nicht möglich (anders als nach § 281 ZPO).

---

¹ BGBl. I S. 2809, 2816f.
² S. dazu § 13 Rn. 14.
³ S. dazu § 13 Rn. 14.
⁴ Vgl. VGH Kassel NJW 1996, 474; 1997, 211; *Kissel* NZA 1995, 345, 352; aA auch VGH Kassel NJW 1994, 145; 1995, 1170.
⁵ BGH NJW-RR 2005, 142; abgelehnt von OLG Nürnberg NStZ 2006, 654 für Verfahren nach § 23 EGGVG.
⁶ BGH NJW 2006, 65.
⁷ S. auch § 17a Rn. 5; BGH FamRZ 1991, 1172; VGH Mannheim NJW 1995, 1916; OVG Bautzen NJW 1994, 1020; *Zöller/Gummer* §§ 17–17b Rn. 12; *Kissel/Mayer* Rn. 6a; aA VGH Mannheim NJW 1992, 707; vgl. auch *Kissel* NZA 1995, 352, wonach §§ 17ff. auch für das Prozesskostenhilfeverfahren gelten soll.

2. Geltung in anderen Rechtswegen. § 17 gilt mit §§ 17a und b nicht nur in der Zivilgerichtsbarkeit, sondern auf Grund der Verweisungsnormen in den anderen Verfahrensgesetzen auch für das Verfahren in anderen Rechtswegen, so in der Verwaltungsgerichtsbarkeit gemäß § 83 Satz 1 VwGO einschließlich Kartellverwaltungssachen,[8] in der Arbeitsgerichtsbarkeit gemäß § 48 ArbGG, in der Sozialgerichtsbarkeit gemäß § 202 SGG und in der Finanzgerichtsbarkeit gemäß § 155 FGO. In diesen weiteren Rechtswegen gelten die §§ 17 bis 17b auch für die sachliche und örtliche Zuständigkeit (§ 83 S. 1 VwGO, § 48 Abs. 1 ArbGG, § 98 S. 1 SGG, § 70 S. 1 FGO). Sie gelten jedoch grundsätzlich nicht für die internationale Zuständigkeit (s. aber Rn. 9).

3. Verfahren der freiwilligen Gerichtsbarkeit. § 17 kann als Grundlage für eine Verweisung zwischen der freiwilligen Gerichtsbarkeit einerseits und der Verwaltungs-, Sozial- und Finanzgerichtsbarkeit andererseits herangezogen werden kann. Infolge der Einordnung der freiwilligen Gerichtsbarkeit in die ordentliche Gerichtsbarkeit sind die §§ 17 ff. anwendbar (zB Verweisung einer Notarkostenbeschwerde, § 156 KostO;[9] nichtstreitige Landwirtschaftssache).[10] § 17 ist, soweit es sich um echte Streitsachen und Antragssachen handelt, auch im Verhältnis zur ordentlichen Gerichtsbarkeit anwendbar.[11] Die §§ 17 ff. gelten entsprechend auch für eine Verweisung innerhalb der freiwilligen Gerichtsbarkeit.[12]

III. Erhaltung des Rechtswegs (Abs. 1 S. 1)

1. Unbeachtliche Änderungen. § 17 Abs. 1 S. 1 will die Kontinuität des einmal begründeten Rechtswegs erhalten, um den Parteien unnötige Kosten und Zeitverlust, die mit der Verweisung in einen anderen Rechtsweg verbunden sind, zu ersparen. Änderungen der die Rechtswegzuständigkeit begründenden Umstände nach Rechtshängigkeit sind deshalb unbeachtlich, zB die Änderung der Zuständigkeit für Sozialhilfestreitigkeiten vom Verwaltungsgericht auf das Sozialgericht ab 1. 1. 2005 (§ 51 SGG);[13] oder vom ordentlichen Gericht (Kartellgericht) zum Sozialgericht;[14] eine Änderung der Rechtspersönlichkeit, so etwa wenn die Funktionen einer juristischen Person des Privatrechts von einer juristischen Person des öffentlichen Rechts übernommen werden oder umgekehrt und damit ein neuer Rechtsträger in die Rechtsverhältnisse eintritt. Ebenso wäre unbeachtlich, wenn sich die rechtliche Einordnung eines Anspruchs durch Gesetz oder Rechtsprechung ändern würde.[15] Beachtlich sind Änderungen, durch die ein zunächst unzuständiges Gericht zuständig wird,[16] nicht aber wenn ein zunächst zuständiges Gericht durch eine gesetzliche Änderung unzuständig wird.[17]

2. Änderung des Streitgegenstands. Erfolgt jedoch eine Änderung des Streitgegenstands durch Klageänderung, durch Klageerweiterung oder durch eine Zwischenfeststellungsklage (§ 256 Abs. 2 ZPO) oder wird eine Widerklage erhoben, so gilt dafür nicht der Kontinuitätsgrundsatz. Vielmehr hat für den neuen Streitgegenstand eine erneute Rechtswegprüfung zu erfolgen.

IV. Verbot doppelter Rechtshängigkeit

1. Erstreckung auf andere Gerichtsbarkeiten. Zweck von Abs. 1 S. 2 ist, die Parteien und die Gerichte vor doppelten Prozessen in derselben Angelegenheit und den damit verbundenen Belastungen und der Gefahr widersprüchlicher Entscheidungen zu verschonen und damit auch die Rechtssicherheit zu wahren. Entgegenstehende Rechtshängigkeit ist von Amts wegen zu beachten. § 17 Abs. 1 S. 2 GVG ist neben § 261 Abs. 3 Nr. 1 ZPO erforderlich, weil die ZPO nach § 3 EGZPO nur für bürgerliche Rechtsstreitigkeiten vor den ordentlichen Gerichten gilt. § 17 Abs. 1 S. 2 GVG erstreckt den Einwand der Rechtshängigkeit **auf die anderen Gerichtsbarkeiten.** Ist bei gleichem Streitgegenstand (Rn. 10) der Einwand der Rechtshängigkeit begründet, so hat das später angegangene Gericht die Klage durch Prozessurteil als unzulässig abzuweisen,[18] falls keine Rücknahme erfolgt. Eine Verweisung an das zuerst angerufene Gericht ist nicht möglich, da sonst

---

[8] BGH NJW 2003, 3055.
[9] BGH NJW-RR 2002, 1651; BGH NJW-RR 2005, 721; *Kissel/Mayer* Rn 54.
[10] OLG Koblenz OLG-Report 2006, 255.
[11] S. auch § 17a Rn. 3 f.
[12] BGH NJW 2001, 2181; *Kissel/Mayer* Rn. 55.
[13] VGH München BayVBl 2005, 370.
[14] BGH NJW 2002, 1351.
[15] Vgl. BGHZ 70, 295; *Rosenberg/Schwab/Gottwald* § 100 III 2 a.
[16] *Stein/Jonas/Schumann* § 261 ZPO Rn. 73; *Rosenberg/Schwab/Gottwald* § 100 III 2 c.
[17] BGH NJW 1978, 949; NJW 2002, 1351; *Kissel* NJW 1991, 945, 948; *Piepenbrok* NJW 2000, 3476.
[18] BFH/NV 2006, 1694.

dort eine doppelte Rechtshängigkeit eintreten würde;[19] bei Einreichung der zwei Klagen beim selben FG-Senat kommt Verbindung in Betracht.[20]

9 **2. Auslandsklagen.** Bei Auslandsklagen gilt nach Art. 27 VO (EG) Nr. 44/2001 der Einwand der Rechtshängigkeit auch im Verhältnis zu Gerichten der Mitgliedstaaten der VO. Zu den Zivilsachen nach Art. 1 der VO können auch Ansprüche von Privatpersonen gehören, die nach deutschem Recht öffentlich-rechtlicher Natur sind.[21] Auch betont Art. 1 Abs. 1 VO (EG) Nr. 44/2001 ausdrücklich, dass es auf die Art der Gerichtsbarkeit nicht ankommt. Ist also zB vor einem ausländischen Gericht eine Klage rechtshängig, so kann dieselbe Sache nach Art. 27 VO weder vor einem deutschen Zivilgericht noch vor einem deutschen Verwaltungsgericht anhängig gemacht werden. Dasselbe gilt auch umgekehrt. Ist die Sache bereits vor einem deutschen Zivil- oder Verwaltungsgericht rechtshängig, kann sie nicht gleichzeitig vor den Gerichten eines der Vertragsstaaten anhängig gemacht werden. Außerhalb des Anwendungsbereichs von Art. 27 VO ist die Rechtshängigkeit ausländischer Verfahren zu beachten, wenn das ausländische Urteil im Inland anerkennungsfähig ist.[22]

10 **3. Streitgegenstandsbegriff.** Die Regelung in § 17 insbesondere in Verbindung mit Abs. 2 wird am ehesten verständlich auf der Grundlage des zweigliedrigen Streitgegenstandsbegriffs der hM, wonach der Streitgegenstand bestimmt wird durch den Antrag und den Sachverhalt, soweit er der Individualisierung des Antrags dient.[23] Gleichgültig ist, ob der Antrag durch einen oder mehrere und welche materiell-rechtlichen Ansprüche begründet ist.[24] Es ist deshalb nicht mehr möglich, dass Klagen mit demselben tatsächlichen Ziel nebeneinander in verschiedenen Rechtswegen erhoben werden, wie zB wenn Herausgabe ein und derselben Sache einmal auf Grund privatrechtlichen Eigentums beim Landgericht und zum anderen auf Grund öffentlich-rechtlicher Zweckbestimmung beim Verwaltungsgericht verlangt wird.[25] Diese Ansprüche müssen einheitlich in einem Gerichtszweig geltend gemacht werden.

11 **4. Ausnahmen vom Verbot.** Eine Ausnahme gilt gemäß Abs. 2 S. 2 für die Ansprüche aus Art. 14 Abs. 3 S. 4 und Art. 34 S. 3 GG, die wegen der verfassungsrechtlichen Zuweisung vor die ordentlichen Gerichte nicht von anderen Gerichten geprüft werden können. Wird also der Entschädigungsanspruch eines Beamten gemäß § 126 BRRG zuerst vor den Verwaltungsgerichten anhängig gemacht, so steht einer zweiten Klage vor den Zivilgerichten, gestützt zB auf Art. 34 GG, nicht der Einwand der Rechtshängigkeit entgegen. Denn § 17 GVG kann als einfaches Gesetz nicht die verfassungsrechtliche Rechtswegzuweisung aufheben. Wird dagegen umgekehrt der Anspruch des Beamten auf Grund von Art. 34 GG zunächst vor den Zivilgerichten geltend gemacht, so hat nach Abs. 2 S. 1 das Zivilgericht auch über die öffentlich-rechtlichen Ansprüche, soweit sie denselben tatsächlichen Antrag betreffen, zu entscheiden, weshalb einer zweiten Klage vor den Verwaltungsgerichten nach Abs. 1 S. 2 der Einwand der Rechtshängigkeit entgegensteht.

V. Gesamtzuständigkeit (Abs. 2)

12 **1. Einheitlichkeit der rechtsprechenden Gewalt.** Abs. 2 begründet eine einheitliche Zuständigkeit kraft Sachzusammenhangs in den Fällen, in denen der Klageantrag alternativ oder kumulativ durch **verschiedene Anspruchsgrundlagen** mit an sich verschiedener Rechtswegzuständigkeit gegeben ist.[26] Diese Ansprüche sind nunmehr insgesamt von dem Gericht zu prüfen, das zuerst für eine der in Betracht kommenden Anspruchsgrundlagen zulässigerweise angerufen worden ist. Dabei kommt es nicht darauf an, dass die zuständigkeitsbegründende Anspruchsgrundlage wirklich besteht oder die Verurteilung hieraus erfolgt, da sich die Zuständigkeitsprüfung allein nach dem Tatsachenvortrag des Klägers und nicht an dem zum Schluss der mündlichen Verhandlung festgestellten Sachverhalt richtet.[27] Angesichts der einheitlichen Gesamtzuständigkeit für alle Anspruchsgrundlagen ist es auch möglich, dass ein Zivilgericht einen Träger öffentlicher Verwaltung zu einem hoheitlichen Handeln verurteilt. Das zuerst angegangene Gericht entscheidet über alle Tat- und Rechtsfragen nach seiner eigenen Verfahrensordnung und wechselt nicht je nach Anspruch in eine

---

[19] Vor § 253 Rn. 31 ff. m. weit. Nachw.
[20] BFH DStRE 2007, 130.
[21] *Kropholler* EuGVÜ Art. 1 Rn. 7; s. auch *Schack* IZPR Rn. 97; EuGHE 1976, 1541 Nr. 4; 1980, 3807 Nr. 8.
[22] S. *Baumbach/Lauterbach/Hartmann* § 261 ZPO Rn. 25; *Stein/Jonas/Schumann* § 261 ZPO Rn. 11.
[23] S. etwa BGH NJW 1984, 615; NJW-RR 1987, 526.
[24] BGH NJW 1981, 2306; FamRZ 1983, 150.
[25] So in Anlehnung an BGH WM 1989, 1902.
[26] BGH NJW 2000, 874; WRP 2000, 1303; NJW 1998, 2743; weitere Beispiele § 13 Rn. 23, 24.
[27] S. § 13 Rn. 10.

andere Verfahrensordnung.²⁸ Eine Ausnahme ist möglich, wenn es die von der materiellrechtlichen Norm geregelten Interessen gebieten,²⁹ zB ausnahmsweise Amtsermittlung statt Parteidisposition, Unbeachtlichkeit eines Geständnisses, Unzulässigkeit eines Vergleichs (vgl. § 106 VwGO).

2. Gleichheit des Streitgegenstandes. Die einheitliche Gesamtzuständigkeit ist nur gegeben, **13** soweit es sich um denselben Streitgegenstand im Sinne desselben tatsächlichen Antrags und Sachverhalts handelt.³⁰ Werden verschiedene Anträge im Wege der objektiven Klagenhäufung (§ 260 ZPO), auch als Haupt- und Hilfsantrag oder im Wege der Widerklage oder auch gleiche Anträge gegenüber einfachen Streitgenossen (§ 59 ZPO)³¹ geltend gemacht, so handelt es sich um verschiedene Streitgegenstände, für die die Rechtswegzuständigkeit je besonders zu prüfen ist, ohne dass durch Abs. 2 eine einheitliche Zuständigkeit begründet würde.³² Eine einheitliche Gesamtzuständigkeit für alle Anspruchsgrundlagen gemäß Abs. 2 S. 1 ist jedoch gegeben bei notwendiger Streitgenossenschaft (§ 62 ZPO),³³ auch wenn für den Anspruch von oder gegen die Streitgenossen an sich eine verschiedene Rechtswegzuständigkeit gegeben wäre. Es entscheidet dann das zuerst angerufene Gericht über alle Anspruchsgrundlagen. Bei Haupt- und Hilfsbegründungen liegt im Regelfall ein einheitlicher Streitgegenstand vor.³⁴ Eine einheitliche Zuständigkeit ist nach dem Zweck von Abs. 2 S. 1 grundsätzlich auch anzunehmen, wenn eine Vorfrage, über die das Gericht entscheiden muss, durch Zwischenfeststellungsklage (§ 256 Abs. 2 ZPO) zu einem selbständigen Entscheidungsgegenstand gemacht wird. Die (Zwischen-)Feststellungsklage kann deshalb nur vor dem Gericht des Ausgangsprozesses erhoben werden. Soweit es jedoch um die Rechtmäßigkeit von Verwaltungsakten geht, sind diese, falls nicht ein Nichtigkeitsgrund besteht, trotz Rechtswidrigkeit bis zu ihrer Aufhebung auf Grund einer Anfechtungsklage wirksam. Dies ist auch von den Zivilgerichten zu beachten.³⁵ Die Anfechtungsklage muss grundsätzlich im Verwaltungsgerichtsprozess vor den Verwaltungsgerichten erhoben werden; sie kommt nicht als Zwischenfeststellungsklage in Betracht.

3. Enteignungsentschädigung. Über die Enteignungsentschädigung nach Art. 14 Abs. 3 GG **14** sowie über Amtshaftungsansprüche nach Art. 34 GG entscheiden auf Grund verfassungsrechtlicher Zuständigkeitsbegründung die ordentlichen (Zivil-)Gerichte. Diese Zuständigkeit kann durch einfaches Gesetz nicht geändert werden. Dies stellt Abs. 2 S. 2 klar. Andere Entschädigungsansprüche, für die die Zuständigkeit der Zivilgerichte nur durch einfaches Gesetz begründet ist, fallen jedoch nicht unter Abs. 2 S. 2, sondern werden von Abs. 2 S. 1 erfasst. Über sie kann deshalb auch zB von Verwaltungsgerichten entschieden werden.

4. Aufrechnung. Die Aufrechnung mit einer Gegenforderung gehört nach dem Wortlaut nicht **15** zu den rechtlichen Gesichtspunkten im Sinne von Abs. 2 S. 1.³⁶ Über die in einen anderen Rechtsweg gehörende zur Aufrechnung gestellte Gegenforderung darf das Gericht des Hauptanspruchs deshalb an sich nicht entscheiden. Es müsste den Prozess vielmehr nach § 148 ZPO oder § 94 VwGO aussetzen, um dem Gericht im richtigen Rechtsweg die Entscheidung zu überlassen.³⁷ Diese mit Verzögerung verbundene Aussetzung sollte jedoch soweit möglich vermieden werden. Dies ist nach hM auf jeden Fall dann möglich, wenn die Gegenforderung rechtskräftig festgestellt oder unstreitig ist.³⁸ Im anderen Fall (Gegenforderung streitig) ist die Rechtslage in der Literatur umstritten. Für die Nichtberücksichtigung (so die Praxis) spricht die Zugehörigkeit (auch des Arbeitsgerichts) zu verschiedenen Rechtswegen; die fehlende Sachkunde und Literatur hierüber beim Zivilgericht; Aufrechnung ist kein „rechtlicher Gesichtspunkt" iSd. § 17 Abs. 2; bei Widerklage würde § 17 Abs. 2 nicht eingreifen, die Aufrechnung ähnelt ihr.³⁹ Demzufolge ist das mit der Anfechtungsklage (§ 129 InsO) angerufene Zivilgericht an einen Bescheid des Finanzamts über Steuerverrechnung gebunden; Einwendungen des Insolvenzverwalters gegen die Zulässigkeit dieser Aufrechnung sind durch Klage vor dem Finanzgericht zu erledigen und nicht vom Zivilgericht.⁴⁰ – Es

---

²⁸ *Deckers* ZZP 110, 341.
²⁹ *Thomas/Putzo/Hüßtege* § 17 Rn. 6; aA *Deckers* ZZP 111, 341.
³⁰ BVerwG NVwZ-RR 2004, 551; vgl. BGH NJW 1991, 1686; ferner Rn. 10.
³¹ OLG Frankfurt NJW-RR 1995, 319.
³² So auch BGH NJW 1991, 1686.
³³ So auch *Musielak/Wittschier* Rn. 9.
³⁴ S. auch *Zöller/Gummer* § 17 Rn. 7.
³⁵ S. BVerfG NVwZ 1987, 496; BGHZ 73, 114, 117; BGH WM 2006, 2382.
³⁶ *Rupp* NJW 1993, 3274; *Zöller/Gummer* § 17 Rn. 10; aA *Gaa* NJW 1997, 3343.
³⁷ § 322 ZPO Rn. 205; *Stein/Jonas/Leipold* § 145 ZPO Rn. 33 a; *Musielak* JuS 1994, 817.
³⁸ S. BVerwG NJW 1993, 2255; *Stein/Jonas/Leipold* § 145 ZPO Rn. 34; § 322 ZPO Rn. 186.
³⁹ BAG NJW 2002, 317; BVerwG NJW 1999, 160; BFH NJW 2002, 3126; BFH/NV 2005, 1759; FG Köln DtStRE 2007, 793; OVG Lüneburg NJW 2005, 1004; *Zöller/Gummer* Rn. 10; *Rupp* NJW 1992, 3274.
⁴⁰ BGH NJW-RR 2007, 398.

ist also auszusetzen (§ 148 analog) und eine Frist zur Klageerhebung vor dem VG usw. zu bestimmen; wird dort geklagt, wird abgewartet; wird nicht geklagt, bleibt die Aufrechnungseinrede unberücksichtigt, § 296 Abs. 2 ZPO. Die aA will aus Gründen des Sachzusammenhangs auch die Entscheidungskompetenz über die zur Aufrechnung gestellte rechtswegfremde Gegenforderung zuerkennen.[41]

§ 17a [Bindungswirkung der Rechtswegentscheidung]

(1) Hat ein Gericht den zu ihm beschrittenen Rechtsweg rechtskräftig für zulässig erklärt, sind andere Gerichte an diese Entscheidung gebunden.

(2) [1]Ist der beschrittene Rechtsweg unzulässig, spricht das Gericht dies nach Anhörung der Parteien von Amts wegen aus und verweist den Rechtsstreit zugleich an das zuständige Gericht des zulässigen Rechtsweges. [2]Sind mehrere Gerichte zuständig, wird an das vom Kläger oder Antragsteller auszuwählende Gericht verwiesen oder, wenn die Wahl unterbleibt, an das vom Gericht bestimmte. [3]Der Beschluss ist für das Gericht, an das der Rechtsstreit verwiesen worden ist, hinsichtlich des Rechtsweges bindend.

(3) [1]Ist der beschrittene Rechtsweg zulässig, kann das Gericht dies vorab aussprechen. [2]Es hat vorab zu entscheiden, wenn eine Partei die Zulässigkeit des Rechtsweges rügt.

(4) [1]Der Beschluss nach den Absätzen 2 und 3 kann ohne mündliche Verhandlung ergehen. [2]Er ist zu begründen. [3]Gegen den Beschluss ist die sofortige Beschwerde nach den Vorschriften der jeweils anzuwendenden Verfahrensordnung gegeben. [4]Den Beteiligten steht die Beschwerde gegen einen Beschluß des oberen Landesgerichts an den obersten Gerichtshof des Bundes nur zu, wenn sie in dem Beschluß zugelassen worden ist. [5]Die Beschwerde ist zuzulassen, wenn die Rechtsfrage grundsätzliche Bedeutung hat oder wenn das Gericht von der Entscheidung eines obersten Gerichtshofes des Bundes oder des Gemeinsamen Senats der obersten Gerichtshöfe des Bundes abweicht. [6]Der oberste Gerichtshof des Bundes ist an die Zulassung der Beschwerde gebunden.

(5) Das Gericht, das über ein Rechtsmittel gegen eine Entscheidung in der Hauptsache entscheidet, prüft nicht, ob der beschrittene Rechtsweg zulässig ist.

Schrifttum: *Boin,* Die Prüfung der Rechtswegfrage iS des § 17a GVG durch das Rechtsmittelgericht, NJW 1998, 3747; *Brückner,* Bindung des Rechtsmittelgerichts an den Rechtsweg im Falle der unterbliebenen oder verspäteten Rechtswegrüge, NJW 2006, 13; *Ressler,* Zur vereinfachenden Wirkung der Verfahrensvorschriften über die Bestimmung des Gerichtszweigs, JZ 1994, 1035.

Übersicht

	Rn.
I. Normzweck	
II. Anwendungsbereich	2–5
1. Geltung in allen Gerichtsbarkeiten	2
2. Geltung in der freiwilligen Gerichtsbarkeit	3, 4
3. Geltung in besonderen Verfahrensarten	5
III. Grundsätze der Rechtswegentscheidung	6–8
1. Grundsatz der Priorität	6
2. Grundsatz der Kompetenzautonomie	7
3. Maßgeblicher Beurteilungszeitpunkt	8
IV. Vorgehen bei Zulässigkeit des Rechtswegs	9–12
1. Bindung bei Rechtskraft	9, 10
a) Bindung der Gerichte anderer Gerichtsbarkeiten	9
b) Rechtskraft und Rechtshängigkeit	10
2. Art und Form der Entscheidung	11, 12
a) Entscheidung im Urteil	11
b) Vorabentscheidung durch Beschluss	12
V. Vorgehen bei Unzulässigkeit des Rechtswegs	13–20
1. Entscheidung durch Beschluss	13
2. Verweisung von Amts wegen	14–17
a) Einheit von Unzulässigkeits- und Verweisungsentscheidung	14
b) Verweisendes Gericht	15
c) Verweisung an das zuständige Gericht	16
d) Verweisung einer Angelegenheit der freiwilligen Gerichtsbarkeit	17
3. Bindende Verweisung	18–20
a) Keine Rückverweisung und keine Weiterverweisung	18, 19
b) Zeitliche Wirkung	20

---

[41] S. VGH Kassel NJW 1995, 1107; *Hoffmann* ZZP 107, 1; *Hager,* FS Kissel, S. 327; *Mayerhofer* NJW 1992, 1602; *Schenke/Ruthing* NJW 1992, 2505; 1993, 1376; *Gaa* NJW 1997, 3343.

	Rn.		Rn.
VI. Verfahren bei Rechtswegentscheidungen	21–23	a) Entscheidung in der Hauptsache	25–27
1. Entscheidung ohne mündliche Verhandlung	21	b) Überprüfungsverbot für die Rechtswegentscheidung	28
2. Rechtliches Gehör und Begründungspflicht	22, 23	c) Kein vorheriger Verstoß gegen § 17 a	29
a) Rechtliches Gehör	22	2. Sofortige Beschwerde gegen Rechtswegbeschlüsse (Abs. 4)	30–34
b) Begründungspflicht	23	a) Die jeweils anzuwendende Verfahrensordnung	31
VII. Rechtsmittel gegen Rechtswegentscheidungen	24–39	b) Beschwerdeberechtigung	32
		c) Beschwerdegericht	33
1. Keine Überprüfung in Hauptsacheentscheidungen (Abs. 5)	25–29	d) Beschwerdeentscheidung	34
		3. Rechtsbeschwerde	35–39

I. Normzweck

§ 17 a ist durch das Gesetz zur Neuregelung des verwaltungsgerichtlichen Verfahrens vom 17. 12. 1990[1] an Stelle des bisherigen § 17 mit Wirkung vom 1. 1. 1991 neu gefasst worden. Das soll Rechtswegstreitigkeiten abbauen und der Verfahrensbeschleunigung dienen. Maßnahmen: Keine Zurückverweisung, keine Weiterverweisung; Verweisung nicht nur auf Antrag. Durch eine rechtskräftige Vorabentscheidung (Beschluss) soll sichergestellt werden, dass nicht Sachentscheidungen in höherer Instanz allein wegen fehlender Rechtswegzuständigkeit aufgehoben werden.[2]   **1**

II. Anwendungsbereich

1. Geltung in allen Gerichtsbarkeiten. § 17 a findet wie § 17 und § 17 b in allen fünf Gerichtsbarkeiten Anwendung auf Grund der Verweisung in § 83 Satz 1 VwGO (auch in Kartellverwaltungssachen),[3] § 155 FGO, § 202 SGG und § 48 ArbGG. Damit ist eine gleichartige Behandlung und gegenseitige Bindung der Beurteilung von Rechtswegefragen in der ordentlichen Gerichtsbarkeit, der Verwaltungs-, Finanz-, Sozial- und Arbeitsgerichtsbarkeit gewährleistet. Keine Anwendung findet § 17 a im Verhältnis zur Verfassungsgerichtsbarkeit.[4]   **2**

2. Geltung in der freiwilligen Gerichtsbarkeit. § 17 a ist auch auf **Streitsachen und Antragssachen**[5] in der freiwilligen Gerichtsbarkeit anzuwenden. Dies gilt zunächst im Verhältnis der freiwilligen Gerichtsbarkeit zur Verwaltungs-, Finanz-, Sozial- und Arbeitsgerichtsbarkeit, weil die freiwillige Gerichtsbarkeit in die ordentliche Gerichtsbarkeit eingegliedert ist. Eine analoge Anwendung von § 17 a kommt grundsätzlich aber auch im Verhältnis der ordentlichen streitigen Gerichtsbarkeit zur freiwilligen Gerichtsbarkeit in Betracht (Beispiel: Nachlassgericht – Zivilkammer). Gegen eine analoge Anwendung von § 281 spricht, dass in eine andere Verfahrensart verwiesen wird. § 17 a ist nicht anzuwenden, wenn es besondere Regelungen gibt (zB § 12 LwVG, §§ 11, 18 HausratsVO und § 621 Abs. 3 ZPO). Die analoge Anwendung von § 17 a gilt sowohl für eine Verweisung vom ordentlichen streitigen Gericht an das Gericht der freiwilligen Gerichtsbarkeit als auch in umgekehrter Richtung.[6]   **3**

Auf die **Amtsverfahren** der freiwilligen Gerichtsbarkeit ist § 17 a nicht analog anzuwenden. Denn die Prüfung und Einleitung eines Amtsverfahrens steht dem jeweiligen Gericht zu und darf ihm daher nicht durch Abgabe aufgedrängt werden.[7]   **4**

3. Geltung in besonderen Verfahrensarten. § 17 a ist grundsätzlich[8] auch im Arrest- und einstweiligen Verfügungsverfahren anzuwenden[9] sowie bei einstweiligen Anordnungen.[10] Dies er-   **5**

---

[1] BGBl. I S. 2809, 2816 f.
[2] S. BT-Drucks. 11/7030 S. 37 und BR-Drucks. 135/90 S. 112 f.
[3] BGH NJW 2003, 3055.
[4] OVG Berlin DtZ 1996, 252.
[5] BGH NJW 2001, 2181; NJW-RR 2005, 721 (Notarkostenbeschwerde); *Kissel/Mayer* § 17 Rn. 55; aA *Brehm*, Freiw. Gerichtsbarkeit, Rn. 111 f.
[6] BGH NJW 1995, 2852; BayObLG NJW-RR 1994, 856; OLG Köln MDR 1996, 144; *Kissel/Mayer* § 17 Rn. 54; für analoge Anwendung der Abgabenregeln *Rosenberg/Schwab/Gottwald* § 11 III 1 a.
[7] Vgl. *Kissel/Mayer* § 17 Rn. 56.
[8] Zu Ausnahmen vgl. Rn. 26.
[9] VGH Kassel DÖV 2007, 262.
[10] BGH NJW 2001, 2181; BAG NJW 2000, 2524; KG NJW 2002, 1594: VGH München NJW 1997, 1251; *Kissel/Mayer* § 17 Rn. 6.

gibt sich daraus, dass in Abs. 2 S. 2 auch der Antragsteller genannt ist. Nicht anwendbar ist § 17a dagegen im Prozesskostenhilfeverfahren.[11]

III. Grundsätze der Rechtswegentscheidung

6 **1. Grundsatz der Priorität.** Die Rechtswegentscheidung wird vom Grundsatz der Priorität und dem Grundsatz der Kompetenzautonomie bestimmt. Der Grundsatz der Priorität besagt, dass in einem Streitfall die **frühere Entscheidung** eines Gerichts über die Zulässigkeit bzw. Unzulässigkeit des zu ihm beschrittenen Rechtswegs die Gerichte der anderen Gerichtsbarkeiten **bindet,** sobald sie rechtskräftig ist und soweit sie denselben Streitgegenstand betrifft.

7 **2. Grundsatz der Kompetenzautonomie.** Der Grundsatz der Kompetenzautonomie besagt, dass nicht nur die ordentlichen Gerichte, sondern alle Gerichte über die **Zulässigkeit des eigenen Rechtswegs** endgültig und für die anderen Gerichte bindend entscheiden. Das Gericht, das zuerst über den Rechtsweg entscheidet, entscheidet aber nicht nur über die Zulässigkeit oder Unzulässigkeit des zu ihm beschrittenen Rechtswegs, sondern auch über die Zulässigkeit des Rechtswegs zu dem Gericht, an das gemäß Abs. 2 von Amts wegen verwiesen wird. Dieses Gericht ist an die Verweisung nach Abs. 2 S. 3 gebunden und darf weder zurück- noch weiterverweisen.

8 **3. Maßgeblicher Beurteilungszeitpunkt.** Der Beurteilungszeitpunkts ist im Gesetz nicht geregelt. Soweit es **tatsächliche Umstände** betrifft, ist für die Entscheidung über die Zulässigkeit des Rechtswegs zunächst auf den Zeitpunkt des Eintritts der Rechtshängigkeit abzustellen, so dass nachträgliche Veränderungen der tatsächlichen Umstände nicht zum Verlust des einmal gegebenen Rechtswegs führen. Dieser Grundsatz der perpetuatio fori gilt gemäß § 17 Abs. 1 jedoch nur rechtswegerhaltend. Alle bis zur letzten Tatsachenverhandlung eintretenden Umstände, welche die zunächst bestehende Unzulässigkeit des Rechtswegs beseitigen, sind dagegen zu berücksichtigen.[12] Der Fall der **Gesetzesänderung** wird behandelt wie der Fall der veränderten sonstigen Umstände, soweit eine ausdrückliche abweichende Regelung fehlt.[13]

IV. Vorgehen bei Zulässigkeit des Rechtswegs

9 **1. Bindung bei Rechtskraft. a) Bindung der Gerichte anderer Gerichtsbarkeiten.** Entsprechend dem Grundsatz der Kompetenzautonomie (Rn. 7) entscheidet jedes angerufene Gericht über die Zulässigkeit des Rechtswegs selbst. Für den Fall, dass die die Zulässigkeit bejahende Entscheidung rechtskräftig wird, sieht Abs. 1 eine Bindung der Gerichte anderer Gerichtsbarkeiten vor. Auch eine gesetzwidrige Rechtswegverweisung ist nach Eintritt der Rechtskraft des Verweisungsbeschlusses bindend; für eine Rechtswegbestimmung durch ein übergeordnetes Gericht nach § 36 ZPO ist kein Raum.[14] Gleichgültig ist, ob die Zulässigkeit des Rechtswegs ausdrücklich bejaht wird oder ob dies lediglich als notwendige Voraussetzung der Entscheidung unausgesprochen enthalten ist.[15] Um welche Art der Entscheidung es sich handelt, ist ohne Bedeutung. Aus dem Erfordernis der rechtskräftigen Entscheidung folgt lediglich, dass solche Entscheidungen ausscheiden, die nicht in Rechtskraft erwachsen. Damit kann die bindende Erklärung über die Zulässigkeit des Rechtswegs nicht nur in End-, Zwischen- und Vorbehaltsurteilen, sondern, wie in Abs. 3 und 4 vorgesehen, auch in Beschlüssen ausgesprochen oder zumindest enthalten sein. Eine Zwischenentscheidung, mit der ein Verwaltungsgericht vorläufig über den geltend gemachten Anspruch entscheidet, genügt jedoch nicht.[16]

10 **b) Rechtskraft und Rechtshängigkeit.** Während § 17a Abs. 1 eine **rechtskräftige Rechtswegentscheidung** voraussetzt und damit den Abschluss des ersten Prozesses erfordert, greift der **Einwand der Rechtshängigkeit** nach § 17 Abs. 1 S. 2 bereits früher mit der Rechtshängigkeit bei einem Gericht ein und vermeidet damit ein gleichzeitiges Tätigwerden mehrerer Gerichte in derselben Sache.[17] Der Einwand der rechtskräftigen Entscheidung wie der Einwand der Rechtshängigkeit gelten gemäß § 17 Abs. 2 für alle Klagegründe.[18]

---

[11] OLG Karlsruhe JurBüro 2007, 603 = OLG-Report 2007, 912; s. auch § 17 Rn. 3.
[12] Vgl. *Baumbach/Lauterbach/Hartmann* § 17 Rn. 3; *Kissel/Mayer* § 17 Rn. 9, 10.
[13] BGH NJW 2002, 1351; *Kissel/Mayer* § 17 Rn. 9; s. auch oben § 17 Rn. 6; aA OVG Berlin NJW 1971, 398.
[14] BGH FamRZ 2004, 434.
[15] Zur konkludenten Bejahung durch Entscheidung im übrigen vgl. BGH NJW 1994, 387.
[16] VGH Kassel NJW 1996, 475.
[17] S. § 17 Rn. 8.
[18] S. § 17 Rn. 12f.

2. Art und Form der Entscheidung.

a) Entscheidung im Urteil. Bejaht das Gericht die Zulässigkeit des Rechtswegs zu ihm, kann die Entscheidung im Urteil oder in einer sonstigen (der formellen Rechtskraft fähigen) Hauptsacheentscheidung[19] getroffen werden. Indem das Gericht entscheidet, bejaht es konkludent den Rechtsweg zu ihm. In zweifelhaften Fällen wird das Gericht den Rechtsweg in den Entscheidungsgründen darlegen (nicht etwa im Tenor). In zweifelhaften Fällen kann zuvor eine Vorabentscheidung nach Abs. 3 erfolgen; bei Rüge muss das geschehen. Auch ein Prozessurteil über sonstige Prozessvoraussetzungen kann zugleich über die Zulässigkeit des Rechtswegs befinden; ebenso ein Beschluss zB nach § 621a ZPO. Wird über die Zulässigkeit des Rechtswegs im Urteil entschieden, so kann diese Entscheidung nach Abs. 5 nicht mehr in der Rechtsmittelinstanz überprüft werden. Die erste Instanz entscheidet in diesen Fällen abschließend über die Zulässigkeit des Rechtswegs. Art. 19 Abs. 4 GG garantiert insoweit keinen Instanzenzug.[20] Die Bejahung des Rechtswegs ist auch dann bindend, wenn sie erst im Berufungsverfahren gegen ein die Klage entgegen § 17a fälschlicherweise als unzulässig abweisendes erstinstanzliches Urteil erfolgt.[21] 11

b) Vorabentscheidung durch Beschluss. Um die Überprüfung der Rechtswegentscheidung in der Rechtsmittelinstanz nicht völlig auszuschließen, ist nach Abs. 3 eine Vorabentscheidung (durch Beschluss) über die Zulässigkeit des Rechtswegs möglich. Diese Vorabentscheidung wird selbständig rechtskräftig und damit eine sichere Grundlage für das weitere Verfahren. Ist einer Beschluss ergangen, ist er gemäß § 329 Abs. 3 ZPO zuzustellen;[22] dann ist die Rechtskraft abzuwarten. Erst dann darf die Hauptsacheentscheidung ergehen. § 280 ZPO ist insoweit nicht anwendbar. Der Beschluss unterliegt nach § 17a Abs. 4 S. 3 der Anfechtung durch sofortige Beschwerde. Es besteht eine **Pflicht zur Vorabentscheidung**, wenn eine Partei die Zulässigkeit des Rechtswegs rügt (Abs. 3 S. 2). Die Rüge muss in der mündlichen Verhandlung deutlich erkennbar oder im schriftlichen Verfahren durch Schriftsatz innerhalb der Frist des § 282 Abs. 3 ZPO erhoben werden.[23] Das Unterlassen der Rüge führt nicht zum Rügeverzicht nach § 295 ZPO[24] oder zur sonstigen Begründung der Rechtswegzuständigkeit. Es hat nur zur Folge, dass das Gericht nicht vorab entscheiden *muss*, sondern nach seinem pflichtgemäßen Ermessen vorab entscheiden *kann* (Abs. 3 S. 1). 12

V. Vorgehen bei Unzulässigkeit des Rechtswegs

1. Entscheidung durch Beschluss. Das mit der Klage angegangene Gericht hat die Zulässigkeit des Rechtswegs als Prozessvoraussetzung von Amts wegen zu prüfen; weder durch rügelose Einlassung noch durch Verzicht ist dies vermeidbar.[25] Nimmt es dabei die Unzulässigkeit des zu ihm beschrittenen Rechtswegs an, so darf es die Klage nicht durch Prozessurteil als unzulässig abweisen, sondern muss auch ohne Parteiantrag den Rechtsstreit durch Beschluss von Amts wegen an das zuständige Gericht im zulässigen Rechtsweg verweisen (Abs. 2 S. 1); vorher ist rechtliches Gehör zu gewähren. Der Beschluss lautet zB: „Der Rechtsweg zu den ordentlichen Gerichten wird für unzulässig erklärt. Der Rechtsstreit wird an das Verwaltungsgericht Adorf verwiesen"; ohne Kostenentscheidung, mit Begründung. Die Unzulässigkeit des Rechtswegs kann somit nicht durch Urteil festgestellt werden. Eine Überprüfung ist nicht mehr durch Berufung und Revision, sondern nur im Wege der sofortigen Beschwerde gegen den Beschluss nach Abs. 4 möglich. 13

2. Verweisung von Amts wegen. a) Einheit von Unzulässigkeits- und Verweisungsentscheidung. Um die Einheit von Unzulässigkeits- und Verweisungsentscheidungen zu gewährleisten, sieht Abs. 2 S. 1 die Verweisung von Amts wegen vor. Ein Antrag des Klägers ist nicht notwendig. Die Verweisung ist deshalb auch ohne und gegen den Willen der Parteien möglich; allerdings kann der Kläger die Klage zurücknehmen (§ 269 ZPO) und so eine Verweisung vermeiden. Die Parteien können den Verweisungsbeschluss ferner mit der sofortigen Beschwerde anfechten, sie können das Beschwerdegericht aber nicht zur Verweisung in einen bestimmten Rechtsweg oder an ein bestimmtes Gericht zwingen. 14

b) Verweisendes Gericht. Verweisendes Gericht ist in erster Linie das erstinstanzliche Gericht, das als erstes über die Zulässigkeit des Rechtswegs zu entscheiden hat. Hat sich das erstinstanzliche Gericht aber durch Beschluss im Wege der Vorabentscheidung gemäß Abs. 3 für zuständig erklärt und wird dieser Beschluss gemäß Abs. 4 S. 3 angefochten, so kann auch das Beschwerdegericht von 15

---

[19] S. dazu im einzelnen Rn. 25 f.
[20] Dazu BT-Drucks. 11/7030, S. 37 und BR-Drucks. 136/90, S. 115.
[21] BGH NJW 1993, 383.
[22] Vgl. auch BAG MDR 1993, 57.
[23] OLG Köln NJW 1995, 3319; aA *Brückner* NJW 2006, 13 (gegen § 282 Abs. 3).
[24] S. *Stein/Jonas/Leipold* § 295 ZPO Rn. 20 ff.; *Baumbach/Lauterbach/Hartmann* § 295 ZPO Rn. 47.
[25] OLG Nürnberg MDR 2007, 676.

Amts wegen an das zuständige Gericht im zulässigen Rechtsweg verweisen. Gleiches gilt für die obersten Gerichtshöfe des Bundes, wenn über eine gemäß Abs. 4 S. 4 zugelassene Rechtsbeschwerde von diesen Gerichten zu entscheiden ist. Hat das erstinstanzliche Gericht (mangels Rüge) nicht vorab durch Beschluss, sondern im Urteil die Zulässigkeit des Rechtswegs (ausdrücklich oder konkludent) bejaht, so kann dies in der Rechtsmittelinstanz nicht mehr überprüft werden (Abs. 5); der „Fehler" wirkt fort, zB in der Rechtsgrundlage für die Kostenentscheidung (zB FGG statt ZPO).[26] Das Empfangsgericht wendet seine eigene Verfahrensordnung an (zB FGO statt ZPO), auch wenn die Verweisung fehlerhaft war.[27] Hat aber das erstinstanzliche Gericht trotz Rüge einer Partei keine Vorabentscheidung getroffen, sondern in der Hauptsache entschieden, darf das Rechtsmittelgericht trotz Abs. 5 die Zulässigkeit des Rechtswegs auch im Hauptverfahren prüfen,[28] und das Verfahren gemäß Abs. 4 in den richtigen Rechtsweg verweisen.[29] Das Revisionsgericht kann von Amts wegen auch ohne Verfahrensrüge in die freiwillige Gerichtsbarkeit verweisen, wenn die Klage als unzulässig abgewiesen worden ist.[30]

16 **c) Verweisung an das zuständige Gericht.** Die Verweisung hat an das zuständige Gericht zu erfolgen. Das verweisende Gericht hat also nicht nur den zulässigen Rechtsweg zu bestimmen, sondern innerhalb des Rechtswegs auch das in funktioneller, sachlicher und örtlicher Hinsicht zuständige Gericht auszusuchen (Abs. 2 S. 1). Die sonstigen Prozessvoraussetzungen abgesehen von der Exterritorialität (§ 18) hat dagegen nicht das verweisende, sondern das Empfangsgericht zu prüfen.[31] Zu verweisen ist grundsätzlich an das erstinstanzliche Gericht, auch wenn die Verweisung nach Anfechtung gemäß Abs. 4 erst in höherer Instanz vorgenommen wird. Wird fälschlich an eine höhere Instanz verwiesen, so ist dies als Verweisung an die erste Instanz zu behandeln,[32] da den Parteien der Instanzenzug nicht verkürzt werden darf. Kommen mehrere Gerichte als zuständig in Betracht, so steht dem Kläger oder Antragsteller ein Wahlrecht zu (vgl. § 35 ZPO), bei dessen Ausübung das verweisende Gericht an das ausgewählte Gericht verweisen muss. Der Kläger oder Antragsteller muss über sein Wahlrecht erforderlichenfalls nach § 139 ZPO aufgeklärt werden. Übt der Kläger oder Antragsteller sein Wahlrecht nicht aus, so bestimmt das verweisende Gericht das Gericht, an welches verwiesen wird. **Gegenstand** der Verweisung ist der gesamte Rechtsstreit im Umfang des Streitgegenstands. Bei kumulativer Klagenhäufung können die einen selbständigen Streitgegenstand bildenden Klageteile getrennt verwiesen werden. Im Falle eines Haupt- und Hilfsantrags ist der gesamte Rechtsstreit einschließlich des Hilfsantrags Gegenstand der Verweisung.[33] Die Bindungswirkung (Rn. 18) erfasst aber nur den Hauptantrag, nicht den Hilfsantrag.

17 **d) Verweisung einer Angelegenheit der freiwilligen Gerichtsbarkeit.** Die Verweisung einer Angelegenheit der freiwilligen Gerichtsbarkeit durch ein ordentliches Prozessgericht kann gemäß Abs. 2 vorgenommen werden, wenn es sich um eine echte Streitsache handelt.[34] Ist dies nicht der Fall, muss die Klage als in der gewählten Verfahrensart unzulässig durch Prozessurteil abgewiesen werden.[35] Im entgegengesetzten Fall, bei dem eine Angelegenheit der ordentlichen streitigen Gerichtsbarkeit in der freiwilligen Gerichtsbarkeit anhängig gemacht wird, kann eine echte Streitsache in den ordentlichen Gerichtsweg verwiesen werden. Dies kann aber nur dann gelten, wenn kein Amtsverfahren vorliegt.[36]

18 **3. Bindende Verweisung. a) Keine Rückverweisung und keine Weiterverweisung.** Der Verweisungsbeschluss ist für das Gericht, an das verwiesen wird, bindend. Es darf keine Rückverweisung an das verweisende Gericht, aber auch keine Weiterverweisung in einen anderen Rechtsweg erfolgen. Kommt es trotz dieser Bindungswirkung zu einer gesetzwidrigen Rückverweisung, so entfaltet diese ihrerseits, wenn sie in Rechtskraft erwächst, eine Bindung nach Abs. 2 S. 3[37] (zu Ausnahmen vgl. Rn. 19). Die Verweisung hat damit nicht nur abdrängende, sondern zugleich aufdrängende Wirkung.[38] Im Falle eines Haupt- und Hilfsantrags erfasst die Bindung jedoch nur den

---

[26] OLG Köln NJW-RR 2007, 86.
[27] BFH DStRE 2006, 440.
[28] BGH WM 2000, 90; NJW 1993, 470.
[29] S. *Manfred Wolf* in LM § 17a GVG Nr. 3.
[30] BGH NJW-RR 2005, 721.
[31] VGH Mannheim NJW 1991, 1905.
[32] S. auch *Kissel/Mayer* zu § 17 aF Rn. 34.
[33] BGH NJW 1998, 2743.
[34] Vgl. Rn. 3f.
[35] Vgl. OLG Celle OLGZ 1976, 482.
[36] S. Rn. 4.
[37] BGH NJW 2000, 1343.
[38] BT-Drucks. 11/7030 S. 37 und BR-Drucks. 135/90 S. 116.

Hauptantrag, nicht den Hilfsantrag; bezüglich dessen ist eine erneute Verweisung möglich.[39] Die bindende Wirkung tritt jedoch nur hinsichtlich der Bestimmung des Rechtswegs ein, nicht dagegen hinsichtlich des vom verweisenden Gericht bestimmten zuständigen Gerichts innerhalb einer Gerichtsbarkeit. Insoweit kann das Empfangsgericht seine funktionelle, sachliche und örtliche Zuständigkeit selbst überprüfen und, sofern es sich insoweit für unzuständig hält, innerhalb seiner Gerichtsbarkeit **weiter verweisen,**[40] zB vom Landgericht München I an das Landgericht München II. Die bindende Wirkung besteht über den Wortlaut von Abs. 2 S. 3 hinaus nicht nur für das im Verweisungsbeschluss genannte Gericht. Sie besteht hinsichtlich des Rechtswegs auch für jedes Gericht, an das innerhalb des Rechtswegs weiter verwiesen wird. Auch Gerichte anderer Gerichtsbarkeiten sind insofern an den Verweisungsbeschluss gebunden, als sie sich während der Rechtshängigkeit nach § 17 Abs. 1 S. 2 nicht mit demselben Streitgegenstand befassen dürfen und deshalb in dieser Sache auch nicht ihre Rechtswegzuständigkeit prüfen oder gar bejahen dürfen. Auch nach rechtskräftiger Entscheidung in der Sache besteht die Bindung der Gerichte anderer Gerichtsbarkeiten an die im Verweisungsbeschluss getroffene Rechtswegentscheidung.

Ausnahmsweise kann die **Bindung entfallen,** nämlich wenn die Verweisungsentscheidung willkürlich ergangen ist und deshalb gegen das allgemeine Willkürverbot verstößt.[41] Dies ist etwa anzunehmen, wenn die Verweisung jeder gesetzlichen Grundlage entbehrt und damit offensichtlich unrichtig ist;[42] vgl. hierzu die Rechtsprechung zu § 281 ZPO. Schwerwiegende Verstöße gegen Art. 103 Abs. 1 sollen nicht genügen.[43] Nicht zulässig ist es aber, eine schlicht fehlerhafte Verweisung als offenkundig gesetzwidrig und damit willkürlich umzudeuten, und so die Bindungswirkung auszuhebeln;[44] das Übersehen von § 5 Abs. 1 Satz 3 ArbGG genügt deshalb nicht.[45] Bei Haupt- und Hilfsanspruch erfasst die Bindungswirkung nur den Hauptanspruch, wegen dem verwiesen wurde. Das im Verweisungsbeschluss bezeichnete Gericht ist dagegen nicht gehindert, nach Entscheidung über den Hauptanspruch wegen des Hilfsanspruchs erneut (zurück-)zu verweisen.[46]

b) Zeitliche Wirkung. Erst nach Rechtskraft des Verweisungsbeschlusses dürfen die Akten an das Empfangsgericht versandt werden. Erst mit Eingang tritt dort Anhängigkeit ein, § 17b Abs. 1 S. 1. Sofern eine Partei während des Beschwerdeverfahrens Anträge stellt, zB der Kläger die Klage ändern, erweitern oder zurücknehmen will oder der Beklagte Widerklage erheben will oder eine der Parteien einen Prozesskostenhilfeantrag stellen will, ist der Antrag noch beim verweisenden Gericht zu stellen. Da das verweisende Gericht bis zur Rechtskraft des Verweisungsbeschlusses zuständig bleibt, kann es zwischenzeitlich weitere Entscheidungen fällen, sollte dies aber zur Vermeidung vorzeitiger Festlegungen für andere Gerichte nur in dringenden Eilfällen tun.

VI. Verfahren bei Rechtswegentscheidungen

1. Entscheidung ohne mündliche Verhandlung. Sofern an der Rechtswegzuständigkeit Zweifel bestehen, sollte darüber vorab durch Beschluss entschieden werden (Abs. 3). Bei Rüge einer Partei *muss* dies nach Abs. 3 S. 2 geschehen. Die Entscheidung kann auf Grund mündlicher Verhandlung ergehen, doch muss nicht mündlich verhandelt werden (Abs. 4 S. 1). Auch der Verweisungsbeschluss (Abs. 2) kann ohne mündliche Verhandlung erlassen werden. In jedem Fall ist sowohl der Vorabbeschluss (Abs. 3) als auch der Verweisungsbeschluss (Abs. 2) den Parteien gemäß § 329 Abs. 3 ZPO zuzustellen.[47]

2. Rechtliches Gehör und Begründungspflicht. a) Rechtliches Gehör. Abs. 2 S. 1 schreibt die Anhörung der Parteien nur bei Unzulässigkeit des Rechtswegs vor; das kann schriftlich geschehen oder in einer mündlichen Verhandlung. In über 99% der Fälle ist der Rechtsweg eindeutig gegeben; dann wird die Sache nicht thematisiert. Das Gericht hat die Parteien auf das Rechtswegproblem hinzuweisen, wenn es ihnen entgangen ist.

b) Begründungspflicht. Der Vorabbeschluss und der Verweisungsbeschluss müssen begründet werden, was Abs. 4 S. 2 klarstellt. Eine Kostenentscheidung entfällt. Der Begründungspflicht ist ge-

---

[39] BGH NJW 1998, 2743; *Zöller/Gummer* Rn. 13a.
[40] BAG NJW 1996, 742; NZA 1994, 478; 1995, 12 m. Anm *Jauernig*; OLG Karlsruhe MDR 1995, 88.
[41] BAG NJW 1996, 413; NZA 1994, 478, 959; *Kissel* NZA 1995, 345, 348.
[42] BGH NJW 2003, 2990; *Kissel/Mayer* § 17 Rn. 39.
[43] BGH NJW 2003, 2990; NJW-RR 2004, 645.
[44] S. BFH Rpfl. 1992, 82.
[45] BGH NJW-RR 2004, 645.
[46] *Zöller/Gummer* Rn. 13a.
[47] BAG MDR 1993, 57.

nügt, wenn der Beschluss erkennen lässt, dass das Gericht den wesentlichen Vortrag der Parteien in tatsächlicher und rechtlicher Hinsicht in seine Überlegungen einbezogen hat.[48]

VII. Rechtsmittel gegen Rechtswegentscheidungen

24 Der Gesetzgeber hat die Anfechtbarkeit von Rechtswegentscheidungen eingeschränkt. Urteile können wegen fehlerhafter Rechtswegentscheidungen in der Regel nicht mehr angefochten und aufgehoben werden (Abs. 5; s. Rn. 15) und gegen Vorabbeschlüsse ist das Rechtsmittel der sofortigen Beschwerde vorgesehen, wobei die obersten Bundesgerichte nur ausnahmsweise, nämlich bei Zulassung der Beschwerde, angerufen werden können (Abs. 4 S. 3 bis 6).

25 **1. Keine Überprüfung in Hauptsacheentscheidungen (Abs. 5). a) Entscheidung in der Hauptsache.** Soweit die Rechtswegentscheidung in den Urteilsgründen (konkludent oder ausdrücklich) getroffen wird, was bei Bejahung der Zulässigkeit des Rechtswegs ohne Rüge einer Partei der Fall sein kann, ist diese Entscheidung gemäß Abs. 5 nicht in der Rechtsmittelinstanz nachprüfbar (s. aber Rn. 15). Die erste Instanz entscheidet insofern abschließend über die Zulässigkeit des Rechtswegs. Abs. 5 schliesst ein Rechtsmittel gegen die Rechtswegentscheidung sowohl bei einem Sachurteil aus, wie bei einem klageabweisenden Prozessurteil.[49] Die Klageabweisung durch Prozessurteil kann zwar nicht wegen Unzulässigkeit des Rechtswegs erfolgen (hier muss ein Verweisungsbeschluss gemäß Abs. 2 ergehen), aber wegen Fehlens anderer Prozessvoraussetzungen. Damit ist im Regelfall konkludent auch die Zulässigkeit des Rechtswegs bejaht. Abs. 5 gilt deshalb auch für ein solches Prozessurteil.[50]

26 Entscheidungen in der Hauptsache erfolgen im Regelfall durch **Urteil**. Es muss sich um ein rechtsmittelfähiges Urteil handeln, zB ein Endurteil, Teilendurteil, Vorbehalts- oder Zwischenurteil; Sachurteil oder Prozessurteil. Abs. 5 gilt auch in Ehe- und Familiensachen, desgleichen für Urteile im Arrest- und Verfügungsverfahren (hindert aber im Hauptsacheverfahren das Gericht erster Instanz nicht an einer erneuten Prüfung der Rechtswegfrage). Auch **Beschlüsse**, die der formellen Rechtskraft fähig sind (zB nach §§ 91a, 620ff., 621a mit § 621e; Ablehnung eines Arrests oder einer einstweiligen Verfügung durch Beschluss) fallen unter Abs. 5. Abs. 5 gilt analog auch für Beschlüsse im Verfahren der freiwilligen Gerichtsbarkeit.[51]

27 Nicht unter Abs. 5 fällt dagegen der Beschluss, durch den gemäß §§ 922, 924, 936 ZPO ein Arrest oder eine einstweilige Verfügung *angeordnet* wird,[52] weil hiergegen unbefristet der Widerspruch (§ 924 ZPO) gegeben ist und der Gegner zuvor keine Möglichkeit hatte, sich zum Rechtsweg zu äußern;[53] der Mahnbescheid nach § 692 ZPO, weil er nicht rechtskräftig wird. Zum Prozesskostenhilfeverfahren s. Rn. 5.

28 **b) Überprüfungsverbot für die Rechtswegentscheidung.** Das Überprüfungsverbot besteht nach Abs. 5 nur für die Rechtswegentscheidung. Die Entscheidung über die Unzulässigkeit des Rechtswegs ist mit dem Verweisungsbeschluss verknüpft und durch sofortige Beschwerde gemäß Abs. 4 S. 3 überprüfbar, nicht aber im Hauptsacheverfahren. Die Überprüfung anderer Urteilsinhalte wird durch Abs. 5 nicht ausgeschlossen. Zwar ist in der Begründung des Bundesrats davon die Rede, dass neben der Entscheidung über den Rechtsweg auch die sachliche und örtliche Zuständigkeit bindend sei.[54] Dies ist jedoch vom Wortlaut in Abs. 5 nicht gedeckt. Eine beschränkte Überprüfung von Zuständigkeitsfragen ergibt sich aber insbesondere aus § 513 Abs. 2 ZPO. Soweit das Rechtsmittel entgegen Abs. 5 auf die Zulässigkeit oder die Unzulässigkeit des Rechtswegs gestützt wird, ist das Rechtsmittel unbegründet, nicht unzulässig.[55]

29 **c) Kein vorheriger Verstoß gegen § 17a.** Das Überprüfungsverbot nach Abs. 5 setzt voraus, dass die **erste Instanz** nicht gegen entscheidende Verfahrensgrundsätze des § 17a verstoßen hat. Der Ausschluss der Prüfung gilt damit nicht, wenn eine Klage entgegen Abs. 2 als unzulässig abgewiesen wurde oder wenn die Zulässigkeit des Rechtswegs trotz Rüge nicht durch Vorabbeschluss, sondern entgegen Abs. 3 S. 2 erst in der Hauptsacheentscheidung, und sei es auch nur konkludent,

---

[48] BVerfGE 21, 191, 194; 65, 145, 148.
[49] BGH NJW 1998, 231, 232; BGH NJW 1993, 470 = LM H. 4/1993 § 17a GVG Nr. 3 m. Anm. *Manfred Wolf*.
[50] BGH NJW 1993, 470; *Zöller/Gummer* Rn. 18.
[51] S. BayObLG NJW-RR 1991, 1356; s. auch Rn. 3f.
[52] VGH Kassel NJW 1995, 1171; 1994, 145; OVG Koblenz NVwZ 1993, 381; aA OVG Bremen NVwZ 1995, 793; OLG Köln NJW 1994, 56.
[53] OLG Frankfurt NZA 2007, 710.
[54] BR-Drucks. 135/90 S. 118.
[55] BGH NJW 1991, 1686.

bejaht wurde.⁵⁶ Hat das Gericht die Rüge *zutreffend* in der Endentscheidung als verspätet zurückgewiesen⁵⁷ oder hält der Rechtsmittelführer seine Rüge in der Beschwerdeinstanz nicht mehr aufrecht,⁵⁸ so gilt Abs. 5 jedoch uneingeschränkt. Ist das **Rechtsmittelgericht** auf Grund erstinstanzlicher Verfahrensfehler entgegen Abs. 5 nicht an der Überprüfung der Rechtswegentscheidung gehindert, so ist zu differenzieren: Ein wegen erstinstanzlicher Unterlassung des Vorabverfahrens erstmals mit der Rechtswegfrage befasstes Berufungsgericht muss grundsätzlich selbst im Vorabverfahren nach § 17a Abs. 4 entscheiden,⁵⁹ und über die Zulassung der Rechtsbeschwerde an den BGH befinden. Dieser ist dann an die Zulassung der Rechtsbeschwerde gebunden.⁶⁰ Eine Vorabentscheidung ist ausnahmsweise jedoch dann entbehrlich, wenn das Berufungsgericht den Rechtsweg bejaht und keinen Grund für die Zulassung der Rechtsbeschwerde (§ 17a Abs. 4 S. 4) sieht.⁶¹

2. Sofortige Beschwerde gegen Rechtswegbeschlüsse (Abs. 4). Die Rechtswegentscheidung soll möglichst frühzeitig in bindender Weise getroffen werden. Gegen Beschlüsse, die die Zulässigkeit des Rechtswegs bejahen oder verneinen, sieht Abs. 4 S. 3 das Rechtsmittel der sofortigen Beschwerde vor. Die sofortige Beschwerde ist auch dann statthaft, wenn die Entscheidung entgegen Abs. 2 S. 1 nur die Unzulässigkeit des Rechtswegs und nicht zugleich auch die Verweisung an das zuständige Gericht enthält.⁶² Sofortige Beschwerde kann auch dann eingelegt werden, wenn das Vordergericht zu Unrecht durch Urteil (statt durch Beschluss; sog. inkorrekte Entscheidung) entschieden hat.⁶³ An Stelle der sofortigen Beschwerde ist gegen die zu Unrecht in der Urteilsform ergangene bloße Rechtswegentscheidung nach dem Grundsatz der Meistbegünstigung⁶⁴ auch die Berufung statthaft. Das Rechtsmittelgericht muss dann von sich aus in das Verfahren gemäß Abs. 4 überwechseln und kann dabei das angefochtene „Urteil" auch durch Beschluss aufheben.⁶⁵ Wird die sofortige Beschwerde nicht oder nicht rechtzeitig eingelegt, so wird die Rechtswegentscheidung rechtskräftig und kann im weiteren Verlauf des Verfahrens nicht mehr überprüft und aufgehoben werden. Verklagt der Kläger mehrere einfache Streitgenossen und legt nur einer davon Beschwerde gegen die Rechtswegentscheidung ein, erfolgt keine Überprüfung in Bezug auf die anderen Streitgenossen.⁶⁶ Abs. 4 gilt im Verhältnis zur freiwilligen Gerichtsbarkeit entsprechend.⁶⁷

a) Die jeweils anzuwendende Verfahrensordnung. Abs. 4 S. 3 sieht keine eigenständige Regelung der sofortigen Beschwerde vor, sondern verweist auf die jeweils anzuwendende Verfahrensordnung. Im Zivilprozess sind §§ 567ff. ZPO maßgebend, wobei eine zweiwöchige Frist vorgesehen ist. Im Arbeitsgerichtsverfahren gelten gemäß § 78 ArbGG im Wesentlichen die Vorschriften der ZPO. Im Verwaltungsgerichtsverfahren finden §§ 146ff. VwGO mit einer ebenfalls zweiwöchigen Frist (§ 147 VwGO) Anwendung, im Sozialgerichtsverfahren §§ 172ff. SGG mit einer Monatsfrist (§ 173 SGG) und im Finanzgerichtsverfahren §§ 128ff. FGO wiederum mit einer zweiwöchigen Frist (§ 129 FGO). Die jeweiligen Förmlichkeiten ergeben sich aus den genannten Vorschriften.

b) Beschwerdeberechtigung. Beschwerde kann nur erheben, wer selbst beschwert und damit beschwerdeberechtigt ist. Beschwerdeberechtigt ist grundsätzlich, wer durch die Rechtswegentscheidung in seinen Rechten verletzt ist. Weil jede Partei ein Recht auf den gesetzlichen Richter hat (Art. 101 Abs. 1 S. 2 GG) und die einzelnen Verfahrensordnungen auch rechtliche relevante Unterschiede aufweisen, ist durch die Rechtswegentscheidung grundsätzlich eine materielle Beschwer möglich.

c) Beschwerdegericht. Beschwerdegericht ist die jeweils nächsthöhere Instanz, das ist gegen Beschlüsse des Landgerichts das OLG (§ 119 Abs. 1 Nr. 4), gegen Beschlüsse des Amtsgerichts in Familien- und Kindschaftssachen und Sachen mit Auslandsbezug ebenfalls das OLG (§ 119 Abs. 1 Nr. 1b, c; Nr. 2), in anderen Angelegenheiten dagegen das Landgericht (§ 72), ebenso in Angelegenheiten der freiwilligen Gerichtsbarkeit (§ 19 Abs. 2 FGG). Hat das OLG als Rechtsmittelinstanz

---

⁵⁶ Vgl. hierzu BGH NJW 1993, 1799; NJW 2000, 185; BAG NZA 1996, 1342; BVerwG NJW 1994, 956.
⁵⁷ LAG Berlin NZA 1994, 912.
⁵⁸ VGH München NJW 1997, 1251.
⁵⁹ BGH NJW 1993, 470.
⁶⁰ BGH NJW 1998, 231; 1993, 388.
⁶¹ BGH NJW 1996, 591 und 1890; BGH LM H. 6/1999 § 17a GVG Nr. 29; BVerwG NJW 1994, 956; OLG Düsseldorf NVwZ 1998, 773.
⁶² OLG Zweibrücken NJW 1999, 875.
⁶³ BGH NJW-RR 2003, 277; *Musielak/Wittschier* Rn. 18.
⁶⁴ S. Vor § 511 Rn. 47.
⁶⁵ BGH NJW 1998, 2057.
⁶⁶ BGH NJW-RR 2006, 286.
⁶⁷ S. BayObLG NJW-RR 1991, 1358.

erstmals eine Vorabentscheidung getroffen (vgl. Rn. 29), so ist die Rechtsbeeschwerde an den BGH statthaft, sofern das OLG diese zugelassen hat.[68] Soweit der Rechtspfleger entscheidet, ist die Erinnerung gemäß § 11 RPflG vorgeschaltet. In Arbeitsgerichtssachen entscheidet das LAG (§ 78 Abs. 1 S. 2 ArbGG), im Verwaltungsgerichtsprozess das OVG (§ 146 VwGO), im Sozialgerichtsprozess das LSG (§ 172 SGG) und im Finanzgerichtsverfahren der BFH (§ 128 FGO). Die Beschwerde an das Gericht der ersten Beschwerde bedarf nicht der Zulassung nach Abs. 4 S. 4. Für die Beschwerde an den BFH verlangt dieser allerdings eine Zulassung durch das FG, die nachholbar sei.[69] Dies gilt auch für die Beschwerde an den BFH, da das Finanzgericht nicht zu den oberen Landesgerichten gehört, wie sie Abs. 4 S. 4 voraussetzt.

34 d) **Beschwerdeentscheidung.** Gegenstand ist nur die Frage der Zulässigkeit des Rechtswegs.[70] Das Beschwerdegericht hat, wenn es die Beschwerde nicht als unzulässig verwirft (§ 572 Abs. 2 S. 2 ZPO), über die Zulässigkeit des Rechtswegs zu entscheiden. Bei Bestätigung der erstinstanzlichen Rechtswegentscheidung weist es die Beschwerde als unbegründet zurück. Anderenfalls hebt das Beschwerdegericht die erstinstanzliche Entscheidung auf. Dabei kann es den Rechtsweg für unzulässig erklären und gemäß Abs. 2 S. 1 an das zuständige Gericht im zulässigen Rechtsweg verweisen,[71] wenn das erstinstanzliche Gericht den Rechtsweg zu ihm zu Unrecht für zulässig erklärt hat. Umgekehrt kann das Beschwerdegericht den Rechtsweg für zulässig erklären und die Sache zurückverweisen, wenn das erstinstanzliche ihn zu Unrecht für unzulässig gehalten hat.[72]

35 **3. Rechtsbeschwerde.** Eine Rechtsbeschwerde an ein oberstes Bundesgericht kommt nur in Betracht, wenn sie gemäß Abs. 4 S. 4 vom Beschwerdegericht zugelassen worden ist, also vom OLG oder LG.[73] Es muss der Spruchkörper in Vollbesetzung und nicht der Einzelrichter entschieden haben.[74] Dies gilt auch, wenn Gegenstand des Ausgangsverfahrens eine einstweilige Verfügung ist und das OLG selbst zur abschließenden Entscheidung über den Verfügungsanspruch berufen ist.[75] In einem verwaltungsgerichtlichen Verfahren des vorläufigen Rechtsschutzes ist eine weitere Beschwerde an das BVerwG ausgeschlossen.[76] Die Zulassungsentscheidung ist für das oberste Bundesgericht grundsätzlich bindend (s. Rn. 38). Ohne Zulassung entscheidet das Beschwerdegericht endgültig. Abs. 4 S. 4 enthält insofern eine spezielle Regelung, die andere Vorschriften aus den Verfahrensordnungen ausschließt. Die Zulassung muss im Verweisungsbeschluss (Abs. 4 S. 4 mit Abs. 2) bzw. im Beschluss über die Vorabentscheidung (Abs. 4 S. 4 mit Abs. 3) enthalten sein. Die Zulassung ist auszusprechen, wenn die Rechtswegfrage von grundsätzlicher Bedeutung ist oder wenn eine Divergenz zu einer Entscheidung eines obersten Bundesgerichts oder zum Gemeinsamen Senat der obersten Gerichtshöfe des Bundes besteht (Abs. 4 S. 5).

36 Die **grundsätzliche Bedeutung** ist wie bei § 543 Abs. 2 Nr. 1 ZPO zu behandeln

37 **Abweichung:** Eine Zulassung hat ferner zu erfolgen, wenn das Gericht in der Rechtswegfrage von der Entscheidung eines obersten Gerichtshofs des Bundes oder des Gemeinsamen Senats der obersten Gerichtshöfe abweicht.

38 Eine **Bindung an die Zulassung** sieht Abs. 4 S. 6 vor. Der BGH und andere oberste Bundesgerichte können deshalb die Annahme der Rechtsbeschwerde einer Partei nicht ablehnen, sondern müssen über deren Zulässigkeit und Begründetheit entscheiden. Dies gilt auch, wenn das OLG als Berufungsgericht wegen einer erstinstanzlichen Nichtbeachtung des § 17a erstmals eine Vorabentscheidung getroffen hat.[77] Wird die Rechtsbeschwerde nicht zugelassen, so können die Parteien dagegen nicht vorgehen. Es steht keine **Nichtzulassungsbeschwerde** zur Verfügung.

39 **Gericht der Rechtsbeschwerde** ist die dritte Instanz, dh. in der Regel die obersten Bundesgerichte der jeweiligen Gerichtsbarkeit. Der BFH ist dagegen im zweigliedrigen Instanzenzug der Finanzgerichtsbarkeit nicht Gericht der Rechtsbeschwerde, sondern Beschwerdegericht.[78] Soweit in der Zivilgerichtsbarkeit das Amtsgericht in erster Instanz und das Landgericht als Beschwerdegericht entscheidet, kommt eine Rechtsbeschwerde an den BGH gemäß § 574 Abs. 1 in Betracht.

---

[68] BGH NJW 1996, 591; 1998, 2058.
[69] BFH/NV 2007, 264.
[70] BGH NJW 2001, 2182.
[71] So ausdrücklich BR-Drucks. 135/90 S. 117.
[72] BGH NJW 1993, 470.
[73] BGH NJW 2003, 2913.
[74] BGH NJW-RR 2006, 286 (Folge: Aufhebung von Amts wegen).
[75] BGH NJW 1999, 3785; NJW 2001, 2181; GRUR 2003, 549; NJW 2007, 1819.
[76] BVerwG NVwZ 2006, 1291; VGH Kassel DÖV 2007, 262.
[77] BGH NJW 2000, 185; 1998, 2057; 1996, 591.
[78] S. auch Rn. 33.

§ 17b [Rechtsfolgen des Verweisungsbeschlusses]

(1) ¹Nach Eintritt der Rechtskraft des Verweisungsbeschlusses wird der Rechtsstreit mit Eingang der Akten bei dem im Beschluß bezeichneten Gericht anhängig. ²Die Wirkungen der Rechtshängigkeit bleiben bestehen.

(2) ¹Wird ein Rechtsstreit an ein anderes Gericht verwiesen, so werden die Kosten im Verfahren vor dem angegangenen Gericht als Teil der Kosten behandelt, die bei dem Gericht erwachsen, an das der Rechtsstreit verwiesen wurde. ²Dem Kläger sind die entstandenen Mehrkosten auch dann aufzuerlegen, wenn er in der Hauptsache obsiegt.

I. Normzweck

§ 17b regelt die Wirkungen des Verweisungsbeschlusses. Die Wirkungen der Klageerhebung, gleich in welcher Gerichtsbarkeit die Klage erhoben wird, bleiben bestehen. Die Verweisung bestimmt damit nicht den Beginn des Rechtsstreits. § 17b gilt wie § 17a auch in Verfahren der anderen Rechtswege.

II. Anhängigkeit beim Empfängergericht

1. Anhängigkeit. Anhängigkeit bedeutet, dass das Gericht mit einem Verfahren befasst ist[1] und damit die Herrschaft und die Verantwortung über den weiteren Verfahrensablauf übertragen erhält. Die Anhängigkeit tritt zu Beginn eines Verfahrens bereits mit Einreichung einer Klage bei Gericht ein, während die Rechtshängigkeit darüber hinaus die Zustellung an den Beklagten voraussetzt (§ 261 Abs. 1 mit § 253 Abs. 1 ZPO). Die Anhängigkeit nach Abs. 1 S. 1 tritt erst nach Rechtshängigkeit ein.

2. Zeitpunkt. Als Zeitpunkt sieht Abs. 1 S. 1 zusätzlich zur Rechtskraft des Verweisungsbeschlusses den Eingang der Akten beim Empfängergericht vor. Vor Rechtskraft dürfen die Akten nicht versandt werden. Die Rechtskraft des Verweisungsbeschlusses tritt ein, wenn die letzte Instanz entschieden hat, wenn die Beschwerdefrist abgelaufen ist oder wenn die Beschwerdeberechtigten auf Rechtsmittel verzichtet haben.

Bis zur Anhängigkeit beim Empfängergericht bleibt die Klage bei dem Gericht anhängig, bei dem die Klage eingereicht wurde. Dies ist nicht notwendig das verweisende Gericht, sofern die Verweisung erst vom Beschwerdegericht ausgesprochen wird. Eine Beschwerde gegen den Verweisungsbeschluss ändert noch nicht die Anhängigkeit beim Gericht der Hauptsache.

3. Wirkungen. Die Wirkungen der Anhängigkeit beim Empfängergericht bestehen einerseits darin, dass das **Empfängergericht** nunmehr für alle Verfahrenshandlungen und Entscheidungen **zuständig** ist. Klageänderungen, Klageerweiterungen oder Klagerücknahmen müssen bei ihm eingereicht werden, ebenso wie alle sonstigen das Verfahren betreffenden Anträge, auch Prozesskostenhilfeanträge sowie sonstige Angriffs- und Verteidigungsmittel. Das Empfängergericht trifft ab Anhängigkeit auch alle Entscheidungen, wie verfahrensleitende Verfügungen, Beschlüsse und Entscheidungen. Andererseits bleiben die vom verweisenden Gericht getroffenen Maßnahmen und Entscheidungen grundsätzlich wirksam, wie zB die Klagezustellung, gerichtlich gesetzte Schriftsatzfristen, soweit solche Fristsetzungen im Verfahren des Empfängergerichts von Bedeutung sind. Die Bewilligung von Prozesskostenhilfe durch das verweisende Gericht bleibt bestehen und wirkt fort. Ein unerledigter Beweisbeschluss bleibt bestehen, kann aber aufgehoben werden. Die Zulässigkeitsvoraussetzungen der Klage sind jedoch an Hand der Verfahrensvorschriften des neuen Rechtswegs zu überprüfen. Ob der Verweisung in die Verwaltungsgerichtsbarkeit deshalb gegebenenfalls das vorgeschriebene Vorverfahren der §§ 68ff. VwGO nachgeholt werden muss ist zweifelhaft und eher zu verneinen.[2]

III. Wirkungen der Rechtshängigkeit

Die Wirkungen der Rechtshängigkeit bleiben nach Abs. 1 S. 2 wie bisher bestehen. Dies gilt sowohl für die prozessualen Wirkungen (§§ 261ff. ZPO) wie für die materiell-rechtlichen Wirkungen (zB §§ 292, 818 Abs. 4, 987, 989 BGB).

---

[1] *Rosenberg/Schwab/Gottwald* § 100 I; *Stein/Jonas/Schumann* § 261 ZPO Rn. 2.
[2] Vgl. BSGE 45, 120, 123.

7 **1. Fristwahrung.** Durch die Klageerhebung bei dem unzuständigen Gericht werden sämtliche Fristen gewahrt, ohne dass es darauf ankäme, zu welchem Zeitpunkt die Verweisung vorgenommen wird und die Klagesache zu dem zuständigen Gericht gelangt.[3] Grundgedanke dieser Regelung ist, dass die Anrufung des falschen Gerichts nicht zu Lasten des Klägers gehen soll. Die Fristwahrung gilt deshalb sowohl für die verfahrensrechtliche Ausschlussfrist gemäß § 30 PrEnteignG[4] als auch für die außerverfahrensrechtlichen Wirkungen der Rechtshängigkeit, wie insbesondere die Hemmung der Verjährung gemäß § 204 Abs. 1 Nr. 1 BGB, aber auch für die Ansprüche nach §§ 818 Abs. 4, 987, 989 BGB.

8 **2. Eintritt der Rechtshängigkeit.** Entscheidendes Merkmal für die genannte fristwahrende Wirkung ist der Eintritt der Rechtshängigkeit der Klage. Probleme bereitet der Eintritt der Rechtshängigkeit in den Fällen, in denen die Einreichung der Klage nach der Verfahrensordnung des zuerst angerufenen Gerichts zur Begründung der Rechtshängigkeit genügt, während nach der ZPO noch die Zustellung der Klageschrift an den Beklagten erfolgen muss. Aus § 167 ZPO folgt aber, dass es in den bezeichneten Fällen nicht auf die Zustellung ankommt, sondern der Eingang der Klage genügt.

IV. Kosten des Verfahrens

9 **1. Einheitliche Kostenentscheidung.** Über die Kosten des Verfahrens einschließlich der Kosten, die beim zuerst angegangenen Gericht angefallen sind, wird gemäß Abs. 2 S. 1 in der Endentscheidung des empfangenden Gerichts entschieden, über die Höhe im Kostenfestsetzungsverfahren. Angegangenes Gericht ist das Gericht der Hauptsache, nicht dagegen die mit dem Beschwerdeverfahren befassten Beschwerdegerichte.[5]

10 Über die **Kosten des Beschwerdeverfahrens** haben die Beschwerdegerichte selbständig zu entscheiden.[6] Dies gilt auch dann, wenn die Verweisung erst in der Beschwerdeinstanz ausgesprochen wird. Über die Kosten des Hauptsacheverfahrens entscheidet jedoch auch in diesem Fall gemäß Abs. 2 S. 1 das empfangende Gericht. Abs. 2 S. 1 gilt für alle Gerichtsbarkeiten, auch im Verhältnis zu den Streitsachen der freiwilligen Gerichtsbarkeit.[7] Soweit in anderen Verfahrensordnungen auf Abs. 2 S. 1 verwiesen wird, gilt er dort auch für die Verweisung wegen sachlicher und örtlicher Unzuständigkeit.

11 **2. Kostentragungspflicht.** Für die Kostentragungspflicht gelten grundsätzlich die allgemeinen Vorschriften, im Zivilprozess die §§ 91 ff. ZPO. § 17b Abs. 2 S. 2 sieht (wie § 281 Abs. 3 ZPO) eine mögliche Kostentrennung vor: wird die Klage vom VG München an das LG Regensburg verwiesen und dort die Klage abgewiesen, heisst es im Urteilstenor: „Die Kosten werden dem Kläger auferlegt". Wird beim LG Regensburg dagegen der Klage stattgegeben: „Dem Kläger werden die durch die Anrufung des unzuständigen Gerichts entstandenen Kosten auferlegt; die übrigen Kosten trägt der Beklagte." Die Kosten des Beschwerdeverfahrens (Rn. 10) hat der jeweils dort unterliegende Teil zu tragen. Ficht der Beklagte den Verweisungsbeschluss mit der sofortigen Beschwerde an und unterliegt er, so hat er die Kosten des Beschwerdeverfahrens zu tragen, nicht aber der Kläger, der nur die Kosten des erstinstanzlichen Hauptsacheverfahrens zu tragen hat. Ficht der Beklagte die Vorabentscheidung, in der das Gericht den Rechtsweg für zulässig erklärt, mit der sofortigen Beschwerde an und verweist das Beschwerdegericht in den zulässigen Rechtsweg, so muss der Kläger neben den Kosten der Hauptsache des angegangenen Gerichts auch die Kosten des Beschwerdeverfahrens tragen. Dennoch wird über die Kosten des Beschwerdeverfahrens vom Beschwerdegericht entschieden.[8]

12 **3. Kostenberechnung.** Die eventuellen Mehrkosten (zB zusätzliche Reisekosten) werden im Kostenfestsetzungsverfahren (§§ 103 ff. ZPO) errechnet. Zu den Mehrkosten des Gerichts vgl. § 4 Abs. 2 GKG. Die Anwaltsgebühren erhöhen sich nicht (§ 20 RVG). Wird eine Sache vom Arbeitsgericht an das Landgericht verwiesen und obsiegt dort der Beklagte, so dass dem Kläger die Kosten auferlegt werden, sind ihm auch die vor Verweisung entstandenen Anwaltskosten zu ersetzen, § 12a Abs. 1 S. 3 ArbGG.[9]

---

[3] OVG Münster NJW 1996, 334.
[4] Vgl. BGH NJW 1986, 2255, 2266.
[5] S. § 17a Rn. 33.
[6] BGH NJW 1993, 2541; OVG Münster NVwZ-RR 1993, 670; aA OLG Köln NJW-RR 1993, 639 bei erfolgreichem Rechtsmittel.
[7] S. BayObLG FGPrax 1995, 211; vgl. auch § 17a Rn. 3f.
[8] BGH NJW 1993, 2541.
[9] BAG NJW 2005, 1301.

Vorbemerkung zu den §§ 18 ff.

I. Die Regelung der §§ 18 bis 20

Mit der Neuregelung der §§ 18 bis 20 durch Gesetz v. 25. 3. 1974 (BGBl. I S. 761) wurden 1 die bis dahin bestehenden Regelungen des GVG über die Befreiung von der deutschen Gerichtsbarkeit sowohl dem in Wien am 18. 4. 1961 von der Bundesrepublik Deutschland unterzeichneten Übereinkommen über diplomatische Beziehungen[1] als auch dem gleichfalls in Wien unterzeichneten Übereinkommen über konsularische Beziehungen v. 24. 3. 1963[2] angepasst. Nur durch die Neufassung des § 20 durch Gesetz v. 17. 7. 1984 (BGBl. I S. 990) wurde eine eigenständige Regelung getroffen. Konsequenz der Regelungen ist, dass der Geschäftspartner eines „Gerichtsfreien" zur Vorsicht aufgerufen ist, weil er kaum Möglichkeiten hat, zu seinem Recht zu kommen, aber von ihm verklagt werden kann und bei Klageabweisung auf seinen Kosten sitzen bleibt.[3]

II. Grundsätzliches zur Befreiung von der deutschen Gerichtsbarkeit

1. Terminologie. Neben der verfassungsrechtlich gewährleisteten Immunität und Indemnität 2 der Parlamentarier erfolgt eine Befreiung von der deutschen Gerichtsbarkeit auch im Rahmen der internationalen Beziehungen zu anderen Nationen. Für diesen letztgenannten Bereich hat sich eine einheitliche Terminologie bislang nicht durchsetzen können, so dass sowohl der Begriff der Exterritorialität als auch der Exemtion als auch der Immunität Verwendung finden. Unter Berücksichtigung der in den Wiener Übereinkommen verwendeten Terminologie sollte der Begriff der Immunität verwendet werden.

2. Funktion der Immunität. Die Funktion der Immunität kann zunächst grob dahingehend 3 umrissen werden, dass die von ihr erfassten Personen nicht der deutschen Gerichtsbarkeit unterliegen und dementsprechend ein gerichtliches Tätigwerden gegenüber diesen Personen unzulässig ist. Dogmatisch lässt sie sich nicht als zusätzlich zu beachtende Prozessvoraussetzung einordnen (weil die Wirkung darüber hinausgeht, zB die Vernehmung des „Gerichtsfreien" als Zeuge verhindert).[4] Sie kann daher nur als Verfahrenshindernis eigener Art[5] eingeordnet werden.[6] In der Praxis geht es meist um Mietsachen (der Diplomat zahlt die Miete nicht) oder ausstehenden Lohn oder Kündigungsschutzklagen.[7]

3. Beachtung von Amts wegen. Liegt eine Befreiung von der deutschen Gerichtsbarkeit vor, 4 dann ist dieses Verfahrenshindernis in jeder Lage des Verfahrens von Amts wegen zu beachten.[8] Hieraus folgt, dass in solchen Fällen, in denen die Befreiung dem Gericht bekannt ist, schon die Anberaumung eines Termins und die Zustellung der Klage nicht vorgenommen werden darf.[9] Auch eine einstweilige Verfügung,[10] eine einstweilige Anordnung, ein Arrest oder eine Streitverkündung dürfen nicht erlassen bzw. durchgeführt werden, weil es sich hier gleichfalls um gerichtliche Tätigkeit handeln würde. Eine gerichtliche Prüfung der Immunität muss jedoch dann vorgenommen werden, wenn das Bestehen der Befreiung nicht eindeutig feststeht oder im Streit ist. Hier kann und muss eine Terminanberaumung vorgenommen und die Klage zugestellt werden, weil andernfalls die bloße Möglichkeit einer Immunitätsverletzung jegliche gerichtliche Nachprüfung verhinderte und die gesamte Gerichtsbarkeit blockiert werden könnte. Dabei ist jedoch hinsichtlich der Klagezustellung sowie aller anderen Zustellungen zu berücksichtigen, dass sie nicht in den exterritorialen Räumlichkeiten vorgenommen werden dürfen. Zustellungen sind dementsprechend nur im Wege des internationalen Rechtshilfeverkehrs möglich entweder auf diplomatischem Weg oder notfalls

---

[1] WÜD, vgl. das hierzu ergangene Gesetz vom 6. 8. 1964, BGBl. II S. 957.
[2] WÜK, vgl. das hierzu ergangene Gesetz v. 26. 8. 1969, BGBl. II S. 1585.
[3] Vgl. *Buch* NZM 2000, 367 (Mietverträge mit Botschaften etc.).
[4] *Zöller/Gummer* Vor §§ 18 bis 20 Rn. 3; *Rosenberg/Schwab/Gottwald* § 19 II 1 a.
[5] BGHSt 14, 137; BayObLG NJW 1992, 641.
[6] Vgl. BGHZ 10, 354.
[7] BAG NZA 2002, 640; BAG NJW 1997, 678; LAG Berlin MDR 2001, 1421; LAG Hessen NZA-RR 1999, 383.
[8] BGH NJW-RR 2003, 1218; BGHZ 18, 1, 5 f.; OLG München FamRZ 1972, 210.
[9] Vgl. OLG München NJW 1975, 2144; OLG Hamburg MDR 1953, 109; *Zöller/Gummer* Vor §§ 18 bis 20 Rn. 3.
[10] Vgl. OLG Frankfurt NJW 1982, 2650.

durch öffentliche Zustellung.[11] Die Frage nach der Immunität muss jedoch als gegenüber den anderen Prozessvoraussetzungen vorrangig behandelt werden, um die Befreiung von der Gerichtsbarkeit im Falle der wirklich bestehenden Immunität nicht mehr als unbedingt nötig zu beeinträchtigen. Hinter diesem Gesichtspunkt müssen auch Fragen der Zulässigkeit des Rechtswegs oder der Zuständigkeit des angerufenen Gerichts zurücktreten.[12] Kommt das Gericht zu dem Ergebnis, dass eine Befreiung von der deutschen Gerichtsbarkeit vorliegt, dann muss es die Klage durch Prozessurteil abweisen (falls sie nicht, nach Hinweis, zurückgenommen wird), so dass der Kläger die üblichen Rechtsmittelmöglichkeiten hat.[13] Gelangt das Gericht indes zu dem Ergebnis, dass keine Immunität vorliegt, dann ergeben sich keinerlei Abweichungen von einem normalen Gerichtsverfahren. Möglich ist bei Verneinung der Immunität der Erlass eines Zwischenurteils gemäß § 280 Abs. 2 ZPO.[14] Für die Beurteilung der Immunität ist der Zeitpunkt der gerichtlichen Entscheidung maßgebend.[15] Eine gerichtliche Entscheidung, die trotz Immunität des Beklagten ergeht, soll nach hM grundsätzlich nichtig sein.[16] Dabei ist es gleichgültig, ob es sich bei dieser Entscheidung um ein Prozessurteil oder ein Sachurteil handelt. Ebenso wenig kommt es darauf an, ob es sich um ein stattgebendes oder ein abweisendes Sachurteil handelt,[17] weil die Personen mit Immunität von der gesamten Gerichtsbarkeit befreit sind und dementsprechend auch ein für diese Person günstig verlaufenes Verfahren nicht ohne Verzicht auf die Immunität hätte durchgeführt werden dürfen. Ebenso wie Sachurteile unterfallen auch Mahnbescheide und Vollstreckungsbescheide dem gerichtlichen Tätigkeitsbereich, so dass die Befreiung auch hier eingreift und dementsprechend auch diese Bescheide nichtig sind, wenn sie unter Nichtbeachtung der Immunität zustande gekommen sind.

III. Die Grenzen der Immunität

5   Die Befreiung von der deutschen Gerichtsbarkeit greift nur insoweit ein, als es sich um unmittelbar mit der Gerichtsbarkeit in Verbindung stehende Tätigkeiten handelt. Zu diesem Tätigkeitsbereich zählen reine **Ordnungsmaßnahmen** nicht, so dass Maßnahmen zur Aufrechterhaltung der Ordnung im Gerichtssaal gemäß § 177 und bei sofortiger Durchführung auch solche gemäß § 178[18] auch gegenüber mit Immunität ausgestatteten Personen getroffen werden dürfen, nicht aber spätere Vollstreckungsmaßnahmen. Auch private Maßnahmen gegenüber dem Befreiten im Wege der **Selbsthilfe** fallen nicht unter §§ 18 ff.[19] Die Vornahme von Notwehr- und Selbsthilfehandlungen gemäß § 227 BGB sind demzufolge ebenso zulässig wie die Ausübung des Vermieterpfandrechts gemäß § 562 BGB, des Unternehmerpfandrechts gemäß § 647 BGB, der verschiedenen Zurückbehaltungsrechte und die Befriedigung der Pfandgläubiger durch den Verkauf der Pfandsache gemäß §§ 1233 ff. BGB.[20]

6   Darüber hinaus bestehen im Bereich der Zivilgerichtsbarkeit auch **gegenständliche Einschränkungen**, die in dem Wiener Übereinkommen ausdrücklich aufgenommen wurden. Dabei bestehen zwischen den Befreiungen für Diplomaten und den weiteren nach dem WÜD befreiten Personen einerseits und denen für Konsularbeamte nach dem WÜK andererseits Unterschiede im Detail, so dass insoweit auf die Kommentierung der §§ 18 und 19 verwiesen sei.

IV. Immunität der diplomatischen Missionen und konsularischen Vertretungen

7   Unabhängig von der in den §§ 18 bis 20 angesprochenen persönlichen Immunität der jeweiligen Gerichtsbefreiten besteht auch eine Immunität der diplomatischen Missionen und konsularischen Vertretungen. Diese **Immunität der Einrichtungen** deckt sich aber nicht mit der Immunität der Personen, sondern ist einer selbständigen Regelung unterworfen. Unverletzlich sind gemäß Art. 22 Abs. 3 des Wiener Übereinkommens über diplomatische Beziehungen (= WÜD) die Räumlichkeiten der Mission, ihre Einrichtung und die sonstigen darin befindlichen Gegenstände sowie die Beförderungsmittel der Mission gegenüber jeder Durchsuchung, Beschlagnahme, Pfändung oder Voll-

---

[11] §§ 185 ff. ZPO.
[12] BGH NJW 1979, 1101.
[13] Vgl. BGHZ 18, 1, 9; RGZ 157, 389, 393; BayObLG FamRZ 1972, 212; *Kissel/Mayer* § 18 Rn. 6.
[14] Vgl. RGZ 157, 389, 394.
[15] Vgl. BGHZ 9, 101; 19, 345.
[16] Vgl. hierzu im einzelnen § 18 Rn. 5.
[17] So die hM *Zöller/Gummer* vor §§ 18 bis 20 Rn. 3; *Kissel/Mayer* § 18 Rn. 6; aA für klageabweisende Sachurteile *Stein/Jonas/Grunsky* vor § 578 Rn. 10.
[18] Vgl. *Kissel/Mayer* § 178 Rn. 5.
[19] Vgl. *Zöller/Gummer* vor §§ 18 bis 20 Rn. 4; offengelassen in OLG Köln NJW 1996, 473.
[20] Vgl. zu den privaten Maßnahmen *Steinmann* MDR 1965, 795, *Bongartz* MDR 1995, 780; 797; *Kissel/Mayer* § 18 Rn. 8; s. auch OLG Köln NJW 1996, 472, 473.

streckung. Darüber hinaus sind gemäß Art. 24 WÜD die Archive und Schriftstücke der Mission jederzeit unverletzlich, wo immer sie sich befinden, gleichwie gemäß Art. 27 WÜD die amtliche Korrespondenz der Mission und das diplomatische Kuriergepäck unverletzlich sind. Schließlich genießt gemäß Art. 30 WÜD auch die Privatwohnung des Diplomaten dieselbe Unverletzlichkeit wie die Räumlichkeiten der Mission. Darüber hinaus besteht die allgemeine Regel des Völkerrechts, dass alle den diplomatischen und konsularischen Missionen zur Wahrnehmung ihrer amtlichen Funktionen dienenden Einrichtungen und Gegenstände unverletzlich sind, auch soweit sie nicht unter das WÜD fallen, sofern dadurch die Erfüllung der diplomatischen Tätigkeit beeinträchtigt werden könnte. Eine konkrete Beeinträchtigung ist nicht erforderlich. Es genügt nach Meinung des BGH eine abstrakte typische Gefahr;[21] meines Erachtens bedenklich. Zu diesen Gegenständen können auch Ansprüche gehören, zB Ansprüche auf Umsatzsteuererstattung, ohne Rücksicht darauf, ob der Entsendestaat trotz Pfändung den Botschaftsbetrieb aufrechterhalten könnte;[22] ebenfalls bedenklich. Für die konsularischen Vertretungen gelten gemäß Art. 31, 33 und 35 WÜK entsprechende Regelungen, jedoch sind hinsichtlich des konsularischen Kuriergepäcks in Art. 35 Abs. 2 WÜK einzelne Einschränkungen vorgesehen.

V. Verzicht auf die Immunität

Möglich ist ein Verzicht auf die Immunität, der sich entweder allgemein auf den Immunitätsschutz beziehen kann oder auf ein konkretes Verfahren begrenzt werden kann. Beachtet werden muss jedoch, dass der Verzicht nicht von jeder mit Immunität ausgestatteten Person ausgesprochen werden darf, sondern dass dies gemäß Art. 32 Abs. 1 WÜD und Art. 45 Abs. 1 WÜK **nur vom Entsendestaat** selbst, also durch die mit entsprechender Vollmacht ausgestatteten Personen geschehen kann.[23] Gemäß Art. 32 Abs. 2 WÜD und Art. 45 Abs. 2 WÜK muss der Verzicht ausdrücklich erklärt werden, so dass mit der Annahme einer sich aus den Umständen ergebenden Verzichtserklärung, wie sie allgemein für zulässig gehalten wird,[24] Vorsicht geboten ist. Scheitern wird eine stillschweigende Verzichtserklärung meist schon daran, dass nach Art. 45 Abs. 2 WÜK im Bereich der Konsularbeamten eine schriftliche Mitteilung an den Empfangsstaat erforderlich ist. Liegt eine Verzichtserklärung vor, dann ist diese dogmatisch als einseitige, unbedingte und unwiderrufliche prozessuale Willenserklärung einzustufen. Die mit dem Verzicht verbundene Unterstellung unter die deutsche Gerichtsbarkeit ist für die jeweilige Sache **umfassend**, so dass er sich auf den gesamten Instanzenzug bezieht und auch die Wiederaufnahmeverfahren gemäß §§ 578ff. ZPO, die Abänderungsklagen gemäß § 323 ZPO, die Vollstreckungsgegenklage gemäß § 767 ZPO und sämtliche Klagen auf Unzulässigkeit der Vollstreckung umfasst.[25] Bei einem einstweiligen Verfügungsverfahren umfasst der Verzicht auch die Immunität im Hinblick auf das gegebenenfalls nachfolgende Hauptsacheverfahren.

Ein Verzicht auf die Immunität im Rahmen eines **Erkenntnisverfahrens** beinhaltet aber nicht gleichzeitig den Verzicht im Hinblick auf das **Vollstreckungsverfahren**, was in Art. 32 Abs. 4 WÜD und Art. 45 Abs. 4 WÜK ausdrücklich festgelegt wurde. Da indes die Unterwerfung unter die deutsche Gerichtsbarkeit auch bei einem Vollstreckungsverfahren als allgemeine Verfahrensvoraussetzung vorliegen muss,[26] führt dies zu dem Ergebnis, dass gegebenenfalls ein Erkenntnisverfahren zulässig ist, die anschließende Vollstreckung aber nicht vorgenommen werden darf. Abgesehen von diesem Erfordernis einer zweiten Verzichtserklärung erstreckt sich die Immunität hinsichtlich des Vollstreckungsverfahrens auf die dort stattfindenden Verfahren.

VI. Klageerhebung durch den Befreiten

Nicht von der Immunität erfasst sind die Fälle, in denen der Befreite Gerichtsschutz begehrt und ein Verfahren durch Klageerhebung selbst anstrengt. Hier ist ein Verzicht auf die Immunität durch den Entsendestaat nicht erforderlich;[27] Das wird den Regelungen der Art. 32 Abs. 3 WÜD und Art. 45 Abs. 3 WÜK entnommen. Klagt der Befreite, kann gegen ihn Widerklage erhoben werden, falls sie mit der Hauptklage in unmittelbarem Zusammenhang steht. Ist dies nicht der Fall,

---

[21] BVerfGE 46, 342, 394/395; BGH NJW-RR 2003, 1218 (Zwangsvollstreckung in ein für diplomatische Zwecke genutztes Grundstück); BGH NJW-RR 2006, 425.
[22] BGH NJW-RR 2006, 425. Zum Verzicht vgl. allgemein BVerfG NJW 2007, 2605.
[23] Vgl. *Baumbach/Lauterbach/Hartmann* Einf. zu §§ 18 bis 20 Rn. 3; *Zöller/Gummer* Vor §§ 18 bis 20 Rn. 5.
[24] Vgl. *Kissel/Mayer* § 18 Rn. 23; *Baumbach/Lauterbach/Hartmann* Einf. zu §§ 18 bis 20 Rn. 3.
[25] S. auch § 18 Rn. 8.
[26] BVerfGE 46, 342, 359.
[27] BVerwG NJW 1996, 2744.

greift die Immunität wieder durch und die Widerklage ist als insoweit selbständige Klage unzulässig. Über die Zulässigkeit der Klageerhebung durch den Gerichtsfreien hinaus, kommt ihm auch die Befugnis zu, als Nebenintervenient aufzutreten oder einem anderen den Streit zu verkünden. Wurde die Klage vom Befreiten erhoben, kann das Gericht nicht nur zu seinen Gunsten, sondern auch zu seinen Ungunsten entscheiden und ihm die Kosten des Verfahrens auferlegen (§ 91 ZPO). Das Kostenurteil kann aber nicht vollstreckt werden, soweit keine Verzichtserkärung (des Entsendestaates) in Bezug auf das Vollstreckungsverfahren vorliegt; das ist kaum nachvollziehbar (Rechtsstaatsprinzip ?) und bedarf einer anderen Betrachtung, weil es für „Gerichtsfreie" risikoloses Prozessieren ermöglicht.

§ 18 [Exterritorialität von Mitgliedern der diplomatischen Missionen]

¹Die Mitglieder der im Geltungsbereich dieses Gesetzes errichteten diplomatischen Missionen, ihre Familienmitglieder und ihre privaten Hausangestellten sind nach Maßgabe des Wiener Übereinkommens über diplomatische Beziehungen vom 18. April 1961 (Bundesgesetzbl. 1964 II S. 957 ff.) von der deutschen Gerichtsbarkeit befreit. ²Dies gilt auch, wenn ihr Entsendestaat nicht Vertragspartei dieses Übereinkommens ist; in diesem Falle findet Artikel 2 des Gesetzes vom 6. August 1964 zu dem Wiener Übereinkommen vom 18. April 1961 über diplomatische Beziehungen (Bundesgesetzbl. 1964 II S. 957) entsprechende Anwendung.

Schrifttum: *Becker,* Zwangsvollstreckung in ein für diplomatische Zwecke genutztes Grundstück, JuS 2004, 470; *Buch,* Botschaften und Konsulate als Mieter, NZM 2000, 367; *Dahm,* Völkerrechtliche Grenzen der inländischen Gerichtsbarkeit gegenüber ausländischen Staaten, in Festschrift für Arthur Nikisch, Tübingen, 1958, S. 153; *Damian,* Staatenimmunität und Gerichtszwang. Grundlagen und Grenzen der völkerrechtlichen Freiheit fremder Staaten vor inländischer Gerichtsbarkeit in Verfahren der Zwangsvollstreckung oder Anspruchssicherung, 1985; *Keppler,* Änderungskündigung einer Ortskraft der US-Botschaft, IPRax 1999, 164; *Riedinger,* Staatenimmunität gegenüber Zwangsgewalt, RabelsZ 81, S. 448 ff.; *Schaumann-Habscheid,* Die Immunität ausländischer Staaten von Völkerrecht und deutschem Zivilprozeßrecht, Heft 8 der Deutschen Gesellschaft für Völkerrecht, Karlsruhe, 1968; *Schlosser,* Das völkerrechtswidrige Urteil nach deutschen Prozeßrecht, ZZP 79 (1976), 164; *Steinmann,* Ein Beitrag zu Fragen der zivilrechtlichen Immunität von ausländischen Diplomaten, Konsuln und anderen bevorrechtigten Personen sowie von fremden Staaten, die durch ihre Missionen oder auf ähnliche Weise in der Bundesrepublik tätig werden, MDR 1965, S. 706, 795; *Vischer,* Der ausländische Staat als Kläger, IPRax 1991, 209.

I. Normzweck

1 Soweit es die Mitglieder diplomatischer Missionen, ihre Familienmitglieder und privaten Hausangestellten betrifft, verzichtet § 18 auf eine eigenständige Regelung über die Befreiung (Exemtion) von der deutschen Gerichtsbarkeit und übernimmt voll die Regelung des Wiener Übereinkommens über diplomatische Beziehungen (WÜD) vom 18. 4. 1961 (S. 1). Die Regelung dieses Übereinkommens gilt für diesen Personenkreis grundsätzlich auch dann, wenn der Entsendestaat dem Übereinkommen nicht beigetreten ist. In allen Fällen gilt auch Art. 2 des Gesetzes vom 6. 8. 1964 (BGBl. II S. 957) mit der Ermächtigung, durch Rechtsverordnung die Vorrechte und Befreiungen zu erweitern oder einzuschränken. Die Befreiung von der deutschen Gerichtsbarkeit dient dem **Schutz der diplomatischen Personen,** die auf diesen Schutz verzichten können.[1]

2 §§ 18 bis 20 sind mit Wirkung vom 1. 4. 1974 neu gefasst.[2] Während § 18 die Mitglieder diplomatischer Missionen samt ihren Familienangehörigen und Hausangestellten betrifft, erfasst § 19 die Mitglieder konsularischer Vertretungen. § 20 Abs. 1, der mit Wirkung seit 1. 8. 1984 neu eingefügt ist,[3] befreit die Repräsentanten anderer Staaten und deren Begleitung, soweit sie auf Grund amtlicher Einladung Gäste der Bundesrepublik sind. § 20 Abs. 2 sieht darüber hinaus alle Befreiungen auf Grund der allgemeinen Regeln des Völkerrechts, auf Grund besonderer völkerrechtlicher Vereinbarungen[4] oder auf Grund sonstiger Rechtsvorschriften als maßgeblich an.

II. Grundlagen der Exterritorialität

3 **1. Inhalt der Exterritorialität.** Exterritorialität bedeutet als Befreiung von der deutschen Gerichtsbarkeit, dass die davon erfassten exterritorialen Personen in keiner Weise der deutschen Ge-

---
[1] Art. 32 Abs. 1 WÜD; *Kissel/Mayer* Rn. 21, 23; dazu auch unten Rn. 8.
[2] Gesetz vom 25. 3. 1974 (BGBl. I S. 761); dazu *Fliedner* ZRP 1973, 263.
[3] S. BZRÄndG vom 17. 7. 1984 (BGBl. I S. 990); dazu BT-Drucks. 10/1447; BR-Drucks. 278/84.
[4] S. dazu *Steinmann* MDR 1965, 706 und 795.

richtsbarkeit unterliegen. Dies betrifft grundsätzlich **alle gerichtlichen Amtshandlungen,** deren Vornahme den Exterritorialen gegenüber unwirksam ist. Gegenüber Exterritorialen unwirksam sind nicht nur gerichtliche Entscheidungen, wie Urteile und Beschlüsse. Sie betrifft vielmehr das gesamte Verfahren, auch die Terminanberaumung, falls die Exterritorialität eindeutig und dem Gericht bekannt ist;[5] ebenso darf in exterritorialen Räumen keine Zustellung erfolgen, diese muss notfalls öffentlich erfolgen, soweit sie eine zulässige Amtshandlung betreffen. Exterritoriale unterliegen auch nicht den Erscheinungs-, Aussage- und Eidespflichten der Zeugen und Sachverständigen, können jedoch als solche geladen werden. Auch finden sich im Nato-Truppenstatut besondere Bestimmungen. Die Befreiung von der deutschen Gerichtsbarkeit gilt nicht nur für das Hauptsacheverfahren, sondern auch für die summarischen Verfahren, insbesondere des Arrestes, der einstweiligen Verfügung und der einstweiligen Anordnungen nach §§ 620a ff. ZPO. Die Exterritorialität gilt für die ordentliche Gerichtsbarkeit, einschließlich der freiwilligen Gerichtsbarkeit,[6] sowie für die anderen Gerichtsbarkeiten (Art. 31 Abs. 1 S. 2 WÜD).[7] Die Befreiten können aber von sich aus die deutschen Gerichte anrufen[8] und auch bei gegen sie gerichteten Klagen auf die Befreiung verzichten (Art. 32 Abs. 1 WÜD).[9]

2. Verfahrensmäßige Beachtung. Die Exterritorialität ist in jeder Lage des Verfahrens **von Amts wegen** zu beachten.[10] Ein Streit über das Vorliegen einer Exterritorialität kann durch Zwischenurteil nach §§ 280, 303 ZPO[11] oder in den Gründen des Endurteils entschieden werden, wenn das Vorliegen von Exterritorialität verneint wird.[12] Wird die Exterritorialität bejaht, so ist die Klage durch Prozessurteil als unzulässig abzuweisen, falls sie nicht zurückgenommen wird.

3. Folgen der Nichtbeachtung. Eine unter Missachtung der Exterritorialität gegenüber einer exterritorialen Person vorgenommene gerichtliche Handlung entfaltet keinerlei Rechtswirkungen; die Entscheidung ist nach hM **nichtig** (selbst wenn sie für den Exterritorialen günstig ist), nicht nur anfechtbar; sie erzeugt keine Rechtskraft und keine Gestaltungswirkung, ist nicht vollstreckbar.[13] Das gilt sowohl für ein Sachurteil wie ein Prozessurteil, auch für ein Prozessurteil, das das Vorliegen der deutschen Gerichtsbarkeit zu Unrecht bejaht.[14] Das Urteil ist aber wirksam, wenn auf den Schutz wirksam verzichtet wird.[15]

III. Exterritoriale Personen

1. Diplomaten. Exterritorialen Schutz (Immunität) genießen nach § 18 Diplomaten, das sind die Missionschefs (Art. 1a WÜD) und im diplomatischen Rang stehenden Mitglieder des diplomatischen Personals (Art. 1e WÜD). Demselben Schutz unterstehen die zum Haushalt eines Diplomaten gehörenden Familienmitglieder (Art. 37 Abs. 1 WÜD). Schutz genießen gemäß Art. 40 WÜD auch durchreisende Diplomaten und deren Familienangehörige, auch wenn sie alleine reisen.

2. Mitglieder des Personals. Mitglieder des technischen und des zur Verwaltung gehörenden Personals (Art. 1f WÜD) genießen exterritorialen Schutz nur für die **in Ausübung ihrer dienstlichen Tätigkeit** vorgenommenen Handlungen (Art. 37 Abs. 2 WÜD). Gleiches gilt für die zum Haushalt gehörenden Familienmitglieder und für Mitglieder des dienstlichen, nicht des privaten Hauspersonals (Art. 37 Abs. 3 mit Art. 1f WÜD).

IV. Gerichtsbarkeit über Exterritoriale

1. Verzicht auf den Schutz der Exterritorialität. Gerichtsbarkeit über Exterritoriale besteht, wenn der Exterritoriale mit Zustimmung der zuständigen Organe des Entsendestaates auf den Schutz der Exterritorialität verzichtet hat (Art. 32 WÜD).[16] Für die Zwangsvollstreckung muss der

---

[5] OLG Hamburg MDR 1953, 109; s. auch vor § 18 Rn. 4.
[6] S. auch § 2 EGGVG Rn. 1; *Kissel/Mayer* Rn. 22, 24.
[7] S. auch *Kissel/Mayer* Rn. 22, 26.
[8] BVerwG NJW 1996, 2744.
[9] S. auch Vor § 18 Rn. 8, 10.
[10] BVerfGE 46, 342; BGHZ 18, 1.
[11] S. RGZ 157, 394.
[12] RGZ 157, 394.
[13] BGH NJW-RR 2003, 1218 (keine Zwangsvollstreckung in Grundstück wegen rückständigem Lohn).
[14] *Baumbach/Lauterbach/Hartmann* Vor § 18 Rn. 2; *Kissel/Mayer* Rn. 6; *Schlosser* ZZP 79 (1966) 179; aA *Jauernig* § 6 I 2a; *Stein/Jonas/Grunsky* Vor § 578 Rn. 10; *Leipold* ZZP 81 (1968), 76.
[15] S. auch Rn. 8 und Vor §§ 18 bis 20 Rn. 8.
[16] S. Vor § 18 Rn. 8.

Verzicht besonders erklärt werden (Art. 32 Abs. 4 WÜD).[17] Ein stillschweigender Verzicht ist möglich.[18] Kein stillschweigender Verzicht liegt aber allein in der Aufnahme eines Gewerbebetriebs im Inland.[19] Sofern der Exterritoriale mit einer Klage die deutsche Gerichtsbarkeit anruft, müssen dem Beklagten alle Verteidigungsmöglichkeiten offen stehen,[20] insbesondere stehen ihm alle Beweismittel zur Verfügung, auch kann er aufrechnen oder Zurückbehaltungsrechte geltend machen, ferner steht ihm die bloß abwehrende Widerklage zu (Art. 32 Abs. 3 WÜD),[21] er kann Rechtsmittel einlegen, Vollstreckungsgegenklage nach § 767 ZPO oder Abänderungsklage nach § 323 ZPO erheben, ebenso steht ihm eine Wiederaufnahmeklage zu.

9   Der Verzicht kann nach **seinem Umfang begrenzt** sein. So erstreckt sich die Unterwerfung unter ein Verfahren nicht generell auf die gesamte gerichtliche Zwangsgewalt. Die mit der Ladung zur Parteivernehmung verbundenen Sanktionen (§ 446 ZPO) oder die Zwangsmittel bei Ladung als Zeuge oder Sachverständiger greifen nur ein, wenn sich der Verzicht erkennbar auch darauf erstreckt. Gleiches gilt hinsichtlich der Durchführung von Maßnahmen der Zwangsvollstreckung.[22]

10 **2. Schutzumfang gemäß völkerrechtlicher Vereinbarungen.** Gerichtsbarkeit über Exterritoriale ist gegeben, soweit dies in völkerrechtlichen Vereinbarungen besonders vorgesehen ist. Nach Art. 31 Abs. 1 WÜD besteht die deutsche Gerichtsbarkeit über Exterritoriale, soweit es sich um dingliche Klagen über in Deutschland gelegene private Grundstücke handelt, nicht aber diplomatisch genutzte Grundstücke (s. Rn. 12). Auch darf durch die Klage die diplomatische Mission nicht in der Ausübung ihrer Tätigkeit behindert werden. Für Klagen auf Grundbuchberichtigung gemäß § 894 BGB,[23] sowie für Klagen auf Nutzungsentschädigung[24] trifft dies nicht zu. Klagen in Nachlassangelegenheiten, an denen der Diplomat in privater Eigenschaft als Erbe, Vermächtnisnehmer, Testamentsvollstrecker oder Verwalter beteiligt ist, oder Klagen im Zusammenhang mit freiberuflicher oder gewerblicher Tätigkeit fallen ebenfalls nicht unter den exterritorialen Schutz.

11 **3. Deutsche.** Deutsche iSv. Art. 116 GG genießen grundsätzlich nicht den Schutz der Exterritorialität, auch wenn sie Mitglieder diplomatischer Missionen sind. Exemtion von der deutschen Gerichtsbarkeit besteht aber für deren Amtshandlungen (Art. 38 Abs. 1 WÜD). Mitglieder des Personals (Rn. 7) unterstehen nicht dem Schutz der Immunität, wenn sie **in Deutschland ständig ansässig** sind (Art. 37, 38, Abs. 2 WÜD). Auch private Hausangestellte entbehren den Schutz (Art. 37 Abs. 4 WÜD), soweit ihnen nicht Vorrechte vom Empfangsstaat besonders eingeräumt werden.

V. Schutz der Räumlichkeiten

12 Räumlichkeiten der diplomatischen Mission und die darin befindlichen Gegenstände sind unverletzlich in dem Sinne, dass keine staatlichen Handlungen des Aufnahmestaates gegen sie und in ihnen vorgenommen werden dürfen, falls nicht auf den Schutz verzichtet wird. Gleiches gilt für Archive, Korrespondenz und Schriftstücke der diplomatischen Missionen, für ihre Beförderungsmittel und das Gepäck der geschützten Exterritorialen (Art. 22 Abs. 3, 24, 27, 30 WÜD).

§ 19 [Exterritorialität von Mitgliedern der konsularischen Vertretungen]

(1) ¹Die Mitglieder der im Geltungsbereich dieses Gesetzes errichteten konsularischen Vertretungen einschließlich der Wahlkonsularbeamten sind nach Maßgabe des Wiener Übereinkommens über konsularische Beziehungen vom 24. April 1963 (Bundesgesetzbl. 1969 II S. 1585 ff.) von der deutschen Gerichtsbarkeit befreit. ²Dies gilt auch, wenn ihr Entsendestaat nicht Vertragspartei dieses Übereinkommens ist; in diesem Falle findet Artikel 2 des Gesetzes vom 26. August 1969 zu dem Wiener Übereinkommen vom 24. April 1963 über konsularische Beziehungen (Bundesgesetzbl. 1969 II S. 1585) entsprechende Anwendung.

(2) Besondere völkerrechtliche Vereinbarungen über die Befreiung der in Absatz 1 genannten Personen von der deutschen Gerichtsbarkeit bleiben unberührt.

---

[17] Vor § 18 Rn. 9.
[18] S. aber Vor § 18 Rn. 8.
[19] RGZ 103, 278.
[20] S. auch *Rosenberg/Schwab/Gottwald* § 20 II 1; dazu auch Vor § 18 Rn. 8.
[21] RGZ 111, 149.
[22] S. auch *Baumbach/Lauterbach/Hartmann* Vor § 18 Rn. 3; aA *Riezler* IZPR S. 381.
[23] BVerfGE 15, 25, 43.
[24] BGH MDR 1970, 222.

Exterritorialität von Mitgliedern der konsularischen Vertretungen 1–8 § 19 GVG

I. Normzweck

§ 19 regelt die Immunität im konsularischen Bereich, § 18 bei Diplomaten. Es ist gleichgültig, ob **1** der Entsendestaat Vertragspartei des Wiener Übereinkommens (WÜK) ist; Ausnahme: Abs. 1 Satz 2 Halbsatz 2: dann könnte die Bundesregierung nach Art. 2 des Gesetzes zum WÜK nicht nur über das Übereinkommen hinausgehende Vorrechte und Befreiungen, sondern auch Beschränkungen durch Rechtsverordnung vornehmen.

II. Die vom WÜK erfassten Personen und der Umfang ihrer Immunität

1. Vom WÜK erfasste Personengruppen. Die Immunität genießen gemäß Art. 43 Abs. 1 **2** WÜK **Berufskonsularbeamte und Bedienstete des Verwaltungs- und technischen Personals** gleichermaßen (also ohne Abstufung); sie wird nicht umfassend gewährt, sondern besteht immer nur **für solche Handlungen, die in Wahrnehmung konsularischer Aufgaben** vorgenommen wurden.[1] Gleichgültig ist für die Beurteilung der Immunität von Konsularbeamten gemäß Art. 71 Abs. 1 WÜK auch, ob sie Angehörige des Empfangsstaats oder dort ständig ansässig sind. Demgegenüber kommt den Mitgliedern des Verwaltungs- und technischen Personals, sofern sie Angehörige des Empfangsstaats oder dort ständig ansässig sind, Immunität gemäß Art. 72 Abs. 2 WÜK nur in dem vom Empfangsstaat zugelassenen Umfang zu.

Die Regelung des Art. 43 WÜK greift für Konsularbeamte unmittelbar nur dann ein, wenn es **3** sich um einen Berufskonsularbeamten handelt. Für die zweite Gruppe der Konsularbeamten, die **Wahlkonsularbeamten (Honorarkonsuln),**[2] ist jedoch in Art. 58 Abs. 2 WÜK die entsprechende Geltung des Art. 43 WÜK festgeschrieben, so dass für diese Gruppe die Immunität in gleichem Umfang gewährt wird. Dementsprechend ist es gemäß Art. 71 Abs. 1 WÜK auch für Wahlkonsularbeamte gleichgültig, ob sie Angehörige des Empfangsstaats oder dort ständig ansässig sind.

Außer den Konsularbeamten und den Bediensteten des Verwaltungs- und technischen Personals **4** werden vom WÜK **keine weiteren Personengruppen von der Gerichtsbarkeit befreit**; die Familienangehörigen sämtlicher Mitglieder der konsularischen Vertretung unterliegen (anders als bei § 18) vollständig der Gerichtsbarkeit des Empfangsstaats, ebenso das dienstliche Hauspersonal der konsularischen Vertretung, Privatpersonal.

2. Zeugnispflicht. Hinsichtlich der Zeugnispflicht im Rahmen eines Gerichtsverfahrens Dritter **5** ist nach dem WÜK grundsätzlich zwischen dem Konsularbeamten einerseits und dem Bediensteten des Verwaltungs- oder technischen Personals andererseits zu unterscheiden. Eine Gemeinsamkeit besteht diesbezüglich nur insoweit, als gemäß Art. 44 Abs. 1 S. 1 WÜK grundsätzlich alle Mitglieder einer konsularischen Vertretung als Zeugen in einem Gerichtsverfahren geladen werden dürfen. Weigert sich jedoch ein **Konsularbeamter** auszusagen, dann dürfen gegen ihn gemäß Art. 44 Abs. 1 S. 3 WÜK keine Zwangs- oder Strafmaßnahmen getroffen werden, ohne dass es auf einen Bezug zu seiner konsularischen Tätigkeit ankäme. Nach Art. 44 Abs. 2 WÜK, der entgegen seinem Wortlaut nicht nur an Behörden, sondern auch an Gerichte adressiert ist, darf das Gericht den Konsularbeamten in Wahrnehmung seiner Aufgaben nicht behindern.

Anders als Konsularbeamte sind **Bedienstete des Verwaltungs- oder technischen Personals** **6** gemäß Art. 44 Abs. 3 WÜK nur dann zu einer Aussageverweigerung berechtigt, wenn Zeugnis über Angelegenheiten abgelegt werden soll, die mit der Wahrnehmung ihrer Aufgaben zusammenhängen. Weiterhin sind sie nach dieser Vorschrift auch nicht verpflichtet, als Sachverständige über das Recht des Entsendestaats aufzutreten.

3. Betretungsverbot. Nach Art. 31 Abs. 2 WÜK besteht ein Betretungsverbot für Diensträume **7** des Konsulats. Konsularische Dokumente und Tonbänder sind nach Art. 33 mit Art. 1 Abs. 1 k WÜK unverletzlich. Unzulässig sind nach Art. 31 Abs. 3 WÜK Abhörmaßnahmen.

III. Ausschluss der Immunität

1. Bestimmte Zivilklagen. Für die Zivilgerichtsbarkeit ist jedoch weiterhin die Vorschrift **8** des Art. 43 Abs. 2 WÜK zu beachten, derzufolge **keine Immunität gegenüber Zivilklagen** besteht,

---

[1] S. auch BayObLG NJW 1974, 431; 1992, 641; s. zum Kreis der „Diplomaten und anderer bevorrechtigter Personen" noch Rundschreiben des BMJ v. 17. 8. 1993 (GMBl. 1993, 591), abgedruckt bei *Katholnigg*, Strafgerichtsverfassungsrecht, Vor § 18 Rn. 3.
[2] OLG Karlsruhe NJW 2004, 32/3.

a) wenn diese aus einem Vertrag entstehen, den ein Konsularbeamter oder ein Bediensteter des Verwaltungs- oder technischen Personals geschlossen hat, ohne dabei ausdrücklich oder sonst erkennbar im Auftrag des Entsendestaats zu handeln, oder

b) wenn diese von einem Dritten wegen eines Schadens angestrengt werden, der aus einem im Empfangsstaat durch ein Land-, Wasser- oder Luftfahrzeug verursachten Unfall entstanden ist.

9 **2. Verzicht.** Keine Immunität besteht, wenn die befreiten Personen ihrerseits **selbst ein Zivilverfahren einleiten** (Art. 45 Abs. 3 WÜK) oder wenn auf die Immunität **verzichtet** wird (Art. 45 WÜK). Die Immunität gilt auch nicht für **Maßnahmen der Zwangsvollstreckung.** Die Unverletzlichkeit der konsularischen Räumlichkeiten muss jedoch beachtet werden (Art. 3 WÜK) ebenso die konsularischen Schriftstücke und Archive (Art. 33 WÜK).

IV. Verwertungsverbot

10 Tatsachen, die unter Verletzung der völkerrechtlich anerkannten Grundsätze der Immunität der Konsularbeamten erlangt sind, wie zB durch eine immunitätswidrige Telefonüberwachung, unterliegen einem prozessualen Verwertungsverbot.[3]

§ 20 [Weitere Exterritoriale]

(1) Die Deutsche Gerichtsbarkeit erstreckt sich auch nicht auf Repräsentanten anderer Staaten und deren Begleitung, die sich auf amtliche Einladung der Bundesrepublik Deutschland im Geltungsbereich dieses Gesetzes aufhalten.

(2) Im übrigen erstreckt sich die deutsche Gerichtsbarkeit auch nicht auf andere als die in Absatz 1 und in den §§ 18 und 19 genannten Personen, soweit sie nach den allgemeinen Regeln des Völkerrechts, auf Grund völkerrechtlicher Vereinbarungen oder sonstiger Rechtsvorschriften von ihr befreit sind.

Schrifttum: *Classen,* Rechtsschutz gegen fremde Hoheitsgewalt, VerwArch 2005, 464; *Geiger,* Staatenimmunität: Grundsatz und Ausnahme, NJW 1987, 1124; *Habscheid,* Die Immunität internationaler Organisationen im Zivilprozeß, ZZP 110 (1997), 269; *Kronke,* Europäisches Übereinkommen über die Staatenimmunität – Element der Kodifizierung des deutschen internationalen Zivilverfahrensrechts, IPRax 1991, 141; *v. Schönfeld,* Die Immunität ausländischer Staaten vor deutschen Gerichten, NJW 1986, 2980.

I. Normzweck

1 Durch die Neuregelung des § 20 mit Gesetz v. 17. 7. 1984[1] wurde Abs. 1 eingefügt und Abs. 2 redaktionell, aber nicht inhaltlich geändert. Notwendig wurde die durch Abs. 1 erreichte Ausweitung, um den erwarteten Besuch des damaligen Staatsratsvorsitzenden der ehemaligen Deutschen Demokratischen Republik nicht durch gegen diesen gerichtete Strafanzeigen zu stören. Hierdurch erklärt sich auch der Wortlaut des Abs. 1, demzufolge der „Repräsentant eines anderen Staates" und nicht ein „Staatsoberhaupt" von der deutschen Gerichtsbarkeit befreit wird.[2] Durch diese Wortwahl vermied der Gesetzgeber die Anerkennung des Staatsratsvorsitzenden der DDR als Staatsoberhaupt eines „ausländischen" Staates.

II. Immunität der Staatsgäste nach Abs. 1

2 **1. Repräsentanten.** Dabei handelt es sich zunächst um solche Personen, die auf Grund ihrer staatsrechtlichen Stellung innerhalb des anderen Staates zur Vertretung desselben berechtigt sind, also insbesondere Prime Minister, Kanzler und sonstige Regierungschefs sowie die übrigen Regierungsmitglieder. Nicht zur Vertretung des Staates in seiner Gesamtheit berufen sind demgegenüber Mitglieder des Parlaments ohne darüber hinausgehende verfassungsrechtliche Sonderstellung. Repräsentanten sind ferner Personen mit Sonderermächtigung des jeweiligen Staates.

3 Ausschlaggebend ist allein die **amtliche Einladung** durch die Bundesrepublik Deutschland; was der Eingeladenen hier tut ist belanglos. Die amtliche Einladung muss von der Bundesrepublik Deutschland, dh. von einer für die Vertretung der Bundesrepublik befugten staatlichen Stelle ausgesprochen, sein. Ob Bundesländer in diesem Sinne einladen können ist zweifelhaft (vgl. Art 30 GG); Kommunen können es jedenfalls nicht.

---

[3] BGH NJW 1990, 1799.
[1] BGBl. I S. 990; in Kraft seit dem 1. 8. 1984.
[2] Hierzu BGH NJW 1985, 639; *Blumenwitz* JZ 1985, 614 ff.; *Truckenbrodt* DRiZ 1985, 423 ff.

Unerheblich ist auch die **Staatsangehörigkeit** des Repräsentanten und seiner Begleiter. Aus 4 diesem Grund greift die Befreiung von der deutschen Gerichtsbarkeit auch dann in vollem Umfang ein, wenn der Repräsentant oder der betreffende Begleiter die deutsche Staatsangehörigkeit besitzt.[3]

2. Begleiter von Repräsentanten. Neben den Repräsentanten selbst sind auch deren Begleiter 5 von der deutschen Gerichtsbarkeit befreit. **Zur Begleitung zählen** mitreisende Familienangehörige, Berater, Dolmetscher, Pressemitglieder, Fahrer, Pflegepersonal sowie sonstige persönliche Begleiter. Der genaue Umfang der Begleitung ergibt sich aus der dem Gastland übergebenen Delegationsliste. Hinsichtlich des Umfangs der Immunität bestehen zwischen dem Repräsentanten und seinen Begleitpersonen keine Unterschiede. Gleiches gilt bei Familienmitgliedern, soweit sie ebenfalls Repräsentationsaufgaben zu erfüllen haben.

III. Immunität nach Abs. 2

§ 20 Abs. 2 ergänzt die nach dem WÜD und WÜK[4] geltenden Befreiungen durch eine erneute 6 Verweisung auf Rechtsquellen, die außerhalb des GVG liegen. Wie bei den §§ 18 und 19 gilt jedoch auch hier, dass diese Rechtsquellen auch ohne ausdrückliche Inkraftsetzung durch das GVG Gültigkeit besitzen. Aus diesem Grund kommt dem Verweis des Abs. 2 allein klarstellende Funktion zu. Art. 20 Abs. 2 hat nur subsidiäre Bedeutung, soweit die Immunität nicht schon durch Art. 18 bis 20 Abs. 1 gewährt ist.

1. Immunität auf Grund der allgemeinen Regeln des Völkerrechts. a) Allgemein. Die 7 allgemeinen Regeln des Völkerrechts werden durch Art. 25 S. 1 GG in Geltung gesetzt, so dass sich die Befreiung von der deutschen Gerichtsbarkeit, soweit sie auf allgemeine Regeln des Völkerrechts zurückgeführt werden kann, kraft Verfassungsrecht ergibt. Dabei liegt eine **allgemeine Regel des Völkerrechts** dann vor, wenn sie von der überwiegenden Mehrheit der Staaten als verbindlich anerkannt wird.

Da die Prüfung der deutschen Gerichtsbarkeit von Amts wegen vorgenommen werden muss,[5] ist 8 es **Sache des Gerichts,** das Bestehen und die Tragweite allgemeiner Regeln des Völkerrechts zu erforschen. Kann das Gericht Zweifel nicht ausräumen, ob eine als geltend angenommene Regel als eine solche des Völkerrechts zu qualifizieren ist, ob eine derartige Regel überhaupt besteht und welcher Umfang und Tragweite dieser Regel zuzusprechen ist, dann muss das Gericht diese Frage dem BVerfG gemäß Art. 100 Abs. 2 GG vorlegen.[6]

b) Ausländische Staaten und die für sie handelnden Organe. Immunität genießen nach 9 den allgemeinen Regeln des Völkerrechts ausländische Staaten und die für sie handelnden Organe. Staatsoberhäupter, bei amtlichen Besuchen auch das mitreisende Gefolge, in amtlicher Tätigkeit reisende ausländische Regierungsmitglieder und Delegierte zwischenstaatlicher Tagungen genießen nach den allgemeinen Regeln des Völkerrechts Immunität. In der Regel wird die Immunität jedoch bereits nach Abs. 1 gewährt sein, so dass ein Rückgriff auf das allgemeine Völkerrecht nicht notwendig ist. Auch Diplomaten und deren Familienmitglieder genießen Immunität kraft Völkerrecht, jedoch liegt hier die Immunität bereits nach dem WÜD vor, so dass diesbezüglich ein Rückgriff ebenfalls nicht notwendig ist. Grundsätzlich genießen auch Sonderbotschafter (ad-hoc-Diplomaten) kraft Völkerrecht Immunität.[7] Angehörige ausländischer Truppen, die ihren Stationierungsort innerhalb des Hoheitsgebiets der Bundesrepublik Deutschland haben oder die sich sonstwie befugt auf bundesdeutschem Boden aufhalten, genießen nach allgemeinen Völkerrecht insoweit Immunität, als sie sich hoheitlich betätigen.[8] Besondere Berücksichtigung müssen in derartigen Fällen aber die üblicherweise bei längeren Truppenaufenthalten abgeschlossene Stationierungsverträge, das NATO-Truppenstatut und das dazu von der Bundesrepublik Deutschland mit den Entsendestaaten geschlossene Zusatzabkommen finden (Rn. 16).

Als ein für einen ausländischen Staat handelndes Organ, das den Schutz der Immunität genießt, 10 kann auch eine **ausländische juristische Person** auftreten.[9] Entscheidend ist nicht die Qualifizierung als juristische Person, sondern allein die Frage, ob hoheitliche Tätigkeit vorliegt, die einem

---

[3] So auch *Zöller/Gummer* Rn. 1.
[4] S. Hierzu §§ 18 und 19
[5] S. Vor § 18 Rn. 4.
[6] Vgl. BVerfGE 64, 1, 13.
[7] Vgl. BGH NJW 1984, 2048; OLG Düsseldorf MDR 1983, 512; OLG Düsseldorf NJW 1986, 2204; *Bockstaff/Koch* NJW 1985, 2742; *Oehler* JR 1985, 79; *Engel* JZ 1983, 627; *Manfred Wolf* EuGRZ 1983, 401.
[8] *Sennekamp* NJW 1983, 2731, 2732.
[9] Vgl. *v. Schönfeld* NJW 1986, 2980, 2987; *Esser* RIW 1984, 577 ff.; *Albert* IPRax 1983, 57; offengelassen in BVerfGE 64, 1, 23; *Baumbach/Lauterbach/Hartmann* Rn. 3; *Zöller/Gummer* Rn. 3.

Staat zugerechnet werden kann. Aus diesem Grund bleibt es jedem Staat überlassen, durch juristisch selbständige Personen zu handeln, ohne notwendigerweise den Schutz der Immunität zu verlieren. Berücksichtigt werden muss aber, dass eine Übertragung einer bestimmten Aufgabe auf eine selbständige juristische Person grundsätzlich gegen eine Einordnung der betreffenden Aufgabe in den Bereich der typischen Tätigkeit der Staatsgewalt spricht. Hier obliegt es der juristischen Person, die sich auf die Immunität beruft, darzulegen, dass es sich um hoheitliche Tätigkeit handelt.[10] Infolge der privatwirtschaftlich ausgerichteten Tätigkeit einer staatlichen Ölgesellschaft kommt dieser keine Immunität zu.[11] Gleiches gilt auch für eine staatliche Notenbank.[12]

11   c) **Hoheitliche Tätigkeit.** Immunität besteht nur, soweit es sich um hoheitliche Tätigkeit (acta iure imperii) handelt.[13] Für nichthoheitliche Tätigkeit (acta iure gestionis) besteht demgegenüber keine Immunität, so dass grundsätzlich überall dort Klagen gegen den fremden Staat zulässig sind, wo sich dieser wie ein Privater am internationalen Wirtschaftsverkehr beteiligt.

12   Maßgebend für die Einordnung der staatlichen Tätigkeit in eine der beiden Gruppen ist weder das Motiv noch der Zweck dieser Tätigkeit, sondern die **Natur und das äußere Erscheinungsbild** derselben, so dass untersucht werden muss, ob die jeweilige Tätigkeit Ausfluss typischen Verhaltens der Staatsgewalt darstellt. Deutsche Gerichte wenden in einem solchen Fall allein deutsches Recht an.[14] Begrenzt wird die Anwendung nationalen Rechts allein durch das Völkerrecht, weshalb vom hoheitlichen Tätigkeitsbereich allein solche staatlichen Verhaltensweisen nicht ausgenommen werden dürfen, die nach der von den Staaten überwiegend vertretenen Auffassung zum engeren und eigentlichen Bereich der Staatsgewalt gezählt werden. Hierzu sind insbesondere die auswärtige und militärische Gewalt, die Gesetzgebung, die Ausübung der Polizeigewalt und die Rechtspflege zugehörig.[15] In den hoheitlich staatlichen Bereich fällt auch die Neuausstellung und Verlängerung von Reisepässen.[16] Als Regelgrundsatz gilt deshalb die Feststellung, dass das deutsche Recht den ersten Orientierungs- und Ausgangspunkt für die Einordnung bildet, dass das derart gefundene Ergebnis aber rechtsvergleichender und völkerrechtlicher Absicherung bedarf.[17]

13   Den **nichthoheitlichen Tätigkeiten** mit der Folge der Unterwerfung unter die deutsche Gerichtsbarkeit ist zB zuzuordnen eine **Zahlungsklage** wegen Reparaturarbeiten an der Heizungsanlage des Botschaftsgebäudes, auch wenn der Abschluss des Reparaturvertrags für die ordnungsgemäße Abwicklung der Geschäfte der Botschaft notwendig ist und deshalb in erkennbarem Zusammenhang mit der hoheitlichen Tätigkeit des fremden Staates steht;[18] Klagen auf Rückzahlung der **Staatsanleihen von Argentinien;**[19] eine Klage gegen einen ausländischen Staat auf Bewilligung der Berichtigung des Grundbuchs hinsichtlich des Eigentums an seinem Gesandtschaftsgrundstück;[20] eine Klage auf Zahlung einer **Nutzungsentschädigung** für den Besitz eines Gesandtschaftsgrundstücks;[21] Klagen im Rahmen eines Grundstückskaufs zum Zwecke der Errichtung eines Konsulatsgebäudes und die damit verbundenen Maklertätigkeiten;[22] eine Klage auf Auskunftserteilung, Rechnungslegung und Zahlung von Maklerprovision für die Vermittlung von Waffengeschäften, soweit die Ansprüche nicht unmittelbar auf den Waffenkaufvertrag gestützt werden, da der Maklervertrag selbständiger Art ist und auf fiskalischem Verhalten beruht, auch wenn der Waffenkaufvertrag selbst dem hoheitlichen Tätigkeitsbereich zuzurechnen sein sollte;[23] der Antrag auf dinglichen Arrest zur Sicherung von Ansprüchen, die im Rahmen einer bankgeschäftlichen Eröffnung eines Dokumentenakkreditivs entstanden sind;[24] Klagen auf Schadensersatz und Vergütung bei unberechtigter Aufführung urheberrechtlich geschützter Filmmusiken durch ausländische staatliche

---

[10] Vgl. zur Beweislast Rn. 15.
[11] Vgl. OLG Frankfurt RIW 1982, 439, 441; *Gramlich* NJW 1981, 2618; *Baumbach/Lauterbach/Hartmann* Rn. 3.
[12] Vgl. LG Frankfurt NJW 1976, 1044; *Schumann* ZZP 93 (1980) 412; *Krauskopf* WM 1986, 89 ff.
[13] Vgl. BVerfGE 46, 342; 364; 16, 27, 61 und allgM.
[14] BGH NJW 1979, 1101 f.; AG Bonn NJW 1988, 1393 Tschernobyl.
[15] BVerfGE 16, 27, 63.
[16] BAG MDR 1996, 1263 = NZA 1996, 1229.
[17] *v. Schönfeld* NJW 1986, 2980, 2984; *Steinberger,* Festgabe zum 10jährigen Jubiläum der Gesellschaft für Rechtspolitik, 1984, S. 457, 462 ff.
[18] BVerfGE 16, 27, 64; BAG MDR 1996, 1263 = NZA 1996, 1229.
[19] Vgl. BVerfG NJW 2007, 2605; OLG Frankfurt NJW 2006, 2931; NJW 2003, 2688; dazu *Sester* NJW 2006, 2891.
[20] S. BVerfGE 15, 25, 43.
[21] BGH MDR 1970, 222.
[22] OLG München RIW 1977, 49.
[23] OLG Koblenz OLGZ 1975, 379, 381 f.; bestätigt durch BGH IPRspr. 1974 Nr. 1 b.
[24] LG Frankfurt NJW 1976, 1044, 1045.

Fremdenverkehrsämter;[25] Klagen auf Schadensersatz wegen radioaktiver Strahlung des von einem fremden Staat betriebenen Atomkraftwerks;[26] Klagen auf Zahlung im Rahmen von Bauverträgen über Ölpipelines und Gasleitungen. Offengelassen wurde jedoch, ob die Ausbeutung der Erdölvorkommen selbst zum Bereich hoheitlicher Betätigung zählt.[27] Für **arbeitsrechtliche Verfahren** zwischen fremden Staaten und im Inland eingestellten Arbeitnehmern wie zB Kündigungsschutzklagen, wird aber meist Immunität angenommen, weil selbst ein Archivarbeiter als hoheitlich angesehen wird;[28] ebenso eine Angestellte, die Reisepässe ausstellt.[29]

Die allgemeinen Regeln des Völkerrechts zur Immunität in Bezug auf das Erkenntnisverfahren lassen sich nicht unmittelbar auf das **Zwangsvollstreckungsverfahren** übertragen. Vielmehr ist diesbezüglich zu untersuchen, inwieweit ein von der Mehrheit der Staaten über längere Zeit hinweg eingehaltener Brauch vorliegt. Gegenwärtig kann ein solcher Brauch dahingehend festgestellt werden, dass die Zwangsvollstreckung aus einem gerichtlichen Vollstreckungstitel, der über ein nichthoheitliches Verhalten ergangen ist, insoweit zulässig ist, als sie in solche Gegenstände betrieben wird, die im Gerichtsstaat belegen sind und im Zeitpunkt des Vollstreckungsbeginns keinen hoheitlichen Zwecken des fremden Staates dienen.[30] Keinesfalls darf aber durch die Vollstreckungstätigkeit die Wahrnehmung diplomatischer oder konsularischer Aufgaben beeinträchtigt oder etwa die Unverletzlichkeit der Räumlichkeiten einer diplomatischen Mission missachtet werden. Auch hier müssen deshalb die Vorschriften des WÜD und des WÜK beachtet werden. Die Unterhaltung von allgemeinen, laufenden Bankkonten zur finanziellen Abwicklung der Ausgaben und Kosten einer diplomatischen Vertretung durch den Entsendestaat zählt unmittelbar zum Aufgaben- und Funktionsbereich einer diplomatischen Vertretung, der durch einen Vollstreckungseingriff gestört würde. Deshalb ist in solchen Fällen die Durchführung eines Zwangsvollstreckungsverfahrens in die Konten unzulässig.[31]

d) Beweislast. Sind zwischen den Parteien die Tatsachen streitig, die für die Entscheidung über die Immunität erheblich sind, kommt der Beweislast entscheidende Bedeutung zu. Dem Völkerrecht ist eine Bestimmung der Beweislastverteilung fremd[32] und auch das BVerfG hat diese Frage bislang ausdrücklich offen gelassen.[33] Berücksichtigt werden muss, dass eine Beweislastverteilung zugunsten des betroffenen Staates in der Regel dazu führen dürfte, dass sich der Prozessgegner unüberwindbaren Beweisproblemen gegenübergestellt sähe, weil er Behauptungen des fremden Staates nicht überprüfen kann. Aus diesem Grund ist die Beweislast generell dem fremden Staat aufzuerlegen.[34]

2. Immunität auf Grund völkerrechtlicher Vereinbarungen oder sonstiger Rechtsvorschriften. Neben den Übereinkommen des WÜD und des WÜK bestehen zwischen der Bundesrepublik Deutschland und anderen Staaten eine befremdlich grosse Flut weiterer Übereinkommen, die ohne nachvollziehbaren oder anzuerkennenden Sinn eine Befreiung von der Gerichtsbarkeit vorsehen.[35] Eine in diesen Übereinkommen vereinbarte Befreiung verstößt nach Ansicht des EGMR nicht gegen das „Recht auf ein Gericht" nach Art. 6 Abs. 1 EMRK, wenn sie der Verfolgung eines *berechtigten* Zwecks dient und den Grundsatz der Verhältnismäßigkeit beachtet.[36] Von diesen Übereinkommen werden in alphabetischer Reihenfolge die Wichtigsten genannt:

Astronomische Forschung – Protokoll über die Vorrechte und Immunitäten der Europäischen Organisation für Astronomische Forschung in der Südlichen Hemisphäre v. 13. 8. 1974 (BGBl. II 1975 S. 393) idF v. 1. 10. 1982 (BGBl. II S. 947).

Atomenergie-Organisation – VO über die Gewährung von Vorrechten und Befreiungen an die Internationale Atomenergie-Organisation v. 30. 7. 1960 (BGBl. II S. 1993). Bei der Internationalen Atomenergie-Organisation akkreditierte Vertreter eines Mitglieds dieser Organisation unterliegen jedenfalls in familienrechtlichen Angelegenheiten der inländischen Gerichtsbarkeit, weil

---

[25] OLG Frankfurt RIW 1977, 720, 721 f.
[26] AG Bonn NJW 1988, 1395 Tschernobyl.
[27] OLG Frankfurt RIW 1982, 439, 441.
[28] BAG NZA 2002, 640; BAG NJW 1997, 678; LAG Berlin MDR 2001, 1421; LAG Hessen NZA-RR 1999, 383; dazu *v. Schönfeld* NJW 1986, 2980, 2984,
[29] BAG MDR 1996, 1263 = NZA 1996, 1229.
[30] S. BVerfGE 46, 342, 392.
[31] S. BVerfGE 46, 342, 397 f.
[32] S. *Walter* RIW 1984, 10; *v. Schönfeld* NJW 1986, 2980, 2984.
[33] S. BVerfGE 46, 342, 402.
[34] S. *v. Schönfeld* NJW 1986, 2980, 2984.
[35] S. auch den Überblick bei *Katholnigg*, Strafgerichtsverfassungsrecht, § 20 GG Rn. 3 ff.
[36] EGMR NJW 1999, 1173.

es sich hierbei um reine Privatrechtssachen handelt, die in keinerlei Zusammenhang mit einer in amtlicher Eigenschaft vorgenommenen Handlung stehen.[37]

Deutsch-französisches Jugendwerk – Abkommen über die Errichtung des deutsch-französischen Jugendwerks v. 5. 7. 1963 (BGBl. II S. 1612) idF v. 1. 12. 1983 (BGBl. II 1984 S. 121).

Euratom – Protokoll über die Vorrechte und Befreiungen der Europäischen Atomgemeinschaft v. 17. 4. 1957 (BGBl. II S. 1212).

Eurocontrol – Eurocontrol-Abkommen v. 13. 12. 1960 (BGBl. II 1962 S. 2274). Das Abkommen enthält keine ausdrückliche Regelung über eine Befreiung von der Gerichtsbarkeit. Im Hinblick auf Art. 14 Abs. 1 der Satzung des Exekutiv-Organs der Organisation (BGBl. II 1962 S. 2302) ist jedoch von einer völkerrechtlichen Immunität auszugehen.[38]

Europäische Gemeinschaften – Protokoll über die Vorrechte und Befreiungen der Europäischen Gemeinschaften vom 8. 4. 1965 (BGBl. II S. 1482).

Europäischer Gerichtshof für Menschenrechte – s. Europäische Kommission.

Europäische Kommission – Europäisches Übereinkommen über die an Verfahren vor der Europäischen Kommission und dem Europäischen Gerichtshof für Menschenrechte teilnehmenden Personen (BGBl. II 1977 S. 1446).

Europäische Weltraumorganisation – Gesetz zu den Abkommen zwischen der Bundesrepublik Deutschland und der Europäischen Weltraumorganisation über die Vorrechte und Befreiungen der Organisation (BGBl. II 1980 S. 766).

Europäische Wirtschaftsgemeinschaft – Protokoll über die Vorrechte und Befreiungen der Europäischen Wirtschaftsgemeinschaft v. 17. 4. 1957 (BGBl. II S. 753, 1182).

Europäische Zentralbank – Abkommen über den Sitz v. 18. 9. 1998 (BGBl. 1998 II S. 2744).

EUROCONTROL – Beschluss v. 28. 10. 1994 (BGBl. II 622; 1996 II S. 1110) betr. Zusammenarbeit zur Sicherung der Luftfahrt.

Europarat – Satzung des Europarates idF v. 30. 11. 1954 (BGBl. II S. 1126, 1128).

EUTELSAT – Protokoll v. 13. 2. 1997 betr. Europäische Fernmeldesatellitenorganisation.

Gesetzliches Messwesen – Verordnung über die Gewährung von Vorrechten und Befreiungen an das internationale Büro für das gesetzliche Messwesen v. 1. 6. 1959 (BGBl. II 1959 S. 673).

INMARSAT – Protokoll über die Vorrechte und Immunitäten der internationalen Seefunksatelliten-Organisation INMARSAT v. 1. 12. 1981 (BGBl. II 1984 S. 596).

Internationaler Seegerichtshof – Verordnung v. 10. 10. 1996 (BGBl. II 1996 S. 2517).

KSZE – Übereinkommen über Vergleichs- und Schiedverfahren v. 15. 12. 1992 (BGBl. 1994 II S. 1326; 1995 II S. 442).

NATO-Truppen – Das NATO-Truppenstatut v. 19. 6. 1951 (BGBl. II 1961 S. 1190), das Zusatzabkommen zum NATO-Truppenstatut v. 3. 8. 1959 (BGBl. II 1961 S. 1218) und das zugehörige Unterzeichnungsprotokoll v. 3. 8. 1959 (BGBl. II 1961 S. 1313) idF v. 27. 5. 1975 (BGBl. II S. 914) sind durch den Beitritt der Bundesrepublik Deutschland zur NATO und das entsprechende Gesetz v. 18. 8. 1961 (BGBl. II S. 1183) mit Wirkung vom 1. 7. 1963 als innerstaatliches Recht in Kraft gesetzt worden, geändert durch Abkommen v. 18. 3. 1993 (BGBl. II 1994 II S. 2594) und ergänzt durch Gesetz v. 23. 11. 1994 (BGBl. II S. 3714; 1997 II S. 222, 226). Das Zusatzabkommen enthält Regelungen hinsichtlich der Prozesskostenhilfe und der Sicherheitsleistung für Prozesskosten (Art. 31), der Zustellungen (Art. 32 und 36), der Vollstreckungshilfe der Militärbehörden (Art. 34), der Vollstreckung in Zahlungsansprüche (Art. 35), der Ladungen und des Erscheinens vor Gericht (Art. 37), der Aussagegenehmigung und des Ausschlusses der Öffentlichkeit (Art. 38) und der Zeugen- und Sachverständigenrechte (Art. 39).

Nordatlantikvertrags-Organisation – Übereinkommen über den Status der Nordatlantikvertrags-Organisation, der nationalen Vertreter und des internationalen Personals v. 29. 5. 1956 (BGBl. II 1958 S. 117), in Ergänzung dazu die Vereinbarung zwischen der Nordatlantikvertrags-Organisation und der Regierung der Bundesrepublik Deutschland v. 30. 11. 1961 (BGBl. II 1962 S. 113).

Staatsschiffe – Eine gegenständliche Beschränkung der Gerichtsbarkeit für Schiffe und andere Fahrzeuge findet sich im Brüsseler Internationalen Abkommen zur einheitlichen Feststellung von Regeln über die Immunitäten v. 10. 4. 1926 (RGBl. II 1927 S. 484) und dem Zusatzprotokoll v. 24. 5. 1934 (RGBl. II 1936 S. 303). Gemäß Art. 3 § 1 dürfen Kriegsschiffe, Staatsjachten, Schiffe des Überwachungsdienstes, Hospitalschiffe, Hilfsschiffe, Proviantschiffe und andere Fahrzeuge, die einem Staat gehören oder von ihm verwendet werden und zurzeit des Entstehens der Forderung ausschließlich für einen staatlichen Dienst und nicht für Handelszwecke bestimmt sind oder

---

[37] BayObLG FamRZ 1972, 212, 213; mit Anm. v. *Habscheid* FamRZ 1972, 214 f.
[38] VGH Mannheim NJW 1980, 540, 541.

Vorbemerkung **§ 21, Vor § 21a GVG**

verwendet werden, nicht zum Gegenstand einer Beschlagnahme, Arrestierung oder Zurückhaltung durch irgendeine gerichtliche Maßnahme gemacht werden. Sie unterliegen auch keinen gerichtlichen Verfahren „in rem". Gleiches gilt nach §§ 2 und 3 für Ladungen, die einem Staat gehören und an Bord der aufgeführten Schiffe oder auf privaten Schiffen zu staatlichen Zwecken transportiert werden.

Vereinte Nationen – Gesetz zu dem Übereinkommen vom 13. 2. 1946 über die Vorrechte und Immunitäten der Vereinten Nationen (vgl. BGBl. 1980 II S. 941); Gesetz über den Beitritt der Bundesrepublik zum Abkommen über die Vorrechte und Befreiungen der Sonderorganisation der Vereinten Nationen v. 21. 11. 1947 und über die Gewährung von Vorrechten und Befreiungen an andere zwischenstaatliche Organisationen (BGBl. II 1954 S. 639) idF v. 28. 2. 1963 (BGBl. II S. 187). VO über die Gewährung von Vorrechten und Immunitäten an die Internationale Jute-Organisation v. 12. 7. 1985 (BGBl. II S. 837); Abkommen über den Sitz des Freiwilligenprogramms v. 10. 11. 1995 (BGBl. 1996 II S. 903, 1207; 1998 II S. 2603); Abkommen zur Bekämpfung der Wüstenbildung v. 18. 8. 1998 (BGBl. II S. 2694).

Weltorganisation für Tourismus – Satzung der Weltorganisation für Tourismus v. 27. 9. 1970 und die dazu erlassene VO v. 18. 12. 1975 (BGBl. II 1976 S. 23).

Westeuropäische Union – Übereinkommen über den Status der Westeuropäischen Union, der nationalen Vertreter und des internationalen Personals v. 11. 5. 1955 (BGBl. II 1959 S. 705).

§ 21 *(betrifft Strafsachen)*

Zweiter Titel. Allgemeine Vorschriften über das Präsidium und die Geschäftsverteilung

Schrifttum: *Driehaus,* Nochmals: Erfahrungen mit den neuen Präsidien, DRiZ 1975, 42; *Kissel,* Die Novelle 1999 zur Präsidialverfassung, NJW 2000, 460; *ders.,* Gerichtsinterne Demokratie, DRiZ 1995, 125; *Kronisch,* Präsidialverfassung und Verwaltungsgericht, NordÖR 2001, 11; *J. Meyer,* Spezialisierung in der Justiz, DRiZ 1987, 417; *Rehbein,* Erfahrungen mit den neuen Präsidien, DRiZ 1974, 257; *Rosso,* Reform der Präsidialverfassung: reformatio in peius, DRiZ 1971, 6; *Sangmeister,* Die spruchkörperinterne Geschäftsverteilung, BB 1993, 761; *Scholz,* Die neuen Präsidien und ihre Wahl, DRiZ 1972, 301; *Schorn-Stanicki,* Die Präsidialverfassung der Gerichte aller Rechtswege, 1975; *Stanicki,* Nochmals: Die neuen Präsidien und ihre Wahl, DRiZ 1972, 414; *ders.,* Nochmals: Erfahrungen mit den neuen Präsidien, DRiZ 1974, 379; *Zeihe,* §§ 21, 21 g und 21 e des Gerichtsverfassungsgesetzes, SGb 2000, 665.

Vorbemerkung

I. Zweck der Vorschriften und Allgemeines

Die §§ 21 a bis 21 i sind durch Art. II Ziff. 4 des Gesetzes vom 26. 5. 1972 (BGBl. I S. 841) in **1** das GVG eingefügt worden. Nach ihrem Zweck sollen sie die **Selbstverwaltung der Gerichte** stärken, indem die Aufgaben der Geschäftsverteilung (§ 21 e) dem aus richterlichen Mitgliedern des Gerichts sowie dem Präsidenten bestehenden Präsidium (§ 21 a) übertragen und dadurch dem Einfluss nichtrichterlicher Organe, insbesondere der Verwaltung, möglichst entzogen werden.[1] Ferner werden durch den Geschäftsverteilungsplan dem Richter seine Aufgaben für ein Jahr im Voraus zugewiesen und können ihm grundsätzlich nicht mehr entzogen werden. Jedoch kann auch das Präsidium mit seinen Entscheidungen in die Unabhängigkeit des Richters eingreifen, so zB wenn ein Richter durch den Geschäftsverteilungsplan praktisch von der Rechtsprechung ausgeschlossen wird.[2]

Da mit der Aufstellung des Geschäftsverteilungsplans der **Grundsatz des gesetzlichen Rich- 2 ters** (Art. 101 Abs. 1 S. 2 GG, § 16 S. 2) gewährleistet werden soll und die Aufstellung des Geschäftsverteilungsplans zu den Hauptaufgaben des Präsidiums gehört, dienen die §§ 21 a ff. auch dem Schutz des gesetzlichen Richters.[3] Durch das Gesetz zur Stärkung der Unabhängigkeit der Richter und Gerichte vom 22. 12. 1999 (BGBl. I S. 2598) wurde der Abschnitt über die Präsidialverfassung reformiert. Vor allem wurde die bis dahin privilegierte Stellung der Vorsitzenden Richter zugunsten der Gleichrangigkeit der Richter reduziert (vgl. §§ 21 a Abs. 2, 21 e Abs. 2, 21 g).

---

[1] Materialien: BT-Drucks. VI/557; BT-Drucks. VI/2903; BT-Drucks. VI/3145, 3246.
[2] S. BVerfGE 17, 252.
[3] S. auch *Kissel/Mayer* § 21 a Rn. 1; *Manfred Wolf* § 14 II.

II. Inhalt der Regelung

3 Die §§ 21a bis 21e betreffen das **Präsidium**. Sie regeln die Zusammensetzung (§ 21a) und Größe (§ 21d) des Präsidiums und die Vorschriften zu dessen Wahl (§ 21b), die durch die Wahlordnung für die Präsidien der Gerichte vom 19. 9. 1972 (BGBl. I S. 1821) ergänzt wird.[4] § 21c trifft Bestimmungen über die Vertretung und den Wechsel von Präsidiumsmitgliedern. § 21h regelt die Vertretung des Vorsitzenden des Präsidiums. § 21e legt, ergänzt durch weitere Vorschriften (s. § 21e Rn. 2ff.), die Aufgaben und das Verfahren des Präsidiums fest, wozu § 21i mit Vorschriften über die Beschlussfähigkeit und die Zulässigkeit von Ersatzanordnungen in Eilfällen ergänzende Bestimmungen enthält. § 22a betrifft speziell die Zusammensetzung des Präsidiums beim Amtsgericht in Ergänzung zu § 21a und § 22b, ordnet die Vertretung von Richtern des Amtsgerichts in besonderen Fällen an, soweit sie nicht von § 21e erfasst werden, weil die Vertretung nicht durch Richter desselben Amtsgerichts erfolgen kann.

4 §§ 21f und 21g enthalten Regelungen über die Besetzung und Aufgabenverteilung im **Spruchkörper**, § 21h Vertretungsregelungen und § 21j die Neuerrichtung von Gerichten.

III. Anwendungsbereich

5 Die §§ 21a bis 21i gelten über den unmittelbaren Anwendungsbereich des GVG in der Zivil- und Strafgerichtsbarkeit hinaus auf Grund von Verweisungsvorschriften auch für die anderen Gerichtsbarkeiten. Auf die §§ 21a bis 21i verweisen mit zum Teil ergänzenden Bestimmungen und Abweichungen § 6a ArbGG, § 4 VwGO, § 4 FGO, § 6 SGG, § 47 BDO, § 68 PatG, §§ 97, 105 BRAO, §§ 102, 107 BNotO, §§ 72, 80 WDO. Sondervorschriften bestehen auch für die Besetzung mit Laienrichtern, s. etwa § 30 VwGO, §§ 16, 20ff., 37 Abs. 2, 43 Abs. 3 ArbGG. Bei der Geschäftsverteilung am Arbeitsgericht ist der Ausschuss der ehrenamtlichen Richter gemäß § 29 Abs. 2 ArbGG zu hören. Die Geschäftsverteilung beim BVerfG ist in § 14 BVerfGG vom Gesetz festgelegt. Für das Richterdienstgericht des Bundes ist in § 61 DRiG eine ausdrückliche Anwendung der §§ 21a ff. nicht vorgesehen, sie ergibt sich jedoch aus der Eingliederung dieser Gerichte als Spruchkörper des BGH.[5] Für die Dienstgerichte der Länder sieht § 77 Abs. 3 DRiG die Zuständigkeit des Präsidiums vor.

IV. Neue Bundesländer

6 Hierzu vgl. 2. Aufl.; die Regelungen sind überholt. Das frühere Rechtspflege-Anpassungsgesetz vom 26. 6. 1992 (BGBl. I S. 1147) wurde aufgehoben durch das Erste Gesetz über die Bereinigung von Bundesrecht im Zuständigkeitsbereich des BMJ vom 19. 4. 2006 (BGBl. I S. 866).

V. Neuerrichtung von Gerichten

7 Die frühere Regelung in § 30 RPflAnpG (vgl. Rn. 6) findet sich jetzt in § 21j.

§ 21a [Präsidium]

(1) Bei jedem Gericht wird ein Präsidium gebildet.

(2) Das Präsidium besteht aus dem Präsidenten oder aufsichtführenden Richter als Vorsitzenden und

1. bei Gerichten mit mindestens achtzig Richterplanstellen aus zehn gewählten Richtern,
2. bei Gerichten mit mindestens vierzig Richterplanstellen aus acht gewählten Richtern,
3. bei Gerichten mit mindestens zwanzig Richterplanstellen aus sechs gewählten Richtern,
4. bei Gerichten mit mindestens acht Richterplanstellen aus vier gewählten Richtern,
5. bei den anderen Gerichten aus den nach § 21b Abs. 1 wählbaren Richtern.

---

[4] Abgedruckt bei § 21b nach Rn. 27.
[5] So jetzt auch *Kissel/Mayer* § 21a Rn. 5.

Übersicht

	Rn.		Rn.
I. Normzweck	1	**IV. Rechtsstellung des Präsidiums**	11–16
II. Präsidium als Selbstverwaltungsorgan	2, 3	1. Organ richterlicher Selbstverwaltung	11
1. Richterliche Tätigkeit	2	2. Materielle Verwaltungstätigkeit	12
2. Für jedes Gericht ein eigenes Präsidium	3	3. Schutz der richterlichen Unabhängigkeit	13
III. Zusammensetzung des Präsidiums	4–10	4. Delegation	14
1. Präsident, aufsichtführender Richter, Vorsitzender	5	5. Beschlussorgan	15
2. Anzahl der Präsidiumsmitglieder	6–9	6. Rechtsfähigkeit, Parteifähigkeit	16
3. Zusammensetzung der Präsidiumsmitglieder	10	**V. Rechtsstellung der Präsidiumsmitglieder**	17–26
		1. Rechte des Präsidiumsmitglieds	18
		2. Pflichten des Präsidiumsmitglieds	19–21
		3. Richterliche Tätigkeit	22–24
		4. Gerichtlicher Rechtsschutz	25, 26

I. Normzweck

§ 21 a will das **Richtermonopol auch für das Präsidium** gewährleisten, indem durch die Besetzung allein mit Richtern eine institutionelle Sicherung für die richterliche Selbstverwaltung wie für die Unabhängigkeit der Gerichtsbarkeit geschaffen wird. Die frühere Privilegierung der Vorsitzenden Richter bei der Zusammensetzung des Präsidiums wurde durch das Gesetz vom 22. 12. 1999 (BGBl. I S. 2598) aufgegeben.

II. Präsidium als Selbstverwaltungsorgan

1. Richterliche Tätigkeit. Das Präsidium ist ein Organ richterlicher Selbstverwaltung als Teil jeder Gerichtsbehörde. Es hat gesetzlich festgelegte Kompetenzen.[1] Seine Hauptaufgabe ist die Verteilung der Rechtsprechungsaufgaben auf die Richter eines Gerichts. Die Tätigkeit des Präsidiums ist richterliche Tätigkeit mit voller Unabhängigkeitsgarantie,[2] aber keine Rechtsprechungstätigkeit,[3] sondern materiell Verwaltungstätigkeit. Für den ins Präsidium gewählten Richter ist diese Tätigkeit Teil seines Richteramtes, das er wie dieses im Interesse der Rechtspflege ausüben muss. Er kann weder die Wahl zu diesem Amt noch die Tätigkeit im Einzelnen ablehnen noch das Amt aufgeben,[4] sofern nicht gesetzlich anerkannte Ablehnungsgründe bestehen. Die Teilnahme an den Sitzungen des Präsidiums gehört zu den Dienstpflichten des Richters. Als Bestandteil der richterlichen Tätigkeit mit Unabhängigkeitsgarantie unterliegt die Tätigkeit im Präsidium der Dienstaufsicht nur in den Grenzen des § 26 DRiG. Eingriffe oder eine Mitbestimmung anderer Organe, etwa des Richterrats, sind nicht zulässig.[5]

2. Für jedes Gericht ein eigenes Präsidium. Aus Gründen der Sachnähe und zur Stärkung der Unabhängigkeit ist für jedes Gericht ein eigenes Präsidium zu bilden (Abs. 1). Gericht iSv. Abs. 1 ist die „Gerichtsbehörde" als behördenorganisatorische Einheit für einen bestimmten räumlichen Bezirk, zB das Amtsgericht in A-Stadt. Der Grundsatz, jedem Gericht sein eigenes Präsidium, gilt auch für das Einmann-Amtsgericht.[6] Eine Besonderheit besteht für die kleinen Amtsgerichte mit einem Präsidium nach § 21 a Abs. 2 Nr. 5 nur insofern, als nach § 22 a der Präsident des Landgerichts oder der die Dienstaufsicht führende Präsident eines anderen Amtsgerichts den Vorsitz im Präsidium führt. Aus § 22 b ist nicht zu entnehmen, dass ein Einmann-Amtsgericht kein Präsidium besitzt. Die Vorschrift verlagert vielmehr nur hinsichtlich der Vertreterbestellung die Zuständigkeit an das Präsidium des übergeordneten Landgerichts, weil dem Amtsgericht die Kompetenz zur Bestellung eines an einem anderen Gericht tätigen Richters fehlt.

---

[1] S. im einzelnen § 21 e Rn. 2 ff.
[2] *Kissel/Mayer* Rn. 7.
[3] S. VGH Mannheim DRiZ 1980, 147.
[4] *Kissel/Mayer* Rn. 8.
[5] *Kissel/Mayer* § 21 e Rn. 20.
[6] *Kissel/Mayer* Rn. 9; aA *Schorn/Stanicki* Präsidialverfassung S. 23 f.

III. Zusammensetzung des Präsidiums

4 Der Gesetzgeber hat sich bei der Zusammensetzung des Präsidiums von den Gesichtspunkten leiten lassen, ein überschaubares und arbeitsfähiges Gremium zu schaffen, das neben dem vom Gesetz bestimmten Vorsitzenden (Rn. 5) aus gewählten Mitgliedern besteht.

5 **1. Präsident, aufsichtsführender Richter, Vorsitzender.** Als gesetzlich bestimmtes, sog. **geborenes Mitglied** ist der **Präsident** des jeweiligen Gerichts (§§ 59, 115, 124) oder, sofern bei großen Amtsgerichten (Abs. 2 Nr. 1 und 2) ein Präsident nicht bestellt ist, der **aufsichtsführende Richter** (§ 22 Abs. 3) vorgesehen (Abs. 2). Er ist auch in Präsidien mit gewählten Richtern stets Mitglied ohne Wahl und er ist kraft Gesetzes als **Vorsitzender** bestimmt. Bei kleineren Amtsgerichten nach Abs. 2 Nr. 5 ist der Präsident des übergeordneten Landgerichts oder der dienstaufsichtführende Präsident eines anderen Amtsgerichts nach § 22a Mitglied und Vorsitzender auch des Präsidiums beim kleinen Amtsgericht. Dadurch soll eine teilweise Kontinuität der Besetzung erreicht werden und Verwaltungserfahrung eingebracht werden;[7] auch können so Verwaltungsinteressen artikuliert werden. Der Vorsitzende hat aber nur gleiches Stimmrecht wie jedes andere Präsidiumsmitglied und kein Vetorecht. Er übt aber die organisatorischen Vorbereitungen, wie Einberufen der Sitzungen, Vorbereiten und Einbringen von Vorschlägen aus und führt gefasste Beschlüsse aus. Die Präsidiumstätigkeit des Vorsitzenden gehört zu seiner richterlichen Tätigkeit, die er weisungsfrei in Unabhängigkeit zu vollziehen hat; freilich ist er zugleich weisungsgebundener Teil der Justizverwaltung. Die Vertretung regelt § 21 c.

6 **2. Anzahl der Präsidiumsmitglieder.** Die übrigen Mitglieder werden gleichberechtigt aus der Gruppe der wählbaren Richter nach § 21 b iVm. der Wahlordnung für Präsidien (vgl. § 21 b Rn. 26) gewählt. Bei den Landgerichten und den höheren Gerichten muss nicht unbedingt ein Teil der Mitglieder aus Vorsitzenden Richtern bestehen. Die Anzahl der Präsidiumsmitglieder richtet sich nach der Zahl der Richterplanstellen bei diesem Gericht; vgl. Abs. 2. Für das Präsidium nach Nr. 1 bis 4 gilt danach das Repräsentationsprinzip. Die Wahl richtet sich nach § 21 b iVm. der Wahlordnung für Präsidien.[8]

7 Bei Gerichten mit einen bis sieben Planstellen gehören alle wählbaren Richter dem Präsidium an (Abs. 2 Nr. 5, sog. Plenar-Präsidium),[9] ohne dass es noch einer Wahl bedarf.

8 Die Beschränkung der Anzahl der Präsidiumsmitglieder auf höchstens elf, dh. zehn gewählte und einen Vorsitzenden, gewährleistet zwar ein überschaubares und damit effektiveres Gremium, führt aber andererseits zu einer **umfangreichen Repräsentation**. Bei Großstadtgerichten mit uU 200 und mehr Planstellen kann eine kleine Gruppe ihre Sonderinteressen besonders stark durchsetzen; dies bringt die Gefahr mit sich, dass solche Richter und einzelne Richtergruppen (zB „die Vormundschaftsrichter") mit den Interessen ihrer Amtsführung weniger Berücksichtigung finden und ihre Unabhängigkeit dadurch stärker beeinträchtigt wird, weil sie bei der Geschäftsverteilung stärker belastet werden. Dies führt uU zur Fraktionsbildung und wahlkampfähnlichen Entwicklungen.

9 Maßgebend für die Anzahl der Präsidiumsmitglieder sind die **Richterplanstellen**. Planstellen sind die im Haushaltsplan im Einzelnen zahlenmäßig ausgewiesenen Richterstellen. Wieviel Planstellen einem Gericht zustehen, wird entweder im Haushaltsplan selbst festgelegt, wie für das BVerfG und die obersten Gerichtshöfe des Bundes, oder die Planstellen werden von der Justizverwaltung den einzelnen Gerichten zugeteilt, sofern der Haushaltsplan eine Zuteilung nicht vornimmt. Ein Richteramt nach § 27 DRiG darf nur bei Vorhandensein einer Planstelle übertragen werden (§ 49 BHO). Maßgebend für die Feststellung der Zahl ist der in § 21 d genannte Stichtag. Nicht entscheidend ist, ob die Planstelle tatsächlich besetzt ist oder ob der Richter auf der Planstelle bei dem Gericht tätig oder zB abgeordnet ist.[10] Abgeordnete Richter oder Richter kraft Auftrags (§§ 14, 15 DRiG), die eine andere Planstelle besetzen, werden bei dem Gericht, zu dem sie abgeordnet sind, nicht mitgezählt. Richter auf Probe (§ 12 DRiG), die eine Planstelle innehaben, werden dagegen bei der Zählung berücksichtigt.

10 **3. Zusammensetzung der Präsidiumsmitglieder.** Die Zusammensetzung des Präsidiums ist bis auf den Vorsitzenden nicht vom Gesetz vorgegeben; Vorsitzende Richter müssen nicht zwingend mit einem bestimmten Prozentsatz vertreten sein.

---

[7] S. auch *Kissel/Mayer* Rn. 15.
[8] S. § 21 b nach Rn. 27.
[9] *Kissel/Mayer* Rn. 11.
[10] OLG Koblenz DRiZ 1996, 329; *Stanicki* DRiZ 1972, 416.

IV. Rechtsstellung des Präsidiums

1. Organ richterlicher Selbstverwaltung. Das Präsidium ist ein Organ richterlicher Selbstverwaltung,[11] das das Prinzip des gesetzlichen Richters (Art. 101 Abs. 1 S. 2 GG) bei jedem Gericht durch die Zuweisung von Richtern an die Spruchkörper und durch die Verteilung der sachlichen Rechtsprechungsaufgaben im Geschäftsverteilungsplan zu verwirklichen hat. Das Präsidium ist von Verfassungs wegen geboten.[12] Die Einrichtung des Präsidiums als richterliches Selbstverwaltungsorgan begründet jedoch keine Allzuständigkeit für alle organisatorischen Maßnahmen im Zusammenhang mit der Rechtsprechung.[13] Die Aufgaben sind vielmehr grundsätzlich auf solche Maßnahmen beschränkt, die zur Sicherung des gesetzlichen Richters unentbehrlich sind, dh. die personelle Besetzung der Spruchkörper und die Verteilung der Rechtsprechungsaufgaben auf die Spruchkörper. 11

2. Materielle Verwaltungstätigkeit. Nach der Art der Tätigkeit übt das Präsidium keine Rechtsprechung, sondern materielle Verwaltungstätigkeit aus.[14] Das Präsidium ist verpflichtet, seine Aufgaben zu erfüllen, damit der einzelne Bürger seinen Justizgewährungsanspruch wahrnehmen kann.[15] Die Nichterfüllung dieser Aufgaben wäre eine gesetzwidrige Justizverweigerung.[16] 12

3. Schutz der richterlichen Unabhängigkeit. Das Präsidium genießt für seine Tätigkeit den Schutz der richterlichen Unabhängigkeit,[17] was zur Gewährleistung des gesetzlichen Richters erforderlich ist.[18] Das Präsidium und seine einzelnen Mitglieder sind deshalb an Weisungen der Justizverwaltung und anderer Organe nicht gebunden. Das Präsidium muss seine Neutralität wahren. Das Präsidium und seine Beschlüsse unterstehen nicht Maßnahmen der allgemeinen **Dienstaufsicht**. Die Geschäftsverteilung ist der Dienstaufsicht entzogen.[19] Einwirkungen auf die Beschlussfassung durch eine dienstaufsichtführende Stelle kann als Maßnahme der Dienstaufsicht gemäß § 26 Abs. 3 DRiG begegnet werden.[20] Anregungen der obersten Verwaltungsbehörde für die Gestaltung der Geschäftsordnung eines Gerichts (wie die Zurverfügungstellung von Mustern, Hinweise auf neue Rechtsprechung und auf Lücken im Geschäftsverteilungsplan) stellen jedoch, wenn sie ohne Druck und ohne sonstige unzulässige Einflussnahme erfolgen, keine Maßnahme der Dienstaufsicht dar.[21] 13

4. Delegation. Das Präsidium muss seine Aufgaben in eigener Verantwortung erfüllen und darf diese **nicht delegieren** auf andere Organe, auch nicht auf einen Ausschuss oder auf den Präsidenten als Vorsitzenden.[22] Zulässig ist jedoch, den Vorsitzenden, einen Ausschuss oder einen Berichterstatter mit der Vorbereitung eines Entwurfs für die spätere Beratung und Beschlussfassung durch das Präsidium zu betrauen.[23] 14

5. Beschlussorgan. Das Präsidium ist Beschlussorgan und trifft die in seinen Aufgabenbereich fallenden Entscheidungen und Maßnahmen. Das Präsidium selbst wird jedoch nicht ausführend tätig. Soweit seine Maßnahmen der **Ausführung** und des Vollzugs bedürfen, wird der Gerichtspräsident oder aufsichtsführende Richter gemäß § 21a Abs. 2 S. 1 als Vorsitzender tätig, der das Präsidium auch nach außen hin vertritt. 15

6. Rechtsfähigkeit, Parteifähigkeit. Das Präsidium ist nicht rechtsfähig und nicht parteifähig. Es hat zwar Aufgaben zu erfüllen, ist aber keine selbständige Rechtsperson, sondern organisatorisch ein unselbständiger Teil der Justiz. Soweit Maßnahmen des Präsidiums gerichtlich angefochten werden sollen, muss eine Klage gemäß § 78 Abs. 1 Nr. 1 VwGO gegen den jeweiligen Gerichtsträger, dh. gegen das Land oder gegen den Bund gerichtet werden.[24] Das Präsidium ist weder nach § 61 Nr. 2 noch nach § 61 Nr. 3 VwGO parteifähig. Mangels Parteifähigkeit kann auch bei Maßnahmen der Dienstaufsicht, die die richterliche Unabhängigkeit beeinträchtigen, nicht das Präsidium als solches, sondern nur die einzelnen Präsidiumsmitglieder nach § 26 Abs. 3 DRiG Antrag auf gerichtliche Entscheidung stellen. Eine Ausnahme besteht hinsichtlich der passiven Beteiligtenfähig- 16

---

[11] S. BT-Drucks. VI/557 S. 15; BVerfGE 17, 252; *Kissel/Mayer* § 21e Rn. 2 (Rechtspflegeorgan eigener Art).
[12] S. auch *Kissel/Mayer* § 21e Rn. 4.
[13] S. § 21e Rn. 2, 3.
[14] *Manfred Wolf* § 14 I 1; *Kissel/Mayer* § 21e Rn. 11.
[15] S. auch *Kissel/Mayer* § 21e Rn. 6.
[16] *Feiber* NJW 1975, 2005; gegen *Löwe/Rosenberg/Breidling* Rn. 23ff.
[17] *Kissel/Mayer* § 21e Rn. 7.
[18] S. Rn. 11.
[19] *Baumbach/Lauterbach/Albers*, 64. Aufl., § 21e Rn. 1; aA *Schaffer* DöD 1982, 10.
[20] BGH DRiZ 1981, 426; dazu Rn. 11.
[21] BGH DRiZ 1981, 426.
[22] S. BGHSt. 3, 353 = NJW 1953, 353.
[23] *Kissel/Mayer* § 21e Rn. 9.
[24] BVerwGE 50, 11 = NJW 1976, 1224.

keit im Verfahren der freiwilligen Gerichtsbarkeit insofern, als das Präsidium im Wahlanfechtungsverfahren nach § 21b Abs. 6 zu beteiligen ist.[25]

V. Rechtsstellung der Präsidiumsmitglieder

17 Aus der Mitgliedschaft im Präsidium erwachsen **Rechte und Pflichten,** die der Eigenart und Bedeutung der Tätigkeit im Präsidium Rechnung tragen. Die Rechte und Pflichten des Präsidiumsmitglieds erhalten ihren Rang insbesondere daraus, dass die Arbeitsfähigkeit des Präsidiums als Organ richterlicher Selbstverwaltung für die Gewährleistung des gesetzlichen Richters gesichert werden muss.

18 **1. Rechte des Präsidiumsmitglieds.** Als Rechte des Präsidiumsmitglieds sind vor allem zu betonen das Recht auf Teilnahme an den Sitzungen, das Recht auf Äußerung und das Recht auf Stimmabgabe. Zur Wahrnehmung seiner Tätigkeit hat das Präsidiumsmitglied auch ein Recht auf Auskunft und Information. Das Auskunftsrecht richtet sich jedoch nicht unmittelbar gegen die Verwaltung und gibt kein eigenes Recht auf Einsicht in Verwaltungsvorgänge oder in die Personalakten. Das Auskunftsrecht besteht für das Präsidium als Gesamtorgan, das es durch den Vorsitzenden oder einen von ihm Beauftragten ausübt.[26] Das Auskunftsrecht des einzelnen Mitglieds richtet sich demgemäß gegen den Vorsitzenden, der Fragen zu beantworten hat, soweit sie mit den Aufgaben des Präsidiums in Zusammenhang stehen, und der auch ohne ausdrückliche Fragen allen Präsidiumsmitgliedern die zur sachgerechten Wahrnehmung ihrer Aufgaben erforderlichen Informationen (zB Geschäftsanfall, Zahl der Erledigungen, Pensenberechnungen usw.) zukommen zu lassen hat.

19 **2. Pflichten des Präsidiumsmitglieds.** Pflichten des Präsidiumsmitglieds ergeben sich vor allem daraus, dass die Mitglieder ihr Amt übernehmen und ausüben müssen. Die Ablehnung der Wahl sowie die Ausschlagung oder Niederlegung des Amtes sind nicht zulässig.[27] Zur Pflicht der **Amtsausübung** gehört die Pflicht zur Teilnahme an den Sitzungen und Beratungen, soweit nicht ein anerkannter Verhinderungsgrund besteht.[28] Eine Pflicht besteht auch zur Beteiligung an den Abstimmungen. Die Pflicht zur Amtsausübung besteht neben den sonstigen richterlichen Aufgaben. Eine Entlastung von richterlichen Aufgaben wegen der Tätigkeit im Präsidium kommt nicht in Betracht. Da eine Vertretung des Präsidiumsmitglieds nicht stattfindet,[29] hat die Pflicht zur Amtsausübung im Präsidium Vorrang (zB vor einer angesetzten Zivilkammersitzung).[30]

20 Ob dem Präsidiumsmitglied bezüglich jeder Abstimmung und Beratung im Präsidium eine **Schweigepflicht** obliegt ist streitig.[31] Eine Schweigepflicht wird aus der allgemeinen Pflicht zur Amtsverschwiegenheit gemäß §§ 46, 71 DRiG mit § 61 BBG bzw. § 39 BRRG mit den entsprechenden Vorschriften der Landesgesetze hergeleitet, was aber angesichts der Sonderstellung eines Gerichtspräsidiums nicht überzeugt.

21 Die Pflichten des Präsidiumsmitglieds stellen Amtspflichten dar, deren Verletzung **Schadensersatzpflichten** aus Amtshaftung gemäß § 839 Abs. 1 BGB, Art. 34 GG zugunsten der Bürger begründen können, wenn die Amtspflicht auch im Interesse des einzelnen Rechtsuchenden besteht.[32] Dies ist für die Pflicht zur ordnungsgemäßen Besetzung und sachgerechten Geschäftsverteilung zu bejahen.[33] Die Übertragung von Familiensachen auf einen Richter auf Probe entgegen § 23b Abs. 3 S. 2 stellt eine solche Pflichtverletzung dar,[34] ebenso die Bestellung eines Richters zum Vorsitzenden eines Spruchkörpers entgegen § 21f, wenn dieser nicht im Anstellungsverhältnis eines Vorsitzenden Richters steht.[35] Ein Schaden kann sich insbesondere ergeben, wenn infolge der fehlerhaften Besetzung ein Urteil aufgehoben wird.

22 **3. Richterliche Tätigkeit.** Die Tätigkeit im Präsidium ist richterliche Tätigkeit, auch wenn sie nicht Rechtsprechung ist.[36] Jedes Präsidiumsmitglied wird deshalb in seiner Eigenschaft als Richter

---

[25] S. BVerwGE 44, 172, 174; dazu *Kissel/Mayer* § 21e Rn. 10; s. unten § 21b Rn. 24.
[26] *Kissel/Mayer* § 21e Rn. 24.
[27] BVerwGE 48, 251; § 21b Rn. 16.
[28] S. *Kissel/Mayer* § 21e Rn. 18; dazu auch § 21e Rn. 42.
[29] § 21c Rn. 5.
[30] *Kissel/Mayer* § 21e Rn. 18.
[31] Bejahend *Kissel/Mayer* § 21e Rn. 22; *Meyer/Goßner* Rn. 23; *Funk* DRiZ 1973, 261; aA *Knoche* DRiZ 1975, 404; *Fischer* DRiZ 1979, 203.
[32] BGH DRiZ 1978, 183 = VersR 1978, 460; *Soergel/Vinke* § 839 Rn. 104.
[33] *Kissel/Mayer* § 21e Rn. 26; s. auch oben Rn. 12.
[34] S. OLG Frankfurt FamRZ 1978, 520.
[35] BGH VersR 1978, 460.
[36] S. Rn. 12.

tätig. Deshalb genießt nicht nur das Präsidium als Kollegialorgan, sondern jedes einzelne Mitglied für seine Tätigkeit im Präsidium den vollen **Schutz der richterlichen Unabhängigkeit**.[37] Dies gilt auch für den Gerichtspräsidenten[38] und den aufsichtsführenden Richter, obwohl diese auch Organe der Justizverwaltung sind[39] und die Interessen der Gerichtsverwaltung im Präsidium zur Geltung bringen sollen. Demzufolge bedarf die Dienstreise eines Präsidiumsmitglieds zur Teilnahme an einer Sitzung keiner Anordnung oder Genehmigung.[40]

Das einzelne Präsidiumsmitglied unterliegt wie das Präsidium als Gesamtorgan[41] hinsichtlich seiner Tätigkeit einer **Dienstaufsicht** nur in den Grenzen des § 26 DRiG. Maßnahmen der Dienstaufsicht sind danach unzulässig, soweit sie den Kernbereich der Präsidiumsaufgaben, also insbesondere den Inhalt der Entscheidung und Abstimmung betreffen.[42] Verhalten, das dem äußeren Ordnungsbereich und der äußeren Form zuzurechnen ist, wie die Nicht-Teilnahme an den Sitzungen, kann dagegen mit den nach § 26 Abs. 2 DRiG zulässigen Maßnahmen des Vorhalts und der Ermahnung im Wege der Dienstaufsicht beanstandet werden.[43] 23

Die **Unabhängigkeit** des Präsidiumsmitglieds ist, abgesehen vom äußeren formalen Bereich,[44] **umfassend**. Sie betrifft inhaltlich nicht nur Weisungen, sondern alle sonstigen Maßnahmen, die die richterliche Unabhängigkeit beeinträchtigen können. Umfassend ist der Schutz auch in personeller Hinsicht. Er betrifft alle Organe der Verwaltung, einschließlich der Gerichts- und Justizverwaltung. Die Unabhängigkeit des Präsidiumsmitglieds besteht auch gegenüber den Wählern. An Richtlinien, Wahlprogramme und Weisungen seiner Wählerschaft oder anderer Personen und Gruppen ist das Präsidiumsmitglied deshalb nicht gebunden. 24

4. Gerichtlicher Rechtsschutz. Gegen die Beeinträchtigung seiner richterlichen Unabhängigkeit steht dem Präsidiumsmitglied gerichtlicher Rechtsschutz gemäß § 26 Abs. 3 DRiG durch Anrufung des Richterdienstgerichts zu,[45] ebenso bei Beeinträchtigung des Präsidiums als Kollegialorgan.[46] 25

Gerichtlicher Rechtsschutz **innerhalb des Präsidiums** über Maßnahmen des Präsidiums findet grundsätzlich nicht statt, soweit sie der Abstimmung unterliegen. Ein Präsidiumsmitglied kann deshalb nicht gegen den Vorsitzenden klagen, einen bestimmten Punkt auf die Tagesordnung zu setzen.[47] Ein Klagerecht ist gegen den Vorsitzenden dagegen zB anzuerkennen, wenn dem Recht auf Auskunft und Information (Rn. 18) nicht stattgegeben wird. 26

§ 21 b [Wahl zum Präsidium]

(1) ¹Wahlberechtigt sind die Richter auf Lebenszeit und die Richter auf Zeit, denen bei dem Gericht ein Richteramt übertragen ist, sowie die bei dem Gericht tätigen Richter auf Probe, die Richter kraft Auftrags und die für eine Dauer von mindestens drei Monaten abgeordneten Richter, die Aufgaben der Rechtsprechung wahrnehmen. ²Wählbar sind die Richter auf Lebenszeit und die Richter auf Zeit, denen bei dem Gericht ein Richteramt übertragen ist. ³Nicht wahlberechtigt und nicht wählbar sind Richter, die für mehr als drei Monate an ein anderes Gericht abgeordnet, für mehr als drei Monate beurlaubt oder an eine Verwaltungsbehörde abgeordnet sind.

(2) Jeder Wahlberechtigte wählt höchstens die vorgeschriebene Zahl von Richtern.

(3) ¹Die Wahl ist unmittelbar und geheim. ²Gewählt ist, wer die meisten Stimmen auf sich vereint. ³Durch Landesgesetze können andere Wahlverfahren für die Wahl zum Präsidium bestimmt werden; in diesem Fall erlässt die Landesregierung durch Rechtsverordnung die erforderlichen Wahlordnungsvorschriften; sie kann die Ermächtigung hierzu auf die Landesjustizverwaltung übertragen. ⁴Bei Stimmengleichheit entscheidet das Los.

---

[37] AllgM; s. etwa *Arndt* DRiZ 1978, 299; *Kissel/Mayer* § 21 e Rn. 20; *Schmidt-Räntsch* § 25 DRiG Rn. 8; *Manfred Wolf* § 14 I 1.
[38] *Kissel/Mayer* § 21 e Rn. 20.
[39] S. *Manfred Wolf* § 6 II 1.
[40] S. § 21 Abs. 1 Nr. 3 BRKG; § 22 hess. RKG.
[41] S. dazu Rn. 13.
[42] BGH NJW 1995, 2494; aA *Schaffer* DöD 1982, 10.
[43] S. *Kissel/Mayer* § 21 e Rn. 20; *Manfred Wolf* § 14 II 4 b.
[44] S. Rn. 23.
[45] BGHZ 46, 147.
[46] S. Rn. 15.
[47] *Kissel/Mayer* § 21 e Rn. 25; aA VGH Mannheim DöV 1980, 573 = DRiZ 1980, 147; *Frauendorf* DöV 1980, 553.

GVG § 21b 1, 2   2. Titel. Allgemeine Vorschriften über das Präsidium

(4) ¹Die Mitglieder werden für vier Jahre gewählt. ²Alle zwei Jahre scheidet die Hälfte aus. ³Die zum ersten Mal ausscheidenden Mitglieder werden durch das Los bestimmt.

(5) Das Wahlverfahren wird durch eine Rechtsverordnung geregelt, die von der Bundesregierung mit Zustimmung des Bundesrates erlassen wird.

(6) ¹Ist bei der Wahl ein Gesetz verletzt worden, so kann die Wahl von den in Absatz 1 Satz 1 bezeichneten Richtern angefochten werden. ²Über die Wahlanfechtung entscheidet ein Senat des zuständigen Oberlandesgerichts, bei dem Bundesgerichtshof ein Senat dieses Gerichts. ³Wird die Anfechtung für begründet erklärt, so kann ein Rechtsmittel gegen eine gerichtliche Entscheidung nicht darauf gestützt werden, das Präsidium sei deswegen nicht ordnungsgemäß zusammengesetzt gewesen. ⁴Im übrigen sind auf das Verfahren die Vorschriften des Gesetzes über die Angelegenheiten der freiwilligen Gerichtsbarkeit sinngemäß anzuwenden.

Übersicht

	Rn.		Rn.
I. Normzweck	1	2. Zahl der zu wählenden Richter	14
II. Aktives Wahlrecht	2–9	3. Wahlvorschläge	15
1. Richter auf Lebenszeit oder auf Zeit	2	4. Wahlverfahren	16
2. Richter auf Probe, Richter kraft Auftrags	3	5. Wahlergebnis	17
3. Abgeordnete und beurlaubte Richter	4, 5	**V. Wahlpflicht**	18
4. Betroffene Richter	6	**VI. Amtszeit**	19
5. An Verwaltungsbehörden abgeordnete Richter	7, 8	**VII. Wahlanfechtung**	20–27
6. Wahlberechtigung am Wahltag	9	1. Anfechtungsberechtigte	21
III. Passives Wahlrecht	10–12	2. Anfechtungsfrist	22
1. Richter auf Lebenszeit oder Zeit	10	3. Gesetzesverletzung	23
2. Generell nicht wählbare Personen	11, 12	4. Zuständigkeit	24
IV. Wahlsystem und Wahlverfahren	13–17	5. Verfahren	25
1. Wahlsystem	13	6. Begründetheit der Wahlanfechtung	26, 27

I. Normzweck

1 Die Vorschrift regelt das aktive und passive Wahlrecht für das Präsidium (Abs. 1), legt einzelne Wahlgrundsätze fest (Abs. 2 und 3) und bestimmt die Wahlperiode (Abs. 4). § 21b enthält nur die Grundlagen des Wahlverfahrens zum Präsidium. Für die Regelung des Wahlverfahrens im Einzelnen wird dagegen der Bundesregierung durch Abs. 5 eine Ermächtigung zum Erlass einer Rechtsverordnung eingeräumt (s. nach Rn. 27). Daneben ist der Landesgesetzgeber gemäß Abs. 3 S. 3 auch zur Einführung gänzlich anderer Wahlverfahren berechtigt. Abs. 6 regelt die Grundlagen der Wahlanfechtung. Die Vorschrift gilt auch für andere Gerichtsbarkeiten (s. vor § 21a Rn. 5).

II. Aktives Wahlrecht

2 **1. Richter auf Lebenszeit oder auf Zeit.** Wahlberechtigt sind alle Richter auf Lebenszeit (§ 10 DRiG) oder auf Zeit (§ 11 DRiG), denen bei dem betreffenden Gericht ein Richteramt gemäß § 27 DRiG übertragen ist. Ist einem Richter gemäß § 27 Abs. 2 DRiG ein zweites Richteramt bei einem anderen Gericht übertragen, so ist er auch bei diesem Gericht wahlberechtigt.¹ Wahlberechtigt sind auch Teilzeitrichter oder Richter im Nebenamt,² sofern ihnen gemäß § 27 DRiG ein Richteramt übertragen ist. Auch Präsidenten, Vizepräsidenten, aufsichtsführende Richter und deren ständige Vertreter sind als Richteramtsinhaber wahlberechtigt,³ auch wenn sie oder sonstige Richter⁴ ganz oder teilweise Aufgaben in der Justiz- und Gerichtsverwaltung zu erledigen haben.

---

¹ *Kissel/Mayer* Rn. 1, 6.
² *Kissel/Mayer* Rn. 1.
³ S. *Kissel/Mayer* Rn. 1; *Stanicki* DRiZ 1972, 417.
⁴ *Kissel/Mayer* Rn. 1.

2. Richter auf Probe, Richter kraft Auftrags. Wahlberechtigt sind auch die beim jeweiligen Gericht tätigen Richter auf Probe (§ 13 DRiG) und die dort tätigen Richter kraft Auftrags (§ 14 DRiG). Sie sind wahlberechtigt, obwohl ihnen kein Richteramt gemäß § 27 DRiG zugewiesen ist. Entscheidend ist ihre Tätigkeit am Gericht und ihr daraus resultierendes mögliches Betroffensein von den Entscheidungen des Präsidiums. Gleichgültig ist, ob sie rechtsprechend oder in der Justiz- oder Gerichtsverwaltung tätig sind.[5]

3. Abgeordnete und beurlaubte Richter. Wahlberechtigt sind auch **abgeordnete** Richter bei dem Gericht, zu dem sie auf die Dauer von mindestens drei Monaten abgeordnet sind. Maßgebend ist die gemäß § 37 Abs. 2 DRiG verfügte Abordnungsdauer, nicht die tatsächlich am Gericht verbrachte Dauer. Die Wahlberechtigung beginnt bereits am ersten Tag, nicht erst nach drei Monaten. Wahlberechtigt ist auch der Richter, dessen Abordnung vor Ablauf von drei Monaten nach der Wahl endigt, sofern er insgesamt nur für mindestens drei Monate abgeordnet war.[6] Als abgeordnete Richter kommen alle Richter gemäß § 8 DRiG in Betracht. Im Gegensatz zu den anderen Richtergruppen (Rn. 2, 3) sind abgeordnete Richter aber nur wahlberechtigt, wenn sie Rechtsprechungsaufgaben wahrnehmen. Ihr Wahlrecht entfällt, wenn sie ausschließlich **Verwaltungsaufgaben** erledigen. Maßgebend ist, ob sie vom Präsidium auch nur teilweise[7] mit Rechtsprechungsaufgaben betraut sind. Die wissenschaftlichen Hilfsarbeiter etwa an den obersten Bundesgerichten nehmen dort keine Rechtsprechungsaufgaben wahr; ebenso ist es bei hauptamtlichen Referendar-Arbeitsgemeinschaftsleitern. Die Wahlberechtigung entfällt beim entsendenden Gericht gemäß Abs. 1 S. 3, wenn sie mehr als drei Monate dauert, besteht aber am entsendenden wie am empfangenden Gericht, wenn sie genau drei Monate beträgt.

Von der Wahlberechtigung ausdrücklich ausgenommen sind seit der Neuregelung des Abs. 1 S. 3[8] nunmehr Richter, die für mehr als drei Monate **beurlaubt** sind. Unter Beurlaubung in diesem Sinn fallen alle außerhalb des Jahresurlaubs liegenden sonstigen Urlaubsarten wie Sonderurlaub,[9] Mutterschaftsurlaub oder die Beurlaubung ohne Dienstbezüge nach § 48a DRiG.

4. Betroffene Richter. Wahlberechtigt sind grundsätzlich **alle Richter, die von den Entscheidungen des Präsidiums betroffen** sein können.[10] Wahlberechtigt ist auch der Präsident, Vizepräsident, ebenso Teilzeitrichter[11] und Richter am Amtsgericht als Mitglied eines Landgerichts.[12] Trotz möglicher Betroffenheit gewährt der BGH den an der **Baulandkammer** beim LG und an den **Baulandsenaten** beim OLG **tätigen Verwaltungsrichtern** (§§ 220, 229 BauGB) weder ein aktives noch ein passives Wahlrecht bei der Wahl zum Präsidium des LG oder OLG.[13]

5. An Verwaltungsbehörden abgeordnete Richter. Nicht wahlberechtigt sind Richter, auch wenn ihnen gemäß § 27 DRiG ein Richteramt übertragen ist, wenn sie an eine **Verwaltungsbehörde abgeordnet** sind, gleichgültig ob die Abordnung mehr oder weniger als drei Monate beträgt. Verwaltungsbehörden sind alle nationalen und internationalen Einrichtungen und Organisationen, die nicht Rechtsprechung ausüben, auch zB der Wehrbeauftragte oder Datenschutzbeauftragte. Ebenso entfällt das Wahlrecht am **entsendenden Gericht,** wenn die Abordnung an ein Gericht länger als drei Monate dauert, besteht aber am empfangenden Gericht (s. auch Rn. 4).

Keine Wahlberechtigung besteht für **Laienrichter** (zB Handelsrichter, Schöffen).

6. Wahlberechtigung am Wahltag. Die Wahlberechtigung entscheidet sich nach den **am Wahltag gegebenen Voraussetzungen.**[14] Richter, die am Wahltag noch im Amt sind, aber vor Ablauf der Wahlperiode oder auch schon vor Beginn der Amtszeit der neu gewählten Präsidiumsmitglieder in den Ruhestand treten oder sonst ausscheiden, sind gleichwohl wahlberechtigt. Da es zur Feststellung der Wahlberechtigung eines formal einfach und sicher festzustellenden Merkmals bedarf, kommt es allein auf die Wahlberechtigung am Wahltag an.

---

[5] *Kissel/Mayer* Rn. 1.
[6] S. auch *Kissel/Mayer* Rn. 3; *Katholnigg*, Strafgerichtsverfassungsgesetz, § 21b GVG Rn. 1.
[7] *Kissel/Mayer* Rn. 3; aA *Schorn/Stanicki* S. 43.
[8] Durch Gesetz vom 22. 12. 1999 (BGBl. I S. 2598).
[9] Vgl. *Hensch* ZRP 1998, 255.
[10] S. auch *Kissel/Mayer* Rn. 6.
[11] *Zöller/Gummer* Rn. 10.
[12] *Katholnigg*, Strafgerichtsverfassungsrecht, § 21b GVG Rn. 3.
[13] BGH NJW 1977, 1821; OLG Celle NdsRpfl. 1975, 138; aA OLG Frankfurt DRiZ 1973, 98; *Kissel/Mayer* Rn. 6.
[14] S. LSG Celle NdsRpfl. 1991, 183; *Katholnigg*, Strafgerichtsverfassungsrecht, § 21b GVG Rn. 1.

III. Passives Wahlrecht

10 **1. Richter auf Lebenszeit oder Zeit.** Wählbar sind nur Richter auf Lebenszeit oder Richter auf Zeit, denen gemäß § 27 DRiG ein Richteramt am betreffenden Gericht übertragen ist (s. Rn. 2). Wählbar ist auch der Vizepräsident oder der Vertreter des aufsichtsführenden Richters. Nicht wählbar sind Richter auf Lebenszeit oder Zeit, die für mehr als drei Monate an ein anderes Gericht abgeordnet, für mehr als drei Monate beurlaubt oder, wenn auch für kürzere Zeit, an eine Verwaltungsbehörde abgeordnet sind (Abs. 1 S. 3; dazu auch Rn. 6).

11 **2. Generell nicht wählbare Personen.** Generell nicht wählbar sind Richter auf Probe und Richter kraft Auftrags sowie alle abgeordneten Richter am Gericht, zu dem sie abgeordnet sind, weil ihnen dort kein Richteramt nach § 27 DRiG zusteht (Abs. 1 S. 2). Am entsendenden Gericht entfällt ihre Wählbarkeit, wenn sie länger als drei Monate abgeordnet sind (Abs. 1 S. 3). Bei kürzerer Abordnung bleibt die Wählbarkeit dort bestehen.

12 Nicht wählbar ist auch der **Präsident**,[15] da er dem Präsidium in jedem Fall angehört. Gleiches gilt für den aufsichtsführenden Richter, soweit er kraft Gesetzes Vorsitzender des Präsidiums ist.[16] Wählbar ist dagegen der Vizepräsident und der Vertreter des aufsichtsführenden Richters. Auch wenn sie gemäß § 21c mit § 21b kraft Gesetzes bei Verhinderung des Präsidenten oder aufsichtsführenden Richters den Vorsitz übernehmen und im Übrigen nach § 21c Abs. 1 S. 2 mit beratender Stimme teilnehmen können, so sind sie doch nicht ständig stimmberechtigte Mitglieder und können deshalb in diese Position gewählt werden.[17] Davon geht auch § 21c Abs. 1 S. 2 aus („wenn er nicht selbst gewählt ist"). Die damit verbundene Verringerung der stimmberechtigten Präsidiumsmitglieder wird vom Gesetz (§ 21c Abs. 1 S. 3) auch in anderen Fällen hingenommen.

IV. Wahlsystem und Wahlverfahren

13 **1. Wahlsystem.** § 21b geht aus von der Persönlichkeitswahl nach dem **Mehrheitswahlsystem**, wobei gewählt ist, wer die meisten Stimmen auf sich vereint, bis die Zahl der insgesamt zu wählenden Richter erreicht ist. Bei Stimmengleichheit wird durch Los entschieden. Abs. 3 S. 3 eröffnet dem **Landesgesetzgeber** die Möglichkeit, an Stelle der Persönlichkeitswahl nach den Grundsätzen der Mehrheitswahl auch eine **Verhältniswahl** auf der Grundlage der Listenwahl einzuführen. Dabei kann der Landesgesetzgeber auch das Kumulieren und Panaschieren gestatten.[18] Dies ergibt sich für das Kumulieren daraus, dass der Richter gemäß Abs. 2 „höchstens" die vorgeschriebene Zahl der Richter wählen muss, also auch weniger wählen kann, ohne seine Stimmrechte aufgeben zu müssen. Das Panaschieren ist möglich, weil es die Listenwahl der gesetzlich in erster Linie vorgesehenen Persönlichkeitswahl annähert. Das Blockwahlsystem alter Art darf der Landesgesetzgeber dagegen nicht wieder einführen. Auch ist er an die Grundsätze der unmittelbaren und geheimen Wahl (Abs. 3 S. 1) gebunden, weil diese Grundsätze zur Sicherung der richterlichen Unabhängigkeit eingehalten werden müssen. Soweit der Landesgesetzgeber das Wahlsystem eigenständig gestaltet, kann die Landesregierung durch Rechtsverordnung die insoweit erforderlichen Wahlvorschriften erlassen.

14 **2. Zahl der zu wählenden Richter.** Die Zahl der zu wählenden Richter bestimmt sich gemäß § 21a Abs. 2 nach der Größe des Gerichts, soweit es sich um die Erstwahl handelt, wobei jeder Wahlberechtigte höchstens die dort vorgeschriebene Zahl von Richtern wählen darf. Bei Teilwahlen gemäß Abs. 4 S. 2 wird jeweils nur die Hälfte der zu wählenden Präsidiumsmitglieder gewählt bzw. die nach § 21d Abs. 2 und 3 zu wählende Anzahl.

15 **3. Wahlvorschläge.** Der Stimmzettel muss die Namen aller wählbaren Richter enthalten. Wahlvorschläge oder Wahllisten im Sinne geschlossener Gruppierungen können durch Landesgesetz zugelassen werden (s. Rn. 13). Wahlwerbung darf jedoch nur mit der zur Wahrung der Neutralität gebotenen Zurückhaltung betrieben werden.[19]

16 **4. Wahlverfahren.** Für das Wahlverfahren sieht Abs. 3 S. 1 die unmittelbare und geheime Wahl vor (dazu § 5 Abs. 1, 2 und § 6 WahlO). Die Einzelheiten des Wahlverfahrens sind gemäß Abs. 5 durch eine von der Bundesregierung mit Zustimmung des Bundesrats erlassene WahlO geregelt.[20]

---

[15] *Wieczorek/Schreiber* Rn. 8.
[16] § 21a Rn. 5.
[17] *Zöller/Gummer* Rn. 15; *Wieczorek/Schreiber* Rn. 8; *Kissel/Mayer* Rn. 11.
[18] AA *Kissel* NJW 2000, 460.
[19] *Zöller/Gummer* Rn. 4.
[20] V. 19. 9. 1972, BGBl. I S. 1821; s. nach Rn. 27.

Danach ist Briefwahl zulässig (§ 7 WahlO).[21] Die Stimmabgabe erfolgt durch Abgabe nur eines Stimmzettels, der in einem Wahlumschlag enthalten sein muss (§ 5 Abs. 1 WahlO). Die Wahl wird vom **Wahlvorstand** vorbereitet. Gegen dessen Abberufung kann nicht das OLG gemäß Abs. 6 S. 2 angerufen werden. Möglich ist der Verwaltungsrechtsweg.[22] Anstelle des durch Abs. 3 iVm. der WahlO vorgesehenen Wahlverfahrens können die Länder gemäß Abs. 3 S. 3 Halbs. 1 durch Landesgesetz auch andere Wahlverfahren bestimmen. In diesem Fall hat entweder die Landesregierung oder die von ihr ermächtigte Landesjustizverwaltung durch Rechtsverordnung die erforderlichen Wahlvorschriften zu erlassen (vgl. S. 3 Halbs. 2 und 3). Aus der systematischen Stellung in Abs. 3 S. 3 und dem Wortlaut („erforderlichen") ergibt sich jedoch, dass die Länder die Bundeszuständigkeit für das Wahlverfahren gemäß Abs. 5 nicht ganz verdrängen dürfen, sondern nur soweit dies zur Durchführung des nach Abs. 3 S. 3 gewählten alternativen Wahlsystems (s. Rn. 13) erforderlich ist. Für die davon nicht betroffenen Punkte bleibt die Zuständigkeit gemäß Abs. 5 beim Bund.

5. Wahlergebnis. Das Wahlergebnis ergibt sich in erster Linie aus der Stimmenzahl. Gewählt ist, wer die Mehrheit der Stimmen auf sich vereinigt (Abs. 3 S. 2), wobei die Richter mit der höchsten Stimmenzahl ermittelt werden, bis die zu wählende Anzahl (s. Rn. 14) erreicht ist. Bei Stimmengleichheit entscheidet das Los (Abs. 3 S. 4), das vom Wahlvorstand zu ziehen ist (§ 8 Abs. 4 WahlO). Der gewählte Richter darf die Wahl nicht ablehnen[23] und muss deshalb seiner Wahl nicht zustimmen, sondern ist lediglich davon zu benachrichtigen (§ 10 WahlO). Bei der Verhältniswahl kommen die Listen im Verhältnis der ihnen zugefallenen Stimmen zum Zuge, bis die vorgesehene Zahl von Präsidiumsmitgliedern (§ 21a Abs. 2) erreicht ist. 17

V. Wahlpflicht

Die Wahl zum Präsidium dient nicht der Wahrnehmung persönlicher Belange der Richter, sondern sie soll die Funktionsfähigkeit einer unabhängigen Rechtsprechung,[24] insbesondere durch Aufstellung eines Geschäftsverteilungsplans sicherstellen. Nach Ansicht des BVerwG[25] trifft die wahlberechtigten Richter eine Wahlpflicht. Ein Wahlberechtigter kann aber auch weniger als die vorgeschriebene Zahl von Stimmen oder gar keine abgeben. Die Verletzung der Wahlpflicht ist auf die Wirksamkeit der Wahl ohne Einfluss.[26] 18

VI. Amtszeit

Die Amtszeit der Präsidiumsmitglieder beträgt grundsätzlich vier Jahre (Abs. 4 S. 1). Maßgebend ist nicht das Kalenderjahr, sondern das Geschäftsjahr (s. § 1 Abs. 2 S. 2, § 3 WahlO), das aber regelmäßig mit dem Kalenderjahr übereinstimmt. Zum Fristbeginn bei Errichtung eines neuen Gerichts vgl. § 21j Abs. 4 S. 2 sieht einen zweijährigen Wahlturnus vor, bei dem jeweils die Hälfte der Richter neu gewählt wird. Um die Überschneidung der vierjährigen Amtszeit zu erreichen, musste die Hälfte der zum ersten Präsidium gewählten Richter durch Los ausscheiden (Abs. 4 S. 3 mit § 2 Abs. 3 und 4 WahlO). Ein vorzeitiges Ausscheiden durch Los erfolgt auch bei Änderungen in der Größe des Präsidiums (§ 21d Abs. 2 und 3). Wiederwahl ist zulässig (§ 2 Abs. 2 WahlO). Die Amtszeit des nach § 21c Abs. 2 Nächstberufenen wird durch die restliche Amtszeit des Ausgeschiedenen bestimmt. Eine vorzeitige Beendigung der Amtszeit ergibt sich im Falle des Ausscheidens gemäß § 21c Abs. 2. Ist bei Beendigung der Amtszeit eine Neuwahl oder Nachwahl nicht erfolgt, so hat das amtierende Präsidium die Geschäfte fortzuführen.[27] 19

VII. Wahlanfechtung

Um die Ordnungsmäßigkeit der Wahl und die rechtmäßige Zusammensetzung des Präsidiums sicherzustellen, sieht Abs. 6 die Möglichkeit der Wahlanfechtung vor. Eine Teilanfechtung ist möglich.[28] 20

---

[21] S. auch *Vallendar* DRiZ 1973, 21.
[22] VGH Kassel NJW 1987, 1219.
[23] BVerwG DVBl. 1975, 728; s. auch BVerfG NJW 1976, 889; *Scholz* DRiZ 1972, 302.
[24] S. auch oben vor § 21a Rn. 1.
[25] BVerwG DVBl. 1975, 772 = DRiZ 1975, 375; *Schulz* DRiZ 1972, 302; *Kissel/Mayer* Rn. 16; krit. *Schickedanz* DRiZ 1996, 328.
[26] *Kissel/Mayer* Rn. 16.
[27] VGH Kassel AS 30, 15.
[28] OVG Münster NJW 1988, 723.

GVG § 21b 21–25   2. Titel. Allgemeine Vorschriften über das Präsidium

21   **1. Anfechtungsberechtigte.** Anfechtungsberechtigt ist jeder nach Abs. 1 S. 1 wahlberechtigte Richter (s. Rn. 2 bis 5). Da Abs. 6 S. 1 nur auf Abs. 1 S. 1, nicht aber auf Abs. 1 S. 3 verweist, sind auch die dort genannten Richter (s. Rn. 6) anfechtungsberechtigt, obwohl sie nicht wahlberechtigt sind.[29] Maßgebend für die Anfechtungsberechtigung ist das Wahlrecht zurzeit des Wahltags.[30] **Anfechtungsgegner** ist das Präsidium,[31] gegebenenfalls auch der Wahlvorstand.[32]

22   **2. Anfechtungsfrist.** Die Einhaltung einer Anfechtungsfrist ist nicht vorgesehen. Da Entscheidungen des auf fehlerhafter Wahl beruhenden Präsidiums wirksam bleiben (Abs. 6 S. 3), wird die Rechtssicherheit nicht entscheidend beeinträchtigt.

23   **3. Gesetzesverletzung.** Die erfolgreiche Wahlanfechtung setzt eine Gesetzesverletzung voraus. Für die Zulässigkeit der Wahlanfechtung genügt, dass die Möglichkeit einer Gesetzesverletzung dargetan wird. Es genügt ein objektiver Gesetzesverstoß. Die Verletzung eigener Rechte des Anfechtenden ist nicht erforderlich.[33] Gesetz ist im materiellen Sinn zu verstehen und meint jede Rechtsnorm, die die Wahl betrifft. Dazu gehört auch die Wahlordnung.[34] Die Wahlanfechtung ist jedoch nur begründet, wenn die erwiesene Gesetzesverletzung das Wahlergebnis beeinflusst haben kann.[35] Eine Gesetzesverletzung liegt auch vor, wenn eine nach dem Gesetz erforderliche Wahl nicht durchgeführt wird.[36] Ebenso liegt eine Wahlanfechtung nach Abs. 6 vor, wenn die Feststellung des nach § 21c Abs. 2 Nächstberufenen angegriffen wird.[37]

24   **4. Zuständigkeit.** Zuständig zur Entscheidung über die Wahlanfechtung ist ein Senat des OLG, soweit es die Wahl eines zum OLG-Bezirk gehörenden Amts- oder Landgerichts oder des betreffenden OLG selbst betrifft. Über die Wahlanfechtung beim BGH entscheidet ein Senat des BGH (Abs. 6 S. 2), der im Geschäftsverteilungsplan zu bestimmen ist. Obwohl Abs. 6 S. 4 auf die Anwendung des FGG verweist, ist eine Anfechtung des Beschlusses des OLG an den BGH gemäß § 19 Abs. 1 FGG nicht möglich, da Abs. 6 S. 2 die Zuständigkeit selbständig regelt und insoweit nicht auf das FGG verweist.[38] Gleiches gilt für die anderen Gerichtsbarkeiten.[39] Anwendbar ist dagegen § 28 Abs. 2 FGG. Ein OLG ist deshalb bei Divergenzen mit einem anderen OLG oder bei Abweichung von einer Entscheidung des BGH vorlagepflichtig.[40]

25   **5. Verfahren.** Für das Verfahren gelten gemäß Abs. 6 S. 4 die Vorschriften des FGG. Da das FGG kein einheitliches Verfahren kennt,[41] ist der Verweis ungenau. Entsprechend dem Zweck und Gegenstand des Wahlanfechtungsverfahrens ist davon auszugehen, dass das Verfahren bei Antragssachen in Angelegenheiten der Rechtsfürsorge anwendbar ist, dagegen weder das Amtsverfahren noch das Streitverfahren zum Tragen kommen soll. In jedem Fall gilt der Untersuchungsgrundsatz (§ 12 FGG) und es besteht die Möglichkeit des Freibeweises.[42] Es besteht kein Anwaltszwang (s. auch § 13 FGG). Am Verfahren beteiligt ist auch das aus der Wahl hervorgegangene Präsidium[43] sowie der Wahlvorstand, sofern die Aufhebung einer seiner Beschlüsse beantragt wird.[44] Da die Entscheidung nicht einzelne Beteiligte betrifft, sondern die gesamte Richterschaft eines Gerichts, ist die Anwendung von § 16 FGG nicht sachgerecht. Vielmehr ist die Entscheidung durch Verkündung oder sonst in geeigneter Weise öffentlich bekannt zu machen und wird damit wirksam. Nicht anwendbar ist § 18 FGG, da die Entscheidung im Interesse der Rechtssicherheit in Rechtskraft erwachsen muss. Anwendbar ist aber § 28 FGG einschließlich des Vorlageverfahrens nach Abs. 2 und 3.[45]

---

[29] *Kissel/Mayer* Rn. 18; *Löwe/Rosenberg/Breidling* Rn. 16; *Zöller/Gummer* Rn. 20; aA *Meyer/Goßner* Rn. 5.
[30] AA *Kissel/Mayer* Rn. 18, nur Zeit der Anfechtung; vgl. OVG Münster NJW 1988, 723; *Schorn/Stanicki* S. 62: nur Zeit der Wahl.
[31] BVerwGE 44, 172.
[32] Vgl. BGH NJW 1991, 1183.
[33] BVerwG DVBl. 1975, 727 = DRiZ 1975, 375.
[34] VGH Kassel AS 30, 15; LSG Celle NdsRpfl. 1979, 129; OVG Münster NW 1988, 723; *Kissel/Mayer* Rn. 19.
[35] LSG Celle NdsRpfl. 1979, 129; *Kissel/Mayer* Rn. 19; *Zöller/Gummer* Rn. 21.
[36] VGH Kassel AS 30, 15; OLG Koblenz DRiZ 1996, 329.
[37] BGH NJW 1991, 1183.
[38] BGH NJW 1983, 2945; *Zöller/Gummer* Rn. 22; aA OLG Celle NdsRpfl. 1975, 138.
[39] *Baumbach/Lauterbach/Albers*, 64. Aufl., Rn. 8; aA VGH Kassel AS 30, 20.
[40] BGH NJW 1983, 2945, 2946.
[41] S. etwa *Habscheid* FG §§ 6 bis 8.
[42] *Habscheid* § 21 II 1.
[43] BGH NJW 1991, 1183; BVerwGE 44, 172 = DöV 1974, 96.
[44] BGH NJW 1991, 1183.
[45] BGH NJW 1991, 1183.

6. Begründetheit der Wahlanfechtung. Die Wahlanfechtung ist begründet, wenn der Geset- 26
zesverstoß erwiesen ist und die Möglichkeit besteht, dass er das Wahlergebnis beeinflusst hat.[46] Die
Wahlanfechtung hat zur Folge, dass die Wahl für ungültig erklärt und der gewählte Teil des Präsidiums nicht mehr tätig werden kann.[47] Lässt sich die Kausalität des Fehlers mit Sicherheit auf einzelne
Bereiche begrenzen, so ist die Ungültigkeit entsprechend einzugrenzen. Ist zB das Mitglied einer
Gruppe nicht wählbar, so betrifft die Ungültigkeit der Wahl nur diese Gruppe, nicht aber nur den
nicht Wählbaren.[48] Bis zur Neuwahl wird das von der Anfechtung nicht betroffene Restpräsidium
oder, wo dies nicht möglich ist, wird der Gerichtspräsident gemäß § 21i Abs. 2 als Notpräsidium
tätig.[49]

Die begründete Wahlanfechtung führt gemäß Abs. 6 S. 3 im Interesse der Rechtssicherheit nicht 27
dazu, dass eine **gerichtliche Entscheidung** wegen der fehlerhaften Zusammensetzung des Präsidiums mit Rechtsmitteln aufgehoben werden kann.[50] Obwohl Abs. 6 S. 3 unmittelbar nur die mit
Rechtsmitteln anfechtbaren gerichtlichen Entscheidungen betrifft, wird daraus entnommen, dass
auch die **Wirksamkeit der Anordnungen des Präsidiums** selbst von einer erfolgreichen Anfechtung nicht berührt wird. Die Anordnungen bleiben in Kraft, bis sie durch das neu gewählte
Präsidium, das geschäftsführende Präsidium oder durch den Präsidenten gemäß § 21i Abs. 2 aufgehoben oder abgeändert werden. Auch Anordnungen des aufgelösten, aber noch geschäftsführend
tätigen Präsidiums sind wirksam und zu beachten, es sei denn, es liege wegen schweren Verstoßes
ein Nichtigkeitsgrund vor.

Wahlordnung für die Präsidien der Gerichte

vom 19. 9. 1972 (BGBl. I S. 1821), zuletzt geändert durch Art. 209 Abs. 2
Gesetz von 19. 4. 2006 (BGBl. I S. 866)

§ 1. Wahlvorstand. *(1) ¹ Der Wahlvorstand sorgt für die ordnungsmäßige Durchführung der Wahl der Mitglieder des Präsidiums. ² Er faßt seine Beschlüsse mit Stimmenmehrheit.*

*(2) ¹ Der Wahlvorstand besteht aus mindestens drei wahlberechtigten Mitgliedern des Gerichts. ² Das amtie-
rende Präsidium bestellt die erforderliche Zahl von Mitgliedern des Wahlvorstandes spätestens zwei Monate vor
Ablauf des Geschäftsjahres, in dem eine Wahl stattfindet. ³ Es bestellt zugleich eine angemessene Zahl von Er-
satzmitgliedern und legt fest, in welcher Reihenfolge sie bei Verhinderung oder Ausscheiden von Mitgliedern des
Wahlvorstandes nachrücken.*

*(3) Das amtierende Präsidium gibt die Namen der Mitglieder und der Ersatzmitglieder des Wahlvorstandes
unverzüglich durch Aushang bekannt.*

§ 2. Wahlverzeichnisse. *(1) ¹ Der Wahlvorstand erstellt ein Verzeichnis der wahlberechtigten und ein Verzeichnis der wählbaren Mitglieder des Gerichts. ² Die Verzeichnisse sind bis zum Wahltag auf dem laufenden
zu halten.*

*(2) In das Verzeichnis der wählbaren Mitglieder des Gerichts sind auch die jeweils wegen Ablaufs ihrer
Amtszeit oder durch Los ausscheidenden Mitglieder des Präsidiums aufzunehmen, sofern sie noch die Voraussetzungen des § 21b Abs. 1 des Gerichtsverfassungsgesetzes erfüllen.*

*(3) In den Fällen des § 21b Abs. 4 Satz 3 und des § 21d Abs. 2 und 3 des Gerichtsverfassungsgesetzes
nimmt der Wahlvorstand zuvor die Auslosung der ausscheidenden Mitglieder des Präsidiums vor.*

*(4) ¹ Die Auslosung ist für die Richter öffentlich. ² Zeitpunkt und Ort der Auslosung gibt der Wahlvorstand
unverzüglich nach seiner Bestellung durch Aushang bekannt.*

*(5) ¹ Über die Auslosung fertigt der Wahlvorstand eine Niederschrift, die von sämtlichen Mitgliedern des
Wahlvorstandes zu unterzeichnen ist. ² Sie muß das Ergebnis der Auslosung enthalten. ³ Besondere Vorkommnisse bei der Auslosung sind in der Niederschrift zu vermerken.*

§ 3. Wahltag, Wahlzeit, Wahlraum. *¹ Die Wahl soll mindestens zwei Wochen vor Ablauf des Geschäftsjahres stattfinden. ² Der Wahlvorstand bestimmt einen Arbeitstag als Wahltag, die Wahlzeit und den*

---

[46] LSG Celle NdsRpfl. 1979, 129; *Kissel/Mayer* Rn. 19; *Zöller/Gummer* Rn. 21.
[47] *Kissel/Mayer* Rn. 21.
[48] *Katholnigg,* Strafgerichtsverfassungsrecht, § 21b GVG Rn. 7; aA *Müller/Sax/Paulus* § 21b Rn. 17; *Schorn/
Stanicki,* S. 65.
[49] Allein für Anwendung von § 21i Abs. 2 *Kissel/Mayer* Rn. 21.
[50] S. auch BGH NJW 1976, 432; aA bei Nichtwahl VGH Kassel ES 30, 15, *Schorn/Stanicki,* S. 66.

Wahlraum. ³ Bei entsprechendem Bedürfnis kann bestimmt werden, daß an zwei aufeinander folgenden Arbeitstagen und in mehreren Wahlräumen gewählt wird. ⁴ Die Wahlzeit muß sich über mindestens zwei Stunden erstrecken.

§ 4. Wahlbekanntmachungen. *(1)* ¹ *Der Wahlvorstand gibt spätestens einen Monat vor dem Wahltag durch Aushang bekannt:*
1. *das Verzeichnis der wahlberechtigten und das Verzeichnis der wählbaren Mitglieder des Gerichts,*
2. *das Ergebnis der Auslosung nach § 21 b Abs. 4 Satz 3 und § 21 d Abs. 2 und 3 des Gerichtsverfassungsgesetzes,*
3. *den Wahltag, die Wahlzeit und den Wahlraum,*
4. *die Anzahl der zu wählenden Richter,*
5. *die Voraussetzungen, unter denen eine Briefwahl stattfinden kann,*
6. *den Hinweis auf das Einspruchsrecht nach Absatz 3.*

² *Bestehen Zweigstellen oder auswärtige Spruchkörper, so sind die Wahlbekanntmachungen auch dort auszuhängen.*

(2) Auf den Wahlbekanntmachungen ist der erste Tag des Aushangs zu vermerken.

(3) ¹ *Jedes wahlberechtigte Mitglied des Gerichts kann gegen die Richtigkeit der Wahlverzeichnisse binnen einer Woche seit ihrer Bekanntmachung oder der Bekanntmachung einer Änderung schriftlich bei dem Wahlvorstand Einspruch einlegen.* ² *Der Wahlvorstand hat über den Einspruch unverzüglich zu entscheiden und bei begründetem Einspruch die Wahlverzeichnisse zu berichtigen.* ³ *Die Entscheidung des Wahlvorstandes ist dem Mitglied des Gerichts, das den Einspruch eingelegt hat, schriftlich mitzuteilen.* ⁴ *Sie muß ihm spätestens am Tage vor der Wahl zugehen.*

§ 5. Wahlhandlung. *(1) Das Wahlrecht wird durch Abgabe eines Stimmzettels in einem Wahlumschlag ausgeübt.*

(2) ¹ *Auf dem Stimmzettel sind die Anzahl der zu wählenden Richter sowie die Namen der wählbaren Richter in alphabetischer Reihenfolge untereinander aufzuführen.* ² *Nicht aufzuführen sind die Namen der Richter, die dem Präsidium angehören und deren Amtszeit noch nicht abläuft.*

(3) Der Wähler gibt seine Stimme ab, indem er auf dem Stimmzettel einen oder mehrere Namen von Richtern ankreuzt und den Stimmzettel im verschlossenen Wahlumschlag in die Wahlurne legt.

§ 6. Ordnung im Wahlraum. *(1) Die Richter können während der gesamten Wahlzeit im Wahlraum anwesend sein.*

(2) ¹ *Der Wahlvorstand trifft Vorkehrungen, daß der Wähler den Stimmzettel im Wahlraum unbeobachtet kennzeichnet und in den Wahlumschlag legt.* ² *Für die Aufnahme der Umschläge ist eine Wahlurne zu verwenden.* ³ *Vor Beginn der Stimmabgabe hat der Wahlvorstand festzustellen, daß die Wahlurne leer ist, und sie zu verschließen.* ⁴ *Sie muß so eingerichtet sein, daß die eingelegten Umschläge nicht entnommen werden können, ohne daß die Urne geöffnet wird.*

(3) Solange der Wahlraum zur Stimmabgabe geöffnet ist, müssen mindestens zwei Mitglieder des Wahlvorstandes im Wahlraum anwesend sein.

(4) ¹ *Stimmzettel und Wahlumschlag werden dem Wähler von dem Wahlvorstand im Wahlraum ausgehändigt.* ² *Vor dem Einlegen des Wahlumschlages in die Wahlurne stellt ein Mitglied des Wahlvorstandes fest, ob der Wähler im Wählerverzeichnis eingetragen ist.* ³ *Die Teilnahme an der Wahl ist im Wählerverzeichnis zu vermerken.*

(5) ¹ *Wird die Wahlhandlung unterbrochen oder wird das Wahlergebnis nicht unmittelbar nach Abschluss der Stimmabgabe festgestellt, so hat der Wahlvorstand für die Zwischenzeit die Wahlurne so zu verschließen und aufzubewahren, daß das Einlegen oder die Entnahme von Stimmzetteln ohne Beschädigung des Verschlusses unmöglich ist.* ² *Bei Wiedereröffnung der Wahl oder bei Entnahme der Stimmzettel zur Stimmzählung hat sich der Wahlvorstand davon zu überzeugen, daß der Verschluß unversehrt ist.*

(6) ¹ *Nach Ablauf der Wahlzeit dürfen nur noch diejenigen Wahlberechtigten abstimmen, die sich in diesem Zeitpunkt im Wahlraum befinden.* ² *Sodann erklärt der Wahlvorstand die Wahlhandlung für beendet.*

§ 7. Briefwahl. *(1)* ¹ *Den wahlberechtigten Mitgliedern des Gerichts, die*
1. *einem auswärtigen Spruchkörper oder einer Zweigstelle des Gerichts angehören oder für nicht mehr als drei Monate an ein anderes Gericht abgeordnet sind,*
2. *aus sonstigen Gründen an einer Stimmabgabe nach § 5 Abs. 3 verhindert sind und dies dem Wahlvorstand rechtzeitig anzeigen,*

leitet der Wahlvorstand einen Stimmzettel und einen Wahlumschlag sowie einen größeren Freiumschlag zu, der die Anschrift des Wahlvorstandes und als Absender die Anschrift des wahlberechtigten Mitglieds des Gerichts sowie den Vermerk „Schriftliche Stimmabgabe zur Wahl des Präsidiums" trägt. ² *Er übersendet außerdem eine vorgedruckte, vom Wähler abzugebende Erklärung, in der dieser dem Wahlvorstand gegenüber versichert, daß er den Stimmzettel persönlich gekennzeichnet hat.* ³ *Die Absendung ist in der Wählerliste zu vermerken.*

(2) In einem besonderen Schreiben ist zugleich anzugeben, bis zu welchem Zeitpunkt spätestens der Stimmzettel bei dem Wahlvorstand eingegangen sein muß.

(3) ¹ Der Wähler gibt seine Stimme ab, indem er auf dem Stimmzettel einen oder mehrere Namen von Richtern ankreuzt und den Stimmzettel im verschlossenen Wahlumschlag unter Verwendung des Freiumschlages und Beifügung der von ihm unterzeichneten vorgedruckten Erklärung dem Wahlvorstand übermittelt. ² *Die Stimmabgabe kann vor dem Wahltag erfolgen.*

(4) ¹ Während der Wahlzeit vermerkt ein Mitglied des Wahlvorstandes die Absender der bei dem Wahlvorstand eingegangenen Briefe im Wählerverzeichnis, entnimmt den Briefen die Wahlumschläge und legt diese ungeöffnet in die Wahlurne. ² *Die vorgedruckten Erklärungen sind zu den Wahlunterlagen zu nehmen.* ³ *Briefe, die ohne die vorgedruckte Erklärung bei dem Wahlvorstand eingehen, sind mit dem darin enthaltenen Wahlumschlag sowie mit einem entsprechenden Vermerk des Wahlvorstandes zu den Wahlunterlagen zu nehmen.* ⁴ *Nach Ablauf der Wahlzeit eingehende Briefe sind unter Vermerk des Eingangszeitpunktes ungeöffnet zu den Wahlunterlagen zu nehmen.*

§ 8. Feststellung des Wahlergebnisses. *(1) ¹ Unverzüglich nach Ablauf der Wahlzeit stellt der Wahlvorstand das Wahlergebnis fest.* ² *Die Richter können bei der Feststellung des Wahlergebnisses anwesend sein.*

(2) ¹ Der Wahlvorstand öffnet die Wahlurne und entnimmt den darin befindlichen Wahlumschlägen die Stimmzettel. ² *Er prüft deren Gültigkeit und zählt sodann die auf jedes wählbare Mitglied des Gerichts entfallenden gültigen Stimmen zusammen.*

(3) Ungültig sind Stimmzettel,
1. *die nicht in einem Wahlumschlag abgegeben sind,*
2. *die nicht von dem Wahlvorstand ausgegeben sind,*
3. *aus denen sich der Wille des Wählers nicht zweifelsfrei ergibt,*
4. *die einen Zusatz oder Vorbehalt enthalten.*

(4) Bei Stimmengleichheit zwischen zwei oder mehreren wählbaren Mitgliedern des Gerichts stellt der Wahlvorstand durch Auslosung fest, wer als gewählt gilt und wer in den Fällen des § 21c Abs. 2 des Gerichtsverfassungsgesetzes als Nächstberufener nachrückt.

§ 9. Wahlniederschrift. *(1) ¹ Über das Wahlergebnis fertigt der Wahlvorstand eine Niederschrift, die von sämtlichen Mitgliedern des Wahlvorstandes zu unterzeichnen ist.* ² *Die Niederschrift muß enthalten:*
1. *die Zahl der abgegebenen Stimmzettel,*
2. *die Zahl der gültigen Stimmzettel,*
3. *die Zahl der ungültigen Stimmzettel,*
4. *die für die Gültigkeit oder Ungültigkeit zweifelhafter Stimmzettel maßgebenden Gründe,*
5. *die Angabe, wie viele Stimmen auf jeden der wählbaren Richter entfallen sind,*
6. *die Namen der gewählten Richter,*
7. *das Ergebnis einer etwaigen Auslosung nach § 8 Abs. 4.*

(2) Besondere Vorkommnisse bei der Wahlhandlung oder der Feststellung des Wahlergebnisses sind in der Niederschrift zu vermerken.

§ 10. Benachrichtigung der gewählten Richter. *Der Wahlvorstand benachrichtigt unverzüglich die in das Präsidium gewählten Mitglieder des Gerichts schriftlich von ihrer Wahl.*

§ 11. Bekanntgabe des Wahlergebnisses. *Der Wahlvorstand gibt das Wahlergebnis unverzüglich durch Aushang bekannt.*

§ 12. Berichtigung des Wahlergebnisses. ¹ *Offenbare Unrichtigkeiten des bekanntgemachten Wahlergebnisses, insbesondere Schreib- und Rechenfehler, kann der Wahlvorstand von Amts wegen oder auf Antrag berichtigen.* ² *Die Berichtigung ist gleichfalls durch Aushang bekannt zu machen.*

§ 13. Aufbewahrung der Wahlunterlagen. *Die Wahlunterlagen (Aushänge, Niederschriften, Stimmzettel, verspätet oder ohne vorgedruckte Erklärung eingegangene Wahlbriefe usw.) werden von dem Präsidium mindestens vier Jahre aufbewahrt; die Frist beginnt mit dem auf die Wahl folgenden Geschäftsjahr.*

§ 14. Nachwahl. *Ist in den Fällen des § 21c Abs. 2 des Gerichtsverfassungsgesetzes eine Nachwahl durchzuführen, weil kein Nächstberufener vorhanden ist, so gelten für die Durchführung der Nachwahl die Vorschriften dieser Verordnung entsprechend.*

§ 15. Übergangsvorschrift. *Besteht bei einem Gericht bei Inkrafttreten dieser Verordnung kein Präsidium, so nimmt bei der erstmaligen Bestellung des Wahlvorstandes der aufsichtführende Richter die Aufgaben nach § 1 Abs. 2 Satz 2 und 3 und Abs. 3 wahr.*

§ 16. Berlin-Klausel *(aufgehoben)*

§ 17. Inkrafttreten. *Diese Verordnung tritt am 1. Oktober 1972 in Kraft.*

§ 21c [Vertretung der Mitglieder des Präsidiums]

(1) ¹Bei einer Verhinderung des Präsidenten oder aufsichtführenden Richters tritt sein Vertreter (§ 21h) an seine Stelle. ²Ist der Präsident oder aufsichtführende Richter anwesend, so kann sein Vertreter, wenn er nicht selbst gewählt ist, an den Sitzungen des Präsidiums mit beratender Stimme teilnehmen. ³Die gewählten Mitglieder des Präsidiums werden nicht vertreten.

(2) Scheidet ein gewähltes Mitglied des Präsidiums aus dem Gericht aus, wird es für mehr als drei Monate an ein anderes Gericht abgeordnet oder für mehr als drei Monate beurlaubt, wird es an eine Verwaltungsbehörde abgeordnet oder wird es kraft Gesetzes Mitglied des Präsidiums, so tritt an seine Stelle der durch die letzte Wahl Nächstberufene.

I. Normzweck

1 § 21c regelt die Vertretung im Falle der zeitweiligen Verhinderung eines Präsidiumsmitglieds (Abs. 1) und das Eintreten eines neuen Mitglieds bei endgültigem Ausscheiden eines alten (Abs. 2). Daneben wird dem Stellvertreter des Präsidenten oder aufsichtführenden Richters ein Beratungsrecht eingeräumt, wenn er nicht selbst gewähltes Mitglied ist (Abs. 1 S. 2). Im Übrigen findet eine Vertretung nicht statt. Im Falle des endgültigen Ausscheidens eines Mitglieds muss jedoch im Interesse der Sicherung einer angemessenen Repräsentation für die Restdauer der Amtsperiode ein Nachfolger einrücken, der als Dauermitglied wiederum die Kontinuität der Arbeit im Präsidium gewährleisten kann. Zur erstmaligen Anwendung s. vor § 21a Rn. 2.

II. Verhinderung und Vertretung

2 **1. Verhinderung.** Eine Verhinderung liegt wie bei sonstigen Dienstgeschäften und Dienstobliegenheiten des Richters vor, wenn er aus dienstrechtlich anerkannten Gründen seine Aufgaben nicht wahrnehmen kann. Als Verhinderungsgründe kommen insbesondere Krankheit, Urlaub, Dienstreise in Betracht. Andere Dienstgeschäfte sind nur ausnahmsweise als vorrangig anzuerkennen.[1] Eine Verhinderung des Vizepräsidenten ist auch gegeben, wenn der gewählte Vizepräsident den Präsidenten vertritt (s. Rn. 4).

3 Die **Feststellung des Verhinderungsfalles** obliegt dem Vorsitzenden des Präsidiums.[2] Die Verhinderung und der Verhinderungsgrund sollten im Sitzungsprotokoll festgehalten werden. Die Versäumung einer Präsidiumssitzung ohne ausreichenden Grund stellt die Verletzung einer Dienstobliegenheit dar, die Maßnahmen der Dienstaufsicht gemäß § 26 DRiG nach sich ziehen kann.

4 **2. Vertretung.** Eine Vertretung findet gemäß Abs. 1 S. 1 **nur für den Vorsitzenden,** dh. den Gerichtspräsidenten oder aufsichtführenden Richter, statt. Eine Vertretung tritt auch beim Vorsitzenden gemäß § 22a ein. Die Person des Vertreters bestimmt sich nach § 21h. Ist der Vertreter bereits gewähltes Mitglied, so kann er seine daraus sich ergebenden Rechte nicht daneben wahrnehmen, insbesondere steht ihm nicht ein zweites Stimmrecht zu. Insofern liegt ein Fall der Verhinderung des gewählten Mitglieds vor (Rn. 2), für keine Vertretung Platz greift (Rn. 5).[3]

5 **Bei gewählten Präsidiumsmitgliedern** ist **keine Vertretung** vorgesehen (Abs. 1 S. 3). Das Präsidium entscheidet danach mit der verbleibenden Minderzahl, solange die Beschlussfähigkeit

---

[1] S. *Kissel/Mayer* Rn. 1.
[2] *Kissel/Mayer* Rn. 1.
[3] S. *Kissel/Mayer* Rn. 1.

Vertretung der Mitglieder des Präsidiums 6–12 § 21c GVG

gemäß § 21 i Abs. 1 gewährt ist. Anderenfalls trifft die notwendigen Anordnungen gemäß § 21 i Abs. 2 der Präsident bzw. der aufsichtführende Richter.

III. Teilnahme- und Beratungsrecht des Vertreters

Der ständige Vertreter des Präsidenten oder aufsichtführenden Richters hat gemäß Abs. 1 S. 2, wenn er nicht gewählt ist und kein Vertretungsfall besteht, das Recht (aber nicht die Pflicht), an den Sitzungen des Präsidiums mit beratender Stimme teilzunehmen; er ist deshalb zu den Sitzungen zu laden. Der Vertreter kann in der Wahrnehmung seines Teilnahme- und Beratungsrechts nicht seinerseits vertreten werden.[4]

IV. Ausscheiden und Nachrücken von Mitgliedern

1. **Ausscheiden.** Das Ausscheiden aus dem Präsidium ist nur in den von § 21 c Abs. 2 abschließend aufgezählten Fällen zugelassen. Es ist möglich (1) bei einem Ausscheiden aus dem Gericht. Dazu gehören etwa die Fälle der Pensionierung oder des Todes, vgl. ferner §§ 19 ff. DRiG. Ein Ausscheiden tritt ferner ein, wenn ein gewähltes Mitglied des Präsidiums (2) für mehr als drei Monate an ein anderes Gericht abgeordnet oder (3) für mehr als drei Monate beurlaubt wird (s. § 21 b Rn. 5) oder wenn es (4) ohne Rücksicht auf die Zeitdauer an eine Verwaltungsbehörde abgeordnet wird oder wenn es (5) kraft Gesetzes Präsidiumsmitglied, dh. Präsident oder aufsichtführender Richter wird.[5] Andere Gründe für ein Ausscheiden aus dem Präsidium, insbesondere lang dauernde Krankheit oder Behinderung, reichen nicht,[6] falls nicht die Voraussetzungen der §§ 32, 34 DRiG vorliegen. Auch eine Niederlegung des Amtes oder eine Abwahl ist nicht zugelassen.

Abs. 2 gilt nur für **gewählte Mitglieder.** Bei Ausscheiden des Präsidenten etc. (§ 21 a Rn. 5) tritt der Nachfolger im Amt in das Präsidium ein. Die Stelle bleibt nicht unbesetzt.

Das Ausscheiden aus dem Präsidium ist **endgültig.** Auch wenn die Gründe (Rn. 7) während der Amtsperiode des Präsidiums wieder entfallen, tritt der Ausgeschiedene nicht wieder von selbst in das Präsidium ein.[7] Dies gilt auch, wenn eine Abordnung an ein Gericht oder eine Beurlaubung von mehr als drei Monaten nachträglich in eine kürzere Zeitdauer abgeändert wird, da dies nicht als Grund für das Ausscheiden eines nachgerückten Mitglieds anerkannt ist.

2. **Nachrücken.** An Stelle des Ausscheidenden ist ein Nachrücken des durch die letzte Wahl Nächstberufenen vorgesehen. Maßgebend ist die letzte Wahl, auch wenn sie nur Teilwahl ist.[8] Müssen für mehrere Ausgeschiedene aus verschiedenen Wahlperioden Nachrücker bestimmt werden, so entscheidet das Los, welcher Nachrücker für welchen Ausgeschiedenen eintritt.[9] Ist der Nächstberufene seinerseits ausgeschieden oder gehört er nicht mehr der Gruppe des Ausgeschiedenen an, so ist Nachrücker der Nächstfolgende. Haben die Nachfolgenden gleiche Stimmenzahl, so entscheidet das Los gemäß § 8 Abs. 4 WahlO. Nachrücken kann nur, wer im Zeitpunkt des Nachrückens noch wählbar ist.[10] Ist kein Nächstberufener als Nachrücker vorhanden, weil die Liste erschöpft ist, so findet gemäß § 14 WahlO eine Nachwahl statt.[11]

Der Nachrücker tritt in vollem Umfang **in die Mitgliedsstellung des Ausgeschiedenen** ein.[12] Dies gilt vor allem im Hinblick auf die Amtszeit, die deshalb regelmäßig kürzer als 4 Jahre ist, falls der Nachrücker nicht wieder gewählt wird. Der Nachrücker bleibt Präsidiumsmitglied, auch wenn der Grund des Ausscheidens beim Ausgeschiedenen nachträglich wegfällt.[13]

3. **Verfahren.** Für das Verfahren zur Feststellung des Nächstberufenen ist das Präsidium als Ausfluss seiner Selbstverwaltung zuständig,[14] nicht der Wahlvorstand. Dieser hat zwar nach § 8 WahlO die Reihenfolge der Nächstberufenen festzustellen. Damit ist aber seine Aufgabe beendet.[15] Die Bestimmung, ob ein Nachrücken stattfindet und wer der im konkreten Fall Nächstberufene ist, obliegt

---

[4] *Zöller/Gummer* Rn. 3.
[5] S. § 21 a Rn. 5.
[6] *Kissel/Mayer* Rn. 5.
[7] *Driekans* DRiZ 1975, 42, 43; *Kissel/Mayer* Rn. 6; aA *Rehbein* DRiZ 1974, 257.
[8] BGH NJW 1991, 1183, 1184.
[9] BGH NJW 1991, 1183, 1185.
[10] BGH NJW 1991, 1183; *Kissel/Mayer* Rn. 9; s. zur Wählbarkeit § 21 b Rn. 9.
[11] VGH Kassel AS 30, 15.
[12] BGH NJW 1991, 1183, 1185.
[13] S. Rn. 9.
[14] BGH NJW 1991, 1183, 1184; *Kissel/Mayer* Rn. 9 aA Wahlvorstand: OLG Zweibrücken DRiZ 1977, 311; *Driekans* DRiZ 1975, 43.
[15] BGH NJW 1991, 1183, 1184.

dagegen dem Präsidium. Nicht zuständig ist das für die Wahlanfechtung zuständige Gericht,[16] da eine Feststellung auch ohne ein gerichtliches Streitverfahren möglich sein muss. Die Feststellung ist an Hand der Wahlniederschrift und der daraus gemäß § 9 Abs. 1 Nr. 5 WahlO ersichtlichen Stimmenzahl zu treffen. Der Beschluss des Präsidiums über die Feststellung des Nachrückers kann ebenso wie ein Beschluss des unzuständigen Wahlvorstands gemäß § 21b Abs. 6 beim zuständigen Senat des OLG bzw. des BGH angefochten werden.[17]

§ 21d [Größe des Präsidiums]

(1) **Für die Größe des Präsidiums ist die Zahl der Richterplanstellen am Ablauf des Tages maßgebend, der dem Tage, an dem das Geschäftsjahr beginnt, um sechs Monate vorhergeht.**

(2) [1]**Ist die Zahl der Richterplanstellen bei einem Gericht mit einem Präsidium nach § 21a Abs. 2 Nr. 1 bis 3 unter die jeweils genannte Mindestzahl gefallen, so ist bei der nächsten Wahl, die nach § 21b Abs. 4 stattfindet, die folgende Zahl von Richtern zu wählen:**
1. **bei einem Gericht mit einem Präsidium nach § 21a Abs. 2 Nr. 1 vier Richter,**
2. **bei einem Gericht mit einem Präsidium nach § 21a Abs. 2 Nr. 2 drei Richter,**
3. **bei einem Gericht mit einem Präsidium nach § 21a Abs. 2 Nr. 3 zwei Richter.**

[2]Neben den nach § 21b Abs. 4 ausscheidenden Mitgliedern scheidet jeweils ein weiteres Mitglied, das durch das Los bestimmt wird, aus.

(3) [1]**Ist die Zahl der Richterplanstellen bei einem Gericht mit einem Präsidium nach § 21a Abs. 2 Nr. 2 bis 4 über die für die bisherige Größe des Präsidiums maßgebende Höchstzahl gestiegen, so ist bei der nächsten Wahl, die nach § 21b Abs. 4 stattfindet, die folgende Zahl von Richtern zu wählen:**
1. **bei einem Gericht mit einem Präsidium nach § 21a Abs. 2 Nr. 2 sechs Richter,**
2. **bei einem Gericht mit einem Präsidium nach § 21a Abs. 2 Nr. 3 fünf Richter,**
3. **bei einem Gericht mit einem Präsidium nach § 21a Abs. 2 Nr. 4 vier Richter.**

[2]Hiervon scheidet jeweils ein Mitglied, das durch das Los bestimmt wird, nach zwei Jahren aus.

I. Normzweck

1 Die Vorschrift knüpft an § 21a an und ergänzt diesen, indem sie den maßgeblichen Stichtag hinsichtlich der Richterplanstellen bestimmt, die über die zahlenmäßige Größe des Präsidiums entscheiden (Abs. 1). Zugleich enthält sie einige Regelungen über die Veränderung des Präsidiums bei Veränderungen der Richterplanstellen, die die Größe des Präsidiums beeinflussen (Abs. 2 und 3). Abs. 2 und 3 wurden im Zuge der Änderung der Präsidiumsgröße in § 21a Abs. 2 durch Gesetz vom 22. 12. 1999 (BGBl. I S. 2598) entsprechend angepasst.

II. Stichtag für Richterplanstellen

2 Die Größe des Präsidiums richtet sich nach der Zahl der bei einem Gericht vorhandenen Richterplanstellen.[1] Diese Zahl kann wechseln. Abs. 1 sieht deshalb als Stichtag den Ablauf des Tages vor, der dem **Beginn des Geschäftsjahres um 6 Monate vorausgeht.** Spätere Veränderungen sind auf die nächstfolgende Wahl ohne Einfluss und werden erst gemäß Abs. 2 oder 3 bei der übernächsten Wahl berücksichtigt.[2] Der frühe Stichtag vor Beginn des Geschäftsjahres ist sinnvoll, weil die Wahl rechtzeitig vorbereitet werden muss.

3 **Geschäftsjahr** ist grundsätzlich das Kalenderjahr. Art. 36 bay. AGGVG und § 1 ba-wü. AGGVG sehen das Kalenderjahr ausdrücklich als Geschäftsjahr vor. Bei anderen Gerichten wird gewohnheitsmäßig, nicht gewohnheitsrechtlich,[3] an das Kalenderjahr angeknüpft. Das Präsidium kann seine Amtszeit weder verlängern noch verkürzen.[4]

---

[16] So aber OLG Frankfurt DRiZ 1984, 196.
[17] BGH NJW 1991, 1183; zu Einzelheiten der Anfechtung s. § 21b Rn. 19ff.
[1] S. § 21a Rn. 8.
[2] S. auch *Kissel/Mayer* Rn. 4.
[3] AM *Löwe/Rosenberg/Breidling* Rn. 2; *Kissel/Mayer* Rn. 6.
[4] *Kissel/Mayer* Rn. 9; aM *Stanicki* DRiZ 1972, 415.

III. Veränderung der Planstellenzahl

Eine Veränderung der Zahl der Planstellen bei einem Gericht führt nur in den Grenzen von § 21a Abs. 2 Nr. 1 bis 5 zu einer Veränderung in der Größe des Präsidiums. Die Veränderung ist jeweils bei der nächsten (Teil-)Wahl zu berücksichtigen, sofern die Veränderung gemäß Abs. 1 sechs Monate vor Ablauf des Geschäftsjahres eintritt, sonst erst bei der übernächsten (Teil-)Wahl. **4**

1. Verminderung der Richterplanstellen. Sinkt die Zahl der zu wählenden Präsidiumsmitglieder gemäß § 21a Abs. 2 Nr. 1 und 2 von 10 auf 8, so werden bei der nächsten (Teil-)Wahl der nach § 21b Abs. 4 S. 2 vorgesehenen 5 Mitglieder gemäß Abs. 2 S. 1 Nr. 1 nur 4 Mitglieder neu gewählt und von den 5 restlichen Mitgliedern scheidet eines durch Los aus (Abs. 2 S. 2). Bei Verringerung der Mitgliederzahl von 8 auf 6 (§ 21a Abs. 2 Nr. 2 und 3) werden in der folgenden (Teil-)Wahl gemäß Abs. 2 S. 1 Nr. 2 nicht 4, sondern nur 3 Mitglieder neu gewählt, bei Verringerung der Mitgliederzahl von 6 auf 4 (§ 21a Abs. 2 Nr. 3 und 4) sind gemäß Abs. 2 S. 1 Nr. 3 nur 2 neue Mitglieder zu wählen. In beiden Fällen scheidet von den jeweils verbleibenden 4 bzw. 3 Mitgliedern gemäß Abs. 2 S. 2 jeweils ein weiteres durch Los zu bestimmendes Mitglied aus. Die Verminderung der Richterplanstellen unter 8 ist im Gesetz nicht geregelt. Die Amtszeit des gewählten Präsidiums von 4 Mitgliedern (§ 21a Abs. 2 Nr. 4) endet gemäß Abs. 1 mit dem Ablauf des laufenden oder bei Veränderungen innerhalb der 6-Monatsfrist mit Ablauf des folgenden Geschäftsjahres abweichend von § 21b Abs. 4.[5] Eine Wahl ist gemäß § 21a Abs. 2 Nr. 5 nicht erforderlich.[6] **5**

2. Erhöhung der Richterplanstellen. Steigt die Zahl der zu wählenden Präsidiumsmitglieder gemäß § 21a Abs. 2 Nr. 2 und 1 von 8 auf 10, so werden bei der nächsten (Teil-)Wahl statt der nach § 21b Abs. 4 S. 2 ausscheidenden 4 Mitglieder gemäß Abs. 3 S. 1 Nr. 1 insgesamt 6 Mitglieder neu gewählt. Um den Turnus des hälftigen Wechsels gemäß § 21b Abs. 4 S. 2 wieder herzustellen, muss eines der neu gewählten Mitglieder nach zwei Jahren zusammen mit den 4 alten Mitgliedern ausscheiden. Das auszuscheidende Mitglied wird gemäß Abs. 3 S. 2 iVm. § 2 Abs. 3 und 4 WahlO[7] ausgelost. Bei Erhöhung der Mitgliederzahl von 6 auf 8 (§ 21a Abs. 2 Nr. 3, 2) werden in der folgenden Wahl gemäß Abs. 3 S. 1 Nr. 2 nicht 3, sondern 5 Mitglieder neu gewählt; bei Erhöhung der Mitgliederzahl von 4 auf 6 (§ 21a Abs. 2 Nr. 4, 3) sind gemäß Abs. 3 S. 1 Nr. 3 nicht 2, sondern 4 Mitglieder neu zu wählen. In beiden Fällen scheidet von den neu gewählten Mitgliedern gemäß Abs. 3 S. 2 jeweils ein durch Los zu bestimmendes Mitglied nach zwei Jahren zusammen mit den alten Mitgliedern aus. Steigt die Zahl der Planstellen auf 8, so endet die Amtszeit des nach § 21a Abs. 2 Nr. 5 gebildeten Präsidiums zum Stichtag gemäß Abs. 1 mit gleichzeitiger Wahl eines Präsidiums gemäß § 21a Abs. 2 Nr. 1 bis 4. **6**

§ 21e [Aufgaben und Befugnisse des Präsidiums; Geschäftsverteilung]

(1) ¹Das Präsidium bestimmt die Besetzung der Spruchkörper, bestellt die Ermittlungsrichter, regelt die Vertretung und verteilt die Geschäfte. ²Es trifft diese Anordnungen vor dem Beginn des Geschäftsjahres für dessen Dauer. ³Der Präsident bestimmt, welche richterlichen Aufgaben er wahrnimmt. ⁴Jeder Richter kann mehreren Spruchkörpern angehören.

(2) Vor der Geschäftsverteilung ist den Richtern, die nicht Mitglied des Präsidiums sind, Gelegenheit zur Äußerung zu geben.

(3) ¹Die Anordnungen nach Absatz 1 dürfen im Laufe des Geschäftsjahres nur geändert werden, wenn dies wegen Überlastung oder ungenügender Auslastung eines Richters oder Spruchkörpers oder infolge Wechsels oder dauernder Verhinderung einzelner Richter nötig wird. ²Vor der Änderung ist den Vorsitzenden Richtern, deren Spruchkörper von der Änderung der Geschäftsverteilung berührt wird, Gelegenheit zu einer Äußerung zu geben.

(4) Das Präsidium kann anordnen, daß ein Richter oder Spruchkörper, der in einer Sache tätig geworden ist, für diese nach einer Änderung der Geschäftsverteilung zuständig bleibt.

(5) Soll ein Richter einem anderen Spruchkörper zugeteilt oder soll sein Zuständigkeitsbereich geändert werden, so ist ihm, außer in Eilfällen, vorher Gelegenheit zu einer Äußerung zu geben.

---

[5] AllgM; *Zöller/Gummer* Rn. 3.
[6] S. § 21a Rn. 6.
[7] Vorbehaltlich § 21b Abs. 3 S. 2.

(6) Soll ein Richter für Aufgaben der Justizverwaltung ganz oder teilweise freigestellt werden, so ist das Präsidium vorher zu hören.

(7) ¹Das Präsidium entscheidet mit Stimmenmehrheit. ²§ 21i Abs. 2 gilt entsprechend.

(8) ¹Das Präsidium kann beschließen, dass Richter des Gerichts bei den Beratungen und Abstimmungen des Präsidiums für die gesamte Dauer oder zeitweise zugegen sein können. ²§ 171b gilt entsprechend.

(9) Der Geschäftsverteilungsplan des Gerichts ist in der von dem Präsidenten oder aufsichtführenden Richter bestimmten Geschäftsstelle des Gerichts zur Einsichtnahme aufzulegen; einer Veröffentlichung bedarf es nicht.

Übersicht

	Rn.
I. Normzweck	1
II. Aufgaben des Präsidiums	2–5
1. Enumerationsprinzip	2
2. Keine Allzuständigkeit	3
3. Richterliche Geschäfte	4
4. Justizverwaltung	5
III. Rechtsnatur des Geschäftsverteilungsplans	6–9
IV. Grundsätze der inhaltlichen Ausgestaltung des Geschäftsverteilungsplans	10–39
1. Gestaltungsfreiheit	11
2. Abstraktionsprinzip	12–14
3. Bestimmtheitsgrundsatz	15–17
4. Grundsatz der Vorausbestimmung und Rückwirkungsverbot	18, 19
5. Jährlichkeitsprinzip	20
6. Grundsatz der Vollständigkeit	21
7. Grundsatz der sachgerechten und gleichmäßigen Verteilung	22
8. Bindung an gesetzliche Vorschriften zur Geschäftsverteilung	23–27
a) Spezialspruchkörper	24
b) Personelle Zuweisung	25, 26
c) Sollvorschriften	27
9. Grundsatz der Stetigkeit und ausnahmsweise Änderungen	28–38
a) Überlastung oder ungenügende Auslastung	31, 32
b) Richterwechsel	33, 34
c) Dauernde Verhinderung	35, 36
d) Feststellung des Änderungsgrundes und Umfang der Änderung	37
e) Fortdauernde Zuständigkeit (Abs. 4)	38
10. Grundsatz sofortiger Geltung	39
V. Die Regelung der Vertretung	40–43
1. Zuständigkeit des Präsidiums	40
2. Inhaltliche Gestaltung	41
3. Verhinderung und ihr Wegfall	42
4. Feststellung der Verhinderung	43
VI. Auslegung und Anwendung des Geschäftsverteilungsplans	44–47
1. Auslegung	44
2. Zuteilung	45
3. Kompetenzkonflikte	46, 47
VII. Verfahren des Präsidiums	48–59
1. Rechtliche Grundlagen	48–50
a) GVG	48
b) Keine analoge Anwendung der Verfahrensgesetze	49
c) Verfahrensregelung in eigener Autonomie	50
2. Sitzungen	51
3. Vorsitz und Geschäftsführung	52
4. Anhörungsrechte	53–57
a) Allgemeines	53
b) Allgemeines Anhörungsrecht	54
c) Anhörungsrecht des Betroffenen	55
d) Schwerbehindertenvertretung, Richterrat	56
e) Anhörungsrecht des Präsidiums	57
5. Beratung und Abstimmung (Abs. 8)	58
6. Bekanntgabe und Offenlegung (Abs. 9)	59
VIII. Rechtsmittel bei fehlerhaftem Geschäftsverteilungsplan	60–66
1. Rechtsverletzungen bei Aufstellung des Geschäftsverteilungsplanes	61–63
a) Verfahrensfehler	61
b) Materielle Rechtsfehler	62
c) Geltendmachung der Unwirksamkeit	63
2. Rechtsmittel gegen Geschäftsverteilungspläne	64, 65
a) Rechtsmittel des Rechtsuchenden	64
b) Rechtsmittel betroffener Richter	65
3. Rechtsverletzung und Rechtsmittel bei Anwendung des Geschäftsverteilungsplans	66

I. Normzweck

1 Die Vorschrift umschreibt, wenn auch nicht erschöpfend (s. Rn. 2), die Aufgaben des Präsidiums. Hauptaufgabe ist Erstellung des Geschäftsverteilungsplans. Die Abs. 2 bis 9 enthalten einzelne Ergänzungen zur Geschäftsverteilung. Mit den Regelungen über die Geschäftsverteilung trägt § 21e dazu bei, das Prinzip des gesetzlichen Richters (Art. 101 Abs. 1 S. 2 GG) auf der Ebene des einzelnen Gerichts zu verwirklichen.

II. Aufgaben des Präsidiums

1. Enumerationsprinzip. Dem Präsidium werden durch § 21e mehrere Aufgaben übertragen, die durch weitere Vorschriften ergänzt werden. Für die Zuständigkeit des Präsidiums gilt das Enumerationsprinzip, dh. das Präsidium ist nur zuständig, soweit dies durch Gesetz angeordnet ist. Es besteht keine Allzuständigkeit und Auffangzuständigkeit des Präsidiums.[1] Im Einzelnen fallen dem Präsidium zu:

(1) die Bestimmung über die Besetzung der Spruchkörper (Rn. 8, 17, 25) einschließlich der ehrenamtlichen Richter (Rn. 26),

(2) die Regelung der Vertretung im Falle von Verhinderungen (Rn. 42ff.) einschließlich der Vertretung des Vorsitzenden (§ 21f Abs. 2), soweit es über einen Spruchkörper hinausgeht, sowie die Vertretung bei kleinen Amtsgerichten nach § 22b,

(3) die Verteilung der Geschäfte (Rn. 10) und etwaige Änderungen der Geschäftsverteilung (Rn. 30) einschließlich der Aufrechterhaltung der Zuständigkeit in einzelnen Fällen (Rn. 38),

(4) nach hM auch die Entscheidung über Meinungsverschiedenheiten über die Auslegung und Anwendung der Geschäftsverteilung (s. dazu jedoch Rn. 47),

(5) die Genehmigung von Eilentscheidungen gemäß § 21i Abs. 2,

(6) der Antrag auf Zuweisung eines Richters an das LG gemäß § 70 Abs. 1 oder an das OLG gemäß § 117,

(7) die Bestellung der Mitglieder des Großen Senats beim BGH gemäß § 132 Abs. 6,

(8) die Anhörung und Stellungnahme bei Freistellung eines Richters für Aufgaben der Justizverwaltung (Rn. 57),

(9) die Bestellung des Ermittlungsrichters, § 78 Abs. 2, § 78b Abs. 2 sowie § 140a Abs. 2 bis 5 betreffen allein Strafsachen,

(10) die Besetzung der Richterdienstgerichte gemäß § 61 Abs. 3 und § 77 Abs. 3 DRiG,

(11) die Besetzung des Notarsenats gemäß §§ 102, 107 NotO,

(12) dem Präsidium können durch Gesetz, auch durch landesrechtliche Vorschriften, weitere Aufgaben übertragen werden, so zB die Beteiligung durch Anhörung bei der Einrichtung von Spruchkörpern gemäß § 3 saarl. AGGVG.

2. Keine Allzuständigkeit. Das Präsidium hat keine Allzuständigkeit in Fragen der gerichtlichen Selbstverwaltung, auch kein generelles Beratungsrecht in diesen Angelegenheiten gegenüber dem Gerichtspräsidenten.[2] Es kann jedoch der Justizverwaltung Anregungen und Hinweise geben. Es ist zB auch nur zuständig für die Regelung der Vertretung im Falle einer Verhinderung, nicht auch für die Feststellung des Vorliegens einer Verhinderung. Die Zuständigkeit des Präsidiums ist gemäß Abs. 1 S. 3 auch beschränkt, soweit es die **vom Präsidenten wahrzunehmenden richterlichen Aufgaben** betrifft. Diese bestimmt allein der Präsident selbst, nicht das Präsidium. Dies gilt sowohl für die sachlichen Aufgaben sowie für den maßgeblichen Spruchkörper. Das Präsidium muss diese Bestimmung hinnehmen und in den Geschäftsverteilungsplan aufnehmen. Die persönliche Zuweisung der Beisitzer im Spruchkörper des Präsidenten steht jedoch dem Präsidium, nicht dem Präsidenten zu. Das Selbstbestimmungsrecht steht nur dem Präsidenten, nicht dem aufsichtführenden Richter zu; anders jedoch bei den Arbeitsgerichten gemäß § 6a Nr. 3 ArbGG.

3. Richterliche Geschäfte. Das Präsidium ist nur zuständig für die Verteilung der richterlichen Geschäfte,[3] nicht dagegen für die Geschäftsverteilung unter Geschäftsstellenbeamten, Rechtspflegern[4] oder sonstigen nichtrichterlichen Bediensteten, etwa der Verteilung des Protokoll- und Schreibdienstes. Hierfür ist im Regelfall die Justizverwaltung in der Person des Gerichtspräsidenten zuständig. Zu den richterlichen Geschäften, die im Geschäftsverteilungsplan zu regeln sind, gehören die Aufgaben der Rechtsprechung, die Vertretungsregelung (etwa bei Ablehnung eines Richters),[5]

---

[1] S. *Kissel/Mayer* Rn. 12; *Katholnigg*, Strafgerichtsverfassungsrecht, § 21a GVG Rn. 1; aA *Stanicki* DRiZ 1972, 415; *Zöller/Gummer* Rn. 22.
[2] *Kissel/Mayer* Rn. 14; aA *Kopp/Schenke* § 4 VwGO Rn. 5.
[3] *Manfred Wolf* § 14 I 3; *Kissel/Mayer* Rn. 15.
[4] S. etwa BVerwGE 19, 112; *Manfred Wolf* § 30 I 3a; aA *Schorn* Rpfleger 1957, 267; *Habscheid* FG § 9 I 2.
[5] BGH NJW-RR 2007, 932.

GVG § 21e 5–8   2. Titel. Allgemeine Vorschriften über das Präsidium

Bereitschaftsdienst in Form der Rufbereitschaft,[6] ferner auch Aufgaben der gerichtlichen Selbstverwaltung, wie zB der Vorsitz im Schöffenwahlausschuss gemäß § 40.[7]

5 **4. Justizverwaltung.** Soweit eine ausdrückliche Aufgabenzuweisung an das Präsidium nicht gegeben ist, ist die **Justizverwaltung** der Landesregierung (dh. das Justizministerium) zuständig.[8] Dies gilt etwa für die Anstellung der Richter, für die Bestellung der Vorsitzenden, aber auch für die Zahl der richterlichen Spruchkörper[9] und Dezernate sowie für die Art der Spruchkörper, zB ob Zivil- oder Strafkammer;[10] es gilt ebenso für die Bildung der Kammer für Handelssachen.[11] Dem Präsidium kommt auf der Grundlage der vom Gesetz und von der Justizverwaltung gesetzten Daten nur eine Verteilungsaufgabe und keine gerichtsorganisatorisch gestaltende Aufgabe zu.[12]

III. Rechtsnatur des Geschäftsverteilungsplans

6 Über die Rechtsnatur des Geschäftsverteilungsplans bestehen verschiedene Auffassungen;[13] Der Streit hat keine praktische Bedeutung. Er wird zum großen Teil als Rechtsetzungsakt mit Rechtsnormcharakter angesehen.[14] Frühere Auffassungen, die in ihm einen Verwaltungsakt sahen,[15] werden nicht mehr vertreten, da der Geschäftsverteilungsplan nach einhelliger Meinung kein Justizverwaltungsakt ist.[16] Er ist auch kein Rechtsprechungsakt,[17] da die Tätigkeit des Präsidiums nicht Rechtsprechung ist.[18] Er wird jedoch zum Teil als innergerichtlicher Organisationsakt[19] oder (zutreffend) als multifunktionaler Justizhoheitsakt sui generis[20] angesehen. Häufig findet sich auch die Einordnung als eines Aktes mit Doppelnatur, dh. als Akt mit Rechtsnormcharakter, soweit es die Zuständigkeitsverteilung gegenüber dem Bürger betrifft und als innergerichtlichen Organisationsakt, soweit es die personelle Besetzung der Spruchkörper betrifft.[21]

7 Die rechtliche Einordnung ist vor allem bedeutsam für die Frage der gerichtlichen Überprüfung. Die sachliche Verteilung der Rechtsprechungsaufgaben muss nach generell-abstrakten Merkmalen für ein Jahr im Voraus erfolgen.[22] Diese **sachliche Geschäftsverteilung** hat nicht nur innerorganisatorische Bedeutung, sondern legt auch mit Außenwirkung für den Bürger den zuständigen Spruchkörper fest. Die Regelung enthält insoweit normative Wirkungen und verleiht dem Geschäftsverteilungsplan **Rechtsnormqualität**. Insoweit besteht kein Unterschied zu einer gesetzlich angeordneten Geschäftsverteilung wie zB in § 23b oder § 95. Der Unterschied besteht nur hinsichtlich der Art der Rechtsquelle, die in § 23b und § 95 ein formelles Gesetz darstellt, während dem Geschäftsverteilungsplan insoweit Satzungscharakter zukommt.[23]

8 Hinsichtlich der **personellen Zuweisung** eines Richters an einen Spruchkörper regelt der Geschäftsverteilungsplan nur einen Einzelfall bezüglich des Richters, der in einen bestimmten Aufgabenkreis eingewiesen wird und dessen Rechtsstellung dadurch betroffen werden kann.[24] Insoweit fehlt es an einer generell-abstrakten Regelung. Es handelt sich vielmehr um einen **internen Organisationsakt**.

---

[6] BGH NJW 1987, 1198, 1200.
[7] S. BGH NJW 1980, 2365.
[8] S. *Kissel/Mayer* Rn. 12.
[9] S. auch § 130 Abs. 1 S. 2; § 7 Abs. 2, § 8 Abs. 2 GVVO; *Manfred Wolf* § 13 II 2.
[10] *Kissel/Mayer* Rn. 13; *Holch* DRiZ 1976, 135; aA *Stanicki* DRiZ 1976, 80.
[11] S. § 93 GVG.
[12] *Holch* DRiZ 1976, 135; *Kissel/Mayer* Rn. 13.
[13] S. zu einem Überblick auch BayVerfGH NJW 1986, 1673; die Frage blieb offen im Gesetzgebungsverfahren s. BT-Drucks. VI/557, S. 23.
[14] S. VGH Kassel DRiZ 1969, 122; VGH Mannheim DRiZ 1973, 320; VG Freiburg DRiZ 1973, 319; *Maunz/Dürig/Herzog* Art. 101 Rn. 43; *Renck* NJW 1984, 2928; *Kopp/Schenke* § 4 VwGO Rn. 9.
[15] S. *Schorn*, Präsidialverfassung der Gerichte aller Rechtswege, 1957, S. 109 ff.; *Thürck* DRiZ 1963, 45; s. auch *Kornblum* NJW 1977, 669; *Müller* MDR 1977, 974.
[16] BVerwGE 50, 11, 15 ff.; BayVerfGH NJW 1986, 1673, 1674; *L. Schäfer* BayVBl. 1974, 325, 327; *Kissel/Mayer* Rn. 105; *Schilken* Rn. 371; *Manfred Wolf* § 14 III 1.
[17] BVerwGE 50, 11, 14 ff.; BayVerfGH NJW 1986, 1673; *Kissel/Mayer* Rn. 105.
[18] S. § 21a Rn. 2.
[19] BayVerfGH NJW 1986, 1673, 1674; s. auch BVerwGE 50, 11, 14; aA *Kissel/Mayer* Rn. 103; *Müller* MDR 1977, 974.
[20] *Kissel/Mayer* Rn. 105.
[21] *Kornblum*, FS Schiedermair, 1976, S. 342; *Manfred Wolf* DRiZ 1976, 364; *Erichsen* VerwA 1977, 179; *Müller* MDR 1977, 975, 976; *Pentz* 1977, 179; *Gloria* NJW 1989, 445; *Schilken* Rn. 371.
[22] S. auch Rn. 12, 18, 20.
[23] *Kopp/Schenke* § 4 VwGO Rn. 9; *Renck* NJW 1984, 2928; für Satzungscharakter der Geschäftsordnung des Parlaments, obwohl ihr Außenwirkung fehlt, BVerfGE 1, 144, 148.
[24] S. BVerwGE 50, 11 = NJW 1976, 1224.

Da der Geschäftsverteilungsplan hinsichtlich der sachlichen Geschäftsverteilung Rechtsnormqualität besitzt, hinsichtlich der personellen Zuweisung aber einen internen Organisationsakt darstellt, kommt ihm nach Ansicht von *Manfred Wolf* eine **Doppelnatur** zu.[25]

IV. Grundsätze der inhaltlichen Ausgestaltung des Geschäftsverteilungsplans

§ 21e enthält nur unvollständige Vorschriften über den Geschäftsverteilungsplan, insbesondere sind Grundsätze für die inhaltliche Ausgestaltung des Geschäftsverteilungsplans daraus nur teilweise zu entnehmen. Sie folgen aus der Funktion, den gesetzlichen Richter zu sichern und die Arbeit sachgerecht und gleichmäßig zu verteilen.[26]

1. Gestaltungsfreiheit. Im Rahmen der durch Verfassung, Gesetz oder Rechtsverordnung gezogenen Grenzen kann sowohl die sachliche Geschäftsverteilung wie die personelle Zuweisung der Richter nach Zweckmäßigkeitsgesichtspunkten und dem Ermessen des Präsidiums erfolgen.[27] Ob zB in Zivilsachen die sachliche Geschäftsverteilung der Senate, Kammern und amtsgerichtlichen Richter-Dezernate nach Anfangsbuchstaben des Beklagten (vgl. Rn. 15) vorgenommen wird, ob sie sich an Sachgebieten, wie zB für Fiskussachen, Pressesachen, an räumlichen Bereichen (Wohnsitz der Parteien), an Eingangsnummern (wenn täglich mehr als eine Sache eingehen, muss eine Manipulation der Geschäftsstelle ausgeschlossen werden[28]) oder einem Mischsystemen orientiert, ist der Entscheidung des Präsidiums überlassen.[29] Es besteht kein verfassungsrechtliches Gebot aus Art. 101 Abs. 1 S. 2 GG, am Amtsgericht reiserechtliche Spezialdezernate einzurichten.[30] Bei Rechtsmittelgerichten besteht auch die Möglichkeit, nach den Spruchkörpern aufzuteilen, deren Urteile angefochten werden („Für Berufungen gegen Urteile des LG X ist der 8. Senat zuständig" usw.). Auch bei der personellen Besetzung hat das Präsidium unter Beachtung einer möglichst gleichmäßigen Belastung grundsätzlich die Freiheit der Entscheidung.

2. Abstraktionsprinzip. Die Verteilung der Geschäfte muss nach generell-abstrakten Merkmalen erfolgen, die die steuernde Auswahl und Manipulation bei der Zuteilung der zu erledigenden Aufgaben nach Möglichkeit vermeiden.[31] Das Gebot der Abstraktheit gilt nur für die sachliche Geschäftsverteilung; er gilt auch für Änderungsbeschlüsse.[32] Das Gebot der Abstraktheit ergibt sich aus dem Gebot des gesetzlichen Richters,[33] das dem Schutz des Rechtsuchenden dient. Die Abstraktheit muss deshalb so beschaffen sein, dass (soweit möglich) kein Rechtsuchender durch Manipulationsmöglichkeiten benachteiligt werden kann. Die Zuweisung des Rechtsstreits zu einem bestimmten Spruchkörper oder Richter muss vielmehr aus der Sicht des Gerichts nach zufälligen Kriterien und „blindlings" erfolgen.[34]

Die **Abstraktheit ist gewahrt,** wenn durch die Geschäftsverteilung nach Sachgebieten nur ein bestimmter Personenkreis, Geschäftsleute einer bestimmten Branche oder juristische Personen des öffentlichen Rechts,[35] berührt werden,[36] denn auch § 23 Nr. 2 knüpft mehrmals an Kriterien an, die nur für einen bestimmten Personenkreis gelten und § 23b Abs. 2 S. 1 sieht ausdrücklich die Anknüpfung an einen Personenkreis als Sollvorschrift vor.[37] Entscheidend ist, dass aus diesem Personenkreis nicht einzelne Rechtsuchende individuell herausgegriffen werden können. Unter denselben Voraussetzungen darf eine Umverteilung bereits anhängiger Sachen auch nach konkreten Sachkriterien erfolgen.[38] Die Abstraktheit im Hinblick auf einzelne Rechtsuchende ist auch gewahrt, wenn die Geschäftsverteilung nach Anfangsbuchstaben der Parteien erfolgt.

Ein **Verstoß gegen die Abstraktheit** liegt sowohl bei einer gezielten Richterbestellung vor als auch bei einer speziellen Änderung für einen bestimmten Fall, sei es, dass dieser ausdrücklich ge-

---

[25] *Manfred Wolf* § 14 III 4; *Rasch* VerwA 1961, 21.
[26] S. auch BGH NJW 1960, 2109; *Manfred Wolf* § 7 I 1, 3.
[27] BGH NJW 2000, 1580; *Kissel/Mayer* Rn. 78.
[28] BGH NJW 1960, 2109.
[29] BGH NJW 1976, 60.
[30] LG Frankfurt NJW-RR 1989, 563; *Gloria* NJW 1989, 445, 446.
[31] BVerfGE 95, 322, 327 = NJW 1997, 1498; BGHSt. 10, 179, 181 = NJW 1957, 800; BVerwG NJW 1987, 2031.
[32] BVerwG NJW 1987, 2031.
[33] S. auch BGHSt 15, 116 = NJW 1960, 2109.
[34] S. BVerfGE 95, 322, 329; BVerwG NJW 1991, 1371; BVerwG NJW 1987, 2031; *Kissel/Mayer* Rn. 94.
[35] BayVerfGH NJW 1984, 2813.
[36] BVerfG NJW 1969, 2192.
[37] S. auch Rn. 27.
[38] BVerwG DVBl. 1985, 576.

nannt wird³⁹ oder dass das Sachgebiet so konkret umschrieben wird, dass dies zur individuellen Aussonderung von Einzelpersonen und Sachen führt. Die Grundsätze für das Verbot von Ausnahmegerichten gemäß Art. 101 Abs. 1 S. 1 GG⁴⁰ gelten sinngemäß auch für die Geschäftsverteilung. Die Abstraktheit ist auch verletzt, wenn ein Richter mit Rücksicht auf ein bestimmtes Verfahren einem Spruchkörper zugewiesen wird.⁴¹ Zulässig ist aber die Fortwirkungsanordnung nach Abs. 4 (s. Rn. 38). Der Grundsatz der Abstraktheit ist auch verletzt, wenn bei Neubildung eines Spruchkörpers diesem einzeln ausgesuchte Sachen zugewiesen werden, die nicht nach allgemeinen und jederzeit nachprüfbaren Merkmalen bestimmt sind.⁴²

15   **3. Bestimmtheitsgrundsatz.** Aufgrund des Bestimmtheitsgrundsatzes müssen die der Geschäftsverteilung auf die einzelnen Spruchkörper und Richter dienenden Kriterien so eindeutig und präzise wie möglich sein.⁴³ Das Gebot der Bestimmtheit folgt aus dem Gebot des gesetzlichen Richters.⁴⁴ Die zu Art. 101 Abs. 1 S. 1 GG entwickelten Grundsätze der Bestimmtheit müssen deshalb auch bei Aufstellung des Geschäftsverteilungsplans beachtet werden. Danach müssen vermeidbare Auslegungs- und Ermessensspielräume in den Grenzen des Zumutbaren und Machbaren ausgeschlossen sein.⁴⁵ Vor allem muss der Gefahr sachfremder Einflüsse soweit als möglich vorgebeugt werden.⁴⁶ Dies gilt in erster Linie für Einflüsse staatlicher Organe. Die Geschäftsverteilung darf aber auch nicht so gestaltet sein, dass sie einer Partei ohne Mitwirkung des Gegners unnötige Wahl- und Manipulationsmöglichkeiten eröffnet.⁴⁷ Ob die Anknüpfung an den Anfangsbuchstaben des Klägers zulässig ist, ist deshalb zweifelhaft (Manipulationsmöglichkeit durch Abtretung).⁴⁸ Bei mehreren Klägern oder Beklagten sollte eine Regelung getroffen werden, die Manipulationsmöglichkeiten einschränkt, indem zB an die Reihenfolge des Alphabets und nicht an die in der Klagschrift gewählte Reihenfolge angeknüpft wird. Der Bestimmtheit ist auch genügt, wenn beim Reisevertrag an den Anfangsbuchstaben des Buchenden angeknüpft wird.⁴⁹ Eine Automatik der Geschäftsverteilung ohne Notwendigkeit der Entscheidung von Zweifelsfällen lässt sich aber nur schwer erreichen.⁵⁰ Das Gebot der Bestimmtheit gilt sowohl für die sachliche Geschäftsverteilung wie für die personelle Zuweisung der Richter.⁵¹ Der Manipulationsgefahr bei **Überbesetzung** von Spruchkörpern (zB: Zivilkammer ist mit einem Vorsitzenden und drei Beisitzern besetzt) muss durch den spruchkörperinternen Geschäftsverteilungsplan begegnet werden.⁵² Durch § 21 g ist die frühere Rspr. hierzu⁵³ überholt. Wenn der Mitwirkungsplan sowohl abstrakt und hinreichend bestimmt als auch inhaltlich erschöpfend ist und alle voraussehbaren Fallgestaltungen enthält (s. auch § 21 g Rn. 3), ist eine Überbesetzung von Spruchkörpern nunmehr generell mit Art. 101 Abs. 1 S. 2 vereinbar. Diese Grundsätze gelten auch für die Beiziehung ehrenamtlicher Richter.⁵⁴ Bei ihnen kann jedoch an ihren fachspezifischen Kenntnis- und Erfahrungsstand angeknüpft werden.⁵⁵

16   Zur **Wahrung der Bestimmtheit** muss der Geschäftsverteilungsplan **Auslegungsgrundsätze** aufstellen, nach denen die Geschäftsstelle zu verfahren hat, wenn die abstrakt-generellen Merkmale Zweifel offen lassen.⁵⁶ Wird die Geschäftsverteilung, soweit zulässig (s. Rn. 15), nach Anfangsbuchstaben des Klägers oder Beklagten vorgenommen, so muss sich aus dem Geschäftsverteilungsplan ergeben, wie bei mehreren Klägern oder Beklagten zu verfahren ist, indem zB festgelegt wird, ob die in der Klagschrift zuerst genannte Partei maßgebend ist, die Partei mit dem im Alphabet vorgehenden Anfangsbuchstaben oder ein sonstiges Kriterium. Ebenso muss festgelegt werden, an wel-

---

³⁹ So in BVerwG NJW 1987, 2031.
⁴⁰ S. BVerfGE 10, 200, 212; 14, 56, 72; *Maunz/Dürig/Herzog* Art. 101 Rn. 3; *v. Münch/Kunig* Art. 101 GG Rn. 6 ff.; s. auch oben § 16 Rn. 3.
⁴¹ BVerwG NJW 1987, 2031.
⁴² BVerwG NJW 1984, 2961.
⁴³ *Kissel/Mayer* Rn. 95.
⁴⁴ S. etwa BVerfGE 17, 294, 298; 27, 18, 34; 40, 456, 360; *Manfred Wolf* § 7 III.
⁴⁵ S. etwa BVerfGE 17, 294, 299 f.; 18, 65, 69; s. auch *Bausewein* JZ 1978, 53.
⁴⁶ BVerfGE 18, 344, 352; 28, 290, 292.
⁴⁷ S. LG Frankfurt NJW 1988, 70, 71.
⁴⁸ S. auch *Gloria* NJW 1989, 445; aA LG Frankfurt NJW 1988, 70.
⁴⁹ S. LG Frankfurt NJW-RR 1989, 563.
⁵⁰ S. auch *Kissel/Mayer* Rn. 95.
⁵¹ BVerfGE 17, 294.
⁵² BVerfG NJW 1997, 1497; vgl. auch *Berkemann* und *Katholnigg* JR 1997, 281, 284; *Saugmeister* NJW 1998, 721; *Peglau* wistra 2005, 643.
⁵³ BVerfGE 18, 65, 69; s. auch 2. Aufl. § 21 e Rn. 17.
⁵⁴ S. auch BAG NJW 1997, 2133; BGH NJW-RR 1998, 699; weniger streng *Berkemann* JR 1997, 281, 284; *Zöller/Gummer* § 21 g Rn. 7.
⁵⁵ Vgl. auch BGH NJW-RR 1998, 699 zum BPatG.
⁵⁶ S. auch *Kissel/Mayer* Rn. 150.

chen Namen bei einer Firma angeknüpft wird, wenn mehrere Namen darin enthalten sind oder mehrere Namen von Gesellschaftern. Bei Anknüpfung an den Wohnsitz einer Partei muss der für die Wohnsitzermittlung maßgebliche Stichtag angegeben werden.[57] Bei der Verteilung nach Sachgebieten ist zB festzulegen, wie bei objektiver Klagehäufung oder bei mehreren konkurrierenden Ansprüchen oder Rechtsgrundlagen zu verfahren ist. Wird nach Eingangsnummern entsprechend dem zeitlichen Eingang der Sachen verteilt (sog. Rotationssystem), so muss besonders sorgfältig darauf geachtet werden, dass die Reihenfolge nicht durch Angestellte der Geschäftsstelle oder durch Dritte willkürlich und steuernd festgelegt werden kann. So muss das Vorgehen bei mehreren „gleichzeitig" eingehenden Sachen festgelegt werden, indem zB die Reihenfolge gemäß den Anfangsbuchstaben einer der Parteien festgelegt wird. Bei derartiger Ausschaltung von Manipulationsmöglichkeiten ist auch beim Rotationssystem die Bestimmtheit gewahrt,[58] andernfalls verstößt die Geschäftsverteilung gegen das Gebot des gesetzlichen Richters.[59]

Ein **Verstoß gegen den Bestimmtheitsgrundsatz** liegt vor, wenn einem Spruchkörper ein namentlich noch **unbekannter Richter** zB als NN, zugewiesen wird,[60] da dies über das Präsidium hinweg Manipulationsmöglichkeiten eröffnet und das Präsidium auf die Ausübung seiner Entscheidung insoweit verzichtet. Dies gilt nicht nur, wenn eine Planstelle für den Richter noch nicht zugewiesen ist,[61] sondern auch für jeden sonstigen Fall eines namentlich unbekannten Richters.[62] Eine Ausnahme kann nur insoweit gelten, als im Fall eines namentlich noch unbekannten Richters ein Änderungsvorbehalt gemäß Abs. 3 vorgesehen wird[63] oder wenn eine Planstelle bereits angewiesen ist und nur noch besetzt werden muss.[64] 17

4. Grundsatz der Vorausbestimmung und Rückwirkungsverbot. Nach Abs. 1 S. 2 muss die Geschäftsverteilung vor Beginn des Geschäftsjahres, dh. im Voraus getroffen sein. Die Vorausbestimmung der Geschäftsverteilung folgt aus dem Gebot des gesetzlichen Richters, weil die Vorausbestimmung ein wesentliches Merkmal gesetzlicher Normierung ist und weil künftige, in Einzelheiten noch unbekannte Sachverhalte weniger der Manipulation zugänglich sind als vergangene. Die Vorausbestimmung verlangt, dass sie grundsätzlich nicht bereits anhängige, sondern erst künftig anfallende Sachen erfasst (s. aber Rn. 19). Die Vorausbestimmung muss nicht nur für das Gericht und den dort tätigen Geschäftsstellenbeamten, sondern auch für die Parteien gegeben sein.[65] 18

Aus Abs. 1 S. 2 ergibt sich zugleich das **Verbot der Rückwirkung** für die Geschäftsverteilung. Auch der in § 21i Abs. 2 S. 3 vorgesehenen Genehmigung von Eilmaßnahmen des Präsidenten kommt keine Rückwirkung zu.[66] Ebenso können eigenmächtige Änderungen oder sonstige Maßnahmen anderer nicht rückwirkend genehmigt und ein Verstoß gegen den gesetzlichen Richter nicht rückwirkend geheilt werden. Keine unzulässige Rückwirkung liegt grundsätzlich vor, wenn die im vergangenen Jahr einem Spruchkörper zugefallenen Sachen mit Wirkung für die Zukunft durch den neuen Geschäftsverteilungsplan einem anderen Spruchkörper zugewiesen werden[67] oder wenn ein neuer Richter dem alten Spruchkörper zugeordnet wird. Dies ergibt sich aus Abs. 3, der eine Veränderung der Zuständigkeit bereits anhängiger Sachen allgemein voraussetzt und die Möglichkeit verbleibender Zuständigkeit vorsieht, diese aber nicht vorschreibt. Die Verteilung bereits anhängiger Sachen muss jedoch streng nach sachlichen Kriterien erfolgen, um eine Manipulation bezüglich bereits bekannter Verfahren auf jeden Fall auszuschließen. Die Kriterien müssen auch für die neu eingehenden Sachen gelten. Teilweise engere Kriterien gelten für eine Umverteilung bereits anhängiger Sachen während des Geschäftsjahres. Sie sind nur zulässig, wenn dies wegen einer wesentlichen Veränderung der Richterstellen, einer gesetzlichen Veränderung der Aufgaben oder einer anders nicht zu beseitigenden Überbelastung einzelner Spruchkörper oder Richter geboten ist. Auch insoweit muss eine Manipulation bereits bekannter Sachen auf jeden Fall ausgeschlossen werden. Die Grundsätze der Umverteilung müssen aber nicht notwendig auch für künftig eingehende 19

---

[57] Kissel/Mayer Rn. 151.
[58] S. BGHZ 40, 91; BAG NJW 1961, 1740; BVerwG NJW 1983, 2154.
[59] S. BGHSt. 15, 116 = NJW 1960, 2109.
[60] BGHSt. 19, 116 = NJW 1964, 167; BGHZ 28, 290 = NJW 1979, 1052.
[61] So BGHZ 28, 290 = NJW 1979, 1052.
[62] Kissel/Mayer Rn. 137.
[63] S. Kissel/Mayer Rn. 137.
[64] BGH ZIP 1988, 306, 307.
[65] S. LG Frankfurt NJW 1988, 70, 71.
[66] S. § 21i Rn. 10.
[67] BGH NJW 1999, 796; nach BGH NStZ 2007, 537 ist eine nachträgliche Änderung des Geschäftsverteilungsplans zulässig, die ausschließlich bereits anhängige Verfahren betrifft; BVerwG DÖV 1979, 299; BFH DB 1970, 715; einschränkend Kissel/Mayer Rn. 99.

Sachen gelten.[68] Jedoch sollte eine Umverteilung bereits anhängiger Sachen erst in Betracht gezogen werden, wenn einer unerträglichen Ungleichbelastung nicht mit der in die Zukunft wirkenden Verteilung neuer Sachen begegnet werden kann.[69]

20   **5. Jährlichkeitsprinzip.** Die Geschäftsverteilung muss jährlich für die Dauer eines Geschäftsjahres erfolgen. Dies gilt sowohl für den Geschäftsverteilungsplan als solchen wie für die einzelnen Regelungen in ihm. Der Geschäftsverteilungsplan verliert deshalb mit dem Ende eines Geschäftsjahres[70] automatisch seine Wirkung.[71] Das Jährlichkeitsprinzip hat den Sinn, die Geschäftsverteilung auf überschaubare Zeiträume zu beschränken, um Änderungen im sachlichen Geschäftsanfall wie in der personellen Besetzung des Gerichts angemessen Rechnung tragen zu können. Andererseits soll aber für die Dauer eines Jahres eine gewisse Stetigkeit gewährleistet werden (Rn. 28). Eine Regelung, die über die Dauer eines Geschäftsjahres hinaus auch künftige Jahre erfasst, ist unzulässig und wirkungslos.[72] Gleiches gilt grundsätzlich für eine Regelung, die von vornherein nur einen Teil des Jahres erfasst,[73] gleichgültig ob der Geschäftsverteilungsplan als solcher oder nur eine konkrete Regelung in ihm auf weniger als ein Jahr befristet sind. Änderungen sind jedoch gemäß Abs. 3 möglich.[74] Sie unterliegen aber ebenfalls dem Jährlichkeitsprinzip insofern, als sie mit Ablauf des Geschäftsjahres automatisch enden und grundsätzlich auf die restliche Dauer des Geschäftsjahres ausgerichtet sein müssen. Dies gilt sowohl für die sachliche Geschäftsverteilung wie für die persönliche Zuweisung eines Richters zu einem Spruchkörper. Ein Richter kann deshalb einem Spruchkörper nicht nur für einen bestimmten oder unbestimmten Teilzeitraum des Geschäftsjahres zugewiesen werden.[75] Auch Änderungen, die zu Beginn des Geschäftsjahres bereits abzusehen sind, wie zB ein Eintritt in den Ruhestand, dürfen grundsätzlich nicht vorweg geregelt werden, sondern erst durch einen Änderungsbeschluss gemäß Abs. 3, wenn die maßgeblichen Entscheidungsgrundlagen, etwa die Person des Nachfolgers, bekannt sind.[76] Der Geschäftsverteilungsplan ergeht grundsätzlich nur auf Grund des zum Beginn eines Geschäftsjahres gegebenen Standes und trifft auf dieser Grundlage seine Regelung für das gesamte Geschäftsjahr im Voraus. Regelungen, die nur befristet für einen Teil des Geschäftsjahres gelten, können ausnahmsweise zugelassen werden, wenn der Eintritt und der Zeitpunkt der Änderung genau bestimmt werden können und wenn die Auswirkungen und alle sonstigen Umstände der Änderung so eindeutig erkennbar sind, dass eine sachgerechte Entscheidung auch bezüglich der geänderten Tatsachen möglich ist.[77] Dies gilt etwa, wenn die Verhinderung eines Richters zB auf Grund einer Abordnung, befristet ist und danach die alte Regelung wieder gelten soll.[78] Wegen Unbestimmtheit unwirksam ist jedoch die Zuteilung eines Richters für die Dauer der Erkrankung eines anderen Richters.[79] Die Anordnung muss dann unbefristet erfolgen und zum Dienstantritt des verhinderten Richters gemäß Abs. 3 geändert werden.

21   **6. Grundsatz der Vollständigkeit.** Der Geschäftsverteilungsplan muss alle Aufgaben, und zwar sowohl die vorhandenen wie die neu eingehenden, zur Erledigung zuteilen und jeden Richter und alle Spruchkörper mit Aufgaben betrauen. Der Geschäftsverteilungsplan muss erschöpfend sein und lückenlos alle richterlichen Aufgaben erfassen.[80] Dies schließt es aus, einzelne Geschäfte von der Verteilung auszunehmen, etwa weil ihre sachgerechte Erledigung wegen Überlastung nicht gewährleistet sei oder aus sonstigen Gründen.[81] Ebenso müssen alle einem Gericht zugewiesenen Richter mit Aufgaben betraut und einem Spruchkörper zugewiesen werden. Das Präsidium darf nicht mit Hilfe des Geschäftsverteilungsplans einen Richter von der richterlichen Tätigkeit ausschließen, weil es ihn für ungeeignet oder missliebig hält.[82] Einem Richter, dem Verwaltungsangelegenheiten gemäß § 4 DRiG übertragen sind, können weniger richterliche Aufgaben übertragen werden. Es gilt

---

[68] So *Kissel/Mayer* Rn. 99.
[69] *Kissel/Mayer* Rn. 99.
[70] S. zum Geschäftsjahr § 21 d Rn. 3.
[71] BVerwG NJW 1991, 1370; BGH NJW 1999, 796; *Kissel/Mayer* Rn. 97; *Zöller/Gummer* Rn. 14 b.
[72] BGH NJW 1961, 1685.
[73] BGHSt. 8, 252 = NJW 1956, 111; BGHSt. 19, 116 = NJW 1964, 167; RGSt. 38, 416; *Kissel/Mayer* Rn. 97.
[74] S. Rn. 30 ff.
[75] BGHSt. 8, 252 = NJW 1956, 111.
[76] S. BGHSt. 14, 321, 325 = NJW 1960, 1475; BGHSt. 19, 116 = NJW 1964, 167.
[77] S. auch *Kissel/Mayer* Rn. 107.
[78] BGHSt. 21, 250, 252 = NJW 1967, 1622.
[79] *Kissel/Mayer* Rn. 114; aA BGHSt. 21, 250, 252.
[80] BVerwG NJW 1991, 1370; OLG Karlsruhe MDR 1980, 690; KG JR 1982, 433; *Müller* MDR 1978, 337.
[81] HM; s. etwa BayVerfG NJW 1978, 1515, 1518; KG JR 1982, 433; OLG Karlsruhe MDR 1980, 690; *Feiber* NJW 1975, 2005; *Kissel/Mayer* Rn. 92; aA *Buschmann* RiA 1974, 165.
[82] BVerfGE 17, 252.

tung geführt haben, ist grundsätzlich ohne Belang.[105] Wird eine anhängige Strafsache einer anderen Strafkammer wegen einer nicht nachvollziehbaren Überlastungsanzeige übertragen kann der gesetzliche Richter verletzt sein,[106]

Art und Umfang der Änderung dürfen nicht weiter gehen als dies zur Beseitigung der Überlastung oder ungenügenden Auslastung erforderlich ist. Andere selbständige Zwecke dürfen damit nicht verbunden werden. Eine grundlegende Änderung der Geschäftsverteilung, insbesondere eine Änderung des Gesamtsystems wird deshalb im Regelfall nicht möglich sein.[107] Zur Abhilfe kann auch ein neuer Spruchkörper von der Justizverwaltung gebildet und vom Präsidium besetzt werden.[108] Bei einer Änderung sind dieselben inhaltlichen Maßstäbe zu beachten wie bei der Neuaufstellung des Geschäftsverteilungsplans.[109]

b) Richterwechsel. Richterwechsel ist jede Veränderung im Personalbestand der Richter während des Geschäftsjahres ohne Rücksicht darauf, ob eine Änderung der Planstellen oder eine Vermehrung oder Verminderung der Richterstellen stattfindet.[110] Richterwechsel ist sowohl das Freiwerden von Richterstellen, zB durch Pensionierung, Tod oder Versetzung, als auch die Abordnung eines Richters oder die Neubesetzung einer Planstelle. Bei Ernennung eines neuen Präsidenten muss dieser nicht die Aufgaben des alten Präsidenten übernehmen.[111] Auch die Beförderung eines Richters zum Vorsitzenden Richter zählt als Richterwechsel.

Art und Umfang der Änderung dürfen nur so weit gehen, wie dies zur sachgerechten Berücksichtigung des Richterwechsels erforderlich ist. Auch die Ausbildung des Richternachwuchses, die für sich allein keinen Änderungsgrund darstellt,[112] darf im Zusammenhang mit einer Änderung auf Grund Richterwechsels berücksichtigt werden.[113] Der Eintritt eines neuen Richters für einen ausgeschiedenen bedeutet deshalb nicht, dass ihm dieselben Aufgaben wie dem ausgeschiedenen zugewiesen werden *müssen*. Die Änderung muss grundsätzlich für die Restdauer des Geschäftsjahres erfolgen und darf nicht auf einen bestimmten oder unbestimmten Teilzeitraum befristet werden.[114]

c) Dauernde Verhinderung. Dauernde Verhinderung ist gegeben, wenn ohne Richterwechsel ein Richter aus tatsächlichen oder rechtlichen Gründen für immer oder auf unabsehbare Zeit ganz oder teilweise nicht in der Lage ist, die ihm nach dem Geschäftsverteilungsplan obliegenden Aufgaben wahrzunehmen (zB längere Erkrankung). Bestehen an der Rückkehr keine Zweifel, so ist sie auch bei Verhinderung über mehrere Monate nicht dauernd.[115] Bei kürzer dauernder Verhinderung greift die Vertretungsregelung ein. Maßgebend ist die vom Präsidium nach pflichtgemäßem Ermessen zu beurteilende voraussichtliche Dauer, wie sie im Zeitpunkt des Änderungsbeschlusses für die Zukunft noch zu erwarten ist.

Art und Umfang der Änderung darf nur so weit gehen, wie es zur sachgerechten Erledigung des Geschäftsanfalls infolge der Verhinderung erforderlich ist. Zulässig ist aber eine auf die Dauer der Verhinderung befristete Änderung mit der Folge, dass nach Fristablauf wieder die ursprüngliche Regelung gilt. Erforderlich ist jedoch, dass das Fristende kalendermäßig bestimmt wird.[116] Lässt sich eine kalendermäßige Bestimmung nicht treffen, so muss die Änderung auf die Restdauer des Geschäftsjahres erfolgen, wobei im Falle vorzeitiger Beendigung der Verhinderung ein neuer Änderungsbeschluss unter den Voraussetzungen des Abs. 3 erfolgen kann, etwa wegen ungenügender Auslastung des nicht mehr verhinderten Richters.

d) Feststellung des Änderungsgrundes und Umfang der Änderung. Die Feststellung des Änderungsgrundes und des Umfangs der notwendigen Änderung steht dem Präsidium zu. Es gilt das Verbot der Einzelzuweisung.[117]

e) Fortdauernde Zuständigkeit (Abs. 4). Sie kann nach Abs. 4 beschlossen werden. Dies gilt sowohl bei einer Änderung des Geschäftsverteilungsplans auf Grund eines neuen Geschäftsjahres als

---

[105] *Kissel/Mayer* Rn. 112.
[106] BVerfG NJW 2005, 2689.
[107] *Kissel/Mayer* Rn. 112.
[108] BGH NJW 1976, 60.
[109] S. Rn. 11 ff.
[110] S. auch BGHSt. 22, 237, 239 = NJW 1968, 2388.
[111] *Kissel/Mayer* Rn. 113.
[112] BGHSt. 26, 382 = NJW 1976, 2029.
[113] BGHSt. 27, 397 = NJW 1978, 1444; *Kröger* DRiZ 1978, 109; *Peters* JR 1979, 82, 84.
[114] S. Rn. 20.
[115] BGH NJW 1989, 843, 844; aA *Kissel/Mayer* Rn. 114.
[116] So zu Recht *Kissel/Mayer* Rn. 114; anders zum alten Recht noch BGHSt. 21, 250, 252 = NJW 1967, 1622.
[117] BVerfG NJW 2003, 345; BVerfG NJW 2005, 2689.

auch für eine Änderung während des Geschäftsjahres gemäß Abs. 3.[118] Die fortdauernde Zuständigkeit kann sowohl für den ganzen Spruchkörper wie für einen einzelnen Richter vorgesehen werden, so dass dieser zB mit einem Teil seiner Arbeitskraft dem alten, mit dem anderen Teil seiner Arbeitskraft dem neuen Spruchkörper angehört. Es kann auch aus den mit bestimmten Sachen befassten einzelnen Richtern des bisherigen Spruchkörpers allein wegen der fortdauernden Zuständigkeit dieser Richter ein besonderer Spruchkörper gebildet werden, der nur für die Abwicklung der Alt-Verfahren zuständig ist.[119] Die Fortwirkungsanordnung obliegt dem Präsidium (Ausnahme: § 21i Abs. 2). Die Fortwirkungsanordnung darf nach dem Wortlaut von Abs. 4 nur ergehen, wenn der Richter oder Spruchkörper bereits „tätig geworden" ist. Über den Wortlaut hinaus ist es jedoch auch zulässig, allein an die einmal begründete Zuständigkeit anzuknüpfen.[120] Damit werden die Unsicherheiten vermieden, die mit dem Merkmal „tätig geworden" notwendig verbunden sind (wie lange schon? Wie umfangreich?). Das Präsidium braucht jedoch nicht notwendig auf die einmal begründete Zuständigkeit abzustellen. Es kann nach seinem pflichtgemäßen Ermessen auch auf eine bereits erbrachte Tätigkeit abstellen und dem bisherigen Richter oder Spruchkörper nur einzelne Sachen belassen.[121] Es muss sich jedoch pflichtgemäß entsprechend dem Zweck von Abs. 4 entscheiden. Dieser Zweck besteht vor allem auch darin, einen möglicherweise entstehenden Manipulationsverdacht zu verhindern.[122] Wird keine Fortwirkungsanordnung nach Abs. 4 getroffen, so gilt das Jährlichkeitsprinzip (Rn. 20) mit der Folge, dass bei einem Zuständigkeitswechsel der neue Spruchkörper mit dem neuen Jahr für alle Verfahren zuständig wird. Dies gilt auch, wenn eine einmal getroffene offene Fortwirkungsanordnung im Folgejahr nicht wiederholt wird.[123] Darin liegt, auch wenn es eine einzelne Sache betrifft, kein Verstoß gegen das Abstraktionsprinzip.[124] Von einer stillschweigenden Fortwirkung über das Geschäftsjahr hinaus kann nicht ausgegangen werden.[125]

39 **10. Grundsatz sofortiger Geltung.** Der Grundsatz sofortiger Geltung besagt, dass der Geschäftsverteilungsplan mit seiner Beschlussfassung und Bekanntgabe[126] sofortige Geltung erlangt. Es bedarf keiner besonderen Anordnung der Vollziehung. Dies gilt auch im Falle der Klage eines Richters gegen den Geschäftsverteilungsplan, die nur als Feststellungsklage erhoben werden kann,[127] nicht aber als Anfechtungsklage, da der Geschäftsverteilungsplan kein Verwaltungsakt ist[128] und deshalb auch § 80 VwGO keine Anwendung findet.[129] Auch ein für rechtswidrig gehaltener Geschäftsverteilungsplan ist deshalb zu befolgen, bis seine Unwirksamkeit gerichtlich festgestellt ist.[130] Einstweilige Anordnungen mit dem Ziel der Aussetzung der Vollziehung sind möglich,[131] müssen aber im Interesse der Stetigkeit, der Wahrung des gesetzlichen Richters und der Autonomie des Präsidiums auf Fälle begrenzt bleiben, in denen die Unwirksamkeit des Geschäftsverteilungsplans auch im summarischen Verfahren klar und eindeutig erkennbar ist.

V. Die Regelung der Vertretung

40 **1. Zuständigkeit des Präsidiums.** Zu den Aufgaben des Präsidiums gehört auch die Regelung der Vertretung im Falle von Verhinderungen. Die Zuständigkeit des Präsidiums beschränkt sich jedoch auf die Vertretungsregelung zwischen den Spruchkörpern. Die Vertretungsregelung innerhalb eines Spruchkörpers obliegt den dem Spruchkörper angehörenden Berufsrichtern gemäß § 21g Abs. 2. Ausnahmen bestehen bei kleinen Amtsgerichten gemäß § 22b GVG. Im Übrigen wird diese Vertretungsregelung über den Bereich eines Gerichts hinaus gemäß §§ 70, 117 auf Antrag des Präsidiums von der Landesjustizverwaltung getroffen.[132] In Eilfällen kann der Präsident oder aufsichtführende Richter gemäß § 21i Abs. 2 Anordnungen für die Vertretung an Stelle des Präsidiums treffen.

---

[118] Vgl. BFH NJW 1996, 3367; BVerwG NJW 1987, 2031.
[119] BGH DRiZ 1980, 147.
[120] S. *Kissel/Mayer* Rn. 149; vgl. *Meyer-Goßner* Rn. 17.
[121] *Kissel/Mayer* Rn. 149.
[122] BVerwG NJW 1987, 2031.
[123] BVerwG NJW 1991, 1370.
[124] BVerwG NJW 1991, 1370, 1371.
[125] BVerwG NJW 1991, 1370.
[126] S. Rn. 58, 59.
[127] S. Rn. 63.
[128] S. Rn. 6.
[129] *Zöller/Gummer* Rn. 56.
[130] BVerfGE 31, 47, 54; BVerwGE 50, 11, 21 = NJW 1976, 1224; BGHZ 85, 154; BGH DRiZ 1978, 249; *Zöller/Gummer* Rn. 5455.
[131] VGH München NJW 1994, 2308; VGH Kassel DRiZ 1984, 62; *Kissel/Mayer* Rn. 101.
[132] Dazu *Priepke* DRiZ 1985, 293.

2. Inhaltliche Gestaltung. Die inhaltliche Gestaltung der Vertretung muss so vorgenommen werden, dass für jeden Richter ein ständiger Vertreter vorgesehen wird. Der Umstand allein, dass ein Richter Mitglieder desselben Spruchkörpers ist, macht ihn nicht zum Vertreter, wenn er nicht im allgemeinen Geschäftsverteilungsplan oder internen Plan als Vertreter ausgewiesen ist.[133] Eine Vertretungsregelung erst bei Eintritt der Verhinderung oder eine Änderung des Geschäftsverteilungsplans ist unzulässig,[134] sofern es sich nicht um eine dauernde Verhinderung gemäß Abs. 3 handelt.[135] Es muss deshalb auch Vorsorge für die Vertretung bei Verhinderung des Vertreters getroffen werden, so dass eine lückenlose Kette von Vertretern (sog. Ringvertretung)[136] besteht. Die Vertretungsregelung muss umfassend sein und auch Hilfsspruchkörper umfassen.[137] Die Reihenfolge bei der Heranziehung der einzelnen Vertreter einschließlich etwaiger Kollisionen bei mehreren Vertretungen muss genau feststehen.[138] Eine Vertreterbestellung für den Einzelfall bei unzulänglicher Vertretungsregelung ist nicht zulässig.[139] Nach welchen Grundsätzen die Vertretung erfolgt, ist dem Ermessen des Präsidiums überlassen. Es ist jedoch an die Grundsätze gebunden, die allgemein für die Aufstellung von Geschäftsverteilungsplänen gelten[140] und muss § 21f Abs. 2 beachten. Erforderlich ist eine ständige Vertretungsregelung für die ganze Dauer des Geschäftsjahres. Grundsätzlich unzulässig ist eine bloß zeitweilige Vertretung bei Eintritt eines Verhinderungsfalles für dessen Dauer etwa für einzelne Sitzungstage.[141] Eine Ausnahme gilt gemäß § 22b Abs. 2, weil für die Vertretungsregelung über die Gerichtsgrenzen hinaus ein Geschäftsverteilungsplan nicht vorgeschrieben ist.

3. Verhinderung und ihr Wegfall. Eine Verhinderung als Voraussetzung der Vertretung liegt vor, wenn ein Richter aus tatsächlichen oder rechtlichen[142] Gründen seine ihm zugewiesenen richterlichen Aufgaben nicht wahrnehmen kann. Eine Verhinderung kann im Sinne der Vertretungsregelung vorübergehend, auch nur wenige Stunden oder von längerer Dauer sein. Abs. 3, der bei dauernder Verhinderung eine Änderung der Geschäftsverteilung vorsieht, steht der Anwendung der bestehenden Vertretungsregelung nicht entgegen, solange eine Änderung gemäß Abs. 3 nicht möglich ist.[143] Eine dauernde Verhinderung besteht insbesondere bei Tod, Eintritt in den Ruhestand oder Versetzung. Als vorübergehende Verhinderungsgründe kommen insbesondere in Betracht Krankheit, Urlaub, Dienstreise, Dienstbefreiung, Inanspruchnahme durch andere Dienstgeschäfte, auch Verwaltungstätigkeit oder die Abfassung eines umfangreichen Urteils,[144] die Abhaltung einer Lehrveranstaltung,[145] die Unmöglichkeit zur erforderlichen Vorbereitung,[146] zB umfangreiches Aktenstudium nach Beendigung einer Krankheit kurz vor der Sitzung, die Zeugenvernehmung eines Richters.[147] Eine Verhinderung aus rechtlichen Gründen ist etwa die Ausschließung oder Ablehnung eines Richters nach §§ 41ff. ZPO oder die vorläufige Dienstenthebung.[148] Eine Verhinderung besteht noch nicht, wenn eine Verhandlung nur für einen Tag bestimmt ist, aber möglicherweise länger dauern könnte und der Richter nur für den Fall längerer Dauer verhindert ist.[149]

4. Feststellung der Verhinderung. Eine ausdrückliche Feststellung der Verhinderung ist möglich aber entbehrlich, wenn sie offenkundig und unzweifelhaft ist,[150] so zB bei Abwesenheit vom Gericht wegen Krankheit, Urlaub oder Dienstreise.[151] Eine unzweifelhafte Verhinderung besteht auch auf Grund einer Ablehnungsentscheidung (§§ 46, 48 ZPO) oder auch bei Kollisionen nach

---

[133] BGH NJW-RR 2007, 932 (ein Richter im Nebenamt, Hochschullehrer, mit 0,05% Arbeitskraft (!), war nicht zum Vertreter bestellt worden, entschied aber über eine Richterablehnung als Vertreter).
[134] S. BGH GA 1979, 222.
[135] S. Rn. 35.
[136] S. *Kissel/Mayer* Rn. 140.
[137] OLG Hamm JMBlNRW 1982, 45.
[138] BVerwG DÖV 1976, 747
[139] BGH NStZ 1988, 36.
[140] S. Rn. 11ff.
[141] *Kissel/Mayer* Rn. 143; vgl. *Kopp/Schenke* § 4 VwGO Rn. 14a; *Müller* NJW 1978, 899; *Münn* DRiZ 1973, 233; aA BGH NJW 1977, 1696 zu § 67 Abs. 1 aF; *Holch* JR 1978, 37; *Zöller/Gummer* Rn. 18.
[142] VGH Kassel AS 32, 306.
[143] S. auch BFH NJW 1989, 3240.
[144] BGH NJW 1974, 1572.
[145] BGH DRiZ 1983, 234.
[146] LG Frankfurt DRiZ 1980, 311; *Kissel/Mayer* Rn. 144.
[147] BGH NJW 1955, 152.
[148] BSG MDR 1963, 960.
[149] BayObLG MDR 1980, 426.
[150] BGH NJW 1963, 1260; BVerwG DÖV 1979, 299; DRiZ 1983, 234; *Kissel/Mayer* Rn. 145.
[151] BGH DRiZ 1980, 147, 148.

dem Geschäftsverteilungsplan.[152] Bei fehlender Offenkundigkeit, zB bei fehlender Vorbereitungsmöglichkeit oder Verhinderung durch Abfassung eines umfangreichen Urteils muss die Verhinderung **förmlich festgestellt** werden.[153] Zuvor ist der verhinderte Richter nicht von seinen Aufgaben befreit und der Vertreter nicht zuständig.[154] Die förmliche Feststellung obliegt nicht dem Richter selbst, sondern dem Gerichtspräsidenten oder dem aufsichtführenden Richter.[155] Der Präsident oder aufsichtführende Richter handelt insoweit als Selbstverwaltungsorgan mit richterlicher Unabhängigkeit. Seine Zuständigkeit ist deshalb verfassungsrechtlich unbedenklich und verletzt nicht Art. 101 Abs. 1 S. 2 GG.[156] Der Präsident oder aufsichtführende Richter stellt auch seine eigene Verhinderung fest.[157] Bei Vertretung innerhalb des Spruchkörpers trifft die Feststellung die Vorsitzende. Die förmliche Feststellung ist formfrei möglich, sollte aber zu Beweiszwecken aktenkundig festgehalten werden.[158] Die Zuständigkeit und das Verfahren für die Feststellung der Verhinderung gelten auch für die **Feststellung des Wegfalls der Verhinderung.** Der Gerichtspräsident sollte den Wegfall deshalb ebenso wie den Eintritt der Verhinderung festhalten. Bei offensichtlichem Wegfall der Verhinderung wird jedoch der ursprünglich mit der Aufgabe betraute Richter oder, wenn ein nachrangiger Vertreter einen vorrangigen Vertreter vertritt, der vorrangige Vertreter zuständig.[159] Offenkundigkeit liegt vor, wenn die Verhinderung objektiv nicht besteht und dies zweifelsfrei feststeht, insbesondere der ursprünglich verhinderte Richter anwesend und zur Mitwirkung in der Lage ist.[160]

VI. Auslegung und Anwendung des Geschäftsverteilungsplans

44   **1. Auslegung.** Die Auslegung des Geschäftsverteilungsplans richtet sich nach allgemeinen Grundsätzen der Auslegung von Rechtsnormen. Die gewachsene Übung des Gerichts hat dabei maßgebliche Bedeutung.[161] Zur Vermeidung von Lücken ist auch eine erweiternde Auslegung zulässig.[162] Eine analoge Anwendung ist jedoch nicht möglich. Vielmehr muss zur Schließung einer durch Auslegung nicht behebbaren Lücke das Präsidium eine Ergänzung des Geschäftsverteilungsplans beschließen.[163]

45   **2. Zuteilung.** Die Zuteilung der eingehenden Sachen gemäß dem Geschäftsverteilungsplan erfolgt zunächst durch die zur Bearbeitung aller Eingänge zuständige Geschäftsstelle. Der Spruchkörper, dem eine Sache zugeteilt wurde, hat jedoch zunächst durch den Vorsitzenden, bei Ablehnung und Zweifeln endgültig durch den gesamten Spruchkörper,[164] über seine geschäftsplanmäßige Zuständigkeit zu entscheiden. Er darf in der Sache des Weiteren erst tätig werden, wenn er seine Zuständigkeit bejaht hat. Lehnt er sie ab, so muss er die Sache an den für zuständig gehaltenen Spruchkörper abgeben. Die **Abgabe** ist nach hM formlos und bindet den Spruchkörper, an den verwiesen wird, nicht.[165] In § 621 Abs. 3 ZPO, § 102, ist eine bindende und unanfechtbare Abgabe in der Form des Beschlusses vorgesehen.

46   **3. Kompetenzkonflikte.** Bei der Auslegung und Anwendung des Geschäftsverteilungsplans kann es zwischen verschiedenen Spruchkörpern zu Meinungsverschiedenheiten kommen, die zu positiven oder negativen **Kompetenzkonflikten** führen. Positive Kompetenzkonflikte werden kaum entstehen.[166] Ein negativer Konflikt liegt zB vor, wenn zwei Zivil- oder Strafkammern gleicher Art sich jeweils für unzuständig halten. Sie sind nach hM durch das Präsidium zu entscheiden, das über Auslegung und Anwendung des Geschäftsverteilungsplans mit bindender Wirkung für die beteiligten Spruchkörper entscheidet.[167] Soweit es die Auslegung von Gesetzen, insbesondere auch

---

[152] S. auch *Kissel/Mayer* Rn. 145.
[153] BGH NJW 1967, 637; BGH DRiZ 1980, 147, 148.
[154] *Kissel/Mayer* Rn. 146.
[155] BGH DRiZ 1980, 147, 148; OLG Hamm JMBlNRW 1980, 67; VGH Kassel AS 32, 306; *Kissel/Mayer* Rn. 148; aA *Stanicki* DRiZ 1974, 357; *Müller* MDR 1974, 1665.
[156] BGH NJW 1973, 1291; 1974, 870.
[157] BGH NJW 1967, 637.
[158] *Kissel/Mayer* Rn. 147.
[159] BGH NJW 1988, 1922.
[160] S. auch BGH NJW 1988, 1922.
[161] BVerwGE 44, 218; BVerwG DÖV 1976, 747; BFH 1981 BStBl. II S. 400.
[162] BGH DRiZ 1980, 147.
[163] S. dazu auch Rn. 30.
[164] AA *Thomas/Putzo/Hüßtege* Rn. 39.
[165] S. etwa BGHZ 6, 178, 181; 40, 148, 155; 63, 214, 217; 71, 264, 272.
[166] *Kissel/Mayer* Rn. 116.
[167] BGH NJW 2000, 80; BGH DRiZ 1978, 249; OLG Brandenburg OLG-NL 2006, 239; *Kissel/Mayer* Rn. 117f.

Aufgaben und Befugnisse des Präsidiums; Geschäftsverteilung 47–52 § 21e GVG

die *gesetzliche* Geschäftsverteilung betrifft, entscheidet dagegen allein das erkennende Gericht,[168] notfalls das übergeordnete Gericht gemäß § 36 Nr. 6 ZPO.[169] Eine Anfechtung dieser Entscheidung mit Rechtsmitteln, insbesondere der Revision, findet nicht statt, wenn die Entscheidung nicht willkürlich ist, weil sie sich im Rahmen pflichtgemäßen Ermessens hält.[170]

Die aA[171] bestreitet eine solche **Zuständigkeit des Präsidiums.** Sie verstoße gegen den Abstraktionsgrundsatz sowie gegen den Grundsatz der Vorausbestimmung. 47

VII. Verfahren des Präsidiums

1. Rechtliche Grundlagen. a) GVG. Das GVG enthält in § 21e einige Vorschriften über das vom Präsidium zu beachtende Verfahren, regelt dieses Verfahren aber nur lückenhaft. Das Verfahren des Präsidiums betreffende Vorschriften finden sich noch in § 21c Abs. 1 S. 2 und § 21i Abs. 1. 48

b) Keine analoge Anwendung der Verfahrensgesetze. Zur Ausfüllung der Lücken tritt keine analoge Anwendung der Verfahrensgesetze über gerichtliche Erkenntnisverfahren ein. Es sind also ZPO, FGG, StPO, VwGO, VwVfG nicht analog anzuwenden, auch nicht §§ 169ff. über Öffentlichkeit und Sitzungspolizei sowie die §§ 192ff. über Beratung und Abstimmung,[172] da gerade im Hinblick auf Beratung und Abstimmung einzelne spezielle Vorschriften bestehen, die auf die Besonderheiten des Verfahrens vor dem Präsidium abstellen (s. zB § 21e Abs. 2, Abs. 3 S. 2, Abs. 5, 7; § 21c Abs. 1 S. 2; § 21i Abs. 1). 49

c) Verfahrensregelung in eigener Autonomie. Soweit gesetzliche Vorschriften nicht bestehen, regelt das Präsidium sein Verfahren in eigener Autonomie nach pflichtgemäßem Ermessen.[173] Es muss allgemeine Rechtsgrundsätze jedes rechtsstaatlichen Verfahrens beachten, wie etwa die Sicherung einer unabhängigen und freien Stimmabgabe oder die Wahrung des rechtlichen Gehörs individuell Betroffener. Jedes Präsidium kann sich jeweils eine **eigene Geschäftsordnung** als autonome Satzung mit lediglich interner Wirkung[174] geben, ist hierzu aber nicht verpflichtet.[175] Über die Zweckmäßigkeit einer solchen Satzung muss das Präsidium selbst entscheiden. 50

2. Sitzungen. Aus § 21c Abs. 1 S. 2, der eine „Sitzung" voraussetzt und ebenso wie § 21i Abs. 1 auf die Anwesenheit abstellt, ergibt sich, dass das Präsidium auf Sitzungen in Anwesenheit der Mitglieder zu tagen und zu entscheiden hat.[176] Die Anwesenheit ist Dienstpflicht.[177] Teilnahmeberechtigt auch an Beratung und Abstimmung ist der Vertreter gemäß § 21c Abs. 1 S. 2. Entscheidungen im schriftlichen Umlaufverfahren sind nicht generell zulässig.[178] Ein schriftliches Umlaufverfahren kann nur durchgeführt werden in eilbedürftigen und nicht umstrittenen Fällen. Voraussetzung ist aber, dass alle am konkreten Beschluss mitwirkungsberechtigten Mitglieder dem schriftlichen Verfahren zustimmen und keinen Diskussionsbedarf sehen.[179] Die Sitzungen werden vom Vorsitzenden einberufen und geleitet. Zur Öffentlichkeit vgl. Abs. 8 und Rn. 58. 51

3. Vorsitz und Geschäftsführung. Vorsitzender des Präsidiums ist gemäß § 21a Abs. 2 der Präsident oder aufsichtführende Richter. Die Vertretungsregelung enthält § 21c Abs. 1 S. 1 und § 21h. Dem Vorsitzenden obliegt es, die Sitzungen des Präsidiums einzuberufen, sie vorzubereiten und sie zu leiten. Der Vorsitzende stellt die Tagesordnung auf, kann dabei aber vom Präsidium überstimmt werden. Eine Anrufung der Gerichte wegen der Tagesordnung ist nicht möglich.[180] Gleiches gilt für die Frage, wer zu den Sitzungen zu laden ist.[181] Die Beschlüsse des Präsidiums sind 52

---

[168] BGHSt. 26, 191, 200 = NJW 1975, 2304, 2306.
[169] BGH NJW-RR 1993, 1282; BGH NJW 1978, 1531; OLG Nürnberg NJW 1975, 2345; OLG Koblenz NJW 1977, 1735 und 1736; vgl. auch grundlegend BGH NJW 2000, 80.
[170] BGHSt. 25, 242, 244 = NJW 1974, 154; BGHSt. 26, 191 = NJW 1975, 2304.
[171] *Manfred Wolf* in der 2. Aufl.; *Heintzmann* DRiZ 1975, 320; *Müller* JZ 1976, 587; *Müller* DRiZ 1978, 14, 16; *Weitl* DRiZ 1977, 112.
[172] BGH NJW 1995, 2494.
[173] BGH NJW 1995, 2494; BVerwG NJW 1992, 254; BVerwG NJW 1984, 575; *Kissel/Mayer* Rn. 28.
[174] S. *Schorn/Stanicki* S. 174.
[175] VGH Mannheim DRiZ 1980, 147; *Frauendorf* DÖV 1980, 556; *Kissel/Mayer* Rn. 29; *Stanicki* DRiZ 1978, 334; gegen Zulässigkeit einer Satzung *Funk* DRiZ 1973, 265.
[176] *Baumbach/Lauterbach/Hartmann* Rn. 19; *Feiber* HessJMBl. 1976, 223; *Kissel/Mayer* Rn. 36ff.; *Kopp/Schenke* § 4 VwGO Rn. 4; *Müller* NJW 1978, 899, 900.
[177] S. § 21a Rn. 19.
[178] *Thomas/Putzo/Hüßtege* Rn. 6; aA *Schmidt* DRiZ 1973, 163; *Zöller/Gummer* § 21i Rn. 3.
[179] BVerwG NJW 1992, 254, 255; s. auch § 21i Rn. 5.
[180] So zu Recht *Kissel/Mayer* Rn. 35; aA VG Sigmaringen DRiZ 1978, 344; VGH Mannheim DRiZ 1980, 147.
[181] S. *Kissel/Mayer* Rn. 32; aA VG Schleswig DRiZ 1968, 144.

aber bei unrichtiger und unvollständiger Ladung fehlerhaft. Der Vorsitzende führt und verwaltet die Akten des Präsidiums und hat dessen Beschlüsse bekannt zu geben und durchzuführen. Dazu gehören auch dienstliche Äußerungen zB gegenüber dem Revisionsgericht[182] sowie die Öffentlichkeitsarbeit und die Wahrnehmung der Rechte gegenüber der Justizverwaltung.[183] Eine Befugnis zum Stichentscheid bei Stimmengleichheit hat der Vorsitzende nicht.[184] Bei Stimmengleichheit kann der Vorsitzende jedoch gemäß Abs. 7 S. 2 in entsprechender Anwendung des § 21i Abs. 2 eine sog. Eilanordnung treffen, die dem Präsidium zur Genehmigung vorzulegen ist und bis zu einer anderen Entscheidung des Präsidiums in Kraft bleibt.[185] Der Vorsitzende kann seine Aufgaben nicht mit befreiender Wirkung auf andere übertragen,[186] wohl aber kann er sich anderer zur Mithilfe und Vorbereitung bedienen.

53 **4. Anhörungsrechte. a) Allgemeines.** Zur sachgerechten Vorbereitung der Beschlussfassung des Präsidiums sieht das Gesetz Anhörungsrechte der möglicherweise Betroffenen sowie des Richterrats und des Vertrauensmanns für Schwerbehinderte vor. Das Präsidium bleibt jedoch in seiner Entscheidung grundsätzlich frei. Die Art und Weise der Anhörung bleibt dem Präsidium überlassen.[187] Auf das Anhörungsrecht kann über Abs. 5 hinaus in Eilfällen verzichtet werden.[188] Eine Verletzung des Anhörungsrechts berührt die Wirksamkeit des Geschäftsverteilungsplans und sonstiger Beschlüsse des Präsidiums nicht.[189]

54 **b) Allgemeines Anhörungsrecht.** Ein allgemeines Anhörungsrecht steht allen Richtern zu, die nicht Mitglieder des Präsidiums sind. Dieses allgemeine Anhörungsrecht bezieht sich auf Anregungen zur Geschäftsverteilung, ohne dass es auf ein Betroffensein der Richter oder ihrer Spruchkörper ankommt. Für das allgemeine Anhörungsrecht kommt es nicht darauf an, dass eine beabsichtigte Beschlussfassung des Präsidiums konkret mitgeteilt wird.[190] Das allgemeine Anhörungsrecht aller Richter besteht nur für die Jahresgeschäftsverteilung. Bei Änderung des Geschäftsverteilungsplans im Laufe des Geschäftsjahres besteht gemäß Abs. 3 S. 2 nur für die Vorsitzenden Richter der von der Änderung berührten Spruchkörper ein Anhörungsrecht.

55 **c) Anhörungsrecht des Betroffenen.** Ein spezielles Anhörungsrecht des Betroffenen sieht **Abs. 5** für den betroffenen Richter vor, sei es, dass er einem anderen Spruchkörper zugeteilt wird oder sein Zuständigkeitsbereich geändert wird. Das Anhörungsrecht gilt bei Aufstellung des Jahresgeschäftsverteilungsplans wie bei dessen Änderung gemäß Abs. 3. Es steht jedem betroffenen Richter, sei er Vorsitzender oder Beisitzer, persönlich zu. Nicht ausreichend ist es, wenn in einer allgemeinen Richterversammlung die beabsichtigten Änderungen vorgestellt werden und hierbei Gelegenheit zur Äußerung gegeben wird. Der Präsident oder dessen Beauftragter kann den betroffenen Richter anhören und seine Meinung dem Präsidium mitteilen; wenn aber der betroffene Richter seine Ansicht selbst dem Präsidium mündlich vortragen will muss dem entsprochen werden. Bei Änderung des Zuständigkeitsbereichs eines Kollegialspruchkörpers ist nicht nur der Vorsitzende anzuhören, sondern auch die Beisitzer. Das **Anhörungsrecht nach Abs. 5** unterscheidet sich vom **Anhörungsrecht nach Abs. 2** dadurch, dass es eine konkrete Entscheidung des Präsidiums betrifft, die den Anhörungsberechtigten deshalb zuvor mitgeteilt werden muss. Zur Anhörung in Eilfällen s. Rn. 53. Ein spezielles Anhörungsrecht besteht auch bei Änderung des Geschäftsverteilungsplans während des Jahres nach Abs. 3 für den Vorsitzenden des betroffenen Spruchkörpers. Auch hier muss die geplante Maßnahme konkret mitgeteilt werden.

56 **d) Schwerbehindertenvertretung, Richterrat.** Anhörungsrechte bestehen nach § 25 Abs. 4 S. 4 SchwbG auch für die Schwerbehindertenvertretung auf Antrag eines betroffenen schwerbehinderten Richters[191] sowie für den **Richterrat** gemäß § 52 DRiG mit §§ 67, 68 BPersVG und den entsprechenden Vorschriften der Länder, wenn er im Interesse und Einverständnis des von einer Maßnahme belasteten Richters sich äußern will.[192]

57 **e) Anhörungsrecht des Präsidiums.** Ein Recht des Präsidiums auf Anhörung besteht gemäß **Abs. 6,** wenn ein Richter für Aufgaben der Justizverwaltung nach § 4 DRiG ganz oder teilweise

---

[182] BGH GA 1979, 222.
[183] *Kissel/Mayer* Rn. 30.
[184] Der Stichentscheid wurde abgeschafft durch Gesetz vom 22. 12. 1999 (BGBl. I S. 2598).
[185] S. § 21i Rn. 6 ff.
[186] S. auch BGH GA 1979, 222.
[187] *Kissel/Mayer* Rn. 48.
[188] S. auch *Kissel/Mayer* Rn. 51; aA *Zöller/Gummer* Rn. 24.
[189] Kissel/Mayer Rn. 56; vgl. *Wieczorek/Schreiber* Rn. 22; *Zöller/Gummer* Rn. 24.
[190] S. dagegen Rn. 55.
[191] Zu § 22 Abs. 4 SchwbG aF *Pentz* DÖD 1974, 223.
[192] S. *Pentz* DRiZ 1975, 46.

freigestellt wird. Das Anhörungsrecht besteht nur bezüglich solcher Richter, die wegen der Übertragung von Justizverwaltungsaufgaben von den ihnen bisher wahrgenommenen Rechtsprechungsaufgaben freigestellt werden und deshalb dem Präsidium nicht mehr wie bisher zur Zuteilung zur Verfügung stehen. Es gilt deshalb nicht für Richter, die von vornherein zum Teil an ein Gericht abgeordnet werden sowie für den Präsidenten, den aufsichtführenden Richter und deren Vertreter.[193] Das Recht, angehört zu werden, besteht gegenüber der für die Zuweisung der Justizverwaltungsaufgaben zuständigen Stelle.

5. Beratung und Abstimmung (Abs. 8). Beratung und Abstimmung sind grundsätzlich **nicht öffentlich.** Das Präsidium kann (mit Mehrheit) die Anwesenheit der Richter des Gerichts gemäß Abs. 8 S. 1 aber entweder zeitweise oder für die gesamte Dauer der Beratung und Abstimmung zulassen; das ist unzweckmäßig, weil es auf ein imperatives Mandat hinausläuft.[194] Die Richteröffentlichkeit kann auch für die künftigen Sitzungen der Amtsperiode beschlossen werden.[195] Auch eine Zulassung lediglich einzelner Richter ist möglich.[196] Daneben können Hilfspersonen, wie zB Protokollführer, durch das Präsidium zugelassen werden.[197] Eine Ausschließung und Ablehnung von Präsidiumsmitgliedern findet nicht statt, auch soweit über eigene Angelegenheiten eines Mitglieds zu befinden ist.[198] Die Beratung und Abstimmung leitet der Vorsitzende, gleichgültig, ob § 194 angewendet wird[199] oder nicht.[200] Die Abstimmung setzt Beschlussfähigkeit gemäß § 21 i Abs. 1 voraus. Die Beschlüsse werden gemäß Abs. 7 S. 1 grundsätzlich durch Abstimmung mit Stimmenmehrheit gefasst. Bei Stimmengleichheit kann der Vorsitzende gemäß Abs. 7 S. 2 iVm. § 21 i Abs. 2 eine Entscheidung durch eine sog. Eilanordnung treffen (vgl. Rn. 52). Die Anwesenheit des Präsidenten bzw. aufsichtführenden Richters oder seines Vertreters (§ 21 h) ist deshalb Voraussetzung für die Beschlussfähigkeit.[201] Das Beratungsrecht des Vizepräsidenten etc. gemäß § 21 c Abs. 1 S. 2 gibt ihm kein Stimmrecht. Jedes Mitglied hat nur eine gleichberechtigte Stimme, auch der Vorsitzende. Die Reihenfolge und die Art der Abstimmung, ob offen oder geheim, steht in der Autonomie des Präsidiums. § 197 gilt nicht.[202] Eine Stimmenthaltung ist nicht zulässig,[203] weil die Teilnahme und Mitwirkung im Präsidium einschließlich der Stellungnahme bei Entscheidungen zu den Dienstpflichten gehört. Die Stimmenmehrheit richtet sich nach der Zahl der anwesenden, nicht verhinderten Mitglieder. Die Form der Beschlussfassung steht dem Präsidium frei. Jedoch bedarf der Beschluss spätestens nach erfolgter Abstimmung der sofortigen schriftlichen Fixierung zum Zwecke der Auflegung gemäß Abs. 9. Die Aufzeichnung des Beschlusses erfolgt in einem vom Vorsitzenden und mindestens einem weiteren Mitglied zu unterzeichnenden Ergebnisprotokoll.[204] Bei Änderungsbeschlüssen gemäß Abs. 3 ist auch der Anlass der Änderung anzugeben. Die Wirksamkeit der Beschlüsse tritt nicht schon mit der Abstimmung, auch nicht erst mit der Auflegung, sondern mit ihrer Bekanntgabe ein.

6. Bekanntgabe und Offenlegung (Abs. 9). Entsprechend der Doppelfunktion des Geschäftsverteilungsplans als interner Organisationsakt gegenüber dem Richter und Rechtssetzungsakt gegenüber dem Rechtsuchenden ist er in verschiedener Weise bekanntzumachen. Gegenüber den betroffenen Richtern erfolgt dies durch Bekanntgabe (Verteilung von Kopien); ebenso gegenüber den betroffenen Geschäftsstellen. Gegenüber den Rechtsuchenden und ihren Vertretern sieht **Abs. 9** vor, dass der Geschäftsverteilungsplan zur Einsichtnahme aufzulegen ist. Dies gilt nicht nur für den Jahresgeschäftsverteilungsplan, sondern auch für Änderungsbeschlüsse gemäß Abs. 3.[205] Es gilt aber nicht für andere Beschlüsse. Vorzulegen sind Abschriften, nicht die Urschrift. Einsicht in die Urschrift bei den Präsidialakten kann nur aus berechtigtem Anlass[206] vom Präsidenten oder aufsichtführenden Richter auf Antrag gewährt werden.[207] Gegenüber Personen, die zur Einsichtnahme bei Gericht nicht in der Lage sind (zB ortsfernen Anwälten), ist Auskunft zu gewäh-

---

[193] *Kissel/Mayer* Rn. 58.
[194] Zur Zweckmäßigkeit vgl. *Löbbert, Wudtke, Fasshauer* und *Hillmann* SchlHA 2006, 65 bis 71.
[195] OVG Weimar DVBl 2005, 524.
[196] Vgl. *Kissel* NJW 2000, 460.
[197] *Kissel/Mayer* Rn. 60.
[198] *Kissel/Mayer* Rn. 68; aA *Wömpner* DRiZ 1982, 404.
[199] So BGH NJW 1958, 550.
[200] So *Kissel/Mayer* Rn. 70.
[201] Vgl. § 21 h Rn. 4.
[202] BGH NJW 1995, 2494; *Kissel/Mayer* Rn. 71.
[203] *Fischer* DRiZ 1978, 174; *Kissel/Mayer* Rn. 72; aA *Schorn/Stanicki* S. 163.
[204] BVerwG NJW 1984, 2961.
[205] *Kissel/Mayer* Rn. 75.
[206] Dazu OLG Hamm NJW 1980, 1009.
[207] OLG Düsseldorf MDR 1979, 1043 = JMBlNRW 1979, 227.

ren,[208] etwa durch Übersendung von Kopien der einschlägigen Stellen des Plans. Die Auflegung zur Einsichtnahme ist zwingendes Erfordernis. Eine Veröffentlichung (etwa in der Zeitung, im Internet) ist nicht vorgeschrieben (Abs. 9), ist aber jederzeit zulässig.

VIII. Rechtsmittel bei fehlerhaftem Geschäftsverteilungsplan

60 Bei der Aufstellung des Geschäftsverteilungsplans können Rechtsvorschriften verletzt werden. Fehler können auch bei der Anwendung des Geschäftsverteilungsplans unterlaufen.

61 1. **Rechtsverletzungen bei Aufstellung des Geschäftsverteilungsplans. a) Verfahrensfehler.** Die Rechtsverletzungen bei Aufstellung des Geschäftsverteilungsplans oder etwaigen Änderungsbeschlüssen können Verfahrensfehler darstellen, die sowohl die Wahl (§ 21b) und die Besetzung des Präsidiums (§ 21a) als auch das vom Präsidium einzuhaltende Verfahren[209] oder die Zuständigkeit des Präsidiums[210] bzw. des Präsidenten oder aufsichtführenden Richter nach § 21i Abs. 2 betreffen können. Verfahrensfehler berühren die Wirksamkeit des Geschäftsverteilungsplans grundsätzlich nicht. Dies gilt etwa bei Verletzung von Anhörungsrechten oder bei Verletzung von Wahlvorschriften, wie § 21b Abs. 6 S. 3 klarstellt. Zwar regelt § 21b Abs. 6 S. 3 ausdrücklich nur den Fall des Rechtsmittels gegen eine gerichtliche Entscheidung. Da jedoch das erkennende Gericht ohne gültigen Geschäftsverteilungsplan nicht vorschriftsmäßig besetzt wäre und dies einen absoluten Revisionsgrund ergeben würde (§ 547 Nr. 1 ZPO), muss davon ausgegangen werden, dass die Gültigkeit des Geschäftsverteilungsplans nicht betroffen ist, wenn bei Wahlverstößen ein Rechtsmittel gegen die gerichtliche Entscheidung durch § 21b Abs. 6 S. 3 nicht vorgesehen wird. Eine Ausnahme von dem Grundsatz, dass Verfahrensfehler die Wirksamkeit des Geschäftsverteilungsplans nicht berühren, gilt jedoch, wenn es sich um grundlegende Verstöße handelt, die die Geltungsgrundlagen jedes Rechtsetzungsakts betreffen. Zu den grundlegenden Verstößen dieser Art gehört es etwa, wenn eine Anordnung ohne die nach Abs. 7 erforderliche Stimmenmehrheit ergeht[211] oder wenn ein Beschluss ohne jede Rechtsgrundlage gefasst wird. Dazu gehört auch, wenn der Präsident an Stelle des Präsidiums entscheidet, obwohl offenkundig die Voraussetzungen von § 21i Abs. 2 nicht vorliegen.[212]

62 b) **Materielle Rechtsfehler.** Rechtsverletzungen bei Aufstellung des Geschäftsverteilungsplans können auch materielle Rechtsfehler zum Inhalt haben. Sie liegen vor, wenn der Geschäftsverteilungsplan nach seinem Inhalt nicht den Anforderungen entspricht, die das Gebot des gesetzlichen Richters an die Abstraktheit,[213] Bestimmtheit, Vorausbestimmung, Stetigkeit und Vollständigkeit der Geschäftsverteilung stellt, wenn der Inhalt des Geschäftsverteilungsplans gegen gesetzliche Vorschriften verstößt[214] oder wenn er in die richterliche Unabhängigkeit eingreift.[215] Materielle Rechtsfehler begründen die Unwirksamkeit des Geschäftsverteilungsplans, soweit gegen gesetzliche Gebote der Geschäftsverteilung und Spruchkörperbesetzung verstoßen wird, soweit der gesetzliche Richter gemäß Art. 101 Abs. 1 S. 2 GG nicht gewahrt ist oder in die richterliche Unabhängigkeit eingegriffen ist.

63 c) **Geltendmachung der Unwirksamkeit.** Die Geltendmachung der Unwirksamkeit setzt nach hM die rechtskräftige Feststellung in einem gerichtlichen Verfahren voraus, sei es auf Grund einer Feststellungsklage gegen den Geschäftsverteilungsplan[216] oder sei es durch inzidente Feststellung im Rahmen einer Klage im Einzelfall.[217] Ohne rechtskräftige Feststellung kann sich ein Betroffener nicht auf die Unwirksamkeit des Geschäftsverteilungsplans berufen,[218] es sei denn, es liege ein besonders grober und schwerwiegender Verstoß vor, der die Bestimmung des gesetzlichen Richters in keiner Weise ermöglicht und deshalb zur Nichtigkeit führt. Mit der Unterscheidung von Rechtsverletzungen, die nur nach rechtskräftiger Feststellung zu beachten sind und schweren Verstößen, die zur Nichtigkeit führen, weicht die Beurteilung der Wirksamkeit von Geschäftsver-

---

[208] OLG Frankfurt NStZ-RR 2006, 208, das aber zu Unrecht einen Anspruch auf Übersendung von Photokopien ablehnt.
[209] S. Rn. 48 ff.
[210] Rn. 2 ff.
[211] S. *Kissel/Mayer* Rn. 120.
[212] S. auch *Kissel/Mayer* Rn. 120.
[213] S. als Beispiel BVerwG NJW 1987, 2031.
[214] S. dazu Rn. 23 ff.
[215] S. auch *Manfred Wolf* DRiZ 1976, 364, 367 f.; insoweit auch *Kissel/Mayer* Rn. 121.
[216] S. BVerwGE 50, 11; vgl. auch Rn. 39.
[217] So in BVerwG NJW 1987, 2031; s. auch Rn. 64.
[218] S. *Manfred Wolf* DRiZ 1976, 364, 366.

Aufgaben und Befugnisse des Präsidiums; Geschäftsverteilung 64–66 § 21e GVG

teilungsplänen von sonstigen Rechtsvorschriften ab, wo Rechtsverstöße grundsätzlich zur Nichtigkeit führen.[219] Diese Abweichung ist aber erforderlich, weil zur Erfüllung des Justizgewährungsanspruchs ein zuständiger Richter bestimmt werden muss, so lange dies, und sei es auch auf Grund eines rechtsfehlerhaften Geschäftsverteilungsplans, möglich ist.

2. Rechtsmittel gegen Geschäftsverteilungspläne. a) Rechtsmittel des Rechtsuchen- 64 **den.** Obwohl der Geschäftsverteilungsplan gegenüber dem Rechtsuchenden Rechtsnormcharakter hat, kann er nicht im Normenkontrollverfahren nach § 47 VwGO überprüft werden,[220] da das OVG nur im Rahmen seiner Gerichtsbarkeit tätig werden kann, zu der die Organisationsakte anderer Gerichtsbarkeiten jedoch nicht zählen.[221] Der Rechtsuchende kann jedoch gegen eine ihn konkret belastende Entscheidung (Urteil, Beschluss) Rechtsmittel einlegen und dabei auch einen fehlerhaften Geschäftsverteilungsplan rügen, wenn dies zu einer inzident zu prüfenden unvorschriftsmäßigen Besetzung iSv. § 547 Nr. 1 ZPO führt.[222] Maßgebender Zeitpunkt für die vorschriftsmäßige Besetzung ist der Zeitpunkt der Sachentscheidung, nicht des Eingangs der Sache bei Gericht.[223] Eine Verfassungsbeschwerde wegen Verstoßes gegen Art. 101 Abs. 1 S. 2 GG[224] kommt erst nach Erschöpfung des Rechtswegs in Betracht (§ 90 Abs. 2 BVerfGG).

b) Rechtsmittel betroffener Richter. Wird ein Richter durch den Geschäftsverteilungsplan in 65 seiner richterlichen Unabhängigkeit beeinträchtigt, so kann er dagegen gerichtlichen Rechtsschutz in Anspruch nehmen. Voraussetzung ist jedoch eine Beeinträchtigung der richterlichen Unabhängigkeit. Eine Verletzung des gesetzlichen Richters kann von einem Richter nicht geltend gemacht werden.[225] Auch auf die Verletzung sonstiger gesetzlicher Vorschriften zur Geschäftsverteilung und Spruchkörperbesetzung kann sich der Richter nicht berufen, weil diese Vorschriften im Regelfall nicht zum Schutz seiner Interessen bestimmt sind. Soweit der Richter wegen Beeinträchtigung seiner richterlichen Unabhängigkeit gerichtlichen Rechtsschutz in Anspruch nehmen kann, wird sowohl die Zuständigkeit des Richterdienstgerichts analog §§ 62, 78 DRiG erwogen,[226] als auch die Zulässigkeit des Verwaltungsrechtswegs.[227] Da die Zuständigkeit des Richterdienstgerichts nach §§ 62, 78 DRiG jedoch enumerativ abschließend aufgezählt ist,[228] ist der Verwaltungsrechtsweg anzunehmen.[229] Als Klageart kommt die Feststellungsklage in Betracht.

3. Rechtsverletzung und Rechtsmittel bei Anwendung des Geschäftsverteilungsplans. 66 Über die Anwendung des Geschäftsverteilungsplans entscheidet der jeweils befasste Spruchkörper in eigener Zuständigkeit.[230] Maßgebend ist der im Zeitpunkt der Entscheidung in der Hauptsache geltende Geschäftsverteilungsplan.[231] Unterlaufen bei Anwendung des Geschäftsverteilungsplans Fehler, so berührt dies die Gültigkeit der richterlichen Handlung grundsätzlich nicht. § 22 d, der dies für den Richter am Amtsgericht zum Ausdruck bringt, enthält einen allgemein gültigen Grundsatz.[232] § 22 d steht einer Anfechtung mit den Rechtsmitteln der Berufung und Revision jedoch nicht entgegen, wenn die fehlerhafte Anwendung des Geschäftsverteilungsplans zu einem Verstoß gegen das Gebot des gesetzlichen Richters führt,[233] da es nicht sinnvoll ist, eine auf Art. 101 Abs. 1 S. 2 GG gestützte Verfassungsbeschwerde zuzulassen (s. Art. 93 Abs. 1 Nr. 4a GG), solange der Fehler noch mit Hilfe von Rechtsmitteln beseitigt werden kann. Ein Verstoß gegen den gesetzlichen Richter bei Anwendung von Rechtsnormen durch das Gericht liegt jedoch nach der Rechtsprechung des BVerfG nur bei willkürlicher Rechtsanwendung vor.[234] Dies muss auch bei fehlerhaf-

---

[219] S. *W. Schmidt,* Staats- und Verwaltungsrecht, Rn. 111 ff.
[220] Ebenso VGH München NJW 1979, 1471 und 1492; VGH Kassel NJW 1977, 1895; *Kopp/Schenke* § 47 VwGO Rn. 20; unter Verneinung des Normcharakters OVG Lüneburg NJW 1984, 627; für Anwendung von § 47 VwGO *Rentz* DRiZ 1977, 179, 180; *Renck* NJW 1984, 2928.
[221] S. auch *Manfred Wolf* § 14 IV 1.
[222] S. BGH NJW 1959, 685; BVerwG NJW 1984, 2961; 1987, 2031; *Gloria* NJW 1989, 445.
[223] BVerwG NJW 1985, 822.
[224] So im Fall BVerfG NStZ 2005, 643.
[225] *Manfred Wolf* § 7 I 4.
[226] So insbes. *Kornblum* NJW 1977, 666; s. auch *Kissel/Mayer* Rn. 121.
[227] BVerwGE 50, 11.
[228] S. *Schmidt-Räntsch* § 62 DRiG Rn. 2.
[229] BVerwG NJW 1983, 2589; BGH NJW 1984, 2531; *Kissel/Mayer* Rn. 121; s. auch *Manfred Wolf* § 14 IV 1 b.
[230] S. Rn. 45.
[231] BVerwG NJW 1991, 1370.
[232] BGHZ 37, 125.
[233] So auch BVerwG NJW 1991, 1370; s. ferner *Schilken* Rn. 379; *Manfred Wolf* § 14 IV 2 b; aA BSG NJW 1985, 2355.
[234] S. etwa BVerfGE 29, 45, 49; 29, 198, 207; 48, 246, 262; s. auch BayVerfGH NJW 1985, 2894; BAG SAE 1985, 81, 84.

ter Anwendung des Geschäftsverteilungsplans gelten.[235] Deshalb kann die Berufung und Revision nicht auf jeden Anwendungsfehler gestützt werden, sondern nur auf eine willkürlich fehlerhafte Anwendung des Geschäftsverteilungsplans. Willkür liegt aber grundsätzlich vor, wenn gegen das Gebot der Abstraktheit verstoßen wird, indem Änderungen speziell für eine bestimmte Einzelsache getroffen werden.[236] Auf die Einhaltung des Geschäftsverteilungsplans und die daraus sich ergebende Besetzung der Gerichte können die Verfahrensbeteiligten nicht verzichten.[237] Auch eine Heilung gemäß § 295 ZPO scheidet aus.[238]

§ 21 f [Vorsitz in den Spruchkörpern]

(1) Den Vorsitz in den Spruchkörpern bei den Landgerichten, bei den Oberlandesgerichten sowie bei dem Bundesgerichtshof führen der Präsident und die Vorsitzenden Richter.

(2) [1] Bei Verhinderung des Vorsitzenden führt den Vorsitz das vom Präsidium bestimmte Mitglied des Spruchkörpers. [2] Ist auch dieser Vertreter verhindert, führt das dienstälteste, bei gleichem Dienstalter das lebensälteste Mitglied des Spruchkörpers den Vorsitz.

I. Normzweck

1 § 21 f Abs. 1 legt fest, dass den Vorsitz in den Spruchkörpern der Landgerichte und der höheren Gerichte nur der Präsident und die Vorsitzenden Richter führen können. Diese Regelung ist wichtig, weil der Vorsitzende eines Kollegialspruchkörpers einen richtungsweisenden Einfluss auf die Rechtsprechung dieses Spruchkörpers ausüben soll (s. Rn. 3) und dieser Einfluss den durch ihre Lebenszeitstellung (§ 28 Abs. 2 S. 2 DRiG) und ihre besondere Qualifikation hervorgehobenen Vorsitzenden Richtern zukommen soll. Abs. 2 überlässt die Vertretungsregelung zwar dem Präsidium, enthält aber wegen der Bedeutung der Vorsitzendentätigkeit zugleich eine gesetzliche Vertretungsregelung bei Verhinderung des vom Präsidium bestimmten Vertreters, damit auf keinen Fall eine Lücke entsteht. § 21 f gilt gemäß § 6 a ArbGG auch für Spruchkörper beim LAG und BAG, gemäß § 6 a Nr. 5 ArbGG aber nicht bei den Arbeitsgerichten. In der Verwaltungsgerichtsbarkeit gilt § 21 f gemäß §§ 4, 5 VwGO bei allen Gerichten.

II. Vorsitz im Spruchkörper

2 **1. Person des Vorsitzenden.** Vorsitzender eines Spruchkörpers beim LG, OLG und BGH kann nur der Präsident oder ein Vorsitzender Richter iSv. § 19 a DRiG sein, der gemäß § 28 Abs. 2 S. 2 DRiG zugleich Richter auf Lebenszeit sein muss; nicht ein beisitzender Richter. Ein Amtsrichter kann nicht zum ständigen Vorsitzenden einer ordentlichen Strafkammer bestellt werden.[1] Der Vizepräsident ist rangmäßig zugleich Vorsitzender Richter. Ein Vorsitzender Richter kann auch zwei oder mehrere geschäftsplanmäßig selbständige Spruchkörper führen,[2] wenn sein richtungsweisender Einfluss gesichert ist. Der Vorsitz darf nicht unbesetzt bleiben.[3] Die Justizverwaltung muss die im Haushalt vorgesehenen Vositzendenstellen besetzen.[4] Der Vorsitz im Spruchkörper darf aber nicht einem anderen Richter übertragen werden, sofern dies nicht nur vertretungsweise gemäß Abs. 2 geschieht. Andernfalls liegt eine fehlerhafte Besetzung vor.[5] Dies gilt auch, wenn die vorgesehene Beförderung eines Richters zum Vorsitzenden Richter wegen einer allgemeinen Beförderungssperre nicht vorgenommen wird.[6] Für das Amtgericht ist § 21 f nicht einschlägig; im Falle des § 106 kann ein Richter am Amtsgericht an einer auswärtigen Kammer für Handelssachen den Vorsitz führen, ohne Vorsitzender Richter gemäß § 19 a DRiG zu sein. Diese Regelung ist als lex specialis gegenüber § 21 f wirksam.[7] Auch in einem Hilfsspruchkörper, der zur Beseitigung der vor-

---

[235] BVerwG NJW 1991, 1370; *Manfred Wolf* § 14 IV 2 b; *Schilken* Rn. 379.
[236] BVerwG NJW 1984, 2961; 1987, 2031, 2032.
[237] BGH NJW-RR 1998, 699.
[238] BGH NJW-RR 1998, 699.
[1] OLG Hamm NStZ-RR 2004, 146.
[2] BGH NJW 1984, 131; 1967, 1297.
[3] OLG Hamm NStZ-RR 2004, 146.
[4] BDiszG ZBeamtenR 2001, 336.
[5] BGHZ 10, 134.
[6] BGH NJW 1985, 2336; Hamburg MDR 1984, 868.
[7] S. BVerfG NJW 1986, 1366; BGH NJW 1984, 129; *Kissel/Mayer* Rn. 4.

übergehenden Überlastung eines anderen Spruchkörpers gebildet wird,[8] kann der Vorsitz einem anderen Richter übertragen werden,[9] der aber Richter auf Lebenszeit sein muss (§ 28 Abs. 2 S. 2 DRiG). Dies ist zulässig, da die vorübergehende Überlastung den Anlass für eine Vertretung bildet, die nach Abs. 2 auch einem anderen Richter übertragen werden kann.

2. Aufgaben des Vorsitzenden. Der Vorsitzende Richter muss nach hM einen **richtungsweisenden Einfluss** auf die Rechtsprechung seines Spruchkörpers ausüben.[10] Dies bedeutet jedoch nicht, dass ihm ein stärkeres Gewicht bei der Abstimmung etwa in Form eines Stichentscheids zustünde. Vielmehr hat jeder Richter die gleiche Stimme.[11] Deshalb kann auch der Vorsitzende überstimmt werden. Der Vorsitzende soll aber die Stetigkeit der Rechtsprechung im Spruchkörper wahren, indem er etwa über die bisherige Rechtsprechung der Kammer bzw. des Senats informiert. Durch das neue System des originären Einzelrichters (§ 348 ZPO) ist das freilich ziemlich obsolet, weil Kammerentscheidungen nun seltener sind. Um diesen Einfluss zu sichern, muss der Vorsitzende Richter an einem wesentlichen Teil der seinem Spruchkörper zugewiesenen Kammersachen mitwirken.[12] Als Faustregel dafür wird ein Anteil von 75% angesehen.[13] Dies gilt auch für den Präsidenten.[14] Sofern er durch Verwaltungsaufgaben zu einem erheblichen Teil seiner Arbeitskraft belastet ist, wie bei großen Gerichten, muss ein Spruchkörper mit ganz geringem Anfall von Verfahren eingerichtet werden, dem er sich dann als Vorsitzender anschließt;[15] letztlich sind das Fiktionen. Gleiches gilt für einen Vorsitzenden Richter, der den Vorsitz in mehreren Spruchkörpern führt (zB Notarsenat)[16] oder dem sonstigen Aufgaben gemäß § 4 Abs. 2 DRiG übertragen sind. Der Vorsitzende darf nicht von vornherein einen sachlich abgegrenzten Teil seiner Aufgaben dem Vertreter überlassen.[17] Er darf sich aber zB in jeder 4. Sitzung vertreten lassen.[18] Die Mitwirkung zu 75% kann bei unvorhergesehener Verhinderung, zB wegen Krankheit unterschritten werden. Ist der wesentliche Einfluss nicht gesichert, so liegt eine ordnungsmäßige Besetzung nicht vor.[19] Zu den Aufgaben des Vorsitzenden gehört, den äußerlich ordnungsgemäßen Ablauf der Geschäfte und deren zügige und sachgemäße Erledigung sicherzustellen,[20] einschließlich der verfahrensleitenden Maßnahmen im Prozess (zB §§ 136, 216, 275, 276 ZPO). Der Vorsitzende hat auch die Unabhängigkeit des Spruchkörpers gegenüber Eingriffen von außen zu wahren.[21] Der Vorsitzende Richter muss die Aufgaben des Vorsitzenden seines Spruchkörpers wahrnehmen und ihm muss ein Spruchkörper übertragen werden. Er darf nicht ausschließlich mit Aufgaben der Gerichtsverwaltung oder eines Ermittlungsrichters belastet werden.[22] Zulässig ist aber, dass er in einem anderen Spruchkörper als Beisitzer tätig ist, zB in einer Disziplinarkammer.[23] Der wesentliche Einfluss in seinem Spruchkörper darf dadurch aber nicht beeinträchtigt werden. Um den wesentlichen Einfluss des Vorsitzenden Richters in seinem Spruchkörper zu sichern, darf jedem Spruchkörper auch nur *ein* Vorsitzender Richter zugewiesen werden. Unzulässig ist es deshalb, neben einem dauernd verhinderten Vorsitzenden Richter einen weiteren Vorsitzenden Richter demselben Spruchkörper zuzuweisen.[24]

III. Vertretung des Vorsitzenden

1. Bestimmung durch Präsidium. Das Präsidium bestimmt nach Abs. 2 S. 1 für jeden Spruchkörper einen **ständigen Vertreter** des Vorsitzenden für ein Jahr im Voraus; bei mehreren Vertretern muss die Reihenfolge geregelt werden.[25] § 21f Abs. 2 gilt nur im Falle einer *vorüber-*

---

[8] S. Kissel/Mayer § 60 Rn. 11.
[9] BGH NJW 1983, 2952 (für Hilfsstrafkammer); Katholnigg JR 1983, 520; aA Frisch NStZ 1984, 88; Kissel/Mayer Rn. 7.
[10] BGHZ 37, 210; 49, 64; BGH NJW 1984, 131; BGH NJW 1992, 47; Kissel/Mayer Rn. 4.
[11] S. auch BVerfGE 26, 72, 76; s. auch § 197 Rn. 1.
[12] BGHZ 20, 362, BGH DRiZ 1978, 184; BSG DRiZ 1975, 377.
[13] S. BGHZ (GS) 37, 210; BGH NJW 1984, 130, 131; Kissel/Mayer Rn. 4; s. auch § 59 Rn. 8.
[14] BGHZ 49, 64; BGH NJW 195, 395.
[15] Vgl. BGHZ (GS) 49, 64, 67.
[16] S. auch BGHZ 29, 291.
[17] BGHZ 9, 291.
[18] BGH NJW 1970, 901; aA noch OLG Frankfurt NJW 1969, 2214.
[19] BGHZ 28, 338; OLG Hamburg StV 2003, 11.
[20] S. auch BVerfGE 18, 344, 351 ff.
[21] BGHZ 35, 309, 314.
[22] S. Kissel/Mayer Rn. 6.
[23] BGH NJW 1984, 130.
[24] BGHZ 15, 137; s. auch BSG RiA 1976, 54.
[25] OLG Hamm NStZ-RR 2004, 146.

gehenden Verhinderung.[26] Im Falle dauernder Verhinderung ist eine Änderung des Geschäftsverteilungsplanes nach § 21 e Abs. 3 vorzunehmen. Eine vorübergehende Verhinderung liegt vor, wenn die Rückkehr des Verhinderten im Zeitpunkt der Feststellung des Vertretungsfalls nicht zweifelhaft erscheint.[27] Der ständige Vertreter muss ständiges Mitglied des Spruchkörpers sein,[28] er ist aber nicht selbst Vorsitzender Richter, sondern Beisitzer im Spruchkörper. Das Präsidium bestimmt auch den Vertreter im Spruchkörper des Präsidenten. Dies steht nicht gemäß § 21 e Abs. 1 S. 3 dem Präsidenten zu. Das Präsidium ist bei der Auswahl des ständigen Vertreters frei. Keine Bindung besteht an die Reihenfolge gemäß Abs. 2 S. 2, da diese Regelung nur subsidiär bei Verhinderung eines vom Präsidium bestellten Vertreters eingreift. Das Präsidium kann nicht nur den ersten ständigen Vertreter, sondern auch die weiteren Vertreter bei Verhinderung der ersten Vertreters bestellen und ist daran nicht durch Abs. 2 S. 2 gehindert.[29]

5   **2. Gesetzliche Vertretungsregelung.** Ist ein Vertreter vom Präsidium nicht bestellt oder ist dieser Vertreter verhindert, so tritt die gesetzliche Vertretungsregelung gemäß Abs. 2 S. 2 in Kraft. Abs. 2 S. 2 gilt auch, wenn das Präsidium einen Vertreter bestellt hat, der nicht dem Spruchkörper als ständiges Mitglied angehört und kein Richter auf Lebenszeit ist, da eine solche Vertreterbestellung unwirksam ist. Ständiges Mitglied ist jeder dem Spruchkörper für ein Jahr zugewiesene Richter. Das kann auch ein abgeordneter Richter gemäß § 37 DRiG sein.[30] Die gesetzliche Vertretung richtet sich nach der aus Abs. 2 S. 2 erkennbaren Reihenfolge, dh. der Zweitälteste ist zur Vertretung erst berufen, wenn der Dienstälteste verhindert ist. Das Dienstalter bestimmt sich nach § 20 DRiG. Bei gleichem Dienstalter entscheidet das Lebensalter. Auch der gesetzlich vorgesehene Vertreter nach Abs. 2 S. 2 muss gemäß § 28 Abs. 2 S. 2 Richter auf Lebenszeit sein. Ist im Spruchkörper außer dem Vorsitzenden Richter nur ein ständiges Mitglied als Richter auf Lebenszeit vorhanden, so ist dieses der nach Abs. 2 S. 2 maßgebliche Vertreter, auch wenn die Vertreter der beisitzenden Richter aus anderen Spruchkörpern dienstälter sind. Sind der Vorsitzende Richter und alle ständigen Beisitzer verhindert, zB auch infolge Ablehnung, so steht der Vorsitz dem dienstältesten Vertreter aus einem anderen Spruchkörper zu.[31]

6   **3. Vorliegen der Verhinderung.** Das Vorliegen der Verhinderung richtet sich nach allgemeinen Grundsätzen.[32] Der Vorsitzende (nicht: Das Präsidium) stellt sie selbst fest, notfalls sein Vertreter, falls die Vertretung innerhalb des Spruchkörpers erfolgt.[33] Ist der Vorsitzende Richter nicht an der Teilnahme, sondern nur am Vorsitz verhindert, zB wegen Beeinträchtigung seiner Stimme durch Heiserkeit, so übernimmt zwar sein Vertreter den Vorsitz, der Vorsitzende Richter kann aber Beisitzer sein.[34] Die Vertretung ist nur zulässig im Falle vorübergehender Verhinderung,[35] die ex ante zum Zeitpunkt des Verhinderungsfalles beurteilt werden muss. Vorübergehende Verhinderung kann auch bei **Vakanz** einer Vorsitzendenstelle eintreten. Jedoch muss die Justizverwaltung unverzüglich einen neuen Vorsitzenden Richter ernennen. Bei dauernder Verhinderung (etwa durch Ausscheiden) muss eine Änderung des Geschäftsverteilungsplans gemäß § 21 e Abs. 3 erfolgen, sobald sie länger als eine übliche Verhinderung durch längere Krankheit bzw. Urlaub dauert.[36] Ist sechs Monate nach dem planmäßigen Ausscheiden eines Vorsitzenden dessen Stelle noch nicht besetzt, liegt regelmäßig keine „vorübergehende Verhinderung" mehr vor.[37] Wenn ein Senatsvorsitzender vom Juli 2002 bis zu seinem Tod im April 2004 ohne Unterbrechung dienstunfähig erkrankt war, dann durfte er 2003 nicht erneut zum Vorsitzenden für 2004 bestellt werden.[38] Das Problem ist, dass dem Präsidium die Einzelheiten der Erkrankung nicht bekannt ist und also auch nicht, ob und wann mit einer Wiederherstellung zu rechnen ist; bei mehr als einem Jahr Erkrankung ist jedenfalls von dauerhafter Verhinderung auszugehen.

7   **4. Ordnungsgemäße und fehlerhafte Besetzung.** Die Besetzung des Spruchkörpers mit dem Vertreter als Vorsitzenden stellt eine ordnungsgemäße Besetzung dar, sofern ein Fall der Verhinde-

---

[26] BGH NJW 2006, 154; 1989, 843; BFH NJW 1989, 3240.
[27] BGH NJW 2006, 154; NJW 1989, 843, 844.
[28] BGH NJW 1965, 58.
[29] *Kissel/Mayer* Rn. 9; aA *Schorn/Stanicki* S. 90.
[30] S. *Kissel/Mayer* Rn. 12.
[31] BGH NJW 1966, 941; 1959, 1141; *Kissel/Mayer* Rn. 13.
[32] S. § 21 e Rn. 42, 43.
[33] BGH NJW-RR 1993, 1406; NJW 1995, 335; *Kissel/Mayer* Rn. 19.
[34] RGSt. 18, 302.
[35] BGH NJW 2006, 154.
[36] BFH NV 2007, 77.
[37] BSG NJW 2007, 2717; dazu *Werner* NJW 2007, 2671.
[38] BGH NJW 2006, 154.

rung vorliegt. Fehlt es daran oder wirkt nicht der richtige Vertreter mit, so liegt eine fehlerhafte Besetzung vor, die das Urteil mit Rechtsmittel anfechtbar macht und gemäß § 547 Nr. 1 ZPO einen absoluten Revisionsgrund darstellt. Nach § 579 Nr. 1 ZPO ist auch Nichtigkeitsklage möglich.

§ 21 g [Geschäftsverteilung innerhalb der Spruchkörper]

(1) ¹Innerhalb des mit mehreren Richtern besetzten Spruchkörpers werden die Geschäfte durch Beschluss aller dem Spruchkörper angehörenden Berufsrichter auf die Mitglieder verteilt. ²Bei Stimmengleichheit entscheidet das Präsidium.

(2) Der Beschluss bestimmt vor Beginn des Geschäftsjahres für dessen Dauer, nach welchen Grundsätzen die Mitglieder an den Verfahren mitwirken; er kann nur geändert werden, wenn es wegen Überlastung, ungenügender Auslastung, Wechsels oder dauernder Verhinderung einzelner Mitglieder des Spruchkörpers nötig wird.

(3) Absatz 2 gilt entsprechend, soweit nach den Vorschriften der Prozessordnungen die Verfahren durch den Spruchkörper einem seiner Mitglieder zur Entscheidung als Einzelrichter übertragen werden können.

(4) Ist ein Berufsrichter an der Beschlussfassung verhindert, tritt der durch den Geschäftsverteilungsplan bestimmte Vertreter an seine Stelle.

(5) § 21 i Abs. 2 findet mit der Maßgabe entsprechende Anwendung, dass die Bestimmung durch den Vorsitzenden getroffen wird.

(6) Vor der Beschlussfassung ist den Berufsrichtern, die von dem Beschluss betroffen werden, Gelegenheit zur Äußerung zu geben.

(7) § 21 e Abs. 9 findet entsprechende Anwendung.

Übersicht

	Rn.		Rn.
I. Normzweck	1	IV. Zuständigkeit des Vorsitzenden	11–15
II. Spruchkörperinterne Geschäftsverteilung	2–6	1. Zuständigkeit als Einzelrichter	11
		2. Zivilkammer, Zivilsenat	12
1. Mitwirkende Richter	2	3. Vorsitzender	13
2. Mitwirkungsplan	3	4. Einzelrichter	14
3. Zuständigkeit des Einzelrichters	4	5. In angemessenem Umfang	15
4. Bestimmung des Berichterstatters	5	V. Verfahren	16
5. Änderungen	6	VI. Überprüfung der spruchkörperinternen Geschäftsverteilung	17, 18
III. Zuständigkeit des Spruchkörpers	7–10	1. Auf Antrag eines Rechtsuchenden	17
1. Verteilung der sachlichen Aufgaben	7	2. Auf Antrag eines betroffenen Richters	18
2. Feststellung einer Verhinderung	8		
3. Schutz der richterlichen Unabhängigkeit	9		
4. Spruchkörper	10		

I. Normzweck

Die Vorschrift betrifft nur den Kollegialspruchkörper. Die Mitglieder vereinbaren selbst die Aufteilung der Arbeit untereinander. Damit wird jegliche Einflussnahme des Präsidiums, des Gerichtspräsidenten oder der Justizverwaltung auf die Tätigkeit und Aufgabenverteilung innerhalb des Spruchkörpers ausgeschlossen. Dies dient der **Sicherung der richterlichen Unabhängigkeit** des Spruchkörpers. Nach der bis zum 31. 12. 1999 gültigen Rechtslage war es allein die Aufgabe des Vorsitzenden, den internen Geschäftsverteilungsplan aufzustellen. Durch Gesetz vom 22. 12. 1999 (BGBl. I S. 2598)[1] wurde diese Alleinzuständigkeit des Vorsitzenden aufgegeben; ob dies sinnvoll war ist eine andere Frage. Soweit der spruchkörperinterne Geschäftsverteilungsplan den gesetzlichen Richter bestimmt (zB den Einzelrichter, § 348 ZPO), hat er wie der Präsidialgeschäftsverteilungsplan[2] Rechtsnormcharakter und es kommt ihm eine Doppelnatur zu.[3]

1

---

[1] S. vor § 21 a Rn. 2.
[2] S. auch *Kissel/Mayer* Rn. 26.
[3] S. § 21 e Rn. 7 ff.

II. Spruchkörperinterne Geschäftsverteilung

2   1. Mitwirkende Richter. Ein Spruchkörper ist in Zivilsachen immer mit mindestens drei Richtern besetzt; den konkreten Fall entscheiden dann entweder drei Richter als Kammer (bzw. OLG-Senat) oder ein Richter als Kammermitglied (bzw. Senatsmitglied), sog. „Einzelrichter". Die Geschäftsverteilung innerhalb eines *mit mehreren* Richtern besetzten Spruchkörpers obliegt nicht allein dem Vorsitzenden. Gemäß Abs. 1 S. 1 haben alle dem Spruchkörper angehörenden Berufsrichter durch Beschluss über die Geschäftsverteilung zu befinden. Berufsrichter in diesem Sinne sind die Richter auf Lebenszeit, auf Zeit, auf Probe oder kraft Auftrags (vgl. §§ 8 ff. DRiG).

3   2. Mitwirkungsplan. Ist die Zivilkammer „gesetzlich" besetzt, also mit dem Vorsitzenden und zwei Beisitzern, dann sind diese drei Personen der „gesetzliche" Richter. Eine fehlende Anordnung nach § 21g tangiert dann den gesetzlichen Richter nicht;[4] sie kann dann nur die Arbeitsverteilung, dh. die Bestimmung des Berichterstatters, betreffen. Irgend eine Manipulation ist wegen der Gleichberechtigung der drei Richter nicht möglich. Anders ist es, wenn der Spruchkörper überbesetzt ist (zB mit dem Vorsitzenden und 3 oder 4 Beisitzern). Hier könnte manipuliert werden (Kammerbesetzung A, B, C oder A, B, D usw.). Anders ist es auch, wenn bestimmt werden soll, wer in einem konkreten Fall der Einzelrichter sein soll. Wenn zugleich der gesetzliche Richter bestimmt wird, sei es, weil der Spruchkörper **überbesetzt** ist oder weil der **Einzelrichter** gemäß §§ 348, 348a, 526 ZPO festgelegt wird, müssen die beschließenden Richter gemäß Abs. 2 einen spruchkörperinternen Mitwirkungsplan für die Dauer eines Geschäftsjahres im Voraus nach denselben Grundsätzen aufstellen, die für den Präsidialgeschäftsverteilungsplan gelten. Die Aufstellung des Mitwirkungsplanes steht unter dem Schutz der richterlichen Unabhängigkeit.[5] Anweisungen des Präsidiums, des Gerichtspräsidenten oder der Justizverwaltung sind unzulässig. Gegen diese können die zuständigen Berufsrichter gemäß § 26 Abs. 3 DRiG vorgehen. Auch für den spruchkörperinternen Mitwirkungsplan sind neben speziellen gesetzlichen Bindungen, wie insbesondere durch §§ 28, 29 DRiG,[6] die Grundsätze der Abstraktheit,[7] der Bestimmtheit, der Vollständigkeit,[8] der Stetigkeit, der Vorausbestimmung, der Jährlichkeit zu beachten.[9] Deshalb dürfen die für eine Sitzung listenmäßig bestimmten **ehrenamtlichen Richter** nach einer Vertagung nur dann auch zum Fortsetzungstermin herangezogen werden, wenn dies eine abstrakt-generelle, zu Beginn des Geschäftsjahres aufgestellte, jedes Ermessen ausschließende Regelung so bestimmt.[10] Im Rahmen dieser Grundsätze steht es im pflichtgemäßen Gestaltungsermessen der beschließenden Richter, nach welchen inhaltlichen Gesichtspunkten sie den Mitwirkungsplan aufstellen. Sie müssen aber sicherstellen, dass die dem Spruchkörper insgesamt zugewiesenen Sachen einschließlich einer Anhörungsrüge gemäß § 321a ZPO[11] nach sachlichen Kriterien ohne Möglichkeit zur Manipulation verteilt werden und damit zu Beginn des Geschäftsjahres für dessen gesamte Dauer feststeht, welche Richter an welcher Sache mitwirken. Diese Voraussetzung ist nicht erfüllt, wenn erst die Terminierung der einzelnen Sache die Zusammensetzung des Spruchkörpers ergibt (Sitzgruppe A, B, C am ersten Donnerstag, A, B, D am zweiten Donnerstag des Monats usw.). Die Möglichkeit des Vorsitzenden, die Zusammensetzung der Spruchkörper durch entsprechende Terminierung zu beeinflussen ist mit Art. 101 Abs. 1 S. 2 GG nicht vereinbar.[12] Ehrenamtliche Richter können aber nach Sitzungstagen eingeteilt werden;[13] das war schon immer üblich und zweckmäßig und berührt wegen der konkreten Situation den gesetzlichen Richter nicht. Die Richter müssen bei der Erstellung der „Mitwirkungsgrundsätze" auf eine annähernd gleichmäßige Belastung der Mitglieder des Spruchkörpers achten.[14] Möglich ist eine Verteilung nach Aktenzeichen, Reihenfolge des Eingangs, nach Anfangsbuchstaben, nach Sachgebieten oder nach der Vorinstanz. Der Mitwirkungsplan muss sich nach dem Vollständigkeitsprinzip auf alle anfallenden Sachen erstrecken, nicht nur auf die, in denen eine

---

[4] BGH NJW 2004, 2992.
[5] BVerfGE 18, 344, 351 f.; BGHZ 42, 163, 168.
[6] S. dazu auch § 21e Rn. 25 ff.
[7] S. auch BGH NJW 1994, 1735.
[8] Offengelassen in BGH NJW-RR 1998, 699.
[9] Vgl. BVerfGE 95, 322 = NJW 1997, 1497; BGH NJW 2000, 371; BGH NJW-RR 1999, 796; sowie § 21e Rn. 12 ff.
[10] BAG NJW 1997, 2133.
[11] BGH NJW-RR 2006, 63.
[12] BVerfGE 95, 322 = NJW 1997, 1497; BFH NJW 1992, 1062; BGH NJW 1993, 1596; jeweils noch zur alten Fassung.
[13] *Zöller/Gummer* Rn. 7; aA *Manfred Wolf* in der 2. Auflage.
[14] S. auch BGH NJW 1980, 951 noch zur früheren Rechtslage.

mündliche Verhandlung stattfindet.[15] Die einmal bestimmte Zusammensetzung muss grundsätzlich bis zum Abschluss des Verfahrens erhalten bleiben.[16] Der Mitwirkungsplan muss auch die Regelung der Vertretung enthalten, soweit sie innerhalb des Spruchkörpers stattfindet. Die Regelung der Vertretung durch Mitglieder anderer Spruchkörper erfolgt dagegen durch den Präsidialgeschäftsverteilungsplan ebenso wie die Vertretung des Vorsitzenden, auch wenn sie durch ein Mitglied des Spruchkörpers erfolgt (§ 21 f Abs. 2).

3. Zuständigkeit des Einzelrichters. Der Mitwirkungsplan muss gemäß Abs. 3 auch die Zuständigkeit des Einzelrichters am Landgericht nach §§ 348, 348a ZPO und am OLG nach § 526 ZPO regeln. Das Gebot des gesetzlichen Richters gilt sowohl für die Bestimmung des selbst entscheidenden Einzelrichters nach §§ 348, 348a und § 526 ZPO, als auch für den vorbereitenden Einzelrichter nach § 527 Abs. 3 und 4,[17] nicht aber dafür, wer in einem konkreten Fall im Spruchkörper als Berichterstatter fungiert,[18] da dieser als gleichberechtigt mitwirkender gesetzliche Richter bereits nach dem Mitwirkungsplan feststeht und der Berichterstatter keine weitergehende Entscheidungsbefugnis in der Sache hat. Im Beschluss über die Geschäftsverteilung müssen die Person des Einzelrichters nach §§ 348, 348a, 526 ZPO und die ihm im Falle der Einzelrichterentscheidung zufallenden Sachen nach den Grundsätzen des Geschäftsverteilungsplans[19] festlegt werden. Auch der Vorsitzende hat Aufgaben als Einzelrichter zu übernehmen. Ob im Einzelfall wirklich der Einzelrichter oder die Kammer entscheidet, bestimmt nach § 348 ZPO das Gesetz sowie gemäß § 348a ZPO die Kammer oder nach § 526 ZPO der Senat und nicht der Beschluss über die Geschäftsverteilung. Die Kammer bestimmt nach Abs. 3 auch die Person des Einzelrichters. Der Einzelrichtermitwirkungsplan nach Abs. 3 muss auch eine Vertretungsregelung bei Verhinderung des Einzelrichters enthalten, die sich aber nur auf Mitglieder des Spruchkörpers erstrecken kann. Wird der Einzelrichter der Zivilkammer abgelehnt (§ 45 ZPO); entscheidet die Kammer[20] und nicht etwa der Einzelrichter, der Vertreter des abgelehnten Einzelrichters ist; ebenso ist es beim OLG. 4

4. Bestimmung des Berichterstatters. Der **Berichterstatter** kann, muss aber nicht, im Mitwirkungsplan abstrakt nach den Grundsätzen des Geschäftsverteilungsplans bestimmt werden, da er als Mitglied des erkennenden Gerichts bereits als gesetzlicher Richter feststeht (beim gesetzlich besetzten Spruchkörper ist das unproblematisch). Die Aufgabe des Berichterstatters betrifft nicht den gesetzlichen Richter, da alle Mitglieder des erkennenden Gerichts gleichberechtigt an der Entscheidung mitwirken; es gibt einen gesetzlichen Richter, aber keinen „gesetzlichen Berichterstatter". Wer von den Mitgliedern einer konkreten Sitzgruppe (zB A, B, D) die Aufgaben des Berichterstatters wahrnimmt, kann deshalb weiterhin der Vorsitzende im Einzelfall nach seinem Ermessen ohne Verstoß gegen Art. 101 Abs. 1 S. 2 GG bestimmen.[21] Etwas anderes gilt jedoch, wenn der Mitwirkungsplan bestimmt, dass der jeweilige Berichterstatter Einzelrichter iSv. §§ 348, 348a 526 ZPO sein soll; dann muss auch er nach abstrakten Regeln vorher bestimmbar sein.[22] Nach freiem Ermessen kann der Senat weiterhin den Einzelrichter gemäß § 527 ZPO[23] sowie den beauftragten Richter nach § 361 ZPO bestimmen. 5

5. Änderungen. Der Plan gilt grundsätzlich für ein Jahr. Änderungen des Mitwirkungsplans sind in den in Abs. 2, 2. Halbs. abschließend aufgezählten Fällen der Überlastung, ungenügenden Auslastung, des Wechsels oder der dauernden Verhinderung eines Spruchkörpermitglieds möglich.[24] Bei Vorliegen eines solchen Änderungsgrundes muss die Änderung nicht ihrerseits noch einmal sachlich begründet werden.[25] Diese entsprechen den für den Präsidialgeschäftsverteilungsplan vorgesehenen Änderungsgründen.[26] Im Falle einer Änderung gemäß Abs. 2 oder bei einer Änderung des Mitwirkungsplans im neuen Geschäftsjahr kann durch Beschluss der Berufsrichter analog § 21 e Abs. 4[27] angeordnet werden, dass der in einer Sache einmal zuständig gewesene Richter zuständig 6

---

[15] *Seide* NJW 1973, 265; aA zum alten Recht noch BGH NJW 1967, 1922.
[16] Zu Ausnahmen s. Rn. 5.
[17] *Kissel/Mayer* Rn. 45; aA *Seide* NJW 1973, 265.
[18] *Kissel/Mayer* Rn. 41.
[19] S. § 21 e Rn. 11 ff.
[20] BGH NJW 2006, 2492; früher umstritten.
[21] S. auch BGH MDR 1980, 843; *Kissel/Mayer* Rn. 41; aA *Zöller/Gummer* Rn. 4; *Berkemann* JR 1997, 284.
[22] BVerfGE 95, 330 f. = NJW 1996, 1498; VGS BGH NJW 1994, 1735; *Sangmeister* NJW 1995, 289; *Kissel* DRiZ 1995, 125.
[23] S. Rn. 3.
[24] Vgl. BGH NStZ 2001, 611.
[25] S. BGH NZM 2006, 707.
[26] S. § 21 e Rn. 30 ff., s. auch BGH NJW 1999, 796.
[27] S. § 21 e Rn. 38.

bleibt.[28] Dies gilt jedoch nur, wenn der Richter weiterhin Mitglied des Spruchkörpers bleibt. Andernfalls muss das Präsidium nach § 21 e Abs. 4 entscheiden. Der Beschluss über die Änderung bzw. Neuerstellung eines Mitwirkungsplanes im neuen Geschäftsjahr kann andererseits jedoch auch bereits anhängige Verfahren zum Gegenstand der Neuregelung machen. Für die Bestimmung der personellen Besetzung eines Spruchkörpers ist dann auf den Zeitpunkt der zu treffenden richterlichen Entscheidung, und nicht auf den des Eingangs der Sache abzustellen.[29]

III. Zuständigkeit des Spruchkörpers

7   **1. Verteilung der sachlichen Aufgaben.** Die spruchkörperinterne Geschäftsverteilung steht nach § 21g allen dem Spruchkörper angehörenden Berufsrichtern, nicht dagegen den ehrenamtlichen Richtern, zu. Weder das Präsidium noch der Präsident sind dazu berufen. Das Präsidium weist dem Spruchkörper nur die einzelnen Richter und die sachlichen Aufgaben zu. Die Verteilung der sachlichen Aufgaben auf die einzelnen Richter innerhalb des Spruchkörpers, einschließlich der Mitwirkung bei der Entscheidung über ein Ablehnungsgesuch,[30] steht dagegen allein den Berufsrichtern des Spruchkörpers zu. Dies gilt auch für Richter, die dem Spruchkörper nur mit einem Teil ihrer Arbeitskraft zugewiesen werden. Das Präsidium muss dann den Bruchteil der Arbeitskraft festlegen,[31] darf aber den Richter nicht nur für bestimmte Aufgabengebiete, zB nur Urteilssachen, zuweisen. Das Präsidium kann aber einen überbesetzten Spruchkörper in zwei Spruchkörper mit demselben Vorsitzenden aufteilen.[32] Dies gilt jedoch nur, wenn ein neuer selbständiger Spruchkörper mit selbständigem Aufgabenbereich gebildet wird.

8   **2. Feststellung einer Verhinderung.** Der Spruchkörper ist auch zuständig für die Feststellung einer Verhinderung; auch, wenn es die Verhinderung des Vorsitzenden betrifft. Die Feststellung der Verhinderung obliegt allein dem Spruchkörper, soweit eine Vertretung innerhalb des Spruchkörpers möglich ist.[33] Soweit ein Vertreter außerhalb des Spruchkörpers einspringen muss, steht die Feststellung der Verhinderung in Zweifelsfällen dem Präsidenten zu.[34] Der Vertretungsfall sollte zweckmäßigerweise aktenkundig festgehalten werden, nötig ist dies aber nicht.[35]

9   **3. Schutz der richterlichen Unabhängigkeit.** Die Aufstellung des Mitwirkungsplans wie die Feststellung der Verhinderung stehen unter dem Schutz der richterlichen Unabhängigkeit.[36] Anweisungen des Präsidiums, des Gerichtspräsidenten oder der Justizverwaltung sind unzulässig. Gegen sie können die Berufsrichter des Spruchkörpers gemäß § 26 Abs. 3 DRiG vorgehen.

10 **4. Spruchkörper.** § 21 g gilt für alle mit mehreren Berufsrichtern besetzten Spruchkörper, gleichgültig ob sie am LG, OLG oder BGH bzw. bei den Gerichten der anderen Gerichtsbarkeiten eingerichtet sind. Entscheidend ist die Einrichtung des Spruchkörpers und seine Besetzung als Institution innerhalb einer Gerichtsbehörde, nicht dagegen die Entscheidung oder Wahrnehmung sonstiger richterlicher Aufgaben im Einzelfall. Deshalb ist auch am LG oder OLG trotz Entscheidung des Einzelrichters gemäß §§ 348, 348 a 526 ZPO stets die Kammer oder der Senat für den Mitwirkungsplan zuständig. Lediglich bei der Kammer für Handelssachen entscheidet allein der Vorsitzende als alleiniger Berufsrichter.

IV. Zuständigkeit des Vorsitzenden

11 **1. Zuständigkeit als Einzelrichter.** Der Vorsitzende der Zivilkammer muss in angemessenem Umfang als Einzelrichter tätig werden. Dies ergibt sich wie für die übrigen Richter aus §§ 348, 348 a ZPO. Es gilt auch für den Vorsitzenden eines Zivilsenats am OLG; vgl. § 526 ZPO. Die durch das Einzelrichterprinzip frei werdende Arbeitskapazität des Vorsitzenden, soll ausgenutzt werden, indem er ebenfalls als Einzelrichter tätig wird. Die Stellung als Vorsitzender bleibt erhalten. Er hat die Eilzuständigkeit (Rn. 14) und behält insbesondere, soweit die Kammer noch in den Fällen des §§ 348a, 526 ZPO entscheidet, seine Leitungs- und seine maßgebliche Mitwirkungsfunktion. Wegen dieser zusätzlichen Sonderaufgaben ist er nicht verpflichtet, das volle Deputat eines Einzelrichters zu übernehmen.

---

[28] BGH NJW 1977, 965; 1987, 124.
[29] BGH NJW 1999, 796.
[30] BGH NJW-RR 2007, 932.
[31] BGH NJW 1974, 109 für Hochschullehrer.
[32] BGH NJW 1968, 1242.
[33] BGH DRiZ 1983, 234.
[34] S. § 21 e Rn. 43.
[35] BGH DRiZ 1984, 234.
[36] BVerfGE 18, 344, 351 f.; BGHZ 42, 163, 168; *Kissel/Mayer* Rn. 31.

2. Zivilkammer, Zivilsenat. Die Verpflichtung gilt nicht für den Vorsitzenden der Kammer 12
für Handelssachen, dessen Aufgabenbereich unverändert durch § 349 ZPO und § 105 bestimmt
wird. Sie gilt auch nicht für den Vorsitzenden eines Senats beim Bundesgerichtshof, weil es beim
BGH kein Einzelrichtersystem gibt (§ 555 Abs. 2 ZPO).[37]

3. Vorsitzender. Vorsitzender ist der Richter, dem dieses Amt stellenplanmäßig übertragen ist 13
und dem die Aufgabe des Vorsitzenden gemäß § 21f nach dem Geschäftsverteilungsplan zugewiesen
ist. Der Stellvertreter des Vorsitzenden iSv. § 21 f Abs. 2 hat in aller Regel nicht das stellenplanmäßige Amt des Vorsitzenden inne.

4. Einzelrichter. In seiner Stellung als Einzelrichter hat der Vorsitzende keine Sonderbefugnisse, 14
sondern übt die Tätigkeit des Einzelrichters wie jedes andere Kammermitglied aus. Die Stellung des
Vorsitzenden bleibt aber besoldungsrechtlich und als Amt erhalten. Die Aufgaben des Vorsitzenden
bleiben insoweit, als die Kammer nach §§ 348, 348a ZPO oder der Senat nach § 527 ZPO zur
Entscheidung berufen ist, weiterhin bestehen, zB nach §§ 136, 139, 163, 216 Abs. 2, 226, 227,
275, 276 ZPO.

5. In angemessenem Umfang. Die Pflicht zur Einzelrichtertätigkeit besteht für den Vorsit- 15
zenden nicht voll, sondern in angemessenem Umfang, damit er seine Aufgaben als Vorsitzender
(Rn. 11) ordnungsgemäß wahrnehmen kann. Eine feste Quote kann nicht angegeben werden. Eine
fehlerhafte Besetzung gemäß §§ 538 Abs. 2 Nr. 1, 547 Nr. 1 ZPO kann bei Nichtbeteiligung des
Vorsitzenden als Einzelrichter nicht angenommen werden. Auch eine Verletzung des gesetzlichen
Richters (Art. 101 Abs. 1 S. 2 GG) kommt nicht in Betracht,[38] da die Parteien kein Recht auf eine
bestimmte Geschäftsverteilung haben. Die anderen Kammermitglieder können gegen die Missachtung der Pflicht nur vorgehen, wenn zB durch Überlastung ihre richterliche Unabhängigkeit beeinträchtigt wird.[39]

V. Verfahren

Da der Spruchkörper bei Aufstellung des Mitwirkungsplans vergleichbare Funktionen ausübt wie 16
das Präsidium bei Aufstellung des Geschäftsverteilungsplans, sind auch die für die Aufstellung des
Geschäftsverteilungsplans maßgeblichen Verfahrensgrundsätze sinngemäß anzuwenden. Die Geschäftsverteilung erfolgt durch Beschluss aller dem Spruchkörper angehörenden Berufsrichter; es
genügt nicht, wenn der Vorsitzende einen Plan den anderen Richtern nur „zur Kenntnisnahme"
vorlegt.[40] Ist ein Richter an der Beschlussfassung **verhindert,** was der Vorsitzende festzustellen
hat,[41] hat der durch Geschäftsverteilungsplan bestimmte Vertreter dessen Stimme wahrzunehmen
(Abs. 4). Soweit von dem Mitwirkungsplan bzw. der Einzelrichtergeschäftsverteilung Berufsrichter
betroffen sind, die an der Beschlussfassung nicht teilnehmen, steht ihnen gemäß Abs. 6 ein **Anhörungsrecht** zu. Ein solches Anhörungsrecht haben insbesondere die Berufsrichter, die dem Spruchkörper erst für das neue Geschäftsjahr zugewiesen werden. Der Beschluss über die Geschäftsverteilung wird mit **Stimmenmehrheit** gefasst. Bei Stimmengleichheit entscheidet gemäß Abs. 1 S. 2
das Präsidium. Kann ein Beschluss durch die dazu berufenen Berufsrichter bzw. bei Stimmengleichheit durch das Präsidium nicht rechtzeitig ergehen, hat der Vorsitzende bzw. dessen Vertreter die
erforderliche Anordnung gemäß Abs. 5 iVm. § 21 i Abs. 2 als sogenannte **Eilmaßnahme** zu treffen.
Diese ist schriftlich niederzulegen und unverzüglich den Berufsrichtern des Spruchkörpers, in den
Fällen des Abs. 1 S. 2 dem Präsidium zur Genehmigung vorzulegen. Soweit der Mitwirkungsplan
den gesetzlichen Richter festlegt, kommt ihm Rechtssatzcharakter zu.[42] Er ist deshalb wie der Präsidialgeschäftsverteilungsplan **schriftlich niederzulegen,**[43] um u. a. die Einhaltung in der Rechtsmittelinstanz überprüfen zu können.[44] Zwecks Auslegung und Handhabung im Detail können
mündliche Erläuterungen gegeben werden.[45] Seine Auslegung zur Einsichtnahme hat gemäß Abs. 7
mit § 21e Abs. 9 auf der Geschäftsstelle zu erfolgen.[46] Auf Anfrage ist den Verfahrensbeteiligten
Auskunft zu geben. Eine schriftliche Niederlegung und Auslegung ist auch für Änderungsbeschlüsse

---

[37] S. § 524 ZPO Rn. 2; § 557a ZPO Rn. 1.
[38] AA *Kissel* NJW 1993, 489, 490.
[39] S. § 21g Rn. 11.
[40] BGH NJW 2004, 2992.
[41] Vgl. § 21e Rn. 43 entsprechend.
[42] S. Rn. 1.
[43] BVerfGE 95, 328 = NJW 1997, 1498; BGH NJW 2004, 2992; einschränkend zuvor BGH NJW 1994, 1735.
[44] BGH NJW 1967, 1622.
[45] BFH NJW 1992, 1061; zu weitgehend allerdings BFH NJW 1992, 1062, 1063 f.
[46] *Kissel/Mayer* Rn. 39.

analog § 21e Abs. 9 zu fordern. Die Angabe der Änderungsgründe ist ratsam, aber nicht zwingend.[47]

VI. Überprüfung der spruchkörperinternen Geschäftsverteilung

1. Auf Antrag eines Rechtsuchenden. Über die Anwendung des Mitwirkungsplans im Einzelfall entscheidet der Spruchkörper auf Grund seiner Entscheidungskompetenz in der Sache.[48] Eine isolierte gerichtliche Überprüfung des Mitwirkungsplans auf Antrag eines Rechtsuchenden ist ebenso wenig möglich wie beim Geschäftsverteilungsplan.[49] Ein betroffener Verfahrensbeteiligter kann eine wegen unrichtiger Anwendung des Mitwirkungsplans fehlerhafte Besetzung jedoch mit Rechtsmitteln anfechten (§§ 538 Abs. 2 Nr. 1, 547 Nr. 1 ZPO). Er muss dazu jedoch konkrete Einzeltatsachen vortragen, aus denen sich der Fehler ergibt.[50] Eine Verletzung von Art. 101 Abs. 1 S. 2 GG mit der Möglichkeit einer Verfassungsbeschwerde liegt nur vor, wenn die Geschäftsverteilung willkürliche Regelungen enthält[51] oder im Einzelfall willkürlich angewendet worden ist.

2. Auf Antrag eines betroffenen Richters. Ein vom Mitwirkungsplan oder von einer sonstigen Anordnung[52] betroffener Richter kann, wenn dadurch seine richterliche Unabhängigkeit beeinträchtigt wird, Feststellungsklage vor dem Verwaltungsgericht erheben.[53] Maßnahmen der Dienstaufsicht sind gegen die am Plan mitwirkenden Richter dagegen nicht zulässig, da sie die Maßnahmen nach § 21g unter dem Schutz der richterlichen Unabhängigkeit treffen.[54] Für den Rechtsschutz des betroffenen Richters ist auch gleichgültig, ob durch die Anordnung nach § 21g der gesetzliche Richter betroffen ist oder nicht,[55] da es allein um den Schutz der Unabhängigkeit des betroffenen Richters geht und eine Verletzung des gesetzlichen Richters insoweit ohne Bedeutung ist.

§ 21h [Vertretung des Präsidenten und des aufsichtführenden Richters]

¹Der Präsident oder aufsichtführende Richter wird in seinen durch dieses Gesetz bestimmten Geschäften, die nicht durch das Präsidium zu verteilen sind, durch seinen ständigen Vertreter, bei mehreren ständigen Vertretern durch den dienstältesten, bei gleichem Dienstalter durch den lebensältesten von ihnen vertreten. ²Ist ein ständiger Vertreter nicht bestellt oder ist er verhindert, wird der Präsident oder aufsichtführende Richter durch den dienstältesten, bei gleichem Dienstalter durch den lebensältesten Richter vertreten.

1. Normzweck und Anwendungsbereich. a) Justizförmige Verwaltungsaufgaben mit Sicherung der richterlichen Unabhängigkeit. § 21h bestimmt den Vertreter des Präsidenten bzw. des aufsichtführenden Richters für die Geschäfte, die dem Präsidenten oder aufsichtführenden Richter durch das GVG übertragen sind. § 21h regelt die Person des Vertreters gesetzlich, weil Manipulationsmöglichkeiten durch Einsetzung beliebiger Vertreter ausgeschlossen werden sollen. Mit den **durch das GVG übertragenen Geschäften** sind deshalb diejenigen gemeint, bei denen es auf die Verhinderung von Manipulationsmöglichkeiten ankommt. Dazu gehören die mit der Geschäftsverteilung verbundenen Aufgaben wie der Vorsitz im Präsidium (§ 21a Abs. 2), die Eilentscheidungen nach § 21i Abs. 2 und die Aufgabe nach § 22a, bei denen der Präsident an der Festlegung des gesetzlichen Richters mitwirkt und bei denen es deshalb auf die Verhinderung auch nur mittelbarer Manipulationsmöglichkeiten ankommt. Es handelt sich um die justizförmigen Verwaltungsaufgaben, die der Präsident oder aufsichtführende Richter in richterlicher Unabhängigkeit wahrnimmt.[1] Zwecks Ausschluss von Manipulationsmöglichkeiten bestimmt § 21c Abs. 1 für diese Fälle, dass eine Vertretung nicht beliebig, sondern nur bei Verhinderung² möglich ist.

---

[47] BGH NJW 1980, 951.
[48] S. auch § 21e Rn. 47.
[49] Dazu § 21e Rn. 64.
[50] BGH NJW 2004, 294.
[51] BGH NJW 1987, 124, 125.
[52] S. Rn. 4.
[53] S. § 21e Rn. 65.
[54] S. Rn. 9; so auch *Kissel/Mayer* Rn. 51.
[55] S. § 16 Rn. 10.
¹ S. auch BGH NJW 1974, 509; *Kissel/Mayer* Rn. 1.
² S. § 21f Rn. 6.

b) Justizverwaltungsaufgaben ohne Sicherung der richterlichen Unabhängigkeit. Nicht 2
zu den von § 21h erfassten Aufgaben gehören die reinen Justizverwaltungsaufgaben ohne Sicherung der richterlichen Unabhängigkeit, bei denen kein Einfluss auf den gesetzlichen Richter genommen wird.[3] Die Vertretung richtet sich hier nach Landesrecht, hilfsweise nach § 13 GVVO (zur Aufhebung der GVVO vgl. § 22 Rn. 8). Die Vertretungsregelung ist danach beweglicher. Für die Vertretung kommen nicht nur die in § 21h bestimmten Personen in Betracht und sie kann auch ohne eine Verhinderung gemäß § 21c Abs. 1 eingreifen, zB auch in Form einer ständigen Delegation.[4]

c) Rechtsprechungsaufgaben. § 21h gilt auch nicht für Rechtsprechungsaufgaben, weil es 3
sich hierbei nicht um spezifische Aufgaben gerade für den Präsidenten oder aufsichtführenden Richter handelt, sondern um Tätigkeiten eines Vorsitzenden Richters, dessen Vertretung gemäß § 21e Abs. 1 mit § 21f Abs. 2 S. 1 durch das Präsidium bzw. durch das Gesetz (§ 21f Abs. 2 S. 2) geregelt wird.

2. Ständiger Vertreter. Nach Satz 1 ist Vertreter der sog. ständige Vertreter, insbesondere der 4
Vizepräsident. Dem ständigen Vertreter wird sein Amt **von der Justizverwaltung übertragen.**[5] Es handelt sich um einen Bestandteil des Amtes und nicht nur um ein faktisches Vertreten. Hat die Justizverwaltung mehrere ständige Vertreter bestellt, so bestimmt Satz 1 kraft Gesetzes die Reihenfolge, in der diese die Präsidialaufgaben zu übernehmen haben. Maßgebend ist dabei das höhere Dienstalter, das durch § 20 DRiG bestimmt wird. Nur bei gleichem Dienstalter entscheidet das Lebensalter.

3. Fehlen oder Verhinderung des Vertreters. Fehlt ein ständiger Vertreter oder ist er sowie 5
etwaige weitere ständige Vertreter nach Satz 1 verhindert, so greift die **gesetzliche Vertretungsregelung** nach Satz 2 Platz. Satz 2 greift nur subsidiär ein, wenn Vertreter nach Satz 1 nicht ernannt sind oder wegen Verhinderung ihre Aufgabe nicht wahrnehmen können. Satz 2 will eine lückenlose Vertretung sicherstellen und überträgt die Vertretung des Präsidenten oder aufsichtführenden Richters den sonstigen Richtern des Gerichts wiederum in der Reihenfolge nach der Höhe des Dienstalters gemäß § 20 DRiG bzw. bei gleichem Dienstalter nach dem Lebensalter. Ein Richter, der ein Richteramt mit höherem Grundgehalt innehat, gilt dabei gewohnheitsrechtlich immer als dienstälter als ein Richter mit geringerem Grundgehalt. Deshalb sind zunächst die Vorsitzenden Richter eines Gerichts Vertreter, auch wenn sie ein geringeres Dienstalter haben, bevor die sonstigen Richter als Vertreter einrücken.[6] Innerhalb der Gruppe der Vorsitzenden Richter entscheidet über die Reihenfolge wiederum die Höhe des Dienstalters gemäß § 20 DRiG bzw. bei gleichem Dienstalter die Höhe des Lebensalters. Gleiches gilt innerhalb der Gruppe der sonstigen Richter, wenn alle Vorsitzenden verhindert sind. Der Vertreter muss stets Richter auf Lebenszeit (§ 10 DRiG) oder auf Zeit (§ 11 DRiG) sein, dem ein Richteramt bei dem betreffenden Gericht gemäß § 27 DRiG übertragen ist.[7] Ein Richter auf Probe, kraft Auftrags oder ein abgeordneter Richter kann deshalb nicht Vertreter nach § 21h sein. Die gesetzliche Vertretungsregelung gilt jedoch nur für die in § 21h genannten Aufgaben.[8]

§ 21i [Beschlußfähigkeit des Präsidiums]

(1) Das Präsidium ist beschlußfähig, wenn mindestens die Hälfte seiner gewählten Mitglieder anwesend ist.

(2) ¹**Sofern eine Entscheidung des Präsidiums nicht rechtzeitig ergehen kann, werden die in § 21e bezeichneten Anordnungen von dem Präsidenten oder aufsichtführenden Richter getroffen.** ²**Die Gründe für die getroffene Anordnung sind schriftlich niederzulegen.** ³**Die Anordnung ist dem Präsidium unverzüglich zur Genehmigung vorzulegen.** ⁴**Sie bleibt in Kraft, solange das Präsidium nicht anderweit beschließt.**

---

[3] BGH NJW 1974, 509 zu § 77 Abs. 3; *Kissel/Mayer* Rn. 1, 3.
[4] *Kissel/Mayer* Rn. 3.
[5] Abs. 1 VO v. 20. 3. 1935, welche durch Art. 21, 210 II Nr. 1 des G. v. 19. 4. 2006 (BGBl. I 886) mit Wirkung v. 24. 4. 2008 aufgehoben wurde, aber nur als Bundesrecht, nicht als Landesrecht (*Zöller/Gummer* Rn. 11 Einl. GVG); zum LandesR vgl. zB Art. 19, 20 BayAGGVG; vgl. § 22 Rn. 8.
[6] *Kissel/Mayer* Rn. 6; *Schorn/Stanicki* S. 115; *Zöller/Gummer* Rn. 4.
[7] *Kissel/Mayer* Rn. 7.
[8] S. Rn. 1.

I. Normzweck

1 § 21i regelt in Abs. 1 die Beschlussfähigkeit des Präsidiums, soweit es die Mitglieder ohne den Vorsitzenden betrifft und verlangt im Interesse ausreichender Legitimation die Anwesenheit von mindestens der Hälfte. Das Erfordernis der Anwesenheit aller würde die Arbeitsfähigkeit des Präsidiums stark behindern, da eine Vertretung der Mitglieder nicht vorgesehen ist (§ 21c Abs. 1 S. 3). Abs. 2 eröffnet die Möglichkeit zu Eilentscheidungen und überträgt die Befugnis dafür dem Vorsitzenden des Präsidiums.[1] Abs. 2 gilt entsprechend bei Stimmengleichheit im Präsidium (§ 21e Abs. 7) und bei Eilentscheidungen des Vorsitzenden im Spruchkörper (§ 21g Abs. 5).

II. Beschlussfähigkeit

2 **1. Geltung für alle Präsidiumsmitglieder.** Abs. 1 regelt die Beschlussfähigkeit nach seinem Wortlaut nur hinsichtlich der „gewählten" Mitglieder. Damit sind alle Mitglieder mit Ausnahme des Vorsitzenden, der vertreten wird (§ 21c Abs. 1 S. 1), gemeint, also auch die in § 21a Abs. 2 Nr. 5 genannten Mitglieder.[2]

3 **2. Anwesenheit der Hälfte der Mitglieder.** Die Beschlussfähigkeit setzt die Anwesenheit von mindestens der Hälfte der in § 21a Abs. 2 Nr. 1 bis 4 vorgesehenen Mitglieder voraus. Bei einer ungeraden Mitgliederzahl, die nach § 21a Abs. 2 Nr. 5 möglich ist, muss die rechnerische Hälfte stets überschritten sein.

4 **3. Anwesenheit des Vorsitzenden.** Der Vorsitzende des Präsidiums muss stets anwesend sein,[3] sei es, dass der Präsident oder aufsichtführende Richter selbst anwesend sind oder durch einen Vertreter gemäß § 21h vertreten werden. Ohne Anwesenheit des Vorsitzenden ist die Beschlussfähigkeit nicht gegeben. Übt ein gewähltes Mitglied zugleich die Vorsitzendenfunktion als Vertreter gemäß § 21h aus, so kann er bei der Hälfte der sonstigen Mitglieder nicht noch einmal mitgezählt werden.[4]

III. Anwesenheit der Mitglieder

5 Die Anwesenheit der Mitglieder verlangt grundsätzlich eine gemeinsame Anwesenheit auf einer Sitzung.[5] Schriftliche Umlaufverfahren sind aber zulässig, wenn alle Mitglieder damit einverstanden sind (dh. unterschreiben) und objektiv kein Beratungs- und Diskussionsbedarf besteht.[6]

IV. Eilentscheidungen

6 **1. Eilbedürftigkeit.** Eine Eilentscheidung gemäß Abs. 2 ist nur zulässig bei Eilbedürftigkeit, dh., wenn die Anordnungen nach § 21 **nicht rechtzeitig möglich** sind. Dies gilt auch, wenn Entscheidungen des Präsidiums gemäß § 21e Abs. 7 nicht mit Stimmenmehrheit getroffen werden können. Es genügt nicht allein, dass die Beschlussfähigkeit bei einer ursprünglich anberaumten Sitzung nicht gegeben ist. Vielmehr muss die Dringlichkeit der zu treffenden Anordnung einer Vertagung oder auch der erstmaligen Einberufung einer Sitzung im Wege stehen.[7] Entscheidend ist, wann die zu treffende Maßnahme dem Vorsitzenden bekannt wurde, nicht wann objektiv die Notwendigkeit hierzu entstand.[8] Eine Notwendigkeit liegt etwa vor, wenn infolge Unvollständigkeit oder Ungenauigkeit des Geschäftsverteilungsplans eine nicht aufschiebbare Klärung der Geschäftsverteilung getroffen werden muss. Unter dieser Voraussetzung verstößt die Eilentscheidung des Vorsitzenden nicht gegen das Gebot des gesetzlichen Richters.[9]

7 **2. Zuständigkeit.** Zuständig ist der Präsident oder aufsichtführende Richter in seiner Eigenschaft als **Vorsitzender des Präsidiums.** In den Fällen des § 22a ist deshalb der Präsident des übergeordneten Landgerichts oder des dienstaufsichtführenden Amtsgerichts zuständig, nicht dage-

---

[1] S. § 21a Rn. 5.
[2] Unstreitig; *Kissel/Mayer* Rn. 2; *Zöller/Gummer* Rn. 2.
[3] *Kissel/Mayer* Rn. 3; *Schorn/Stanicki* S. 161; *Zöller/Gummer* Rn. 1.
[4] *Kissel/Mayer* Rn. 4.
[5] S. § 21e Rn. 51.
[6] S. auch BVerwG NJW 1992, 254, 255; s. auch oben § 21e Rn. 51; ohne die letztgenannte Einschränkung *Schmidt* DRiZ 1973, 163; *Schorn/Stanicki* S. 164; *Zöller/Gummer* Rn. 3; s. ferner § 194 Rn. 4.
[7] *Kissel/Mayer* Rn. 7; *Zöller/Gummer* Rn. 4.
[8] *Zöller/Gummer* Rn. 4.
[9] Vgl. noch zum alten Recht BVerfGE 31, 145, 163.

Anordnungen durch den Präsidenten § 21j GVG

gen der aufsichtführende Richter.[10] Dies ergibt sich daraus, dass der Vorsitzende des Präsidiums die Geschäfte des Präsidiums führt und in dieser Eigenschaft die sachgerechte Kompetenz besitzt, weil er die Voraussetzungen der Eilentscheidung[11] am besten beurteilen kann und weil auf diese Weise das Verfahren zur unverzüglichen Genehmigung der Maßnahmen durch das Präsidium am raschesten in Gang gesetzt werden kann.

3. Verfahren. Zum Verfahren gehört die schriftliche Niederlegung der Gründe für die Eilentscheidung (Abs. 2 S. 2). Die Gründe müssen sich sowohl auf die Zulässigkeit der Eilentscheidung als solcher als auch auf den Inhalt der Anordnung und deren Sachgerechtigkeit erstrecken. Eine Anordnung ohne Begründung ist fehlerhaft[12] und hat dieselben Folgen wie ein fehlerhafter Geschäftsverteilungsplan.[13] Dem Präsidium ist die Eilanordnung unverzüglich zur Genehmigung vorzulegen (Abs. 2 S. 3), dh., dass der Vorsitzende zusammen mit der Eilanordnung das Präsidium zum frühest möglichen Zeitpunkt zu einer Sitzung laden muss.[14] I. Ü. richtet sich das Verfahren nach den für den Geschäftsverteilungsplan maßgeblichen Grundsätzen,[15] so zB hinsichtlich der durchzuführenden Anhörungen. 8

4. Inhalt. Nach ihrem Inhalt können die Eilanordnungen alle nach § 21 e zu treffenden Anordnungen umfassen.[16] Bei einem ordnungsgemäß erstellten Geschäftsverteilungsplan wird jedoch nur für wenige Sachverhalte ein Anlass für Eilanordnungen bestehen, so etwa bei Anordnungen gemäß § 21 e Abs. 3. Inhaltlich entscheidet der Vorsitzende nach eigenem Ermessen und ist nicht an eine vermutliche Entscheidung des Präsidiums gebunden.[17] Seit Abschaffung der Stichentscheidungsmöglichkeit durch den Vorsitzenden kommt eine Eilentscheidung gemäß § 21 e Abs. 7 S. 2 weiterhin in Fällen einer Abstimmung mit Stimmengleichheit in Betracht. Auch hier muss aber eine rechtzeitige Entscheidung, zB durch eine nochmalige Beratung im Präsidium nicht rechtzeitig möglich sein. Zum weiteren Verfahren s. § 21 g Rn. 16. 9

5. Wirkungen. Die Eilentscheidung entfaltet die Wirkungen eines Präsidialbeschlusses. Eine Rückwirkung ist nicht zulässig.[18] Die Eilentscheidung gilt auch ohne Genehmigung des Präsidiums. Die Genehmigung des Präsidiums hat nur die Bedeutung, das Präsidium zu informieren und ihm die Möglichkeit zu abweichenden Anordnungen für die Zukunft zu geben.[19] Wird eine abweichende Anordnung nicht getroffen, so bleibt die Eilentscheidung in Kraft (Abs. 2 S. 4). Bei einer die Eilentscheidung abändernden Entscheidung ist das Präsidium nicht an die Änderungsvoraussetzungen von § 21 e Abs. 3 gebunden.[20] 10

6. Fehlerhafte Entscheidungen. Fehlerhafte Entscheidungen unterliegen in derselben Weise wie ein fehlerhafter Geschäftsverteilungsplan der gerichtlichen Überprüfung.[21] Soweit es die Befugnis zur Eilentscheidung als solcher betrifft, kann die Eilanordnung nur im Hinblick auf pflichtwidrigen Ermessensgebrauch überprüft werden.[22] Genehmigt das Präsidium die Eilanordnung, so können Verstöße gegen Abs. 2 S. 1 bis 3 nicht mehr gerügt werden. 11

§ 21j [Anordnungen durch den Präsidenten; Frist zur Bildung des Präsidiums]

(1) ¹Wird ein Gericht errichtet und ist das Präsidium nach § 21a Abs. 2 Nr. 1 bis 4 zu bilden, so werden die in § 21e bezeichneten Anordnungen bis zur Bildung des Präsidiums von dem Präsidenten oder aufsichtführenden Richter getroffen. ²§ 21i Abs. 2 Satz 2 bis 4 gilt entsprechend.

(2) ¹Ein Präsidium nach § 21a Abs. 2 Nr. 1 bis 4 ist innerhalb von drei Monaten nach der Errichtung des Gerichts zu bilden. ²Die in § 21b Abs. 4 Satz 1 bestimmte Frist beginnt mit dem auf die Bildung des Präsidiums folgenden Geschäftsjahr, wenn das Präsidium nicht zu Beginn eines Geschäftsjahres gebildet wird.

---

[10] *Kissel/Mayer* Rn. 8; aA *Zöller/Gummer* Rn. 5.
[11] S. Rn. 6.
[12] *Zöller/Gummer* Rn. 5.
[13] S. § 21 e Rn. 61 ff.
[14] *Kissel/Mayer* Rn. 10.
[15] S. § 21 e Rn. 50, 53 ff.
[16] S. § 21 e Rn. 2.
[17] *Zöller/Gummer* Rn. 6.
[18] S. § 21 e Rn. 19.
[19] *Kissel/Mayer* Rn. 10, 11.
[20] *Zöller/Gummer* Rn. 7; teilweise aA *Kissel/Mayer* Rn. 11.
[21] S. § 21 e Rn. 64 f.
[22] BGH bei *Holtz* MDR 1977, 461.

GVG § 22 1, 2   3. Titel. Amtsgerichte

(3) An die Stelle des in § 21 d Abs. 1 bezeichneten Zeitpunkts tritt der Tag der Errichtung des Gerichts.

(4) ¹Die Aufgaben nach § 1 Abs. 2 Satz 2 und 3 und Abs. 3 der Wahlordnung für die Präsidien der Gerichte vom 19. September 1972 (BGBl. I S. 1821) nimmt bei der erstmaligen Bestellung des Wahlvorstandes der Präsident oder aufsichtführende Richter wahr. ²Als Ablauf des Geschäftsjahres in § 1 Abs. 2 Satz 2 und § 3 Satz 1 der Wahlordnung für die Präsidien der Gerichte gilt der Ablauf der in Absatz 2 Satz 1 genannten Frist.

I. Normzweck, Einfügung

1   § 21 j regelt die Bildung von Präsidien und die Geschäftsverteilung bei Neuerrichtung von Gerichten; sie hat kaum Bedeutung, da wohl keine neuen Gerichte mehr errichtet werden.[1] Die Vorschrift wurde eingefügt durch das Erste Gesetz über die Bereinigung von Bundesrecht im Zuständigkeitsbereich des BMJ vom 19. 4. 2006 (BGBl. I S. 866). Sie entspricht dem früheren § 30 des Rechtspflege-Anpassungsgesetzes vom 26. 6. 1992 (BGBl. I S. 1147), das gleichzeitig aufgehoben wurde; dieser § 30 war seinerzeit veranlasst durch die Errichtung der Fachgerichtsbarkeit in den neuen Bundesländern.

II. Regelung

2   Der Präsident bzw. aufsichtführenden Richter hat die Notzuständigkeit zum Erlass der erforderlichen Anordnungen, aber begrenzt auf eine Übergangsfrist bis zur Bildung des Präsidiums. Es wird die Meinung vertreten, dass § 21 j auf die Zusammenlegung von Gerichten entsprechend anwendbar ist,[2] was aber angesichts des eindeutigen Wortlauts kaum vertretbar ist.

Dritter Titel. Amtsgerichte

§ 22 [Richter beim Amtsgericht]

(1) Den Amtsgerichten stehen Einzelrichter vor.

(2) Einem Richter beim Amtsgericht kann zugleich ein weiteres Richteramt bei einem anderen Amtsgericht oder bei einem Landgericht übertragen werden.

(3) ¹Die allgemeine Dienstaufsicht kann von der Landesjustizverwaltung dem Präsidenten des übergeordneten Landgerichts übertragen werden. ²Geschieht dies nicht, so ist, wenn das Amtsgericht mit mehreren Richtern besetzt ist, einem von ihnen von der Landesjustizverwaltung die allgemeine Dienstaufsicht zu übertragen.

(4) Jeder Richter beim Amtsgericht erledigt die ihm obliegenden Geschäfte, soweit dieses Gesetz nichts anderes bestimmt, als Einzelrichter.

(5) ¹Es können Richter kraft Auftrags verwendet werden. ²Richter auf Probe können verwendet werden, soweit sich aus Absatz 6, § 23 b Abs. 3 Satz 2 oder § 29 Abs. 1 Satz 2 nichts anderes ergibt.

(6) Ein Richter auf Probe darf im ersten Jahr nach seiner Ernennung Geschäfte in Insolvenzsachen nicht wahrnehmen.

I. Normzweck

1   § 22 enthält die grundlegende Organisationsnorm für das AG. Er bestimmt mit dem Einzelrichter den für das AG maßgeblichen „Spruchkörper" und enthält Vorschriften über die Amtsstellung der Richter beim AG und die allgemeine Dienstaufsicht. §§ 22 a bis 22 d enthalten Vorschriften über das Präsidium und die Geschäftsverteilung. §§ 23 bis 27 regeln die sachliche und funktionelle Zuständigkeit des AG.

II. Einzelrichterprinzip

2   **1. Aufgabenzuweisung an den Richter.** § 22 Abs. 1 besagt nur, dass die Aufgaben grundsätzlich an einen oder mehrere Richter am AG übertragen sind (das Gesetz geht noch davon aus,

---

[1] Zur Erhaltungswürdigkeit der Vorschrift vgl. BT-Drucks. 16/47, S. 44, 49.
[2] *Zöller/Gummer* Rn. 2; *Kissel/Mayer* Rn. 2.

dass ein Amtsgericht nur *einen* Amtsrichter hat, was überholt ist). Andere Organe können Rechtspflegeaufgaben nur übernehmen, soweit sie ihnen ausdrücklich gesetzlich zugewiesen sind, so zB dem Rechtspfleger nach dem RPflG, dem Urkundsbeamten der Geschäftsstelle (§ 153) oder dem Gerichtsvollzieher (§ 154). Abs. 1 betrifft nicht nur die richterliche Zuständigkeit für Rechtsprechungsaufgaben. Er regelt auch (missverständlich), dass die gerichtsverwaltungsmäßige Leitung des Amtsgerichts *einem* Amtsrichter übertragen ist (je nach Richterzahl ist das rangmäßig ein aufsichtführender Richter, Direktor des AG oder Präsident des AG); nicht etwa bei Besetzung mit mehreren Amtsrichtern einem Kollegium. Abs. 3 und § 22a enthalten dazu ergänzende Regelungen.

2. Einzelrichter als Spruchkörper. Das Amtsgericht ist geprägt vom Einzelrichter als Spruchkörper (Abs. 1 und 4). Der Einzelrichter am Amtsgericht ist der Spruchkörper (intern im süddeutschen Bereich „Referat" und im norddeutschen Bereich „Dezernat" genannt). Darin unterscheidet er sich vom Einzelrichter der Zivilkammer oder des Zivilsenats, der keinen selbständigen Spruchkörper bildet, sondern nur Mitglied dieses Spruchkörpers ist (vgl. §§ 348, 348a, 526, 527 ZPO). Der Einzelrichter am Amtsgericht ist dagegen selbständiger Spruchkörper und nicht nur Mitglied eines Kollegialorgans. Seine Aufgaben werden ihm direkt vom Präsidium im Geschäftsverteilungsplan gemäß § 21e übertragen und er entscheidet kraft Gesetzes stets in alleiniger Verantwortung. Der Einzelrichter am AG ist die Regel. Seine Zuständigkeit besteht grundsätzlich in allen dem Amtsgericht übertragenen Angelegenheiten, seien es Zivilsachen, Familiensachen, Kindschaftssachen, Angelegenheiten der freiwilligen Gerichtsbarkeit Insolvenz- oder Vollstreckungssachen. Ausnahmen in Form kollegialer Spruchkörper bestehen in Strafsachen (§§ 28ff. GVG, § 33 Abs. 2 JGG) und in Landwirtschaftssachen (§ 2 LwVG). 3

III. Zugelassene Richter

Grundsätzlich dürfen bei einem Gericht nur Richter auf Lebenszeit tätig werden, soweit nicht ein Bundesgesetz etwas anderes bestimmt (§ 28 Abs. 1 DRiG). § 22 Abs. 5 S. 1 enthält eine solche besondere Bestimmung, indem er am Amtsgericht neben den grundsätzlich vorgesehenen Richtern auf Lebenszeit (§ 10 DRiG) auch die Verwendung von **Richtern kraft Auftrags** (§ 14 DRiG) zulässt. **Richter auf Probe** (§ 12 DRiG) können gem. § 22 Abs. 5 S. 2 mit der Einschränkung verwendet werden, dass sie im ersten Jahr nach ihrer Ernennung keine Geschäfte in Insolvenzsachen (§ 22 Abs. 6), keine Geschäfte des Familienrichters (§ 23b Abs. 3 S. 2) und keine Betreuungssachen (§ 65 Abs. 6 FGG) wahrnehmen sowie nicht als Vorsitzender eines Schöffengerichts (§ 29 Abs. 1 S. 2) tätig werden dürfen. Nicht zugelassen sind Richter auf Zeit (§ 11 DRiG), wohl aber abgeordnete Richter (§ 37 DRiG), soweit sie Richter auf Lebenszeit sind. Referendare können die in § 10 bezeichneten Verrichtungen vornehmen. Soweit Richter auf Probe und Richter kraft Auftrags am Amtsgericht zugelassen sind, üben sie die **volle Richtertätigkeit** aus und können als Einzelrichter auch die prozessualen Funktionen wahrnehmen, die im Kollegialgericht dem Vorsitzenden übertragen sind (s. zB 136 ZPO). § 28 Abs. 2 DRiG steht dem nicht entgegen. Die Richter auf Probe und kraft Auftrags müssen als solche im Geschäftsverteilungsplan (§ 29 S. 2 DRiG), nicht im Urteil kenntlich gemacht sein (es ergibt sich dort aber aus der Amtsbezeichnung). 4

Richter auf Probe und Richter kraft Auftrags sind am AG jedoch **nicht in beliebiger Zahl** zulässig. Jedem AG muss mindestens eine Planstelle für einen Richter auf Lebenszeit zugewiesen sein,[1] die zwar vorübergehend, nicht aber dauernd mit einem Richter auf Probe oder Richter kraft Auftrags besetzt werden darf. Bei einem AG mit mehreren Richtern muss die Zahl der Richter auf Lebenszeit überwiegen,[2] weil ihnen grundsätzlich die Rechtsprechung übertragen ist (§ 28 Abs. 1 DRiG) und Richter auf Probe und Richter kraft Auftrags wegen der weniger ausgeprägten Sicherung ihrer richterlichen Unabhängigkeit[3] nur ausnahmsweise im Rahmen des für die Heranbildung des Richternachwuchses Notwendigen beigezogen werden dürfen.[4] Eine übermäßige Beteiligung von Richtern auf Probe und kraft Auftrags stellt einen Verstoß gegen den gesetzlichen Richter dar[5] und berührt grundsätzlich die gesamte Geschäftsverteilung.[6] 5

---

[1] *Kissel/Mayer* Rn. 7, 18.
[2] *Kissel/Mayer* Rn. 8.
[3] S. etwa § 13, § 16 Abs. 2 DRiG.
[4] S. BVerfGE 4, 331, 345; 14, 156, 162; BVerfG NJW 1998, 1053; BVerwGE 97, 674; BGH NJW 1995, 2791.
[5] *Kissel/Mayer* Rn. 10.
[6] BGHZ 22, 142 = NJW 1957, 101; BGH NJW 1966, 352.

IV. Richteramt

6 Dem Richter auf Lebenszeit muss am AG ein Richteramt übertragen werden (§ 27 Abs. 1 DRiG). Der Richter kann dann grundsätzlich nur an diesem bestimmten AG tätig werden. Richter auf Probe und kraft Auftrags haben noch kein festes Richteramt und können gemäß § 13 und § 16 Abs. 2 DRiG auch an verschiedenen Gerichten eingesetzt werden. § 22 Abs. 2 lässt es aber zu, dass einem Richter auf Lebenszeit beim AG noch **ein weiteres Richteramt** bei einem anderen Amtsgericht oder beim Landgericht, nicht bei anderen Gerichten, übertragen werden kann. Zulässig ist nur ein weiteres Richteramt, nicht mehrere, um eine allzu weitgehende Zerstückelung der Arbeitskraft des Richters zu verhindern. Das andere Amtsgericht braucht nicht im gleichen Landgerichtsbezirk zu liegen und das Landgericht muss nicht das im Rechtsmittelzug übergeordnete Landgericht sein[7], sondern kann ein anderes Landgericht sein. Das andere Richteramt kann auch das eines Vorsitzenden Richters am LG sein. Die Zuweisung eines weiteren Richteramtes steht der Justizverwaltung als Anstellungsbehörde zu. Für die Übertragung des weiteren Richteramts ist die Zustimmung des Richters nur erforderlich, wenn es mehr als die Hälfte der Arbeitskraft des Richters beansprucht.[8] Der Richter ist beiden Gerichten vollwertig zugeordnet und deshalb sowohl aktiv wie passiv zum Präsidium wahlberechtigt.[9] Andere als richterliche Aufgaben können dem Richter auf Lebenszeit nur in den Grenzen von §§ 4, 42 DRiG übertragen werden.

V. Dienstaufsicht

7 **1. Allgemeine Dienstaufsicht.** Die allgemeine Dienstaufsicht umfasst die Organisation des Geschäftsablaufs, die Überwachung der ordnungsgemäßen Amtsführung, die Erteilung von Weisungen und Einzelanordnungen im Dienstverhältnis sowie die Wahrnehmung von Fürsorgepflichten durch den Vorgesetzten.[10] Sie ist jedoch bei Richtern zum Schutz ihrer Unabhängigkeit gemäß § 26 DRiG und durch die Vorschriften über die Geschäftsverteilung §§ 21a ff. eingeschränkt.

8 **2. Zuständigkeit.** Zuständig für die Dienstaufsicht ist im Bund (dh. zB beim BGH) die Bundesjustizverwaltung mit dem Bundesminister der Justiz an der Spitze, in den Ländern gemäß entsprechender Landesgesetze grundsätzlich die Landesjustizverwaltung mit dem Landesjustizminister an der Spitze. Die hierzu ergangene GVVO von 1935 wurde durch G.v. 19.4.2006 zum 24.4.2008 aufgehoben.[11] Die Dienstaufsicht am AG kann auf verschiedene Weise geregelt werden. (1) Ist das AG wegen seiner Größe mit einem AG-Präsidenten besetzt (wie zB das AG München), so hat dieser die Dienstaufsicht (§ 14 Abs. 2 GVVO), auch über die Amtsrichter. (2) Hat das AG keinen Präsidenten, so kann die Dienstaufsicht dem Präsidenten des übergeordneten Landgerichts (§ 22 Abs. 3 S. 1) oder dem Präsidenten eines anderen AG im gleichen Landgerichtsbezirk übertragen werden (§ 14 Abs. 3 GVVO, §§ 22a, 22b Abs. 4). Geschieht dies nicht, so muss, wenn das Amtsgericht mit mehreren Richtern besetzt ist, einem von ihnen gemäß § 22 Abs. 3 S. 2 als aufsichtführendem Richter die allgemeine Dienstaufsicht übertragen werden (bei etwas größeren Amtsgerichten führt er die Bezeichnung „Direktor des Amtsgerichts"). Ist das AG nur mit einem Richter besetzt, so übt er mangels anderweitiger Regelung die Dienstaufsicht aus.[12] Die Dienstaufsicht der aufsichtführenden Richter umfasst jedoch nicht die Dienstaufsicht über Richter (§ 15 S. 2 GVVO). Die Vertretung des für die Dienstaufsicht Zuständigen muss landesrechtlich geregelt werden. § 21h ist nicht anwendbar.[13]

9 Wer die Dienstaufsicht als **nächsthöhere Instanz** ausübt richtet sich nach Landesrecht; fehlt eine Regelung übt sie der OLG-Präsident aus, nicht der LG-Präsident (§ 14 Abs. 2 GVVO). Nächsthöhere Instanz nach dem Präsidenten des OLG ist der Landes-Justizminister (§ 14 Abs. 1 Nr. 1 GVVO; zur Aufhebung der GVVO vgl. Rn. 8), nicht etwa der BGH-Präsident.

---

[7] *Kissel/Mayer* Rn. 13.
[8] BGHZ 67, 159, 164 = NJW 1977, 248.
[9] S. § 21b Rn. 2, 9.
[10] S. im einzelnen *Kissel/Mayer* Rn. 38f.
[11] BGBl. I S. 866. Dazu *Zöller/Gummer* Rn. 11 Einl. GVG und oben § 21h Fußn. 5.
[12] *Kissel/Mayer* Rn. 42.
[13] *Kissel/Mayer* § 59 Rn. 5.

§ 22 a [Präsident des LG oder AG als Vorsitzender des Präsidiums]

Bei Amtsgerichten mit einem aus allen wählbaren Richtern bestehenden Präsidium (§ 21 a Abs. 2 Satz 1 Nr. 5) gehört der Präsident des übergeordneten Landgerichts oder, wenn der Präsident eines anderen Amtsgerichts die Dienstaufsicht ausübt, dieser Präsident dem Präsidium als Vorsitzender an.

1. Normzweck. Die Vorschrift ergänzt § 21 a hinsichtlich des Vorsitzenden des Präsidiums bei kleinen Amtsgerichten mit weniger als 8 Richterplanstellen. Hier soll ein außenstehender neutraler Dritter den Vorsitz übernehmen, um Spannungen und Interessenkonflikte bei der Geschäftsverteilung ausgleichen zu können.[1]

2. Bestimmung des Vorsitzenden. a) Präsident des AG oder aufsichtführender Richter. Bei Amtsgerichten mit **8 und mehr Richterplanstellen** ist Vorsitzender des Präsidiums der AG-Präsident bzw. der beim AG aufsichtführende Richter. Ist weder ein AG-Präsident noch ein aufsichtführender Richter bestellt, so ist der Präsident des übergeordneten LG oder ein an seiner Stelle bestellter Präsident eines anderen AG der Vorsitzende. Entscheidend ist allein die Zahl der Richterplanstellen, auch wenn sie zurzeit nicht besetzt sind.

b) Präsident des LG. Bei Amtsgerichten mit **weniger als 8 Richterplanstellen** (§ 21 a Abs. 2 Nr. 5) ist kraft Gesetzes der Präsident des LG oder ein an seiner Stelle amtierender Präsident eines anderen AG der Vorsitzende des Präsidiums. Er hat auch die Zuständigkeit für Eilentscheidungen nach § 21 i Abs. 2.[2] Dies gilt zwingend auch dann, wenn das AG mit einem aufsichtführenden Richter oder Präsidenten besetzt ist. Die Vertretung des Vorsitzenden bestimmt sich nach §§ 21 c und 21 h.

Maßgebend ist allein die Zahl der **Richterplanstellen,** nicht die Zahl der tatsächlich am AG tätigen Richter. Auch wenn zB auf Grund des Einsatzes abgeordneter Richter mehr als 7 Richter tätig sind, gilt dennoch § 22 a, wenn die Zahl der Planstellen nicht erhöht ist. Umgekehrt gilt § 22 a nicht, wenn die Zahl der Richterplanstellen 7 übersteigt, aber wegen zeitweisen Ausfalls nur weniger als 8 Richter tatsächlich beschäftigt sind. Erhöht sich die Zahl der Richterplanstellen während des Geschäftsjahres auf mehr als 7, so tritt ein Wechsel des Vorsitzenden gemäß § 21 a ein.[3] Der vom alten Präsidium beschlossene Geschäftsverteilungsplan bleibt jedoch in Kraft. Für Änderungen ist jedoch das neue Präsidium zuständig.[4]

§ 22 b [Vertretung von Richtern]

(1) Ist ein Amtsgericht nur mit einem Richter besetzt, so beauftragt das Präsidium des Landgerichts einen Richter seines Bezirks mit der ständigen Vertretung dieses Richters.

(2) Wird an einem Amtsgericht die vorübergehende Vertretung durch einen Richter eines anderen Gerichts nötig, so beauftragt das Präsidium des Landgerichts einen Richter seines Bezirks längstens für zwei Monate mit der Vertretung.

(3) [1]In Eilfällen kann der Präsident des Landgerichts einen zeitweiligen Vertreter bestellen. [2]Die Gründe für die getroffene Anordnung sind schriftlich niederzulegen.

(4) Bei Amtsgerichten, über die der Präsident eines anderen Amtsgerichts die Dienstaufsicht ausübt, ist in den Fällen der Absätze 1 und 2 das Präsidium des anderen Amtsgerichts und im Falle des Absatzes 3 dessen Präsident zuständig.

I. Normzweck

§ 22 b enthält Vorschriften über die Vertretung der Richter beim AG in Ergänzung zur Vertretungsregelung gemäß § 21 e, der grundsätzlich auch für Amtsgerichte anwendbar bleibt. § 22 b kommt deshalb nur aushilfsweise zur Anwendung, falls eine Vertretungsregelung am AG als Einmanngericht nicht möglich ist (Abs. 1) oder wenn die Vertretungsregelung beim AG erschöpft ist (Abs. 2).

---

[1] BT-Drucks. VI/2903, S. 5.
[2] *Kissel/Mayer* Rn. 5.
[3] S. Rn. 2.
[4] *Kissel/Mayer* Rn. 4.

II. Vertretung bei Einmanngerichten (Abs. 1)

2 Beim **Einmanngericht** entfällt eine Geschäftsverteilung, weil der Richter für alle Sachen zuständig ist. Ob ein Einmanngericht besteht, richtet sich nach der tatsächlich ständigen Besetzung, nicht nach den Planstellen.

3 Eine **Vertretung** wird wie auch sonst im Falle der Verhinderung erforderlich. Ein Verhinderungsfall liegt auch vor, wenn ein Richter auf Probe nicht als Familienrichter, Betreuungsrichter, Insolvenzrichter tätig werden darf.

4 **Zuständig für die Vertretungsregelung** ist das Präsidium des übergeordneten LG (Abs. 1) bzw. das Präsidium des anderen AG, dessen Präsident an Stelle des LG-Präsidenten die Dienstaufsicht führt (Abs. 4).[1] Die Vertretungsregelung erfolgt gemäß § 21 e. In Eilfällen kann der Präsident des LG bzw. des anderen AG (Abs. 4) zwar keinen ständigen Vertreter, aber einen zeitweiligen Vertreter nach Abs. 2 bestellen (Abs. 3).

5 Zum Vertreter kann grundsätzlich **jeder Richter** bestellt werden, der im Bezirk des Präsidiums tätig ist. Das ist beim Präsidium am LG der LG-Bezirk, beim Präsidium an einem anderen AG (Abs. 4) nur dessen Bezirk,[2] weil die Befugnisse dieses Präsidiums auf seinen Bezirk beschränkt sind. Der vertretende Richter kann auch ein Vorsitzender Richter am LG oder Gerichtspräsident sein, in den Grenzen von § 23 b Abs. 3 S. 2 auch ein Richter auf Probe.

III. Vorübergehende Vertretung (Abs. 2)

6 Steht wegen anderweitiger Belastungen oder wegen sonstigen Ausfalls der nach dem Geschäftsverteilungsplan oder nach Abs. 1 bestellte Vertreter nicht zur Verfügung, so kann nach Abs. 2 ein vorübergehender Vertreter **längstens für zwei Monate** bestellt werden. Eine wiederholte Bestellung bei nach wie vor gegebener vorübergehender Notwendigkeit ist zulässig.[3] Abs. 2 ist aber keine Grundlage dafür, dass eine abstrakt-generelle Vertretungsregelung für ein Geschäftsjahr getroffen wird („alternierender Reihendienst").[4] Statt einer Vertretungsregelung kann die Justizverwaltung auch die vorübergehende Abordnung eines Richters gemäß § 37 DRiG vorsehen.[5]

7 **Zuständig** ist das Präsidium des LG bzw. gemäß Abs. 4 das Präsidium eines anderen AG.[6] In **Eilfällen** kann der Präsident des LG bzw. gemäß Abs. 4 der Präsident des anderen AG einen zeitweiligen Vertreter bestellen (Abs. 3). Das Vorliegen eines Eilfalles bestimmt sich nach den für § 21 i Abs. 1 S. 1 geltenden Voraussetzungen.[7] Die Eilbestellung darf nur für die Dauer des eilbedürftigen Anlasses und gemäß Abs. 2 höchstens für 2 Monate erfolgen.[8] Die Gründe für die Eilentscheidung sind schriftlich zu fixieren.[9] § 21 i Abs. 2 S. 3 und 4 sind analog anzuwenden.[10]

8 Für das **Verfahren** der vorübergehenden Vertreterbestellung durch das Präsidium sind die für den Geschäftsverteilungsplan maßgeblichen Vorschriften zu beachten. Jedoch gelten nicht die Voraussetzungen von § 21 e Abs. 3. Als Vertreter kann grundsätzlich jeder Richter vorgesehen werden.[11] Er ist gemäß § 21 e Abs. 5 außer in Eilfällen vorher zu hören.

§ 22 c [Bereitschaftsdienst]

(1) ¹Die Landesregierungen werden ermächtigt, durch Rechtsverordnung zu bestimmen, dass für mehrere Amtsgerichte im Bezirk eines Landgerichts ein gemeinsamer Bereitschaftsdienstplan aufgestellt wird oder ein Amtsgericht Geschäfte des Bereitschaftsdienstes ganz oder teilweise wahrnimmt, wenn dies zur Sicherstellung einer gleichmäßigeren Belastung der Richter mit Bereitschaftsdiensten angezeigt ist. ²Zu dem Bereitschaftsdienst sind die Richter der in Satz 1 bezeichneten Amtsgerichte heranzuziehen. ³In der Verordnung nach Satz 1 kann bestimmt werden, dass auch die Richter

---

[1] S. § 22 Rn. 8.
[2] S. auch *Kissel/Mayer* Rn. 8.
[3] S. auch *Kissel/Mayer* Rn. 5.
[4] VGH München NJW 1994, 2308.
[5] *Kissel/Mayer* Rn. 5 m. weit. Nachw.
[6] S. § 22 Rn. 8.
[7] S. § 21 i Rn. 6.
[8] AA offenbar *Kissel/Mayer* Rn. 6, der die Zweimonatsfrist als Alternative („oder") nennt.
[9] S. dazu § 21 i Rn. 8.
[10] *Kissel/Mayer* Rn. 7.
[11] S. Rn. 5.

des Landgerichts heranzuziehen sind. ⁴Über die Verteilung der Geschäfte des Bereitschaftsdienstes beschließt nach Maßgabe des § 21 e das Präsidium des Landgerichts im Einvernehmen mit den Präsidien der betroffenen Amtsgerichte. ⁵Kommt eine Einigung nicht zustande, obliegt die Beschlussfassung dem Präsidium des Oberlandesgerichts, zu dessen Bezirk das Landgericht gehört.

(2) Die Landesregierungen können die Ermächtigung nach Absatz 1 auf die Landesjustizverwaltungen übertragen.

1. Normzweck und Allgemeines. § 22 c Abs. 1 wurde geändert durch Art. 20 Nr. 1 OLG-VertrÄndG vom 23. 7. 2002 (BGBl. I S. 2850). Er ersetzt damit § 22 c Abs. 1 in seiner bisherigen Fassung. § 22 c Abs. 2 ist unverändert geblieben. **1**

Durch Abs. 1 wird die **Kompetenz** zur Regelung des Bereitschaftsdienstes umfassend ausgestaltet; der Bereitschaftsdienst kann gleichmäßig auf die betroffenen Richter verteilt werden. **2**

(1) Die **gesamte Zeit des Bereitschaftsdienstes** wird erfasst, dh. über die dienstfreien Tage hinaus auch die sonstigen dienstfreien Zeiten (unten Rn. 4).

(2) Ein **gemeinsamer Bereitschaftsdienstplan** im Sinne einer Pool-Lösung kann erstellt werden, der ohne Konzentration auf ein Amtsgericht alle Amtsgerichte im Landgerichtsbezirk umfasst (unten Rn. 5).

(3) Außer den Richtern der Amtsgerichte im Bezirk können auch **Richter des Landgerichts** im Bezirk in den Bereitschaftsdienst mit **einbezogen** werden (unten Rn. 6).

(4) **Einvernehmen mit den Präsidien der betroffenen Amtsgerichte** ist herzustellen. Wird ein Einvernehmen nicht erreicht, so geht die Zuständigkeit für die Beschlussfassung auf das **Präsidium des übergeordneten Oberlandesgerichts** über (unten Rn. 7 f.).

Gegen die erweiterte Regelung bestehen **keine verfassungsrechtlichen Bedenken.** Es handelt sich lediglich um die Wahrnehmung und Verteilung gesetzlich vorgeschriebener Aufgaben. Ebenso ist dem Bestimmtheitsgebot für die Verordnungsermächtigung gemäß Art. 80 Abs. 1 S. 2 GG genügt.[1] **3**

2. Umfassende Regelung des Bereitschaftsdienstes. § 22 c Abs. 1 ermöglicht den Ländern Verordnungen,[2] wonach die Präsidien den Bereitschaftsdienst umfassend für die **gesamte dienstfreie Zeit** regeln können. Umfassend ist zunächst nur die Ermächtigung zum Erlass einer Rechtsverordnung. Ob und inwieweit von der Ermächtigung tatsächlich Gebrauch gemacht wird, ist dem jeweiligen Verordnungsgeber überlassen. Alle Richter am Amtsgericht und Landgericht (auch die Vorsitzenden Richter am LG) können eingesetzt werden. Die Verordnungsermächtigung ist nach ihrem Zweck und Inhalt auf die Sicherung einer gleichmäßigen Belastung begrenzt,[3] wobei sich die Sicherung einer gleichmäßigen Belastung aber auf die abstrakte Verteilung im Landgerichtsbezirk beschränkt. Die gleichmäßige Belastung der einzelnen Richter haben dagegen die Präsidien zu beachten. Beginn und Ende des Bereitschaftsdienstes werden sowohl als Zeitraum generell wie auch individuell für den einzelnen Richter durch das Präsidium festgelegt. Dabei können auch Regelungen für den Fall getroffen werden, dass der nach dem allgemeinen Geschäftsverteilungsplan zuständige Richter zu Beginn des Bereitschaftsdienstes noch im Gericht anwesend ist. Die Zuständigkeit des nach dem **allgemeinen Geschäftsverteilungsplan** zuständigen Richters hat **Vorrang** und darf nicht durch den Bereitschaftsdienstplan verdrängt werden. **4**

3. Gemeinsamer Bereitschaftsdienstplan. Die Neuerung des gemeinsamen Bereitschaftsdienstplans besteht darin, dass nicht nur wie bisher **ein zentrales Bereitschaftsgericht** für den Landgerichtsbezirk bestimmt werden kann unter Einbeziehung aller Richter der Amtsgerichte im gesamten Landgerichtsbezirk. Vielmehr kann jetzt vom Verordnungsgeber auch eine Pool-Lösung in dem Sinne vorgesehen werden, dass **alle Amtsgerichte im Bezirk als Bereitschaftsgerichte** agieren, für sie aber ein gemeinsamer Bereitschaftsdienstplan aufgestellt wird. **5**

In den gemeinsamen Bereitschaftsdienstplan sind **in personeller Hinsicht** nach Abs. 1 Satz 2 alle Richter der Amtsgerichte im Bezirk heranzuziehen, gleichgültig ob sie als Strafrichter oder Zivilrichter tätig sind oder welche Tätigkeit ihnen sonst nach dem allgemeinen Geschäftsverteilungsplan zugewiesen ist.[4] Es können **auch die Richter am Landgericht** in den Bereitschaftsdienst mit **6**

---

[1] BT-Drucks. 14/9266, S. 68.
[2] Beispiele für solche VO: Bayern § 2a GZVJu; Baden-Württemberg GBl. 2003, 188; NRW GVBl. 2003, 603; Rheinland-Pfalz GVBl. 2004, 334; Hessen GVBl. 2005, 643.
[3] S. BT-Drucks. 14/9266, S. 68.
[4] S. Zöller/Gummer Rn. 5.

einbezogen werden. Dies muss aber in der Verordnung bestimmt werden (Abs. 1 Satz 3). Das Präsidium kann darüber nicht ohne die Vorgabe in der Verordnung entscheiden. Entscheidet sich der Verordnungsgeber für die Einbeziehung der Richter am Landgericht, so werden davon grundsätzlich alle Richter am Landgericht betroffen, auch die Vorsitzenden Richter.[5] Über die Heranziehung zu konkreten Zeiten und im konkreten Umfang einschließlich etwaiger Ausnahmen entscheidet das jeweilige Präsidium. Eine Ausnahme für Proberichter im ersten Jahr nach ihrer Ernennung erwähnt die Begründung ausdrücklich.[6] Für die Richter am Landgericht ist § 22 d anzuwenden, weil sie im Rahmen des Bereitschaftsdienstes die Aufgaben eines Amtsrichters wahrnehmen.[7] Die Betrauung mit den Aufgaben eines Amtsrichters ist auf Grund der gesetzlichen Ermächtigung gemäß § 27 Abs. 2 DRiG zulässig.[8]

7 **4. Zuständiges Präsidium und Bereitschaftsdienstplan.** Über die Verteilung des Bereitschaftsdienstes entscheidet das **Präsidium des Landgerichts im Einvernehmen mit den Präsidien der betroffenen Amtsgerichte.** Das Einvernehmen setzt eine Einigung voraus. Scheitert eine solche Einigung, so geht die Beschlusskompetenz auf das übergeordnete **Oberlandesgericht** über (Abs. 1 Satz 5).

8 Die **Entscheidungszuständigkeit** der Präsidien umfasst sowohl den Einsatz der konkret betroffenen Richter, deren Aufgaben sowie deren zeitliche Belastung. Die Präsidien müssen alle Amtsrichter im Landgerichtsbezirk in die Verteilung aufnehmen, sofern nicht besondere Ausnahmegründe vorliegen. Die Richter am Landgericht dürfen sie nur heranziehen, wenn die Verordnung diese Möglichkeit eröffnet. Der Bereitschaftsdienstplan ist im Übrigen nach den in § 21 e festgelegten Grundsätzen des allgemeinen Geschäftsverteilungsplan aufzustellen.

§ 22 d [Handlungen eines unzuständigen Richters]

Die Gültigkeit der Handlung eines Richters beim Amtsgericht wird nicht dadurch berührt, daß die Handlung nach der Geschäftsverteilung von einem anderen Richter wahrzunehmen gewesen wäre.

1 **1. Normzweck.** Die Vorschrift regelt teilweise die Folgen eines Verstoßes gegen den Geschäftsverteilungsplan am AG. Ähnliche Regelung: § 7 FGG. Über die Anfechtbarkeit wegen des gleichzeitigen Verstoßes gegen den gesetzlichen Richter (Art. 101 GG) enthält § 22 d keine Aussagen. § 22 d bezieht sich nur auf das AG. Die Vorschrift enthält jedoch einen allgemeinen Gedanken, der sinnvollerweise nicht auf das AG beschränkt sein kann, sondern auf andere Gerichte und Gerichtsbarkeiten analog anzuwenden ist.

2 **2. Verstoß gegen die Geschäftsverteilung. a) Erfasste Verstöße.** § 22 d regelt nur den Verstoß gegen die **Geschäftsverteilung,** nicht gegen gesetzliche Zuständigkeitsvorschriften. Für diese gelten besondere Vorschriften, wie zB §§ 513 Abs. 2, 545 Abs. 2 ZPO. Jedoch gilt auch für die Verletzung gesetzlicher Zuständigkeitsvorschriften der Grundsatz, dass dies nicht von selbst die Ungültigkeit der richterlichen Handlung zur Folge hat, sondern nur in eingeschränktem Umfang zur Anfechtbarkeit führt. Zur Geschäftsverteilung gehören neben dem Geschäftsverteilungsplan nach § 21 e auch Eilentscheidungen des Präsidenten nach §§ 21 i Abs. 2, 22 b Abs. 3 und bei analoger Anwendung auf Kollegialgerichte auch die spruchkörperinterne Geschäftsverteilung gemäß § 21 g. § 22 d geht von einer wirksamen Geschäftsverteilung aus. Die Gültigkeit der richterlichen Handlung wird aber auch nicht berührt, wenn ein Geschäftsverteilungsplan fehlerhaft zustande gekommen ist oder ganz fehlt.

3 **b) Begriff.** Ein **Verstoß** gegen die Geschäftsverteilung liegt vor, wenn deren Anordnungen nicht oder nicht richtig angewandt worden sind, wenn zB ein Vormundschaftsrichter eine Zivilsache entscheidet. Sinngemäß muss die unklare Regelung dahin verstanden werden, dass mit dem „anderen Richter" ein anderer Richter dieses Amtsgerichts gemeint ist und nicht irgendein Richter. Ein Verstoß ist auch gegeben, wenn ein Vertreter tätig wird, ohne dass die Vertretungsvoraussetzungen vorliegen.

4 **3. Gültigkeit und Anfechtbarkeit. a) Gültigkeit.** § 22 d sieht die Gültigkeit der richterlichen Handlung (dh. des Urteils, des Beschlusses, der Verfügung usw.) vor. Dies bedeutet, dass die Handlung jedenfalls zunächst die gewollten Rechtsfolgen erzeugt und dass sie nicht nichtig ist. § 22 d

---

[5] So ausdrücklich die Begründung in BT-Drucks. 14/9266, S. 65.
[6] BT-Drucks. 14/9266, S. 65.
[7] So ausdrücklich die Begründung in BT-Drucks. 14/9266, S. 65.
[8] S. Zöller/*Gummer* Rn. 5; dazu ausführlich auch BT-Drucks. 14/9266, S. 65 f.

kann jedoch nicht dahin verstanden werden, dass ein Verstoß gegen § 16 und Art. 101 Abs. 1 GG völlig unbeachtlich wäre. Vielmehr bleibt eine Entscheidung, die gegen den gesetzlichen Richter verstößt, mit den allgemeinen Rechtsmitteln und letztlich auch mit der Verfassungsbeschwerde (Art. 93 Abs. 1 Nr. 4a GG) anfechtbar.[1]

b) Anfechtbarkeit. Die Anfechtbarkeit einer geschäftsplanwidrigen Entscheidung richtet sich nach allgemeinen Vorschriften.[2] Die Aufhebung einer richterlichen Entscheidung wegen fehlerhafter Anwendung des Geschäftsverteilungsplans setzt grundsätzlich einen willkürlichen Verstoß voraus.[3]

§ 23 [Zuständigkeit in Zivilsachen]

Die Zuständigkeit der Amtsgerichte umfaßt in bürgerlichen Rechtsstreitigkeiten, soweit sie nicht ohne Rücksicht auf den Wert des Streitgegenstandes den Landgerichten zugewiesen sind:
1. Streitigkeiten über Ansprüche, deren Gegenstand an Geld oder Geldeswert die Summe von fünftausend Euro nicht übersteigt;
2. ohne Rücksicht auf den Wert des Streitgegenstandes:
    a) Streitigkeiten über Ansprüche aus einem Mietverhältnis über Wohnraum oder über den Bestand eines solchen Mietverhältnisses; diese Zuständigkeit ist ausschließlich;
    b) Streitigkeiten zwischen Reisenden und Wirten, Fuhrleuten, Schiffern oder Auswanderungsexpedienten in den Einschiffungshäfen, die über Wirtszechen, Fuhrlohn, Überfahrtsgelder, Beförderung der Reisenden und ihrer Habe und über Verlust und Beschädigung der letzteren, sowie Streitigkeiten zwischen Reisenden und Handwerkern, die aus Anlaß der Reise entstanden sind;
    c) Streitigkeiten nach § 43 Nr. 1 bis 4 und 6 des Wohnungseigentumsgesetzes; diese Zuständigkeit ist ausschließlich;
    d) Streitigkeiten wegen Wildschadens;
    e) (weggefallen)
    f) (weggefallen)
    g) Ansprüche aus einem mit der Überlassung eines Grundstücks in Verbindung stehenden Leibgedings-, Leibzuchts-, Altenteils- oder Auszugsvertrag;
    h) das Aufgebotsverfahren.

Schrifttum: *Kissel,* Gerichtsverfassung unter dem Gesetz zur Entlastung der Rechtspflege, NJW 1993, 489; *Markwarth,* Das Rechtspflege-Entlastungsgesetz bei den Zivilgerichten, MDR 1993, 189; *Rieß,* Das Gesetz zur Entlastung der Rechtspflege, AnwBl. 1993, 51; *Thomas,* Das Rechtspflegeentlastungsgesetz, DRiZ 1993, 217.

I. Normzweck und Allgemeines

§ 23 regelt die sachliche Zuständigkeit der Amtsgerichte als erstinstanzlicher Gerichte in bürgerlich-rechtlichen Streitigkeiten in Abgrenzung zur erstinstanzlichen Zuständigkeit des LG. Das GVG geht in § 71 von der generellen Zuständigkeit des LG aus, falls nicht Streitigkeiten gesetzlich den AGen zugewiesen sind. § 23 hat deshalb neben §§ 23a und 23b die Funktion, aus der grundsätzlichen **Allzuständigkeit der Landgerichte** einzeln aufgezählte Bereiche herauszugreifen und sie den AGen zu übertragen. Für die Zuständigkeit der AGe gilt deshalb das **Enumerationsprinzip.** Früher bestand der Sinn darin, eher geringfügige Sachen einem besonderen Richter zu übertragen.[1] Dieser Zweck hat an Bedeutung verloren, weil nach §§ 348, 348a ZPO auch am LG der Einzelrichter entscheiden kann. Ein weiterer wichtiger Zweck liegt jedoch darin, den Rechtsuchenden ein **in der Nähe befindliches** und vor allem wegen des grundsätzlich fehlenden Anwaltszwangs[2] **kostengünstiges**[3] **Gericht** zur Verfügung zu stellen, das mit den **örtlichen Verhältnissen** mög-

---

[1] S. BVerfGE 14, 56, 72; BGHZ 37, 125, 127; OLG Hamm MDR 1964, 77; OLG Bremen NJW 1965, 1447; OLG Neustadt MDR 1965, 225; aA offenbar LG Wiesbaden MDR 1984, 676.
[2] S. § 21e Rn. 66.
[3] Vgl. BVerfGE 29, 45, 48; BVerfG NJW 1984, 1874; *Manfred Wolf* § 7 V 3b.
[1] *Hahn* Mat. I S. 30.
[2] S. § 78 ZPO mit Ausnahmen in Abs. 1 S. 2.
[3] Die Anwalts- und Gerichtsgebühren am AG sind ebenso hoch wie am LG.

licherweise besser **vertraut** ist.[4] Die örtliche Zuständigkeit ergibt sich aus den Verfahrensgesetzen, insbesondere §§ 12ff., 606, 642, 689 Abs. 2 ZPO. Die anderen Gerichtsbarkeiten haben keine streitwertabhängige gespaltene Zuständigkeit.

2 Die Vorschrift wurde in der Vergangenheit **häufig geändert**. Die Streitwertgrenze in Nr. 1 wurde laufend angepasst;[5] Zweck ist die Einsparung von Richterstellen, weil in Zivilsachen für Richter am AG ein höherer Pensenschlüssel gilt als für Richter am LG. Mit der letzten Anhebung der Streitwertgrenze durch Art. 3 Nr. 2 RpflAnpG[6] mit Wirkung vom 1. 1. 1993 wurde zugleich die Beschränkung der Streitwertzuständigkeit in Nr. 1 auf rein vermögensrechtliche Streitigkeiten aufgegeben. Die Euro-Umstellung erfolgte durch G. v. 27. 7. 2001.[7] Nr. 2c (Viehmängel) wurde aufgehoben durch G. v. 26. 11. 2001.[8] Mit anderem Inhalt (WEG) wurde Nr. 2c aber wieder eingefügt durch G. v. 26. 3. 2007,[9] in Kraft seit 1. 7. 2007.

II. Streitwertabhängige Zuständigkeit gemäß Nr. 1

3 Soweit sich die Zuständigkeit des AG nicht bereits aus der spezielleren Nr. 2 oder aus einer sonstigen streitwertunabhängigen Zuständigkeit wie zB §§ 23a, b ergibt, ist das AG zuständig für alle Streitigkeiten mit einem Streitwert von höchstens 5000,00 Euro. Die Streitwertgrenze gilt **auch für nicht vermögensrechtliche** Streitigkeiten, wodurch die Schwierigkeiten bei der Bewertung nicht vermögensrechtlicher Sachen Bedeutung haben.

4 Die **Berechnung** des (Zuständigkeits-)Streitwerts richtet sich nach §§ 48ff. GKG. § 48 Abs. 1 GKG verweist grundsätzlich auf die Vorschriften für die Streitwertberechnung bezüglich der Zuständigkeit des Prozessgerichts oder die Zulässigkeit des Rechtsmittels. Danach gilt: Mehrere in einer Klage kumulierte Ansprüche werden zusammengerechnet (§ 5 ZPO). Nicht zusammengerechnet werden Klage und Widerklage (§ 5 HS. 2 ZPO), auch nicht Haupt- und Hilfsantrag.[10] Hier richtet sich die Zuständigkeit nach dem jeweils höheren Streitwert.[11] In nicht vermögensrechtlichen Streitigkeiten erfolgt die Streitwertbestimmung nach § 48 Abs. 2 GKG. Die Gerichte halten sich meist an den gemäß § 253 Abs. 3 mit § 495 ZPO in der Klageschrift angegebenen Streitwert; eine Wertfestsetzung nach § 63 GKG kann aber ergehen, damit die Gerichtsgebühr errechnet werden kann.

5 Die Zuständigkeit nach Nr. 1 ist **keine ausschließliche**. Durch Prorogation (§ 38 ZPO) oder rügeloses Einlassen (§ 39 ZPO) kann deshalb für Streitigkeiten bis 5000 Euro die Zuständigkeit des LG und bei Streitigkeiten ab 5000,01 Euro die Zuständigkeit des AG begründet werden.

III. Streitwertunabhängige Zuständigkeit gemäß Nr. 2

6 Nr. 2 betrifft im Wesentlichen vermögensrechtliche Streitigkeiten, die dem AG ohne Rücksicht auf den Streitwert zugewiesen sind. Die Zuständigkeit ist in der Regel nicht ausschließlich, vielmehr kann gemäß §§ 38, 39 ZPO auch die Zuständigkeit des LG begründet werden. Bei Verbindung eines Anspruchs bis 5000 Euro nach Nr. 1 mit einer Streitigkeit nach Nr. 2 verbleibt es bei der Zuständigkeit des AG. Ein Anspruch über 5000,– Euro nach Nr. 1 kann mit einer Streitigkeit nach Nr. 2 nur gemäß §§ 38, 39 ZPO vor das AG gelangen, anderenfalls muss der Anspruch nach Nr. 1 vor dem LG eingeklagt werden. Eine streitwertunabhängige Zuständigkeit des LG sieht § 71 Abs. 2 und 3 vor.

7 **1. Mietrechtliche Streitigkeiten über Wohnraum. a) Alle Streitigkeiten.** Nr. 2a weist grundsätzlich alle Streitigkeiten aus Mietverhältnissen über Wohnraum unabhängig vom Streitwert dem AG zu, da alle Ansprüche aus dem Mietverhältnis während seines Bestehens und bei dessen Abwicklung erfasst sind, einschließlich der Feststellungsklage über das Bestehen oder Nichtbestehen eines Mietverhältnisses. Auch Untermietverhältnisse werden von Nr. 2a erfasst.[12] Zu den Ansprüchen aus einem Mietverhältnis sind auch Ansprüche bei Nutzung einer Wohnung auf Grund eines nichtigen Mietvertrages zu rechnen, weil insoweit ein faktisches Mietverhältnis besteht.[13] Ebenso

---

[4] S. *Hahn* Mat. I S. 68; Mat. II S. 940.
[5] Von anfangs noch DM 300,– über 1000,–, 1500,–, 3000,–, 5000,–, und 6000,– auf zuletzt DM 10 000,–.
[6] BGBl. 1993 I S. 50.
[7] BGBl. I S. 1887.
[8] BGBl. I S. 3138.
[9] BGBl. I S. 3781.
[10] Dazu *Toussaint* NJ 2006, 392.
[11] § 5 ZPO Rn. 12ff., 35f.
[12] *Zöller/Gummer* Rn. 8; *Baumbach/Lauterbach/Hartmann* Rn. 6.
[13] *Baumbach/Lauterbach/Hartmann* Rn. 6.

sind Ansprüche aus Verschulden bei Vertragsverhandlungen mit einzubeziehen, wenn ein Mietverhältnis zustande gekommen ist oder wenn daraus ein Anspruch auf Aufhebung des Mietverhältnisses abgeleitet wird.

b) Wohnraum. Nr. 2a sieht die streitwertunabhängige Zuständigkeit der Amtsgerichte nur für Wohnräume, nicht mehr für andere Räume, insbesondere nicht für gewerblich genutzte Räume vor. Für andere Räume als Wohnraum sowie für Pachtverhältnisse[14] gilt nunmehr die streitwertabhängige Zuständigkeit nach Nr. 1.

Ein Mietverhältnis über Wohnraum liegt vor, wenn es sich um einen Raum handelt, der zum dauernden Aufenthalt von Personen, hauptsächlich außerhalb der Arbeitszeit insbesondere zum Schlafen, aber regelmäßig auch zum Kochen und Essen bestimmt ist und Vorkehrungen gegen das beliebige Betreten durch jedermann aufweist. Da § 29a Abs. 2 ZPO nicht in Nr. 2a übernommen wurde, fällt grundsätzlich auch Wohnraum der in § 549 Abs. 2 und § 573a Abs. 1 und 2 BGB genannten Art in die sachliche Zuständigkeit des Amtsgerichts, nicht jedoch Hotelzimmer oder die Urlaubswohnung im Rahmen eines Reisevertrags, weil nicht zum dauernden Aufenthalt bestimmt.[15] Unmaßgeblich sollte die feste Verbindung mit Grund und Boden sein, so dass auch Wohnwagen, Wohnschiffe und Behelfsheime als Wohnraum dienen können.[16] Zum Wohnraum gehören auch Nebenräume wie Keller und Garage oder das Treppenhaus, wenn sie im Zusammenhang mit einer Wohnung genutzt werden. Problematisch sind die **Mischmietverhältnisse** (Gasthaus mit Wohnung). Hier gibt im Zweifel die Wohnraumnutzung den Ausschlag.[17] Das gelegentlich genutzte Bett oder Sofa im Büro macht den Büro- oder Gewerberaum nicht zum Wohnraum. Wird eine Wohnung vertragswidrig gewerblich genutzt, liegt trotzdem ein Wohnraummietverhältnis vor.[18] Wird eine Wohnung für Doppelnutzung vermietet (Wohnung und psychologische Praxis), gilt sie zuständigkeitsrechtlich als Wohnraum.[19]

c) Ausschließliche Zuständigkeit. Neben der Abgrenzung der sachlichen Zuständigkeit schreibt Nr. 2a die Zuständigkeit als ausschließliche fest, wie § 29a ZPO für die örtliche Zuständigkeit. Eine Zuständigkeitsvereinbarung (§ 38 ZPO) oder eine Zuständigkeitsbegründung beim Landgericht durch rügelose Einlassung (§ 39 ZPO) ist damit gemäß § 40 Abs. 2 ZPO ausgeschlossen.[20] Da § 29a ZPO Miet- und Pachtverhältnisse über alle Räume (mit Ausnahme der in § 549 Abs. 2 Nr. 1–3 BGB bezeichneten Wohnräume) erfasst, gilt die ausschließliche örtliche Zuständigkeit auch für Gewerberäume.

2. Reisestreitigkeiten. Nr. 2b betrifft bestimmte Arten von Reisestreitigkeiten, die auf der Grundlage der Reiseverhältnisse bei Erlass des GVG im Einzelnen aufgezählt sind und kaum mehr den heutigen Reiseverhältnissen entsprechen. Eine analoge Anwendung der streitwertunabhängigen Zuständigkeit auf Reisestreitigkeiten, zB gegen einen Reiseveranstalter nach § 651a BGB, kommt nicht in Betracht. Für die Zuständigkeit nach Nr. 2b muss die Klage nicht während der Dauer der Reise erhoben sein,[21] wohl aber muss der Anspruch grundsätzlich während der Dauer der Reise entstanden sein (zu einer Ausnahme s. Rn. 14).

Zu den Streitigkeiten zwischen Reisenden und Wirten über **Wirtszechen** gehören Auseinandersetzungen über das Entgelt für die Bewirtung mit Speisen und Getränken sowie für die Unterbringung auch aus Übernachtungen.[22] Dazu gehören auch Streitigkeiten über die Haftung für eingebrachte Sachen (§ 701 BGB),[23] da sich der Wortlaut von Nr. 2b („über Verlust und Beschädigung") nicht nur auf die Beförderung, sondern generell auf die „Habe" der Reisenden bezieht und es auch dem Sinn der Zuständigkeit (örtliche Nähe) entspricht. Streitigkeiten aus einem Pfandrecht (§ 704 BGB) fallen jedoch nicht darunter, ebenso wenig eine Klage auf entgangenen Gewinn wegen Verletzung des Beherbergungs- und Bewirtungsvertrags.[24] **Wirt** ist jeder Gastwirt, der Fremden Speisen, Getränke oder Herberge gewährt, also neben dem Beherbergungswirt, der auch den

---

[14] Vgl. OLG Hamburg NJW-RR 1993, 84 zu Abgrenzungsfragen bei einem Feriengrundstück.
[15] Kissel/Mayer Rn. 15; Baumbach/Lauterbach/Hartmann Rn. 6.
[16] S. § 29a ZPO Rn. 5ff.
[17] Nach aA ist die überwiegende Nutzungsart maßgeblich, vgl. Zöller/Gummer Rn. 9; LG Karlsruhe ZMR 2005, 869.
[18] OLG Düsseldorf NZM 2007, 799.
[19] LG München II ZMR 2007, 119.
[20] AA Musielak/Wittschier Rn. 6.
[21] Baumbach/Lauterbach/Hartmann Rn. 9; Musielak/Wittschier Rn. 11; aA Kissel/Mayer Rn. 30.
[22] Kissel/Mayer Rn. 30; aA LG Frankfurt BB 1965, 268.
[23] AA Kissel/Mayer Rn. 30.
[24] LG Frankfurt BB 1965, 268; Kissel/Mayer Rn. 30; Baumbach/Lauterbach/Hartmann Rn. 9.

Hotel- und Pensionsinhaber umfasst, anders als in § 701 BGB,[25] auch der bloße Schank- und Speisewirt. Wirt ist jedoch nur, wer auch Räumlichkeiten zum Verzehr zur Verfügung stellt, nicht dagegen der bloße Verkäufer auf der Straße, wohl aber der Betreiber eines Selbstbedienungsrestaurants. **Reisender** ist, wer einen nicht nur unerheblichen Ortswechsel vornimmt für die Dauer bis zur Rückkehr an den alten oder an einen neuen Aufenthaltsort. Der Urlaubsreisende ist, auch wenn er sich mehrere Wochen an einem Ort aufhält, für die gesamte Dauer Reisender. Gleichgültig ist der Grund der Reise, ob sie beruflich, dienstlich oder privat zur Erholung erfolgt.[26] Reisender ist nicht ein Unternehmen, das eine Tagung plant und ausrichtet, nicht aber selbst die Ortsveränderung vornimmt.[27]

13   Streitigkeiten zwischen Reisenden (s. Rn. 12) einerseits und Fuhrleuten, Schiffern oder Auswanderungsexpedienten andererseits über **Fuhrlohn**, Überfahrtsgelder sowie über die Beförderung der Reisenden und ihrer Habe betreffen in erster Linie das Entgelt für die Beförderung. Streitigkeiten über die Beförderung der Reisenden betreffen aber nicht nur das Beförderungsentgelt, sondern auch sonstige Streitigkeiten aus der Beförderung, wie zB Schadensersatzansprüche bei Verletzungen aus Anlass der Beförderung. Mit den Streitigkeiten über Verlust und Beschädigung von Habe bezieht Nr. 2b Schadensersatzansprüche bezüglich der Habe ausdrücklich ein. Habe sind nur die mit dem Reisenden zum selben Ziel, wenn auch in einem anderen Beförderungsmittel, beförderten Gegenstände, nicht dagegen Gut, das ohne Zusammenhang mit einer Reise seines Inhabers befördert wird. Habe des Reisenden sind alle Gegenstände, die im Eigentum des Reisenden stehen oder an denen ihm auch sonstige Rechte zustehen, die für den Reisenden einen Schadensersatzanspruch begründen.

14   Streitigkeiten zwischen **Reisenden und Handwerkern,** die aus Anlass der Reise entstanden sind, sind nicht nur solche, die während der Reise entstehen, sondern auch solche, die im Zusammenhang mit der Reisevorbereitung erwachsen sind.[28] Erfasst werden nicht nur Entgeltstreitigkeiten, sondern auch sonstige Auseinandersetzungen, zB über Schadensersatzansprüche.

15   **3. Streitigkeiten nach WEG.** Die Neuregelung in Nr. 2c[29] gilt nur für ab dem 1. 7. 2007 anhängig gewordene Verfahren (§ 62 WEG 2007). Für die damals schon anhängigen Altverfahren bleibt es beim bisherigen FGG-Verfahren und beim bisherigen Rechtsmittelzug. (1) Nr. 2c regelt eine sachlich ausschließliche Zuständigkeit; die örtliche Zuständigkeit richtet sich nach § 43 WEG 2007. Nr. 2c betrifft nur die sog. Binnenstreitigkeiten nach § 43 Nr. 1 bis 4 und Nr. 6 WEG. Für Rechtsmittel (Berufung, Beschwerde) in diesen Sachen ist nicht mehr das örtliche LG zuständig, sondern die Zuständigkeit ist auf bestimmte Landgerichte konzentriert (§ 72 Abs. 2 S. 1). (2) Für Klagen Dritter gegen die Gemeinschaft oder gegen Wohnungseigentümer, die sich auf das gemeinschaftliche Eigentum, seine Verwaltung oder das Sondereigentum beziehen (§ 43 Nr. 5 WEG; sog. Außenrechtsstreitigkeit) bleibt es für die sachliche Zuständigkeit bei § 23 Nr. 1 (bei Streitwert ab 5000,01 Euro ist also das LG zuständig) und der gewöhnlichen Rechtsmittelzuständigkeit.

16   **4. Streitigkeiten wegen Wildschaden.** Inhalt und Umfang sind in §§ 29ff. BJagdG geregelt. Die Länder können ein Vorverfahren vor einer Verwaltungsbehörde vorschreiben (§ 35 BJagdG).

17   **5. Leibgedings-, Leibzuchts-, Altenteils- oder Auszugsvertrag.** Ansprüche aus einem Leibgedings-, Leibzuchts-, Altenteils- oder Auszugsvertrag (Nr. 2g) gehören zur Zuständigkeit der AGe, wenn diese Verträge mit der Überlassung eines Grundstücks in Form der Veräußerung oder anderweitigen Eigentumsübertragung in Verbindung stehen. Diese Verträge sind auf die Gewährung von Nutzungen oder wiederkehrenden Leistungen an den Überlassenden oder an Dritte gerichtet (s. auch Art. 96 EGBGB).[30] Erfasst werden Ansprüche aus dem schuldrechtlichen Rechtsverhältnis oder aus einem dinglichen Recht, insbesondere gemäß § 1093, §§ 1105ff. BGB, die dem Berechtigten gegen den schuldrechtlich oder dinglich Verpflichteten zustehen. In Nr. 2g einzubeziehen sind nach seinem Sinn und Zweck auch Feststellungsklagen auf Bestehen oder Nichtbestehen der zugrunde liegenden Rechtsverhältnisse. Ansprüche anderer Gläubiger, die nicht aus diesen Rechten erwachsen, fallen nicht unter Nr. 2g. Besondere Zuständigkeitsvorschriften finden sich für Streitigkeiten aus dem Anerbenrecht einschließlich der Versorgungsansprüche bei Höfen, Hofgütern, Landgütern und Anerbengütern (§ 1 Nr. 5 LwVG), für die das AG als Landwirtschaftsgericht zuständig ist (§ 2 LwVG), sowie für Ansprüche aus der Nachfolge in einen Hof gemäß § 18 HöfeO.

---

[25] S. etwa *Palandt/Sprau* § 701 BGB Rn. 2.
[26] *Kissel/Mayer* Rn. 30.
[27] LG Frankfurt BB 1965, 268; *Kissel/Mayer* Rn. 30.
[28] S. auch *Kissel/Mayer* Rn. 30.
[29] Dazu *Elzer* ZAP Fach 7 S. 325 (1. 8. 2007); *Briesemeister* ZWE 2007, 77.
[30] Vgl. BGHZ 53, 41; BayObLGZ 1996, 26; OLG Bamberg NJW-RR 1995, 258.

6. Aufgebotsverfahren. Das Aufgebotsverfahren (Nr. 2 h) betrifft das in §§ 946 ff. ZPO geregelte Verfahren.[31] Die Möglichkeit zu abweichenden landesrechtlichen Vorschriften gemäß § 11 EGZPO ändert nichts an der Zuständigkeit der AGe gemäß Nr. 2 h.[32] § 957 Abs. 2 ZPO begründet für die Anfechtungsklage gegen das Ausschlussurteil jedoch die ausschließliche Zuständigkeit des LG.

IV. Sonstige streitwertunabhängige Zuständigkeiten

Eine streitwertunabhängige Zuständigkeit der AGe sehen über § 23 Nr. 2 hinaus vor: §§ 23 a und b; § 2 des Gesetzes über Verfahren in Binnenschifffahrtssachen vom 27. 9. 1952 (BGBl. I S. 641) für Binnenschifffahrtssachen; § 2 LwVG für Landwirtschaftssachen gemäß § 1 LwVG; § 112 GenG für Anfechtungsklagen gemäß § 111 GenG jedoch mit Verweisung auf Antrag an das LG bei höherem Streitwert (§ 112 Abs. 2 GenG). Ohne Rücksicht auf den Streitwert ist das AG auch zuständig im Mahnverfahren (§ 689 ZPO), im selbständigen Beweisverfahren in dringenden Fällen (§ 486 Abs. 2 ZPO), in dringenden Fällen des Arrests und der einstweiligen Verfügung (§§ 919, 936, 942 ZPO), in Rechtshilfesachen (§ 157 GVG). Das AG ist außerdem zuständig als Vollstreckungsgericht (§ 764 ZPO, § 1 ZVG), als Insolvenzgericht (§ 2 InsO) oder in Sachen der freiwilligen Gerichtsbarkeit, insbesondere als Vormundschaftsgericht (§ 35 FGG) einschließlich der Betreuungssachen (§ 65 FGG), als Familiengericht (§ 64 FGG), als Nachlassgericht (§ 72 FGG), als Vereinsgericht (§§ 29, 37, 55 BGB), als Registergericht (§ 125 FGG: Handelsregister; § 1558 BGB: Güterrechtsregister; § 1 GBO: Grundbuch), ferner in Unterbringungsverfahren. In den neuen Bundesländern ist das AG weiterhin zuständig für Streitigkeiten zwischen Grundstückseigentümern und Nutzern über Ansprüche aus Vertragsverhältnissen nach § 1 Abs. 1 SchuldRAnpG (§ 55 SchuldRAnpG).[33]

§ 23 a [Zuständigkeit in Kindschafts-, Unterhalts- und Ehesachen]

Die Amtsgerichte sind in bürgerlichen Rechtsstreitigkeiten ferner zuständig für
1. Streitigkeiten in Kindschaftssachen;
2. Streitigkeiten, die eine durch Ehe oder Verwandtschaft begründete gesetzliche Unterhaltspflicht betreffen;
3. Ansprüche nach den §§ 1615 l, 1615 m des Bürgerlichen Gesetzbuchs;
4. Ehesachen;
5. Streitigkeiten über Ansprüche aus dem ehelichen Güterrecht, auch wenn Dritte am Verfahren beteiligt sind;
6. Lebenspartnerschaftssachen;
7. Streitigkeiten nach dem Gewaltschutzgesetz, wenn die Parteien einen auf Dauer angelegten gemeinsamen Haushalt führen oder innerhalb von sechs Monaten vor der Antragstellung geführt haben.

I. Normzweck

§ 23 a sieht über § 23 Nr. 2 hinaus eine streitwertunabhängige Zuständigkeit der Amtsgerichte vor. § 23 a begründet die sachliche Zuständigkeit der Amtsgerichte in Abgrenzung zu den Landgerichten. § 23 b begründet demgegenüber für Familiensachen, die durch § 23 a den Amtsgerichten zugewiesen sind, intern die Zuständigkeit des Familiengerichts als einer Abteilung des AG im Sinne einer gesetzlichen Geschäftsverteilung.[1]

Die umfassende Zuständigkeit der AG für alle Kindschaftssachen und Unterhaltssachen wurde durch das NichtehelG mit Wirkung seit 1. 7. 1970 begründet. Ehesachen und Güterrechtssachen sind durch die Eherechtsreform 1976 mit Wirkung seit 1. 1. 1977 dem AG zugewiesen. Auch die sich aus dem Lebenspartnerschaftsgesetz (BGBl. I S. 266) ergebenden Lebenspartnerschaftssachen iSd. § 661 Abs. 1 ZPO fallen in die Zuständigkeit der Amtsgerichte (s. Rn. 10 a). Nr. 6 wurde eingefügt durch Gesetz vom 16. 2. 2001;[2] Nr. 7 durch G. v. 11. 12. 2001.[3]

---

[31] Vgl. *Musielak/Wittschier* Rn. 5.
[32] *Kissel/Mayer* Rn. 33.
[33] BGBl. 1994 I S. 2538.
[1] S. § 23 b Rn. 1, 3.
[2] BGBl. I S. 266.
[3] BGBl. I S. 3513.

II. Kindschaftssachen (Nr. 1)

3 Was Kindschaftssachen sind, wird durch § 640 Abs. 2 ZPO bestimmt; sie sind Familiensachen (§ 23b Abs. 1 Nr. 12). Es handelt sich um eine zwingend vorgeschriebene, ausschließliche Zuständigkeit (§§ 621 Abs. 1 Nr. 10; 640a ZPO),[4] die weder durch einen Prorogationsvertrag (§ 38 ZPO) noch durch rügeloses Einlassen (§ 39 ZPO) verändert werden kann (§ 40 Abs. 2 ZPO). Zum Beistand vgl. § 1712 BGB; zur Bestellung eines Pflegers vgl. § 50 FGG. Die örtliche Zuständigkeit ergibt sich aus § 640a ZPO. Nächsthöhere Instanz als Rechtsmittelinstanz ist in Kindschaftssachen das OLG (§ 119 Abs. 1 Nr. 1a GVG).

III. Unterhaltsstreitigkeiten (Nr. 2)

4 **1. Unterhaltspflichten.** Nr. 2 umfasst die durch Ehe oder Verwandtschaft begründeten gesetzlichen Unterhaltspflichten. Ohne Bedeutung ist, ob der Anspruch als wiederkehrende Unterhaltsrente oder als Kapitalabfindung eingeklagt wird.[5] Auch übergeleitete oder übergangene Ansprüche auf Unterhalt wie beispielsweise nach § 1607 Abs. 3 BGB, § 94 SGB XII oder § 7 UVG werden von Nr. 2 umfasst.[6] Ob die Unterhaltsansprüche zur Zuständigkeit des Familiengerichts gehören, richtet sich nach § 23b Abs. 1 Nr. 5 und 6. Soweit Ansprüche nicht von § 23b erfasst werden ist die Zuständigkeit eines nach dem Geschäftsverteilungsplan bestimmten Einzelrichters am AG gegeben. Insoweit besteht auch keine ausschließliche Zuständigkeit im Gegensatz zu § 621 ZPO. Zum Anwaltszwang vgl. § 78 ZPO.

5 **2. Durch die Ehe begründet.** Zu den durch Ehe begründeten Unterhaltspflichten gehören nicht nur die Unterhaltspflichten aus § 1360 BGB bei bestehender Ehe und aus § 1361 BGB bei getrennt lebenden Ehegatten, sondern auch Unterhaltsprozesse bei geschiedenen Ehen (§§ 1569ff. BGB) oder bei aufgehobenen Ehen (§ 1318 BGB).[7] Ansprüche aus einer nichtehelichen Lebensgemeinschaft werden jedoch nicht erfasst. Lebenspartnerschaften vgl. Rn. 11. Die **durch Verwandtschaft begründeten** Unterhaltspflichten betreffen nicht nur die Ansprüche des ehelichen Kindes gegen seine Eltern, sondern Ansprüche aus §§ 1601ff. BGB zwischen allen Verwandten auf- und absteigender Linie, auch Ansprüche des nichtehelichen Kindes (§§ 1615a ff. BGB), auch wenn sie gemäß § 1615o BGB durch einstweilige Verfügung geltend gemacht werden. Auch Unterhaltsansprüche, die auf Grund einer Adoption entstehen (§§ 1754, 1770 BGB), werden erfasst.

6 **3. Nebenansprüche.** Die Zuständigkeit gilt nicht nur für den eigentlichen Unterhaltsanspruch in seinem vollen Umfang einschließlich des Anspruchs auf Prozesskostenvorschuss (§ 1360a Abs. 4 BGB), sondern auch für Nebenansprüche, insbesondere für Auskunftsansprüche.[8] Unter Nr. 2 fallen auch **sonstige Ansprüche,** wie zB Schadensersatzansprüche (etwa auf Anwaltskosten wegen der Durchsetzung eines Unterhaltsanspruchs als Verzugsschaden),[9] Bereicherungsansprüche,[10] Befreiungsansprüche[11] oder Erstattungsansprüche,[12] in deren Rahmen das Bestehen eines gesetzlichen Unterhaltsanspruchs geprüft werden muss.[13] Nicht erfasst wird aber der Rückgewähranspruch eines Scheinvaters oder eines Stiefvaters, gegen die ein Unterhaltsanspruch von vornherein nicht besteht.[14]

7 **4. Gesetzliche Unterhaltsansprüche.** Nr. 2 bezieht sich auf gesetzliche Unterhaltsansprüche. Nach ihrem Sinn und Zweck ist die Vorschrift aber auch auf vertragliche Unterhaltsansprüche zu erstrecken, die an Stelle gesetzlicher Ansprüche treten, indem sie diese zB ergänzen und modifizieren.[15] Dies gilt auch, wenn in dem Vertrag zugleich Fragen der Vermögensauseinandersetzung geregelt werden, es sei denn, die Unterhaltsregelung sei ununterscheidbar mit der Vermögensauseinandersetzung vermengt.[16] Auch ein Anspruch auf Unterhaltsersatz aus § 826 BGB wegen Vermögens-

---

[4] Vgl. *Musielak/Wittschier* Rn. 2.
[5] *Baumbach/Lauterbach/Hartmann* Rn. 3.
[6] Vgl. OVG Münster FamRZ 1994, 595; *Künkel* FamRZ 1994, 540, 548.
[7] *Baumbach/Lauterbach/Hartmann* Rn. 3.
[8] OLG Hamm FamRZ 2005, 1844.
[9] OLG München NJW-RR 2006, 650; OLG Dresden NJW 2006, 2128.
[10] BGHZ 71, 264, 274.
[11] BGH NJW 1984, 1624.
[12] BGH NJW 1978, 2297.
[13] S. auch *Kissel/Mayer* Rn. 18.
[14] BGH NJW 1979, 660; BayObLG NJW 1979, 1050.
[15] S. auch *Baumbach/Lauterbach/Hartmann* Rn. 3.
[16] S. auch OLG Nürnberg FamRZ 1967, 157; sowie OLG Oldenburg FamRZ 1998, 1120 zum Fall der vorweggenommenen Erbfolge.

verschiebung gehört dazu.[17] **Nicht dazu gehören** Ansprüche aus unerlaubter Handlung oder aus vertraglichen Unterhaltsregelungen, denen keine gesetzliche Unterhaltspflicht zugrunde liegt. Nicht erfasst werden auch Ansprüche auf Zugewinnausgleich und allgemein auf Vermögensauseinandersetzung.

IV. Ansprüche aus §§ 1615 l, 1615 m BGB (Nr. 3)

Durch § 23a Nr. 3 sind dem AG zugewiesen der Anspruch der Mutter auf Unterhalt vor und nach der Geburt (§ 1615 l BGB) sowie der Anspruch auf Beerdigungskosten für die Mutter gemäß § 1615 m BGB. Die Zuständigkeit bleibt bestehen, wenn ein Rechtsnachfolger gemäß § 1615 n BGB Partei ist.[18] Sie ist auch gegeben, wenn die Ansprüche gemäß § 1615 o Abs. 1 BGB im Wege einstweiliger Verfügung geltend gemacht werden.[19] Ansprüche des Kindes fallen unter Nr. 2. Nr. 2, nicht Nr. 1, gilt auch für Ansprüche, die gemäß § 1615 o Abs. 1 BGB im Verfahren der einstweiligen Verfügung geltend gemacht werden. 8

V. Ehesachen (Nr. 4)

Die zu den Ehesachen gehörenden Angelegenheiten werden durch § 606 ZPO bestimmt.[20] Es handelt sich um eine ausschließliche Zuständigkeit mit den Wirkungen gemäß § 40 Abs. 2 ZPO. Zuständig ist gemäß § 23b Abs. 1 S. 2 Nr. 1 das Familiengericht als familienrechtliche Abteilung des AG. Zum Anwaltszwang vgl. § 78 ZPO. 9

VI. Ansprüche aus dem ehelichen Güterrecht (Nr. 5)

Zum ehelichen Güterrecht zählen die §§ 1363 bis 1563 BGB. Ansprüche hieraus werden nicht nur erfasst, soweit sie zwischen den Ehegatten erhoben werden, sondern auch wenn Dritte am Verfahren beteiligt sind. Das Amtsgericht ist ausschließlich zuständig, § 621 Abs. 1 Nr. 8 ZPO. Erfasst werden jedoch nur güterrechtliche Streitigkeiten, nicht jedoch sonstige vermögensrechtliche Streitigkeiten zwischen Ehegatten, da insoweit keine besondere Sachkunde des Familiengerichts besteht.[21] Unterhaltsansprüche fallen unter Nr. 2. 10

VII. Lebenspartnerschaftssachen (Nr. 6)

Mit dem Gesetz über die eingetragene Lebenspartnerschaft (LPartG) vom 16. 2. 2001 (BGBl. I S. 266) hat der Gesetzgeber ein neues familienrechtliches Institut geschaffen. Die aus einer eingetragenen gleichgeschlechtlichen Lebenspartnerschaft resultierenden Lebenspartnerschaftssachen (vgl. § 661 Abs. 1 ZPO) werden durch Nr. 6 der Zuständigkeit der Amtsgerichte zugewiesen. Nach § 23b Abs. 1 S. 2 Nr. 15 ist das Familiengericht als familienrechtliche Abteilung des Amtsgerichts dafür ausschließlich zuständig. Zum Anwaltszwang vgl. § 78 ZPO. 11

VIII. Streitigkeiten nach dem Gewaltschutzgesetz (Nr. 7)

1. Zuständigkeit für Gewaltschutz im sozialen Nahbereich. Nr. 7 ist eingeführt worden durch das GewSchG. Die Vorschrift begründet die sachliche Zuständigkeit der Amtsgerichte in Angelegenheiten des vorbeugenden Opferschutzes nach dem Gewaltschutzgesetz. Sie hat die durch das GewSchG eingeführten zivilrechtlichen Sanktionen zum Gegenstand, sofern der soziale Nahbereich[22] betroffen ist. Im Einzelnen muss **differenziert** werden: (1) Wenn die Parteien einen auf Dauer angelegten gemeinsamen Haushalt[23] führen oder in den letzten 6 Monaten vor Antragstellung geführt haben, dann ist Nr. 7 einschlägig und das Amtsgericht unabhängig vom Streitwert zuständig, dort die Abteilung Familiengericht (§ 23b Abs. 1 S. 2 Nr. 8a), ausschließlich (§ 621 Abs. 1 Nr. 13 ZPO), grundsätzlich als FGG-Verfahren (§ 621a Abs. 1 ZPO). Der gemeinsame Haushalt muss nicht tatsächlich auf längere Dauer geführt worden sein, sondern nur auf Dauer angelegt, dh. beabsichtigt und durch äußere Umstände, wie zB einen längerfristigen Mietvertrag, objektiviert gewesen sein. Außer dem gemeinsamen Haushalt ist ein bestimmtes Rechtsverhältnis wie Ehe oder 12

---

[17] OLG Celle NdsRpfl. 1958, 235.
[18] *Baumbach/Lauterbach/Hartmann* Rn. 4; *Kissel/Mayer* Rn. 28.
[19] *Büdenbender* FamRZ 1983, 306; *Baumbach/Lauterbach/Hartmann* Rn. 4.
[20] S. im einzelnen § 606 ZPO Rn. 2 ff.
[21] BT-Drucks. 7/1361, S. 59.
[22] So die Begründung BT-Drucks. 14/5429, S. 34; vgl. OLG Rostock FamRZ 2007, 742.
[23] Begriff wie in § 563 Abs. 2 S. 4 BGB.

gleichgeschlechtliche Lebenspartnerschaft zwischen den Parteien nicht erforderlich.[24] Es genügt jede sonstige Lebens- bzw. Haushaltsgemeinschaft. Für Kinder und andere sorgebedürftige Personen gelten aber gemäß § 3 GewSchG besondere Zuständigkeiten (s. Rn. 3). (2) Ist ein solcher sozialer Nahbereich nicht gegeben, liegt also kein gemeinsamer Haushalt etc. vor, so bestimmt sich die Zuständigkeit für Streitigkeiten nach dem GewSchG nach den allgemeinen Vorschriften der §§ 23, 71 GVG, also entweder das AG – Zivilabteilung oder bei höherem Streitwert das LG – Zivilkammer. Im Einzelfall kann sich eine streitwertunabhängige Zuständigkeit des AG aus § 23 Nr. 2a ergeben, wenn eine Partei als Vermieter an die andere Wohnraum vermietet hat.

13   2. **Zivilrechtliche Maßnahmen und FGG-Sachen.** Nr. 7 betrifft Streitigkeiten, die die Anordnung der **in §§ 1 und 2 GewSchG vorgesehenen Maßnahmen** im sozialen Nahbereich zum Gegenstand haben, wie die Anordnung von Betretens-, Aufenthalts- oder Kommunikationsverboten in § 1 und die Anordnung zur alleinigen Überlassung einer gemeinsam genutzten Wohnung in § 2. Für **Personen,** die im Tatzeitpunkt unter **elterlicher Sorge, Vormundschaft oder Pflegschaft** stehen, gelten im Verhältnis zu ihren Eltern oder sonstigen sorgeberechtigten Personen nach § 3 GewSchG die für das Sorge-, Vormundschafts- oder Pflegschaftsverhältnis maßgebenden Vorschriften. Mit der Anwendung dieser Vorschriften sind besondere Zuständigkeiten im Verfahren der freiwilligen Gerichtsbarkeit verbunden, für die die Amtsgerichte entweder als Vormundschaftsgerichte (§ 35 FGG) oder als Familiengerichte (§ 64 FGG) zuständig sind. § 23a Nr. 7 findet in diesem Verhältnis keine Anwendung (§ 2 EGGVG), wohl aber, wenn Anordnungen nach §§ 1, 2 GewSchG zwischen Minderjährigen oder unter Pflegschaft stehenden Personen und Dritten zu treffen sind. Für in einem **Betreuungsverhältnis** nach §§ 1896 ff. BGB stehende Personen findet § 3 GewSchG in keiner Hinsicht Anwendung. Für sie ergibt sich die Zuständigkeit in jedem Fall aus § 23 a Nr. 7.

14   3. **Sonstige Zuständigkeiten.** § 3 Abs. 2 GewSchG lässt **weitergehende Ansprüche** der verletzten Personen unberührt. Solche Ansprüche stellen keine Streitigkeiten nach dem GewSchG dar. Sie fallen deshalb nicht unter § 23 a Nr. 7. Die Zuständigkeit für sie ergeben sich je nach Art der Streitigkeit streitwertabhängig aus § 23 Nr. 1, § 71 oder streitwertunabhängig aus § 23 Nr. 2, §§ 23 a, 23 b.

VIII. Umfang der Zuständigkeiten

15   1. **Nebenansprüche.** Die Zuständigkeiten nach § 23 a gelten nicht nur für die Hauptansprüche, sondern auch für Nebenansprüche, so für Auskunftsansprüche, gleichgültig ob sie aus §§ 1581, 1605 BGB oder aus allgemeinen Vorschriften, insbesondere § 242 BGB abgeleitet werden.[25] Zur Zuständigkeit nach § 23 a gehören aber nicht Honoraransprüche, die im Zusammenhang mit der Geltendmachung der unter § 23 a fallenden Ansprüche und Rechte entstehen.[26]

16   2. **Vorbereitungs-, Folge- und Nebenentscheidungen.** Die Zuständigkeit des AG betrifft nicht nur die Entscheidung in der Hauptsache, sondern auch Vorbereitungs-, Folge- und Nebenentscheidungen. Die Zuständigkeit nach § 23 a erfasst deshalb auch Ansprüche auf Geltendmachung von Prozesskostenvorschuss,[27] zB aus § 1360 a Abs. 4 BGB, das Prozesskostenhilfeverfahren (§§ 114 ff. ZPO),[28] auch Abänderungsklagen, gleichgültig ob sie sich auf gerichtliche Entscheidungen oder Vergleiche beziehen,[29] oder ein Wiederaufnahmeverfahren (§§ 578 ff. ZPO).[30] § 23a gilt auch für Arreste und einstweilige Verfügungen, ebenso für die Kostenfestsetzung, für die Streitwertbestimmung oder die Ansprüche aus dem JVEG. Für die Zwangsvollstreckung gelten die allgemeinen Vorschriften.[31] § 23 a erfasst jedoch die Anerkennung (§ 328 ZPO) und gerichtliche Vollstreckbarerklärung ausländischer Entscheidungen, die eine Angelegenheit nach § 23 a betreffen.[32]

---

[24] S. *Schumacher* FamRZ 2001, 953, 955; *D. Schwab* FamRZ 2002, 1, 2.
[25] OLG Bamberg FamRZ 1979, 938; OLG Schleswig SchlHA 1979, 37; *Walter* FamRZ 1979, 272.
[26] BGH NJW 1986, 1178; OLG Hamm MDR 1981, 1027; OLG Zweibrücken FamRZ 1982, 85; *Kissel/Mayer* Rn. 59; aA OLG Hamburg MDR 1979, 1036.
[27] *Kissel/Mayer* Rn. 59.
[28] *Walter* FamRZ 1979, 272; *Kissel/Mayer* Rn. 59; *Musielak/Wittschier* Rn. 1.
[29] BGH FamRZ 1979, 907.
[30] *Kissel/Mayer* Rn. 59.
[31] *Kissel/Mayer* Rn. 61.
[32] BGH NJW 1977, 150 = FamRZ 1977, 126.

§ 23 b [Familiengerichte]

(1) ¹Bei den Amtsgerichten werden Abteilungen für Familiensachen (Familiengerichte) gebildet. ²Familiensachen sind:
1. Ehesachen;
2. Verfahren betreffend die elterliche Sorge für ein Kind, soweit nach den Vorschriften des Bürgerlichen Gesetzbuchs hierfür das Familiengericht zuständig ist;
3. Verfahren über die Regelung des Umgangs mit einem Kind, soweit nach den Vorschriften des Bürgerlichen Gesetzbuchs hierfür das Familiengericht zuständig ist;
4. Verfahren über die Herausgabe eines Kindes, für das die elterliche Sorge besteht;
5. Streitigkeiten, die die durch Verwandtschaft begründete gesetzliche Unterhaltspflicht betreffen;
6. Streitigkeiten, die die durch Ehe begründete gesetzliche Unterhaltspflicht betreffen;
7. Verfahren, die den Versorgungsausgleich betreffen;
8. Verfahren über Regelungen nach der Verordnung über die Behandlung der Ehewohnung und des Hausrats;
8a. Verfahren nach dem Gewaltschutzgesetz, wenn die Beteiligten einen auf Dauer angelegten gemeinsamen Haushalt führen oder innerhalb von sechs Monaten vor der Antragstellung geführt haben;
9. Streitigkeiten über Ansprüche aus dem ehelichen Güterrecht, auch wenn Dritte am Verfahren beteiligt sind;
10. Verfahren nach den §§ 1382 und 1383 des Bürgerlichen Gesetzbuchs;
11. Verfahren nach den §§ 10 bis 12 sowie nach § 47 des Internationalen Familienrechtsverfahrensgesetzes vom 26. Januar 2005 (BGBl. I S. 162);
12. Kindschaftssachen;
13. Streitigkeiten über Ansprüche nach den §§ 1615 l, 1615 m des Bürgerlichen Gesetzbuchs;
14. Verfahren nach § 1303 Abs. 2 bis 4, § 1308 Abs. 2 und § 1315 Abs. 1 Satz 1 Nr. 1, Satz 3 des Bürgerlichen Gesetzbuchs;
15. Lebenspartnerschaftssachen.

(2) ¹Sind wegen des Umfangs der Geschäfte oder wegen der Zuweisung von Vormundschafts-, Betreuungs- und Unterbringungssachen mehrere Abteilungen für Familiensachen zu bilden, so sollen alle Familiensachen, die denselben Personenkreis betreffen, derselben Abteilung zugewiesen werden. ²Wird eine Ehesache rechtshängig, während eine andere Familiensache nach Absatz 1 Satz 2 Nr. 6 bis 10 bei einer anderen Abteilung im ersten Rechtszug anhängig ist, so ist diese von Amts wegen an die Abteilung der Ehesache abzugeben; für andere Familiensachen nach Absatz 1 Satz 2 Nr. 2 bis 5 gilt dies nur, soweit sie betreffen
1. in den Fällen der Nummer 2 die elterliche Sorge für ein gemeinschaftliches Kind einschließlich der Übertragung der elterlichen Sorge oder eines Teils der elterlichen Sorge wegen Gefährdung des Kindeswohls auf einen Elternteil, Vormund oder Pfleger,
2. in den Fällen der Nummer 3 die Regelung des Umgangs mit einem gemeinschaftlichen Kind der Ehegatten nach den §§ 1684 und 1685 des Bürgerlichen Gesetzbuchs oder des Umgangs des Ehegatten mit einem Kind des anderen Ehegatten nach § 1685 Abs. 2 des Bürgerlichen Gesetzbuchs,
3. in den Fällen der Nummer 4 die Herausgabe eines Kindes an den anderen Elternteil,
4. in den Fällen der Nummer 5 die Unterhaltspflicht gegenüber einem gemeinschaftlichen Kind.

³Wird bei einer Abteilung ein Antrag in einem Verfahren nach den §§ 10 bis 12 des Internationalen Familienrechtsverfahrensgesetzes vom 26. Januar 2005 (BGBl. I S. 162) anhängig, während eine Familiensache nach Absatz 1 Satz 2 Nr. 2 bis 4 bei einer anderen Abteilung im ersten Rechtszug anhängig ist, so ist diese von Amts wegen an die erstgenannte Abteilung abzugeben; dies gilt nicht, wenn der Antrag offensichtlich unzulässig ist. ⁴Auf übereinstimmenden Antrag beider Elternteile sind die Regelungen des Satzes 3 auch auf andere Familiensachen anzuwenden, an denen diese beteiligt sind.

(3) ¹Die Abteilungen für Familiensachen werden mit Familienrichtern besetzt. ²Ein Richter auf Probe darf im ersten Jahr nach seiner Ernennung Geschäfte des Familienrichters nicht wahrnehmen.

Übersicht

	Rn.		Rn.
I. Normzweck und Allgemeines	1, 2	1. Entscheidung über die Zuständigkeit	10
II. Das Familiengericht als Spezialspruchkörper am AG	3–5	2. Abgabe	11–13
		3. Zuständigkeit bei Kompetenzkonflikt	14
1. Geschäftsverteilung	3	4. Rechtsmittelinstanz	15
2. Mehrere Familiengerichtsspruchkörper	4, 5	5. Wirksamkeit der Entscheidung	16
III. Familiensachen	6–8	V. Besetzung des Familiengerichts (Abs. 3)	17–20
1. Begriff	6, 7	1. Familienrichter	17
2. Ausschließliche Zuständigkeit	8	2. Richter auf Probe	18–20
IV. Verhältnis zu anderen Spruchkörpern am AG	9–16		

I. Normzweck und Allgemeines

1 § 23 b sieht die Einrichtung von Abteilungen für Familiensachen am AG als Familiengerichte vor. (1) Die sachliche Zuständigkeit des AG im Verhältnis zum LG regelt § 23 b nicht. Vielmehr sind die Familiensachen, soweit es sich um bürgerliche Rechtsstreitigkeiten handelt (Abs. 1 S. 2 Nr. 1, 5, 6, 9, 12, 13 und 15) durch § 23 a dem AG zugewiesen. Soweit § 23 b in Abweichung von § 2 EGGVG sich auch auf Angelegenheiten der freiwilligen Gerichtsbarkeit bezieht (Abs. 1 S. 2 Nr. 2, 3, 4, 7, 8, 10, 11 und 14), ergibt sich die sachliche Zuständigkeit des AG aus § 64 FGG in Verbindung mit den einzelnen Vorschriften, die Aufgaben dem Familiengericht übertragen (s. zB §§ 1382, 1383, 1587 b, 1587 f, 1631, 1631 b, 1632 Abs. 2, 1671, 1672 BGB; § 11 HausratsVO). Die Zuständigkeit kann durch spezielle Vorschriften ausgeschlossen sein, zB durch Art. 39 VO (EG) Nr. 44/2001. (2) Die örtliche Zuständigkeit ergibt sich für Ehesachen aus § 606 ZPO, für die sonstigen Sachen aus § 621 Abs. 2, 3 ZPO, §§ 45, 64 Abs. 2, 64 b FGG, § 11 Abs. 2, 3 HausratsVO, §§ 10 bis 12, 47 Abs. 2 IntFamRVG. (3) Auf dieser Grundlage der sachlichen Zuständigkeit des AG bestimmt § 23 b, dass für Familiensachen nicht die normalen Spruchkörper am AG tätig werden, sondern in Form der Abteilung für Familiensachen **besondere Spruchkörper**,[1] denen zwar auch Einzelrichter (§ 22 Abs. 1) vorstehen, deren Besonderheit aber darin besteht, dass ihr gerichtsinterner Geschäftsbereich vom Gesetzgeber durch § 23 b Abs. 1 S. 2 bestimmt wird und insoweit der Ermessensregelung des Präsidiums im Geschäftsverteilungsplan entzogen ist. § 23 b Abs. 1 S. 2 enthält insofern eine gesetzliche Geschäftsverteilung der gerichtsinternen Aufgaben am AG.[2] Hinzu kommt, dass vor den Familiengerichten neben den allgemeinen Vorschriften der ZPO, des GVG und des FGG noch die besonderen Vorschriften der §§ 621 ff. ZPO gelten und dass der Rechtsmittelzug zum OLG (§ 119 Abs. 1 Nr. 1 und 2) und BGH (§ 133) führt. § 23 b ist nicht verfassungswidrig.[3]

2 Das Familiengericht wurde durch die Eherechtsreform 1976 mit Wirkung ab 1. 7. 1977 zu dem **Zweck** geschaffen, die Entscheidungen in Ehesachen und ehebezogenen Angelegenheiten bei einem Gericht zusammenzufassen. § 23 b wurde in den letzten Jahren mehrfach geändert; vgl. Vorauflage. Die letzten Änderungen sind: Nr. 15 wurde durch G. vom 16. 2. 2001[4] neu eingefügt; Nr. 8 ist durch G vom 11. 12. 2001[5] neu gefasst worden; ferner ist hierbei Nr. 8a eingefügt worden.[6] Nr. 11 wurde geändert durch G. v. 26. 1. 2005.[7]

II. Das Familiengericht als Spezialspruchkörper am AG

3 **1. Geschäftsverteilung.** Das Familiengericht ist eine besondere Abteilung am AG. Es wird als ein Akt gerichtsinterner Geschäftsverteilung kraft Gesetzes und nicht erst durch den Geschäftsverteilungsplan bei jedem AG zwingend gebildet, falls nicht gemäß § 23 c ein gemeinsames AG bestimmt wird. Allerdings muss das Präsidium, nicht die Justizverwaltung, durch den Geschäftsvertei-

---

[1] S. Rn. 9.
[2] BGHZ 71, 264, 270 = NJW 1978, 1531; BGH NJW 1980, 1282, 1981, 2418; *Bergerfurth* DRiZ 1978, 230; *Kissel* Rn. 21; *Manfred Wolf* § 12 III 1 b; aA *Jauernig* FamRZ 1977, 681 f. 761 ff.; 1979, 97 ff. (Problem der sachlichen Zuständigkeit).
[3] BVerfG NJW 1980, 697.
[4] BGBl. I S. 266.
[5] BGBl. I S. 3513.
[6] Vgl. dazu *Schulz* FuR 2002, 97.
[7] BGBl. I S. 162.

lungsplan die Anzahl der Abteilungen für Familiensachen (1 F, 2 F usw.) und die einzelnen Richter bestimmen, die als Familienrichter (Abs. 3) den einzelnen Abteilungen zugewiesen werden.[8] Ist das AG nur mit *einem* Einzelrichter besetzt, so ist dieser kraft Gesetzes zugleich Familiengericht, falls er nicht Richter auf Probe im ersten Jahr nach seiner Ernennung ist (Abs. 3 S. 2). Dann gilt § 22b. Die generelle Aufgabenzuweisung an die Familiengerichte in Abgrenzung zu den allgemeinen Einzelrichtersachen nimmt das Gesetz in § 23b Abs. 1 S. 2 abschließend und zwingend vor. Insoweit liegt eine gesetzliche Geschäftsverteilung vor, die dem Präsidium vorgegeben ist.[9] Dem Richter, der als Familienrichter eingeteilt ist, können bei ungenügender Auslastung neben Vormundschaftssachen auch sonstige Angelegenheiten durch den Geschäftsverteilungsplan zugewiesen werden.

2. Mehrere Familiengerichtsspruchkörper. Sofern wegen des Geschäftsanfalls mehrere Abteilungen für Familiensachen gebildet sind, ist es Aufgabe des Präsidiums, die anfallenden Sachen durch den Geschäftsverteilungsplan auf die verschiedenen Abteilungen zu verteilen. In der Aufstellung der Verteilungsmaßstäbe ist das Präsidium grundsätzlich frei. Es sollen jedoch solche Verteilungskriterien gewählt werden, die sicherstellen, dass die denselben Personenkreis betreffenden Familiensachen ein und demselben Spruchkörper zugewiesen werden (Abs. 2 S. 1), zB durch Verteilung nach Anfangsbuchstaben der Beteiligten. Ob mehrere Abteilungen für Familiensachen gebildet werden obliegt dem Präsidium, nicht der Justizverwaltung, da es sich nur um eine Verteilungsaufgabe, nicht dagegen um sonstige gerichtsorganisatorische Maßnahmen handelt. Die Bildung zusätzlicher Abteilungen ist jedoch nicht beliebig zulässig, sondern nur, wenn dies wegen des Geschäftsumfangs oder wegen der Zuweisung von Vormundschafts-, Betreuungs- und Unterbringungssachen erforderlich wird. Bevor eine zweite oder weitere Abteilung gebildet wird, muss der Familienrichter von den sonstigen Sachen auch Jugendsachen (§§ 34, 39 JGG) entlastet werden.[10] Damit soll die einheitliche Zuständigkeit und die Spezialisierung der Familienrichter auf Familiensachen soweit möglich gesichert werden.

Im Interesse einheitlicher Zuständigkeit und der Herstellung des Verfahrensverbundes (§ 623 ZPO) sieht Abs. 2 S. 2 HS. 1 eine **Abgabe von Amts wegen** vor, wenn die bei einer Abteilung bereits anhängige Familiensache nach Nr. 6 bis 11 zu einer bei einer anderen Abteilung anhängig werdenden Ehesache gehört. Auch die Familiensachen nach Nr. 2 bis 5 sind abzugeben, wenn die Voraussetzungen des Art. 2 S. 2 HS. 2 vorliegen. Abs. 2 S. 3 sieht Abgabe von Verfahren nach dem IntFamRVG vor, S. 4 Abgaben auf übereinstimmenden Antrag. Abzugeben ist an die für die Ehesache zuständige Abteilung, nicht umgekehrt. Bei unterbliebener oder fehlerhafter Abgabe gilt jedoch § 22d.

III. Familiensachen

1. Begriff. Familiensachen sind Ehesachen[11] und die sonstigen in Abs. 1 Satz 2 Nr. 2 bis 15 aufgezählten Angelegenheiten, die weitgehend der Aufzählung in § 621 Abs. 1 ZPO entsprechen.[12] Nr. 8a knüpft an § 23a Nr. 7 an und erklärt für die dort den Amtsgerichten zugewiesenen Angelegenheiten die besonderen Spruchkörper der Familiengerichte für zuständig. Zu den Familiensachen gehören neben dem **jeweiligen Hauptverfahren** auch die dieses **vorbereitenden und ergänzenden Verfahren,** wie der Anspruch auf Kostenerstattung aus einer Vereinbarung im Zusammenhang mit einem Scheidungsverfahren,[13] die Prozesskostenhilfe, die Kostenfestsetzung,[14] auch wenn damit andere als Familiensachen untrennbar verbunden sind,[15] ferner die Streitwertfestsetzung, die Entschädigung für Zeugen, Vergütung für Sachverständige und Dolmetscher (JVEG), die Festsetzung der Rechtsanwaltsgebühren nach § 11 RVG, ferner Abänderungsklagen, insbesondere nach § 323 ZPO,[16] aber auch Anträge nach § 18 FGG, Wiederaufnahmeklagen,[17] Klagen gegen Titel nach § 826 BGB,[18] Arrest,[19] einstweilige Verfügungen und einstweilige Anordnungen nach §§ 620ff. ZPO, soweit sie Familiensachen zum Gegenstand haben, ebenso ein selbständiges Beweis-

---

[8] S. BT-Drucks. 7/4361, S. 60.
[9] BGHZ 71, 264, 270, s. auch Rn. 1.
[10] *Kissel/Mayer* Rn. 15; *Baumbach/Lauterbach/Hartmann* Rn. 9; *Zöller/Gummer* Rn. 10.
[11] S. § 606 ZPO Rn. 2ff.
[12] S. im einzelnen die Kommentierung bei § 621 ZPO.
[13] BGH NJW-RR 1989, 1343.
[14] BGH NJW 1978, 1633 = FamRZ 1978, 585.
[15] BGH NJW 1981, 346.
[16] BGH NJW 1978, 1811.
[17] BGH FamRZ 1982, 789; OLG Düsseldorf FamRZ 1977, 725; OLG Stuttgart FamRZ 1980, 379.
[18] OLG Karlsruhe FamRZ 1982, 400.
[19] BGH NJW 1980, 191, OLG Hamm NJW 1982, 1711.

verfahren im Falle des § 486 Abs. 1 ZPO,[20] die Anerkennung und Vollstreckbarerklärung ausländischer Entscheidungen in einer Familiensache,[21] jedoch mit einer speziellen Zuständigkeit das LG gemäß Art. 39 VO (EG) Nr. 4/2001. Zu Familiensachen gehört auch die Rechtshilfe in Familiensachen. Familiensachen sind auch Vollstreckungsangelegenheiten, soweit das Prozessgericht zuständig ist und der Titel eine Familiensache betrifft, so etwa Klagen nach § 767 ZPO,[22] Klagen nach § 797 Abs. 5, 797a Abs. 3 ZPO,[23] Klagen aus § 774 ZPO,[24] Klagen aus § 731 ZPO,[25] auch eine Klage aus § 771 ZPO, wenn das die Veräußerung hindernde Recht den Familiensachen zuzuordnen ist.[26] Soweit in der Vollstreckung das Prozessgericht zuständig ist, kommt es nicht darauf an, ob dieses zu Recht eine Familiensache angenommen hat.[27] Zu den Familiensachen gehört auch die Klage auf Auszahlung eines hinterlegten Betrags, der aus einer Familiensache stammt.[28]

7   **Nicht zu den Familiensachen** zählen Schadensersatzansprüche des umgangsberechtigten Elternteils gegen den anderen wegen Versagung des Umgangs.[29] Keine Familiensachen sind auch Honorarklagen des Rechtsanwalts aus einer Familiensache[30] oder sonstige Rechtsstreitigkeiten zwischen Mandant und Rechtsanwalt, wenn das Mandat eine Familiensache betrifft.[31] Keine Familiensache ist auch der Streit über die Vergütung eines Rechtsanwalts im Falle einer Beratungshilfe.[32]

8   **2. Ausschließliche Zuständigkeit.** Die Abteilungen für Familiensachen sind als Familiengerichte für Familiensachen ausschließlich und zwingend zuständig. Dies ergibt sich für die Ehesachen aus § 606 ZPO, für die übrigen Familiensachen aus § 621 ZPO und für Lebenspartnerschaftssachen aus § 661 Abs. 2 iVm. §§ 606, 621 ZPO. Die **Aufzählung** in § 23b Abs. 1 S. 2 ist **abschließend**[33] und kann weder durch Parteivereinbarung noch durch den Geschäftsverteilungsplan oder die Justizverwaltung erweitert werden.[34] Soweit sonstige Angelegenheiten im Bereich der Familie nicht unter § 23b fallen, gehören sie zu den allgemeinen zivilprozessualen Streitigkeiten oder zur freiwilligen Gerichtsbarkeit. Die speziellen Vorschriften für Familiensachen zB in §§ 23b, 119 GVG, §§ 621ff. ZPO gelten für sie deshalb nicht. Soweit bei der Abgrenzung zwischen Familiensachen und sonstigen Angelegenheiten keine sichere Zuordnung möglich ist, ist im **Zweifel** von einer **Familiensache** und der Zuständigkeit des Familiengerichts auszugehen,[35] um den Zweck (Rn. 2) nicht zu gefährden.

IV. Verhältnis zu anderen Spruchkörpern am AG

9   Das Familiengericht ist keine eigenständige Gerichtsbehörde, sondern als Abteilung des AG ein Spezialspruchkörper am AG.[36] Das Verhältnis einer Abteilung für Familiensachen zu anderen Spruchkörpern am selben AG ist deshalb keine Frage der sachlichen Zuständigkeit,[37] sondern der **Spruchkörperzuständigkeit**, die im Gesetz sowohl hinsichtlich der Entscheidung eines Zuständigkeitsstreits wie hinsichtlich der Abgabe von einem Spruchkörper an den anderen nur teilweise geregelt ist.

10   **1. Entscheidung über die Zuständigkeit.** Die Entscheidung über seine Zuständigkeit[38] trifft der jeweils angegangene Einzelrichter als Spruchkörper, nachdem ihm eine Angelegenheit durch die Geschäftsstelle zugeleitet worden ist.[39] Hält er sich für zuständig, so bearbeitet er die Angele-

---

[20] *Kissel/Mayer* Rn. 49; aA LG Lüneburg FamRZ 1984, 69.
[21] BGH NJW 1980, 2025; 1983, 2775; OLG Hamburg FamRZ 1978, 907; OLG Köln FamRZ 1979, 718; OLG Bamberg FamRZ 1980, 66.
[22] BGH NJW 1980, 1393; 1981, 346.
[23] OLG Hamburg FamRZ 1984, 68.
[24] BGH NJW 1979, 929.
[25] OLG Düsseldorf FamRZ 1980, 378; OLG Hamburg FamRZ 1981, 980.
[26] BGH NJW 1985, 903 m. weit. Nachw.
[27] So zu Recht *Baumbach/Lauterbach/Hartmann* § 621 ZPO Rn. 4; aA OLG Düsseldorf FamRZ 1981, 577.
[28] BGH NJW-RR 1989, 1343.
[29] BGHZ 151, 155, 157 f.; BGH FamRZ 2004, 869.
[30] OLG Karlsruhe FamRZ 1985, 498 m. weit. Nachw.; OLG Frankfurt FamRZ 1984, 1119; aA OLG Hamburg FamRZ 1985, 409 m. weit. Nachw.
[31] OLG Frankfurt FamRZ 1981, 978.
[32] BGH FamRZ 1984, 774.
[33] OLG München FamRZ 1978, 51; OLG Oldenburg FamRZ 1978, 130.
[34] S. auch *Kissel/Mayer* Rn. 19; *Musielak/Wittschier* Rn. 13.
[35] OLG Düsseldorf FamRZ 1978, 52 und 129; *Bosch* FamRZ 1980, 9; *Kissel/Mayer* Rn. 38.
[36] BGHZ 71, 264, 269f. = NJW 1978, 1531; *Kissel/Mayer* Rn. 21 m. weit. Nachw.; *Jauernig* FamRZ 1977, 681 und 761.
[37] AA *Jauernig* FamRZ 1977, 681 und 761; 1979, 97.
[38] Über Zuständigkeitsprobleme in der familiengerichtlichen Praxis vgl. *Schwolow* FPR 2002, 605.
[39] S. § 21e Rn. 45.

genheit, es sei denn, dass sich ein weiterer Spruchkörper in derselben Sache ebenfalls für zuständig erklärt (positiver Kompetenzkonflikt).[40] Ist ein und derselbe Streitgegenstand sowohl mit allgemeinen Ansprüchen als auch mit Ansprüchen aus Familiensachen begründet, so hat die Familiensache Vorrang und führt zur Zuständigkeit des Familiengerichts, das auch über die nicht familienrechtlichen Anspruchsgrundlagen mit entscheidet. Dies gilt auch, wenn der Klageanspruch primär mit einem allgemeinen Anspruch, zB § 812 BGB, und nur sekundär mit einem familienrechtlichen Anspruch, zB § 1378 BGB, begründet wird,[41] da das Gericht bei gleichem Streitgegenstand in der Auswahl der Anspruchsgrundlagen frei ist und das Familiengericht kraft Sachzusammenhangs auch über nicht familienrechtliche Anspruchsgrundlagen entscheiden kann. Die allgemeine Zivilabteilung darf dagegen wegen der ausschließlichen Zuständigkeit der Familiengerichte nicht über Ansprüche entscheiden, die zu den Familiensachen gehören. Bei Verbindung mehrerer Streitgegenstände zu einer objektiven Klagehäufung, auch bei Haupt- und Hilfsantrag, ist für jeden Streitgegenstand getrennt zu entscheiden und bei fehlender Zuständigkeit eines Streitgegenstands dieser an die zuständige Abteilung abzugeben, da eine Klageverbindung nur bei Zuständigkeit desselben Prozessgerichts und derselben Prozessart zulässig ist (§ 260 ZPO). Eine Prorogation (§ 38 ZPO) oder eine rügelose Einlassung (§ 39 ZPO) ist wegen der ausschließlichen Zuständigkeit (§ 621 ZPO) nicht möglich.

2. Abgabe. Hält der Einzelrichter seine Spruchkörperzuständigkeit nicht für gegeben, so beschließt er die Abgabe der Sache an den von ihm für zuständig gehaltenen Spruchkörper desselben AG. Dies gilt sowohl bei Zuständigkeit eines anderen Familiengerichtsabteilung als auch bei Zuständigkeit einer Abteilung für allgemeine Zivilsachen.[42] In Angelegenheiten der freiwilligen Gerichtsbarkeit findet eine Abgabe statt in den Fällen nach § 23b Abs. 2 S. 2 und § 621 Abs. 3 ZPO oder wenn eine Abteilung für Familiensachen eine Angelegenheit der freiwilligen Gerichtsbarkeit an einen allgemeinen Spruchkörper für Angelegenheiten der freiwilligen Gerichtsbarkeit verweist. Ist eine Ehesache nicht anhängig und hält das (mit einer ZPO-Sache befasste) Familiengericht einen Spruchkörper für freiwillige Gerichtsbarkeit zuständig und umgekehrt, so soll nach allgemeinen Grundsätzen für die Verweisung von einer Verfahrensart in die andere § 17a Abs. 2 entsprechend anzuwenden sein.[43]

Im Gegensatz zur örtlichen und sachlichen Zuständigkeit, bei der eine Verweisung nur auf Antrag erfolgt (§ 281 ZPO), wird die Abgabe an einen Spruchkörper desselben Gerichts **von Amts wegen** vorgenommen.[44] Dies sehen § 23b Abs. 2 S. 2 GVG, § 621 Abs. 3 S. 1 ZPO und § 11 Abs. 3 HausratsVO für spezielle Fallgestaltungen ausdrücklich vor. Es gilt aber auch als allgemeiner Grundsatz, da die Spruchkörperzuständigkeit des Familiengerichts und der Grundsatz der einheitlichen Zuständigkeit[45] nicht zur Disposition der Parteien stehen und eine Abweisung des Sachantrags als unzulässig nicht möglich ist, weil dem Antragsteller im Gegensatz zur Rechtswegzuständigkeit und zur sachlichen und örtlichen Zuständigkeit nicht die Auswahl des richtigen Spruchkörpers obliegt. Werden Familiensachen und andere Angelegenheiten im Verhältnis von Haupt- und Hilfsantrag eingeklagt, so hat zunächst die für den Hauptantrag zuständige Abteilung zu entscheiden und erst nach Ablehnung des Hauptantrags das Verfahren wegen des Hilfsantrags an die zuständige Abteilung abzugeben.[46]

Die Abgabe erfolgt nach hM mit Ausnahme von § 621 Abs. 3 ZPO und § 11 Abs. 3 HausratsVO formlos ohne Beschluss und erzeugt für den Spruchkörper, an den abgegeben wird, keine **Bindungswirkung** (§ 281 ZPO ist nicht analog anwendbar), weder gegenüber einer anderen Abteilung für Familiensachen noch gegenüber einem sonstigen Spruchkörper.[47] Erklärt sich der Spruchkörper, an den abgegeben wird, ebenfalls für unzuständig, so entsteht ein negativer Kompetenzkonflikt.[48] Erfolgt die Abgabe durch Beschluss, so ist der Beschluss nicht anfechtbar.[49] Eine vom Beschwerdegericht gleichwohl zugelassene Rechtsbeschwerde ist nicht statthaft.[50]

---

[40] Dazu Rn. 14.
[41] AA OLG Hamm FamRZ 1979, 607.
[42] S. *Kissel/Mayer* Rn. 22, 24, 25.
[43] BGHZ 40, 1 noch zu § 17 Abs. 3 GVG aF; *Kissel/Mayer* Rn. 27.
[44] BGH FamRZ 2004, 869.
[45] S. Rn. 2.
[46] BGH FamRZ 1980, 554; NJW 1981, 2417.
[47] BGHZ 71, 264, 269 ff. = NJW 1978, 1531; OLG Rostock FamRZ 2007, 742; OLG Frankfurt FamRZ 1996, 949; *Kissel/Mayer* Rn. 24, 33.
[48] S. Rn. 14.
[49] BGH FamRZ 2004, 869.
[50] BGH FamRZ 2004, 869.

14 **3. Zuständigkeit bei Kompetenzkonflikt.** Die Zuständigkeitsbestimmung im Falle eines positiven oder negativen Kompetenzkonflikts erfolgt durch das Präsidium, soweit es die Zuständigkeitsabgrenzung mehrerer familiengerichtlicher Spruchkörper untereinander nach dem Geschäftsverteilungsplan betrifft. Soweit es die gesetzliche Geschäftsverteilung nach § 23b Abs. 1 S. 2 im Verhältnis zwischen Familiengerichten und anderen Spruchkörpern (zB der Zivilabteilung) betrifft, entscheidet in analoger Anwendung von § 36 Nr. 6 ZPO das im Rechtszug zunächst höhere Gericht,[51] dh. das OLG gemäß § 119 Nr. 1,[52] das auch von Amts wegen angerufen werden kann.[53]

15 **4. Rechtsmittelinstanz.** Der Gesetzgeber hat durch § 119 Nr. 1a die Zuständigkeit des OLG ausdrücklich danach bestimmt, ob ein Familiengericht entschieden hat (formelle Anknüpfung) und nicht ob eine Familiensache vorliegt (materielle Anknüpfung). Ferner schließt § 17a Abs. 5 die Überprüfung der Rechtswegzuständigkeit in den Rechtsmittelinstanzen aus. Damit werden Zuständigkeitsstreitigkeiten, da unerwünscht, möglichst vermieden. Wenn zugleich ein Verstoß gegen Art. 101 Abs. 1 S. 2 GG vorliegt bleibt aber jedenfalls die Verfassungsbeschwerde.

16 **5. Wirksamkeit der Entscheidung.** Entscheidet ein nach § 23b oder nach dem Geschäftsverteilungsplan nicht zuständiger Richter, so wird gemäß § 22d die Wirksamkeit der Entscheidung davon **nicht berührt**.[54] Eine Anfechtung in der Rechtsmittelinstanz ist nur eingeschränkt möglich.[55]

V. Besetzung des Familiengerichts (Abs. 3)

17 **1. Familienrichter.** Nach Abs. 3 S. 1 werden die Familiengerichte mit Familienrichtern besetzt. Da die Familiengerichte Abteilungen des AG sind, gilt auch für die Familienrichter das Einzelrichterprinzip des § 22 Abs. 1. Der Familienrichter wird als solcher nicht von der Justizverwaltung, sondern durch das Präsidium im Geschäftsverteilungsplan bestellt.[56] Der Familienrichter kann nur Berufsrichter, auch ein Richter auf Zeit (§ 11 DRiG), ein Richter kraft Auftrags (§ 14 DRiG) oder ein abgeordneter Richter (§ 37 DRiG), nicht aber ein Richter auf Probe im ersten Jahr nach seiner Ernennung sein. Dienstrechtlich und besoldungsrechtlich kommt dem Familienrichter keine herausgehobene Stellung zu.[57] Über die Ablehnung eines Familienrichters entscheidet nach § 45 Abs. 2 ZPO ein anderer Richter am Amtsgericht und nach § 45 Abs. 3 ZPO das OLG als das im Rechtszug nächst höhere Gericht. Eine sofortige Beschwerde an den BGH nach § 46 Abs. 2 ZPO findet statt, wenn sie gemäß § 574 Abs. 1 Nr. 2 ZPO zugelassen wird.[58]

18 **2. Richter auf Probe.** Das **Verbot des Einsatzes** von Richtern auf Probe beim AG ist auf das erste Jahr der Probezeit beschränkt. Maßgebend ist der Tag der Aushändigung der Ernennungsurkunde gemäß § 17 Abs. 1 DRiG. Es gilt auch für die Tätigkeit als Vertreter, nicht aber für den ersuchten Richter,[59] weil dieser nicht die Verantwortung für die Sache insgesamt trägt, sondern jeweils nur ihm übertragene Teilgeschäfte erledigt. Eine ähnliche Regelung findet sich für Betreuungssachen in § 65 Abs. 6 FGG.

19 **Richter auf Probe** ist der gemäß § 12 DRiG nicht endgültig angestellte Richter. Gleichgültig ist die Art der bisherigen Tätigkeit, sei es als Richter am Amtsgericht oder am Landgericht oder am Ministerium. Wegen der Bedeutung der Familiensachen sollte ein Richter auf Probe auch nach Ablauf des Jahres aber dennoch nur bei dringendem Bedarf als Familienrichter eingesetzt werden.

20 Die vorschriftswidrige Tätigkeit durch einen Richter auf Probe stellt einen Verstoß gegen das Gebot des gesetzlichen Richters dar (Art. 101 Abs. 1 S. 2 GG, § 16 S. 2), der einen schweren Verfahrensfehler gemäß § 538 Abs. 2 Nr. 1 ZPO[60] und gemäß § 547 Nr. 1 ZPO darstellt, der mit Rechtsmitteln geltend gemacht werden kann und nach deren Erschöpfung zur Verfassungsbeschwerde berechtigt. Wird ein Richter auf Probe durch den Geschäftsverteilungsplan als Familien-

---

[51] BGHZ 71, 264; s. auch § 21e Rn. 47.
[52] OLG Rostock FamRZ 2004, 956.
[53] *Bergerfurth* Fam RZ 1978, 230.
[54] S. auch *Bergerfurth* DRiZ 1978, 230.
[55] S. Rn. 15.
[56] BT-Drucks. 7/4361, S. 60.
[57] S. auch *Kissel/Mayer* Rn. 87.
[58] BGH NJW-RR 2005, 294.
[59] *Diederichsen* NJW 1977, 605; aA OLG Stuttgart FamRZ 1984, 716; *Bergerfurth* FamRZ 1982, 563, 564; *Kissel/Mayer* Rn. 89; *Thomas/Putzo* Rn. 4.
[60] OLG Frankfurt FamRZ 1978, 520; *Kissel/Mayer* Rn. 89.

richter bestellt, so ist dieser insoweit unwirksam.[61] § 22 d ist nicht anwendbar.[62] Ist ein AG nur mit einem Richter auf Probe besetzt, so ist § 22 b anzuwenden.

§ 23 c [Gemeinsames Amtsgericht in Familien- und Vormundschaftssachen]

¹Die Landesregierungen werden ermächtigt, durch Rechtsverordnung einem Amtsgericht für die Bezirke mehrerer Amtsgerichte die Familiensachen sowie ganz oder teilweise die Vormundschafts-, Betreuungs-, Unterbringungs- und Handelssachen zuzuweisen, sofern die Zusammenfassung der sachlichen Förderung der Verfahren dient oder zur Sicherung einer einheitlichen Rechtssprechung geboten erscheint. ²Die Landesregierungen können die Ermächtigungen auf die Landesjustizverwaltungen übertragen.

Schrifttum: *Keller,* Die Einrichtung des Familiengerichts in Baden-Württemberg, VerwArch. 81, 240.

1. Normzweck. § 23 c will die Konzentration von Familiensachen aus mehreren AG-Bezirken bei einem AG ermöglichen, um eine bessere Qualität der Rechtsprechung in Familiensachen etc. zu ermöglichen, deren Einheitlichkeit zu fördern[1] und Personal sowie Bibliotheksmittel einzusparen. Für den Bürger entsteht dadurch oft ein „weiter Weg" zum Gericht. § 23 c wurde durch G. v. 21. 6. 2005[2] geändert (Einfügung der Handelssachen). Vgl. ferner die allgemeine Konzentrationsermächtigung in § 13 a. Über Konzentration in Unterbringungssachen vgl. § 70 Abs. 6 FGG; in Sachen nach IntFamRVG § 47 Abs. 2 IntFamRVG. 1

2. Ermächtigung. § 23 c enthält eine Ermächtigung zum Erlass von Rechtsverordnungen an die Landesregierung gemäß Art. 80 GG, die diese durch Rechtsverordnung an die Landesjustizverwaltung weiter übertragen kann (Satz 2). Da die Zusammenlegung bei einem AG die örtliche Zuständigkeit ändert und in den gesetzlichen Richter eingreift, muss die Regelung mit normativer Verbindlichkeit für alle erfolgen, was durch eine VO auf Grund der gesetzlichen Ermächtigung in § 23 c möglich ist. Die Konzentration bei einem Gericht allgemein[3] und speziell die Ermächtigung in § 23 c sind verfassungsgemäß.[4] Von der Ermächtigung haben Baden-Württemberg, Berlin, Hessen, Nordrhein-Westfalen, Rheinland-Pfalz und Schleswig-Holstein Gebrauch gemacht.[5] 2

Die von der Landesregierung oder der Landesjustizverwaltung erlassene VO unterliegt nicht der Überprüfung nach § 47 VwGO, da für Familiensachen nicht der Rechtsweg zu den Verwaltungsgerichten eröffnet ist und diese Angelegenheiten nicht zur Gerichtsbarkeit der Oberverwaltungsgerichte gehören.[6] Dagegen kommt eine Prüfungskompetenz des Landesverfassungsgerichts in Betracht.[7] 3

3. Familien- und Vormundschaftssachen. Die Konzentrationsermächtigung erfasst die **Familiensachen** iSv. § 23 b Abs. 1 S. 2. Diese können nach dem klaren Wortlaut nur insgesamt, nicht teilweise bei einem AG zusammengefasst werden. Auf **Vormundschaftssachen etc.** erstreckt sich die Ermächtigung ebenfalls. Diese können auch teilweise, zB nach Sachgebieten, nach Personengruppen oder nach örtlichen Merkmalen,[8] bei einem AG konzentriert werden. Die Konzentrationsermächtigung erstreckt sich nicht auf Rechtshilfeersuchen, auch nicht in Familiensachen, da insoweit § 157 als Spezialvorschrift gilt.[9] 4

4. Bezirke mehrerer Amtsgerichte. Die Ermächtigung besteht für die Zusammenfassung von Sachen aus mehreren AG-Bezirken. Entscheidend ist nur, dass sich die AG-Bezirke im gleichen Land befinden, da die Befugnisse der Landesregierung an den Landesgrenzen enden. Im Übrigen enthält § 23 c keine Begrenzungen. Weder ist die Zahl der Bezirke, die zusammengefasst werden, begrenzt, noch müssen die AG-Bezirke im Bezirk ein und desselben LG oder OLG liegen.[10] 5

---

[61] S. § 21 e Rn. 62.
[62] *Kissel/Mayer* Rn. 89.
[1] S. BT-Drucks. 7/650, S. 189; BGHZ 72, 349, 353 = NJW 1979, 929.
[2] BGBl. I S. 1666.
[3] S. BVerfGE 4, 408.
[4] BVerfGE 53, 257, 312 = NJW 1980, 692, 697.
[5] Fundstellen siehe Fußnote zu § 23 c bei Schönfelder, Deutsche Gesetze, Loseblatt.
[6] VGH Kassel NJW 1977, 1895.
[7] S. HessStGHE 29, 207.
[8] S. *Kissel/Mayer* Rn. 4.
[9] OLG Stuttgart FamRZ 1984, 716; *Baumbach/Lauterbach/Hartmann* Rn. 2.
[10] *Baumbach/Lauterbach/Hartmann* Rn. 2; *Kissel/Mayer* Rn. 6.

GVG §§ 24–27　　　　　　　　　　　　　　　　　　　　3. Titel. Amtsgerichte

§§ 24 bis 26 *(betreffen Strafsachen)*

§ 26a (weggefallen)

§ 27 [Sonstige Zuständigkeit und Geschäftskreis]
Im übrigen wird die Zuständigkeit und der Geschäftskreis der Amtsgerichte durch die Vorschriften dieses Gesetzes und der Prozeßordnungen bestimmt.

I. Normzweck und Allgemeines

1 §§ 23 und 23a regeln auf der Grundlage von § 13 für bürgerliche Rechtsstreitigkeiten die Abgrenzung der sachlichen Zuständigkeit zwischen AG und LG. § 27 sieht vor, dass dem AG darüber hinaus noch weitere Zuständigkeiten durch das GVG und die Prozessordnungen zugewiesen werden können. Spezialzuweisungen sind bereits nach dem Grundsatz des Vorrangs der Spezialgesetze möglich. § 27 enthält insoweit eine nur klarstellende Regelung, die zudem insofern unvollständig ist,[1] als eine Spezialzuweisung nicht nur durch das GVG und die Prozessordnungen, sondern auch durch andere Gesetze möglich ist. Neben Bundesgesetzen und Landesgesetzen auf Grund bundesrechtlicher Ermächtigung können auch Landesgesetze ohne bundesrechtliche Ermächtigung im Rahmen der Landeskompetenz unter Beachtung des Grundsatzes der Gewaltenteilung dem AG Aufgaben übertragen.[2]

2 § 27 hat vor allem historische Bedeutung, indem er vor der umfassenden Rechtsprechungsgarantie des GG dazu diente, einzelne Angelegenheiten unabhängig von der Abgrenzung zwischen Verwaltung und Rechtsprechung den AG zuzuweisen und sie damit den Rechtsprechungsgarantien zu unterstellen.[3]

II. Einzelne Zuweisungen

3 Das **GVG** enthält Zuweisungen an das AG über § 13 hinaus in § 23b Abs. 1 S. 2 Nr. 2, 3, 4, 7, 8, 10, 11 für die dort genannten Angelegenheiten der freiwilligen Gerichtsbarkeit. Erweiterungen finden sich ferner in § 157 für die Rechtshilfe und in § 166 hinsichtlich der Vornahme von Amtshandlungen anderer Gerichte außerhalb ihres Bezirks. Zu Schifffahrtssachen s. § 14.

4 Durch die **ZPO** sind dem AG besonders zugewiesen Zustellungen zur Nachtzeit sowie an Sonn- und Feiertagen gemäß § 188, das Mahnverfahren gemäß § 689, die allgemeine Zuständigkeit als Vollstreckungsgericht nach § 764, Vollstreckungsentscheidungen im Zusammenhang mit vollstreckbaren Urkunden gemäß § 797 Abs. 3, Abnahme von eidesstattlichen Versicherungen in den Fällen der §§ 807, 883 gemäß § 899, die Arrestanordnung (§ 919) und der Erlass einer einstweiligen Verfügung (§ 942) neben dem Hauptsachegericht, Zuständigkeiten in Schiedsgerichtssachen gemäß §§ 1036, 1045, 1046, 1048.

5 In **Vollstreckungssachen** ist das AG außer den durch die ZPO erfolgten Zuweisungen zuständig für das Insolvenzverfahren (§ 2 InsO) sowie für die Zwangsversteigerung und Zwangsverwaltung von Grundstücken (§§ 1, 163 ZVG).

6 In **Kostensachen** ist das AG neben seiner Zuständigkeit als Prozessgericht zuständig als Gerichtsinstanz für die Entscheidung über Verwaltungsakte der Justizverwaltung beim Vollzug von Kostengesetzen wie des GKG, der KostO, des GVKostG, des JVEG.

7 In **Angelegenheiten der freiwilligen Gerichtsbarkeit** ist das AG zuständig als Vormundschaftsgericht (§ 35 FGG) einschließlich Betreuungssachen (§§ 65 ff. FGG) und Unterbringungssachen (§ 70 ff. FGG), als Nachlassgericht (§ 72 FGG), als Registergericht (§ 125 FGG: Handelsregister, § 55 BGB, § 159 FGG: Vereinsregister, § 161 FGG: Güterrechtsregister), als Familiengericht (§ 64 FGG, § 11 Abs. 1 HausratsVO), für die Verwahrung von Sachen (§ 165 FGG), für den Pfandverkauf (§ 166 FGG) und als Gericht in bestimmten Wohnungseigentümersachen (§ 43 WEG 2007). Nach Art. 147 EGBGB, § 189 FGG sind landesrechtlich Übertragungen in Vormundschafts- und Nachlasssachen an andere Einrichtungen möglich, wovon vor allem Baden-Württemberg durch die Übertragung an die Bezirksnotariate und badische Notariate Gebrauch gemacht hat.[4]

---

[1] S. *Eb. Schmidt*, Lehrkommentar, Teil III, Anm. zu § 27 („überflüssig und unvollständig"); *Kissel/Mayer* Rn. 2.
[2] S. auch *Kissel/Mayer* Rn. 2.
[3] S. *Kissel/Mayer* Rn. 3.
[4] S. *Manfred Wolf* § 36 VII, VIII.

Vorbemerkung **§§ 28–58, Vor § 59 GVG**

In **Beurkundungssachen** ist das AG zuständig für die Beurkundung der Anerkennung der **8** Vaterschaft und die Übernahme von Unterhaltsverpflichtungen (§ 62 BeurkG). Hinzukommen Aufgaben bei der öffentlich-rechtlichen Feststellung von Tatsachen gemäß § 149 FGG (Dispache).[5] Die AGe sind auch zuständig als **Hinterlegungsstelle** (§ 1 Abs. 2 HinterlO) und für die Entgegennahme **eidesstattlicher Versicherungen** nach § 261 BGB, §§ 79, 163 FGG.

In **Registersachen** ist das AG außer für das Handels-, Vereins- und Güterrechtsregister (s. **9** Rn. 7) auch zuständig für die Führung des Grundbuchs (§ 1 GBO), für das Genossenschaftsregister (§ 10 GenG) sowie für das Schiffsregister (§ 1 SchiffsRegO).

In **personenstandsrechtlichen Angelegenheiten** ist das AG außer als Vormundschafts- und **10** Familiengericht (s. Rn. 7) noch zuständig für Personenstandssachen nach §§ 45 ff. PStG, für Verschollenheitssachen nach § 14 VerschG und für Angelegenheiten der religiösen Kindererziehung (§ 7 RelKErzG).

Die **Anordnung von Freiheitsentziehungen** nach §§ 3, 13 des FreihEntzG vom 29. 6. 1956 **11** ist ebenfalls den AGen übertragen. Dies gilt jedoch nur für die Unterbringungsanordnung und die Anfechtung von Unterbringungsmaßnahmen von Verwaltungsbehörden als solcher, nicht dagegen für eine Klage auf nachträgliche Feststellung der Rechtswidrigkeit einer behördlichen Freiheitsentziehung, wenn das AG damit nicht befasst war. Zuständig ist dann das Verwaltungsgericht.[6] Davon zu unterscheiden sind die Unterbringungen nach § 1906 BGB durch den Betreuer und nach den jeweiligen PsychKG der Länder; auch dafür ist das AG zuständig (§ 70 FGG).

Den AGen sind auch **sonstige Fürsorgeaufgaben** übertragen, zB als Vereinsgericht für Notbe- **12** stellungen nach § 29 BGB und Zwangseinberufungen nach § 37 BGB, für die Bestellung eines Vertreters nach § 1141 Abs. 2 BGB, für die Bewilligung öffentlicher Zustellungen nach §§ 132 Abs. 2, 176 Abs. 2 BGB sowie für den Schuldnerschutz nach dem Vertragshilfegesetz.[7]

Für Streitigkeiten zwischen **Grundstückseigentümern** und Nutzern auf Grund eines **13** Rechtsverhältnisses nach § 1 Abs. 1 SchuldRAnpG ist das AG ausschließlich zuständig (§ 55 SchuldRAnpG vom 21. 9. 1994, BGBl. I S. 2538). Das AG ist als Landwirtschaftsgericht (§ 2 LwVG) auch zuständig für **Landwirtschaftssachen** gemäß § 1 LwVG einschließlich der Höfesachen §§ 1, 18 HöfeO.

Das AG ist durch viele internationale Verträge und die Ausführungsgesetze hierzu zuständig für **14** verschiedene Angelegenheiten im **internationalen Rechtsverkehr.** So ist das AG etwa Einreichungsstelle für Gesuche nach dem UN-Übereinkommen über die Geltendmachung von Unterhaltsansprüchen im Ausland auf Grund Art. 3 des hierzu ergangenen Ausführungsgesetzes.[8] Es ist ferner zuständig für die Erledigung von Zustellungsanträgen und von Rechtshilfeersuchen nach dem HZPÜ 1954 gemäß § 2 AusfG[9] sowie für die Vollstreckbarerklärung von Kostenentscheidungen nach Art. 18 HZPÜ 1954, ebenso für die Vollstreckbarerklärung von Entscheidungen nach dem Haager Übereinkommen betreffend die Unterhaltspflicht gegenüber Kindern. Örtliche Zuständigkeiten ergeben sich ferner aus § 10 IntFamRVG.

Vierter Titel. Schöffengerichte

§§ 28 bis 58 *(betreffen Strafsachen)*

Fünfter Titel. Landgerichte

Vorbemerkung

1. Übersicht. §§ 59 bis 78b regeln den Aufbau und die sachliche Zuständigkeit der Landge- **1** richte in Zivil- und Strafsachen. Titel 5a mit den §§ 78a, 78b enthält Vorschriften über die Strafvollstreckungskammer. Titel 6 über die Schwurgerichte ist entfallen. Der 7. Titel regelt die Kammer für Handelssachen. Spezielle Vorschriften zur sachlichen Zuständigkeit des LG enthalten § 143 PatG für Patentstreitsachen, § 27 GebrMG für Streitigkeiten aus Gebrauchsmusterrechten und § 140 MarkenG für Kennzeichenstreitsachen.

---

[5] S. auch *Kissel/Mayer* Rn. 16.
[6] OVG Berlin NJW 1971, 637 m. Anm. *Olschewski* NJW 1971, 1195.
[7] BGBl. 1952 I 198; s. auch *Kissel/Mayer* Rn. 18.
[8] Vom 26. 2. 1959 (BGBl. II S. 149), geändert durch Gesetz vom 4. 3. 1971 (BGBl. II S. 105).
[9] BGBl. I 1958 S. 939.

2. Errichtung der Landgerichte und ihrer Spruchkörper. Die Errichtung, Aufhebung oder Verlegung der Landgerichte, die Bestimmung und Änderung ihres Bezirks liegt nach Art. 30, 92 GG in der **Organisationsgewalt der Länder.** Jedes Land muss mindestens ein LG haben. Die Zahl der Zivil- und Strafkammern bei den einzelnen Landgerichten wird nach Landesrecht bestimmt, nicht vom Präsidium nach § 21 e.[1]

3. Neue Bundesländer. In den neuen Bundesländern war die erstinstanzliche Zuständigkeit des Landgerichts (§ 71) den Kreisgerichten übertragen, die zweitinstanzliche (§ 72) den Bezirksgerichten (Anl. 1 Kap. 3 Sachgeb. A Abschn. III Nr. 1 e und h EVertrag). Nachdem die Gerichtsorganisation des GVG in allen Ländern eingeführt worden ist, gilt der 5. Teil auch in den neuen Bundesländern unmittelbar. Das RpflAnpG ist aufgehoben.[2]

§ 59 [Besetzung]

(1) Die Landgerichte werden mit einem Präsidenten sowie mit Vorsitzenden Richtern und weiteren Richtern besetzt.

(2) Den Richtern kann gleichzeitig ein weiteres Richteramt bei einem Amtsgericht übertragen werden.

(3) Es können Richter auf Probe und Richter kraft Auftrags verwendet werden.

I. Normzweck

§ 59 regelt die Besetzung des LG im Hinblick auf die Art der dort tätigen Richter und das ihnen zustehende Richteramt. Nach Abs. 1 muss das LG einen Präsidenten haben, mehrere Vorsitzende Richter (wovon einer Vizepräsident ist) und weitere Richter als Beisitzer, die gemäß Abs. 3 auch Richter auf Probe und kraft Auftrags sein können. Die Besetzung der einzelnen Spruchkörper regelt § 75. Abs. 2 erlaubt die Übertragung eines weiteren Richteramts beim AG auf die Richter. Darin liegt eine Ausnahme von dem in § 27 Abs. 1 DRiG enthaltenen Grundsatz, dass einem Richter ein Richteramt bei einem bestimmten Gericht und nicht bei mehreren Gerichten übertragen werden muss, um seine Unversetzbarkeit und damit zugleich seine Unabhängigkeit (Art. 97 Abs. 2 GG) zu sichern. § 59 Abs. 2 macht damit von der Ermächtigung in § 27 Abs. 2 DRiG Gebrauch.

II. Besetzung

1. Haushaltsrechtlich gesicherte Planstelle. Besetzung heißt, dass für den Präsidenten, die Vorsitzenden Richter und weiteren Richter eine haushaltsrechtlich gesicherte Planstelle vorhanden sein muss, auf die der Richter gemäß § 17 DRiG zu ernennen ist, damit er als der Richter iSv. Art. 97 Abs. 2 GG hauptamtlich und planmäßig angestellt ist.[1] S. zur Anzahl der Richter an einer Kammer § 75.

2. Vorübergehende Vakanz. Eine vorübergehende Vakanz, die durch den zur Wiederbesetzung erforderlichen Zeitaufwand bedingt ist, schadet nicht. Haushaltsrechtliche Besetzungssperren rechtfertigen aber keine Verzögerungen bei der Wiederbesetzung.[2] Wird der Zeitaufwand überschritten, der für die Wiederbesetzungsmaßnahmen wie Stellenausschreibung, Prüfung der Bewerber, Einschaltung aller beteiligten Gremien, wie zB Richterwahlausschuss und Präsidialrat, erforderlich ist, so liegt darin eine Gesetzesverletzung. Eine darüber hinausgehende geschäftsplanmäßig vertretungsweise Tätigkeit anderer Richter[3] oder die Betrauung eines nach § 37 DRiG abgeordneten Richters[4] stellt einen Verstoß gegen den gesetzlichen Richter dar. Ein Überschreiten des Zeitaufwands liegt erst vor, wenn die erforderlichen Maßnahmen nicht unverzüglich ohne ungebührliche Verzögerung durchgeführt werden.[5] Der erforderliche Zeitaufwand hängt von den jeweiligen Umständen der Wiederbesetzung ab. Sie kann je nachdem, ob die Wiederbesetzung, zB aus Altersgründen, vorhersehbar war oder nicht, kürzer oder länger anzusetzen sein,[6] wobei je nach den

---

[1] S. BGHSt. 15, 217, 220 = NJW 1961, 472; BGHSt. 21, 260, 261 = NJW 1967, 1868; *Holch* DRiZ 1976, 135; *Kissel/Mayer* § 60 Rn. 2; aA *Stanicki* DRiZ 1976, 80; *P. Müller* DRiZ 1976, 315 (Aufgabe des Präsidiums).
[2] G. v. 19. 4. 2006, BGBl. I S. 866.
[1] BGH NJW 1985, 2336; *Kissel/Mayer* Rn. 3; *Zöller/Gummer* Rn. 1.
[2] BGH NJW 1985, 2336 und 2337; *Katholnigg* JR 1985, 38.
[3] BVerfG NJW 1983, 1541; BGH NJW 1985, 2337.
[4] BGH NJW 1985, 2336.
[5] BVerfGE 14, 164; BGH NJW 1955, 1447; VGH Kassel AS 33, 10; *Kissel/Mayer* Rn. 3.
[6] S. auch BGH NJW 1985, 2337.

Umständen eine Zeitspanne von 3 Monaten,[7] von 5 Monaten,[8] von 6½ Monaten[9] oder höchstens 8 Monaten[10] anzusetzen sein kann. Die Verzögerung um 4 Monate[11] oder gar um ein Jahr[12] wegen einer haushaltsrechtlichen Wiederbesetzungssperre oder eine Dauervertretung stellen auf jeden Fall einen Verstoß dar.

3. Unzureichende Ausstattung mit Planstellen. Ein Verstoß gegen das Erfordernis der Besetzung kann auch bei unzureichender Ausstattung mit Planstellen gegeben sein. Ein Verstoß kommt in diesem Fall jedoch erst in Betracht, wenn wegen dauernder und nicht nur vorübergehender Überbelastung eine ordnungsgemäße Bewältigung des Geschäftsanfalls nicht mehr gewährleistet werden kann und deswegen etwa eine nicht mehr tragbare Verzögerung bei der Erledigung eintritt.

III. Der Präsident

1. Doppelstellung, Richter. Jedes LG muss *einen* Präsidenten haben. Der Präsident hat eine Doppelstellung. Er ist Richter und muss in dieser Funktion den Vorsitz in einem Spruchkörper übernehmen,[13] um rechtsprechende Tätigkeit auszuüben. Welche richterlichen Aufgaben er übernimmt, kann er gemäß § 21e Abs. 1 S. 3 selbst entscheiden. In seiner Eigenschaft als Richter mit richterlicher Unabhängigkeit[14] ist er kraft Gesetzes gemäß § 21a Abs. 2 S. 1 Vorsitzender des Präsidiums und in dieser Eigenschaft auch für Eilmaßnahmen der Geschäftsverteilung allein zuständig (§§ 21i Abs. 2, 22b Abs. 3 und 4). Die Vertretung des Präsidenten als Spruchkörpervorsitzender regelt § 21f, für die Vertretung im Präsidium gilt § 21h.

2. Organ der Justizverwaltung. Der Präsident ist zugleich Organ der Justizverwaltung. Er genießt insoweit keine richterliche Unabhängigkeit, sondern ist gegenüber übergeordneten Instanzen wie dem Präsidenten des OLG und dem Justizministerium des Landes weisungsgebunden. Die Aufgaben der Gerichts- und Justizverwaltung werden durch gesetzliche Vorschriften bundesrechtlicher und zumeist landesrechtlicher Natur bestimmt, so etwa die Erteilung von Genehmigungen für das Auftreten von Rechtsbeiständen vor Gericht (§ 157 Abs. 3 ZPO), für Rechtsberatung nach dem RBerG, für Akteneinsicht nach § 299 Abs. 2 ZPO.[15] Die Vertretung des Präsidenten als Organ der Justizverwaltung ist landesrechtlich geregelt und im Regelfall dem Vizepräsidenten übertragen.

IV. Vorsitzender Richter

1. Berufsrichter auf Lebenszeit. Der Vorsitzende Richter am LG[16] (s. § 19a DRiG) muss entsprechend dem Grundsatz in § 28 DRiG ein Berufsrichter auf Lebenszeit sein. Er führt regelmäßig den Vorsitz im Spruchkörper (§ 21f Abs. 1), kann aber zB vertretungsweise auch als Beisitzer in einer anderen Kammer tätig sein,[17] auch als Einzelrichter der Zivilkammer (§§ 348, 348a ZPO) oder bei einem AG gemäß § 22b. Die Stellung des Vorsitzenden Richters ist auch besoldungsmäßig hervorgehoben (Besoldung R 2). Die **Zahl** der Vorsitzenden Richter an einem LG wird durch die Planstellen im Haushaltsplan und ihre Besetzung durch die Justizverwaltung bestimmt. Sie muss nicht mit der Zahl der Spruchkörper übereinstimmen, da ein Vorsitzender auch zwei Spruchkörper führen kann und der Vorsitz in der KfH nicht notwendig einem Vorsitzenden Richter übertragen sein muss (vgl. § 106). Die Zahl der Vorsitzenden muss aber so groß sein, dass sie ihre Aufgaben[18] in jedem der ihnen zugeteilten Spruchkörper sachgerecht erfüllen und in dem gebotenen Maß an der Tätigkeit im Spruchkörper teilnehmen können.[19] Andernfalls ist das Gebot des gesetzlichen Richters verletzt.[20]

---

[7] *Kissel/Mayer* Rn. 3.
[8] BGHSt. 8, 17, 21 = NJW 1955, 1447.
[9] BGHSt. 14, 14 = NJW 1960, 542.
[10] BVerfGE 14, 164; BVerfG NJW 1983, 1541.
[11] BGH NJW 1985, 2336.
[12] BGH NJW 1985, 2337.
[13] S. § 21f Abs. 1.
[14] S. § 1 Rn. 17; *Manfred Wolf* § 6 II 1.
[15] S. auch § 1 Rn. 14; *Kissel/Mayer* § 12 Rn. 108 ff.
[16] Schrifttum: *Sarstedt*, Der Vorsitzende des Kollegialgerichts, Juristen-Jahrbuch 8, 1967/68, S. 104 ff.; *Scheuerle*, Vierzehn Tugenden für Vorsitzende Richter, 1983.
[17] *Kissel/Mayer* Rn. 6; *Manfred Wolf* § 13 II 1c.
[18] S. Rn. 8.
[19] S. auch BGH NJW 1984, 129.
[20] S. BGHZ 20, 355, 361; *Kissel/Mayer* Rn. 6 ff.

8 2. Aufgaben des Vorsitzenden. Die Aufgaben des Vorsitzenden sind zweigeteilt: einesteils ist er in seinen Sachen Einzelrichter, andererseits in anderen Sachen Vorsitzender einer Zivilkammer. Seine Aufgaben als Vorsitzender in Kammersachen ergeben sich zum Teil aus dem Gesetz, wie etwa die Terminsbestimmung (§ 216 Abs. 2 ZPO), die Leitung der Verhandlung (§ 136 ZPO), die Ausübung der richterlichen Aufklärungs- und Hinweispflicht (§ 139 ZPO) oder die Wahrnehmung der sitzungspolizeilichen Aufgaben (§ 176 GVG). Durch den hohen Anteil der Einzelrichtersachen (§§ 348, 348a ZPO) an der Gesamtbelastung einer Zivilkammer reduzieren sich die Aufgaben des Vorsitzenden auf wenige Kammersachen; die Hauptarbeit liegt darin, dass er selbst auch Einzelrichter ist. In Einzelrichtersachen der anderen Beisitzer hat der Kammervorsitzende keine Funktionen. Der Vorsitzende hat die Unabhängigkeit des Spruchkörpers gegenüber Eingriffen aus der Justizverwaltung zu sichern.[21] Darüber hinaus muss der Vorsitzende seine Funktion auch materiell in der Weise ausfüllen, dass er sich (nach tradierter Auffassung) zu einem wesentlichen Teil an der Rechtsprechungstätigkeit seines Spruchkörpers beteiligt, um die Stetigkeit der Rechtsprechung in seinem Spruchkörper durch Information der Beisitzer beeinflussen zu können. Eine starre Prozentzahl von 75% für seine Teilnahme an der Spruchkörpertätigkeit[22] wurde genannt, jedenfalls als Orientierungspunkt. Im Übrigen haben alle Mitglieder einer Kammer bei der materiellen Behandlung einer Kammersache die gleiche Verantwortung und das gleiche Stimmrecht.[23] Die zuweilen gebrauchte Formulierung, der Vorsitzende habe richtungsweisenden Einfluss auf die Rechtsprechung seines Spruchkörpers zu nehmen,[24] ist deshalb missverständlich. Indes ist das alles seit 2002[25] weitgehend überholt; damals wurde das Kollegialprinzip für das landgerichtliche Verfahren in erster Instanz aufgegeben, grundsätzlich entscheidet jetzt ein Einzelrichter, der allerdings einer Kammer angehört, ohne dass diese Zugehörigkeit noch eine nennenswerte Bedeutung hat. Wenn zB 90% des Geschäftsanfalls einer Zivilkammer Einzelrichtersachen sind und nur noch 10% Kammersachen, dann kann der Vorsitzende nur in seinen eigenen Einzelrichtersachen und in den 10% Kammersachen einen „richtungsweisenden Einfluss" ausüben und die Berechnung des Orientierungspunkts von 75% ist problematisch; wegen der geringen Belastung in Kammersachen kann jetzt ein Zivilkammervorsitzender ohne weiteres in zwei oder drei Zivilkammern den Vorsitz führen.

9 3. Vertretung. Die Vertretung des Vorsitzenden wird durch den Geschäftsverteilungsplan bestimmt.[26] Sie ist jeweils nur in Verhinderungsfällen von vorübergehender Natur, nicht aber als Dauereinrichtung zulässig und darf nicht dazu führen, dass der stetige Einfluss des stellenplanmäßigen Vorsitzenden (s. Rn. 8) ausgehöhlt und umgangen wird. Anderenfalls liegt ein Verstoß gegen den gesetzlichen Richter vor.[27]

V. Weitere Richter

10 1. Unterschiedliche dienstrechtliche Stellung. Weitere Richter, die in Kammersachen Beisitzerfunktion mit oder ohne Berichterstattung erfüllen oder als Einzelrichter gemäß §§ 348, 348a ZPO tätig sind, können eine unterschiedliche dienstrechtliche Stellung einnehmen. Sie müssen als Richter am LG (s. § 19a DRiG) grundsätzlich Berufsrichter auf Lebenszeit sein (s. § 28 Abs. 1 DRiG) können aber auch Richter auf Probe gemäß § 12 DRiG oder kraft Auftrags gemäß § 14 DRiG sowie abgeordnete Richter gemäß § 37 DRiG sein (s. aber Rn. 11), nicht jedoch Richter auf Zeit gemäß § 11 DRiG. Ihre Zahl wird durch die im Haushalt festgelegten Planstellen und durch Maßnahmen der Justizverwaltung etwa gemäß §§ 14, 37 DRiG bestimmt. Die Zahl muss so bemessen sein, dass keine Justizverweigerung eintritt, indem die Behandlung der anfallenden Sachen wegen Überlastung unerträglich lang verzögert wird. Die Besoldung der Richter am LG richtet sich nach Besoldungsgruppe R 1 und ist dieselbe wie die der Richter am AG.

11 2. Richter auf Lebenszeit. Der Richter auf Lebenszeit ist gemäß § 28 Abs. 1 DRiG der Normalfall. Sie können außer der über Vertretungen hinausgehenden Vorsitzendentätigkeit alle Aufgaben eines Spruchkörpers wahrnehmen. Gemäß § 70 Abs. 3 GVG können richterliche Geschäfte durch Landesrecht sogar dem Richter auf Lebenszeit vorbehalten sein. Infolge der Kennzeichnung anderer Richter im Geschäftsverteilungsplan gemäß § 29 S. 2 DRiG wird auch der Richter auf

---

[21] BGHZ 35, 309, 314.
[22] BGHZ 37, 210, 213; s. auch § 21f Rn. 3.
[23] S. BVerfGE 26, 72, 76 = NJW 1969, 2191; *Manfred Wolf* § 13 II 1c; § 197 Rn. 1.
[24] S. BGHZ 37, 210, 213 = NJW 1962, 1570; BGHZ 49, 64, 66 = NJW 1968, 501; BGHSt. 25, 54 = NJW 1973, 205; vgl. auch § 21f Rn. 1.
[25] ZPO-ReformG v. 27. 7. 2001, BGBl. I S. 1887: §§ 348, 348a ZPO.
[26] S. § 21f Rn. 4.
[27] BGHSt. 21, 131, 133 = NJW 1966, 2368; BGHSt. 25, 54, 56 = NJW 1973, 205; BGH NJW 1974, 1572, 1573.

Zivil- und Strafkammern **1 § 60 GVG**

Lebenszeit aus dem Geschäftsverteilungsplan ersichtlich. Aus § 29 S. 1 DRiG ergibt sich, dass jeder Kammer außer dem Vorsitzenden mindestens ein Richter auf Lebenszeit zugewiesen sein muss. Ob einem Hochschullehrer ein Richteramt beim LG übertragen werden kann, richtet sich nach Landesrecht (zB Art. 11 BayRiG).

3. Richter auf Probe. Richter auf Probe (§ 12 DRiG) und Richter kraft Auftrags (§ 14 DRiG) **12** können gemäß Abs. 3 am LG in Ausnahme von § 28 Abs. 1 DRiG tätig sein. Ihre Zahl ist jedoch gemäß § 29 S. 1 DRiG dahin beschränkt, dass an einer Entscheidung nicht mehr als ein Richter auf Probe oder kraft Auftrags mitwirken dürfen. Richter auf Probe oder kraft Auftrags dürfen in dieser Eigenschaft auch nicht dauernd tätig sein.[28] Sie können ferner nicht Vorsitzender sein (§ 28 Abs. 2 S. 2 DRiG), auch nicht vertretungsweise. Die Beschränkungen gelten nicht für Tätigkeiten in der Justizverwaltung gemäß § 4 Abs. 2 DRiG.[29] Richter auf Probe und kraft Auftrags müssen als solche aus dem Geschäftsverteilungsplan kenntlich sein.

4. Abgeordnete Richter. Abgeordnete Richter (§ 37 DRiG) können ebenfalls am LG tätig **13** sein, ohne dass dies einer besonderen Regelung bedarf. Sie müssen aber Richter auf Lebenszeit, auf Probe oder kraft Auftrags und nicht nur Richter auf Zeit sein. Für abgeordnete Richter gelten die Beschränkungen des § 29 S. 1 DRiG, auch wenn sie Richter auf Lebenszeit sind, ebenso die Kennzeichnungspflicht im Geschäftsverteilungsplan gemäß § 29 S. 2 DRiG. Abgeordnete Richter können aber, wenn sie Richter auf Lebenszeit sind, gemäß § 28 Abs. 2 S. 2 DRiG, etwa vertretungsweise, auch Vorsitzendenfunktion übernehmen.

VI. Übertragung eines weiteren Richteramtes (Abs. 2)

Gemäß Abs. 2 kann den Richtern am LG ein weiteres Richteramt beim AG, nicht bei anderen **14** Gerichten, übertragen werden. Dies stellt eine Ausnahme von § 27 Abs. 1 DRiG dar. Richter sind auch die Vorsitzenden Richter und der Präsident sowie der Vizepräsident, so dass Abs. 2 auch für sie gilt.[30] Das AG braucht nicht im gleichen LG-Bezirk, auch nicht im OLG-Bezirk zu liegen, muss aber grundsätzlich demselben Land angehören. Übertragen werden kann nur ein weiteres Richteramt, nicht mehrere (s. Rn. 1). Die Übertragung eines weiteren Richteramtes unterscheidet sich von der Abordnung gemäß § 37 DRiG dadurch, dass der Richter ein durch eine Planstelle ausgewiesenes Richteramt am AG als zweites Richteramt erhält. Der Richter ist deshalb an beiden Gerichten für das Präsidium aktiv und passiv wahlberechtigt.[31] Demgegenüber hat der abgeordnete Richter nur ein Richteramt am Entsendegericht, nicht aber am Gericht, an das er abgeordnet wird. Die Beschränkung des Abs. 2 gilt deshalb nicht im Falle der Abordnung. Zuständig für die Übertragung gemäß Abs. 2 ist die Justizverwaltung als Anstellungsbehörde, nicht das Präsidium.[32]

§ 60 [Zivil- und Strafkammern]
Bei den Landgerichten werden Zivil- und Strafkammern gebildet.

1. Normzweck und Allgemeines. § 60 bestimmt die Art der am LG tätigen Spruchkörper **1** und schreibt zugleich vor, dass mindestens eine Zivilkammer und eine Strafkammer errichtet werden müssen. Die Bestimmung der Zahl der Kammern steht der Justizverwaltung zu, nicht dem Präsidium; Einzelheiten ergeben sich aus dem Landesrecht (zB Art. 5 BayAGGVG); die hilfsweise geltende GVVO v. 20. 3. 1935 wurde zum 24. 4. 2008 aufgehoben.[1] Eine Beteiligung des Richterrats kommt nach § 52 DRiG in Betracht. Die Zuständigkeit ist eingeschränkt, soweit durch Gesetz bestimmte Spezialspruchkörper errichtet werden.[2] Die Zahl der einer Zivilkammer zugewiesenen Richter wird durch Geschäftsverteilungsplan bestimmt. Die Besetzung des Spruchkörpers als erkennendes Gericht in einer Rechtssache setzt § 75 fest, weshalb der Geschäftsverteilungsplan mindestens die in § 75 vorausgesetzte Zahl von drei Mitgliedern einer Kammer zuweisen muss. **Statistik:** Die Landgerichte erledigten 2004 425 504 erstinstanzliche Zivilsachen, hiervon 87,67% durch die Zivilkammern, 12,33% durch die KfH.[3]

---

[28] S. § 22 Rn. 5 f.
[29] *Kissel/Mayer* Rn. 12.
[30] S. auch *Kissel/Mayer* Rn. 14.
[31] S. § 21 b Rn. 2 ff.; *Kissel/Mayer* § 22 Rn. 13.
[32] S. auch § 22 Rn. 6.
[1] G. v. 9. 4. 2006, BGBl. I S. 866; vgl. § 22 Rn. 8.
[2] S. Rn. 3.
[3] *Musielak/Wittschier* GVG § 96 Rn. 2.

2   2. Ständige und nichtständige Kammern. Als ständige Spruchkörper sind Zivil- und Strafkammern zu errichten. Zu den Zivilkammern im Sinne von § 60 gehört auch die KfH, die jedoch als zusätzliche Zivilkammer nicht vom Gesetz zwingend vorgeschrieben ist, sondern nach Bedarf von der Landesjustizverwaltung errichtet wird (§ 93). Neben den ständigen Spruchkörpern können weitere nicht ständige Spruchkörper zur Erledigung vorübergehender Aufgaben errichtet werden. So können Kammern für den Bereitschaftsdienst in Eilfällen, zB für Arrest und einstweilige Verfügungen, eingerichtet werden. Hierfür und für die Einrichtung von Hilfskammern ist gemäß § 21 e das Präsidium zuständig. Hilfskammern dürfen nur für die Erledigung einer vorübergehenden Überlast als Sonderfall der Vertretung nach § 21 Abs. 3 eingerichtet werden,[4] nicht dagegen als ständige Einrichtung. Auffangspruchkörper für zurückverwiesene Revisionen kommen gemäß § 354 Abs. 2 S. 1 StPO nur in Strafsachen in Betracht.

3   3. Spezialgesetzliche Kammern. Außer der allgemeinen Zivilkammer, deren Errichtung § 60 vorschreibt, und der KfH, deren Errichtung nach § 93 bei Bedarf vorgesehen ist, sehen zuweilen Spezialgesetze besondere Kammern am LG mit zum Teil besonderer Besetzung vor. Diese spezialgesetzlichen Kammern bestehen kraft Gesetzes mit einer gesetzlich festgelegten Geschäftsverteilung und müssen von der Justizverwaltung mit dem erforderlichen Personal ausgestattet werden. Zu ihnen gehören die Kammer für Baulandsachen mit 2 Richtern des LG einschließlich des Vorsitzenden sowie einem hauptamtlichen Richter des Verwaltungsgerichts (§ 220 BauGB), Berufsgerichte wie die Kammer für Steuerberatersachen (§ 95 StBerG) und die Kammer für Patentanwaltssachen (§ 85 PatAnwO); zum Teil bestehen hier landesrechtliche Konzentrationen.

§§ 61 bis 69 (weggefallen)

§ 70 [Vertretung der Kammermitglieder]

(1) Soweit die Vertretung eines Mitgliedes nicht durch ein Mitglied desselben Gerichts möglich ist, wird sie auf den Antrag des Präsidiums durch die Landesjustizverwaltung geordnet.

(2) Die Beiordnung eines Richters auf Probe oder eines Richters kraft Auftrags ist auf eine bestimmte Zeit auszusprechen und darf vor Ablauf dieser Zeit nicht widerrufen werden.

(3) Unberührt bleiben die landesgesetzlichen Vorschriften, nach denen richterliche Geschäfte nur von auf Lebenszeit ernannten Richtern wahrgenommen werden können, sowie die, welche die Vertretung durch auf Lebenszeit ernannte Richter regeln.

Schrifttum: *Müller,* Die Rechtsprechung des BGH über die Verwendung von Hilfsrichtern, DRiZ 1963, 37.

I. Normzweck

1   § 70 regelt in Abs. 1 die Vertretung der Richter am LG, soweit diese nicht gemäß § 21 e durch den Geschäftsverteilungsplan erfolgen kann, weil sie über die dem Gericht zugeordneten Richter hinausgreift. Abs. 1 verfolgt damit ein Anliegen, das für das AG in § 22 b geregelt ist. Abs. 2 betrifft über die Vertretung hinaus die Zuweisung von Richtern auf Probe und kraft Auftrags an das LG. Zur Sicherung der richterlichen Unabhängigkeit[1] darf diese Zuweisung nicht beliebig widerrufen werden, sondern muss auf einen von vornherein bestimmten Zeitraum vorgesehen werden. Für abgeordnete Richter enthält § 37 Abs. 2 DRiG eine entsprechende Regelung. Abs. 3 enthält einen landesrechtlichen Vorbehalt für den Ausschluss von Richtern auf Probe oder kraft Auftrags von bestimmten Tätigkeiten sowie für besondere Vertretungsvorschriften.

II. Gerichtsübergreifende Vertretung (Abs. 1)

2   **1. Notsituation.** Die Vertretung eines Richters im Falle seiner Verhinderung ist in erster Linie gerichtsintern durch den Geschäftsverteilungsplan zu regeln.[2] Wenn eine gerichtsinterne Vertretung in einer Notsituation, zB wegen geringer Richterzahl oder infolge von Überlastung, nicht möglich

---
[4] BGH NJW 1958, 429; BGH NJW 1967, 1868; BGHSt. 25, 174 = NJW 1973, 1139; *Holch* DRiZ 1976, 137; *Kissel/Mayer* Rn. 11 ff.
[1] S. BGH MDR 1961, 618; s. auch Rn. 10; aA *Kissel/Mayer* Rn. 9.
[2] S. § 21 e Rn. 40 ff.

Vertretung der Kammermitglieder   3–7 § 70 GVG

ist, greift Abs. 1 ein. Ungerechtfertigte Verhinderungen wie eine grundlose Beurlaubung[3] stehen einer gerichtsübergreifenden Vertretung entgegen. Eine Vertretung ist auch erst zulässig, wenn alle gerichtsinternen Möglichkeiten einschließlich der Vorsitzenden Richter, des Präsidenten oder etwaiger Hilfsrichter ausgeschöpft sind.[4] Auch Änderungen gemäß § 21e Abs. 3 haben Vorrang.

2. Vorübergehende Verhinderung. Eine übergerichtliche Vertretungsregelung gemäß Abs. 1 ist ferner nur zulässig in Fällen einer vorübergehenden Verhinderung, wie zB infolge von Krankheit oder wegen aufwändiger Großverfahren. Sie ist dagegen nicht zulässig, wenn die Notwendigkeit zur übergerichtlichen Vertretung auf einer Dauerbelastung[5] und einer auf Dauer zu geringen Zahl von Richterplanstellen oder auf einer dauernden Verhinderung[6] oder auf einer ungerechtfertigten Verzögerung der Wiederbesetzung offener Stellen, zB auch wegen haushaltsrechtlicher Wiederbesetzungssperren, beruht. Eine Vertretung nach Abs. 1 verstößt dann gegen den gesetzlichen Richter.[7] Vielmehr muss durch Schaffung neuer Planstellen bzw. durch deren unverzügliche Wiederbesetzung Abhilfe geschaffen werden.[8]

3. Feststellung. Die Feststellung einer vorübergehenden Notsituation (Rn. 2, 3) steht dem Präsidium zu. In Eilfällen ist der Präsident gemäß § 21i Abs. 2 zuständig. Die Feststellung erfolgt nach pflichtgemäßem Ermessen. Eine Überprüfung dieser Feststellung in der Rechtsmittelinstanz ist nur bei Verstoß gegen das Gebot des gesetzlichen Richters (Art. 101 Abs. 1 S. 2 GG) in den Fällen der Willkür möglich.[9]

4. Antrag bei der Landesjustizverwaltung. Nach Feststellung der vorübergehenden Notsituation kann das Präsidium oder in Eilfällen der Präsident (§ 21i Abs. 2) den Antrag bei der Landesjustizverwaltung stellen,[10] eine Vertretung anzuordnen. Die Anordnung kann durch den Präsidenten des übergeordneten OLG erfolgen, soweit es einen Richter in seinem Bezirk betrifft, anderenfalls hat das Ministerium die Anordnung zu treffen. Die Anordnung und Auswahl des Richters liegt im pflichtgemäßen Ermessen[11] der Landesjustizverwaltung und ist als interne Organisationsentscheidung nicht gerichtlich nachprüfbar.[12] Ein Anspruch auf die Vertretung besteht nicht. Wird der Antrag **abgelehnt,** so bleibt es bei der gerichtsinternen Vertretungsregelung mit einer entsprechenden Verzögerung bei der Erledigung der Überlast. Wird dem Antrag **stattgegeben,** so weist die Landesjustizverwaltung dem antragenden Gericht den Richter eines anderen Gerichts als vorübergehenden Vertreter zu. Es kann sich um einen Richter auf Lebenszeit, auf Probe oder kraft Auftrags handeln. Die Zuweisung an eine bestimmte Kammer steht dagegen nicht der Justizverwaltung, sondern dem Präsidium gemäß § 21e Abs. 3[13] für die Dauer des Geschäftsjahres zu, in Eilfällen dem Präsidenten nach § 21i Abs. 2. Innerhalb der Kammer richten sich die Aufgaben des Vertreters nach dem kammerinternen Geschäftsverteilungsplan (§ 21g). Der Vertreter kann auch gemäß §§ 348, 348a ZPO als Einzelrichter tätig werden. Das Präsidium ist in seiner Entscheidung frei,[14] muss sie aber im Anschluss an die Zuweisung nach den jeweiligen Bedürfnissen treffen. Eine generelle Regelung im Voraus ist nicht zulässig,[15] da dies mit dem Anlass der Zuweisung, dh. der vorübergehenden Notsituation, unvereinbar ist.

III. Die Beiordnung eines Richters auf Probe oder kraft Auftrags (Abs. 2)

1. Beiordnung. Abs. 2 ergänzt § 59 Abs. 3,[16] indem er die Art und Weise der Beiordnung, dh. die Zuweisung der Richter auf Probe oder kraft Auftrags durch die Landesjustizverwaltung regelt. Für die Abordnung eines Richters auf Lebenszeit gilt § 37 Abs. 2 DRiG.

2. Grund für die Beiordnung. Die Beiordnung von Richtern hat gemäß § 28 Abs. 1 DRiG Ausnahmecharakter. Ihre Zahl ist gemäß § 29 DRiG beschränkt. Daran knüpft Abs. 2 insofern an,

---
[3] Dazu BGH JR 1955, 424.
[4] S. RGSt. 36, 379; *Schorn/Stanicki* S. 237.
[5] S. auch BVerfGE, 14, 164.
[6] S. BGHZ 34, 260.
[7] BVerfGE 14, 164; BGH NJW 1985, 2336.
[8] *Holch* DRiZ 1976, 137; *Kissel/Mayer* Rn. 2.
[9] *Kissel/Mayer* Rn. 3; aA RGSt. 36, 379.
[10] Dazu *Priepke* DRiZ 1985, 293.
[11] S. auch RGSt. 57, 270.
[12] *Kissel/Mayer* Rn. 4.
[13] S. BGHSt. 13, 53, 56 = NJW 1959, 1093.
[14] S. BGHSt. 22, 237, 239 = NJW 1968, 2388; RGSt. 42, 295, 297.
[15] BGHSt. 12, 159 = NJW 1959, 251.
[16] S. dazu § 59 Rn. 12.

als er von einer Beiordnung nur auf Zeit ausgeht. Als Grund für die Beiordnung können neben Fortbildungs- und Erprobungszwecken[17] auch die Fälle eines vorübergehenden Bedarfs[18] in Betracht kommen.

8 **3. Bestimmte Zeit.** Die zeitlich fixierte Beiordnung dient der Sicherung der richterlichen Unabhängigkeit, da § 13 DRiG eine beliebige Verwendung und einen beliebigen Widerruf zulassen würde, dem erst § 70 Abs. 2 Grenzen setzt, indem er die Beiordnung auf eine bestimmte Zeit ohne Widerrufsmöglichkeit (aber mit Möglichkeit der auch mehrfachen Verlängerung) vorschreibt. Eine Beiordnung auf bestimmte Zeit liegt nicht nur vor, wenn die Beiordnung kalendermäßig bestimmt ist, sondern auch, wenn ein sonstiger dem Einfluss der Justizverwaltung nicht beliebig zugänglicher Zeitpunkt bestimmt wird, wie zB die Gesundung eines Richters, die Beendigung eines Großverfahrens oder die Beendigung der Abordnung eines Planrichters gemäß § 37 DRiG.[19] Unzulässig ist die Beiordnung bis zur Beendigung eines erhöhten Geschäftsanfalls,[20] ebenso die Beiordnung unter Widerrufsvorbehalt.[21]

9 **4. Ende der Beiordnung.** Mit dem Eintritt des vorweg bestimmten Zeitpunkts tritt von selbst das Ende der Beiordnung ein. Dies betrifft aber nur die Zuordnung zum betreffenden Gericht, nicht die dienstrechtliche Anstellung. Eine wiederholte Beiordnung ist zulässig, sofern ein Beiordnungsgrund vorliegt. Die weitere Verwendung erfordert einen neuen Präsidialbeschluss.[22] Unabhängig von der Beiordnung ist beim Richter auf Probe § 12 Abs. 2 DRiG zu beachten. Die Bestellung zum Richter auf Lebenszeit beendet die Beiordnung kraft Gesetzes, wenn der Richter eine Planstelle gemäß § 27 Abs. 1 DRiG bei dem Gericht erhält, dem er beigeordnet ist. Möglich ist aber, eine Abordnung gemäß § 37 DRiG anzuschließen, wenn das Richteramt bei einem anderen Gericht liegt. Die Beiordnung endigt auch mit der Beendigung des Richteramtes gemäß §§ 19, 21 bis 24 DRiG.

10 **5. Kein Widerruf.** Die Beiordnung endigt grundsätzlich nicht durch Widerruf. Ein Widerruf der Beiordnung kann aber ebenso wie die Versetzung eines Richters auf Lebenszeit mit Zustimmung des beigeordneten Richters vorgenommen werden.[23] Dies entspricht dem auf die Sicherung der richterlichen Unabhängigkeit gerichteten historischen Zweck,[24] der allein durch das DRiG keine Wandlung erfahren kann.[25] Auch hat das Präsidium keinen Anspruch auf Beiordnung eines Richters.[26]

11 **6. Folgen bei Verstoß.** Ein Verstoß gegen die Beiordnung auf Zeit stellt einen Verstoß gegen den gesetzlichen Richter dar, der bei Willkür nach § 547 Nr. 1 ZPO einen absoluten Revisionsgrund darstellt. Gleiches gilt bei Verstoß gegen das Widerrufsverbot. Erfolgt ein unzulässiger Widerruf, ohne dass Willkür vorliegt, so liegt eine Verhinderung des beigeordneten Richters vor, die bei vorübergehender Verhinderung zum Eingreifen der Vertretungsregelung führt, auf Dauer aber eine Änderungsregelung gemäß § 21e Abs. 3 erfordert.[27]

IV. Landesrechtlicher Vorbehalt (Abs. 3)

12 Abs. 3 lässt es zu, dass durch Landesrecht alle oder einzelne richterliche Aufgaben entgegen § 59 Abs. 3 nicht von Richtern auf Probe oder kraft Auftrags, sondern nur von Richtern auf Lebenszeit wahrgenommen werden können. Abs. 3 bezieht sich nach seinem Wortlaut nur auf bereits existierende landesrechtliche Vorschriften, lässt aber auch deren Änderung zu. Die den Richtern auf Lebenszeit vorbehaltenen Aufgaben müssen abstrakt bestimmt sein und können zB bestimmte Sachgebiete umfassen oder auch die Vertretung im Verhinderungsfall betreffen. Wird entgegen den landesrechtlichen Vorschriften kein Richter auf Lebenszeit tätig, so führt dies zu einer unvorschriftsmäßigen Besetzung. Abs. 3 gilt nur für das LG, nicht für das AG.

---

[17] S. BGH NJW 1966, 352.
[18] S. Rn. 3.
[19] *Kissel/Mayer* Rn. 9.
[20] *Löwe/Rosenberg/Siolek* Rn. 9.
[21] *Kissel/Mayer* Rn. 10.
[22] BGH LM ZPO § 551 Nr. 1, Nr. 27.
[23] *Löwe/Rosenberg/Siolek* Rn. 10; aA *Kissel/Mayer* Rn. 11.
[24] Diesen erkennt auch *Kissel/Mayer* Rn. 9 an.
[25] AA *Kissel/Mayer* Rn. 9, 11.
[26] S. auch Rn. 5.
[27] BGHSt. 13, 53, 56 = NJW 1959, 1093.

§ 71 [Zuständigkeit in Zivilsachen in 1. Instanz]

(1) Vor die Zivilkammern, einschließlich der Kammern für Handelssachen, gehören alle bürgerlichen Rechtsstreitigkeiten, die nicht den Amtsgerichten zugewiesen sind.

(2) Die Landgerichte sind ohne Rücksicht auf den Wert des Streitgegenstandes ausschließlich zuständig
1. für die Ansprüche, die auf Grund der Beamtengesetze gegen den Fiskus erhoben werden;
2. für die Ansprüche gegen Richter und Beamte wegen Überschreitung ihrer amtlichen Befugnisse oder wegen pflichtwidriger Unterlassung von Amtshandlungen;
3. für Schadensersatzansprüche auf Grund falscher, irreführender oder unterlassener öffentlicher Kapitalmarktinformationen.

(3) Der Landesgesetzgebung bleibt überlassen, Ansprüche gegen den Staat oder eine Körperschaft des öffentlichen Rechts wegen Verfügungen der Verwaltungsbehörden sowie Ansprüche wegen öffentlicher Abgaben ohne Rücksicht auf den Wert des Streitgegenstandes den Landgerichten ausschließlich zuzuweisen.

Übersicht

	Rn.		Rn.
I. Normzweck und Allgemeines	1, 2	3. Kapitalmarktstreitigkeiten	8
II. Grundlagen für die Zuweisung	3	4. Landesgesetzgebung	9–11
III. Auffangzuständigkeit (Abs. 1)	4	V. Sonstige Zuständigkeiten des LG	12–28
IV. Streitwertunabhängige Zuständigkeit (Abs. 2, 3)	5–11	1. Spezielle Zuständigkeiten in alphabetischer Reihenfolge	12–27
1. Beamtengesetze	6	2. Angelegenheiten der freiwilligen Gerichtsbarkeit	28
2. Ansprüche gegen Richter und Beamte	7		

I. Normzweck und Allgemeines

§ 71 regelt die **sachliche Zuständigkeit** des LG als erstinstanzlichem Gericht in Abgrenzung zum AG als weiterem erstinstanzlichem Gericht in bürgerlichen Rechtsstreitigkeiten.[1] Abs. 1 sieht eine **Auffangzuständigkeit** des LG für alle bürgerlichen Rechtsstreitigkeiten vor, sofern nicht die Zuständigkeit des Amtsgerichts begründet ist.[2] Abs. 2 sieht für enumerativ aufgezählte vermögensrechtliche Streitigkeiten eine ausschließliche Zuständigkeit des LG **unabhängig vom Streitwert** vor. Abs. 2 Nr. 3 wurde durch G. v. 16. 8. 2005[3] eingefügt und wird (nach dem derzeitigen Stand) mit Wirkung vom 1. 11. 2010 aufgehoben. Abs. 3 räumt dem Landesgesetzgeber die Möglichkeit zur Erweiterung dieser streitwertunabhängigen Zuständigkeit ein. § 71 betrifft die Zuständigkeit des LG insgesamt unter Einschluss der KfH. Die Abgrenzung zwischen den Zivilkammern und der KfH regelt § 95. Soweit nicht eine ausschließliche Zuständigkeit vorgesehen ist, wie insbesondere in Abs. 2 und 3, kann die sachliche Zuständigkeit durch Vereinbarung gemäß §§ 38 bis 40 ZPO in vermögensrechtlichen Streitigkeiten (§ 40 Abs. 2 ZPO) vom AG auf das LG und umgekehrt verlagert werden. 1

Die **Unterschiede** der sachlichen Zuständigkeit zwischen LG und AG sind im Laufe der Zeit zur Durchsetzung rechtspolitischer Ziele eingeebnet worden; sie zeigen sich im Wesentlichen noch im Instanzenzug (§§ 72, 119) und im Anwaltszwang (§ 78 ZPO). Die Entscheidung kann am LG durch die Kammer oder den Einzelrichter erfolgen (§§ 348, 348a ZPO; §§ 60, 75 GVG), beim AG immer durch den Einzelrichter (§ 22), hier ist also meist kein wesentlicher Unterschied mehr erkennbar. Zweite Instanz gegenüber dem AG ist das LG, aber nicht immer, teils ist das OLG zuständig (§ 119). Anwaltszwang besteht zum Teil auch beim AG (§ 78 Abs. 2 S. 1 ZPO). 2

II. Grundlagen für die Zuweisung

Ob für einen Rechtsstreit die Zuständigkeit des LG oder des AG gegeben ist, ist wie bei der Einordnung unter die bürgerlich-rechtlichen Streitigkeiten nach § 13[4] auf Grund des Streitgegenstands, 3

---
[1] S. § 23 Rn. 1.
[2] S. §§ 23, 23a, b; § 27 Rn. 3 ff.
[3] BGBl. I S. 2437; dazu BT-Drucks. 15/5091.
[4] S. § 13 Rn. 10 ff.

dh. auf Grund des Klageantrags und des dazugehörenden Tatsachenvortrags zu bestimmen. Nicht entscheidend ist die rechtliche Einordnung des Klägers, sondern die wirkliche Rechtsnatur des Streitverhältnisses.[5] Die Zuständigkeit ist für eine Widerklage selbständig zu beurteilen.[6] Wird dagegen ein Anspruch aufrechnungsweise geltend gemacht, so bleibt es bei der durch die Klage begründeten Zuständigkeit.[7]

III. Auffangzuständigkeit (Abs. 1)

4   Die Auffangzuständigkeit des LG in Zivilsachen greift ein, sofern eine Zuständigkeit des AG nicht nach §§ 23, 23a, 23b, 27 gegeben ist. Seit Aufhebung der Unterscheidung nach vermögensrechtlichen und nichtvermögensrechtlichen Ansprüchen in § 23 Nr. 1 ist das LG für alle nicht von den §§ 23 Nr. 2, 23a und b erfassten Streitigkeiten, deren Streitwert 5000,– Euro übersteigt, zuständig. Da die Unterscheidung in § 40 Abs. 2 ZPO nicht aufgehoben wurde, bleibt es jedoch dabei, dass nur hinsichtlich nichtvermögensrechtlicher Streitigkeiten mit einem Streitwert von mehr als 5000,– Euro eine ausschließliche Zuständigkeit des LG besteht. Das Problem ist, bei nichtvermögensrechtlichen Sachen den Streitwert zu bestimmen; zur Festsetzung vgl. § 62 GKG.

IV. Streitwertunabhängige Zuständigkeit (Abs. 2, 3)

5   Für bestimmte vermögensrechtliche Streitigkeiten sieht Abs. 2 eine von der Höhe des Streitwerts unabhängige generelle Zuständigkeit des LG vor. Grund für die Zuweisung war die Ermöglichung einer Entscheidung durch Kollegialspruchkörper (jetzt durch §§ 348, 348a ZPO weitgehend überholt) und ist die Ermöglichung des Instanzenzugs über das OLG bis zum BGH in Sachen, die für den Staat wichtig sind.[8] Die Aufzählung ist enumerativ abschließend und kann im Interesse der Rechtssicherheit grundsätzlich nicht erweiternd ausgelegt werden.[9] Diese streitwertunabhängige Zuständigkeit ist ausschließlich und steht deshalb nicht zur Disposition der Parteien (§ 40 Abs. 2 ZPO). Für bestimmte Verfahren kann die Zuständigkeit aus dem Bezirk mehrerer Landgerichte bei einem LG **konzentriert** werden;[10] vgl. § 13a; beispielsweise nach § 32b Abs. 2 ZPO; § 105 Abs. 1 UrhG; § 219 BauGB; § 143 Abs. 2 PatentG.

6   **1. Beamtengesetze.** Die Zuweisung von Ansprüchen gegen den Fiskus nach den Beamtengesetzen (Abs. 2 Nr. 1) ist gegenstandslos geworden. Solche Ansprüche sind durch § 126 BRRG, § 172 BBG einschließlich der Ansprüche der Richter gegen den Staat (§§ 46, 71 Abs. 3 DRiG) nunmehr in den Verwaltungsrechtsweg verwiesen, womit die Zuständigkeit der ordentlichen Gerichte ganz entfallen ist.

7   **2. Ansprüche gegen Richter und Beamte.** Ansprüche gegen Richter und Beamte einschließlich der Gemeindebeamten[11] und der Soldaten wegen pflichtwidriger Amtshandlungen umfassen die Ansprüche aus Amtshaftung nach § 839 BGB und sonstiger Ansprüche aus öffentlicher Pflichtverletzung. Die gegen die Anstellungskörperschaft gerichteten Ansprüche aus Art. 34 GG fallen darunter auch dann, wenn die Amtspflichtverletzung von einem Angestellten oder Arbeiter im öffentlichen Dienst begangen worden ist.[12] Hauptfall in der Praxis sind Verkehrssicherungspflichtverletzungen auf öffentlichen Straßen und Plätzen (zB Glatteisunfall; herabfallende Äste). Aufgrund der speziellen Vorschrift ist das LG auch zuständig für Ansprüche nach dem Reichsbeamten-HaftpflichtG.[13] Gleichgültig ist, ob das Dienstverhältnis nachträglich beendet worden ist.[14] Unmaßgeblich ist auch die Parteistellung im Prozess. **Nicht erfasst** werden Ansprüche aus der Verletzung privatrechtlicher Pflichten,[15] zB aus einem privatrechtlichen Vertrag oder aus § 7 StVG (Verkehrsunfall mit dem Pkw der Stadtverwaltung).[16] Die Zuständigkeit für solche Ansprüche ergibt sich aus §§ 23 Nr. 1, 71 Abs. 1, falls sie nicht zusammen mit einem Anspruch aus Amtspflicht-

---

[5] BGHZ 16, 275, 280 = NJW 1955, 707; BGH LM ZPO § 547 Nr. 9; *Musielak/Wittschier* Rn. 3.
[6] Vgl. *Musielak/Wittschier* Rn. 3.
[7] RG HRR 1927, 1476.
[8] Vgl. auch BGHZ 23, 36, 40 = NJW 1957, 539.
[9] BGHZ 2, 320; 15, 221 = NJW 1955, 181; BGHZ 22, 79 = NJW 1956, 1876; BGH LM Nr. 5.
[10] Vgl. zB für Bayern: ZuständigkeitsVO Justiz v. 16. 11. 2004, GVBl 2004, 239; geändert GVBl 2005, 547.
[11] S. OGHZ NJW 1950, 261.
[12] *Kissel/Mayer* Rn. 11.
[13] RGBl. 1910 S. 798.
[14] RGZ 33, 244.
[15] S. auch RG HRR 1932, 1707.
[16] *Schneider* NJW 1965, 1470.

verletzung geltend gemacht werden.[17] Nicht erfasst werden auch Regressansprüche gegen die amtspflichtwidrig handelnden Personen, weil und soweit dafür im Regelfall der Rechtsweg zu den Verwaltungsgerichten oder zu den Arbeitsgerichten gegeben ist. Nicht unter Abs. 2 Nr. 2 fallen auch Ansprüche gegen den Notar zB aus § 19 BNotO, weil und soweit der Notar kein Beamter ist.[18]

3. Kapitalmarktstreitigkeiten. Nr. 3 gilt seit 1. 11. 2005 (Rn. 1); es ist befristet bis 31. 10. 2010.[19] Kapitalmarktinformationen sind definiert in § 1 Abs. 1 S. 3, 4 KapMuG. Erfasst sind Schadensersatzansprüche gemäß § 11 Abs. 1 Nr. 1 KapMuG, zB nach §§ 44 BörsG, §§ 37 b, c WpHG, § 823 Abs. 2 mit §§ 331 HGB, 400 Abs. 1 Nr. 1 AktG und § 264 a StGB.[20] Ergänzt wird Nr. 3 durch § 32 b ZPO, wonach eine ausschließliche örtliche Zuständigkeit besteht. Über Musterverfahren vor dem OLG vgl. § 118.

4. Landesgesetzgebung. Die streitwertunabhängige ausschließliche Zuständigkeit der Landgerichte kann auf Grund des Vorbehalts in Abs. 3 auch durch die Landesgesetzgebung[21] vorgesehen werden. Die Zuständigkeit des LG kann aber durch den Landesgesetzgeber nur begründet werden, wenn nach bundesrechtlichen Vorschriften der Zivilrechtsweg und nicht der Rechtsweg zu anderen Gerichten, insbesondere etwa den Verwaltungsgerichten gegeben ist.

Ansprüche gegen den Staat oder eine Körperschaft des öffentlichen Rechts **wegen Verfügungen der Verwaltungsbehörden** betreffen etwa Ansprüche auf Enteignungsentschädigungen, für die der Zivilrechtsweg nach Art. 14 Abs. 3 GG gegeben ist. Der Anspruch muss sich unmittelbar auf die Verfügung, nicht auf ein sonstiges Rechtsverhältnis stützen. Gleichgültig ist, ob die Verfügung rechtmäßig ist oder rechtswidrig.[22] Ansprüche gegen eine Körperschaft sind nicht schon deshalb dem LG zugewiesen, weil eine Vorschrift Ansprüche gegen den Staat dem LG zuweist.[23]

Ansprüche wegen **öffentlicher Abgaben** erstrecken sich auf Steuern, Gebühren und Beiträge.[24] Dazu gehören auch Leistungen an Gemeinden, an gewerbliche Innungen und sonstige juristische Personen des öffentlichen Rechts, auch Gebühren des Gerichts, Zinsen aus Abgaben, insbesondere Verzugszinsen, oder Schadensersatzansprüche etwa wegen Verzugs. Gleichgültig ist, ob Rückgewähr verlangt wird oder ein Feststellungsantrag gestellt wird.[25] Voraussetzung ist stets, dass der Zivilrechtsweg gegeben ist.[26]

V. Sonstige Zuständigkeiten des LG

1. Spezielle Zuständigkeiten in alphabetischer Reihenfolge. Den LG sind durch zahlreiche bundesgesetzliche Vorschriften spezielle Zuständigkeiten zugewiesen. Die speziellen Zuständigkeiten sind jeweils **ausschließliche**.

Eine ausschließliche streitwertunabhängige **Zuständigkeit** besteht in vermögensrechtlichen Streitigkeiten für die Geltendmachung von Unterlassungs- und Widerrufsansprüchen gegen **AGB** im Wege der Verbandsklage (§ 3 UKlaG).

Im **Aktienrecht** ist das LG zuständig für Streitigkeiten über die Zusammensetzung des Aufsichtsrats (§ 98 AktG), für Anfechtungs- und Nichtigkeitsklagen gegen Hauptversammlungsbeschlüsse (§§ 246, 249 AktG), für Anfechtungs- und Nichtigkeitsklagen gegen die Wahl von Aufsichtsratsmitgliedern (§§ 250, 251 AktG), für Nichtigkeits- und Anfechtungsklagen gegen den Beschluss über die Verwendung des Bilanzgewinns (§§ 253, 254 AktG), für Anfechtungsklagen gegen den Beschluss über eine Kapitalerhöhung gegen Einlagen (§ 255 AktG), für Nichtigkeits- und Anfechtungsklagen gegen die Feststellung des Jahresabschlusses (§§ 256, 257 AktG), für die Klage auf Nichtigerklärung einer AG (§ 275 AktG) oder einer KGaA (§ 278 AktG).

Im **Aufgebotsverfahren** ist das LG in Ausnahme von § 23 Nr. 2 h ausschließlich zuständig für die Anfechtungsklage gegen das vom AG erlassene Ausschlussurteil (§ 957 Abs. 2 ZPO).

In **Baulandsachen** ist das LG in Gestalt der Kammer für Baulandsachen zuständig für den Antrag auf gerichtliche Entscheidung gemäß § 217 BauGB sowie die Entscheidung über Enteig-

---

[17] So auch *Musielak/Wittschier* Rn. 8.
[18] S. dazu aber Rn. 24.
[19] Art. 12 des G. v. 22. 12. 2006, BGBl. I S. 3416.
[20] *Zöller/Gummer* Rn. 5 a.
[21] Etwa Art. 9 BayAGGVG.
[22] RGZ 139, 278, 281.
[23] BGHZ 15, 221 = NJW 1955, 181.
[24] S. auch RGZ 92, 172, 176.
[25] *Kissel/Mayer* Rn. 14.
[26] S. Rn. 9.

nungsmaßnahmen und Enteignungsansprüche gemäß § 232 BauGB, soweit der Landesgesetzgeber eine Zuweisung vorgenommen hat.

17 Nach dem **BörsG** (§ 49) ist das LG ausschließlich zuständig für Klagen wegen Ansprüchen aus Prospekthaftung bei unzutreffenden Angaben über Wertpapiere die an der Börse zugelassen werden sollen.

18 Das LG ist ferner ausschließlich zuständig in einer Vielzahl von **Entschädigungssachen,** so bei Verfahren vor den Entschädigungsgerichten nach § 208 BEG, für die Festsetzung der Entschädigung oder Ersatzleistung nach § 58 BLeistungsG, für wasserrechtliche Entschädigungsansprüche nach § 39 BWassStrG und § 32 G zur Reinhaltung der Bundeswasserstraßen,[27] für Entschädigungen nach § 59 LandbeschaffungsG, für Entschädigungen nach § 25 SchutzbereichG, für Entschädigungsansprüche aus Strafverfolgungsmaßnahmen (§ 13 StrEG).

19 Nach dem **GenG** hat das LG zu entscheiden über die Anfechtung von Beschlüssen der Generalversammlung (§ 51 GenG) und über die Nichtigkeitsklage gegen eine Genossenschaft (§ 96 GenG).

20 Nach dem **GmbHG** ist das LG ausschließlich zuständig für die Auflösungsklage (§ 61 GmbHG), für die Nichtigkeitsklage gegen die GmbH (§ 75 GmbHG), nicht dagegen für Klagen gegen Gesellschafterbeschlüsse.[28]

21 Nach dem **HintO** (§ 3) ist das LG zuständig für Ansprüche gegen das Land auf Herausgabe hinterlegter Sachen.

22 In den Ausführungsgesetzen zu **internationalen Verträgen** ist vielfach die Zuständigkeit des LG vorgesehen; zB § 3 AVAG.

23 In **kartellrechtlichen Streitigkeiten** ist das LG ausschließlich zuständig für Streitigkeiten aus dem GWB, aus Kartellvereinbarungen oder Kartellbeschlüssen (§ 87 GWB).[29]

24 In **Notarsachen** ist das LG ausschließlich zuständig für Schadensersatzansprüche aus Amtspflichtverletzung (§ 19 BNotO), für Streitigkeiten zwischen dem Notar und dem Notarvertreter (§ 42 BNotO) sowie für Streitigkeiten zwischen Notarkammer und Notariatsverweser (§ 62 BNotO).

25 In **Patentsachen** und bei **gewerblichen Schutzrechten** ist das LG ausschließlich zuständig für Patentstreitsachen nach § 143 PatG, ebenso für Rechtsstreitigkeiten über Erfindungen eines Arbeitnehmers nach § 39 ArbnErfG mit Ausnahme von Ansprüchen auf Leistung einer Vergütung. Ausschließlich zuständig ist das LG auch für Angelegenheiten nach § 38 SortenschutzG, für Gebrauchsmustersachen (§ 27 GebrMG) und für Kennzeichenstreitsachen nach dem Markengesetz (§ 140 MarkenG).

26 Nach dem **UmwandlungsG** (§ 30) besteht eine ausschließliche streitwertunabhängige Zuständigkeit des LG für Entscheidungen über die Höhe einer angemessenen Abfindung.

27 Für **Versicherungen** in Form des Versicherungsvereins auf Gegenseitigkeit finden nach § 36 VersAufsG die §§ 241 bis 253, 257 bis 261 AktG entsprechende Anwendung.

28 **2. Angelegenheiten der freiwilligen Gerichtsbarkeit.** Außerhalb der zivilprozessualen Streitigkeiten, in Angelegenheiten der freiwilligen Gerichtsbarkeit ist grundsätzlich das AG das erstinstanzliche Gericht und das LG entscheidet als Beschwerdegericht. Nur ausnahmsweise ist das LG im Verfahren der freiwilligen Gerichtsbarkeit erstinstanzlich zuständig, so zB nach § 18 VHG.[30]

§ 72 [Zuständigkeit in Zivilsachen in 2. Instanz]

(1) **Die Zivilkammern, einschließlich der Kammern für Handelssachen, sind die Berufungs- und Beschwerdegerichte in den vor den Amtsgerichten verhandelten bürgerlichen Rechtsstreitigkeiten, soweit nicht die Zuständigkeit der Oberlandesgerichte begründet ist.**

(2) ¹**In Streitigkeiten nach § 43 Nr. 1 bis 4 und 6 des Wohnungseigentumsgesetzes ist das für den Sitz des Oberlandesgerichts zuständige Landgericht gemeinsames Berufungs- und Beschwerdegericht für den Bezirk des Oberlandesgerichts, in dem das Amtsgericht seinen Sitz hat.** ²**Dies gilt auch für die in § 119 Abs. 1 Nr. 1 Buchstabe b und c genannten Sachen.** ³**Die Landesregierungen werden ermächtigt, durch Rechtsverordnung anstelle dieses Gerichts ein anderes Landgericht im Bezirk des Oberlandesge-**

---

[27] BGBl. II 1960 S. 2125.
[28] RG JW 1934, 3129.
[29] S. dazu *Winterfield* NJW 1985, 1816.
[30] S. im einzelnen *Jansen* FGG 2. Aufl. vor §§ 3 bis 7 Rn. 4 ff.; *Keidel/Kuntze/Winkler* Vor § 3 Rn. 3 f., § 19 Rn. 41.

richts zu bestimmen. ⁴Sie können die Ermächtigung auf die Landesjustizverwaltungen übertragen.

I. Allgemeines (Abs. 1)

Eine **generelle verfassungsrechtliche Gewährleistung** eines Instanzenzugs besteht nicht.[1] Für Berufungen und Beschwerden gegen Entscheidungen der Amtsgerichte in bürgerlichen Rechtsstreitigkeiten sind teils die Zivilkammern und die Kammern für Handelssachen beim LG zuständig, teils die Zivilsenate der Oberlandesgerichte (diese sind zuständig in den von den Familiengerichten der AG entschiedenen Sachen und gegen amtsgerichtliche Entscheidungen in Sachen mit Auslandsberührung, § 119 Abs. 1 Nr. 1 a, b und c). Gestattet wurde weiter eine Zuständigkeitserweiterung durch Landesgesetz gemäß § 119 Abs. 3 und 5. Der rechtspolitische Wille einiger Gruppen geht nämlich seit vielen Jahren dahin, die Zuständigkeit des LG immer mehr einzuschränken (und es dem AG anzunähern, vgl. die weitgehende Ausdünnung der Aufgaben der Zivilkammern, §§ 348, 348a ZPO), um es schließlich abschaffen zu können und so das Wunschziel des dreistufigen Gerichtsaufbaus (AG – OLG – BGH) zu erreichen, was aber derzeit politisch nicht durchsetzbar ist, auch verfehlt wäre. §§ 38–40 ZPO finden im Verhältnis zwischen LG und OLG keine Anwendung. § 72 wurde geändert durch das ZPO-RG vom 27. 7. 2001,[2] das G. v. 26. 3. 2007[3] und das G. v. 13. 4. 2007.[4]

§ 72 regelt nur die **funktionelle Zuständigkeit** des LG als Rechtsmittelgericht, nicht dagegen die Voraussetzungen der jeweiligen Rechtsmittel, die in den Verfahrensgesetzen, insbesondere der ZPO, enthalten sind. Mögliche Kompetenzkonflikte zwischen einer Berufungszivilkammer und einer erstinstanzlich zuständigen Kammer des gleichen Gerichts sind nach Maßgabe des Geschäftsverteilungsplans und gegebenenfalls durch das Präsidium des Gerichts zu entscheiden.[5] § 72 gilt gemäß § 2 EGGVG nur für die streitige Gerichtsbarkeit, nicht für die freiwillige Gerichtsbarkeit (s. dazu Rn. 5).

§ 72 sieht das LG als Rechtsmittelinstanz vor. In der freiwilligen Gerichtsbarkeit muss eine zweite Instanz etwa vorhanden sein, wenn ein Verfahren vom Richter von Amts wegen eingeleitet wird, wie zB nach § 1666 BGB, weil dann erst die richterliche Neutralität erst in der zweiten Instanz institutionell voll gesichert ist. Im Übrigen ist gegen Entscheidungen die Verfassungsbeschwerde nach Art. 93 Abs. 1 Nr. 4a GG gerade dann möglich, wenn ein Rechtsmittel nicht gegeben ist.

2. Die Regelzuständigkeit des Landgerichts als Rechtsmittelinstanz in Zivilsachen. Das LG ist **grundsätzlich die Rechtsmittelinstanz** in allen bürgerlichen Rechtsstreitigkeiten[6] **gegen rechtsmittelfähige Entscheidungen des AG,** sofern nicht auf Grund ausdrücklicher Vorschrift ein anderes Gericht zuständig ist. Das Landgericht ist danach Berufungsgericht iSv. § 519 ZPO, aber auch Beschwerdegericht nach §§ 568, 569, sowie in Insolvenzsachen (§ 6 InsO), in der Zwangsversteigerung und Zwangsverwaltung (§§ 95, 96, 146 ZVG), in Kostensachen nach §§ 66 ff. GKG, § 33 Abs. 3 RVG, § 4 JVEG.

3. Zuständigkeit nach Sondervorschriften. Zur Klarstellung und teilweise in Erweiterung sind dem LG weitere Zuständigkeiten durch Sondervorschriften in seiner Eigenschaft als Rechtsmittelgericht zugewiesen. Das LG ist gemäß §§ 45 Abs. 3, 48 ZPO zuständig zur Entscheidung über die Ablehnung des Einzelrichters am AG. Dies gilt nicht in Familiensachen und Kindschaftssachen.[7] Als übergeordnetes Gericht ist dem LG auch die Zuständigkeitsbestimmung beim Kompetenzkonflikt zwischen AG gemäß § 36 ZPO, § 2 ZVG, §§ 5, 46, 194 FGG, § 1 GBO übertragen. In Angelegenheiten der freiwilligen Gerichtsbarkeit ist das LG als Beschwerdegericht für zuständig erklärt gemäß §§ 19 Abs. 2, 30 FGG, § 54 BeurkG, § 72, 81 GBO, § 76 SchiffsRegO. Zur Zuständigkeit in Vollstreckungs- und Kostensachen s. Rn. 3.

4. Zuständigkeit der Zivilkammer oder der KfH. Zuständig zur Rechtsmittelentscheidung über Zivilsachen ist grundsätzlich die Zivilkammer. Sofern eine KfH besteht, ist diese kraft Gesetzes zuständig, falls das Verfahren Handelssachen gemäß § 95 betrifft und wenn zusätzlich der Berufungsführer in der Berufungsschrift die Verhandlung der Berufung vor der KfH beantragt (was

---

[1] S. etwa BVerfGE 28, 21, 36; 48, 300, 325; BVerfG ZZP 95 (1982), 67, 70; aA *Bauer,* Gerichtsschutz als Verfassungsgarantie, 1973, S. 100.
[2] BGBl. I. S. 1887.
[3] BGBl. I S. 370.
[4] BGBl. I S. 509.
[5] BGH NJW 2000, 80; vgl. auch § 21 e Rn. 46.
[6] S. § 13 Rn. 4 ff.
[7] S. auch § 23 b Rn. 17.

höchst selten der Fall ist). Sonst ist (auch bei Handelssachen) die Zivilkammer zuständig (§ 100, der auf § 96 verweist). Unter mehreren Zivilkammern oder KfH bestimmt der Geschäftsverteilungsplan die jeweils zuständige Kammer.

5. Einzelne entzogene Angelegenheiten. a) Familiensachen; § 119 Abs. 1 Nr. 1a.

7 Nachdem bisher schon die Berufungen und Beschwerden gegen amtsgerichtliche Entscheidungen in den Familiensachen des § 23b den Oberlandesgerichten zugewiesen und dementsprechend den Landgerichten entzogen waren, sind durch das ZPO-RG weitere Angelegenheiten hinzugekommen.

8 **b) Ausländischer allgemeiner Gerichtsstand.** Gemäß § 119 Abs. 1 Nr. 1b sind den Landgerichten alle Berufungen und Beschwerden gegen amtsgerichtliche Entscheidungen über solche Streitigkeiten entzogen, bei denen eine Partei im Zeitpunkt der Rechtshängigkeit des Verfahrens ihren allgemeinen Gerichtsstand im Sinne der §§ 12–19a ZPO und Art. 2 VO (EG) Nr. 44/2001 (Brüssel I-VO) nicht im Inland, sondern im Ausland einschließlich der Mitgliedstaaten der EG hat.[8]

9 **c) Anwendung ausländischen Rechts.** Zur Zuständigkeit der Oberlandesgerichte gehören gemäß § 119 Abs. 1 Nr. 1c alle Berufungen und Beschwerden gegen amtsgerichtliche Entscheidungen, in denen das Amtsgericht ausländisches Recht angewendet und dies in den Entscheidungsgründen ausdrücklich festgestellt hat. In diesem Umfang entfällt zugleich die zweitinstanzliche Zuständigkeit des Landgerichts. Ausdrücklich festgestellt ist die Anwendung ausländischen Rechts in den Entscheidungsgründen, wenn ausländische Rechtsvorschriften unmittelbar als Grundlage für die Subsumtion erwähnt sind oder wenn sonst die Anwendung ausländischen Rechts eindeutig aus der amtsgerichtlichen Entscheidung erkennbar ist.[9] Nicht ausreichend sind lediglich rechtsvergleichende Erwägungen.

10 **d) Weitere Sonderzuständigkeit des OLG.** Entgegen der grundsätzlichen Zuständigkeit des LG ist in Zivilsachen ausnahmsweise das OLG an Stelle des LG als Rechtsmittelgericht gegen Entscheidungen des AG tätig in Landwirtschaftssachen gemäß § 22 LwVG, bei Ablehnung der Rechtshilfe gemäß § 159 und bei Beschwerden gegen Ordnungsmittel nach § 181.

11 **e) Landesgesetzlicher Vorbehalt.** Gemäß § 119 Abs. 3 können der Rechtsmittelzuständigkeit der Landgericht alle amtsgerichtlichen Entscheidungen entzogen werden, soweit der Landesgesetzgeber die Angelegenheiten den in seinem Gebiet ansässigen Oberlandesgerichten zugewiesen hat. Solche Zuweisungen sind bisher nicht erfolgt. Es würden gemäß § 119 Abs. 5 nur die vor dem 1. 1. 2008 tatsächlich eingelegten Berufungen und Beschwerden erfasst.

12 **6. Zuständigkeitsstreit.** Entsteht Streit über die Zuständigkeit des LG oder OLG als Berufungs- oder Beschwerdeinstanz, so entscheidet das Gericht, bei dem zuerst Berufung oder Beschwerde eingelegt ist. Hält es sich für unzuständig, so ist eine Verweisung von Amts wegen analog § 17a Abs. 2 zu befürworten.[10]

II. WEG-Sachen (Abs. 2)

13 Die **örtliche Zuständigkeit** in WEG-Sachen richtet sich nach § 43 WEG (dh. nach dem Bezirk, in dem das Grundstück liegt); dies ist eine ausschließliche Zuständigkeit. Bei der **sachlichen Zuständigkeit** muss unterschieden werden: (1) für **Innenstreitigkeiten** nach § 43 Abs. 1 Nr. 1 bis 4 und 6 WEG liegt sie beim Amtsgericht, ohne Rücksicht auf den Streitwert, als ausschließliche Zuständigkeit. (2) Für **Außenrechtsstreitigkeiten,** bei denen ein Dritter den Verband der Wohnungseigentümer oder einen Wohnungseigentümer verklagt und sich der Streitgegenstand auf das gemeinschaftliche Eigentum, seine Verwaltung oder das Sondereigentum bezieht (§ 43 Abs. 1 Nr. 5 WEG), richtet sich die sachliche Zuständigkeit nach den allgemeinen Vorschriften (§§ 23, 71): bis 5000 Euro ist das AG zuständig, ab 5000, 01 das LG.

14 Der neu eingefügte Abs. 2 (Rn. 1), geltend ab 1. 7. 2007, regelt die Zuständigkeit für die Berufung und Beschwerde neu, was mit der Zuweisung der WEG-Sachen ins ZPO-Verfahren (anstatt FGG-Verfahren, wie bisher, vgl. § 43 WEG aF) zusammenhängt. Es ist wiederum zu unterscheiden: (1) Nicht mehr das örtliche LG ist Berufungs- und Beschwerdegericht, sondern für die **Innenstreitigkeiten** (§ 43 Abs. 1 Nr. 1 bis 4 und 6 WEG) ist die Zuständigkeit auf *ein* LG konzentriert, nämlich auf das LG am Sitz des OLG bzw. KG (also zB das LG München I für alle Sachen aus dem Bezirk des OLG München; das LG Dresden für alle Sachen aus Sachsen, LG Leipzig NJW 2007, 3790); **Satz 1.** Nach **Satz 3 (und Satz 4)** werden die Landesregierungen ermächtigt, ein

---

[8] S. § 119 Rn. 5.
[9] Dazu auch § 119 Rn. 9 f.
[10] S. § 119 Rn. 7, 11 und 15.

Besetzung der Zivilkammern   §§ 73–78 GVG

anderes LG als das am Sitz des OLG für zuständig zu erklären. Eine Belehrung darüber, welches LG das zuständige Rechtsmittelgericht ist, ist nicht vorgesehen. Es handelt sich um eine gefährliche Haftungsfalle.

Diese Zuständigkeitsregelung gilt auch dann, wenn ein Wohnungseigentümer seinen allgemeinen Gerichtsstand im Zeitpunkt der Rechtshängigkeit in erster Instanz im Ausland hatte (**Satz 2, § 119 Abs. 1 Nr. 1 b**) oder wenn das AG ausländisches Recht anwendet und dies in den Entscheidungsgründen ausdrücklich festgestellt hat (Satz 2, § 119 Abs. 1 Nr. 1 c). 15

Anders verhält es sich bei (2) den **Aussenrechtstreitigkeiten (§ 43 Abs. 1 Nr. 5 WEG)**. (a) Hatte in erster Instanz das AG entschieden, ist in 2. Instanz das übergeordnete (meist ortsnahe) LG zuständig, also nicht das (eventuell ortsferne) LG am Sitz des OLG oder sonstwo. In den Fällen mit Auslandsberührung im Sinne von § 119 Abs. 1 Nr. 1 b oder 1 c ist nicht das LG, sondern das OLG Berufungs- bzw. Beschwerdegericht. (b) Hatte in erster Instanz (zB wegen des Streitwerts von über 5000 Euro) das LG (Zivilkammer) entschieden, ist das OLG Berufungsgericht (§ 119). 16

§§ 73 bis 74 e *(betreffen Strafsachen)*

§ 75 [Besetzung der Zivilkammern]

Die Zivilkammern sind, soweit nicht nach den Vorschriften der Prozeßgesetze an Stelle der Kammer der Einzelrichter zu entscheiden hat, mit drei Mitgliedern einschließlich des Vorsitzenden besetzt.

1. Normzweck. § 75 bezieht sich auf die Zivilkammer, wenn im konkreten Fall Rechtsprechung erfolgt. Die Vorschrift bezieht sich nicht auf den Spruchkörper als gerichtsorganisatorische Einheit; hier ist eine Überbesetzung zulässig,[1] zB mit 3 oder 4 (statt 2) Beisitzern. Welche drei Richter bei Überbesetzung im Einzelfall entscheiden ergibt sich aus der kammerinternen Geschäftsverteilung. 1

2. Besetzung der Zivilkammer. a) Drei Richter. § 75 schreibt die Besetzung der Zivilkammer als Rechtsprechungsorgan mit dem Vorsitzenden und zwei Beisitzern vor. Eine zweite Kammer darf einem Vorsitzenden nur dann übertragen werden, wenn in beiden Spruchkörpern sein überwiegender Einfluss gesichert ist.[2] Die Vertretung des Vorsitzenden richtet sich nach § 21 f. Die übrigen zwei Richter haben die Funktion von Beisitzern, die gemäß § 28 Abs. 1 DRiG grundsätzlich Berufsrichter auf Lebenszeit sein müssen. Nach § 29 DRiG kann aber einer der Beisitzer auch Richter auf Probe, Richter kraft Auftrags oder abgeordneter Richter sein. 2

b) Andere Kammern. Dieselben Grundsätze gelten für eine **Hilfskammer,**[3] und eine Bereitschaftskammer.[4] Auch die Beschwerdekammer entscheidet in Angelegenheiten der **freiwilligen Gerichtsbarkeit** nach § 30 Abs. 1 FGG in der Besetzung mit drei Richtern.[5] 3

c) Einzelrichter. Die Prozessgesetze können vorsehen, dass an Stelle der Kammer mit drei Richtern der **Einzelrichter** entscheidet. Dies ist für die erste Instanz durch §§ 348, 348 a ZPO geschehen. Für die Zivilkammer als Berufungskammer gibt es den entscheidenden Einzelrichter nach § 526 ZPO und den vorbereitenden Einzelrichter nach § 527 ZPO. In Beschwerdeverfahren der freiwilligen Gerichtsbarkeit kann ein Einzelrichter nach § 30 Abs. 1 S. 3 FGG (der auf § 526 ZPO verweist) tätig werden. 4

3. Besetzung besonderer Kammern. Außer der Zivilkammer können am LG andere Kammern als Rechtsprechungsorgane tätig sein. Deren Besetzung ist teilweise von der Zivilkammer verschieden. Die KfH ist mit einem Berufsrichter als Vorsitzendem und zwei ehrenamtlichen Richtern besetzt (§ 105), die Kammer für Baulandsachen entscheidet in der Besetzung mit zwei Richtern des LG einschließlich des Vorsitzenden sowie einem hauptamtlichen Richter eines Verwaltungsgerichts (§ 220 BauGB). Bei der Entschädigungskammer entspricht die Besetzung der Zivilkammer, nur ist vorgesehen, dass der Vorsitzende oder ein Beisitzer dem Kreis der Verfolgten angehören soll (§ 208 Abs. 3 BEG). 5

§§ 76 bis 78 (betreffen Strafsachen)

---

[1] S. § 21 e Rn. 17.
[2] S. § 21 f Rn. 2, 3.
[3] S. § 60 Rn. 2.
[4] S. § 60 Rn. 2.
[5] S. BayObLG NJW-RR 1988, 1151.

5a. Titel. Strafvollstreckungskammern

§§ 78a, 78b *(betreffen Strafsachen)*

Sechster Titel. Schwurgerichte

§§ 79 bis 92 (weggefallen)

Siebenter Titel. Kammern für Handelssachen

§ 93 [Bildung]

(1) ¹Die Landesregierungen werden ermächtigt, durch Rechtsverordnung bei den Landgerichten für deren Bezirke oder für örtlich abgegrenzte Teile davon Kammern für Handelssachen zu bilden. ²Solche Kammern können ihren Sitz innerhalb des Landgerichtsbezirks auch an Orten haben, an denen das Landgericht seinen Sitz nicht hat.

(2) Die Landesregierungen können die Ermächtigung nach Absatz 1 auf die Landesjustizverwaltungen übertragen.

Schrifttum: *Pardey,* Kammer für Handelssachen, RpflStud 1993, 129; *Schepp,* Die Stellung der Kammer für Handelssachen im Gerichtsaufbau, Diss. Bonn, 1978; *Schulz,* Zivilprozessuale Probleme in Verfahren vor der Kammer für Handelssachen, JuS 2005, 909; *Weil,* Der Handelsrichter und sein Amt, 3. Aufl. 1981.

I. Normzweck

1 Die Einrichtung besonderer Kammern für Handelssachen (KfH) hat ihre historische Wurzel in der besonderen Stellung des Handelsrechts und der kaufmännischen Handelsbräuche im Rechtssystem. So waren die Handelsbräuche, die sich durch die Aufzeichnung der Spruchpraxis der kaufmännischen Gilden zu verfestigten Regeln entwickelten, später Eingang in die mittelalterlichen Stadtrechte fanden und erst im 17. und 18. Jahrhundert in staatliches Recht übernommen wurden, Sonderrecht sozialautonomen Ursprungs eines Gesellschaftsbereichs, zu dem der im Umgang mit der römischen Rechtstradition geschulte Jurist nur schwer Zugang fand.[1] Als Konsequenz für die Regelung der Gerichtsverfassung ergab sich, dem durch die Einrichtung besonderer Gerichte und verstärkter Mitwirkungsmöglichkeiten der Kaufleute Rechnung zu tragen. Auch die Pionierrolle des Handelsrechts bei der Entwicklung der deutschen Rechtseinheit, deren gerichtsverfassungsrechtliche Ausprägung das Reichsoberhandelsgericht in Leipzig, sowie der französische Einfluss, wirkten in Richtung der Einrichtung besonderer Rechtssprechungsorgane.[2] Der Regierungsentwurf von 1874 sah noch die Schaffung einer gesonderten Handelsgerichtsbarkeit vor. Unter Hinweis auf die Gerichtsverfassung in Nordamerika und England, die keine besonderen Handelsgerichte aufwiesen, sprach sich der Reichstag allerdings gegen eine Sondergerichtsbarkeit für Handelssachen aus.[3] Als Kompromiss entstand dann die Regelung, den Landesjustizverwaltungen die Einrichtung besonderer Kammern bei den Landgerichten zu ermöglichen, die mit einem Berufsrichter und zwei Handelsrichtern aus dem Kaufmannsstand zu besetzen sind (§§ 93, 105). Ob überhaupt die KfH als Einrichtung noch sinnvoll ist (der Kaufmannsstand legt jedenfalls Wert darauf, dass er Handelsrichter stellen darf) und ob es haltbar ist, dass der Kläger einer Handelssache wählen kann, ob er vor der KfH oder der Zivilkammer klagt, also das Problem des gesetzlichen Richters auftaucht, soll offen bleiben. In der Praxis wird ein grosser Teil der Handelssachen nicht vor der KfH, sondern der Zivilkammer eingeklagt. Die Kammer für Handelssachen wird nur im Rahmen der **sachlichen Zuständigkeit** des Landgerichts tätig.[4] Beim AG, OLG, BGH gibt es keine solchen von der Justizverwaltung eingerichteten Abteilungen bzw. Senate; sie können aber vom Präsidium durch Geschäftsverteilung gebildet werden; nach § 13a könnten auch die Handelssachen aus

---

[1] *Basedow* ZHR 150 (1986), 470 f.
[2] *Kissel/Mayer* § 93 Rn. 1.
[3] *Gaul* JZ 1984, 58.
[4] S. § 94 Rn. 2.

dem Bezirk mehrere AG bei einem AG konzentriert werden. – Der bisherige Wortlaut iVm. dem Ermächtigungsgesetz vom 1. 7. 1960[5] genügte verfassungsrechtlichen Anforderungen nicht, weshalb § 93 durch G. v. 19. 4. 2006[6] neu formuliert wurde.

II. Errichtung der Kammer für Handelssachen

Die Kammern für Handelssachen bestehen nicht kraft Gesetzes. Sie werden von den **Landesjus-** 2 **tizverwaltungen (vgl. Abs. 1 S. 1, Abs. 2) durch Rechtsverordnung** konstituiert, wenn diese dafür ein Bedürfnis sehen (der Rechtsuchende hat keinen prozessual durchsetzbaren Anspruch darauf, dass die Landesregierung eine KfH bildet;[7] es sind aber ohnehin bei allen LG KfH eingerichtet).[8] Statistisch gesehen werden 12,33% aller erstinstanzlichen Zivilsachen der Landgerichte von den KfH erledigt (Stand 2004).[9] Wird keine KfH gebildet, gehen Klagen etc. zur Zivilkammer; ein Antrag nach § 96 hat dann nur noch Bedeutung, wenn die Zivilkammer an ein LG mit KfH verweist. **Auswärtige Kammern:** Nach Abs. 2 S. kann eine KfH auch an einem Ort errichtet werden, wo kein LG seinen Sitz hat, dh. (in der Praxis) am Sitz eines AG (dann kann ein Amtsrichter Vorsitzender der KfH sein, § 106, und die Sitzungen finden im Gebäude des Amtsgerichts statt). Nach § 13 a kann jetzt auch durch Landesrecht eine gemeinsame KfH für mehrere LG-Bezirke gebildet werden (sinnvoll, weil bei kleineren Landgerichten mit weniger als etwa 8 bis 12 Zivilkammern – aber regional unterschiedlich – der Geschäftsanfall der KfH so gering ist, dass er keine volle Richterstelle für den Vorsitzenden ausfüllt, so dass die Geschäftsverteilung für das Präsidium erhebliche Probleme aufwirft).

Die Justizverwaltung hat in der Verordnung die konkrete Zahl der bei dem jeweiligen LG zu er- 3 richtenden Kammern zu bestimmen, kann dies also nicht dem LG-Präsidenten oder dem Präsidium überlassen.[10] Zur personellen Besetzung s. § 105.

III. Örtliche Zuständigkeit

Die Kammern können **für den gesamten Landgerichtsbezirk** zuständig sein oder **nur für** 4 **Teile** desselben. Ist eine KfH nur für einen Teilbezirk örtlich zuständig, so kann für andere Teile des Gerichtsbezirks die Zuständigkeit einer anderen KfH oder die einer normalen Zivilkammer begründet werden. In beiden Fällen ist die Abgrenzung eine Frage der örtlichen Zuständigkeit, auf die § 281 ZPO anwendbar ist. Mehrere KfH kann die Justizverwaltung demnach auf zwei Arten bilden: Mit jeweils verschiedener örtlicher Zuständigkeit oder mit örtlicher Zuständigkeit jeweils für den gesamten Landgerichtsbezirk, wobei die Zuständigkeitsabgrenzung dann § 21 e wie bei den Zivilkammern vom Präsidium zu bestimmen ist, das als Verteilungsschlüssel Anfangsbuchstaben, Sachgebiete oder auch räumliche Bereiche vorsehen kann. Im Fall der Einrichtung örtlich begrenzt zuständiger Kammern durch die Landesjustizverwaltung kann Sitz der Kammer auch ein anderer Ort als der des Landgerichts sein (Abs. 2), wobei dort nicht einmal ein Amtsgericht bestehen muss.

Die Zuständigkeit der KfH kann sich **über einen Landgerichtsbezirk hinaus** erstrecken, 5 wenn eine entsprechende landesrechtliche Regelung nach § 13 a besteht. Auch für bestimmte Kartellrechtsstreitigkeiten kann die Landesregierung die Zuständigkeit einer Kammer für Handelssachen für mehrere Landgerichtsbezirke festlegen (§§ 87 Abs. 2, 89 GWB).

§ 94 [Zuständigkeit]

Ist bei einem Landgericht eine Kammer für Handelssachen gebildet, so tritt für Handelssachen diese Kammer an die Stelle der Zivilkammern nach Maßgabe der folgenden Vorschriften.

1. Verhältnis zu den Zivilkammern. § 94 ist unklar.[1] Es handelt sich um eine gesetzlich gere- 1 gelte Geschäftsverteilung zwischen KfH und Zivilkammer. Sie ist also im Unterschied zur normalen Verteilung nach § 21 e nicht dem Landgerichtspräsidium zugewiesen, sondern in § 95 vom Gesetzgeber vorgenommen worden und mit einem Wahlrecht der Parteien (§§ 96, 98 GVG) verbunden.

---

[5] BGBl. I S. 481; aufgehoben durch G. v. 19. 4. 2006, BGBl. I S. 866.
[6] BGBl. I S. 866.
[7] Siehe *Manfred Wolf* in der 2. Aufl.
[8] *Schulz* JuS 2005, 909.
[9] Vgl. *Musielak/Wittschier* § 96 Rn. 2.
[10] *Kissel/Mayer* Rn. 6.
[1] Einzelheiten siehe *Manfred Wolf* in der 2. Aufl.; *Gaul* JZ 1984, 58.

2 2. Gleichwertigkeit mit der Zivilkammer. Falls die KfH zuständig ist, tritt sie voll an die Stelle der Zivilkammer, aber nur, wenn sie angerufen wird, also nicht automatisch (wie der Gesetzestext suggeriert), ausgenommen im Falle des § 104 (Beschwerdeverfahren). Sehr oft liegt zwar eine Handelssache vor, die KfH wird aber nicht angerufen; dann bleibt die Sache bei der Zivilkammer. Die KfH ist unter den Voraussetzungen von §§ 95, 96, 98 in 1. und 2. Instanz entsprechend §§ 71, 72 zuständig, also auch in **nichtvermögensrechtlichen Streitigkeiten.** Soweit nach den Kriterien der sachlichen Zuständigkeit (§ 23) das Amtsgericht zuständig ist, verbleibt es bei dessen Zuständigkeit. Soweit die Kammer für Handelssachen für den Hauptanspruch zuständig ist, ist sie es auch – sogar vor Rechtshängigkeit – für **Arrest- und Verfügungssachen,**[2] allerdings nur unter Beachtung von §§ 96, 98. Ob insoweit von einer Gleichwertigkeit von Zivilkammer und Kammer für Handelssachen[3] oder von einer „Prävalenz" der Zivilkammer auszugehen ist,[4] ist eine theoretische Frage, aus der sich keine Ergebnisse ableiten lassen.

3 In **FGG-Handelssachen** (§§ 125 ff. FGG)[5] ist die Zuständigkeit der Kammer für Handelssachen als Beschwerdeinstanz nicht von einem Antrag des Klägers (§ 96) oder des Beklagten (§ 98) abhängig, sondern eine ausschließliche (§ 30 Abs. 1 S. 2 FGG).

4 Auch bürgerliche **Kartellrechtsstreitigkeiten** sind Handelssachen (§ 87 Abs. 2 GWB). Dabei ist die Zuständigkeit der Gerichte nach § 95 Abs. 1 GWB eine ausschließliche. Nach einer Mindermeinung soll sich dies auch auf die Abgrenzung der Kammer für Handelssachen zur Zivilkammer beziehen und deshalb in Kartellsachen kein Antrag auf Verhandlung vor der Kammer für Handelssachen nach §§ 96, 98 erforderlich sein, da von vornherein nur die Kammer für Handelssachen und nicht die Zivilkammer zuständig sei.[6] Richtigerweise bedeutet die Zuweisung von Kartellrechtsstreitigkeiten an die Kammer für Handelssachen in § 87 Abs. 2 GWB nur eine Erweiterung des Katalogs der Handelssachen in § 95 GVG.[7] Ein Antrag ist also erforderlich, um die Zuständigkeit der Kammer für Handelssachen zu begründen. Der Unterschied der Zuständigkeitsregelung für die Kammer für Handelssachen in GVG und GWB besteht dann nur darin, dass Landgerichte in bürgerlichen Kartellrechtsstreitigkeiten auch in Streitigkeiten mit einem Streitwert von DM 10 000,– oder weniger zuständig sind (Erweiterung der sachlichen Zuständigkeit in 1. Instanz) und nach § 89 GWB die örtliche Zuständigkeit eines Landgerichts auf weitere Landgerichtsbezirke ausgedehnt werden kann. § 95 Abs. 1 GWB bezieht sich demnach nur auf die Gerichte, nicht auf die Spruchkörper.

§ 95 [Begriff der Handelssachen]

(1) Handelssachen im Sinne dieses Gesetzes sind die bürgerlichen Rechtsstreitigkeiten, in denen durch die Klage ein Anspruch geltend gemacht wird:
1. gegen einen Kaufmann im Sinne des Handelsgesetzbuches, sofern er in das Handelsregister oder Genossenschaftsregister eingetragen ist oder auf Grund einer gesetzlichen Sonderregelung für juristische Personen des öffentlichen Rechts nicht eingetragen zu werden braucht, aus Geschäften, die für beide Teile Handelsgeschäfte sind;
2. aus einem Wechsel im Sinne des Wechselgesetzes oder aus einer der im § 363 des Handelsgesetzbuchs bezeichneten Urkunden;
3. auf Grund des Scheckgesetzes;
4. aus einem der nachstehend bezeichneten Rechtsverhältnisse:
    a) aus dem Rechtsverhältnis zwischen den Mitgliedern einer Handelsgesellschaft oder Genossenschaft oder zwischen dieser und ihren Mitgliedern oder zwischen dem stillen Gesellschafter und dem Inhaber des Handelsgeschäfts, sowohl während des Bestehens als auch nach Auflösung des Gesellschaftsverhältnisses, und aus dem Rechtsverhältnis zwischen den Vorstehern oder den Liquidatoren einer Handelsgesellschaft oder Genossenschaft und der Gesellschaft oder deren Mitgliedern;
    b) aus dem Rechtsverhältnis, welches das Recht zum Gebrauch der Handelsfirma betrifft;

---

[2] LG Oldenburg NJW-RR 2002, 1724.
[3] *Kissel/Mayer* Rn. 4.
[4] *Gaul* JZ 1984, 59.
[5] S. § 104 Rn. 7.
[6] So noch *Wieczorek*, 2. Aufl., § 95 Anm. B VII.
[7] BGHZ 71, 367, 369 = NJW 1978, 2096; LG Mannheim BB 1961, 432; LG Mannheim WuW 1965, 588, 589; *K. Schmidt*, in: *Immenga/Mestmäcker* § 87 Rn. 28; *Riechert* ZZP 74 (1961), 258.

c) den Rechtsverhältnissen, die sich auf den Schutz der Marken und sonstigen Kennzeichen sowie der Geschmacksmuster beziehen;
d) aus dem Rechtsverhältnis, das durch den Erwerb eines bestehenden Handelsgeschäfts unter Lebenden zwischen dem bisherigen Inhaber und dem Erwerber entsteht;
e) aus dem Rechtsverhältnis zwischen einem Dritten und dem, der wegen mangelnden Nachweises der Prokura oder Handlungsvollmacht haftet;
f) aus den Rechtsverhältnissen des Seerechts, insbesondere aus denen, die sich auf die Reederei, auf die Rechte und Pflichten des Reeders oder Schiffseigners, des Korrespondentreeders und der Schiffsbesatzung, auf die Haverei, auf den Schadensersatz im Falle des Zusammenstoßes von Schiffen, auf die Bergung und auf die Ansprüche der Schiffsgläubiger beziehen;
5. auf Grund des Gesetzes gegen den unlauteren Wettbewerb;
6. aus den §§ 44 bis 47 des Börsengesetzes.

(2) Handelssachen im Sinne dieses Gesetzes sind ferner die Rechtsstreitigkeiten, in denen sich die Zuständigkeit des Landgerichts nach § 246 Abs. 3 Satz 1 oder § 396 Abs. 1 Satz 2 des Aktiengesetzes, nach § 51 Abs. 3 Satz 3 oder § 81 Abs. 1 Satz 2 des Genossenschaftsgesetzes sowie nach § 10 des Umwandlungsgesetzes, § 2 des Spruchverfahrensgesetzes, § 87 des Gesetzes gegen Wettbewerbsbeschränkungen und § 13 Abs. 4 des EG-Verbraucherschutzdurchsetzungsgesetzes richtet.

Übersicht

	Rn.		Rn.
I. Normzweck, Änderungen	1, 2	5. Nr. 4b: Firmenrecht	13
II. Bestimmungsgrundlagen	3, 4	6. Nr. 4c: Zeichenschutz	14, 15
III. Einzelne Handelssachen	5–24	7. Nr. 4d: Erwerb eines Handelsgeschäfts ..	16
1. Nr. 1: Beiderseitige Handelsgeschäfte	5–7	8. Nr. 4e: Fehlende Prokura und Handlungsvollmacht	17
a) Beiderseitiges Handelsgeschäft	5		
b) Kaufmannseigenschaft	6, 7	9. Nr. 4f: Seerecht	18, 19
2. Nr. 2: Wechsel und kaufmännische Orderpapiere	8, 9	10. Nr. 5: Unlauterer Wettbewerb	20
		11. Nr. 6: Börsengesetz	21
a) Wechsel	8	12. Abs. 2	22, 23
b) Urkunden nach § 363 HGB	9	a) Aktienrechtliche Streitigkeiten	22
3. Nr. 3: Scheckansprüche	10	b) Sonstige Fälle des Abs. 2	23
4. Nr. 4a: Gesellschaftsrechtliche Ansprüche	11, 12	13. Weitere Fälle	24

I. Normzweck, Änderungen

Die Vorschrift legt die Rechtsstreitigkeiten fest, bei denen Kläger (§ 96) oder Beklagter (§ 98) die Sache vor die Kammer für Handelssachen bringen können. „Handelssachen" sind dabei anders definiert als bei der Zuständigkeit der Kammer für Handelssachen (KfH) bei Beschwerden in FGG-Sachen (§§ 30, 125 FGG).[1] Aus der **abschließenden Regelung** der §§ 96 bis 99 folgt, dass die Parteien keine Gerichtsstandsvereinbarung treffen können, um Nichthandelssachen vor die Kammer für Handelssachen zu bringen. Umgekehrt kann aber die Zuständigkeit der Zivilkammer für Handelssachen gemäß § 38 ZPO vereinbart werden, so dass ein Antrag nach §§ 96, 98 unzulässig wird.[2]

§ 95 wurde in den letzten Jahren vielfach geändert: durch G. v. 16. 5. 2001 (Streichung der „Bodmerei"),[3] G. v. 12. 6. 2003 (Spruchverfahren),[4] G. v. 12. 3. 2004 (Geschmacksmuster),[5] G. v. 3. 7. 2004 (UWG),[6] G. v. 16. 8. 2005 (Kapitalanleger-Musterverfahren),[7] G. v. 14. 8. 2005 (SCE),[8] und G. v. 21. 12. 2006 (Verbraucherschutz).[9]

---

[1] S. § 104 Rn. 7.
[2] *Gaul* JZ 1984, 58.
[3] BGBl. I S. 898.
[4] BGBl. I S. 838.
[5] BGBl. I S. 390.
[6] BGBl. I S. 1414.
[7] BGBl. I S. 2437.
[8] BGBl. I S. 1911.
[9] BGBl. I S. 3367.

II. Bestimmungsgrundlagen

3 Ob eine Handelssache iSv. § 95 vorliegt, ist nach dem Inhalt der Klageschrift mit den zur Begründung vorgebrachten Tatsachenbehauptungen zu entscheiden.[10] Die Zuständigkeit der Kammer für Handelssachen muss für den ganzen Streitgegenstand gegeben sein, also für alle Ansprüche bei objektiver Klagenhäufung (§ 260 ZPO), für jeden Beklagten bei subjektiver Klagenhäufung und für jede materiell-rechtliche Anspruchsgrundlage.[11] Gleiches gilt bei Erhebung einer Widerklage (s. § 98 Rn. 5). Zur Abtrennung nach § 145 ZPO s. § 97 Rn. 7.

4 Ein vor der Kammer für Handelssachen geführter Hauptprozess begründet auch den Gerichtsstand nach § 34 ZPO **für Nebensachen**,[12] da § 34 ZPO für Kostensachen die Zuständigkeit aus dem Sachzusammenhang mit der Hauptsache herleitet und dieser Grund auch für Handelssachen gilt.[13]

III. Einzelne Handelssachen

5 1. Nr. 1: Beiderseitige Handelsgeschäfte. a) Beiderseitiges Handelsgeschäft. Das Vorliegen eines beiderseitigen Handelsgeschäfts bestimmt sich nach §§ 343, 344 HGB. Kläger und Beklagter müssen schon bei Entstehung des Anspruchs Kaufleute gewesen sein, der Beklagte auch noch bei Klageerhebung, s. Rn. 6. Bei Rechtsnachfolge oder späterem Verlust der Kaufmannseigenschaft ist die Klage eines Nichtkaufmanns gegen einen Kaufmann Handelssache,[14] nicht aber umgekehrt die gegen einen Nichtkaufmann („Klage gegen einen Kaufmann"). Vollstreckungsabwehrklagen können unter § 95 fallen.[15] Kein Anspruch aus einem beiderseitigen Handelsgeschäft ist der des Vorbehaltsverkäufers bei verlängertem Eigentumsvorbehalt gegen Dritte,[16] es sei denn, der Kläger verfolgt als Kaufmann den Kaufpreisanspruch seines Kunden gegen dessen Abnehmer, der selbst eingetragener Kaufmann ist.[17]

6 b) **Kaufmannseigenschaft.** Die Kaufmannseigenschaft des **Klägers** richtet sich nach §§ 1 bis 7 HGB. Anders ist dies beim **Beklagten;** die Klage muss sich gegen einen **eingetragenen Kaufmann** richten. Entgegen der früheren Rechtslage genügt es damit nicht mehr, dass der Beklagte die Voraussetzungen des § 1 Abs. 2 HGB erfüllt. Für die Zuständigkeit der Kammer für Handelssachen ist allein auf die Eintragung des Beklagten in das Handels- oder Genossenschaftsregister abzustellen. Durch diese formelle Betrachtungsweise will der Gesetzgeber langwierige Beweiserhebungen über das Vorliegen der Kaufmannseigenschaft vermeiden.[18] Auch bei beklagten Handelsgesellschaften iSd. § 6 HGB und Genossenschaften gemäß § 17 Abs. 2 GenG ist die Eintragung tatbestandliche Voraussetzung für die Zuständigkeit der Kammer für Handelssachen. Umstritten und vom Einzelfall abhängig ist die Lage bei einer **Bau-ARGE**.[19] Eine Ausnahme vom formellen Eintragungserfordernis sieht Abs. 1 S. 1 nur für solche beklagte Kaufleute vor, die als juristische Personen des öffentlichen Rechts auf Grund gesetzlicher Sonderregelungen nicht eingetragen zu werden brauchen (Sparkassen, Verkehrsbetriebe). Der **Insolvenzverwalter** ist Kaufmann, wenn er aus einem Handelsgeschäft verklagt wird, das der Gemeinschuldner als eingetragener Kaufmann abgeschlossen hat, also an dessen Stelle tritt.[20] Kein Kaufmann ist er dagegen, soweit es sich um Geschäfte handelt, die von ihm selbst zur Verwertung der Insolvenzmasse getätigt werden.[21] Für Klagen gegen die **Gesellschafter einer OHG** oder den persönlich haftenden Gesellschafter der KG, die die persönliche Haftung des Gesellschafters betreffen, ist nur die Eintragung der Gesellschaft maßgeblich.[22] Auf die Frage, ob OHG-Gesellschafter und Komplementär auch über den Anwendungsbereich von § 109 hinaus als Kaufleute anzusehen sind, kommt es hier daher nicht an. Die Kammer für Handelssachen

---

[10] *Kissel/Mayer* Rn. 1.
[11] S. § 97 Rn. 5; *Zöller/Gummer* Rn. 2; zu einer Ausnahme s. Rn. 19.
[12] *Baumbach/Lauterbach/Hartmann* Rn. 1.
[13] Offengelassen in BGHZ 97, 79, 84 f. = NJW 1986, 1179, 1880 m. weit. Nachw.
[14] LG Bielefeld NJW 1968, 2384.
[15] LG Stendal MDR 2005, 1423.
[16] LG Hannover NJW 1977, 1246.
[17] Vgl. LG Bremen MDR 1994, 97 (noch zur früheren Rechtslage).
[18] *Zöller/Gummer* Rn. 3.
[19] Vgl. OLG Frankfurt NZBau 2005, 590; LG Bonn BauR 2004, 1170; KG BauR 2001, 1790; LG Berlin BauR 2003, 136; *Weise* NJW-Spezial 2005, 405.
[20] LG Tübingen MDR 1954, 302.
[21] LG Hamburg MDR 1973, 507; *Kissel/Mayer* Rn. 3; *Baumbach/Lauterbach/Hartmann* Rn. 2; *Zöller/Gummer* Rn. 3.
[22] *Berkenbrock* JZ 1980, 22; *Wieczorek/Schreiber* Rn. 2.

ist dagegen nicht zuständig, wenn ein Nichtkaufmann für die Schuld eines Kaufmanns gebürgt hat.[23] Klagen gegen **BGB-Gesellschaften** fallen nicht unter § 95.[24]

Der **Zeitpunkt,** welcher für die Beurteilung **der Kaufmannseigenschaft des Beklagten** 7 zugrunde zu legen ist, ist umstritten. Während die Mindermeinung die Entstehung des Anspruchs als entscheidend ansieht,[25] ergibt die systematische Auslegung, dass die Kaufmannseigenschaft bei Klageerhebung vorliegen muss,[26] da § 97 Abs. 2 S. 2 und § 98 Abs. 1 S. 2 nach ihrem Sinn auf den Zeitpunkt der Rechtshängigkeit abstellen. Bei der Beurteilung der Kaufmannseigenschaft eines **ausländischen Beklagten** ist auf dessen Eintragung in ein dem Handelsregister entsprechendes Register des Landes abzustellen, in dem der Beklagte seinen Geschäftssitz hat,[27] hilfsweise nach der lex fori und damit nach §§ 1 bis 7 HGB.

2. Nr. 2: Wechsel und kaufmännische Orderpapiere. a) Wechsel. Für die Klage aus einem 8 Wechsel ist die Kaufmannseigenschaft nicht erforderlich. Handelssachen liegen unabhängig davon vor, ob im Wechselprozess nach §§ 592 ff., 602 ff. ZPO geklagt wird oder nicht.[28] Ein Anspruch aus einem Wechsel im Sinne des WG ist auch bei einem in fremder Sprache[29] oder Währung abgefassten Wechsel gegeben.[30] Eine Handelssache ist auch bei der Übertragung mit Wirkung einfacher Zession nach Art. 20 Abs. 1 S. 2 WG gegeben, aber nicht bei dem Anspruch aus Art. 89 WG,[31] da letzterer nicht als „Überbleibsel" aus dem Wertpapier folgt, sondern eine besondere Ausformung des allgemeinen bürgerlich-rechtlichen Bereicherungsanspruchs und somit kein Anspruch aus dem Wechsel ist.[32]

b) Urkunden nach § 363 HGB. Urkunden nach § 363 HGB sind kaufmännische Anweisun- 9 gen und Verpflichtungsscheine, Konnossemente und Ladescheine, Orderlagerscheine und Transportversicherungspolicen.

3. Nr. 3: Scheckansprüche. Es gilt entsprechend das für den Wechsel Gesagte. 10

4. Nr. 4a: Gesellschaftsrechtliche Ansprüche. Handelssachen sind nach dieser Bestimmung 11 Ansprüche im Zusammenhang mit **Handelsgesellschaften**. Dies sind **OHG, KG, GmbH, AG, KGaA;** die eingetragene **Genossenschaft**[33] wird dazu gerechnet. Die **stille Gesellschaft** fällt kraft ausdrücklicher Erwähnung unter Nr. 4a. Keine Handelsgesellschaften sind der **VVaG** und die **BGB-Gesellschaft.**

Von Nr. 4a werden nur **bestimmte Gesellschaftsangelegenheiten** erfasst, insbesondere mit- 12 gliedschaftsrechtliche Streitigkeiten und Streitigkeiten mit Vorstandsmitgliedern, Geschäftsführern und Liquidatoren.[34] Auch bei Vorstandsmitgliedern muss diese Eigenschaft nur bei Entstehung des Anspruchs vorhanden gewesen sein, nicht mehr bei Klageerhebung.[35] Streitigkeiten aus dem Rechtsverhältnis zwischen den Mitgliedern einer Handelsgesellschaft müssen nicht unbedingt Ansprüche aus dem Gesellschaftsvertrag sein, es reicht aus, wenn Aspekte einfließen, die auf gesellschaftsspezifischen Rechten und Pflichten beruhen, wie bei der Klage eines Gesellschafters gegen einen Mitgesellschafter aus einem der Handelsgesellschaft gewährten Darlehen.[36] Klagen gegen faktische Geschäftsführer können uU unter Nr. 4a fallen.[37]

5. Nr. 4b: Firmenrecht. Die Ansprüche aus dem Firmenrecht (§§ 17 bis 37 HGB) sind Han- 13 delssachen. Die Klage kann auf Unterlassung der Firmenführung, auf Feststellung des Rechts zum Gebrauch der Firma oder auf Beifügung eines Unterscheidungszusatzes gehen.[38] Ein „Rechtsverhältnis, welches das Recht zum Gebrauch der Handelsfirma betrifft", kann sich auch auf Vertrag, unerlaubte Handlung oder sonstige Rechtsgründe (§ 12 BGB) stützen.[39]

---

[23] OLG Düsseldorf MDR 1996, 524; OLG Frankfurt NJW 1992, 2900.
[24] LG Bonn BauR 2005, 138; vgl. hierzu *Kunze* BauR 2005, 473 (bejaht Zuständigkeit).
[25] *H. Müller* NJW 1970, 846.
[26] *Schrieve* NJW 1978, 1472; *Kissel/Mayer* Rn. 4; *Zöller/Gummer* Rn. 3; *Rosenberg/Schwab* § 33 I 2 a 1.
[27] *Zöller/Gummer* Rn. 4.
[28] RGZ 78, 316, 317 f.; *Zöller/Gummer* Rn. 6; *Kissel/Mayer* Rn. 7; *Baumbach/Lauterbach/Hartmann* Rn. 4.
[29] RGZ 64, 164.
[30] *Kissel/Mayer* Rn. 7.
[31] *Wieczorek/Schreiber* Rn. 3; aA *Kissel/Mayer* Rn. 7.
[32] *Canaris* WM 1977, 36 f.
[33] Dazu *Kießling* NZG 2003, 209.
[34] *Wieczorek/Schreiber* Rn. 5.
[35] LG Düsseldorf DB 1975, 1019.
[36] LG Osnabrück MDR 1983, 588.
[37] OLG Stuttgart NJW-RR 2005, 699.
[38] *Kissel/Mayer* Rn. 16.
[39] *Wieczorek/Schreiber* Rn. 6; *Kissel/Mayer* Rn. 16.

14 **6. Nr. 4 c: Zeichenschutz.** Nr. 4 c wurde mehrfach geändert und umfasst jetzt Ansprüche aus Marken und sonstigen Kennzeichen gemäß § 140 MarkenG sowie aus dem **Geschmacksmustergesetz** (§ 15 GeschmMG). § 125 e Abs. 3 MarkenG und § 15 Abs. 2 GeschmMG, die die Landesregierungen zur Konzentration der Streitsachen bei bestimmten Landgerichten ermächtigen, betreffen nur die örtliche Zuständigkeit, nicht die gesetzliche Geschäftsverteilung zwischen Kammer für Handelssachen und Zivilkammer.[40] Dies zeigt der Vergleich mit § 143 PatG und § 27 GebrMG, die eine Konzentration bei den Zivilkammern der Landgerichte ermöglichen.

15 **Nicht unter Nr. 4 c** fallen **Gebrauchsmusterstreitsachen** (§ 27 Abs. 1 GebrMG) und **Patentstreitsachen** (§ 143 Abs. 1 PatG), für die ausdrücklich die Zuständigkeit der Zivilkammern begründet ist.

16 **7. Nr. 4 d: Erwerb eines Handelsgeschäfts.** Nr. 4 d betrifft Streitigkeiten nach §§ 22, 25 HGB. Ansprüche Dritter gegen Veräußerer oder Übernehmer aus § 25 HGB fallen nicht hierunter. Die Zuständigkeit der Kammer für Handelssachen beurteilt sich in diesen Fällen nach Nr. 1.

17 **8. Nr. 4 e: Fehlende Prokura und Handlungsvollmacht.** Bei fehlender Prokura (§ 48 HGB) oder Handlungsvollmacht (§ 54 HGB) haftet der Vertreter nach § 179 BGB. Die Klage des Dritten gegen den vollmachtlosen Prokuristen oder Handlungsbevollmächtigten ist Handelssache. Ebenso die entsprechende negative Feststellungsklage des angeblichen Vertreters. Mit der hM ist die Vorschrift analog auf die Handelndenhaftung nach § 11 Abs. 2 GmbHG anzuwenden,[41] was eine analoge Anwendung auch bei der aktienrechtlichen Handelndenhaftung (§ 41 Abs. 1 S. 2 AktG) zur Konsequenz hat.[42]

18 **9. Nr. 4 f: Seerecht.** Die Vorschrift regelt **nur die gesetzliche Geschäftsverteilung** zwischen Zivilkammern und Kammern für Handelssachen bei den Landgerichten, setzt also die sachliche Zuständigkeit der Landgerichte und den Rechtsweg zu den ordentlichen Gerichten nach § 13 voraus. Für Binnenschifffahrtssachen besteht nach § 14 iVm. dem Gesetz über das gerichtliche Verfahren in Binnenschifffahrts- und Rheinschifffahrtssachen[43] ein Instanzenzug unter Auslassung der Landgerichte.[44] Für Streitigkeiten arbeitsrechtlicher Art der Besatzungsmitglieder ist nach § 2 ArbGG der Rechtsweg zu den Arbeitsgerichten eröffnet.

19 **Handelssachen** sind dagegen Ansprüche aus dem Seehandelsrecht (§§ 474 ff. HGB), der Strandungsordnung,[45] dem Seemannsgesetz,[46] und dem Gesetz über die Rückbeförderung von Seeleuten.[47] Wegen der weiten Fassung des Gesetzestextes sind auch vertragliche und deliktische Ansprüche aus den genannten Rechtsgebieten sowie Bereicherungsansprüche und solche aus Geschäftsführung ohne Auftrag Handelssachen.[48]

20 **10. Nr. 5: Unlauterer Wettbewerb.** Die Regelung stimmt mit § 27 Abs. 1 UWG überein. Die Vorschrift ist weit auszulegen, so dass „Ansprüche auf Grund des UWG" auch solche sind, die sich neben wettbewerbsrechtlichen auf andere Anspruchsgrundlagen, etwa Vertrag oder Delikt, gründen.[49] Dies ist eine Ausnahme des Grundsatzes, dass sämtliche Anspruchsgrundlagen Handelssachen sein müssen (s. Rn. 2), um die Zuständigkeit der Kammer für Handelssachen zu eröffnen.

21 **11. Nr. 6: Börsengesetz.** Die Vorschrift betrifft die **Prospekthaftung** der Wertpapieremittenten **nach §§ 44 bis 47 BörsG** (ab 1. 11. 2010:[50] §§ 45 bis 48). § 49 BörsG stimmt mit Nr. 6 überein und legt zusätzlich die ausschließliche sachliche und örtliche erstinstanzielle Zuständigkeit der Landgerichte, in deren Bezirk die Emission des Wertpapiers erfolgte, fest. Sinnvollerweise sollte auch die sich aus § 77 BörsG, § 13 VerkProspG ergebende Prospekthaftung wegen der weitgehend identischen Rechtsfragen in Nr. 6 mit einbezogen werden.

22 **12. Abs. 2. a) Aktienrechtliche Streitigkeiten.** Der Wortlaut erwähnt nur die allgemeine Anfechtung von Hauptversammlungsbeschlüssen der Aktiengesellschaften nach § 246 AktG und die gerichtliche Auflösung der Gesellschaft auf Antrag der zuständigen Landesbehörde wegen Gefähr-

---

[40] *Kissel/Mayer* Rn. 17; nunmehr ebenso *Wieczorek/Schreiber* Rn. 2, Rn. 7.
[41] LG Hannover NJW 1968, 56; *Zöller/Gummer* Rn. 12; *Kissel/Mayer* Rn. 19; aA *Berkenbrock* JZ 1980, 22 f., der hier eine analoge Anwendung von Abs. 1 Nr. 1 vertritt, damit nur Kaufleute als Beklagte vor die „standesgerichtlichen" Kammern für Handelssachen kommen.
[42] *Kissel/Mayer* Rn. 19; *Musielak/Wittschier* Rn. 4.
[43] V. 27. 9. 1952 BGBl. I S. 641, geändert durch G. v. 14. 5. 1965 BGBl. I S. 389.
[44] S. § 14 Rn. 13.
[45] V. 17. 5. 1874 RGBl. S. 73, zuletzt geändert durch G. v. 2. 3. 1974 BGBl. I S. 630.
[46] V. 26. 7. 1957 BGBl. II S. 713, zuletzt geändert durch G. v. 25. 8. 1961 BGBl. II S. 1391.
[47] V. 2. 6. 1902 RGBl. S. 212 idF v. 26. 7. 1957 BGBl. II S. 713.
[48] *Wieczorek/Schreiber* Rn. 10; *Kissel/Mayer* Rn. 20.
[49] *Wieczorek/Schreiber* Rn. 6; *Kissel/Mayer* Rn. 21.
[50] G. v. 16. 8. 2005, BGBl. I S. 2437.

dung des Gemeinwohls nach § 396 AktG. Aber auch die Klage auf Feststellung der Nichtigkeit eines Hauptversammlungsbeschlusses (§ 249 AktG), die Anfechtung besonderer Hauptversammlungsbeschlüsse (Wahl der Aufsichtsratsmitglieder, § 251 AktG; Verwendung des Bilanzgewinns, § 254 AktG; Kapitalerhöhung gegen Einlagen, § 255 AktG; Feststellung des Jahresabschlusses, § 257 AktG) sowie die Klage auf Nichtigerklärung der Gesellschaft (§ 275 AktG) und entsprechende Klagen bei der KGaA sind wegen der sachlichen Gleichartigkeit Handelssachen.[51]

b) Sonstige Fälle des Abs. 2. Gemäß Abs. 2 sind Handelssachen auch die Bestellung der Verschmelzungsprüfer nach § 10 Abs. 2 UmwG; in Abs. 2 genannte Streitigkeiten nach dem Genossenschaftsgesetz; Anträge auf gerichtliche Entscheidung nach § 306 mit § 305 UmwG; Spruchverfahrensgesetz; bürgerlich-rechtliche **Kartellrechtsstreitsachen** (GWB; dazu § 94 Rn. 4); in Abs. 2 genannte Verbraucherschutzsachen.

13. Weitere Fälle: In „handelsrechtlichen" **FGG-Sachen** tritt die Kammer für Handelssachen als Beschwerdegericht ohne entsprechenden Antrag an die Stelle der Zivilkammer (§ 30 Abs. 1 S. 2 FGG). Auch werden die Handelssachen in §§ 125 ff. FGG unabhängig von § 95 selbständig festgelegt und erstrecken sich insbesondere auf die Führung des Handelsregisters (§ 125 FGG), aber auch auf weitere Angelegenheiten, zB die in §§ 145 ff. FGG aufgezählten Sachen.[52]

§ 96 [Antrag auf Verhandlung vor der Kammer für Handelssachen]

(1) Der Rechtsstreit wird vor der Kammer für Handelssachen verhandelt, wenn der Kläger dies in der Klageschrift beantragt hat.

(2) Ist ein Rechtsstreit nach den Vorschriften der §§ 281, 506 der Zivilprozeßordnung vom Amtsgericht an das Landgericht zu verweisen, so hat der Kläger den Antrag auf Verhandlung vor der Kammer für Handelssachen vor dem Amtsgericht zu stellen.

I. Normzweck

Grundsätzlich besteht eine Allzuständigkeit der Zivilkammer des Landgerichts innerhalb der sachlichen Zuständigkeit nach §§ 71, 72. Klagen, die an „das Landgericht" gerichtet sind, werden deshalb von der Geschäftsstelle in das Register der Zivilkammer eingetragen. Die Kammer für Handelssachen (KfH) wird nur auf Wunsch des Klägers oder des Beklagten zuständig. Eine Verweisung von der Zivilkammer an die KfH von Amts wegen findet nicht statt (s. aber Rn. 10). Ohne Antrag des Klägers nach § 96 oder des Beklagten nach § 98 ist die KfH nicht zuständig. Dagegen kann im umgekehrten Fall, wenn eine allgemeine Zivilsache vor der KfH anhängig gemacht wurde, nach §§ 97 Abs. 2, 99 Abs. 2 eine Verweisung an die Zivilkammer auch von Amts wegen erfolgen. In Beschwerdesachen gilt § 104.

II. Antrag des Klägers

1. Antragsvoraussetzungen; zeitliche Grenzen. Es muss sich hinreichend klar ergeben, dass der Kläger Verhandlung vor der KfH wünscht; die Adressierung „an das Landgericht KfH" reicht aus,[1] aber auch nicht sonst ausreichend klar erkennbarer Wunsch.[2] Der Kläger kann die Klage auch dann bei der KfH einreichen, wenn sie zweifelsfrei zur Zuständigkeit der Zivilkammer gehört (zB einen erbrechtlichen Streit); der Beklage kann dagegen nach § 97 Abs. 1 vorgehen; zur Verweisung von Amts wegen in solchen Fällen vgl. § 97 Abs. 2. Die Zuständigkeit soll bald geklärt werden. Dem Wahlrecht beider Parteien sind daher enge zeitliche Grenzen gesetzt. Der Kläger kann es nur **in der Klageschrift** (§ 253 ZPO) oder einem gleichzeitig einzureichenden Schriftsatz ausüben (denn bei Eingang muss klar sein, in welches Register die Klage eingetragen wird); das ist für die Zivilkammer unerfreulich, weil dort oft versehentlich Handelssachen (zB Wettbewerbssachen) eingereicht werden und der klägerische Anwalt nur aus Unkenntnis nicht die Adressierung „KfH" wählt. Ein Anruf des Gerichts beim Kläger und ein ergänzender Schriftsatz des Klägers am anderen Tag hilft aber nicht mehr;[3] ein Hinweis an den Beklagten auf § 98 bei Zustellung der Klage ist aber statthaft. Der Beklagte ist in seinem Wahlrecht ebenfalls zeitlich beschränkt, §§ 98, 101.

---

[51] *Kissel/Mayer* Rn. 23; *Zöller/Gummer* Rn. 16.
[52] S. auch § 104 Rn. 6 f.
[1] *Bergerfurth* NJW 1974, 221; *Kissel/Mayer* Rn. 2.
[2] OLG Brandenburg NJW-RR 2001, 429.
[3] Vgl. OLG Frankfurt NJOZ 2003, 522.

3 **2. Bindung an die Ausübung des Wahlrechts.** Der Kläger ist an die Ausübung des Wahlrechts gebunden. Er kann den gestellten Antrag auf Verhandlung vor der KfH nicht zurücknehmen. Bei nicht rechtzeitiger Antragstellung kann er die Zuständigkeit der KfH nicht mehr erreichen[4] (Ausnahme: er nimmt die Klage zurück und reicht sie erneut ein). Dies gilt entsprechend für den Widerkläger.[5] Er kann die Verweisung eines ursprünglich vor der Zivilkammer anhängigen Prozesses nur durch einen bereits in der Widerklageschrift gestellten Antrag auf Verhandlung der Widerklage vor der KfH erreichen.[6] Sonst bleibt nur die umständliche und kostspielige Möglichkeit der Klagerücknahme und erneuter Klageerhebung.[7] Ausnahmen bestehen, wenn bei einem Landgericht, an dem zunächst keine KfH eingerichtet war, eine solche nachträglich gebildet wird oder der Rechtsstreit von einem Landgericht, an dem keine KfH besteht, an ein Landgericht mit KfH verwiesen wird. Hier hat das Recht des Klägers auf Verhandlung vor den sachkundigen Spezialkammern Vorrang vor dem Prinzip baldiger verbindlicher Zuständigkeitsabgrenzung. Er kann den Antrag im ersten Fall nach Bildung des neuen Spruchkörpers, im zweiten spätestens bis zur Stellung des Antrags auf Verweisung stellen.[8]

4 Der Antrag kann sich nur auf die Abgrenzung von Zivilkammer und KfH als Typus beziehen. Der Kläger kann sich dagegen **keine bestimmte KfH aussuchen.** Für die Verteilung zwischen mehreren Kammern für Handelssachen ist vielmehr – mit Ausnahme des Falles von § 93 Abs. 1 S. 1 2. Alt. – der Geschäftsverteilungsplan nach § 21 e allein maßgeblich.[9]

5 **3. Schriftliches Verfahren.** Eine Antragstellung erst „in der mündlichen Verhandlung" ist nicht mehr vorgesehen. Wenn das Gericht schriftliches Verfahren nach § 128 ZPO anordnet, liegt das zeitlich nach Eingang der Klage, so dass nichts anderes gelten kann.

6 **4. Mahnverfahren.** Obwohl das Mahnverfahren bei dem Amtsgericht durchgeführt wird (§ 689 Abs. 1 ZPO), ist nicht § 96 Abs. 2 einschlägig, da der Rechtsstreit im Mahnverfahren nicht nach §§ 281, 506 ZPO an das LG verwiesen, sondern nach § 696 ZPO abgegeben wird. Der Antrag des Klägers auf Verhandlung im streitigen Verfahren vor der KfH kann hier zu drei verschiedenen Zeitpunkten gestellt werden. (1) Im Mahnantrag nach § 690 ZPO. Zwar betrifft die „Bezeichnung des Gerichts" nach § 690 Abs. 1 Nr. 5 ZPO nur die Abgrenzung zwischen Amtsgericht und Landgericht, nicht die zwischen den Kammertypen beim Landgericht. Es ist aber unschädlich, den Kläger bereits dort sein Wahlrecht ausüben zu lassen.[10] Hat er sich bereits im Mahnantrag für Zivilkammer oder KfH entschieden, so ist er daran gebunden. (2) In dem nach Widerspruchserhebung erfolgenden Antrag des Klägers auf Durchführung des streitigen Verfahrens nach § 696 Abs. 1 ZPO kann der Kläger Verhandlung vor der KfH beantragen.[11] (3) Schließlich ist ein Antrag auf Verhandlung vor der KfH noch bis zur Anspruchsbegründung nach § 697 Abs. 1 ZPO zulässig.[12] Die Antragstellung kann auch *nach* Ablauf der Frist des § 697 Abs. 1 ZPO erfolgen.[13]

III. Antragstellung bei Verweisung (Abs. 2)

7 Ist der Rechtsstreit bereits vor einem Amtsgericht anhängig, kann – weil dort keine KfH besteht – keine Ausübung der Wahl bereits in der Klageschrift verlangt werden. Ist das Amtsgericht von Anfang an unzuständig (§ 281 ZPO) oder wird später durch Widerklage oder Erweiterung des Klageantrags iVm. dem Antrag einer Partei die Zuständigkeit des Landgerichts nach § 506 ZPO begründet, so kann der Kläger die Zuständigkeit der KfH durch Antragstellung vor dem Amtsgericht erreichen.

8 **1. Bindungswirkung des Verweisungsbeschlusses.** Die Bindungswirkung des Verweisungsbeschlusses (§§ 506 Abs. 2, 281 Abs. 2 ZPO) betrifft nur die Abgrenzung zwischen Landgericht und Amtsgericht, nicht die Abgrenzung der unterschiedlichen Kammertypen. Für diese ist allein der Antrag des Klägers maßgeblich.[14] Verweist also das Amtsgericht an die Zivilkammer des Land-

---

[4] *Bergerfurth* NJW 1974, 221; *Gaul* JZ 1984, 60; *Kissel/Mayer* Rn. 6 f.; *Baumbach/Lauterbach/Hartmann* Rn. 2.
[5] OLG Karlsruhe MDR 1998, 558.
[6] *Gaul* JZ 1984, 63.
[7] *Bergerfurth* NJW 1974, 221; *Kissel/Mayer* Rn. 6.
[8] *Kissel/Mayer* Rn. 5; aA LG Freiburg NJW 1972, 1902.
[9] *Baumbach/Lauterbach/Hartmann* Rn. 4; *Kissel/Mayer* Rn. 1.
[10] *Bergerfurth* JZ 1979, 149; *Kissel/Mayer* Rn. 4; *Zöller/Gummer* Rn. 3.
[11] *Kissel/Mayer* Rn. 4; *Zöller/Gummer* Rn. 3; *Baumbach/Lauterbach/Hartmann* Rn. 3.
[12] LG Offenburg Justiz 1995, 224; OLG Frankfurt NJW 1980, 2202; *Bergerfurth* JZ 1979, 145; *Kissel/Mayer* Rn. 2; *Zöller/Gummer* Rn. 3; *Baumbach/Lauterbach/Hartmann* Rn. 3.
[13] OLG München OLGR 1998, 161; LG Offenburg Justiz 1995, 284; *Zöller/Gummer* Rn. 3; aA *Baumbach/Lauterbach/Hartmann* Rn. 3 m. weit. Nachw.
[14] *Bergerfurth* NJW 1974, 222; *Kissel/Mayer* Rn. 9; *Baumbach/Lauterbach/Hartmann* Rn. 4.

gerichts, obwohl der Kläger den Antrag auf Verweisung an die KfH nach § 96 Abs. 2 gestellt hat, so ist die Zivilkammer nicht an den Verweisungsbeschluss gebunden, es wird abgegeben und vor der KfH verhandelt. Allerdings tritt bei Verweisung durch das Amtsgericht an eine örtlich begrenzt zuständige KfH (§ 93 Abs. 1 S. 1 2. Alt.) bei konkreter örtlicher Verweisung Bindungswirkung ein.[15] Bestehen mehrere Kammern für Handelssachen bei dem Landgericht, kann der Kläger keine Verweisung an eine bestimmte KfH (zB die 3. KfH des LG Adorf) beantragen; die Angabe der gewünschten KfH gilt als nicht geschrieben. Die Verteilung richtet sich insoweit nur nach dem Geschäftsverteilungsplan (§ 21 e) und nicht nach dem Klägerantrag.

2. Zeitpunkt. Der Zeitpunkt, bis zu dem der Kläger seinen Antrag auf Verhandlung vor der KfH stellen kann, ist nicht schon vor dem Schluss der mündlichen Verhandlung. Seit Änderung des Abs. 2 durch Art. 2 Nr. 4 RpflVereinfG ist der Antrag nicht mehr zwingend in der mündlichen Verhandlung zu stellen. Beantragt der Kläger nach § 281 bzw. § 506 ZPO die Verweisung des Rechtsstreits an das Landgericht, so muss er den Antrag auf Entscheidung durch die KfH jedoch zeitgleich mit dem Verweisungsantrag stellen, spätestens bis zur Entscheidung über den Verweisungsantrag.[16]

§ 97 [Verweisung an Zivilkammer wegen ursprünglicher Unzuständigkeit]

(1) Wird vor der Kammer für Handelssachen eine nicht vor sie gehörige Klage zur Verhandlung gebracht, so ist der Rechtsstreit auf Antrag des Beklagten an die Zivilkammer zu verweisen.

(2) ¹Gehört die Klage oder die im Falle des § 506 der Zivilprozeßordnung erhobene Widerklage als Klage nicht vor die Kammer für Handelssachen, so ist diese auch von Amts wegen befugt, den Rechtsstreit an die Zivilkammer zu verweisen, solange nicht eine Verhandlung zur Hauptsache erfolgt und darauf ein Beschluß verkündet ist. ²Die Verweisung von Amts wegen kann nicht aus dem Grund erfolgen, daß der Beklagte nicht Kaufmann ist.

I. Normzweck

Die Vorschrift schränkt die Verweisungsmöglichkeiten von der KfH an die Zivilkammer ein. Nach Abs. 1 erfordert die Verweisung einen Antrag des Beklagten. Es muss dann an die Zivilkammer verwiesen werden, wenn keine Handelssache vorliegt. Nach Abs. 2 besteht die Möglichkeit, nicht aber die Pflicht einer Verweisung an die Zivilkammer von Amts wegen, jedoch nur zeitlich beschränkt bis zur Verkündung eines Beschlusses im Anschluss an eine Hauptverhandlung. Ferner darf die Verweisung von Amts wegen nicht allein aus dem Grund erfolgen, dass der Beklagte nicht Kaufmann ist.

II. Abgabe und Verweisung

Es ist zwischen formloser Abgabe und Verweisung zu unterscheiden. Die **formlose Abgabe**, die normalerweise im Verhältnis verschiedener Spruchkörper bei fehlender geschäftsverteilungsplanmäßiger Zuständigkeit erfolgt,[1] ist bei der KfH nur zulässig, solange die Sache bei ihr noch nicht „zur Verhandlung gebracht" ist. „Zur Verhandlung gebracht" ist der Rechtsstreit mit Zustellung der Klage (§ 271 ZPO) bzw. der Anspruchsbegründung (§ 697 ZPO) nebst Terminsladung (§ 275 ZPO) oder der Klagezustellung nebst Anordnung des schriftlichen Vorverfahrens (§ 276 ZPO). Ist dies noch nicht geschehen und eine Sache ohne Antrag nach § 96 an die KfH gelangt (zB versehentlich), ist eine formlose Abgabe nach der allgemeinen Geschäftsverteilungsregelung ohne Verweisungsbeschluss zulässig.[2]

III. Verweisung auf Antrag des Beklagten (Abs. 1)

1. Antragsberechtigung. Den Antrag kann **nur der Beklagte** stellen; er erfolgt mittels Schriftsatz und ist natürlich nicht nach § 297 zu verlesen. Der Antrag muss nicht als „Antrag" bezeichnet oder ausformuliert werden; er kann auch in der Begründung erklärt werden, es genügt

---

[15] *Kissel/Mayer* Rn. 9; *Baumbach/Lauterbach/Hartmann* Rn. 4.
[16] Vgl. auch *Kissel/Mayer* Rn. 8.
[1] S. § 21 e Rn. 45; *Kissel/Mayer* § 94 Rn. 8; s. zur Abgabe auch *Manfred Wolf* § 14 IV 2 a.
[2] *Zöller/Gummer* Rn. 2; *Kissel/Mayer* Rn. 2.

der erkennbare Wille, die Zivilkammer solle die Sache verhandeln. Der Antrag ist nur begründet, wenn keine Handelssache nach § 95 vorliegt (zB ein Erbrechtsstreit). Das Wahlrecht des **Klägers** ist mit Einreichung der Klage (vgl. § 96) erloschen.[3] Hat der Kläger Antrag auf Verhandlung vor der KfH gestellt, ohne dass eine Handelssache nach § 95 vorliegt, etwa versehentlich, so bleibt ihm nur die Möglichkeit, eine Verweisung von Amts wegen an die Zivilkammer nach Abs. 2 anzuregen (oder die Klage zurückzunehmen und neu einzureichen; Kostenfolge GKG KV 1211).

4 Der Antrag des Beklagten auf Verweisung an die Zivilkammer kann nur **innerhalb der gesetzten Klageerwiderungsfrist** gestellt werden (§ 101 Abs. 1 S. 2); zur Entschuldigungsmöglichkeit bei Versäumung vgl. § 101 Abs. 1 S. 3. Sollte versehentlich keine solche Frist gesetzt worden sein, kann der Antrag noch **vor Verhandlung des Beklagten zur Sache** gestellt werden (§ 101 Abs. 1 S. 1). „Verhandlung zur Sache" meint dabei im Unterschied zu „Verhandlung zur Hauptsache" bei der Verweisung von Amts wegen nach § 97 Abs. 2 auch Verhandeln zu Fragen der Zulässigkeit der Klage.[4] Vor der KfH ist somit vor der Entscheidung über den Rechtsweg und die sachliche und örtliche Zuständigkeit über die Zuständigkeit im Verhältnis zur Zivilkammer zu verhandeln.[5] Hat der Beklagte selbst die Verhandlung vor der KfH nach § 98 veranlasst, so kann er nicht mehr durch Verweisungsantrag die Unzuständigkeit der KfH rügen, da der Verweisungsbeschluss bindend ist (§ 102 S. 2).[6]

5 **2. Mehrere verschiedene Ansprüche.** Wenn ein **Anspruch auf mehrere rechtliche Gründe gestützt** ist, von denen nur einer Handelssache nach § 95 ist, so handelt es sich um eine „nicht vor die KfH gehörige Klage".[7] Die Gegenansicht, die in diesem Fall für sämtliche Anspruchsgrundlagen die Zuständigkeit der KfH annimmt,[8] mag zwar prozessökonomischer sein, auch der Gedanke des § 17 Abs. 2 GVG spricht für sie, sie kann sich aber nicht auf das Gesetz berufen, dessen Systematik von einer vorrangigen Allzuständigkeit der Zivilkammer ausgeht und diese Zuständigkeit nur enumerativ zugunsten der KfH durchbricht.[9] Da ein Kläger in der Klage keine Anspruchsgrundlage angeben muss, ist die Frage eher theoretisch.

6 Ist bei der **subjektiven Klagenhäufung** der Prozessgegenstand nur in Betreff eines Teils der Beklagten Handelssache nach § 95 (zB Klage gegen zwei Beklagte, wovon nur einer Kaufmann ist), so wirkt der Antrag eines Beklagten nach Abs. 1 nur für ihn als Antragsteller. Die KfH hat hier nach § 145 Abs. 1 ZPO abzutrennen.

7 Umstritten ist die Rechtslage bei der **objektiven Klagenhäufung** (§ 260 ZPO). Wenn ein Teil der Ansprüche keine Handelssache ist (etwa bei Einklagung der Ansprüche auf den Pflichtteil und aus einem Handelskauf), so erfolgt Prozesstrennung und nur die Nicht-Handelssachen werden auf Antrag des Beklagten an die Zivilkammer verwiesen.[10] Nach der aA soll die Prozesstrennung nach § 145 Abs. 1 ZPO nicht zulässig sein, es seien vielmehr sämtliche Ansprüche an die Zivilkammer zu verweisen.[11] Der KfH dürfen aber in einem solchen Fall die Handelssachen nicht entwunden werden. Daraus folgt, dass der Beklagte in seinem Antrag nach Abs. 1 bei objektiver Klagenhäufung genau diejenigen Ansprüche bezeichnen muss, die vor der Zivilkammer verhandelt werden sollen. Nur insoweit ist die KfH – sofern sie nicht nach § 97 Abs. 2 von Amts wegen verweist – zur Prozesstrennung und Verweisung befugt. Da durch die Prozesstrennung dem Kläger aber die Rechtsmittelsumme verloren gehen könnte und auch Vorteile der Kostendegression bei hohen Streitwerten entfallen können, sollte das Gericht vor seiner Entscheidung über die Prozesstrennung stets den Kläger hören.

IV. Verweisung von Amts wegen (Abs. 2)

8 Nur die KfH kann uU von Amts wegen an die Zivilkammer verweisen, nicht umgekehrt (§ 98 Abs. 3). Ob der Kläger einen Verweisungsantrag stellt oder nicht, spielt keine Rolle; eine Anregung (etwa weil bei Adressierung der Klage an die KfH ein Versehen vorlag) ist zulässig. Die Verweisung

---

[3] OLG Frankfurt NJW 1992, 2901.
[4] *Kissel/Mayer* Rn. 3.
[5] *Kissel/Mayer* Rn. 1.
[6] Vgl. *Musielak/Wittschier* Rn. 2.
[7] S. § 95 Rn. 2; *Baumbach/Lauterbach/Hartmann* Rn. 4; *Stein/Jonas/Schumann* § 1 ZPO Rn. 132; *Musielak/Wittschier* Rn. 5.
[8] *Brandi/Dohrn* NJW 1981, 2453 f.; *Kissel/Mayer* Rn. 4.
[9] *Gaul* JZ 1984, 59.
[10] *Baumbach/Lauterbach/Hartmann* Rn. 5; *Zöller/Gummer* Rn. 8; *Stein/Jonas/Schumann* § 1 Rn. 132; *Kissel/Mayer* Rn. 4.
[11] *Wieczorek/Schreiber* Rn. 2 I, *Rosenberg/Schwab/Gottwald* § 33 II 2 b.

ist auch zulässig, wenn sich beide Parteien dagegen wenden.[12] Abs. 2 betrifft sowohl den Fall, dass schon die **Klage** nicht vor die KfH gehört, als auch den Fall, dass gegen eine beim Amtsgericht erhobene Klage eine **Widerklage** erhoben wird, die zur Zuständigkeit des Landgerichts gehört, aber keine Handelssache ist, und das Amtsgericht nach § 506 ZPO an die KfH des Landgerichts verweist. Abs. 2 hilft, wenn der Beklagte die Zuständigkeit der KfH nicht rügt oder verspätet (vgl. § 101) rügt.

Die **Verweisungsmöglichkeit** der KfH, die durch ihren Vorsitzenden entscheidet (§ 349 Abs. 2 Nr. 1 ZPO), ist **befristet**: in der mündlichen Verhandlung ist sie noch möglich (anders als die Rüge des Beklagten nach § 101), erst nach einem Beschluss, der nach erfolgter Verhandlung zur Hauptsache erlassen wurde, kann nicht mehr verwiesen werden. Solche Beschlüsse sind zB Aufklärungs- oder Beweisbeschluss, die Anberaumung eines Verkündungstermins oder ein Vertagungs- oder Aussetzungsbeschluss. Keine Beschlüsse in der Hauptsache sind etwa Prozesskostenhilfe- und Streitwertbeschlüsse,[13] da sie nicht die Verhandlung zur Hauptsache betreffen. Die Präklusionsvorschrift des § 295 ZPO findet auf die Befristung der Verweisung keine Anwendung.[14]

9

Nach Satz 2 kann die KfH nicht von Amts wegen verweisen, wenn nur deshalb keine Handelssache nach § 95 Abs. 1 Nr. 1 vorliegt, weil der **Beklagte kein Kaufmann** ist (nach Abs. 1 kann aber auch in diesem Fall verwiesen werden). Hier fehlt anscheinend die Abstimmung des S. 2 mit der neuen Fassung (1998) des § 95 Abs. 1 Nr. 1, wonach es auf die **Eintragung als Kaufmann** ankommt. Ist der Beklagte zwar als Kaufmann ins Handelsregister eingetragen, aber in Wirklichkeit nicht Kaufmann, kann nach dem Wortlaut des Abs. 2 nicht von Amts wegen verwiesen werden.[15] Das verträgt sich nicht mit dem Sinn der Änderung des § 95 Abs. 1 Nr. 1 (1998), der die lästigen Beweiserhebungen über die Kaufmannseigenschaft verhindern wollte. Deshalb kann von Amts wegen von der KfH an die Zivilkammer wegen fehlender Eintragung des Beklagten ins Handelsregister verwiesen werden.[16] Fehlt nicht nur dem Beklagten, sondern auch dem Kläger bei einer Handelssache nach § 95 Abs. 1 Nr. 1 die Kaufmannseigenschaft, so kann in diesem Fall von Amts wegen verwiesen werden.

10

Streitig ist, ob der KfH ein **Ermessen** zusteht,[17] oder ob ohne Ermessensbetätigung bei Vorliegen der Tatbestandsvoraussetzungen stets zu verweisen ist, da die Kammer nicht gesetzlicher Richter ist.[18] Der Unterschied des Gesetzestextes zwischen Antragsverweisung in Abs. 1 („ist zu verweisen") und Amtsverweisung in Abs. 2 („ist befugt zu verweisen") spricht für die **Einräumung von Ermessen** bei der Verweisung. Die Antragsverweisung erhält so auch einen eigenständigen Anwendungsbereich. Das Recht auf den gesetzlichen Richter (Art. 101 Abs. 1 S. 2 GG) wird dadurch nicht verletzt, da das Ermessen verfassungskonform auszuüben, bei offensichtlicher Unzuständigkeit der KfH also stets zu verweisen ist.

11

V. Bindung und Anfechtbarkeit

Der Verweisungsbeschluss ist bindend in der Weise, dass eine Rückverweisung an die KfH ausscheidet. Der Verweisungsbeschluss ist ferner, ebenso wie ein die Verweisung ablehnender Beschluss, unanfechtbar (§ 102 S. 1), auch wenn sie im Falle des Abs. 1 ohne Antrag des Beklagten erfolgt (vgl. § 102).

12

§ 98 [Verweisung an Kammer für Handelssachen]

(1) ¹Wird vor der Zivilkammer eine vor die Kammer für Handelssachen gehörige Klage zur Verhandlung gebracht, so ist der Rechtsstreit auf Antrag des Beklagten an die Kammer für Handelssachen zu verweisen. ²Ein Beklagter, der nicht in das Handelsregister oder Genossenschaftsregister eingetragen ist, kann den Antrag nicht darauf stützen, daß er Kaufmann ist.

(2) Der Antrag ist zurückzuweisen, wenn die im Falle des § 506 der Zivilprozeßordnung erhobene Widerklage als Klage vor die Kammer für Handelssachen nicht gehören würde.

---

[12] OLG Frankfurt NZBau 2005, 590.
[13] *Kissel/Mayer* Rn. 6.
[14] *Baumbach/Lauterbach/Hartmann* Rn. 6.
[15] OLG Düsseldorf NJW-RR 2001, 1220; *Zöller/Gummer* Rn. 4.
[16] OLG Nürnberg NJW-RR 2000, 568; OLG Hamburg TransportR 1999, 127; *Kissel/Mayer* Rn. 7.
[17] *Kissel/Mayer* Rn. 5; *Thomas/Putzo/Hüßtege* Rn. 3.
[18] *Zöller/Gummer* Rn. 5.

(3) Zu einer Verweisung von Amts wegen ist die Zivilkammer nicht befugt.

(4) Die Zivilkammer ist zur Verwerfung des Antrags auch dann befugt, wenn der Kläger ihm zugestimmt hat.

I. Normzweck

1   Die Vorschrift regelt die Möglichkeit des Beklagten, eine Verhandlung vor der KfH zu erreichen. Wenn der Kläger die Klage bei der Zivilkammer (oder „beim LG" ohne Angabe der Kammerart) einreichte kann der Beklagte bei Vorliegen einer Handelssache die Verhandlung vor der KfH erreichen. Aus der Vorschrift geht deutlich die „Grundzuständigkeit" der Zivilkammer[1] hervor. Während die KfH von Amts wegen an die Zivilkammer verweisen kann (§§ 97 Abs. 2, 99 Abs. 2), kann die Zuständigkeit der KfH immer nur durch Parteiinitiative erreicht werden (**§ 98 Abs. 3**). Bei **ausschließlicher Zuständigkeit** der KfH (zB wegen § 246 Abs. 3 Satz 2 AktG) kann die Zivilkammer aber **von Amts wegen** die Sache an die KfH verweisen.[2]

II. Klage in Handelssachen

2   Soweit in **Absatz 1** von einer „vor die KfH gehörige(n) Klage" die Rede ist, ist dies missverständlich. Gemeint ist, dass eine Sache vorliegt, die der Kläger an sich bei der KfH hätte einreichen sollen. Die Regelung betrifft keine Korrektur einer nicht bestehenden Zuständigkeit, sondern die Auswahlmöglichkeit des Beklagten.[3] Zu den Handelssachen vgl. § 95 Rn. 4 ff. Das gesamte Verfahren (zB mehrere Anträge, mehrere Beklagte) kann nur verwiesen werden, wenn die gesamte Streitsache eine Handelssache ist, also hinsichtlich aller Ansprüche, Anspruchsgrundlagen und Beklagten.[4]

III. Antrag des Beklagten

3   Der Antrag des Beklagten kann nur innerhalb der gesetzten Klageerwiderungsfrist gestellt werden (§ 101 Abs. 1 S. 2), nur in den in § 101 Abs. 1 S. 1 genannten (praktisch nicht vorkommenden) Ausnahmefällen noch in der mündlichen Verhandlung. Er ist kein Sachantrag, eine Verlesung nach § 297 ZPO entfällt.[5] Wenn der Beklagte nur schreibt, er „rüge" die Unzuständigkeit der Zivilkammer, ist das als „Antrag" auszulegen,[6] denn was sollte sonst gemeint sein? Alles andere wäre Förmelei. Durch die Änderung des § 95 Abs. 1 Nr. 1 hat die Einschränkung in Abs. 1 S. 2 keine praktische Bedeutung mehr. Mit Ausnahme von nichteintragungspflichtigen juristischen Personen des öffentlichen Rechts ist die Eintragung des Beklagten in das Handels- oder Genossenschaftsregister nunmehr nach § 95 Abs. 1 Nr. 1 bereits Voraussetzung für das Vorliegen einer Handelssache. Der Anwendungsbereich des Abs. 1 S. 2 bliebe somit auf nichteintragungspflichtige Personen des öffentlichen Rechts beschränkt. Da jedoch kein Grund ersichtlich ist, warum diese in § 95 Abs. 1 Nr. 1 und in § 98 Abs. 1 S. 2 unterschiedlich behandelt werden sollten, dürfte es sich bei der Nichtanpassung des Abs. 1 S. 2 um ein redaktionelles Versehen des Gesetzgebers handeln.[7]

4   Eine **Prozesstrennung** nach § 145 Abs. 1 ZPO und Teilverweisung an die KfH ist zulässig.[8] Die Entscheidung des Gerichts ist unanfechtbar (§ 102 S. 1).

IV. Widerklage

5   **1. Klage vor dem Amtsgericht.** Abs. 2 betrifft den Fall, dass die Klage vor dem Amtsgericht erhoben wurde und der Beklagte eine **Widerklage** erhebt, die zwar vor das Landgericht, aber **nicht vor die KfH** gehört. Er kann dann nicht gleichzeitig beantragen, dass die Klage des Klägers an die KfH verwiesen wird, da die KfH nur zuständig ist, wenn alle Ansprüche Handelssachen sind.[9] Will der Beklagte die Verweisung der Klage des Klägers an die KfH erreichen, so darf er seine Klage nicht als Widerklage erheben, sondern muss sie getrennt einreichen. Auch **Prozesstrennung**

---

[1] S. auch *Gaul* JZ 1984, 63, der von „Vorgriffszuständigkeit" spricht; s. auch Rn. 8 und 9.
[2] OLG München NZG 2007, 942 = MDR 2007, 1334.
[3] *Zöller/Gummer* Rn. 1.
[4] S. § 97 Rn. 5 ff.
[5] *Baumbach/Lauterbach/Hartmann* Rn. 3; *Kissel/Mayer* Rn. 2.
[6] *Van den Hövel* NJW 2001, 345; Bedenken bei *Zöller/Gummer* Rn. 2.
[7] Im Ergebnis ebenso *Zöller/Gummer* Rn. 2
[8] *Kissel/Mayer* Rn. 1; aA *Gaul* JZ 1984, 61.
[9] S. § 95 Rn. 2.

nach § 145 Abs. 2 ZPO und Teilverweisung nur der ursprünglichen Klage (Handelssache) an die KfH sind möglich.[10]

2. Klage vor dem Landgericht. Hat der Kläger seine Klage vor der Zivilkammer des Landgerichts erhoben, so kann, auch wenn sie Handelssache ist, der Beklagte nicht Verweisung an die KfH beantragen, wenn er gleichzeitig eine Widerklage erhebt, die nicht vor die KfH gehört.[11] Eine **Prozesstrennung** und Verweisung nur der Widerklage an die KfH scheidet hier aus, wenn die Zivilkammer für die Widerklage ohnehin zuständig ist, da der Widerkläger selbst die Verbindung bewirkt hat.[12] Zur Klageerhebung vor der KfH s. § 99.

3. Handelssache. Sind Klage und Widerklage Handelssachen, so muss die KfH entscheiden können. Dies gilt unabhängig davon, ob die Klage vor dem Amtsgericht oder dem Landgericht erhoben wurde. Problematisch ist nur, wie der Beklagte die Streitsache von der Zivilkammer an die KfH bringen kann. Einen Verweisungsantrag kann nur der Beklagte (§§ 97 Abs. 1, 98 Abs. 1) oder der Widerbeklagte (§ 99 Abs. 1) stellen, nicht aber der Beklagte, der gleichzeitig Widerkläger ist.[13] Der Beklagte könnte demnach nur die Verweisung der handelsrechtlichen Ausgangsklage an die KfH beantragen und müsste mit der Erhebung der Widerklage so lange warten, bis die Klage bei der KfH liegt. Um dem Beklagten dies zu ersparen, ist es für zulässig zu erachten, dass er bereits in der Widerklageschrift entsprechend § 96 einen Antrag auf Verhandlung beider Klagen vor der KfH stellt. Erhebt der Beklagte Widerklage ohne einen solchen Antrag, hat er die Möglichkeit der Anrufung der KfH eingebüßt.[14]

V. Grundzuständigkeit der Zivilkammer

1. Abs. 3. Im Gegensatz zum Falle ursprünglicher Unzuständigkeit der KfH (§ 97 Abs. 2) ist der Zivilkammer eine Verweisung von Amts wegen verwehrt. Die KfH ist nicht allein kraft Gesetzes zuständig, sondern nur, wenn mindestens eine Partei dies beantragt.

2. Abs. 4. Auch Abs. 4 ist Ausdruck der grundsätzlichen Zuständigkeit der Zivilkammer. Die Prozessparteien können daher nicht im Zusammenwirken eine Nichthandelssache von der Zivilkammer an die KfH bringen.

§ 99 [Verweisung an Zivilkammer wegen nachträglicher Unzuständigkeit]

(1) Wird in einem bei der Kammer für Handelssachen anhängigen Rechtsstreit die Klage nach § 256 Abs. 2 der Zivilprozeßordnung durch den Antrag auf Feststellung eines Rechtsverhältnisses erweitert oder eine Widerklage erhoben und gehört die erweiterte Klage oder die Widerklage als Klage nicht vor die Kammer für Handelssachen, so ist der Rechtsstreit auf Antrag des Gegners an die Zivilkammer zu verweisen.

(2) ¹Unter der Beschränkung des § 97 Abs. 2 ist die Kammer zu der Verweisung auch von Amts wegen befugt. ²Diese Befugnis tritt auch dann ein, wenn durch eine Klageänderung ein Anspruch geltend gemacht wird, der nicht vor die Kammer für Handelssachen gehört.

1. Normzweck. In Ergänzung zu § 97 regelt die Vorschrift die Verweisung an die Zivilkammer wegen Unzuständigkeit der KfH, die hier allerdings erst nachträglich eintritt. Die KfH soll als Spezialspruchkörper nur Handelssachen entscheiden. Alle anderen Streitigkeiten gehören vor die Zivilkammer.[1]

2. Antragsverweisung (Abs. 1). a) Erfasste Fallgestaltungen. Abs. 1 regelt die Verweisungsmöglichkeit in drei Fällen: (1) Der Kläger erhebt Zwischenfeststellungsklage nach § 256 Abs. 2 ZPO, deren Gegenstand keine Handelssache nach § 95 ist. (2) Der Beklagte erhebt Widerklage oder Zwischenfeststellungswiderklage, die nicht vor die KfH gehört. (3) Obwohl nur in Abs. 2 bei der Verweisung von Amts wegen erwähnt, ist auch der Fall erfasst, dass der Kläger durch Klageänderung (§ 263 ZPO) den Rechtsstreit auf Nichthandelssachen ausdehnt.[2] Dabei liegt in den Fällen des § 264 ZPO keine Klageänderung vor.

---

[10] *Zöller/Gummer* Rn. 3; aA *Musielak/Wittschier* Rn. 5.
[11] *Gaul* JZ 1984, 62.
[12] *Baumbach/Lauterbach/Hartmann* Rn. 3; *Gaul* JZ 1984, 62.
[13] *Gaul* JZ 1984, 63.
[14] *Gaul* JZ 1984, 63.
[1] S. auch § 95 Rn. 2; § 98 Rn. 1.
[2] *Baumbach/Lauterbach/Hartmann* Rn. 2; *Zöller/Gummer* Rn. 1.

GVG § 100 1–3   7. Titel. Kammern für Handelssachen

3   **b) Antragsberechtigung.** Antragsberechtigt ist der „Gegner". Dies ist bei einer Zwischenfeststellungsklage nach § 256 Abs. 2 ZPO und einer Klageänderung nach § 263 ZPO der Beklagte, bei einer Widerklage aber der Kläger (Widerbeklagte).³ Der Antrag ist vor Verhandlung zur Sache zu stellen (§ 101).

4   Auf den Antrag hin ist der **gesamte Rechtsstreit zu verweisen.** Die Prüfung der Zulässigkeit der Zwischenfeststellungsklage usw. ist dann nicht mehr Sache der KfH, sondern der Zivilkammer.⁴ Die KfH kann von der Abtrennungsmöglichkeit des § 145 ZPO Gebrauch machen, um ihre Zuständigkeit für die Klage zu erhalten.⁵

5   **3. Verweisung von Amts wegen (Abs. 2). a) Voraussetzungen.** Bei der Verweisung von Amts wegen ist in S. 2 auch die Klageänderung erwähnt. Die Kammer mit Entscheidung durch den Vorsitzenden nach § 349 Abs. 2 Nr. 1 ZPO ist zur Verweisung von Amts wegen nur unter den **Einschränkungen des § 97 Abs. 2** befugt. Es darf also noch nicht zur Hauptsache verhandelt und daraufhin ein Beschluss verkündet worden sein. Auch ist bei Handelssachen nach § 95 Abs. 1 Nr. 1 die fehlende Kaufmannseigenschaft des Antragsgegners allein kein Verweisungsgrund. Seit der Änderung des § 95 Abs. 1 Nr. 1 dürfte diese Einschränkung jedoch keine Rolle mehr spielen. Zum Verweisungsermessen s. § 97 Rn. 11. Der Verweisungsbeschluss ist nach § 102 unanfechtbar.

6   **b) Aufrechnung.** Auf Aufrechnungen findet die Vorschrift keine Anwendung, auch wenn die zur Aufrechnung gestellte Forderung keine Handelssache ist.⁶

§ 100 [Zuständigkeit in 2. Instanz]

Die §§ 96 bis 99 sind auf das Verfahren im zweiten Rechtszuge vor den Kammern für Handelssachen entsprechend anzuwenden.

I. Normzweck

1   Bis 1909 war die KfH nur erstinstanzlich zuständig; seitdem tritt die KfH im Rahmen der sachlichen Zuständigkeit des Landgerichts auch als Rechtsmittelgericht bei Vorliegen der entsprechenden Voraussetzungen an die Stelle der Zivilkammer. Die Berufung gegen Urteile des Amtsgerichts in Handelssachen kann also vor der KfH verhandelt werden, wird in der Praxis aber meist vor der Zivilkammer verhandelt (s. auch § 72). Die Berufung gegen erstinstanzliche Urteile der KfH gehen zum OLG (Zivilsenat); es handelt sich dort um normale Zivilsachen. Nur im Rahmen der Geschäftsverteilung (§ 21 e) kann eine Zusammenfassung bei bestimmten OLG-Senaten erfolgen. Aus der Natur der Sache ergibt sich, obwohl im Text nicht erwähnt, die entsprechende Anwendung auch der §§ 101, 102.¹ In **FGG-Handelssachen** (§§ 125 bis 158 FGG) ist die KfH immer Beschwerdegericht, da gibt es keine Wahl (§ 30 Abs. 1 S. 2 FGG).²

II. Antrag in der Berufungsinstanz

2   Die entsprechende Anwendung des § 96 bedeutet, dass der Berufungseinleger (also der Kläger oder Beklagte der 1. Instanz) einen entsprechenden **Antrag in der Berufungsschrift** (§ 519 ZPO) zu stellen hat und zu einem späteren Zeitpunkt (Berufungsbegründung, sonstiger Schriftsatz) den Verweisungsantrag nicht mehr nachholen kann.³ Auch wenn er nach Aufhebung und Zurückverweisung (§ 538 ZPO) erneut Berufung einlegt, lebt sein Wahlrecht nicht wieder auf.⁴

3   Legen **beide Parteien Berufung** ein, beantragt aber nur eine Partei Verhandlung vor der KfH, so ist die erste Berufung maßgeblich und nur bei Gleichzeitigkeit ist die Zuständigkeit der KfH begründet;⁵ denn bei Eingang muss Klarheit bestehen, in welches Register ein Verfahren eingetragen wird. Die aA⁶ hält stets die KfH für zuständig.

---

³ *Kissel/Mayer* Rn. 6; *Rosenberg/Schwab* § 33 II 2 b (2); *Baumbach/Lauterbach/Hartmann* Rn. 2.
⁴ *Kissel/Mayer* Rn. 7; *Wieczorek/Schreiber* Rn. 1.
⁵ *Zöller/Gummer* Rn. 3.
⁶ Vgl. *Wieczorek/Schreiber* Rn. 1; *Kissel/Mayer* Rn. 11; *Musielak/Wittschier* Rn. 1.
¹ *Kissel/Mayer* Rn. 2; *Wieczorek/Schreiber* Rn. 1; *Zöller/Gummer* Rn. 1 nur bzgl. § 101.
² BayObLG DB 1998, 1907.
³ OLG Brandenburg MDR 2005, 231; *Kissel/Mayer* Rn. 4; *Zöller/Gummer* Rn. 1; *Schneider* NJW 1997, 992; aA LG Köln NJW 1996, 2737 (noch in der Berufungsbegründung).
⁴ *Kissel/Mayer* Rn. 4; *Wieczorek/Schreiber* Rn. 2.
⁵ *Baumbach/Lauterbach/Hartmann* Rn. 2.
⁶ *Zöller/Gummer* Rn. 3; *Musielak/Wittschier* Rn. 6; *Manfred Wolf* in der 2. Aufl.

III. Verweisung von der KfH an die Zivilkammer

1. Nichthandelssache. Ist eine Nichthandelssache insgesamt (oder bei erstinstanzlicher objektiver Klagenhäufung ein Nichthandelssachen-Teil) durch Antrag des Berufungsklägers vor die KfH gelangt, so kann entsprechend **§ 97 Abs. 1** der Berufungsbeklagte Antrag auf Verweisung an die Zivilkammer stellen. Die KfH kann auch nach **§ 97 Abs. 2** von Amts wegen verweisen, es sei denn im Falle des § 95 Abs. 1 Nr. 1 liegt eine Handelssache nur wegen der fehlenden Kaufmannseigenschaft des Beklagten nicht vor. 4

2. Beklagter. „Beklagter" nach §§ 100, 97 Abs. 2 ist nicht mit „Berufungsbeklagter" gleichzusetzen. Die §§ 97 Abs. 2 S. 2, 98 Abs. 1 S. 2, 99 Abs. 2 S. 1 wollen aus Gründen der Prozessökonomie bei Handelssachen nach § 95 Abs. 1 Nr. 1 einen Streit über die Kaufmannseigenschaft des (erstinstanzlichen) Beklagten vermeiden. § 95 Abs. 1 Nr. 1 stellt in seiner Neufassung (um den Streit zu vermeiden) aber auf die Eintragung als Kaufmann ab, nicht mehr nur auf die Kaufmannseigenschaft des Anspruchsgegners. Auch ein Nichtkaufmann kann aus einem beiderseitigen Handelsgeschäft gegen einen Kaufmann klagen.[7] Maßgeblich ist deshalb bei Anwendung der §§ 97 Abs. 2 S. 2, 98 Abs. 1 S. 2, 99 Abs. 2 S. 1 in der Rechtsmittelinstanz allein die Kaufmannseigenschaft des Anspruchsgegners, also des erstinstanzlichen Beklagten.[8] 5

Die **Anwendung des § 99** in der Berufungsinstanz erfasst folgende Fälle: (1) Erweitert der Kläger als Berufungskläger gemäß §§ 525, 263 ZPO die Berufung um einen Anspruch, der keine Handelssache ist, so kann der Berufungsbeklagte Verweisung an die Zivilkammer beantragen. (2) Erweitert der Beklagte als Berufungskläger die Berufung im Wege der Widerklage (§ 533 ZPO) um eine Nichthandelssache, so kann der erstinstanzliche Kläger als Berufungsbeklagter nach § 99 Abs. 1 Verweisung an die Zivilkammer beantragen. (3) Hat der Kläger in 1. Instanz Handelssachen und andere Ansprüche zusammen eingeklagt und nur wegen der Handelssachen Berufung eingelegt, der Beklagte als Berufungsbeklagter Anschlussberufung (§ 524 ZPO) eingelegt, so kann nur der Kläger (= Berufungskläger, Anschlussberufungsbeklagter) Verweisung an die Zivilkammer beantragen.[9] 6

IV. Verweisung von der Zivilkammer an die Kammer für Handelssachen

Hat der Berufungskläger bei einer Handelssache in der Berufungsschrift keinen Antrag auf Verhandlung vor der KfH gestellt, so kann der Berufungsbeklagte nach § 98 Abs. 1 Verweisung an die KfH beantragen. „Beklagter" iSv. § 98 Abs. 1 S. 2 ist nur der erstinstanzliche Beklagte, auch wenn er Berufungskläger ist (Rn. 5). Ist der Berufungsbeklagte nicht im Handelsregister als Kaufmann eingetragen, so kann er Verweisung an die KfH demzufolge nur beantragen, wenn er erstinstanzlich Kläger war. Eine Verweisung von Amts wegen an die KfH findet auch in der 2. Instanz nicht statt (§§ 100, 98 Abs. 3). 7

§ 101 [Antrag auf Verweisung]

(1) ¹Der Antrag auf Verweisung des Rechtsstreits an eine andere Kammer ist nur vor der Verhandlung des Antragstellers zur Sache zulässig. ²Ist dem Antragsteller vor der mündlichen Verhandlung eine Frist zur Klageerwiderung oder Berufungserwiderung gesetzt, so hat er den Antrag innerhalb der Frist zu stellen. ³§ 296 Abs. 3 der Zivilprozeßordnung gilt entsprechend; der Entschuldigungsgrund ist auf Verlangen des Gerichts glaubhaft zu machen.

(2) ¹Über den Antrag ist vorab zu entscheiden. ²Die Entscheidung kann ohne mündliche Verhandlung ergehen.

I. Normzweck

Die Vorschrift will Fragen der Zuständigkeit von Zivilkammer und Kammer für Handelssachen möglichst frühzeitig einer abschließenden Klärung zuführen. Da der Kläger seinen Antrag nach § 96 Abs. 1 bereits in der Klageschrift bzw. nach § 96 Abs. 2 vor dem Amtsgericht stellen muss, bezieht sich § 101 nur auf die Verweisungsanträge in §§ 97 bis 100. Entsprechend der Befristung der 1

---

[7] *Baumbach/Lauterbach/Hartmann* § 95 Rn. 2.
[8] *Kissel/Mayer* Rn. 6, 11; *Zöller/Gummer* Rn. 2; bzgl. § 95 Abs. 1 Nr. 1, § 97 Abs. 2 S. 2, § 98 Abs. 1 S. 2; LG Bielefeld NJW 1968, 2384; LG Hamburg NJW 1969, 1259.
[9] *Kissel/Mayer* Rn. 9.

GVG § 102   7. Titel. Kammern für Handelssachen

Wahlmöglichkeit des Klägers auf den Zeitpunkt der Einreichung von Klage- bzw. Berufungsschrift (§§ 96, 100), soll auch der Beklagte bzw. Berufungsbeklagte möglichst bald seine Entscheidung treffen.

II. Verweisungsantrag

2   **1. Prozessuale Willenserklärung.** Der Antrag ist eine prozessuale Willenserklärung, aber kein nach § 297 ZPO zu verlesender Sachantrag. Es genügt mündliche Antragstellung.[1] Eine „Rüge" ist ein konkludenter Verweisungsantrag.[2] Er ist **widerruflich** solange über ihn noch nicht entschieden ist oder das Gericht noch von Amts wegen verweisen könnte (§ 97 Abs. 2).[3]

3   **2. Zeitpunkt.** Für den seltenen Fall, dass dem Beklagten eine **Frist** für die Klageerwiderung oder dem Gegner für die Berufungserwiderung **nicht gesetzt ist** (kann nur als Versehen vorkommen), ist der Antrag vor der Verhandlung zur Sache zu stellen. Dies ist nach der Antragstellung gemäß § 137 Abs. 1 ZPO, aber vor der Verhandlung zur Hauptsache (§ 97 Abs. 2).[4] „**Verhandlung zur Sache**" ist jede Verhandlung, die sich nicht nur auf Prozessförmlichkeiten und -vorfragen bezieht, sondern die Prozesserledigung fördern soll, wie die Erörterung von Fragen der Zulässigkeit von Klage und Berufung oder der geschäftsplanmäßigen Zuständigkeit,[5] aber auch Ablehnungsanträge,[6] da diese die Zuständigkeit des Richters voraussetzen. Kein Verhandeln zur Sache ist ein Vertagungsantrag.[7]

4   **3. Frist.** Ist dem Beklagten (wie bei richtiger Behandlung immer) eine Frist zur Klageerwiderung bzw. dem Gegner eine Frist zur Berufungserwiderung nach § 275 Abs. 1, 3, § 276 Abs. 1, § 521 ZPO **gesetzt** worden, so kann der Beklagte bzw. Gegner seinen Verweisungsantrag nach den §§ 97 bis 100 nicht mehr in der mündlichen Verhandlung stellen, sondern muss ihn nach Abs. 1 S. 2 innerhalb der gesetzten Frist stellen. Wird die Klageerwiderungsfrist etc. verlängert, kann der Verweisungsantrag noch innerhalb der **verlängerten Frist** gestellt werden,[8] weil die Verlängerung alle Rechte wahrt. Ein Antrag nach Ablauf der gesetzten Frist ist grundsätzlich wegen Verspätung entsprechend § 296 Abs. 3 ZPO als unbeachtlich zu behandeln. Es bleibt dann die fälschlich angerufene Kammer zur Verhandlung oder Entscheidung zuständig. Trotz Verspätung bleibt ein Verweisungsantrag zu beachten, wenn die Verspätung genügend entschuldigt wird. Der Entschuldigungsgrund ist glaubhaft zu machen, wenn das Gericht dies verlangt. Als Entschuldigungsgrund kommen die zu § 296 Abs. 3 ZPO anerkannten Gründe in Betracht.[9] Für die Glaubhaftmachung gilt § 294 ZPO.

III. Verweisungsentscheidung

5   Über den Antrag ist vorab zu entscheiden. Rechtliches Gehör des Gegners (nicht der Kammer, an die verwiesen werden soll) ist zu gewähren. Falls eine mündliche Verhandlung stattfindet ist über den Antrag schon vor der Verhandlung über Zulässigkeitsfragen zu entscheiden ist. Es kann aber ohne mündliche Verhandlung entschieden werden (vgl. §§ 128 Abs. 1, 297 ZPO). Die Entscheidung ergeht dann durch Beschluss, den der Vorsitzende der KfH (§ 349 Abs. 2 Nr. 1 ZPO) oder die Zivilkammer oder der Einzelrichter (§§ 348, 348a ZPO) zu erlassen hat. Es kann auch stillschweigend entschieden werden durch Weiterverhandeln oder der Bescheid kann in das Urteil aufgenommen werden.[10] Die Entscheidung ist in jedem Fall nach § 102 S. 1 unanfechtbar.

§ 102 [Unanfechtbarkeit der Verweisung]

[1]Die Entscheidung über Verweisung eines Rechtsstreits an die Zivilkammer oder an die Kammer für Handelssachen ist nicht anfechtbar. [2]Erfolgt die Verweisung an eine andere Kammer, so ist diese Entscheidung für die Kammer, an die der Rechtsstreit

---

[1] *Zöller/Gummer* Rn. 1; *Kissel/Mayer* Rn. 2; *Wieczorek/Schreiber* Rn. 2.
[2] *Van den Hövel* NJW 2001, 345; Bedenken bei *Zöller/Gummer* § 98 Rn. 2.
[3] *Wieczorek/Schreiber* Rn. 2; *Kissel/Mayer* Rn. 2.
[4] *Kissel/Mayer* Rn. 3; *Baumbach/Lauterbach/Hartmann* Rn. 5.
[5] *Baumbach/Lauterbach/Hartmann* Rn. 2; *Zöller/Gummer* Rn. 1; *Kissel/Mayer* Rn. 5.
[6] *Zöller/Gummer* Rn. 1; *Wieczorek/Schreiber* Rn. 3; aA *Kissel/Mayer* Rn. 5; *Baumbach/Lauterbach/Hartmann* Rn. 2.
[7] *Kissel/Mayer* Rn. 5; *Zöller/Gummer* Rn. 1; *Wieczorek/Schreiber* Rn. 3; *Baumbach/Lauterbach/Hartmann* Rn. 2.
[8] LG Düsseldorf MDR 2005, 709; aA (Antrag sei innerhalb der ersten Frist zu stellen) LG Heilbronn MDR 2003, 231 mit Anm. *Willmderinger*; LG Bonn MDR 2000, 724 mit Anm. *Schneider*.
[9] S. § 296 ZPO Rn. 167 ff.
[10] *Wieczorek/Schreiber* Rn. 5; *Kissel/Mayer* Rn. 8.

verwiesen wird, bindend. ³Der Termin zur weiteren mündlichen Verhandlung wird von Amts wegen bestimmt und den Parteien bekannt gemacht.

1. Geltungsbereich und Normzweck. Die Vorschrift will Streitigkeiten über die Zuständigkeit der Kammer für Handelssachen aus Gründen der Prozessökonomie abkürzen (vgl. die ähnlichen §§ 281 Abs. 2 und § 621 Abs. 3 ZPO). § 102 gilt für alle Verweisungen von der KfH an die Zivilkammer und umgekehrt (innerhalb desselben LG), also nach §§ 97 bis 100 und 104. § 102 gilt nicht für „Verweisungen" von einer KfH an eine andere KfH desselben Landgerichts (hier entscheidet das Präsidium den Streit) und nicht für die vom AG an eine KfH nach §§ 281, 506. Die **Verweisung** erfolgt durch Beschluss (§ 101). Eine formlose **Abgabe** von einer Kammer an die andere ist keine Verweisung im Sinne von § 101. Dass die Verweisung an den Spruchkörper eines selbständigen anderen Gerichts bindend ist, folgt aus § 281 Abs. 2 S. 4 ZPO. Satz 3 entspricht §§ 216, 214 ZPO und stellt nur klar, dass die amtswegige Terminbestimmung keines neuen Antrags iSv. § 216 ZPO vor der nunmehr zuständigen Kammer bedarf.

2. Unanfechtbarkeit der Verweisung. a) Grundsatz. Die Unanfechtbarkeit gilt bei Verweisung auf Antrag (§§ 97 Abs. 1, 98 Abs. 1, 99 Abs. 1) sowie bei Verweisung von Amts wegen (§§ 97 Abs. 2, 99 Abs. 2). Sie tritt **unterschiedslos bei allen Entscheidungen** ein, gleichgültig ob es sich um stattgebende, ablehnende oder eine Verweisung wieder aufhebende Entscheidungen handelt.¹ Dabei ist es unerheblich, ob inhaltliche Unrichtigkeiten der Entscheidung oder Mängel des Verfahrens geltend gemacht werden.² Auch die Entscheidung der örtlich unzuständigen Kammer ist unanfechtbar.³

Die Unanfechtbarkeit einer **Verweisung vom Amtsgericht** an die KfH ergibt sich nicht aus § 102, sondern aus §§ 281, 506 ZPO.

b) Ausnahmen von der Unanfechtbarkeit. Es gibt möglicherweise Richter, die in Hinblick auf die Unanfechtbarkeit der Verweisung zum Schutze der eigenen Arbeitskraft Verfahren unzulässig verweisen. Da dies dem Empfänger nicht gefällt, stellt sich (wie bei § 281 ZPO) die Frage, wie weit die Bindungswirkung reicht. Besteht sie (entgegen dem Wortlaut von S. 2) nicht, ist denkbar, dass der Verweisungsbeschluss für eine Partei anfechtbar ist (Rn. 5) oder die Endentscheidung deswegen anfechtbar ist (Rn. 7); in der Praxis wird die Verweisung durch Beschluss der empfangenden Kammer „nicht angenommen" und die Sache dem OLG vorgelegt (Rn. 6). Ob ein unrechtmäßiger Verweisungsbeschluss eine Verletzung des Prozessgrundrechts auf den **gesetzlichen Richter** (Art. 101 Abs. 1 S. 2 GG) ist, die zur Anfechtbarkeit der Entscheidung führt, ist umstritten. Nicht jeder Verstoß gegen gesetzliche Zuständigkeitsregelungen verletzt das Grundrecht auf den gesetzlichen Richter, sondern erst eine willkürliche Gesetzesanwendung.⁴ Eine Verweisung durch die Zivilkammer statt des originär zuständigen Einzelrichters (§ 348 ZPO) entfaltet daher keine Bindung.⁵ Eine Verweisung von der Zivilkammer an die KfH nach § 98 Abs. 1, obwohl der Beklagte keinen Antrag stellte, stellt eine willkürliche Entziehung des gesetzlichen Richters dar und entfaltet keine Bindung. Gleiches gilt, wenn das Empfangsgericht offensichtlich unter keinem rechtlichen Gesichtspunkt zuständig ist.⁶ Eine Verweisung, die trotz eines **verspäteten Antrags** nach § 101 Abs. 1 erfolgt, stellt dagegen noch keine willkürliche Entscheidung im vorgenannten Sinne dar,⁷ außer die Partei wurde zur Antragstellung trotz Fristablauf aufgefordert. Im Übrigen sind alle Beschlüsse, die missbräuchlich sind und denen jegliche Rechtsgrundlage fehlt, ohne Bindung.⁸

Auch die Verletzung des Prozessgrundrechts auf **rechtliches Gehör** vor Gericht (Art. 103 Abs. 1 GG) führt zur fehlenden Bindungswirkung und Anfechtbarkeit der Verweisungsentscheidung. Dies wird zum Teil mit der Begründung abgelehnt, bei einer das Verfahren nicht abschließenden Zwischenentscheidung bestehe der Anspruch auf rechtliches Gehör nur bei der Möglichkeit der Zufügung eines bleibenden rechtlichen Nachteils, was wegen der Gleichwertigkeit von KfH und Zivilkammer nicht zutreffe.⁹ Dem ist entgegenzuhalten, dass die Verweisung bei fehlenden Voraus-

---

¹ Zu letzteren OLG Nürnberg MDR 1973, 507.
² *Kissel/Mayer* Rn. 4.
³ Vgl. *Wieczorek/Schreiber* Rn. 5; *Kissel/Mayer* Rn. 4.
⁴ BVerfGE 29, 45, 48; BVerfG NJW 1984, 1874; *Maunz/Dürig* Art. 101 GG Rn. 50 f. m. weit. Nachw.; *Gaul* JZ 1984, 64; *Manfred Wolf* § 7 V 3b; vgl. dazu auch *Herr* JZ 1984, 319.
⁵ OLG Celle NJOZ 2004, 626.
⁶ Vgl. auch BVerfGE 29, 45 zu § 36 Nr. 6 ZPO.
⁷ OLG Brandenburg NJW-RR 2001, 63; OLG Braunschweig NJW-RR 1995, 1535; aA OLG Nürnberg NJW 1993, 3208; OLG Karlsruhe MDR 1998, 558.
⁸ OLG Köln NJW-RR 2002, 426.
⁹ OLG Bremen OLGZ 1975, 475, 477.

setzungen einen Eingriff in das Recht auf den gesetzlichen Richter (Art. 101 Abs. 1 S. 2 GG) und somit einen rechtlichen Nachteil darstellen kann. Vor der Verweisungsentscheidung besteht daher ein Anspruch auf rechtliches Gehör,[10] bei dessen Verletzung die außerordentliche Beschwerde zum OLG gegeben ist.[11]

6   Beim **negativen Kompetenzkonflikt** (weder die KfH noch die Zivilkammer halten sich für zuständig, die Verweisung wird nicht „angenommen") ist in analoger Anwendung von § 36 Nr. 6 ZPO das OLG zur Bestimmung der zuständigen Kammer aufgerufen.[12]

7   c) **Anfechtbarkeit der Endentscheidung.** Die Endentscheidung der jeweilgen Landgerichtskammer kann wegen Verletzung der Zuständigkeitsvorschriften nicht mit der Berufung oder mit der Revision nach § 547 Nr. 1 ZPO angefochten werden. Die gegenteilige Ansicht[13] berücksichtigt nicht, dass damit der Sinn der Unanfechtbarkeit (Rn. 1) weitgehend ausgehöhlt und unterlaufen würde. Da schon § 513 Abs. 2 ZPO und § 17a Abs. 5 die Möglichkeit der Berufung wegen Zuständigkeitsfragen einschränken, ist auch § 102 S. 1 im Sinne eines generellen Ausschlusses der Anfechtbarkeit zu verstehen.[14]

8   Dagegen ist im **FGG-Verfahren** die Entscheidung einer Zivilkammer über eine Beschwerde in einer Handelsregistersache stets als auf einer Gesetzesverletzung beruhend anzusehen und auf weitere Beschwerde aufzuheben.[15] Da §§ 125 ff. FGG und § 30 Abs. 1 S. 2 FGG den Begriff der Handelssachen selbständig festlegen,[16] gilt insoweit nicht § 95 und auch nicht § 102.

9   **3. Umfang der Bindungswirkung.** Die Verweisung hat nur hinsichtlich der Frage, ob die KfH oder die Zivilkammer zuständig sind, bindende Wirkung, hingegen nicht bezüglich der Zuständigkeit einer **bestimmten Kammer** des jeweiligen Typs.[17] Verweist die KfH an die 3. Zivilkammer, kann diese also die Sache an die 5. Zivilkammer weitergeben, wenn diese nach der Geschäftsverteilung zweifelsfrei zuständig ist. Andere leiten aus dem prozessökonomischen Zweck eine Bindung der konkreten Kammer ab.[18]

10 Die Bindungswirkung tritt auch **wegen sonstiger Zuständigkeitsfragen** ein, soweit das verweisende Gericht diese geprüft hat;[19] so etwa bezüglich der örtlichen Zuständigkeit, wenn sie von der Zivilkammer bei Verweisung an die KfH desselben Gerichts ausdrücklich geprüft und bejaht wurde.[20] Im Übrigen reicht die Bindungswirkung so weit wie die Unanfechtbarkeit für die Parteien.[21] Sie kann auch vor Rechtshängigkeit bei Verweisung im Prozesskostenhilfeverfahren eintreten.[22] Bei **Auftreten neuer Umstände** (zB Klageänderung) erlischt die Bindungswirkung.[23]

11 **4. Übergang des Rechtsstreits.** Die Verweisung bewirkt den Übergang des Rechtsstreits im jeweiligen Stadium. Die bereits vor der Verweisung gesetzten Fristen laufen weiter.[24] Auch sonstige Prozesshandlungen bleiben wirksam.

§ 103 [Hauptintervention]

Bei der Kammer für Handelssachen kann ein Anspruch nach § 64 der Zivilprozeßordnung nur dann geltend gemacht werden, wenn der Rechtsstreit nach den Vorschriften der §§ 94, 95 vor die Kammer für Handelssachen gehört.

---

[10] OLG Düsseldorf OLGZ 1973, 243, 245; *Gaul* JZ 1984, 64; *Kissel/Mayer* Rn. 5; *Baumbach/Lauterbach/Hartmann* Rn. 3.
[11] Zur Selbstkorrektur der Fachgerichte bei Grundrechtsverletzungen s. auch BVerfG NJW 1987, 1319, wo sogar eine Selbstkorrektur durch das unterinstanzliche Gericht für verfassungsrechtlich zulässig erachtet wird.
[12] OLG Frankfurt NJOZ 2003, 522; OLG Celle OLG-Report 2004, 370; OLG Stuttgart OLG-Report 2002, 455; OLG Braunschweig NJW-RR 1995, 1535; OLG Düsseldorf OLGZ 1973, 243, 244; OLG Bremen OLGZ 1975, 475, 476; *Gaul* JZ 1984, 65.
[13] *Gaul* JZ 1984, 65.
[14] Ablehnend auch schon RGZ 48, 27, 28; *Herr* JZ 1984, 319; § 566a Abs. 3 S. 2 ZPO kann allerdings nicht herangezogen werden, da die Sprungrevision nur eine Wahlmöglichkeit darstellt.
[15] BayObLG NJW 1988, 1099.
[16] S. auch § 95 Rn. 23.
[17] *Kissel/Mayer* Rn. 8.
[18] So *Musielak/Wittschier* Rn. 4; *Manfred Wolf* in der 2. Aufl.
[19] So für die Abgrenzung ordentliche Gerichtsbarkeit – Arbeitsgerichtsbarkeit BGHZ 63, 214, 217 = NJW 1975, 450.
[20] BayObLG NJW-RR 2003, 356.
[21] *Kissel/Mayer* Rn. 9.
[22] OLG Hamburg MDR 1967, 409.
[23] *Baumbach/Lauterbach/Hartmann* Rn. 3.
[24] OLG Frankfurt NJW-RR 1993, 1084.

1. Normzweck. Der Zweck der Hauptintervention, dem Intervenienten die Möglichkeit zu eröffnen, sein Recht gegen beide Parteien des Hauptprozesses vor dem Gericht zu führen, das mit dem Streitstoff bereits vertraut ist,[1] soll mit der Zuständigkeitsabgrenzung zwischen KfH und Zivilkammer, bei der von einer Grundzuständigkeit er Letzteren ausgegangen wird, synchronisiert werden. Dabei wird die Möglichkeit des Einmischungsklägers iSv. § 64 ZPO, seinen Anspruch gegen die Parteien des Ausgangsrechtsstreits vor der KfH anhängig zu machen, in der Weise beschränkt, dass auch der zugrunde liegende erste Rechtsstreit eine Handelssache sein muss, wenn die Zuständigkeit der KfH gegeben sein soll. § 103 bestätigt damit den Grundsatz, dass alle Ansprüche Handelssachen sein müssen, wenn die KfH zuständig sein soll (s. § 95 Rn. 2).

2. Erst-Rechtsstreit vor der KfH. Ist der Erst-Rechtsstreit vor der KfH anhängig, dann kann der Hauptintervenient gegen die beiden Erstprozessparteien seine Klage, die einen selbständigen neuen Prozess begründet,[2] gegen sie vor die KfH bringen, wenn auch seine Klage eine Handelssache ist. Er hat dafür nach § 96 in der Klageschrift Verhandlung vor der KfH zu beantragen.[3] Dasselbe gilt, wenn der Erst-Rechtsstreit in der 2. Instanz vor dem OLG schwebt, in der 1. Instanz aber beim Landgericht vor der KfH verhandelt wurde. Ist der Anspruch des Hauptintervenienten keine Handelssache, so ist die Zivilkammer zuständig.

3. Erst-Rechtsstreit vor der Zivilkammer. Schwebt der Erstprozess vor der Zivilkammer, so ist diese auch dann für die Hauptintervention zwingend zuständig, wenn die Hauptintervention eine Handelssache ist. Damit wird die Zuständigkeit des gleichen Kammertyps für die Einmischungsklage eröffnet, der für den Erst-Rechtsstreit zuständig war. Vor die KfH kann die Hauptintervention dann noch kommen, wenn auch der Erstprozess später noch an sie gelangt,[4] vorausgesetzt, dass auch die Hauptintervention eine Handelssache ist.

§ 104 [Verweisung in Beschwerdesachen]

(1) ¹Wird die Kammer für Handelssachen als Beschwerdegericht mit einer vor sie nicht gehörenden Beschwerde befaßt, so ist die Beschwerde von Amts wegen an die Zivilkammer zu verweisen. ²Ebenso hat die Zivilkammer, wenn sie als Beschwerdegericht in einer Handelssache mit einer Beschwerde befaßt wird, diese von Amts wegen an die Kammer für Handelssachen zu verweisen. ³Die Vorschriften des § 102 Satz 1, 2 sind entsprechend anzuwenden.

(2) Eine Beschwerde kann nicht an eine andere Kammer verwiesen werden, wenn bei der Kammer, die mit der Beschwerde befaßt wird, die Hauptsache anhängig ist oder diese Kammer bereits eine Entscheidung in der Hauptsache erlassen hat.

1. Normzweck. Entsprechend § 100 für die Berufung regelt § 104 die Zuständigkeit der KfH für die Beschwerde, zB gegen Beschlüsse des Amtsgerichts in Handelssachen. Die Zuständigkeit ist hier nicht von Anträgen der Parteien abhängig, sondern richtet sich nach dem Vorliegen einer Handelssache (Abs. 1) bzw. der Anhängigkeit der Hauptsache oder dem Erlass einer Hauptsacheentscheidung (Abs. 2). Die Verweisung erfolgt **ohne Parteiantrag** von Amts wegen, da Beschwerdesachen im Regelfall nicht unmittelbar den Streitgegenstand betreffen und auf die Dispositionsmöglichkeiten der Parteien deshalb nicht mehr im gleichen Umfang Rücksicht genommen werden muss.

2. Allgemeine Beschwerdezuständigkeit (Abs. 1). Die KfH und umgekehrt die Zivilkammer haben von Amts wegen zu verweisen, wenn sie unzuständigerweise mit einer Beschwerde befasst sind. Die Zuständigkeit richtet sich nach dem Vorliegen einer Handelssache. „Befasst" ist die Kammer im Falle des § 569 Abs. 1 1. Alt. ZPO (Beschwerdeeinlegung beim Ausgangsgericht), wenn das Amtsgericht nach § 572 Abs. 1 ZPO die Sache ihr vorlegt, im Falle von § 569 Abs. 1 2. Alt. ZPO (Beschwerdeeinlegung beim Beschwerdegericht), wenn sie ihr von der Geschäftsstelle nach Registrierung vorgelegt wird. Vor die KfH gehören zB Beschwerden in bestimmten Kostensachen oder in selbständigen Beweissachen des AG, soweit es um Handelssachen geht.[1*] Die Zuständigkeit der KfH für Beschwerdesachen wird häufig übersehen; die Beschwerdeentscheidung ist deswegen nicht nichtig. Nicht zuständig ist die KfH für Beschwerden anlässlich der Zwangsvollstre-

---

[1] *Rosenberg/Schwab/Gottwald* § 52 I.
[2] *Rosenberg/Schwab/Gottwald* § 52 I.
[3] *Kissel/Mayer* Rn. 2; *Zöller/Gummer* Rn. 1.
[4] *Zöller/Gummer* Rn. 1; *Kissel/Mayer* Rn. 3; *Wieczorek/Schreiber* Rn. 1; *Baumbach/Lauterbach/Hartmann* Rn. 2.
[1*] *Kissel/Mayer* Rn. 2.

ckung in Handelssachen, da die Vollstreckung ein selbständiges Verfahren ist,[2] in dem handelsrechtliche Rechtsverhältnisse grundsätzlich keine besondere Bewertung erfahren. Die Verweisung, für die nach § 349 Abs. 2 Nr. 1 ZPO bei der KfH der Vorsitzende zuständig ist, unterliegt nicht den Beschränkungen nach §§ 97 Abs. 2, 98 Abs. 3, 99 Abs. 2 S. 1.[3]

3 3. **Besondere Beschwerdezuständigkeit (Abs. 2). a) Lex specialis.** Abs. 2 ist lex specialis zu Abs. 1. Er betrifft nicht nur das Verhältnis der Kammertypen, sondern auch das Verhältnis zwischen den jeweiligen einzelnen Kammern.[4] Dies ergibt nicht nur der Wortlaut, sondern auch der Sinn der Vorschrift, der aus Gründen des Sachzusammenhangs die Zuständigkeit bei der konkreten Kammer belassen will, die sich mit der Hauptsache ohnehin befassen muss bzw. befasst hat. Abs. 2 betrifft nicht nur die Verweisung zwischen Zivilkammer und KfH, sondern auch zwischen Zivilkammern oder Kammern für Handelssachen untereinander.[5]

4 Trotz Vorliegens der Voraussetzungen von Abs. 1 kann im Interesse einheitlicher Entscheidung nicht verwiesen werden, wenn bei der Kammer, die mit der Beschwerde befasst wird, die Hauptsache anhängig ist oder diese Kammer bereits eine Entscheidung in der Hauptsache erlassen hat. Zur Hauptsache gehören auch Entscheidungen über Prozessbedingungen wie die Zulässigkeit eines Rechtsmittels,[6] dagegen nicht die Bestimmung des zuständigen Gerichts nach § 36 ZPO oder ein Verweisungsbeschluss.[7]

5 Wie bei § 99 Abs. 1[8] ist der Gesetzestext zu eng. Der Zweck, die Einheitlichkeit der Beurteilung zu wahren, verlangt, dass nicht nur im Fall der Befassung der Kammer, bei der die Hauptsache anhängig ist bzw. die bereits in der Hauptsache entschieden hat, nicht mehr an eine andere verwiesen werden kann,[9] sondern dass diese Kammer überhaupt zuständig ist, auch ohne dass sie vorher mit der Hauptsache befasst war, weil sie jederzeit in der Hauptsache angerufen werden kann. Eine andere Kammer hat deshalb von Amts wegen an sie zu verweisen.[10]

6 b) **Angelegenheiten der freiwilligen Gerichtsbarkeit.** Im Verfahren in Angelegenheiten der freiwilligen Gerichtsbarkeit richtet sich die Zuständigkeit der KfH für Beschwerden in Handelssachen nach §§ 19 Abs. 2, 30 Abs. 1 S. 2 FGG. Die Definition der Handelssachen in § 95 und die Zuständigkeitsregelung in Beschwerdesachen betrifft nach § 13 nur bürgerliche Rechtsstreitigkeiten, nicht dagegen FGG-Sachen.[11]

7 **Handelssachen** sind hier nicht nur die in §§ 125 bis 158 FGG aufgeführten Sachen. Zu den Handelssachen gehören auch die in anderen Gesetzen dem Verfahren nach dem FGG zugewiesenen Angelegenheiten: (1) Die Führung des Genossenschaftsregisters (§ 10 Abs. 2 GenG iVm. § 147 FGG). (2) Angelegenheiten der Versicherungsvereine auf Gegenseitigkeit (§ 16 VAG). (3) Die Bestellung von Notvertretern für Vereine (§ 29 BGB) und Aktiengesellschaften (§ 85 AktG).[12]

§ 105 [Besetzung]

(1) Die Kammern für Handelssachen entscheiden in der Besetzung mit einem Mitglied des Landgerichts als Vorsitzenden und zwei ehrenamtlichen Richtern, soweit nicht nach den Vorschriften der Prozeßgesetze an Stelle der Kammer der Vorsitzende zu entscheiden hat.

(2) Sämtliche Mitglieder der Kammer für Handelssachen haben gleiches Stimmrecht.

I. Normzweck und Allgemeines

1 Die Besonderheit der Kammern für Handelssachen ist die Besetzung mit einem Berufsrichter als Vorsitzendem (wegen § 21f muss dies ein Vorsitzender Richter sein, der allerdings bei Verhinderung durch einen Richter am Landgericht vertreten werden kann; Ausnahme § 106) und zwei eh-

---

[2] *Kann* JW 1910, 700; *Kissel/Mayer* Rn. 2.
[3] *Wieczorek/Schreiber* Rn. 1.
[4] *Kissel/Mayer* Rn. 6.
[5] AA *Musielak/Wittschier* Rn. 1.
[6] *Wieczorek/Schreiber* Rn. 2.
[7] *Kissel/Mayer* Rn. 5.
[8] S. § 99 Rn. 2.
[9] Vgl. *Musielak/Wittschier* Rn. 6; *Kissel/Mayer* Rn. 5.
[10] *Baumbach/Lauterbach/Hartmann* Rn. 3; *Zöller/Gummer* Rn. 2.
[11] *Kissel/Mayer* Rn. 19.
[12] Vgl. *Kissel/Mayer* Rn. 13 bis 16; *Wieczorek*, 2. Aufl., Anm. C II beide m. weit. Nachw.

renamtlichen Richtern, die seit der erneuten Änderung des § 45a DRiG[1] wieder die Bezeichnung „Handelsrichter" führen.[2] Ob die Mitwirkung von Handelsrichtern sinnvoll ist, ist ein rechtspolitisches Tabu. Durch das ZPO-RG wurde Abs. 3 (Alleinzuständigkeit des Vorsitzenden in Reedereisachen) aufgehoben.

II. Mitwirkung im Spruchkörper

Es gilt das **Kollegialprinzip.** Der Vorsitzende kann aber im Einverständnis der Parteien allein entscheiden (§ 349 Abs. 3 ZPO). Sämtliche Mitglieder haben gleiches Stimmrecht. Denkbar aber nicht sinnvoll wäre ein Einsatz eines Handelsrichters als beauftragter Richter (§§ 278 Abs. 5, 361, 375 ZPO).[3]

Der **Vorsitzende,** dem mehr Kompetenzen als dem Vorsitzenden einer Zivilkammer zukommen (§ 349 ZPO), muss Richter am Landgericht nach § 27 Abs. 1 DRiG sein. § 21 f findet Anwendung. Er muss statusrechtlich Vorsitzender Richter sein. Der nach § 349 Abs. 2, 3 ZPO an Stelle der Kammer entscheidende Vorsitzende der KfH ist in erster Instanz nicht Einzelrichter im Sinne des GVG und der ZPO. Über die sofortige Beschwerde gegen seine Entscheidung entscheidet deshalb der OLG – Senat in seiner Vollbesetzung nach § 122 und nicht der OLG – Einzelrichter nach § 568 Satz 1 ZPO.[4] Wird der Vorsitzende der KfH abgelehnt, entscheidet eine KfH, die aus dem Vertreter des Vorsitzenden und zwei Handelsrichtern besteht.[5] Für **FGG-Sachen** gilt § 349 ZPO nicht. Infolgedessen muss über Beschwerden in Handelssachen gemäß § 30 Abs. 1 S. 2 FGG die Kammer mit dem Vorsitzenden und zwei Handelsrichtern entscheiden.[6]

III. Zuteilung zu den Spruchkörpern

Für die Handelsrichter bestehen keine Sonderregeln, so dass grundsätzlich von der **Geltung der allgemeinen Vorschriften der §§ 21 a ff.** auszugehen ist. Das Präsidium teilt Vorsitzende und Handelsrichter den einzelnen Spruchkörpern zu. Über die Reihenfolge der Heranziehung der einzelnen Handelsrichter (10 und mehr Handelsrichter pro KfH sind nicht selten; vgl. Rn. 5) entscheidet der Vorsitzende allein, denn § 21 g Abs. 1 spricht nur von Berufsrichtern; es gibt also keine interne Geschäftsverteilung, an der die Handelsrichter mitwirken. Der Vorsitzende erstellt üblicherweise für das Geschäftsjahr eine Liste, welche Handelsrichter an welchen Sitzungstagen mitwirken und wer bei Verhinderung eines Handelsrichters sein Vertreter ist (vgl. § 21 g Abs. 2);[7] so ist es traditionell, weil es zwei ehrenamtlichen Kaufleuten als Dauerbeisitzern nicht zuzumuten wäre, jede Woche einen vollen Sitzungstag aufwenden zu müssen, so dass die Last auf mehr Schultern verteilt werden muss. Den Handelsrichtern kommt weder das aktive noch das passive Wahlrecht zum Präsidium zu. Auch kann ein Handelsrichter nicht nach § 21 f Abs. 2 die Vertretung des Vorsitzenden übernehmen.

Bei **Überbesetzung** der KfH ergeben sich Besonderheiten aus dem ehrenamtlichen Status des Handelsrichters. Nach dem grundlegenden Beschluss des Plenums des BVerfG vom 8. 4. 1997[8] ist die Überbesetzung von Spruchkörpern grundsätzlich zulässig; das gilt erst recht bezüglich der Handelsrichter. Dem Gebot des gesetzlichen Richters wird durch Aufstellung eines Mitwirkungsplanes Rechnung getragen; Rn. 4.[9]

§ 106 [Auswärtige Kammer für Handelssachen]

Im Falle des § 93 Abs. 1 Satz 2 kann ein Richter beim Amtsgericht Vorsitzender der Kammer für Handelssachen sein.

1. Normzweck. Die Vorschrift regelt den dienstlichen Status des Vorsitzenden der KfH im Fall der auswärtigen Kammern nach § 93 Abs. 1 Satz 2. Der Vorsitzende muss Richter auf Lebenszeit sein (§ 28 Abs. 2 DRiG; Ausnahme § 93 Rn. 6). § 106 ist **lex specialis zu § 21 f,** der den Vorsitz

---

[1] G. v. 21. 12. 1975 BGBl. I S. 3176.
[2] *Maier* DRiZ 1977, 280.
[3] BGHZ 42, 163, 175.
[4] BGH NJW 2004, 856.
[5] OLG Schleswig SchlHA 2004, 155.
[6] OLG Schleswig Rpfleger 2005, 265; BayObLG NJOZ 2001, 1052; *Bassenge/Roth* FGG § 30 Rn. 5.
[7] Vgl. *Zöller/Gummer* Rn. 2.
[8] BVerfGE 95, 322 = NJW 1997, 1497.
[9] Vgl. § 21 e Rn. 15.

im Spruchkörper nur Vorsitzenden Richtern im statusrechtlichen Sinne zuweist.[1] Die Vorschrift wurde redaktionell geändert durch G. v. 19. 4. 2006.[2]

2. Richter am Amtsgericht als Vorsitzender. Zwar kann Vorsitzender einer KfH mit Sitz am Landgericht nach § 21 f nur noch ein statusrechtlicher Vorsitzender Richter sein.[3] Wird eine KfH auswärts errichtet, hält sie ihre Sitzungen zweckmäßig im Amtsgerichtsgebäude ab, so dass es (schon zur Einsparung von Reisekosten) zweckmäßig sein kann, dass ein Amtsrichter Vorsitzender ist. Früher war Vorsitzender der KfH ohnehin ein Richter am Landgericht. Dies behält § 106 bei. Die lex posterior des § 21 f hat als Generalnorm daher nichts an der Anwendbarkeit der lex specialis des § 106 geändert; dies zeigt auch die letzte Änderung (Rn. 1). Eine andere Frage ist es, ob § 106 in Anbetracht der geäußerten Kritik[4] de lege ferenda beizubehalten ist.

Die Aufgabe des Vorsitzenden wird dem Amtsrichter dadurch **übertragen,** dass er von der Landesjustizverwaltung nach § 37 Abs. 1 DRiG mit seiner Zustimmung (evtl. nur teilweise) dem Landgericht zugeordnet wird und von dessen Präsidium dann mit dem Vorsitz betraut wird. Die Übertragung eines zusätzlichen Richteramts nach §§ 22 Abs. 2, 27 DRiG ist nicht erforderlich.[5]

§ 107 [Entschädigung]

(1) Die ehrenamtlichen Richter, die weder ihren Wohnsitz noch ihre gewerbliche Niederlassung am Sitz der Kammer für Handelssachen haben, erhalten Tage- und Übernachtungsgelder nach den für Richter am Landgericht geltenden Vorschriften.

(2) Den ehrenamtlichen Richtern werden die Fahrtkosten in entsprechender Anwendung des § 5 des Justizvergütungs- und Entschädigungsgesetzes ersetzt.

Handelsrichter erhalten weder ein Gehalt noch Sitzungsgeld. Das JVEG (die diesbezügliche Änderung des Abs. 2 erfolgte durch G. v. 5. 5. 2004),[1] insbesondere die §§ 15 bis 18 JVEG, ist nicht auf Handelsrichter anwendbar, wie aus § 1 Abs. 1 S. 1 Nr. 2 JVEG folgt. § 107 ist lex specialis und gewährt im Gegensatz zu § 5 JVEG keine Entschädigung für Zeitversäumnis. Handelsrichter erhalten danach nur **Tage- und Übernachtungsgelder (Abs. 1)** nach dem jeweiligen landesrechtlichen Reisekostenrecht[2] und hierbei nach den Regeln, die für RiLG (Besoldungsgruppe R 1) gelten. Diese Ungleichbehandlung ehrenamtlicher Richter verstößt nicht gegen Art. 3 Abs. 1 GG,[3] da Handelsrichter die einzigen ehrenamtlichen Richter sind, die die Übernahme des Amtes ablehnen können.[4] Die Berechtigung dieser Ausnahmeregelung de lege ferenda ist umstritten,[5] aber zweckmäßig. Handelsrichter erhalten ferner **Fahrtkostenersatz (Abs. 2)** nach § 5 JVEG.

Die Entschädigung nach Abs. 1 bzw. 2 wird von Amts wegen von der Justizverwaltung gewährt. Im Falle des Abs. 1 kann der betreffende Verwaltungsakt nach § 30a EGGVG vor dem Amtsgericht angefochten werden (das KostRÄndG wurde aufgehoben);[6] im Falle des Abs. 2 ist § 4 JVEG einschlägig.

§ 108 [Dauer der Ernennung]

Die ehrenamtlichen Richter werden auf gutachtlichen Vorschlag der Industrie- und Handelskammern für die Dauer von fünf Jahren ernannt; eine wiederholte Ernennung ist nicht ausgeschlossen.

Schrifttum: *Berger-Delhey,* Der Handelsrichter und sein Amt, DRiZ 1989, 246.

---

[1] *Zöller/Gummer* Rn. 1.
[2] BGBl. I 2006 S. 866.
[3] BGH DRiZ 1978, 183, 184.
[4] *Kissel/Mayer* § 106 Rn. 2.
[5] *Kissel/Mayer* Rn. 1.
[1] BGBl. I 2004 S. 718.
[2] ZB Bay. Reisekostengesetz vom 24. 4. 2001, BayGVBl 2001, 133.
[3] OLG Celle Rpfleger 1975, 39 LS.
[4] *Kissel/Mayer* Rn. 1; zur Freiwilligkeit der Übernahme s. § 108.
[5] Dagegen *F. Scholz* DRiZ 1976, 239; Vereinigung Berliner Handelsrichter DRiZ 1977, 24; dafür *Weil* DRiZ 1976, 351.
[6] G. v. 19. 4. 2006, BGBl. I S. 866.

Voraussetzungen der Ernennung § 109 GVG

1. Normzweck. Die Vorschrift regelt zusammen mit § 109 die Voraussetzungen der statusrechtlichen Bestellung zum Ehrenamt des Handelsrichters, die von der Übertragung konkreter richterlicher Tätigkeit im Einzelfall (Rn. 5) zu unterscheiden ist.

2. Ernennung und Annahme. Die Ernennung erfolgt durch die jeweilige Landesjustizverwaltung,[1] und wird für fünf **Jahre** ausgesprochen (früher vier Jahre; Änderung von § 108 durch G. v. 21. 12. 2004).[2] In diesem Zeitraum kann der Handelsrichter gegen seinen Willen nur nach § 113 GVG, § 44 Abs. 2 DRiG, § 45 Abs. 3 StGB seines Amtes enthoben werden. Eine beliebig oft wiederholte Ernennung ist möglich.

Die Ernennung setzt voraus, dass der Vorgeschlagene einverstanden ist. Die **Annahme** des Handelsrichteramtes kann abgelehnt werden, sie ist **freiwillig**.[3] Auch während der laufenden Amtsperiode kann der Handelsrichter sein Amt jederzeit ohne Angabe von Gründen niederlegen.

Der Vorschlag der **Industrie- und Handelskammer** ist nicht zwingende Voraussetzung einer wirksamen Ernennung.[4] In der Praxis wird auch der Vorsitzende der KfH angehört. Das Fehlen der in § 109 genannten Ernennungsvoraussetzungen (mit Ausnahme von § 109 Abs. 3)[5] beeinträchtigt die Wirksamkeit einer erfolgten Ernennung nicht. Das Fehlen dieser Voraussetzungen wird aber im Regelfall zu einer vorschriftswidrigen Besetzung der Richterbank führen[6] und eröffnet die Amtsenthebung nach § 113.

Nach der Ernennung ist der Handelsrichter vom Präsidium des Landgerichts einem **bestimmten Spruchkörper** im Rahmen der allgemeinen Geschäftsverteilung (§ 21 e) **zuzuweisen**.

§ 109 [Voraussetzungen der Ernennung]

(1) Zum ehrenamtlichen Richter kann ernannt werden, wer
1. Deutscher ist,
2. das dreißigste Lebensjahr vollendet hat und
3. als Kaufmann, Vorstandsmitglied oder Geschäftsführer einer juristischen Person oder als Prokurist in das Handelsregister oder das Genossenschaftsregister eingetragen ist oder eingetragen war oder als Vorstandsmitglied einer juristischen Person des öffentlichen Rechts auf Grund einer gesetzlichen Sonderregelung für diese juristische Person nicht eingetragen zu werden braucht.

(2) ¹Wer diese Voraussetzungen erfüllt, soll nur ernannt werden, wenn er
1. in dem Bezirk der Kammer für Handelssachen wohnt oder
2. in diesem Bezirk eine Handelsniederlassung hat oder
3. einem Unternehmen angehört, das in diesem Bezirk seinen Sitz oder seine Niederlassung hat.

²Darüber hinaus soll nur ernannt werden
1. ein Prokurist, wenn er im Unternehmen eine der eigenverantwortlichen Tätigkeit des Unternehmers vergleichbare selbständige Stellung einnimmt,
2. ein Vorstandsmitglied einer Genossenschaft, wenn es hauptberuflich in einer Genossenschaft tätig ist, die in ähnlicher Weise wie eine Handelsgesellschaft am Handelsverkehr teilnimmt.

(3) ¹Zum ehrenamtlichen Richter kann nicht ernannt werden, wer zu dem Amt eines Schöffen unfähig ist oder nach § 33 Nr. 4 zu dem Amt eines Schöffen nicht berufen werden soll. ²Zum ehrenamtlichen Richter soll nicht ernannt werden, wer nach § 33 Nr. 5 zu dem Amt eines Schöffen nicht berufen werden soll.

I. Normzweck

§ 109 enthält die Voraussetzungen der Befähigung zum Handelsrichteramt. Eine besondere Ausbildung wird nicht verlangt. Die Voraussetzungen wollen jedoch eine gewisse Kenntnis und Erfahrung in Handelssachen allgemein (Abs. 1 Nr. 3) und zu örtlichen Handelsgewohnheiten (Abs. 2) sicherstellen. In seiner Fassung vom 17. 12. 1990 erweitert § 109 die Befähigungsvoraussetzungen

---

[1] Vgl. zB Art 2 BayAGGVG.
[2] BGBl. I 2004 S. 3599.
[3] Unstreitig; *Zöller/Gummer* Rn. 3; *Wieczorek/Schreiber* Rn. 1.
[4] *Wieczorek/Schreiber* Rn. 1; *Kissel/Mayer* Rn. 4.
[5] S. dazu auch § 109 Rn. 12 ff.
[6] Vgl. *Wieczorek/Schreiber* Rn. 1; *Kissel/Mayer* Rn. 6.

(Abs. 1) in einzelnen Punkten und passt die Ausschlussgründe an die Schöffen an (Abs. 3). Abs. 1 Nr. 3 wurde durch Art. 16 Nr. 2 HRefG (vom 22. 6. 1998, BGBl. I S. 1474) ohne inhaltliche Änderung redaktionell angepasst. Mit Wirkung vom 1. 1. 1999 trat die Ergänzung des Abs. 3 S. 2 in Kraft (vgl. Art. 12 Nr. 4, Art. 110 Abs. 1 EGInsO, BGBl. 1994, I S. 2911). Nachträgliche Veränderungen führen zur Amtsenthebung nach § 113.

II. Persönliche Voraussetzungen (Abs. 1)

2   **1. Deutscher.** Deutscher (Abs. 1 Nr. 1) ist, wer Deutscher gemäß Art. 116 GG ist, da diese Voraussetzung auch bei Berufsrichtern genügt (§ 10 Nr. 1 DRiG). Die Berechnung des **Lebensalters** (Abs. 1 Nr. 2) richtet sich nach § 187 Abs. 2 BGB. Ein Höchstalter ist nicht vorgesehen, eine Orientierung an der Regelung für Schöffen (70 Jahre, § 33 Nr. 2 GVG) ist nicht zwingend geboten.

3   **2. Eintragung als Kaufmann.** Die bloße Kaufmannseigenschaft genügt nicht, es muss zusätzlich eine Eintragung als Kaufmann im Handelsregister vorliegen bzw. früher vorgelegen haben (Abs. 1 Nr. 3). OHG-Gesellschafter und Komplementäre der KG sind Kaufmann iSv. § 109, nicht aber der Kommanditist.[1]

4   **3. Vorstandsmitglieder von juristischen Personen.** Vorstandsmitglieder von juristischen Personen, sofern sie als solche in das Handels- oder Genossenschaftsregister eingetragen sind oder früher eingetragen waren (Abs. 1 Nr. 3), können ebenfalls zu Handelsrichtern ernannt werden. In Betracht kommen Vorstandsmitglieder von Aktiengesellschaften, aber auch von Genossenschaften. Nicht berufungsfähig sind Vorstandsmitglieder von Vereinen und Stiftungen.

5   Auch **stellvertretende Vorstandsmitglieder** können zum Handelsrichter berufen werden,[2] weil sie eine einem Kaufmann vergleichbare Sachkunde haben. Die formale Gegenansicht[3] berücksichtigt nicht die Gleichstellung des stellvertretenden Vorstandsmitglieds mit den ordentlichen Vorstandsmitgliedern nach § 94 AktG und § 35 GenG. Der Stellvertreter ist nach § 78 AktG und § 26 GenG genauso vertretungsbefugt wie ein ordentliches Vorstandsmitglied.

6   Nach Abs. 1 Nr. 3 können auch **Geschäftsführer einer juristischen Person** zu Handelsrichtern ernannt werden. Dies betrifft die Geschäftsführer einer GmbH (§ 35 GmbHG), auch wenn sie damit zugleich Geschäftsführer einer GmbH u. Co KG sind.

7   Bei der **Kommanditgesellschaft auf Aktien** treten die persönlich haftenden Gesellschafter nach § 282 AktG an die Stelle der Vorstandsmitglieder bei der AG. Sie können daher zu Handelsrichtern ernannt werden.

8   Der **Abwickler (§ 265 AktG)** ist trotz Eintragung in das Handelsregister (§ 266 Abs. 1 AktG) ebenso wenig wie der **Insolvenzverwalter** zum Handelsrichteramt befähigt.[4]

9   **4. Prokuristen.** Auch Prokuristen können zu Handelsrichtern ernannt werden, sofern sie ins Handelsregister eingetragen sind. Handlungsbevollmächtigte können dagegen nicht zu Handelsrichtern ernannt werden.

10 **5. Zeitpunkt.** Nach dem deutlichen Gesetzeswortlaut muss die Eintragung zum Zeitpunkt der Ernennung nicht mehr bestehen. Es genügt, wenn die **Voraussetzungen in der Vergangenheit** vorgelegen haben.

III. Örtliche Nähe (Abs. 2)

11 Aus verfahrenstechnischen Gründen, und weil der Handelsrichter die Handelsbräuche des jeweiligen Gerichtsbezirks kennen soll, sieht Abs. 2 S. 1 Nr. 1 bis 3 als Sollvorschrift eine bestimmte räumliche Nähe des Handelsrichters zur jeweiligen Kammer vor. Er muss entweder seinen **Wohnsitz** iSv. § 7 BGB **in dem Bezirk** der Kammer für Handelssachen haben[5] oder als Kaufmann dort eine Handelsniederlassung betreiben. Bei juristischen Personen muss diese eine Niederlassung im Bezirk haben. Der Vorstand oder Geschäftsführer muss dann seinen Wohnsitz nicht im Bezirk der Kammer für Handelssachen haben. Maßgebend ist der Bezirk der Kammer für Handelssachen, der in den Fällen von § 93 Abs. 1 und 2 nicht mit dem Landgerichtsbezirk identisch ist. Entscheidend ist der von der Landesjustizverwaltung festgelegte Bezirk, nicht die Verteilung nach örtlichen Kriterien im Geschäftsverteilungsplan nach § 21 e.

---

[1] BGHZ 45, 285; BGH NJW 1982, 570.
[2] *Zöller/Gummer* Rn. 3; *Wieczorek/Schreiber* Rn. 5.
[3] *Kissel/Mayer* Rn. 8, 9.
[4] *Kissel/Mayer* Rn. 8.
[5] *Kissel/Mayer* Rn. 13; aA *Wieczorek/Schreiber* Rn. 10.

IV. Ausschlussgründe

Abs. 3 sieht Ausschlussgründe wegen Unfähigkeit vor, will aber auch das Ansehen des Handels- **12** richteramtes und der Gerichtsbarkeit wahren. Abs. 3 stellt den Gleichklang mit dem Schöffenamt her. Daher ist gemäß Abs. 3 mit § 32 Nr. 1 auch eine Person, die die **Fähigkeit zur Bekleidung öffentlicher Ämter** gemäß § 45 StGB nicht besitzt oder wegen vorsätzlicher Tat zu einer **Freiheitsstrafe** von mehr als 6 Monaten verurteilt ist, zur Bekleidung des Handelsrichteramts nicht in der Lage. Gleichgültig ist, ob die Strafe verbüßt oder zur Bewährung ausgesetzt wurde. Gleichgültig ist auch die Art des Delikts, wegen dessen die Bestrafung erfolgt ist. Unfähig sind nach Abs. 3 mit § 32 Nr. 2 auch Personen, gegen die ein **Ermittlungsverfahren** schwebt wegen einer Tat, die den Verlust der Fähigkeit zur Bekleidung öffentlicher Ämter zur Folge haben kann.

Unfähig sind nach Abs. 3 mit § 32 Nr. 3 auch Personen, die durch gerichtliche Anordnung **in** **13** **der Verfügung** über ihr Vermögen **beschränkt** sind. Verfügungsbeschränkt über sein Vermögen ist auch der Schuldner nach §§ 80, 81 InsO im Insolvenzverfahren und der Beschuldigte, dessen Vermögen im Strafverfahren nach §§ 290, 443 StPO beschlagnahmt wurde. Der OHG-Gesellschafter, der Komplementär in der KG, aber auch der Vorstand und Geschäftsführer verlieren die Befähigung zum Handelsrichteramt, wenn nur über das Gesellschaftsvermögen nach § 11 Abs. 2 Nr. 1 InsO oder über das Vermögen der juristischen Person das Insolvenzverfahren eröffnet wird. Die Verfügungsbeschränkung über einzelne Vermögensgegenstände und nach § 1365 BGB genügen nicht.

Weitere Voraussetzung der Ernennung ist die **Prozessfähigkeit**.[6] Ebenso kann nicht zum Han- **14** delsrichter ernannt werden, wer wegen geistiger oder körperlicher Gebrechen für das Amt ungeeignet ist (Abs. 3 mit § 33 Nr. 4), etwa Betreute (§ 1896 BGB). Nach Abs. 3 S. 2 *soll* nicht zum Handelsrichter ernannt werden, wer in Vermögensverfall geraten ist (§ 33 Nr. 5). Nach § 44a Abs. 1 Nr. 2 DRiG *sollen* ehemalige **DDR-Stasi-Mitarbeiter** nicht ernannt werden. Nur politische Bedeutung hat § 44a Abs. 1 Nr. 1 DRiG, wonach Personen nicht ernannt werden sollen, die gegen die **Grundsätze der Menschlichkeit** (?) verstoßen haben, was aber die Aspiranten selbst(!) feststellen und erklären dürfen (§ 44a Abs. 2 DRiG).

Fehlen die genannten Voraussetzungen von Anfang an, so darf die Ernennung zum Handelsrich- **15** ter nicht erfolgen. Tritt ein Ausschlussgrund nach Ernennung während der Amtszeit ein, führt dies nicht zur Nichtigkeit der Entscheidung, da das Gericht ordnungsgemäß besetzt bleibt. § 113 sieht jedoch die konstitutiv wirkende Amtsenthebung vor.[7]

§ 110 [Ehrenamtliche Richter an Seeplätzen]

An Seeplätzen können ehrenamtliche Richter auch aus dem Kreis der Schiffahrtskundigen ernannt werden.

1. Normzweck. § 110 ist lex specialis zu § 109 und will den Kammern für Handelssachen die **1** besondere Sachkunde der Schiffahrtskundigen zuführen. § 109 Rn. 11 gilt entsprechend.

2. Schifffahrtskundige. Seeplätze sind Übersee-, Binnenschifffahrts- sowie reine Fischereihä- **2** fen.[1] Der Begriff des Schifffahrtskundigen ergibt sich aus § 2 Seemannsgesetz.[2]

§ 111 (weggefallen)

§ 112 [Rechte und Pflichten]

Die ehrenamtlichen Richter haben während der Dauer ihres Amts in Beziehung auf dasselbe alle Rechte und Pflichten eines Richters.

1. Normzweck. Unter Berücksichtigung der Besonderheit ihrer ehrenamtlichen Tätigkeit ha- **1** ben Handelsrichter die gleichen Rechte und Pflichten wie Berufsrichter; sie tragen eine Robe, beziehen aber kein Gehalt. Art. 97 Abs. 1 GG garantiert auf Verfassungsebene auch für ehrenamtliche

---

[6] *Kissel/Mayer* Rn. 4; *Wieczorek/Schreiber* Rn. 9.
[7] *Kissel/Mayer* § 113 Rn. 2.
[1] *Wieczorek/Schreiber* Rn. 1; *Kissel/Mayer* Rn. 2.
[2] V. 26. 7. 1957 BGBl. II S. 713.

Richter die sachliche und persönliche Unabhängigkeit.[1] Die sachliche Unabhängigkeit gewähren einfachgesetzlich § 45 Abs. 1 S. 1 DRiG sowie § 1 GVG. Die persönliche Unabhängigkeit ergibt sich ferner aus der festen Ernennung auf fünf Jahre (§ 108) und daraus, dass sie gemäß § 44 Abs. 2 DRiG nur bei Wegfall der für die Ernennung notwendigen Voraussetzungen und Dienstunfähigkeit des Amtes enthoben werden können (s. auch § 113).

2. Besonderheiten. Dienstrechtliche Besonderheiten gegenüber Berufsrichtern sind die Nichtversetzbarkeit des Handelsrichters (§§ 30, 31 DRiG) und die Nichtanwendung der Abordnungsvorschrift (§ 37 DRiG). Lediglich § 32 DRiG, der die Veränderung der Gerichtsorganisation betrifft, ist derart auf Handelsrichter anzuwenden, dass bei Auflösung der Einzigen oder aller Kammern für Handelssachen bei einem Landgericht eine Amtsenthebung zu erfolgen hat (keine Versetzung, vgl. § 109 Abs. 2) und bei Verminderung der Anzahl der Kammern für Handelssachen bei einem Landgericht eine Umverteilung auf die verbleibenden Kammern.[2] § 36 Abs. 2 DRiG, der eine Beendigung des Richteramts bei Eintritt in Regierung oder Legislativorgan des Bundes oder eines Landes vorsieht, gilt für Handelsrichter ebenso wie für andere ehrenamtliche Richter nicht.[3]

3. Prozessuale Rechte und Pflichten der Handelsrichter. Handelsrichter können nicht Vorsitzende der Kammer für Handelssachen sein (§ 105) und nicht als Einzelrichter tätig werden (§§ 349 Abs. 4, 348, 348a ZPO), wohl aber als beauftragte Richter. Bei Beratung und Abstimmung sind sie gleichberechtigt (§§ 105 Abs. 2, 192 ff.). Die Vorschriften über die Ausschließung und Ablehnung von Gerichtsperson (§§ 41 bis 48 ZPO) sind anwendbar.[4]

4. Disziplinarrecht. Die Handelsrichter unterliegen der Disziplinargerichtsbarkeit des jeweiligen Landes (§§ 71 ff. DRiG iVm. dem jeweiligen Landesgesetz).[5] Als Disziplinarmaßnahme kommt jedoch nur die Amtsenthebung in Betracht.[6] S. ferner § 113.

§ 113 [Amtsenthebung]

(1) Ein ehrenamtlicher Richter ist seines Amtes zu entheben, wenn er
1. eine der für seine Ernennung erforderlichen Eigenschaften verliert oder Umstände eintreten oder nachträglich bekannt werden, die einer Ernennung nach § 109 entgegenstehen, oder
2. seine Amtspflichten gröblich verletzt hat.

(2) Ein ehrenamtlicher Richter soll seines Amtes enthoben werden, wenn Umstände eintreten oder bekannt werden, bei deren Vorhandensein eine Ernennung nach § 109 Abs. 3 Satz 2 nicht erfolgen soll.

(3) ¹Die Entscheidung trifft der erste Zivilsenat des Oberlandesgerichts durch Beschluß nach Anhörung des Beteiligten. ²Sie ist unanfechtbar.

(4) Beantragt der ehrenamtliche Richter selbst die Entbindung von seinem Amt, so trifft die Entscheidung die Landesjustizverwaltung.

I. Normzweck

§ 113 sieht einzelne Gründe der Amtsenthebung vor. Diese Gründe müssen, auch wenn die ehrenamtlichen Richter nicht unter Art. 97 Abs. 2 GG fallen, im Voraus bestimmt werden und können nicht ohne weiteres etwa dem Belieben der Justizverwaltung überlassen bleiben. § 113 bindet die Amtsenthebung in erster Linie an das Fehlen oder den nachträglichen Wegfall der Ernennungsvoraussetzungen (Abs. 1 Nr. 1), sieht aber auch eine Amtsenthebung bei gröblicher Amtspflichtverletzung vor (Abs. 1 Nr. 2). Nach Abs. 2 soll in Korrespondenz zu § 109 Abs. 3 S. 2 danach ein Handelsrichter, der in Vermögensverfall gerät, des Amtes enthoben werden. Ein weiterer Grund ergibt sich aus § 44b DRiG. Die Amtsenthebung muss bei Vorliegen der Voraussetzungen von der

---

[1] BVerfGE 14, 56, 70; 18, 241, 254; 26, 186, 198 f.; 27, 312, 322; *Manfred Wolf* § 23 III 1, 2; *Schilken* Rn. 532.
[2] *Wieczorek/Schreiber* § 112 Rn. 1; aA bzgl. der Verminderung der Kammeranzahl: Entlassung *Kissel/Mayer* Rn. 5.
[3] BGH NJW 1968, 996 MdB als Geschworener; *Kissel/Mayer* Rn. 4, § 31 Rn. 7.
[4] OLG Stuttgart ZIP 1994, 778; vgl. hierzu auch *Pfeiffer* ZIP 1994, 769; *Kissel/Mayer* Rn. 7; *Zöller/Gummer* Rn. 1.
[5] S. die Fundstellen in der Anm. zu § 71 DRiG in Schönfelder, Deutsche Gesetze, Loseblatt.
[6] *Kissel/Mayer* Rn. 10.

Justizverwaltung beim OLG beantragt werden, das darüber unanfechtbar entscheidet (Abs. 3), wenn die Amtsenthebung gegen den Willen des ehrenamtlichen Richters erfolgt. Beantragt der ehrenamtliche Richter seine Amtsentbindung selbst, wird er von der Landesjustizverwaltung ohne Anrufung des OLG entlassen (Abs. 4).

II. Amtsenthebung (Abs. 1 und 2)

1. Wegfall der Ernennungsvoraussetzungen. Bei Wegfall der Ernennungsvoraussetzungen (Nr. 1) muss die Amtsenthebung erfolgen. Die Voraussetzungen, deren Wegfall zum Amtsverlust führt, sind in § 109 Abs. 1 und 3 genannt. Hinzukommt Prozessfähigkeit,[1] nicht dagegen die in § 109 Abs. 2 genannte örtliche Nähe.[2] Das Verfahren ist von Amts wegen von der Ernennungsbehörde[3] einzuleiten. Im Einklang mit § 44 Abs. 2 DRiG kann der Amtsverlust des Handelsrichters gegen seinen Willen nur durch Gerichtsentscheidung erfolgen. Bei nachträglichem Wegfall der Ernennungsvoraussetzungen ist der Rechtssicherheit der Vorrang zu gewähren. Die Ernennung ist auch bezüglich konkreter Prozesse so lange wirksam, bis das Gericht die Amtsenthebung mit Wirkung ex nunc ausspricht. Bis zu diesem Zeitpunkt ist das Gericht ordnungsgemäß besetzt; die Entscheidung im Amtsenthebungsverfahren wirkt stets konstitutiv.[4] 2

Die Regelung betrifft nicht nur den nachträglichen Wegfall der Ernennungsvoraussetzungen, sondern ist auch auf das **nachträgliche Bekanntwerden des anfänglichen Fehlens** der Ernennungsvoraussetzungen anzuwenden. Ein Unterschied zwischen beiden Fällen besteht in der Wirkung der Entscheidung. Bei anfänglichem Fehlen der Voraussetzungen, die die Wirksamkeit der Ernennung berühren,[5] ist die Entscheidung nur deklaratorischer Natur, da die Ernennung unwirksam ist. Soweit das Fehlen von Ernennungsvoraussetzungen nicht die Wirksamkeit der Ernennung, sondern nur die vorschriftsmäßige Besetzung der Richterbank berührt, ist die Amtsenthebung auch bei anfänglichem Fehlen konstitutiv. 3

2. Gröbliche Amtspflichtverletzung. Als weiterer Grund für die Amtsenthebung ist durch Abs. 1 Nr. 2 die gröbliche Amtspflichtverletzung geregelt. Auch in diesem Fall muss die Amtsenthebung zwingend von der Ernennungsbehörde durch Beantragung der gerichtlichen Entscheidung gemäß Abs. 3 eingeleitet werden. Als Beispiele für gröbliche Amtspflichtverletzung nennt die Begründung zum RegE[6] Verletzungen des Beratungsgeheimnisses oder wiederholtes unentschuldigtes Fernbleiben von Sitzungen. Weitere Gründe müssen von ähnlichem Gewicht sein, insbesondere wird im Regelfall eine vorherige Abmahnung vorausgehen müssen. 4

3. Vermögensverfall. Als **Sollvorschrift** wurde in Abs. 2 der Amtsenthebungsgrund „Vermögensverfall" eingeführt; vgl. § 109 Abs. 3 S. 2 iVm. § 33 Nr. 5. Das ist zB der Fall, wenn das Insolvenzverfahren eröffnet wird oder der Handelsrichter ins Schuldnerverzeichnis eingetragen wurde. Der Vermögensverfall beeinflusst die Ernennung nicht automatisch. Auch bei bereits anfänglich bestehendem Vermögensverfall ist die Ernennung wirksam. § 109 Abs. 3 S. 2 ist kein zwingender Hinderungsgrund. Die auf Antrag der Ernennungsbehörde ergehende gerichtliche Entscheidung nach Abs. 3 ist daher sowohl im Falle des nachträglichen Eintretens von Umständen, als auch im Falle des nachträglichen Bekanntwerdens von Umständen die den Vermögensverfall begründen, konstitutiv. 5

4. Stasi-Mitarbeiter etc. In den Fällen des § 44a DRiG (vgl. § 109 Rn. 14) ermöglicht § 44b Abs. 1 DRiG eine Abberufung von Handelsrichtern. 6

III. Gerichtliche Entscheidung (Abs. 3)

Die gerichtliche Entscheidung ist zwar nicht verfassungsrechtlich zwingend vorgeschrieben, da die ehrenamtlichen Richter nicht unter den Schutz von Art. 97 Abs. 2 GG fallen. Die gerichtliche Entscheidung dient jedoch dem **Schutz der richterlichen Unabhängigkeit** und ist in § 44 Abs. 2 DRiG durch einfaches Gesetz vorgesehen. 7

Zuständig für die Antragstellung ist die Justizverwaltung, weil sie den Handelsrichter auch ernannt hat. Die Zuständigkeit des 1. Zivilsenats des OLG für das Amtsenthebungsverfahren ist ein Fall der **gesetzlichen Geschäftsverteilung**. Das Verfahren ist bis auf die Festschreibung des Pro- 8

---

[1] S. § 109 Rn. 14.
[2] Zöller/Gummer Rn. 1.
[3] Zöller/Gummer Rn. 2; Kissel/Mayer Rn. 6; nunmehr auch Wieczorek/Schreiber Rn. 3.
[4] Kissel/Mayer Rn. 9; nunmehr auch Wieczorek/Schreiber Rn. 3.
[5] S. § 108 Rn. 4; § 109 Rn. 15.
[6] BT-Drucks. 11/3621 S. 54 zu § 113.

zessgrundrechts auf rechtliches Gehör (Art. 103 Abs. 1 GG) nicht weiter ausgestaltet. Insoweit ist der Rückgriff auf Normen der ZPO erforderlich.[7] Die Entscheidung des OLG ist grundsätzlich unanfechtbar.[8] Es sind aber nicht nur Nichtigkeits- und Restitutionsklage gegen die OLG-Entscheidung zulässig.[9] Bei offenkundiger Verletzung des rechtlichen Gehörs dürfte eine Gegenvorstellung vor dem OLG zulässig sein. Eine Entlassung durch einstweilige Anordnung ist nicht vorgesehen (anders bei § 44a DRiG);[10] es besteht auch kein Bedürfnis dafür.

IV. Antrag auf Entbindung vom Amt (Abs. 4)

9 Die Sicherung der richterlichen Unabhängigkeit ist nur bei einer Amtsentbindung ohne den Willen des ehrenamtlichen Richters erforderlich. Entspricht die Amtsenthebung dem Wunsch des ehrenamtlichen Richters und beantragt er seine Entbindung selbst, so bedarf es dieses Schutzes nicht. In diesem Fall entscheidet die Landesjustizverwaltung. Abs. 4 sieht damit eine dem § 21 Abs. 2 Nr. 4 DRiG für Berufsrichter entsprechende Regelung vor. Beantragt ein Handelsrichter selbst seine Entbindung, braucht er keine Gründe[11] dafür (vgl. § 108 Rn. 3), insbesondere nicht die Gründe des Abs. 1, auch wenn die Übernahme des Amts keine Pflicht ist und es keine der § 52 Abs. 2 für Schöffen entsprechende Regelung gibt. Jedenfalls genügen Arbeitsüberlastung, Alter, Krankheit usw. Wird von Amts wegen ein Entlassungsverfahren eingeleitet, kann es der Handelsrichter gegenstandslos machen, indem er selbst seine Entbindung beantragt.[12]

§ 114 [Entscheidung auf Grund eigener Sachkunde]

Über Gegenstände, zu deren Beurteilung eine kaufmännische Begutachtung genügt, sowie über das Bestehen von Handelsgebräuchen kann die Kammer für Handelssachen auf Grund eigener Sachkunde und Wissenschaft entscheiden.

1 **1. Normzweck.** Die Vorschrift ist als Regelung des Beweisrechts im Gerichtsverfassungsrecht systematisch deplaziert. Sie hat praktisch keine Bedeutung mehr,[1] da heute weitgehend das Bestehen von Handelsbräuchen durch Einholung eines Gutachtens der Industrie- und Handelskammer festgestellt wird.[2]

2 **2. Anwendungsbereich.** Die Norm betrifft zwei Fälle: a) Die Beurteilung von Gegenständen auf Grund kaufmännischer Sachkunde, zB die Qualität von Pfeffer, b) die Beurteilung des Bestehens der im Handelsverkehr geltenden Gewohnheiten und Gebräuche (§ 346 HGB). In diesen Fällen darf die Kammer für Handelssachen sowohl bei Befassung in 1. wie in 2. Instanz auf Grund eigener Sachkunde entscheiden. Die eigene Sachkunde tritt an die Stelle eines Sachverständigengutachtens[3] und ist von der Offenkundigkeit von Tatsachen nach § 291 ZPO zu unterscheiden. Es genügt, dass die Sachkunde bei einem Kammermitglied vorliegt.[4] Vor der Entscheidung auf Grund eigener Sachkunde hat die Kammer die Parteien nach § 139 Abs. 1 ZPO darauf hinzuweisen, da in diesem Fall die sonst mögliche Befragung des Sachverständigen (§ 411 Abs. 3 ZPO) entfällt.[5] Man wird im Übrigen dieselben Grundsätze anwenden müssen, wie wenn ein Berufsrichter **eigene Sachkunde** (etwa in medizinischen Fragen) seiner Entscheidung zugrunde legen will,[6] also Zurückhaltung. Die Sachkunde ist im Urteil im Einzelnen darzulegen (wo was wann studiert bzw. tätig gewesen etc.);[7] keinesfalls genügt es, wenn Handelsrichter aus anderen Branchen sich Sachkunde zubilligen (etwa der Sparkassenvorstand über Zementqualität).[8]

3 **3. Verfahren in der Berufungsinstanz.** Da die auf eigener Sachkunde und Wissenschaft getroffene Feststellung ein Sachverständigengutachten ersetzt, kann die von der Kammer für Handels-

---

[7] Vgl. *Wieczorek/Schreiber* Rn. 2; *Kissel/Mayer* Rn. 8.
[8] RG JW 1936, 1290.
[9] *Kissel/Mayer* Rn. 8; *Wieczorek*, 2. Aufl., Anm. B IV.
[10] AA *Zöller/Gummer* Rn. 3.
[11] AA *Zöller/Gummer* Rn. 4.
[12] AA *Wolf* in der 2. Aufl.
[1] *Maier* DRiZ 1977, 280.
[2] *Heldrich* AcP 186 (1986), 92 f.; vgl. auch *Wagner* NJW 1969, 1282.
[3] RGZ 110, 47, 49.
[4] BGHZ NJW 1958, 1596.
[5] *Kissel/Mayer* Rn. 6; *Zöller/Gummer* Rn. 2.
[6] Dazu *Zöller/Greger* ZPO § 402 Rn. 7.
[7] BGH NJW 2000, 1946.
[8] Anders die hM, etwa *Zöller/Gummer* Rn. 1.

sachen in 1. Instanz getroffene Feststellung auch von dem Rechtsmittelgericht berücksichtigt werden. Die Berufungsinstanz ist also nicht daran gebunden.[9] Die „eigene Sachkunde" der KfH muss überprüft werden, wenn ein Beweisantrag gestellt wird. Ein (erneuter) Sachverständigenbeweis ist nach den allgemeinen Grundsätzen zur Einholung eines weiteren Gutachtens zu erholen.[10] Die tatsächlichen Feststellungen der Kammer für Handelssachen nach § 114 in 1. Instanz dürfen vom Berufungsgericht allerdings nicht übergangen werden,[11] es sei denn, das OLG weicht wegen Offenkundigkeit nach § 291 ZPO von der Kammer für Handelssachen ab, so wie es sich in diesem Fall auch über ein Sachverständigengutachten hinwegsetzen dürfte.[12]

Ist die **Kammer für Handelssachen als Berufungsgericht** tätig, so kann nichts anderes gelten. Ebensowenig wie ein Berufsrichter seine „eigene Sachkunde" ohne weiters über ein Sachverständigengutachten stellen kann, kann die KfH nicht auf Grund eigener Sachkunde von einem in 1. Instanz vor dem Amtsgericht erstatteten Sachverständigengutachten abweichen.[13] 4

Achter Titel. Oberlandesgerichte

Vorbemerkung zu den §§ 115 ff.

I. Übersicht

§§ 115 bis 122 regeln den Aufbau und die funktionelle zweitinstanzliche Zuständigkeit, in Strafsachen auch die erstinstanzliche sachliche Zuständigkeit der OLG. Der Titel ist auf oberste Landesgerichte nicht unmittelbar anwendbar. Art. 8 EGGVG überlässt insoweit die Regelung grundsätzlich dem Landesgesetzgeber. § 10 EGGVG sieht jedoch die entsprechende Anwendung einzelner Bestimmungen des GVG, wie insbesondere § 116 Abs. 1 Satz 2 vor. 1

II. Errichtung der Oberlandesgerichte und ihrer Spruchkörper

Die Errichtung, die Zahl, Aufhebung oder Verlegung der OLG, die Bestimmung und Änderung ihres Bezirks steht nach Art. 30, 92 GG der **Landesgesetzgebung**[1] zu. Jedes Land muss grundsätzlich mindestens *ein* OLG haben. Das OLG in Berlin heißt Kammergericht. 2

Die Zahl der Zivil- und Strafsenate bei den einzelnen OLG bestimmt die **Justizverwaltung**. Die Zahl der Richter ergibt sich aus dem Stellenplan des Landes-Haushalts. Das Präsidium hat die vorgegebenen Zahlen hinzunehmen und nur darüber zu befinden, welche Sachen welchem Senat zugeteilt werden und welche Richter in welchem Senat tätig werden. 3

§ 115 [Besetzung]

Die Oberlandesgerichte werden mit einem Präsidenten sowie mit Vorsitzenden Richtern und weiteren Richtern besetzt.

I. Normzweck

§ 115 regelt wie § 59 für die LG die „Besetzung" der OLG. Das OLG muss danach *einen* Präsidenten, mehrere Vorsitzende Richter und weitere Richter haben. Sie tragen die Bezeichnung Richter am OLG (§ 19a DRiG). Die Übertragung eines weiteren Richteramts auf einen Richter am OLG ist anders als in § 59 Abs. 2 nicht vorgesehen. Auch dürfen am OLG nicht wie am LG gemäß § 59 Abs. 3 Richter auf Probe oder kraft Auftrags verwendet werden. Die Besetzung der einzelnen Senate als Rechtsprechungsorgane regelt § 122. 1

II. Besetzung

Zum Begriff der Besetzung s. § 59 Rn. 2. Zu einer vorübergehenden Vakanz und einer Wiederbesetzung frei gewordener Stellen s. § 59 Rn. 3. Bei unzureichender Ausstattung mit Planstellen gilt § 59 Rn. 4 entsprechend. 2

---

[9] RGZ 44, 31, 34.
[10] RGZ 44, 31, 34; *Wieczorek/Schreiber* Rn. 3; *Kissel/Mayer* Rn. 2.
[11] RG JW 1894, 20.
[12] *Wieczorek/Schreiber* Rn. 3.
[13] AA *Kissel/Mayer* Rn. 3.
[1] Die hilfsweise geltende GVVO von 1935 ist mit Wirkung v. 24. 4. 2008 aufgehoben; vgl. § 22 Rn. 8.

III. Präsident

3 Der Präsident des OLG hat wie der LG-Präsident eine **Doppelstellung** als Richter einerseits und Organ der Justizverwaltung andererseits.[1] Als Richter muss er den Vorsitz in einem Senat (wenn auch nur mit einem ganz kleinen Zuständigkeitsbereich) übernehmen (§ 21f Abs. 1) und diese Tätigkeit zu einem wesentlichen Anteil im Senat ausüben.[2] Die Aufgaben des OLG-Präsidenten als Organ der Justizverwaltung und seine Weisungsbefugnisse gegenüber den Präsidenten der LG oder AG sowie etwaiger aufsichtsführender Richter beim AG regelt das Landesrecht.

IV. Vorsitzende Richter

4 Die Vorsitzenden Richter am OLG müssen Berufsrichter auf Lebenszeit sein (§ 28 DRiG). Sie führen den Vorsitz in den Senaten und regeln deren interne Geschäftsverteilung (§ 21g). Für die Festlegung ihrer Zahl, ihrer Aufgaben und ihrer Vertretung gelten die Ausführungen zu den Vorsitzenden Richtern am LG entsprechend.[3]

V. Weitere Richter

5 Die weiteren Richter am OLG (s. § 19a DRiG) können gemäß § 28 DRiG **nur Berufsrichter auf Lebenszeit** sein, da eine den §§ 22 Abs. 5, 59 Abs. 3 entsprechende Vorschrift für das OLG fehlt. Auch kann ihnen entgegen § 59 Abs. 2 kein weiteres Richteramt übertragen werden.

6 Am OLG können **abgeordnete Richter** gemäß § 37 DRiG tätig sein, die jedoch Richter auf Lebenszeit sein müssen, sei es am AG, am LG oder am Gericht einer anderen Gerichtsbarkeit.[4] Man nennt diese Richter auch **Hilfsrichter**. Nach § 29 DRiG darf bei einer Entscheidung jedoch nur *ein* abgeordneter Richter mitwirken. Wirken mehrere Hilfsrichter mit, so liegt eine Fehlbesetzung vor. Die Zahl der Hilfsrichter am OLG ist auf das unumgänglich notwendige Maß zu begrenzen[5] und sie dürfen nicht bei wenigen Senaten konzentriert werden, sondern sind auf die vorhandenen Senate möglichst gleichmäßig zu verteilen.[6] Sie dürfen auch nicht auf Dauer, sondern nur für vorübergehende Zwecke am OLG tätig werden. Bei dauerndem Bedarf sind neue Planstellen am OLG einzurichten. Als berechtigte **Gründe für eine vorübergehende Abordnung** an das OLG kommen in Betracht die Bewältigung eines außergewöhnlichen vorübergehenden Geschäftsanfalls oder die Vertretung verhinderter Richter, sofern die Vertretung durch andere Richter am OLG nicht ohne wesentliche Beeinträchtigung von deren Aufgaben möglich ist,[7] wie insbesondere bei lang dauernder Verhinderung eines Richters. Als Grund ist auch die Fortbildung und Erprobung von Richtern für eine Beförderungsstelle (sog. Drittes Staatsexamen) anerkannt.[8] Die Berücksichtigung der Erprobungszeit am OLG ist ein zulässiges Beurteilungskriterium für die Beförderung.[9] Nicht in allen Bundesländern erfolgt eine Erprobung durch eine solche Abordnung, in Bayern zB nicht. Die Zahl der zu Erprobungszwecken abgeordneten Richter muss dem künftigen Bedarf für Beförderungsstellen entsprechen.[10] Liegen Gründe für eine vorübergehende Abordnung nicht vor, so führt die Mitwirkung eines gleichwohl tätigen abgeordneten Richters zu einer Fehlbesetzung mit den dazugehörenden verfahrensrechtlichen Folgen.[11] Die Bestellung der abgeordneten Richter erfolgt gemäß § 117 mit § 70.

7 Am OLG können auch **Professoren im Nebenamt** tätig sein, sofern sie zugleich zum Richter auf Lebenszeit ernannt sind. Dazu müssen die Professoren die Voraussetzungen gemäß § 9 DRiG erfüllen. Die dienstrechtliche Stellung an der Hochschule und am Gericht sind getrennt und unabhängig voneinander. Der Wechsel der Universität, auch über die Landesgrenzen hinaus, berührt die Rechtsstellung als Richter nicht. Die Freistellung von Lehrverpflichtungen berührt nicht die ohnehin geringen richterlichen Aufgaben. Auch in disziplinarischer Hinsicht sind jeweils gesonderte Entscheidungen erforderlich. Für die Erstellung von Rechtsgutachten kann ge-

---

[1] S. § 59 Rn. 5, 6.
[2] S. BGHZ 49, 64 = NJW 1968, 501; *Kern* JZ 1968, 568; dazu § 59 Rn. 8.
[3] § 59 Rn. 7 bis 9.
[4] BGH NJW 1960, 676.
[5] BGH NJW 1985, 2336.
[6] BVerfGE 14, 156, 164; BVerfG DRiZ 1971, 27.
[7] *Kissel/Mayer* Rn. 7f.
[8] BVerfG DRiZ 1971, 27; BGH NJW 1966, 253; BVerwG DRiZ 1977, 117; *Keilholz* DRiZ 1972, 25.
[9] BVerwG DRiZ 1978, 315.
[10] *Kissel/Mayer* Rn. 8.
[11] S. auch § 70 Rn. 11.

mäß § 41 Abs. 2 DRiG eine Befreiung von dem sonst für Richter geltenden Verbot des § 41 Abs. 1 DRiG erteilt werden. Wegen der Beschäftigung im Nebenamt kann einem Senat mit 5 Richtern auch ein Professor als sechster Richter zugeteilt werden.[12] In der Praxis sind die Professoren teils nur zu $^{1}/_{10}$ eines Richterpensiums tätig; so eine kleine Quote hat keinen anerkennenswerten Sinn.[13] Diese Tätigkeit ist für die Anwälte ärgerlich, weil der Professor-Richter am OLG nicht telefonisch erreichbar ist. Wegen der fehlenden räumlichen und zeitlichen Einbindung ins OLG ist die Tätigkeit auch für die Geschäftsstelle und die beiden Berufsrichter des Senats eher eine Belastung.

§ 115 a (weggefallen)

§ 116 [Zivil- und Strafsenate; Ermittlungsrichter]

(1) ¹Bei den Oberlandesgerichten werden Zivil- und Strafsenate gebildet. ²Bei den nach § 120 zuständigen Oberlandesgerichten werden Ermittlungsrichter bestellt; zum Ermittlungsrichter kann auch jedes Mitglied eines anderen Oberlandesgerichts, das in dem in § 120 bezeichneten Gebiet seinen Sitz hat, bestellt werden.

(2) ¹Die Landesregierungen werden ermächtigt, durch Rechtsverordnung außerhalb des Sitzes des Oberlandesgerichts für den Bezirk eines oder mehrerer Landgerichte Zivil- oder Strafsenate zu bilden und ihnen für diesen Bezirk die gesamte Tätigkeit des Zivil- oder Strafsenats des Oberlandesgerichts oder einen Teil dieser Tätigkeit zuzuweisen. ²Ein auswärtiger Senat für Familiensachen kann für die Bezirke mehrerer Familiengerichte gebildet werden.

(3) Die Landesregierungen können die Ermächtigung nach Absatz 2 auf die Landesjustizverwaltungen übertragen.

I. Normzweck

Vergleichbar § 60 bestimmt § 116 die Senate als die am OLG tätigen Spruchkörper. Zugleich ergibt sich daraus, dass am OLG mindestens ein Zivilsenat und ein Strafsenat errichtet werden müssen. Eine darüber hinausgehende Zahl von Senaten wird durch die Justizverwaltung bestimmt. Eine Beteiligung des Richterrats kommt nach § 52 DRiG in Betracht. Ein Bestimmungsrecht der Justizverwaltung entfällt, soweit bestimmte Spezialsenate durch Gesetz vorgeschrieben sind.[1] Im Übrigen wird die Aufgabenzuweisung an die Senate sowie die Zahl und Person der den Senaten zugewiesenen Richter durch den Geschäftsverteilungsplan festgelegt. Die Besetzung der Senate als das im Einzelfall erkennende Gericht ergibt sich aus § 122. Abs. 2 will im Interesse der Bürgernähe und einer bedarfsgerechten Gerichtsorganisation die Bildung von auswärtigen Senaten zulassen, ohne die Gründung eines OLG insgesamt zu verlangen. § 116 Abs. 2 wurde geändert und Abs. 3 eingefügt durch G. v. 19. 4. 2006.[2]

1

II. Ständige und nichtständige Senate

§ 116 schreibt die Errichtung mindestens eines ständigen Zivilsenats für die allgemeinen Zivilsachen vor; in der Praxis gibt es aber bei jedem OLG mehrere Zivilsenate. Die Bildung weiterer Senate steht der Justizverwaltung zu (Rn. 1). Die Aufgabenverteilung unter mehreren Senaten gehört, soweit nicht eine gesetzliche Geschäftsverteilung besteht, zur Zuständigkeit des Präsidiums nach § 21 e. Ein Senat für Handelssachen ist am OLG nicht vorgesehen. Durch den Geschäftsverteilungsplan kann jedoch bestimmt werden, dass ein bestimmter Zivilsenat für alle Rechtsmittel gegen Entscheidungen der KfH zuständig ist. Neben den ständigen Senaten können auch nichtständige Senate zur Erledigung vorübergehender Aufgaben gebildet werden. In Betracht kommen Senate für Bereitschaftsdienst sowie Hilfssenate zur Bearbeitung einer vorübergehenden Überlast. Die Ausführungen zu § 60 Rn. 2 gelten für die nichtständigen Senate entsprechend.

2

---

[12] BGH NJW 1966, 1458; vgl. zur Überbesetzung noch § 21 e Rn. 15.
[13] OLG Schleswig OLG-Report Celle 2006, 22: ein Hochschullehrer war am dortigen OLG sogar mit nur 0,05% seiner Arbeitskraft im Nebenamt: so konnte er sich, etwa in Veröffentlichungen, als Richter bezeichnen, obwohl er faktisch als solcher kaum tätig war.
[1] S. Rn. 3 ff.
[2] BGBl. I S. 866, Gründe vgl. § 93 Rn. 2.

III. Spezialgesetzliche Senate

3 Neben den allgemeinen Zivilsenaten **bestehen kraft Gesetzes** einzelne Spezialsenate. Ihre Errichtung steht deshalb nicht der Justizverwaltung zu, wohl aber muss sie die erforderlichen sachlichen und persönlichen Mittel zur Verfügung stellen. Die sachliche Aufgabenzuweisung für die Spezialsenate ergibt sich aus dem Gesetz im Sinne einer gesetzlichen Geschäftsverteilung. Dem Präsidium obliegt mit seiner Geschäftsverteilung nur die Zuweisung von Richtern an die Spezialsenate und bei Bildung mehrerer Spezialsenate mit dem gleichen Aufgabengebiet die Abgrenzung der Aufgaben unter diesen Spezialsenaten, soweit nicht auch hierfür wie nach § 119 Abs. 2 mit § 23b Abs. 2 gesetzliche Vorgaben bestehen.

4 **1. Einzelne Spezialgesetze.** Zu den durch Gesetz vorgesehenen Spezialsenaten mit zivilrechtlichem Einschlag gehört der **Senat für Familiensachen,** der gemäß § 119 Abs. 2 mit § 23b Abs. 1 und 2 am OLG zu bilden ist und dem kraft Gesetzes die Familiensachen in § 23b Abs. 1 S. 2 zur Erledigung zugewiesen sind. Die Familiensenate entscheiden in derselben Besetzung wie die allgemeinen Zivilsenate (§ 122). Kraft Gesetzes bestehender Senat ist auch der **Kartellsenat** gemäß § 91 GWB, dessen Besetzung sich ebenfalls aus § 122 ergibt. Gleiches gilt für den Vergabesenat gemäß § 116 Abs. 3 GWB, der über die sofortige Beschwerde im Verfahren über die Vergabe öffentlicher Aufträge entscheidet. Der **Senat für Landwirtschaftssachen** besteht gemäß §§ 2, 8 LwVG in der Besetzung mit drei Richtern am OLG einschließlich des Vorsitzenden und zwei ehrenamtlichen Beisitzern. Nach § 229 BauGB ist ein **Senat für Baulandsachen** vorgeschrieben in der Besetzung mit zwei Richtern am OLG einschließlich des Vorsitzenden sowie einem hauptamtlichen Richter eines OVG. Durch § 208 BEG ist ein **Senat für Entschädigungssachen** vorgesehen in der Besetzung wie § 122 GVG, jedoch soll der Vorsitzende und ein Beisitzer dem Kreis der Verfolgten angehören (§ 208 Abs. 3 BEG). Für Fideikommißangelegenheiten besteht ein **Fideikommißsenat**.[3] Für **berufs- und ehrengerichtliche Verfahren** bestehen besondere Senate, zB nach § 101 BNotO, § 100 BRAO, § 86 PatAnwO, § 96 StBerG und als Dienstgericht für Richter am OLG oder am LG auch nach § 79 DRiG. **Schifffahrtsobergerichte** nach dem Binnenschifffahrtsverfahrensgesetz sind nicht Spezialsenate am OLG, sondern das OLG als solches. Die Aufgabenzuweisung an einen Zivilsenat erfolgt gemäß § 21e. Von der Konzentrationsermächtigung nach § 4 BSchiffVerfG wurde auch über die Ländergrenzen hinweg Gebrauch gemacht.

5 **2. Verhältnis zu anderen Senaten.** Die Spezialsenate sind keine besonderen Gerichtsbarkeiten, sondern Bestandteil des Rechtswegs zu den ordentlichen Gerichten. Ihr Verhältnis zu anderen Senaten gehört in den Bereich der Geschäftsverteilung, mag diese auch gesetzlich vorgegeben sein. Maßgeblich ist die Rechtsnatur des streitigen Rechtsverhältnisses.[4] Bestehen für den Streitgegenstand mehrere Ansprüche, die sowohl zur Zuständigkeit eines allgemeinen Zivilsenats wie eines Spezialsenats gehören, so entscheidet der zuerst angegangene Senat kraft Sachzusammenhangs über alle Ansprüche, falls nicht durch Gesetz die ausschließliche Zuständigkeit eines Spezialsenats vorgesehen ist.[5] Dieser entscheidet dann über alle den Streitgegenstand betreffenden Ansprüche. Bei Unzuständigkeit eines Senats erfolgt die Übertragung an einen anderen Senat durch Abgabe.[6] Bei einem Zuständigkeitsstreit unter mehreren Senaten entscheidet nach hM das Präsidium;[7] soweit es die gesetzlich festgelegte Geschäftsverteilung betrifft, wird der Streit nach § 36 Nr. 6 ZPO, § 46 FGG entschieden. Dies gilt auch, wenn bei Konzentration von Sachen an einem bestimmten OLG ein Zuständigkeitsstreit zwischen Senaten verschiedener OLG entsteht.[8] Die Entscheidung durch einen unzuständigen Senat berührt nach dem Rechtsgedanken des § 22d nicht die Wirksamkeit der Entscheidung. Sie kann jedoch wegen Verstoßes gegen den gesetzlichen Richter angefochten werden.

6 **3. Konzentration bei einem OLG.** Für Spezialsenate besteht häufig die Möglichkeit der Konzentration bei einem OLG, zB nach § 92 GWB, § 8 LwVG, § 229 Abs. 2 BauGB, so dass dieses OLG die dem Spezialsenat zugewiesenen Angelegenheiten auch aus anderen OLG-Bezirken ent-

---

[3] Gesetz zur Vereinheitlichung der Fideikommißauflösung vom 26. 6. 1935 (RGBl. I S. 785); Gesetz über das Erlöschen der Familienfideikommisse und sonstiger gebundener Vermögen vom 6. 7. 1938 (RGBl. I S. 825); VO zur Durchführung und Ergänzung des Gesetzes über das Erlöschen der Familienfideikommisse und sonstiger gebundener Vermögen vom 20. 3. 1939 (RGBl. I S. 509); VO zur Verlängerung von Fristen des Fideikommiß- und Stiftungsrechts vom 4. 12. 1942 (RGBl. I S. 645); Bundesgesetz zur Änderung von Vorschriften des Fideikommiß- und Stiftungsrechts vom 28. 12. 1950 (BGBl. I S. 820).
[4] Vgl. auch § 13 Rn. 10 ff.
[5] S. etwa § 23b Rn. 10.
[6] S. § 21e Rn. 45.
[7] S. § 21e Rn. 46, s. aber Rn. 47.
[8] *Kissel/Mayer* Rn. 13.

scheidet. Die Konzentrationsermächtigung steht der Landesregierung oder Landesjustizverwaltung zu, die sie als Regelung des gesetzlichen Richters durch Rechtsverordnung vorzunehmen hat. Rechtsmittel sind grundsätzlich bei diesem OLG einzulegen, soweit der Streitgegenstand dem speziellen Rechtsverhältnis zuzuordnen ist.[9] Bei mehreren Anspruchsgrundlagen besteht eine Wahlmöglichkeit, soweit nicht der Spezialsenat kraft Gesetzes ausschließlich zuständig ist.[10] Hat in erster Instanz bereits ein Spezialspruchkörper entschieden, so ist nach dem Prinzip der formellen Anknüpfung[11] die Berufung auch beim Spezialsenat einzulegen.[12] Wird das Rechtsmittel fristgerecht bei einem falschen OLG eingelegt, zB beim allgemeinen Zivilsenat des OLG statt beim OLG mit dem konzentrierten Spezialsenat, so bleibt das Rechtsmittel zulässig, wenn die Abgrenzung, wie etwa nach § 91 GWB, schwierig zu treffen ist und dem Rechtsuchenden ein Irrtum deshalb nicht nachteilig zugerechnet werden kann.[13] Für die Schifffahrtsobergerichte soll dies nicht zutreffen.[14]

IV. Auswärtige Senate (Abs. 2)

Abs. 2 und Abs. 3 lässt die Bildung auswärtiger (detachierter) Senate für den Bezirk eines oder 7 mehrerer Landgerichte aus justizorganisatorischen Gründen (s. Rn. 1) zu. Vgl. ferner § 13 a. S. 2 erlaubt die Bildung auswärtiger Familiensenate. Die auswärtigen Senate und ihre Richter bleiben **dem OLG zugeordnet**. Die Neugründung eines weiteren OLG mit dem dazugehörenden Gesamt- und Personalaufbau, insbesondere auch einem weiteren Präsidenten (§ 115), ist deshalb nicht erforderlich. Das Präsidium des OLG ist auch für die auswärtigen Senate zuständig und deren Richter sind zum Präsidium des OLG aktiv und passiv wahlberechtigt. Auch die Anwaltszulassung erstreckt sich auf die auswärtigen Senate. Auswärte Senate gibt es zB in Kassel und Darmstadt (OLG Frankfurt), in Augsburg (OLG München), in Freiburg (OLG Karlsruhe).

Die Gründung dieser Senate, ihre Art und ihre Zahl ist nicht an besondere Voraussetzungen ge- 8 bunden, sondern steht im pflichtgemäßen **Ermessen der Landesjustizverwaltung**. Die örtliche Zuständigkeit der auswärtigen Senate muss sich mit dem Bezirk eines oder mehrerer LG (Abs. 2) oder mit den Bezirken mehrerer Familiengerichte (Abs. 2 S. 2) decken. Örtliche Teilbezirke eines LG oder Familiengerichts können ihnen ebenso wenig zugewiesen werden wie Angelegenheiten aus dem Gesamtbezirk eines OLG.[15] Angelegenheiten aus dem gesamten OLG-Bezirk könnten aber auf Grund von Konzentrationsermächtigungen (Rn. 6) auch einem auswärtigen Senat zugewiesen werden.[16] Ob dem auswärtigen Senat alle Sachen eines LG-Bezirks zugewiesen werden oder nur bestimmte Sachangelegenheiten, wie zB Bausachen oder Handelssachen, steht im Ermessen der Justizverwaltung. Bei Bildung eines auswärtigen Senats für Familiensachen sieht Abs. 2 S. 2 im Gegensatz zu Abs. 2 S. 1 keine Teilzuweisung vor. Auswärtigen Familiensenaten müssen deshalb alle Ehe- und Familiensachen zugewiesen werden, was auch zur Durchführung des Verfahrensverbundes von Scheidungs- und Folgesachen erforderlich ist.

Da bei Bildung auswärtiger Senate der gesetzliche Richter durch Änderung der örtlichen Zu- 9 ständigkeit betroffen ist, muss die Anordnung, einschließlich der Aufgabenzuweisung, **durch Rechtsverordnung** vorgenommen werden. Im Übrigen entscheidet über die Geschäftsverteilung und Zuweisung von Richtern das Präsidium des OLG nach § 21 e.

Bei einem **Zuständigkeitsstreit** zwischen einem Senat am Sitz des OLG und einem auswärti- 10 gen Senat kann nicht das Präsidium entscheiden, da die Entscheidungskompetenz über die Auslagerung nicht dem Präsidium, sondern der Landesjustizverwaltung zusteht. Es ist deshalb das Verfahren gemäß § 36 Nr. 5 und 6 ZPO einzuhalten.[17]

Zur **Fristwahrung** genügt die Einreichung von Schriftsätzen oder die Einlegung des Rechtsmit- 11 tels am Sitz des OLG,[18] da die Außensenate Teil dieses OLG sind. Aus demselben Grund genügt der Eingang eines Schriftsatzes beim auswärtigen OLG, auch wenn ein Senat am Stammgericht zuständig ist.[19] Ist dagegen durch Parteivereinbarung eine Widerrufsfrist für einen Vergleich vereinbart, so

---

[9] S. Rn. 5.
[10] S. zB § 23 b Rn. 10.
[11] S. § 119 Rn. 5; *Manfred Wolf* § 12 II 1.
[12] OLG Celle MDR 1977, 939 = NdsRpfl. 1977, 187.
[13] BGHZ 71, 367 = NJW 1978, 2096.
[14] BGH VersR 1979, 367 = MDR 1979, 475.
[15] *Löwe/Rosenberg/Franke* § 120 Rn. 3.
[16] *Kissel/Mayer* Rn. 17.
[17] *Kissel/Mayer* Rn. 19; vgl. auch BayObLG 1994, 119.
[18] BGH NJW 1967, 107.
[19] OLG Karlsruhe NJW 1984, 744.

ist dies dahin auszulegen, dass der Widerruf fristgerecht am Sitz des zuständigen Senats eingehen muss. Der Eingang beim Stammgericht für einen beim auswärtigen Senat geschlossenen Vergleich genügt deshalb nicht.[20]

§ 117 [Vertretung der Senatsmitglieder]
Die Vorschrift des § 70 Abs. 1 ist entsprechend anzuwenden.

1   Für den Fall, dass eine **Vertretung** innerhalb des OLG nicht möglich ist, wird sie entsprechend § 70 Abs. 1 auf Antrag des Präsidiums durch die Landesjustizverwaltung geregelt. Dabei können dem OLG als Vertreter sowohl Richter am AG wie Richter am LG innerhalb des OLG-Bezirks zugewiesen werden als auch Richter aus einem anderen OLG-Bezirk innerhalb desselben Landes, einschließlich der Richter des anderen OLG. Im Übrigen gelten die Ausführungen zu § 70 Abs. 1 entsprechend.

2   Da die entsprechende Anwendung von § 70 Abs. 2 nicht vorgesehen ist, dürfen **Richter auf Probe** (§ 12 DRiG) und **Richter kraft Auftrags** (§ 14 DRiG) dem OLG nicht zugewiesen werden. Zulässig ist aber die Zuweisung abgeordneter Richter (s. § 115 Rn. 6). Die entsprechende Anwendung von § 70 Abs. 3 ist entbehrlich, weil am OLG ohnehin nur Richter auf Lebenszeit tätig sein dürfen.

§ 118 Zuständigkeit in Musterverfahren
Die Oberlandesgerichte sind in bürgerlichen Rechtsstreitigkeiten im ersten Rechtszug zuständig für die Verhandlung und Entscheidung über Musterverfahren nach dem Kapitalanleger-Musterverfahrensgesetz.

1   § 118 wurde eingefügt durch G. v. 16. 8. 2005;[1] die Regelung ist (nach dem derzeitigen Gesetzesstand) befristet bis 31. 10. 2010 (Art. 9 des Gesetzes).[2] Damit soll Klägern, die sich als Kapitalanleger geschädigt fühlen und zu Tausenden klagen (zB die Anleger in Aktien der Deutschen Telekom) prozessual geholfen werden. Das neue Verfahren ist höchst kompliziert;[3] die Effektivität ist umstritten.[4] Der Prozess des Kapitalanlegers läuft in 1. Instanz vor einem LG (ausschließliche sachliche Zuständigkeit nach § 71 Abs. 2 Nr. 3). Dort können von Klägern oder Beklagten sog. Musterfeststellungsanträge gestellt werden; sind sie unzulässig (zB verspätet) werden sie vom LG zurückgewiesen (dagegen ist die sofortige Beschwerde zum OLG statthaft);[5] sind sie zulässig, werden sie in einem Klageregister[6] bekannt gemacht (§§ 1 Abs. 3, 2 KapMuG). Über den Musterfeststellungsantrag verhandelt das OLG mündlich und erlässt durch Beschluss einen „Musterentscheid" (§ 14 KapMuG) über die in den Anträgen bezeichneten Streitpunkte. Der OLG-Beschluss ist der Rechtskraft fähig und bindet im Rahmen von § 16 KapMuG. Gegen den Beschluss ist die Rechtsbeschwerde zum BGH statthaft (§ 15 KapMuG; § 574 ZPO).

§ 119 [Zuständigkeit in Zivilsachen]
(1) Die Oberlandesgerichte sind in bürgerlichen Rechtsstreitigkeiten ferner zuständig für die Verhandlung und Entscheidung über die Rechtsmittel:
1. der Berufung und der Beschwerde gegen Entscheidungen der Amtsgerichte
   a) in den von den Familiengerichten entschiedenen Sachen;
   b) in Streitigkeiten über Ansprüche, die von einer oder gegen eine Partei erhoben werden, die ihren allgemeinen Gerichtsstand im Zeitpunkt der Rechtshängigkeit in erster Instanz außerhalb des Geltungsbereiches dieses Gesetzes hatte;
   c) in denen das Amtsgericht ausländisches Recht angewendet und dies in den Entscheidungsgründen ausdrücklich festgestellt hat;
2. der Berufung und der Beschwerde gegen Entscheidungen der Landgerichte.

---

[20] BGH NJW 1980, 1753.
[1] BGBl. I S. 2437.
[2] Art. 12 des G. v. 22. 12. 2006, BGBl. I S. 3416.
[3] *Maier/Reimer/Wilsing* ZGR 2006, 79.
[4] *Ertmann/Keul* WM 2007, 482.
[5] OLG München ZIP 2007, 649.
[6] Vgl. dazu die Klageregisterverordnung v. 26. 10. 2005, BGBl. I S. 3092.

(2) § 23 b Abs. 1 und 2 gilt entsprechend.

(3) ¹Durch Landesgesetz kann bestimmt werden, dass die Oberlandesgerichte über Absatz 1 hinaus für alle Berufungen und Beschwerden gegen amtsgerichtliche Entscheidungen zuständig sind. ²Das Nähere regelt das Landesrecht; es kann von der Befugnis nach Satz 1 in beschränktem Umfang Gebrauch machen, insbesondere die Bestimmung auf die Entscheidungen einzelner Amtsgerichte oder bestimmter Sachen beschränken.

(4) Soweit eine Bestimmung nach Absatz 3 Satz 1 getroffen wird, hat das Landesgesetz zugleich Regelungen zu treffen, die eine Belehrung über das zuständige Rechtsmittelgericht in der angefochtenen Entscheidung sicherstellen.

(5) Bestimmungen nach Absatz 3 gelten nur für Berufungen und Beschwerden, die vor dem 1. Januar 2008 eingelegt werden.

(6) ¹Die Bundesregierung unterrichtet den Deutschen Bundestag zum 1. Januar 2004 und zum 1. Januar 2006 über Erfahrungen und wissenschaftliche Erkenntnisse, welche die Länder, die von der Ermächtigung nach Absatz 3 Gebrauch gemacht haben, gewonnen haben. ²Die Unterrichtung dient dem Zweck, dem Deutschen Bundestag die Prüfung und Entscheidung zu ermöglichen, welche bundeseinheitliche Gerichtsstruktur die insgesamt sachgerechteste ist, weil sie den Bedürfnissen und Anforderungen des Rechtsverkehrs am besten entspricht.

Übersicht

	Rn.		Rn.
I. Normzweck und Allgemeines	1, 2	1. Ausländisches Recht	12
II. Berufungs- und Beschwerdeinstanz gegen Entscheidungen der Familiengerichte (Abs. 1 Nr. 1 a)	3–6	2. Ausdrückliche Feststellung der Anwendung	13, 14
		3. Zuständigkeitsstreit	15
1. OLG als Berufungsinstanz gegen Endurteile der Familiengerichte	3, 4	V. Familiensenat (Abs. 2)	16
2. Beschwerdeinstanz gegen Entscheidungen der Familiengerichte	5, 6	VI. Berufungs- und Beschwerdeinstanz gegen Entscheidungen der Landgerichte (Abs. 1 Nr. 2)	17, 18
III. Zuständigkeit bei ausländischem allgemeinen Gerichtsstand (Abs. 1 Nr. 1 b)	7–11	1. Berufungsinstanz	17
		2. Beschwerdeinstanz	18
1. Zweck	7	VII. Weitere Zuständigkeit des OLG	19–24
2. Amtsgerichtliche Entscheidungen	8	VIII. Experimentierklausel (Abs. 3–6)	25–27
3. Ausländischer allgemeiner Gerichtsstand	9	1. Landesrechtliche Zuständigkeitserweiterung	25
4. Beteiligte Parteien	10		
5. Zuständigkeitsstreit	11	2. Rechtsmittelbelehrung	26
IV. Zuständigkeit bei Anwendung ausländischen Rechts (Abs. 1 Nr. 1 c)	12–15	3. Unterrichtungspflicht	27

I. Normzweck und Allgemeines

§ 119 regelt die funktionelle Zuständigkeit des OLG als Berufungs- und Beschwerdegericht in Zivilsachen. Ursprünglich war das OLG die 2. Instanz, wenn das LG in 1. Instanz entschieden hatte; das LG war 2. und letzte Instanz, wenn AG entschieden hatte. In FGG-Sachen war das OLG grds 3. Instanz (§ 28 FGG). Dieses bewährte und übersichtliche System wurde in den letzten Jahrzehnten aus rechtspolitischen Gründen vielfältig durchlöchert. § 119 wurde zuletzt geändert durch das ZPO-RG vom 27. 7. 2001[1] und das G. v. 16. 8. 2005[2] (Einfügung des Wortes „ferner" in Abs. 1 Satz 1 wegen § 118). Ursprünglich wollte die Bundesregierung die Zuständigkeit für alle Berufungen und Beschwerden, auch gegen Urteile der Amtsgerichte, beim OLG konzentrieren.[3] Dagegen wandte sich der Bundesrat,[4] denn die Erledigung einer Berufung durch den OLG-Senat

---

[1] BGBl. I S. 1887.
[2] BGBl. I S. 2437.
[3] BT-Drucks. 14/4722, S. 72 Nr. 6.
[4] BT-Drucks. 14/4722, S. 146.

ist teuerer als die Erledigung durch die LG-Zivilkammer (wie die Pensenzahlen und Gebührenabrechnungen zeigen). Nach anfänglichem Beharren auf dem ursprünglichen Standpunkt[5] wurde schließlich ein Kompromiss gefunden, wie er sich nun in § 119 (geltend seit 1. 1. 2002) zeigt. Ein Teil der amtsgerichtlichen Entscheidungen (erweitert um die Fälle nach Abs. 1 Nr. 1 b und c) geht in der Berufung zum OLG, ein Teil zum LG (gespaltene Zuständigkeit). Da seit 2002 auch gegen Berufungsurteile der Landgerichte Revision möglich ist, war das nicht zur Sicherung einer einheitlichen Rechtsprechung geboten. Die Verlagerung ans OLG soll die Spezialisierung und bessere Publizität der Urteile durch Konzentration am OLG ermöglichen.[6] Tatsächlich ging es darum, die Landgerichte als 2. Instanz möglichst weitgehend auszuschalten und einen weiteren Schritt zum dreistufigen Gerichtsaufbau (AG-OLG-BGH; wie in der früheren DDR) zu machen. Einen weiteren Bestandteil der Kompromisslösungen stellt die Einführung der **Experimentierklausel** in Abs. 3 dar; von dieser Möglichkeit hat aber kein Land Gebrauch gemacht.

2   Beim OLG besteht Anwaltszwang; ein zugelassener Anwalt kann bei jedem OLG auftreten (§ 78 ZPO). Die Zuständigkeit des OLG als Berufungsgericht gehört zur funktionellen Zuständigkeit. Für diese gelten nicht §§ 38–40 ZPO. Sie kann deshalb nicht durch Prorogation (§§ 38, 40 ZPO) oder rügelose Einlassung (§ 39 ZPO) verändert werden.

II. Berufungs- und Beschwerdeinstanz gegen Entscheidungen der Familiengerichte (Abs. 1 Nr. 1 a)

3   **1. OLG als Berufungsinstanz gegen Endurteile der Familiengerichte.** Das OLG ist nach Nr. 1 a **Berufungsinstanz gegen Endurteile** in „den **von den Familiengerichten** entschiedenen Sachen". Diese Formulierung wurde durch das Unterhaltsrechtsänderungsgesetz[7] neu eingefügt. Damit hat der Gesetzgeber einen Streit entschieden und klargestellt, dass es für die funktionelle Zuständigkeit des OLG allein darauf ankommt, ob ein AG als Familiengericht entschieden hat **(Prinzip der formellen Anknüpfung).** Das OLG darf also nicht von Amts wegen prüfen, ob tatsächlich eine Familiensache vorliegt (sog. materielle Anknüpfung),[8] sondern nur, ob das AG als Familiengericht entschieden hat (was aus dem Rubrum der Entscheidung „AG Adorf Familiengericht" und dem Aktenzeichen F erkennbar ist). Nachträgliche Berichtigungen nach § 319 ZPO werden (außer in Fällen offensichtlicher Schreibfehler) nicht berücksichtigt.[9] Ob das FamG seine Zuständigkeit zu Recht oder zu Unrecht angenommen hat, ist ohne Belang.[10] Hat die Zivilabteilung des AG (Aktenzeichen C) eine Familiensache entschieden geht die Berufung zum LG. Ist für den Rechtsmittelkläger **nicht eindeutig erkennbar,** ob das AG als **Zivilabteilung** oder als **Familiengericht** entschieden hat (AG-FamG, aber Aktenzeichen C), so ist die Berufung bei Vorliegen der sonstigen Voraussetzungen nach dem Prinzip der Meistbegünstigung[11] zulässig, gleichgültig ob sie beim LG oder beim OLG eingelegt wird.[12] Das angegangene Gericht hat die Sache daraufhin zu prüfen, von welchem Gericht die angefochtene Entscheidung stammt und dementsprechend nach dem Grundsatz der formellen Anknüpfung über seine funktionelle Zuständigkeit zu entscheiden. Hält es sich für unzuständig, so gibt es die Sache an das funktionell zuständige Gericht ab.

4   Bei der Bestimmung des **zuständigen Senats innerhalb des OLG** (Familiensenat oder allgemeiner Zivilsenat) gilt ebenfalls das Prinzip der formellen Anknüpfung.[13] Danach ist der Familiensenat des OLG auch dann zuständig, wenn das FamG zu Unrecht seine Zuständigkeit angenommen hat. Hat die LG-Zivilkammer eine Familiensache entschieden geht die Berufung zum OLG Zivilsenat. Eine Zurückverweisung an das LG bzw. AG (§ 538 Abs. 1 Nr. 1 ZPO) kommt nur bei willkürlicher Annahme der Zuständigkeit durch die 1. Instanz in Frage.[14]

5   **2. Beschwerdeinstanz gegen Entscheidungen der Familiengerichte.** Gegen welche Entscheidungen das Rechtsmittel der **Beschwerde** gegeben ist, ergibt sich aus den Verfahrensgesetzen. Es handelt sich im Wesentlichen um **Nebenentscheidungen** in Verfahren vor den Familiengerich-

---

[5] BT-Drucks. 14/4722, S. 154f.
[6] *Schwartze,* in: Hannich/Meyer/Seitz, ZPO-Reform 2002, § 119 Rn. 5 und 7.
[7] Vom 20. 2. 1986 BGBl. I S. 301.
[8] S. auch § 529 Abs. 3 ZPO; § 621 e Abs. 4 ZPO; BGH NJW-RR 1988, 1221.
[9] BGH FamRZ 1994, 1520; MDR 1993, 382.
[10] BGH NJW 1991, 231.
[11] S. etwa BGHZ 40, 267; 46, 113; *Rosenberg/Schwab* § 136 II 2a, 3.
[12] BGH NJW-RR 1995, 379f.
[13] *Zöller/Gummer* Rn. 6; *Kissel/Mayer* Rn. 10. Die aA BGH NJW-RR 1993, 1282 ist durch § 513 Abs. 2 ZPO und Streichung von § 529 Abs. 3 ZPO überholt.
[14] *Zöller/Gummer* Rn. 8; aA *Jauernig* FamRZ 1989, 1; *Bergerfurth* FamRZ 1994, 372.

ten (wie zB um Kostenentscheidungen vor den Familiengerichten,[15] um die Streitwertfestsetzung für die Gebühren (§§ 33 RVG, 66 GKG), um Entscheidungen des AG nach § 45 Abs. 2 ZPO über die Ablehnung eines Familienrichters (§ 46 Abs. 2 ZPO). Der Familiensenat des OLG entscheidet auch über Beschwerden in **Familiensachen nach § 621 e ZPO.** Die Zuständigkeit des OLG besteht gemäß § 64 Abs. 3 FGG auch für Sachen, die unabhängig von einer Ehesache vor das Familiengericht gehören.

Zuständig für die Beschwerde ist der Familiensenat (Rn. 16); für Streitwertbeschwerden wegen § 33 Abs. 4 S. 2 RVG, § 66 Abs. 3 S. 2 GKG. Hat an Stelle des OLG ein LG über die Beschwerde entschieden, so ist auf Rechtsbeschwerde gemäß § 621 e Abs. 2 und 4 ZPO die Entscheidung aufzuheben und das Verfahren auf Antrag an den Familiensenat des OLG zu verweisen.[16] Wenn das FamG aber die Entschädigung für Zeugen oder die Vergütung für Sachverständige festgesetzt hat, ist für die Beschwerde nicht das OLG, sondern das LG zuständig (Sonderregelung in § 4 Abs. 4 S. 2 JVEG).[17] Ebenso, wenn die Zivilabteilung in Familiensachen betreffende Beratungshilfesachen entscheidet und dagegen Rechtsmittel eingelegt werden.[18] 6

III. Zuständigkeit bei ausländischem allgemeinen Gerichtsstand (Abs. 1 Nr. 1 b)

1. Zweck. Abs. 1 Nr. 1 b[19] ist das Ergebnis eines politischen Kompromisses (Rn. 1) und daher 7
ohne materielle Fundierung,[20] Nr. 1 b begründet für amtsgerichtliche Streitigkeiten mit potenziell international privatrechtlichem Bezug die Zuständigkeit des OLG als Berufungs- und Beschwerdegericht. Es wird hierzu an den allgemeinen Gerichtsstand angeknüpft, den mindestens eine Partei **bei Eintritt der Rechtshängigkeit** (dh. bei Klagezustellung; unklare Gesetzesformulierung, weil Rechtshängigkeit ein Dauerzustand ist) im Ausland haben muss. Nach Möglichkeit soll bereits bei Verfahrensbeginn erkennbar sein, bei welchem Gericht Rechtsmittel einzulegen ist;[21] doch ist eine Rechtsmittelbelehrung bedauerlicherweise nicht vorgesehen. Nr. 1 b knüpft an rein formale Kriterien an. Nicht maßgebend ist, dass international privatrechtliche Fragen tatsächlich zur Beurteilung anstehen.[22] Ebensowenig ist entscheidend, dass die amtsgerichtliche Entscheidung hierzu zu Recht oder zu Unrecht eingegangen ist. Gleichgültig ist für Nr. 1 b auch, ob deutsches oder ausländisches Recht anzuwenden ist. Nr. 1 b ist eine **gefährliche Haftungsfalle** für Rechtsanwälte. Wenn sie nicht an Nr. 1 b denken, legen sie die Berufung beim LG ein; bis sie erfahren, dass die Berufung beim OLG einzulegen gewesen wäre, ist die Berufungsfrist vorbei. Eine **Wiedereinsetzung** ist aber in Sonderfällen denkbar.[23] Sobald das LG erkennt, dass die bei ihm eingelegte Berufung wegen Nr. 1 b in Wirklichkeit zum OLG gehört (bzw. umgekehrt), muss es den Schriftsatz zwar weiterleiten, aber nur im gewöhnlichen Geschäftsgang.[24] Wird wegen Unklarheiten (etwa bei Streitgenossen) die **Berufung vorsorglich doppelt** eingelegt (beim LG und OLG), was die Sache verteuert, dann kann jedenfalls keine Zusammenführung der beiden Verfahren durch Verweisung nach § 281 ZPO erfolgen,[25] auch nicht nach § 17 a Abs. 2.[26] Der Meistbegünstigungsgrundsatz kommt zur Anwendung.[27] Es liegt nur *eine* Berufung vor, über die einheitlich von einem Gericht entschieden wird.[28]

2. Amtsgerichtliche Entscheidungen. Amtsgerichtliche Entscheidungen sind grundsätzlich 8
alle Urteile und Beschlüsse der Amtsgerichte. Das Rechtsgebiet ist grundsätzlich gleichgültig. Ohne Bedeutung ist auch, ob damit typischerweise Fragen des Internationalen Privatrechts verbunden sind. Nr. 1 b findet auch in Mietstreitigkeiten Anwendung, obwohl dabei gemäß Art. 28 Abs. 3

---

[15] S. BGH FamRZ 1978, 585; OLG München NJW 1971, 1321; OLG Hamm FamRZ 1972, 150.
[16] BGH FamRZ 1983, 1104 noch zu § 621 e Abs. 4 aF.
[17] OLG Brandenburg FamRZ 2006, 141; OLG Celle NJW-RR 2005, 660; *Binz/Dörndorfer/Petzold/Zimmermann* § 4 JVEG Rn. 13.
[18] OLG Nürnberg FamRZ 2005, 740.
[19] Hierzu allgemein *Brand/Karpenstein* NJW 2005, 1319; *von Hein* ZZP 116 (2004) 335.
[20] Anders die Motive; vgl. BT-Drucks. 14/6036 S. 118 f.
[21] BGH NJW-RR 2004, 1073, bestätigt BGH NJW-RR 2008, 144; BGH NJW 2006, 2782.
[22] BGH NJW-RR 2007, 1436; BGH NJW 2003, 1672; *von Hein* IPrax 2004, 90.
[23] OLG Jena OLG-Report 2006, 28, OLG Düsseldorf MDR 2004, 830; OLG Rostock OLG-Report 2005, 1010; aA OLG Köln MDR 2005, 890; OLG Celle NdsRpfl 2004, 128.
[24] BVerfG NJW 2006, 1579; BGH NJW 2005, 3776.
[25] OLG Dresden MDR 2007, 420; zum Problem vgl. auch OLG Karlsruhe IPrax 2004, 433; *von Hein* IPrax 2004, 418.
[26] BGH NJW 2003, 2686; *Kissel/Mayer* Rn. 20.
[27] BGH NJW 2004, 1049.
[28] BGH NJW 2007, 1211.

EGBGB vor deutschen Gerichten grundsätzlich nicht ausländisches Recht heranzuziehen ist;[29] ebenso ist die Regelung im selbständigen Beweisverfahren[30] und im Verfahren der einstweiligen Verfügung[31] anwendbar sowie auf die Vollstreckungsgegenklage (§ 767 ZPO), die Drittwiderspruchsklage (§ 771 ZPO), die Klage auf Erteilung der Vollstreckungsklausel (§ 731 ZPO), die Nichtigkeitsklage.[32] Familiengerichtliche Entscheidungen gehören nach Nr. 1 a ohnehin immer in die Zuständigkeit des OLG. **Nicht anwendbar** ist Abs. 1 Nr. 1 b auf Beschwerden gegen Entscheidungen der Amtsgerichte als Vollstreckungsgerichte, da bei der Anordnung von Vollstreckungsmaßnahmen und bei Erinnerungen nach § 766 ZPO regelmäßig nur nationales Recht anzuwenden ist.[33] Dies gilt auch für die Vollstreckung nach §§ 887, 888, 890 ZPO. Für Streitigkeiten nach dem WEG 2007 gilt die Regelung nicht (§ 72 Abs. 2 S. 2), auch nicht nach dem früheren WEG,[34] ebenso nicht für FGG-Sachen.

9 **3. Ausländischer allgemeiner Gerichtsstand.** Entscheidend ist der allgemeine Gerichtsstand einer oder beider[35] Parteien, sei es des Klägers und/oder des Beklagten, des Antragstellers und/oder des Antragsgegners. Der allgemeine Gerichtsstand bestimmt sich für das Inland nach §§ 12–19a ZPO, einschließlich § 15 Abs. 1 ZPO.[36] Dies ist im Regelfall bei natürlichen Personen der Wohnsitz (§ 13 ZPO; Art. 2 Verordnung (EG) Nr. 44/2001), nicht der gewöhnliche Aufenthalt (Art. 28 Abs. 2 EGBGB), bei juristischen Personen ihr Sitz (§ 17 ZPO),[37] der nicht notwendig mit dem Ort der Hauptverwaltung (Art. 28 Abs. 2 EGBGB) übereinstimmt. Hält sich der Beklagte in einer Art in Schottland auf, die nach deutschem Recht als Wohnsitz zu deuten ist, ist dies maßgeblich und nicht, ob auch nach schottischen Recht dies ein Wohnsitz ist (trotz Art. 59 Abs. 2 VO (EG) Nr. 44/2001), weil es um die Anwendung deutschen Verfahrensrechts geht. Liegt ein allgemeiner Gerichtsstand im Inland für beide Parteien nicht vor, so ist die Zuständigkeit des OLG gegeben. Es genügt das bloße Bestehen eines allgemeinen Gerichtsstands außerhalb des Geltungsbereichs des GVG. Nr. 1 b ist auch in Mietstreitigkeiten anzuwenden, auch wenn statt des allgemeinen Gerichtsstands der ausschließliche Gerichtsstand des § 29 a ZPO gegeben ist.[38] Die Zuständigkeit des LG, nicht des OLG ist anzunehmen, wenn eine Gesellschaft neben einem ausländischen allgemeinen Gerichtsstand auch einen inländischen allgemeinen Gerichtsstand hat.[39] **Maßgeblicher Zeitpunkt** ist der der Rechtshängigkeit in erster Instanz (§ 261 Abs. 1 ZPO), also der Zustellung der Klage bzw. des Antrags. Die einmal gegebene Zuständigkeit des Rechtsmittelgerichts bleibt entsprechend § 261 Abs. 3 Nr. 2 ZPO auch dann bestehen, wenn eine Partei ihren Wohnsitz nach Rechtshängigkeit ins Ausland[40] oder ins Inland verlegt. Dies gilt auch, wenn eine Widerklage erhoben wird.[41] Vereinbaren Parteien mit beiderseits nur inländischem allgemeinen Gerichtsstand die Anwendung ausländischen Rechts, so begründet dies nicht die Zuständigkeit des OLG.

10 **4. Beteiligte Parteien.** Es muss sich um die am jeweiligen Streitgegenstand beteiligten Parteien handeln, gleichgültig ob sie natürliche oder juristische Personen oder Personenvereinigungen sind. Bei einfacher oder notwendiger Streitgenossenschaft genügt der auswärtige Gerichtsstand *eines* Streitgenossen;[42] um die OLG-Zuständigkeit zu begründen, falls diese Person auch in 2. Instanz noch beteiligt ist. Es erfolgt also nicht etwa eine Prozesstrennung in 2. Instanz (ein Teil zum LG, ein Teil zum OLG). Das Landgericht wird auch nicht dadurch zuständig, dass die beim LG eingelegte Berufung gegen den Beklagten mit auswärtigem Wohnsitz nach Ablauf der Berufungsfrist zurückgenommen wird.[43] Da der BGH die Erbengemeinschaft nicht als rechts- und parteifähig anerkennt, hat er die Zuständigkeit des OLG bejaht, wenn in der Erbengemeinschaft ein einzelner Miterbe seinen Wohnsitz zurzeit der Klageerhebung im Ausland hat. Dies soll unabhängig davon gelten, ob

---

[29] BGH NJW 2003, 3278.
[30] OLG Köln OLG-Report 2004, 316.
[31] OLG Frankfurt OLG-Report 2005, 605.
[32] OLG Dresden MDR 2007, 420.
[33] BGH NJW-RR 2007, 547; OLG Stuttgart MDR 2005, 1253; *Kissel/Mayer* Rn. 25; aA OLG Frankfurt DGVZ 2004, 92 mit Anm. *Abramenko*; OLG Braunschweig Rpfleger 2005, 150; *Greiner* NZM 2006, 329.
[34] OLG Düsseldorf MDR 2007, 331; OLG München MDR 2007, 1305; aA *Greiner* NZM 2006, 329.
[35] *Schwartze*, in: Hannich/Meyer/Seitz, ZPO-Reform 2002, § 119 Rn. 10.
[36] BGH NJW 2006, 1810.
[37] BGH NZM 2005, 147.
[38] BGH NJW 2003, 3278; BGH NJW 2006, 1808.
[39] BGH ZIP 2007, 1626 = EuZW 2007, 580 (Limited Company); dazu *Ringe/Willemer* EuZW 2008, 44.
[40] BGH NJW 2006, 2782; LG Berlin NJW 2005, 3223; dazu *Staudinger* IPrax 2007, 105.
[41] BGH NJW 2006, 2782.
[42] BGH NJW 2003, 2686.
[43] BGH NJW 2003, 2686; BGH NJW 2003, 3278.

Zuständigkeit in Zivilsachen   11–14 § 119 GVG

die Erben als einfache oder als notwendige Streitgenossen auftreten.[44] Es kann aber nicht gelten, wenn die Erben als einfache Streitgenossen klagen oder verklagt werden und nur ein Miterbe Berufung oder Beschwerde einlegt, der seinen Wohnsitz im Inland hat.[45]

5. Zuständigkeitsstreit. Ist streitig, ob die Zuständigkeit des OLG nach Abs. 1 Nr. 1 b oder die **11** Zuständigkeit des LG nach § 72 gegeben ist, weil zB der ausländische Wohnsitz umstritten oder unaufklärbar ist, so entscheidet das Gericht, bei dem die Berufung oder Beschwerde zuerst eingelegt ist, über seine funktionelle Zuständigkeit, sofern das Amtsgericht keine Feststellungen hierzu getroffen hat. Beweisfragen sind im Wege des Freibeweises zu klären. Die Beweislast liegt beim Berufungsführer. Schließt er sich dem erstinstanzlichen Vorbringen seines Gegners an, so kann dieser seinen Vortrag nicht mehr in der Berufungsinstanz ändern.[46] Gibt der Kläger in der Klage einen inländischen Wohnsitz an und bleibt das beim AG unbestritten, ist es einer Nachprüfung in 2. Instanz grds. entzogen; der Kläger (der Berufung zum OLG statt zum LG einlegte) kann sich nicht mehr darauf berufen, er habe damals in Wahrheit schon im Ausland gewohnt.[47] § 36 ZPO ist nicht entsprechend anwendbar.[48] Ist der inländische oder ausländische Gerichtsstand vor dem Amtsgericht nicht in Frage gestellt worden oder ergibt sich auf der Grundlage des streitigen Vorbringens ebenfalls ein inländischer[49] oder ausländischer Gerichtsstand der anderen Partei, so ist er im Interesse der Rechtssicherheit grundsätzlich auch im Berufungs- und Beschwerdeverfahren zugrunde zu legen und einer Nachprüfung durch das Rechtsmittelgericht entzogen.[50]

IV. Zuständigkeit bei Anwendung ausländischen Rechts (Abs. 1 Nr. 1 c)

1. Ausländisches Recht. Ausländisches Recht, das in der amtsgerichtlichen Entscheidung an- **12** gewandt wird, ist solches anderer Staaten, gleichgültig ob sie Mitgliedstaaten der EG sind oder nicht der EG angehören. Gleichgültig ist, ob das ausländische Recht bei der Entscheidung der Hauptfrage oder bei einer Vorfrage zur Anwendung kommt.[51] Ohne Bedeutung ist es auch, ob es sich um materielles Recht oder Prozessrecht handelt und wie die Zuordnung durch die ausländische Rechtsordnung vorgenommen wird. Nicht zum ausländischen Recht gehört aber das Recht der europäischen Gemeinschaft, das als Recht der Bundesrepublik anwendbare Völkerrecht und sonstiges transformiertes internationales Recht.[52] Das nicht unter Nr. 1 c fallende Recht der europäischen Gemeinschaft umfasst sowohl den EG-Vertrag als Primärrecht, als auch Verordnungen (Art. 249 Abs. 2 EGV) und Richtlinien (Art. 249 Abs. 3 EGV), gleichgültig ob sie unmittelbar gelten oder im Wege richtlinienkonformer Auslegung das nationale Recht beeinflussen. Auch die Anwendung der in der Rechtsprechung des EuGH niedergelegten Rechtssätze fällt nicht unter das ausländische Recht. Nicht ausländisches, sondern nationales Recht ist auch das UN-Kaufrecht (CISG). Abs. 1 Nr. 1 b kann jedoch bei ausländischem Sitz die Zuständigkeit des OLG begründen.

2. Ausdrückliche Feststellung der Anwendung. Die amtsgerichtliche Entscheidung muss das **13** ausländische Recht angewendet haben. Das ausländische Recht darf demgemäß nicht nur beiläufig erwähnt sein, sondern muss als einer der tragenden Entscheidungsgründe herangezogen worden sein. Maßgebend ist die Anwendung in dem mit Rechtsmitteln angefochtenen Teil der Entscheidung.[53] Es muss als ausländisches Recht unmittelbar angewendet und nicht nur rechtsvergleichend in die Anwendung und Auslegung des deutschen Rechts einbezogen worden sein. Nicht entscheidend ist, ob das OLG ausländisches Recht für anwendbar hält, sondern ob das Amtsgericht es tatsächlich angewandt hat.[54] Gleichgültig ist, ob die Anwendung zu Recht oder zu Unrecht erfolgt ist. Ohne Bedeutung ist auch, aus welchem Grund das ausländische Recht angewendet worden ist, insbesondere ob es auf Grund einer Rechtswahlvereinbarung, auf Grund unmittelbarer Anwendung der Vorschriften des internationalen Privatrechts oder auf Grund eines Staatsvertrags herangezogen worden ist. Auf FGG-Nachlasssachen ist Nr. 1 c nicht anwendbar (OLG Düsseldorf FamRZ 2007, 1997).

Die Anwendung allein reicht nicht aus. Sie muss vom Amtsgericht in den Entscheidungsgründen **14** **ausdrücklich festgestellt** sein. Diese Feststellung soll nach Ansicht der Gesetzesbegründung der

---

[44] BGH NJW 2006, 3715.
[45] *Kissel/Mayer* Rn. 27.
[46] BGH NJW 2006, 1808.
[47] BGH NJW 2006, 2782; BGH NJW-RR 2008, 144.
[48] BGH NJW 2003, 3278.
[49] Dazu BGH NJW 2006, 1810.
[50] BGH NJW-RR 2008, 144; BGH MDR 2007, 1331; BGH NJW-RR 2004, 1073; BGH NJW 2006, 2782.
[51] BGH NJW 2007, 1211.
[52] So ausdrücklich BT-Drucks. 14/6036, S. 119.
[53] S. *Hartmann* NJW 2001, 2577, 2588.
[54] BT-Drucks. 14/6036, S. 119.

sicheren Feststellung der Zuständigkeit des OLG dienen,[55] was gerade nicht der Fall ist, weil keine formale Begründung („Es wird festgestellt, dass das AG ausländisches Recht angewandt hat") vorgeschrieben ist. Eine solche *formale* Feststellung in den Gründen ist nach Meinung des BGH[56] nicht erforderlich. Auch müssen die Gründe nicht die Entscheidungserheblichkeit des ausländischen Rechtssatzes erkennen lassen. Es genügt, dass ein namentlich genannter Paragraph oder ungeschriebener Rechtssatz des ausländischen Rechts angewandt wurde. Der BGH[57] sagt: „Eine ausdrückliche Feststellung ausländischen Rechts ... liegt grundsätzlich nur vor, wenn das Urteil des AG förmlich feststellt, dass ausländisches Recht angewendet worden ist, oder wenn es die angewendeten Vorschriften oder Rechtssätze des zu Grunde gelegten ausländischen Rechts ausdrücklich bezeichnet." Ungenügend war daher (im BGH-Fall), dass das AG ohne Angabe von türkischen Vorschriften ausführte, ein Kaufvertrag sei sowohl nach deutschen wie nach türkischen Recht unwirksam und dann § 812 BGB anwandte. Die Anwendung von Rechtssätzen, die möglicherweise einem ausländischen Recht zuzuordnen sind, genügt dagegen nicht.[58]

15 **3. Zuständigkeitsstreit.** Entsteht Streit über die Zuständigkeit, ob ausländisches Recht tatsächlich angewandt und dies ausdrücklich festgestellt ist, so entscheidet das Gericht, bei dem die Berufung oder die Beschwerde zuerst eingelegt ist. Dieses hat, wenn es sich für unzuständig hält, die Sache analog § 17a Abs. 2 von Amts wegen an das von ihm für funktionell zuständig gehaltene Gericht zu verweisen.[59]

V. Familiensenat (Abs. 2)

16 Am OLG wird gemäß Abs. 2 mit § 23b Abs. 1 ein Familiensenat gebildet, der für die Berufungen und Beschwerden gegen die Entscheidungen der AG zuständig ist. Das Präsidium kann nicht frei darüber entscheiden, ob ein Familiensenat gebildet wird. Dieser besteht vielmehr kraft Gesetzes und muss vom Präsidium mit den dazu erforderlichen Familienrichtern besetzt werden. Bei Bedarf sind weitere Familiensenate zu bilden, für deren sachliche Aufgabenverteilung § 23b Abs. 2 entsprechend gilt, so dass für Familiensachen, die denselben Personenkreis betreffen, die Zuständigkeit ein und desselben Familiensenats begründet werden soll.[60] Einem Familiensenat können bei mangelnder Auslastung außer Vormundschafts-, Betreuungs- und Unterbringungssachen keine anderen Angelegenheiten (zB gewöhnliche Zivilsachen) zugewiesen werden (vgl. § 23b); in diesem Falle können aber die Mitglieder des Familiensenats gleichzeitig Mitglieder eines Zivilsenats sein.[61] Die Zuständigkeit des Familiensenats ist eine Frage der Geschäftsverteilung,[62] die der angegangene Senat entscheidet. Hält er sich für unzuständig, so gibt er die Sache an den für zuständig gehaltenen Senat des OLG ab, was nicht bindend ist. Der Kompetenzkonflikt zwischen Familiensenat und Zivilsenat wird analog § 36 Nr. 6 ZPO entschieden.[63]

VI. Berufungs- und Beschwerdeinstanz gegen Entscheidungen der Landgerichte (Abs. 1 Nr. 2)

17 **1. Berufungsinstanz.** Mit der Berufung anfechtbar sind nur erstinstanzliche Urteile des LG (§ 511 ZPO), nicht dessen Berufungsurteile (s. § 72). Im Fall einer Konzentration bei einem LG über die Grenzen mehrerer LG ist zuständig das dem LG mit konzentrierter Zuständigkeit übergeordnete OLG. Maßgebend ist nach dem Prinzip der formellen Anknüpfung, dass das LG entschieden hat, nicht ob es wirklich zuständig ist. Ebenso ist für die Frage, ob der allgemeine Zivilsenat oder der Senat für Landwirtschaftssachen zu entscheiden hat, allein maßgeblich, ob ein Urteil eines Landgerichts oder eines AG – Landwirtschaftsgerichts (§ 2 LwVG) vorliegt.[64]

18 **2. Beschwerdeinstanz.** Die Zulässigkeit der Beschwerde ergibt sich aus den Verfahrensgesetzen. Das OLG ist (anders als früher) nur noch zuständig zur Entscheidung über sofortige Beschwerden gegen Entscheidungen des LG im ersten Rechtszug. Zwar ist gegen Beschlüsse des Beschwerdegerichts bzw. des Berufungsgerichts die Rechtsbeschwerde eröffnet (§§ 574 ff. ZPO); aber darüber

---

[55] BT-Drucks. 14/6036, S. 119.
[56] BGH NJW 2007, 1211.
[57] BGH NJW 2007, 1211.
[58] BT-Drucks. 14/6036, S. 119.
[59] S. oben Rn. 7.
[60] S. § 23b Rn. 4.
[61] *Kissel/Mayer* Rn. 33.
[62] AA *Musielak/Wittschier* Rn. 23.
[63] BGHZ 71, 264, 266; BGH NJW 1981, 2417; NJW-RR 1988, 1221; § 23b Rn. 13.
[64] BGH NJW-RR 1992, 1152.

entscheidet der BGH (§ 133), nicht das OLG. Den Rechtszug AG – LG – OLG, etwa in Zwangsvollstreckungssachen, gibt es nicht mehr; jetzt besteht der Rechtszug AG – LG – BGH (wobei aber bisher der örtliche Anwalt die weitere Beschwerde zum OLG einlegen konnte und jetzt die Rechtsbeschwerde nur noch ein beim BGH zugelassener Anwalt einlegen kann, § 78 ZPO). In FGG-Sachen vgl. §§ 19, 28 ff. FGG.

VII. Weitere Zuständigkeiten des OLG

§ 119 ist nicht abschließend. Zahlreiche andere Vorschriften weisen dem OLG Zuständigkeiten 19 sowohl als erste Instanz wie als Rechtsmittelinstanz zu. Nach der **ZPO** ergibt sich eine Zuständigkeit des OLG aus § 36 ZPO als nächsthöheres Gericht gegenüber den LG und AG in verschiedenen LG-Bezirken, aus § 45 Abs. 3 ZPO, wenn das LG infolge eines Ablehnungsgesuchs beschlussunfähig ist, aus § 584 ZPO zur Entscheidung im Wiederaufnahmeverfahren.

Aus dem **GVG** ergeben sich zusätzliche Zuständigkeiten des OLG zur Entscheidung über die 20 Anfechtung der Wahl zum Präsidium nach § 21b Abs. 6 S. 2, zur Entscheidung über die Amtsenthebung eines Handelsrichters nach § 113 Abs. 2, zur Entscheidung gemäß § 159 über Beschwerden gegen die Verweigerung der Rechtshilfe, zur Entscheidung über Beschwerden gegen die Festsetzung von Ordnungsmitteln (§ 181 Abs. 3).

Nach § 25 **EGGVG** ist das OLG zuständig zur Entscheidung über die Rechtmäßigkeit von Jus- 21 tizverwaltungsakten gemäß § 23 EGGVG. Aufgrund von §§ 3, 4 EGGVG können dem OLG durch die Landesgesetzgebung weitere Zuständigkeiten übertragen werden.

Dem OLG sind auch durch das **FGG** zusätzliche Zuständigkeiten zugewiesen. Nach § 2 FGG 22 mit § 159 GVG entscheidet das OLG über Beschwerden gegen die Verweigerung der Rechtshilfe. Nach §§ 5, 46, 194 FGG und § 1 Abs. 2 GBO entscheidet das OLG über Zuständigkeitsstreitigkeiten. Aus § 8 FGG mit § 181 Abs. 3 GVG ergibt sich die Zuständigkeit zur Entscheidung über Beschwerden gegen die Festsetzung von Ordnungsmitteln. Das OLG ist nach § 28 FGG und § 79 GBO auch Gericht der weiteren Beschwerde in FGG-Sachen und trotz § 19 Abs. 2 FGG Beschwerdegericht, wenn das LG als erste Instanz in FGG-Sachen tätig wird.

Aus **sonstigen Gesetzen** ergibt sich eine Zuständigkeit des OLG etwa aus § 229 BauGB als Be- 23 rufungs- und Beschwerdeinstanz in Baulandsachen mit der Möglichkeit zur Konzentration bei einem OLG, aus § 208 BEG in Entschädigungssachen, aus § 11 des Gesetzes vom 27. 9. 1952 (BGBl. I S. 641) als zweite Instanz in Binnenschifffahrtssachen.[65] Nach § 91 GWB entscheidet ein Kartellsenat beim OLG über die in § 91 GWB genannten Kartellsachen mit der Möglichkeit zur Konzentration nach § 92 GWB. Nach § 116 Abs. 3 GWB entscheidet ein Vergabesenat als Gericht der sofortigen Beschwerde bei Vergabe öffentlicher Aufträge. Das OLG ist gemäß § 7 InsO mit § 119 Nr. 4 GVG Gericht der weiteren Beschwerde gegen Entscheidungen im Insolvenzverfahren. Nach § 7 Abs. 2 LwVG ist das OLG zuständig zur Entscheidung über die Abberufung eines landwirtschaftlichen Beisitzers und nach § 22 LwVG ist es Gericht der sofortigen Beschwerde in Landwirtschaftssachen. Eine Zuständigkeit des OLG ergibt sich für die weitere Beschwerde nach § 6 Abs. 3 der 40. DVO zum UmstellungsG und für die sofortige Beschwerde nach § 34 Abs. 1 WertpapierbereinigungsG idF v. 28. 1. 1964 (BGBl. I S. 45).

Das OLG ist Rechtsmittelgericht in der **Berufs- und Ehrengerichtsbarkeit**, so ist es Ehrenge- 24 richtshof für Rechtsanwälte (§ 100 BRAO), Gericht in Notarsachen gemäß §§ 95 ff., 111 BNotO, Berufsgericht für Steuerberater nach § 96 StBerG idF v. 4. 11. 1975 (BGBl. I S. 2735) iVm. den entsprechenden Landesgesetzen.

VIII. Experimentierklausel (Abs. 3–6)

1. Landesrechtliche Zuständigkeitserweiterung. Abs. 3 erlaubt den Ländern, durch Landes- 25 gesetze die Zuständigkeit ihrer Oberlandesgerichte für Berufungen und Beschwerden für amtsgerichtliche Entscheidungen über Abs. 1 hinaus zu erweitern,[66] so dass also das LG als Berufungsinstanz ausgeschlossen werden könnte. Damit könnte die Rechtseinheit auf diesem Gebiet verlassen werden, was nicht tragbar erscheint. Bisher hat kein Land davon Gebrauch gemacht. Eine Einschränkung ergibt sich durch die **zeitliche Beschränkung** des Abs. 3 auf solche Berufungen und Beschwerden, die vor dem 1. 1. 2008 eingelegt wurden.

2. Rechtsmittelbelehrung. Nach Abs. 4 muss ein Land, falls es von der Zuständigkeitsverände- 26 rung nach Abs. 3 Gebrauch macht, sicherstellen, dass eine Belehrung über das zuständige Rechts-

---

[65] S. § 14 Rn. 9, 12 f.
[66] Krit. dazu *Schellhammer* MDR 2001, 1141, 1142.

mittelgericht in die amtsgerichtliche Entscheidung aufgenommen wird. Die **Belehrung** muss nur über **das zuständige Rechtsmittelgericht** erteilt werden, nicht über das Rechtsmittel und seine Zulässigkeitsvoraussetzungen insgesamt.

27   3. **Unterrichtungspflicht.** Abs. 6 erlegt der Bundesregierung die Pflicht auf, dem Deutschen Bundestag über die Experimentierklausel zu berichten.[67] Die Vorschrift gehört nicht ins GVG, weil sie mit Gerichtsverfassung nichts zu tun hat.

§§ 120, 121 *(betreffen Strafsachen)*

§ 122 [Besetzung der Senate]

(1) Die Senate der Oberlandesgerichte entscheiden, soweit nicht nach den Vorschriften der Prozeßgesetze an Stelle des Senats der Einzelrichter zu entscheiden hat, in der Besetzung von drei Mitgliedern mit Einschluß des Vorsitzenden.

(2) [1]Die Strafsenate entscheiden über die Eröffnung des Hauptverfahrens des ersten Rechtszuges mit einer Besetzung von fünf Richtern einschließlich des Vorsitzenden. [2]Bei der Eröffnung des Hauptverfahrens beschließt der Strafsenat, daß er in der Hauptverhandlung mit drei Richtern einschließlich des Vorsitzenden besetzt ist, wenn nicht nach dem Umfang oder der Schwierigkeit der Sache die Mitwirkung zweier weiterer Richter notwendig erscheint. [3]Über die Einstellung des Hauptverfahrens wegen eines Verfahrenshindernisses entscheidet der Strafsenat in der für die Hauptverhandlung bestimmten Besetzung. [4]Ist eine Sache vom Revisionsgericht zurückverwiesen worden, kann der nunmehr zuständige Strafsenat erneut nach Satz 2 über seine Besetzung beschließen.

I. Normzweck

1   Während § 115 die Besetzung des OLG insgesamt betrifft, regelt § 122 die Besetzung der einzelnen Senate am OLG, soweit sie einen Einzelfall verhandeln und entscheiden; hier sind drei Richter tätig (und nicht fünf, wie beim BGH; vgl. § 139). Einem Senat können mehr als drei Richter zugewiesen werden (Überbesetzung), die dann in wechselnder Besetzung jeweils als Dreierkollegium beraten und entscheiden. Zum Problem der Überbesetzung vgl. § 21 e Rn. 15. § 122 gilt sowohl für die Zivilsenate wie für die Strafsenate.

II. Besetzung der Zivilsenate

2   Die Zivilsenate entscheiden als das im Einzelfall erkennende Gericht in der Besetzung mit einem Vorsitzenden Richter und zwei weiteren Richtern, die anders als am LG (§ 59 Abs. 3) nur **Richter auf Lebenszeit** (§ 28 DRiG) und weder Richter auf Probe noch Richter kraft Auftrags sein können.[1] Wohl aber können abgeordnete Richter auf Lebenszeit (§ 37 DRiG), zB vom AG oder LG einem Senat angehören.[2] Sind einem Senat mehr als drei Richter einschließlich des Vorsitzenden zugewiesen, so legen die Richter gemäß § 21 g im spruchkörperinternen Geschäftsverteilungsplan die Mitwirkung der einzelnen Senatsmitglieder an den Einzelsachen fest.

3   Ein Senat darf jeweils nur **einen Vorsitzenden Richter** haben (doch kann jemand den Vorsitz in mehreren Senaten führen), der zur Wahrung seines richtungweisenden Einflusses an ca. 75% der anfallenden Senatssachen mitwirken muss.[3] Der richtungweisende Einfluss muss auch beim Präsidenten als Senatsvorsitzenden bestehen[4] oder wenn ein Vorsitzender andere als richterliche Aufgaben gemäß § 4 Abs. 2 DRiG wahrnimmt.[5] Die Vertretung des Vorsitzenden wird durch den Präsidialgeschäftsverteilungsplan geregelt und subsidiär durch das Gesetz (§ 21 f Abs. 2).

4   Die Besetzung gilt grundsätzlich **für alle Zivilsachen** einschließlich des Kartellsenats, soweit nicht gesetzlich eine andere Besetzung vorgeschrieben ist, wie zB beim Senat für Baulandsachen (§ 229 BauGB) und beim Senat für Landwirtschaftssachen (§ 2 Abs. 2 LwVG). Die Besetzung gilt

---

[67] S. BT-Drucks. 14/6036, S. 119.
[1] § 115 Rn. 5.
[2] S. § 115 Rn. 6.
[3] S. § 59 Rn. 8.
[4] BGHZ 49, 64.
[5] BGHZ (GS) 37, 210.

für alle Tätigkeiten, vor allem alle für Entscheidungen einschließlich der Nebenentscheidungen, sofern nicht nach den Prozessgesetzen der Vorsitzende tätig wird (s. zB §§ 136, 139, 216 Abs. 2, 944 ZPO) oder der Einzelrichter (s. Rn. 5).

§ 526 ZPO sieht vor, dass in den dort genannten Fällen an Stelle des Dreierkollegiums *ein* **5** Richter des Senats als **Einzelrichter** tätig werden kann; das ist eine beklagenswerte Fehlentwicklung. § 527 ZPO lässt den vorbereitenden Einzelrichter zu, der jedoch nicht in der Sache selbst entscheidet, sondern nur vorbereitend tätig wird (§ 527 Abs. 2 ZPO) oder einzelne Nebenentscheidungen trifft (§ 527 Abs. 3 ZPO). Mit Einverständnis der Parteien kann er neben dem Fall der Säumnis (§ 527 Abs. 3 Nr. 3 ZPO) auch in der Sache selbst entscheiden (§ 527 Abs. 4 ZPO). Über die Ablehnung eines Einzelrichters am OLG entscheidet jedoch der Senat in seiner Besetzung mit drei Richtern ohne Mitwirkung des abgelehnten Richters.[6] Der nach **§ 349 Abs. 2 oder Abs. 3 ZPO** an Stelle der Kammer entscheidende **Vorsitzende der KfH** ist nicht Einzelrichter iSv. § 568 S. 1 ZPO (das folgt schon aus seiner Funktion, die nicht mit der eines RiLG vergleichbar ist). Über eine sofortige Beschwerde gegen eine Entscheidung des Vorsitzenden der KfH hat daher das OLG nicht durch eines seiner Mitglieder als (originärer) Einzelrichter (§ 568 S. 1 ZPO), sondern in der gem. § 122 GVG vorgeschriebenen Besetzung als Senatskollegium zu entscheiden.[7]

III. Folgen bei Verstoß

Die Vorschrift ist zwingend. Ein Verstoß gegen sie macht die Entscheidung zwar nicht nichtig, **6** führt aber zu deren Anfechtbarkeit wegen fehlerhafter Besetzung und ergibt einen absoluten Revisionsgrund (§ 547 Nr. 1 ZPO). Ein absoluter Revisionsgrund ist auch bei fehlerhafter Bestellung eines Einzelrichters gegeben, zB wenn eine Verfügung des Vorsitzenden nicht vorliegt.[8] Nach Erschöpfung des Rechtswegs kann wegen Verletzung von Art. 101 GG Verfassungsbeschwerde erhoben werden. Die Entscheidung in fehlerhafter Besetzung von nur zwei Senatsmitgliedern stellt zugleich eine Amtspflichtverletzung dar.[9]

Neunter Titel. Bundesgerichtshof

Vorbemerkung zu den §§ 123 ff.

I. Übersicht

§§ 123 bis 140 betreffen den BGH als oberstes Gericht der ordentlichen Gerichtsbarkeit. Die **1** Vorschriften regeln den **Aufbau und die funktionelle Zuständigkeit** des BGH als Revisions- und Beschwerdegericht in Zivil- und Strafsachen. Ergänzend zu §§ 123 ff. ist der BGH durch §§ 100, 110 PatG als Beschwerdegericht in Patentsachen vorgesehen. Auch können auf Antrag eines Landes die in § 3 Abs. 1 EGGVG genannten Zuständigkeiten gemäß § 3 Abs. 2 EGGVG auf den BGH übertragen werden. Art. 99 GG eröffnet dem Landesgesetzgeber allgemein die Möglichkeit, den BGH über § 545 ZPO hinaus als Revisionsgericht auch bei der Anwendung von Landesrecht einzusetzen. § 28 Abs. 2 und 3 FGG begründet eine Zuständigkeit des BGH als Gericht der weiteren Beschwerde in Angelegenheiten der freiwilligen Gerichtsbarkeit.[1] Zur Rechtsanwaltschaft beim BGH s. §§ 162 ff. BRAO.

In Bayern gab es das **BayObLG** als Revisionsgericht für bestimmte Entscheidungen (§ 8 **2** EGGVG, Art. 21 bay. AGGVG); das BayObLG wurde zum 30. 6. 2006 „abgeschafft";[2] jetzt ist der BGH auch in diesen Sachen zuständig.

II. Errichtung des BGH und seiner Senate

Art. 95 Abs. 1 GG schreibt die **Errichtung des BGH** als obersten Gerichtshof des Bundes vor, **3** spricht die Errichtung aber nicht selbst aus. Die Errichtung des BGH ist vielmehr Aufgabe des

---

[6] BGH NJW-RR 2007, 776.
[7] BGH NJW 2004, 856; früher sehr umstritten.
[8] S. BGH NJW 1993, 600.
[9] BGHZ 36, 153.
[1] S. auch BGH NJW 1962, 2162.
[2] G v. 25. 10. 2004, BayGVBl. 2004 S. 400.

Bundesgesetzgebers, der den BGH ab 1. 10. 1950 durch Art. 1 Nr. 52 REinhG vom 12. 9. 1950[3] geschaffen hat.

4   Die **Zahl der Zivil- und Strafsenate** ist durch § 130 Abs. 1 S. 2 dem Bundesminister der Justiz übertragen.

III. Gemeinsamer Senat der obersten Gerichtshöfe

5   Nach Art. 95 Abs. 1 GG werden in den verschiedenen Gerichtszweigen mit dem Bundesgerichtshof, dem Bundesverwaltungsgericht, dem Bundesfinanzhof, dem Bundesarbeitsgericht und dem Bundessozialgericht jeweils verschiedene oberste Gerichtshöfe als letztinstanzliche Gerichte errichtet. Die obersten Gerichtshöfe haben als letztinstanzliche Gerichte auch die Aufgabe, die einheitliche Auslegung und Anwendung der Gesetze in ihrem Gerichtszweig zu wahren. Zur Wahrung der Rechtseinheit über die Gerichtsbarkeiten hinweg sind die obersten Gerichtshöfe nicht in der Lage, weil ihre Zuständigkeit auf den jeweiligen Gerichtszweig beschränkt ist. Das BVerfG kann mit der Verfassungsbeschwerde nur bei Verletzung von Grundrechten angerufen werden, nicht aber wo es nur um die Anwendung einfachen Bundesrechts geht. Zur Wahrung einheitlicher Rechtsprechung zwischen den obersten Gerichtshöfen des Bundes sieht deshalb Art. 95 Abs. 3 GG die Bildung eines Gemeinsamen Senats der obersten Gerichtshöfe des Bundes vor. Dieser ist durch das RSprEinhG vom 19. 6. 1968[4] mit Sitz in Karlsruhe geschaffen worden.[5]

6   Der Gemeinsame Senat entscheidet, wenn ein oberster Gerichtshof von der Entscheidung eines anderen obersten Gerichtshofs oder einer Entscheidung des Gemeinsamen Senats abweichen will.[6] Soweit bei den obersten Bundesgerichten Große Senate oder ein Vereinigter Großer Senat wie in §§ 132, 136 vorgesehen sind, entscheidet der Gemeinsame Senat erst, wenn der Große Senat oder der Vereinigte Große Senat abweichen will (§ 2 RsprEinhG). Die Vorlage kann wegen Widerspruchs mit allen früheren Entscheidungen der obersten Gerichtshöfe erfolgen, auch für die Zeit vor 1968, als die obersten Bundesgerichte noch die Bezeichnung „oberes Bundesgericht" trugen,[7] nicht aber wegen Widerspruchs mit Entscheidungen des RG.[8] Der Gemeinsame Senat entscheidet nur die streitige Rechtsfrage als solche (§ 15 RsprEinhG). Das Verfahren im Übrigen findet vor dem obersten Bundesgericht statt, das an die Entscheidung des Gemeinsamen Senats gebunden ist (§ 16 RsprEinhG).

§ 123 [Sitz]
Sitz des Bundesgerichtshofes ist Karlsruhe.

1   § 123 bestimmt den Sitz des BGH durch einfaches Gesetz. Der Sitz kann deshalb auch durch einfaches Gesetz geändert werden. Da die Großen Senate des BGH und der Vereinigte Große Senat Organe des BGH sind, ist auch deren Sitz gemäß § 123 in Karlsruhe. Der Sitz des Gemeinsamen Senats der obersten Gerichtshöfe des Bundes wird durch § 1 Abs. 2 RSprEinhG in Karlsruhe vorgesehen. Gemäß § 1 Abs. 2 BVerfGG ist Karlsruhe auch der Sitz des BVerfG.

§ 124 [Besetzung]
Der Bundesgerichtshof wird mit einem Präsidenten sowie mit Vorsitzenden Richtern und weiteren Richtern besetzt.

I. Normzweck

1   Die Vorschrift regelt wie § 59 für die LG und § 115 für die OLG die Besetzung des BGH nach der Art der dort tätigen Richter. Die Besetzung entspricht im Aufbau der Besetzung dieser Gerichte, nur dass die Richter am BGH in einem Dienstverhältnis zum Bund (s. §§ 46 ff. DRiG) und nicht zu einem Land stehen.

---

[3] BGBl. I S. 455.
[4] BGBl. I S. 661.
[5] Schrifttum: *Miebach,* Der Gemeinsame Senat der obersten Gerichtshöfe des Bundes, 1971; *Maetzel* MDR 1968, 797; *Späth* BB 1977, 153.
[6] Vgl. hierzu den Fall BGH NJW 2002, 1207 (keine Anrufung wegen der Frage der Rechtsfähigkeit einer BGB-Gesellschaft).
[7] BGH NJW 1972, 1411.
[8] BFH NJW 1970, 831.

II. Besetzung

Der BGH muss mit einem Präsidenten, mehreren Vorsitzenden Richtern und weiteren Richtern besetzt sein. Als Richter können nur Richter am BGH tätig sein, die gemäß § 125 zu Mitgliedern des BGH berufen sind. Richter auf Probe, Richter kraft Auftrags und gemäß § 37 DRiG abgeordnete Richter können am BGH nicht tätig sein. Abgeordnete Richter können am BGH aber als wissenschaftliche Mitarbeiter beschäftigt werden, die die Richter am BGH vorbereitend unterstützen.[1] Sie können gemäß § 193 an der Beratung teilnehmen. 2

1. Präsident. Der Präsident des BGH hat wie auch sonst Gerichtspräsidenten eine Doppelstellung als Richter und als Organ der Justizverwaltung.[2] Als Richter muss er gemäß § 21f Abs. 1 den Vorsitz in einem Senat übernehmen und diese Tätigkeit zu einem wesentlichen Anteil ausüben,[3] was nur eine Fiktion ist. Als Organ der Justizverwaltung steht dem Bundesminister der Justiz die Weisungsgewalt gegenüber dem BGH-Präsidenten zu. 3

2. Vorsitzende Richter. § 124 schreibt mehrere Vorsitzende Richter (früher „Senatspräsident" genannt) vor. Die Festlegung ihrer Zahl wird durch den Bundesgesetzgeber im Haushaltsplan und durch den Bundesminister der Justiz festgelegt. Sie führen den Vorsitz in den Senaten. 4

3. Weitere Richter. Die weiteren Richter tragen gemäß § 19a DRiG die Bezeichnung Richter am BGH. Sie können nur Berufsrichter auf Lebenszeit sein (§ 28 DRiG). Ein weiteres Richteramt an einem anderen Gericht kann ihnen nicht übertragen werden, da eine dem § 59 Abs. 2 entsprechende Regelung fehlt. Die interne Geschäftsverteilung in den Senaten richtet sich nach § 21g. 5

§ 125 [Ernennung der Mitglieder]

(1) Die Mitglieder des Bundesgerichtshofes werden durch den Bundesminister der Justiz gemeinsam mit dem Richterwahlausschuß gemäß dem Richterwahlgesetz berufen und vom Bundespräsidenten ernannt.

(2) Zum Mitglied des Bundesgerichtshofes kann nur berufen werden, wer das fünfunddreißigste Lebensjahr vollendet hat.

I. Normzweck

Die Vorschrift regelt einzelne Punkte der Berufung und Ernennung zum Richter am Bundesgerichtshof. Sie ergänzt die §§ 9ff. DRiG als allgemeine Vorschriften zur Berufung von Richtern in Abs. 2, bestimmt die für die Berufung zuständigen Organe und wiederholt in Bezug auf die Ernennung die in Art. 60 Abs. 1 GG vorgesehene Zuständigkeit des Bundespräsidenten. § 125 gilt nicht für Bundesrichter allgemein, sondern nur für Richter am BGH. Für die anderen obersten Bundesgerichte enthalten § 42 ArbGG, § 38 SGG, § 15 Abs. 3 VwGO und § 14 Abs. 2 FGO vergleichbare Vorschriften. Für das BVerfG gelten §§ 3ff. BVerfGG. 1

II. Berufung und Ernennung

§ 125 unterscheidet zwischen der Berufung und der Ernennung. Die Berufung umfasst das Auswahl- und Vorschlagsverfahren, die Ernennung ist die dienst- und statusrechtliche Einsetzung in eine beamtenrechtliche und besoldungsrechtliche Rechtsstellung im Sinne eines abstrakten Amtes. 2

1. Berufung. Die Berufung steht dem BJM gemeinsam mit dem Wahlausschuss zu. Einzelheiten der Berufung werden durch das Richterwahlgesetz vom 25. 8. 1950[1] geregelt. Danach hat der Richterwahlausschuss, der aus den Landesjustizministern und einzelnen Mitgliedern des Bundestags besteht, ein Vorschlagsrecht (§ 10 RiWG). Der BJM muss der Wahl zustimmen und hat dann die Ernennung beim Bundespräsidenten zu beantragen (§ 13 RiWG). 3

Für die **Voraussetzungen** der Berufung gelten die allgemeinen Vorschriften der §§ 9, 10 DRiG sowie als spezielle Voraussetzung nach Abs. 2 die Vollendung des 35. Lebensjahres. 4

2. Ernennung. Die Ernennung der Richter am BGH steht gemäß Art. 60 GG dem Bundespräsidenten zu. Der Bundespräsident muss den Berufenen nicht ernennen, sondern hat ein Prüfungs- 5

---

[1] S. dazu ausführlich *Bichelmeier*, Der juristische Mitarbeiter an den obersten Deutschen Gerichten, 1970; *Herr* JVBl. 1971, 194; *ders.* DRiZ 1972, 228; *Zuck* DöV 1974, 305; *Hückstädt* DRiZ 1979, 275.
[2] S. § 59 Rn. 5, 6.
[3] S. § 59 Rn. 8; § 115 Rn. 3.
[1] BGBl. I S. 368.

recht. Er kann aber nur einen vom Richterwahlausschuss und BJM Berufenen ernennen. Es ist deshalb ein gemeinsames Zusammenwirken erforderlich. Die Ernennung durch den Bundespräsidenten bedarf zu ihrer Wirksamkeit auch der Gegenzeichnung durch den BJM gemäß Art. 58 GG.

6   **3. Verletzung wesentlicher Vorschriften.** Die Verletzung wesentlicher Vorschriften für die Berufung und Ernennung führt zu einer fehlerhaften Besetzung des Gerichts und verletzt das Gebot des gesetzlichen Richters. Dies gilt insbesondere auch für einen Verstoß gegen das Alterserfordernis des Abs. 2^2 oder bei unterbliebener Mitwirkung des Richterwahlausschusses.

§§ 126 bis 129 (weggefallen)

§ 130 [Zivil- und Strafsenate; Ermittlungsrichter]

(1) ¹Bei dem Bundesgerichtshof werden Zivil- und Strafsenate gebildet und Ermittlungsrichter bestellt. ²Ihre Zahl bestimmt der Bundesminister der Justiz.

(2) Der Bundesminister der Justiz wird ermächtigt, Zivil- und Strafsenate auch außerhalb des Sitzes des Bundesgerichtshofes zu bilden und die Dienstsitze für Ermittlungsrichter des Bundesgerichtshofes zu bestimmen.

I. Normzweck

1   Die Vorschrift legt wie § 60 für das LG und § 116 für das OLG die Senate als Spruchkörper am BGH fest. § 130 sieht darüber hinaus vor, dass mindestens ein Zivilsenat und ein Strafsenat als allgemeine Senate gebildet werden. Darüber hinaus sind Spezialsenate durch Bundesgesetze vorgesehen. Soweit nicht gesetzlich festgelegt, werden den einzelnen Senaten ihre Aufgaben durch den Geschäftsverteilungsplan gemäß § 21 e zugeteilt, ebenso die Person und Zahl der Bundesrichter, soweit sie über die Mindestbesetzung gemäß § 139 hinausgeht.

II. Allgemeine und Spezialsenate

2   **1. Allgemeine Senate.** Als allgemeine Senate sieht § 130 die Zivil- und Strafsenate vor. Am BGH bestehen zurzeit 12 Zivilsenate und 5 Strafsenate. Über die Zahl der Senate entscheidet nicht das Präsidium, sondern der BJM in alleiniger Zuständigkeit. Er ist von den im Haushaltsplan vorgesehenen Richterstellen abhängig.

3   **2. Spezialsenate.** Als Spezialsenate sind im Gesetz vorgesehen der Kartellsenat (§ 94 GWB), das Dienstgericht des Bundes (§§ 61, 79 DRiG), ein Senat für Landwirtschaftssachen (§ 2 Abs. 2 LwVG), ein Senat für Entschädigungssachen (§ 208 Abs. 3 BEG) sowie Senate für Angelegenheiten der Berufs- und Ehrengerichtsbarkeit wie ein Anwaltssenat (§ 106 BRAO), ein Notarsenat (§ 106 BNotO), ein Patentanwaltssenat (§ 90 PatAnwO), ein Senat für Steuerberatersachen (§ 97 StBerG), ein Senat für Wirtschaftsprüfer (§ 74 WirtschprüfO). Spezialspruchkörper für Familiensachen, Handelssachen, Baulandsachen sind (anders als beim LG, uU OLG, vgl. §§ 23b, 119 Abs. 2; 93 GVG; §§ 220, 229 Abs. 1 BauGB) nicht gesetzlich vorgeschrieben; durch Geschäftsverteilungsplan können aber derartige Sachen bei bestimmten Zivilsenaten konzentriert werden.

III. Auswärtige Senate

4   Abs. 2 ermöglicht dem BJM in Parallele zu § 116 Abs. 2 auswärtige Senate zu bilden, sei es für bestimmte Sachgebiete oder für bestimmte örtliche Bezirke. Außensenate bleiben Senate des Bundesgerichtshofs, treten aber an die Stelle des Stammgerichts. Bislang wurde kein auswärtiger Zivilsenat gebildet.

§§ 131, 131 a (weggefallen)

§ 132 [Große Senate; Vereinigte Große Senate]

(1) ¹Beim Bundesgerichtshof werden ein Großer Senat für Zivilsachen und ein Großer Senat für Strafsachen gebildet. ²Die Großen Senate bilden die Vereinigten Großen Senate.

---

² S. auch BSG NJW 1965, 1550.

(2) Will ein Senat in einer Rechtsfrage von der Entscheidung eines anderen Senats abweichen, so entscheiden der Große Senat für Zivilsachen, wenn ein Zivilsenat von einem anderen Zivilsenat oder von dem Großen Zivilsenat, der Große Senat für Strafsachen, wenn ein Strafsenat von einem anderen Strafsenat oder von dem Großen Senat für Strafsachen, die Vereinigten Großen Senate, wenn ein Zivilsenat von einem Strafsenat oder von dem Großen Senat für Strafsachen oder ein Strafsenat von einem Zivilsenat oder von dem Großen Senat für Zivilsachen oder ein Senat von den Vereinigten Großen Senaten abweichen will.

(3) ¹Eine Vorlage an den Großen Senat oder die Vereinigten Großen Senate ist nur zulässig, wenn der Senat, von dessen Entscheidung abgewichen werden soll, auf Anfrage des erkennenden Senats erklärt hat, daß er an seiner Rechtsauffassung festhält. ²Kann der Senat, von dessen Entscheidung abgewichen werden soll, wegen einer Änderung des Geschäftsverteilungsplanes mit der Rechtsfrage nicht mehr befaßt werden, tritt der Senat an seine Stelle, der nach dem Geschäftsverteilungsplan für den Fall, in dem abweichend entschieden wurde, zuständig wäre. ³Über die Anfrage und die Antwort entscheidet der jeweilige Senat durch Beschluß in der für Urteile erforderlichen Besetzung; § 97 Abs. 2 Satz 1 des Steuerberatungsgesetzes und § 74 Abs. 2 Satz 1 der Wirtschaftsprüferordnung bleiben unberührt.

(4) Der erkennende Senat kann eine Frage von grundsätzlicher Bedeutung dem Großen Senat zur Entscheidung vorlegen, wenn das nach seiner Auffassung zur Fortbildung des Rechts oder zur Sicherung einer einheitlichen Rechtsprechung erforderlich ist.

(5) ¹Der Große Senat für Zivilsachen besteht aus dem Präsidenten und je einem Mitglied der Zivilsenate, der Große Senat für Strafsachen aus dem Präsidenten und je zwei Mitgliedern der Strafsenate. ²Legt ein anderer Senat vor oder soll von dessen Entscheidung abgewichen werden, ist auch ein Mitglied dieses Senats im Großen Senat vertreten. ³Die Vereinigten Großen Senate bestehen aus dem Präsidenten und den Mitgliedern der Großen Senate.

(6) ¹Die Mitglieder und die Vertreter werden durch das Präsidium für ein Geschäftsjahr bestellt. ²Dies gilt auch für das Mitglied eines anderen Senats nach Absatz 5 Satz 2 und für seinen Vertreter. ³Den Vorsitz in den Großen Senaten und den Vereinigten Großen Senaten führt der Präsident, bei Verhinderung das dienstälteste Mitglied. ⁴Bei Stimmengleichheit gibt die Stimme des Vorsitzenden den Ausschlag.

Schrifttum: *Groß/Pamp*, Die Grundsatzvorlage an die grossen Senate, ZZP 113 (2000) 467; *Hanack*, Der Ausgleich divergierender Entscheidungen in den oberen Gerichtsbarkeiten, 1962; *May*, Verfahrensfragen bei der Divergenzanrufung des Großen Senats, DRiZ 1983, 305; *Miebach*, Der Gemeinsame Senat der obersten Gerichtshöfe des Bundes, 1971.

Übersicht

	Rn.
I. Normzweck	1, 2
II. Divergenzvorlage	3–20
1. Einheitliche Rechtsanwendung und richterliche Unabhängigkeit	3–5
a) Einheitliche Rechtsanwendung	3
b) Verfassungsrechtlicher Auftrag	4
c) Faktische Bindung unterer Instanzen	5
2. Art der Entscheidung	6
3. Gleiche Rechtsfrage	7
4. Abweichung	8–12
a) Abweichung vom tragenden Grund	8
b) Abweichung nach Zurückverweisung an das OLG	9
c) Abweichung vom Vorlagebeschluss	10
d) Erneute Vorlage	11
e) Unterlassene Vorlage	12
5. Anfrageverfahren (Abs. 3)	13, 14
a) Anfrage bei allen Senaten	13
b) Beschlussform und Besetzung	14
6. Entscheidung ohne Vorlage	15–17
a) Übernahme der Zuständigkeit	15
b) Gesetzesänderung	16
c) Entscheidung des BVerfG	17
7. Folgen unterlassener Vorlage	18
8. Zuständigkeit (Abs. 2)	19
9. Sonstige Vorlageverfahren für Zivilgerichte	20
III. Rechtsfortbildungsvorlage (Abs. 4)	21–28
1. Normzweck im Rechtsstaat	21
2. Grundsätzliche Bedeutung der Rechtsfrage	22, 23
a) Beachtung des gesetzlichen Richters	22
b) Bestimmung der grundsätzlichen Bedeutung	23
3. Sicherung einer einheitlichen Rechtsprechung	24
4. Fortbildung des Rechts	25, 26

	Rn.		Rn.
a) Gesetzesimmanente und gesetzesübersteigende Rechtsfortbildung	25	1. Prinzip der Gesamtrepräsentation	30–32
		a) Großer Senat für Zivilsachen	30, 31
b) Rechtsfortbildungsvorlage nur in Ausnahmefällen	26	b) Vereinigte Große Senate	32
5. Vorlagepflicht	27	2. Regelung im Geschäftsverteilungsplan	33
6. Entscheidung des Großen Senats	28	3. Der Präsident als Vorsitzender	34
IV. Besetzung der Großen Senate	29–35	4. Gemeinsamer Senat der obersten Gerichtshöfe des Bundes	35

I. Normzweck

1 Außer den allgemeinen Senaten in Straf- und Zivilsachen und den Spezialsenaten sind beim BGH ein Großer Senat für Zivilsachen, ein Großer Senat für Strafsachen und die Vereinigten Großen Senate zu bilden, die bei Divergenzen (Abs. 2) und bei grundsätzlichen Rechtsfragen (Abs. 4) im Wege der Vorlage über die Rechtsfrage zu entscheiden haben (§ 138 Abs. 1). Damit soll eine einheitliche Rspr. am BGH erzielt werden. § 132 ist durch das Rechtspflege-Vereinfachungsgesetz[1] mit Wirkung ab 1. 1. 1992 neu gefasst worden. Geändert wurde durch Abs. 5 auch die Besetzung, um Bedenken aus Art. 101 Abs. 1 GG zu beseitigen.[2]

2 Nach Art. 95 Abs. 3 GG iVm. dem Gesetz zur Wahrung der Einheitlichkeit der Rechtsprechung der obersten Gerichtshöfe des Bundes[3] ist darüber hinaus ein **Gemeinsamer Senat der obersten Gerichtshöfe** des Bundes mit Sitz in Karlsruhe (§ 1 Abs. 2 RsprEinhG) zu bilden, dem allerdings nur bei Divergenz vorzulegen ist (§ 2 RsprEinhG).

II. Divergenzvorlage

3 **1. Einheitliche Rechtsanwendung und richterliche Unabhängigkeit. a) Einheitliche Rechtsanwendung.** Die Divergenzvorlage gemäß Abs. 2 und 3 enthält eine Verfahrensvorschrift, aber auch eine Gerichtsverfassungsnorm, weil sie in einer Art gesetzlicher Geschäftsverteilung die Aufgaben des Großen Senats und der Vereinigten Großen Senate festlegt. Die verfahrensrechtliche Komponente ist aus Vereinfachungsgründen zusammen mit der Regelung der Bildung der Großen Senate in das GVG aufgenommen worden. Wie die Parallelnormen für die anderen Gerichtszweige (§ 45 ArbGG, § 11 VwGO, § 41 SGG, § 11 FGO) will die Vorschrift eine einheitliche Rechtsanwendung erreichen.

4 **b) Verfassungsrechtlicher Auftrag.** Art. 3 Abs. 1 GG enthält an den Gesetzgeber den verfassungsrechtlichen Auftrag zur Realisierung von Rechtsgleichheit.[4] Im Unterschied zur Exekutive, bei der eine einheitliche Rechtsanwendung durch ein hierarchisches Befehlssystem angestrebt werden kann, steht die richterliche Unabhängigkeit (Art. 97 Abs. 1 GG) einem Befehlssystem bei der Judikative im Wege. Das Gleichheitsgebot des Grundgesetzes ist daher in Bezug auf die Rechtsgleichheit vor Gericht in Konkordanz zu Art. 97 Abs. 1 GG auszulegen. Die Rechtsanwendungsgleichheit kann deshalb nur unter Wahrung eines Kernbereichs richterlicher Unabhängigkeit verwirklicht werden.

5 **c) Faktische Bindung unterer Instanzen.** In den unteren Instanzen sind Gerichte an BGH-Entscheidungen nur gebunden, wenn es um die zurückverwiesene Sache geht, sonst nicht (vgl. § 563 Abs. 2 ZPO). Jedoch kann wenigstens teilweise eine gleichmäßige Rechtsanwendung durch die informelle, faktische Bindungswirkung höchstrichterlicher Judikate erzielt werden. Darüber hinaus ist die Zulassung der Berufung (§ 511 Abs. 4 Nr. 1 ZPO) und die Zulassung der Revision (§ 543 Abs. 2 Nr. 2 ZPO) in Divergenzfällen zur Sicherung einer einheitlichen Rechtsprechung möglich. Nur Divergenzen innerhalb des BGH werden von Abs. 2 erfasst. Unabhängig von Beschwer und Parteidisposition verpflichtet eine intendierte Abweichung hier zur Vorlage. An der höchsten Stelle der ordentlichen Gerichtsbarkeit wird die Unabhängigkeit des befassten Spruchkörpers durch die Vorlagepflicht und die Bindungswirkung (§ 138 Abs. 1 S. 3) zugunsten der Rechtseinheitlichkeit stärker zurückgestellt, um Rechtsanwendungsgleichheit zu erzielen.

6 **2. Art der Entscheidung.** Auf die Art der Entscheidung, von der abgewichen werden soll oder bei der die Abweichung beabsichtigt ist, kommt es im Grundsatz nicht an. Es kann sich also um

---

[1] Vom 17. 12. 1990, BGBl. I S. 2847, 2854.
[2] BT-Drucks. 11/3621, S. 30 f.
[3] S. Vor § 123 Rn. 6.
[4] *Maunz/Dürig* Art. 3 Abs. 1 GG Rn. 413.

Urteile und Beschlüsse handeln. Bei Verfahren, die lediglich Vorstufen der Entscheidung über den Rechtsstreit sind, wie beim Prozesskostenhilfegesuch oder der Nichtzulassungsbeschwerde, will eine Ansicht die Vorlagepflicht nur dann entstehen lassen, wenn Divergenzen über Rechtsfragen bestehen, die nur in diesem Zusammenhang und nicht mit dem eigentlichen Hauptverfahren stehen. Die Anrufung des Großen Senats oder der Vereinigten Großen Senate sei bei Rechtsfragen des Hauptverfahrens erst im eigentlichen Rechtsstreit gerechtfertigt.[5] Sowohl der Wortlaut wie der Zweck von Abs. 2 erfordern aber eine Vorlage bei einer Divergenz, die auch erst im eigentlichen Rechtsstreit entstehen könnte. Auch solchen Entscheidungen wird, wie die Veröffentlichungspraxis zeigt, hinsichtlich ihres gesamten Inhalts Bedeutung beigemessen. Auch wäre bei negativen Entscheidungen eine abschließende Klärung der Divergenz durch Vorlage im eigentlichen Rechtsstreit nicht mehr möglich. Vorzulegen ist auch bei Abweichung von einem Vorlagebeschluss (s. Rn. 10).

3. Gleiche Rechtsfrage. Die gleiche Rechtsfrage steht nicht nur dann zur Entscheidung, wenn dieselbe **gesetzliche Bestimmung** anders ausgelegt werden soll, sondern auch bei unterschiedlichen Ansichten zum gleichen „**Rechtsgrundsatz**", der in mehreren Gesetzesbestimmungen seinen Niederschlag gefunden hat.[6] Eine Divergenz liegt aber nur vor, wenn der Rechtsgrundsatz auch textlich weitgehend identisch in verschiedenen Bestimmungen fixiert ist. 7

4. Abweichung. a) Abweichung vom tragenden Grund. Eine Abweichung gemäß Abs. 2 liegt nur vor, wenn die jeweilige Rechtsansicht sowohl in der früheren, wie in der anstehenden Entscheidung eines anderen, nicht des gleichen Senats den tragenden Grund bildet und nicht nur beiläufig geäußert ist.[7] Erforderlich ist aber nicht, dass das Ergebnis nur durch diese Rechtsansicht gefunden werden kann. Zulässig ist die Vorlage daher auch, wenn die Rechtsansicht ein logisch unerlässliches Glied in der Gedankenkette ist, nicht aber wenn bei Mehrfachbegründungen eine nicht divergierende Begründung die Entscheidung für sich alleine trägt.[8] Keine Vorlegung erfolgt, wenn die Antwort nur die Begründung, nicht das Ergebnis der Entscheidung betreffen würde.[9] Es braucht nicht geprüft zu werden, ob die jeweilige Entscheidung auch mit einer alternativen Begründung zu finden gewesen wäre.[10] Divergenz zu einer durch Gesetzesänderung überholten Entscheidung oder zum Reichsgericht begründet keine Vorlagepflicht.[11] 8

b) Abweichung nach Zurückweisung an das OLG. Wird ein Senat nach Zurückweisung an das OLG **erneut** mit derselben Sache **befasst**, hat er aber inzwischen in einer anderen Sache seine Rechtsansicht, an die das Berufungsgericht nach § 563 Abs. 2 ZPO gebunden war, geändert, so ist er an seine zunächst vertretene, inzwischen aufgegebene, Rechtsansicht nicht mehr gebunden.[12] Nach hM ist es dem Senat aber verwehrt, seine Rechtsansicht gerade bei der erneuten Befassung mit dem „Rückläufer" zu ändern.[13] Dies folgt aus dem Rechtsstaatsprinzip, das das Vertrauen des Bürgers berücksichtigt und die Autorität der Gerichte stärken soll. Eine Divergenzvorlage ist daher bei „Rückläufern" nicht möglich.[14] Will ein Senat von einer von einem anderen Senat geäußerten Rechtsmeinung, die er auch selbst in einer zurückverwiesenen Sache vertreten hat, abweichen, so kann er dies mittels Vorlage an den Großen Senat nicht bei erneuter Befassung mit derselben Sache, sondern nur in einem anderen Rechtsstreit tun. Erfolgt die Vorlage in der anderen Sache vor der erneuten Befassung mit der Rücklaufsache, kann dort auch die geänderte Ansicht zugrunde gelegt und das Berufungsurteil allein deshalb aufgehoben werden, weil es nach § 563 Abs. 2 ZPO die aufgegebene Rechtsansicht zugrunde gelegt hat. 9

c) Abweichung vom Vorlagebeschluss. Hat der Große Senat über die Vorlage noch nicht entschieden und will in der Zwischenzeit ein anderer Senat des BGH von der in dem Vorlagebeschluss geäußerten Rechtsansicht abweichen, so hält eine Meinung keinen erneuten Vorlagebe- 10

---

[5] *May* DRiZ 1983, 306; *Katholnigg*, Strafgerichtsverfassungsrecht, § 132 Rn. 3.
[6] BGHZ (GemS) 60, 392, 394; BGHZ 9, 179, 181; *Zöller/Gummer* Rn. 4; *Kissel/Mayer* Rn. 16; *Katholnigg*, Strafgerichtsverfassungsrecht, § 132 GVG Rn. 2.
[7] BGH (VGrS) NJW 1994, 1735; RGZ 134, 17, 22; BGHSt. 7, 314, 315 zu § 121; BGHSt. 9, 24, 29; *Baumbach/Lauterbach/Hartmann* Rn. 5; *Zöller/Gummer* Rn. 4.
[8] BFHE 123, 112; aA *Katholnigg*, Strafgerichtsverfassungsrecht, § 132 GVG Rn. 3.
[9] BGH NJW 2003, 1588.
[10] *May* DRiZ 1983, 309.
[11] *Kissel/Mayer* § 121 Rn. 11; für § 2 Abs. 1 RsprEinhG: BFH NJW 1970, 831, 832.
[12] Für alle Verfahren vor den obersten Bundesgerichten: GemS BGHZ 60, 392, 395 f.
[13] BGH NJW 1951, 970 (LS); offengelassen in BGH (GS) NJW 1986, 1764, 1765 f.; für das finanzgerichtliche Verfahren: BFH BStBl. II 1980 S. 218, 219; für das verwaltungsgerichtliche Verfahren: BVerwGE 54, 116, 119; 7, 159, 161; BVerwG MDR 1973, 1044, 1045.
[14] *Zöller/Gummer* Rn. 4.

schluss für nötig, der andere Senat könne weiterhin nach der älteren Auslegung judizieren.[15] „Entscheidung" gemäß Abs. 2 ist aber auch ein Vorlagebeschluss. Die genannte Ansicht berücksichtigt den Normzweck nicht in hinreichendem Maße. Indem nach Entstehung der Divergenz und vor deren Klärung durch den Großen Senat noch unter Zugrundelegung einer Rechtsmeinung entschieden wird, die uU kurz darauf als „falsch" erachtet wird, entsteht möglicherweise Rechtsungleichheit. Nach Erlass eines Vorlagebeschlusses darf die streitige Rechtsfrage in einem Rechtsstreit erst dann wieder entschieden werden, wenn der Große Senat wieder Rechtssicherheit und Rechtsgleichheit hergestellt hat. Bis dahin hat auch ein Senat, der an der älteren, durch Vorlegung inzwischen angezweifelten Ansicht festhält, das Verfahren bis zur Entscheidung des Großen Senats auszusetzen und seinerseits vorzulegen. Die bloße Anfrage nach Abs. 3 S. 1 (s. Rn. 13) ohne Vorlage an den Großen Senat zwingt für sich allein jedoch nicht zur Aussetzung.[16] Die zweite Vorlage bewirkt nach § 138 Abs. 1 S. 3 die Bindung beider Senate, in deren Verfahren die Rechtsfrage entscheidungserheblich ist.

11 d) **Erneute Vorlage.** Umstritten ist auch die Zulässigkeit der Divergenzvorlage, wenn die Rechtsansicht, von der abgewichen werden soll, bereits Gegenstand eines Vorlageverfahrens war und vom Großen Senat bestätigt wurde. In Anlehnung an einen Beschluss des Großen Senats des BFH[17] wird die erneute Vorlage einer vom Großen Senat bereits entschiedenen Rechtsfrage nur dann als zulässig erachtet, wenn in der Zwischenzeit neue rechtliche Gesichtspunkte aufgetreten sind, die bei der ursprünglichen Entscheidung nicht berücksichtigt worden konnten oder neue Rechtserkenntnisse eine andere Beurteilung der entschiedenen Frage rechtfertigen könnten.[18] Diese Ansicht mag zwar den praktischen Belangen der zweistufigen Finanzgerichtsbarkeit entsprechen, in der dem Großen Senat funktional wegen fehlender unterinstanzlicher Koordinierung teilweise die Aufgabe einer „3. Instanz" zukommt. Dem Gesetz lässt sie sich aber nicht entnehmen. § 138 Abs. 1 S. 3 postuliert nur eine positive Bindungswirkung der Entscheidung des Großen Senats in der vorgelegten Sache. Eine weitergehende Bindungswirkung, ähnlich der Bindungswirkung verfassungsgerichtlicher Urteile nach § 31 BVerfGG, ist dort gerade nicht aufgestellt.[19] Die Konsequenz der genannten Ansicht, die die erneute Anrufung des Großen Senats für unzulässig hält, wäre sogar eine Entscheidung des vorlegungswilligen Senats, bei der die divergierende Rechtsmeinung zugrunde gelegt werden könnte, ohne dass dem Großen Senat die Möglichkeit zur Herstellung der Rechtseinheit gegeben wäre.[20] Dies widerspricht dem Zweck der Divergenzvorlage nach Abs. 2. Den einzelnen Senaten steht mangels ausdrücklicher gegenteiliger Bestimmung auch auf Grund der richterlichen Unabhängigkeit (Rn. 4) die eigenständige Entscheidung zu, ob die Rechtsmeinung des Großen Senats weiterhin zu befolgen ist oder nicht. Im Falle einer erneuten Divergenzvorlage hat der Große Senat sich mit den Argumenten des Vorlagebeschlusses inhaltlich auseinanderzusetzen und darf die Vorlage nicht schon als unzulässig zurückweisen. Die genannte BFH-Entscheidung nötigt den BGH allerdings zur Vorlage nach § 2 Abs. 1 RsprEinhG, da es wegen der identischen Regelung in § 132 Abs. 2 und in § 11 FGO um differierende Ansichten zu derselben Rechtsfrage geht.

12 e) **Unterlassene Vorlage.** Hat der Senat, von dessen Rechtsansicht abgewichen werden soll, seinerzeit entgegen Abs. 2 eine Vorlage unterlassen, so ist seine Entscheidung gleichwohl beachtlich. Auch wenn nun wieder in Übereinstimmung mit dem älteren Judikat entschieden werden soll, ist eine Vorlage notwendig, um die inzwischen aufgetretene Divergenz zu klären.[21]

13 5. **Anfrageverfahren (Abs. 3). a) Anfrage bei allen Senaten.** Durch Abs. 3 wurde das Anfrageverfahren gesetzlich festgelegt und ausgebaut. Danach ist eine Vorlage entbehrlich, wenn der Senat, dessen frühere Entscheidung Anlass der Divergenz ist, auf Anfrage erklärt, an seiner damaligen Rechtsansicht nicht mehr festzuhalten. Anzufragen ist bei allen Senaten, die eine divergierende Auffassung in einer Entscheidung geäußert haben, nicht nur wie nach § 4 Abs. 1 S. 3 RsprEinhG

---

[15] BVerwG NJW 1976, 1420 zu § 1 Abs. 2 RsprEinhG; *Kissel/Mayer* Rn. 27; *Katholnigg*, Strafgerichtsverfassungsrecht, § 132 Rn. 4.
[16] BGH NJW 1994, 2299.
[17] BFH BB 1971, 337 = BFHE 101, 13.
[18] *Kissel/Mayer* Rn. 15; noch enger *Katholnigg*, Strafgerichtsverfassungsrecht, § 132 Rn. 5; aA *Zöller/Gummer* Rn. 4: Vorlage ohne Einschränkung; die von *Kissel/Mayer* angeführte Entscheidung BGH NJW 1977, 964 betrifft nur die Divergenzvorlage bei Abweichung eines OLG von einem anderen OLG nach § 121 Abs. 2 und lässt die Zulässigkeit einer erneuten Vorlage bei Divergenz eines OLG vom BGH offen.
[19] So zu den Parallelvorschriften der FGO: *Schefold* NJW 1973, 123 f.
[20] Zu § 11 FGO aF: *Hohlfeld* BB 1971, 463; *Schefold* NJW 1973, 124.
[21] BGHSt. 10, 94, 96; *May* DRiZ 1983, 310; *Zöller/Gummer* Rn. 4; *Kissel/Mayer* Rn. 16; *Baumbach/Lauterbach/Hartmann* Rn. 5; *Katholnigg*, Strafgerichtsverfassungsrecht, § 132 GVG Rn. 4.

bei dem Senat mit der Letzten abweichenden Entscheidung. Diese Praxis ist prozessökonomisch sinnvoll. Eine Anrufung des Großen Senats oder der Vereinigten Großen Senate zur verbindlichen Klärung divergierender Rechtsansichten ist nur dann zur Herstellung der Rechtseinheitlichkeit erforderlich, wenn überhaupt Meinungsunterschiede zwischen den einzelnen Senaten existieren. Ein Senat kann daher die Änderung seiner Rechtsauslegung nicht nur in einem Rechtsstreit, sondern auch auf eine Anfrage hin kundtun.[22] Eine Anfrage hindert die anderen Senate weder an ihrer Rechtsprechung festzuhalten,[23] noch zwingt sie diese zur Vorlage oder dazu, die bei ihnen bereits anhängige Verfahren zur selben Rechtsfrage bis zur Entscheidung des Großen Senats auszusetzen.[24] Eine Sperrwirkung entfaltet erst der Vorlagebschluss des anfragenden Senats (vgl. Rn. 10).

b) Beschlussform und Besetzung. Anfrage und Antwort ergehen in Form eines Beschlusses, **14** an dem die Richter in der für Urteile erforderlichen Besetzung mitwirken (Abs. 3 S. 3). Beim anfragenden Senat sind dies die Richter, die in der anstehenden Sache zu entscheiden haben. Beim angefragten Senat entscheiden über die Antwort grundsätzlich die Richter, die an der früheren divergierenden Entscheidung mitgewirkt haben. Besteht dieser Senat nicht mehr, so tritt nach Abs. 3 S. 2 an seine Stelle der Senat, der nach dem Geschäftsverteilungsplan nunmehr für die früher getroffene Entscheidung zuständig wäre. Die geänderte Zuständigkeit kann nicht nur gelten, wenn der frühere Senat insgesamt nicht mehr zuständig ist. Abs. 3 S. 2 ist vielmehr auch anzuwenden, wenn nur einzelne Richter im an sich fortbestehenden Senat gewechselt haben. Für einen verhinderten Richter entscheidet sein nach dem Geschäftsverteilungsplan vorgesehener Vertreter. Der Senat für Wirtschaftsprüfersachen und der Senat für Steuerberater- und Steuerbevollmächtigtensachen entscheidet nach § 97 Abs. 2 S. 1 StBerG und § 74 Abs. 2 S. 1 WirtschprüfO wie in der Besetzung außerhalb der Hauptverhandlung mit drei Berufsrichtern.

6. Entscheidung ohne Vorlage. a) Übernahme der Zuständigkeit. Wenn die Zuständig- **15** keit des Senats, von dessen Entscheidung abgewichen werden soll, inzwischen **von dem erkennenden Senat** übernommen worden ist, so ist – genau wie im Falle der Abweichung von einer eigenen Entscheidung – keine Vorlage zulässig bzw. erforderlich.[25] Dies gilt auch, wenn die zu entscheidende Rechtsfrage auch einmal in einem Rechtsstreit aus einem ganz anderen Gebiet auftauchen kann, was niemals auszuschließen ist.[26] Die Funktionsnachfolge umfasst auch die Zuständigkeit zur Beantwortung der Divergenzanfrage.

b) Gesetzesänderung. Falls nach Anrufung des Großen Senats oder der Vereinigten Großen **16** Senate die strittige Frage durch Gesetzesänderung geklärt wird, erledigt sich die Vorlage.[27] Da der Große Senat nur die vorgelegte Rechtsfrage entscheiden soll, für die Entscheidung ansonsten aber der divergierende Senat zuständig ist, hat letzterer auch darüber zu befinden, ob die Gesetzesänderung die Divergenz beseitigt, wozu ihm durch Anfrage seitens des Großen Senats Gelegenheit zu geben ist.[28] Da mit der Vorlage eine der Rechtshängigkeit ähnliche Rechtslage geschaffen wird, hat der Große Senat die Erledigung durch Ausspruch festzustellen.[29]

c) Entscheidung des Bundesverfassungsgerichts. Keine Vorlagepflicht besteht auch, wenn **17** die frühere abweichende Entscheidung durch eine Entscheidung des BVerfG (§ 31 Abs. 1 BVerfGG),[30] des Gemeinsamen Senats der Obersten Gerichtshöfe des Bundes[31] oder des EuGH[32] **überholt** ist. Auch im Vorlageverfahren nach Art. 100 Abs. 1 GG ist eine vorherige Vorlage nach Abs. 2 unzulässig.[33]

7. Folgen unterlassener Vorlage. Eine Divergenzentscheidung ohne Durchführung des vor- **18** geschriebenen Vorlageverfahrens verletzt das Prozessgrundrecht auf den gesetzlichen Richter (Art. 101 Abs. 1 S. 2 GG).[34] Die Entscheidung kann deshalb mit der Verfassungsbeschwerde nach

---

[22] Für die Vorlage an den GemS BVerwGE 39, 10, 12.
[23] BGH NJW-RR 1994, 1092.
[24] BGH NJW 1994, 2299.
[25] BGHSt. 11, 199, 205; 19, 177, 184; *Baumbach/Lauterbach/Hartmann* Rn. 5; *Kissel/Mayer* Rn. 17; *Zöller/Gummer* Rn. 4.
[26] BGHZ 28, 16, 29.
[27] *Zöller/Gummer* Rn. 4; *Kissel/Mayer* Rn. 21.
[28] *May* DRiZ 1983, 310.
[29] Zu § 42 SGG aF BSGE 54, 223, 225.
[30] BGH NJW 1998, 908; *Zöller/Gummer* Rn. 4.
[31] Zu § 42 SGG aF BSG NJW 1973, 344.
[32] Zu § 42 SGG aF BSG NJW 1974, 1063, 1064.
[33] BVerfGE 6, 222, 234, 236 f.; *Kissel/Mayer* Rn. 24; *Katholnigg*, Strafgerichtsverfassungsrecht, § 132 Rn. 2.
[34] BVerfG NJW 2004, 1371; BVerfG bei *Krämer/Kirchberg* AnwBl. 1986, 179; *Baumbach/Lauterbach/Hartmann* Rn. 5.

Art. 93 Abs. 1 Nr. 4a GG angefochten werden. Wird ein betroffener Senat nicht angehört, sondern unrichtig sogleich nach Abs. 4 vorgelegt, kann er seine entsprechende Rechtsansicht veröffentlichen.[35]

19 **8. Zuständigkeit (Abs. 2).** Der **Große Senat für Zivilsachen** entscheidet, wenn ein Zivilsenat von einem anderen Zivilsenat abweichen will. Die **Vereinigten Großen Senate** entscheiden bei Divergenz eines Zivilsenats von einem Strafsenat oder dem Großen Senat für Strafsachen, eines Strafsenats von einem Zivilsenat oder dem Großen Senat für Zivilsachen sowie bei Divergenz zu einer früheren Entscheidung der Vereinigten Großen Senate. Die Zuständigkeit entfällt, wenn die Rechtsfrage im Rechtsstreit vor dem vorlegenden Senat nicht mehr relevant ist.[36]

20 **9. Sonstige Vorlageverfahren für Zivilgerichte.** Entsprechend Abs. 2, der Divergenzen innerhalb des BGH beseitigen möchte, soll § 2 Abs. 1 RsprEinhG abweichende Entscheidungen der fünf obersten Bundesgerichte angleichen.[37] Zur Vorlage an das BVerfG und die Verfassungsgerichte der Länder s. § 1 Rn. 39 ff. Zur Vorlage an den EuGH s. § 1 Rn. 42 ff.

III. Rechtsfortbildungsvorlage (Abs. 4)

21 **1. Normzweck im Rechtsstaat.** Die Rechtsfortbildungsvorlage wurde durch Art. III c des G v. 28. 6. 1935[38] zunächst als § 137 eingefügt und nunmehr im Wesentlichen unverändert als Abs. 4 in § 132 übernommen. Der historische Normtelos war nationalsozialistisch: Die Vorlage bei grundsätzlicher Bedeutung der Entscheidung sollte das Reichsgericht von der Bindung seiner Rechtsprechung befreien, um dem durch die „Staatserneuerung" eingetretenen Wandel der Lebens- und Rechtsanschauungen in der Judikatur besser zum Durchbruch zu verhelfen.[39] Der gewandelte Normzweck im Rechtsstaat des Grundgesetzes ist ein doppelter. Die Vorlage zur Sicherung einer einheitlichen Rechtsprechung soll bereits ohne Vorliegen einer Divergenz nach Abs. 2 dem Gebot des Art. 3 Abs. 1 GG nach **Rechtsanwendungsgleichheit** zur Geltung verhelfen, um die Orientierung an einer homogenen höchstrichterlichen Judikatur zu ermöglichen. Abs. 4 erkennt darüber hinaus die **Rechtsfortbildung als richterliche Gestaltungsaufgabe** an, deren verfassungsrechtliche Grundlage auf Art. 20 Abs. 3 GG beruht. Während bei Vorlage nach Abs. 2 der andere Senat gefragt werden muss, ob er an seiner bisherigen Rechtsauffassung festhält, ist dies bei Vorlage nach Abs. 4 nicht der Fall, weil es hier noch gar keine Divergenz gibt.

22 **2. Grundsätzliche Bedeutung der Rechtsfrage. a) Beachtung des gesetzlichen Richters.** Mit dem Tatbestandsmerkmal der grundsätzlichen Bedeutung hat der Gesetzgeber die Vorlage nach Abs. 4 an dieselbe Voraussetzung geknüpft, die auch für die Zulassung der Berufung (§ 511 Abs. 4 Nr. 1 ZPO) und die Zulassung der Revision (§ 543 Abs. 2 Nr. 1 ZPO) bedeutsam ist. Während es dort um die Eröffnung einer weiteren Instanz auf Initiative des Berufungs- oder Revisionsklägers geht, geht es bei Abs. 4 darum, welcher Spruchkörper innerhalb des Revisionsgerichts die vorzulegende Rechtsfrage entscheidet. Die „grundsätzliche Bedeutung" ist unter Beachtung des gesetzlichen Richters (Art. 101 Abs. 1 S. 2 GG) auszulegen. Zwar ist es dem Gesetzgeber bei der Bestimmung des zuständigen Richters nicht verwehrt, unbestimmte Rechtsbegriffe zu verwenden,[40] deren Auslegung hat aber verfassungskonform dem Erfordernis der Vorabbestimmbarkeit des Richters Rechnung zu tragen. Da bei Vorliegen der Tatbestandsvoraussetzungen dem erkennenden Senat kein Entschließungsermessen zusteht, sondern stets vorzulegen ist (s. Rn. 27), müssen an die grundsätzliche Bedeutung hohe Anforderungen auch deshalb gestellt werden, um die eigenverantwortliche Spruchtätigkeit des erkennenden Senats nicht auszuhöhlen. Die Bedeutung einer Vorlage an den Großen Senat muss in höherem Maße „grundsätzlich" sein als hinsichtlich der Berufungs- oder Revisionszulassung (§§ 511 Abs. 4, 543 Abs. 2 ZPO).[41]

23 **b) Bestimmung der grundsätzlichen Bedeutung.** Die wirtschaftliche Bedeutung der Sache für eine Partei allein genügt keinesfalls.[42] Da die „grundsätzliche Bedeutung" allein nicht ausreicht, sondern diese im Hinblick auf die Notwendigkeit der Rechtsfortbildung oder zur Sicherung einer einheitlichen Rechtsprechung bestehen muss, ist sie im Hinblick auf diese weiteren Tatbestandsvoraussetzungen zu bestimmen. Für die Sicherung der einheitlichen Rechtsprechung kommt es auf die

---

[35] So im Falle BGH NJW 2000, 1185.
[36] BAG NJW 1988, 990.
[37] S. Abdruck des Gesetzestextes in der 2. Aufl. Vor § 123 Rn. 6.
[38] RGBl. I S. 844.
[39] *Schwarz* zit. nach *Maetzel* MDR 1966, 454 Fn. 8.
[40] *Maetzel* MDR 1966, 454; *Manfred Wolf* § 7 III 3.
[41] AA *Katholnigg*, Strafgerichtsverfassungsrecht, § 132 Rn. 11.
[42] BGH NJW 1979, 219 (LS).

wahrscheinliche künftige Häufigkeit der Relevanz der Rechtsfrage an.[43] Zum Vorlagezeitpunkt muss im Sinne einer Prognoseentscheidung wahrscheinlich sein, dass eine **größere Zahl von ähnlichen Fällen** zum BGH gelangt und **von verschiedenen Senaten bearbeitet** wird.[44] Die Entscheidung der nach Abs. 4 vorgelegten Rechtsfrage durch den Großen Senat gewährleistet dann im Vorfeld von Abs. 2 die Einheitlichkeit der Rechtsprechung. Grundsätzliche Bedeutung kommt einer Entscheidung in Bezug auf die Fortbildung des Rechts darüber hinaus in Fällen besonderer Gestaltungsweite zu, wenn die Entscheidung **von prägender Bedeutung für das Rechtsleben** ist, insbesondere, wenn die Entscheidung von großer wirtschaftlicher Tragweite ist[45] oder wenn die Entscheidung von weittragender Bedeutung für die Rechtspflege ist und die beschleunigte einheitliche Klärung für die gesamte Zivilrechtsprechung im Interesse der Allgemeinheit liegt.[46] Dies trifft in erster Linie für die gesetzesübersteigende Rechtsfortbildung zu. Die sonstigen richterlichen Rechtsbildungsaufgaben sind von dem erkennenden Senat selbst wahrzunehmen.

3. Sicherung einer einheitlichen Rechtsprechung. Abs. 4 sichert im Vorfeld von Abs. 2 die Einheitlichkeit der Rechtsprechung, etwa wenn die abweichende Ansicht in der Entscheidung eines anderen Senats nicht zu den tragenden Entscheidungsgründen gehörte, sondern nur ein obiter dictum war,[47] oder wenn der vorlegende Senat bei der Befassung eines anderen Senats mit derselben Rechtsfrage mit einer divergierenden Beantwortung rechnet.[48] Abs. 4 ist nur einschlägig, wenn noch keine Rechtsprechungsdivergenz nach Abs. 2, 3 aufgetreten ist. Eine **Vorlage nach Abs. 2 hat Vorrang** vor einer Vorlage nach Abs. 4. Diese kommt daher erst dann in Betracht, wenn eine Vorlage nach Abs. 2 ausscheidet. Dass eine Frage so enorm grundsätzlich ist, dass es dazu einerseits noch keine BGH-Rechtsprechung (und also auch noch keine Divergenz) gibt, und andererseits der betroffene Senat dies nicht vorerst selbst entscheiden kann, ist kaum vorstellbar.

4. Fortbildung des Rechts. a) Gesetzesimmanente und gesetzesübersteigende Rechtsfortbildung. Die Rechtsfortbildungsvorlage nach Abs. 4 ist einfachgesetzlicher Ausdruck der in Art. 20 Abs. 3 GG anerkannten Befugnis der Gerichte zur Rechtsfortbildung. In der verfassungsrechtlichen Bindung an „Gesetz und Recht" wird ein enger Gesetzespositivismus abgelehnt. Das Mehr an „Recht" gegenüber den positiven Normen zu finden, ist Aufgabe der Gerichte, die dabei „Wertvorstellungen, die der verfassungsmäßigen Rechtsordnung immanent, aber in den Texten der geschriebenen Gesetze nicht oder nur unvollkommen zum Ausdruck gelangt sind, in einem Akt des bewertenden Erkennens, dem auch willenhafte Elemente nicht fehlen, ans Licht (…) bringen und in Entscheidungen (…) realisieren."[49] Über die gesetzesimmanente Rechtsfortbildung hinaus, die im Rahmen der Teleologie des Gesetzes das Recht jenseits der textlichen Begrifflichkeit sucht, ist damit auch die gesetzesübersteigende Rechtsfortbildung anerkannt.

b) Rechtsfortbildungsvorlage nur in Ausnahmefällen. Obwohl die Grenzen zwischen Auslegung, gesetzesimmanenter und gesetzesübersteigender Rechtsfortbildung fließend sind, erfordert die Rechtssicherheit und das Prinzip des gesetzlichen Richters (Art. 101 Abs. 1 S. 2 GG) eine deutliche Trennung zwischen den Befugnissen des erkennenden Senats, Rechtsfragen eigenverantwortlich zu entscheiden, und dem Vorlageverfahren an den Großen Senat. Erst wenn deutlich jenseits der Teleologie eines Einzelgesetzes Recht auf überpositiver Grundlage gesprochen wird, sind die Vorlagevoraussetzungen erfüllt. Die Anforderungen sind streng zu fassen, so dass eine Rechtsfortbildungsvorlage nur in Ausnahmefällen in Betracht kommt.

5. Vorlagepflicht. Der Gesetzeswortlaut räumt dem erkennenden Senat beim Vorliegen der Tatbestandsvoraussetzungen ein Ermessen bezüglich der Vorlageentscheidung ein. Das Justizgrundrecht auf den gesetzlichen Richter (Art. 101 Abs. 1 S. 2 GG) steht jedoch der Einräumung eines Handlungsermessens bei der Auswahl des zur Entscheidung berufenen Spruchkörpers entgegen.[50] Um die Vorschrift vor dem Verdikt der Verfassungswidrigkeit zu bewahren, ist sie daher **verfassungskonform** dahin **auszulegen,** dass der erkennende Senat bei Erfüllung der Tatbestandsvoraussetzungen stets **vorzulegen hat,** ihm also kein Ermessen zusteht.[51]

---

[43] *Löwe/Rosenberg/Franke,* 24. Aufl., Rn. 33; *Kissel/Mayer* Rn. 32; für § 45 Abs. 2 S. 2 ArbGG aF: BAGE 13, 1, 3.
[44] BAGE 6, 65, 66 f. zu § 45 ArbGG aF.
[45] BGHZ 2, 396, 397; BAGE 2, 26, 30.
[46] S. auch BGHZ 13, 265, 271.
[47] *Kissel/Mayer* Rn. 36.
[48] BAGE 6, 65, 66 f. zu § 45 Abs. 2 S. 2 ArbGG aF.
[49] BVerfGE 34, 269, 286 f.
[50] *Maunz/Dürig* Art. 101 GG Rn. 27; *Maetzel* MDR 1966, 454.
[51] *Prütting* ZZP 92 (1979), 278 f.; *Baumbach/Lauterbach/Hartmann* Rn. 7; aA *Katholnigg,* Strafgerichtsverfassungsrecht, § 132 GVG Rn. 14.

GVG § 132 28–35   9. Titel. Bundesgerichtshof

28   **6. Entscheidung des Großen Senats.** Der erkennende Senat kann nur vorlegen, den Großen Senat aber nicht zu einer Grundsatzentscheidung zwingen.[52] Der Große Senat kann vielmehr selbst entscheiden, ob eine Sache von grundsätzlicher Bedeutung gemäß Abs. 4 vorliegt. Dies hat der Gesetzgeber durch die Neufassung von Abs. 4 klargestellt und damit Auslegungszweifel[53] beseitigt, zu denen § 137 aF Anlass gab, weil danach der erkennende Senat eine Entscheidung des Großen Senats „herbeiführen" konnte.

IV. Besetzung der Großen Senate

29   Die Besetzungsregelung wurde mit Wirkung vom 1. 1. 1992[54] in Abs. 5 und 6 neu gefasst, um Bedenken hinsichtlich der Unbestimmtheit des gesetzlichen Richters zu beseitigen.[55]

30   **1. Prinzip der Gesamtrepräsentation. a) Großer Senat für Zivilsachen.** Abs. 5 sieht vor, dass der Große Senat für Zivilsachen neben dem Präsidenten des BGH mit einem **Mitglied aus jedem Zivilsenat** besetzt wird. Damit ist sichergestellt, dass nicht nur die beteiligten Senate, deren Bestimmung zu Unsicherheiten geführt hat, an der Vorlageentscheidung mitwirken, sondern alle derzeit 12 Zivilsenate. Damit soll nicht nur eine breitere Beurteilungsbasis geschaffen, sondern vor allem auch verhindert werden, dass Senate auf Grund ihrer unterbliebenen Mitwirkung in künftigen Fällen wegen ihrer nicht berücksichtigten divergierenden Ansicht vorlegen.[56] Der Präsident zählt nicht als Mitglied eines Senats,[57] auch wenn er den Vorsitz eines solchen führt, da er nicht gleichzeitig die Rechtsmeinung seines Senats vertreten soll. Zu den Zivilsenaten zählt der Gesetzgeber nur die allgemeinen Zivilsenate[58] als echte Revisionssenate in Zivil-, Ehe- und Familiensachen.[59]

31   Besondere **Spezialsenate**,[60] wie zB der Kartellsenat, werden bei der Regelbesetzung nach Abs. 5 S. 1 nicht berücksichtigt. Ein Mitglied dieser anderen Senate ist aber an der Entscheidung des Großen Senats nach Abs. 5 S. 2 zu beteiligen, wenn er selbst vorlegt oder wenn von einer seiner Entscheidungen abgewichen werden soll. Dadurch wird die Zahl der am Großen Senat beteiligten Richter erweitert. Da aber die Voraussetzungen dieser Erweiterung in Abs. 5 S. 2 genau bestimmt sind, ist das Gebot des gesetzlichen Richters gewahrt.

32   **b) Vereinigte Große Senate.** Die Vereinigten Großen Senate entscheiden in der Besetzung mit dem Präsidenten und der Summe der Mitglieder der Großen Senate, wobei am Großen Senat für Strafsachen jeweils zwei Mitglieder aus jedem der zurzeit 5 Strafsenate mitwirken. Damit bestehen die Vereinigten Großen Senate im Regelfall aus 23 Richtern. Soweit der Große Senat gemäß Abs. 5 S. 2 um die Mitglieder anderer Senate erweitert ist, wirken diese auch in den Vereinigten Großen Senaten mit, sofern dieser über eine Vorlagefrage des besonderen Spezialsenats oder über eine Divergenz mit diesem Senat entscheidet.

33   **2. Regelung im Geschäftsverteilungsplan.** Die Mitglieder der Großen Senate werden nach Abs. 6 S. 1 für ein Jahr bestellt. Eine wiederholte Bestellung ist zulässig. Die Bestellung erfolgt durch das Präsidium im Geschäftsverteilungsplan nach §§ 21a, 21e. Im Geschäftsverteilungsplan müssen auch schon die Mitglieder der Spezialsenate bestimmt sein, damit sie für den Fall ihrer Beiziehung feststehen. Ebenso ist für jedes Mitglied ein Vertreter aus dem jeweiligen Senat zu bestimmen, der im Verhinderungsfall eintritt.

34   **3. Der Präsident als Vorsitzender.** Der Präsident wird als **zuständiges Mitglied** in den beiden Großen Senaten und in den Vereinigten Senaten vom Gesetz bestimmt. Für ihn gilt das Jahresprinzip nicht. Er kann als gesetzliches Mitglied auch nicht vom Präsidium gewählt werden. Auch ist er Mitglied selbst dann, wenn er keinem allgemeinen Zivil- oder Strafsenat angehört. Der Präsident des BGH führt kraft Gesetzes auch den Vorsitz in den beiden Großen Senaten und in den Vereinigten Großen Senaten. Seine Stimme gibt bei Stimmengleichheit nach Abs. 6 S. 4 den Ausschlag. Als Vertreter des Präsidenten bei dessen Verhinderung sieht Abs. 6 S. 3 nicht den Vizepräsidenten, sondern das dienstälteste Mitglied des Großen Senats bzw. der Vereinigten Großen Senate vor.

35   **4. Gemeinsamer Senat der obersten Gerichtshöfe des Bundes.** Der Gemeinsame Senat wird aus den 5 Präsidenten der obersten Bundesgerichte, den beiden Vorsitzenden der beteiligten

---

[52] *Katholnigg*, Strafgerichtsverfassungsrecht, § 132 Rn. 15.
[53] Im Sinne der jetzigen Regelung schon BAGE 13, 1, 2 zu § 45 ArbGG aF.
[54] S. Rn. 1.
[55] S. BT-Drucks. 11/3621 S. 30 f.
[56] BT-Drucks. 11/3621 S. 30.
[57] *Katholnigg*, Strafgerichtsverfassungsrecht, § 132 Rn. 18.
[58] S. § 130 Rn. 2.
[59] S. BT-Drucks. 11/3621 S. 55.
[60] § 130 Rn. 3.

Senate und je einem weiteren Richter der beteiligten Senate gebildet (§ 3 RsprEinhG). Die Entsendung ist zwingend und führt somit zu einer festen Anzahl von 9 mitwirkenden Richtern. Die zu entsendenden Richter und ihre Vertreter sind im Voraus zu bestimmen (§ 3 Abs. 4 RsprEinhG). Auch die beiden beteiligten Senate sind genau festgelegt (§ 4 RsprEinhG).

§ 133 [Zuständigkeit in Zivilsachen]

In bürgerlichen Rechtsstreitigkeiten ist der Bundesgerichtshof zuständig für die Verhandlung und Entscheidung über die Rechtsmittel der Revision, der Sprungrevision und der Rechtsbeschwerde.

I. Normzweck

Der Wortlaut des § 133 verweist ganz allgemein auf die Zuständigkeit des BGH für die Rechtsmittel „der Revision, der Sprungrevision und der Rechtsbeschwerde". Er sieht damit eine umfassende Zuständigkeit für Revisionen und Rechtsbeschwerden beim BGH vor, gleichgültig ob als Berufungs- oder Beschwerdegericht des LG oder des OLG entschieden hat. Damit ist zum einen die Zuständigkeit des BGH an die erweiterte Zuständigkeit der OLG für Berufungen und Beschwerden gemäß § 119 Abs. 1 angepasst worden. Ferner ist der BGH funktionell zuständig für alle Revisionen und Rechtsbeschwerden, auch wenn sie gegen Entscheidungen der Landgerichte eingelegt werden (s. §§ 542, 574 ZPO). § 133 wurde geändert durch das ZPO-RG vom 27. 7. 2001 (BGBl. I S. 1887). 1

II. Umfassendes Revisionszuständigkeit

Die Revision findet nach §§ 542, 543 ZPO statt gegen Berufungsurteile der Landgerichte und Oberlandesgerichte. Seit der Reform vom 1. 1. 2002 ist es daher auch möglich, dass das Landgericht als Berufungsgericht (§ 72) die Revision über ein Urteil zulässt und darüber der BGH entscheidet. Auch zur Entscheidung über einer Nichtzulassungsbeschwerde (§ 544 ZPO; wichtige Einschränkungen vgl. § 26 Nr. 8 und Nr. 9 EGZPO) ist der BGH zuständig. 2

Auch für die Entscheidung über eine **Sprungrevision** (§ 566 ZPO) ist der BGH zuständig. Die Sprungrevision setzt jedoch voraus, dass der BGH sie zulässt (§ 566 Abs. 1 Nr. 2 mit Abs. 4 ZPO). 3

III. Umfassende Rechtsbeschwerdezuständigkeit

1. Rechtsbeschwerde nach §§ 574 ff. ZPO. § 133 regelt die Zuständigkeit des BGH für die Rechtsbeschwerde nach §§ 574 ff. ZPO. Die Zuständigkeit besteht für alle Rechtsbeschwerden, die entweder im Gesetz ausdrücklich vorgesehen sind (§ 574 Abs. 1 Nr. 1 ZPO) oder vom Beschwerdegericht, dem Berufungsgericht oder dem OLG als erstinstanzlichem Gericht zugelassen sind (§ 574 Abs. 1 Nr. 2 ZPO). Als Beschwerde- oder Berufungsgericht kann auch das Landgericht einschließlich der Kammer für Handelssachen eine Rechtsbeschwerde gemäß § 574 Abs. 3 ZPO zum BGH zulassen. Eine Zuständigkeit des OLG als erste Instanz in Zivilsachen ist nach der Begründung[1] im Falle des § 1062 mit § 1063 ZPO gegeben, ist aber auch anzunehmen, wenn das OLG als erstes Gericht über ein Ablehnungsgesuch (§§ 45, 46 ZPO),[2] über einen Prozesskostenhilfeantrag (§ 127 ZPO) oder über Folgen einer ausgebliebenen oder über das Zeugnis verweigernden Zeugen (§§ 380, 390 ZPO) entscheidet. Bei der Verhängung von Ordnungsmitteln wegen Ungebühr kann das OLG zwar auch als erste Instanz entscheiden, eine Beschwerde dagegen ist jedoch nicht vorgesehen (§ 181 Abs. 1). 4

2. Weitere Beschwerde im Verfahren der freiwilligen Gerichtsbarkeit. § 133 gilt nicht im Verfahren der freiwilligen Gerichtsbarkeit. Das FGG sieht besondere Regelungen vor. Die weitere Beschwerde ist allgemein in §§ 27 ff. FGG geregelt. Über sie entscheidet grundsätzlich das OLG. In Divergenzfällen ist die Sache gemäß § 28 Abs. 2 FGG jedoch dem BGH vorzulegen. 5

3. Rechtsbeschwerde in Familiensachen. Der BGH ist auch zuständig zur Entscheidung über die Rechtsbeschwerde in den in § 621 e Abs. 2 ZPO genannten Familiensachen (Regelung der elterlichen Sorge für eheliche Kinder, Regelung des Umgangs eines Elternteils mit dem ehelichen Kind, Herausgabe des Kindes an den anderen Elternteil, Versorgungsausgleich). Die Rechts- 6

---

[1] BT-Drucks. 14/4722, S. 116.
[2] BGH NJW-RR 2005, 294.

GVG §§ 134–137

beschwerde ist an die Zulassung durch das Oberlandesgericht oder bei Nichtzulassung durch das Rechtsbeschwerdegericht gebunden. In Familiensachen, in denen keine Rechtsbeschwerde zugelassen werden kann (§ 621 Abs. 1 Nr. 4, 5, 7 bis 9 ZPO), ist auch bei Verwerfung der (ersten) Beschwerde als unzulässig keine dritte Instanz gegeben.[3] Diese Familiensachen sind keine bürgerlichen Rechtsstreitigkeiten, sondern Sachen der freiwilligen Gerichtsbarkeit.[4]

III. Weitere Zuständigkeiten des BGH nach Bundesrecht

7   Über die in Nr. 1, 2 genannten Fälle hinaus ist der BGH in folgenden weiteren Sachen zuständig:
– Beschwerde in **Rechtshilfesachen** (§ 159 Abs. 1)
– Bestimmung des **zuständigen Gerichts** nach § 36 Abs. 3 ZPO in Divergenzfällen bei Vorlage durch das OLG (§ 29 Abs. 1 EGGVG, § 16 AVAG, § 28 IntFamRVG)
– Vorlageentscheidung in **Justizverwaltungssachen** (§ 29 Abs. 1 S. 2 und 3 EGGVG)
– Rechtsbeschwerde und Berufung in **Patentsachen** (§§ 100 ff., §§ 110 ff. PatG)
– Vorlageentscheidung in **Angelegenheiten der freiwilligen Gerichtsbarkeit** (§ 28 Abs. 2 und 3 FGG)
– Vorlageentscheidung in **Grundbuchsachen** (§ 79 Abs. 2 und 3 GBO)
– Rechtsbeschwerde in **Landwirtschaftssachen** (§ 24 LwVG)
– Rechtsbeschwerde in **Kartellverwaltungssachen** (§ 74 GWB), ebenso die Nichtzulassungsbeschwerde (§ 75 GWB)
– Ein besonderer Senat entscheidet als Dienstgericht des Bundes in **Disziplinarsachen** und den sonstigen in § 62 Abs. 1 DRiG genannten Verfahren in erster Instanz über Angelegenheiten der Richter am BGH, sowie über die Revisionen gegen Urteile der Dienstgerichte der Länder (§§ 79 Abs. 3, 62 Abs. 2 DRiG)
– Revision gegen Urteile des Ehrengerichtshofs für Rechtsanwälte nach § 145 BRAO sowie bei der Beschwerde über Beschlüsse des Ehrengerichtshofs nach § 157 BRAO im **ehrengerichtlichen Verfahren in Anwaltssachen**
– Revision in **Entschädigungssachen** nach § 219 BEG[5]
– Revision und Beschwerde gegen Entscheidungen der OLG als Schifffahrtsobergerichte oder Rheinschifffahrtsobergerichte nach dem Gesetz über das gerichtliche Verfahren in **Binnenschifffahrts- und Rheinschifffahrtssachen**[6]
– Revision im **berufsgerichtlichen Verfahren der Steuerberater** nach § 129 StBerG
– Revision in **Patentanwaltssachen** nach § 127 PatAnwO[7]
– Revision im berufsgerichtlichen Verfahren in **Wirtschaftsprüfersachen** nach § 107 WirtschprüfO
– Beschwerde und Berufung gegen Beschlüsse und Urteile der Oberlandesgerichte in **Notarsachen** (§§ 105, 109 BNotO iVm. §§ 79 ff. BDO).

IV. Besondere Zuständigkeiten nach Landesrecht

8   Zur Ersetzung der Zuständigkeit des BGH durch die eines obersten Landesgerichts vgl. §§ 8, 10 EGGVG. Von dieser Ermächtigung hatte Bayern bis 2006 mit dem Bayerischen Obersten Landesgericht Gebrauch gemacht. Seit 30. 6. 2006 besteht dieses Gericht nicht mehr (Rn. 2 vor § 123). § 7 EGZPO ist gegenstandslos. Zur Übertragung von Zuständigkeiten an den BGH durch Landesrecht s. Art. 99 Halbs. 2 GG, § 3 EGGVG.

§§ 134, 134a (weggefallen)

§ 135 *(betrifft Strafsachen)*

§§ 136, 137 *(aufgehoben)*

---

[3] BGH NJW 1980, 402, 403.
[4] § 621a Abs. 1 ZPO; *Kissel/Mayer* Rn. 21.
[5] V. 29. 6. 1956 BGBl. I S. 559.
[6] V. 27. 9. 1952 BGBl. I S. 641.
[7] V. 7. 9. 1966 BGBl. I S. 557.

§ 138 [Verfahren vor den Großen Senaten]

(1) ¹Die Großen Senate und die Vereinigten Großen Senate entscheiden nur über die Rechtsfrage. ²Sie können ohne mündliche Verhandlung entscheiden. ³Die Entscheidung ist in der vorliegenden Sache für den erkennenden Senat bindend.

(2) ¹Vor der Entscheidung des Großen Senats für Strafsachen oder der Vereinigten Großen Senate und in Rechtsstreitigkeiten, welche die Anfechtung einer Todeserklärung zum Gegenstand haben, ist der Generalbundesanwalt zu hören. ²Der Generalbundesanwalt kann auch in der Sitzung seine Auffassung darlegen.

(3) Erfordert die Entscheidung der Sache eine erneute mündliche Verhandlung vor dem erkennenden Senat, so sind die Beteiligten unter Mitteilung der ergangenen Entscheidung der Rechtsfrage zu der Verhandlung zu laden.

I. Normzweck

Die Bestimmung enthält wenige besondere Verfahrensvorschriften für die Entscheidung der Großen Senate. Sie betreffen das Verfahren, das ohne mündliche Verhandlung stattfinden kann, da es sich um eine reine Rechtsentscheidung handelt (Abs. 1). Abs. 2 wurde durch G. v. 16. 2. 2001[1] geändert. Eine Bindungswirkung besteht nur im konkreten Ausgangsverfahren (Abs. 1 S. 3).

II. Schriftliches oder mündliches Verfahren

Abs. 1 S. 2 stellt frei, ob das Verfahren mit oder ohne mündliche Verhandlung stattfindet; es steht im Ermessen der Senate. Einen Anspruch auf mündliche Verhandlung haben die Prozessparteien aus dem aus Art. 3 Abs. 1 GG abzuleitenden Grundsatz der prozessualen Waffengleichheit,[2] wenn der Generalbundesanwalt von seinem Recht aus § 138 Abs. 2 S. 2 zur Darlegung seiner Auffassung „in der Sitzung", die eine mündliche Verhandlung voraussetzt, Gebrauch macht.[3]

III. Entscheidung über die Rechtsfrage

Der Große Senat bzw. die Vereinigten Großen Senate entscheiden – anders als bei § 121 Abs. 2 in Strafsachen – **nur über die vorgelegte Rechtsfrage,** die sie auch in differenzierter Weise beantworten können.[4] Die Entscheidung ergeht in Form eines zu begründenden Beschlusses, der den Parteien nach § 329 ZPO zuzustellen bzw. bekannt zu machen ist.[5] Eine Entscheidung erübrigt sich, wenn durch ein prozessuales Ereignis, zB durch ein Anerkenntnis, eine Revisionsrücknahme, die Rechtsfrage für den Rechtsstreit beim vorlegenden Senat nicht mehr relevant ist.[6]

IV. Beteiligung der Staatsanwaltschaft (Abs. 2)

Das Anhörungsrecht des Generalbundesanwalts betrifft in Zivilsachen nur mehr Verfahren, die die Anfechtung einer Todeserklärung (§ 30 VerschG) zum Gegenstand haben, nicht mehr bei Nichtigerklärung einer Ehe. Durch das BtG vom 12. 9. 1990 ist die Anhörung des Generalbundesanwalts in Entmündigungssachen entfallen.

V. Bindungswirkung

Die Bindungswirkung der Entscheidung des Großen Senats bzw. der Vereinigten Großen Senate für den vorlegenden Senat verstößt nicht gegen den Verfassungsgrundsatz der richterlichen Unabhängigkeit (Art. 97 Abs. 1 GG), sondern folgt – wie auch § 563 Abs. 2 ZPO – aus der Bindung an das materielle Recht und Art. 3 Abs. 1 GG, die die Rechtsanwendungsgleichheit sichert.[7] Die Bindungswirkung tritt **nur im Vorlageverfahren** ein. In anderen Verfahren erzeugt die Entscheidung nur insoweit eine Bindungswirkung, als bei beabsichtigter Abweichung nach § 132 Abs. 2 vorzu-

---

[1] BGBl. I S. 266.
[2] Dazu *Manfred Wolf* § 29 I.
[3] *Löwe/Rosenberg/Franke* Rn. 10; *Wieczorek/Schreiber* Rn. 1; aA *Katholnigg*, Strafgerichtsverfassungsrecht, § 138 Rn. 2.
[4] *Kissel/Mayer* Rn. 13.
[5] *Wieczorek/Schreiber* Rn. 3; *Kissel/Mayer* Rn. 12.
[6] BAG NJW 1988, 990.
[7] BGHZ 3, 308, 316.

legen ist.[8] Anders als nach § 31 Abs. 1 BVerfGG bindet die Entscheidung über das Verfahren, in dem sie ergangen ist, hinaus also nur indirekt.

VI. Verfahrensfortgang

6 Abs. 3 regelt den Fortgang des weiteren Verfahrens vor dem vorlegenden Senat und stellt die Gewährung des rechtlichen Gehörs sicher, wenn die Entscheidung des Großen Senats die Entscheidung des gesamten Verfahrens noch nicht unmittelbar ermöglicht hat.

VII. Verfassungsbeschwerde

7 Eine Verfassungsbeschwerde nach Art. 93 Abs. 1 Nr. 4a GG gegen die Entscheidung des Großen Senats ist unzulässig, da die erforderliche unmittelbare Beschwer erst durch die verfahrensbeendende Entscheidung des vorlegenden Senats eintreten kann.

§ 139 [Besetzung der Senate]

(1) Die Senate des Bundesgerichtshofes entscheiden in der Besetzung von fünf Mitgliedern einschließlich des Vorsitzenden.

(2) *(betrifft Strafsachen)*

Die Zivilsenate entscheiden in Urteils- und Beschlusssachen in der Besetzung von 5 Mitgliedern, wobei den Vorsitz ein Vorsitzender Richter im statusrechtlichen Sinne führt (§ 21 f, § 19 a DRiG).[1] In anderen als bürgerlich-rechtlichen Verfahren wirken auch andere als hauptamtliche Richter mit (zB § 61 Abs. 2 DRiG, § 106 Abs. 2 BRAO, §§ 7f. BNotO). Die Institution des Einzelrichters ist am BGH in Zivilsachen nicht vorgesehen. Deshalb entscheidet auch über Erinnerungen gegen den Kostenansatz des Kostenbeamten des BGH der Senat und nicht gemäß § 66 Abs. 6 GKG ein Einzelrichter des Senats.[2] Eine dem § 122 I entsprechende Regelung existiert für den BGH nicht.

§ 140 [Geschäftsordnung]

Der Geschäftsgang wird durch eine Geschäftsordnung geregelt, die das Plenum beschließt; sie bedarf der Bestätigung durch den Bundesrat.

Die Geschäftsordnung vom 3. 3. 1952[1] mit Änderung vom 21. 6. 1971[2] bzgl. der Aktenaufbewahrung regelt zB die Aufgabe der Berichterstatter, das Verfahren bei Beratungen und Abstimmungen und die Form der Entscheidungen. Die Geschäftsordnung hat keine nach außen verbindliche Gesetzeskraft. Sie enthält keine Rechtssätze in diesem Sinn.[3]

9 a. Titel. Zuständigkeit für Wiederaufnahmeverfahren in Strafsachen

§ 140 a *(betrifft Strafsachen)*

Zehnter Titel. Staatsanwaltschaft

§§ 141 bis 152 *(betreffen Strafsachen)*

---

[8] S. auch § 132 Rn. 10.
[1] S. im einzelnen § 59 Rn. 7 ff.
[2] BGH NStZ 2007, 663; BGH NJW-RR 2005, 584. Ebenso für § 42 Abs. 3 RVG BGH NStZ 2006, 239.
[1] BAnz. Nr. 83 S. 9.
[2] BAnz. Nr. 114 S. 1.
[3] *Kissel/Mayer* Rn. 1.

Elfter Titel. Geschäftsstelle

§ 153

(1) Bei jedem Gericht und jeder Staatsanwaltschaft wird eine Geschäftsstelle eingerichtet, die mit der erforderlichen Zahl von Urkundsbeamten besetzt wird.

(2) ¹Mit den Aufgaben eines Urkundsbeamten der Geschäftsstelle kann betraut werden, wer einen Vorbereitungsdienst von zwei Jahren abgeleistet und die Prüfung für den mittleren Justizdienst oder für den mittleren Dienst bei der Arbeitsgerichtsbarkeit bestanden hat. ²Sechs Monate des Vorbereitungsdienstes sollen auf einen Fachlehrgang entfallen.

(3) Mit den Aufgaben eines Urkundsbeamten der Geschäftsstelle kann auch betraut werden,
1. wer die Rechtspflegerprüfung oder die Prüfung für den gehobenen Dienst bei der Arbeitsgerichtsbarkeit bestanden hat,
2. wer nach den Vorschriften über den Laufbahnwechsel die Befähigung für die Laufbahn des mittleren Justizdienstes erhalten hat,
3. wer als anderer Bewerber (§ 4 Abs. 3 des Rahmengesetzes zur Vereinheitlichung des Beamtenrechts) nach den landesrechtlichen Vorschriften in die Laufbahn des mittleren Justizdienstes übernommen worden ist.

(4) ¹Die näheren Vorschriften zur Ausführung der Absätze 1 bis 3 erlassen der Bund und die Länder für ihren Bereich. ²Sie können auch bestimmen, ob und inwieweit Zeiten einer dem Ausbildungsziel förderlichen sonstigen Ausbildung oder Tätigkeit auf den Vorbereitungsdienst angerechnet werden können.

(5) ¹Der Bund und die Länder können ferner bestimmen, daß mit Aufgaben eines Urkundsbeamten der Geschäftsstelle auch betraut werden kann, wer auf dem Sachgebiet, das ihm übertragen werden soll, einen Wissens- und Leistungsstand aufweist, der dem durch die Ausbildung nach Absatz 2 vermittelten Stand gleichwertig ist. ²In den Ländern Brandenburg, Mecklenburg-Vorpommern, Sachsen, Sachsen-Anhalt und Thüringen dürfen solche Personen weiterhin mit den Aufgaben eines Urkundsbeamten der Geschäftsstelle betraut werden, die bis zum 25. April 2006 gemäß Anlage I Kapitel III Sachgebiet A Abschnitt III Nr. 1 Buchstabe q Abs. 1 zum Einigungsvertrag vom 31. August 1990 (BGBl. 1990 II S. 889, 922) mit diesen Aufgaben betraut worden sind.

Schrifttum: *Buhrow,* Neuregelung des Rechts des Urkundsbeamten der Geschäftsstelle, NJW 1981, 907.

I. Normzweck

§ 153 sieht zur Entlastung des Richters die Einrichtung einer Geschäftsstelle vor, die Schreibarbeiten, die Protokollführung, die Aktenführung, die Funktion einer Rechtsantragstelle und andere ihr gesetzlich übertragene Aufgaben wahrnimmt. Die Einrichtung einer Geschäftsstelle ist bei jedem Gericht und bei jeder Staatsanwaltschaft zwingend vorgeschrieben, ebenso die Besetzung mit Urkundsbeamten der Geschäftsstelle als den Rechtspflegeorganen, die die Aufgaben der Geschäftsstelle ausführen. § 153 Abs. 2 bis 5 enthalten die Voraussetzungen, unter denen jemand mit den Aufgaben des Urkundsbeamten der Geschäftsstelle betraut werden kann. Die nähere Ausgestaltung bleibt bei den Gerichten der Länder landesrechtlichen Vorschriften,[1] bei den Gerichten des Bundes bundesrechtlichen Vorschriften überlassen. Abs. 5 Satz 2 wurde durch G. v. 19. 4. 2006[2] angefügt, um die vorübergehende Regelung in den neuen Bundesländern zum Dauerzustand zu machen.

Aus verfassungsrechtlicher Sicht können auf den Urkundsbeamten grundsätzlich alle Aufgaben übertragen werden, die nicht als Rechtsprechungsaufgaben dem Richter vorbehalten sind.[3] Von der Möglichkeit zur Aufgabenübertragung auf andere Rechtspflegeorgane ist nach Inkrafttreten des GVG in zunehmendem Maße Gebrauch gemacht worden. Dadurch hat sich aus dem Urkundsbeamten der Geschäftsstelle der Rechtspfleger als neues zusätzliches Rechtspflegeorgan neben dem

---
[1] In Bayern zB Art. 15f BayAGGVG; VO GVBl. 2005, 40.
[2] BGBl. I S. 866.
[3] S. dazu im einzelnen *Manfred Wolf* ZZP 99 (1986), 361, 370ff., 382ff.

Urkundsbeamten entwickelt.[4] Der Rechtspfleger kann aber neben den Aufgaben des RPflG auch Aufgaben des Urkundsbeamten der Geschäftsstelle wahrnehmen.

3 Geschäftsstellen gibt es nicht nur in der ordentlichen Gerichtsbarkeit, für die § 153 allein unmittelbar anwendbar ist, sondern auch in allen **anderen Gerichtsbarkeiten,** so in der Arbeitsgerichtsbarkeit (§ 7 ArbGG), in der Verwaltungsgerichtsbarkeit (§ 13 VwGO), in der Sozialgerichtsbarkeit (§ 4 SGG) und in der Finanzgerichtsbarkeit (§ 12 FGO).

II. Die Geschäftsstelle

4 **1. Organisatorische Einrichtung.** § 153 sieht die Geschäftsstelle als organisatorischen Bestandteil bei jedem Gericht zwingend vor. **Geschäftsstelle** ist eine organisatorische Einheit beim Gericht, der durch Gesetz oder Verwaltungsanordnung die Aufgaben zugewiesen sind, die nicht dem Richter, Staatsanwalt oder Rechtspfleger übertragen sind und die durch Urkundsbeamten der Geschäftsstelle, durch weiteres Personal, wie zB Schreibkräfte, und mit Hilfe der zur Aufgabenerfüllung erforderlichen sachlichen Mittel durchgeführt werden. Die Geschäftsstelle darf auch andere staatliche Aufgaben wahrnehmen, die nicht zum unmittelbaren Zuständigkeitsbereich des betreffenden Gerichts gehören. Die vorgeschriebene Einrichtung der Geschäftsstelle **bei Gericht** verlangt nur die organisatorische Zuordnung sowie die erforderliche organisatorische Ausstattung.

5 Die Geschäftsstelle ist eine **organisatorische Einheit,** die auch bei räumlicher Trennung, zB bei Außensenaten gemäß § 116 Abs. 2, als Einheit anzusehen ist.[5] Dies ist insbesondere bedeutsam für die Frage des fristgerechten Eingangs von Klagen und Schriftsätzen bei Gericht. Geht ein Schriftstück beim „richtigen" Gericht, aber bei der falschen Geschäftsstelle ein, ist es rechtzeitig „beim Gericht" eingegangen. Der fristgerechte Eingang bei jeder zur Entgegennahme von Schriftstücken befugten Abteilung ist ausreichend.[6] Zur Geschäftsstelle gehört auch eine etwa besonders eingerichtete Rechtsantragstelle.[7] Die Geschäftsstellen können durch interne Geschäftsverteilung in verschiedene Abteilungen („Service-Einheiten") gegliedert und mit jeweils verschiedenen Aufgaben betraut werden. Einzelheiten der Einrichtung der Geschäftsstelle werden im Verwaltungswege geregelt, so zB durch die Anordnung über die Einrichtung der Geschäftsstelle beim BGH,[8] oder werden durch Verordnung bestimmt.[9]

6 **2. Aufgaben.** Der Geschäftsstelle werden ihre Aufgaben durch das Gesetz zugewiesen, soweit es verfahrensrechtlich bedeutsame Handlungen sind, im Übrigen kann die Aufgabenzuweisung neben Rechtsvorschriften auch durch allgemeine Verwaltungsvorschriften, Geschäftsordnungen, Erlasse und Einzelverfügungen geregelt werden. Generell hat die Geschäftsstelle die Richter, Rechtspfleger und Staatsanwälte von allen ihnen nicht ausdrücklich zugewiesenen Aufgaben zu entlasten.[10]

7 Zu den Aufgaben der Geschäftsstelle in **Zivilsachen** gehören etwa die Protokollführung in der mündlichen Verhandlung einschließlich bei Beweisaufnahmen (§§ 159 ff. ZPO); die Entgegennahme von Klagen, Anträgen, Klageerwiderungen und anderer Erklärungen zu Protokoll (§§ 44, 109, 117 f., 129 f., 248, 381, 386, 388 f., 402, 406, 486, 496, 569, 573, 655, 702, 920, 924, 936, 947, 952 ZPO, § 61 GKG); die Entgegennahme sonstiger Schriftstücke zur Niederlegung (§§ 134, 142, 364, 411, 875, 1063 ZPO, §§ 106, 144 ZVG, §§ 154, 175, 188, 194, 214, 234 InsO); die Vornahme von Zustellungen und Mitwirkung hierbei (§§ 166 ff. ZPO); das Bewirken der Ladungen an Parteien, Zeugen und Sachverständigen (§§ 214, 377, 402, 497 ZPO); die Beglaubigung von Schriftstücken und die Erteilung von Ausfertigungen und Abschriften (§§ 299, 317 ZPO); die Verwahrung von Urkunden (§ 443 ZPO); die Aktenanforderung und -rücksendung und die Benachrichtigung über eingelegte Rechtsmittel; die Erteilung von Rechtskraft- und Notfristzeugnissen (§ 706 ZPO); die Erteilung von vollstreckbaren Ausfertigungen, soweit nicht der Rechtspfleger nach § 26 RPflG zuständig ist (§§ 724, 725, 797 ZPO); die Vermittlung von Vollstreckungsaufträgen (§ 753 ZPO; § 161 GVG); die Auskunftsteilung und Gewährung von Einsicht in das Schuldnerverzeichnis (§ 915 b ZPO). **§ 36 b RPflG** ermächtigt die Länder, bestimmte Rechtspflegeraufgaben (zwecks Verbilligung) auf den Urkundsbeamten zu übertragen.

8 **Weitere Aufgaben** ergeben sich in der freiwilligen Gerichtsbarkeit, in Grundbuch- und sonstigen Registersachen.[11] Zu den Aufgaben gehören auch die Geschäfte des Kostenbeamten auf

---

[4] S. zur geschichtlichen Entwicklung *Kissel/Mayer* Rn. 1 f.; *Manfed Wolf* ZZP 99 (1986), 361.
[5] OLG Karlsruhe NJW 1984, 744.
[6] S. auch BGHZ 2, 31; BGH MDR 1960, 1001; NJW 1961, 361.
[7] OLG Hamm Rpfleger 1960, 214.
[8] Vom 10. 12. 1980, BAnz. 1980 Nr. 239, S. 2.
[9] S. etwa bay. VO v. 6. 5. 1982 (GVBl. S. 271).
[10] Zur Zuständigkeit in anderen Gerichtsbarkeiten vgl. *Manfred Wolf* § 30 III 1 c; *Schilken* Rn. 561.
[11] S. im einzelnen *Kissel/Mayer* Rn. 10, 11.

Grund der Kostenverfügung, die Führung und Überwachung von Verhandlungs- und Fristenkalender, die Aktenführung und das Erstellen statistischer Unterlagen sowie sonstige übertragene Aufgaben.

III. Der Urkundsbeamte der Geschäftsstelle

1. Organ der Rechtspflege. Der Urkundsbeamte ist, obwohl besoldungs- und dienstrechtlich 9 Beamter des mittleren Justizdienstes, ein Organ der Rechtspflege.[12] Als solches nimmt er neben dem Rechtspfleger (s. § 26 RPflG) Aufgaben wahr, die der Rechtsprechung vor- und nachgelagert sind oder diese begleiten. Wegen des engen Sachzusammenhangs mit der Rechtsprechung ist der Urkundsbeamte bei Wahrnehmung seiner Aufgaben nicht der Justizverwaltung mit ihrer Weisungshierarchie eingegliedert,[13] sondern führt als Organ der Rechtspflege seine Aufgaben **in eigener Verantwortung selbständig** durch, ohne an Weisungen der Justizverwaltung oder eines Richters gebunden zu sein.[14] Dem Weisungsverbot der Justizverwaltung bei der konkreten Aufgabenerfüllung steht aber nicht entgegen, dass der Urkundsbeamte der allgemeinen Aufsicht der Justizverwaltung im Hinblick auf die allgemeine ordnungsgemäße Amtsführung unterliegt.[15] Der Urkundsbeamte ist auch zur Neutralität verpflichtet. Bei Gefährdungen für die Neutralität unterliegt er wie ein Richter der **Ausschließung und Ablehnung** (§ 49 ZPO). Soweit der Urkundsbeamte nicht Rechtspflegeaufgaben wahrnimmt, ist er nicht Rechtspflegeorgan und unterliegt den Weisungen der Justizverwaltung. Insoweit gelten auch nicht die Vorschriften über Ausschließung und Ablehnung.

2. Funktionen der Urkundsbeamten. Der Urkundsbeamte nimmt in seiner Stellung als 10 Rechtspflegeorgan vor allem **Beurkundungsfunktionen** wahr (s. auch Rn. 7). Dies gilt sowohl für die Protokollführung in der mündlichen Verhandlung (§§ 159 ff. ZPO; in Zivilsachen ist aber in der Praxis kein Urkundsbeamter mehr in der Sitzung anwesend, das Protokoll wird vom Richter auf Band diktiert) als auch für die Herstellung von Ausfertigungen, Abschriften und Zeugnissen sowie für die Entgegennahme von Klagen, Gesuchen und sonstigen Erklärungen. Einzelne Beurkundungsaufgaben sind durch § 20 Nr. 12 und § 24 RPflG dem Rechtspfleger übertragen, der sie an Stelle des Urkundsbeamten ausführt. Die Wahrnehmung durch den Urkundsbeamten hätte die Unwirksamkeit zur Folge.[16]

Der Urkundsbeamte nimmt auch **Fürsorgefunktionen** für die Parteien wahr, so insbesondere 11 bei der Entgegennahme von Klagen, Gesuchen und Erklärungen (in der Praxis werden Klagen in der Regel bei der Posteingangsstelle eingereicht und nicht bei der Geschäftsstelle). Er darf die Entgegennahme von Schriftsätzen oder die Aufnahme von Erklärungen nicht ablehnen, wenn die Partei trotz Belehrung darauf besteht.[17] Eine Fürsorgefunktion erfüllt der Urkundsbeamte bei der Beauftragung des Gerichtsvollziehers (§ 753 Abs. 2 ZPO). In besonderen Fällen ist die Zuständigkeit des Rechtspflegers gegeben (§§ 24, 29 RPflG); wird statt dessen der Urkundsbeamte tätig, führt dies zur Unwirksamkeit.[18]

Geschäftsgangfunktionen übt der Urkundsbeamte aus, sofern ihm die Akten- und Register- 12 führung übertragen ist oder er Zustellungen und Ladungen ausführt.

3. Bestellung der Urkundsbeamten. Die Bestellung zum Urkundsbeamten setzt eine be- 13 stimmte Qualifikation voraus sowie die Einsetzung in die Aufgaben des Urkundsbeamten durch die Justizverwaltung. Die Bestellung kann formlos erfolgen, muss aber nach außen eindeutig erkennbar sein. Die **erforderliche Zahl** der Urkundsbeamten wird von der Justizverwaltung bestellt.

Die zur Bestellung als Urkundsbeamter erforderliche **Qualifikation** wird auf Grund eines Vor- 14 bereitungsdienstes und einer Prüfung gemäß Abs. 2 erlangt; tatsächlich ist dies wegen Abs. 3 bis 5 oft nicht mehr der Fall. Die näheren Einzelheiten werden durch Ausbildungsvorschriften des Bundes und der Länder je für ihre Gerichte geregelt (Abs. 4). Zum Urkundsbeamten können daneben weitere Personen bestellt werden (Abs. 3). Bund und Länder können gemäß Abs. 5 zulassen, dass weitere Personen mit den Aufgaben des Urkundsbeamten betraut werden, etwa Beamtenanwärter. In der Praxis werden häufig (zur Kosteneinsparung) Justizangestellte zu Urkundsbeamten bestellt. Eine weitere Aufweichung bringt der neu angefügte Abs. 5 S. 2.

---

[12] RGZ 110, 311, 315; *Kissel/Mayer* Rn. 25.
[13] S. auch BVerwG DRiZ 1970, 27.
[14] *Kissel/Mayer* Rn. 25.
[15] S. auch *Baumbach/Lauterbach/Hartmann* Vor § 153 Rn. 3.
[16] *Kissel/Mayer* Rn. 25.
[17] S. auch RG JW 1925, 2779.
[18] *Kissel/Mayer* Rn. 25.

GVG § 154   12. Titel. Zustellungs- und Vollstreckungsbeamte

15   **4. Geschäftsverteilung.** Der Justizverwaltung steht auch die **Verteilung der Geschäfte** unter mehreren Urkundsbeamten zu.[19] Die Geschäftsverteilung unter den Urkundsbeamten erfolgt weder unter dem Schutz der Unabhängigkeit noch gibt es einen gesetzlichen Urkundsbeamten in Anlehnung an den gesetzlichen Richter.

16   Soweit Aufgaben kraft Gesetzes dem **Rechtspfleger übertragen** sind (§ 20 Nr. 1 und 12, § 21 Nr. 1 und 2, §§ 24, 29 RPflG), müssen sie von diesem wahrgenommen werden und dürfen nicht dem Urkundsbeamten übertragen werden (Ausnahme: § 36b RPflG). Nimmt der Richter Aufgaben des Rechtspflegers wahr ist § 8 RPflG einschlägig; eine entsprechende Regelung gibt es im Verhältnis Richter – Urkundsbeamter nicht. Daraus kann aber nicht der Schluss gezogen werden, dass solche Handlungen (etwa die Protokollierung einer Beschwerde) des Richters nichtig seien.[20] Soweit Aufgaben dem Richter oder Rechtspfleger übertragen sind, führt ihre Wahrnehmung durch den Urkundsbeamten zur Unwirksamkeit.

17   **5. Verfahren und Rechtsbehelfe.** Das **Verfahren** vor dem Urkundsbeamten ergibt sich aus dem Gesetz oder, soweit gesetzliche Bestimmungen nicht bestehen, aus Verwaltungsanordnungen und Richtlinien. Vor dem Urkundsbeamten besteht **kein Anwaltszwang** (§ 78 Abs. 5 ZPO). Gegen die Entscheidungen des Urkundsbeamten ist als **Rechtsbehelf** die Erinnerung an das Gericht gemäß § 573 ZPO vorgesehen.

Zwölfter Titel. Zustellungs- und Vollstreckungsbeamte

§ 154 [Gerichtsvollzieher]

Die Dienst- und Geschäftsverhältnisse der mit den Zustellungen, Ladungen und Vollstreckungen zu betrauenden Beamten (Gerichtsvollzieher) werden bei dem Bundesgerichtshof durch den Bundesminister der Justiz, bei den Landesgerichten durch die Landesjustizverwaltung bestimmt.

Schrifttum: *Baumgart,* Der Gerichtsvollzieher, 1964; *Birmanns,* Die Staatshaftung für das fehlerhafte Verhalten des Vollstreckungsgehilfen, DGVZ 1984, 105; *H. Burkhardt,* Handbuch für den Gerichtsvollzieher, 1965–1972; *J. Bürghardt,* Zwangsvollstreckungsorgane in europäischen Ländern im Vergleich zum deutschen Gerichtsvollzieher (Bundesrepublik, Frankreich, Schweiz, Österreich), Diss. Bochum 1976; *Christmann,* Der Gerichtsvollzieher und sein Amt, DGVZ 1985, 33; *Dütz,* Der Gerichtsvollzieher als selbständiges Organ der Zwangsvollstreckung, 1973; *ders.,* Freiheit und Bindung des Gerichtsvollziehers, DGVZ 1975, 49, 65 und 81; *ders.,* Vollstreckungsaufsicht und verwaltungsmäßige Kostenkontrolle gegenüber Gerichtsvollziehern, DGVZ 1981, 97; *Eickmann,* Die Rationalisierung der Zwangsvollstreckung und ihre Auswirkungen auf den Gerichtsvollzieher, DGVZ 1977, 103; *ders.,* Vollstreckungssysteme und Gerichtsvollzieherstellung in Europa, DGVZ 1980, 129; *Eich,* Vollstreckungspersonen – Ursprünge und Entwicklungen bis zum Gerichtsvollzieher des heutigen Rechts, DGVZ 1985, 13; *Gaul,* Der Gerichtsvollzieher – ein organisationsrechtliches Stiefkind des Gesetzgebers, ZZP 87 (1974), S. 241; *Hanke,* Erfolg oder Rückschläge? Zur Entwicklung des Zwangsvollstreckungsrechts seit 1974 und zur Rechtsstellung des Gerichtsvollziehers, DGVZ 1986, 17; *Holch,* Nochmals: Vollstreckungsaufsicht und Kostenkontrolle gegenüber Gerichtsvollziehern, DGVZ 1982, 6; *Jordan,* Worin unterscheiden sich Erinnerung nach § 766 ZPO und Dienstaufsichtsbeschwerde?, Justiz 1973, 447; *Lentz,* Das Gerichtsvollzieherwesen, ZZP 54 (1929), S. 480; *Mroß,* Welcher Gerichtsvollzieher in Europa?, DGVZ 2007, 83; *Niederée,* Zur Stellung des Gerichtsvollziehers – Vollstreckungsrichter – Fachaufsicht – Dienstaufsicht, DGVZ 1981, 17; *Polzius,* Der Gerichtsvollzieher in der modernen Industriegesellschaft, DGVZ 1971, 145; *ders.,* Die Stellung des Gerichtsvollziehers als Beamter und Vollstreckungsorgan gegenüber den Parteien, dem Vollstreckungsgericht und der Dienstaufsicht, DGVZ 1973, 161; *Schilken,* Der Gerichtsvollzieher auf dem Weg in das 21 Jahrhundert, DGVZ 1995, 133; *Schneider,* Formstrenge und Wertung in der Vollstreckungstätigkeit des Gerichtsvollziehers, DGVZ 1986, 130; *Stürner,* Grundlinien der Entwicklung des deutschen Vollstreckungsrechts, DGVZ 1985, 6; *Uhlenbruck,* Das Bild des Gerichtsvollziehers, DGVZ 1993, 97; *Winterstein,* Der Gerichtsvollzieher im nächsten Jahrtausend, ein Traum?, DGVZ 1997, 180.

Übersicht

	Rn.		Rn.
I. Normzweck, Reform	1, 2	2. Regelung des äußeren Geschäftsbetriebs	4
II. Regelungskompetenz der Justizverwaltung	3–5	3. Regelung der Dienst- und Geschäftsverhältnisse	5
1. Regelung des inneren Geschäftsbetriebs	3	III. Aufgaben des Gerichtsvollziehers	6, 7

---

[19] *Kissel/Mayer* Rn. 14.
[20] *Zöller/Gummer* Rn. 11.

	Rn.		Rn.
IV. Weisungsabhängigkeit und Kontrolle	8–17	5. Kosten	16, 17
1. Grundlagen	8, 9	a) Uneingeschränkte Kontrolle der Gerichtsverwaltung	16
2. Weisungsfreiheit bezüglich der Durchführung einzelner Maßnahmen	10–13	b) Besoldungsrechtliche Ansprüche des Gerichtsvollziehers	17
3. Allgemeine Dienstaufsicht	14	**V. Verhältnis zum Auftraggeber**	18, 19
4. Generelle Weisungen im Rahmen der Dienstaufsicht?	15	**VI. Haftung**	20

I. Normzweck, Reform

Die §§ 154, 155 sind die Einzigen gerichtsverfassungsrechtlichen Vorschriften, die sich mit der Stellung des Gerichtsvollziehers befassen. § 154 enthält drei Regelungen. (1.) Eine Legaldefinition des Gerichtsvollzieheramtes, die den Wirkungskreis auf Zustellungen, Ladungen und Vollstreckungen festlegt. (2.) In Konkretisierung von Art. 33 Abs. 4 GG wird klargestellt, dass Gerichtsvollzieher Beamte im staatsrechtlichen Sinne sein müssen. (3.) Die Ausgestaltung der Dienst- und Geschäftsverhältnisse wird bei den Gerichten der Bundesländer den Landesjustizverwaltungen, hinsichtlich des BGH dem Bundesjustizminister übertragen. Derzeit sind umfangreiche **Reformen** des Gerichtsvollzieherwesens in der Diskussion;[1] Stichwort: „Privatisierung des Gerichtsvollzieherwesens". 1

Das GVG verzichtet im Wesentlichen auf die Ausgestaltung der Stellung der Gerichtsvollzieher und nimmt eine „indifferente Stellung gegenüber der Organisationsfrage" ein.[2] Die **Regelungsbefugnis** wird der **Exekutive der Bundesländer bzw. der Bundesexekutive** übertragen. Nicht nur der sog. innere Geschäftsbetrieb (Entgegennahme von Parteiaufträgen, Vorbereitung der Akte, Führung der Geschäftsbücher, Verwahrung von Aktenstücken, Geldern usw.), sondern auch der sog. äußere Geschäftsbetrieb (Zustellungen, Ladungen, Vollstreckungen) unter Einbezug der Frage, inwieweit die Gerichtsvollzieher an Weisungen zu binden seien, sollte unter Berücksichtigung föderaler Besonderheiten von der jeweiligen Exekutive geregelt werden.[3] 2

II. Regelungskompetenz der Justizverwaltung

1. Regelung des inneren Geschäftsbetriebs. Die Regelung des Gerichtsvollzieherwesens gehört nach Art. 74 Nr. 1 GG zur konkurrierenden Bundesgesetzgebungskompetenz. Durch § 154 hat der Bundesgesetzgeber mit Sperrwirkung für die Länderparlamente[4] die Landesjustizverwaltungen bzw. hinsichtlich der Bundesgerichte den Bundesjustizminister zur Regelung ermächtigt. Soweit nur der innere Geschäftsbetrieb der Gerichtsvollzieher betroffen ist, handelt es sich bei **allgemeine Verwaltungsvorschriften**, denen keine direkte Außenwirkung zukommt. Sie sind keine Gesetze im materiellen Sinn. Der Richter ist bei der Entscheidung eines Rechtsstreits grundsätzlich nicht an sie gebunden. Über Art. 3 Abs. 1 GG können sie aber mittelbare Außenwirkung entfalten und für den Bürger eine schutzwürdige Rechtsposition hinsichtlich einer gleichmäßigen Verwaltungspraxis schaffen.[5] Da die Befugnis zum Erlass von Verwaltungsvorschriften der Exekutivgewalt inhärent ist,[6] ist die Ermächtigung in § 154 insoweit rein deklaratorischer Natur. 3

2. Regelung des äußeren Geschäftsbetriebs. Soweit die Justizverwaltung über den inneren Geschäftsbetrieb hinausgreifende Regelungen mit Außenwirkung trifft, handelt es sich um **Rechtsverordnungen** als Gesetze im materiellen Sinn, die an Art. 80 Abs. 1 GG zu messen sind.[7] Zwar kann danach nur die Landesregierung als Kollegialorgan, aber nicht ein einzelnes Mitglied der Landesregierung ermächtigt werden.[8] Durch § 1 des Gesetzes über Rechtsverordnungen im Bereich der Gerichtsbarkeit[9] hat der Gesetzgeber jedoch klargestellt, dass die Landesregierung ihrerseits durch Rechtsverordnung (Art. 80 Abs. 1 S. 4 GG) den Landesjustizminister ermächtigen kann. Somit ist § 154 vor dem Verdikt der Verfassungswidrigkeit bewahrt. 4

---

[1] Zuletzt BT-Drucks. 16/5727; *Seip* ZVI 2006, 329.
[2] *Hahn* GVG S. 165.
[3] *Hahn* GVG S. 165.
[4] BayVerfGH Rpfleger 1961, 285, 285.
[5] S. auch *Manfred Wolf* § 17 Abs. 1 S. 1 m. weit. Nachw.
[6] BVerwG NJW 1983, 899, 900.
[7] BayVerfGH Rpfleger 1961, 285, 285.
[8] BVerfGE 11, 77, 86.
[9] V. 1. 7. 1960, BGBl. I S. 481; aufgehoben mit Wirkung v. 24. 4. 2009 durch G. v. 24. 4. 2006, BGBl. I S. 866.

5 3. Regelung der Dienst- und Geschäftsverhältnisse. Die Dienst- und Geschäftsverhältnisse sind landesrechtlich, aber im Wesentlichen bundeseinheitlich durch die Gerichtsvollzieherordnung (GVO[10]) und die Geschäftsanweisung für Gerichtsvollzieher (GVGA[11]) idF v. 1. 4. 1980 (mit Änderungen) festgelegt. Die Gerichtsvollzieher sind den Amtsgerichten zugeordnet (§ 2 GVO) und haben einen eigenen örtlich begrenzten Zuständigkeitsbezirk (§§ 16, 17 GVO). Bei Amtsgerichten mit mehreren Gerichtsvollziehern werden die Aufträge durch eine Verteilungsstelle vermittelt (§ 33 GVO). In den Ländern sind die Gerichtsvollzieher **Landesbeamte** des mittleren Justizdienstes (Besoldungsgruppe A 8 und A 9), die eine besondere Ausbildung durchlaufen und die Gerichtsvollzieherprüfung abgelegt haben.

III. Aufgaben des Gerichtsvollziehers

6 Der Gerichtsvollzieher hat die **Zustellungen** im Parteibetrieb (§ 192 ZPO), die Zustellungen, die eine bürgerlich-rechtliche Willenserklärung beinhalten (§ 132 BGB), und die Zustellungen im Strafprozess auszuführen (§§ 36, 37 StPO, § 192 ZPO). Nach § 753 ZPO ist er in der **Zwangsvollstreckung** neben dem Vollstreckungsgericht ein eigenständiges Vollstreckungsorgan und zuständig für die Pfändung und Verwertung beweglicher Sachen (§§ 808ff. ZPO) und indossabler Papiere (§ 831 ZPO), für die Vorpfändung von Forderungen (§ 845 ZPO), für die Vollstreckung von Herausgabeansprüchen bei beweglichen Sachen (§ 883 ZPO) sowie eingetragenen Schiffen und unbeweglichen Sachen (§ 885 ZPO), für die Brechung von Widerstand bei der Verpflichtung zur Vornahme vertretbarer Handlungen und der Erzwingung von Duldungen und Unterlassungen (§§ 892, 887, 890 ZPO), für Verhaftungen (§ 909 ZPO) und die Vollziehung des persönlichen Arrests (§ 933 ZPO). Im **Insolvenzverfahren** nimmt er Vorführungen und Verhaftungen des Gemeinschuldners vor (§§ 98, 21, 4 InsO, § 909 ZPO). Er hat **öffentliche Versteigerungen** nach § 383 Abs. 3 BGB vorzunehmen. Im **Wertpapierrecht** nimmt er Wechsel- und Scheckproteste auf (Art. 79 Abs. 1 WG, Art. 55 Abs. 3 ScheckG).

7 Auch die Zuweisung von **Vollstreckungsaufträgen in Justizkassensachen** an Gerichtsvollzieher ist zulässig. Das statusrechtliche Amt des Gerichtsvollziehers ist nicht konkret ausschließlich mit bestimmten Zustellungs-, Ladungs- und Vollstreckungsfunktionen verbunden. Es können ihm vielmehr in begrenztem Umfang neben seiner „normalen" Tätigkeit **zusätzliche Aufgaben** übertragen werden, wenn sie sonst in der Regel von Beamten derselben Laufbahngruppe oder einer Laufbahn mit artverwandten Aufgaben zugeordnet sind und gegenüber den das statusrechtliche Amt des Gerichtsvollziehers prägenden Aufgaben von untergeordneter Bedeutung bleiben.[12] Als **Sequester** nach §§ 848, 855, 938 Abs. 2 ZPO wird der Gerichtsvollzieher dagegen nicht in seinem amtlichen Aufgabenbereich als Vollstreckungsorgan, sondern auf Grund eines privatrechtlichen Sequestrationsvertrags tätig.[13] Nur die Wegnahme des Sequestrationsobjekts fällt in den hoheitlichen Tätigkeitsbereich des Gerichtsvollziehers, der mit Übergabe des Objekts an den Sequester endet.[14]

IV. Weisungsabhängigkeit und Kontrolle

8 1. Grundlagen. Die umstrittenste Rechtsfrage bei der rechtlichen Stellung des Gerichtsvollziehers ist die nach dem Umfang seiner Selbständigkeit. Während der Richter sachlich und persönlich (Art. 97 GG, § 25 DRiG) und der Rechtspfleger zumindest sachlich unabhängig ist (§ 9 RPflG), hat das GVG keine entsprechende Aussage über den Gerichtsvollzieher getroffen und sich auf die Regelung der **Neutralität** durch Ausschließung kraft Gesetzes nach § 155 beschränkt. Zu unterscheiden von der dienstrechtlichen Weisungsgebundenheit ist zunächst die **Gebundenheit an den Vollstreckungsantrag**, der aus der Dispositionsbefugnis des Vollstreckungsgläubigers folgt. Diese Dispositionsbefugnis ist durch zwingendes Recht, an das der Gerichtsvollzieher gebunden ist, begrenzt.[15]

9 Auf der anderen Seite steht die **beamtenrechtliche Gebundenheit** des Gerichtsvollziehers. Danach hat er Anordnungen der Vorgesetzten auszuführen und allgemeine Richtlinien zu befolgen, sofern nicht besondere gesetzliche Vorschriften Ausnahmen davon vorsehen (§ 37 S. 2 und 3 BRRG, zB § 70 S. 2 und 3 HessBG).[16] Hinsichtlich dieser Ausnahme von der beamtenrechtlichen Weisungsgebundenheit sind folgende Problemkreise zu unterscheiden:

---

[10] S. für Hessen Hess JMBl. 1980, 379.
[11] Hess JMBl. 1980, 117.
[12] BVerwG NJW 1983, 899, 900 f.; *Hahn* GVG S. 165 f.
[13] BGH NJW 2001, 434.
[14] BGH NJW 2001, 434; *Gleußner* DGVZ 1996, 33, 35.
[15] *Wieser* NJW 1988, 669 ff. mit Beispielen.
[16] BVerwG NJW 1983, 896, 897.

Gerichtsvollzieher 10–15 § 154 GVG

– Weisungen bezüglich konkreter Einzelmaßnahmen des Gerichtsvollziehers,
– allgemeine Dienstaufsicht über eine geordnete Geschäftsführung,
– generelle Weisungen im Rahmen der Dienstaufsicht, die den Inhalt der Vollstreckungstätigkeit abstrakt festlegen.

2. Weisungsfreiheit bezüglich der Durchführung einzelner Maßnahmen. Ob man den Gerichtsvollzieher als **selbständiges Organ der Rechtspflege** bezeichnen kann,[17] ist eine Frage der Definition. Sein Dienstvorgesetzter ist der aufsichtsführende Richter des Amtsgerichts (zB Amtsgerichtsdirektor). Die Dienstaufsicht erstreckt sich auch darauf, ob eine unrichtige Sachbehandlung vorliegt; durch Weisungen kann der Dienstvorgesetzte den Gerichtsvollzieher zu einer anderen Sachbehandlung anhalten.[18] So ist es etwa, wenn der Gerichtsvollzieher Vollstreckungsaufträge monatelang liegen lässt (vgl. § 64 GVGA). Nach § 58 GVGA handelt er bei der Zwangsvollstreckung selbständig; die Frage, ob ein Gegenstand Zubehör ist oder nicht, entscheidet er also zunächst selbst und der Amtsgerichtsdirektor kann ihm hier keine Weisung erteilen. 10

Die Funktion fachaufsichtlicher Einzelweisung und Einzelkontrolle erfüllt **im Zwangsvollstreckungsrecht der Rechtsbehelf der Erinnerung** des Vollstreckungsgläubigers, des Vollstreckungsschuldners oder des sonst Betroffenen (§ 766 ZPO); die Zubehör-Entscheidung kann also vom Gläubiger bzw. Schuldner angegriffen werden und das Vollstreckungsgericht entscheidet darüber. 11

Auch in den **Tätigkeitsbereichen außerhalb der Zwangsvollstreckung,** bei denen nicht der Rechtsbehelf der Erinnerung gegeben ist (zB Zustellungen nach § 132 BGB), unterliegt er keinen fachaufsichtlichen Einzelweisungen. Seinen Geschäftsbetrieb regelt er nicht nur bei der Zwangsvollstreckung, sondern auch bei seinen **sonstigen Aufgaben nach eigenem pflichtgemäßen Ermessen** (§ 45 Abs. 1 GVO). Die Richtigkeit der Einzelmaßnahmen kann nur durch die Judikative auf Parteiinitiative hin im Verfahren nach §§ 23 ff. EGGVG kontrolliert werden. Eine Ausnahme gilt für das Kostenrecht (s. Rn. 16). 12

Aus der Regelung über die Ausschließung des Gerichtsvollziehers kraft Gesetzes (§ 155) können keine Aufschlüsse über das Ausmaß seiner Selbständigkeit gezogen werden, da im Verwaltungsverfahren für weisungsabhängige Behördenmitglieder sogar darüber hinausgehende Maßnahmen zur Sicherung der Neutralität vorgesehen sind (Möglichkeit zur Ablehnung bei Besorgnis der Befangenheit neben den Ausschlussvorschriften, §§ 20, 21 VwVfG). 13

3. Allgemeine Dienstaufsicht. Der Gerichtsvollzieher unterliegt der Dienstaufsicht jedenfalls hinsichtlich der **äußeren formalen Art der Amtsführung**. Die Dienstaufsicht greift außerhalb eines laufenden Vollstreckungsverfahrens ein.[19] Sie erstreckt sich auf die innere Ordnung des Geschäftsbetriebs und die allgemeine Geschäftsführung des Gerichtsvollziehers. Zu ihr gehören zunächst generelle Weisungen,[20] insbesondere durch Erlass organisatorischer Geschäfts- oder Dienstordnungen und die Überwachung, ob diese Vorschriften eingehalten werden und keine Rückstände bei der Auftragserledigung entstehen. Auf den konkreten Inhalt der einzelnen Amtshandlungen bezieht sich die Dienstaufsicht jedenfalls insofern, als sie nachträglich durch die Art und Weise ihrer Vornahme Anlass zu Aufsichtsmaßnahmen geben können, die die äußere Form der Geschäftserledigung (zB Pünktlichkeit der Erledigung terminierter Geschäfte) ansprechen.[21] Die Wahrnehmung von Maßnahmen der Dienstaufsicht ist dem aufsichtsführenden Richter des Amtsgerichts als Organ der Justizverwaltung und nicht als Vollstreckungsgericht übertragen (§ 2 Abs. 2 GVO). Maßnahmen der Dienstaufsicht, die den Gerichtsvollzieher in seiner persönlichen Rechtsstellung treffen, kann er vor den Verwaltungsgerichten anfechten.[22] 14

4. Generelle Weisungen im Rahmen der Dienstaufsicht? Der Kern des Streits um die Unabhängigkeit des Gerichtsvollziehers liegt bei der Frage, ob die Dienstaufsicht auch die Erteilung nicht auf ein einzelnes Verfahren bezogener, **genereller Weisungen bezüglich der Anwendung von Gesetzen** umfasst, wie zB bei der Gewährung von Vollstreckungsaufschub nach § 765a Abs. 2 ZPO zu verfahren ist. Der Streit hat im Wesentlichen standespolitische Hintergründe. Da der Gerichtsvollzieher Beamter ist, nicht unabhängig wie ein Richter und nicht selbständig wie ein Rechtspfleger (§ 9 RPflG), wird man (im Umkehrschluss) das grundsätzlich und im Rahmen des 15

---

[17] So 2. Aufl.; OLG Frankfurt Rpfleger 1976, 367.
[18] *Zöller/Gummer* Rn. 4.
[19] *Gaul* ZZP 87 (1974), 241, 268; *Rosenberg/Gaul/Schilken* § 25 II 2 b.
[20] S. auch RGZ 145, 204, 213.
[21] *Dütz* Gerichtsvollzieher S. 26 f.; *Rosenberg/Gaul/Schilken* § 25 II 2 b.
[22] *Gaul* ZZP 87 (1974), 241, 268; *Schilken* Rn. 557; *Manfred Wolf* § 30 III 3; *Katholnigg* Strafgerichtsverfassungsrecht § 154 GVG Rn. 5.

Beamtenrechts bejahen müssen.[23] **Von einer Garantie der Unabhängigkeit**[24] kann man schwerlich sprechen. Deshalb kann die Justizverwaltung durch allgemeine Anweisungen die Auslegung von Normen durch den Gerichtsvollzieher regeln (etwa in dem Sinn, dass eine bestimmte BGH-Rechtsprechung zum Gegenstand einer Anweisung gemacht wird). Der Gerichtsvollzieher genießt insoweit keine sachliche Unabhängigkeit.[25]

16 5. Kosten. a) Uneingeschränkte Kontrolle der Gerichtsverwaltung. Das **Kostenrecht zwischen Staatskasse und Kostenschuldner** hat eine Regelung durch formelles Gesetz (GvKostG v. 19. 4. 2001[26] mit Durchführungsbestimmungen der Länder) erhalten. Kostenschuldner sind der Auftraggeber und bei der Zwangsvollstreckung zusätzlich der Vollstreckungsschuldner (§ 13 Abs. 1 GVKostG). Seine Zwangsvollstreckungskosten können aus dem zu vollstreckenden Schuldtitel mitvollstreckt werden, ohne dass es eines gesonderten Vollstreckungstitels bedarf (§ 788 ZPO). Der Gerichtsvollzieher unterliegt bei der Kostenveranlagung der doppelten Kontrolle: (1) Sein Kostenansatz kann im Verwaltungsweg (dh. auf Anweisung des Dienstvorgesetzten) berichtigt werden (§ 5 Abs. 1 S. 2 GvKostG). Die Gerichtsverwaltung ist insoweit nicht auf nachträgliche Kontrolle beschränkt, sondern kann auch im Voraus allgemeine oder konkrete Weisungen für die Kostenerhebung erteilen, muss sich dabei aber auf die Kostenseite beschränken. (2) Ferner kann der Kostenschuldner eine Überprüfung durch Erinnerung erreichen (§ 5 Abs. 2 GvKostG).

17 **b) Besoldungsrechtliche Ansprüche des Gerichtsvollziehers.** Neben den Rechtsbeziehungen zwischen Kostenschuldner und Staatskasse besteht der besoldungsrechtliche Anspruch des Gerichtsvollziehers gegen seinen Dienstherrn auf einen Anteil an den durch ihn vereinnahmten Gebühren nach der Vollstreckungsvergütungs-Verordnung.[27] Dies gibt ihm aber im Verfahren der Kostenerinnerung (§ 766 Abs. 2 ZPO, § 5 GVKostG) kein eigenes Beschwerderecht; für Besoldungsstreitigkeiten ist ausschließlich der Verwaltungsrechtsweg eröffnet.[28]

V. Verhältnis zum Auftraggeber

18 Das Verhältnis des Gerichtsvollziehers zu seinem Auftraggeber ist – anders als bei der Bestellung als Sequester (s. Rn. 7) – nicht privatrechtlicher Art, sondern gehört dem **öffentlichen Recht** an.[29] Der „Auftrag" nach § 753 ZPO ist daher nur Antrag[30] zur Vornahme öffentlich-rechtlicher Handlungen und kein privatrechtliches Schuldverhältnis. Es besteht deshalb keine Abschlussfreiheit. Weder kann der Auftraggeber sich einen Gerichtsvollzieher seiner Wahl aussuchen, noch kann der Gerichtsvollzieher den Antrag nach Belieben ablehnen. Er kann vielmehr nur im Rahmen der gesetzlichen Zuständigkeitsordnung beauftragt werden und muss in diesem Rahmen tätig werden. Der Auftraggeber kann Weisungen erteilen, soweit es um Beginn, Art und Ausmaß der Zwangsvollstreckung geht.[31]

19 Aufgrund seiner Stellung als Beamter und öffentlicher Amtsträger ist der Gerichtsvollzieher auch **nicht privatrechtlicher Vertreter des Auftraggebers.**[32] Er ist auch nicht Erfüllungsgehilfe des Auftraggebers iSv. § 278 BGB. Auch das Tätigwerden gegenüber dem Vollstreckungsschuldner ist hoheitlicher Natur.

VI. Haftung

20 Der Gerichtsvollzieher haftet als Amtsträger nach Amtshaftungsgrundsätzen (§ 839 BGB, Art. 34 GG). Er ist kein Gebührenbeamter mit ihn persönlich treffender amtshaftungsrechtlicher Verantwortlichkeit.[33] Die „ihm einem Dritten gegenüber obliegende Amtspflicht" ist nicht auf Auftraggeber oder Vollstreckungsschuldner beschränkt. Auch dem Bieter einer Zwangsversteigerung gegenüber bestehen Amtspflichten.[34] Dagegen genügt es nicht, wenn der Dritte nur auf Grund

---

[23] BVerwG NJW 1983, 896, 898, was allerdings den Sonderfall des Kostenrechts betraf.
[24] So die 2. Aufl.
[25] *Zöller/Gummer* Rn. 4; *Kissel/Mayer* Rn. 7; *Gaul* ZZP 87 (1974), 268 ff.; *Rosenberg/Gaul/Schilken* § 25 II 2 b; Hinweise zur aA in der 2. Aufl.
[26] BGBl. I 623.
[27] Vom 8. 7. 1976, BGBl. I S. 1783, in der Fassung v. 6. 1. 2003 BGBl. I S. 8.
[28] LG Koblenz MDR 1978, 584.
[29] St. Rspr. seit RGZ 82, 85, 86; *Rosenberg/Gaul/Schilken* § 25 IV 1.
[30] BVerwG NJW 1983, 898.
[31] *Zöller/Stöber* § 753 ZPO Rn. 4 mit Nachw.
[32] RGZ 156, 395; *Kissel/Mayer* Rn. 17.
[33] BGH NJW 2001, 434.
[34] RGZ 129, 23, 26; s. im einzelnen auch *Rosenberg/Gaul/Schilken* § 25 IV 1 b.

privatrechtlicher Beziehungen zum Auftraggeber an der ordnungsgemäßen Tätigkeit des Gerichtsvollziehers interessiert ist[35] oder der Vollstreckungsgläubiger den Gerichtsvollzieher angewiesen hat, Geld an einen Dritten abzuliefern.[36] Als Sequester haftet der Gerichtsvollzieher nur aus dem privatrechtlichen Sequestrationsvertrag.[37]

§ 155 [Ausschließung des Gerichtsvollziehers]

Der Gerichtsvollzieher ist von der Ausübung seines Amts kraft Gesetzes ausgeschlossen:
I. in bürgerlichen Rechtsstreitigkeiten:
  1. wenn er selbst Partei oder gesetzlicher Vertreter einer Partei ist oder zu einer Partei in dem Verhältnis eines Mitberechtigten, Mitverpflichteten oder Schadensersatzpflichtigen steht;
  2. wenn sein Ehegatte oder Lebenspartner Partei ist, auch wenn die Ehe oder Lebenspartnerschaft nicht mehr besteht;
  3. wenn eine Person Partei ist, mit der er in gerader Linie verwandt oder verschwägert, in der Seitenlinie bis zum dritten Grad verwandt oder bis zum zweiten Grad verschwägert ist oder war;
II. in Strafsachen:
  1. wenn er selbst durch die Straftat verletzt ist;
  2. wenn er der Ehegatte oder Lebenspartner des Beschuldigten oder Verletzten ist oder gewesen ist;
  3. wenn er mit dem Beschuldigten oder Verletzten in dem unter Nummer I 3 bezeichneten Verwandtschafts- oder Schwägerschaftsverhältnis steht oder stand.

I. Normzweck

Die Vorschrift ist Ausprägung der Neutralitätspflicht des Gerichtsvollziehers, die im Rechtsstaatsprinzip (Art. 20 Abs. 3, 28 Abs. 1 GG) wurzelt. Als weitgehend selbständig handelndes Organ der Rechtspflege hat der Gerichtsvollzieher daher in der Zwangsvollstreckung die Belange beider Seiten zu berücksichtigen.[1] 1

Der Regelungsinhalt ist § 41 Nr. 1 bis 4 ZPO nachgebildet. Eine Ablehnung wegen Befangenheit lehnt der BGH ab (Rn. 5). Aber auch die Ausschlussregelung für Behördenangehörige in § 20 VwVfG geht weiter, indem sie im Gegensatz zu § 155 auch den Ausschlussgrund der Angehörigeneigenschaft eines Vertreters der Parteien kennt. Die Ausschließungsgründe des I. Nr. 2 und II. Nr. 2 wurden durch Gesetz vom 16. 2. 2001[2] erweitert. 2

II. Amtshandlungen des ausgeschlossenen Gerichtsvollziehers

1. Anfechtbarkeit. Zur effektiven Durchsetzung der Ersetzung des ausgeschlossenen Gerichtsvollziehers durch seinen nach Landesrecht bestimmten Vertreter ist es nicht erforderlich, die Amtshandlungen des ausgeschlossenen Beamten als ex lege unwirksam anzusehen.[3] Es ist vielmehr ausreichend, die entsprechenden Handlungen als wirksam, aber rechtswidrig und mit dem entsprechenden Rechtsbehelf (etwa § 766 ZPO) anfechtbar zu behandeln.[4] Dafür spricht auch die Parallele zum ausgeschlossenen Richter, dessen Amtshandlungen ebenfalls zunächst wirksam bleiben[5] und zum ausgeschlossenen Behördenangehörigen im Verwaltungsverfahren (§§ 20, 44 Abs. 3 Nr. 2 VwVfG). 3

2. Amtspflichtverletzung. Das Tätigwerden des ausgeschlossenen Gerichtsvollziehers stellt eine Verletzung der ihm in § 155 auferlegten Amtspflicht dar. Erwächst einem Vollstreckungsgläubiger etwa durch Rangverlust infolge Anfechtung der Handlung des ausgeschlossenen Gerichtsvollziehers ein Schaden, so besteht ein Amtshaftungsanspruch.[6] 4

---

[35] *Kissel/Mayer* Rn. 23 m. weit. Nachw.
[36] RGZ 151, 109, 113.
[37] BGH NJW 2001, 43.
[1] *Pawlowski* ZZP 90 (1977), 358 ff.
[2] BGBl. I S. 866.
[3] So aber *Wieczorek/Schreiber* Rn. 2; vgl. jedoch *Löwe/Rosenberg/Boll* StPO Rn. 3; *Zöller/Gummer* Rn. 1.
[4] *Kissel/Mayer* Rn. 4; *Rosenberg/Gaul/Schilken* § 25 IV 2a, S. 328 m. weit. Nachw.; *Katholnigg*, Strafgerichtsverfassungsrecht, § 155 GVG Rn. 2.
[5] *Baumbach/Lauterbach/Hartmann* § 41 ZPO Rn. 6; *Zöller/Vollkommer* § 41 ZPO Rn. 16.
[6] *Kissel/Mayer* Rn. 5.

III. Ablehnung des befangenen Gerichtsvollziehers

5 Dem Gerichtsvollzieher steht bei der Vollstreckung oftmals ein Ermessen zu (zB bei §§ 758, 765 a Abs. 2 ZPO; Einordnung bei § 811 ZPO; Zeitpunkt der Terminsbestimmung). Daraus ergibt sich, dass sowohl Vollstreckungsgläubiger als auch Vollstreckungsschuldner ein Interesse daran haben, einen neutralen Gerichtsvollzieher mit den Amtshandlungen befasst zu sehen. Ein Gerichtsvollzieher kann aber nicht abgelehnt werden, wie der Wortlaut des § 42 ZPO eindeutig zeigt.[7] Es bleibt der Rechtsbehelf der Erinnerung nach § 766 ZPO sowie die Möglichkeit der Dienstaufsichtsbeschwerde.

Dreizehnter Titel. Rechtshilfe

Vorbemerkung zu den §§ 156 ff.

Schrifttum: *Böhmer,* Spannungen im deutsch-amerikanischen Rechtsverkehr in Zivilsachen, NJW 1990, 3049; *Dreher,* Die Amtshilfe, 1959; *Fischer,* Rechtsmissbrauch durch Rechtshilfe, MDR 1993, 838; *Goebel,* Amtshilfe durch Informationshilfe, 1981; *Habscheid* (Hrsg.), Der Justizkonflikt mit den Vereinigten Staaten von Amerika, 1986; *Leipold,* Lex fori, Souveränität und Discovery, 1989; *Mössle,* Extraterritoriale Beweisbeschaffung im internationalen Wirtschaftsverkehr, 1990; *Nagel,* Nationale und internationale Rechtshilfe im Zivilprozess, 1971; *Nagel/Gottwald,* Internationales Zivilprozessrecht, 6. Aufl. 2007; *Pfeil/Kammerer,* Deutsch-amerikanischer Rechtshilfeverkehr in Zivilsachen, 1987; *Pfennig,* Die internationale Zustellung in Zivil- und Handelssachen, 1988; *Schlink,* Die Amtshilfe, 1982; *Schlosser,* Der Justizkonflikt mit den USA, 1986; *Stadler,* Der Schutz des Unternehmensgeheimnisses im deutschen und amerikanischen Zivilprozess und Rechtshilfeverfahren, 1989; *Stürner/Stadler,* Zustellung von „punitive damages" nach dem Haager Zustellungsübereinkommen, IPRax 1990, 157; *Trittmann,* Exterritoriale Beweisaufnahmen und Souveränitätsverletzungen im deutsch-amerikanischen Wirtschaftsverkehr, ArchVR 1990, 195; *Zender,* Rechtshilfe bei Zwangsmaßnahmen zur Blutentnahme, NJW 1991, 2947.

I. Allgemeine Grundlagen

1 Gerichte und Behörden sind nicht immer befugt und in der Lage, alle zur Erledigung einer Angelegenheit erforderlichen Maßnahmen und Handlungen selbst vorzunehmen. Im Interesse der Aufgabenerledigung und der Effektivität staatlichen Handelns ist es deshalb vorgesehen, dass sich **Gerichte und Behörden gegenseitig Rechts- und Amtshilfe** leisten (Art. 35 Abs. 1 GG). Ein Anlass für die Rechts- und Amtshilfe kann sich sowohl aus rechtlichen wie aus tatsächlichen Gründen ergeben. Als rechtliche Gründe für Rechts- und Amtshilfe kommt die fehlende Zuständigkeit eines Gerichts oder einer Behörde in Betracht, die sich sowohl aus der Gewaltenteilung (Art. 20 Abs. 2 GG) als auch aus dem föderalistischen Bund-Länder-Aufbau (Art. 20 Abs. 1, Art. 30 GG) oder aus sonstigen Grenzen der funktionalen, sachlichen und örtlichen Zuständigkeit (s. auch § 166) ergeben kann. In Angelegenheiten mit Auslandsbezug kommt zwischenstaatliche Rechts- und Amtshilfe in Betracht.[1] Als tatsächliche Gründe, die Anlass für ein Rechts- oder Amtshilfeersuchen geben, kommt das Fehlen technischer und sachlicher Hilfsmittel, weite Entfernungen oder sonstige Gründe in Betracht, die eine Rechts- oder Amtshilfe aus Zweckmäßigkeitsgründen als sinnvoll erscheinen lassen.

II. Abgrenzung von Rechts- und Amtshilfe

2 Art. 35 GG sieht die gegenseitige Rechts- und Amtshilfe zwischen allen Behörden des Bundes und der Länder vor, wozu auch die Gerichte zählen.[2] Da Art. 35 GG die Einheit der Staatsgewalt im Bundesstaat mit Gewaltenteilung sicherstellen will,[3] beschränkt er sich auf die Festlegung der allgemeinen Pflicht zur Rechts- und Amtshilfe und regelt weder die Einzelheiten der Erledigung und des Verfahrens noch grenzt er Rechts- und Amtshilfe voneinander ab. §§ 156 ff. betreffen jedoch nur die Rechtshilfe. Deshalb kommt es darauf an, den Bereich der Rechtshilfe im Unterschied zur Amtshilfe festzulegen.

---

[7] BGH NJW-RR 2005, 149; BVerfG NJW-RR 2005, 365; *Zöller/Gummer* Rn. 1; *Musielak/Weth* § 49 Rn. 3; *Stein/Jonas/Bork* § 49 ZPO Rn. 5; *Kissel/Mayer* § 155 Rn. 2; aA die 2. Aufl. Rn. 5 ff.

[1] S. dazu Rn. 9.
[2] *Maunz/Dürig* Art. 35 GG Rn. 4.
[3] *von Münch/Gubelt* Art. 35 GG Rn. 1; *Baumbach/Lauterbach/Hartmann* Vor § 156 Rn. 1.

Vorbemerkung   3–5 Vor §§ 156ff. GVG

1. Rechtshilfe. §§ 156ff. sprechen von Rechtshilfe nur, soweit es die Rechtshilfe unter Gerich- 3
ten betrifft. In anderen Vorschriften, die die Hilfe bei der Vollstreckung (§§ 160 bis 163) oder die
Akteneinsicht betreffen (§ 168) ist von Rechtshilfe nicht die Rede. Im Sinne von § 156 liegt
Rechtshilfe deshalb nur vor, wenn sich **Gerichte untereinander**[4] Hilfe leisten und wenn diese
Hilfeleistung sich auf gerichtliche Tätigkeiten bezieht,[5] die nicht der Justizverwaltung zuzurechnen
sind. Dazu gehört nicht nur die Rechtsprechungstätigkeit,[6] sondern alle dem Richter zugewiesenen
Aufgaben, auch wenn sie nicht Rechtsprechung[7] sind, aber dem **Schutz der gerichtlichen Un-
abhängigkeit** unterstehen.[8] Dazu gehören auch Handlungen des Rechtspflegers, soweit dieser als
Gericht an Stelle des Richters tätig wird und deshalb den Schutz der Weisungsfreiheit genießt (§ 9
RPflG). Im Regelfall gilt für Rechtshilfeangelegenheiten auch das Prinzip des gesetzlichen Richters, jedoch nicht ausnahmslos,[9] wie sich bei dem Rechtspfleger übertragenen Aufgaben zeigt.
Durch die Zugehörigkeit der Angelegenheit zum Schutzbereich der richterlichen Unabhängigkeit
unterscheidet sich die Rechtshilfe von der Amtshilfe. Dies macht auch § 159 deutlich, da eine Entscheidung des OLG gerade in Angelegenheiten mit richterlicher Unabhängigkeit erforderlich ist,
wo eine Weisung nicht ergehen darf. In Angelegenheiten der Amtshilfe ist eine gerichtliche Entscheidung dagegen entbehrlich, weil Weisungsbefugnisse der obersten Behörde bestehen und weil
verwaltungspolitische Fragen betroffen sind. Für die Rechtshilfe ist auch kennzeichnend, dass das
ersuchende Gericht die Amtshandlung im Rahmen seiner sachlichen Zuständigkeit grundsätzlich
selbst vornehmen könnte.[10]

2. Amtshilfe. Zur Amtshilfe gehört die Erledigung von Ersuchen, die nicht der Rechtshilfe zu- 4
zuordnen sind,[11] also insbesondere die Hilfeleistung zwischen Behörden, aber auch das Ersuchen
zwischen Gerichten und Behörden oder die Hilfe unter Gerichten in Angelegenheiten, die nicht
unter dem Schutz der Unabhängigkeit stehen, wie Angelegenheiten der Gerichts- und Justizverwaltung, etwa das Stellen eines Protokollführers,[12] das Bereitstellen eines Amtszimmers[13] oder das Erteilen einer Auskunft.[14] Die Amtshilfe ist in §§ 4ff. VwVfG geregelt. Zur innerstaatlichen Amtshilfe
gehört auch die Hilfe der Konsulate für Gerichte auf Grund §§ 15 bis 17 KonsularG.[15] Die Erledigung der Amtshilfe steht nicht unter dem Schutz der Unabhängigkeit, sondern ist weisungsgebunden.[16] Im Falle einer Weigerung ist keine gerichtliche Überprüfung möglich, sofern nicht ausnahmsweise ein Verwaltungsakt gegenüber einem Beteiligten vorliegt, gegen den er nach § 42
VwGO oder § 23 EGGVG vorgehen kann.[17]

3. Keine Rechts- oder Amtshilfe. Keine Rechts- oder Amtshilfe liegt vor, wenn eine Amts- 5
handlung auf Ersuchen einer Partei vorzunehmen ist. Darunter fällt auch der Antrag nach § 1050
ZPO, soweit an Stelle des Schiedsgerichts das staatliche Gericht tätig werden muss. Im Übrigen, insbesondere gemäß § 106 ArbGG, ist gegenüber Schiedsgerichten auf deren Ersuchen Rechtshilfe zu
leisten. Die Geltung und Vollstreckbarkeit einer gerichtlichen Entscheidung über den Gerichtsbezirk hinaus im Geltungsbereich des GVG fällt nicht in den Bereich der Rechts- und Amtshilfe, sondern ergibt sich daraus, dass das Bundesgebiet ein einheitliches Rechtspflegegebiet darstellt, in dem
jedes Gericht im Rahmen seiner Zuständigkeit mit Wirkung für den gesamten Geltungsbereich des
GVG tätig wird und in dem sich deshalb die Gerichtsgewalt eines jeden Gerichts auf alle Sachen
und Personen erstreckt, die der deutschen Gerichtsbarkeit unterstehen, auch wenn es auf die Geltung und Vollstreckung in einem anderen Gerichtsbezirk ankommt.[18] Nicht unter die Rechts- und
Amtshilfe fällt auch die amtliche Auskunft von Behörden als Beweismittel gemäß §§ 273 Abs. 2
Nr. 2, 358a Nr. 2, 437 ZPO oder eine sonstige verfahrensrechtlich geregelte Zusammenarbeit, zB

---

[4] S. im einzelnen Rn. 6.
[5] S. OLG Köln JMBl. NRW 1962, 99; OLG Celle NJW 1967, 393; s. auch schon RGSt. 26, 338, 339; RG
JW 1895, 98; *Berg* MDR 1962, 789.
[6] So *Maunz/Dürig* Art. 35 GG Rn. 3; *Herzog* JZ 1967, 286; auch *Kissel/Mayer* § 156 Rn. 10.
[7] S. zum Begriff der Rechtsprechung *Manfred Wolf* § 2 II 5.
[8] S. auch § 156 Rn. 3; *Kissel/Mayer* § 156 Rn. 23.
[9] AA offenbar *Kissel/Mayer* § 156 Rn. 23.
[10] RGZ 115, 368; KG DR 1940, 695; *Baumbach/Lauterbach/Hartmann* Vor § 156 GVG Rn. 3; *Kissel/Mayer*
§ 156 Rn. 30.
[11] S. auch *Maunz/Dürig* Art. 35 GG Rn. 3.
[12] RG Recht 1927, 1257.
[13] S. *Baumbach/Lauterbach/Hartmann* vor § 156 GVG Rn. 3.
[14] S. *Kopp/Schenke* § 14 VwGO Rn. 1.
[15] Vom 11. 9. 1974, BGBl. I S. 2317; s. auch BGHSt. 26, 140, 142 = NJW 1975, 1612.
[16] S. Rn. 3.
[17] *Kopp/Schenke* § 14 VwGO Rn. 3.
[18] S. auch *Kissel/Mayer* § 156 Rn. 8.

der Staatsanwaltschaft mit dem Gericht,[19] mit Ausnahme der §§ 162 f. Keine Rechts- oder Amtshilfe enthält auch § 941 ZPO, da die Eintragung ins Grundbuch nicht eine Amtshandlung des Gerichts betrifft. Keine Rechtshilfesachen sind auch Angelegenheiten, die die Partei selbst bei einem anderen Gericht beantragen muss, wie zB beim Vollstreckungsgericht.

III. Anwendbare Vorschriften

6 **1. Rechtshilfe.** Art. 35 Abs. 1 GG betrifft sowohl die Rechts- wie die Amtshilfe, regelt aber nur die allgemeine Pflicht im Interesse der Einheit der Staatsgewalt (s. Rn. 2), nicht aber Einzelheiten der Erledigung und des Verfahrens. §§ 156 bis 159, 164 GVG regeln die Rechtshilfe innerhalb der ordentlichen Gerichtsbarkeit. Gleiches gilt für die freiwillige Gerichtsbarkeit (§§ 2, 194 FGG). §§ 160 bis 163 GVG regeln Hilfen bei der Vollstreckung und § 168 GVG betrifft die Mitteilung von Akten zwischen Behörden und Gerichten, während §§ 166, 167 GVG die Wahrnehmung von Amtshandlungen durch ein Gericht oder eine Behörde außerhalb der eigenen Bezirks- oder Landesgrenzen zum Gegenstand hat. Die Rechts- und Amtshilfe gegenüber Verwaltungsgerichten enthält § 14 VwGO, gegenüber Sozialgerichten § 5 SGG, gegenüber Finanzgerichten § 13 FGO. Rechts- und Amtshilfe gegenüber dem Gemeinsamen Senat der Obersten Bundesgerichte sieht § 9 RsprEinhG vor, ferner §§ 26, 27 VerfGG gegenüber dem BVerfG. Die Bestimmung in § 13 ArbGG sieht wie § 156 GVG nur eine Rechtshilfe unter Arbeitsgerichten vor und ordnet die entsprechende Anwendung der §§ 156 ff. GVG an.[20] Aus Art. 35 GG in Verbindung mit allen die Rechtshilfe unter den Gerichten betreffenden Vorschriften muss entnommen werden, dass sich die Gerichte auch über die Gerichtszweige hinweg Rechts- und Amtshilfe zu leisten haben, soweit die Gerichte des eigenen Gerichtszweigs dazu nicht in der Lage sind.[21] Dies gilt insbesondere für die Einsicht und zeitweise Überlassung von Akten. Rechtshilfe ist nach § 106 ArbGG auch dem arbeitsgerichtlichen Schiedsgericht zu leisten. Spezielle Vorschriften über Rechts- und Amtshilfe enthalten § 128 PatG für das Patentamt und das Patentgericht,[22] § 21 GebrMG und § 95 MarkenG in Gebrauchsmuster und Markenrecht, §§ 99 Abs. 2, 137 BRAO für Ehrengerichte der Rechtsanwälte, §§ 96 ff. BNotO für Notargerichte, §§ 95 ff. StBerG, §§ 72 WirtschprüfO für Ehrengerichte der Steuerberater und Wirtschaftsprüfer, § 108 HandwO für die Handwerkskammer, § 63 RÄrzteO[23] bzw. entsprechende landesrechtliche Bestimmungen für das Berufsgericht der Ärzte, § 63 RTierärzteO[24] bzw. entsprechende landesrechtliche Vorschriften für das Berufsgericht der Tierärzte.

7 **2. Amtshilfe.** Für die Amtshilfe unter Behörden gelten §§ 4 bis 8 VwVfG und die entsprechenden landesrechtlichen Vorschriften, §§ 111 bis 115 AO für Finanzbehörden und §§ 3 bis 7 SGB X. Diese Vorschriften gelten auch für die Amtshilfe zwischen Behörden und Gerichten und für die Amtshilfe unter Gerichten, soweit sie nicht zusammen mit der Rechtshilfe in § 14 VwGO, § 13 FGO und § 5 SGG oder in §§ 15 bis 17 KonsularG geregelt ist. Spezielle Vorschriften[25] der Amtshilfe finden sich in § 10 JWG für Jugendämter, § 57 Abs. 6 GWB für Kartellbehörden, § 27 a UWG für Einigungsämter in Wettbewerbssachen, § 5 Bek. vom 18. 1. 1917[26] für Standesbeamte, § 32 Gesetz vom 28. 9. 1935[27] für Seeämter, § 125 SeemO[28] für Seemannsämter, §§ 116, 135 FlurberG, § 191 BEG, § 19 WpflG, § 20 ZivildienstG.

8 **Beschränkungen** der Amtshilfe[29] vor allem aus Gründen des Datenschutzes ergeben sich aus § 5 Abs. 2 VwVfG, § 30 AO, § 35 SGB-AT, §§ 67 ff. SGB X, § 10 BDSG, § 10 KWG.

IV. Internationale Rechtshilfe

9 Art. 35 GG und die seiner Ausführung dienenden §§ 156 ff. betreffen nur die innerstaatliche Rechtshilfe. Für die internationale Rechtshilfe außerhalb der innerstaatlichen Grenzen müssen die

---

[19] *Kissel/Mayer* § 156 Rn. 9, 48.
[20] S. auch BAG NJW 1991, 1252.
[21] S. auch *Kissel/Mayer* § 156 Rn. 19.
[22] S. auch RGZ 102, 169.
[23] Vom 13. 12. 1935, RGBl. I S. 1433.
[24] Vom 3. 4. 1936, RGBl. I S. 347.
[25] S. ferner *Kissel/Mayer* § 156 Rn. 21.
[26] RGBl. I S. 55.
[27] RGBl. I S. 1183.
[28] Vom 2. 6. 1902, RGBl. I S. 175.
[29] S. dazu auch *Damian* ZfSH 1981, 198; *Mallmann/Welz* NJW 1981, 1020; *Möhbe* ZfF 1981, 128; *Ostendorf* DRiZ 1981, 4; *Schatzschneider* MDR 1982, 6; *Schickedanz* MDR 1981, 546; *Schnapp* NJW 1980, 2165; *Steinbömer* DVBl. 1981, 340.

jeweiligen Staaten in Anspruch genommen werden, wofür eine Vielzahl bilateraler und multinationaler Übereinkommen bestehen. In Zivilsachen regelt eine Verwaltungsvorschrift, nämlich die **Rechtshilfeordnung für Zivilsachen (ZRHO)**[30] das Verfahren der Rechtshilfe im Ausland und für das Ausland. Die ZRHO gilt für alle Zivil- und Handelssachen, einschließlich der Angelegenheiten der freiwilligen Gerichtsbarkeit. Ob eine zivilrechtliche Streitigkeit in diesem Sinne vorliegt, bestimmt sich nach der rechtlichen Eigenart des Streitgegenstandes, nicht nach der damit befassten Gerichtsbarkeit.[31] Die Rechtshilfe umfasst die gerichtliche wie die behördliche Hilfe bei der Durchführung und Vorbereitung eines Verfahrens. Die Rechtshilfe wird grundsätzlich nur auf Antrag des befassten Gerichts gewährt, auf Antrag eines Beteiligten nur, wenn ihn das Gericht damit beauftragt hat oder er auf Grund internationaler Abkommen hierzu befugt ist. Anträge auf Rechtshilfe sind grundsätzlich vom erkennenden Gericht zu beschließen. Eine unmittelbare Übersendung ins Ausland ist jedoch nicht zulässig. Vielmehr müssen die Rechtshilfeersuchen durch den Gerichtspräsidenten als Prüfstelle überprüft werden (§ 9 ZRHO). Die Entscheidung der Prüfstelle kann nach § 23 EGGVG überprüft werden.[32] Die Rechtshilfe umfasst die Zustellungen, Beweisaufnahmen, Eidesabnahme, Übersendung von Akten und Urkunden, Auskünfte und das Auffinden von Verfahrensbeteiligten. Vollstreckungshilfe findet im Regelfall nur in Kostensachen statt. Für die Zwangsvollstreckung von Urteilen muss die Partei selbst im Ausland Sorge tragen. S. zu einzelnen Rechtshilfeabkommen noch Schlussanhang.

Innerhalb der **EG** gilt für Vollstreckungen die Verordnung (EG) Nr. 44/2001. Soweit es die Durchführung von Verfahrensanordnungen des EuGH betrifft, liegt nach der VerfOEuGH keine ausländische Gerichtsbarkeit vor und der EuGH kann deshalb Verfahrenshandlungen wie Zustellungen, Ladungen und Vernehmungen im ganzen Vertragsgebiet selbst durchführen. Rechtshilfeersuchen des EuGH leitet der Kanzler an das Justizministerium des ersuchten Landes weiter. Organe der EG, wie insbesondere die Kommission, sind auf Grund der durch Art. 10 EGV begründeten Verpflichtung zu loyaler Zusammenarbeit gehalten, Ersuchen von Gerichten der Mitgliedstaaten nachzukommen, soweit diese Ersuchen der Anwendung des Gemeinschaftsrechts im Rahmen der nationalen Rechtsordnung dienen.[33] Zu diesem Zweck muss die Kommission etwa Schriftstücke übermitteln oder ihren Beamten die Genehmigung zur Aussage erteilen, falls nicht zwingende Gründe entgegenstehen, die erforderlich sind, Beeinträchtigungen der Funktionsfähigkeit und der Unabhängigkeit der EG zu verhindern oder die Interessen der EG zu wahren.[34] **10**

§ 156 [Rechtshilfepflicht]

Die Gerichte haben sich in bürgerlichen Rechtsstreitigkeiten und in Strafsachen Rechtshilfe zu leisten.

I. Normzweck

Die Bedeutung von § 156 erschöpft sich seit Existenz von Art. 35 GG darin, den Regelungsbereich abzugrenzen, innerhalb dessen die besonderen Rechtshilfevorschriften der §§ 157 ff. zur Anwendung kommen, insbesondere mit ihrer speziellen Regelung des Rechtshilfegerichts (§ 157), der Entscheidung über das Rechtshilfeersuchen (§ 158), der Rechtsbehelfe (§ 159) und des Kostenersatzes (§ 164). **1**

II. Anwendungsbereich

1. Ordentliche Gerichtsbarkeit. § 156 sieht die Rechtshilfe gemäß § 2 EGGVG nur in der ordentlichen Gerichtsbarkeit vor für bürgerliche Rechtsstreitigkeiten, einschließlich der freiwilligen Gerichtsbarkeit (§ 2 FGG), sowie für Strafsachen, einschließlich der Ordnungswidrigkeiten (§ 46 OWiG). Zur Rechtshilfe für andere Gerichte und zur Amtshilfe s. vor § 156 Rn. 6 f. Was zu den **bürgerlichen Rechtsstreitigkeiten** gehört, kann das ersuchte Gericht nicht selbst überprüfen, sondern muss die vom ersuchenden Gericht vorgenommene Einordnung als bürgerliche Rechtsstreitigkeit hinnehmen.[1] Zu den bürgerlichen Rechtsstreitigkeiten gehören nicht nur die beim In- **2**

---

[30] Vom 19. 10. 1956, BAnz. 1957 Nr. 1.
[31] *Kissel/Mayer* § 156 Rn. 65.
[32] *Kissel/Mayer* § 156 Rn. 65.
[33] EuGH NJW 1991, 2409.
[34] EuGH NJW 1991, 2409 und 2410.
[1] *Kissel/Mayer* Rn. 11.

krafttreten des GVG dazu gerechneten Gegenstände, sondern auch später hinzugekommene Angelegenheiten.

3 **2. Gerichtliche Tätigkeit.** Die Rechtshilfe ist **unter Gerichten** zu leisten. Damit werden alle gerichtlichen Tätigkeiten erfasst, also nicht nur richterliche Aufgaben, sondern auch die dem Rechtspfleger zugewiesenen Angelegenheiten,[2] ebenso Aufgaben des Urkundsbeamten,[3] nicht jedoch die Angelegenheiten der Justizverwaltung. Nach § 194 FGG kann in Angelegenheiten der freiwilligen Gerichtsbarkeit ausnahmsweise auch Rechtshilfe von oder gegenüber außergerichtlichen Behörden zu leisten sein, wie zB der Bezirksnotare in Baden-Württemberg, die funktional gerichtliche Aufgaben ausüben. Nicht Rechts-, sondern Amtshilfe findet nach § 758 Abs. 3 ZPO statt.[4] Rechtshilfeersuchen sind auch zwischen dem Hauptgericht und einer etwaigen Zweigstelle möglich[5] oder zwischen den funktionell selbständigen Abteilungen desselben Gerichts, wie zB des Familiengerichts zum Nachlassgericht, Vormundschaftsgericht, Grundbuchamt und Registergericht,[6] ebenso im Verhältnis zwischen dem Gericht mit konzentrierter Zuständigkeit und dem Gericht, dem durch die Konzentration die Zuständigkeit entzogen wurde.[7] Nicht zur Rechtshilfe gehört aber die Tätigkeit als beauftragter Richter (s. zB §§ 288, 361, 372, 375, 479 ZPO), der Mitglied des zuständigen Spruchkörpers und als solches ohnehin zuständig ist. Ersuchende Stelle ist der jeweilige Spruchkörper, ersuchte Stelle ist das jeweilige Gericht als Gesamtbehörde, die das Ersuchen an den intern (laut Geschäftsverteilungsplan) zuständigen Richter oder Beamten weitergibt.

III. Rechtshilfeangelegenheiten

4 **Rechtshilfeangelegenheiten** sind die dem Richter oder Rechtspfleger zur unabhängigen Wahrnehmung übertragenen Aufgaben.[8] Daraus ergibt sich notwendig, dass das ersuchende Gericht die Rechtshilfehandlung abstrakt gesehen auch selbst vornehmen können muss.[9] Das Rechtshilfeersuchen ist jedoch nicht nur zulässig, wenn Zweckmäßigkeitsgründe dafür sprechen,[10] sondern auch, wenn die Amtshandlung vom an sich zuständigen Gericht aus Rechtsgründen nicht vorgenommen werden kann,[11] so zB wenn ein Rechtshilfeersuchen ins Ausland ergeht. Dem ersuchten Gericht wird die vorzunehmende Amtshandlung grundsätzlich vom ersuchenden Gericht zur Ausführung übertragen und anvertraut. Notwendig ist dies aber nicht. Das angerufene Gericht kann auch selbst zuständig sein, so wenn zB das angerufene Amtsgericht denselben Zeugen bereits in einer Parallelsache über dieselben Fragen vernommen hat.

5 **Beispiele** für Rechtshilfeangelegenheiten sind die Zeugenvernehmung (§ 375 ZPO) oder sonstige Beweisaufnahmen durch den ersuchten Richter (§§ 355, 362, 372 Abs. 2, 402, 434, 451, 479 ZPO; § 15 FGG), die Führung von Vergleichsverhandlungen und der Abschluss von Vergleichen gemäß § 278 Abs. 5 ZPO, die Gewährung von Akteneinsicht und die Überlassung von Akten an das ersuchende Gericht,[12] die Entgegennahme von Parteierklärungen bei Befreiung vom persönlichen Erscheinen in Ehe-, Familien- und Kindschaftssachen nach §§ 613, 640 ZPO sowie nach § 621a ZPO mit §§ 50a, 50b FGG.

6 **Keine Rechtshilfeangelegenheiten** sind Antrags- oder Amtsverfahren, für die allein das ersuchte und nicht das ersuchende Gericht zuständig ist. Dabei ist gleichgültig, ob ein Gericht um die Durchführung der Amtshandlung ersuchen kann, wie nach § 941 ZPO, oder nicht, wie bei Bestellung eines Abwesenheitspflegers.[13] Nicht zur Rechtshilfe, sondern zur Amtshilfe[14] gehört das Ersuchen um die Benennung geeigneter Pfleger; Rechtshilfe ist aber das Ersuchen, einen bestimmten Pfleger auszusuchen.[15] Bei **Zeugenvernehmung mit Video** (§ 128a Abs. 2 ZPO) liegt keine

---

[2] S. auch § 4 Abs. 1 RPflG; OLG Celle Rpfleger 1959, 161; OLG München Rpfleger 1973, 19; *Rosenberg/Schwab/Gottwald* § 21 I 1; *Zöller/Gummer* Rn. 2; *Baumbach/Lauterbach/Hartmann* Rn. 1; s. ferner vor § 156 Rn. 3.
[3] OLG Hamm JMBl. NRW 1957, 21; *Kissel/Mayer* Rn. 29; *Zöller/Gummer* Rn. 2.
[4] AA offenbar (Sonderfälle) *Kissel/Mayer* Rn. 29.
[5] OLG München MDR 1982, 763.
[6] *Kissel/Mayer* Rn. 31; *Katholnigg* Strafgerichtsverfassungsrecht § 156 Rn. 1.
[7] OLG Düsseldorf JMBl. NRW 1968, 115.
[8] S. Vor § 156 Rn. 3.
[9] S. auch *Kissel/Mayer* Rn. 30.
[10] S. auch § 5 Abs. 1 Nr. 2 und 5 VwVfG; aA die hM s. etwa RGZ 133, 137; RG JW 1930, 64; 1934, 1047; *Baumbach/Lauterbach/Hartmann* Vor § 156 Rn. 3; *Kissel/Mayer* Rn. 30.
[11] S. auch vor § 156 Rn. 1; vgl. § 5 Abs. 1 Nr. 1 VwVfG.
[12] OLG Frankfurt NStZ 1981, 191; s. aber auch Rn. 6.
[13] S. OLG Braunschweig NdsRpfl. 1964, 62.
[14] S. Vor § 156 Rn. 4.
[15] *Kissel/Mayer* Rn. 24; aA OLG Jena OLG 5, 261.

Rechtshilfe vor. Amtshilfe ist auch das Ersuchen, eine Anfrage zur Benennung von Sachverständigen an eine zuständige Auskunftsstelle weiterzuleiten,[16] allgemein das Ersuchen um Weiterleitung von Akten oder die Erledigung einer Zustellung[17] sowie das Ersuchen um Ermöglichung der Akteneinsicht durch einen Rechtsanwalt auf der Geschäftsstelle des ersuchten Gerichts.[18] Im Gegensatz zur Aktenüberlassung an das ersuchende Gericht[19] gehört die Gewährung von Akteneinsicht nach § 299 Abs. 2 ZPO oder die Gewährung sonstiger Einsichtsrechte, zB nach § 915b Abs. 1 ZPO zur Amtshilfe und nicht zur Rechtshilfe.[20] Gleiches gilt für die Akteneinsicht für Behörden nach § 168. Keine Rechtshilfe liegt auch vor in den Fällen der §§ 160, 161, 166.[21] S. ferner vor § 156 Rn. 5.

IV. Pflicht zur Rechtshilfe

§ 156 sieht in Übereinstimmung mit Art. 35 GG eine Pflicht zur Rechtshilfe vor, die durch das grundsätzliche Ablehnungsverbot in § 158 Abs. 1 bestärkt wird. Nur ausnahmsweise kann nach § 158 Abs. 2 ein Rechtshilfeersuchen abgelehnt werden. Die Pflicht zur Rechtshilfe wird jedoch erst durch das Rechtshilfeersuchen des ersuchenden Gerichts ausgelöst und konkretisiert (s. i. e. § 157 Rn. 2 ff.). Bei fehlerhafter Behandlung des Rechtshilfeersuchens durch ein inländisches Gericht kann das OLG nach § 159 zur Entscheidung angerufen werden. 7

§ 157 [Rechtshilfegericht]

(1) **Das Ersuchen um Rechtshilfe ist an das Amtsgericht zu richten, in dessen Bezirk die Amtshandlung vorgenommen werden soll.**

(2) ¹**Die Landesregierungen werden ermächtigt, durch Rechtsverordnung die Erledigung von Rechtshilfeersuchen für die Bezirke mehrerer Amtsgerichte einem von ihnen ganz oder teilweise zuzuweisen, sofern dadurch der Rechtshilfeverkehr erleichtert oder beschleunigt wird.** ²**Die Landesregierungen können diese Ermächtigung durch Rechtsverordnung auf die Landesjustizverwaltungen übertragen.**

I. Normzweck

§ 157 bestimmt in Abs. 1 das sachlich und örtlich zuständige Gericht und ermächtigt die Landesregierungen in Abs. 2, durch Rechtsverordnung die Erledigung von Rechtshilfeersuchen bei einzelnen Amtsgerichten zu konzentrieren. Auf die Amtshilfe ist § 157 nicht unmittelbar anwendbar. Abs. 1 kann jedoch bei Fehlen spezieller Vorschriften entsprechend angewandt werden. 1

II. Rechtshilfeersuchen

Das Rechtshilfeersuchen löst die Pflicht zur Rechtshilfe aus. Es geht vom ersuchenden Gericht und dem dort in der Hauptsache zuständigen Einzelrichter, Spruchkörper oder sonstigen Rechtspflegeorgan aus. Der Vorsitzende bei der Prozessvorbereitung oder ein beauftragter Richter sind nicht befugt, ein Rechtshilfeersuchen zu beschließen.[1] Der Rechtspfleger kann nur innerhalb seiner Zuständigkeit um Rechtshilfe ersuchen, also zB nicht um eine eidliche Vernehmung (§ 4 Abs. 2 Nr. 1 RPflG).[2] Das ersuchte Gericht nimmt die Rechtshilfehandlung nicht in Vertretung für das ersuchende Gericht vor, sondern in Ausübung seiner eigenen Amtsgewalt, die freilich durch das Ersuchen erst begründet und begrenzt wird.[3] Rechtshilfeersuchen sind nicht immer sinnvoll: wenn das LG München I das AG Hamburg um Zeugenvernehmung ersucht und die beteiligten Parteien mit ihren Anwälten zur Rechtshilfevernehmung nach Hamburg fahren würden, ist es sinnvoller, wenn der Zeuge nach München fährt. 2

1. Form. Das Rechtshilfeersuchen ist nach Abs. 1 an das AG zu richten, in dessen Bezirk die Amtshandlung vorgenommen werden soll. Es muss von dem bei dem ersuchenden Gericht zuständigen Rechtspflegeorgan, dh dem zuständigen Einzelrichter, Spruchkörper, Rechtspfleger oder 3

---

[16] OLG Köln JMBlNRW 1962; *Berg* MDR 1962, 789; *Schneider* JVBl. 1969, 241.
[17] *Kissel/Mayer* Rn. 24.
[18] *Kissel/Mayer* Rn. 27.
[19] S. Rn. 5.
[20] BGHZ 51, 193, 197 = NJW 1969, 1302; OLG München OLGZ 1972, 306; *Holch* ZZP 87 (1974), 14.
[21] S. auch *Kissel/Mayer* Rn. 28.
[1] LAG Düsseldorf AP § 158 Nr. 1 GG; KG DR 1942, 1029.
[2] OLG Celle Rpfleger 1959, 161; *Schneider* JVBl. 1969, 242.
[3] S. KG KGJ 53, 254.

Urkundsbeamten, beschlossen werden. Weitere Formvorschriften sind nicht ausdrücklich vorgesehen. Im Rahmen der gerichtlichen Aktenführung ist jedoch auf Schriftform zu achten. Sie kann sich sowohl aus der Übersendung der Originalakten mit einem entsprechenden Rechtshilfevermerk als auch aus einem gesonderten schriftlichen Ersuchen ergeben.

4 **2. Inhalt.** Das Rechtshilfeersuchen muss das ersuchte Gericht und die vorzunehmende Handlung möglichst genau bezeichnen. Das Ersuchen richtet sich an das Amtsgericht X, nicht an einen bestimmten Richter; wer beim Empfangsgericht zuständig ist richtet sich nach der dortigen Geschäftsverteilung. Ist ein Ersuchen aber ausdrücklich auf Beweiserhebung durch einen Richter gerichtet, so muss sie durch einen Richter erfolgen; eine Durchführung durch den Rechtspfleger wäre in diesem Fall als Ablehnung zu bewerten.[4]

5 Die **ersuchte Handlung** muss nach Art und Inhalt möglichst genau bezeichnet werden. Das ersuchende Gericht muss seine Entscheidungskompetenz grundsätzlich selbst ausüben und darf nur die Durchführung der von ihm als solche bereits beschlossenen Amtshandlung dem ersuchten Gericht überlassen. Das ersuchte Gericht ist sogesehen nur der „verlängerte Arm" des ersuchenden Gerichts.[5] Geht ein Ersuchen über den für die Rechtshilfe zulässigen Rahmen hinaus, so beurteilt sich die Zulässigkeit nach den Vorschriften über die Verweisung (§ 17 GVG; §§ 281, 696 ZPO) oder über die Abgabe. Zur Wahrnehmung der eigenen Entscheidungskompetenz durch das ersuchende Gericht gehört, dass das Ersuchen nicht unklar[6] und aus sich selbst heraus verständlich ist. Vom ersuchten Richter kann nicht erwartet werden, dass er sich die Einzelheiten der vorzunehmenden Amtshandlung aus den Akten selbst erarbeitet.[7] Auch Nebenentscheidungen die ersuchte Handlung begleitende Entscheidungen müssen grundsätzlich vom ersuchenden Gericht getroffen werden, so zB die Aufklärung nach § 139 ZPO und die Anregung zur Abgabe einer Erklärung,[8] die Beiordnung eines Rechtsanwalts nach § 121 ZPO für die Beweisaufnahme vor dem ersuchten Gericht[9] oder die Rechtsmittelbelehrung.[10] Ebensowenig kann die Durchführung einer Erbauseinandersetzung insgesamt dem ersuchten Gericht übertragen werden.[11]

6 In der Praxis kommen fast nur Ersuchen um **Erledigung eines Beweisbeschlusses** vor, also Zeugenvernehmungen. Möglicherweise wird das künftig eine geringere Rolle spielen, weil nach § 128a Abs. 2 ZPO **Zeugen per Videoübertragung** vernommen werden können, also eine Rechtshilfe entfällt. Das Ersuchen muss klar erkennen lassen, welches Beweismittel, insbesondere welcher Zeuge[12] über welche Tatsachen Beweis erbringen soll.[13] Was notwendig ist richtet sich nach dem Einzelfall. Eine bloße Verweisung auf die maßgebenden Seiten in den Akten genügt in der Regel nicht.[14] Das Ersuchen „über den Hergang" eines bestimmten Unfalls Beweis zu erheben, ist jedenfalls bei einfach gelagerten Sachverhalten ausreichend, wenn der ersuchte Richter auf Grund der sonstigen Angaben und Gesamtumstände erkennen kann, welches Unfallgeschehen gemeint ist.[15] Im Übrigen muss die Beweisfrage zwar so genau bezeichnet sein, dass sie vom ersuchenden Gericht festgelegt ist und dem ersuchten Gericht kein Entscheidungsspielraum verbleibt, jedoch kann dem ersuchten Richter zugemutet werden, sich zur sachgerechten Vorbereitung auf eine Zeugenvernehmung mit dem Aktenstand vertraut zu machen.[16] Dieselben Grundsätze gelten für die Parteivernehmung als Beweismittel nach §§ 445 ff. ZPO.[17] Entsteht bei der Beweiserhebung ein Zwischenstreit, etwa über die Vereidigung, so hat nach § 366 ZPO das ersuchende Gericht zu entscheiden. Eine vom ersuchenden Gericht nach § 479 ZPO beschlossene Vereidigung muss der ersuchte Richter aber unterlassen, wenn beide Parteien darauf verzichten (§ 391 ZPO). Allein das ersuchende Gericht hat auch darüber zu entscheiden, ob ein Aussageverweigerungsrecht vorliegt

---

[4] OLG Schleswig SchlHA 1955, 62.
[5] BGH LM GVG § 158 Nr. 2 = JZ 1953, 230 m. Anm. *Schwoerer;* OLG Koblenz NJW 1975, 1036; OLG Karlsruhe Justiz 1977, 275; *Kissel/Mayer* § 156 Rn. 34.
[6] RG JW 1899, 826; KG OLGE 40, 373; OLG Düsseldorf OLGZ 1968, 57, 59.
[7] OLG Düsseldorf OLGZ 1973, 492, 493; OLG Karlsruhe Justiz 1977, 275.
[8] *Kissel/Mayer* § 156 Rn. 38.
[9] *Kissel/Mayer* § 156 Rn. 38; vgl. *Wieczorek/Schreiber* Rn. 10; aA RG JW 1934, 1047.
[10] *Wieczorek/Schreiber* Rn. 10; *Katholnigg* Strafgerichtsverfassungsrecht § 157 GVG Rn. 5.
[11] KG KGJ 49, 86.
[12] OLG Stettin OLGE 27, 2, 5.
[13] OLG Düsseldorf OLGZ 1973, 492, 493; OLG Koblenz NJW 1975, 1036; OLG Braunschweig Recht 1932 Nr. 811; BFH BStBl. 1984 II S. 536; BAG NJW 1991, 1252; *Kissel/Mayer* Rn. 34.
[14] OLG Düsseldorf OLGZ 1968, 57, 59.
[15] OLG Frankfurt NJW-RR 1995, 637; OLG Oldenburg NJW-RR 1992, 62; OLG Koblenz NJW 1975, 1036; *Kissel/Mayer* § 156 Rn. 34.
[16] *Kissel/Mayer* Rn. 35.
[17] Zur Anhörung von Verfahrensbeteiligten s. Rn. 7.

(§ 389 ZPO).[18] Das ersuchende Gericht kann auch feststellen, dass die Beweisaufnahme durch einen Richter und nicht durch einen Rechtspfleger erfolgen soll.[19] Lediglich beim Sachverständigenbeweis könnte dem ersuchten Gericht nach § 405 ZPO ein Entscheidungsspielraum hinsichtlich der Auswahl des Sachverständigen eingeräumt werden, was aber nicht vorkommt.

Geringere Anforderungen an die Konkretisierung und Bestimmtheit des Ersuchens bestehen bei **7** der **Parteianhörung** im Zivilprozess oder der Anhörung von Verfahrensbeteiligten in anderen Verfahren, wie zB nach §§ 141, 613, 640 ZPO. In diesen Fällen genügt es für die Bestimmtheit des Rechtshilfeersuchens, wenn sich der ersuchte Richter ohne intensives Aktenstudium über den Inhalt der vorzunehmenden Anhörung Klarheit verschaffen kann,[20] weil die Parteianhörung nicht auf ein genaues Beweisthema beschränkt ist. Gleiches gilt auch für Erhebungen zur Bewilligung der Prozesskostenhilfe[21] oder im Verfahren der freiwilligen Gerichtsbarkeit zB bei Entgegennahme der Ausschlagung einer Erbschaft,[22] bei Ermittlung eines Einverständnisses des Vormunds,[23] für die Entgegennahme der Entlastungserklärung hinsichtlich einzelner Verwaltungshandlungen[24] oder für den Verzicht des Mündels auf Erteilung einer Schlussrechnung durch den Vormund.[25]

III. Durchführung des Ersuchens

1. Bindung an Inhalt und Umfang. Aus der grundsätzlichen Entscheidungszuständigkeit des **8** ersuchenden Gerichts[26] ergibt sich, dass das ersuchte Gericht neben der Übernahmepflicht gemäß § 158 Abs. 1 auch **bei der Durchführung** des Rechtshilfeersuchens im Einzelnen an dessen Inhalt und Umfang grundsätzlich **gebunden** ist. Der ersuchte Richter darf deshalb einen Beweisbeschluss grundsätzlich weder thematisch noch personell einschränken oder erweitern. Zur zweckentsprechenden Erledigung des Ersuchens und im Interesse der Verfahrensbeschleunigung darf der ersuchte Richter jedoch das Rechtshilfeersuchen seinem Sinn entsprechend auslegen und der aktuellen Verfahrenssituation anpassen, soweit er nicht die Entscheidungskompetenz des ersuchenden Gerichts beeinträchtigt. So können zB personelle Änderungen in der Leitung eines Unternehmens, einer Behörde oder sonstigen Institution vom ersuchten Richter berücksichtigt werden, wenn es dem ersuchenden Gericht erkennbar auf die Aussage der Geschäftsführung als solcher und nicht auf eine bestimmte Person ankommt;[27] in der Praxis werden solche Fragen telefonisch geklärt. Ebenso kann das ersuchte Gericht statt der Ausschlagungserklärung des verstorbenen Erben die Erklärung von dessen Rechtsnachfolger entgegennehmen.[28] § 365 ZPO erlaubt bei nachträglichen Veränderungen auch die Weitergabe des Ersuchens an ein anderes Gericht. Soweit der ersuchte Richter zu einer Auslegung und Anpassung des Ersuchens nicht bereit und in der Lage ist, hat das ersuchende Gericht zu entscheiden (s. auch § 398 Abs. 2 ZPO). Das ersuchte Gericht darf zB nicht die Beeidigung der Kindesmutter von einem zuvor einzuholenden Blutgruppengutachten abhängig machen.[29] Im Falle der vollständigen oder teilweisen Ablehnung des Rechtshilfeersuchens entscheidet gemäß § 159 das dem ersuchten AG übergeordnete OLG.

2. Verfahrensablauf zur Durchführung. Den **Verfahrensablauf zur Durchführung** des **9** Rechtshilfeersuchens bestimmt das ersuchte Gericht grundsätzlich selbst. Es terminiert die Durchführung der Beweisaufnahme oder der Anhörung, es führt die Ladungen aus und entscheidet über Ordnungsmaßnahmen bei Nichterscheinen oder im Falle einer unberechtigten Weigerung (§§ 400, 409 ZPO). Ebenso kann es über die Zulässigkeit von Fragen und die nochmalige Vernehmung eines Zeugen entscheiden, solange es das Ersuchen nicht als erledigt zurückgegeben hat. Auch die Maßnahmen der Sitzungspolizei nach §§ 175ff. stehen dem ersuchten Richter zu.[30] Rechtsmittel gegen die eigenen Entscheidungen des ersuchten Gerichts beim Verfahrensablauf bestehen nach allgemeinen Vorschriften, zB nach § 181 GVG mit § 567 ZPO, nicht dagegen nach § 159. Ebenso ist

---

[18] OLG Karlsruhe Justiz 1979, 68.
[19] S. Rn. 4.
[20] S. OLG München OLGZ 1968, 57; OLG Hamburg JW 1930, 1089; *Kissel/Mayer* § 156 Rn. 37; aA RG JW 1909, 21.
[21] *Kissel/Mayer* § 156 Rn. 37.
[22] BayObLGZ 1952, 291; KG KGJ 53, 253.
[23] OLG München OLGE 31, 258.
[24] OLG Kiel OLGE 35, 383.
[25] RGZ 115, 368, 370; OLG Hamburg OLGE 44, 179; aA KG KGJ 51, 42.
[26] S. Rn. 5.
[27] S. *Kissel/Mayer* § 156 Rn. 40; aA Katholnigg Strafgerichtsverfassungsrecht § 157 Rn. 4.
[28] BayObLGZ 1952, 75; *Schneider* JVBl. 1969, 242.
[29] OLG Celle NdsRpfl. 1953, 30.
[30] *Kissel/Mayer* § 156 Rn. 41.

im Falle einer Ablehnung nach § 45 Abs. 3 ZPO das dem ersuchten AG übergeordnete LG zuständig.[31]

IV. Rechtshilfegericht

10 **1. Ausschließliche Zuständigkeit.** § 157 Abs. 1 bestimmt das sachlich und örtlich zuständige Gericht. Die Zuständigkeit ist ausschließlich. Davon kann weder vom ersuchenden noch vom ersuchten Gericht und auch nicht durch Parteivereinbarungen abgewichen werden. Lediglich Abs. 2 ermächtigt die Landesregierung durch VO die örtliche Zuständigkeit bei einem bestimmten Gericht zu konzentrieren. Ist das Rechtshilfegesuch an ein unzuständiges Gericht adressiert, so gibt dieses das Ersuchen an das zuständige Gericht ab. Dies ist für die örtliche Zuständigkeit in § 158 Abs. 2 S. 2 ausdrücklich bestimmt und ist hinsichtlich der sachlichen Zuständigkeit entsprechend anzuwenden.[32] Bei Zweifeln über die örtliche Zuständigkeit oder bei Verhinderung des ersuchten Gerichts ist § 36 ZPO anzuwenden.

11 **2. Sachliche Zuständigkeit.** Sachlich zuständig ist das AG, im Falle einer Auskunft uU auch ein anderes Gericht.[33] Das Rechtshilfeersuchen ist an das AG zu richten, nicht an den einzelnen Richter oder Rechtspfleger.[34] Die zuständige Person innerhalb des AG ergibt sich aus dem Geschäftsverteilungsplan.

12 **3. Örtliche Zuständigkeit.** Örtlich zuständig ist das AG, in dessen Bezirk die im Ersuchen genannte Amtshandlung durchgeführt werden soll. Wird das Ersuchen an ein örtlich unzuständiges Gericht gegeben, so hat dieses nach § 158 Abs. 2 S. 2 an das zuständige Gericht abzugeben. Die örtliche Zuständigkeit wird **bei Vernehmungen** von Zeugen und Sachverständigen oder bei Anhörung von Verfahrensbeteiligten im Regelfall durch den Wohnsitz dieser Personen bestimmt.[35] Es kann sich aber auch die Vernehmung am AG der Arbeitsstätte[36] oder eines längeren Aufenthalts wie einer Kur als zweckmäßig erweisen oder an einem AG, das mit Verkehrsmitteln besser zu erreichen ist.[37] Bei Vernehmung mehrerer Personen ist grundsätzlich jede Person an ihrem Wohnsitz oder sonst für sie geeignetem Ort zu vernehmen. Jedoch kann die einheitliche Vernehmung an einem Ort für alle vorgesehen werden, wenn eine Gegenüberstellung angezeigt ist,[38] wenn zB im Zusammenhang mit einer Augenscheinseinnahme eine Vernehmumg am Ort des Geschehens angebracht ist[39] oder wenn es wegen umfangreicher Einarbeitung des ersuchten Richters zweckmäßig ist, ihm die Vernehmung auch anderer, nicht in seinem Bezirk, aber in der Nähe wohnender Personen zu übertragen.[40] Bei Vernehmung einer im Ausland wohnenden Person kann es zweckmäßig sein, diese beim grenznahen AG zu vernehmen, wenn sie freiwillig zum Erscheinen bereit ist und ein Rechtshilfeverkehr mit dem betreffenden Staat nicht besteht oder langwierig und schwierig ist.[41] Betrifft das Ersuchen **Auskunft aus Registern** oder Akten, so ist das Gericht zuständig, das die Akten oder das Register führt. Dies kann möglicherweise auch ein anderes Gericht als das AG sein.

13 Durch die in Abs. 2 enthaltene **Konzentrationsermächtigung** kann die Landesjustizverwaltung ermächtigt werden, die Rechtshilfesachen bei einem AG für den Bezirk mehrerer AG ganz oder teilweise zusammenzufassen. Örtlich zuständig ist dann allein das durch VO bestimmte AG, wenn die ersuchte Amtshandlung in einem der zusammengelegten Bezirke vorzunehmen ist. Das ersuchende Gericht kann sich darüber nicht hinwegsetzen. Die Konzentration bei einem AG muss sich aber gerade auf die Erledigung von Rechtshilfeersuchen erstrecken. Betrifft die Konzentration gemäß § 23c nur Familiensachen, so ist für die Erledigung von Rechtshilfeersuchen, auch wenn sie Familiensachen betreffen, nicht das AG nach § 23c, sondern das nach § 157 Abs. 1 örtlich zuständige AG anzurufen.[42] Das AG mit konzentrierter Zuständigkeit kann jedoch an ein AG, dessen Zuständigkeit es in Familiensachen übernommen hat, ein Rechtshilfeersuchen in Familiensachen rich-

---

[31] LG Düsseldorf Rpfleger 1980, 114.
[32] *Kissel/Mayer* Rn. 1.
[33] S. Rn. 12.
[34] RGZ 44, 409, 411.
[35] RG JW 1912, 305.
[36] OLG Hamm MDR 1957, 437.
[37] *Kissel/Mayer* Rn. 4.
[38] OLG Hamm JMBl. NRW 1959, 150; OLG München NJW 1962, 56.
[39] OLG Hamm MDR 1957, 437; OLG Hamm JMBlNRW 1959, 150; OLG München NJW 1962, 56.
[40] *Kissel/Mayer* Rn. 4, 5.
[41] OLG München NJW 1962, 56.
[42] OLG Stuttgart FamRZ 1984, 716.

ten.⁴³ Wird ein AG ersucht, das nicht Insolvenzgericht ist, ist es gleichwohl für die Rechtshilfe zuständig, wenn in der entsprechenden Landes-VO nur die Insolvenzsachen (vgl. § 2 Abs. 2 InsO), nicht aber auch die Rechtshilfe in Insolvenzsachen, konzentriert wurde.⁴⁴

§ 158 [Ablehnung der Rechtshilfe]

(1) Das Ersuchen darf nicht abgelehnt werden.

(2) ¹Das Ersuchen eines nicht im Rechtszuge vorgesetzten Gerichts ist jedoch abzulehnen, wenn die vorzunehmende Handlung nach dem Recht des ersuchten Gerichts verboten ist. ²Ist das ersuchte Gericht örtlich nicht zuständig, so gibt es das Ersuchen an das zuständige Gericht ab.

I. Normzweck und Anwendungsbereich

Die Vorschrift sieht die grundsätzliche Unzulässigkeit der Ablehnung von Rechtshilfeersuchen vor und sichert damit die in Art. 35 GG und § 156 normierte Pflicht zur Rechtshilfe ab. Abs. 2 sieht bei Ersuchen um eine verbotene Amtshandlung eine fast selbstverständliche Ausnahme vor. Die Vorschrift gilt nur für die Rechtshilfe gemäß § 156,¹ nicht für die Amtshilfe.² Aber auch die Amtshilfe darf im Hinblick auf die in Art. 35 GG enthaltene Pflicht nicht beliebig versagt werden. Vielmehr kommen für die Ablehnung einer Amtshilfe grundsätzlich nur die in § 5 VwVfG genannten Gründe in Betracht.³ § 158 gilt auch nicht für den internationalen Rechtshilfeverkehr mit dem Ausland. Er gilt unmittelbar auch nur für die Gerichte innerhalb der ordentlichen Gerichtsbarkeit, ist aber im Verhältnis zu den anderen Gerichtsbarkeiten entsprechend anzuwenden (§ 13 Abs. 2 ArbGG, § 173 VwGO, § 202 SGG, § 155 FGO).

II. Grundsätzliches Ablehnungsverbot

Abs. 1 sieht ein grundsätzliches Verbot bezüglich der Ablehnung eines Rechtshilfeersuchens vor, das bei Ersuchen des im konkreten Fall *im Rechtszug vorgesetzten* Gerichts ausnahmslos gilt. Das Ablehnungsverbot bedeutet jedoch nicht in jedem Fall eine Pflicht zur sofortigen **Durchführung**, kein Verbot der Zurückstellung bis zur Klärung von Bedenken. Voraussetzung für diese ist ein konkret bestimmtes⁴ und verständliches Ersuchen. Andernfalls kann es mit dem Hinweis der Präzisierung zurückgegeben werden. Die Durchführung des Ersuchens muss auch möglich sein. Im Falle von Änderungen muss eine Anpassung durch das ersuchende Gericht erfolgen. Bis dahin kann das ersuchte Gericht den Vollzug aussetzen. Es muss sich ferner um ein Rechtshilfeersuchen handeln und nicht zB um eine unzulässige teilweise Abgabe von Entscheidungszuständigkeiten vom ersuchenden an das ersuchte Gericht.⁵ Das ersuchte Gericht darf im Übrigen die Zulässigkeit des Ersuchens sowie seine tatsächlichen und rechtlichen Voraussetzungen nicht überprüfen.⁶ Eine fehlende Prozessvoraussetzung oder ein Verfahrenshindernis beim ersuchten Gericht steht der Erfüllung des Ersuchens nicht entgegen, wenn es nicht zugleich für das ersuchende Gericht gilt.⁷ Von wem das Ersuchen ausgeht, ist gleichgültig. Abs. 1 gilt zB auch für Rechtshilfeersuchen des Rechtspflegers oder des Urkundsbeamten. Diese Grundsätze gelten in jedem Fall, gleichgültig ob das ersuchende Gericht im Rechtsweg übergeordnet ist oder nicht. Nur beim Ablehnungsgrund der verbotenen Handlung differenziert Abs. 2 S. 1 zwischen dem Ersuchen eines im Rechtszug vorgesetzten Gerichts und einem anderen Gericht. Das Ersuchen eines vorgesetzten Gerichts darf nicht abgelehnt werden, weil dafür der Beschwerdeweg nach § 159 nicht in Betracht kommt,⁸ wobei das ersuchende Gericht uU über sein eigenes Gesuch entscheiden müsste. Ein verbotenes Ersuchen des vorgesetzten Gerichts kann als Bestandteil von dessen Verfahren mit den dafür jeweils vorgesehenen Rechtsmitteln und Rechtsbehelfen von den Parteien oder sonst Beteiligten angefochten werden.

---

⁴³ OLG Düsseldorf JMBlNRW 1968, 115; *Kissel/Mayer* Rn. 7; aA OLG Koblenz MDR 1977, 59.
⁴⁴ LG Hamburg ZIP 2006, 1747.
¹ S. § 156 Rn. 2 ff.
² S. Vor § 156 Rn. 4.
³ S. *Kissel/Mayer* Rn. 49.
⁴ S. § 157 Rn. 4 ff.
⁵ § 157 Rn. 5; s. auch *Schickedanz* MDR 1984, 551.
⁶ *Kissel/Mayer* Rn. 7.
⁷ *Kissel/Mayer* Rn. 8; *Meyer/Goßner* Rn. 2.
⁸ *Hahn* Mat. I S. 169; *Kissel/Mayer* Rn. 2.

3 Ob ein **Gericht im Rechtszug vorgesetzt** ist, richtet sich nach der örtlichen Zuständigkeit. Vorgesetztes Gericht ist jedes Gericht für die innerhalb seines Bezirks befindlichen weiteren Gerichte unterer Instanz, also zB die in einem Landgerichtsbezirk befindlichen AGe oder die in einem OLG-Bezirk befindlichen LGe und AGe. Der BGH ist vorgesetztes Gericht für alle OLGe, LGe und AGe. Gleiches gilt für das BVerfG.[9] Vorgesetztes Gericht kann auch ein Rechtspfleger sein,[10] zB gegenüber dem Gerichtsvollzieher. Maßgebend ist in diesem Rahmen die Überordnung im konkreten Fall, nicht im Instanzenzug allgemein; das ergibt sich aus dem Sinn der Regelung (Rn. 2).[11] Keine Überordnung im Instanzenzug besteht, wenn ein Ersuchen von einer Gerichtsbarkeit in eine andere stattfindet,[12] zB von einem LSG an ein AG. Zur entsprechenden Anwendung innerhalb der anderen Gerichtsbarkeiten s. Rn. 1. Ergeht von Seiten eines vorgesetzten Gerichts ein Rechtshilfeersuchen, das auf eine verbotene Handlung gerichtet ist, so darf das untergeordnete Gericht die Handlung gemäß Abs. 1 nicht ablehnen. Es darf und muss das vorgesetzte Gericht aber auf die Bedenken hinweisen. Erfolgt von dessen Seite keine Abhilfe, so muss es das Ersuchen ausführen.[13] Eine fehlende Prozessvoraussetzung oder ein Verfahrenshindernis beim ersuchten Gericht steht der Erfüllung des Ersuchens nicht entgegen, wenn es nicht sogleich für das ersuchende Gericht gilt (Rn. 2).

III. Ablehnung bei verbotener Handlung

4 **1. Ablehnung.** Handlungen sind nach Abs. 2 S. 1 abzulehnen, wenn sie „verboten" sind und das Ersuchen von einem nicht im Rechtszug vorgesetzten Gericht (dazu Rn. 3) ausgeht. Ablehnung ist die vom ersuchten Gericht *endgültig* ausgesprochene Verweigerung der Durchführung des Rechtshilfeersuchens im Gegensatz zum bloßen Hinweis auf Bedenken und Zurückstellung bis zu deren Klärung. Nur die endgültige Ablehnung ist gemäß § 159 anfechtbar. Eine Ablehnung darf nicht erfolgen beim Ersuchen eines im konkreten Rechtszug vorgesetzten Gerichts. Im Übrigen besteht bei Vorliegen der Voraussetzungen eine Ablehnungspflicht.

5 **2. Verbotene Handlungen.** Das Problem ist, dass manche Richter unter Ausnutzung von § 158 Abs. 1 aus Bequemlichkeit Vernehmungen vom Rechtshilfegericht durchführen lassen wollen (ein ähnliches Problem stellt sich bei der bindenden Verweisung nach § 281 ZPO) und der Rechtshilferichter nicht einsieht, dass er für einen anderen Richter die Arbeit machen soll. Hier sitzt der ersuchende Richter am längeren Hebel. „Verboten" und daher ablehnungsbedürftig ist eine Handlung, wenn sie rechtlich unzulässig ist. Maßgebend ist das beim ersuchten Gericht geltende Recht.[14] Dazu gehören landesrechtliche und bundesrechtliche Vorschriften,[15] einschließlich des GG und der in innerstaatliches Recht transformierten internationalen Abkommen. Ob ein Verbot vorliegt, ist vom ersuchten Gericht in eigener Verantwortung zu prüfen.[16] Hierbei ist die Vorschrift des § 158 Abs. 2 als Ausnahme zu Abs. 1 eng auszulegen.[17] Das Verbot muss sich auf die **im Ersuchen bezeichnete Handlung** beziehen. Verboten ist diese, wenn sie nicht nur in der konkreten Verfahrenslage, sondern als solche generell rechtlich unzulässig ist.[18] Eine Ablehnung darf daher nicht deshalb erfolgen, weil die Rechtshilfe unzweckmäßig ist[19] oder weil der Beweisbeschluss zu Unrecht ergangen ist oder weil es sich um einen Ausforschungsbeweis handele.[20] Ebensowenig darf das Rechtshilfegericht die Zuständigkeit des ersuchenden Gerichts[21] oder die Zulässigkeit der gewählten Verfahrensart[22] überprüfen. Die Überprüfung solcher Verfahrensfehler hat im Rahmen der Rechts-

---

[9] *Kissel/Mayer* Rn. 2.
[10] S. auch *Katholnigg* Strafgerichtsverfassungsrecht § 158 Rn. 2.
[11] *Zöller/Gummer* Rn. 2; aA 2. Aufl.
[12] *Kissel/Mayer* Rn. 3.
[13] *Schneider* JVBl. 1969, 242; *Kissel/Mayer* Rn. 7.
[14] BayObLG FamRZ 1993, 450.
[15] S. auch BAG NJW 1991, 1252.
[16] *Baumbach/Lauterbach/Hartmann* Rn. 7.
[17] OLG Frankfurt FamRZ 1993, 1222; *Kissel/Mayer* Rn. 22.
[18] BGH LM § 158 Nr. 2 = JZ 1953, 230; RGZ 162, 316 ff.; BGH NJW 1990, 2936; OLG Düsseldorf MDR 1996, 844; OLG Naumburg FamRZ 1993, 1099; OLG Frankfurt JurBüro 1980, 274; s. auch *Kissel/Mayer* Rn. 10.
[19] OLG Frankfurt NStZ-RR 2004, 50.
[20] BGH JZ 1953, 230; s. auch RGZ 162, 316; OLG München OLGZ 1967, 50; OLG Frankfurt NJW-RR 1995, 637; aA OLG Frankfurt MDR 1952, 499; OLG Freiburg JZ 1953, 229; offen gelassen in BAG NJW 1991, 1252; s. zum unbestimmten Beweisbeschluß aber Rn. 8 mit Fn. 39.
[21] RGZ 71, 303, 306.
[22] S. auch OLG Hamburg MDR 1973, 593; *Kissel/Mayer* Rn. 25.

mittel gegen Entscheidungen des ersuchenden Gerichts zu geschehen.[23] Ein Ersuchen darf nicht deshalb abgelehnt werden, weil nach Ansicht des Rechtshilfegerichts im konkreten Fall die Übertragungsvoraussetzungen, insbesondere des **§ 375 ZPO,** nicht erfüllt sind.[24] Die Ausfüllung von Ermessens- und Beurteilungsspielräumen steht insoweit dem ersuchenden Gericht und nicht dem ersuchten Gericht zu.[25]

3. Beispiele für verbotene Handlungen. Verboten ist eine Handlung, die **Grundrechte** eines Beteiligten verletzt, zB unberechtigt in die Intimsphäre eindringt.[26] Ebenso ist der Datenschutz zu beachten.[27] Bei Ersuchen eines örtlich unzuständigen Gerichts gilt jedoch Abs. 2 S. 2 (s. Rn. 12). Auch ist das Ersuchen an ein falsches Rechtspflegeorgan, zB Rechtspfleger statt Richter, unschädlich, sofern nur das Gericht zuständig ist. Es erfolgt dann die Zuweisung gemäß der internen Geschäftsverteilung. Wird ein funktionell unzuständiges Gericht, zB das LG statt des AG, ersucht, erfolgt eine Abgabe.[28] Verboten ist das Ersuchen um Anhörungen im Wege der Rechtshilfe, sofern sie der entscheidende Richter persönlich vornehmen muss, wie zB nach §§ 50a, 50b.[29] Auch Rechtshilfeersuchen um Anhörung des Betreuten (§ 68 FGG) können daher im Einzelfall unzulässig sein,[30] wenn es nämlich auf den Eindruck vom Betroffenen ankommt. Verboten ist auch die Vernehmung eines Minderjährigen zur Anerkennung der Vaterschaft ohne Zustimmung des gesetzlichen Vertreters nach § 1596 BGB.[31]

Verboten sind auch Handlungen, auf Grund deren das **ersuchte Gericht einen Verstoß gegen Verfahrensvorschriften** begehen würde, zB das Ersuchen um Beeidigung eines nicht Eidesfähigen,[32] die Vernehmung der Partei oder des gesetzlichen Vertreters als Zeugen.[33] Eine Umdeutung in eine Parteivernehmung hat das ersuchte Gericht nicht vorzunehmen. Unerlaubt ist auch das Ersuchen um wiederholte Vernehmung eines Zeugen, ohne dass angegeben wird, was der Zeuge Zusätzliches befragt werden soll, weil dies vom Zeugniszwang nicht gedeckt ist.[34] Liegt schon eine Erbausschlagung des X vor, ist eine Rechtshilfe um Erholung einer Erbausschlagungserklärung des X unzulässig.[35]

Verboten sind Handlungen, mit denen das ersuchte Gericht die **Kompetenz des ersuchten Gerichts beeinträchtigen** würde. Zur Ablehnung berechtigt deshalb ein Ersuchen, das um die Vornahme einer insolvenzrechtlichen Anordnung nachsucht, die das ersuchende Gericht selbst vornehmen muss,[36] wenn es nicht bloß eine Anhörung erbittet.[37] Wegen Kompetenzbeeinträchtigung verboten ist auch eine Beweisaufnahme, die nach dem Beweisbeschluss so unbestimmt ist, dass das ersuchte Gericht den Gegenstand der Beweisaufnahme erst selbst konkretisieren müsste.[38]

Verboten ist eine Handlung auch **bei fehlendem oder missbräuchlichem Rechtshilfeersuchen.** Dies trifft etwa zu, wenn einem Ersuchen jede rechtliche Grundlage fehlt oder inhaltlich kein Ersuchen vorliegt,[39] so zB bei einem Ersuchen, das nicht zur Rechtshilfe zählt und nach § 160 vom ersuchenden Gericht selbst vorzunehmen ist. Soll das Rechtshilfeersuchen am Sitz des ersuchenden Gerichts durchzuführen sein (zB das LG Köln ersucht das AG Köln), so wird es missbräuchlich sein.[40] Der Missbrauch muss aber offenkundig sein.[41] Ein Missbrauch liegt nicht ohne

---

[23] BGH JZ 1953, 230; so auch OLG Frankfurt FamRZ 1993, 1222.
[24] BAG NJW 2001, 2196; OLG Frankfurt FamRZ 1993, 1222; BayObLG FamRZ 1993, 450; aA OLG Jena MDR 2000, 195. Vgl. hierzu OLG Freiburg JZ 1953, 229; OLG München NJW 1966, 2125; *Schneider* JVBl. 1969, 243; *Frössler* NJW 1972, 517; *Schickedanz* MDR 1984, 550.
[25] S. OLG Celle NdsRpfl. 1956, 171; OLG Frankfurt Rpfleger 1979, 426.
[26] BVerfGE 27, 344; *Becker* NJW 1970, 1075.
[27] *Bull* DöV 1979, 690.
[28] S. *Kissel/Mayer* Rn. 15.
[29] OLG Bremen FamRZ 1980, 934.
[30] OLG Stuttgart BWNotZ 2007, 39; aA (hält Rechtshilfe für nicht ablehnbar) OLG Frankfurt FamRZ 2004, 137; OLG Köln FamRZ 2004, 818; BayObLG FamRZ 2000, 1444. Vgl. ferner BayObLG FamRZ 2005, 640.
[31] RG 87, 426.
[32] OLG Darmstadt HRR 1939, 1356; *Zöller/Gummer* Rn. 5; *Kissel/Mayer* Rn. 12; *Katholnigg* Strafgerichtsverfassungsrecht § 158 Rn. 4.
[33] *Zöller/Gummer* Rn. 5; aA OLG Karlsruhe OLGZ 1966, 188; *Kissel/Mayer* Rn. 36.
[34] RGZ 114, 2; OLG Nürnberg OLGZ 1976, 480; OLG Koblenz FamRZ 1977, 97; vgl. dazu OLG Frankfurt OLG-Report 2006, 840.
[35] OLG Saarbrücken Rpfleger 2005, 197.
[36] OLG Koblenz MDR 1977, 59.
[37] Dazu OLG Düsseldorf JMBl. NRW 1968, 115.
[38] S. BAG NJW 1991, 1252; OLG Frankfurt NJW-RR 1995, 637; ferner § 157 Rn. 5, 6.
[39] RGZ 25, 364; OLG Braunschweig OLGE 18, 380.
[40] S. dazu RGSt. 18, 261; 26, 338; OLG Hamm JMBl. NRW 1964, 53; *Kissel/Mayer* Rn. 21.
[41] Vgl. auch OLG Frankfurt FamRZ 1984, 1030.

weiteres vor, wenn das Ersuchen zur nochmaligen Vernehmung eines Zeugen ergeht, der zuvor von seinem Zeugnis- oder Aussageverweigerungsrecht Gebrauch gemacht hat, da ein Sinneswandel vorliegen kann, für den aber grundsätzlich Anhaltspunkte ersichtlich sein müssen.[42]

10   **4. Zweifel.** Bestehen Zweifel, ob die ersuchte Handlung rechtlich zulässig ist oder nicht, so muss die Handlung vorgenommen werden,[43] da die Ablehnung nur gerechtfertigt ist, wenn die Handlung als verboten feststeht.[44] Zur Klärung und Beseitigung der Zweifel kann das ersuchte Gericht beim ersuchenden Gericht Rückfragen vornehmen und so lange die Erledigung zurückstellen.[45]

11   **5. Nicht verbotene Handlungen.** Nicht verboten ist, einen Sachverständigen als Zeugen zu vernehmen. Das ersuchte Gericht muss deshalb die ersuchte Zeugenvernehmung durchführen, auch wenn es ein Sachverständigengutachten für geboten hält.[46] Ebenso ist es nicht verboten, eine Parteivernehmung über die durch §§ 141, 613 ZPO gezogenen Grenzen hinaus vorzunehmen.[47]

IV. Örtliche Unzuständigkeit des ersuchten Gerichts

12   Seine funktionelle und örtliche Zuständigkeit hat das ersuchte Gericht in eigener Verantwortung von selbst zu prüfen. Sowohl bei funktioneller wie bei örtlicher Unzuständigkeit erfolgt eine Abgabe; Abgabenachricht ist zu erteilen. Dies gilt auch bei einem Ersuchen des im Rechtszug vorgesetzten Gerichts.[48] Bejaht aber das vorgesetzte Gericht ausdrücklich die örtliche Zuständigkeit des ersuchten Gerichts, so ist dieses daran gebunden.[49] Eine Ablehnung hat dagegen zu erfolgen, wenn das örtlich zuständige Gericht vom ersuchten Gericht nicht bestimmt werden kann.[50] Durch die Abgabe erlangt das neue Gericht die Stellung des ersuchten Gerichts mit allen damit verbundenen Rechten und Pflichten. Es kann auch nach Abs. 2 S. 2 an ein weiteres Gericht abgeben. Eine Bindung entsprechend § 281 ZPO besteht nicht. Gibt das zweite Gericht das Ersuchen an das erste Gericht zurück, so hat analog § 36 Nr. 6 ZPO das im Rechtszug zunächst höhere Gericht zu entscheiden.[51]

§ 159 [Entscheidung des Oberlandesgerichts]

(1) ¹Wird das Ersuchen abgelehnt oder wird der Vorschrift des § 158 Abs. 2 zuwider dem Ersuchen stattgegeben, so entscheidet das Oberlandesgericht, zu dessen Bezirk das ersuchte Gericht gehört. ²Die Entscheidung ist nur anfechtbar, wenn sie die Rechtshilfe für unzulässig erklärt und das ersuchende und das ersuchte Gericht den Bezirken verschiedener Oberlandesgerichte angehören. ³Über die Beschwerde entscheidet der Bundesgerichtshof.

(2) Die Entscheidungen ergehen auf Antrag der Beteiligten oder des ersuchenden Gerichts ohne mündliche Verhandlung.

I. Normzweck

1   Die Vorschrift eröffnet ein Rechtsmittel gegen Entscheidungen des ersuchten Gerichts über das Rechtshilfeersuchen. Anfechtbar ist jede Ablehnungsentscheidung, eine Entscheidung über die Stattgabe nur mit der Begründung, dass ein Verstoß gegen § 158 Abs. 2 vorliege. Darüber entscheidet das OLG. § 159 spricht nicht von einer Beschwerde, wenn das OLG zur Streitentscheidung angerufen wird. Die hM hält sie gleichwohl für eine Art Beschwerde.[1] Gegen die Beschwerdeentscheidung des OLG wird unter den weiteren Voraussetzungen des Abs. 1 S. 2 die *weitere* Beschwerde zum BGH eröffnet, obwohl Abs. 1 S. 3 nur von Beschwerde spricht. Die Anrufung bzw. Beschwerde fällt aber jedenfalls nicht unter § 567 ZPO, so dass die §§ 567 ff. ZPO nicht un-

---

[42] *Kissel/Mayer* Rn. 20; für generelle Unzulässigkeit OLG Braunschweig OLGE 18, 380; *Zöller/Gummer* Rn. 5.
[43] OLG Düsseldorf JMBl. NRW 1957, 34; OLG München BayJMBl. 1953, 89.
[44] S. auch OLG Düsseldorf NJW 1959, 298.
[45] *Kissel/Mayer* Rn. 22.
[46] OLG Köln OLGZ 1966, 188; *Kissel/Mayer* Rn. 36; aA OLG Karlsruhe Justiz 1964, 231.
[47] OLG Hamburg JW 1930, 1089.
[48] *Hahn* Mat. I S. 169.
[49] *Kissel/Mayer* Rn. 23.
[50] *Zöller/Gummer* Rn. 8.
[51] AA *Katholnigg* Strafgerichtsverfassungsrecht § 158 Rn. 6 (Durchführung durch das Abgabegericht).
[1] OLG Frankfurt FamRZ 1984, 1030; *Kissel/Mayer* Rn. 1.

mittelbar anwendbar sind.² Über eine analoge Anwendung muss für jede einzelne Vorschrift nach ihrem Sinn und Zweck entschieden werden. Eine Anwendung von § 573 ZPO scheidet generell aus. Abs. 2 regelt die Beschwerdebefugnis. § 159 gilt nur für die Rechtshilfe, nicht für die Amtshilfe, sofern nicht ausnahmsweise etwas anderes ausdrücklich bestimmt ist (s. Rn. 2).

II. Zulässigkeitsvoraussetzungen

1. Entscheidung über ein Rechtshilfeersuchen. Die Beschwerde ist nur zulässig, soweit es die Entscheidung über ein Rechtshilfeersuchen betrifft. Gegen Entscheidungen über Amtshilfeersuchen ist dagegen nicht § 159, sondern für den Bürger zB Dienstaufsichtsbeschwerde gegeben,³ sofern nicht durch Gesetz ausdrücklich § 159 für anwendbar erklärt ist,⁴ wogegen die ersuchende Behörde bei Ablehnung der Amtshilfe nach § 5 Abs. 5 VwVfG die Aufsichtsbehörde anrufen kann.⁵ Die Beschwerde nach § 156 ist aber nicht nur bei den vom Richter ausgehenden Rechtshilfeersuchen vorgesehen, sondern auch bei Rechtshilfeersuchen, die der Rechtspfleger oder der Urkundsbeamte der Geschäftsstelle gestellt hat.⁶ Rechtspfleger und Urkundsbeamter können als ersuchendes Gericht gemäß Abs. 2 die Beschwerde selbst erheben;⁷ sie müssen die Sache nicht zuvor „ihrem" Richter nach § 11 RPflG vorlegen.⁸ Auch der Richter des ersuchten Gerichts muss nicht zuvor eingeschaltet werden, wenn zB dessen Rechtspfleger ein Ersuchen des Rechtspflegers eines Nachlassgerichts abgelehnt hat; das OLG kann vom Rechtspfleger unmittelbar angerufen werden.⁹

2. Ablehnung. Gegen eine Ablehnung des Rechtshilfeersuchens ist die Beschwerde immer möglich. Ablehnung ist nicht nur die vollständige, sondern auch die **teilweise** Ablehnung, insbesondere wenn das Rechtshilfeersuchen unvollständig, unzureichend und nicht entsprechend dem Ersuchen ausgeführt wird.¹⁰ Dies liegt etwa vor, wenn an Stelle der ausdrücklich ersuchten Tätigkeit des Richters der Rechtspfleger tätig wird¹¹ oder wenn sonst zwischen dem ersuchenden und ersuchten Gericht Meinungsverschiedenheiten über die Durchführung bestehen.¹² Eine teilweise Ablehnung liegt auch vor, wenn die Durchführung des Ersuchens von der vorschussweisen Zahlung einer Auslagenpauschale abhängig gemacht wird¹³ oder wenn die Festsetzung der Kosten der Rechtshilfe abgelehnt wird.¹⁴ Die Gründe für die Ablehnung sind unmaßgeblich. Eine Ablehnung liegt auch vor, wenn sich das ersuchte Gericht für unzuständig erklärt, gleichgültig, ob es das Ersuchen an das ersuchte Gericht zurückgibt oder an ein von ihm für zuständig gehaltenes Gericht weitergibt. Die Beschwerde bei Weitergabe an ein anderes Gericht für unzulässig zu erklären,¹⁵ ist nicht gerechtfertigt, da auch bei einer zu Unrecht erfolgten Ausführung trotz örtlicher Unzuständigkeit die Beschwerde gegeben ist.¹⁶

Keine Ablehnung liegt in der verzögerlichen Erledigung des Ersuchens,¹⁷ sofern sich die Verzögerung in einem tragbaren Rahmen hält und nicht durch die übermäßig lange Dauer einer Ablehnung gleichkommt.

3. Stattgabe. Bei Stattgabe des Ersuchens ist eine Beschwerde nicht generell zulässig, sondern nur, wenn dem Ersuchen unter Verstoß gegen § 158 Abs. 2 stattgegeben worden ist. Die Zulässigkeit der Beschwerde erstreckt sich sowohl auf § 158 Abs. 2 S. 1, wenn das Ersuchen einer verbotenen Handlung durch ein im Rechtszug nicht vorgesetztes Gericht vom ersuchten Gericht nicht abgelehnt wird, als auch auf § 158 Abs. 2 S. 2, wenn das ersuchte Gericht trotz fehlender örtlicher Zuständigkeit stattgibt. Stattgabe liegt auch vor bei vorbereitenden Handlungen, zB bei Ladung der

---

² *Baumbach/Lauterbach/Hartmann* Rn. 1; *Kissel/Mayer* Rn. 1.
³ OLG Düsseldorf JW 1936, 1391; *Baumbach/Lauterbach/Hartmann* Rn. 2; s. auch § 161 Rn. 1; § 163 Rn. 1.
⁴ *Kissel/Mayer* § 156 Rn. 21.
⁵ *Kissel/Mayer* Rn. 19 ff.
⁶ S. § 156 Rn. 3.
⁷ BayObLG FamRZ 1997, 306; OLG Karlsruhe FamRZ 1994, 638.
⁸ OLG München Rpfleger 1973, 19; OLG Celle Rpfleger 1959, 161; *Kissel/Mayer* Rn. 3.
⁹ OLG Stuttgart Rpfleger 2002, 255; *Zöller/Gummer* Rn. 3; vgl. BayObLG FamRZ 1997, 306; OLG Frankfurt OLR-Report 1997, 69.
¹⁰ RGSt. 24, 1, 2; *Kissel/Mayer* Rn. 4; *Zöller/Gummer* Rn. 1.
¹¹ OLG Schleswig SchlHA 1955, 62; *Kissel/Mayer* Rn. 4.
¹² OLG Darmstadt HRR 1932, 1106; OLG Naumburg DJ 1943, 142.
¹³ OLG Hamm JVBl. 1970, 179.
¹⁴ RGSt. 24, 1, 2; § 164 Rn. 5; *Kissel/Mayer* Rn. 4.
¹⁵ So *Kissel/Mayer* Rn. 6.
¹⁶ S. Rn. 5.
¹⁷ *Hahn* Mat. I S. 170; *Kissel/Mayer* Rn. 5.

Zeugen oder Benachrichtigung der Beteiligten. Die Beschwerdebefugnis steht im Fall der Stattgabe nur den Beteiligten, nicht dem ersuchenden Gericht zu.[18]

6   **4. Beschwerdeberechtigung.** Die Beschwerdeberechtigung steht den Beteiligten oder dem ersuchenden Gericht zu (Abs. 2). Die **Beteiligten** haben ein Beschwerderecht, weil die Rechtshilfe im Rahmen des von ihnen betriebenen Hauptverfahrens ergeht und ihre Interessen betrifft.[19] Beteiligt ist jeder, der im Hauptverfahren gegen eine ihm nachteilige Entscheidung zur Einlegung von Rechtsmitteln befugt wäre.[20] Beschwerdeberechtigt sind auch andere Personen, wie zB Zeugen, die sich eine lange Reise sparen wollen.[21] Das **ersuchende Gericht** ist beschwerdebefugt, weil es die ordnungsgemäße Durchführung seines Verfahrens betrifft. Beschwerdebefugt ist der im konkreten Fall erkennende Spruchkörper, Rechtspfleger oder Urkundsbeamte.[22] Die Beschwerdebefugnis des ersuchenden Gerichts besteht in allen Fällen der Ablehnung, auch wenn ein Ersuchen entgegen den Voraussetzungen von § 158 Abs. 2 abgelehnt worden ist.[23] Keine Beschwerdebefugnis des ersuchenden Gerichts besteht bei Stattgabe (s. Rn. 5).

III. Verfahren der Beschwerde

7   **1. Zuständiges Beschwerdegericht.** Zuständiges Beschwerdegericht ist das OLG, dessen Bezirk das ersuchte Gericht zugeordnet ist. In anderen Gerichtsbarkeiten ist es das jeweilige Berufungsgericht, in der Finanzgerichtsbarkeit mangels eines Berufungsgerichts der BFH.[24]

8   **2. Form, Frist.** Wenn das AG X ein Rechtshilfeersuchen des AG Y ablehnt, dann legt das AG X dem OLG Y die Akten zur Entscheidung über die Ablehnung der Rechtshilfe vor; das Wort „Beschwerde" erübrigt sich. In den anderen Fällen ist die „Beschwerde" **schriftlich einzulegen** oder zu Protokoll der Geschäftsstelle des AG oder OLG zu erheben.[25] Dies gilt auch bei Rechtshilfeersuchen des Rechtspflegers oder des Urkundsbeamten, ohne dass § 11 RPflG zu beachten ist.[26] Soweit dagegen der Rechtspfleger als ersuchtes Gericht entscheidet, ist zunächst das Verfahren nach § 11 RPflG einzuhalten.[27] Gemäß § 78 Abs. 2 und 3 ZPO besteht kein Anwaltszwang. Eine Frist gibt es nicht.

9   **3. Entscheidung durch Beschluss.** Die Entscheidung über die Beschwerde ergeht durch Beschluss des OLG. Vor der Entscheidung des OLG kann das AG abhelfen, auch der Rechtspfleger oder Urkundsbeamte. Die Entscheidung ergeht ohne mündliche Verhandlung (Abs. 2), jedoch ist den Beteiligten rechtliches Gehör zu gewähren.

10 Richtet sich die **Beschwerde gegen eine Ablehnung** und ist die Beschwerde begründet, ist die ablehnende Entscheidung aufzuheben. Das ersuchte Gericht ist verpflichtet, dem Rechtshilfeersuchen nachzukommen, falls nicht zusätzliche neu vorgebrachte Ablehnungsgründe bestehen. Eine zwangsweise Durchsetzung oder eine Ersatzvornahme bei unberechtigter Weigerung des ersuchten Gerichts ist nicht vorgesehen, möglich sind aber dienstaufsichtsrechtliche Maßnahmen.[28] Ist die Beschwerde unbegründet, ist sie zurückzuweisen. Die ersuchte Tätigkeit fällt an das ersuchende Gericht zurück, falls nicht weitere Beschwerde (Rn. 13) eingelegt wird. Das ersuchende Gericht kann ein neues Rechtshilfeersuchen an ein anderes Gericht richten, an dasselbe Gericht nur, wenn dem Ablehnungsgrund abgeholfen ist.

11 Ist die **Beschwerde gegen eine Stattgabe** begründet, so ist die Rechtshilfe für unzulässig zu erklären. Weitere Maßnahmen haben zu unterbleiben. Bereits durchgeführte Maßnahmen sind grundsätzlich nicht unwirksam. Ihre Verwertbarkeit ist nicht generell ausgeschlossen,[29] sondern richtet sich nach dem Hauptverfahren, innerhalb dessen um Rechtshilfe ersucht wurde.[30] Ist die Beschwerde unbegründet, so ist die Beschwerde zurückzuweisen. Eine weitere Beschwerde ist nicht zulässig.[31] Das Rechtshilfeersuchen ist durchzuführen.

---

[18] *Kissel/Mayer* Rn. 9.
[19] S. auch *Hahn* Mat. I S. 170.
[20] *Kissel/Mayer* Rn. 8.
[21] *Zöller/Gummer* Rn. 2.
[22] S. Rn. 2.
[23] *Kissel/Mayer* Rn. 8; s. auch Rn. 3.
[24] *Kissel/Mayer* Rn. 11.
[25] *Baumbach/Lauterbach/Hartmann* Rn. 3; *Kissel/Mayer* Rn. 13.
[26] S. Rn. 2.
[27] BayObLGZ 1995, 159 = FamRZ 1997, 306; OLG Frankfurt OLR-Report 1997, 69; *Zöller/Gummer* Rn. 3.
[28] *Kissel/Mayer* Rn. 15.
[29] AA *Baumbach/Lauterbach/Hartmann* Rn. 3.
[30] *Kissel/Mayer* Rn. 16 m. weit. Nachw.
[31] S. Rn. 13.

Vollstreckungen, Ladungen, Zustellungen   1–6 § 160 GVG

4. Gebühren. Als Gebühren entstehen nur Anwaltsgebühren nach 3500, 3513 RVG VV. Gerichtskosten entstehen nicht, da das Verfahren gebührenfrei ist.[32]   12

IV. Weitere Beschwerde

Die Beschwerde zum BGH ist nur ausnahmsweise zulässig, wenn die Rechtshilfe vom OLG für unzulässig erklärt wurde und das ersuchende Gericht sich in einem anderen OLG-Bezirk wie das ersuchte Gericht befindet (Abs. 1 S. 2). Hat das OLG die Rechtshilfe für zulässig erklärt, so ist eine solche Beschwerde stets ausgeschlossen.[33] Die Beschwerde ist nicht form- oder fristgebunden. Eingelegt wird sie beim OLG oder beim BGH. Anwaltszwang besteht nicht. Die Beschwerdeberechtigung bestimmt sich nach Abs. 2 und steht deshalb auch dem ersuchenden Gericht zu.[34] Das OLG kann der Beschwerde abhelfen.   13

Über die Beschwerde entscheidet der BGH (Abs. 1 S. 3) durch Beschluss, bzw. in anderen Verfahrensordnungen die dort zuständigen obersten Bundesgerichte.[35] Diese Beschwerde zum BGH ist jedenfalls keine Rechtsbeschwerde im Sinne von §§ 574 ff. ZPO. Sie wird als weitere Beschwerde angesehen.

§ 160 [Vollstreckungen, Ladungen, Zustellungen]

Vollstreckungen, Ladungen und Zustellungen werden nach Vorschrift der Prozeßordnungen bewirkt ohne Rücksicht darauf, ob sie in dem Land, dem das Prozeßgericht angehört, oder in einem anderen deutschen Land vorzunehmen sind.

I. Normzweck

§ 160 beruht auf dem Grundsatz der Einheit des Rechtsgebiets der Bundesrepublik Deutschland und ist nur noch historisch erklärbar. Eine Rechtshilfe ist danach für Vollstreckungen, Ladungen und Zustellungen nicht nötig und deshalb auch nicht zulässig. Die Vollstreckungsorgane (zB Gerichtsvollzieher) in einem anderen Bundesland sind unmittelbar zu beauftragen. Für sonstige Amtshandlungen gilt § 166.   1

§ 160 gilt in **anderen Gerichtsbarkeiten,** soweit in deren Prozessgesetzen auf das GVG und die ZPO verwiesen wird, s. §§ 9 Abs. 2, 62 ArbGG; §§ 56 Abs. 2, 167, 173 VwGO; §§ 63, 198 SGG; §§ 53, 150 ff., 155 FGO.   2

II. Bundesweite Vollstreckung, Ladung und Zustellung

Die bundesweite Geltung gerichtlicher Entscheidungen und Handlungen gilt unabhängig davon, in welchem Bundesland ein Gericht entschieden hat oder sonst tätig geworden ist und in welchem Bundesland zu vollstrecken, zu laden oder zuzustellen ist, gleichgültig auch, ob die Handlungen auf Bundes- oder Landesrecht beruht.   3

1. Vollstreckung. Zur Vollstreckung gehört jede zwangsweise Durchsetzung einer gerichtlichen Entscheidung, vor allem auch zivilprozessualer Entscheidungen durch den Gerichtsvollzieher oder das Vollstreckungsgericht. Erfasst werden auch Vollstreckungen aus dem Bereich der freiwilligen Gerichtsbarkeit (zB § 33 FGG). Zur Beauftragung eines Gerichtsvollziehers kann nach § 161 auch die Geschäftsstelle des AG des Vollstreckungsbezirks herangezogen werden.   4

2. Ladung und Zustellung. Ladungen und Zustellungen jeder Art sind nach den Prozessgesetzen unmittelbar vom Ursprungsgericht vorzunehmen. Die Inanspruchnahme eines anderen Gerichts ist nicht zulässig, mit Ausnahme der Vermittlung zur Beauftragung einer vom Gerichtsvollzieher auszuführenden Zustellung nach § 161.   5

III. Rechtsbehelfe

Lehnt das Vollstreckungsorgan die ersuchte Vollstreckung ab oder führt es sie fehlerhaft aus, so sind die Rechtsbehelfe des Vollstreckungsrechts, insbesondere die Erinnerung nach § 766 ZPO gegeben.   6

---

[32] OLG Celle NdsRpfl. 1950, 57, 58.
[33] S. schon RGZ 33, 423, 426.
[34] BAG NJW 1991, 1252; s. im einzelnen noch Rn. 6.
[35] S. BAG NJW 1991, 1252.

§ 161 [Vermittlung bei Beauftragung eines Gerichtsvollziehers]

¹Gerichte, Staatsanwaltschaften und Geschäftsstellen der Gerichte können wegen Erteilung eines Auftrags an einen Gerichtsvollzieher die Mitwirkung der Geschäftsstelle des Amtsgerichts in Anspruch nehmen, in dessen Bezirk der Auftrag ausgeführt werden soll. ²Der von der Geschäftsstelle beauftragte Gerichtsvollzieher gilt als unmittelbar beauftragt.

1   **1. Normzweck.** Die Vorschrift will den Gerichten, Staatsanwaltschaften und Geschäftsstellen eine Erleichterung bei der Beauftragung von Gerichtsvollziehern in anderen Amtsgerichtsbezirken gewähren, weil die dortigen Gerichtsvollzieher und deren Anschrift nicht ohne weiteres bekannt sind. Die Inanspruchnahme der auswärtigen Geschäftsstelle des Amtsgerichts wird außerhalb des Rechtshilfeverfahrens in Form der Amtshilfe abgewickelt. §§ 156 ff. sind deshalb nicht anwendbar. Bei Verweigerung der Mitwirkung ist Dienstaufsichtsbeschwerde möglich.

2   **2. Anwendungsbereich.** § 161 betrifft **alle Tätigkeiten des Gerichtsvollziehers,** neben Vollstreckungen insbesondere auch Zustellungen (§§ 191 ff. ZPO), deren Bedeutung aber seit Einführung der Zustellungen (§§ 271, 317 ZPO) und Ladungen (§ 214 ZPO) von Amts wegen abgenommen hat. Vgl. noch § 168 Abs. 2 ZPO. § 161 ist insbesondere auch anwendbar, wenn eine Partei den Gerichtsvollzieher gemäß §§ 192 Abs. 3, 753 Abs. 2 ZPO unter Vermittlung der Geschäftsstelle des Prozessgerichts oder eines sonstigen Gerichts beauftragt. Diese Geschäftsstelle kann dann gemäß § 161 die Geschäftsstelle am Amtsgericht des Ausführungsorts auf Mitwirkung in Anspruch nehmen.[1] Die Mitwirkung der Geschäftsstelle am Ausführungsort muss jedoch nicht in Anspruch genommen werden. Vielmehr ist auch ein unmittelbares Ersuchen an den Gerichtsvollzieher zulässig (in der Praxis wird, jedenfalls in Eilfällen, die Gerichtsvollzieherverteilungsstelle beim dortigen Amtsgericht angerufen und um Angabe des Namens des zuständigen Gerichtsvollziehers gebeten).

3   **3. Unmittelbare Beauftragung.** Die Geschäftsstelle des AG am Ausführungsort hat nur eine Vermittlerrolle. Zu ihr steht der Gerichtsvollzieher in keiner Rechtsbeziehung. Diese besteht vielmehr nur zur Partei oder zu der Stelle, die die Mitwirkung in Anspruch nimmt (Satz 2).

§ 162 [Vollstreckung von Freiheitsstrafen]

Hält sich ein zu einer Freiheitsstrafe Verurteilter außerhalb des Bezirks der Strafvollstreckungsbehörde auf, so kann diese Behörde die Staatsanwaltschaft des Landgerichts, in dessen Bezirk sich der Verurteilte befindet, um die Vollstreckung der Strafe ersuchen.

S. die Kommentierung bei § 163.

§ 163 [Strafvollstreckung außerhalb des Bezirkes]

Soll eine Freiheitsstrafe in dem Bezirk eines anderen Gerichts vollstreckt oder ein in dem Bezirk eines anderen Gerichts befindlicher Verurteilter zum Zwecke der Strafverbüßung ergriffen und abgeliefert werden, so ist die Staatsanwaltschaft bei dem Landgericht des Bezirks um die Ausführung zu ersuchen.

1   Die §§ 162, 163 gelten in erster Linie für die Vollstreckung von Freiheitsstrafen aus Strafurteilen, aber auch für die Vollstreckung von sonstigen Freiheitsstrafen in Form von Ordnungs- oder Zwangshaft nach §§ 388, 390, 888 bis 890, 901 ZPO, §§ 56, 178. Das Ersuchen ist der Amtshilfe zuzuordnen.[1*] §§ 157 bis 159 sind deshalb nicht anwendbar. Die Amtshilfe betrifft die Vollstreckung durch die ersuchte Behörde insgesamt,[2] nicht nur die Mitwirkung bei der Vollstreckung durch die ersuchende Behörde. Für letztere gilt § 163. Im Falle unberechtigter Weigerung ist die Dienstaufsichtsbeschwerde möglich.[3]

---

[1] *Kissel/Mayer* Rn. 4.
[1*] *Kissel/Mayer* Rn. 1.
[2] S. im einzelnen *Kissel/Mayer* § 162 Rn. 3.
[3] S. auch § 159 Rn. 2.

§ 164 [Kostenersatz]

(1) Kosten und Auslagen der Rechtshilfe werden von der ersuchenden Behörde nicht erstattet.

(2) Gebühren oder andere öffentliche Abgaben, denen die von der ersuchenden Behörde übersendeten Schriftstücke (Urkunden, Protokolle) nach dem Recht der ersuchten Behörde unterliegen, bleiben außer Ansatz.

I. Normzweck

§ 164 betrifft die Kostentragung der in den §§ 156 ff. geregelten Rechtshilfe. Er gilt deshalb nicht nur für die Rechtshilfe unter Gerichten, sondern auch für die in §§ 162, 163 geregelten Fälle der Amtshilfe.[1] Er gilt auch für die Rechtshilfe in und mit anderen Gerichtsbarkeiten, soweit §§ 156 ff. für anwendbar erklärt sind. Für sonstige Fälle der Amtshilfe ist § 164 nicht anzuwenden; es gelten Sondervorschriften, die zum Teil auf Landesrecht und besonderen Vereinbarungen beruhen.[2] Die Kostenfreiheit für die ersuchende Stelle ist im Interesse der Vereinfachung vorgesehen und ist gerechtfertigt, weil sich durch die gegenseitige Pflicht zur kostenlosen Rechtshilfe ein Ausgleich ergibt. Abs. 2 ist gegenstandslos geworden, da seit der Abschaffung der Urkundensteuer für übersandte Schriftstücke keine Gebühren oder Abgaben mehr entstehen.[3]

II. Erstattungsfreiheit von Kosten und Auslagen

1. Kosten und Auslagen. Als Kosten und Auslagen sind alle beim ersuchten Gericht anfallenden Unkosten, Gebühren und Ausgaben anzusehen. Gerichtsgebühren entstehen für das ersuchte Gericht nicht, weil das GKG keinen solchen Gebührentatbestand enthält. Zu den sonstigen Kosten und Auslagen zählen die Zahlungen an Zeugen und Sachverständige nach dem JVEG.[4] Dazu gehören auch die einem beigeordneten Rechtsanwalt zur Durchführung des Rechtshilfeersuchens zu leistenden Gebühren.[5]

2. Erstattungsfreiheit. Die Erstattungsfreiheit bezieht sich auf das Verhältnis zwischen ersuchendem und ersuchtem Gericht. Die von den Parteien zu tragenden Kosten und Gebühren bleiben davon unberührt. Sie werden als Teil der Prozesskosten von dem ersuchenden Gericht erhoben. Der vom ersuchten Gericht vernommene Zeuge wird also dort nach dem JVEG entschädigt (dort erfolgt auch ggf. die Festsetzung nach § 4 Abs. 1 JVEG), der entsprechende Kostenbeleg wird den Akten beigefügt und die Akten damit an das ersuchende Gericht zurückgesandt. Beim ersuchenden Gericht wird dieser Kostenbetrag dann in die Gesamtkostenberechnung einbezogen. Das ersuchende Gericht hat aber die von den Parteien gezahlten Gebühren und Auslagen nicht an das ersuchte Gericht abzuführen;[6] es erfolgt auch keine interne Verrechnung.

Die Anforderung eines Kostenvorschusses (vgl. § 379 ZPO; § 17 GKG) obliegt dem ersuchenden, nicht dem ersuchten Gericht. Das ersuchte Gericht kann weder selbst einen Kostenvorschuss anordnen noch eine solche Anordnung vom ersuchenden Gericht verlangen.[7]

III. Kostenstreitigkeiten

Entsteht zwischen dem ersuchten und dem ersuchenden Gericht Streit über die Kostentragung und weigert sich das ersuchte Gericht, die Kosten zu tragen, so liegt darin eine Teilablehnung des Rechtshilfeersuchens, worauf § 159 anzuwenden ist.[8] Als eine Teilablehnung ist es auch anzusehen, wenn das ersuchte Gericht sich weigert, die von den Parteien zu tragenden Zeugen- und Sachverständigenkosten nach § 4 JVEG festzusetzen.[9] Zur Erinnerung gegen den Kostenansatz vgl. § 66 GKG.[10]

---

[1] Baumbach/Lauterbach/Hartmann Rn. 1; aA Kissel/Mayer Rn. 1, 6.
[2] S. im einzelnen Kissel/Mayer Rn. 6 ff.
[3] Kissel/Mayer Rn. 10.
[4] BGH NJW 1958, 1310; OLG Stuttgart OLGE 18, 386.
[5] Kissel/Mayer Rn. 3.
[6] Kissel/Mayer Rn. 2, 6.
[7] OLG Hamm NJW 1956, 1447.
[8] S. § 159 Rn. 3.
[9] BGH NJW 1958, 1310; s. auch Rn. 3.
[10] OLG Hamm JMBl. NRW 1955, 139.

§ 165 (weggefallen)

§ 166 [Amtshandlungen außerhalb des Gerichtsbezirks]
Ein Gericht darf Amtshandlungen im Geltungsbereich dieses Gesetzes auch außerhalb seines Bezirks vornehmen.

I. Normzweck

1 § 166 geht von der auf den örtlichen Bezirk beschränkten Amtsgewalt eines jeden Gerichts aus, erteilt aber den Gerichten zugleich die generelle gesetzliche Ermächtigung, Amtshandlungen auch außerhalb seines Bezirks vorzunehmen. Wenn der Richter des AG München einen Augenschein in Köln durchführen will, braucht er keine Zustimmung (auch eine Anzeige der Amtshandlung an das AG Köln ist nicht mehr vorgesehen); wenn er aber einen Zeugen in einem Sitzungssaal des AG Köln vernehmen will, muss er den dortigen Hausrechtsinhaber (AG-Direktor, AG-Präsident) um Zurverfügungstellung eines Sitzungssaals ersuchen. § 166 gilt auch über die Grenzen eines Landes hinaus sowie in anderen Gerichtsbarkeiten, ist aber entsprechend der nationalen Gesetzgebungshoheit auf das Bundesgebiet beschränkt. Soweit ein Gericht außerhalb seines Bezirks selbst tätig wird, entfällt die Notwendigkeit für Rechts- und Amtshilfe.

II. Bezirksgrenzen

2 Die Bezirksgrenzen, innerhalb derer die Befugnis zur Vornahme von Amtshandlungen besteht, ergeben sich grundsätzlich aus den für die örtliche Zuständigkeit maßgebenden Gerichtsbezirken. Hat ein Gericht, wie das LG München II, seinen Sitz außerhalb seines Bezirks, so muss es sich zur Vornahme von Amtshandlungen an seinem Sitz außerhalb seines Bezirks ebenfalls auf § 166 stützen.[1] Für Amtshandlungen innerhalb seines im fremden Bezirk liegenden Gerichtsgebäudes ist § 166 jedoch nicht anwendbar.[2]

III. Zustimmungsfreie Amtshandlungen

3 Zu den Amtshandlungen, die das Gericht nach § 166 ohne Zustimmung des anderen Gerichts in fremdem Bezirk vornehmen darf, gehören alle gerichtlichen Handlungen bei Durchführung eines Verfahrens oder der Vollstreckung. Ohne Bedeutung ist, ob die Amtshandlung Gegenstand der Rechtshilfe sein könnte.[3] Im fremden Bezirk dürfen zB vorgenommen werden neben Zustellungen und Ladungen, die bereits von § 160 erfasst werden, Zeugenvernehmungen, Augenscheinseinnahme, die mündliche Verhandlung, Abnahme von eidesstattlichen Versicherungen. Zu den Amtshandlungen gehören nicht nur die rein richterlichen, sondern auch solche des Rechtspflegers und des Urkundsbeamten, nicht jedoch Amtshandlungen der reinen Justizverwaltung, auch nicht des Gerichtsvollziehers.

§ 167 *(betrifft Strafsachen)*

§ 168 [Mitteilung von Akten]
Die in einem deutschen Land bestehenden Vorschriften über die Mitteilung von Akten einer öffentlichen Behörde an ein Gericht dieses Landes sind auch dann anzuwenden, wenn das ersuchende Gericht einem anderen deutschen Land angehört.

1 Die Mitteilung von Akten ist der Amtshilfe, nicht der Rechtshilfe zuzuordnen.[1] § 168 dehnt die innerhalb eines Landes bestehende Aktenmitteilungspflicht zwischen einer Behörde und dem Gericht nach dem Prinzip der Meistbegünstigung auf die Gerichte anderer Bundesländer aus. § 168 gilt aber nur für die Pflicht der Behörden zur Aktenmitteilung gegenüber Gerichten und nicht für die Aktenmitteilung von Gerichten an Behörden oder für Gerichte untereinander. Bei unberechtigter Verweigerung der nach § 168 bestehenden Aktenmitteilungspflicht ist Dienstaufsichtsbeschwerde möglich.

---

[1] S. auch Rn. 3.
[2] S. *Kissel/Mayer* Rn. 1 m. weit. Nachw.
[3] S. BT-Drucks. 11/3621 S. 56.
[1] S. OLG München OLGZ 1972, 360; § 156 Rn. 6; *Baumbach/Lauterbach/Hartmann* Rn. 1; *Kissel/Mayer* Rn. 1.

Vierzehnter Titel. Öffentlichkeit und Sitzungspolizei

§ 169 [Öffentlichkeit]

¹Die Verhandlung vor dem erkennenden Gericht einschließlich der Verkündung der Urteile und Beschlüsse ist öffentlich. ²Ton- und Fernseh-Rundfunkaufnahmen sowie Ton- und Filmaufnahmen zum Zwecke der öffentlichen Vorführung oder Veröffentlichung ihres Inhalts sind unzulässig.

Schrifttum: *Alwart,* Personale Öffentlichkeit (§ 169 GVG), JZ 1990, 883; *Armbruster,* Justiz und Öffentlichkeit, JR 1996, 249; *Bäumler,* Das subjektiv öffentliche Recht auf Teilnahme an den Gerichtsverhandlungen, JR 1978, 317; *v. Coelln,* Der Zutritt von Journalisten zu öffentlichen Gerichtsverhandlungen, DÖV 2006, 804; *Dieckmann,* Zur Zulassung von Ton- und Fernseh-Rundfuinkaufnahmen in Gerichtssälen, NJW 2001, 2451; *Endemann,* Im Spannungsfeld – Persönlichkeitsrecht und Öffentlichkeit des verwaltungsgerichtlichen Verfahrens, Festschrift Zeidler, 1987, S. 410; *Fögen,* Der Kampf um die Gerichtsöffentlichkeit, 1974; *Franzki,* Die Öffentlichkeit der Gerichtsverhandlung, DRiZ 1979, 82; *Hoffmann,* Die Grenzen der Parteiöffentlichkeit, insbesondere beim Sachverständigenbeweis, 1989; *Hübner-Raddack,* Fernsehöffentlichkeit im Gerichtssaal, 2001; *Huff,* Fernsehöffentlichkeit im Gerichtsverfahren – kippt das BVerfG § 169 S. 2 GVG?, NJW 1996, 102; *Kleinknecht,* Öffentlichkeit der Hauptverhandlung und Schutz der Persönlichkeit, Festschr. für Nüchterlein, 1978, S. 173 ff.; *Köbl,* Die Öffentlichkeit des Zivilprozesses – eine unzeitgemäße Form?, FS Schnorr von Carolsfeld, 1973, S. 235; *Kortz,* Ausschluß der Fernsehöffentlichkeit im Gerichtsverfahren, AfP 1997, 443; *Lilie,* Augenscheinnahme und Öffentlichkeit der Hauptversammlung, NStZ 1993, 121; *Mertens,* Persönlichkeitsschutz des Zeugen durch Ausschluß der Öffentlichkeit, NJW 1980, 2687; *Miesbach,* Der Ausschluß der Öffentlichkeit im Strafprozeß, DRiZ 1977, 271; *Olbertz,* Fernsehöffentlichkeit von Gerichtsverfahren, 2001; *Pieroth,* Gerichtsöffentlichkeit und Persönlichkeitsschutz, Recht der Persönlichkeit 1996, 249; *Renger,* Der Grundsatz der Öffentlichkeit im Bußgeldverfahren, NJW 1985, 2553; *Roxin,* Aktuelle Probleme der Öffentlichkeit im Strafverfahren, FS K. Peters, 1974, S. 393; *Scherer,* Gerichtsöffentlichkeit als Medienöffentlichkeit, 1979; *Schmidt,* Öffentlichkeitsgrundsatz versus Hausrecht, JuS 1995, 110; *Eb. Schmidt,* Justiz und Publizistik, 1968; *Sieg,* Der Ausschluß der Öffentlichkeit zum Schutz des Zeugen, NJW 1981, 963; *Stober,* Zum Informationsanspruch der Presse gegenüber Gerichten, DRiZ 1980, 3 ff.; *Stürner,* Gerichtsöffentlichkeit und Medienöffentlichkeit in der Informationsgesellschaft, JZ 2001, 699; *Zipf,* Empfiehlt es sich, die Vorschriften über die Öffentlichkeit des Strafverfahrens neu zu gestalten, insbesondere zur Verbesserung der Rechtsstellung des Beschuldigten weitere nichtöffentliche Verfahrensgänge zu entwickeln?, Gutachten C 54. DJT, 1982.

Übersicht

	Rn.		Rn.
I. Normzweck	1, 2	9. Einschränkungen durch räumliche Verhältnisse	31–35
II. Verfassungsrechtliche Grundlagen	3, 4	a) Keine Pflicht zum Zutritt für jedermann	31
III. Internationalrechtliche Grundlagen	5–10	b) Beengtheit aus sachlich gerechtfertigten Gründen	32
1. Grundlagen	5, 6	c) Erweiterung der unmittelbaren Öffentlichkeit	33
2. Anwendungsbereich	7–10	d) Auswahlmodus bezüglich der zutrittsberechtigten Personen	34, 35
IV. Anwendungsbereich und Grenzen der §§ 169 ff.	11–35	V. Verhältnis zu den Vorschriften über die Sitzungspolizei	36, 37
1. Beschränkung auf mündliche Verhandlung	11, 12	VI. Verhältnis zum Hausrecht	38, 39
2. Veröffentlichung von Urteilen	13	VII. Verhältnis zum Polizeirecht	40
3. Beschränkung auf das Erkenntnisverfahren	14–17	VIII. Arten der Öffentlichkeit	41–53
a) Erkenntnisverfahren	14	1. Unmittelbare Öffentlichkeit	42
b) Beweisaufnahme im Hauptttermin	15	2. Mittelbare Öffentlichkeit	43–49
c) Mahn- und Vollstreckungsverfahren	16, 17	a) Mittelbare Öffentlichkeit durch Ton- und Filmaufzeichnungen	44, 45
4. Vor dem erkennenden Gericht	18, 19	b) Zulässige Formen der Aufzeichnung, Tonband	46–49
5. Verweisungs- und Sondervorschriften	20–23	3. Öffentliche Berichterstattung, Medien	50–53
a) Sonstige Verfahren	20	IX. Hinweis auf die Verhandlung	54–59
b) Öffentlichkeit in Schiedsgerichtsverfahren	21	1. Ankündigung	54, 55
c) Öffentlichkeit in FGG-Sachen	22, 23		
6. Keine Parteidisposition	24–28		
7. Einschränkungen durch Ausschließungstatbestände des GVG	29		
8. Ausschließungstatbestände in Art. 6 EMRK	30		

	Rn.		Rn.
2. Hinweis bei Verlegung	56–59	**XII. Folgen einer Verletzung der Öffentlichkeitsvorschriften**	64–70
a) Gerichtsüblicher Ort	57		
b) Gerichtsunüblicher Ort	58	1. Folgen einer Verletzung in 1. Instanz	65
c) Zeitliche Verlegung	59	2. Folgen einer Verletzung in 2. Instanz	66–68
X. Voraussetzungen und Erscheinungsformen der Verletzung	60–62	3. Folgen einer Verletzung in letztinstanzlicher Verhandlung	69
1. Allgemeine Voraussetzungen der Verletzung	60	4. Heilung von Verfahrensmängeln	70
2. Erscheinungsformen der Verletzung	61, 62	**XIII. Parteiöffentlichkeit**	71–73
		1. Inhalt und Anwendungsbereich	71, 72
XI. Beweiskraft des Sitzungsprotokolls	63	2. Folgen bei Verletzung	73

I. Normzweck

1 Die Vorschrift statuiert in Satz 1 den Grundsatz der öffentlichen Verhandlung vor dem erkennenden Gericht und bringt damit ein **tragendes Prinzip des Verfahrensrechts** zum Ausdruck. Danach steht jedermann, dh. denjenigen, die nicht Prozessbeteiligte sind,[1] die Möglichkeit offen, der mündlichen Verhandlung unmittelbar beizuwohnen. Der Zweck des Öffentlichkeitsprinzips ist neben der Kontrolle staatlicher Machtausübung auch eine Stärkung der richterlichen Unabhängigkeit sowie des Vertrauens der Allgemeinheit in die dritte Gewalt.[2] Diese Ziele haben angesichts der inzwischen veränderten gesellschaftlichen, politischen wie auch verfassungsrechtlichen Rahmenbedingungen einen Bedeutungswandel erfahren.[3] § 169 hat hauptsächlich im **Strafverfahren** Bedeutung; auch dort ist die Bedeutung geschrumpft, weil selbst schwerwiegende Delikte mit Strafbefehl verfolgt werden können, ebenso gegen Geldauflage eingestellt werden können (§ 153 a StPO); in beiden Fällen erfährt die „Öffentlichkeit" nichts. Selbst wenn eine Hauptverhandlung stattfindet, ist sie gerade in bedeutsamen Fällen, an denen die Öffentlichkeit interessiert ist, wegen einer Vereinbarung („deal") zwischen den Beteiligten für den Zuhörer ohne wesentlichen Wert. Manchmal entsteht der Eindruck, Zweck des § 169 sei im Wesentlichen, der Presse und dem Fernsehen Material zu liefern. Im **Zivilverfahren** kann der Zuhörer wegen der stillschweigenden Bezugnahme auf den Akteninhalt meist wenig erkennen. Im Übrigen kann in zahlreichen Fällen ohne mündliche Verhandlung entschieden werden (§§ 128 Abs. 2 bis 4, 251a, 307, 331 Abs. 3, 331a, 688 ff. ZPO). Deswegen und wegen der Kompliziertheit der Sachverhalte ist die Öffentlichkeit nur noch theoretisch Funktionsvoraussetzung für eine effektive Ausübung öffentlicher Kontrolle.[4] **Individualschutz:** Der Bürger als Prozesspartei hat meist wenig Verständnis dafür, dass Nachbarn, Verwandte etc. sich über seine privaten zivilrechtlichen Angelegenheiten informieren können und dass ein Ausschluss nur unter den engen Voraussetzungen der §§ 171 b, 172 möglich ist.

2 Der Zweck der Verhandlungsöffentlichkeit steht in engem **Funktionszusammenhang mit** den Maximen der **Mündlichkeit und** der **Unmittelbarkeit** des Verfahrens. Ein schriftliches Verfahren ist wegen rechtlicher und praktischer Schwierigkeiten[5] dem Einblick Unbeteiligter weitgehend entzogen. Ein mündliches Verfahren gewährleistet jedenfalls in einem Teil der Strafverfahren die Voraussetzungen von Transparenz auch gegenüber Dritten. Ein wichtiger Zusammenhang besteht auch mit dem Grundsatz der Unmittelbarkeit. Das Prinzip der Unmittelbarkeit bezweckt eine Konzentration der wesentlichen Verfahrensabschnitte (Beweisaufnahme, Parteivortrag, Verhandlung zur Sache) vor dem Prozessgericht; in Zivilsachen können aber Zuhörer ohne Aktenkenntnis nur beschränkt Einblick gewinnen. § 169 räumt dem **Zuhörer keinen Anspruch** gegen das Gericht ein; er kann nicht Zutritt verlangen, wenn die Raumkapazität erschöpft ist (Rn. 34), hat keinen Anspruch darauf, dass der Richter lauter spricht; darf nicht an den Richtertisch vortreten, um zur Erörterung anstehende Pläne, Photos etc. oder gar die Akten selbst anzuschauen.

---

[1] Zu diesen § 170 Rn. 9 f.
[2] EuGHMR NJW 1986, 2177; BGHSt. 3, 387; OLG Köln NJW-RR 1986, 560, 561; *Erdsieck* NJW 1960, 1048; *Kübler* DRiZ 1969, 382; *Kleinknecht*, FS Schmidt-Leichner, 1977, S. 113; *Manfred Wolf* § 25 I 1.
[3] Kritisch *Köbl*, FS Schnorr v. Carolsfeld, S. 235, 244 f.
[4] *Bettermann* ZZP 91 (1978), 369 ff.; IntKommEMRK/*Miehsler/Vogler* Art. 6 Rn. 332; s. auch *Köbl*, FS Schnorr v. Carolsfeld, 1973, S. 235 f.; aA der Vorbehalt der Schweiz gg. Art. 6 Abs. 1 EMRK s. IntKommEMRK/*Miehsler/Vogler* Art. 6 Rn. 603.
[5] S. auch Rn. 11.

II. Verfassungsrechtliche Grundlagen

Der Grundsatz der Öffentlichkeit soll sich als logische Folge einer demokratischen und rechtsstaatlichen Staatsverfassung aus den in Art. 20 und 28 GG niedergelegten Prinzipien ableiten lassen, ohne allerdings selbst Verfassungsrechtsgrundsatz zu sein.[6] Der Grundsatz des öffentlichen Verfahrens soll sich aus dem **Demokratieprinzip** (Art. 20 Abs. 1 GG)[7] sowie aus dem **Rechtsstaatsgedanken** (Art. 20 Abs. 3 GG)[8] ergeben, insofern, als eine öffentliche Kontrolle geeignet ist, die Unabhängigkeit der Richter (Art. 97 Abs. 1 GG) zu gewährleisten und damit deren alleinige Bindung an Recht und Gesetz[9] sicherzustellen. In Zivilsachen kann das nur mit Einschränkungen gesagt werden.

Durch die verfassungsrechtliche Verankerung der Öffentlichkeit ist die Entscheidung über die **Abschaffung dem Gesetzgeber entzogen;** hingegen steht ihm die inhaltliche Ausgestaltung des Prinzips offen.[10]

III. Internationalrechtliche Grundlagen

1. Grundlagen. Auf der Ebene international geltenden Rechts ist der Öffentlichkeitsgrundsatz neben seiner Verankerung in Art. 10 der Allgemeinen Erklärung über Menschenrechte der UN v. 10. 12. 1948 niedergelegt in Art. 14 Abs. 1 S. 2 des Internationalen Paktes über bürgerliche und politische Rechte v. 19. 12. 1966 sowie in Art. 6 Abs. 1 S. 1 EMRK v. 4. 11. 1950. Die beiden letzteren haben durch Transformationsgesetz innerstaatliche Geltung im Rang eines einfachen Gesetzes erlangt[11] und sind als solches unmittelbar anwendbar.[12] Ihre Inhalte weisen in den Regelungen zur Öffentlichkeit starke Parallelen auf.

Der jeweilige Normzweck dieser Regelungen deckt sich prinzipiell mit dem des § 169, jedoch mit der Besonderheit, dass der **Individualschutz** als Regelungsmotiv deutlich **im Vordergrund** steht. Das ergibt sich aus dem jeweils auf individuelle Grund- bzw. Menschenrechte begrenzten Regelungscharakter der genannten Abkommen. Daraus folgt, dass Art. 6 Abs. 1 S. 1 EMRK und Art. 14 Abs. 1 S. 2 UN-Pakt dann nicht verletzt sind, wenn eine Einschränkung oder ein Ausschluss der Öffentlichkeit den Schutz des Betroffenen nicht beeinträchtigt.[13] So ist etwa die Ausschließung auf Grund Verzichts der Betroffenen mit Art. 6 Abs. 1 EMRK vereinbar;[14] das Gericht ist jedoch bei seiner Entscheidung über die Ausschließung nicht an den Parteiverzicht gebunden („… kann … ausgeschlossen werden …"), da die Vorschrift zwar einen Anspruch auf Öffentlichkeit, nicht aber einen solchen auf Nichtöffentlichkeit enthält (anders dagegen § 171b Abs. 2 GVG).[15]

2. Anwendungsbereich. Entgegen der Ansicht des BGH[16] kommt Art. 6 Abs. 1 EMRK ein **eigenständiger Anwendungsbereich** zu. Während die Regelungen des GVG gemäß § 2 EGGVG vorbehaltlich externer Verweisungen nur auf Verfahren der ordentlichen streitigen Gerichtsbarkeit anwendbar sind, gilt Art. 6 Abs. 1 EMRK für Verfahren über zivilrechtliche Ansprüche und Verpflichtungen. Damit verbleibt für Art. 6 Abs. 1 EMRK ein eigenständiger Anwendungsbereich für diejenigen Verfahren der Straf- und Zivilgerichtsbarkeit, die nicht von § 2 EGGVG erfasst werden und für die die Öffentlichkeit weder in speziellen Fachgesetzen (Rn. 22) geregelt ist noch eine Verweisung (Rn. 20) auf andere Öffentlichkeitsvorschriften (etwa §§ 169 ff.) existiert.

---

[6] BVerfGE 15, 303, 307.
[7] *Schwab/Gottwald* Verfassung und Zivilprozeß, 1984, S. 14; vgl. auch *Maunz/Dürig/Herzog* Art. 20 Abs. 1 GG Rn. 41, Abs. 2 GG Rn. 26 zum Begriff der „offenen Demokratie"; *Marcic*, Die Öffentlichkeit als Prinzip der Demokratie, FS A. Arndt, 1969, S. 267 ff.; einschränkend *Schilken* Rn. 159.
[8] BGHSt. 9, 280 „… grundlegende Einrichtung des Rechtsstaates"; *Kissel/Mayer* § 169 Rn. 4 m. weit. Nachw.
[9] S. auch *Maunz/Dürig/Herzog* Art. 97 Rn. 4 f.
[10] *Manfred Wolf* § 25 I 2.
[11] Zur EMRK s. Gesetz v. 7. 8. 1952 (BGBl. II S. 685); *Frowein/Peukert*, EMRK, Einf. Rn. 6; zum UN-Pakt BGBl. 1973 II, S. 1533; s. auch *Geiger*, Grundgesetz und Völkerrecht, § 82 I 2.
[12] *Manfred Wolf* § 25 I 2; *Schilken* Rn. 109, aA bzgl. Art. 6 Abs. 1 S. 1 EMRK BGH JZ 1970, 34; ebenso OLG Hamm NJW-RR 1988, 849, das Art. 6 Abs. 1 EMRK über § 169 Geltung verleiht.
[13] Vgl. EuGHMR EuGRZ 1985, 225, 228; 1985, 229, 232 jew. zu Art. 6 Abs. 1 EMRK; s. auch BGHZ 25, 60, 62.
[14] EuGHMR NJW 1982, 2714, 2716 zu Nr. 59; EuGRZ 1980, 667, 6725.
[15] *Frowein/Peukert* EMRK Art. 6 Rn. 121; IntKommEMRK/*Miehsler/Vogler* Art. 6 Rn. 338 m. weit. Nachw. in Fn. 4: ebenso BGH JZ 1970, 34, 35.
[16] BGH JZ 1970, 34, 35.

8 Dies ist der Fall in Angelegenheiten der **streitigen freiwilligen Gerichtbarkeit,** dh. soweit über zivilrechtliche Ansprüche zu entscheiden ist, da § 8 FGG gerade nicht auf die Öffentlichkeitsvorschriften verweist und eine spezielle Regelung im FGG nicht ersichtlich ist (vgl. hierzu Rn. 22).

9 Zu einem **Konkurrenzverhältnis** zwischen Art. 6 EMRK und § 169 kann es insoweit kommen, als § 169 S. 1 nach allgemeiner Ansicht die Öffentlichkeit nur vor dem erkennenden Gericht, nicht aber vor dem **beauftragten oder ersuchten Richter** anordnet,[17] während der Wortlaut der Konvention jedenfalls in der englischen Fassung eine solche Einschränkung nicht enthält.[18]

10 Im Bereich der Ausschließungsgründe geht zwar die Neufassung des § 172 GVG als lex posterior Art. 6 Abs. 1 S. 2 EMRK vor, hebt als lex specialis diesen jedoch nicht völlig auf.[19] Das bedeutet, dass über die in den §§ 169 S. 2 ff. GVG genannten Tatbestände hinaus auch ein **Ausschluss unter unmittelbarem Rückgriff auf den Katalog des Art. 6 Abs. 1 S. 2 EMRK** zulässig ist, so zB beim Begriff des Jugendlichen. Während § 172 Nr. 4 GVG eine feste Altersgrenze enthält, erfasst das Tatbestandsmerkmal Jugendlicher gemäß § 1 Abs. 2 JGG auch ältere Personen. Für eine weitere Auslegung des Art. 6 Abs. 1 S. 2 EMRK dürften angesichts der Novellierungen des GVG von 1974 und von 1986 (OpferschutzG, wodurch in § 171 b der Persönlichkeitsschutz verstärkt wurde) praktisch nur wenige Fallkonstellationen in Betracht kommen.

IV. Anwendungsbereich und Grenzen der §§ 169 ff.

11 **1. Beschränkung auf mündliche Verhandlung.** Der Grundsatz der Öffentlichkeit gilt nach allgemeiner Ansicht nur für die mündliche Verhandlung. Dies ergibt sich zunächst mittelbar daraus, dass **kein allgemeines Recht auf Akteneinsicht** besteht (s. §§ 299, 760 ZPO). Demzufolge erfährt der Grundsatz der Öffentlichkeit im Zivilverfahren insoweit Einschränkungen.

12 Macht in den Fällen einer **freigestellten mündlichen Verhandlung** (§ 128 Abs. 4, §§ 46 Abs. 1, 522, 552, 552a, 572 Abs. 4 ZPO) der Richter ermessensfehlerfrei von der Möglichkeit der Durchführung einer mündlichen Verhandlung keinen Gebrauch, liegt darin keine Verletzung des Öffentlichkeitsgrundsatzes. Auf dem Gebiet der **freiwilligen Gerichtsbarkeit** ergibt sich die Verhandlungsöffentlichkeit für echte Streitsachen unmittelbar aus Art. 6 Abs. 1 EMRK (Rn. 8). Für WEG-Sachen gilt mittlerweile der Zivilprozess, nicht mehr das FGG-Verfahren (§ 43 WEG 2007).

13 **2. Veröffentlichung von Urteilen.** Ob die Gerichte auf Grund des allgemeinen rechtsstaatlichen Publizitätsgebots *verpflichtet* sind, ihre **Urteile** in angemessener Weise **zu veröffentlichen,**[20] ist umstritten und im Allgemeinen eher abzulehnen. Bei besonderen Interessen kann auch einem einzelnen Dritten, der nicht Verfahrensbeteiligter ist, ein Recht auf Zugang zu dem Urteil zustehen (vgl. § 299 ZPO; § 34 FGG).[21] Zum Schutz des Persönlichkeitsrechts der Beteiligten muss die Veröffentlichung des Urteils in anonymisierter Form erfolgen, wobei der Umfang der Anonymisierung (auch die Namen der Richter?) umstritten ist.

14 **3. Beschränkung auf das Erkenntnisverfahren. a) Erkenntnisverfahren.** § 169 S. 1 ordnet die Öffentlichkeit für die Verhandlung (wozu auch die Beweisaufnahme gehört)[22] einschließlich der Verkündung von Urteilen und Beschlüssen an (vgl. § 173); im schriftlichen Verfahren ergangene Anerkenntnisurteile und Versäumnisurteile (§§ 307, 331 Abs. 3 ZPO) werden aber nicht verkündet, Beschlüsse nur in seltenen Fällen. Selbst bei Verkündung von Urteilen genügt meist die Bezugnahme auf die Formel (vgl. § 311 Abs. 2 S. 2 ZPO), der Tenor wird also nicht vorgelesen, so dass der Zuhörer nichts Wesentliches erfährt.

15 **b) Beweisaufnahme im Haupttermin.** Findet die Beweisaufnahme im Termin statt, bildet sie mit der Erörterung des Sach- und Streitstandes eine Einheit[23] und ist Teil der mündlichen Verhandlung, einschließlich eines reinen Beweisaufnahmetermins vor dem Prozessgericht.[24] Der Allgemeinöffentlichkeit steht § 357 Abs. 1 ZPO nicht entgegen, der für die Beweisaufnahme lediglich Parteiöffentlichkeit anordnet, da er den Parteien die Beiwohnung in jeder Beweisaufnahme gestattet, gleichgültig ob diese vor dem Prozessgericht oder vor dem beauftragten oder ersuchten Richter stattfindet. § 357 Abs. 1 ZPO beschränkt nicht die allgemeine Öffentlichkeit, sondern erweitert die Parteiöffentlichkeit.

---

[17] Rn. 19.
[18] Anders dagegen die franz. Fassung: „... soit entendue ... par un tribunal... qui décidera".
[19] *Manfred Wolf* § 25 I 2 aE.
[20] OLG Celle NJW 1990, 2571.
[21] S. etwa BGHZ 4, 325; OLG Hamm NJW 1989, 533; KG NJW 1989, 534.
[22] BGH NJW 2000, 2508.
[23] RGZ 157, 341, 343.
[24] OLG Düsseldorf OLGZ 1971, 185, 186.

Öffentlichkeit

c) Mahn- und Vollstreckungsverfahren. Auch Mahn- und Vollstreckungsverfahren unterliegen, da nicht dem Erkenntnisverfahren zugehörig, nicht dem Öffentlichkeitsgebot. Dies ergibt sich jeweils aus dem regelmäßigen Mangel einer mündlichen Verhandlung (s. §§ 688 Abs. 1, 704 Abs. 1, 793 ZPO, § 5 Abs. 2 InsO). 16

Die Gläubigerversammlung im Insolvenzrecht ist nicht öffentlich (§ 76 InsO); vgl. ferner § 5 Abs. 2 InsO. Dagegen ist § 169 S. 1 auf streitige Verhandlungen, die aus Anlass eines Mahnverfahrens bzw. einer Vollstreckung in Gang gesetzt werden (§§ 696, 731, 767, 771 ZPO), anwendbar. 17

4. Vor dem erkennenden Gericht. Erkennendes Gericht ist, bezogen auf zivilrechtliche Streitigkeiten, dasjenige Gericht, das in einer streitigen Angelegenheit die **Entscheidung in der Hauptsache trifft** (§ 309 ZPO). Dies kann auch der **Einzelrichter** sein, wenn ihm anstelle des Kollegiums die Sache gemäß §§ 348, 348 a 526, 527 Abs. 4 ZPO zur alleinigen Entscheidung übertragen ist.[25] 18

Der **beauftragte** (§ 361 ZPO) **oder ersuchte Richter** (§ 362 ZPO) nimmt nur einzelne Verfahrenshandlungen vor, trifft aber nicht die Sachentscheidung und ist somit nicht erkennendes Gericht iSv. § 169.[26] 19

5. Verweisungs- und Sondervorschriften. a) Sonstige Verfahren. Der Anwendungsbereich der §§ 169 ff. selbst wird erweitert durch zahlreiche **Verweisungs- und Sondervorschriften** in den jeweiligen Verfahrensordnungen der außerordentlichen Gerichtszweige. Solche sind enthalten in § 73 Nr. 1 GWB mit Modifizierung in § 56 Abs. 3 GWB, § 52 Abs. 1 FGO in Abs. 2 (einseitige Parteidisposition), § 385 Abs. 1 AO, § 55 VwGO, § 61 Abs. 1 SGG, § 17 BVerfGG mit Modifizierung in § 17a (Zulassung von Ton- und Film-Rundfunkaufnahmen zu Beginn einer mündlichen Verhandlung und bei der Urteilsverkündung) und § 25 Abs. 1 (einvernehmlicher Verzicht aller Beteiligten auf mündliche Verhandlung möglich), § 46 Abs. 1 OWiG, § 69 Abs. 1 S. 2 PatG (modifizierte Verweisung auf Ausschließungstatbestände der §§ 172 bis 175 GVG), § 135 Abs. 1 S. 2 BRAO, wo die Öffentlichkeit nur auf Antrag der Staatsanwaltschaft (freigestellt) bzw. des Rechtsanwalts (zwingend) vorgesehen ist, § 73 Abs. 2 BDO mit einer Öffentlichkeit nur auf Antrag des Beamten (zwingend), Teilverweisung auf §§ 171a ff., ebenso § 63 DRiG, Art. 44 GG öffentliche Beweiserhebung im Untersuchungsausschuss des Bundestages,[27] § 48 Abs. 1 JGG, § 52 und § 46 Abs. 2 S. 2 ArbGG grundsätzlich öffentliche Verhandlung mit Teilverweisung auf §§ 169 S. 2, 171b, 173 bis 175. 20

b) Öffentlichkeit in Schiedsgerichtsverfahren. § 1029 ZPO eröffnet den Parteien die Möglichkeit, eine Schiedsvereinbarung abzuschließen. Diese sieht den Parteiinteressen entsprechend regelmäßig ein nichtöffentliches Verfahren vor.[28] Fehlt eine Vereinbarung, dann liegt die Entscheidung gemäß § 1042 Abs. 4 ZPO im freien Ermessen der Schiedsrichter, die in der Regel eine nichtöffentliche Verhandlung anordnen. 21

c) Öffentlichkeit in FGG-Sachen. Aus § 2 EGGVG mit § 8 FGG wird allgemein auf den Grundsatz der Nichtöffentlichkeit in FGG-Sachen geschlossen.[29] Seit Inkrafttreten des Art. 6 Abs. 1 EMRK als innerstaatliches Recht[30] ist diese Vorschrift auch auf diejenigen FGG-Verfahren anwendbar, in denen über zivilrechtliche Ansprüche bzw. Verpflichtungen streitig verhandelt wird. Das Öffentlichkeitsgebot gilt namentlich für Landwirtschaftssachen,[31] für WEG-Sachen jetzt wegen § 43 WEG 2007. Auch Streitigkeiten über die Aufteilung des gemeinsamen Hausrates anlässlich einer Scheidung, die gemäß § 13 Abs. 1 HausratsVO der freiwilligen Gerichtsbarkeit unterliegen, gehören hierher.[32] Aus der Anwendbarkeit des Art. 6 Abs. 1 EMRK auf die **echten Streitsachen** im FGG-Bereich folgt auch die Beachtung der sich aus dieser Vorschrift ergebenden Besonderheiten. Das sind zum einen die nicht völlig mit §§ 170 ff. GVG deckungsgleichen Ausschließungstatbestände sowie die Möglichkeit eines einvernehmlichen Verzichts der Parteien auf die Öffentlichkeit, der auf Grund des primär individualschützenden Charakters der EMRK zulässig ist.[33] 22

---

[25] S. auch OLG Düsseldorf OLGZ 1971, 185, 186.
[26] OVG Koblenz VRS 61 (1981), 270 für die kommissarische Vernehmung nach §§ 223 ff. StPO.
[27] S. BVerfG NJW 1988, 890; BVerfGE 67, 100, 134 = NJW 1984, 2271, 2274; s. dazu auch 57. DJT, Staatsrechtl. Abteilung; Kurzbericht JZ 1989, 34.
[28] S. die empirische Untersuchung von *Kohler*, Die moderne Praxis des Schiedsgerichtswesens in der Wirtschaft (1966), S. 79 bis 81.
[29] *Keidel/Kuntze/Winkler* vor §§ 8 bis 18 Rn. 7 m. weit. Nachw. Fn. 7.
[30] BGBl. 1952 II S. 685.
[31] *Habscheid* FG § 19 III 3.
[32] S. weiterhin die Aufzählung bei *Kissel/Mayer* § 2 EGGVG Rn. 13.
[33] S. Rn. 6.

23 Nicht anwendbar ist Art. 6 Abs. 1 EMRK dagegen in FGG-Sachen, soweit es sich zB um **fürsorgende Angelegenheiten** (§ 1666 BGB), Registersachen, Nachlassangelegenheiten, sowie alle übrigen nichtstreitigen Angelegenheiten handelt. Abgrenzungskriterium ist die materiell-rechtliche Art des Anspruchs, nicht das Verfahren, in dem jener geltend zu machen ist.[34] So sind Zahlungs-, Herausgabe-, Beseitigungs-, Unterlassungsansprüche Gegenstand eines streitigen,[35] Anträge, zB auf Unterbringung, Gegenstand eines nichtstreitigen Verfahrens.

24 **6. Keine Parteidispositon.** Eine **generelle Parteidisposition** über Zulassung oder Ausschluss der Öffentlichkeit ist für das Zivilverfahren **nicht mit § 169 vereinbar.**[36] Dies ergibt sich bereits aus §§ 171 b Abs. 2, 172, die Ausnahmefälle regeln. Der Persönlichkeitsschutz der Beteiligten wird in Zivilsachen dadurch aber unzureichend verwirklicht.[37] Weshalb sollten Verwandte und Bekannte gegen den Willen der Parteien etwa Einzelheiten eines Nachlasswerts und demzufolge des Pflichtteils erfahren können?

25 Aus **§ 128 Abs. 2 ZPO** ergibt sich auf Grund der Möglichkeit, dass die Parteien sich einvernehmlich für ein schriftliches Verfahren aussprechen, eine mittelbare Parteidisposition auch über den Ausschluss der Öffentlichkeit, da im schriftlichen Verfahren keine Öffentlichkeit besteht; ähnlich ist es bei § 278 Abs. 6 ZPO (Vergleich im schriftlichen Verfahren). Daraus ist jedoch keine generelle Parteidisposition ableitbar.

26 Die einseitige Parteidispositivität über die Öffentlichkeit, wie sie in **§ 52 Abs. 2 FGO** für das finanzgerichtliche Verfahren und in **§ 135 Abs. 1 S. 2 BRAO** für das berufsgerichtliche Verfahren gegen Rechtsanwälte vorgesehen ist, scheidet als Analogiebasis aus.

27 Für den Fall eines standesrechtlichen Disziplinarverfahrens vor einem belgischen Disziplinargericht gegen einen Arzt hat der EuGHMR entschieden, dass ein freiwilliger Verzicht des Betroffenen auf Herstellung der Öffentlichkeit mit Art. 6 Abs. 1 EMRK vereinbar sei und dadurch der Grundsatz der Öffentlichkeit nicht verletzt werde.[38] **Aus Art. 6 Abs. 1 EMRK** lässt sich jedoch **keine generelle Parteidisposition für die Öffentlichkeit** für das streitige Zivilverfahren herleiten, da § 169 S. 1 auch objektiv institutionelle Elemente enthält, während Art. 6 Abs. 1 EMRK individualschützenden Charakter hat.[39]

28 Eine allgemeine Dispositionsbefugnis der Parteien über die Öffentlichkeit lässt sich schließlich wegen des über den Individualschutz der Parteien hinausgehenden Normzwecks der Öffentlichkeit auch **nicht aus der Dispositionsmaxime** ableiten. Auch aus § 295 Abs. 1 ZPO lässt sich keine Dispositivität herleiten, da die §§ 169 ff. wegen ihres Normzwecks zu den Vorschriften iSd. § 295 Abs. 2 ZPO gehören.[40]

29 **7. Einschränkungen durch Ausschließungstatbestände des GVG.** Der Öffentlichkeitsgrundsatz erfährt Einschränkungen durch die Ausschlusstatbestände in § 169 S. 2 bis § 175. Es handelt sich dabei um einen, bezogen auf das GVG, abschließenden Enumerativkatalog von teils obligatorisch zwingenden (§§ 169 S. 2, 170, 171 Abs. 1 Halbs. 1, Abs. 2, § 171 b Abs. 2), teils fakultativen, in das Ermessen des Gerichts gestellten (§§ 171 Abs. 1 Halbs. 2, 171 a, 172, 173 Abs. 2) Ausschließungsgründen. Wie sich aus § 173 ergibt, regeln die §§ 169 bis 172 nur den öffentlichen Zugang zum Verfahren selbst. Für die hiervon zu unterscheidende Urteilsverkündung normiert § 173 Abs. 1 zwingend die Öffentlichkeit. Ein Ausschluss kommt hier nur unter den Voraussetzungen der §§ 171 b, 172 auf besonderen gerichtlichen Beschluss und auch lediglich für die Verkündung der Urteilsgründe[41] in Betracht; im Zivilverfahren werden die Urteilsgründe ohnehin nur sehr selten öffentlich mündlich bekannt gegeben (vgl. § 311 Abs. 3 ZPO). Die Verkündung der Urteilsformel ist dagegen zwingend öffentlich (aber Bezugnahme genügt). Unabhängig davon können sitzungspolizeiliche Maßnahmen gemäß §§ 175, 177 zum Ausschluss einzelner Personen führen.

30 **8. Ausschließungstatbestände in Art. 6 EMRK.** Aus Art. 6 Abs. 1 S. 2 EMRK können sich gegenüber den § 169 S. 2ff. erweiterte **fakultative Ausschließungsgründe** ergeben. Dies zeigt

---

[34] OLG Hamm NJW-RR 1988, 849, 850.
[35] OLG Hamm NJW-RR 1988, 849.
[36] OLG Köln NJW-RR 1986, 560 keine Parteidisposition über Nichtöffentlichkeit gemäß § 170; s. auch RGZ 157, 341, 347: Keine einseitige Dispositionsbefugnis.
[37] Vgl. *Grunsky*, Grundlagen des Verfahrensrechts, S. 225 f.; *Köbl*, FS Schnorr v. Carolsfeld, 1973, S. 248 ff., beide in Anlehnung an § 52 Abs. 2 FGO.
[38] EuGMR NJW 1982, 2714, 2716 zu Nr. 59.
[39] EuGHMR EuGRZ 12 (1985), 229, 232; IntKomm EMRK/*Miehsler/Vogler* Art. 6 Rn. 331, 339.
[40] Wie hier OLG Köln NJW-RR 1986, 560.
[41] Zu Umfang und Einschränkbarkeit der Urteilsverkündung gemäß Art. 6 Abs. 1 S. 2 EMRK s. IntKomm/*Miehsler/Vogler* Art. 6 EMRK Rn. 340; dagegen *Frowein/Peukert* Art. 6 Rn. 119; *Piech*, Rechtsstaatliches Gerichtsverfahren, S. 87.

Öffentlichkeit 31, 32 § 169 GVG

sich daran, dass die Tatbestandsmerkmale des Katalogs in Art. 6 Abs. 1 S. 2 EMRK zum Teil allgemeiner gestaltet sind als die konkrete Aufschlüsselung in den § 169 S. 2 ff. So steht der festen Altersgrenze in § 172 Nr. 4 (Ausschluss unter 16 Jahren) der weitere Begriff des Jugendlichen in Art. 6 Abs. 1 S. 2 EMRK gegenüber.[42] Entsprechendes gilt für die Formulierung „Interessen der Rechtspflege" gegenüber den gestuften Maßnahmen, insbesondere der §§ 172 Nr. 4, 175 Abs. 1 und den sitzungspolizeilichen Maßnahmen. Soweit sich danach aus Art. 6 Abs. 1 S. 2 EMRK gegenüber den Regelungen des GVG erweiterte Ausschließungs- oder Begrenzungstatbestände ergeben,[43] können diese zwar durch das GVG als lex specialis verdrängt werden. So geht § 172 als lex posterior dem insoweit älteren Art. 6 Abs. 1 EMRK vor. Damit wird Art. 6 Abs. 1 EMRK als lex generalis jedoch nicht gänzlich aufgehoben, da zusätzliche Schutzrechte der Betroffenen aus Art. 6 Abs. 1 EMRK nicht abgeschnitten werden sollten. Inwieweit die Begrenzung der Öffentlichkeit nach Art. 6 Abs. 1 S. 2 EMRK **neben** den Regeln des **GVG** anwendbar ist, ist umstritten.[44] Der weitere Anwendungsbereich des Art. 6 Abs. 1 EMRK gewährt jedoch **keinen Anspruch** der Prozessbeteiligten **auf Nichtöffentlichkeit**.[45] Wenn nach Ansicht des EuGHMR ein freiwilliger Verzicht der Betroffenen auf Öffentlichkeit zulässig ist,[46] so bindet dieser Verzicht nicht auch das Gericht bei seiner Entscheidung über den Ausschluss der Öffentlichkeit, sondern hindert lediglich die Parteien daran, sich wegen einer nichtöffentlichen Verhandlung auf eine eventuelle Verletzung des Öffentlichkeitsgrundsatzes (venire contra factum proprium) zu berufen. Ein Anspruch auf Ausschließung der Öffentlichkeit kann sich aus Art. 8 Abs. 1 EMRK ergeben.[47]

9. Einschränkungen durch räumliche Verhältnisse. a) Keine Pflicht zum Zutritt für jedermann. Der Wirkungsbereich des Öffentlichkeitsgrundsatzes endet prinzipiell an der zur Verfügung stehenden räumlichen Kapazität.[48] Zwar kann die Öffentlichkeit bereits beim Ausschluss einzelner Personen verletzt sein.[49] Es stellt jedoch keine Verletzung der Verfahrensöffentlichkeit dar, wenn der Zuhörerraum nur einen Teil der insgesamt interessierten Zuhörerschaft aufnehmen kann.[50] Aus § 169 S. 1 ergibt sich **keine Verpflichtung** des Gerichts[51] und erst recht kein subjektives Recht des jeweiligen Zuhörers bzw. eines Prozessbeteiligten, **jedem Interessierten den Zutritt zur Verhandlung zu ermöglichen**. Ein solches Recht ergibt sich zugunsten der Verfahrensbeteiligten auch nicht aus Art. 6 Abs. 1 EMRK. Soweit sich das Gericht für die Durchführung der Verhandlung in einem großen Saal (zB Stadthalle) entschließt, wird man darin alleine jedoch noch keinen Verstoß gegen den Gedanken des § 169 S. 2 sehen können.[52] § 169 S. 1 ist grundsätzlich Genüge getan, wenn der Verhandlungsraum überhaupt Zuhörerplätze vorsieht und der Zugang zu diesen für jedermann eröffnet ist. Es stellt auch keinen Verstoß gegen die Verhandlungsöffentlichkeit dar, wenn trotz großen Andrangs einzelne Plätze im Zuhörerraum unbesetzt bleiben, weil sie aus sachlichen Gründen für bestimmte Personen reserviert, diese aber nicht erschienen sind.[53] 31

b) Beengtheit aus sachlich gerechtfertigten Gründen. Die Beengtheit aus sachlich gerechtfertigten Gründen des Verhandlungsortes schadet nicht. So etwa bei einer Augenscheinseinnahme an einer räumlich beengten[54] oder allgemein unzugänglichen[55] Stelle. Auch kann man bei einer Beweisaufnahme in einer Privatwohnung vom Wohnungseigentümer nicht die Erlaubnis zur Hinzuziehung der Öffentlichkeit verlangen.[56] Jedoch dispensieren diese Zutrittshemmnisse von der 32

---

[42] S. § 172 Rn. 12.
[43] Vgl. *Löwe/Rosenberg/Wickern* Vor § 169 Rn. 97.
[44] Vgl. BGH JZ 1970, 34, 35, der Art. 6 Abs. 1 EMRK nur als Aufforderung an den Gesetzgeber, nicht aber als unmittelbare Rechtsgrundlage richterlicher Entscheidungen sieht; insoweit abl. Anm. *Schmidt*.
[45] IntKommEMRK/*Miehsler/Vogler* Art. 6 Rn. 338; *Baumbach/Lauterbach/Hartmann* § 172 Rn. 7; s. auch Rn. 27.
[46] *Frowein/Peukert* Art. 6 EMRK Rn. 121; *Kühne* NJW 1971, 224, 226.
[47] EuGHMR NJW 1982, 2714, 2716 m. weit. Nachw. ebenso BGH JZ 1970, 34, 35.
[48] BGH NJW 1977, 157; BGH NJW 1966, 1570.
[49] S. etwa BGH NJW 1989, 465; Rn. 29, 61.
[50] *Löwe/Rosenberg/Wickern* Einl. Kap. 13 Rn. 103.
[51] *Kissel/Mayer* Rn. 26 m. weit. Nachw.
[52] So aber *Roxin* Strafverfahrensrecht § 45 A; wie hier: *Löwe/Rosenberg/Wickern* Einl. Kap. 13 Rn. 110; *Seifert* NJW 1970, 1535; eine breitere Öffentlichkeit abl. auch *Frantzki* DRiZ 1979, 82 f.: diff. *Kissel/Mayer* Rn. 26 aE.
[53] BGH DRiZ 1971, 206.
[54] BGH NJW 2006, 1220; BGHSt. 5, 75, 83 = NJW 1954, 281; BGHSt. 21, 72, 73 = NJW 1966, 1570; RGSt. 52, 137; 47, 322; OLG Düsseldorf JMBl. NRW 1963, 215.
[55] BGHSt. 21, 72, 73 = NJW 1966, 1570 – aus Sicherheitsvorschriften; OLG Köln NJW 1976, 637 – Randstreifen auf Autobahn.
[56] BGH NJW 1994, 2773 m. Anm. *Schmidt* JuS 1995, 110; OLG Hamm VRS 1983, 451; s. auch *Foth* JR 1979, 263.

Herstellung der Öffentlichkeit nur solange, wie die Verhandlung zwingend an diesem Ort stattfinden muss. Ein auch nur kurzes Fortsetzen der Verhandlung zum Zwecke eines raschen Abschlusses des Verfahrens am unzugänglichen Verhandlungsort ist unzulässig.[57]

33 **c) Erweiterung der unmittelbaren Öffentlichkeit.** Eine Erweiterung der unmittelbaren Öffentlichkeit auf die vor dem Gerichtssaal anwesenden Zuhörer – ob mit technischen Hilfsmitteln (Lautsprecherübertragung) oder durch Auflassen der Türen des Sitzungssaales – stößt auf Bedenken, weil dem Gericht eine Kontrolle im Hinblick auf § 169 S. 2 damit entzogen ist.[58] Auch aus Art. 5 Abs. 1 GG ergibt sich kein Anspruch auf Bild- und Tonübertragung in einen anderen Saal des Gerichts.[59] In jedem Fall sind solche Erweiterungen unzulässig, soweit die Wahrheitsfindung darunter leidet. Die Zuhilfenahme technischer Übertragungsmittel kann selbst bereits an § 169 S. 2 scheitern (s. Rn. 44 ff.).

34 **d) Auswahlmodus bezüglich der zutrittsberechtigten Personen.** Bei einem die Raumkapazität übersteigenden Andrang stellt sich die Frage nach dem Auswahlmodus bezüglich der zutrittsberechtigten Personen. Der Zutritt ist grundsätzlich nach der Reihenfolge des Erscheinens zu gewähren.[60] Pressevertreter, haben kein Recht auf bevorzugte Teilnahme,[61] dürfen aber auch nicht wegen dieser Eigenschaft benachteiligt werden. Andererseits gebietet das Öffentlichkeitsprinzip nicht die Herstellung einer repräsentativen Öffentlichkeit. Demnach muss es möglich sein, bestimmten Personen oder Personengruppen, zB einer Schulklasse, zu Lasten anderer Zuhörer den Vorzug zu geben, soweit dadurch der Zweck des Öffentlichkeitsgrundsatzes nicht beeinträchtigt wird (etwa durch Bevorzugung eines „bequemeren" Zuhörerkreises). Bereits im Sitzungssaal anwesende Zuhörer dürfen jedoch deswegen nicht mehr hinausgewiesen werden.[62]

35 Gegen die Ausgabe von **Einlasskarten** bei großem Andrang bestehen keine Bedenken, wenn dabei das Prioritätsprinzip (Rn. 34) nicht unterlaufen wird.[63] Da eine Privilegierung von Altzuhörern grundsätzlich abzulehnen ist (s. Rn. 34), sollte die Gültigkeit von Einlasskarten immer nur auf einen Sitzungstermin beschränkt sein. Bedenklich ist es aber, den Erhalt einer Einlasskarte von der Hinterlegung des Personalausweises abhängig zu machen, um zu befürchtenden Störungen der Sitzung bereits im Vorfeld zu begegnen.[64]

V. Verhältnis zu den Vorschriften über die Sitzungspolizei

36 In einer rechtmäßigen sitzungspolizeilichen Maßnahme ist keine Verletzung des Öffentlichkeitsgrundsatzes zu sehen. Dies ergibt sich aus der Natur und dem **unterschiedlichen Zweck** der beiden Regelungsbereiche. Selbst die Entfernung aller Zuhörer aus dem Gerichtssaal infolge einer sitzungspolizeilichen Maßnahme ist nicht Ausschluss der Öffentlichkeit, weil dadurch anderen, nicht störenden Zuhörern der Zugang zur Verhandlung nicht versagt wird. Der Öffentlichkeitsgrundsatz wird allerdings verletzt, wenn die Entfernung von Nichtverfahrensbeteiligten gemäß § 177 nicht rechtmäßig ist.[65] Eine unbegründete Entfernung von Verfahrensbeteiligten hingegen tangiert nicht den Öffentlichkeitsgrundsatz, da eine öffentliche Kontrolle nach wie vor gegeben ist, sondern stellt vielmehr eine Verletzung der Justizgrundrechte, insbesondere von Art. 103 Abs. 1 GG dar.

37 Trotz der zunächst scheinbar klaren Abgrenzung der Regelungsbereiche von öffentlichkeitsbezogenen und sitzungspolizeilichen Vorschriften ist das zwischen ihnen bestehende **Spannungsverhältnis** unverkennbar. Insbesondere stellt sich die Frage, ob eine effiziente Kontrolle durch die Gerichtsöffentlichkeit möglich ist, wenn die verhältnismäßig harten Sanktionsmöglichkeiten der §§ 177, 178 drohen, und ob nicht eine extensive Handhabung der sitzungspolizeilichen Befugnisse zu einer Beeinträchtigung der Kontrollfunktion der Öffentlichkeit führen kann. Die eigentliche öffentliche Kontrolle findet nicht in der Verhandlung, sondern auf Grund der Verarbeitung von in der Verhandlung gewonnenen Eindrücken statt. Folglich sind Zuschauerreaktionen während der Verhandlung nicht durch den Grundsatz der Öffentlichkeit gedeckt.[66] Umgekehrt muss aber die An-

---

[57] OLG Köln NJW 1976, 637, Urteilsverkündung auf BAB-Randstreifen.
[58] Erweiterung abl. BGH DRiZ 1971, 207, technische Übertragung in Dienstzimmer des Gerichtspräsidenten; *Roxin* Strafverfahrensrecht § 45 A; *ders.* FS K. Peters, 1974, S. 404.
[59] BVerfG NJW 1993, 915.
[60] OLG Schleswig SchlHA 1979, 203; *Kissel/Mayer* Rn. 29 m. weit. Nachw.
[61] S. Rn. 51 ff.
[62] Vgl. auch RGSt. 30, 244; 64, 286.
[63] BGH bei *Dallinger* MDR 1970, 561 f.; RG JW 1930, 3404; Karlsruhe NJW 1975, 2080; OLG Schleswig SchlHA 1979, 203; zust. auch *Kissel/Mayer* Rn. 35; *Roxin* FS K. Peters, 1974, S. 400.
[64] OLG Karlsruhe NJW 1975, 2080, 2081.
[65] Rn. 37; s. auch § 177 Rn. 2 ff.
[66] *Kissel/Mayer* Rn. 53.

wendung sitzungspolizeilicher Maßnahmen auf Vorkommnisse beschränkt bleiben, die ihren Ursprung in einem Verhalten während der mündlichen Verhandlung haben und deren Ablauf stören.[67] Sie dürfen nicht in den Prozess der öffentlichen kritischen Auseinandersetzung hinübergreifen. Danach ist etwa die Entfernung eines Pressevertreters aus dem Sitzungssaal zur Vermeidung der Wiederholung einer früheren unsachgemäßen Prozessberichterstattung nicht vom Zweck des § 177 gedeckt und stellt damit eine Verletzung des Öffentlichkeitsgrundsatzes dar.[68] Hier kommt, soweit nach §§ 171b, 172 möglich, allein ein Ausschluss zur Wahrung der persönlichkeitsrechtlichen Interessen der von der Berichterstattung Betroffenen, uU auch des Richters selbst, in Betracht.

VI. Verhältnis zum Hausrecht

38 Auch Maßnahmen, die auf Grund des Hausrechts vom Gerichtspräsidenten angeordnet werden, können eine Beschränkung der Öffentlichkeit zur Folge haben. Auf das Hausrecht gestützte Maßnahmen dürfen aber nicht zu sitzungspolizeilichen Zwecken bzw. zum Zweck des Ausschlusses der Öffentlichkeit angewendet werden. Der Inhaber des Hausrechts darf deshalb einem Zuhörer nicht den Zutritt zum Sitzungssaal verwehren, wenn dem keine auf die §§ 169 ff. gestützte richterliche Anordnung zugrunde liegt.[69] Umgekehrt kann der Träger der Gerichtsverwaltung aber verpflichtet sein, die Befolgung zB sitzungspolizeilicher Maßnahmen des Gerichts mit Maßnahmen des Hausrechts zu unterstützen, zB durch Fernhalten von ausgeschlossenen Zuhörern.[70] Zur Vermeidung von Konflikten zwischen sitzungspolizeilichen und hausrechtlichen Befugnissen kann der Träger des Hausrechts dessen Ausübung auf den Vorsitzenden der jeweiligen Verhandlung übertragen.[71]

39 Die richterlichen **Ausschließungsbefugnisse** können **nicht durch das Hausrecht** erweitert[72] und damit die Geltung des Öffentlichkeitsgrundsatzes untergraben werden.[73] Dies gilt insbesondere für Maßnahmen im Vorfeld bzw. außerhalb einer Verhandlung, die faktisch den ungehinderten Zugang zum Gebäude und damit zur Verhandlung beeinträchtigen, zB durch Abfangen am Eingang des Gerichtsgebäudes oder Verhängung eines Hausverbots vor Verhandlungsbeginn. Auch darf sich das Interesse an der Funktion des Behördenapparates nicht als entscheidendes Hemmnis für das Prinzip der Verfahrensöffentlichkeit erweisen.

VII. Verhältnis zum Polizeirecht

40 Der freie Zutritt zu einer Verhandlung kann auch durch polizeiliche Maßnahmen vor oder im Gerichtsgebäude beeinträchtigt werden, wie zB durch verstärktes Polizeiaufgebot, polizeiliche Bild- und Tonaufnahmen[74] von Teilnehmern vor dem Gerichtsgebäude oder vor dem Sitzungssaal, durch Ausweiskontrollen[75] uU beim Pförtner[76] oder sogar durch Leibesvisitationen. Sie dürfen zu **keiner Umgehung des Grundsatzes der Öffentlichkeit** und zu keiner Aushöhlung der richterlichen Zuständigkeit führen. Eine präventive Vorverlagerung auf Sicherheitsorgane ist grundsätzlich abzulehnen.[77] Soweit dagegen Straftaten ernstlich zu befürchten sind, kann zB eine Durchsuchung nach Waffen gerechtfertigt sein, wenn sie dem Verhältnismäßigkeitsprinzip genügt, dh. mildere Mittel nicht zu Gebote stehen.[78] Ob die Bereitschaft zur Hinterlegung des Personalausweises ein geeignetes und erforderliches Präventionsmittel ist, muss bezweifelt werden,[79] wenn dies allgemein von allen Zuhörern verlangt wird.

VIII. Arten der Öffentlichkeit

41 Bei Wahrnehmung der Öffentlichkeit ist zwischen der unmittelbaren und der mittelbaren Verhandlungsöffentlichkeit sowie der öffentlichen Berichterstattung zu unterscheiden. Die **unmittelbare**

---

[67] S. auch *Stürner* Anm. zu BGH JZ 1972, 663, 665.
[68] BVerfGE 50, 234 = NJW 1979, 1400; s. auch OLG Hamm NJW 1967, 1289; *Stober* DRiZ 1980, 3.
[69] BGH NJW 1982, 947.
[70] OLG Celle DRiZ 1979, 376.
[71] BGH NJW 1982, 947.
[72] S. auch BGH JZ 1972, 663, 664 zu § 177 aF. Damit verbleibt dem Hausrecht während der Dauer der Verhandlung nur insoweit ein eigenständiger Geltungsbereich, als durch das Eindringen ausgeschlossener Zuhörer in den Sitzungssaal § 123 StGB verwirklicht wird. S. BGH NJW 1982, 947.
[73] Wie hier *Stürner* Anm. zu BGH JZ 1972, 663, 665.
[74] Verletzung verneint in BGH NJW 1980, 249.
[75] Verletzung verneint in BGH NJW 1977, 157.
[76] Verletzung verneint in OLG Koblenz NJW 1975, 1333.
[77] *Roxin* Festschr. für K. Peters, 1974, S. 397 ff.
[78] S. *Schmitt* DRiZ 1971, 20 zu Strafverfahren.
[79] So aber OLG Karlsruhe NJW 1975, 2080.

Öffentlichkeit (§ 169 S. 1) bezieht sich ausschließlich auf die am Ort der mündlichen Verhandlung anwesenden Nichtverfahrensbeteiligten. Der Begriff **mittelbare Öffentlichkeit** (§ 169 S. 2) meint die visuelle und akustische Teilnahme an der Verhandlung ohne körperliche Anwesenheit des „Teilnehmenden" mit Hilfe technischer Übertragungs- oder Aufzeichnungsmöglichkeiten auf Ton- oder Bildträger. Die **öffentliche Berichterstattung** schließlich umfasst alle sonstigen Formen der Mitteilung des Geschehens vor Gericht gegenüber der Öffentlichkeit. Hierher gehören zB die Prozessberichterstattung der Medien sowie die juristische Wiedergabe von Entscheidungen in der Fachpresse.

42 **1. Unmittelbare Öffentlichkeit.** Die unmittelbare Öffentlichkeit im Sinne der persönlichen Anwesenheit von Zuhörern wird vom Gesetzgeber in erster Linie bezweckt und gesichert.[80] Für die Ermöglichung einer einigermaßen authentischen Darstellung des Geschehens im Wege der Prozessberichterstattung muss zumindest für deren Vertreter der unmittelbare Zugang zur Verhandlung grundsätzlich erhalten bleiben. Die Maßnahmen der Sitzungspolizei sind nach ihrem Inhalt auf die unmittelbar anwesende Öffentlichkeit beschränkt (s. Rn. 36).

43 **2. Mittelbare Öffentlichkeit.** Einen praktisch bedeutsamen Stellenwert nehmen die Formen der mittelbaren Öffentlichkeit und der öffentlichen Berichterstattung ein. Gleichzeitig bergen diese Formen der Informationsmitteilung aber auch die Risiken einer unvollständigen, verzerrten, unausgewogenen oder sonst nicht authentischen Wiedergabe der Realität einschließlich der Gefahr einer Vorverurteilung und damit auch einer Beeinflussung der Rechtsprechungsorgane.[81] Dem soll durch § 169 S. 2 begegnet werden. Andererseits tritt gerade in jüngerer Zeit die Überlegung hinzu, dass möglicherweise auch Fernsehjournalisten aus Art. 5 Abs. 1 GG einen Anspruch auf Berichterstattung aus dem Verhandlungssaal, gerade in Verfahren gegen hochgestellte Persönlichkeiten, ableiten können.[82] Diese Überlegung hat das BVerfG zunächst dazu veranlasst, Zweifel an der Verfassungsmäßigkeit des § 169 S. 2 als „nicht offensichtlich unbegründet" zu bewerten.[83] Inzwischen hat das BVerfG die Verfassungsmäßigkeit der Vorschrift ausdrücklich anerkannt.[84]

44 **a) Mittelbare Öffentlichkeit durch Ton- und Filmaufzeichnungen.** Das **Verbot** von Ton- und Fernsehrundfunkaufnahmen sowie Ton- und Filmaufnahmen zu Veröffentlichungszwecken **gilt für alle Verhandlungen,** auf die das GVG anwendbar ist.[85] Zur Sonderstellung des BVerfG vgl. § 17a BVerfGG. Neben der klaren grammatikalischen Auslegung, die einer Beschränkung auf bestimmte Verfahren entgegensteht, spricht auch der Zweck des Verbotes, die Wahrheitssuche im Verfahren nicht zu behindern, für dessen universelle Geltung. § 169 S. 2 ist somit nicht auf die strafrechtliche Hauptverhandlung beschränkt.

45 Eine **teleologische Extension des § 169 S. 2** auf die Fälle, in denen das Gericht die Verhandlung auf Grund starken Zuhörerandrangs in einen großen Saal verlegt, ist **nicht geboten.**[86]

46 **b) Zulässige Formen der Aufzeichnung, Tonband. aa) Aufzeichnungen in der Verhandlung.** § 169 S. 2 untersagt die fortlaufende, bewegte Ton- bzw. Bildaufzeichnung, nicht aber **punktuelle** bzw. **nichttechnische Aufnahmen** wie Fotografieren,[87] Zeichen oder Stenografieren.[88] Diese Formen unterliegen der Sitzungspolizei und können bei einer Beeinträchtigung der Verhandlungsführung im erforderlichen Maße beschränkt werden. Dabei darf sich ein Fotografierverbot auch auf die an den Sitzungssaal angrenzenden Vorräume erstrecken, wenn von diesen aus eine Störung der Sitzung erfolgen kann.[89] Insgesamt sind aber jeweils der Persönlichkeitsschutz der Verfahrensbeteiligten und die Ordnung des Gerichtsverfahrens auf der einen Seite sowie die Presse- und Rundfunkfreiheit auf der anderen Seite unter Beachtung des Verhältnismäßigkeitsgrundsatzes gegeneinander abzuwägen.[90]

---

[80] *Roxin* Strafverfahrensrecht § 45 A; darüber hinausgehend *Scherer,* Gerichtsöffentlichkeit als Medienöffentlichkeit, 1979, S. 88.
[81] S. auch *Manfred Wolf* § 21 I.
[82] Vgl. BVerfG NJW 2001, 1633 („Krenz"); NJW 1995, 184.
[83] BVerfG NJW 1999, 1951; 1996, 581.
[84] BVerfG NJW 2001, 1633.
[85] S. RegE BT-Drucks. IV/178 S. 12 „Hauptverhandlung", Begründung ebenda S. 20 und 45 f.; Stellungnahme des BR ebenda, S. 49; zusammenfassend *Löwe/Rosenberg/Wickern* Einl. Kap. 13 Rn. 105 ff. m. weit. Nachw.; s. auch BGHSt. 10, 202; 16, 111; BGHSt. 22, 83; BGH NJW 1964, 602.
[86] S. oben Rn. 31 a; aA *Roxin* Strafverfahrensrecht § 45 A; diff. *Kissel/Mayer* Rn. 26 f. (nicht in jedem Fall unzulässig); *Seifert* NJW 1970, 1535.
[87] BGH NJW 1970, 63, 64.
[88] BGH NJW 1963, 599, Aufzeichnungen in Kurzschrift durch Schreibkraft eines Verteidigers; zum Ganzen auch *Maul* MDR 1970, 286 ff.; BGH bei *Holtz* MDR 1982, 812.
[89] BVerfG NJW 1996, 310.
[90] BVerfG NJW 1996, 184.

bb) Aufzeichnungen außerhalb der Verhandlung zu Veröffentlichungszwecken. Das 47
Verbot des § 169 S. 2 ist räumlich und zeitlich auf die mündliche Verhandlung beschränkt. Es erfasst damit nicht Aufzeichnungen, die vor und nach der Verhandlung sowie während der Sitzungspausen angefertigt werden.[91] Zwischen dem Aufruf der Sache und dem eigentlichen Beginn der Verhandlung zur Sache können Aufnahmen unter bestimmten Voraussetzungen ausnahmsweise zulässig sein.[92] Ebensowenig erfasst sind Aufzeichnungen, die während der Verhandlung aber ohne räumlichen Bezug zum Sitzungssaal, bei Ortsterminen in gebührender Entfernung, angefertigt werden. Die Aufzeichnungstätigkeiten können aber **dem Hausrecht** sowie den durch das **Persönlichkeitsrecht** der Betroffenen gezogenen Grenzen unterliegen. Gegen störende, weil geräuschintensive Berichterstattung während der Verhandlung außerhalb des Saales (zB auf dem Korridor) kann der Vorsitzende einschreiten, wenn ihm für die Dauer der Verhandlung das Hausrecht übertragen wurde,[93] ansonsten der Gerichtspräsident als Träger des Hausrechts.

cc) Aufzeichnungen zu anderen als Veröffentlichungszwecken, Tonbandmitschnitt. 48
Der Wortlaut des § 169 S. 2 beschränkt die genannten Aufzeichnungsverbote auf die Fälle, in denen diese zum Zwecke einer „öffentlichen Vorführung oder Veröffentlichung ihres Inhalts" angefertigt werden. Zumindest nicht ausdrücklich davon erfasst sind Aufzeichnungen der genannten Art **zu privaten Zwecken**.[94] Solche Aufzeichnungen, zB in Form eines Tonbandmitschnittes von Äußerungen des Gerichts, von Zeugen- oder Parteiaussagen, durch Zuhörer, Pressevertreter, Anwälte, Parteien sind problematisch. § 160a Abs. 1 ZPO regelt die Frage nicht; dort steht nur, dass der *Richter* das Protokoll auf Tonband diktieren kann, was aber in der Regel nur im Rahmen von § 160 ZPO und bezüglich der Zeugenaussagen in der Regel nicht als Wortprotokoll geschieht: Wegen der Gefahr einer missbräuchlichen Verwendung der wörtlichen Aufnahme mit persönlichkeitsrelevanten Begleitumständen (Stottern, Zögern, starker Dialekt, „äh, äh" usw.) ist dies nur zulässig, wenn das Gericht und der Beteiligte (zB der Zeuge) zustimmen.[95] Geheime Aufzeichnungen verletzen das Persönlichkeitsrecht am gesprochenen Wort und sind, ungeachtet ihrer Wichtigkeit und ihres Verwendungszwecks, ausnahmslos unzulässig. Wörtliche Aufzeichnungen in Kurzschrift durch den Prozessvertreter sind aber zulässig.[96] Auch Zuhörer können mitschreiben.

Aufzeichnungen **zu gerichtseigenen Zwecken**, so etwa um eine bestimmte Wahrnehmung in 49
möglichst plastischer Form in die Beratung hinüberzuretten, sind, soweit es sich um Tonaufzeichnungen handelt, gemäß § 160a ZPO zulässig. Es ist somit zulässig, wenn das Gericht während der Zeugenvernehmung ein Tonband laufen lässt.[97]

3. Öffentliche Berichterstattung, Medien. Von den Öffentlichkeitsvorschriften des GVG 50
nicht unmittelbar erfasst ist der Bereich der öffentlichen Berichterstattung; sie betrifft nur selten Zivilverfahren, ist aber für Strafverfahren bedeutsam. Ihr kommt die faktisch bedeutsamste Rolle für die **Herstellung einer breiten Verfahrensöffentlichkeit** zu.[98] Die Übermittlung gerichtlichen Geschehens in den Formen der öffentlichen Berichterstattung unterscheidet sich von denen der mittelbaren Öffentlichkeit (Rn. 44) im Wesentlichen dadurch, dass sie über die Verhandlung berichten, ohne das unmittelbare Geschehen über die Grenzen des Sitzungssaales hinaus „ungefiltert" weiterzuleiten.

Aus der Mittlungs- und Vorbereitungsfunktion der berichterstattenden **Medienvertreter** folgt 51
für diese trotz ihrer faktischen Sonderrolle[99] für die Information und Meinungsbildung der Öffentlichkeit **kein Recht auf bevorzugten Zugang zur Verhandlung** gegenüber den gewöhnlichen Zuhörern.[100] Ein solches ließe sich auch nicht mit der Informationsfunktion der Medien für eine ungehinderte Unterrichtung der Öffentlichkeit über Art. 5 Abs. 1 GG begründen, da das Informationsinteresse der Öffentlichkeit nur im Rahmen der §§ 169 ff. als allgemeines Gesetz gemäß Art. 5 Abs. 2 GG rechtlich geschützt ist.[101] Daraus folgt etwa, dass die Medienvertreter denselben Be-

---

[91] BGH NJW 1970, 62; 1995, 185.
[92] Bejaht in BGH NJW 1970, 63 bei Nichtanwesenheit des Angeklagten.
[93] Dazu Rn. 38.
[94] Zum Ganzen *Praml* MDR 1977, 14 im Hinblick auf Strafverfahren.
[95] Nach *Kissel/Mayer* Rn. 73 ist eine Aufzeichnung durch Verfahrensbeteiligte bei entsprechender Zustimmung des Vorsitzenden grds. zulässig; nach *Baumbach/Lauterbach/Hartmann* Rn. 5 bedarf es neben der Zustimmung des Gerichts auch derjenigen des Beteiligten.
[96] S. auch BGH NJW 1963, 599.
[97] OLG Bremen NStZ 2007, 481,
[98] Zur Informationsfunktion s. *Stober* DRiZ 1980, 3 ff.
[99] *Arndt* NJW 1960, 424.
[100] BVerfGE 50, 234, 241; NJW 2001, 1633; *Gostomzyk* JuS 2002, 228; *Stober* DRiZ 1980, 4 f.; *Foth* DRiZ 1980, 103; BGH bei *Holtz* MDR 1984, 278; s. auch oben Rn. 34; ferner Kommentierung zu § 175 Abs. 2.
[101] Vgl. BVerfGE 50, 234, 241.

schränkungen unterworfen sind wie die übrigen Zuhörer.[102] Das Gericht kann aber einen Teil der Plätze den Pressevertretern vorbehalten;[103] ein Anspruch darauf besteht nicht. Die Gleichstellung gilt im Übrigen sowohl für die Ausschließungsgründe wie auch für die sitzungspolizeilichen Maßnahmen. Das BVerfG[104] meint, gestützt auf Art. 5 Abs. 1 S. 2 GG, ein Fernsehteam habe einen Anspruch darauf, den Spruchkörper vor Beginn der Verhandlung im Sitzungssaal filmen zu dürfen, wenn eine Straftat Anlass zu einer umfangreichen öffentlichen Diskussion gegeben habe.[105]

52 Für ein großes Presseaufgebot ergibt sich **kein Erfordernis einer prinzipiellen Einschränkung** des freien Zugangs zu öffentlichen Verhandlungen, zB durch Kontingentierung. Beim Einsatz der sitzungspolizeilichen Mittel gegen Pressevertreter sind der Persönlichkeitsschutz der Verfahrensbeteiligten und die Ordnung des Gerichtsverfahrens auf der einen Seite sowie die Presse- und Rundfunkfreiheit auf der anderen Seite unter Beachtung des Verhältnismäßigkeitsgrundsatzes gegeneinander abzuwägen.[106]

53 Angesichts der praktischen Dominanz schriftlicher Verfahrensabschnitte gegenüber dem mündlichen Vortrag in Zivilverfahren (§§ 137 Abs. 3, 297 Abs. 2, 128 Abs. 2 bis 4 ZPO) kann die Öffentlichkeit häufig allenfalls bei **Veröffentlichung der Entscheidungen** davon Kenntniss erlangen. Die Grenzen der Veröffentlichung einer Entscheidung sind mit denen der öffentlichen Verhandlung insoweit identisch, als sie demselben Schutzzweck dienen. Veröffentlichung bzw. Abschrifterteilung werden deshalb insoweit eingeschränkt, als andernfalls der von den Ausschließungsgründen verfolgte Schutz unterlaufen würde. Dies ist nicht der Fall, wenn primär zum Zwecke der Wahrheitsfindung ausgeschlossen wurde.[107] Erfolgt der Ausschluss aber zur Wahrung der Persönlichkeitsrechte eines Beteiligten, insbesondere gemäß § 171b, verpflichtet dies mindestens zur Anonymisierung der Veröffentlichung.[108] Erfolgt der Ausschluss aus Gründen des Geheimnisschutzes (§ 172 Nr. 1 und 2), wird dies im Regelfall eine Veröffentlichung je nach dem Umfang des Geheimnisschutzes ganz oder zum Teil hindern.

IX. Hinweis auf die Verhandlung

54 **1. Ankündigung.** Verhandlungen, die dem Öffentlichkeitsgebot unterliegen, müssen prinzipiell so bekanntgemacht werden, dass das interessierte Publikum **ohne besondere Anstrengung oder Schwierigkeiten** von Verhandlungstermin und -ort **Kenntnis erlangen** kann.[109] Will ein potenzieller Zuhörer von der Geschäftsstelle wissen, wann das Verfahren X gegen Y verhandelt werde, ist ihm deshalb Auskunft zu erteilen. Das gilt auch für einen Augenscheinstermin.[110] Die bloße Chance einer rein zufällig sich ergebenden Öffentlichkeit reicht dafür nicht aus.[111] Dies ist vor allem bedeutsam, wenn die Verhandlung nicht im Sitzungssaal, sondern in einem Richterzimmer stattfindet.

55 Die **Form** der Informationsmöglichkeit ist nicht zwingend vorgeschrieben. Regelmäßig wird ein Aushang des Sitzungszettels erforderlich[112] und wegen des verhältnismäßig geringen Aufwandes für das Gericht oder für die Hausverwaltung zumutbar, aber auch ausreichend sein. Sie ist jedoch nicht die einzig zulässige Form der Bekanntmachung.[113] Eine geringfügige, leicht überwindbare Erschwerung der Informationsmöglichkeit beeinträchtigt die Öffentlichkeit noch nicht.[114] Jedoch darf das Publikum vor allem bei Verhandlungen an gerichtsunüblichen Orten (zB Augenschein; s. Rn. 58) nicht von vornherein generell auf die bloße Möglichkeit einer Auskunftseinholung beim Pförtner verwiesen werden.[115] Die Möglichkeit der Information darüber, dass eine Verhandlung stattfindet, muss **während der gesamten Verhandlungsdauer** gegeben sein; der einmalige Aufruf der Sache vor dem Sitzungsraum zu Beginn der Verhandlung – ohne Aushang – reicht nicht aus.[116] Bei ord-

---

[102] S. oben Rn. 34
[103] BGH NJW 2006, 1220; *von Coelln* DÖV 2006, 804.
[104] BVerfG NJW-RR 2007, 1416 (Verkauf verdorbener Fleischwaren, sog. Gammelfleisch).
[105] Zum Photographieren vgl. auch BVerfG NJW 2003, 2671; NJW 2002, 2021.
[106] BVerfG NJW 1995, 184.
[107] Dazu § 172 Rn. 4.
[108] Zum Ganzen *Hirte* NJW 1988, 1698.
[109] BGH DRiZ 1981, 193; BGH 4 StR 549/69 v. 2. 4. 1970 bei *Dallinger* MDR 1970, 560f.
[110] OLG Celle NdsRpfl 2005, 255.
[111] Ebenso *Franke* ZRP 1977, 143; *Kissel/Mayer* Rn. 50.
[112] BGH 4 StR 549/69 v. 2. 4. 1970 bei *Dallinger* MDR 1970, 560f.
[113] BGH DRiZ 1981, 193; aA BayObLG NJW 1980, 2321.
[114] OLG Hamm NJW 1974, 1780; OLG Stuttgart MDR 1977, 249, 250 bei auswärtiger Augenscheinseinnahme.
[115] OLG Hamm NJW 1974, 1780; OLG Hamburg VRS 24, 437, 438; einschr. BGH DRiZ 1981, 193; aA OLG Bremen MDR 1955, 757.
[116] OLG Hamburg VRS 24, 437.

nungsgemäßem Hinweis auf die Verhandlung kann das Versäumnis des Aufrufs der Sache andererseits jedoch keinen Verstoß gegen § 169 begründen.[117] Da § 169 S. 1 die Öffentlichkeit im Sinne einer Allgemeinheit ohne Ansehung ihrer persönlichen Zusammensetzung versteht, darf der Hinweis auf die Verhandlung auch **nicht** so ausgestaltet sein, dass er **nur bestimmte Zuhörer**(-kreise) erreicht, sondern er muss eine Wahrnehmung durch unbeteiligte Dritte realistischerweise erwarten lassen.

2. Hinweis bei Verlegung. Im Falle einer örtlichen Verlegung steigen die Anforderungen an die Kenntlichmachung mit zunehmender Unüblichkeit des Ortes, an den verlegt wird.[118] Als Ort des anzubringenden Hinweises kommen **alternativ**[119] **der ursprüngliche oder der neue Verhandlungsort** in Betracht. Eine Verpflichtung, in jedem Fall am alten Ort einen Hinweis anzubringen, besteht nicht.[120] Die Verkündung des neuen bzw. künftigen Verhandlungsortes am Schluss der Sitzung alleine reicht in der Regel nicht aus.[121]

a) Gerichtsüblicher Ort. Für Verhandlungen an einem gerichtsüblichen Ort (im Gerichtsgebäude; auch bei Videokonferenz-Sitzung nach § 128a ZPO)[122] kommt regelmäßig ein schriftlicher Hinweis auf einer Tafel etc. als Informationsträger in Betracht. Bei einem bloßen Raumwechsel innerhalb desselben Gebäudes von dem ursprünglich angekündigten in einen anderen Sitzungssaal ist ein fehlender Hinweis auf die Verlegung[123] unschädlich, wenn interessierte Zuhörer *ohne weiteres* diesen Raum erfragen können[124] oder wenn am neuen Verhandlungsraum ein Hinweis vorhanden ist; ebenso, wenn am alten Saal ein Hinweis angebracht ist und der neue Saal gewöhnlich zugänglich ist;[125] ebenso bei Hinweis am Haupteingang des Gerichtsgebäudes auf den neuen Verhandlungsraum.[126]

b) Gerichtsunüblicher Ort. Für Verhandlungen an gerichtsunüblichem Ort, zB am Straßenrand, in einer Gaststätte, im Hotelzimmer, in der Privatwohnung eines ehrenamtlichen Richters oder einer Partei, sind an den Hinweis keine unpraktikablen Anforderungen zu stellen. Als Informationsträger kommen Hinweisschild, Auskunft, aber auch der Hinweis kraft Erscheinungsbildes, zB bei Verhandlung in einem innerörtlichen Verkehrsraum zu verkehrsüblichen Zeiten,[127] in Betracht. Wird auf dem im Gericht ausgehängten Sitzungszettel angegeben „Augenschein" oder „Tatort" ohne nähere Angabe, wo genau, ist dies ungenügend.[128] Fehlt ein ausdrücklicher Hinweis, so ist das Erscheinungsbild alleine nur dann ausreichend, wenn nach den Umständen, wie Tageszeit, Passantenfrequenz u. a., generell mit unbeteiligten Dritten als potentiellem Publikum zu rechnen ist und wenn das Procedere für einen außenstehenden Betrachter als Gerichtsverhandlung erkennbar ist.[129] Bei fehlendem Hinweis liegt mangels typischer Erwartbarkeit von unbeteiligten Dritten Öffentlichkeit nicht vor bei Verhandlung in einem Hausflur,[130] im Gastraum eines Restaurants bei gleichzeitiger Kennzeichnung als „geschlossene Gesellschaft" durch Kellnerin,[131] in einer Gaststätte zu einem Zeitpunkt, an dem diese wegen Betriebsruhe für den allgemeinen Verkehr geschlossen ist,[132] in einem Hotelzimmer,[133] in einer Strafanstalt trotz eines am Eingang angebrachten schriftlichen Hinweises, wenn deren Zufahrt als „Privatweg" ausgeschildert ist,[134] im **Dienstzimmer des Richters** statt im Sitzungssaal[135] (Sitzungszettel an der Tür und Hinweis auf freien Eintritt sind er-

---

[117] BFH NVwZ 1996, 102.
[118] OLG Hamm NJW 1974, 1780; OLG Hamburg VRS 24, 437.
[119] Offengelassen in BGH 4 StR 349/69 v. 2. 4. 1970 bei *Dallinger* MDR 1970, 560 f.; wie hier OLG Neustadt MDR 1964, 778.
[120] OLG Stuttgart MDR 1977, 249, 250 fordert den Hinweis am alten Ort auf jeden Fall; wie hier OLG Hamm VRS 1983, 451; OLG Oldenburg MDR 1979, 518.
[121] BGH DRiZ 1981, 193; BayObLG MDR 1980, 780; OLG Düsseldorf NJW 1983, 2514.
[122] Vgl. *Schultzky* NJW 2003, 313.
[123] OLG Hamburg VRS 24, 437.
[124] BGH DRiZ 1981, 193.
[125] OLG Neustadt MDR 1964, 778.
[126] OLG Zweibrücken VRS 30, 205.
[127] OLG Hamm NJW 1976, 122.
[128] OLG Hamm StV 2002, 474.
[129] Zu großzügig dagegen BVerwG JR 1972, 521 Verhandlung im Rathaus; OLG Koblenz VRS 24, 441, 442, wonach die bloße Teilnahmemöglichkeit unter Vernachlässigung der Erkennbarkeit genügen soll.
[130] Vgl. OLG Hamm NJW 1976, 122.
[131] AA OLG Düsseldorf JMinBl. NRW 1966, 23; s. aber Rn. 60.
[132] OLG Hamm NJW 1960, 785.
[133] AA OLG Düsseldorf JMBlNRW 1963, 215.
[134] OLG Hamm NJW 1974, 1780.
[135] BVerfG NJW-RR 2006, 1653 (Dienstzimmer des LG-Präsidenten); OLG Hamburg VRS 24, 437.

forderlich, unverschlossene Tür), in der Privatwohnung eines Schöffen[136] bzw. eines ehrenamtlichen Richters, außerhalb einer, wenn auch nahegelegenen Ortschaft in freiem Gelände.[137]

59 **c) Zeitliche Verlegung.** Der Öffentlichkeitsgrundsatz schützt nicht das Vertrauen in Terminankündigungen.[138] Eine **zeitliche Verlegung** kann deshalb stattfinden, ohne dass die Zuhörer aus einem früheren Termin davon besonders benachrichtigt werden müssen.[139] Es genügt der allgemeine Hinweis für jedermann.[140]

X. Voraussetzungen und Erscheinungsformen der Verletzung

60 **1. Allgemeine Voraussetzungen der Verletzung.** Eine revisionserhebliche Verletzung der Öffentlichkeitsvorschriften ist nur dann anzunehmen, wenn die Missachtung mit **Wissen oder in fahrlässiger Unkenntnis des Gerichts** geschah.[141] Eine Verletzung liegt dagegen nicht vor, wenn die Missachtung auf ein Versehen Dritter zurückzuführen ist,[142] so zB bei versehentlicher Kennzeichnung der Sitzung als nichtöffentlich durch den Gerichtswachtmeister bzw. Urkundsbeamten,[143] bei Zurückweisung von Besuchern eines Cafés, in dem eine öffentliche Verhandlung stattfindet, durch die Kellnerin mit der Bemerkung, es handele sich um eine „geschlossene Gesellschaft"[144] oder bei versehentlich verschlossener Eingangstür des Gerichtsgebäudes.[145] Eine Verletzung liegt auch nicht vor bei unverschuldeter Unkenntnis des Gerichts über die Missachtung[146] sowie bei zufälligen, von niemandem gesteuerten Ereignissen.[147] Ein Verstoß gegen § 169 ist jedoch gegeben, wenn das Gericht fahrlässig Umstände nicht bedacht hat, welche zu einer Beschränkung der Öffentlichkeit führen. So ist beispielsweise eine Verletzung des § 169 zu bejahen, wenn der Richter vorwerfbar nicht bedacht hat, dass am Eingang zum Zuhörerraum ein Hinweis „Sitzung! Bitte nicht stören"[148] oder am Haupteingang des Gerichts ein Schild „Das Gericht ist Freitags ab 13 Uhr geschlossen"[149] angebracht ist. Bedenklich sind uU Zettel wie „Zutritt nur während der Pausen".[150] Die Anforderungen an die Kontroll- und Überwachungspflicht des Gerichts dürfen jedoch nicht überspannt werden.[151] Um Manipulationsmöglichkeiten zu vermeiden, sind jedoch an die Ausnahmen strenge Anforderungen zu stellen. Es muss sich um Fälle echten Versehens und um einmalige Vorgänge handeln. Besteht die Möglichkeit, dass die objektive, dem Gericht nicht zurechenbare Verletzung der Öffentlichkeit das Urteil beeinflusst haben könnte, so ist auf jeden Fall eine Gesetzesverletzung gemäß §§ 545, 546 ZPO gegeben.[152]

61 **2. Erscheinungsformen der Verletzung.** Die Öffentlichkeit ist nicht nur verletzt, wenn sie **insgesamt** für alle **ausgeschlossen** ist, zB durch verschlossene Türen, durch fehlerhafte Hinweise[153] und Ankündigungen,[154] durch Abweisen oder Versagen des Zutritts, sei es ohne oder mit einem fehlerhaften Gerichtsbeschluss. Die Öffentlichkeit wird auch verletzt, wenn **einzelne Personen** auf Grund einer für den Betroffenen verbindlich erscheinenden Anordnung des Gerichts zu

---

[136] BGH bei *Dallinger* MDR 1970, 560 f.
[137] OLG Koblenz VRS 53, 432.
[138] BGH NStZ-RR 2002, 261; BGH bei *Holtz* MDR 1984, 278.
[139] S. auch Rn. 56.
[140] Rn. 53 f.
[141] BGHSt. 21, 72, 73 f.; 22, 297, 300; BGH NJW 1970, 1846; JZ 1971, 66; BAG AP Nr. 24 zu § 611 BGB Direktionsrecht; BayObLG GA 1970, 242; OLG Hamm NJW 1970, 72; OLG Bremen MDR 1966, 864; zur älteren Rspr. RGSt. 43, 188, 189; RG JW 1926, 2762 m. abl. Anm. *Scanzoni*.
[142] BGHSt. 22, 297, 300; RGSt. 43, 188, 189; 71, 377, 380 m. weit. Nachw.; RG JW 1911, 247; JW 1926, 2762 m. abl. Anm. *Scanzoni*; *Kissel/Mayer* Rn. 56 f.; vgl. *Löwe/Rosenberg/Wickern* Rn. 30; *Kuhlmann* NJW 1974, 1231, 1232; *Schnorr v. Carolsfeld* Anm. BAG AP Nr. 24 § 611 BGB Direktionsrecht; aA *Willms* JZ 1972, 653; *Stürner* JZ 1972, 667; *Mösl*, FS Pfeiffer, 1988, S. 339.
[143] OLG Neustadt MDR 1962, 1010; OLG Karlsruhe NJW 2004, 1887.
[144] OLG Düsseldorf JMBl. NRW 1966, 23.
[145] BVerwG DÖV 1984, 889.
[146] BVerwG NVwZ 1982, 43; OLG Hamm NJW 1960, 785.
[147] BGHSt. 21, 72, 73 f., Eingangstür des Gerichtsgebäudes fällt unbemerkt ins Schloß.
[148] OLG Bremen MDR 1966, 864.
[149] OLG Zweibrücken NJW 1995, 3333.
[150] Vgl. BGH NStZ 2004, 510.
[151] *Kissel/Mayer* Rn. 56 f.
[152] Ebenso *Stein/Jonas/Grunsky* § 551 ZPO Rn. 23; *Wieczorek/Schreiber* Rn. 35; aA RG JW 1938, 1046; BGH JZ 1971, 66; *Wieczorek/Rössler* § 551 ZPO Anm. B VI c 1 (a).
[153] S. Rn. 56 ff.
[154] Rn. 54 f.

auch vor einem Teilurteil, wenn es eine den fehlerhaften Verfahrensteil betreffende Frage entscheidet. Die Heilung durch Wiederholung macht den Mangel nicht nur unbeachtlich, sondern beseitigt ihn.[179] Eine Heilung von Verletzungen der Öffentlichkeitsvorschriften in der Eingangsinstanz erfolgt **auch in der Berufung** auf Grund der zwingenden erneuten Tatsachenfeststellung, soweit nicht fehlerhafte Teile, wie zB eine Beweisaufnahme, übernommen werden.[180]

XIII. Parteiöffentlichkeit

1. Inhalt und Anwendungsbereich. Von der allgemeinen Öffentlichkeit gemäß § 169 ist die hiervon nicht erfasste Parteiöffentlichkeit zu unterscheiden. Diese beinhaltet das **Recht der Verfahrensbeteiligten** auf unmittelbare **Teilnahme an allen Stadien der Verhandlung,** auch soweit diese nicht öffentlich sind. Das Recht der Beteiligten auf Parteiöffentlichkeit ergibt sich aus einfachgesetzlichen Regelungen (zB §§ 137 Abs. 4, 357 Abs. 1, 397 Abs. 2 ZPO) und auf verfassungsrechtlicher Ebene insgesamt aus dem Recht auf rechtliches Gehör (Art. 103 Abs. 1 GG).[181] Die Parteiöffentlichkeit kann auch aus dem Recht auf ein faires Verfahren hergeleitet werden, sofern man dieses als ein eigenständiges, hinreichend konturiertes Recht anerkennt, wogegen jedoch Zweifel bestehen.[182]   71

Die Parteiöffentlichkeit erlaubt indes **keine Teilnahme an** der **Beratung und Abstimmung** des Gerichts (§ 193 s. auch § 43 DRiG). Sie **unterliegt** auch den Einschränkungsmöglichkeiten der **Sitzungspolizei** (§§ 176 ff.), wie sich aus dem Wortlaut der §§ 176, 177 klar ergibt.   72

2. Folgen bei Verletzung. Die Verletzung der Parteiöffentlichkeit stellt einen Verfahrensverstoß dar, der mit den **Rechtsmitteln** der Berufung und Revision gerügt werden kann. Die Verletzung der Parteiöffentlichkeit stellt für sich allein keinen absoluten Revisionsgrund gemäß § 547 Nr. 5 ZPO dar. Ein solcher liegt aber vor, wenn zugleich die Vorschriften der §§ 169 ff. über die allgemeine Öffentlichkeit vor allem als Verletzung des rechtlichen Gehörs gerügt werden, was aber im Zivilprozess nicht als absoluter Revisionsgrund ausgestaltet ist. Jedoch kommt bei Verletzung des rechtlichen Gehörs eine Verfassungsbeschwerde in Betracht.   73

§ 170 [Nicht öffentliche Verhandlung in Familiensachen]

¹ Die Verhandlung in Familiensachen ist nicht öffentlich. ² Dies gilt nicht für die Familiensachen des § 23 b Abs. 1 Satz 2 Nr. 13 und für die Familiensachen des § 23 b Abs. 1 Satz 2 Nr. 5, 6, 9 nur, soweit sie mit einer der anderen Familiensachen verhandelt werden.

Schrifttum: *Finger,* Öffentliche Zustellung und Datenschutz bei familiengerichtlichen Verfahren, NJW 1985, 2684; *Holzhauer,* Gerichtsöffentlichkeit im Scheidungsrecht? ZRP 2001, 87; *Peppler,* Die öffentliche Zustellung nicht öffentlicher Zivilsachen, NJW 1976, 2158.

I. Normzweck

Die Vorschrift verfolgt zwei Ziele. Sie trägt zunächst dem schutzwürdigen typischen Interesse der Beteiligten Rechnung, Angelegenheiten aus dem sensiblen Bereich ihrer Privatsphäre in möglichst diskreter Form, dh. unter weitestmöglichem Ausschluss unbeteiligter Dritter zu erörtern.[1] Da die Scheidung (anders als früher) nur noch von formalen Voraussetzungen (Trennungszeit etc.) abhängt, kommen intime Umstände kaum mehr zur Sprache. Das Gericht hat keinen Ermessensspielraum, wie etwa in § 172. Ebensowenig liegt es in der Hand der Beteiligten, über Herstellung oder Ausschließung der Öffentlichkeit zu bestimmen. Einen Anspruch auf eine öffentliche Verhandlung können die Beteiligten auch nicht aus Art. 6 Abs. 1 S. 1 EMRK herleiten, da insoweit § 170 als lex specialis vorgeht.   1

Darüberhinaus dient § 170 der **Wahrheitsfindung,** indem er dem Risiko, dass die Betroffenen durch die Anwesenheit Dritter in ihrer Offenheit und Unbefangenheit bei der Erörterung persönlicher Angelegenheiten beeinträchtigt werden, vorbeugt.[2]   2

---

[179] RGSt. 35, 353, 354 „nicht mehr vorhanden"; RGSt. 62, 198, 199 Verhandlung als „nicht geschehen"; zum Unterschied *Rosenberg/Schwab/Gottwald* § 67 III vor 1.
[180] *Wieczorek/Schreiber* § 174 Rn. 32.
[181] S. auch BVerwG NJW 1986, 204; *Blomeyer* Zilvilprozeßrecht § 22 III.
[182] S. *Manfred Wolf* § 29 II 2.
[1] OLG Köln NJW-RR 1986, 560; *Baumbach/Lauterbach/Hartmann* Rn. 1; BT-Drucks. VII/650 S. 190; *Peppler* NJW 1976, 2158; unter datenschutzrechtlichen Aspekten *Finger* NJW 1985, 2684.
[2] BT-Drucks. VII/650 S. 190; zur Entstehungsgeschichte *Kissel/Mayer* Rn. 1.

II. Anwendungsbereich

3 **1. Begrenzung von § 169 S. 1.** Die Vorschrift begrenzt den Geltungsbereich des § 169 S. 1, indem sie für Familiensachen mit Ausnahmen in Satz 2 die nichtöffentliche Verhandlung zwingend vorsieht. Der Ausschluss ist nicht verzichtbar.[3] Eine Konkretisierung des Begriffs der Familiensachen ergibt sich aus § 23b Abs. 1 S. 2.[4] Nach § 23b Abs. 1 S. 2 Nr. 1 gehören deshalb auch Ehesachen und Kindschaftssachen zu den Familiensachen. Familiensachen sind nur in den beiden in S. 2 genannten Ausnahmen öffentlich. (1) Dies ist zum einen in Streitigkeiten über Ansprüche nach den §§ 1615l und 1615m der Fall. (2) Zum anderen sind Familiensachen nach § 23b Abs. 1 S. 2 Nr. 5, 6, 9 (Unterhalt, Zugewinn) öffentlich, wenn sie isoliert verhandelt werden; sie sind nichtöffentlich, wenn sie mit anderen der in § 23b Abs. 1 S. 2 aufgeführten Familiensachen verhandelt werden, also im Verbund (§ 623 ZPO) oder nach § 621 Abs. 1 ZPO. Auf diese nicht von § 170 erfassten Familiensachen finden aber die allgemeinen Ausschließungsgründe (§§ 171b, 172) Anwendung. Für die der freiwilligen Gerichtsbarkeit zuzuordnenden Familiensachen (§ 23b Abs. 1 S. 2 Nr. 2 bis 4, 7, 8, 10, 11 und 14) besagt jedenfalls § 8 FGG, dass sie (wenn isoliert verhandelt) nicht öffentlich sind.

4 **2. Herausnahme einzelner Familiensachen.** Satz 2 macht in zwei Fallgruppen eine **Ausnahme von der Nichtöffentlichkeit.** Danach sind Verhandlungen über unterhaltsrechtliche Ansprüche aus Anlass der Geburt nach § 1615l BGB sowie Verhandlungen über Streitigkeiten hinsichtlich der Beerdigungskosten der Mutter nach § 1615m BGB grundsätzlich öffentlich.

5 Des Weiteren sind, da nur vermögensbezogen, von der Anordnung der Nichtöffentlichkeit Streitigkeiten über Unterhaltspflichten gegenüber dem ehelichen Kind (§ 23b Abs. 1 S. 2 Nr. 5) bzw. gegenüber dem Ehegatten (Nr. 6) sowie Güterrechtsstreitigkeiten (Nr. 9) ausgenommen, sofern sie nicht im Verbund mit anderen Familiensachen stehen.

6 **3. Zusammenfassung zu einem gemeinsamen Verfahren.** Für eine Verhandlung, in der zwei oder mehr Angelegenheiten zu einem gemeinsamen Verfahren zusammengefasst werden, gilt immer Nichtöffentlichkeit, sofern Familiensachen gemäß § 23b Abs. 1 S. 2 Nr. 1 bis 4, 7, 8, 10 bis 12, 14 Verhandlungsgegenstand sind. Dies gilt auch für eine Verbindung von Familiensachen iSv. § 23b Abs. 1 S. 2 Nr. 5, 6, 9 mit einer anderen Familiensache.

7 Werden anfänglich getrennte Verfahren **nachträglich miteinander verbunden,** erstreckt sich die Nichtöffentlichkeit nur eines dieser Verfahren auf den gesamten Verfahrensverbund ab dem Zeitpunkt der Zusammenlegung. Wird umgekehrt von einem Verbundverfahren eine Familiensache gemäß § 23b Abs. 1 S. 2 Nr. 5, 6, 9 **abgetrennt** und alleine verhandelt, gelten für den abgetrennten Teil die allgemeinen Grundsätze der öffentlichen Verhandlung (§§ 169, 171b, 172).

III. Kreis der Teilnahmeberechtigten

8 **1. Parteien, Beteiligte, Prozessvertreter.** Vom Ausschluss nicht erfasst sind diejenigen Personen, die ihre subjektiven Rechte nur durch Anwesenheit in der mündlichen Verhandlung wahren können. Dies gilt insbesondere für die Wahrung des Rechts auf rechtliches Gehör (Art. 103 Abs. 1 GG). Teilnahmeberechtigt sind daher stets die Parteien bzw. die Beteiligten in FGG-Sachen und zwar sowohl die formell, als auch die materiell Beteiligten.[5] Teilnahmeberechtigung haben ferner die Prozessvertreter der unmittelbar Betroffenen, die nach § 625 ZPO beigeordneten Vertreter sowie Verkehrsanwälte;[6] nicht dagegen Anwälte, wenn sie, ohne an der verhandelten Sache in irgendeiner Form beteiligt zu sein, im Verhandlungssaal auf den Aufruf der nächsten Sache warten.[7] Soweit ein Zeuge Anspruch auf einen Rechtsbeistand hat, stellt dessen Anwesenheit in der nichtöffentlichen Verhandlung keinen Verstoß gegen die Öffentlichkeitsvorschriften dar.[8]

9 **2. Drittbeteiligte.** Teilnahmeberechtigt sind auch Drittbeteiligte, wie etwa der Beigeladene (§ 640e ZPO),[9] oder weitere Beteiligte in Familiensachen, zB ein Vertreter des Jugendamtes[10] oder ein Vertreter der Verwaltungsbehörde im Falle des § 631 Abs. 4 S. 2 ZPO. Im Verfahren über die

---

[3] OLG Köln NJW-RR 1986, 560.
[4] Einzelheiten s. § 23a Rn. 9; § 23b Rn. 6f.
[5] S. auch OLG Schleswig SchlHA 1983, 31.
[6] OLG Koblenz NJW-RR 1987, 509; zust. Bosch FamRZ 1987, 404; OLG Hamm FamRZ 1982, 1094; *Bauer/Fröhlich* FamRZ 1983, 122; s. auch Rn. 11.
[7] *Kissel/Mayer* Rn. 6; zust. *Bergerfurth* FamRZ 1977, 835.
[8] BVerfG NJW 1975, 103, 105 zu Disziplinarverfahren; s. auch Rn. 10.
[9] *Baumbach/Lauterbach/Hartmann* Rn. 4.
[10] OLG Schleswig SchlHA 1983, 31; weitere Beispiele bei *Kissel/Mayer* Rn. 7.

Regelung des Umgangsrechts (§ 23b Abs. 1 S. 2 Nr. 3) sind die Pflegeeltern, da keine Beteiligte, nicht teilnahmeberechtigt; eine Gestattung des Zutritts nach § 175 Abs. 2 ist aber möglich.[11] **Drittbeteiligte**, Zeugen, Sachverständige einschließlich deren gegebenenfalls anwesenden Rechtsanwälte dürfen nur während derjenigen Abschnitte an der Verhandlung teilnehmen, die unmittelbar ihre Rechtssphäre betreffen; für die übrigen Verfahrensteile sind auch sie auszuschließen. Dies ergibt sich aus dem Rechtsgedanken des § 624 Abs. 4 ZPO,[12] für Zeugen und Sachverständige für die Zeit vor ihrer Vernehmung zusätzlich aus den §§ 394 Abs. 1, 402 ZPO. Bloßes faktisches oder mittelbar rechtliches Interesse reicht nicht aus.[13] Durch die Zulassung eines Beistands (§§ 90, 157) kann ein anderer Beteiligter in seinen Rechten verletzt sein und das gibt ihm ein Beschwerderecht.[14] **Nichtbetroffene** können nur unter der Voraussetzung des § 175 Abs. 2 (ausnahmsweise Gestattung des Zutritts) bzw. Abs. 3 (Dienstaufsicht) teilnehmen.

3. Verstoß. Ein Verstoß gegen die Vorschrift stellt einen absoluten Revisionsgrund (§ 547 Nr. 5 ZPO) sowie einen schweren Verfahrensmangel (§ 538 Abs. 2 Nr. 1 ZPO) dar, der zur Zurückverweisung berechtigt.[15]

10

§ 171 *(aufgehoben)*

§ 171a *(betrifft Strafsachen)*

§ 171b [Ausschluß der Öffentlichkeit zum Schutz der Privatsphäre]

(1) ¹Die Öffentlichkeit kann ausgeschlossen werden, soweit Umstände aus dem persönlichen Lebensbereich eines Prozeßbeteiligten, Zeugen oder durch eine rechtswidrige Tat (§ 11 Abs. 1 Nr. 5 des Strafgesetzbuches) Verletzten zur Sprache kommen, deren öffentliche Erörterung schutzwürdige Interessen verletzen würde, soweit nicht das Interesse an der öffentlichen Erörterung dieser Umstände überwiegt. ²Dies gilt nicht, soweit die Personen, deren Lebensbereiche betroffen sind, in der Hauptverhandlung dem Ausschluß der Öffentlichkeit widersprechen.

(2) Die Öffentlichkeit ist auszuschließen, wenn die Voraussetzungen des Absatzes 1 Satz 1 vorliegen und der Ausschluß von der Person, deren Lebensbereich betroffen ist, beantragt wird.

(3) Die Entscheidungen nach den Absätzen 1 und 2 sind unanfechtbar.

Schrifttum: *Katholnigg*, Zum Verhältnis zwischen GVG § 171b und GVG § 172 Nr. 1, JR 1993, 297; *Kleinknecht*, Schutz der Persönlichkeit des Angeklagten durch Ausschluß der Öffentlichkeit in der Hauptverhandlung, Festschr. für Schmidt-Leichner, 1977, S. 115; *Linck*, Untersuchungsausschüsse und Privatsphäre, ZRP 1987, 11; *Mertens*, Persönlichkeitsschutz des Zeugen durch Ausschluß der Öffentlichkeit, NJW 1980, 2687; *Odersky*, Die Öffentlichkeit der Hauptverhandlung nach dem Opferschutzgesetz, FS Pfeiffer, 1988, S. 325; *Quaas-Zuck*, Ausgewählte Probleme zum Recht des parlamentarischen Untersuchungsausschusses, NJW 1988, 1873; *Rieß-Hilger*, Das neue Strafverfahrensrecht – Opferschutz und Strafverfahrensänderungsgesetz 1987, NStZ 1987, 145; *Sieg*, Der Ausschluß der Öffentlichkeit zum Schutz des Zeugen, NJW 1980, 379; *ders.*, Nochmals: Der Ausschluß der Öffentlichkeit zum Schutz des Zeugen, NJW 1981, 963; *Weigend*, Das Opferschutzgesetz – kleine Schritte zu welchem Ziel?, NJW 1987, 1170.

Übersicht

	Rn.		Rn.
I. Normzweck	1, 2	III. Ausschlussgründe	9–11
II. Anwendungsbereich	3–8	1. Umstände aus dem persönlichen Lebensbereich	9
1. Zivilverfahren	3, 4	2. Bevorstehende Erörterung	10
2. Andere Verfahren	5	3. Konkurrenz mit § 172	11
3. Persönlicher Anwendungsbereich	6–8		

---

[11] OLG Schleswig SchlHA 1983, 31.
[12] *Kissel/Mayer* Rn. 7; *Baumbach/Lauterbach/Hartmann* Rn. 4.
[13] S. auch OLG Schleswig SchlHA 1983, 31.
[14] OLG Bremen FamRZ 2004, 1590.
[15] OLG Köln NJW-RR 1986, 560, 561.

	Rn.		Rn.
IV. Fakultativer und zwingender Ausschluss	12–16	2. Zwingender Ausschlusstatbestand (Abs. 2)	16
1. Fakultativer Ausschlusstatbestand (Abs. 1 S. 1)	13–15	V. Umfang des Ausschlusses	17, 18
a) Ermessen	13, 14	VI. Unanfechtbarkeit der Entscheidung (Abs. 3)	19–21
b) Widerspruchsrecht	15		

I. Normzweck

1   Die Vorschrift **verstärkt den Persönlichkeitsschutz** der Verfahrensbeteiligten.[1] Im Rahmen des OpferschutzG vom 18. 12. 1986[2] erleichtert die Vorschrift für Umstände aus dem persönlichen Lebensbereich den Ausschluss der Öffentlichkeit durch Einführung eines neuen Abwägungsmaßstabs (Abs. 1 S. 1). Dies ist notwendig, da ansonsten die Gefahr besteht, dass der auch zum Schutz der Prozessbeteiligten gedachte Öffentlichkeitsgrundsatz zu einer Gefährdung der Beteiligten durch Bloßstellung wird.[3]

2   Ferner **verstärkt** die Vorschrift die **Einflussmöglichkeit der Betroffenen** auf die Ausschließungsentscheidung (Abs. 1 S. 2, Abs. 2). Die sich aus Abs. 3 ergebende Irreversibilität der Entscheidung soll einer aus Sorge um den Bestand des Urteils allzu zögerlichen Anwendung der Vorschrift vorbeugen und somit den Schutz der Privatsphäre der Betroffenen im Verfahren verstärken.[4]

II. Anwendungsbereich

3   **1. Zivilverfahren.** § 171b ist trotz des Schwerpunkts im Strafverfahren im vollen Umfang auf das Zivilverfahren anwendbar. Soweit Abs. 1 S. 2 auf die Hauptverhandlung (die es in Zivilsachen nicht gibt) Bezug nimmt, handelt es sich lediglich um ein entstehungsgeschichtlich begründetes redaktionelles Versehen.[5]

4   Als **praktische Anwendungsfälle** im Bereich des Zivilverfahrens kommen insbesondere in Betracht: **Familiensachen,** die nicht im Verbund stehen und damit nicht automatisch dem zwingenden Ausschluss nach § 170 unterliegen;[6] Klage auf Schadensersatz bei Sexualdelikten oder wegen sonstiger Persönlichkeitsrechtsverletzung; bestimmte Arzthaftungsfälle, wo Krankheiten detailliert erörtert werden.[7]

5   **2. Andere Verfahren.** Die Vorschrift ist nach § 52 Abs. 2 ArbGG im Arbeitsgerichtsverfahren, nach § 173 VwGO im Verwaltungsgerichtsverfahren, nach § 61 Abs. 1 SGG im Sozialgerichtsverfahren und nach § 52 Abs. 1 FGO im Finanzgerichtsverfahren anwendbar, auch nach § 40 Abs. 3 S. 4 BRAO;[8] nach Art. 44 Abs. 2 S. 1 GG auch auf die Beweiserhebung vor einem **parlamentarischen Untersuchungsausschuss.**[9]

6   **3. Persönlicher Anwendungsbereich.** Der persönliche Anwendungsbereich ergibt sich aus Abs. 1 S. 1. **Prozessbeteiligte** sind sowohl die Parteien als auch Drittbeteiligte gemäß §§ 64 ff. ZPO (Streithelfer, §§ 66 ZPO; Streitverkündete, § 72 ZPO).[10]

7   **Zeuge**[11] ist, wer als solcher vernommen werden soll, aber auch, wer als Zeuge ernsthaft in Betracht kommt.[12] Lehnt man das ab, gilt für die nicht erfassten Personen § 172 Nr. 3. Auch kann in engen Ausnahmefällen ein Öffentlichkeitsausschluss auf Art. 8 EMRK (Schutz des Privat- und Familienlebens) gestützt werden,[13] auch zugunsten außenstehender Dritter, da Art. 8 EMRK jedermann schützt.

---

[1] BT-Drucks. 10/5305 S. 22; 10/6124 S. 12.
[2] BGBl. 1986 I S. 2496.
[3] BGH NJW 1992, 2436.
[4] BT-Drucks. 10/5305 S. 30 f.; *Weigend* NJW 1987, 1172; s. auch unten Rn. 19 ff.
[5] Der Terminus ‚Hauptverhandlung' war im RegE noch nicht enthalten, s. BT-Drucks. 10/5305, S. 6, sondern erst in der Beschlussempfehlung des Rechtsausschusses, BT-Drucks. 10/6124, S. 8.
[6] S. § 170 Rn. 5.
[7] *Fenger* NJW 2000, 851. Vgl. andererseits BSG SGb 2007, 564.
[8] Dazu BVerfG NJW 2007, 672.
[9] BVerfG NJW 1988, 890, 893; s. auch BVerfGE 67, 100, 134 = NJW 1984, 2271, 2274 zu § 172 Nr. 1; aA *Linck* ZRP 1987, 15; *Stern* AöR 109 (1984), 200, 292 f.
[10] S. auch § 170 Rn. 10.
[11] Über Kinder als Zeugen vgl. *Laubenthal* JA 2005, 294.
[12] *Löwe/Rosenberg/Wickern* § 172 Rn. 20; *Kleinknecht,* FS Schmidt-Leichner, 1977, S. 115 Fn. 11; *Kissel/Mayer* Rn. 2; *Mertens* NJW 1980, 2687; s. auch *Zöller/Gummer* Rn. 6; dagegen *Sieg* NJW 1980, 379; 1981, 963; s. auch BT-Drucks. 10/5305 S. 23 f.
[13] EMRK v. 4. 7. 1978, 7975/77, DR 14, 228, 231 zitiert bei IntKommEMRK/*Miehsler/Vogler* Art. 6 Rn. 338.

§ 171b erfasst auch die persönlichen Angelegenheiten eines **infolge einer Straftat** (§ 11 Abs. 1 Nr. 5 StGB) **Verletzten**. Diese Angelegenheiten müssen jedoch nicht zwingend tatbezogen sein. Auch eine Teilnahme des Verletzten am Verfahren ist nicht erforderlich,[14] wird aber zumindest in auf Schadensersatz gerichteten Folgeverfahren die Regel sein. **8**

III. Ausschlussgründe

1. Umstände aus dem persönlichen Lebensbereich. § 171b erfordert eine Erörterung von Umständen aus dem persönlichen Lebensbereich einer der in Abs. 1 S. 1 genannten Personen. Dies sind Angelegenheiten aus dem Privatbereich oder der Intimsphäre, die außenstehenden Dritten jedenfalls nicht ohne weiteres zugänglich sind, weil sie über den Rahmen der üblicherweise im alltäglichen Kontakt zwischen einander fremden Menschen verfügbaren Informationen (wie Name, Adresse, ausgeübter Beruf, Familienstand) hinausgehen.[15] Es muss sich ferner um Angelegenheiten handeln, bezüglich derer bei objektiver Wertung ein **schützwürdiges Diskretionsinteresse** des Betroffenen vernünftigerweise anzuerkennen ist,[16] wie zB bei Angaben über Krankheitszustand, persönliche Charaktereigenschaften, fachliche Eignung,[17] Beziehung zu nahe stehenden Personen oder Einzelheiten der familiären Verhältnisse.[18] Die Praxis zieht den Rahmen zu Unrecht eng, so dass etwa Erbschaftsstreitigkeiten, isolierte Unterhaltsklagen und Zugewinnstreitigkeiten, in der Regel nicht dazu gehören. **9**

2. Bevorstehende Erörterung. Die Verhandlung muss nicht so lange öffentlich geführt werden, bis erste schutzwürdige Angelegenheiten inhaltlich an- oder durchgesprochen werden. Es genügt, wenn deren **Erörterung konkret absehbar** oder **mit großer Wahrscheinlichkeit zu erwarten** ist.[19] Dies ist auch im Interesse einer einheitlichen und möglichst durch Unterbrechungen unbeeinträchtigten Vernehmung geboten, um inhaltlich Zusammengehörendes nicht auseinanderzureißen.[20] Nach Abs. 1 S. 1 kommt eine Ausschließung nur in Betracht, **soweit** schutzwürdige Umstände der oben genannten Art zur Sprache kommen. Eine Wiederholung des unter Ausschluss geführten Teils der Verhandlung ist aber nicht erforderlich,[21] wenn sich zeigt, dass nur Belangloses erörtert wurde. Eine in die Zeugenvernehmung eingebettete Inaugenscheinnahme einer Urkunde bedarf zB keiner kurzzeitigen Wiederherstellung der Öffentlichkeit, auch wenn ihr Inhalt nicht unter § 171b fällt.[22] Bietet die Urkunde ihrerseits Beweis für nach § 171b geschützte private Angelegenheiten, ergibt sich der Ausschluss der Öffentlichkeit ohnehin bereits unmittelbar aus der Vorschrift selbst. **10**

3. Konkurrenz mit § 172. Soweit ein **Geheimnis nach § 172 Nr. 2** zur Sprache kommt, kann es zu einer Konkurrenz mit § 171b kommen. In diesen Fällen geht als Folge des verstärkten Persönlichkeitsschutzes **§ 171b gegenüber § 172 vor**.[23] Gleiches gilt für eine Konkurrenz mit privaten Geheimnissen nach § 172 Nr. 3. Betrifft das anvertraute Geheimnis persönliche Angelegenheiten einer der in § 171b Abs. 1 S. 1 genannten Personen, steht ihr das Antragsrecht (Abs. 2) bzw. das Widerspruchsrecht (Abs. 1 S. 2) zu. Ebenso gilt die Abwägungsklausel des Abs. 1 S. 1, ohne dass es zwingend auf die Strafbarkeit einer unbefugten Offenbarung ankäme. **11**

IV. Fakultativer und zwingender Ausschluss

Die Vorschrift enthält einen fakultativen (Abs. 1 S. 1) und einen zwingenden Ausschließungstatbestand (Abs. 2) sowie einen die Ausschließung, soweit sie vom Gericht beabsichtigt wird, hindernden Tatbestand (Abs. 1 S. 2). Abs. 3 schließt Rechtsmittel gegen die Entscheidungen nach Abs. 1 und 2 aus. Zum Verfahren bei Entscheidung nach § 171b s. § 174. **12**

1. Fakultativer Ausschlusstatbestand (Abs. 1 S. 1). a) Ermessen. Bei Vorliegen eines schutzwürdigen Diskretionsinteresses (Rn. 9) wird dem Gericht (nicht: dem Vorsitzenden allein) ein **13**

---

[14] BT-Drucks. 10/5305 S. 23.
[15] S. auch *Zöller/Gummer* Rn. 4; *Rieß/Hilger* NStZ 1987, 150.
[16] BGH NJW 1982, 59.
[17] BGH NJW 2007, 672 (Zulassung zur Anwaltschaft beim BGH). Im sozialgerichtlichen Verfahren ist der Ausschluss nicht allein deshalb gerechtfertigt, weil ärztliche Befunde und Diagnosen mitgeteilt und erörtert werden; BSG SGb 2007, 564.
[18] S. auch Bsp. bei *Odersky*, FS Pfeiffer, 1988, S. 331.
[19] BGH NJW 1982, 59.
[20] BGH NJW 1986, 200, 201; OLG Düsseldorf MDR 1981, 427.
[21] BGH NJW 1982, 59.
[22] BGH NStZ 1988, 190; s. auch Rn. 17.
[23] S. auch Rn. 21.

Ermessen eingeräumt, das es unter Abwägung zwischen Persönlichkeitsschutz und Öffentlichkeitsinteressen ausüben muss. Ein Ausschluss verbietet sich nur in zwei Fällen: bei Widerspruch der Betroffenen gemäß Abs. 1 S. 2 (Rn. 15) oder bei überwiegendem Interesse an öffentlicher Erörterung der betreffenden Umstände (Rn. 14). Dem Persönlichkeitsschutz der Betroffenen wird damit gegenüber der Verhandlungsöffentlichkeit faktisch eine bevorzugte Stellung eingeräumt.[24]

14 Das Überwiegen des **Interesses an öffentlicher Erörterung** entzieht sich einer abstrakten Beantwortung. Es ist jedenfalls nicht erforderlich, dass ein diesbezügliches gesteigertes Interesse der Allgemeinheit an der öffentlichen Erörterung besteht. Dieses kann vielmehr auch in einer Einzelperson, auch beim Betroffenen selbst, wenn er nicht nach Abs. 1 S. 2 widerspricht, begründet sein; ebenso, wenn von mehreren gleichzeitig Betroffenen nur ein Teil widerspricht (Rn. 15).

15 **b) Widerspruchsrecht.** Die fakultative Ausschlussmöglichkeit ist dem Gericht entzogen und die Öffentlichkeit darf nicht ausgeschlossen werden, wenn die Person, deren Lebensbereich geschützt ist, dem Ausschluss nach Abs. 1 S. 2 widerspricht, wenn sie also ihre Sache öffentlich verhandelt haben will. Das Widerspruchsrecht besteht entgegen dem mißverständlichen Gesetzeswortlaut („Hauptverhandlung") nicht nur im Strafverfahren (Rn. 3). Der Widerspruch hat nur die zwingende Wirkung des Abs. 1 S. 2, wenn er ernstlich und deutlich geltend gemacht wird. Bei Unklarheit muss eine Aufklärung gemäß § 139 Abs. 1 ZPO stattfinden. Die Widerspruchserklärung muss vom Betroffenen höchstpersönlich ausgehen. Postulationsfähigkeit oder eine Zustimmung des Rechtsanwalts in Anwaltsprozessen ist nicht erforderlich. Für Minderjährige muss der gesetzliche Vertreter den Widerspruch erklären. Bei mehreren Betroffenen führt nur der einstimmige Widerspruch zwingend zur Herstellung der Öffentlichkeit.[25] Wegen des verfassungsrechtlich nach Art. 1, 2 GG gebotenen Schutzes des Persönlichkeitsrechts muss dem Gericht der Ausschluss der Öffentlichkeit möglich bleiben, wenn auch nur ein Beteiligter dies will. Ein Widerspruch nur einzelner Betroffener kann in die Gewichtung des Interesses an öffentlicher Erörterung im Rahmen der Ermessensentscheidung nach Abs. 1 S. 1 einfließen. Dasselbe gilt, wenn einem Antrag eines Betroffenen auf Ausschluss (Abs. 2) der Widerspruch eines anderen Betroffenen (Abs. 1 S. 2) gegenübersteht.[26] Bei der Abwägung ist jedoch die grundsätzliche Privilegierung des Persönlichkeitsschutzes (Rn. 13) zu berücksichtigen. Widerspruch nach Abs. 1 S. 2 und Antrag nach Abs. 2 binden das Gericht immer nur ab dem Zeitpunkt, in dem sie geltend gemacht werden. Ein Widerspruch nach Abs. 1 S. 2 steht einem Ausschluss nach § 172 nicht entgegen.

16 **2. Zwingender Ausschlusstatbestand (Abs. 2).** Der Ermessensspielraum des Gerichts (Rn. 13) entfällt, wenn der Betroffene einen **Ausschließungsantrag** stellt. Der Antrag allein berechtigt das Gericht nicht zum Ausschluss. Vielmehr müssen zugleich die Ausschlussvoraussetzungen nach Abs. 1 S. 1 vorliegen. Im Falle eines Antrags muss dann das Gericht ausschließen. Der Antrag nach Abs. 2 ist aber nicht bindend, wenn das Interesse an öffentlicher Erörterung überwiegt, da sonst die Voraussetzungen des Abs. 1 S. 1 entfallen, auf denen Abs. 2 aufbaut. Antragsbefugt ist nur derjenige, dessen Lebensbereich Gegenstand der zu erwartenden Erörterung ist. Ansonsten handelt es sich um Anregungen, die das Gericht im Rahmen des Abs. 1 S. 1 frei würdigen kann. Stellt nur einer von mehreren Berechtigten den Antrag, so bindet er gleichwohl, allerdings nur insoweit, als Umstände erörtert werden, die den Antragsteller betreffen („soweit"). Aus Gründen der Rechtsklarheit, vor allem mit Rücksicht auf die Führung eines Sitzungsprotokolls, ist ein eindeutiger Antrag zu fordern. In der Begründung seines Ausschließungsbeschlusses (vgl. § 174 Abs. 1 S. 3) muss das Gericht auf den Antrag Bezug nehmen.[27] Hat das Gericht Zweifel, ob der Betroffene eine nichtöffentliche Verhandlung wünscht, kann es bei Vorliegen der Voraussetzungen nach Abs. 1 S. 1 verfahren oder nach § 139 Abs. 1 ZPO auf das Antragsrecht hinweisen. Lehnt der Betroffene einen Antrag ab, so kann darin nicht ohne weiteres ein Widerspruch nach Abs. 1 S. 2 gesehen werden. Vielmehr hat das Gericht nach Abs. 1 S. 1 zu entscheiden.

V. Umfang des Ausschlusses

17 Die Öffentlichkeit kann oder muss nach Abs. 1 und 2 nur so lange ausgeschlossen werden, als die Erörterung von Umständen aus dem persönlichen Lebensbereich berechtigterweise erwartet werden

---

[24] Vgl. BT-Drucks. 10/5305 S. 22; s. auch *Katholnigg* Strafgerichtsverfassungsrecht § 171b Rn. 2: im Zweifel Ausschluß der Öffentlichkeit; gegen die Annahme eines generellen Vorrangs des Ausschließungs- gegenüber dem Publizitätsinteresse *Odersky*, FS Pfeiffer, 1988, S. 330.
[25] BT-Drucks. 10/6124 S. 17; *Rieß/Hilger* NStZ 1987, 208 Fn. 335; *Katholnigg* Strafgerichtsverfassungsrecht § 171b Rn. 5.
[26] BT-Drucks. (Fn. 36); s. auch Rn. 16.
[27] BGH NStZ 1994, 591.

kann. Das ist noch nicht der Fall, wenn die Präsenz festgestellt wird und die Anträge gestellt werden. Kritisch wird es ab Erörterung durch das Gericht, Anhörung der Parteien, Vernehmung von Zeugen und Sachverständigen. Der Beschluss lautet zB, dass die Öffentlichkeit während der Vernehmung des Zeugen X ausgeschlossen wird. Eine Verlängerung des Ausschlusses muss öffentlich verkündet werden.[28] Die Wiederherstellung der Öffentlichkeit (zB weil die Vernehmung des Zeugen X abgeschlossen ist) muss für interessierte Zuhörer erkennbar sein, indem zB das Schild „nicht öffentlich" wieder entfernt wird. Sind geschützte Erörterungen noch nicht oder nicht mehr zu erwarten, so darf die Öffentlichkeit nicht nach § 171 b ausgeschlossen werden. Eine kleinliche Zerstückelung der Verhandlung in öffentliche und nichtöffentliche Abschnitte ist jedoch nicht angebracht. Liegen unterschiedliche Anträge mehrerer Berechtigter vor, so muss beim Ausschluss der Öffentlichkeit darauf Rücksicht genommen werden (s. Rn. 15).

Liegen die Voraussetzungen des § 171 b vor, kann dies auch einen Öffentlichkeitsausschluss während der **Verkündung der Urteilsgründe** rechtfertigen (§ 173 Abs. 2). Ebenso leitet sich aus dem Persönlichkeitsschutz eine Anonymisierungspflicht für den Fall einer Veröffentlichung der Urteilsgründe ab.[29] **18**

VI. Unanfechtbarkeit der Entscheidung (Abs. 3)

Abs. 3 schließt zunächst nur die Möglichkeit der **Beschwerde** gegen die in Abs. 1 und 2 vorgesehenen Entscheidungen aus,[30] die an sich den in ihrem Lebensbereich betroffenen Dritten, soweit sie nicht Parteien sind, zustehen würde. Die Vorschrift ist aber, soweit es die Rechtsmittel der Parteien gegen das Urteil betrifft, auch für die **Berufung und Revision von Bedeutung**. Gemäß §§ 512, 557 Abs. 2 ZPO erstreckt sich die Überprüfung der Berufung bzw. der Revision nicht auf Entscheidungen der Vorinstanz, die nach den Vorschriften der ZPO für unanfechtbar erklärt sind. Dies gilt auch für Unanfechtbarkeitsbestimmungen außerhalb der ZPO, soweit es sich um Vorschriften handelt, die auch das Zivilverfahren betreffen[31] und somit auch für § 171 b. Deshalb können Berufung oder Revision grundsätzlich nicht auf eine Verletzung des § 171 b gestützt werden.[32] **19**

Die **Unanfechtbarkeit gilt** jedoch **nicht uneingeschränkt**.[33] Eine Überprüfung des Beschlusses auf seine Verfassungsmäßigkeit bleibt möglich. Auch ein an sich unanfechtbarer Beschluss ist wegen eines Grundrechtsverstoßes anfechtbar.[34] Als geschützte Rechtspositionen kommen in Betracht Art. 103 Abs. 1 GG, so etwa eine Verletzung des rechtlichen Gehörs bei Nichtbeachtung eines Widerspruchs nach Abs. 1 S. 2 oder eines Antrags nach Abs. 2, sowie Art. 8 EMRK zum Schutz des Privat- und Familienlebens.[35] Anfechtbarkeit ist auch allgemein bei offensichtlicher Gesetzwidrigkeit gegeben,[36] die im Falle des § 171 b jedoch regelmäßig zugleich Grundrechtsberührung haben dürfte. Ist die (Nicht-)Ausschließungsentscheidung danach ausnahmsweise für Dritte, die nicht Parteien sind, mit der Beschwerde anfechtbar, so unterliegt sie auch der berufungs- bzw. revisionsgerichtlichen Überprüfung (§§ 512, 557 Abs. 2 ZPO) soweit es die Parteien betrifft. Folglich kann in diesen Fällen auch die Berufung bzw. Revision selbst auf eine Verletzung der betreffenden Rechtspositionen gestützt werden. **20**

Die **Unanfechtbarkeit greift nicht für** Entscheidungen, die auf **anderen Ausschließungstatbeständen** (§§ 170 f., 172) beruhen. Dies gilt auch, wenn aus der Beschlussbegründung (§ 174 Abs. 1 S. 3) nicht ersichtlich ist, ob die Entscheidung überhaupt auf § 171 b beruht. Ist eine Entscheidung erkennbar sowohl nach § 171 b als auch nach § 172 Nr. 3 zugleich begründet (s. Rn. 11), so setzt sich der persönlichkeitsschutzbedingte Vorrang des § 171 b auch insoweit durch, als die Anfechtbarkeit gemäß Abs. 3 entfällt, soweit der Ausschluss der Öffentlichkeit auf § 171 b beruht. **21**

---

[28] BGH StV 2000, 243.
[29] S. § 169 Rn. 53.
[30] BT-Drucks. 10/5305 S. 24; *Rieß/Hilger* NStZ 1987, 208.
[31] Vgl. *Stein/Jonas/Grunsky* § 512 ZPO Rn. 6.
[32] *Zöller/Gummer* Rn. 9; s. auch oben Rn. 2 und Rn. 20.
[33] Kritisch auch *Odersky,* FS Pfeiffer, 1988, S. 329; *Rieß/Hilger* NStZ 1987, 208.
[34] OLG Schleswig NJW 1988, 69 zum Übertragungsbeschluß nach § 348 Abs. 2 ZPO.
[35] EMRK E v. 4. 7. 1978, 7975/77, DR 14, 228, 231 zitiert bei IntKommEMRK/*Miehsler/Vogler* Art. 6 Rn. 338.
[36] BGHZ 28, 350 f.; BGH WM 1986, 178.

§ 172 [Gründe für Ausschluß der Öffentlichkeit]

Das Gericht kann für die Verhandlung oder für einen Teil davon die Öffentlichkeit ausschließen, wenn

1. eine Gefährdung der Staatssicherheit, der öffentlichen Ordnung oder der Sittlichkeit zu besorgen ist,

1a. eine Gefährdung des Lebens, des Leibes oder der Freiheit eines Zeugen oder einer anderen Person zu besorgen ist,

2. ein wichtiges Geschäfts-, Betriebs-, Erfindungs- oder Steuergeheimnis zur Sprache kommt, durch dessen öffentliche Erörterung überwiegende schutzwürdige Interessen verletzt würden,

3. ein privates Geheimnis erörtert wird, dessen unbefugte Offenbarung durch den Zeugen oder Sachverständigen mit Strafe bedroht ist,

4. eine Person unter sechzehn Jahren vernommen wird.

Schrifttum: *Lachmann*, Unternehmensgeheimnisse im Zivilrechtsstreit, dargestellt am Beispiel des EDV-Prozesses, NJW 1987, 2206; *Katholnigg*, Zum Verhältnis zwischn GVG § 171 b und GVG § 172 Nr. 1, JR 1993, 297; *Traeger*, Die Offenbarung von Betriebs- und Geschäftsgeheimnissen, 1988; *Schweling*, Der Ausschluß der Öffentlichkeit wegen Gefährdung der Sittlichkeit, DRiZ 1970, 354; *Stürner*, Die gewerbliche Geheimsphäre im Zivilprozeß, JZ 1985, 453.

Übersicht

	Rn.		Rn.
I. Normzweck	1	a) Geheimnis	6
II. Die einzelnen Ausschließungsgründe	2–12	b) Überwiegende schutzwürdige Interessen	7
1. Gefährdung der Staatssicherheit (Nr. 1)	2	c) Geschäfts- und Betriebsgeheimnis	8
2. Gefährdung der öffentlichen Ordnung (Nr. 1)	3	d) Erfindungsgeheimnis	9
3. Gefährdung der Sittlichkeit (Nr. 1)	4	e) Steuergeheimnis	10
4. Gefährdung einzelner Personen (Nr. 1a)	5	6. Privates Geheimnis (Nr. 3)	11
5. Geschäftliche und steuerliche Geheimnisse (Nr. 2)	6–10	7. Vernehmung Jugendlicher (Nr. 4)	12
		III. Verfahren	13, 14
		IV. Anfechtung; Revisibilität	15, 16

I. Normzweck

1 Die Vorschrift enthält mehrere Ausschließungsgründe unterschiedlicher Schutzrichtung. Im Vordergrund steht der **Geheimnisschutz** (Nr. 1 1. Alt.; Nr. 2 und 3). Die Regelung enthält **individualschützende Elemente**, soweit sie in den Nr. 1a bis 4 den Schutz persönlicher Interessen einzelner Personen bezweckt. Daneben weist sie **kollektivschützende Elemente** auf, soweit sie in Nr. 1 Interessen der Allgemeinheit bzw. Ordnungsinteressen schützt. Da der Ausschluss der Öffentlichkeit auch stets eine vertraulichere Verhandlungsatmosphäre schafft, die eine unbefangenere Erörterung der Streitsache durch die Beteiligten begünstigt, ist er auch dem Wahrheitsfindung förderlich. Die Wahrheitsfindung ist jedoch kein eigenständiger Ausschließungsgrund.[1] Mit Schaffung der Nr. 1a durch Artr. 4 OrgKG wurde die Gefährdung des Lebens, des Leibes oder der Freiheit einzelner Personen als eigenständiger Ausschlusstatbestand in die Vorschrift aufgenommen. Eine vergleichbare Regelung enthält § 52 S. 2 ArbGG.

II. Die einzelnen Ausschließungsgründe

2 **1. Gefährdung der Staatssicherheit (Nr. 1).** Ein Ausschluss wegen Gefährdung der Staatssicherheit (Nr. 1, 1. Alt.) kommt nur in Betracht, soweit inhaltliche Umstände der Verhandlung, wie Offenlegung von sicherheitsrelevanten Amtsgeheimnissen, die innere oder äußere Sicherheit gemäß § 92 Abs. 3 Nr. 2 StGB potentiell gefährden, wenn sie der Öffentlichkeit unmittelbar oder mittelbar[2] zugänglich gemacht werden. In Zivilsachen ist derartiges kaum denkbar.

3 **2. Gefährdung der öffentlichen Ordnung (Nr. 1).** Der Ausschlussgrund der Besorgnis einer Gefährdung der öffentlichen Ordnung (Nr. 1 2. Alt.) beinhaltet zwei Aspekte. Neben der Gewähr-

---

[1] S. Rn. 4.
[2] § 169 Rn. 43 ff.

leistung eines sicheren und weitgehend störungsfreien Verhandlungsablaufes[3] dient er auch dem Schutz vor Beeinträchtigungen der öffentlichen Ordnung **außerhalb des Gerichtssaales**. Der **Verhältnismäßigkeitsgrundsatz** ist zu beachten. Dies bedeutet, dass bei individuell zurechenbaren Störungsursachen gezielte sitzungspolizeiliche Maßnahmen (§§ 176 ff.)[4] bzw. solche auf Grund des Hausrechts[5] vorzuziehen sind. Vorkommnisse, die ihrem Ausmaß nach hinter dem vorausgesetzten Störungsgrad zurückbleiben, rechtfertigen keinen Gesamtausschluss nach § 172 Nr. 1 2. Alt., wie etwa Störung oder Erschwerung der Verhandlung durch Zwischenrufe, Missfallens- oder Beifallskundgebungen einzelner Zuhörer.[6]

3. Gefährdung der Sittlichkeit (Nr. 1). Eine Gefährdung der Sittlichkeit (Nr. 1 3. Alt.)[7] ist 4 nach überkommener Meinung zu besorgen, wenn Dinge erörtert werden, die bei objektiver Betrachtung geeignet sind, das Scham- und Sittlichkeitsgefühl eines normalen Menschen in geschlechtlicher Beziehung zu verletzen.[8] Die Formulierung deckt sich mit der deutschen Übersetzung des Art. 6 Abs. 1 S. 2 EMRK und Art. 14 Abs. 1 S. 3 UN-Pakt über bürgerliche und politische Rechte.[9] Nach allgemeiner Ansicht ist der Ausschlusstatbestand nur in Fällen einer Erörterung von Angelegenheiten mit eindeutig sexuellem Schwerpunkt von Bedeutung.[10] Angesichts einer erhöhten Sensibilität gegenüber dem Persönlichkeitsschutz der Betroffenen, die meist in das Verfahren eingebunden sind, wird in der Regel ohnehin ein Ausschluss gemäß § 171b in Betracht kommen.[11] Soweit ein Ausschließungsbeschluss dennoch auf Nr. 1 3. Alt. gestützt wird, ist dies nur in Extremfällen gerechtfertigt.[12] Soweit eine Gefährdung Jugendlicher zu besorgen ist, kann dem mit § 175 Abs. 1 1. Alt. begegnet werden.

4. Gefährdung einzelner Personen (Nr. 1 a). Auch wenn der Anlass der Vorschrift in erster 5 Linie die Bekämpfung des illegalen Rauschgifthandels und sonstiger Erscheinungsformen der organisierten Kriminalität war,[13] kann der Ausschluss der Öffentlichkeit aus Gründen des **Schutzes von Leben, Leib oder Freiheit einzelner Personen** auch in anderen Verfahren erforderlich sein. Es kann ein Zeuge oder eine in sonstiger Weise beteiligte Person sein. Auch die mittelbare Gefährdung eines Dritten durch die Aussage eines nicht gefährdeten V-Mannes kann den Ausschluss der Öffentlichkeit rechtfertigen.[14] Eine nach objektiven Maßstäben begründete Befürchtung des Vorliegens einer Gefahr iSd. Nr. 1 a genügt. Eine Ausschließung in den genannten Fällen begünstigt mittelbar auch die **Wahrheitsfindung**. Eine bloße Erschwerung der Wahrheitsfindung dadurch, dass ein zu vernehmender Beteiligter in öffentlicher Verhandlung vermutlich nicht wahrheitsgemäß aussagen werde, stellt keine Gefährdung iSd. Nr. 1 dar.[15] Dasselbe gilt, wenn sich ein Zeuge aus Furcht vor anschließender falscher Presseberichterstattung auf ein ihm zustehendes Aussageverweigerungsrecht (§ 52 StPO, §§ 385 f. ZPO) beruft, jedoch für den Fall der Ausschließung eine Aussage anbietet.[16] Eine Berücksichtigung der erleichterten Wahrheitsfindung als Ausschließungsgrund kommt dagegen unter den Voraussetzungen des **Art. 6 Abs. 1 S. 2 EMRK** in Betracht an die strenge Anforderungen zu stellen sind („... nur in dem nach Auffassung des Gerichts erforderlichen Umfang").[17] Nach hM soll im Zweifel Öffentlichkeit vor erleichterter Wahrheitsfindung gehen;[18] zweifelhaft. Erst bei drohender Unmöglichkeit der Wahrheitsfindung könne ein Ausschluss nach Art. 6 Abs. 1 S. 2 EMRK gerechtfertigt sein. In den nicht von Nr. 1a erfassten Fällen wird die Scheu vor vollständiger Aussage im öffentlichen Forum regelmäßig auf Diskretionsinteressen des zu Vernehmenden beruhen, die den Ausschluss bereits nach §§ 171b, 172 Nr. 2 und 3 rechtfertigen können. Ist ein Beteiligter zur Aussage nur in nichtöffentlicher Verhandlung bereit, ohne dass ihm ein Verweigerungsrecht zusteht oder ein Diskretionsinteresse nach §§ 171b, 172 vorliegt, ist § 390

---

[3] BGH NJW 1977, 157.
[4] RGSt. 64, 385; *Zöller/Gummer* Rn. 4.
[5] Dazu § 169 Rn. 38 f.
[6] RGSt. 30, 105; vgl. jedoch *Meyer/Goßner* Rn. 4.
[7] Hierzu eingehend *Schweling* DRiZ 1970, 354 ff.
[8] BGHSt. 23, 40, 41 f.; BGH NJW 1986, 200; vgl. auch BVerwG NJW 1976, 986; *Kissel/Mayer* Rn. 31 m. weit. Nachw.
[9] S. § 169 Rn. 5.
[10] BGH NJW 1986, 200; *Kissel/Mayer* Rn. 31.
[11] Vgl. BGH MDR 1985, 954 vor Schaffung des § 171b.
[12] *Schweling* DRiZ 1970, 354, 385; *Kissel/Mayer* Rn. 32.
[13] Vgl. BT-Drucks. 1992, 12/2720; BR-Drucks. 1992, 919/90.
[14] *Zöller/Gummer* Rn. 5 a.
[15] BGH NJW 1956, 1646 noch zur früheren Rechtslage.
[16] BGH NJW 1981, 2825.
[17] *Frowein/Peukert* EMRK Art. 6 Rn. 120; IntKommEMRK/*Miehsler/Vogler* Art. 6 Rn. 337 m. weit. Nachw.
[18] BGH NJW 1956, 1646; UFITA 1974, 279, 280 f.

ZPO einschlägig. Auf Art. 6 EMRK muss deshalb allenfalls in seltenen Ausnahmefällen zurückgegriffen werden.

6 **5. Geschäftliche und steuerliche Geheimnisse (Nr. 2). a) Geheimnis.** § 172 Nr. 2 dient der Wahrung von Geheimnissen mit beruflichem, geschäftlichem oder steuerlichem Bezug. Anders als in § 171b ist es nicht erforderlich, dass der hinsichtlich seines Diskretionsinteresses geschützte Geheimnisträger am Verfahren etwa als Partei, Zeuge, Drittbeteiligter teilnimmt.[19] Eine Sonderregelung für den Fall, dass ein Zeuge oder Sachverständiger ein fremdes Privatgeheimnis vorträgt, enthält Nr. 3. Es muss sich in allen Varianten um ein Geheimnis handeln. Dies ist der Fall bei Tatsachen, die nicht über einen eng begrenzten und überschaubaren Personenkreis hinaus bekannt sind und die nach dem wirklichen oder mutmaßlichen Willen des Geheimnisträgers auch nicht öffentlich verbreitet werden sollen. Ferner bedarf es eines objektiv berechtigten Interesses an der Geheimhaltung,[20] dem die Vorschrift mit dem Hinweis auf ein **wichtiges Geheimnis** verstärkte Bedeutung einräumt, dh. das Geheimnis muss an sich schon vor der Verletzung schutzwürdiger Interessen ein anerkannt beachtenswertes Schutz- und Wertniveau aufweisen. Dies richtet sich nach einer objektiven Beurteilung der konkreten Situation des Geheimnisträgers.

7 **b) Überwiegende schutzwürdige Interessen.** Durch die öffentliche Erörterung des Geheimnisses müssen überwiegende schutzwürdige Interessen **verletzt** werden. Die Erörterung eines Geheimnisses verletzt im allgemeinen Interessen. Da es sich um ein *wichtiges* Geheimnis handeln muss, sind diese Interessen auch grundsätzlich schutzwürdig. Erforderlich ist aber, dass gerade die Erörterung diese schutzwürdigen Interessen verletzt. Dies ist zB dann nicht der Fall, wenn nur Teile des Geheimnisses erörtert werden, die die schutzwürdigen Interessen noch nicht bekannt werden lassen oder wenn die Erörterung durch bloßes Lesen oder so verschlüsselt erfolgt, dass für Außenstehende ein Erkennen nicht möglich ist. Die verletzten schutzwürdigen Interessen müssen zugleich überwiegende Interessen sein. Dies ist der Fall, wenn sie gewichtiger sind als die Öffentlichkeitsinteressen, insbesondere das öffentliche Kontrollinteresse. Dies ist gemäß § 174 in gesonderter, regelmäßig nichtöffentlicher Verhandlung im Rahmen einer Entscheidung nach pflichtgemäßem Ermessen festzustellen und auch zu begründen. Die Begründung darf aber nicht so weit gehen, dass auf diesem Wege das Geheimnis, und sei es auch nur zum Teil, offenbart wird.[21] Die Entscheidung ist nur begrenzt nachprüfbar.[22] Angesichts einer den Persönlichkeitsschutz privilegierenden Tendenz sind an das Überwiegen keine übermäßigen Anforderungen zu stellen.[23] Bei der Abwägung ist jedoch zu berücksichtigen, dass insbesondere in Fällen, in denen es um die Aufdeckung gemeinschädigender Mißstände geht, der Verhandlungsöffentlichkeit ein besonderer Stellenwert zukommt.[24]

8 **c) Geschäfts- und Betriebsgeheimnis.** Die Fallgruppen Geschäfts- und Betriebsgeheimnis werden oft gemeinsam genannt, so in § 17 UWG, § 56 Abs. 3 S. 2 GWB, §§ 79 Abs. 1, 120 Abs. 1 BetrVG, §§ 5 Nr. 7, 203 Abs. 1 und 2, 204 StGB.[25] In beiden Fällen handelt es sich um unternehmensbezogene Geheimnisse, wobei nach allgemeiner Ansicht dem Geschäftsgeheimnis organisatorische und kaufmännische Details, wie zB Kundenlisten, Kalkulationen und ähnliches, dem Betriebsgeheimnis eher technische Informationen, zB über Fertigungsverfahren oder Rezepturen, zugeordnet werden.[26] Die Unterscheidung hat jedoch hier keine praktische Bedeutung. Das Begriffspaar stellt nur klar, dass es sich inhaltlich prinzipiell um jede Art von Geheimnis handeln kann, soweit es die gewerbliche Sphäre tangiert.[27] Ein Anwendungsbereich sind etwa Streitigkeiten, in denen Einzelheiten über unternehmenseigene Software[28] oder betriebsspezifisches Know-how zur Sprache kommen. Erlangt ein Amtsträger, zB im Rahmen eines Verwaltungs- oder gerichtlichen Verfahrens in Steuersachen, Kenntnis von einem Betriebs- oder Geschäftsgeheimnis, unterfällt dieses zugleich dem Schutz des Steuergeheimnisses (§ 30 Abs. 2 Nr. 2 u. 3 AO, § 355 Abs. 1 Nr. 2 StGB).

---

[19] *Löwe/Rosenberg/Wickern* Rn. 20.
[20] *Schönke/Schröder/Lenckner* StGB § 203 Rn. 7.
[21] Ebenso BGH NJW 1982, 59 zu § 172 Nr. 2 aF.
[22] S. Rn. 16.
[23] S. auch *Zöller/Gummer* Rn. 6.
[24] BVerfG NJW 1988, 890, 893; kritisch dazu *Linde* ZRP 1987, 15 ff.; *Stern* AöR 109 (1984), 200, 292 f.; *Quaas/Zuck* NJW 1988, 1873, 1876.
[25] Allgemein zum Thema *Traeger*, Die Offenbarung von Betriebs- und Geschäftsgeheimnissen, 1988.
[26] Zahlreiche Beispiele bei *Löwe/Rosenberg/Wickern* Rn. 16; *Stürner* JZ 1985, 453.
[27] *Stürner* JZ 1985, 453.
[28] *Lachmann* NJW 1987, 2206, 2207.

d) Erfindungsgeheimnis. Das Tatbestandsmerkmal Erfindungsgeheimnis ist großzügig auszulegen. Es erfasst nicht nur fertige Erfindungen, sondern auch solche, die sich noch im Entwicklungsstadium befinden. Ebensowenig ist Patentierungsfähigkeit erforderlich.[29] Entscheidend ist vielmehr, ob es sich um Tatsachen über eine der Initiative des Geheimnisträgers originär zurechenbare Entwicklung oder Entdeckung mit neuartigem Ergebnis oder Erkenntnisgewinn handelt, die Geheimnischarakter hat. Darunter fallen sowohl geistige als auch gegenständliche Leistungen. Der Schutz erstreckt sich nicht nur auf die Erfindung selbst, sondern auch auf alle mit ihr verbundenen Umstände, an deren Geheimhaltung, etwa wegen bestehender Rückschlussmöglichkeiten, ein berechtigtes Interesse besteht.[30] Wird die Erfindung als Patent, Gebrauchs- oder Geschmacksmuster geschützt, entfällt die Geheimniseigenschaft und damit der Schutz nach § 172 Nr. 2.[31]

e) Steuergeheimnis. Das Steuergeheimnis ist geschützt durch § 30 AO, § 355 StGB vor unbefugter Weitergabe durch Amtsträger oder gleichgestellte Personen. Gegenstand des Steuergeheimnisses sind danach all diejenigen Verhältnisse eines anderen, die dem Amtsträger anlässlich eines Steuerverfahrens, einschließlich eines Verwaltungs-, Finanzgerichts- oder Steuerstrafverfahrens, oder aus anderem dienstlichen Anlass zur Kenntnis gelangen. Die Information muss nicht spezifisch steuerlichen Charakter haben.[32] Maßgeblich sind allein Träger und Herkunft der Information. Soweit danach auch steuerlich irrelevante Angaben aus dem Privatbereich, wie Familie oder Gesundheit, unter das Steuergeheimnis fallen können,[33] sind diese im Rahmen des GVG bereits durch § 171b berücksichtigt. Der Anwendungsbereich der Vorschrift ist indes nicht auf die Fälle einer Vernehmung von Amtsträgern als Zeugen oder Sachverständigen beschränkt, die in bestimmten Fällen[34] zur Offenlegung berechtigt sind. Sie gilt allgemein, wenn Informationen der genannten Herkunft, zB Beteiligtenaussagen in Steuerverfahren, Gegenstand der mündlichen Verhandlung werden oder auch, wenn Beteiligte, ohne Amtsträger zu sein, Angaben über solche Informationen machen. Handelt es sich um Informationen aus anderen als den erwähnten Quellen, wie etwa bei dem Vortrag eines Zeugen über eigene Verhältnisse oder die eines Dritten, muss jedoch eine inhaltliche Steuerbezogenheit der Information vorliegen. Da das Steuergeheimnis u. a. dem Schutz des betreffenden Steuerpflichtigen dient,[35] ist es nicht erforderlich, dass derjenige, dessen Angelegenheiten erörtert werden, am Verfahren beteiligt ist. Die steuerlichen Verhältnisse eines Gewerbetreibenden können auch ein Gewerbegeheimnis gemäß § 384 Nr. 3 ZPO darstellen und als solches ein Aussageverweigerungsrecht begründen,[36] so dass sich die Frage nach einem Ausschluss nicht mehr stellt. Eine Besonderheit gilt im finanzgerichtlichen Verfahren, wo gemäß § 52 Abs. 2 FGO der Antrag auch nur eines Beteiligten zwingender Ausschließungsgrund ist.

6. Privates Geheimnis (Nr. 3). § 172 Nr. 3 betrifft den Sonderfall, dass ein Zeuge oder ein Sachverständiger im Rahmen seiner Vernehmung ein privates **Geheimnis eines anderen** vorträgt, das der Sache nach einem strafbewehrten Geheimnisschutz, wie etwa § 203 StGB, § 26 Abs. 7, § 52 mit § 69 SchwbG, § 120 Abs. 2 BetrVG, unterliegt. Zum Begriff des Geheimnisses s. Rn. 6; dieses muss inhaltlichen Bezug zu privaten Angelegenheiten, wie Familienbereich, Gesundheitszustand, Intimleben oder Bekenntnisfragen, haben.[37] Die Ladung und Vernehmung einer Person als Zeuge oder Sachverständiger führt nicht zum Wegfall der ihr obliegenden, strafbewehrten Schweigepflicht.[38] Ein an sich bestehendes Zeugnisverweigerungsrecht entfällt nur in begrenzten Ausnahmefällen (§ 385 ZPO). Der Geheimnisträger kann aber jederzeit mit Einverständnis des Schutzberechtigten von seiner Schweigepflicht entbunden werden. § 172 Nr. 3 geht davon aus, dass dieses Einverständnis eher zu erlangen ist, wenn für die Dauer der Aussage des Geheimnisträgers die Öffentlichkeit ausgeschlossen werden kann. Damit wird verhindert, dass die Entbindung von der Schweigepflicht automatisch eine Verbreitung des Geheimnisses in der Öffentlichkeit zur Folge hat. Zusätzlich besteht die Möglichkeit, alle bei der Vernehmung anwesenden Personen gemäß § 174 Abs. 3 S. 1, der nur bei nichtöffentlicher Verhandlung anwendbar ist, zur Verschwiegenheit zu verpflichten. Kommt ein privates Geheimnis zur Sprache oder ist dies zu erwarten, kann das Gericht

---

[29] *Grunsky* ArbGG § 52 Rn. 4.
[30] *Löwe/Rosenberg/Wickern* Rn. 17 m. weit. Nachw.
[31] *Kissel/Mayer* Rn. 42.
[32] *Klein/Orlopp* § 30 AO Anm. 3 a.
[33] *Schönke/Schröder/Lenckner* § 355 StGB Rn. 4 f.
[34] S. abschließender Katalog in § 30 Abs. 4 und 5 AO.
[35] OLG Düsseldorf MDR 1978, 147 m. weit. Nachw.; s. auch *Seltmann* NJW 1968, 869 zu §§ 22, 412, AO aF; weitere Normzwecke nennt *Löwe/Rosenberg/Wickern* Rn. 19.
[36] OLG Düsseldorf MDR 1978, 147.
[37] S. auch § 171b Rn. 4.
[38] S. *Schönke/Schröder/Lenckner* § 203 StGB Rn. 10.

nach seinem Ermessen die Öffentlichkeit ausschließen. Liegen zugleich die Voraussetzungen des § 171b Abs. 2 vor,[39] muss das Gericht ausschließen.

12 **7. Vernehmung Jugendlicher (Nr. 4).** § 172 Nr. 4 trägt dem Umstand Rechnung, dass Verfahrensbeteiligte jugendlichen oder kindlichen Alters nicht unbedeutenden psychischen Belastungen ausgesetzt sein können, wenn sie vor Gericht und gegebenenfalls vor mehreren Zuhörern aussagen sollen.[40] Deshalb kann das Gericht bei der Vernehmung einer **Person unter 16 Jahren** die Öffentlichkeit ausschließen. Die Stellung des Jugendlichen im Verfahren, gleichgültig ob Partei oder Zeuge, ist irrelevant.[41] Auch kommt es nicht auf den Inhalt der Erörterungen an. Bei der Vernehmung einer Person unter 16 Jahren ist die Ausschließung der Öffentlichkeit ohne weitere Voraussetzungen möglich.[42] Ist die Person 16 Jahre oder älter,[43] kommt ein Ausschluss auf Grund der in Art. 6 Abs. 1 S. 2 EMRK geschützten „Interessen von Jugendlichen" in Betracht. Dieser Ausschlussgrund bleibt neben § 172 Nr. 4 anwendbar,[44] verlangt aber die konkrete Gefährdung von Interessen des Jugendlichen, die jedoch im Hinblick auf ihre Entwicklung und ihre bevorstehende Eingliederung in die Erwachsenenwelt besonders schutzbedürftig sind. Da bei bestehender psychischer Anspannung der zu vernehmenden Person auch Zweifel an der Verwertbarkeit ihrer Aussage erwachsen, dient die Ausschließungsmöglichkeit zugleich der Wahrheitsermittlung.[45]

III. Verfahren

13 Zur Entscheidung über den Ausschluss der Öffentlichkeit ist ein **Beschlussverfahren** nach § 174 Abs. 1 mit vorangehender Verhandlung erforderlich. Der Beschluss ist begründungsbedürftig (§ 174 Abs. 1 S. 3). Die Begründung muss aber das geschützte Geheimnis wahren. Der Ausschluss ist nur so lange zulässig, als eine der Voraussetzungen des Katalogs vorliegt.[46] Bei Wegfall, zB bei Ende der Zeugenvernehmung, besteht die Pflicht zur Wiederherstellung der Öffentlichkeit, jedoch eingeschränkt durch das Zweckmäßigkeitsgebot, inhaltlich zusammengehörige Elemente der Verhandlung dadurch nicht auseinanderzureißen.[47] Ein Antragsrecht, das die gerichtliche Entscheidung binden könnte, wie in § 171b Abs. 2, kennt § 172 nicht.

14 **Im arbeitsgerichtlichen Verfahren** kommt gemäß **§ 52 S. 2 ArbGG** bei Erörterung eines Geschäfts-, Betriebs- oder Erfindungsgeheimnisses ein Ausschluss nur bei Antrag einer Partei in Betracht. Der Antrag ist Voraussetzung, bindet aber das Gericht nicht. Liegt angesichts des Erörterungsgegenstandes für das Gericht erkennbar den Ausschluss begründende Situation vor, hat es auf die Antragsvoraussetzung gemäß § 139 Abs. 1 ZPO hinzuweisen. Dies löst indes nicht das Problem, dass der nicht als Partei am Verfahren beteiligte Schutzberechtigte auf die Antragstellung keinen Einfluss hat.[48] Hier kann auch § 171b, der ebenfalls im arbeitsgerichtlichen Verfahren anwendbar ist, nicht helfen, da das Erfindungsgeheimnis regelmäßig nicht dem persönlichen Lebensbereich zuzuordnen sein wird. Dasselbe gilt für Art. 6 Abs. 1 S. 2 EMRK.

IV. Anfechtung; Revisibilität

15 Der ausgeschlossene Zuhörer hat kein Anfechtungsrecht.[49] Der an der Geheimhaltung etc. Interessierte hat kein Beschwerderecht, wenn der Ausschluss der Öffentlichkeit abgelehnt wird.[50]

16 Eine **Rechtsmitteleinlegung** kommt gegen die am Ende der mündlichen Verhandlung ergehende **Sachentscheidung** in Betracht. Dies gilt auch, wenn das Gericht eine gesonderte Verhandlung nach § 174 Abs. 1 S. 1 unterlässt oder keinen Ausschließungsbeschluss gemäß § 174 Abs. 1 S. 2 fasst. Hier gelten jedoch folgende **Einschränkungen.** § 172 enthält nur fakultative Ausschlussgründe und räumt dem Gericht somit einen Beurteilungsspielraum ein.[51] Die Ermessensentscheidung ist nur eingeschränkt auf eventuellen Ermessensfehlgebrauch, so etwa bei Nichtvertretbarkeit

---

[39] Zur Konkurrenzfrage s. § 171b Rn. 11.
[40] BT-Drucks. 7/550, S. 321; 7/1261, S. 35.
[41] Zöller/Gummer Rn. 13; aA Kissel/Mayer Rn. 52.
[42] Kissel/Mayer Rn. 53.
[43] S. § 1 Abs. 2 JGG.
[44] S. § 169 Rn. 10.
[45] BT-Drucks. 7/1261 S. 35; zur Wahrheitsfindung auch Rn. 4.
[46] Zur ‚soweit'-Formel s. § 171b Rn. 10.
[47] BGH NJW 1986, 200, 201; OLG Düsseldorf MDR 1981, 427 Nr. 117, s. auch BGH NStZ 1988, 190.
[48] Grunsky ArbGG § 52 Rn. 3 f.; Löwe/Rosenberg/Schäfer, 23. Aufl., Rn. 33.
[49] OLG Nürnberg MDR 1961, 508 Nr. 75; Kissel/Mayer Rn. 13; s. auch § 174 Rn. 10.
[50] BGH NJW 1969, 2707, Zöller/Gummer Rn. 14.
[51] BGH NJW 1986, 200, 201.

des Ergebnisses,⁵² oder auf Ermessensmissbrauch⁵³ hin revisionsgerichtlich nachprüfbar. Dieser muss aber offensichtlich sein. Anderenfalls bestünde die Gefahr, dass aus Angst um den Bestand der Entscheidung von § 172 kaum Gebrauch gemacht würde. Liegt eine ermessensfehlerhafte oder -missbräuchliche Anwendung des § 172 vor, ist dies ein Fall des § 547 Nr. 5 ZPO.⁵⁴ Dasselbe gilt, wenn das Gericht die zentralen Begriffe des § 172 verkennt,⁵⁵ etwa bei fehlerhafter Annahme eines nicht bestehenden Ausschlussgrundes infolge Rechtsirrtums. Jedoch ist auch hier Offensichtlichkeit zu fordern, um nicht in den Ermessensfreiraum einzugreifen. In allen anderen, nicht unter § 547 Nr. 5 ZPO fallenden Varianten ist im Rahmen des Rechtsmittelverfahrens gemäß § 545 ZPO eine Kausalitätsprüfung erforderlich.⁵⁶ Die Nichtvornahme eines Ausschlusses auf Grund § 172 kann nur bei einer selten denkbaren Ermessensreduzierung gegen Null eine Verletzung der Öffentlichkeitsvorschriften darstellen. Dies wäre dann anzunehmen, wenn ein Ausschluss unterbleibt, obwohl dieser nach Lage der Dinge und bei fraglos überwiegendem Ausschließungsinteresse des Schutzbedürftigen die einzig vertretbare Entscheidung wäre. Da die typischen sensiblen Bereiche bereits durch zwingende Ausschlussgründe in §§ 170, 171, 171b geschützt sind, dürfte für einen solchen Ausnahmefall im Rahmen des § 172 praktisch kaum Raum verbleiben. Der unterbliebene Ausschluss nach § 172 ist daher grundsätzlich nicht durch Rechtsmittel angreifbar.⁵⁷

§ 173 [Öffentliche Urteilsverkündung]

(1) Die Verkündung des Urteils erfolgt in jedem Falle öffentlich.
(2) Durch einen besonderen Beschluß des Gerichts kann unter den Voraussetzungen der §§ 171b und 172 auch für die Verkündung der Urteilsgründe oder eines Teiles davon die Öffentlichkeit ausgeschlossen werden.

I. Normzweck

§ 173 Abs. 1 enthält eine zwingende Rückausnahme zu den vorangegangenen Ausschließungsgründen. Die Vorschrift ist insoweit deckungsgleich mit Art. 6 Abs. 1 S. 2 EMRK und Art. 14 UN-Pakt (s. § 169 Rn. 5). Die Öffentlichkeit der Urteilsverkündung ist **nicht verzichtbar**. Sitzungspolizeiliche Maßnahmen bleiben unberührt.¹ Nichtöffentlich ist die Verkündung lediglich in Jugendstrafsachen bzw. Verfahren gegen Heranwachsende (§§ 48, 109 JGG),² nach Art. 14 UN-Pakt auch bei Ehestreitigkeiten und Vormundschaft über Kinder.

II. Anwendungsbereich

Die Vorschrift erstreckt sich grundsätzlich nur auf die Verkündung von Urteilen, auch Teil- und Zwischenurteilen. In streitigen FGG-Sachen³ sind wegen der vorausgegangenen mündlichen Verhandlung die Beschlüsse ebenfalls öffentlich zu verkünden. Ein Zwang zur öffentlichen Verkündung besteht **nur insoweit**, als im vorausgegangenen Verfahren **mündlich verhandelt wurde.**⁴ Ist das nicht der Fall (s. § 128 Abs. 2 bis 4; §§ 307 S. 2, 331 Abs. 3 ZPO), mangelt es bereits an der Pflicht zur Verkündung.⁵

III. Umfang und Art der Verkündung

1. Urteilsformel, Urteilsgründe. Prinzipiell muss die Verkündung der Urteilsformel öffentlich erfolgen (zu den Zivilsachen vgl. aber Rn. 4), ebenso gegebenenfalls die Mitteilung der Gründe (Abs. 2). Manche Gerichte verkünden nach der Verhandlung einen Beschluss: „Termin zur Verkündung einer Entscheidung: am Schluss der Sitzung." Dann werden im Zimmer des Vorsitzenden alle

---

⁵² OLG Düsseldorf MDR 1981, 427 Nr. 117.
⁵³ BGH GA 1978, 13, 14; *Schweling* DRiZ 1970, 354, 355 f.; krit. *Bötticher* JR 1986, 216.
⁵⁴ Ebenso *Zöller/Gummer* Rn. 15.
⁵⁵ BGH UFITA 1974, 279; RGSt. 66, 113; 69, 401, 402; *Wieczorek/Schreiber* Rn. 21.
⁵⁶ S. *Kissel/Mayer* Rn. 17.
⁵⁷ HM: BGH NJW 1970, 523; 1969, 2107; MDR 1953, 149; RG JW 1934, 370; *Zöller/Gummer* Rn. 15, der noch mit der Rüge unvollständiger Sachaufklärung helfen will; aA *Kissel/Mayer* Rn. 18.
¹ *Löwe/Rosenberg/Wickern* Rn. 3.
² Dazu *Kissel/Mayer* Rn. 1.
³ Dazu § 169 Rn. 22; s. auch *Wieczorek/Schreiber* § 173 Rn. 2.
⁴ BGHZ 25, 60, 61 f.
⁵ S. auch *Wieczorek/Schreiber* § 173 Rn. 2.

GVG § 173 4–9   14. Titel. Öffentlichkeit und Sitzungspolizei

Sachen des Verhandlungstages beraten und hierauf ggf. ein Urteil verkündet. In diesen Fällen weiss der interessierte Zuhörer weder, wann die Verkündung sein wird noch, dass sie nicht im Sitzungssaal stattfinden wird. Notwendig ist deshalb zB die Ergänzung: „am Schluss der Sitzung, 15 Uhr, Zimmer …"; sonst wird gegen § 173 Abs. 1 verstoßen.

4   **2. Form.** Die Verkündung geschieht in der Form der **Vorlesung** des Urteilstenors und ggf. der Urteilsgründe. Im Zivilprozess wird allerdings in der Praxis meist nicht einmal die Urteilsformel vorgelesen, sondern nur darauf Bezug genommen (§ 311 Abs. 2 S. 2 ZPO), so dass der Zuhörer letztlich kaum Informationen erhält. Im Zivilprozess werden die Gründe nur ganz selten öffentlich mitgeteilt, § 311 Abs. 3 ZPO.
Nach Ansicht des EGMR ist es mit **Art. 6 Abs. 1 S. 2 EMRK** vereinbar, wenn die mündliche Verlesung in bestimmten Fällen, zB bei Verwerfung eines Rechtsmittels aus Rechtsgründen, durch **Zustellung** an die Beteiligten **und Hinterlegung** des Urteils bei der Geschäftsstelle ersetzt und damit der interessierten Öffentlichkeit anderweitig zugänglich gemacht wird.[6] Zustellung genügt auch in den Fällen des § 310 Abs. 3 ZPO.

5   **3. Verbot des § 169 S. 2.** Das Verbot des § 169 S. 2 über die Anfertigung von Ton- und Filmaufnahmen zu Veröffentlichungszwecken erstreckt sich **auch auf die Urteilsverkündung**.[7] Eine Ausnahme von diesem Verbot gilt für das BVerfG. Der Gesetzgeber hat mit Einfügung des § 17a BVerfGG[8] eine strikt auf das BVerfG beschränkte Ausnahmebestimmung zu § 169 S. 2 geschaffen.

6   **4. Ausschluss der Öffentlichkeit während der Eröffnung der Urteilsgründe. Abs. 2** erlaubt den Ausschluss der Öffentlichkeit während der Eröffnung der Urteilsgründe, soweit dabei erneut Umstände zur Sprache kommen, die nach §§ 171b oder 172 zum Ausschluss während der Verhandlung berechtigen würden. Im Falle des § 171b Abs. 2 besteht auch hier eine Ausschlusspflicht. Abweichendes gilt für die Verkündung der Urteile des BVerfG (§§ 30 Abs. 1 S. 3, 17 BVerfGG).

IV. Verfahren

7   War zuvor die Öffentlichkeit ausgeschlossen, ist sie zur Verkündung wiederherzustellen. Dies ist protokollpflichtig.[9] Ein **gesonderter Beschluss** ist **nicht erforderlich**,[10] da die Öffentlichkeit von Gesetzes wegen besteht (Abs. 1). Erfolgt die Verkündung versehentlich unter Ausschluss der Öffentlichkeit, kann dieser Verfahrensmangel durch erneute Verkündung unter Wiederherstellung der Öffentlichkeit geheilt werden.[11] Dies gilt jedenfalls dann, wenn der Mangel noch während der Verkündung bemerkt und sofort geheilt wird,[12] muss aber auch gelten, wenn der Mangel unmittelbar bei oder nach dem Schluss der Verkündung festgestellt und behoben wird.[13]

8   Soll nach Verlesen des Tenors während der **Verkündung der Urteilsgründe** oder eines Teils davon die Öffentlichkeit erneut ausgeschlossen werden, ist ein **gesondertes Verfahren und** ein **Beschluss** gemäß § 174 Abs. 1 S. 2 erforderlich. Ein bereits zu Beginn der Verhandlung getroffener Ausschließungsbeschluss reicht mangels Erstreckung auf das Verkündungsstadium nicht aus.[14] Eine Bezugnahme auf die Begründung (§ 174 Abs. 1 S. 3) eines während der Verhandlung ergangenen Beschlusses muss bei Kongruenz des Ausschließungsgrundes aber möglich sein. Die Beschlussbegründung darf die zum Ausschluss führenden Gründe nicht offenbaren.[15]

V. Folgen bei Verletzung

9   Ein Verstoß gegen das zwingende Öffentlichkeitsgebot bezüglich der Tenorverkündung sowie ein fehlerhafter Ausschluss während der Kundgabe der Urteilsgründe ist, soweit überhaupt eine Ver-

---

[6] EGHMR EuGRZ 1985, 225, 228 Ziff. 29 bis 32 (Axen); 1985, 229, 232f. Ziff. 31 bis 34 (Sutter); EuGRZ 1985, 548, 549f. Ziff. 20 bis 28 (Pretto) = NJW 1986, 2177, 2178; s. auch IntKomm/*Miehsler/Vogler* Art. 6 Rn. 340.
[7] BGHSt. 22, 83.
[8] BGBl. I 1998 S. 1823.
[9] BGH NJW 1953, 1442; BGH bei *Herlan* GA 1971, 34; RGSt. 55, 103; RGSt. 69, 175, 178.
[10] *Kissel/Mayer* Rn. 2.
[11] Zur Heilung von öffentlichkeitsrelevanten Verfahrensmängeln s. § 169 Rn. 70.
[12] *Kissel/Mayer* Rn. 2 m. weit. Nachw.
[13] RG GA 1893, 45; *Zöller/Gummer* Rn. 2; aA *Kissel/Mayer* Rn. 2; *Eb. Schmid* JZ 1969, 764.
[14] BGH NJW 1953, 1442; RGSt. 20, 383, 384; 43, 300, 301ff.; 60, 279; 280; 69, 175; s. auch § 174 Rn. 2.
[15] *Kleinknecht*, FS Schmidt-Leichner, 1977, S. 116.

kündung stattfindet (s. Rn. 2), ein **absoluter Revisionsgrund** (§ 547 Nr. 5 ZPO).[16] Dem steht zwar der Wortlaut des § 547 Nr. 5 ZPO insoweit entgegen, als er eine unwiderlegbare revisionserhebliche Gesetzesverletzung nur annimmt, wenn während der mündlichen Verhandlung die Öffentlichkeitsvorschriften verletzt wurden. Andererseits statuiert § 173 gerade für die Urteilsverkündung den schärfsten Öffentlichkeitsmaßstab (Abs. 1 „in jedem Falle"), so dass (arg. a fortiori) eine Missachtung dieses gesteigerten Gebotes angesichts der Revisionserheblichkeit anderer öffentlichkeitsrelevanter Verfahrensverstöße nicht unbeachtlich sein kann.[17] Daraus folgt jedoch nicht zwingend eine Pflicht zur Aufhebung und Zurückverweisung zu erneuter Verhandlung. Nach der ratio legis des § 562 ZPO ist der Rechtsprechungsakt der Vorinstanz nur insoweit aufzuheben, als die Revision begründet ist, dh. soweit die Gesetzesverletzung (§ 545 Abs. 1 ZPO) reicht. Eine darüber hinausgehende Aufhebung ist unzulässig.[18] § 562 ZPO ist daher so auszulegen, dass vom Revisionsgericht nur der fehlerhafte Verkündungsakt der Vorinstanz aufgehoben wird, so dass die Entscheidung, so wie sie gefällt wurde, nur erneut verkündet werden muss.[19] Da dieser Fall der Entscheidungsreife gemäß § 563 Abs. 3 ZPO gleichzustellen ist, erfolgt die Verkündung durch das Revisionsgericht.

§ 174 [Verhandlung über Ausschluß der Öffentlichkeit; Schweigepflicht]

(1) ¹Über die Ausschließung der Öffentlichkeit ist in nicht öffentlicher Sitzung zu verhandeln, wenn ein Beteiligter es beantragt oder das Gericht es für angemessen erachtet. ²Der Beschluß, der die Öffentlichkeit ausschließt, muß öffentlich verkündet werden; er kann in nicht öffentlicher Sitzung verkündet werden, wenn zu befürchten ist, daß seine öffentliche Verkündung eine erhebliche Störung der Ordnung in der Sitzung zur Folge haben würde. ³Bei der Verkündung ist in den Fällen der §§ 171b, 172 und 173 anzugeben, aus welchem Grund die Öffentlichkeit ausgeschlossen worden ist.

(2) Soweit die Öffentlichkeit wegen Gefährdung der Staatssicherheit ausgeschlossen wird, dürfen Presse, Rundfunk und Fernsehen keine Berichte über die Verhandlung und den Inhalt eines die Sache betreffenden amtlichen Schriftstücks veröffentlichen.

(3) ¹Ist die Öffentlichkeit wegen Gefährdung der Staatssicherheit oder aus den in §§ 171b und 172 Nr. 2 und 3 bezeichneten Gründen ausgeschlossen, so kann das Gericht den anwesenden Personen die Geheimhaltung von Tatsachen, die durch die Verhandlung oder durch ein die Sache betreffendes amtliches Schriftstück zu ihrer Kenntnis gelangen, zur Pflicht machen. ²Der Beschluß ist in das Sitzungsprotokoll aufzunehmen. ³Er ist anfechtbar. ⁴Die Beschwerde hat keine aufschiebende Wirkung.

Schrifttum: *Gössel*, Über die revisionsrichterliche Nachprüfung von Beschlüssen über den Ausschluss der Öffentlichkeit, NStZ 2000, 181; *Park*, Der Öffentlichkeitsausschluß und Begründungsanforderungen des § 174 Abs. 1 S. 3 GVG, NJW 1996, 2213.

I. Normzweck

Die Vorschrift bestimmt zunächst, dass über die Anwendung der Ausschließungsregeln stets gesondert zu verhandeln und zu beschließen ist. Sie hebt damit die besondere Bedeutung der erforderlichen Abwägung zwischen Öffentlichkeitsgrundsatz und einem im Einzelfall bestehenden Diskretionsbedürfnis hervor. Daneben verstärkt sie den mit den Ausschließungsvorschriften verfolgten Schutz in zweierlei Hinsicht. Zum einen soll die Möglichkeit einer nichtöffentlichen Ausschließungsverhandlung (Abs. 1 S. 1) gewährleisten, dass bei Erörterung der Ausschließungsgründe nicht ein Teil derjenigen Umstände, die möglicherweise einen Ausschluss rechtfertigen, in noch öffentlicher Verhandlung dargelegt werden. Zum zweiten erweitern die strafbewehrten (§ 353d StGB) Verbreitungsverbote in Abs. 2 und 3 den Diskretionsschutz über die Dauer der Verhandlung hinaus.

II. Ausschließungsverhandlung (Abs. 1 S. 1)

1. Geltung für jede Ausschließungsentscheidung. Das Gebot gesonderter Verhandlung über den Ausschließungsgrund ist umfassend. Es gilt für jede Ausschließungsentscheidung, also

---

[16] BGH NJW 1953, 1442; RGSt. 60, 279, 280, jeweils zu § 338 Nr. 6 StPO; *Kissel/Mayer* Rn. 8 m. weit. Nachw.; *Zöller/Gummer* Rn. 2; aA BVerwG VerwRspr. 32 (1981), 504 (zu § 138 Nr. 5 VwGO); RGSt. 69, 175, 178; *Löwe/Rosenberg/Wickern* Rn. 6.
[17] So aber BVerwG VerwRspr. 32 (1981), 504.
[18] *Stein/Jonas/Grunsky* § 564 ZPO Rn. 4.
[19] Für das Strafverfahren *Schmid* JZ 1969, 765 f.; s. auch *Löwe/Rosenberg/Schäfer*, 23. Aufl., Rn. 4 aE.

auch, wenn im Laufe einer mündlichen Verhandlung mehrfach und jeweils nur für einen Teil der Verhandlung die Öffentlichkeit ausgeschlossen werden soll.[1] Es gilt auch ungeachtet des ins Auge gefassten Ausschließungsgrundes. In offensichtlichen Fällen oder in Fällen zwingenden Ausschlusses (§§ 170, 171 Abs. 1 1. Alt., Abs. 2) wird sich die Verhandlung aber in bloßer Feststellung erschöpfen. Gesondert zu verhandeln ist sowohl über einen Ausschluss während der mündlichen Verhandlung als auch während der Verkündung der Urteilsgründe (§ 173 Abs. 2). Ein während der mündlichen Verhandlung getroffener Ausschließungsbeschluss erstreckt sich nicht auch auf die Urteilsbegründung.[2] Das Erfordernis einer gesonderten Beschlussfassung bezüglich des Ausschlusses bei der Urteilsverkündung ergibt sich bereits daraus, dass während der Verkündung des Tenors von Gesetzes wegen auf jeden Fall Öffentlichkeit besteht (§ 173 Abs. 1). Das Gebot einer gesonderten Verhandlung gilt in allen Verfahren, deren maßgebliche Verfahrensvorschriften durch Verweis auf die Öffentlichkeitsvorschriften des GVG insgesamt oder unter ausgewählter Bezugnahme (§ 174) für anwendbar erklären.[3]

3 **2. Verhandeln.** Verhandeln gemäß Abs. 1 S. 1 bedeutet Ermittlung und Erörterung der widerstreitenden Positionen, ggf. mit Beweisaufnahme der für die Ausschließung maßgeblichen Tatsachen unter Einbeziehung der Beteiligten. Für den gerichtlichen Hinweis auf die Möglichkeit einer Antragstellung nach Abs. 1 S. 1 gilt § 139 ZPO.

4 Die Verhandlung muss **gesondert** erfolgen, dh. als abgetrennt von der übrigen Verhandlung für die Anwesenden erkennbar sein. Eine räumliche oder zeitliche Abtrennung ist nicht erforderlich. Die Kenntlichmachung dient dem Hinweis zugunsten der Betroffenen, einen Antrag auf nichtöffentliche Ausschlussverhandlung zu stellen bzw. ihre Gründe für einen Ausschluss während der Verhandlung der Hauptsache darzulegen.

5 **3. Nichtöffentlichkeit; Antrag der Beteiligten.** Die Ausschlussverhandlung erfolgt in **zwei Fällen** nichtöffentlich. Zwingender Ausschließungsgrund ist der **Antrag eines Beteiligten,** da ihm die Gelegenheit zur unbefangenen Darlegung seiner Ausschlussgründe gegeben werden soll. Der Kreis der Beteiligten erstreckt sich über die Parteien hinaus auch auf Drittbeteiligte (§§ 64 ff. ZPO) sowie auf Zeugen und Sachverständige.[4] Es genügt, wenn das Verhalten eines Betroffenen hinreichend deutlich einen Ausschließungswillen zum Ausdruck bringt. Eine besondere Antragsform ist nicht erforderlich. Darüber hinaus erfolgt die Ausschlussverhandlung auch nichtöffentlich, wenn es das **Gericht für angemessen erachtet.** Das Gericht entscheidet nach pflichtgemäßem, nicht aber gänzlich unüberprüfbarem Ermessen.[5] Diese 2. Alt. hat Bedeutung, wenn es trotz Ausschließungsbedürfnisses an einem ausdrücklichen oder konkludenten Antrag fehlt. Das Gericht kann die Öffentlichkeit der Ausschlussverhandlung auch anordnen, wenn ein Beteiligter die Öffentlichkeit beantragen sollte, sofern nicht nur die Interessen des Antragstellers auf dem Spiel stehen.

6 Soweit die Ausschließungsverhandlung selbst in nichtöffentlicher Form erfolgt, erfordert dies einen **Beschluss** gemäß Abs. 1 S. 2. Insoweit gelten die Ausführungen für den Beschluss über die Ausschließung während der Verhandlung der Hauptsache (Rn. 7 ff.) entsprechend.

III. Beschlussfassung und -verkündung (Abs. 1 S. 2)

7 Die gesonderte Ausschlussverhandlung endet mit der **Beschlussfassung** über den Ausschluss der Öffentlichkeit. Ein entsprechender Beschluss ist auch bei nichtöffentlicher Durchführung der Ausschließungsverhandlung erforderlich. Die Beschlussfassung erfolgt in geheimer Beratung (§ 192 GVG mit §§ 43, 45 Abs. 1 S. 2 DRiG).

8 Abs. 1 S. 2 sieht seinem Wortlaut zufolge eine **Verkündungspflicht** nur für einen die Ausschließung befürwortenden Beschluss vor. Da die Entscheidung auch negativ ausfallen kann, muss die Verkündungspflicht ebenso für einen die Ausschließung ablehnenden Beschluss gelten. Die Beschlussverkündung erfolgt grundsätzlich in öffentlicher Sitzung. Dies gilt selbst dann, wenn diese eigens für diesen Zweck wiederhergestellt werden muss und für den weiteren Verfahrensverlauf wieder aufgehoben wird.[6] Eine Ausnahme gestattet S. 2 Halbs. 2 für den Fall einer infolge öffentlicher Verkündung zu befürchtenden erheblichen Störung der Ordnung in der Sitzung. Soweit ausreichend, ist in diesen Fällen jedoch zuvor von den sitzungspolizeilichen Maßnahmen Gebrauch zu machen (Verhältnismäßigkeitsgrundsatz).

---

[1] BGH GA 1981, 320.
[2] BGH NJW 1953, 1442; RGSt. 20, 383, 384; 43, 300, 301 ff.; 60, 279, 280; 69, 175.
[3] S. § 169 Rn. 20.
[4] *Kissel/Mayer* Rn. 3; zum Beteiligtenbegriff s. § 170 Rn. 9 ff.
[5] S. § 172 Rn. 16; unten Rn. 12.
[6] BGH NJW 1980, 2088; BGH bei *Dallinger* MDR 1972, 926.

Verhandlung über Ausschluß der Öffentlichkeit; Schweigepflicht

Protokollierungspflicht besteht bezüglich der Verhandlung, der Beschlussverkündung einschließlich der Begründung sowie bezüglich der Tatsache, ob dies jeweils in öffentlicher Verhandlung oder unter Ausschluss der Öffentlichkeit erfolgte[7] (zum Protokollinhalt insoweit § 160 Abs. 1 Nr. 5, Abs. 3 Nr. 7 ZPO). Das Protokoll enthält somit folgende **Stationen:** (1) Antrag auf Ausschließung der Öffentlichkeit wird protokolliert. (2) Verkündeter Beschluss: über den Antrag ist in nicht öffentlicher Sitzung zu verhandeln. (3) Die Öffentlichkeit wurde sodann ausgeschlossen; alle Zuhörer verliessen den Sitzungssaal. (4) Über den Antrag des Klägers wurde verhandelt. (5) Die Öffentlichkeit wurde wieder hergestellt, indem über den lautsprecher die Zuhörer vor dem Sitzungssal verständigt wurden. (5) Sodann wurde folgender Beschluss verkündet: „Die Öffentlichkeit wird wegen Gefährdung der Sittlichkeit bis zur Urteilsverkündung ausgeschlossen." (6) Die Zuhörer verließen sodann wieder den Sitzungssaal. Gleiches gilt bezüglich des Geheimhaltungsbeschlusses (Abs. 3 S. 2).

IV. Beschlussbegründung (Abs. 1 S. 3)

S. 3 sieht eine **Begründungspflicht** vor, soweit der Ausschluss auf §§ 171b, 172 bzw. 173 gestützt wird, auch soweit die Verkündung der Urteilsgründe ausgeschlossen wird. Dies muss auch gelten, wenn trotz Antrags eines Betroffenen gemäß § 171b Abs. 2 von einer Ausschließung abgesehen wurde. Der Ausschluss nach Art. 6 Abs. 1 S. 2 EMRK ist ebenso begründungsbedürftig. Der Grund der Ausschließung ist im Beschluss hinreichend bestimmt anzugeben, es genügt aber, wenn er für Verfahrensbeteiligte und Zuhörer offenkundig ist.[8] Die Begründung muss zwar einerseits hinreichend bestimmt sein, darf aber andererseits nicht so weit gehen, dass der Diskretionsschutz auf diesem Wege preisgegeben wird.[9] Als Faustregel mag daher gelten, dass die Nennung des konkreten gesetzlichen Anknüpfungspunktes, zB § 172 Nr. 2, Steuergeheimnis, erforderlich ist, aber auch ausreicht, die Subsumtion dagegen nicht mehr dargelegt werden muss.[10] Dies trifft auch bei § 172 Nr. 1a zu.[11] Die Bezugnahme auf einen vorhergehenden, eindeutigen Beschluss reicht aus, wenn sich an der zu beurteilenden Situation nichts geändert hat, so zB bei Mehrfachvernehmung derselben Person.[12]

V. Unanfechtbarkeit des Beschlusses

Der Beschluss, gleich ob er ausschließt oder einen Ausschließungsantrag ablehnt, ist grundsätzlich unanfechtbar.[13] Dies ergibt sich aus § 567 ZPO, als Umkehrschluss aus Abs. 3 S. 3 sowie aus § 181.[14] In Ausnahmefällen kann aber ein an sich unanfechtbarer Beschluss wegen Grundrechtsverstoßes anfechtbar sein.[15]

Ein Verstoß gegen § 174 Abs. 1 ist aber **absoluter Revisionsgrund** (§ 547 Nr. 5 ZPO). Dies gilt sowohl, wenn die Ausschließung ohne vorherige Verhandlung erfolgt ist,[16] als auch bei Ausschließung ohne diesbezüglichen Beschluss oder wenn zwar ein Beschluss ergeht, dieser aber entgegen Abs. 1 S. 3 nicht begründet wird.[17] Im Falle eines unterbliebenen Ausschlusses trotz Antrags eines Antragsberechtigten gilt folgendes: Wird der Antrag vom Gericht nicht zur Kenntnis genommen, liegt ein absoluter Revisionsgrund nur vor, wenn objektiv ein Ausschlussgrund gegeben ist. Im Übrigen liegt darin eine Verletzung des rechtlichen Gehörs (Art. 103 Abs. 1 GG), die als einfacher Revisionsgrund beachtlich ist. Entscheidet das Gericht gegen den Antrag für eine öffentliche Verhandlung, ist diese Ermessensausübung nur bei Ermessensfehlgebrauch nachprüfbar und nur insoweit revisionserheblich.[18] Im Falle des § 171b gilt prinzipiell Unanfechtbarkeit.[19]

---

[7] BGH NJW 1977, 1643; BGH bei *Dallinger* MDR 1972, 926; BGH bei *Herlan* MDR 1955, 653.
[8] BGH NJW 1999, 3060; NStZ-RR 2002, 262; strenger BGH NStZ-RR 1996, 139 sowie hierzu *Park* NJW 1996, 2213.
[9] BGH NJW 1982, 59.
[10] BGH NJW 1977, 964.
[11] BGH NJW 1995, 3195; aA *Park* StrVert 1996, 136.
[12] Vgl. BGH NStZ 2004, 220; BGH NJW 1982, 948, 949; 1979, 276; NStZ 1994, 591.
[13] *Baumbach/Lauterbach/Hartmann* Rn. 5; *Kissel/Mayer* Rn. 18.
[14] OLG Nürnberg MDR 1961, 508.
[15] S. § 171b Rn. 20.
[16] *Wieczorek/Schreiber* § 174 Rn. 7.
[17] BGH NJW 1979, 276; BVerwG NJW 1983, 2155; aA nunmehr BGH NJW 1999, 3060.
[18] Vgl. auch § 172 Rn. 16.
[19] S. § 171b Rn. 19 ff.

VI. Gesetzliches Veröffentlichungsverbot (Abs. 2)

13 Das Verbot muss vom Gericht nicht erst angeordnet werden, sondern gilt bereits von Gesetzes wegen. Soweit wegen § 172 Nr. 1 1. Alt. ausgeschlossen wird, erstreckt es sich auf alle inhaltlichen Angaben, die den nichtöffentlichen Verfahrensabschnitt betreffen, nicht aber auf die Tatsache, dass überhaupt verhandelt wird, auch nicht auf das Urteil, soweit es öffentlich verkündet wird.[20] Bei Zuwiderhandlung droht Strafe nach § 353 d Nr. 1 StGB.

VII. Gerichtlich angeordnete Schweigepflicht (Abs. 3)

14 Personen, die in einer wegen §§ 171 b, 172 Nr. 1 1. Alt., Nr. 2 und 3 nichtöffentlich geführten Verhandlung anwesend sind, kann das Gericht eine strafbewehrte (§ 353 d Nr. 2 StGB) Geheimhaltungspflicht auferlegen.[21] Sie erstreckt sich auf Tatsachen mit inhaltlichem Bezug zu dem nichtöffentlichen Verfahrensabschnitt, soweit von ihnen in der Verhandlung selbst oder aus amtlichen Schriftstücken, zB aus einem Protokoll über die Beweisaufnahme vor einem ersuchten Richter[22] Kenntnis erlangt wurde. Die Schweigepflicht gilt für Verfahrensbeteiligte einschließlich Drittbeteiligter und deren Prozessvertreter,[23] für Zeugen und Sachverständige, ebenso für Personen, die gemäß § 175 Abs. 2 geduldet werden sowie für Justizaufsichtspersonal. Die Herausnahme des § 172 Nr. 1 2. und 3. Alt., Nr. 1 a und Nr. 4 zeigt, dass Abs. 3 allein dazu dient, den Geheimnisschutz zu verstärken. Das Gericht entscheidet nach pflichtgemäßem Ermessen.[24] Ein bindendes Antragsrecht besteht nicht. § 171 b Abs. 2 ist insoweit nicht auf § 174 Abs. 3 übertragbar. Zu weitgehend ist dagegen die Annahme einer Geheimhaltungspflicht des Prozessvertreters gegenüber der von ihm vertretenen Partei, wenn diese in der Verhandlung nicht zugegen war (§ 141 ZPO).[25] Unterrichtet der Anwalt seinen Mandanten, erstreckt sich auch die Geheimhaltungspflicht auf diesen.

15 Der Beschluss ist beschwerdefähig (S. 3). Für das Zivilverfahren gelten die §§ 567 ff. ZPO. Danach findet gemäß § 567 Abs. 1 ZPO eine Beschwerde gegen oberlandesgerichtliche und bundesgerichtliche[26] Beschlüsse nicht statt. Die Beschwerde hat keine aufschiebende Wirkung (Abs, 3 S. 4, s. auch § 570 Abs. 1 ZPO).

§ 175 [Versagung des Zutritts]

(1) Der Zutritt zu öffentlichen Verhandlungen kann unerwachsenen und solchen Personen versagt werden, die in einer der Würde des Gerichts nicht entsprechenden Weise erscheinen.

(2) ¹Zu nicht öffentlichen Verhandlungen kann der Zutritt einzelnen Personen vom Gericht gestattet werden. ²In Strafsachen soll dem Verletzten der Zutritt gestattet werden. ³Einer Anhörung der Beteiligten bedarf es nicht.

(3) Die Ausschließung der Öffentlichkeit steht der Anwesenheit der die Dienstaufsicht führenden Beamten der Justizverwaltung bei den Verhandlungen vor dem erkennenden Gericht nicht entgegen.

Schrifttum: s. bei § 176.

I. Normzweck

1 § 175 ermöglicht bei öffentlicher Verhandlung die **Ausschließung einzelner Zuhörer** (Abs. 1). Zum anderen will Abs. 1 das **Ansehen des Gerichts** schützen. Abs. 2 ermöglicht die **Zulassung einzelner Personen** trotz ausgeschlossener Öffentlichkeit.

II. Anwendungsbereich

2 Die Vorschrift ist auf Parteien nicht anwendbar.[1] Dies ergibt sich zwar nicht unmittelbar aus dem Wortlaut, wohl aber aus dem begrenzten Regelungsbereich der Öffentlichkeitsvorschriften, die

---

[20] § 173 Rn. 2 ff.
[21] Kritisch zur zögerlichen Anwendung der Vorschrift in der Praxis *Lachmann* NJW 1987, 2207.
[22] Weitere Beispiele bei *Löwe/Rosenberg/Wickern* Rn. 25.
[23] *Leppin* GRUR 1984, 697.
[24] *Baumbach/Lauterbach/Hartmann* Rn. 7.
[25] So aber *Lukes* GRUR 1984, 697 für Patentstreitigkeiten.
[26] Zurückhaltender: *Wieczorek/Schreiber* Rn. 11; *Zöller/Gummer* § 175 Rn. 5.
[1] HM: *Baumbach/Lauterbach/Hartmann* Rn. 1; *Kissel/Mayer* Rn. 2; *Zöller/Gummer* Rn. 1.

nicht die Parteiöffentlichkeit betreffen[2] sowie als argumentum e contrario aus § 177 S. 1, wo die Parteien im Gegensatz zu § 175 ausdrücklich erwähnt sind. Entsprechendes gilt für sonstige Verfahrensbeteiligte (Drittbeteiligte §§ 64 ff. ZPO, Prozessvertreter, Zeugen, Sachverständige), da auch sie nicht zum Kreis der Öffentlichkeit gehören. Insbesondere zur Wahrung des rechtlichen Gehörs der Beteiligten sowie im Interesse der Wahrheitsfindung können die nicht von § 175 erfassten Personen nur nach §§ 177, 178 ausgeschlossen werden. Einer besonderen Zulassungsmöglichkeit bezüglich der Parteien bedarf es wegen Art. 103 Abs. 1 GG, §§ 128 Abs. 1, 137, 138 ZPO nicht, da diese entsprechend dem Grundsatz der Parteiherrschaft ihre Rechte nur bei Anwesenheit in der Verhandlung wahrnehmen können.

III. Ausschluss einzelner Personen (Abs. 1)

1. Unerwachsene Personen, unwürdiges Erscheinen. Eine Versagung des Zutritts kommt 3 nur in zwei Fällen in Betracht. Unerwachsene Personen: Abs. 1 stellt nicht auf die Geschäftsfähigkeit (§ 2 BGB) ab, sondern auf den sozialen und psychischen Entwicklungsprozess. Deshalb sind „unerwachsen" alle Personen unter 18 Jahren. Im Zweifel muss die Person nach ihrem Alter gefragt werden und ggf. die Vorlage eines Ausweispapiers verlangt werden. Es ist im Einzelfall zulässig, generell alle Personen unter 16 Jahren auszuschließen.[3]

Eine Versagung des Zutritts ist auch möglich bei unwürdigem Erscheinen. Hier ist jedoch angesichts liberalisierter Wert- und Ordnungsvorstellungen größte Zurückhaltung geboten. Als typische Fallkonstellationen werden Erscheinen in angetrunkenem oder verwahrlostem Zustand oder in anstößiger Kleidung genannt. Die Sicherung der Würde der Institution ist der zu erreichende Zweck, aber auch die Würde der Parteien oder sonstiger Beteiligter, etwa eines Zeugen als Opfer. Das BVerfG[4] meint, das Tragen eines Hutes oder Kopftuches aus religiösen Gründen sei auch im Gerichtssaal zulässig; der Erlass einer lediglich darauf gestützten sitzungspolizeilichen Maßnahme verstoße gegen Art. 3 I, Art. 4 GG. Konsequenz ist, dass der Zuhörer gefragt werden muss, weshalb er seinen Hut nicht abnimmt.

2. Entscheidung des Vorsitzenden. Die Entscheidung über die **Versagung des Zutritts** 5 **(Abs. 1)** trifft der **Vorsitzende**.[5] Dies ergibt sich daraus, dass Abs. 1 der Sache nach auch präventiv-sitzungspolizeiliche Elemente enthält[6] und gemäß § 176 die Sitzungspolizei dem Vorsitzenden obliegt. Eine Maßnahme nach Abs. 1 setzt die Öffentlichkeit der Verhandlung voraus. Gegen die Entscheidung des Vorsitzenden ist **weder** eine **Anrufung des Kollegiums**[7] noch eine **Beschwerde** möglich; letzteres ergibt sich im Umkehrschluss aus § 181 Abs. 1 iVm. § 567 Abs. 1 ZPO.

IV. Gestattung des Zutritts (Abs. 2)

1. Voraussetzung. Besondere Voraussetzungen nennt das Gesetz nicht. Bei Vorliegen der Voraussetzungen des § 171b Abs. 2[8] wird eine Zulassung einzelner Dritter in der Regel nicht in Betracht kommen, wenn der Ausschließungsantrag des Betroffenen umfassend zu verstehen ist. In Fällen des Geheimnisschutzes hat das Gericht abzuwägen, ob das durch Zulassung einzelner Zuhörer gesteigerte Verbreitungsrisiko durch eine Anordnung nach § 174 Abs. 3 S. 1 hinreichend sicher ausgeschaltet werden kann.

Die Entscheidung steht im freien, aber sachlich begründeten **Ermessen des Gerichts.**[9] Von der 7 Möglichkeit einer Anwesenheitsgestattung Dritter sollte etwa Gebrauch gemacht werden, wenn dafür ein sachliches oder persönliches Interesse seitens des Zuhörers, zB Anwesenheit zu Ausbildungszwecken,[10] oder der Beteiligten besteht, zB Anwesenheit der Erziehungsberechtigten oder sonstiger Betreuungspersonen bei Vernehmung Jugendlicher. Medienvertreter (Presse, Fernsehen etc.) genießen im Verhältnis zu anderen Zuhörern grundsätzlich kein bevorzugtes Recht auf Zugang zur Verhandlung,[11] ebenso wenig Rechtsanwälte, die auf den Aufruf ihrer Sache warten.[12]

---

[2] Dazu § 169 Rn. 71 ff.
[3] BGH NStZ-RR 2006, 232.
[4] BVerfG NJW 2007, 56 (Muslimin mit Kopftuch als Zuhörerin bei Verhandlung gegen den Sohn).
[5] *Baumbach/Lauterbach/Hartmann* Rn. 3; *Zöller/Gummer* Rn. 1; *Manfred Wolf* § 25 III 3.
[6] Vgl. *Woesner* NJW 1959, 867.
[7] *Löwe/Rosenberg/Wickern* Rn. 4; *Woesner* NJW 1959, 867.
[8] S. § 171b Rn. 16.
[9] LG Frankfurt ZIP 1983, 344; *Baumbach/Lauterbach/Hartmann* Rn. 7.
[10] *Kissel/Mayer* Rn. 13.
[11] S. § 169 Rn. 51.
[12] *Bergerfurth* FamRZ 1977, 835; *Kissel/Mayer* § 170 Rn. 6; s. auch § 170 Rn. 9: aA *Baumbach/Lauterbach/Hartmann* Rn. 4; *Wieczorek/Schreiber* Rn. 4; *Zöller/Gummer* Rn. 2.

Referendare, die im Rahmen ihrer Ausbildung teilnehmen, repräsentieren nicht die Öffentlichkeit und sind kraft Amtseides zur Verschwiegenheit verpflichtet. Ein Anspruch Dritter auf Zutritt besteht nicht.[13]

8   **2. Beschluss.** Die Entscheidung über die Gestattung des Zutritts unbeteiligter Dritter zu einer nichtöffentlichen Verhandlung trifft das **Kollegium**, da diesem die generelle Zuständigkeit zukommt und die Beziehung zur Sitzungspolizei nicht so eng ist, dass sich daraus eine Alleinzuständigkeit des Vorsitzenden ableiten ließe. Die Gestattung des Zutritts erfolgt durch protokollpflichtigen Beschluss.[14] In der Praxis wird die Anwesenheit wartender Rechtsanwälte stillschweigend geduldet und daraus die Möglichkeit einer konkludenten Gestattung hergeleitet.[15]

9   Das Gericht ist an die einmal erklärte Gestattung nicht bis zum Ende der Verhandlung gebunden. Sie kann bei Änderung der Sachlage wieder **aufgehoben werden**, so etwa, wenn durch die Anwesenheit Dritter die Wahrheitsfindung und das rechtliche Gehör beeinträchtigt wird.[16]

V. Anwesenheit der Dienstaufsicht

10   Die Anwesenheit der dienstaufsichtführenden „Justizverwaltungsbeamten" (Gerichtspräsident usw.) in der mündlichen Verhandlung ist kraft Gesetzes gestattet; eines Gestattungsbeschlusses bedarf es nicht, sie sind nicht ausschließbar. Auch werden sie nicht vom Ausschließungsantrag gemäß § 171b Abs. 2 erfasst. Der Kreis der Personen ergibt sich aus dem Landesrecht. Der früher maßgebliche § 14 GVVO von 1935 ist ab 24. 4. 2008 aufgehoben.[17]

VI. Folgen bei Verletzung

11   Zutrittsversagung (Abs. 1) ohne Grund sowie ermessensfehlerhafte Zutrittsgestattung (Abs. 2) stellen eine Verletzung der Öffentlichkeitsvorschriften und einen **absoluten Revisionsgrund** iSv. § 547 Nr. 5 ZPO dar. Da es sich in beiden Fällen um Ermessensentscheidungen handelt, ist nur ein Ermessensfehlgebrauch revisionserheblich.

§ 176 [Sitzungspolizei]
Die Aufrechterhaltung der Ordnung in der Sitzung obliegt dem Vorsitzenden.

Schrifttum: *Amelung,* Probleme des Rechtsschutzes gegen strafprozessuale Grundrechtseingriffe, NJW 1979, 1687; *Bader,* Die Kopftuch tragende Schöffin, NJW 2007, 2964; *Baufeld,* Der Richter und die freie Meinung im demokratischen Verfassungsstaat, GA 2004, 163; *Baur,* Die Würde des Gerichts, JZ 1970, 247; *Berg,* Das Hausrecht des Landgerichtspräsidenten, JuS 1982, 260; *Ernst,* Informations- oder Illustrationsinteresse, NJW 2001, 1624; *Gmelch,* „Ungebühr vor Gericht", Zur Notwendigkeit einer Reform, Diss. 1975; *Greiser-Artkämper,* Die gestörte Hauptverhandlung, 2. Aufl. 1997; *Groh,* Die Schöffin mit Kopftuch, NVwZ 2006, 1023; *Krekeler,* Durchsuchung des Verteidigers beim Betreten des Gerichtsgebäudes, NJW 1979, 185; *Milger,* Sitzungsgewalt und Ordnungsmittel in der strafrechtlichen Hauptverhandlung, NStZ 2006, 121; *Molketin,* Sitzungspolizeiliche Maßnahmen des Vorsitzenden – Anlaß zur Ablehnung wegen „Besorgnis der Befangenheit"?, MDR 1984, 21; *M. Rehbinder,* Das Ordnungsverfahren wegen Ungebühr vor Gericht, MDR 1963, 640; *Rüpping,* Der Schutz der Gerichtsverhandlung – „Ungebühr" oder betriebliche „Ordnungsgewalt"?, ZZP 88 (1975), 212; *Rudolphi,* Die Würde des Richters, DRiZ 1988, 155; *Seibert,* Maßnahmen gegen Sitzungsstörer, NJW 1973, 127; *Scheuerle,* Vierzehn Tugenden für Vorsitzende Richter, 1983; *Schneider,* Ungebühr vor Gericht, MDR 1975, 622; *Schulte,* (In-)Kompetenzen des Verwaltungsrichters bei der örtlichen Augenscheinseinnahme, NJW 1988, 1006; *Woesner,* Rechtliches Gehör und Sitzungspolizei, NJW 1959, 866.

I. Normzweck

1   § 176 ist die Grundnorm der Vorschriften über die Sitzungspolizei. Sie dient der **Sicherung der äußeren Ordnung** des Verhandlungsverlaufes, um damit die Voraussetzungen für eine ruhige, ernsthafte und eine sachliche Prüfung und Erörterung des Streitgegenstandes zu schaffen.[1] Die Sicherung einer geordneten Verhandlung gebietet auch das Fairnessgebot in Art. 6 Abs. 1 S. 1 EMRK. § 176 dient neben § 175 und §§ 177, 178 der Wahrung der Würde des Gerichts durch die

---

[13] LG Frankfurt ZIP 1983, 344; § 169 Rn. 31.
[14] *Kissel/Mayer* Rn. 16.
[15] *Löwe/Rosenberg/Wickern* Rn. 12; *Wieczorek/Schreiber* Rn. 4; *Zöller/Gummer* Rn. 2.
[16] Vgl. auch BGH NJW 1964, 1485.
[17] § 22 Rn. 8.
[1] BVerfG NJW 1979, 1400, 1401 m. weit. Nachw.

Einräumung umfassender sitzungspolizeilicher Befugnisse.[2] Die Ausübung der Sitzungspolizei ist Teil der richterlichen Gewalt[3] im Sinne von Art. 20 Abs. 2 GG. Zu ihrer Ausübung ist der Inhaber der Ordnungsgewalt nicht nur berechtigt, sondern auch verpflichtet.[4] § 176 weist die Ordnungsgewalt über die Sitzung dem Vorsitzenden zu, der auch die Verhandlung leitet (§ 136 Abs. 1 ZPO).

II. Inhaber der Sitzungsgewalt

Grundsätzlich sind die sitzungspolizeilichen Befugnisse **dem Vorsitzenden** (§ 21 f) zugewiesen. Ausnahmen enthalten insoweit § 177 S. 2 und § 178 Abs. 2 mit der Zuständigkeit des Kollegiums für bestimmte Maßnahmen gegenüber Verfahrensbeteiligten sowie § 180 für Maßnahmen außerhalb der Sitzung mit der Zuständigkeit des einzelnen Richters, insbesondere des beauftragten und ersuchten Richters. Sitzungspolizeiliche Maßnahmen, die an Stelle des Vorsitzenden vom Kollegium gemeinsam getroffen werden, sind deswegen nicht unwirksam.[5] Umgekehrt kann dagegen der Vorsitzende dem Kollegium zugewiesene Befugnisse nicht alleine wahrnehmen, gleiches gilt für einzelne Richter gegenüber dem Vorsitzenden bzw. dem Kollegium.

Dem Vorsitzenden eines Spruchkörpers sind gleichgestellt der **Einzelrichter** am Amtsgericht und der Einzelrichter nach §§ 348, 348a, 526, 527 ZPO. Der **Rechtspfleger** hat, soweit er gemäß § 4 Abs. 1 RPflG mündliche Anhörungen der Beteiligten oder auch eine mündliche Verhandlung[6] durchführen kann, ebenfalls die Sitzungsgewalt inne, allerdings mit dem Verbot freiheitsentziehender Maßnahmen (§ 4 Abs. 2 Nr. 2 RPflG).[7]

III. Anwendungsbereich

1. Persönlicher Anwendungsbereich. Der Kreis der Anordnungsadressaten umfasst **alle in der Sitzung anwesenden Personen,**[8] dh. alle nichtbeteiligten Zuhörer ebenso wie alle Verfahrensbeteiligten, einschließlich der Prozessvertreter im Gegensatz zu §§ 177, 178, die Justizbediensteten und schließlich auch die anderen Mitgliedern des Kollegiums wie Schöffen,[9] Handelsrichter. Dennoch sind Einschränkungen geboten. Bei Maßnahmen gegenüber Beteiligten, insbesondere gegenüber einer Partei oder einem Parteivertreter sind deren prozessuale Rechte zu berücksichtigen. Gegenüber Richtern und Staatsanwälten ist Zurückhaltung geboten, insbesondere bei einem störenden Verhalten eines Kollegiumsmitglieds (zB schlafender Beisitzer) empfiehlt sich mit Rücksicht auf die Wahrung der Würde des Gerichts anstelle einer Maßregelung in der Sitzung deren Unterbrechung und Verlagerung der Belehrung in das Beratungszimmer.[10]

2. Räumlicher Anwendungsbereich. Die Sitzungsgewalt beschränkt sich in erster Linie auf den **Sitzungsort,** dh. auf den räumlichen Bereich, innerhalb dessen die Sitzung stattfindet sowie auf die zum Sitzungssaal gehörenden Räume, wie zB Beratungszimmer.[11] Daneben erstreckt sich die Ordnungsgewalt des § 176 auch auf die dem Sitzungssaal unmittelbar angrenzenden Vorräume und Zugänge, sofern die Störung von dort direkt auf die Verhandlung einwirkt.[12] Die Sitzungsgewalt besteht auch, soweit die Verhandlung außerhalb des Gerichtssaales stattfindet, zB bei einem Lokaltermin.[13] Einzelheiten zum Verhältnis von Sitzungspolizei und Hausrecht s. Rn. 13.

3. Zeitlicher Anwendungsbereich. Die Sitzungsgewalt besteht **während der gesamten Sitzungsdauer.** Der Begriff der Sitzung ist weiter als der der Verhandlung (§ 136 Abs. 4 ZPO).[14] Die Sitzung **beginnt** regelmäßig mit dem Aufruf der Sache (§ 220 ZPO),[15] frühestens mit der An-

---

[2] Zur Würde des Gerichts s. auch *Baur* JZ 1970, 247 f.; *Manfred Wolf* § 26 III 1; krit. *Sarstedt* JZ 1969, 153; s. auch *Scheuerle,* FS Baur (1981) S. 595 ff.; aA *Schilken* Rn. 214.
[3] BGHSt. 17, 201, 204 = NJW 1962, 1260; BGH NJW 1977, 437; *Manfred Wolf* NJW 1977, 1063.
[4] RGZ 32, 390, 391; s. auch Rn. 9.
[5] OLG Karlsruhe NJW 1977, 309, 311; *Kissel/Mayer* Rn. 6; aA OLG Koblenz MDR 1978, 693 (kein gesetzlicher Richter); *Sälzer* JZ 1970, 572; s. auch § 177 Rn. 6 m. weit. Nachw.
[6] §§ 118, 764 Abs. 3 ZPO, Art. 12 § 14 Abs. 3 NEhelG.
[7] *Bassenge/Roth* § 4 RPflG Rn. 7; *Zöller/Gummer* Rn. 1.
[8] Ebenso *Baumbach/Lauterbach/Hartmann* Rn. 5.
[9] Zur Schöffin mit Muslim-Kopftuch vgl. *Groh* NVwZ 2006, 1023; *Bader* NJW 2007, 2964.
[10] *Scheuerle* FS Baur (1981) S. 603 m. weit. Nachw.
[11] *Zöller/Gummer* Rn. 4.
[12] BGH NJW 1998, 1420; BVerfG NJW 1996, 310; OLG Stuttgart Justiz 1993, 146; *Zöller/Gummer* Rn. 4; aA *Kissel/Mayer* Rn. 10.
[13] Vgl. auch *Schulte* NJW 1988, 1006.
[14] KG JW 1925, 810; *Maul* MDR 1970, 286.
[15] *Kissel/Mayer* Rn. 9.

wesenheit des verhandlungsbereiten Gerichts im Sitzungsraum.[16] Kurze Unterbrechungen und Sitzungspausen suspendieren die Sitzungsgewalt nicht.[17] Beratung[18] und Urteilsverkündung einschließlich der Gründe zählen ebenfalls zur Sitzung. Die Sitzung **endet** regelmäßig mit der Schließung durch den Vorsitzenden,[19] spätestens mit dem Verlassen des Gerichtssaales durch alle Beteiligten, einschließlich des Gerichts.[20] Außerhalb des genannten Zeitraums kommen Ordnungsmaßnahmen seitens eines Richters nur noch auf Grund § 180 oder seitens des Hausrechtsinhabers[21] in Betracht.

7 **4. Sachlicher Anwendungsbereich.** Der Anwendungsbereich erstreckt sich nach § 2 EGGVG auf die ordentliche streitige Gerichtsbarkeit. Darüber hinaus findet die Vorschrift kraft Verweisung auch Anwendung in Verfahren vor den Arbeitsgerichten (§ 9 Abs. 2 ArbGG), Finanzgerichten (§ 52 Abs. 1 FGO), Sozialgerichten (§ 61 SGG) und Verwaltungsgerichten (§ 55 VwGO), ebenso in FGG-Sachen (§ 8 FGG), in Verfahren vor dem BVerfG (§ 17 BVerfGG). Im Schiedsgerichtsverfahren nach §§ 1025 ff. ZPO gilt § 176 mangels staatlicher Zwangsgewalt des privatautonom gebildeten Schiedsgerichts nicht.[22] Hier hat das Schiedsgericht nur die Möglichkeit, die Schiedsabrede außerordentlich zu kündigen. Im Übrigen liegt der Verfahrensverlauf im freien Ermessen des Schiedsgerichts (§ 1042 Abs. 4 S. 1 ZPO).

IV. Inhalt der Sitzungspolizei

8 **1. Voraussetzungen für Anordnungen.** Der Erlass von Anordnungen gemäß § 176 setzt eine **tatsächliche oder** eine **konkret zu besorgende Störung** der äußeren Ordnung des Verhandlungsverlaufs voraus. An den Grad der konkreten oder potentiellen Störung sind geringe Anforderungen zu stellen, wenn die Anordnungen keinen oder nur geringfügig einschränkenden Charakter haben, zB die Anordnung an die Zuhörer, sich nicht zu unterhalten, das Handy auszuschalten, ein Tonbandgerät auszuschalten, nicht zu rauchen, während der Verhandlungspausen den Sitzungsraum zu verlassen. Einschneidendere Maßnahmen, wie etwa die Durchsuchung nach Waffen,[23] oder Maßnahmen mit öffentlichkeitseinschränkendem Charakter setzen dagegen eine nicht unerhebliche konkrete oder konkret zu besorgende Störung voraus. Liegt eine Störung vor oder ist eine solche konkret zu besorgen, gebietet die Wahrung der Würde des gerichtlichen Verfahrens ein Tätigwerden.[24] Auch kann bei einer Beeinträchtigung der Wahrheitsfindung durch die Störung eine Pflicht zum Eingreifen bestehen.[25]

9 Die **Entscheidung,** ob eine Störung vorliegt, trifft der Inhaber der Sitzungsgewalt **nach pflichtgemäßem Ermessen.** Unzulässig ist zB der Ausschluss eines Presseberichterstatters wegen erwarteter negativer Berichterstattung und einer dadurch hervorgerufenen Unsicherheit[26] oder die Hinausweisung einer Rechtsanwaltsgehilfin[27] oder eines Zuhörers[28] wegen Mitschreibens, obwohl dies keine Geräusche verursacht. Wenn eine Muslimin aus religiösen Gründen ein Kopftuch trägt, darf sie allein wegen des Kopftuchtragens nicht aus dem Sitzungssaal gewiesen werden.[29] Nicht angebracht ist aber auch eine übermäßige Bereitschaft des Richters persönliche Anwürfe und andere ungebührliche Vorkommnisse zu dulden,[30] so etwa, wenn sich die übrigen Beteiligten, zB Zeugen während ihrer Vernehmung, sichtbar bedrängt fühlen.[31] Wenn jemand nur deshalb zuhört, um spätere Zeugen, die noch vor dem Sitzungssaal warten, über die Aussagen früherer Zeugen zu informieren, darf er hinausgewiesen werden.[32]

---

[16] Vgl. BVerfG NJW 1977, 1443; 1986, 204; vgl. *Löwe/Rosenberg/Wickern* Rn. 8 („Bereitschaft zur amtlichen Tätigkeit").
[17] *Zöller/Gummer* Rn. 4; OLG München OLGE 27, 6; zust. *Maul* MDR 1970, 286.
[18] *Wieczorek/Schreiber* Rn. 4.
[19] KG JW 1925, 810.
[20] OLG Köln MDR 1993, 906; OLG Düsseldorf MDR 1986, 428 (LS); OLG Hamm NJW 1956, 1452.
[21] S. § 169 Rn. 38.
[22] *Schwab/Walter* Schiedsgerichtsbarkeit 16. Kap. Rn. 36; *Henn* Schiedsverfahrensrecht S. 132.
[23] Zur Durchsuchung von Rechtsanwälten vgl. BGH NJW 2006, 1500.
[24] *Baumbach/Lauterbach/Hartmann* Rn. 4.
[25] BGH NJW 1962, 260, 261; OVG Zweibrücken DRiZ 1988, 21, 22; krit. dazu *Rudolphi* DRiZ 1988, 155; s. auch Rn. 1.
[26] Vgl. BVerfG NJW 1979, 1400.
[27] BGH NJW 1963, 599.
[28] BGH bei *Holtz* MDR 1982, 812.
[29] BVerfG NJW 2007, 56.
[30] Vgl. OVG Zweibrücken (Fn. 25).
[31] S. auch *Baumbach/Lauterbach/Hartmann* Rn. 4.
[32] Zum Problem vgl. *Rühlmann* StV 2005, 692.

2. Mögliche Maßnahmen. Die sitzungspolizeilichen Maßnahmen können in zwei Kategorien 10 unterteilt werden. Die **Anordnungen,** die der Vorsitzende bzw. in den Fällen des § 180 der einzelne Richter kraft seiner Ordnungsgewalt nach § 176 treffen darf, sind zu unterscheiden von den **Maßregeln,** die bei Missachtung dieser Anordnungen nach § 177 (Entfernung, Ordnungshaft) oder wegen Ungebühr nach § 178 (Ordnungsgeld, -haft) verhängt werden. Während die Auswahl der Anordnungen im pflichtgemäßen Ermessen des Anordnungsberechtigten liegt,[33] sind die möglichen Maßregeln nach §§ 177 f. abschließend aufgeführt.

Die Vorschrift enthält keine Angaben darüber, wann und welche sitzungspolizeilichen Anord- 11 nungen zu treffen sind. Der Vorsitzende ist in der **Wahl** seiner sitzungspolizeilichen Anordnungen **grundsätzlich frei.** Mögliche Maßnahmen sind etwa Ordnungsrufe, Festlegung der Sitzordnung, Entziehung des Worts, Verbot der Anfertigung von Zeichnungen, Fotografierverbot,[34] Beschlagnahme eines Films,[35] im Extremfall auch Aufhebung und Vertagung oder Unterbrechung der Sitzung.[36]

Bei Auswahl und Verhängung sitzungspolizeilicher Anordnungen und Maßregeln sind jedoch 12 **Grenzen** zu beachten. Gegenüber Beteiligten kann der Vorsitzende die dem Kollegium vorbehaltenen Maßregeln (§§ 177, 178) nicht verhängen.[37] Darüber hinaus muss er bei sonstigen Maßnahmen gegenüber Beteiligten das rechtliche Gehör (Art. 103 Abs. 1 GG) der Parteien und der Drittbeteiligten wahren. Maßregeln gegenüber Nichtbeteiligten dürfen nicht gegen die Öffentlichkeitsvorschriften verstoßen, wobei diese in ihrem Stellenwert aber nicht höher anzusiedeln sind als der störungsfreie Verhandlungsverlauf.[38] Allgemein ist der Vorsitzende an den **Verhältnismäßigkeitsgrundsatz** als verfassungsimmanente Schranke jeder Ausübung hoheitlicher Gewalt gebunden.[39] Im Rahmen einer öffentlichen Verhandlung kann den interessierten Zuhörern das Mitbringen von Gesetzestexten nicht untersagt werden. Der Verhältnismäßigkeitsgrundsatz gebietet auch, bei Störungen der äußeren Sitzungsordnung vor der Verhängung von Maßregeln nach §§ 177, 178 den Sitzungsfrieden durch Anordnung nach § 176 wieder herzustellen. Nur in Ausnahmefällen sollte unmittelbar von Zwangsmaßnahmen Gebrauch gemacht werden. Die von der Rechtsprechung mit Blick auf Standesrichtlinien und Gewohnheitsrecht befürwortete Zurückweisung eines ohne Robe auftretenden Rechtsanwalts[40] ist in Zivilsachen angesichts der Tatsache, dass Prozessvertreter von der Entfernung aus dem Sitzungszimmer gemäß § 177 ausgenommen sind, nicht mehr haltbar.[41]

3. Sitzungspolizei und Hausrecht. Sitzungspolizei und Hausrecht sind voneinander zu unter- 13 scheiden, da sie von verschiedenen Trägern ausgeübt werden. Das Hausrecht als Ausfluss der Verwaltungshoheit über das Gerichtsgebäude obliegt regelmäßig dem Gerichtspräsidenten.[42] Es erstreckt sich auf alle Teile des Gerichtsgebäudes und somit auch prinzipiell auf die Sitzungssäle, solange dort keine Sitzung stattfindet. Der Präsident darf deshalb Photos vom Treppenhaus und dem Platz vor den Sitzungssälen untersagen.[43] Die Sitzungspolizei als Ausfluss richterlicher Gewalt geht im Rahmen ihres Geltungsbereichs dem Hausrecht vor.[44] Der Gerichtspräsident kann deshalb nicht anordnen, dass Sitzungen wegen Personalmangel (Wachtmeister etc.) um 16 Uhr beendet werden müssen.[45] Aus Gründen der Wahrung der richterlichen Unabhängigkeit ist es dem Hausrechtsinhaber für die Dauer der Sitzung untersagt, durch normalerweise vom Hausrecht gedeckte Maßnah-

---

[33] BVerfG NJW 1996, 310.
[34] BVerfG NJW 1996, 310; BVerfG NJW-RR 2007, 986 hält aber die Beschränkung von Fernsehteams nur eingeschränkt für zulässig; zum Photographieren von Richtern und Rechtsanwälten vgl. auch BVerfG NJW 2003, 2671; BVerfG NJW-RR 2007, 1416; zum Ausschluss eines Fotojournalisten vgl. BVerfG NJW-RR 2007, 1053; zur Beschlagnahme des Fotoapparats vgl. LG Ravensburg NStZ-RR 2007, 348.
[35] BGH NJW 1998, 1420.
[36] RGZ 32, 390; weitere Beispiele bei *Seibert* NJW 1973, 127.
[37] BVerfG NJW 1998, 297.
[38] St. Rspr. BGHSt. 29, 258; zust. *Molketin* MDR 1984, 21; BGH MDR 1981, 770; NJW 1977, 157, 158; 1971, 715; BGH bei *Dallinger* MDR 1952, 410; s. auch § 169 Rn. 36 f.
[39] BVerfG NJW 1970, 851, 853; OLG Karlsruhe NJW 1977, 309, 310; *Kissel/Mayer* Rn. 14.
[40] BVerfG NJW 1970, 851, 853; BGHSt. 27, 34 = NJW 1977, 398 (LS); OLG Braunschweig NJW 1995, 2113; OLG München NJW 2006, 3079 (StPO); VG Berlin NJW 2007, 793; *Zuck* NJW 1997, 2092; *Eylmann* AnwBl. 1996, 190.
[41] Krit. auch *Kissel/Mayer* Rn. 20.
[42] BVerfG NJW-RR 2007, 1053.
[43] BVerfG NJW-RR 2007, 1053; S. auch § 169 Rn. 38.
[44] BGH NJW 1982, 947; 1972, 1144, 1145; OLG Celle DRiZ 1979, 376; *Stürner* JZ 1972, 665; *Maul* MDR 1970, 288; *Rüping* ZZP 88 (1975), 218.
[45] BGH NStZ 2007, 281.

men (zB Zutrittsbeschränkungen, Hausverbot gegenüber Zuhörern, Erteilung bestimmter Verhaltensrichtlinien *innerhalb* des Sitzungssaales) Einfluss auf deren Verlauf zu nehmen. Eine Beeinträchtigung des freien Zutritts zu öffentlichen Sitzungen ist auch im Hinblick auf § 169 dem Hausrechtsinhaber verwehrt.[46] Sitzungspolizei und Hausrecht können auch vom Vorsitzenden zugleich ausgeübt werden, wenn diesem die Wahrnehmung des Hausrechts für die Dauer der Sitzung übertragen wurde.[47]

V. Rechtsmittel

14 Gegen sitzungspolizeiliche Maßnahmen nach § 176 ist keine Beschwerde gegeben, wie sich aus einem Umkehrschluss aus § 181 ergibt.[48] Eine unmittelbare Anwendung des § 140 ZPO mit der Möglichkeit einer **Anrufung des Kollegiums** unter den dort genannten Voraussetzungen **scheidet aus**, da die Sitzungspolizei nicht zur Sachleitung gehört, jedoch spricht vieles für die analoge Anwendung des § 140 ZPO.[49] Die Beanstandungsbefugnis ist jedoch wie in § 140 ZPO auf Verfahrensbeteiligte beschränkt.

15 **Dienstaufsichtsrechtliche Maßnahmen** nach § 26 Abs. 2 DRiG mit Vorhalt und Ermahnung sind gegen sitzungspolizeiliche Maßnahmen auch bei offensichtlichen Fehlgriffen des Vorsitzenden wegen Gefährdung der richterlichen Unabhängigkeit nicht zu billigen.[50]

16 Möglich sind **Rechtsmittel gegen die** auf Grund der betreffenden Verhandlung ergangene **Endentscheidung,** so wenn durch die sitzungspolizeiliche Maßnahme die Öffentlichkeit verletzt wurde, zB bei Hinausweisung einer Angestellten des Verteidigers[51] oder eines Pressevertreters[52] ohne hinreichenden Grund, oder wenn ein prozessuales Grundrecht einer Partei nicht hinreichend beachtet wurde, sei es, dass das rechtliche Gehör verletzt wurde, weil ein Beteiligter unberechtigt des Saales verwiesen oder ihm unberechtigt das Wort entzogen wurde oder weil ein den Parteivortrag störendes Ereignis nicht verhindert wurde.[53] Bei Verletzung der Öffentlichkeitsvorschriften gilt § 547 Nr. 5 ZPO als absoluter Revisionsgrund. Ansonsten erfordert jede andere Gesetzesverletzung (§ 545 ZPO) im Zuge des Rechtsmittelverfahrens die Beruhensprüfung (§ 545 ZPO). Eine Gesetzesverletzung liegt auch vor, wenn der Vorsitzende Maßnahmen ergreift, die dem Kollegium vorbehalten sind, nicht aber im umgekehrten Fall (Rn. 2). Eine Gesetzesverletzung enthält auch eine Ermessensüberschreitung bei der Auswahl der sitzungspolizeilichen Maßnahmen.[54] Ein Ablehnungsgrund wegen Besorgnis der Befangenheit (§ 42 ZPO) wird nur in eng begrenzten Ausnahmefällen, dh. bei extremen Mißgriffen in Ausübung der Sitzungspolizei in Betracht kommen.[55]

§ 177 [Maßnahmen zur Aufrechterhaltung der Ordnung]

¹Parteien, Beschuldigte, Zeugen, Sachverständige oder bei der Verhandlung nicht beteiligte Personen, die den zur Aufrechterhaltung der Ordnung getroffenen Anordnungen nicht Folge leisten, können aus dem Sitzungszimmer entfernt sowie zur Ordnungshaft abgeführt und während einer zu bestimmenden Zeit, die vierundzwanzig Stunden nicht übersteigen darf, festgehalten werden. ²Über Maßnahmen nach Satz 1 entscheidet gegenüber Personen, die bei der Verhandlung nicht beteiligt sind, der Vorsitzende, in den übrigen Fällen das Gericht.

I. Normzweck

1 § 177 gibt dem Vorsitzenden bzw. dem Gericht **Zwangsmittel** an die Hand, um **bei Missachtung sitzungspolizeilicher Anordnungen nach § 176** die äußere Ordnung des Verfahrens

---

[46] § 169 Rn. 38; s. auch *Kissel/Mayer* Rn. 3.
[47] Vgl. hierzu *Kissel/Mayer* § 12 Rn. 99; *Beyer* DRiZ 1972, 285; *Stürner* JZ 1972, 666.
[48] HM: OLG Koblenz NJW-RR 1987, 509; OLG Zweibrücken MDR 1987, 1049 (LS); OLG Hamburg MDR 1992, 799; *Kissel/Mayer* Rn. 48; aA § 181 Rn. 1; aA *Amelung* NJW 1979, 1690f.; *Krekeler* NJW 1979, 189f.; OLG Karlsruhe NJW 1977, 309 zu § 304 Abs. 1 StPO (ausnahmsweise); offen BGH NJW 1998, 1420; zweifelnd BVerfG NJW 1992, 3288.
[49] Ebenso *Wieczorek/Schreiber* Rn. 14.
[50] S. *Manfred Wolf* NJW 1977, 1063; aA BGH NJW 1977, 437; s. dazu auch *Achterberg* NJW 1985, 3044f.
[51] BGH NJW 1963, 599.
[52] BVerfG NJW 1979, 1400.
[53] *Zöller/Gummer* Rn. 10.
[54] Vgl. BGH NJW 1963, 599; s. auch *Kissel/Mayer* Rn. 49.
[55] Dazu *Molketin* MDR 1984, 20.

durch Entfernung der die Ordnung störenden Personen aufrechterhalten zu können. Mittelbar wird durch die Zulassung von Zwangsmaßnahmen im Falle einer bewussten Missachtung richterlicher Anordnungen auch die Wahrung der Würde des Gerichts ermöglicht. Die Vorschrift erlaubt als Zwangsmaßnahmen lediglich Entfernung aus dem Sitzungszimmer und Ordnungshaft bzw. Festhalten der betreffenden Personen. Sie ermöglicht dagegen nicht die zwangsweise Durchsetzung der getroffenen und vom Störer missachteten Anordnungen selbst, außer, wenn der Vorsitzende nach § 176 zum Verlassen des Sitzungssaales aufgefordert hatte.

II. Anwendungsbereich und Voraussetzungen

1. Adressatenkreis. Der Adressatenkreis für Anforderungen bzw. Beschlüsse nach § 177 ist enger als der des § 176. Die Zwangsmaßnahmen dürfen nur angeordnet werden gegenüber Parteien einschließlich deren Vertreter, soweit sie nicht Rechtsanwälte sind (s. Rn. 3), gegenüber Zeugen oder Sachverständigen sowie gegenüber an der Verhandlung nicht beteiligten Personen, zu denen insbesondere die Zuhörer zählen.

Aus dem Enumerativkatalog ergibt sich, dass einige während der Sitzung typischerweise anwesende Personen nicht mit Zwangsmaßnahmen belegt werden können. Dazu gehören die Mitglieder des Kollegiums, der Protokollführer sowie sonstige Justizbedienstete wie Referendare im Rahmen ihrer Ausbildung[1] oder Gerichtswachtmeister, soweit sie in dieser Funktion an der Sitzung teilhaben. Soweit sie sich dagegen ohne konkrete Funktionswahrnehmung im Sitzungssaal aufhalten, zB der auf den Aufruf der nächsten Sache wartende Rechtsanwalt,[2] unterfallen sie als Nichtbeteiligte dem Anwendungsbereich der Vorschrift. Prinzipiell ausgenommen von § 177 sind die bevollmächtigten **Rechtsanwälte** (während der Verhandlung ihrer Sache). Dies gilt in erster Linie für die Parteianwälte.[3] Es gilt in gleicher Weise auch für alle Rechtsanwälte, die in anderer Funktion am Verfahren teilnehmen, zB als beigeordneter Anwalt nach § 625 ZPO, § 11a ArbGG, § 133 PatG oder als Verkehrsanwalt,[4] da dies an ihrer Eigenschaft als Organ der Rechtspflege nichts ändert.[5] Ein nichtanwaltlicher Beistand (§ 90 Abs. 1 ZPO, s. auch § 13 S. 1 FGG) dagegen unterliegt den Zwangsmaßnahmen,[6] nicht jedoch ein mit Untervollmacht für einen Rechtsanwalt auftretender Rechtsreferendar.[7] In Extremfällen befürwortet die Rechtsprechung ausnahmsweise die Möglichkeit einer zwangsweisen Entfernung,[8] etwa bei zielgerichteter Sabotage der Sitzung durch einen beteiligten Rechtsanwalt.[9] An diese Fälle sind aber so hohe tatbestandsmäßige Voraussetzungen zu stellen, dass sie praktisch nicht vorkommen und deshalb im Zivilverfahren von der prinzipiellen Unzulässigkeit der zwangsweisen Entfernung eines Rechtsanwalts auszugehen ist. In Grenzfällen ist es besser, die Sitzung zu unterbrechen.

2. Kein Verschulden. Da die Zwangsmaßnahmen der Aufrechterhaltung der Ordnung dienen, können sie gegenüber solchen Personen angeordnet werden, die in Kenntnis der bestehenden Anordnungen gegen diese verstoßen. **Schuldhaftes** vorsätzliches **Verhalten** wird in der Regel vorliegen, ist aber **nicht erforderlich**, da es sich um eine Ordnungsmaßnahme und keine Strafe handelt.[10] Zur Wahrung der Verhältnismäßigkeit der Mittel darf eine Maßnahme nach § 177 jedoch nur ergriffen werden, wenn abzusehen ist, dass eine deutliche Abmahnung ohne Erfolg bleiben wird und die Störung fortdauert. Eine **Anhörung** des Störers ist nicht zwingend erforderlich.[11] Ausnahmen können im Hinblick auf Art. 103 Abs. 1 GG, Art. 6 Abs. 1 EMRK, insbesondere gegenüber Verfahrensbeteiligten geboten sein.[12] Nach einer erfolgten Abmahnung bzw. einer wiederholten Verwarnung ist eine erneute Anhörung jedoch entbehrlich.[13]

---

[1] *Wieczorek/Schreiber* Rn. 3.
[2] Vgl. KG JW 1925, 810; *Bergerfurth* FamRZ 1977, 835.
[3] Bzw. Verteidiger im Strafprozeß, allgM BGH NJW 1977, 437; OLG Hamm StV 2004, 69; *Leuze* StV 2004, 101.
[4] Dazu Koblenz NJW-RR 1987, 509; *Bosch* FamRZ 1987, 404; *Bauer/Fröhlich* FamRZ 1983, 123.
[5] Vgl. auch OLG Köln NJW 1968, 307.
[6] *Wieczorek/Schreiber* Rn. 2 ff.; s. auch *Rehbinder* MDR 1963, 642.
[7] OLG Düsseldorf MDR 1994, 297.
[8] BGH NJW 1977, 437, 438 m. weit. Nachw. OLG Hamm JMBlNRW 1980, 215 im konkreten Fall aber jeweils verneinend.
[9] *Zöller/Gummer* Rn. 2; dagegen *Kissel/Mayer* § 176 Rn. 40 bis 43 m. weit. Nachw.; *Krekeler* NJW 1980, 980.
[10] *Kissel/Mayer* Rn. 1; aA *Baumbach/Lauterbach/Hartmann* Rn. 3.
[11] KK-*Diemer* Rn. 7; *Woesner* NJW 1959, 866, 868.
[12] Anhörung fordern: *Baumbach/Lauterbach/Hartmann* Rn. 6; *Kissel/Mayer* Rn. 7; wie hier *Zöller/Gummer* Rn. 5.
[13] BGH NJW 1993, 1343.

5   3. Räumlicher und zeitlicher Anwendungsbereich. Zum räumlichen und zeitlichen Anwendungsbereich s. § 176 Rn. 5f. Die sitzungspolizeilichen Zwangsmittel ermöglichen dem einzelnen Richter (s. § 180) oder dem Gericht nicht, sich bei einem Ortstermin zwangsweise Zutritt zum Verhandlungsort zu verschaffen.[14]

III. Anordnungszuständigkeit

6   Die Entscheidungsbefugnis ist zweigeteilt. Sie steht bei Maßnahmen gegenüber Nichtbeteiligten dem **Vorsitzenden** zur alleinigen Ausübung zu. Über Maßnahmen gegenüber Verfahrensbeteiligten entscheidet der **Spruchkörper**. Eine Übernahme der Zuständigkeiten des Vorsitzenden durch das Gericht ist unschädlich. Im umgekehrten Fall liegt aber ein Verfahrensfehler vor.[15] Jedoch kann eine entgegen der Zuständigkeitsverteilung vom Vorsitzenden etwa in einem Eilfall allein getroffene Entscheidung durch das Gericht nachträglich bestätigt werden.[16]

IV. Regelungsinhalt

7   **1. Zwangsmittel.** § 177 erlaubt nur **bestimmt vorgeschriebene Zwangsmittel**. Dies sind Entfernung aus dem Sitzungssaal oder Ordnungshaft, die 24 Stunden nicht übersteigen darf. Andere Ordnungsmaßnahmen können als Zwangsmittel nach § 177 nicht angeordnet werden. Möglich sind jedoch Anordnungen nach § 176 und Maßnahmen wegen Ungebühr nach § 178.

8   **2. Entfernung.** Die Entfernung erfolglos abgemahnter Störer *aus dem Sitzungssaal* ist das mildere der von § 177 eröffneten Zwangsmittel. Es ist dies nicht die bereits nach § 176 mögliche richterliche Aufforderung, den Sitzungssaal zu verlassen, sondern deren zwangsweise Durchsetzung, etwa unter Inanspruchnahme der Hilfe des Gerichtswachtmeisters; aus dem Gerichtsgebäude kann der Störer nur kraft Hausrechts entfernt werden,[17] das aber auf den Vorsitzenden für die Dauer der Sitzung übertragen werden kann.[18] Die Entfernung betrifft normalerweise einzelne Personen. Sie kann aber auch alle Zuhörer erfassen, sei es, weil alle zusammen die Ordnung stören, sei es, weil die eigentlichen Störer nicht lokalisiert werden können.[19] Bei der Entfernung ist, wenn nicht zugleich die Öffentlichkeit nach § 172 Nr. 1 ausgeschlossen wird, darauf zu achten, dass andere interessierte Zuhörer nicht am Betreten gehindert werden. Die Zeitspanne, für die die Störer ausgeschlossen bleiben, kann begrenzt werden. Dringen ausgeschlossene und entfernte Störer wieder ein, kann dies Ordnungshaft rechtfertigen. Zugleich kann der Tatbestand des § 123 StGB erfüllt sein.[20]

9   **3. Ordnungshaft.** Ordnungshaft kommt unter Beachtung des Grundsatzes der Verhältnismäßigkeit nur in Betracht, wenn die bloße Entfernung aus dem Gerichtssaal nicht ausreicht. Dies bedeutet aber nicht, dass das mildere Mittel stets vor Verhängung der Ordnungshaft angewendet werden muss, sondern nur, wenn es zur bleibenden Abwendung der Störung geeignet erscheint. Seinem bloßen Wortlaut nach erlaubt das Gesetz Festhalten von höchstens 24 Stunden ungeachtet der Sitzungsdauer; unter dem Gesichtspunkt der Erforderlichkeit des Zwangsmittels ist es jedoch geboten, die Dauer der Ordnungshaft oder einer anderen Form des Festhaltens[21] nicht über die Sitzungsdauer hinaus auszudehnen.[22] Die Festsetzung der Dauer muss zusammen mit Verhängung der Ordnungshaft erfolgen.[23] Wird die Sitzung am nächsten Tag fortgesetzt und treten wieder Störungen auf, so kann die Ordnungshaft auch gegen dieselbe Person erneut angeordnet werden.

10   Die **Folgen für das weitere Verfahren** ergeben sich in Zivilsachen aus § 158 ZPO. Danach ist in Zivilsachen insbesondere Versäumnisurteil gegen die entfernte Partei möglich, aber meist untunlich (vgl. § 337 ZPO).

11   Gemäß § 182 müssen alle Zwangsmaßnahmen nach § 177 außer der Entfernung von Nichtbeteiligten **protokolliert** werden. Dazu gehören Art und Dauer der Maßnahme sowie das Verhalten des Störers, das zu der Maßnahme Anlass gab.

---

[14] Zum Verwaltungsprozeß *Schulte* NJW 1988, 1006, 1008f.
[15] S. auch § 176 Rn. 2, 12.
[16] BGH NStZ 1988, 85; *Löwe/Rosenberg/Wickern* Rn. 1.
[17] BGH NJW 1972, 1144.
[18] S. § 169 Rn. 38.
[19] Dazu auch *Zöller/Gummer* Rn. 3.
[20] Vgl. BGH NJW 1982, 947; Vorinstanz OLG Oldenburg DRiZ 1981, 192.
[21] S. *Kissel/Mayer* Rn. 6.
[22] Ebenso *M. Rehbinder* MDR 1963, 641 Fn 4; *Kissel/Mayer* Rn. 5 m. weit. Nachw.; *Zöller/Gummer* Rn. 3; aA *Baumbach/Lauterbach/Hartmann* Rn. 5.
[23] Unstreitig s. *Wieczorek/Schreiber* Rn. 9; *Zöller/Gummer* Rn. 3.

V. Rechtsmittel

Eine Beschwerde ist unmittelbar von § 181, der sich nur auf Maßnahmen nach § 178 bezieht, 12
nicht gedeckt. Jedoch kommt in bestimmten Fällen eine **Analogie zu § 181** in Betracht,[24] so dass
jedenfalls gegen Verhängung der Ordnungshaft die Beschwerde gegeben ist,[25] nicht aber gegen bloße Entfernung.[26] Der entfernte Beteiligte ist angesichts der gegen die Endentscheidung bestehenden
Rechtsbehelfe, wie zB Einspruch gegen erstes Versäumnisurteil (§ 338 ZPO) oder der Einlegung
von Berufung oder Revision wegen Verletzung des rechtlichen Gehörs,[27] nicht rechtlos gestellt und
bedarf daher keines weitergehenden Schutzes.[28] Will er dagegen das Zwangsmittel der Ordnungshaft aus der Welt schaffen, so reichen die Rechtsmittel gegen die Entscheidung[29] nicht aus. Dazu ist
vielmehr allein die sofortige Beschwerde in der Lage und zum Schutz der Freiheit für alle Betroffenen geboten. In allen Fällen sollte die Anrufung des Kollegiums nach § 140 ZPO analog zugelassen
werden.[30]

§ 178 [Ordnungsmittel wegen Ungebühr]

(1) ¹Gegen Parteien, Beschuldigte, Zeugen, Sachverständige oder bei der Verhandlung
nicht beteiligte Personen, die sich in der Sitzung einer Ungebühr schuldig machen, kann
vorbehaltlich der strafgerichtlichen Verfolgung ein Ordnungsgeld bis zu eintausend Euro
oder Ordnungshaft bis zu einer Woche festgesetzt und sofort vollstreckt werden. ²Bei
der Festsetzung von Ordnungsgeld ist zugleich für den Fall, daß dieses nicht beigetrieben werden kann, zu bestimmen, in welchem Maße Ordnungshaft an seine Stelle tritt.

(2) Über die Festsetzung von Ordnungsmitteln entscheidet gegenüber Personen, die
bei der Verhandlung nicht beteiligt sind, der Vorsitzende, in den übrigen Fällen das Gericht.

(3) Wird wegen derselben Tat später auf Strafe erkannt, so sind das Ordnungsgeld
oder die Ordnungshaft auf die Strafe anzurechnen.

Schrifttum: *Kissel*, Ungebühr vor Gericht (§ 178 GVG) -vorbei?, NJW 2007, 1109; vgl. ferner vor § 176.

Übersicht

	Rn.		Rn.
I. Normzweck	1	2. Verhältnismäßigkeitsgrundsatz	11
II. Anwendungsbereich	2	3. Möglichkeit einer strafgerichtlichen Verfolgung	12
III. Anordnungszuständigkeit	3		
IV. Ungebühr	4–9	VI. Verfahren	13–19
1. Objektive Erfordernisse	4, 5	1. Vorherige Anhörung	13, 14
2. Verschulden	6	2. Verfügung des Vorsitzenden, Beschluss des Gerichts	15–18
3. Einzelne Verhaltensweisen: Verbale Ungebühr	7–9	3. Kein Öffentlichkeitsgebot	19
V. Zulässige Maßnahmen	10–12	VII. Rechtsmittel	20
1. Ordnungsgeld, Ordnungshaft, mehrfache Ausschöpfung	10		

I. Normzweck

§ 178 ist auf die Ahndung eines störenden Verhaltens gerichtet und hat insofern **maßregelnden** 1
Charakter.[1] Ferner wird damit die **Sachlichkeit der gerichtlichen Verhandlung** gesichert.

---

[24] S. § 181 Rn. 2.
[25] S. *Baumbach/Lauterbach/Hartmann* Rn. 7; *Wieczorek/Schreiber* Rn. 12; s. im übrigen § 181 Rn. 2 m. weit. Nachw.
[26] *Wieczorek/Schreiber* Rn. 12; aA *Baumbach/Lauterbach/Hartmann* Rn. 7; *Amelung* NJW 1979, 1690 f.; *Krekeler* NJW 1979, 189 f.
[27] S. § 169 Rn. 36.
[28] *Zöller/Gummer* Rn. 8; aA *Baumbach/Lauterbach/Hartmann* Rn. 7.
[29] S. dazu § 176 Rn. 16.
[30] S. § 176 Rn. 14.
[1] S. auch *Eb. Schmidt* Rn. 1; *M. Rehbinder* MDR 1963, 641; *Baur* JZ 1970, 247.

Die Vorschrift erfasst ferner Verhaltensweisen, die nur die Würde des Gerichts beeinträchtigen.[2] Ihr eigentliches Regelungsziel besteht darin, das **Ansehen des Gerichts als Institution der sozialen Gemeinschaft zu schützen**.[3] § 178 dient dagegen nicht dem Schutz der Würde des einzelnen Richters. Deshalb kann auch nicht die Rede davon sein, der Richter entscheide gewissermaßen in eigener Sache, weshalb § 178 bedenklich sei.[4] § 178 wurde geändert durch das ZPO-RG vom 27. 7. 2001.[5]

II. Anwendungsbereich

2   Der persönliche Anwendungsbereich bezüglich des Adressatenkreises ist mit dem des § 177 identisch (Ordnungsmittel gegen verfahrensbeteiligte Rechtsanwälte sind also unzulässig, aber zulässig gegen auf ihre Sache wartende Anwälte). Gleiches gilt für den zeitlich und örtlichen Anwendungsbereich. Ungebührliches Verhalten in der Geschäftsstelle des Gerichts[6] oder entsprechende Äußerungen in Schriftsätzen[7] berechtigen, außer bei Verlesung in der Sitzung,[8] nicht zur Anwendung des § 178. Insoweit stehen deshalb nur hausrechtliche Befugnisse oder §§ 185 ff. StGB zu Gebote. Zu einer Sitzung im Sinne der Vorschrift kommt es erst gar nicht, wenn bei einem Ortstermin der Hausrechtsinhaber dem Gericht und den Beteiligten den Zutritt verweigert, so dass auch hier nicht mit § 178 geholfen, dh. weder der Hausrechtsinhaber gemaßregelt, noch der Zutritt erzwungen werden kann.[9]

III. Anordnungszuständigkeit

3   Die Zuständigkeit für die Verhängung der Ordnungsmaßnahmen ist gemäß Abs. 2 ebenso wie in § 177 dem Vorsitzenden gegenüber Nichtverhandlungsbeteiligten, im Übrigen dem erkennenden Gericht zugewiesen.[10] Die Vornahme einer dem Vorsitzenden zugewiesenen Entscheidung durch das Kollegium ist nicht wegen Verstoßes gegen den gesetzlichen Richter nach Art. 101 Abs. 1 S. 2 GG fehlerhaft, da der Vorsitzende an der Entscheidung beteiligt ist.[11] Die mit Einführung der Zuständigkeitsaufteilung beabsichtigte erleichterte Handhabung der Sitzungspolizei[12] darf sich in diesen Fällen nicht als Hemmnis auswirken.[13]

IV. Ungebühr

4   **1. Objektive Erfordernisse.** Objektiv erfordert die Ungebühr ein Verhalten, das geeignet ist, den sachlichen und unpolemischen Sitzungsverlauf zu beeinträchtigen oder das Gericht als Institution bzw. die Ausübung seiner Tätigkeit verächtlich zu machen.[14] Es können auch rein passive Verhaltensweisen, wie etwa das ständige demonstrative Sich-Abwenden vom Gericht,[15] eine Ungebühr darstellen, wenn sie ein ausreichendes Maß an Missachtung zum Ausdruck bringen. Ferner ist es nicht erforderlich, dass die Ungebühr gegenüber dem Gericht begangen wird. Auch grob abschätzige Verhaltensweisen gegenüber anderen Verfahrensbeteiligten, zB gegenüber einem Geschädigten, oder grobes, an keinen bestimmten Adressaten gerichtetes und Missachtung des gesamten Verfahrens ausdrückendes Verhalten reichen aus. Nicht erforderlich ist schließlich die Missachtung einer vorangegangenen sitzungspolizeilichen Anordnung, wie in § 177, wenngleich dies in der Praxis häufig der Fall sein wird.[16]

5   Das ungebührliche Verhalten muss **von erheblichem Gewicht** sein. Insbesondere sind bei der objektiven Wertung des in Frage stehenden Verhaltens nicht subjektive Empfindlichkeiten, sondern

---

[2] *Manfred Wolf* § 26 III 1; *Kissel/Mayer* Rn. 6 ff.; *Rosenberg/Schwab/Gottwald* § 23 V 2 b; aA *Schilken* Rn. 213: allein Ungebühr.
[3] Zum Ganzen s. auch *Baur* JZ 1970, 247; *Kissel/Mayer* Rn. 10; *Manfred Wolf* § 26 III 1; *Schilken* Rn. 213.
[4] Zu diesem Problem vgl. *Kissel* NJW 2007, 1109 in Hinblick auf EGMR NJW 2006, 2901.
[5] BGBl. I S. 1887.
[6] OLG Schleswig SchlHA 1967, 152.
[7] *Rehbinder* MDR 1963, 642 zu Fn. 35; vgl. auch OLG Düsseldorf MDR 1993, 462.
[8] *Rüping* ZZP 88 (1975), 229.
[9] Vgl. OLG Düsseldorf MDR 1969, 689.
[10] S. § 177 Rn. 6.
[11] AA OLG Koblenz MDR 1978, 693.
[12] BT-Drucks. 7/2536, S. 1, 4.
[13] S. auch § 176 Rn. 2.
[14] Im gleichen Sinne *Zöller/Gummer* Rn. 2; zur Auslegung gemäß dem Schutzgut auch OLG Düsseldorf NJW 1986, 1505, 1506; OLG Stuttgart NJW 1969, 627; *Manfred Wolf*, § 26 III 2.
[15] S. auch *Baur* JZ 1970, 248.
[16] S. Rn. 7 ff.

die jeweils verbreiteten gesellschaftlichen Wertvorstellungen und üblicherweise tolerierte Verhaltensweisen, die erfahrungsgemäß einem ständigen Wandel unterliegen können, zu berücksichtigen.[17] So sollten etwa Fragen der Kleiderordnung oder des übrigen Erscheinungsbildes unter dem Gesichtspunkt der Ungebühr, außer bei gezielter Provokation, prinzipiell keine Rolle mehr spielen,[18] da dies Ausdruck einer vom Gericht nicht zu maßregelnden Lebensanschauung der betreffenden Person sein kann.[19] Von erheblichem Gewicht kann ein Verhalten sowohl auf Grund seiner äußerlichen Intensität, wie Dauerhaftigkeit oder Lautstärke, und einer daraus resultierenden vernehmbaren tatsächlichen Beeinträchtigung als auch auf Grund seiner inhaltlich das Maß des Hinnehmbaren übersteigenden Qualität sein, wie zB grob verbale Ausfälle, freche Äußerungen von wartenden Anwälten,[20] gezielte Provokationen, offene oder verdeckte, aber heftige Anfeindungen. Die Grenze der §§ 185 ff. StGB muss nicht erreicht sein. Laut- und wortstarke Auseinandersetzungen, insbesondere zwischen den Parteien, sollten jedoch nicht vorschnell unterbunden werden, wenn sie in der Sache weiterführen.

2. Verschulden. Auf der subjektiven Tatbestandsseite erfordert die Ungebühr Verschulden.[21] **6** Dies ergibt sich aus dem maßregelnden Charakter der Zwangsmaßnahmen des § 178 (Rn. 1). Umstritten ist die Schuldform. Nach verbreiteter Ansicht soll Fahrlässigkeit genügen.[22] Andere meinen, es sei **Vorsatz** erforderlich.[23]

3. Einzelne Verhaltensweisen: Verbale Ungebühr. Es ist prinzipiell unbeachtlich, an wen abfällige Äußerungen gerichtet sind, ob an das Gericht, eine Partei, einen Zeugen oder ob sie überhaupt einen Adressaten haben. So sind als Ungebühr zu ahnden herabsetzende Äußerungen,[24] Beschimpfungen bzw. verbale Bedrohung des Richters oder eines Beteiligten[25] sowie das Androhen der Einleitung eines Disziplinarverfahrens,[26] Vorwurf der Lüge gegenüber einem Rechtsanwalt,[27] provokative Äußerungen gegenüber dem Gericht bzw. provokative Anrede des Richters,[28] Zwischenrufe eines Betroffenen bei Verkündung der Entscheidung,[29] Dazwischenreden oder Schimpfen trotz Verwarnung während der Verhandlung.[30] Die Titulierung des Prozessgegners als „Strolch" ist ausnahmsweise bei ohnehin gespannter Verhandlungsatmosphäre und anschließender Entschuldigung keine Ungebühr.[31] Heftige Reaktionen eines Beteiligten auf Zeugenaussagen, wie der Vorwurf, „dummes Zeug zu reden", können als eigene Sachdarstellung als zur Verteidigung gehörend angesehen werden,[32] rechtfertigen aber eine Ermahnung oder Verwarnung. Zur Reaktion auf Schriftsätze ungebührlichen Inhalts, s. Rn. 2 und § 180 Rn. 2.

Äußeres Erscheinungsbild. Während nach früheren Vorstellungen verstärkt Wert auf die Einhaltung einer der Würde des Gerichts entsprechenden Kleiderordnung gelegt wurde,[33] reduziert sich das Problem heute auf die Fälle einer mit der Art der Kleidung gezielt beabsichtigten Provokation, zB Erscheinen im Badeanzug, Entblößen.[34] Das Erscheinen in Arbeitskleidung,[35] oder Frei-

---

[17] Einzelheiten vgl. BVerfG NJW 2007, 2839.
[18] Zu weitgehend OLG Düsseldorf NJW 1986, 1505 (Erscheinen in kurzer, schmutziger Hose); wie hier auch OLG Koblenz NJW 1995, 977; *Baumbach/Lauterbach/Hartmann* Rn. 6; *Kissel/Mayer* Rn. 17, § 175 Rn. 7.
[19] Vgl. OLG München NJW 1966, 135 („Beatle'-Haartracht).
[20] Vgl. München NVwZ 2003, 883.
[21] Insoweit unstrittig, s. etwa OLG Düsseldorf NJW 1986, 1505; *Rüping* ZZP 88 (1975), 222; *Schilken* Rn. 236; *Manfred Wolf* § 26 III 3.
[22] OLG Hamm RPfleger 1951, 135; *Kissel/Mayer* Rn. 32; *Löwe/Rosenberg/Wickern* Rn. 5; *M. Rehbinder* MDR 1963, 643; *Rüping* ZZP 88 (1975), 222 f.
[23] So etwa OLG Schleswig SchlHA 1983, 106.
[24] LSG Schleswig MDR 1984, 260.
[25] BVerfG NJW 2007, 2839 („Diese Verhandlung ist eine Farce"); zur Problematik, wenn der vom Angeklagten beleidigte Richter *selbst* ein Ordnungsmittel verhängt, vgl. EMRK NJW 2006, 2901 und *Kissel* NJW 2007, 1109.
[26] OLG Hamm NJW 1969, 856.
[27] OLG Hamm NJW 1963, 1791, 1792.
[28] OLG Hamm Rpfleger 1951, 135; OLG Nürnberg JZ 1969, 150, 151; krit. hierzu *Sarstedt* JZ 1969, 152; *Kissel/Mayer* Rn. 16; zu nachgiebig OLG Düsseldorf NJW 1986, 2516 bei wiederholtem Gebrauch von Fäkalausdrücken trotz Verwarnung („Scheißgesetz").
[29] OLG Koblenz VRS 1961, 356.
[30] OLG München OLGE 27, 6; OLG Colmar OLGE 23, 316; *Zöller/Gummer* Rn. 3.
[31] OLG Köln NJW 1986, 2515, s. auch Rn. 6.
[32] OLG Koblenz MDR 1980, 76; vgl. auch LSG Saarbrücken MDR 1984, 260.
[33] Vgl. BVerfG DRiZ 1966, 356 (Erscheinen im Sporthemd und ohne Binder); BayObLG JW 1930, 3431.
[34] OLG Hamm JMBl. NRW 1976, 21; weitere Beispiele bei *Kissel/Mayer* Rn. 27, § 175 Rn. 7.
[35] OLG Hamm NJW 1969, 1919.

zeitkleidung[36] insbesondere in kurzen Hosen und T-Shirt[37] stellt keine Ungebühr dar, solange es nicht in besonders nachlässiger Weise oder zum Zwecke bewusster Provokation geschieht.[38] Ungebührlich kann dagegen das Erscheinen in betrunkenem oder angetrunkenen Zustand sein,[39] wenn es wegen Kenntnis des anstehenden Termins als Ausdruck der Missachtung zu werten ist.[40]

9 **Sonstige Verhaltensweisen.** Ungeachtet der Verhaltensform sind gezielte Provokationen, soweit sie den objektiven Tatbestand erfüllen (Rn. 4f.), als Ungebühr zu werten. Beispiele hierfür sind provozierendes Zeitunglesen, Essen, Rauchen im Sitzungssaal während der Verhandlung,[41] Türenzuknallen,[42] ebenso ständiges Rückenzukehren,[43] Sitzenbleiben bei Urteilsverkündung oder Vereidigung.[44] Heimliche Tonbandaufnahmen[45] und wegwerfende Gesten beim Verlassen des Gerichtssaales[46] sind ebenfalls ungebührlich, nicht aber das eigenmächtige Entfernen des Angeklagten[47] oder einer Partei aus dem Sitzungssaal. Ungebührlich sind auch Handgreiflichkeiten aller Art gegenüber Anwesenden.[48] Den Verhandlungsablauf störende Verhaltensweisen, gegen die primär nach §§ 176f. vorzugehen ist, können zugleich Ungebühr sein, wenn sie vorsätzlich erfolgen, so zB gezielte Beifalls- oder Missfallenskundgebungen im Wiederholungsfall, nicht aber bei einzelnen und spontanen Äußerungen,[49] anhaltende Störungen durch Lärm, Gesten, Plakate,[50] weisungswidriges Benutzen eines Handys,[51] betontes Zuschlagen der Tür des Sitzungssaales.[52] Die Übergabe eines Zettels an das Gericht, in dem ein Zuhörer das Gericht auf die angespannte nervliche Verfassung eines Zeugen hinweist,[53] bzw. das Lutschen eines Hustenbonbons durch einen erkälteten Zeugen,[54] ist nicht ungebührlich.

V. Zulässige Maßnahmen

10 **1. Ordnungsgeld, Ordnungshaft, mehrfache Ausschöpfung.** Die Vorschrift ermächtigt zu den einschneidensten Maßnahmen der Sitzungspolizei, Ordnungsgeld und Ordnungshaft. Die untere Grenze beträgt für das Ordnungsgeld 5 Euro (Art. 6 Abs. 1 EGStGB), für die Ordnungshaft einen Tag (Art. 6 Abs. 2 EGStGB). Die Obergrenze von 1000 Euro für Ordnungsgeld und eine Woche für Ordnungshaft ergeben sich unzweideutig aus dem Wortlaut. Sie beziehen sich auf die einmalige Ungebühr. Wiederholte Ungebühr in derselben Sitzung kann daher eine mehrfache Ausschöpfung des Ordnungsmittelrahmens rechtfertigen.[55] §§ 53, 54 Abs. 2 StGB sind dabei analog als Obergrenze heranzuziehen.[56] Das Gleiche gilt für die mehrfache Festsetzung von Ordnungsgeld infolge wiederholter Ungebühr.

11 **2. Verhältnismäßigkeitsgrundsatz.** Bei der Auswahl der Ordnungsmittel infolge Ungebühr muss das Gericht den Verhältnismäßigkeitsgrundsatz beachten. § 178 ermöglicht, zwingt aber nicht zu den genannten Maßnahmen. Weniger einschneidende Maßnahmen nach §§ 176, 177 sind stets zulässig und bei gleicher Geeignetheit auch geboten.[57] Es besteht daher ein Stufenverhältnis sowohl

---

[36] OLG Düsseldorf JMBlNRW 1981, 215.
[37] OLG Koblenz NJW 1995, 977.
[38] Vgl. OLG Koblenz NJW 1995, 977 sowie OLG Düsseldorf NJW 1986, 1506 (Erscheinen in kurzer schmutziger Hose ist Ungebühr).
[39] OLG Düsseldorf NJW 1989, 241; OLG Koblenz VRS 68 (1985), 48; OLG Hamburg MDR 1979, 160; OLG Nürnberg BayJMBl. 1961, 9.
[40] Vgl. OLG Hamburg MDR 1979, 160; OLG Hamm NJW 1969, 1919; vgl. auch OLG Hamm MDR 1966, 72.
[41] OLG Karlsruhe JR 1977, 392.
[42] OLG Rostock OLG-Report KG 2006, 149.
[43] OLG Köln NJW 1985, 446.
[44] OLG Hamm NJW 1975, 942; OLG Nürnberg JZ 1969, 150 m. abl. Anm. *Sarstedt*; OLG Stuttgart NJW 1969, 627.
[45] OLG Schleswig SchlHA 1962, 84.
[46] Saarbrücken JMBl. Saar 1960, 54.
[47] OLG München MDR 1956, 503, 504.
[48] OLG Hamm VRS 108, 3429; OLG München OLGE 27, 6; LG Saarbrücken NJW 1968, 1686.
[49] OLG Saarbrücken NJW 1961, 890 m. Anm. *Arndt* NJW 1961, 1615.
[50] OVG Koblenz AS 19, 297 zur Störung der Sitzungen des Gemeinderates.
[51] OLG Brandenburg NJW 2004, 451; OLG Hamburg NJW 1997, 3452.
[52] OLG Hamm JMBlNRW 1975, 106; OLG Stuttgart Justiz 1962, 185.
[53] BGH NJW 1962, 1260.
[54] OLG Schleswig NStZ 1994, 199.
[55] S. OLG Koblenz OLGSt. § 178 Nr. 7; OLG Bremen NJW 1956, 113, 114; 1953, 598; OLG Hamm JMBlNRW 1952, 86.
[56] Ebenso *M. Rehbinder* MDR 1963, 644; zust. *Kissel/Mayer* Rn. 33; aA *Löwe/Rosenberg/Wickern* Rn. 32.
[57] BVerfG NJW 2007, 2839.

zwischen den Maßnahmen nach § 176, § 177, § 178 sowie zwischen den Maßnahmen innerhalb des § 178, wonach das mildere Mittel dem einschneidenderen bei gleicher Geeignetheit vorzuziehen ist. Die schwächste Maßnahme bildet die Anordnung nach § 176, ultima ratio ist die Ordnungshaft nach § 178. Ordnungshaft kann entweder ersatzweise verhängt werden für den Fall, dass eine Beitreibung des Ordnungsgeldes nicht möglich ist. Ordnungshaft kann aber auch unmittelbar angeordnet werden. Präventive Gesichtspunkte der Sicherung einer angemessenen Verhandlungsatmosphäre rechtfertigen nur eine durch die Dauer der Sitzung begrenzte Ordnungshaft nach § 177. In den Fällen einer gezielt gegen das Gericht gerichteten Ungebühr ist § 178 mit Bedacht zu handhaben, weil hierin ein besonderes Risiko der Schaffung von Befangenheitsindizien liegt.[58]

3. Möglichkeit einer strafgerichtlichen Verfolgung. Trotz Verhängung von Ordnungsmitteln verbleibt es bei der Möglichkeit einer strafgerichtlichen Verfolgung des ungebührlichen Verhaltens (Abs. 1 S. 1). Bei Straftaten ist nach § 183 zu verfahren. In jedem Fall ist bei einer späteren strafgerichtlichen Verurteilung wegen desselben Verhaltens die Verhängung des Ordnungsgeldes bzw. der Ordnungshaft auf die Strafe anzurechnen (Abs. 3). **12**

VI. Verfahren

1. Vorherige Anhörung. Erforderlich ist die vorherige Anhörung des Adressaten vor Verhängung der Maßnahmen zwecks Gewährung rechtlichen Gehörs (Art. 103 Abs. 1 GG),[59] es sei denn, diese Anhörung ist ganz offensichtlich aussichtslos und führt zu weiterem ungebührlichen Verhalten.[60] Dasselbe gilt, wenn der Betroffene durch Weggang aus dem Sitzungsraum erkennbar auf Anhörung verzichtet.[61] Auch im Falle einer vorausgegangenen Abmahnung ist vor Verhängung des Ordnungsmittels eine Anhörung erforderlich. In manchen Fällen wird erst durch diese Anhörung feststellbar sein, ob das objektiv ungebührliche Verhalten auch hinreichend subjektiv motiviert ist. Insbesondere gegenüber Verfahrensbeteiligten ist größte Zurückhaltung bei der Annahme einer Verwirkung des Rechts aus Art. 103 Abs. 1 GG geboten. Die Anhörung oder die Begründung für einen Anhörungsverzicht sind protokollpflichtig.[62] **13**

Eine **vorherige Androhung** der Zwangsmaßnahmen ist nicht zwingend erforderlich. Bei Zweifeln am Verschuldensgrad ist jedoch zuvor eine Abmahnung ratsam.[63] Soweit in dem Verhalten zugleich eine Störung der Sitzung liegt, kann immer noch wirksam mit §§ 176, 177 geholfen werden, ohne dass es hierfür auf ein Verschulden ankommt.[64] **14**

2. Verfügung des Vorsitzenden, Beschluss des Gerichts. Die Festsetzung eines Ordnungsmittels nach § 178 erfolgt gegenüber Nichtbeteiligten durch Verfügung des Vorsitzenden, gegenüber den in Abs. 1 genannten Beteiligten durch Beschluss des Gerichts. Der Einzelrichter ist Gericht und setzt das Ordnungsmittel im Beschlusswege fest, der beauftragte oder ersuchte Richter trifft eine Verfügung (arg. § 329 Abs. 1 und 2 ZPO), ohne dass diese Unterscheidung Bedeutung für die Wirkung der Festsetzung hat. Die Entscheidung über die Festsetzung ist im zeitlichen und räumlichen Geltungsbereich der Sitzungspolizei (Rn. 2), dh. **in der Sitzung zu treffen** (zB nach einer Sitzungspause) und zu verkünden. Eine Entscheidung[65] oder Verkündung[66] nach Sitzungsende ist grundsätzlich nicht mehr möglich.[67] Bei mehrtägigen Verhandlungen kann sowohl Festsetzung als auch Verkündung am folgenden Verhandlungstag erfolgen, wenn andere vordringliche Angelegenheiten oder Zeitgründe einer sofortigen Entscheidung entgegenstehen.[68] **15**

Der **Inhalt** der Verfügung bzw. des Beschlusses muss den Tatbestand, weshalb ein Ordnungsmittel verhängt wird, angeben. Die bloße Feststellung, der Betroffene habe sich ungebührlich verhalten, oder die bloße Wiedergabe des Gesetzestextes reichen nicht aus. In eindeutigen Fällen genügt **16**

---

[58] S. auch *Rehbinder* MDR 1963, 641. Indirekt auch OLG Neustadt NJW 1961, 2320, 2321.
[59] BVerfG NJW 2007, 2839; OLG Hamm MDR 1969, 932; OLG Saarbrücken NJW 1961, 890; *Rehbinder* MDR 1963, 644.
[60] OLG Düsseldorf NStZ 1988, 238; OLG Koblenz MDR 1987, 433; vgl. auch OLG Hamm JMBlNRW 1977, 131.
[61] OLG Hamm MDR 1978, 780; s. auch *Maunz/Dürig/Herzog* Art. 103 Abs. 1 Rn. 49.
[62] *Rebinder* MDR 1963, 645 m. weit. Nachw.
[63] *Baumbach/Lauterbach/Hartmann* Rn. 8.
[64] S. § 177 Rn. 4.
[65] OLG Stuttgart NJW 1969, 627, 628; BayObLGSt. 25, 207.
[66] OLG Schleswig NJW 1971, 1321, 1322.
[67] OLG Nürnberg NStZ-RR 2006, 308; OLG Köln MDR 1993, 906.
[68] OLG Schleswig MDR 1980, 76 (LS); zust. *Zöller/Gummer* Rn. 6; *Kissel/Mayer* Rn. 49; wohl aA OLG Stuttgart NJW 1961, 627, 628.

Bezugnahme auf die Sitzungsniederschrift.[69] Des Weiteren muss das verhängte Ordnungsmittel, bei Ordnungsgeld die Höhe, bei Ordnungshaft die Dauer, angegeben werden, ebenso die Dauer einer ersatzweise angeordneten Ordnungshaft (Abs. 1 S. 2). Jedoch kann diese Entscheidung auch nachgeholt werden (Art. 8 Abs. 1 EGStGB),[70] bedarf dann allerdings einer erneuten Anhörung. Schließlich muss die Verfügung bzw. der Beschluss eine Begründung enthalten, die ebenfalls über eine bloße Wiederholung des Gesetzestextes hinauszugehen hat.[71] Die Aufnahme der Begründung in das Protokoll gemäß § 182 ist jedoch ausnahmsweise entbehrlich, wenn sie auch für den Betroffenen offensichtlich ist.[72]

17   Die Verfügung bzw. der Beschluss sind gegenüber dem Betroffenen zu **verkünden** oder bei dessen zwischenzeitlicher Abwesenheit – ihm nach § 329 Abs. 3 ZPO förmlich zuzustellen.[73]

18   Ob eine Pflicht zur **Rechtsmittelbelehrung** (§ 181) besteht, ist streitig. Die überwiegende Meinung lehnt sie jedenfalls für Zivilverfahren und FGG-Sachen ab;[74] andere bejahen sie als Ausfluss des Fairneßgebotes (Art. 6 Abs. 1 EMRK).[75]

19   **3. Kein Öffentlichkeitsgebot.** Für Anhörung, Beschlussfassung und -verkündung besteht gemäß § 2 EGGVG kein Öffentlichkeitsgebot. Etwas anderes ergibt sich auch nicht aus Art. 6 Abs. 1 EMRK, da in nichtöffentlichen Verhandlungen die Pflicht zur Herstellung der Öffentlichkeit während des Verfahrens über die Verhängung eines Ordnungsmittels eine Zäsur der Hauptsacheverhandlung zur Folge hätte und damit den in Ungebührfällen oft beabsichtigten Störungszweck indirekt noch unterstützen würde.

VII. Rechtsmittel

20   Als Rechtsmittel steht gemäß § 181 die Beschwerde offen, soweit ein Ordnungsmittel festgesetzt wird. Bei Ablehnung einer Ordnungsmaßnahme ist eine Beschwerde nicht vorgesehen. Es besteht jedoch stets die Möglichkeit einer Anfechtung der Endentscheidung, wenn die Öffentlichkeitsvorschriften oder infolge der Störung das rechtliche Gehör oder die Parteiöffentlichkeit verletzt sind.

§ 179 [Vollstreckung der Ordnungsmittel]

Die Vollstreckung der vorstehend bezeichneten Ordnungsmittel hat der Vorsitzende unmittelbar zu veranlassen.

I. Normzweck

1   Die unmittelbare Veranlassung der Vollstreckung eines verhängten Ordnungsmittels obliegt dem Vorsitzenden ungeachtet dessen, ob das Ordnungsmittel selbst durch den Vorsitzenden oder durch das Gericht festgesetzt wurde. Da es sich bei der Veranlassung der Vollstreckung lediglich um eine **durchführende Maßnahme** für eine bereits getroffene Entscheidung handelt, ist eine Legitimation der Vollstreckung durch Beteiligung des Gerichts nicht mehr erforderlich. Der Vorsitzende ist lediglich verpflichtet, die Vollstreckung zu veranlassen, nicht aber, sie selbst durchzuführen.

II. Anwendungsbereich

2   § 179 betrifft nur **Ordnungsmittel nach §§ 177, 178.** Eine Vollstreckung sitzungspolizeilicher Anordnungen gemäß § 176 kommt nicht in Betracht.[1] Die sitzungspolizeiliche Anordnung des Vorsitzenden an den Gerichtswachtmeister, zB die Eingangstür zu verschließen, Einlasskarten zu kontrollieren etc., ist keine Einleitung einer Vollstreckung im Sinne des § 179, sondern lediglich die Aufforderung zur Ausführung einer Anordnung.

---

[69] OLG Hamm MDR 1978, 780.
[70] OLG Celle MDR 1998, 679.
[71] LAG Bremen JZ 1954, 643.
[72] OLG Düsseldorf MDR 1988, 604 (LS); OLG Koblenz VRS 72, 189.
[73] S. auch *Zöller/Gummer* Rn. 6; *Wieczorek/Schreiber* § 177 Rn. 7.
[74] OLG Stuttgart Justiz, 1979, 140; OLG Schleswig NJW 1971, 1321; OLG Nürnberg BayJMBl. 1961, 9; OLG Köln NJW 1960, 2294; *Zöller/Gummer* Rn. 6.
[75] Ebenso M. *Rehbinder* MDR 1963, 645 (de lege lata); *Kissel/Mayer* Rn. 51.
[1] Ebenso wohl *Wieczorek/Schreiber* Rn. 1; aA *Kissel/Mayer* Rn. 1.

III. Vollstreckung

1. Zuständigkeit. Zuständig für die Durchführung der Vollstreckung (zB eines Ordnungsgeldes) ist grundsätzlich der **Rechtspfleger** (§ 31 Abs. 3 RPflG). Jedoch kann sich der Vorsitzende im Einzelfall die Vollstreckung ganz oder zum Teil selbst vorbehalten (§ 31 Abs. 3 Halbs. 2 RPflG), was insbesondere in den Fällen einer wegen Störung der Verhandlungsordnung gebotenen sofortigen Vollstreckung in Betracht kommen wird.[2]

2. Durchführung der Vollstreckung. Für die Durchführung der Vollstreckung gelten unterschiedliche Vorschriften. Die Vollstreckung einer **Entfernung aus dem Sitzungssaal** (§ 177 S. 1) erfolgt durch Gerichtswachtmeister bzw. Polizei; deren sich auch der Vorsitzende bedienen kann.[3]

Die **Vollstreckung von Ordnungsgeld** nach § 178 Abs. 1 S. 1 richtet sich nach § 1 Abs. 1 Nr. 3 JBeitrO mit der Einforderungs- und BeibringungsAO (EBAO) vom 25. 11. 1974.[4] Bei wirtschaftlich begründeter Unzumutbarkeit der sofortigen Beitreibung ermöglicht Art. 7 EGStGB Zahlungserleichterungen.

Die **Vollstreckung von Ordnungshaft** nach § 177 S. 1 und § 178 Abs. 1 richtet sich nach § 171 in Verbindung mit §§ 3ff. StrVollzG.[5] Eine sofortige Vollstreckung ist entbehrlich, wenn das ungebührliche Verhalten nicht den weiteren Verlauf der Sitzung stört. Wurde dagegen Ordnungshaft wegen Störung der Sitzung festgesetzt, wird zumindest die Entfernung aus dem Sitzungsraum unverzüglich geboten sein. Stellt die Vollstreckung einer ersatzweise für uneinbringliches Ordnungsgeld festgesetzte Ordnungshaft eine unbillige Härte für den Betroffen dar, kann sie gemäß Art. 8 Abs. 2 EGStGB auf Anordnung des Gerichts, nicht des Vorsitzenden, unterbleiben. Die rechtzeitige Entlassung aus der Verhaftung hat der Rechtspfleger zu überwachen.[6] Entsprechend der Zuweisung in § 31 Abs. 3 RPflG wird sie regelmäßig dem Rechtspfleger obliegen. Soweit die Ordnungshaft in den Fällen des § 177 an die Dauer der Verhandlung geknüpft ist,[7] wird zweckmäßigerweise der Vorsitzende für die rechtzeitige Entlassung Sorge zu tragen haben.

IV. Rechtsmittel

Gegen die Vollstreckungshandlung des Rechtspflegers ist die Erinnerung (§ 11 RPflG) nicht gegeben (§§ 32 iVm. 31 RPflG). Über Einwendungen gegen dessen Maßnahmen entscheidet jedoch der Vorsitzende gemäß § 31 Abs. 6 S. 1 RPflG. Soweit gegen ein Ordnungsmittel nach § 181 Beschwerde eingelegt ist, hat diese nur im Falle des § 180 aufschiebende Wirkung (§ 181 Abs. 2) mit der Folge einer Suspendierung der Vollstreckung. Während dieser Zeit läuft die Verjährung nicht (Art. 9 Abs. 2 Nr. 1 EGStGB).

§ 180 [Befugnisse außerhalb der Sitzung]

Die in den §§ 176 bis 179 bezeichneten Befugnisse stehen auch einem einzelnen Richter bei der Vornahme von Amtshandlungen außerhalb der Sitzung zu.

Die Vorschrift räumt die sitzungspolizeilichen Befugnisse auch dem einzelnen Richter ein, der, ohne erkennendes Gericht zu sein, richterliche Amtshandlungen außerhalb der Sitzung vornimmt. Gemeint sind hiermit der **beauftragte und ersuchte Richter** (§§ 361, 362 ZPO) sowie der **Vollstreckungsrichter** (§ 764 ZPO), nicht aber der Prozessrichter am Amtsgericht und der Einzelrichter am Landgericht, da letztere in der Sache selbst entscheiden und damit erkennendes Gericht sind. Die §§ 176 ff. gelten für sie somit unmittelbar.

Nicht jede Handlung eines Richters außerhalb der Sitzung fällt unter § 180. Es muss eine **Amtshandlung** spezifisch richterlicher Natur sein, dh. eine Handlung, die der Richter in Ausübung seiner kraft Gesetzes zugewiesenen rechtsprechenden Aufgaben nach verfahrensrechtlichen Vorgaben vornimmt.[1] Dazu gehört nicht bereits eine Besprechung mit einem oder mehreren Beteiligten außerhalb der Sitzung.[2] Liegt eine Amtshandlung gemäß § 180 vor, bestehen die sitzungspoli-

---

[2] S. auch *Kissel/Mayer* Rn. 1.
[3] *Kissel/Mayer* Rn. 2; *Wieczorek/Schreiber* Rn. 2.
[4] BAnz. 1974 Nr. 230, S. 4.
[5] *Kissel/Mayer* Rn. 3.
[6] *Wieczorek/Schreiber* Rn. 3.
[7] S. § 177 Rn. 8.
[1] S. auch *Kissel/Mayer* Rn. 1.
[2] *Kissel/Mayer* Rn. 1.

zeilichen Befugnisse nur für die Dauer ihrer Durchführung. Eine Anwendung des § 180 auf Schriftsätze, insbesondere solche ungebührlichen Inhalts, ist trotz des weitgefassten Wortlauts abzulehnen,[3] da § 178 keinen Schutz der persönlichen Würde des einzelnen Richters bezweckt, sondern das Ansehen der Institution und ihrer Tätigkeit gegenüber der Allgemeinheit wahren soll.

3 Gegen Ordnungsmaßnahmen des einzelnen Richters ist im Rahmen des § 181 die **Beschwerde** gegeben mit der Besonderheit der aufschiebenden Wirkung (§ 181 Abs. 2).

§ 181 [Beschwerde gegen Ordnungsmittel]

(1) Ist in den Fällen der §§ 178, 180 ein Ordnungsmittel festgesetzt, so kann gegen die Entscheidung binnen der Frist von einer Woche nach ihrer Bekanntmachung Beschwerde eingelegt werden, sofern sie nicht von dem Bundesgerichtshof oder einem Oberlandesgericht getroffen ist.

(2) Die Beschwerde hat in dem Falle des § 178 keine aufschiebende Wirkung, in dem Falle des § 180 aufschiebende Wirkung.

(3) Über die Beschwerde entscheidet das Oberlandesgericht.

Schrifttum: *Amelung,* Probleme des Rechtsschutzes gegen strafprozessuale Grundrechtseingriffe, NJW 1979, 1687; *Kaehne,* Die Anfechtung sitzungspolizeilicher Maßnahmen, 2000; *Lorenz,* Der Rechtsschutz des Bürgers und die Rechtsweggarantie, 1973; *Schmidt,* Aus der Rechtsprechung des Bundesgerichtshofes in Staatsschutzstrafsachen, MDR 1981, 89; *Voßkuhle,* Rechtsschutz gegen den Richter, 1993.

I. Normzweck

1 Ordnungsmittel wie Ordnungsgeld und Ordnungshaft stellen einen Eingriff in die Freiheitssphäre des jeweils Betroffenen dar. Deshalb sieht § 181 die Beschwerde als Rechtsmittel vor. Da die Ordnungsmittel vom Richter angeordnet sind, kann die Notwendigkeit zur Gewährung eines Rechtsmittels nicht aus Art. 19 Abs. 4 GG hergeleitet werden, da Art. 19 Abs. 4 GG grundsätzlich keinen Rechtsschutz gegen richterliche Maßnahmen garantiert.[1] Dennoch ist ein Rechtsmittel sachgerecht, wenn auch verfassungsrechtlich nicht geboten, da der Richter, der das Ordnungsmittel verhängt, an dem Geschehen oft unmittelbar beteiligt ist und deshalb die Überprüfung durch eine unbeteiligte Instanz angebracht ist. Zur analogen Anwendung auf § 177 s. Rn. 2.

II. Anwendungsbereich

2 Ihrem Wortlaut zufolge eröffnet die Vorschrift die Beschwerde nur gegen Ordnungsmaßnahmen nach § 178. Die Bezugnahme auf § 180 dehnt den Anwendungsbereich nach richtiger Auslegung[2] nur auf die Verhängung sitzungspolizeilicher Maßnahmen gemäß § 178 des einzelnen Richters außerhalb der Sitzung aus, da Maßnahmen innerhalb und außerhalb der Sitzung gleich zu behandeln sind. Umstritten ist, ob der Beschwerdeweg auch in Fällen außerhalb des § 178, namentlich gegen Anordnungen nach § 176 und Maßnahmen nach § 177, in **analoger Anwendung** des § 181 offensteht.[3] Als Analogiebasis kommt die im Wesentlichen gleiche Interessenlage bei Maßnahmen nach §§ 177 und 178 in Betracht.[4] Dabei macht es insbesondere keinen Unterschied, ob der Betroffene wegen Ungehorsams oder wegen Ungebühr zur Ordnungshaft abgeführt wird. Es liegt daher nahe, das Beschwerderecht auch in Fällen der Verhängung einer **Ordnungshaft nach § 177** zuzulassen. Eine weitergehende Ausdehnung des Beschwerderechts, namentlich auf die bloße Entfernung nach § 177 oder auf Anordnungen ohne Sanktion nach § 176 erscheint nicht erforder-

---

[3] *Baumbach/Lauterbach/Hartmann* Rn. 1; *Kissel/Mayer* Rn. 2; *M. Rehbinder* MDR 1963, 642; *Rüping* ZZP 88 (1975), 229; *Zöller/Gummer* Rn. 2.
[1] S. zB BVerfGE 4, 74, 76; 49, 329, 340; 65, 76, 90; *Maunz/Dürig/Schmidt/Aßmann* Art. 19 GG Rn. 17; *Manfred Wolf,* § 2 IV 1; aA *Lorenz,* Der Rechtsschutz des Bürgers und die Rechtsweggarantie, 1973, S. 241 ff.
[2] *Kissel/Mayer* Rn. 1.
[3] Dafür LG Ravensburg NStZ-RR 2007, 348 (Maßnahme nach § 176); *Amelung* NJW 1979, 1690 f.; *Krekeler* NJW 1979, 189 f. (jeweils bzgl. aller sitzungspolizeilicher Maßnahmen); *Baumbach/Lauterbach/Hartmann* Rn. 2; vgl. *Wieczorek/Schreiber* § 177 Rn. 12 (jeweils bzgl. § 177); dagegen OLG Koblenz NJW-RR 1987, 509; OLG Zweibrücken MDR 1987, 1049 (LS); OLG Hamburg NJW 1976, 1987; OLG Hamm NJW 1972, 1246, 1247 (jeweils bzgl. Anordnung sitzungspolizeilicher Maßnahmen nach § 176); OLG Nürnberg MDR 1969, 600 (bzgl. Entfernung eines Zuhörers gemäß § 177); OLG Köln NJW 1963, 1508 (Entfernung eines Beteiligten gemäß § 177).
[4] S. auch *Manfred Wolf* NJW 1977, 1064.

lich.⁵ Für eine bloße, die Endentscheidung nicht berührende Feststellung der Rechtswidrigkeit sitzungspolizeilicher Ordnungsmittel ist, mit Ausnahme der Ordnungshaft, regelmäßig kein Rechtsschutzinteresse erkennbar.

Gegen Ordnungsmittel des OLG ⁶ und des BGH gibt es **keine Beschwerde** (Abs. 1 aE). Ebenso 3 gegen zwei- und letztinstanzliche Entscheidungen in anderen Gerichtsbarkeiten (arg. § 78 ArbGG, § 146 VwGO, § 128 FGO, § 172 SGG) sowie gegen Ordnungsstrafbeschlüsse des BVerfG⁷ und eines parlamentarischen Untersuchungsausschusses.⁸ Hier wird geholfen durch die Befürwortung einer Abänderungsbefugnis des Beschlussgerichts mit Anregungsmöglichkeit des Betroffenen⁹ bzw. im Falle des Untersuchungsausschusses durch die Befürwortung eines Einspruchsrechts zum Ausschuss selbst.¹⁰ In diesem Falle ist auch Art. 19 Abs. 4 GG anwendbar und die Verfassungsbeschwerde zulässig.¹¹ In den übrigen Fällen einer Einschränkung des Beschwerderechts (Abs. 1 aE) kann indes Art. 19 Abs. 4 GG nicht helfen.¹²

III. Zulässigkeitsvoraussetzungen

1. Beschwerdeberechtigt. Beschwerdeberechtigt ist nur der Adressat des Ordnungsmittelbe- 4 schlusses als der durch das Ordnungsmittel unmittelbar Belastete. Nicht beschwerdeberechtigt ist dagegen der mittelbar Belastete, zB der Ehegatte des Betroffenen, erst recht nicht derjenige, der die Festsetzung eines höheren Ordnungsmittels ohne Erfolg angeregt hatte.¹³ Geschäftsfähigkeit bzw. Prozessfähigkeit (§ 51 ZPO) ist keine Voraussetzung. Auch ein Jugendlicher kann gegen ein ihn belastendes Ordnungsmittel selbst und ohne seinen gesetzlichen Vertreter Beschwerde erheben, soweit er strafmündig ist.¹⁴ Bei fehlender Strafmündigkeit wird bereits die Verhängung eines Ordnungsmittels wegen Ungebühr nicht in Betracht kommen.

2. Einlegung der Beschwerde. Die Beschwerde kann wahlweise bei dem Gericht, das den 5 Ordnungsmittelbeschluss verfügt hat (iudex a quo), oder beim Beschwerdegericht (iudex ad quem) eingelegt werden. Sie kann entweder vom Betroffenen oder dessen Prozessvertreter schriftlich abgefasst oder zu Protokoll der Geschäftsstelle erklärt werden. Der Antrag auf Aufhebung eines wegen Ungebühr verhängten Ordnungsgeldes ist in der Regel als Beschwerde und nicht lediglich als eine nicht mit dem Risiko der Fristversäumnis¹⁵ behaftete Gegenvorstellung aufzufassen.¹⁶

3. Beschwerdefrist. Die Beschwerdefrist beträgt 1 Woche. Maßgeblich für den Fristbeginn ist 6 der Zeitpunkt der Bekanntgabe des Ordnungsmittelbeschlusses gegenüber dem Betroffenen. Dies ist die Beschlussverkündung in der Sitzung, wenn der Betroffene zu diesem Zeitpunkt selbst anwesend ist. Bei dessen Abwesenheit beginnt die Frist mit Zustellung des Beschlusses,¹⁷ ebenso bei Wahrnehmungs- oder Verständnisschwierigkeiten des Betroffenen infolge geistiger oder körperlicher Gebrechen.¹⁸ Das Fristende bestimmt sich nach § 222 Abs. 1 und 2 ZPO, §§ 187 Abs. 1, 188 Abs. 2 BGB. Danach läuft die Frist an dem auf die Bekanntgabe folgenden Werktag der folgenden Woche ab. Unschädlich ist es, wenn die Beschwerde erst im Anschluss an die sofort vollstreckte Ordnungsstrafe eingelegt wird, so lange die Frist gewahrt ist.¹⁹

Bei **Fristversäumnis** ist nach inzwischen fast einhelliger Ansicht **Wiedereinsetzung in den** 7 **vorigen Stand** möglich.²⁰ Die überwiegende Meinung sieht in § 181 zu Recht einen Fall der sofortigen Beschwerde im Sinne von § 567 ZPO,²¹ so dass insoweit der Weg zu § 233 ZPO eröffnet

---

⁵ Ebenso *Wieczorek/Schreiber* Rn. 2.
⁶ BGH bei Schmidt MDR 1981, 93 Nr. 5.
⁷ *Maunz/Schmidt/Bleibtreu/Klein/Ulsamer* BVerfGG § 17 Rn. 18.
⁸ *Maunz/Dürig/Herzog* Art. 44 GG Rn. 58; *Sprenger* DÖV 1955, 464.
⁹ S. Rn. 10.
¹⁰ S. § 176 Rn. 7.
¹¹ *Maunz/Dürig/Herzog* Art. 44 GG Rn. 58.
¹² S. Rn. 1; ferner *Maunz/Schmidt/Bleibtreu/Klein/Ulsamer* § 17 BVerfGG Rn. 18 m. weit Nachw.
¹³ *Zöller/Gummer* Rn. 1.
¹⁴ OLG Neustadt NJW 1961, 885.
¹⁵ S. Rn. 6.
¹⁶ OLG Düsseldorf MDR 1977, 413 m. weit. Nachw.
¹⁷ *Zöller/Gummer* Rn. 2; aA *Kissel/Mayer* Rn. 4 (stets mit Zustellung).
¹⁸ OLG Nürnberg BayJMBl. 1963, 344.
¹⁹ OLG Koblenz VRS 68 (1985), 48; OLG Nürnberg MDR 1960, 500.
²⁰ BVerfG NJW 1991, 2277; OLG Stuttgart Justiz 1979, 140; OLG Frankfurt NJW 1967, 1281, 1282; OLG Hamm NJW 1963, 1791 und MDR 1954, 179; OLG Nürnberg BayJMBl. 1961, 9; *Kissel/Mayer* Rn. 5; *Löwe/Rosenberg/Schäfer* Rn. 5; *Zöller/Gummer* Rn. 2; *Wieczorek/Schreiber* Rn. 9.
²¹ OLG München NJW 1968, 308; OLG Frankfurt NJW 1967, 1281, 1282; OLG Hamm NJW 1963, 1791, *Kissel/Mayer* Rn. 2 m. zahlr. Nachw; *Stein/Jonas/Grunsky* § 577 ZPO Rn. 2; aA *Wieczorek/Schreiber* Rn. 11.

ist. Die Fristversäumung muss unverschuldet sein. Ein Verschulden des Prozessbevollmächtigten wird dem Betroffenen wegen des individualstrafenden Charakters des angegriffenen Beschlusses nicht zugerechnet.[22] Auch eine fehlende Belehrung über die Beschwerdefrist kann die Wiedereinsetzung begründen, wenn das Fehlen für die Versäumung mit kausal ist.[23] Dasselbe gilt bei einer mißverständlichen Belehrung.[24]

IV. Wirkung der Beschwerde (Abs. 2)

8   Nach Abs. 2 hat die Beschwerde gegen einen Ordnungsmittelbeschluss des erkennenden Gerichts keine **aufschiebende Wirkung**. Das Gegenteil gilt jedoch, wenn die Ordnungsstrafe durch den einzelnen, namentlich den beauftragten oder ersuchten Richter, außerhalb der Sitzung verhängt wurde (Abs. 2 2. Alt.). Diese Trennung, die in der Literatur, soweit ersichtlich, nicht beanstandet wird,[25] entbehrt einer sachlich zu rechtfertigenden Begründung. Angesichts des mit dem Ordnungsmittel verbundenen schwerwiegenden Eingriffs ist generell die aufschiebende Wirkung geboten. Dem ist dadurch Rechnung zu tragen, dass unter Berücksichtigung von Art. 3 GG[26] in verfassungskonformer Auslegung von § 570 Abs. 2 und 3 ZPO die Vollziehung des Ordnungsmittels nicht nur auf Grund einer Ermessensentscheidung ausgesetzt werden kann,[27] sondern ausgesetzt werden muss.

V. Entscheidung über die Beschwerde (Abs. 3)

9   **1. Zuständiges Gericht.** Das für die Beschwerdeentscheidung zuständige Gericht bestimmt sich danach, welcher Verfahrensordnung das Verfahren, in dessen Verlauf die Ordnungsstrafe verhängt wurde, unterliegt. In Streitsachen der ordentlichen Gerichtsbarkeit sowie in FGG-Sachen (§ 8 FGG) ist nach Abs. 3 das OLG sachlich zuständig, auch wenn die Ordnungsstrafe durch das AG, den Einzelrichter des LG oder durch einen einzelnen Richter außerhalb der Sitzung (§ 180) festgesetzt wurde.[28] In den anderen Gerichtsbarkeiten ist jeweils das Gericht zweiter Instanz zuständig. Es gelten insoweit die besonderen Verfahrensvorschriften über die Beschwerde (§ 78 ArbGG, § 146 VwGO, § 128 FGO, § 172 SGG). Die aufschiebende Wirkung richtet sich aber nach § 181 Abs. 2 (s. § 149 Abs. 2 VwGO, § 131 Abs. 2 FGO, § 175 S. 2 SGG; dazu auch Rn. 8). Örtlich zuständig ist dasjenige übergeordnete Gericht, in dessen Bezirk das Beschlussgericht liegt. Über die Beschwerde gegen den Beschluss des ersuchten Richters entscheidet das diesem, nicht das dem ersuchenden Gericht übergeordnete OLG.[29]

10 **2. Beschlussgericht.** Das Gericht, das den Beschluss erlassen hat, ist nachträglich, insbesondere auch nach Einlegung der Beschwerde, selbst gemäß § 572 Abs. 1 ZPO **zur Abänderung** seiner Entscheidung **befugt**.[30] Dies ist vor allem angebracht, wenn nachträglich erkannte Umstände die Bestrafung als ungerechtfertigt erscheinen lassen.

11 **3. Ohne mündliche Verhandlung.** Das Beschwerdegericht entscheidet prinzipiell ohne mündliche Verhandlung nur auf der Grundlage des Sitzungsprotokolls,[31] kann aber an der Heranziehung anderer Erkenntnisquellen nicht gehindert werden, soweit es diese für erforderlich hält.[32] Der Betroffene ist auf seinen Wunsch hin anzuhören (Art. 103 Abs. 1 GG). Das Beschwerdegericht trifft eine eigene Ermessensentscheidung[33] und kann das Ordnungsmittel deshalb auch abmildern.[34]

12 **4. Endgültigkeit.** Das Beschwerdegericht entscheidet endgültig. Eine weitere Beschwerde findet nicht statt.[35] Hebt das Beschwerdegericht den Ordnungsmittelbeschluss auf, ist auch diese Ent-

---

[22] OLG Frankfurt NJW 1967, 1281; *Baumbach/Lauterbach/Hartmann* Rn. 2.
[23] BVerfG NJW 1991, 2277; OLG Hamm NJW 1963, 1791; aA OLG Stuttgart Justiz 1979, 140.
[24] OLG Nürnberg MDR 1961, 62 (LS).
[25] S. *Baumbach/Lauterbach/Hartmann* Rn. 3; *Kissel/Mayer* Rn. 11; *Löwe/Rosenberg/Wickern* Rn. 12; *Wieczorek/Schreiber* Rn. 10; *Zöller/Gummer* Rn. 3.
[26] S. zur Begründung im einzelnen 1. Aufl. Rn. 8.
[27] So OLG Frankfurt NJW 1976, 303; *Kissel/Mayer* Rn. 11; *Zöller/Gummer* Rn. 3; s. auch OLG Karlsruhe NJW 1976, 2274, 2275.
[28] S. auch RGZ 2, 385, 386.
[29] OLG Schleswig SchlHA 1962, 84.
[30] *Kissel/Mayer* Rn. 12.
[31] KG MDR 1982, 329, 330; *Zöller/Gummer* Rn. 5.
[32] AA wohl OLG Hamm JMBl. NRW 1955, 139.
[33] OLG Köln NJW 1986, 2515, 2516.
[34] OLG Karlsruhe NJW-RR 1998, 144.
[35] RGZ 2, 385; *Kissel/Mayer* Rn. 22; *Wieczorek/Schreiber* Rn. 14; *Baumbach/Lauterbach/Hartmann* Rn. 4.

scheidung endgültig. Eine Zurückverweisung an das Beschlussgericht zur erneuten Festsetzung kommt nicht in Betracht, da das Beschlussgericht dann keine Sitzungsgewalt mehr ausüben kann.[36] Der Beschwerdeführer ist durch das Verbot der reformatio in peius geschützt.[37] Bei erfolgloser Beschwerde fallen Gerichtskosten nach GKG KV 1812 an.[38]

§ 182 [Protokollierung]

Ist ein Ordnungsmittel wegen Ungebühr festgesetzt oder eine Person zur Ordnungshaft abgeführt oder eine bei der Verhandlung beteiligte Person entfernt worden, so ist der Beschluß des Gerichts und dessen Veranlassung in das Protokoll aufzunehmen.

I. Normzweck

Die Protokollierung des Beschlusses sowie des ihm vorausgegangenen Geschehens dient in erster Linie der **Beweissicherung** und der leichteren Überprüfbarkeit der sitzungspolizeilichen Maßnahme auf ihre Rechtmäßigkeit durch die Beschwerdeinstanz.[1] Darüber hinaus dient die Protokollierung der Überprüfung ausreichender Gewährung rechtlichen Gehörs, die im Rahmen des gegen die Endentscheidung gerichteten Rechtsmittelverfahrens erfolgt. § 182 bezweckt dagegen nur eingeschränkt die Überprüfbarkeit der Einhaltung der Öffentlichkeitsvorschriften,[2] da hierfür über den Wortlaut hinaus gerade auch die Entfernung Nichtbeteiligter festgehalten werden müsste. Daneben bewirkt die Protokollierung eine **Beschleunigung des Rechtsmittelverfahrens** insoweit, als dort über den Vorfall selbst wegen des Protokolls als öffentlicher Urkunde gemäß § 415 Abs. 1 ZPO[3] regelmäßig kein Beweis mehr erhoben werden muss, es sei denn, die Richtigkeit des Protokolls selbst wird bestritten (§ 415 Abs. 2 ZPO).[4]   1

II. Anwendungsbereich

Die Vorschrift statuiert eine Protokollpflicht für bestimmte Fälle der Festsetzung sitzungspolizeilicher Maßnahmen. Gleichgültig ist, ob diese Maßnahmen vom Vorsitzenden, vom erkennenden Gericht in der Sitzung oder nach § 180 festgesetzt wurden. Die Vorschriften regelt dagegen nicht die Protokollpflicht für die gesamte Sitzung schlechthin. Diese ergibt sich aus §§ 159 ff. ZPO. § 182 erfasst drei Fallgruppen.   2

1. Festsetzung eines Ordnungsmittels wegen Ungebühr. § 182 erstreckt sich auf alle Fälle der Festsetzung eines Ordnungsmittels wegen Ungebühr nach § 178, gleichgültig ob es sich um die Verhängung von Ordnungsgeld oder Ordnungshaft handelt. Ohne Bedeutung ist auch, ob das Ordnungsmittel gegenüber einer Partei, gegenüber einem sonstigen Beteiligten oder gegenüber einem Nichtbeteiligten ergeht.   3

2. Festsetzung von Ordnungshaft. § 182 erfasst auch alle Fälle der Festsetzung von Ordnungshaft. Hier liegt eine teilweise Überschneidung mit der 1. Gruppe vor, da diese ebenfalls Ordnungshaft wegen Ungebühr erfasst, darüber hinaus erstreckt sich die 2. Gruppe auch auf Ordnungshaft nach § 177 wegen Ungehorsam. Auf die Stellung des Betroffenen im Verfahren als Beteiligter oder Nichtbeteiligter kommt es nicht an.   4

3. Entfernung von Beteiligten. Erfasst werden auch die Fälle der zwangsweisen Entfernung von Beteiligten[5] nach § 177 wegen Ungehorsams. Soweit eine Entfernung auch wegen Ungebühr nach § 178 gerechtfertigt ist,[6] gilt auch die erste Fallgruppe.   5

4. Entfernung von Nichtbeteiligten. Nicht erfasst von der Protokollpflicht sind die Entfernung eines Nichtbeteiligten sowie sämtliche Anordnungen nach § 176. Diese sind allenfalls proto-   6

---

[36] OLG Köln MDR 1993, 906; OLG Koblenz MDR 1978, 693; OLG Hamm JMBlNRW 1977, 94; OLG Saarbrücken NJW 1961, 890, 891.
[37] OLG Hamm NJW 1960, 2305, 2306; *Kissel/Mayer* Rn. 15; *Löwe/Rosenberg/Wickern* Rn. 8.
[38] Vgl. OLG Zweibrücken NJW 2005, 611.
[1] BGH NJW 1956, 837, 838 im Hinblick auf Gewährung des rechtlichen Gehörs; OLG Karlsruhe NJW-RR 1998, 144; OLG Stuttgart Justiz 1979, 347; OLG Hamm JMBlNRW 1977, 94; *Baumbach/Lauterbach/Hartmann* Rn. 1.
[2] So aber *Kissel/Mayer* Rn. 2.
[3] KG MDR 1982, 329, 330; *Zöller/Gummer* Rn. 2.
[4] Gegen diese Möglichkeit *Kissel/Mayer* Rn. 5; zur Beweiskraft s. Rn. 11.
[5] Zum Begriff s. § 177 Rn. 8.
[6] S. § 1/8 Rn. 11.

kollpflichtig im Rahmen der Niederschrift des Geschehens, das zur Festsetzung eines Ordnungsmittels nach § 177 bei Nichtbefolgen einer sitzungspolizeilichen Anordnung[7] veranlasste.

7 **5. Anwendbarkeit in anderen Verfahren.** Die Anwendbarkeit in anderen Verfahren korrespondiert wegen des inneren sachlichen Zusammenhangs mit dem Anwendungsbereich der §§ 176 bis 178.[8]

III. Art und Umfang der Protokollierung

8 Das Protokoll muss den **Beschluss** über die Festsetzung des Ordnungsmittels einschließlich der Beschlussbegründung und das dafür kausale, **vorausgegangene Geschehen** enthalten. Die Beschreibung muss das Geschehen jedenfalls in seinen wesentlichen Punkten, ggf. unter Wiedergabe der beanstandeten Verbalien, beschreiben, nicht werten. Eine zusammenfassende Darstellung der Äußerungen eines Beteiligten als „ausfallend und beleidigend" liefert keine Beschreibung des Hergangs und damit keine Überprüfungsgrundlage für das Beschwerdegericht.[9] Außerdem ist festzuhalten, ob dem Betroffenen rechtliches Gehör[10] gewährt wurde, falls nicht, sind auch hierfür die maßgeblichen Gründe festzuhalten.[11] Insbesondere ist darauf zu achten, dass Beschlussbegründung und Beschreibung des auslösenden Verhaltens inhaltlich voneinander getrennt sind.[12] Wertungen dürfen erst in der Beschlussbegründung enthalten sein. Der Trennung von Darstellung und Wertung des beschlussauslösenden Verhaltens ist auch genügt, wenn die Darstellung in einem eigenständigen wertungsfreien Teil der Beschlussbegründung enthalten ist.[13] Eine strikte räumliche Trennung von Sachverhaltsdarstellung und Beschlussbegründung ist daher nicht zu fordern.[14] Soweit die Gegenansicht[15] darauf verweist, dass die Beschlussbegründung nur den Eindruck des Vorsitzenden über den Geschehensablauf wiedergebe, während eine der Beschlussbegründung vorgelagerte Schilderung des beschlussauslösenden Verhaltens den Eindruck des Vorsitzenden und den des Protokollführers und damit möglicherweise eine verlässlichere Authentizität enthalte und daraus eine vorgelagerte separate Sachverhaltsschilderung fordert, ist dem für das Zivilverfahren entgegenzuhalten, dass § 159 Abs. 1 S. 2 ZPO dem Vorsitzenden ermöglicht, von der Beiziehung eines Urkundsbeamten abzusehen und das Protokoll selbst anzufertigen. Hierin wird allgemein keine Gefahr eines Authentizitätsverlustes gesehen.

IV. Rechtsfolgen von Protokollmängeln

9 Fehlt die vorgeschriebene Protokollierung insgesamt, hebt das Beschwerdegericht (§ 181 Abs. 3) den Beschluss über die Festsetzung des Ordnungsmittels auf. Eine Zurückverweisung findet nicht statt.[16] Fehlen dagegen nur einzelne Elemente des protokollpflichtigen Komplexes, kommt es darauf an, ob der konkret vorliegende Protokollinhalt aus sich heraus eine Überprüfung des Festsetzungsbeschlusses nach Grund und Höhe des Ordnungsmittels ermöglicht. Ist dies der Fall, so ist das Fehlen einzelner Elemente unschädlich; ist dies nicht der Fall, erfolgt die Aufhebung des Beschlusses.[17] Wurde umgekehrt zwar die Veranlassung, nicht aber die Beschlussbegründung protokolliert, ist dieser Mangel dann unschädlich, wenn die Begründung auf Grund der Sachverhaltsschilderung offen zutage tritt und auch für den Betroffenen auf Grund des Verhandlungsverlaufes außer Zweifel steht.[18] Unschädlich ist der Mangel eines der genannten Elemente ausnahmsweise auch dann, wenn der Betroffene im Beschwerdeverfahren den betreffenden Punkt nicht bestreitet, sondern andere Einwendungen vorträgt, zB sein unbestrittenes Verhalten rechtfertigt.[19]

---

[7] S. Rn. 8 und § 177 Rn. 11.
[8] S. § 176 Rn. 7.
[9] OLG Hamm JMBl. NRW 1955, 139.
[10] Zur Anhörung s. § 177 Rn. 4, § 178 Rn. 13.
[11] OLG Stuttgart Justiz 1979, 347; BayObLGSt. 15, 129.
[12] OLG Karlsruhe NJW-RR 1998, 144; OLG Düsseldorf JMBlNRW 1971, 222; OLG Celle MDR 1958, 265; OLG Koblenz NJW 1955, 348; OLG München BayJMBl. 1954, 17; 1952, 74; OLG Köln JR 1952, 484.
[13] OLG Stuttgart MDR 1955, 364; enger OLG Stuttgart Justiz 1993, 147.
[14] AA *Rehbinder* MDR 1963, 644 m. weit. Nachw. in Fn. 58.
[15] OLG Hamm JMBlNRW 1977, 94; *Zöller/Gummer* Rn. 2.
[16] *Löwe/Rosenberg/Wickern* Rn. 2.
[17] BGH NJW 1956, 837, 838 aE; OLG Düsseldorf JMBlNRW 1971, 222 m. weit. Nachw.; OLG Karlsruhe Justiz 1964, 289, 290; OLG Celle MDR 1958, 265; OLG Hamm Rpfleger 1956, 14 m. zust. Anm. *Kreidel*; OLG Koblenz NJW 1955, 348; OLG Köln JR 1952, 484.
[18] OLG Düsseldorf NStZ 1988, 238; OLG Koblenz VRS 72, 190; OLG Hamm MDR 1978, 780; OLG Celle MDR 1958, 265.
[19] OLG Karlsruhe NJW-RR 1998, 144; OLG Stuttgart Justiz 1979, 347; OLG Hamm NJW 1963, 1791, 1792; wohl auch KG MDR 1982, 329, 330.

Eine **nachträgliche Ergänzung** eines unvollständigen Protokolls durch spätere dienstliche 10
Äußerungen des Richters oder der Urkundsbeamten **kommt nicht in Betracht**,[20] da dies dem Zweck der Protokollierung, insbesondere dem Festhalten des frischen Eindrucks, zuwiderliefe.

V. Beweiskraft des Protokolls

Das Protokoll nach § 182 geht über die Protokollierung der für die mündliche Verhandlung vor- 11
geschriebenen Förmlichkeiten hinaus und nimmt insoweit nicht an der Beweiskraft nach § 165 ZPO teil. Es ist aber öffentliche Urkunde gemäß § 415 ZPO und entfaltet somit die dort genannte Beweiskraft über das Geschehen, soweit es protokolliert wurde.[21] Dies hat den Vorzug, dass vom Beschwerdegericht keine erneute Beweisaufnahme über den Geschehensablauf mehr durchgeführt werden muss,[22] wohl aber noch durchgeführt werden kann. Das Beschwerdegericht ist an den Protokollinhalt nicht zwingend gebunden.[23] Der Beweis einer Falschbeurkundung ist gemäß § 415 Abs. 2 ZPO im Gegensatz zu § 165 ZPO stets möglich.

§ 183 [Straftaten in der Sitzung]

¹Wird eine Straftat in der Sitzung begangen, so hat das Gericht den Tatbestand festzustellen und der zuständigen Behörde das darüber aufgenommene Protokoll mitzuteilen. ²In geeigneten Fällen ist die vorläufige Festnahme des Täters zu verfügen.

Schrifttum: *Nierwetberg*, Strafanzeigen durch das Gericht, NJW 1996, 432.

I. Normzweck

Die Vorschrift weist dem Gericht eine Tätigkeit im Rahmen des staatsanwaltlichen Ermittlungs- 1
verfahrens[1] und insoweit die Wahrnehmung der **Aufgabe einer Strafermittlungsbehörde** zu. Da eine allgemeine Pflicht des Gerichts, zu seiner Kenntnis gelangte Straftaten anzuzeigen oder gar zu ermitteln,[2] nicht besteht, handelt es sich bei § 183 um eine **Ausnahmevorschrift**, die sich daraus rechtfertigt, dass Straftaten in der Sitzung eine besonders schwerwiegende Mißachtung des Gerichts darstellen. Deshalb sowie im Hinblick auf die richterliche Unabhängigkeit ist sie eng auszulegen, insbesondere lässt sich aus ihr keine solche allgemeine Anzeigepflicht ableiten.[3] Gleichwohl ist das Gericht, wie jedermann, berechtigt, Straftaten generell zur Anzeige zu bringen.

II. Anwendungsbereich

1. Straftaten iSv. § 11 Abs. 1 Nr. 5 StGB. Die Feststellungs- und Anzeigepflicht erstreckt 2
sich nur auf Straftaten iSv. § 11 Abs. 1 Nr. 5 StGB, die in der Sitzung begangen wurden; in Frage kommen zB Körperverletzung, Beleidigung, Sachbeschädigung, Hausfriedensbruch, Aussagedelikte. Ordnungswidrigkeiten sind nicht von § 183 erfasst.[4] Formal unterfallen auch Privatklagedelikte der Mitteilungspflicht.[5] Ist jedoch erkennbar, dass die betreffende Handlung weder von allgemeiner Bedeutung ist noch das Opfer ein Interesse an einer Verfolgung hat, sollte von einer Mitteilung abgesehen werden.[6]

2. In der Sitzung. Die Tat muss in der Sitzung begangen sein. Taten, von denen das Gericht 3
lediglich in der Sitzung Kenntnis erlangt, die aber außerhalb des zeitlichen und örtlichen Anwendungsbereiches der Sitzung begangen wurden, unterliegen nicht der Feststellungs- und Anzeigepflicht, unbeschadet der jederzeit bestehenden Anzeigemöglichkeit (Rn. 1). Zum zeitlichen und räumlichen Umfang des Sitzungsbegriffs s. § 176 Rn. 5 f. Hierzu gehört auch die Verhandlung vor

---

[20] Ebenso OLG Hamm JMBlNRW 1977, 94; 1955, 139; BayObLGSt. 15, 129, 120; aA M. *Rehbinder* MDR 1963, 644.
[21] *Zöller/Gummer* Rn. 2.
[22] Zum Beschleunigungszweck s. KG MDR 1982, 329, 330.
[23] *Baumbach/Lauterbach/Hartmann* Rn. 1; aA OLG Zweibrücken NJW 2005, 612.
[1] *Dilcher* AcP 158 (1959/60), 471; *Zeiss* ZZP 89 (1976), 383; *Werner* NJW 1988, 1001.
[2] *Kissel/Mayer* Rn. 1; *Löwe/Rosenberg/Wickern* Rn. 1; zum Nichtbestehen einer allgemeinen Anzeigepflicht für Träger öffentlicher Verwaltung bzw. Verwaltungsbedienstete s. *Kramer* NJW 1984, 1504; *Scheu* NJW 1983, 1707.
[3] BayObLG NJW 1968, 56 für den Registerrichter.
[4] *Kissel/Mayer* Rn. 1.
[5] *Wieczorek/Schreiber* Rn. 2.
[6] Gegen einen solchen Ermessensspielraum offenbar *Steinbrenner* Justiz 1968, 238.

dem beauftragten oder ersuchten Richter. Darüber hinaus kommt eine Erstreckung auf die Fälle des § 180 nach dem Wortlaut nicht in Betracht. Jedoch besteht auch hier das Anzeigerecht.[7]

4 Es ist nicht erforderlich, dass alle oder auch nur einzelne Mitglieder des Gerichts die Straftat selbst wahrgenommen haben, da die Vorschrift nur an dem objektiven Merkmal einer Begehung in der Sitzung anknüpft. Demzufolge muss das Gericht ggf. geäußerten Hinweisen nachgehen.[8]

5 **3. Anwendbarkeit in anderen Verfahren.** Die Anwendbarkeit der Vorschrift in anderen als den von § 2 EGGVG umfassten Verfahren wird teilweise bestritten.[9] Die enge Verbindung der ordentlichen Gerichte zur Staatsanwaltschaft rechtfertigt alleine keine derartige Beschränkung.[10]

III. Feststellung des Tatbestands

6 Die Tatbestandsfeststellung erstreckt sich nur auf die Ermittlung des tatsächlichen Geschehens in seinen wesentlichen Punkten. Diese sind von Amts wegen im Sitzungsprotokoll festzuhalten.[11] Grundsätzlich erfolgt die Feststellung unmittelbar im Anschluss an die Wahrnehmung. Im Interesse eines ungestörten Verhandlungsverlaufes sollte es aber möglich sein, die Tatbestandsfeststellung auf einen verfahrenstechnisch günstigen Zeitpunkt, auch an das Ende der Sitzung, zu verlegen. Eine Straftat in der Sitzung, die sich erst später als solche herausstellt, verpflichtet ebenfalls zur Tatbestandsfeststellung. Eine Anhörung der Beteiligten ist nicht zwingend erforderlich, idR aber geboten.

7 Das Ergebnis der Tatbestandsfeststellung ist der **Ermittlungsbehörde,** das ist regelmäßig die Staatsanwaltschaft (§§ 142 GVG, 152 StPO), in Ausnahmefällen das Amtsgericht (§§ 163 Abs. 2, 165 StPO),[12] **mitzuteilen.** Eine Abschrift aus dem Sitzungsprotokoll genügt. Die Ermittlungsbehörden sind nach § 160 Abs. 1 StPO verpflichtet, jeder Anzeige nachzugehen.

IV. Vorläufige Festnahme

8 Satz 2 sieht das Recht zur **vorläufigen Festnahme** vor (was durch den Gerichtswachtmeister ausgeführt wird), räumt aber zugleich bezüglich des Entschließungsermessens einen Entscheidungsspielraum ein. Die vorläufige Festnahme ist möglich bei fehlender Identität sowie bei Fluchtgefahr (§ 127 Abs. 1 StPO). Der Festnahmegrund der Gefahr im Verzug (§ 127 Abs. 2 StPO) ist analog auch auf das Gericht anwendbar. Eine Straftat vor Gericht wird zugleich regelmäßig als Ungebühr (§ 178) zu werten sein, so dass bereits insoweit ein Festnahmegrund gegeben sein kann. Zugleich wird auch eine Entfernung nach § 177 gerechtfertigt sein. Der Erlass eines Haftbefehls ist nicht möglich. Dies obliegt dem nach § 125 StPO zuständigen Richter.[13] Ein diesbezüglicher Antrag kann aber in einen Antrag auf vorläufige Festnahme umgedeutet werden,[14] ist aber in keinem Fall bindend.[15]

Fünfzehnter Titel. Gerichtssprache

§ 184 [Deutsche Sprache]

¹Die Gerichtssprache ist deutsch. ²Das Recht der Sorben, in den Heimatkreisen der sorbischen Bevölkerung vor Gericht sorbisch zu sprechen, ist gewährleistet.

Schrifttum: *Braitsch,* Gerichtssprache für Sprachunkundige im Lichte des „fair trial", 1991; *Ebner,* Ist für Ausländer die Verwaltungssprache Deutsch?, DVBl. 1971, 341; *Gergen,* Juristisches Übersetzen, JA 2004, 388; *Großfeld,* Sprache und Schrift als Grundlage unseres Rechts, JZ 1997, 633; *Ingerl,* Sprachrisiko im Verfahren. Zur Verwirklichung der Grundrechte deutschunkundiger Beteiligter im Gerichts- und Verwaltungsverfahren, 1988; *Jessnitzer,* Dolmetscher, 1982; *Kissel,* Der „neue" Duden und die richterliche Unabhängigkeit, NJW 1997, 1097; *Lässig,* Deutsch als Gerichts- und Amtssprache, 1980; *Leipold,* Zum Schutz des Fremdsprachigen im Zivilprozeß,

---

[7] Ebenso *Löwe/Rosenberg/Wickern* § 183 Rn. 1.
[8] *Löwe/Rosenberg/Wickern* Rn. 5.
[9] *Löwe/Rosenberg/Wickern* Rn. 2; *Kissel/Mayer* Rn. 7.
[10] Für die Anwendbarkeit *Nierwetberg* NJW 1996, 433; *Maunz/Schmidt/Bleibtreu/Klein/Bethge* § 17 BVerfGG Rn. 26.
[11] *Baumbach/Lauterbach/Hartmann* Rn. 1.
[12] *Kissel/Mayer* Rn. 4; *Löwe/Rosenberg/Wickern* Rn. 7.
[13] OLG Hamm NJW 1949, 191; RG JW 1927, 2009, 2010.
[14] RG JW 1927, 2009.
[15] Vgl. KK/*Diemer* Rn. 2.

Festschr. für Matscher, 1993, S. 287, 300; *Mayer,* „Die Gerichtssprache ist deutsch" – auch für Ausländer?, ZStW 93 (1981), 507; *Schneider,* Deutsch als Gerichtssprache, MDR 1979, 534; *Vogler,* Das Recht auf unentgeltliche Beiziehung eines Dolmetschers (Art. 6 Abs. 3 Buchst. e EMRK), EuGRZ 1979, 640.

I. Normzweck

Die Anordnung von deutsch als Gerichtssprache vor deutschen Gerichten ist Ausfluss der Gerichtshoheit, wonach der Staat als Träger der Gerichtshoheit auch das offizielle Verständigungsmittel vor den Gerichten festlegt. Deutsch als **allgemeines Verständigungsmittel** vor Gericht bedeutet, dass sowohl die Entscheidungen, Anordnungen und Mitteilungen des Gerichts als auch die Äußerungen der Rechtsuchenden und sonstigen Beteiligten gegenüber dem Gericht in deutscher Sprache verfasst sein müssen. § 184 ist zwingend und von Amts wegen zu beachten. Jeder Richter und jedes sonstige Gerichtsorgan muss deutsch beherrschen. Die Einführung von deutsch als Gerichtssprache verwirklicht auch den Anspruch auf rechtliches Gehör, indem jeder Bürger das Recht hat, seine Rechte vor Gericht in deutscher Sprache geltend zu machen und zu verteidigen. Die Verwendung von deutsch als Gerichtssprache dient ferner der Wahrheitsfindung,[1] weil sich die Staatsbürger und die Gerichtsorgane in ihrer allgemein gebräuchlichen Muttersprache am besten ausdrücken können. Deutsch gilt als Gerichtssprache generell, auch wenn des Deutschen nicht mächtige Parteien, Zeugen oder sonstige Beteiligte vor Gericht auftreten. Um ihnen und dem Gericht dennoch die Verständigung zu ermöglichen, schreibt § 185 die Zuziehung eines Dolmetschers vor. § 184 gilt unmittelbar nur innerhalb der ordentlichen Gerichtsbarkeit im GVG, ist aber in anderen Gerichtsbarkeiten für anwendbar erklärt (§ 8 FGG,[2] § 9 FGG, § 55 VwGO, § 61 SGG, § 52 FGO). Durch Art. 6 und 14 EMRK ist § 184 nicht aufgehoben. Es besteht aber ein Anspruch auf Beiziehung eines Dolmetschers. Anträge und sonstige **Schriftsätze in fremder Sprache** (Ausnahme S. 2) wahren somit keine Fristen.[3] Dies gilt auch für Anträge in der Sprache eines Mitgliedstaates der EU; bei 23 verschiedenen Sprachen wäre sonst kein brauchbarer Gerichtsbetrieb und keine Rechtssicherheit für den Gegner erreichbar; der Umkehrschluss aus S. 2 zeigt das. Satz 2 wurde durch G. v. 19. 4. 2006[4] angefügt.

II. Deutsche Sprache

1. Hoch- und Schriftsprache. Deutsch ist in erster Linie die deutsche Hoch- und Schriftsprache. Deutsche Mundarten sind der Gerichtssprache nur gleichzustellen, wenn sie allgemein verständlich sind oder jedenfalls von allen Beteiligten mühelos verstanden werden,[5] andernfalls muss ein Dolmetscher beigezogen werden (s. auch § 185 Abs. 2). Gerichtliche Entscheidungen und Anordnungen sind in jedem Fall in hochdeutsch abzufassen.[6] Sie müssen sprachunkundigen Beteiligten nicht in Übersetzung zugänglich gemacht werden,[7] diese müssen sich eine deutsche Übersetzung notfalls selbst besorgen. Im Rechtshilfeverkehr mit dem Ausland können Ersuchen in fremder Sprache abgefasst werden.[8] Zur Sprache der Sorben s. Rn. 11.

2. Verständlichkeit. Die sprachliche Fassung und Formulierung muss in sich verständlich sein.[9] Von den Adressaten muss aber ein angemessenes Bemühen um Verständnis erwartet werden. Die Benutzung fremdsprachlicher Begriffe ist zulässig, sofern sie allgemein gebräuchlich sind. Im Übrigen (zB für technische oder medizinische Komplexe) ist der Schutzzweck zu beachten, der darin liegt, dass Deutsch als Gerichtssprache vorgeschrieben ist (Rn. 1). Es ist nicht zulässig, Schriftsätze oder Entscheidungen so abzufassen, dass sie für einen Deutschen nur mit Hilfe eines Fremdwörterlexikons verständlich sind. Komplizierte mathematische Formeln können in gerichtlichen Entschei-

---

[1] *Kissel/Mayer* Rn. 11.
[2] OLG Brandenburg FamRZ 2001, 290.
[3] BGH NJW 1982, 532; BayObLG MDR 1987, 416; *Zöller/Gummer* Rn. 3; aA *Manfred Wolf* in der 2. Aufl.; FG Saarland NJW 1989, 3112. Fremdsprachige Formblätter aus dem Anhang von EU-Verordnungen können verwendet werden.
[4] BGBl. I S. 866.
[5] *E. Schneider* MDR 1979, 534; *Baumbach/Lauterbach/Hartmann* Rn. 2; *Kissel/Mayer* Rn. 2; ohne diese Einschränkung OLG Oldenburg HRR 1928, 392.
[6] BVerfG NJW 1983, 2762; OLG Düsseldorf JZ 1985, 200; *Rüping* JZ 1983, 663 jeweils zum Strafverfahren.
[7] HM: BGH NJW-RR 1996, 387; BVerfGE 42, 120; BVerfG NJW 1983, 2762 m. weit. Nachw.; BVerwG BayVBl. 1973, 443; BayObLG NJW 1977, 1596; OLG Frankfurt NJW 1980, 1238; OLG Stuttgart MDR 1983, 256; *Vogler* EuGRZ 1979, 640; *Rüping* JZ 1983, 663, 664; aA etwa *Sieg* MDR 1981, 281.
[8] AA BGH NJW 1984, 2050; wie hier *Lichtenberg* JR 1985, 77; *Vogler* NJW 1985, 1764; s. auch *Kissel/Mayer* Rn. 22, 23.
[9] S. auch VGH Kassel NJW 1984, 2429; AG Hersbruck NJW 1984, 2426.

dungen benutzt werden, wenn dies durch den Verfahrensgegenstand sachlich bedingt ist und zumindest für den Anwalt nachprüfbar dargestellt sind. Eine Verweisung auf Textbestandteile außerhalb der Entscheidung (zB Computerberechnungen des Unterhalts, des Versorgungsausgleichs) ist unzulässig.[10] Insgesamt unverständliche Entscheidungen sind Entscheidungen ohne Gründe gleichzustellen und unterliegen gemäß § 547 Nr. 6 ZPO der Revision.

III. Erfasste Äußerungen

4 Deutsch als Gerichtssprache gilt grundsätzlich für alle Amtshandlungen des Gerichts und für Äußerungen gegenüber dem Gericht, gleichgültig ob mündlich oder schriftlich.

5 **1. Sprache der mündlichen Verhandlung.** Deutsch ist die Sprache der mündlichen Verhandlung, einschließlich des Protokolls (§ 160 ZPO). Eine Fremdsprache kann gesprochen und in dieser verhandelt werden, wenn alle Beteiligten sie verstehen. Unzulässig ist, dass der Richter als Dolmetscher tätig wird, weil dies mit seiner neutralen Rolle nicht zu vereinbaren ist.[11] Aber auch wenn in einer Fremdsprache oder in Sorbisch verhandelt wird, muss das Protokoll in jedem Fall in deutscher Sprache abgefasst sein.

6 **2. Schriftsätze, Anträge, Eingaben.** Schriftsätze, Anträge, Eingaben und sonstige Ausführungen der Beteiligten müssen in deutscher Sprache abgefasst sein; Beweismittel (zB nach § 142 Abs. 3 ZPO) nicht. Ist die Eingabe teils deutsch, teils fremdsprachig, kommt es auf den deutschen Text an.[12] Fehlt es an der deutschen Sprache, so sind die Schriftsätze, Anträge und sonstigen Erklärungen prinzipiell unwirksam und nicht geeignet, eine vorgeschriebene Frist zu wahren.[13] Das Festhalten am Erfordernis der deutschen Sprache ist geboten, weil sichergestellt sein muss, dass das Gericht und alle Beteiligten die jeweiligen Ausführungen verstehen und sachgerecht darauf reagieren können. Es ist deshalb nicht nur der Anspruch des Antragstellers auf rechtliches Gehör (Art. 103 Abs. 1 GG) zu beachten, sondern auch das rechtliche Gehör der anderen Verfahrensbeteiligten.

7 Das grundsätzliche Erfordernis der deutschen Sprache wird jedoch durch **Ausnahmen** eingeschränkt und abgemildert. Andere Sprachen sind zugelassen, soweit dies durch **internationale Übereinkommen,** wie zB § 3 Abs. 2 AusfG zum EuGVVO für ausländische Titel, oder durch **Gesetz** ausdrücklich zugelassen ist. Zum Patentrecht vgl. Art. 70 Abs. 1 EPÜ, § 126 PatG.[14] Urkunden, Anträge und Schriftstücke können in fremder Sprache eingereicht werden, wenn gleichzeitig eine **amtlich autorisierte Übersetzung** beigefügt wird (s. auch § 142 Abs. 3 ZPO; § 4 Abs. 3 AVAG). Bei Anträgen und Schriftsätzen, die dem Anwaltszwang unterliegen, muss aber auch die autorisierte Übersetzung vom Anwalt unterzeichnet sein. Das Nachreichen einer Übersetzung genügt nicht zur Fristwahrung.[15] Eine Pflicht des Gerichts, eine Übersetzung anfertigen zu lassen, besteht ohne besondere Vorschrift grundsätzlich nicht.[16] Wird ein fremdsprachiges Schriftstück bei Gericht eingereicht, darf es aber nicht unbeachtet bleiben; das Gericht hat auf die Notwendigkeit einer Übersetzung hinzuweisen (vgl. § 4 Abs. 3 AVAG) und dazu eine Frist zu setzen. Im Falle des § 142 Abs. 3 ZPO ist die Partei aufzufordern, eine Übersetzung vorzulegen.[17] Ausnahmsweise hat das Gericht auf der Grundlage von § 144 Abs. 1 ZPO von Amts wegen die Übersetzung eines **fremdsprachigen Beweismittels** einzuholen, wenn der Verwender dartut, dass er eine solche auf Grund finanzieller Notlage nicht beibringen kann, und darlegt, dass das eingereichte fremdsprachige Beweismittel für das Verfahren bedeutsam ist.[18] Eine weitere Ausnahme vom Erfordernis der deutschen Sprache ist auch anzuerkennen, wenn alle Beteiligten, einschließlich des Gerichts, den Antrag oder Schriftsatz **eindeutig verstanden** haben, denn es wäre eine unzulässige Rechtsausübung, wenn sich ein Beteiligter trotz einwandfreier Verständigung auf die Nichtbeachtung der Gerichtssprache berufen würde. Den Nachweis des eindeutigen Verständnisses muss erbringen, wer sich darauf beruft. Beschwerden und Anträge im Zusammenhang mit Freiheitsbeschränkungen müssen auch beachtet werden, wenn sie fremdsprachig sind.[19] § 184 gilt nicht für **Unterschriften** eines Be-

---

[10] VGH Kassel NJW 1984, 2429.
[11] Kissel/Mayer Rn. 4.
[12] OLG Düsseldorf NStZ-RR 2000, 215.
[13] BGH NJW 1982, 532 m. weit. Nachw.; BayObLG StAZ 2004, 69 (bosnische Rechtsmittelschrift); KG JR 1977, 129; OLG Koblenz FamRZ 1978, 714; Kissel/Mayer RdNr 5; Zöller/Gummer Rn. 3; aA OLG Frankfurt NJW 1980, 1173; E. Schneider MDR 1978, 534.
[14] Vgl. BGH GRUR 2004, 407; dazu Bacher/Nagel GRUR 2001, 873.
[15] Kissel/Mayer Rn. 6; aA LG Berlin JR 1961, 384.
[16] AA LG Berlin JR 1961, 384.
[17] OLG Brandenburg FamRZ 2005, 1842 (dänische Einkommensnachweise).
[18] BVerfG NJW 1996, 1553.
[19] Nur für Strafverfahren Kissel/Mayer Rn. 93.

Dolmetscher   § 185 GVG

teiligten, diese können fremdsprachig (und in fremder Schrift, etwa in arabischen Schriftzeichen) erfolgen.[20] Ebenso sind fremdsprachige **Rechtshilfeersuchen** zu beachten.[21]

Wird durch das Einreichen eines nicht in deutscher Sprache abgefassten Antrags, Schriftsatzes oder sonstiger Erklärungen eine Frist versäumt, so kann **Wiedereinsetzung in den vorigen Stand** beantragt und bewilligt werden, wenn die Abfassung in deutscher Sprache nicht in zumutbarer Weise rechtzeitig möglich war.[22] Das Gericht ist auch gehalten, so weit möglich, vom Inhalt einer fremdsprachigen Äußerung Kenntnis zu nehmen, um fürsorgende Maßnahmen treffen zu können.[23] Unterlässt es dies, so kann darin ebenfalls ein Grund zur Gewährung einer Wiedereinsetzung liegen,[24] außer wenn der Betroffene der Wahrnehmung seiner Rechte gleichgültig gegenübersteht.[25] 8

3. Alle gerichtlichen Äußerungen. In Deutsch abzufassen sind alle gerichtlichen Äußerungen. Dies gilt in erster Linie für Entscheidungen (Urteile, Beschlüsse, Verfügungen), aber auch für Ladungen (zB §§ 214, 274 ZPO), für Aufforderungen (§ 271 Abs. 2 ZPO), Fristsetzungen (§§ 275, 276 ZPO), Belehrungen (zB § 277 Abs. 2 ZPO) und Auflagen (§ 273 Abs. 2 ZPO). Eine Übersetzung von Amts wegen ist nicht erforderlich, auch wenn die Beteiligten nach Kenntnis des Gerichts der deutschen Sprache nicht mächtig sind.[26] Die Zustellung einer deutschsprachigen Entscheidung an einen Ausländer ist deshalb wirksam,[27] auch wenn die Nachricht über die Niederlegung bei der Post in deutscher Sprache verfasst ist.[28] Auch ein Rechtsmittelbelehrung muss nur in deutscher Sprache verfasst sein,[29] kann aber zur Gewährung des rechtlichen Gehörs in fremden Sprachen erfolgen. Bei unverschuldeter Versäumung der Rechtsmittelfrist wegen Sprachschwierigkeiten kommt die Wiedereinsetzung in den vorigen Stand in Betracht.[30] 9

Ausnahmsweise kann es geboten sein, einzelne gerichtliche Äußerungen fremdsprachig abzufassen, so zB wenn es um die Wiedergabe eines fremdsprachigen Vertragstextes im Urteilstatbestand oder um die Abgabe oder den Widerruf einer fremdsprachigen Erklärung geht. Zur fremdsprachigen Abfassung von Rechtshilfeersuchen s. Rn. 2. 10

IV. Besonderheiten für Sorben

Mit dem Beitritt der neuen Bundesländer musste auch die den Sorben zustehende Kulturautonomie berücksichtigt werden. Dazu gehört das Recht zur Benutzung der sorbischen (wendischen) Sprache als einer westslawischen Sprache. Die Heimatkreise der Sorben liegen um Cottbus und Bautzen. Sie dürfen vor Gericht sorbisch sprechen und fristwahrend Schriftsätze in dieser Sprache einreichen; wenn der nur deutschsprechende Gegner das nicht versteht ist von Amts wegen ein Dolmetscher zuzuziehen; ebenso, wenn der Richter nicht sorbisch kann. Außerhalb ihrer Heimatkreise gilt Satz 2 nicht, so dass für die Sorben in anderen Gerichtsbezirken Deutsch als Gerichtssprache maßgebend ist. 11

§ 185 [Dolmetscher]

(1) ¹**Wird unter Beteiligung von Personen verhandelt, die der deutschen Sprache nicht mächtig sind, so ist ein Dolmetscher zuzuziehen.** ²**Ein Nebenprotokoll in der fremden Sprache wird nicht geführt; jedoch sollen Aussagen und Erklärungen in fremder Sprache, wenn und soweit der Richter dies mit Rücksicht auf die Wichtigkeit der Sache für erforderlich erachtet, auch in der fremden Sprache in das Protokoll oder in eine Anlage niedergeschrieben werden.** ³**In den dazu geeigneten Fällen soll dem Protokoll eine durch den Dolmetscher zu beglaubigende Übersetzung beigefügt werden.**

(2) **Die Zuziehung eines Dolmetschers kann unterbleiben, wenn die beteiligten Personen sämtlich der fremden Sprache mächtig sind.**

---

[20] VGH München NJW 1978, 510.
[21] S. *Vogler* NJW 1985, 1764.
[22] S. BVerfG NVwZ-RR 1996, 120; BVerfGE 40, 95, 100; 42, 123; BGH VersR 1977, 646; NJW 1982, 532; KG JR 1977, 129; VGH München NJW 1977, 1213.
[23] S. auch Rn. 7.
[24] BVerfGE 40, 95, 100.
[25] BVerfGE 42, 123, 126.
[26] S. Rn. 2.
[27] S. auch OLG Schleswig SchlHA 1979, 204.
[28] *Kissel/Mayer* Rn. 11.
[29] S. etwa BVerwG DÖV 1978, 814.
[30] S. Rn. 8.

I. Normzweck

1 Ein Dolmetscher ist erforderlich, weil § 184 Deutsch als Gerichtssprache vorschreibt. § 185 dient der Gewährleistung des Anspruchs auf rechtliches Gehör, dem Recht auf ein faires Verfahren[1] und der Wahrheitsfindung, soweit es insbesondere die Verständigung von Zeugen und Sachverständigen, aber auch der Parteien mit dem Gericht betrifft. Entsprechend diesen Zwecksetzungen sieht § 185 zwingend die Beiziehung eines Dolmetschers vor und lässt in Abs. 2 eine Ausnahme nur zu, wenn alle Beteiligten die fremde Sprache verstehen. Die Pflicht trifft das Gericht.

II. Anwendungsbereich

2 **1. Alle Verhandlungen, Vollstreckungsverfahren.** § 185 gilt für alle Verhandlungen, in denen vor Gericht eine mündliche Verständigung erforderlich ist,[2] auch für Verhandlungen und Beweisaufnahmen vor dem beauftragten oder ersuchten Richter im In- und Ausland, sofern das Hauptverfahren in Deutschland anhängig ist. § 185 gilt auch bei der Erledigung eines Rechtshilfeersuchens, wenn der zu vernehmende Zeuge Deutsch nicht beherrscht oder wenn gemäß Art. 8 HBewÜ mit § 10 AusfG ein Richter des ersuchenden ausländischen Gerichts teilnimmt, der des Deutschen nicht mächtig ist.[3] Verhandlung ist nicht nur das Verfahren vor dem Richter, sondern auch vor dem Rechtspfleger oder die Aufnahme von Erklärungen zu Protokoll des Urkundsbeamten der Geschäftsstelle.[4] § 185 ist auch im Vollstreckungsverfahren anzuwenden, desgleichen im Insolvenzverfahren, ebenso im Verfahren der freiwilligen Gerichtsbarkeit (§§ 8, 9 FGG). § 185 **gilt nicht** für Schriftstücke des Gerichts, die als Entscheidungen oder als Protokoll stets in deutscher Sprache abzufassen sind. Er gilt auch nicht für Urkunden oder schriftliche Äußerungen eines Beteiligten.[5] Für die Übersetzung aus der deutschen Sprache oder in die deutsche Sprache muss hier die jeweilige Partei Sorge tragen. § 185 gilt auch nicht in Justizverwaltungssachen.[6]

3 **2. Alle Beteiligten.** Ein Dolmetscher ist für alle Beteiligten an einer Verhandlung vorgesehen (also nicht für jeden Beteiligten ein eigener Dolmetscher), sofern sie der deutschen Sprache nicht mächtig sind. Beteiligte in diesem Sinne sind der Richter und sonstige Rechtspflegeorgane wie der Rechtspfleger, der Urkundsbeamte, der Protokollführer, der Gerichtsvollzieher und der Rechtsanwalt. Beteiligt sind aber vor allem auch die Parteien, etwaige Nebenintervenienten oder Streithelfer, die gesetzlichen Vertreter dieser Beteiligten sowie Zeugen und Sachverständige,[7] sofern sie in dieser Eigenschaft an der Verhandlung teilnehmen. Erscheint im Anwaltsprozess die ausländische Partei mit ihrem deutschsprachigen Anwalt ist ein Dolmetscher hinzu zu ziehen, wie der Wortlaut des § 185 Abs. 1 S. 1 eindeutig zeigt; es kommt nicht darauf an, ob das persönliche Erscheinen der Partei angeordnet war.[8] Die Parteien und ihre Anwälte trifft keine Pflicht *vorab* zu klären, ob eine Dolmetscher erforderlich sein wird; notfalls ist die Verhandlung zu unterbrechen.

III. Erforderliche Deutschkenntnisse

4 Die Beiziehung eines Dolmetschers ist erforderlich, wenn auch nur *ein* Beteiligter **der deutschen Sprache nicht mächtig** ist. Dies trifft zu, wenn er der in deutscher Sprache geführten Verhandlung nicht in ihrem Inhalt folgen kann. Für die Parteien und andere materiell Beteiligte kommt es auf ein solches Verständnis an, dass sie ihre Rechte voll wahrzunehmen in der Lage sind.[9] Für die Richter und andere Rechtspflegeorgane ist maßgebend, dass sie alle Verfahrensäußerungen mit dem vollen Inhalt erfassen und ihre Anordnungen und Entscheidungen voll verständlich mitteilen können. Zeugen und Sachverständige sind des Deutschen mächtig, wenn sie ihre Aussage in dieser Sprache so machen können, dass sie den anderen Verfahrensbeteiligten den wirklich gewollten Inhalt ihrer Aussage zu vermitteln vermögen, und wenn sie die an sie gerichteten Fragen in ihrer Bedeutung voll erfassen können. Für alle Beteiligten ist erforderlich, dass sie im notwendigen Umfang Deutsch nicht nur verstehen, sondern auch sprechen können.[10] Es genügt die Verständnismöglich-

---

[1] BVerfG NJW 1983, 2762.
[2] *Kissel/Mayer* Rn. 2.
[3] Dazu *Martens* RIW 1981, 732.
[4] BayObLG Rpfleger 1977, 133; *Baumbach/Lauterbach/Hartmann* Rn. 3.
[5] *Baumbach/Lauterbach/Hartmann* Rn. 3; vgl. auch BGH NStZ 1998, 1087.
[6] *Kissel/Mayer* Rn. 3; *von Ebner* DVBl. 1971, 341.
[7] OLG Karlsruhe Justiz 1962, 93; *Kissel/Mayer* Rn. 1.
[8] AA *Zöller/Gummer* Rn. 1 a.
[9] BVerfG NJW 1983, 2763.
[10] S. auch OLG Frankfurt NJW 1952, 1310; OLG Zweibrücken VRS 53, 39.

keit in der normalen Umgangssprache. Die Kenntnis von Spezial- und Fachausdrücken in verschiedenen Wissensgebieten ist nicht erforderlich. Das Gericht muss dann aber für eine in der Umgangssprache verständliche Erläuterung Sorge tragen.

Das Vorhandensein der erforderlichen Deutschkenntnisse ist **von Amts wegen zu prüfen.** 5 Leugnet ein Beteiligter wahrheitswidrig seine Deutschkenntnisse, so ist er als Partei so zu behandeln, als ob er nicht verhandle,[11] mit den Auswirkungen, die sich aus § 333 ZPO ergeben. Für Zeugen und Sachverständige treten die Folgen aus §§ 390, 409 ZPO ein. Eine Ungebühr gemäß § 178 liegt darin nicht ohne weiteres.[12] Im Zweifel sollte ein Dolmetscher beigezogen werden.

IV. Zuziehung eines Dolmetschers

1. Dolmetscher. Dolmetscher kann jede Person sein, die sowohl der deutschen wie der fremden Sprache des Beteiligten mächtig ist, dh. sie so sprechen und verstehen kann, dass eine richtige Verständigung mit allen Beteiligten gewährleistet ist. Der Dolmetscher muss grundsätzlich Deutsch und die Muttersprache des nicht deutsch sprechenden Beteiligten beherrschen. Nur ausnahmsweise, wenn ein Dolmetscher in der Muttersprache nicht erreichbar ist, kann auch eine Kettendolmetschertätigkeit (zB suaheli-englisch-deutsch) in Betracht kommen,[13] bei der nur der zweite Dolmetscher (englisch-deutsch) des Deutschen mächtig sein muss, nicht aber der Erste (suaheli-englisch). Der Dolmetscher ist **Gehilfe des Gerichts und der Beteiligten,** nicht aber Sachverständiger.[14] In einzelnen Beziehungen, insbesondere hinsichtlich der Ausschließung und Ablehnung (§ 191), wird der Dolmetscher jedoch wie ein Sachverständiger behandelt. Sofern Schriftstücke zu übersetzen sind, hat der Übersetzer insoweit die volle Stellung des Sachverständigen, gleichgültig ob er mündlich oder schriftlich übersetzt.[15] Die §§ 404 ff. ZPO sind in diesen Fall voll anzuwenden. 6

2. Inhalt seiner Tätigkeit. Der Inhalt seiner Tätigkeit ist unterschiedlich je nachdem, welcher Beteiligte des Dolmetschers bedarf. Soweit der Dolmetscher für eine Partei oder deren gesetzlichen Vertreter tätig werden muss, muss er nicht nur deren Äußerungen voll übersetzen, sondern auch die wesentlichen Teile der Verhandlung ihrem Inhalt nach in deren Sprache übertragen.[16] Dazu gehören alle Anträge, Entscheidungen und sonstige Äußerungen im Verfahren. Bei Gutachten genügt die Übersetzung des Ergebnisses, falls nicht die Übersetzung des Gesamtinhalts vom Gericht oder einer Partei verlangt wird.[17] Soweit die Dolmetschertätigkeit bei Zeugen und Sachverständigen zu leisten ist, muss der Dolmetscher deren Äußerungen dem Gericht und den Parteien wörtlich und nicht nur inhaltlich übersetzen. Fragen des Gerichts und der Parteien muss er wörtlich übersetzen, ebenso den Inhalt solcher Verhandlungsteile, die den Zeugen oder Sachverständigen unmittelbar betreffen, zB die Belehrung über ein Zeugnisverweigerungsrecht. 7

3. Zuziehung. Zur Zuziehung eines Dolmetschers ist das Gericht grundsätzlich verpflichtet.[18] Nur ausnahmsweise, wenn alle Beteiligten der fremden Sprache mächtig sind, kann die Zuziehung eines Dolmetschers unterbleiben (Abs. 2). Das Gericht hat darüber nach freiem Ermessen zu entscheiden.[19] Die Richter, Parteien und ihre Vertreter müssen der gesamten Verhandlung folgen können. Es genügt nicht, dass nur der Richter sich jeweils mit den Beteiligten, diese sich aber nicht unter sich verständigen können. Für Zeugen und Sachverständige genügt, dass sie die ihre Aussage betreffenden Teile unbehindert verstehen können. Das Protokoll über die Verhandlung (§§ 159 ff. ZPO) ist in jedem Fall in deutscher Sprache zu führen, da es auch für etwaige andere Rechtspflegeorgane verständlich bleiben muss. 8

Beherrscht ein Beteiligter die deutsche Sprache nur **teilweise,** so muss das Gericht nach pflichtgemäßem Ermessen entscheiden, ob dies für die Verhandlung ausreicht oder ob ein Dolmetscher zuzuziehen ist.[20] Ein Beteiligter muss aber grundsätzlich deutsch sowohl verstehen wie sprechen können. Bloßes Kopfnicken oder Gestik hilft nicht, wenn nicht zweifelsfrei feststeht, dass der Betroffene die Frage verstanden hat.[21] 9

---

[11] S. *Kissel/Mayer* Rn. 4.
[12] *Kissel/Mayer* Rn. 4.
[13] *Kissel/Mayer* Rn. 12.
[14] S. BGHSt. 1, 4; 4, 154; RG JW 1936, 464; *Kissel/Mayer* Rn. 17.
[15] BGH JR 1951, 90; NJW 1965, 643.
[16] S. auch *Jessnitzer* Dolmetscher, 1982, S. 75; *Kissel/Mayer* Rn. 9.
[17] RG JW 1895, 572; *Kissel/Mayer* Rn. 9; *Baumbach/Lauterbach/Hartmann* Rn. 9.
[18] BayObLG NStZ-RR 2005, 178.
[19] LAG Köln MDR 2000, 1337.
[20] BGHSt. 3, 285 = NJW 1953, 114.
[21] BayObLG NStZ-RR 2005, 178; vgl. auch BGHSt. 13, 166 = NJW 1960, 584; *Kissel/Mayer* Rn. 6.

10 Die **Beurteilung der tatsächlichen Voraussetzungen** für die Zuziehung eines Dolmetschers obliegt der tatrichterlichen Würdigung,[22] die in den Rechtsmittelinstanzen nur daraufhin überprüft werden kann, ob die Regeln der Logik und anerkannte Erfahrungssätze beachtet worden sind. Nachprüfbar ist auch die richtige Auslegung von **Rechtsbegriffen,** so insbesondere die rechtlichen Voraussetzungen der Sprachkundigkeit.[23] Der Begriff der Sprachkundigkeit ist unrichtig angewandt, wenn Zweifel an den Sprachkenntnissen bestehen und dennoch kein Dolmetscher beigezogen worden ist.[24] Nachgeprüft werden kann darüber hinaus, ob die rechtlichen Grenzen des Ermessens beachtet sind.

11 **4. Auswahl der Person des Dolmetschers.** Die Auswahl der Person des Dolmetschers steht grundsätzlich im freien Ermessen des Gerichts,[25] einschließlich der Eignung des Dolmetschers.[26] Entsprechend § 404 Abs. 2 ZPO sind jedoch öffentlich bestellte und vereidigte Dolmetscher bevorzugt heranzuziehen.[27] Davon kann das Gericht abweichen; es können deshalb auch Verwandte eines Beteiligten als Dolmetscher zugezogen werden.[28] Dadurch, dass der Betroffene selbst einen Dolmetscher mitbringt, wird die Pflicht des Gerichts aus § 185 S. 1 nicht eingeschränkt; denn das Gericht und nicht der Betroffene wählt den Dolmetscher aus; das Gericht kann sonst nicht kontrollieren, ob der Privat-Dolmetscher richtig (und unparteiisch) übersetzt. Der Fremdsprachige kann aber zusätzlich einen eigenen Dolmetscher mitbringen.[29] Der Dolmetscher kann auch gleichzeitig Zeuge oder Sachverständiger sein und darf dabei auch seine eigene Aussage übersetzen.[30] Bestehen Zweifel an seiner Unparteilichkeit, so kann Ablehnung erfolgen (§ 191).

12 Das Gericht hat neben der Auswahl in jeder Lage des Verfahrens auch die **ordnungsgemäße Ausführung** der Dolmetscheraufgaben zu überwachen.[31] Welche Maßnahmen im Einzelnen zu treffen sind, liegt im pflichtgemäßen Ermessen des Gerichts.

13 **5. Verstoß gegen eine gebotene Zuziehung.** Ein Verstoß gegen eine gebotene Zuziehung kann durch Rechtsmittel gegen das im Verfahren ergangene Urteil oder eine sonstige das Verfahren abschließende Entscheidung überprüft werden. An die rechtsfehlerfreie(!) Festellung des Tatrichters, dass der ausländische Betroffene ausreichend Deutsch kann, ist das Revisionsgericht gebunden.[32] Eine isolierte Anfechtung der Entscheidung über die Zuziehung, zB nach § 567 ZPO, findet nicht statt.[33] Die trotz Notwendigkeit unterbliebene Zuziehung stellt einen Verfahrensverstoß regelmäßig in Form einer Verletzung des rechtlichen Gehörs dar, der einen wesentlichen Mangel nach § 538 Abs. 2 Nr. 1 ZPO, aber keinen absoluten Revisionsgrund gemäß § 547 ZPO enthält.[34] Ein Verstoß liegt auch vor, wenn die Tätigkeit des Dolmetschers an erheblichen Mängeln leidet.[35] Die Partei kann auf die Verfolgung des Verstoßes verzichten.[36] Sie kann sich auf den Verstoß nicht mehr berufen, wenn sie den Mangel nicht gerügt hat (§ 295 ZPO) oder die Möglichkeiten zur Heilung des Mangels nicht genutzt hat.[37]

V. Protokollführung

14 Das Protokoll, das stets in deutscher Sprache zu führen ist,[38] muss Angaben enthalten darüber, dass und warum ein Dolmetscher zugezogen wurde oder, wenn nach den Umständen dazu Anlass besteht, warum eine Zuziehung unterbleiben konnte. Anzugeben ist auch die Person des Dolmetschers (§ 160 Abs. 1 Nr. 2 ZPO) und welche Prozessvorgänge übersetzt worden sind. Soweit die in fremder Sprache abgegebenen Erklärungen und Aussagen protokolliert werden, sind sie in der vom

---

[22] S. auch BayObLG BayVBl. 1981, 187.
[23] OLG Frankfurt NJW 1952, 1310.
[24] BSG NJW 1957, 1087; *Baumbach/Lauterbach/Hartmann* Rn. 3.
[25] *Jessnitzer* (Fn. 16) S. 80; *Kissel/Mayer* Rn. 8.
[26] OLG Karlsruhe Justiz 1980, 285.
[27] *Baumbach/Lauterbach/Hartmann* Rn. 5. Gegen die Streichung von der Liste ist der Verwaltungsrechtsweg gegeben, BGH NJW 2007, 3070.
[28] BVerwG NJW 1984, 2055.
[29] BVerfG NJW 2004, 50.
[30] *Kissel/Mayer* § 191 Rn. 6; *Baumbach/Lauterbach/Hartmann* Rn. 8.
[31] S. auch RGSt. 76, 177; *Kissel/Mayer* Rn. 8.
[32] OLG Stuttgart NJW 2006, 3796.
[33] OLG Stuttgart NJW 1962, 540; *Kissel/Mayer* Rn. 24.
[34] *Kissel/Mayer* Rn. 24; *Baumbach/Lauterbach/Hartmann* Rn. 7.
[35] BVerwG NVwZ 1983, 668.
[36] BVerwG NVwZ 1983, 668.
[37] BayObLG BayVBl. 1983, 349.
[38] S. Rn. 8.

Dolmetscher gegebenen Übersetzung zu protokollieren. Dementsprechend hat der Erklärende kein Recht, dass ihm das Protokollierte in seiner Sprache zur Genehmigung vorgelesen wird (s. auch § 162 Abs. 1 ZPO); es genügt die Rückübersetzung des Dolmetschers.[39]

Ein zusätzliches **Protokoll in fremder Sprache** ist nicht zu führen (Abs. 1 S. 2). Erklärungen, die das Gericht für wichtig hält, sollen aber in der betreffenden Fremdsprache ins Protokoll oder in eine Anlage hierzu aufgenommen werden. Falls erforderlich, soll dem Protokoll eine vom Dolmetscher beglaubigte Übersetzung beigefügt werden. **15**

VI. Vergütung und Kostentragung

Der Dolmetscher erhält eine Vergütung gemäß § 8 JVEG. Sie gehört zu den Auslagen des Gerichts (GKG KV 9005). Ein Kostenvorschuss kann nicht verlangt werden, da über die Zuziehung von Amts wegen zu entscheiden ist.[40] Dies gilt auch im Anwaltprozess[41] sowie im Vollstreckungsverfahren.[42] Die Kosten des Dolmetschers gehören zu den Verfahrenskosten, die gemäß §§ 91 ff. ZPO grundsätzlich vom unterliegenden Teil zu tragen sind. Die Kostenfreiheit gemäß Art. 6 Abs. 3 EMRK gilt nur im Strafprozess, nicht im Zivilprozess. Im Falle der Bewilligung von Prozesskostenhilfe sind die Kosten für die sachlich notwendige Übersetzung der Parteiinformationen an den beigeordneten Rechtsanwalt aus der Staatskasse zu tragen.[43] Unter den gleichen Voraussetzungen kann der Anwalt nach § 46 RVG auch Vergütung einer von ihm gefertigten Übersetzung verlangen. **16**

§ 186 [Hör- oder sprachbehinderte Personen]

(1) [1] Die Verständigung mit einer hör- oder sprachbehinderten Person in der Verhandlung erfolgt nach ihrer Wahl mündlich, schriftlich oder mit Hilfe einer die Verständigung ermöglichenden Person, die vom Gericht hinzuzuziehen ist. [2] Für die mündliche und schriftliche Verständigung hat das Gericht die geeigneten technischen Hilfsmittel bereitzustellen. [3] Die hör- oder sprachbehinderte Person ist auf ihr Wahlrecht hinzuweisen.

(2) Das Gericht kann eine schriftliche Verständigung verlangen oder die Hinzuziehung einer Person als Dolmetscher anordnen, wenn die hör- oder sprachbehinderte Person von ihrem Wahlrecht nach Absatz 1 keinen Gebrauch gemacht hat oder eine ausreichende Verständigung in der nach Absatz 1 gewählten Form nicht oder nur mit unverhältnismäßigem Aufwand möglich ist.

I. Normzweck und Allgemeines

§ 186 will mit seiner Neufassung die Kommunikationsmöglichkeiten mit hör- und sprachbehinderten Personen im Interesse der besseren Integration der Behinderten weiter ausbauen. Damit soll den Anforderungen, die sich aus Art. 2 Abs. 1 GG, Art. 20 Abs. 3 GG, Art. 103 Abs. 1 GG und Art. 19 Abs. 4 GG ergeben, besser Rechnung getragen werden. Zugleich wird den Anforderungen des Art. 6 EMRK Genüge getan. Blinde Personen und geistig-kognitive Behinderungen werden durch die Bestimmung nicht erfasst. Für Blinde und Sehbehinderte enthält der ebenfalls neu eingefügte § 191a einen Anspruch auf Mitteilung von Schriftstücken in wahrnehmbarer Form. **1**

§ 186 wurde geändert durch G. vom 23. 7. 2002.[1] Er ersetzt damit § 186 in seiner bisherigen Fassung. Für die hör- und sprachmäßigen, sog. sensorischen Behinderungen sieht § 186 Neuerungen vor. **2**

II. Behinderte Personen

§ 186 erstreckt sich auf sämtliche hör- oder sprachbehinderte Personen, die an der Verhandlung beteiligt sind.[2] Der Begriff der **Hör- und Sprachbehinderungen** bezieht sich nur auf die sinnesmäßigen, sensorischen Behinderungen. Einfache Sprachbehinderungen, wie zB Stottern, reichen **3**

---

[39] *Wieczorek/Schreiber* Rn. 20.
[40] S. LG Bonn JMBlNRW 1965, 209; *Kissel/Mayer* Rn. 19.
[41] *Kissel/Mayer* Rn. 19; aA KG NJW 1973, 436.
[42] AA offenbar *Kissel/Mayer* Rn. 19, 23.
[43] OLG Frankfurt NJW 1974, 2095.
[1] BGBl. I S. 2850.
[2] S. zu den Beteiligten § 185 Rn. 3.

nicht aus.[3] Fehlende oder unzureichende Sprachkenntnisse in der Gerichtssprache Deutsch fallen nicht unter § 186, sondern werden nach wie vor von § 185 erfasst. Ob eine Hör- oder Sprachbehinderung vorliegt, hat das Gericht zu entscheiden, denn das in Abs. 1 vorgesehene Wahlrecht erstreckt sich ausdrücklich nur auf die Art und Weise der Verständigung, nicht auf das Vorliegen einer Behinderung.

III. Maßnahmen der Verständigung

4 Die **unmittelbare** Verständigung mit der behinderten Person sollte im Vordergrund stehen.[4] Einem Tauben muss so weit als möglich Gelegenheit gegeben werden, sich selbst durch mündliche Äußerung zu erklären.[5] Schriftliche Verständigung mit ihm ist bei geringem Aufwand vorzuziehen. Ebenso kann ein Stummer auf mündliche Fragen schriftlich antworten und er kann, falls ausreichend, durch Kopfnicken, Kopfschütteln oder andere Zeichen seine Erklärungen abgeben.[6] Bei schriftlichen Äußerungen ist nicht umfassende Schriftform erforderlich, sondern nur, soweit dies zur Verständigung notwendig ist.[7] Ein Dolmetscher ist erst beizuziehen, wenn eine unmittelbare Verständigung mit zumutbarem Aufwand nicht möglich ist. Die jetzige Fassung nennt mit der **mündlichen Verständigung** und der **Hilfe einer die Verständigung ermöglichenden Person** weitere Mittel der unmittelbaren Kommunikation. Die die Verständigung ermöglichende Hilfsperson hat nicht die Stellung eines Dolmetschers und kann deshalb auch ohne ausdrückliche Einsetzung als Dolmetscher tätig werden.[8] Als **Hilfsperson** kommt jede geeignete Person in Betracht, die im Umgang mit dem Behinderten vertraut ist.[9] Dies ist im Regelfall eine Vertrauensperson des Behinderten, die etwa auf Grund lautsprachbegleitender Gebärden, durch Lormen (Tastalphabet) oder durch gestützte Kommunikation die unmittelbare Verständigung in einer dem Behinderten vertrauten Art und Weise ermöglichen kann.[10] Die §§ 189 ff., insbesondere auch die Pflicht zur Eidesleistung, gelten für diese Hilfsperson nicht unmittelbar. Sie kann jedoch nach pflichtgemäßem Ermessen des Gerichts vergleichbar einem Dolmetscher auf wahrheitsgetreue und gewissenhafte Übertragung vereidigt werden, wenn dies im Interesse einer zuverlässigen Verständigung geboten erscheint.[11] Eidesleistungen sprach- und hörbehinderter Personen erfolgen nach § 483 ZPO. Ist ein Fremdsprachiger sprech- oder körperbehindert, so muss uU eine Kettendolmetschertätigkeit durch zwei Dolmetscher stattfinden. Der Dolmetscher muss gemäß § 189 vereidigt sein. Zur Entschädigung siehe § 9 Abs. 3 JVEG; zur Kostentragung GKG KV 9005 (3) und (4) sowie § 185 Rn. 16. Die technischen Hilfsmittel zahlt die Staatskasse. Ein Verzicht auf die notwendige Verständigung ist unwirksam.[12] Bei Verstößen ist eine Anfechtung möglich entsprechend den Ausführungen zu § 185 Rn. 13.

5 **4. Wahlrecht des Behinderten.** § 186 räumt dem Behinderten ein Wahlrecht ein, welche Art und Weise der Verständigung (s. Rn. 4) er bevorzugt. Auf dieses Wahlrecht ist er vom Gericht hinzuweisen (Abs. 1 Satz 2). Unterbleibt der gebotene Hinweis, so kommt eine Verletzung des rechtlichen Gehörs in Betracht. Zeigt sich die Behinderung erst in der mündlichen Verhandlung, muss sie notfalls unterbrochen werden (§ 136 Abs. 3 ZPO), bis die Verständigungsmittel herbeigeschafft sind.

6 Das **Wahlrecht** der behinderten Person ist jedoch insofern gemäß Abs. 2 **beschränkt,** als das **Gericht** eine **schriftliche Verständigung** verlangen **oder die Hinzuziehung eines Dolmetschers** im Sinne der §§ 189 ff. anordnen kann. Für welche dieser Möglichkeiten sich das Gericht entscheidet, ist seinem pflichtgemäßen Ermessen überlassen, wobei es vorrangig auf die Sicherung einer korrekten Verständigung zu achten, aber unverhältnismäßigen Aufwand zu vermeiden hat. Das Bestimmungs- und Anordnungsrecht des Gerichts ist aber nur unter eingeschränkten Voraussetzungen gegeben. (1) In einer ersten Variante hat das Gericht ein Bestimmungsrecht, wenn die behinderte Person ihr Wahlrecht nicht ausübt. Das Bestimmungsrecht geht in diesem Fall aber nur dann auf das Gericht über, wenn die behinderte Person ordnungsgemäß auf ihr Wahlrecht hinge-

---

[3] BGH JZ 1952, 730.
[4] S. BGHSt. 13, 366 = NJW 1960, 584; s. auch BGH LM Nr. 1; JZ 1952, 730; OLG Freiburg JZ 1951, 23; Kissel/Mayer Rn. 2, 9.
[5] RGSt. 31, 313; RG HRR 1937, 903.
[6] BGHSt. 13, 366 = NJW 1960, 584.
[7] RGSt. 36, 355; RG HRR 1939, 298.
[8] BGH NJW 1997, 2336; BGH LM Nr. 1 = JZ 1952, 730.
[9] BGH NJW 1997, 2336; die Ausführungen zu § 185 Rn. 6 gelten entsprechend.
[10] Dazu auch BT-Drucks. 14/9266, S. 69.
[11] S. BGH NJW 1997, 2335.
[12] RG JW 1904, 21; Kissel/Mayer Rn. 11.

wiesen worden ist. (2) Ein Bestimmungsrecht des Gerichts besteht auch, wenn mit dem von Behinderten nach ordnungsgemäßem Hinweis gewählten Verständigungsmittel eine ausreichende Verständigung nicht möglich ist. Ob die Verständigung ausreichend ist, hat das Gericht zu entscheiden. Das vom Gericht gewählte Verständigungsmittel kann neben das vom Behinderten gewählte Verständigungsmittel treten und dieses unterstützen. Es kann also zB ein Dolmetscher neben der vom Behinderten gewählten Hilfsperson (s. oben Rn. 4) auftreten. (3) Schließlich steht dem Gericht ein Anordnungs- und Bestimmungsrecht auch zu, wenn die vom Behinderten gewählte Verständigungsform einen unverhältnismäßigen Aufwand erfordert. Über das Vorliegen eines unverhältnismäßigen Aufwands entscheidet das Gericht. Es hat dabei sowohl den Kosten- als auch den Zeitaufwand für sich und die anderen Beteiligten zu berücksichtigen; der Streitwert ist hier wichtig. Die Einschaltung von Hilfspersonen (oben Rn. 4) kann nur in Ausnahmefällen als unverhältnismäßig aufwändig angesehen werden.[13]

5. Recht auf Bereitstellung. Die behinderte Person hat gegenüber dem Gericht ein Recht auf Bereitstellung der für die gewählte Kommunikation geeigneten technischen Hilfsmittel. Technische Hilfsmittel sind etwa akustische oder optische Geräte, wie zB Hörgeräte, Lautstärkergeräte oder Bildgeräte. Der Behinderte hat, falls zur Erfüllung des Anspruchs auf rechtliches Gehör erforderlich, auch einen Anspruch auf Hinzuziehung der für die Verständigung geeigneten Personen. Das Recht kann nicht vor Gericht eingeklagt werden, führt aber, falls es nicht beachtet wird, zu einer Verletzung des Anspruchs auf rechtliches Gehör oder verhindert die Verwertbarkeit von Aussagen der behinderten Zeugen. Abs. 1 Satz 2 trifft keine Aussage über die Kostentragung. Die Kosten fließen deshalb in die Prozesskosten mit ein (mit den Einschränkungen nach GKG KV 9005 (3) und (4)), zB über das JVEG, und sind insoweit im Zivilprozess vom unterliegenden Teil zu tragen.[14] 7

IV. Protokoll

Das Protokoll muss die Zuziehung der Hilfsperson oder eines Dolmetschers ausweisen (§ 160 Abs. 1 Nr. 2 ZPO). Die Benutzung sonstiger Hilfsmittel, zB eines Hörgeräts, muss nicht aufgenommen werden.[15] Für die Protokollangaben gelten im Übrigen die Ausführungen zu § 185 Rn. 14 f. entsprechend. Bei Zeugenvernehmung genügt die Mitteilung des wesentlichen Inhalts mit Gelegenheit zu Äußerungen.[16] 8

§ 187 *(betrifft Strafsachen)*

§ 188 [Eide Fremdsprachiger]

Personen, die der deutschen Sprache nicht mächtig sind, leisten Eide in der ihnen geläufigen Sprache.

1. Normzweck. § 188 betrifft die Eidesleistung durch einen Zeugen (§ 391 ZPO), einen Sachverständigen (§ 410 ZPO) oder im Falle der Parteivernehmung durch eine Partei (§ 452 ZPO) und will die **höchstpersönliche Eidesleistung** sicherstellen. Der Eidespflichtige hat den Eid deshalb mit eigenen Worten in einer ihm geläufigen Sprache zu leisten. 1

2. Eidesleistung. Die Eidesleistung muss in einer dem Fremdsprachigen **geläufigen Sprache** erfolgen. Geläufig ist eine Sprache, wenn er sie ohne größere Schwierigkeiten verstehen und sich darin ausdrücken kann, insbesondere auch den Inhalt des Eides und seine Bedeutung verstehen kann. Es muss nicht notwendig die Muttersprache sein. Sind dem Fremdsprachigen mehrere Sprachen geläufig, so ist die zu wählen, die alle Beteiligten verstehen, andernfalls diejenige, in der ein Dolmetscher ohnehin vorhanden ist. 2

Der **Eid** ist auch in der fremden Sprache mit dem durch die ZPO vorgeschriebenen Inhalt zu leisten. Der Dolmetscher hat dabei die Eidesformel in die fremde Sprache zu übersetzen und über die Bedeutung des Eides zu belehren. Der Richter muss die Eidesformel nicht in deutsch vorsprechen.[1] Der fremdsprachig geleistete Eid sollte grundsätzlich vom Dolmetscher ins Deutsche rück- 3

---
[13] S. BT-Drucks. 14/9266, S. 70 f.
[14] Vgl. dazu § 185 GVG Rn. 16.
[15] OLG Freiburg JZ 1951, 23.
[16] RG HRR 1939, 298.
[1] RGSt. 45, 304.

übersetzt werden,[2] falls nicht auf andere Weise sichergestellt ist, dass Richter, Anwälte und Parteien, samt Nebenintervenienten, die Richtigkeit der Eidesformel feststellen können. Der Ausländer darf der vorgeschriebenen Eidesformel in seinem Kulturkreis übliche Beteuerungsformeln hinzufügen.[3]

§ 189 [Dolmetschereid]

(1) ¹**Der Dolmetscher hat einen Eid dahin zu leisten: daß er treu und gewissenhaft übertragen werde.** ²**Gibt der Dolmetscher an, daß er aus Glaubens- oder Gewissengründen keinen Eid leisten wolle, so hat er eine Bekräftigung abzugeben.** ³**Diese Bekräftigung steht dem Eid gleich; hierauf ist der Dolmetscher hinzuweisen.**

(2) **Ist der Dolmetscher für Übertragungen der betreffenden Art im allgemeinen beeidigt, so genügt die Berufung auf den geleisteten Eid.**

I. Normzweck

1   Wegen der Bedeutung der Dolmetschertätigkeit für die Wahrheitsfindung und die Gewährung des rechtlichen Gehörs muss der Dolmetscher auf eine besonders gewissenhafte Tätigkeit verpflichtet werden und zu diesem Zweck den Dolmetschereid leisten. Die Eidesleistung ist für jeden Dolmetscher zwingend und unverzichtbar vorgeschrieben, sei es als Einzeleid vor jeder Verhandlung (Abs. 1) oder als allgemeiner Eid, auf den in jedem Einzelfall Bezug genommen werden kann.

II. Eidesleistung

2   **1. Inhalt.** Nach ihrem Inhalt muss sich die Eidesleistung darauf beziehen, dass der Dolmetscher seine Übertragungstätigkeit treu und gewissenhaft ausüben werde (Abs. 1 S. 1). Der Eid kann entsprechend § 481 ZPO mit oder ohne religiöse Beteuerungsformel geleistet werden. Will der Dolmetscher keinen Eid leisten, so hat er gemäß § 484 ZPO eine Bekräftigung abzugeben (Abs. 1 S. 2). Auf die Gleichstellung der Bekräftigung mit dem Eid ist der Dolmetscher insbesondere im Hinblick auf die strafrechtlichen Sanktionen hinzuweisen (Abs. 1 S. 3). Wird der Dolmetscher als Übersetzer von Schriftstücken tätig, so ist er Sachverständiger[1] und muss deshalb den Sachverständigeneid (§ 410 ZPO) leisten. Der Dolmetschereid genügt dafür nicht.[2]

3   **2. Zeitpunkt.** Der Eid ist grundsätzlich *vor* dem Beginn der Übersetzungstätigkeit in der jeweiligen Verhandlung zu leisten („werde" im Gesetzestext).[3] Die mündliche Verhandlung bildet jedoch eine Einheit, weshalb der Eid nur einmal für die mündliche Verhandlung zu leisten ist.[4] Ist die Tätigkeit beendet worden und wird sie später in derselben Verhandlung wieder aufgegriffen, so genügt analog § 398 Abs. 3 ZPO eine Bezugnahme auf den bereits geleisteten Eid.[5] Der Voreid für einen späteren Verhandlungstag ist nicht ohne weiteres als Nacheid für bereits abgelaufene Verhandlungstage anzusehen.[6]

4   **3. Pflicht.** Die Eidesleistung ist **zwingend und unverzichtbar** vorgeschrieben.[7] Die Eidesleistung oder Bezugnahme hierauf ist im Protokoll zu vermerken. Bei Unterbleiben der Vereidigung liegt ein Verfahrensfehler vor, der bei möglicher Beeinflussung des Inhalts der Entscheidung die **Revision** begründet.[8] Wird an Stelle des erforderlichen Voreids ein **Nacheid** geleistet, so hat dies auf die ordnungsgemäße Dolmetschertätigkeit nicht ohne weiteres Einfluss und begründet deshalb grundsätzlich nicht die Revision.[9] Bei **Verweigerung** des Eides oder der Dolmetschertätigkeit

---

[2] *Jessnitzer* Dolmetscher, 1982, S. 76; *Baumbach/Lauterbach/Hartmann* Rn. 1.
[3] OLG Köln MDR 1969, 501.
[1] S. § 185 Rn. 6.
[2] BGH NJW 1965, 643.
[3] BGH MDR 1970, 778; RG HRR 1939, 1117; OLG Saarbrücken NJW 1975, 65; OLG Hamburg NJW 1975, 1573.
[4] BGH GA 1979, 272.
[5] BayObLG MDR 1979, 696.
[6] OLG Hamburg MDR 1984, 75 (LS).
[7] BGH NJW 1994, 941; BAG AP Nr. 1; OLG Hamm ZfS 2004, 184.
[8] BGH NJW 1994, 941; BSG MDR 1993, 173; OLG Stuttgart NStZ-RR 2003, 88; OLG Düsseldorf VRS Bd. 97, 249; OLG Saarbrücken NJW 1975, 65; *Kissel/Mayer* Rn. 7.
[9] RG HRR 1939, 1117; OLG Saarbrücken NJW 1975, 65; einschränkend OLG Hamburg MDR 1984, 75; NJW 1975, 1573.

können gegen den Dolmetscher nicht Ordnungsmittel verhängt oder Kosten auferlegt werden, da eine dem § 409 ZPO entsprechende Vorschrift fehlt und eine analoge Anwendung nach dem Grundgedanken von Art. 103 Abs. 2 GG nicht in Betracht kommt.[10]

III. Berufung auf den allgemeinen Eid (Abs. 2)

Ist der Dolmetscher „allgemein" beeidigt,[11] kann das Gericht ihn nach Ermessen gleichwohl in der konkreten Verhandlung vereidigen (etwa wenn diese allgemeine Vereidigung ungewiss ist) oder dem Dolmetscher gestatten, sich auf seinen **allgemeinen Eid** zu berufen. Die allgemeine Beeidigung muss gerade die Sprache betreffen, in der der Dolmetscher tätig wird.[12] Die Durchführung der allgemeinen Vereidigung ist im Landesrecht geregelt,[13] wobei allgemeine Verwaltungsvorschriften nicht genügen.[14]

Die **Berufung** auf den allgemeinen Eid muss vom Dolmetscher persönlich abgegeben werden und in bezug zu seiner Übersetzungstätigkeit in der jeweiligen Verhandlung gesetzt werden.[15] Die Mitteilung des Dolmetschers, dass er allgemein vereidigt sei, ist regelmäßig in diesem Sinne zu verstehen.[16] Die bloße Feststellung der allgemeinen Vereidigung im Protokoll ohne eine diesbezügliche Erklärung des Dolmetschers genügt nicht.[17] Jedoch ist der auf die allgemeine Vereidigung hinweisende Protokollvermerk dahin auslegungsfähig, dass eine diesbezügliche Erklärung des Dolmetschers beurkundet sein soll.[18] Bezieht sich die Berufung auf einen nicht ordnungsgemäß geleisteten Eid, so beruht das Urteil nicht auf diesem Fehler und begründet keine Revision, wenn der Dolmetscher und der Tatrichter von der Ordnungsmäßigkeit ausgehen.[19]

§ 190 [Urkundsbeamter als Dolmetscher]

¹**Der Dienst des Dolmetschers kann von dem Urkundsbeamten der Geschäftsstelle wahrgenommen werden.** ²**Einer besonderen Beeidigung bedarf es nicht.**

An Stelle eines Dolmetschers ermöglicht § 190 dem **Urkundsbeamten** der Geschäftsstelle, die Übersetzungstätigkeit auszuüben, wenn er die sprachlichen Fähigkeiten dazu besitzt (was vom Gericht nachzuprüfen ist) und hierzu bereit oder dienstrechtlich verpflichtet ist. Dolmetschertätigkeit kann aber nur der Urkundsbeamte wahrnehmen, nicht der Richter[1] oder sonst ein Verfahrensbeteiligter. § 190 erlaubt dem Urkundsbeamten nur Dolmetschertätigkeit, nicht die Übersetzung von Urkunden als Sachverständiger.[2]

Da der Urkundsbeamte schon auf Grund seiner Dienststellung als Protokollführer zur gewissenhaften und richtigen Wiedergabe verpflichtet ist, bedarf es bezüglich seiner Dolmetschertätigkeit keiner weiteren **Beeidigung**. Dies gilt jedoch nur für den jeweils protokollführenden Urkundsbeamten. Andere Justizbeamte oder -angestellte müssen den Eid nach § 189 leisten.[3]

§ 191 [Ausschließung und Ablehnung des Dolmetschers]

¹**Auf den Dolmetscher sind die Vorschriften über Ausschließung und Ablehnung der Sachverständigen entsprechend anzuwenden.** ²**Es entscheidet das Gericht oder der Richter, von dem der Dolmetscher zugezogen ist.**

I. Normzweck

Der Dolmetscher hat bei der Verhandlung mit Fremdsprachigen die Wahrnehmung des rechtlichen Gehörs und die Wahrheitsfindung durch gewissenhafte und *richtige* Übersetzung zu gewähr-

---

[10] LG Nürnberg/Fürth MDR 1978, 508.
[11] Feststellung, ob dies zutrifft, mittels Freibeweis, so OLG Frankfurt StV 2006, 519.
[12] BGH bei *Holtz* MDR 1980, 456; *Baumbach/Lauterbach/Hartmann* Rn. 3.
[13] S. *Jessnitzer* Dolmetscher, 1982, S. 21 ff.; *Ruderich* BayVBl. 1985, 169.
[14] BVerwG NJW 2007, 1478.
[15] BGH MDR 1982, 685.
[16] BGH bei *Holtz* MDR 1978, 280.
[17] BGH GA 1980, 184; dazu auch *Liemersdorf* NStZ 1981, 69.
[18] S. dazu auch BGH NJW 1982, 2739.
[19] BGH NStZ 1984, 328.
[1] OLG Karlsruhe Justiz 1962, 93; *Kissel/Mayer* § 191 Rn. 6.
[2] *Kissel/Mayer* Rn. 2.
[3] RGSt. 2, 273.

leisten.²⁰ Er dient damit allen Beteiligten, die ihm, wenn sie der fremden Sprache nicht mächtig sind, in besonderem Maße vertrauen müssen. Der Sicherung und Erhaltung dieses Vertrauens dient die Ablehnung solcher Dolmetscher, gegen deren Unparteilichkeit ein berechtigtes Misstrauen besteht. § 191 eröffnet diese Möglichkeit, indem er die Vorschriften über die Ablehnung von Sachverständigen (§ 406 ZPO) für anwendbar erklärt. Der Dolmetscher ist als solcher aber nicht Sachverständiger.²¹ Entgegen dem Gesetzeswortlaut von § 191 gibt es keine Vorschriften über die Ausschließung von Sachverständigen.

II. Ablehnung

2   Die Ablehnung richtet sich nach den für Sachverständige geltenden Ablehnungsgründen (§ 406 mit § 42 ZPO). Die Ausschließungsgründe des § 41 ZPO können im Rahmen der Ablehnung nach § 42 ZPO berücksichtigt werden mit Ausnahme des nicht anwendbaren § 41 Nr. 5 ZPO, da der Dolmetscher analog § 406 Abs. 1 S. 2 ZPO zugleich Zeuge oder Sachverständiger sein kann. Als Ablehnungsgrund kann etwa die Dolmetschertätigkeit durch den Verwandten eines Beteiligten in Betracht kommen.²²

3   Über die Ablehnung entscheidet der Richter oder Spruchkörper, der den Dolmetscher beigezogen hat (Satz 2). Ein erfolgreich abgelehnter Dolmetscher darf nicht mehr tätig werden. Die von ihm vorgenommenen Übersetzungen dürfen vom Gericht seiner Entscheidung nicht zugrunde gelegt werden.²³ Ein Verstoß begründet keinen absoluten Revisionsgrund, sondern führt nur zur Aufhebung, wenn das Urteil darauf beruht.

III. Andere Vorschriften

4   Andere Vorschriften über Sachverständige sind grundsätzlich nicht entsprechend anwendbar, insbesondere nicht § 409 ZPO über Ordnungsmittel. Für den Dolmetscher kommen insoweit die §§ 177, 178 in Betracht.²⁴

§ 191a [Blinde oder sehbehinderte Personen]

(1) ¹Eine blinde oder sehbehinderte Person kann nach Maßgabe der Rechtsverordnung nach Absatz 2 verlangen, dass ihr die für sie bestimmten gerichtlichen Dokumente auch in einer für sie wahrnehmbaren Form zugänglich gemacht werden, soweit dies zur Wahrnehmung ihrer Rechte im Verfahren erforderlich ist. ²Hierfür werden Auslagen nicht erhoben.

(2) Das Bundesministerium der Justiz bestimmt durch Rechtsverordnung, die der Zustimmung des Bundesrates bedarf, unter welchen Voraussetzungen und in welcher Weise die in Absatz 1 genannten Dokumente und Dokumente, die von den Parteien zur Akte gereicht werden, einer blinden oder sehbehinderten Person zugänglich gemacht werden, sowie ob und wie diese Person bei der Wahrnehmung ihrer Rechte mitzuwirken hat.

1   **1. Normzweck und Allgemeines.** § 191a will die **Informationsmöglichkeiten** blinder und sehbehinderter Personen **stärken** und ihnen dadurch die Wahrnehmung ihrer verfahrensmäßigen Rechte erleichtern. Zu diesem Zweck sollen verfahrensrelevante Schriftstücke (entgegen dem allgemeinen Sprachgebrauch in § 191a „Dokumente" genannt) und elektronische Dateien diesen Personen *auch* in einer für sie wahrnehmbaren Form ohne Erhebung besonderer gerichtlicher Auslagen zugänglich gemacht werden. Das Recht auf Information in wahrnehmbarer Form ist ein zusätzliches Recht, das die Vorschriften über Formen, Fristen und Zustellungen unberührt lässt. § 191a differenziert dabei im Einzelnen. (1) **Abs. 1** gewährt ein Recht auf Information in wahrnehmbarer Form, soweit es sich um **gerichtliche Dokumente** (zB Schriftstücke) handelt, die für die blinde oder sehbehinderte Person bestimmt sind und deren Kenntnis zur Wahrnehmung ihrer Rechte im Verfahren erforderlich ist. (2) Für **Dokumente (Schriftstücke) und elektronische Dateien der Parteien,** die diese zur Akte reichen (zB ein Schriftsatz des Gegners), wird das Recht

---

[20] § 185 Rn. 1.
[21] § 185 Rn. 6.
[22] BVerwG NJW 1984, 2055.
[23] BVerwG NJW 1985, 757.
[24] AA zu § 178 *Jessnitzer* Dolmetscher, 1982, S. 144.

auf wahrnehmbare Information nicht unmittelbar durch das Gesetz begründet. Insoweit stellt das Gesetz in **Abs. 2** nur auf die Rechtsverordnung ab. – § 191a wurde neu eingefügt durch G. vom 23. 7. 2002[1] (BGBl. I S. 2850) und geändert durch G. vom 22. 3. 2005. [2]

2. Berechtigte Personen. a) Neben blinden nennt das Gesetz auch sehbehinderte Personen und erweitert damit den Anwendungsbereich des § 191a ähnlich wie § 186 über total sehunfähige Personen hinaus auf lediglich sehbehinderte Personen. Wann eine Sehbehinderung vorliegt, hat das Gericht nach pflichtgemäßem Ermessen zu entscheiden, kann sich dafür aber auch ein ärztliches Zeugnis vorlegen lassen.

b) Informationsberechtigt in besonderer Form sind **Verfahrensbeteiligte,** denen **Rechte** im **Verfahren** zustehen. Dies können sowohl materielle als auch prozessuale Rechte sein. Verfahrensbeteiligt iSd. Regelung sind neben Parteien und Streithelfern (§§ 66, 69, 72ff. ZPO) auch Zeugen und Sachverständige. Auch Rechtsanwälte gehören zu den besonders Informationsberechtigten, soweit sie eigene Rechte, insbesondere prozessuale Rechte wahrnehmen, nicht aber bei Wahrnehmung von Rechten der vertretenen Partei. Richter, Rechtspfleger, Urkundsbeamte und sonstiges Gerichtspersonal fallen dagegen nicht unter § 191a.

3. Gesetzliches Informationsrecht. a) Ein gesetzlicher Anspruch auf wahrnehmbare Information besteht gemäß **Abs. 1** nur für **gerichtliche Schriftstücke und elektronische Dateien** („Dokumente"). Als gerichtliche Dokumente kommen alle Urteile, Beschlüsse, Verfügungen, Ladungen, Terminsbestimmungen und sonstige Entscheidungen in Betracht, die gemäß der Prozessordnung zur Kenntnisnahme durch den behinderten Beteiligten bestimmt sind.

b) Das Schriftstück muss in einer der behinderten Person **wahrnehmbaren Form** zugänglich gemacht werden. Was zur Einhaltung der wahrnehmbaren Form erforderlich ist, hat das Gericht entsprechend den individuellen Bedürfnissen der behinderten Person[3] zu entscheiden. Das Gericht hat bei seiner Entscheidung auch die in der Rechtsverordnung gemäß Abs. 2 enthaltenen Vorgaben hinsichtlich der Art und Weise der Information zu beachten. In Abs. 1 Satz 2 ist Auslagenfreiheit bestimmt (vgl. GKG KV 9005 (3)).

c) Das Informationsrecht in besonderer Form besteht nur, wenn und soweit dies zur **Wahrnehmung der verfahrensmäßigen Rechte erforderlich** ist. Mit dieser Einschränkung sind nicht nur die Schriftstücke ausgeschlossen, die die Rechtsstellung der Person in keiner Weise berühren. Vielmehr soll damit auch auf das konkrete Bedürfnis für den Beteiligten abgestellt werden. Wird die blinde oder sehbehinderte Person im Verfahren durch einen nicht behinderten Rechtsanwalt vertreten, so ist ein Recht auf besondere Information nicht vorgesehen.[4]

4. Rechtsverordnung. Die in Abs. 2 vorgesehene VO ist am 26. 2. 2007[5] erlassen worden. Sie regelt ua, was zugänglich zu machen ist (§ 2 VO; zB nicht Pläne, Zeichnungen), die Form (§ 3 VO; Blindenschrift, Großdruck etc.), Umfang des Anspruchs (§ 4 VO), Mitwirkungspflichten (§ 5 VO).

5. Folgen der Nichtbeachtung. Die Bereitstellung der Schriftstücke in wahrnehmbarer Form ist als **zusätzliches Informationsmittel** vorgesehen („auch") und ersetzt nicht die allgemeinen prozessualen Voraussetzungen, die die Prozessordnungen für die Wahrung der Formen, Fristen und Zustellungen vorschreiben.[6] Wird das Recht auf wahrnehmbare Information nicht beachtet, so sind die davon betroffenen **Prozesshandlungen nicht unwirksam** oder anfechtbar. Sind gleichzeitig die allgemeinen prozessualen Voraussetzungen für Formen, Fristen und Zustellungen eingehalten, so stehen dem Behinderten die allgemeinen Rechte bei unverschuldeter Säumnis zu, wie zB die Wiedereinsetzung in den vorigen Stand (§§ 233 ff. ZPO) oder es greifen die Rechtsfolgen von Präklusionsvorschriften (zB § 296 ZPO) nicht ein.[7]

---

[1] BGBl. I S. 2850.
[2] BGBl. I S. 837.
[3] BT-Drucks. 14/9266, S. 72.
[4] So ausdrücklich BT-Drucks. 14/9266, S. 72.
[5] ZugänglichmachungsVO (BGBl. I S. 215).
[6] BT-Drucks. 14/9266, S. 72.
[7] BT-Drucks. 14/9266, S. 72.

Sechzehnter Titel. Beratung und Abstimmung

Vorbemerkung zu den §§ 192 ff.

I. Äußerlich einheitliche Entscheidung

1 Entscheidet ein Einzelrichter, so ist die Entscheidungsbildung ein innerer Vorgang, der keiner Regelung bedarf. Sind aber im Spruchkörper mehrere Richter zur Entscheidung berufen, so müssen deren Auffassungen zu einer **einheitlichen Entscheidung** nach außen koordiniert werden. Die Vorschriften hierüber enthalten die §§ 192 bis 197, indem sie die Bildung einer einheitlichen Entscheidung durch Beratung und Abstimmung unter den gesetzlich bestimmten Richtern ohne Beeinflussung durch Dritte regeln. Die Entscheidung soll sich nach außen als eine Einheit darstellen, damit Missverständnisse und Unklarheiten vermieden werden. Die Mitteilung einer abweichenden Meinung (dissenting opinion) in der Entscheidung ist in Zivilsachen nicht vorgesehen und nicht gestattet.

II. Beratungsgeheimnis

2 Zur Wahrung einer nach außen einheitlichen Entscheidung unterliegen die an der Beratung beteiligten Personen dem Beratungsgeheimnis, das sowohl für Berufsrichter (§ 43 DRiG) wie für Laienrichter (§ 45 Abs. 1 S. 2 DRiG) gilt. Die Geheimhaltungspflicht für Referendare (§ 193) ergibt sich aus dem Landesrecht (s. § 5 b Abs. 5 DRiG). Das Beratungsgeheimnis soll nicht in erster Linie die Unabhängigkeit der Richter schützen,[1] weil dieser Schutz auch dem Einzelrichter nicht zukommt. Vielmehr soll die äußere Einheit der Entscheidung im Interesse der Autorität des Richterspruchs gewahrt werden.[2] Beim BVerfG ist gemäß § 30 Abs. 2 BVerfGG ein dissenting opinion zugelassen. Das Beratungsgeheimnis findet auf alle richterlichen Kollegialentscheidungen Anwendung, einschließlich der Ehrengerichte und des Schiedsgerichts.[3] Es gilt auch für die Tätigkeit im Präsidium (§ 21 e Rn. 58).

III. Verantwortung des Richters

3 Hinsichtlich einer Entscheidung kann der Richter grundsätzlich nur persönlich verantwortlich gemacht werden, sei es im Wege der Richteranklage (Art. 98 GG) oder im Wege der Amtshaftung (§ 839 BGB, Art. 34 GG). Es kommt deshalb nicht auf die Entscheidung des Kollegiums insgesamt an, sondern auf seine persönliche Abstimmung, die jedoch durch das Beratungsgeheimnis geschützt ist. Für eine rechtswidrige Entscheidung haftet aber der Staat nach Art. 34 GG mit § 839 BGB auch, ohne dass das Abstimmungsverhalten der einzelnen Richter bekannt sein muss.

IV. Anwendungsbereich

4 §§ 192 bis 197 gelten nur für die richterliche Spruchtätigkeit. Sie gelten dagegen nicht für andere richterliche Gremien, wie zB das Präsidium (§ 21 a),[4] den Präsidialrat oder die Richterräte. Eine teilweise Ausnahme gilt jedoch für das Beratungsgeheimnis (s. Rn. 2). Die §§ 192 bis 197 gelten nicht für den Einzelrichter. Sie sind auch auf Schiedsgerichte (§§ 1025 ff. ZPO) nicht anzuwenden.[5] Sie gelten aber auf Grund entsprechender Verweisungsnormen auch in anderen Gerichtsbarkeiten (§ 55 VwGO, § 9 Abs. 2 ArbGG, § 61 Abs. 2 SGG, § 52 FGO) und Verfahren etwa gemäß § 8 FGG, § 116 BRAO, § 61 Abs. 2 SGG. Die Vorschriften gelten nicht nur für Berufsrichter, sondern auch für ehrenamtliche Richter. Die ausdrückliche Erwähnung der Schöffen in §§ 192 Abs. 3, 195, 197 bedeutet nicht, dass die Vorschriften nach ihrem Sinn und Zweck nicht auf andere ehrenamtliche Richter anzuwenden seien, sondern erklärt sich daraus, dass der Gesetzgeber nur die am häufigsten vorkommenden ehrenamtlichen Richter im GVG vor Augen hatte.[6]

---

[1] So *Hahn* GVG S. 366, 850 f.; RGSt. 26, 204.
[2] *Schmidt-Räntsch* JZ 1958, 329, 331; *Manfred Wolf* § 16 IV 1 d.
[3] BGHZ 23, 138, 141.
[4] S. BGH NJW 1959, 685 und 1093; *Fischer* DRiZ 1978, 174.
[5] RGZ 129, 15; RG JW 1921, 1248.
[6] S. auch § 192 Rn. 1.

§ 192 [Mitwirkende Richter und Schöffen]

(1) Bei Entscheidungen dürfen Richter nur in der gesetzlich bestimmten Anzahl mitwirken.

(2) Bei Verhandlungen von längerer Dauer kann der Vorsitzende die Zuziehung von Ergänzungsrichtern anordnen, die der Verhandlung beizuwohnen und im Falle der Verhinderung eines Richters für ihn einzutreten haben.

(3) Diese Vorschriften sind auch auf Schöffen anzuwenden.

I. Normzweck

§ 192 soll sicherstellen, dass nur die gesetzlich vorgesehene Zahl an Richtern mitwirkt, um eine möglichst eindeutige und unbeeinflusste Beratung und Entscheidungsfindung zu ermöglichen. § 192 schließt zu diesem Zweck den Grundsatz der Öffentlichkeit aus. Abs. 3 sieht die Anwendung der Abs. 1 und 2 auf Schöffen vor. Da Schöffen aber keine andere Rechtsstellung als sonstige ehrenamtliche Richter (§ 45 a DRiG) haben, hat Abs. 3 auch für sonstige ehrenamtliche Richter, insbesondere auch für Handelsrichter, zu gelten, was allein dem Sinn und Zweck von Abs. 1 und 2 gerecht wird.

1

II. Gesetzlich mitwirkende Richter

Die gesetzlich mitwirkenden Richter ergeben sich, was ihre **Zahl** betrifft, aus anderen gesetzlichen Bestimmungen, wie zB §§ 22, 75, 105, 122, 132, 139 GVG, §§ 220, 229 BauGB, § 2 Abs. 2 LwVG. Abs. 1 betrifft aber neben der rein quantitativen Zahl auch die **Art der mitwirkenden Richter**, zB als Berufsrichter oder ehrenamtlichen Richter, als Richter auf Lebenszeit, auf Probe, kraft Auftrags oder als abgeordnete Richter (s. § 29 DRiG).[1] Mitwirkung ist die aktive Beteiligung an der Entscheidungsfindung durch Teilnahme an der Diskussion und Abstimmung. Abs. 1 will aber darüber hinaus auch die lediglich passive Anwesenheit weiterer Personen beim Entscheidungsprozess verhindern, soweit nicht für die in § 193 genannten Personen oder für Ergänzungsrichter eine Ausnahme besteht.

2

III. Zeitraum der Entscheidungsfindung

§ 192 Abs. 1 gilt nur für die Zeit **bei der Entscheidung.** Dies ist der Zeitraum der Entscheidungsfindung, der beginnt, sobald aus einem mündlich oder schriftlich vorgetragenen Sachverhalt rechtlich verbindliche Schlussfolgerungen gezogen werden. Entscheidung ist nicht nur das ein Verfahren abschließende Urteil, sondern auch Zwischenurteile und jede sonstige Entscheidung, die das Verfahren in erster Instanz beendet, wie zB ein Arrest- oder Verfügungsbeschluss (§§ 922, 936 ZPO), oder den Fortgang des Verfahrens betrifft, wie zB ein Beweisbeschluss (§ 358 ZPO), oder die das Verfahren begleitet, wie zB ein Beschluss über Prozesskostenhilfe (§ 127 ZPO), ein Ordnungsgeldbeschluss (§§ 141 Abs. 3, 380 ZPO, § 178 Abs. 2) oder die Vollstreckbarkeit betreffende Beschlüsse (zB §§ 707, 719 ZPO). Während der Entscheidungsfindung ist die Öffentlichkeit ausgeschlossen.

3

IV. Ergänzungsrichter

Abs. 2 erlaubt die Zuziehung von Ergänzungsrichtern. Über die Frage der Zuziehung wie auch über das Vorliegen einer Verhinderung *innerhalb* des Spruchkörpers (§ 21g) entscheidet der Vorsitzende ohne besondere Form, nicht das Gericht;[2] wenn der Ergänzungsrichter aus dem Spruchkörper herangezogen werden kann bestimmt ihn die interne Geschäftsverteilung nach § 21g.[3] Sonst ist das Präsidium zuständig (§ 21e). Ergänzungsrichter sollen die Wahrung des Grundsatzes der Unmittelbarkeit im Falle einer Richterverhinderung während einer Verhandlung sicherstellen. Sie haben Bedeutung vor allem im Strafverfahren wegen § 226 StPO. Im Zivilverfahren sind sie im Regelfall entbehrlich, da die Unmittelbarkeit nicht für die gesamte Verhandlung, sondern nur für den dem Urteil unmittelbar vorausgehenden Termin gegeben sein muss (§ 309 ZPO), auch wenn davor eine Beweisaufnahme stattgefunden hat.[4] Wirken Ergänzungsrichter mit, so sind sie grundsätzlich nur an

4

---

[1] *Kissel/Mayer* Rn. 2.
[2] BGH NJW 1989, 1681.
[3] BGH NStZ-RR 2003, 14.
[4] BGHZ 53, 245, 257.

der Verhandlung beteiligt. An der Beratung und Abstimmung (etwa bei Zwischenentscheidungen) dürfen sie erst *mitwirken*, wenn sie an die Stelle eines verhinderten Richters treten.[5] Dies stellt das Gesetz ausdrücklich klar. Ergänzungsrichter dürfen vor diesem Zeitpunkt aber als bloß passive Zuhörer an der Beratung und Abstimmung teilnehmen.[6]

V. Verfahrensverstoß

5   Ein Verstoß gegen § 192 stellt einen Verfahrensmangel dar, der zwar regelmäßig nicht die Zurückverweisung nach § 538 ZPO ermöglicht,[7] aber gemäß § 547 Nr. 1 ZPO einen absoluten Revisionsgrund und gemäß § 579 Abs. 1 Nr. 1 ZPO einen Nichtigkeitsgrund im Wiederaufnahmeverfahren darstellt. Nicht entscheidend ist, dass die unberechtigte Teilnahme eines Dritten die Entscheidung beeinflusst hat. Es genügt die abstrakte Möglichkeit.[8]

§ 193 [Anwesenheit von auszubildenden Personen und ausländischen Juristen; Verpflichtung zur Geheimhaltung]

(1) Bei der Beratung und Abstimmung dürfen außer den zur Entscheidung berufenen Richtern nur die bei demselben Gericht zu ihrer juristischen Ausbildung beschäftigten Personen und die dort beschäftigten wissenschaftlichen Hilfskräfte zugegen sein, soweit der Vorsitzende deren Anwesenheit gestattet.

(2) ¹Ausländische Berufsrichter, Staatsanwälte und Anwälte, die einem Gericht zur Ableistung eines Studienaufenthaltes zugewiesen worden sind, können bei demselben Gericht bei der Beratung und Abstimmung zugegen sein, soweit der Vorsitzende deren Anwesenheit gestattet und sie gemäß den Absätzen 3 und 4 verpflichtet sind. ²Satz 1 gilt entsprechend für ausländische Juristen, die im Entsendestaat in einem Ausbildungsverhältnis stehen.

(3) ¹Die in Absatz 2 genannten Personen sind auf ihren Antrag zur Geheimhaltung besonders zu verpflichten. ²§ 1 Abs. 2 und 3 des Verpflichtungsgesetzes vom 2. März 1974 (BGBl. I S. 469, 547 – Artikel 42) gilt entsprechend. ³Personen, die nach Satz 1 besonders verpflichtet worden sind, stehen für die Anwendung der Vorschriften des Strafgesetzbuches über die Verletzung von Privatgeheimnissen (§ 203 Abs. 2 Satz 1 Nr. 2, Satz 2, Abs. 4 und 5, § 205), Verwertung fremder Geheimnisse (§§ 204, 205), Verletzung des Dienstgeheimnisses (§ 353 b Abs. 1 Satz 1 Nr. 2, Satz 2, Abs. 3 und 4) sowie Verletzung des Steuergeheimnisses (§ 355) den für den öffentlichen Dienst besonders Verpflichteten gleich.

(4) ¹Die Verpflichtung wird vom Präsidenten oder vom aufsichtsführenden Richter des Gerichts vorgenommen. ²Er kann diese Befugnis auf den Vorsitzenden des Spruchkörpers oder auf den Richter übertragen, dem die in Absatz 2 genannten Personen zugewiesen sind. ³Einer erneuten Verpflichtung bedarf es während der Dauer des Studienaufenthaltes nicht. ⁴In den Fällen des § 355 des Strafgesetzbuches ist der Richter, der die Verpflichtung vorgenommen hat, neben dem Verletzten antragsberechtigt.

I. Normzweck

1   § 193 sieht in Ausnahme zu § 192 vor, dass außer der gesetzlich festgelegten Zahl an Richtern noch die beim Gericht zur juristischen Ausbildung beschäftigten Personen und die dort beschäftigten wissenschaftlichen Hilfskräfte (Abs. 1) sowie die in Abs. 2 genannten Hospitanten bei der Beratung und Abstimmung anwesend sein dürfen. Die Vorschrift ist zwingend. Auf ihre Befolgung kann nicht verzichtet werden. Auf den Einzelrichter ist die Vorschrift nicht anwendbar, wenn er mit anderen Personen über seine Entscheidung spricht.[1]

II. Anwesenheit bei Beratung und Abstimmung

2   **1. Beratung** ist der Vorgang, bei dem durch mündlichen oder schriftlichen Meinungsaustausch die vom Gericht zu treffende Entscheidungsbildung durchgeführt wird. **Abstimmung** ist die die

---

[5] BGH NJW 1963, 1463.
[6] *Kissel/Mayer* Rn. 6.
[7] AA *Baumbach/Lauterbach/Hartmann* § 193 Rn. 4.
[8] S. Hess. VGH NJW 1981, 599; aA aber BAG NJW 1967, 1581.
[1] *Kissel/Mayer* Rn. 37.

Beratung abschließende Willensbildung des Kollegiums durch Kundgabe der endgültigen Meinung eines jeden mitwirkenden Richters und Feststellung der Mehrheit (§§ 194 ff.). Vor jeder Entscheidung muss eine äußerlich als solche erkennbare Beratung und Abstimmung stattgefunden haben.[2] Es genügt die Verständigung durch Zeichen, durch Austausch von Schriftstücken oder die leise Verständigung in der mündlichen Verhandlung.[3] Jeder mitwirkende Richter muss auch Gelegenheit zur Äußerung haben.

2. Die Anwesenheit weiterer Personen, mit Ausnahme der in Abs. 1 und 2 genannten, ist **unzulässig.** Es dürfen auch keine Protokollführer anwesend sein. Die Anwesenheit von Zuhörern und Prozessbeteiligten im Verhandlungsraum oder bei einem Augenschein schadet jedoch nicht, wenn die Verständigung unter den Richtern, sei es schriftlich oder flüsternd, so erfolgt, dass sie nicht von den weiteren Anwesenden verstanden werden kann. Eine Verletzung der Vorschrift stellt einen Verfahrensverstoß dar, der einen absoluten Revisionsgrund (§ 547 Nr. 1 ZPO) und einen Nichtigkeitsgrund (§ 579 Abs. 1 Nr. 1 ZPO) ergibt.[4] Ein Verstoß gegen § 193 liegt jedoch nicht vor, wenn ein Dritter ohne Wissen und Wollen des Gerichts unbefugt die Beratung und Abstimmung mit verfolgt.[5]

III. Zur Ausbildung Beschäftigte und wissenschaftliche Hilfskräfte

1. Zur juristischen Ausbildung Beschäftigte. Zur juristischen Ausbildung Beschäftigte dürfen bei der Beratung und Abstimmung anwesend sein, sofern der Vorsitzende dies gestattet. Sie dürfen sich auch äußern und Fragen stellen, aber nicht an der Abstimmung teilnehmen. Es muss sich um eine juristische Ausbildung handeln. Dies sind in erster Linie die Referendare gemäß § 5b DRiG. Nicht erlaubt ist die Anwesenheit von Rechtsstudenten, die ihr Gerichtspraktikum absolvieren,[6] da sie nicht zur Ausbildung „beschäftigt" sind; nicht zugegen sein dürfen auch Rechtspflegeranwärter, Anwärter des mittleren Dienstes. Die Befugnis zur Teilnahme an Beratung und Abstimmung besteht nur während der Dauer der Beschäftigung an dem betreffenden Gericht, nicht notwendig bei der betreffenden Kammer. Der Referendar des Einzelrichters darf deshalb bei einer Kammerberatung anwesend sein. Die Zuweisung darf noch nicht beendet sein.[7] Eine Ausnahme gilt jedoch, wenn eine zum ordnungsgemäßen Vorbereitungsdienst notwendige Arbeit nachgeholt werden muss.[8] Ein Referendar darf in einem Verfahren, in dem er Zeuge war, nicht an der Beratung und Abstimmung teilnehmen.[9]

2. Am Gericht beschäftigte wissenschaftliche Hilfskräfte. Darüber hinaus dürfen auch die am Gericht (zB beim BGH) beschäftigten wissenschaftlichen Hilfskräfte bei der Beratung und Abstimmung anwesend sein, sofern der Vorsitzende dies gestattet.

IV. Hospitanten (Abs. 2 bis 4)

1. Ausländische Juristen. Auch ausländischen Berufsrichtern, Staatsanwälten und Anwälten sowie ausländischen Juristen, die im Entsendestaat in einem Ausbildungsverhältnis stehen, muss die Anwesenheit bei der Beratung und Abstimmung ermöglicht werden. Voraussetzung hierfür ist die Gestattung durch den Vorsitzenden und die Verpflichtung zur Geheimhaltung nach Abs. 3 und 4. Die Anwesenheit ausländischer Studenten ist auch nach Einfügung des Abs. 2 nicht zulässig.[10]

2. Gestattung des Vorsitzenden. Zur Absicherung des Grundsatzes des gesetzlichen Richters und der richterlichen Unabhängigkeit ist die Anwesenheit der Hospitanten von einer Gestattung des Vorsitzenden (nicht: des Gerichtspräsidenten) abhängig. Dieser hat die Erlaubnis in jedem Einzelfall nach pflichtgemäßem Ermessen zu erteilen.[11] Die Teilnahme der in Abs. 1 und 2 genannten Personen ist grundsätzlich nicht auf bloßes Zuhören beschränkt. Der Vorsitzende kann die Anwesenheit jedoch durch eine entsprechende eingeschränkte Gestattung bzw. durch eine Anordnung in

---

[2] RGSt. 43, 51.
[3] BGH NJW 1992, 3181; *Baumbach/Lauterbach/Hartmann* Rn. 1.
[4] S. § 192 Rn. 5.
[5] VGH Kassel NJW 1981, 599; *Kissel/Mayer* Rn. 36; lediglich die Kausalität des Verstoßes verneinend BAG NJW 1967, 581; RG JW 1926, 1227.
[6] BGH NJW 1995, 2645; OLG Karlsruhe NJW 1969, 628; aA *Seifert* MDR 1996, 125; *Bayreuther* JuS 1996, 686; *Kissel/Mayer* Rn. 23.
[7] BVerwG NJW 1982, 1716.
[8] BGH GA 65, 93.
[9] RG Recht 1932, 548.
[10] Vgl. BT-Drucks. 12/6243 S. 10.
[11] BT-Drucks. 12/6243 S. 9.

der Beratung auf eine rein passive Teilnahme beschränken.[12] Wird die Anwesenheit jedoch uneingeschränkt gestattet, können sich die Hospitanten im Rahmen der Beratung auch äußern und Fragen stellen.

8   **3. Verpflichtung zur Geheimhaltung.** Gemäß Abs. 3 sind die in Abs. 2 genannten Hospitanten auf ihren Antrag zur Geheimhaltung besonders zu verpflichten. Entgegen dem missverständlichen Wortlaut (der sonst keinen Sinn hätte) sind die Hospitanten jedoch nicht lediglich auf *ihren* Antrag hin, sondern immer dann zur Geheimhaltung zu verpflichten, wenn ihrem Antrag auf Teilnahme stattgegeben worden ist.[13] Ausweislich des klaren Wortlauts in Abs. 2 ist eine Anwesenheit bei der Beratung und Abstimmung ohne Verpflichtung nämlich nicht zulässig.[14] Gemäß Abs. 4 S. 1 wird die Verpflichtung vom **Präsidenten** oder vom aufsichtführenden Richter des Gerichts vorgenommen. Eine **Subdelegation** dieser Befugnis auf den Vorsitzenden des Spruchkörpers oder auf den Richter, welchem die Hospitanten zugewiesen sind, ist jedoch möglich.

§ 194 [Gang der Beratung]

(1) Der Vorsitzende leitet die Beratung, stellt die Fragen und sammelt die Stimmen.

(2) Meinungsverschiedenheiten über den Gegenstand, die Fassung und die Reihenfolge der Fragen oder über das Ergebnis der Abstimmung entscheidet das Gericht.

I. Normzweck

1   § 194 betrifft den Ablauf der Beratung und Abstimmung.

II. Leitungsbefugnis

2   Die Leitungsbefugnisse des Vorsitzenden erstrecken sich grundsätzlich auf die gesamte Durchführung der Beratung. Der Vorsitzende hat seine Leitungsbefugnis unter Beachtung verfassungsrechtlicher Grundsätze und gesetzlicher Vorschriften nach pflichtgemäßem Ermessen auszuüben.

3   **1. Zeitpunkt und Ort der Beratung.** Die Bestimmung von Zeitpunkt und Ort der Beratung erfolgt durch den Vorsitzenden. Die Beratung kann bei Auftreten neuer Gesichtspunkte vom Vorsitzenden wieder eröffnet werden

4   **2. Art der Beratung.** Die Art der Beratung wird ebenfalls grundsätzlich vom Vorsitzenden festgelegt. Im Regelfall hat die Beratung **mündlich** stattzufinden. In geeigneten Fällen, insbesondere bei einfachen Sachverhalten oder wenn alle Fragen zuvor schon mündlich ausführlich erörtert sind, ist ausnahmsweise im Einverständnis aller auch eine schriftliche „Beratung" und Abstimmung möglich.[1] So ist es etwa, wenn ein zu erlassender Beschluss inhaltlich unzweifelhaft ist; ist ein Mitglied des Spruchkörpers nicht damit einverstanden, ist auf Verlangen mündlich zu beraten. Die an der Entscheidung mitwirkenden Richter sind verpflichtet, an der Beratung teilzunehmen und dabei ihre Stimme abzugeben. Im Falle einer längeren Verhinderung kann ein Vertreter nur eintreten, wenn er an der letzten mündlichen Verhandlung teilgenommen hat (§ 309 ZPO), die notfalls noch einmal eröffnet werden muss.

5   Der Leitungsbefugnis des Vorsitzenden untersteht auch **der Gegenstand und die Reihenfolge der zu beratenden Fragen.** Bei Meinungsverschiedenheiten entscheidet das Kollegialgericht (Abs. 2) mit der Mehrheit gemäß § 196.

6   Dem Vorsitzenden obliegt auch das **Sammeln der Stimmen.** Er bestimmt die zur Abstimmung gestellten Fragen und stellt das Abstimmungsergebnis fest. Der Vorsitzende bestimmt auch die **Form der Abstimmung,** die nicht nur durch ausdrückliche Stimmabgabe, sondern auch konkludent erfolgen kann sowie ausnahmsweise auch schriftlich oder telefonisch.[2] Bei Meinungsverschiedenheiten über das Ergebnis der Abstimmung entscheidet gemäß Abs. 2 das erkennende Gericht. Zur Abstimmungspflicht s. § 195; zur Reihenfolge der Stimmabgabe s. § 197.

7   **3. Vorbereitung.** Zur Leitung der Beratung gehört auch die **Art und Weise der Vorbereitung** der Beratung, insbesondere die Frage, wie der Berichterstatter die **Einführung in den Sach- und Streitstand** vornimmt, was durch eine schriftliche Zusammenfassung des Akteninhalts

---

[12] BT-Drucks. 12/6243 S. 10; *Zöller/Gummer* Rn. 6; *Baumbach/Lauterbach/Hartmann* Rn. 3.
[13] So auch *Baumbach/Lauterbach/Hartmann* Rn. 3.
[14] Anders *Zöller/Gummer* Rn. 7, der bei fehlender Antragstellung einen Ausschluß fordert.
[1] S. auch BVerwG NJW 1992, 257; *Kissel/Mayer* § 193 Rn. 3; *Baumbach/Lauterbach/Hartmann* Rn. 1.
[2] S. Rn. 4.

in einem Votum erfolgen kann, aber auch durch mündlichen Vortrag.³ Es stellt keinen Verstoß gegen Art. 103 Abs. 1 GG dar, wenn nicht jeder Richter den gesamten Akteninhalt durcharbeitet.⁴

§ 195 [Keine Verweigerung der Abstimmung]

Kein Richter oder Schöffe darf die Abstimmung über eine Frage verweigern, weil er bei der Abstimmung über eine vorhergegangene Frage in der Minderheit geblieben ist.

I. Normzweck

§ 195 regelt die Abstimmungspflicht für den Teilbereich, dass ein Berufsrichter oder ehrenamtlicher Richter bei einer Vorfrage (zB ob eine Anspruchsgrundlage besteht) überstimmt worden ist. Er darf dann die Abstimmung hinsichtlich der weiteren Folgeprobleme (zB der Höhe des Schadens) nicht verweigern. § 195 bestätigt auch die Zulässigkeit der Aufspaltung von Beratung und Abstimmung nach einzelnen Fragenkomplexen. § 195 gilt neben Berufsrichtern für alle ehrenamtlichen Richter.¹   1

II. Abstimmungspflicht

Die Pflicht zur Abstimmung ist Bestandteil der allgemeinen Dienstpflicht des Richters. Eine   2
Stimmenthaltung ist unzulässig.² Im Falle der Verhinderung eines Richters muss sein Vertreter abstimmen,³ wobei aber § 309 ZPO zu beachten ist. Der in der Vorabstimmung unterlegene Richter muss die Mehrheitsmeinung als Grundlage anerkennen und auf dieser Grundlage an der weiteren Entscheidung mitwirken.

Die **Abstimmungsverweigerung** eines Richters stellt eine Amts- und Dienstpflichtverlet-.   3
zung dar. Ein auf dieser Grundlage ergangenes Urteil ist durch ein nicht ordnungsgemäß besetztes Gericht ergangen,⁴ was zwar nicht unbedingt zur Zurückverweisung gemäß § 538 ZPO nötigt, aber einen absoluten Revisionsgrund gemäß § 547 Nr. 1 ZPO und einen Grund für die Nichtigkeitsklage nach § 579 Abs. 1 Nr. 1 ZPO darstellt. Verweigert ein Richter die Abstimmung, so ist der Richter als verhindert anzusehen⁵ und die Entscheidung unter Hinzuziehung seines Vertreters, erforderlichenfalls nach Wiedereröffnung der mündlichen Verhandlung, zu treffen.

§ 196 [Absolute Mehrheit; Meinungsmehrheit]

(1) Das Gericht entscheidet, soweit das Gesetz nicht ein anderes bestimmt, mit der absoluten Mehrheit der Stimmen.

(2) Bilden sich in Beziehung auf Summen, über die zu entscheiden ist, mehr als zwei Meinungen, deren keine die Mehrheit für sich hat, so werden die für die größte Summe abgegebenen Stimmen den für die zunächst geringere abgegebenen so lange hinzugerechnet, bis sich eine Mehrheit ergibt.

(3) ¹Bilden sich in einer Strafsache, von der Schuldfrage abgesehen, mehr als zwei Meinungen, deren keine die erforderliche Mehrheit für sich hat, so werden die dem Beschuldigten nachteiligsten Stimmen den zunächst minder nachteiligen so lange hinzugerechnet, bis sich die erforderliche Mehrheit ergibt. ²Bilden sich in der Straffrage zwei Meinungen, ohne daß eine die erforderliche Mehrheit für sich hat, so gilt die mildere Meinung.

(4) Ergibt sich in dem mit zwei Richtern und zwei Schöffen besetzten Gericht in einer Frage, über die mit einfacher Mehrheit zu entscheiden ist, Stimmengleichheit, so gibt die Stimme des Vorsitzenden den Ausschlag.

---

³ *Schultz* MDR 1983, 633; *Herr* NJW 1983, 2131; *Schneider* DRiZ 1984, 361; *Wimmer* DVBl. 1985, 779; *Baumbach/Lauterbach/Hartmann* Rn. 2.
⁴ AA *von Stackelberg* MDR 1983, 374; *Doehring* NJW 1983, 851; *Däubler* JZ 1984, 355.
¹ Vor § 192 Rn. 4.
² Dazu auch *Kühne* DRiZ 1960, 393.
³ S. auch Rn. 3.
⁴ S. *Kissel/Mayer* Rn. 2.
⁵ *Kissel/Mayer* Rn. 2.

I. Normzweck

1 § 196 regelt das Abstimmungserfordernis im Sinne der absoluten Mehrheit unter Verzicht auf Einstimmigkeit (Ausnahmen Rn. 3). Abs. 3 und 4 betreffen Strafsachen.

II. Anwendungsbereich

2 § 196 gilt nicht nur für Urteile, sondern für alle Entscheidungen im Kollegialorgan, insbesondere für Beschlüsse, auch für die Entscheidung gemäß § 194 Abs. 2.

III. Absolute Mehrheit

3 **1. Abstimmung über Fragen.** Absolute Mehrheit liegt vor, wenn **mehr als die Hälfte** der stimmberechtigten Richter, einschließlich der ehrenamtlichen Richter, für eine Auffassung stimmt. Die Stimmenthaltung und -verweigerung sind unzulässig. Erfolgen sie dennoch, so gelten sie als Neinstimmen.[1] Die absolute Mehrheit ist grundsätzlich für alle zur Abstimmung gestellten Fragen erforderlich. Die Stimme des Vorsitzenden hat grundsätzlich das gleiche Gewicht wie die Stimmen anderer Richter. Nur bei § 320 Abs. 4 ZPO gibt die Stimme des Vorsitzenden den Ausschlag. §§ 522 Abs. 2 und § 552a ZPO verlangen Einstimmigkeit.

4 **2. Abstimmung über Summen.** Bei Abstimmung über Summen ermöglicht Abs. 2 eine vereinfachte Erzielung absoluter Mehrheiten, indem Stimmen für höhere Summen den Stimmen für die nächst niedere Summen zugeschlagen werden, bis sich eine absolute Mehrheit ergibt. Hält zB ein Richter im Kollegium Euro 15 000 ein zweiter Euro 12 000 und der dritte Euro 10 000 Schmerzensgeld für angemessen, so wird die Stimme für Euro 15 000 der Stimme für Euro 12 000 zugeschlagen, so dass sich eine absolute Mehrheit für Euro 12 000 ergibt. Abs. 2 gilt auch nicht nur für Geldsummen, sondern für alle Fragen, die summengemäß festzusetzen sind, wie zB für die Höhe einer Ordnungshaft oder die Dauer von Fristen.

IV. Rechtsfolgen bei Verstößen

5 Ein Verstoß gegen § 196, insbesondere ein unrichtiges Auszählen der abgegebenen Stimmen, stellt einen Verfahrensverstoß dar,[2] der aber nur bei kausaler Beeinflussung des Entscheidungsergebnisses zur Aufhebung der Entscheidung führt.[3] Eine Beweisaufnahme über das Stimmergebnis ist trotz des Beratungsgeheimnisses zulässig.[4]

§ 197 [Reihenfolge der Stimmabgabe]

[1]Die Richter stimmen nach dem Dienstalter, bei gleichem Dienstalter nach dem Lebensalter, ehrenamtliche Richter und Schöffen nach dem Lebensalter; der jüngere stimmt vor dem älteren. [2]Die Schöffen stimmen vor den Richtern. [3]Wenn ein Berichterstatter ernannt ist, so stimmt er zuerst. [4]Zuletzt stimmt der Vorsitzende.

I. Normzweck

1 § 197 will die möglichst unbeeinflusste und unabhängige Stimmabgabe sicherstellen, um auf diese Weise der Gefahr zu begegnen, dass sich Laienrichter in ihrer Stimmabgabe an der Sachautorität der Berufsrichter und Jüngeren an der Autorität Älterer und insbesonder am Vorsitzenden orientieren. § 197 gilt nur für die Abstimmung, nicht für die Beratung. Da sich hier bereits die Meinungen abzeichnen, wird in Zivilsachen kaum förmlich abgestimmt.

II. Reihenfolge

2 **1. Berichterstatter.** Der Berichterstatter gibt seine Stimme in jedem Fall zuerst ab (Satz 3). Eine Ausnahme besteht nur, wenn Berichterstatter der Vorsitzende ist. Dann geht Satz 4 mit dem Prinzip der Letztabstimmung des Vorsitzenden vor.[1]

---

[1] *Kissel/Mayer* Rn. 1.
[2] S. auch RGZ 38, 412.
[3] *Baumbach/Lauterbach/Hartmann* Rn. 3.
[4] *Kissel/Mayer* Rn. 10; aA *Baumbach/Lauterbach/Hartmann* Rn. 3.
[1] BVerwG VerwRspr. 31 (1980), 508; *Baumbach/Lauterbach/Hartmann* Rn. 1; *Kissel/Mayer* Rn. 2.

2. Ehrenamtliche Richter. Soweit ehrenamtliche Richter beteiligt sind (etwa bei der Kammer für Handelssachen), haben diese als nächste ihre Stimme abzugeben, wobei sich die Reihenfolge unter den ehrenamtlichen Richtern nach dem Lebensalter richtet. Der jüngste ehrenamtliche Richter stimmt zuerst ab. Bei ausnahmsweise nach Jahr und Tag gleichem Lebensalter entscheidet das Los.[2]

3. Berufsrichter. Die Berufsrichter stimmen nach den ehrenamtlichen Richtern ab bzw., wo solche fehlen, nach dem Berichterstatter, und zwar gemäß dem Dienstalter beginnend mit dem kürzesten Dienstalter. Bei gleichem Dienstalter entscheidet über die Reihenfolge das Lebensalter ebenfalls mit Vorrang des Jüngeren. Das Dienstalter wird gemäß § 20 DRiG bestimmt. Richter auf Probe stimmen innerhalb der Berufsrichter zuerst ab.

4. Der Vorsitzende. Der Vorsitzende stimmt zuletzt ab, bei dessen Verhinderung der nach § 21 f Abs. 2 bestimmte Vertreter.

III. Rechtsfolgen bei Verletzung

Die Verletzung der Vorschrift stellt einen Verfahrensverstoß dar,[3] der aber nur dann eine Aufhebung begründet, wenn die Entscheidung auf diesem Verstoß beruht.[4] Über die Reihenfolge der Abstimmung kann Beweis erhoben werden, ohne dass das Beratungsgeheimnis dem entgegensteht.

§ 198 (weggefallen)

Siebzehnter Titel. Gerichtsferien

§§ 199 bis 202 *(aufgehoben)*

---

[2] *Kissel/Mayer* Rn. 3; *Baumbach/Lauterbach/Hartmann* Rn. 3.
[3] *Wieczorek/Schreiber* Rn. 6.
[4] S. auch RGZ 38, 412.

Einführungsgesetz zum Gerichtsverfassungsgesetz

Vom 27. Januar 1877 (RGBl. S. 77)
zuletzt geändert durch Gesetz vom 13. 12. 2007 (BGBl. I S. 2894)*

Vorbemerkung

I. Inhalt des EGGVG

Ursprünglich handelte es sich beim EGGVG um ein **klassisches Einführungsgesetz,** welches Inkrafttreten und Geltungsbereich des sowie Übergangsbestimmungen zum GVG betraf und Ermächtigungen für ergänzende Landesbestimmungen gab. Von diesem ursprünglichen Inhalt ist heute lediglich der Erste Abschnitt geblieben. 1

Der Charakter hat sich in der Zwischenzeit gewandelt. In den weiteren Abschnitten vereinigt das EGGVG heute verschiedene **justizbezogene, verfahrensrechtliche Regelungen** unterschiedlichen Inhalts. Zivilrechtlich relevant sind die Abschnitte zu den verfahrensübergreifenden Mitteilungen von Amts wegen, zur Anfechtung von Justizverwaltungsakten und zur Insolvenzstatistik. Der Gesetzgeber versucht so, diese systematisch schwer im Kodifikationssystem zu verortenden Materien an einer prominenten Stelle zu platzieren und dem Rechtsanwender die Beachtung der Regelungen zu vereinfachen. Entgegen dieser Tendenz und den ursprünglichen Plänen ist die Regelung des Zahlungsverkehrs mit Gerichten und Justizbehörden nicht in das EGGVG sondern in ein eigenes Gesetz eingestellt worden. 2

II. Zeitlicher Geltungsbereich des GVG

Das ursprüngliche Inkrafttreten des GVG am 1. 10. 1879 wurde in dem durch Art. 14 Nr. 1 1.GBerBundRBMJ v. 19. 4. 2006 (BGBl. I S. 866) aufgehobenen § 1 geregelt. Spätere Änderungen sind in Kraft getreten bzw. treten in Kraft entsprechend den Vorschriften des Änderungsgesetzes. 3

Änderungen des GVG sind grundsätzlich auch auf **anhängige Verfahren** anzuwenden. Etwas anderes gilt nur, wenn dies ausdrücklich angeordnet wird oder sich aus prozessualen Grundsätzen ergibt. Solche müssen grundsätzlich angenommen werden, soweit abgeschlossene Prozesshandlungen und abschließend entstandene Prozesslagen betroffen sind.[1] Der Grundsatz der perpetuatio fori ist dabei auch in intertemporaler Hinsicht zu beachten. Dies gilt jedoch nur für die laufende Instanz. Nach der instanzbeendenden Entscheidung richtet sich die Zuständigkeit für ein **Rechtsmittel** nach neuem Recht.[2] Jedoch bleibt das nach altem Recht zulässigerweise eingelegte Rechtsmittel auch dann zulässig, wenn es nach neuem Recht unzulässig wäre.[3] Hinsichtlich des eingeschlagenen **Rechtsweges** bleibt es für den gesamten Instanzenzug bei dem einmal begründeten (§ 17a Abs. 5 GVG).[4] Ein **Wiederaufnahmeverfahren** (§§ 578 ff. ZPO) kann bei dem bei Erlass der angefochtenen Entscheidung zuständigen Gericht nach § 584 ZPO anhängig gemacht werden, für die erneute Hauptverhandlung aber ist die Sache an das nunmehr zuständige Gericht zu verweisen.[5] Eine **Abänderungsklage** nach § 323 ZPO ist bei dem nach neuem Recht für die abzuändernde Sachentscheidung zuständigen Gericht zu erheben.[6] 4

III. Räumlicher Geltungsbereich des GVG

Nachdem ursprünglich die Geltung für das gesamte Reich beansprucht wurde, ist das GVG durch das REinhG[7] zunächst für das Gebiet der alten **Bundesrepublik** neu in Kraft gesetzt und 5

---

* §§ ohne Gesetzesangaben sind solche des EGGVG.
[1] BVerfGE 39, 156, 167; BGHZ 71, 69, 71; BGHZ 76, 305, 309 = NJW 1980, 1626; BGH NJW 1986, 1109; BGH NJW 1991, 1686; s. ferner Vorb. EGZPO Rn. 2.
[2] BGH NJW 1978, 427; BGH NJW 1980, 1626; *Kissel/Mayer* Rn. 6 m. weit. Nachw.; aA etwa noch BayObLG FamRZ 1977, 741; BayObLG 1978, 144; *Jauernig* DRiZ 1977, 206.
[3] BVerfGE 87, 48 = NJW 1993, 1123; *Kissel/Mayer* Rn. 6.
[4] § 17 GVG Rn. 6f.; *Jauernig* FamRZ 1978, 103; *Kissel/Mayer* Rn. 6.
[5] OLG Braunschweig NJW 1978, 56; KG FamRZ 1979, 526; *Kissel/Mayer* Rn. 7.
[6] *Kissel/Mayer* Rn. 8.
[7] V. 12. 9. 1950, BGBl. I S. 455.

1956 auf das **Saarland** ausgedehnt worden.[8] In **West-Berlin** galt das GVG aufgrund eines parallelen Berliner Gesetzes vom 9. 1. 1951.[9] Durch den Einigungsvertrag[10] ist der Geltungsbereich des GVG mit Wirkung vom 3. 10. 1990 auf die **neuen Bundesländer** in der ehemaligen DDR und auf **ganz Berlin** erstreckt worden. Die für eine Übergangszeit in Anl. 1 Kap. 3 Sachgeb. A Abschn. III und IV EVertr gemachten Ausnahmen sind heute nicht mehr einschlägig.[11]

Erster Abschnitt. Allgemeine Vorschriften

§ 1 *(aufgehoben)*

§ 2 [Anwendungsbereich]

Die Vorschriften des Gerichtsverfassungsgesetzes finden nur auf die ordentliche streitige Gerichtsbarkeit und deren Ausübung Anwendung.

I. Sachlicher Geltungsbereich des GVG

1 § 2 sieht als unmittelbaren sachlichen Geltungsbereich des GVG nur die ordentliche Gerichtsbarkeit und innerhalb dieser auch nur die streitige Gerichtsbarkeit vor.

2 Im Übrigen werden einzelne Vorschriften in **anderen Gerichtsbarkeiten** ausdrücklich für anwendbar erklärt (s. §§ 6a, 9, 48, 52 ArbGG, §§ 4, 55, 83 VwGO, §§ 4, 52, 70 FGO, § 6 SGG) oder sie können im Rahmen von Generalverweisungen (§ 173 VwGO, § 155 FGO, § 202 SGG) subsidiär analoge Anwendung finden. Auch § 17 BVerfGG verweist hinsichtlich einzelner Einrichtungen auf das GVG. Ebenso wird das GVG subsidiär in **ehrengerichtlichen Verfahren** (s. § 116 BRAO) für anwendbar erklärt.

3 Darüber hinaus enthalten andere Verfahrensordnungen dem GVG **wort- oder inhaltsgleiche Vorschriften** (zB für Rechts- und Amtshilfe § 156 GVG, § 13 ArbGG, § 14 VwGO, § 13 FGO, § 5 SGG; Geschäftsstellen § 153 GVG, § 7 ArbGG, § 13 VwGO, § 12 FGO, § 4 SGG; ehrenamtliche Richter §§ 107 ff. GVG, §§ 20 ff. ArbGG, §§ 19 ff. VwGO, §§ 16 ff. FGO, §§ 13 SGG; Große Senate § 132 GVG, § 45 ArbGG, § 11 VwGO, § 11 FGO, § 41 SGG), so dass in wesentlichen Bereichen ein gerichtsbarkeitsübergreifendes, einheitliches Gerichtsverfassungsrecht besteht.

II. Ordentliche Gerichtsbarkeit

4 Die Beschränkung auf die ordentliche Gerichtsbarkeit hat im wesentlichen **historische Gründe**, weil andere Gerichtsbarkeiten vor Inkrafttreten des GG nicht durchweg als volle Gerichtsbarkeiten ausgebildet waren. Teilweise, zB hinsichtlich der Art und der Besetzung der Gerichte, insbesondere auch mit ehrenamtlichen Richtern, bestehen auch sachlich bedingte Unterschiede.

5 Zur ordentlichen Gerichtsbarkeit gehören die dem **AG, LG, OLG** und dem **BGH** zugewiesenen Angelegenheiten. Das GVG findet danach auf alle den ordentlichen Gerichten zugewiesenen streitigen Angelegenheiten Anwendung, auch wenn sie nicht zu den Strafsachen und bürgerlichen Rechtsstreitigkeiten gem. § 13 GVG zählen.[1] Das GVG findet deshalb insbesondere auch Anwendung, soweit den ordentlichen Gerichten zB gem. Art. 14 Abs. 3, 34 S. 3 GG an sich öffentlich-rechtliche Streitigkeiten zugewiesen sind. Der Gesetzgeber wollte mit der Verweisung in die ordentliche Gerichtsbarkeit gerade auch die Anwendung der gerichtsverfassungsrechtlichen Sicherungen erreichen, mögen diese inzwischen auch in anderen Gerichtsbarkeiten gleichwertig eingerichtet sein.

6 Das GVG ist nicht unmittelbar anwendbar auf Angelegenheiten, die **Sondergerichten** gem. Art. 101 Abs. 2 GG zugewiesen sind. Das GVG kann jedoch analoge Anwendung finden. Werden dagegen Aufgaben von Sondergerichten auf die ordentliche Gerichtsbarkeit übertragen (s. § 3), so findet das GVG Anwendung.[2]

---

[8] BGBl. 1956 I S. 1011.
[9] V. 9. 1. 1951, blnGVBl. I S. 99.
[10] V. 31. 8. 1990, BGBl. II S. 889.
[11] Mit Art. 208 1. GBerBundRBMJ v. 19. 4. 2006 (BGBl. I S. 866) wurden alle für das GVG relevanten Maßgaben für nicht mehr anwendbar erklärt.
[1] AA aber *Baumbach/Lauterbach/Hartmann* Rn. 1.
[2] *Baumbach/Lauterbach/Hartmann* Rn. 1.

III. Streitige Gerichtsbarkeit

Zur streitigen Gerichtsbarkeit zählen die Angelegenheiten, die einem **auf gegensätzliche Par-** 7
teiinteressen angelegten Verfahren, wie insbesondere dem Erkenntnisverfahren der ZPO, zugewiesen sind, auch wenn im Einzelfall eine nichtstreitige Erledigung stattfindet.

Mit der Beschränkung auf die streitige Gerichtsbarkeit wird vor allem die **freiwillige Gerichts-** 8
barkeit[3] vom unmittelbaren Anwendungsbereich des GVG ausgeschlossen.[4] Dies hat im Wesentlichen sachliche, durch einen unterschiedlichen Instanzenzug, eine unterschiedliche Verfahrensstruktur und unterschiedliche Verfahrensinteressen (zB Öffentlichkeit) bedingte Gründe. § 8 FGG macht deutlich, dass das GVG nicht von sich aus anzuwenden ist. Dies gilt für alle in die freiwillige Gerichtsbarkeit verwiesenen Angelegenheiten, gleichgültig ob sie sog. Fürsorgeangelegenheiten oder Streitsachen[5] sind.[6] Es werden allein einzelne Vorschriften des GVG durch § 8 FGG für analog anwendbar erklärt, darüber hinaus kommt entsprechend ihrem Sinn und Zweck auch eine analoge Anwendung in Betracht.[7] Soweit das GVG jedoch ausdrücklich Regelungen für die freiwillige Gerichtsbarkeit vorsieht (s. § 23 b GVG) gehen diese § 2 EGGVG vor und ändern den sachlichen Geltungsbereich entsprechend ab.[8]

§ 3 [Übertragung der Gerichtsbarkeit]

(1) ¹Die Gerichtsbarkeit in bürgerlichen Rechtsstreitigkeiten und Strafsachen, für welche besondere Gerichte zugelassen sind, kann den ordentlichen Landesgerichten durch die Landesgesetzgebung übertragen werden. ²Die Übertragung darf nach anderen als den durch das Gerichtsverfassungsgesetz vorgeschriebenen Zuständigkeitsnormen erfolgen.

(2) *(aufgehoben)*

(3) Insoweit für bürgerliche Rechtsstreitigkeiten ein von den Vorschriften der Zivilprozeßordnung abweichendes Verfahren gestattet ist, kann die Zuständigkeit der ordentlichen Landesgerichte durch die Landesgesetzgebung nach anderen als den durch das Gerichtsverfassungsgesetz vorgeschriebenen Normen bestimmt werden.

I. Normzweck

§ 3 eröffnet der **Landesgesetzgebung** die Möglichkeit, den Gerichten der Länder (Abs. 1) ab- 1
weichend vom GVG **Zuständigkeiten** zu übertragen, sei es, dass ihnen neue Zuständigkeiten zugewiesen werden, für die auch Sondergerichte geschaffen werden könnten (Abs. 1), sei es, dass bereits bestehende Zuständigkeiten geändert werden, dies jedoch nur insoweit, als für die Streitigkeit ein von der ZPO abweichendes Verfahren möglich ist (Abs. 3).

Die Möglichkeit, die letztinstanzliche Entscheidung durch Landesgesetz dem BGH zu übertra- 2
gen, folgt für die von § 3 erfassten Fälle im Kern aus Art. 99 GG. Abs. 2 wurde deshalb[1] durch
Art. 14 Nr. 1 1.GBerBundRBMJ v. 19. 4. 2006 (BGBl. I S. 866) aufgehoben.

II. Übertragung von Sondergerichtsaufgaben (Abs. 1)

Sondergerichte für besondere Sachgebiete sind nach Art. 101 Abs. 2 GG zulässig im Gegensatz 3
zu Ausnahmegerichten (Art. 101 Abs. 1 S. 1 GG), die für konkrete einzelne Angelegenheiten gebildet werden.[2] Soweit die Bildung solcher Sondergerichte bundesrechtlich zugelassen ist, aber nicht dem Bund übertragen, sondern den Ländern überlassen ist (§ 3 setzt diese Zulassung voraus, gewährt sie jedoch nicht selbst),[3] können die Länder entweder **selbständige Sondergerichte** errich-

---

[3] Zur Entwicklung der freiwilligen Gerichtsbarkeit im Zusammenhang mit der Entstehung von GVG, ZPO und FGG s. *Kissel/Mayer* Rn. 3 ff.
[4] AA *Baumbach/Lauterbach/Hartmann* Rn. 1.
[5] S. dazu *Habscheid*, FG, 7. Aufl. 1983, §§ 7, 8; *Baur/Wolf*, Grundbegriffe der freiwilligen Gerichtsbarkeit, 2. Aufl. 1980, Kap. 1 I 2 b cc.
[6] AA *Kissel/Mayer* Rn. 11 ff., wonach das GVG in der freiwilligen Gerichtsbarkeit zugeordneten materiellen Streitsachen unmittelbar Anwendung finden soll.
[7] Vgl. BGHZ 9, 30, 33.
[8] *Baumbach/Lauterbach/Hartmann* § 23 b GVG Rn. 2; *Zöller/Gummer* Rn. 1; *Brüggemann* FamRZ 1977, 1, 3.
[1] BT-Drucks. 16/47 S. 48.
[2] S. o. § 16 GVG Rn. 3 ff.
[3] *Baumbach/Lauterbach/Hartmann* Rn. 2.

ten oder die Sondergerichtsaufgaben gem. Abs. 1 auch den bereits bestehenden **Ländergerichten** der ordentlichen Gerichtsbarkeit, dh. AG, LG, OLG und ObLG übertragen.

4 Die **Zuständigkeit** dieser Gerichte bestimmt sich insoweit nicht nach dem GVG, sondern nach den betreffenden Landesgesetzen, die nicht an die Zuständigkeitsnormen des GVG gebunden sind (Abs. 1 S. 2), also zB dem AG auch höhere Streitwerte als nach § 23 Nr. 1 GVG zuweisen oder die erstinstanzliche Zuständigkeit des OLG vorsehen dürfen. Die Landesgesetzgebung kann in letzter Instanz auch die Zuständigkeit des **BGH** vorsehen (Art. 99 GG).[4] Der BGH kann zugleich auch als erste und letzte Instanz vorgesehen werden,[5] da der Landesgesetzgeber allgemein über den Instanzenzug frei entscheiden kann.[6]

5 Soweit vom Landesgesetzgeber keine speziellen Regelungen vorgesehen sind, finden auf das **Verfahren** die allgemeinen Regelungen aus GVG und ZPO Anwendung (s. § 3 Abs. 2 EGZPO).[7]

6 Die Sondergerichte nach § 14 GVG (Schifffahrtsgerichte) sind **Sondergerichte des Bundes** und fallen deshalb nicht unter Abs. 1.[8]

III. Zuständigkeitsänderung bei Sonderverfahren (Abs. 3)

7 Abs. 3 betrifft Angelegenheiten, die nach Bundesrecht bereits den ordentlichen Landesgerichten zugewiesen sind, für die aber ein von der ZPO abweichendes Verfahren gestattet ist. Für diese Verfahren darf der Landesgesetzgeber die **Zuständigkeit einschließlich des Instanzenzugs** der Landesgerichte, nicht eines Bundesgerichts,[9] abweichend vom GVG regeln. In Betracht kommen die in §§ 3, 11, 15, 15 a EGZPO genannten Verfahren. Soweit eine abweichende Regelung nicht besteht, richtet sich das Verfahren nach der ZPO und die Zuständigkeit nach dem GVG.

§ 4 *(aufgehoben)*

§ 4a [Übertragung in Berlin und Hamburg]

(1) [1]**Die Länder Berlin und Hamburg bestimmen, welche Stellen die Aufgaben erfüllen, die im Gerichtsverfassungsgesetz den Landesbehörden, den Gemeinden oder den unteren Verwaltungsbezirken sowie deren Vertretungen zugewiesen sind.** [2]*(betrifft Strafsachen)*

(2) *(aufgehoben)*

1 Da die Stadtstaaten Berlin und Hamburg nicht in Gemeinden gegliedert sind und daher einen von den Ländern **abweichenden Verwaltungsaufbau** besitzen, wird klargestellt, dass die Stadtstaaten selbst bestimmen, welche Stellen die Aufgaben übernehmen, die durch das GVG den Landesbehörden, insbesondere der Justizverwaltung, aber auch den Gemeinden und den unteren Verwaltungsbehörden, zugewiesen sind. Wie die Bestimmung zu erfolgen hat, ist nicht geregelt; da aber der gesetzliche Richter betroffen ist, muss in Anlehnung an die vergleichbaren Regelungen in §§ 23 c, 58, 74 c GVG zumindest eine VO verlangt werden.[1] Für Bremen liegen die Verhältnisse derzeit anders,[2] bei Bedarf müsste eine Anpassung erfolgen.[3]

§ 5 *(gegenstandslos)*

§ 6 [Wahl, Ernennung und Amtsperiode ehrenamtlicher Richter]

(1) Vorschriften über die Wahl oder Ernennung ehrenamtlicher Richter in der ordentlichen Gerichtsbarkeit einschließlich ihrer Vorbereitung, über die Voraussetzung hierfür,

---

[4] S. etwa *v. Münch/Kunig/Meyer*, GG, 5. Aufl. 2003, Art. 99 Rn. 8.
[5] *v. Münch/Kunig/Meyer*, GG, 5. Aufl. 2003, Art. 99 Rn. 9.
[6] BGH NJW 1980, 583.
[7] *Baumbach/Lauterbach/Hartmann* Rn. 1.
[8] *Kissel/Mayer* Rn. 1.
[9] *Kissel/Mayer* Rn. 3.
[1] *Kissel/Mayer* Rn. 1.
[2] Bremen ist kein Stadtstaat, sondern ein Zwei-Städte-Staat von Bremen und Bremerhafen. Auch wenn in Bremen weitgehend Identität zwischen städtischen und staatlichen Organen besteht, wird das Handeln der Organe jeweils getrennten Körperschaften zugeordnet.
[3] *Baumbach/Lauterbach/Hartmann* Rn. 1.

die Zuständigkeit und das dabei einzuschlagende Verfahren sowie über die allgemeinen Regeln über Auswahl und Zuziehung dieser ehrenamtlichen Richter zu den einzelnen Sitzungen sind erstmals auf die erste Amtsperiode der ehrenamtlichen Richter anzuwenden, die nicht früher als am ersten Tag des auf ihr Inkrafttreten folgenden zwölften Kalendermonats beginnt.

(2) Vorschriften über die Dauer der Amtsperiode ehrenamtlicher Richter in der ordentlichen Gerichtsbarkeit sind erstmals auf die erste nach ihrem Inkrafttreten beginnende Amtsperiode anzuwenden.

I. Normzweck

§ 6 ist durch Art. 3 StVÄG 1987 v. 27. 1. 1987 (BGBl. I S. 475) eingefügt worden. Er regelt die zeitliche Anwendung der Vorschriften über die Wahl oder Ernennung der ehrenamtlichen Richter in der ordentlichen Gerichtsbarkeit und über die Dauer der Amtsperiode. Statt in jedem Änderungsgesetz zu diesen Fragen eigene Überleitungsvorschriften vorzusehen, schafft § 6 eine generelle Regelung für alle künftigen Änderungsgesetze.[1] Er hat in der Zivilgerichtsbarkeit für die **Handelsrichter** Bedeutung.[2] 1

II. Vorschriften über Wahl oder Ernennung

Neue Vorschriften über die Wahl oder Ernennung, einschließlich der sonst in Abs. 1 genannten Regelungsbereiche, sind nur auf solche ehrenamtlichen Richter anzuwenden, deren **erste Amtsperiode** frühestens am Ersten des Monats beginnt, in dem ein Jahr zuvor die Änderungen in Kraft getreten sind. Es ist also stets eine Übergangszeit zur Vorbereitung der Praxis auf die neue Rechtslage von etwas mehr als 11 Monaten gegeben. Beginnt die Amtsperiode früher, so sind noch die alten Vorschriften anzuwenden. 2

Da Abs. 1 ausdrücklich auf die erste Amtsperiode abstellt, bleiben für ehrenamtliche Richter, die nicht in der ersten, sondern in einer **zweiten und weiteren Amtsperiode** tätig sind, für die Wahl oder Ernennung die bisherigen Vorschriften maßgebend.[3] 3

III. Dauer der Amtsperiode

Die Vorschriften über die Dauer der Amtsperiode (Abs. 2) sind nicht nur für die erste, sondern auch für die weiteren Amtsperioden nach Inkrafttreten eines Änderungsgesetzes anzuwenden. Die neuen Vorschriften gelten jedoch erst für die erste volle Amtsperiode nach Inkrafttreten des neuen Gesetzes, also die Amtsperiode, die nach dem Inkrafttreten der Änderungen beginnt. 4

§ 7 *(gegenstandslos)*

§ 8 [Oberstes Landesgericht]

(1) Durch die Gesetzgebung eines Landes, in dem mehrere Oberlandesgerichte errichtet werden, kann die Verhandlung und Entscheidung der zur Zuständigkeit des Bundesgerichtshofes gehörenden Revisionen und Rechtsbeschwerden in bürgerlichen Rechtsstreitigkeiten einem obersten Landesgericht zugewiesen werden.

(2) Diese Vorschrift findet jedoch auf bürgerliche Rechtsstreitigkeiten, in denen für die Entscheidung Bundesrecht in Betracht kommt, keine Anwendung, es sei denn, daß es sich im wesentlichen um Rechtsnormen handelt, die in den Landesgesetzen enthalten sind.

I. Normzweck

§ 8 **ermächtigt** die Länder **zur Errichtung** eines in § 12 GVG nicht vorgesehenen **Obersten Landesgerichts,** dem, sofern die Revision oder Rechtsbeschwerde allein oder im wesentlichen auf die Verletzung von Landesrecht gestützt wird, zur Entlastung des BGH die Entscheidung über Revisionen übertragen werden kann. Die Zuständigkeit des BGH wird mit der Errichtung eines 1

---

[1] *Kissel/Mayer* Rn. 1; *Baumbach/Lauterbach/Hartmann* Rn. 1; s. *Meyer-Goßner* NJW 1987, 1169.
[2] *Baumbach/Lauterbach/Hartmann* Rn. 1.
[3] Insoweit unklar *Kissel/Mayer* Rn. 2.

ObLG insoweit verdrängt. Die Errichtung selbst bedarf eines entsprechenden Landesgesetzes, § 8 gibt nur die bundesrechtliche Ermächtigung. Art. 5 ZPO-RG v. 27. 7. 2001 (BGBl. I S. 1887) hat die allgemeine Ermächtigung hinsichtlich der Rechtsbeschwerde erweitert und die Regelung damit der Zuständigkeit des BGH gem. § 133 GVG angepasst.

2 Zur **Wahrung einheitlicher Auslegung des Landesrechts** muss nicht der BGH bemüht werden. Derselbe Zweck kann durch Errichtung eines Obersten Landesgerichts erreicht werden. Ein Bedürfnis für die Wahrung einheitlicher Auslegung besteht nur, wenn in einem Land mehrere OLG errichtet sind. Demgemäß stellt § 8 diese Voraussetzungen auf. Außensenate stellen kein anderes OLG dar und genügen daher nicht.[1] Besteht in einem Land nur ein OLG, so kann dieses die einheitliche Auslegung des Landesrechts allein wahren. Dementsprechend ist die Revision insoweit durch § 545 ZPO ausgeschlossen. Zur Besetzung des ObLG s. § 10.

II. Bürgerliche Rechtsstreitigkeiten

3 § 8 gewährt die Errichtungskompetenz nur bei Vorliegen einer **bürgerlich-rechtlichen Streitigkeit,** der Begriff entspricht der Regelung in § 13 GVG[2] und beschränkt sich auf den sachlichen Geltungsbereich des GVG.

4 Die bürgerlich-rechtlichen Streitigkeiten können **nur insgesamt** dem ObLG zugewiesen werden, nicht in Teilfragen, also nicht nur, soweit das Landesrecht betroffen ist, wenn auch bundesrechtliche Fragen eine Rolle spielen.

5 Über § 8 hinaus ermöglichen andere Bestimmungen die Übertragung **weiterer Angelegenheiten** auf ein Oberstes Landesgericht, so § 52 LwVG für Landwirtschaftssachen. Für Strafsachen gilt § 9 EGGVG.

III. Revisionen und Rechtsbeschwerden

6 Dem ObLG können die **Revisionen** und **Rechtsbeschwerden** zugewiesen werden, für die grundsätzlich der BGH zuständig ist (§ 133 GVG). Das ObLG entscheidet insoweit an Stelle des BGH und ist daher den OLGs übergeordnet.[3] Insoweit besteht auch bei Abweichung von einer Entscheidung des BGH keine Vorlagemöglichkeit an den BGH.[4] Die Revision und Rechtsbeschwerde zum ObLG ist soweit statthaft, wie sie ohne Übertragung zum BGH statthaft wäre. Das Landesrecht kann deshalb nicht die Voraussetzungen zulässiger Revisionen verändern, sondern nur an Stelle des BGH die Zuständigkeit des ObLG vorsehen.

7 Die Zuständigkeit des ObLG kann deshalb nicht vorgesehen werden, soweit der BGH Berufungsgericht ist, wie in § 110 PatG. Ebenso ist die Beschwerdezuständigkeit im Rechtshilfeverfahren nach § 159 Abs. 1 S. 3 GVG nicht übertragbar.

8 Für die Zulassung und Durchführung der Revision enthält § 7 EGZPO besondere Bestimmungen.

IV. Verstöße gegen Landesrecht

9 Das ObLG ist nur zuständig, wenn sich die Revision **allein oder im wesentlichen** auf die **Verletzung von Landesrecht** stützt und dieses für die Entscheidung sachlich in Betracht kommt. Soweit die Revision allein oder überwiegend Bundesrecht betrifft, ist der BGH zuständig (Abs. 2). Diese Abgrenzung gilt unabhängig davon, ob materielles Recht oder Verfahrensrecht betroffen ist.[5] Die Anwendung ausländischen Rechts steht Bundesrecht gleich.[6]

10 Maßgeblich für die **Abgrenzung** ist nicht allein die formale Bezeichnung durch den Revisionsführer, sondern was das Revisionsgericht nach dem **sachlichen Gehalt der Revisionsrüge** zu prüfen hat.[7] Danach muss die sachliche Bedeutung des Landesrechts überwiegen.[8] Dies fehlt, wenn die Auslegung des Landesrechts unumstritten ist und es im Verfahren allein noch um die Auslegung von Bundesrecht geht.[9] Bei Gleichwertigkeit von Bundesrecht und Landesrecht ist wie bei Über-

---

[1] *Kissel/Mayer* Rn. 1.
[2] S. dazu § 13 GVG Rn. 4 ff.
[3] *Kissel/Mayer* Rn. 9; BGHZ 17, 176, 179.
[4] BayObLGZ 1955, 10, 12.
[5] *Kissel/Mayer* Rn. 4.
[6] *Kissel/Mayer* Rn. 4; *Keidel* NJW 1961, 2334.
[7] BVerfGE 6, 45, 53; BayObLGZ 1994, 39, 40; *Baumbach/Lauterbach/Hartmann* Rn. 1; s. auch *Keidel* NJW 1961, 2335.
[8] BayObLGZ 1954, 16, 18.
[9] *Keidel* NJW 1961, 2333, 2335.

wiegen des Bundesrechts die Zuständigkeit des BGH gegeben. Ist eine auf Bundesrecht gestützte Rüge offensichtlich unbegründet, während sie bezüglich des Landesrechts begründet sein kann, so ist das ObLG zuständig.[10] Soweit das Landesrecht eine Revision wegen § 545 ZPO nicht zu begründen vermag, ist eine Revision zum ObLG ebenfalls ausgeschlossen.[11]

Die Unsicherheit der Abgrenzung verstößt nicht gegen Art. 101 GG, § 16 GVG, da diese durch das Zuständigkeitsbestimmungsverfahren nach § 7 EGZPO ausgeglichen wird.[12]

Landesrecht überwiegt zB bei einem auf Landesrecht gestützten Gegendarstellungsanspruch,[13] bei der Frage, ob Landesrecht als Schutzgesetz nach § 823 Abs. 2 BGB anzusehen ist[14] oder eine Verkehrssicherungspflicht begründet,[15] wenn sich der Inhalt einer Grunddienstbarkeit aus dem Landesrecht ergibt,[16] wenn sich in Amtshaftungsprozessen die haftende Behörde aus landesrechtlichen Organisationsvorschriften ableitet.[17] Die Zuständigkeit des ObLG ist auch dann gegeben, wenn das verletzte Landesrecht mit Bundesrecht weitgehend übereinstimmt oder gar gleichlautend ist[18] oder wenn subsidiär neben Landesrecht das alte gemeine Recht anzuwenden ist.[19]

V. Andere Zuweisungsgründe

Von der Zuweisung nach § 8 ist die Zuweisung aufgrund **Konzentrationsermächtigung** (zB §§ 92, 93 GWB für Kartellsachen, § 99 Abs. 3 S. 8 AktG für die gerichtliche Entscheidung über die Zusammensetzung des Aufsichtsrates, § 199 FGG für Angelegenheiten der freiwilligen Gerichtsbarkeit, § 25 Abs. 2 EGGVG für Justizverwaltungsakte, § 229 Abs. 2 BauGB für Baulandsachen, § 100 BRAO und § 100 BNotO für berufsrechtliche Streitigkeiten) zu unterscheiden. Die Übertragung erfasst hier Zuständigkeiten in der Instanz des OLG, es ist diesem insofern gleichgeordnet, seine **Entscheidungen** gelten als solche **eines OLGs**. Es bestehen die allgemeinen Vorlagepflichten eines OLGs an den BGH.[20]

VI. Bayerisches Oberstes Landesgericht (BayObLG)

Von der Ermächtigung hatte allein Bayern durch Errichtung des **BayObLG** Gebrauch gemacht.[21] Dieses ist jedoch zwischenzeitlich Geschichte. Eingeleitet wurde die Auflösung mit zwei äußerst knappen Sätzen von Ministerpräsident *Dr. Edmund Stoiber* (CSU) in seiner Regierungserklärung v. 6. 11. 2003: „Abgeschafft wird das Bayerische Oberste Landesgericht. Seine Aufgaben werden auf die Oberlandesgerichte verlagert."[22] Insbesondere die in der Wortwahl zum Ausdruck kommende Geringschätzung des BayObLG ist bedenklich.[23] In der Folge verabschiedete der bayerische Landtag das BayObLGAuflG v. 25. 10. 2004, BayGVBl. S. 400. Die Auflösung erfolgte in zwei Stufen. Neueingänge erfolgten bereits seit 1. 1. 2005 nicht mehr, während eines Übergangszeitraumes von 18 Monaten sollten die Altfälle im wesentlichen abgearbeitet werden. Endgültig wurde das BayObLG **zum 1. 7. 2006 aufgelöst**.[24] Der BayVerfGH[25] verneinte einen mit der

---

[10] *Keidel* NJW 1961, 2335.
[11] *Kissel/Mayer* Rn. 7; *Keidel* NJW 1961, 2333 2335.
[12] BVerfGE 6, 45; *Kissel/Mayer* Rn. 8.
[13] BayObLGZ 1953, 55.
[14] BayObLGZ 1975, 254; BayObLGZ 1975, 408; BayObLGZ 1977, 309.
[15] BayObLGZ 1979, 138.
[16] BayObLGZ 1976, 58.
[17] BayObLGZ 1976, 47; BayObLGZ 1976, 99; BayObLGZ 1976, 131.
[18] BGHZ 7, 299, 300.
[19] BayObLGZ 1959, 478.
[20] *Kissel/Mayer* Rn. 9.
[21] S. Art. 10 ff. bayAGGVG aF; Schrifttum: *Keidel* NJW 1961, 2333; *Schäfer* BayVBl. 1968, 373; *ders.* BayVBl. 1975, 192; *Schier* BayVBl. 1975, 200; *Ostler* BayVBl. 1975, 205; *Schwab* BayVBl. 1975, 217; *Gerner* NJW 1975, 720; *Haegele* Rpfleger 1975, 113; *Herbst*, Das Bayerische Oberste Landesgericht, Geschichte und Gegenwart, 1993; *Herbst*, FS Odersky, 1996, S. 561; *Demharter* NJW 2000, 1154.
[22] BayLandtag-PlenarProt. 15/5 S. 53.
[23] Noch erschreckender ist die Entgegnung von *Franz Maget* (SPD), der Abschaffung mit den Worten zustimmt: „Mir wurde gesagt, es sei ohnehin ‚überflüssig wie ein Kropf'", bayLandtag-PlenarProt. 15/5 S. 69. Es ist erstaunlich, dass sich die bayerische Politik der herausragenden Leistungen ihres obersten Gerichts nicht bewusst war, vgl. zu diesen die Zahlen bei *Böhringer/Hintzen* RPfleger 2004, 189. Außerhalb der Politik wurde das BayObLG entsprechend geschätzt, s. nur *Bratfisch* Rpfleger 1988, 552: „Nur das glückliche Bayern hat eine derartig segensreiche Einrichtung in dem BayObLG in München".
[24] S. zu den Umständen der Entscheidung des bayerischen Ministerpräsidenten, die ohne Beratungen mit Stellen der Justiz, nicht einmal der Justizministerin erfolgte *Helgerth* DRiZ 2005, 85.
[25] BayVerfGH NJW 2005, 3699.

Auflösung verbundenen Verstoß gegen die bayerische Landesverfassung. Für neu eingehende Revisionen und Rechtsbeschwerden ist seit 1. 1. 2005 der BGH zuständig. Die bisher aufgrund § 199 FGG dem BayObLG zugewiesenen Zivilsachen der freiwilligen Gerichtsbarkeit werden gem. Art. 11a BayAGGVG beim OLG München auch für die OLG-Bezirke Bamberg und Nürnberg konzentriert.[26]

15 Die Auflösung beendete eine **fast 400-jährige Tradition**,[27] die allein in der NS-Zeit unterbrochen wurde.[28] Begründet wurde die Auflösung mit der Notwendigkeit von Einsparungen aufgrund einer schwierigen Haushaltslage.[29] Sachliche Gründe für die Auflösung werden nicht angeführt. Vergleicht man die Situation mit den Gegebenheiten bei der Wiedererrichtung 1948, als die wirtschaftliche Lage offensichtlich weit desaströser war, so muss die heutige Entscheidung auf Unverständnis stoßen. Die bayerische Staatsregierung glaubt auf das damals gegebene Signal für eine geordnete und hochwertige Rechtspflege verzichten zu können. Der hervorragende Ruf des Gerichts wird von ihr zwar herausgestellt,[30] offensichtlich glaubt man aber diesen für das Vertrauen in den Rechtsstaat und die Rechtspflege nicht mehr zu benötigen. Die Entscheidung ist in Wissenschaft und Praxis auf vielfache Kritik gestoßen,[31] dennoch setzte sich der Landesgesetzgeber in seiner politischen Entscheidung über alle vorgebrachten sachlichen Gesichtspunkte hinweg, in der Erwartung von jährlichen Einsparungen in Höhe von gerade 1,48 Mio. Euro, die zudem erst ab dem Jahr 2019 in voller Höhe wirksam werden.[32]

§ 9 *(betrifft Strafsachen)*

§ 10 [Besetzung und Verfassung des obersten Landesgerichts]
(1) Die allgemeinen sowie die in § 116 Abs. 1 Satz 2, §§ 124, 130 Abs. 1 und § 181 Abs. 1 enthaltenen besonderen Vorschriften des Gerichtsverfassungsgesetzes finden auf die obersten Landesgerichte der ordentlichen Gerichtsbarkeit entsprechende Anwendung; ferner sind die Vorschriften der §§ 132, 138 des Gerichtsverfassungsgesetzes mit der Maßgabe entsprechend anzuwenden, daß durch Landesgesetz die Zahl der Mitglieder der Großen Senate anderweitig geregelt oder die Bildung eines einzigen Großen Senats angeordnet werden kann, der aus dem Präsidenten und mindestens acht Mitgliedern zu bestehen hat und an die Stelle der Großen Senate für Zivilsachen und für Strafsachen sowie der Vereinigten Großen Senate tritt.
(2) Die Besetzung der Senate bestimmt sich in Strafsachen, in Grundbuchsachen und in Angelegenheiten der freiwilligen Gerichtsbarkeit nach den Vorschriften über die Oberlandesgerichte, im übrigen nach den Vorschriften über den Bundesgerichtshof.

I. Normzweck

1 Aufgrund Art. 74 Nr. 1 GG steht dem Bund die konkurrierende Gesetzgebungszuständigkeit auf dem Gebiet der Gerichtsverfassung zu. Diese Gesetzgebungskompetenz nimmt der Bund im **Interesse einer einheitlichen Gerichtsorganisation** in § 10 auch wahr, soweit es die gerichtsorganisatorischen Grundlagen des ObLG betrifft, wie der Bund auch die Gerichtsverfassung der anderen Ländergerichte wie AG, LG und OLG festlegt. Einzelne Gestaltungsfreiheiten, wie insbesondere die Einrichtung des Großen Senats (Abs. 1 Halbs. 2), werden dem Landesgesetzgeber jedoch eingeräumt.

2 Die Vorschrift ist derzeit bedeutungslos, da in Deutschland momentan kein Bundesland ein Oberstes Landesgericht eingerichtet hat. Zur Auflösung des BayObLG s. § 8 Rn. 14f.

---

[26] Eine entsprechende Konzentration besteht gemäß § 4 Abs. 3 Nr. 2 Rh-PfGerOrgG auch in Rheinland-Pfalz beim OLG Zweibrücken, welches ebenso für den OLG-Bezirk Koblenz zuständig ist.
[27] Der Vorgänger des BayObLG, das Revisorium, wurde durch Dekret des Kurfürsten Maximilian I. v. 17. 4. 1625 begründet.
[28] Aufhebung zum 1. 4. 1935 durch § 1 VO v. 19. 3. 1935, RGBl. I S. 383; Wiedererrichtung zum 1. 7. 1948 durch Gesetz Nr. 124 über die Wiedererrichtung des Bayerischen Obersten Landesgerichts v. 11. 5. 1948, bayGVBl. S. 83.
[29] BayLandtag-Drucks. 15/1061 S. 10.
[30] BayLandtag-Drucks. 15/1061 S. 10.
[31] S. nur *Zöller/Gummer* Rn. 2; *Böhringer/Hintzen* Rpfleger 2004, 189; *Demharter* FGPrax 2005, 7; *Demharter* FGPrax 2006, 93; *Helgerth* DRiZ 2005, 85; *Hirsch* NJW 2006, 3255; *Kruis* NJW 2004, 640.
[32] So die Einschätzung der bayerischen Landesregierung bayLandtag-Drucks. 15/1061 S. 2ff.

II. Geltung der Vorschriften des GVG

1. Allgemeine Vorschriften. Für das ObLG gelten zunächst die allgemeinen Vorschriften des GVG. Dies sind die Vorschriften, die sich nicht mit der Organisation einzelner Gerichte befassen wie in §§ 22 bis 140 GVG,[1] sondern für alle Gerichte gleichermaßen gelten, dh. die Vorschriften der §§ 1 bis 21i und 140a bis 198 GVG. Dies betrifft vor allem den Rechtsweg (§§ 13 ff. GVG), die Geschäftsverteilung (§§ 21a ff. GVG), die Geschäftsstelle (§ 153 GVG), die Rechtshilfe (§§ 156 ff. GVG), die Öffentlichkeit und die Sitzungspolizei (§§ 169 ff. GVG), die Gerichtssprache (§§ 184 ff. GVG) sowie die Beratung und Abstimmung (§§ 192 ff. GVG). 3

2. Besondere Vorschriften. Die besonderen Vorschriften betreffen einzelne Gerichte, deren Vorschriften analog auf das ObLG anzuwenden sind. Während § 116 Abs. 1 S. 2 GVG Strafsachen betrifft, wird mit §§ 124, 130 GVG die Art der Richter, mit denen das Gericht besetzt ist, und die Bildung von Senaten am BGH analog auf das ObLG übertragen. § 181 Abs. 1 GVG ist an sich bereits im Rahmen der allgemeinen Vorschriften anzuwenden. Durch seine Erwähnung wird aber noch einmal klargestellt, dass auch gegen Ordnungsmittel des ObLG keine Beschwerde gegeben ist. 4

Durch Abs. 2 werden für die **konkrete Besetzung der Senate** je nach Aufgabe analog die Regelungen für das OLG oder für den BGH angewandt. Grundsätzlich erfolgt die Besetzung wie am BGH. Die Zivilsenate sind daher insoweit mit 5 Richtern zu besetzen (§ 139 GVG). 5

Grundsätzlich sind danach auch die Vorschriften über Bildung, Zuständigkeit (§ 132 GVG) und Verfahren (§ 138 GVG) vor dem **Großen Senat** und den Vereinigten Großen Senaten entsprechend anzuwenden. Abs. 1 Halbs. 2 räumt dem Landesgesetzgeber jedoch die Freiheit ein, statt eines getrennten Großen Senats für Zivilsachen und Strafsachen und den Vereinigten Großen Senaten einen einzigen Großen Senat einzurichten, der über alle Grundsatz- und Divergenzfragen zu entscheiden hat. Der Bundesgesetzgeber ermächtigt den Landesgesetzgeber auch, bei der Bildung eines Großen Senats am Obersten Landesgericht die Zahl der Mitglieder abweichend von § 132 Abs. 5 GVG zu bestimmen. Sofern ein Großer Senat für Zivilsachen getrennt vom Großen Senat für Strafsachen errichtet wird, gilt dabei nicht die Mindestzahl von 8 Richtern, die nur bei Bildung eines einzigen Großen Senats vorgeschrieben ist. 6

Entscheiden die Zivilsenate jedoch in Angelegenheiten der **freiwilligen Gerichtsbarkeit** und in **Grundbuchsachen** erfolgt die Besetzung entsprechend den Vorschriften für das OLG, die Senate entscheiden mit 3 Richtern (§ 122 GVG). 7

§ 11 *(aufgehoben)*

Zweiter Abschnitt. Verfahrensübergreifende Mitteilungen von Amts wegen

Schrifttum: *Bäumler,* Datenschutz und Justiz, SchlHA 1996 Teil A, 29; *Brenner,* Der Bundestag hat das letzte Wort – Zum Zustandekommen des Justizmitteilungsgesetzes, DAR 1999, 61; *Bryde,* Geheimgesetzgebung: Zum Zustandekommen des Justizmitteilungsgesetzes und Gesetzes zur Änderung kostenrechtlicher Vorschriften und anderer Gesetze, JZ 1998, 115; *Demharter,* Justizmitteilungsgesetz und ÄnderungsVO zum EDV-Grundbuch, FGPrax 1997, 166; *Golembiewski,* Mitteilungen durch die Justiz, verfassungsrechtliche Grundlagen und rechtsdogmatische Strukturen des Justizmitteilungsgesetzes (2000); *Klos,* Nochmals: Das Datengeheimnis des Richters, ZRP 1997, 50; *Krumsiek,* Die unendliche Geschichte des Justizmitteilungsgesetzes, DVBl. 1993, 1229; *Simitis,* Die informationelle Selbstbestimmung – Grundbedingung einer verfassungskonformen Informationsordnung, NJW 1984, 398; *Simitis,* Konsequenzen des Volkszählungsurteils: Ende der Übergangsfrist, NJW 1989, 21; *Vultejus,* Das Datengeheimnis des Richters, ZRP 1996, 329; *Wollweber,* Iustitias langer Arm – Analyse und Kritik des Justizmitteilungsgesetzes, NJW 1997, 2488.

Vorbemerkung zu den §§ 12 ff.

Der Abschnitt (§§ 12–22) ist durch das JuMiG v. 18. 6. 1997 (BGBl. I S. 1430) mit Wirkung v. 1. 6. 1998 in das EGGVG eingefügt worden, um das vom BVerfG im sog. Volkszählungsurteil[1*] aus Art. 2 Abs. 1 iVm Art. 1 Abs. 1 GG abgeleitete **Recht auf informationelle Selbstbestimmung**[2] 1

---

[1] S. *Kissel/Mayer* Rn. 1.
[1*] BVerfGE 65, 1, 43.
[2] Dazu *Kissel/Mayer* § 12 Rn. 2.

EGGVG § 12 2. Abschnitt. Verf.übergreifende Mitteilungen von Amts wegen

zu schützen. In 13-jähriger Arbeit hat der Gesetzgeber ein weltweit wohl einmaliges perfektionistisches Regelungswerk geschaffen. Die Notwendigkeit eines solchen Aufwandes wird aufgrund der eher geringen praktischen Relevanz des Mitteilungswesens als Randbereich justizieller Tätigkeit bezweifelt.[3]

2 Durch die in den §§ 12 ff. enthaltenen Vorschriften sollen zum Schutz der Persönlichkeit neben materiellen Voraussetzungen für die Datenübermittlung auch verfahrensrechtliche Regelungen getroffen werden, die neben Verfahrensvorschriften für die beteiligten Gerichte und Behörden in § 22 auch die Möglichkeiten der gerichtlichen Überprüfung der Justizverwaltungsakte vorsehen, die die Datenübermittlung zum Gegenstand haben. Der Schutz wird vor allem dadurch erreicht,
– dass die Übermittlung das Vorliegen bestimmter Übermittlungsgründe voraussetzt (§§ 13–17),
– dass die Übermittlung auf das unbedingt erforderliche Maß beschränkt werden muss (§ 18 Abs. 1),
– dass die Daten grundsätzlich nur zu dem der Übermittlung zugrunde liegenden Zweck verwendet werden dürfen (§ 19 Abs. 1),
– dass zur Vermeidung überholter und falscher Datenverwendung Nachberichts- und Berichtigungspflichten bestehen (§ 20),
– dass die Personen, deren Daten übermittelt werden, einen Auskunftsanspruch haben (§ 21 Abs. 1) und in bestimmten Fällen, insbesondere wenn sie nicht Verfahrensbeteiligte sind, über den Inhalt und den Empfänger der übermittelten Daten zu unterrichten sind (§ 21 Abs. 2 mit Ausnahmen in Abs. 3, 4),
– dass gegen die Anordnung der Datenübermittlung als Justizverwaltungsakt eine gerichtliche Überprüfung nach §§ 23–30 eröffnet ist (§ 22).

3 Die §§ 12–22 sind dem Bereich der **Amtshilfe** zuzurechnen. Sie begründen aber für die Gerichte und Behörden nur **Mitteilungsbefugnisse**. Die Schaffung von Mitteilungspflichten bleibt besonderen Verwaltungsvorschriften vorbehalten.[4]

§ 12 [Geltungsbereich, Verantwortung; Erlaß von Verwaltungsvorschriften]

(1) ¹Die Vorschriften dieses Abschnitts gelten für die Übermittlung personenbezogener Daten von Amts wegen durch Gerichte der ordentlichen Gerichtsbarkeit und Staatsanwaltschaften an öffentliche Stellen des Bundes oder eines Landes für andere Zwecke als die des Verfahrens, für die die Daten erhoben worden sind. ²Besondere Rechtsvorschriften des Bundes oder, wenn die Daten aus einem landesrechtlich geregelten Verfahren übermittelt werden, eines Landes, die von den §§ 18 bis 22 abweichen, gehen diesen Vorschriften vor.

(2) Absatz 1 gilt entsprechend für die Übermittlung personenbezogener Daten an Stellen der öffentlich-rechtlichen Religionsgesellschaften, sofern sichergestellt ist, daß bei dem Empfänger ausreichende Datenschutzmaßnahmen getroffen werden.

(3) Eine Übermittlung unterbleibt, wenn ihr eine besondere bundes- oder entsprechende landesgesetzliche Verwendungsregelung entgegensteht.

(4) Die Verantwortung für die Zulässigkeit der Übermittlung trägt die übermittelnde Stelle.

(5) ¹Das Bundesministerium der Justiz kann mit Zustimmung des Bundesrates allgemeine Verwaltungsvorschriften zu den nach diesem Abschnitt zulässigen Mitteilungen erlassen. ²Ermächtigungen zum Erlaß von Verwaltungsvorschriften über Mitteilungen in besonderen Rechtsvorschriften bleiben unberührt.

I. Normzweck

1 Die Vorschrift legt im Rahmen des allgemeinen Zwecks (s. Vor § 12 Rn. 2) den Anwendungsbereich fest (Abs. 1 S. 1), bestimmt den Vorrang anderweitiger spezieller bundes- und landesrechtlicher Vorschriften (Abs. 1 S. 2, Abs. 3), dehnt den Anwendungsbereich auf die Mitteilung an Religionsgesellschaften aus (Abs. 2), bestimmt die verantwortliche Prüfung durch die übermittelnde Stelle (Abs. 4) und sieht die Ermächtigung zu konkretisierenden Verwaltungsvorschriften vor (Abs. 5).

---

[3] *Zöller/Gummer* Vorbem. §§ 12–22 EGGVG Rn. 2.
[4] S. BT-Drucks. 13/4709 S. 1.

II. Anwendungsbereich

1. Persönlicher Anwendungsbereich. a) Übermittelnde Stellen. Als übermittelnde Stellen sind in Zivilsachen die **ordentlichen Gerichte** einschließlich der freiwilligen Gerichtsbarkeit angesprochen. Die **Arbeitsgerichtsbarkeit** ist aufgrund des Verweises in § 13 Abs. 2 ArbGG mit einbezogen, nicht aber die allgemeine und die besonderen Verwaltungsgerichtsbarkeiten.[1] Zu den Gerichten zählt auch nicht der Gerichtsvollzieher als eigenständige, nicht in die Gerichtsbarkeit eingegliederte Stelle.[2]

b) Datenempfänger. Als Datenempfänger sind **öffentliche Stellen** des Bundes und der Länder genannt. Zur Definition ist § 2 BDSG heranzuziehen. Danach sind dies neben den Gerichten und Behörden des Bundes und der Länder insbesondere die Gemeinden, Gemeindeverbände und sonstige juristische Personen des öffentlichen Rechts samt beliehener Unternehmer. Die Post-AG ist insoweit öffentliche Stelle, als sie für die bei ihr beschäftigten Beamten die Befugnisse des Dienstherren ausübt (Art. 143b Abs. 3 GG, § 1 Abs. 1 PostPersRG). Gleiches gilt für die Deutsche Bahn-AG (Art. 143a Abs. 1 GG, § 12 Abs. 4 DBGrG). Für die **öffentlich-rechtlichen Religionsgesellschaften** sieht Abs. 2 die entsprechende Anwendung vor, soweit ausreichende Datenschutzmaßnahmen sichergestellt sind.

Nicht erfasst ist die Datenübermittlung an **Private**. Dafür kommen entweder die Verfahrensgesetze (zB §§ 299, 299a ZPO, § 34 FGG, § 46 ArbGG) oder spezielle Regelungen zur Anwendung.[3]

2. Sachlicher Anwendungsbereich. a) Verfahrensübergreifende Zwecke. Erfasst wird nur die Datenübermittlung für verfahrensübergreifende Zwecke, dh. für Zwecke außerhalb des Verfahrens, in dem sie erhoben werden.

Außerhalb des Anwendungsbereichs liegen deshalb Mitteilungen innerhalb des Instanzenzugs an vor- und nachgeordnete Gerichte, auch die Mitteilungen an Vollstreckungsorgane. Diese richten sich nach dem jeweiligen Verfahrensrecht.[4] Gleiches gilt für Benachrichtigungen in Nachlasssachen zum Auffinden letztwilliger Verfügungen.[5]

Die Regelungen finden auch keine Anwendung auf Datenübermittlungen zur Wahrnehmung von Aufsichts- und Kontrollbefugnissen, zur Rechnungsprüfung, zur Durchführung von Organisationsbefugnissen sowie für Ausbildungs- und Prüfungszwecke (allg. Rechtsgrundsatz aus § 14 Abs. 3 BDSG).[6]

b) Personenbezogene Daten. Die Begriffsbestimmung ist entsprechend dem BDSG vorzunehmen. Personenbezogene Daten sind nach § 3 Abs. 1 BDSG Einzelangaben über die persönlichen oder sachlichen Verhältnisse einer bestimmten oder bestimmbaren natürlichen Person (Betroffener).[7]

c) Spezielle Regelungen. Spezielle Regelungen (Abs. 1 S. 2), einschließlich etwaiger spezieller Übermittlungsverbote oder Übermittlungs- und Verwendungsbeschränkungen (Abs. 3), haben grundsätzlich Vorrang. Die §§ 12–22 gelten nur subsidiär. Dazu gehören etwa §§ 69k bis 69o, 70n FGG für Betreuungs- und Unterhaltssachen, § 35 SGB I, §§ 67 ff. SGB X zum Schutz des Sozialgeheimnisses, §§ 51, 52, 63 Abs. 4 BZRG für im Bundeszentralregister getilgte Eintragungen und § 30 AO zum Schutz des Steuergeheimnisses, ferner entsprechende landesrechtliche Vorschriften bezüglich Geheimhaltungspflichten zB in Kommunalabgabengesetzen. Soweit dort aber keine Vorschriften enthalten sind, finden die §§ 12–22 ergänzend und lückenfüllend Anwendung. Die §§ 12–22 gehen aber ihrerseits als Spezialregelung dem BDSG (§ 1 Abs. 3 BDSG) bzw. den Landesdatenschutzgesetzen vor. Wegen desselben Schutzzieles sind diese jedoch ergänzend heranzuziehen.[8]

d) Übermittlungsart. Die §§ 12–22 gelten nur für die Übermittlung durch Gerichte **von Amts wegen**, mithin ohne Ersuchen der öffentlichen Stelle, die Daten als für ihre Aufgabenerfüllung notwendig ansieht.[9] Bei Eingang eines Ersuchens oder Antrags richtet sich die Übermittlung nicht nach den §§ 12–22 sondern nach entsprechenden allgemeinen Vorschriften oder Spezialgesetzen.[10]

---

[1] BT-Drucks. 13/4709 S. 20.
[2] BT-Drucks. 13/4709 S. 19.
[3] *Kissel/Mayer* Rn. 7.
[4] *Zöller/Gummer* Vorbem. §§ 12–22 Rn. 3.
[5] BT-Drucks. 13/4709 S. 20.
[6] BT-Drucks. 13/4709 S. 20; *Zöller/Gummer* Rn. 1.
[7] Zur näheren Ausfüllung der Definition s. *Gola/Schomerus*, BDSG, 9. Aufl. 2007, § 3 BDSG Rn. 2 ff.
[8] *Kissel/Mayer* Rn. 8.
[9] *Kissel/Mayer* Rn. 18.
[10] *Zöller/Gummer* Vorbem. §§ 12–22 Rn. 3.

III. Verantwortung der Übermittlungsstelle (Abs. 4)

11 Die Verantwortung für die Zulässigkeit hinsichtlich Ob und Umfang der übermittelten Daten liegt bei der übermittelnden Stelle (Abs. 4) und nicht wie bei Übermittlung auf Ersuchen bei der ersuchenden Stelle. Die Vorschrift entspricht § 15 Abs. 2 S. 1 BDSG und hat wie dieser keinen eigenen die Datenübermittlung einengenden Regelungsbereich, sondern spricht eine Selbstverständlichkeit aus.[11]

IV. Verwaltungsvorschriften (Abs. 5)

12 Die Verordnungsermächtigung des BMJ ist verfassungsrechtlich unbedenklich,[12] jedoch in der Praxis bedeutungslos. Da die Länder einheitliche Verwaltungsvorschriften vereinbart haben (für den Bereich der Zivilgerichtsbarkeit einschließlich der freiwilligen Gerichtsbarkeit die Anordnung über Mitteilungen in Zivilsachen, MiZi[13]), war von der Ermächtigung kein Gebrauch zu machen. Die in den §§ 12–22 enthaltenen Mitteilungsermächtigungen werden durch die MiZi für eine Vielzahl von Fällen, in denen unter Beachtung des Grundsatzes der Verhältnismäßigkeit eine Mitteilung geboten ist, zu Mitteilungspflichten konkretisiert.[14] Die MiZi werden durch spezifische Länderteile besondere Rechtsvorschriften betreffend ergänzt, was Abs. 5 S. 2 ausdrücklich vorsieht.

§ 13 [Übermittlung personenbezogener Daten durch Gerichte und Staatsanwaltschaften]

(1) Gerichte und Staatsanwaltschaften dürfen personenbezogene Daten zur Erfüllung der in der Zuständigkeit des Empfängers liegenden Aufgaben übermitteln, wenn
1. eine besondere Rechtsvorschrift dies vorsieht oder zwingend voraussetzt,
2. der Betroffene eingewilligt hat,
3. offensichtlich ist, daß die Übermittlung im Interesse des Betroffenen liegt, und kein Grund zu der Annahme besteht, daß er in Kenntnis dieses Zwecks seine Einwilligung verweigern würde,
4. die Daten auf Grund einer Rechtsvorschrift von Amts wegen öffentlich bekanntzumachen sind oder in ein von einem Gericht geführtes, für jedermann unbeschränkt einsehbares öffentliches Register einzutragen sind oder es sich um die Abweisung des Antrags auf Eröffnung des Insolvenzverfahrens mangels Masse handelt oder
5. auf Grund einer Entscheidung
    a) bestimmte Rechtsfolgen eingetreten sind, insbesondere der Verlust der Rechtsstellung aus einem öffentlich-rechtlichen Amts- oder Dienstverhältnis, der Ausschluß vom Wehr- oder Zivildienst, der Verlust des Wahlrechts oder der Wählbarkeit oder der Wegfall von Leistungen aus öffentlichen Kassen, und
    b) die Kenntnis der Daten aus der Sicht der übermittelnden Stelle für die Verwirklichung der Rechtsfolgen erforderlich ist;
dies gilt auch, wenn auf Grund der Entscheidung der Erlaß eines Verwaltungsaktes vorgeschrieben ist, ein Verwaltungsakt nicht erlassen werden darf oder wenn der Betroffene ihm durch Verwaltungsakt gewährte Rechte auch nur vorläufig nicht wahrnehmen darf.
(2) ¹In anderen als in den in Absatz 1 genannten Fällen dürfen Gerichte und Staatsanwaltschaften personenbezogene Daten zur Erfüllung der in der Zuständigkeit des Empfängers liegenden Aufgaben einschließlich der Wahrnehmung personalrechtlicher Befugnisse übermitteln, wenn eine Übermittlung nach den §§ 14 bis 17 zulässig ist und soweit nicht für die übermittelnde Stelle offensichtlich ist, daß schutzwürdige Interessen des Betroffenen an dem Ausschluß der Übermittlung überwiegen. ²Übermittelte Daten dürfen auch für die Wahrnehmung der Aufgaben nach dem Sicherheitsüberprüfungsgesetz oder einem entsprechenden Landesgesetz verwendet werden.

---

[11] Zöller/Gummer Rn. 6; Gola/Schomerus, BDSG, 9. Aufl. 2007, § 15 BDSG Rn. 13; Simitis/Dammann, BDSG, 6. Aufl. 2006, § 15 BDSG Rn. 21.
[12] Vgl. BVerfGE 26, 338, 395 ff.
[13] Neufassung MiZi mWv. 1. 6. 1998, zB bayJMBl. S. 64, sächsJMBl. S. 79, zuletzt geändert mWv. 1. 9. 2007 durch 7. ÄndMiZi, zB bayJMBl. S. 66; sächsJMBl. S. 345.
[14] Zöller/Gummer Rn. 7.

I. Normzweck

§ 13 umschreibt die Fälle, in denen eine **Übermittlungsbefugnis** besteht (s. auch Vor § 12 Rn. 3). Abs. 1 zählt einzelne Tatbestände auf, bei denen die Übermittlung ohne die in Abs. 2 vorgesehene Abwägung zulässig ist. Für die in §§ 14 bis 17 enthaltenen Übermittlungsbefugnisse sieht Abs. 2 dagegen eine zusätzliche Abwägung im Hinblick auf das Vorliegen offensichtlich überwiegender Schutzinteressen des Betroffenen vor. 1

II. Übermittlungsgründe ohne Abwägung (Abs. 1)

1. Nr. 1 bis 5. Die Übermittlung ist nach **Nr. 1** zugelassen, wenn eine **besondere Rechtsvorschrift**, sei sie bundesrechtlicher oder landesrechtlicher Natur, dies vorsieht oder dies, ohne es ausdrücklich vorzusehen, zwingend voraussetzt (vgl. auch § 14 Abs. 2 Nr. 1 BDSG). Damit wird dem Vorrang der spezielleren Regelung Rechnung getragen. Als besondere Rechtsvorschriften sind bereichsspezifische Regelungen in besonderen Rechtsgebieten anzusehen. Die Begründung[1] nennt § 18 Abs. 1 und 2 BVerfSchG, § 8 Abs. 1 und 2 BNDG, § 76 AuslG, § 8 Abs. 2 AsylVfG, § 64a BNotO und § 36a BRAO. Es wird so sichergestellt, dass anderswo geregelte Übermittlungspflichten nicht eingeschränkt werden.[2] 2

Nr. 2 nennt die **Einwilligung** des Betroffenen als Übermittlungsgrund (vgl. ebenso § 14 Abs. 2 Nr. 2 BDSG). Dies bringt zum Ausdruck, dass der Schutz des Betroffenen im Grundsatz disponibel ist. Die Einwilligung ist Willenserklärung und unterliegt grundsätzlich deren Regeln, ist mithin formfrei möglich; jedoch empfiehlt sich wegen der Überprüfbarkeit der Rechtmäßigkeit der Übermittlung (§ 22) die Schriftform.[3] Wegen des stark persönlichkeitsrechtlichen Einschlags sind Besonderheiten zu beachten: So ist die Einwilligung grundsätzlich frei widerrufbar, aber nicht rückwirkend in der Weise, dass sie eine bereits getätigte Übermittlung unzulässig macht. Die Vorschriften über die Geschäftsfähigkeit und die Vertretung durch Eltern oder Vormund sind nur insoweit anwendbar, als nicht die konkrete Einsichts- und Urteilsfähigkeit des Betroffenen unabhängig von festen Altersgrenzen dessen eigenständige Entscheidung ohne gesetzlichen Vertreter rechtfertigt oder bei noch nicht voll ausgeprägter Einsichts- und Urteilsfähigkeit seine Zustimmung neben der der gesetzlichen Vertreter erfordert. Bei völlig fehlender Einsichts- und Urteilsfähigkeit ist allein die Einwilligung der gesetzlichen Vertreter maßgebend. Stellvertretung ist darüber hinaus bei konkret auf die Einwilligung bezogener Vollmacht möglich. 3

Nr. 3 betrifft die **mutmaßliche Einwilligung** (vgl. § 14 Abs. 2 Nr. 3 BDSG). Sie setzt Offensichtlichkeit hinsichtlich des Vorliegens eines Interesses für den Betroffenen an der Übermittlung voraus. Für die mutmaßliche Verweigerung der Einwilligung des Betroffenen kommt es nicht auf Offensichtlichkeit an, sondern es genügt, dass für einen objektiven, vernünftigen Beobachter kein Grund erkennbar ist, der für die Annahme einer Einwilligungsverweigerung spricht. Eine ausdrücklich geäußerte Verweigerung, auch des gesetzlichen Vertreters (s. Rn. 3) geht vor. 4

Nr. 4 knüpft an **Publizitätsvorschriften** an und kommt damit Nr. 1 nahe. Als Publizitätsvorschriften nennt Nr. 4 Vorschriften mit der Pflicht zur öffentlichen Bekanntmachung von Amts wegen. Dafür kommen etwa in Betracht § 10 HGB, § 40 AktG, § 10 Abs. 3 GmbHG, § 30 Abs. 1 InsO. Übermittlungsfähig sind ferner Daten, die in ein gerichtlich geführtes, für jedermann unbeschränkt einsehbares öffentliches Register einzutragen sind. Ein solches Register ist insbesondere das Handelsregister (§ 9 HGB) und demgemäß alle dort einzutragenden persönlichen Daten. Erfasst werden nach dem Wortlaut nur die einzutragenden Tatsachen. Wegen der ohnehin bestehenden Publizität sind aber auch die unbeschränkt einsehbaren eingereichten Schriftstücke mit einzubeziehen. Unter Nr. 4 fällt auch das Vereinsregister (§ 79 BGB) und das Güterrechtsregister (§ 1563 BGB). Wegen fehlenden unbeschränkten Einsichtsrechts gehört nicht unter Nr. 4 das Grundbuch,[4] denn § 12 GBO verlangt ein berechtigtes Interesse, ebenso wenig gehört dazu das Aktienbuch für Namensaktien (§ 67 AktG), schon weil es in privater Zuständigkeit geführt wird, aber auch weil ein Einsichtsrecht nur für Aktionäre besteht (§ 67 Abs. 6 AktG). Übermittlungsfähig ist auch die Ablehnung der Insolvenzeröffnung mangels Masse (§ 26 InsO), die im Gegensatz zur Insolvenzeröffnung (§ 30 InsO) nicht öffentlich bekannt zu machen ist, woran aber gleichwohl ein gleichwertiges Publizitätsinteresse der Allgemeinheit besteht. 5

---

[1] BT-Drucks. 13/4709 S. 21.
[2] *Kissel/Mayer* Rn. 2.
[3] *Kissel/Mayer* Rn. 4.
[4] S. aber § 15 Nr. 1.

6   Nr. 5 bezieht sich auf bestimmte **Gerichts- oder Verwaltungsentscheidungen,** die Rechtsfolgen anordnen, deren Kenntnis beim Übermittlungsempfänger für die Durchsetzung und Umsetzung der Rechtsfolgen erforderlich ist. Beispielhaft („insbesondere") erwähnt sind Entscheidungen über den Verlust der Fähigkeit zur Bekleidung öffentlicher Ämter, über den Ausschluss vom Wehr- und Zivildienst, über den Verlust des aktiven oder passiven Wahlrechts oder über den Verlust zum Bezug öffentlicher Leistungen. Es kommen weitere Entscheidungen in Betracht wie zB die Entziehung der Fahrerlaubnis (§§ 69 ff. StGB), aber auch die vorläufige Entziehung der Fahrerlaubnis (§ 111 a StPO) sowie die freiwillige Herausgabe des Führerscheins in amtliche Verwahrung in einer Verkehrsstrafsache.[5] Gleichgültig ist es, ob es sich um eine endgültige oder um eine vorläufige Entscheidung handelt. Nr. 5 Halbs. 2 erfasst sogar Fälle, in denen ein Verwaltungsakt vorgeschrieben ist, ohne Rücksicht darauf, ob er erlassen worden ist, und Fälle, in denen ein Verwaltungsakt nicht erlassen werden darf. Ohne Bedeutung ist, ob die umzusetzende Rechtsfolge auf bundesrechtlichen oder landesrechtlichen Vorschriften oder auf Satzungsbestimmungen von Selbstverwaltungskörperschaften beruht.

7   **2. Erfüllung der Aufgaben des Empfängers.** Für alle Übermittlungsgründe ohne Abwägung gilt, dass die Übermittlung der Erfüllung der in der Zuständigkeit des Empfängers liegenden Aufgaben dienen muss. Diese Zweckbindung dient der Eingrenzung der Datenübermittlung hinsichtlich des Ob und des Umfangs. Die Zuständigkeit des Empfängers muss in einer bundes- oder landesrechtlichen Rechtsnorm begründet sein.

III. Abwägungsgebot für andere Übermittlungsgründe (Abs. 2)

8   Liegen die Voraussetzungen des Abs. 1 nicht vor, so dient Abs. 2 als Auffangvorschrift.[6] Neben einem Übermittlungsgrund aus den §§ 14–17 wird verlangt, dass schutzwürdige Interessen des Betroffenen am Ausschluss der Übermittlung nicht offensichtlich überwiegen. Zusätzlich wird auch für diese Übermittlungsgründe betont, dass sie der Erfüllung von Aufgaben dienen müssen, die in die Zuständigkeit des Empfängers fallen, wobei auch die Wahrnehmung personalrechtlicher Befugnisse und die Wahrnehmung von Aufgaben nach dem Sicherheitsüberprüfungsgesetz oder entsprechenden Landesgesetzen zu den anerkannten Aufgaben gehören (Abs. 2 S. 2).

9   **Abzuwägen** ist gem. Abs. 2 das **öffentliche Interesse** an der Übermittlung **gegen das private Interesse des Betroffenen** an der Geheimhaltung. Damit wird der **Grundsatz der Verhältnismäßigkeit** verwirklicht und der in der Übermittlung liegende Eingriff in das Recht auf informationelle Selbstbestimmung sowohl hinsichtlich des Ob als auch bezüglich des Umfangs und des Zeitpunkts der Mitteilung[7] auf das unbedingt erforderliche Maß begrenzt. Zum Umfang enthält § 18 weitere Bestimmungen. Hinsichtlich des Zeitpunkts darf die Übermittlung nicht zu früh, dh. grundsätzlich nicht vor Rechtskraft eines Urteils, nur bei besonderen Bedürfnissen davor (s. auch § 20) erfolgen. Die Daten dürfen aber auch nicht mehr nach erheblichem Zeitablauf übermittelt werden, wenn sich der Übermittlungszweck erledigt oder doch abgeschwächt hat. Die Interessen des Betroffenen müssen schutzwürdig, dh. rechtlich anerkannt sein und sie müssen überwiegen. Die bloße Gleichwertigkeit mit dem öffentlichen Interesse genügt nicht. Das erscheint problematisch.

10   Abzustellen ist auf die **Kenntnis der übermittelnden Stelle,** die zwar, weil Abs. 2 offensichtliche Kenntnisse voraussetzt, keine besonderen Ermittlungen anstellen muss,[8] von den ihr vorliegenden Erkenntnismöglichkeiten aber sorgfältig Gebrauch machen muss. Insoweit ist die Offensichtlichkeit objektiv zu bestimmen im Sinne einer für einen durchschnittlichen Betrachter ohne weiteren Aufwand gegebenen Erkenntnismöglichkeit. Die übermittelnde Stelle hat auch die Abwägung vorzunehmen, die aber der gerichtlichen Überprüfung unterliegt (s. § 22 mit §§ 23 ff.), insbesondere im Hinblick darauf, ob die vorliegenden Kenntnisse ausreichend ausgeschöpft sind, ob die Interessen umfassend berücksichtigt worden sind und ob der Abwägungsmaßstab den gesetzlichen Wertungen entspricht.

---

§ 14 *(betrifft Strafsachen)*

---

[5] BT-Drucks. 13/4709 S. 21.
[6] *Zöller/Gummer* Rn. 1.
[7] So ausdrücklich BT-Drucks. 13/4709 S. 21.
[8] So BT-Drucks. 13/4709 S. 21.

§ 15 [Datenübermittlung in Zivilsachen]

In Zivilsachen einschließlich der Angelegenheiten der freiwilligen Gerichtsbarkeit ist die Übermittlung personenbezogener Daten zulässig, wenn die Kenntnis der Daten aus der Sicht der übermittelnden Stelle erforderlich ist

1. zur Berichtigung oder Ergänzung des Grundbuchs oder eines von einem Gericht geführten Registers oder Verzeichnisses, dessen Führung durch eine Rechtsvorschrift angeordnet ist, und wenn die Daten Gegenstand des Verfahrens sind, oder
2. zur Führung des in § 2 Abs. 2 der Grundbuchordnung bezeichneten amtlichen Verzeichnisses und wenn Grenzstreitigkeiten Gegenstand eines Urteils, eines Vergleichs oder eines dem Gericht mitgeteilten außergerichtlichen Vergleichs sind.

I. Normzweck

§ 15 ergänzt § 13 Abs. 1 Nr. 4 insofern, als er die nicht unbeschränkt einsehbaren öffentlichen Register oder Verzeichnisse erfasst. Hauptanwendungsfall ist das Grundbuch und das Schuldnerverzeichnis (§ 915 ZPO). Für diese ist die Übermittlung an die Abwägung in § 13 Abs. 2 gebunden, die für die Register in § 13 Abs. 1 Nr. 4 nicht erforderlich ist.

II. Register und Verzeichnisse

Nr. 1 bezieht sich auf gerichtlich geführte Register oder Verzeichnisse, die nicht schon unter § 13 Abs. 1 Nr. 4 fallen, und deren Führung durch eine Rechtsvorschrift, gleichgültig ob durch Gesetz oder Verordnung des Bundes oder der Länder, angeordnet ist. Für von Verwaltungsbehörden geführte Register oder Verzeichnisse ist hinsichtlich der Übermittlungsbefugnis nicht Nr. 1, sondern die jeweils bereichsspezifische rechtmäßige Regelung für das jeweilige Register oder Verzeichnis maßgebend. Zweck der Übermittlung ist die Gewährleistung eines richtigen und vollständigen Registers oder Verzeichnisses.[1] Das Grundbuchamt ist besonders erwähnt, weil es in Baden-Württemberg nicht von den Amtsgerichten geführt wird (§ 143 GBO) und wegen seiner beschränkten Einsehbarkeit nicht unter § 13 Abs. 1 Nr. 4 fällt.

Nr. 2 bezieht sich auf das in § 2 Abs. 2 GBO erwähnte Liegenschaftskataster, dessen Führung landesrechtlich geregelt ist. Ziel ist es, Übereinstimmung von Grundbuch und Liegenschaftskataster zu erreichen.[2]

III. Übermittelte Daten

1. Erforderlichkeit. Die übermittelten personenbezogenen Daten müssen für die Führung des Registers oder Verzeichnisses jeweils erforderlich sein. Bloße Zweckdienlichkeit genügt nicht. Die Erforderlichkeit beurteilt sich zwar aus der Sicht der übermittelnden Stelle und deren Kenntnisstand. Die Beurteilung der Erforderlichkeit muss sich aber im Rahmen eines objektiv vernünftigen Maßstabs halten und das Abwägungsgebot aus § 13 Abs. 2 beachten.[3]

2. Daten aus Zivilverfahren. Die übermittelten personenbezogenen Daten müssen aus Zivilverfahren einschließlich der Verfahren der freiwilligen Gerichtsbarkeit stammen. In Strafverfahren ergeben sich etwaige Übermittlungsgründe aus § 14. Wird aber zB ein Grundstück oder Grundstücksrecht gem. §§ 73 ff. StGB eingezogen, so ergibt sich der Übermittlungsgrund bereits aus § 13 Abs. 1 Nr. 1 oder Nr. 5 mit §§ 73e, 74e StGB und dem öffentlichen Glauben des Grundbuchs (§§ 892, 893 BGB). Dies gilt entsprechend für Maßnahmen in Verwaltungsverfahren, zB bei einer Enteignung, sofern nicht bereichsspezifische Vorschriften eingreifen.

3. Zusätzliche Voraussetzung. Als zusätzliche Voraussetzung verlangt **Nr. 1**, dass die übermittelten Daten **Gegenstand des Verfahrens** sind, dh. grundsätzlich zum Streit- und Entscheidungsgegenstand dieses Verfahrens gehören und nicht nur als Indiz, Vorfrage oder beiläufig in das Verfahren gelangen, ohne selbst Gegenstand der gerichtlichen Erkenntnis und Entscheidung zu sein. Für Nr. 1 müssen die Daten zudem zur Berichtigung und Ergänzung des Grundbuchs erforderlich sein, dh. die Rechtslage muss sich außerhalb des Grundbuchs, Registers oder Verzeichnisses durch das Gesetz oder eine gerichtliche Entscheidung verändern. Wegen § 325 Abs. 2 ZPO iVm. § 989 BGB ist eine Mitteilung bereits ab Rechtshängigkeit möglich. Für **Nr. 2** genügt, dass die Daten allge-

---

[1] Zöller/Gummer Rn. 3.
[2] Zöller/Gummer Rn. 4.
[3] S. § 13 Rn. 8 ff.

EGGVG §§ 16, 16a 2. Abschnitt. Verf.übergreifende Mitteilungen von Amts wegen

mein zur Führung des Katasters erforderlich sind. Beim Streit- und Entscheidungsgegenstand muss es sich aber um Grenzstreitigkeiten handeln. Verfahren mit einem anderen Streitgegenstand können nicht Grundlage für eine Übermittlung sein. In Verfahren mit Grenzstreitigkeiten als Streitgegenstand ist es aber gleichgültig, ob die Streitigkeit durch Urteil entschieden oder durch Prozessvergleich oder einen dem Gericht mitgeteilten außergerichtlichen Vergleich geregelt worden ist. Wegen § 325 Abs. 2 ZPO iVm. § 989 BGB kann schon die Rechtshängigkeit des Verfahrens mitgeteilt werden.

§ 16 [Datenübermittlung an ausländische öffentliche Stellen]
Werden personenbezogene Daten an ausländische öffentliche Stellen oder an über- oder zwischenstaatliche Stellen nach den hierfür geltenden Rechtsvorschriften übermittelt, so ist eine Übermittlung dieser Daten auch zulässig
1. an das Bundesministerium der Justiz und das Auswärtige Amt,
2. *(betrifft Strafsachen)*

I. Normzweck

1 Mit § 16 wird die praktische innerstaatliche Durchführung von völkerrechtlichen Verträgen insoweit sichergestellt, als die Übermittlung ins Ausland über die Bundesregierung zu erfolgen hat.[1] Erfasst wird aber auch die (zusätzliche) Mitteilung an das Bundesministerium der Justiz (BMJ) oder das Auswärtige Amt (AA) zu reinen Informationszwecken, um dort einen umfassenden Kenntnisstand über die internationalen Beziehungen Deutschlands zu gewährleisten.[2] § 16 erweitert den Kreis der zulässigen Übermittlungsempfänger und damit auch den Kreis der zulässigen Übermittlungsgründe, da für jeden Übermittlungsempfänger jeweils ein für ihn gültiger Übermittlungsgrund vorliegen muss. Die Übermittlungsgründe des § 16 sind insofern akzessorischer Natur, als sie eine nach völkerrechtlichen Verträgen[3] oder nach innerstaatlichem Recht zulässige Übermittlung an ausländische, über- oder zwischenstaatliche Stellen als primäre Übermittlungsempfänger voraussetzen und daran anknüpfend zusätzliche Übermittlungsempfänger vorsehen. Die Übermittlung darf nur nach erfolgter Abwägung gem. Art. 13 Abs. 2 erfolgen. Für Verfahren der internationalen Rechtshilfe ist daneben § 17 Nr. 2 zu beachten.

II. Primäre Übermittlungsempfänger

2 Als primäre Übermittlungsempfänger sieht § 16 ausländische öffentliche Stellen bzw. über- oder zwischenstaatliche Stellen vor. Welche Stellen dies im einzelnen sind, ist den in § 16 erwähnten Rechtsvorschriften zu entnehmen. Diese Rechtsvorschriften können sich zunächst aus völkerrechtlichen Verträgen und internationalen Abkommen ergeben. Es muss aber auch genügen, wenn allein eine innerstaatliche Vorschrift den primären Übermittlungsempfänger benennt. Die genannten Rechtsvorschriften bestimmen auch die Übermittlungsgründe einschließlich des zulässigen Übermittlungsumfangs.

III. Zusätzliche Übermittlungsempfänger

3 Soweit die Übermittlung an den primären Übermittlungsempfänger zulässig ist, darf an das BMJ und das AA übermittelt werden. Die Abwägung gem. § 13 Abs. 2 ist nur hinsichtlich des zusätzlichen Übermittlungsempfängers vorgeschrieben, weil nur insoweit § 16 den Übermittlungsgrund schafft. Die Übermittlungsgründe für die primären Übermittlungsempfänger bestimmen sich dagegen grundsätzlich nach bereichsspezifischen Vorschriften, für die nicht § 13 Abs. 2, sondern § 13 Abs. 1 Nr. 1 gilt. S. aber § 17 Rn. 3.

§ 16 a [Europäisches Justizielles Netz]
(1) Das Bundesamt für Justiz nach Maßgabe des Absatzes 2 und die von den Landesregierungen durch Rechtsverordnung bestimmten weiteren Stellen nehmen die Aufgaben der Kontaktstellen im Sinne des Artikels 2 der Entscheidung 2001/470/EG des

---

[1] *Zöller/Gummer* Rn. 1
[2] *Kissel/Mayer* Rn. 1.
[3] S. BT-Drucks. 13/4709 S. 25.

Rates vom 28. Mai 2001 über die Einrichtung eines Europäischen Justiziellen Netzes für Zivil- und Handelssachen (ABl. EG Nr. L 174 S. 25) wahr.

(2) Das Bundesamt für Justiz stellt die Koordinierung zwischen den Kontaktstellen sicher.

(3) ¹Die Landesregierungen werden ermächtigt, durch Rechtsverordnung die Aufgaben der Kontaktstelle einer Landesbehörde zuzuweisen. ²Sie können die Befugnis zum Erlaß einer Rechtsverordnung nach Absatz 1 einer obersten Landesbehörde übertragen.

I. Normzweck

§ 16a dient der Umsetzung der Entscheidung des Rates über die Einrichtung eines **Europäischen Justiziellen Netzes für Zivil- und Handelssachen** (E 2001/470/EG).[1] Er wurde durch Art. 21 OLG-Vertretungsänderungsgesetz (OLGVertrÄndG) vom 23. 7. 2002 (BGBl. I S. 2850) mit Wirkung zum 1. 8. 2002 eingeführt. Durch Art. 4 Abs. 5 G zur Errichtung und zur Regelung der Aufgaben des BfJ vom 17. 12. 2006 (BGBl. I S. 3171) wurden die Aufgaben aus Abs. 1 und 2 vom Generalbundesanwalt beim Bundesgerichtshof auf das Bundesamt für Justiz übertragen. 1

II. Das Europäische Justizielle Netz in Zivil- und Handelssachen (EJN)

Um den Raum der Freiheit, der Sicherheit und des Rechts aufzubauen und weiterzuentwickeln wurde durch die Entscheidung des Rates 2001/470/EG[2] das Europäische Justizielle Netz in Zivil- und Handelssachen errichtet. Dieses soll der Verbesserung, Vereinfachung und Beschleunigung einer wirksamen justiziellen Zusammenarbeit zwischen den Mitgliedstaaten dienen (ErwGr. 6 E 2001/470/EG). Für Verfahren mit grenzüberschreitenden Bezügen insbesondere in Bereichen, in denen noch keine EU-weite Rechtsvereinheitlichung bzw. -harmonisierung erfolgte, soll ein wirksamer Zugang zum Recht geschaffen werden.[3] Durch ein Informationssystem sollen das EU-Recht, Internationale Übereinkommen und das nationale Recht der Mitgliedstaaten für die Öffentlichkeit erschlossen werden. Diese Aufgabe übernimmt im wesentlichen die von der Kommission erstellte und mit Informationen der Mitgliedstaaten angefüllte Webseite des Netzes.[4] 2

III. Kontaktstellen

In **Abs. 1** ist die Zuständigkeit des Bundesamtes für Justiz als (koordinierende, dazu Rn. 5) Kontaktstelle auf Bundesebene geregelt und vorgesehen, dass seitens der Landesregierungen durch Rechtsverordnung weitere Stellen zu bestimmen sind, die die Aufgaben der Kontaktstellen im Sinne des Art. 2 E 2001/470/EG auf Landesebene wahrnehmen. Die Landesregierungen werden zur Subdelegation auf die oberste Landesbehörde ermächtigt (Abs. 3 S. 2). Sie können die Aufgaben der Kontaktstelle auch einer Landesbehörde zuweisen (Abs. 3 S. 1). 3

Im Folgenden werden die Daten der einzelnen **deutschen Kontaktstellen** wiedergegeben:[5] 4

Bundes-Kontaktstelle (Koordinationsstelle)
Frau Dr. Stefanie Plötzgen-Kamradt
Bundesamt für Justiz
D-53094 Bonn
Tel.: +49 228 99 41 05 32 1
Fax: +49 228 99 41 05 59 4
E-Mail: Euro.JudNet@bfj.bund.de
Sprachen: Deutsch, Englisch, Französisch

Kontaktstelle Baden-Württemberg[6]
Frau Dr. Sylvia Storck
Justizministerium
Schillerplatz 4
D-70173 Stuttgart
Tel: +49 71 1279 22 15
Fax: +49 71 1279 22 64
E-Mail: storck@jum.bwl.de
Sprachen: Deutsch, Englisch

---

[1] Die Materialien zur Entstehung dieser Entscheidung finden sich systematisch geordnet auf www.euzpr.eu.
[2] V. 28. 5. 2001, ABl. EG 2001 L 174/25.
[3] Vgl. ErwGr. 9 E 2001/470/EG; *Zöller/Gummer* Rn. 1.
[4] http://ec.europa.eu/civiljustice [2. 11. 2007].
[5] Die Stelle an sich wird durch die jeweils angegebene Landesverordnung bestimmt. Quelle der konkreten Kontaktdaten: *BfJ* http://www.bundesjustizamt.de/cln_049/nn_258950/DE/Themen/Zivilrecht/EJN/EJNInhalte/Vertragsstaaten.html [2. 11. 2007]. Dort werden auch Änderungen zeitnah eingestellt.
[6] Subdelegation zum Justizministerium: VO v. 7. 9. 1998, bad-württGBl. S. 561, geändert durch VO v. 5. 11. 2002, bad-württGBl. S. 442; Benennung der Kontaktstelle durch VO v. 7. 9. 1998, bad-württGBl. S. 561, geändert durch VO v. 27. 11. 2002, bad-württGBl. S. 4S. 492.

Kontaktstelle Bayern[7]
Herr Peter Tilmann
Staatsministerium der Justiz
D-80097 München
Tel.: +49 89 55 97 25 75
Fax: +49 89 55 97 35 66
E-Mail: Peter.Tilmann@stmj.bayern.de
Sprachen: Deutsch, Englisch

Kontaktstelle Berlin[8]
Herr Dr. Heinrich Glaßer
Senatsverwaltung für Justiz
Salzburger Straße 21-25
D-10825 Berlin
Tel.: +49 30 90 13 35 76 (or/ou 32 02)
Fax: +49 30 90 13 20 08
E-Mail: heinrich.glasser@senjust.verwalt-berlin.de
Sprachen: Deutsch, Englisch, Französisch

Kontaktstelle Brandenburg[9]
Herr Dr. Robert Staats
Ministerium der Justiz und für Europa-angelegenheiten
Heinrich-Mann-Allee 107
D-14473 Potsdam
Tel.: +49 33 18 66 32 50
Fax: +49 33 18 66 32 06
E-Mail: robert.staats@mdj.brandenburg.de
Sprachen: Deutsch, Englisch

Kontaktstelle Bremen[10]
Herr Dr. Enzo Vial
Präsident des Landgerichts Bremen
Domsheide 16 (Gerichtshaus)
D-28195 Bremen
Tel.: +49 42 13 61 44 96
Fax: +49 42 13 61 15 8 37
E-Mail: enzo.vial@landgericht.bremen.de
Sprachen: Deutsch, Englisch

Kontaktstelle Hamburg[11]
Frau Doris Winkler
Präsident des Amtsgerichts Hamburg
Sievekingplatz 1
D-20355 Hamburg
Tel.: +49 40 42 84 30
Fax: +49 40 428 43 23 83
E-Mail: poststelle@ag.justiz.hamburg.de
Sprachen: Deutsch, Englisch

Kontaktstelle Hessen[12]
Herr Dr. Wolfgang Weber
Präsident des Oberlandesgerichts Frankfurt am Main
Zeil 42
D-60313 Frankfurt am Main
Tel.: +49 69 13 67 23 69
Fax: +49 69 13 68 23 40
E-Mail: w.weber@olg-frankfurt.justiz.hessen.de
Sprachen: Deutsch, Englisch, Französisch

Kontaktstelle Mecklenburg-Vorpommern[13]
Frau Dr. Ute Albrecht
Justizministerium
Puschkinstr. 19–21
D-19055 Schwerin
Tel.: +49 385 58 80
Fax: +49 385 588 34 53
E-Mail: ute.albrecht@jm.mv-regierung.de
Sprachen: Deutsch, Englisch

Kontaktstelle Niedersachsen[14]
Frau Dr. Annette Wiegand-Schneider
Justizministerium
Postfach 201
D-30002 Hannover
Tel.: +49 5 111 20 50 89
Fax: +49 5 111 20 51 85
E-Mail: annette.wiegand-schneider@mj.niedersachsen.de
Sprachen: Deutsch, Englisch

Kontaktstelle Nordrhein-Westfalen[15]
Frau Susanne Baan
Präsidentin des Oberlandesgerichts Düsseldorf
Cecilienallee 3
D-40474 Düsseldorf
Tel.: +49 21 14 97 13 21
Fax: +49 21 14 97 15 48
E-Mail: Susanne.Baan@olg-duesseldorf.nrw.de
Sprachen: Deutsch, Englisch, Französisch

Frau Monika Bolten
Tel.: +49 21 14 97 13 40
E-Mail: monika.bolten@olg-duesseldorf.nrw.de
Sprachen: Deutsch, Englisch

---

[7] VO v. 10. 9. 1996, bayGVBl. S. 404, geändert durch VO v. 19. 11. 2002, bayGVBl. S. 636.
[8] Eine Benennung durch VO erfolgte bisher nicht, nach Auskunft der Senatsverwaltung für Justiz nimmt diese aufgrund Schreibens v. 21. 9. 2001, GeschZ 9522/288 an das BMJ die Funktion der Kontaktstelle wahr.
[9] Eine Benennung durch VO erfolgte bisher nicht, nach Auskunft des Ministeriums nimmt dieses aufgrund eines Schreibens an das BMJ die Funktion der Kontaktstelle wahr.
[10] VO v. 24. 9. 2002, bremGBl. S. 508.
[11] VO v. 26. 4. 1982, hambAmtlAnz. S. 765, geändert durch VO v. 27. 2. 2004, hambAmtlAnz. S. 521.
[12] VO v. 15. 12. 2004, hessGVBl. S. 452; die VO tritt gemäß ihres § 3 am 31. 12. 2009 außer Kraft.
[13] VO v. 22. 8. 2006, meck-vorpomGVBl. S. 693.
[14] Subdelegation zum Justizministerium: VO v. 6. 7. 2007, ndsGVBl. S. 244; die Benennung einer Kontakt-stelle durch VO ist nicht erfolgt.
[15] VO v. 6. 1. 2004, nrwGVBl. S. 24.

Europäisches Justizielles Netz   5   § 16a EGGVG

Kontaktstelle Rheinland-Pfalz[16]
Herr Ulrich van Krüchten
Ministerium der Justiz
Ernst-Ludwig-Straße 3
D-55116 Mainz
Tel.: +49 61 31 16 48 57
Fax: +49 61 31 16 48 87
E-Mail: poststelle@min.jm.rlp.de
Sprachen: Deutsch, Englisch

Kontaktstelle Saarland[17]
Frau Dr. Dorothee Krutisch
Ministerium für Justiz, Gesundheit und Soziales
Postfach 10 24 51
D-66024 Saarbrücken
Tel.: +49 68 15 01 51 58
Fax: +49 68 15 01 58 55
E-Mail: d.krutisch@justiz-soziales.saarland.de
Sprachen: Deutsch, Englisch, Französisch

Kontaktstelle Sachsen[18]
Frau Katrin Haller
Präsident des Oberlandesgerichts Dresden
Schlossplatz 1
D-01067 Dresden
Tel.: +49 35 14 46 13 60
Fax: +49 35 14 46 15 20
E-Mail: katrin.haller@olg.justiz.sachsen.de
Sprachen: Deutsch, Englisch

Kontaktstelle Sachsen-Anhalt[19]
Herr Dr. Frank Warnecke
Ministerium der Justiz
Hegelstraße 40-42
D-39104 Magdeburg
Tel.: +49 39 15 67 60 11
Fax: +49 39 15 67 61 82
E-Mail: warnecke@mj.lsa-net.de
Sprachen: Deutsch, Englisch

Kontaktstelle Schleswig-Holstein[20]
Herr Manfred Schäfer
Ministerium für Justiz, Frauen, Arbeit und Europa
Lorentzendamm 35
D-24103 Kiel
Tel.: +49 43 19 88 37 60
Fax: +49 43 19 88 38 83
E-Mail: ejnsh@jumi.landsh.de
Sprachen: Deutsch, Englisch

Kontaktstelle Thüringen[21]
Frau Bettina Häussermann
Justizministerium
Werner-Seelenbinder-Str. 5
D-99096 Erfurt
Tel.: +49 36 13 79 51 40
Fax: +49 36 13 79 51 88
E-Mail: bettina.haeussermann@tjm.thueringen.de
Sprachen: Deutsch, Englisch, Französisch

IV. Koordinierungsstelle

Art. 2 Abs. 2 E 2001/470/EG verlangt von Mitgliedstaaten, die mehrere Kontaktstellen für das   5
Europäische Justizielle Netz (EJN) benennen, geeignete Koordinationsmechanismen zwischen diesen sicherzustellen. Dazu wird in Abs. 2 dem **Bundesamt für Justiz** die Koordinierungsfunktion zugewiesen. Wahrzunehmende Koordinationsaufgaben sind im wesentlichen die Weiterleitung von Anfragen aus anderen Mitgliedstaaten an die jeweils auf Landesebene zu errichtende örtlich zuständige Kontaktstelle und als Ansprechpartner der Kommission zur Verfügung zu stehen. Ein Direktionsrecht des Bundes gegenüber den Ländern besteht insoweit indes nicht.[22] Zur Koordinierung ist auch eigene Sacharbeit wie Sitzungswahrnehmung im Rahmen des EJN und Mitarbeit beim Aufbau des Informationssystems[23] nach Art. 14 E 2001/470/EG zu zählen.[24]

---

[16] VO v. 26. 11. 2002, rh-pfGVBl. S. 473 (das für die Angelegenheiten der Rechtspflege zuständige Ministerium).
[17] VO v. 26. 11. 2002, saarlABl. 2003, S. 1006, geändert durch VO v. 24. 1. 2006, saarlABl. S. 174.
[18] VO v. 26. 9. 1999, sächsGVBl. S. 513, geändert durch VO v. 6. 12. 2002, sächsGVBl. S. 354.
[19] Subdelegation zum Justizministerium: VO v. 4. 3. 2004, sachs-anhGVBl. S. 194, geändert durch VO v. 22. 6. 2007, sachs-anhGBVl. S. 208; Benennung der Kontaktstelle durch VO v. 12. 12. 2007, sachs-anhGVBl. S. 409.
[20] Eine Benennung durch VO erfolgte bisher nicht.
[21] VO v. 19. 1. 2006, thürGVBl. S. 31 (das für Angelegenheiten des Rechts- und Amtshilfeverkehrs mit dem Ausland zuständige Ministerium).
[22] So BT-Drucks. 14/9266, S. 73; *Kissel/Mayer* § 16a Rn. 3.
[23] S. die Webseite des EJN http://ec.europa.eu/civiljustice.
[24] *Kissel/Mayer* § 16a Rn. 3.

§ 17 [Datenübermittlung in anderen Fällen]

Die Übermittlung personenbezogener Daten ist ferner zulässig, wenn die Kenntnis der Daten aus der Sicht der übermittelnden Stelle
1. zur Verfolgung von Straftaten oder Ordnungswidrigkeiten,
2. für ein Verfahren der internationalen Rechtshilfe,
3. zur Abwehr erheblicher Nachteile für das Gemeinwohl oder einer Gefahr für die öffentliche Sicherheit,
4. zur Abwehr einer schwerwiegenden Beeinträchtigung der Rechte einer anderen Person oder
5. zur Abwehr einer erheblichen Gefährdung Minderjähriger

erforderlich ist.

I. Normzweck

1 § 17 begründet weitere Übermittlungsgründe, die ebenso der Abwägung nach § 13 Abs. 2 bedürfen. Die aufgezählten Gründe sind innerhalb von § 17 enumerativ abschließend und nicht nur beispielhaft aufgeführt. § 17 ist grundsätzlich auf alle Verfahren anwendbar,[1] ist also unabhängig von Parteien und Verfahrensgegenstand und schließt auch zufällig angefallene Daten über Dritte ein.[2] Er unterliegt aber den in § 12 gezogenen Grenzen.[3]

II. Einzelne Übermittlungsgründe

2 **1. Verfolgung von Straftaten und Ordnungswidrigkeiten.** Ein Übermittlungsgrund ist gegeben, wenn die Übermittlung zur Verfolgung von Straftaten oder Ordnungswidrigkeiten erforderlich ist. Dies kann zB ein im Zivilverfahren begangener Prozessbetrug, ein Meineid oder eine Falschaussage oder eine bekannt gewordene Steuerstraftat sein. Eine Mitteilungs- oder Anzeigepflicht ergibt sich aus § 17 jedoch nicht. Die Vorschrift entspricht § 14 Abs. 2 Nr. 7 Alt. 1 BDSG.

3 **2. Verfahren der internationalen Rechtshilfe.** Für Verfahren der internationalen Rechtshilfe sind zunächst die besonderen Vorschriften maßgebend. Enthalten diese Vorschriften bereichsspezifische Übermittlungsgründe, so gehen diese aufgrund § 13 Abs. 1 Nr. 1 vor; § 17 iVm. der erforderlichen Abwägung aus § 13 Abs. 2 greift nicht ein. § 17 Nr. 2 mit § 13 Abs. 2 ist auch nicht anwendbar, soweit Übermittlungs**pflichten** bestehen. Soweit bereichsspezifisch abschließende Übermittlungsgründe nicht gegeben sind, ist § 17 Nr. 2 und deshalb auch § 13 Abs. 2 anzuwenden. Nr. 2 gilt nur für die internationale Rechtshilfe,[4] nicht dagegen für die innerstaatliche Rechts- und Amtshilfe. Zur internationalen Rechtshilfe in diesem Sinne zählt aber immer noch die Rechtshilfe innerhalb der EU.

4 **3. Abwehr erheblicher Nachteile für das Gemeinwohl.** Die Abwehr erheblicher Nachteile für das Gemeinwohl oder **einer Gefahr für die öffentliche Sicherheit** ist ein weiterer Übermittlungsgrund. Die Vorschrift entspricht § 14 Abs. 2 Nr. 6 BDSG, verzichtet aber auf eine „unmittelbar drohende" Gefahr, die das BDSG verlangt. Eine allgemeine Gefahr genügt. Unter dem schwer fassbaren Begriff des **Gemeinwohls** ist das Gesamtinteresse der staatlichen Gemeinschaft im Gegensatz zum Einzelinteresse zu verstehen.[5] Die **Öffentliche Sicherheit** ist hier iSd Gefahrenabwehrrechtes zu verstehen und umfasst die Unverletzlichkeit der Rechtsordnung, die subjektiven Rechte und Rechtsgüter des Einzelnen sowie den Bestand, die Einrichtungen und Veranstaltungen des Staates oder sonstiger Träger von Hoheitsgewalt.[6]

5 **4. Abwehr einer schwerwiegenden Beeinträchtigung der Rechte einer anderen Person.** Die Übermittlung ist ebenfalls zulässig zur Abwehr einer schwerwiegenden Beeinträchtigung der Rechte einer anderen Person. Dieser Grund stimmt mit § 14 Abs. 2 Nr. 8 BDSG überein. Die Beeinträchtigung kann Rechte jeder Art betreffen, sowohl materielle wie immaterielle Rechte, absolute oder relative Rechte. Es muss sich jedoch um eine schwerwiegende Beeinträchtigung handeln, wobei auch das Gewicht des im beeinträchtigten Recht liegenden Interesses zu berücksichtigen ist. Bei einem Recht, das nur finanzielle Interessen schützt, kommt deshalb eine schwerwiegende Be-

---

[1] S. auch BT-Drucks 13/4709 S. 25.
[2] Kissel/Mayer Rn. 1.
[3] S. § 12 Rn. 2 ff.
[4] S. dazu vor § 156 GVG Rn. 9 f.
[5] Kissel/Mayer Rn. 5.
[6] BVerfGE 69, 315, 352; Schmidt-Aßmann/Schoch, BesVerwR, 13. Aufl. 2005, 2. Kap. Rn. 66.

einträchtigung nicht so einfach in Betracht wie bei einem Recht, das immaterielle, insbesondere persönlichkeitsrechtliche Interessen schützt. In jedem Fall ist eine Interessenabwägung gem. § 13 Abs. 2 unter Beachtung des Grundsatzes der Verhältnismäßigkeit vorzunehmen.

5. Abwehr einer erheblichen Gefährdung Minderjähriger. Ein eigenständiger Übermittlungsgrund wird in Nr. 5 mit der Abwehr einer erheblichen Gefährdung Minderjähriger geschaffen. Mit der Gefährdung sind vor allem sittliche Schutzaspekte und Interessen des Jugendschutzes angesprochen. Diesen Interessen muss eine erhebliche Gefahr drohen. Der Übermittlungsgrund ist jedoch nur subsidiär neben der bereichsspezifischen Regelung des § 35 a FGG anwendbar, der in der Praxis die wesentlichsten Fälle erfassen wird. 6

III. Gemeinsame Voraussetzungen

1. Erforderlichkeit. Die Übermittlung an den Empfänger muss für die in Nr. 1 bis 5 genannten Gründe erforderlich sein. Die Erforderlichkeit beurteilt sich hierbei wie bei § 15 aus der Sicht der übermittelnden Stelle und deren Kenntnisstand. Die übermittelnde Behörde muss sich bei der Beurteilung der Erforderlichkeit zwar im Rahmen eines objektiv vernünftigen Maßstabs halten (s. § 15 Rn. 4), sie ist jedoch weder verpflichtet noch berechtigt, eigenständige Ermittlungen anzustellen. Die übermittelnde Stelle muss vielmehr auf der Grundlage der ihr in ihrem Zuständigkeitsbereich bekannt gewordenen Informationen über die Erforderlichkeit entscheiden. Ergeben anschließende Ermittlungen der Empfängerstelle, dass die übermittelten Daten für die in Nr. 1 bis 5 genannten Zwecke nicht erforderlich sind, so hat diese nach § 19 Abs. 2 S. 2 zu verfahren. 7

2. Abwägung. Neben der tatbestandlich vorausgesetzten Erforderlichkeitsprüfung muss die übermittelnde Stelle noch das **Abwägungsgebot** des § 13 Abs. 2 beachten (vgl. § 13 Rn. 8 ff.). 8

§ 18 [Verbindung mit weiteren Daten des Betroffenen oder Dritter, Ermessen]

(1) ¹Sind mit personenbezogenen Daten, die nach diesem Abschnitt übermittelt werden dürfen, weitere personenbezogene Daten des Betroffenen oder eines Dritten so verbunden, daß eine Trennung nicht oder nur mit unvertretbarem Aufwand möglich ist, so ist die Übermittlung auch dieser Daten zulässig, soweit nicht berechtigte Interessen des Betroffenen oder eines Dritten an deren Geheimhaltung offensichtlich überwiegen. ²Eine Verwendung der Daten durch den Empfänger ist unzulässig; für Daten des Betroffenen gilt § 19 Abs. 1 Satz 2 entsprechend.

(2) ¹Die übermittelnde Stelle bestimmt die Form der Übermittlung nach pflichtgemäßem Ermessen. ²Soweit dies nach der Art der zu übermittelnden Daten und der Organisation des Empfängers geboten ist, trifft sie angemessene Vorkehrungen, um sicherzustellen, daß die Daten unmittelbar den beim Empfänger funktionell zuständigen Bediensteten erreichen.

I. Normzweck

Abs. 1 betrifft **komplexe Datenbestände,** aus denen die Daten, die nach diesem Abschnitt übermittelt werden dürfen, nicht mit verhältnismäßigem Aufwand isoliert werden können. In Abs. 2 wird die **Form** der Übermittlung geregelt. 1

II. Umfang der zu übermittelnden Daten (Abs. 1)

1. Verbindung der Daten. Nach **Abs. 1 S. 1** der Vorschrift ist unter bestimmten Umständen die Übermittlung auch solcher Daten zulässig, hinsichtlich derer die Übermittlungsvoraussetzungen der §§ 13 bis 17 nicht vorliegen. Voraussetzung hierfür ist, dass sie derart mit Daten verbunden sind, für deren Übermittlung die Voraussetzungen der §§ 13 bis 17 vorliegen, dass eine Trennung nicht oder nur mit unvertretbarem Aufwand möglich ist. Diese eng an die Regelung des § 15 Abs. 5 Halbs. 1 BDSG angelehnte Bestimmung versucht die strengen Übermittlungsvoraussetzungen der §§ 13 bis 17 mit der Realität einer ohnehin stark belasteten Justiz in Einklang zu bringen.[1] Gerade in Akten und Entscheidungsgründen sind die eine Übermittlung rechtfertigenden Daten oftmals untrennbar mit weiteren Angaben der betroffenen oder einer dritten Person verbunden. Durch die strengen Übermittlungsanforderungen, insbesondere durch den Erforderlichkeitsgrundsatz in §§ 15 und 17 wäre die übermittelnde Stelle gezwungen, die jeweiligen Daten isoliert zu übermitteln. 2

---

[1] *Zöller/Gummer* Rn. 2.

Auch wenn dies technisch zB durch das Schwärzen bestimmter Passagen möglich ist, so wäre es praktisch jedoch meist mit einem erheblichen, mit der gegenwärtigen Personalsituation in der Justiz nicht mehr zu vereinbarenden Aufwand verbunden.

3   Wenn eine inhaltliche Bearbeitung der Akten nicht in Betracht kommt, ist abzuwägen, ob es ausreichend ist, allein den Tenor zu übermitteln, die gesamte Entscheidung einschließlich Gründen weitergegeben werden muss oder die gesamte Akte zu übersenden ist. Da der Tenor allein oft wenig aussagefähig ist und es dem Wesen einer gerichtlichen Entscheidung entspricht, dass diese in der Regel allein anhand der niedergelegten Entscheidungsgründe zutreffend erfasst werden kann, wird regelmäßig eine Übermittlung der **gesamten Entscheidung** in Betracht kommen.[2] Eine zu knappe Datenübermittlung provoziert weitergehende Auskunfts- und Einsichtsersuchen des Empfängers, was einen weiter gesteigerten Verwaltungsaufwand bedeutet und letztendlich zu einer noch weitergehenden Datenpreisgabe führen würde. Es liegt daher auch im Interesse des Betroffenen, dass von vornherein Daten in beide Richtungen in angemessenem Umfang übermittelt werden.[3] Die Übersendung der vollständigen Akten dagegen wird regelmäßig nicht erforderlich sein, da sich die notwendigen Angaben aus der Entscheidung ergeben werden.

4   **2. Geheimhaltungsinteresse.** Die Übermittlung der nicht von den §§ 13 bis 17 erfassten „überschießenden"[4] Daten ist jedoch jedenfalls dann unzulässig, wenn **berechtigte** Geheimhaltungsinteressen des Betroffenen oder eines Dritten offensichtlich gegenüber dem öffentlichen Interesse an der Übermittlung überwiegen (Abs. 1 S. 1 am Ende). Bei der Abwägung ist auch das Verwendungsverbot (s. sogleich Rn. 5) mit einzubeziehen. Auch wenn Abs. 1 nicht wie § 13 Abs. 2 ausdrücklich auf die Sicht der übermittelnden Stelle abstellt, bestimmt sich die Offensichtlichkeit nach deren Kenntnisstand. Die Offensichtlichkeit ist wie bei der Abwägung im Rahmen des § 13 Abs. 2 objektiv zu bestimmen im Sinne einer für einen durchschnittlichen Betrachter ohne weiteren Aufwand gegebenen Erkenntnismöglichkeit (vgl. § 13 Rn. 9f.). Überwiegt das Geheimhaltungsinteresse, so liegt es grundsätzlich im Ermessen der übermittelnden Behörde, ob sie trotz des Aufwands die Trennung der Daten vornimmt oder die Übermittlung insgesamt unterlässt.

5   **3. Verwendungsverbot.** Zum Schutz der Persönlichkeitsrechte der von der Übermittlung Betroffenen sieht Abs. 1 S. 2 Halbs. 1 ein Verwendungsverbot hinsichtlich der **„überschießenden" Daten** vor. Diese dürfen vom Empfänger weder verwendet noch gespeichert bzw. in sonstiger Weise genutzt oder an dritte Stellen weitergegeben werden.[5] Allein die Primärdaten dürfen Verwendung finden.

6   **Kein Verwendungsverbot** besteht hinsichtlich solcher „überschießender" Daten des Betroffenen, die auch ohne die Voraussetzungen des Abs. 1 S. 1 hätten übermittelt werden dürfen (Abs. 1 S. 2 Halbs. 2 iVm. § 19 Abs. 1 S. 2). Die Feststellung, dass die Übermittlung für einen anderen Zweck hätte erfolgen dürfen, obliegt dem Empfänger und ist von diesem zu verantworten (vgl. § 19 Rn. 2ff.). Ausweislich des eindeutigen Wortlauts gilt diese Ausnahme vom Verwendungsverbot nicht für „überschießende" Daten eines Dritten.

III. Form der Datenübermittlung (Abs. 2)

7   **1.) Bestimmung der Form.** Nach Abs. 2 S. 1 bestimmt die übermittelnde Stelle die Form der Übermittlung nach pflichtgemäßem Ermessen. Im Rahmen dieses Ermessens kann die übermittelnde Stelle frei entscheiden, ob sie zB die Abschrift einer Akte oder einer Entscheidung übermittelt oder lediglich speziell ausgewählte Daten übermittelt. Aus § 19 Abs. 1 S. 2 ergibt sich jedoch mittelbar, dass die Angabe des Übermittlungszwecks zwingend erforderlich ist.[6] Um die vorgegebene zweckgebundene Verwendung der Daten zu gewährleisten, ist das Ermessen der übermittelnden Stelle insoweit auf Null reduziert. Solange die Erkennbarkeit des Übermittlungszwecks für den Empfänger gewährleistet ist, spielt es keine Rolle, ob die übermittelnde Stelle den Zweck ausdrücklich bezeichnet oder ob sich dieser konkludent aus der Angabe der einschlägigen Bestimmung einer entsprechenden Rechts- oder Verwaltungsvorschrift[7] ergibt.

---

[2] Die in § 18 Abs. 2 EGGVG-E 1992, BT-Drucks. 12/3199 S. 6, noch enthaltene Beschränkung, im Zweifelsfall die Entscheidungsgründe nicht mit zu übermitteln, wurde aufgrund der Einwände des BR nicht in die endgültige Gesetzesfassung übernommen.
[3] *Zöller/Gummer* Rn. 2.
[4] So BT-Drucks. 13/4709 S. 25.
[5] Vgl. BT-Drucks. 13/4709 S. 25; vgl. auch *Kissel/Mayer* Rn. 4.
[6] BT-Drucks. 13/4709 S. 25.
[7] Vgl. zB die Anordnung über Mitteilungen in Zivilsachen (MiZi), s § 12 Fn. 13.

2. Übermittlung unmittelbar an den zuständigen Bediensteten. Abs. 2 S. 2 legt der 8
übermittelnden Stelle die Verpflichtung auf, die Daten, soweit dies möglich und geboten ist, unmittelbar an den bei der Empfängerstelle funktional zuständigen Bediensteten zu senden. Hauptanwendungsbereich des S. 2 wird vor allem die Übermittlung von Daten an einen öffentlich-rechtlichen Arbeitgeber in Personalangelegenheiten sein.[8] In diesen Fällen wird in der Regel eine Übermittlung mittels verschlossenen Umschlags, persönlich an den Behördenleiter oder Vertreter im Amt, angemessen sein.[9]

§ 19 [Zweckgebundenheit, Erforderlichkeit]

(1) [1]Die übermittelten Daten dürfen nur zu dem Zweck verwendet werden, zu dessen Erfüllung sie übermittelt worden sind. [2]Eine Verwendung für andere Zwecke ist zulässig, soweit die Daten auch dafür hätten übermittelt werden dürfen.

(2) [1]Der Empfänger prüft, ob die übermittelten Daten für die in Absatz 1 genannten Zwecke erforderlich sind. [2]Sind die Daten hierfür nicht erforderlich, so schickt er die Unterlagen an die übermittelnde Stelle zurück. [3]Ist der Empfänger nicht zuständig und ist ihm die für die Verwendung der Daten zuständige Stelle bekannt, so leitet er die übermittelten Unterlagen dorthin weiter und benachrichtigt hiervon die übermittelnde Stelle.

I. Normzweck

Die Vorschrift schreibt in Abs. 1 die **Zweckbindung** des Empfängers der übermittelten Daten 1
fest. In Abs. 2 wird der Empfänger verpflichtet, die Erforderlichkeit der Daten für den von der übermittelnden Stelle bestimmten Zweck zu überprüfen. Weiterhin regelt Abs. 2 bestimmte Verhaltenspflichten des Empfängers für den Fall, dass er die fehlende Erforderlichkeit der Daten bzw. seine eigene Unzuständigkeit für die Verwendung der Daten feststellt.

II. Zweckbindung (Abs. 1)

Abs. 1 regelt in Anlehnung an § 15 Abs. 3 BDSG den datenschutzrechtlichen **Zweckbindungs-** 2
grundsatz des Datenempfängers. Grundsätzlich dürfen die übermittelten Daten nur für den von der übermittelnden Stelle anzugebenden (vgl. § 18 Rn. 7) Übermittlungszweck verwendet werden.

Eine **anderweitige Verwendung** der Daten ist nach Abs. 1 S. 2 nur dann zulässig, wenn die 3
Übermittlung an den Empfänger auch zu diesem Zweck hätte erfolgen dürfen. Die Zulässigkeit der Übermittlung für einen anderen Zweck als den von der übermittelnden Stelle angegebenen, hat der Empfänger in eigener Verantwortung zu überprüfen.[1] Im Interesse einer gerichtlichen Nachprüfbarkeit hat der Empfänger die Feststellung der Zulässigkeit aktenkundig zu machen.[2] Eine Nachricht an die übermittelnde Stelle über die anderweitige Verwendung ist nicht vorgeschrieben, erscheint aber angezeigt. Auskunftsrecht und Rechtsschutz (§§ 21, 22) werden nicht beeinträchtigt, sie betreffen unabhängig vom Zweck allein die Übermittlung der Daten.[3]

Werden die Daten im Bereich des Empfängers zur Wahrnehmung von **Aufsichts- und Kon-** 4
trollbefugnissen, zur Rechnungsprüfung, zur Durchführung von Organisationsuntersuchungen oder zu Ausbildungs- und Prüfungszwecken verwendet, so ergibt sich aus dem allgemeinen Rechtsgrundsatz des § 14 Abs. 3 BDSG, dass diese Verwendung noch von der Zweckbindung nach S. 1 gedeckt ist (die Übermittlung allein hierzu würde gar nicht in den Anwendungsbereich der §§ 12–22 fallen, vgl. § 12 Rn. 6f.). S. 2 findet insoweit keine Anwendung.[4] Die Zweckbestimmung ist als Schutzgesetz anzusehen, weshalb eine Verletzung entsprechend Schadensersatzansprüche auslösen kann (s. auch § 7 BDSG).[5]

III. Erforderlichkeitsprüfung (Abs. 2)

1. Verpflichtung des Empfängers (Abs. 2 S. 1). Zum Teil wird bereits die Übermittlungs- 5
berechtigung nur unter der Voraussetzung gewährt, dass die Daten für den Übermittlungszweck bei

---

[8] Zöller/Gummer Rn. 5.
[9] Vgl. BT-Drucks. 13/4709 S. 25.
[1] Zöller/Gummer Rn. 1; Kissel/Mayer Rn. 2.
[2] Kissel/Mayer Rn. 2.
[3] Kissel/Mayer Rn. 2.
[4] BT-Drucks. 13/4709 S. 26.
[5] Kissel/Mayer Rn. 6.

der empfangenden Stelle aus der Sicht der übermittelnden Stelle erforderlich sind (§§ 13 Abs. 1 Nr. 5, 15, 17). Da die übermittelnde Stelle weder verpflichtet noch berechtigt ist, eigenständige Ermittlungen hinsichtlich der Erforderlichkeit anzustellen (vgl. § 17 Rn. 7) beruht die Übermittlung notwendigerweise auf einer Grobeinschätzung der übermittelnden Stelle. Teilweise ist die Erforderlichkeit gar nicht Tatbestandsvoraussetzung für die Übermittlung (§§ 13 Abs. 1 Nr. 1–4, 16). So wird es unweigerlich auch zur Übermittlung von Daten kommen, die im Einzelfall zur Aufgabenerfüllung des Empfängers letztlich objektiv nicht erforderlich sind. Zum Schutz des Betroffenen verpflichtet daher Abs. 2 S. 1 den Empfänger zur Prüfung der Erforderlichkeit. Für die Bejahung der Erforderlichkeit ist es nicht entscheidend, ob die Kenntnis der übermittelten Daten letztlich zu einer Maßnahme des Empfängers führt. Die Daten sind für die Aufgabenerfüllung bereits dann erforderlich, wenn sie Anlass geben, in eine diesbezügliche Prüfung einzutreten.[6]

6 **2. Fehlende Erforderlichkeit.** Kommt der Empfänger zum Ergebnis, dass die Daten für seine Aufgabenerfüllung nicht erforderlich sind, so hat er diese gem. Abs. 2 S. 2 an die übermittelnde Stelle **zurückzuschicken.** Eine Vernichtung durch die empfangende Stelle ist nicht zulässig.[7] Resultiert die fehlende Erforderlichkeit aus der Unzuständigkeit des Empfängers und kennt er die für die Verwendung der Daten zuständige Stelle, so hat er die Daten gem. Abs. 2 S. 3 dorthin **weiterzuleiten** und die übermittelnde Stelle hiervon zu **unterrichten.** Durch die Rücksendungspflicht des S. 2 bzw. durch die Weiterleitungs- und Unterrichtungspflicht des S. 3 soll zum einen eine unnötige Streuung personenbezogener Daten verhindert werden. Zum anderen soll der übermittelnden Stelle die Möglichkeit gegeben werden, die Übermittlung an den zuständigen Empfänger nachzuholen. Die Unterrichtung nach S. 3 ist weiterhin für die Erfüllung der Nachberichtspflicht (§ 20) und der Auskunftspflicht (§ 21) der übermittelnden Stelle erforderlich.

§ 20 [Unterrichtung des Empfängers]

(1) ¹Betreffen Daten, die vor Beendigung eines Verfahrens übermittelt worden sind, den Gegenstand dieses Verfahrens, so ist der Empfänger vom Ausgang des Verfahrens zu unterrichten; das gleiche gilt, wenn eine übermittelte Entscheidung abgeändert oder aufgehoben wird, das Verfahren, außer in den Fällen des § 153a der Strafprozeßordnung, auch nur vorläufig eingestellt worden ist oder nach den Umständen angenommen werden kann, daß das Verfahren auch nur vorläufig nicht weiter betrieben wird. ²Der Empfänger ist über neue Erkenntnisse unverzüglich zu unterrichten, wenn dies erforderlich erscheint, um bis zu einer Unterrichtung nach Satz 1 drohende Nachteile für den Betroffenen zu vermeiden.

(2) ¹Erweist sich, daß unrichtige Daten übermittelt worden sind, so ist der Empfänger unverzüglich zu unterrichten. ²Der Empfänger berichtigt die Daten oder vermerkt ihre Unrichtigkeit in den Akten.

(3) Die Unterrichtung nach Absatz 1 oder 2 Satz 1 kann unterbleiben, wenn sie erkennbar weder zur Wahrung der schutzwürdigen Interessen des Betroffenen noch zur Erfüllung der Aufgaben des Empfängers erforderlich ist.

I. Normzweck

1 Durch § 20 soll der Verwendung **überholter und unrichtiger Daten** entgegengewirkt werden. Zu diesem Zweck bestimmen Abs. 1 und Abs. 2 S. 1 Nachberichts- und Unterrichtungspflichten sowie Abs. 2 S. 2 eine Korrekturpflicht. Abs. 1 macht zudem deutlich, dass die Übermittlung von Daten auch vor Verfahrensabschluss grundsätzlich zulässig ist, die Erforderlichkeit ist aber schon zur Vermeidung aufwendiger Nachberichte kritisch zu prüfen.[1] Abs. 3 will unnötigen Verwaltungsaufwand verhindern.

II. Aktualisierung überholter Daten (Abs. 1)

2 Wurden bereits vor Beendigung des Verfahrens Daten weitergeleitet, welche den **Gegenstand des Verfahren** betreffen, so obliegt der übermittelnden bzw. der nunmehr mit der Sache befassten Stelle die Pflicht, die Empfängerstelle über den **Fortgang des Verfahrens** zu informieren, damit diese ihre Daten auf den neusten Stand bringen kann. Die Nachberichtspflicht greift nicht ein,

---

[6] BT-Drucks. 13/4709 S. 26.
[7] BT-Drucks. 13/4709 S. 26, 44 Nr. 18; 56 zu Nr. 18; *Kissel/Mayer* Rn. 4.
[1] *Zöller/Gummer* Rn. 2.

wenn die übermittelten Daten nicht den Gegenstand des Verfahrens betreffen, sondern lediglich bei Gelegenheit des Verfahrens bekannt geworden sind. Hinsichtlich solcher Daten ist der Fortgang des Verfahrens irrelevant. Teilweise sind solche Daten von vornherein von der Übermittlungsmöglichkeit ausgenommen (vgl. § 15 Rn. 6). Gemäß S. 1 Halbs. 1 ist der Empfänger im erforderlichen Umfang über den **Ausgang des Verfahrens** zu unterrichten. Gleiches gilt gem. S. 1 Halbs. 2 für den Fall, dass eine übermittelte **Entscheidung abgeändert** oder **aufgehoben** wird, so zB bei Aufhebung einer rechtskräftigen Entscheidung im Wege der Wiederaufnahme. Weiterhin besteht eine Nachberichtspflicht in Fällen der auch nur **vorläufigen Einstellung** des Verfahrens sowie dann, wenn nach den Umständen davon ausgegangen werden kann, dass das Verfahren auch nur vorläufig nicht weiterbetrieben wird. Letztere Alternative bezieht sich vor allem auf das Amtsverfahren der freiwilligen Gerichtsbarkeit, bei dem in vielen Fällen eine förmliche Einstellung oder Unterbrechung nicht vorgesehen ist.[2]

Die Nachberichtspflicht tritt grundsätzlich **nach Beendigung des Verfahrens** ein. Dies ist bei 3 rechtskräftigen Entscheidungen mit dem Eintritt der Rechtskraft der Fall. Ist die das Verfahren (vorläufig) abschließende Entscheidung nicht rechtskraftfähig, so kommt es auf den Zeitpunkt ihres Erlasses an. Der Empfänger ist gem. S. 2 jedoch **ausnahmsweise** dann **unverzüglich** über neue Erkenntnisse zu unterrichten, wenn dies zur Abwehr solcher Nachteile erforderlich erscheint, die dem Betroffenen in der Zwischenzeit bei einer Unterrichtung erst nach Ausgang des Verfahrens drohen.

III. Korrektur unrichtiger Daten (Abs. 2)

Der Empfänger ist (unabhängig von den Pflichten aus Abs. 1) gem. Abs. 2 S. 1 unverzüglich da- 4 von zu unterrichten, wenn sich die – gleichgültig aus welchem Grund übermittelten – Daten als unrichtig erweisen. Um eine unberechtigte Verwendung dieser **unrichtigen Daten** auszuschließen, ist der Empfänger nach Abs. 2 S. 2 verpflichtet, die Daten entweder zu **berichtigen** oder die **Unrichtigkeit in den Akten zu vermerken**. Obwohl nach dem Wortlaut des Abs. 2 nur der Empfänger unrichtiger Daten zu deren Korrektur verpflichtet ist, trifft auch den Empfänger von Nachberichtsdaten iSd. Abs. 1 eine entsprechende Aktualisierungspflicht. Für den Betroffenen macht es keinen Unterschied, ob die ihn betreffenden Daten von Anfang an unrichtig oder aber auf Grund einer neuen Entscheidung zeitlich überholt sind. Abs. 2 S. 2 ist deshalb auf Abs. 1 analog anzuwenden.

IV. Befreiung von der Unterrichtung (Abs. 3)

Eine Ausnahme von der Nachberichts- und Unterrichtungspflicht sieht **Abs. 3** für die Fälle vor, 5 in denen sie erkennbar weder zur Interessenwahrung des Betroffenen noch für die Aufgabenerfüllung des Empfängers erforderlich sind. Durch diese Einschränkung sollen unnötige und überflüssige Datentransfers aus rein formalen Gründen vermieden werden. Abs. 3 sollte nur mit großer Zurückhaltung angewandt werden. Zu fordern ist, dass selbst jegliche vernünftigen Zweifel an der Erforderlichkeit ausgeschlossen sind.

§ 21 [Auskunftserteilung und Unterrichtung; Antrag; Ablehnung]

(1) ¹**Dem Betroffenen ist auf Antrag Auskunft über die übermittelten Daten und deren Empfänger zu erteilen.** ²**Der Antrag ist schriftlich zu stellen.** ³**Die Auskunft wird nur erteilt, soweit der Betroffene Angaben macht, die das Auffinden der Daten ermöglichen, und der für die Erteilung der Auskunft erforderliche Aufwand nicht außer Verhältnis zu dem geltend gemachten Informationsinteresse steht.** ⁴**Die übermittelnde Stelle bestimmt das Verfahren, insbesondere die Form der Auskunftserteilung, nach pflichtgemäßem Ermessen.**

(2) ¹**Ist der Betroffene bei Mitteilungen in Strafsachen nicht zugleich der Beschuldigte oder in Zivilsachen nicht zugleich Partei oder Beteiligter, ist er gleichzeitig mit der Übermittlung personenbezogener Daten über den Inhalt und den Empfänger zu unterrichten.** ²**Die Unterrichtung des gesetzlichen Vertreters eines Minderjährigen, des Bevollmächtigten oder Verteidigers reicht aus.** ³**Die übermittelnde Stelle bestimmt die Form der Unterrichtung nach pflichtgemäßem Ermessen.** ⁴**Eine Pflicht zur Unterrichtung besteht nicht, wenn die Anschrift des zu Unterrichtenden nur mit unvertretbarem Aufwand festgestellt werden kann.**

---

[2] So BT-Drucks. 13/4709 S. 26.

(3) Bezieht sich die Auskunftserteilung oder die Unterrichtung auf die Übermittlung personenbezogener Daten an Verfassungsschutzbehörden, den Bundesnachrichtendienst, den Militärischen Abschirmdienst oder, soweit die Sicherheit des Bundes berührt wird, andere Behörden des Bundesministers der Verteidigung, ist sie nur mit Zustimmung dieser Stellen zulässig.

(4) Die Auskunftserteilung und die Unterrichtung unterbleiben, soweit
1. sie die ordnungsgemäße Erfüllung der Aufgaben der übermittelnden Stelle oder des Empfängers gefährden würden,
2. sie die öffentliche Sicherheit oder Ordnung gefährden oder sonst dem Wohle des Bundes oder eines Landes Nachteile bereiten würden oder
3. die Daten oder die Tatsache ihrer Übermittlung nach einer Rechtsvorschrift oder ihrem Wesen nach, insbesondere wegen der überwiegenden berechtigten Interessen eines Dritten, geheimgehalten werden müssen

und deswegen das Interesse des Betroffenen an der Auskunftserteilung oder Unterrichtung zurücktreten muß. Die Unterrichtung des Betroffenen unterbleibt ferner, wenn erhebliche Nachteile für seine Gesundheit zu befürchten sind.

(5) Die Ablehnung der Auskunftserteilung bedarf keiner Begründung, soweit durch die Mitteilung der tatsächlichen und rechtlichen Gründe, auf die die Entscheidung gestützt wird, der mit der Auskunftsverweigerung verfolgte Zweck gefährdet würde.

I. Normzweck

1   Durch die dem § 19 BDSG nachgebildete Vorschrift soll der Forderung des BVerfG Rechnung getragen werden, dass die Bürger erfahren können, „wer was wann und bei welcher Gelegenheit über sie weiß".[1] Zu diesem Zweck sieht die Vorschrift einen Auskunftsanspruch des Betroffenen (Abs. 1) und eine Unterrichtungspflicht der übermittelnden Stelle (Abs. 2) vor, welche jedoch zum Schutz höherrangiger Interessen eingeschränkt werden können (Abs. 3 bis 5).

II. Auskunftsanspruch (Abs. 1)

2   **1. Auskunftsanspruch als Grundsatz.** Der Gesetzgeber musste die Vorgaben des BVerfG (vgl. Rn. 1) umsetzen. Während der ursprüngliche Regierungsentwurf noch die Pflicht der übermittelnden Stelle vorsah, jeden Betroffenen gleichzeitig mit der Übermittlung ihn betreffender Daten hierüber zu unterrichten,[2] forderte der Bundesrat aus verwaltungstechnischen Zweckmäßigkeitsgesichtspunkten die Beschränkung auf einen Auskunftsanspruch des Betroffenen. Dieser Forderung Rechnung tragend wurde der Auskunftsanspruch des Betroffenen in Abs. 1 zum Grundsatz erhoben und die Pflicht der übermittelnden Stelle zur Unterrichtung von Amts wegen in Abs. 2 zur Ausnahme gemacht (dazu Rn. 7).

3   **2. Antrag.** Um den Auskunftsanspruch nach Abs. 1 S. 1 geltend zu machen, muss der Betroffene nach Abs. 1 S. 2 einen **schriftlichen Antrag** stellen. Er ist nach Abs. 1 S. 3 Halbs. 1 weiterhin verpflichtet, alle ihm bekannten Angaben zu machen, die das **Auffinden der Daten ermöglichen**. Hat der Betroffene den nach seiner Meinung zum Anlass genommenen Sachverhalt einer erfolgten Datenübermittlung durch geeignete Angaben (Aktenzeichen, etc.) ausreichend konkretisiert, dürfte eine Ablehnung des Antrags wegen Unverhältnismäßigkeit des für die Auskunft erforderlichen Aufwands zum Informationsinteresse des Betroffenen gem. Abs. 1 S. 3 Halbs. 2 regelmäßig nicht in Frage kommen.[3]

4   **3. Auskunftserteilung.** Der Betroffene hat grundsätzlich weder Anspruch auf ein bestimmtes **Verfahren** noch auf eine bestimmte **Form** der Auskunftserteilung. Hierüber hat die übermittelnde Stelle gem. Abs. 1 S. 4 nach **pflichtgemäßem Ermessen** zu entscheiden. Im Rahmen dieses Ermessens hat die übermittelnde Stelle jedoch zu berücksichtigen, dass der Betroffene durch die Auskunftserteilung in die Lage versetzt werden muss, eine gerichtliche Überprüfung der Rechtmäßigkeit der Datenmitteilung nach § 23 anzustrengen. Vor diesem Hintergrund dürfte regelmäßig die Übersendung einer Abschrift oder Kopie der Datenmitteilung die angemessene Auskunftsform darstellen. Dem Betroffenen bereits bekannte Schriftstücke müssen jedoch nicht erneut beigefügt wer-

---
[1] BVerfGE 65, 1, 43.
[2] BT-Drucks. 12/3199 S. 17, 26.
[3] Zöller/Gummer Rn. 3.

den.[4] Dem Betroffenen ist mitzuteilen wem welche Daten übermittelt wurden. Er hat jedoch keinen Anspruch den Übermittlungszweck zu erfahren.[5]

Die **Ablehnung des Antrags** auf Auskunftserteilung ist grundsätzlich zu begründen. Nach Abs. 5 entfällt die Begründungspflicht nur dann, wenn durch die Mitteilung der Gründe der mit der Auskunftsverweigerung verfolgte Zweck gefährdet würde. Rechtsschutz dagegen richtet sich zwar nicht nach § 22 (iVm. §§ 23ff.), der allein den Rechtsschutz gegen die Übermittlung selbst betrifft,[6] jedoch ist die Verwehrung der Auskunft als Justizverwaltungsakt iSv. § 23 zu qualifizieren, so dass die §§ 23–30 unmittelbar anwendbar sind. Problematisch ist dabei, ob die Justizbehörden bei der Auskunftserteilung zur Regelung von Maßnahmen auf den in § 23 genannten Gebieten tätig werden. Jedenfalls werden wohl zumindest auch Zwecke des bürgerlichen Rechts mitverfolgt. Ausschlaggebend muss aber sein, dass die Überprüfung der Übermittlung selbst von § 22 dem Verfahren der §§ 23–30 unterstellt wird. Die vorhergehende Stufe der Auskunft und Unterrichtung ist in gleicher Weise zu überprüfen. Es wäre unstimmig und kann so nicht dem Willen des Gesetzgebers entsprechen, den Verwaltungsgerichtsweg als berufen anzusehen, soweit es um die Frage der Auskunft über die erfolgte Übermittlung geht, die Übermittlung selbst sodann aber vor dem OLG nach den §§ 23–30 zu überprüfen.[7]

4. Kosten. Auch wenn eine § 19 Abs. 7 BDSG entsprechende ausdrückliche Regelung fehlt, ist der Auskunftsantrag für den Betroffenen kostenfrei. Eine gesetzliche Kostentragungspflicht ist weder im EGGVG, im JuMiG noch in den Kostengesetzen vorgesehen.[8]

III. Unterrichtungspflicht (Abs. 2)

Ausnahmsweise sieht Abs. 2 S. 1 eine Unterrichtungspflicht der übermittelnden Stelle **von Amts wegen** für die Fälle vor, in denen der Betroffene **weder Partei noch Beteiligter** des Verfahrens ist. Für derart Betroffene läuft der Auskunftsanspruch nach Abs. 1 leer, da sie typischerweise nicht mit einer Übermittlung ihrer Daten rechnen können. Um auch diesen Betroffenen die vom BVerfG geforderte Möglichkeit zu geben, zu wissen, „wer was wann und bei welcher Gelegenheit über sie weiß", ist eine Unterrichtung von Amts wegen unerlässlich. Die Unterrichtung hat gleichzeitig mit der Datenübermittlung zu erfolgen. Bei Minderjährigen reicht die Unterrichtung des gesetzlichen Vertreters aus (Abs. 2 S. 2). Die Form der Unterrichtung ist von der übermittelnden Stelle nach pflichtgemäßem Ermessen zu bestimmen (Abs. 2 S. 3, vgl. hierzu Rn. 4). Ergibt sich die Anschrift des zu Unterrichtenden nicht bereits aus den Akten, so kann eine Unterrichtung gem. Abs. 2 S. 4 ausnahmsweise unterbleiben, wenn die Anschrift nur mit unvertretbarem Aufwand festgestellt werden kann. Rechtsschutz bei nicht erfolgter Unterrichtung ist nach den §§ 23–30 zu gewähren (s. Rn. 5).

IV. Wegfall des Auskunfts- und Unterrichtungsrechts

1. Übermittlung an bestimmte Behörden (Abs. 3). Wurden die Daten an eine der in Abs. 3 genannten Behörden übermittelt, so ist eine Auskunftserteilung oder Unterrichtung im Interesse der Sicherheit des Bundes nur mit **Zustimmung** der jeweiligen **Empfängerbehörde** zulässig. Die Vorschrift entspricht § 19 Abs. 3 BDSG.

2. Weitere Ausnahmen (Abs. 4). Weitere Ausnahmen vom Auskunfts- und Unterrichtungsrecht des Betroffenen sieht Abs. 4 vor. Nach Abs. 4 S. 1 darf die übermittelnde Stelle dem Betroffenen weder Auskunft erteilen, noch diesen von der Datenübermittlung unterrichten, wenn dies zum Schutz der in Nr. 1 bis 3 genannten höherrangigen Interessen erforderlich ist und das Informationsinteresse des Betroffenen deshalb zurücktreten muss. Durch Nr. 1 wird auch wiederholten Auskunftsersuchen Einhalt geboten.[9] Mit Nr. 3 wird u.a. der Schutz von Zeugen, Vertrauenspersonen und verdeckten Ermittlern gewährleistet.[10] Die Entscheidung über das Vorliegen dieser Ausnahmevoraussetzungen hat die übermittelnde Stelle in eigener Verantwortung zu treffen. Nach Abs. 4 S. 2 hat die Unterrichtung des Betroffenen zu unterbleiben, wenn dies zum Schutz seiner Gesundheit, etwa zur Vermeidung außerordentlicher psychischer Reaktionen, erforderlich erscheint. Bei der

---

[4] *Zöller/Gummer* Rn. 3.
[5] *Kissel/Mayer* Rn. 1.
[6] *Kissel/Mayer* § 22 Rn. 2.
[7] *Löwe/Rosenberg/Böttcher*, StPO, 25. Aufl. 1998, Rn. 17.
[8] *Kissel/Mayer* Rn. 12.
[9] *Kissel/Mayer* Rn. 6.
[10] *Kissel/Mayer* Rn. 9.

sich aus dem Wortlaut ergebenden Beschränkung dieser Ausnahme auf die Unterrichtung nach Abs. 2 dürfte es sich um ein Versehen des Gesetzgebers handeln. Einzubeziehen ist auch die Auskunft nach Abs. 1.[11]

§ 22 [Überprüfung der Rechtmäßigkeit der Datenübermittlung]

(1) ¹Ist die Rechtsgrundlage für die Übermittlung personenbezogener Daten nicht in den Vorschriften enthalten, die das Verfahren der übermittelnden Stelle regeln, sind für die Überprüfung der Rechtmäßigkeit der Übermittlung die §§ 23 bis 30 nach Maßgabe der Absätze 2 und 3 anzuwenden. ²Hat der Empfänger auf Grund der übermittelten Daten eine Entscheidung oder andere Maßnahme getroffen und dies dem Betroffenen bekanntgegeben, bevor ein Antrag auf gerichtliche Entscheidung gestellt worden ist, so wird die Rechtmäßigkeit der Übermittlung ausschließlich von dem Gericht, das gegen die Entscheidung oder Maßnahme des Empfängers angerufen werden kann, in der dafür vorgesehenen Verfahrensart überprüft.

(2) ¹Wird ein Antrag auf gerichtliche Entscheidung gestellt, ist der Empfänger zu unterrichten. ²Dieser teilt dem nach § 25 zuständigen Gericht mit, ob die Voraussetzungen des Absatzes 1 Satz 2 vorliegen.

(3) ¹War die Übermittlung rechtswidrig, so spricht das Gericht dies aus. ²Die Entscheidung ist auch für den Empfänger bindend und ist ihm bekanntzumachen. ³Die Verwendung der übermittelten Daten ist unzulässig, wenn die Rechtswidrigkeit der Übermittlung festgestellt worden ist.

I. Normzweck

1 Da die Datenübermittlung zu Recht als ein Grundrechtseingriff angesehen wird, regelt die Vorschrift den nach Art. 19 Abs. 4 GG gebotenen **Rechtsschutz des von einer Datenübermittlung Betroffenen,** unabhängig davon, ob die Übermittlung mit oder ohne einer Übermittlungspflicht erfolgte. Abs. 1 beschreibt den Anwendungsbereich der §§ 23–30 für die Überprüfung der Rechtmäßigkeit der Datenübermittlung in Abgrenzung zu anderen Rechtsschutzmöglichkeiten des Betroffenen. In Abs. 2 werden die verfahrensrechtlichen Vorschriften aufgestellt, die zur Klärung der Zulässigkeit des eingeschlagenen Rechtswegs erforderlich sind. In Abs. 3 werden schließlich die Konsequenzen dargestellt, die sich aus einem begründeten Antrag des Betroffenen ergeben.

II. Rechtsschutz nach den §§ 23-30 (Abs. 1)

2 Nach Abs. 1 sind für die Überprüfung der Rechtmäßigkeit einer Datenübermittlung die §§ 23-30 nach Maßgabe der Absätze 2 und 3 einschlägig. Ob es sich hierbei dogmatisch um die Überprüfung der Rechtmäßigkeit der Datenübermittlung als sonstige Maßnahme iSd. § 23 Abs. 1 S. 1 Alt. 3[1] oder aber um die Überprüfung der Rechtmäßigkeit der Anordnung der Datenübermittlung als Justizverwaltungsakt iSd. § 23 Abs. 1 S. 1 Alt. 1 handelt, kann auf Grund der Rechtsgrundverweisung in Abs. 1 S. 1 dahingestellt bleiben.

3 Der Verweis bestimmt für sich selbst Nachrang, so dass doppelter Rechtsschutz vermieden wird: Die §§ 23–30 sind **nicht anwendbar,** wenn die **Daten auf Grund** einer gegenüber den §§ 12–22 **spezielleren,** das Verfahren der übermittelnden Stelle regelnden **Rechtsgrundlage** übermittelt wurden (Abs. 1 S. 1). In diesem Fall stehen dem Betroffenen nur die in dem diesbezüglichen Verfahrensrecht vorgesehenen Rechtsschutzmöglichkeiten zur Verfügung.

4 Das Verfahren über die Anfechtung von Justizverwaltungsakten findet weiterhin ab dem Zeitpunkt **keine Anwendung,** ab dem der **Empfänger** auf Grund der übermittelten Daten eine **Entscheidung oder andere Maßnahmen getroffen** und dies dem Betroffenen bekannt gegeben hat (Abs. 1 S. 2). Wurde eine solche Maßnahme oder Entscheidung getroffen und kann der Betroffene direkt gegen diese vorgehen, soll dieses Verfahren Vorrang genießen. Da hinsichtlich rechtswidrig übermittelter Daten ein Verwendungsverbot besteht (vgl. Rn. 8 f.), muss das Gericht bei Überprüfung der Rechtmäßigkeit der auf diesen Daten basierenden Entscheidung oder Maßnahme des Empfängers inzident die Rechtmäßigkeit der Übermittlung überprüfen.[2] Ebenso wie S. 1 dient S. 2

---

[11] So auch die Begründung des Regierungsentwurfs, BT-Drucks. 13/4709 S. 27; *Zöller/Gummer* Rn. 6.
[1] So *Zöller/Gummer* Rn. 1.
[2] *Zöller/Gummer* Rn. 3.

damit der Vermeidung eines doppelgleisigen Rechtswegs und der daraus resultierenden Gefahr widersprüchlicher Entscheidungen. Als Empfänger ist dabei nicht nur die Einrichtung, der die Daten unmittelbar übermittelt werden zu verstehen, sondern auch die Stellen, an die die Daten zur Erfüllung der ihr obliegenden Aufgaben weiter- bzw. durchgeleitet werden.[3] Es genügt mithin für den Ausschluss nach Abs. 1 S. 2, wenn derartige nachgeordnete Stellen die entsprechende Entscheidung oder Maßnahme trifft und dem Betroffenen bekannt gibt. Bei Vorliegen der Voraussetzungen von Abs. 1 S. 2 ist keine Verweisung nach § 17a Abs. 2 S. 1 GVG möglich, da der beschrittene Rechtsweg nach §§ 22 Abs. 1, 23 EGGVG nicht schlechthin unzulässig ist, sondern allein auf Grund Abs. 1 S. 2 versperrt ist.[4] Die Sperrwirkung tritt jedoch nicht ein, wenn die getroffene Maßnahme nicht selbständig angefochten werden kann, hiergegen mithin kein eigenständiger Rechtsschutz besteht.[5]

Ausweislich des Wortlauts von Abs. 1 S. 2 ist der Rechtsschutz nach §§ 23–30 nur ausgeschlossen, wenn die Empfängerstelle ihre Maßnahme getroffen hat, bevor der Betroffene einen Antrag iSd. § 23 Abs. 1 S. 1 gestellt hat. Trifft die Empfängerstelle ihre **Entscheidung** erst **während eines bereits anhängigen Verfahrens** nach §§ 23 ff., so bleibt der Antrag nach § 23 Abs. 1 S. 1 zulässig.[6] Es erscheint verfahrensökonomisch wenig sinnvoll, ein eventuell bereits weit fortgeschrittenes Verfahren zu beenden und die Frage der Rechtmäßigkeit der Datenübermittlung inzident von einem anderen Gericht überprüfen zu lassen. Da eine Entscheidung nach § 22 Abs. 3 S. 1 auch für das Gericht bindend ist, welches über die Maßnahme des Empfängers zu befinden hat,[7] hat dieses Gericht die Verhandlung auszusetzen und die Entscheidung nach § 22 Abs. 3 S. 1 abzuwarten (vgl. Rechtsgedanken des § 148 ZPO).[8]

III. Beteiligung des Empfängers (Abs. 2)

Gemäß Abs. 2 ist der **Empfänger** der übermittelten Daten von einer Antragstellung nach § 23 Abs. 1 S. 1 **zu unterrichten**. Dieser hat dem nach § 25 zuständigen OLG mitzuteilen, ob die Voraussetzungen des Abs. 1 S. 2 vorliegen (vgl. Abs. 2 S. 2). Daneben ist dem Datenempfänger ebenso wie der auf Grund ihrer Stellung als Antragsgegnerin am Verfahren förmlich beteiligten übermittelnden Stelle Gelegenheit zur inhaltlichen Stellungnahme zu geben.[9]

IV. Entscheidung (Abs. 3)

Da eine rechtswidrige Datenmitteilung nicht, wie in § 28 Abs. 1 S. 1 für rechtswidrige Justizverwaltungsakte vorgesehen, aufgehoben werden kann, hat das Gericht gem. Abs. 3 S. 1 die **Rechtswidrigkeit festzustellen.** Diese Entscheidung ist sowohl **für den Empfänger** (vgl. Abs. 3 S. 2) als auch **für die Gerichte bindend,** die nachfolgend über Entscheidungen oder Maßnahmen des Empfängers zu befinden haben.[10] Wird der Antrag auf gerichtliche Entscheidung im Sinne des Abs. 2 S. 1 wegen Rechtmäßigkeit der Datenübermittlung als unbegründet abgewiesen, so ist auch diese Entscheidung für nachfolgend zuständige Gerichte bindend. Abs. 3 S. 2 bezieht sich insofern nämlich nicht allein auf die Entscheidung der Rechtswidrigkeit nach Abs. 3 S. 1; Abs. 3 S. 2 ist vielmehr wie ein eigenständiger vierter Absatz zu lesen. Stellt das Gericht die Rechtmäßigkeit der Datenübermittlung durch Abweisung des Antrags inzident bindend fest, kann das Gericht, das über nachfolgende Entscheidungen oder Maßnahmen des Empfängers zu entscheiden hat, die diesbezügliche Rechtswidrigkeit nur noch auf andere als die die Rechtswidrigkeit der Datenübermittlung betreffenden Gründe stützen.

Hinsichtlich rechtswidrig übermittelter Daten sieht Abs. 3 S. 3 ein **Verwendungsverbot** vor, wenn die Rechtswidrigkeit der Übermittlung festgestellt worden ist. Dieses gilt rückwirkend ab Übermittlung der Daten; jeglicher auf diesen Daten aufbauender Tätigkeit des Empfängers wird die rechtliche Grundlage entzogen.[11]

Über den Wortlaut des Abs. 3 S. 3 hinaus ist die Verwendung rechtswidrig übermittelter Daten jedoch auch dann unzulässig, wenn die **Rechtswidrigkeit** der Übermittlung **(noch) nicht festge-**

---

[3] OLG Stuttgart NJW 2005, 3226, 3227; OLG Jena NStZ-RR 2006, 321.
[4] OLG Stuttgart NJW 2005, 3226, 3227; *Kissel/Mayer* § 17 GVG Rn. 35.
[5] OLG Jena NStZ-RR 2006, 321.
[6] AA *Zöller/Gummer* Rn. 4: Antrag nach § 23 wird wegen prozessualer Überholung unzulässig.
[7] Vgl. BT-Drucks. 13/4709 S. 27.
[8] *Kissel/Mayer* Rn. 9.
[9] Vgl. hierzu *Wollweber* NJW 1997, 2488; *Zöller/Gummer* Rn. 5.
[10] BT-Drucks. 13/4709 S. 27; vgl. auch Rn. 5.
[11] *Kissel/Mayer* Rn. 4.

stellt worden ist. Die rechtswidrige Übermittlung von Daten greift in das verfassungsrechtlich verankerte Recht auf informationelle Selbstbestimmung des Betroffenen und damit direkt in dessen Rechtskreis ein. In Analogie zur Rechtskreistheorie bei Beweiserhebungsverboten[12] muss ein solcher Eingriff ein Verwendungsverbot nach sich ziehen, unabhängig davon, ob die Rechtswidrigkeit der Übermittlung festgestellt worden ist oder nicht. Die Verwendung solcher rechtswidrig übermittelter Daten kann dann gegebenenfalls zur Rechtswidrigkeit der auf Grund dieser Daten getroffenen Entscheidung oder Maßnahme der Empfängerbehörde führen.

Dritter Abschnitt. Anfechtung von Justizverwaltungsakten

Schrifttum: *Buermeyer,* Rechtschutzgarantie und Gerichtsverfassungsrecht (1975); *Lorenz,* Der Rechtsschutz des Bürgers und die Rechtsweggarantie (1973); *Lüke,* Die gerichtliche Nachprüfung von Justizverwaltungsakten, JuS 1961, 205; *Schmidt,* Anfechtung von Justizverwaltungsakten nach §§ 23 ff. EGGVG, SchlHA 1962, 73.

Vorbemerkung zu den §§ 23 ff.

1   Die §§ 23–30a konkretisieren den durch Art. 19 Abs. 4 GG garantierten umfassenden Rechtsschutz gegen die öffentliche Gewalt.[1] Mit Einfügung der §§ 23–30 in das EGGVG durch § 179 VwGO sollte die **gerichtliche Kontrolle der Justizbehörden** den Verwaltungsgerichten entzogen und den **sachnäheren ordentlichen Gerichten,** die über die für die Nachprüfung erforderlichen besseren Kenntnisse in Zivil- und Strafsachen verfügen, zugewiesen werden.[2] § 23 ist daher eine abdrängende Sonderzuweisung iSv. § 40 Abs. 1 S. 1 VwGO.

2   Die §§ 23–30 sind in deutlicher **Parallele zur VwGO** ausgestaltet. Nach § 29 Abs. 2 ist ergänzend auf die Verfahrensregelung der Beschwerdevorschriften des FGG zurückzugreifen. In Einzelfällen kommt jedoch auch eine analoge Anwendung der VwGO in Betracht.

3   Die **Abgrenzung** des Anwendungsbereichs zu anderen Vorschriften ist im Einzelfall zuweilen schwierig,[3] lässt sich aber nicht vermeiden, wenn man den Vorteil der Sachnähe (Rn. 1) erhalten will. Als Alternative ist eine Regelung des Rechtsschutzes gegen Justizverwaltungsmaßnahmen in den jeweiligen Einzelgesetzen und die generelle Zuständigkeit der Verwaltungsgerichte vorgeschlagen worden.[4]

4   Zur **Zulässigkeit** des Antrages ist folgendes zu prüfen:
– Zuständigkeit (§ 25)
– Statthaftigkeit (§ 23 Abs. 1, 2)
– Subsidiarität (§ 23 Abs. 3)
– Antragsbefugnis (§ 24 Abs. 1)
– soweit vorgesehen Durchführung eines Vorschaltverfahrens (§ 24 Abs. 2)
– Form und Frist (§ 26 Abs. 1)
– keine anderweitige Rechtshängigkeit (allg. Rechtsgedanke, § 90 Abs. 2 VwGO analog)[5]
– besondere Voraussetzungen zum Untätigkeitsantrag (§ 27)

5   Kein Raum ist neben § 24 Abs. 1 für ein allgemeines Rechtsschutzbedürfnis als weitere Zulässigkeitsvoraussetzung, da bei der Geltendmachung einer Verletzung in eigenen Rechten stets ein Rechtsschutzbedürfnis besteht.[6]

§ 23 [Rechtsweg bei Justizverwaltungsakten]

(1) [1]**Über die Rechtmäßigkeit der Anordnungen, Verfügungen oder sonstigen Maßnahmen, die von den Justizbehörden zur Regelung einzelner Angelegenheiten auf den Gebieten des bürgerlichen Rechts einschließlich des Handelsrechts, des Zivilprozesses, der freiwilligen Gerichtsbarkeit und der Strafrechtspflege getroffen werden, entscheiden auf Antrag die ordentlichen Gerichte.** [2]*(betrifft Strafsachen)*

---

[12] Vgl. hierzu § 284 ZPO Rn. 62 ff.
[1] OLG Koblenz IPRax 2006, 25, 34; *Baumbach/Lauterbach/Hartmann* § 23 Rn. 5; *Kissel/Mayer* § 23 Rn. 8.
[2] BVerwG NJW 1975, 893.
[3] *Becker* FamRZ 1971, 676; ähnlich *Schütz* VerwRdsch. 1981, 189.
[4] *Schütz* VerwRdsch. 1981, 190.
[5] OLG Stuttgart Justiz 1980, 359.
[6] OLG Frankfurt NJW 1979, 1613; *Baumbach/Lauterbach/Hartmann* Rn. 5; aA *Zöller/Gummer* Rn. 2.

(2) Mit dem Antrag auf gerichtliche Entscheidung kann auch die Verpflichtung der Justiz- oder Vollzugsbehörde zum Erlaß eines abgelehnten oder unterlassenen Verwaltungsaktes begehrt werden.

(3) Soweit die ordentlichen Gerichte bereits auf Grund anderer Vorschriften angerufen werden können, behält es hierbei sein Bewenden.

Übersicht

	Rn.		Rn.
I. Normzweck	1	V. Verfahren	11–15
II. Rechtsgebiete	2	1. Einstufigkeit	11
III. Justizverwaltungsakt	3–6	2. Antragsformen	12
1. Verwaltungsakt, Realakt	3	3. Angriffsgegenstand	13
2. Unmittelbare Auswirkung, Einzelfallentscheidung	4	4. Antragstellung	14, 15
		VI. Subsidiärität (Abs. 3)	16, 17
3. Rechtsprechungsakten	5	VII. Vorläufiger Rechtsschutz	18–21
4. Akte anderer Rechtspflegeorgane	6	1. Anfechtungssachen	18
IV. Justizbehörde	7–10	2. Verpflichtungssachen	19–21
1. Der Begriff	7–9	VIII. Einzelfälle	22–79
2. Zurechnung des Verhaltens eines Mitarbeiters	10		

I. Normzweck

Die Vorschrift eröffnet als **Generalklausel** den ordentlichen **Rechtsweg gegen Justizverwaltungshandeln,** wobei zwischen Zivil- und Strafsachen zu unterscheiden ist (vgl. §§ 25 Abs. 1, 29 Abs. 2). Abs. 2 macht deutlich, dass sowohl die Anfechtung von erfolgtem Handeln wie die Verpflichtung bei unterlassenem Handeln begehrt werden kann. Abs. 3 ordnet die Subsidiärität gegenüber anderen Rechtsschutzverfahren bei den ordentlichen Gerichten an, so dass auf die §§ 23 ff. auch nicht ergänzend zurückgegriffen werden kann. 1

II. Rechtsgebiete

Der Rechtsweg zu den ordentlichen Gerichten gegen Justizverwaltungsakte wird durch § 23 nur für die **enumerativ aufgezählten Rechtsgebiete** eröffnet: Bürgerliches Recht einschließlich Handelsrecht, Zivilprozessrecht, freiwillige Gerichtsbarkeit sowie Strafrechtspflege. Da es sich um eine Ausnahme zu § 40 Abs. 1 S. 1 VwGO handelt, ist die Vorschrift insoweit **eng auszulegen.**[1] Eine Ausdehnung auf andere als die aufgezählten Rechtsgebiete, wie zB die Arbeitsgerichtsbarkeit[2] oder auf Maßnahmen vor dem Bundespatentgericht,[3] kann nicht erfolgen.[4] Wird der falsche Rechtsweg beschritten, so ist an das gem. § 52 VwGO zuständige Gericht des Verwaltungsrechtsweges nach § 17 a Abs. 2 GVG von Amts wegen zu verweisen.[5] 2

III. Justizverwaltungsakt

1. Verwaltungsakt, Realakt. Der Begriff Verwaltungsakt wird nur in Abs. 2 verwendet. In Abs. 1 ist von **„Anordnungen, Verfügungen oder sonstigen Maßnahmen"** die Rede. Der Gesetzessystematik könnte daher entnommen werden, dass Rechtsschutz gegen aktives Tun der Justizbehörden (Abs. 1) vor den ordentlichen Gerichten in weiterem Maße als bei Untätigkeit (Abs. 2), die sich nur auf Verwaltungsakte bezieht, gewährt wird. Dies hätte zur Konsequenz, dass § 40 Abs. 1 VwGO als subsidiäre Norm für Rechtsverletzungen durch Unterlassen von Realakten wieder anzuwenden wäre und in diesen Fällen der Verwaltungsrechtsweg eröffnet wäre. Diese Rechtswegzersplitterung ist abzulehnen. § 23 ist vielmehr teleologisch einheitlich dahin auszulegen, dass die Rechtswegzuweisung an die sachnähere Gerichtsbarkeit **unabhängig von der Form des** 3

---

[1] OVG Münster NVwZ 1982, 205; *Kissel/Mayer* Rn. 6; *Baumbach/Lauterbach/Hartmann* Rn. 2.
[2] BGH NJW 2003, 2989; *Oetker* MDR 1989, 600; aA OLG Schleswig NJW 1989, 110.
[3] *Baumbach/Lauterbach/Hartmann* Rn. 2.
[4] BGH NJW 2003, 2989; *Zöller/Gummer* Rn. 2; *Thomas/Putzo/Hüßtege* Rn. 1; *Kissel/Mayer* Rn. 6; *Oetker* MDR 1989, 600; aA OLG Schleswig NJW 1989, 110.
[5] BGH NJW 2003, 2989.

Verwaltungshandelns zu erfolgen hat. Auch § 28 spricht mit dem Begriff „Maßnahme" dafür, nicht den Begriff des Verwaltungsakts gem. § 35 VwVfG zugrunde zu legen, sondern **auch schlicht hoheitliches Handeln bis hin zum Realakt** unter den Begriff des Justizverwaltungsakts zu fassen.[6] Es muss vermieden werden, durch begriffliche Verengungen wieder einer Rechtswegzersplitterung Vorschub zu leisten.

4 **2. Unmittelbare Außenwirkung, Einzelfallentscheidung.** Justizverwaltungsakte werden durch das Erfordernis der unmittelbaren Außenwirkung von rein **behördeninternen Vorgängen** abgegrenzt.[7] Die unmittelbare Außenwirkung ist jedoch bei der nach § 24 Abs. 1 erforderlichen Rechtsverletzung stets gegeben. Ihr kommt deshalb für die Bestimmung des Justizverwaltungsakts keine Bedeutung zu. Die Außenwirkung ist vielmehr mit der Rechtsverletzung zu verbinden.[8] Auch rein behördeninterne Vorgänge oder Presseinformationen sind daher als Justizverwaltungsakte anzusehen. Die Zulässigkeitsprüfung ist wesentlich rationeller ausgestaltet, wenn der Begriff des Justizverwaltungsakts von unnötigen Ausgrenzungsaufgaben befreit wird, die einfacher von § 24 Abs. 1 zu leisten sind. Unselbständige Maßnahmen jedoch, die die eigentliche Entscheidung erst vorbereiten, sind bereits auf dieser Ebene auszugrenzen.[9] Entscheidend ist aber, dass mit der Maßnahme eine einzelne Angelegenheit geregelt wird.[10]

5 **3. Rechtsprechungsakte.** Bedeutsam ist die Abgrenzung gegenüber Rechtsprechungsakten. Als Ausführungsvorschrift zu Art. 19 Abs. 4 GG gewähren die §§ 23 bis 30 keinen Rechtsschutz gegen die Judikative, sondern nur gegen die Exekutive. **Akte der Rechtsprechung** sind **keine Justizverwaltungsakte.** Rechtsprechungsakte unterscheiden sich von Justizverwaltungsakten dadurch, dass sie durch den sachlich und persönlich unabhängigen, neutralen Richter ergehen[11] und der Rechtsgewinnung dienen, die sich von der Rechtsanwendung seitens der Verwaltung durch das Fehlen der Realisierung von Verwaltungszwecken auszeichnet. Ziel ist allein die richtige Rechtserkenntnis.[12] Rechtsprechung ist dabei nicht nur das Resultat eines Verfahrens in Form von Urteilen oder Beschlüssen. Dazu gehört vielmehr das gesamte damit verbundene Verfahren. Auch verfahrensleitende und -fördernde Maßnahmen sind deshalb wegen ihres Zusammenhangs mit der Rechtsgewinnung der Kontrolle im Verfahren nach §§ 23 ff. entzogen. Entscheidend ist der Zusammenhang mit einem konkreten, in richterlicher Unabhängigkeit durchgeführten Verfahren.

6 **4. Akte anderer Rechtspflegeorgane.** Akte anderer Rechtspflegeorgane als der Richter, die nur mit sachlicher, nicht aber persönlicher Unabhängigkeit ausgestattet sind, wie des **Rechtspflegers**, des **Gerichtsvollziehers** oder des **Urkundsbeamten der Geschäftsstelle**, erfüllen nicht die verfassungsrechtlichen Anforderungen an die richterliche Unabhängigkeit[13] und stellen somit auch keine Rechtsprechungsakte dar, die der gerichtlichen Nachprüfung entzogen sind. Würde man die von ihnen erlassenen Maßnahmen nicht als Justizverwaltungsakte auffassen, so müsste Rechtsschutz gegen diese öffentliche Gewalt direkt aus Art. 19 Abs. 4 GG gewährt werden, ohne dass auf genauere Verfahrensvorschriften zurückgegriffen werden könnte. Sie sind daher als **Justizverwaltungsakte** zu qualifizieren. Zu beachten ist aber, dass zT wegen Abs. 3 vorrangig der Rechtsbehelf der Erinnerung (§ 11 RpflG gegen Entscheidungen des Rechtspflegers, § 766 ZPO gegen Maßnahmen des Gerichtsvollziehers, § 573 ZPO gegen Maßnahmen des Urkundsbeamten der Geschäftsstelle) gegeben sein kann, s. Rn. 16.

IV. Justizbehörde

7 **1. Der Begriff.** Der Begriff ist teleologisch zu bestimmen. Seine Auslegung hat dem Zweck der §§ 23 bis 30, ein Durcheinander und Gegeneinander der verschiedenen Gerichtsverfahren zu verhindern,[14] Rechnung zu tragen. Die Rechtswegzuweisung zu den ordentlichen Gerichten soll de-

---

[6] BVerwG NJW 1989, 600; OLG Karlsruhe Justiz 1980, 450; KG NStZ 1993, 413; KG NJW 1987, 197; VGH Mannheim NJW 1969, 1319 f.; VG Freiburg DVBl. 1965, 575 (LS); *Kissel/Mayer* Rn. 23 f.; *Löwe/Rosenberg/Böttcher*, StPO, 25. Aufl. 1998, Rn. 44; *Zöller/Gummer* Rn. 1; *Baumbach/Lauterbach/Hartmann* Rn. 1.
[7] S. etwa OLG Karlsruhe NJW 1965, 1545; OVG Münster nrwJMBl 1968, 23; OLG München NJW 1975, 509; *Kissel/Mayer* Rn. 25 ff.
[8] S. auch KG FamRZ 1986, 806; OLG Hamm NJW 1972, 2145.
[9] OLG Dresden OLGR 2004, 394.
[10] OLG Naumburg NJW 2003, 2921; OLG Frankfurt NJW-RR 2006, 68; *Baumbach/Lauterbach/Hartmann* Rn. 1.
[11] S. etwa BVerfGE 48, 300, 316; 60, 175, 203.
[12] *M. Wolf*, GVR, 6. Aufl. 1987, § 2 II 5 S. 13; ebenso *Schilken*, GVR, 4. Aufl. 2007, Rn. 55.
[13] Bezüglich des Rechtspflegers: *Maunz/Dürig/Schmidt-Aßmann*, GG, 50. Lieferg. 2007, Art. 19 Abs. 4 GG Rn. 103; zum Rechtspfleger *M. Wolf* ZZP 99, 1986, 361, 377 ff.
[14] *Bachof* MDR 1956, 315.

ren zivil- und strafrechtliche Kenntnisse bei der Überprüfung der Justizverwaltungsakte einbringen. Somit ist nicht organisationsrechtlich oder institutionell darauf abzustellen, ob die jeweilige Behörde ressortmäßig einem Justizministerium zugeordnet ist, sondern gem. einem funktionellen Behördenbegriff nach der **konkreten Tätigkeit der Behörde** zu entscheiden, ob sie auf einem der in Abs. 1 genannten Gebiete tätig geworden ist.[15]

Justizbehörden in Zivilsachen sind daher nicht nur die **ordentlichen Gerichte** mit ihren Organen,[16] einschließlich des Gerichtsvollziehers, des Rechtspflegers und des Urkundsbeamten (Rn. 6), sondern auch abhängig von seiner Aufgabe der **Justizminister** des Bundes oder eines Landes,[17] ebenso der **Innenminister**,[18] jedoch nicht, wenn weder die aktenführende Behörde noch deren oberste Dienstbehörde bei der Entscheidung über die vom Gericht erbetene Aktenvorlage Aufgaben auf dem Gebiet der Zivilrechtspflege wahrgenommen haben.[19] 8

Nicht als Justizbehörden iSv. § 23 werden die Behörden tätig, die Aufgaben anderer Art als die in § 23 genannten erledigen. Maßnahmen der **Dienstaufsicht** sind zB keine Tätigkeiten auf dem Gebiet des Zivilprozesses oder des bürgerlichen Rechts und fallen deshalb nicht unter § 23.[20] Nicht zu den funktionellen Aufgaben in § 23 gehört auch die Einsichtsgewährung in Akten einer Verwaltungsbehörde, die sie prozessbegleitend zu einem Amtshaftungsprozess führt.[21] 9

2. Zurechnung des Verhaltens eines Mitarbeiters. Für die Zurechnung des Verhaltens eines Mitarbeiters zur Justizbehörde kommt es darauf an, ob er organisationsrechtlich zur **Vertretung der Behörde nach außen** befugt ist.[22] Ist er nicht vertretungsbefugt, so gebietet die Rechtsschutzgarantie gegen hoheitliche Gewalt dennoch die Zurechnung des Verhaltens zur Behörde, wenn nach außen der Eindruck besteht, es handele die Behörde, und diese sich nicht deutlich von ihrem Mitarbeiter distanziert. 10

V. Verfahren

1. Einstufigkeit. Das Verfahren zur Überprüfung von Justizverwaltungsmaßnahmen ist einstufig und findet vor den **Oberlandesgerichten** statt (§§ 29 Abs. 1, 25 Abs. 1). Der Verfassungsgarantie des Rechtsschutzes gegen hoheitliche Gewalt ist damit Genüge getan, da diese keinen mehrstufigen Rechtsschutz erfordert.[23] Es gilt der **Amtsermittlungsgrundsatz** gem. § 29 Abs. 2 mit § 12 FGG, der auch im FGG-Beschwerdeverfahren Anwendung findet.[24] S. zu den Verfahrensregeln § 29 Rn. 6 ff. 11

2. Antragsformen. Als **Antragsformen** ausdrücklich erwähnt sind der **Verpflichtungsantrag** in Form des Versagungsgegenantrages (§ 23 Abs. 2) und des Untätigkeitsantrages (§§ 23 Abs. 2, 27) sowie der **Anfechtungsantrag**. §§ 23–30 gewähren umfassenden Rechtsschutz gegen die Justizbehörden[25] unabhängig von einer bestimmten Antragsform. Zulässig sind daher auch **Feststellungs- und Leistungsanträge**.[26] Unter den Leistungsantrag fällt auch die Aufhebung von Realakten, da ein Anfechtungsantrag als Gestaltungsantrag hierfür nicht die geeignete Antragsform darstellt. Die Einbeziehung der Realakte in den Begriff des Justizverwaltungsaktes[27] dient nur der Bestimmung des Rechtswegs, zwingt aber nicht zur Anwendung einer inhaltlich nicht passenden Antragsform. Mit dem Leistungsantrag kann auch, soweit ausnahmsweise ein qualifiziertes Rechtsschutzbedürfnis besteht, ein vorbeugendes Unterlassungsbegehren geltend gemacht werden, dessen grundsätzliche 12

---

[15] BVerwG NJW 1976, 305, 306; BVerwG NJW 1975, 893; BVerwG NJW 1979, 882; BFH NJW 1983, 2720; OVG Koblenz NJW 1994, 2108; KG NJW-RR 1988, 1531; OLG Karlsruhe NJW 1976, 1417, 1418; OLG Hamm NJW 1973, 1089, 1090; OLG Stuttgart NJW 1972, 2146; KG MDR 1980, 676, 677; OVG Münster NJW 1977, 1790; VGH Kassel VerwRspr. 1977, 1009, 1012; *Kissel/Mayer* Rn. 14; *Löwe/Rosenberg/Böttcher*, StPO, 25. Aufl. 1998, Rn. 2; *Zöller/Gummer* Rn. 1; *Baumbach/Lauterbach/Hartmann* Rn. 1.
[16] S. auch KG NJW-RR 1991, 1085.
[17] OVG Münster NJW 1977, 1790; *Kissel/Mayer* Rn. 15; *Löwe/Rosenberg/Böttcher*, StPO, 25. Aufl. 1998, Rn. 3.
[18] VGH Kassel NJW 1984, 1253.
[19] BVerwG NJW 1984, 2233, 2234.
[20] BGH NJW 1989, 587.
[21] KG NJW-RR 1988, 1531; s. auch Rn. 22.
[22] *Kissel/Mayer* Rn. 16.
[23] BVerfGE 11, 232, 233; 19, 323, 327 f. bezogen auf das Rechtsstaatsprinzip; BVerwG NJW 1975, 893, 894; *Kissel/Mayer* Rn. 8; *M. Wolf*, GVR, 6. Aufl. 1987, § 27 II 4 S. 270.
[24] *Baumbach/Lauterbach/Hartmann* Rn. 6.
[25] OLG Frankfurt NJW 1965, 2315.
[26] VG Freiburg DVBl. 1965, 575; s. auch unten § 28 Rn. 16 f.
[27] S. Rn. 3.

Zulässigkeit sich aus Art. 19 Abs. 4 GG ergibt.[28] Der Antrag muss stets auf eine konkrete Maßnahme gerichtet sein. Die Verpflichtung zu einem generellen Verhalten in der Zukunft ist ausgeschlossen.[29]

13 **3. Angriffsgegenstand.** Angriffsgegenstand ist bei durchgeführtem **Vorschaltverfahren** nach § 24 Abs. 2 entsprechend § 79 Abs. 1 Nr. 1 VwGO der ursprüngliche Akt in der Gestalt, die er im Vorschaltverfahren angenommen hat. Enthält der Beschwerdebescheid eine zusätzliche selbständige Beschwer, so ist er entsprechend § 79 Abs. 2 VwGO separat anfechtbar.[30] Da der auf eine **Dienstaufsichtsbeschwerde** hin ergangene Bescheid keine selbständige Maßnahme ist, ist auch in diesem Fall die Ausgangsmaßnahme in ihrer ursprünglichen Gestalt der Nachprüfungsgegenstand. Etwas anderes könnte nur gelten, wenn der ablehnende Bescheid der Dienstaufsichtsbehörde sich nicht auf die Mitteilung beschränkt, dass kein Anlass zum Einschreiten bestehe.[31] Ähnliches gilt schließlich für den auf eine Gegenvorstellung des Betroffen hin erlassenen **Zweitbescheid.** Angriffsgegenstand ist grundsätzlich der erste Akt. Nur wenn der Zweitbescheid eine eigenständige neue Belastung enthält, kann auch dieser selbständig angefochten werden.[32]

14 **4. Antragstellung.** Entsprechend § 78 Abs. 1 Nr. 1 VwGO genügt zur **Bezeichnung des Antragsgegners** die genaue Angabe der Behörde. Der Antrag muss die **Beschwer** angeben (§ 24 Abs. 1) und die **Maßnahme,** die angefochten oder die begehrt wird, bzw. das festzustellende Rechtsverhältnis.[33] Ein nicht in sachlicher Form gehaltener Antrag, der vorwiegend Verunglimpfung und Beleidigungen enthält, ist jedenfalls dann unzulässig, wenn er kein klares Rechtsschutzbegehren enthält.[34] Unzulässig ist auch ein Antrag, wenn die Sache schon bei einem anderen Gericht anhängig ist (§ 90 Abs. 2 VwGO analog).[35] Für den Antrag besteht kein Anwaltszwang.[36] Zur Kostenvorschusspflicht s. § 30 Rn. 6.

15 Bei **Unzulässigkeit des Antrags** ist dieser zurückzuweisen. Ist der Rechtsweg unzulässig, so ist die Sache entsprechend § 17 a GVG an ein anderes Gericht, gegebenenfalls auch der ordentlichen Gerichtsbarkeit, zu verweisen. Zu den Verfahrensregeln siehe auch unten § 29 Abs. 2 Rn. 6 ff.

VI. Subsidiarität (Abs. 3)

16 Abs. 3 erklärt das Verfahren nach §§ 23 ff. für subsidiär, soweit der ordentliche Rechtsweg bereits aufgrund anderer Vorschriften gegeben ist. Eine ergänzende Anwendung der §§ 23 bis 30 kommt dann nicht in Betracht.[37] Als **vorrangige Regelung** ist anzusehen: das Verfahren bei der Anerkennung ausländischer Entscheidungen in Ehesachen nach Art. 7 § 1 FamRÄndG;[38] das Verfahren nach § 111 BNotO und § 3 Abs. 3 HinterlO; die Anfechtung von Justizverwaltungsakten, die im Bereich der Justizverwaltung beim Vollzug des GKG, der KostO, des GVKostG, des JVEG oder sonstiger für das gerichtliche Verfahren oder das Verfahren der Justizverwaltung geltender Kostenvorschriften ergehen, nach § 30a; die Erinnerung nach § 11 RpflG gegen Entscheidungen des Rechtspflegers, nach § 766 ZPO gegen Maßnahmen des Gerichtsvollziehers, nach § 573 ZPO gegen Maßnahmen des Urkundsbeamten der Geschäftsstelle.[39]

17 War der Rechtsweg nach §§ 23–30 zum Zeitpunkt der Antragstellung beim OLG nach § 23 Abs. 3 ausgeschlossen, weil ein anderes Gericht angerufen werden konnte, so wird durch bloßen Zeitablauf nicht im Nachhinein wieder der Rechtsweg nach §§ 23–30 eröffnet.[40]

VII. Vorläufiger Rechtsschutz

18 **1. Anfechtungssachen.** Das Gesetz enthält nur bei Anfechtungssachen eine teilweise Regelung des vorläufigen Rechtsschutzes. Nach § 29 Abs. 2 mit § 24 FGG hat der Antrag auf gerichtliche

---

[28] *Maunz/Dürig/Schmidt-Aßmann,* GG, 50. Lieferg. 2007, Art. 19 Abs. 4 GG Rn. 278 f.; aA OLG Hamm GA 1975, 150, 151; *Kissel/Mayer* Rn. 48.
[29] *Kissel/Mayer* Rn. 48.
[30] *Löwe/Rosenberg/Böttcher,* StPO, 25. Aufl. 1998, Rn. 78.
[31] *Löwe/Rosenberg/Böttcher,* StPO, 25. Aufl. 1998, Rn. 80.
[32] *Kissel/Mayer* Rn. 48; *Löwe/Rosenberg/Böttcher,* StPO, 25. Aufl. 1998, Rn. 79.
[33] *Kissel/Mayer* Rn. 50; *E. Schmidt* JZ 1969, 268.
[34] KG NJW 1969, 151; *E. Schmidt* JZ 1969, 268.
[35] OLG Stuttgart Justiz 1980, 359; *Kissel/Mayer* Rn. 53.
[36] *Zöller/Gummer* Rn. 33.
[37] OLG München NJW 1964, 983, 984.
[38] V. 11. 8. 1961, BGBl. I S. 1221.
[39] S. auch Rn. 6.
[40] OLG Karlsruhe MDR 1980, 76, 77; OLG Frankfurt NStZ-RR 2005, 220; *Zöller/Gummer* Rn. 31.

Entscheidung im Gegensatz zu § 80 Abs. 1 VwGO grundsätzlich keine Suspensivwirkung, mit Ausnahme der Festsetzung von Ordnungs- oder Zwangsmitteln. Ansonsten können bis zu einer gerichtlichen Entscheidung über die Aussetzung der Vollziehung von den Justizbehörden vollendete Tatsachen geschaffen werden. Die Garantie des effektiven Rechtsschutzes in Art. 19 Abs. 4 GG gibt dem Bürger einen Anspruch auf tatsächlich wirksame gerichtliche Kontrolle. Es sollen irreparable Entscheidungen, wie sie durch die sofortige Vollziehung einer hoheitlichen Maßnahme eintreten können, soweit wie möglich ausgeschlossen werden.[41] Zwar wird damit nicht generell eine aufschiebende Wirkung von Klage bzw. Antrag auf gerichtliche Entscheidung von Verfassungswegen verlangt. Allerdings muss die sofortige Vollziehbarkeit die Ausnahme von der Regel bleiben, die nur durch überwiegende öffentliche Belange zur Sicherung des allgemeinen Wohls gerechtfertigt werden kann.[42] Da mit der pauschalen Verweisung auf das FGG bei Justizverwaltungsakten nur für Ordnungs- und Zwangsmittel eine Suspensivwirkung angeordnet ist, bei sonstigen Eingriffen in Rechte der Bürger aber eine gesetzliche Abwägung mit zu sichernden öffentlichen Belangen nicht vorgesehen ist, kann die Regelung nicht den verfassungsrechtlichen Anforderungen genügen. Für eine **verfassungskonforme Handhabung** ist deshalb **§ 80 VwGO** im Verfahren nach den §§ 23–30 **analog** anzuwenden.

2. Verpflichtungssachen. Für Verpflichtungssachen besteht **keine Regelung.** Daraus kann aber nicht gefolgert werden, in diesen Fällen sei kein vorläufiger Rechtsschutz gegeben.[43] Für diese ablehnende Ansicht spricht zwar, dass der Gesetzgeber bei der Herausnahme des Rechtsschutzes gegen Strafvollzugsmaßnahmen aus den §§ 23–30 im Strafvollzugsgesetz die Möglichkeit einstweiliger Anordnungen geschaffen hat, ohne eine parallele Regelung auch in die §§ 23–30 aufzunehmen.[44] Sie wird aber der Verfassungsgarantie des effektiven Rechtsschutzes in Art. 19 Abs. 4 GG nicht gerecht.[45] Für den Erlass einstweiliger Anordnungen bei Verpflichtungssachen ist von entscheidender Bedeutung, dass Art. 19 Abs. 4 GG die Gewährung vorläufigen Rechtsschutzes fordert, wenn ohne ihn schwere und unzumutbare, anders nicht abwendbare Nachteile entstünden, zu deren nachträglicher Beseitigung die Entscheidung in der Hauptsache nicht mehr in der Lage wäre.[46] Verfassungsrechtlich ist in solchen Fällen die grundsätzliche Möglichkeit des Erlasses einstweiliger Anordnungen geboten.

19

In Frage käme nach **§ 40 Abs. 1 VwGO** die Anwendung der verwaltungsrechtlichen Generalklausel als „andere Zuständigkeit" iSv. Art. 19 Abs. 4 GG. Für einstweilige Anordnungen wäre dann nach § 123 Abs. 2 VwGO das Hauptsachegericht zuständig. Da § 123 Abs. 2 VwGO keine Rechtswegregelung, sondern nur eine Bestimmung der sachlichen Zuständigkeit innerhalb des eröffneten Rechtswegs ist, wäre mangels zuständigen Hauptsachegerichts **im Verwaltungsrechtsweg kein vorläufiger Rechtsschutz** gegeben, so dass dem Verfassungsgebot effektiven Rechtsschutzes erst durch die Rechtswegregelung in Art. 19 Abs. 4 S. 2 GG Genüge getan würde, die wieder auf die ordentlichen Gerichte verweist, ohne zugleich eine Verfahrensregelung anzugeben.

20

Dies spricht dafür, die **§§ 23–30** prozessökonomisch als **umfassende Rechtsschutzgewährung** auszulegen,[47] die auch für den Erlass einstweiliger Anordnungen den Rechtsweg zu den Oberlandesgerichten eröffnen,[48] und so dem Verfassungsgebot zweckmäßig nachzukommen. Auch hier gilt allerdings der Grundsatz, dass vorläufiger Rechtsschutz nicht zur Vorwegnahme der Hauptsache führen darf, es sei denn, ausnahmsweise ergäbe die Abwägung des öffentlichen Interesses an dem ausgeübten Verwaltungshandeln mit dem Privatinteresse des Betroffenen einen nicht gerechtfertigten, schwerwiegenden Nachteil des Betroffenen.[49]

21

VIII. Einzelfälle

Akteneinsicht. Während eines laufenden Gerichtsverfahrens ist den Parteien Akteneinsicht nach § 299 Abs. 1 ZPO bzw. § 34 FGG zu gewähren. Partei in diesem Sinne sind auch die Insolvenzgläubiger im Insolvenzverfahren.[50] Die Entscheidungen des Prozessgerichts oder eines Kol-

22

---

[41] BVerfGE 51, 268, 284.
[42] BVerfGE 35, 382, 402; 51, 268, 284f.; 65, 1, 70f.; *Sauthoff* NVwZ 1988, 697; zurückhaltender *Maunz/Dürig/Schmidt-Aßmann*, GG, 50. Lieferg. 2007, Art. 19 Abs. 4 GG Rn. 274.
[43] So aber OLG Hamm GA 1975, 150, 151; OLG Karlsruhe NStZ 1994, 142; *Altenhain* DRiZ 1966, 365.
[44] OLG Hamburg NJW 1979, 279.
[45] Vgl. auch *Zöller/Gummer* Rn. 32.
[46] BVerfGE 46, 166, 179; BVerfGE 65, 1, 70; BVerfGE 79, 69, 74 f.; *Kissel/Mayer* § 28 Rn. 25.
[47] OLG Frankfurt NJW 1965, 2315.
[48] OLG Hamburg NJW 1979, 279; einschränkend *Zöller/Gummer* Rn. 32.
[49] OLG München NJW 1979, 279; OLG Hamburg MDR 1977, 688.
[50] OLG Celle OLGR 2004, 191.

legiumsmitglieds erfolgen in richterlicher Unabhängigkeit als Teil der Rechtsprechungsarbeit,[51] so dass keine Maßnahme einer Justizbehörde vorliegt, die §§ 23–30 folglich nicht anwendbar sind. Gegen die Entscheidung des Urkundsbeamten ist die Erinnerung nach § 573 Abs. 1 ZPO statthaft, gegen die Entscheidung des Einzelrichters kann bei Zivilsachen nach § 140 ZPO das Kollegium angerufen werden, gegen die Entscheidung des Gerichts ist die sofortige Beschwerde nach § 567 Abs. 2 ZPO gegeben.[52] Soweit gegenüber Dritten eine Entscheidung nach § 299 Abs. 2 ZPO getroffen wird,[53] nach Abschluss des Verfahrens Akteneinsicht gewährt oder versagt wird[54] oder Akteneinsicht im Wege der Rechts- oder Amtshilfe gewährt wird, liegt ein Justizverwaltungsakt vor, der der Nachprüfung im Verfahren nach den §§ 23–30 unterliegt.[55] Auch die Überlassung von Akten der freiwilligen Gerichtsbarkeit an das Prozessgericht ist ein anfechtbarer Justizverwaltungsakt.[56] Die Gewährung oder Versagung der Akteneinsicht durch die Arbeitsgerichte nach abgeschlossenem Verfahren ist mangels einer § 23 entsprechenden Regelung nur im Verwaltungsrechtsweg überprüfbar.[57] Gleiches gilt für die Einsicht in Akten der Justizverwaltung, die prozessbegleitend zu einem Amtshaftungsprozess geführt werden.[58] S. auch Rn. 44.

23 **Anerkennung ausländischer Eheauflösungen.** Es gelten die besonderen Vorschriften des FamRÄndG, s. Rn. 16.

24 **Anwaltsbeiordnung.** Die Entscheidung nach §§ 78b, 78c ZPO ist Rechtsprechungsakt und damit nicht im Anwendungsbereich der §§ 23–30. Zulässiges Rechtsmittel ist die sofortige Beschwerde (§§ 78b Abs. 2, 78c Abs. 3 ZPO).[59]

25 **Aufrechterhaltung der Ordnung.** S. Rn. 70.

26 **Auskunft.** Die Ablehnung von Auskunftsersuchen durch Justizbehörden ist Justizverwaltungsakt und kann entsprechend überprüft werden. Soweit ein gesetzlicher Auskunftsanspruch fehlt, steht die Auskunftserteilung im pflichtgemäßen Ermessen der Behörde, welches Anhand der Maßstäbe des § 28 Abs. 3 zu überprüfen ist.[60] Die Auskunft des Gerichtsvorstands über das Ergebnis seiner Ermittlungen zur Frage der Richtigkeit des Eingangsstempels auf einer Klageschrift ist dagegen als bloße Wissenserklärung nicht nach § 23 anfechtbar.[61]

27 **Auslandsunterhaltsgesetz.** Die Prüfung eines Gesuchs nach § 4 AUG[62] durch das Amtsgericht ist ein nach § 23 anfechtbarer Justizverwaltungsakt.[63] Gleiches gilt für den Antrag auf Bewilligung von Prozesskostenhilfe für ein solches Verfahren.[64]

28 **BGB.** Die Erteilung oder Versagung der Feststellungserklärung nach §§ 1059a Nr. 2 S. 2, 1092 Abs. 2 BGB zur Übertragbarkeit eines Nießbrauchs oder einer beschränkt persönlichen Dienstbarkeit ist im Verfahren nach den §§ 23–30 nachprüfbar.[65]

29 **Beistände und Bevollmächtigte.** Die Zurückweisung von Beiständen und Bevollmächtigten durch das Gericht nach § 157 Abs. 2 ZPO ist Rechtsprechungsakt, die §§ 23–30 sind folglich nicht anwendbar.[66]

30 **Betreuer.** Die Entscheidung über den Antrag zur Aufnahme in eine Liste von als geeignet angesehenen und zukünftig zu Berufsbetreuern zu bestellenden Interessenten ist Justizverwaltungsakt und nach den §§ 23–30 überprüfbar. Unerheblich ist, dass der Vormundschaftsrichter bei der konkreten Auswahl eines Betreuers nicht an diese Liste gebunden ist. Entscheidend ist, dass regelmäßig

---

[51] BGH NJW 1969, 1302, 1303; OLG Hamburg MDR 1982, 775; LG Regensburg NJW 1986, 816 zum Strafprozess; OLG Hamm OLGR 2004, 196 zum FGG-Verfahren; ebenso OLG Brandenburg FamRZ 2007, 1575; *Kissel/Mayer* § 12 GVG Rn. 110.
[52] *Baumbach/Lauterbach/Hartmann* § 299 ZPO Rn. 18.
[53] KG NJW 1989, 534; OLG Hamm NJW 1989, 533; s. zur Akteneinsicht Dritter zu Forschungszwecken *Keller* NJW 2004, 413.
[54] Sofern diese nicht spezialgesetzlich geregelt ist, vgl. OVG Koblenz NJW 2007, 2426.
[55] KG NJW 1976, 1326; KG NJW-RR 1991, 1085; OLG Köln NJW 1994, 1075; OLG Hamm NJW-RR 1997, 1489; OLG Celle NJW 2004, 863; *Kissel/Mayer* § 12 GVG Rn. 114, 120.
[56] OLG München OLGZ 1972, 360, 361.
[57] OVG Koblenz NVwZ 1984, 526; s. auch Rn. 2.
[58] KG NJW-RR 1988, 1531.
[59] *Baumbach/Lauterbach/Hartmann* Rn. 1; *Kissel/Mayer* Rn. 10.
[60] *Kissel/Mayer* Rn. 109.
[61] KG NJW-RR 1994, 571.
[62] V. 19. 12. 1986, BGBl. I S. 2563.
[63] *Uhlig/Berard* NJW 1987, 1524; KG NJW-RR 1993, 69.
[64] KG NJW-RR 1993, 69; *Kissel/Mayer* Rn. 141.
[65] *Bassenge* NJW 1996, 2777; *Zöller/Gummer* Rn. 16; *Kissel/Mayer* Rn. 126.
[66] *Zöller/Gummer* Rn. 3; *Baumbach/Lauterbach/Hartmann* Rn. 1.

aus der Liste ausgewählt wird und somit die Aufnahme in die Liste einer Vorauswahl entspricht.[67] S. auch zum Insolvenzverwalter Rn. 53.

Datenlöschung. Die Entscheidung über einen Antrag auf Datenlöschung ist Justizverwaltungsakt und nach den §§ 23–30 angreifbar. Dieses Verfahren ist insbesondere zur Erschöpfung des Rechtsweges vor Erhebung der Verfassungsbeschwerde durchzuführen.[68] 31

Datenübermittlung. Auf die Übermittlung personenbezogener Daten von Amts wegen durch Gerichte der ordentlichen Gerichtsbarkeit an andere Stellen des Bundes oder der Länder für verfahrensübergreifende Zwecke sind die §§ 23–30 nach § 22 mit den in § 22 Abs. 2, 3 gemachten Abwandlungen anwendbar. 32

Dienstaufsichtsbeschwerde. Dienstaufsichtsbeschwerden sind Petitionen iSv. Art. 17 GG. Gegen auf Dienstaufsichtsbeschwerden hin ergehende Bescheide ist Rechtsschutz nach Art. 19 Abs. 4 GG nicht gegeben.[69] Der Rechtsweg nach § 23 ist gegen sie grundsätzlich nicht eröffnet.[70] Das gilt auch für Maßnahmen gegen einen Richter.[71] Nur wenn der auf die Dienstaufsichtsbeschwerde hin ergehende Bescheid eine eigenständige neue Rechtsbeeinträchtigung enthält oder die Behörde untätig bleibt, ist der Rechtsweg nach § 23 gegeben.[72] Anzugreifen ist die ursprüngliche, auch mit der Dienstaufsichtsbeschwerde beanstandete Maßnahme. Diese kann bei Vorliegen der weiteren Zulässigkeitsvoraussetzungen nach den §§ 23–30 überprüft werden.[73] 33

Dolmetscher. Aufgrund Landesrechts ist in einigen Bundesländern[74] die in § 189 GVG erwähnte allgemeine Beeidigung von Dolmetschern vorgeschrieben. Da diese Vereidigungen nicht nur das Verfahren vor den ordentlichen Gerichten sondern alle Gerichtsbarkeiten betreffen,[75] sind die dazu ergehenden Entscheidungen der Justizverwaltung (einschl. der Streichung aus der Dolmetscherliste) allgemeine Maßnahmen auf dem Gebiet des öffentlichen Rechts und nicht nur auf den in § 23 Abs. 1 genannten Gebieten des Zivilprozesses oder der Strafrechtspflege. Daher ist nicht der Rechtsweg nach den §§ 23–30, sondern der Verwaltungsrechtsweg eröffnet.[76] 34

Eheaufhebung. Der Antrag, die Verwaltungsbehörde zu einer Antragstellung nach § 631 ZPO zu verpflichten, unterfällt zwar der Rechtswegzuweisung nach § 23, ist jedoch mangels Verletzung des Antragstellers in eigenen Rechten gem. § 24 Abs. 1 unzulässig.[77] 35

Eheauflösung. S. Rn. 23. 36

Ehefähigkeitszeugnis für Ausländer. Die Versagung oder Erteilung der Befreiung von der Pflicht zur Beibringung eines Ehefähigkeitszeugnisses durch den Oberlandesgerichtspräsidenten nach § 1309 Abs. 2 BGB ist ein nach § 23 anfechtbarer Justizverwaltungsakt.[78] Hat der OLG-Präsident nach § 1309 Abs. 2 BGB als Justizverwaltungsbehörde eine Entscheidung getroffen, so darf er nicht als richterliches Mitglied eines OLG-Senats im Verfahren nach §§ 23 ff. mitwirken, und zwar auch dann nicht, wenn die Entscheidung von einem Richter oder Beamten im Auftrag des Präsidenten getroffen wurde.[79] 37

Ehrverletzungen. Der Rechtsweg nach § 23 ist nicht gegeben für ein Vorgehen gegen ehrverletzende gerichtliche Entscheidungen.[80] 38

Empfangsbekenntnis. S. Rn. 46. 39

Entfernen von Schriftstücken. S. Rn. 68. 40

Entscheidungssammlung des Gerichts. Die Versagung der Einsicht in die Entscheidungssammlung mehrerer Spruchkörper eines Gerichts ist nach den §§ 23–30 anfechtbar.[81] S. auch Rn. 22. 41

---

[67] OLG Saarbrücken OLGR 2005, 251.
[68] BVerfG NJOZ 2006, 2025; *Baumbach/Lauterbach/Hartmann* Rn. 3.
[69] BVerwG NJW 1977, 118.
[70] BGH NJW 1989, 587; *Kissel/Mayer* Rn. 114; *Baumbach/Lauterbach/Hartmann* Rn. 3.
[71] OLG Köln OLGZ 1970, 119, 120.
[72] OLG Stuttgart NJW 1964, 1382, 1383; *Kissel/Mayer* Rn. 114.
[73] *Kissel/Mayer* Rn. 114.
[74] Vgl. *Bleutge* BB 1973, 1417.
[75] Vgl. § 9 Abs. 2 ArbGG; § 55 VwGO; § 52 Abs. 1 FGO; § 61 Abs. 1 SGG.
[76] BGH NJW 2007, 3070; BVerwG NJW 2007, 1478; OLG Düsseldorf DÖV 2006, 227; aA OLG Frankfurt 22. 12. 2006 – 20 VA 11/06; OLG Saarbrücken OLGR 2005, 637; *Kissel/Mayer* Rn. 116; differenzierend *Baumbach/Lauterbach/Hartmann* Rn. 3; Vorschläge für ein Vergabeverfahren bei *Brinkmann* ZInsO 2006, 679.
[77] OLG Düsseldorf FamRZ 1996, 109; KG NJW 1987, 197 (noch zum früheren Recht).
[78] BGHZ 41, 136, 138; KG NJW 1961, 2209, 2210; OLG Celle FamRZ 1963, 91, 92; OLG Dresden NJW-RR 2001, 1; *Kissel/Mayer* Rn. 118; *Baumbach/Lauterbach/Hartmann* Rn. 3; *Zöller/Gummer* Rn. 18.
[79] BGH FamRZ 1963, 556.
[80] VGH München NJW 1995, 2940; vgl. auch Rn. 5.
[81] KG NJW 1976, 1226.

42 **Gerichtsentscheidungen.** Zu Mitteilung und Übermittlung der Ausfertigung s. Rn. 73.

43 **Gerichtsgebührenfreistempler.** Für die Erstattung vorausbezahlter, aber nicht verbrauchter Beträge für den Gerichtsgebührenfreistempler ist der Rechtsweg nach § 23 nicht eröffnet.[82]

44 **Gerichtsregister.** Auskünfte aus den bei jedem Gericht geführten Zentralregistern sind Justizverwaltungsakte. Entsprechende Bescheide sind nach den §§ 23–30 nachprüfbar. Hierzu zählt auch, wenn Auskunft darüber begehrt wird, ob ein Verfahren anhängig ist, an dem ein bezeichneter Schuldner beteiligt ist. Es wird gerade keine Akteneinsicht begehrt, eine solche ist dafür auch nicht notwendig; Einzelerkenntnisse sollen so nicht gewonnen werden.[83] Für Auskunft aus speziellen bei den Gerichten geführten Registern (Grundbuch, Handelsregister[84]) gelten die spezialgesetzlichen Rechtsmittelmöglichkeiten, die §§ 23–30 sind insoweit nicht einschlägig. Wenn die begehrte Auskunft jedoch über die übliche Einsichtnahme hinausgeht, bspw. eine Kopie des gesamten Handelsregisters begehrt wird,[85] oder eine spezialgesetzliche Regelung für die Einsichtnahme fehlt, so sind die §§ 23–30 einschlägig.[86]

45 **Gerichtsvollzieher.** Nach dem hier vertretenen Justizbehördenbegriff sind Akte des Gerichtsvollziehers wegen der fehlenden persönlichen Unabhängigkeit grundsätzlich nach § 23 überprüfbar. Da aber nach § 23 Abs. 3 die Eröffnung des Rechtswegs zu den ordentlichen Gerichten aufgrund anderer Vorschriften Vorrang vor dem Verfahren vor den Oberlandesgerichten genießt, ist Rechtsschutz gegen die Tätigkeit des Gerichtsvollziehers im Zwangsvollstreckungswesen nur nach den §§ 766, 767, 771 ZPO gegeben.[87] Dies gilt auch, wenn nur infolge Zeitablaufs die Erinnerung nicht mehr erhoben werden kann. Der Betroffene kann nicht durch Abwarten Einfluss auf den Rechtsweg nehmen.[88] Außerhalb des Zwangsvollstreckungsverfahrens (zB Zustellungen,[89] Verwertung gesetzlicher Pfandrechte durch Pfandverkauf[90]) verwirklicht das Verfahren nach den §§ 23–30 die Rechtsschutzgarantie des Art. 19 Abs. 4 GG gegen Akte der öffentlichen Gewalt durch den Gerichtsvollzieher, dem die richterliche Unabhängigkeit fehlt.[91]

46 **Geschäftsstelle.** Handlungen sind grundsätzlich Hilfstätigkeiten bei Rechtssprechungsakten. Eine Überprüfung nach den §§ 23–30 ist insoweit ausgeschlossen.[92] Das Unterlassen der Vorfrankierung des an einen Rechtsanwalt übersandten Empfangsbekenntnisses ist daher nicht entsprechend angreifbar.[93]

47 **Geschäftsverteilung.** Auskunft über die Geschäftsverteilung erfolgt nach § 21e Abs. 8 GVG durch Auslegung zur Einsichtnahme in der Geschäftsstelle. Wird die Einsichtnahme in die Besetzungsunterlagen verweigert oder behindert, ist die gerichtliche Überprüfung dieser Maßnahme nach den §§ 23–30 eröffnet. Nur wenn ein Bezug zu einem konkreten Verfahren gegeben ist, ist für die Auskunftserteilung ausschließlich der Spruchkörper zuständig. Dieser ist keine Justizbehörde.[94]

48 **Geschäftsverteilungsplan.** Der Geschäftsverteilungsplan nach § 21e GVG ist nicht im Verfahren nach §§ 23 ff. anfechtbar. Das Präsidium handelt dabei in richterlicher Unabhängigkeit und steht unter dem Schutz von Art. 97 Abs. 1 GG. Es ist deshalb funktional keine Justizbehörde.[95] Darüber hinaus fehlt es am Einzelfallbezug für den Justizverwaltungsakt. Gleichgültig, ob Rechtssuchender oder Richter, der Rechtsweg zu den Oberlandesgerichten ist nicht eröffnet. In Betracht kommt für den Richter eine (Feststellungs-)Klage vor den Verwaltungsgerichten,[96] für den Rechtssuchenden erfolgt die Prüfung im Rahmen der Rechtsmittel gegen die Entscheidung im Einzelfall.

49 **Gewerbezentralregister.** Das Bundesamt für Justiz, welches das Gewerbezentralregister seit dem 1. 1. 2007 führt (§ 149 Abs. 1 GewO), ist nach dem hier vertretenen funktionalen Begriff

---

[82] OLG Karlsruhe Justiz 1986, 358, 359.
[83] OLG Brandenburg OLG-NL 2006, 18.
[84] *Baumbach/Lauterbach/Hartmann* Rn. 1.
[85] BGH NJW 1989, 2818.
[86] *Kissel/Mayer* Rn. 144.
[87] *Baumbach/Lauterbach/Hartmann* Rn. 3; s. auch Rn. 6, 16.
[88] KG MDR 1982, 155.
[89] AA KG MDR 1984, 856; OLG Frankfurt Rpfleger 1976, 367; *Kissel/Mayer* Rn. 127.
[90] OLG München 15. 3. 2006 – 9 VA 1/06.
[91] OLG Karlsruhe MDR 1976, 54; *Baumbach/Lauterbach/Hartmann* Rn. 3; *Kissel/Mayer* Rn. 127 mit der Ausnahme des Zustellungsverfahrens.
[92] *Baumbach/Lauterbach/Hartmann* Rn. 3.
[93] OLG Hamm NJW 1998, 1233.
[94] Für § 222a StPO: OLG Hamm NJW 1980, 1009 (LS).
[95] BVerwG NJW 1976, 1224, 1225; *M. Wolf*, GVR, 6. Aufl. 1987, § 14 III 1 S. 143.
[96] BVerwGE 50, 11; *M. Wolf* § 14 IV 1b S. 145 f.; allein für Verfassungsbeschwerde *Schilken*, GVR, 4. Aufl. 2007, Rn. 383.

Justizbehörde. Dessen Maßnahmen als Registerbehörde sind dem Gebiet der Strafrechtspflege zuzuordnen und daher Justizverwaltungsakte, die nach den §§ 23–30 überprüfbar sind.[97]

Grundbuchberichtigung. Die Grundbuchberichtigung erfolgt im Verfahren der freiwilligen Gerichtsbarkeit, ist damit funktional Teil der Rechtsprechung, weshalb ein Justizverwaltungsakt nicht vorliegt.[98] **50**

Herausgabe von Gegenständen. Entscheidungen über Ansprüche auf Herausgabe von gerichtlich als mögliche Beweisstücke eines Verfahrens asservierten Gegenständen sind Rechtsprechungsakte, weil über deren jeweilige Verwendung im Verfahren durch das befasste Prozessgericht, also durch Rechtsprechungsakt, entschieden wird.[99] Entsprechend sind die §§ 23–30 nicht anwendbar. **51**

Hinterlegung. Gegen Entscheidungen des AG- bzw. LG-Präsidenten in Hinterlegungssachen ist gem. § 3 Abs. 2 HinterlO der Rechtsweg nach den §§ 23–30 gegeben.[100] Dies gilt auch im Fall der Setzung einer Klagefrist nach § 16 HinterlO,[101] nicht jedoch für Herausgabeklagen nach § 3 Abs. 3 HinterlO.[102] **52**

Insolvenzverwalter. Sowohl die Aufnahme in eine Vorauswahlliste von potentiellen Insolvenzverwaltern[103] als auch die Bestellung bzw. Nichtberücksichtigung bei der Bestellung zum Insolvenzverwalter[104] wird als Justizverwaltungsakt qualifiziert. Gegen beide Entscheidungen ist Rechtsschutz zu gewähren. Hinsichtlich der tatsächlichen Bestellung erfolgt jedoch im Interesse der Gläubiger eine Einschränkung des Rechtsschutzes dahingehend, dass nicht die Verpflichtung zur Bestellung als Insolvenzverwalter begehrt, sondern nur in Vorbereitung eines Haftungsprozesses die Rechtswidrigkeit der konkreten Bestellung nachträglich festgestellt werden kann.[105] **53**

Kosten. Gegen Justizverwaltungsakte Kostenentscheidungen betreffend ist der Rechtsweg nach § 30a gegeben, weshalb die §§ 23–30 subsidiär sind (Abs. 3).[106] **54**

Kostenfestsetzungsbeschluss. Der KFB ist Akt der Rechtsprechung, die Übertragung auf den Rechtspfleger ist dabei unerheblich. Entsprechendes gilt auch für das Unterlassen einer beantragten Kostenfestsetzung.[107] **55**

Mahnverfahren. Die Ablehnung eines Antrages zum Mahnverfahren ist Rechtsprechungsakt und daher nicht mit den §§ 23–30 angreifbar.[108] Die Ablehnung eines Antrags zur Änderung der Kennzifferneinträge im automatisierten Mahnverfahren ist zwar Justizverwaltungsakt, wegen § 691 Abs. 3 ZPO aber auch nicht nach den §§ 23–30 anfechtbar.[109] **56**

Mitteilungen. Die Mitteilung nachteiliger Tatsachen von einer Behörde an eine andere kann im Verfahren nach § 23 von dem Betroffenen angegriffen werden, wenn eine Rechtsverletzung gem. § 24 Abs. 1 geltend gemacht wird. Die gegenteilige Ansicht[110] geht von einem zu stark an § 35 VwVfG orientierten Justizverwaltungsaktsbegriff aus, der Realakte unberücksichtigt lässt (s. Rn. 3). **57**

Notar. Die Befreiung des Notars von der Verschwiegenheitspflicht gem. § 18 Abs. 1 S. 2 BNotO kann im Verfahren nach § 111 BNotO (1. Instanz OLG, 2. Instanz BGH) überprüft wer- **58**

---

[97] OLG Karlsruhe NVwZ 2000, 118 noch zum Generalbundesanwalt beim BGH; *Kissel/Mayer* Rn. 128a.
[98] BezG Dresden DtZ 1992, 190; *Kissel/Mayer* Rn. 130; *Baumbach/Lauterbach/Hartmann* Rn. 1.
[99] OLG München MDR 1961, 436.
[100] OLG Dresden NJW-RR 2002, 718.
[101] OLG Düsseldorf OLGZ 1993, 444; vgl. auch OLG Koblenz MDR 1976, 234.
[102] OLG Frankfurt OLGZ 1974, 358.
[103] BVerfG NJW 2004, 2725; dazu *Graeber* NJW 2004, 2715; *Vallender* NJW 2004, 3614; *Wieland* ZIP 2005, 233; *Runkel/Wältermann* ZIP 2005, 1347; dem folgend OLG München ZIP 2005, 670; OLG Schleswig NJW 2005, 1664; OLG Hamburg NJW 2006, 451; KG ZIP 2006, 294; OLG Düsseldorf NJW-RR 2007, 630; aA *Smid* DZWIR 2004, 359.
[104] BVerfG NJW 2006, 2613; dazu *Vallender* NJW 2006, 2597; *G. Wolf* DStR 2006, 1769; *Messner* DRiZ 2006, 326 zuvor bereits wie das BVerfG: OLG Koblenz NJW-RR 2005, 1075; zust. Anm. *Römermann* EWiR 2005, 865 (§ 56 InsO 3/05); krit. *Höfling* NJW 2005, 2341; abl. *Frind* ZInsO 2005, 700; OLG Stuttgart ZIP 2006, 342; *Römermann* NJW 2002, 3729; aA vor der Entscheidung des BVerfG: OLG Koblenz NJW-RR 2000, 1074; OLG Hamm NJW 2005, 834; abl. Anm. *Wieland* ZIP 2005, 270; OLG Celle NJW 2005, 2405; *Laws* MDR 2005, 541; *Vallender* NZI 2005, 473.
[105] *Zöller/Gummer* Rn. 24; ausführlich zu den Möglichkeiten des gelisteten aber nie bestellten Bewerbers *Laws* ZInsO 2006, 1123; *Wieland* ZIP 2007, 462; Vorschläge für ein Vergabeverfahren unterbreitet *Brinkmann* ZInsO 2006, 679.
[106] *Baumbach/Lauterbach/Hartmann* Rn. 3, 7.
[107] OLG Jena NStZ-RR 2004, 319; s. zu Möglichkeiten bei richterlicher Untätigkeit § 567 ZPO Rn. 25; *Zöller/Gummer* § 567 ZPO Rn. 21.
[108] *Thomas/Putzo/Hüßtege* Rn. 2.
[109] OLG Frankfurt NJW-RR 2006, 68.
[110] OLG Hamm NJW 1972, 2145; *Kissel/Mayer* Rn. 134.

den. Dies schließt nach § 23 Abs. 3 das Verfahren nach den §§ 23–30 aus.[111] Die Anweisung des Notars seitens der vorgesetzten Dienstbehörde nach § 156 Abs. 5 S. 1 KostO, die Kostenberechnung durch eine Entscheidung des Landgerichts überprüfen zu lassen, kann nur im Verfahren vor dem LG nach der BNotO, nicht aber in dem Verfahren nach §§ 23-30 überprüft werden.[112]

59 **Petition.** Petitionsbescheide sind mangels rechtlicher Außenwirkung keine Justizverwaltungsakte und daher nicht im Verfahren der §§ 23–30 überprüfbar.[113]

60 **Pfändungs- und Überweisungsbeschluss.** Es sind die besonderen vollstreckungsrechtlichen Rechtsbehelfe, insbesondere die Erinnerung (§ 766 ZPO) gegeben. Dies gilt auch, wenn zB eine Justizvollzugsanstalt als Drittschuldnerin vom Eigengeldkonto eines Untersuchungsgefangenen auf Grund eines Pfändungs- und Überweisungsbeschlusses eines Gläubigers des Gefangenen Eigengeld abbucht und dies an den Gläubiger überweist.[114]

61 **Presseauskünfte.** Presseauskünfte dienen nicht den spezifischen Aufgaben der in § 23 Abs. 1 aufgezählten Rechtsgebiete, sondern insgesamt dem Zweck, die Öffentlichkeit über das Verfahren zu unterrichten. Als Öffentlichkeitsarbeit können sie nicht den Justizverwaltungsmaßnahmen zugerechnet werden. Die Erteilung von Informationen zu konkreten Verfahren an die Presse kann somit ebenso nicht nach den §§ 23–30 überprüft werden, wie die Verweigerung der Auskunftserteilung der Justizbehörden.[115] Es muss auf den Verwaltungsrechtsweg verwiesen werden.

62 **Prozessagent.** Über die Zulassung als Prozessagent entscheidet die Justizverwaltung nach § 157 Abs. 3 ZPO. Gegen die Einordnung der Zulassung als Maßnahme auf dem Gebiet des Zivilprozesses spricht ihre darüber hinausgreifende Wirkung. So befugt die Zulassung zum Prozessagenten nach § 11 StBerG zu geschäftsmäßiger Hilfeleistung in Steuersachen, dh. zur Vertretung vor Finanzbehörden und -gerichten. Dies ist aber nur eine mittelbare Folge der Zulassung, die im Finanzprozess nicht einmal vor der Zurückweisung wegen fehlender Fähigkeit zum geeigneten mündlichen oder schriftlichen Vortrag schützt (§ 62 FGO). Wegen ihrer überwiegend zivilprozessualen Bedeutung ist die Zulassung oder deren Versagung somit nach § 23 gerichtlich überprüfbar.[116] Wenn mit dem Ablehnungsbescheid zugleich eine Ablehnung nach Art. 1 § 1 RBerG verbunden ist, so ist im Verfahren vor den Oberlandesgerichten nur die Ablehnung der Prozessagentenzulassung angreifbar, hinsichtlich des Rechtsberatungsgesetzes ist ausschließlich der Verwaltungsrechtsweg gegeben.[117] Für die in Analogie zu § 157 Abs. 3 ZPO entwickelte Zulassung zum Prozessagenten bei anderen Gerichtsbarkeiten ist ebenfalls ausschließlich der Verwaltungsrechtsweg eröffnet.[118] Zu beachten ist die geplante Reform durch das Gesetz zur Neuregelung des Rechtsberatungsrechts, welche den Prozessagenten nicht mehr vorsieht.[119]

63 **Prozesskostenhilfe.** Sowohl Gewährung als auch Versagung sind Rechtsprechungsakte und unterfallen nicht den §§ 23–30.[120] Gleiches gilt für die Festsetzung der Vergütung nach Abschluss des Verfahrens. Hierbei handelt es sich um einen Annex zur Hauptsache, der deshalb funktional einen Akt der Rechtsprechung darstellt.[121] Soll nach rechtskräftigem Abschluss des Verfahrens die Ratenzahlungsanordnung geändert werden, ist hierfür jedoch nicht mehr das Prozessgericht zuständig; es handelt sich um einen Justizverwaltungsakt, der jedoch aufgrund Abs. 3 nicht nach den §§ 23–30 sondern nach § 30a angreifbar ist.[122] Für die Geltendmachung von Unterhaltsansprüchen nach dem AUG s. Rn. 27.

64 **Rechtsbeistand.** Die Erteilung der Erlaubnis zur Besorgung fremder Rechtsangelegenheiten nach Art. 1 § 1 RBerG ist eine Maßnahme, deren Wirkung sich nicht auf die in § 23 Abs. 1 genannten Rechtsgebiete beschränkt. Daher ist nicht der Rechtsweg nach §§ 23–30, sondern der

---

[111] BGH NJW 1975, 930; *Kissel/Mayer* Rn. 135; oben Rn. 16; aA OLG Hamm OLGZ 1968, 475.
[112] OLG Düsseldorf DNotZ 1967, 444 (LS).
[113] *Kissel/Mayer* Rn. 137; aA *Zöller/Gummer* Rn. 22.
[114] OLG Stuttgart Justiz 1987, 80 (LS).
[115] BVerwG NJW 1989, 412; VG Berlin NJW 2001, 3799; *Zöller/Gummer* Rn. 13; offenlassend BGH NJW 1994, 1950; aA OLG Düsseldorf NJW 2005, 1791; *Kissel/Mayer* Rn. 30; *Baumbach/Lauterbach/Hartmann* Rn. 3.
[116] BVerwG NJW 1969, 2218; BVerwG DÖV 1972, 792, 793; BGHZ 46, 354, 357; BGH NJW 1980, 2310, 2311; BGH NJW 1980, 2312; OLG Hamm OLGZ 1966, 506, 507; OLG Hamm AnwBl. 1967, 360; *Kissel/Mayer* Rn. 140; *Zöller/Gummer* Rn. 4; *Baumbach/Lauterbach/Hartmann* Rn. 2, 3.
[117] OLG Hamm AnwBl. 1980, 250.
[118] BVerwG NJW 1963, 2242; BVerwG DÖV 1972, 792, 793.
[119] BT-Drucks. 16/3655, derzeit zur Beratung in den BT-Ausschüssen.
[120] *Kissel/Mayer* Rn. 10; *Baumbach/Lauterbach/Hartmann* Rn. 1.
[121] OLG Naumburg NJW 2003, 2921; OLG Köln NJW-RR 2003, 575.
[122] OLG Düsseldorf MDR 1986, 325; *Baumbach/Lauterbach/Hartmann* § 30a Rn. 6; aA *Kissel/Mayer* Rn. 141, der § 23 anwenden will.

Verwaltungsrechtsweg gegeben.¹²³ Auch die durch den AG-Präsidenten erteilte Rüge wegen einer Pflichtverletzung durch überhöhte Gebührenberechnung ist als Verwaltungsakt allein auf dem Verwaltungsrechtsweg angreifbar.¹²⁴ S. auch Rn. 29.

Rechtshilfe. Die Weigerung ein Rechtshilfeersuchen weiterzuleiten oder zu genehmigen stellt **65** eine nach den §§ 23–30 überprüfbare Maßnahme dar.¹²⁵ S. auch Rn. 76. Für Rechtshilfeakte selbst ist das Verfahren nach § 159 GVG einschlägig, so dass die §§ 23–30 nicht anwendbar sind. Hinsichtlich der Internationalen Rechtshilfe handelt es sich insoweit um die Pflege auswärtiger Beziehungen und nicht um Verwaltungsakte, so dass eine Überprüfung nach den §§ 23–30 ausscheidet.¹²⁶

Register. S. Rn. 44. **66**

Reisekostenvorschuss. Die Entscheidung über das Gesuch einer Partei um Reiseentschädigung **67** ist ein Akt der Rechtsprechung, kein Justizverwaltungsakt. Rechtsmittel ist die Beschwerde in Prozesskostenhilfesachen (§ 127 ZPO).¹²⁷ Hinsichtlich Zeugen und Sachverständigen liegt zwar ein Justizverwaltungsakt vor, jedoch geht hinsichtlich kostenrechtlicher Entscheidungen § 30 a vor, der wiederum nach der Beschwerde nach § 4 JVEG verdrängt wird.

Schriftstücke. Das Entfernen von Schriftstücken aus Prozessakten ist kein Justizverwaltungsakt,¹²⁸ weil über deren jeweilige Verwendung im Verfahren durch das befasste Prozessgericht, also durch Rechtsprechungsakt, entschieden wird. **68**

Schuldnerverzeichnis. Rechtsbehelf gegen ein abgelehntes Auskunftsersuchen (§ 915b Abs. 1 **69** ZPO) ist die befristete Erinnerung nach § 573 Abs. 1 ZPO.¹²⁹ Die §§ 23–30 finden daher insoweit keine Anwendung. Die Entscheidung über einen Antrag auf Erteilung eines Abdruckes zum laufenden Bezug (§ 915 d Abs. 1 S. 1 ZPO) ist Justizverwaltungsakt, sie kann nach den §§ 23–30 angegriffen werden (s. auch § 20 SchuVVO).¹³⁰

Sitzungspolizei. Maßnahmen zur Aufrechterhaltung der Ordnung nach §§ 176, 177 GVG sind **70** keine Justizverwaltungsakte sondern Rechtsprechungsakte und deshalb nach den §§ 23–30 nicht angreifbar.¹³¹

Sitzungssaal. Die Zuweisung eines bestimmten Sitzungssaals durch den Präsidenten des Gerichts **71** kann von den Parteien mangels Rechtsverletzung (§ 24 Abs. 1) nicht angefochten werden. Eine Rechtsverletzung kann erst durch die Terminsbestimmung des vorsitzenden Richters (§ 216 Abs. 2 ZPO) eintreten, diese ist aber Rechtsprechungsakt.¹³²

Stiftungsaufsicht. Ist die Aufsicht für Stiftungen bürgerlichen Rechts landesrechtlich den Justizbehörden übertragen, so sind Einzelakte Maßnahmen nach Abs. 1, die der freiwilligen Gerichtsbarkeit zuzuordnen sind. Sie sind daher im Verfahren nach den §§ 23–30 überprüfbar.¹³³ Wenn die Stiftungsaufsicht nicht von den Justizbehörden wahrgenommen wird, ist der Verwaltungsrechtsweg gegeben.¹³⁴ **72**

Übermittlung von Gerichtsentscheidungen. Die Mitteilung des Inhalts verkündeter Entscheidungen des Gerichts und die Übermittlung der Ausfertigung einer gerichtlichen Entscheidung an eine Partei durch den Urkundsbeamten der Geschäftsstelle ist kein Rechtsprechungsakt, sondern als Justizverwaltungsakt zu qualifizieren.¹³⁵ Die von der Gegenmeinung vorgenommene Verweisung des Antragstellers auf die Dienstaufsichtsbeschwerde genügt der Verfassungsgarantie umfassenden Rechtsschutzes gegen die öffentliche Gewalt nicht. **73**

Urkundsbeamter der Geschäftsstelle. Da dem UdG die richterliche persönliche Unabhängigkeit fehlt, ist nach dem hier vertretenen Justizbehördenbegriff der von Art. 19 Abs. 4 GG gegen- **74**

---

¹²³ BVerwG NJW 1955, 1532; *Baumbach/Lauterbach/Hartmann* Rn. 2, 3; *Kissel/Mayer* Rn. 142; *Zöller/Gummer* Rn. 4.
¹²⁴ BVerwG NJW 1984, 1051.
¹²⁵ OLG Stuttgart FamRZ 2004, 894; für den Strafprozess OLG Hamm MDR 1982, 602; *Zöller/Gummer* Rn. 15.
¹²⁶ *Kissel/Mayer* Rn. 131 b.
¹²⁷ BGHZ 64, 139, 141 = NJW 1975, 1124; OLG Bremen NJW 1965, 1617; OLG Düsseldorf MDR 1983, 689; *Kissel/Mayer* Rn. 145; *Baumbach/Lauterbach/Hartmann* Rn. 4.
¹²⁸ OLG Köln NJW 1966, 1761.
¹²⁹ *Zöller/Stöber* § 915 c Rn. 1.
¹³⁰ *Zöller/Stöber* § 915 c Rn. 3.
¹³¹ OLG Hamburg MDR 1992, 799; *Kissel/Mayer* Rn. 149.
¹³² *Kissel/Mayer* Rn. 150; aA *Baumbach/Lauterbach/Hartmann* Rn. 4.
¹³³ BGH NJW 1987, 2364, 2367; KG OLGZ 1965, 336, 337; KG WM 1968, 856, 857; KG WM 1968, 903, 906; *Kissel/Mayer* Rn. 153; *Zöller/Gummer* Rn. 19; *Baumbach/Lauterbach/Hartmann* Rn. 4.
¹³⁴ BVerwG DVBl. 1973, 795; OVG Münster NVwZ-RR 1996, 425.
¹³⁵ AA OLG Frankfurt Rpfleger 1976, 399.

über seinem Verhalten garantierte Rechtsschutz grundsätzlich im Verfahren nach den §§ 23–30 zu gewähren.[136] Dies ist jedoch wegen Abs. 3 ausgeschlossen, soweit die Erinnerung nach § 573 ZPO statthaft ist,[137] auch wenn diese infolge Zeitablaufs nicht mehr erhoben werden kann. Die Dienstaufsichtsbeschwerde dagegen ist kein Rechtsschutz iSv. Art. 19 Abs. 4 GG.

75 **Vergleichserklärungen.** Die Entgegennahme von Vergleichserklärungen im Prozess ist Rechtsprechungsakt, nicht Justizverwaltungsakt.[138]

76 **ZRHO (Rechtshilfeordnung in Zivilsachen).** Entscheidungen des Amtsgerichts als zuständige Prüfstelle nach § 9 Abs. 1 und 2 ZRHO im Rahmen des Rechtshilfeverkehrs mit dem Ausland sind als Justizverwaltungsakte im Verfahren nach §§ 23–30 anfechtbar.[139] Gleiches gilt für Entscheidungen nach dem Haager Zustellungsübereinkommen (HZÜ).[140]

77 **Zutritt zu Justizgebäuden.** Sitzungspolizeiliche Zutrittsversagungen sind als in richterlicher Unabhängigkeit getroffene Maßnahmen dem Verfahren nach den §§ 23–30 entzogen. Sie sind nach § 176 GVG unanfechtbar. Bei der Ausübung des Hausrechts hängt die Zulässigkeit des Rechtswegs nach den §§ 23–30 davon ab, ob der Betroffene den Zutritt im Zusammenhang mit der Erledigung einer Angelegenheit der in § 23 Abs. 1 genannten Rechtsgebiete begehrt.[141] Dies ist nicht der Fall bei einem Bürobedarfsvertreter, der nur im Zusammenhang mit der fiskalischen Beschaffung das Justizgebäude betreten möchte. Hier sind die Verwaltungsgerichte zuständig.

78 **Zwangsverwalter.** Es sind die gleichen Grundsätze wie beim Insolvenzverwalter anzuwenden,[142] s. Rn. 53.

79 **Zweitbescheid.** Eine lediglich wiederholende Verfügung, die auf eine bereits ergangene Entscheidung, wenn auch unter Wiederholung der Gründe, hinweist, ist nicht angreifbar.[143] Ein Zweitbescheid, der über den bloßen Hinweis auf die frühere Entscheidung hinaus eine neue Sachprüfung, wenn auch mit gleichem Ergebnis, enthält, ist dagegen als erneuter Justizverwaltungsakt anfechtbar.[144]

§ 24 [Zulässigkeit des Antrags]

(1) Der Antrag auf gerichtliche Entscheidung ist nur zulässig, wenn der Antragsteller geltend macht, durch die Maßnahme oder ihre Ablehnung oder Unterlassung in seinen Rechten verletzt zu sein.

(2) Soweit Maßnahmen der Justiz- oder Vollzugsbehörden der Beschwerde oder einem anderen förmlichen Rechtsbehelf im Verwaltungsverfahren unterliegen, kann der Antrag auf gerichtliche Entscheidung erst nach vorausgegangenem Beschwerdeverfahren gestellt werden.

I. Normzweck

1 § 24 stellt weitere Zulässigkeitserfordernisse des Antrags auf. Abs. 1 entspricht inhaltlich weitgehend § 42 Abs. 2 VwGO. Er stellt klar, dass das Verfahren nach den §§ 23–30 ebenfalls dem **Individualrechtsschutz** und nicht der objektiven Rechtskontrolle dient. Diese Parallele führt dazu, die Auslegung eng an § 42 Abs. 2 VwGO anzulehnen. Abs. 2 gibt einer rechtlich ausgestalteten **Selbstkontrolle** den zeitlichen Vorrang vor einer Gerichtskontrolle des Verwaltungshandelns, die auch der Entlastung der Gerichte dient.[1] Im Unterschied zur Regelung des Vorverfahrens in §§ 68 ff. VwGO ist ein solches in Abs. 2 nicht generell vorgeschrieben, sondern von einer Ausgestaltung des Rechtsbehelfsverfahrens an anderer Stelle abhängig.

---

[136] AA *Kissel/Mayer* Rn. 166, der den UdG stets dem Bereich der Rechtsprechung zuordnet.
[137] S. auch Rn. 6, 16.
[138] OLG Koblenz MDR 1973, 521.
[139] OLG Köln NJW 1987, 1091; OLG Frankfurt OLGZ 1992, 89.
[140] Vgl. BVerfG ZIP 1995, 70; NJW 1994, 3281.
[141] *Kissel/Mayer* Rn. 169 verweisen generell auf den Verwaltungsrechtsweg. Zur materiellen Rechtmäßigkeit eines Zutrittsverbots *Kissel/Mayer* § 12 GVG Rn. 93 ff.
[142] *Kissel/Mayer* Rn. 170; *Drasdo* NJW 2005, 1549; einschränkend OLG Koblenz ZIP 2005, 2273; *Depré* ZfIR 2006, 565.
[143] S. zum Verwaltungsakt OVG Berlin NVwZ 1988, 184; *Kopp/Schenke*, VwGO, 15. Aufl. 2007, Anh. § 42 VwGO Rn. 29; mit etwas ungenauer Terminologie OLG Karlsruhe Justiz 1980, 395.
[144] S. etwa BGH DÖV 1973, 92; BVerwGE 69, 94; OLG Frankfurt NStZ-RR 2005, 220; *Kopp/Schenke*, VwGO, 15. Aufl. 2007, Anh. § 42 VwGO Rn. 29.
[1] BVerfGE 40, 237, 255.

II. Verletzung eigener Rechte (Abs. 1)

1. Geltendmachung. Abs. 1 verlangt die Geltendmachung einer Verletzung in eigenen Rechten seitens des Antragstellers und ist damit der Klagebefugnis vergleichbare Zulässigkeitsvoraussetzung. Abzulehnen ist die Schlüssigkeitstheorie sowohl in ihrer engen (der Antragsteller hat Tatsachen vorzutragen, deren Richtigkeit unterstellt wird und aus denen sich die Rechtswidrigkeit der Maßnahme und die Rechtsverletzung ergeben muss) wie in ihrer weiten (sowohl die vorgetragenen Tatsachen als auch Rechtswidrigkeit des Verwaltungshandelns werden als wahr unterstellt, das Bestehen und die Verletzung entsprechender Rechte ist jedoch zu prüfen) Ausformung.[2] Entscheidende Fragen der Begründetheit würden hier in die Zulässigkeitsprüfung verlagert. Bei der weiten Schlüssigkeitstheorie kommt hinzu, dass die Prüfung von Rechtsverletzung und Rechtswidrigkeit der Maßnahme in Zulässigkeit und Begründetheit aufgeteilt wird, wobei die Rechtsverletzung aber gerade durch die Rechtswidrigkeit des Verwaltungshandelns gegeben sein muss (§ 28 Abs. 1 S. 1). Auch der Wortlaut („geltend macht") legt das Gewicht auf eine substantiierte Behauptung der Rechtsverletzung. Richtigerweise ist daher die auch im Verwaltungsprozess herrschende **Möglichkeitstheorie anzuwenden.**[3] Der Antrag ist daher zulässig, wenn die Rechtsverletzung nach dem Vortrag des Antragstellers möglich ist, dh., dass die vom Antragsteller behaupteten Rechte nicht offensichtlich und eindeutig bei jeder Betrachtungsweise ausgeschlossen sind, ihm nicht zustehen oder nicht verletzt sein können.[4]

Der Antrag muss einen **konkreten Sachverhalt** bezeichnen und angeben, **welches Recht** des Antragstellers dabei verletzt sein soll. Eine bloße Beeinträchtigung von persönlichen oder wirtschaftlichen Interessen genügt nicht.[5] Allgemeine, lediglich beschimpfende Redewendungen[6] sind ebenso wie die allgemeine Behauptung, „die wohlerworbenen Rechte als deutscher Staatsbürger" seien verletzt, nicht ausreichend.[7]

2. Verletztes Recht, Schutznormtheorie. Als verletztes Recht kommen die gesamten rechtlich geschützten Interessen des Antragstellers in Betracht.[8] Der rechtliche Schutz eines Interesses beurteilt sich – wie im Verwaltungsprozessrecht – nach der **Schutznormtheorie.** Erforderlich ist danach, dass der betreffende Rechtssatz ausschließlich oder zumindest auch dem Schutz von Individualinteressen zu dienen bestimmt ist.[9] Ein rein tatsächlicher Schutz durch eine Norm mit anderer Schutzrichtung (sog. Rechtsreflex) genügt nicht.[10] Dabei kommen nicht nur materielle Gesetze in Betracht. Auch allgemeine Verwaltungsvorschriften können über den Gleichbehandlungsgrundsatz (Art. 3 Abs. 1 GG) eine schutzwürdige Rechtsposition erzeugen.[11] Bei Ermessensentscheidungen liegt eine Rechtsverletzung vor, wenn die das Ermessen gewährende Norm dem Schutz von Individualinteresses dient und das Ermessen überschritten oder zweckwidrig ausgeübt wurde (§ 28 Abs. 3). Bei einem Verpflichtungsbegehren muss ein Anspruch auf die begehrte Behördentätigkeit bestehen; so etwa bei einem Auskunftsverlangen.[12]

Als **mögliche Rechte** oder rechtlich geschützte Interessen kommen etwa in Betracht: das Persönlichkeitsrecht, das Recht auf Schutz persönlicher Daten,[13] das Eigentum und sonstige private Rechte, auch Forderungsrechte, der Justizgewährungsanspruch, das rechtliche Interesse auf Akteneinsicht nach § 299 Abs. 2 ZPO[14] oder auf Einsicht in den Geschäftsverteilungsplan.

Der Antragsteller muss die Verletzung eines **eigenen Rechts** geltend machen. Keine Verletzung eigener Rechte macht ein berufsständischer Verein geltend, der eine Rechtsverletzung seiner Mitglieder rügt.[15]

---

[2] OLG Bremen NJW 1960, 2261; OLG Hamm MDR 1983, 602.
[3] *Baumbach/Lauterbach/Hartmann* Rn. 2; *Löwe/Rosenberg/Böttcher*, StPO, 25. Aufl. 1998, Rn. 2.
[4] Vgl. OLG Karlsruhe Rpfleger 2005, 162; *Kopp/Schenke*, VwGO, 15. Aufl. 2007, § 42 VwGO Rn. 66.
[5] *Kissel/Mayer* Rn. 3.
[6] KG NJW 1969, 151.
[7] *Löwe/Rosenberg/Böttcher*, StPO, 25. Aufl. 1998, Rn. 2.
[8] *Zöller/Gummer* Rn. 1; *Schmitt-Glaeser/Horn*, VwPR, 15. Aufl. 2000, Rn. 158.
[9] *Kopp/Schenke*, VwGO, 15. Aufl. 2007, § 42 VwGO Rn. 78.
[10] *Löwe/Rosenberg/Böttcher*, StPO, 25. Aufl. 1998, Rn. 3.
[11] BGH NJW 1967, 2368; OLG Bremen NJW 1964, 2175.
[12] OLG Hamburg MDR 1965, 224, wo allerdings nicht deutlich zwischen dem Vorliegen eines Justizverwaltungsakts und der Geltendmachung der Rechtsverletzung getrennt wird; *Kissel/Mayer* Rn. 3; *Baumbach/Lauterbach/Hartmann* Rn. 2.
[13] S. zB OLG Frankfurt NJW 1988, 423.
[14] S. OLG Hamm NJW 1989, 533; KG NJW 1989, 534.
[15] OLG Hamm AnwBl. 1967, 360, 361 = MDR 1967, 137; OLG Hamm NJW 1988, 218 (LS).

III. Vorschaltverfahren (Abs. 2)

7 **1. Obligatorisch, soweit anderswo vorgesehen.** Das Vorschaltverfahren ist eine von Amts wegen zu prüfende Zulässigkeitsvoraussetzung. Nur soweit es an anderer Stelle geregelt ist, ist es vor der Antragstellung bei Gericht durchzuführen. Das EGGVG regelt es nicht. Ist ein Vorschaltverfahren vorgesehen und wurde es nicht durchgeführt, ist der Antrag auf gerichtliche Entscheidung als unzulässig zurückzuweisen. Das Gericht ist nicht verpflichtet, das Verfahren auszusetzen, um dem Antragsteller die Behebung des Mangels zu ermöglichen.[16] Jedoch kann es eine solche Aussetzung gewähren.[17]

8 **2. Förmlicher Rechtsbehelf.** Es muss sich um einen förmlichen Rechtsbehelf handeln. Die förmlichen Rechtsbehelfe unterscheiden sich von den formlosen Rechtsbehelfen dadurch, dass sie einen Anspruch auf formelle und materielle Nachprüfung begründen, während die formlosen nur einen Anspruch auf einen Antwortbescheid überhaupt begründen.[18] **Kein förmlicher Rechtsbehelf** ist die Dienstaufsichtsbeschwerde,[19] auch nicht eine vorgängige Anrufung des Justizministeriums bei der Entscheidung des OLG-Präsidenten nach § 1309 BGB.[20]

9 Ein förmlicher Rechtsbehelf kann nicht nur in formellen **Gesetzen** und **Rechtsverordnungen** festgelegt sein, sondern auch in allgemeinen **Verwaltungsvorschriften,** wenn sie in Amtsblättern veröffentlicht sind und dadurch eine ausreichende Information der Betroffenen sichergestellt ist.[21] Von Bedeutung ist dabei, dass allgemeine Verwaltungsvorschriften keine willkürliche exekutivische Regelung des Zugangs zu den Gerichten sind, sondern wegen des Gleichheitssatzes auch eine Selbstbindung der Verwaltung bewirken, also wie materielle Gesetze Rechtspositionen des Bürgers begründen können.

10 Ist die Frist für einen förmlichen Rechtsbehelf abgelaufen und hat die Beschwerdebehörde trotzdem in der Sache entschieden, so ist ein Antrag nach § 23 zulässig, da es der Sachherrschaft der Beschwerdebehörde unterliegt, auch **unzulässige förmliche Rechtsbehelfe** im Vorschaltverfahren inhaltlich zu bescheiden.[22]

11 Ist die ursprüngliche Maßnahme von einer obersten Landes- oder Bundesbehörde erlassen worden, so ist, selbst wenn grundsätzlich ein Vorschaltverfahren vorgesehen wurde, dieses entbehrlich. Insoweit kommt der allgemeine verwaltungsrechtliche Grundsatz aus § 68 Abs. 1 Nr. 1 VwGO zum Tragen. Mit einem Vorverfahren soll nicht allein eine Selbstüberprüfung erreicht, sondern insbesondere die Überprüfung durch eine übergeordnete Behörde ermöglicht werden. Dies ist bei den obersten Landes- und Bundesbehörden nicht möglich.[23]

12 **3. Verzögerte Vorschaltverfahren.** Wird über eine Beschwerde oder einen anderen förmlichen Rechtsbehelf ohne zureichenden Grund nicht innerhalb von drei Monaten entschieden, so ist nach § 27 Abs. 1 der Antrag abweichend von § 24 Abs. 2 zulässig. Ziel des Antrags in diesem Fall ist nicht die Verpflichtung der Behörde zum Erlass eines Rechtsbehelfsbescheids, sondern die Beseitigung der mit dem Vorschaltverfahren ursprünglich angegriffenen Maßnahme.

13 **4. Aufschiebende Wirkung.** Der förmliche Rechtsbehelf hat gem. § 29 Abs. 2 mit § 24 FGG aufschiebende Wirkung, wenn er gegen die Festsetzung eines Ordnungs- oder Zwangsmittels gerichtet ist. In anderen Fällen ist eine entsprechende Anwendung von § 80 VwGO zu befürworten.[24]

§ 25 [Zuständigkeit des OLG oder des Obersten Landesgerichts]

(1) ¹Über den Antrag entscheidet ein Zivilsenat oder, wenn der Antrag eine Angelegenheit der Strafrechtspflege oder des Vollzugs betrifft, ein Strafsenat des Oberlandesgerichts, in dessen Bezirk die Justiz- oder Vollzugsbehörde ihren Sitz hat. ²Ist ein

---

[16] OLG Düsseldorf OLGZ 1993, 444.
[17] *Zöller/Gummer* Rn. 3; *Baumbach/Lauterbach/Hartmann* Rn. 4.
[18] OLG Hamm NJW 1961, 693.
[19] KG NJW 1989, 534; OLG Celle NdsRpfl. 1965, 103; *Zöller/Gummer* Rn. 3; *Baumbach/Lauterbach/Hartmann* Rn. 4; *Kissel/Mayer* Rn. 8; *Löwe/Rosenberg/Böttcher,* StPO, 25. Aufl. 1998, Rn. 10.
[20] OLG Stuttgart Justiz 1963, 34, 35 (noch zu § 10 EheG).
[21] BVerfGE 40, 237, 253 ff. = NJW 1976, 34; OLG Hamm NJW 1961, 693; *Zöller/Gummer* Rn. 3; *Baumbach/Lauterbach/Hartmann* Rn. 4; *Kissel/Mayer* Rn. 6 f.; vgl. *Löwe/Rosenberg/Böttcher,* StPO, 25. Aufl. 1998, Rn. 10 ff.; aA NJW 1967, 1870, 1871 f.; Sondervotum *Seuffert* BVerfGE 40, 237, 260 f. = NJW 1976, 34.
[22] *Kissel/Mayer* Rn. 5.
[23] OLG Schleswig NStZ-RR 2007, 324.
[24] S. § 23 Rn. 18 ff.; aA *Zöller/Gummer* Rn. 4; *Kissel/Mayer* Rn. 9.

Beschwerdeverfahren (§ 24 Abs. 2) vorausgegangen, so ist das Oberlandesgericht zuständig, in dessen Bezirk die Beschwerdebehörde ihren Sitz hat.

(2) Ein Land, in dem mehrere Oberlandesgerichte errichtet sind, kann durch Gesetz die nach Absatz 1 zur Zuständigkeit des Zivilsenats oder des Strafsenats gehörenden Entscheidungen ausschließlich einem der Oberlandesgerichte oder dem Obersten Landesgericht zuweisen.

I. Normzweck

Die Vorschrift regelt die sachliche, örtliche und funktionelle Zuständigkeit und gewährt dabei einen **ausschließlichen Gerichtsstand**. In Abs. 2 wird den Ländern eine Konzentrationsermächtigung gegeben. 1

II. Zuständigkeit des OLG (Abs. 1)

1. Funktionelle Zuständigkeit. Funktionell zuständig in erster (Abs. 1) und letzter Instanz (§ 29 Abs. 1) ist das Oberlandesgericht. Funktionell sind die Zivilsenate zuständig für Angelegenheiten auf den Gebieten des bürgerlichen Rechts einschließlich des Handelsrechts, des Zivilprozesses und der freiwilligen Gerichtsbarkeit und aller sonst den bürgerlichen Rechtsstreitigkeiten nach § 13 GVG zuzurechnenden Gebiete. Die Strafsenate sind für die Strafrechtspflege zuständig. Soweit die Anwendung aufgrund der Verweisung aus § 13 Abs. 2 ArbGG, § 22 erfolgt, ist das Landesarbeitsgericht zuständig.[1] 2

2. Örtliche Zuständigkeit. Die örtliche Zuständigkeit bestimmt sich nach dem Justizbehördensitz. Bei Fehlen eines Vorschaltverfahrens ist der Sitz der Behörde maßgebend, die die Maßnahme erlassen hat (Abs. 1 S. 1). Bei durchgeführtem Vorschaltverfahren entscheidet das Oberlandesgericht, in dessen Bezirk die Beschwerdebehörde ihren Sitz hat (Abs. 1 S. 2). Dies gilt auch für Bundesbehörden, so dass gegen Akte des BfJ grundsätzlich das OLG Köln, gegen Beschwerdeentscheidungen des BMJ dagegen das KG zuständig ist. Bei Untätigkeitsantrag (§ 27) ist der Sitz der untätigen Behörde maßgeblich. Im Falle der Untätigkeit der Beschwerdebehörde ist der Sitz der Ausgangsbehörde maßgeblich, da allein ihr Verhalten Angriffsgegenstand ist. 3

3. Verweisung. Ist das Verfahren bei einem anderen Gericht der ordentlichen Gerichtsbarkeit anhängig, so kann dieses entsprechend § 17a GVG von Amts wegen an das zuständige Oberlandesgericht verweisen.[2] Auch umgekehrt kann das unzuständige OLG an das zuständige Gericht verweisen.[3] Entsprechend § 17a GVG ist die rechtskräftige Entscheidung für das Zielgericht hinsichtlich der Verweisung bindend.[4] 4

4. Mitwirkung OLG-Präsident. Der OLG-Präsident, der den **Justizverwaltungsakt erlassen** bzw. nicht erlassen hat, ist von der Mitwirkung an der Entscheidung des Gerichts **ausgeschlossen**.[5] 5

III. Konzentrationsermächtigung (Abs. 2)

Von der Konzentrationsermächtigung ist für Zivilsachen kein Gebrauch gemacht worden. Die Konzentration ist nicht nur für alle unter § 23 Abs. 1 fallenden Sachen geschlossen möglich, sondern auch für einzelne Gruppen von ihnen. Im Gegensatz zu anderen Konzentrationsermächtigungen zum ObLG muss sie hier durch Gesetz erfolgen, eine Rechtsverordnung der Landesregierung bzw. nach erfolgter Subdelegation der Landesjustizverwaltung (vgl. zB für Kartellsachen §§ 92, 93 GWB, für Anwaltssachen § 100 Abs. 2 BRAO oder für Baulandsachen § 229 Abs. 2 BauGB) ist nicht ausreichend. 6

§ 26 [Frist, Form, Wiedereinsetzung]

(1) **Der Antrag auf gerichtliche Entscheidung muß innerhalb eines Monats nach Zustellung oder schriftlicher Bekanntgabe des Bescheides oder, soweit ein Beschwerdeverfahren (§ 24 Abs. 2) vorausgegangen ist, nach Zustellung des Beschwerdebescheides**

---

[1] BT-Drucks. 13/4709 S. 31 zu Art. 12.
[2] OLG Hamm NStZ-RR 1996, 209; vgl. auch OLG Koblenz MDR 1984, 1036 zu § 17 Abs. 3 GVG aF.
[3] KG GA 1985, 271, 273.
[4] OLG Hamm NStZ-RR 1996, 209; vgl. auch OLG Frankfurt NStZ 1983, 231 zu § 17 GVG aF.
[5] BGH FamRZ 1963, 556, 557.

schriftlich oder zur Niederschrift der Geschäftsstelle des Oberlandesgerichts oder eines Amtsgerichts gestellt werden.

(2) War der Antragsteller ohne Verschulden verhindert, die Frist einzuhalten, so ist ihm auf Antrag Wiedereinsetzung in den vorigen Stand zu gewähren.

(3) ¹Der Antrag auf Wiedereinsetzung ist binnen zwei Wochen nach Wegfall des Hindernisses zu stellen. ²Die Tatsachen zur Begründung des Antrags sind bei der Antragstellung oder im Verfahren über den Antrag glaubhaft zu machen. ³Innerhalb der Antragsfrist ist die versäumte Rechtshandlung nachzuholen. ⁴Ist dies geschehen, so kann die Wiedereinsetzung auch ohne Antrag gewährt werden.

(4) Nach einem Jahr seit dem Ende der versäumten Frist ist der Antrag auf Wiedereinsetzung unzulässig, außer wenn der Antrag vor Ablauf der Jahresfrist infolge höherer Gewalt unmöglich war.

I. Normzweck

1   Die Vorschrift regelt in Abs. 1 die Antragsfrist und die Form der Antragstellung und in Abs. 2–4 die Wiedereinsetzung in den vorigen Stand. Für die Untätigkeitsklage ist eine besondere Frist in § 27 Abs. 3 festgelegt.

II. Antragsfrist

2   **1. Beginn.** Die Antragsfrist **beginnt nur bei schriftlicher Bekanntgabe oder Zustellung** des Bescheids zu laufen. Eine mündliche Bekanntgabe oder die Vornahme eines Realakts setzt keine Frist in Lauf.¹ Bei Durchführung eines **Vorschaltverfahrens** nach § 24 Abs. 2 ist der Beschwerdebescheid für den Fristbeginn maßgeblich. Im Unterschied zum Ausgangsbescheid kann er nur durch **förmliche Zustellung** bekannt gegeben werden; andernfalls läuft die Frist nicht.² Die förmliche Zustellung erfolgt nach den Vorschriften des jeweiligen Landes- oder des Bundes-**Verwaltungszustellungsgesetzes**.³ Bei Einlegung einer Dienstaufsichtsbeschwerde hat die schriftliche Bekanntgabe der angegriffenen Maßnahme trotz Dienstaufsichtsbeschwerde grundsätzlich durch die Behörde zu erfolgen, die die beanstandete Maßnahme getroffen hat. Nur wenn die Dienstaufsichtsbehörde im Rahmen ihrer Befugnis, Aufgaben der unteren Behörde an sich zu ziehen und selbst wahrzunehmen, die schriftliche Bekanntgabe nachholen will und der Bescheid dies erkennen lässt, oder die beanstandete Maßnahme erneut selbständig getroffen hat, beginnt der Lauf der Frist mit der Bekanntgabe durch die Dienstaufsichtsbehörde.⁴

3   Die Frist beträgt **einen Monat**. Ihre Berechnung folgt in Zivilsachen nach § 29 Abs. 2 mit § 17 FGG den bürgerlich-rechtlichen Vorschriften (§§ 186 ff. BGB).

4   **2. Nichtiger Justizverwaltungsakt.** Ein nichtiger Justizverwaltungsakt entfaltet keine Rechtswirkung. Auch nach Ablauf der Monatsfrist kann die Feststellung seiner Nichtigkeit analog § 43 Abs. 2 S. 2 VwGO beantragt werden.⁵

5   **3. Verwirkung.** Soweit keine Antragsfrist läuft, besteht das Antragsrecht dennoch nicht endlos. Zu langes Zuwarten des Antragstellers kann prozessuale Verwirkung seines Antragsrechts zur Folge haben, wenn aus seinem Verhalten der Schluss gezogen werden kann, er habe sich mit der Maßnahme abgefunden.⁶ Einen Anhaltspunkt bieten die gesetzlichen Ausschlussfristen zu vergleichbaren Sachverhalten von einem Jahr (§ 58 Abs. 2 VwGO, § 27 Abs. 3 EGGVG).

6   **4. Rechtsmittelbelehrung.** Eine Rechtsmittelbelehrung ist nicht vorgeschrieben. Ihr Fehlen hindert daher nicht wie bei § 58 Abs. 1 VwGO den Beginn des Fristablaufs.⁷ Eine Rechtsmittelbe-

---

¹ BGH NJW 1963, 1789; OLG Hamm MDR 1984, 165; KG GA 1976, 342; OLG München NJW 1973, 1293; OLG Frankfurt NStZ-RR 2005, 220; *Kissel/Mayer* Rn. 3; *Löwe/Rosenberg/Böttcher*, StPO, 25. Aufl. 1998, Rn. 2.
² *Baumbach/Lauterbach/Hartmann* Rn. 2; *Kissel/Mayer* Rn. 5.
³ *Baumbach/Lauterbach/Hartmann* Rn. 2; *Kissel/Mayer* Rn. 3.
⁴ KG GA 1976, 342, 343.
⁵ *Kissel/Mayer* Rn. 7; *Löwe/Rosenberg/Böttcher*, StPO, 25. Aufl. 1998, Rn. 5.
⁶ OLG Bremen MDR 1966, 867; OLG Karlsruhe NStZ-RR 2005, 191; *Baumbach/Lauterbach/Hartmann* Rn. 4; *Kissel/Mayer* Rn. 4; allgemein zur verfassungsrechtlichen Zulässigkeit des Instituts der prozessualen Verwirkung in Anbetracht von Art. 19 Abs. 4 GG BVerfG NJW 1972, 675, 676.
⁷ BGH NJW 1974, 1335; OLG Hamburg NJW 1968, 854; OLG Oldenburg NJW 1973, 2000 (LS); *Kissel/Mayer* Rn. 8; *Baumbach/Lauterbach/Hartmann* Rn. 2; *Löwe/Rosenberg/Böttcher*, StPO, 25. Aufl. 1998, Rn. 7; *Zöller/Gummer* Rn. 3.

lehrung ist verfassungsrechtlich auch nicht geboten, wenn der Betroffene generell über in derartigen Fällen gegebene Rechtsbehelfe informiert ist.[8] Soweit der Antragsteller über Rechtsmittel nicht belehrt worden ist, ist dem durch großzügige Anwendung der Wiedereinsetzungsvorschriften Rechnung zu tragen.[9]

III. Form des Antrags

Für das Verfahren nach den §§ 23–30 besteht kein Anwaltszwang.[10] Der Antragsteller muss verhandlungsfähig, nicht notwendig prozessfähig sein.[11] Der Antrag kann **schriftlich** beim zuständigen Oberlandesgericht oder zur Niederschrift der Geschäftsstelle des zuständigen OLG oder eines jeden Amtsgerichts gestellt werden. Er hat die genaue Bezeichnung des Antragsgegners oder zumindest Umstände anzugeben, aus denen der Antragsgegner zu ermitteln ist.[12] Der schriftliche Antrag bedarf keiner eigenhändigen Unterschrift, wenn aus der Antragsschrift, ggf. im Wege der Auslegung, der Antragsteller zu ermitteln ist.[13] Der Antrag kann auch durch einen Bevollmächtigten gestellt werden (§ 29 Abs. 2 mit § 13 FGG). Für den Nachweis der Vollmacht, den das Gericht nach pflichtgemäßem Ermessen verlangt,[14] gelten die §§ 161, 171 f. BGB. Auch telegraphische Einlegung des Antrags ist möglich, wobei die telefonische Durchsage des Telegramms seitens der Post, die der Urkundsbeamte der Geschäftsstelle niederschreibt, genügt. Die Einlegung durch Fernschreiber oder Telefax genügt ebenfalls, unabhängig von der Besetzung der Fernschreiberstelle.

Wirksam wird der Antrag bei schriftlicher Einlegung mit Eingang beim OLG, bei der Niederschrift bei der Geschäftsstelle bereits in diesem Zeitpunkt, und zwar auch dann, wenn diese beim Amtsgericht erfolgt und erst später an das Oberlandesgericht gelangt. Der Antrag ist vor der Entscheidung nach § 28 jederzeit rücknehmbar und kann bis zum Ende der Monatsfrist erneut gestellt werden.[15]

IV. Wiedereinsetzung

Das Rechtsinstitut der Wiedereinsetzung in den vorigen Stand dient sowohl der Gewährleistung des Grundrechts auf rechtliches Gehör (Art. 103 Abs. 1 GG) als auch der Garantie effektiven Rechtsschutzes.[16] Abs. 2–4 sind § 60 Abs. 1–3 VwGO nachgebildet, die hierzu entwickelten Grundsätze können zur Auslegung entsprechend herangezogen werden.[17]

1. Ohne Verschulden. Der Antrag auf Wiedereinsetzung kann nach § 26 Abs. 2 gestellt werden, wenn der Betroffene ohne sein Verschulden an der Einhaltung der Frist des Abs. 1 verhindert war. Dabei muss er die Sorgfalt walten lassen, die für einen gewissenhaften, seine Rechte und Pflichten wahrnehmenden Bürger geboten und ihm nach den gesamten Umständen zumutbar ist, wobei die Anforderungen allerdings nicht überspannt werden dürfen.[18] Urlaubsbedingte Abwesenheit bis zu 6 Wochen erfordert noch keine besonderen Vorkehrungen, etwa in Form der Bestellung eines Zustellungsbevollmächtigten. Eine daraus folgende Fristversäumnis ist unverschuldet.[19] Eine postbedingte Verzögerung des Eingangs der Antragsschrift ist ebenfalls unverschuldet.[20] Anhaltspunkt für die vom Antragsteller einzukalkulierende Postbeförderungsdauer ist § 4 Abs. 1 VwZG, der die Zustellung durch die Behörde am dritten Tag nach Aufgabe zur Post fingiert. Das Verschulden des verfahrensbevollmächtigten Rechtsanwalts ist dem Antragsteller zuzurechnen.[21] An die Sorgfaltspflichten eines Anwalts sind besondere Anforderungen zu stellen.[22] Bei Sprachschwierigkei-

---

[8] BVerfG NJW 1976, 34, 37.
[9] *Kissel/Mayer* Rn. 9, 16.
[10] *Kissel/Mayer* Rn. 25.
[11] Vgl. *Löwe/Rosenberg/Böttcher,* StPO, 25. Aufl. 1998, Rn. 12; *Kissel/Mayer* Rn. 24.
[12] OLG Stuttgart NJW 1985, 2343, 2344.
[13] *Zöller/Gummer* Rn. 1; *Kissel/Mayer* Rn. 19; für das FGG-Beschwerdeverfahren, auf das in § 29 Abs. 2 ergänzend verwiesen wird: BGHZ 48, 88, 94 f.; aA *Baumbach/Lauterbach/Hartmann* Rn. 3.
[14] *Zöller/Gummer* Rn. 1; *Kissel/Mayer* Rn. 19.
[15] *Kissel/Mayer* Rn. 26.
[16] BVerfG NJW 1976, 1537.
[17] *Kissel/Mayer* Rn. 10.
[18] BVerwG NJW 1975, 1574 zum weitgehend gleichlautenden § 60 VwGO; *Kissel/Mayer* Rn. 11.
[19] BVerfG NJW 1976, 1537; *Kissel/Mayer* Rn. 12.
[20] *Kissel/Mayer* Rn. 13.
[21] OLG Hamburg NJW 1968, 854; OLG Hamburg NStZ-RR 2004, 185; *Zöller/Gummer* Rn. 5; *Baumbach/Lauterbach/Hartmann* Rn. 4; *Kissel/Mayer* Rn. 15.
[22] *Baumbach/Lauterbach/Hartmann* § 233 ZPO Rn. 49 ff.; vgl. *Kopp/Schenke,* VwGO, 15. Aufl. 2007, § 60 VwGO Rn. 20.

ten gehört es zur Sorgfaltspflicht des Betroffenen, sich nachhaltig um eine Übersetzung zu bemühen. Nur wenn ihm dies nicht gelingen sollte, ist eine aus den Sprachschwierigkeiten resultierende Fristversäumnis unverschuldet.[23] Bei fehlender Rechtsmittelbelehrung ist, ebenso wie bei einer fehlerhaften, für einen rechtsunkundigen Betroffenen die Versäumnis der Monatsfrist in der Regel als unverschuldet anzusehen und Wiedereinsetzung zu gewähren.[24]

11 **2. Antragsfrist.** Der Wiedereinsetzungsantrag ist innerhalb von 2 Wochen nach Wegfall des Hindernisses zu stellen (Abs. 3 S. 1). Gegen die Versäumung dieser Frist ist ebenfalls ein Wiedereinsetzungsantrag möglich.[25] Für die Form gilt das Gleiche wie für den Hauptantrag. Die Tatsachen, die belegen sollen, dass den Antragsteller kein Verschulden an der Fristversäumung trifft, sind entweder im Wiedereinsetzungsantrag oder auf Anfordern des Gerichts im Laufe des Verfahrens glaubhaft zu machen (Abs. 3 S. 2). Für die Glaubhaftmachung gilt § 294 ZPO. Es genügt also die überwiegende Wahrscheinlichkeit, dass die Behauptung wahr ist.[26]

12 Ein Jahr nach Ablauf der Hauptantragsfrist, das sind 13 Monate nach Zustellung oder schriftlicher Bekanntgabe des Bescheids, wird der Wiedereinsetzungsantrag unzulässig, wenn nicht höhere Gewalt dessen Anbringung verhindert hat (Abs. 4). **Höhere Gewalt** ist wie in § 206 BGB zu bestimmen als ein außergewöhnliches Ereignis, das unter den gegebenen Umständen auch durch äußerste, nach Lage der Sache vom Betroffenen zu erwartende Sorgfalt nicht verhütet werden kann, wobei geringstes eigenes Verschulden höhere Gewalt ausschließt.[27] In diesem Fall ist der Antrag innerhalb der Zweiwochenfrist des Abs. 3 zu stellen; gegen die Versäumung dieser Frist ist wiederum Wiedereinsetzung möglich.[28]

13 **3. Nachholung der versäumten Verfahrenshandlung.** Innerhalb der Zweiwochenfrist für den Wiedereinsetzungsantrag ist auch die versäumte Verfahrenshandlung, dh. die Stellung des Antrags nach § 23, nachzuholen (Abs. 3 S. 3). Unterbleibt dies, ist ein späterer Antrag unzulässig. Wird umgekehrt nur die versäumte Verfahrenshandlung nachgeholt, ohne dass ein Wiedereinsetzungsantrag ausdrücklich gestellt wird, so ist der Wiedereinsetzungsantrag als konkludent gestellt anzusehen und das Gericht hat Wiedereinsetzung zu gewähren, wenn das Vorliegen von Wiedereinsetzungsgründen glaubhaft gemacht erscheint (Abs. 3 S. 4).[29]

§ 27 [Antragstellung bei Untätigkeit der Behörde]

(1) ¹Ein Antrag auf gerichtliche Entscheidung kann auch gestellt werden, wenn über einen Antrag, eine Maßnahme zu treffen, oder über eine Beschwerde oder einen anderen förmlichen Rechtsbehelf ohne zureichenden Grund nicht innerhalb von drei Monaten entschieden ist. ²Das Gericht kann vor Ablauf dieser Frist angerufen werden, wenn dies wegen besonderer Umstände des Falles geboten ist.

(2) ¹Liegt ein zureichender Grund dafür vor, daß über die Beschwerde oder den förmlichen Rechtsbehelf noch nicht entschieden oder die beantragte Maßnahme noch nicht erlassen ist, so setzt das Gericht das Verfahren bis zum Ablauf einer von ihm bestimmten Frist, die verlängert werden kann, aus. ²Wird der Beschwerde innerhalb der vom Gericht gesetzten Frist stattgegeben oder der Verwaltungsakt innerhalb dieser Frist erlassen, so ist die Hauptsache für erledigt zu erklären.

(3) Der Antrag nach Absatz 1 ist nur bis zum Ablauf eines Jahres seit der Einlegung der Beschwerde oder seit der Stellung des Antrags auf Vornahme der Maßnahme zulässig, außer wenn die Antragstellung vor Ablauf der Jahresfrist infolge höherer Gewalt unmöglich war oder unter den besonderen Verhältnissen des Einzelfalles unterblieben ist.

I. Normzweck

1 Die Vorschrift regelt den **Rechtsschutz bei behördlicher Untätigkeit** und stellt die dafür erforderlichen besonderen Zulässigkeitsvoraussetzungen auf. Sie dient der Gewährung umfassenden Rechtsschutzes gegen die öffentliche Gewalt (Art. 19 Abs. 4 GG) im Fall der Rechtsverletzung

---

[23] *Kopp/Schenke*, VwGO, 15. Aufl. 2007, § 60 VwGO Rn. 11; *Kissel/Mayer* Rn. 14.
[24] OLG Celle NJW 1967, 692, 693; vgl. *Löwe/Rosenberg/Böttcher*, StPO, 25. Aufl. 1998, Rn. 10; *Zöller/Gummer* Rn. 3; *Kissel/Mayer* Rn. 9, 16.
[25] *Kissel/Mayer* Rn. 17.
[26] BGH NJW 1998, 1870; *Baumbach/Lauterbach/Hartmann* § 294 ZPO Rn. 1; *Zöller/Greger* § 294 ZPO Rn. 1.
[27] *Löwe/Rosenberg/Böttcher*, StPO, 25. Aufl. 1998, Rn. 11; *Kissel/Mayer* Rn. 18.
[28] *Baumbach/Lauterbach/Hartmann* Rn. 6.
[29] *Kissel/Mayer* Rn. 17.

durch Passivität. Sie betrifft drei verschiedene Fallgestaltungen: (1) Die Behörde reagiert auf einen Vornahmeantrag nicht. (2) Sie lehnt den Vornahmeantrag ab und schweigt auf die Beschwerde oder einen anderen förmlichen Rechtsbehelf hin. (3) Der Antragsteller ist durch einen Justizverwaltungsakt beschwert und legt den nach § 24 Abs. 2 erforderlichen förmlichen Rechtsbehelf ein, der unbeantwortet bleibt. Abs. 1 und 2 sind § 75 VwGO nachgebildet, der zur Auslegung grundsätzlich herangezogen werden kann, soweit dem nicht Besonderheiten des Justizverwaltungsakts entgegenstehen. Abs. 3 entspricht dem mit Wirkung zum 1. 1. 1977 durch Art. 1 Nr. 2 G zur Änderung verwaltungsprozessualer Vorschriften v. 24. 8. 1976 (BGBl. I S. 2437) aufgehobenen § 76 VwGO.

II. Antrag bei Untätigkeit

1. 3-Monatsfrist/1-Jahresfrist. Abweichend von § 26 Abs. 1 kann der Antrag auf gerichtliche Entscheidung schon vor einer Entscheidung der Justizbehörde gestellt werden, wenn diese in den genannten Konstellationen (s. Rn. 1) nicht **innerhalb** einer Frist **von 3 Monaten entschieden** hat. Die Fristberechnung erfolgt nach § 29 Abs. 2, § 17 FGG, §§ 186 ff. BGB. Die Frist beginnt mit der Stellung des Antrags bei der Behörde bzw. mit Einlegung der Beschwerde. Nach **Ablauf eines Jahres** seit diesem Zeitpunkt ist der Antrag nach Abs. 3 unzulässig, falls nicht höhere Gewalt oder besondere Umstände des Einzelfalls vorliegen, wie zB ein Hinhalten durch die Behörde, Zwischenbescheid mit Hinweis auf Hinderungsgründe oder Musterprozess. Analog § 26 Abs. 3 S. 2 ist der Antrag binnen 2 Wochen ab Wegfall des Hinderungsgrundes zu stellen.[1] Davon unberührt bleibt die Möglichkeit den Antrag bei der Behörde auf Vornahme der Maßnahme erneut zu stellen und so das gesamte Verfahren von vorn zu beginnen.

2. Verlängerung der 3-Monatsfrist. Weitere Voraussetzung einer Sachentscheidung des Gerichts ist, dass die Justizbehörde ohne zureichenden Grund nicht gehandelt hat (Abs. 2). Grundsätzlich ist nach der gesetzlichen Wertung des Abs. 1 ein Vierteljahr ein ausreichender Zeitraum für die Behörde, zu einem Ergebnis zu gelangen. Das Gewaltenteilungsprinzip (Art. 20 Abs. 2 S. 2 GG) erfordert jedoch, der Exekutive soviel Zeit zur Erledigung ihrer Aufgaben zu belassen, wie der Sachlage nach angemessen ist. Das OLG hat deshalb bei **zureichendem Grund** das Verfahren **auszusetzen**. Bei der **Abwägung,** ob zureichende Gründe für eine längere Verfahrensdauer vorliegen, sind positiv die Schwierigkeit der Entscheidung und Sachaufklärung, eine vorübergehende, nicht eine dauernde Überlastung der Behörde oder die Anhängigkeit eines Musterprozesses zu werten.[2] Gegen eine Fristverlängerung sind besondere Interessen des Antragstellers abzuwägen. Überwiegen die Behördeninteressen, so setzt das OLG das Verfahren zu einem bestimmten Zeitpunkt aus. Diese Frist kann nochmals verlängert werden.

3. Verzicht auf 3-Monatsfrist. Nach Abs. 1 S. 2 kann das OLG schon vor Ablauf der Dreimonatsfrist angerufen werden, wenn dies wegen **besonderer Umstände des Falles** geboten ist. Besondere Umstände liegen vor bei unverhältnismäßigen Nachteilen oder bei einer besonderen Härte aufgrund der Verfahrensdauer für den Antragsteller.

4. Verfrühter Antrag. Liegen keine besonderen Umstände vor, so ist der vor Ablauf der Dreimonatsfrist gestellte Antrag nicht etwa unzulässig.[3] Dies ist nicht nur unzweckmäßig, da die Rechtskraft einer abweisenden Entscheidung nicht die erneute Anrufung des Gerichts nach Ende der Frist von Abs. 1 S. 1 verhindert. Vor allem sind die den Antragsteller begünstigende Zweck der Vorschrift zu beachten und dessen Schwierigkeiten, die Angemessenheit der Bearbeitungsdauer durch die Behörde einzuschätzen. So, wie in Abs. 2 für den Fall, dass die Verwaltungsverfahrensdauer 3 Monate überschreiten kann, die **Aussetzung des Verfahrens** vorgeschrieben ist, ist auch zu verfahren, wenn besondere Umstände entgegen der Annahme des Antragstellers nicht vorliegen.[4] Weist das Gericht dennoch einen vor Ablauf von 3 Monaten gestellten Antrag als unzulässig zurück, so hindert dies die erneute Anbringung nach Fristablauf nicht.[5]

III. Behördenentscheidung während anhängigem Gerichtsverfahren

1. Gewährung des begehrten Justizverwaltungsaktes. Wird dem Begehren des Antragstellers **innerhalb der von § 27 Abs. 1 oder vom Gericht gesetzten Frist** von der Justizbehörde entsprochen, so erklärt das Gericht nach Abs. 2 S. 2 die **Hauptsache für erledigt.** Der deutliche

---

[1] *Kissel/Mayer* Rn. 7.
[2] *Kopp/Schenke*, VwGO, 15. Aufl. 2007, § 75 VwGO Rn. 13; *Kissel/Mayer* Rn. 8.
[3] So aber *Baumbach/Lauterbach/Hartmann* Rn. 2.
[4] BVerwGE 23, 135, 138 f. zu § 75 VwGO; *Kopp/Schenke*, VwGO, 15. Aufl. 2007, § 75 VwGO Rn. 17; *Löwe/Rosenberg/Böttcher*, StPO, 25. Aufl. 1998, Rn. 5; *Kissel/Mayer* Rn. 2.
[5] *Kissel/Mayer* Rn. 2; *Baumbach/Lauterbach/Hartmann* Rn. 2.

Gesetzeswortlaut verlangt dazu keine übereinstimmenden Parteianträge. Das Gericht beendet das Verfahren von Amts wegen.[6] Ist die **Frist bereits abgelaufen,** so ist die Erledigung in gleicher Weise zu erklären, der Antragsteller kann jedoch die in der Verzögerung liegende Rechtsverletzung durch Umstellung des Antrags gem. § 28 Abs. 1 S. 4 gerichtlich feststellen lassen.[7]

2. Ablehnung des begehrten Justizverwaltungsakts. Entscheidet die Behörde für den Antragsteller **ungünstig,** lehnt sie also den begehrten Justizverwaltungsakt ab oder bestätigt sie einen angegriffenen Akt im förmlichen Rechtsbehelfsverfahren, so kann der Antragsteller durch **Umstellung** seines Antrags den Übergang in das normale Verfahren nach § 23 bewirken und so unter Einbeziehung des ergangenen Justizverwaltungsakts bzw. des Beschwerdebescheids seinen Antrag **als Anfechtungs- oder Verpflichtungsantrag aufrechterhalten.**[8]

Ist ein Vorschaltverfahren für sein Begehren vorgeschrieben und noch nicht durchgeführt, so hat das Gericht das Verfahren (erneut) bis zu dessen Abschluss auszusetzen, da der Antragsteller nicht durch den „Umweg" über § 27 das Vorschaltverfahren übergehen kann.[9] Die Durchführung eines vorgesehenen Vorschaltverfahrens kommt aber nur in Betracht, wenn die behördliche Entscheidung nicht verspätet erfolgte, mithin innerhalb der 3-Monats- bzw. der vom Gericht gesetzten Frist vorgenommen wurde.

IV. Entscheidung des Gerichts in sonstigen Fällen

Ist der Antrag endgültig unzulässig oder unbegründet, so wird er abgewiesen. Ist der Antrag zulässig und begründet, so ergeht die Entscheidung in der Sache gem. § 28.

§ 28 [Entscheidung über den Antrag]

(1) ¹Soweit die Maßnahme rechtswidrig und der Antragsteller dadurch in seinen Rechten verletzt ist, hebt das Gericht die Maßnahme und, soweit ein Beschwerdeverfahren (§ 24 Abs. 2) vorausgegangen ist, den Beschwerdebescheid auf. ²Ist die Maßnahme schon vollzogen, so kann das Gericht auf Antrag auch aussprechen, daß und wie die Justiz- oder Vollzugsbehörde die Vollziehung rückgängig zu machen hat. ³Dieser Ausspruch ist nur zulässig, wenn die Behörde dazu in der Lage und diese Frage spruchreif ist. ⁴Hat sich die Maßnahme vorher durch Zurücknahme oder anders erledigt, so spricht das Gericht auf Antrag aus, daß die Maßnahme rechtswidrig gewesen ist, wenn der Antragsteller ein berechtigtes Interesse an dieser Feststellung hat.

(2) ¹Soweit die Ablehnung oder Unterlassung der Maßnahme rechtswidrig und der Antragsteller dadurch in seinen Rechten verletzt ist, spricht das Gericht die Verpflichtung der Justiz- oder Vollzugsbehörde aus, die beantragte Amtshandlung vorzunehmen, wenn die Sache spruchreif ist. ²Andernfalls spricht es die Verpflichtung aus, den Antragsteller unter Beachtung der Rechtsauffassung des Gerichts zu bescheiden.

(3) Soweit die Justiz- oder Vollzugsbehörde ermächtigt ist, nach ihrem Ermessen zu handeln, prüft das Gericht auch, ob die Maßnahme oder ihre Ablehnung oder Unterlassung rechtswidrig ist, weil die gesetzlichen Grenzen des Ermessens überschritten sind oder von dem Ermessen in einer dem Zweck der Ermächtigung nicht entsprechenden Weise Gebrauch gemacht ist.

Übersicht

	Rn.
I. Normzweck	1
II. Anfechtungsantrag (Abs. 1 S. 1)	2–5
1. Allgemeines	2
2. Zeitpunkt für die Beurteilung der Rechtswidrigkeit	3
3. Wegfall der Beschwer	4
4. Aufhebung	5
III. Folgenbeseitigungsantrag (Abs. 1 S. 2)	6–8
1. Antragserfordernis	6
2. Spruchreife	7
3. Entscheidung	8

---

[6] *Kissel/Mayer* Rn. 12; aA *Bettermann* NJW 1960, 1087 zu § 75 VwGO.
[7] *Kissel/Mayer* Rn. 12.
[8] OLG Hamburg GA 1963, 316; *Kopp/Schenke,* VwGO, 15. Aufl. 2007, § 75 VwGO Rn. 21.
[9] *Kissel/Mayer* Rn. 3, 11.

	Rn.		Rn.
IV. Fortsetzungsfeststellungsantrag (Abs. 1 S. 4)	9–12	**VI. Andere Klagearten**	16, 17
1. Erledigung	9	1. Allgemeine Leistungsklage	16
2. Zeitpunkt der Erledigung	10	2. Feststellungsantrag	17
3. Berechtigtes Interesse	11, 12	**VII. Überprüfung von Ermessensentscheidungen (Abs. 3)**	18–23
V. Verpflichtungsantrag (Abs. 2)	13–15	1. Grundsatz	18
1. Zeitpunkt für die Beurteilung	13	2. Ermessensfehler	19–21
2. Spruchreife	14, 15	3. Begründung	22
		4. Unbestimmte Rechtsbegriffe	23

I. Normzweck

Die § 113 Abs. 1, 4 und § 114 VwGO nachgebildete Vorschrift regelt den Inhalt der **Sachentscheidung** bei begründeten Anträgen und legt den Umfang der gerichtlichen **Überprüfung von Ermessensentscheidungen** der Justizbehörden fest. Zur Auslegung kann auf die genannten Vorschriften der VwGO zurückgegriffen werden. 1

II. Anfechtungsantrag (Abs. 1 S. 1)

1. Allgemeines. Voraussetzung einer Sachentscheidung ist die Zulässigkeit des Antrags.[1] Liegt 2 sie vor, ist der Aufhebungsantrag nach S. 1 begründet, wenn die Maßnahme rechtswidrig **und** der Antragsteller dadurch in seinen Rechten verletzt ist. Objektive Rechtswidrigkeit des Justizverwaltungsakts ohne Individualrechtsverletzung des Antragstellers genügt nicht. Ein Verschulden der Behörde ist nicht relevant.[2] Die als Zulässigkeitsvoraussetzung nach § 24 Abs. 1 verlangte Geltendmachung der Verletzung in eigenen Rechten muss hier rechtlich und tatsächlich nachgeprüft werden. Das OLG ist Tatsacheninstanz, erhebt also Beweise und ermittelt den Sachverhalt von Amts wegen.[3] In welcher Weise es Ermittlungen führt, steht in seinem Ermessen.[4]

2. Zeitpunkt für die Beurteilung der Rechtswidrigkeit. Entscheidender Zeitpunkt für die 3 Beurteilung der Rechtswidrigkeit eines Justizverwaltungsakts ist die Sach- und Rechtslage zur Zeit seines Erlasses.[5] Beim Beschwerdebescheid aus dem Vorschaltverfahren ist dessen Erlass maßgeblich. Bei Justizverwaltungsakten mit Dauerwirkung ist auch eine spätere Änderung der Sach- und Rechtslage bedeutsam.[6] Wird ein Dauerakt nach Erlass rechtswidrig, so hebt ihn das Gericht mit Wirkung ex nunc auf.[7]

3. Wegfall der Beschwer. Entfällt die Beschwer des Antragstellers durch einen rechtswidrigen 4 Justizverwaltungsakt mit dem Beschwerdebescheid, so ist das Verfahren einzustellen, wenn nicht der Antrag nach Abs. 1 S. 4 umgestellt wird. Das **Nachschieben** von Gründen durch die Justizbehörde ist bei gebundenen Verwaltungsakten zulässig, da das Gericht die Tatsachen von Amts wegen sowieso zu ermitteln hat und die Angabe von Gründen seitens der Behörde die eigenständige Ermittlung nur erleichtert. Dagegen ist bei Ermessensentscheidungen ein Nachschieben nicht nur unzulässig, wenn die Behörde nicht angestellte Ermessenserwägungen nachholt, sondern auch dann, wenn ein tatsächlich ausgeübtes Ermessen in der Begründung des Justizverwaltungsakts nicht hinreichend erwähnt wurde.[8] Durch das Nachschieben von Gründen darf nicht der Anspruch des Bürgers auf die Begründung, in der die Behörde die Gründe für ihre Handlungsweise erläutern soll,[9] umgangen werden.

4. Aufhebung. Ist der angefochtene Justizverwaltungsakt danach rechtswidrig und verletzt er 5 den Antragsteller in seinen Rechten, so ist er vom Gericht **aufzuheben**. Es steht ihm **kein Ermessen** zu; eine Umwandlung in eine rechtmäßige Maßnahme ist ausgeschlossen, diese muss durch

---

[1] S. Vor § 23 Rn. 4.
[2] *Zöller/Gummer* Rn. 1.
[3] BVerfG NJW 1967, 923; BGH NJW 1972, 780, 781.
[4] *Baumbach/Lauterbach/Hartmann* Rn. 1; für das Strafverfahren KG NJW 1968, 608.
[5] KG GA 1977, 115, 116; *Kissel/Mayer* Rn. 7; *Zöller/Gummer* Rn. 3.
[6] KG GA 1973, 49; OLG Karlsruhe Justiz 1984, 441.
[7] BVerwGE 28, 202, 205 zu § 113 VwGO; *Kissel/Mayer* Rn. 7.
[8] *Schmitt-Glaeser/Horn*, VwPR, 15. Aufl. 2000, Rn. 535; differenzierend *Zöller/Gummer* Rn. 4; aA OLG Stuttgart Justiz 1980, 450, 451; *Kissel/Mayer* Rn. 8.
[9] OLG Frankfurt NJW 1966, 465, 466; OLG Stuttgart NJW 1969, 671; *Kissel/Mayer* Rn. 5.

Verwaltungsentscheidung neu erlassen werden. Hat die Maßnahme einen teilbaren Inhalt und ist nur ein Teil rechtswidrig, so hebt das Gericht nur diesen auf und lässt den Rest des Justizverwaltungsakts unberührt („soweit").[10] Ist ein Beschwerdebescheid ergangen, so ist auch dieser aufzuheben. Die Vollziehung der Maßnahme allein steht der Aufhebung nicht entgegen. Die Justizverwaltung ist sodann zur Folgenbeseitigung verpflichtet (zur Möglichkeit der gleichzeitigen Entscheidung über die Folgenbeseitigung s. Rn. 6). Ist eine Folgenbeseitigung jedoch rechtlich und tatsächlich nicht mehr möglich, so bleibt für eine Aufhebung kein Raum;[11] der Antragsteller ist auf die Feststellung der Rechtswidrigkeit (s. Abs. 1 S. 4, s. Rn. 9 ff.) und mögliche Schadensersatzansprüche im Amtshaftungsprozess verwiesen.[12]

III. Folgenbeseitigungsantrag (Abs. 1 S. 2)

6   **1. Antragserfordernis.** Abs. 1 S. 2 **vereinfacht die prozessuale Durchsetzung** des Folgenbeseitigungsanspruchs, der Ausfluss der Freiheitsgrundrechte ist und als objektives Verfassungsrecht seine Grundlage auch im Gebot der Gesetzmäßigkeit der Verwaltung (Art. 20 Abs. 3 GG) hat. Der Antragsteller muss nicht die materielle Rechtskraft der den angefochtenen Justizverwaltungsakt aufhebenden Gerichtsentscheidung abwarten, sondern kann mit einem weiteren **Antrag** zugleich die Rückgängigmachung der Vollziehung verlangen.

7   **2. Spruchreife.** Die Sache muss spruchreif sein, dh., es müssen **alle tatsächlichen und rechtlichen Voraussetzungen der Folgenbeseitigung geklärt** sein. Ist dies nicht der Fall, so bleibt nur die Möglichkeit, ein neues Verfahren mit dem Ziel einer Verpflichtung der Behörde zur Folgenbeseitigung nach § 28 Abs. 2 S. 2 anzustreben. Sind die tatsächlichen und rechtlichen Voraussetzungen der Folgenbeseitigung geklärt, steht der Behörde aber ein Ermessensspielraum hinsichtlich der Art und Weise der Rückgängigmachung zu, so hat das OLG im Verfahren nach Abs. 1 S. 2 die Pflicht zur Bescheidung analog Abs. 2 S. 2 auszusprechen. Es wäre wenig zweckmäßig, allein wegen des Ermessens der Behörde ein neues Verfahren nach Abs. 2 einleiten zu müssen, in dem das Gericht auch keine weitere Aufklärung als im anhängigen Aufhebungsprozess vornehmen kann.

8   **3. Entscheidung.** Ist ein rechtswidriger Justizverwaltungsakt bereits vollzogen, und stellen dessen reale Folgen eine Belastung für den Antragsteller dar, hat das Gericht bei einem entsprechenden Antrag in der Aufhebungsentscheidung auszusprechen, dass und wie die Justizbehörde diese Belastung zu beseitigen hat. Ist die Folgenbeseitigung nur teilweise rechtlich oder tatsächlich unmöglich, so ist die Verpflichtung auszusprechen, die Belastung so weit wie möglich aufzuheben.[13]

IV. Fortsetzungsfeststellungsantrag (Abs. 1 S. 4)

9   **1. Erledigung.** Die Erledigung kann außer durch Zurücknahme seitens der Behörde eintreten durch Zeitablauf, Rücknahme des Antrags bei der Behörde, Rechtsänderung, Ersetzung der Maßnahme durch eine andere, nicht mehr rückgängig zu machende Vollziehung[14] oder Wegfall der Beschwer durch Entscheidung der Justizbehörde während einer nach § 27 Abs. 2 gesetzten Frist. Da das Gericht die Maßnahme dann nicht mehr aufheben kann, kann dem Antragsteller Rechtsschutz gegen hoheitliche Gewalt nur noch durch eine gerichtliche **Feststellung der Rechtswidrigkeit** gewährt werden. Abs. 1 S. 4 erleichtert dies, indem er dem Antragsteller die Möglichkeit eröffnet, seinen bisherigen Antrag auf Aufhebung der Maßnahme auf einen Feststellungsantrag umzustellen, worauf seitens des Gerichts hinzuweisen ist, bzw. bei Erledigung vor Verfahrensanhängigkeit von vornherein Feststellung der Rechtswidrigkeit zu begehren.[15] Die Stellung des Feststellungsantrags kann auch konkludent erfolgen, beispielsweise durch die Fortsetzung des Verfahrens nach unstreitiger Erledigung, wenn das Rechtsschutzziel erkennbar wird.[16]

10   **2. Zeitpunkt der Erledigung.** Der Zeitpunkt der Erledigung liegt dem Gesetzestext zufolge nach Stellung des Anfechtungsantrags und vor Entscheidung des Gerichts. Der effektive Rechtsschutz (Art. 19 Abs. 4 GG) verlangt darüber hinaus, wie bei § 113 Abs. 1 S. 4 VwGO, die Zulässig-

---

[10] *Kissel/Mayer* Rn. 6.
[11] S. auch KG NJW-RR 1991, 1085; vgl. auch *Stadler* IPRax 1992, 148.
[12] *Zöller/Gummer* Rn. 1; *Baumbach/Lauterbach/Hartmann* Rn. 3; ein Hauptfall ist die Bestellung eines Konkurrenten zum Insolvenzverwalter, s. § 23 Rn. 53.
[13] *Kopp/Schenke*, VwGO, 15. Aufl. 2007, § 113 VwGO Rn. 88.
[14] S. etwa KG NJW-RR 1991, 1085.
[15] *Kissel/Mayer* Rn. 16.
[16] OLG Celle NdsRpfl 2007, 250; *Kissel/Mayer* Rn. 16; *Löwe/Rosenberg/Böttcher*, StPO, 25. Aufl. 1998, Rn. 5.

keit eines Feststellungsantrags auch dann, wenn sich die Maßnahme bereits vor einem Anfechtungsantrag erledigt hat, sog. **nachträglicher Fortsetzungsfeststellungsantrag.**[17] Ein vorgeschriebenes Vorschaltverfahren darf dadurch nicht umgangen werden. Ist die Frist zur Einlegung eines förmlichen Rechtsbehelfs abgelaufen und tritt danach Erledigung ein, so ist gerichtlicher Rechtsschutz auch nicht mehr durch einen nachträglichen Fortsetzungsfeststellungsantrag zu erlangen. Nur bei Erledigung vor Ablauf der Frist des Vorschaltverfahrens, oder wenn ein solches nicht vorgesehen ist, ist ein Feststellungsantrag zulässig.[18]

3. Berechtigtes Interesse. Das berechtigte Interesse des Antragstellers an der Feststellung der Rechtswidrigkeit ist weiter zu verstehen als das „rechtliche Interesse" in § 256 ZPO. Es **umfasst** jedes bei vernünftigen Erwägungen nach Lage des Falles anzuerkennende schutzwürdige Interesse rechtlicher, wirtschaftlicher oder ideeller Art.[19] Ein schutzwürdiges Interesse besteht zB bei Wiederholungsgefahr[20] und bei noch in der Gegenwart fortwirkendem diskriminierendem Charakter einer Maßnahme.[21] Ob daneben bereits die schlüssige Behauptung der Verletzung eines Grundrechts als „rechtliches Interesse" an der Feststellung der Rechtswidrigkeit ausreicht, ist umstritten,[22] und jedenfalls für tiefgreifende Grundrechtseingriffe zu bejahen.[23]

Dient der Feststellungsantrag nur der **Vorbereitung eines Amtshaftungsprozesses** ist zu bedenken, dass die Zivilgerichte zwar an die Feststellungen der Oberlandesgerichte im Verfahren nach den §§ 23–30 über die Rechtswidrigkeit eines Justizverwaltungsakts gebunden sind, diese Vorfrage aber, wenn eine solche Feststellung fehlt, selbst treffen können. Prozessökonomische Erwägungen lassen ein Feststellungsinteresse nur dann als berechtigt erscheinen, wenn der vorzubereitende Amtshaftungsprozess nicht offenbar aussichtslos ist.[24] Hat sich die Maßnahme schon **vor Antragstellung** erledigt und besteht außer einem intendierten Amtshaftungsprozess kein sonstiges berechtigtes Interesse des Antragstellers, ist ein Feststellungsinteresse abzulehnen.[25] Hier kann das OLG, da es mit der Angelegenheit noch nicht befasst ist, die Rechtswidrigkeit des Justizverwaltungsakts nicht prozessökonomischer feststellen als das Zivilgericht im Amtshaftungsprozess. Dem Umweg über das Verfahren nach den §§ 23–30 ist der direkte Weg der Amtshaftungsklage vorzuziehen.

V. Verpflichtungsantrag (Abs. 2)

1. Zeitpunkt für die Beurteilung. Für die Beurteilung, ob die Ablehnung oder Unterlassung des Justizverwaltungsakts rechtswidrig und der Antragsteller dadurch in seinen Rechten verletzt ist, ist abweichend von Anfechtungssachen die **Sach- und Rechtslage zum Zeitpunkt der Entscheidung des Gerichts** maßgeblich.[26]

2. Spruchreife. Ist der Antrag begründet, was die tatsächliche Möglichkeit der Vornahme der begehrten Maßnahme einschließt, so ist für den Entscheidungstenor nach der Spruchreife zu differenzieren. Bei **gesetzesgebundenen Verwaltungsentscheidungen** liegt Spruchreife vor, wenn das für die Subsumtion maßgebliche Tatsachenmaterial zusammengetragen wurde. Wegen des Untersuchungsgrundsatzes (§ 29 Abs. 2, § 12 FGG) ist das Gericht zur Herbeiführung der Spruchreife verpflichtet.[27] Bei Begründetheit und Spruchreife wird die Behörde im Entscheidungstenor

---

[17] OLG Frankfurt NJW 1965, 2315; KG NJW 1972, 169, 170; *Zöller/Gummer* Rn. 7; *Kissel/Mayer* Rn. 17.
[18] *Kissel/Mayer* Rn. 16.
[19] *Zöller/Gummer* Rn. 8; *Baumbach/Lauterbach/Hartmann* Rn. 5; *Kissel/Mayer* Rn. 18; *Kopp/Schenke*, VwGO, 15. Aufl. 2007, § 113 VwGO Rn. 129.
[20] OLG Frankfurt NJW 1965, 2315; OLG Hamm MDR 1987, 519; KG NJW 1972, 169, 170.
[21] OLG Hamm MDR 1987, 519; *Löwe/Rosenberg/Böttcher*, StPO, 25. Aufl. 1998, Rn. 10.
[22] Ablehnend: BGH NJW 1990, 2759; OLG Karlsruhe NStZ 1992, 98; *Baumbach/Lauterbach/Hartmann* Rn. 5; offen: OLG Köln NJW 1994, 1076; bejahend für Art. 13 GG: BVerfG NJW 1997, 2164 m. weit. Nachw.
[23] BVerfG NJW 1997, 2163; BVerfG NJW 2002, 2456; BVerfG NJW 2003, 1514; OLG Karlsruhe NStZ-RR 2005, 249; OLG Frankfurt NStZ-RR 2005, 325.
[24] *Baumbach/Lauterbach/Hartmann* Rn. 5; *Kissel/Mayer* Rn. 19 f.; *Kopp/Schenke*, VwGO, 15. Aufl. 2007, § 113 VwGO Rn. 136; enger, nur zulässig, wenn Erledigung des Anfechtungsantrags die Feststellung der Rechtswidrigkeit der Maßnahme unmittelbar entscheidungsreif ist: OLG Hamm MDR 1987, 519; ganz ablehnend, künftiger Amtshaftungsprozess begründet kein Feststellungsinteresse: KG NStZ 1997, 563; OLG Karlsruhe Justiz 1986, 494, 495; *Zöller/Gummer* Rn. 8; zu § 113 Abs. 1 S. 4 VwGO: BVerwG NJW 1973, 1014; BVerwG NJW 1980, 2426.
[25] OLG Frankfurt NJW 1965, 2315; KG NJW-RR 1991, 1085 m. weit. Nachw.; OLG Dreden NJW-RR 2002, 718; OLG Frankfurt 3. 1. 2006 – 20 VA 8/05; *Baumbach/Lauterbach/Hartmann* Rn. 6; *Kissel/Mayer* Rn. 19.
[26] *Kissel/Mayer* Rn. 7; vgl. *Löwe/Rosenberg/Böttcher*, StPO, 25. Aufl. 1998, Rn. 2; zu § 113 Abs. 4 VwGO BVerwGE 29, 304, 305.
[27] *Kissel/Mayer* Rn. 22; *Zöller/Gummer* Rn. 12; *Baumbach/Lauterbach/Hartmann* Rn. 8.

zur Vornahme der beantragten Maßnahme verpflichtet, das Gericht nimmt diese also nicht selbst vor.

15 Bei **Ermessensentscheidungen** ist auch bei Vorliegen des entscheidungsrelevanten Tatsachenmaterials Spruchreife nur dann gegeben, wenn lediglich eine Entscheidungsalternative durch die Justizbehörde rechtmäßig wäre (Ermessensreduzierung auf Null). Ist dies nicht der Fall, bleibt die Prärogative der Verwaltung im Sinne der Auswahlmöglichkeit zwischen verschiedenen jeweils rechtmäßigen Entscheidungsmöglichkeiten erhalten. Das Gericht darf diese Entscheidung nicht vorwegnehmen oder ersetzen.[28] Bei Begründetheit und bestehendem Ermessen der Behörde ergeht ein Bescheidungsurteil. Die Justizbehörde wird verpflichtet, ihr Ermessen unter Beachtung der Rechtsauffassung des Gerichts auszuüben.[29]

VI. Andere Antragsarten

16 **1. Allgemeiner Leistungsantrag.** Ein allgemeiner Leistungsantrag ist auch im Verfahren vor den Oberlandesgerichten gegeben, einschließlich der des vorbeugenden Unterlassungsbegehrens. Hierher ist die Verpflichtung zur Vornahme von Realakten zu zählen.[30] Insoweit kann §§ 23 Abs. 2, 28 Abs. 2 analog angewandt werden.

17 **2. Feststellungsantrag.** Ein Feststellungsantrag ist, obwohl in den Verfahrensvorschriften nicht erwähnt, zulässig. Ihn im Verfahren nach den §§ 23–30 zu versagen, hieße insoweit den allgemeinen Verwaltungsrechtsweg wegen Fehlens einer abdrängenden Sonderzuweisung nach § 40 VwGO zu eröffnen. Der effektive Rechtsschutz (Art. 19 Abs. 4 GG) gegen hoheitliche Gewalt bei Feststellungsanträgen ist zweckmäßiger im Verfahren nach den §§ 23–30 zu gewähren.[31] Ein Feststellungsantrag ist aber analog § 43 Abs. 2 VwGO gegenüber Verpflichtungs- und Anfechtungsanträgen subsidiär. Besondere Sachentscheidungsvoraussetzung dieser Rechtsschutzform ist wie bei dem nachträglichen Fortsetzungsfeststellungsantrag nach § 28 Abs. 1 S. 4 ein berechtigtes Interesse des Antragstellers.

VII. Überprüfung von Ermessensentscheidungen (Abs. 3)

18 **1. Grundsatz.** Abs. 3 beschränkt die Kontrolle der Gerichte bei Ermessensentscheidungen der Justizbehörden und konkretisiert damit die Gewaltenteilung (Art. 20 Abs. 2 GG). Die Justizbehörden sollen bei ihrem Handeln auch Zweckmäßigkeits- und Billigkeitserwägungen einbeziehen können, um ihre Aufgaben sachgerecht wahrnehmen zu können. Ob das Gesetz der Exekutive **Ermessen einräumt,** ist eine Rechtsfrage, die der gerichtlichen Nachprüfung unterliegt. Ermessenseinräumung bedeutet, dass verschiedene Entscheidungen rechtmäßig sind. Dabei kann ein **Entschließungsermessen** (ob) oder ein **Auswahlermessen** (wie) bestehen. Den Gerichten steht eine Kompetenz zur Ersetzung der behördlichen Zweckmäßigkeitserwägungen durch eigenes Urteil nicht zu. Ermessen wird durch Formulierungen wie „ist befugt" oder „kann" (zB § 1309 Abs. 2 BGB) eingeräumt.

19 **2. Ermessensfehler.** Die Gesetzesbindung der Exekutive wird dadurch sichergestellt, dass das Gesetz keine beliebigen Entscheidungen ermöglicht, sondern dem Ermessen Grenzen setzt. Außerhalb dieser Grenzen wird die Entscheidung rechtswidrig, die gerichtliche Kontrolle setzt ein. Abs. 3 regelt in 2 Alternativen die Schranken der Ermessensbetätigung: Die Ermessensüberschreitung und den Ermessensfehlgebrauch.

20 **Ermessensüberschreitung** liegt vor, wenn Entscheidungsfreiheit hinsichtlich der Voraussetzungen oder des Inhalts einer Maßnahme gesetzlich nicht eingeräumt war,[32] so dass die Maßnahme bereits abstrakt unter keinen Umständen gerechtfertigt ist.

21 Beim **Ermessensfehlgebrauch** ist hingegen die beanstandete Maßnahme als rechtmäßiges Ergebnis eines Verwaltungsverfahrens abstrakt möglich. Sie ist im konkreten Fall aber rechtswidrig, wenn der Zweck der Ermächtigung nicht hinreichend Eingang in die Erwägungen der Behörde gefunden hat. Der Zweck der Ermächtigung ist der entsprechenden Norm, der Systematik des jeweiligen Gesetzes oder auch der Rechtsordnung insgesamt zu entnehmen.[33] Ermessensfehlgebrauch kommt in Betracht beim sog. **Heranziehungsdefizit** (es wurden nicht alle relevanten Gesichtspunkte einbezogen), beim **Heranziehungsüberhang** (es wurden auch irrelevante Aspekte in die

---

[28] BGH NJW 1980, 2310, 2311.
[29] OLG Naumburg FamRZ 2002, 1115.
[30] S. § 23 Rn. 12; aA *Kissel/Mayer* Rn. 13.
[31] AA *Kissel/Mayer* Rn. 13.
[32] *Kopp/Schenke,* VwGO, 15. Aufl. 2007, § 114 VwGO Rn. 7.
[33] *Kopp/Schenke,* VwGO, 15. Aufl. 2007, § 114 VwGO Rn. 8.

Erwägung einbezogen), beim **Ermessensausfall** (die Behörde ging fälschlicherweise von einer gebundenen Entscheidung aus)[34] oder bei **disproportionaler Abwägung** (den Gesichtspunkten wurde nicht die ihnen nach der Rechtsordnung zukommende Bedeutung beigemessen). Dabei haben die Gerichte die schwierige Aufgabe zu erfüllen, bei der Rechtserkenntnis des Ermessenszwecks die gesetzlich gegebene Handlungsfreiheit der Exekutive nicht zu stark einzuschränken. Die einschränkende Konkretisierung des Ermessenszwecks darf keine Beschränkung des Verwaltungshandelns bewirken.

3. Begründung. Um dem Antragsteller die Überprüfung der Erfolgsaussichten einer gerichtlichen Kontrolle des Justizverwaltungsakts zu ermöglichen, ist die Ermessensausübung, falls die Gründe nicht offensichtlich sind, von der Behörde mit einer Begründung zu versehen, die die ermessensleitenden Erwägungen erkennen lässt. Bei Fehlen der Begründung ist die Entscheidung aufzuheben.[35]

4. Unbestimmte Rechtsbegriffe. Im Gegensatz zu dem auf der Rechtsfolgenseite der Norm angesiedelten Ermessen sind unbestimmte Rechtsbegriffe als Tatbestandsvoraussetzungen im Grundsatz voll überprüfbar (zB „wichtiger Grund").[36] Ausnahmen bestehen nur bei pluralistisch konzipierten Behördengremien, Prüfungssituationen und dienstlichen Beurteilungen.[37]

§ 29 [Unanfechtbarkeit der Entscheidung; Verfahren; Prozeßkostenhilfe]

(1) ¹Die Entscheidung des Oberlandesgerichts ist endgültig. ²Will ein Oberlandesgericht jedoch von einer auf Grund des § 23 ergangenen Entscheidung eines anderen Oberlandesgerichts oder des Bundesgerichtshofes abweichen, so legt es die Sache diesem vor. ³Der Bundesgerichtshof entscheidet an Stelle des Oberlandesgerichts.

(2) Im übrigen sind auf das Verfahren vor dem Zivilsenat die Vorschriften des Gesetzes über die Angelegenheiten der freiwilligen Gerichtsbarkeit über das Beschwerdeverfahren, auf das Verfahren vor dem Strafsenat die Vorschriften der Strafprozeßordnung über das Beschwerdeverfahren sinngemäß anzuwenden.

(3) Auf die Bewilligung der Prozeßkostenhilfe sind die Vorschriften der Zivilprozeßordnung entsprechend anzuwenden.

I. Normzweck

Abs. 1 legt die grundsätzliche **Einstufigkeit des Rechtswegs** fest und will zugleich durch die Divergenzvorlage die Einheitlichkeit der Rechtsprechung sichern. Abs. 2 und 3 regeln ergänzend das Verfahren.

II. Einstufiger Rechtsweg

Die in Abs. 1 S. 1 vorgesehene Einstufigkeit des Rechtswegs gegen Justizverwaltungsakte ist verfassungsgemäß.[1] § 18 FGG, der die nachträgliche Änderung gerichtlicher Entscheidungen ermöglicht, und § 153 VwGO über die Wiederaufnahme des Verfahrens sind durch Abs. 1 S. 1 für die Überprüfung von Justizverwaltungsakten ausgeschlossen. Die Entscheidung ist unanfechtbar und erwächst deshalb sofort in materieller **Rechtskraft**.[2] Die Rechtskraft kann nicht durch Rücknahme des Antrags auf gerichtliche Entscheidung nachträglich beseitigt werden. Ein neuer Antrag kann nur aufgrund neuer Sach- oder Rechtslage gestellt werden, sonst ist er als unzulässig abzuweisen.[3] **Durchbrochen** wird die materielle Rechtskraft in zwei Fällen: Erging die Entscheidung irrtümlich aufgrund falscher Tatsachen, so kann, in Parallele zu § 349 StPO, die Entscheidung vom Gericht zurückgenommen werden.[4] Dies gilt nicht bei Rechtsirrtum. Bei Verletzung des rechtlichen Ge-

---

[34] BGH NJW 1980, 2310, 2311; 1980, 2312, 2313.
[35] OLG Frankfurt NJW 1966, 465, 466; OLG Stuttgart NJW 1969, 671, 671; *Löwe/Rosenberg/Böttcher*, StPO, 25. Aufl. 1998, Rn. 20; *Zöller/Gummer* Rn. 22; *Kissel/Mayer* Rn. 5; zur verfassungsrechtlichen Ableitung eines Begründungszwangs: *J. Lücke*, Begründungszwang und Verfassung, 1987, S. 50ff., 105 f.
[36] OLG Oldenburg NJW 1968, 1440, 1441.
[37] Vgl. *Kopp/Ramsauer*, VwVfG, 9. Aufl. 2005, § 40 VwVfG Rn. 71 ff.
[1] S. § 23 RdNr. 11.
[2] *Zöller/Gummer* Rn. 1; *Kissel/Mayer* Rn. 2, 4.
[3] *Kissel/Mayer* Rn. 4.
[4] Zur StPO: BGH NJW 1951, 771; OLG Hamburg MDR 1976, 511; zum EGGVG *Kissel/Mayer* Rn. 5; *Zöller/Gummer* Rn. 1.

hörs (Art. 103 Abs. 1 GG) gebietet die Prozessökonomie die Selbstkorrektur durch die Fachgerichte anstatt des „Umwegs" über das Bundesverfassungsgericht. Nach Abs. 2, § 29a FGG ist die Rüge der Verletzung des rechtlichen Gehörs vor dem OLG selbst geltend zu machen, das, auch ohne entsprechenden Antrag, seine Entscheidung ändern und die Grundrechtsverletzung heilen kann.[5] Wegen der Unanfechtbarkeit der Entscheidung ist die Zustellung nicht notwendig, es genügt die formlose Mitteilung.[6]

III. Vorlagepflicht

3   Abs. 1 S. 2 begründet ähnlich wie § 121 Abs. 2 GVG, und § 28 Abs. 2 FGG eine Vorlagepflicht des OLG, wenn es **von einer Entscheidung anderer Oberlandesgerichte oder des BGH abweichen** will. Dies gilt über den Wortlaut hinaus auch für die Abweichung eines Senats von einem anderen Senat desselben Gerichts.[7] Dies gilt jedoch nicht, wenn der Senat, von dessen Entscheidung abgewichen werden soll, seine Rechtsprechung (auch in Unkenntnis des vorlagewilligen Gerichts, nach Erlass des Vorlagebeschlusses) aufgegeben hat.[8] Die Vorlagepflicht besteht nur, wenn sich die divergierende Rechtsansicht im Ergebnis auswirkt. Führt sie zum gleichen Resultat nur mit einer anderen Begründung, ist die Vorlage nicht zulässig.[9] Weiterhin muss die Rechtsauffassung, von der das vorlegende OLG abweichen will, für die vorausgegangene Entscheidung erheblich gewesen sein.[10] Auch die beabsichtigte Abweichung eines Zivilsenats von einer Entscheidung in Strafsachen verpflichtet zur Vorlage an den BGH.[11] Aus dem klaren Wortlaut lässt sich eine Einschränkung allein auf Divergenzen hinsichtlich Bundesrecht nicht herleiten. Insbesondere wenn in einem Bundesland mehrere OLGe errichtet wurden, besteht auch bei der Anwendung von Landesrecht Vorlagebedarf.[12] Soll bei der Auslegung von Verwaltungsvorschriften abgewichen werden, so besteht keine Vorlagepflicht.[13]

4   Die Abweichung muss von einer **auf Grund des § 23 ergangenen Entscheidung** erfolgen. Dies umfasst außer den Zulässigkeitsbedingungen auch alle materiellen Fragen des gerichtlichen Überprüfungsverfahrens.[14] Die Vorlagepflicht besteht daher bei konkurrierenden Entscheidungen über die Wiedereinsetzung nach § 26 Abs. 2 und über die Rechtswidrigkeit nach § 28, da beide Entscheidungen auf Grund des § 23 darstellen.[15] Keine Vorlagepflicht begründen Abweichungen in **Kostenentscheidungen** nach § 30 Abs. 2 und 3.[16] Bei der Prüfung der **Zulässigkeit** einer Divergenzvorlage ist von der Rechtsauffassung des vorlegenden Gerichts auszugehen.[17]

5   Nach Abs. 1 S. 3 **entscheidet der BGH an Stelle des OLG.** Dies bedeutet, dass der BGH im Vorlageverfahren nicht bloß die Rechtsfrage als Vorfrage entscheidet und im übrigen zurückverweist, sondern selbst das gesamte Verfahren übernimmt und entscheidet.[18] Eine willkürliche Missachtung der Vorlagepflicht stellt einen Verstoß gegen Art 101 Abs. 1 S. 2 GG dar und kann zur Aufhebung der Entscheidung durch das BVerfG führen.[19]

IV. Verfahren (Abs. 2)

6   **1. Anwendbarkeit von Verfahrensregeln des FGG.** Das Verfahren in Zivilsachen richtet sich **ergänzend** nach den Vorschriften über das **Beschwerdeverfahren in FGG-Sachen**.[20] Diese Bezugnahme auf das Beschwerdeverfahren und nicht das Ausgangsverfahren ist sachgerecht. Eine

---

[5] BVerfG NJW 1987, 1319; BVerfG NJW 1976, 1837, 1838f.; *Zöller/Gummer* Rn. 1; *Kissel/Mayer* Rn. 6.
[6] *Zöller/Gummer* Rn. 1; *Kissel/Mayer* Rn. 3.
[7] *Löwe/Rosenberg/Franke*, StPO, 25. Aufl. 2001, § 121 GVG Rn. 43 ff.; aA *Kissel/Mayer* § 121 GVG Rn. 10.
[8] BGH NJW 1990, 2759; *Baumbach/Lauterbach/Hartmann* Rn. 3; *Kissel/Mayer* Rn. 8.
[9] BGH NJW 1977, 1014; BGH ZIP 2007, 1379; *Baumbach/Lauterbach/Hartmann* Rn. 3; *Kissel/Mayer* Rn. 7.
[10] BGH NJW-RR 1994, 570.
[11] *Löwe/Rosenberg/Böttcher*, StPO, 25. Aufl. 1998, Rn. 3; *Kissel/Mayer* Rn. 8.
[12] *Löwe/Rosenberg/Böttcher*, StPO, 25. Aufl. 1998, Rn. 4; *Altenhain* NJW 1963, 1463; aA *Kissel/Mayer* Rn. 7; *Baumbach/Lauterbach/Hartmann* Rn. 3.
[13] *Löwe/Rosenberg/Böttcher*, StPO, 25. Aufl. 1998, Rn. 4; *Kissel/Mayer* Rn. 7; aA *Zöller/Gummer* Rn 2.
[14] BGHZ 46, 354 = NJW 1967, 927, 928; *Löwe/Rosenberg/Böttcher*, StPO, 25. Aufl. 1998, Rn. 2; *Kissel/Mayer* Rn. 8.
[15] *Baumbach/Lauterbach/Hartmann* Rn. 3.
[16] *Baumbach/Lauterbach/Hartmann* Rn. 2; *Kissel/Mayer* Rn. 8.
[17] BGH NJW 1980, 2310, 2311; *Kissel/Mayer* Rn. 8.
[18] *Baumbach/Lauterbach/Hartmann* Rn. 2; aA BGH NJW 1963, 1789; BGH NJW 1964, 166, 167; BGH NJW 1972, 780, 781; *Löwe/Rosenberg/Böttcher*, StPO, 25. Aufl. 1998, Rn. 5; *Kissel/Mayer* Rn. 9.
[19] *Baumbach/Lauterbach/Hartmann* Rn. 3; *Schneider* MDR 2000, 10.
[20] S. auch § 23 Rn. 11 ff.

Parallele zwischen den §§ 23–30 und der FGG-Beschwerde besteht insoweit, als im FGG-Verfahren wegen der weitgehenden, auch streitige Verfahren umfassenden, Zuweisung an den Rechtspfleger (§§ 3, 4 RPflG) oft erst die Beschwerdeentscheidung eine Entscheidung in sachlicher und persönlicher Unabhängigkeit durch den Richter bringt. Anwendbar sind nur die Vorschriften des FGG, die nicht durch Sonderregelungen verdrängt werden. Neben den Beschwerdevorschriften kommen auch die allgemeinen FGG-Verfahrensregeln zur Anwendung, soweit sie im Beschwerdeverfahren gelten.[21]

2. Vorrang von Spezialregelungen. Verdrängt von Spezialregelungen sind: § 20 FGG (durch § 24 Abs. 1), § 21 FGG (durch § 26 Abs. 1), § 22 FGG (durch § 26), §§ 26–29, 30 Abs. 1 FGG (durch § 29 Abs. 1).[22] 7

3. Anwendbare Vorschriften des FGG. Anwendbar sind: § 23 FGG, dies ist offensichtlich, da zum Rechtsschutz nach Art. 19 Abs. 4 GG selbstverständlich die Tatsachenfeststellung durch das Gericht gehört.[23] Diese erfolgt nach § 12 FGG von Amts wegen;[24] § 24 FGG (vgl. zum vorläufigen Rechtsschutz § 23 Rn. 18 ff.); § 25 FGG, die Entscheidung des Gerichts ist mit Gründen zu versehen;[25] § 29a FGG, die Gehörsrüge (s. Rn. 2); beim BGH § 30 Abs. 2 FGG iVm. § 132 Abs. 4 GVG[26], zur Sicherung einheitlicher Rechtsprechung besteht die Vorlagemöglichkeit an den Großen Senat. Außerdem sind anwendbar: § 2 FGG iVm. §§ 156–168 GVG (Rechtshilfe); §§ 6, 7 FGG (Richterausschließung); §§ 8, 9 FGG iVm. §§ 184–191a GVG (Gerichtssprache); §§ 176–183 GVG (Sitzungspolizei); §§ 192–197 GVG (Beratung und Abstimmung). 8

4. Mündlichkeit der Verhandlung. Während im Verwaltungs- und Zivilprozess grundsätzlich mündlich verhandelt wird und nur in Ausnahmefällen davon abgewichen werden darf (§ 101 VwGO, § 128 ZPO), ist für das Verfahren in Strafsachen nach § 29 Abs. 2 mit § 309 Abs. 1 StPO keine mündliche Verhandlung vorgesehen.[27] Daraus kann nicht gefolgert werden, dass auch für das Verfahren in Zivilsachen nach den §§ 23–30 die mündliche Verhandlung ausgeschlossen ist.[28] Vielmehr ist auf die allgemeinen Grundsätze des FGG-Verfahrens zurückzugreifen. Dort gilt zwar nicht allgemein der Grundsatz mündlicher Verhandlung. Aus den Sonderregeln der §§ 53a Abs. 1, 53b Abs. 1 FGG, § 13 Abs. 2 HausratsVO, § 15 LwVG, § 44 WEG, die grundsätzlich von einer mündlichen Verhandlung ausgehen, ist jedoch der allgemeine Grundsatz abzuleiten, dass in Streitsachen und bei Eingriffen in den persönlichen Bereich grundsätzlich eine mündliche Verhandlung stattfinden soll.[29] Dies fordert auch die Effektivität mündlicher Sachverhaltsermittlung (§ 12 FGG) und die Effektivität der Gewährung rechtlichen Gehörs (Art. 103 Abs. 1 GG).[30] Da auch das Verfahren in Zivilsachen nach den §§ 23–30 ein Streitverfahren ist, ist hier grundsätzlich mündlich zu verhandeln. 9

V. Prozesskostenhilfe

Im Verfahren vor den Oberlandesgerichten kann nach Abs. 3 Prozesskostenhilfe gewährt werden. Die Bewilligung richtet sich nach §§ 114 ff. ZPO. 10

§ 30 [Kosten]

(1) ¹Für die Kosten des Verfahrens vor dem Oberlandesgericht gelten die Vorschriften der Kostenordnung entsprechend. ²Abweichend von § 130 der Kostenordnung wird jedoch ohne Begrenzung durch einen Höchstbetrag bei Zurückweisung das Doppelte der vollen Gebühr, bei Zurücknahme des Antrags eine volle Gebühr erhoben.

---

[21] *Kissel/Mayer* Rn. 15; *Baumbach/Lauterbach/Hartmann* Rn. 5.
[22] *Kissel/Mayer* Rn. 10; *Baumbach/Lauterbach/Hartmann* Rn. 5.
[23] BVerfG NJW 1967, 923.
[24] *Baumbach/Lauterbach/Hartmann* § 23 Rn. 6.
[25] *Baumbach/Lauterbach/Hartmann* Rn. 5; *Kissel/Mayer* Rn. 13.
[26] Nach der Reform der §§ 132–138 GVG durch Art. 2 Nr. 11–13 Rechtspflege-Vereinfachungsgesetz v. 17. 12. 1990 (BGBl. I S. 2847) muss § 30 Abs. 2 FGG nicht mehr als Verweis auf § 137 GVG sondern § 132 Abs. 4 GVG verstanden werden, der inhaltlich dessen Funktion übernommen hat, s. BT-Drucks. 11/3621 S. 55. *Kissel/Mayer* Rn. 14 verweist hier irrtümlicherweise auf § 138 GVG, der jedoch nur weitere Verfahrensvorschriften für den Fall bereit hält, dass der Große Senat bereits angerufen wurde.
[27] KG NJW 1968, 608.
[28] So nach *Kissel/Mayer* Rn. 11; *Schütz* VerwRdsch. 1981, 190.
[29] *Baur/M. Wolf,* Grundbegriffe des Rechts der freiwilligen Gerichtsbarkeit, 2. Aufl. 1980, Kap. 3 IV 1; s. auch *Habscheid*, FG, 7. Aufl. 1983, § 19 III 1 a.
[30] *Lindacher* JuS 1978, 583.

(2) ¹Das Oberlandesgericht kann nach billigem Ermessen bestimmen, daß die außergerichtlichen Kosten des Antragstellers, die zur zweckentsprechenden Rechtsverfolgung notwendig waren, ganz oder teilweise aus der Staatskasse zu erstatten sind. ²Die Vorschriften des § 91 Abs. 1 Satz 2 und der §§ 102 bis 107 der Zivilprozeßordnung gelten entsprechend. ³Die Entscheidung des Oberlandesgerichts kann nicht angefochten werden.

(3) ¹Der Geschäftswert bestimmt sich nach § 30 der Kostenordnung. ²Er wird von dem Oberlandesgericht durch unanfechtbaren Beschluß festgesetzt.

I. Normzweck

1   Die Vorschrift regelt die Gerichtsgebühren, den Geschäftswert und die Erstattung außergerichtlicher Kosten. So wie in § 29 Abs. 2 für ergänzende Verfahrensvorschriften nicht auf die ZPO, sondern das FGG verwiesen wird, bestimmt sich die Kostenregelung nicht nach dem GKG, sondern, mit geringfügigen Abweichungen, nach der KostO.

II. Gerichtsgebühren (Abs. 1)

2   **1. Stellung des Antrags.** Aus der entsprechenden Anwendung der Kostenordnung folgt, dass die Stellung des Antrags auf gerichtliche Entscheidung nach § 26 Abs. 1 gem. § 129 KostO **gebührenfrei** ist.

3   **2. Kostenentscheidung.** Ist der Antrag **zulässig und begründet,** entstehen nach § 16 KostO **keine Gerichtsgebühren.** Gleiches gilt bei der Feststellung nach § 28 Abs. 1 S. 4 und einem Bescheidungsurteil mangels Spruchreife nach § 28 Abs. 2 S. 2.¹ Kostenfrei ist das Verfahren auch bei Erledigung der Hauptsache nach § 27 Abs. 2 S. 2, da das gerichtliche Verfahren von der Justizbehörde veranlasst wurde.

4   Nach § 30 Abs. 1 S. 2 wird für die **Zurückweisung des Antrags** als unzulässig oder als unbegründet das Doppelte der vollen Gebühr erhoben. Die Höchstbetragsgrenze von § 130 KostO ist dabei nicht anzuwenden. Bei **Zurücknahme des Antrags** vor einer gerichtlichen Entscheidung ist die einfache volle Gebühr fällig, ebenfalls ohne Höchstgrenze. Bei **Teilzurückweisung des Antrags** ist das Doppelte der vollen Gebühr des Werts des zurückgewiesenen Teils, bei **Teilrücknahme** die einfache volle Gebühr des Werts des zurückgenommenen Teils zu entrichten. Die Teilgebühr darf die Gebühr für die Erledigung des ganzen Antrags jedoch nicht übersteigen (§ 30 Abs. 1 iVm. § 130 Abs. 4 KostO).

5   Die Gebührentragungspflicht folgt direkt aus dem Gesetz, so dass eine Aufnahme in die **Entscheidungsformel nur deklaratorisch** wirkt.²

6   **2. Kostenvorschusspflicht.** Es besteht Kostenvorschusspflicht nach § 8 KostO, da die Durchführung des gerichtlichen Verfahrens unabhängig vom Erfolg des Antrags die „Vornahme eines Geschäfts" im Sinne dieser Vorschrift ist.³ Im Obsiegensfall ist der Vorschuss zurückzuerstatten.

III. Außergerichtliche Kosten (Abs. 2)

7   **1. Ermessen.** Abweichend von den Regelungen in § 91 ZPO, §§ 154, 162 VwGO besteht keine Kostentragungspflicht der unterliegenden Justizbehörde für die außergerichtlichen Kosten des obsiegenden Antragstellers. Ebenso wie in § 13a FGG werden diese Kosten nur aufgrund einer Anordnung des Gerichts nach billigem Ermessen erstattet. Verfassungsrechtlich, insbesondere unter dem Aspekt der **prozessualen Waffengleichheit** nach Art. 3 GG, ist kein allgemeines Prinzip vorgegeben, dass dem Obsiegenden seine Kosten zu erstatten sind.⁴ Zwar darf das Ermessen nach der ähnlichen Kostenregelung in § 78 GWB nicht dahin ausgeübt werden, dass der Obsiegende stets seine außergerichtlichen Kosten zu tragen hat.⁵ Dies folgt aber aus der einseitigen Auferlegung eines Anwaltszwangs nur für den Beschwerdeführer und nicht auch für die Kartellbehörde nach § 68 GWB. Da der Antragsteller im Verfahren nach den §§ 23–30 jedoch nicht auf anwaltliche Prozessvertretung angewiesen ist, also keine Ungleichbehandlung gegenüber der Behörde vorliegt, be-

---

¹ *Kissel/Mayer* Rn. 2.
² OLG München NJW 1975, 509, 511; *Kissel/Mayer* Rn. 3; *Zöller/Gummer* Rn. 1; *Löwe/Rosenberg/Böttcher*, StPO, 25. Aufl. 1998, Rn. 2.
³ OLG Hamburg Rpfleger 1966, 27; OLG Hamburg NStZ-RR 2003, 383; *Baumbach/Lauterbach/Hartmann* Rn. 3; *Kissel/Meyer* Rn. 4; *Zöller/Gummer* Rn. 1.
⁴ BVerfG NJW 1987, 2569, 2570.
⁵ BVerfG NJW 1987, 2569, 2570f.

steht hier aufgrund der prozessualen Waffengleichheit kein Erfordernis, das Ermessen auf eine grundsätzliche Kostenerstattung hin einzuengen.

Entgegen dem BVerfG wäre aber zu erwägen, ob nicht die **Garantie effektiven Rechtsschutzes** (Art. 19 Abs. 4 GG) zu verfassungsrechtlichen Bedenken gegen die Belassung der außergerichtlichen Kosten beim obsiegenden Antragsteller führt, da der Rechtsunkundige nur schwer seine prozessualen Rechte nach den §§ 23–30 ohne anwaltliche Hilfe wahrnehmen können wird, zB auch hinsichtlich der Frage der Erforderlichkeit eines Vorschaltverfahrens. Die Kostenregelung des § 30 Abs. 2 stellt so eine unnötige Hürde bei der Erlangung gerichtlichen Rechtsschutzes dar. 8

Folgt man dem Stand der Verfassungsjudikatur und erachtet die Vorschrift für wirksam, so ist das **gerichtliche Ermessen dahin auszuüben,** dass besondere Gründe, wie offensichtliche oder besonders schwere Rechtsverletzung durch die Justizbehörde, grundsätzlich zur Erstattung der außergerichtlichen Kosten führen müssen.[6] Ansonsten steht dem Gericht nicht nur ein Entschließungs-, sondern auch ein Auswahlermessen hinsichtlich des Umfangs der Erstattung zu. Umfasste Kosten sind außer den Anwaltskosten nach S. 2 mit § 91 Abs. 1 S. 2 ZPO auch die Reise- und Zeitversäumniskosten des Antragstellers. Für die Anwaltsgebühren gilt § 2 Abs. 2 iVm. Anl. 1 Teil 3 Abschn. 1 RVG. Zuständig für die Kostenerstattung ist der Rechtspfleger (Abs. 2 S. 2 iVm. § 104 ZPO und § 21 Nr. 1 RpflG), der dabei an Stellungnahmen des Gerichts gebunden ist (§ 5 Abs. 1 Nr. 1, Abs. 2 S. 3 RPflG). Gegen den Kostenfestsetzungsbeschluss des Rechtspflegers ist innerhalb von 2 Wochen die Erinnerung zulässig (Abs. 2 S. 2 iVm. § 104 ZPO, § 11 RPflG). Über diese entscheidet das OLG endgültig (Abs. 2 S. 3). 9

2. Kosten eines Vorschaltverfahrens. Kosten eines Vorschaltverfahrens werden nicht erstattet.[7] Auch außergerichtliche Kosten Dritter sind nicht erstattungsfähig.[8] Bei Tod des Antragstellers kann trotz Erledigung der Hauptsache auf Antrag das Verfahren bis zur Entscheidung über die Kostenerstattung fortgesetzt werden.[9] 10

IV. Geschäftswert (Abs. 3)

Der Geschäftswert ist in **vermögensrechtlichen Angelegenheiten** nach freiem Ermessen zu bestimmen (Abs. 3 S. 1 mit § 30 Abs. 1 KostO). Grundsätzlich ist bei fehlenden tatsächlichen Anhaltspunkten ein Geschäftswert von € 3000,– anzusetzen, der nach Lage des Falles auch abweichend niedriger oder höher, jedoch nicht über € 500000,– liegen kann (§ 30 Abs. 2 KostO). Ebenso ist er in **nichtvermögensrechtlichen Angelegenheiten** festzusetzen (§ 30 Abs. 3 KostO). Die Kostenfestsetzung ist nach Abs. 3 S. 2 unanfechtbar. 11

§ 30a [Rechtsweg bei Kosten-Justizverwaltungsakten]

(1) ¹**Verwaltungsakte, die im Bereich der Justizverwaltung beim Vollzug des Gerichtskostengesetzes, der Kostenordnung, des Gerichtsvollzieherkostengesetzes, des Justizvergütungs- und -entschädigungsgesetzes oder sonstiger für gerichtliche Verfahren oder Verfahren der Justizverwaltung geltender Kostenvorschriften, insbesondere hinsichtlich der Einforderung oder Zurückzahlung ergehen, können durch einen Antrag auf gerichtliche Entscheidung auch dann angefochten werden, wenn es nicht ausdrücklich bestimmt ist. ²Der Antrag kann nur darauf gestützt werden, dass der Verwaltungsakt den Antragsteller in seinen Rechten beeinträchtige, weil er rechtswidrig sei. ³Soweit die Verwaltungsbehörde ermächtigt ist, nach ihrem Ermessen zu befinden, kann der Antrag nur darauf gestützt werden, dass die gesetzlichen Grenzen des Ermessens überschritten seien, oder dass von dem Ermessen in einer dem Zweck der Ermächtigung nicht entsprechenden Weise Gebrauch gemacht worden sei.**

(2) ¹**Über den Antrag entscheidet das Amtsgericht, in dessen Bezirk die für die Einziehung oder die Befriedigung des Anspruchs zuständige Kasse ihren Sitz hat. ²In dem Verfahren ist die Staatskasse zu hören. ³§ 14 Abs. 3 bis 9 und § 157a der Kostenordnung gelten entsprechend.**

(3) ¹**Durch die Gesetzgebung eines Landes, in dem mehrere Oberlandesgerichte errichtet sind, kann die Entscheidung über das Rechtsmittel der weiteren Beschwerde**

---

[6] *Kissel/Mayer* Rn. 5; *Baumbach/Lauterbach/Hartmann* Rn. 4.
[7] OLG Hamm MDR 1984, 606.
[8] OLG Hamm OLGZ 1974, 325, 326.
[9] OLG Hamm NJW 1971, 209.

nach Absatz 1 und 2 sowie nach §§ 14, 156 der Kostenordnung, der Beschwerde nach § 66 des Gerichtskostengesetzes, nach § 14 der Kostenordnung und nach § 4 des Justizvergütungs- und -entschädigungsgesetzes einem der mehreren Oberlandesgerichte oder anstelle eines solchen Oberlandesgerichts einem obersten Landesgericht zugewiesen werden. ²Dies gilt auch für die Entscheidung über das Rechtsmittel der weiteren Beschwerde nach § 33 des Rechtsanwaltsvergütungsgesetzes, soweit nach dieser Vorschrift das Oberlandesgericht zuständig ist.

(4) Für die Beschwerde finden die vor dem Inkrafttreten des Kostenrechtsmodernisierungsgesetzes vom 5. Mai 2004 (BGBl. I S. 718) am 1. Juli 2004 geltenden Vorschriften weiter Anwendung, wenn die anzufechtende Entscheidung vor dem 1. Juli 2004 der Geschäftsstelle übermittelt worden ist.

I. Normzweck

1   Mit § 30a wird ein gegenüber den allgemeinen Regelungen der §§ 23–30 spezielles Verfahren für Kosten-Justizverwaltungsakte geschaffen. Der Inhalt der Regelung ist durch Art. 14 Nr. 3 1. GBerBundRBMJ v. 19. 4. 2006 (BGBl. I S. 866) aus Art. XI §§ 1–3 KostÄndG in das EGGVG überführt worden; das KostÄndG konnte sodann aufgehoben werden (Art. 115 1. GBerBundRBMJ).

Der Rechtsschutz gegen Kostenverwaltungsakte wird jedoch **nur rudimentär geregelt.** Die systematische Stellung am Ende des Dritten Abschnittes macht aber deutlich, dass vom allgemeinen Verfahren der §§ 23–30 nur insoweit abgewichen werden soll, wie eine speziellere Regelung erfolgt. Im übrigen sind die **allgemeinen Regelungen** des Abschnittes **anzuwenden.**[1]

II. Zulässigkeit

2   **1. Zuständigkeit.** Abs. 2 S. 1 regelt die sachliche und örtliche Zuständigkeit: Im Gegensatz zu § 25 Abs. 1 ist nicht das OLG, sondern das **AG** zuständig, und zwar das, in dessen Bezirk die handelnde Kasse ihren Sitz hat. Eine Konzentration wird zwar nicht speziell vorgesehen, ist aber auf Grund der allgemeinen Vorschrift des § 13a GVG durch Landesrecht möglich. Kostensachen werden stets von der Zivilabteilung entschieden.[2]

3   **2. Justizverwaltungsakt.** Der Antrag ist statthaft gegen Verwaltungsakte der Justizverwaltung beim Vollzug von Kostenvorschriften. Da es sich um eine Spezialisierung der Regelungen der §§ 23–30 handelt, kann der sachliche Anwendungsbereich **nicht über den des § 23 hinaus** gehen. Angefochten werden können Justizverwaltungsakte (dazu § 23 Rn. 3 ff.) von Justizbehörden (§ 23 Rn. 7 ff.),[3] die auf dem Gebiet der ordentlichen Gerichtsbarkeit erlassen wurden. In Verwaltungs-, Arbeits-, Sozial- und Finanzsachen ist der Verwaltungsrechtsweg nach § 40 Abs. 1 VwGO eröffnet.[4] Es wird allein das Gebiet des Kostenrechts herausgelöst und einer spezielleren Regelung unterstellt. Wegen § 23 Abs. 3 ist insoweit das allgemeine Verfahren der §§ 23–30 nicht unmittelbar anwendbar.

4   **3. Subsidiarität.** § 30a ist abdrängende Sonderzuweisung iSv. § 40 Abs 1 VwGO. Der Rechtsweg zu den Verwaltungsgerichten ist daher versperrt. Die Regelung ist jedoch selbst nur Auffangnorm, soweit von den besonderen Kostengesetzen keine Rechtsschutzregelung zur Verfügung gestellt wird (Abs. 1 S. 1 aE). Die Rechtsmittel nach § 66 GKG, § 56 RVG, § 14 KostO, § 4 JVEG, § 8 JBeitrO gehen vor.[5] Der **verbleibende Anwendungsbereich** ist daher gering, im wesentlichen beschränkt er sich auf Einforderungs-, Rückzahlungs-, Erlass- und Stundungsbescheide.

5   **4. Weitere Voraussetzungen.** Nach Abs. 2 S. 3, § 14 Abs. 6 ist der Antrag **schriftlich** oder zu Protokoll der Geschäftsstelle einzureichen. Im übrigen ist auf die Zulässigkeitsvoraussetzungen des allgemeinen Verfahrens nach den §§ 23–30 zurückzugreifen. Der Antragsteller muss daher insbesondere geltend machen, in seinen Rechten verletzt zu sein (dazu § 24 Rn. 2 ff.) und den Antrag in der Frist des § 26 Abs. 1 erheben.

---

[1] Auch die Begründung zum Regierungsentwurf, BT-Drucks. 16/47 S. 49, geht davon aus, dass ohne § 30a die §§ 23–30 unmittelbar anwendbar wären; ebenso *Kissel/Mayer* Rn. 2; aA *Baumbach/Lauterbach/Hartmann* Rn. 2, der den Verwaltungsgerichtsweg nach § 40 Abs. 1 VwGO für einschlägig hält.
[2] OLG Nürnberg AnwBl. 1990, 49; *Kissel/Mayer* Rn. 4; *Baumbach/Lauterbach/Hartmann* Rn. 12.
[3] AA *Baumbach/Lauterbach/Hartmann* Rn. 3, der auf den Verwaltungsakt iSv. § 35 VwVfG abstellt.
[4] *Zöller/Gummer* Rn. 2; *Kissel/Mayer* Rn. 3.
[5] *Kissel/Mayer* Rn. 2; *Baumbach/Lauterbach/Hartmann* Rn. 1; *Zöller/Gummer* Rn. 2.

III. Verfahren

Als besondere Verfahrensregel ist Abs. 2 S. 2 zu beachten. Der Vertreter der **Staatskasse** ist stets 6
zu hören. Das Verfahren hat gem. Abs. 2 S. 3, § 14 Abs. 8 KostO **keine aufschiebende Wirkung**,
auf Antrag kann diese jedoch ganz oder teilweise angeordnet werden. Im übrigen finden die Regelungen aus den §§ 23–30 einschließlich des Verweises aus § 29 Abs. 2 auf das FGG-Verfahren Anwendung (s. § 29 Rn. 6 ff.).[6]

IV. Entscheidung

Der Antrag ist **begründet,** wenn der Verwaltungsakt rechtswidrig und der Antragsteller dadurch 7
ihn seinen Rechten verletzt ist (Abs. 1 S. 2). Die Behandlung ist gleich einem Anfechtungsantrag
nach den §§ 23–30 (s. § 28 Rn. 2 ff.). Der angefochtene Bescheid ist aufzuheben. Soweit der Behörde ein **Ermessen** zustand, ist nach Abs. 1 S. 3 die gerichtliche Kontrolle auf eine Überprüfung
von Ermessensüberschreitung und Ermessensfehlgebrauch beschränkt (s. § 28 Rn. 18 ff.). Bei
Spruchreife kann das Gericht selbst entscheiden.[7]

Kosten entstehen mit dem Verfahren nicht, **Auslagen** können nicht erstattet werden (Abs. 2
S. 3, § 14 Abs. 9 KostO).

V. Rechtsmittel

Anders als bei den §§ 23–30 ist die Überprüfung von Kostenverwaltungsakten mehrstufig aufge- 8
baut. Durch den Verweis in Abs. 2 S. 3 auf § 14 Abs. 3–9 KostO steht die **Beschwerde zum LG**
bei einem Beschwerdewert über € 200 oder bei Zulassung (§ 14 Abs. 3 KostO) gegen die Entscheidung des AGs zur Verfügung; uU ist **weitere Beschwerde zum OLG** (§ 14 Abs. 5 KostO) möglich.

Bei Verletzung des rechtlichen Gehörs ist auf Grund des Verweises in Abs. 2 S. 3 die **Gehörsrüge** (§ 157 a KostO) möglich.

VI. Konzentrationsermächtigung (Abs. 3)

Abs. 3 übernimmt die schon in Art. XI § 2 KostÄndG enthaltene Regelung und gibt den 9
Ländern die Kompetenz zur Zuständigkeitskonzentration der **Beschwerde bzw. weiteren Beschwerde bei einem OLG bzw ObLG**. Die Ermächtigung geht über den Anwendungsbereich
von § 30 a Abs. 1, 2 hinaus und erfasst auch die Rechtsmittel auf Grund anderer Kostenvorschriften.
Es wird jedem Bundesland die Möglichkeit eröffnet, die beim OLG anzubringenden Rechtsmittel
auf dem gesamten Gebiet des Kostenrechts bei einem Gericht zu konzentrieren.[8]

Gleichzeitig mit § 30 a ist § 13 a GVG geschaffen worden (Art. 17 Nr. 1 1. GBerBundRBMJ),
der Konzentrationen ohne sachliche Beschränkungen ermöglicht. Nach beiden Normen ist eine
Konzentration nur durch Landesgesetz, nicht durch Rechtsverordnung möglich. Soweit die Aufgaben verschiedener OLGe bei einem zusammengefasst werden sollen, ist Abs. 3 allein deklaratorisch. Er macht deutlich, dass eine entsprechende Konzentration für das Kostenrecht sinnvoll erscheint.
Notwendig wäre er nicht, die Kompetenz des Landesgesetzgebers ergibt sich bereits aus § 13 a
GVG. Nach der Abschaffung des BayObLG ist eine Konzentration bei einem ObLG derzeit ausgeschlossen.

VII. Übergangsvorschrift (Abs. 4)

Die Übergangsvorschrift betrifft Beschwerden, die vor dem 1. 7. 2004 erhoben wurden. Solche 10
sollten heute nicht mehr anhängig sein, so dass die Vorschrift als **gegenstandslos** anzusehen ist.

Vierter Abschnitt. Kontaktsperre

§§ 31 bis 38a (betreffen Strafsachen)

---

[6] *Kissel/Mayer* Rn. 4; *Baumbach/Lauterbach/Hartmann* Rn. 12.
[7] *Baumbach/Lauterbach/Hartmann* Rn. 14.
[8] Derartige Konzentrationen fordert *Bratfisch* Rpfleger 1988, 552.

Fünfter Abschnitt. Insolvenzstatistik

§ 39 [Insolvenzstatistik]

(1) Über Insolvenzverfahren werden monatliche Erhebungen als Bundesstatistik durchgeführt.

(2) Erhebungsmerkmale sind:
1. bei Eröffnung des Insolvenzverfahrens oder dessen Abweisung mangels Masse
   a) Art des Verfahrens,
   b) Antragsteller,
   c) Art des Rechtsträgers oder der Vermögensmasse (Schuldner); bei Unternehmen zusätzlich Rechtsform, Geschäftszweig, Jahr der Gründung, Zahl der betroffenen Arbeitnehmer und die Eintragung in das Handels-, Genossenschafts-, Vereins- oder Partnerschaftsregister,
   d) Eröffnungsgrund,
   e) Anordnung der Eigenverwaltung,
   f) voraussichtliche Summe der Forderungen;
2. bei Annahme eines Schuldenbereinigungsplans, bei Eröffnung eines vereinfachten Insolvenzverfahrens oder bei der Abweisung des Antrags auf Eröffnung eines solchen Verfahrens mangels Masse
   a) Summe der Forderungen,
   b) geschätzte Summe der zu erbringenden Leistungen,
   c) bei Personen, die eine geringfügige selbständige wirtschaftliche Tätigkeit ausüben, zusätzlich Geschäftszweig;
3. bei Einstellung des Insolvenzverfahrens
   a) Einstellungsgrund,
   b) bei Einstellung mangels Masse oder nach Anzeige der Masseunzulänglichkeit zusätzlich Summe der Forderungen;
4. bei Aufhebung des Insolvenzverfahrens nach Schlussverteilung nach dem Schlusstermin, spätestens jedoch nach Ablauf des zweiten dem Eröffnungsjahr folgenden Jahres
   a) Summe der Forderungen,
   b) für die Verteilung verfügbarer Betrag,
   c) nachträgliche Anordnung oder Aufhebung der Eigenverwaltung;
5. bei Aufhebung des Insolvenzverfahrens nach Bestätigung eines Insolvenzplans
   a) Summe der Forderungen,
   b) Anteil des erlassenen Betrags an der Summe der Forderungen,
   c) nachträgliche Anordnung oder Aufhebung der Eigenverwaltung;
6. bei Restschuldbefreiung
   a) Ankündigung der Restschuldbefreiung,
   b) Entscheidung über die Restschuldbefreiung.

(3) Hilfsmerkmale der Erhebungen sind:
1. Datum der Verfahrenshandlungen nach Absatz 2,
2. Name oder Firma und Anschrift oder Mittelpunkt der selbständigen wirtschaftlichen Tätigkeit des Schuldners,
3. Name und Aktenzeichen des Amtsgerichts,
4. Namen und Telekommunikationsanschlussnummern der für eventuelle Rückfragen zur Verfügung stehenden Personen sowie Bearbeitungsdatum,
5. bei Schuldnern, die im Handels-, Genossenschafts-, Vereins- oder Partnerschaftsregister eingetragen sind, für die Erhebung nach Absatz 2 Nr. 1 im Fall der Abweisung mangels Masse und nach den Nummern 3 und 4: Art und Ort des Registers sowie Nummer der Eintragung.

(4) [1]Für die Erhebung besteht Auskunftspflicht. [2]Die Angaben zu Absatz 3 Nr. 4 sind freiwillig. [3]Auskunftspflichtig sind die zuständigen Amtsgerichte. [4]Die Angaben werden aus den vorhandenen Unterlagen jeweils für den abgelaufenen Kalendermonat erteilt. [5]Die Angaben zu Absatz 2 Nr. 1, 2, 3, 5 und 6 sind innerhalb von zwei Wochen nach Ablauf des Kalendermonats, in dem die jeweilige gerichtliche Entscheidung erlassen wurde, die Angaben zu Absatz 2 Nr. 4 nach dem Schlusstermin, spätestens jedoch nach Ablauf des zweiten dem Eröffnungsjahr folgenden Jahres zu übermitteln.

(5) Für die Verwendung gegenüber den gesetzgebenden Körperschaften und für Zwecke der Planung, jedoch nicht für die Regelung von Einzelfällen, dürfen Tabellen mit statistischen Ergebnissen, auch soweit Tabellenfelder nur einen einzigen Fall ausweisen, vom Statistischen Bundesamt und den statistischen Ämtern der Länder an die fachlich zuständigen obersten Bundes- und Landesbehörden übermittelt werden.

Übersicht

	Rn.		Rn.
I. **Normzweck**	1	5. Aufhebung des Insolvenzverfahrens nach Bestätigung eines Insolvenzplans (Abs. 2 Nr. 5)	11
II. **Erhebungsmerkmale (Abs. 2)**	2–12		
1. Eröffnung bzw. Abweisung des Insolvenzverfahrens (Abs. 2 Nr. 1)	3–7	6. Restschuldbefreiung (Abs. 2 Nr. 6)	12
2. Schuldenbereinigung und vereinfachtes Insolvenzverfahren (Abs. 2 Nr. 2)	8	III. **Hilfsmerkmale der Erhebung (Abs. 3)**	13–16
3. Einstellung des Insolvenzverfahrens (Abs. 2 Nr. 3)	9	IV. **Datenerhebung (Abs. 4)**	17–19
4. Aufhebung des Insolvenzverfahrens nach Schlussverteilung bzw. Ablauf des zweiten dem Eröffnungsjahr folgenden Jahres (Abs. 2 Nr. 4)	10	V. **Weitergabe statistischer Angaben an Ministerien (Abs. 5)**	20, 21

I. Normzweck

Mit der Einführung des § 39 durch Gesetz vom 15. 12. 1999 (BGBl. I S. 2398) wurde die seit langem bestehende Insolvenzstatistik erstmals auf eine bundeseinheitliche gesetzliche Grundlage gestellt. § 39 ist bereichsspezifische Übermittlungsregelung iSv. § 13 Abs. 1 Nr. 1. Sie stellt die gesetzliche Grundlage für die Übermittlung der personenbezogenen Daten der am Insolvenzverfahren Beteiligten dar.[1] Während die frühere Datenerhebung in Konkurs-, Vergleichs- und Gesamtvollstreckungsverfahren auf der Grundlage der Mitteilungen in Zivilsachen (MiZi) auf Landesebene vorgenommen und vom Statistischen Bundesamt zu einem Bundesergebnis verarbeitet wurde, sieht die Vorschrift in Abs. 1 nunmehr vor, eine **monatliche Datenerhebung** über Insolvenzverfahren **als Bundesstatistik** im Sinne der Ermächtigung in § 5 Abs. 1 Bundesstatistikgesetz (BStatG) durchzuführen (sog. Insolvenzstatistik). Ziel dieser Statistik ist es zum einen, Auskunft über das Insolvenzgeschehen in der Bundesrepublik Deutschland und damit über einen wichtigen konjunkturellen Spätindikator zu geben.[2] Darüber hinaus soll die Statistik aber auch zeigen, ob und inwieweit die in die Insolvenzrechtsreform vom 1. 1. 1999 gesetzten Erwartungen erfüllt werden.[3] Die Vorschrift orientiert sich einerseits an dem in den §§ 9, 10 BStatG vorgeschriebenen Regelungsumfang bundesstatistischer Rechtsvorschriften, berücksichtigt andererseits aber auch die Praxis der bisher von den Ländern durchgeführten Erhebungen. Hierfür sieht die Regelung in Abs. 2 bestimmte Erhebungsmerkmale sowie in Abs. 3 zusätzliche Hilfsmerkmale vor und bestimmt in Abs. 4 eine Auskunfts- und Übermittlungspflicht der Insolvenzgerichte.

II. Erhebungsmerkmale (Abs. 2)

Auf der Grundlage der Insolvenzordnung legt Abs. 2 die Erhebungsmerkmale iSd. § 10 Abs. 1 S. 2 BStatG für die Insolvenzstatistik differenziert nach den unterschiedlichen Stadien des Insolvenzverfahrens fest.

1. Eröffnung bzw. Abweisung des Insolvenzverfahrens (Abs. 2 Nr. 1). Erhebungsmerkmal bei Eröffnung des Insolvenzverfahrens durch Eröffnungsbeschluss gem. § 27 InsO bzw. bei Abweisung des Antrags mangels Masse gem. § 26 InsO ist zunächst die **Art des Verfahrens (Nr. 1 lit. a)**. Zu unterscheiden sind hierbei Regelinsolvenzverfahren, Verbraucherinsolvenzverfahren und sonstige Kleinverfahren gem. §§ 304 ff. InsO sowie die besonderen Arten des Insolvenzverfahrens nach §§ 315 ff. InsO.

Beim Merkmal des **Antragstellers (Nr. 1 lit. b)** ist zu beachten, dass eine Anregung des Bundesrates[4] auf Aufnahme der Erhebungsmerkmale „Geschlecht" und „Staatsangehörigkeit" keinen

---
[1] Zöller/Gummer Rn. 2; Kissel/Mayer Rn. 8.
[2] Vgl. BT-Drucks. 14/1418 S. 5.
[3] BT-Drucks. 14/1418 S. 5.
[4] Vgl. BT-Drucks. 14/1418 S. 7.

Eingang in den Gesetzestext gefunden hat, so dass lediglich die Angabe der Antragsteller mit ihren Merkmalen nach §§ 13–15 InsO oder sonstige Antragsberechtigte ohne individuelle Angaben zu fordern ist.

5   Gemäß **Nr. 1 lit. c S. 1** ist die Art der nach § 11 InsO insolvenzfähigen **Rechtsträger** oder der in § 11 InsO genannten **Vermögensmassen** anzugeben. Zu den **Unternehmen**, für die **Nr. 1 lit. c S. 2** zusätzliche Angaben vorsieht, gehören auch Einzelkaufleute sowie Angehörige freier Berufe.[5]

6   Das Erhebungsmerkmal des **Eröffnungsgrundes** nach **Nr. 1 lit. d** soll einen Überblick darüber gewährleisten, in wie vielen Fällen von dem mit der Insolvenzrechtsreform neu eingeführten Eröffnungsgrund der drohenden Zahlungsunfähigkeit (§ 18 InsO) neben den bisherigen Konkursgründen der Zahlungsunfähigkeit (§ 17 InsO) und Überschuldung (§ 19 InsO) Gebrauch gemacht wird.

7   Weitere Erhebungsmerkmale sind die **Anordnung der Eigenverwaltung** gem. §§ 270 ff. InsO **(Nr. 1 lit. e)** sowie die **Summe der voraussichtlich angemeldeten Forderungen (Nr. 1 lit. f)** als wesentlicher Bestandteil der Insolvenzstatistik.

8   **2. Schuldenbereinigung und vereinfachtes Insolvenzverfahren (Abs. 2 Nr. 2).** Im Falle der Annahme eines Schuldenbereinigungsplans gem. §§ 305 ff. InsO sowie bei Stattgabe bzw. Abweisung eines Antrags auf Eröffnung eines vereinfachten Insolvenzverfahrens iSd. §§ 311 ff. InsO sieht Abs. 2 Nr. 2 spezielle Erhebungsmerkmale vor, die eine Analyse der Wirkungsweise und des Erfolgs der durch die InsO neugeschaffenen Verbraucherinsolvenzverfahren und sonstigen Kleinverfahren ermöglichen sollen. Zu erbringende Leistungen (Nr. 2 lit. b) sind die im Rahmen des Schuldenbereinigungsplans oder im vereinfachten Verfahren zu erbringenden Zahlungen oder sonstige Vermögenswerte. Eine geringfügige selbständige wirtschaftliche Tätigkeit ist gem. § 304 InsO zu bestimmen.

9   **3. Einstellung des Insolvenzverfahrens (Abs. 2 Nr. 3).** Bei einer Einstellung des Insolvenzverfahrens hat das zuständige Amtsgericht nach **Nr. 3 lit. a** Auskunft über den Einstellungsgrund iSd. §§ 207, 211, 212, 213 InsO zu geben. Kommt es zu einer Einstellung mangels Masse nach § 207 InsO bzw. zu einer Einstellung nach Anzeige der Masseunzulänglichkeit gem. § 211 InsO, hat es nach **Nr. 3 lit. b** darüber hinaus die Summe der Forderungen anzugeben.

10 **4. Aufhebung des Insolvenzverfahrens nach Schlussverteilung bzw. Ablauf des zweiten dem Eröffnungsjahr folgenden Jahres (Abs. 2 Nr. 4).** Die Erhebungsmerkmale der **Nr. 4 lit. a, b** (Summe der Forderungen und verteilbarer Betrag) dienen der Ermittlung der Aktiva und Passiva des Schuldners zur Feststellung des insolvenzbedingten volkswirtschaftlichen Schadens. Die Angaben zur nachträglichen Anordnung oder Aufhebung der Eigenverwaltung gem. **Nr. 4 lit. c** sind für die Ergänzung bzw. Änderung der Ergebnisse der Erhebungen nach Abs. 2 Nr. 1 lit. e erforderlich. Die Erhebung der Daten erfolgt gem. **Nr. 4 1. Alt** grundsätzlich bei Aufhebung des Insolvenzverfahrens nach erfolgter Schlussverteilung nach dem Schlusstermin (vgl. §§ 200, 196, 197 InsO). Nach **Nr. 4 2. Alt** sind die Daten im Interesse einer möglichst zeitnahen Ergebnisdarstellung jedoch auch bei noch ausstehender Schlussverteilung spätestens nach Ablauf des zweiten dem Eröffnungsjahr folgenden Jahres zu erheben.

11 **5. Aufhebung des Insolvenzverfahrens nach Bestätigung eines Insolvenzplanes (Abs. 2 Nr. 5).** Die Erhebungsmerkmale der **Nr. 5 lit. a, b** dienen der Darstellung der Forderungsausfälle der Gläubiger bei Abwicklung eines Insolvenzverfahrens mittels eines Insolvenzplans. Im Falle der Aufhebung des Insolvenzverfahrens nach Bestätigung eines Insolvenzplans (vgl. §§ 258, 248 InsO) sind deshalb vom Bundesamt für Statistik die Daten über die Summe der Forderungen sowie über den Anteil des nach §§ 223 bis 225 InsO erlassenen Betrags hieran zu erheben. Die Angaben zur nachträglichen Anordnung bzw. Aufhebung der Eigenverwaltung nach Nr. 5 lit. c dienen der Ergänzung bzw. Änderung der Ergebnisse der Erhebungen nach Abs. 2 Nr. 1 lit. e.

12 **6. Restschuldbefreiung (Abs. 2 Nr. 6).** Die für den Fall der Restschuldbefreiung vorgegebenen Erhebungsmerkmale nach **Nr. 6** sollen einen Überblick darüber geben, wie sich das durch die Insolvenzrechtsreform neu eingeführte Institut in der Praxis bewährt. Hierfür werden zunächst Angaben über die Ankündigung der Restschuldbefreiung gem. § 291 InsO **(Nr. 6 lit. a)** sowie bzgl. der Entscheidung über die Restschuldbefreiung iSd. § 300 InsO **(Nr. 6 lit. b)** gefordert. Im Interesse einer effektiven Erfolgskontrolle sind darüber hinaus auch Daten über einen Widerruf der Restschuldbefreiung iSd. Nr. 6 lit. b zu erheben.[6]

---

[5] BT-Drucks. 14/1418 S. 5.
[6] Vgl. BT-Drucks. 14/1418 S. 6.

III. Hilfsmerkmale der Erhebung (Abs. 3)

Zum Zweck der technischen Durchführung der Insolvenzstatistik regelt Abs. 3 bestimmte Hilfsmerkmale der Erhebung iSd. § 10 Abs. 1 S. 3 BStatG.   13

Als anzugebende Hilfsmerkmale bestimmt **Nr. 1** im Interesse einer zeitlichen Zuordnung das Datum der in Abs. 2 genannten Verfahrenshandlungen des Insolvenzgerichts sowie **Nr. 2** im Interesse einer regionalen Zuordnung den Namen bzw. die Firma sowie die Anschrift oder – bei dessen Abweichung von der Anschrift iSd. § 3 Abs. 1 S. 2 InsO – den Mittelpunkt der selbständigen wirtschaftlichen Tätigkeit des Schuldners. Die Angabe von Namen und Anschrift erscheint für statistische Zwecke nicht erforderlich und ist deshalb verfassungsrechtlich bedenklich, wegen eines unverhältnismäßigen Eingriffs in das Recht auf informationelle Selbstbestimmung. Die Individualisierung der einzelnen Verfahren kann mit Hilfe des Aktenzeichens erfolgen (s. Abs. 3 Nr. 3). Für die regionale Zuordnung genügt die bloße Ortsangabe ohne Name und Anschrift. Die Veröffentlichung gem. § 9 InsO rechtfertigt nicht einen zeitlich unbegrenzten Eingriff in den Schutz persönlicher Daten.   14

Um die Durchführung möglicher Rückfragen möglichst unbürokratisch zu gewährleisten, sieht **Nr. 3** die Angabe des Namens des Amtsgerichts und des von diesem vergebenen Aktenzeichens sowie **Nr. 4** die Angabe von Namen und Telekommunikationsanschlussnummern der für die Beantwortung der Fragen zuständigen Person einschließlich des Bearbeitungsdatums vor.   15

Für die in einem der in **Nr. 5** genannten Register eingetragenen Schuldner sind als Hilfsmerkmale für die Erhebung im Falle der Abweisung mangels Masse nach Abs. 2 Nr. 1 sowie für die Erhebungen bei Einstellung des Insolvenzverfahrens nach Abs. 2 Nr. 3 und die Erhebungen bei Aufhebung des Insolvenzverfahrens nach Abs. 2 Nr. 4 zusätzlich Art und Ort des Registers sowie die Nummer der Eintragung anzugeben. Diese Angaben dienen dem Auffinden der Unternehmen im Statistikregister, um die endgültige Einstellung der Tätigkeit des eingetragenen Schuldners vermerken zu können.   16

IV. Datenerhebung (Abs. 4)

Grundsätzlich besteht nach Abs. 4 für alle Angaben im Rahmen der Erhebung eine **Auskunftspflicht** seitens der zuständigen **Amtsgerichte** (Insolvenzgerichte, vgl. § 2 Abs. 1 InsO). Allein die Angaben nach Abs. 3 Nr. 4 sind freiwillig (Abs. 4 S. 2). Empfänger der Daten ist das Statistische Bundesamt,[7] welches die Insolvenzstatistik als Bundesstatistik führt (s. Abs. 1). Die Auskunft ist im Wege der Amtshilfe gem. §§ 4 ff. VwVfG zu leisten,[8] unter Beachtung der speziellen Vorschriften des BStatG, insbesondere § 16.   17

Um die in Abs. 1 vorgesehene **monatliche Erhebung** der für die Insolvenzstatistik erforderlichen Daten zu gewährleisten, haben die Insolvenzgerichte die entsprechenden Angaben gem. Abs. 4 S. 4 **aus den vorhandenen Unterlagen** jeweils für den abgelaufenen Kalendermonat unter Berücksichtigung der in Abs. 4 S. 5 genannten Abgabetermine zu erteilen, dh. im Regelfall spätestens 2 Wochen nach Monatsende. Die Zweiwochenfrist gilt grundsätzlich auch für den Schlusstermin bzw. das Jahresende gem. Abs. 4 Nr. 4, obwohl dies nicht ausdrücklich gesagt ist.   18

Die Art und Weise der Auskunftserteilung wird allgemein in § 15 BStatG näher geregelt. So ergibt sich beispielsweise aus § 15 Abs. 3 BStatG, dass den Insolvenzgerichten zum Zwecke der Auskunftserteilung von der Erhebungsstelle Erhebungsvordrucke zur Verfügung zu stellen sind. Die Antwort ist der Erhebungsstelle kosten- und portofrei zu erteilen (§ 15 Abs. 3 S. 3 BStatG). Im Zusammenhang mit den in Abs. 4 S. 5 genannten Fristen ist zu bemerken, dass die Antwort gem. § 15 Abs. 3 S. 2 BStatG bei schriftlicher Auskunftserteilung grundsätzlich erst mit Zugang der ausgefüllten Erhebungsvordrucke bei der Erhebungsstelle erteilt ist. Bei Weigerung der auskunftspflichtigen Stelle ist § 5 Abs. 5 VwVfG anzuwenden.   19

V. Weitergabe statistischer Angaben an Ministerien (Abs. 5)

Grundsätzlich unterliegt die Weitergabe von Daten durch das Statistische Bundesamt Geheimhaltungsvorschriften. § 16 Abs. 4 S. 2 BStatG erlaubt die Übermittlung von Daten allein auf Grund einer entsprechenden gesetzlichen Ermächtigung. Abs. 5 enthält diese Ermächtigung in dem Umfang, wie diese von § 16 Abs. 4 S. 1 BStatG zugelassen wird. Die Übermittlung von Einzelangaben aus dem Bereich der amtlichen Statistik an die obersten Bundes- und Landesbehörden (Ministerien) ist entsprechend möglich.   20

---

[7] *Kissel/Mayer* Rn. 2; *Zöller/Gummer* Rn. 2.
[8] S. vor § 156 GVG Rn. 4, 7.

21 Voraussetzung für die Weitergabe ist entweder eine Verwendung gegenüber den gesetzgebenden Körperschaften oder eine Verwendung für Zwecke der Planung. Eine Verwendung gegenüber den gesetzgebenden Körperschaften liegt beispielsweise vor bei einer Verwendung zur Begründung oder zur Stellungnahme der Regierung im Rahmen einzelner Gesetzgebungsvorhaben bzw. zur Beantwortung von Anfragen.[9] Unter das Tatbestandsmerkmal „für Zwecke der Planung" fallen zB allgemeine Vorbereitungshandlungen im Rahmen politischer Entscheidungsprozesse.[10]

Anhang
Gesetz über den Zahlungsverkehr mit Gerichten und Justizbehörden (ZahlVGJG)

vom 22. Dezember 2006 (BGBl. I S. 3416)

Vorbemerkung zum ZahlVGJG

I. Gesetzesentstehung

1 Das ZahlVGJG wurde als Art. 2 2. JuMoG (BGBl. I S. 3416) verkündet und trat am 31. 12. 2006 in Kraft. Die Regelungen sollten **ursprünglich** in einem neuen Abschnitt **als § 40 in das EGGVG eingestellt** werden.[1] Der Rechtsausschuss des Bundestages hielt es für sachgerechter die Bestimmungen als eigenständiges Gesetz zu fassen,[2] woraufhin auf eine Integration in das EGGVG verzichtet wurde. Der Rechtspraxis beschert dies ein weiteres Minigesetz, eine Einstellung in das EGGVG wäre einer Beachtung sicher förderlicher gewesen.

II. Gesetzeszweck

2 Die Länder wollen die Tätigkeit der Gerichtszahlstellen aus zweierlei Gründen einschränken: Es sollen sowohl die den Ländern entstehenden **Kosten** bei den Gerichtszahlstellen als auch die besonderen **Sicherheitsrisiken** bei hohen Bargeldbeträgen (welche derzeit insbesondere bei nach § 69 ZVG zu leistende Sicherheitsleistungen entrichtet werden müssen) reduziert werden.[3] Auf Grund § 14 BBankG sind zur Erfüllung von Geldschulden von jedermann grundsätzlich Barzahlungen zu akzeptieren. Eine Verpflichtung zur unbaren Zahlung bedarf daher einer bundesrechtlichen Ermächtigung.

3 Diese schafft das ZahlVGJG. Es erteilt zum einen die Verordnungsermächtigung, gibt aber auch die notwendigen Schranken vor, um bei besonderer Interessenlage weiterhin die Möglichkeit der Barzahlung sicherzustellen. Mit Erlass der entsprechenden Verordnungen wird dieser jedoch deutlich eingeschränkt werden. Die Gerichtszahlstellen werden so weitgehend entlastet und der heute in zahlreichen Lebensbereichen etablierte unbare Zahlungsverkehr wird zugunsten einer effektiveren Justizverwaltung als Standard eingeführt werden.[4]

§ 1 [Verordnungsermächtigung]

(1) ¹Die Landesregierungen werden ermächtigt, durch Rechtsverordnung zu bestimmen, in welchen Fällen Zahlungen an Gerichte und Justizbehörden der Länder unbar zu leisten sind. ²Die Landesregierungen können durch Rechtsverordnung die Ermächtigung nach Satz 1 auf die Landesjustizverwaltungen übertragen.

(2) Das Bundesministerium der Justiz wird ermächtigt, durch Rechtsverordnung ohne Zustimmung des Bundesrates zu bestimmen, in welchen Fällen Zahlungen durch die Gerichte und Justizbehörden des Bundes oder an Gerichte und Justizbehörden des Bundes unbar zu leisten sind.

(3) ¹In den Rechtsverordnungen ist zu bestimmen, in welcher Weise unbare Zahlungen an die Gerichte und Justizbehörden erfolgen können und nachzuweisen sind. ²Die

---

[9] *Dorer/Mainusch/Tubies,* Bundesstatistikgesetz, 1988, § 16 Rn. 39.
[10] *Dorer/Mainusch/Tubies* (Fn. 9), § 16 Rn. 39.
[1] Art. 2 2. JuMoG-RegE, BT-Drucks. 16/3038 S. 7.
[2] BT-Drucks. 16/3640 S. 49.
[3] BT-Drucks. 16/3038 S. 27.
[4] S. *Preuschen* NJW 2007, 321.

Barzahlung ist zu gewährleisten, wenn dem Zahlungspflichtigen eine unbare Zahlung nicht möglich oder wenn Eile geboten ist. ³Für die nach Absatz 1 zu erlassende Rechtsverordnung gelten die Sätze 1 und 2 nur, wenn die Zahlungen aufgrund bundesrechtlicher Vorschriften erfolgen.

I. Ermächtigung

Abs. 1 ermöglicht es den **Landesregierungen** die Fälle, in denen Zahlungen an Gerichte und Justizbehörden der Länder grundsätzlich verpflichtend unbar zu leisten sind, festzulegen. Wann Gerichte und Justizbehörden der Länder ihrerseits unbar Zahlungen leisten dürfen, war nicht zu regeln, da insoweit die Gesetzgebungskompetenz bei den Ländern liegt. § 14 BBankG steht hier nicht entgegen.[1] 1

Die Landesregierungen haben nach Abs. 1 S. 2 auch die Möglichkeit der Subdelegation auf die **Landesjustizverwaltungen**. Davon hat bisher die Landesregierung Nordrhein-Westfalens[2] sowie Sachsen-Anhalts[3] mit einer Übertragung auf das jeweilige Justizministerium Gebrauch gemacht. 2

Abs. 2 ermächtigt für die Gerichte und Justizbehörden des Bundes das **Bundesministerium der Justiz** eine entsprechende VO zu erlassen, auf Grund derer Zahlungen durch oder an Gerichte und Justizbehörden des Bundes unbar zu erfolgen haben. 3

II. Inhalt der VO

Der Verordnungsgeber legt nicht nur fest, in welchen Fällen verpflichtend eine unbare Zahlung zu erfolgen hat, sondern regelt auch in eigener Verantwortung die Art der unbaren Zahlung (Abs. 3 S. 1).[4] Er bestimmt damit, welche **Zahlungsmöglichkeiten** (Einzugsermächtigung, Überweisung, ec-Karte, Kreditkarte) akzeptiert werden. Ebenso legt der Verordnungsgeber fest, wie der **Nachweis** der unbaren Zahlung zu erfolgen hat. Er muss dabei gewährleisten, dass eine Zahlung nur dann als geleistet angesehen wird, wenn diese tatsächlich sichergestellt ist. Insbesondere bei Sicherheitsleistungen darf ein wirksamer Widerruf der Bankanweisung nach Erhalt der gesicherten Sache oder nach Vornahme der abgesicherten Handlung nicht möglich sein.[5] 4

Es wurde gefordert, eine Verpflichtung aufzunehmen, mit jeder Zahlungsaufforderung (insbesondere in Beweisbeschlüssen) auch die **Kontoverbindung** mitzuteilen.[6] Eine unmittelbare Umsetzung im Gesetz erfolgte nicht, jedoch ist mit der Verpflichtung des Zahlungspflichtigen zur unbaren Zahlung gleichzeitig eine Pflicht des Zahlungsempfängers anzunehmen, die dafür notwendigen Informationen mit der Zahlungsaufforderung bekannt zu geben. 5

III. Einschränkungen

Ein genereller Ausschluss des baren Zahlungsverkehrs wurde für nicht vertretbar gehalten.[7] Abs. 3 S. 2 schränkt die in den Abs. 1, 2 erteilten Ermächtigungen daher insoweit ein, als die **Zahlung mit Bargeld** weiterhin möglich sein muss, wenn der Zahlungspflichtige keine unbare Zahlung leisten kann. Dies ist insbesondere der Fall, wenn dieser kein Konto besitzt.[8] Ebenso muss die Barzahlung in Eilfällen weiterhin ermöglicht werden. Solche sind gegeben, wenn außerhalb von Banköffnungszeiten Sicherheitsleistungen erbracht werden müssen und eine anderweitige Sicherheitsleistung nicht in Betracht kommt.[9] 6

Die Beschränkung in Abs. 3 S. 3 war notwendig, da der Bund für sich keine weitergehende Gesetzgebungskompetenz sieht.[10] Soweit eine Verpflichtung zur unbaren Zahlung aufgrund Landesrechts erfolgt, müssen jedoch Regelungen in gleicher Weise vorgesehen werden, da eine Verpflichtung der Bürger zur Führung eines Bankkontos nicht erfolgen kann bzw. in Eilfällen eine entsprechende Beschränkung unverhältnismäßig wäre.[11] 7

---

[1] BT-Drucks. 16/3038 S. 30.
[2] VO v. 20. 3. 2007, nrwGVBl. S. 137.
[3] VO v. 4. 3. 2004, sachs-anhGVBl. S. 194, geändert durch VO v. 22. 6. 2007, sachs-anhGVBl. S. 208.
[4] *Zöller/Gummer* § 40 EGGVG Rn. 3.
[5] BT-Drucks. 16/3038 S. 30.
[6] *Deutschen Anwaltsverein*, Stellungnahme 28/2006 Rn. 2.
[7] BT-Drucks. 16/3038 S. 30.
[8] Der vom *Deutschen Anwaltsverein*, Stellungnahme 28/2006 Rn. 2 vorgebrachte Einwand der Diskriminierung bestimmter Bevölkerungsgruppen, die kein Konto führen können oder wollen, greift daher nicht durch.
[9] *Zöller/Gummer* § 40 EGGVG Rn. 3.
[10] BT-Drucks. 16/3038 S. 30.
[11] *Zöller/Gummer* § 40 EGGVG Rn. 3.

EGGVG Anh. Gesetz über den Zahlungsverkehr

§ 2 [Outsourcing[1]]

Solange am Ort des Gerichts oder der Justizbehörde ein Kreditinstitut aufgrund besonderer Ermächtigung kostenlos Zahlungsmittel für das Gericht oder für die Justizbehörde gegen Quittung annimmt, steht diese Zahlungsmöglichkeit der Barzahlung gleich.

I. Verhältnis zu § 1

1   § 2 ist als **Alternative** zu § 1 konzipiert. Wenn von der Verordnungsermächtigung aus § 1 Gebrauch gemacht wird, kommt § 2 keine Bedeutung mehr zu. Dies folgt aus der Gleichstellung der in § 2 vorgesehenen Zahlungsalternative mit der Barzahlung, die durch eine auf Grund § 1 erlassene VO gerade grundsätzlich ausgeschlossen wird.[2]

II. Normzweck

2   § 2 ermöglicht anstatt der grundsätzlichen Anordnung des unbaren Zahlungsverkehrs durch eine VO auf Grund § 1 die Möglichkeit des **Outsourcings** des Zahlungsverkehrs. Eine VO ist hierzu nicht erforderlich.[3] Die Funktion der Gerichtszahlstelle für Einzahlungen kann durch besondere Ermächtigung auf ein Kreditinstitut übertragen werden.[4]

III. Einzahlung bei Kreditinstitut

3   Es erfolgt eine Gleichstellung der üblichen Barzahlung bei der Gerichtszahlstelle mit der Einzahlung bei einem besonders ermächtigten Kreditinstitut. Zwar steht § 2 einer unbaren Einzahlung bei dem Kreditinstitut nicht entgegen, aus der Formulierung „Zahlungsmittel ... annimmt" folgt aber, dass dies jedenfalls auch in barer Form erfolgen kann. Anders als in § 1 wird hier in erster Linie nicht die Art der Zahlung geändert, sondern der Ort der Zahlung. Es bleibt grundsätzlich bei einer **Bareinzahlungsmöglichkeit**. Eine besondere Regelung für Personen ohne Bankkonto ist daher nicht erforderlich.[5] Die Einzahlung muss **gegen Quittung** erfolgen und darf dem Zahlungspflichtigen **keine weiteren Kosten** verursachen.

4   Die Übertragung erfolgt nur *solange* das Kreditinstitut die Zahlungsmittel annimmt, mithin nur während der Öffnungszeiten des Kreditinstituts bzw. soweit entsprechende automatisierte Einzahlungsmöglichkeiten (zB an einem Bankautomaten) vorhanden sind. Im übrigen bleibt es bei den bisherigen Zahlungsmöglichkeiten. Daher ist auch keine Sonderregelung für Eilfälle notwendig.

---

[1] Nicht amtliche Überschrift gewählt nach der Beschreibung der Norm in der Begründung zum Regierungsentwurf, BT-Drucks. 16/3038 S. 30.
[2] BT-Drucks. 16/3038 S. 30.
[3] BT-Drucks. 16/3038 S. 30.
[4] *Zöller/Gummer* § 40 EGGVG Rn. 4.
[5] *Zöller/Gummer* § 40 EGGVG Rn. 4 fordert dennoch explizit eine Sicherstellung der Bareinzahlung bei fehlendem Bankkonto.

Gesetz über Unterlassungsklagen bei Verbraucherrechts- und anderen Verstößen (Unterlassungsklagengesetz – UKlaG)

in der Fassung der Bekanntmachung vom 27. August 2002
BGBl. I S. 3422, ber. S. 4346)
zuletzt geändert durch Gesetz vom 12. 12. 2007 (BGBl. I S. 2840)

Vorbemerkungen

Schrifttum: *Axmann,* Die praktische Bedeutung und Effizienz der Verbandsklage nach §§ 13 ff. AGB-Gesetz, 1987; *Bohle/Micklitz,* Erfahrungen mit dem AGB-Gesetz im nichtkaufmännischen Bereich – Eine Zwischenbilanz nach 6 Jahren, BB Beil. 11/1983, 9; *v. Brunn,* Die formularmäßigen Vertragsbedingungen der deutschen Wirtschaft, 1956; *Bunte,* Zur Kontrolle Allgemeiner Geschäftsbedingungen und Konditionenempfehlungen, BB 1980, 325; *ders.,* Erfahrungen mit dem AGB-Gesetz – eine Zwischenbilanz nach 4 Jahren, AcP 181 (1981), 31; *ders.,* DB Beil. 13, 1982, 4; *ders.,* 10 Jahre AGB-Gesetz – Rückblick und Ausblick, NJW 1987, 921; *Caranta,* Judicial Protection against Member States: a New *Ius Commune* Takes Shape, Common Market Law Review, 32 (1995), 703; *ders.,* Judicial Protection against Member States, in: Micklitz/Reich (eds.) Public Interest Litigation before European Courts, 1996, S. 95; *Creutzig,* Die Rechtsprechung zum AGB-Gesetz nach dem AGB-Register, DB 1979, 151; *Dickie,* Article 7 of the unfair terms in Consumer Contracts Directive, Consumer Law Journal 4 (1996), 112; *Eberstein,* Die zweckmäßige Ausgestaltung von Allgemeinen Geschäftsbedingungen (Anleitung mit Klauselvorschlägen für Allgemeine Lieferbedingungen, Schriften des Betriebs-Beraters, 1974; *Göbel,* Prozeßzweck der AGB-Klage und herkömmlicher Zivilprozeß, 1980; *Gottwald,* Prozeßzweck der AGB-Klage und herkömmlicher Zivilprozess, Buchbesprechung *Göbel,* JZ 1981, 112; *Greger,* Neue Regeln für die Verbandsklage im Verbraucherschutz- und Wettbewerbsrecht, NJW 2000, 2457; *ders.,* Verbandsklage und Prozeßrechtsdogmatik – Neue Entwicklungen in einer schwierigen Beziehung, ZZP 113 (2000), 399; *Grunsky,* Allgemeine Geschäftsbedingungen und Wettbewerbswirtschaft, BB 1971, 1113; *Gunzenhauser,* Der Einfluß Allgemeiner Geschäftsbedingungen auf den Wettbewerb, Dissertation TU Berlin, 1971; *Hägele,* Allgemeine Geschäftsbedingungen nach neuem Recht, 1978; *Hardieck,* Die gerichtliche Entscheidungspraxis in Verfahren nach § 13 AGBG, BB 1979, 708; *Hart,* Allgemeine Geschäftsbedingungen und Justizsystem, 1974; *Hennig/Jarre,* Zur Praxis des Bundeskartellamtes bei Konditionenempfehlungen, DB 1980, 1429; *dies.,* Die gerichtliche Entscheidungspraxis im Verfahren nach § 13 AGB-Gesetz, BB 1981, 1161; *Hennig/Paetow,* Zur Praxis des Bundeskartellamtes bei Konditionenempfehlungen, DB 1978, 2349; *Hensen,* Die Auswirkungen des AGB-Gesetzes auf den kaufmännischen Verkehr, NJW 1987, 1986; *Heß,* Das geplante Unterlassungsklagengesetz, in: Ernst/Zimmermann (Hrsg.), Zivilrechtswissenschaft und Schuldrechtsreform, 2001, S. 527; *Hildebrandt,* Das Recht der Allgemeinen Geschäftsbedingungen, AcP 143 (1937), 326; *v. Hippel,* Präventive Verwaltungskontrolle Allgemeiner Geschäftsbedingungen?, ZRP 1972, 110; *ders.,* Verhandlungen, 50. DJT Bd. II, H 171, 1974; *ders.,* Der Schutz des Verbrauchers vor unlauteren Allgemeinen Geschäftsbedingungen in den EG-Staaten, RabelsZ 41 (1977), 237; *ders.,* Verbraucherschutz in Europa, RabelsZ 45 (1981), 353; *Hoffmann,* Consommation – Publicité et protection des consommateurs en droit communautaire, 1987, fac. 905 Nr. 46; *v. Jhering,* Der Kampf um's Recht, 1872; *Kliege,* Rechtsprobleme der Allgemeinen Geschäftsbedingungen in wirtschaftswissenschaftlicher Analyse, 1996; *Kötz,* Welche gesetzgeberischen Maßnahmen empfehlen sich zum Schutze des Endverbrauchers gegenüber Allgemeinen Geschäftsbedingungen und Formularverträgen, Gutachten für den 50. DJT, Band I, Teil A, 1971; *Lindacher,* AGB-Verbandsklage und Rechtsschutzsystem, in: Justiz und Recht, Festschrift aus Anlass des 10jährigen Bestehens der deutschen Richterakademie in Trier, 1983; *Leipold,* Die Verbandsklage zum Schutz allgemeiner und breitgestreuter Interessen in der Bundesrepublik Deutschland, in: Effektivität des Rechtsschutzes und verfassungsmäßige Ordnung. Die deutschen Landesberichte zum VII. Internationalen Kongreß für Prozeßrecht in Würzburg 1983, S. 57; *Locher,* Das Recht der Allgemeinen Geschäftsbedingungen, 1980; *Löwe,* Instrumente der abstrakten Kontrolle, in: Zehn Jahre AGB-Gesetz, 1987; *Micklitz,* Der Reparaturvertrag, 1984; *ders.,* Services Standards: Defining the Core Consumer Elements and their Minimum Requirements, Study commissioned by ANEC, 2007; *ders.,* Some considerations on Cassis de Dijon and the Control of Unfair Terms in Consumer Contracts, wird veröffentlicht in FS *Ewoud Hondius,* 2008; *Micklitz/Rott/Docekal/Kolba,* Verbraucherschutz durch Unterlassungsklagen, Band 17 VIEW Schriftenreihe, 2006; *Neumeyer,* Der schwedische Verbraucherombudsmann und die schwedische. Verbraucherschutzgesetzgebung in den letzten Jahren, GRUR Int. 1973, 686; *Oepen,* Bericht über die Diskussion zum Thema – Die Verbandsklage – nationales Recht und Recht der Europäischen Union, ZZP 113 (2000), 443; *Rehbinder,* Das Kaufrecht in den Allgemeinen Geschäftsbedingungen der deutschen Wirtschaft, 1970; *Reich,* Rechtsprobleme grenzüberschreitender irreführender Werbung im Binnenmarkt, RabelsZ 56 (1992) 444; *Reich/Micklitz,* Europäisches Verbraucherrecht, 2003; *Reinel,* Die Verbandsklage nach dem AGBG, 1979; *Rupp,* Verfassungsrechtliche und rechtspolitische Überlegungen zur Problematik Allgemeiner Geschäftsbedingungen, FS *Bärmann,* 1975; *Schirmers,* Konditionenempfehlungen, kartellrechtliche Kontrolle und AGB-Gesetz, 1983; *E. Schmidt,* Die Verbandsklage nach dem AGB-Gesetz, NJW 1989, 1192; *Seifert,* Gerichtliche Entscheidungspraxis im Verfahren nach § 13 AGBG, BB 1982, 464; *Stillner,* Praktische Erfahrungen mit dem AGB-Gesetz, ZVP 1980, 142; *Stoffels,* AGB-Recht, 2003; *Temple Lang,* Community constitutional law: Article 5 EEC Treaty, Common Market Law Review 27 (1990), 645; *Ulmer,* Verhandlungen 50. DJT Bd. II, H 40, 1974; *ders.,* Erfahrungen mit dem AGB-Gesetz – Zwischenbilanz nach fünfjähriger Geltung,

BB 1982, 584; *Wagner,* Allgemeine Geschäftsbedingungen – Bestandsaufnahme und rechtspolitisches Programm, Dissertation Gießen 1973; *Wilhelmsson,* Public Interest Litigation on Unfair Terms, in: *Micklitz/Reich* (eds.) Public Interest Litigation before European Courts, 1996, S. 389; *Willett,* From Reindeers to Confident Consumers, in: *Micklitz/Reich* (eds.), Public Interest Litigation before European Courts, S. 403; *de With,* in: Recht – Informationen des BMJ 1981 Nr. 12, S. 97; *Wolf,* Rechtsgeschäftliche Entscheidungsfreiheit und vertraglicher Interessenausgleich, 1970.

Übersicht

	Rn.		Rn.
I. Der grundsätzliche Missstand bei den AGB und ihrer Kontrolle	1–3	1. AGB-Realität	25–29
		a) Massenhafte Verbreitung	26
1. Institutionell-funktionales Defizit	1, 2	b) Zunehmende Vereinheitlichung	27–29
2. Ungleichgewicht der Parteien	3	2. Begrenzte Gesetzeswirkung	30–39
II. Die Notwendigkeit institutioneller Korrekturen	4–8	a) Im Verhältnis zum Verbraucher	31–37
		b) Im Handelsverkehr	38, 39
1. Systemimmanente Korrekturen	4	**VI. Rechtsvergleichende Übersicht zur AGB-Kontrolle im Licht der Richtlinie 93/13/EWG ABl. EG Nr. L 95, 21. 4. 1993, 29 ff.**	40–49
2. Richterliche Korrekturen	5		
3. Gesetzliche Reformanliegen	6, 7		
a) Materielles Recht	6	1. Systematische Instrumente zur Inhaltskontrolle von AGB	40
b) Verfahrensrecht	7		
III. Die gesetzliche Regelung eines besonderen AGB-Kontrollklageverfahrens	8–14	2. Das Kontrollverfahrensrecht der Richtlinie 93/13/EWG	41–43
1. Entstehungsgeschichte	8, 9	a) Zur Verpflichtung der Mitgliedstaaten zur Einführung einer Verbandsklage	42
2. Regelungsergebnis	10		
3. Die Reform vom 27. 6. 2000	11	b) Folgenbeseitigung und Positivkontrolle als angemessene Mittel	43
4. Schuldrechtsmodernisierung und UKlaG	12–14	3. Die Rechtslage nach der Umsetzung der Richtlinie 93/13/EWG in den Mitgliedstaaten	44
IV. Die Bewertung des Kontrollklageverfahrens	15–24	4. Tabellarische Übersicht des Kontrollverfahrens in der EG	45
1. Positiver Reformansatz	16	5. Die Verordnung 2006/2004 über die grenzüberschreitende Zusammenarbeit	46, 47
2. Unvollkommene Verwirklichung	17–23		
a) Begrenzte Klagebefugnis	18, 19		
b) Lückenhaftes Informationssystem	20	6. Bewertung	48, 49
c) Fehlende prozessuale Ausgestaltung des Verbandsklageverfahrens	21	**VII. Die Perspektiven unseres Verbandsklagesystems**	50–55
d) Späte Einführung eines einstweiligen Rechtsschutzes	22	1. Grundsatzproblematik	50
e) Mangelhafte Streitwertbestimmung	23	2. Ausgestaltung der Klagebefugnis	51
3. Zusammenfassung	24	3. Ausgestaltung des Klageverfahrens	52–55
V. Die AGB-Verhältnisse und die bisherigen Erfahrungen mit dem Kontrollklageverfahren	25–39		

I. Der grundsätzliche Missstand bei den AGB und ihrer Kontrolle

1 **1. Institutionell-funktionales Defizit.** AGB stehen seit langem für ein besonderes Kapitel vertraglicher Unordnung. Mit AGB wird dem anderen Vertragsteil die vertragliche Regelung praktisch vorgeschrieben, und das läuft im Allgemeinen auf eine einseitige Interessendurchsetzung in der Form vertraglicher Rechtssetzung hinaus. Sie äußert sich in einem Prozess der doppelten Kollektivierung, im Verhältnis AGB-Aufsteller/Vertragspartner durch die Abkehr vom individuell ausgehandelten Vertrag einerseits, im Verhältnis der Mitglieder der jeweiligen Branche untereinander durch Absprachen zur einheitlichen Anwendung identischer AGB andererseits.[1] Diese alltäglichmassenhafte Realität, die sich besonders gravierend gegen den Verbraucher auswirkt, bedeutet einen **institutionellen Missstand unseres Vertragssystems.**

2 Hand in Hand damit geht der weitere institutionelle Defekt, dass die nachgeschaltete gerichtlich-rechtliche Überprüfung der AGB, das **zivilprozessuale System des Individualrechtsschutzes, nicht effektiv** funktioniert. Dieses Defizit ist im Laufe der Zeit immer deutlicher gewor-

---

[1] *Micklitz* Der Reparaturvertrag, 1984, S. 11.

den[2] und inzwischen unter dem verkürzten Schlagwort von der fehlenden positiven „Breitenwirkung" individueller gerichtlicher Kontrollentscheidungen geläufig; vgl. schon Rn. 9, 15. Gemeint ist damit, dass die von den Gerichten bei ihrer Entscheidung einzelner vertraglicher Konflikte (incidenter) ausgesprochenen Grundsätze zur „billigen" und „angemessenen" Ausgestaltung von AGB keinen „breiten" Niederschlag in den verwendeten Klauselwerken finden. Diese Beschränkung ist in unserem Rechtsschutzsystem angelegt. Eine gerichtliche Entscheidung entfaltet rechtliche Wirkung für den konkreten Fall inter partes.

2. Ungleichgewicht der Parteien. Beide Erscheinungen, die Missstände im Vertrags- und im Rechtsschutzsystem, sind Ausdruck des gleichen und allseits konstatierten **„Ungleichgewichts" der Parteien** im Hinblick auf die Macht und Möglichkeit der Durchsetzung ihrer Interessen, das wiederum auf den entsprechenden wirtschaftlich-sozialen Verhältnissen beruht.[3] Wie das System der Vertragsfreiheit die ihm zugedachte Aufgabe einer im großen Rahmen möglichen privatautonom „richtigen" Gestaltung der individuellen Lebensverhältnisse nur unter der Voraussetzung erfüllen kann, dass die Einzelnen wirklich über eine in etwa gleiche Gestaltungsmacht verfügen, so hängt entsprechend die dem System des individuellen Rechtsschutzes zugewiesene breite Rechtsverwirklichung davon ab, dass die Einzelnen bei Verletzung ihrer rechtlichen Interessen unter normalen Umständen den „Kampf ums Recht" auch tatsächlich aufnehmen.[4] Existieren die entsprechenden Bedingungen nicht und funktionieren damit zwangsläufig beide rechtlichen Systeme nicht „richtig", gibt es keine rechtlich geordneten, also keine „richtigen", Rechtsgeschäfts- und Rechtsschutzverhältnisse mehr.

II. Die Notwendigkeit institutioneller Korrekturen

1. Systemimmanente Korrekturen. Bei den bestehenden Verhältnissen des realen Ungleichgewichts privater Macht und Möglichkeiten waren negative Auswirkungen nur dann im Wege rechtlich-immanenter Fürsorge einigermaßen aufzufangen, wenn man wenigstens zu institutionellen Korrekturen fand. Die Dinge einfach laufen zu lassen und **auf eine „systemkonforme" Besserung durch Wettbewerb zu setzen,** wie das vereinzelt schon gegen die bisherige Rechtsprechungskontrolle vorgeschlagen worden ist,[5] wäre von Rechts wegen nicht zu verantworten gewesen und, aller Erfahrung nach, eine Illusion geblieben.[6] Zwar kann man den AGB eine preiswerte Bedeutung nicht generell absprechen und sie deshalb auch nicht schlechthin vom Preis als Steuerungsmittel trennen;[7] insofern macht man es sich bei der Ablehnung des, zur Rechtfertigung der AGB zT vorgebrachten sog. Preisarguments[8] zu einfach.[9] Als Wettbewerbsparameter könnten AGB aber nur Bedeutung erlangen, wenn der Verbraucher vor die Wahl gestellt würde, ob er den Vertrag mit oder ohne AGB schließen will und die Abwahl des dispositiven Rechts für ihn einen Preisvorteil darstellen würde. Dazu ist es nie gekommen. Unterhalb dieser Schwelle fehlt es an der notwendigen Transparenz, die es dem Verbraucher ermöglichen würde, die preis- und wettbewerbliche Bedeutung von AGB zu erkennen, vielleicht mit Ausnahme der Haftungsregelung. Dieses Defizit liegt nicht allein in der Vermittelbarkeit begründet, es findet seine Ursache vielmehr auch in der oftmals **fehlenden Rationalität** von AGB. Gemeint ist damit die Tendenz der Aufsteller von AGB, die Vertragsfreiheit zu ihren Gunsten ohne Rücksicht darauf auszunutzen, ob die konkrete Bestimmung in AGB für den jeweiligen Verwendungszusammenhang überhaupt von Bedeutung ist. Unübersichtliche AGB dürften sich tendenziell nachteilig auf den Preis- und Qualitätswettbewerb

---

[2] Zu ersten Ansätzen im Zuge der eingehenden AGB-Diskussion der 30er Jahre vgl. etwa *Hildebrandt* AcP 143 (1937), 326, 329 f. und *Raiser* Das Recht der Allgemeinen Geschäftsbedingungen, 1961, S. 99 ff.

[3] Das BVerfG NJW 1994, 36 ff. hat die strukturelle Unterlegenheit des Verbrauchers anerkannt. Das Urteil bezieht sich jedoch nur auf die materiell-rechtliche Seite. Eine verfassungsgerichtliche Äußerung zu den beschränkten Möglichkeiten der Durchsetzung der Interessen der strukturell unterlegenen Partei steht noch aus.

[4] Grundlegend dazu *v. Jhering,* Der Kampf um's Recht, 1872, S. 51 ff.

[5] Vgl. etwa *Grunsky* BB 1971, 1113 ff. u. schon *v. Brunn,* Die formularmäßigen Vertragsbedingungen der deutschen Wirtschaft, 1956, S. 112 f., 147.

[6] Eingehend dagegen auch *Kötz* Verhandlungen 50. DJT, S. A 33 ff. m. weit. Nachw.

[7] Deshalb unzutreffend in seinem grundsätzlichen Ausgangspunkt *M. Wolf,* Rechtsgeschäftliche Entscheidungsfreiheit und vertraglicher Interessenausgleich, 1970, S. 31 ff.

[8] Dazu vor allem *v. Brunn,* Die formularmäßigen Vertragsbedingungen der deutschen Wirtschaft, 1956, S. 34 ff., 128 ff.

[9] Vgl. etwa BGHZ 22, 90, 98 = NJW 1957, 17; *Raiser* Das Recht der AGB, 1961, S. 288 ff.; *Wolf* Rechtsgeschäftliche Entscheidungsfreiheit und vertraglicher Interessenausgleich; Staudinger/Weber § 242 Rn. 48 m. weit. Nachw. Differenzierter aber doch zB BGHZ 33, 216, 219 f. = NJW 1964, 212; BGH NJW 1968, 1718, 1719 f. Zum wesentlichen wirtschaftlichen Hintergrund eingehend *Kliege* Rechtsprobleme der Allgemeinen Geschäftsbedingungen in wirtschaftswissenschaftlicher Analyse, 1996, S. 49 ff.

auswirken,[10] jedenfalls im **Europäischen Binnenmarkt**. Hier muss sich der Anbieter unterschiedlichen rechtlichen Kulturen im Umgang mit AGB stellen. So könnte über den Binnenmarkt mittelbar Druck auf die Verwender von AGB ausgeübt werden, ihre kollektivierten Vertragsbedingungen „rational" zu gestalten.[11] Von der schon im Ansatz beschränkten „systemkonformen" Blickrichtung „auf die im Kartellrecht schlummernden Lösungsmöglichkeiten" samt der Forderung nach einer Korrektur der großzügigen Zulassung von **Konditionenkartellen** (vgl. vormals § 2 GWB aF, jetzt aufgegangen in § 2 GWB nF) und von **Konditionenempfehlungen** (vgl. § 22 Abs. 3 Nr. 2 und Abs. 4 GWB aF) war nie viel zu halten,[12] weil sie eine Verknüpfung mit Rationalitätsanforderungen nicht erlauben. Mit Inkrafttreten der 7. **Kartellrechtsnovelle** zum 1. Juli 2005 sind die Spezialvorschriften zu den Konditionenkartellen bzw. Konditionenempfehlungen **ersatzlos gestrichen** worden. An die Stelle einer Anmeldepflicht, dh. einer kartellrechtlichen Vorkontrolle, ist die **kartellrechtliche ex post Kontrolle** getreten, die nach Maßgabe der allgemeinen Bestimmungen des GWB möglich bleibt.

5   2. **Richterliche Korrekturen.** Rechtswissenschaft und Rechtsprechung konzentrierten sich auf das Institut der **Vertragsfreiheit** und damit auf das materielle Vertragsrecht. Vor allem die höchstrichterliche Rechtsprechung hat (sich) die benötigten Grundlagen geschaffen[13] und in Rechtsfortbildung der sog. offenen Inhaltskontrolle ein **materielles „Sonderrecht für AGB"** entwickelt. Damit war die Vertragsfreiheit, die vertragliche Gestaltungsmöglichkeit bei der Verwendung von AGB im Hinblick auf die Interessen des betroffenen anderen Vertragsteils, unter besondere rechtlich-gerichtliche Kontrolle gestellt und im Prinzip institutionell korrigiert – wie immer man den praktischen Wert dieser Korrektur einschätzt. Näher dazu Rn. 7.

6   3. **Gesetzliche Reformanliegen. a) Materielles Recht.** Trotz dieser relativ fortschrittlichen Entwicklung des materiellen Rechts wurde der **Rechtszustand** um die AGB als **unbefriedigend** angesehen. Dafür war nicht allein entscheidend, dass dieses AGB-Recht einzelfallbezogenes und nur incidenter ausgesprochenes Richterrecht darstellte und nicht kodifiziert war. Nämlich blieben die auf „Treu und Glauben" und „Billigkeit" basierenden höchstrichterlichen Grundsätze häufig recht allgemein, so dass sie in der außergerichtlichen und gerichtlichen Praxis nicht so einfach konkretisiert werden konnten, und sie steckten vielfach auch nur äußerste Zulässigkeitsgrenzen ab. Die gesetzliche Regelung des materiellen AGB-Rechts erst im AGB-G, jetzt in den §§ 305 ff. BGB, unterstreicht diese Grenzen eigentlich nur noch, weil sie sich trotz ihrer einzelnen Konkretisierungen und Verbesserungen prinzipiell doch auf der bisherigen richterrechtlichen Linie bewegt. Daran hat auch die **Europäisierung** des AGB-Rechts durch die Richtlinie 93/13/EWG nichts geändert, vgl. Rn. 40 ff.

7   b) **Verfahrensrecht.** Um die **effektive Geltung** des entwickelten materiellen AGB-Rechts breitenwirksam sicherzustellen, war eine zusätzliche institutionelle **Korrektur** geboten, und zwar im System des Rechtsschutzes bzw. allgemein der Rechtsverwirklichung. Zu deutlich waren die Defizite einer individuell zu handhabenden richterlichen Inhaltskontrolle. Die höchstrichterlich praktizierte Revisibilität der Auslegung von AGB konnte die notwendige Breitenwirkung nicht erzielen, weil diese prozessuale Maßnahme nur die möglichst einheitliche Anwendung des materiellen Rechts durch die Gerichte selbst im Rahmen des herkömmlichen Systems betrifft. So war man sich im Zuge der Diskussion um eine gesetzliche Regelung des AGB-Rechts im Grundsatz weitgehend einig, dass in Unterstützung und Ergänzung des materiellen Rechts und des individuellen Rechtsschutzes ein Kontrollverfahren geschaffen werden müsse, um eine bessere Rechtsbefolgung und -durchsetzung, dh. eine bessere Rechtsverwirklichung zu gewährleisten.[14]

III. Die gesetzliche Regelung eines besonderen AGB-Kontrollklageverfahrens

8   1. **Entstehungsgeschichte.** Bei aller Übereinstimmung in diesem Ausgangspunkt – der Konsens reichte von der mit der Ausarbeitung von Reformvorschlägen eigens beauftragten Arbeitsgruppe beim BMJ über den (50.) DJT bis zu allen Bundestagsparteien – blieb *zunächst höchst kontrovers*, wie

---

[10] Vgl. auch *Gunzenhauser* S. 33 ff. 55. Anders tendierend *Ulmer* Verhandlungen 50. DJT Bd. II S. H 33.

[11] Vgl. zu den schlummernden Möglichkeiten einer aus dem Gemeinschaftsrecht abzuleitenden Rationalitätskontrolle, *Micklitz* Some considerations on Cassis de Dijon and the Control of Unfair Terms in Consumer Contracts, wird veröffentlicht in FS Hondius, 2008.

[12] Dafür etwa *Rupp*, FS Bärmann, 1975, S. 787 ff. m. weit. Nachw. Zur anderen Frage des Einflusses von AGB auf die Wettbewerbsordnung insgesamt vgl. *Gunzenhauser* Der Einfluß Allgemeiner Geschäftsbedingungen auf den Wettbewerb, 1971, S. 72 ff.

[13] Vgl. zur Entwicklung der Rechtsprechung *Hart* Allgemeine Geschäftsbedingungen und Justizsystem, 1974; sowie jetzt *Stoffels* AGB-Recht, 2003, § 2.

[14] Zur Übersicht über die insgesamt diskutierten Lösungsmöglichkeiten vgl. *Wagner*, Allgemeine Geschäftsbedingungen, 1973, S. 63 ff., 76 ff.

Vorbemerkung 9–11 Vor § 1 UKlaG

dieses Kontrollverfahren in concreto gestaltet werden sollte. Die Vorstellungen reichten von einem speziellen zivilprozessualen Verfahren für eine nachträgliche gerichtliche Überprüfung, wie dies von Anfang an die CDU/CSU haben wollte[15] und was prinzipiell vom 50. DJT[16] sowie von der FDP und der Arbeitsgruppe beim BMJ befürwortet wurde,[17] bis zu einer präventiven behördlichen Kontrolle durch Einführung einer allgemeinen Genehmigungspflicht für AGB, die vor allem von einem rechtspolitischen Kongress der SPD angeregt[18] und von einem Parteitag der SPD beschlossen worden war.[19] Als flankierende und ergänzende Maßnahmen wurden teilweise die Einführung von Verbraucherschutzbehörden bzw. Verbraucherbeauftragten und die Aufstellung von Muster-AGB oder deren kollektive Vereinbarung vorgeschlagen.[20] Bei alledem ging es offenkundig nicht um bloße juristische Meinungsverschiedenheiten. Dahinter stand auch ein prinzipieller **Konflikt um politisch-gesellschaftliche Ordnungsvorstellungen,** wie die Stellungnahmen der politischen Parteien bzw. ihrer Fachgremien erkennen ließen. So sprach die Fachkommission „Verbraucherschutz" des Bundesarbeitskreises Christlich-Demokratischer Juristen ihre politische Position klar aus, indem sie sich bei Privatrecht und Vertragsfreiheit gegen „Dirigismus staatlicher Behörden" mit „Eingriffen in die freiheitliche Rechtsordnung und Wirtschaftsverfassung" wandte.[21] Auch der rechtspolitische Kongress der SPD brachte sein politisches Konzept offen zum Ausdruck, als er die Vertragsfreiheit als „Instrument der Ausbeutung?" in Frage stellte und bei den AGB „die Vertragsunfreiheit zu beseitigen und die sozial Schwachen zu schützen zu den dringenden rechtspolitischen Aufgaben der SPD" erklärte.[22]

Im **Gesetzgebungsverfahren,** das schließlich zur Verabschiedung des AGB-Gesetzes führte, 9 war von einem solchen politischen Grundsatzkonflikt nichts mehr zu bemerken. Die Auseinandersetzungen verlagerten sich auf die Diskussion um die Integration adäquater Verfahrensregeln. Erst der Rechtsausschuss des BTags ebnete den Weg. „Auf der Grundlage eines Änderungsantrags der Fraktionen der SPD, FDP" wurde nach Einschaltung des Vermittlungsausschusses in der letzten Phase des Gesetzgebungsverfahrens eilig noch eine verfahrensrechtliche Lösung geschaffen und zum Gesetz gemacht (vgl. BT-Drucks. 7/5412, 5422, BR-Drucks. 442/1/76, BT-Drucks. 7/5636).

2. Regelungsergebnis. Die Gesetz gewordene **Regelung eines nachträglichen besonderen** 10 **gerichtlichen Kontrollklageverfahrens** brachte im Wesentlichen einen „Unterlassungs- und Widerrufsanspruch" gegen die Verwendung und Empfehlung unwirksamer AGB (§ 13 Abs. 1 AGB-G aF), der „nur" von bestimmten Verbraucherverbänden, von Verbänden zur Förderung gewerblicher Interessen und von den Industrie- und Handelskammern und den Handwerkskammern, also mittels der sog. **Verbandsklage** „geltend gemacht werden" kann (§ 13 Abs. 2, 3 AGB-G aF). Als nicht unproblematisches Vorbild dafür diente die damals geltende Fassung der Verbandsklage nach § 13 Abs. 1, 1 a UWG, die aber gerade auch die Konkurrentenklage zulässt (heute § 8 UWG). Noch heute, dh. nach der Übernahme der Verfahrensvorschriften in das UKlaG, vgl. Rn. 12, wirkt sich die gesetzgeberische Leitentscheidung auf die Entwicklung der AGB-Verbandsklage negativ aus, weil sie die andersartige Funktion des AGB-Kontrollverfahrens verkennt, (vgl. zur Funktion der Verbandsklage, § 3 Rn. 3 ff.) und weil auch die Ziele von AGB- und UWG-Verbandsklage nicht identisch sind. Immerhin erschöpfte sich das damalige AGBG nicht in einer bloßen Übernahme bereits etablierter Rechtsvorstellungen, sondern brachte auch, speziell in den Bestimmungen der **§§ 10 und 11, wesentliche Neuerungen,** die dem über die UWG-Verbandsklage hinausreichenden Ziel dienen, vgl. jedoch zur praktischen Bedeutungslosigkeit gerade dieser Vorschriften § 10 Rn. 1, § 11 Rn. 2.

3. Die Reform vom 27. 6. 2000. Das am 27. 6. 2000 beschlossene Gesetz über Fernabsatzver- 11 träge und andere Fragen des Verbraucherrechts sowie zur Umstellung von Vorschriften auf Euro (BGBl. 2000 I S. 897) brachte für das Verbandsklageverfahren **zentrale Neuerungen.** Die klagebefugten Verbraucherorganisationen müssen seither die Aufnahme in eine vom Bundesverwaltungsamt zu führende Liste beantragen. Diese Regelung gilt jedoch nicht für gewerbliche Organisationen, vgl. dazu § 3 Rn. 1. Eigentliches Kernstück der Reform bildete der neu eingefügte Unterlassungs-

---

[15] Vgl. den Entwurf (§§ 26 ff.) der CDU/CSU, BT-Drucks. 7/3200 u. den (Mehrheits-)Entwurf des BRats BT-Drucks. 7/3919 S. 52 ff.; ebenso schon der Entwurf der Fachkommission „Verbraucherschutz" des Bundesarbeitskreises Christlich-Demokratischer Juristen, BB Beil. 9/1974.
[16] Verhandlungen 50. DJT Bd. II S. H 159 ff., 232.
[17] Zweiter Teilbericht S. 15, 16 ff., 23 ff., 33 ff.
[18] Gerechtigkeit in der Industriegesellschaft, Rechtspolitischer Kongress der SPD, 1972, S. 39 ff., 73 ff. mit den Arbeitskreisvorschlägen S. 78 ff.
[19] Zweiter Teilbericht, S. 15.
[20] Zur Übersicht vgl. Erster Teilbericht S. 110 ff. u. Zweiter Teilbericht S. 14, 87 ff.
[21] Zweiter Teilbericht, S. 13, 14; daran anschließend ebenso die Begründung des Entwurfs der CDU/CSU BT-Drucks. 7/3200 S. 21.
[22] Zweiter Teilbericht, S. 73; so auch etwa *v. Hippel* ZRP 1972, 110 ff.

anspruch bei verbraucherschutzgesetzwidrigen Vertragspraktiken, jetzt § 2. Gleichzeitig brachte die Novelle einige wichtige Änderungen im Verfahrensrecht. So wurde die Abtretung zwischen Verbraucherverbänden legalisiert, vgl. § 3 Rn. 8, der lange Zeit rechtspolitisch hart umkämpfte einstweilige Rechtsschutz eingeführt, vgl. § 5 Rn. 29, und des Weiteren die Möglichkeit der Streitwertherabsetzung, die aus dem UWG bekannt ist, vgl. § 5 Rn. 35 f.

12   **4. Schuldrechtsmodernisierung und UKlaG** Das aus dem Schuldrechtsmodernisierungsgesetz hervorgegangene UKlaG ist ein **Torso**, ein Gesetz, in dem die ursprünglichen verfahrensrechtlichen Regeln des AGBG notdürftig miteinander verklebt wurden. Heute ist es zum Sammelbecken für Unterlassungsklagen in allen möglichen Rechtsgebieten geworden. Dafür legen die durch das Gesetz zur Regelung des **Urheberrechts** in der Informationsgesellschaft vom 10. 9. 2003 eingeführten §§ 2a, 3a UKlaG Zeugnis ab. Gleichwohl **dominiert die AGB-Kontrolle** in der Praxis und **prägt** damit den **Charakter des UKlaG**.

13   Die §§ 1–4, unter dem Titel „Ansprüche", regeln in § 1 den Unterlassungs- und Widerrufsanspruch bei Allgemeinen Geschäftsbedingungen – bisher § 13 AGBG, in § 2 den Unterlassungsanspruch bei verbrauchergesetzwidrigen Praktiken – bisher § 22 AGBG und § 2a den Unterlassungsanspruch nach dem Urhebergesetz. § 3 definiert unter der Bezeichnung „Inhaber" die Gläubiger der Unterlassungsansprüche. § 3a synchronisiert die anspruchsberechtigten Stellen mit § 2a. Das Registrierungsverfahren vor dem Bundesverwaltungsamt (§ 22a AGBG) ist in § 4 verschoben.[23] Der verfahrensrechtliche Teil übernimmt in den §§ 5–12 mit geringen redaktionellen Anpassungen die bisherigen prozessualen Regelungen der §§ 14–21, 28 AGBG. Die nachfolgenden Vorschriften schreiben für die AGB- Kontrollklagen die §§ 15–21 AGBG überwiegend wörtlich fort.[24] Dabei formulieren die §§ 8–11 besondere Vorschriften für Klagen nach § 1 UKlaG, die §§ 12 und 13 für Klagen nach § 2 UKlaG. Neu eingefügt wurde in § 13a der Auskunftsanspruch sonstiger Betroffener. § 14 UKlaG regelt Kundenbeschwerden aus Streitigkeiten, die aus der Anwendung der §§ 675a bis 676g und 676h S. 1 BGB resultieren. § 15 UKlaG nimmt das Arbeitsrecht aus dem Anwendungsbereich des Unterlassungsklagegesetzes heraus, um zu verhindern, dass Gewerkschaften Unterlassungsklagen als Mittel in Tarifauseinandersetzungen nutzen.[25] § 16 UKlaG enthält eine Überleitungsvorschrift bezüglich der Anwendung der bisherigen AGB-Vorschriften.

14   **Neu geregelt wurde die Verjährung.** Sie betrug nach § 13 Abs. 4 AGBG zwei Jahre ab Kenntnis bzw. kenntnisunabhängig vier Jahre von der jeweiligen Verwendung oder Empfehlung an. Nunmehr findet für den Unterlassungsanspruch aus § 1 UKlaG die allgemeine Verjährungsregelung der §§ 195, 199 BGB nF Anwendung, so dass die Ansprüche erst drei Jahre ab dem Ende des Jahres verjähren, in dem der Anspruchsberechtigte Kenntnis oder grob fahrlässige Unkenntnis von der Verwendung hatte, oder kenntnisunabhängig zehn Jahre ab Verwendung bzw. Empfehlung, vgl. zu den damit verbundenen Problemen § 1 Rn. 42.

IV. Die Bewertung des Kontrollklageverfahrens

15   Die Verfahrensregelung der §§ 13 ff. AGBG brachte seinerzeit eine deutliche **Verbesserung** gegenüber dem bisherigen Rechtszustand. Dem rechtspolitischen Anspruch eines effektiv-breiten Schutzes des Publikums vor unbilligen AGB wird die Reform auch nach der Novellierung nur eingeschränkt gerecht. Die **Novellierung** des Jahres 2000 im Zuge der Umsetzung der Richtlinie 98/27/EG hat zwar einige verfahrensmäßige Verbesserungen der Verbandsklage gebracht, jedoch zeigen sich bei näherer Analyse immer noch Hindernisse, die die Effizienz der Verbandsklage bedrohen.

16   **1. Positiver Reformansatz.** Die Grundsatzentscheidung für ein formal noch im zivil- und zivilprozessrechtlichen Rahmen bleibendes nachträgliches Kontrollklageverfahren hat sich als überraschend **moderner Reformansatz** erwiesen.[26] Die durch das Programm zur Vollendung des Binnenmarktes eingeleitete Deregulierung hat sogar zur Beseitigung der präventiven Kontrolle der Versicherungsbedingungen durch das Bundesaufsichtsamt für das Versicherungswesen geführt und der Verbandsklage zu einer immer größeren Anerkennung in weiten Teilen des Wirtschaftsrechts verholfen. (Zur Problematik und Einordnung einer solchen Verbands-Klagezuständigkeit gerade

---

[23] *Heß* Das geplante Unterlassungsklagegesetz, in: *Ernst/Zimmermann* (Hrsg.), Zivilrechtswissenschaft und Schuldrechtsreform, 2001, S. 527, 530.
[24] *Heß* Unterlassungsklagegesetz, in: *Ernst/Zimmermann* (Hrsg.), Zivilrechtswissenschaft, S. 527, 530; *Stoffels* AGB-Recht, 2003, Rn. 1075.
[25] *Lorenz/Riehm,* Lehrbuch zum neuen Schuldrecht, 2002, S. 59.
[26] Angesichts des bisherigen Zustandes eines reinen Richterrechts geht es sicher zu weit, das AGB-Gesetz wegen seiner Überantwortung der Kontrolltätigkeit in die Zuständigkeit der Justiz mit dem „Odium der Verfassungswidrigkeit" zu versehen, so aber *Rupp*, FS Bärmann, 1975, S. 790.

auch im europäischen Kontext, § 1 Rn. 48 ff., 56 ff.). Jedoch könnte das von der Arbeitsgruppe beim BMJ seinerzeit vorgeschlagene **„Musteraufstellungsverfahren"** für AGB im europäischen Kontext durchaus noch einmal Bedeutung gewinnen (vgl. Zweiter Teilbericht, S. 26 ff., 62 ff.). Mit der Verabschiedung der **Dienstleistungsrichtlinie**[27] wurden die europäischen, aber auch die nationalen Normungsorganisationen weiter aufgewertet. Sie übernehmen im Dienstleistungssektor faktisch die Aufgabe von AGB-Aufstellern. Gleichzeitig will die Europäische Kommission die Durchsetzung des Verbraucherrechts, dh. auch des AGB-Rechts, auf staatliche Behörden verlagern.[28] Damit ist keine Vorabkontrolle von AGB intendiert, aber eine **Verlagerung der Kontrolltätigkeit** von Verbänden auf staatliche Agenturen, vgl. § 1 Rn. 56.

2. Unvollkommene Verwirklichung. Das seinerzeit beschlossene Konzept eines nachträglichen besonderen **Kontrollklageverfahrens** mit einer speziellen **Verbands-Klagezuständigkeit** und einem Anspruch auf Unterlassung der Verwendung und Empfehlung sowie auf Widerruf der Empfehlung unwirksamer AGB orientiert sich an der Verbands-Unterlassungsklage nach § 8 UWG. Es geht im Kern auf den Entwurf der CDU/CSU bzw. des BRats zurück (dazu allerdings noch anschließend Rn. 18) und entspricht prinzipiell auch dem Vorschlag der Arbeitsgruppe beim BMJ für ein „abstraktes Prüfungsverfahren", welches zum Zwecke der sicheren Konstruktion einer Rechtskrafterstreckung in erster Linie auf die Feststellung der Gesetzwidrigkeit der beanstandeten AGB gerichtet und erst in zweiter Linie mit einem Unterlassungs- bzw. Widerrufsanspruch verbunden sein sollte.[29] Dieses Konzept hat der Gesetzgeber aber **nur unvollkommen verwirklicht.**[30] Die Kritik zielt auf **strukturelle Schwächen,** die der Gesetzgeber bis heute nicht behoben hat und die sich auch im Wege einer gemeinschaftsrechtskonformen Auslegung nur sehr bedingt beheben lassen (zu den Möglichkeiten vgl. § 5 Rn. 2). 17

a) Begrenzte Klagebefugnis. Zuerst und vor allem ist zu kritisieren, dass die Klagebefugnis § 4 Abs. 2 i.V.m. § 3 Abs. 1, 2 zu eng begrenzt ist. Zwar ist nichts daran auszusetzen, dass die Befugnis zu der besonderen Unterlassungs- und Widerrufsklage nicht jedem Interessenten und einzelnen Vertragspartner zugestanden worden ist, wie das noch im Entwurf der CDU/CSU und des BRats vorgesehen war,[31] da dem Einzelnen das nötige Interesse und vor allem das Potential zur Durchführung eines derartigen Verfahrens und zur Kontrolle der Einhaltung einer entsprechenden Entscheidung fehlt. Aber die nur für bestimmte Verbände und Kammern reservierte Klagebefugnis ist speziell bei den **Verbraucherverbänden** von **erschwerenden Anforderungen** abhängig gemacht worden, vgl. § 4 Abs. 2. Das ist, ganz abgesehen von der damit ausgesprochenen Benachteiligung gegenüber den Verbänden zur Förderung gewerblicher Interessen, deshalb zu beanstanden, weil von allen Klagebefugten nur die Verbraucherverbände ein größeres aktives Interesse an der besonders dringlichen Bereinigung der AGB-Lage im Verhältnis zum Verbraucher erwarten lassen und angesichts der Verbreitung von AGB auch eine „breite" Klagebefugnis nötig ist. 18

Nicht zu beanstanden ist, dass der Vorschlag der Arbeitsgruppe beim BMJ, eine **zusätzliche behördliche Klagebefugnis** einzuführen, nicht weiter verfolgt wurde.[32] Die praktischen Erfahrungen mit dem schwedischen Modell des „Verbraucher-Ombudsman" mögen positiv zu beurteilen sein,[33] sie zeigen aber auch, dass die den Verbraucherverbänden eingeräumte Klagebefugnis nahezu bedeutungslos wird, wenn eine behördliche Klagebefugnis besteht. Zwar hatte die Richtlinie 93/13/EWG über missbräuchliche Vertragsklauseln den Mitgliedstaaten noch Spielraum bei der Ausgestaltung der verfahrensrechtlichen Kontrolle belassen, vgl. Rn. 41, jedoch bahnt sich eine Änderung der Rechtslage an. Die VO (EG) Nr. 2006/2004[34] verpflichtet die Mitgliedstaaten zur **Ein-** 19

---

[27] ABl. EG Nr. L 376, 27. 12. 2006, 36.
[28] Vgl. *Micklitz,* Services Standards: Defining the Core Consumer Elements and their Minimum Requirements, Study commissioned by ANEC, 2007.
[29] Zweiter Teilbericht, S. 23, 37 ff.
[30] Dieser Bewertung stimmt *Bunte* AcP 181 (1981), 31, 54, 57 ff. ausdrücklich zu.
[31] BT-Drucks. 7/3200 S. 6, 21 (§ 26), 7/3919 S. 52 (§ 13); möglicherweise war dafür die Regelung des § 13 Abs. 1 UWG leitend, wonach auch jeder Mitbewerber klagebefugt ist.
[32] Zweiter Teilbericht, S. 39 f. Dafür auch *Kötz* Verhandlungen, 50. DJT, S. A 87 ff.
[33] Vgl. etwa *Carsten* WuW 1973, 667 ff.; *Neumeyer* GRUR Int. 1973, 686 ff.; dagegen stand das politische Bekenntnis: „Mit der Übertragung von Kontrollbefugnissen auf Verwaltungsbehörden ist grundsätzlich der Weg für eine Ausweitung dieser Befugnis bis zur vorherigen Genehmigung eröffnet; Unterschiede zwischen den einzelnen Modellen sind insoweit von gradueller Art", so die Stellungnahme der CDU/CSU BT-Drucks. 7/3200 S. 21 u. entsprechend des Bundesrats BT-Drucks. 7/3919 S. 54. Aus demselben Überzeugungsgrund gegen jede behördliche Klagebefugnis auch *Locher,* Das Recht der Allgemeinen Geschäftsbedingungen, 1980, S. 119, der meint:" Das AGB-Recht sollte nicht zur Durchsetzung politisch-gesellschaftlicher Ordnungsvorstellungen missbraucht werden, die auf eine Änderung unseres Wirtschaftssystem abzielen."
[34] ABl. EG Nr. L 364, 9. 12. 2004, 1.

führung einer behördlichen Verbandsklage in **grenzüberschreitenden Streitigkeiten**, diese Aufgabe kann jedoch auf private Verbände übertragen werden. Deutschland ist diesem Anliegen mit dem **Verbraucherschutzdurchsetzungsgesetz** nachgekommen, vgl. näher § 1 Rn. 56.

20 **b) Lückenhaftes Informationssystem.** Ein zweiter Kritikpunkt besteht darin, dass das 1976 eingeführte **Registrierungs- und Informationssystem (§ 20 AGBG)** von vornherein so ausgestaltet war, dass es wirkliche Effektivität nicht entfalten konnte. Alle Überlegungen zur Verbesserung des Verfahrens haben sich erübrigt, da der Gesetzgeber das Registrierungs- und Informationssystem **ersatzlos gestrichen** hat, vgl. Rn. 27.

21 **c) Fehlende prozessuale Ausgestaltung des Verbandsklageverfahrens.** Die **wichtigsten konzeptionellen Defizite** rühren aus dem pauschalen Verweis in § 5 auf die Vorschriften der Zivilprozessordnung her, der das Passungsverhältnis der Verbandsklage zu einem auf individueller Interessenwahrnehmung und -durchsetzung aufbauenden Gerichtsverfahren nicht weiter problematisiert. Notwendig gewesen wäre eine Auseinandersetzung über die Rechtsnatur der Verbandsklage und ihrer Funktion für die Durchsetzung eines breitenwirksamen Schutzes vor unbilligen AGB. Nur so hätte sich klären lassen, ob die im normalen Gerichtsverfahren geltende **Dispositionsmaxime** und die Verfügung über den **Streitgegenstand**, der **Beibringungsgrundsatz** und die damit verbundenen **Beweislastfragen**, die Problematik von **Mehrfach-** und **Parallelprozessen,** eingeleitet durch klagebefugte Verbände, und schließlich die Präzedenzwirkung von **Musterverfahren** wirklich in einem abstrakten Kontrollverfahren in gleichem Umfang zur Geltung gebracht werden können, vgl. näher § 5 Rn. 2 ff.

22 **d) Späte Einführung eines einstweiligen Rechtsschutzes.** Anders als von der Arbeitsgruppe beim BMJ[35] und vom BRat[36] entsprechend § 25 UWG vorgeschlagen, wurden zunächst keine erleichterten Voraussetzungen für eine **einstweilige Verfügung** bestimmt. Erst mit der Gesetzesnovelle aus dem Jahr 2000 wurde dieser Missstand abgestellt, näher dazu § 5 Rn. 29 ff.

23 **e) Mangelhafte Streitwertbestimmung.** Als letztes ist noch **die Regelung der Streitwertbestimmung** zu bemängeln. Die Möglichkeit einer Streitwertherabsetzung, die nach dem Vorbild des UWG mit der Gesetzesnovelle von 2000 eingeführt wurde, löst die in der Praxis auftretenden Probleme bei Weitem nicht, vgl. dazu § 5 Rn. 36.

24 **3. Zusammenfassung.** Der – auch im internationalen Vergleich jedenfalls zu dieser Zeit[37] – durchaus beachtliche und taugliche Ansatz einer Verbands-Kontrollklage zur breitenwirksamen Bekämpfung unbilliger AGB ist vom Gesetzgeber nicht so effektiv wie möglich und nötig ausgeführt worden, wodurch das Konzept entwertet wird. Die Defizite gehen vor allem **zu Lasten des Verbraucherschutzes.** Der Geburtsfehler der AGB-Verbandsklage liegt in der wenig durchdachten Parallelisierung zur UWG-Verbandsklage, die mit der Einführung des Rechtsbruchklage bzw. des Unterlassungsanspruches nach dem Urhebergesetz nur weiter fortgeführt wurde. Bislang ist nicht erkennbar, ob der deutsche Gesetzgeber in absehbarer Zeit die Kraft aufbringt, das **Sammelsurium der im UKlaG eingeschlossenen Verfahrensregeln** in eine in sich **konsistente Regelung** zu überführen. Wieder einmal hat es den Anschein als ob der Anstoß zu einem solchen Vorhaben, wenn überhaupt, nur von der **Europäischen Gemeinschaft** kommen könnte,[38] vgl. Rn. 50 ff.

V. Die AGB-Verhältnisse und die bisherigen Erfahrungen mit dem Kontrollklageverfahren

25 **1. AGB-Realität.** Nach einer amtlichen Verlautbarung zum **fünfjährigen** Bestehen des AGBG „lässt sich heute feststellen, dass die gestörte Funktion des privaten Vertragsrechts wiederhergestellt werden konnte und sich das AGB-Gesetz als wirkungsvolles und umfassendes Instrument zur Durchsetzung von mehr Vertragsgerechtigkeit bewährt hat".[39] Und eine Literaturstimme bringt **(1980)** die Nachricht, dass „zwischenzeitlich in den meisten Branchen und von den meisten Verwendern" die AGB an das AGBG angepasst worden sind.[40] Diese Meldungen sind mit ihrem

---

[35] Zweiter Teilbericht, S. 57 f.
[36] BT-Drucks. 7/3919 S. 53 (§ 17).
[37] Die in anderen (nach Wirtschafts- und Gesellschaftsordnung vergleichbaren) Ländern vereinzelt anzutreffenden speziellen Ansätze zur Verbesserung der AGB-Rechtslage blieben außer in Schweden hinter dieser deutschen Regelung zurück; vgl. zur Übersicht *v. Hippel* Verbraucherschutz, 1974, S. 77 ff. Zu neueren ausländischen Entwicklungen vgl. aber anschl. Rn. 45 ff.
[38] So auch *Stoffels* AGB-Recht, Rn. 1087.
[39] So der parlamentarische Staatssekretär *de With* in: Recht – Informationen des BMJ, 1981, Nr. 12, S. 97, 98.
[40] *Locher* Das Recht der Allgemeinen Geschäftsbedingungen, 1980, S. 118.

pauschal-günstigen Befund unzutreffend. Selbst die dem Gesetz und seiner Bedeutung wohlgesonnenen Autoren liefern ein differenzierteres Bild, in welchem neben dem Licht auch viel Schatten erscheint, und zwar gerade was die **nur begrenzte Effizienz der Verbandsklage** seitens der wenigen klageaktiven Verbraucherverbände und die nahezu fehlende Kontroll-Klagetätigkeit der Wirtschaftsverbände gegenüber unwirksamen AGB im kaufmännischen Bereich betrifft.[41] Allein dieses Bild entspricht auch **30 Jahre** nach dem Inkrafttreten des AGBG den Rechtstatsachen, wenngleich die empirischen Befunde sämtlich veraltet sind.[42]

a) **Massenhafte Verbreitung.** Die notorisch **massenhafte Verbreitung von AGB**, ohne die praktisch nur noch die Bargeschäfte über den Kauf von Gegenständen des täglichen Gebrauchs bzw. Verbrauchs vor sich gehen (vgl. auch Rn. 1), lässt sich nicht mit genauen oder auch nur annähernden Zahlen angeben. In der Begründung zum Regierungsentwurf des AGBG ist von „Hunderttausenden im Umlauf befindlicher AGB" die Rede,[43] während in der Literatur damals eine Zahl von 20 000 bis 30 000 AGB genannt wurde.[44] Die letzteren Zahlen erscheinen allenfalls plausibel, wenn man unter AGB nur umfassendere Klauselwerke, also einiges mehr als bloß ein paar vorgedruckte Worte über zB Haftungsfreizeichnung und Gewährleistung, Eigentumsvorbehalt, Erfüllungsort und Gerichtsstand versteht, wie sie praktisch auf jedem alltäglichen Liefer- oder Rechnungsbeleg zu finden sind, und wenn man dazu noch gleich- oder ähnlich lautende AGB verschiedener Verwender als einen AGB-Fall rechnet. Tatsächlich dürfte die Zahl wohl wesentlich höher liegen. 26

b) **Zunehmende Vereinheitlichung.** Was allerdings die inhaltliche Vielfalt der AGB-Masse betrifft, so war schon in Folge des AGBG eine **erhebliche Zunahme von Verbands-Konditionenempfehlungen** mit dem Ergebnis entsprechend wachsender Übereinstimmung der AGB in einer Branche zu verzeichnen. Ob sich diese Tendenz angesichts des Wegfalls der GWB-Kontrolle fortsetzt bleibt abzuwarten, ist aber eher unwahrscheinlich. **Per 30. 6. 2005,** dem letzten verfügbaren Stand vor Wegfall der Anmeldung, waren 359 Konditionenempfehlungen in das Register eingetragen.[45] In welchem Maße die empfohlenen AGB von den Verbandsangehörigen wirklich verwendet werden, lässt sich nur anhand allgemeiner plausibler Überlegungen schätzen.[46] Danach besteht ein Zusammenhang zwischen dem Grad der Verwendung, der Organisationsdichte des Gewerbes und den auf dem jeweiligen Markt herrschenden Wettbewerbsverhältnissen. Je höher die Organisationsdichte in einer Branche, je transparenter die Wettbewerbsverhältnisse, umso verbreiteter dürfte die Konditionenempfehlung zur Anwendbarkeit gelangen. 27

Zur Beurteilung der **Kollektivierung** von AGB gehört wesentlich, dass das Bundeskartellamt bis zum Erlass der 7. GWG-Novelle eine **Missbrauchskontrolle** praktizierte. Das Bundeskartellamt übte diese nahezu ausnahmslos im Wege einer formlosen Vorprüfung aus,[47] um die Angemessenheit der AGB zu überprüfen und auf deren entsprechende Ausgestaltung hinzuwirken,[48] und zwar auch nachträglich bei schon unbeanstandet zur Anmeldung gelangten Konditionenempfehlungen.[49] In 28

---

[41] So etwa *Löwe/v. Westphalen/Trinkner* Rn. 24 ff.; *Ulmer/Brandner/Hensen* Einl. Rn. 57 ff., wiedergegeben auch in BB 1982, 584, 587 ff.

[42] Vor allem *Bunte* hat sich dazu wiederholt – mehr oder weniger auch nur wiederholend – geäußert, vgl. BB 1980, 325, 326 ff.; AcP 181 (1981), 31, 33 ff.; DB Beil. 13, 1982, 4 ff., 7 ff.; NJW 1987, 921, 922. Aus erster Hand dazu auch *Stillner* ZVP 1980, 142 ff. (speziell zu den praktischen Erfahrungen der VZ Baden-Württemberg in der Anfangsphase nach der Geltung des AGBG). Vgl. auch die Übersicht über Eintragungs- und Rechtsprechungsstand im AGB-Register (§ 20) beim Bundeskartellamt von *Creutzig* DB 1979, 151 ff.; *Hardieck* BB 1979, 708 ff., 1653 ff.; *Hennig/Jarre* BB 1981, 1161 f.; *Seifert* BB 1982, 464 ff. Zu den angemeldeten Konditionenempfehlungen vgl. *Hennig/Paetow* DB 1978, 2349 ff. und *Hennig/Jarre* DB 1980, 1429 ff.

[43] BT-Drucks. 7/3919 S. 10.

[44] *Eberstein,* Die zweckmäßige Ausgestaltung von Allgemeinen Geschäftsbedingungen, 1974, S. 17, 18.

[45] http://www.bundeskartellamt.de/wDeutsch/download/pdf/Merkblaetter/Merkblaetter_deutsch/Konditionenempfehlungen0509.pdf

[46] Vgl. etwa *Bunte* BB 1980, BB 1980, 325, 329 f., AcP 181 (1981), 31, 61 f. und DB Beil. 13/1982, 7 f.; *Hennig/Jarre* DB 1980, 1429 f. sowie *Bohle/Micklitz* BB Beil. 11/1983, 9.

[47] Dazu *Hennig/Jarre* DB 1980, 1429, 1431. Eingehender *Schirmers,* Konditionenempfehlungen, kartellrechtliche Kontrolle und AGB-Gesetz, 1983, S. 3 ff., der zutreffend mit dieser Verfahrensweise verbundene mangelhafte Transparenz der Verwaltungspraxis hinweist.

[48] Vgl. weiter *Bunte* BB 1980, 325, 330 ff. und (ganz übereinstimmend) AcP 181 (1981), 31, 62 ff. sowie *Ulmer* BB 1982, 584, 587. Näher zu dieser Entscheidungspraxis und auch zu besonders problematischen Klauseln *Henning* DB 1984, 1509 ff. sowie *Schirmers,* Konditionenempfehlungen, kartellrechtliche Kontrolle und AGB-Gesetz, 1983, S. 4 ff., dort (S. 21 ff.) auch zum allgemeinen Umfang des Verbotes und dann der Freistellungsfähigkeit von Konditionenempfehlungen.

[49] Vgl. *Hennig/Jarre* DB 1980, 1429, 1430 f. und *Bunte* BB 1980, 325, 329 f., AcP 181 (1981), 31, 61 f. und DB Beil. 13/1982, 7 f.

der Praxis konzentrierte sich das Bundeskartellamt auf die Kontrolle **offensichtlicher Verstöße** gegen das AGBG, später die §§ 307 ff.[50] Nach der **neuen Rechtslage** liegt die Kontrolle von AGB-Empfehlungen allein in den Händen der Verbände, de facto in den Händen der Verbraucherverbände, die mit ihren ohnehin knappen Ressourcen nun auch diese Aufgabe bewältigen müssen.

29 Ein besonderes Kapitel bilden die zunehmenden **Einkaufskonditionen** und deren Empfehlungen, die zT von denselben Verbänden ausgesprochen werden, die zuvor schon für ihre Mitglieder entsprechend gegnernachteilige **Verkaufsbedingungen** empfohlen haben, so dass die wirtschaftlichen Lasten und Risiken nach beiden Seiten hin, zum Vorlieferanten wie zum Abnehmer, abgewälzt werden können.[51] Bei einer solchen Praxis[52] drängte sich eine Missbrauchsgefahr und damit eine Missbrauchskontrolle geradezu auf,[53] wie überhaupt die Empfehlung und Verwendung von Einkaufsbedingungen nur vor dem Hintergrund einer dazu nötigen und dann besonders wirksamen Nachfragemacht zu erklären sind.[54]

30 **2. Begrenzte Gesetzeswirkung.** Bei der verbreiteten Masse der AGB stimmt auch nach über 30-jähriger Geltung des AGB-Rechts vieles noch nicht mit diesem überein. Der Gesetzgeber hatte offenbar illusionäre Vorstellungen, als er das Inkrafttreten des AGB-Gesetzes um über drei Monate nach der Verabschiedung mit der Begründung hinausschob, den Unternehmen müsse „eine angemessene Frist zur Überprüfung und Abänderung" der vorhandenen AGB eingeräumt werden.[55] Die Praxis der letzten Jahre zeigt, dass die **AGB-Kontrolle dauerhaft notwendig** sein wird. So hat die im Zuge des Binnenmarktes eingeleitete Deregulierung/Privatisierung ehemals öffentlicher Monopole und die damit verbundene Ausdehnung der Dienstleistungen den Wust Allgemeiner Geschäftsbedingungen weiter anschwellen lassen. Dabei verstärkt sich der Eindruck, dass jeder neu entstehende private Dienstleistungssektor die längst ausgemerzt geglaubten groben Missstände wiederholt. Insofern erscheint die AGB-Kontrolle eher als ein nicht enden wollender Kontrollprozess, der immer wieder von vorn beginnt.

31 **a) Im Verhältnis zum Verbraucher.** Die **Erfolgsquote** von Verbraucherverbandsklagen suggeriert eine hohe Effizienz. Sie lag in den ersten Jahren über 75% und beträgt inzwischen um 90%, vgl. Rn. 32 ff. und die statistische Übersicht Rn. 33.[56] Nach den Erfahrungen und Tätigkeitsberichten der hauptsächlich aktiven Verbraucherverbände, des vzbv Berlin, der VZ Baden-Württemberg, der VZ Nordrhein-Westfalen, der VZ Niedersachsen, der VZ Hamburg und der VZ Sachsen, ist von einer 3 bis 4 mal größeren wirklichen Erfolgsleistung auszugehen, und zwar wegen der häufigeren außergerichtlichen Erledigungen durch Abmahnung mit dem Ergebnis einer strafbewehrten Unterlassungserklärung, vgl. die Statistik Rn. 33.[57] Bei den durchgeführten Abmahn- und Gerichtsverfahren insgesamt ergibt sich eine Erfolgsquote von über 90%, was aber nur bedingt darauf zurückzuführen ist, dass sich die Verbraucherverbände vorwiegend auf Fälle eindeutiger Gesetzesverletzung beschränken.[58] Denn gerade in den letzten Jahren haben Verbraucherverbände eine

---

[50] Entsprechend verständnisvoll auch *Ulmer* BB 1982, 584 mit Hinweis auf einige Beispiele unwirksamer AGB in angemeldeten Konditionenempfehlungen in Fn. 59 und *Bunte* BB 1980, 325, 331, 332.

[51] Dazu *Hennig/Jarre* DB 1980, 1429, 1430; *Bunte* AcP 181 (1981), 31, 51 f., 64 u. NJW 1987, 921, 923. Vgl. noch *Hägele*, Allgemeine Geschäftsbedingungen nach neuem Recht, 1978, S. 101 f. und eingehend *Schirmers*, Konditionenempfehlungen, kartellrechtliche Kontrolle und AGB-Gesetz, 1983, S. 71 ff. mit zahlreichen Beispielsfällen aus dieser Bedingungspraxis S. 74 ff.

[52] Die Widersprüchlichkeit, sich in seinen Einkaufsbedingungen als Käufer auszubedingen, was man in seinen Verkaufsbedingungen dem Käufer gerade verwehrt, wird in der von *Rehbinder*, Das Kaufrecht in den Allgemeinen Geschäftsbedingungen der deutschen Wirtschaft, 1970, herausgegebenen Sammlung von solchen Bedingungen derselben Unternehmen ganz offenkundig. Vgl. auch noch die entsprechende Übersicht im Sondergutachten 7 der Monopolkommission von 1977, Missbrauch der Nachfragemacht und Möglichkeiten zu ihrer Kontrolle im Rahmen des Gesetzes gegen Wettbewerbsbeschränkungen, S. 78.

[53] Vgl. *Hennig/Jarre* DB 1980, 1429, 1430; *Bunte* AcP 181 (1981), 31, 51 f., 64 u. NJW 1987, 921, 923; *Hägele*, Allgemeine Geschäftsbedingungen nach neuem Recht, 1978, S. 101 f.; *Schirmers*, Konditionenempfehlungen, kartellrechtliche Kontrolle und AGB-Gesetz, 1983, S. 71 ff.

[54] Dazu eingehend das Sondergutachten 7 der Monopolkommission, 1974 mit dem Hinweis auf die indizielle Wirkung gerade von Nebenleistungswettbewerb, S. 39 ff.

[55] So die Begründung des Rechtsausschusses des BTags BT-Drucks. 7/5422 S. 16 und schon die Begründung der Regierungsvorlage BT-Drucks. 7/3919 S. 45, 46.

[56] Die Befunde von *Axmann*, Die praktische Bedeutung und Effizienz der Verbandsklage, 1987, S. 47 ff. und von *Bohle/Micklitz* BB Beil. 11/1983, 7 ff. sind noch heute gültig.

[57] Zusätzlich *Bohle/Micklitz* BB Beil. 11/1983, 9 und *Stillner* ZVP 1980, 143; sowie *Leipold*, Die Verbandsklage zum Schutz allgemeiner und breitgestreuter Interessen, in: Effektivität des Rechtsschutzes, Landesberichte zum VII. Int. Kongreß, 1983, S. 74, 75.

[58] Dazu näher *Axmann*, Die praktische Bedeutung und Effizienz der Verbandsklage, 1987, S. 88 ff., 137 ff.

Reihe riskanter Musterprozesse gegen bedeutende AGB-Verwender geführt.[59] Diese Zahlen und Ergebnisse sind durchaus beachtlich, im Verhältnis zur großen Zahl der AGB-Verwender und der verwendeten AGB erscheinen sie aber eher als Tropfen auf den berühmten heißen Stein.

Die begrenzten Wirkungen werden deutlicher, wenn man **die Kontrollaktivität der Verbraucherverbände im Einzelnen** analysiert.[60] Die Eintragungen von Verbraucherverfahren beruhen fast zu 100% auf der Aktivität von 6 Verbänden, von denen aber nur der VS V Berlin (Vorläufer des vzbv Berlin), die VZ Baden-Württemberg und die VZ Nordrhein-Westfalen eine nennenswerte Klagetätigkeit entfalten. Über die Jahre hinweg hat sich damit die Zahl der klagaktiven Verbraucherverbände erhöht, auch die Zahl der eingeleiteten Verfahren ist angestiegen. Eine auffällige Zunahme verzeichneten insbesondere die Berufungs- und Revisionsverfahren. Die VZ Hamburg, die VZ Niedersachsen und die VZ Sachsen konzentrieren sich wesentlich auf die außergerichtliche Kontrolle von AGB im Wege der Abmahnung. Damit ist nur die Bereinigung des Rechtsverkehrs von AGB möglich, deren Unwirksamkeit aus § 309 oder aus gesicherter Rechtsprechung folgt.

Tabellarische Übersicht der Klagetätigkeit der Verbraucherverbände

	Abmahnungen	Unterlassungserklärung pro Klausel	Klageverfahren	Berufungen	Revision
2000	266	860	164	22	9
2001	159	430	70	35	6
2002	303	962	131	18	18
2003	113	430	115	17	17
2004	234	537	74	11	11
2005	310	687	30	5	1

Baden-Württemberg

	Abmahnungen	Unterlassungserklärung pro Klausel	Klageverfahren	Berufungen	Revision
2000	660	328	98	2	2
2001	116	365	46	23	1
2002	128	674	109	10	–
2003	96	376	93	6	–
2004	96	365	22	5	2
2005	120	514	17	5	–
2006	95	467	16	4	1

Brandenburg

	Abmahnungen	Unterlassungserklärung pro Klausel	Klageverfahren	Berufungen	Revision
2000	6	–	–	–	–
2001	2	–	–	–	–
2002	–	–	–	–	–
2003	–	–	–	–	–
2004	–	–	–	–	–
2005	–	–	–	–	–
2006	–	–	–	–	–

---

[59] Vgl. etwa BGHZ 82, 21 = NJW 1982, 331 (zur Tagespreisklausel); BGHZ 86, 284 = NJW 1983, 1322 (zu den Beförderungsbedingungen der Lufthansa); BGHZ 95, 362 = NJW 1986, 46 (zur sog. Schufa-Klausel); BGHZ 100, 157 = NJW 1987, 1931 (zu den Allgemeinen Reisebedingungen); BGHZ 101, 307 = NJW 1987, 2818 (zu den Kfz-Reparaturbedingungen); BGHZ 106, 259 = NJW 1989, 582 (zur Wertstellungsklausel bei Bareinzahlung auf ein Girokonto).

[60] Die nachfolgenden Statistiken wurden dem Verfasser von der Verbraucherzentrale Bundesverband e. V. zur Verfügung gestellt.

Berlin

	Abmahnungen	Unterlassungserklärung pro Klausel	Klageverfahren	Berufungen	Revision
2000	–	–	–	–	–
2001	–	–	–	–	–
2002	2	1	–	–	–
2003	4	-	–	–	–
2004	13	9	–	–	–
2005	67	46	–	–	–
2006	60	70	1	2	–

Bayern

	Abmahnungen	Unterlassungserklärung pro Klausel	Klageverfahren	Berufungen	Revision
2000	17	–	–	–	–
2001	–	–	–	–	–
2002	–	–	–	–	–
2003	1	–	–	–	–
2004	6	26	–	–	–
2005	10	18	1	–	–
2006	17	37	1	–	–

Niedersachsen

	Abmahnungen	Unterlassungserklärung pro Klausel	Klageverfahren	Berufungen	Revision
2000	24	39	–	–	–
2001	–	–	–	–	–
2002	–	–	–	–	–
2003	–	–	–	–	–
2004	–	–	–	–	–
2005	–	–	–	–	–

Nordrhein-Westfalen

	Abmahnungen	Unterlassungserklärung pro Klausel	Klageverfahren	Berufungen	Revision
2000	98	27	9	1	1
2001	17	14	3	3	1
2002	6	6	9	5	–
2003	8	17	1	3	2
2004	20	36	1	3	1
2005	23	52	1	–	–
2006	7	5	–	–	–

Sachsen

	Abmahnungen	Unterlassungserklärung pro Klausel	Klageverfahren	Berufungen	Revision
2000	7	–	–	–	–
2001	–	–	–	–	–
2002	2	–	1	–	–
2003	3	–	–	–	–

	Abmahnungen	Unterlassungserklärung pro Klausel	Klageverfahren	Berufungen	Revision
2004	–	–	–	–	–
2005	–	–	1	–	–
2006	3	–	1	–	–

VZBV

	Abmahnungen	Unterlassungserklärung pro Klausel	Klageverfahren	Berufungen	Revision
2000	641	473	57	19	6
2001	24	52	21	9	4
2002	165	296	12	3	3
2003	51	51	21	8	1
2004	99	115	51	3	1
2005	88	72	11		1
2006	76	138	11	7	–

Analysiert man die Kontrolltätigkeit und Berichte des **vzbv Berlin**, der **VZ Baden-Württemberg** und **der VZ Nordrhein-Westfalen,** die zusammen die Realität der Verbraucher-Verbandskontrolle prägen,[61] so kommt man zu weiteren kritischen Feststellungen: 34

Der vzbv Berlin kann als Leitstelle für die rechtlich-gerichtliche AGB-Verbandskontrolle der Verbraucherzentralen der Länder weit über die Hälfte aller Registrierungen und dabei nahezu zwei Drittel der von den Verbraucherverbänden herrührenden Eintragungen für sich verbuchen. Nur die VZ Baden-Württemberg und die VZ Nordrhein-Westfalen verfolgen die in ihrem Hoheitsgebiet auftretenden Konfliktfälle selbst. Alle anderen Verbraucherzentralen vertrauen im Wesentlichen auf die Schlagkraft des vzbv, der sich mit allen kontrollaktiven Verbraucherzentralen abstimmt. Überschneidungen zwischen den Aktivitäten des vzbv Berlin und den Verbraucherzentralen konnten so auf ein geringes Maß reduziert werden. Der vzbv Berlin hat pro Jahr ca. 1–2 Fälle von Parallelverfahren. Die **Konzentration der Kontrolltätigkeit** bringt jedoch nicht nur eine Entlastung, sondern auch eine Entlassung der Verbraucherzentralen der Länder aus ihrer Verantwortung mit sich.[62] Die heutige Herausforderung liegt in einer angemessenen Bestimmung der von den Verbraucherzentralen wahrzunehmenden Aufgaben. Die Leitfunktion des vzbv Berlin sollte erhalten bleiben, denn nur mit dem dort versammelten erfahrenen Sachverstand sind übergreifende Strategien und bedeutende Musterprozesse sowie leitende Beratungsaufgaben durchzuführen. Die Verbraucherzentralen sollten die Klagaktivitäten des vzbv durch eigene sachlich zentrierte Aktivitäten abrunden. 35

Die in erfolgreichen Verbandsklagen erstrittenen und sogar höchstrichterlichen Entscheidungen werden trotz geklärter Rechtslage zur Unwirksamkeit einzelner AGB bislang **nicht** in dem nötigen Ausmaß umgesetzt. Es fehlt bereits an einer systematischen Kontrolle, ob die erreichte Unterlassungsverpflichtung, auch bei einem strafbewehrten Unterlassungsversprechen, wirklich befolgt wird.[63] Theoretisch könnten die Verbraucherzentralen hier eine wichtige Funktion übernehmen. Rechtliche Hindernisse bestehen jedoch insofern, als die Verbraucherzentralen sich nicht der vom vzbv erstrittenen Titel bedienen können. Auch fehlt es an den notwendigen Kapazitäten. So erklärt sich wohl auch, dass definitive und eindeutige Entscheidungen über den Einzelfall hinaus gegen die sonstigen Verwender derselben oder einer inhaltsgleichen Klausel nicht konsequent durchgesetzt werden. Das dafür prädestinierte und seit 2000 verfügbare rechtliche Mittel der einstweiligen Verfügung hat keine Abhilfe geschaffen. 36

Als **Ergebnis** bleibt festzustellen, dass die Kontrollfunktion der Verbraucherverbände nur eine begrenzte Wirkung hat. Das liegt einerseits an dem bisher stumpf gebliebenen Instrument der einstweiligen Verfügung und andererseits daran, dass der vzbv Berlin und die VZ der Länder finanziell und personell unzureichend ausgestattet sind. Eine bessere Aufgabenverteilung könnte die Effektivität erhöhen, würde allein aber auf keinen Fall ausreichen, um dem grundsätzlichen Miss- 37

---

[61] Dazu näher *Axmann,* Die praktische Bedeutung und Effizienz der Verbandsklage, 1987, S. 49 ff., 53 ff., 59 ff.
[62] Zur unterschiedlichen verbraucherpolitischen Haltung und Aktivität der verschiedenen VZ vgl. *Bohle/Micklitz* BB Beil. 11/1983, 7.
[63] Vgl. auch *Bohle/Micklitz* BB Beil. 11/1983, 19.

stand der fehlenden Beachtung des AGBG Rechnung zu tragen. So wirkt alles zu Lasten einer angemessenen Finanzausstattung zusammen. Die Mitgliedstaaten haben gemäß Art. 7 (1) RL 93/13/EWG dafür Sorge zu tragen, „dass im Interesse der Verbraucher und der gewerbetreibenden Wettbewerber **angemessene und wirksame Mittel** vorhanden sind, damit der Verwendung missbräuchlicher Klauseln durch einen Gewerbetreibenden in den Verträgen, die er mit Verbrauchern schließt, ein Ende gesetzt wird". Diese Formel harrt der rechtlichen Konkretisierung. Rechtspolitisch verpflichtet sie die Mitgliedstaaten zu einer **Finanzgarantie**, vgl. noch § 1 Rn. 6. Angesichts knapper öffentlicher Ressourcen ist nach Möglichkeiten zu suchen, wie die Verursacher in Pflicht genommen werden können. De lege lata scheint die Begründung eines Aufwendungsersatzanspruches denkbar, vgl. § 5 Rn. 13 f.

38 **b) Im Handelsverkehr.** Im Verhältnis zu Kaufleuten und unter Kaufleuten sind die Missstände noch ärger. Die in diesem Rechtsbereich gem. § 13 Abs. 2 Nr. 2, 3, Abs. 3 ausschließlich zur Kontrolle berufenen Verbände zur Förderung gewerblicher Interessen und Kammern nehmen ihre Aufgabe so wenig wahr, dass teils schon von einem „Boykott" des Gesetzes gesprochen wird.[64] Bezeichnend ist, dass sich die wenigen gerichtlichen Kontrollverfahren seitens dieser Verbände und Kammern fast ausschließlich aufgrund konkreter Mitgliederbeschwerden gegen AGB-Verwender der jeweiligen Marktgegenseite richten, zB seitens einer Bauinnung gegen Bauträgergesellschaften und Architekten und seitens einer Architektenkammer gegen Bauträgergesellschaften und Bauunternehmen.[65]

39 Dem entspricht es, dass das öffentliche Rechtsbewusstsein mehr um den Schutz des Verbrauchers als um den des Kaufmanns besorgt ist, dem man die AGB-Probleme eher zur eigenen Bewältigung überlässt, selbst wenn sich ein kleinerer oder mittlerer Kaufmann gegenüber einem stärkeren Verwender kaum durchsetzen kann. Darin liegt eine innere Logik, weil Kaufleute gewerblich-gewinnorientiert tätig sind und ihr Unternehmen einstellen müssen, wenn sie die Risiken und Kosten nicht bewältigen und überwälzen können. Unterschiedlich verteilte Marktmacht im Handelsverkehr und Mittelstandserhaltung bzw. -politik sind hier die eigentlichen Fragen, während die insoweit meist weniger relevanten AGB weniger bedeutend und nur symptomatisch dafür sind. Deshalb war es gesetzgeberisch wenig durchdacht, auf eine Verbandsklage besondere Hoffnungen zur Bereinigung der AGB-Verhältnisse im Handelsverkehr zu setzen. Im Unterschied zur Beachtung und Verfolgung von Wettbewerbsverstößen nach dem UWG besteht ein geringeres Interesse an der rechtlich-gerichtlichen Einforderung von angemessenen AGB.

VI. Rechtsvergleichende Übersicht zur AGB-Kontrolle im Licht der Richtlinie 93/13/EWG ABl. EG Nr. L 95, 21. 4. 1993, 29 ff.

40 **1. Systematische Instrumente zur Inhaltskontrolle von AGB.** Wie in Deutschland, so ist auch in den **anderen Ländern** mit entsprechender Gesellschafts- und Wirtschaftsordnung, vor allem in Europa und in den USA, die Erscheinung massenhaft verwendeter unbilliger, unangemessener Vertragsbedingungen als eine typische Entwicklung des Wirtschafts- und Rechtsverkehrs seit langem so bekannt wie beklagt und Gegenstand der Bemühungen um eine Korrektur.[66] Diese Bemühungen um eine verbesserte rechtliche Kontrolle derartiger Vertragsbedingungen sind in den betreffenden Ländern, zeitlich etwas verschoben, ähnlich verlaufen. Allerorts geht und ging es um die gleiche ordnungspolitische Frage, wie bei dem bestehenden und belassenen System der Privatwirtschaft mit Privateigentum und Vertragsfreiheit der Machtmissbrauch in der Vertragsgestaltung zu Lasten des anderen, schwächeren Teils begrenzt werden kann.[67] Mit der Verabschiedung der **Richtlinie 93/13/EWG** zur Kontrolle missbräuchlicher Vertragsklauseln hat die Europäische Gemeinschaft eine **Führungsrolle** übernommen. Die Reichweite der Harmonisierung erstreckt sich über die Mitgliedstaaten hinaus auf die potentiellen Beitrittsländer aus dem mittel- und osteuropäischen Raum. Letztere müssen die Richtlinie 93/13/EWG in ihre Rechtsordnung aufnehmen, um die Beitrittsbedingungen erfüllen zu können. Nur noch einzelne Länder wie die Schweiz haben über-

---

[64] So *Löwe/v. Westphalen/Trinkner* Rn. 25 f. u. *Löwe* S. 106 f., 113 ff.; allgemein dazu Rn. 37 m. weit. Nachw.
[65] Dazu näher *Axmann*, Die praktische Bedeutung und Effizienz der Verbandsklage, 1987, S. 68 ff., 74 f.; *Ulmer/Brandner/Hensen* Rn. 60; *Hensen* NJW 1987, 1986, 1988.
[66] Zur allgemeinen Unterrichtung darf auf einige Übersichten in der Literatur verwiesen werden, etwa bei *Wolf/Horn/Lindacher* Einl. Rn. 42 ff. und *Ulmer/Brandner/Hensen* Rn. 65 ff.; *v. Hippel* Verbraucherschutz, 1974, 118 ff., 127 ff. sowie eingehend RabelsZ 41 (1977), 238, 253 ff. und 45 (1981), 353, 365 ff.
[67] Das in der praktischen Bedeutung ähnliche, im rechtlichen Rahmen aber andere Problem der unangemessenen Gestaltung von Benutzungsverträgen und -ordnungen bei Einrichtungen der öffentlichen Hand, der Verwaltung, soll hier ausgeklammert bleiben.

haupt keine besondere Kontrolle und belassen es vorerst bei der gewachsenen Rechtsprechungskontrolle auf der Grundlage allgemeingültiger Generalklauseln.[68]

2. Das Kontrollverfahrensrecht der Richtlinie 93/13/EWG. Die Gemeinschaft stand vor der Schwierigkeit, die unterschiedlichen Ansätze – behördliche Kontrolle in den skandinavischen Ländern und dem Vereinigten Königreich, Kontrolle im Wege der Verbandsklage in Deutschland, Österreich, Luxemburg, Portugal, Frankreich und den Niederlanden – miteinander in Einklang zu bringen. Erleichtert wurde die Entscheidung auf europäischer Ebene allerdings durch die Präzedenzwirkung der Richtlinie 84/450/EWG über irreführende Werbung, die bereits einen Kontrollmechanismus etablierte. Die Richtlinie 93/13/EWG lehnt sich an die dort getroffenen Regelungen an, geht aber insofern darüber hinaus, als sie die Mitgliedstaaten zur Einführung einer Verbandsklage **zwingt**. Gemäß Art. 7 (1) sorgen die Mitgliedstaaten für angemessene und wirksame Mittel, um der Verwendung missbräuchlicher Klauseln ein Ende zu setzen. Diese Mittel müssen, so formuliert Art. 7 (2), Rechtsvorschriften einschließen, „wonach Personen oder Organisationen, die nach dem innerstaatlichen Recht ein berechtigtes Interesse am Schutz der Verbraucher haben, im Einklang mit den einzelstaatlichen Vorschriften die Gerichte oder die zuständigen Verwaltungsbehörden anrufen können, damit diese darüber entscheiden, ob Vertragsklauseln, die im Hinblick auf eine allgemeine Verwendung abgefasst wurden, missbräuchlich sind, und angemessene und wirksame Mittel anwenden, um der Verwendung solcher Klauseln ein Ende zu setzen".

a) Zur Verpflichtung der Mitgliedstaaten zur Einführung einer Verbandsklage. Wie schon bei der Richtlinie 84/450/EWG[69] ist streitig, ob die Mitgliedstaaten Verbraucherverbänden das Klagerecht verweigern können.[70] Ansatzpunkt ist die Verpflichtung der Mitgliedstaaten in Art. 7 RL 93/13/EWG, „angemessene und wirksame Mittel" bereitzustellen. Denkbar ist eine Lesart des Art. 7 (2), wonach „Verbraucherorganisationen … die Gerichte oder die zuständigen Verwaltungsbehörden anrufen können". Der Erwägungsgrund Nr. 23 formuliert, dass „Personen und Organisationen … Verfahren … bei Gericht oder bei Verwaltungsbehörden … einleiten können".[71] **Verbraucherverbänden stünde dann ein Klagerecht zu.** Der Europäische Gerichtshof hätte im Zuge des Vorlagebeschlusses des High Court Queen's Bench Division darüber zu entscheiden gehabt, ob Art. 7 zur Einführung einer Verbandsklage verpflichtet.[72] Doch ist das Verfahren einvernehmlich ausgesetzt, weil sich das Vereinigte Königreich zur Einführung einer Verbandsklage verpflichtet hat. Zur Untermauerung der hier vertretenen Rechtsposition bleibt der Rückgriff auf Art. 10 EGV, der die Mitgliedstaaten verpflichtet, die volle Wirksamkeit des Gemeinschaftsrechts sicherzustellen.[73] Nach der Lehre vom „effet utile", die der Gerichtshof auch zur Auslegung von Richtlinien anwendet, die Rechte einräumen, kann im Sinne eines **Mindestverfahrensschutzes** als Rechtspflicht der Mitgliedstaaten der Grundsatz des effektiven Rechtsschutzes, des vorbeugenden und schnellen Rechtsschutzes und der Beteiligung der Verbraucherverbände als gesichert angesehen werden.[74] Gestützt wird eine solche Sichtweise durch die zwingende Einführung der Verbandsklage in der Fernabsatzrichtlinie 97/7/EG.[75]

b) Folgenbeseitigung und Positivkontrolle als angemessene Mittel. Die Frage nach den „**angemessenen** Mitteln" im Sinne des Art. 7 RL 93/13/EWG erschöpft sich nicht in der Forderung nach einer Verbandsklage, sondern reicht möglicherweise weiter: müssen die Mitgliedstaaten Möglichkeiten der **Folgenbeseitigung** vorsehen, weil nur so ein angemessener Schutz vor missbräuchlichen Vertragsklauseln gewährleistet werden kann? Dann würde aus der Verbandsklage eine neue Form der **Positivkontrolle**. Reformüberlegungen setzt der 23. Erwägungsgrund zwar eine deutliche Grenze, indem er eine Vorabkontrolle der in einem beliebigen Wirtschaftssektor ange-

---

[68] Ulmer/Brandner/Hensen Vor § 1 Rn. 99; Wolf/Horn/Lindacher Einl. Rn. 69.
[69] Richtlinie des Rates vom 10. 9. 1984 zur Angleichung der Rechts- und Verwaltungsvorschriften der Mitgliedstaaten über irreführende Werbung (84/450/EWG), ABl. EG Nr. L 250, 19. 9. 1984, 17 f.
[70] Reich RabelsZ 56 (1992) 444 ff., 450 unter Hinweis auf D. Hoffmann, Consommation – Publicité et protection des consommaturs en droit communautaire, 1987, fac. 905 Nr. 46.
[71] So auch Wilhelmsson, Public Interest Litigation on Unfair Terms, in: Micklitz/Reich (eds.), Public Interest Litigation before European Courts, 1996, S. 389–392.
[72] R v. Secretary of State for Trade and Transport and Industry, ex parte No. 1 the Consumers' Association, No. 2 Which? Ltd., Rs. C-82/96, ABl. EG Nr. C 145, 18. 5. 1996, 3; zum Hintergrund, Dickie Consumer Law Journal 4 (1996), 112 f. sowie Willett From Reindeers to Confident Consumers, in: Micklitz/Reich (eds.), Public Interest Litigation before European Courts, S. 403 f.
[73] Caranta Common Market Law Review, 32 (1995), 703 f.; ders., Judicial Protection against Member States, in: Micklitz/Reich (eds.), Public Interest Litigation before European Courts, S. 95 f.
[74] Dazu Micklitz § 29.15, in: Reich/Micklitz, Europäisches Verbraucherrecht.
[75] ABl. EG Nr. L 144, 4. 6. 1997, 19; dazu Micklitz in: Grabitz/Hilf A 3 Rn. 150.

wendeten allgemeinen Bedingungen nicht gestattet, die Umsetzung einer gesicherten Rechtsprechung auf dem Verhandlungswege fällt jedoch nicht unter das Verdikt. Noch gilt der Grundsatz, dass es den Mitgliedstaaten grundsätzlich freisteht, wie sie den Vollzug einer Richtlinie organisieren. Ausnahmen gelten nur dort, wo das sekundäre Gemeinschaftsrecht verbindliche Vorgaben an die Ausgestaltung des Rechtsschutzes definiert. Nach dem Konzept der Art. 5 „plus" Rechtsprechung[76] bedarf der Eingriff in den nationalen Vollzug einer Legitimation, die aus Art. 7 hergeleitet werden kann.[77] Danach ergibt sich die Notwendigkeit zur Gewährung eines Folgenbeseitigungsanspruchs im deutschen Recht, vgl. zur bisherigen Diskussion § 1 Rn. 5, 31.

44 **3. Die Rechtslage nach der Umsetzung der Richtlinie 93/13/EWG in den Mitgliedstaaten.** Das Kontrollverfahren ist nach wie vor unterschiedlich ausgestaltet. So können private Verbände oder die Verwaltung die Initiative zur AGB-Kontrolle ergreifen. Im Detail divergieren die Regelungen erheblich. So gibt es Länder, in denen die Verbraucherverbände nur klagen können, wenn die Behörden nicht tätig werden, in anderen Ländern müssen die Verbraucherverbände ihr Anliegen an die Behörden richten, um diese zum Handeln zu bewegen. Je nach Ziel und Zweck der Kontrolle handelt es sich damit entweder um ein Straf-, Verwaltungs- oder Verbandsverfahren. Zuständig für die Gerichtsverfahren sind Zivil-, Handels-, Straf- oder speziell für Verbraucherangelegenheiten geschaffene Gerichte. Eine Vereinheitlichung des Kontrollsystems bzw. der Kontrollagenturen hat die Richtlinie nicht erreicht – und wollte sie auch nicht erreichen. Die daraus resultierenden Schwierigkeiten zeigen sich bei der grenzüberschreitenden Rechtsdurchsetzung, § 3 Rn. 36 ff.

45 **4. Tabellarische Übersicht des Kontrollverfahrens in der EG[78]**

Land	Ausführung durch eine Behörde	Gesetzliche Übertragung auf Verbraucherverbände und Unternehmerverbände
Belgien	Ja	Verbraucherverbände und Unternehmerverbände
Dänemark	Ja	Verbraucherverbände und Unternehmerverbände
Deutschland	Nein	Verbraucherverbände und Unternehmerverbände
Estland	Ja	Verbraucherverbände
Finnland	Ja	Verbraucherverbände, jedoch nur sofern der Verbraucher-Ombudsman nicht tätig wird
Frankreich	Ja, aber ohne Kompetenz zur Klage	Verbraucherverbände
Griechenland	Nein	Verbraucherverbände und die Verbraucherkammer
Großbritannien	Ja	Verbraucherverbände
Irland	Ja	
Italien	Nein, aber Autorità Garante	Verbraucherverbände und teilweise Unternehmerverbände
Lettland	Ausschließlich	
Litauen	Ausschließlich	
Luxemburg	Nein	Verbraucherverbände und Unternehmerverbände

---

[76] *Temple Lang* Common Market Law Review 27 (1990), 645 f.
[77] Nach dem Vorlagebeschluss des High Court hätte der EuGH Gelegenheit zu einer Fortentwicklung der Verbandsklage gehabt, denn die Frage lautete; „Does Art. 7 (2) of the Directive 13/93 impose obligations on Member States to ensure that national law, (1) states criteria to identify private persons or organisations having a legitimate interest in protecting consumers, and (2) allows such private persons or organisations to take action before the courts or before competent administrative bodies for a decision as to whether contractual terms drawn up for use are unfair?", abgedruckt bei *Dickie* Consumer Law Journal 4 (1996), 112.
[78] Vgl. im Detail mit Nachweisen in den zugehörigen Länderberichten *Micklitz/Rott/Docekal/Kolba*, Verbraucherschutz durch Unterlassungsklagen, 2006, S. 220.

Land	Ausführung durch eine Behörde	Gesetzliche Übertragung auf Verbraucherverbände und Unternehmerverbände
Malta	Ja	Verbraucherverbände, diese können aber nicht klagen
Niederlande	Ja	Verbraucherverbände und in wettbewerbswidrigen Fällen auch Unternehmerverbände
Österreich	Nein	Verbraucherverbände und teilweise Unternehmerverbände
Polen	Ja	Verbraucherverbände, aber nur sofern es durch die Behörde gestattet wird
Portugal	Ja	Verbraucherverbände und teilweise Unternehmerverbände
Schweden	Ja	Verbraucherverbände und Unternehmerverbände, aber nur sofern nicht die CO
Slowakei	Ja	Verbraucherverbände
Slowenien	Ja	Verbraucherverbände und Unternehmerverbände
Spanien	Ja	Verbraucherverbände und teilweise Unternehmerverbände
Tschechische Republik	Ja	Verbraucherverbände
Ungarn	Ja	Verbraucherverbände
Zypern	Ja	Verbraucherverbände

5. Die Verordnung 2006/2004 über die grenzüberschreitende Zusammenarbeit. Die Europäische Gemeinschaft läutet mit der VO (EG) Nr. 2006/2004[79] über die Zusammenarbeit im Verbraucherschutz die **Verstaatlichung** der **grenzüberschreitenden Rechtsdurchsetzung** bei Verbraucherrechtsstreitigkeiten ein, so jedenfalls könnte man den Vorstoß verstehen. Um den Schutz der **wirtschaftlichen Interessen der Verbraucher** bei grenzüberschreitenden Transaktionen „erheblich zu verbessern" und so die „Effizienz des Binnenmarktes" zu steigern, will die Kommission zentrale Behörden in den Mitgliedstaaten benannt sehen, die grenzüberschreitende Rechtsverstöße in wechselseitiger Kooperation unterbinden. Der Kommission diente als Vorbild das, von der OECD begründete, Internationale Netz zur Überwachung von Geschäftspraktiken (IMSN = International Marketing Supervision Network), das vor kurzem umbenannt wurde in Internationales Netzwerk für die Durchsetzung des Verbraucherschutzes (ICPEN = International Consumer Protection Enforcement Network).

Die Verordnung deckt das gesamte Spektrum der vertragsrechtlich relevanten Verbraucherrechts-Richtlinien ab, dh. insbesondere auch der Richtlinie 93/13/EWG. Deutschland hat als zuständige Stelle das Bundesamt für Verbraucherschutz und Lebensmittelsicherheit benannt. Diese Behörde kann zur Wahrnehmung der in der Verordnung formulierten Aufgaben eine Stelle benennen, die ein legitimes Interesse an der Einstellung oder dem Verbot innergemeinschaftlicher Verstöße hat. Das sind in Deutschland die **Wettbewerbszentrale** und der **Verbraucherzentrale Bundesverband.** Dem Bundesamt verbleibt eine **residuale Kontrollkompetenz**. Es ist berechtigt, vor Gericht zumindest eine **Unterlassungsklage** anhängig zu machen, wenn die Stelle, die eigentlich mit der Wahrnehmung dieser Aufgabe betraut ist, also der vzbv oder die Wettbewerbszentrale, aus welchen Gründen auch immer, **trotz Anweisung nicht tätig** wird. Insoweit war Deutschland **verpflichtet,** der zuständigen Instanz, ob Behörde oder Ministerium, die **Möglichkeit der Erhebung einer Unterlassungsklage** einzuräumen, vgl. noch näher zu der Bedeutung der grenzüberschreitenden Unterlassungsklage § 3 Rn. 36 ff.

---

[79] ABl. EG Nr. L 364, 9. 12. 2004, 1.

48 6. Bewertung. Eine **Bewertung der verschiedenen Lösungswege,** Verbandsklage oder behördliche Unterlassungsklage, muss sich bei aller möglichen Meinungsverschiedenheit zum Vorrang einer Kontrolle durch die öffentliche Verwaltung oder einer privaten Verbandsklage in erster Linie daran orientieren, auf welche Weise der beste Kontroll- und Bereinigungseffekt bei AGB zu erreichen ist. Die insoweit umfassend wirkende generelle Präventivkontrolle durch die Verwaltung im Wege einer Genehmigung ist nirgends realisiert; angesichts des dabei anfallenden erheblichen Systemaufwands von Kontrollarbeit und Vereinheitlichungszwang kann man diese Lösung auch für unverhältnismäßig halten. Bei der in zweiter Linie anstehenden repressiven, nachträglichen Kontrolle sind die beiden Modelle in etwa gleichwertig, sofern es um das Verbot der Verwendung (bzw. Empfehlung) unbilliger Vertragsbedingungen geht. Dabei hat jedes Modell aber seine eigenen Effektivitätsvoraussetzungen, die gewährleistet sein müssen, wenn wenigstens diese nachträgliche Kontrolle breitenwirksam funktionieren soll.

49 Der praktische Befund zeigt, dass das deutsche Verbandsklagemodell infolge verschiedener struktureller Mängel nicht effektiv genug funktioniert (vgl. zuvor Rn. 15 ff., 30 ff.). Das schwedische und dänische Ombudsman-Modell erscheint wirksamer, wobei die Effizienz möglicherweise mit den Besonderheiten des skandinavischen Rechtssystems zusammenhängt. Jedenfalls fehlt es in Deutschland an Möglichkeiten, wie das Beispiel von Schweden, Dänemark und Großbritannien zeigt, im Wege der Verhandlung mit den Spitzenverbänden ganzer Branchen eine Abstimmung über einheitlich angemessene AGB zu erreichen. Ein rein auf die Negativkontrolle abstellendes Verbandsklagewesen vermag das von sich aus nicht zu leisten. Insofern ist das bei uns etablierte Kontrollsystem im internationalen Vergleich inzwischen zunehmend erkennbar rückständig geworden. Aber auch in verfahrensrechtlicher Hinsicht beschleunigt die VO (EG) Nr. 2006/2004 den Trend, staatlichen Agenturen in der Durchsetzung des Verbraucherrechts eine stärkere Rolle zuzuweisen.

VII. Die Perspektiven unseres Verbandsklagesystems

50 1. Grundsatzproblematik. Im Zuge der **Europäisierung** der AGB-Verbandsklage und in deren Folge ist die rechtlich-politische Diskussion um die sachgemäßen Strukturen und Perspektiven unseres Verbandsklagesystems in eine neue Phase getreten. Dabei geht es um **verschiedene Grundsatzfragen,** die nur zu umreißen sind. Das Spektrum reicht von der systematischen Einordnung und Begründung der Verbandsklage als Institution bis zu dem brisanten und kontroversen Thema, ob zusätzlich **neue Verbandsklagen** in anderen Bereichen eingeführt bzw. anerkannt werden sollen. Dabei scheint sich jedenfalls in der Wissenschaft der Standpunkt durchgesetzt zu haben, dass die Verbandsklage nicht in das System der ZPO passt und insoweit Reformbedarf besteht.[80]

51 2. Ausgestaltung der Klagebefugnis. Im Mittelpunkt der deutschen Diskussion stand und steht eine als übertrieben-missbräuchlich empfundene Klageaktivität sog. unseriöser Abmahn- und Gebührenvereine im Rahmen des damaligen § 13 Abs. 2 Nr. 2 UWG, jetzt § 8 Abs. 4 UWG. Die einschränkenden Regelungen wurden sukzessive in das AGB-Recht übernommen, vgl. näher § 2 Rn. 2. Die Parallelisierung ist problematisch, weil die gesetzlichen Regeln nicht die unterschiedlichen Funktionen von AGB- und UWG-Verbandsklage berücksichtigen, vgl. dazu § 2 Rn. 2. Aber selbst wenn man der Meinung ist, dass AGB- und UWG-Verbandsklageverfahren identischen Regeln folgen sollten, ergeben sich immanent gesehen Inkonsistenzen. So formuliert das AGB-Recht besondere Voraussetzungen für die Klagebefugnis der Verbraucherverbände (vgl. § 4 Abs. 2) und einige Ansätze für ein spezielles Verbandsklage-Verfahrensrecht (vgl. etwa §§ 10, 11), während bei den übrigen Verbandsklagen nichts Vergleichbares bestimmt ist.

52 3. Ausgestaltung des Klageverfahrens. Zu einem wohlgeordneten Verbandsklagesystem gehört eine angemessene Ausgestaltung des Verfahrensrechts, das seine Funktionalität und Effektivität nicht mehr nur im nationalen Rahmen beweisen muss. Fragen und Probleme stellen sich bereits im nationalen Rahmen zuhauf, die merkwürdigerweise bislang wenig Beachtung gefunden haben. Möglichen Schwierigkeiten im Umgang mit der Dispositionsmaxime, der angenommenen Verfügung über den Streitgegenstand, der Anwendbarkeit des Beibringungsgrundsatzes und der damit verbundenen Beweislastregelung, der Existenz von Mehrfach- und Parallelprozessen und schließlich der begrenzten Präzedenzwirkung von Musterverfahren wird mit systemimmanenten Mitteln begegnet (mehr dazu m. weit. Nachw. § 3 Rn. 10f.), obwohl seit 20 Jahren de lege lata eine am besonderen öffentlichen Kontrollzweck der Verbandsklage orientierte Verfahrensordnung mit Untersuchungsgrundsatz und eingeschränkter Dispositionsmaxime als die bessere Lösung diskutiert

---

[80] *Greger* ZZP 113 (2000), 399; *Oepen* ZZP 113 (2000), 443 sowie *Greger* NJW 2000, 2457.

wird.[81] Dahinter stehen erwägenswert-vernünftige Überlegungen zur Fortentwicklung des bisherigen Verbands-Klageverfahrens. Auch wenn zuzugeben ist, dass eine solche Reform zu schwierigen Abwägungsfragen führt und im Lichte des Gemeinschaftsrechts eine theoretische Klärung verlangt, so ist doch 30 Jahre nach Verabschiedung des AGBG der Zeitpunkt gekommen, um das in § 5 vorgeschriebene Zivilprozessverfahren den Erfordernissen einer nunmehr **europäischen Verbandsklage** anzupassen. Vgl. noch § 3 Rn. 5 f., 10 ff., § 5 Rn. 2.

Die Europäische Kommission hat bereits die Initiative ergriffen. In ihrem Bericht über die Anwendung der Richtlinie 93/13/EWG des Rates vom 5. 4. 1993 über missbräuchliche Klauseln in Verbraucherverträgen vom 27. 4. 2000 hat die Kommission ihre Überlegungen über die Fortentwicklung der Verbandsklage offen gelegt.[82] Diese sind nach wie vor von rechtspolitischem Interesse. Das Grünbuch zur Revision des Verbraucher-Acquis[83] befasst sich zwar mit einer möglichen Reform der materiell-rechtlichen Regeln der Richtlinie 93/13/EWG, klammert die Verfahrensfragen aber aus. Diese werden aller Voraussicht nach in dem noch für 2007 zu erwartenden Grünbuch zur Änderung der Richtlinie 98/27/EG vorgelegt werden. Bis dahin fungiert der Bericht über die Anwendung der Richtlinie 93/13/EWG aus dem Jahre 2000 als Maß der Dinge. Die Europäische Kommission stellt dort Fragen, die sie einerseits an die Effizienz von Systemen zur **Unterbindung missbräuchlicher Klauseln** und andererseits an ein mögliches **positives** System zur Ausarbeitung missbräuchlicher Klauseln richtet.

Auf der Basis eines sorgfältigen Rechtsvergleichs nähert sich die Kommission der Effizienz vorhandener Systeme über 6 Fragen. Die erste Frage behandelt die Notwendigkeit eines beschleunigten Sonderverfahrens, das in Form der einstweiligen Verfügung in das AGB-Gesetz Eingang gefunden hat, vgl. § 5 Rn. 29 ff. Die zweite Frage reicht bereits über das vorhandene System der AGB-Verbandsklage hinaus. Die Kommission fragt nach der Sinnhaftigkeit eines gemischten Systems, in dem eine Verwaltungsinstanz damit befasst würde, bestimmte Klauseln aus Verträgen zu prüfen und zu verbieten, während es dem Gewerbetreibenden freistünde, gerichtlich gegen eine Verwaltungsentscheidung vorzugehen, die er nicht akzeptieren will. Die dritte und vierte Frage beschäftigt sich mit der Möglichkeit einer Rechtskrafterstreckung in zwei Varianten: (1) anknüpfend an die Klausel über deren bloßen Wortlaut auf solche mit vergleichbarer Wirkung und/oder (2) anknüpfend an die potentiellen Adressaten über die Erstreckung der Bindungswirkung auf Drittunternehmen, die eine identische Tätigkeit ausüben, vgl. dazu § 11, der allerdings in der Praxis keine Rolle spielt, Rn. 4. Die Fragen fünf und sechs zielen auf mögliche Sanktionen gegen die Verwender missbräuchlicher Klauseln. Ganz im Sinne der romanischen Rechtstradition möchte die Kommission überprüft wissen, ob spezifische Sanktionen zur Verfolgung von Gewerbetreibenden eingeführt werden sollen, die absichtlich missbräuchliche Klauseln verwenden. Mit der letzten Frage will die Kommission geklärt wissen, ob es jenseits solcher strafrechtlicher Sanktionen noch Maßnahmen geben muss, um die Einhaltung von Unterlassungsbeschlüssen zu wahren, wie beispielsweise die Veröffentlichung auf Kosten des Unternehmens.

Mag sich dieses Spektrum von Fragen noch im Rahmen dessen halten, was auch in Deutschland in den letzten 20 Jahren im Zuge der Einführung der AGB-Verbandsklage diskutiert worden ist, so geht die Kommission in dem zweiten Komplex über den bisherigen Stand der Diskussion hinaus. Die Kommission nähert sich der möglichen Errichtung eines solchen Systems der **positiven Kontrolle** auf der Basis eines Rechtsvergleiches. Sie erblickt Ansätze in dieser Richtung im Vereinigten Königreich, in Skandinavien und auch in Frankreich. Die Kommission lässt durchblicken, dass ein solches System der positiven Kontrolle nur dann erfolgversprechend sein könnte, wenn die Gewerbetreibenden durch entsprechende Erleichterungen zum Abschluss von Vereinbarungen bewegt werden können. Die Kommission möchte deshalb geklärt wissen, ob es sinnvoll ist, Systeme zur Erleichterung der Verhandlung und Abstimmung von Klauseln mit Gewerbetreibenden einzuführen bzw. wie diese aussehen könnten. Ernsthafte Schritte in diese Richtung hat die Kommission bislang nicht unternommen.

---

[81] Uneingeschränkt so *Reinel*, Die Verbandsklage nach dem AGBG, 1979, S. 123 ff., 129 ff., der sogar bis zur Annahme der Unzulässigkeit jeder noch nicht anhängigen Verbandsklage erhobenen weiteren Klage geht; im letzteren Punkt dagegen einschränkend *Göbel*, Prozeßzweck der AGB-Klage und herkömmlicher Zivilprozeß, 1980, S. 131 ff.; wiederholt dafür *E. Schmidt* NJW 1989, 1192 ff. u. FS Keller, 1989, S. 661 mit einigem Verständnis dafür auch *Leipold*, Die Verbandsklage zum Schutz allgemeiner und breitgestreuter Interessen, in: Effektivität des Rechtsschutzes, Landesberichte zum VII. Int. Kongreß, 1983, S. 68 ff. Dagegen ausdrücklich *Lindacher*, AGB-Verbandsklage und Rechtsschutzsystem, S. 214 ff. und *Gottwald* JZ 1981, 112.

[82] KOM (2000) 248 endg.

[83] KOM (2006) 744 endg. 8. 2. 2007.

Abschnitt 1. Ansprüche bei Verbraucherrechts- und anderen Verstößen

§ 1 Unterlassungs- und Widerrufsanspruch bei Allgemeinen Geschäftsbedingungen

Wer in Allgemeinen Geschäftsbedingungen Bestimmungen, die nach den §§ 307 bis 309 des Bürgerlichen Gesetzbuchs unwirksam sind, verwendet oder für den rechtsgeschäftlichen Verkehr empfiehlt, kann auf Unterlassung und im Fall des Empfehlens auch auf Widerruf in Anspruch genommen werden.

Art. 7 der Richtlinie 93/13/EWG

(1) Die Mitgliedstaaten sorgen dafür, daß im Interesse der Verbraucher und der gewerbetreibenden Wettbewerber angemessene und wirksame Mittel vorhanden sind, damit der Verwendung missbräuchlicher Klauseln durch einen Gewerbetreibenden in den Verträgen, die er mit Verbrauchern schließt, ein Ende gesetzt wird.

(3) Die in Absatz 2 genannten Rechtsmittel können sich unter Beachtung der einzelstaatlichen Rechtsvorschriften getrennt oder gemeinsam gegen mehrere Gewerbetreibende desselben Wirtschaftssektors oder ihre Verbände richten, die gleiche allgemeine Vertragsklauseln oder ähnliche Klauseln verwenden oder deren Verwendung empfehlen.

Schrifttum: *Amtenbrink/Schneider,* Die europaweite Vereinheitlichung von Verbrauchsgüterkauf und -garantien, VuR 1996, 367; *Baur,* Zu der Terminologie und einigen Sachproblemen der „vorbeugenden Unterlassungsklage", JZ 1966, 381; *Beuchler/Mom,* Rechtsvergleichendes Fazit, in: *Micklitz/Stadler,* Das Verbandsklagerecht in der Informations- und Dienstleistungsgesellschaft, Gutachten im Auftrag des BMELV, 2005, S. 1183; *Blomeyer,* Zivilprozeßrecht, Erkenntnisverfahren, 2. Aufl. 1985; *Bohle/Micklitz,* Erfahrungen mit dem AGB-Gesetz im nichtkaufmännischen Bereich – Eine Zwischenbilanz nach 6 Jahren, Beilage BB 11/1983, 9; *Brägelmann,* Die Passivlegitimation für Unterlassungsansprüche gegen die Verwendung und Empfehlung Allgemeiner Geschäftsbedingungen, 1995, S. 115; *Bultmann,* Verklagen oder Verhandeln? AGB-Kontrollverfahren des Verbraucherschutzvereins am Beispiel der Reisebedingungen, Europäische Hochschulschriften, 1995; *ders.,* Allgemeine Geschäftsbedingungen: Beseitigung der Wiederholungsgefahr beim Unterlassungsanspruch, BB 1982, 703; *Bunte,* Anmerkung zu BGH-Urteil, BB 1981, 1793; *Bunte,* Die EG-Richtlinie über mißbräuchliche Klauseln in Verbraucherverträgen und ihre Umsetzung durch das Gesetz zur Änderung des AGB-Gesetzes, DB 1996, 1389; *v. Caemmerer,* Wandlungen des Deliktsrechts, Hundert Jahre deutsches Rechtsleben, DJT Festschrift, Bd. II, 1960, S. 49; *Coester-Waltjen,* Der Eskimomantel aus Spanien – Ist der deutsche Verbraucherschutz zu kurz gestrickt?, FS *Lorenz,* 1991, S. 297; *Damm,* Europäisches Vertragsrecht und AGB-Recht, JZ 1994, 161; *Ebke,* Erste Erfahrungen mit dem EG-Schuldrechtsübereinkommen, in: *v. Bar* (Hrsg.) Europäisches Gemeinschaftsrecht und IPR, 1991, S. 97; *Fehl,* Systematik des Rechts der Allgemeinen Geschäftsbedingungen, 1979; *Gaul,* Die Erstreckung und Durchbrechung der Urteilswirkungen nach §§ 19, 21 AGBG, FS *Beitzke,* 1979, S. 997; *Genzow,* Die Wirkungen eines Urteils gemäß §§ 17, 21 AGBG unter besonderer Berücksichtigung seiner Auswirkungen auf vorher abgeschlossene Verträge, Dissertation Bielefeld, 1981, S. 9; *Gierke,* Grenzen der wettbewerbsrechtlichen Störerhaftung, WRP 1997, 892; *Gilles,* Prozeßrechtliche Probleme von verbraucherpolitischer Bedeutung bei den neuen Verbraucherverbandsklagen im deutschen Zivilrecht, ZZP 98 (1985), 1; *Göbel,* Prozesszweck der AGB-Klage und herkömmlicher Zivilprozess, 1980; *Habscheid,* Zur Problematik der Verbandsklage im deutschen Recht, FS *Rammos,* 1979, S. 275; *Heinrichs,* Das Gesetz zur Änderung des AGB-Gesetzes, NJW 1996, 2190; *ders.,* Die EG-Richtlinie über mißbräuchliche Klauseln in Verbraucherverträgen, NJW 1993, 1817; *Henckel,* Parteilehre und Streitgegenstand im Zivilprozeß, 1961; *ders.,* Vorbeugender Rechtsschutz im Zivilrecht, AcP 174 (1974), 97; *Herrmann,* Recht der Kammern und Verbände freier Berufe, Europäischer Rechtsvergleich und USA, Forschungsinstitut Freie Berufe, 1996; *Herrmann/Backhaus* (Hrsg.), Staatlich gebundene Freiberufe im Wandel, Rechtliche und ökonomische Aspekte aus Wissenschaft und Praxis, Forschungsinstitut Freie Berufe, 1997; *Hoffmann,* AGB-Kontrolle im öffentlichen Sektor, in: *Lehofer/Mayer* (Hrsg.), Geschäftsbedingungen in Österreich und der Europäischen Union, 1998, S. 65; *Hommelhoff/Wiedenmann,* Allgemeine Geschäftsbedingungen gegenüber Kaufleuten und unausgehandelte Klauseln, ZIP 1993, 562; *Hondius,* Kaufen ohne Risiko: der europäische Richtlinienentwurf zum Verbraucherkauf und zur Verbrauchergarantie, ZEuP 1997, 130; *Horn,* Die Neufassung 1984 der AGB der Banken, WM 1984, 449; *Jauernig,* Einstweilige Verfügung gegen ein Bezugsverbot? NJW 1973, 1671; *Jayme,* Haustürgeschäfte deutscher Urlauber in Spanien: Horizontale Wirkungen der EG-Richtlinien und internationales Vertragsrecht, IPRax 1990, 220; *Kappus,* EG-Richtlinie über missbräuchliche Vertragsklauseln und notarielle Verträge – Steht den deutschen Notaren ihr gemeinschaftsrechtliches Waterloo bevor?, NJW 1994, 1847; *Klingsporn,* Der Schutz des Verbrauchers im internationalen Privatrecht, WM 1994, 1093; *Koch,* Alternativen zum Zweiparteiensystem im Zivilprozeß – Parteiübergreifende Interessen und objektive Prozessführungsrechte, KritV 1989, 323; *ders.,* Kollektiver Rechtsschutz im Zivilprozess, 1976; *Koch/Stübing,* Kommentar zum AGBG, 1977; *Köhler,* Die Beteiligung an fremden Wettbewerbsverstößen, WRP 1997, 897; *Köndgen,* Grund und Grenzen des Transparenzgebots im AGB-Recht, NJW 1989, 943; *Kothe,* Verbraucherschutz im Licht des europäischen Wirtschaftsrechts, EuZW 1990, 150; *Lehmann,* Die Unterlassungspflicht im Bürgerlichen Recht, 1906; *Lindacher,* Keine Beseitigung der Wiederholungsgefahr durch Drittunterwerfungserklärung des Verwenders unwirksamer AGB bei fehlendem sachlichen Grund für Unterwerfung,

EWiR 2003, 1157; *ders., Reduktion oder Kassation übermäßiger AGB-Klauseln, BB 1983, 154; *Locher*, Das Recht der Allgemeinen Geschäftsbedingungen, 1980; *Lüderitz*, Internationaler Verbraucherschutz in Nöten, IPRax 1990, 216; *Martinek*, Langfristige Laufzeitklauseln als Wettbewerbsinstrumente in Gasversorgungsverträgen, BB 1989, 1277; *Medicus*, Ein neues Kaufrecht für Verbraucher?, ZIP 1996, 1925 ; *Mertens*, Kollektivrechtlicher Schadensersatz als Mittel des Verbraucherschutzes, ZHR 139 (1975), 438; *Micklitz*, Bauverträge mit Verbrauchern und die VOB Teil B, Zur Bedeutung der Richtlinie 93/13/EWG über missbräuchliche Klauseln in Verbraucherverträgen, Schriftenreihe des Verbraucherzentrale Bundesverbandes zur Verbraucherpolitik, Band 2, 2005; *ders.*, Perspektiven eines europäischen Privatrechts – Ius Commune Praeter Legem?, ZEuP 1998, 257; *ders.*, Ein neues Kaufrecht für Verbraucher in Europa?, EuZW 1997, 229; *ders.*, Der Reparaturvertrag, 1984; *Micklitz/Reich*, The Basics of European Consumer Law, 2006; *dies.*, Verbraucherschutz im Vertrag über die Europäische Union, Perspektiven für 1993, EuZW 1992, 593; *Micklitz/Stadler*, Das Verbandsklagerecht in der Informations- und Dienstleistungsgesellschaft, Gutachten im Auftrag des BMELV, 2005; *Münzberg*, Bemerkungen zum Haftungsgrund der Unterlassungsklage, JZ 1967, 689; *Nikisch*, Zivilprozessrecht, 2. Aufl., 1950; *v. Olshausen*, Rezension zu *Ulmer/Brandner/Hensen*, AGBG-Gesetz, 5. Aufl. 1987, ZHR 151 (1987), 636; *Pastor*, Wettbewerbs- und Warenzeichenrecht, in: *Reimer*, Das wettbewerbsrechtliche Unterlassungs- und Schadensersatzrecht, 3. Bd., 4. Aufl. 1971, S. 4; *Pawlowski*, Bemerkungen zur Auslegung des AGB-Gesetzes, BB 1978, 161; *Rabel*, Die Grundlagen des Rechts der unerlaubten Handlungen, Deutsche Landesreferate zum internationalen Kongress für Rechtsvergleichung im Haag 1932, 24; *Rauscher*, Gran Canaria – Isle of Man – Was kommt danach?, EuZW 1996, 650; *Reich*, Cleverles Binnenmarkt II: Vom Sieg der praktischen über die theoretische Vernunft, VuR 1992, 189; *ders.*, Rechtsprobleme grenzüberschreitende irreführende Werbung im Binnenmarkt, RabelsZ 56 (1992), 444; *ders.*, Cleverles Binnenmarkt, Gutachters Kunst und Richters Rechtsverfremdung, VuR 1989, 158; *ders.*, Verbraucherpolitische Probleme bei der Anwendung des AGBG (mit einer Erwiderung von Peter Ulmer), ZVP 1978, 236; *Reich/Micklitz*, Europäisches Verbraucherrecht, 2003; *Reich/Vergau*, Zur Verjährung von Verbandsklagen gegen Verwender und Empfehler von AGB, FS *Heinrichs*, 1998, S. 411; *Reinel*, Die Verbandsklage nach dem AGBG, 1979; *Roth*, Der Einfluss des Europäischen Gemeinschaftsrechts auf das Internationale Privatrecht, RabelsZ 55 (1991), 623; *Rott*, Die Umsetzung der Haustürwiderrufsrichtlinie in den Mitgliedstaaten, 2000; *Rott/Butters*, Öffentliche Dienstleistungen und Vertragsgerechtigkeit im Lichte des Gemeinschaftsrechts, VuR 1999, 75; *Schlechtriem*, Verbraucherkaufverträge – ein neuer Richtlinienentwurf, JZ 1997, 441; *Schmidt-Salzer*, Recht der AGB und der missbräuchlichen Klauseln: Grundfragen, JZ 1995, 223; *ders.*, Das textliche Zusatz-Instrumentarium des AGB-Gesetzes gegenüber der EG-Richtlinie über missbräuchliche Klauseln in Verbraucherverträgen, NJW 1995, 1641; *Schünemann*, Die wettbewerbsrechtliche „Störer"-Haftung: Ein Konstrukt zwischen praktischer Notwendigkeit und dogmatischer Begründbarkeit, WRP 1998, 120; *Siber*, Der Rechtszwang im Schuldverhältnis, 1903; *Sieg*, Auswirkungen des AGB-Gesetzes auf Justiz und Verwaltung im Bereich der Privatversicherung, VersR 1977, 489; *Soergel/Stein*, AGBG, 11. Aufl., 1978; *Stillner*, Praktische Erfahrungen mit dem AGB-Gesetz, ZVP 1980, 142; *Taupitz*, Kaffeefahrten deutscher Urlauber auf Gran Canaria: Deutscher Verbraucherschutz im Urlaubsgepäck!, BB 1990, 642; *Tenreiro*, La proposition de directive sur la vente et les garanties des biens de consommation, Revue Européenne de la Consommation, 1996; *Thiere*, Die Wahrung überindividueller Interessen im Zivilprozess, 1980; *Ulrici*, Kollektiver Verbraucherschutz durch einstweilige Verfügung, WRP 2002, 399; *Urbanczyk*, Zur Verbandsklage im Zivilprozess, 1981; *Vestweber*, Verbraucherschutz in Spanien, RIW 1992, 678; *Wagner*, Neue Perspektiven im Schadensersatzrecht – Kommerzialisierung, Strafschadensersatz, Kollektivschaden, Gutachten A zum 66. DJT, 2006; *Wesel*, Zur Frage des materiellen Anspruchs bei Unterlassungsklagen, in: *Becker/Schnorr v. Carolsfeld*, Festgabe für von Lübtow, 1970, S. 787; *Wilhelmsson*, Public Interest Litigation on Unfair Terms, in: Micklitz/Reich (Hrsg.), Public Interest Litigation before European Courts, 1996, S. 385; *Wolf*, Die Klagebefugnis der Verbände, 1971.

Übersicht

	Rn.
I. Die grundsätzliche Bedeutung der Vorschrift	1
II. Der Unterlassungs- und Widerrufsanspruch allgemein	2–7
1. Rechtsnatur	2, 3
2. Schutzfunktion	4–6
3. Voraussetzung der Gefahr	7
III. Der Anwendungsbereich (Gegenstand, Prüfungsmaßstab) des Unterlassungs- und Widerrufsanspruchs	8–18
1. Vorbemerkung	8
2. AGB als Prüfungsgegenstand	9
3. Verhältnis der §§ 307 bis 309 BGB zu den §§ 305 Abs. 2, 305 b und 305 c BGB im Rahmen des § 1	10, 11
4. §§ 307 bis 309 als Prüfungsmaßstab	12
5. Sonstiges zwingendes Recht als Prüfungsmaßstab	13, 14
	Rn.
6. Auslegungsgrundsätze für das abstrakte Kontrollverfahren	15–18
a) Die kundenfeindlichste Auslegung nach bisheriger Rechtspraxis	16, 17
b) Zur Notwendigkeit der Modifikation der Auslegungsgrundsätze nach Maßgabe der Richtlinie 93/13/EWG	18
IV. Der Unterlassungsanspruch gegen den Verwender	19–32
1. Verwenden	19, 20
2. Verwender	21–25
3. Erst- bzw. Wiederholungsgefahr und deren Fortfall	26–30
4. Anspruchsinhalt im Einzelnen	31, 32
V. Der Unterlassungs- und Widerrufsanspruch gegen den Empfehler	33–41
1. Empfehlen	33–37
2. Empfehler	38

UKlaG § 1 1–3

	Rn.		Rn.
3. Unterlassungsanspruch	39, 40	VII. Die Bestimmung des IPR-gemeinschaftsrechtlich anzuwendenden (AGB)-Rechts	48–57
4. Widerrufsanspruch	41		
VI. Die Verjährung des Unterlassungs- und Widerrufsanspruchs	42–47	1. Aufbau der Kommentierung im Licht der praktischen Erfahrung	49–51
1. Problem der Verjährung	43	2. Materielles Recht	52–55
2. Verjährung im Einzelnen	44–47	3. Aktivlegitimation und anwendbares Recht	56, 57
a) Dreijährige Verjährung ab Kenntnis	45		
b) Zehnjährige Verjährung ohne Rücksicht auf Kenntnis	46	VIII. Die Konkurrenz mit anderen Abwehransprüchen gegen AGB	58
c) Verwirkung	47		

I. Die grundsätzliche Bedeutung der Vorschrift

1 § 1 bildet den **Kern der Verfahrensregelungen** um eine bessere, breitenwirksame rechtliche Kontrolle der AGB. Diese Vorschrift begründet einen Unterlassungs- und Widerrufsanspruch gegen die Verwendung bzw. Empfehlung unwirksamer AGB, der „nur" von bestimmten Verbänden und Kammern „geltend gemacht werden" kann (§ 3). Damit schafft das Gesetz zur Bewältigung der besonderen AGB-Problematik wesentliche Ausnahmen von den normalen Prinzipien des Zivilrechts und Zivilprozessrechts. Im Allgemeinen gibt es solche Ansprüche nicht, und noch weniger stehen sie in der – geschweige denn ausschließlichen – Zuständigkeit derartiger Verbände und Kammern. Die Vorschrift entspricht nach Wortlaut und Funktion § 13 AGBG. Geändert wurde lediglich die Verweisung auf die §§ 1–9 AGBG, die als materiell-rechtliche Regelungen über die Unwirksamkeit von AGB durch die §§ 307–309 in das BGB übernommen wurden.

II. Der Unterlassungs- und Widerrufsanspruch allgemein

2 **1. Rechtsnatur.** Die „Rechtsnatur" eines solchen außervertraglichen Gefahrenabwehranspruchs, speziell eines deliktischen oder quasi-deliktischen Unterlassungsanspruchs mit seiner Funktion eines lediglich vorbeugenden Rechtsschutzes, wird **kontrovers** beurteilt. In den unterschiedlichen Rechtspositionen spiegelt sich die Auseinandersetzung um die Funktion der Verbandsklage, vgl. § 3 Rn. 3 f. Der Unterlassungs- und Widerrufsanspruch ist nach der herrschenden Meinung ein materiell-rechtlicher Anspruch iSd. § 194 Abs. 1 BGB.[1] Für diese Position spricht formal, dass das Gesetz in § 1 und 3 und entsprechend in § 8 Abs. 1 UWG (wie in § 1004 Abs. 2, § 862 Abs. 2 BGB) von einem „Anspruch" spricht. Die Gegenposition betont den besonderen Charakter der Verbandsklage **als privatrechtliche Kontrollkompetenz im öffentlichen Interesse.** Aus den sachlichen Eigentümlichkeiten dieses „Anspruchs" ergebe sich fast zwangsläufig, dass er keinen materiellen Inhalt habe und ein spezifisches prozessuales und damit **abstraktes** Rechtsinstitut darstelle.[2] Dabei geht es nicht um theoretisch-grundsätzliche Ordnungspositionen und auch nicht nur um ein „weitgehend terminologisches Problem",[3] vielmehr wirkt sich die Rechtsnatur der Verbandsklage auf die Ausgestaltung und den Ablauf des Gerichtsverfahrens aus.

3 Die Vorstellung eines rein materiellen Unterlassungsanspruchs ist angesichts **der abstrakten Abwehrbefugnis des § 1** nicht haltbar, in gemeinschaftsrechtlicher Terminologie, angesichts der Funktion, die volle Wirksamkeit des Gemeinschaftsrechts zu garantieren. Der den Verbänden zugewiesene Anspruch lässt sich mit „normalen" Maßstäben gerade nicht messen, denn eine solche Klagemöglichkeit stellt im System des Privatrechts eine Besonderheit dar. Um dieser Regelung rechtlich und dogmatisch gerecht zu werden, muss man sich konsequent auf ihre „abnorme" **zweite Funktion** besinnen, im öffentlichen Interesse mit besonderen Mitteln des Zivil- und Zivilprozessrechts unwirksame AGB abzuwehren. Demgemäß ist davon auszugehen, dass der Gesetzgeber in §§ 1, 3 das „Institut" eines von unwirksamen AGB bereinigten Rechtsgeschäftsverkehrs anerkannt und bestimmten privaten Verbänden und Kammern eine privatrechtliche Kontrollkompetenz zuge-

---

[1] BGH NJW-RR 1990, 886; BGH NJW 1995, 1488; *Erman/Roloff* Rn. 1; *Palandt/Bassenge* Rn. 4, 10; *Staudinger/Schlosser* Rn. 3; *Ulmer/Brander/Hensen* Rn. 23; *Henckel* Parteilehre, 1961, S. 78 ff. u. AcP 174 (1974), 97, 120 ff.; *Wesel*, FG von Lübtow, 1970, S. 787 ff.; *Baur* JZ 1966, 381 ff.; *Münzberg* JZ 1967, 689 ff.; *Blomeyer*, Zivilprozeßrecht, Erkenntnisverfahren, § 35 IV, 1985; *Larenz* II § 76 (entgegen früher); *Stein/Jonas/Schumann/Leipold* Vor § 253 Rn. 8 ff.; jetzt auch BGH-RR 1990, 886, 887 = WM 886, 887 f.

[2] So vor allem *Siber*, Der Rechtszwang im Schuldverhältnis, 1903, S. 99 ff., 108 ff.; *Rabel*, Die Grundlagen des Rechts der unerlaubten Handlungen, 1932, S. 24 f. (= Ges. Aufsätze III, 1967, S. 116); *v. Caemmerer* DJT Bd. II, 1960, S. 49, 52 ff.; *Esser/Weyers* BT § 62 IV; *Nikisch* Zivilprozessrecht § 38 IV 3.

[3] *v. Caemmerer* S. 54; vgl. auch *Esser/Weyers* BT § 62 IV.

wiesen hat. Die vom Gesetzgeber gewählte **privatrechtliche Lösung** rechtfertigt gerade nicht die Annahme eines materiellen Anspruchs in traditionellem Sinne,[4] weil damit die Verbandskontrollklage in das Korsett eines auf individuelle Rechtsdurchsetzung angelegten Zivilverfahrens geschnürt würde. Die in § 3 Abs. 1 UKlaG genannten Verbände setzen in dieser (zweiten) Funktion weder einen eigenen noch einen fremden Anspruch durch, sie sind eher wie Beliehene anzusehen, die eine quasi hoheitliche Kontrollkompetenz ausüben.[5] Dieser Anspruch ist den betreffenden Verbänden und Kammern deshalb weder zur Inhaberschaft, noch nur zur (Prozess-)Standschaft zugewiesen.[6] Tatsächlich dürfte es zutreffend sein, von einem **Doppelcharakter der Verbandsklage** auszugehen, vgl. § 3 Rn. 5.

2. Schutzfunktion. § 1 bestimmt gegen den Verwender und Empfehler unwirksamer AGB 4 einen Unterlassungsanspruch, sowie gegen Letzteren auch einen Widerrufsanspruch. Eine **Schadensersatzpflicht** wird dagegen nicht begründet. Wie gerade § 1 zeigt, hat der Gesetzgeber das geschützte Rechtsgut eines von unwirksamen AGB bereinigten Rechtsgeschäftsverkehrs den dafür zuständigen Verbänden und Kammern nicht in einer so umfassenden Weise „zugewiesen". Deshalb kommt eine Schadensersatzpflicht wegen schuldhafter Verletzung der Unterlassungspflicht nicht in Betracht. Rechtspolitisch könnte eine solche Schadensersatzpflicht wegen ihrer erheblichen präventiven Wirkung jedoch von Interesse sein. Die auf dem 62. DJT diskutierte Einführung einer **Verbands-Schadensersatzklage**,[7] hat bislang nicht zu konkreten gesetzespolitischen Initiativen geführt. Mithin bleibt als „Sanktion" vorerst die normale Zwangsvollstreckung nach einem erstrittenen Unterlassungs- bzw. Widerrufstitel, dazu näher § 5 Rn. 15 ff.

Der **Abwehranspruch** bezweckt den Schutz des Publikums vor vertraglicher Betroffenheit 5 durch unwirksame AGB und richtet sich deshalb im Ergebnis gegen deren Verwendung im Rechtsgeschäftsverkehr. Mit Hilfe der „abstrakten" Verbandsklage und der weiteren Bestimmungen zur Durchsetzung und Bekanntmachung erstrittener Kontrollentscheidungen bezweckt das UKlaG einen **präventiven Schutz**, um den Rechtsverkehr von sachlich unangemessenen Vertragsbedingungen freizuhalten und dafür zu sorgen, dass die einzelnen Kunden gar nicht von solchen unwirksamen, gegen §§ 307 ff. BGB verstoßenden Klauseln betroffen werden, von denen sie sich sonst erfahrungsgemäß so beeindrucken lassen, dass sie ihre Rechte nicht hinreichend wahrnehmen.[8] In diesem Schutzinteresse hat der Gesetzgeber allerdings nicht nur die **Verwender**, sondern schon die **Empfehler** von AGB in die Pflicht genommen, weil empfohlene AGB vielfach breit übernommen und verwendet werden und bereits deshalb als besonders wirksam anzusehen sind. Insofern handelt es sich bei den ausgesprochenen Empfehlerpflichten um weitere Maßnahmen zur möglichst frühen und effektiven Gefahrenabwehr. Das gilt auch für die **Widerrufspflicht.** Der Widerruf stellt nicht etwa eine Beseitigung der Folgen einer Störung und Beeinträchtigung dar, sondern gehört der Sache nach noch zum vorbeugenden Bereich der Unterlassung. Von der erst als Beeinträchtigung zu wertenden AGB-Verwendung her gesehen bedeutet der Widerruf einer Empfehlung unwirksamer AGB lediglich die Beseitigung einer damit geschaffenen dauernden Gefahrenquelle. Die Beachtung dieser grundsätzlichen Unterscheidung von **Gefahren- und Folgenbeseitigung** ist deshalb so wichtig, weil § 1 UKlaG nicht iS der allein sich am deutschen Recht orientierenden hM

---

[4] Vgl. *Henckel* AcP 174 (1974), 137 ff.; *Urbanczyk,* Zur Verbandsklage im Zivilprozess, 1981, S. 107 ff., 211 ff.; *Löwe/v. Westphalen/Trinkner* § 13 AGBG Rn. 1 ff.; *Koch/Stübing* Rn. 22. Jetzt auch (entgegen früher) *Habscheid,* FS Rammos, 1979, S. 282 ff., 289 f. Einige jüngere Stimmen lehnen dagegen einen materiellen Anspruch ab und kommen zu einem rein prozessual begründeten selbständigen Prozessführungsbefugnis bzw. einer so zu verstehenden „privatrechtlichen Kontrollkompetenz"; so *Reinel,* Die Verbandsklage nach dem AGBG, 1979, S. 93 ff., 118 ff.; *Göbel,* Prozesszweck der AGB-Klage, S. 113 ff., 115 ff., der dieser allgemeinen Ordnungsfrage aber einen zu hohen Stellenwert bei seinem Anliegen beimisst, das AGB-Verbandsklageverfahren insgesamt abweichend zu qualifizieren und dabei die Frage des Unterlassungsanspruchs mit dem anderen Problem eines eigenen oder nur besorgten Interesses des Verbandsklägers überzieht nicht ernst nimmt; *Thiere,* Die Wahrung überindividueller Interessen im Zivilprozess, 1980, S. 272 ff., 280 ff.; noch anders *Gilles* ZZP 98 (1985), 13 ff., der eine besondere Prozessführungsbefugnis der Verbände als gesetzliche Prozessstandschaft auf dem Hintergrund von materiellen Ansprüchen annimmt, die „dem Kollektiv der betroffenen Verbraucher" zustehen sollen.
[5] Zutreffend *Bultmann,* Verklagen oder Verhandeln, 1995, S. 37 unter Berufung auf *Koch* KritV 1989, 323, 330.
[6] So zutr. auch *Wolf,* Die Klagebefugnis der Verbände, 1971, S. 8 ff.
[7] Dazu *Koch,* Kollektiver Rechtsschutz im Zivilprozeß. S. 48 ff., 78 ff.; für einen solchen „kollektivrechtlichen Schadensersatz als Mittel des Verbraucherschutzes" *Mertens* ZHR 139 (1975), 438 ff.; *Wagner,* Neue Perspektiven im Schadensersatzrecht, 2006, S. 107 ff., insbes. A 115 ff. Eine innovative Alternative zum kollektiven Schadensersatz bei *Beuchler/Mom,* in: *Micklitz/Stadler* Verbandsklagerecht, S. 1183 in einem Gewinnabschöpfungsanspruch; zur konkreten Ausgestaltung *Micklitz/Stadler,* in: *dies.* Verbandsklagerecht, S. 1309 ff.; 1431 f.
[8] Vgl. BGHZ 101, 271, 274 f. = NJW 1987, 2867; BGH NJW 1980, 831; 1981, 1511; BB 1981, 520; *Löwe/v. Westphalen/Trinkner* Vor §§ 13–22 AGBG Rn. 10; *Ulmer/Brandner/Hensen* § 5 Rn. 1.

zu § 8 UWG dahin gedeutet werden kann, dass die ausgesprochene Unterlassungspflicht zugleich stillschweigend und wie selbstverständlich noch eine allgemeine (Gefahren- wie Folgen-)Beseitigungspflicht begründe.[9]

6 Diese Sichtweise findet in Art. 7 Abs. 1 RL 93/13/EWG **Bestätigung,** der von den Mitgliedstaaten verlangt, „angemessene und effektive Mittel" bereit zu stellen, damit der Verwendung missbräuchlicher Klauseln *„ein Ende gesetzt wird".* Art. 7 Abs. 3 RL 93/13/EWG bestimmt als Adressaten die *„Verwender"* und *„Empfehler"* von Vertragsklauseln, die *„im Hinblick auf eine allgemeine Verwendung"* abgefasst sind. Letztlich bleibt damit als einziger Maßstab die Vorgabe der Richtlinie, dass die von den Mitgliedstaaten bereitzustellenden Mittel geeignet sein müssen, die Verwendung missbräuchlicher Klauseln zu **unterbinden** (englisch – *to prevent the continued use,* französisch – *afin de faire cesser l'utilisation*). Dabei kommt es auf den „effet utile" der Richtlinie an. Die Mitgliedstaaten mögen in der Wahl der Instrumente frei sein, solange nur das Ziel, der Schutz des Verbrauchers vor missbräuchlichen Vertragsbedingungen, nicht aus den Augen verloren wird. Da weder die Unterlassung der weiteren Verwendung, noch der Widerruf der Empfehlung dies sicherstellt, vielmehr erst die Beseitigung der Folgen der einmal verwandten oder empfohlenen AGB den Schutz des Verbrauchers vor missbräuchlichen Vertragsklauseln verwirklicht, stehen Unterlassungs-, Widerrufs- und Folgenbeseitigungsanspruch grundsätzlich **nebeneinander,** vgl. noch näher Rn. 26 ff.

7 **3. Voraussetzung der Gefahr.** Der Abwehranspruch als ein Mittel des vorbeugenden Rechtsschutzes gegen eine künftige Rechtsbeeinträchtigung setzt eine entsprechende **Gefahr,** die ernstliche Besorgnis und Drohung einer solchen Rechtsbeeinträchtigung voraus, vgl. näher Rn. 27. Bei einer ausgesprochenen **Empfehlung von AGB** hat der Gesetzgeber von sich aus die damit verbundene *Gefahr,* dass andere sich bei ihren Rechtsgeschäften nach diesen AGB richten, als so hoch bewertet, dass er dagegen eigens einen Widerrufsanspruch begründet hat. Deshalb ist hier grundsätzlich von dieser „Übernahmegefahr"[10] auszugehen, vgl. noch Rn. 41. Bei der mit einer Unterlassungsklage behaupteten Gefahr einer **künftigen** (wiederholten oder erstmaligen) **Empfehlung oder Verwendung** von AGB muss diese Gefahr dagegen im Einzelnen belegt werden, vgl. Rn. 27.

III. Der Anwendungsbereich (Gegenstand, Prüfungsmaßstab) des Unterlassungs- und Widerrufsanspruchs

8 **1. Vorbemerkung.** Nach § 1 sind Gegenstand des Abwehranspruchs (verwendete/empfohlene) AGB-,,,Bestimmungen, die **nach §§ 307 bis 309 BGB unwirksam** sind" – eine „Kurzbeschreibung", die den entsprechenden gesetzlichen Begrifflichkeiten der §§ 307 ff. BGB folgt und soviel bedeutet wie: „die mit den §§ 307 bis 309 BGB unvereinbar" sind bzw. die „für den Fall ihrer Vereinbarung" gem. §§ 307 bis 309 BGB unwirksam sein würden. Damit wird für die abstrakte Rechtmäßigkeitskontrolle von AGB ein eigener, im Vergleich zur konkreten Rechtmäßigkeitskontrolle zwischen Kunden und Verwender tendenziell **engerer Prüfungsmaßstab** bestimmt. In der Rechtsprechung zeigen sich Tendenzen, Fallkonstellation jenseits der §§ 307 bis 309 einzubeziehen, vgl. Rn. 9. Diese Rechtsprechung schlägt auf den aus § 305 c Abs. 2 BGB entwickelten Grundsatz der kundenfeindlichsten Auslegung von AGB im abstrakten Kontrollverfahren durch. Die Tendenzen einer wechselseitigen Annäherung von individueller und abstrakter Kontrolle werden von der Richtlinie 93/13/EWG gefördert.

9 **2. AGB als Prüfungsgegenstand.** Nach § 1 unterliegen nur Bestimmungen **„in Allgemeinen Geschäftsbedingungen",** also sog. vorformulierte Vertragsbedingungen iS des § 305 Abs. 1 BGB,[11] dieser besonderen Kontrolle und Abwehr. Deshalb greift der Abwehranspruch nicht ein, „soweit die Vertragsbedingungen zwischen den Vertragsparteien im Einzelnen ausgehandelt sind", da Allgemeine Geschäftsbedingungen dann nicht vorliegen, vgl. § 305 Abs. 1 S. 3 BGB. Die **Richtlinie 93/13/EWG** verändert den Gegenstand der AGB-Kontrolle. Art. 7 Abs. 2 RL 93/13/EWG unterwirft Vertragsklauseln einem abstrakten Kontrollverfahren, *„die im Hinblick auf eine allgemeine Verwendung abgefasst worden sind".* Diese Formulierung dient in der deutschen Literatur

---

[9] Vgl. dazu *Schlosser/Coester-Waltjen/Graba* § 13 AGBG Rn. 35; *Hefermehl/Köhler/Bornkamm* § 8 UWG Rn. 1.70; MünchKommUWG/*Fritzsche* § 8 Rn. 147 ff. Unklar *Stein* Anm. 2, der zwar zunächst richtig von der Beseitigung einer „Gefährdungsquelle", aber dann von einer „vorausgesetzten weiterentwickelten Störung" spricht und für den der Widerrufsanspruch „prinzipiell dem sog. quasinegatorischen Widerrufsanspruch analog § 1004 BGB ähnelt". Allgemein zur grundsätzlichen Unterscheidung von Gefahren- und Folgenbeseitigung *Henckel* AcP 174 (1974), 99 ff. und *Jauernig* NJW 1973, 1671, 1672.
[10] So *Stein* Anm. 19.
[11] Dazu näher MünchKommBGB/*Basedow* § 305 Rn. 5 f; *Stoffels,* AGB-Recht, Rn. 1089.

durchweg als Bezugspunkt, um einen Änderungsbedarf mit Blick auf die vergleichbare Definition der Allgemeinen Geschäftsbedingungen iS des § 305 Abs. 1 BGB abzulehnen.[12] Eine solche Sichtweise verkennt, dass die Richtlinie 93/13/EWG den deutschen AGB-Begriff gerade nicht übernimmt, weil sie auch vorformulierte Individualverträge einer Kontrolle unterwirft.[13] Auch im deutschen Recht verliert die Unterscheidung von Allgemeinen Geschäftsbedingungen und im Einzelnen ausgehandelten Vertragsbedingungen an Trennschärfe, vgl. Rn. 9. Die Richtlinie unterstützt die Entwicklung eines einheitlichen Beurteilungsmaßstabes unabhängig von der Art der Vertragsklauseln und des Kontrollverfahrens, vgl. Rn. 18.

3. Verhältnis der §§ 307 bis 309 BGB zu den §§ 305 Abs. 2, 305 b und 305 c BGB im Rahmen des § 1. Im Verbandsklageverfahren werden die Klauseln unabhängig vom Einzelfall anhand der §§ 305 ff. BGB auf ihre Rechtmäßigkeit hin überprüft. Die Wirksamkeit einer Klausel im Einzelfall kann nur inzident im Verfahren zwischen Verwender und Kunden überprüft werden. Diese grundsätzliche Trennung zwischen **abstrakt-genereller** Prüfung im Verbandsklageverfahren und **konkret-individueller** Prüfung im Individualverfahren versagt, wenn sich die prinzipielle Anwendbarkeit der §§ 305 ff. BGB nur mittels einer Bezugnahme auf Umstände ermitteln lässt, die außerhalb der Beurteilung der Rechtswirksamkeit der Klausel liegen. Sachinhaltlich geht es in den von der Rechtsprechung zu entscheidenden Fällen um vier Fallgestaltungen, die sich sämtlich auf die Frage beziehen, inwieweit Allgemeine Geschäftsbedingungen vorliegen: a) die Berücksichtigung der Umstände des Vertragsschlusses, AGB-Klausel oder Individualabrede; b) die Berücksichtigung konkreter Ergänzungsmöglichkeiten bei einer Klausel mit Leerräumen; c) die Berücksichtigung von Zusatzinformationen; d) die rechtliche Beurteilung von Einbeziehungsklauseln und Wissenserklärungen. Von der Entscheidung hängt die Reichweite der Anwendbarkeit der §§ 305 ff. ab. Bejahendenfalls wird der Anwendungsbereich auf die §§ 305 Abs. 2, 305 b und 305 c ausgedehnt. Diese Rechtsprechung ist andernorts ausführlich dargestellt.[14] Insofern erübrigt sich eine Erörterung. Für den Kontext bedeutsam ist die Annäherung zwischen der abstrakten Kontrolle Allgemeiner Geschäftsbedingungen deutscher Prägung und der Klausel-Kontrolle, wie sie im geänderten Vorschlag der Richtlinie 93/13/EWG beabsichtigt war.[15]

Die Rechtsprechung gibt damit zu erkennen, dass eine Entscheidung über die Qualifizierung des vom Verwender präsentierten Regelwerks als kontrollfähige AGB oder kontrollunfähige Individualklauseln sich unter Rückgriff auf abstrakt-generelle Umstände nicht erreichen lässt. Konkret-individuelle Umstände dürfen eigentlich nicht herangezogen werden, weil damit die AGB-Kontrolle zur Klauselkontrolle würde. Den methodisch korrekten Ausweg bietet in der Rechtspraxis schon jetzt der Rückgriff auf die **konkret-generellen** Umstände.[16] Damit sind konkrete Umstände außerhalb der AGB selbst gemeint, die nur in **generalisierter Erscheinungsform** Berücksichtigung finden können. Die Konsequenzen dieses Ansatzes werden bei der Bestimmung des Verwenders bzw. Empfehlers abgehandelt, Rn. 19 ff., 33 ff.

4. §§ 307 bis 309 BGB als Prüfungsmaßstab. Die für AGB zum Prüfungsmaßstab bestimmten §§ 307 bis 309 BGB sind im abstrakten Kontrollverfahren nur mit ihrem eigenen Geltungsbereich anwendbar. Die in §§ 305 a, 307 Abs. 3 S. 1, 309 Nr. 5 b, 309 Nr. 8 a, 309 Nr. 8 b ff, 309 Nr. 9 c, 310 Abs. 2, 310 Abs. 1, 310 Abs. 4 BGB, und Art. 229 § 5 EGBGB bestimmten sachlichen, persönlichen und zeitlichen Grenzen für die Anwendung der §§ 305 ff. BGB insgesamt oder einzelner (§§ 307 bis 309 BGB) Vorschriften gelten entsprechend für den abstrakten Abwehranspruch nach § 1 UKlaG.[17] Besondere Schwierigkeiten bereitet die Frage, inwieweit die Richtlinie 93/13/EWG die unmittelbare oder mittelbare Kontrolle von Rechtsnormen gestattet.[18] Der persönliche Anwendungsbereich der Richtlinie 93/13/EWG ist dynamisch angelegt und führt zu einer Öffnung des abstrakten Kontrollverfahrens für Unterlassungsklagen gegen freie Berufe und vor allem gegen öffentliche Dienstleistungsunternehmen.[19]

---

[12] *Grabitz/Wolf/Pfeiffer* Art. 7 Rn. 7; *Stoffels*, AGB-Recht, Rn. 1091.
[13] Vgl. MünchKommBGB/*Basedow* § 310 Rn. 19.
[14] Vgl. MünchKommBGB/*Basedow* § 00
[15] Vgl. *Micklitz*, in: *Reich/Micklitz*, § 13.2–13.4.
[16] Vgl. zur ähnlich gelagerten Problematik im Lauterkeitsrecht, MünchKommUWG/*Micklitz* EG D Rn. 122 ff.
[17] Vgl. auch *Dietlein/Rebmann* Vor § 13 ABGB Rn. 3 und (zu § 24 S. 1) *Löwe/v. Westphalen/Trinkner* § 13 AGBG Rn. 19.
[18] Vgl. MünchKommBGB/*Basedow* § 307 Rn. 2.
[19] Vgl. Ansätze bei *Hoffmann*, in: *Lehofer/Mayer* (Hrsg.), Geschäftsbedingungen in Österreich und der Europäischen Union, 1998, S. 65 ff.; *Micklitz* ZEuP 1998, 257 f., 260 f.; vertiefend jetzt *Rott/Butters* VuR 1999, 75 ff. u. 107 ff.; vgl. MünchKommBGB/*Basedow* § 310 Rn. 6.

13 **5. Sonstiges zwingendes Recht als Prüfungsmaßstab.** Im Rahmen des § 1 ist über die §§ 307 bis 309 BGB hinaus **Prüfungsmaßstab auch das sonstige zwingende Recht** einschließlich der §§ 134, 138 BGB, jedenfalls soweit es einem entsprechenden Schutz des Publikums vor nachteiliger vertraglicher Betroffenheit dient, etwa aus dem EGV Art. 81 Abs. 1,[20] aus der ZPO § 38[21] sowie § 1031 Abs. 5,[22] aus dem BGB § 225,[23] die zwingenden Vorschriften des Wohnraummietrechts,[24] §§ 651a ff. BGB,[25] § 2 AbzG, dem heute §§ (491 Abs. 1), 357 Abs. 1 S. 1 BGB entspricht,[26] § 87a Abs. 3 S. 1 HGB,[27] § 88a und § 89b HGB,[28] § 3 BDSG,[29] VVG-Schutzbestimmungen[30] usw.

14 Durch die **Richtlinie 93/13/EWG** ist der Bezugsrahmen für die Bestimmung der Unwirksamkeit erheblich **erweitert** worden. Die von der Richtlinie geforderte Feststellung der Missbräuchlichkeit lässt sich im europäischen Maßstab am besten unter Zuhilfenahme der einschlägigen Richtlinien konkretisieren, die die Funktion dispositiver Gesetzesregeln übernehmen können. Zwingendes Recht stellen diese Richtlinien gleichwohl nicht dar, weil sie für das Verhältnis der Bürger untereinander keine Rechtswirkung entfalten können. Das wäre nur der Fall, wenn die Richtlinien horizontale Direktwirkung hätten, die ihnen der EuGH jedoch verweigert hat. Rechtswirkung kann und muss den Richtlinien aber im Wege der gemeinschaftskonformen Auslegung verschafft werden. Deshalb ließe sich von **mittelbar zwingendem Recht** sprechen, das den Kanon der im Rahmen der Unwirksamkeitsprüfung festzustellenden Gesetzesverletzung ergänzt.

15 **6. Auslegungsgrundsätze für das abstrakte Kontrollverfahren.** Die Auslegung Allgemeiner Geschäftsbedingungen ist für die Feststellung der Unwirksamkeit in der Gerichtspraxis entscheidend. Bezugspunkt für die Festlegung des Maßstabes ist **§ 305c Abs. 2 BGB**. Die Anwendung der für die einzelvertragliche Kontrolle maßgebenden Regel im Verbandsprozess, dass mittels **kundenfreundlichster** Auslegung vorhandene Unklarheiten in AGB zu Lasten des AGB-Verwenders gehen (Unklarheitenregel, § 305c Abs. 2), könnte dazu führen, dass der Weg zur Kontrollklage mangels Unvereinbarkeit der ABG mit den §§ 307 bis 309 BGB nicht eröffnet ist. Die Rechtsprechung behilft sich mit dem Grundsatz der **kundenfeindlichsten** Auslegung. Handhaben lässt sich diese Auslegungsregel nur, wenn der Empfängerhorizont normativ festgelegt wird. Bei den vorherrschenden Verbraucherverbandsklagen ist auf das **Leitbild** des dem Verwender bzw. Empfehler **unterlegenen Verbrauchers abzustellen**. Der von den Gerichten in ständiger Rechtsprechung gehandhabte Grundsatz der kundenfeindlichsten Auslegung muss im Lichte der **Richtlinie 93/13/EWG modifiziert** werden. Ansatzpunkt ist einerseits das im Gemeinschaftsrecht vorherrschende Leitbild des normativen Verbrauchers, andererseits die Frage, inwieweit die von der Richtlinie geforderte Berücksichtigung konkret-individueller Umstände im Individualverfahren auch auf das Verbandsklageverfahren ausstrahlen. Eventuell ist es so möglich, die negativen Auswirkungen der von der Rechtsprechung gehandhabten Auslegungsgrundsätze im Individual- und Verbandsklageverfahren einzudämmen, vgl. noch Rn. 17.

16 a) **Die kundenfeindlichste Auslegung nach bisheriger Rechtspraxis.** Die deutschen Gerichte gehen von der „**kundenfeindlichsten**" Auslegung aus, legen also die für den Kunden **ungünstigste (objektive) Auslegung** zugrunde und überprüfen den so ermittelten Klauselinhalt alsdann nach §§ 307 bis 309 BGB, wobei eine entsprechende Unwirksamkeit der Klausel insgesamt betrifft, vgl. zur Beschränkung des Verwendungsgebotes, Rn. 21 ff. Der Grundsatz der kundenfeindlichsten Auslegung entspricht der hM und wird von den Gerichten im Wesentlichen einheitlich gehandhabt. Die kundenungünstige Auslegungsweise darf einerseits nicht künstlich zu dem Zweck überzogen werden, in den Bereich inhaltlicher Unwirksamkeit nach den §§ 307 bis 309 BGB zu gelangen. Andererseits darf sie nicht schon beim Ergebnis „sinnvoller", „vernünftiger" Auslegung stehen bleiben, sondern muss bis zur Grenze der überhaupt ernsthaft in Betracht kommenden nachteiligen Auslegungsmöglichkeit gehen und sich daran orientieren, wie der angespro-

---

[20] BGH Kartellsenat GRUR 2005, 62, 64 bezüglich wettbewerbsbeschränkender Regelungen eines Kraftfahrzeughändlers.
[21] BGHZ 101, 271, 273 u. BGH NJW 1983, 1320, 1322.
[22] *Ulmer/Brandner/Hensen* Rn. 7.
[23] OLG Stuttgart BB 1982, 1753.
[24] Vgl. hierzu *Ulmer/Brandner/Hensen* Anh. § 310 BGB Rn. 596 Fn. 5.
[25] BGHZ 87, 191, 197 = NJW 1983, 1612, 1614.
[26] BGH NJW 1985, 320, 325 f.
[27] BGH NJW-RR 1998, 390, 391.
[28] BGH NJW 1985, 623, 630; BGH NJW 1989, 1673 unter II 2f; BGH BB 1995, 1054.
[29] BGHZ 95, 362, 366 = NJW 1986, 46.
[30] BGH VersR 1988 1281: §§ 6 Abs. 3, 39, 42 VGG.

chene Personenkreis diese Klausel nach ihrem Wortlaut schlimmstenfalls verstehen kann.[31] Damit kommt der Klausel die Bedeutung zu, **die ihr unter Einhaltung des Wortsinns, ausgerichtet an der Vertragswirklichkeit unter Ausschluss fernliegender Überlegungen gegeben werden kann.**

Diese inzwischen ganz herrschende Auslegungsauffassung führt im Rahmen des § 11 zu einem unvorhergesehenen **Konflikt,** wenn in dem dortigen einzelvertraglichen Rechtsstreit und der dafür nach § 305c Abs. 2 BGB maßgebenden kundenungünstigen Auslegungsregel die Tragweite des an der kundenungünstigen Auslegung orientierten Unterlassungsurteils zu entscheiden ist; dazu § 11 Rn. 8ff. Die Ergebnisse des Individual- und des Verbandsklageverfahrens können, müssen aber nicht, differieren. Eine mögliche Divergenz ließe sich vermeiden, wenn für **das Individualverfahren und das Verbandsklageverfahren eine identische Auslegungsregel** gelten würde. Die Tendenz zur Vereinheitlichung der Auslegungsgrundsätze hat sich in der Literatur mehr und mehr durchgesetzt und wird vom BGH unterstützt.[32] Wertungswidersprüche[33] lassen sich dadurch aufheben, dass die Auslegung von AGB nicht nur anhand ihres Wortlautes, sondern auch anhand der im Fall der Unwirksamkeit an ihre Stelle tretenden dispositiven Norm erfolgt. *„Dann wäre die kundenfreundlichste Auslegung im Inzidentprozess diejenige, die zur Anwendung des dispositiven Rechts und mithin vorrangig zur Unwirksamkeit der Klausel führt. Unter diesem Aspekt hätte generell die Inhaltskontrolle Vorrang vor der Anwendung der Unklarheitenregel iSv. § 5 AGBG (§ 305c Abs. 2 BGB)".*[34] Soweit keine dispositive Regeln vorhanden sind, die als Bezugspunkt für die Beurteilung der Angemessenheit gelten könnten, steht der Rückgriff auf die §§ 133, 157 BGB und die Grundsätze der ergänzenden Vertragsauslegung offen.[35]

b) Zur Notwendigkeit der Modifikation der Auslegungsgrundsätze nach Maßgabe der Richtlinie 93/13/EWG. Die Richtlinie scheint unterschiedliche Auslegungsmaßstäbe im Individualverfahren und im Verbandsklageverfahren zuzulassen, wie Art. 5 S. 3 klarstellt. Der Grundsatz der kundengünstigsten Auslegung gilt danach im abstrakten Kontrollverfahren nicht. Die Lösung dieses Widerspruches ist in **Art. 4** zu suchen, der bestimmt, dass sich die Missbräuchlichkeit einer Klausel unbeschadet des Kontrollverfahrens nach Art. 7 unter Berücksichtigung *„aller den Vertragsschluss begleitenden Umstände"* beurteilt.[36] Da auch die Richtlinie von der Zweispurigkeit der Kontrolle, Individualverfahren und Verbandsklageverfahren, ausgeht, ist Art. 4 jedoch nur in der Weise anwendbar, dass **konkret-generelle Überlegungen** in die Beurteilung der Missbräuchlichkeit einfließen. Insoweit komplementiert Art. 4 die Neubestimmung des Konzepts der kundenfeindlichsten Auslegung. Die Richtlinie 93/13/EWG verlangt eine **bereichsbezogene oder vertragstypenbezogene Differenzierung,** die nicht vereinfacht auf die kundenfeindlichste Auslegung abstellt, sondern die Formel von der kundenfeindlichsten Auslegung branchen- und vertragsbezogen konkretisiert.[37] Eine solche Umformung des Verbandsklageverfahrens erhöht die Rationalität des Prüfverfahrens, vgl. zu den Fragen der Beweislast § 5 Rn. 4ff.

---

[31] BGH NJW 2004, 1588; BGH NJW 2003, 1237, 1238; BGHZ 95, 350, 353; 51, 55, 61; BGH WM 1990, 886 u. 1339f.; BGH NJW 1980, 831, 832; 1981, 867, 868; OLG Brandenburg NJW-RR 2002, 1640; *Hefermehl/Köhler/Bornkamm* § 1 UKlaG Rn. 4; *Ulmer/Brandner/Hensen* Rn. 12; *Löwe/v. Westphalen/Trinkner* § 13 AGBG Rn. 28f.; *Palandt/Bassenge* Rn. 5; *Koch/Stübing* Rn. 7; *Knütel* JR 1981, 221ff.; *Basedow* AcP 182 (1982), 336, 354f.

[32] Vgl. aus der Literatur *Wolf/Horn/Lindacher* § 5 AGBG Rn. 31 bis 33; *Soergel/Stein* § 5 Rn. 16; *Erman/Roloff* § 305c BGB Rn. 28; *Horn* WM 1984, 449, 551; *Schlosser* ZIP 1985, 449, 457ff.; *v. Olshausen* ZHR 151 (1987), 636, 639f.; *Ulmer/Brandner/Hensen* Rn. 12; *Ulmer/Brandner/Hensen* § 305c BGB Rn. 64, 91; *Medicus* in: *Heinrichs/Löwe/Ulmer* 10 Jahre AGBG, 1987, S. 83, 85. Der BGH ZIP 1992, 469, 471 hat seine Sympathie für eine solche Sichtweise bekundet, ohne aber endgültig über den Streit zu entscheiden, deutlicher noch BGH NJW 1994, 1798, 1799; ebenso OLG Schleswig ZIP 1995, 759, 762; LG München I CR 2004, 221; aA *Staudinger/Schlosser* § 305c BGB Rn. 108.

[33] *Bultmann*, Verklagen oder Verhandeln, S. 65ff.

[34] *Bultmann*, Verklagen oder Verhandeln, S. 66, der sich zur Unterstützung seiner Rechtsposition auf *Schlosser/Coester-Waltjen/Graba* § 5 AGBG Rn. 5 und *Lindacher* BB 1983, 154, 156 beruft; *Ulmer/Brandner/Hensen* Rn. § 305c BGB Rn. 64; *Löwe/v. Westphalen/Trinkner* § 5 AGBG Rn. 2.

[35] *MünchKommBGB/Basedow* § 306 Rn. 22f.

[36] Wie hier *Schmidt-Salzer* JZ 1995, 223; *Hommelhoff/Wiedenmann*, ZIP 1993, 568; anderer Ansicht *Grabitz/Wolf/Pfeiffer* Art. 4 Rn. 3; *Heinrichs* NJW 1996, 2193 bis 2194; *ders.* NJW 1993, 1817, 1820; *Damm* JZ 1994, 161, 174; wohl auch *Palandt/Grüneberg* § 310 BGB Rn. 20; für eine einheitliche Handhabung im Individualprozess und im Verbandsklageverfahren, *Wolf/Horn/Lindacher* Art. 4 RL 93/13/EWG, Rn. 3.

[37] In diese Richtung weisen die Überlegungen von *Damm* JZ 1994, 171f. und *Micklitz*, Der Reparaturvertrag, 1984.

IV. Der Unterlassungsanspruch gegen den Verwender

19 **1. Verwenden.** Nach § 1 kann derjenige, der unwirksame AGB „verwendet", auf Unterlassung in Anspruch genommen werden. Dabei ist von der Formulierung des Gesetzes her offen, ob „**verwenden**" sachlich wie bei der einzelvertraglichen Bestimmung des § 305 Abs. 1 BGB die Einbeziehung von AGB in einen Vertrag bedeutet [38] oder im Unterschied dazu auch schon – wegen des besonderen präventiven Zwecks des abstrakten Kontrollverfahrens – vorbereitende Maßnahmen zum Vertragsschluss mit AGB umfasst, also deren Wiedergabe bzw. Bezugnahme in Angeboten und Aufforderungen zur Abgabe von Angeboten, in Formularen von Geschäftsbriefen und Rechnungen usw. Die Rechtsfrage ist zugunsten einer weiten Auslegung des Verwendungsbegriffs entschieden.[39] Der Abwehranspruch nach § 1 muss im Interesse eines möglichst effektiven und damit frühzeitigen Schutzes des Rechtsgeschäftsverkehrs bereits im Stadium der Vorbereitung vertraglicher Einbeziehung gegeben sein. „Verwenden" ist hier in einem „präventiven" Sinn und damit anders als im Rahmen des § 305 Abs. 1 BGB zu deuten. Diese Ausweitung beschränkt sich auf die konkreten Maßnahmen zur unmittelbaren Vorbereitung einer vertraglichen Einbeziehung, also die Einführung der AGB durch Angebote und Aufforderungen zur Abgabe von Angeboten und dergleichen. Eine solche weite Lesart deckt sich mit der Formulierung in Art. 7 Abs. 1 RL 93/13/EWG, wonach es ausreichend ist, wenn die Klausel „**im Hinblick auf**" eine allgemeine Verwendung formuliert wurde. Ein konkret geplanter oder sicherer Einsatz der AGB ist gerade nicht erforderlich.[40]

20 Die ausgedehnte Bedeutung des Begriffs „verwenden" ist auch zu berücksichtigen, wenn es darum geht, wann eine „**Zuwiderhandlung**" gegen ein **Unterlassungsgebot** geschehen und deshalb die **Zwangsvollstreckung** gerechtfertigt bzw. die Verpflichtung zur Zahlung einer versprochenen Vertragsstrafe begründet ist. Folgerichtig liegt in jeder Einführung der AGB in den Rechtsgeschäftsverkehr zur Vorbereitung ihrer vertraglichen Einbeziehung eine „Zuwiderhandlung", so dass die Vollstreckungssanktionen, wie die Zahlung einer Vertragsstrafe, entsprechend frühzeitig anstehen.[41] Anders liegt es jedoch bei der in § 11 bestimmten einzelvertraglichen Auswirkung einer „Zuwiderhandlung", die sich dort zweifellos auf den Fall einer vertraglichen Einbeziehung der verbotenen AGB beschränkt; dazu § 11 Rn. 7 ff. Zur entspr. Geltung dieser Bestimmung bei der Abwicklung von früher abgeschlossenen Verträgen auf der Grundlage der inzwischen nicht mehr zur Verwendung erlaubten AGB vgl. anschl. Rn. 33. Insoweit korrespondiert § 11 UKlaG mit § 305 Abs. 1 BGB, so dass die weitergehende Bedeutung des Begriffs „verwenden" in § 1 bei § 11 in dessen Sinne korrigiert, also wieder eingeschränkt, werden muss.

21 **2. Verwender.** Auch bei dem Begriff und Personenkreis „Verwender" kommt eine erweiternde Auslegung im Vergleich zur einzelvertraglichen Rechtslage in Betracht, bei der immer nur der Vertragspartner Verwender ist, vgl. aber den auf die Richtlinie 93/13/EWG zurückzuführenden § 310 Abs. 3 BGB, Rn. 21 ff. Eine erste Erweiterung ergibt sich schon durch die Verbindung mit dem sachlichen Begriff „verwenden", der bereits bestimmte Vorbereitungsmaßnahmen zur Einbeziehung der AGB in einen Vertrag umfasst, vgl. zuvor Rn. 19 ff.[42] Deshalb ist zweifellos jeder „Verwender", der Partei bei einem mit AGB geschlossenen Vertrag ist oder nach Maßgabe konkreter Vorbereitung bei einem abzuschließenden Vertrag werden soll.[43] Hier ist, wie auch sonst, Handeln im eigenen Namen und Vertretung durch einen anderen gleichermaßen zuzurechnen.[44] Der personelle Verantwortungsbereich wird aber noch entsprechend dem Rechtsgedanken des § 8 Abs. 2 UWG ausgedehnt. Deshalb ist der Inhaber eines vertraglichen wie betrieblichen Herrschaftsbereichs mit seiner Kontroll- und Weisungskompetenz auch insoweit als „Verwender" anzusehen, als dritte Personen in

---

[38] Dazu MünchKommBGB/*Basedow* § 305 Rn. 9 ff.
[39] BGHZ 101, 271, 273 f. = NJW 1987, 2867; BGH NJW 1981, 979, 980; OLG Hamburg NJW 1985, 3030, 3031; OLG Düsseldorf NJW-RR 1997, 1147 = VuR 1997, 284 (Preisschild als Verwendung); *Hefermehl/Köhler/Bornkamm* § 1 UKlaG Rn. 8; *Ulmer/Brandner/Hensen* Rn. 15; *Löwe/v. Westphalen/Trinkner* § 13 AGBG Rn. 5; *Schlosser/Coester-Waltjen/Graba* § 13 AGBG Rn. 35 und *Staudinger/Schlosser* Rn. 19; *Palandt/Bassenge* Rn. 6; *Dietlein/Rebmann* Rn. 3; *Ulrici* WRP 2002, 399; *Locher*, Das Recht der Allgemeinen Geschäftsbedingungen, 1980, S. 119, der „verwenden" iS von „Stellen der AGBG-widrigen Bedingungen" beschreibt; *Reinel*, Die Verbandsklage nach dem AGBG, 1999, S. 26 ff.; *Gaul*, FS Beitzke, 1979, S. 1020; *Reich* ZVP 1978, 236, 245.
[40] Allgemeine Meinung, vgl. *Grabitz/Wolf/Pfeiffer* Art. 7 Rn. 9; *Wolf/Horn/Lindacher* Art. 7 Rn. 9.
[41] Vgl. LG Köln VuR 1995, 58 (Verwendung von Klauseln mit Aufdruck gelten nicht für Privatkunden trotz strafbewehrter Unterlassungserklärung; LG München I, Urt. 12. 2. 1985 – 7 S 17 624/84 RZ, nicht veröffentlicht (Aushändigung neuer AGB zusammen mit denjenigen, die Gegenstand der Unterlassungserklärung sind).
[42] Vgl. auch BGH NJW 1997, 2043 (vorauseilender Einbezug der AGB durch den Vertragspartner).
[43] Vgl. auch BGHZ 112, 204 = NJW 1991, 36.
[44] Vgl. OLG Stuttgart NJW-RR 1996, 1209 = BB 1996, 976 (Geschäftsführer einer GmbH in Gründung ist nicht Verwender.

diesem Rahmen „für ihn" AGB „verwenden", also für seine Rechnung in Verträge einbeziehen oder dergleichen vorbereiten.⁴⁵ Diese Verantwortung entfällt nicht bei einem Handeln für fremde Rechnung, wenn es im eigenen Namen erfolgt. Fraglich bleibt nur die Verwenderverantwortung derjenigen, die nicht im eigenen Namen, sondern als Vertreter und Vermittler bei abzuschließenden oder vorzubereitenden Verträgen mit AGB-Verwendern handeln, dabei aber typischerweise ein **eigenständiges wirtschaftliches oder gewerbliches Interesse,** auch im Hinblick auf eine ständig gleichförmige Vertragsgestaltung, verfolgen und demgemäß die Verwendung der AGB selbst veranlassen. Die überwiegende Literatur und Teile der Rechtsprechung sehen in diesen Personen „Verwender".⁴⁶ Dies ist auch berechtigt, weil das abstrakte Kontrollverfahren mit seinem besonderen präventiven Zweck über die einzelvertraglich maßgebende Vertragspartei hinausgehen kann und muss, um die Gefährdung des Rechtsgeschäftsverkehrs möglichst schon „im Ansatz" zu erfassen. Deshalb sind jedenfalls auch diejenigen Personen „Verwender", die aufgrund von eigennützigen Interessen systematisch auf eine vertragliche Einbeziehung von AGB durch andere hinwirken.

Der BGH scheint eine restriktivere Haltung einzunehmen. Im sog. **Kaffeefahrten-Urteil** hat er die Auslegungsregel formuliert, wonach „grundsätzlich nur derjenige" als „Verwender iS des § 13 Abs. 1 AGBG (§ 1 UKlaG)" gelten soll, „der Partei des unter Einbeziehung der Allgemeinen Geschäftsbedingungen geschlossenen oder zu schließenden Vertrages ist oder werden soll". „Wer sich, ohne Vertragspartei zu sein oder sich an der Verwendungshandlung beteiligt zu haben, lediglich bei der Abwicklung des Geschäfts auf den Inhalt des Formularvertrags beruft", nur ein wirtschaftliches Eigeninteresse an der Verwendung der AGB oder bloß eine enge wirtschaftliche Verbindung mit dem eigentlichen Verwender habe, sei nicht als Verwender anzusehen.⁴⁷ Die Entscheidung ist vor allem deswegen kritikwürdig, weil sie ohne zwingenden Grund eine offenkundig zur Umgehung der §§ 305 ff. BGB organisierte Verkaufspraxis eines deutschen **Warenherstellers** legitimiert, der seine Produkte in Spanien unter Einschaltung einer spanischen Firma an deutsche Urlauber verkaufen lässt.⁴⁸ Dabei hat der BGH die Beteiligung des deutschen Unternehmens durch eine nicht überzeugende Beurteilung der tatsächlichen Verhältnisse darauf reduziert, dass es sich „lediglich bei der Abwicklung des Geschäfts auf den Inhalt des Formularvertrages beruft".

Diese Rechtsprechung des BGH zeigt Folgewirkungen bei der Bestimmung der Verwendereigenschaft des **Vermittlers.** Die Kriterien Eigeninteresse und maßgeblicher Einfluss auf den Vertragsschluss⁴⁹ müssen kumulativ erfüllt werden, das wirtschaftliche Eigeninteresse oder eine enge wirtschaftliche Verbindung mit dem Vertretenen allein, bzw. die bloße Teilnahme am Vertrag reichen nicht aus.⁵⁰ Noch auf der Basis des weiten Verwenderbegriffs hatte die Rechtsprechung den **Bauherrn** als Verwender angesehen, wenn sein **Architekt** die AGB in Verträge mit anderen einbringt, bzw. Dritte als Vertreter des Bauherrn AGB verwenden.⁵¹ Dasselbe galt für den Vertreter, der ein Eigeninteresse am Vertrag hat, zB ein **Gebrauchtwagenhändler,** der im Namen seines Kunden auftritt,⁵² oder ein **Baubetreuungsunternehmen,** weil dieses bezüglich aller Klauseln der vom Architekten eingesetzten AGB, die auf ein Niedrighalten der Erstellungskosten (und damit

---

⁴⁵ So auch *Staudinger/Schlosser* Rn. 29; *Ulmer/Brandner/Hensen* Rn. 16; *Löwe/v. Westphalen/Trinkner* § 13 AGBG Rn. 37; *Schlosser/Coester-Waltjen/Graba* § 13 AGBG Rn. 41; *Stein* Anm. 8; *Ulrici* WRP 2002, 399. Mit einer „analogen Anwendung des § 278 BGB" operieren *Koch/Stübing* Rn. 12, „weil es um den Verstoß gegen rechtsgeschäftliche Verhaltensweisen geht". Die im Wettbewerbsrecht allgemein ausgedehnte Verantwortlichkeit für das Verhalten Dritter ist im Hinblick auf den „Verwender" von AGB dadurch begrenzt, dass ein „Verwenden" erforderlich ist, weil sonst praktisch auch jeder Empfehler zugleich für die Verwendung verantwortlich zu machen wäre.
⁴⁶ BGHZ 81, 229, 230 ff. = NJW 1981, 2351 (Baubetreuungsunternehmen schließt im Namen der von ihr betreuten Bauherren Verträge mit Architekten ab, welche AGB enthalten. Damit ist es selbst Verwenderin der AGB); ebenso *Palandt/Bassenge* Rn. 9; *Schlosser/Coester-Waltjen/Graba* § 13 AGBG Rn. 41; *Hefermehl/Köhler/Bornkamm* § 1 UKlaG Rn. 8; *Ulmer/Brandner/Hensen* Rn. 16; *Löwe/v. Westphalen/Trinkner* § 13 AGBG Rn. 5; *Ulrici* WRP 2002, 399. Anders *Koch/Stübing* Rn. 12, die alles dem Vertragspartner zurechnen wollen; *Sieg* VersR 1977, 489, 492 (für Vers. Vertreter); *Staudinger/Schlosser* Rn. 29. Kritisch zur Ausdehnung des Verwenderbegriffs auch auf eigeninteressierte Vermittler usw. *Bultmann* BB 1982, 703.
⁴⁷ BGHZ 112, 204, 208 ff. = NJW 1991, 36, 39. Anders dagegen die Vorinstanz OLG Frankfurt IPRax 1990, 236, 237, 239.
⁴⁸ Vgl. *Ulmer/Brandner/Hensen* Rn. 16; differenzierend zwischen der Grundaussage des BGH und dem Entscheidungsfall: *Wolf/Horn/Lindacher* § 13 AGBG Rn. 53; dem BGH folgend *Erman/Roloff* Rn. 3 und *Soergel/Stein* Rn. 5.
⁴⁹ BGHZ 81, 229, 230 f.; *Soergel/Stein* Rn. 5 und *Brägelmann* S. 115, *Stoffels,* AGB-Recht, Rn. 1093.
⁵⁰ *Erman/Roloff* Rn. 3; *Wolf/Horn/Lindacher* § 1 AGBG Rn. 24.
⁵¹ Vgl. OLG Köln WRP 1983 701.
⁵² *Soergel/Stein* Rn. 5; *Wolf/Horn/Lindacher* § 13 AGBG Rn. 52.

eine Steigerung des eigenen Gewinns) abzielten, ein eigenes Interesse hatte.[53] Dagegen hat das LG Frankfurt am Main die Passivlegitimation einer **Kreditkartenvermittlungsgesellschaft** verneint,[54] die im Auftrag ihrer Schwestergesellschaft, des Kreditkartenunternehmens, die Abwicklung des Kartengeschäfts durchgeführt hatte. Die Kreditkartenvermittlungsgesellschaft sei nicht Verwenderin der AGB im Kreditkartenantragsformular, sie habe den Vertrag nur vermittelt. Noch enger ist die Rechtsprechung, wenn die Unternehmen rechtlich selbständig sind und keine wechselseitige Beteiligung am Vertragsschluss vorliegt.[55] Ein Verbraucherverband hatte die Verwaltungsgesellschaft eines HiFi-Geschäfts auf Unterlassung der Verwendung von AGB in der irrigen Annahme verklagt, bei den das Umsatzgeschäft betreibenden Häusern handele es sich um Niederlassungen oder Filialen der Verwaltungsgesellschaft. Stehen die rechtlich selbständigen Unternehmen lediglich in einem **Konzernverbund,** bleibt dem Verbraucherverband nach dieser Rechtsprechung nur die Möglichkeit, jedes Unternehmen einzeln zu verklagen.

24 Die Rechtsprechung basiert auf einer **engen zivilistischen Sichtweise des Verwenderbegriffs,** in der die Anbindung der Verwendung im Vertragsschluss gesucht wird. Der Verwender muss sich gerade nicht den verantwortlich gesetzten Schein zurechnen lassen, sondern kann im Fall einer Unterlassungsklage die konkreten, für den klagenden Verband nicht zu durchschauenden wirtschaftlichen Verbindungen im Absatzverhältnis oder im Konzernverbund zu seiner Entlastung ins Feld führen. Vor dem Hintergrund der Funktion der Verbandsklage im Lichte der Richtlinie 93/13/EWG stellt sich aber die Frage, ob nicht auch im UKlaG wie im UWG auf das Auftreten des Verwenders am Markt abzustellen wäre. Die marktliche Perspektive hätte zur Folge, den AGB-Verwender zwar nicht als Störer iS des § 8 UWG, aber ähnlich wie einen Störer zu behandeln. Nach hM haftet als Störer, wer die Tatbestandsmerkmale des § 3 UWG selbst erfüllt, oder als Mit-Störer in entsprechender Anwendung des § 1004 BGB, wer auch ohne Wettbewerbsförderungsabsicht und ohne Verschulden an dem Wettbewerbsverstoß eines Dritten in der Weise beteiligt ist, dass er willentlich und adäquat kausal an der Herbeiführung der rechtswidrigen Handlung mitwirkt.[56]

25 Die **Kernproblematik** liegt in der **Übertragbarkeit des Störerbegriffs** auf das UKlaG. Zwei Überlegungen sprechen dafür, bei der Bestimmung des Verwenders von der zivilistischen Binnenperspektive auf die marktliche Verhaltensperspektive umzustellen, die jedoch nicht gleichbedeutend ist mit der vollständigen Übernahme des Störerbegriffs in das UKlaG:[57] das im öffentlichen Interesse den Verbraucherverbänden zustehende Bürger-Verbandsklagerecht und der anders gelagerte Anknüpfungspunkt in der Richtlinie 93/13/EWG. Die Bürger-Verbandsklage verlangt mehr denn je einen effizienten Rechtsschutz. Bedeutsamer ist aber der anders gelagerte Anknüpfungspunkt im Wortlaut der Richtlinie. Hier hat der Gemeinschaftsgesetzgeber gegenüber dem deutschen Recht insofern eine andere Weichenstellung vollzogen, als die Kontrolle missbräuchlicher Vertragsklauseln im Sinne der Richtlinie nicht mehr daran gebunden ist, dass sie von dem Vertragspartner selbst in den Vertrag eingeführt werden. Die Richtlinie lässt die Kontrolle von AGB zu, die von Dritten in den Vertrag eingeführt worden sind, vgl. zu den Voraussetzungen[58] und zur notwendigen Abgrenzung des Verwenders vom Empfehler, was vor allem für § 11 und die Widerrufsmöglichkeit praktisch bedeutsam ist, Rn. 41 ff. Deshalb erscheint es sachgerecht, als Verwender iS des UKlaG auch diejenigen Dritten anzusehen, die unmittelbar oder mittelbar auf die Vertragsgestaltung Einfluss nehmen. Dazu zählen die Hersteller und die Vermittler, die Konzernmutter und die Verwaltungsgesellschaft zumindest dann, wenn sie einen diesbezüglichen Rechtsschein gesetzt haben. Maßstab hierfür ist das Verhalten am Markt, womit dem Verwenderbegriff ein gewerbsmäßiges Handeln anhaftet. Damit kann auch der private Verkäufer, der sein Kfz mittels eines im Laden gekauften Formulars verkauft, zum Verwender werden, wenn er sich der Formulare quasi gewerbsmäßig bedient. Wollte man diese Form der privaten Verwendung von vornherein aus dem Anwendungsbereich des § 1 UKlaG ausschließen, ergäbe sich möglicherweise eine Rechtsschutzlücke, die sich schließen lässt, wenn man die private Verwendung „am Markt" einbezieht. Das bloße Setzen einer Ursache oder einer Mitursache im Sinne der Rechtsprechung zum Störerbegriff macht dagegen noch niemanden zum Verwender.

---

[53] BGHZ 81, 229, 230 f.
[54] LG Frankfurt am Main v. 26. 3. 1998, 2/2 O 99/96 (unveröffentlicht).
[55] LG München I, 21 O 12 267/95 (unveröffentlicht), die Klage wurde nach richterlichem Hinweis zurückgezogen, daher gibt es kein Urteilsdatum.
[56] Vgl. BGH WRP 1997, 325, 326 = GRUR 1997, 313, 315 (Architektenwettbewerb); umfassend dazu *Schünemann* WRP 1998, 120 ff.; *Köhler* WRP 1997, 897 ff.; *Gierke* WRP 1997, 892 ff.
[57] De lege lata ist eine vollständige Gleichsetzung des Verwenders mit dem Störer ausgeschlossen. Denn auch die marktliche Perspektive kann die Unterschiede zwischen dem Verwender und dem Störer nicht überspielen. Verwendung steht immer in einem vertraglichen Kontext.
[58] MünchKommBGB/*Basedow* § 310 Rn. 56 f.

3. Erst- bzw. Wiederholungsgefahr und deren Fortfall.

Der Unterlassungsanspruch richtet sich gegen die künftige Verwendung der unwirksamen AGB und setzt eine entsprechende Gefahr bzw. die ernstliche Besorgnis einer solchen Beeinträchtigung des Rechtsgeschäftsverkehrs voraus, vgl. schon Rn. 7. Dabei ist zwischen der Gefahr einer **wiederholten** und einer **erstmaligen Beeinträchtigung** (Verwendung) zu unterscheiden,[59] ohne dass der einheitliche „vorbeugende" Unterlassungsanspruch in Frage gestellt und in verschiedene Ansprüche aufgespalten würde.[60] Diese Unterscheidung betrifft weniger den Gefahrengrad als die Voraussetzungen für das Vorliegen der Gefahr.[61] Die Wiederholungsgefahr nach einer bereits einmal geschehenen Verwendung ist wie im Wettbewerbsrecht im Allgemeinen zu vermuten,[62] weil AGB gerade auf wiederholte Verwendung angelegt sind. Das gilt jedenfalls, wenn der Verwender die betreffende Art von Rechtsgeschäft mit AGB-Verwendung geschäftsmäßig vornimmt bzw. dies vorhat. Eine nähere Prüfung der Wiederholungsgefahr ist erst nötig, wenn es zunächst nur um eine einzelne AGB-Verwendung geht, etwa die private Vermietung der einzigen dem Vermieter gehörenden Mietwohnung unter Benutzung eines im Handel erhältlichen Vertragsformulars. Hier bedarf es noch der Klärung, ob wirklich und in absehbarer Zeit eine weitere Verwendung ernstlich in Betracht kommt und damit droht. Dabei genügt es allerdings schon, dass nur mit einer einzigen weiteren Verwendung zu rechnen ist; denn auch wenn der Anspruch nach § 1 „breit" wirken soll, so beschränkt er sich doch nicht auf die Fälle einer drohenden mehr- bzw. vielfachen, geschäftsmäßigen Verwendung. Die Gefahr einer erstmaligen Verwendung (sog. **Begehungsgefahr** oder Erstgefahr) ist gegeben, wenn die nötigen Vorbereitungen soweit gediehen sind, dass die Absicht der alsbaldigen Verwendung hinreichend nach außen manifest wird und die Verwendung damit ernstlich drohend bevorsteht.[63] Da ein „Verwenden" iS des § 1 UKlaG nicht nur die AGB-Einbeziehung in einen Vertrag, sondern auch deren Vorbereitung durch Vertragsangebote und Aufforderungen zur Abgabe von Angeboten usw. umfasst, vgl. zuvor Rn. 19 ff., kann eine entsprechende Gefahr nur bei noch davor liegenden Maßnahmen in Betracht kommen, also etwa bei der Bestellung oder dem Auftrag zum Druck von AGB-Formularen zur alsbaldigen Verwendung.[64] Im Übrigen kommt es auf die gesamten Umstände des konkreten Falles an. Praktisch dürfte sich die Begehungsgefahr nur bei einer vorgesehenen geschäftsmäßigen Verwendung ausmachen lassen, weil eine sonstige private oder gar einmalige Verwendung vorher kaum hinreichend sicher abzusehen ist; zur vergleichbaren Frage beim Verwenderbegriff Rn. 21 ff.

Ist die Gefahr der wiederholten oder erstmaligen Verwendung von unwirksamen AGB jedoch einmal begründet, so sind – wie im Wettbewerbsrecht – an einen **nachträglichen Wegfall** strenge Anforderungen zu stellen, weil nach aller Erfahrung die tatsächliche Vermutung für eine andauernde Gefahr spricht. Die bloße Erklärung, eine künftige Verwendung dieser AGB zu unterlassen, genügt nicht. Das gilt erst recht, wenn gleichzeitig die Gültigkeit der betreffenden AGB verteidigt wird oder die Unterlassungserklärung sich nicht auch auf inhaltsgleiche AGB bezieht. Unter solchen Umständen reicht nicht einmal die Vernichtung oder Änderung der bisher verwendeten Formulare aus, um die Gefahr entfallen zu lassen. In jedem Fall muss die Unterlassungsverpflichtung unbedingt, ohne sachliche oder zeitliche Einschränkungen anerkannt werden.[65] Deshalb sind alle Vorbehalte schädlich, die darauf hinauslaufen, dass die Unterlassungsverpflichtung nicht mit sofortiger Wirkung und auf Dauer gilt (dazu § 5 Rn. 16 ff.).[66] Gleiches gilt, wenn die Abgabe der Unter-

---

[59] Näher dazu *Hefermehl/Köhler/Bornkamm* § 8 UWG Rn. 1.10; 1.15 ff.; 1.30 ff.; jurisPK-UWG/*Seichter* § 8 Rn. 19 ff. *Pastor* Wettbewerbsrecht, S. 57 ff., 104 ff., jeweils m. zahlr. Nachw.

[60] Dazu *Baur* JZ 1966, 381, 382; ganz anders *Pastor*, Wettbewerbsrecht, mit seiner Unterscheidung von „Verletzungsunterlassung", S. 31 ff. und „vorbeugender Unterlassung", S. 97 ff.

[61] Dagegen mehr auf den Grad der Gefahr abstellend *Pastor* Wettbewerbsrecht, S. 105.

[62] BGHZ 91, 55, 56 f. = NJW 1984, 2161; BGH WM 1990, 1339, 1340; NJW-RR 1990, 1142; ebenso *Ulmer/Brandner/Hensen* Rn. 28 f.; *Löwe/v. Westphalen/Trinkner* § 13 AGBG Rn. 9; *Palandt/Bassenge* Rn. 7; *Staudinger/Schlosser* Rn. 20; *Ulrici* WRP 2002, 399, 400; näher dazu *Hefermehl/Köhler/Bornkamm* § 8 UWG Rn. 1.11, 1.33 f.; jurisPK-UWG/*Seichter* § 8 Rn. 19 ff.; *Stoffels*, AGB-Recht, Rn. 1094 u. *Pastor* Wettbewerbsrecht, S. 57 ff., jeweils m. weit. Nachw. Gegen das Erfordernis einer Wiederholungsgefahr hier wie bei § 8 UWG *Fehl*, Systematik des Rechts der Allgemeinen Geschäftsbedingungen, 1979.

[63] *Palandt/Bassenge* Rn. 7; *Ulrici* WRP 2002, 399, 400; allgemein zu dieser Frage *Hefermehl/Köhler/Bornkamm* § 8 UWG Rn. 1.18 ff. u. *Pastor* Wettbewerbsrecht, S. 104 ff., jeweils m. zahlr. Nachw.

[64] In diese Richtung auch *Stein* Anm. 10. Enger *Löwe/v. Westphalen/Trinkner* § 13 AGBG Rn. 15, mit der Anforderung, dass „der Verwender alle Maßnahmen getroffen hat, um die unwirksamen AGB in den rechtsgeschäftlichen Verkehr zu bringen."

[65] Das OLG Köln NJW-RR 2003, 316, 317 hält die Einschränkung, dass ein auf Grund eines vergleichbaren Unterlassungsurteils festgesetztes Ordnungsgeld in dieser Höhe vollstreckbar wäre, für zulässig.

[66] AA bei kurzer Aufbrauchfrist soweit für die Umstellung erforderlich OLG Köln NJW-RR 2003, 316, 317 – dies ablehnend OLG Frankfurt a. M. NJW-RR 2003, 1430, 1431 mit Hinweis auf BGH NJW 1982, 2311, 2312.

lassungserklärung durch langwierige Verhandlungen über Einwände unangemessen verzögert wird. Die Unterlassungserklärung muss auch die Verpflichtung des Verwenders einbeziehen, sich bei der künftigen Abwicklung von früher abgeschlossenen Verträgen nicht mehr auf die unwirksamen AGB zu berufen, diese also nicht zur Abwehr begründeter Kundenansprüche zu „verwenden"; dazu anschl. Rn. 33. Außerdem kann in der Vereinbarung verlangt werden, dass die Unterlassungspflicht auch zugunsten der einzelnen Kunden des Verwenders gelten soll, damit diese aufgrund eines solchen Vertrages zugunsten Dritter wenigstens materiellrechtlich die gleiche Position erhalten, die ihnen § 11 S. 1 für den Fall einer rechtskräftigen Verurteilung des Verwenders im Wege der Rechtskrafterstreckung sichert; dazu § 5 Rn. 16 f. Schließlich ist mit der immer nötigen Unterlassungserklärung, also einer vertraglichen Anerkennung der Unterlassungspflicht, regelmäßig die Vereinbarung einer **Vertragsstrafe** zu verbinden, um die Einhaltung der Unterlassungsverpflichtung zu sichern.[67]

28   Eine solche sog. **strafbewehrte Unterlassungserklärung** hat sich als Instrument zur außergerichtlichen Streiterledigung im Wettbewerbsrecht entwickelt und etabliert. Darum geht es meistens im Zusammenhang mit einer (begründeten) Abmahnung, die regelmäßig erforderlich und auch deshalb unbedingt ratsam ist, weil der Verwender sonst auf eine Klage mit einem sofortigen Anerkenntnis reagieren und dadurch eine Kostenentscheidung zu Lasten des Klägers bzw. Antragstellers gem. § 93 ZPO erreichen kann; dazu näher § 5 Rn. 7 f. Eine strafbewehrte Unterlassungserklärung ist unbedingt notwendig, um eine Wiederholungs- oder Begehungsgefahr auszuräumen. Insofern ist der Literatur und der unterinstanzlichen Rechtsprechung zu folgen. Erst mit Abgabe einer strafbewehrten Unterlassungserklärung und der so begründeten Verpflichtung zur Zahlung einer Vertragsstrafe bei Verletzung der Unterlassungspflicht ist ein hinreichender Sanktionsdruck gegeben. Der Verwender wird alle nötigen Maßnahmen ergreifen, damit die unwirksamen AGB in Zukunft nicht mehr, auch nicht durch ihm zurechenbares Handeln Dritter, im Rechtsgeschäftsverkehr verwendet werden. Das setzt eine angemessene Höhe der für jeden Fall der Zuwiderhandlung fälligen Vertragsstrafe voraus, deren Betrag je nach der Bedeutung der einzelnen Klausel zwischen € 500 und € 1500 schwankt.[68] Grundsätzlich muss die strafbewehrte Unterlassungserklärung gegenüber dem abmahnenden Unterlassungsgläubiger erfolgen, um die Wiederholungsgefahr zu beseitigen, weil durch eine Unterwerfung gegenüber einem Dritten nur diesem Verfolgungs- und Sanktionsmöglichkeiten erwachsen. Etwas anderes gilt, wenn ein berechtigtes Interesse an einer **Drittunterwerfung** besteht. Ein solches liegt vor, wenn gegen den Verwender mehrere Abmahnungen bzw. Eilverfahren wegen desselben Vorwurfs laufen und der Verwender sich gegenüber einem seriösen Verband verpflichtet, welcher willens ist, einmal erkannte Verstöße konsequent zu verfolgen.[69] Ohne einen sachlich vertretbaren Grund an einer Drittunterwerfung sind an der Ernsthaftigkeit des Unterlassungswillens Zweifel zu besorgen, welche die Beseitigung der Wiederholungsgefahr verhindern.[70]

29   Eine strafbewehrte Unterlassungserklärung wird nicht dadurch entbehrlich, dass der Verwender objektiv ersichtlich wirksame Maßnahmen gegen eine weitere Verwendung seiner AGB ergriffen hat und dabei subjektiv so redlich erscheint, dass bei vernünftiger Beurteilung kein Grund mehr für einen ernsthaften Zweifel an der Einhaltung der Unterlassungsverpflichtung bleibt. Insbesondere

---

[67] Dazu und zum vorausgehenden wie zum folgenden Text BGHZ 81, 222, 225 ff. = NJW 1981, 1412, wo allerdings – wie schon in BGHZ 79, 117, 122 f. = NJW 1981, 867, 869 u. NJW 1982, 2311, 2312 – offen gelassen wurde, ob hier wie im Wettbewerbsrecht regelmäßig nur durch Abgabe einer strafbewehrten Unterlassungserklärung die Wiederholungsgefahr ausgeräumt werden kann; für uneingeschränkte Notwendigkeit dieser Maßnahme etwa *Bultmann* BB 1982, 703 f.; *Hefermehl/Köhler/Bornkamm* Rn. 10; *Ulmer/Brandner/Hensen* § 5 Rn. 4.; *Löwe/v. Westphalen/Trinkner* § 13 AGBG Rn. 10 ff.; *Palandt/Bassenge* Rn. 7; *Ulrici* WRP 2002, 399, 400. Zur nötigen uneingeschränkten Unterlassungsverpflichtung mit den dazugehörenden Anforderungen im Einzelnen *Hensen, Löwe* und *Palandt/Bassenge*, jeweils a. a. O. Speziell zur insoweit schädlichen Verweigerung einer Unterlassungsverpflichtung für inhaltsgleiche Klauseln BGH WM 1990, 1339, 1340; ebenso für einen vorbehaltenen „Aufbrauch" noch vorhandener Formulare BGH NJW 1982, 2311, 2312. Zur unzureichenden Sicherung durch bloß normale Beseitigungsmaßnahmen usw. OLG Celle in *Bunte* AGBE Bd. I Nr. 10 u. Bd. II Nr. 13; anders OLG Saarbrücken BB 1979, 705, 706 bei Vernichtung der AGB-Formulare, was *Stillner* ZVP 1980, 142, 144 ff. beanstandet. Im Übrigen kann auf die zum Vorbild genommenen Grundsätze des Wettbewerbsrechts zurückgegriffen werden; dazu eingehend *Hefermehl/Köhler/Bornkamm* § 8 UWG Rn. 1.38; § 12 UWG Rn. 1.101 ff.

[68] Zur Höhe einer angemessenen Vertragsstrafe *Ulmer/Brandner/Hensen* § 5 Rn. 4 – Regelbetrag von 2500 Euro je angegriffener Klausel und von 5000 Euro für den Fall, dass ein Empfehler gegen seine Verpflichtung verstößt; *Bohle/Micklitz* BB 1983, Beil 1 1. S. 19 – 500 € pro Klausel und Zuwiderhandlung, als Gesamtvertragsstrafe jedoch nur die Hälfte der Summe der Einzelvertragsstrafen; *Locher* Das Recht der Allgemeinen Geschäftsbedingungen, 198, S. 122 – 2000 bis 3000 DM, bzw. 1000 bis 1500 €.

[69] OLG Frankfurt a. M. NJW-RR 2003, 1430, 1431 mit Anmerkung *Lindacher* EWiR 2003, 1157.

[70] OLG Frankfurt a. M. NJW-RR 2003, 1430, 1431 mit Anmerkung *Lindacher* EWiR 2003, 1157.

gibt es **kein Sonderrecht für staatliche Unternehmen**.[71] Das OLG Köln hatte den Wegfall der Wiederholungsgefahr für solche Klauseln angenommen, die von der Telekom während des Verfahrens geändert oder in die Neufassung ihrer AGB nicht mehr aufgenommen wurden; und das, obwohl die Telekom bis zuletzt die Rechtmäßigkeit der Klausel verteidigte.[72] Damit geht das OLG Köln sogar noch über den BGH[73] hinaus. Er hatte die Beseitigung der Wiederholungsgefahr bejaht, weil das Unternehmen die Rechtmäßigkeit der inkriminierten Klauseln im Verfahren zu keinem Zeitpunkt verteidigt hatte. Der Eindruck, dass hier ein Sonderstatut für die Telekom geschaffen wurde, wird noch dadurch verstärkt, dass das OLG Köln fast zeitgleich im Verfahren gegen DeTeMobil (heute T-Mobile) die bloße Änderung der beanstandeten Klauseln nicht für ausreichend hielt, um die Wiederholungsgefahr entfallen zu lassen.[74]

Bloß reaktiv-korrigierende, gefahrbeseitigende Maßnahmen, wie etwa die Vernichtung bzw. Aushändigung oder Berichtigung der Formulare, die Stornierung einer Formularbestellung usw., ohne eine zusätzliche strafbewehrte Unterlassungserklärung reichen für eine dauernde Sicherung nicht aus.[75] Zwar spricht im AGB-Bereich vieles dafür, dass mit solchen Maßnahmen eine künftige Verwendung dieser Formulare und Klauseln ausgeschlossen ist. Anders als im Wettbewerbsrecht ist hier nämlich ein gelegentliches Zuwiderhandeln unwahrscheinlich, weil AGB wegen ihres typisierenden Zwecks entweder ständig oder gar nicht verwendet werden. Aber jeweils darauf abzustellen, würde für die kontrollierenden Verbände eine besondere Unsicherheit und für die Verwender ein besonderes Entgegenkommen bedeuten. Das wäre für die Kontrolltätigkeit der Verbände hinderlich, während umgekehrt eine strafbewehrte Unterlassungserklärung keine Zumutung für die Verwender ist. Deshalb sollte man im Funktionsinteresse der Kontrolltätigkeit wie im Wettbewerbsrecht den Grundsatz gelten lassen, dass regelmäßig eine strafbewehrte Unterlassungserklärung nötig ist.[76]

4. Anspruchsinhalt im Einzelnen. Der Anspruch auf **Unterlassung** einer künftigen Verwendung der unwirksamen AGB erschöpft sich nicht notwendig in der Forderung nach bloßer **Untätigkeit**. Die Unterlassung der Verwendung ist als „Nicht-Tun", als Erfolg geschuldet und kann deshalb bei bereits getroffenen und fortwirkenden störenden Vorkehrungen auch ein „dazwischentretendes" **Handeln**,[77] eine Beseitigung der gefährlichen Umstände gebieten; zur Möglichkeit der **Folgenbeseitigung** schon Rn. 5 f. Dabei bleibt es im Allgemeinen die Sache des Schuldners, auf welche konkrete Weise er seiner Unterlassungspflicht gehörig nachkommt,[78] so dass der Gläubiger ihm nicht bereits im Voraus dafür Vorschriften machen, sondern erst nachträglich auf eine fortwährende Zuwiderhandlung mit Vollstreckungszwang reagieren kann. Ist aber zur Erfüllung der Unterlassungspflicht eine bestimmte störende Gefahrenquelle in jedem Fall zu beseitigen, kann der Gläubiger diese Maßnahme schon mit seinem **Klageantrag** beanspruchen und einen entsprechend ausdrücklichen Handlungstitel erwirken – was unter Vollstreckungsaspekten für ihn allerdings nur bei einer vertretbaren Handlung von besonderem Vorteil ist, vgl. § 5 Rn. 22. Dabei kann sogar die Handlungsweise spezifiziert werden, wenn der Schuldner kein weiteres Auswahlermessen hat und deshalb seinerseits keine berechtigten Interessen dagegen stehen oder wenn die erforderliche alsbaldige und endgültige Sicherheit für den Gläubiger nur durch eine bestimmte Beseitigungsweise zu erreichen und ihm das Abwarten von anderen und weniger sicheren Maßnahmen des Schuldners

---

[71] BGH ZIP 1981, 989, 990; BGH ZIP 2000 1934; *Ulmer/Brandner/Hensen* Rn. 29; *Wolf/Horn/Lindacher* § 13 AGBG Rn. 58; *Ulrici* WRP 2002, 399, 400.
[72] Vgl. OLG Köln, Urt. v. 8. 5. 1998 Az. 6 U 149/96; ähnlich schon die Vorinstanz LG Köln VuR 1996, 349 mit ablehnender Anm. *Felser/Marzakowicz*.
[73] BGHZ 81, 222.
[74] Vgl. OLG Köln, Urt. v. 8. 5. 1998 Az. 6 U 83/97.
[75] AA BGH ZIP 1981, 989, 990 (für den Fall, dass ein Versorgungsunternehmen der öffentlichen Hand alle noch vorhandenen alten AGB-Vordrucke vernichtet, neue Vertragsformulare entwickelt und sämtliche alten Kunden davon unterrichtet hatte) und OLG Karlsruhe NJW-RR 2003, 778, 779 (für den Fall, dass das beklagte Versicherungsunternehmen deutlich zu erkennen gab, sich der höchstrichterlichen Rechtsprechung, ohne von dritter Seite aufgefordert zu sein, zu beugen, es die Altkunden über die Unwirksamkeit der Klauseln informierte und gegenüber den Neukunden geänderte Bedingungen verwendete); *Ulmer/Brandner/Hensen* Rn. 20; *Wolf/Horn/Lindacher* § 13 AGBG Rn. 58; *Brägelmann*, Die Passivlegitimation für Unterlassungsansprüche, 1995, S. 29 ff., 43; kritisch zur Entscheidung des BGH auch *Bultmann* BB 1982, 703.
[76] Vgl. aus der Rechtsprechung als Beleg für die strikte Handhabung, BGH NJW 1992, 1108 (kein Wegfall der Wiederholungsgefahr trotz Erklärung, die Klauseln in Neuverträgen nicht mehr verwenden zu wollen); OLG Köln VuR 1996, 257 (keine Beseitigung durch Vernichtung der alten und den Druck neuer Formulare); LG Düsseldorf VuR 1996, 206 (keine Beseitigung der Wiederholungsgefahr durch Aufgabe des Geschäftsbetriebs).
[77] So auch *Hefermehl/Köhler/Bornkamm* § 1 Rn. 12.
[78] Vgl. BGH GRUR 1968, 431, 432; dazu m. weit. Nachw. *Pastor* Wettbewerbsrecht, S. 672, 836 f. mit Fn. 51.

nicht zuzumuten ist.[79] Insofern kommt es hier auch noch auf das Maß der Gefahr einschließlich der Unsicherheit in der Person des Schuldners an. Demgemäß kann, so wie im Wettbewerbsrecht beispielsweise die Vernichtung oder Herausgabe von wettbewerbswidrigem Material (Katalogen, Aufmachungen) verlangt werden kann, mit dem Unterlassungsanspruch nach § 1 ggf. die Vernichtung oder Herausgabe von AGB-Formularmaterial beansprucht werden.[80] Diese Auslegung wird durch Art. 7 RL 93/13/EWG gestützt, vgl. Rn. 6. Soweit ersichtlich, haben die Verbraucherverbände dies bislang nicht versucht, so dass auch keine Rechtsprechung zur Folgenbeseitigung als Teil des Unterlassungsanspruches vorliegt.

32 Eine spezielle Frage zum Inhalt der Unterlassungsverpflichtung bleibt noch, ob die Unterlassungsverpflichtung so weit geht, dass der Verwender sich auch bei der **Abwicklung bereits abgeschlossener Verträge** nicht mehr auf die „verbotene" Bestimmung berufen darf.[81] Die Problematik wird aktuell, wenn der Gläubiger wegen einer entsprechenden „Zuwiderhandlung" den Einsatz von Vollstreckungszwang gem. § 890 ZPO beantragt oder der Vertragspartner im Rechtsstreit mit dem Verwender die günstige Urteilswirkung des § 11 S. 1 geltend macht. Die Vertragsdurchführung unter Ausnutzung unwirksamer AGB ist „erst recht" als ein Verwenden anzusehen (zur Notwendigkeit, das Risiko in **zeitlicher** Hinsicht überschaubar zu halten, § 11 Rn. 6).[82] Zur Gefahrenbeseitigung gehört die **Folgenbeseitigung**, um die es sich bei einer Einbeziehung der Altverträge handelt. Jedoch ist auch der BGH letztlich nicht konsequent, weil er vom Verwender nicht verlangt, bereits abgewickelte Verträge rückabzuwickeln oder die Vertragspartner von sich aus vorsorglich auf die Unangemessenheit der Klausel aufmerksam zu machen.[83] Verboten ist bzw. wird dem Verwender nur, sich „bei der Durchsetzung seiner Rechte" (und damit sicher auch bei der Abwehr von Rechten des Vertragspartners) „auf die unwirksame Klausel zu berufen". Indirekt übt die Rechtsprechung gleichwohl **Druck** auf den Verwender aus, die Verträge rückabzuwickeln. Denn die Weigerung der Rückwicklung kann vom Verbraucherverband, der die Unterlassungsverpflichtung gegen den Verwender erstritten hat, als Verstoß gegen § 890 ZPO verfolgt werden. Konkret ging es um die Durchsetzung eines Unterlassungsurteils gegen eine Sparkasse, in der dieser die Berechnung von bestimmten Bankgebühren untersagt wurde.[84] Als daraufhin betroffene Verbraucher die Rückzahlung der Gebühren verlangten, rechnete die Sparkasse dagegen die Kosten gegen, die ihr durch die Rückbuchung und die damit verbundenen Arbeiten entstanden seien. Das LG Berlin sah in dieser Praxis einen Verstoß gegen das Unterlassungsgebot, den es mit einem Zwangsgeld von DM 3000,– belegte.[85] Diese **Ausweitung der Unterlassungsverpflichtung** des Verwenders sollte auch im Klageantrag und Urteil sowie in einer strafbewehrten Unterlassungserklärung zum Ausdruck gebracht werden, um sie förmlich abzusichern, vgl. § 8 Rn. 5.

V. Der Unterlassungs- und Widerrufsanspruch gegen den Empfehler

33 **1. Empfehlen.** Nach § 1 kann derjenige, der unwirksame AGB „für den rechtsgeschäftlichen Verkehr empfiehlt", „auf Unterlassung und auch auf Widerruf in Anspruch genommen werden". Ein „**Empfehlen**" von AGB „für den rechtsgeschäftlichen Verkehr" bedeutet nach allgemeinem

---

[79] Vgl. etwa BGH LM § 1 UWG Nr. 16; GRUR 1958, 30 f.; allgemein dazu auch *Henckel* AcP 174 (1974), 101 mit Fn. 7 u. *Blomeyer*, Zivilprozessrecht, Erkenntnisverfahren, § 94 IV 4; ungenau *Pastor* Wettbewerbsrecht, S. 469 mit Fn. 38, wenn er dies aus einer Unterlassungspflicht folgende Handlungspflicht nicht als „eine positive Tunspflicht" bewerten will; das beruht auf einer Verwechselung von Leistungserfolg und nötigen Leistungsmaßnahmen; ganz dagegen *Jauernig* NJW 1973, 1671 f., der das eine „Umgehung" des § 890 ZPO nennt und meint, das widerspreche „eklatant der gesetzgeberischen Entscheidung".
[80] Vgl. auch *Koch/Stübing* Rn. 20; einschränkend *Staudinger/Schlosser* Rn. 22 ff.; dagegen *Erman/Roloff* Rn. 10; *Hefermehl/Köhler/Bornkamm* Rn. 12; *Ulmer/Brandner/Hensen* Rn. 27. Dieser Anspruch besteht unabhängig davon, dass seine Erfüllung ohne zusätzliche strafbewehrte Unterlassungserklärung die Wiederholungsgefahr noch nicht ausräumt. Zum UWG-Bereich vgl. BGH LM UWG § 1 Nr. 16.
[81] Umfassend mit Nachw. aus der Rechtsprechung, *Bultmann*, Verklagen oder Verhandeln, S. 57 bis 61.
[82] BGH NJW 1981, 1511 f. im Anschluss an *Löwe/v. Westphalen/Trinkner* § 13 AGBG Rn. 2, § 17 Rn. 33 ff.; § 21 Rn. 21 ff. und *Schlosser/Coester-Waltjen/Graba* § 13 AGBG Rn. 35, § 21 Rn. 6 sowie *Staudinger/Schlosser* Rn. 19; bestätigend BGHZ 81, 222, 225, 228 = NJW 1981, 1412; BGH NJW 1983, 1320; BGH NJW 1984, 2468, 2469; BGH NJW-RR 88, 819 f.; BGH NJW 1995, 2710 (Verwendungsverbot umfasst sowohl das Sichberufen auf die Klausel bei der Abwicklung früher geschlossener Verträge als auch die Verwendung der Klausel beim Abschluss künftiger Versicherungsverträge); OLG Frankfurt NJW 1989, 2264, 2265; OLG Karlsruhe NJW-RR 1991, 625; *Hefermehl/Köhler/Bornkamm* Rn. 12. Ebenso – teils mit Bedenken – zustimmend *Bunte* Anm. zu BGH BB 1981, 1793; *Palandt/Bassenge* Rn. 8; *Ulmer/Brandner/Hensen* Rn. 26 u. § 11 Rn. 4.
[83] So ausdrücklich früher auch schon *Schlosser/Coester-Waltjen/Graba* § 13 Rn. 17.
[84] BGH v. 21. 10. 1997, XI ZR 5/97 (unveröffentlicht).
[85] Beschluss v. 13. 3. 1998, GeschNr. 26.0.318/95 (unveröffentlicht).

Sprachgebrauch jede Erklärung, durch die einem anderen die Verwendung bestimmter AGB für seine Rechtsgeschäfte nahe gelegt, geraten oder vorgegeben wird; dazu gehören auch entsprechende „Informationen", selbst wenn diesen die ausdrückliche Gegenerklärung zugefügt ist, es handele sich nicht um eine „Empfehlung".[86] Zum Zugangs- und Wirksamkeitszeitpunkt einer Empfehlung vgl. anschließend Rn. 34 ff. Ob der Adressat in seiner Verwendungsentscheidung frei oder etwa vertraglich zur Beachtung der Empfehlung verpflichtet ist, spielt keine Rolle.[87] Zu dem davon zu unterscheidenden Fall einer Verwendung von AGB für Rechnung und auf Weisung eines anderen vgl. zuvor Rn. 19 ff. Diesen weiten Begriff des „Empfehlens" wird man allerdings um einiges einengen und entsprechend der speziellen Gefahr einer Empfehlung in Abgrenzung von dem anderen Begriff und Tatbestand einer Verwendung bestimmen müssen. Von einer Empfehlung kann nur die Rede sein, wenn die Erklärung sich an eine **Vielzahl** von potentiellen Verwendern richtet,[88] etwa als Verbandsempfehlung oder durch Formularbücher und Vertragsformulare. Eine solche Lesart deckt sich mit Art. 7 Abs. 3 RL 93/13/EWG.[89] Das Konfliktpotential dieser Vorschrift liegt nicht in der auch in § 1 geläufigen Unterscheidung zwischen Verwender und Empfehler, sondern in der Frage, inwieweit unbeteiligte oder mittelbar beteiligte Dritte einbezogen werden, vgl. Rn. 37 ff. Einigkeit besteht darüber, dass der potentielle Adressatenkreis der Empfehler nicht gleichzeitig mit einer einzigen Verlautbarung angesprochen werden muss. Vielmehr genügt es, wenn die Erklärung nur planmäßig wiederholt gegenüber jeweils einzelnen Personen ausgesprochen wird. Insofern können jedenfalls theoretisch auch **Rechtsanwälte, Notare, Architekten** usw., die typischerweise im Rahmen eines besonderen Vertrauens- und Mandatsverhältnisses zu immer nur einzelnen Personen beratend handeln, die dabei vorgeschlagenen AGB zur Verwendung **empfehlen.** Dazu soll allerdings die normale rechtliche Beratung eines einzelnen oder mehrerer einzelner Verwender noch nicht ausreichen. Eine solche lediglich vorbereitende Hilfstätigkeit bedeute keine Gefahr von eigenem Gewicht und gewinne deshalb keine selbständige rechtliche Bedeutung im Verhältnis zur anschließenden Verwendung durch die beratenen Mandanten.[90]

34 Die wohl herrschende Meinung geht unter Zugrundelegung dieser Kriterien davon aus, dass **beratende Berufe** mit ihrer typischen dauernden Benutzung von Vertragsformularen und -mustern grundsätzlich **nicht** in die besondere **Kontroll- und Unterlassungspflicht** genommen werden, wie sie § 1 den Verwendern und Empfehlern auferlegt.[91] Nur wenn ausnahmsweise ein zusätzlicher und besonderer Verantwortungsaspekt hinzutritt, soll es gerechtfertigt sein, diesen Personenkreis als Empfehler oder Verwender verantwortlich zu machen. Dabei könne es zunächst keinen Unterschied machen, ob die angeratenen AGB und Formularverträge von dem Rechtsanwalt oder Notar selbst erstellt oder aufgrund einer Empfehlung von anderer Seite übernommen werden; in einer eigenen Ausarbeitung könne lediglich ein Indiz für ein weiterreichendes eigenes Interesse an der planmäßig-dauernden Benutzung und Unterbreitung der AGB gesehen werden. **Nur** bei einem **hinzutretenden besonderen eigenen Interesse** an der dauernden Verwendung dieser AGB durch verschiedene Mandanten, und sei es aus Gründen der Vereinfachung der Beratungstätigkeit bei ständig gleichlautenden Vertragswerken, könne man von einer eigenständigen Gefährdung des Rechtsgeschäftsverkehrs und damit von einem **Empfehlen** iS des § 1 ausgehen.[92] Praktisch hat diese Rechtsauffassung dazu geführt, dass die rechtsberatenden Berufe mit ihrer Beratungs- und Hilfstätigkeit bislang von der AGB-Kontrolle freigestellt wurden. **Anders** sieht die Rechtslage dagegen

---

[86] Vgl. auch *Ulmer/Brandner/Hensen* Rn. 19, mit Bsp. *Stoffels*, AGB-Recht, Rn. 1100.
[87] Anders *Dietlein/Rebmann* Rn. 1, der „die Unverbindlichkeit, die dem Empfehlungsadressaten die Freiheit der Entschließung belässt", für ein maßgebendes Kriterium hält.
[88] S. a. BGHZ 112, 204, 209 = NJW 1991, 37, 37 (nicht nur ein potenzieller Verwender); OLG Franfurt a. M. OLGR Frankfurt 2003, 467, 468; *Löwe/v. Westphalen/Trinkner* § 13 AGBG Rn. 6; aA *Hefermehl/Köhler/Bornkamm* Rn. 9, der auch die Empfehlung gegenüber nur einem möglichen Verwender genügen lassen will.
[89] Vgl. *Grabitz/Wolf/Pfeiffer* Art. 7 Rn. 23.
[90] Vgl. schon Zweiter Teilbericht S. 41; so auch *Palandt/Bassenge* Rn. 13; *Löwe/v. Westphalen/Trinkner* § 13 AGBG Rn. 41; *Ulmer/Brandner/Hensen* Rn. 22; *Koch/Stübing* Rn. 14, 18; *Dietlein/Rebmann* Rn. 4; *Erman/Roloff* Rn. 5; *Schlosser/Coester-Waltjen/Graba* § 13 AGBG Rn. 49 (vgl. aber noch Rn. 41, wonach etwa Notare wenn nicht Verwender, dann „auf jeden Fall" Empfehler sein sollen). Erst recht bedeuten unternehmensinterne Vorgaben oder Anweisungen keine Empfehlung, und das muss auch für konzerninterne Leitungsmaßnahmen gelten, vgl. *Stein* Anm. 18. Zu den bisher nur wenigen Klagefällen gegen Empfehler *Schlosser* ZIP 1985, 449, 450.
[91] Vgl. *Staudinger/Schlosser* § 310 BGB Rn. 59 (Unterlassungsanspruch ist gegen den Unternehmer als fiktiven Verwender zu richten); *Wolf/Horn/Lindacher* § 1 AGBG Rn. 24 f. und Art. 3 RL 93/13/EWG, Rn. 23; *Ulrici* WRP 2002, 399, 400 und vor allem *Brägelmann* S. 121 ff. AA *Ulmer/Brandner/Hensen* Rn. 20, Vorb. v. § 307 BGB Rn. 107.
[92] OLG Karlsruhe BB 1983, 725 f.; allgemein auch *Löwe/v. Westphalen/Trinkner* § 13 AGBG Rn. 41; *Ulmer/Brandner/Hensen* Rn. 21 (allerdings besonders auf die eigene Ausarbeitung der AGB abstellend); *Reinel*, Die Verbandsklage nach dem AGBG, 1979, S. 30 f.

bei **Architekten** aus. Hier liegen Urteile vor, in denen Architekten als Empfehler von AGB angesehen wurden.[93]

35 Diese **Rechtsposition** ist nach der Verabschiedung der Richtlinie 93/13/EWG **nicht mehr haltbar,** weil **von Dritten** abgefasste Klauseln und Klauselwerke in weit stärkerem Umfang in die Verbandskontrolle **einbezogen** werden. Dabei kann diese Rechtsfolge nicht allein aus dem Begriff des Empfehlens hergeleitet werden. Sie ergibt sich vielmehr aus einer Zusammenschau der Regeln, mit denen die Richtlinie in Art. 7 RL 93/13/EWG die Verwendung und Empfehlung erfasst. Im Unterschied zum deutschen Recht ist in der Richtlinie 93/13/EWG gerade nicht davon die Rede, dass dem Verbraucher die Standardverträge bzw. der vorformulierte Vertrag oder die vorformulierte Klausel „gestellt" sein müssen. Selbst einseitige Willenserklärungen können einer Kontrolle unterworfen werden.[94] Art. 7 Abs. 1 und Abs. 2 RL 93/13/EWG führen keinen Begriff des Verwendens ein, der dem des deutschen Rechts vergleichbar wäre. Abs. 1 knüpft den Einsatz der angemessenen und wirksamen Mittel an die „*Verwendung missbräuchlicher Klauseln durch den Gewerbetreibenden*". Abs. 2 umschreibt den Gegenstand der abstrakten Kontrolle mit den Worten „*im Hinblick auf eine allgemeine Verwendung abgefassten missbräuchlichen Vertragsklauseln*". Abs. 3 erweitert den Anwendungsbereich insofern, als eine Verbandsklage oder ein behördliches Kontrollverfahren auch das bloße Empfehlen[95] durch Wirtschaftsverbände umfasst, die ein Klauselwerk oder einen Standardvertrag ausgearbeitet haben. Die **entscheidende Frage** für eine *autonome* Bestimmung der von der Richtlinie 93/13/EWG im Verbandsklageverfahren erfassten Formen der Verwendung und Empfehlung lautet, **ob die Klauselkontrolle überhaupt noch daran gebunden ist, dass die missbräuchlichen Klauseln durch die Vertragspartei verwendet oder von einem Wirtschaftsverband empfohlen werden müssen, oder ob es nicht ausreicht, wenn Dritte mittels ihrer Verwendung/Empfehlung auf das Vertragsverhältnis einwirken** (womit aber nicht Einflussnahme iS des § 305 Abs. 1 S. 3 BGB gemeint ist).[96] Die Antwort ist von außerordentlicher praktischer Bedeutung, weil mit einer Ausdehnung der Klauselkontrolle auf Dritte sowohl AGB-förmig abgefasste Notarverträge und Anwaltsverträge, als auch Herstellergarantien oder selbst Werbeaussagen mit AGB-Charakter in den Bereich des Verbandsklageverfahrens gelangen, soweit ihre Einflussnahme als verwenden bzw. empfehlen zu qualifizieren ist. Dieses Szenario, das manchem als *horror juris* erscheinen möchte, ist in vielen Mitgliedstaaten längst Wirklichkeit.[97]

36 Die Richtlinie gibt **keine eindeutige Auskunft.** Art. 7 Abs. 1 RL 93/13/EWG scheint die Rechtsposition zu stützen, dass Gegenstand einer Verbandsklage nur Verträge sein können, die der Gewerbetreibende dem Verbraucher gegenüber verwendet. Damit unterlägen notarielle Verträge nur dann einer Verbandsklage, wenn sich der Vertragspartner des Verbrauchers ihrer bedient und ihre Verwendung für den konkreten Vertrag empfiehlt.[98] Nur die Tätigkeit der Verkäufer von Immobilien selbst fiele in den Anwendungsbereich, nicht aber die der Notare.[99] Eine solche Interpretation des Anwendungsbereichs wird mit dem Hinweis untermauert, dass sich die Richtlinie 93/13/EWG auf Waren und Dienstleistungen beziehe, nicht aber auf Immobilien.[100] Für die gegenteilige weite Lesart unter Einbeziehung der Tätigkeit der rechtsberatenden Berufe spricht jedoch der Kontrollansatz. Kommt es auf das Machtungleichgewicht an, rückt der rollenspezifische Schutz des Verbrauchers in den Vordergrund, der die Rechtfertigung liefern muss. Dessen Rechtsposition erschöpft sich nicht in der Ausgestaltung des unmittelbaren Vertragsverhältnisses, sondern wird durch Herstellergarantien, Herstellerwerbung und Gebrauchsanweisungen, ebenso wie durch die

---

[93] Vgl. zuletzt OLG München BauR 1993, 494 ff.; zuvor schon OLG Karlsruhe BB 1983, 725 ff.; OLG Bamberg AGBE § 13 Nr. 25; mit umfangreichen Nachw. aus der Diskussion *Brägelmann* S. 115 f.
[94] Vgl. *Palandt/Grüneberg* § 310 BGB Rn. 11, der aus dieser Konsequenz aber keine Rückschlüsse auf den sachlichen Anwendungsbereich zieht.
[95] Vgl. *Wilhelmsson,* Public Interest Litigation on Unfair Terms, in: *Micklitz/Reich* (Hrsg.), 1996, S. 385 ff., 387.
[96] Vgl. dazu MünchKommBGB/*Basedow* § 305 Rn. 20 f.
[97] *Tenreiro* Revue Européenne de la Consommation 1996, 187 ff.; Werbung wird erfasst in Luxemburg, 198 Fn. 28; Herstellerhaftung für die gesetzliche Gewährleistung findet sich in Finnland, Frankreich, Belgien, Luxemburg, 205 Fn. 38; Haftung des Verkäufers für die kommerzielle Garantie des Herstellers in Irland, im Grünbuch vorgeschlagen vom Vereinigten Königreich, 215; Haftung des Herstellers für seine Werbeerklärungen im Rahmen der kommerziellen Garantie ist im Vorschlag der Kommission enthalten, 216.
[98] So *Palandt/Grüneberg* § 310 BGB Rn. 14; *Grabitz/Wolf/Pfeiffer* Art. 7 Rn. 12.
[99] *Bunte* DB 1996, 1389, 1391; *Palandt/Grüneberg* § 310 BGB Rn. 12, 14.
[100] *Kappus* NJW 1994, 1848; weiter *Schmidt-Salzer* NJW 1995, 1641 ff., 1645. Aus dem deutschen Recht wird überdies der § 310 Abs. 3 Nr. 1 BGB herangezogen: „gelten als gestellt, es sei denn, dass sie durch den Verbraucher in den Vertrag eingeführt wurden", *Palandt/Grüneberg* § 310 BGB Rn. 12 f., *Bunte* DB 1996, 1391, dass die Vertragsbedingungen im Auftrag des Verbrauchers von einem Notar oder einem Rechtsanwalt vorformuliert wurden.

Aktivitäten beratender Dritter bei der Vorbereitung und Durchführung des Kauf- oder Dienstleistungsvertrages beeinflusst. Der EuGH hat in der Auseinandersetzung um die Anwendbarkeit der Haustürwiderrufsrichtlinie zu erkennen gegeben, dass er die Schutzregelungen nicht notwendig auf die Vertragsparteien beschränken will.[101] Ein weiteres Moment tritt hinzu. Die rechtsberatenden Berufe unterliegen einem Umwälzungsprozess. Sie entwickeln sich immer mehr zu Dienstleistern. Die ihnen in der Rechtsordnung gewährten Privilegien beruhen aber auf einem anderen Berufsbild.[102] Eine parallele Entwicklung bahnt sich auch im Gemeinschaftsrecht in Bezug auf die Stellung der Hersteller im Kaufrecht an. Die Richtlinie zum Verbrauchsgüterkauf[103] bezieht zwar den Hersteller nicht als Adressaten eines gesetzlichen Gewährleistungsrechts oder als Garanten einer vertragsunabhängigen, kommerziellen Garantie ein, so wie sie die Kommission im Grünbuch zu den Verbrauchsgütergarantien zur Diskussion gestellt hatte.[104] Aus Art. 10 RL 1999/44/EG ergibt sich jedoch, dass die Kommission ihr ursprüngliches Ansinnen nicht aufgegeben hat, den Hersteller zum Adressaten eines gesetzlichen Gewährleistungsrechts zu machen.[105] Art. 6 RL 1999/44/EG enthält Vorgaben für eine freiwillige Herstellergarantie. Das Gemeinschaftsrecht entwickelt ein eigenes Vertragskonzept unter Einbeziehung drittbeteiligter Personen (rechtsberatender Berufe und Hersteller).[106] **Deshalb spricht vieles dafür, von Dritten verfasste Klauseln und Klauselwerke der Verbandskontrolle zu unterwerfen.** Ob die AGB verwendet oder zur Verwendung empfohlen werden, richtet sich nach den konkret-generellen Umständen. Verwenden setzt einen entsprechenden Kontakt zu mindestens einer der vertragsschließenden Parteien voraus. Dagegen kommt ein Empfehlen auch bei einer nur relativ fern liegenden, von außen gesteuerten Einflussnahme in Betracht.

Nach § 1 müssen die AGB „**für den rechtsgeschäftlichen Verkehr**" empfohlen sein. Mittels dieses Kriteriums werden wissenschaftliche Meinungsäußerungen und Veröffentlichungen zu AGB von Empfehlungen abgegrenzt und ausgenommen, ohne dass damit zugleich entsprechende Formularbücher von der Kontrolle freigestellt wären.[107] Deren Verbreitung wird nur dann als „Empfehlen" behandelt, wenn der AGB-Vorschlag mit einem bestimmten geschäftlich-berufsständischen oder allgemeinen finanziellen Interesse an seiner Verbreitung (uU Verkauf) gerade im Hinblick auf interessierte Verwender ausgesprochen wird.[108] Dagegen sollte aus Art. 5 oder gar Art. 2 GG nichts einzuwenden sein, und zwar auch insoweit, als es um den vorgesehenen Widerruf einer Empfehlung geht. Dem steht nicht entgegen, dass man einen Widerruf von Werturteilen für ausgeschlossen hält, so etwa beim persönlichen Ehrenschutz;[109] denn bei einer AGB-Empfehlung ist nicht das rechtliche Werturteil über die Wirksamkeit der AGB selbst, sondern erst die hinzu tretende besondere Aufforderung und Anregung an potentielle Verwender, ihre AGB entsprechend auszugestalten, der maßgebende Angriffspunkt.[110] Auch diese Rechtsauffassung bedarf der Korrektur. Die Korrekturnotwendigkeit folgt aus der Übertragung des wettbewerblichen Störerbegriffs auf das AGB-Recht, vgl. Rn. 38, und nicht etwa aus Art. 7 Abs. 3 RL 93/13/EWG der offensichtlich nur Konstellationen des Empfehlens erfasst, die mit der Tätigkeit mehrerer Gewerbetreibender desselben Wirtschaftssektors in Zusammenhang stehen.

2. Empfehler. Verantwortlich für die Empfehlung ist derjenige, der sie im eigenen Namen ausspricht,[111] wobei auch empfiehlt, wer eine bereits von anderer Seite ausgesprochene Empfehlung

---

[101] EuGH Urt. v. 17. 3. 1998, Rs. C-45/86 *Dietzinger* = EuZW 1998, 252 ff.
[102] Vgl. *Herrmann*, Recht der Kammern und Verbände freier Berufe, 1996; *ders./Backhaus* (Hrsg.), Staatlich gebundene Freiberufe im Wandel, Rechtliche und ökonomische Aspekte aus Wissenschaft und Praxis, 1997.
[103] ABl. EG Nr. L 171, 7. 7. 1999, 12; dazu *Amtenbrink/Schneider* VuR 1996, 367 ff.; *Medicus* ZIP 1996, 1925 ff.; *Hondius* ZEuP 1997, 130 ff.; *Micklitz* EuZW 1997, 229 ff.; *Schlechtriem* JZ 1997, 441 ff.
[104] Grünbuch über Verbrauchsgütergarantien und Kundendienste vom 15. 11. 1993, KOM (93) 509 endg.
[105] Vgl. jetzt Grünbuch zur Revision des Verbraucher-Acquis vom 12. 2. 2007 KOM (2006) 744 endg.
[106] Ausführlich zum Vertragskonzept, *Micklitz* ZEuP 1998, 257 ff.
[107] So auch Begr. Rechtsausschuss des BTags BT-Drucks. 7/5422 S. 10 sowie Zweiter Teilbericht, S. 41; vgl. auch *Palandt/Bassenge* Rn. 11; *Löwe/v. Westphalen/Trinkner* § 13 AGBG Rn. 7; *Hefermehl/Köhler/Bornkamm* Rn. 9; *Ulmer/Brandner/Hensen* Rn. 20, 22; *Schlosser/Coester-Waltjen/Graba* § 13 AGBG Rn. 48; *Ulrici* WRP 2002, 399, 400.
[108] Ähnlich *Schlosser/Coester-Waltjen/Graba* § 13 AGBG Rn. 48 i. V. m. 44. Das kann sich auch aus der Art und Weise der Äußerung und dem dabei angesprochenen Adressatenkreis ergeben; vgl. *Stein* Anm. 18.
[109] Vgl. MünchKommBGB/*Schwerdtner* Anh. § 12 BGB Rn. 187 ff.
[110] Grundlos und übersteigert deshalb *Pawlowski* BB 1978, 161, 164, für den nur bei „Anweisungen" ein Widerruf in Betracht kommt, denn: „Die Verurteilung zum Widerruf von Ratschlägen und Meinungen kennt nur der Ketzerprozess". In diese Richtung auch *Fehl* Systematik des Rechts der Allgemeinen Geschäftsbedingungen, S. 123 und *Locher*, Das Recht der Allgemeinen Geschäftsbedingungen, 1980, S. 120, 121.
[111] So *Schlosser/Coester-Waltjen/Graba* § 13 AGBG Rn. 47; vgl. auch *Löwe/v. Westphalen/Trinkner* § 13 AGBG Rn. 40.

wiederholt. Hierzu zählen vor allem Wirtschaftsverbände und Berufsvereinigungen, die für ihre Mitglieder einheitliche AGB aufstellen und zur Verwendung empfehlen, sowie die Verfasser von Formularbüchern, Vertragsformularen usw.[112] Die Übertragung der dem Störerbegriff inhärenten marktlichen Perspektive auf das AGB-Recht verlangt, auch diejenigen in die Pflicht zu nehmen, die die Klauselwerke nur **„verbreiten"**, dh. die lediglich als Herausgeber, Verleger, Hersteller- oder Vertriebsunternehmen in Erscheinung treten.[113] Es kann jedoch nicht prinzipiell jeder, der im Sinne der Rechtsprechung zum Störerbegriff eine Ursache oder Mitursache für die Störung setzt, schon selbst als Störer in Anspruch genommen werden. Zur möglichen Auswirkung einer Unterlassungs- oder Widerrufspflicht des Empfehlers im Verhältnis zu den an der Herstellung und Verbreitung der Empfehlung beteiligten Personen vgl. anschließend Rn. 39 ff. Umgekehrt beschränkt sich die Verantwortlichkeit des Herausgebers, Verlegers usw. nicht auf Empfehlungen, deren Verfasser anonym bleibt.[114] Genauso wenig ist der Formularverkäufer nicht nur dann als Empfehler anzusehen, wenn der Verleger oder Hersteller nicht in Erscheinung getreten bzw. in Erfahrung zu bringen und deshalb nicht verantwortlich zu machen sind.[115] Rechtsberatend Tätige (zB Rechtsanwälte, Notare) dürften wegen ihrer Nähe zum Vertrag tendenziell eher als Verwender zu begreifen sein, vgl. Rn. 46. Als Empfehler kommen sie nur in Betracht, wenn sie eine begrenzte Vielzahl von Personen planmäßig ansprechen, um daraus erwerbswirtschaftliche Vorteile herzuleiten. Dagegen sind Verwaltungsbehörden keine Empfehler, wenn sie öffentlich-rechtlich begründete und wirkende besondere Anweisungen oder unverbindliche Vorschläge zur AGB-Ausgestaltung abgeben. § 1 UKlaG bietet keine Grundlage dafür, mit Hilfe der Zivilgerichte in die hoheitliche Kompetenz der Verwaltungsbehörde und in den Zuständigkeitsbereich der Verwaltungsgerichte einzugreifen. Etwas anderes gilt, wenn es um eine **behördliche Empfehlungstätigkeit** in allgemeiner Fürsorge für entsprechend angemessene Vertragsausgestaltung mit vorgelegten Musterverträgen geht, vgl. aber die Auswirkungen der Richtlinie 93/13/EWG gerade auch auf öffentliche Unternehmen als potentielle Adressaten eines Kontrollverfahrens, Rn. 43.[116] Die Anmeldung von Konditionenempfehlungen und deren Bekanntgabe durch das Bundeskartellamt machte dieses nicht zum Empfehler. Insoweit blieb es beim Anmelder als Empfehler.[117] Mit dem Wegfall der Anmeldepflicht scheidet das Bundeskartellamt ohnehin aus dem Bereich der potentiellen Adressaten aus, vgl. noch Vor Rn. 4. Der Deutsche Vergabe- und Vertragsausschuss für Bauleistungen (DVA), welcher als nichtrechtsfähiger Verein die VOB/B verfasst, qualifiziert sich als Empfehler derselbigen.[118] Durch seinen Beschluss „rät" er den beteiligten Verkehrskreisen die Verwendung der VOB an, auch wenn dies nicht ausdrücklich geschieht.[119] Die nach § 17 der Satzung des DVA vorgesehene Veröffentlichung der VOB über den Bundesanzeiger bestärkt dieses Anliegen, weil dadurch ein halb-offizieller Charakter der VOB/B vermittelt wird.[120] Zur Frage, ob der DVA die VOB/B nur zwischen Unternehmen empfiehlt, vgl. § 3 Rn. 17. Eine andere Ansicht vertritt das KG,[121] aber nicht ohne die Revision

---

[112] Vgl. schon Begr. Rechtsausschuss des BTags, BT-Drucks. 7/5422 S. 10; ebenso *Palandt/Bassenge* Rn. 13; *Löwe/v. Westphalen/Trinkner* § 13 AGBG Rn. 7, 41; *Ulmer/Brandner/Hensen* Rn. 19 f.; *Schlosser/Coester-Waltjen/Graba* § 13 AGBG Rn. 43.

[113] So auch *Schlosser/Coester-Waltjen/Graba* § 13 AGBG Rn. 43; *Koch/Stübing* Rn. 17; *Reinel*, Die Verbandsklage nach dem AGBG, 1979, S. 31. Einschränkend *Staudinger/Schlosser* Rn. 31 und *Ulmer/Brandner/Hensen* Rn. 20 f., die den Verleger bzw. die Druckerei oder das Vertriebsunternehmen nur dann als Empfehler ansehen, wenn der Verfasser eines AGB-Formularbuchs oder von AGB-Formularen anonym bleibt. Anders für Verleger und Drucker *Palandt/Bassenge* Rn. 13 bzw. Verleger und Buch- oder Zeitschriftenhändler *Hefermehl/Köhler/Bornkamm* Rn. 9 und generell anders *Löwe/v. Westphalen/Trinkner* § 13 AGBG Rn. 7.

[114] AA *Staudinger/Schlosser* Rn. 31; *Ulmer/Brandner/Hensen* Rn. 20 f.; differenzierend *Wolf/Horn/Lindacher* § 13 AGBG Rn. 65 (Verleger soll bei Offenkundigkeit des Autors nur dann neben demselben als Empfehler haften, wenn er durch Werbung selber die Sicherheit der Verwendung der vertriebenen AGB-Muster hervorhebt.)

[115] Vgl. auch *Schlosser/Coester-Waltjen/Graba* § 13 AGBG Rn. 43 und *Ulmer/Brandner/Hensen* Rn. 20; gegen jede Inanspruchnahme des Formularverkäufers aber *Reinel*, Die Verbandsklage nach dem AGBG, 1979, S. 31 (unter unzutr. Berufung auf *Schlosser*).

[116] Vgl. auch *Löwe/v. Westphalen/Trinkner* § 13 AGBG Rn. 6; *Reinel*, Die Verbandsklage nach dem AGBG, 1979, S. 31 f. Dazu auch *Stein* Anm. 17, der allerdings auch Empfehlungen im Rahmen schlicht hoheitlichen Handelns von dieser Kontrolle ausnimmt. Explizit auch für eine Kontrolle der Empfehlungstätigkeit seitens einer Genehmigungsbehörde *Schlosser/Coester-Waltjen/Graba* § 13 AGBG Rn. 44; insoweit ausdrücklich eine Kontrolle verneinend noch *Ulmer/Brandner/Hensen* Rn. 19 und *Sieg* VersR 1977, 489, 492.

[117] Vgl. auch OLG Köln WM 1981, 663 = BB 1982, 638.

[118] *Micklitz*, Bauverträge mit Verbrauchern und die VOB Teil B, S. 150; LG Berlin NZBau 2006, 182, nicht rechtskräftig.

[119] *Micklitz*, Bauverträge mit Verbrauchern und die VOB Teil B, S. 150.

[120] *Micklitz*, Bauverträge mit Verbrauchern und die VOB Teil B, S. 150; *Hefermehl/Köhler/Bornkamm* Rn. 13.

[121] 15. 2. 2007, Az. 23 U 12/06, derzeit beim BGH unter dem Aktenzeichen VII ZR 55/07 anhängig.

zum BGH zuzulassen. Das KG verneinte die Empfehlereigenschaft des DVA iS des § 1 mit der Begründung, dass es bereits äußerst zweifelhaft sei, ob sich der DVA überhaupt in eigenem Namen an die potentiellen Verwender gegenüber Verbrauchern richte, da die Fassung der VOB/B vom Bundesministerium veröffentlicht werde. Jedenfalls empfehle der DVA weder ausdrücklich noch konkludent die Verwendung der VOB/B gegenüber Verbrauchern, da der DVA unstreitig selbst überhaupt keine öffentlichen Erklärungen abgebe und das von ihm erstellte Klauselwerk nicht einmal selbst veröffentliche und sich der Frage der Verwendung gegenüber Verbrauchern bislang in keiner Weise positioniert habe. Die Verfassereigenschaft allein sei aber für sich genommen nicht ausreichend, um die Verwendereigenschaft zu begründen. Das Kammergericht verkennt, das es letztendlich darauf ankommt, wie die Rolle des DVA im Geschäftsverkehr wahrgenommen wird.

3. Unterlassungsanspruch. Der Unterlassungsanspruch richtet sich gegen die künftige (wiederholte oder erstmalige) Empfehlung der unwirksamen AGB und setzt eine entsprechende *Gefahr*, eine ernstliche Besorgnis voraus, vgl. dazu Rn. 26 ff. Ein **gefahrbeseitigendes Handeln** des Empfehlers zur Erfüllung der Unterlassungspflicht kann erforderlich werden bei einer, etwa in Form eines Formularbuchs, zur Verbreitung ausgegebenen, vervielfältigten schriftlichen Empfehlung (dazu allgemein zuvor Rn. 33 ff.). Die Übersendung des Manuskripts an den Verleger oder die Druckerei gehört, ebenso wie die Auslieferung des gedruckten Werks an den Handel, noch zur Vorbereitung der Empfehlung. Erst mit der Ausgabe der Empfehlung an die potentiellen Verwender ist die Empfehlung ausgesprochen und der Empfehler einem Widerrufsanspruch ausgesetzt. Das Unterbinden des (weiteren) Verkaufs bzw. ein Rückruf des Formularwerks gehört somit zur Erfüllung der Unterlassungspflicht und stellt nicht etwa eine Form des Widerrufs dar.[122]

Demgemäß muss der Unterlassungsschuldner **alle zumutbaren rechtlich möglichen Maßnahmen** ergreifen, um eine (weitere) Ausgabe seiner Empfehlungserklärung durch die dritten „Verbreiter",[123] die nicht selbst Unterlassungsschuldner nach Maßgabe des hier vertretenen weiten Empfehlerbegriffs sind, so schnell wie möglich zu verhindern.[124] Das kann teuer werden und auch schon im Hinblick auf eine mögliche Anspruchsgrundlage des Schuldners gegen diese Dritten Schwierigkeiten bereiten. Da die Unterlassungspflicht des Empfehlers für ihn nicht einfach Unterlassungsansprüche gegen die Dritten begründet, bleibt ihm im Verhältnis zu diesen häufig höchstens das rechtliche Argument vom Fehlen bzw. Wegfall der Geschäftsgrundlage, wobei das vertraglich-wirtschaftliche Risiko ganz bei ihm steht und allenfalls etwas niedriger als bei einer bloßen finanziellen Auslösung ist. Dem Schuldner darf allerdings nichts abverlangt werden, wozu er rechtlich nicht imstande ist, so dass ihm insbesondere keine Maßnahme aufgegeben werden kann, die in die Rechte unbeteiligter Dritter rechtswidrig eingreifen würde. Insofern ist, wie beim Beseitigungsanspruch, eine entsprechende Verfügungsgewalt des Schuldners nötig,[125] wozu auch eine ihm zustehende obligatorische Herausgabe-Anspruchsmöglichkeit gerechnet werden muss. Es kann also durchaus vorkommen, dass der Empfehler keine Unterlassungs- bzw. Verhinderungsmöglichkeit mehr hat und nur noch mit Hilfe eines Widerrufs eine Korrektur erreichen kann.[126] Anders sieht die Rechtslage aus, wenn der Verbreiter selbst Unterlassungsschuldner ist. Dann sind beide in der Pflicht und müssen die Verantwortungsbereiche unter sich bestimmen. Es versteht sich von selbst, dass mit der Empfehlereigenschaft des Verbreiters dessen Verantwortung nicht nur im Außenverhältnis wächst, sondern auch im Innenverhältnis. Im Übrigen kann jeder Empfehler zu solchen gefahrbeseitigenden Maßnahmen verpflichtet sein, wie sie auch für einen Verwender in Betracht kommen, zB die Korrektur, Vernichtung oder Herausgabe des Formularmaterials; dazu Rn. 39 ff.

4. Widerrufsanspruch. Der Widerrufsanspruch ist ein speziell ausgeprägter **Gefahrenbeseitigungsanspruch** und richtet sich gegen die von einer Empfehlung ausgehende Gefahr der künftigen Verwendung dieser AGB durch andere,[127] vgl. näher Rn. 2 ff. Zur (Grund-)Rechtmäßigkeit des dekretierten Widerrufsanspruchs vgl. zuvor Rn. 8 ff. Er wird mit dem Ausspruch der Empfehlung begründet (zur Abgrenzung der Abgabe der Empfehlung von ihrer Vorbereitung vgl. zuvor Rn. 19 ff.), wobei infolge seiner besonderen gesetzlichen Bestimmung grundsätzlich die fortdauernde Verwendungs- bzw. Übernahmegefahr und die Eignung des Widerrufs zur Beseitigung dieser

---

[122] Anders *Löwe/v. Westphalen/Trinkner* § 13 AGBG Rn. 50.
[123] Vgl. allgemein *Pastor* Unterlassungsvollstreckung, S. 163 ff. zur entspr. Frage einer „Zuwiderhandlung" gegen den Unterlassungstitel.
[124] AA *Staudinger/Schlosser* Rn. 22.
[125] So für den Anspruch auf Beseitigung von wettbewerbswidrigem Werbematerial eingehend BGH NJW 1974, 1244 m. zahlr. Nachw.
[126] Zum Widerruf als einer verhältnismäßigen Maßnahme allgemein MünchKommBGB/*Schwerdtner* Anh. § 12 BGB Rn. 189 ff.
[127] Vgl. auch *Hefermehl/Köhler/Bornkamm* § 1 Rn. 15 f.

Gefahr zugrunde zu legen sind.[128] Allerdings muss der Widerruf **erforderlich** sein.[129] Deshalb kann der Anspruch darauf ausnahmsweise entfallen, wenn der Empfehler den sicheren Nachweis führt, dass von seiner Empfehlung jetzt keinerlei gefährliche Wirkung mehr ausgeht. Zur Erklärung und Bekanntmachung des Widerrufs, der als *actus contrarius* zur Empfehlung schon dem Anspruch nach ohne Weiteres „in gleicher Weise wie die Empfehlung" zu verbreiten ist, vgl. § 9 Rn. 5 f.

VI. Die Verjährung des Unterlassungs- und Widerrufsanspruchs

42 Die besonderen Verjährungsregeln des § 13 Abs. 4 AGBG sind nicht in das UKlaG übernommen worden. Der Gesetzgeber hielt dies aufgrund der Neuregelung des Verjährungsrechts im BGB für entbehrlich.[130] Folglich beurteilt sich die Verjährung des Unterlassungs- und Widerrufsanspruchs nach den **allgemeinen Vorschriften** des BGB. Einschlägig sind damit die §§ 194 ff. BGB. Die **Richtlinie 93/13/EWG** enthält keine Bestimmung zur Verjährung. Gleichwohl ist die Frage zu klären, inwieweit sich eine Verjährungsregelung mit dem Gebot des **effektiven Rechtsschutzes** verträgt.[131]

43 **1. Problem der Verjährung.** Die Verjährung **deliktischer und quasideliktischer Unterlassungsansprüche** ist vernünftigerweise eigentlich ausgeschlossen:[132] Der Unterlassungsanspruch richtet sich gegen eine erst drohende künftige Rechtsbeeinträchtigung und diese kann nicht mit Hilfe einer Verjährung rechtlich erlaubt bzw. unabwendbar werden. Zudem befindet sich der Unterlassungsanspruch vor dieser Rechtsbeeinträchtigung noch im Stadium seiner Entstehung, selbst wenn die Gefährdung schon eine eigene Störung darstellt und den Abwehranspruch auslöst. Der vertragsrechtliche Charakter der Verbandsklage führt zu keiner anderen Beurteilung. Solange sich die Verträge mit unwirksamen Klauseln noch im Geschäftsverkehr befinden, kann es nur Aufgabe der Verbandsklage sein, auf diese Verträge mit dem Ziel der Korrektur einzuwirken; zur Problematik der Verjährung der Verwendung bei bereits abgewickelten Verträgen, vgl. § 11 Rn. 7 f. Diese Umstände führen dazu, dass man die gesetzlich bestimmte Verjährung solcher Unterlassungsansprüche jedenfalls in ihrer Anwendung erheblich reduziert und damit korrigiert. So verneint man jede Verjährungsmöglichkeit bei einem Unterlassungsanspruch, der in der Gefahr erstmaliger Rechtsbeeinträchtigung begründet ist[133] – was nur unterstreicht, dass die drohende Gefahr selbst noch nicht die „Zuwiderhandlung" sein kann und den Lauf einer Verjährungsfrist in Gang setzen kann. Bei **dauernden Verletzungshandlungen** wertet man jede Zuwiderhandlung selbständig mit einer eigenen Verjährung, § 199 Abs. 5 BGB, so dass praktisch erst mit der letzten Zuwiderhandlung die Verjährungsfrist beginnen kann.[134] Dadurch wird das Verjährungsproblem weitgehend materiell überholt. Berücksichtigt man schließlich, dass dem Störer eine eingetretene Verjährung nur bei der ersten weiteren Beeinträchtigung zugute gehalten und damit schon wieder ein neuer Unterlassungsanspruch mit eigener Verjährung begründet wird,[135] so lässt sich sagen, dass die Verjährungsvorschriften kaum eine praktische Bedeutung, wohl aber rechtliche und dogmatische Merkwürdigkeiten zur Folge haben. Dies um so mehr, als die Verbraucherverbände nur gegen AGB vorgehen, wenn sie aktuell im Rechtsverkehr noch verwendet werden. Die Verbraucherverbände haben kein Interesse daran, auf die Unterlassung von AGB zu dringen, deren letztmalige Verwendung zwei Jahre oder länger zurückliegt. Anders sieht das bei einem Beseitigungsanspruch wie dem **Widerrufsanspruch** wegen der **Empfehlung** unwirksamer AGB aus. Empfehlungen können jederzeit neue Adressaten

---

[128] Vgl. auch *Hefermehl/Köhler/Bornkamm* § 1 Rn. 16; *Ulrici* WRP 2002, 399, 400.

[129] Dazu näher *Hefermehl/Köhler/Bornkamm* § 8 UWG Rn. 1.97 ff.; jurisPK-UWG/*Seichter* § 8 Rn. 66 ff.; *Pastor* Wettbewerbsrecht, S. 361 ff.

[130] Vgl. BT-Drucks. 14/6040 S. 275, *Stoffels*, AGB-Recht, Rn. 1108.

[131] Vgl. erstmalig in einer detaillierten Analyse *Reich/Vergau*, FS Heinrichs, 1998, S. 411 ff.

[132] Vgl. schon *Lehmann*, Die Unterlassungspflicht im Bürgerlichen Recht, 1906, S. 319 ff.; dazu (und auch zur möglichen anderen Lage bei einem vertraglichen Unterlassungshauptanspruch) noch *Henckel* AcP 174 (1974), 126 f.; zum Meinungsstand m. Nachw. *Pastor* Wettbewerbsrecht, S. 177 ff. Das heißt aber nicht, dass das Gesetz „nur für die Beseitigungs- und Widerrufsklage einen Sinn entfalten" und gelten kann, mag die Bestimmung einer Unterlassungsverjährung auch „ein dogmatischer Anachronismus" sein; so aber *Koch/Stübing* Rn. 35.

[133] *Pastor* Wettbewerbsrecht, S. 179; vgl. auch Nachweise bei *Hefermehl/Köhler/Bornkamm* § 11 UWG Rn. 1.3, der aber die Möglichkeit einer Verjährung des vorbeugenden Unterlassungsanspruchs grundsätzlich bejaht.

[134] BGH NJW 1973, 2285; *Hefermehl/Köhler/Bornkamm* Rn. 19; *Hefermehl/Köhler/Bornkamm* § 11 UWG Rn. 1.3; jurisPK-UWG/*Ernst* § 11 Rn. 14 ff.; *Pastor* Wettbewerbsrecht, S. 183 ff. Entgegen *Dietlein/Rebmann* Rn. 12 kann man aber eine „durch Rundschreiben" ausgesprochene Empfehlung nicht einfach schon wegen einer fehlenden ausdrücklichen Befristung als eine „andauernde Empfehlungshandlung" durch „ständige Aufrechterhaltung" ansehen.

[135] OLG Celle RRA, 2002, 270; *Pastor* Wettbewerbsrecht, S. 187, 188, dort auch zu den Verwirrungen im Zusammenhang mit einem rechtskräftigen Unterlassungstitel.

erreichen und als **Dauerhandlungen** theoretisch nicht verjähren, weil faktisch keine Beseitigungsmöglichkeit seitens des Empfehlers besteht.[136] Kein Empfehler kann erwarten, dass sich die von ihm geschaffene Gefahr durch bloßen Zeitablauf erledigt und die Klauseln damit rechtmäßig werden.[137]

2. Verjährung im Einzelnen. Für die Verjährung im Einzelnen gilt die regelmäßige Verjährungsfrist. Der Abwehranspruch verjährt damit gemäß § 195 BGB in **drei Jahren.** Die Frist beginnt gemäß § 199 Abs. 1, Abs. 5 BGB mit dem Schluss des Jahres, in dem der Anspruch entsteht bzw. die Zuwiderhandlung erfolgt und der Anspruchsgläubiger **Kenntnis** von den, den Anspruch begründenden Umständen und der Person des Schuldners erlangt oder ohne grobe Fahrlässigkeit erlangen müsste.

a) Dreijährige Verjährung ab Kenntnis. „Kenntnis" bedeutet nicht lückenlose Kenntnis des Sachverhalts in objektiver und subjektiver Hinsicht. Vielmehr genügt es, dass nach den Umständen die Kenntnis von der Handlung und der Person des Verpflichteten in einem solchen Grade vollständig und sicher ist, dass sie zur gerichtlichen Geltendmachung des Anspruchs gegen eine bestimmte Person ausreicht.[138] Maßgebend ist dabei grundsätzlich, dass der **Anspruchsberechtigte** selbst, vgl. dazu Rn. 1 ff., bzw., da es sich hierbei immer um juristische Personen des privaten oder öffentlichen Rechts handelt, der **gesetzliche Vertreter,** Kenntnis erlangt hat. Die Kenntnis des für diese Aufgabe zuständigen Sachbearbeiters reicht jedoch aus.[139] Dass Informationen, deren Relevanz für anderen Personen innerhalb der Organisation erkennbar ist, tatsächlich an die damit konkret befassten Personen weitergeleitet werden, müssen die am Rechtsverkehr teilnehmenden Organisationen durch entsprechende betriebliche Vorkehrungen gewährleisten.[140] Damit ist auch der **maßgebliche Zeitpunkt** bestimmt. Die zur Klageerhebung relevanten Tatsachen müssen in die Sphäre des klagenden Verbandes gelangt sein. Es ist nicht entscheidend, wann die verantwortlichen Personen die in ihre Sphäre gelangten Klauseln werten.[141] Sind der AGB-Text und die Identität des Verwenders oder Empfehlers bekannt, beginnt die Verjährungsfrist ohne Rücksicht darauf zu laufen, ob die zuständige Person des Anspruchsberechtigten das Klauselwerk bearbeitet.[142] Differenzierend ist die **Kenntnisnahmemöglichkeit** je nach Typ der **Empfehlung** zu beurteilen. Angesichts der in Bezug auf Konditionenempfehlungen geänderten Rechtslage wird man den Verbraucherverbänden insoweit keine Untersuchungspflicht mehr auferlegen können.[143] Deshalb gilt für Konditionenempfehlungen wie für Empfehlungen in Verbandszeitschriften der Grundsatz, dass die Verjährung zu dem Zeitpunkt beginnen kann, zu dem der Empfehler den Verbänden Kenntnis des Texts verschafft hat. **Gemeinschaftsrechtlich** dürfte die dann einsetzende dreijährige Frist nicht zu beanstanden sein.

b) Zehnjährige Verjährung ohne Rücksicht auf Kenntnis. § 199 Abs. 4 BGB statuiert eine Höchstfrist, nach der mit der Ausnahme von Schadensersatzansprüchen grundsätzlich alle unter die Regelverjährung fallenden Ansprüche ohne Rücksicht auf Kenntnis oder grob fahrlässige Unkenntnis zehn Jahre nach Entstehung des Anspruchs erlöschen. Die Anwendung dieser Höchstfrist auf den Abwehranspruch nach § 1 verstößt gegen die Richtlinie 93/13/EWG. Maßgebend für die Beurteilung der zehnjährigen Verjährungsfrist ist der Grundsatz des effektiven Rechtsschutzes, der grundsätzlich zeitunabhängig zu gewähren ist. Die Verbraucherverbände haben das Mandat erhalten, nicht nur die volle Wirksamkeit des Gemeinschaftsrechts sicherzustellen, sondern auch die Nachteile, die aus der Verwendung/Empfehlung missbräuchlicher Vertragsklauseln resultieren, vom Verbraucher abzuwehren. Dieses Schutzziel würde aber vom nationalen Gesetzgeber unterlaufen, wenn der Schutz des Verbrauchers nur noch zeitgebunden zu realisieren wäre. Eine gemeinschaftskonforme Auslegung des § 199 Abs. 4 BGB hat zur Folge, dass eine zehnjährige Verjährung im Rahmen des Anwendungsbereichs der Richtlinie 93/13/EWG grundsätzlich nicht eingreift, sofern die Klausel noch „**verwendet**" wird, vgl. zum Verwenden und zum Verwender Rn. 19 ff. Vielmehr ist die Verjährung allein an die Kenntnis der zur Klageerhebung berechtigten Organisation von der Verwendung bzw. der Empfehlung gebunden.

---

[136] Wie hier tendenziell *Staudinger/Schlosser* Rn. 34 und *Löwe/v. Westphalen/Trinkner* § 13 AGBG Rn. 100; aA *Soergel/Stein* Rn. 23; *Wolf/Horn/Lindacher* § 13 AGBG Rn. 76.
[137] Vgl. *Reich/Vergau*, FS Heinrichs, 1998, S. 432.
[138] *Hefermehl/Köhler/Bornkamm* § 11 UWG Rn. 1.26; jurisPK-UWG/*Ernst* § 11 Rn. 16 ff.; vgl. auch BGH NJW 1955, 706.
[139] Vgl. BGH NJW 1968, 988; *Pastor* Wettbewerbsrecht, S. 181.
[140] Vgl. BGH NJW 1996, S. 1339 ff., 1341 (Wissensvertreter).
[141] Vgl. *Erman/Roloff* Rn. 4; *Löwe/v. Westphalen/Trinkner* § 13 AGBG Rn. 98.
[142] Vgl. *Reich/Vergau*, FS Heinrichs, 1998, S. 416, unter Berufung auf *Löwe/v. Westphalen/Trinkner* § 13 AGBG Rn. 100.
[143] *Reich/Vergau*, FS Heinrichs, 1998, S. 418 ff. teilweise unter Berufung auf *Wolf/Horn/Lindacher* § 13 AGBG Rn. 76.

47 c) **Verwirkung.** In der Praxis der Verbandsklage wird immer wieder ein Verstoß gegen Treu und Glauben unter dem Gesichtspunkt der Verwirkung geltend gemacht. Häufig geht es um folgende Konstellation: Der Verwender wird abgemahnt, vgl. zur Abmahnung § 5 Rn. 9 ff., gibt eine Unterlassungserklärung ab und legt gleichzeitig seine neuen AGB vor, zu denen der abmahnende Verband entweder überhaupt nicht oder jedenfalls nur kursorisch Stellung nimmt. Wird eine dieser vorgelegten Klauseln Jahre später zum Gegenstand einer Abmahnung gemacht, beruft sich der Verwender auf Verwirkung, weil der klagende Verband sich widersprüchlich verhalte, wenn er trotz Kenntnis nicht abmahne und dadurch einen Vertrauenstatbestand schaffe. Der Unterlassungsanspruch kann jedoch nicht dadurch verwirkt werden, dass der Verbandskläger nicht oder nicht vollständig zu den ihm vorgelegten AGB Stellung nimmt, weil durch bloßen Zeitablauf kein Vertrauenstatbestand begründet wird und es nicht seine Aufgabe ist, AGB zu genehmigen.[144] Es darf dem Kläger nicht verwehrt werden, mit Rücksicht auf sich verändernde Anschauungen, AGB, die er einmal für zulässig gehalten hat, zu einem späteren Zeitpunkt zu beanstanden.[145] Dass der Kläger nicht alsbald nach erlangter Kenntnis reagiert hat, führt ebenfalls weder zum Rechtsmissbrauch noch zur Verwirkung der Klagemöglichkeit.[146]

VII. Die Bestimmung des IPR-gemeinschaftsrechtlich anzuwendenden (AGB)-Rechts

48 Bei der grenzüberschreitenden Verbandsklage geht es um die **extraterritoriale Wirkungen von Rechtsverletzungen,** die in einem Mitgliedstaat begangen wurden, auf einen anderen Mitgliedstaat – oder auch einen EG-Drittstaat. Die Europäische Gemeinschaft hat sich dieser Problematik gleich zweimal angenommen, in der Richtlinie 98/27/EG und der VO (EG) Nr. 2006/2004.[147] Der deutsche Gesetzgeber hat die Vorgaben im UKlaG bzw. im Verbraucherschutzdurchsetzungsgesetz umgesetzt, vgl. Rn. 46 f. Der **sachliche Anwendungsbereich** beider europäischer Regelungswerke ist identisch, in der Sache aber weiter als der des ursprünglichen AGB-Gesetzes, vgl. zum sachlichen Anwendungsbereich § 3 Rn. 43 ff. Auf deutsche Verhältnisse übertragen geht es um die grenzüberschreitende AGB- bzw. UWG-Verbandsklage, materiell-rechtlich formuliert um das AGB- bzw. das UWG-Recht. Letzteres bildet in Deutschland eine eigenständige Materie, die Gegenstand separater Diskussion ist. Deshalb beschränkt sich die vorliegende Kommentierung auf das **AGB-Recht.**

49 **1. Aufbau der Kommentierung im Licht der praktischen Erfahrungen.** Die Möglichkeiten und Grenzen der grenzüberschreitenden **AGB-Verbandsklage** sind in der rechtlichen Bewältigung der „*Gran-Canaria-Entscheidungen*"[148] deutlich geworden, bei denen die Reichweite des deutschen Sachrechts im EG-Ausland zur Entscheidung stand. Dabei boten im Urlaubsort ansässige Firmen deutschen Urlaubern in deutscher Sprache deutsche Produkte zu den Bedingungen des spanischen Rechts an. Die Auslieferung und die Bezahlung erfolgten über eine deutsche Firma. Weil Spanien die Haustürwiderrufsrichtlinie noch nicht umgesetzt hatte,[149] mussten sich deutsche Gerichte, auf die vom ehemaligen Verbraucherschutzverein in Berlin (jetzt Verbraucherzentrale Bundesverband) gegen die deutsche Firma parallel erhobenen AGB- und UWG-Verbandsklagen hin, mit der komplexen Gemengelage von UWG- und AGB-Recht, EG-Recht und Kollisionsrecht im Bereich der Verbandsklage auseinandersetzen. Wesentlich ertragreicher sind die Erfahrungen im UWG-Bereich. Diese werden von der Rechtsprechung und der herrschenden Meinung ohne nähere Problematisierung auf den AGB-Bereich übertragen, sowohl hinsichtlich der prozessualen

---

[144] So das OLG Frankfurt, 6 U 14/88, in der einzigen bislang bekannt gewordenen Entscheidung. Die Entscheidung ist zwar in die Revision gegangen, BGH NJW-RR 1990, 886 = ZIP 1990, 551; jedoch hat der BGH die Frage der möglichen Verwirkung offen gelassen. Der Leitsatz 1 in NJW-RR ist insoweit unzutreffend.

[145] So BGH NJW 1989, 222.

[146] OLG Frankfurt NJW 1979, 984; ähnlich OLG München BB 1981, 74, nach dem die Wiederholungsgefahr nicht ohne weiteres entfällt, wenn der Verband erst nach einem Jahr reagiert.

[147] ABl. EG Nr. L 364, 9. 12. 2004, 1.

[148] Die Zahl der Publikationen zur Kaffeefahrt in Spanien dokumentiert dies nachdrücklich: *Reich* VuR 1989, 158; *Taupitz* BB 1990, 642; *Jayme* IPRax 1990, 220; *Kothe* EuZW 1990, 150; *Lüderitz* IPRax 1990, 216; *Coester-Waltjen,* FS Lorenz, 1991, S. 297; *Ebke,* Erste Erfahrungen mit dem EG-Schuldrechtsübereinkommen, in: *v. Bar* (Hrsg.), Europäisches Gemeinschaftsrecht und IPR, 1991, 97; *Roth* RabelsZ 55 (1991), 625; *Micklitz/Reich* EuZW 1992, 593; *Reich* VuR 1992, 189; *Reich* RabelsZ 56 (1992), 445; *Klingsporn* WM 1994, 1093; *Rauscher* EuZW 1996, 650.

[149] Inzwischen hat sich die Rechtslage geändert, Spanisches Gesetz Nr. 26/1991 BOE 283 vom 26. 11. 1991 (dazu *Vestweber* RIW 1992, 67; dazu *Rott* Die Umsetzung der Haustürwiderrufsrichtlinie in den Mitgliedstaaten, 2000, S. 76 ff.

Voraussetzungen, dh. der Bestimmung der Klagebefugnis und Aktivlegitimation, als auch hinsichtlich der Entscheidung über das anwendbare Recht.

Vorliegend geht es **allein** um die **Bestimmung des anwendbaren Rechts**. Die prozessualen Fragen werden im Kontext des § 3, der Bestimmung der anspruchsberechtigten Stellen erörtert, vgl. § 3 Rn. 36 ff. Nach dem in Deutschland vorherrschenden, hier aber zurückgewiesenen Verständnis, sind materielles und prozessuales Recht über die Rechtsfigur der Aktivlegitimation miteinander verzahnt. Dies wirft Probleme in Bezug auf die Anwendbarkeit nicht-deutschen Rechts durch klagebefugte Verbände sowie die Ermittlung der satzungsgemäßen Aufgaben des Verbandes auf, vgl. Rn. 56.

Die komplexen Rechtsfragen, die im Zusammenhang der grenzüberschreitenden Verbandsklage auftauchen, sind in der **Kommentierung der Richtlinie 98/27/EG** dokumentiert.[150] Die vorliegende Erörterung stellt die Ergebnisse in den AGB-rechtlichen Kontext, so wie er aus § 1 folgt.

2. Materielles Recht. Das anzuwendende materielle Recht richtet sich nach dem Internationalen Privatrecht des **Gerichtsorts**. Eine gemeinschaftsrechtliche Überformung hat kaum stattgefunden. **Spezielle Kollisionsnormen** in EG-Richtlinien, vor allem in der Richtlinie 93/13/EWG scheiden schon deswegen aus, weil kaum vorstellbar ist, dass die klagenden Verbände mit den Unternehmen Rechtswahlvereinbarungen treffen. Das gleiche gilt für das **EVÜ**, das nach Art. 1 nur auf vertragliche Schuldverhältnisse anwendbar ist. Die frühe Rechtsprechung des BGH,[151] der die AGB-Verbandsklage dem Vertragsstatut unterworfen hatte, ist zurückzuweisen, weil die Tätigkeit der qualifizierten Einrichtungen auf einer **gesetzlichen Ermächtigung** beruht.

Das **außervertragliche Kollisionsrecht** ist noch nicht vereinheitlicht. Allerdings legte die Kommission im Juli 2003 einen Vorschlag für eine Verordnung über das auf außervertragliche Schuldverhältnisse anzuwendende Recht **(Rom-II Verordnung)**[152] vor, in deren Anwendungsbereich auch sämtliche Unterlassungsklagen im Rahmen der Richtlinie 98/27/EG fallen würden. Im November 2006 einigten sich die Mitgliedstaaten auf einen Gemeinsamen Standpunkt. Damit dürfte der Weg für die Verabschiedung frei sein. Dessen Art. 6 statuiert eine spezielle Kollisionsnorm für Wettbewerbsverstöße.[153] Nach Abs. 1 dieser Vorschrift ist „auf außervertragliche Schuldverhältnisse aus unlauterem Wettbewerbsverhalten (…) das Recht des Staates anzuwenden, in dessen Gebiet die Wettbewerbsbeziehungen oder die kollektiven Interessen der Verbraucher beeinträchtigt worden sind oder wahrscheinlich beeinträchtigt werden." Die Kommission weist in ihrer Begründung ausdrücklich darauf hin, dass sich die sog. **Marktwirkungsregel** nur auf Unterlassungsklagen von Verbraucherverbänden bezieht.[154] Damit bleibt es bei Artikel 40 Abs. 1 und 41 EGBGB. Bei grenzüberschreitenden Unterlassungsklagen ist also in der Regel nicht die lex fori sondern das Recht des Mitgliedstaates anwendbar, in dem die angesprochenen Verbraucher ihren **Wohnsitz** haben.

Eine gewisse Einschränkung kann sich ergeben, soweit sich das anwendbare Recht aus dem **Herkunftslandprinzip** ergibt. Jedoch ist es der Europäischen Kommission allen Bemühungen zum Trotz bislang nicht gelungen, das Herkunftslandprinzip in den für den Anwendungsbereich der grenzüberschreitenden Unterlassungsklage einschlägigen Verbraucherrechtsrichtlinien zu verankern.[155] Eine bislang nicht geklärte Bedeutung kommt dem Herkunftslandprinzip allerdings im Bereich des **Lauterkeitsrechts** zu.[156]

Von großer praktischer Bedeutung sind **Rechtswahlvereinbarungen**.[157] Wenn und soweit eine Rechtswahl individualvertraglich wirksam ist, muss sie sich auch auf die Verbandsklage auswirken. Denn dem Unternehmer können Verstöße gegen das sonst anzuwendende Recht des **Marktortes** (also idR des Wohnsitzes des Verbrauchers) nicht vorgeworfen werden, wenn er sich individualvertraglich nicht nach diesem Recht richten muss. Jedoch ergeben sich in zweierlei Hinsicht Einschränkungen: in Bezug auf **IPR-Klauseln mit Drittstaaten** kommt die *Ingmar*-Rechtsprechung des EuGH[158] zum Tragen, nach der zwingendes Gemeinschaftsrecht vertraglich nicht

---

[150] *Micklitz/Rott*, in: *Grabitz/Hilf II/Wolf*, A 25, 29. Ergänzungslieferung 2005, vgl. ebendort insbesondere Art. 1 Rn. 53 ff. in Bezug auf die Bestimmung des anwendbaren Rechts und Art. 4 Rn. 6 ff. in Bezug auf die prozessualen Fragen.
[151] BGH IPRax 1990, 319; dazu *Micklitz/Rott*, in: *Grabitz/Hilf II/Wolf*, A 25 Rn. 56 mit Nachw.
[152] KOM (2003) 427 endg.
[153] Gemeinsamer Standpunkt (EG) Nr. 22/2006, ABl. EG Nr. C 289E, 28. 11. 2006, 68.
[154] KOM (2003) 427 endg., S. 17.
[155] Vgl. die Überlegungen der Kommission im Grünbuch zur Revision des Verbraucheracquis, KOM (2006) 744 endg.
[156] Vgl. zur Bedeutung des Art. 4 der Lauterkeitsrichtlinie 2005/29/EG, MünchKommUWG/*Micklitz* EG E Rn. 181 ff.
[157] *Micklitz/Rott*, in: *Grabitz/Hilf II/Wolf*, A 25 Art. 2 Rn. 68 ff. m. zahlr. Nachw; sowie *Micklitz* § 12.5–12.10, in: *Reich/Micklitz*, Europäisches Verbraucherrecht.
[158] Rs. C-381/89, Ingmar Slg. 2000, I-9305.

abdingbar ist. Diese zur Handelsvertreter-Richtlinie entwickelte Rechtsprechung lässt sich auf das europäische Verbraucherrecht übertragen. Die zwingenden Regeln sind als ungeschriebene Eingriffsnormen zu beachten. Keine Vorkehrungen enthält das Gemeinschaftsrecht für den Fall, dass die Wahl des Rechts eines anderen Mitgliedstaates zu einer **gemeinschaftsrechtlichen zulässigen Schlechterstellung des Verbrauchers** führt, die aus dem Umstand folgt, dass die Richtlinien (noch) überwiegend dem Prinzip der **Mindestharmonisierung** folgen. Abhilfe könnte das **Günstigkeitsprinzip** nach Art. 5 EVÜ schaffen, das jedoch bislang nur für bestimmte Vertragstypen bzw. bestimmte Vertragsschlusssituationen gilt. Die von der EG-Kommission anvisierte Überführung des Abkommens von Rom in die sog. **Rom I Verordnung**[159] sieht eine Erweiterung des Art. 5 auf alle Verbraucherverträge vor.

56 **3. Aktivlegitimation und anwendbares Recht.** Nach dem in Deutschland vorherrschenden, hier aber abgelehnten Verständnis, vgl. Rn. 2, ist der Unterlassungsanspruch als **materiell-rechtlicher Anspruch** der klagenden qualifizierten Einrichtungen anzusehen. Nach der im UWG entwickelten Rechtsprechung[160] konnten Verbände nur Verstöße gegen **deutsches Recht** geltend machen, was voraussetzte, dass dieses nach den Regeln des Internationalen Privatrechts auch anwendbar war. Die Verletzung eigenen Rechts setzte nach dieser Rechtsprechung überdies voraus, dass die grenzüberschreitende Rechtsdurchsetzung zu den **satzungsgemäßen Aufgaben** des Verbandes gehört. Der im Zuge der Umsetzung der VO (EG) Nr. 2006/2004 neu eingefügte **Art. 4 a) UKlaG** hat zum Ziel genau die von der Rechtsprechung gelassene Lücke im Rechtsschutz zu schließen, vgl. noch Art. 4a) Rn. 1.

57 Nicht gelöst sind nach wie vor die Rück- bzw. Wechselwirkungen zwischen der Aktivlegitimation nach dem deutschen Rechtsverständnis und der Bestimmung des anwendbaren Rechts. Ist nämlich darüber entschieden, ob der klagende Verband aktivlegitimiert ist, so ist gleichzeitig entschieden, welches Recht Anwendung findet; nämlich das Recht des Staates, in dem die Tathandlung vorgenommen wurde. Mit dem Gemeinschaftsrecht ist diese **Verzahnung nicht vereinbar**, vgl. § 3 Rn. 37 ff.

VIII. Die Konkurrenz mit anderen Abwehransprüchen gegen AGB

58 Der in § 1 UKlaG begründete spezielle Anspruch gegen unwirksame **AGB** ist zwar das einzige Abwehrmittel, für das die in diesem Gesetz bestimmten besonderen Regeln und Wirkungen gelten. § 1 UKlaG aber hat **keine exklusiv-abschließende Bedeutung** für eine besondere Klagemöglichkeit gegen AGB. Umgekehrt wird er auch nicht durch eine nach anderen Gesetzen begründete Abwehrbefugnis verdrängt.[161] Liegt etwa in der Verwendung von unwirksamen AGB zugleich ein Verstoß gegen § 3 UWG, so steht den Mitbewerbern nach §§ 8 Abs. 1, Abs. 3 Nr. 1 UWG der wettbewerbsrechtliche Unterlassungsanspruch zu.[162] Zu beachten sind auch die Rechtsschutzmöglichkeiten im Rahmen des § 2, vgl. Rn. 3 f. Zu weiteren Fragen vor allem des Prozessrechts (u. a. Abmahnung, Feststellungsklage, Zwangsvollstreckung, einstweilige Verfügung) vgl. die Kommentierung zu § 5 UKlaG.

§ 2 Unterlassungsanspruch bei verbraucherschutzgesetzwidrigen Praktiken

(1) ¹Wer in anderer Weise als durch Verwendung oder Empfehlung von Allgemeinen Geschäftsbedingungen Vorschriften zuwiderhandelt, die dem Schutz der Verbraucher dienen (Verbraucherschutzgesetze), kann im Interesse des Verbraucherschutzes auf Unterlassung in Anspruch genommen werden. ²Werden die Zuwiderhandlungen in einem geschäftlichen Betrieb von einem Angestellten oder einem Beauftragten begangen, so ist der Unterlassungsanspruch auch gegen den Inhaber des Betriebs begründet.

(2) Verbraucherschutzgesetze im Sinne dieser Vorschrift sind insbesondere

1. die Vorschriften des Bürgerlichen Gesetzbuchs, die für Verbrauchsgüterkäufe, Haustürgeschäfte, Fernabsatzverträge, Teilzeit-Wohnrechteverträge, Reiseverträge, Verbraucherdarlehensverträge sowie für Finanzierungshilfen, Ratenlieferungsverträge und Darlehensvermittlungsverträge zwischen einem Unternehmer und einem Verbraucher gelten,

---

[159] COM (2005) 650 endg. 15. 12. 2005, vgl. zur der sehr strittig geführten Diskussion *Reich*, in: *Micklitz/Reich*, The Basics of European Consumer Law, § 6 S. 309 ff.
[160] BGH VuR 1998, 173 = NJW 1998, 1227.
[161] Vgl. auch KG Magazindienst 2005, 383.
[162] Thüringer OLG GRUR-RR 2006, 283. Vgl. auch OLG Stuttgart BB 1987, 2394; desgleichen *Hefermehl/Köhler/Bornkamm* Rn. 14; *Staudinger/Schlosser* Rn. 1 u. *Schlosser/Coester-Waltjen/Graba* § 13 AGBG Rn. 32 sowie *Martinek* BB 1989, 1287, 1288 f. u. *Köndgen* NJW 1989, 943, 950.

2. die Vorschriften zur Umsetzung der Artikel 5, 10 und 11 der Richtlinie 2000/31/EG des Europäischen Parlaments und des Rates vom 8. Juni 2000 über bestimmte rechtliche Aspekte der Dienste der Informationsgesellschaft, insbesondere des elektronischen Geschäftsverkehrs, im Binnenmarkt („Richtlinie über den elektronischen Geschäftsverkehr", ABl. EG Nr. L 178 S. 1),
3. das Fernunterrichtsschutzgesetz,
4. die Vorschriften des Bundes- und Landesrechts zur Umsetzung der Artikel 10 bis 21 der Richtlinie 89/552/EWG des Rates vom 3. Oktober 1989 zur Koordinierung bestimmter Rechts- und Verwaltungsvorschriften der Mitgliedstaaten über die Ausübung der Fernsehtätigkeit (ABl. EG Nr. L 298 S. 23), geändert durch die Richtlinie 97/36/EG des Europäischen Parlaments und des Rates vom 30. Juni 1997 zur Änderung der Richtlinie 89/552/EWG des Rates zur Koordinierung bestimmter Rechts- und Verwaltungsvorschriften der Mitgliedstaaten über die Ausübung der Fernsehtätigkeit (ABl. EG Nr. L 202 S. 60),
5. die entsprechenden Vorschriften des Arzneimittelgesetzes sowie Artikel 1 §§ 3 bis 13 des Gesetzes über die Werbung auf dem Gebiete des Heilwesens,
6. § 126 des Investmentgesetzes,
7. die Vorschriften des Abschnitts 6 des Wertpapierhandelsgesetzes, die das Verhältnis zwischen einem Wertpapierdienstleistungsunternehmen und einem Kunden regeln,
8. *das Rechtsdienstleistungsgesetz.*[*]

(3) Der Anspruch auf Unterlassung kann nicht geltend gemacht werden, wenn die Geltendmachung unter Berücksichtigung der gesamten Umstände missbräuchlich ist, insbesondere wenn sie vorwiegend dazu dient, gegen den Zuwiderhandelnden einen Anspruch auf Ersatz von Aufwendungen oder Kosten der Rechtsverfolgung entstehen zu lassen.

Richtlinie 98/27/EG

Art. 1 Anwendungsbereich

(1) Ziel dieser Richtlinie ist die Angleichung der Rechts- und Verwaltungsvorschriften der Mitgliedstaaten über Unterlassungsklagen im Sinne des Art. 2 zum Schutz der Kollektivinteressen der Verbraucher, die unter die im Anhang aufgeführten Richtlinien fallen, um so das reibungslose Funktionieren des Binnenmarkts zu gewährleisten.

(2) Ein Verstoß im Sinne dieser Richtlinie ist jede Handlung, die den im Anhang aufgeführten Richtlinien in der in die innerstaatliche Rechtsordnung der Mitgliedstaaten umgesetzten Form zuwiderläuft und die Kollektivinteressen der Verbraucher gem. Abs. 1 beeinträchtigt.

Anhang. Liste der Richtlinien nach Art. 1[1]

1. *Richtlinie 2005/29/EG des Europäischen Parlaments und des Rates vom 11. Mai 2005 über unlautere Geschäftspraktiken im binnenmarktinternen Geschäftsverkehr zwischen Unternehmen und Verbrauchern (ABl. L 149 vom 11. 6. 2005, S. 22).*
2. *Richtlinie 85/577/EWG des Rates vom 20. Dezember 1985 betreffend den Verbraucherschutz im Fall von außerhalb von Geschäftsräumen geschlossenen Verträgen (ABl. L 372 vom 31. 12. 1985, S. 31).*
3. *Richtlinie 87/102/EWG des Rates vom 22. Dezember 1986 zur Angleichung der Rechts- und Verwaltungsvorschriften der Mitgliedstaaten über den Verbraucherkredit (ABl. L 42 vom 12. 2. 1987, S. 48), zuletzt geändert durch die Richtlinie 98/7/EG (ABl. L 101 vom 1. 4. 1998, S. 17).*
4. *Richtlinie 89/552/EWG des Rates vom 3. Oktober 1989 zur Koordinierung bestimmter Rechts- und Verwaltungsvorschriften der Mitgliedstaaten über die Ausübung der Fernsehtätigkeit: Artikel 10 bis 21 (ABl. L 298 vom 17. 10. 1989, S. 23), geändert durch die Richtlinie 97/36/EG (ABl. L 202 vom 30. 7. 1997, S. 60).*
5. *Richtlinie 90/314/EWG des Rates vom 13. Juni 1990 über Pauschalreisen (ABl. L 158 vom 23. 6. 1990, S. 59).*
6. *Richtlinie 92/28/EWG des Rates vom 31. März 1992 über die Werbung für Humanarzneimittel (ABl. L 113 vom 30. 4. 1992, S. 13).*
7. *Richtlinie 93/13/EWG des Rates vom 5. April 1993 über missbräuchliche Klauseln in Verbraucherverträgen (ABl. L 95 vom 21. 4. 1993, S. 29).*

---

[*] Nr. 8 tritt am 1. 7. 2008 in Kraft gem. Art. 20 S. 3, 19 Abs. 5 Gesetz vom 12. 12. 2007 (BGBl. I S. 2840).
[1] Die unter den Nummern 1, 6, 7 und 9 aufgeführten Richtlinien enthalten spezifische Bestimmungen über Unterlassungsklagen.

8. Richtlinie 94/47/EG des Europäischen Parlaments und des Rates vom 26. Oktober 1994 zum Schutz der Erwerber im Hinblick auf bestimmte Aspekte von Verträgen über den Erwerb von Teilzeitnutzungsrechten an Immobilien (ABl. L 280 vom 29. 10. 1994, S. 83).
9. Richtlinie 97/7/EG des Europäischen Parlaments und des Rates vom 20. Mai 1997 über den Verbraucherschutz bei Vertragsabschlüssen im Fernabsatz (ABl. L 144 vom 4. 6. 1997, S. 19).
10. Richtlinie 1999/44/EG des Europäischen Parlaments und des Rates vom 25. Mai 1999 zu bestimmten Aspekten des Verbrauchsgüterkaufs und der Garantien für Verbrauchsgüter (ABl. L 171 vom 7. 7. 1999, S. 12).
11. Richtlinie 2000/31/EG des Europäischen Parlaments und des Rates vom 8. Juni 2000 über bestimmte rechtliche Aspekte der Dienste der Informationsgesellschaft, insbesondere des elektronischen Geschäftsverkehrs, im Binnenmarkt („Richtlinie über den elektronischen Geschäftsverkehr") (ABl. L 178 vom 17. 7. 2000, S. 1).
12. Richtlinie 2002/65/EG des Europäischen Parlaments und des Rates vom 23. September 2002 über den Fernabsatz von Finanzdienstleistungen an Verbraucher und zur Änderung der Richtlinie 90/619/EWG des Rates und der Richtlinien 97/7/EG und 98/27/EG (ABl. Nr. L 271 vom 9. 10. 2002, S. 16).
13. Richtlinie 2006/123/EG des Europäischen Parlaments und des Rates vom 12. Dezember 2006 über Dienstleistungen im Binnenmarkt (ABl. L 376 vom 27. 12. 2006, S. 36).

Schrifttum: *Ahr*, Welches Verhalten von Strukturvertriebsmitarbeitern oder anderen Finanz- und Immobilienvermittlern muss sich eine Bank, die Immobilien oder Immobilienbeteiligungen im Wege des sog. Distanzgeschäfts finanziert, zurechnen lassen?, VuR 2000, 263; *Baetge*, Das Recht der Verbandsklage auf neuen Wegen, ZZP 1999, 329; *Borck*, Der Missbrauch der Aktivlegitimation (§ 13 Abs. 5 UWG), GRUR 1990, 249; *Doepner*, Unlauterer Wettbewerb durch Verletzung von der Verbraucherinformation dienenden Gesetzesvorschriften, WRP 1980, 473; *Gurlit*, Umsetzungsverpflichtung der Mitgliedstaaten und subjektive Rechte der Gemeinschaftsbürger in: *Krämer/Micklitz/Tönner* (Hrsg.), in: Liber amicorum *Reich*, 1997, S. 55; *Hefermehl*, Grenzen der Klagebefugnis der Gewerbetreibenden und Verbände im Recht gegen den unlauteren Wettbewerb, WRP 1987, 281; *Heiss*, Verbraucherschutz im Binnenmarkt: Art 129a EGV und die wirtschaftlichen Verbraucherinteressen, ZEuP 1996, 625; *Heß*, Das geplante Unterlassungsklagengesetz, in: *Ernst/Zimmermann* (Hrsg.), Zivilrechtswissenschaft und Schuldrechtsreform, 2001, S. 527; *Hoffmann-Riem* Datenschutz als Schutz eines diffusen Interesses in der Risikogesellschaft, in: Liber Amicorum *Reich*, Recht und diffuse Interessen in der europäischen Gemeinschaft, 1997, S. 777; *Kamlah*, Zum Konkurrenzverhältnis des UWG zum UKlaG, WRP 2006, 33; *Kazemi*, Anmerkung zu Urteil LG Karlsruhe v. 19. 12. 2005, Az. 10 O 794/05, MMR 2006, 246; *Kisseler*, Der Missbrauch der Klagebefugnis gem. § 13 Abs. 5 UWG, WRP 1989, 623; *Mees*, Einheitliche Beurteilung der Sittenwidrigkeit iS des § 1 UWG bei Verstößen gegen wertbezogene und wertneutrale Normen, GRUR 1996, 644; *Melullis*, Zur Problematik der sog. „Gebührenspielvereine" in Wettbewerbssachen, WRP 1981, 357; *Micklitz*, Preistransparenz in den Allgemeinen Geschäftsbedingungen der Alten- und Pflegeheime, VuR 1998, 291; *Micklitz/ Reich*, Die Fernabsatzrichtlinie im Deutschen Recht, 1998; *Reich*, Haftung für fehlerhafte Anlageberatung und „execution only-business", WM 1997, 1601; *Reich/Micklitz*, Verbraucherschutzrecht in der Bundesrepublik Deutschland, 1980; *Reich/Nordhausen*, Verbraucher und Recht im elektronischen Geschäftsverkehr, 2000; *Schieble*, Produktsicherheitsgesetz und europäisches Gemeinschaftsrecht, Dissertation 2003; *E. Schmidt*, Verbraucherschützende Verbandsklagen, NJW 2002, 25; *Schnieders*, Die Verarbeitung von Allgemeininteressen im UWG am Beispiel der Fallgruppe Rechtsbruch, Jahrbuch Junger Zivilrechtswissenschaftler 1993, 103; *Scholz*, Missbrauch der Verbandsklagebefugnis – der neue § 13 Abs. 5 UWG, WRP 1987, 433; *Schröder*, Anm. zum Urteil LG Karlsruhe v. 19. 12. 2005, Az. 10 O 994/05 (n. rk.), VuR 2006, 116; *Schwanhäusser*, Bedarf der Missbrauch der Klagebefugnis einer UWG-Novelle?, GRUR 1982, 608; *Stolterfoht*, Der Wettbewerbsrichter als Verwaltungsjurist – Erwägungen zum Vorsprung durch Rechtsbruch, FS *Rittner*, 1991, S. 695; *Tönner*, Anm. zu Urteil LG Frankfurt a. M., WRP 1995, 667; *Ullmann*, Das Koordinatensystem des Rechts des unlauteren Wettbewerbs im Spannungsfeld von Europa und Deutschland, GRUR 2003, 817; *Ziegler*, Der Vorsprung durch Rechtsbruch von Umweltschutzvorschriften, 1998.

Übersicht

	Rn.
I. Die grundsätzliche Bedeutung der Vorschrift	1–6
1. Die Erweiterung des Unterlassungsanspruches	4, 5
2. Besonderheiten des Verbandsklageverfahrens nach § 2	6
II. Der Anwendungsbereich	7–39
1. Verbraucherschutzgesetzeswidrige Praktiken	8–14
a) Definition von Praktiken versus Verhalten versus Allgemeine Geschäftsbedingungen	9
b) Auffangfunktion des § 2	10
c) Verhältnis zu § 8 UWG	11–14

	Rn.
2. Kollektiver Charakter der Rechtsverletzung	15–20
a) Im Interesse des Verbraucherschutzes	16, 17
b) Vorgaben der Richtlinie 98/27/EG	18
c) Vielzahl von Fällen und Einzelfällen	19
d) Parallele Auslegung des § 8 UWG	20
3. Verletzung von Verbraucherschutzgesetzen	21–39
a) Definition von Verbraucherschutzgesetzen	21
b) Die nicht abschließende Liste	22–28a
c) Weitere aus dem Gemeinschaftsrecht stammende Vorschriften	29
d) Dynamische Verweisung auf weitere Gemeinschaftsrechtsakte	30

	Rn.		Rn.
e) Einbeziehung von nicht in der Liste aufgeführten Gemeinschaftsakten	31	III. Unterlassungsanspruch	40–46
f) Verbraucherschutzgesetze des deutschen Rechts (Schutz der wirtschaftlichen Interessen)	32–38	1. Zielsetzung des Anspruches .... 2. Adressat des Unterlassungsanspruches ...... 3. Missbräuchliche Geltendmachung des Unterlassungsanspruches	41 42 43–46
g) Verbraucherschutzgesetze des deutschen Rechts (Schutz der Gesundheit und Sicherheit)	39	IV. Internationaler Anwendungsbereich des § 2	47

I. Die grundsätzliche Bedeutung der Vorschrift

Die Norm löst im Wesentlichen § 22 AGBG ab, mit welchem der deutsche Gesetzgeber zwei Richtlinien des Europäischen Parlamentes und des Rates umgesetzt hat, einmal die Vorgaben des Art. 11 Abs. 2 Fernabsatz-RL 97/7/EG sowie Art. 1 RL 98/27/EG des Europäischen Parlamentes und des Rates über Unterlassungsklagen zum Schutze der Verbraucherinteressen.[2] § 2 UKlaG enthält zu § 22 AGBG zwei Erweiterungen. Zum einen müssen gem. § 2 Abs. 1 S. 2 UKlaG nicht nur Verwender und Empfehler, sondern auch Betriebsinhaber für Zuwiderhandlungen einstehen, die durch ihre Angestellten oder Beauftragten begangen werden.[3] Zum anderen hat sich der Kreis der Verbraucherschutzregeln erweitert. Sowohl die Verbrauchsgüterkauf-Richtlinie 99/44/EG[4] als auch die E-Commerce-Richtlinie 2000/31/EG[5] brachten für die Mitgliedstaaten die Verpflichtung, die **Verfolgung von gesetzeswidrigen Praktiken** mittels kollektiver Rechtsbehelfe sicherzustellen, so dass die Vorschriften über den Verbrauchsgüterkauf und ein Verweis auf die Vorschriften zur Umsetzung der Artikel 5, 10 und 11 der E-Commerce-Richtlinie in Abs. 2 Einzug gefunden haben. Zuletzt gab es noch eine redaktionelle Änderung. Mit der zum 1. 1. 2004 vollzogenen Zusammenfassung des Auslandinvestment-Gesetzes (AuslInvestmG) und des Gesetzes über Kapitalanlagegesellschaften (KAGG) zum Investmentgesetz (InvG) ging auch die entsprechende Anpassung des § 2 Abs. 2 Nr. 6 einher. 1

In der Literatur wird die ohne wesentliche Änderungen erfolgte Übernahme des § 22 AGBG aF als verfehlt angesehen.[6] Teilweise wurde die Sinnhaftigkeit der Vorschrift in Frage gestellt und als Alternative erwogen, die Klagebefugnis in § 8 Abs. 3 Nr. 3 UWG zugunsten einer einheitlichen Regelung im Unterlassungsklagegesetz zu streichen.[7] Auf der anderen Seite stehen diejenigen, die keinen eigenen Anwendungsbereich des § 2 ausmachen können und ihn als bloßen Auffangtatbestand verstehen.[8] Der Gesetzgeber hat in der Neufassung des § 2 das Verhältnis zur AGB-Verbandsklage vermeintlich geklärt, nicht jedoch das Verhältnis der Rechtsbruchklage zur Klage nach § 8 UWG. **Zweck der Rechtsbruchklage** ist es, die **Lücken** zu füllen, die der Rechtsschutz der §§ 13 AGBG und UWG aF (§ 8 UWG) hinterließ. Lücken im Rechtsschutzsystem des § 1 zeigen sich nicht nur dann, wenn die Allgemeinen Geschäftsbedingungen Recht und Gesetz entsprechen, die Praxis jedoch eine fehlende Bereitschaft des Verwenders oder Empfehlers erkennen lässt, sich an die niedergelegten wirksamen Allgemeinen Geschäftsbedingungen auch zu halten. Bedeutsam sind in der Praxis die sog. ausfüllungsbedürftigen Klauseln. Hierbei handelt es sich um Mischformen von Allgemeinen Geschäftsbedingungen und Individualvereinbarungen. Immer dort, wo die Individualvereinbarungen nicht wirklich individuell sind, stellt sich die Frage, inwieweit mit Hilfe eines erweiterten AGB-Begriffes Abhilfe geschaffen werden kann. § 2 macht derlei juristische Kunstgriffe weitgehend überflüssig. Mit ihm ist es grundsätzlich möglich, unzulässige Geschäftspraktiken als solche im Wege des § 2 zu verfolgen. Das gleiche Bild zeigt sich bei der Beurteilung wettbewerbswidrigen Verhaltens. Auch hier tritt eine Rechtsschutzlücke auf, wenn es um gesetzwidrige Geschäftspraktiken geht, die nicht den Tatbestand des wettbewerbswidrigen Verhaltens erfüllen, weil entweder die subjektive Komponente des Rechtsbruchtatbestands fehlt oder weil der Verletzer nicht mehr „zu Zwecken des Wettbewerbs" handelt. Die Abgrenzung der Rechtsbruchklage zur UWG-Verbandsklage ist insbesondere von Bedeutung für die Verletzung von Vorschriften des UWG in denen EG- 2

---

[2] Vgl. BT-Drucks. 14/2698 S. 15.
[3] AnwKomUKlaG/*Walker* § 2 Rn. 8.
[4] ABl. EG Nr. L 171, 7. 7. 1999, 12.
[5] ABl. EG Nr. L 178, 17. 7. 2000, 1.
[6] Schmidt NJW 2002, 25, 27; *Heß*, Das geplante Unterlassungsklagengesetz, in: *Ernst/Zimmermann* (Hrsg.), Zivilrechtswissenschaft und Schuldrechtsreform, S. 527, 532.
[7] *Heß*, Das geplante Unterlassungsklagengesetz, in: *Ernst/Zimmermann* (Hrsg.), Zivilrechtswissenschaft und Schuldrechtsreform, S. 527, 532.
[8] Schmidt NJW 2002, 25, 27.

Rechtsakte umgesetzt oder enthalten sind. Nach der gesetzgeberischen Begründung sollte bereits der Unterlassungsanspruch nach § 22 AGBG den Unterlassungsanspruch nach § 13 UWG aF (§ 8 UWG) ergänzen.[9] Deshalb ist von einem **Nebeneinander** der beiden **Ansprüche** nach §§ **2 UKlaG** und **8 UWG** auszugehen. Nur mittels einer prinzipiellen Gleichrangigkeit lassen sich sachgerechte Ergebnisse erzielen, die den gesetzlichen Zielvorgaben entsprechen und nicht zu kontraproduktiven Ergebnissen führen die von keiner Seite wirklich intendiert waren.[10]

3   Über die **Konsequenzen** des Verhältnisses der drei Verbandsklagen zueinander hat sich der Gesetzgeber nur bedingt Gedanken gemacht. Schon jetzt besteht das Problem, dass die Klage nach § 1 bei einer **Zivilkammer** anhängig zu machen ist, die Klage nach § 8 UWG aber bei der Kammer für **Handelssachen**. Verschiedene Bundesländer haben zudem von der Konzentrationsmöglichkeit nach § 6 Gebrauch gemacht (vgl. § 6 Rn. 5), so dass der klagende Verband nicht einmal dann bei demselben Gericht ist, wenn er gegenüber demselben Beklagten einerseits einen Wettbewerbsverstoß verfolgt, andererseits einen Verstoß gegen die §§ 305 ff. BGB. Mit der Verbandsklage nach § 2 verkomplizieren sich diese prozessualen Rechtsfragen. Da sie keine Handelssache darstellt, sind die Zivilgerichte zuständig. Bislang wurde der Verstoß gegen ein Verbraucherschutzgesetz in ständiger Rechtsprechung als ein Wettbewerbsverstoß gegen das UWG behandelt. Jetzt bietet sich der Einwand gerade zu an, dass § 2 Anwendung finden müsse, also nicht die Kammer für Handelssachen, sondern die Zivilkammer zuständig sei. Die Suche nach der Bestimmung des Verhältnisses der drei Klagen zueinander muss sich von der Zielsetzung des Gesetzgebers leiten lassen, der mit § 2 UKlaG eine zusätzliche Rechtsschutzmöglichkeit schaffen, aber nicht Rechtsverhinderung durch einen langatmigen Streit über das richtige Gericht betreiben wollte, vgl. zur **Auffangfunktion** Rn. 10. Dabei ist noch nicht einmal berücksichtigt, dass grenzüberschreitende Rechtsverletzungen vom Bundesamt für Verbraucherschutz und Lebensmittelsicherheit per Verwaltungsakt unterbunden werden können, so dass auch die **Verwaltungsgerichte** mit eingebunden sind, vgl. Vor Rn. 48.

4   **1. Die Erweiterung des Unterlassungsanspruches.** § 2 regelt den Unterlassungsanspruch bei verbraucherschutzgesetzwidrigen Praktiken. Der Unterlassungsanspruch des § 8 UWG knüpft an ein wettbewerbswidriges Verhalten an, das auch in einem Gesetzesverstoß liegen kann, aber jedenfalls noch zusätzlich ein Handeln zu Zwecken des Wettbewerbs verlangt. Das Problem der Verbandsklage nach § 8 UWG aus der Sicht des Verbraucherschutzes besteht darin, dass Gegenstand einer solchen Klage nur eine Handlung sein kann, die noch den „Wettbewerb" betrifft, also den sog. Wettlauf um die Gunst des Kunden. Das wird in der Regel nur die **Werbung** betreffen, nicht aber auch Gesetzesverstöße im Bereich der reinen **Vertragserfüllung**.[11] Gegenstand des Unterlassungsanspruches gem. § 2 sind bloße **Praktiken**. Auf ein „Handeln zu Zwecken des Wettbewerbs" kommt es gerade nicht an. Der Gesetzgeber bezieht sich ausdrücklich auf solche Praktiken, die mit den Vorschriften zur Umsetzung der Fernabsatzrichtlinie nicht in Übereinstimmung stehen. Er nimmt dabei Bezug auf Art. 11 Abs. 2 der Fernabsatzrichtlinie, nach dem Geschäftspraktiken, die mit der Fernabsatzrichtlinie nicht in Übereinstimmung stehen, auch dann zum Gegenstand einer Unterlassungsklage gemacht werden können, wenn die richtlinienwidrige Praktik im Einzelfall keinen unlauteren Wettbewerb darstellen sollte.[12] Der Verstoß gegen die Richtlinie bzw. deren Umsetzung als solche müsse genügen.[13] Das sei durch § 8 UWG nicht sichergestellt. Einen darüber hinausgehenden Umsetzungsbedarf erkennt der Gesetzgeber nicht an.[14]

5   Die **wesentliche Erweiterung der Klagebefugnis** erfolgt über den **Anhang der Richtlinie 98/27/EG** über Unterlassungsklagen zum Schutze der Verbraucherinteressen, welcher in seiner konsolidierten Fassung auch die Verbrauchsgüterkauf-Richtlinie 99/44/EG, die E-Commerce-Richtlinie 2000/31/EG, die Richtlinie über den Fernabsatz von Finanzdienstleistungen und die Richtlinie 2005/29/EG über unlautere Geschäftspraktiken aufführt. Ziel des Art. 1 der Richtlinie 98/27/EG ist es, mittels kollektiver Rechtsbehelfe, sei es durch Verbraucherverbände, sei es durch behördliche Eingriffsbefugnisse, sicherzustellen, dass die im Anhang der Richtlinie aufgeführten Verbraucherschutzregeln auch **tatsächlich** eingehalten werden. Deshalb enthält Art. 1 Abs. 2 der RL 98/27 eine Legaldefinition des Verstoßes. Inhaltlich kommt die Regelung dem deutschen

---

[9] Vgl. BT-Drucks. 14/2658, S. 52: „(...) ein solches Verfahren, das in der Sache § 13 des Gesetzes gegen den unlauteren Wettbewerb ergänzt (...)".
[10] Vgl. die unglücklichen Kollisionsregeln im damaligen § 5 Abs. 2 HausTWG; MünchKommBGB/*Ulmer*, 4. Aufl., § 5 HausTWG Rn. 14 f.
[11] In einem Grenzfall bejaht der BGH WRP 2000, 633 allerdings einen Wettbewerbsverstoß bei Vorenthaltung eines Sicherungsscheins im Rahmen eines Reisevertrages.
[12] Vgl. *Micklitz*, in: *GH II/Wolf* A 3, Rn. 154.
[13] Vgl. BT-Drucks. 14/2658 S. 52.
[14] Vgl. zum Umsetzungsbedarf *Micklitz*, in: *GH II/Wolf* A 3 Rn. 153.

Rechtsbruchtatbestand nahe, wie er von der Rechtsprechung und Literatur in § 3 UWG (§ 1 UWG aF) entwickelt worden ist,[15] und in § 4 Nr. 11 UWG kodifiziert wurde. Die Möglichkeit eines wettbewerbsrechtlichen Vorgehens schließen konkurrierende Ansprüche aus § 2 nicht aus.[16] Jedoch ist bei der deutschen Begrifflichkeit nunmehr Art. 1 Abs. 2 RL 98/27/EG zu beachten. Danach ist als Verstoß jede Handlung anzusehen, die die Kollektivinteressen der Verbraucher beeinträchtigt, vgl. dazu Rn. 18.

2. **Besonderheiten des Verbandsklageverfahrens nach § 2.** § 2 Abs. 3 enthält einen mit § 8 Abs. 4 UWG fast wortgleichen Missbrauchstatbestand. Die Gesetzgebungstechnik ist von der Vorstellung geprägt, dass sich sog. Gebührenvereine bilden könnten, die verbraucherschutzgesetzwidrige Praktiken abmahnen wollen.[17] Die Rechtspraxis legt den Missbrauchstatbestand eng aus und kompensiert damit überschießende Regelungstendenzen des Gesetzgebers, vgl. Rn. 44 f.

II. Der Anwendungsbereich

§ 2 steht zwischen den beiden klassischen Ansprüchen des § 1 UKlaG und § 8 UWG. Wirklich eigenständige Bedeutung kann er nur erlangen, wenn sich sein Anwendungsbereich deutlich vom UKlaG und vom UWG-Gesetz abgrenzen lässt. Dabei erscheint es durchaus denkbar, dass § 2 UKlaG eine **Auffangfunktion** übernehmen kann. Dies gilt umso mehr, als der Gesetzgeber bewusst davon abgesehen hat, die Gesetze abschließend aufzuzählen, bei deren Verstoß von einem Rechtsbruch auszugehen ist.

1. **Verbraucherschutzgesetzeswidrige Praktiken.** Mit der Regelung des § 2 UKlaG (§ 22 AGB-Gesetz aF) beschritt der Gesetzgeber neue Wege. Zuvor gab es – abgesehen von § 1 UKlaG (§ 13 AGBG aF) – keine gesetzliche Regelung, die bei einem bloßen Verstoß gegen eine schuldrechtliche Norm den Weg der kollektiven Rechtsverfolgung eröffnete. Vielmehr musste der Normverstoß in das Prokrustesbett des Wettbewerbsverstoßes gezwängt werden.

a) **Definition von Praktiken versus Verhalten versus Allgemeine Geschäftsbedingungen.** § 2 suggeriert die Vorstellung, dass es möglich ist, zwischen **unzulässigen Allgemeinen Geschäftsbedingungen, wettbewerbswidrigem Verhalten** und **unzulässigen Praktiken** eine deutliche Trennlinie zu ziehen. Sowohl für den Anwendungsbereich des § 1, als auch für den Anwendungsbereich des § 8 UWG lässt sich ein Kernbereich definieren. § 1 gestattet vom Verwender oder Empfehler Allgemeiner Geschäftsbedingungen deren Unterlassung oder Widerruf zu verlangen. Die Legaldefinition dessen, was unter Allgemeinen Geschäftsbedingungen zu verstehen ist, hat sowohl durch den Gesetzgeber als auch durch die Rechtsprechung eine **Aufweichung** erfahren, vgl. § 1 Rn. 10 ff. Die Grenzen eines erweiterten AGB-Begriffes treten dort zutage, wo es in der Praxis nicht mehr um die Verwendung Allgemeiner Geschäftsbedingungen geht, sondern um Geschäftspraktiken, mit denen Unternehmer die §§ 305 ff. BGB unterlaufen. So ist aus der Reisebranche bekannt geworden, dass Reisebüros vereinzelt die sog. Sicherungsscheine lediglich gegen vollständige Kaufpreiszahlung aushändigen.[18] Mit Hilfe der §§ 305 ff. BGB lassen sich solche Geschäftspraktiken nicht unterbinden. Die Allgemeinen Geschäftsbedingungen mögen durchaus korrekt gefasst sein. Deren Umsetzung in der Praxis verstößt jedoch gegen den Sinn und Zweck der §§ 305 ff. BGB selbst. Auch das UWG erweist sich zuweilen als unzureichend, selbst wenn der BGH *in concreto* einen Wettbewerbsverstoß gegen § 8 UWG (§ 13 UWG aF) bejaht hatte.[19] Denn der in Rechtsprechung und Lehre konsentierte Begriff des wettbewerbswidrigen Verhaltens umfasst unzulässige Geschäftspraktiken nur insoweit, als sie zu **„Zwecken des Wettbewerbs"** bejaht werden, grenzt also von vornherein Handlungen im Rahmen der Vertragserfüllung aus, dh. den Bereich, in dem der Kunde vertraglich bereits gebunden und der Wettbewerb um seine Gunst beendet ist, vgl. zu den Abgrenzungsfragen bei § 138 BGB, wonach einzelne Verstöße nicht schon unzulässig iS des UWG sind, Rn. 37.

b) **Auffangfunktion des § 2.** Zweck des § 2 ist es, die **Lücken** zu füllen, die der Rechtsschutz der §§ 1 UKlaG und § 8 UWG hinterlässt.[20] Lücken im Rechtsschutzsystem des § 1 zeigen sich

---

[15] *Mees* GRUR 1996, 644; *Stolterfroth*, FS Rittner, 1991, S. 695 f.
[16] So auch MünchKommUWG/*Schaffert* § 4 Nr. 11 Rn. 30; *Kamlah* WRP 2006, 33, 34, wohl aA Palandt/ Bassenge Rn. 2.
[17] Vgl. BT-Drucks. 14/2658 S. 55.
[18] Vgl. BGH NJW 2000, 1639 = JZ 2000, 893 m. Anm. *Tönner* LG Frankfurt a. M. WRP 1995, 667.
[19] Vgl. BT-Drucks. 14/2658 S. 52. Im Fall der Sicherungsscheine hat allerdings der BGH NJW 2000, 1639, mittlerweile gegen die Vorinstanz einen Verstoß gegen § 1 UWG angenommen.
[20] In diese Richtung auch in der Vorauflage: *Ulmer/Brandner/Hensen*, 9. Aufl. 2001, § 22 Rn. 5; aA *Heß*, Das geplante Unterlassungsklagengesetz, in: *Ernst/Zimmermann* (Hrsg.), Zivilrechtswissenschaft und Schuldrechtsreform, S. 532, der keinen eigenständigen Anwendungsbereich sieht.

nicht nur dann, wenn die Allgemeinen Geschäftsbedingungen Recht und Gesetz entsprechen, die Praxis jedoch eine fehlende Bereitschaft des Verwenders oder Empfehlers erkennen lässt, sich an die niedergelegten wirksamen Allgemeinen Geschäftsbedingungen auch zu halten. Mit Hilfe des § 2 ist es möglich, die schwierigen Abgrenzungsfragen zwischen AGB und Individualvereinbarungen zu umgehen und unzulässige Geschäftspraktiken als solche zu verfolgen. Das **gleiche Bild** zeigt sich bei der Beurteilung des **wettbewerbswidrigen Verhaltens**. Auch hier tritt eine Rechtsschutzlücke auf, wenn es um gesetzwidrige Geschäftspraktiken geht, die nicht den Tatbestand des wettbewerbswidrigen Verhaltens erfüllen, weil entweder die subjektive Komponente des Rechtsbruchtatbestands fehlt oder weil der Verletzer nicht mehr „zu Zwecken des Wettbewerbs" handelt.

11   c) **Verhältnis zu § 8 UWG**. Während die Abgrenzung zwischen der Unterlassungsklage nach § 2 und der Klage nach § 1 klar geregelt ist, fehlt Entsprechendes für die Abgrenzung zur Unterlassungsklage nach § 8 UWG. Diese Abgrenzung ist insbesondere von Bedeutung für die Verletzung von Vorschriften des UWG, die die Richtlinie 2005/29/EG über unlautere Geschäftspraktiken im binnenmarktinternen Geschäftsverkehr zwischen Unternehmen und Verbrauchern vorschreibt. Sie ist am 12. 6. 2005 in Kraft getreten und musste bis zum 12. 6. 2007 umgesetzt werden.

12   Anhaltspunkte für die Abgrenzung von § 2 UKlaG und § 8 UWG bietet § 2 UKlaG nur insofern, als § 3 UWG nicht in der Liste des § 2 Abs. 2 UKlaG auftaucht. Insbesondere gilt dies für die unter § 3 UWG fallende Benutzung bestimmter Fernkommunikationstechniken zum Fernabsatz, wie die Telefonwerbung, Telefaxwerbung etc., die unberücksichtigt bleibt, während die Umsetzung der zivilrechtlichen Vorschriften der Fernabsatz-Richtlinie 97/7/EG in § 2 Abs. 2 Nr. 1 UKlaG aufgeführt ist.

13   Daraus lässt sich **kein Vorrang der Unterlassungsklage des § 8 UWG** gegenüber der Unterlassungsklage des § 2 ableiten. So ist auch die gesetzgeberische Begründung nicht zu verstehen, nach der der Unterlassungsanspruch nach § 2 UKlaG (§ 22 AGBG) den Unterlassungsanspruch nach § 8 UWG (§ 13 UWG aF) **ergänzen** soll.[21] Vielmehr ist von einem **Nebeneinander** der beiden Ansprüche nach § 2 UKlaG und § 8 UWG auszugehen. Der Gesetzgeber hat keine Kollisionsregel in § 2 UKlaG eingefügt. Nur mittels einer prinzipiellen Gleichrangigkeit lassen sich sachgerechte Ergebnisse erzielen, die den gesetzlichen Zielvorgaben entsprechen und nicht zu kontraproduktiven Ergebnissen führen, die von keiner Seite wirklich intendiert waren.

14   Verstöße gegen Vorschriften, die aufgrund ihrer Herkunft aus dem Gemeinschaftsrecht zumindest in bestimmten Bereichen als Verbraucherschutzgesetze anzusehen sind, können **entweder** über § 2 UKlaG **oder** § 8 UWG geltend gemacht werden. Das gilt etwa für den Bereich der irreführenden Werbung nach Maßgabe des § 5 UWG, der über die Richtlinien 84/450/EWG und 2005/29/EG vergemeinschaftet[22] ist oder in Bezug auf die Benutzung bestimmter Fernkommunikationstechniken, für die über die Richtlinie 97/7/EG Mindeststandards definiert worden sind.[23] Welcher Anspruch gegeben ist, richtet sich danach, ob neben dem Gesetzesverstoß **auch ein Handeln zu Zwecken des Wettbewerbs** vorliegt. Damit erledigen sich denkbare prozessuale Streitigkeiten um das richtige Gericht, **Kammer** für **Handelssachen** oder **Zivilsachen**, von allein, vgl. schon vorher Rn. 2.

15   2. **Kollektiver Charakter der Rechtsverletzung.** Der Unterlassungsanspruch gem. § 2 besteht nur im Interesse des Verbraucherschutzes. Der Gesetzgeber orientiert sich an einem Verständnis, wie es bisher dem Unterlassungsanspruch nach § 8 UWG (§§ 1, 13 UWG aF) zugrunde lag, hat aber die Schwelle, die im Rahmen des Rechtsbruchtatbestands nach § 3 UWG (§ 1 UWG aF) entwickelt wurde, für § 2 UKlaG herabgesetzt, indem er auf das **subjektive** Element des **Rechtsbruchtatbestands verzichtet** und auch kein Handeln zu **Zwecken** des **Wettbewerbs** verlangt.[24] Mit der Formulierung „im Interesse des Verbraucherschutzes" folgt er den Vorgaben der Richtlinie 98/27/EG, die den kollektiven Schutz der Verbraucherinteressen als Bezugspunkt wählt. Der Be-

---

[21] Vgl. BT-Drucks. 14/2658 S. 52: „(...) ein solches Verfahren, das in der Sache § 13 des Gesetzes gegen den unlauteren Wettbewerb ergänzt (...)".

[22] Man wird hierzu auch die vergleichende Werbung rechnen können, obwohl die einschlägige Richtlinie 97/55/EG im Anhang der Richtlinie 98/27/EG nicht mehr auftaucht; zu der reichlich komplizierten Regelung des Anwendungsbereichs der Richtlinie 2004/29/EG in Bezug auf die vergleichende Werbung, MünchKomm-UWG/*Micklitz* EG E Rn. 79ff.

[23] Vgl. zur darin liegenden Problematik, *Micklitz*, in: *GH II/Wolf* A 3, Rn. 178f.; sowie MünchKomm-UWG/*Micklitz* EG I Rn. 126ff.

[24] Schon bisher wurden verbraucherschutzwidrige Geschäftspraktiken über § 1 UWG von der Rechtsprechung beurteilt, vgl. etwa zum Abzahlungsgesetz BGH GRUR 1972, 498; zum HausTWG BGHZ 109, 127; BGH GRUR 1992, 521; BGH WRP 1993, 392; BGH GRUR 1994, 59; BGH WRP 1995, 89; OLG Karlsruhe VuR 1989, 114; zu den §§ 17, 18 VerbrKrG OLG Stuttgart OLG Report 1999, 432; zum Reisevertragsrecht LG Frankfurt a. M., WRP 1995, 667.

griff „Kollektivinteresse" wurde deswegen nicht in § 2 UKlaG aufgenommen, weil er in der deutschen Rechtssprache nicht geläufig ist.

a) Im Interesse des Verbraucherschutzes. Die Gesetzesbegründung zu § 2 UKlaG (§ 22 AGBG) ist in sich **nicht stimmig**. Art. 11 Abs. 2 der Fernabsatzrichtlinie verlangt von den Mitgliedstaaten, effektive und wirksame Mittel bereitzustellen, um die Einhaltung der Fernabsatzrichtlinie sicherzustellen. Aus der Begründung des Umsetzungsbedarfs der Fernabsatzrichtlinie folgt, dass der deutsche Gesetzgeber lediglich gefordert ist, Verbraucherverbänden bzw. Berufsverbänden mit berechtigtem Interesse ein Verbandsklagerecht einzuräumen.[25] Diese Sichtweise des Art. 11 Abs. 2 deckt sich nicht mit der Begründung, die der Gesetzgeber selbst zur Einführung des § 2 UKlaG (§ 22 AGBG) formuliert. Dort ist die Rede davon, dass § 8 UWG (§ 13 UWG aF) nicht sicherstellen kann, dass richtlinienwidrige Geschäftspraktiken **im Einzelfall** keinen unlauteren Wettbewerb darstellen können.[26] Diese Formulierung liest sich so, als ob der Gesetzgeber zu Recht die Notwendigkeit erkennt, auch die **kollektive Durchsetzung individueller, aus der Richtlinie folgender, Ansprüche** zu sichern.[27] Gleichwohl sollte der mögliche Widerspruch in der Gesetzesbegründung nicht überinterpretiert werden. Dem Gesetzgeber geht es offensichtlich um den Schutz der kollektiven Interessen, wie auch der Bezug in der Gesetzesbegründung zur Richtlinie 98/27/EG deutlich macht.[28] Gegenstand der Unterlassung gem. § 2 Abs. 1 UKlaG sollen Geschäftspraktiken sein, die mit den Vorschriften von Verbraucherschutzgesetzen nicht in Übereinstimmung stehen. Dabei löst die Verletzung solcher Vorschriften aber nicht in jedem Fall einen Unterlassungsanspruch aus. Voraussetzung soll vielmehr sein, dass der Verstoß die Kollektivinteressen der Verbraucher berührt. Nach dem Willen des Gesetzgebers ist das der Fall, wenn der Verstoß in seinem Gewicht und seiner Bedeutung über den Einzelfall hinausreicht und eine generelle Klärung geboten erscheinen lässt.[29]

Die Formulierung **„Im Interesse des Verbraucherschutzes"** verweist auf ein kollektives Moment der gesetzeswidrigen Praktiken. Insofern ist dieses Tatbestandsmerkmal nichts weiter als eine Umschreibung der aus dem UWG-Bereich bekannten Wiederholungsgefahr. Das mit der Verbandsklage erstrebte gerichtliche Unterlassungsgebot weist in die Zukunft. Dem Gesetzesverletzer soll eine künftige Wiederholung der beanstandeten Handlung verboten werden. Also können nur Handlungen verboten werden, von denen zu befürchten ist, dass sie sich künftig wiederholen. Im Interesse des Verbraucherschutzes kann mit der Verbandsklage nicht, wenn sie sich auf eine Unterlassung bezieht, von der man weiß, dass sie sich nicht wiederholt. Die **Rechtsprechung zur Wiederholungsgefahr führt zu sachgerechten Ergebnissen**. Der **Gesetzesverstoß begründet** eine tatsächliche **Vermutung** für die Gefahr einer künftigen Wiederholung. Diese tatsächliche Vermutung ist widerlegbar. Der klagende Verband muss den Gesetzesverstoß beweisen, es ist dann Sache des Gesetzesverletzers Umstände darzulegen, aus denen sich ergibt, dass keine Wiederholung zu besorgen ist. Ähnlich wie beim UWG sind strenge Anforderungen an die Widerlegung der durch den Gesetzesverstoß begründeten Wiederholungsgefahr zu stellen. Eine solche Lesart fügt sich in die Vorgaben der Richtlinie 98/27/EG nahtlos ein, Rn. 18.

b) Vorgaben der Richtlinie 98/27/EG. Art. 1 Abs. 1 RL 98/27/EG definiert als Ziel dieser Richtlinie den Schutz der **Kollektivinteressen** der Verbraucher. Nach Art. 1 Abs. 2 RL 98/27/EG wird als Verstoß jede Handlung qualifiziert, die den im Anhang aufgeführten Richtlinien, in der in die innerstaatliche Rechtsordnung der Mitgliedstaaten umgesetzten Form, zuwiderläuft und die Kollektivinteressen der Verbraucher gem. Art. 1 Abs. 1 beeinträchtigt. Damit stellt sich die Frage, ob ein Anspruch auf Unterlassung „im Interesse des Verbraucherschutzes" und der Schutz des kollektiven Interesses des Verbrauchers als ein- und dasselbe zu verstehen sind. Wie immer auch der Gesetzgeber und die Rechtsprechung „im Interesse des Verbraucherschutzes" definiert, letztendlich ist § 2 UKlaG im Lichte der Vorgaben des Art. 1 RL 98/27/EG zu interpretieren. Deshalb kann als Bezugspunkt nur der **Schutz der kollektiven Interessen** der Verbraucher maßgebend sein. Damit **entfällt** aus der Perspektive der Richtlinie das **intentionale Moment**. Es kann nicht darauf ankommen, ob der Unternehmer bzw. der Mitarbeiter oder Angestellte, vgl. Rn. 19, nicht nur im Einzelfall Verbraucherschutzgesetzen zuwiderhandelt, sondern es ist allein entscheidend, ob durch

---

[25] Vgl. BT-Drucks. 14/2658 S. 27.
[26] Vgl. BT-Drucks. 14/2658 S. 52.
[27] Vgl. dazu *Micklitz*, in: *GH II/Hilf* A 3 Rn. 153.
[28] Vgl. BT-Drucks. 14/2658 S. 27, dort nur in der Vorauflage *Ulmer/Brandner/Hensen* § 22 Rn. 9 sprechen von einem „gewichtigen Verstoß"; Greger NJW 2000, 2466 von Nachhaltigkeit, dh. der Bedeutung über den Einzelfall hinaus, ebenso *Heß*, Das geplante Unterlassungsklagegesetz, in: *Ernst/Zimmermann* (Hrsg.), Zivilrechtswissenschaft und Schuldrechtsreform, S. 529.
[29] Vgl. BT-Drucks. 14/2658 S. 53.

die Zuwiderhandlung die Kollektivinteressen der Verbraucher als solche beeinträchtigt werden. Grundsätzlich genügt es, dass die Handlung objektiv gegen das sittlich-rechtliche Empfinden der Allgemeinheit verstößt.[30]

19   **c) Vielzahl von Fällen und Einzelfällen.** Das Kollektivinteresse der Verbraucher ist bereits betroffen, wenn der Unternehmer sich **einmalig** verbraucherschutzgesetzwidriger Geschäftspraktiken bedient, sofern die Handlung die Gefahr künftiger Wiederholung begründet. Die Eingriffsschwelle ist angesichts der Auslegung im Lichte der Richtlinie 98/27/EG niedrig anzusetzen. Im Rechtsausschuss wurde die zuvor gewählte Formulierung „nicht nur im Einzelfall" durch die Formulierung „im Interesse des Verbraucherschutzes" ersetzt, um dadurch auch bei **einmaligen,** aber **schwerwiegenden** Verstößen den Anwendungsbereich des § 2 UKlaG zu eröffnen.[31] Zu denken wäre etwa an Verstöße gegen Informationspflichten, die nicht in einem bloßen Unterlassen der Information, sondern darüber hinausgehend in einer Verschleierung der Rechtslage bestehen, zB wenn ein Unternehmer einem Verbraucher ausdrücklich **erklärt,** für das abgeschlossene Geschäft sehe das Gesetz kein Widerrufsrecht vor, um ihn von der Ausübung dieses in Wahrheit bestehenden Rechts abzuhalten.

20   **d) Parallele Auslegung des § 8 UWG.** Sieht man § 8 UWG und § 2 UKlaG als gleichrangige Klagemöglichkeiten, **entfällt** die **Notwendigkeit,** § 2 UKlaG, sofern er Unterlassungsklagen zur Durchsetzung der aus dem Gemeinschaftsrecht stammenden Verbraucherschutzvorschriften betrifft, richtlinienkonform auszulegen. Denn dem klagenden Verband bleibt die Wahl, auf welchen Klagetyp er sein Vorgehen stützen will. Eine richtlinienkonforme Auslegung erlaubt es, weitgehende inhaltliche Übereinstimmung zwischen § 8 UWG und § 2 UKlaG herzustellen.

21   **3. Verletzung von Verbraucherschutzgesetzen. a) Definition von Verbraucherschutzgesetzen.** § 2 Abs. 1 definiert tautologisch, dass Verbraucherschutzgesetze solche Gesetze sind, die dem Schutz des Verbrauchers dienen. Deutlich wird aus dem Wortlaut von Abs. 1 jedoch nur, dass nicht das **Gesetz** als Ganzes dem Verbraucherschutzgesetz dienen muss, sondern dass es im Einzelfall auch dann noch ausreicht, wenn nur eine einzelne **Vorschrift** diesen Zweck verfolgt. Eine solche Lesart wird durch § 2 Abs. 2 UKlaG gestützt, der in der Aufzählung nicht nur ganze Gesetze erwähnt, sondern auch **einzelne** Artikel bzw. **Vorschriften** von Verbraucherschutzgesetzen bzw. von Gesetzen. Nach dem Willen des Gesetzgebers dient eine Vorschrift dem Verbraucherschutz, wenn der Verbraucherschutz ihr eigentlicher Zweck ist. Die Vorschrift kann also neben dem Verbraucherschutz auch anderen Zwecken dienen. Nach der Auffassung des Gesetzgebers soll es aber nicht genügen, wenn dem Verbraucherschutz in der Vorschrift nur eine untergeordnete Bedeutung zugemessen wird, er also quasi eine zufällige Nebenerscheinung des eigentlichen Hauptzweckes darstellt.[32] Damit dürfte eine Vorschrift bzw. ein Gesetz immer dann auf die Verwirklichung des Verbraucherschutzgesetzes zielen, wenn die Vorschrift oder das Gesetz zumindest **auch** dem Verbraucherschutz dient, selbst wenn der größere Schwerpunkt des Gesetzes an anderer Stelle liegt.[33] Jede andere Lesart führt zu kaum handhabbaren Ergebnissen. Weder lässt sich immer eindeutig bestimmen, ob eine Vorschrift oder ein Gesetz **primär** dem Verbraucherschutz dient, noch feststellen, ob Verbraucherschutz zumindest **gleichrangig** neben anderen Zielsetzungen des Gesetzgebers steht. Viel wichtiger ist es, im **individuellen Kontext** zu ermitteln, ob ein Gesetz oder eine Vorschrift **auch** dem Verbraucherschutz dient. Soweit es sich um Vorschriften oder Gesetze handelt, die ihrerseits auf sekundäres Gemeinschaftsrecht zurückgehen, ist zu beachten, dass die Auslegungshoheit beim Europäischen Gerichtshof liegt.

22   **b) Die nicht abschließende Liste.** Der Gesetzgeber hat sich ausdrücklich für eine offene Formulierung ausgesprochen. Der Wortlaut **„insbesondere"** lässt erkennen, dass der Gesetzgeber Spielraum schaffen will für eine zukünftige Beurteilung von Gesetzen, deren verbraucherschützender Charakter sich vielleicht erst in der Praxis erweisen muss. Die in der Liste aufgeführten Regeln sind zu einem großen Teil bereits Gegenstand einschlägiger Verfahren nach Maßgabe des UWG gewesen. Insofern kann auf die Erfahrungen und die dort bereits etablierte Rechtsprechung zurückgegriffen werden. Unterschiede bestehen vor allem in der Art des Rechtsverstoßes. § 2 UKlaG

---

[30] Nach den Vorgaben der Rechtsprechung muss der Verletzer den Sachverhalt, der sein Verhalten als unlauter erscheinen lässt, gekannt oder sich seiner Kenntnis entzogen haben, vgl. BGHZ 23, 184. Damit verschwimmen die Grenzen zwischen einem objektiven Verstoß und der subjektiven Vorwerfbarkeit der Gesetzesverletzung, vgl. näher *Hefermehl/Köhler/Bornkamm* Einl. UWG Rn. 3.56; *Jacobs/Lindacher/Teplitzky,* UWG Großkommentar, § 1 Rn. 47.
[31] Vgl. BT-Drucks. 14/3195 S. 35.
[32] Vgl. BT-Drucks. 14/2658 S. 53.
[33] AA OLG Nürnberg NJW 2005, 3000, 3002.

erlaubt es gerade, verbraucherschutzgesetzwidrige Praktiken zu unterbinden, vgl. zu der Unterscheidung zwischen missbräuchlichen Allgemeinen Geschäftsbedingungen, verbraucherschutzgesetzwidrigen Praktiken und wettbewerbswidrigem Verhalten Rn. 9.

aa) Nr. 1: Verbraucherschutzvorschriften aus dem BGB. Zunächst nennt § 2 Abs. 2 Nr. 1 die Vorschriften des **Verbrauchsgüterkaufs** nach den §§ 474 ff. BGB, womit der Gesetzgeber Art. 10 der Verbrauchsgüterkaufsrichtlinie 1999/44/EG umsetzt. Die in § 475 BGB genannten Normen des allgemeinen Kaufrechts werden durch den Verweis nicht zu verbraucherschützenden Vorschriften iS des § 2 Abs. 2 Nr. 1, da durch § 475 BGB nicht die generelle Unabdingbarkeit der genannten Vorschriften angeordnet wird.[34] Die in den Nummern 1 bis 4 des § 22 Abs. 2 AGB-Gesetz aufgeführten Verbraucherschutzgesetze HausTWG, VerbrKrG, TzWrG und FernAG wurden durch das Schuldrechtsmodernisierungsgesetz im Gleichlauf mit der Einführung des UKlaG in das BGB integriert. § 2 Abs. 2 Nr. 1 verweist pauschal auf die Vorschriften der entsprechenden Geschäfte. Die §§ 346 ff. BGB fallen darunter, sofern sie über § 357 Abs. 1 S. 1 BGB Anwendung finden.[35] Der Verweis des § 22 Abs. 2 Nr. 8 AGB-Gesetz auf die Vorschriften über den Reisevertrag findet sich jetzt ebenfalls in § 2 Abs. 2 Nr. 1. Die Aufnahme des HausTWG, des VerbrKrG, des TzWrG, des FernAG und der §§ 651 aF BGB über den Reisevertrag unter Einschluss der Verordnung über die Informationspflichten diente ursprünglich der Umsetzung der Ziffern 2, 3, 5, 8 und 9 des Anhangs zur Richtlinie 98/27/EG.

bb) Nr. 2: Vorschriften zur Umsetzung der Art. 5, 10 und 11 der Richtlinie 2000/31/EG. § 2 Abs. 2 Nr. 2 dient der Umsetzung des Art. 18 der E-Commerce-Richtlinie. Der Unterlassungsanspruch erfasst jetzt ausdrücklich die Vorschriften zur Umsetzung der Artikel 5, 10 und 11 der Richtlinie 2000/31/EG des Europäischen Parlaments und des Rates vom 8. Juni 2000 über bestimmte rechtliche Aspekte der Dienste der Informationsgesellschaft, insbesondere des elektronischen Geschäftsverkehrs, im Binnenmarkt.

cc) Nr. 3: Das Fernunterrichtsschutzgesetz. Das FernUSG, das bereits im Jahre 1976 erlassen wurde, setzt die Fernabsatzrichtlinie 97/7/EG im Bereich der Fernunterrichtsverträge um und wurde deshalb im Jahre 2000 im Zuge der Umsetzung der Richtlinie 97/7/EG überarbeitet. Die Regelungen sind für den Verbraucher **günstiger als** die des **Fernabsatzes** in den §§ 312 b-d BGB. So ist es dem Veranstalter verboten vom Teilnehmer Vorauszahlungen oder höhere Teilleistungen zu fordern. Verbraucherverbände haben sich bislang des UWG bedient, um dadurch die Verletzung von zwingenden Regeln über die Bereitstellung von Informationen, vor allem über die unterlassene Belehrung des von den einschlägigen Gesetzen eingeräumten Widerrufsrechts, zu unterbinden.[36] Die Vielzahl der Prozesse untermauert die Notwendigkeit, die Klage aus § 2 UKlaG gleichrangig neben die Klage aus § 8 UWG zu stellen, um auch gesetzeswidrige Praktiken aus dem Anwendungsbereich der Bestimmungen zu beseitigen.

dd) Nr. 4: Vorschriften des Bundes- und Landesrechts zur Umsetzung der Art. 10–21 der Richtlinie 89/552/EWG in der geänderten Fassung der Richtlinie 97/36/EG. Die Richtlinie 89/552/EWG „Fernsehen ohne Grenzen" einschließlich der Änderungen durch die Richtlinie 97/36/EG ist im deutschen Recht in einer Vielzahl von Regelungen umgesetzt.[37] Dazu zählen der Rundfunkstaatsvertrag, das Filmförderungsgesetz, das Lebensmittelgesetz, das Heilmittelwerbegesetz, die Verhaltensregeln des Deutschen Werberates über die Werbung für alkoholische Getränke sowie Landesrundfunk- und Landesmediengesetze. Nach dem 9. Rundfunkstaatsvertrag über den Rundfunk im vereinten Deutschland, in Kraft getreten am 1. 3. 2007,[38] haben die öffentlich-rechtlichen und die privaten Anbieter die **Wirtschaftswerbung** vom übrigen **Programm getrennt** zu halten und als solche zu **kennzeichnen**. Die Werbung darf nach Art. 7 das übrige Programm nicht **beeinflussen**. ARD und ZDF haben zur Regelung des Trennungsgebots Richtlinien erlassen. Bei ganz oder teilweise **gesponserten** Sendungen muss zur Information des Zuschauers auf den Anbieter hingewiesen werden, der die Sendung finanziell unterstützt. Damit sollen die Erwartungen des Zuschauers in neutrale und objektive Berichterstattung geschützt werden. Die einschlägigen Bestimmungen des Rundfunkstaatsvertrages sind im Lichte der Art. 10 bis 21 RL

---

[34] OLG Nürnberg NJW 2005, 3000, 3002.
[35] LG Karlsruhe MMR 2006, 245, nicht rechtskräftig, Berufung geführt unter OLG Karlsruhe 7 U 40/06; zustimmend *Kazemi* MMR 2006, 246; *Schröder* VuR 2006, 116; aA OLG Nürnberg NJW-RR 2005, 1581.
[36] Vgl. *Hefermehl/Köhler/Bornkamm* UWG Einl. 7.11. und § 4 UWG Rn. 4.170 ff.; MünchKommUWG/*Schaffert* § 4 UWG Rn. 11 Rn. 301 ff.; *Jacobs/Lindacher/Teplitzky*, UWG Großkommentar, § 1 Rn. 47; *Harte/Henning/Ahrens* Einl. F Rn. 160.
[37] Vgl. zu dem internationalen Kontext der Richtlinie Fernsehen ohne Grenzen; *Tietje*, in: GH II/*Wolf* A 27 Rn. 83 f.
[38] GBl. BW 2007, S. 111.

89/522/EWG zu interpretieren, auf die im Anhang zur Richtlinie 98/27/EG verwiesen wird. Die beabsichtigte Überführung der Richtlinie 89/552/EWG in eine **Richtlinie für audiovisuelle Medien** wird einschneidende Änderungen mit sich bringen. Nach dem am 24. 5. 2007 verabschiedeten Gemeinsamen Standpunkt sollen europaweit weitgehend einheitliche Regeln für Werbung, Jugendschutz, Product Placement und Quoten für europäische Produktionen, nicht nur für das analoge Fernsehen, sondern auch für viele der neuen Medien gelten.[39] Den Anbietern soll untersagt werden, die körperliche, geistige und sittliche Entwicklung von Minderjährigen ernsthaft zu beeinträchtigen. Dies soll aufgrund von Verschlüsselung, Sendeplatzwahl oder Klassifizierung der Inhalte der Sendungen erreicht werden. Ferner wird hervorgehoben, dass die audiovisuelle kommerzielle Kommunikation zu keinerlei Diskriminierung, etwa der Rasse oder des Geschlechts, führen darf. Aus diesem Grund sollen die Mitgliedstaaten verpflichtet werden, einen leichten, direkten und dauerhaften Zugang zu Informationen über Name, Postanschrift oder E-Mail-Adressen eines in ihrem Hoheitsgebiet befindlichen Mediendiensteanbieters, sowie über die zuständige Regulierungsbehörde zu gewährleisten. Soweit der Bezug zu § 2 gegeben ist, kann die Verletzung des kollektiven Interesses der Verbraucher vermutet werden, vgl. Rn. 15 ff.

27   **ee) Nr. 5: Die entsprechenden Vorschriften des Arzneimittelgesetzes sowie Art. 1, §§ 3–13 des Gesetzes über die Werbung auf dem Gebiet des Heilwesens.** Ziffer 6 des Anhangs der Richtlinie 98/27/EG sieht die Unterlassungsklage bei Verstößen gegen die Richtlinie 92/28/EWG über die Werbung für **Humanarzneimittel** vor. Der Umsetzung dieser Bestimmung diente § 22 Abs. 2 Nr. 7 AGB-Gesetz, nun § 2 Abs. 2 Nr. 5 UKlaG. Der Bundesrat hatte in seiner Stellungnahme darum gebeten, zu prüfen, ob die Bezugnahme auf das AMG präzisiert werden könne.[40] Der Rechtsausschuss des Bundestages kam daraufhin zu dem Ergebnis, dass so viele Vorschriften des AMG aufgezählt werden müssten, dass darunter die Übersichtlichkeit der Regelung leiden würde. Deshalb beließ man es bei der Einfügung der Formulierung „die entsprechenden Vorschriften des Arzneimittelgesetzes", um zu verdeutlichen, dass nicht alle Vorschriften des AMG, sondern nur dessen verbraucherschutzrelevante Normen gemeint sind. Rein **technische Verfahrensnormen** sind damit **ausgeschlossen**.[41] Ausgangspunkt der Überlegungen muss die Rechtsprechung zum Schutz der Gesundheit sein, die auch bisher schon in großem Umfang auf die Vorschriften des AMG und des Heilmittelwerbegesetzes Bezug genommen hat, um Gesetzesverletzungen über die §§ 3, 5 UWG zu sanktionieren. Insoweit kann auf die einschlägige Praxis des UWG verwiesen werden.[42]

28   **ff) Nr. 6: § 126 des Investmentgesetzes und Nr. 7 6. Abschnitt des Wertpapierhandelsgesetzbuchs.** Die zum 1. 1. 2004 vollzogene Zusammenfassung des Auslandinvestment-Gesetzes (AuslInvestmG) und des Gesetzes über Kapitalanlagegesellschaften (KAGG) zum Investmentgesetz (InvG) machte eine Anpassung des UKlaG nötig. Die ursprüngliche Aufnahme von § 23 des Gesetzes über Kapitalanlagegesellschaften und § 11 und § 15 h des Auslandinvestmentgesetzes in § 22 Abs. 2 Nr. 9 AGB-Gesetz war nicht durch die Richtlinie 98/27/EG geboten. Sie sollte u. a. deutlich machen, dass auch Vorschriften, die in bankaufsichtsrechtlichen Gesetzen enthalten sind, die in Deutschland dem öffentlichen Recht zugeordnet werden, Verbraucherschutzvorschriften sein können.[43] § 126 InvG gewährt dem Käufer von Anteilsscheinen ein **Widerrufsrecht,** wenn er durch mündliche Verhandlungen außerhalb der ständigen Geschäftsräume desjenigen, der die Anteilsscheine verkauft oder den Verkauf vermittelt hat, dazu bestimmt wurde, eine auf den Kauf gerichtete Willenserklärung abzugeben. Die Regelung dokumentiert eindrücklich die Sinnhaftigkeit des § 2 UKlaG. Denn der Rechtsbruch wird sich normalerweise in Form gesetzeswidriger **Praktiken** äußern. Die Vorschriften des Abschnittes 6 des Wertpapierhandelsgesetzes, die das Verhältnis zwischen dem Wertpapierdienstleistungsunternehmen und den Kunden regeln, erweitern die Reichweite des Verbraucherschutzes im Recht der Finanzdienstleistungen beträchtlich.

28a   **gg)** Mit der Aufnahme des Rechtsdienstleistungsgesetzes in den Katalog der Schutzgesetze will der Gesetzgeber dem Umstand Rechnung tragen, dass das RDG dem Schutze aller Rechtssuchenden und dem Schutz des Rechtsverkehrs dient.[44] Die Rechtssuchenden werden, ob aktiv oder passiv als Gegner eines streitigen Verfahrens, als Verbraucher behandelt. Dass das RDG nur die Befugnis zur Erbringung außergerichtlicher Beratungsleistungen regelt, können die klagebefugten Verbände und Organisationen mit Hilfe der Unterlassungsklage einschreiten, wenn sich Personen unbefugt in

---

[39] Dok. Nr. 9132/07.
[40] Vgl. BR-Drucks. 25/00 S. 15.
[41] Vgl. BT-Drucks. 14/195 S. 35.
[42] Vgl. *Fezer/Reinhart* § 4 S 4; MünchKommUWG/*Schaffert* § 4 Nr. 11 Rn. 205 ff.; *Hefermehl/Köhler/Bornkamm* § 4 UWG Rn. 11.132 ff.; *Jacobs/Lindacher/Teplitzky,* UWG Großkommentar, § 1 Rn. 244.
[43] Vgl. BT-Drucks. 14/2658 S. 53 und *Reich* WM 1997, 1601.
[44] So die Begründung BT-Drucks. 623/06, S. 232.

die Rechtsberatung einschalten. Offensichtlich soll die Unterlassungsklage als milderes Mittel neben den nach § 14 RDG möglichen Widerruf der Registrierung treten.

c) Weitere aus dem Gemeinschaftsrecht stammende Vorschriften. Da § 2 vor allem der Umsetzung der Richtlinie 98/27/EG dient, sind auch solche Vorschriften als Verbraucherschutzgesetze anzusehen, die der Umsetzung der im Anhang der Richtlinie 98/27/EG aufgezählten Rechtsakte dienen, aber nicht in der Liste des § 2 Abs. 2 UKlaG enthalten sind. Dies betrifft zB § 241a BGB über die **Lieferung unbestellter Sachen** und die Erbringung unbestellter Dienstleistungen, mit dem Art. 9 der Fernabsatz-Richtlinie 97/7/EG[45] sowie § 676h BGB über den **Missbrauch von Zahlungskarten,** mit dem Art. 8 RL 97/7/EG umgesetzt wird. Gerade in den zuletzt genannten Bereichen sind verbraucherschutzgesetzwidrige Praktiken denkbar, so wenn beispielsweise die Bank Aufwendungsersatz vom Verbraucher verlangt, obwohl sie den Missbrauch mit zu verantworten hat.

d) Dynamische Verweisung auf weitere Gemeinschaftsrechtsakte. Mit der Offenheit der Liste bezweckt der Gesetzgeber, dass Gemeinschaftsrechtsakte, die noch nicht im nationalen Recht umgesetzt sind und bei denen die Umsetzungsfrist noch nicht abgelaufen ist, sowie neue Rechtsakte, die erst in den Anhang der Richtlinie 98/27/EG aufgenommen werden, im Rahmen des § 2 berücksichtigt werden können. Zugleich überwindet er damit das Problem, dass diverse Regelungen aus den EG-Verbraucherschutzrichtlinien, so insbesondere Vorgaben aus der Verbrauchsgüterrichtlinie 1999/44/EG, Teil des allgemeinen Rechts sind.[46]

e) Einbeziehung von nicht in der Liste aufgeführten Gemeinschaftsakten. Die Liste der in der Richtlinie 98/27/EG genannten Richtlinien ist vielfach als unvollständig kritisiert worden,[47] weil eine ganze Reihe von verbraucherschützenden Richtlinien nicht aufgeführt würden, wie die Richtlinie 2001/13/EG über **Lebensmittelkennzeichnung;**[48] die Dritten Richtlinien 92/49/EWG **Schadensversicherung**[49] und 92/96/EWG **Lebensversicherung,**[50] schließlich die Richtlinie 2001/95/EG über allgemeine **Produktsicherheit.**[51] Für das deutsche Recht stellt sich die Frage, ob die Umsetzungsregeln und Gesetze als Verbraucherschutzgesetze zu qualifizieren sind, die einen Anspruch aus § 2 UKlaG auslösen können oder ob die Richtlinie eine Art **negative Sperrwirkung** entfaltet. Als Leitschnur sollte gelten, das der Gemeinschaftsgesetzgeber nur Richtlinien aufgenommen hat, die dem Schutz der *wirtschaftlichen Interessen* dienen.[52] Deshalb fällt die **VO (EG) über bestimmte Vorschriften im Zusammenhang mit der Einführung des Euro**[53] in den Anwendungsbereich des § 2 UKlaG.[54]

f) Verbraucherschutzgesetze des deutschen Rechts (Schutz der wirtschaftlichen Interessen). Voraussetzung hierfür ist eine gewisse Vergleichbarkeit mit den in § 2 Abs. 2 ausdrücklich genannten Vorschriften. Diesen ist gemein, dass sie speziell auf das Verhältnis zwischen Unternehmern und Verbrauchern zugeschnitten sind bzw. dass der Verbraucherschutz ihr eigentlicher Zweck ist. Auf solche Vorschriften will der Gesetzgeber den Anwendungsbereich des § 2 UKlaG begrenzen, vgl. Rn. 21. Ein Beispiel bietet **§ 661a BGB über Gewinnzusagen,**[55] der ausdrücklich nur im Verhältnis zwischen Unternehmern und Verbrauchern Anwendung findet. Der Begriff des Verbrauchers muss jedoch nicht unbedingt verwendet werden. Dies ergibt sich zB aus der Aufnahme der Vorschriften des Reisevertrages in § 2 Abs. 2 Nr. 1 UKlaG, in denen das BGB dem Reiseveranstalter den „Reisenden" gegenüber stellt. So ist es möglich, auch alte Vorschriften, die noch nicht die neuen Termini Verbraucher und Unternehmer verwenden, als Verbraucherschutzgesetze zu begreifen. Der Gesetzgeber nannte selbst **§ 6 TDG (jetzt 5 TMG)** als Beispiel.[56] Nach dieser Vorschrift haben Anbieter von Telediensten für ihre geschäftlichen Angebote u. a. ihren Namen und

---

[45] Vgl. dazu bereits *Micklitz/Reich,* Die Fernabsatzrichtlinie im Deutschen Recht, 1998, S. 95; sowie MünchKommUWG/*Micklitz* EG I Rn. 57 ff.
[46] *Staudinger/Schlosser* Rn. 12.
[47] Vgl. *Baetge* ZZP 1999, 329, 338 f.
[48] ABl. EG Nr. L 310, 28. 11. 2001, 14; vgl. dazu MünchKommUWG/*Micklitz* EG K Rn. 37 ff.
[49] ABl. EG Nr. L 228, 9. 12. 1992, S. 1 f.
[50] EG Nr. L 228, 9. 12. 1992, S. 1 f.
[51] ABl. EG Nr. L 11, 15. 1. 2002, 4, zu den verbraucherrelevanten Gesichtspunkten der beiden Richtlinien, *Micklitz* § 25 in: *Reich/Micklitz,* Europäisches Verbraucherrecht; ausführlich, *Schieble,* Produktsicherheitsgesetz und europäisches Gemeinschaftsrecht.
[52] Vgl. dazu speziell *Heiss* ZEuP 1996, 625, 630 f.
[53] Zuletzt geändert durch VO 835/2007 und 836/2007, ABl. L 186, 18. 7. 2007, 1.
[54] LG München MMR 2006, 348.
[55] Dies zeigen auch die Urteile BGH NJW-RR 2006, 701 f; BGH NJW 2006, 230 ff.
[56] Vgl. BT-Drucks. 14/2658 S. 53; vgl. auch OLG München NJW-RR 2002, 348, *Spindler/Schuster/Schmitz* § 5 TMG Rn. 69.

ihre Anschrift sowie bei Personenvereinigungen und -gruppen auch Namen und Anschrift des Vertretungsberechtigten anzugeben. Die Norm ist nicht nur im Verhältnis zwischen Unternehmern und Verbrauchern anzuwenden, sondern gegenüber allen Nutzern von Telediensten, vgl. § 2 Nr. 3 TMG. Daraus lässt sich schließen, dass auch Normen, die zwar gegenüber Unternehmern und Verbrauchern Anwendung finden, aber im **konkreten Kontext** den Schutz der Verbraucher bezwecken, Verbraucherschutzgesetze iS des § 2 UKlaG sind.[57]

33   Ob auch **Bestimmungen des BDSG** ein verbraucherschützender Charakter zukommt, ist **umstritten**. Die **Obergerichte lehnen** eine solche **Ausdehnung ab.** Der Datenschutz basiere auf dem Grundgedanken des Schutzes des allgemeinen Persönlichkeitsrechts aller natürlichen Personen.[58] Ein expliziter Bezug zum Verbraucher selbst bestehe nicht. Das BDSG ziele nicht auf den Schutz einer Person im Zusammenhang mit dem Abschluss von Rechtsgeschäften ab.[59] Die Belehrungspflichten des § 28 Abs. 4 BDSG[60] garantierten lediglich auf die Weitergabe von Daten an Dritte und die Nutzung von Daten zu Marketingzwecken. Auch den Regelungen der §§ 3a, 4 BDSG hat die Rechtsprechung, allerdings mit einer recht schlanken Begründung, eine verbraucherschützende Qualität versagt.[61] Das BDSG schütze nur natürliche Personen, nicht jedoch speziell Verbraucher.[62] **Gegen diese Rechtsprechung bestehen jedoch Bedenken.** So ist das Recht auf informationelle Selbstbestimmung als Recht auf Teilhabe am Datenkreislauf[63] sorgfältiger als bisher daraufhin zu prüfen, ob und gegebenenfalls in welchem Umfang durch die Datenverarbeitung auch Verbraucherbelange betroffen sind. § 2 UKlaG ist nicht auf Gesetze beschränkt, die speziell für diesen Zweck geschaffen wurden. Eine solche Trennung der Gesetze ist im Hinblick auf das Datenschutzrecht lebensfremd. **Datenschutz ist verbraucherrelevant.**[64] Die Nutzung von Verbraucherdaten um andere Verbraucher zu werben oder deren Verhalten zu analysieren stellt den Ursprung für die Notwendigkeit des Schutzes dar. Auf Grundlage dieser Argumente wäre das BDSG anders zu beurteilen. Das gilt insbesondere für § 28 Abs. 4 BDSG.

34   **§ 489 BGB**, der das Kündigungsrecht des Darlehensnehmers regelt, ist gänzlich als Verbraucherschutzvorschrift iS des § 2 anzusehen. Auch bei den Bestimmungen des **Wohnungsvermittlungsgesetzes** handelt es sich um verbraucherschützende Normen iS des § 2 Abs. 1, indem es die Wohnungssuchenden vor ungerechtfertigten wirtschaftlichen Belastungen schützt.[65] An Bedeutung hat die **PreisangabenVO** gewonnen, denn durch die Aufhebung des Rabattgesetzes und der Zugabeverordnung leidet die Preistransparenz. Umso mehr ist der Verbraucher auf korrekte und vollständige Information nach der PAngV angewiesen. Die Rechtsprechung hat schon früher die Auffassung vertreten, die PAngV diene dem Schutz der Verbraucher, hat aber zusätzlich die Absicht des Verwenders verlangt, sich einen **Vorsprung durch Rechtsbruch** zu verschaffen.[66] Da dieses Erfordernis weggefallen ist, kann Verstößen gegen die PAngV mit der Unterlassungsklage nach § 2 UKlaG begegnet werden. Die Rechtsprechung kann Praktiken entgegenwirken, die durch eine Aufspaltung des Preises die Zielsetzung der Preisangabenverordnung zu unterlaufen versuchen.[67]

35   Weitere Verbraucherschutzgesetze sind **§ 33 WpHG**,[68] das **Textilkennzeichnungsgesetz**[69] **und die §§ 5a, 8 Abs. 4 und 48c VVG** über das Widerrufsrecht des Versicherungsnehmer. Bei der Regelung des Treuhänderverfahrens in **§ 178g Abs. 3 VVG**, welche die Schaffung eines einseitigen gesetzlichen Bedingungsanpassungsrechts zugunsten der Versicherer bezweckt, handelt es sich nach Auffassung dreier Landgerichte hingegen nicht um ein Verbraucherschutzgesetz iS des § 2

---

[57] Vgl. *Reich/Nordhausen*, Verbraucher und Recht im elektronischen Geschäftsverkehr, Rn. 61 f.; *Spindler/Schuster/Schmitz* § 5 TMG Rn. 69.

[58] OLG Frankfurt a. M. NJW-RR 2005, 1280, 1281; OLG Hamburg OLG-Report 2005, 32; OLG Düsseldorf RDV 2004, 222.

[59] OLG Düsseldorf RDV 2004, 222.

[60] OLG Düsseldorf DuD 2005, 173, 174; OLG Hamburg OLG-Report 2005, 32, noch dahinstehend in OLG Frankfurt GRUR 2005, 785.

[61] OLG Franfurt GRUR 2005, 785.

[62] Vgl. OLG Frankfurt GRUR 2005, 785 ff.; OLG Hamburg OLGR 2005, 32; OLG Düsseldorf RDV 2004, 222.

[63] *Hoffmann-Riem*, Liber Amicorum *Reich*, 1997, S. 777 ff.

[64] *Westpahl*, in: „Schutz der finanziellen Privatsphäre" zum 2. Datenschutz-Kolloquium der Schufa am 8. 3. 2007 in Berlin.

[65] KG NJW-RR 2004, 1239.

[66] Um diese Thematik rankt sich eine wichtige Rechtsprechung, vgl. die umfassende Kommentierung in MünchKommUWG/*Schaffert* § 4 Nr. 11 UWG.

[67] Vgl. *Micklitz* VuR 1998, 291.

[68] IdF des Finanzmarkt-Richtlinie-Umsetzungsgesetzes (FRUG) in Verbindung mit der „Wertpapierdienstleistungs- Verhaltens- und Organisationsverordnung" (WpDVerOV), vgl. *Grundmann*, Europäisches Schuldvertragsrecht, 4.20., S. 737 Rn. 31 f.

[69] Vgl. etwa *Doepner* WRP 1980, 473, 477.

Abs. 1, weil sie nur allgemeine Rechtsprinzipien formuliere, die keinen speziellen Verbraucherschutz bezweckten.[70] Genau das ist nach § 2 nicht erforderlich. Es reicht aus, wenn die kollektiven Interessen der Verbraucher in relevanter Weise tangiert werden. Das einseitige Anpassungsrecht ist nachgerade das Paradebeispiel einer Regelung, die die Interessen der Verbraucher wesentlich tangiert.

Die offene Formulierung des § 2 legt die Frage nahe, ob auch solche Vorschriften Verbraucherschutzgesetze sind, die zwar nicht auf das Verhältnis von Unternehmern und Verbrauchern zugeschnitten sind, aber von der **Rechtsprechung** spezifisch so ausgelegt werden, wenn sich Unternehmer und Verbraucher gegenüber stehen. Für ein solches Verständnis des Begriffs des Verbraucherschutzgesetzes spricht die Tatsache, dass die **§§ 3 und 5 UWG** zumindest indirekt über die geänderte Verbraucherverbandsklagemöglichkeit nach § 8 UWG als Verbraucherschutzvorschriften zu verstehen waren.[71] Mittlerweile ergibt sich der verbraucherschützende Charakter direkt aus § 1 UWG.

Generalklauseln wie § 138 Abs. 1 BGB, können als Verbraucherschutzgesetze zu behandeln sein, sofern es um Handlungen von Unternehmern geht, die das Kollektivinteresse der Verbraucher berühren. Dies könnte dort Bedeutung gewinnen, wie die Rechtsprechung sich zu einem Rechtssatz verfestigt hat, wie etwa bei der unter § 138 Abs. 1 BGB gefassten Vergabe von Krediten mit überhöhtem Zinssatz oder der Hereinnahme von Bürgschaften geschäftlich unerfahrener Familienmitglieder. Nach ständiger Rechtsprechung des BGH ist der bloße einmalige Vertragsbruch nicht wettbewerbsrechtlich relevant. Es müssen besondere lauterkeitsrechtliche Umstände hinzutreten.[72] Die Verbandsklage soll nicht zur Durchsetzung von vertraglichen Ansprüchen eingesetzt werden. Solange dem Verstoß jedoch eine über den Einzelfall hinausgehende exemplarische Wirkung zukommt, bleibt § 2 anwendbar, vgl. zu den Anforderungen an den kollektiven Charakter der Rechtsverletzung Rn. 15 f.

Die Regelungen des UKlaG stellen im Hinblick auf die Ahndung von Verstößen gegen das AGB-Recht **keine abschließende Regelung** dar.[73] Folglich können die in § 3 nicht aufgeführten Mitbewerber, als Marktteilnehmer, diesen Verstoß als einen Wettbewerbsverstoß gem. § 8 Abs. 3 Nr. 1 UWG aufgrund eines Rechtsbruchs geltend machen. Damit besteht ein umfassender Schutz gegen Verstöße dieser Art.

g) Verbraucherschutzgesetze des deutschen Rechts (Schutz der Gesundheit und Sicherheit). Die Richtlinien 85/374/EWG[74] über die Produkthaftung und die Richtlinie 2001/95/EG[75] über die allgemeine Produktsicherheit sind in Deutschland durch das **Produkthaftungsgesetz** bzw. das **Produktsicherheitsgesetz** umgesetzt worden. Beide Gesetze wollen den Verbraucherschutz verbessern. Die Frage ist nur, ob sie in den Anwendungsbereich des UKlaG fallen. Gesetzeswidrige Praktiken lägen immer dann vor, wenn Unternehmen den Regeln zuwiderhandeln. Damit könnten die klagebefugten Verbände den Gesetzesvollzug unterstützen. In Deutschland ist schon mehrfach die Frage geprüft worden, ob betroffenen Personen de lege lata ein Unterlassungsanspruch nach Maßgabe des § 1004 BGB zusteht.[76] Die Rechtsprechung hat zurückhaltend entschieden, ebenso wie der EG-Gesetzgeber. Der deutsche Gesetzgeber hat mit der weiten Formulierung in § 2 UKlaG den Boden für eine neue Debatte bereitet. Dabei sollte jedoch nicht außer Acht gelassen werden, dass die Regelung des § 2 UKlaG die Verbrauchergesetze und Vorschriften zwar nicht inhaltlich charakterisiert, sowohl der gesetzgeberische Hintergrund, als auch die Art der aufgeführten Regelungen verweisen aber auf einen primär ökonomischen Kontext. Deshalb sind Zweifel angebracht, ob § 2 UKlaG auf den Bereich der Gesundheit und Sicherheit ausdehnen lässt. Eine so weitreichende Entscheidung, wie die der Einführung einer Unterlassungsklage zur Abwendung von produkt- oder dienstleistungsbezogenen Gefahren bedarf entweder einer gemeinschaftsrechtlichen Vorgabe[77] oder einer Initiative des deutschen Gesetzgebers.[78]

---

[70] LG Köln VersR 2005, 1274, 1275, nicht rechtskräftig; LG Düsseldorf VersR 2005, 1273, 1274; LG Nürnberg-Fürth VersR 2005, 492.
[71] Vgl. etwa OLG Stuttgart WRP 1972, 480 f., 482 in Bezug auf § 313 BGB.
[72] Vgl. *Jacobs/Lindacher/Teplitzky*, UWG Großkommentar, § 1 UWG Rn. 123. Die Neufassung des UWG begünstigt den Verbraucher, vgl. MünchKommUWG/*Schaffert* § 4 Nr. 11 Rn. 5 ff.; *Hefermehl/Köhler/Bornkamm* § 4 UWG Rn. 11.2–11.4.
[73] So auch OLG Jena GRUR-RR 2006, 283; *Hefermehl/Köhler/Bornkamm* § 4 UWG Rn. 11.17; MünchKommUWG/*Schaffert* § 4 Nr. 11 UWG Rn. 30; aA *Ullmann* GRUR 2003, 817, 823.
[74] ABl. EG Nr. L 210, 7. 8. 1985, S. 29, geändert durch Richtlinie 1999/34/EG, ABl. EG Nr. L 141, 4. 6. 1999, S. 20.
[75] ABl. EG Nr. L 11, 15. 1. 2002, S. 4.
[76] *Reich/Micklitz*, Verbraucherschutzrecht in der Bundesrepublik Deutschland, 1980.
[77] Überlegungen in diese Richtung finden sich bei *Gurlit*, Liber amicorum *Reich*, 1997, S. 55 f.
[78] Vgl. zur Paralleldiskussion im Umweltrecht, *Ziegler*, Der Vorsprung durch Rechtsbruch von Umweltschutzvorschriften, 1998.

III. Unterlassungsanspruch

40 § 2 ist auf die Unterlassung verbraucherschutzgesetzwidriger Geschäftspraktiken ausgerichtet. Er soll damit gewährleisten, dass derartige Geschäftspraktiken von den klagebefugten Verbänden unterbunden werden können.

41 **1. Zielsetzung des Anspruches.** Unzulässige Geschäftspraktiken lassen sich nicht widerrufen, sondern nur unterbinden.[79] Für die Formulierung des Unterlassungsanspruches ist deshalb von zentraler Bedeutung, wie die klagebefugten Verbände ihren Unterlassungsanspruch formulieren müssen, um das erstrebte Ziel erreichen zu können. Die klagebefugten Verbände müssen diejenigen gesetzeswidrigen Geschäftspraktiken hinreichend präzise umschreiben, die sie unterbinden wollen. Für die Tenorierung des Unterlassungsanspruches stellen sich damit ähnliche Probleme wie in der Unterlassungsklage nach dem UWG.

42 **2. Adressat des Unterlassungsanspruches.** § 2 nennt den Adressaten des Unterlassungsanspruches nicht direkt. Die Rede ist lediglich von „wer", insoweit orientiert sich § 2 an der Formulierung des § 8 UWG. Zwar verweist der Gesetzgeber in der Vorbemerkung zu § 22 AGB-Gesetz (§ 2 UKlaG) auf das Ziel, eine einheitliche Begrifflichkeit in Verbraucherschutzgesetzen zu verwenden. Ausdrücklich nimmt er insoweit Bezug auf den Unternehmer und den Verbraucher. Der Unternehmer wird jedoch in § 2 gerade nicht genannt. So bleibt es dabei, dass jeder zum Adressaten des § 2 werden kann, der nicht nur im Einzelfall Verbraucherschutzgesetzen bzw. Vorschriften zuwiderhandelt. § 2 Abs. 1 S. 2 **dehnt den Adressatenkreis aus.** Werden die Zuwiderhandlungen in einem geschäftlichen Betrieb von einem Angestellten begangen oder einem Beauftragten begangen, so ist der Unterlassungsanspruch auch gegen den Inhaber des Betriebs begründet. Die Rechtsprechung hat diesen Zurechnungstatbestand weit ausgelegt.[80] Mit § 2 Abs. 1 S. 2 zeigt der Gesetzgeber, dass er im Bereich der Verletzung von Verbraucherschutzgesetzen verhindern will, dass sich die eigentlichen Nutznießer aus der Verantwortung stehlen. Besonders bedeutsam ist dies für den Vertrieb von Waren oder Dienstleistungen. Auch wenn diese durch selbständige Dritte und über mehrere Ebenen hinweg vertrieben werden, haftet der letztlich begünstigte Unternehmer für Verletzungshandlungen des gesamten Vertriebsnetzes. Als Beispiel seien Verstöße gegen Informationspflichten bei Haustürgeschäften und Fernabsatzgeschäften nach §§ 312 ff. BGB genannt, die durch rechtlich selbständige, aber in den Vertrieb eingebundene Mittelspersonen begangen werden.[81] Gleichzeitig gibt die Regelung des § 2 Abs. 1 S. 2 Anlass, den Verwenderbegriff des § 1 weiter auszulegen als die Rechtsprechung dies bislang tut, um dadurch auch in diesem verbraucherschutzrechtlich relevanten Bereich eine Haftung des Unternehmers zu begründen, vgl. § 1 Rn. 21 f.

43 **3. Missbräuchliche Geltendmachung des Unterlassungsanspruches.** Nach § 2 Abs. 3 kann der Anspruch auf Unterlassung nicht geltend gemacht werden, wenn die Geltendmachung unter Berücksichtigung der gesamten Umstände missbräuchlich ist, insbesondere wenn sie vorwiegend dazu dient, gegen den Zuwiderhandelnden einen Anspruch auf Ersatz von Aufwendungen oder Kosten der Rechtsverfolgung entstehen zu lassen. Diese Vorschrift betrifft grundsätzlich **nicht** die **Klagebefugnis,** sondern das **Rechtsschutzinteresse** bzw. die **Aktivlegitimation** des klagenden Verbandes, zu deren Verhältnis zueinander vgl. im nationalen Kontext § 3 Rn. 7 ff. und im grenzüberschreitenden Kontext § 3 Rn. 48 ff.

44 § 2 Abs. 3 entspricht nahezu wortwörtlich § 8 Abs. 4 UWG.[82] Die zu §§ 8 Abs. 4 bzw. 13 Abs. 5 aF UWG ergangene Rechtsprechung lässt sich jedoch nicht deckungsgleich auf § 2 Abs. 3 übertragen. Der Unterlassungsanspruch nach § 2 ist nicht etwa ein Ableger des Unterlassungsanspruches nach § 8 UWG, sondern steht selbständig zwischen dem Unterlassungsanspruch nach UWG und dem Unterlassungsanspruch bzw. Widerrufsanspruch nach § 1. Aus dieser Zwischenstellung folgt eine **eigenständige Begriffsbestimmung der möglichen Missbräuche.** Ansatzpunkt ist die Unterscheidung anhand der klagebefugten Einrichtungen. Inhaltlich bestehen im Hinblick auf das allgemeine Rechtsschutzinteresse zwar keine Unterschiede, doch ruht diese Gleichstellung der Anforderungen auf verschiedenen Grundlagen. Gewerbliche Verbände fallen aus dem Anwendungsbereich des § 2 Abs. 3 regelmäßig heraus, weil die meisten Missbräuche bereits durch die Anforderungen an die Klagebefugnis verhindert werden, vgl. § 3 Rn. 25. Bei Verbraucherverbänden scheidet

---

[79] Deshalb sprechen in der Vorauflage *Ulmer/Brandner/Hensen* § 22 AGBG Rn. 6 in der 9. Aufl 2001, von einer Klage auf Erfüllung, zu den Konsequenzen vgl. Rn. 11.
[80] Vgl. *Hefermehl/Köhler/Bornkamm* § 8 UWG Rn. 2.24, 2.32; MünchKommUWG/*Fritzsche* § 8 Rn. 292 ff.; jurisPK-UWG/*Seichter* § 8 Rn. 71 ff.
[81] Vgl. etwa *Ahr* VuR 2000, 263.
[82] Vgl. zu § 13 Abs. 5 UWG aF *Hefermehl* WRP 1987, 281; *Scholz* WRP 1987, 433, 435 f.

eine Prüfung der Klagebefugnis durch die Gerichte aus, weil allein die Eintragung in die Liste und der Verbandszweck ausschlaggebend sind. Allerdings darf, im gemeinschaftsrechtlichen Kontext betrachtet, das ungeschriebene Tatbestandsmerkmal des allgemeinen Rechtsschutzinteresses nicht zu einer Aushöhlung der, mit der Eintragung vom Gesetzgeber anerkannten, Klagebefugnis von Verbraucherverbänden führen, vgl. § 3 Rn. 12 f. Deshalb ist zu vermuten, dass Verbraucherverbände auch im Einzelfall im Interesse des Verbraucherschutzes handeln und somit ein allgemeines Rechtsschutzbedürfnis haben. Die Beweislast für einen möglichen Missbrauch liegt beim Klagegegner. Diese Interpretation deckt sich mit der Rechtslage vor der Novellierung, da die Gerichte auch bisher keinen Anlass hatten, die Klagetätigkeit eines anerkannten, seriösen Verbraucherverbandes auf missbräuchliche Interessenwahrnehmung zu überprüfen.[83]

Missbrauch ist sowohl bei Verbraucher- als auch bei gewerblichen Verbänden allenfalls in **krassen** **45** **Einzelfällen** möglich.[84] Das Gesetz nennt als Beispiel den Fall, dass die Hauptabsicht darin besteht, gegen den Zuwiderhandelnden einen Anspruch auf Ersatz von Aufwendungen oder Kosten der Rechtsverfolgung entstehen zu lassen. Finanzielle Vorteile, die mit der Klage verbunden sind, können nun eine Rechtsverfolgung jedoch nicht missbräuchlich machen, sondern liegen in der Natur der Sache.[85] Auch spielt keine Rolle, wenn der Beklagte geltend macht, dass durch künftige konkrete Umstände des Einzelfalls die verbraucherschutzgesetzwidrige Praktik ausgeschlossen wird.[86] Ein Missbrauch wäre anzunehmen, wenn mehrere Verbände gleichzeitig in getrennten Verfahren wegen derselben Geschäftspraktik gegen dasselbe Unternehmen vorgingen, um dieses gezielt zu schädigen.[87] Dagegen kann es nicht als missbräuchlich angesehen werden, wenn Verbände gegen verschiedene rechtlich selbständige Unternehmen desselben Konzerns gleichzeitig ein Verfahren einleiten, vgl. aber zum Konzernverbund § 1 Rn. 23.

Die Erfahrung der Verbraucherverbände zeigt, dass die Verurteilung eines Konzernunternehmens **46** nicht notwendig zur Befolgung des Urteils auch durch die nicht beklagten Unternehmen des Konzerns führt (vgl. § 1 Rn. 23 f.). Denkbar wäre daneben ebenso das gezielte Hervorrufen eines Gesetzesverstoßes („agent provocateur")[88] oder das Vorgehen aus zweckwidrigen Motiven,[89] als rechtsmissbräuchlich zu beurteilen.

IV. Internationaler Anwendungsbereich des § 2

Die mit der Bestimmung des **IPR-gemeinschaftsrechtlichen Anwendungsbereichs** zusam- **47** menhängenden Rechtsfragen werden im Zusammenhang mit der AGB-Verbandsklage gemäß § 1 erörtert, vgl. § 1 Rn. 78 ff. Die grenzüberschreitende Verbandsklage in prozessualer Sicht wirft im UKlaG und im UWG, wenn nicht identische, so doch vergleichbare Fragen auf. Das gilt insbesondere für das **Zusammenspiel von Prozessführungsbefugnis/Klagebefugnis und Aktivlegitimation/Rechtsschutzinteresse,** vgl. § 3 Rn. 48 ff.

§ 2 a Unterlassungsanspruch nach dem Urheberrechtsgesetz

(1) Wer gegen § 95 b Abs. 1 des Urheberrechtsgesetzes verstößt, kann auf Unterlassung in Anspruch genommen werden.

(2) Absatz 1 gilt nicht, soweit Werke und sonstige Schutzgegenstände der Öffentlichkeit auf Grund einer vertraglichen Vereinbarung in einer Weise zugänglich gemacht werden, dass sie Mitgliedern der Öffentlichkeit von Orten und zu Zeiten ihrer Wahl zugänglich sind.

(3) § 2 Abs. 3 gilt entsprechend.

§ 95 b UrhG Durchsetzung von Schrankenbestimmungen

(1) ¹Soweit ein Rechtsinhaber technische Maßnahmen nach Maßgabe dieses Gesetzes anwendet, ist er verpflichtet, den durch eine der nachfolgend genannten Bestimmungen Begünstigten, soweit sie rechtmäßig Zugang

---

[83] Vgl. auch *Schwanhäusser* GRUR 1982, 608.
[84] Vgl. allgemein *Melullis* WRP 1981, 357 f.
[85] Vgl. *Hefermehl* WRP 1987, 281, 284; *Scholz* WRP 1987, 433, 436; jeweils zum damaligen § 13 Abs. 5 UWG.
[86] LG Hannover VuR 2004, 290, 291.
[87] Vgl. *Melullis* WRP 1981, 357, 361; *Hefermehl* WRP 1987, 281, 285, jeweils zu § 13 Abs. 5 UWG; vgl. auch *Kisseler* WRP 1989, 623, 635; *Borck* GRUR 1990, 249, 257, vgl. jetzt BGH WM 2000, 2197 konzernmäßig verbundene Gläubiger gehen unkoordiniert gegen Wettbewerber vor.
[88] Vgl. dazu OLG Frankfurt DZWiR 1995, 75.
[89] Vgl. *Hefermehl/Köhler/Bornkamm* Rn. 23.

zu dem Werk oder Schutzgegenstand haben, die notwendigen Mittel zur Verfügung zu stellen, um von diesen Bestimmungen in dem erforderlichen Maße Gebrauch machen zu können:
1. § 45 (Rechtspflege und öffentliche Sicherheit),
2. § 45a (Behinderte Menschen),
3. § 46 (Sammlungen für Kirchen-, Schul- oder Unterrichtsgebrauch), mit Ausnahme des Kirchengebrauchs,
4. § 47 (Schulfunksendungen),
5. § 52a (Öffentliche Zugänglichmachung für Unterricht und Forschung),
6. § 53 (Vervielfältigungen zum privaten und sonstigen eigenen Gebrauch)
   a) Absatz 1, soweit es sich um Vervielfältigungen auf Papier oder einen ähnlichen Träger mittels beliebiger photomechanischer Verfahren oder anderer Verfahren mit ähnlicher Wirkung handelt,
   b) Absatz 2 Satz 1 Nr. 1,
   c) Absatz 2 Satz 1 Nr. 2 in Verbindung mit Satz 2 Nr. 1 oder 3,
   d) Absatz 2 Satz 1 Nr. 3 und 4 jeweils in Verbindung mit Satz 2 Nr. 1 und Satz 3,
   e) Absatz 3,
7. § 55 (Vervielfältigung durch Sendeunternehmen).
[2] Vereinbarungen zum Ausschluss der Verpflichtungen nach Satz 1 sind unwirksam.

1 § 2a trat durch das Gesetz zur Regelung des Urheberrechts in der Informationsgesellschaft vom 10. 9. 2003 zum 1. 9. 2004 in Kraft.[1] Mit diesem Gesetz wurde die Richtlinie 2001/29/EG des Europäischen Parlaments und des Rates vom 22. 5. 2001 zur Harmonisierung bestimmter Aspekte des Urheberrechts und der verwandten Schutzrechte in der Informationsgesellschaft umgesetzt, womit Teile des Urheberrechts harmonisiert, sowie die EG-weite gemeinsame Ratifizierung des WIPO-Urheberrechtsvertrages und des WIPO-Vertrages über Darbietungen und Tonträger erzielt werden sollte. Der deutsche Gesetzgeber beschränkte sich darauf, zunächst nur die zwingenden, fristgebundenen Vorgaben der Richtlinie sowie die verbindlichen Vorgaben der beiden WIPO-Verträge umzusetzen.[2] § 2a ergänzt die Ansprüche nach §§ 1 und 2 um einen weiteren Unterlassungsanspruch. Dieser setzt voraus, dass ein Verstoß gegen § 95b Abs. 1 des Urheberrechtsgesetzes vorliegt. Bei diesem handelt es sich **nicht um ein Verbraucherschutzgesetz** iS des § 2, womit die Einfügung einer neuen Vorschrift nötig war.[3] Mit § 95b Abs. 1 UrhG kommt der Gesetzgeber der Verpflichtung aus Art. 6 Abs. 4 Unterabsatz 1 der Richtlinie nach, Verwendern technischer Schutzmaßnahmen, den durch die Schrankenbestimmungen Begünstigten die erforderlichen Mittel zur Nutzung der jeweiligen Schranke zur Verfügung zu stellen.[4] Insofern handelt es sich um einen notwendigen Ausgleich zu § 95a Abs. 1 UrhG, welcher die Umgehung technischer Schutzmaßnahmen verhindern soll.[5] § 95b Abs. 2 UrhG gewährt zwar einen individuellen zivilrechtlichen Anspruch zur Durchsetzung dieses Rechts, jedoch wird dieser Anspruch in der Praxis für den Einzelnen kaum praktikabel sein. Zum einen trägt der einzelne Begünstigte im Rahmen der Rechtsdurchsetzung ein erhebliches Kostenrisiko und zum anderen hat eine solche Durchsetzung nur Wirkung für den Einzelfall.[6] Der Anspruch nach § 2a **fördert deshalb eine einheitliche Rechtspraxis** und ermöglicht eine breitenwirksame Durchsetzung der Verpflichtungen aus § 95b UrhG.[7] Die Zwangsvollstreckung richtet sich nach § 890 ZPO.

2 § 2a Abs. 2 regelt einen **Ausschlusstatbestand,** welcher auf Art. 6 Abs. 4 Unterabsatz 4 RL 2001/29/EG basiert und dem Wortlaut des § 95b Abs. 3 UrhG entspricht. Danach gilt Absatz 1 nicht, soweit Werke und sonstige Schutzgegenstände der Öffentlichkeit auf Grund einer vertraglichen Vereinbarung als sogenannte interaktive Dienste zur Verfügung gestellt werden.[8] Dazu gehören insbesondere On-Demand-Dienste und Datenbanken.[9] Zu den Einzelheiten kann auf § 95b UrhG verwiesen werden.[10]

3 § 2a Abs. 3 verweist auf den Missbrauchstatbestand des § 2 Abs. 3. Insofern sei auf die Ausführungen zu § 2 Abs. 3 verwiesen, vgl. § 2 Rn. 44 ff.

---

[1] BGBl. I 1774; *Deyer/Kotthoff/Merkel,* HK-UrhG, § 95b Rn. 1.
[2] Vgl. BT-Drucks. 15/38, S. 30.
[3] Vgl. BT-Drucks. 15/38, S. 30.
[4] Vgl. BR-Drucks. 684/02, S. 26, *Hefermehl/Köhler/Bornkamm* Rn. 1; *Palandt/Bassenge* Rn. 1.
[5] Vgl. ausführlich *Wandtke/Bullinger* § 95b UrhG Rn. 1 ff.; *Deyer/Kotthoff/Merkel,* HK-UrhG, § 95b Rn. 57, 77.
[6] *Wandtke/Bullinger* Rn. 1.
[7] BT-Drucks. 15/38, 65; *Deyer/Kotthoff/Merkel,* HK-UrhG, § 95b Rn. 70.
[8] Vgl. *Wandtke/Bullinger* § 95b UrhG Rn. 43; *Deyer/Kotthoff/Merkel,* HK-UrhG, § 95b Rn. 57.
[9] Vgl. *Wandtke/Bullinger* § 95b UrhG Rn. 43 ff.
[10] Vgl. *Wandtke/Bullinger* § 95b UrhG Rn. 43.

§ 3 Anspruchsberechtigte Stellen

(1) ¹Die in den §§ 1 und 2 bezeichneten Ansprüche auf Unterlassung und auf Widerruf stehen zu:

1. qualifizierten Einrichtungen, die nachweisen, dass sie in die Liste qualifizierter Einrichtungen nach § 4 oder in dem Verzeichnis der Kommission der Europäischen Gemeinschaften nach Artikel 4 der Richtlinie 98/27/EG des Europäischen Parlaments und des Rates vom 19. Mai 1998 über Unterlassungsklagen zum Schutz der Verbraucherinteressen (ABl. EG Nr. L 166 S. 51) in der jeweils geltenden Fassung eingetragen sind,
2. rechtsfähigen Verbänden zur Förderung gewerblicher oder selbständiger beruflicher Interessen, soweit sie insbesondere nach ihrer personellen, sachlichen und finanziellen Ausstattung imstande sind, ihre satzungsgemäßen Aufgaben der Verfolgung gewerblicher oder selbständiger beruflicher Interessen tatsächlich wahrzunehmen, und, bei Klagen nach § 2, soweit ihnen eine erhebliche Zahl von Unternehmern angehört, die Waren oder Dienstleistungen gleicher oder verwandter Art auf demselben Markt vertreiben und der Anspruch eine Handlung betrifft, die die Interessen ihrer Mitglieder berührt und die geeignet ist, den Wettbewerb nicht unerheblich zu verfälschen;
3. den Industrie- und Handelskammern oder den Handwerkskammern.

²Der Anspruch kann nur an Stellen im Sinne des Satzes 1 abgetreten werden.

(2) Die in Absatz 1 Nr. 1 bezeichneten Einrichtungen können Ansprüche auf Unterlassung und auf Widerruf nach § 1 nicht geltend machen, wenn Allgemeine Geschäftsbedingungen gegenüber einem Unternehmer (§ 14 des Bürgerlichen Gesetzbuchs) verwendet oder wenn Allgemeine Geschäftsbedingungen zur ausschließlichen Verwendung zwischen Unternehmern empfohlen werden.

Schrifttum: *Baetge,* Das Recht der Verbandsklage auf neuen Wegen, ZZP 1999, 329; *Balzer,* Die Darlegung der Prozeßführungsbefugnis und anderer anspruchsbezogener Sachurteilsvoraussetzungen im Zivilprozeß, NJW 1992, 2721; *Basedow,* Kollektiver Rechtsschutz und individuale Rechte. Die Auswirkungen des Verbandsprozesses auf die Inzidentkontrolle von AGB, AcP 182 (1982), 335; *Bettermann,* Zur Verbandsklage, ZZP 85 (1972), 133; *Blomeyer,* Zivilprozessrecht, Erkenntnisverfahren, 2. Aufl., 1985; *Braun,* Die Stellung des AGB-Gesetzes im System des Privatrechts, BB 1979, 689; *Bunte,* Erfahrungen mit dem AGB-Gesetz – Eine Zwischenbilanz nach 4 Jahren, AcP 181 (1981), 31; *Caranta,* Judicial protection against Member States: a new jus commune takes place, CMLRev. 32 (1995) 703; *Emmerich,* Das Recht des unlauteren Wettbewerbs, 5. Aufl., 1998; *Freger,* Neue Regeln für die Verbandsklage im Verbraucherschutz- und Wettbewerbsrecht, NJW 2000, 2457; *Gilles,* Prozeßrechtliche Probleme von verbraucherpolitischer Bedeutung bei den neuen Verbraucherverbandsklagen im deutschen Zivilrecht, ZZP 98 (1985), 1; *Göbel,* Prozeßzweck der AGB-Klage und herkömmlicher Zivilprozess, 1980; *Gottwald,* Buchbesprechung von *Göbel,* Prozeßzweck der AGB-Klage und herkömmlicher Zivilprozess, 1980, JZ 1981, 112; *Gröning,* 100 Tage UWGÄndG, WRP 1994, 775; *Habscheid,* Zur Problematik der Verbandsklage im Deutschen Recht, FS *Rammos,* 1979, S. 275; *Hensen,* Das Fernabsatzgesetz oder: Man könnte heulen, ZIP 2000, 1151; *Hopt/Baetge,* Rechtsvergleich und Reform des deutschen Rechts, in: *Basedow/Hopt/ Kötz/Baetge* (Hrsg.), Die Bündelung, 1999, S. 37; *Kisseler,* Die UWG-Novelle 1994 in der Praxis, WRP 1994, 768; *Koch,* Prozessführung im öffentlichen Interesse. Rechtsvergleichende Entwicklungsbedingungen und Alternativen objektiver Rechtsdurchsetzung, 1983; *Kocher,* Verbandsklage und Prozeßstandschaft, VuR 1998, 276; *Kötz,* Vorbeugender Rechtsschutz im Zivilrecht, Eine rechtsvergleichende Skizze, AcP 174 (1974), 145; *Krüger,* Die Aktivlegitimation der Wirtschaftsverbände im Verwaltungsstreitverfahren, MDR 1953, 518; *Leipold,* Die Verbandsklage zum Schutz allgemeiner und breitgestreuter Interessen in der Bundesrepublik Deutschland, in: Effektivität des Rechtsschutzes und verfassungsmäßige Ordnung. Die deutschen Landesberichte zum VII. Internationalen Kongreß für Prozeßrecht in Würzburg 1983, S. 57; *Lindacher,* Zur „Sonderprozeßrechtsnatur" der lauterkeitsrechtlichen Verbands- und Konkurrentenklage sowie der Verbandsklage nach dem AGB-Gesetz, ZZP 103 (1990), 397; *ders.,* AGB-Verbandsklage und Rechtsschutzsystem Justiz und Recht – FS zum 10jährigen Bestehen der Deutschen Richterakademie, 1983, S. 209; *v. Linstow,* Klagebefugnis und Gerichtsstand nach der UWG-Novelle, WRP 1994, 787; *Micklitz/Stadler,* Das Verbandsklagerecht in der Informations- und Dienstleistungsgesellschaft, 2005; *Mommsen,* Die Popularklagen, in: ZRG Rom. 24, 1903, S. 1; *Neuner,* Privatrecht und Prozessrecht, 1925; *Pastor,* Der Wettbewerbsprozeß, 3. Aufl., 1980; *Reich,* Verbraucherpolitik und Verbraucherschutz im Vertrag von Amsterdam, VuR 1999, 3; *ders.,* Der Schutz subjektiver Gemeinschaftsrechte durch Staatshaftung, EuZW 1996, 709; *Reinel,* Die Verbandsklage nach dem AGBG, 1979; *E. Schmidt,* Die Verbandsklage nach dem AGB-Gesetz, NJW 1989, 1192; *Soergel/Stein,* AGBG, 11. Aufl., 1978; *Teplitzky,* Wettbewerbsrechtliche Ansprüche und Verfahren, 9. Aufl., 2007; *Thiere,* Die Wahrung überindividueller Interessen im Zivilprozess, 1980; *Urbanczyk,* Zur Verbandsklage im Zivilprozeß, 1981; *Wiebe,* Bindung an Unterlassungsverträge nach der Novellierung von § 13 Abs. 2 Nr. 1 und 2 UWG, WRP 1995, 75.

Übersicht

	Rn.		Rn.
I. Die grundsätzliche Bedeutung der Vorschrift	1–6	2. Satzungsgemäße Förderung gewerblicher oder selbständiger beruflicher Interessen	22
1. Klagebefugnis im privaten Interesse	2	3. Tatsächliche Wahrnehmung	23, 24
2. Klagebefugnis im öffentlichen Interesse	3, 4	4. Klagebefugnis und Eingriff in die satzungsgemäßen Aufgaben des Verbandes	25
3. Europäisierung der Verbandsklage	5	5. Anforderungen an die Mitglieder des Verbandes bei Klagen nach § 2	26–32
4. Divergenzen zwischen der deutschen und der europäischen Verbandsklage	6	a) Unternehmer	27
II. Die Anspruchs- und Klage zuständigkeit	7–11	b) Gleichartige oder verwandte Waren oder Dienstleistungen	28
1. Prozessführungsbefugnis/Klagebefugnis und Aktivlegitimation/Rechtsschutzinteresse	7	c) Relevanter Markt	29, 30
2. Abtretung und Übertragung	8	d) Handlung zur Beeinträchtigung der Mitgliederinteressen und Verfälschung des Wettbewerbs	31, 32
3. Prüfung von Amts wegen	9	6. Aktivlegitimation und Rechtsschutzinteresse	33
4. Jeweils eigenständiger Anspruch und Streitgegenstand	10, 11	7. Organisationsform	34
III. Die Verbraucherverbände	12–18	**V. Die Industrie-, Handels- und Handwerkskammern**	35
1. Eintragung	13	**VI. Die prozessualen Voraussetzungen der grenzüberschreitenden Verbandsklage**	36–46
2. Prozessführungsbefugnis/Klagebefugnis	14	1. Klagebefugnis und Rechtschutzinteresse	37, 38
3. Aktivlegitimation und Rechtsschutzinteresse	15	2. Zur Systematik von Klagebefugnis und Rechtsschutzinteresse im grenzüberschreitenden Kontext	39–43
4. Der Sonderfall der regionalen Begrenztheit der Verbraucherverbandsklage	16	a) Wechselseitige Anerkennung	40, 41
5. Wahrnehmung von Verbandsinteressen	17, 18	b) Rechtsschutzinteresse	42, 43
IV. Die Verbände zur Förderung gewerblicher oder selbständiger beruflicher Interessen	19–34	3. Behördliche Befugnisse nach Maßgabe des VSchDG	44–46
1. Rechtsfähigkeit	21		

I. Die grundsätzliche Bedeutung der Vorschrift

1 § 3 sollte durch die Einführung des UKlaG zu seinen Vorgängervorschriften §§ 13 Abs. 2, Abs. 3, 22 Abs. 3 AGB-Gesetz keine entscheidenden Änderungen erfahren. Vielmehr wurden diese, abgesehen von einer Ergänzung in Absatz 1 S. 1 Nr. 2, lediglich zusammengelegt. In Absatz 1 S. 1 Nr. 2 schuf der Gesetzgeber das Erfordernis einer wesentlichen Wettbewerbsbeeinträchtigung auf dem Markt, nach der Einführung im Jahre 2000, bei Klagen gegen Allgemeine Geschäftsbedingungen wieder ab; dies geschah nach der Gesetzesbegründung nur zu Klarstellungszwecken.[1] Im Zuge der UWG-Reform 2004 änderte der Gesetzgeber § 3 Abs. 1 Nr. 2 UKlaG erneut, um zu gewährleisten, dass Wirtschaftsverbände unabhängig vom betroffenen Markt befugt sein sollen, AGB-Kontrollverfahren nach § 1 des UKlaG durchzuführen. Gleichzeitig erfolgte[2] die Anpassung des Begriffs des Gewerbetreibenden an die Regelung des § 14 BGB. § 3 Abs. 2 entspricht inhaltlich § 13 Abs. 3 AGB-Gesetz.

2 **1. Klagebefugnis im privaten Interesse.** Unser Privatrechts- und Vertragssystem basiert auf dem Grundsatz, dass jeder Einzelne über seine Lebens- und Vertragsverhältnisse privatautonom entscheiden können soll. Deshalb kann normalerweise jeder nur mit Wirkung für sich disponieren und im Konfliktfall nur **für sich prozessieren,** da die Prozessführung eine Weise der Rechtsausübung darstellt. Diese Grundregel gilt prinzipiell auch für AGB und verbraucherschutzgesetzwidrige Praktiken. So kann bei einem Vertrag unter Verwendung von AGB deren Unwirksamkeit allein von dem jeweils betroffenen Vertragsteil und mit Wirkung nur für sich und eben dieses Vertragsverhältnis rechtlich geltend gemacht bzw. zur gerichtlichen Kontrolle gestellt werden. Grundlage dafür ist aber nicht etwa ein Unterlassungsanspruch gegen die Verwendung unwirksamer AGB-Bestimmungen. Ein solcher Anspruch wäre lediglich auf die Zukunft gerichtet und hat schon deshalb für den vorliegenden Vertrag keine Bedeutung mehr. Vielmehr geht es nach der tatsächlichen Verwen-

---

[1] Vgl. BT-Drucks. 14/6040, S. 275.
[2] Vgl. BT-Drucks. 15/1487, S. 27.

dung der AGB allein noch darum, ob bzw. inwieweit diese unwirksam sind – was im Allgemeinen nicht gesondert, sondern nur als Vorfrage im Rahmen der die Parteien unmittelbar interessierenden Rechtsfolge und Leistungsklage geltend gemacht werden kann, es sei denn die Voraussetzungen des § 256 (Abs. 1 oder 2) ZPO liegen vor.[3]

2. Klagebefugnis im öffentlichen Interesse. Vor diesem Hintergrund wird die **Tragweite** der **Ausnahmeregelung** des § 3 deutlich. Hier erhalten bestimmte Verbände und Kammern eine sonst unbekannte Anspruchs- und Klagezuständigkeit gegen unwirksame AGB sowie verbraucherschutzgesetzwidrige Praktiken, ohne dass sie zu der betreffenden Person in irgendeiner Rechtsbeziehung stehen, also **ohne** ein **eigenes rechtliches Interesse** an der Überprüfung und Ausschaltung dieser AGB bzw. Praxis zu haben. Eine solche von einem eigenen Interesse losgelöste „abstrakte" Zuständigkeit erklärt auch erst, dass der Unterlassungs- und Widerrufsanspruch nach §§ 1 und 2 generell wirkt und nicht wie sonst bei einem Anspruch nur für die einzelne Rechtsbeziehung zu dem jeweiligen Anspruchsinhaber gilt – was in §§ 1, 2 nicht ausdrücklich bestimmt ist. Dass die betreffenden Verbände und Kammern ein Vorgehen gegen unwirksame AGB und verbraucherschutzgesetzwidrigen Praktiken zu ihrer satzungsgemäßen Aufgabe haben (können) und u. U. sogar als Voraussetzung ihrer Anspruchs- und Klagezuständigkeit haben müssen, ist nicht etwa gleichbedeutend mit einem ihnen zukommenden **eigenen** rechtlichen Interesse. Deshalb bedürfen solche „abnormen" Anspruchs- und Klagezuständigkeiten von Verbänden und Kammern stets einer besonderen und nicht schon in der ihnen rechtmäßiger Satzung und Betätigung gegebenen Rechtfertigung – sei es ausdrücklich gesetzlicher, sei es sonstiger rechtlicher Art, dazu näher Rn. 19 ff.

Mit der Bestimmung des § 3 ist dieses Legitimationsproblem positiv-rechtlich erledigt. § 3 begründet eine im öffentlichen Interesse besondere „**privatrechtlich ausgestaltete Sorgezuständigkeit**" der betreffenden Verbände und Kammern zum Zweck der breiten Herstellung besserer, rechtlich geordneter AGB-Verhältnisse. In diesem Sinne könne man von einer **privatrechtlichen Kontrollkompetenz** sprechen,[4] die der Gesetzgeber mit dem Ziel und in der Hoffnung eingeführt habe, dass diese Verbände und Kammern die entsprechende Sorge sich wirklich „zu eigen machen" und die ihnen zugewiesene Kompetenz „nutzen". Dass es hier im Ergebnis nur um den Schutz privater und einzelner Interessen gehe, hindert nicht, von einer **im öffentlichen Interesse begründeten** Sorgezuständigkeit zu sprechen. Der bisherige AGB-Zustand einer breitenwirksamen Missachtung der privaten Interessen des schwächeren anderen Vertragsteils ist zu einem Fall öffentlichen Interesses geworden, der allerdings auf privatrechtlich-zivilprozessuale und nicht auch auf förmlich öffentlich-rechtliche Weise behoben werden solle. Nur in dieser Hinsicht der eingesetzten rechtlichen Mittel hat es einen Sinn, die im öffentlichen Interesse begründete Sorgekompetenz privater Verbände von der Wahrnehmung eines öffentlichen Interesses durch eine Verwaltungsbehörde zu unterscheiden.[5]

3. Europäisierung der Verbandsklage. Die nach innerstaatlichem Recht klagebefugten Verbände haben von der Richtlinie 93/13/EWG die Aufgabe zugewiesen bekommen, die „*volle Wirksamkeit des Gemeinschaftsrechts*" zu garantieren.[6] Angesichts dieser den Verbänden neu zugewachsenen Aufgabe kommt das Modell einer **privatrechtlichen Kontrollkompetenz** der Rechtsnatur der Verbandsklage näher, erfasst es aber nicht vollständig. Denn die vom Gemeinschaftsrecht in die Pflicht genommenen Rechtssubjekte verfolgen immer auch ihre eigenen Rechtsschutzinteressen. Private Rechtsdurchsetzung gemeinschaftsrechtlicher Regeln hat damit eine **doppelte Funktion** zu erfüllen: die volle Wirksamkeit des Gemeinschaftsrechts zu gewährleisten und Rechtsschutz der subjektiv Betroffenen sicherzustellen.[7] Sie ist im Gemeinschaftsrecht in einer besonderen Konzep-

---

[3] Zum Fall einer Feststellungsklage eines einzelnen Kunden, die nicht durch das abstrakte Klageverfahren ausgeschlossen ist, vgl. OLG Karlsruhe WRP 1980, 640, 641.
[4] Vgl. auch *Reinel*, Die Verbandsklage nach dem AGB, 1979, S. 123 ff.; *Göbel*, Prozesszweck der AGB-Klage, 1980, S. 125 ff.; *Leipold*, Die Verbandsklage zum Schutz allgemeiner und breitgestreuter Interessen, in: Effektivität des Rechtsschutzes, Landesberichte, 1983, S. 55, 65 ff.; *Braun* BB 1979, 689, 691 sieht darin auch „in gewissem Umfang Wirtschaftsverwaltungsaufgaben". Dazu noch *Koch*, Prozessführung im öffentlichen Interesse, 1983, S. 1 ff., 71 ff.
[5] Eher überstark betont wird diese Unterscheidung von *Lindacher*, AGB-Verbandsklage und Rechtsschutzsystem, 1983, S. 209, 213 ff., 219, relativierend jedoch ZZP 103 (1990), 397, 402 ff.; *Habscheid*, FS Rammos, 1979, S. 275 ff., 286 f. Eine andere Frage ist es, ob man aus dieser öffentlich-rechtlichen Zwecksetzung die eingesetzten privatrechtlich-zivilprozessualen Mittel öffentlich-rechtlich einbinden und „umfunktionieren" soll, wie vor allem *Reinel*, Die Verbandsklage nach dem AGB, 1979, S. 123 ff. und ähnlich *Göbel*, Prozesszweck der AGB-Klage, 1980, S. 113 ff., 129 ff. das tun; dazu näher anschl. Rn. 84, 85 ff. sowie *Schmidt* NJW 1989, 1192, 1193.
[6] Zur Bedeutung dieser Rechtsprechung *Caranta* CMLRev. 32 (1995) 703 ff.
[7] Vgl. EuGH Urt. v. 19. 11. 1991, Rs. C-6/90 bzw. C-9/90 *Francovich*, Slg. 1991 I-5357; EuGH Urt. v. 14. 7. 1994, Rs. C-91/92 *Dori*, Slg. 1994 I-3347; EuGH Urt. v. 8. 10. 1996, Rs. C-178/94, C-179/94, C-188/94, C-189/94, C-190/94 *Dillenkofer*, Slg. 1996 I-4845, dazu *Reich* EuZW 1996, 709 ff.

tion der **subjektiven** Rechte verankert. Träger der subjektiven Gemeinschaftsrechte ist zuvorderst der Unionsbürger. Insofern wandeln sich die Marktrechte zu **Bürgerrechten**. Ein vergleichbares Bürger-Klagerecht der Verbraucherverbände existiert im Gemeinschaftsrecht bislang nicht. Art. 153 EG garantiert den Verbraucherverbänden eine **Vereinigungsfreiheit** ähnlich wie Art. 9 GG.[8] Damit ist die Anwendbarkeit des Diskriminierungsverbotes und der Niederlassungsfreiheit garantiert. Ein **eigenes** Verbandsklagerecht bedarf immer noch der Verankerung im sekundären Gemeinschaftsrecht. Von Sorgezuständigkeit im Sinne einer etwas paternalistisch klingenden Verantwortlichkeit lässt sich nicht mehr sprechen. Die europäische Verbandsklage kommt der Vorstellung eines sekundärrechtlich begründeten Bürgerrechts sehr viel näher.

6   **4. Divergenzen zwischen der deutschen und der europäischen Verbandsklage.** Das UKlaG gewährt die Verbandsklage, anders als die Richtlinie 93/13/EWG, nicht nur den Verbraucherorganisationen, sondern auch gewerblichen Interessenverbänden sowie den Kammern. Die Europäisierung erfasst daher die AGB-Verbandsklage nur teilweise, wenn auch zu dem praktisch wichtigeren Teil. Die Richtlinie 98/27/EG[9] über grenzüberschreitende Unterlassungsklagen gibt den Mitgliedstaaten das Recht, selbst zu bestimmen, welche Verbände grenzüberschreitend tätig werden können, vgl. Rn. 41. Die Bundesrepublik Deutschland hat diese Befugnis nur den Verbraucherverbänden zugebilligt, nicht aber den gewerblichen Interessenverbänden und den Kammern, vgl. § 4 Rn. 11. Die Europäisierung der Anspruchsvoraussetzungen beschränkt sich auf die Verbraucherverbände.

II. Die Anspruchs- und Klagezuständigkeit

7   **1. Prozessführungsbefugnis/Klagebefugnis und Aktivlegitimation/Rechtsschutzinteresse.** Nach § 3 stehen die Ansprüche nach §§ 1, 2 den in Nr. 1 bis 3 bestimmten **Verbänden** und **Kammern** zu. Hinter der prozessualen **Klagezuständigkeit** steht nach hM eine besondere materielle inhaberschaftliche Anspruchszuständigkeit der Verbraucherverbände, die sog. Sach- oder **Aktivlegitimation**.[10] Die **Doppelfunktion** der Verbraucherverbandsklage (Rn. 5) lockert die im deutschen Recht angenommene enge Verbindung von Prozessführungsbefugnis und Aktivlegitimation.[11] Die rechtlichen Konsequenzen dieser Entwicklung werden innerstaatlich erstmals in der regionalen Verbandsklagetätigkeit und international in der grenzüberschreitenden Verbandsklagetätigkeit sichtbar, vgl. dazu Rn. 16 (regional) und Rn. 38ff. (grenzüberschreitend). Gemäß **Art. 7 Abs. 2** sind *"Personen oder Organisationen, die nach dem innerstaatlichen Recht ein berechtigtes Interesse am Schutz der Verbraucher haben"* (die gewerblichen Verbände werden nicht erwähnt) klagebefugt. Die Formulierung lässt sich so verstehen, dass die Mitgliedstaaten über die Anforderungen an die **Prozessführungsbefugnis = Klagebefugnis** in den Grenzen der europäischen Mindeststandards frei entscheiden, während die **Aktivlegitimation** von der Richtlinie 93/13/EWG **mitbestimmt** wird, weshalb es, gemeinschaftsrechtlich gesprochen, sinnvoller erscheint, anstatt von **Aktivlegitimation** von **Rechtsschutzinteresse** zu sprechen. Nur ein solches Verständnis wird der Bedeutung der Richtlinie 98/27/EG gerecht, die eine wechselseitige Anerkennung der Klagebefugnis bewirkt. Es findet seine Bestätigung in § 4. Die Aktivlegitimation ist bei Verbraucherverbänden nicht mehr an das anwendbare Sachrecht und an die materielle Rechtsinhaberschaft geknüpft, vgl. Rn. 38ff. und Vor Rn. 18.

8   **2. Abtretung und Übertragung.** Hier geht es um zwei Konstellationen, die streng von einander zu trennen sind: die Übertragung der Ansprüche Dritter auf einen Verband und von Verband zu Verband. Die hM hatte **eine Abtretung** des Abwehranspruchs und **eine Übertragung** zur Geltendmachung an Dritte **abgelehnt**.[12] Der **Gesetzgeber** hat **jedoch** in § 3 Abs. 1 S. 2 die Abtretung des Unterlassungs- und Widerrufsanspruchs an Stellen iSv. § 3 Abs. 1 S. 1 **zugelassen**.

---

[8] Dieses Vereinigungsrecht wird vom Europäischen Gerichtshof anerkannt, EuGH Urt. v. 15. 12. 1995, Rs. C-415/93 *Bosman*, Slg. 1995 I-5432, zum Stellenwert von Art. 153 im Kontext eines Rechts auf Bildung von Vereinigungen, *Reich* VuR 1999, 3 ff., 8.
[9] ABl. EG L 166, 11. 6. 1998, S. 51 ff.
[10] Vgl. BT-Drucks. 14/2658 S. 52; *Freger* NJW 2000, 2462 jedoch ohne Erörterung der gemeinschaftsrechtlichen Implikationen; entspr. *Blomeyer*, Zivilprozessrecht, Erkenntnisverfahren § 41 II 3 e und *Bettermann* ZZP 85 (1972), 135 m. Fn. 2; hier auch *Schlosser/Coester-Waltjen/Graba* Rn. 8, zur Paralleldiskussion im UWG MünchKommUWG/*Ottofülling* § 8 Rn. 322ff.
[11] Ausführlich hierzu siehe auch *Micklitz/Stadler*, Das Verbandsklagerecht in der Informations- und Dienstleistungsgesellschaft, 2005, S. 1192.
[12] Vgl. auch *Löwe/v. Westphalen/Trinkner* § 13 AGBG Rn. 62; *Stein* Anm. 24; *Leipold*, Die Verbandsklage zum Schutz allgemeiner und breitgestreuter Interessen, in: Effektivität des Rechtsschutzes, Landesberichte, 1983, S. 65, 66.

Damit können etwa die Verbraucherzentralen aus Unterlassungserklärungen vollstrecken, die der vzbv in Berlin erstritten hat. Die Abtretbarkeit wurde vom Gesetzgeber jedoch auf die genannten Stellen beschränkt, um eine Kommerzialisierung der Ansprüche nach § 1 zu verhindern.[13] Auch das Gemeinschaftsrecht hilft nicht weiter, da die gewerblichen Verbände ihre Legitimation gerade nicht aus dem Gemeinschaftsrecht herleiten. Eine andere Sache ist es, dass den Verbänden im Wege der **gewillkürten Prozessstandschaft** bürgerlichrechtliche Unterlassungsansprüche ihrer Mitglieder zur Geltendmachung überlassen werden können, wenn die Rechtsverfolgung „im eigenen Verbandsinteresse" liegt, dh. wenn sie sich im Rahmen der satzungsgemäßen Zwecksetzung hält und über die Wahrung rein individueller Belange hinaus allgemein der Förderung der geschäftlichen Interessen der Verbandsmitglieder dient,[14] vgl. insbesondere die Neuregelung in Art. 1 § 3 Nr. 8 des **Rechtsberatungsgesetzes,** Rn. 4 ff.

3. Prüfung von Amts wegen. Nach dem UKlaG ist zwischen den Verbraucherverbänden einerseits und gewerblichen Verbänden bzw. den Kammern andererseits zu unterscheiden. Bei Verbraucherverbänden ergibt sich die Klage- bzw. Prozessführungsbefugnis aus der Eintragung in die Liste nach § 4 und ist der Prüfkompetenz der Gerichte weitgehend entzogen (vgl. § 4 Rn. 37 ff.). Die Klagebefugnis **gewerblicher Verbände** unterliegt dagegen nach wie vor den allgemeinen Regeln. Aus der Feststellung, dass die Klagezuständigkeit nach hM auf einem eigenen besonderen materiellen Anspruch der betreffenden gewerblichen Verbände und Kammern beruht, also prinzipiell in deren Aktivlegitimation begründet ist (vgl. Rn. 7), ergibt sich bei Maßgabe der heutigen zivilprozessualen Grundsätze, dass für eine gesonderte und von Amts wegen vorzunehmende **Prüfung** der Klagebefugnis kein Raum mehr bleibt. Gleichwohl verfährt man fast einhellig im Rahmen des § 8 Abs. 1, 3 UWG anders, indem man die Rechtszuständigkeit für den behaupteten Anspruch aus der Aktivlegitimation und damit aus der Ebene der Begründetheit der Klage ausklammert und als Prozessvoraussetzung behandelt.[15] Von der praktischen Seite her mag man dafür aber Verständnis haben, weil diese Zuständigkeit wie auch der materielle Anspruch selbst reichlich abnorm und privatpolizeilicher Art sind und man deshalb geklärt sehen will, ob der jeweilige Kläger überhaupt diesen Anspruch haben kann. Mithin mag man es angehen lassen, dass die Klagebefugnis regelwidrig von Amts wegen (nach Maßgabe der sog. Instruktionsmaxime mit Freibeweis) geprüft wird und als Prozessvoraussetzung im Zeitpunkt der letzten mündlichen Verhandlung vorliegen muss – wozu hier die Zuständigkeitsvoraussetzungen nach § 3 Abs. 1, 2 rechnen, für die der Kläger die Beweislast trägt.[16] Allerdings ist das beileibe kein selbstverständlicher Grundsatz des heutigen Prozessrechts, so dass man jedenfalls dann, bei einer etwa schwierig zu klärenden Klagebefugnis und einem unschwer festzustellenden sachlichen Abweisungsgrund die Klage als unbegründet abzuweisen.[17] Die hier proklamierte Doppelnatur der Verbandsklage vermeidet überspielt diese offensichtlichen Begründungsschwierigkeiten, vgl. Rn. 5.

4. Jeweils eigenständiger Anspruch und Streitgegenstand. Die den einzelnen Verbänden und Kammern im öffentlichen Interesse besonders zugewiesene **Anspruchs- und Klagezuständigkeit** richtet sich in ihrer weiteren Ausformung nach den normalen Regeln vor allem der ZPO. Das folgt rechtlich sowohl aus § 5, als auch aus den entsprechenden Grundsätzen, die für die bereits etablierten anderen Verbandsklagen anerkannt sind. Die in jüngster Zeit dagegen vorgelegten rechtlich-dogmatischen Entwürfe für ein an der besonderen öffentlichen Funktion der Verbandsklagen ausgerichtetes besonderes Verfahrensrecht haben zwar gute sachliche Gründe, betonen aber aus gemeinschaftsrechtlicher Sicht zu sehr den Aspekt der „Wirksamkeit" des Gemeinschaftsrechts und vernachlässigen den Gesichtspunkt des „effektiven Rechtsschutzes". Die Verbandsklage nach dem UKlaG erschöpft sich gerade nicht in einer Art abstraktem Normenkontrollverfahren, weil den Verbraucherverbänden ein eigenes Recht zusteht und sie mit der Durchsetzung dieses Rechts auch eine gesellschaftliche und jedenfalls gemeinschafts-verfassungsrechtlich verankerte Position besetzen, vgl. Rn. 3. Deshalb sollte man es bei den bisherigen Grundsätzen belassen; diese sind allerdings daraufhin zu überprüfen, ob sie im Sinne der **Doppelnatur der Verbandsklage** praktisch vernünftige und theoretisch befriedigende Lösungen erlauben,[18] dazu schon Rn. 8. Das hinter der Verbands-

---

[13] Vgl. BT-Drucks. 14/2658 S. 143 f.
[14] Vgl. BGH NJW 1983, 1559, 1560 f. „Geldmafiosi".
[15] Vgl. BGH NJW 1972, 1988, 1989; *Pastor* Wettbewerbsprozeß, 1980, S. 606.
[16] *Palandt/Heinrichs* Rn. 2; *Löwe/v. Westphalen/Trinkner* § 13 AGBG Rn. 74; *Erman/Roloff* Rn. 1.
[17] So und dazu auch *Urbanczyk*, Zur Verbandsklage im Zivilprozeß, 1981, S. 146 ff. u. *Lindacher*, AGB-Verbandsklage und Rechtsschutzsystem, S. 217 f.
[18] Ausdrücklich so auch *Lindacher*, AGB-Verbandsklage und Rechtsschutzsystem, S. 214 ff. u. ZZP 103 (1990), 397, 405 ff.; *Gottwald* JZ 1981, 112; auch noch *Urbanczyk*, Zur Verbandsklage im Zivilprozeß, 1981, S. 93 ff., 151 ff. sowie *Koch/Stübing/Werner* § 15 Rn. 1. Anders dagegen *Reinel*, Die Verbandsklage nach dem AGB, 1979,

klageeinrichtung stehende öffentliche Ordnungsinteresse wird dadurch gewährleistet, dass eine unbestimmte Vielzahl von Verbänden und Kammern jeweils unabhängig voneinander mit einer eigenen Anspruchs- und Klagezuständigkeit ausgestattet sind (vgl. näher § 15). Auch den darin begründeten Gefahren einer funktionswidrigen Rechtsverfolgung lässt sich in rechtlich immanenter Weise angemessen begegnen. Mithin ist davon auszugehen, dass jeder Verband seine eigene besondere Anspruchs- und Klagezuständigkeit hat und es sich in jedem Falle um einen eigenen, **selbständigen Anspruchs- und Streitgegenstand** handelt. Diese Konsequenz ergibt sich nicht zuletzt aus dem Umstand, dass jedenfalls die Verbraucherverbände **auch** aus eigenem Recht klagen. Bei mehreren neben- oder nacheinander laufenden Klagen verschiedener Verbände und Kammern gegen denselben Anspruchsschuldner ist deshalb der Einwand der Rechtshängigkeit oder der Rechtskraft oder des fehlenden Rechtsschutzinteresses von vornherein unbegründet,[19] vgl. zum Rechtsschutzinteresse Rn. 7.

11   Es bleibt allerdings die – jedenfalls theoretische – Möglichkeit schlicht **divergierender Entscheidungen** in verschiedenen Verbandsklageverfahren gegen denselben Beklagten aus demselben Klagegrund infolge unterschiedlicher gerichtlicher Beurteilung. Eine solche Divergenz, die sich rechtspolitisch ähnlich auch bei entgegengesetzten Entscheidungen zu derselben AGB-Bestimmung in Verfahren gegen verschiedene vergleichbare Verwender und/oder Empfehler einstellt und in der Praxis durchaus das Erscheinungsbild gerade bei Musterverfahren bestimmen, muss man im Interesse eines insgesamt funktionierenden Verbandsklagesystems **hinnehmen,** solange man nicht zu einem Kontrollverfahren mit Untersuchungsgrundsatz und vielleicht noch Offizialmaxime samt einer Entscheidungswirkung pro et contra omnes übergeht. Eine Klageverbindung gem. § 147 ZPO kann das Problem nur beheben, wenn die Verfahren zur selben Zeit und bei demselben Gericht laufen, während eine Aussetzung gem. § 148 ZPO von vornherein ausscheidet.[20] Die damit verbundene Rechtsunsicherheit und -ungleichheit wird jedoch meistens nicht lange andauern, sondern alsbald von der höchstrichterlichen Rechtsprechung behoben sein. Nach einer solchen höchstrichterlichen Entscheidung bietet § 10 für besonders gravierende Divergenzfälle die Möglichkeit, die frühere gegenteilige Entscheidung zu korrigieren, vgl. § 10 Rn. 13. Unter diesen Umständen erscheint es durchaus vertretbar, wenn der Gesetzgeber hier, wie den bereits etablierten Verbandsklagen die normalen Zivilprozessgrundsätze gelten ließ und kein besonderes Amtskontrollverfahren entwickelte, welches schließlich seine eigenen Probleme, vor allem bei der Frage einer Drittwirkung der Entscheidung, mit sich gebracht hätte. Dazu noch § 5 Rn. 1, § 11 Rn. 1 ff.

III. Die Verbraucherverbände

12   Hinter der Bezeichnung „qualifizierte Einrichtungen" verbirgt sich die Zuständigkeit der Verbraucherverbände. Wenn diese an erster Stelle der zuständigen Verbände und Kammern erwähnt sind, dann gibt das zutreffend wieder, dass diesen Verbänden die wichtigste Rolle beim Kampf gegen unwirksame AGB und verbraucherschutzgesetzwidrige Praktiken zukommt. Insofern ist die Lage anders als im Wettbewerbsrecht, wo die Verbraucherverbände lediglich zusätzlich zu den meis-

---

S. 93 ff., 123 ff; im Ergebnis so auch *Gilles* ZZP 98 (1985), 13 ff., der mit nur einem Anspruch des „Kollektivs der betroffenen Verbraucher" operiert und deshalb trotz der angenommenen besonderen Prozessführungsbefugnis der Verbände zur Identität des Streitgegenstandes kommt; *Thiere,* Die Wahrung überindividueller Interessen im Zivilprozess, 1980, S. 272 ff. kommt auf der Grundlage einer selbständigen Prozessführungsbefugnis ohne jeden Anspruchshintergrund zu unabhängigen Verfahren und Streitgegenständen, während *Reinel,* Die Verbandsklage nach dem AGB, 1979, S. 93 ff., 123 ff. bei derselben Voraussetzung eines fehlenden Anspruchs mit einer aufsichtsrechtlichen Betrachtung des ganzen Kontrollsystems zu Ergebnissen wie bei einer Identität des Streitgegenstandes gelange. Je nach der rechtspolitischen Vorgabe wird hier also alles mit allem möglich gemacht.
[19] Vgl. BGH LM UWG § 13 Nr. 10; *Pastor* Wettbewerbsprozeß, 1980, S. 524 f. iVm. S. 234 ff., jeweils m. weit. Nachw.; weiter *Habscheid,* FS Rammos, 1979, S. 282 ff. Anders dagegen *Reinel,* Die Verbandsklage nach dem AGB, 1979, S. 93 ff., 123 ff.; *Gilles* ZZP 98 (1985), 13 ff.; *Bettermann* ZZP 85 (1972), 142, 143 m. Fn. 6. Unklar *Leipold,* Die Verbandsklage zum Schutz allgemeiner und breitgestreuter Interessen, in: Effektivität des Rechtsschutzes, Landesberichte, 1983, S. 68 ff. (für die AGB-Verbandsklage), S. 79 ff. (zur UWG-Verbandsklage), der einerseits eine Erweiterung der Rechtshängigkeits- und Rechtskraftwirkungen rechtspolitisch für richtig hält und andererseits für die Beibehaltung der normalen Richterrolle u. Verfahrensgrundsätze plädiert. Uneinheitlich auch *Göbel,* Prozesszweck der AGB-Klage, 1980, S. 113 ff., 129 ff., der weitere parallele und nachträgliche Klageverfahren zulässt und doch nach ganz anderen Prozessmaximen (u.a. dem Untersuchungsgrundsatz) verfahren will.
[20] Vgl. auch *Ulmer/Brandner/Hensen* § 5 Rn. 13, der mit Recht darauf hinweist, dass über eine faire Informations- und Nachfrageweise der verschiedenen Verbandskläger und etwa der zuständigen Industrie- und Handels- oder Handwerkskammern die ärgsten Verdoppelungen zu vermeiden sind (vgl. dort § 1 Rn. 61); vgl. auch *Bunte* AcP 181 (1981), 31, 59.

tens schon klageinteressierten Mitbewerbern und Verbänden zur Förderung gewerblicher Interessen noch eine spezielle verbraucherschützende Aufgabe zu erfüllen haben. Qualifizierte Einrichtungen müssen in einem Rechtsstreit nachweisen, dass sie in die Liste qualifizierter Einrichtungen nach § 4 oder in dem Verzeichnis der Kommission nach Art. 4 der Richtlinie 98/27/EG eingetragen sind. Für die Eintragung in die Liste qualifizierter Einrichtungen nach § 4 ist das Bundesverwaltungsamt zuständig, vgl. § 4 Rn. 5. Die Gerichte dürfen diese Voraussetzungen jedoch nur eingeschränkt prüfen.[21] Ihnen verbleibt nach Maßgabe des § 4 Abs. 4 insofern eine Residualkompetenz, als sie bei „begründeten Zweifeln" das Bundesverwaltungsamt zur Überprüfung der Eintragung auffordern und die Verhandlung bis zu dessen Entscheidung aussetzen können, vgl. § 4 Rn. 37 ff.

1. Eintragung. Der Nachweis der Eintragung in die Liste qualifizierter Einrichtungen nach § 4 **13** wird durch eine **Bescheinigung des Bundesverwaltungsamts** erbracht, die diese gem. § 4 Abs. 3 S. 2 den Verbraucherverbänden auf Antrag zu erteilen hat. Die Kommission erstellt nach Art. 4 Abs. 3 RL 98/27/EG ebenfalls ein Verzeichnis qualifizierter Einrichtungen und gibt darin deren Zweck an. Dieses Verzeichnis wird im Amtsblatt der EG veröffentlicht und alle sechs Monate aktualisiert. Änderungen an diesem Verzeichnis werden unverzüglich veröffentlicht. Die Fundstelle im Amtsblatt der EG kann als Nachweis der Eintragung iSv. § 3 Abs. 1 S. 1 Nr. 1 verwendet werden, vgl. § 4 Rn. 6 ff.

2. Prozessführungsbefugnis/Klagebefugnis. Die Klagebefugnis eines Verbraucherverbandes **14** ergibt sich aus der Aufnahme in die Liste nach § 4, der Art. 4 Abs. 2 der RL 98/27/EG umsetzt. Den Gerichten ist die Prüfungskompetenz hinsichtlich der Klage- und Prozessführungsbefugnis grundsätzlich entzogen.[22] Da der Gegenstand der Richtlinie 98/27/EG die Vereinheitlichung der Klagebefugnis ist, deutet das den Gerichten ausdrücklich zugestandene Recht zur Überprüfung der Frage, ob der Zweck der qualifizierten Einrichtung deren Klageerhebung in einem speziellen Fall rechtfertigt, darauf hin, dass eine **sachliche** Beschränkung (zur regionalen Beschränkung Rn. 16) in der Satzung als Beschränkung der Klagebefugnis zu sehen ist. Für die Prüfung sind zwei Konstellationen zu unterscheiden: (1) die Satzung enthält **keine** Aussage über eine sachliche Beschränkung oder (2) die Satzung definiert die sachliche Beschränkung **ausdrücklich**. Immerhin scheint die mit der AGB-Novelle im Jahre 2000 verbundene Änderung der Regelung der Klagebefugnis insoweit Klarheit gebracht zu haben, als dass einem Verbraucherverband die Klagebefugnis für **nationale** Verfahren fehlt, wenn er seine satzungsmäßigen Aufgaben sachlich beschränkt, und die konkrete Klage nicht vom beschränkten Satzungszweck gedeckt ist,[23] vgl. Rn. 16, sowie § 4 Rn. 15 f., aber auch zur anders gelagerten Problematik bei den gewerblichen Verbänden, Rn. 16. Schwieriger zu beurteilen ist der umgekehrte Fall. Fehlt eine satzungsmäßige Beschränkung, liegt es nahe, angesichts der Vermutungsregel von einer uneingeschränkten Klagebefugnis in allen nationalen Verbandsklageverfahren auszugehen, vgl. § 4 Rn. 23 ff. Die Zuständigkeit zur Führung grenzüberschreitender Streitigkeiten hat in § 4a eine eigenständige Regelung erfahren.

3. Aktivlegitimation und Rechtsschutzinteresse. Mit der AGB-Novelle 2000 hat der Gesetzgeber ausdrücklich klargestellt, dass § 3 Abs. 1 die Aktivlegitimation regelt,[24] vgl. § 1 Rn. 2 f. **15** Die Aktivlegitimation ist im europäischen Kontext als Teil des **Rechtsschutzinteresses** zu verstehen, das von der Richtlinie 93/13/EWG **mitbestimmt** wird, vgl. Rn. 7. Da § 3 Abs. 1 Nr. 1 keine weiteren Einschränkungen vorsieht, gilt der Verband mit der Eintragung als grundsätzlich aktivlegitimiert, bzw. damit liegt ein Rechtsschutzinteresse im europäischen Verständnis vor. Die weitgehende Deckungsgleichheit von Klagebefugnis und Rechtsschutzbedürfnis bezieht sich jedoch nur auf Verbandsklageverfahren **innerhalb** Deutschlands. Nur insoweit kann der Gesetzgeber auf der Basis der vom Bundesverwaltungsamt zu führenden Liste Klarheit schaffen, um Auseinandersetzungen über das Vorliegen der Aktivlegitimation bzw. des Rechtsschutzinteresses von Verbraucherverbänden zu vermeiden. Für **grenzüberschreitende** Verbraucherverbandsklagen ist gesondert und jenseits des Satzungszwecks zu ermitteln, ob der Verband über das notwendige Rechtsschutzinteresse verfügt, vgl. Rn. 39 f.

4. Der Sonderfall der regionalen Begrenztheit der Verbraucherverbandsklage. Mit der **16** Eintragung eines Verbraucherverbandes in die vom Bundesverwaltungsamt zu führende Liste sind regelmäßig die Klagebefugnis und das Rechtsschutzinteresse gegeben. Das gilt jedoch nur, wenn die Satzung **keine regionale Beschränkung** aufweist. Bei Rechtsstreitigkeiten innerhalb Deutsch-

---

[21] Vgl. BT-Drucks. 14/2658 S. 52.
[22] Vgl. BT-Drucks. 14/2658 S. 52.
[23] Zum gleichen Ergebnis kommt *Baetge* ZZP 1999, 350 und *Hopt/Baetge*, Rechtsvergleich und Reform des deutschen Rechts, in: *Basedow/Hopt/Kötz/Baetge* (Hrsg.), Bündelung, S. 37.
[24] Vgl. BT-Drucks. 145/2658 S. 52.

lands ist den Gerichten die Prüfung der Klagebefugnis und des Rechtsschutzinteresses entzogen. Problematischer sind Konstellationen, in denen der Verband in der Satzung seinen Aktionsradius **ausdrücklich beschränkt.** Klagebefugnis und Rechtsschutzinteresse sind an den Aktionsradius gebunden. Verlässt der Verband sein Tätigkeitsfeld, fehlt ihm beides, die Klagebefugnis und das Rechtsschutzinteresse. Schwierigkeiten treten auf, wenn der Verband ein Verfahren gegen eine Person einreicht, die ihren Sitz nicht im regionalen Einzugsbereich hat, dessen AGB bzw. Praktiken sich aber im Einzugsbereich auswirken oder umgekehrt, wenn die Person ihren Sitz im regionalen Einzugsbereich hat, die AGB oder Praktik sich aber nur jenseits des Aktionsradius auswirken. Ein solcher Verband bleibt zwar klagebefugt, das Rechtsschutzinteresse ist aber gesondert zu ermitteln. Es liegt dann vor, wenn der Bezug des klagenden Verbands zu der behaupteten Rechtsverletzung örtlich gegeben ist. Ähnlich wie im UWG kommen zwei Orte in Betracht, der Ort, wo die Ursache der Verwendung oder Praktik gesetzt wird und der Ort, wo die verwendeten AGB bzw. Praktik sich auswirken. Liegt die Wirkung im regionalen Einzugsbereich der klagaktiven Verbraucherzentrale, ist die Aktivlegitimation bzw. das Rechtsschutzinteresse immer gegeben. Anders als es die Marktortregel, jedenfalls in ihrer im UWG vorherrschenden Interpretation, nahe legt, ist das Rechtsschutzinteresse auch dann zu bejahen, wenn die Ursache im regionalen Einzugsbereich gesetzt wurde. Ob das der Fall ist, richtet sich bei AGB nach dem Begriff des **Verwenders** und der möglichen Zurechenbarkeit von Handlungen Dritter darüber, vgl. zum Verwenderbegriff § 1 Rn. 19 ff. und zu dessen Bedeutung in grenzüberschreitenden Verbraucherverbandsklagen, Rn. 36 ff.

17   **5. Wahrnehmung von Verbandsinteressen.** § 3 Abs. 2 beschränkt den sachlichen Umfang der Klagezuständigkeit der Verbraucherverbände noch eigens, indem er ihnen eine Kontrollkompetenz in Bezug auf Allgemeine Geschäftsbedingungen vorenthält, wenn diese **gegenüber einem Unternehmer** verwendet oder ausschließlich zur Verwendung zwischen Unternehmern empfohlen werden. Nach der Legaldefinition des § 14 BGB sind Unternehmer Personen, die bei Abschluss des Rechtsgeschäfts in Ausübung ihrer gewerblichen oder selbständigen beruflichen Tätigkeit handeln.

18   Das ist jedoch eine recht pauschale Betrachtungsweise, denn häufig werden die im Verkehr zwischen Unternehmern verwendeten AGB auch an Verbraucher weitergegeben werden, so dass ein Verbraucherinteresse gegeben ist, bereits die AGB-Verhältnisse im Rechtsverkehr zwischen Unternehmern zu bereinigen. So besteht insbesondere ein Interesse des Verbrauchers auf eine Überprüfung von Klauseln der VOB/B. Die Überprüfung scheitert jedenfalls nicht an § 3 Abs. 2, denn der Deutsche Vergabe- und Vertragsausschuss unterscheidet nach seiner Satzung nicht zwischen Bauverträgen zwischen Unternehmern und Beteiligung von Verbrauchern.[25] Handelt es sich um Verträge zwischen Unternehmern zugunsten des Verbrauchers, wie zB bei einem Versicherungsvertrag auf fremde Rechnung, so greift § 3 Abs. 2 ebenfalls nicht, weil dem Verbraucher durch den Vertrag eine Rechtsposition verschafft wird.[26] § 3 Abs. 2 beschränkt die Klagebefugnis, wobei der Verbraucherverband die Beweislast dafür trägt, dass die angegriffene Verwendung bzw. Empfehlung der AGB sich nicht auf Verträge beschränkt, die mit Unternehmern geschlossen werden. Rechtstechnisch führt § 3 Abs. 2 dazu, dass Verbraucherverbände auch den Klageantrag hinreichend beschränken müssen, um zu vermeiden, dass der Klageantrag wegen fehlender Klagebefugnis als zum Teil unzulässig abgewiesen wird (vgl. § 5 Rn. 19). Auch die Tenorierung ist demnach entsprechend zu fassen (vgl. § 9 Rn. 1 ff.). Tritt der Beklagte etwa als Verwender nur in geschäftliche Beziehungen zu Unternehmern auf, kann der Verband nicht klagen.[27] Die Tatsache, dass der Unternehmerbegriff letztlich situationsbezogen ist, spricht nicht gegen die Möglichkeit, die Klagebefugnis in den aufgezeigten Fällen zu beschränken. Demgemäß ist es weder einem zur Unterlassung verurteilten Verwender untersagt, die betreffende Bestimmung künftig gegenüber einem Unternehmer zu verwenden noch dem zur Unterlassung verurteilten Empfehler untersagt, die Bestimmung zur ausschließlichen Verwendung gegenüber Unternehmern zu empfehlen. Der Ausschluss von AGB, die nur in Verträgen mit Unternehmern verwendet werden bzw. ausschließlich zur Verwendung in Verträgen mit Unternehmern als Vertragspartnern empfohlen werden, von der Verbraucherverbandsklage ist im Ergebnis zweckwidrig, lässt sich aber auch im Wege gemeinschaftskonformer Auslegung unter Berücksichtigung der Richtlinie 98/27/EG über Unterlassungsklagen zum Schutz der Verbraucherinteressen in Verbindung mit der Richtlinie 93/13/EWG über missbräuchliche Klauseln in Verbraucherverträgen nicht korrigieren.

---

[25] Vgl. LG Berlin IBR 2006, 77 (nicht rechtskräftig).
[26] Vgl. LG Stuttgart VuR 2005, 343 zu einem Lebensversicherungsvertrag im Rahmen betrieblicher Altersvorsorge.
[27] Vgl. bezgl. § 13 Abs. 3 aF; OLG München BB 1978, 1183.

IV. Die Verbände zur Förderung gewerblicher oder selbständiger beruflicher Interessen

Bis zum Jahr 2000 war die Klagebefugnis der rechtsfähigen Verbände zur Förderung gewerblicher Interessen nach § 13 Abs. 2 Nr. 2 AGB-Gesetz nicht ausdrücklich von weiteren Voraussetzungen abhängig gemacht worden. Im Zuge der Umsetzung der Richtlinie 98/27/EG erfolgte auf Anregung des Rechtsausschusses des Bundestags eine Angleichung des § 13 Abs. 2 Nr. 2 AGBG, jetzt § 3 Abs. 1 S. 1 Nr. 2 UKlaG, an § 13 Abs. 2 Nr. 2 UWG aF, jetzt § 8 Abs. 3 Nr. 2 UWG. Durch die Aufstellung weiterer Erfordernisse bezüglich der Klagebefugnis sollte der Kampf gegen den Missbrauch der Klagebefugnis durch sog. Abmahnvereine verstärkt werden.[28] Nach der Änderung setzte die Norm voraus, dass dem Verband eine erhebliche Zahl von Gewerbetreibenden angehört, die auf demselben Markt wie der Verletzer Waren oder gewerbliche Leistungen gleicher oder verwandter Art vertreiben, der Verbandszweck **tatsächlich wahrgenommen** wird[29] und (konkret) die Handlung, welche Gegenstand des Unterlassungs- und Widerrufsanspruches ist, geeignet ist, den Wettbewerb auf **demselben Markt** wesentlich zu beeinträchtigen.[30] Die Angleichung der Missbrauchsklausel an das UWG war jedoch im Hinblick auf AGB-Klagen misslungen, weil sie den Anwendungsbereich erheblich einschränkte.[31] Mit der Verabschiedung des UKlaG fiel deshalb bei AGB-Klagen zunächst das Erfordernis einer wesentlichen Wettbewerbsbeeinträchtigung auf diesem Markt weg. Im Zuge der UWG-Reform 2004 änderte der Gesetzgeber § 3 Abs. 1 Nr. 2 insoweit, als dass Wirtschaftsverbände unabhängig vom betroffenen Markt befugt sein sollen, AGB-Kontrollverfahren nach § 1 durchzuführen. Der BGH wendete, indem er den Willen des Gesetzgebers dahin auslegte, dieses Kriterium auch schon vorher nicht auf AGB-Verfahren an.[32] Gleichzeitig erfolgte die Umstellung des Begriffs des Gewerbetreibenden auf die Regelung des § 14 BGB. Eine inhaltliche Änderung war damit allerdings nicht verbunden.[33] Da die Eintragung in eine vom Bundesverwaltungsamt zu führende Liste bislang **nicht** vorgeschrieben ist, sind weiterhin die Gerichte zur Prüfung der Voraussetzungen für die Klagebefugnis zuständig.

§ 3 Abs. 1 S. 1 Nr. 2 verlangt sowohl für Klagen nach § 1 als auch nach § 2, dass der Verband (unabhängig vom Einzelfall[34]) rechtsfähig ist, der Förderung gewerblicher oder selbständiger beruflicher Interessen dient und er insbesondere nach seiner personellen, sachlichen und finanziellen Ausstattung imstande ist, seine satzungsgemäßen Aufgaben der Verfolgung gewerblicher oder selbständiger beruflicher Interessen tatsächlich wahrzunehmen. Handelt es sich um eine Klage nach § 2 kommt den Verbänden dieser Anspruch nur insoweit zu, als ihnen eine erhebliche Zahl von Unternehmern angehört, die Waren oder Dienstleistungen gleicher oder verwandter Art auf demselben Markt vertreiben und der Anspruch eine Handlung betrifft, die die Interessen ihrer Mitglieder berührt und die geeignet ist, den Wettbewerb nicht unerheblich zu verfälschen. § 3 Abs. 1 S. 1 Nr. 2 regelt ebenfalls die **Aktivlegitimation bzw. das Rechtsschutzinteresse** (vgl. dazu Rn. 7). Da die Formulierung des § 3 Abs. 1 S. 1 Nr. 2 mit der des § 8 Abs. 3 Nr. 2 UWG vergleichbar ist, kann weitgehend auf die dort aufgestellten Grundsätze zurückgegriffen werden. Das nationale Recht wird durch die Richtlinie 93/13/EWG nicht tangiert, vgl. Rn. 5.

1. Rechtsfähigkeit. Zur nötigen Rechtsfähigkeit vgl. die entspr. Ausführungen zu den Verbraucherverbänden, § 4 Rn. 14.

2. Satzungsgemäße Förderung gewerblicher oder selbständiger beruflicher Interessen. Die Interessen sind gewerblich, wenn wirtschaftliche Interessen und Belange im weitesten Sinne wahrgenommen werden und satzungsgemäß, wenn sie in der Satzung hinreichend deutlich gemacht worden sind, vgl. § 4 Rn. 17 f. Unschädlich ist es, wenn dieser Zweck einer von mehreren ist,[35] vgl. bzgl. Verbände mit gemischter, gleichwertiger Zweckbestimmung (sog. Mischverbände) § 4 Rn. 19.

---

[28] Vgl. BT-Drucks. 14/195 S. 35.
[29] Als prozessuale Qualifikationen, vgl. bezgl. § 8 Abs. 3 Nr. 2 UWG: *Hefermehl/Köhler/Bornkamm* § 8 UWG Rn. 3.49; MünchKommUWG/*Ottofülling* § 8 Rn. 368.
[30] Als materiell-rechtliche Sachbefugnis, vgl. bezgl. § 8 Abs. 2 Nr. 2 UWG: *Hefermehl/Köhler/Bornkamm* § 8 UWG Rn. 3.35 ff.; MünchKommUWG/*Ottofülling* § 8 Rn. 385 ff.; *Harte/Henning/Bergmann* § 8 UWG Rn. 292.
[31] So schon frühzeitig *Hensen* ZIP 2000, 1151.
[32] Vgl. BGH NJW 2003, 290 ff.
[33] Vgl. BT. Drucks. 15/1487, S. 27.
[34] Vgl. bezgl. § 8 Abs. 3 Nr. 2 UWG: *Hefermehl/Köhler/Bornkamm* § 8 UWG Rn. 3.31; MünchKomm-UWG/*Ottofülling* § 8 Rn. 366; jurisPK-UWG/*Ernst* § 8 Rn. 94.
[35] Vgl. bezgl. der Rechtslage hinsichtlich § 13 Abs. 2 Nr. 2 AGBG aF: *Löwe/v. Westphalen/Trinkner* § 13 AGBG Rn. 79; *Schlosser/Coester-Waltjen/Graba* § 13 AGBG Rn. 29.

Die Gleichwertigkeit wird anhand des Gesamteindruckes eines Verbrauchers nach dem Zweck der Satzung, Mitgliederbestand, satzungsgemäßen tatsächlichen Gewicht der Mitgliedergruppen und der tatsächlich ausgeübten Tätigkeit bestimmt.[36] Der Zusatz „oder selbständiger beruflicher Interessen" wurde im Zuge der UWG Reform 2004 eingefügt.

23   **3. Tatsächliche Wahrnehmung.** Der Verband muss seinen satzungsmäßigen **Zweck**, gewerbliche Interessen zu fördern, nicht nur nach der Satzung, sondern auch nach seiner tatsächlichen Tätigkeit wirklich erfüllen. Aus der Rechtsprechung zu § 13 Abs. 2 S. 1 Nr. 2 UWG aF = § 8 Abs. 3 Nr. 2 UWG[37] lässt sich entnehmen, dass der Verbandszweck kein Vorwand sein soll, um aus der Verfolgung von Wettbewerbsverstößen im Interesse der Mitarbeiter des Verbandes und der Rechtsanwälte Gebühren und Vertragsstrafen zu erzielen.[38]

24   Die erforderlichen **personellen, sachlichen und finanziellen Voraussetzungen** für die tatsächliche Wahrnehmung der satzungsmäßigen Aufgaben müssen zum Zeitpunkt der letzten mündlichen Verhandlung[39] gegeben sein. Das Personal des Verbandes selbst[40] muss die notwendigen rechtlichen Kenntnisse haben, um zB unlauteren Wettbewerb zu bekämpfen, bzw. den Wettbewerb zu beobachten, zu beurteilen,[41] Verstöße (in einfachen Fällen) abzumahnen und insbesondere gerichtlich zu verfolgen.[42] Auch bedarf es einer diese Tätigkeit ermöglichenden sachlichen Ausstattung. Sofern zweckmäßig, kann der Verband die gerichtliche Geltendmachung einem Anwaltsbüro übertragen.[43] Finanziell muss der Verband die Erstattungsansprüche von obsiegenden Gegnern erfüllen können.[44] **Tatsächlich** nimmt der Verband den Zweck, gewerbliche Interessen zu schützen, wahr, wenn er unlauteren Wettbewerb und unlauteres Geschäftsgebaren ohne Ansehen der Person verfolgt. Da dies in erster Linie durch entsprechende Abmahn- und Klagetätigkeit geschieht, kann die Klagezuständigkeit schon mit der Rechtsverfolgung erlangt werden.[45] Grundsätzlich wird ohnehin die Wahrnehmung des Verbandszweckes zunächst einmal vermutet.[46]

25   **4. Klagebefugnis und Eingriff in die satzungsgemäßen Aufgaben des Verbandes.** Die Handlung muss in den satzungsgemäßen Aufgaben- und Interessenbereich des Verbands eingreifen.[47] Anders als bei Verbraucherverbänden verweist § 3 Abs. 1 S. 1 Nr. 2 auf die satzungsgemäßen Aufgaben der gewerblichen Verbände. Deshalb wird die Festlegung in der Satzung, das Aufgabenfeld räumlich, zeitlich oder auch sachlich zu begrenzen, von der Literatur und der Rechtsprechung als Kriterium für die Bestimmung der Reichweite der Klagebefugnis gesehen.[48] Wie bei Verbraucherverbänden auch, führt eine sachliche Beschränkung des Verbandszwecks zur Beschränkung der Klagebefugnis. Gründe für eine anderweitige Behandlung der Verbände deren Satzungszweck der Schutz gewerblicher Interessen ist, sind nicht ersichtlich. Anders als von der überwiegenden Meinung angenommen, genügt der Verweis auf die satzungsgemäß beschränkten Aufgaben nicht, um eine regionale Begrenzung der Klagebefugnis zu begründen.[49] Die ratio der Norm, nämlich die Sicherstellung der Sachkunde des Klägers, ist nicht betroffen, wenn ein regio-

---

[36] BGH GRUR 1983, 129, 130; GRUR 1985, 58, 59.
[37] Vgl. die Auflistung bei *Hefermehl/Köhler/Bornkamm* § 8 UWG Rn. 3.53; MünchKommUWG/*Ottofülling* § 8 Rn. 371; *Harte/Henning/Bergmann* § 8 UWG Rn. 270 ff.; *Fezer/Büscher* § 8 UWG Rn. 196.
[38] Vgl. bezgl. § 8 Abs. 3 Nr. 2 UWG: *Hefermehl/Köhler/Bornkamm* § 8 UWG Rn. 3.49; *Harte/Henning/Bergmann* § 8 UWG Rn. 315.
[39] Vgl. bezgl. § 8 Abs. 3 Nr. 2 UWG: *Hefermehl/Köhler/Bornkamm* § 8 UWG Rn. 3.45 ff.; MünchKommUWG/*Ottofülling* § 8 Rn. 408 ff.
[40] Vgl. bezgl. § 8 Abs. 3 Nr. 2 UWG: *Hefermehl/Köhler/Bornkamm* § 8 UWG Rn. 3.46; MünchKommUWG/*Ottofülling* § 8 Rn. 409; *Harte/Henning/Bergmann* § 8 UWG Rn. 294; *Fezer/Büscher* § 8 UWG Rn. 209.
[41] Vgl. bezgl. § 8 Abs. 3 Nr. 2 UWG: *Hefermehl/Köhler/Bornkamm* § 8 UWG Rn. 3.46, MünchKommUWG/*Ottofülling* § 8 Rn. 409.
[42] Vgl. bezgl. § 8 Abs. 3 Nr. 2 UWG: *Hefermehl/Köhler/Bornkamm* § 8 UWG Rn. 3.46; MünchKommUWG/*Ottofülling* § 8 Rn. 409.
[43] Vgl. bezgl. § 8 Abs. 3 Nr. 2 UWG: *Hefermehl/Köhler/Bornkamm* § 8 UWG Rn. 3.46.
[44] Vgl. bezgl. § 8 Abs. 3 Nr. 2 UWG: *Hefermehl/Köhler/Bornkamm* § 8 UWG Rn. 3.48, MünchKommUWG/*Ottofülling* § 8 Rn. 413.
[45] Vgl. auch hinsichtlich der Rechtslage vor der Novelle: *Palandt/Heinrichs* Rn. 14; *Schlosser/Coester-Waltjen/Graba* § 13 AGBG Rn. 29.
[46] OLG Hamburg GRUR 1995, 439, 440.
[47] *Palandt/Heinrichs* § 3 Rn. 7; bezgl. § 8 Abs. 3 Nr. 2 UWG: *Hefermehl/Köhler/Bornkamm* § 8 UWG Rn. 3.49; jurisPK-UWG/*Ernst* § 8 Rn. 95 ff.
[48] *Ulmer/Brandner/Hensen* Rn. 2; § 4 Rn. 2; *Palandt/Heinrichs* § 4 Rn. 6; BGH NJW 1983, 1320; BGH GRUR 1985, 58, 59.
[49] *Ulmer/Brandner/Hensen* Rn. 2; § 4 Rn. 2; *Palandt/Heinrichs* § 4 Rn. 6; BGH NJW 1983, 1320; BGH GRUR 1985, 58, 59.

nal operierender Verband außerhalb seines Gebietes auftritt.[50] Klägern mit regionaler Beschränkung des Verbandszwecks in der Satzung kann auch nicht das allgemeine Rechtsschutzbedürfnis abgesprochen werden.[51] Einschränkungen der Zulässigkeit von Verbandsklagen dienen per se der Verhinderung von Missbräuchen der Klagebefugnis, dem Ausschluss von Popularklagen und der Sicherstellung der Kompetenz und Sachkunde des Klägers. Derartige Gefahren resultieren nicht notwendig aus dem regional beschränkten Satzungszweck. Deshalb ist eine Einschränkung der Zulässigkeit von Verbandsklagen aufgrund einer satzungsmäßigen regionalen Beschränkung im Rahmen des Allgemeinen Rechtsschutzinteresses abzulehnen und dieses ist damit allein Gegenstand des besonderen Rechtschutzinteresses im Rahmen der Begründetheit, vgl. zur Rechtslage bei der ausdrücklichen regionalen Beschränkung in der Satzung bei Verbraucherverbänden Rn. 23.

5. Anforderungen an die Mitglieder des Verbandes bei Klagen nach § 2. § 3 Abs. 1 S. 1 **26** Nr. 2 fordert für Klagen nach § 2, dass dem Verband eine **erhebliche Zahl von Unternehmern** angehört, **die Waren oder Dienstleistungen gleicher oder verwandter Art auf demselben Markt** vertreiben. Insbesondere diese Regelung dient der Beschränkung des Missbrauchs der Klagebefugnis durch Beanspruchung der Gerichte ohne dadurch tatsächlich kollektiv Mitgliederrechte wahrzunehmen.[52] Bei einer wettbewerbsrechtlichen Klage nach § 8 Abs. 3 Nr. 2 UWG soll sichergestellt werden, dass nur solche Verbände gegen den angeblichen Störer vorgehen, deren Mitglieder tatsächlich von dem angeblichen Störer so betroffen sind,[53] dass sie also selbst klagebefugt im Sinne von § 8 UWG sind.[54] Somit geht im Rahmen des § 8 Abs. 3 Nr. 2 UWG die Berechtigung des Verbandes zur Verfolgung von Wettbewerbsverstößen nicht weiter als die seiner Mitglieder, welche zum Verletzten in einem Wettbewerbsverhältnis stehen müssen.[55] Das UKlaG kennt keine Klagebefugnis für Mitbewerber. Die gewerblichen Verbände werden nicht prozessstandschaftlich für ihre Mitglieder tätig, sondern klagen aus eigenem Recht.[56] Dieser Unterschied schließt einen Rückgriff auf die für § 8 UWG entwickelten Grundsätze nicht aus.

a) Unternehmer. § 3 Abs. 1 S. 1 Nr. 2 spricht nun im Gleichlauf mit dem UWG nicht mehr **27** vom Gewerbetreibenden, sondern vom Unternehmer iS des § 14 BGB. Die Unternehmer müssen auf demselben Markt wie der Verletzter gleichwertige oder verwandte Waren oder Dienstleistungen vertreiben.

b) Gleichartige oder verwandte Waren oder Dienstleistungen. Die Waren und Leistungen **28** sind gleicher oder verwandter Art, wenn sie sich nach der Verkehrsanschauung derart nahe stehen, dass sie sich im Ansatz gegenseitig behindern können.[57] Der Sache nach ist zwischen den Verbandsmitgliedern und dem Verletzten ein abstraktes **Wettbewerbsverhältnis** im Sinne einer tatsächlichen und für die Betroffenen nicht unbedeutenden Beeinträchtigungsmöglichkeiten zu fordern.[58] Dieses Kriterium ist nicht unproblematisch, schließt es doch das Tätigwerden eines Verbandes mit Mitgliedern einer Absatzstufe (zB der Endverkäufer von Automobilen) gegen missbräuchliche Klauseln, welche durch Mitglieder einer anderen Absatzstufe (zB im Sinne von vorgelagerten Absatzstufe: Produzenten der Automobile) im geschäftlichen Verkehr mit den Verbandsmitgliedern verwendet werden, aus.[59]

c) Relevanter Markt. Der relevante Markt ist der räumlich-geographische Bereich, in dem sich **29** die Angebote von Waren und Dienstleistungen begegnen und deshalb verdrängen können (konkre-

---

[50] *Wolf/Horn/Lindacher* § 13 AGBG Rn. 16, 18.
[51] Vor der UWG-Novelle 1986 prüfte der BGH die regionale und sachliche Beschränkung des Verbandszweckes in der Satzung im Rahmen des Rechtsschutzbedürfnisses: BGH BB 1971, 1297; BGH GRUR 1985, 58, 59.
[52] Vgl. bezgl. § 8 Abs. 3 Nr. 2 UWG, *Hefermehl/Köhler/Bornkamm* § 8 UWG, Rn. 3.35; MünchKomm-UWG/*Ottofülling* § 8 Rn. 396; *Harte/Henning/Bergmann* § 8 UWG Rn. 279; *Fezer/Büscher* § 8 UWG Rn. 202.
[53] Vgl. bezgl. § 8 Abs. 3 Nr. 2 UWG; *Emmerich*, Das Recht des unlauteren Wettbewerbs, 1998, S. 347; *Teplitzky* Wettbewerbsrechtliche Ansprüche, Kap. 13, Rn. 30 a f (S. 119 f.).
[54] Vgl. bezgl. § 8 Abs. 3 Nr. 2 UWG: *Hefermehl/Köhler/Bornkamm* § 8 UWG, Rn. 3.35; MünchKomm-UWG/*Ottofülling* § 8 Rn. 396; *Harte/Henning/Bergmann* § 8 UWG Rn. 279; *Fezer/Büscher* § 8 UWG Rn. 202.
[55] *Hefermehl/Köhler/Bornkamm* § 8 UWG Rn. 3.35 ff.; MünchKommUWG/*Ottofülling* § 8 Rn. 396; *Harte/Henning/Bergmann* § 8 UWG Rn. 279; *Fezer/Büscher* § 8 UWG Rn. 202.
[56] Vgl. im Hinblick auf die Diskussion in § 8 UWG; MünchKommUWG/*Ottofülling* § 8 Rn. 320; *Harte/Henning/Bergmann* § 8 UWG Rn. 261; *Fezer/Büscher* § 8 UWG Rn. 195; vgl. auch *Kocher* VuR 1998, 276 f.
[57] Vgl. bezgl. § 8 Abs. 3 Nr. 1 UWG; vgl. *Hefermehl/Köhler/Bornkamm* § 8 UWG Rn. 3.36, § 2 UWG Rn. 18; MünchKommUWG/*Ottofülling* § 8 Rn. 382 ff.; *Harte/Henning/Bergmann* § 8 UWG Rn. 287.
[58] Vgl. bezgl. § 8 Abs. 3 Nr. 1 UWG: *Hefermehl/Köhler/Bornkamm* § 8 UWG Rn. 3.36, MünchKommUWG/*Ottofülling* § 8 Rn. 382 ff.; *Harte/Henning/Bergmann* § 8 UWG Rn. 287.
[59] So auch mit kritischer Betrachtung: *Hensen* ZIP 2000, 1151.

tes Wettbewerbsverhältnis).⁶⁰ Bei Verbänden bestimmt sich der relevante Markt nach dem Tätigkeitsgebiet der ihm angehörenden Unternehmer.⁶¹ Darüber hinaus muss eine erhebliche Anzahl von derart konkretisierten Unternehmern dem Verband angehören. Nach der Begründung für den Regierungsentwurf zu § 8 UWG (§ 13 Abs. 2 S. 1 Nr. 2 UWG aF) kommt es darauf an, ob der Verband eine für die Verfolgung des Wettbewerbsgeschehens auf dem Markt repräsentative Anzahl von Mitgliedern der betroffenen Branche aufweist, die Waren oder gewerbliche Leistungen gleicher oder verwandter Art auf demselben Markt oder denselben Märkten wie der Verletzter vertreiben.⁶² Diese Einschränkung soll dazu dienen, die kollektive Geltendmachung von Individualinteressen zu verhindern. Deswegen müssen Verbandsmitglieder betroffen sein, deren **Anzahl, Marktanteil und wirtschaftliche Bedeutung** ein missbräuchliches Vorgehen des Verbandes ausschließen.⁶³ Den Verband trifft die Darlegungslast⁶⁴ und er ist, bis auf wenige Ausnahmen, aufgrund des Grundsatzes rechtlichen Gehörs dazu verpflichtet, die Mitglieder namentlich zu benennen.⁶⁵ Ausnahmsweise mag eine anonymisierte Mitgliederliste genügen, wenn der Verband unter Berücksichtigung aller Umstände und Interessen ein erhebliches Interesse an der Geheimhaltung von Mitgliedern geltend machen kann.⁶⁶

30 Unternehmer müssen dem Verband nicht unmittelbar angehören. Unter Berücksichtigung der Begründung des Regierungsentwurfs zu § 8 UWG (§ 13 Abs. 2 S. 1) Nr. 2 UWG aF kann es als unschädlich angesehen werden, wenn die Unternehmer dem klagenden Verband mittelbar, zB über die Mitgliedschaft von Verbänden oder Vereinigungen, angehören.⁶⁷ Ausreichend dürfte weiterhin sein, wenn ein Verband aus Mitgliedern iSv. § 8 Abs. 3 Nr. 2 UWG (dh. IHK oder Handwerkskammern) besteht.⁶⁸

31 **d) Handlung zur Beeinträchtigung der Mitgliederinteressen und Verfälschung des Wettbewerbs.** Handlungen, welche Gegenstand des Unterlassungs- bzw. Widerrufsanspruchs aus § 2 UKlaG sind, müssen die Interessen ihrer Mitglieder berühren und geeignet sein, den Wettbewerb nicht unerheblich zu verfälschen. Systematisch-teleologisch werden die einzelnen Tatbestandsmerkmale des § 3 Abs. 1 S. 1 Nr. 2 UKlaG durch das Wort „und" formal gleichgestellt, was die Vorstellung stärkt, dass **Klagebefugnis und Aktivlegitimation gleichen Inhalts** sind. Allerdings kann es nicht Gegenstand der Prüfung der Klagebefugnis sein, eine Beeinträchtigung bereits in der Zulässigkeit positiv festzustellen und somit eine materiell-rechtliche Beurteilung im Rahmen der Zulässigkeit zu treffen.⁶⁹ Als Prozessvoraussetzung kann das Merkmal nicht betrachtet werden, was seiner Berücksichtigung im Rahmen der Zulässigkeit nicht entgegensteht. Bei Koinzidenz von Sachentscheidungsvoraussetzungen und Voraussetzungen des materiellen Rechts ist darauf abzustellen, ob der Klägervortrag schlüssig ist.⁷⁰ Deshalb sind die Voraussetzungen der Klagebefugnis von gewerblichen Verbänden zwiegespalten; einerseits in Voraussetzungen, die immer vorliegen müssen und der Tatsachenfeststellung des Gerichts sowie der Offizialmaxime unterliegen, die der Kläger also beweisen muss, und in „individuelle" Elemente der Klagebefugnis andererseits, bei denen die schlüssige Behauptung ausreicht.⁷¹ Folgt man dieser Ansicht, muss der klagende Verein schlüssig darlegen, dass der Beklagte eine Handlung vorgenommen hat, durch welche die Interessen ihrer Mitglieder berührt werden und die dazu geeignet ist, den Wettbewerb auf dem gleichen Markt nicht unerheblich zu verfälschen.

32 Im Rahmen der Begründetheit ist dann zu untersuchen, ob die Handlung die Interessen der Mitglieder berührt und geeignet ist, den Wettbewerb nicht unerheblich zu verfälschen. Diese Frage

---

⁶⁰ Vgl. bezgl. § 8 Abs. 3 Nr. 1 UWG: *Hefermehl/Köhler/Bornkamm* § 8 UWG Rn. 3.38; MünchKomm-UWG/*Ottofülling* § 8 Rn. 385 ff.; *Harte/Henning/Bergmann* § 8 UWG Rn. 292; sowie *v. Linstow* WRP 1994, 787 f.; *Kisseler* WRP 1994, 768, 771; Begr. RegEntw. WRP 1994, 369, 377.
⁶¹ Vgl. bezgl. § 8 Abs. 3 Nr. 1 UWG: *Hefermehl/Köhler/Bornkamm* § 8 UWG Rn. 3.38; MünchKomm-UWG/*Ottofülling* § 8 Rn. 385 ff.; *Harte/Henning/Bergmann* § 8 UWG Rn. 292; *v. Linstow* WRP 1994, 787, 788.
⁶² Begr. RegEntw. WRP 1994, 369, 378, zustimmend: OLG Hamburg NJW-RR 1995, 933, 934.
⁶³ Vgl. bezgl. § 8 Abs. 3 Nr. 1 UWG: *Hefermehl/Köhler/Bornkamm* § 8 UWG Rn. 3.38; MünchKomm-UWG/*Ottofülling* § 8 Rn. 385 ff.; *Harte/Henning/Bergmann* § 8 UWG Rn. 292 ff.
⁶⁴ Vgl. bezgl. § 8 Abs. 3 Nr. 1 UWG: *Hefermehl/Köhler/Bornkamm* § 8 UWG Rn. 3.38; BGH GRUR 1995, 604, 605.
⁶⁵ *Gröning* WRP 1994, 775, 777.
⁶⁶ Vgl. bezgl. § 8 Abs. 3 Nr. 2 UWG; BGH WRP 1996, 197, 198; OLG Hamburg WRP 1996, 218, 222.
⁶⁷ Vgl. bezgl. § 8 Abs. 3 Nr. 2 UWG: BGH GRUR 1995, 122.
⁶⁸ Vgl. bezgl. § 8 Abs. 3 Nr. 2 UWG: *Hefermehl/Köhler/Bornkamm* § 8 UWG Rn. 3.43; MünchKomm-UWG/*Ottofülling* § 8 Rn. 363 ff.; *Harte/Henning/Bergmann* § 8 UWG Rn. 270 u. 304; BGH GRUR 1995, 122, bestätigt durch BGH GRUR 1995, 742.
⁶⁹ Darauf weist *Wiebe* WRP 1995, 75, 78 zutreffend hin.
⁷⁰ *Balzer* NJW 1992, 2721, 2723.
⁷¹ So zutreffend aber kritisch: *Balzer* NJW 1992, 2721, 2727.

ist Gegenstand einer wertenden Betrachtung unter Berücksichtigung aller Umstände des Einzelfalles.[72] Dabei ist insbesondere Art und Schwere des Verhaltens und der Schutzzweck der verletzten Vorschrift zu berücksichtigen.[73]

6. Aktivlegitimation und Rechtsschutzinteresse. Für die Feststellung der Aktivlegitimation 33 bzw. des Rechtsschutzinteresses kann auf die Ausführungen zur Klagezuständigkeit von Verbraucherverbänden verwiesen werden, vgl. Rn. 7 bzw. auf die Ausführungen im Zusammenhang mit grenzüberschreitenden Verbandsklagen, Rn. 36. Zwar nennt die Richtlinie 93/13/EWG nur die Verbraucherverbände als potentiell Berechtigte, insofern schlägt die Europäisierung nicht direkt auf die Verbände der gewerblichen Wirtschaft durch. Gleichwohl drängt sich eine Gleichbehandlung aller Verbände im Sinne einer modernen Interpretation des Verbandsklagerechts geradezu auf.

7. Organisationsform. Verbänden zur Förderung gewerblicher oder selbständiger beruflicher 34 Interessen **müssen nicht privatrechtlich organisiert** sein. Deshalb rechnen dazu zB auch Anwalts- und Ärztekammern, Industrie- und Handelskammern, Handwerkskammern, Kammern für Steuerbevollmächtigte und Architektenkammern.[74]

V. Die Industrie-, Handels- und Handwerkskammern

In § 3 Abs. 1 S. 1 Nr. 3 hat der Gesetzgeber die Zuständigkeit dieser Kammern „als Beispiel- 35 fälle der in Nr. 2 genannten Verbände ausdrücklich aufgeführt".[75] Da diese Kammern in der Tat bereits als Verbände zur Förderung gewerblicher Interessen zu qualifizieren sind (vgl. Rn. 19 ff.), ist ihre besondere Erwähnung überflüssig und irreführend, weil sie zu dem Missverständnis des Umkehrschlusses führen könnte, andere Kammern und öffentlichrechtlich organisierte Verbände zur Förderung gewerblicher Interessen seien von der Klagezuständigkeit ausgenommen.

VI. Die prozessualen Voraussetzungen der grenzüberschreitenden Verbandsklage

Die komplexen Rechtsfragen, die im Zusammenhang der grenzüberschreitenden Verbandsklage 36 in prozessualer Sicht auftauchen, sind in der **Kommentierung der Richtlinie 98/27/EG**[76] ausführlich dargestellt, vgl. in Bezug auf die prozessualen Fragen und zur Bestimmung des IPR-gemeinschaftsrechtlich anzuwendenden Rechts, § 1 Rn. 48.

1. Klagebefugnis und Rechtsschutzinteresse. Die grenzüberschreitende Verbandsklage wirft 37 hinsichtlich Klagebefugnis und Rechtsschutzinteresse bzw. Aktivlegitimation ähnliche Rechtsfragen auf, wie die nach der Reichweite der Klagebefugnis regional tätiger Verbraucherzentralen, vgl. Rn. 16 ff. Hier wie dort steht im Mittelpunkt die Satzung sowie der Ort, an dem sich die mögliche Rechtsverletzung auswirkt, und hier wie dort erfolgt die rechtliche Analyse aus der Perspektive eines in Deutschland ansässigen Verbandes, der seinen Aktionsradius jenseits des Bundeslandes bzw. des deutschen Territoriums ausdehnt. Während die Lockerung des Verhältnisses von Klagebefugnis und Aktivlegitimation innerdeutsch bislang kaum praktisch relevant geworden ist, fallen Klagebefugnis und Aktivlegitimation in der grenzüberschreitenden Verbandsklage auseinander. Tatsächlich sind Prozessführungsbefugnis = Klagebefugnis und Aktivlegitimation = Rechtsschutzinteresse streng zu trennen.

Die deutsche Diskussion wird geprägt von der Unterscheidung zwischen Prozessführungsbefug- 38 nis und Aktivlegitimation. Den Verbänden wird, so die hM, in den einschlägigen Bestimmungen des §§ 1 und 4a sowie § 8 UWG, die Befugnis zur Geltendmachung des Anspruchs und damit die sog. Prozessführungsbefugnis zugesprochen, vgl. Rn. 7. Diese Regelung berücksichtigt nicht die vom Gemeinschaftsrecht her geforderte **Doppelfunktion der Verbraucherverbandsklage,** die die im deutschen Recht angenommene enge Verbindung von Prozessführungsbefugnis und Aktivlegitimation erheblich lockert. Spätestens mit der Verabschiedung der Richtlinie 93/13/EWG war das Verhältnis von Klagebefugnis und Aktivlegitimation neu zu bestimmen. Die Formulierung in Art. 7 (2) ist so zu verstehen, dass das Gemeinschaftsrecht sowohl die Prozessführungsbefugnis, als auch die Aktivlegitimation mitbestimmt. **Gemeinschaftsrechtlich betrachtet wird aus der**

---

[72] Vgl. bezgl. § 3 UWG: *Hefermehl/Köhler/Bornkamm* § 3 UWG Rn. 53.
[73] Vgl. bezgl. § 3 UWG: *Hefermehl/Köhler/Bornkamm* § 3 UWG Rn. 12–14.
[74] BGHZ 81, 229, 230; näher m. weit. Nachw. *Hefermehl/Köhler/Bornkamm* § 3 UWG Rn. 5 u. *Löwe/v. Westphalen/Trinkner* § 13 AGBG Rn. 83. Ein Einwand von *Basedow* AcP 182 (1982), 365, 336 m. Fn. 2 gegen die Zurechnung der Kammern zu den Gewerbeverbänden ist rein rechtspolitischer Natur und auch als solcher nicht ausreichend, wenn es um das berechtigte Anliegen geht, die Kammern in ihrer öffentlichrechtlichen Verantwortung zu größerer Klageaktivität zu verpflichten.
[75] Begründung Rechtsausschuss des BTags, BT-Drucks. 7/5422 S. 11.
[76] *Micklitz/Rott,* in: *Grabitz/Hilf II/Wolf,* A 25, 29. EL 2005, vgl. Art. 4 Rn. 6 ff.

(deutschen) Prozessführungsbefugnis die europäische Klagebefugnis, aus der deutschen Aktivlegitimation das europäische Rechtsschutzinteresse. Nur ein solches Verständnis wird der Bedeutung der Richtlinie 98/27/EG gerecht, die eine wechselseitige Anerkennung der Klagebefugnis bewirkt. Sie ist bei Verbraucherverbänden an die Eintragung in die Liste gebunden, vgl. Rn. 9, 12. Hingegen ist sie nicht mehr an das anwendbare Sachrecht und an die materielle Rechtsinhaberschaft geknüpft. **Gemeinschaftsrechtlich bleibt für die Aktivlegitimation kein Platz.**

39 **2. Zur Systematik von Klagebefugnis und Rechtsschutzinteresse im grenzüberschreitenden Kontext.** Im grenzüberschreitenden Kontext sind im Anklang an das französische Recht zwei Ebenen zu unterscheiden: (1) die Frage der Klagebefugnis *(qualité d'agir)*, für deren Bestimmung die *lex fori* gilt. Hier schafft die Richtlinie 98/27/EG Klarheit, indem sie eine wechselseitige Anerkennung der national klagebefugten Organisationen statuiert; (2) das Rechtsschutzinteresse *(intérêt pour agir)*, das sich nach der deliktsrechtlichen oder quasideliktsrechtlichen Natur der Verbandsklage nach der *lex loci delicti* bestimmt. Hier hat die Diskussion um die Marktwirkungsregel ihren Platz, hier findet sie aber auch ihre gemeinschaftsrechtlichen Grenzen, vgl. Art. 1 Rn. 83 ff.

40 **a) Wechselseitige Anerkennung.** Die Klagebefugnis ergibt sich aus der von der Kommission geführten Liste (vgl. Rn. 12 ff.). Insoweit hat die Richtlinie 98/27/EG Klarheit gebracht. Ein Großteil der Rechtswirkungen der Richtlinie 98/27/EG hätte sich schon nach primärem Gemeinschaftsrecht herstellen lassen. Denn die noch existierende Beschränkung der Klagebefugnis verstößt zwar nicht gegen die **Dienstleistungsfreiheit** nach den Art. 59 und 60 EG, weil die grenzüberschreitende Klagetätigkeit nicht entgeltlich ist. Jedoch rechtfertigt das **allgemeine Diskriminierungsverbot** des Art. 12 EG wenn nicht eine wechselseitige Anerkennung, so doch eine vereinfachte Zulassung ausländischer Organisationen vor nationalen Gerichten.[77]

41 Die Mitgliedstaaten sind untereinander an die Vorgaben in der Liste gebunden. Wer dort steht, ist als klagebefugt anzusehen. Die national zuständigen Organe können und dürfen auch nicht in verdeckter Form in eine erneute Prüfung der Klagebefugnis einsteigen. Wenn jedoch alle Mitgliedstaaten bei der Aufnahme in die Liste Mindeststandards zu beachten haben, dann stellt sich die Frage, ob nur der Herkunftsstaat für die Einhaltung der Mindeststandards verantwortlich ist oder ob dem Empfangsstaat residuale Kompetenzen innerhalb der Anwendung der Mindeststandards verbleiben. Da die Richtlinie 98/27/EG eine **Doppelkontrolle vermeiden** will, scheidet eine erneute Überprüfung der Klagebefugnis durch den Empfangsstaat aus. Was bleibt, ist allenfalls der Rückzug auf den Missbrauch der Klagebefugnis, vgl. Rn. 43.

42 **b) Rechtsschutzinteresse.** Davon zu trennen ist die Frage, ob bei grenzüberschreitenden Verbraucherverbandsklagen darüber hinaus zu ermitteln ist, ob der Verband über das notwendige **Rechtsschutzinteresse** verfügt. Gemeinschaftsrechtlich gesprochen muss der in die Liste aufgenommene Verbraucherverband *in concreto* ein Rechtsschutzinteresse vorweisen können. Im französischen Recht ist der *intérêt d'agir* an den Nachweis gebunden ist, dass die strafbewehrte Gesetzesvorschrift, die mit der *action civile* angegriffen wird, dem **Verbraucherinteresse** dient. Genau dieses Problem erübrigt sich jedoch, weil die Richtlinie 98/27/EG im Anhang die Liste der Richtlinien aufführt, die das kollektive Schutzbedürfnis der Verbraucher symbolisieren. Nur ist das EG-Recht von einer relativ schematischen Handhabung weit entfernt. Deshalb muss bei grenzüberschreitenden Verbandsklageverfahren das Rechtsschutzinteresse des klagenden Verbandes gesondert geprüft werden. Den rechtlichen Aufhänger für die Überprüfung des Rechtsschutzinteresses bietet Art. 4 (1) S. 2 der RL 98/27, der den Gerichten oder Verwaltungsbehörden die Prüfung überlässt, ob der Zweck der qualifizierten Einrichtung deren Klagerhebung in einem speziellen Fall rechtfertigt. Offensichtlich muss also eine Korrelation zwischen Zweck der Einrichtung und Gegenstand der Klage bestehen. Zur Konkretisierung des Rechtsschutzinteresses könnte einmal auf die Erfahrungen in Deutschland mit der **regionalen Begrenztheit der Verbraucherverbandsklage** zurückgegriffen werden (vgl. Rn. 16). Eine andere Variante bestünde darin, den Zweck der klagenden Einrichtung in **Beziehung zum Klaggegenstand** zu setzen. Dieses Problem könnte vor allem dann auftauchen, wenn der registrierte Verband ein eingeschränktes Tätigkeitsprofil aufweist, das sich mit der konkreten Rechtsbruchklage nicht in Beziehung bringen lässt.

43 Die gemeinschaftsrechtlichen Vorgaben engen den Spielraum des nationalen Gesetzgebers und der nationalen Gerichte zur Missbrauchskontrolle ein. Es kann innerhalb des vergemeinschafteten Bereichs nicht darum gehen, mittels der Missbrauchskontrolle anscheinend ungeklärte Fragen der Klagebefugnis vor nationalen Gerichten erneut zu thematisieren. Vielmehr ist die **Missbrauchskontrolle** nach Maßgabe des § 2 Abs. 3 UKlaG **auf eine Überprüfung des Rechtschutzinteresses beschränkt**, vgl. § 2 Rn. 43 ff.

---

[77] Vgl. *Micklitz/Rott*, in: *Grabitz/Hilf II/Wolf*, A 25 Rn. 12.

3. Behördliche Befugnisse nach Maßgabe des VSchDG. Im Zuge der Umsetzung der VO (EG) Nr. 2006/2004[78] über die Zusammenarbeit zwischen den für die Durchsetzung von Verbraucherrechten zuständigen nationalen Behörden im **Verbraucherschutzdurchsetzungsgesetz (VSchDG)** erhielt das **Bundesamt für Verbraucherschutz und Lebensmittelsicherheit (BVL)** die Befugnis, nach Maßgabe des § 5 Abs. 1 Nr. 1 VSchDG, einen **Verwaltungsakt** zu erlassen, der den verantwortlichen Verkäufer oder Dienstleistungserbringer zur Unterlassung verpflichtet, vgl. Vor Rn. 46 ff. Damit kann es **theoretisch** zu einem **Nebeneinander** von grenzüberschreitenden **Unterlassungsklagen** der Verbände und einem **Verwaltungsakt** des Bundesamtes kommen. Denn die grenzüberschreitende Unterlassungsklage nach Maßgabe der Richtlinie 98/27/EG iVm. dem UKlaG und der Erlass eines Verwaltungsaktes nach der VO (EG) Nr. 2006/2004 iVm. dem VSchDG schließen einander nicht aus. Diese Konsequenz ergibt sich aus dem Zusammenwirken der beiden europäischen Regelwerke. Sie ist in § 4 a) inzidenter vorausgesetzt, vgl. § 4 a Rn. 1 f. 44

Praktisch erscheint ein **paralleles Vorgehen wenig wahrscheinlich.** Die Bundesrepublik Deutschland hatte gemeinsam mit der Republik Österreich darauf gedrungen, in Art. 4 Abs. 1 bzw. 8 Abs. 3 der VO (EG) Nr. 2006/2004 die Möglichkeit festzuschreiben, sich bei der Durchsetzung geeigneter Dritter zu bedienen. Die Details sind in § 7 Abs. 1 VSchDG geregelt. Danach kann das BVL die nach § 3 Abs. 1 S. Nr. 1 bis 3 UKlaG bzw. 8 Abs. 3 Nr. 2 bis 4 UWG befugten Verbände mit der Durchsetzung beauftragen, soweit diese hinreichende Gewähr für die ordnungsgemäße Erfüllung bieten und in die Beauftragung einwilligen. Die Details, vor allem die Übernahme möglicher Verfahrenskosten, sollen in einer Rahmenvereinbarung festgelegt werden, die im Bundesanzeiger zu veröffentlichen ist. Das BVL hat den **Verbraucherzentrale Bundesverband** und die **Wettbewerbszentrale** als kompetente Dritte benannt. Aus der Gesetzesbegründung ergibt sich, dass die beauftragten Dritten diejenigen sein werden, die im Wege des eingespielten Systems der Unterlassungsklage gegebenenfalls aktiv werden.[79] 45

Jedoch ist zu beachten, dass dem BVL eine **Residualkompetenz** verbleibt. Das BVL muss einschreiten, wenn die beauftragten Dritten, also der vzbv oder die Wettbewerbszentrale, aus welchen Gründen auch immer nicht tätig werden, dh. es muss gegebenenfalls einen Verwaltungsakt erlassen, weil das BVL ansonsten seinen Pflichten aus der VO (EG) Nr. 2006/2004 nicht nachkäme. Im Innenverhältnis kann das BVL die Beauftragung gegebenenfalls „ohne Entschädigung" widerrufen, § 7 Abs. 2 VSchDG. Faktisch resultiert aus der Möglichkeit der Einschaltung Dritter die Pflicht der Mitgliedstaaten, also Deutschlands, die Kontrollaktivitäten von vzbv und Wettbewerbszentrale zu überwachen. 46

§ 3 a Anspruchsberechtigte Verbände nach § 2 a

¹Der in § 2 a Abs. 1 bezeichnete Anspruch auf Unterlassung steht rechtsfähigen Verbänden zur nicht gewerbsmäßigen und nicht nur vorübergehenden Förderung der Interessen derjenigen zu, die durch § 95 b Abs. 1 Satz 1 des Urheberrechtsgesetzes begünstigt werden. ²Der Anspruch kann nur an Verbände im Sinne des Satzes 1 abgetreten werden.

Schrifttum: *Flume,* Vom Beruf unserer Zeit für Gesetzgebung, ZIP 2000, 1427; *Roth,* Das Fernabsatzgesetz, JZ 2000, 1013.

§ 3 a begründet die Anspruchsberechtigung derjenigen Verbände, die die Interessen der in § 95 b Abs. 1 S. 1 UrhRG genannten Begünstigten vertreten. Nach dem Gesetzesentwurf der Bundesregierung zur Regelung des Urheberrechts in der Informationsgesellschaft sollte die Regelung des § 3 a noch als Nr. 4 des § 3 Abs. 1 S. 1 eingefügt werden.[1] Der Rechtsausschuss bemerkte jedoch, dass das Unterlassungsklagegesetz eine Kodifikation der Unterlassungsklagen bei Verbraucherrechts- und anderen Verstößen ist, mithin mit der Einfügung weiterer Unterlassungsklagen zu rechnen ist.[2] Im Interesse der Übersichtlichkeit und Lesbarkeit des Gesetzes wurde deshalb eine eigenständige Norm geschaffen. 1

Nur rechtsfähige Verbände zur nicht gewerbsmäßigen und nicht nur vorübergehenden Förderung der Interessen derjenigen, die durch § 95 b Abs. 1 S. 1 des Urheberrechtsgesetzes begünstigt werden, können den Anspruch nach § 2 a Abs. 1 geltend machen. Das Merkmal der nicht gewerbsmäßigen Tätigkeit lässt sich nur im Umkehrschluss zu der gewerbsmäßigen Tätigkeit definieren. Damit verweist § 3 a S. 1 indirekt auf die aus den §§ 13, 14 BGB bekannte Problematik. Als nicht 2

---
[78] ABl. EG Nr. L 364, 9. 12. 2004, 1.
[79] BT-Drucks. 16/2930 S. 21.
[1] Vgl. BT-Drucks. 15/38, S. 13.
[2] Vgl. BT-Drucks. 15/38, S. 36.

gewerbsmäßig gelten vor allem gemeinnützige Verbände.[3] Jedoch dürfte sich auch bei anspruchsberechtigten Verbänden nach § 3 a S. 1 die Frage stellen, inwieweit sie durch kostenpflichtige Leistungen ihren Gemeinnützigkeitsstatus gefährden. Eine entgeltpflichtige Beratungstätigkeit ist nicht notwendig eine gewerbsmäßige Tätigkeit. Hier wird es entscheidend darauf ankommen, ob der Verband sich wesentlich über die Beratungsleistung finanziert. Schon bei einem Anteil von mehr als einem Drittel dürfte die Grenzlinie zu einer unternehmerischen Tätigkeit überschritten sein. Das Merkmal der nicht nur vorübergehenden Tätigkeit ist dem Begriff des Kaufmanns entlehnt.[4]

§ 4 Qualifizierte Einrichtungen

(1) [1]Das Bundesamt der Justiz führt eine Liste qualifizierter Einrichtungen. [2]Diese Liste wird mit dem Stand zum 1. Januar eines jeden Jahres im Bundesanzeiger bekannt gemacht und der Kommission der Europäischen Gemeinschaften unter Hinweis auf Artikel 4 Abs. 2 der Richtlinie 98/27/EG des Europäischen Parlaments und des Rates vom 19. Mai 1998 über Unterlassungsklagen zum Schutz der Verbraucherinteressen (ABl. EG Nr. L 166 S. 51) zugeleitet.

(2) [1]In die Liste werden auf Antrag rechtsfähige Verbände eingetragen, zu deren satzungsmäßigen Aufgaben es gehört, die Interessen der Verbraucher durch Aufklärung und Beratung nicht gewerbsmäßig und nicht nur vorübergehend wahrzunehmen, wenn sie in diesem Aufgabenbereich tätige Verbände oder mindestens 75 natürliche Personen als Mitglieder haben, seit mindestens einem Jahr bestehen und auf Grund ihrer bisherigen Tätigkeit Gewähr für eine sachgerechte Aufgabenerfüllung bieten. [2]Es wird unwiderleglich vermutet, dass Verbraucherzentralen und andere Verbraucherverbände, die mit öffentlichen Mitteln gefördert werden, diese Voraussetzungen erfüllen. [3]Die Eintragung in die Liste erfolgt unter Angabe von Namen, Anschrift, Registergericht, Registernummer und satzungsmäßigem Zweck. [4]Sie ist mit Wirkung für die Zukunft aufzuheben, wenn
1. der Verband dies beantragt oder
2. die Voraussetzungen für die Eintragung nicht vorlagen oder weggefallen sind.
[5]Ist auf Grund tatsächlicher Anhaltspunkte damit zu rechnen, dass die Eintragung nach Satz 4 zurückzunehmen oder zu widerrufen ist, so soll das Bundesamt der Justiz das Ruhen der Eintragung für einen bestimmten Zeitraum von längstens drei Monaten anordnen. [6]Widerspruch und Anfechtungsklage haben im Fall des Satzes 5 keine aufschiebende Wirkung.

(3) [1]Entscheidungen über Eintragungen erfolgen durch einen Bescheid, der dem Antragsteller zuzustellen ist. [2]Das Bundesamt der Justiz erteilt den Verbänden auf Antrag eine Bescheinigung über ihre Eintragung in die Liste. [3]Es bescheinigt auf Antrag Dritten, die daran ein rechtliches Interesse haben, dass die Eintragung eines Verbands in die Liste aufgehoben worden ist.

(4) Ergeben sich in einem Rechtsstreit begründete Zweifel an dem Vorliegen der Voraussetzungen nach Absatz 2 bei einer eingetragenen Einrichtung, so kann das Gericht das Bundesamt der Justiz zur Überprüfung der Eintragung auffordern und die Verhandlung bis zu dessen Entscheidung aussetzen.

(5) Das Bundesministerium der Justiz wird ermächtigt, durch Rechtsverordnung, die der Zustimmung des Bundesrates nicht bedarf, die Einzelheiten des Eintragungsverfahrens, insbesondere die zur Prüfung der Eintragungsvoraussetzungen erforderlichen Ermittlungen, sowie die Einzelheiten der Führung der Liste zu regeln.

Richtlinie 98/27/EG

Art. 2 Unterlassungsklagen

(1) Die Mitgliedstaaten bestimmen die zuständigen Gerichte oder Verwaltungsbehörden für die Entscheidung über die von qualifizierten Einrichtungen im Sinne des Artikel 3 eingelegten Rechtsbehelfe, die auf folgendes abzielen können:

a) eine mit aller gebotenen Eile und gegebenenfalls im Rahmen eines Dringlichkeitsverfahrens ergehende Anordnung der Einstellung oder des Verbots eines Verstoßes;

---

[3] Vgl. MünchKommBGB/*Micklitz* § 13 Rn. 13; *Flume* ZIP 2000, 1427, 1428 (ohne Begründung); *Roth* JZ 2000, 1014.

[4] MünchKommBGB/*Micklitz* § 14 Rn. 19; *Soergel/Pfeiffer* 13. Aufl. 2002 § 14 Rn. 11; *Staudinger/Habermann* Neubearb. 2004 § 14 Rn. 33.

b) gegebenenfalls Maßnahmen wie die Veröffentlichung der Entscheidung im vollen Wortlaut oder in Auszügen in der für angemessen erachteten Form und/oder die Veröffentlichung einer Richtigstellung, um die fortdauernde Wirkung des Verstoßes abzustellen;
c) ofern dies nach dem Recht des Mitgliedstaats zulässig ist, eine Anordnung dahingehend, daß die unterlegene beklagte Partei im Fall der Nichtbeachtung der Entscheidung innerhalb einer von den Gerichten oder Verwaltungsbehörden festgesetzten Frist in eine öffentliche Kasse oder an einen anderen im Rahmen einzelstaatlicher Rechtsvorschriften bezeichneten Begünstigten einen bestimmten Betrag für jeden Tag der Nichtbeachtung oder jede andere Summe zahlen muß, welche die einzelstaatlichen Rechtsvorschriften vorsehen, um die Beachtung der Entscheidungen zu gewährleisten.

(2) Diese Richtlinie läßt die Vorschriften des Internationalen Privatrechts und des Internationalen Zivilprozeßrechts hinsichtlich des anzuwendenden Rechts unberührt, so daß normalerweise entweder das Recht des Mitgliedstaats, in dem der Verstoß seinen Ursprung hat, oder das Recht des Mitgliedstaats, in dem sich der Verstoß auswirkt, angewendet wird.

Art. 3 Klagbefugte Einrichtungen
  Im Sinne dieser Richtlinie bezeichnet der Ausdruck „qualifizierte Einrichtungen" jede Stelle oder Organisation, die nach dem Recht eines Mitgliedstaates ordnungsgemäß errichtet wurde und ein berechtigtes Interesse daran hat, die Einhaltung der in Artikel 1 genannten Bestimmungen sicherzustellen; er bezeichnet insbesondere
  a) in Mitgliedstaaten, in denen solche Stellen bestehen, eine oder mehrere unabhängige öffentliche Stellen, die speziell für den Schutz der in Artikel 1 genannten Interessen zuständig sind, und/oder
  b) Organisationen, deren Zweck im Schutz der in Artikel 1 genannten Interessen besteht, entsprechend den im Rahmen der nationalen Rechtsvorschriften festgelegten Kriterien.

Art. 4 Grenzüberschreitende Verstöße innerhalb der Gemeinschaft
  (1) Jeder Mitgliedstaat trifft die erforderlichen Maßnahmen, damit im Falle eines Verstoßes, dessen Ursprung in seinem Hoheitsgebiet liegt, jede qualifizierte Einrichtung eines anderen Mitgliedstaates, in dem die von dieser qualifizierten Einrichtung geschützten Interessen durch den Verstoß beeinträchtigt werden, nach Vorlage des in Abs. 3 vorgesehenen Verzeichnisses das nach Artikel 2 zuständige Gericht oder die nach Artikel 2 zuständige Verwaltungsbehörde anrufen kann. Die Gerichte oder Verwaltungsbehörden akzeptieren dieses Verzeichnis als Nachweis der Berechtigung der qualifizierten Einrichtung zur Klagerhebung unbeschadet ihres Rechts zu prüfen, ob der Zweck der qualifizierten Einrichtung deren Klageerhebung in einem speziellen Fall rechtfertigt.
  (2) Im Hinblick auf grenzüberschreitende Verstöße innerhalb der Gemeinschaft und unbeschadet der Rechte, die anderen Stellen gemäß den einzelstaatlichen Rechtsvorschriften zustehen, teilen die Mitgliedstaaten auf Antrag ihrer qualifizierten Einrichtungen der Kommission mit, daß diese Einrichtungen berechtigt sind, eine in Artikel 2 vorgesehene Klage zu erheben. Die Mitgliedstaaten teilen der Kommission Namen und Zweck dieser qualifizierten Einrichtungen mit.
  (3) Die Kommission erstellt ein Verzeichnis der in Abs. 2 bezeichneten qualifizierten Einrichtungen und gibt darin deren Zweck an. Dieses Verzeichnis wird im Amtsblatt der Europäischen Gemeinschaft veröffentlicht; Änderungen an diesem Verzeichnis werden unverzüglich veröffentlicht; die aktualisierte Liste wird alle sechs Monate veröffentlicht.

Schrifttum: Baetge, Das Recht der Verbandsklage auf neuen Wegen, ZZP 1999, 329; Calais-Auloy/Steinmetz, Droit de la Consommation, 7. Aufl., 2006; Greger, Neue Regeln für die Verbandsklage im Verbraucherschutz- und Wettbewerbsrecht, NJW 2000, 2460; Hefermehl, Die Klagebefugnis der Verbände zur Wahrnehmung der Interessen der Verbraucher, GRUR 1969, 653; Heß, Das geplante Unterlassungsklagegesetz, in: Ernst/Zimmermann (Hrsg.) Zivilrechtswissenschaft und Schuldrechtsreform, 2001, S. 527; Micklitz/Rott/Docekal/Kolba, Verbraucherschutz durch Unterlassungsklagen, 2007; Pastor, Der Wettbewerbsprozess, 3. Aufl., 1980; ders., Wettbewerbs- und Warenzeichenrecht, in: Reimer, Das wettbewerbsrechtliche Unterlassungs- und Schadensersatzrecht, 4. Aufl., 1971, S. 132; Reich, Zur Reichweite der Rechtsbesorgungsbefugnis von Verbraucherzentralen gem. Art. 1 § 3 Nr. 8 des Rechtsberatungsgesetzes (RBerG), VuR 1996, 143; Ruffert, Rights and Remedies in European Community Law: A Comparative View, CMLRev. 34 (1997), 307; Tetzner, Das Gesetz zur Änderung des UWG, des WZG und des GebrMG vom 21. 7. 1965, NJW 1965, 1944; Urbanczyk, Zur Verbandsklage im Zivilprozess, 1981

Übersicht

	Rn.		Rn.
I. Die grundsätzliche Bedeutung der Vorschrift des § 4	1–4	a) Antragsberechtigung nach § 4	11
II. Aufgaben des Bundesverwaltungsamtes	5–30	b) Die Eintragungsvoraussetzungen im Einzelnen	12–22
1. Verwaltung der Liste – Führen und Bekanntmachen	6–9	c) Verbraucherzentralen und andere mit öffentlichen Mitteln geförderte Verbraucherverbände	23, 24
2. Prüfungskompetenzen	10–30	d) Sonstige Verbraucherverbände	25

e) Eintragungspflichtige Daten ... 26	IV. **Residualkompetenz der Gerichte** 37–43
f) Streichen der Eintragung ... 27	1. Rolle und Funktion der Residualkompetenz der Gerichte ... 38, 39
g) Ruhen der Eintragung ... 28	2. „Begründete Zweifel" ... 40–42
h) Rechtswirkungen ... 29	3. Überprüfung der Eintragung und Aussetzung des Verfahrens ... 43
i) Praxis der Anwendung ... 30	
III. **Rechte der Verbände und interessierter Dritter** ... 31–36	V. **Fachaufsicht des Bundesministeriums der Justiz** ... 44
1. Antragsrecht der Vereine (Verbände) auf Eintragung, Bescheinigung über die Eintragung und Streichung ... 32, 33	
2. Rechte interessierter Dritter ... 34–36	

I. Die grundsätzliche Bedeutung der Vorschrift des § 4

1   Die Vorschrift des § 4 geht auf die Richtlinie 98/27/EG vom 19. 5. 1998 über Unterlassungsklagen zum Schutze der Verbraucherinteressen zurück. Die Gemeinschaft will damit die grenzüberschreitende Rechtsdurchsetzung im Bereich des Verbraucherschutzes für klagebefugte Einrichtungen erleichtern, vgl. § 1 Rn. 52 f. Die Erfahrungen, die vor allem Verbraucherorganisationen bei der grenzüberschreitenden Rechtsverfolgung machen konnten, haben die Kommission dazu veranlasst, nach Möglichkeiten zu suchen, wie die grenzüberschreitende Rechtsdurchsetzung vereinheitlicht werden kann. Im Mittelpunkt steht dabei die **wechselseitige Anerkennung der Klagebefugnis.**

2   Die Bundesrepublik Deutschland war so gezwungen, das bisherige Verfahren der Zuerkennung der Klagebefugnis neu zu durchdenken. Sowohl im Anwendungsbereich des AGB-Gesetzes, als auch im Anwendungsbereich des UWG oblag die **Überprüfung** der **Klagebefugnis** zuvor den **Gerichten.** Die prozessuale Zuständigkeit und die materiellrechtliche Zuständigkeit befanden sich damit in einer Hand. Mit Einfügung des § 22 a AGB-Gesetz, nun § 4 UKlaG, hat sich der Gesetzgeber zu einem **tiefen Einschnitt** in die bis dahin geltende Praxis entschlossen. Für die Überprüfung der Klagebefugnis sind nun nicht mehr die Zivilgerichte, sondern das **Bundesverwaltungsamt** und die Verwaltungsgerichte zuständig. Damit wird die Einheit von Prozessrecht und materiellem Recht im Bereich des Verbandsklagerechts der Verbraucherorganisationen aufgebrochen. Die Meldung und Registrierung von klagebefugten Verbänden rührt aus dem französischen Recht her.[1]

3   Das in § 4 niedergelegte Melde- und Registrierungsverfahren ist nach der Vorstellung des Gesetzgebers an folgenden Grundstrukturen ausgerichtet: (1) Qualifizierte Einrichtungen sind in Deutschland Verbraucherverbände, die nach dem § 3 Abs. 1 Nr. 1 UKlaG (§ 13 Abs. 2 Nr. 1 AGB-Gesetz aF) klagebefugt sind; (2) Die Meldung dieser qualifizierten Einrichtungen an die Europäische Kommission erfolgt zentral über eine Stelle des Bundesverwaltungsamtes. Damit sollen eine zügige Abwicklung erreicht und Fehler bei den Meldungen vermieden werden; (3) Zu diesem Zweck wird eine Liste der qualifizierten Einrichtungen geführt, in die sich die daran interessierten Vereine eintragen lassen können; (4) Für die Führung dieser Liste ist das Bundesverwaltungsamt zuständig. Dieses entscheidet nach dem Verwaltungsverfahrensgesetz des Bundes. Gegen eine Entscheidung ist dann der Verwaltungsgerichtsweg gegeben. Das Bundesverwaltungsamt steht in dieser Eigenschaft unter der Dienstaufsicht des Bundesministeriums des Inneren und der Fachaufsicht des Bundesministeriums der Justiz.[2]

4   Die Darstellung konzentriert sich auf die verfahrensrechtliche Ausgestaltung und Abwicklung des Registrier- und Meldeverfahrens. Der materiellrechtliche Gehalt der Richtlinie 98/27/EG wurde in den Vorschriften der §§ 2, 3 UKlaG konkretisiert.[3]

II. Aufgaben des Bundesverwaltungsamtes

5   Das **Bundesverwaltungsamt** ist vom Gesetzgeber in eine zentrale Position gerückt worden. Sachlich angemessen gewesen wäre es, dem **Bundeskartellamt** diese Aufgabe zu überantworten. Damit wäre die Rolle und Funktion des Bundeskartellamtes innerhalb der Anwendung des AGB-

---

[1] Vgl. *Calais-Auloy/Steinmetz* Droit de la Consommation, Rn. 553.
[2] Vgl. BT-Drucks. 14/2658 S. 150.
[3] Die Richtlinie verpflichtet die Mitgliedstaaten lediglich, die qualifizierten Einrichtungen zu benennen, die nach nationalem Recht klagebefugt sind, Art. 2 Abs. 1. Vgl. aber *Baetge* ZZP 1999, 329, 341, der davon spricht, dass „der deutsche Gesetzgeber ... ein Verbandsklagerecht für Verbraucherverbände einführen muss".

Gesetzes aufgewertet worden und man hätte möglicherweise auch dem dort geführten Register einen neuen Impetus verliehen.

1. Verwaltung der Liste – Führen und Bekanntmachen. Dem Bundesverwaltungsamt sind gem. § 4 Abs. 1 UKlaG drei Aufgaben übertragen: das **Führen** der Liste, die **Bekanntmachung** der Liste im Bundesanzeiger und schließlich die **Weiterleitung** an die Europäische Kommission.

Abs. 1 überträgt dem Bundesverwaltungsamt die Aufgabe, eine Liste der qualifizierten Verbände zu führen. Wie das Amt diese Aufgabe umsetzt, bleibt ihm selbst überlassen. Absatz 6 ermächtigt jedoch das Bundesministerium der Justiz durch Rechtsverordnung die Einzelheiten des Eintragungsverfahrens zu regeln. Der Zustimmung des Bundesrates bedarf dies nicht.

Nach § 4 Abs. 1 UKlaG ist die jeweils gültige Liste mit dem Stand zum Januar jeden Jahres im Bundesanzeiger bekannt zu machen. Die dort bekannt gemachten Daten werden vom Bundesverwaltungsamt der Europäischen Kommission zugeleitet. Aus dem Kontext wird deutlich, dass dem Bundesverwaltungsamt offensichtlich nur eine **einmalige Bekanntmachungs-** und Weitergabeverpflichtung gesetzlich auferlegt werden soll, nämlich jeweils zum **1. Januar** eines jeden Jahres. Aus den Materialien ergibt sich, dass der Gesetzgeber mit dieser Regelung den Vorgaben des Art. 4 Abs. 2 RL 98/27/EG Genüge getan sieht.[4] Dem ist jedoch nicht so. Art. 4 Abs. 2 RL 98/27/EG ist im Kontext mit Art. 4 Abs. 3 der Richtlinie zu lesen. Dieser enthält genaue Vorgaben darüber, wie die Kommission die ihr zugeleiteten Daten zu verwalten hat. Danach muss die Kommission ebenso wie das Bundesverwaltungsamt technische Vorkehrungen treffen, um die Liste zu führen. Die Vorgaben über die Bekanntmachung in Art. 4 Abs. 2 RL 98/27/EG sind jedoch wesentlich konkreter als in § 4 UKlaG. Danach ist die Kommission verpflichtet, mögliche Änderungen unverzüglich zu veröffentlichen und jeweils alle 6 Monate die Liste auf dem aktuellen Stand zugänglich zu machen.[5]

Dem deutschen Gesetzgeber ist zuzugeben, dass Art. 4 Abs. 2 nicht direkt auf Art. 4 Abs. 3 RL 98/27/EG verweist. Insoweit hat es den Anschein, als ob der Gesetzgeber frei wäre, wie er die Bekanntmachung bzw. die Weiterleitung der Daten an die Kommission ausgestaltet. So gesehen ergäben sich jedoch erhebliche **Divergenzen** zwischen den nationalen Bekanntmachungs- und Weiterleitungsfristen und den **Veröffentlichungsfristen** der **Kommission** selbst. Die daraus entstehenden Nachteile können kaum im Sinne einer Richtlinie sein, die es sich zum Ziel gesetzt hat, die grenzüberschreitende Rechtsdurchsetzung zu erleichtern. Aus diesem Grunde ist Art. 4 Abs. 2 im Kontext des Art. 4 Abs. 3 RL 98/27/EG **gemeinschaftskonform** auszulegen. Danach muss das Bundesverwaltungsamt mögliche Änderungen unverzüglich an die Kommission weiterleiten. Als denkbare Frist für eine solche **unverzügliche Weiterleitung** bieten sich 14 Tage an. Die Kommission muss ihrerseits in einem gleichen Zeitraum die Daten im Amtsblatt veröffentlichen. Gleiches gilt für die regelmäßige Veröffentlichungspflicht der gemeldeten qualifizierten Einrichtungen. Wie für die Kommission auch, so muss für das Bundesverwaltungsamt eine 6-Monats-Frist gelten. Danach hat das Bundesverwaltungsamt nicht nur zum 1. Januar jeden Jahres, sondern auch zum 1. Juli jeden Jahres der Kommission Mitteilung zu machen.

2. Prüfungskompetenzen. Die rein administrative Verwaltung der Liste mag für sich gesehen schon eine Reihe technischer Probleme mit sich bringen. Nach § 4 ist das Bundesverwaltungsamt mit der **Prüfung** der Frage beauftragt, ob ein Verband **klagebefugt** ist.

a) Antragsberechtigung nach § 4. Antragsberechtigt sind gem. § 4 Abs. 1 alle **rechtsfähigen** Verbände, zu deren **satzungsgemäßen** Aufgaben es gehört, die **Interessen** der **Verbraucher** durch **Aufklärung** und **Beratung** wahrzunehmen, wenn sie in diesem Aufgabenbereich tätige Verbände oder mindestens 75 natürliche Personen als Mitglieder haben. Der Gesetzgeber orientiert sich an § 13 Abs. 2 Nr. 1 aF des AGB-Gesetzes. **Nur Verbraucherverbände können in die Liste aufgenommen werden, nicht dagegen Verbände zur Förderung gewerblicher Interessen oder Industrie-, Handels- bzw. Handwerkskammern** iS des § 3 Abs. 1 S. 1 Nr. 2 und 3, vgl. § 3 Rn. 12 ff. Diese Beschränkung bewegt sich im Einklang mit der Richtlinie 98/27/EG, die keine neuen Verbandsklagerechte begründen will, vgl. Rn. 26. Den Mitgliedstaaten steht es vielmehr frei, die Einrichtungen zu benennen, die sie für qualifiziert im Sinne der Richtlinie erachten. Die möglicherweise ungewollte Konsequenz der Beschränkung auf Verbraucherverbände ist, dass Verbände zur Förderung der gewerblichen Wirtschaft von der grenzüberschreitenden Rechtsdurchsetzung zwar nicht ausgeschlossen werden, jedoch auch nicht von den Erleichterungen profitieren können, die gerade mit der Richtlinie 98/27/EG eingeführt werden sollen. Klagebefugte Verbände der gewerblichen Wirtschaft sowie die Industrie-, Handels- und Handwerkskammern

---

[4] Vgl. BT-Drucks. 14/2658 S. 54, wie hier kritisch *Greger* NJW 2000, 2460.
[5] Wohl ebenso *Ulmer/Brandner/Hensen* Rn. 2.

müssen sich nach wie vor dem komplizierten Prozess der Überprüfung ihrer Klagebefugnis unterwerfen, vgl. insoweit die Ausführungen zu § 3 Rn. 41 ff. § 4 führt damit zu einer **Spaltung der Klagebefugnis**, die im grenzüberschreitenden Bereich nachteilige Wirkung zeigen könnte und sachlich nicht unbedingt geboten wäre. Vielmehr wäre es wünschenswert gewesen, so wie vom Bundesrat befürwortet, auch die Verbände der gewerblichen Wirtschaft sowie Industrie- und Handelskammern in die Liste mit aufzunehmen. Hinsichtlich der Eintragungsvoraussetzungen für Verbraucherverbände unterscheidet § 4 zwischen **Verbraucherzentralen** und anderen **Verbraucherverbänden,** die mit öffentlichen Mitteln gefördert werden, vgl. Rn. 23, und sonstigen Verbraucherverbänden, vgl. Rn. 25.

12 b) **Die Eintragungsvoraussetzungen im Einzelnen.** Die Eintragungsvoraussetzungen ergeben sich aus § 4 Abs. 2. Dieser fordert, dass laut Verbandssatzung die Interessen der Verbraucher „nicht gewerbsmäßig und nicht nur vorübergehend" wahrgenommen werden. Außerdem müssen die rechtsfähigen Verbände „seit mindestens einem Jahr bestehen und auf Grund ihrer bisherigen Tätigkeit Gewähr für eine sachgerechte Aufgabenerfüllung bieten".

13 aa) **Mindestvorgaben in der Richtlinie 93/13/EWG.** Die Richtlinie 93/13/EWG definiert als zuständig „*Personen und Organisationen, die nach dem innerstaatlichen Recht ein berechtigtes Interesse am Schutz der Verbraucher haben*". Art. 7 Abs. 2 RL 93/13/EWG nennt beide Adressaten in einem Atemzug, ohne zwischen **Personen** und **Organisationen** zu differenzieren. Man wird deshalb die Richtlinie so verstehen müssen, dass der nachfolgende Halbsatz sich auf beide Adressaten bezieht. Es muss sich gemeinschaftsrechtlich gesehen immer um Personen oder Organisationen handeln, die nach dem innerstaatlichen Recht ein berechtigtes Interesse haben. Als Personen kommen sowohl natürliche als auch juristische Personen des privaten und öffentlichen Rechts in Betracht.[6] Diese Passage wird erst vor dem Hintergrund mitgliedstaatlicher Regelungen verständlich, in denen die Wahrnehmung der Verbraucherinteressen staatlichen oder quasi-staatlichen Einrichtungen anvertraut ist oder in denen Mitgliederorganisationen existieren, in denen sich eine Personenmehrheit dem Verbraucherschutz verschrieben hat.[7] Der Kontext erlaubt insoweit keine weitere Konkretisierung, abgesehen davon, dass diese „Personen" ein überindividuelles Interesse verfolgen müssen. Soweit ersichtlich, gibt es eine individuelle Klagebefugnis im kollektiven Interesse in keinem der Mitgliedstaaten, vgl. die tabellarische Übersicht Vor Rn. 33. Auf den Verbraucherorganisationen liegt das Schwergewicht der Betrachtung. Damit scheint die Richtlinie lediglich von den Mitgliedstaaten zu verlangen, dass sie Verbraucherorganisationen ein Verbandsklagerecht einräumen, in die nähere Ausgestaltung der Zuständigkeit scheint sie aber nicht einzugreifen, wie der Zusatz „nach innerstaatlichem Recht" klarmacht. Bei einer solchen Lesart obläge es allein den Mitgliedstaaten, zu regeln, welche Organisationen als Verbraucherorganisationen anzusehen sind. Dagegen steht jedoch in letzter Konsequenz Art. 153 EGV, der die Definitionsmacht für Verbraucherorganisationen europäisiert. Auch wenn dort nicht von einem Klagerecht die Rede ist, so dürfte es doch notwendig werden, zumindest für die Existenz von Verbraucherorganisationen **generelle Kriterien** aufzustellen, die für alle Mitgliedstaaten gleichermaßen verbindlich sind. Nur so lässt sich das in Art. 7 Abs. 2 RL 93/13/EWG geforderte berechtigte Interesse der Organisationen begrifflich konkretisieren. Deshalb sind als Verbraucherorganisationen iS des Art. 7 Abs. 2 RL 93/13/EWG nur solche anzusehen, die gewisse **Mindestanforderungen** erfüllen.[8] Das gilt umso mehr als dass die Mitgliedstaaten, unter Einschluss von Deutschland, eine sehr großzügige Notifizierungs-Politik verfolgen, vgl. Rn. 29. Zu den Mindestanforderungen gehört ein **stabiler organisatorischer Aufbau** mit einer **festen Geschäftsstelle,** eine **gewisse Mindestgröße,** die eine **auf Dauer angelegte Tätigkeit** dokumentiert, und die Festschreibung des **allgemein konsentierten verbraucherpolitischen Tätigkeitsfeldes** in internen Statuten. Man wird daneben wohl auch die **Gegnerfreiheit** als notwendige Voraussetzung verlangen müssen. Die Mitgliedstaaten müssen die generellen Kriterien nicht in einem eigenen Verbraucherverbändegesetz regeln, was sie jedoch nicht von der Verpflichtung entbindet, einen festen rechtlich verbindlichen Rahmen zu schaffen. Dies kann in zweierlei Form geschehen. Entweder sie weisen Verbraucherorganisationen gesetzlich die Klagebefugnis zu oder sie überlassen den Verbraucherorganisationen die Wahrnehmung der Rechte aus Art. 7 Abs. 2 RL 93/13/EWG, für die ein rechtlicher Rahmen in einem anderen Zusammenhang, etwa als Repräsentant von Verbraucherinteressen, geschaffen worden ist.[9] Die Richtlinie definiert nicht die Rechtsform, in der die Verbände agieren können oder müssen, sie enthält auch keine eindeutige

---

[6] *Pfeiffer,* in: *GH II/Wolf* Art. 7 Rn. 16.
[7] Vgl. *Micklitz/Rott/Docekal/Kolba,* Verbraucherschutz durch Unterlassungsklagen.
[8] So auch *Pfeiffer,* in: *GH II/Wolf,* A 5 Art. 7 Rn. 17 ff.; *Wolf/Horn/Lindacher* Art. 7 Rn. 9.
[9] Ebenso *Pfeiffer,* in: *GH II/Wolf* Art. 7 Rn. 17.

Qualifizierte Einrichtungen **14–17 § 4 UKlaG**

Aussage darüber, ob die Verbandsklagebefugnis von der praktischen Aufklärungs- und Beratungstätigkeit getrennt werden kann oder muss.

bb) Rechtsfähigkeit. Erste Voraussetzung ist die **Rechtsfähigkeit** des Verbandes. Sie steht mit 14 dem EG-Recht im Einklang. Im Allgemeinen wird es sich um einen eingetragenen Verein (e. V.) handeln. Damit wird das normale Erfordernis der Parteifähigkeit nach § 50 Abs. 1 ZPO nur wiederholt und darüber hinaus noch als besondere Zuständigkeitsvoraussetzung bestimmt. Maßgebend für die Feststellung der Rechtsfähigkeit ist die Registereintragung, deren Rechtmäßigkeit im Rahmen des Klageverfahrens nach § 1 nicht in Frage gestellt, sondern allein nach §§ 43, 44 BGB überprüft werden kann.[10] Ausnahmsweise kann auch ein nicht rechtsfähiger Verband, der im Übrigen die Voraussetzungen des § 4 Abs. 2 erfüllt, klagezuständig werden, wenn er etwa wegen seiner Abmahnung gegenüber einem Verwender oder Empfehler von diesem mit einer Feststellungs- bzw. Unterlassungsklage in Anspruch genommen wird (zu dieser Möglichkeit vgl. § 5 Rn. 9 f.) und dadurch nach § 50 Abs. 2 ZPO „in dem Rechtsstreit die Stellung eines rechtsfähigen Vereins" erhält; denn das ermöglicht es ihm, seine Einwendungen gegen das Klagebegehren angriffsweise im Wege einer Widerklage geltend zu machen.[11] Das besonders angesprochene Erfordernis der Rechtsfähigkeit als Zuständigkeitsvoraussetzung nach § 4 Abs. 2 UKlaG kann nicht dahin gedeutet werden, dass § 50 Abs. 2 ZPO und die dazu geltenden Grundsätze außer Kraft gesetzt werden sollen.

cc) Satzungsgemäße und tatsächliche Aufgabenwahrnehmung. Weiter ist gem. § 4 15 Abs. 2 nötig, dass es zu den „satzungsmäßigen Aufgaben" des Verbandes „gehört", „die Interessen der Verbraucher durch Aufklärung und Beratung nicht gewerbsmäßig und nicht vorübergehend wahrzunehmen, wenn sie in diesem Aufgabenbereich tätige Verbände oder zumindest fünfundsiebzig natürliche Personen als Mitglieder haben, seit mindestens einem Jahr bestehen und auf Grund ihrer bisherigen Tätigkeit Gewähr für eine sachgerechte Aufgabenerfüllung bieten.". Die Bindung der Verbandsklage an eine satzungsmäßige und tatsächliche Aufgabenwahrnehmung bedarf im Lichte des **Gemeinschaftsrechts** einer teilweise **neuen Bewertung**. Im Wege einer gemeinschaftskonformen Auslegung des § 4 Abs. 2 lassen sich die übertriebenen Anforderungen an die Verbraucherverbände so reduzieren, dass die von der Richtlinie 93/13/EWG verlangte Effektivität gewährleistet werden kann, vgl. Rn. 20.

„Satzungsmäßig" ist **die Aufgabe** eines Verbandes dann, wenn sie der Satzung entspricht und 16 von dieser getragen wird. Bislang ist weder geklärt, ob die Klagebefugnis der Verbände durch ihre Satzung bestimmt wird oder ob es auf die Betroffenheit der Verbände ankommt, noch ob es sich bei der Klagebefugnis um die Hauptaufgabe, dh. den Hauptzweck des Verbandes handeln muss,[12] vgl. Rn. 17 und § 3 Rn. 25.

dd) Die nicht gewerbsmäßige und nicht nur vorübergehende Wahrnehmung der Inte- 17 **ressen der Verbraucher durch Aufklärung und Beratung.** Mit dieser Formulierung hat der Gesetzgeber eine bestimmte Weise der Wahrnehmung der Verbraucherinteressen, nämlich durch Aufklärung und Beratung (nicht notwendigerweise gerade der Verbraucher) vorgeschrieben,[13] die zwar auch in der Aufgabenstellung einer allgemeinen Wahrnehmung der Verbraucherinteressen enthalten, bei einer engeren und anderen Aufgabenumschreibung aber ausgeschlossen sein kann. Nach hM bedeutet die Wahrnehmung der Interessen „der Verbraucher", dass der Verband ein über die Mitgliederinteressen hinausgehendes **allgemeines Verbraucherinteresse** wahrnehmen muss.[14] Eine solche Lesart deckt sich mit den Mindestvorgaben der Richtlinie für die Organisation der Ver-

---

[10] Grundsätzlich RGZ 81, 206, 209 ff.; dazu m. weit. Nachw. *Hefermehl* GRUR 1969, 653, 655 und *Urbanczyk* S. 161 f.

[11] So in kurzer selbstverständlicher Billigung der Vorinstanz RG MuW 1935, 360, 361 (zu UWG § 13).

[12] Die Auseinandersetzung dreht sich vorrangig um den Stellenwert von Aufklärung und Beratung in der Verbraucherarbeit, die aber nicht die Hauptaufgabe darstellen müssen, vgl. BGH NJW 1986, 1613; *Ulmer/Brandner/Hensen* Rn. 2; *Staudinger/Schlosser* Rn. 5 und ähnlich schon *Schlosser/Coester-Waltjen/Graba* § 13 Rn. 23. Anders und für eine „Hauptaufgabe" dagegen *Löwe/v. Westphalen/Trinkner* § 13 Rn. 70; *Palandt/Heinrichs* Rn. 6. Zum UWG-Bereich vgl. *Hefermehl/Köhler/Bornkamm* Rn. 5, der allerdings (wie auch *Löwe*) der „Hauptaufgabe" lediglich gegenüberstellt, dass die Aufgabe „nicht nur nebenbei" wahrgenommen werden darf; entspr. auch *Urbanczyk* S. 169.

[13] Da Aufklärung auch Beratung und Beratung auch Aufklärung ist, lässt sich nicht sinnvoll darüber streiten, ob beides erforderlich ist (so *Hefermehl/Köhler/Bornkamm* Rn. 5; *Erman/Roloff* Rn. 2; *Palandt/Heinrichs* Rn. 6) oder ob eines davon genügt (so *Tetzner* NJW 1965, 1944, 1945); vgl. auch *Schlosser/Coester-Waltjen/Graba* § 13 AGBG Rn. 25 und *Staudinger/Schlosser* Rn. 4 sowie *Stein* Anm. 25 und *Urbanczyk* S. 171.

[14] BGH NJW 1972, 1988, 1989; *Hefermehl/Köhler/Bornkamm* Rn. 5 u. *Pastor* Wettbewerbsrecht, S. 132 ff.; so hier auch *Palandt/Heinrichs* Rn. 6; *Schlosser/Coester-Waltjen/Graba* § 13 AGBG Rn. 22 und *Staudinger/Schlosser* Rn. 5; *Erman/Roloff* Rn. 2 und *Stein* Anm. 25; einschränkend (für den Fall einer großen Mitgliederzahl des Verbraucherverbandes) *Urbanczyk* S. 168 f.

braucherverbände, vgl. Rn. 13. Diese Interpretation sollte aber nicht zu einer Einschränkung der Klagebefugnis der Verbraucherverbände im Verhältnis zu den Verbänden zur Förderung gewerblicher Interessen führen. Der Begriff der Interessen „der Verbraucher" kann durchaus in dem Sinne verstanden werden, dass überhaupt Interessen „von Verbrauchern", also „Verbrauchsinteressen" wahrgenommen werden, wie man auch bei den Verbänden zur Förderung gewerblicher Interessen schon eine Förderung gewerblicher Interessen von Verbandsmitgliedern für ausreichend erachtet. Genauso geht die hM vor, wenn sie die Konzentration auf die Wahrnehmung spezieller Verbraucherinteressen in sachlich-personeller oder/und räumlicher Beziehung nicht als Hindernis für die Rechtswahrnehmung an sich begreift. Bei einer solchen „selbstdefinierten" Spezifizierung der besorgten Interessen beschränkt sich jedoch die Klagezuständigkeit auf diesen Aufgabenbereich,[15] etwa bei Mietervereinen[16] oder dem ADAC.[17]

18   Die Interessen der Verbraucher dürfen die Verbände nicht gewerbsmäßig und nicht nur vorübergehend wahrnehmen. Mit dieser Klarstellung soll vermieden werden, dass Abmahnvereine in die Liste des Bundesverwaltungsamt gelangen.[18] Im Ergebnis gibt das lediglich einen Teil der Mindestvoraussetzungen wieder, die für die Anerkennung als Verbraucherorganisation iS des Art. 7 Abs. 2 RL 93/13/EWG beizubringen sind, vgl. Rn. 13.

19   **ee) Mischverbände.** Kontrovers beurteilt wird die Frage, ob den sog. Mischverbänden, die satzungsgemäß sowohl Verbraucherinteressen als auch Gewerbeinteressen wahrnehmen, eine Zuständigkeit und Klagebefugnis für beide Bereiche oder wegen unvereinbarer Widersprüchlichkeit für keinen Bereich zukommt. Dabei hat sich der BGH (für § 13 UWG aF) in Übereinstimmung mit der bisherigen Mindermeinung **gegen jede Klagebefugnis** ausgesprochen, mit dem vertretbaren Argument, andernfalls werde der Zweck der Verbraucherverbandsklage gefährdet, die eingeführt worden sei, um die von den Gewerbeverbänden nicht hinreichend verfolgten Verstöße gegen Verbraucherinteressen zu unterbinden. Danach kann man sich im Einklang mit Art. 7 Abs. 2 RL 93/13/EWG richten, zumal der BGH den Ausweg offen lässt, dass auch in einem solchen Fall eine Klagebefugnis für denjenigen Aufgabenbereich begründet sein kann, der nach dem Gesamtbild des Verbandes (Mitgliederstruktur) und seiner Tätigkeit „vorrangig" ist.[19]

20   **ff) Tatsächliche Wahrnehmung.** Nach hM war es schon vor der Einführung des UKlaG erforderlich, dass der Verband entsprechend seiner satzungsmäßigen Aufgabenstellung die Interessen der Verbraucher durch Aufklärung und Beratung auch **„tatsächlich wahrnimmt".**[20] Mit dem UKlaG ist dieses Erfordernis in konkretisierter Form Gesetz geworden, womit der Gesetzgeber auf Fälle reagierte, in denen Abmahnvereine das Listenverfahren missbraucht hatten.[21] Die Verbände müssen deshalb seit mindestens einem Jahr bestehen und auf Grund ihrer bisherigen Tätigkeit Gewähr für eine sachgerechte Aufgabenerfüllung bieten. Das deckt sich zwar insofern mit der Anfor-

---

[15] BGH MDR 1988, 1027 (Automobil-Club); NJW 1989, 2247 (Mieterverein); KG Berlin, Beschl. v. 27. 5. 2005, Az.: 5 W 53/05; *Löwe/v. Westphalen/Trinkner* § 13 Rn. 71; *Staudinger/Schlosser* § 4 Rn. 6; *Ulmer/Brandner/Hensen,* Rn. 2; *Urbanczyk* S. 171 f.; vgl. auch *Hefermehl/Köhler/Bornkamm* Rn. 5; Die dafür häufig gewählte Umschreibung, der Verband müsse „selbst verletzt" sein, ist ungenau und irreführend, vgl. schon oben Rn. 3 mit Fn. 3; richtig ist lediglich, dass ein Verband mit dem „selbstdefinierten Aufgabenbereich" seine (äußerste) materielle, sachliche Zuständigkeit absteckt, vgl. auch *Stein* Anm. 30. Nach der UWG-Novelle 1994 hat sich die Rechtslage geändert.
[16] Nach Auffassung des OLG Frankfurt, NJW-RR 1992, 396 muss zur Wahrnehmung der satzungsmäßigen Aufgaben nicht vor allem die Beratung in Rechtsfragen gehören. Eine Beratung kann auch zB bei technischen Problemen und Umweltproblemen oder allgemein durch Broschüren, Presseerklärungen etc. erfolgen. Nichtmitglieder können allgemein über mietrechtliche Fragen aufgeklärt werden, ohne dass ein Verstoß gegen das Rechtsberatungsgesetz vorliegt. Daher gehören Mietvereine zu den klagebefugten Verbraucherverbänden. Der BGH als Revisionsinstanz äußert sich nicht weiter zur Klagebefugnis, sondern erkennt den Mieterverein als Verband iSv. § 4 Abs. 2 Nr. 1 an.
[17] BGH NJW-RR 1988, 1443.
[18] BT-Drucks. 14/7052, S. 208.
[19] BGH NJW 1983, 1061 f. und schon OLG Köln WRP 1969, 350, 353 und *Pastor* Wettbewerbsprozeß, S. 2 f. Anders dagegen OLG Hamburg WRP 1969, 456; KG WR.P 1978, 51, 53 und 453, 455 f.; *Hefermehl/Köhler/Bornkamm* Rn. 5. Bisher ist die Kombination beider Aufgaben in vielen Entscheidungen nicht einmal als Problem angesprochen worden, vgl. etwa KG WRP 1983, 491. Weiter zum Meinungsstand BGH s. o.
[20] So entschieden im UWG BGH NJW 1972, 1988, 1989 f. u. WRP 1983, 403, 404 sowie NJW 1986, 1613; vgl. auch etwa OLG Köln GRUR 1969, 484, 486; OLG Frankfurt NJW 1970, 2068, 2069; *Hefermehl/Köhler/Bornkamm* Rn. 5 u. *Pastor* Wettbewerbsrecht, S. 132 ff. sowie Wettbewerbsprozeß, S. 616 f. jeweils m. weit. Nachw.; ebenso zum AGB-Bereich *Palandt/Heinrichs* Rn. 6; *Ulmer/Brandner/Hensen* Rn. 2; *Löwe/v. Westphalen/Trinkner* § 22a AGBG Rn. 72; *Schlosser/Coester-Waltjen/Graba* § 13 AGBG Rn. 22; *Stein* Anm. 26; *Erman/Roloff* Rn. 3; *Urbanczyk* S. 173 ff.; vgl. auch schon Begr. Rechtsausschuss des BT-Drucks. 7/5422 S. 11.
[21] BT-Drucks. 14/7052, S. 208.

derung nach § 3 Abs. 1 S. 1 Nr. 2 an die Verbände zur Förderung gewerblicher oder selbständiger beruflicher Interessen, als dass sie nach ihrer personellen, sachlichen und finanziellen Ausstattung imstande sein müssen, ihre satzungsgemäßen Aufgaben der Verfolgung gewerblicher oder selbständiger beruflicher Interessen tatsächlich wahrzunehmen. Allerdings geht die Aufstellung einer festen Bestandsfrist von einem Jahr noch darüber hinaus und erscheint im Einzelfall auch nicht gerechtfertigt, weil sich ein berechtigtes Interesse am Schutz der Verbraucher vernünftigerweise nicht an starre Bestandsfristen koppeln lässt. Insofern kommt dieses Erfordernis mit Art. 7 Abs. 2 RL 93/13/EWG in Konflikt, welcher zwar die Festlegung des berechtigten Interesses den Mitgliedstaaten überlässt, jedoch impliziert, dass die Kriterien dazu sachdienlich sind.

gg) Verbandsmitglieder. Schließlich kommt Verbraucherverbänden die Klagezuständigkeit nur zu, „wenn sie in diesem Aufgabenbereich **tätige Verbände oder mindestens fünfundsiebzig natürliche Personen** als Mitglieder haben". Die Regelung spiegelt insofern Art. 7 Abs. 2 RL 93/13/EWG wieder, wonach Personen und Organisationen klagebefugt sein sollen, vgl. Rn. 14. Die im UKlaG gestellten Anforderungen an die Organisation der Verbraucherverbände können zwar dafür sorgen, dass zum Zwecke des Erwerbs der Klagemöglichkeit größere und leistungsfähigere Verbraucherverbände gebildet werden, haben aber zugleich die restriktiv-nachteilige Wirkung, dass nur noch eine geringe Zahl von Verbraucherverbänden eintragungsfähig sind. Für eine solche Einführung neuer Strukturen der Verbraucherverbände im Zusammenhang mit der Verbandsklagezuständigkeit bestand eigentlich kein Grund mehr, nachdem man dafür schon die Voraussetzung aufgestellt hatte, dass diese Verbände tatsächlich Aufklärung und Beratung betreiben, vgl. zuvor Rn. 20 f. So läuft das Gesetz bei der ersten Alternative eines Dachverbandes von Verbraucherverbänden darauf hinaus, dass sowohl dieser, als auch seine (mindestens zwei) Mitgliedsverbände[22] die Aufgabe einer Aufklärung und Beratung wirklich – nicht nur satzungsgemäß in demselben Bereich[23] – wahrnehmen müssen, wenn der Dachverband die Klagezuständigkeit haben soll. Der Unterschied zwischen Dach- und Mitgliedsverband besteht lediglich darin, dass dieser die betreffende Aufgabe nicht „satzungsgemäß" haben muss, was aber sowieso nicht mehr viel bedeutet (vgl. Rn. 15 f.) und dass er nicht rechtsfähig zu sein braucht.[24] Bei der zweiten Alternative eines Verbandes mit mindestens fünfundsiebzig natürlichen Personen als Mitglieder ist nicht (auch noch) erforderlich, dass diese nur Verbraucher sind.[25] Dass der Verband die vorgeschriebene Zahl von Mitgliedern hat, muss nötigenfalls in der entsprechenden prozessualen Weise geklärt werden, nunmehr vor dem Verwaltungsgericht, Rn. 37. Praktisch ist die Vorschrift bislang bedeutungslos geblieben, da nur wenige und etablierte Verbraucherorganisationen von der Klagbefugnis Gebrauch machen und die einzige Mitgliederorganisation im engen Bereich des Verbraucherschutzes von der auch bislang schon bestehenden Klagebefugnis bisher keinen Gebrauch macht.[26]

hh) Unwiderlegliche Vermutung und Prüfkompetenz des Bundesverwaltungsamtes. Für **Verbraucherzentralen** und **Verbraucherverbände,** die aus **öffentlichen Mitteln** gefördert werden, wird das Vorliegen der Voraussetzungen in § 4 Abs. 2 S. 1 unwiderleglich vermutet. Diese Organisationen werden in die Liste aufgenommen, die auch an die Kommission weitergegeben wird, um ihnen die Einleitung von grenzüberschreitenden Verbandsklageverfahren zu ermöglichen. Nach dem seinerzeit bekundeten Willen des Gesetzgebers sollte **der satzungsmäßige Zweck** in der Liste eingetragen sein und auch die Führung von **grenzüberschreitenden Streitigkeiten** umfassen.[27] Mit dem 2006 neu eingefügten § 4 a hat sich die Problematik erübrigt.

---

[22] Die nach § 56 BGB zur Gründung eines rechtsfähigen Vereins insgesamt nötigen sieben Mitglieder müssen nicht nach § 13 Abs. 2 Nr. 1 sämtlich Verbraucherverbände sein, vgl. auch *Palandt/Heinrichs* Rn. 6 u. *Schlosser/Coester-Waltjen/Graba* § 13 AGBG Rn. 26.
[23] Vgl. BGH NJW 1986, 1613.
[24] Vgl. auch *Schlosser/Coester-Waltjen/Graba* § 13 AGBG Rn. 26; zur möglichen Mitgliedschaft eines nicht rechtsfähigen Vereins in einem rechtsfähigen Verein vgl. § 56 BGB Rn. 2. Im äußersten Fall kann hier die Verbandsklagekompetenz doch mit insgesamt nur fünf natürlichen Personen erreicht werden – indem zwei nicht rechtsfähige Vereine, deren Gründung ja nicht mehr als zwei Personen erfordert, sich mit fünf Personen (einschließlich der Vereinsmitglieder) zu einem rechtsfähigen Dachverband zusammenschließen.
[25] Nach hM ist nicht einmal sog. Gegnerfreiheit nötig, vgl. OLG Celle GRUR 1970, 473 f.; OLG Stuttgart GRUR 1970, 613, 614; *Hefermehl* GRUR 1969, 653, 658; so auch *Schlosser/Coester-Waltjen/Graba* § 13 AGBG Rn. 26; anders OLG Köln GRUR 1969, 484, 486 u. entspr. *Pastor* Wettbewerbsprozess, S. 615.
[26] Gemeint ist die in Bonn ansässige Verbraucherinitiative, die sich ausschließlich aus Mitgliedsbeiträgen finanziert und per 31. 12. 1999 circa 8000 Mitglieder hatte.
[27] Vgl. BT-Drucks. 14/2658 S. 54 f.: „Natürlich müssen die in den Satzungen der Verbände enthaltenen Zweckbestimmungen auch die Führung derartiger Verfahren im Ausland abdecken", vgl. *Greger* NJW 2000, 2461.

23 **c) Verbraucherzentralen und andere mit öffentlichen Mitteln geförderte Verbraucherverbände.** Für die Verbraucherorganisationen hält § 4 Abs. 2 S 2 eine bemerkenswerte Regelung bereit. Es wird **unwiderleglich vermutet,** das **Verbraucherzentralen** und andere **Verbraucherverbände,** die mit **öffentlichen Mitteln** gefördert werden, als qualifizierte Einrichtungen iS des § 4 Abs. 2 anzusehen sind. Der Gesetzgeber hat damit die Klagebefugnis und im Regelfall auch das Rechtsschutzinteresse, dh. die Aktivlegitimation der derzeit bestehenden 16 Verbraucherzentralen[28] festgeschrieben, vgl. zum Verhältnis beider § 3 Rn. 15 ff. Offensichtlich diente § 3 Nr. 8 Rechtsberatungsgesetz aF als Vorbild, der die „außergerichtliche Besorgung von Rechtsangelegenheiten von Verbrauchern durch für ein Bundesland errichtete mit öffentlichen Mitteln geförderte Verbraucher-Zentralen im Rahmen ihres Aufgabenbereichs" generell erlaubt.[29] Noch stärker ausgeprägt war die Parallele im Gesetzesentwurf, nach dem der Verbraucherverband „für ein Bundesland errichtet" sein sollte. Diese Formulierung wurde jedoch im Rechtsausschuss gestrichen, um die Bildung von Verbraucherzentralen, die den Bereich mehrerer Länder umfassen, für die Zukunft nicht unnötig zu erschweren. Gleichzeitig wurden „andere Verbraucherverbände" im Rechtsausschuss in der Vorschrift des § 22a Abs. 2 AGB-Gesetz, jetzt § 4 Abs. 2, neu aufgenommen. Diese Formulierung zielte auf den Verbraucherschutzverein Berlin ab, auf den die Hauptklagetätigkeit entfiel. Sie erfasst auch den Verbraucherzentrale Bundesverband e. V., der durch die Fusion von Verbraucherschutzverein, Arbeitsgemeinschaft der Verbraucherverbände und Stiftung Verbraucherinstitut entstand.[30]

24 Der rechtliche **Status** der Verbraucherverbände ist an deren **Finanzierung** aus **öffentlichen** Geldern geknüpft. Die Förderung mit öffentlichen Mitteln besagt nicht, dass die Verbraucherverbände ausschließlich durch staatliche Mittel finanziert werden müssen. Eigeneinnahmen, die heute allgemein üblich sind und teilweise bis zu 30% des Gesamtbudgets ausmachen, sind nicht schädlich und berauben die Verbände nicht ihres privilegierten Status. Gleichwohl könnte sich diese Verbindung als problematisch erweisen, wenn den Verbraucherverbänden des Bundes und der Ländern die öffentlichen Mittel, die sie noch erhalten, weiter gekürzt werden. Ein solches Szenario scheint nicht ausgeschlossen, wenn man sich den Zwang gerade der Verbraucherzentralen der Länder vergegenwärtigt, den Anteil der öffentlichen Mittel durch immer höhere Eigeneinnahmen weiter zu reduzieren. Ab einer gewissen Grenze ist der Punkt erreicht, wo die Verbraucherzentralen ihre jetzige Struktur verändern und in die Nähe zu Wirtschaftsvereinen geraten.[31] Solange eine solche Entwicklung nicht eingetreten ist, ist **jede dauerhafte finanzielle Förderung mit öffentlichen Mitteln,** sei sie auch durch die begrenzten Mittel der öffentlichen Haushalte vergleichsweise gering, als **hinreichend** für die Zwecke des § 4 Abs. 2 UKlaG anzusehen, wenn damit nur die grundsätzliche Anerkennung der verbraucherschützenden Funktion der Verbraucherzentralen verbunden ist.[32] Ausgenommen von der unwiderleglichen Vermutung sollen nur Verbände sein, die einmal eine öffentliche Förderung für ein bestimmtes Projekt im Bereich des Verbraucherschutzes erhalten haben, aber keine dauerhafte Förderung ihrer allgemeinen Tätigkeit erfahren. Die Klagebefugnis der Verbraucherzentralen und des Verbraucherschutzvereins wird so lange unwiderleglich vermutet, wie nicht ihre öffentliche Förderung vollständig gestrichen wird.

25 **d) Sonstige Verbraucherverbände.** Verbraucherverbände, die **nicht mit öffentlichen Mitteln** gefördert werden, nehmen nicht an der unwiderleglichen Vermutung der Klagebefugnis nach § 4 Abs. 2 S. 2 teil, sind aber ebenfalls in die vom Bundesverwaltungsamt geführte Liste aufzunehmen, wenn sie die materiellen Voraussetzungen des § 4 Abs. 2 erfüllen.

26 **e) Eintragungspflichtige Daten.** Gem. § 4 Abs. 2 S. 3 erfolgt die Eintragung in die Liste unter Angabe von **Namen, Anschrift, Registergericht, Registernummer** und **satzungsmäßigem Zweck.** Der Referentenentwurf zu § 22a AGB-Gesetz hatte zunächst nur den Hinweis darauf enthalten, dass die Vereinsregisternummer mit aufzunehmen ist. Der Bundesrat wies in seiner Stellungnahme darauf hin, dass die bloße Angabe der Vereinsregisternummer in der Liste qualifizierter Einrichtungen nicht zielführend sei. Nur die zusätzliche Angabe des zuständigen Registergerichts stelle sicher, dass das Registerblatt der Einrichtung ohne längere Nachforschung aufgefunden und eingesehen werden könne.[33] Die Bundesregierung hat in der geänderten Fassung des § 22a AGBG den Änderungsvorschlag des Bundesrates übernommen. Bemerkenswert ist die Notwendigkeit, dass auch der **Satzungszweck** der **Meldepflicht** unterliegt. Was Satzungszweck eines Ver-

---

[28] Alle Verbraucherzentralen verfügen über eine eigene www. Adresse, zB www.vzhh.de für Verbraucherzentrale Hamburg.
[29] Vgl. *Reich* VuR 1996, 143.
[30] Vgl. auch BT-Drucks. 14/3195 S. 35.
[31] Vgl. zu der Problematik MünchKommBGB/*Micklitz* § 13 Rn. 12 ff.
[32] Vgl. *Reich* VuR 1996, 143, 145.
[33] Vgl. BR-Drucks. 25/00 S. 17.

bandes ist, lässt sich oftmals erst mittels eines komplizierten Abwägungsprozesses ermitteln, vgl. grundsätzlich Rn. 15. Der Gesetzgeber hält diese Regelung für notwendig, weil die nationalen Gerichte der anderen Mitgliedstaaten der Europäischen Union die deutschen Verbraucherschutzverbände zwar grundsätzlich anerkennen müssten, wenn sie in der Liste der Kommission eingetragen sind, gleichzeitig seien sie jedoch nach Art. 4 Abs. 1 S. 2 RL 98/27/EG berechtigt zu prüfen, ob die Führung des einzelnen Verfahrens vom Satzungszweck des Verbandes gedeckt sei, vgl. zu dieser **Residualkompetenz** Rn. 37 ff. Der Gesetzgeber geht davon aus, dass eine solche Prüfung nur möglich sei, wenn der Zweck in der Liste vermerkt und der Europäischen Kommission gemeldet werde. Einen **gemeinschaftsrechtlichen Bezug** stellt Art. 4 Abs. 2 S. 2 her. Dort wird ausdrücklich darauf verwiesen, dass die Mitgliedstaaten der Kommission „Namen und Zweck" der qualifizierten Einrichtungen mitzuteilen haben. Nun ist nicht näher definiert, was unter „Zweck" dieser Einrichtung im Sinne der Richtlinie zu verstehen ist. Jedoch kann es sich nach Lage der Dinge nur um den Satzungszweck des Vereines nach deutschem Verständnis handeln.[34] Die sinnvolle Umsetzung in § 4 Abs. 2 S. 3 bedarf der gemeinschaftsrechtlichen Konkretisierung, um eine für alle Staaten vergleichbare Grundlage herzustellen. Deshalb sollte die Kommission ein Formblatt entwickeln, mit Hilfe dessen die Mitgliedsländer ihre Informationen übertragen. Noch besser wäre es, wenn sich alle Mitgliedstaaten auf ein einheitliches Formblatt einigen könnten, das dann von der Kommission auch verwaltungstechnisch einfach zu handhaben wäre.[35]

f) Streichen der Eintragung. Dem Bundesverwaltungsamt obliegt es neben der Prüfung des Antrages auch, ursprünglich nicht qualifizierte oder nicht mehr qualifizierte Einrichtungen aus der Liste zu **streichen**. Dabei wird zwischen zwei Konstellationen unterschieden; einmal kann der zuständige Verein (Verband) die Streichung selbst beantragen. Insoweit ist es die freie Entscheidung des Verbandes, ob er sich registrieren lassen will oder nicht. Wenn er es verlangt, kann er selbst dann aus der Liste gestrichen werden, wenn er an sich die Voraussetzungen erfüllen würde. Die zweite Konstellation dürfte wichtiger sein. Denn während die Eintragung in die Liste nur auf Antrag erfolgen kann, kann die Streichung bei Vorliegen der Voraussetzungen auch von **Amts wegen** vorgenommen werden. Dem Bundesverwaltungsamt fällt insoweit eine Kontrollkompetenz zu, die sich nicht in der einmaligen Überprüfung bei Antragstellung erschöpft, sondern die den gesamten Tätigkeitszeitraum eines Verbandes umfasst. Überprüfungspflichten des Bundesverwaltungsamts, etwa in Form einer Stichprobe, werden aber nicht begründet. Ein Streichen dürfte in Betracht kommen, wenn das Bundesverwaltungsamt Hinweise auf mögliche Zweifel an der Klagebefugnis eines Verbandes erhält und diesen Hinweisen seinerseits nachzugehen hat. Solche Hinweise dürften regelmäßig aus **begründeten Zweifeln** resultieren, die einzelne Gerichte im konkreten Fall anmelden, vgl. dazu Rn. 42. Erst auf Bitten des Bundesrates hin ist die Formulierung eingefügt worden, dass die Streichung nur mit **Wirkung** für die **Zukunft** erfolgen kann. Der Bundesrat hatte diesen Vorschlag mit dem Hinweis auf § 49 Abs. 2 Verwaltungsverfahrensgesetz begründet. Da es sich bei der Eintragung in die Liste um einen Verwaltungsakt handelt, vgl. Rn. 32 komme nämlich § 49 Abs. 2 Verwaltungsverfahrensgesetz mit der Folge zur Anwendung, dass ein Widerruf nur mit Wirkung für die Zukunft möglich ist.[36] Allein die vom Bundesrat vorgeschlagene Lösung erscheint sachgerecht. Die Rücknahme mit Wirkung für die Vergangenheit würde kaum lösbare Folgeprobleme mit sich bringen.[37]

g) Ruhen der Eintragung. Mit der Einführung des UKlaG erhielt das Bundesverwaltungsamt gemäß Abs. 4 S. 5 die Möglichkeit, das Ruhen der Eintragung anzuordnen. Da die Streichung der Eintragung nur für die Zukunft wirkt, war es möglich, dass ein Verband, der zunächst in die Liste aufgenommen wurde, ein rechtskräftiges Urteil erwirkt, obwohl die Voraussetzungen der Streichung nach Maßgabe des § 4 Abs. 4 UKlaG vorliegen. Die Anordnung über das Ruhen der Eintragung soll verhindern, dass ein Verband, dem die Streichung aus der Liste bevorsteht, Prozesse führt, die ihm eigentlich nicht mehr zustehen.[38] Das Bundesverwaltungsamt kann das Ruhen der Eintragung für maximal drei Monaten anordnen. Innerhalb dieser Zeit kann der Verband erwarten, eine endgültige Entscheidung zu erhalten. Die Länge der Frist entspricht der Frist für eine Untätigkeitsklage nach § 75 VwGO.[39] Um die Wirkung des Ruhens der Eintragung nicht zu gefährden, haben Widerspruch und Anfechtungsklagen gemäß Abs. 4 S. 6 keine aufschiebende Wirkung.

---

[34] So auch *Baetge* ZZP 1999, 329, 350.
[35] Derzeit sieht es allerdings so aus, als ob jeder Mitgliedstaat erst einmal seine eigene Verwaltungspraxis entwickelt.
[36] Vgl. BR-Drucks. 25/00 S. 17.
[37] Vgl. auch BT-Drucks. 14/3195 S. 35, zu den Folgeproblemen *Greger* ZZP 2000, 399, 407.
[38] Vgl. BT-Drucks. 14/1742, S. 208.
[39] Vgl. BT-Drucks. 14/1742, S. 209.

29 **h) Rechtswirkungen.** Die Eintragung in die Liste, wie auch das Streichen aus der Liste hat **konstitutive** Wirkung. Nach § 3 Abs. 1 S. 1 Nr. 1 steht das Klagerecht nicht allen qualifizierten Einrichtungen zu, sondern nur solchen, die **nachweisen,** dass sie **eingetragen** sind. Wer nicht in die Liste eingetragen ist, hat kein Klagerecht. Wer aus der Liste gestrichen wurde, hat sein Klagerecht verloren. Diese Regelung steht in Widerspruch zu der Formulierung in § 4 Abs. 2, wonach bei Verbraucherzentralen unwiderlegbar vermutet wird, dass sie die Voraussetzungen erfüllen. Verbraucherzentralen gelten als qualifizierte Einrichtungen auch ohne Eintragung in die Liste. Trotzdem sollen sie vor Eintragung nicht klagen dürfen. Die Lösung des Gesetzgebers ist nicht optimal. Die **Verbraucherverbände** werden jeder Klage eine **Bescheinigung** über die Eintragung in die Liste oder einen **Auszug** aus dem **Amtsblatt** der EG vorlegen müssen.

30 **i) Praxis der Anmeldung.** Die Mitteilungen der Kommission zu Art. 4 Abs. 3 RL 98/27/EG des Europäischen Parlaments und des Rats über Unterlassungsklagen zum Schutz der Verbraucherinteressen, betreffend die qualifizierten Einrichtungen, die berechtigt sind, eine Klage iS des Art. 2 dieser Richtlinie zu erheben, umfasst per 16. 2. 2006 275 eingetragene qualifizierte Einrichtung. Deutschland stellt mit 72 Einrichtungen den Spitzenreiter aller in der Liste erfassten Länder dar. Den Hauptanteil repräsentieren Mietervereine bzw. Mieterbünde mit 37 Einrichtungen, gefolgt von 20 Verbraucherverbänden. Eher exotisch scheinen der Datenschutzbund Hamburg e. V. oder die Deutsche Gesellschaft für Sonnenenergie e. V. Angesichts der großen Zahl ist fraglich, ob das zuständige Bundesamt die Antragsteller einer materiellen Prüfung unterzogen hat. Wenn aber jedes Mitgliedsland quasi ‚auf Zuruf' die Klagebefugnis attestiert, wird der Sinn und Zweck des Registers national wie grenzüberschreitend verfehlt.[40] Die fehlende Eingangskontrolle muss durch eine judizielle Nachkontrolle aufgefangen werden, was theoretisch nur noch in engen Grenzen möglich ist. So nimmt es nicht wunder, dass das Europaparlament sich im Oktober 2006 bereits der Frage angekommen hat, ob es nicht gemeinschaftsrechtlicher Mindestvorgaben zur Definition von Verbraucherverbänden bedarf. Man darf gespannt sein, ob die Kommission in der ausstehenden Mitteilung zur Reform der Richtlinie 98/27/EG zu dieser Problematik Stellung beziehen wird.

III. Rechte der Verbände und interessierter Dritter

31 Die Eintragung in die Liste und die Streichung stellen Verwaltungsakte dar. Damit findet das Verwaltungsverfahrensrecht Anwendung, und zwar sowohl für den antrags- bzw. streichungsberechtigten Verband wie auch für den Dritten, der ein rechtliches Interesse daran hat, dass die Eintragung eines Vereins aus der Liste gestrichen worden ist.

32 **1. Antragsrecht der Vereine (Verbände) auf Eintragung, Bescheinigung über die Eintragung und Streichung.** An sich ergibt sich schon aus § 35 Bundesverwaltungsverfahrensgesetz, dass die Eintragung in die Liste, ebenso wie die Streichung, als Verwaltungsakt zu qualifizieren ist. Insoweit kommt § 4 Abs. 3 S. 1 lediglich klarstellende Funktion zu. Um den Rechtscharakter eines Verwaltungsaktes nach außen zu dokumentieren, soll das Bundesverwaltungsamt hierüber einen **förmlichen Verwaltungsakt** erteilen, der zuzustellen und deshalb auch schriftlich zu erlassen ist. Die eigentliche Eintragung in die Liste ist deshalb nur ein Vollzugsakt.[41] Damit die eingetragenen Verbände auch nachweisen können, dass sie immer noch in die Liste eingetragen sind, soll ihnen nach § 4 Abs. 3 S. 2 das Bundesverwaltungsamt auf Antrag über die fortdauernde Eintragung eine Bescheinigung erteilen. Die Verbände haben einen Eintragungsanspruch ebenso wie einen Anspruch auf Erteilung der Bescheinigung. Das gleiche gilt für das Verlangen, dass die Eintragung des Verbandes in die Liste aufgehoben worden wird. Auch insoweit handelt es sich um einen Rechtsanspruch.

33 Wird die Eintragung verweigert, findet ein Widerspruchsverfahren nach den §§ 68 f. Verwaltungsgerichtsordnung statt. Entscheidungen des Bundesverwaltungsamts sind nicht nach § 68 Abs. 1 S. 2 Nr. 1 VwGO vom Widerspruchsverfahren ausgenommen, da das Bundesverwaltungsamt keine oberste Bundesbehörde, sondern eine Bundesoberbehörde iS des Art. 87 Abs. 3 GG ist.[42] Widerspruchsbehörde ist gem. § 73 Abs. 1 S. 2 Nr. 2 VwGO wieder das Bundesverwaltungsamt. Gegen einen ablehnenden Bescheid kann dann Klage nach § 42 Abs. 1 VwGO erhoben werden. Erlässt das Bundesverwaltungsamt einen Bescheid, in dem es die Streichung eines Verbands von der Liste verfügt, so ist dagegen wiederum der Widerspruch nach § 68 VwGO und anschließend die Anfechtungsklage gem. § 42 Abs. 1 VwGO statthaft.

---

[40] Genau das scheint auch in den anderen Mitgliedstaaten der Fall zu sein, vgl. *Micklitz/Rott/Docekal/Kolba*, Verbraucherschutz durch Unterlassungsklagen, S. 222 ff.
[41] Vgl. BT-Drucks. 14/2658 S. 152.
[42] Vgl. *Kopp* § 68 VwGO Rn. 19 zum Begriff der obersten Bundesbehörden.

2. Rechte interessierter Dritter. § 4 Abs. 3 S. 3 formuliert relativ lapidar ein Recht Dritter, 34
vom Bundesverwaltungsamt eine Bescheinigung zu verlangen, dass die Eintragung eines Verbandes
in die Liste aufgehoben worden ist. Einzige Voraussetzung ist, dass sie oder er an der Auskunft „ein
rechtliches Interesse" haben. Aus der Gesetzesbegründung ergeben sich weder Anhaltspunkte dafür,
an welche Sachverhaltskonstellationen der Gesetzgeber gedacht hat noch wer möglicher Dritter im
Sinne der Regelung sein könnte.

Festzuhalten ist zunächst einmal, dass mit dem Bundesanzeiger und dem Amtsblatt der Europäi- 35
schen Gemeinschaft **öffentlich zugängliche Informationsquellen**[43] bereitstehen, die sich jeder
zunutze machen kann, unabhängig davon, ob er als Dritter iS des § 4 Abs. 3 anzusehen ist. Die dort
vorgehaltene Liste gibt allerdings keinen aktuellen Stand der Dinge wieder. Aus deutscher Sicht soll
lediglich einmal jährlich eine Aktualisierung erfolgen. Selbst eine halbjährliche Aktualisierung im
Amtsblatt der Europäischen Gemeinschaft kann aber im Einzelfall nicht ausreichen, um einen ak-
ügliche Korrektur der im Amtsblatt veröffentlichten Liste Divergenzen zwischen dem veröffentlichten und dem tatsächlichen Stand der Eintragungen nicht verhindern kann. Deshalb kann § 4 Abs. 3
UKlaG dort eine **Lücke** füllen, wo die öffentlich zugänglichen Informationen gerade **nicht ausreichen,** dh. in den Zeiträumen, in denen keine regelmäßige Aktualisierung erfolgt, bzw. in Konstellationen, in denen Anhaltspunkte dafür vorhanden sind, dass der klagende Verband aus der Liste
gestrichen worden ist. Der Begriff des **„rechtlichen Interesses"** ist nicht mit der Klagebefugnis
nach § 42 Abs. 2 VwGO zu verwechseln, sondern ist weit zu verstehen. Allerdings muss wohl ein
bereits bestehendes oder bevorstehendes Rechtsverhältnis zu dem Verband, dessen Streichung
bescheinigt werden soll, gefordert werden. Der Klagegegner des Verbraucherverbandes hat mit
Sicherheit ein rechtliches Interesse, jedoch dürfte es in der Praxis so ablaufen, dass der klagende
Verband seiner Klage eine Kopie der Bescheinigung des Bundesverwaltungsamtes beilegen wird.
Deshalb kann es sich wohl nur um solche **Dritte** handeln, die entweder im Vorfeld einer Klage
bzw. angesichts einer Abmahnung Auskunft begehren, oder um Dritte, die ein eher **allgemeines
Interesse** an den qualifizierten Einrichtungen haben, die in die Liste aufgenommen worden sind.
Hierbei ist vor allem an Verbände der Industrie und des Handels zu denken, die für ihre Mitglieder
Auskunft begehren.

Auch Dritte, die ihren Sitz im Ausland haben, müssen sich an den Maßstäben des deutschen 36
Verwaltungsverfahrensrechts messen lassen. Etwas anderes könnte nur gelten, wenn aus der Richtlinie 98/27/EG unbeteiligten Dritten ein Auskunftsrecht zuwachsen würde. Dafür bietet die Richtlinie jedoch keinerlei Anhaltspunkte. Deshalb ergibt sich die aus dem Umweltrecht bekannte
Schwierigkeit nicht, dass möglicherweise zwischen rechtlich geschützten Interessen iS des EG-
Rechts und rechtlich geschützten Interessen iS des deutschen Verwaltungsrechts zu differenzieren
ist.[44]

IV. Residualkompetenz der Gerichte

§ 3 Abs. 4 gewährt Gerichten das Recht, das Bundesverwaltungsamt zur Überprüfung der Ein- 37
tragung aufzufordern und die Verhandlung bis zu dessen Entscheidung auszusetzen, wenn sich in
einem Rechtsstreit begründete Zweifel an der nach § 4 Abs. 2 erforderlichen Qualifikation ergeben. Die **Residualkompetenz** gewinnt Bedeutung im nationalen, vor allem aber auch im **grenzüberschreitenden** Kontext, vgl. § 3 Rn. 36 ff. Maßstab sollen „begründete Zweifel" sein. Hier
stellt sich eine doppelte Frage: Einmal ist zu klären, welches Verhältnis zwischen § 4 Abs. 4 (begründete Zweifel an der Qualifikation der Einrichtung) und § 2 Abs. 3 **(missbräuchliche Geltendmachung des Unterlassungsanspruchs)** besteht (vgl. Rn. 30 f.), zum anderen, wie hoch
die **Aufgreifschwelle** für die **Gerichte** nach Maßgabe des § 4 Abs. 4 anzusetzen ist, die sie zur
Einschaltung des Bundesverwaltungsamtes und zur Aussetzung des Verfahrens berechtigt.[45]

1. Rolle und Funktion der Residualkompetenz der Gerichte. Wie aus der Gesetzesbe- 38
gründung zu § 22a Abs. 4 AGB-Gesetz, nunmehr § 4 Abs. 4, deutlich wird, hatte der Gesetzgeber
das Problem der Abmahnvereine im Auge. Ausdrücklich wird der Fall angesprochen, dass **Gebührenvereine** bzw. **Abmahnvereine** sich unter dem Deckmantel des Verbraucherschutzes neu gründen.[46] Wenn ein derartiger Missbrauch im konkreten Falle aufträte, könne das Gericht nach dem

---

[43] Vgl. ABl. EG Nr. C 39, 16. 2. 2006, S. 2.
[44] Die Diskussion wird vor allen Dingen im Umweltrecht geführt, vgl. zu den Problemen, die sich aus dem Zusammenspiel von deutschen Verwaltungsrecht und EG-Recht ergeben. *Ruffert* CML Rev. 34 (1997), 307 f.
[45] Vgl. jetzt *Heß,* in: *Ernst/Zimmermann* (Hrsg.) Zivilrechtswissenschaft und Schuldrechtsreform, 2001, S. 527 f., 536.
[46] Vgl. BT-Drucks. 14/2658 S. 55.

neuen System die Klagebefugnis nicht ohne weiteres verneinen, wenn ein solcher Verband die Aufnahme in die Liste des Bundesverwaltungsamtes erreicht haben sollte. Deshalb sehe Abs. 4 vor, dass das Gericht Bedenken gegen die Richtigkeit der Eintragung in die Listen, die im Verfahren vorgetragen und von dem Gericht als begründet angesehen würden, dem Bundesverwaltungsamt zur Entscheidung vorlegen und bis dahin sein Verfahren aussetzen könne. Dem Gesetzgeber geht es nicht um die Verbraucherzentralen oder die sonstigen Verbraucherverbände, deren Qualifikation und Listenfähigkeit unwiderleglich vermutet, sondern um **„Tarnorganisationen"**, die sich des Labels Verbraucherschutz bedienen, um eine Aufnahme in die Liste zu erreichen und dann rege Abmahntätigkeit entfalten, um mit Hilfe der Auslagenpauschale Geld zu verdienen. Der deutsche Gesetzgeber versteht § 4 Abs. 4 offensichtlich als eine Art **„Notbremse"**, die das mit dem Rechtsstreit befasste Gericht ziehen kann, wenn das Prüfungsverfahren vor dem Bundesverwaltungsgericht versagt hat. § 4 Abs. 4 stünde dann in der Tat in einem engen inhaltlichen Kontext zu § 2 Abs. 3. Liegt ein **Missbrauch** iS des § 2 Abs. 3 vor, fehlt dem in die Liste aufgenommenen **Verbraucherverband** in concreto nicht die Klagebefugnis, sondern das **Rechtsschutzbedürfnis**, vgl. § 2 Rn. 44. **Anders** steht es mit den **Verbänden zur Förderung der gewerblichen Interessen**. Der **Missbrauch** stellt hier die **Klagebefugnis** als solche in Frage. Da die vom Gesetzgeber ins Auge gefassten Tarnorganisationen, wenn überhaupt verkappte Verbände zur Förderung gewerblicher Interessen darstellen, bei denen den Gerichten ohnehin die Feststellung der Klagebefugnis obliegt, bietet es sich an, für die spezielle Konstellation nicht auf das Rechtsschutzinteresse, sondern auf die Klagebefugnis abzustellen. Dann strahlt das fehlende Rechtsschutzbedürfnis quasi auf die pro forma gegebene Klagebefugnis zurück. § 4 Abs. 4 bezieht sich eindeutig auf mögliche **Zweifel** an der **Klagebefugnis** selbst. Diese Zielsetzung folgt aus dem Zusammenspiel der Abs. 2 und 3 des § 2, aber auch aus der Rolle und Funktion der Richtlinie 98/27/EG.

39 Diese Differenzierung und Systematisierung mag im **nationalen** Kontext hinreichen, sie ist jedoch insoweit unvollständig, als § 4 Abs. 4 dem Umstand Rechnung tragen muss, dass ein EG-**ausländisches** Gericht nach Art. 4 Abs. 1 RL 98/27/EG das Recht hat zu prüfen, „ob der Zweck der qualifizierten Einrichtung deren Klageerhebung in einem speziellen Fall rechtfertigt". Weder die Vorschriften der Richtlinie noch deren Erwägungsgründe bieten Anhaltspunkte dafür, unter welchen Voraussetzungen das EG-ausländische Gericht von seiner Befugnis Gebrauch machen kann.[47] Die für einen deutschen Juristen einschlägigen Begrifflichkeiten „Missbrauch" der Unterlassungsklage bzw. neuerdings „begründete Zweifel" finden sich nicht. Soweit es um die Überprüfung der Klagebefugnis einer ausländischen qualifizierten Einrichtung geht, sind die mitgliedstaatlichen **Gerichte nicht** mehr **autonom**. Sie müssen sich in den Aufgreifkriterien an den Maßstäben des Gemeinschaftsrechts orientieren. Deshalb kann es nicht angehen, wenn ausländische Gerichte die ihnen nach Art. 4 Abs. 1 S. 3 RL 98/27/EG eingeräumte Residualkompetenz dazu benutzen, die grenzüberschreitende Rechtsdurchsetzung übermäßig zu erschweren, vgl. § 3 Rn. 41 f. Die Schwelle für die Ermittlung und Überprüfung der Eintragungsvoraussetzungen ist hoch anzusetzen.

40 2. **„Begründete Zweifel"**. § 4 Abs. 4 gewährt dem mit dem Rechtsstreit befassten Gericht nur insoweit eine Residualkompetenz, als dieses Gericht **„begründete Zweifel"** an der erforderlichen Qualifikation, dh. der **Klagebefugnis**, der eingetragenen Einrichtung hat. Die Gesetzesbegründung gibt für eine Konkretisierung des Tatbestandsmerkmals nichts her. Dort ist lediglich die Rede davon, dass das befasste Gericht das Verfahren aussetzen kann, wenn es „Bedenken" hinsichtlich der Klagebefugnis hat.[48] Die in § 4 Abs. 2 **privilegierten Verbraucherzentralen** und anderen mit öffentlichen Mitteln **geförderten Verbraucherverbände** fallen nicht in den Anwendungsbereich des § 4 Abs. 4. Für diese Einrichtungen wird die Klagebefugnis unwiderleglich vermutet, so dass qua Gesetz **keine begründeten Zweifel** eines Gerichts an dieser Klagebefugnis formuliert werden können und sollen. Korrekturmöglichkeiten bestehen nur über den § 2 Abs. 3 UKlaG, wenn die Verbraucherzentralen oder dem Verbraucherzentrale Bundesverband e. V. ein Missbrauch nachgewiesen werden kann, der das Rechtsschutzbedürfnis entfallen lässt, vgl. § 2 Rn. 44.

41 Damit verbleiben im **nationalen** Anwendungsbereich des § 4 Abs. 4 nur die **sonstigen Verbraucherverbände**. Jede dieser Einrichtungen muss ein Prüfverfahren durchlaufen, um in die Liste aufgenommen zu werden. Dieses Prüfverfahren ersetzt funktional die bislang von den Gerichten vorgenommene Überprüfung der Klagebefugnis. Damit dürfte im Regelfall sichergestellt sein, dass solche Einrichtungen nicht in die Liste aufgenommen werden können, die sich nur des Deckmantels des Verbraucherschutzes bedienen, um dahinter liegende andere Interessen zu verfolgen. Sind

---

[47] Diesen Gesichtspunkt hebt auch *Baetge* ZZP 1999, 329, 349 f. hervor.
[48] *Ruffert* CML Rev. 34 (1997), 307.

sie in die Liste aufgenommen, sind sie klagebefugt. **Begründete Zweifel** is des § 4 Abs. 4 und **Missbrauch** iS des § 2 Abs. 3 sind **nicht identisch**. Wäre das der Fall, wäre auch die Unterscheidung zwischen Klagebefugnis und Rechtsschutzbedürfnis hinfällig. Bei der Feststellung von Missbräuchen bzw. begründeten Zweifeln ist deshalb auf die Funktion abzustellen, die Klagebefugnis einerseits und Rechtsschutzbedürfnis andererseits zu erfüllen haben, vgl. schon § 3 Rn. 19f. Begründete Zweifel an der Klagebefugnis beziehen sich auf die Eintragungsvoraussetzungen nach Maßgabe des § 4 Abs. 2. So können Zweifel an der Klagebefugnis aus dem Umstand resultieren, dass der in die Liste aufgenommene Verbraucherverband seine Rechtsfähigkeit verloren hat, er Zwecke verfolgt, die nicht von der Satzung gedeckt sind oder nicht tatsächlich die Interessen der Verbraucher durch Aufklärung und Beratung wahrnimmt, bzw. er nicht mehr über die erforderliche Mitgliederzahl verfügt. Die **Schwelle** für die Ermittlung ist **hoch** anzusetzen. Begründete Zweifel iS des Gesetzes sind nicht mit einer marginalen Unsicherheit gleichzusetzen, die aus der konkreten Fallgestaltung herrührt, sondern es müssen vom Sachverhalt her deutliche Hinweise auf die fehlenden Eingangsvoraussetzungen vorliegen, damit dem Gericht der Weg zur Überprüfung iS des § 4 Abs. 4 UKlaG eröffnet wird. Andernfalls könnte sich diese Regelung als Einfallstor für undifferenziert vorgetragene Einwände der Klagegegner erweisen, die mit Hilfe dieser Vorschrift die effektive Durchsetzung der Verbraucherverbandsklage behindern wollen. Begründete Zweifel liegen nur vor, wenn der Klagegegner Tatsachen und Argumente beibringt, die das Gericht überzeugen, nicht bloße Vermutungen oder Verdächtigungen.

Nur mit Hilfe einer solch engen Festlegung der Maßstäbe, die ein Gericht zur Aussetzung des Verfahrens ermächtigen, lässt sich auch der Sinn und Zweck der Richtlinie 98/27/EG im **grenzüberschreitenden** Kontext realisieren. Andernfalls könnten ausländische Gerichte die ihnen nach Art. 4 Abs. 1 S. 3 zustehende Residualkompetenz immer dann einsetzen, wenn sie die klagebefugte und in die Liste eingetragene Organisation nicht kennen bzw. wenn sie mit deren Tätigkeitsfeld nicht vertraut sind. Auf diese Weise könnte die Residualkompetenz in eine Zweitprüfung einer deutschen Verwaltungsentscheidung durch ein ausländisches Gericht umfunktioniert werden. Oberstes Ziel der Richtlinie 98/27/EG ist die **wechselseitige Anerkennung** der Klagebefugnis. Im Zusammenspiel mit der Residualkompetenz der Gerichte ergibt sich ein komplexes Netz der **Vertrauensbildung** und **Vertrauensförderung.** Nationale Administrationen müssen vergleichbare Maßstäbe ausbilden, damit gewährleistet wird, dass die in die Liste aufgenommenen Einrichtungen vergleichbaren Maßstäben unterliegen. Diese Liste wiederum muss von den Gerichten der Mitgliedstaaten als seriöse und grundsätzlich nicht hinterfragbare Grundlage hingenommen werden. Nicht möglich ist jedoch, dass der deutsche Gesetzgeber ausländische Gerichte bindet. Deshalb kann die **unwiderlegliche Vermutung** zugunsten der Verbraucherzentralen in § 4 Abs. 2 **keine grenzüberschreitende Wirkung** entfalten. Die Ausübung der Residualkompetenz kann dem ausländischen Gericht nicht untersagt werden. Hier setzt Art. 4 Abs. 1 S. 3 RL 98/27/EG eindeutige Maßstäbe. 42

3. Überprüfung der Eintragung und Aussetzung des Verfahrens. Liegen begründete Zweifel vor, kann das Gericht das Bundesverwaltungsamt zur Überprüfung der Eintragung auffordern. Hierzu wird es bis zur Entscheidung durch das Bundesverwaltungsamt das Verfahren aussetzen. Gegen die Entscheidung zur Aussetzung des Verfahrens stehen keine prozessuale Mittel zur Verfügung. Insbesondere ist die Beschwerde nach § 567 ZPO nicht statthaft, da sie ausdrücklich vom Gesetzgeber eingeführt wurde. § 4 Abs. 4 gibt dem Gericht einen Ermessensspielraum mit weitreichenden Folgen. Die Überprüfung und Aussetzung kann Jahre in Anspruch nehmen, wenn der Verband sich gegen die Entscheidung zur Wehr setzt und nun seinerseits den Verwaltungsgerichtsweg beschreitet. Umso sorgfältiger sollte deshalb dieses prozessuale Mittel von den Gerichten überprüft und gehandhabt werden. 43

V. Fachaufsicht des Bundesministeriums der Justiz

Das Bundesverwaltungsamt steht nach § 4 Abs. 6 hinsichtlich seiner Aufgaben im Zusammenhang mit der Liste qualifizierter Einrichtungen unter der Fachaufsicht des Bundesministeriums der Justiz. Damit hat das BMJ ein Weisungsrecht, das es sowohl in Form der Aufstellung allgemeiner Grundsätze oder Leitlinien zur Durchführung des Gesetzes, als auch in speziellen Einzelfällen geltend machen kann. 44

§ 4a Unterlassungsanspruch bei innergemeinschaftlichen Verstößen

(1) Wer innergemeinschaftlich gegen Gesetze zum Schutze der Verbraucherinteressen im Sinne von Artikel 3 Buchstabe b der Verordnung (EG) Nr. 2006/2004 des Europäischen Parlaments und des Rates vom 27. Oktober 2004 über die Zusammenarbeit zwischen den für die Durchsetzung der Verbraucherschutzgesetze zuständigen nationalen Behörden (ABl. EU Nr. L 364, S. 1), geändert durch Artikel 16 Nr. 2 der Richtlinie 2005/29/EG des Europäischen Parlaments und des Rates vom 11. Mai 2005 (ABl. EU Nr. L 149 S. 22), verstößt, kann auf Unterlassung in Anspruch genommen werden.

(2) §§ 2 Abs. 3 und 3 Abs. 1 gelten entsprechend.

Verordnung Nr. 2006/2004

Artikel 3 Begriffsbestimmungen

Für die Zwecke dieser Verordnung bezeichnet der Begriff

a) *„Gesetze zum Schutz der Verbraucherinteressen" die im Anhang aufgeführten Richtlinien in der in die innerstaatliche Rechtsordnung der Mitgliedstaaten umgesetzten Form und die dort aufgeführten Verordnungen;*

b) *„innergemeinschaftlicher Verstoß" jede Handlung oder Unterlassung, die gegen die in Buchstabe a) genannten Gesetze zum Schutz der Verbraucherinteressen verstößt und die Kollektivinteressen von Verbrauchern schädigt oder schädigen kann, die in einem anderen Mitgliedstaat oder anderen Mitgliedstaaten als dem Mitgliedstaat ansässig sind, in dem die Handlung oder die Unterlassung ihren Ursprung hatte oder stattfand, oder in dem der verantwortliche Verkäufer oder Dienstleistungserbringer niedergelassen ist, oder in dem Beweismittel oder Vermögensgegenstände betreffend die Handlung oder die Unterlassung vorhanden sind;*

ANHANG. Von Artikel 3 Buchstabe a) (1) (= Fn.) erfasste Richtlinien und Verordnungen

1. *Richtlinie 84/450/EWG des Rates vom 10. September 1984 zur Angleichung der Rechts- und Verwaltungsvorschriften der Mitgliedstaaten über irreführende Werbung (ABl. EG Nr. L 250, 19. 9. 1984, S. 17). Zuletzt geändert durch die Richtlinie 97/55/EG des Europäischen Parlaments und des Rates (ABl. EG Nr. L 290, 23. 10. 1997, S. 18).*

2. *Richtlinie 85/577/EWG des Rates vom 20. Dezember 1985 betreffend den Verbraucherschutz im Fall von außerhalb von Geschäftsräumen geschlossenen Verträgen (ABl. EG Nr. L 372, 31. 12. 1985, S. 31).*

3. *Richtlinie 87/102/EWG des Rates vom 22. Dezember 1986 zur Angleichung der Rechts- und Verwaltungsvorschriften der Mitgliedstaaten über den Verbraucherkredit (ABl. EG Nr. L 42, 12. 2. 1987, S. 48). Zuletzt geändert durch die Richtlinie 98/7/EG des Europäischen Parlaments und des Rates (ABl. EG Nr. L 101, 1. 4. 1998, S. 17).*

4. *Richtlinie 89/552/EWG des Rates vom 3. Oktober 1989 zur Koordinierung bestimmter Rechts- und Verwaltungsvorschriften der Mitgliedstaaten über die Ausübung der Fernsehtätigkeit: Artikel 10 bis 21 (ABl. EG Nr. L 298, 17. 10. 1989, S. 23). Zuletzt geändert durch die Richtlinie 97/36/EG des Europäischen Parlaments und des Rates (ABl. EG Nr. L 202, 30. 7. 1997, S. 60).*

5. *Richtlinie 90/314/EWG des Rates vom 13. Juni 1990 über Pauschalreisen (ABl. EG Nr. L 158, 23. 6. 1990, S. 59).*

6. *Richtlinie 93/13/EWG des Rates vom 5. April 1993 über missbräuchliche Klauseln in Verbraucherverträgen (ABl. EG Nr. L 95, 21. 4. 1993, S. 29). Geändert durch die Entscheidung 2002/995/EG der Kommission (ABl. EG Nr. L 353, 30. 12. 2002, S. 1).*

7. *Richtlinie 94/47/EG des Europäischen Parlaments und des Rates vom 26. Oktober 1994 zum Schutz der Erwerber im Hinblick auf bestimmte Aspekte von Verträgen über den Erwerb von Teilzeitnutzungsrechten an Immobilien (ABl. EG Nr. L 280, 29. 10. 1994, S. 83).*

8. *Richtlinie 97/7/EG des Europäischen Parlaments und des Rates vom 20. Mai 1997 über den Verbraucherschutz bei Vertragsabschlüssen im Fernabsatz (ABl. EG Nr. L 144, 4. 6. 1997, S. 19). Geändert durch die Richtlinie 2002/65/EG (ABl. EG Nr. L 271, 9. 10. 2002, S. 16).*

9. *Richtlinie 97/55/EG des Europäischen Parlaments und des Rates vom 6. Oktober 1997 zur Änderung der Richtlinie 84/450/EWG über irreführende Werbung zwecks Einbeziehung der vergleichenden Werbung.*

10. *Richtlinie 98/6/EG des Europäischen Parlaments und des Rates vom 16. Februar 1998 über den Schutz der Verbraucher bei der Angabe der Preise der ihnen angebotenen Erzeugnisse (ABl. EG Nr. L 80, 18. 3. 1998, S. 27).*

11. *Richtlinie 1999/44/EG des Europäischen Parlaments und des Rates vom 25. Mai 1999 zu bestimmten Aspekten des Verbrauchsgüterkaufs und der Garantien für Verbrauchsgüter (ABl. EG Nr. L 171, 7. 7. 1999, S. 12).*

12. Richtlinie 2000/31/EG des Europäischen Parlaments und des Rates vom 8. Juni 2000 über bestimmte rechtliche Aspekte der Dienste der Informationsgesellschaft, insbesondere des elektronischen Geschäftsverkehrs, im Binnenmarkt („Richtlinie über den elektronischen Geschäftsverkehr") (ABl. EG Nr. L 178, 17. 7. 2000, S. 1).
13. Richtlinie 2001/83/EG des Europäischen Parlaments und des Rates vom 6. November 2001 zur Schaffung eines Gemeinschaftskodexes für Humanarzneimittel: Artikel 86 bis 100 (ABl. EG Nr. L 311, 28. 11. 2001, S. 67). Zuletzt geändert durch die Richtlinie 2004/27/EG (ABl. EG Nr. L 136, 30. 4. 2004, S. 34).
14. Richtlinie 2002/65/EG des Europäischen Parlaments und des Rates vom 23. September 2002 über den Fernabsatz von Finanzdienstleistungen an Verbraucher (ABl. EG Nr. L 271, 9. 10. 2002, S. 16).
15. Verordnung (EG) Nr. 261/2004 des Europäischen Parlaments und des Rates vom 11. Februar 2004 über eine gemeinsame Regelung für Ausgleichs- und Unterstützungsleistungen für Fluggäste im Fall der Nichtbeförderung und bei Annullierung oder großer Verspätung von Flügen (ABl. EG Nr. L 46, 17. 2. 2004, S. 1).
16. Richtlinie 2005/29 EG des Europäischen Parlamentes und des Rates vom 11. Mai 2004 über unlautere Geschäftspraktiken im binnenmarktinternen Geschäftsverkehr zwischen Unternehmen und Verbraucher (ABl. EG Nr. L 149, 11. 6. 2005, S. 22).[49]

Schrifttum: *Micklitz/Rott/Docekal/Kolba,* Verbraucherschutz durch Unterlassungsklagen, Band 17, VIEW Schriftenreihe, 2006.

§ 4a wurde durch Art. 4 des Gesetzes über die Durchsetzung der Verbraucherschutzgesetze bei innergemeinschaftlichen Verstößen[50] eingefügt. **Innergemeinschaftliche Verstöße** nach Maßgabe von Art. 3 lit. b bezeichnet nach der Legaldefinition: „jede Handlung oder Unterlassung, die gegen die Buchstabe a) genannten Gesetze zum Schutz der Verbraucherinteressen verstößt und die Kollektivinteressen von Verbrauchern schädigt oder schädigen kann, die in einem anderen Mitgliedstaat oder anderen Mitgliedstaaten als dem Mitgliedstaat ansässig sind, in dem die Handlung oder die Unterlassung ihren Ursprung hatte oder stattfand, oder in dem der verantwortliche Verkäufer oder Dienstleistungserbringer niedergelassen ist, oder in dem Beweismittel oder Vermögensgegenstände betreffend die Handlung oder Unterlassung vorhanden sind." § 4a erfasst vom Wortlaut her sowohl grenzüberschreitende Unterlassungsklagen – durch Verbände – bzw. Unterlassungsverfügungen – durch Behörden – nach Maßgabe der Richtlinie 98/27 als auch nach der VO (EG) Nr. 2006/2004,[51] vgl. zum Verhältnis der beiden europäischen Regelungen, Vor Rn. 40 ff. 1

Der Grund für die Einfügung des § 4a in das Unterlassungsklagegesetz wird aus der Gesetzesbegründung[52] nicht wirklich deutlich. Tatsächlich geht es im Kern darum, **zwei Lücken zu schließen,** die aus der restriktiven Rechtsprechung deutscher Obergerichte entstanden ist. Diese hatten unter Hinweis auf die fehlende Aktivlegitimation (nach hiesigem Verständnis Rechtsschutzinteresse, § 1 Rn. 2) Verbraucherverbänden die Befugnis untersagt, **ausländisches Recht vor deutschen Gerichten** zu rügen bzw. **ausländische Verbraucher** mit Hilfe deutscher Gerichte **zu schützen,** soweit sie dies nicht ausdrücklich in ihre **satzungsgemäßen Aufgaben** übernommen hatten.[53] Mit § 4a wird diesem Missstand abgeholfen. Indirekt ergibt sich der Bezug zu der restriktiven Rechtsprechung der Obergerichte aus dem Verweis in der Gesetzesbegründung auf den praktisch wichtigsten Anwendungsfall. Dieser liegt laut Gesetzesbegründung vor,[54] wenn die geschädigten Verbraucher in einem anderen Mitgliedstaat ansässig sind als dem Mitgliedstaat, in dem das verantwortliche Unternehmen niedergelassen ist. Die Begründung stellt die Konstellationen gleich, in denen die rechtswidrige Handlung in einem anderen Mitgliedstaat stattfand als in demjenigen der betroffenen Verbraucher. Insofern handelt es sich um genau jene Konstellationen, die den BGH[55] zu seiner Rechtsprechung veranlasst hatten. 2

Rechtsdogmatisch nicht ohne Pikanterie ist es, dass der Gesetzgeber Korrekturen vornimmt, die aus der von ihm kodifizierten **materiell-rechtlichen Natur des Unterlassungsanspruches** resultieren, vgl. § 1 Rn. 2. Der Rechtscharakter hatte nämlich den deutschen Obergerichten Anlass für ihre restriktive Rechtsprechung gegeben. Nachdem der deutsche Gesetzgeber sowohl im UKlaG als auch im UWG, entgegen gemeinschaftsrechtlicher Vorgaben, den Unterlassungsanspruch als 3

---

[49] Die Richtlinien unter den Punkten 1, 6, 8, 9, 14 und 16 enthalten Sonderbestimmungen für Unterlassungsklagen.
[50] BGBl. I S. 3367.
[51] ABl. EG Nr. L 364, 9. 12. 2004, S. 1.
[52] BT-Drucks. 16/2930 S. 26.
[53] Vgl. *Micklitz/Rott,* in: *Grabitz/Hilf II/Wolf* A 25 Art. 2 Rn. 71.
[54] BT-Drucks. 16/2930 S. 26.
[55] BGH VuR 1998, 172.

UKlaG § 5

materiell-rechtlichen Anspruch festgeschrieben hatte, also an der Konstruktion der **Aktivlegitimation** explizit festhielt, sieht er sich wenige Jahre später unter dem Druck des Gemeinschaftsrechts gezwungen, mittels § 4a eine Korrektur dieser Konstruktion vorzunehmen. Dogmatisch führt § 4a dazu, dass die Aktivlegitimation jedenfalls bei grenzüberschreitenden Unterlassungsklagen (nahezu) keine Rolle mehr spielen kann. Nach der Vorstellung des deutschen Gesetzgebers kann die Aktivlegitimation nur noch bei rein deutschen Sachverhalten zum Tragen kommen. Einmal mehr zeigt sich die Notwendigkeit, die materiell-rechtliche Natur des Unterlassungsanspruches aufzugeben und die Aktivlegitimation durch das Rechtsschutzinteresse zu ersetzen, vgl. § 1 Rn. 2ff.

4 Vom sachlichen **Anwendungsbereich** her erstreckt sich § 4a auf die im Anhang aufgeführten Richtlinien und Verordnungen der VO (EG) Nr. 2006/2004. Die Liste ist weitgehend identisch mit dem Anhang der Richtlinie 98/27/EG. Insoweit sei auf die Ausführungen zu § 2 Rn. 22ff. verwiesen. Jedoch ist der Anwendungsbereich der VO (EG) Nr. 2006/2004 in **zweierlei Hinsicht** weiter. Er umfasst sowohl Verstöße gegen die Richtlinie 98/6/EG über Preisangaben als auch gegen die VO Nr. 261/2004 über Ausgleichs- und Unterstützungsleistungen im Falle der Nichtbeförderung, Annullierung und großer Verspätung bei Flugreisen.

5 **Praktisch bedeutsam** ist, dass § 4a Abs. 1 die Rechtsverfolgung auf Verstöße gegen die **im Anhang** der VO (EG) Nr. 2006/2004[56] aufgelisteten Richtlinien und Verordnungen **beschränkt**. Verstöße gegen nationale Verbrauchergesetze und Vorschriften oder gemeinschaftsrechtliche, die im Anhang nicht aufgezählt werden und die kollektiven Interessen der Verbraucher tangieren, könnten grenzüberschreitend nicht verfolgt werden. Damit genießen die deutschen Verbraucher einen höheren Schutz als die EG-ausländischen Verbraucher, soweit sie von Rechtsverletzungen betroffen sind, die von Deutschland ausgehen, vgl. zur **Marktwirkungsregel**, § 1 Rn. 53. Da die Richtlinie 98/27/EG in Art. 7 nur Mindeststandards formuliert, ist diese Beschränkung mit dem EG-Recht vereinbar. Deutschland befindet sich in guter Gesellschaft mit der überwiegenden Zahl der Mitgliedstaaten.[57]

6 § 4a Abs. 2 definiert die **Verbände** bzw. **Stellen,** die zur Erhebung einer Unterlassungsklage **befugt** sind. Hierzu zählen neben den klagebefugten Verbrauchereinrichtungen, dh. den qualifizierten Einrichtungen iS der Richtlinie 98/27/EG, die Verbände der gewerblichen Wirtschaft, sowie die Industrie- und Handelskammern. Insoweit werden die Vorschriften des UKlaG und des UWG vereinheitlicht. Das gilt auch für die von den mitgliedstaatlichen Gerichten auszuübende **Missbrauchskontrolle** nach § 2 Abs. 3, vgl. § 2 Rn. 43ff.

Abschnitt 2. Verfahrensvorschriften

Unterabschnitt 1. Allgemeine Vorschriften

§ 5 Anwendung der Zivilprozessordnung und anderer Vorschriften

Auf das Verfahren sind die Vorschriften der Zivilprozessordnung und § 12 Abs. 1, 2 und 4 des Gesetzes gegen den unlauteren Wettbewerb anzuwenden, soweit sich aus diesem Gesetz nicht etwas anderes ergibt.

Schrifttum: *Bohle/Micklitz,* Erfahrungen mit dem AGB-Gesetz im nichtkaufmännischen Bereich – Eine Zwischenbilanz nach 6 Jahren, BB Beil. 11/1983, 18; *Bultmann,* Verklagen oder Verhandeln? AGB-Kontrollverfahren des Verbraucherschutzvereins am Beispiel der Reisebedingungen, Europäische Hochschulschriften, 1995; *Bunte,* Verfahrensrechtliche Fragen der AGB-Kontrollklage, DB 1980, 481; *Dietrich,* Die Individualvollstreckung, 1976; *Eser,* Probleme der Kostentragung bei der vorprozessualen Abmahnung und beim Abschlussschreiben in Wettbewerbsstreitigkeiten, GRUR 1986, 35; *v. Falckenstein,* Die Bekämpfung unlauterer Geschäftspraktiken durch Verbraucherverbände, 1977; *Gilles,* Prozessrechtliche Probleme von verbraucherpolitischer Bedeutung bei den neuen Verbraucherverbandsklagen im deutschen Zivilrecht, ZZP 98 (1985), 1; *Göbel,* Prozesszweck der AGB-Klage und herkömmlicher Zivilprozess, 1980; *Homburger/Kötz,* Klagen Privater im öffentlichen Interesse, 1975; *Jauernig,* Der zulässige Inhalt einstweiliger Verfügungen, ZZP 79 (1966), 321; *Jennewein,* Zur Erstattung von Abmahnkosten bei Verbänden, WRP 2000, 129; *Koch,* Alternativen zum Zweiparteiensystem im Zivilprozess – Parteiübergreifende Interessen und objektive Prozeßführungsrechte, KritV 1989, 323; *ders.,* Prozessführung im öffentlichen Interesse. Rechtsvergleichende Entwicklungsbedingungen und Alternativen objektiver Rechtsdurchsetzung, 1983; *Kurbjuhn,* Anm. zu BGH, Urt. v. 15. 10. 1969, Az. I ZR 3/68, NJW 1970, 605; *Leipold,* Die Verbandsklage zum Schutz allgemeiner und breitgestreuter Interessen in der Bundesrepublik Deutschland, in: Effektivität des Rechtsschutzes und verfassungsmäßige Ordnung. Die deutschen Landesberichte zum VII. Internationalen Kongreß für Prozeßrecht in Würzburg 1983, S. 57; *ders.,* Wirksamer Ehrenschutz durch gerichtliche Feststellung von Tatsachen, ZZP 84 (1971), 150; *Limbach,* Die Vertragsgerechtigkeit als Beweisthema, ZRP 1975, 117; *Lindacher,* Zum Streitwert der AGB-Verbandsklage, MDR 1994, 231; *ders.,*

---

[56] ABl. EG Nr. L 364, 9. 12. 2004, S. 1.
[57] *Micklitz/Rott/Docekal/Kolba,* Verbraucherschutz durch Unterlassungsklagen, S. 231 ff.

Zur „Sonderprozessrechtsnatur" der lauterkeitsrechtlichen Verbands- und Konkurrentenklage sowie der Verbandsklage nach dem AGB-Gesetz, ZZP 103 (1990), 397; *ders.*, AGB-Verbandsklage und Rechtsschutzsystem, Justiz und Recht, in: FS zum 10jährigen Bestehen der Deutschen Richterakademie, 1983, S. 209; *ders.*, ZZP 85 (1972), 239; *Pastor,* Die Unterlassungsvollstreckung nach § 890 ZPO, 3. Aufl., 1983; *ders.*, Der Wettbewerbsprozess, 3. Aufl., 1980; *Reich,* Rechtsprobleme grenzüberschreitender irreführender Werbung im Binnenmarkt, RabelsZ 56 (1992), 444; *Reinel,* Die Verbandsklage nach dem AGBG, 1979; *E. Schmidt,* Die AGB-Verbandsklage und das zivilistische Anspruchsdenken, ZIP 1991, 629; *ders.*, Richteramt und Parteilasten bei der Verbandsklage nach dem AGB-Gesetz, FS *Max Keller,* 1989, S. 661; *ders.,* Die Verbandsklage nach dem AGB-Gesetz, NJW 1989, 1192; *ders.*, Struktur- und Kompetenzanforderungen an einen zeitgemäßen Zivilprozess, KritV 1989, 303; *Schröder,* Dokumentation der „örtlichen Besonderheiten" in der Rechtsprechung der Oberlandesgerichte zum gewerblichen Rechtsschutz, WRP 1983, 606; *Schubert,* Klageantrag und Streitgegenstand bei Unterlassungsklagen, ZZP 85 (1972), 29; *Sieg,* Auswirkungen des AGB-Gesetzes auf Justiz und Verwaltung im Bereich der Privatversicherung, VersR 1977, 489.

Übersicht

	Rn.		Rn.
I. Die Dispositionsmaxime, der Verhandlungs- und der Beibringungsgrundsatz	1–5	2. Widerrufsvollstreckung	22
1. Parteidisposition und -verhandlung	1, 2	3. Vollstreckungsprobleme in der Gerichtspraxis	23–28
2. Antragsbindung des Gerichts	3	a) Verwirkung des Vertragsstrafenspruchs	24
3. Beibringungsgrundsatz und Beweislastfragen	4	b) Verstoß gegen Unterlassungserklärung	25
II. Die Feststellungsklage und das besondere Feststellungsinteresse	6–8	c) Zum Problem der Inhaltsgleichheit	26
III. Die Abmahnung	9–14	d) Verschuldensfragen bei Zuwiderhandlungen gegen eine Unterlassungserklärung	27
1. Verfahren	9, 10	e) Fortsetzungszusammenhang	28
2. Rechtsgrundlage für den Kostenerstattungsanspruch	11	**V. Die einstweilige Verfügung**	29–32
3. Art und Höhe der Kostenerstattung	12, 13	1. Regelung im deutschen Recht	29
4. Zur Erstattung der Kosten der Rechtsverfolgung	14	2. Voraussetzungen im Einzelnen	30–32
IV. Die Zwangsvollstreckung aus Unterlassungs- und Widerrufstiteln	15–28	3. Einstweilige Verfügung gegen Abmahnung	33
1. Unterlassungsvollstreckung	16–21	**VI. Streitwert**	34–40
a) Zuwiderhandlung im „Kern"	17–19	1. Die Bedeutung der Streitwertregelung	35
b) Handeln und Unterlassen	20	2. Der Anwendungsbereich des § 5 Abs. 1	36
c) Keine sog. Aufbrauchsfrist	21	3. Die Streitwertbestimmung	37–40

I. Die Dispositionsmaxime, der Verhandlungs- und der Beibringungsgrundsatz

1. Parteidisposition und -verhandlung. Die vorherrschende Sichtweise sieht die, nach § 3 (Abs. 1) **UKlaG** für den Abwehranspruch und dessen Geltendmachung zuständigen, Verbände und Kammern als Parteien, die in normaler zivilprozessualer Weise die **Disposition und Verhandlung über den Streitgegenstand** in der Hand haben. Entsprechend soll sich die Rechtsstellung des beklagten Verwenders oder Empfehlers nach den allgemeinen Grundsätzen des Parteienprozesses richten. Klageerhebung, Klagerücknahme, Klageänderung, Klageerledigung, Anerkenntnis, Verzicht, Prozessvergleich und Geständnis sollen wie im normalen Zivilprozess zu beurteilen sein. Die zwiespältige und schwierige Bestimmung der Funktion der Verbandsklage, die allgemein anerkannt ist, rechtfertige danach keine andere Behandlung. Der Gesetzgeber ging bei seiner gewählten zivilrechtlich-zivilprozessualen Lösung gerade nicht bis zur Bestimmung des Untersuchungsgrundsatzes (etwa entsprechend § 70 GWB) oder gar (dazu noch) der Offizialmaxime für die einzelnen Kontrollklageverfahren (mit einer dann wohl anstehenden umfassenden Drittwirkung der Entscheidungen), zudem wollte er die behördlich-verwaltungsmäßige Amtsprüfung etablieren. 1

Dagegen steht die Doppelnatur der Verbandklage. Sie führt entgegen vereinzelter Literaturstimmen angesichts des vom Gemeinschaftsrecht formulierten Kontrollkonzepts, das gerade kein Normenkontrollverfahren etabliert, nicht zu einer am besonderen öffentlichen Aufsichtszweck der Verbandsklage auch inhaltlich orientierten neuen Verfahrensordnung mit eingeschränkter Parteidisposition und Untersuchungsgrundsatz.[1] Dadurch wäre den Verbraucherverbänden das ihnen vom 2

---

[1] Vgl. auch in der Vorauflage *Ulmer/Brandner/Hensen,* 9. Aufl., Rn. 1; *Löwe/v. Westphalen/Trinkner* § 15 AGBG Rn. 1; *Lindacher,* FS Deutsche Richterakademie, 1983, S. 214 ff.; *ders.* ZZP 103 (1990), 397, 405 ff.; *Lei-*

Gemeinschaftsrecht eingeräumte subjektive Recht der kollektiven Interessenwahrnehmung entzogen und die Verbandsklage auf ihre Kontrollfunktion im öffentlichen Interesse beschränkt. Praktisch bedeutsam werden diese unterschiedlichen Positionen bei der Frage, ob der klagende Verband das Kontrollverfahren durch Klagrücknahme oder Prozessvergleich beenden kann. Während die wohl hM dieses Recht aus der materiell-rechtlichen Inhaberschaft des Anspruchs folgert, der allein den Verbänden zusteht, verweist die Mindermeinung auf den repräsentativen Charakter des Prozessstoffes, der die Disposition einer Partei über das Verfahren begrenze.[2] Damit müsste es in letzter Konsequenz möglich sein, ein Kontrollverfahren auch gegen den Willen der Parteien im öffentlichen Interesse zu Ende zu führen.[3] Die **Doppelnatur der Verbandsklage** trägt ein solches Ergebnis nicht. Jedoch ist die Dispositionsbefugnis des klagenden Verbandes insofern beschränkt, als durch die Beendigung des Verfahrens nicht die Wirksamkeit einer eigentlich zu untersagenden AGB-Klausel festgeschrieben wird.[4] Mit dieser Lösung bleibt das subjektive Verbandsklagerecht erhalten, der Verband kann über das Verfahren disponieren, Auswirkungen auf die Funktion der Rechtsdurchsetzung als solche hat die Disposition jedoch nicht, weil die Möglichkeit besteht, dass dritte Verbände die Thematik aus eigenem Recht aufgreifen.

3   **2. Antragsbindung des Gerichts.** Ein ähnliches Problem stellt sich mit der Einleitung des Verfahrens, wenn der klagende Verband nur einzelne fest umrissene Klauseln eines größeren Klauselwerks einklagt. Mit der hM ist davon auszugehen, dass das Gericht an den Parteiantrag nach § 308 ZPO gebunden ist (mit der Ausnahme des § 938 ZPO). Der gem. § 8 Abs. 1 **UKlaG** bestimmte Antrag begrenzt den Umfang der gerichtlichen Entscheidung und Rechtmäßigkeitskontrolle. Die Verfechter der Verbandsklage als einem Normenkontrollverfahren wollen teilweise dem Gericht die Möglichkeit einräumen, erforderlichenfalls das gesamte Klauselwerk einer Wirksamkeitskontrolle zu unterziehen.[5] Aus prozessökonomischen Gründen und Gründen der Rechtssicherheit mag es im Interesse einer breitenwirksamen Kontrolle sinnvoll sein, nicht nur einzelne Klauseln, sondern das gesamte Werk einer Inhaltskontrolle zu unterwerfen. Den klagenden Verband mögen gute Gründe bewogen haben, warum er das Klauselwerk nur selektiv angreift. Er mag erwägen, teilweise mit dem Beklagten eine sinnvolle außergerichtliche Einigung zu erzielen, und er muss dann die Tatsachen beibringen, aus denen das Gericht über die Unwirksamkeit zu befinden hat, vgl. zur Beibringungslast Rn. 4. Unausgesprochen steht hinter der Beschränkung der Klagebefugnis oftmals die Vorstellung, dass die Ressourcen für eine gerichtliche Überprüfung des gesamten Klauselwerks nicht ausreichen und es deshalb besser ist, dem Gericht die Entscheidung über den Streitgegenstand zu überlassen. Diese Überlegung verfängt jedoch nicht. Angesichts des Doppelcharakters der Verbandsklage sind die Mitgliedstaaten gehalten, die für die Kontrolltätigkeit notwendigen Ressourcen durch eine geeignete Ausstattung der aktiv klagenden Verbraucherorganisationen bereitzustellen. Deshalb hängt das Ausmaß der gerichtlichen Kontrolle prinzipiell vom Kontroll- und Risikoeinsatz des Klägers mit seinem Antrag ab.

4   **3. Beibringungsgrundsatz und Beweislastfragen.** Die Rechtsnatur der Verbandsklage dominiert auch die Entscheidung über die Übertragbarkeit des normalen ZPO-Verfahrens. Die wohl überwiegende Meinung in der Literatur entnimmt der Verweisung auf die Verfahrensgrundsätze der ZPO in § 5, dass, ebenso wie die Dispositionsbefugnis, der Beibringungsgrundsatz im abstrakten Kontrollverfahren Anwendung findet.[6] Dem klagenden Verband als dem Inhaber des materiellrechtlichen Anspruchs kommt wegen der größten Sachnähe zum Streitgegenstand die Aufgabe zu, die für die Entscheidung erforderlichen Fakten zu beschaffen. Ihm wird damit eine Aufgabe übertragen, die er nicht ohne weiteres erfüllen kann, was die öffentlich-rechtliche Funktion der Verbandsklage als privatrechtliche Kontrollkompetenz im öffentlichen Interesse gefährdet.[7] Im Verbandsklageverfahren fehlt es an der für den Beibringungsgrundsatz vorausgesetzten Sachnähe zum Anspruchsinhalt mit der Gewähr für möglichst zutreffende Faktenbeschaffung. Begreift man, wie

---

pold, Die Verbandsklage, in: Deutsche Landesberichte, 1983, S. 57, 70 f. Anders *E. Schmidt*, FS Keller, 1989, S. 661 ff. u. NJW 1989, 1192, 1193 ff.; ausführlich *Reinel*, Die Verbandsklage nach dem AGBG, 1979, S. 123 ff., 133 ff. und *Göbel*, Prozesszweck der AGB-Klage, 1980, S. 125 ff., 129 ff.

[2] Vgl. mit etwas unterschiedlicher Akzentuierung *E. Schmidt* KritV 1989, 309 und *Koch* KritV 1989, 332; *ders.*, Prozeßführung im öffentlichen Interesse, S. 103, 109.

[3] So weit geht nur *Koch* KritV 1989, 332, während *E. Schmidt* KritV 1989, 309 die Dispositionsbefugnis nur insoweit einschränken will als die Funktion der Verbandsklage gefährdet ist.

[4] So im Ergebnis zutreffend *Bultmann*, Verklagen oder Verhandeln, S. 44.

[5] Vgl. *Göbel*,. Prozesszweck der AGB-Klage, 1980, S. 139 kritisch *Gilles* ZZP 98 (1985), 17.

[6] Vgl. *Palandt/Bassenge* Rn. 1; *Ulmer/Brandner/Hensen* Rn. 1; *Wolf/Horn/Lindacher* § 15 AGBG Rn. 2 f.

[7] Vgl. zur Kritik *Limbach* ZRP 1975, 117 ff.; *E. Schmidt*, FS Keller, 1989, S. 661 ff., *ders.* KritV 1989, 303; *ders.* NJW 1989, 1192; *ders.* ZIP 1991, 629 ff.; *Reinel*, Die Verbandsklage nach dem AGBG, 1979, S. 133 ff.; *Göbel*, Prozesszweck der AGB-Klage, 1980, S. 131 ff.; *Koch* KritV 1989, 323.

E. Schmidt,[8] die Verbandsklage als abstraktes Normenkontrollverfahren, rückt der besondere Charakter der Fakten in den Vordergrund, die gar keine Beweistatsachen seien, mit denen Einzelumstände eines zu rekonstruierenden Lebenssachverhaltes dargelegt werden, weil es hierauf im abstrakten Kontrollverfahren nicht ankomme, sondern sog. **Normtatsachen,** deren Ermittlung allein dem Gericht obliege. Zuzustimmen ist *E. Schmidt* in der besonderen Qualifizierung der im abstrakten Kontrollverfahren relevanten Fakten. Nicht mit der Doppelnatur vereinbar ist hingegen, dem Gericht die Aufgabe zu übertragen, mit Hilfe der Sozialempirie die notwendigen Daten zu ermitteln. Die Lösung ist vielmehr in einer, dem **Charakter** der Tatsachen angemessenen, Beweislastverteilung zu suchen.

Der klagende Verband hat als Herr des Verfahrens alle Fakten beizubringen, die er aus der Sphäre 5
derjenigen beitragen kann deren Freiheit beschränkt wird. Dem Verwender oder Aufsteller obliegt es darzutun, welche Überlegungen sich hinter der freiheitsbeschränkenden Regelung verbergen. Der bloße formale Verweis auf eine Sicherung seiner Rechtsposition innerhalb des rechtlich Zulässigen reicht dazu nicht aus. Er muss vielmehr konkret-generelle Branchenbelange offen legen, die hinter der Beschränkung der Vertragsfreiheit stehen. Ihm obliegt die **Begründungslast,** nicht nur hinsichtlich jeder Abweichung vom dispositiven Gesetzesrecht, sondern auch hinsichtlich der Rationalität der eingefügten Klauseln. Insoweit erfordert das Gemeinschaftsrecht eine Verteilung nach Sphären,[9] wodurch es zwar die Anforderungen an die Entscheidungsfindung erhöht, aber eine **höhere Rationalität** der Entscheidung durch die vorhandene größere Sachnähe, und damit die Übertragbarkeit des im Verbandsklageverfahren gefundenen Ergebnisses auf das Individualverfahren, begünstigt, § 1 Rn. 17.

II. Die Feststellungsklage und das besondere Feststellungsinteresse

Für eine Feststellungsklage seitens einer nach § 3 Abs. 1, 2 zur Unterlassungs- oder Widerrufsklage befugten Partei **gegen einen Verwender oder Empfehler** fehlt stets das Feststellungsinteresse.[10] Die durch § 1 speziell bestimmte Unterlassungs- und Widerrufsklagemöglichkeit ist vorrangig und auch das ausschließliche Rechtsschutzmittel, weil man nur durch ein auch vollstreckbares Unterlassungs- bzw. Widerrufsgebot die gesetzlich besonders bezweckte „Breitenwirkung" des § 11 erreichen kann.[11] Unzulässig ist fernerhin auch die Klage auf Feststellung der Zulässigkeit einer noch nicht verwendeten oder empfohlenen Klausel.[12]

Ein **Verwender oder Empfehler dagegen** kann ein hinreichendes Interesse an einer Feststel- 7
lungsklage haben, wenn er wegen seiner AGB verwarnt bzw. abgemahnt worden ist;[13] denn das ist im Allgemeinen das einzige ihm bleibende und deshalb auch notwendige rechtliche Mittel um sich gegen die Berühmung eines Unterlassungs- oder Widerrufsanspruchs zu wehren und sich aus eine gerichtliche Klärung der Rechtslage zu erwirken. Die Klage richtet sich negativ auf Feststellung des Nichtbestehens eines Unterlassungs- bzw. Widerrufsanspruchs-Rechtsverhältnisses, kann aber auch positiv auf Feststellung der nicht zu beanstandenden Wirksamkeit der betreffenden AGB gewendet werden, ohne dass dies als unzulässige Feststellung eines bloßen Elements eines Rechtsverhältnisses angesehen werden könnte.[14] Auf diese Weise wird in umgekehrter Partei- und Fragestellung über den Anspruch nach § 3 rechtskräftig entschieden, so dass hier Bestimmungen der §§ 3 ff. (so §§ 5, 6, 8, 9, Nr. 1 und 2, 10) entsprechend anwendbar sind.[15] Das zu einer solchen Klage nötige Feststellungsinteresse liegt vor, wenn tatsächlich eine gegenwärtig störende Rechtsunsicherheit entstanden, also die Wirksamkeit der AGB ernstlich in Frage gestellt und die Abmahnung auch bei objektiver Würdigung als eine Gefährdung zu empfinden, ist.[16] Das wird bei einer ein-

---

[8] Erstmalig entwickelt in der FS Keller, S. 672 ff.
[9] Vgl. ähnlich schon *Bultmann,* Verklagen oder Verhandeln, S. 49, 50.
[10] So auch *Ulmer/Brandner/Hensen* Rn. 18 u. *Stein* Anm. 2.
[11] Zur anderen u. üblichen Rechtslage im Wettbewerbsrecht vgl. *Hefermehl/Köhler/Bornkamm* § 8 UWG Rn. 2.18 f. u. *Pastor* Wettbewerbsprozess, 1980, S. 529; *Ulmer/Brandner/Hensen* Rn. 18.
[12] LG Köln NJW-RR 2002, 703.
[13] So auch *Palandt/Bassenge* Rn. 13; *Löwe/v. Westphalen/Trinkner* § 13 AGBG Rn. 60; *Ulmer/Brandner/Hensen* Rn. 18; *Schlosser/Coester-Waltjen/Graba* § 13 Rn. 20; zu § 13 Abs. 1 UWG vgl. BGH NJW 1969, 2046, 2047 f. Anders *Stein* Anm. 5.
[14] So im Ergebnis auch *Palandt/Bassenge* Rn. 13 und *Schlosser/Coester-Waltjen/Graba* § 13 AGBG Rn. 20, die das eine „abgekürzte" Form nennen.
[15] Vgl. dazu die Kommentierung bei den einzelnen Vorschriften, zu pauschal *Palandt/Bassenge* Rn. 13; zu weitgehend *Schlosser/Coester-Waltjen/Graba* § 13 AGBG Rn. 20, der „die §§ 13 ff. grundsätzlich analog" anwenden will, und *Sieg* VersR 1977, 489, 492, der eine entspr. Anwendung der „Verfahrensvorschriften der §§ 14 ff. befürwortet.
[16] Allgemein zu diesen Anforderungen an das Feststellungsinteresse *Stein/Jonas/Schumann* § 265 ZPO Rn. 65 m. w. Nachw.

deutigen Abmahnung seitens einer nach § 3 Abs. 1 UKlaG zuständigen Partei regelmäßig der Fall sein.

8 Wenig erörtert ist bislang die Frage, ob der **Vertragspartner des AGB-Verwenders** Feststellungsklage erheben kann. Deren Inhalt bestünde darin, dass der Verwender sich ihm gegenüber auf die im Verbandsklageverfahren für unwirksam erklärte Klausel nicht berufen kann. Das Feststellungsinteresse ist zu bejahen, weil andernfalls die mögliche Verwendung in Form der Berufung auf den Altvertrag wie ein Damoklesschwert über ihm hinge. Ein systematischer Bruch mit dem Konzept der den Verbänden zugewiesenen Unterlassungsklage läge dagegen nicht vor, weil die Feststellungsklage und das Feststellungsinteresse ohne ein bereits geführtes Verbandsklageverfahren nicht bestehen.

III. Die Abmahnung

9 **1. Verfahren.** Eine **vorprozessuale Abmahnung** bzw. Verwarnung gegenüber dem Verwender oder Empfehler ist keine Voraussetzung für die Zulässigkeit oder Begründetheit der Klage, sondern **schützt** den Kläger nur **vor dem Kostenrisiko des § 93 ZPO**. Nach § 12 I UWG soll der Anspruchsberechtigte den Schuldner vor der Einleitung des gerichtlichen Verfahrens abmahnen. Dadurch erhält dieser die Gelegenheit den Streit ohne Kostenrisiko durch die Abgabe einer bewehrten Unterlassungserklärung beizulegen. Damit kann die Frage einer Klageveranlassung geklärt werden, so dass der Anspruchsberechtigte bei unterlassener Abmahnung und sofortigem Anerkenntnis des Beklagten gem. § 93 ZPO mit den Prozesskosten belastet wird.[17] Wiewohl das AGB-Recht eine solche Abmahnung eigentlich nicht kennt, hat sie sich in der **Praxis durchgesetzt**.[18] Auch die Richtlinie 98/27/EG über die grenzüberschreitende Unterlassungsklage unterstützt in Art. 5 die Mitgliedstaaten darin, dem Gerichtsverfahren ein gesondertes Vorverfahren vorzuschalten.[19] Eine ordnungsgemäße Abmahnung[20] setzt voraus, dass die Rechtsverletzung, also die Verwendung bzw. Empfehlung der beanstandeten AGB-Klausel(n), genau bezeichnet und kurz, aber hinreichend klar begründet wird, wobei in den Fällen des § 309 BGB schon allein der Hinweis auf die entsprechende Gesetzesbestimmung genügen kann; dazu muss ein bestimmtes Unterlassungs- bzw. Beseitigungsverlangen mit einer allgemeinen gerichtlichen Verfahrensandrohung für den Fall kommen, dass der Adressat die verlangte Erklärung samt deren Sicherung durch das dazu geforderte Vertragsstrafversprechen nicht erteilt, wobei dafür eine angemessene Prüfungs- und Erklärungsfrist gegeben werden muss.[21] Zur Klageerhebung „Veranlassung gegeben" hat der Beklagte dann, wenn er der berechtigten Abmahnung nicht unbedingt und uneingeschränkt und ohne den zeitlichen Vorbehalt einer „Aufbrauchsfrist" (dazu anschl. Rn. 21) nachkommt (allg. dazu § 1 Rn. 42ff.), wobei eine zu weit gehende Abmahnung nicht für insgesamt unwirksam angesehen werden kann, sondern entsprechend den für eine Mahnung (§ 284 BGB) anerkannten allgemeinen Grundsätzen in ihrem rechtmäßigen Rahmen gilt, sofern dieser nur hinreichend bestimmt bzw. bestimmbar ist. Das Abmahnverlangen kann und sollte sich nach dem Grundsatz des § 9 Nr. 3 auch darauf richten, die Verwendung (wie entspr. die Empfehlung) „inhaltsgleicher" AGB-Bestimmungen gleichfalls zu unterlassen (dazu § 9 Rn. 4). Für den Zugang der Abmahnung ist nicht auf den tatsächlichen Zugang abzustellen. Die einschlägige Rechtsprechung aus dem UWG ist insofern auf das UKlaG zu übertragen.[22] Danach ist maßgebend, ob der Abmahnende aus seiner Sicht alles Notwendige getan hat, um einen Prozess zu vermeiden. Zustellungsmängel können dann nicht zu seinen Lasten gehen. Der Nachweis der Einlieferung in Form des Einschreibebelegs reicht deshalb aus.

---

[17] BGH NJW 1989, 1673, 1675; *Palandt/Bassenge* Rn. 6; *Löwe/v. Westphalen/Trinkner* § 15 AGBG Rn. 11 ff.; *Ulmer/Brandner/Hensen* Rn. 6; *Schlosser/Coester-Waltjen/Graba* § 15 AGBG Rn. 56 ff. und *Staudinger/Schlosser* § 1 Rn. 37 ff.; *Bunte* DB 1980, 481 f. Zu den maßgebenden UWG-Grundsätzen vgl. *Hefermehl/Köhler/Bornkamm* § 12 Rn. 2.118; *MünchKommUWG/Ottofülling* § 12 Rn. 104 ff.; *Harte/Henning/Brüning* § 12 UWG Rn. 10 ff.; *Fezer/Büscher* § 12 UWG Rn. 35 ff.; und *Pastor* Wettbewerbsprozess, 1980, S. 11 ff. und *Jennewein* WRP 2000, 129 ff.

[18] Insofern haben sich die seiner Zeit vorgebrachten Einwände erübrigt, *Bohle/Micklitz* BB Beil. 11/1983, 18 f.

[19] Vgl. *Micklitz/Rott*, in: *Grabitz/Hilf II/Wolf*, A 25 Art. 5 Rn. 10.

[20] Für den Zugang der Abmahnung ist nicht wie sonst bei einer empfangsbedürftigen Willenserklärung der Absender beweispflichtig. So auch OLG Düsseldorf WRP 1973, 595; OLG Karlsruhe WRP 1982, 351 f.; OLG Stuttgart WRP 1983, 644 f.; OLG Celle, mitgeteilt bei *Schröder* WRP 1983, 606. Anders allein KG DB 1982, 1611 f.

[21] Vgl. BGH LM AGBG § 13 Nr. 10 = NJW 1982, 2311, 2312; OLG Stuttgart WRP 1983, 362; *Löwe/v. Westphalen/Trinkner* § 15 AGBG Rn. 13; *Ulmer/Brandner/Hensen* Rn. 3.

[22] Vgl. OLG Düsseldorf WRP 1973, 595; OLG Saarbrücken WRP 1990, 373; OLG Karlsruhe WRP 1993, 42. Einschlägige Rechtsprechung aus dem AGB-Bereich liegt nicht vor.

Anwendung der Zivilprozessordnung und anderer Vorschriften 10–13 § 5 UKlaG

Bei einer beanstandeten AGB-Verwendung ist weiter die **Verpflichtungserklärung** zu verlangen, dass sich der Verwender bei früher abgeschlossenen, noch nicht abgewickelten sog. Altverträgen nicht auf die Geltung der unwirksamen AGB beruft (vgl. dazu § 1 Rn. 33 f. und zuvor Rn. 6),[23] und weiter ist dabei die Vereinbarung der Geltung der Unterlassungspflicht zugunsten der einzelnen Kunden des Verwenders zu fordern, damit die vom Gesetz besonders bezweckte und in § 11 (S. 1) als Rechtskrafterstreckung bestimmte Breitenwirkung wenigstens auf materiellrechtliche Weise erreicht werden kann.[24] Nur in Ausnahmefällen kann sich eine Abmahnung als nutzlos oder unzumutbar erübrigen, etwa bei einem notorisch unnachgiebigen Verletzer, u. U. auch bei offenkundig vorsätzlichem und dazu weiter entschlossenem Handeln oder bei solcher Dringlichkeit, dass ein auch nur kurzfristiges Abwarten nicht verlangt werden kann, zB wenn die AGB in schwerwiegender Weise unwirksam sind und umgehend eine breite Wirkung (im Wege einer Empfehlung oder besonderen Verwendungsaktion) entfalten.[25] 10

2. Rechtsgrundlage für den Kostenerstattungsanspruch. Die mit einer Abmahnung verbundenen **Kosten** fallen bei einem anschließenden Rechtsstreit gem. § 91 ZPO der unterliegenden Partei zur Last. Hat eine begründete Abmahnung außergerichtlich Erfolg gehabt, so steht dem abmahnenden Teil ein materiellrechtlicher Anspruch auf **Erstattung** der notwendigen Aufwendungen zur zweckdienlichen Rechtsverfolgung zu. Dies ergibt sich nunmehr aus der Regelung des § 12 Abs. 1 S. 2 UWG, die die gefestigte BGH-Rechtsprechung[26] und auch die in der UWG-Literatur herrschende Meinung[27] festschreibt. Die dort entwickelten Grundsätze wurden bereits vor der Verabschiedung des UWG 2004 von der **AGB**-Literatur weitgehend übernommen.[28] Gleiches muss für den neugeschaffenen § 12 Abs. 1 S. 2 UWG gelten. 11

3. Art und Höhe der Kostenerstattung. Nach § 12 Abs. 1 S. 2 UWG sind die **erforderlichen** Kosten der Abmahnung zu erstatten. Dabei handelt es sich grundsätzlich um die Kosten, die tatsächlich entstanden sind.[29] Hier dürfen abmahnende Verbände auch **Anwaltsgebühren** geltend machen. Dabei ist jedoch zu beachten, dass dies nur in Ausnahmefällen in Betracht kommt, sofern die Umstände des Einzelfalls solche Besonderheiten tatsächlicher und rechtlicher Art ausweisen, dass der Verband mit seiner Ausstattung und Erfahrung nicht in der Lage ist, das Geschehen korrekt zu bewerten.[30] 12

Die im UWG-Bereich entwickelten Grundsätze sind auf Grund des Verweises in § 5 auch anwendbar. Die Erforderlichkeit der Kosten ist dabei vergleichbar mit der Notwendigkeit der Kosten nach § 91 Abs. 1 S. 1 ZPO bei einer Rechtsverfolgung oder Rechtsverteidigung.[31] Notwendige erstattungsfähige Kosten sind auch die Geltendmachung einer Pauschale, in die Personal- und Sachgemeinkosten eingehen, soweit sie der Abmahntätigkeit zurechenbar sind.[32] Dabei kann der Berechtigte nach gefestigter Rechtsprechung eine entsprechende Pauschalvereinbarung mit einem 13

---

[23] Vgl. Löwe/v. Westphalen/Trinkner § 15 AGBG Rn. 13 und Ulmer/Brandner/Hensen Rn. 3.
[24] Vgl. auch Schlosser/Coester-Waltjen/Graba § 13 AGBG Rn. 58 und Löwe/v. Westphalen/Trinkner § 15 AGBG Rn. 13 (aE), § 21 AGBG Rn. 18.
[25] Vgl. Löwe/v. Westphalen/Trinkner § 15 AGBG Rn. 14 m. weit. Nachw. Zu den entspr. UWG-Grundsätzen näher Hefermehl/Köhler/Bornkamm § 12 UWG Rn. 1.43 ff. m. weit. Nachw.; MünchKommUWG/Ottofülling § 12 Rn. 115 ff.; Fezer/Büscher § 12 UWG Rn. 19. Dringlichkeit wird hier seltener sein als im UWG, aber auch nicht so rar, dass sie „kaum vorstellbar" ist, so aber Schlosser/Coester-Waltjen/Graba § 13 AGBG Rn. 59 und Ulmer/Brandner/Hensen Rn. 1. Für die Notwendigkeit einer Abmahnung selbst bei vorsätzlichem Wettbewerbsverstoß OLG München WRP 1983, 45 f.
[26] BGHZ 52, 393, 395 ff. = NJW 1970, 243, 244 f.; BGH LM BRAGO § 32 Nr. 6 = NJW 1973, 901 ff.; BGH NJW 1981, 224; BGH NJW 1984, 2525; BGH GRUR 1991, 550, 552; BGHZ 115, 210.
[27] Hefermehl/Köhler/Bornkamm Rn. 4; MünchKommUWG/Ottofülling § 12 Rn. 134 ff. Eser GRUR 1986, 35 ff.; dagegen Kurbjuhn NJW 1970, 605 (Fotowettbewerb); Pastor Wettbewerbsprozess, 1980, S. 76 ff., 181 ff., der dazu allerdings Verschulden des abgemahnten Teils verlangt; vgl. auch noch mit einigen Differenzierungen v. Falckenstein Die Bekämpfung unlauterer Geschäftspraktiken durch Verbraucherverbände, 1977, S. 120 ff.
[28] Für einen Erstattungsanspruch sprechen sich aus: Palandt/Bassenge Rn. 6; Löwe/v. Westphalen/Trinkner § 15 AGBG Rn. 17; Wolf/Horn/Lindacher § 13 AGBG Rn. 108; Koch/Stübing Rn. 32; dagegen Reinel S. 140 ff. (der Unterlassungsanspruch werde mit dem Störungsbeseitigungsanspruch vermengt); Staudinger/Schlosser § 13 Rn. 41 (eine Schadensersatzpflicht vergleichbar § 8 Abs. 2 UWG existiere im UKlaG nicht); Ulmer/Brandner/Hensen Rn. 6; Erman/Roloff Rn. 7 (Kostenüberwälzung stehe im Widerspruch zu § 93 ZPO).
[29] MünchKommUWG/Ottofülling § 12 Rn. 154 m. w. Nachw.; Harte/Henning/Retzer § 12 Rn. 77 ff.; Fezer/Büscher § 8 UWG Rn. 49.
[30] Palandt/Bassenge Rn. 6; Wolf/Horn/Lindacher § 13 AGBG Rn. 110, MünchKommUWG/Ottofülling § 12 Rn. 162.
[31] MünchKommUWG/Ottofülling § 12 Rn. 154; Hefermehl/Köhler/Bornkamm § 12 UWG Rn. 1.92.; Harte/Henning/Brüning § 12 UWG Rn. 154; Fezer/Büscher § 12 UWG Rn. 50.
[32] Wolf/Horn/Lindacher § 13 AGBG Rn. 106; Fezer/Büscher § 12 UWG Rn. 51.

Anwaltsbüro treffen und diese geltend machen.[33] Kostendeckend sind die vom Gericht angesetzten Pauschalen nicht und sollen es auch nicht sein. Der pauschalierte Aufwendungsersatz für die Wettbewerbszentrale (= Zentrale für die Bekämpfung unlauteren Wettbewerbs e. V.), betrug im Jahr 2006 € 189,– bzw. € 277,– (jeweils inklusive 7% MWSt.) inkl. des Einigungsstellenverfahrens.[34] Wenn auch die Bemessungskriterien seit 1979 die gleichen geblieben sind, so erscheint angesichts der Preisentwicklung ein Betrag von € 250,– notwendig, aber auch angemessen.[35]

14   **4. Zur Erstattung der Kosten der Rechtsverfolgung.** Die Frage ist, ob nicht, angestoßen durch die **Richtlinie 93/13/EWG**, eine Neubewertung der Kosten der Rechtsverfolgung erfolgen muss. Man könnte durchaus die Frage stellen, ob zu den „angemessenen Mitteln" nicht nur die Verankerung von Unterlassungs- und Widerrufsklage und eventuell eines vorläufigen Rechtsschutzes gehört, sondern auch die für die Durchführung der Aufgabe notwendige finanzielle Ausstattung. Denkbar wäre durchaus, im Einklang mit den aktuellen ordnungspolitischen Strömungen, die **Kostenverursacher**, nämlich die Verwender oder Empfehler von AGB, auch finanziell in die Pflicht zu nehmen. Rechtlicher Aufhänger für die Umsetzung eines so verstandenen Verursacherprinzips wäre die GoA, die in gemeinschaftskonformer Auslegung die berechtigte Frage erlaubt, ob der Verwender bzw. Empfehler als Verursacher und Auslöser der privatrechtlichen Kontrollkompetenz dem legitimierten Verband die, zur Ermittlung und Bearbeitung von Verstößen gegen die §§ 305 ff. BGB aufgewandten, **Personalkosten** zu ersetzen hat.[36] Es ist dann eine Frage der internen Berechnung, wie sich die für die Rechtsverfolgung konkret angefallenen Personal- und wohl auch Sachkosten berechnen lassen.

IV. Die Zwangsvollstreckung aus Unterlassungs- und Widerrufstiteln

15   Die Möglichkeit einer Zwangsvollstreckung gewährleistet erst die Effektivität des AGB-Kontrollverfahrens. Deshalb müsste auch die Einhaltung von Unterlassungstiteln systematisch überprüft werden, was aber vor allem deshalb nicht geschieht, weil die im Wege des § 890 ZPO eingetriebenen Beträge an die Staatskasse abgegeben werden müssen und so für die aktiven Verbraucherverbände den ökonomischen Anreiz fehlt, die Überwachungsanstrengungen zu intensivieren. Anders verhält es sich bei Vertragsstrafen. Diese fallen in den Haushalt der Verbraucherorganisationen. Das Vollstreckungsverfahren bestimmt sich nach dem 8. Buch der ZPO (§§ 704 ff.), ergänzt um einige speziell zur Zwangsvollstreckung in Wettbewerbssachen entwickelte Grundsätze. Für die allgemeinen Voraussetzungen und Strukturen der Unterlassungs- und Widerrufs(-handlungs-)vollstreckung darf pauschal auf die maßgebende Literatur zur ZPO verwiesen werden.

16   **1. Unterlassungsvollstreckung.** Die Unterlassungsvollstreckung gegen den Verwender oder Empfehler unwirksamer AGB richtet sich **nach § 890 ZPO** (vgl. aber noch Rn. 23). Dabei muss gem. § 890 Abs. 2 ZPO eine entsprechende Androhung vorausgehen, die auf Antrag vom Prozessgericht erster Instanz (§ 6) erlassen wird, wenn sie nicht bereits im Unterlassungstitel selbst zugesprochen ist.[37] Diese zweite Möglichkeit ist einfacher und auch effektiver, weil eine Zwangsvollstreckung nur wegen solcher Zuwiderhandlungen in Betracht kommt, die nach dieser Androhung begangen werden. Handelt der Schuldner alsdann seiner Unterlassungsverpflichtung zuwider, so ist er gem. § 890 Abs. 1 ZPO wegen einer jeden Zuwiderhandlung auf Antrag des Gläubigers vom Prozessgericht erster Instanz (§ 6) zu einem Ordnungsgeld bis zu € 250 000,– mit Ersatzordnungshaft oder zu Ordnungshaft bis zu sechs Monaten zu verurteilen, wobei die Ordnungshaft insgesamt zwei Jahre nicht übersteigen darf. Vor der (Beschluss-)Entscheidung ist der Schuldner zu hören, § 891 ZPO. Die Festsetzung und Vollstreckung eines Ordnungsmittels setzt nach hM eine schuldhafte Zuwiderhandlung voraus.[38]

---

[33] Vgl. BGH NJW-RR 1994, 302; BGHZ 115, 210 ff.; BGH NJW 1992, 429, so auch MünchKommUWG/ *Ottofülling* § 12 Rn. 166.

[34] *Hefermehl/Köhler/Bornkamm* Einl. Rn. 2.29; MünchKommUWG/*Ottofülling* § 12 UWG Rn. 166.

[35] Eine ausführliche Darstellung der Berechnungskriterien findet sich in LG Berlin WRP 1979, 819 ff., die noch heute Gültigkeit beanspruchen können, nur sind die dort zugrundegelegten Beträge nicht mehr aktuell.

[36] Der BGH hat diese Möglichkeit nur für die Ansprüche der GEMA auf Ersatz der Kontrollkosten anerkannt, BGHZ 17, 376; BGHZ 59, 286 und gemeinsam mit dem Schrifttum immer wieder den Ausnahmecharakter betont; BGHZ 66, 112.

[37] Zur Kontroverse, ob die Androhung bereits in einen Prozessvergleich aufgenommen werden kann, vgl. *Stein/Jonas/Münzberg* § 890 ZPO Rn. 12 u. *Blomeyer*, Zivilprozessrecht, Vollstreckungsverfahren, 1975, § 95 I 2.

[38] Zu dieser durch die Neufassung des § 890 ZPO (Ordnungsgeld und Ordnungshaft statt Geldstrafe und Strafe der Haft) sicher nicht entschiedenen Frage vgl. *Stein/Jonas/Münzberg* § 890 ZPO Rn. 22 u. eingehend *Blomeyer*, Zivilprozessrecht, Vollstreckungsverfahren, 1975, § 92 II ff.; vgl. noch *Pastor* Unterlassungsvollstre-

a) Zuwiderhandlung „im Kern". Untersagt ist das **„Verwenden"** (dazu § 1 Rn. 19 ff.) und **17** das **„Empfehlen"** (dazu § 1 Rn. 33 ff.) der beanstandeten Bestimmung (als AGB, vgl. § 1 Rn. 9). Ein „Verwenden" iS des § 1 und damit eine Zuwiderhandlung liegt vor, sobald der Schuldner seine AGB im vorvertraglichen Stadium, etwa mit Angeboten oder Aufforderungen zur Abgabe von Angeboten, in den Rechtsgeschäftsverkehr gebracht hat, während die noch davor liegenden Vorbereitungsmaßnahmen zwar schon bei konkreter Gefahr der Verwendung mit einer Unterlassungsklage unterbunden, aber noch nicht als Zuwiderhandlung mit Vollstreckungssanktion belegt werden können, vgl. § 1 Rn. 19 ff. Bei dieser Ausweitung des Begriffs „verwenden" in den vorvertraglichen rechtsgeschäftlichen Bereich kommt es zwangsläufig nicht mehr darauf an, ob anschließend eine wirksame oder unwirksame Einbeziehung in den Vertrag erfolgt oder die zum Vertragsschluss führende Annahmeerklärung von dem Verwender oder dem Kunden ausgeht. Ein „Verwenden" und deshalb eine Zuwiderhandlung liegt nach heutigem Verständnis auch vor, wenn sich der Verwender nach dem Unterlassungsgebot bei der Abwicklung eines früher geschlossenen Vertrages auf die damals verwendeten AGB beruft (vgl. § 1 Rn. 33 f.). Ohne dass der Urteilstenor ausdrücklich so weit gefasst ist, gilt diese Ausweitung des Inhalts des Unterlassungsgebots dann auch und ist damit für die Zwangsvollstreckung maßgebend. Aber aus Gründen der Klarheit vor allem für die Frage des erforderlichen Verschuldens sollte schon der Urteilstenor (wie auch der Klageantrag) ausdrücklich weit gefasst sein (vgl. § 9 Rn. 3, auch zu den Risiken eines möglicherweise zu eng gefassten Tenors). Zum Ende der Wirkung eines Unterlassungsurteils und damit zur fehlenden Zuwiderhandlung ab dem Zeitpunkt der Klagemöglichkeit nach § 10 vgl. dort Rn. 3 ff.

Der **nähere Inhalt der Unterlassungspflicht** ergibt sich zunächst aus dem gem. § 9 Nr. 1, 2 **18** gefassten Titel mit dem angegebenen „Wortlaut" der beanstandeten Bestimmung und der „Bezeichnung der Art der Rechtsgeschäfte", für die die AGB-Regelung nicht verwendet (und entspr. nicht empfohlen) werden darf. Dazu tritt das gem. § 9 Nr. 3 vorgeschriebene Gebot, die Verwendung (und entspr. die Empfehlung) **„inhaltsgleicher Bestimmungen"** zu unterlassen. Diese zunächst ungenau erscheinende Ausweitung der Unterlassungspflicht im Urteilstenor bringt nur die in der Unterlassungsvollstreckung längst und auch ohne einen solchen Titelausspruch anerkannte sog. **Kerntheorie** zum Ausdruck, wie sie vor allem zum Wettbewerbsrecht und zum gewerblichen Rechtsschutz entwickelt worden ist. Danach umfasst das Unterlassungsgebot außer der genau bestimmten (Zuwider-) Handlung auch jede andere Handlung, wenn diese „den Kern" der Verletzungshandlung „unberührt lässt" und „kein Zweifel bestehen" kann, „dass das Gericht die veränderte Verhaltensform ebenso beurteilt hätte".[39] Die im Einzelfall nötige Konkretisierung und Klärung, für die auf die Gründe des Unterlassungsurteils zurückgegriffen werden kann, liegt bei dem für die Zwangsvollstreckung zuständigen Prozessgericht der ersten Instanz in den richtigen Händen.

Bei untersagten Klauseln mit absoluten Zahlenangaben, etwa mit § 309 Nr. 9 BGB unvereinbaren überlangen Fristen, stößt man allerdings an die Grenzen der Kerntheorie, wenn die Frist in einer **19** neugefassten Klausel zwar erheblich kürzer, aber immer noch länger als gesetzlich erlaubt ist; hier reicht der „Kern" der verbotenen früheren Klausel nicht ohne weiteres so weit, bis die rechtlich zulässige Frist erreicht ist. Für diese Fälle besteht nur der Ausweg, sich bei Klageantrag und Urteilstenor nicht auf die Angabe der zu verbietenden bzw. verbotenen unwirksamen Klausel zu beschränken, sondern hinzuzufügen, dass auch jede andere Klausel davon umfasst ist, die das bestimmte Höchstmaß überschreitet.[40] Bei zweifelhaft bleibenden Grenzfällen und ebenso bei einem besonderen Bedürfnis nach einer grundsätzlichen Klärung besteht die Möglichkeit einer Feststellungsklage (u. U. auch seitens des Schuldners) gem. § 256 Abs. 1 ZPO zum Zwecke der genauen Ausdeutung des Titels.[41] Es kann auch eine neue Unterlassungsklage in Betracht kommen,[42] während eine Vollstreckungsgegenklage des Schuldners ausgeschlossen ist.[43]

b) Handeln und Unterlassen. Der Schuldner kann seiner Unterlassungspflicht nicht nur durch **20** Handeln, sondern **auch durch Untätigkeit „zuwiderhandeln"**, weil er die Unterlassung als „Nicht-Tun" schuldet; dazu und zur u. U. schon möglichen Erwirkung eines darauf gerichteten

---

ckung, 1983, S. 189 ff. Anders etwa *Baumbach/Lauterbach/Hartmann* § 890 ZPO Rn. 21, 22; *Böhm,* Die Zwangsvollstreckung nach § 890 ZPO, 1971; *Lindacher* ZZP 85 (1972), 239 f.

[39] *Stein/Jonas/Münzberg* § 890 ZPO Rn. 33; dagegen unter Berufung auf Art. 103 Abs. 2 GG u. § 308 ZPO vor allem *Schubert* ZZP 85 (1972), 29 ff.

[40] Vgl. *Schlosser/Coester-Waltjen/Graba* § 17 AGBG Rn. 1 und *Staudinger/Schlosser* § 9 Rn. 5; *Koch/Stübing* § 17 AGBG Rn. 3 f.; *Ulmer/Brandner/Hensen* Rn. 15.

[41] BGH BGHZ 5, 189, 194 = NJW 1952, 665; näher dazu m. weit. Nachw. *Pastor* Unterlassungsvollstreckung, 1983, S. 174 ff.

[42] BGH GRUR 1958, 359, 361.

[43] BGH LM ZPO § 767 Nr. 40 = NJW 1973, 803 f.

ausdrücklichen Handlungstitels vgl. § 1 Rn. 31. Im Grunde handelt es sich um die Frage der in concreto **richtigen Deutung des „Unterlassungs-Titels"**, der, wie die Unterlassungspflicht, nicht nur ein Unterlassen, sondern auch ein Handeln gebieten kann.[44] Insoweit kann sogar die richtige Vollstreckungsweise in Zweifel geraten. Zwar ist normalerweise auch bei einer gebotswidrigen Untätigkeit, einer Nichtvornahme der erforderlichen gefahrenbeseitigenden Handlung, die reaktive Vollstreckung nach § 890 ZPO maßgebend. Aber wenn ersichtlich nur eine einzige Beseitigungshandlung zur Erfüllung der Unterlassungspflicht in Betracht kommt, erscheint es eher sachgerecht, diese Handlungspflicht wie bei einem Handlungstitel gem. § 888 ZPO zu vollstrecken. Das ist in zweierlei Hinsicht bedeutsam: Zum einen kann der Gläubiger dann den Einsatz des Beugezwangs nicht mehr erwirken, wenn der Schuldner die Handlung zwar nach der Androhung, aber vor der Festsetzung der Zwangsmittel noch vorgenommen hat;[45] zum anderen – und das ist für den Gläubiger günstiger – kann er bei einer vom Schuldner zu leistenden vertretbaren Handlung nach Maßgabe des § 887 ZPO den Vollstreckungserfolg durch Ersatzvornahme herbeiführen.

21   **c) Keine sog. Aufbrauchsfrist.** Im AGB-Verfahren kommt für den Schuldner nach einhelliger Meinung **keine sog. Aufbrauch- oder Umstellungsfrist** in Betracht.[46] Diese rein prozessuale Maßnahme eines besonderen Vollstreckungsaufschubs ist im Wettbewerbsrecht seit langem bekannt und anerkannt und kann dem Schuldner (wohl schon im Erkenntnisverfahren wie auch dann im Vollstreckungsverfahren)[47] zugebilligt werden, wenn er durch die an sich vorgeschriebene sofortige Befolgung des Unterlassungsgebots erhebliche geschäftliche Nachteile erleiden würde, die außer Verhältnis zu dem damit verbundenen Schaden des Gläubigers stünden.[48] Im AGB-Recht kann es normalerweise nicht zu so erheblichen Beeinträchtigungen der Interessen des Schuldners kommen, wie sie im Wettbewerbsrecht, vor allem bei den sog. materialgebundenen Unterlassungspflichten, die Folge sein können. Höchstens in wenigen Ausnahmen, etwa bei einer größeren und noch nicht abgesetzten Ausgabe eines Formularbuchs mit AGB-Empfehlungen, mag das einmal anders sein.[49] Doch dann ist in jedem Fall das öffentliche **Verhinderungsinteresse** gewichtiger als das private Aufbrauchsinteresse, weil gerade bei einem größeren Formularvorrat mit unwirksamen AGB eine besonders große Gefahr für das Publikum besteht. Wer in Abweichung vom schließlich vorhanden (dis-)positiven Recht und seinen Grundsätzen zu Lasten zahlreicher Dritter disponiert bzw. zu disponieren empfiehlt, dem kann schon aus Gründen der präventiven Wirkung das Risiko von Fehldispositionen nicht durch eine Aufbrauchsfrist abgenommen oder erleichtert werden. Für die Zeit der vorläufigen Vollstreckbarkeit kann eine Aufbrauchsfrist in Betracht kommen, wenn auf Dauer gerichtete Vertragsverhältnisse begründet werden sollen.[50] Schon wegen des möglichen Schadensersatzanspruchs aus § 717 Abs. 2 ZPO ist sie überdies zweckmäßig. Im Gegenzug sollte dann aber in den AGB auf das vorliegende Urteil zur Unwirksamkeit der Klausel und die Möglichkeit einer anderen Entscheidung in der Rechtsmittelinstanz hingewiesen werden.

22   **2. Widerrufsvollstreckung.** Die Widerrufsvollstreckung gegen den Empfehler geschieht nach hM **gem. § 888 Abs. 1 ZPO**,[51] wiewohl die Person des Schuldners dabei keineswegs immer von besonderer Bedeutung ist und deshalb, vor allem im Hinblick auf den Widerruf im Wege einer Urteilsbekanntgabe (vgl. § 9 Nr. 4), eher eine ebenso wirksame Bekanntgabebefugnis des Gläubigers

---

[44] Dazu näher *Dietrich*, Die Individualvollstreckung, 1976, S. 125, 137 ff., 139 ff.
[45] Dazu *Blomeyer*, Zivilprozessrecht, Vollstreckungsverfahren, 1975, § 92 IV (dort auch zu den Strukturunterschieden Handlungs- und Unterlassungsvollstreckung); im Ergebnis so auch OLG Düsseldorf GRUR 1970, 376, 377 u. schon KG GRUR 1956, 87, 88.
[46] BGHZ 86, 284, 299 = NJW 1983, 1322, 1326; *Löwe/v. Westphalen/Trinkner* § 17 AGBG Rn. 40 ff., 45; *Ulmer/Brandner/Hensen* Rn. 3 und § 9 Rn. 11; *Koch/Stübing* § 17 AGBG Rn. 7. *Bohle/Micklitz* BB Beil. 11/1983, 20 beklagen, dass die Verwender und Empfehler in der Praxis durch langwierige Verhandlungen im Rahmen des Abmahnverfahrens im Ergebnis doch eine Aufbrauchsfrist in Anspruch nehmen.
[47] Vgl. *Pastor* Wettbewerbsprozess, 1980, S. 888; *Hefermehl/Köhler/Bornkamm* § 8 UWG Rn. 1.58 ff.; *Fezer/Büscher* § 8 UWG Rn. 14, 122 ff.; MünchKommUWG/*Fritzsche* § 8 Rn. 116 ff.; *Harte/Henning/Beckedorf* § 8 UWG Rn. 46; *Blomeyer*, Zivilprozessrecht, Vollstreckungsverfahren, 1975, § 95 I 5, der seinerseits für eine Entscheidung im Erkenntnisfall plädiert.
[48] Vgl. *Hefermehl/Köhler/Bornkamm* § 8 UWG Rn. 1.58, m. weit. Nachw.
[49] Zur Zurechnung dieses Falles zum Bereich der Unterlassungsverantwortung des Empfehlers vgl. § 1 Rn. 68.
[50] Vgl. OLG Frankfurt ZIP 1983, 952 = BB 1983, 1435.
[51] So allgemein zu einer Widerrufsvollstreckung BGH BGHZ 37, 189 f.; *Baumbach/Lauterbach/Hartmann* § 887 ZPO Rn. 40 (verbot „Widerruf"); *Hefermehl/Köhler/Bornkamm* § 8 UWG Rn. 1.109 m. weit. Nachw; MünchKommUWG/*Fritzsche* § 8 Rn. 199; zum AGB-Widerruf auch *Löwe/v. Westphalen/Trinkner* § 17 AGBG Rn. 39 u. *Ulmer/Brandner/Hensen* Rn. 23 Dazu m. weit. Nachw. Anh. § 12 BGB Rn. 343 f. mit Fn. 1696.

Rechtsprechung im Rahmen der §§ 8, 9, 12 UWG allerdings eine Ausnahme zugunsten der klagebefugten Verbände,[73] weil für deren öffentliche Funktion nicht die Begrenzung der individuellen Rechtsverfolgung maßgebend sein könne. Demgemäß wirkt auch im AGB-Bereich eine einmal gegebene Dringlichkeit andauernd fort, selbst wenn der Antragsteller die Rechtsverfolgung in Kenntnis der Rechtsverletzung grundlos lange verzögert hat.[74] So genügt ein längerer Zeitablauf in Kenntnis der Rechtsverletzung nicht, wenn der klagebefugte Verband etwa wegen der Vielzahl anzustrengender Verfahren nicht alsbald gegen jeden einzelnen Rechtsverletzer vorgehen kann. Soweit jedoch das Abwarten grundlos erfolgt ist, müssen auch für die Verbände die gleichen Maßstäbe wie für individuelle Antragsteller gelten.[75] Das Anliegen des öffentlichen Interesses bleibt trotzdem gewährleistet, weil regelmäßig eine größere Zahl von Verbänden klagebefugt ist und die für einzelne Verbände geltende Verneinung der Dringlichkeit andere nicht betrifft; zum jeweils selbständigen Anspruchs- und Streitgegenstand vgl. § 3 Rn. 10.

3. Einstweilige Verfügung gegen Abmahnung. Auch ein **Verwender** oder **Empfehler** kann 33 gegen einen ihn abmahnenden Verband eine einstweilige Verfügung erwirken.[76] Insoweit greift die vom Gemeinschaftsrecht her gebotene einschränkende Auslegung des Verfügungsgrundes nicht, weil die Richtlinie 93/13/EWG ein Klagerecht nur für Verbraucherorganisationen kennt. Deshalb müssen außerordentliche Umstände vorliegen, weil eine bloße – wenn auch ungerechtfertigte – Abmahnung im Allgemeinen noch nicht zu einer „wesentlichen" Beeinträchtigung führt, deren Abwendung unbedingt nötig wäre.[77] Anders kann es etwa im Falle einer wiederholten Abmahnung sein, wobei u. U. mehr die tatsächliche Belästigung als die rechtliche Wirkung abzumahnen ist.

VI. Streitwert

§ 5 Abs. 1 verweist auf die Streitwertregelung des § 12 Abs. 4 UWG. Damit wurde eine einheit- 34 liche Grundlage für das UKlaG und das UWG geschaffen. Dabei ist aber zu beachten, dass § 12 Abs. 4 UWG nur zu Wertminderungen führt und keine Auswirkung auf den Regelstreitwert haben wird. Die Rechtsprechung hat für AGB-Verbandsklageverfahren differenzierte und in der Praxis grundsätzlich taugliche Bemessungsgrundsätze ermittelt, vgl. Rn. 37 ff. Eine Änderung dieser Praxis oder gar eine Anpassung an die im UWG herrschenden Grundsätze würde, aller Voraussicht nach, zu einer Erhöhung der Streitwerte im AGB-Verfahren führen.[78]

1. Die Bedeutung der Streitwertregelung. Speziell bei den in einem besonderen öffentlichen 35 Interesse begründeten (Verbands-)Klageeinrichtungen betrifft die Streitwertregelung zugleich die effektive Wahrnehmung dieser öffentlichen Interessen.[79] Bereits die im AGB-Gesetz festgelegte **Streitwertbegrenzung** auf höchstens € 250 000,– bot Grund zur Kritik; denn diese Grenze ist einerseits praktisch bedeutungslos hoch, belässt aber andererseits ein ganz erhebliches Kostenrisiko.[80]

2. Der Anwendungsbereich des § 5 Abs. 1. Die in § 48 Abs. 1 S. 2 GKG angesprochenen 36 „Rechtsstreitigkeiten auf Grund dieses Gesetzes" sind nur die **Rechtsstreitigkeiten im Zusammenhang mit dem UKlaG** und nicht etwa auch die vertraglichen Streitigkeiten zwischen Kunden und Verwender.[81] Dazu gehören in erster Linie die Unterlassungs- und Widerrufsklagen nach § 1 und dann die besondere Vollstreckungsgegenklage nach § 10 UKlaG, genauso wie die allgemeine nach § 767 ZPO. Entsprechendes gilt für einstweilige Verfügungsverfahren. Schließlich rechnen

---

gere Untätigkeit, sondern nur bei jahrelanger unbeanstandeter Fortsetzung der Rechtsverletzung; MünchKommUWG/*Schlingloff* § 12 Rn. 387 u. *Pastor* Wettbewerbsprozess, 1980, S. 247 ff., jeweils m. weit. Nachw. Davon ist zu unterscheiden, dass in der mündlichen Verhandlung noch neue Tatsachen und Beweismittel vorgebracht werden können, die nicht zurückzuweisen sind, vgl. OLG Hamburg NJW-RR 1987, 36.

[73] Übersichtlich dazu *Hefermehl/Köhler/Bornkamm* § 12 UWG Rn. 2.17 u. *Pastor* Wettbewerbsprozess, 1980, S. 249. So für die AGB-Kontrolle auch *Ulmer/Brandner/Hensen* Rn. 10; *Löwe/v. Westphalen/Trinkner* § 15 AGBG Rn. 21; ebenso in der 3. Aufl. (aA noch in der 2. Aufl.) auch *Wolf/Horn/Lindacher*, 4. Aufl., § 13 AGBG Rn. 124 wegen des Vorranges des öffentlichen Interesses an der zügigen Eliminierung unbilliger AGB.
[74] So *Schlosser/Coester-Waltjen/Graba* § 13 AGBG Rn. 16 und *Staudinger/Schlosser* § 1 Rn. 7.
[75] So zur AGB-Kontrolle auch *Palandt/Bassenge* Rn. 10. Desgleichen zum Wettbewerbsrecht *Hefermehl/Köhler/Bornkamm* § 12 UWG Rn. 3.17 u. *Pastor* Wettbewerbsprozess, 1980, S. 249.
[76] Vgl. LG Mannheim WRP 1967, 414 (zu § 15 WZG).
[77] Anders anscheinend *Schlosser/Coester-Waltjen/Graba* § 13 AGBG Rn. 18, der eine solche einstweilige Verfügung wie selbstverständlich darstellt.
[78] Der Regelstreitwert in UWG Verbraucherverbandsklageverfahren beträgt circa € 15 000,–.
[79] Vgl. dazu allgemein u. rechtsvergleichend *Homburger/Kötz*, Klagen Privater im öffentlichen Interesse, 1975, S. 72 ff.
[80] Schon *Löwe/v. Westphalen/Trinkner* § 15 AGBG Rn. 1; *Koch/Stübing* Rn. 1; *Stein* Anm. 1.
[81] So auch *Löwe/v. Westphalen/Trinkner* § 15 AGBG Rn. 5; *Koch/Stübing* Rn. 2.

hierher auch Feststellungs- und Unterlassungsklagen seitens eines Verwenders oder Empfehlers gegen eine nach § 3 Abs. 1 UKlaG zuständige Partei wegen deren Abmahnung.[82]

37 **3. Die Streitwertbestimmung.** Die Streitwertbestimmung erfolgt grundsätzlich durch Beschluss des Gerichts. Entscheidend ist damit nicht die eigene Bewertung des Antragstellers, sondern eine objektivierte Bewertung, da es geboten ist, in durchschnittlichen Fällen, regelmäßig gleiche Streitwerte anzusetzen.[83]

38 § 12 Abs. 4 UWG gestattet eine Streitminderung **von Amts wegen,** wenn die Wettbewerbssache einfach gelagert ist oder eine Belastung einer Partei mit den Prozesskosten nach dem vollen Streitwert angesichts ihrer Vermögens- und Einkommensverhältnisse nicht tragbar erscheint.

39 Maßgebend ist stets das Interesse des Klägers, wobei es für die Bewertung dieses Interesses allerdings auch auf die Bedeutung des spiegelbildlichen Gegeninteresses des Beklagten im Hinblick auf die betreffende AGB-Bestimmung ankommen kann. Zur Präzisierung kann auf die zur Verbandsklage nach § 8, 9 UWG entwickelten Grundsätze zurückgegriffen werden.[84] Danach ist bei der Klage eines Wirtschafts- bzw. Interessenverbandes regelmäßig die Summe der Interessen seiner Mitglieder entscheidend.[85] Dagegen kommt es bei der Klage eines gemeinnützigen Verbandes, etwa eines Verbraucherverbandes, der selbst keine wirtschaftlichen Interessen verfolgt, auf das Interesse der Allgemeinheit an dem Klageziel an, hier also an der Ausschaltung der betreffenden AGB-Bestimmung aus dem Rechtsgeschäftsverkehr.[86] Bei einer einstweiligen Verfügung auf Unterlassung, mit der das Hauptverfahren erledigt werden soll, ist der volle, sonst ein geringerer (etwa der halbe), Streitwert anzusetzen.[87] Der Antrag auf die Veröffentlichungsbefugnis nach § 7 UKlaG hat nach hM einen eigenen, allerdings geringen Streitwert.[88]

40 In der Literatur befürwortet man für den Regelfall bei einer Unterlassungsklage gegen einen Verwender einen Streitwert von € 3000,– je angegriffener Klausel, der im Einzelfall abhängig von der Bedeutung der angegriffenen Klausel und des beklagten Verwenders bis auf € 1500,– reduziert oder bis auf € 5000,– erhöht werden kann, während man für eine Unterlassungs- und Widerrufsklage gegen einen Empfehler den höheren regelmäßigen Streitwert von € 10 000,– vorschlägt.[89] (Bei einer gleichzeitigen Unterlassungs- und Widerrufsklage gegen einen Empfehler haben beide Ansprüche eigene Streitwerte, die gem. § 5 ZPO zusammenzurechnen sind.)[90] Bei **Folgeprozessen** kann der Streitwert niedriger sein als im ersten Verfahren.[91]

§ 6 Zuständigkeit

(1) ¹Für Klagen nach diesem Gesetz ist das Landgericht ausschließlich zuständig, in dessen Bezirk der Beklagte seine gewerbliche Niederlassung oder in Ermangelung einer solchen seinen Wohnsitz hat. ²Hat der Beklagte im Inland weder eine gewerbliche Niederlassung noch einen Wohnsitz, so ist das Gericht des inländischen Aufenthaltsorts zuständig, in Ermangelung eines solchen das Gericht, in dessen Bezirk

---

[82] So auch *Palandt/Bassenge* Rn. 14; dagegen *Löwe/v. Westphalen/Trinkner* § 15 AGBG Rn. 5 u. *Erman/Roloff* Rn. 2.
[83] OLG Celle 3. Zivilsenat v. 17. 1. 2006, Az.: 3 W 3/06.
[84] Im Einzelnen *Hefermehl/Köhler/Bornkamm* § 12 UWG Rn. 5.18 ff.; MünchKommUWG/*Schlingloff* § 12 Rn. 627 ff.; *Fezer/Büscher* § 12 UWG Rn. 172 ff.; *Harte/Henning/Retzer* § 12 UWG Rn. 781 ff.
[85] Vgl. *Pastor* Wettbewerbsprozess, 1980, S. 936 m. weit. Nachw. u. *Hefermehl/Köhler/Bornkamm* § 12 UWG Rn. 5.8 f.; *Harte/Henning/Retzer* § 12 UWG Rn. 817 ff. (Angreiferinteressen); jurisPK-UWG/*Hess* § 12 Rn. 196 ff.; *Löwe/v. Westphalen/Trinkner* § 15 AGBG Rn. 7; *Schlosser/Coester-Waltjen/Graba* § 22 AGBG.
[86] Vgl. *Lindacher* MDR 1994, 231 ff.; *Löwe/v. Westphalen/Trinkner* § 15 AGBG Rn. 8; *Schlosser/Coester-Waltjen/Graba* § 22 AGBG; entspr. zum Wert der Beschwer BGH WM 1990, 1477 = NJW-RR 1991, 179; allgemein dazu *Hefermehl/Köhler/Bornkamm* § 12 UWG Rn. 5.9.; MünchKommUWG/*Schlingloff* § 12 Rn. 641 ff.; *Harte/Henning/Retzer* § 12 UWG Rn. 932.
[87] Vgl. *Ulmer/Brandner/Hensen* Rn. 22 u. zust. *Schlosser/Coester-Waltjen/Graba* § 22 AGBG; dazu allgemein *Pastor* Wettbewerbsprozess, 1980, S. 396 ff. u. *Hefermehl/Köhler/Bornkamm* § 12 UWG Rn. 5.18; *Harte/Henning/Retzer* § 12 UWG Rn. 841 ff.
[88] Vgl. *Schlosser/Coester-Waltjen/Graba* § 22 AGBG (1/10); ebenso *Ulmer/Brandner/Hensen,* 9. Aufl., § 18 AGBG Rn. 10 allgemein dazu *Pastor* Wettbewerbsprozess, 1980, S. 946 m. weit. Nachw. (1/10–1/5). Gegen jeden selbständigen Streitwert, „wenn sich das Unterlassungs- und das Veröffentlichungsinteresse deckt", vgl. auch *Stein* Anm. 6.
[89] So *Ulmer/Brandner/Hensen* Rn. 21 ff. *Ulmer* BB 1982, 584, 586 Fn. 37; zust. *Schlosser/Coester-Waltjen/Graba* § 22 AGBG und *Staudinger/Schlosser* Rn. 2.
[90] Für einen „einheitlichen Streitwert" hier *Ulmer/Brandner/Hensen* Rn. 22 und *Löwe/v. Westphalen/Trinkner* § 15 AGBG Rn. 10. Vgl. auch *Koch/Stübing* Rn. 4.
[91] BGH NJW-RR 1991, 1074.

1. die nach den §§ 307 bis 309 des Bürgerlichen Gesetzbuchs unwirksamen Bestimmungen in Allgemeinen Geschäftsbedingungen verwendet wurden,
2. gegen Verbraucherschutzgesetze verstoßen wurde oder
3. gegen § 95b Abs. 1 des Urheberrechtsgesetzes verstoßen wurde.

(2) ¹Die Landesregierungen werden ermächtigt, zur sachdienlichen Förderung oder schnelleren Erledigung der Verfahren durch Rechtsverordnung einem Landgericht für die Bezirke mehrerer Landgerichte Rechtsstreitigkeiten nach diesem Gesetz zuzuweisen. ²Die Landesregierungen können die Ermächtigung durch Rechtsverordnung auf die Landesjustizverwaltungen übertragen.

(3) Die vorstehenden Absätze gelten nicht für Klagen, die einen Anspruch der in § 13 bezeichneten Art zum Gegenstand haben.

Schrifttum: *Lorenz,* AGB-Kontrolle bei gewerbsmäßiger Überlassung von Ferienwohnungen im Ausland, IPRax 1990, 292; *Mankowski,* Aspekte des internationalen Verbraucherschutzes beim Time-sharing-Geschäft – Anm. zu LG Dortmund, Urt. v. 31. 1. 1996, Az. 5 O 1595, VuR 1996, 392; *Micklitz/Reich,* The Basics of European Consumer Law, 2007; *Micklitz/Rott,* Vergemeinschaftung des EuGVÜ in der Verordnung (EG) 44/2001, EuZW 2001, 325; *dies.,* Vergemeinschaftung des EuGVÜ in der Verordnung (EG) 44/2001 – Teil 2, EuZW 2002, 15; *Rauscher,* Die Ferienhausentscheidung des EuGH – Unbilligkeit oder Konsequenz europäischer Rechtspflege, NJW 1985, 892; *Reich,* Anm. zum Urt. des EuGH v. 24. 2. 1999 – *Colmar,* Rev. crit. 2001, 135; *ders.,* Rechtsprobleme grenzüberschreitender irreführender Werbung im Binnenmarkt, RabelsZ 1992, 442; *Schaltinat,* Internationale Verbraucherstreitigkeiten, Unter besonderer Berücksichtigung des EuGVÜ, Europäische Hochschulschriften, 1998; *Tonner,* Das Recht des Timesharing an Ferienimmobilien, 1997; *Ulmer,* Verhandlungen des 50. Deutschen Juristentages, Band 2, 1974.

I. Allgemeines

§ 6 Abs. 1 begründet „für Klagen nach diesem Gesetz" die **ausschließliche Zuständigkeit des LG** der gewerblichen Niederlassung, seinen Aufenthalt oder die Verwendung der AGB bzw. den Verstoß gegen Verbraucherschutzgesetze und § 95b Abs. 1 UrhG „des Beklagten", dh. des Verwenders oder Empfehlers (mit einigen jeweils subsidiären Ersatzgerichtsständen). Mit den besonderen Zuständigkeitsregelungen für die Verbandsklage ist zunächst und unmittelbar die **örtliche Zuständigkeit** konzentriert geregelt, die sich an § 14 (Abs. 1) UWG anlehnt. Dazu ist auch die **sachliche Zuständigkeit** festgelegt, die wegen der Bedeutung der abstrakten Kontrollklagen im Gegensatz zu § 13 Abs. 1 UWG von den allgemeinen Regeln abweicht, wobei die zu bestimmende Instanz – LG oder sogar OLG – bis zuletzt im Gesetzgebungsverfahren kontrovers war. Zuständigkeitsvereinbarungen der Parteien sind gemäß § 40 Abs. 2 ZPO unzulässig. **§ 6 Abs. 2** sieht entsprechend § 13 Abs. 2 UWG die Möglichkeit einer besonderen gerichtsorganisatorischen Konzentration vor. 1

II. Der Anwendungsbereich des § 6 (Abs. 1)

1. Unmittelbare Anwendung. Die ausschließliche örtliche und sachliche Zuständigkeit gilt gem. § 6 Abs. 1 „für Klagen nach diesem Gesetz". Damit sind die in § 1 UKlaG bestimmten **Unterlassungs- und Widerrufsklagen** bezeichnet. § 6 gilt ohne weiteres auch für das **einstweilige Verfügungsverfahren** gegen Verwender oder Empfehler von AGB gem. §§ 937, 802 ZPO (mit Ausnahme jedoch des § 942 ZPO)[1] und gleichermaßen für die (allgemeine wie die durch § 10 UKlaG eröffnete besondere) **Vollstreckungsgegenklage** gem. §§ 767, 802 ZPO. 2

2. Entsprechende Anwendung. Der rechtspolitische Zweck einer Konzentration der abstrakten Überprüfung der AGB eines Verwenders bzw. Empfehlers bei „seinem" (Gerichtsstand) LG – nur ein Verwender oder Empfehler kann „der Beklagte" iS des § 6 Abs. 1 sein[2] – spricht dafür, diese Zuständigkeitsregelung bei sämtlichen Rechtsstreitigkeiten gelten zu lassen, bei denen es als Teil des Streitgegenstandes oder als Vorfrage um die abstrakt zu beurteilende Wirksamkeit von AGB geht. Dieser positive Gesichtspunkt einer möglichst umfassenden sachlichen Konzentration ist aber mit der Beschwerde der Gegenpartei, des Klägers, im Hinblick auf die örtliche Zuständigkeit, den Gerichtsstand, abzuwägen. 3

Auf dieser Grundlage lässt sich zunächst eine analoge Anwendung des § 6 für solche Rechtsstreitigkeiten rechtfertigen, die wie eine Klage nach § 1 die **abstrakte Wirksamkeit von AGB** betref- 4

---
[1] So auch *Ulmer/Brandner/Hensen* Rn. 1; *Palandt/Bassenge* Rn. 1; *Staudinger/Schlosser* Rn. 1, 2; *Löwe/v. Westphalen/Trinkner* § 14 AGBG Rn. 2 (jedoch einschl. einer Anwendung des § 942 ZPO).
[2] Zu dieser Gerichtsstandskonzentration vgl. schon Begr. Rechtsausschuss des Bundestags, BT-Drucks. 7/5422 S. 11; entspr. auch die Arbeitsgruppe beim BMJ, Zweiter Teilbericht S. 44.

fen und sich auch **gegen den Verwender oder Empfehler** als „den Beklagten" richten. So liegt es im Fall eines **Kostenerstattungsstreits** gegen einen Verwender oder Empfehler aufgrund außergerichtlicher Abmahnung wegen Unwirksamkeit der betreffenden AGB.[3] Praktisch bedeutend ist die Frage der analogen Anwendung vor allem für Klagen auf Leistung einer **Vertragsstrafe**, die sich auf die Zuwiderhandlung einer Verwendung oder Empfehlung unwirksamer AGB bezieht. Diese sind dabei zwar nicht Streitgegenstand, sondern Vorfragen, aber sachlich-funktional bilden sie den Kern des Streits für den § 6 sinngemäß bestimmt ist. Ohne die eingegangene Unterlassungsverpflichtung wären die betreffenden AGB jetzt auch nach § 1 UKlaG zu unterbinden, so dass sich eine analoge Anwendung des § 6 befürworten lässt.[4] Konsequent muss das auch für die **Feststellungsklage** eines Verwender oder Empfehlers gelten, der sich damit gegen eine als ungerechtfertigt angesehene Abmahnung wendet.[5] (Zu dieser Klagemöglichkeit vgl. § 5 Rn. 6ff.) Hier wird in der Form der Verneinung „spiegelbildlich" mit Rechtskraftwirkung über den Abwehranspruch nach § 1 gestritten, selbst wenn eine Klageabweisung nicht die Tragweite eines vollstreckungsfähigen Unterlassungs- bzw. Widerrufsgebots gegen den Kläger entfaltet und erst recht nicht zur Breitenwirkung des § 11 führt.[6] Dasselbe ist für einen **„umgekehrten" Kostenerstattungsstreit** anzunehmen den ein Verwender oder Empfehler als Kläger führt, um nach einer als unbegründet erachteten Abmahnung Erstattung der ihm dadurch entstandenen Kosten zu erreichen. (Zu dieser Klagemöglichkeit vgl. § 5 Rn. 11.) Dagegen scheidet § 6 beim einzelvertraglichen Rechtsstreit im Verhältnis zwischen dem Verwender und einem Kunden aus.

III. Die örtliche Zuständigkeit

5 Ausschließlich zuständig ist in erster Linie das LG in dessen Bezirk der Beklagte (Verwender, Empfehler) seine **gewerbliche Niederlassung** hat, wobei entsprechend § 21 ZPO jede selbständige Niederlassung und nicht nur die Hauptniederlassung in Betracht kommt;[7] zum Begriff der Niederlassung im EuGVÜ vgl. Rn. 7 ff. In Ermangelung einer gewerblichen Niederlassung ist in zweiter Linie der **Wohnsitz** (bzw. der Vereins- oder Gesellschaftssitz) des Beklagten maßgebend; dazu ausführlicher § 13 (bzw. § 17) ZPO, § 7 (bzw. § 24) BGB. Falls der Beklagte im Inland weder eine gewerbliche Niederlassung noch einen Wohnsitz hat, entscheidet in dritter Linie der **inländische Aufenthaltsort** (zur Zeit der Klageerhebung, vgl. § 253 Abs. 2 Nr. 2 ZPO), dazu näher § 16 ZPO. In letzter Linie bestimmt schließlich der **Ort der Verwendung** der AGB – und das muss bei einem Rechtsstreit über die Empfehlung von AGB sinnentsprechend der **Ort der Empfehlung** sein[8] – den Gerichtsstand, wobei im Falle mehrerer Verwendungs- bzw. Empfehlungsorte der Kläger die Wahl hat, vgl. § 35 ZPO.

IV. Die sachliche Zuständigkeit

6 Ausschließlich und damit ohne Rücksicht auf den Wert des Streitgegenstandes zuständig ist **das LG**. Das bedeutet die Zuständigkeit der Zivilkammer und nicht etwa die der Kammer für Handelssachen, und zwar auch bei Klagen über AGB des kaufmännischen Verkehrs, bei deren Beurteilung nach § 310 Abs. 1 S. 2 BGB „auf die im Handelsverkehr geltenden Gewohnheiten und Gebräuche angemessen Rücksicht zu nehmen" ist; denn es handelt sich dabei nicht um eine „Handelssache" iS

---

[3] Dafür auch *Palandt/Bassenge* Rn. 1 sowie im Ergebnis ebenso *Ulmer/Brandner/Hensen,* 9. Aufl., Rn. 9 u. *Schlosser/Coester-Waltjen/Graba* § 14 AGBG Rn. 11.

[4] So schon *Ulmer/Brandner/Hensen,* 9. Aufl., Rn. 9 u. anschl. LG München NJW-RR 1991, 1143 sowie LG Karlsruhe VuR 1992, 130 f. Der Verbraucherschutzverein erhebt je nach Gerichtsstand zum Teil Vertragsstrafeklage unter 10 000 DM vor dem Landgericht unter Bezug auf § 14 AGBG (so im Verfahren LG Frankfurt v. 6. 11. 1997, Az.: 2/02 050/97), zum Teil werden aber auch Vertragsstrafeklagen vor dem Amtsgericht anhängig gemacht. In diesem Fall gelangt die Entscheidung des Amtsgerichts durch Berufung u. U. vor die für AGB-Verfahren zuständige Kammer des Landgerichts. Eine einheitliche Praxis der Verbraucherverbände ist nicht ersichtlich. Die angerufenen Gerichte akzeptieren ohne Begründung ihre funktionale Zuständigkeit.

[5] So schon *Schlosser/Coester-Waltjen/Graba* § 13 AGBG Rn. 20. So jetzt auch *Palandt/Bassenge* § 5 Rn. 13.

[6] Dazu noch § 11 Rn. 5. Die Arbeitsgruppe beim BMJ hatte die Befürwortung der besonderen gerichtlichen Zuständigkeit in diesem Fall mit der ausdrücklichen gesetzlichen Rechtsfolge verbinden wollen, dass eine Klageabweisung die gleiche Breitenwirkung wie eine erfolgreiche Unterlassungsklage haben sollte, vgl. Zweiter Teilbericht S. 51 ff. Da das aber nicht Gesetz geworden ist und deshalb die allgemeinen Regeln gelten, muss dem Feststellungsbeklagten die Möglichkeit einer eigenen Unterlassungswiderklage bleiben, die hier schon deshalb zulässig ist, weil sie mehr als die bloße Verneinung des Feststellungsbegehrens bedeutet.

[7] Vgl. BGH ZIP 1987, 1167 ff.; LG Stuttgart in *Bunte* AGBE Bd. I Nr. 1.

[8] So auch *Palandt/Bassenge* Rn. 6; *Ulmer/Brandner/Hensen* Rn. 3; *Schlosser/Coester-Waltjen/Graba* § 14 AGBG Rn. 10; *Stein* Anm. 6.

des § 95 (Abs. 1 Nr. 1) GVG. Die nötige besondere Gesetzesbestimmung, etwa entsprechend § 27 Abs. 1 UWG oder § 95 Abs. 1 Nr. 5 GVG, ist vom Gesetzgeber nicht bedacht worden.[9]

V. Die internationale Zuständigkeit

Die nach dem deutschen internationalen Zivilprozessrecht zu beurteilende Zuständigkeit deutscher Gerichte für Rechtsstreitigkeit mit Auslandsbeziehungen **knüpft** im Allgemeinen **an die örtliche Zuständigkeit an.**[10] Dabei ist diese Zuständigkeit bei einem ausschließlichen Gerichtsstand wie bei § 6 auch international eine ausschließliche, so dass insoweit eine besondere Parteivereinbarung nicht in Betracht kommt[11] und die Anerkennung eines ausländischen Urteils gem. § 328 Abs. 1 Nr. 1 ZPO ausgeschlossen ist.[12] Für die Verbandsklage einschlägig sind die Regeln des EuGVÜ bzw. der EuGVO.[13]

Der Verbrauchergerichtsstand der **Art. 15 und 16 EuGVO (Art. 13 und 14 EuGVÜ)** kommt nicht zur Anwendung, da dem klagenden Verbraucherverband die Eigenschaft eines Letztverbrauchers iS der Art. 15 ff. fehlt.[14] Eine Ausnahme kann dort gemacht werden, wo der Verbraucherverband die einzelnen Privatkläger von Gesetzes wegen vertritt.[15] Art. 22 **EuGVO** (Art. 16 **EuGVÜ**) begründet einen ausschließlichen Gerichtsstand bei dinglichen Rechten, Nr. 1 lit. a 1. Alt. und bei Miete und Pacht, Art. 22 Nr. 1 lit. a 2. Alt. EuGVO (Art. 16 Nr. 1 lit. a 2. Alt. **EuGVÜ**). Bedeutung erlangt Art. 22 EuGVO (Art. 16 **EuGVÜ**) bei Timesharing Verträgen. Nach der Rechtsprechung des BGH findet der ausschließliche Gerichtsstand des Art. 22 EuGVO (Art. 16 **EuGVÜ**) auf Verbandsklageverfahren gegen Verträge zur Bereitstellung von ausländischen Ferienunterkünften keine Anwendung.[16] Der EuGH verlangt bislang lediglich, dass Art. 22 EuGVO (Art. 16 Nr. 1 **EuGVÜ**) bei reiserechtlichen Verträgen über Ferienhäuser restriktiv zu handhaben ist.[17] Man wird der Rechtsprechung des EuGH zu Art. 22 Nr. 1 EuGVO (Art. 16 Nr. 1 **EuGVÜ**) den allgemeinen Rechtsgedanken entnehmen können, dass der ausschließliche Gerichtsstand eine Dauerhaftigkeit des Aufenthaltes der Vertragsparteien voraussetzt, die bei Timesharing Verträgen gerade nicht gegeben ist.[18] Im Regelfall wird der Allgemeine Gerichtsstand zur Anwendung kommen, der ohne Rücksicht auf die Staatsangehörigkeit an den Wohnsitz einer Partei bzw. an den Sitz einer juristischen Person oder Gesellschaft im Hoheitsgebiet eines Vertragsstaates anknüpft, vgl. Art. 2 Abs. 1, Art. 60 EuGVO (Art. 2 Abs. 1, Art. 53 **EuGVÜ**). Das gilt auch, wenn AGB-Klauseln eines Mietvertrages den Streitgegenstand bilden,[19] lässt aber Raum für die in § 6 UKlaG noch bestimmten Maßgabe des (deutschen) Ortes der gewerblichen Niederlassung, vgl. Art. 5 Nr. 5 EUGVO (Art. 5 Nr. 5 EuGVÜ).

Der Begriff der Niederlassung wird vom EuGH relativ eng definiert. Gefordert wird eine gewisse Dauer der Tätigkeit im Niederlassungsstaat.[20] Danach reicht eine Agentur, die für den Verwender

---

[9] Vgl. auch *Löwe/v. Westphalen/Trinkner* § 14 AGBG Rn. 6; *Palandt/Heinrichs* Rn. 2; *Schlosser/Coester-Waltjen/Graba* § 14 AGBG Rn. 1.
[10] Vgl. *Stein/Jonas/Schumann* Einl. Vor § 1 Rn. 751 ff. Speziell BGH ZIP 1987, 1167 ff. u. *Lorenz* IPRax 1990, 292 ff. zu BGHZ 190, 29 ff. = NJW 1990, 317 ff.
[11] *Stein/Jonas/Leipold* § 38 Rn. 64; *Schaltinat*, Internationale Verbraucherstreitigkeiten, 1998, S. 40.
[12] Dazu *Stein/Jonas/Schumann* § 328 Rn. 133.
[13] Vgl. grundlegend dazu die Kommentierung von *Gottwald* in diesem Band; sowie zu den Unterschieden zwischen EuGVO und EuGVÜ; *Micklitz/Rott*, Vergemeinschaftung des EuGVÜ in der Verordnung (EG) 44/2001, EuZW 2001, 325; *dies.*, Vergemeinschaftung des EuGVÜ in der Verordnung (EG) 44/2001 – Teil 2, EuZW 2002, 15.
[14] So auch *Kropholler*, Europäisches Zivilprozessrecht, Art. 15 Rn. 12; BGH NJW 1990, 317; so auch *Palandt/Bassenge* Rn. 3.
[15] Colmar 24. 2. 1999, ZIP 1999, 1209, Anm. *Reich* Rev. crit. 2001, 135; *Kropholler*, Europäisches Zivilprozessrecht, Art. 15 Rn. 12.
[16] BGHZ 109, 29 ff., dessen Position von der Literatur überwiegend unterstützt wird, vgl. die Nachweise bei *Schaltinat* Internationale Verbraucherstreitigkeiten, 1998, S. 167 ff.
[17] EuGH Urt. v. 15. 1. 1985, Rs. 241/83 *Rösler* Slg. 1985, 99, dazu *Rauscher* NJW 1985, 892 und dessen Korrektur EuGH Urt. v. 7. 3. 1991, Rs. C-116/89 *Hacker* Slg. 1992, I-1111 bzw. EuGH Urt. v. 9. 6. 1994, Rs. C-292/93 *Lieber* Slg. 1994, I-2535.
[18] So zutreffend *Tönner*, Das Recht des Timesharing an Ferienimmobilien, 1997, Rn. 453 ff., 460 ff.
[19] Vgl. BGH NJW 1990, 317; BGH NJW 1992, 3158. Die int. Belegenheitszuständigkeit nach Art. 16 Nr. 1 EuGVÜ wurde abgelehnt, da es sich bei dem Vertrag zwischen dem Reiseveranstalter und dem Kunden um einen gemischten Vertrag handele und keinen Mietvertrag im eigentlichen Sinne; so auch *Schaltinat*, Internationale Verbraucherstreitigkeiten, 1998, S. 168.
[20] Vgl. EuGH v. 6. 10. 1976, Rs. 14/67 *De Bloos/Bouyer*; Brüsseler Übereinkommen, Art. 5 Nr. 1 und Nr. 5; Slg. 1976, 1497; EuGH v. 22. 11. 1978, Rs. 33/78 *Sonafer/Saar Ferngas*, Slg. 1978, 2183, EuGH v. 30. 11. 1995, v. 30. 11. 1995, Rs. C-55/94 *Gebhard*, Slg. 1995, I-4165; *Reich* RabelsZ 1992, 459 ff.

oder Empfehler nur untergeordnete Hilfstätigkeiten ausübt, nicht aus. **Praktisch bedeutsamer** ist die Bestimmung der **internationalen Zuständigkeit deutscher Gerichte**. Die internationale Zuständigkeit bei grenzüberschreitenden rechtswidrigen Werbemaßnahmen, etwa unerwünschte Telefonanrufe von einem EG-Staat in einen anderen oder von Fernsehsendungen mit unerlaubten Werbeanteilen bestimmt sich nach der EuGVO, wenn eine „Zivil- und Handelssache" iSv. Art. 1 Abs. 1 vorliegt. In Bezug auf Art. 5 Nr. 3 EuGVÜ war umstritten, ob die bloße Befürchtung der Begehung einer unerlaubten Handlung ausreicht, um den besonderen Gerichtsstand des Art. 5 Nr. 3 zu begründen.[21] Der EuGH hat diese de lege lata Möglichkeit bejaht.[22] Art. 5 Abs. 3 EuGVO wurde überdies um die Formulierung **„oder einzutreten droht"** erweitert.[23] Zuständig sind also sowohl die Gerichte des Handlungs- als auch des Erfolgsortes. Dies erlaubt grundsätzlich ein **„forum shopping"**.[24]

VI. Die Konzentrationsermächtigung nach § 6 Abs. 2

10 § 6 Abs. 2 S. 1 ermächtigt die Landesregierungen durch Rechtsverordnung eine konzentrierte örtliche Zuständigkeit eines LG für die Bezirke mehrerer LG zu begründen. § 6 Abs. 2 S. 2UKlaG gibt die Befugnis, diese Ermächtigung durch Rechtsverordnung auf die Landesjustizverwaltungen zu übertragen. Der konzentrierte Gerichtsstand braucht sich nicht auf die LG-Bezirke innerhalb eines OLG-Bezirks zu beschränken, kann aber mangels besonderer Bestimmung (anders als etwa nach § 92 Abs. 2 GWB) auch nicht auf LG-Bezirke eines anderen Landes ausgedehnt werden. Diese Konzentrationsermächtigung hat den Zweck der **„sachdienlichen Förderung oder schnelleren Erledigung** der Verfahren". Ähnliche Regelungen finden sich nicht nur in § 13 Abs. 2 UWG, sondern auch in § 89 Abs. 1 GWB, § 51 Abs. 2 PatG, § 140 Abs. 1 MarkenG und § 105 Abs. 1 bis 3 UrhG. Die Zuständigkeit nur bestimmter LG eröffnet die Möglichkeit Spezialkammern zu bilden und damit jedenfalls im Laufe der Zeit zu besonders sachkundigen Spruchkörpern und vor allem zu einer einheitlichen Rechtsprechung zu kommen. Bisher ist von dieser Konzentrationsermächtigung in Bayern, Hessen, Nordrhein-Westfalen und nach der deutschen Vereinigung in Mecklenburg-Vorpommern und Sachsen Gebrauch gemacht worden; in Bayern ist zuständig jeweils das LG am Sitz des OLG (VO v. 5. 5. 1977, GVBl. S. 197; vgl. auch § 1 Abs. 1 Nr. 3 VO v. 5. 10. 1982, GVBl. S. 846), also die LGe München I, Nürnberg und Bamberg, in Hessen das LG Frankfurt (VO v. 25. 2. 1977, GVBl. I S. 122; vgl. auch VO v. 25. 1. 1977, GVBl. I S. 98); in Nordrhein-Westfalen das LG Düsseldorf für den Bezirk des OLG Düsseldorf, das LG Dortmund für den Bezirk des OLG Hamm und das LG Köln für den Bezirk des OLG Köln (VO v. 18. 3. 1977, GV NW S. 133; vgl. auch VO v. 8. 3. 1977, GV NW S. 100); in Mecklenburg-Vorpommern das LG Rostock (GVBl. 1994, 514) und in Sachsen das LG Leipzig (GVBl. 1994, 1313). Weit verbreitet ist die OLG-Praxis, im Wege der Geschäftsverteilung für eine ähnliche Konzentration zu sorgen.[25]

§ 7 Veröffentlichungsbefugnis

¹Wird der Klage stattgegeben, so kann dem Kläger auf Antrag die Befugnis zugesprochen werden, die Urteilsformel mit der Bezeichnung des verurteilten Beklagten auf dessen Kosten im Bundesanzeiger, im Übrigen auf eigene Kosten bekannt zu machen. ²Das Gericht kann die Befugnis zeitlich begrenzen.

Schrifttum: *Hensen*, § 8 AGBG, EWiR 1994, 105; *Pastor*, Wettbewerbsprozess, 3. Aufl., 1980; *v. Westphalen*, Anm. zum BGH, Urt. v. 5. 11. 1991, Az. X ZR 91/90, EWiR 1992, 213.

I. Die Bedeutung der Vorschrift

1 § 7 bestimmt in Anlehnung an § 12 Abs. 3 UWG, dass dem Kläger bei einer erfolgreichen Unterlassungs- oder Widerrufsklage auf Antrag die Befugnis zugesprochen werden kann, die Urteilsformel mit der Bezeichnung des verurteilten Verwenders oder Empfehlers auf dessen Kosten im BAnz., im Übrigen auf eigene Kosten bekanntzumachen. Diese mögliche allgemeine Bekanntma-

---

[21] Dagegen OLG Bremen RIW 1992, 232; dafür *Reich* RabelsZ (1992), 460f.
[22] EuGH v. 1. 10. 2002 Rs. C-167/00 *Henkel* Slg. 2002, I-8111, Rn. 33 – Klage eines Verbraucherschutzvereins auf Untersagung der Verwendung missbräuchlicher Klauseln durch Gewerbetreibende in Verbraucherverträgen.
[23] Siehe zu den Hintergründen KOM (1999) 348 endg., 15, BR-Drucks. 534/99, 14.
[24] Vgl. *Micklitz/Reich*, The Basics of European Consumer Law, p. 327 unter 6.35.
[25] Vgl. *Ulmer/Brandner/Hensen* Rn. 6.

chung durch den Kläger unterscheidet sich grundsätzlich von der nach § 9 Nr. 4 UKlaG obligatorischen besonderen Widerrufs-Urteilsbekanntgabe durch den verurteilten Empfehler selbst „in gleicher Weise, wie die Empfehlung verbreitet wurde". Zweck der Vorschrift ist „das Bekanntwerden der Entscheidung" als „ein wesentliches Erfordernis für die wirksame Bekämpfung unwirksamer Bestimmungen in AGB" bzw. für die „angestrebte Breitenwirkung" des abstrakten Prüfungsverfahrens unter Nennung von Ross und Reiter.[1] Aber diese Aufgabe erfüllt § 7 gewiss nicht.[2] Die breite Öffentlichkeit wird durch eine Bekanntmachung im BAnz. kaum erreicht, während die insofern wirksamere Bekanntmachung „im Übrigen", in Tageszeitungen und Verbandszeitschriften, wegen der (im Unterschied zu § 12 Abs. 3 UWG) vorgesehenen Kostenbelastung des Klägers regelmäßig nicht erfolgt. Unter diesen Umständen ist § 7 **praktisch wertlos**, zumal dem Kläger eine Urteilsveröffentlichung „im Übrigen" und auf seine Kosten normalerweise auch ohne eine besondere gerichtliche Erlaubnis gestattet ist.[3] Tatsächlich werden die von den klagebefugten Verbänden erstrittenen Urteile durchgängig in den juristischen Fachzeitschriften publiziert und mittels Presseerklärungen in den Medien breit gestreut, was ungleich kostengünstiger und wohl auch effizienter ist. 1

II. Die Voraussetzungen der Veröffentlichungsbefugnis

Die Veröffentlichungsbefugnis kann **nur „dem Kläger"** bei einem Erfolg „der Klage", dh. der Unterlassungs- oder Widerrufsklage nach § 1 zugesprochen werden. Dabei kann die Befugnis sich auch nur auf einzelne Teile der im Verfahren streitgegenständlichen Klauseln erstrecken, etwa nur bei einem teilweisen Obsiegen oder sofern das Revisionsverfahren hinsichtlich anderer Teile noch nicht abgeschlossen[4] ist. Eine entsprechende Befugnis für einen Verwender oder Empfehler kommt in keinem Falle in Betracht, ob dieser nun als Kläger einer Feststellungsklage Erfolg hat[5] oder ob sein Erfolg in der Abweisung der gegen ihn gerichteten Unterlassungs- bzw. Widerrufsklage besteht.[6] Die Befugnis wird **nur „auf Antrag"** zugesprochen, und sie muss nicht, sondern sie „**kann**" erteilt werden. Nach inzwischen wohl gefestigter Rechtsprechung ist die Bekanntmachung gegenüber dem Unterlassungsanspruch selbständig und nicht mit ihm verbunden.[7] Deshalb muss der Antragsteller das Veröffentlichungsbedürfnis besonders begründen.[8] Die äußerst restriktive Rechtsprechung führt dazu, dass eine Veröffentlichung im Bundesanzeiger wohl nur noch ausnahmsweise in Betracht kommt. Als Begründung dafür dient ein Zirkelschluss. Weil der Urteilstenor wenig aussagekräftig sei, sei auch die Bekanntmachung nicht erforderlich und im Übrigen auch wenig geeignet.[9] Die Rechtsprechung stellt die Vorschrift des § 7 UKlaG auf den Kopf, mit der Folge, dass der Antragsteller mit einer anteiligen Verurteilung in die Kosten rechnen muss.[10] Bei einem **Widerrufsurteil**, das durch die aufgegebene Bekanntgabe nach § 9 Nr. 4 UKlaG alle Adressaten der Empfehlung schon erreicht, wird sich dagegen eine Veröffentlichung nach § 7 UKlaG meistens erübrigen.[11] Die Rechtskraft des Urteils ist nach hM keine Voraussetzung der Veröffentli- 2

---

[1] So Begr. Rechtsausschuss des BTags, BT-Drucks. 7/5422 S. 12.
[2] Mehr als skeptisch auch *Palandt/Bassenge* Rn. 2; *Löwe/v. Westphalen/Trinkner* § 18 AGBG Rn. 1, 2; *Schlosser/Coester-Waltjen/Graba* § 18 AGBG Rn. 1; *Ulmer/Brandner/Hensen* Rn. 1, 4.
[3] So auch *Schlosser/Coester-Waltjen/Graba* § 18 AGBG Rn. 2 und *Stein* Anm. 2; das im Wettbewerbsrecht dagegen gehaltene Argument einer damit u. U. nur beabsichtigten Wettbewerbsbeeinträchtigung der anderen Partei (vgl. etwa *Hefermehl/Köhler/Bornkamm* § 12 UWG Rn. 4.6 u. *Pastor* Wettbewerbsprozess S. 875 ff.) dürfte hier so gut wie nicht relevant werden.
[4] BGH NJW 2003, 1237/1241.
[5] So auch *Ulmer/Brandner/Hensen* Rn. 2; anders dagegen für den Fall, dass die Feststellungsklage abgewiesen wird, *Wolf/Horn/Lindacher* § 18 AGBG Rn. 6 (analoge Anwendung).
[6] Anders nach § 12 Abs. 3 UWG mit der Veröffentlichungsbefugnis „der obsiegenden Partei".
[7] BGH NJW 1992, 1450 ff. (m. zust. Anm. *v. Westphalen* EWiR 1994, 213; BGHZ 124, 254 ff. (m. krit. Anm. von *Hensen* EWiR 1994, 105; in der Kommentarliteratur unterstützt *Schlosser/Coester-Waltjen/Graba* § 18 AGBG Rn. 1 die Rechtsposition des BGH. Dagegen sieht *Wolf/Horn/Lindacher* § 18 AGBG Rn. 8 für eine restriktive Auslegung von § 18 1. Alt. keinen Anlass und plädiert für eine grundsätzliche Veröffentlichungsermächtigung.
[8] So zB BGH NJW 1992, 1450: keine Veröffentlichung ohne Begründung; anders dagegen BGH NJW 1992, 505: Veröffentlichungsbefugnis auch ohne Begründung wegen der Warnfunktion gegenüber Verwendern gleicher AGB.
[9] So jedenfalls der XI. Senat, vgl. neben BGHZ 124, 254 ff.; BGHZ 133, 10; BGH NJW 1997, 2253 BGH NJW 1994, 320; anders OLG Nürnberg ZIP 1997, 1781 ff.
[10] Vgl. LG München v. 3. 4. 1998, Az.: 21 O 13858/97 unveröffentlicht; zum Streitwert vgl. *Ulmer/Brandner/Hensen* Rn. 5 (regelmäßiger Streitwert von DM 3000,00).
[11] Vgl. auch *Löwe/v. Westphalen/Trinkner* § 18 AGBG Rn. 10 und *Dietlein/Rebmann* § 18 AGBG, § 17 Rn. 5; genau umgekehrt *Ulmer/Brandner/Hensen* Rn. 5.

UKlaG § 8   Unterlassungsklagengesetz

chungsbefugnis, sondern es **genügt** die **vorläufige Vollstreckbarkeit**[12] – wobei man dann wohl die Bekanntmachung im BAnz. auf Kosten des Beklagten und „im Übrigen" auf Kosten des Klägers gleichbehandeln muss.[13] Wegen der dem Kläger im Allgemeinen auch ohne gerichtliche Entscheidung freistehenden Urteilsveröffentlichung (vgl. Rn. 1) dürfte sich diese Frage allerdings praktisch erledigen. Schließlich wird man auch bei einer einstweiligen Verfügung eine Veröffentlichungsbefugnis zulassen können, sofern die Unwirksamkeit der AGB-Bestimmung gravierend und evident ist.[14]

III. Die Veröffentlichung und ihre Kosten

3   Die (einmalige) Bekanntmachung umfasst „die Urteilsformel mit der Bezeichnung des verurteilten Verwenders oder Empfehlers". Als Veröffentlichung auf Kosten des Beklagten kommt nur eine Bekanntgabe im BAnz. in Betracht, wobei diese Kosten nach bislang hM als Kosten der Zwangsvollstreckung gem. § 788 ZPO zu behandeln sind.[15] Für die „im Übrigen" mögliche Bekanntmachung auf Kosten des Klägers selbst sollte das Gericht nähere Angaben machen.[16] Speziell nach § 7 S. 2 „**kann**" das Gericht, und das dürfte stets angebracht sein, die Bekanntmachungsbefugnis zeitlich begrenzen (§ 12 Abs. 3 UWG schreibt generell eine „bestimmte Frist" vor).[17]

Unterabschnitt 2. Besondere Vorschriften für Klagen nach § 1

§ 8 Klageantrag und Anhörung

(1) Der Klageantrag muss bei Klagen nach § 1 auch enthalten:
1. den Wortlaut der beanstandeten Bestimmungen in Allgemeinen Geschäftsbedingungen,
2. die Bezeichnung der Art der Rechtsgeschäfte, für die die Bestimmungen beanstandet werden.

(2) Das Gericht hat vor der Entscheidung über eine Klage nach § 1 die Bundesanstalt für Finanzdienstleistungsaufsicht (Bundesanstalt) zu hören, wenn Gegenstand der Klage
1. Bestimmungen in Allgemeinen Versicherungsbedingungen sind oder
2. Bestimmungen in Allgemeinen Geschäftsbedingungen sind, die die Bundesanstalt nach Maßgabe des Gesetzes über Bausparkassen oder des Investmentgesetzes zu genehmigen hat.

Schrifttum: *Baur*, Anspruch auf rechtliches Gehör, AcP 153 (1954), 393; *Henckel*, Prozessrecht und materielles Recht, 1970; *Hensen*, Anm. zu BGH, Urt. v. 10. 3. 1993, Az. VIII ZR 85/92, EWiR 1993, 523; *Hohlfeld*, Die Zukunft der Versicherungsaufsicht nach Vollendung des. Binnenmarktes, VersR 1993, 144; *Präve*, Einfüh-

---

[12] So auch *Palandt/Bassenge* Rn. 3; *Löwe/v. Westphalen/Trinkner* § 18 AGBG Rn. 11; *Ulmer/Brandner/Hensen* Rn. 2; *Erman/Roloff* Rn. 4; *Schlosser/Coester-Waltjen/Graba* § 18 AGBG Rn. 7; *Stein* Anm. 3; aA unter Hinweis auf den Wortlaut des § 12 Abs. 3 Satz 4 UWG *Hefermehl/Köhler/Bornkamm* § 12 UWG Rn. 4.15; MünchKommUWG/*Schlingloff* § 12 UWG Rn. 593; *Harte/Henning/Retzer* § 12 UWG Rn. 715 ff.; *Fezer/Büscher* § 12 UWG Rn. 16; *Pastor* Wettbewerbsprozess, S. 873 ff. u. zwar mit dem Argument, diese Befugnis bedeute eine erst mit Urteilsrechtskraft eintretende Gestaltungswirkung, so dass ihre Ausübung keine Weise der Zwangsvollstreckung sei; zu der für die Zwangsvollstreckung aber maßgebenden Vollstreckbarkeit iwS vgl. *Stein/Jonas/Münzberg* Vor § 704 ZPO Rn. 46 ff.

[13] So auch *Palandt/Bassenge* Rn. 3; anders *Schlosser/Coester-Waltjen/Graba* § 18 AGBG Rn. 1, 2. Bei einer späteren Urteilsaufhebung kommt ein Schadensersatzanspruch nach § 717 Abs. 2 ZPO in Betracht, vgl. auch *Ulmer/Brandner/Hensen* Rn. 6, der sogar eine Gegenveröffentlichung für möglich hält; dagegen allerdings *Schlosser/Coester-Waltjen/Graba*.

[14] So auch *Löwe/v. Westphalen/Trinkner* § 18 AGBG Rn. 4, 8; vgl. auch *Pastor* Wettbewerbsprozess, S. 869; anders *Erman/Roloff* Rn. 1; *Ulmer/Brandner/Hensen* Rn. 2. Eine spätere Veröffentlichung des Hauptsacheurteils soll dadurch nicht ohne weiteres möglich sein, vgl. *Pastor* Wettbewerbsprozess, S. 873 ff.

[15] Vgl. auch *Palandt/Bassenge* Rn. 2; *Löwe/v. Westphalen/Trinkner* § 18 AGBG Rn. 16; *Schlosser/Coester-Waltjen/Graba* § 18 AGBG Rn. 1; entspr. *Hefermehl/Köhler/Bornkamm* § 12 UWG Rn. 4.19; *Harte/Henning-Retzer* § 12 UWG Rn. 770; HK-UWG/*Ehley* § 12 Rn. 300; aA *Stein/Jonas/Münzberg* § 788 ZPO Rn. 13 Anm. 3 und MünchKommUWG/*Schlingloff* § 12 Rn. 623, die davon ausgehen, dass die Kosten der Veröffentlichung bereits im Kostenfestsetzungsverfahren des Unterlassungsprozesses geltend gemacht werden können.

[16] Vgl. *Löwe/v. Westphalen/Trinkner* § 18 AGBG Rn. 12.

[17] *Hefermehl/Köhler/Bornkamm* § 12 UWG Rn. 4.16; *Fezer/Büscher* § 12 UWG Rn. 168; *Harte/Henning/Retzer* § 12 UWG Rn. 771; MünchKommUWG/*Schlingloff* § 12 Rn. 621.

rung eines versicherungsaufsichtsbehördlichen Klagerechts in das AGB-Gesetz?, NJW 1993, 970; *Sieg*, Auswirkungen des AGB-Gesetzes auf Justiz und Verwaltung im Bereich der Privatversicherung, VersR 1977, 489; *Wolf*, Rechtliches Gehör und die Beteiligung Dritter am Rechtsstreit; JZ 1971, 405; *Zeuner*, Rechtliches Gehör, materielles Recht und Urteilswirkungen, 1974.

I. Allgemeines

§ 8 Abs. 1 UKlaG konkretisiert das Erfordernis eines „bestimmten Antrags" nach § 253 Abs. 2 Nr. 2 ZPO. Er bietet überdies den rechtlichen Anknüpfungspunkt, um die sich aus den unterschiedlichen Vorstellungen über die Rechtsnatur der Verbandsklage ergebenden Konsequenzen zu verankern, vgl. schon Vor Rn. 7, 44.

Die **Anhörungsvorschrift** beruht nach der gesetzgeberischen Begründung auf der „besonderen Bedeutung" der betreffenden AGB „für den Rechtsverkehr", bei deren Genehmigung die Behörde bereits Verbraucherbelange zu berücksichtigen hat, und soll gewährleisten, dass „die dabei einbezogenen Gesichtspunkte sowie die Erfahrung und der besondere Sachverstand nicht unbeachtet bleiben" und so „der behördliche und gerichtliche Verbraucherschutz miteinander verzahnt werden".[1] Gleichzeitig kommt zum Ausdruck, dass staatliche Behörden nicht schon von sich aus ein Recht auf Beteiligung an Rechtsstreitigkeiten über die von **ihnen genehmigten AGB** haben sollen, vgl. noch Rn. 3, 7. Das führt weiter zu der grundlegenden Entscheidung, dass die gerichtliche Kontrolle von AGB nicht dadurch beschränkt oder gar ausgeschlossen ist, dass möglicherweise zusätzlich – allerdings im Abnehmen befindliche – verwaltungsbehördliche Kontroll-, Eingriffs- und Genehmigungskompetenzen begründet sind.[2] Die von der Europäischen Gemeinschaft verfolgte **Privatisierung** und **Deregulierung** von Versicherungsdienstleistungen hat die in Deutschland vorgeschriebene behördliche Genehmigung von Versicherungsbedingungen beseitigt, vgl. § 8 Abs. 1 Nr. 1 UKlaG. Nach der Rechtsprechung des EuGH ist nicht einmal eine stichprobenhafte Kontrolle von Allgemeinen Versicherungsbedingungen mit den Versicherungsrichtlinien 92/49/EWG und 92/96/EWG vereinbar.[3] Wirklich relevant sind behördlich genehmigte AGB heute nur noch innerhalb des Anwendungsbereichs von § 8 Abs. 2 Nr. 2 UKlaG.

II. Der bestimmte Antrag

1. Konkretisierung nach § 8 Abs. 1. Für die Unterlassungs- und Widerrufsklage nach § 1 sieht § 8 Abs. 1 eine besondere Konkretisierung des erforderlichen „bestimmten Antrags" vor. Angesichts der Tragweite eines AGB-Kontrollklageverfahrens besteht ein besonderes Interesse daran, dass das Klageziel und damit der Umfang einer möglichen Rechtskraftwirkung von vornherein klar abgesteckt wird, vgl. auch § 9 Nr. 1 und § 11.[4] Soweit die beanstandete Klausel im Wortlaut anzugeben ist, stellt sich die Frage nach dem Umfang des Wortlauts insbesondere bei Klauseln, die als teilbar anzusehen sind, wobei freilich das Folgeproblem auftaucht, wann eine Klausel als teilbar anzusehen ist.[5] Teilbarkeit scheidet nach Auffassung des BGH jedenfalls dann aus, wenn die beiden Teile einer Klausel in ihrem inhaltlichen Zusammenhang als ein Streitgegenstand aufzufassen sind.[6]

2. Bezeichnung der Art der Rechtsgeschäfte. Das Gebot der Bezeichnung der Rechtsgeschäfte, für die die Bestimmungen beanstandet werden, meint nicht, dass der klagende Verband für jedes in der Klausel aufgeführte Rechtsgeschäft einen konkreten Verwendungszusammenhang darlegen muss.[7] Bei im Einzelnen auftretenden Formulierungsschwierigkeiten hat das Gericht gemäß

---

[1] Vgl. Begr. Rechtsausschuss des BTags BT-Drucks. 7/5422 S. 12. Eigenartig der dort von der Ausschussminderheit gegen jede solche Behördenbeteiligung laut gewordener Einwand einer „Gefahr" der Beeinflussung des Gerichts; vgl. entspr. *Koch/Stübing* Rn. 1.
[2] Zu den verschiedenen behördlichen Einwirkungsweisen vom allgemeinen Gewerberecht bis zum speziellen Aufsichtsrecht u. den entspr. Rechtsgrundlagen vgl. *Löwe/v. Westphalen/Trinkner* Vor §§ 8 bis 11 AGBG Rn. 34 ff., 38 ff., 46 ff.
[3] EuGH Urt. v. 11. 5. 2000, Rs. C-296/98 Kommission gegen Frankreich, Slg. 2000, I-3025.
[4] Vgl. auch BGH WM 1990, 1339, 1340.
[5] BGH NJW 1993, 2052 mit Anm. *Lindacher* LM § 9 (A) AGBG Nr. 5 und *Hensen* EWiR 1993, 523.
[6] Vgl. BGH 1997, 1096 zur Beurteilung einer Tilgungsverrechnungsklausel, die der klagende Verband allein wegen ihres Wortlauts angegriffen hatte, obwohl sich deren Unwirksamkeit erst aus dem Zusammenwirken mit einer weiteren Klausel ergab. In der weiteren Klausel waren die jeweiligen Tilgungstermine geregelt.
[7] So aber das OLG Nürnberg v. 28. 6. 1988, Az.: 3 U 3929/87, das den umfassenden Verbotsantrag der eingeklagten Klauseln bezogen auf die Verwendung in Verträgen „über die Garantie im Zusammenhang mit Radio- und Phonogeräten" auf Verträge „über die Garantie bei neu hergestellten Autoradios" beschränkt hatte, weil der Beklagte die Verträge bislang nur im Zusammenhang mit Autoradios verwendet hatte.

§ 139 Abs. 1 ZPO auf sachdienliche Anträge hinzuwirken.[8] Ausnahmsweise kann auch einmal eine Beanstandung schlechthin für jede Art von Rechtsgeschäft in Betracht kommen,[9] etwa bei Verstoß gegen allgemein zwingendes Recht. Dann wird „die Bezeichnung der Art der Rechtsgeschäfte" aber nicht entbehrlich, sondern der Antrag muss entsprechend umfassend „für jede Art von Rechtsgeschäft" formuliert sein. Speziell bei der Klage eines Verbraucherverbandes ist noch die **Kompetenzbegrenzung des § 3 Abs. 2** zu beachten. Deshalb muss die Beanstandung etwa mit dem Zusatz beschränkt werden: „sofern diese Bestimmung nicht gegenüber einem Unternehmer verwendet (oder zur ausschließlichen Verwendung gegenüber Unternehmern empfohlen) wird",[10] vgl. schon § 3 Rn. 17.

5   § 8 Abs. 1 Nr. 1, 2 gilt entsprechend für den Antrag auf Erlass einer **einstweiligen Verfügung** (dazu allgemein § 5 Rn. 29ff.). Dagegen wird man bei der von einem Verwender oder Empfehler erhobenen **Feststellungsklage nicht** auf dieser Antragsbestimmung als Zulässigkeitsvoraussetzung der Klage bestehen können; denn einem solchen Verfahren kommt trotz der Rechtskraftwirkung für den Unterlassungs- bzw. Widerrufsanspruch nicht die Bedeutung der Kontrollklage zu. Allerdings sollte das Gericht im Interesse der Klarheit dieser Rechtskraftwirkung seiner Entscheidung schon auf eine entsprechend deutliche Antragsfassung hinwirken, nicht ohne zuvor eine Hinweis nach § 139 ZPO gegeben zu haben, vgl. noch § 9 Rn. 2.

III. Die Anhörungspflicht

6   **1. Der Geltungsbereich der Anhörungspflicht.** Mit Wirkung zum 1. 1. 2004 wurde jedoch der Zusammenfassung des Auslandinvestment-Gesetzes und des Gesetzes über Kapitalanlagegesellschaften zum Investmentgesetz Rechnung getragen und deren Genehmigung der neu geschaffenen Bundesanstalt für Finanzdienstleistungsaufsicht übertragen.[11] Zum 19. 7. 2005 schaffte der Gesetzgeber die Anhörungspflicht im Falle von genehmigungspflichtigen AGB sowohl nach dem Hypothekenbankgesetzes, als auch nach dem Gesetz über Schiffspfandbriefbanken ab.[12]

7   **a) Bei bestimmten AGB.** Nach der ausdrücklichen gesetzlichen Regelung ist gem. **§ 8 Abs. 2 Nr. 1 die Bundesanstalt für Finanzdienstleistungsaufsicht** zu hören, wenn die Klage Bestimmungen in AGB zum Gegenstand hat.[13] **§ 8 Abs. 2 Nr. 2** begründet die Anhörung, wenn es bei der Klage um Bestimmungen in AGB geht, die diese **zu genehmigen** hat, und zwar nach Maßgabe des Gesetzes über Bausparkassen oder des Investmentgesetzes. Nach dem Wortlaut („zu genehmigen hat") kommt es allein darauf an, ob die betreffenden AGB **genehmigungspflichtig** sind. Bei der Beurteilung von AGB aus dem Genehmigungs-Verantwortungsbereich der betreffenden Behörde ist auf deren „Erfahrung" und „besondere Sachkunde" zurückzugreifen (vgl. Rn. 1).[14]

8   **b) Keine entsprechende Anwendung.** Angesichts der im Einzelnen bestimmten Fälle einer Anhörungspflicht, ist § 8 Abs. 2 als **abschließende** und nicht nur als beispielhafte **Regelung** anzusehen. Deshalb ist für eine entsprechende Anwendung auf andere behördlich genehmigte AGB[15] bzw. auf andere Genehmigungsbehörden kein Raum.[16] Dass bei jeder abstrakten Kontrolle genehmigter bzw. genehmigungspflichtiger AGB eine Anhörung der Genehmigungsbehörde sachlich sinnvoll erscheint, genügt zur Rechtfertigung einer solchen Analogie nicht, zumal das Gericht nötigenfalls stets von Amts wegen gemäß § 273 Abs. 2 Nr. 2, § 358 Nr. 2 ZPO eine behördliche Auskunft einholen kann, wobei die Behörde dann sogar entsprechend § 432 ZPO zur Auskunft

---

[8] Dazu *Stein/Jonas/Leipold* § 139 ZPO Rn. 5 u. eingehend *Henckel,* Prozessrecht und materielles Recht, S. 125 ff., 130 ff.
[9] Vgl. auch Begr. Rechtsausschuss des BTags, BT-Drucks. 7/5422 S. 11.
[10] Vgl. *Ulmer/Brandner/Hensen* Rn. 3.
[11] BT-Drucks. 15/1553, S. 133.
[12] BT-Drucks. 15/4321, S. 40.
[13] Zum „AVB-Begriff" (Allgemeine und sog. Besondere Bedingungen, VVaG-Satzungen, geschäftsplanmäßige Erklärungen usw.) *Sieg* VersR 1977, 489 f.
[14] So *Erman/Roloff* Rn. 7. Anders anscheinend *Ulmer/Brandner/Hensen* Rn. 11, der auf eine Rechtfertigung der genehmigten Klauseln abstellt. Unklar-offen *Löwe/v. Westphalen/Trinkner* § 16 AGBG Rn. 1.
[15] So etwa bei den Bedingungen gemeinnütziger Wohnungsunternehmen oder bei bestimmten Beförderungsbedingungen im Fluglinienverkehr u. im Straßenverkehr; zur Übersicht vgl. *Löwe/v. Westphalen/Trinkner* Vor §§ 8 bis 11 AGBG Rn. 42 ff.
[16] So auch *Palandt/Heinrichs* Rn. 5; *Löwe/v. Westphalen/Trinkner* § 16 AGBG Rn. 4, 7; *Ulmer/Brandner/Hensen* Rn. 11; *Wolf/Horn/Lindacher* § 16 AGBG Rn. 11; anders *Schlosser/Coester-Waltjen/Graba* § 16 AGBG Rn. 1; *Staudinger/Schlosser* hält an dieser Ansicht in der 13. Aufl. Rn. 1 nicht mehr fest, da nach der Änderung des § 16 die Analogiebasis entfallen sei. Er plädiert nun für eine großzügige Handhabung der §§ 273 Abs. 2, 358a Nr. 2 ZPO; so auch *Koch/Stübing* Rn. 3 („redaktionelle Flüchtigkeit").

verpflichtet ist. Etwas anderes käme nur in Betracht, wenn diese Anhörungspflicht in dem Verfassungsgebot des sog. rechtlichen Gehörs (Art. 103 Abs. 1 GG) ihre Grundlage hätte.[17] Aber einer Behörde kommt in Bezug auf die von ihr lediglich genehmigten AGB nicht die eigenständige Position eines „typisch rechtlichen Betroffenseins" zu,[18] wenn die zivilrechtliche Wirksamkeit der betreffenden AGB gerichtlich überprüft und mit der evtl. Missbilligung in diesem Verfahren das Substrat des Genehmigungs-Verwaltungsaktes hinfällig gemacht wird.[19]

c) Verfahren mit Anhörungspflicht. Die Anhörungspflicht besteht vor der Entscheidung **9** „über eine Klage nach § 1 UKlaG". Das wird entsprechend für eine **Feststellungsklage** seitens eines Empfehlers oder Verwenders zu gelten haben, weil in diesem Verfahren die sachliche Entscheidung über die abstrakte Un-Wirksamkeit der AGB bereits rechtskräftig endgültig fällt und die Argumente der Genehmigungsbehörde nur hier und später nicht mehr berücksichtigt werden können.[20] Auch bei einer **einstweiligen Verfügung** gilt die Anhörungspflicht, wenngleich wegen der Dringlichkeit der Entscheidung zunächst eine Anhörung entfallen kann.[21] Im Grunde erscheint es angemessen, alle Verfahren als „Klagen nach § 1 UKlaG" zu bewerten, die sinngemäß dazugehören (dazu § 6 Rn. 4).

2. Die Anhörungspflicht im Einzelnen. a) Vor Sachentscheidung. Die Behörde ist „**vor** **10** **der Entscheidung über die Klage** zu hören". Da diese Anhörungspflicht nur im Hinblick auf eine mögliche **Sachentscheidung** des Gerichts eine Bedeutung hat, entfällt sie, wenn es von vornherein nicht dazu kommen und die Klage nur als unzulässig abgewiesen werden kann. Auch im Prozesskostenhilfeverfahren ist die Anhörung noch nicht vorgeschrieben, sondern höchstens zweckmäßig.[22]

b) Verfahren der Anhörung. Wenn die Behörde „vor der Entscheidung zu hören" ist, **11** dann bedeutet das nur, dass der Behörde rechtzeitig Gelegenheit gegeben werden muss, ihre Argumente zur Beurteilung der betreffenden AGB in das Verfahren einzubringen. Demgemäß ist die Behörde auch nicht wie eine Partei oder ein materiell Verfahrensbeteiligter laufend und über alles zu informieren und zu hören. Vielmehr sind ihr lediglich die, für die schließliche Sachentscheidung wesentlichen, Schriftsätze der Parteien und Zwischenentscheidungen des Gerichts **von Amts wegen** zur Stellung- bzw. Kenntnisnahme zuzustellen,[23] und sie muss vom Termin einer mündlichen Verhandlung informiert werden[24] und dabei Gelegenheit zur Teilnahme und zur Äußerung erhalten.[25] Entsprechendes gilt für eine schriftliche Stellungnahme vor einer Entscheidung ohne mündliche Verhandlung. Die Übersendung des Endurteils selbst wird dagegen nicht mehr von der Anhörungspflicht gefordert,[26] liegt aber wohl im Rahmen der allgemeinen Pflichten des Gerichts.[27] Diese Erfordernisse gelten für jede Instanz selbständig.[28] Eine Verletzung der Anhörungspflicht begründet einen Mangel des Verfahrens und der Sachaufklärung,[29] der aber nur von den Parteien gerügt werden kann.

---

[17] In diese Richtung *Löwe/v. Westphalen/Trinkner* § 15 AGBG Rn. 8.
[18] Allgemein zu diesem Erfordernis *Zeuner*, Rechtliches Gehör, materielles Recht und Urteilswirkungen, S. 55 ff.; zur „Unrechtabwehrtendenz" des Art. 103 Abs. 1 GG vgl. *Baur* AcP 153 (1954), 393, 402; zur Übersicht m. weit. Nachw. *Wolf* JZ 1971, 405 ff.
[19] So im Ergebnis auch *Schlosser/Coester-Waltjen/Graba* § 15 AGBG Rn. 5 und *Staudinger/Schlosser* Rn. 16.
[20] So auch *Schlosser/Coester-Waltjen/Graba* § 13 AGBG Rn. 20 wonach „die §§ 13 ff. grundsätzlich analog" für diese Feststellungsklage gelten sollen; ebenso *Wolf/Horn/Lindacher* § 16 AGBG Rn. 4; so jetzt auch *Palandt/Bassenge* Rn. 5.
[21] So auch *Palandt/Heinrichs* Rn. 6; *Wolf/Horn/Lindacher* § 16 AGBG Rn. 5; *Löwe/v. Westphalen/Trinkner* § 16 AGBG Rn. 11; *Schlosser/Coester-Waltjen/Graba* § 16 AGBG Rn. 5; *Hefermehl/Köhler/Bornkamm* Rn. 4.
[22] So auch *Löwe/v. Westphalen/Trinkner* § 16 AGBG Rn. 10.
[23] So auch *Löwe/v. Westphalen/Trinkner* § 16 AGBG Rn. 11; vgl. auch *Palandt/Bassenge* Rn. 6, *Hefermehl/Köhler/Bornkamm* Rn. 4.
[24] So auch *Löwe/v. Westphalen/Trinkner* § 16 AGBG Rn. 11; nach *Palandt/Bassenge* Rn. 6; lediglich vom ersten Termin, von weiteren nur auf Wunsch der Behörde selbst.
[25] So auch *Löwe/v. Westphalen/Trinkner* § 16 AGBG Rn. 11; nach *Schlosser/Coester-Waltjen/Graba* § 16 AGBG Rn. 5 und nach in: *Dietlein/Rebmann* Rn. 2 liegt es im Ermessen des Gerichts, ob es mündliche oder nur schriftliche Anhörung ermöglicht.
[26] So auch *Staudinger/Schlosser* Rn. 16. Anders *Stein* Anm. 2.
[27] So auch *Schlosser/Coester-Waltjen/Graba* § 16 AGBG Rn. 5.
[28] So auch *Palandt/Heinrichs* Rn. 6; *Löwe/v. Westphalen/Trinkner* § 16 AGBG Rn. 13; anders *Staudinger/Schlosser* Rn. 16 sowie *Wolf/Horn/Lindacher* § 16 AGBG Rn. 15.
[29] Vgl. auch *Rebmann*, in: *Dietlein/Rebmann*, wonach die Anhörung „gesetzlich aufgegebene Sachermittlungspflicht" ist. Nach *Schlosser/Coester-Waltjen/Graba* § 16 AGBG Rn. 5 begründet die unterlassene Anhörung „einem durch Genehmigung oder rügeloses Einlassen der Parteien nicht heilbaren Verfahrensmangel".

12 **c) Rechtsstellung der Behörde.** Die Anhörungspflicht begründet für die Behörde keine subjektive Berechtigung und gibt ihr nicht die Stellung einer Partei oder eines materiell Verfahrensbeteiligten.[30] Deshalb kann sie auch keine Anträge stellen und keine Rechtsbehelfe oder Rechtsmittel einlegen und sich auch nicht solchen Maßnahmen einer Partei anschließen.[31] Sie wird von der Rechtskraft oder einer sonstigen Rechts- bzw. Tatbestandswirkung des Urteils nicht betroffen. Deshalb ist sie im Allgemeinen auch nicht zur Nebenintervention berechtigt,[32] wie üblicherweise auch eine Streitverkündung seitens einer Partei in Betracht kommen kann.

§ 9 Besonderheiten der Urteilsformel

Erachtet das Gericht die Klage nach § 1 für begründet, so enthält die Urteilsformel auch:
1. die beanstandeten Bestimmungen der Allgemeinen Geschäftsbedingungen im Wortlaut,
2. die Bezeichnung der Art der Rechtsgeschäfte, für welche die den Unterlassungsanspruch begründenden Bestimmungen der Allgemeinen Geschäftsbedingungen nicht verwendet oder empfohlen werden dürfen,
3. das Gebot, die Verwendung oder Empfehlung inhaltsgleicher Bestimmungen in Allgemeinen Geschäftsbedingungen zu unterlassen,
4. für den Fall der Verurteilung zum Widerruf das Gebot, das Urteil in gleicher Weise bekannt zu geben, wie die Empfehlung verbreitet wurde.

Schrifttum: *Hohmann*, Möglichkeiten einer besseren verfahrensrechtlichen Kontrolle Allgemeiner Geschäftsbedingungen, JZ 1975, 590.

I. Der Inhalt der Urteilsformel allgemein

1 **1. Nähere Bestimmung der Urteilsformel.** § 9 bringt ergänzende („auch") Vorschriften zum Inhalt der Urteilsformel bei einer gem. § 1 begründeten Unterlassungs- oder Widerrufsklage. Dabei bezweckt § 9 **Nr. 1, 2**, wie schon die entsprechende Antragsvorschrift des § 8 Abs. 1 UKlaG, eine besonders klare Bestimmung der Kontrollentscheidung und bedeutet damit eine Präzisierung der nach den allgemeinen Grundsätzen zu § 313 Abs. 1 Nr. 4 ZPO stets erforderlichen „unmissverständlichen Klarheit" der Urteilsformel.[1] An dieser Klarheit besteht wegen der Breitenwirkung der Entscheidung für den Rechtsgeschäfts- und Prozessverkehr (vgl. § 11) und im Hinblick auf die immer wichtiger werdende Zwangsvollstreckung ein erhöhtes Interesse, vgl. § 5 Rn. 15 ff. § 9 **Nr. 3** bestimmt für den Fall einer Unterlassungsentscheidung eine von Amts wegen vorzunehmende Ausdehnung des formulierten Gebots entsprechend der sog. Kerntheorie. § 9 **Nr. 4** gibt dem Gericht bei einem Widerrufsurteil noch den Ausspruch auf, dass das Urteil als Widerruf in gleicher Weise wie die Empfehlung bekannt zu geben ist. Weiter kann dem Kläger auf Antrag die allgemeine Bekanntmachungsbefugnis nach § 7 UKlaG zugesprochen werden. Außerdem sind bei einem Unterlassungstitel auf Antrag schon die Ordnungsmittel der Zwangsvollstreckung anzudrohen (vgl. § 890 Abs. 2 ZPO). Schließlich bleiben noch die Kostenentscheidung und der Ausspruch der vorläufigen Vollstreckbarkeit nach den allgemeinen Bestimmungen.

2 **2. Entsprechende Anwendung.** Für eine **einstweilige Verfügung** mit dem Gebot einer Unterlassung der Verwendung oder Empfehlung von AGB-Bestimmungen (dazu § 5 Rn. 30 ff.) gelten ungeachtet der allgemeinen Ermessenskompetenz des Gerichts gem. § 938 ZPO die speziellen Vorschriften des **§ 9 Nr. 1 bis 3 entsprechend**. Und auch bei einer **begründeten Feststellungsklage** seitens eines Verwenders oder Empfehlers (vgl. § 5 Rn. 7) sollte das Gericht **entsprechend § 9 Nr. 1, 2** tenorieren, indem es den „Wortlaut" der damit erlaubten Klausel anführt und die „Art der Rechtsgeschäfte" bezeichnet, für die der Kläger in Reaktion auf die gegen ihn ausgesprochene Abmahnung seine AGB als rechtswirksam hat feststellen lassen. Die Berücksichtigung dieser

---

[30] In der Literatur finden sich aber Stimmen, die dem damaligen BAV ein Klagerecht nach § 13 einräumen wollten: *Hohlfeld* VersR 1993, 144, 147; *Präve* NJW 1993, 970, 972, der sich dabei auf die RL 93/13/EWG stützt, nach der in Art. 7 Abs. 2 Organisationen mit einem berechtigten Interesse klagebefugt seien, sowie *Schirmer* DAR 1993, 321, 333; dagegen *Ulmer/Brandner/Hensen* Rn. 10.
[31] Vgl. auch *Löwe/v. Westphalen/Trinkner* § 16 AGBG Rn. 14; *Schlosser/Coester-Waltjen/Graba* § 16 AGBG Rn. 5; *Erman/Roloff* Rn. 11.
[32] S. auch *Koch/Stübing* Rn. 1. Anders *Löwe/v. Westphalen/Trinkner* § 16 AGBG Rn. 15.
[1] Dazu *Stein/Jonas/Leipold* § 313 ZPO Rn. 20, so auch *Hefermehl/Köhler/Bornkamm* Rn. 1.

bestimmten Anforderungen kann man dem Gericht, anders als dem Kläger bei seinem Antrag (dazu § 5 Rn. 3), ohne weiteres aufgeben, selbst wenn die Feststellungsentscheidung und erst recht eine positive Beurteilung der Klage nicht die Bedeutung und Breitenwirkung einer abstrakten Kontrollentscheidung haben. Bei der insofern eher bedeutsamen Abweisung der Feststellungsklage mit ihrer Rechtskraftwirkung zugunsten des Unterlassungs- bzw. Widerrufsanspruchs des Beklagten ist für eine dem § 9 Nr. 1, 2 entsprechende Tenorierung allerdings kein Raum – wie § 9 ja auch nicht für den Fall der Abweisung einer Unterlassungs- oder Widerrufsklage gilt. Hier kann das Gericht nur in seiner Begründung aussprechen, welche Klausel für welche nach der konkreten Klageumständen in Betracht kommende Rechtsgeschäftsart (dazu § 8 Rn. 3) es für rechtswirksam hält, und mit Hilfe dieser Gründe muss die Rechtskraftwirkung des Urteils bestimmt werden. Soweit man einen Folgenbeseitigungsanspruch zulassen will, kommen ebenfalls § 9 Nr. 1 und Nr. 2 zur Anwendung. Bezüglich der Tenorierung ist auf den UWG-Bereich zu verweisen.

II. Die Urteilsformel gem. § 9 Nr. 1, 2

§ 9 **Nr. 1** mit der vorgeschriebenen Angabe der beanstandeten Bestimmung „im Wortlaut" entspricht dem Antragserfordernis des § 8 Abs. 1 Nr. 1., § 9 **Nr. 2**. Zu den weiteren Fragen der Bindung an den Parteiantrag, der Entscheidung bei Teilunwirksamkeit einer Klausel, der genauen Bestimmung der Rechtsgeschäftsart (einschl. der Berücksichtigung der mit § 3 Abs. 2 UKlaG, § 310 Abs. 1 BGB verbundenen Differenzierungen) usw. vgl. die Kommentierung zu § 5 Rn. 3 ff. Speziell zur Einbeziehung auch der sog. Altverträge und ihrer Abwicklung in das Unterlassungsgebot vgl. § 1 Rn. 32. und zum entsprechenden Antrag vgl. § 5 Rn. 10 sowie zum ausdrücklichen Ausspruch im Urteilstenor zur Klarstellung für die Zwangsvollstreckung vgl. § 5 Rn. 16 ff. Zur grundsätzlich ausgeschlossenen Einräumung einer sog. Aufbrauchs- oder Umstellungsfrist vgl. § 5 Rn. 16.

III. Die Urteilsformel gem. § 9 Nr. 3

§ 9 Nr. 3 schreibt für ein Unterlassungsurteil gegen einen **Verwender bzw. Empfehler** das zusätzliche Gebot vor, „die Verwendung oder Empfehlung inhaltsgleicher Bestimmungen" zu unterlassen. Die „Empfehlung" wurde parallel zu § 9 Nr. 2 im Zuge der UWG-Reform 2004 in den Wortlaut der Norm aufgenommen.[2] Und wie die Verwendung oder Empfehlung von „inhaltsgleichen Bestimmungen" untersagt wird, so ist auch die Verwendung oder Empfehlung der beanstandeten bzw. inhaltsgleichen Bestimmungen für „inhaltsgleiche Rechtsgeschäftsarten" zu verbieten.[3] Das alles hält sich im Rahmen der von § 9 Nr. 3 UKlaG nur aufgegriffenen sog. **Kerntheorie,** wie sie sonst erst im Rahmen der Zwangsvollstreckung aus einem Unterlassungstitel allgemein praktiziert wird und hier (vielleicht auch im Blick auf § 11) bereits in der Urteilsformel zum Ausdruck gebracht werden soll. Insofern ist für die Konkretisierung des unbestimmten Rechtsbegriffs „inhaltsgleich" auf die entwickelten Vollstreckungsgrundsätze zurückzugreifen, wonach ein Unterlassungsgebot sich, außer auf die bestimmte Handlung, auch auf solche (Zuwider-)Handlungen bezieht, bei denen „kein Zweifel bestehen" kann, dass das Gericht sie „ebenso beurteilt hätte"; dazu näher § 5 Rn. 17 bis 19.

IV. Die Urteilsformel gem. § 9 Nr. 4

1. Gebot zu Widerruf und Urteilsbekanntgabe. Nach § 9 Nr. 4 muss die Urteilsformel für den Fall der Verurteilung eines Empfehlers zum Widerruf das Gebot enthalten, „das Urteil **in gleicher Weise bekannt zu geben**, wie die Empfehlung verbreitet wurde". Das bedeutet prinzipiell nicht mehr, als die richtige Beurteilung einer begründeten Widerrufsklage;[4] denn der Antrag und Anspruch auf Verurteilung zum Widerruf als dem *actus contrarius* zur Empfehlung besagt schon aus sich heraus, dass die Widerrufserklärung in gleicher Weise wie die Empfehlungserklärung, gegenüber dem gleichen Adressatenkreis, abzugeben bzw. bekannt zu geben ist. Deshalb ist § 308 ZPO nicht einmal berührt, wenn das Gericht dieses Gebot von Amts wegen in der Formel auszusprechen hat, dessen Bedeutung eher noch darin besteht, dass der Beklagte **„das Urteil bekannt zu geben"** und nicht etwa eine eigene nachformulierte Widerrufserklärung abzugeben hat. Dabei kann sich das Gericht (schon aus Gründen der sicheren Grundlage für eine mögliche Zwangsvollstreckung) allerdings nicht mit der pauschalen Formulierung „in gleicher Weise wie die Empfehlung" begnügen, sondern

---

[2] BT-Drucks. 15/1487, S. 27.
[3] Vgl. auch *Hefermehl/Köhler/Bornkamm* Rn. 3; *Palandt/Heinrichs* § 10 Rn. 4 für den anderen Fall des § 10 mit seiner dem Verwender zugute kommenden entspr. Begünstigung, dazu § 10 Rn. 19.
[4] Vgl. *Koch/Stübing* Rn. 6: „von materieller, nicht nur verfahrensrechtlicher Bedeutung".

es muss die Widerrufsweise genau bestimmen, wobei es sich nach der substantiiert vorgetragenen und nötigenfalls bewiesenen Empfehlungsweise zu richten hat.[5] In welchem Umfang „das Urteil" bekannt zu geben ist – ob mit oder ohne Gründe –, hat das Gericht nach pflichtgemäßem Ermessen zu entscheiden.[6] War die Empfehlung selbst nicht mit einer besonderen Rechtsbegründung versehen, so wird immer entsprechend § 7 eine Bekanntgabe allein der Urteilsformel genügen. Eine Veröffentlichungsbefugnis des Klägers nach § 7 macht die Widerrufs-Urteilsbekanntgabe durch den Beklagten nicht hinfällig,[7] während diese allerdings jene überflüssig machen kann, vgl. § 7 Rn. 2.

6 **2. Bekanntgabeweise.** Die Abgabe der Widerrufserklärung, dh. die Bekanntgabe des Urteils „**in gleicher Weise,** wie die Empfehlung verbreitet wurde", ist nur möglich bei Empfehlungen in Zeitungen, Zeitschriften, Rundschreiben, Rundfunk, Fernsehen, Erklärungen gegenüber bestimmten Verwendern usw. Dazu **gehörte** bei den durch das Bundeskartellamt im Bundesanzeiger bekannt gemachten **Konditionenempfehlungen** die Widerrufsbekanntgabe in diesem Publikationsorgan.[8] Handelt es sich zB um eine Verbandsempfehlung, die an die Mitglieder im Wege eines Rundschreibens erfolgt ist, erfordert der Widerruf wiederum ein Rundschreiben unter Beifügung des Urteils. Entsprechendes gilt für den Fall der Empfehlung von AGB in einem Publikationsorgan des Verbands oder der Tagespresse. Bei dieser Verpflichtung zur Bekanntgabe handelt es sich nicht um eine öffentliche Bekanntmachung nach § 7, sondern um den *actus contrarius* zur früher erklärten Empfehlung. Bei Empfehlungen in verbreiteten Formularbüchern oder in handelsvertriebenen Formularen kommt dagegen eine Widerrufsbekanntgabe „in gleicher Weise" nicht in Betracht. Das heißt aber nicht, dass für eine Widerrufsbekanntgabe kein Raum bliebe.[9] Vielmehr hat das Gericht nach seinem Ermessen eine den Umständen und Auswirkungen der Empfehlung **adäquate Bekanntgabeweise** zu bestimmen,[10] etwa eine mehrmalige Veröffentlichung in einer Zeitung, speziell in einer Verbandszeitschrift für denjenigen Personenkreis, der erfahrungsgemäß vornehmlich von der Empfehlung Gebrauch gemacht hat bzw. haben wird. Dadurch können zwar nicht alle Adressaten der Empfehlung erreicht werden. Aber es lassen sich erhebliche Auswirkungen der Empfehlung korrigieren.

§ 10 Einwendung wegen abweichender Entscheidung

Der Verwender, dem die Verwendung einer Bestimmung untersagt worden ist, kann im Wege der Klage nach § 767 der Zivilprozessordnung einwenden, dass nachträglich eine Entscheidung des Bundesgerichtshofs oder des Gemeinsamen Senats der Obersten Gerichtshöfe des Bundes ergangen ist, welche die Verwendung dieser Bestimmung für dieselbe Art von Rechtsgeschäften nicht untersagt, und dass die Zwangsvollstreckung aus dem Urteil gegen ihn in unzumutbarer Weise seinen Geschäftsbetrieb beeinträchtigen würde.

Schrifttum: *Bettermann,* Rechtshängigkeit und Rechtsschutzform, 1949; *Blomeyer,* Zivilprozeßrecht, Erkenntnisverfahren, 2. Aufl., 1985; *Gaul,* Die Erstreckung und Durchbrechung der Urteilswirkungen nach §§ 19, 21 AGBG, FS *Beitzke,* 1979, S. 997; *Goldschmidt,* Zivilprozessrecht, 2. Aufl., 1932; *Hasler,* Vollstreckungsgegenklage gegen rechtskräftige Bürgenurteile aufgrund der neueren BVerG-Rechtsprechung, MDR 1995, 1087; *Hellwig,* Anspruch und Klagerecht, 1900; *Henckel,* Prozessrecht und materielles Recht, 1970; *Kellner,* Probleme um die Vollstreckungs-Abwehrklage nach § 19 AGBG, Dissertation München, 1979; *Melzer,* Vollstreckungsabwehrklage gegen rechtskräftige – aber falsche – Entscheidungen im Bürgerschaftsrecht, NJW 1996, 3192; *Micklitz/Rott,* Konsumkredit, Überschuldung und Schuldensanierung in der Bundesrepublik Deutschland, in: *Brunner/Rehbinder/Stauder* (Hrsg.), Jahrbuch des Schweizerischen Konsumentenrechts 1997, S. 131; *Reinel,* Die Verbandsklage nach dem AGBG, 1979; *Rosenberg,* Lehrbuch des deutschen Zivilprozessrechts, 1949; *Schilken,* Verfahrensrechtliche Probleme nach dem AGB-Gesetz – eine Untersuchung zu den §§ 19, 21 im AGBG, in: Recht und Wirtschaft, Osnabrück Rechtswissenschaftliche Abhandlungen, 1985, S. 99; *Sieg,* Auswirkungen des AGB-Gesetzes auf Justiz und Verwaltung im Bereich der Privatversicherung, VersR 1977, 489.

---

[5] Vgl. auch *Palandt/Bassenge* Rn. 4 („gem. § 139 ZPO aufzuklären"); *Löwe/v. Westphalen/Trinkner* § 17 AGBG Rn. 25; *Schlosser/Coester-Waltjen/Graba* § 17 AGBG Rn. 3, 4 mit der sicher nur theoretischen Feststellung, dass bei Fehlen aller Angaben die Widerrufsklage insgesamt abzuweisen sei.
[6] Vgl. auch *Dietlein/Rebmann* Rn. 5, wonach „in der Regel" die Urteilsgründe nicht bekannt zu geben sind; so auch *Hefermehl/Köhler/Bornkamm* Rn. 4.
[7] So auch *Dietlein/Rebmann* Rn. 5 u. *Stein* § 15 Rn. 10.
[8] Vgl. OLG Köln BB 1982, 638 u. zust. *Löwe/v. Westphalen/Trinkner* § 17 AGBG Rn. 25 f.
[9] So aber *Löwe/v. Westphalen/Trinkner* § 17 AGBG Rn. 27 u. für den Fall anonymer Empfehlungen (dazu näher § 1 Rn. 80 mit Fn. 165) auch *Ulmer/Brandner/Hensen* Rn. 6.
[10] So auch *Stein* Anm. 4; *Dietlein/Rebmann* Rn. 5; *Erman/Roloff* Rn. 4; im Ansatz ebenso *Schlosser/Coester-Waltjen/Graba* § 17 AGBG Rn. 5.

I. Die Bedeutung der Vorschrift

1. Ausnahmebestimmung mit treffendem Reformansatz. Nach § 10 kann ein Verwender gegen ein ihm auferlegtes Unterlassungsgebot im Wege der Klage nach § 767 ZPO einwenden, dass nachträglich eine höchstrichterliche Entscheidung die Verwendung der betreffenden Bestimmung nicht untersagt hat und nunmehr eine Zwangsvollstreckung aus dem Titel gegen ihn in unzumutbarer Weise seinen Geschäftsbetrieb beeinträchtigen würde. Diese auf den Rechtsausschuss des BTags zurückgehende und gegen Einwände des BRats schließlich verabschiedete Bestimmung[1] hat offenkundig den **Zweck, einem Verwender ein ausgesprochenes Unterlassungsgebot abzunehmen, wenn die betreffende Bestimmung inzwischen höchstrichterlich gebilligt worden und deshalb anderen Verwendern nicht mehr ernstlich streitig zu machen ist.** Das klingt plausibel, ist aber **ganz abnorm** und wird durch den daran anknüpfenden § 11 S. 2 noch ausgefallener. § 10 bringt einen grundsätzlichen Einbruch in die sonst höher bewertete Rechtssicherheit, wie er bisher einmalig nur für den unvergleichlich anderen Fall bestimmt war, dass das BVerfG eine Norm für verfassungswidrig erklärt, auf welcher die Entscheidung beruht, vgl. § 79 Abs. 2 S. 3 BVerfGG (und entspr. für Landesrecht § 183 S. 3 VwGO).[2] Die **rechtspraktische Bedeutung** des § 10 ist bislang **minimal** geblieben.[3]

2. Systematische Einordnung. a) Zusammenhang mit § 11 S. 1. Ein **besonderes systematisches Problem** stellt sich im Zusammenhang mit der „Klage nach § 767 ZPO", auf die verwiesen wird. Diese Klage ist das passende Abwehrmittel gegen einen materiell überholten Leistungstitel, wenn diesem die für den Schuldner lästige Urteilswirkung der Vollstreckbarkeit genommen werden soll. § 11 S. 2 macht aber deutlich, dass es bei der Klage nach § 10 nicht allein um die Beseitigung der Vollstreckbarkeit geht; denn der dort weiter vorgesehene Wegfall der Urteilswirkung des § 11 S. 1 UKlaG für den Fall, dass der Verwender „gegen das Urteil die Klage nach § 10 erheben könnte", gilt erst recht, wenn der Verwender diese Klage – wie auch eine übliche Vollstreckungsgegenklage – erfolgreich durchgeführt hat (vgl. § 11 Rn. 11 f.). Damit erhält die Klage nach § 10 wie nach § 767 ZPO gegen einen Unterlassungstitel von der Tragweite des § 11 S. 1 eine Bedeutung, die ihr nach hM gar nicht zukommen kann; denn für diese geht es bei der Vollstreckungsgegenklage **ausschließlich um den prozessualen Streitgegenstand der Zulässigkeit der Zwangsvollstreckung** und **nicht** noch um eine **neue Feststellung zum (Fort-) Bestand des titulierten Anspruchs selbst**[4] – was nach § 11 S. 2 aber explizit anders ist. Aus dieser Komplikation kommt man heraus, wenn man stets auch den Fortbestand des titulierten Anspruchs des Gläubigers zum Streitgegenstand der Klage nach § 767 ZPO rechnet.[5] Alsdann enthält das der Vollstreckungsgegenklage stattgebende Urteil zugleich die in Rechtskraft erwachsende Feststellung, dass der Anspruch des Gläubigers nicht mehr besteht. Daraus lässt sich ohne weiteres systematisch erklären, dass mit dieser Entscheidung auch die nach § 11 S. 1 UKlaG bestimmte Urteilswirkung fortfallen kann (dazu noch § 11 Rn. 10). Angesichts dessen sollten der Klageantrag und die Urteilsformel nicht nur darauf gerichtet sein, dass „die Zwangsvollstreckung für unzulässig erklärt" wird, sondern noch ausdrücklich die Feststellung enthalten, dass das Unterlassungsgebot „aufgehoben wird".

b) Zusammenhang mit § 11 S. 2. Dazu kommt noch ein **Problem durch § 11 S. 2** Nach dieser Bestimmung entfällt die „Breitenwirkung" des gegen den Verwender ergangenen Unterlassungsurteils, nämlich dessen Rechtskraftwirkung zugunsten der Vertragspartner des Verwenders (dazu § 11 Rn. 3 f.), schon mit der **begründeten Möglichkeit der Klage** nach § 10, also bereits im Zeitpunkt des Erlasses der maßgebenden höchstrichterlichen Entscheidung, ohne weiteres (dazu

---

[1] BT-Drucks. 7/5422 S. 12, 7/5617 S. 5.
[2] Vgl. zur Diskussion um die Durchbrechung rechtsfähiger Titel im Bereich des Konsumentenrechts, *Hasler* MDR 1995, 1087; *Melzer* NJW 1996, 3192, *Micklitz/Rott*, in: Jahrbuch des Schweizerischen Konsumentenrechts 1997, S. 131 ff., 166 ff.
[3] Vgl. *Palandt/Heinrichs* Rn. 1, wonach die praktische Bedeutung dieser Vorschrift „denkbar gering" sei; entspr. *Ulmer/Brandner/Hensen* Rn. 1 und *Löwe/v. Westphalen/Trinkner* § 19 AGBG Rn. 1, für die breite wissenschaftliche Auseinandersetzung um § 19 „aus der Sicht der Praxis viel Lärm um nichts darstellt".
[4] Vgl. BGH BGHZ 22, 54, 56 = NJW 1957, 23; RGZ 165, 374, 380; *Rosenberg*, Lehrbuch des deutschen Zivilprozessrechts, § 183 III 8; *Stein/Jonas/Münzberg* § 767 ZPO Rn. 2 m. weit. Nachw.
[5] So schon *Hellwig*, Anspruch und Klagerecht, 1900, S. 166 mit Fn. 12; *Goldschmidt* Zivilprozessrecht, 2. Aufl. 1932, § 92 5; vgl. auch *Bettermann*, Rechtshängigkeit und Rechtsschutzform, 1949, S. 43 ff., 48 ff.; *Blomeyer*, Zivilprozessrecht, Vollstreckungsverfahren, 1976, § 33 VI u. eingehend schon AcP 165 (1965), 481, 486 ff., 493 ff.; *Henckel*, Prozessrecht und materielles Recht, 1970, S. 224 ff.; jetzt auch *Wieczorek* ZPO § 767 Anm. B III.

§ 11 Rn. 14 ff.). Mit dieser frei erlaubten Verwendung der betreffenden Klausel muss man sogar so weit zurückgehen, dass der Verwender sich **nicht erst ab dem Zeitpunkt des Erlasses** der höchstrichterlichen Entscheidung, **sondern schon vorher** dieser Klausel bedienen darf bzw. durfte,[6] weil deren Verbot und ausgesprochene Unwirksamkeit durch die zwar später erlassene, aber uneingeschränkt maßgebende höchstrichterliche Entscheidung gänzlich, auch rückwirkend, entfallen ist.

4   Ist das Unterlassungsurteil schon allein infolge der anderen höchstrichterlichen Entscheidung gänzlich und ohne jede bleibende Rechtskraftwirkung **erledigt**,[7] dann kommt einer wegen § 11 S. 2 zwar unnötigen, aber gem. § 10 eröffneten „Klage nach § 767 ZPO" nichts mehr von der Rechtswirkung zu, die sonst mit einer Vollstreckungsgegenklage verbunden ist. Deshalb handelt es sich bei § 10 um eine **besondere Feststellungsklage mit verbindlich klarstellender Wirkung**.[8]

II. Der Anwendungsbereich des § 10

5   **1. Geltung für Verwender und Empfehler.** Wenn nach § 10 ausdrücklich „der **Verwender**" diese Klagemöglichkeit erhält, dann ist das zunächst sprachlich abschließend zu verstehen, zumal es in der Entstehungsgeschichte keinen Anhalt dafür gibt, dass der Empfehler versehentlich unerwähnt geblieben wäre. Aber für einen **Empfehler,** jedenfalls soweit er Vertrags- bzw. AGB-Formulare und Formularbücher mit Hilfe von Verlegern und Händlern herstellt und vertreibt, kann es gleichfalls eine erhebliche Beeinträchtigung bedeuten, wenn er eine Klausel von Gewicht nicht in das Empfehlungsprogramm aufnehmen darf; denn dadurch wird seine Leistung für die potentiellen Adressaten, die Verwender, sachlich entwertet, weil diese alle rechtlich möglichen Vergünstigungen für sich in Anspruch nehmen wollen. Auch wenn sich die fortwährende Bindung an ein Unterlassungsgebot für Verwender und Empfehler wegen ihrer verschiedenen Betätigung mit AGB unterschiedlich auswirkt, so gilt der Schutzzweck des § 10 doch ebenso für einen Empfehler, wenn bei diesem eine „unzumutbare" Beeinträchtigung gegeben ist.[9]

6   § 10 **kann sich zugunsten** und **zuungunsten** eines Verwenders oder Empfehlers auswirken.[10] Der zunächst erfolglos gebliebene Unterlassungskläger kann nach einer für ihn günstigen höchstrichterlichen Entscheidung erneut mit dem früheren Beklagten über dessen AGB streiten. Rechtlich läuft ein solches Verfahren auf die Wiederaufnahme des ursprünglichen Klagebegehrens hinaus.[11]

7   **2. Maßgebende höchstrichterliche Entscheidungen.** Der Anwendungsbereich des § 10 ist angesichts seines Zwecks, dass einzelnen Verwendern oder Empfehlern nicht untersagt bleiben soll, was anderen praktisch nicht mehr streitig zu machen ist, **erheblich zu eng gefasst.** Als Klagegrund kommt nach dem Wortlaut lediglich eine höchstrichterliche Entscheidung in Betracht, „welche die Verwendung dieser Bestimmung nicht untersagt". Das kann sich nach dem Gesetzessystem nur auf eine Entscheidung beziehen, durch die eine **Kontrollklage** gegen einen anderen Verwender der betreffenden Bestimmung sachlich abgewiesen worden ist. Die **gleiche Billigung** einer AGB-Bestimmung kommt aber auch in der sachlichen Abweisung einer Unterlassungs- oder Widerrufsklage gegenüber einem **Empfehler** zum Ausdruck, weiter in der entsprechenden Beschei-

---

[6] So auch *Schlosser/Coester-Waltjen/Graba* § 19 AGBG Rn. 3 und *Staudinger/Schlosser* Rn. 3; dagegen schränkt *Gaul* FS Beitzke, 1979, S. 1044 ff., 1047, die Rückwirkung auf den Zeitpunkt des Wirksamwerdens der maßgebenden neuen höchstrichterlichen Entscheidung ein.

[7] Vgl. *Schlosser/Coester-Waltjen/Graba* § 19 AGBG Rn. 3 und *Staudinger/Schlosser* Rn. 3; *Gaul,* FS Beitzke, 1979, S. 1044 ff.; *Koch/Stübing* Rn. 1.

[8] So vor allem *Gaul,* FS Beitzke, 1979, S. 1044 ff.; *Löwe/v. Westphalen/Trinkner* § 19 AGBG Rn. 6; *Schilken* S. 102 ff.; in diese Richtung auch *Ulmer/Brandner/Hensen* Rn. 3 sowie *Schlosser/Coester-Waltjen/Graba* § 19 AGBG Rn. 3 u. *Staudinger/Schlosser* Rn. 3. Dagegen für eine Art der Vollstreckungsabwehrklage, die den Bestand des Unterlassungsurteils unberührt lässt und „nur seine Vollstreckbarkeit beseitigt", *Kellner,* Probleme um die Vollstreckungs-Abwehrklage, 1979, S. 26 ff.

[9] Zuerst so *Schlosser/Coester-Waltjen/Graba* § 19 AGBG Rn. 4 (auch im Falle eines Widerrufsurteils gegen einen Empfehler, was aber nur solange Sinn hat, wie der Widerruf noch nicht erfolgt ist); *Staudinger/Schlosser* Rn. 13; *Löwe/v. Westphalen/Trinkner* § 19 AGBG Rn. 3; *Koch/Stübing* Rn. 2; *Reinel* S. 91 f.; *Kellner,* Probleme um die Vollstreckungs-Abwehrklage, 1979, S. 42 ff. (nur für „kommerzielle" Empfehler); dafür auch *Wolf/Horn/Lindacher* Rn. 8. Dagegen nur für eine Klagemöglichkeit des Verwenders *Palandt/Heinrichs* Rn. 2; *Ulmer/Brandner/Hensen* Rn. 4; *Stein* Anm. 2; *Erman/Roloff* Rn. 3; *Schilken* S. 115.

[10] Anders *Löwe/v. Westphalen/Trinkner* § 19 AGBG Rn. 3; *Erman/Roloff* Rn. 3; *Kellner,* Probleme um die Vollstreckungs-Abwehrklage, 1979, S. 88; *Schilken* S. 116 und *Wolf/Horn/Lindacher* § 19 AGBG Rn. 9, die § 10 UKlaG nur zugunsten des Verwenders oder Empfehlers anwenden wollen.

[11] *Schlosser/Coester-Waltjen/Graba* § 19 AGBG Rn. 11 und *Staudinger/Schlosser* Rn. 13.

dung einer (positiv oder negativ formulierten) **Feststellungsklage** eines Verwenders oder Empfehlers, und schließlich in einer, die Wirksamkeit der Bestimmung **inzidenter bestätigenden, Entscheidung** eines vertraglichen Rechtsstreits zwischen Kunden und Verwender. In allen diesen Fällen hat das höchstrichterliche Urteil eine praktisch gleichwertige Bedeutung und Breitenwirkung für den Rechtsgeschäftsverkehr, so dass man sich im Hinblick auf den Gesetzeszweck auf eine umfassende entsprechende Anwendung des § 10 verständigen sollte.[12] Das ist bei den Prozessverfahren, die in der Sache eine abstrakte Wirksamkeitskontrolle der AGB zum Gegenstand haben, nicht ernsthaft zu bezweifeln, lässt sich aber **ausnahmsweise** auch für einen einzelvertraglichen Rechtsstreit zwischen Kunden und Verwender bejahen, soweit die Entscheidung nicht auf Besonderheiten dieses Einzelfalls beruht, sondern im Ergebnis eine allgemeine Bestätigung der AGB-Wirksamkeit bedeutet.[13]

III. Die besonderen Voraussetzungen des § 10 im Einzelnen

1. Vorherige Untersagung. § 10 kommt vorrangig einem Verwender/Empfehler zugute (vgl. Rn. 6 zur Anwendbarkeit zu seinen Lasten), „dem **die Verwendung/Empfehlung einer Bestimmung untersagt** worden ist". Das betrifft allein den Fall, dass im Rahmen eines Verfahrens gem. § 1 das Gebot ausgesprochen worden ist, die Verwendung/Empfehlung der betreffenden Bestimmung zu unterlassen. Dabei kann es sich um ein rechtskräftiges wie ein vorläufig vollstreckbar erklärtes Urteil (einschl. Anerkenntnis- und Versäumnisurteil), oder einen Prozessvergleich,[14] oder auch eine einstweilige Verfügung handeln, gegen die allerdings nicht mit der Klage nach § 767 ZPO, sondern im speziellen Verfahren nach §§ 936, 927 ZPO anzugehen ist.[15]

2. Nachträgliche andere höchstrichterliche Entscheidung. „Nachträglich" muss eine andere höchstrichterliche Entscheidung „ergangen" sein. Maßgebend dafür ist gem. **§ 767 Abs. 2 ZPO** der Schluss der **letzten mündlichen Tatsachenverhandlung** bzw. der Ablauf einer Einspruchsfrist; denn auch wenn die andere höchstrichterliche Entscheidung weniger tatsächliche als rechtliche Bedeutung hat, so ergibt sich doch aus dem in Bezug genommenen § 767 ZPO, dass wenigstens die Möglichkeit des Vortrags dieser Einwendung bestanden haben muss, wenn iVm. § 10 eine endgültige Präklusion gerechtfertigt sein soll.[16] Bei einer Entscheidung ohne mündliche Verhandlung gem. § 128 Abs. 2, 3 ZPO und bei einer Entscheidung nach Lage der Akten gem. § 251a ZPO entscheidet der für diese Verfahren einer letzten mündlichen Verhandlung entspre-

---

[12] So auch *Schlosser/Coester-Waltjen/Graba* § 19 AGBG Rn. 9 und *Staudinger/Schlosser* Rn. 10; *Löwe/v. Westphalen/Trinkner* § 19 AGBG Rn. 10; *Palandt/Heinrichs* Rn. 4; *Wolf/Horn/Lindacher* § 19 AGBG Rn. 13 ff.; *Reinel* S. 90; *Kellner*, Probleme um die Vollstreckungs-Abwehrklage, 1979, S. 58 ff. Desgleichen für eine entspr. Anwendung mit Ausnahme der Entscheidungen im einzelvertraglichen Rechtsstreit zwischen Verwender und Kunden *Ulmer/Brandner/Hensen* Rn. 7, 8; *Koch/Stübing* Rn. 12; *Stein* Anm. 5; *Schilken* S. 110 ff.

[13] Für eine Beachtung von Entscheidungen im Individualprozess *Wolf/Horn/Lindacher* § 19 AGBG Rn. 15; *Staudinger/Schlosser* Rn. 12; *Palandt/Heinrichs* Rn. 4 für eine analoge Anwendung des § 10 UKlaG; aA *Ulmer/Brandner/Hensen* Rn. 7.

[14] So auch *Palandt/Bassenge* Rn. 3; *Löwe/v. Westphalen/Trinkner* § 19 AGBG Rn. 7; *Schlosser/Coester-Waltjen/Graba* § 15 AGBG Rn. 5; *Kellner*, Probleme um die Vollstreckungs-Abwehrklage, 1979, S. 68 ff. Für ein „vollstreckbares Unterlassungsurteil" *Dietlein/Rebmann* Rn. 2. Für ein nötiges rechtskräftiges Urteil *Erman/Roloff* Rn. 5; *Staudinger/Schlosser* Rn. 15; *Schilken* S. 108; dahin tendierend auch *Wolf/Horn/Lindacher* Rn. 10. Zur Einbeziehung des Prozessvergleichs *Palandt/Bassenge* Rn. 3; *Löwe/v. Westphalen/Trinkner* § 19 AGBG Rn. 14 f.; *Kellner* Probleme um die Vollstreckungs-Abwehrklage, 1979, S. 71. Dagegen *Erman/Roloff* Rn. 6; *Dietlein/Rebmann* Rn. 2; *Ulmer/Brandner/Hensen* Rn. 6; *Schilken* S. 109 f. Bei einem außergerichtlichen Vergleich wie bei einer Vereinbarung mit Vollstreckungsunterwerfung und einer Unterlassungsvereinbarung (strafbewehrt oder nicht) muss sich der Verwender unter den weiteren Voraussetzungen des § 10 auf den Wegfall der Geschäftsgrundlage berufen; so für ein Kündigungsrecht auch *Palandt/Bassenge* Rn. 3; *Ulmer/Brandner/Hensen* Rn. 7; *Löwe/v. Westphalen/Trinkner* § 19 AGBG Rn. 14; *Wolf/Horn/Lindacher* § 19 AGBG Rn. 11; *Schilken* S. 110; dagegen *Erman/Roloff* Rn. 5.

[15] So auch *Palandt/Bassenge* Rn. 3; *Ulmer/Brandner/Hensen* Rn. 6; *Löwe/v. Westphalen/Trinkner* § 19 AGBG Rn. 16; *Schlosser/Coester-Waltjen/Graba* § 19 AGBG Rn. 5, der allerdings – wie auch *Löwe* – bei einer sog. endgültigen einstweiligen Verfügung den Klageweg über § 767 ZPO weist. *Kellner* plädiert hier immer für den Weg über § 10. Demgegenüber ganz gegen eine Einbeziehung einstweiliger Verfügungen *Erman/Werner* Rn. 5; *Wolf/Horn/Lindacher* § 19 AGBG Rn. 10; *Schilken* S. 108 f.

[16] Vgl. auch *Hefermehl/Köhler/Bornkamm* Rn. 4; *Palandt/Heinrichs* Rn. 4; *Löwe/v. Westphalen/Trinkner* § 19 AGBG Rn. 8, 9; *Dietlein/Rebmann* Rn. 2; *Wolf/Horn/Lindacher* § 19 AGBG Rn. 17 f. Ein Teil der Literatur stellt demgegenüber auf den Zeitpunkt des Urteilserlasses ab, nach welchem die andere höchstrichterliche Entscheidung ergangen sein müsse, so *Stein* Anm. 3; *Ulmer/Brandner/Hensen* Rn. 6; *Schilken* S. 106 f.; noch weitergehend der Rechtsausschuss des BTags, vgl. BT-Drucks. 7/5422 S. 12, der den Zeitpunkt der Rechtskraft für maßgebend erklärte.

chende Zeitpunkt,[17] bei einem Prozessvergleich der Abschlusszeitpunkt.[18] Im Hinblick auf die Besonderheit dieser Einwendung, nämlich die Berufung auf eine günstige (höchstrichterliche) Gerichtsentscheidung, bleibt zu erwägen, die Präklusion nicht so strikt wie bei Tatsachen zu handhaben, bei denen es allein darauf ankommt, wann sie „entstanden" sind, unabhängig davon, ob die Partei davon Kenntnis haben konnte.[19] Insofern erscheint es angemessen, auf die **Möglichkeit der Kenntnisnahme** durch die Partei und ihren Prozessvertreter abzustellen, so dass zwar keine versehentliche Unkenntnis, wohl aber eine unmögliche Kenntnisnahme von der anderen höchstrichterlichen Entscheidung die Klage nach § 10 UKlaG rechtfertigt.[20]

10 Diese nachträgliche Entscheidung muss „eine Entscheidung des **BGH oder des Gemeinsamen Senats der Obersten Gerichtshöfe** des Bundes" sein. Bloß „festgefügtes Richterrecht allgemein" ohne eine solche höchstrichterliche Entscheidung reicht nicht aus.[21] Eine für die Zuständigkeit des Gemeinsamen Senats der Obersten Gerichtshöfe des Bundes nötige Divergenzlage wird kaum praktisch werden; allenfalls zu denken ist an eine Divergenz zwischen dem BGH und dem BVerwG bzw. dem BGH und dem BAG, wenn dieses im Zusammenhang mit der Genehmigung von AGB durch das Bundesaufsichtsamt für das Kreditwesen zu entscheiden hat.[22] Es muss sich um eine Entscheidung handeln, „welche die **Verwendung/Empfehlung** dieser Bestimmung für dieselbe Art von Rechtsgeschäften **nicht untersagt**". Das bedeutet weit über den Wortlaut hinaus jede höchstrichterliche Billigung der betreffenden Bestimmung, vgl. Rn. 7, wobei es sich allerdings um eine Entscheidung im ordentlichen und nicht im summarischen Verfahren (§§ 91a, 114ff. ZPO) handeln muss.[23] Entsprechend der hier zugunsten des Verwenders maßgebenden sog. Kerntheorie genügt die Billigung einer „**inhaltsgleichen**" Bestimmung[24] für eine „inhaltsgleiche" Art von Rechtsgeschäften.[25]

11 **3. Unzumutbare Beeinträchtigung.** Schließlich ist noch Voraussetzung, dass die Zwangsvollstreckung aus dem Titel gegen den Verwender/Empfehler „**in unzumutbarer Weise seinen Geschäftsbetrieb beeinträchtigen** würde". Der Gesetzgeber hat dabei „insbesondere" an „Nachteile im Wettbewerb für den Verwender" bzw. Empfehler gedacht (vgl. Begr. Rechtsausschuss des BTags, BT-Drucks. 7/5422 S. 12). Dieser Wettbewerbsnachteil kann bei einem Verwender allein in der **Mehrkostenbelastung** liegen, die diesem durch das weitere Verbot einer für ihn günstigeren Bestimmung erwächst. Angesichts der generell schwierig bis gar nicht berechenbaren genauen Kostenauswirkung einer AGB-Bestimmung, speziell der Wertdifferenz zwischen der dem Verwender noch verbotenen und der höchstrichterlich erlaubten Bestimmung, und mit Rücksicht auf die Rechtssicherheit muss man hier strenge Maßstäbe anlegen und für eine „unzumutbare" Beeinträchtigung unbedingt verlangen, dass der Kostennachteil **„spürbar"** ist, so dass überhaupt nur ein Verbot von besonders gravierenden Bestimmungen, etwa zur Haftungs- und Gewährleistungsfrage, über § 10 UKlaG korrigiert werden kann.[26] Bei einem **Empfehler** und seiner möglichen „unzumutbaren" Beeinträchtigung geht es um die Abwägung des Nachteils etwa beim Verkauf von Vertragsmustern, Formularbüchern usw., den der Empfehler dadurch erleidet, dass er Kraft des Unterlassungsurteils eine für die potentiellen Käufer und Abnehmer bedeutsame Klausel nicht anempfehlen darf, die jetzt rechtlich zulässig ist. Bei fehlendem „Geschäftsbetrieb" ist darauf abzustellen, ob der Verwender/Empfehler „in seiner Wirtschaftsführung" vergleichsweise unzumutbar beeinträchtigt wird.[27]

---

[17] Dazu *Stein/Jonas/Leipold* § 128 ZPO Rn. 94, § 251a ZPO Rn. 17.
[18] *Stein/Jonas/Münzberg* § 795 ZPO Rn. 13.
[19] Allgemein zu dieser Bedeutung des § 767 Abs. 2 *Stein/Jonas/Münzberg* § 767 ZPO Rn. 30ff. So hier auch *Palandt/Bassenge* Rn. 4; *Erman/Roloff* Rn. 7, 8. Speziell zur dabei nur präsentierten neuen Rechtslage *Gaul*, FS Beitzke, 1979, S. 1046.
[20] Vgl. auch *Koch/Stübing* Rn. 4 (allerdings „unter Heranziehung des Rechtsgedankens des § 582 ZPO"); *Wolf/Horn/Lindacher* § 19 AGBG Rn. 18; *Stein* Anm. 6; *Keller* S. 61ff. Ohne Rücksicht auf Kenntnis und Möglichkeit der Kenntnisnahme *Palandt/Heinrichs* Rn. 4; *Erman/Werner* Rn. 10. Ausschließlich auf Kenntnis und Kenntniserlangung abstellend *Schlosser/Coester-Waltjen/Graba* § 19 AGBG Rn. 8 u. ähnlich *Löwe/v. Westphalen/Trinkner* § 19 AGBG Rn. 4.
[21] So aber *Schlosser/Coester-Waltjen/Graba* § 19 AGBG Rn. 10.
[22] Vgl. auch *Ulmer/Brandner/Hensen* Rn. 7; *Löwe/v. Westphalen/Trinkner* § 19 AGBG Rn. 10ff.
[23] So auch *Palandt/Bassenge* Rn. 4, *Hefermehl/Köhler/Bornkamm* Rn. 5.
[24] So auch *Palandt/Bassenge* Rn. 4; *Ulmer/Brandner/Hensen* Rn. 8; *Koch/Stübing* Rn. 2; *Stein* Anm. 4.
[25] So auch *Palandt/Bassenge* Rn. 4. *Ulmer/Brandner/Hensen* Rn. 8.
[26] So auch *Hefermehl/Köhler/Bornkamm* Rn. 6; *Ulmer/Brandner/Hensen* Rn. 11f.; *Erman/Roloff* Rn. 7; in diese Richtung auch *Koch/Stübing* Rn. 6 und *Rebmann* Rn. 2. Dagegen will *Schlosser/Coester-Waltjen/Graba* § 19 AGBG Rn. 7 dieses Kriterium „liberal handhaben". So auch *Löwe/v. Westphalen/Trinkner* § 19 AGBG Rn. 17; *Reinel* S. 90f.; *Kellner*, Probleme um die Vollstreckungs-Abwehrklage, 1979, S. 50ff.; *Gaul*, FS Beitzke, 1979, S. 1044f., der insoweit von einer „rational kaum fassbaren Einschränkung" spricht; entspr. auch *Sieg* VersR 1977, 494.
[27] Vgl. *Palandt/Bassenge* Rn. 5.

IV. Die allgemeinen Voraussetzungen des § 767 ZPO

Neben den speziellen Anforderungen des § 10 sind noch die allgemeinen Kriterien des gewiesenen Klagewegs des § 767 ZPO zu beachten. Danach ist gem. §§ 767, 802 Abs. 1 ZPO das **Prozessgericht der ersten Instanz,** also das nach § 6 bestimmte LG des Verwenders für die Klage ausschließlich zuständig. Diese kann erhoben werden, **sobald** der entspr. **Titel vorhanden** ist, auch wenn die Zwangsvollstreckung daraus noch nicht droht.[28] Dass in der Hauptsache des Unterlassungsklageverfahrens selbst noch die Berufung möglich ist, schließt die Vollstreckungsgegenklage nicht aus; lediglich ein möglicher Einspruch hat Vorrang. Mit Einlegung der (hier nur sinnvollen, vgl. Rn. 14 f.) Berufung entfällt allerdings die Klage nach § 767 ZPO.[29] Die Klage ist **solange zulässig,** bis der Gläubiger dem Schuldner, dem Verwender, den Titel herausgegeben hat.[30] Handelt es sich bei dem Titel um ein rechtskräftiges Urteil mit der Wirkung des § 11 S. 1, so genügt die allein an der Vollstreckungsgefahr orientierte Herausgabe des Titels allerdings noch nicht. Vielmehr ist das Interesse des Verwenders erst befriedigt, wenn der Gläubiger zugleich auf den titulierten Anspruch verzichtet.[31] Dass der Verwender ohnedies nach § 11 S. 2 die bloße Möglichkeit einer erfolgreichen Klage nach § 10 gegen die Urteilswirkung des § 11 S. 1 setzen kann, steht dem nicht entgegen; denn er muss unabhängig von diesen einzelnen Vertragsstreitigkeiten mit der dabei jeweils neu anstehenden richterlichen Beurteilung der Voraussetzungen des § 11 S. 2 UKlaG in der Lage sein, die belastende Urteilswirkung des § 11 S. 1 generell und nötigenfalls im Wege der Klage nach § 10 auszuräumen. Bei dieser Klage muss der Verwender und Kläger zur Vermeidung einer Präklusion nach **§ 767 Abs. 3 ZPO** alle seine (nach § 767 Abs. 2 ZPO zugelassenen) Einwendungen konzentriert geltend machen, die er in diesem Klageverfahren „geltend zu machen imstande war".[32]

V. Die Bindungswirkung der höchstrichterlichen Entscheidung

1. Bindungswirkung bei Verfahren nach § 10 und § 11 S. 2. Das mit der Klage nach § 10 befasste Gericht ist an die zum Grund bestimmte höchstrichterliche Entscheidung gebunden.[33] Mithin bleibt dem Gericht bei der Vollstreckungsgegenklage (neben der Beurteilung der Frage einer „unzumutbaren" Beeinträchtigung) die **Prüfung,** ob die untersagte und die höchstrichterlich nicht untersagte Bestimmung **übereinstimmen** bzw. **inhaltsgleich** sind, und ob es in beiden Fällen um dieselbe bzw. inhaltsgleiche Art von Rechtsgeschäft geht. Da der Verwender nicht derselbe ist, muss für eine Bewertung die Bestimmung und das Rechtsgeschäft aus dem Verwendungszusammenhang herausgelöst werden, um so einen abstrakten Gehalt bestimmen zu können. Selbst wenn die Bestimmung identisch ist, können die für die Auslegung heranzuziehenden konkret-generellen Umstände eine branchenbezogen unterschiedliche Behandlung des Rechtsgeschäfts rechtfertigen. Das gilt entspr. im Falle des § 11 S. 2, wenn das Gericht im vertraglichen Rechtsstreit zwischen Kunden und Verwender nach der Berufung des Kunden auf die Urteilswirkung des § 11 S. 1 mit der Rechtslage konfrontiert wird, dass der Verwender gegen das Unterlassungsurteil „die Klage nach § 10 erheben könnte". Hier bedeutet die Beachtlichkeit der höchstrichterlichen Entscheidung allerdings nur, dass das Gericht seinerseits nicht mehr an die von dem „betroffenen" Vertragsteil geltend gemachte Wirkung des Unterlassungsurteils gebunden ist und sich auch nicht daran gebunden fühlen darf, sondern den Rechtsstreit nach eigener Überzeugung zu entscheiden hat; dazu näher § 11 Rn. 11 f.

2. Bindungswirkung bei anderen Verfahren. Die Auswirkung einer solchen höchstrichterlichen Entscheidung reicht aber noch weiter. Wie sich aus § 10 und § 11 S. 2 ergibt, ist die höchst-

---

[28] Dazu allgemein *Stein/Jonas/Münzberg* § 767 ZPO Rn. 42 f.; *Löwe/v. Westphalen/Trinkner* § 19 AGBG Rn. 14. Dagegen für das Erfordernis ernsthaft drohender Zwangsvollstreckung *Ulmer/Brandner/Hensen* Rn. 13.
[29] Dazu allgemein *Stein/Jonas/Münzberg* § 767 ZPO Rn. 40 f.
[30] Dazu *Stein/Jonas/Münzberg* § 767 ZPO Rn. 42 f.
[31] S. a. *Staudinger/Schlosser* Rn. 16.
[32] Nach BGHZ 61, 25, 26, 27 = NJW 1973, 1328 soll es dabei so strikt wie bei § 767 Abs. 2 ZPO auf den Zeitpunkt des Entstehens einer Einwendung und nicht den der Kenntnis des Klägers ankommen; dagegen *Blomeyer*, Zivilprozessrecht, Erkenntnisverfahren § 33 V 5 m. weit. Nachw.; im Rahmen des § 10 sollte man jedenfalls nicht so strikt sein, wie auch schon § 767 Abs. 2 ZPO hier großzügig zu nehmen ist, vgl. Rn. 18.
[33] Vgl. auch *Löwe/v. Westphalen/Trinkner* § 19 AGBG Rn. 13; implizit auch *Ulmer/Brandner/Hensen* Rn. 15; *Schlosser/Coester-Waltjen/Graba* § 19 AGBG Rn. 14; *Schilken* S. 116 f.; dagegen *Wolf/Horn/Lindacher* § 19 AGBG Rn. 5 u. *Kellner*, Probleme um die Vollstreckungs-Abwehrklage, 1979, S. 80 f. OLG Frankfurt NJW-RR 1995, 1330 gibt nichts her, weil es im Verfahren nicht um eine Klage nach Maßgabe des § 19 AGBG (§ 10 UKlaG) ging. Das übersieht *Wolf/Horn/Lindacher* § 19 AGBG Rn. 20.

UKlaG § 11

richterlich entschiedene Rechtslage auch gegenüber dem **Unterlassungsurteil** maßgebend, das damit ohne weiteres erledigt ist; näher dazu Rn. 3 ff. und § 11 Rn. 15 f. Das geht soweit, dass aus dem Unterlassungstitel auch nicht mehr vollstreckt werden darf, und zwar weder wegen früher begangener Zuwiderhandlungen noch bei künftiger Verwendung/Empfehlung, die keine Zuwiderhandlung mehr darstellen kann. Diese vorrangige Bedeutung der höchstrichterlichen Entscheidung muss sich außerdem in jedem nunmehr laufenden wie späteren Kontroll-Klageverfahren auf Unterlassung der Verwendung/Empfehlung der betr. Klausel unmittelbar bindend auswirken.[34] Entgegen der sonstigen richterlichen Ungebundenheit statuiert § 10 eine umfassende Maßgabe der höchstrichterlichen Entscheidung für andere Kontrollverfahren im Rahmen des § 1. Die damit verbundene Präjudizierung aller Gerichte bedeutet keine ernstliche Gefahr einer „Versteinerung" der Rechtsprechung, weil diese im Rahmen einzelvertraglicher Verfahren zwischen Verwender und Kunden weiterhin unabhängig entscheiden kann. Bei den laufenden und künftigen Verfahren kommt es nicht darauf an, ob ein von der höchstrichterlichen Entscheidung abweichendes Urteil und dessen Zwangsvollstreckung gegen den Verwender „in unzumutbarer Weise seinen Geschäftsbetrieb beeinträchtigen würde". Dieses in § 10 bestimmte zusätzliche Erfordernis gilt nur, wenn es um eine Einwendung gegen einen bereits vorliegenden Unterlassungstitel geht, und erledigt sich im Rahmen eines noch laufenden wie künftigen Unterlassungsklageverfahrens.

15 Ebenso wirkt sich die höchstrichterliche Entscheidung auf ein laufendes oder späteres **Feststellungsklageverfahren** seitens eines Verwenders/Empfehlers unmittelbar aus. Aber wenn nach einer früheren Abweisung einer solchen Feststellungsklage der Verwender nun auf Unterlassung gem. § 1 in Anspruch genommen wird, dann wird die Rechtskraftwirkung dieses Feststellungsurteils zugunsten des Unterlassungsklägers durch die Bindungswirkung einer späteren und für den Verwender günstigeren höchstrichterlichen Entscheidung überholt.

§ 11 Wirkungen des Urteils

¹Handelt der verurteilte Verwender einem auf § 1 beruhenden Unterlassungsgebot zuwider, so ist die Bestimmung in den Allgemeinen Geschäftsbedingungen als unwirksam anzusehen, soweit sich der betroffene Vertragsteil auf die Wirkung des Unterlassungsurteils beruft. ²Er kann sich jedoch auf die Wirkung des Unterlassungsurteils nicht berufen, wenn der verurteilte Verwender gegen das Urteil die Klage nach § 10 erheben könnte.

Schrifttum: *Basedow,* Kollektiver Rechtsschutz und individuelle Rechte. Die Auswirkungen des Verbandsprozesses auf die Inzidentkontrolle von AGB, AcP 182 (1982), 335; *Blomeyer,* Zivilprozessrecht, Erkenntnisverfahren, 2. Aufl., 1985; *Brandner,* Gerechtigkeit in der Industriegesellschaft, 1972; *Dietlein,* Neue Kontrollverfahren für Allgemeine Geschäftsbedingungen?, NJW 1974, 1065; *Gaul,* Die Erstreckung und Durchbrechung der Urteilswirkungen nach §§ 19, 21 AGBG, FS Beitzke, 1979, S. 997; *Genzow,* Die Wirkungen eines Urteils gemäß §§ 17, 21 AGBG unter besonderer Berücksichtigung seiner Auswirkungen auf vorher abgeschlossene Verträge, Dissertation Bielefeld, 1981; *Gilles,* Prozeßrechtliche Probleme von verbraucherpolitischer Bedeutung bei den neuen Verbraucherverbandsklagen im deutschen Zivilrecht, ZZP 98 (1985), 1; *Grunsky,* Zur rechtlichen Wirkung eines Urteils auf Unterlassung der Verwendung bestimmter Klauseln in allgemeinen Geschäftsbedingungen, in Gesetzgebungstheorie, Juristische Logik, Zivil- und Prozeßrecht, Gedächtnisschrift für Jürgen Rödig, 1978, S. 325; *Henckel,* Prozessrecht und materielles Recht, 1979; *Kellner,* Probleme um die Vollstreckungs-Abwehrklage nach § 19 AGBG, Dissertation München 1979; *Koch,* Kollektiver Rechtsschutz im Zivilprozess, 1976; *Kötz,* Welche gesetzgeberischen Maßnahmen empfehlen sich zum Schutze des Endverbrauchers gegenüber Allgemeinen Geschäftsbedingungen und Formularverträgen?, Gutachten A zum 50. DJT, 1974; *Pastor,* Wettbewerbsprozess, 3. Aufl., 1980; *Reinel,* Die Verbandsklage nach dem AGBG, 1979; *Schilken,* Verfahrensrechtliche Probleme nach dem AGB-Gesetz – eine Untersuchung zu den §§ 19, 21 im AGB, in: Recht und Wirtschaft, Osnabrücker Rechtswissenschaftliche Abhandlungen, 1985, S. 99; *Schlosser,* Verfahrenskontrolle unangemessener Allgemeiner Geschäftsbedingungen, ZRP 1975, 148; *Tilmann,* AGB-Gesetz und die Einheit des Privatrechts, ZHR 142 (1978), 52; *Urbanczyk,* Zur Verbandsklage im Zivilprozess, 1981; *Wolf,* Vorschläge für eine gesetzliche Regelung der Allgemeinen Geschäftsbedingungen, JZ 1974, 41; *Zeuner,* Die objektiven Grenzen der Rechtskraft im Rahmen rechtlicher Sinnzusammenhänge, 1959.

---

[34] Vgl. auch *Löwe/v. Westphalen/Trinkner* § 19 AGBG Rn. 7; *Staudinger/Schlosser* Rn. 14; *Koch/Stübing* Rn. 4; *Gaul,* FS Beitzke, 1979, S. 1047 f. Dagegen *Kellner,* Probleme um die Vollstreckungs-Abwehrklage, 1979, S. 80 f.; *Schilken* S. 117 f.; *Ulmer/Brandner/Hensen* Rn. 2.

Wirkungen des Urteils 1–4 § 11 UKlaG

I. Die Bedeutung der Vorschrift

1. Drittwirkung des Urteils. § 11 (S. 1) gibt dem Unterlassungsurteil gegenüber einem Verwender Wirkung zugunsten Dritter, nämlich der Vertragspartner des Verwenders, sofern der Verwender nicht mit einer Klage nach § 10 das Unterlassungsurteil zu Fall bringen kann (S. 2). Darin liegt ein weiterer struktureller Schwerpunkt der AGB-Verfahrensregelung. Die damit positiv geregelte Frage einer **rechtlich bindenden Breitenwirkung** der AGB-Kontrollentscheidung spielte in der rechtspolitischen Diskussion um die Einführung eines solchen besonderen Prüfungsverfahrens von Anfang an eine große Rolle[1] – wobei allerdings immer nur eine „Breitenwirkung" im Verhältnis zu den vergleichbaren Verwendern (und Empfehlern) einerseits, sowie zu den „betroffenen" einzelnen Vertragspartnern dieser Verwender andererseits im Gespräch war, während die weitergehende Überlegung einer Auswirkung im Verhältnis zu den sonstigen klagezuständigen Verbänden und Kammern aus dem Blick blieb, bedingt wohl durch die etablierten „normalen" Verbandsklagegrundsätze, vgl. dazu § 1 Rn. 10 ff. § 3 Rn. 7 ff., § 5 Rn. 2. Die Urteilswirkung ist überdies nicht von Amts wegen, sondern nur dann zu beachten, wenn der Vertragspartner des Verwenders sich darauf beruft, sog. **Einrederlösung**.[2]   1

2. Bewertung. Der Gesetzgeber hat zu keiner Zeit die Bereitschaft dokumentiert, die Regelung des § 11 einer kritischen Bestandsaufnahme zu unterwerfen. Die Vorschrift des § 11 ist **praktisch** jedenfalls **bedeutungslos**. Die Rechtsprechung hat indessen zwei Wege eröffnet, wie das Individual- und Verbandsklageverfahren verschränkt werden kann, einmal durch die Parallelisierung der Auslegungsregel, vgl. § 1 Rn. 16, sowie durch die extensive Rechtsprechung zur Rückabwicklung bereits abgeschlossener Verträge, vgl. § 1 Rn. 31 f. und § 11 Rn. 7 ff.   2

II. Die Urteilswirkung gem. § 11

1. Feststellung der Unwirksamkeit. Die in § 11 (S. 1) zugunsten der Vertragspartner des Verwenders ausgesprochene **„Wirkung des Unterlassungsurteils"** kann nicht bedeuten, dass das Unterlassungsgebot selbst zugunsten der Vertragspartner wirkt; denn ein solcher Unterlassungsanspruch könnte dem Vertragspartner nach einer geschehenen Verwendung nicht mehr mit der Folge helfen, dass die betreffende Bestimmung „als unwirksam anzusehen" ist, weil sich der Anspruch auf Unterlassung der Verwendung nicht in einem – geschweige denn prozessual erkannten – Anspruch auf Beseitigung der Verwendungsfolgen fortsetzt (vgl. § 1 Rn. 5, aber auch die mögliche Entwicklung eines gemeinschaftsrechtlichen Folgenbeseitigungsanspruchs, Vor Rn. 43). Vielmehr muss es, wenn die Bestimmung „als unwirksam anzusehen" sein soll, um die in dem Unterlassungsurteil auch enthaltene und zugunsten der Kunden erstreckte **Feststellung der Unwirksamkeit** dieser Bestimmung gehen. Bei der naheliegenden Vorstellung, hier handele es sich also um eine Rechtskrafterstreckung, steht man vor der Schwierigkeit, dass nach hM bei einem negatorischen und quasinegatorischen Unterlassungsurteil die Feststellung der sachlichen Rechtswidrigkeit des verbotenen Tuns gar nicht in Rechtskraft erwächst, sondern lediglich eine Vorfrage, ein Urteilselement darstellt,[3] so dass von einer „erstreckten" Rechtskraftwirkung zugunsten Dritter erst recht nicht die Rede sein kann.[4]   3

2. Besondere Rechtskrafterstreckung. Diese „aus dem Rahmen fallende Regelung"[5] lässt sich einfacher erklären, wenn man die objektive Rechtskraft bei einem solchen Unterlassungsurteil nicht derart von der „sachlichen Rechtswidrigkeit" als einer angeblich bloßen Urteilsvoraussetzung abhebt, sondern darauf ausdehnt, wie das zunehmend, und in der Literatur schon vorherrschend, die Ansicht[6] und nach hM bei einem entsprechenden Urteil über einen vertraglichen Unterlas-   4

---

[1] Vgl. etwa *Brandner*, Gerechtigkeit in der Industriegesellschaft, 1972, S. 50; *Dietlein* NJW 1974, 1065, 1067 f.; *Wolf* JZ 1974, 41, 45; *Kötz* Verhandlungen 50. DJT, S. A 91 ff.; Zweiter Teilbericht, S. 47 ff. Näher zur Vor- und Entstehungsgeschichte der §§ 19, 21 *Gaul*, FS Beitzke, 1979, S. 1003 ff.
[2] Vgl. BT-Drucks. 7/5422 S. 13 und Zweiter Teilbericht S. 49.
[3] Vgl. RGZ 49, 33, 35 f., 160, 163, 165 f., st. Rechtsprechung; ebenso *Rosenberg/Schwab* Zivilprozessrecht, § 155 III 1; *Wieczorek* ZPO § 322 Anm. F 1 c 3; weit. Nachw. bei *Zeuner*, Die objektiven Grenzen der Rechtskraft im Rahmen rechtlicher Sinnzusammenhänge, 1959, S. 2 f. mit Fn. 10, 11.
[4] Dazu etwa *Schilken*, Verfahrensrechtliche Probleme, in: Osnabrücker Rechtswissenschaftliche Abhandlungen, 1985, S. 99, 120 ff.
[5] So schon mit einigem Recht der BRat, vgl. BT-Drucks. 7/5617 S. 4, 5.
[6] So vor allem *Zeuner*, Die objektiven Grenzen der Rechtskraft, S. 21 ff., 58 ff.; vgl. entspr. *Blomeyer*, Zivilprozessrecht, Erkenntnisverfahren, § 89 V 2; *Henckel*, Prozessrecht und materielles Recht, S. 191 ff.; *Stein/Jonas/Leipold* § 322 ZPO Rn. 212 ff.; *Baumbach/Lauterbach/Hartmann* § 322 ZPO Rn. 67 f. (verbotener „Unterlassungsanspruch").

sungsanspruch stets der Fall ist.[7] Mithin besteht die Bedeutung dieser Bestimmung darin, dass sie die an sich nur **faktische Präjudizialität** des Unterlassungsurteils im öffentlichen Interesse **verrechtlicht** und damit zu einer „bedingenden Voraussetzung" für die einzelnen vertraglichen Rechtsverhältnisse erklärt,[8] welche allerdings nur im Interesse und zugunsten der Vertragspartner entsprechend abhängig und „bedingt" sind. Diese Qualifizierung als **Rechtskrafterstreckung** sollte trotz der dazu bestimmten Abnormität ihrer Beachtung nur auf **Einrede** nicht ernstlich in Frage gestellt werden,[9] weil es sich immerhin um eine ganz ungewohnt weitere subjektive Ausdehnung der Urteilswirkung handelt.

III. Die Voraussetzungen der Urteilswirkung gem. § 11 S. 1

5 **1. Rechtskräftiges Unterlassungsurteil.** Erste Voraussetzung ist, dass **ein Unterlassungsurteil gem. § 1** gegenüber dem Verwender vorliegt. Dieses Urteil muss angesichts der vorgesehenen breiten Bindungswirkung im Interesse der Rechtssicherheit **rechtskräftig** sein[10] – womit auch die Einordnung der von dem Urteil ausgehenden Drittwirkung als Rechtskrafterstreckung ihre nötige Grundlage hat. Sonstige Unterlassungstitel gem. § 1 – insbesondere die Abweisung einer Feststellungsklage des Verwenders[11] – scheiden als Grundlage für die Breitenwirkung des § 11 UKlaG aus, so auch Prozessvergleiche[12] und einstweilige Verfügungen.[13]

6 **2. Zuwiderhandlung durch AGB-Verwendung.** Der rechtskräftig verurteilte Verwender muss **dem Unterlassungsgebot zuwiderhandeln.** Da ihm in dem Urteil gem. § 9 die Unterlassung der Verwendung der unwirksamen AGB aufgegeben ist, handelt er dem zuwider, wenn er diese AGB trotzdem verwendet. Das umfasst die **einzelvertragliche** Verwendung der beanstandeten oder einer inhaltsgleichen Bestimmung bei der bezeichneten oder inhaltsgleichen Rechtsgeschäftsart als AGB-Klausel (vgl. § 1 Rn. 9). IS des § 11 handelt also der Verwender dem Unterlassungsgebot zuwider, wenn er diese AGB nach der rechtskräftigen Entscheidung doch wieder zum Bestandteil eines Vertrages mit einem Kunden macht.[14]

7 **3. Zuwiderhandlung durch Abwicklung von Altverträgen.** Den für die Zeit nach der rechtskräftigen Unterlassungsentscheidung bestimmten Schutzzweck des § 11 hat der BGH mit inzwischen weitgehender Zustimmung der Literatur rückwirkend ausgedehnt, indem er die vorher schon geschlossenen, aber **noch nicht abgewickelten Altverträge** in das Unterlassungsgebot einbezogen und dem Verwender insoweit aufgegeben hat, sich bei der weiteren Durchführung der

---

[7] Vgl. nur BGH BGHZ 42, 340 (353 ff.) = NJW 1965, 689.
[8] Zur entspr. Bedeutung der Präjudizialität für die objektive Rechtskraft im Verhältnis der Parteien zueinander u. für die subjektive Rechtskrafterstreckung vgl. *Blomeyer*, Zivilprozessrecht, Erkenntnisverfahren, § 89 V, § 91 II 1.
[9] Für eine (so oder so modifizierte) Rechtskrafterstreckung *Schlosser/Coester-Waltjen/Graba* § 21 AGBG Rn. 4 und *Staudinger/Schlosser* Rn. 4; *Löwe/v. Westphalen/Trinkner* § 21 AGBG Rn. 8; *Palandt/Bassenge* Rn. 2; *Ulmer/Brandner/Hensen* Rn. 10; *Wolf/Horn/Lindacher* § 21 AGBG Rn. 3; *Koch/Stübing* Rn. 3; *Erman/Roloff* Rn. 2; *Bunte* Handbuch, 1982, S. 30; *Grunsky* Rn. 4; *Kellner*, Probleme um die Vollstreckungsabwehrklage, 1979, S. 75 ff.; *Genzow*, Die Wirkungen eines Urteils gem. §§ 17, 21 AGBG, 1981, S. 62 ff., 72 ff. (Rechtskrafterstreckung kraft zivilrechtlicher Abhängigkeit); *Gilles* ZZP 98 (1985), 1, 22 ff.; auch noch *Rosenberg/Schwab* (Fn. 18) § 154 III Fn. 4. Unbestimmt dagegen *Stein* Rn. 1 („prozessuales Novum"); *Tilmann* ZHR 142 (1978), 66 („Novum im Prozessrecht"); *Basedow* AcP 182 (1982), 345 ff.; *Gaul*, FS Beitzke, 1979, S. 1014 ff. (mit einer Übersicht über alle möglichen Einordnungsversuche) S. 1042 ff. („eigenartige prozessuale Bindungswirkung"); dem folgend *Urbanczyk*, Zur Verbandsklage im Zivilprozess, S. 218 ff.; eigen *Reinel*, Die Verbandsklage nach dem AGBG, 1979, S. 76 ff., 84 ff. (eine Art „Wirkung eines gerichtlichen oder behördlichen Verbots im Rahmen der §§ 135, 136 BGB"!); *Schilken*, Verfahrensrechtliche Probleme, in: Osnabrücker Rechtswissenschaftliche Abhandlungen, 1985, S. 120 ff. nimmt eine „eigenartige Wirksamkeitserstreckung" an, die „der Rechtskraftwirkung noch am nächsten kommt".
[10] So auch *Hefermehl/Köhler/Bornkamm*, Rn. 2; *Palandt/Bassenge* Rn. 4; *Löwe/v. Westphalen/Trinkner* § 21 AGBG Rn. 10, 19; *Ulmer/Brandner/Hensen* Rn. 10; *Schlosser/Coester-Waltjen/Graba* § 21 AGBG Rn. 5; *Wolf/Horn/Lindacher* § 21 AGBG Rn. 8; *Koch/Stübing* Rn. 12; anders *Dietlein/Rebmann* Rn. 1, 2.
[11] Anders *Wolf/Horn/Lindacher* § 21 AGBG Rn. 9 u. anschl. *Schilken*, Verfahrensrechtliche Probleme, in: Osnabrücker Rechtswissenschaftliche Abhandlungen, 1985, S. 124.
[12] Ebenso *Palandt/Bassenge* Rn. 3; *Löwe/v. Westphalen/Trinkner* § 21 AGBG Rn. 18; *Schlosser/Coester-Waltjen/Graba* § 21 AGBG Rn. 5.
[13] So auch *Palandt/Bassenge* Rn. 3; *Schlosser/Coester-Waltjen/Graba* § 21 AGBG Rn. 5; *Stein* Anm. 3. Anders *Löwe/v. Westphalen/Trinkner* § 21 AGBG Rn. 14 ff. für den Fall einer sog. endgültigen einstweiligen Verfügung, wie sie im Wettbewerbsrecht mit neuen Abschlussschreiben geläufig ist (vgl. *Pastor* Wettbewerbsprozess, 1980, S. 450 ff.); in diese Richtung auch *Koch/Stübing* Rn. 13.
[14] Zur nunmehr geltenden Rückwirkung des rechtskräftigen Unterlassungsurteils auf sog. Altverträge vgl. anschl. Rn. 9 ff., dazu auch *Hefermehl/Köhler/Bornkamm* Rn. 3.

Verträge nicht auf die für unwirksam erklärten AGB-Bestimmungen zu berufen; dazu näher § 1 Rn. 33. und zur Berücksichtigung dieser ausgedehnten Unterlassungsverpflichtung beim Klageantrag und bei der Urteilsformel § 5 Rn. 3, § 9 Rn. 3. Demgemäß hat heute ein rechtskräftiges Unterlassungsgebot eine zweifache Bedeutung: bei zukünftigen neuen Verträgen ist dem Verwender die Einbeziehung der unwirksamen AGB verboten, bei früheren alten (auch nach Erlass, aber vor Rechtskraft des Urteils geschlossenen) und noch nicht abgewickelten Verträgen darf er sich, sofern das aktuell wird, nicht auf die unwirksamen AGB berufen.[15] § 11 führt dazu, dass der betroffene Vertragsteil sich in jedem Fall und uneingeschränkt auf die Wirkung des Unterlassungsurteils berufen kann, so dass für ihn nicht die günstige Auslegung der AGB iS von § 305c Abs. 2 BGB, sondern das noch günstigere dispositive Recht gilt.

Danach ist die für das Unterlassungsurteil maßgebende **kundenungünstige** Auslegung im Rahmen der Wirkung des § 11 für die Beurteilung des einzelvertraglichen Rechtsstreits ohne weiteres zugrunde zu legen, wenn der Vertrag **nach** und **entgegen** dem rechtskräftigen Unterlassungsurteil abgeschlossen worden ist. Der Zweck des abstrakten Kontrollverfahrens würde verfehlt und der Verwender unangemessen begünstigt, wenn das Unterlassungsgebot nicht uneingeschränkt für alle künftigen AGB-Verträge maßgebend wäre. Auch bei **Altverträgen** kommt es zu keinem Widerspruch bei der Urteilswirkung, wenn im konkreten wie im abstrakten Kontrollverfahren die kundenungünstige Auslegung vorgeht. Aber auch wenn man die bisher geltenden unterschiedlichen Auslegungsgrundsätze aufrecht erhalten würde, würde der Verwender bei Maßgabe des Unterlassungsgebots nach § 11 die Unwirksamkeit der Klausel hinnehmen müssen, wiewohl diese seinerzeit einzelvertraglich wirksam vereinbart war und auch bei einer kundengünstigen Auslegung jedenfalls zu einem Teil wirksam erhalten bliebe, vgl. noch § 1 Rn. 16. 8

4. Einrede. Schließlich ist für die Urteilswirkung nach § 11 S. 1 noch nötig, dass der von der Zuwiderhandlung „betroffene Vertragsteil" sich im Rechtsstreit mit dem Verwender **„auf die Wirkung des Unterlassungsurteils beruft"**. Erst diese Einrede (ieS) bindet das Gericht an die Wirkung des Unterlassungsurteils. Die Einrede ist trotz der damit begründeten prozessualen Rechtskraftwirkung **materiellrechtlicher Natur**. Sie kann deshalb von dem betroffenen Vertragsteil wieder fallengelassen werden, unterliegt den allgemeinen Präklusionsvorschriften (§ 296 Abs. 1, 2, § 531 ZPO)[16] und ist in der Revisionsinstanz nicht mehr geltend zu machen.[17] Im Übrigen steht es dem betroffenen Vertragsteil frei, sich lediglich auf einen Teil („soweit") des Unterlassungsurteils und seiner Wirkung zu berufen; allerdings kann dadurch eine sachlich einheitliche und insgesamt beanstandete Bestimmung nicht aufgeteilt werden.[18] Ist die Einrede nicht oder zu spät erhoben, so bleibt dem Gericht die eigene Entscheidung. 9

IV. Der Ausschluss der Urteilswirkung gem. § 11 S. 2

1. Bewertung. Die mit der Rechtskraft des Unterlassungsurteils gem. § 11 S. 1 begründete Auswirkung auf den einzelvertraglichen Rechtsstreit fällt mit ihrer Voraussetzung zwangsläufig auch weg. Das kann sich zunächst infolge einer allgemeinen Vollstreckungsgegenklage des Verwenders gegen das Unterlassungsurteil gem. § 767 ZPO ergeben, wenn darüber rechtskräftig abschließend zu seinen Gunsten entschieden ist; zur Tragweite der Entscheidung über eine Vollstreckungsgegenklage allgemein § 10 Rn. 2. Alsdann kann mit der besonderen Vollstreckungsgegenklage nach § 10 dem Unterlassungsurteil die Wirkung genommen werden. Dafür braucht der Verwender diese Klage aber nicht zu erheben, geschweige denn rechtskräftig erfolgreich zu Ende zu führen; denn aus § 11 S. 2 folgt, dass **schon die begründete Möglichkeit der Klage** nach § 10 ausreicht, um dem Unterlassungsurteil seine Wirkung gem. § 11 S. 1 zu nehmen. Auch wenn man das Anliegen, den Verwender jedenfalls nicht bis zur rechtskräftigen Entscheidung über seine Klage nach § 10 noch unbedingt der Urteilswirkung gem. § 11 S. 1 zu unterwerfen, sachlich gutheißen kann, so ist die **Regelung des § 11 S. 2** doch **„ein Unding".**[19] Sachgerecht und konsequent wäre allein eine 10

---

[15] *Basedow* AcP 182 (1982), 363 ff., 366 f. gibt gegen eine solche Rückwirkung noch zu bedenken, dass sie den Richter des Unterlassungsverfahrens bei seiner Entscheidung zurückhaltend beeinflussen und die Kunden beim einzelvertraglichen Rechtsstreit in der Erwartung eines kommenden Unterlassungsurteils zu Nachlässigkeit veranlassen könnte.
[16] Vgl. auch *Löwe/v. Westphalen/Trinkner* § 21 AGBG Rn. 12; *Schlosser/Coester-Waltjen/Graba* § 21 AGBG Rn. 3.
[17] So auch *Löwe/v. Westphalen/Trinkner* § 21 AGBG Rn. 12; *Ulmer/Brandner/Hensen* Rn. 6; *Koch/Stübing* Rn. 16. Anders *Wolf/Horn/Lindacher* § 21 AGBG Rn. 11 u. *Schilken*, Verfahrensrechtliche Probleme, in: Osnabrücker Rechtswissenschaftliche Abhandlung, 1985, S. 124 f.
[18] Vgl. auch *Ulmer/Brandner/Hensen* Rn. 7.
[19] So mit Recht *Ulmer/Brandner/Hensen* 9. Aufl. Rn. 1; krit. auch *Löwe/v. Westphalen/Trinkner* § 21 AGBG Rn. 25 f. und *Koch/Stübing* Rn. 21.

einstweilige Regelungskompetenz des für die Klage nach § 10 zuständigen Prozessgerichts der ersten Instanz gewesen, welches entsprechend seiner allgemeinen Anordnungsbefugnis in Bezug auf die Zwangsvollstreckung gem. §§ 769f. ZPO auch hinsichtlich der Urteilswirkung des § 11 S. 1 eine vorläufige Suspendierung hätte aussprechen (oder auch ablehnen) können.

11 **2. Voraussetzung mit Wirkung.** § 11 S. 2 setzt voraus, dass der Verwender gegen das Unterlassungsurteil **„die Klage nach § 10 erheben könnte".** Die Möglichkeit einer erfolgreichen Klage unmittelbar nach § 767 ZPO genügt nicht, wie es auch nicht ausreicht, dass der Verwender etwa in einem anderen späteren Kontrollverfahren obsiegt und die Wirksamkeit seiner AGB attestiert erhalten hat, solange diese Entscheidung nicht höchstrichterlich bestätigt worden ist, dazu schon § 10 Rn. 10. Dabei hat das Gericht **hypothetisch** wie bei einem Verfahren nach § 10 sämtliche für diese Entscheidung nötigen Voraussetzungen zu prüfen; vgl. im Einzelnen § 10 Rn. 8ff. Sind diese Voraussetzungen erfüllt und ist damit die Klagemöglichkeit nach § 10 begründet, ist die Urteilswirkung des § 11 S. 1 von selbst erledigt, ohne dass es dafür einer Einrede bzw. Gegeneinrede bedarf.[20] Ist eine schwierige Sachaufklärung zur Beurteilung nötig, bleibt dem Gericht nicht einfach der Ausweg, von sich aus nach eigener Überzeugung über die Wirksamkeit der betreffenden Bestimmung zu entscheiden; denn wenn die Einrede „des anderen Vertragsteils" nach § 11 S. 1 (noch) begründet ist, ist das Gericht an die Rechtskraftwirkung des Unterlassungsurteils gebunden, und erst wenn die Voraussetzungen des § 11 S. 2 gegeben sind, hat es die betreffende höchstrichterliche Entscheidung mit der Folge zu beachten, dass die Bindungswirkung des Unterlassungsurteils entfällt, so dass es nicht mehr darauf abstellen darf, sondern nach eigener Überzeugung entscheiden muss, vgl. § 10 Rn. 13. Insofern hat das Gericht allenfalls die Ausweichmöglichkeit, nach eigener Überzeugung iS des möglicherweise bindenden Unterlassungsurteils zu entscheiden,[21] vgl. noch zuvor Rn. 4 aE.

12 Wenn der Verwender eine Klage nach § 10 allerdings rechtskräftig zu Ende geführt hat, gibt es insofern keine Komplikationen mehr: Hat der Verwender obsiegt, so ist einer Einrede „des betroffenen Vertragsteils" nach § 11 S. 1 die Grundlage entzogen (vgl. schon zuvor Rn. 10), so dass das Gericht den vertraglichen Rechtsstreit frei nach seiner eigenen Überzeugung zu entscheiden hat. Ist der Verwender mit seiner Klage abgewiesen worden, ist sogar das Fortbestehen des titulierten Unterlassungsanspruchs und damit die weitere Geltung der Wirkung nach § 11 S. 1 rechtskräftig festgestellt, so dass das Gericht entsprechend der erstreckten Rechtskraft zugunsten „des betroffenen Vertragsteils" zu entscheiden hat.

Unterabschnitt 3. Besondere Vorschriften für Klagen nach § 2

§ 12 Einigungsstelle

Für Klagen nach § 2 gelten § 15 des Gesetzes gegen den unlauteren Wettbewerb und die darin enthaltene Verordnungsermächtigung entsprechend.

1 Die Verweisung auf § 15 UWG bedeutet, dass die Ansprüche aus § 2 außergerichtlich vor einer **Einigungsstelle der IHK** geltend gemacht werden können.[1] Dies beruht auf einer großen Nähe zu den Regelungen des UWG. Die praktische Bedeutung der Einigungsstellen ist gering.

2 Die **örtliche Zuständigkeit** und die Einrichtung der Einigungsstellen richtet sich nach §§ 14, 15 UWG entsprechend.[2] Die Regelung des § 6 kommt insofern nicht zum Tragen. Für die Besetzung der Einigungsstellen gilt § 15 Abs. 2 UWG entsprechend. Dabei ist zu beachten, dass nur die 2. Alternative des § 15 Abs. 2 S. 2 UWG Anwendung findet. Grund dafür ist, dass § 2 nicht dem Verbraucher zusteht und er daher kein Anrufungsrecht hat.[3]

---

[20] Vgl. auch *Ulmer/Brandner/Hensen* Rn. 12; *Gaul*, FS Beitzke, 1979, S. 1047f.; *Schilken*, Verfahrensrechtliche Probleme, in: Osnabrücker Rechtswissenschaftliche Abhandlungen, 1985, S. 126. Dagegen für eine „Einrede" bzw. „Gegeneinrede" *Palandt/Bassenge* Rn. 4; *Wolf/Horn/Lindacher* Rn. 14ff., dort Rn. 18ff. zu Fragen der Aussetzung des Individualprozesses; *Erman/Werner* Rn. 7, 8; *Koch/Stübing* Rn. 20, 22, 24; *Löwe/v. Westphalen/ Trinkner* § 21 AGBG Rn. 24; *Staudinger/Schlosser* Rn. 8; *Dietlein/Rebmann* Rn. 5.

[21] Jetzt auch *Löwe/v. Westphalen/Trinkner* § 21 AGBG Rn. 26; ebenso *Wolf/Horn/Lindacher* § 21 AGBG Rn. 17.

[1] *Hefermehl/Köhler/Bornkamm* Rn. 1.

[2] *Palandt/Bassenge* Rn. 2; zu den Voraussetzung des UWG näher MünchKommUWG/*Ehricke* §§ 14, 15; *Fezer/Büscher* §§ 14, 15 UWG.

[3] *Palandt/Bassenge* Rn. 2.

Die Anrufung der Einigungsstelle ist **ohne Zustimmung des Gegners** möglich, da eine Zuwiderhandlung gegen § 2 notwendigerweise Verbraucher betrifft.[4] Die Einigungsstelle hat keine Entscheidungsbefugnis, sondern hat lediglich einen gütlichen Ausgleich anzustreben (§ 15 Abs. 6 1 UWG). Eine Ablehnung wegen offensichtlicher Unbegründetheit des Anspruchs aus § 2 UKlaG ist nach § 15 Abs. 8 UWG nicht möglich.

Durch die Anrufung der Einigungsstelle wird die Verjährung in gleicher Weise wie durch Klageerhebung **gehemmt** vgl. § 15 Abs. 9 S. 1 UWG.

Abschnitt 3. Auskunft zur Durchführung von Unterlassungsklagen

§ 13 Auskunftsanspruch der anspruchsberechtigten Stellen

(1) Wer geschäftsmäßig Post-, Telekommunikations-, Tele- oder Mediendienste erbringt oder an der Erbringung solcher Dienste mitwirkt, hat den nach § 3 Abs. 1 Nr. 1 und 3 anspruchsberechtigten Stellen und Wettbewerbsverbänden auf deren Verlangen den Namen und die zustellungsfähige Anschrift eines am Post-, Telekommunikations-, Tele- oder Mediendiensteverkehr Beteiligten mitzuteilen, wenn die Stelle oder der Wettbewerbsverband schriftlich versichert, dass diese Angaben
1. zur Durchsetzung eines Anspruchs nach § 1 oder § 2 benötigt werden und
2. anderweitig nicht zu beschaffen sind.

(2) [1]Der Anspruch besteht nur, soweit die Auskunft ausschließlich anhand der bei dem Auskunftspflichtigen vorhandenen Bestandsdaten erteilt werden kann. [2]Die Auskunft darf nicht deshalb verweigert werden, weil der Beteiligte, dessen Angaben mitgeteilt werden sollen, in die Übermittlung nicht einwilligt.

(3) Die Wettbewerbsverbände haben einer anderen nach § 3 Abs. 1 Nr. 2 anspruchsberechtigten Stelle auf deren Verlangen die nach Absatz 1 erhaltenen Angaben herauszugeben, wenn sie eine Versicherung in der in Absatz 1 bestimmten Form und mit dem dort bestimmten Inhalt vorlegt.

(4) [1]Der Auskunftspflichtige kann von dem Anspruchsberechtigten einen angemessenen Ausgleich für die Erteilung der Auskunft verlangen. [2]Der Beteiligte hat, wenn der gegen ihn geltend gemachte Anspruch nach § 1 oder § 2 begründet ist, dem Anspruchsberechtigten den gezahlten Ausgleich zu erstatten.

(5) [1]Wettbewerbsverbände sind
1. die Zentrale zur Bekämpfung unlauteren Wettbewerbs und
2. Verbände der in § 3 Abs. 1 Nr. 2 bezeichneten Art, die branchenübergreifend und überregional tätig sind.

[2]Die in Satz 1 Nr. 2 bezeichneten Verbände werden durch Rechtsverordnung des Bundesministeriums der Justiz, die der Zustimmung des Bundesrates nicht bedarf, für Zwecke dieser Vorschrift festgelegt.

I. Umfang

Die Regelung des § 13 betrifft, entgegen der Benennung des Unterabschnitts 3 „Auskunft zur 1 Durchführung von Unterlassungsklagen", **nicht nur die Unterlassungsklagen nach § 2**, sondern vielmehr **auch** solche **nach § 1**.[1] Dies ergibt sich aus dem Wortlaut des § 13 Abs. 1 Nr. 1, 4 S. 2,[2] worin auf § 1 Bezug genommen wird.

II. Normzweck

Die Vorschrift dient der **Ermöglichung der Durchsetzung** von Unterlassungs- und Widerrufsansprüchen.[3] § 13 geht auf einen Vorschlag des Bundesrates zurück, der die Einführung des

---

[4] *Hefermehl/Köhler/Bornkamm* Rn. 1; *Palandt/Bassenge* Rn. 2.
[1] *Ulmer/Brandner/Hensen* Rn. 1, *Palandt/Bassenge* Rn. 1.
[2] So auch *Ulmer/Brandner/Hensen* Rn. 1.
[3] *Palandt/Bassenge* Rn. 1.

Auskunftsanspruchs befürwortete,[4] da Unternehmen aufgrund der Anonymität vor Ansprüchen der Verbände geschützt waren. Dieser Missstand sollte nunmehr beseitigt werden.

3 Der Anspruchsverpflichtete eines Post-, Telekommunikations-, Tele- oder Mediendienstes gibt häufig im Rahmen der Abwicklung der Dienstleistung nur eine Postfach, eine Servicetelefon- oder Faxnummer oder eine Internet-Adresse an. Solche Angaben reichen zur **gerichtlichen Durchsetzung eines Unterlassungsspruches** nach § 1 und § 2 nicht aus. Vielmehr bedarf es wie bei jeder Klage der Bezeichnung der Parteien gem. § 253 Abs. 2 Nr. 1 ZPO.[5] Nur so kann der Anspruchsverpflichtete ordnungsgemäß geladen werden. Die Deutsche Post AG; die Telekommunikationsunternehmen und Internet-Provider verfügen zumeist über Namen und ladungsfähige Anschrift der Anspruchverpflichteten, da sie diese Angaben für ihre Rechnungslegung benötigen. Jedoch sind diese nur zur Auskunft bereit, wenn sie gegen einen möglichen Regress abgesichert sind.[6] Auf Grund dessen gewährt § 13 dem Anspruchsberechtigten einen materiellrechtlichen Anspruch auf Auskunft gegen bestimmte Unternehmer (Diensteerbringer), die Kenntnis von Namen und zustellungsfähiger Anschrift des Anspruchverpflichteten haben.[7]

III. Beteiligte

4 **1. Anspruchsgegner.** Zur Auskunft verpflichtet ist derjenige, der „geschäftsmäßig Post-, Telekommunikations-, Tele- oder Mediendienste erbringt oder an der Erbringung solcher Dienste mitwirkt" **(Diensteerbringer).**[8] Diese Unternehmen sind es, die dem Anspruchsverpflichteten ermöglichen über ihre Dienste am Rechtsverkehr, nur unter Verwendung von Postfach oder Internetadresse, teilzunehmen. Dabei handelt geschäftsmäßig, wer eine wirtschaftliche Zwecke verfolgende Tätigkeit ausübt, mit welcher er am Erwerbsleben teilnimmt. Auf eine Gewinnerzielungsabsicht kommt es nicht an.[9] Mitwirkende sind bei arbeitsteilig betriebenen Diensten nur beteiligte Unternehmen, nicht die Arbeitnehmer des Diensteerbringers.[10]

5 **2. Anspruchsberechtigter.** Anspruchsberechtigt sind nach § 13 Abs. 1 S. 1 nur **qualifizierte Einrichtungen** (Vgl. § 3 Abs. 1 Nr. 1 Rn. 7ff.), **die IHK und Handwerkskammern** und nach § 13 Abs. 5 S. 1 die **Wettbewerbsverbände.** Bei den in Abs. 5 erfassten Wettbewerbsverbände handelt es sich um die Zentrale für Bekämpfung unlauteren Wettbewerbs und die Verbände iS des § 3 Abs. 1 Nr. 2 (vgl. dort Rn. 19), die branchenübergreifend und überregional tätig sind.[11] Die Beurteilung dieser Voraussetzungen kann sich für die Auskunftsverpflichtenden schwierig gestalten. Aus diesem Grund sind die anspruchsberechtigten Verbände qua Verordnung[12] des Bundesministeriums der Justiz festgelegt. Dies ist umso **erstaunlicher** als der Gesetzgeber die gewerblichen Verbände nicht in die Liste der klagebefugten Einrichtungen integriert hat. Für diese bleibt die Möglichkeit der Informationserlangung gem. § 13 Abs. 3 (vgl. Rn. 10).

IV. Anspruchsinhalt und dessen Voraussetzungen

6 **1. Anspruchsinhalt.** Absatz 1 begründet einen privat- und **materiell-rechtlichen Auskunftsanspruch.**[13] Eine Einwilligung des Anspruchspflichtigen ist ebenso wenig erforderlich wie die des Anspruchsverpflichtenden. Zugleich hat ein etwaiger Widerspruch keine ausschließende Wirkung, § 13 Abs. 2 S. 2.[14] Der Dienstberbringer muss seinen Kunden zu keinem Zeitpunkt über die ihn betreffende Auskunftserteilung informieren.[15] Der Inhalt des Anspruchs umfasst die Mitteilung des vollständigen Namens (Vor- und Zuname, Firma) des Kunden und einer ladungsfähigen Anschrift,

---

[4] *Erman/Roloff* Rn. 1.
[5] BGH NJW 88, 2114; BGHZ 102, 332, BVerfG NJW 1996, 1272; *Hefermehl/Köhler/Bornkamm* Rn. 1; *Palandt/Bassenge* Rn. 1.
[6] BT-Drucks. 14/6857; *Ulmer/Brandner/Hensen* Rn. 4.
[7] *Hefermehl/Köhler/Bornkamm* Rn. 1.
[8] Zu Postdiensten vgl. § 4 Nr. 4 PostG; zu Telekommunikationsdiensten § 3 Nr. 5 TKG, zu Telemediendiensten § 2 TMG. Bei Postfachadressen ist die Deutsche Post AG auskunftspflichtig, bei Telefon- und Faxnummern die betreffende Telefongesellschaft, bei Internetadressen die DENIC Verwaltungs- und Betriebsgesellschaft e. G., Frankfurt a. M., soweit es um die Top-Level-Domain „de" und die Anschrift des Providers geht und der Provider, soweit es um die Second-Level-Domain geht.
[9] Ganz hM *Hefermehl/Köhler/Bornkamm* Rn. 2; *Palandt/Bassenge* Rn. 3.
[10] *Palandt/Bassenge* Rn. 3; *Hefermehl/Köhler/Bornkamm* Rn. 2.
[11] Ganz hM so auch *Erman/Roloff* Rn. 3; *Hefermehl/Köhler/Bornkamm* Rn. 3.
[12] UnterlassungsklageVO v. 3. 7. 2002, BGBl. I S. 2565.
[13] *Palandt/Bassenge*, Rn. 2.
[14] *Erman/Roloff* Rn. 4.
[15] *Palandt/Bassenge* Rn. 2.

die eine Zustellung nach § 253 Abs. 2 Nr. 1 ZPO iVm. § 130 ZPO ermöglicht. Handelt es sich bei dem Kunden um eine **juristische Person,** ist auch deren Vertreter vom Anspruch mit umfasst.[16]

2. Voraussetzungen. Der Anspruch auf Auskunft ist **zweckgebunden.**[17] Er dient allein der Durchsetzung eines Anspruchs nach § 1 oder § 2, und auch nur insoweit als keine anderweitige Möglichkeit zur Erlangung dieser Informationen besteht, wie etwa über Handelsregister, Adressbücher, Branchenbücher und Telefonauskunftsdienste (sog. Rückwärtssuche). 7

Diese Angaben muss der Berechtigte **schriftlich versichern,** vgl. § 126 BGB. Auf die **Richtigkeit** der Versicherung kommt es **nicht** an.[18] Die Richtigkeit der Angaben wird weder durch das Gericht noch durch den Anspruchsverpflichteten **geprüft.** Es handelt sich nicht um eine Prozess- oder Anspruchsvoraussetzung.[19] Nur in Fällen der offenkundigen Unrichtigkeit der Versicherung kann der Missbrauchseinwand gem. § 242 BGB erhoben werden.[20] Durch die Auskunftserteilung setzt sich der Auskunftspflichtige **keinem Schadensersatzanspruch** gegenüber seinem Kunden aus. Das gilt auch dann, wenn er die Auskunft aufgrund einer von ihm nicht überprüften falschen Versicherung erteilt.[21] 8

3. Anspruchsgrenzen. § 13 Abs. 2 S. 1 begrenzt den **Anspruchsumfang** auf den Datenbestand der beim Auskunftspflichtigen vorhanden ist, dh. auf die Daten, die tatsächlich durch den Verpflichteten abgefragt wurden.[22] Der Auskunftsberechtigte kann nicht verlangen, dass der Auskunftsverpflichtete sich die gewünschten Daten anderweitig beschafft oder ermittelt.[23] So unterliegen etwa die Verbindungsdaten, die zu neuen Daten führen könnten, nach Art. 10 GG iVm. § 85 TKG dem Fernmeldegeheimnis, das nicht durch das Unterlassungsurteil eingeschränkt werden kann und soll. Sofern der Verpflichtete nur wenige Daten zur Verfügung stellen kann, trägt er die Beweislast dafür, dass keine weiteren Daten vorhanden sind.[24] 9

V. Herausgabeanspruch der Wirtschaftsverbände

Den **Verbänden der gewerblichen Wirtschaft** steht nach Maßgabe des § 3 Abs. 1 Nr. 2 **kein eigener Auskunftsanspruch** zu (vgl. Rn. 25). Gleichwohl haben sie auch die Möglichkeit, den Zugang zu den Daten zu erlangen. Grundlage dafür ist die Regelung des § 13 Abs. 3, der sich gegen die Wettbewerbsverbände richtet. Dieser Anspruch umfasst nur den Inhalt der Informationen, nicht etwa die gegenständliche Herausgabe des Auskunftsschreibens.[25] 10

VI. Ausgleichs- und Erstattungsanspruch

1. Ausgleichsanspruch. Der Auskunftsverpflichtete hat gegen den Auskunftsberechtigten einen Anspruch auf einen **angemessen Ausgleich** der durch die Informationsbeschaffung entstanden **Kosten** gem. § 13 Abs. 4 S. 1. Der Anspruch ist beschränkt. **Nicht** ersetzt werden die **tatsächlich entstandenen Kosten.** Dies rechtfertigt sich aus der Überlegung, dass die Auskunftserteilung auch dem öffentlichen Interesse am Verbraucherschutz und der Durchsetzung gleicher Wettbewerbsbedingungen für alle Unternehmen dient.[26] So kann bei einem geringfügigen Aufwand, etwa einer einfachen Datenüberprüfung oder einer Herausgabepflicht nach § 13 Abs. 3, der Ausgleichsanspruch vollständig entfallen. Aufgrund des Anspruchs kommt den Auskunftspflichtigen ein **Zurückbehaltungsrecht** nach §§ 273, 274 BGB zu. 11

2. Erstattungsanspruch. Im Falle eines obsiegenden Urteils nach § 1 oder § 2 hat der Anspruchsberechtigte gegen den Unterlassungsschuldner einen Erstattungsanspruch gem. § 13 Abs. 4 S. 2. In diesem Fall besteht aufgrund der Tatbestandswirkung des Urteils ein Anspruch in dieser Höhe. Die Angemessenheit des Ausgleichs ist zu berücksichtigen. Sie wird im Falle einer Klage ge- 12

---

[16] *Palandt/Bassenge* Rn. 2; *Staudinger/Schlosser* Rn. 3; *Hefermehl/Köhler/Bornkamm* Rn. 4.
[17] BT-Drucks. 14/6857; *Ulmer/Brandner/Hensen* Rn. 2; *Palandt/Bassenge* Rn. 2.
[18] LG München I WRP 2005, 1430, 1431; *Palandt/Bassenge* Rn. 2; *Erman/Roloff* Rn. 4; *Ulmer/Brandner/Hensen* Rn. 2; *Hefermehl/Köhler/Bornkamm* Rn. 4.
[19] *Palandt/Bassenge* Rn. 2.
[20] LG München I WRP 2005, 1430, 1431; *Palandt/Bassenge* Rn. 2; ebenso *Hefermehl/Köhler/Bornkamm* Rn. 5.
[21] *Palandt/Bassenge* Rn. 2.
[22] BT-Drucks. 14/ 6857; *Ulmer/Brandner/Hensen* Rn. 4.
[23] *Hefermehl/Köhler/Bornkamm* Rn. 6.
[24] Dazu hM. *Hefermehl/Köhler/Bornkamm* Rn. 6; *Palandt/Bassenge* Rn. 6, aA *Staudinger/Schlosser* Rn. 3.
[25] *Palandt/Bassenge* Rn. 7.
[26] BT-Drucks. 14/6857 S. 71; *Hefermehl/Köhler/Bornkamm* Rn. 8; *Palandt/Bassenge* Rn. 8; *Erman/Roloff* Rn. 5.

richtlich festgestellt. Bei einer freiwilligen Zahlung kann der Erstattungsschuldner die Entstehung des Aufwandes und die Angemessenheit des Ausgleichs bestreiten.[27]

13 **3. Schadensersatz.** Der Auskunftsberechtigte kann sich gegenüber dem Dienstleistungserbringer **schadenersatzpflichtig** machen. Dies ist der Fall, wenn er die durch die Auskunft erlangten Daten zweckwidrig benutzt. In diesem Fall können Ansprüche aus § 9 UWG ebenso in Frage kommen, wie solche aus § 823 BGB.

VII. Verfahren

14 Für das Verfahren sind die Vorschriften der ZPO maßgeblich. Dies betrifft auch die **Zuständigkeit des Gerichts** und damit die Anwendung des GVG. Hier gelten **nicht** die Regelungen des § 6. Wird dennoch der Auskunftsanspruch am Gerichtsstand des § 6 Abs. 1 anhängig gemacht, so kann kraft Sachzusammenhangs auch der Erstattungsanspruch nach § 13 Abs. 4 S. 2 geltend gemacht werden.[28] Hinsichtlich des Streitwertes ist § 12 Abs. 4 UWG zu beachten. Eine Streitwertminderung wird regelmäßig gegeben sein, da der Wert des Auskunftsanspruches nur einen Bruchteil des Wertes des geltend gemachten Anspruches beträgt.[29]

§ 13a Auskunftsanspruch sonstiger Betroffener

[1]**Wer von einem anderen Unterlassung der Lieferung unbestellter Sachen, der Erbringung unbestellter sonstiger Leistungen oder der Zusendung oder sonstigen Übermittlung unverlangter Werbung verlangen kann, hat den Auskunftsanspruch nach § 13 Abs. 1, 2 und 4 mit der Maßgabe, dass an die Stelle des Anspruchs nach § 1 oder § 2 sein Anspruch auf Unterlassung nach allgemeinen Vorschriften tritt.** [2]**Satz 1 ist nicht anzuwenden, soweit nach § 13 oder nach § 8 Abs. 5 Satz 1 des Gesetzes gegen den unlauteren Wettbewerb ein Auskunftsanspruch besteht.**

I. Allgemeines

1 **Zweck** der Vorschrift ist es zu verhindern, dass ein Unterlassungsanspruch des Betroffenen wegen der in S. 1 aufgezählten Handlungen nicht durchgesetzt werden kann, da der Diensteerbringer unter einer Anschrift handelt, unter welcher er nicht verklagt werden kann. Auch hier **mangelt** es oftmals an den Anforderungen einer **ladungsfähigen Anschrift** des § 253 Abs. 2 Nr. 1 ZPO.[1] Wie bei den Konstellationen des § 13 (vgl. Rn. 2f.) beschränken sich die Angaben über den Absender auf Postfachadressen, Internetadressen, Fax-, Servicenummern oder Telefonnummern.

II. Anspruch gegen den Diensteerbringer

2 Der Auskunftsanspruch besteht gegen den Diensteerbringer gem. § 13 Abs. 1 und 2. Auch hierbei handelt es sich um einen privat- und **materiell-rechtlichen Anspruch**, vgl. § 13 Rn. 6. Der Diensteerbringer, dh., derjenige, der „geschäftsmäßig Post-, Telekommunikations-, Tele- oder Mediendienste erbringt oder an der Erbringung solcher Dienste mitwirkt", ist der Auskunftspflichtige gem. § 13 Abs. 1, nicht das Unternehmen oder die Person, die Werbematerial von Hand austrägt oder verteilt.[2]

III. Anspruchsberechtigter

3 Zur Geltendmachung des Anspruchs ist **berechtigt,** wer von einem anderen Unternehmen die Unterlassung der Lieferung unbestellter Waren, der Erbringung unbestellter Dienstleistungen oder der Zusendung oder sonstigen Übermittlung unverlangter Werbung verlangen kann. Mittels dieses Hinweises werden die **Unterlassungsansprüche** der **§§ 3, 8 UWG** sowie die Vorschriften der **§§ 823, 862, 1004 BGB** erfasst.[3]

4 Anspruchsberechtigt sind qualifizierte Einrichtungen gem. § 3 Abs. 1 UKlaG bzw. § 8 Abs. 3 Nr. 3 UWG, Industrie-, Handels- und Handwerkskammern gem. § 3 Abs. 1 Nr. 3 UKlaG bzw. § 8

---

[27] *Palandt/Bassenge* Rn. 9.
[28] *Hefermehl/Köhler/Bornkamm* Rn. 2; *Palandt/Bassenge* Rn. 12; *Staudinger/Schlosser* Rn. 12.
[29] *Thomas/Putzo* § 3 ZPO Rn. 21.
[1] BGH NJW 88, 2114; BGHZ 102, 332, BVerfG NJW 1996, 1272.
[2] *Palandt/Bassenge* Rn. 2; *Hefermehl/Köhler/Bornkamm* Rn. 2.
[3] Vgl. LG Bonn MMR 2004, 767.

Abs. 3 Nr. 4 UWG und Wettbewerbsverbände gem. § 13 Abs. 1, 5 UKlaG bzw. § 8 Abs. 5 UWG. Der **Anspruch** aus S. 1 **besteht nur für sonstige Anspruchsberechtigte,**[4] als da sind betroffene Mitbewerber und Wirtschaftsverbände, soweit es sich nicht um Wettbewerbsverbände iS des § 13 Abs. 1, 5 handelt[5] sowie der einzelne Verbraucher, sofern ein Verband den entsprechenden Auskunftsanspruch bereits geltend gemacht hat.[6]

IV. Anspruchsvoraussetzungen

Die Voraussetzungen entsprechen denen des § 13, vgl. Rn. 7 f.   5

V. Ausgleichs- und Erstattungsanspruch

Ein Ausgleichs- und Erstattungsanspruch besteht nach den Vorschriften des § 13, vgl. dort Rn. 11.   6

Abschnitt 4. Behandlung von Kundenbeschwerden

§ 14 Kundenbeschwerden

(1) [1]Bei Streitigkeiten aus der Anwendung
1. der §§ 675a bis 676g und 676h Satz 1 des Bürgerlichen Gesetzbuchs oder
2. der Vorschriften des Bürgerlichen Gesetzbuchs betreffend Fernabsatzverträge über Finanzdienstleistungen einschließlich damit zusammenhängender Streitigkeiten aus der Anwendung des § 676h des Bürgerlichen Gesetzbuchs

können die Beteiligten unbeschadet ihres Rechts, die Gerichte anzurufen, eine Schlichtungsstelle anrufen, die bei der Deutschen Bundesbank einzurichten ist. [2]Die Deutsche Bundesbank kann mehrere Schlichtungsstellen einrichten. [3]Sie bestimmt, bei welcher ihrer Dienststellen die Schlichtungsstellen eingerichtet werden.

(2) [1]Das Bundesministerium der Justiz regelt durch Rechtsverordnung die näheren Einzelheiten des Verfahrens der nach Absatz 1 einzurichtenden Stellen nach folgenden Grundsätzen:
1. Durch die Unabhängigkeit der Einrichtung muss unparteiisches Handeln sichergestellt sein.
2. Die Verfahrensregeln müssen für Interessierte zugänglich sein.
3. Die Beteiligten müssen Tatsachen und Bewertungen vorbringen können, und sie müssen rechtliches Gehör erhalten.
4. Das Verfahren muss auf die Verwirklichung des Rechts ausgerichtet sein.

[2]Die Rechtsverordnung regelt auch die Pflicht der Unternehmen, sich nach Maßgabe eines geeigneten Verteilungsschlüssels an den Kosten des Verfahrens zu beteiligen; das Nähere, insbesondere zu diesem Verteilungsschlüssel, regelt die Rechtsverordnung.

(3) Das Bundesministerium der Justiz wird ermächtigt, im Einvernehmen mit den Bundesministerien der Finanzen und für Wirtschaft und Technologie durch Rechtsverordnung mit Zustimmung des Bundesrates die Streitschlichtungsaufgaben nach Absatz 1 auf eine oder mehrere geeignete private Stellen zu übertragen, wenn die Aufgaben dort zweckmäßiger erledigt werden können.

I. Außergerichtliche Streitbeilegung

§ 14 dient der Umsetzung von Art. 10 RL 97/5/EG (Überweisungsrichtlinie)[1] und Art. 14 RL   1
2002/65/EG (Fernabsatz für Finanzdienstleistungen).[2] Gem. Art. 10 RL 97/5/EG tragen die Mitgliedstaaten dafür Sorge, „dass angemessene und wirksame Beschwerde- und Abhilfeverfahren zur

---
[4] BT-Drucks. 14/9353 S. 7.
[5] *Hefermehl/Köhler/Bornkamm* Rn. 2.
[6] BGH v. 19. 7. 2007, I ZR 191/04 – SMS Werbung.
[1] Richtlinie des Europäischen Parlaments und des Rates vom 27. 1. 1997 über grenzüberschreitende Überweisungen, ABl. EG Nr. L 43, 14. 2. 1997, 25.
[2] Richtlinie 2002/65/EG des Europäischen Parlaments und des Rates vom 23. 9. 2002 über den Fernabsatz von Finanzdienstleistungen an Verbraucher und zur Änderung der Richtlinie 90/619/EWG des Rates und der Richtlinien 97/7/EG und 98/27/EG, ABl. EG Nr. L 271, 9. 10. 2002, 16.

Beilegung etwaiger Streitigkeiten zwischen einem Auftraggeber und seinem Institut bzw. zwischen einem Begünstigten und seinem Institut vorhanden sind, ggf. unter Benutzung bestehender Verfahren." Der Gesetzgeber sah darin einen Auftrag zur Einführung eines außergerichtlichen Streitbeilegungsverfahrens.[3] Art. 14 RL 2002/65/EG hält die Mitgliedstaaten zur Förderung der außergerichtlichen Beilegung von Verbraucherrechtsstreitigkeiten über Finanzdienstleistungen im Fernabsatz an. Dieser Anregung folgte der Gesetzgeber, indem er eine, den Streitigkeiten bei Überweisung vergleichbare, öffentliche Schlichtungsaufgabe schuf. Er sah gerade bei Finanzdienstleistungen ein Bedürfnis für eine außergerichtliche Klärung, da Verbraucherstreitigkeiten in diesem Zusammenhang häufig sehr komplex seien und der unmittelbare Weg zum Gericht für viele Verbraucher unabsehbare und kaum tragbare Kostenrisiken mit sich bringe.[4]

2 Gegenstand der Streitschlichtung sind gem. § 14 Abs. 1 Beschwerden im Zusammenhang mit dem Überweisungsverkehr sowie dem Missbrauch von Zahlungskarten oder deren Daten, soweit der Zahlungskarte ein Girovertrag zugrunde liegt (§§ 675 a–676 g, 676 h S. 1 BGB), ebenso wie Beschwerden im Zusammenhang mit dem Fernabsatz von Finanzdienstleistungen, einschließlich damit zusammenhängender Streitigkeiten aus der Anwendung des § 76 h BGB. Träger der Schlichtung ist die Deutsche Bundesbank.

II. Verfahren

3 Der Ablauf des Beschwerdeverfahrens ist in der Schlichtungsstellenverfahrensverordnung (SchlichtVerfVO)[5] geregelt.

III. Übertragung auf private Stellen

4 § 7 Abs. 1 SchlichtVerfVO überträgt Schlichtungsaufgaben für Unternehmen, die dem Bundesverband deutscher Banken e. V., dem Bundesverband Öffentlicher Banken Deutschlands, einem Sparkassen- oder Giroverband oder dem Bundesverband der Deutschen Volksbanken und Raiffeisenbanken angehören, auf den jeweiligen Verband. Nach § 7 Abs. 4 SchlichtVerfVO sind die Verbände verpflichtet, eine Liste der an ihrem Schlichtungsverfahren jeweils teilnehmenden Unternehmen zu führen und diese Liste in geeigneter Weise allgemein zugänglich zu machen. Die bezeichneten Verbände haben gem. § 7 Abs. 2 SchlichtVerfVO Schlichtungsstellen eingerichtet und Verfahrensordnungen[6] für die Schlichtung von Kundenbeschwerden erlassen.

Abschnitt 5. Anwendungsbereich

§ 15 Ausnahme für das Arbeitsrecht
Dieses Gesetz findet auf das Arbeitsrecht keine Anwendung.

Schrifttum: Reinecke, Flexibilisierung von Arbeitsentgelt und Arbeitsbedingungen nach dem Schuldrechtsmodernisierungsgesetz, NZA 2005, 953; *ders.*, Arbeitnehmerfreundlichste oder arbeitnehmerfeindlichste Auslegung Allgemeiner Arbeitsbedingungen?, AuR 2003, 414.

1 § 15 sieht eine **Ausnahme** vom Anwendungsbereich des UKlaG für den Bereich des **Arbeitsrechts** vor. Somit existiert kein Arbeitsverträge betreffendes Verbandsklageverfahren.[1] Diese Ausnahme gilt allein für das UKlaG und nicht für die inhaltlichen Bestimmungen über die Kontrolle allgemeiner Vertragsbedingungen auf dem Gebiet des Arbeitsrechts, die in § 310 Abs. 4 S. 2 BGB

---

[3] BR-Drucks. 163/99, S. 72.
[4] BR-Drucks. 84/04, S. 29, *Hefermehl/Köhler/Bornkamm* Rn. 1.
[5] In der Fassung der Bekanntmachung vom 17. 7. 2002 (BGBl. I S. 2577), geändert durch Art. 5 Gesetz zur Änderung der Vorschriften über Fernabsatzverträge bei Finanzdienstleistungen vom 7. 12. 2004 (BGBl. I S. 3102).
[6] http://www.bankenverband.de/pic/artikelpic/062006/0601_Verfahrensordnung_dt.pdf (Verfahrensordnung des Bundesverbands deutscher Banken, Stand 5. 4. 2006); dazu auch *Hefermehl/Köhler/Bornkamm* Rn. 3. http://www.voeb.de/content_frame/downloads/verfahrensordnung.pdf (Verfahrensordnung des Bundesverbands Öffentlicher Banken Deutschlands; Stand 5. 4. 2006); http://www.bvr.de/public.nsf/29A8C3379EC4AF14C1-256F71004E7829/$FILE/omb_verfahrensord.pdf (Verfahrensordnung des Bundesverbands der Deutschen Volksbanken und Raiffeisenbanken Stand 5. 4. 2006).
[1] Kritisch hierzu *Reinecke* AuR 2003, 414, 515 f. („Schutzlücke"); *ders.* NZA 2005, 953, 961, *Stoffels* AGB-Recht, Rn. 1078, *Hefermehl/Köhler/Bornkamm* Rn. 1.

besonders geregelt sind.² Das System der Unterlassungsansprüche erschien dem Gesetzgeber im Bereich des Arbeitsrechts in der im UKlaG vorgesehenen Form in zweifacher Hinsicht unzweckmäßig.³ Zum einen hätten sich die nach § 6 für das Verbandsklageverfahren zuständigen Landgerichte mit der Frage unwirksamer Klauseln in Arbeitsverträgen befassen müssen, obwohl es sich um einen Bereich handelt, der typischerweise den Arbeitsgerichten vorbehalten ist. Zum anderen hätte auf Arbeitnehmerseite auch für andere Verbände als Gewerkschaften die Möglichkeit bestanden, eine abstrakte gerichtliche Kontrolle vorformulierter Arbeitsverträge im Wege einer Unterlassungsklage herbeizuführen.⁴ Wirklich überzeugend wirken die Argumente nicht, zumal sich durch das AGG die Grenzen zwischen Zivilrecht und Arbeitsrecht ohnehin noch stärker verwischen.

Abschnitt 6. Überleitungsvorschriften

§ 16 Überleitungsvorschrift zur Aufhebung des AGB-Gesetzes

(1) Soweit am 1. Januar 2002 Verfahren nach dem AGB-Gesetz in der Fassung der Bekanntmachung vom 29. Juni 2000 (BGBl. I S. 946) anhängig sind, werden diese nach den Vorschriften dieses Gesetzes abgeschlossen.

(2) ¹Das beim Bundeskartellamt geführte Entscheidungsregister nach § 20 des AGB-Gesetzes steht bis zum Ablauf des 31. Dezember 2004 unter den bis zum Ablauf des 31. Dezember 2001 geltenden Voraussetzungen zur Einsicht offen. ²Die in dem Register eingetragenen Entscheidungen werden 20 Jahre nach ihrer Eintragung in das Register, spätestens mit dem Ablauf des 31. Dezember 2004 gelöscht.

(3) Schlichtungsstellen im Sinne von § 14 Abs. 1 sind auch die auf Grund des bisherigen § 29 Abs. 1 des AGB-Gesetzes eingerichteten Stellen.

(4) ¹Die nach § 22a des AGB-Gesetzes eingerichtete Liste qualifizierter Einrichtungen wird nach § 4 fortgeführt. ²Mit Ablauf des 31. Dezember 2001 eingetragene Verbände brauchen die Jahresfrist des § 4 Abs. 2 Satz 1 nicht einzuhalten.

Die Absätze 1 und 2 haben durch Zeitablauf ihre Bedeutung verloren. Nach Abs. 3 werden bis zum 31. 12. 2001 auf Grund des bisherigen § 29 Abs. 1 AGBG eingerichtete Schlichtungsstellen nach dem 1. 2. 2002 als Schlichtungsstellen iSv. § 14 Abs. 1 weitergeführt.¹ Abs. 4 S. 1 schreibt vor, dass die auf Grund von § 22a AGBG vom Bundesverwaltungsamt geführte Liste qualifizierter Einrichtungen nach § 4 fortgeführt wird. Außerdem soll nach Absatz 4 S. 2 die Jahresfrist des § 4 Abs. 2 S. 1 nicht für Altverbände gelten. Die Übergangsregelung wurde durch die Änderung des § 22a Abs. 2 AGBG erforderlich. Nach § 4 Abs. 2 S. 1 setzt eine Eintragung nunmehr zusätzlich u. a. das einjährige Bestehen des rechtsfähigen Verbandes voraus. Eine Eintragung darf also nicht deshalb nach § 4 Abs. 2 aufgehoben werden, weil ein vor dem 1. 1. 2002 eingetragener Verband nicht mindestens ein Jahr bestand.² Erfüllt ein solcher Verband jedoch eine der übrigen Voraussetzungen des § 4 Abs. 2 S. 1 nicht, darf die Eintragung aufgehoben werden.³ Staatlich geförderte Verbraucherzentralen und ihr Bundesverband erfüllen die Voraussetzungen und bedurften infolge der zu ihren Gunsten ausgesprochenen gesetzlichen Vermutung nach Maßgabe des § 4 Abs. 2 S. 2 keiner erneuten Überprüfung.⁴

---

² BT-Drucks. 14/7052, S. 209; vgl. im Einzelnen MünchKommBGB/*Basedow* § 310 Rn. 87 ff.
³ BT-Drucks. 14/7052, S. 189 f., 209.
⁴ BT-Drucks. 14/7052, S. 189.
¹ BT-Drucks. 14/6040, S. 276.
² *Palandt/Bassenge* Rn. 3.
³ *Palandt/Bassenge* Rn. 3; aA *Erman/Roloff* Rn. 4.
⁴ BT-Drucks. 14/7052, S. 206.

Anhang

Rechtsberatungsgesetz und Rechtsdienstleistungsgesetz

(Auszug)

Art. 1

§ 1 [Rechtsberatungsgesetz]

(1) ¹Die Besorgung fremder Rechtsangelegenheiten, einschließlich der Rechtsberatung und der Einziehung fremder oder zu Einziehungszwecken abgetretener Forderungen, darf geschäftsmäßig – ohne Unterschied zwischen haupt- und nebenberuflicher oder entgeltlicher und unentgeltlicher Tätigkeit – nur von Personen betrieben werden, denen dazu von der zuständigen Behörde die Erlaubnis erteilt ist. ²Die Erlaubnis wird jeweils für einen Sachbereich erteilt:
1. Rentenberatern,
2. Versicherungsberatern für die Beratung und außergerichtliche Vertretung gegenüber Versicherern
   a) bei der Vereinbarung, Änderung oder Prüfung von Versicherungsverträgen,
   b) bei der Wahrnehmung von Ansprüchen aus dem Versicherungsvertrag im Versicherungsfall,
3. Frachtprüfern für die Prüfung von Frachtrechnungen und die Verfolgung der sich hierbei ergebenden Frachterstattungsansprüche,
4. vereidigten Versteigerern, soweit es für die Wahrnehmung der Aufgaben als Versteigerer erforderlich ist,
5. Inkassounternehmern für die außergerichtliche Einziehung von Forderungen (Inkassobüros),
6. Rechtskundigen in einem ausländischen Recht für die Rechtsbesorgung auf dem Gebiet dieses Rechts; eine für das Recht eines der Mitgliedstaaten der Europäischen Union erteilte Erlaubnis erstreckt sich auf das Recht der Europäischen Gemeinschaften.

³Sie darf nur unter der der Erlaubnis entsprechenden Berufsbezeichnung ausgeübt werden.

(2) ¹Die Erlaubnis darf nur erteilt werden, wenn der Antragsteller die für den Beruf erforderliche Zuverlässigkeit und persönliche Eignung sowie genügende Sachkunde besitzt und ein Bedürfnis für die Erlaubnis besteht. ²Eine Bedürfnisprüfung findet nicht statt, wenn der Antragsteller Staatsangehöriger eines Mitgliedstaates der Europäischen Union oder eines anderen Vertragsstaates des Abkommens über den Europäischen Wirtschaftsraum ist.

(3) ¹Erstreckt sich eine vor dem 10. September 1994 erteilte Erlaubnis nach Absatz 1 Satz 2 Nr. 6 auch auf das Recht der Europäischen Gemeinschaften, ist die Erlaubnis nachträglich auf die Rechtsbesorgung auf dem Gebiet des ausländischen Rechts zu beschränken. ²Dies gilt nicht, wenn das ausländische Recht das Recht eines Mitgliedsstaates der Europäischen Union ist. ³Ist dem Erlaubnisinhaber eine gesonderte Erlaubnis zur Rechtsbesorgung auf dem Gebiet des Rechts der Europäischen Gemeinschaft aufgrund nachgewiesener Sachkunde erteilt worden, so ist diese nicht zu widerrufen.

(4) ¹Die zuständige Behörde ermittelt den Sachverhalt von Amts wegen. Sie bedient sich der Beweismittel, die sie nach pflichtgemäßem Ermessen für erforderlich hält. ²Der am Verfahren beteiligte Antragsteller oder Inhaber einer Erlaubnis soll bei der Ermittlung des Sachverhalts mitwirken und, soweit es dessen bedarf, sein Einverständnis mit der Verwendung von Beweismitteln erklären. ³Sein Antrag auf Gewährung von Rechtsvorteilen ist zurückzuweisen, wenn infolge einer Verweigerung der Mitwirkung der Sachverhalt nicht hinreichend aufgeklärt werden kann. ⁴Der Bewerber ist auf diese Rechtsfolge hinzuweisen.

(5) ¹Gerichte und Behörden dürfen personenbezogene Daten, die für die Rücknahme oder den Widerruf der Erlaubnis oder zur Einleitung eines Rügeverfahrens aus der Sicht der übermittelnden Stelle erforderlich sind, der für die Entscheidung zuständigen Be-

hörde übermitteln, soweit hierdurch schutzwürdige Interessen des Betroffenen nicht beeinträchtigt werden oder das öffentliche Interesse das Geheimhaltungsinteresse des Betroffenen überwiegt. ²Die Übermittlung unterbleibt, wenn besondere gesetzliche Verwendungsregelungen entgegenstehen.

§ 3 [Rechtsberatungsgesetz]
Durch dieses Gesetz werden nicht berührt:
1.–7. *(nicht abgedruckt)*
8. die außergerichtliche Besorgung von Rechtsangelegenheiten von Verbrauchern und, wenn dies im Interesse des Verbraucherschutzes erforderlich ist, die gerichtliche Einziehung fremder und zu Einziehungszwecken abgetretener Forderungen von Verbrauchern durch Verbraucherzentralen und andere Verbraucherverbände, die mit öffentlichen Mitteln gefördert werden, im Rahmen ihres Aufgabenbereichs;
9. *(nicht abgedruckt)*

§ 8 Rechtsdienstleistungsgesetz[1]
(1) Erlaubt sind Rechtsdienstleistungen, die
1. *gerichtlich oder behördlich bestellte Personen,*
2. *Behörden und juristische Personen des öffentlichen Rechts einschließlich der von ihnen zur Erfüllung ihrer öffentlichen Aufgaben gebildeten Unternehmen und Zusammenschlüsse,*
3. *nach Landesrecht als geeignet anerkannte Personen oder Stellen im Sinn des § 305 Abs. 1 Nr. 1 der Insolvenzordnung,*
4. *Verbraucherzentralen und andere mit öffentlichen Mitteln geförderte Verbraucherverbände,*
5. *Verbände der freien Wohlfahrtspflege im Sinn des § 5 des Zwölften Buches Sozialgesetzbuch, anerkannte Träger der freien Jugendhilfe im Sinn des § 75 des Achten Buches Sozialgesetzbuch und anerkannte Verbände zur Förderung der Belange behinderter Menschen im Sinn des § 13 Abs. 3 des Behindertengleichstellungsgesetzes*

im Rahmen ihres Aufgaben- und Zuständigkeitsbereichs erbringen.

(2) Für die in Absatz 1 Nr. 4 und 5 genannten Stellen gilt § 7 Abs. 2 entsprechend.

§ 79 Zivilprozessordnung[1]
(1) ¹Soweit eine Vertretung durch Rechtsanwälte nicht geboten ist, können die Parteien den Rechtsstreit selbst führen. ²Parteien, die eine fremde oder ihnen zum Zweck der Einziehung auf fremde Rechnung abgetretene Geldforderung geltend machen, müssen sich durch einen Rechtsanwalt als Bevollmächtigten vertreten lassen, soweit sie nicht nach Maßgabe des Absatzes 2 zur Vertretung des Gläubigers befugt wären oder eine Forderung einziehen, deren ursprünglicher Gläubiger sie sind.

(2) ¹Die Parteien können sich durch einen Rechtsanwalt als Bevollmächtigten vertreten lassen. ²Darüber hinaus sind als Bevollmächtigte vertretungsbefugt nur
1. *Beschäftigte der Partei oder eines mit ihr verbundenen Unternehmens (§ 15 des Aktiengesetzes); Behörden und juristische Personen des öffentlichen Rechts einschließlich der von ihnen zur Erfüllung ihrer öffentlichen Aufgaben gebildeten Zusammenschlüsse können sich auch durch Beschäftigte anderer Behörden oder juristischer Personen des öffentlichen Rechts einschließlich der von ihnen zur Erfüllung ihrer öffentlichen Aufgaben gebildeten Zusammenschlüsse vertreten lassen,*
2. *volljährige Familienangehörige (§ 15 der Abgabenordnung, § 11 des Lebenspartnerschaftsgesetzes), Personen mit Befähigung zum Richteramt und Streitgenossen, wenn die Vertretung nicht im Zusammenhang mit einer entgeltlichen Tätigkeit steht,*
3. *Verbraucherzentralen und andere mit öffentlichen Mitteln geförderte Verbraucherverbände bei der Einziehung von Forderungen von Verbrauchern im Rahmen ihres Aufgabenbereichs,*
4. *Personen, die Inkassodienstleistungen erbringen (registrierte Personen nach § 10 Abs. 1 Satz 1 Nr. 1 des Rechtsdienstleistungsgesetzes) im Mahnverfahren bis zur Abgabe an das Streitgericht, bei Vollstreckungsanträgen im Verfahren der Zwangsvollstreckung in das bewegliche Vermögen wegen Geldforderungen einschließlich des Verfahrens zur Abnahme der eidesstattlichen Versicherung und des Antrags auf Erlass eines Haftbefehls, jeweils mit Ausnahme von Verfahrenshandlungen, die ein streitiges Verfahren einleiten oder innerhalb eines streitigen Verfahrens vorzunehmen sind.*

---

[1] Das Rechtsdienstleistungsgesetz mit seiner Änderung der ZPO tritt am 1. 7. 2008 in Kraft (Art. 20 Satz 2, Art. 1, Art. 8 Gesetz vom 12. 12. 2007, BGBl. I S. 2840).

³ *Bevollmächtigte, die keine natürlichen Personen sind, handeln durch ihre Organe und mit der Prozessvertretung beauftragten Vertreter.*

(3) ¹ *Das Gericht weist Bevollmächtigte, die nicht nach Maßgabe des Absatzes 2 vertretungsbefugt sind, durch unanfechtbaren Beschluss zurück.* ² *Prozesshandlungen eines nicht vertretungsbefugten Bevollmächtigten und Zustellungen oder Mitteilungen an diesen Bevollmächtigten sind bis zu seiner Zurückweisung wirksam.* ³ *Das Gericht kann den in Absatz 2 Satz 2 Nr. 1 bis 3 bezeichneten Bevollmächtigten durch unanfechtbaren Beschluss die weitere Vertretung untersagen, wenn sie nicht in der Lage sind, das Sach- und Streitverhältnis sachgerecht darzustellen.*

(4) ¹ *Richter dürfen nicht als Bevollmächtigte vor einem Gericht auftreten, dem sie angehören.* ² *Ehrenamtliche Richter dürfen, außer in den Fällen des Absatzes 2 Satz 2 Nr. 1, nicht vor einem Spruchkörper auftreten, dem sie angehören.* ³ *Absatz 3 Satz 1 und 2 gilt entsprechend.*

Schrifttum: *Burckhardt,* Auf dem Weg zu einer class action in Deutschland?, 2005; *Chemnitz/Johnigk,* Kommentar zum Rechtsberatungsgesetz, 11. Aufl. 2003; *Derleder,* Aktivlegitimation einer Verbraucherzentrale für Inkassoklagen bei Debitkartenmissbrauch, EWiR Art. 1 § 1 RBerG 2005, 579; *Hänsel/Micklitz,* Holzschutzmittelprozesse, 1994; *Juris,* Praxiskommentar, 2. Aufl., Internet-Aktualisierung; *Kleine-Cosack,* Rechtsberatungsgesetz, 1. Aufl., 2004; *Laschet,* Anm. zu Urt. des BGH v. 14. 11. 2006, Az.: XI ZR 294/05; BGH-Report 2007, 215; *Meder/Beesch,* BGH 14. 11. 2006 Az.: XI ZR 294/05. Keine unzulässige Rechtsberatung einer Verbraucherzentrale bei kollektiven Verbraucherinteressen dienender Forderungseinziehung, EWiR § 398 BGB, 2007, 135; *Micklitz,* Anm. zu LG Düsseldorf, 20. 10. 2004, Sammelklage, Forderungsabtretung an Verbraucherzentrale, VuR 2005, 34; *Micklitz/Beuchler,* Anm. zu OLG Düsseldorf, 17. 10. 2003, 16 U 197/02, NJW 2004, 1502; *Micklitz/Stadler,* „Unrechtsgewinnabschöpfung" – Möglichkeiten und Perspektiven eines kollektiven Schadensersatzanspruches im UWG, Band 11, VIEW Schriftenreihe, 2003; *Reich,* Rechtsberatung im Verbraucherschutz, ZRP 1981, 53; *ders.,* Zur Reichweite der Rechtsbesorgungsbefugnis von Verbraucher-Zentralen gem. Art. 1 § 3 Nr. 8 des RBerG, VUR 1996, 143; *Rennen/Caliebe,* Kommentar zum Rechtsberatungsgesetz, 3. Aufl. 2001; *Stadler,* Musterverbandsklagen nach künftigem deutschen Recht, FS Schumann, 2002, S. 465; *dies.,* Anm. zu BGH-Urt. v. 14. 11. 2006, Az.: XI ZR 294/05, WUB VIII D. Art. 1 § 3; *Strube,* Anm. zum Beschluss des LG Bonn v. 17. 3. 2005, Az: 3 0 657/03, VuR 2005, 230

I. Rechtsberatungsgesetz (tritt am 1. 7. 2008 außer Kraft)

1   **1. Bündelung von Gläubigerinteressen.** Die **Bündelung von Gläubigerinteressen** wurde bis 2001 durch das Rechtsberatungsgesetz **verhindert.** Fallgebundene Interessenvereinigungen von Geschädigten (zB Contergan- oder Eschede-Fall), konnten so nur im Vorfeld gerichtlicher Klagen unterstützend tätig werden, nicht aber die Ansprüche von Betroffenen im eigenen oder fremden Namen geltend machen. Die Abtretung individueller Ansprüche an einen Verband oder eine sonstige Interessenvereinigung zum Zweck der Durchführung eines Musterprozesses drohte an der ausdrücklichen Regelung des damaligen Art. 1 § 1 Rechtsberatungsgesetz zu scheitern. In einer solchen Vertretung wurde eine „**geschäftsmäßige Besorgung fremder Rechtsangelegenheiten**" gesehen, die nicht erlaubnisfähig war.² Geschäftsmäßigkeit liegt vor, wenn der Handelnde beabsichtigt, die Tätigkeit in gleicher Art zu wiederholen, um sie dadurch zu einem dauernden oder wiederkehrenden Bestandteil seiner Beschäftigung zu machen, selbst wenn dies unentgeltlich und ohne Gewinnerzielungsabsicht erfolgt.³

2   Der Gesetzgeber hat im **Schuldrechtsmodernisierungsgesetz** den Verbraucherorganisationen eine **neue Anspruchsgrundlage** gewährt, welche die Führung von Muster- bzw. Sammelprozessen erleichtern soll,⁴ vgl. zur Differenzierung zwischen beiden Formen Rn. 8. Die Neuregelung ist in den Kontext des Unterlassungsklagegesetzes zu stellen. Die Klagevoraussetzungen sind so weit als möglich zu parallelisieren, um ein weiteres Auseinanderdriften der verschiedenen, kollektiven Klageformen zu verhindern.

3   **2. Die Regelung des Art. 1 § 3 Nr. 8 RBerG. a) Verbraucherzweck.** Die Verbraucherzentralen und andere Verbraucherverbände haben die Befugnis erhalten, als **Prozessstandschafter** oder **Zessionar,** nach Abtretung der entsprechenden Forderung des Verbrauchers, Zahlungsansprüche von Verbrauchern gerichtlich geltend zu machen. Dies sollte nach dem Koalitionsentwurf⁵ vor allem der Durchsetzung von Zahlungsansprüchen für Verbraucher dienen, die wegen der geringen Höhe keinen Anreiz für Individualklagen geben. In der Gesetzesformulierung findet sich diese Perspektive nicht. Der Rechtsausschuss des Bundestages hat daher in seiner Beschlussempfehlung auf

---

² Ausführlich dazu *Burckhardt,* Auf dem Weg zu einer class action in Deutschland?, 2005, S. 97 ff.
³ BGH WM 2005, 102, 103.
⁴ Dazu näher *Stadler,* FS Schumann, 2002, S. 465 ff.
⁵ BT-Drucks. 14/6040, S. 277.

die Einführung der Passage „wenn dies im Interesse des Verbraucherschutzes erforderlich ist", gedrungen, weil nicht daran gedacht sei, den Verbraucherzentralen schlichte Inkassotätigkeiten zu erlauben.[6] Eine faktische Ausnahme hiervon bildet die Durchsetzung von Gewinnzusagen nach § 661a BGB.

Die Aufgaben von Verbraucherzentralen bzw. Verbraucherverbänden sind auf den in ihrer Satzung bestimmten Zweck beschränkt,[7] vgl. § 3 Rn. 22 ff.; § 4 Rn. 17 ff. Gleichwohl bleibt es den Verbänden – theoretisch – unbenommen, im Rahmen ihrer Satzungskompetenz das Tätigkeitsfeld auf andere Bereiche auszudehnen. Die Ausdehnung der Beratungstätigkeit würde jedoch dazu führen, dass Art. 1 § 3 Nr. 8 Rechtsberatungsgesetz zum Tragen kommt, der den Verbraucherzentralen der Bundesländer – nur – die **„Besorgung von Rechtsangelegenheiten von Verbrauchern"** gestattet.[8] Das OLG Köln hatte der Verbraucherzentrale Nordrhein-Westfalen die Wahrnehmung von Kundeninteressen bei Inanspruchnahme durch den Einzelhändler wegen der Beschädigung ausgelegter Waren untersagt, weil es nicht ausreiche, „dass der Beratene gerade in seiner Eigenschaft als Verbraucher betroffen ist. Vielmehr sei erforderlich, dass in dem konkreten Einzelfall darüber hinaus spezielle Belange des Verbraucherschutzes den Gegenstand der Auseinandersetzung darstellen".[9]

b) „Im Interesse des Verbraucherschutzes erforderlich". Die Gesetzesbegründung gibt keinen Aufschluss darüber, welchen Klagetypus der Gesetzgeber unter welchen Voraussetzungen legalisieren wollte. Der Verbraucherschutz soll im Vordergrund stehen, insofern geht es um das Kollektivinteresse der Verbraucher, vgl. § 2 Rn. 15 ff. Der Gesetzestext verweist auf eine Klage, die „im Interesse des Verbraucherschutzes erforderlich ist". Angesichts dieser Ausgangslage nimmt es nicht wunder, dass sofort nach **Verabschiedung** ein **Streit** darüber entbrannte, welche Anforderungen an diesen neuen Klagetypus zu stellen sind. Teile der instanzlichen Rechtsprechung[10] und Literatur[11] wollen den Anwendungsbereich zulässiger gerichtlicher Forderungseinziehung durch einen Verbraucherverband **auf wenige Ausnahmefälle beschränken**. Dadurch, so das Argument, werde erreicht, dass die Verbraucherorganisationen nicht zu bloßen Inkassounternehmen verkommen. Andere Teile der Literatur und Rechtsprechung[12] sehen in der Erforderlichkeit keine eigenständige inhaltliche Zulässigkeitsvorraussetzung,[13] sondern eine Legalisierung erlaubnisfreier Rechtsbesorgung. **Ausreichend sei**, wenn ein **kollektives Moment** von **nicht ganz untergeordneter Bedeutung** vorliege[14] oder ein **verbraucherrechtlicher Sachzusammenhang** bestehe.[15]

Der BGH[16] hat dem Streit weitgehend den Boden entzogen. Bei der Erforderlichkeit handele es sich um ein einschränkendes Zulässigkeitskriterium.[17] Die Einschaltung eines Verbraucherverbandes ist demnach nur nötig, wenn die Verbandsklage nicht lediglich zur Durchsetzung von Verbraucherinteressen geeignet ist, sondern sich die **kollektive Rechtsdurchsetzung** gegenüber der Individualklage der geschädigten Verbraucher als **effektiver** erweist. Dies sei der Fall, wenn der Verband über aussagekräftigere und repräsentativere Informationen zu der konkreten Streitfrage verfügt oder das Beweispotential bei einer gebündelten Klage so umfassender ausgeschöpft werden kann. Der BGH lehnte in seiner Entscheidung die hohen Anforderungen an die Erforderlichkeit ab, die noch die Berufungsinstanz[18] bejaht hatte.[19] Schon der Begriff der Erforderlichkeit zeige sprachlich, dass die Einschaltung des Verbraucherverbandes nicht nur im allgemeinen Verbraucherinteresse liegen müsse, sondern vielmehr zur Interessendurchsetzung angezeigt oder geboten erscheinen muss.[20] Auch der Verlauf des Gesetzgebungsverfahrens lege eine einschränkende Interpretation nahe. Im

---

[6] BT-Drucks. 14/7052, S. 210 und zuvor BT-Drucks. 14/6040, S. 277; *Chemnitz/Johnigk* KommRBerG, Rn. 471.1.
[7] *Chemnitz/Johnigk* KommRBerG, Rn. 470.
[8] *Chemnitz/Johnigk* KommRBerG, Rn. 470.
[9] So auch OLG Köln NJW-RR 1996, 634; aA *Reich* VUR 1996, 143 ff. im Gutachten für die Verbraucherzentrale.
[10] OLG Düsseldorf WM 2004, 319 ff.; LG Frankfurt ZIP 2006, 463 ff.
[11] *Chemnitz/Johnigk* KommRBerG, Art. 1 § 3 Rn. 471.1.
[12] Vgl. LG Bonn WM 2005, 1772, 1773 f.
[13] *Strube* VuR 2005, 230, 234 ff.
[14] S. o. Rn. 28 ff.; *ders.* VuR 2005, 34/36; *Micklitz/Beuchler* NJW 2004, 1502, 1503 f.
[15] *Kleine-Cosack* Rechtsberatungsgesetz, Art. 1 § 3 Rn. 56.
[16] BGHZ 170, 18 ff.
[17] So auch LG Bonn WM 2005, 1772, 1773 f.; *Derleder* EWiR 2005, 579 f.; jurisPK-BGB/*Knerr* § 398 Rn. 63; Palandt/*Heinrichs* § 134 BGB Rn. 21; *Stadler* WUB VIII D. Art. 1 § 3 RBerG 1.0, *Laschet* BGH-Report 2007, 215, 218 und wohl auch *Meder/Beesch* BGH EWiR § 398 BGB1/07, 135.
[18] OLG Düsseldorf WM 2004, 319 ff.
[19] Dazu sehr ausführlich BGHZ 170, 18 ff.
[20] BGHZ 170, 18 ff.

ursprünglichen Gesetzesentwurf sei noch eine unbeschränkte Forderungseinziehung postuliert worden.[21] Der BGH hebt hervor, dass die Interessenwahrnehmung durch Verbraucherverbände nur dann nicht geboten sei, wenn die Durchsetzung lediglich wirtschaftlichen Individualinteressen diene. Vielmehr bedürfe es eines kollektiven Verbraucherinteresses, das mittels der Einschaltung eines Verbandes effektiv gerichtlich durchgesetzt werden könne. Gegen den BGH wird vorgebracht, dass die Formulierung einer Aushöhlung der „Erforderlichkeit" gleichkomme.[22] Die „wohl organisierten" Verbände würden, sobald ein Hauch von öffentlicher Wirkung gegeben sei, eine Begründung für ihre Klagetätigkeit finden. Tatsächlich erlaubt die Rechtsprechung des BGH eine fallbezogene Prüfung. Damit ist der Weg frei, den jeweiligen **kollektiven Verbraucherbezug** des streitigen Gegenstandes zu untersuchen und zu definieren. Für die Verbraucherzentralen ist die Entscheidung **richtungsweisend**.

7   Die Rechtsprechung des BGH **löst** das Problem der sog. **Bagatell- und Streuschäden nicht**. Hier treten Rechtsdurchsetzungsdefizite auf, weil die betroffenen Verbraucher die ihnen zustehenden Ansprüche angesichts der geringen Höhe nicht verfolgen und reine Unterlassungsklagen von Verbänden das geschehene Unrecht nicht wieder gut machen können.[23] Insoweit dürfte der Gewinnabschöpfungsanspruch nach Art. 10 UWG ein geeignetes Mittel sein.[24]

8   **c) Muster- und Sammelklage.** Um das eigentliche Potential der Neuregelung bestimmen zu können, ist zwischen der **Musterklage** und der **Sammelklage** zu unterscheiden. Für die Durchführung einer **Musterklage** reicht es theoretisch aus, wenn ein einzelner Verbraucher seinen Anspruch abtritt. Diese Form der kollektiven Rechtswahrnehmung hat Art. 1 § 3 Nr. 8 RBerG nicht vorrangig im Auge, spricht er doch von „Forderungen", die dem Verband abgetreten werden müssen. Anderseits zeigt der Blick auf die Funktion der erweiterten Klagebefugnis, dass auch eine einzelne Abtretung im kollektiven Interesse der Verbraucher sein kann.[25] Die **Sammelklage** erweist sich im Gegenzug als weniger problematisch. In einem solchen Fall ist der Kreis der betroffenen Verbraucher größer. Zudem handelt es sich hierbei um eine, gerade unter dem Gesichtspunkt der Prozessökonomie, wünschenswerte Klageform.[26]

9   **3. Klagebefugte Verbände.** Das Rechtsberatungsgesetz verweist auf Verbraucherzentralen und Verbraucherverbände, die mit **öffentlichen Mitteln** gefördert werden.[27] Die Verbraucherzentralen richten ihre Tätigkeit nicht nach dem Einkommen der Verbraucher.[28] Bei ihnen handelt es sich um eingetragene privatrechtliche Idealvereine, mit wenigen natürlichen Personen als Mitgliedern.[29] Die Verbände stehen im Hinblick auf die Verwendung der Finanzmittel unter der Aufsicht des Wirtschaftsministers des jeweiligen Landes und somit auch unter der Prüfung des Landesrechnungshofes.[30]

10 **Leitgedanke** muss sein, all jene Verbraucherorganisationen, die zu den **qualifizierten Einrichtungen** iS des § 3 UKlaG zählen, und die gem. Art. 4 RL 98/27/EG in der Kommission geführten Liste eingetragen sind, die Befugnis zur Führung von Musterprozessen zuzugestehen. In der Sache geht es um eine weitgehende Gleichschaltung der Anforderungen, trotz bestehender Unterschiede in den gesetzlichen Regelungen des UKlaG und des Rechtsberatungsgesetzes. Weder der Koalitionsentwurf[31] noch die Beschlussempfehlung nebst Bericht des Rechtsausschusses[32] bieten eine Hilfestellung.

11 So findet sich in § 4 Abs. 2 UKlaG eine **Differenzierung** zwischen mitgliedschaftlichen Verbänden und den Verbraucherzentralen. Daran fehlt es in Art. 1 § 3 Nr. 8 Rechtsberatungsgesetz nicht. Eine Vermutungsregelung zugunsten von Verbraucherzentralen ist im Rechtsberatungsgesetz nicht festgeschrieben. Eine Gleichbehandlung der klagebefugten Verbraucherorganisationen ist sinn-

---

[21] BT-Drucks. 14/7052, S. 210.
[22] *Laschet* BGH Report 2007, 215, 218.
[23] Dazu ausführlich *Stadler* WuB VIII D. Art. 1 § 3 RBerG 1.07; *Burckhardt*, Auf dem Weg zu einer class action in Deutschland?, S. 122 ff.
[24] Vgl. zur Rechtfertigung *Micklitz/Stadler* Unrechtsgewinnabschöpfung, 2003 bzw. die einschlägigen Kommentierungen in den UWG-Kommentaren.
[25] Man denke nur an die Klagen der Holzschutzmittelgeschädigten, dazu *Hänsel/Micklitz* Holzschutzmittelprozesse, 1994.
[26] Auch *Stadler* WuB VIII D. Art. 1 § 3 RBerG 1.07.
[27] Zur Problematik der Abgrenzung zu Wirtschaftsvereinen auch in § 2 Rn. 43 f. und *Burckhardt*, Auf dem Weg zu einer class action in Deutschland?, S. 147 ff.
[28] *Reich* ZRP 1981, 53 ff.
[29] *Rennen/Caliebe* KommRBerG, Art. 1 § 3 Rn. 56; *Chemnitz/Johnigk* KommRBerG, Rn. 466.1.
[30] *Rennen/Caliebe* KommRBerG, Art. 1 § 3 Rn. 56; *Chemnitz/Johnigk* KommRBerG, Rn. 467.
[31] BT-Drucks. 14/6040, S. 277.
[32] BT-Drucks. 14/7052, S. 210.

voll, soweit die Verbraucherorganisationen aus öffentlichen Mitteln finanziert werden, unabhängig davon, ob es sich um deutsche oder um EG-europäische Organisationen handelt. Deutschland hat alle namhaften Verbraucherverbände in die Liste aufgenommen, so dass es schwer vorstellbar erscheint, dass jenseits der klagebefugten Einrichtungen Verbraucherverbände auftauchen, die mit öffentlichen Mitteln gefördert werden, und so – theoretisch – in der Lage wären, eine Sammel- oder Musterklage einzureichen.

II. Rechtsdienstleistungsgesetz

Der Gesetzgeber hat das aus dem Jahre 1935 stammende Rechtsberatungsgesetz per 1. 7. 2008 aufgehoben. Die dadurch entstandene Lücke ist durch das Rechtsdienstleistungsgesetz geschlossen worden, das am 12. 12. 2007 verkündet wurde.[33]

Verbraucherzentralen und andere, mit öffentlichen Mitteln geförderte, Verbraucherverbände werden in § 8 Abs. 1 Nr. 4 RDG als **öffentliche und öffentlich anerkannte Stellen** erfasst. Der Verweis in § 8 Abs. 2 RDG auf § 7 Abs. 2 RDG hat zur Folge, dass nur derjenige eine Rechtsdienstleistung erbringen darf, der „über die, zur sachgerechten Erbringung dieser Rechtsdienstleistungen erforderliche **personelle, sachliche und finanzielle Ausstattung** verfügt und sicherstellt, dass die Rechtsdienstleistung durch eine Person, der die entgeltliche Erbringung dieser Rechtsdienstleistung erlaubt ist, durch eine Person mit Befähigung zum Richteramt oder unter Anleitung einer solchen Person erfolgt". Die Regelung nennt, wie bisher, Verbraucherschutzverbände und sonstige **öffentlich geförderte** Verbraucherverbände. Erfasst sind aber auch die nach § 65 b SGB V errichteten und durch die Spitzenverbände der gesetzlichen Krankenkassen finanziell geförderten Einrichtungen zur Verbraucher- oder Patientenberatung, die sich die gesundheitliche Information, Beratung und Aufklärung von Versicherten zum Ziel gesetzt haben.[34]

Zentral ist die Neufassung des § 79 ZPO, mittels dessen die Verbraucherverbände eine **generelle Vertretungsbefugnis** für die Einziehung von Forderungen von Verbrauchern im Rahmen ihres Aufgabenbereichs erlangen. Die Neufassung, die jetzt in § 79 ZPO überführt wurde, beseitigt den Streit um die Reichweite des Verbraucherinteresses nach Maßgabe des Rechtsberatungsgesetzes (vgl. Rn. 5 f.).[35] Nunmehr ist allein entscheidend, ob die Klagetätigkeit zum Aufgabengebiet der öffentlich geförderten Verbraucherorganisationen gehört. Dafür ist der Anwendungsbereich des UKlaG entscheidend, vgl. § 2 Rn. 79 ff.

---

[33] BGBl. I 2007 S. 2840.
[34] BT-Drucks. 16/3655, S. 62.
[35] BT-Drucks. 16/3655, S. 16, 85 ff., 88; dazu *Stadler* WuB VIII D. Art. 1 § 3 RBerG 1.07.

Schlussanhang

Internationales Zivilprozessrecht

Schrifttum: *C. v. Bar/Mankowski,* Internationales Privatrecht Bd. I (§ 5), 2. Aufl. 2003; *Geimer,* Internationales Zivilprozessrecht, 5. Aufl. 2004; Handbuch des Internationalen Zivilverfahrensrechts, hrsg. vom Max-Planck-Institut für internationales und ausländisches Privatrecht (Hdb. IZVR), Bd. I (bearbeitet von *Herrmann, Basedow* und *Kropholler*) 1982, Bd. II/1 (bearbeitet von *Wenckstern*), 1994, Bd. III/1 (bearbeitet von *Martiny*) 1984, Bd. III/2 (bearbeitet von *Martiny, Waehler* und *Wolff*) 1984; *v. Hoffmann/Thorn,* Einführung in das internationale Privatrecht (§§ 17–21), 9. Aufl. 2007; *Jahr,* Internationales Zwangsvollstreckungsrecht, in *Lüke/Prütting,* LdR Zivilverfahrensrecht, 2. Aufl. 1995, S. 157; *Kropholler,* Internationales Privatrecht (§§ 56–60), 6. Aufl. 2006; *Linke,* Internationales Zivilprozessrecht, 4. Aufl. 2006; *Nagel/Gottwald,* Internationales Zivilprozessrecht, 6. Aufl. 2007; *Rauscher,* Internationales Privatrecht (mit Zivilverfahrensrecht), 2. Aufl. 2002; *ders.,* Europäisches Zivilprozessrecht, 2. Aufl. 2006; *Schack,* Internationales Zivilverfahrensrecht, 4. Aufl. 2006; *Schütze,* Deutsches Internationales Zivilprozessrecht, 2. Aufl. 2005.

A. Einführung

Das internationale Zivilprozessrecht ist deutsches Verfahrensrecht für Zivilprozesse mit Auslandsbezug. Dieser kann sich ergeben (1) aus den beteiligten Parteien, (2) aus dem Auslandsbezug des Streitgegenstandes, (3) aus dem Auslandsbezug der Verfahrensabwicklung, etwa der Notwendigkeit, Beweismittel aus dem Ausland zu benützen oder entsprechende Hilfe für ein ausländisches Verfahren zu leisten, (4) der Notwendigkeit einer Auslandsanerkennung oder -vollstreckung, oder (5) der Notwendigkeit, eine Grundordnung für internationale Schiedsgerichte und für die Anerkennung und Vollstreckung von deren Schiedssprüchen bereitzustellen. **1**

Diese Fragen sind im deutschen Recht nicht in einer Kodifikation, sondern verstreut über zahlreiche internationale Übereinkommen sowie hilfsweise im autonomen deutschen Recht, insbesondere der ZPO und dem GVG geregelt. **2**

Zum internationalen Stand vgl. *Gottwald,* Zum Stand des Internationalen Zivilprozessrechts, Ritsumeikan Law Review (International Edition) No. 22, 2005, S. 69; *G. Walter,* Neuere Entwicklungen im internationalen Zivilprozessrecht, FS G. Lüke, 1997, S. 921.

Im Einzelnen handelt es sich um folgende Fragenbereiche:

I. Das Grundprinzip der lex fori **3**

Vgl. *Jaeckel,* Die Reichweite der lex fori im internationalen Zivilprozessrecht, 1995; *Leipold,* Lex fori, Souveränität, Discovery, 1989; *H. Roth,* Die Reichweite der lex-fori-Regel im internationalen Zivilprozessrecht, FS Stree und Wessels, 1993, S. 1045.

1. Qualifikation zivilprozessualer Begriffe **4**

Vgl. *Basedow,* Qualifikation, Vorfrage und Anpassung im internationalen Zivilprozessrecht, in: *Schlosser,* Materielles Recht und Prozessrecht, 1992, S. 131; *Schütze,* Internationales Zivilprozessrecht und Rechtsvergleichung, FS Waseda, 1988, S. 323.

2. Anpassung inländischen Verfahrens. S. § 606a Rn. 11, 12. **5**

II. Die Rechtsstellung ausländischer Parteien **6**

Vgl. *Geimer,* Menschenrechte im internationalen Zivilverfahrensrecht, in: Aktuelle Probleme des Menschenrechtsschutzes, 1994, S. 213; *Gottwald* u. *Klamaris,* Die Stellung des Ausländers im Prozess, in: *Habscheid/Beys,* Grundfragen des Zivilprozessrechts, 1991, S. 3.

1. Freier Zugang zu Gericht **7**

- Art. 16 UN-Konvention über Flüchtlinge 1951 (mit § 3 AsylVfG 1993); vgl. zur Bedeutung für die internationale Zuständigkeit BGH NJW 1990, 636 = FamRZ 1990, 32, 33
- § 2 Abs. 1 AsylVfG (idF v. 1993)
- Art. 16 UN-Konvention über den Status von Staatenlosen 1954
- Art. 7 Europäisches Niederlassungsabkommen 1955

vgl. *Geimer,* Internationalrechtliches zum Justizgewährungsanspruch, FS Nagel, 1987, S. 36.

8	**2. Parteifähigkeit von Ausländern und ausländischen Gesellschaften.** S. § 50 Rn. 68 ff. Vgl. *Furtak,* Die Parteifähigkeit in Zivilverfahren mit Auslandsberührung, 1995; *G. Wagner,* Scheinauslandsgesellschaften im Europäischen Zivilprozessrecht, in: *Lutter* (Hrsg.), Europäische Auslandsgesellschaften in Deutschland, 2005, S. 223.
9	**3. Prozessfähigkeit des Ausländers.** S. § 55.
10	**4. Frage der Prozessführungsbefugnis nach ausländischem Recht** Vgl. *Fragistas,* Die Prozessstandschaft im internationalen Prozessrecht, FS Lewald, 1953, S. 471.
11	**5. Verbandsklage** Vgl. *Basedow/Hopt/Kötz/Baetge,* Die Bündelung gleichgerichteter Interessen im Zivilprozess, 1999; *Lakkis,* Der kollektive Rechtsschutz der Verbraucher in der Europäischen Union, 1997; *Maurer,* Grenzüberschreitende Unterlassungsklagen von Verbraucherschutzverbänden, 2001; *Micklitz/Stadler,* Das Verbandsklagerecht in der Informations- und Dienstleistungsgesellschaft, 2005.
12	**6. Beteiligung ausländischer Rechtsanwälte (grenzüberschreitende juristische Beratung und Vertretung).** S. § 78 Rn. 79 ff.
13	**7. Prozesskostenhilfe** **a) Prozesskostenhilfe** **aa)** für grenzüberschreitende Verfahren in der Europäischen Union, §§ 1076 ff. ZPO u. Richtlinie 2003/8/EG des Rates vom 27. 1. 2003 (ABlEG L 26/41) Vgl. *Gottwald,* Prozesskostenhilfe für grenzüberschreitende Verfahren in Europa, FS Rechberger, 2005, S. 173. **bb)** für Ausländer aus Drittstaaten s. § 114 ZPO Rn. 54 ff. – Haager Übereinkommen über den Zivilprozess 1954, Art. 20 ff. – Haager Übereinkommen über die Erleichterung des internationalen Zugangs zu den Gerichten von 1980 – Europäisches Übereinkommen über die Übermittlung von Anträgen auf Verfahrenshilfe von 1977
14	**b) Prozesskostenvorschuss nach Auslandsrecht** Vgl. KG FamRZ 1988, 167; *Kallenborn,* Die Prozesskostenvorschusspflicht unter Ehegatten im internationalen und ausländischen Privatrecht, 1968; *Henrich,* Internationales Familienrecht, 2. Aufl. 2000.
15	**8. Sicherheitsleistung für Prozesskosten durch Ausländer.** S. §§ 110 ff. ZPO – EuGVO Art. 51; EuGVÜ/LugÜ Art. 44 – Haager Übereinkommen über den Zivilprozess 1954, Art. 17 ff. Vgl. *Taupitz,* Prozessbürgschaft durch ausländische Kreditinstitute?, FS Lüke, 1997, S. 845.
16	**9. Gerichtssprache.** S. §§ 184 ff. GVG, § 4 Abs. 3 AVAG u. §§ 4, 16 Abs. 3 IntFamRVG. Vgl. *Leipold,* Zum Schutz des Fremdsprachigen im Zivilprozess, FS Matscher, 1993, 287.
	III. Gerichtsbarkeit und internationale Zuständigkeit
17	**1. Völkerrechtliche Grenzen der Ausübung der Gerichtsbarkeit** Vgl. *Dahlhoff,* Durchsetzung zivilrechtlicher Ansprüche gegen exterritoriale Schuldner in Deutschland, BB 1997, 321; *Geimer,* Verfassung, Völkerrecht und internationales Zivilverfahrensrecht, ZfRV 1992, 321; *Gottwald,* Grenzen zivilgerichtlicher Maßnahmen mit Auslandswirkung, FS Habscheid, 1989, S. 119; *Ipsen/Menzel/Epping,* Völkerrecht, 5. Aufl. 1999 (§ 26 IV); *Scheffler,* Die Bewältigung hoheitlich begangenen Unrechts durch fremde Zivilgerichte, 1997; *Schlosser,* Extraterritoriale Rechtsdurchsetzung im Zivilprozess, FS Lorenz, 1991, S. 495.
18	**2. Exemte Personen** **a)** Zur Befreiung von Mitgliedern diplomatischer Missionen s. § 18 GVG, **b)** zur Befreiung von konsularischen Vertretern s. § 19 GVG,
19	**c)** zur Immunität ausländischer Staaten und deren Repräsentanten s. § 20 GVG Rn. 2 ff. – UN Convention on Jurisdictional Immunities of States and Their Property (Resolution of the General Assembly 59/38 of 16 December 2004) – Europäisches Übereinkommen vom 16. 5. 1972 über Staatenimmunität (BGBl. II 1990, S. 34, 1400 u. BR-Drucks. 611/88 vom 30. 12. 1988; in Kraft seit 16. 8. 1990) vgl. *Dormann Bessenich,* Der ausländische Staat als Kläger, 1993; *Esser,* Klagen gegen ausländische Staaten, 1990; *Karczewski,* Das Europäische Übereinkommen über Staatenimmunität, RabelsZ 54 (1990), 533; *Kronke,* Europäisches Übereinkommen über Staatenimmunität, IPRax 1991, 141; *Roeder,* Grundzüge der Staatenimmunität, JuS 2005, 215.

d) zur Immunität internationaler Organisationen s. § 20 GVG Rn. 16. 20
Vgl. *Wenckstern,* Die Immunität internationaler Organisationen, Hdb. IZVR Bd. II/1, 1994.

3. Internationale Entscheidungszuständigkeit
Vgl. *Geimer,* Verfassungsrechtliche Vorgaben bei der Normierung der internationalen Zuständigkeit, FS Matscher, 1993, S. 17; *Mankowski,* Internationale Zuständigkeit und anwendbares Recht, FS Heldrich, 2005, S. 867; *Pfeiffer,* Internationale Zuständigkeit und prozessuale Gerechtigkeit, 1995.
Die internationale Entscheidungszuständigkeit deutscher Gerichte ergibt sich vorrangig aus folgenden Europäischen Regelungen sowie internationalen Übereinkommen:

a) EuGVO (Brüssel I-VO), EuGVÜ von 1968/78/82/89 sowie Luganer Übereinkommen von 1988 s. Schlussanh. Nr. B 1, 2 21

b) EheGVO (Brüssel II a-VO) s. Schlussanh. Nr. B 4

c) im Bereich des internationalen Transportrechts aus 22
  α) Übereinkommen über den Beförderungsvertrag im internationalen Straßengüterverkehr (CMR), Art. 31, s. Schlussanh. Nr. C 2 a
  β) Montrealer Übereinkommen (BGBl 2004 II, 458), Art. 33, s. Schlussanh. C 2 c
  γ) Übereinkommen über die Personenbeförderung auf See 1961, Art. 9
  δ) Übereinkommen über die Passagier- und Gepäckbeförderung auf See 1974, Art. 17
  ε) Übereinkommen über die Haftung für Passagiergepäck zur See vom 27. 5. 1967, Art. 13
  ζ) Übereinkommen über die Güterbeförderung auf See 1978, Art. 21
  η) Brüsseler Internationales Übereinkommen zur Vereinheitlichung von Regeln über die zivilrechtliche Zuständigkeit bei Schiffszusammenstößen vom 10. 5. 1952 (BGBl II 1972, S. 663), Art. 1 ff.

d) Übereinkommen über die Haftung gegenüber Dritten auf dem Gebiet der Kernenergie 1960, Art. 13 23

Soweit keines dieser Übereinkommen einschlägig ist, ist die internationale Zuständigkeit für 24 streitige Verfahren in der ZPO geregelt. Ausdrückliche Normen der internationalen Zuständigkeit bestehen in Familien- und Kindschaftssachen, und zwar in §§ 606 a, 621; 640 a Abs. 2. In allen anderen Fällen folgt die internationale Zuständigkeit aus einer doppelfunktionellen Anwendung der Regeln über die örtliche Zuständigkeit (s. § 12 Rn. 89 ff.).
Zu internationalen Gerichtsstandsvereinbarungen s. § 38 Rn. 13, 27 ff. und u. Art. 23 25 EuGVO sowie Art. 17 EuGVÜ/LugÜ.
Unter mehreren internationalen Gerichtsständen, die in verschiedenen Staaten liegen, 26 kann der Kläger legitimerweise die für ihn (materiell- oder verfahrensrechtlich) günstigste Wahl treffen. Zum sog. forum shopping s. § 12 Rn. 103; vgl. *Jasper,* Forum shopping in England und Deutschland, 1990.

IV. Internationale Rechtshilfe
Vgl. Rechtshilfeordnung für Zivilsachen (ZRHO) vom 19. 10. 1956 (Neufassung 1976 mit späteren Änderungen), abgedruckt in *Piller/Hermann,* Justizverwaltungsvorschriften, Nr. 3 g und *Geimer/Schütze,* Internationaler Rechtsverkehr (Stand 2007), G I, S. 900.6.

1. Auslandszustellung und Inlandszustellung für ausländische Verfahren 27
a) EuZustVO, VO (EG) Nr. 1348/2000 vom 29. 5. 2000 über die Zustellung gerichtlicher und außergerichtlicher Schriftstücke in Zivil- oder Handelssachen in den Mitgliedstaaten der Europäischen Union (ABlEG Nr. L 160/37 vom 30. 6. 2000) mit spät. Änd. Diese Verordnung wird zum 13. 11. 2008 ersetzt durch die neue VO (EG) Nr. 1393/ 2007 über die Zustellung gerichtlicher und außergerichtlicher Schriftstücke in Zivil- und Handelssachen vom 13. 11. 2007 (ABlEU Nr. L 324/79).

b) Haager Übereinkommen über die Zustellung gerichtlicher und außergerichtlicher Schriftstücke im Ausland in Zivil- oder Handelssachen 1965

c) Haager Übereinkommen über den Zivilprozess 1954, Art. 1 ff.
Vgl. *Schlosser,* Die internationale Zustellung zwischen staatlichem Souveränitätsanspruch und Anspruch der Prozesspartei auf ein faires Verfahren, FS Matscher, 1993, S. 387.

d) Autonomes Recht, s. §§ 183, 184 ZPO

2. Beweisaufnahme im Ausland und zugunsten ausländischer Verfahren 28
a) EuBewVO, VO (EG) Nr. 1206/2001 vom 28. 5. 2001 über die Zusammenarbeit zwischen den Gerichten der Mitgliedstaaten auf dem Gebiet der Beweisaufnahme in Zivil- und Handelssachen (ABlEG Nr. 2174/1 vom 27. 6. 2001)

b) Haager Übereinkommen über die Beweisaufnahme im Ausland in Zivil- oder Handelssachen vom 18. 3. 1970 (Schlussanh. Nr. C 3 a)
c) autonomes Recht, s. §§ 363, 364, 369
Augenschein im Ausland, s. § 371 Rn. 30
d) Haager Übereinkommen über den Zivilprozeß 1954, Art. 8 ff. (Schlussanh. Nr. C 3 c)
vgl. *Mössle,* Extraterritoriale Beweisbeschaffung im internationalen Wirtschaftsrecht, 1990; *Schlosser,* Extraterritoriale Rechtsdurchsetzung im Zivilprozess, FS W. Lorenz, 1991, S. 497.

3. Rechtshilfe zur Durchsetzung und Vollstreckung
a) von Unterhaltsansprüchen, s. UNUÜ 1956 (Schlussanh. Nr. C 1 d); künftig Hague Convention on the International Recovery of Child Support and Other Forms of Family Maintenance of 23 November 2007.
b) von Kostenentscheidungen gegen den Kläger, s. HZPÜ 1954 (Schlussanh. Nr. C 3 c)

V. Inländisches Verfahren

1. Rechtsschutzformen nach inländischem/ausländischem Recht
a) Im ordentlichen Klageverfahren
vgl. *Birk,* Die Einklagung fremder Rechte im internationalen Privat- und Prozessrecht, ZZP 82 (1969), 70; *Böhm,* Die Rechtsschutzformen im Spannungsfeld von lex fori und lex causae, FS Fasching, 1988, S. 107.
b) Verfahren für geringfügige Forderungen (europäisches Bagatellverfahren) ab 1. 1. 2009
vgl. *Jahn,* Das Europäische Verfahren für geringfügige Forderungen, NJW 2007, 2890
c) Urteile auf Leistung in fremder Währung, s. § 253 Rn. 97 ff.
vgl. *Arend,* Zahlungsverbindlichkeiten in fremder Währung, 1989; *K. Schmidt,* Fremdwährungsschuld und Fremdwährungsklage, ZZP 98 (1985), 32; *Bachmann,* Fremdwährungsschulden in der Zwangsvollstreckung, 1994.
d) Drittbeteiligung am fremden Rechtsstreit im Ausland
α) Inlandswirkung ausländischer Streitverkündung
vgl. *Götze,* Vouching In and Third-Party Practice, 1993; *Koch,* Streitverkündung und Drittklage im amerikanisch-deutschen Prozess, ZVglRWiss 87 (1986), 11; *Ritter,* Zur unfreiwilligen Beteiligung an fremdem Rechtsstreit nach deutschem und italienischem Zivilprozessrecht, in: Juristische Beiträge (hrsg. v. der Deutsch-italienischen Vereinigung) 1971, S. 61.
β) Drittklage (impleader)
vgl. Art. 6 Nr. 2 EuGVO/EuGVÜ/LugÜ; ferner: *Götze,* Vouching In and Third-Party Practice, 1993.
γ) Drittbeteiligung ohne Interventionswirkung
vgl. *Otte,* Amicus curiae: Drittbeteiligung ohne Interventionswirkung, DAJV-News Letter 3/90, S. 37; *Hirte,* Der amicus-curiae-Brief – das amerikanische Modell und die deutschen Parallelen, ZZP 104 (1991), 11.
e) Unklagbarkeit nach dem Bretton Woods Abkommen über den internationalen Währungsfonds, Art. VIII, Abschn. 2 (b) (BGBl. II 1952, S. 637, 728);
BGHZ 55, 334; BGH NJW 1970, 250; OLG München WM 1989, 1282; BGH WM 1986, 600; zum Anwendungsbereich vgl. *Kohl* IPRax 1986, 285; BGH ZIP 1989, 1387; OLG Düsseldorf RIW 1989, 987.
f) Versäumnisverfahren gegen Auslandsparteien, s. § 330 Rn. 40; § 339 Rn. 7 ff.
g) Internationales Mahnverfahren
aa) § 688 Rn. 18 ff., § 703 d Rn. 5 f.
bb) Verordnung (EG) Nr. 1896/2006 vom 12. 12. 2006 zur Einführung eines Europäischen Mahnverfahrens (ABl EU L 399/1) (in Kraft ab 12. 12. 2008), Anh. zu Buch 11.
Vgl. *Sujecki,* Mahnverfahren mit elektronischem und europäischem Mahnverfahren, 2007.

2. Ausländische Rechtshängigkeit. S. § 261 Rn. 74 ff. und Art. 27 ff. EuGVO, Art. 21 ff. EuGVÜ/LugÜ, Art. 19 Brüssel II a-VO sowie § 738 a HGB für Schadenersatzklagen bei Schiffszusammenstößen oder Fernschädigungen durch ein Schiffsmanöver.

3. Verweisung im Verhältnis zum Ausland. S. § 281 Rn. 5.

4. Klagen und einstweilige Verfügungen auf Unterlassung der Klageerhebung im Ausland bzw. der Fortsetzung eines ausländischen Verfahrens (antisuit injunction). S. Art. 27 EuGVO Rn. 20. Vgl. EuGHE 2004, I-3565 (Turner v. Grovit) = IPRax

2004, 425; *Dutta/Heinze,* Prozessführungsverbote im englischen und europäischen Zivilverfahrensrecht, ZEuP 13 (2005), 428.

Vgl. BVerfG RIW 2007, 211 (dazu *v. Hein* RIW 2007, 249) (Zustellung einer US-punitive-damages-Klage im Wege des Rechtshilfeverfahrens); *Kurth,* Inländischer Rechtsschutz gegen Verfahren vor ausländischen Gerichten, 1989; *Hess,* Transatlantischer Rechtsverkehr heute, JZ 2003, 923; *Stürner,* Die verweigerte Zustellungshilfe für U. S.-Klagen, JZ 2006, 60.

5. Internationales Beweisrecht   **41**

Vgl. *Coester-Waltjen,* Internationales Beweisrecht, 1983.
  a) Zur Beweisaufnahme im Ausland und zugunsten des Auslands s. o. Rn. 28.
  b) Zur Beweislast in internationalen Fällen s. *Pohle,* Zur Beweislast im internationalen Recht, FS Dölle II, 1963, S. 317.
  c) Ausländische Beweismittel. Nach dem Lex-fori-Prinzip können im Inland nur die von der ZPO zugelassenen Beweismittel verwendet werden. Ein affidavit (beschworene Erklärung) einer Partei ist daher kein Beweismittel; die Erklärung kann nur als Teil des Parteivortrags gewürdigt werden (BGH IPRax 1985, 221, 223).
  d) Beweismittelbeschränkungen und Zeugnisverweigerungsrechte, s. Art. 32 Abs. 3 EGBGB sowie Art. 17 Abs. 2 RomI-VO. Vgl. *Stadler,* Der Schutz des Unternehmensgeheimnisses im deutschen und US-amerikanischen Zivilprozess und im Rechtshilfeverfahren, 1989.
  e) Ausländische Anforderungen an die Beweiserhebung als Voraussetzung der Anerkennung deutscher Entscheidungen, s. *Grasmann,* Relevanz ausländischen Prozessrechts in Ehesachen, ZZP 83 (1970), 214.
  f) Augenschein im Ausland, s. § 371 Rn. 30.
  g) Ausländische Sachverständige, s. § 402 Rn. 12.
  h) Ausländische Urkunden und deren Legalisation, s. § 438.
  i) Abstammungsuntersuchungen bei Auslandsbeteiligten, s. § 372a Rn. 32f.
  j) Internationale Beweissicherung s. § 486 Rn. 6. Vgl. *Stürner,* Das ausländische Beweissicherungsverfahren, IPRax 1984, 299; *Wussow,* Zur Sachverständigentätigkeit im Ausland, FS Korbion, 1986, S. 493.

VI. Die Anwendung ausländischen Rechts

1. Ermittlung ausländischen Rechts   **42**
  a) autonomes Recht, s. § 293
  b) Europäisches Übereinkommen betreffend Auskünfte über ausländisches Recht v. 7. 6. 1968, § 293 Rn. 33
  Zusatzprotokoll vom 15. 3. 1978 zum Europäischen Übereinkommen mit deutschem Zustimmungsgesetz vom 21. 1. 1987 (BGBl. II, S. 58)
  c) Deutsch-Marokkanischer Vertrag über Rechtshilfe und Rechtsauskunft vom 29. 10. 1975 (BGBl. II 1988, S. 1054).

2. Revisibilität ausländischen Rechts. S. § 545 Rn. 12.   **43**

VII. Internationale Verfahren in Familien- und Kindschaftssachen

Vgl. *Andrae,* Internationales Familienrecht, 2. Aufl. 2006; *Henrich,* Internationales Familienrecht, 2. Aufl. 2000; *ders.,* Internationales Scheidungsrecht, 2. Aufl. 2005; *Rahm/Künkel/ Breuer,* Handbuch des Familiengerichtsverfahrens, Kap. VIII Verfahren mit Auslandsberührung, 4. Aufl. (Stand 2005); *Staudinger/Spellenberg,* Internationales Verfahrensrecht in Ehesachen, 14. Bearb. 2005.

1. Ehe- und Familiensachen   **44**
  a) Internationale Entscheidungszuständigkeit und Entscheidung nach ausländischem Recht, s. Art. 3ff. Brüssel IIa-VO u. § 606a ZPO
  b) Internationale Verbundzuständigkeit, s. § 621 Rn. 175ff. u. § 623 Rn. 5f.
  c) Bedeutung ausländischer Rechtshängigkeit, Art. 19 Brüssel IIa-VO, § 261 Rn. 76 und § 606 Rn. 27;
  ferner: Art. 15 dt.-belg. Abk.; Art. 18 dt.-griech. Abk.; Art. 22 dt.-israel. Vertr.; Art. 11 dt.-ital. Abk.; Art. 18 dt.-niederl. Vertr.; Art. 21 dt.-norw. Vertr.; Art. 17 dt.-österr. Vertr.; Art. 21 dt.-span. Vertr. und Art. 44 dt.-tun. Vertr.
  d) Anerkennung ausländischer Ehescheidungen
    aa) gemäß Art. 21ff. Brüssel IIa-VO, s. u. Schlussanhang Nr. B 4
    bb) gemäß Art. 7 § 1 FamRÄndG, s. § 328 Rn. 177ff.
  e) Internationale Anerkennungszuständigkeit, s. § 606a Rn. 52ff.

IZPR 45-52 Einführung

45 **2. Unterhaltssachen**
   a) Internationale Zuständigkeit, s. §§ 12 ff. und Art. 2 Abs. 1 und Art. 5 Nr. 2 EuGVO/EuGVÜ/LugÜ
   Art. 3 ff. des Vorschlags für eine Verordnung des Rates über die Zuständigkeit und das anwendbare Recht in Unterhaltssachen vom 15. 12. 2005, KOM (2005) 649 endgültig
   b) Unterhaltsklage und ausländisches Unterhaltsstatut, s. § 640c Rn. 11 ff., § 642 Rn. 8.
   c) Klagebefugnis für Kindesunterhalt (Prozessführungsbefugnis), s. § 623 Rn. 16
   d) Anerkennung und Vollstreckung ausländischer Unterhaltsentscheidungen, s. Schlussanh. Nr. C 1 a, b
   e) Rechtshilfe zur Verfolgung und Vollstreckung von Unterhaltsansprüchen, s. Schlussanh. Nr. C 1 a–d

46 **3. Beteiligung des Staatsanwalts in Statusprozessen von Ausländern.** S. o. § 606a ZPO Rn. 12

47 **4. Regelung der elterlichen Sorge in grenzüberschreitenden Fällen.** S. Art. 8 ff. Brüssel IIa-VO, § 621 ZPO Rn. 176 ff.

48 **5. Internationale Kindschaftssachen.** S. Vor § 640 ZPO Rn. 3 f., § 640 Rn. 12 f., 19, 22, 26 f., 47 f.

VIII. Anerkennung und Vollstreckung ausländischer Entscheidungen und anderer Vollstreckungstitel

49 **1. Anerkennung**
   a) Nach europäischem Recht
      α) Art. 33 ff. EuGVO bzw. Art. 27 ff. EuGVÜ/LugÜ (s. Schlussanh. Nr. B 1.2).
      β) Art. 21 ff. Brüssel IIa-VO (s. Schlussanh. Nr. B 4).
      γ) Art. 25 Vorschlag EuUnterhaltsVO
   b) Nach autonomem Recht, s. § 328
   c) Anerkennungsverträge (Auflistung § 328 Rn. 21 ff.), sowie nachfolgender Schlussanh.

50 **2. Vollstreckbarerklärung ausländischer Entscheidungen**
   a) Autonomes Recht, s. §§ 722, 723
   b) Europäische Vollstreckungstitel
      α) Europäischer Vollstreckungstitel über unbestrittene Forderungen, Art. 1 ff. EuVT-VO (VO Nr. 805/2004) (s. §§ 1079 ff.)
      β) Entscheidungen zum Umgangsrecht und zur Rückgabe des Kindes, Art. 40, 41 ff. Brüssel IIa-VO (s. Schlussanh. Nr. B 4).
      γ) Europäischer Mahnbescheid, Art. 19 EG-MahnVO (Nr. 1896/2006, ABl. EU 2006 L 399(1)) (s. Anh. I zu Buch 11).
      δ) Entscheidungen im Europäischen Bagatellverfahren, Art. 20 EG-Small Claim-VO (Nr. 861/2007).
      ε) Unterhaltsentscheidungen nach der (künftigen) Europäischen VO in Unterhaltssachen (E Art. 25) (KOM (2005) 649 endgültig).
   c) Europäische Verordnungen und internationale Verträge
      α) Art. 38 ff. EuGVO (Schlussanh. Nr. B 1)
      β) Art. 31 ff. EuGVÜ/LugÜ (Schlussanh. Nr. B 2)
      γ) Art. 28 ff. Brüssel IIa-VO (VO Nr. 2201/2003) (Schlussanh. Nr. B 4)
      δ) Art. 18 f. EG-MahnVO Nr. 1896/2006 (s. Anhang zu Buch 11)
      ε) Art. 25 Vorschlag EuUnterhaltsVO
      ζ) HUVÜ 1973 und 1958 (Schlussanh. Nr. C 1 a, b)
      η) Vollstreckbarerklärung von Kostenentscheidungen, Art. 18, 19 Haager Übereinkommen über den Zivilprozess 1954 (Schlussanh. Nr. C 3)
      ϑ) Bilaterale Verträge (Schlussanh. Nr. C 6)

51 **3. Abänderung ausländischer Entscheidungen.** S. § 323 Rn. 127 ff.

IX. Internationales Zwangsvollstreckungsrecht
   Vgl. *Geimer,* Internationales Zivilprozessrecht, 5. Aufl. 2004, S. 788 ff.; *Nagel/Gottwald,* Internationales Zivilprozessrecht, 6. Aufl. 2007 (§ 17).

52 **1. Immunität**
   a) Vollstreckungsimmunität, Vollstreckung gegen ausländische Staaten, s. § 20 GVG Rn. 14
   Vgl. BVerfG 64, 1 = NJW 1983, 2766; *van Houtte,* Die Vollstreckungsimmunität der Bankguthaben einer Botschaft, IPRax 1986, 50; *G. Walter,* Immunität in der Zwangsvollstreckung, FS Waseda, 1988, S. 771

b) Art. XVIII (2) deutsch-amerikanischer Freundschaftsvertrag vom 29. 10. 1954 (BGBl II 1956, S. 487).
c) Immunität von Staatsschiffen gemäß Internationalem Abkommen vom 10. 4. 1926 **53** (RGBl II 1927, S. 483).
2. Zwangsvollstreckung im Ausland. S. § 723 Anh. Rn. 1 bis 25. **54**
3. Internationale Forderungspfändung. S. § 828 Rn. 15, § 829 Rn. 86 ff. **55**
  a) Europäische Vorschläge
   – Grenzüberschreitende Anordnung monatlicher Pfändungen und einer vorübergehenden Kontensperrung, Art. 34, 35 Vorschlag einer VO über die Zuständigkeit und das anwendbare Recht in Unterhaltssachen vom 15. 12. 2005, KOM (2005) 649 endgültig
   – Grünbuch: Vorläufige Kontenpfändung vom 24. 10. 2006, KOM (2006) 618 endgültig
  Vgl. *Gottwald,* Die internationale Zwangsvollstreckung, IPRax 1991, 285; *J. Lange,* Internationale Rechts- und Forderungspfändung, 2004; *Mössle,* Internationale Forderungspfändung, 1991; *R. Welter,* Zwangsvollstreckung und Arrest in Forderungen – insbes. Kontenpfändung – in Fällen mit Auslandsberührung, 1988.
4. Internationale Handlungs- und Unterlassungsvollstreckung **56**
  a) Ersatzvornahme im Ausland s. § 887 Rn. 10
  b) Unterlassungsverbote mit Auslandsberührung, Inlandsvollstreckung vgl. *Gottwald,* Grenzen gerichtlicher Maßnahmen mit Auslandswirkung, FS Habscheid, 1989, S. 119, 120 ff.
  c) Zwangsgeldvollstreckung im Ausland, s. Art. 49 EuGVO, Art. 43 EuGVÜ/LugÜ.

X. Internationaler einstweiliger Rechtsschutz
1. Arrest **57**
  a) Durch Auslandsgläubiger, s. § 917 Rn. 10 ff.
  b) Gegenüber Auslandsschuldner in Inlandsvermögen, s. § 917 Rn. 10; Art. 31 EuGVO
  c) Zugunsten ausländischer Titel s. Art. 31 EuGVO Rn. 14
  d) Arrestvollzug im Ausland s. Art. 32 EuGVO Rn. 15.
2. Einstweilige Verfügungen **58**
  Antisuit injunction s. *Kurth,* Internationaler Rechtsschutz gegen Verfahren vor ausländischen Gerichten, 1989
3. Einstweilige Anordnungen. S. § 620 Rn. 11, § 641 d Rn. 4. **59**

XI. Internationale Schiedsgerichtsbarkeit
  Vgl. *Schlosser,* Das Recht der internationalen Schiedsgerichtsbarkeit, 2. Aufl. 1989; *Schwab/ Walter,* Schiedsgerichtsbarkeit, 7. Aufl. 2005; *Gottwald,* Internationale Schiedsgerichtsbarkeit, 1997.
1. Internationale Schiedsvereinbarungen. S. Art. II UNÜ Rn. 5; Art. I EuÜ Rn. 1 ff.; **60** (s. o. Anh. 1, 2 zu § 1061) sowie *Reithmann/Martiny/Hausmann,* Internationales Vertragsrecht, 6. Aufl. 2004, Rn. 3213 ff.
2. Vermittlung von Rechtshilfe im Ausland. S. § 1036 Rn. 1 **61**
3. Anerkennung und Vollstreckung ausländischer Schiedssprüche **62**
  a) Im autonomen Recht verweist § 1061 auf das UNÜ.
  b) Staatsverträge
   α) UN-Übereinkommen über die Anerkennung und Vollstreckung ausländischer Schiedssprüche 1958
   β) Europäisches Übereinkommen über die Internationale Handelsschiedsgerichtsbarkeit 1961

XII. Internationales Anwaltsrecht **63**
  – EuRAG v. 9. 3. 2000 (BGBl. I S. 182)
  – BRAO §§ 206, 207
  – vgl. *Henssler/Prütting,* Bundesrechtsanwaltsverordnung, 2. Aufl. 2004.

B. Europäisches Zivilprozessrecht

1. Verordnung (EG) Nr. 44/2001 des Rates über die gerichtliche Zuständigkeit und die Anerkennung und Vollstreckung von Entscheidungen in Zivil- und Handelssachen

Vom 22. Dezember 2000 (ABlEG L 12/01)
Zuletzt geändert durch Art. 1 ÄndVO Nr. (EG) 1791/2006 vom 20. 11. 2006 (ABl. Nr. L 363 S. 1)

Schrifttum: a) Gesamtdarstellungen: *Adolphsen,* Europäisches und internationales Zivilprozessrecht in Patentsachen, 2005; *Beraudo,* Le Règlement (CE) du Conseil du 22 décembre 2000 concernant la compétence judiciaire, la reconnaissance et l'exécution des décisions en matière civile et commerciale, J.D.I. 2001, 1033; *Brenn,* Europäischer Zivilprozess, 2005; *Briggs/Rees,* Civil Jurisdiction and Judgments, 3. Aufl. 2002; *Bruneau,* Les Règles Européennes de Competence en Matière civile et Commerciale, La Semaine Juridique 2001, 533; *Burgstaller/Neumayr,* EuGVO, in: Burgstaller, Internationales Zivilverfahrensrecht (Kap. 31), 2002; *Calvo Caravaca,* Brussels I Regulation, 2005; *Czernich/Tiefenthaler/Kodek,* Kurzkommentar Europäisches Gerichtsstands- und Vollstreckungsrecht, 2. Aufl. 2003; *Droz/Gaudemet-Tallon,* La transformation de la convention de Bruxelles du 27 septembre 1968 en Règlement du Conseil concernant la competence judiciaire, la reconnaissance et l'exécution des décisions en matière civile et commerciale, Rev. crit. 2001, 601; *Gebauer,* Europäische Gerichtsstands- und Vollstreckungsverordnung in Zivil- und Handelssachen, in: Gebauer/Wiedmann, Zivilrecht unter europäischem Einfluss (Kap. 26), 2005, S. 1061; *Geimer/Schütze,* Europäisches Zivilverfahrensrecht (EuZVR), 2. Aufl. 2004; *Geimer/Schütze,* Internationaler Rechtsverkehr in Zivil- und Handelssachen (IRV), B Vor I 10b (Stand 2005); *Harris,* The Brussels Regulation, C.J.Q. 20 (2001), 218; *Kennett,* The Enforcement of Judgments in Europe, 2000; *dies.,* The Brussels I Regulation, I.C.L.Q. 50 (2001), 725; *Kropholler,* Europäisches Zivilprozessrecht, Kommentar zu EuGVO und Lugano-Übereinkommen, 8. Aufl. 2005; *Layton/Mercer,* European Civil Practice, Bd. 1 (Part 2) 2. Aufl. 2004; *Magnus/Mankowski,* Brussels I Regulation, 2007; *Musielak/Weth,* ZPO, 5. Aufl. 2006; *Nagel/Gottwald,* Internationales Zivilprozessrecht, 6. Aufl. 2007; *Pontier/Burg,* EU Principles on Jurisdiction and Recognition of Judgments in Civil and Commercial Matters, 2004; *Rauscher,* Europäisches Zivilprozessrecht (Brüssel I-VO bearb. v. *Leible, Mankowski, Staudinger*), 2. Aufl. 2006; *Schack,* Internationales Zivilverfahrensrecht, 4. Aufl. 2006; *Schlosser,* EU-Zivilprozessrecht, 2. Aufl. 2003; *U. Schmidt,* Europäisches Zivilprozessrecht, 2004; *Thomas/Putzo/Hüßtege,* EuGVVO, in: ZPO, 28. Aufl. 2007; *Zöller/Geimer,* EuGVVO, in: ZPO, 26. Aufl. 2007.

b) Einzelschriften zu allgemeinen Fragen: *Adolphsen,* Europäisches Zivilprozessrecht im einheitlichen europäischen Justizraum, FS 400 Jahre Universität Gießen, 2007, S. 87; *N. Andrews,* Judicial Co-operation: Recent Progress, 1. Europäischer Juristentag, 2001; *Beaumont,* The Brussels Convention becomes a regulation: Essays in honour of Peter North, 2002, S. 9; *Becker,* Europäisierung des Zivilverfahrensrechts, in: Bottke/Möllers/Schmidt, Recht in Europa, 2003, S. 25; *Behr,* Europäisierung und Globalisierung des internationalen Prozessrechts, in: Bottke/Möllers/Schmidt, Recht in Europa, 2003, S. 43; *Blobel/Späth,* The tale of multilateral trust and the European Law of Civil Procedure, E.L.Rev. 30 (2005), 528; *Coester-Waltjen,* Parteiautonomie in der internationalen Zuständigkeit, FS Heldrich, 2005, S. 549; *Fricke,* Europäisches Gerichtsstands- und Vollstreckungsübereinkommen revidiert, VersR 1999, 1055; *Geimer,* Das Brüssel I-System und seine Fortentwicklung im Lichte der Beschlüsse von Tampere, FS Nemeth, 2003, S. 229; *ders.,* Einige Bemerkungen zur Zuständigkeitsordnung der Brüssel I-Verordnung, FS Musielak, 2004, S. 169; *Gottwald,* Gerechtigkeit und Effizienz internationaler Gerichtsstände – Gedanken zur Reform des Brüsseler Übereinkommens, Ritsumeikan Law Review 17 (2000), 61; *Hausmann,* Die Revision des Brüsseler Übereinkommens von 1968, EuLF 2000/01, 40; *Jametti Greiner,* Die Revision des Brüsseler und des Lugano-Übereinkommens, AJP 1999, 1135; *Junker,* Vom Brüsseler Übereinkommen zur Brüsseler Verordnung, RIW 2002, 569; *König/Mayr,* Europäisches Zivilverfahrensrecht in Österreich, 2007; *Kohler,* Vom EuGVÜ zur EuGVVO: Grenzen und Konsequenzen der Vergemeinschaftung, FS Geimer, 2002, S. 461; *Kohler u. Stadler,* Die Revision des Brüsseler und Luganer Übereinkommens, in: *Gottwald,* Die Revision des EuGVÜ, 2000; *Leisle,* Dependenzen auf dem Weg vom EuGVÜ, über die EuGV-VO, zur EuZPO, 2002; *Markus,* Revidierte Übereinkommen von Brüssel und Lugano: Zu den Hauptpunkten, SZW 1999, 205; *Micklitz/Rott,* Vergemeinschaftung des EuGVÜ in der Verordnung (EG) Nr. 44/2001, EuZW 2001, 325; *Neumayr,* Grundlegendes zur Brüssel I-Verordnung, vor allem zur internationalen Zuständigkeit, ERA-Forum 2/05, S. 172; *Piltz,* Vom EuGVÜ zur Brüssel I-Verordnung, NJW 2002, 789; *Schoibl,* Vom Brüsseler Übereinkommen zur Brüssel I-Verordnung: Neuerungen im europäischen Zivilprozessrecht, öJBl 125 (2003), 149.

c) Zur Auslegung der Verordnung: *Hess,* Methoden der Rechtsfindung im Europäischen Zivilprozessrecht, IPRax 2006, 348; *Kropholler,* Die Auslegung von EG-Verordnungen zum internationalen Privat- und Verfahrensrecht, in: Basedow, Aufbruch nach Europa, 75 Jahre MPI für Privatrecht, 2001, S. 583.

DER RAT DER EUROPÄISCHEN UNION –
gestützt auf den Vertrag zur Gründung der Europäischen Gemeinschaft, insbesondere auf Artikel 61 Buchstabe c und Artikel 67 Absatz 1,
auf Vorschlag der Kommission,
nach Stellungnahme des Europäischen Parlaments,
nach Stellungnahme des Wirtschafts- und Sozialausschusses,
in Erwägung nachstehender Gründe:

(1) Die Gemeinschaft hat sich zum Ziel gesetzt, einen Raum der Freiheit, der Sicherheit und des Rechts, in dem der freie Personenverkehr gewährleistet ist, zu erhalten und weiterzuentwickeln. Zum schrittweisen Aufbau dieses Raums hat die Gemeinschaft unter anderem im Bereich der justiziellen Zusammenarbeit in Zivilsachen die für das reibungslose Funktionieren des Binnenmarkts erforderlichen Maßnahmen zu erlassen.

(2) Die Unterschiede zwischen bestimmten einzelstaatlichen Vorschriften über die gerichtliche Zuständigkeit und die Anerkennung von Entscheidungen erschweren das reibungslose Funktionieren des Binnenmarkts. Es ist daher unerlässlich, Bestimmungen zu erlassen, um die Vorschriften über die internationale Zuständigkeit in Zivil- und Handelssachen zu vereinheitlichen und die Formalitäten im Hinblick auf eine rasche und unkomplizierte Anerkennung und Vollstreckung von Entscheidungen aus den durch diese Verordnung gebundenen Mitgliedstaaten zu vereinfachen.

(3) Dieser Bereich fällt unter die justizielle Zusammenarbeit in Zivilsachen im Sinne von Artikel 65 des Vertrags.

(4) Nach dem in Artikel 5 des Vertrags niedergelegten Subsidiaritäts- und Verhältnismäßigkeitsprinzip können die Ziele dieser Verordnung auf der Ebene der Mitgliedstaaten nicht ausreichend erreicht werden; sie können daher besser auf Gemeinschaftsebene erreicht werden. Diese Verordnung beschränkt sich auf das zur Erreichung dieser Ziele notwendige Mindestmaß und geht nicht über das dazu Erforderliche hinaus.

(5) Am 27. September 1968 schlossen die Mitgliedstaaten auf der Grundlage von Artikel 293 vierter Gedankenstrich des Vertrags das Übereinkommen von Brüssel über die gerichtliche Zuständigkeit und die Vollstreckung gerichtlicher Entscheidungen in Zivil- und Handelssachen, dessen Fassung durch die Übereinkommen über den Beitritt der neuen Mitgliedstaaten zu diesem Übereinkommen geändert wurde (nachstehend „Brüsseler Übereinkommen" genannt). Am 16. September 1988 schlossen die Mitgliedstaaten und die EFTA-Staaten das Übereinkommen von Lugano über die gerichtliche Zuständigkeit und die Vollstreckung gerichtlicher Entscheidungen in Zivil- und Handelssachen, das ein Parallelübereinkommen zu dem Brüsseler Übereinkommen von 1968 darstellt. Diese Übereinkommen waren inzwischen Gegenstand einer Revision; der Rat hat dem Inhalt des überarbeiteten Textes zugestimmt. Die bei dieser Revision erzielten Ergebnisse sollten gewahrt werden.

(6) Um den freien Verkehr der Entscheidungen in Zivil- und Handelssachen zu gewährleisten, ist es erforderlich und angemessen, dass die Vorschriften über die gerichtliche Zuständigkeit und die Anerkennung und Vollstreckung von Entscheidungen im Wege eines Gemeinschaftsrechtsakts festgelegt werden, der verbindlich und unmittelbar anwendbar ist.

(7) Der sachliche Anwendungsbereich dieser Verordnung sollte sich, von einigen genau festgelegten Rechtsgebieten abgesehen, auf den wesentlichen Teil des Zivil- und Handelsrechts erstrecken.

(8) Rechtsstreitigkeiten, die unter diese Verordnung fallen, müssen einen Anknüpfungspunkt an das Hoheitsgebiet eines der Mitgliedstaaten aufweisen, die durch diese Verordnung gebunden sind. Gemeinsame Zuständigkeitsvorschriften sollten demnach grundsätzlich dann Anwendung finden, wenn der Beklagte seinen Wohnsitz in einem dieser Mitgliedstaaten hat.

(9) Beklagte ohne Wohnsitz in einem Mitgliedstaat unterliegen im Allgemeinen den nationalen Zuständigkeitsvorschriften, die im Hoheitsgebiet des Mitgliedstaats gelten, in dem sich das angerufene Gericht befindet, während Beklagte mit Wohnsitz in einem Mitgliedstaat, der durch diese Verordnung nicht gebunden ist, weiterhin dem Brüsseler Übereinkommen unterliegen.

(10) Um den freien Verkehr gerichtlicher Entscheidungen zu gewährleisten, sollten die in einem durch diese Verordnung gebundenen Mitgliedstaat ergangenen Entscheidungen

in einem anderen durch diese Verordnung gebundenen Mitgliedstaat anerkannt und vollstreckt werden, und zwar auch dann, wenn der Vollstreckungsschuldner seinen Wohnsitz in einem Drittstaat hat.

(11) Die Zuständigkeitsvorschriften müssen in hohem Maße vorhersehbar sein und sich grundsätzlich nach dem Wohnsitz des Beklagten richten, und diese Zuständigkeit muss stets gegeben sein außer in einigen genau festgelegten Fällen, in denen aufgrund des Streitgegenstands oder der Vertragsfreiheit der Parteien ein anderes Anknüpfungskriterium gerechtfertigt ist. Der Sitz juristischer Personen muss in der Verordnung selbst definiert sein, um die Transparenz der gemeinsamen Vorschriften zu stärken und Kompetenzkonflikte zu vermeiden.

(12) Der Gerichtsstand des Wohnsitzes des Beklagten muss durch alternative Gerichtsstände ergänzt werden, die entweder aufgrund der engen Verbindung zwischen Gericht und Rechtsstreit oder im Interesse einer geordneten Rechtspflege zuzulassen sind.

(13) Bei Versicherungs-, Verbraucher- und Arbeitssachen sollte die schwächere Partei durch Zuständigkeitsvorschriften geschützt werden, die für sie günstiger sind als die allgemeine Regelung.

(14) Vorbehaltlich der in dieser Verordnung festgelegten ausschließlichen Zuständigkeiten muss die Vertragsfreiheit der Parteien hinsichtlich der Wahl des Gerichtsstands, außer bei Versicherungs-, Verbraucher- und Arbeitssachen, wo nur eine begrenztere Vertragsfreiheit zulässig ist, gewahrt werden.

(15) Im Interesse einer abgestimmten Rechtspflege müssen Parallelverfahren so weit wie möglich vermieden werden, damit nicht in zwei Mitgliedstaaten miteinander unvereinbare Entscheidungen ergehen. Es sollte eine klare und wirksame Regelung zur Klärung von Fragen der Rechtshängigkeit und der im Zusammenhang stehenden Verfahren sowie zur Verhinderung von Problemen vorgesehen werden, die sich aus der einzelstaatlich unterschiedlichen Festlegung des Zeitpunkts ergeben, von dem an ein Verfahren als rechtshängig gilt. Für die Zwecke dieser Verordnung sollte dieser Zeitpunkt autonom festgelegt werden.

(16) Das gegenseitige Vertrauen in die Justiz im Rahmen der Gemeinschaft rechtfertigt, dass die in einem Mitgliedstaat ergangenen Entscheidungen, außer im Falle der Anfechtung, von Rechts wegen, ohne ein besonderes Verfahren, anerkannt werden.

(17) Aufgrund dieses gegenseitigen Vertrauens ist es auch gerechtfertigt, dass das Verfahren, mit dem eine in einem anderen Mitgliedstaat ergangene Entscheidung für vollstreckbar erklärt wird, rasch und effizient vonstatten geht. Die Vollstreckbarerklärung einer Entscheidung muss daher fast automatisch nach einer einfachen formalen Prüfung der vorgelegten Schriftstücke erfolgen, ohne dass das Gericht die Möglichkeit hat, von Amts wegen eines der in dieser Verordnung vorgesehenen Vollstreckungshindernisse aufzugreifen.

(18) Zur Wahrung seiner Verteidigungsrechte muss der Schuldner jedoch gegen die Vollstreckbarerklärung einen Rechtsbehelf im Wege eines Verfahrens mit beiderseitigem rechtlichen Gehör einlegen können, wenn er der Ansicht ist, dass einer der Gründe für die Versagung der Vollstreckung vorliegt. Die Möglichkeit eines Rechtsbehelfs muss auch für den Antragsteller gegeben sein, falls sein Antrag auf Vollstreckbarerklärung abgelehnt worden ist.

(19) Um die Kontinuität zwischen dem Brüsseler Übereinkommen und dieser Verordnung zu wahren, sollten Übergangsvorschriften vorgesehen werden. Dies gilt auch für die Auslegung der Bestimmungen des Brüsseler Übereinkommens durch den Gerichtshof der Europäischen Gemeinschaften. Ebenso sollte das Protokoll von 1971 auf Verfahren, die zum Zeitpunkt des Inkrafttretens dieser Verordnung bereits anhängig sind, anwendbar bleiben.

(20) Das Vereinigte Königreich und Irland haben gemäß Artikel 3 des dem Vertrag über die Europäische Union und dem Vertrag zur Gründung der Europäischen Gemeinschaft beigefügten Protokolls über die Position des Vereinigten Königreichs und Irlands schriftlich mitgeteilt, dass sie sich an der Annahme und Anwendung dieser Verordnung beteiligen möchten.

(21) Dänemark beteiligt sich gemäß den Artikeln 1 und 2 des dem Vertrag über die Europäische Union und dem Vertrag zur Gründung der Europäischen Gemeinschaft bei-

gefügten Protokolls über die Position Dänemarks nicht an der Annahme dieser Verordnung, die daher für Dänemark nicht bindend und ihm gegenüber nicht anwendbar ist.

(22) Da in den Beziehungen zwischen Dänemark und den durch diese Verordnung gebundenen Mitgliedstaaten das Brüsseler Übereinkommen in Geltung ist, ist dieses sowie das Protokoll von 1971 im Verhältnis zwischen Dänemark und den durch diese Verordnung gebundenen Mitgliedstaaten weiterhin anzuwenden.

(23) Das Brüsseler Übereinkommen gilt auch weiter hinsichtlich der Hoheitsgebiete der Mitgliedstaaten, die in seinen territorialen Anwendungsbereich fallen und die aufgrund der Anwendung von Artikel 299 des Vertrags von der vorliegenden Verordnung ausgeschlossen sind.

(24) Im Interesse der Kohärenz ist ferner vorzusehen, dass die in spezifischen Gemeinschaftsrechtsakten enthaltenen Vorschriften über die Zuständigkeit und die Anerkennung von Entscheidungen durch diese Verordnung nicht berührt werden.

(25) Um die internationalen Verpflichtungen, die die Mitgliedstaaten eingegangen sind, zu wahren, darf sich diese Verordnung nicht auf von den Mitgliedstaaten geschlossene Übereinkommen in besonderen Rechtsgebieten auswirken.

(26) Um den verfahrensrechtlichen Besonderheiten einiger Mitgliedstaaten Rechnung zu tragen, sollten die in dieser Verordnung vorgesehenen Grundregeln, soweit erforderlich, gelockert werden. Hierzu sollten bestimmte Vorschriften aus dem Protokoll zum Brüsseler Übereinkommen in die Verordnung übernommen werden.

(27) Um in einigen Bereichen, für die in dem Protokoll zum Brüsseler Übereinkommen Sonderbestimmungen enthalten waren, einen reibungslosen Übergang zu ermöglichen, sind in dieser Verordnung für einen Übergangszeitraum Bestimmungen vorgesehen, die der besonderen Situation in einigen Mitgliedstaaten Rechnung tragen.

(28) Spätestens fünf Jahre nach dem Inkrafttreten dieser Verordnung unterbreitet die Kommission einen Bericht über deren Anwendung. Dabei kann sie erforderlichenfalls auch Anpassungsvorschläge vorlegen.

(29) Die Anhänge I bis IV betreffend die innerstaatlichen Zuständigkeitsvorschriften, die Gerichte oder sonst befugten Stellen und die Rechtsbehelfe sind von der Kommission anhand der von dem betreffenden Mitgliedstaat mitgeteilten Änderungen zu ändern. Änderungen der Anhänge V und VI sind gemäß dem Beschluss 1999/468/EG des Rates vom 28. Juni 1999 zur Festlegung der Modalitäten für die Ausübung der der Kommission übertragenen Durchführungsbefugnisse[1] zu beschließen –

HAT FOLGENDE VERORDNUNG ERLASSEN:

Vorbemerkung

Übersicht

	Rn.		Rn.
I. Entstehung, Bedeutung, Geltungsbereich	1–27	f) 4. Beitrittsübereinkommen mit Österreich, Schweden und Finnland	15
1. Verbesserung des Rechtsschutzes in der EG	1–3	g) Parallel-Übereinkommen	16, 17
2. Grundprinzipien	4, 5	4. Neue EuGVO	18–22
3. Räumlicher Geltungsbereich, Inkrafttreten	6–17	5. Zeitlicher Geltungsbereich	23–25
a) Brüsseler Übereinkommen vom 27. 9. 1968	6–8	6. Fälle mit Auslandsberührung	26, 27
b) Geltungsbereich für die einzelnen Mitgliedstaaten	9	7. Rechtsnatur	28–30
		II. Auslegung von EuGVÜ und EuGVO durch den EuGH	31–38
c) 1. Beitrittsübereinkommen vom 9. 10. 1978	10–12	1. Auslegung des EuGVÜ	31–36
		a) Vorabentscheidungsverfahren	31
d) 2. Beitrittsübereinkommen mit Griechenland	13	b) Divergenzverfahren	32, 33
		c) Vorlagevoraussetzungen	34, 35
e) 3. Beitrittsübereinkommen mit Spanien und Portugal	14	d) Entscheidungswirkung	36
		2. Auslegung der EuGVO	37, 38
		III. Allgemeine Auslegungsgrundsätze	39–41

---

[1] ABl. L 184 vom 17. 7. 1999, S. 23.

I. Entstehung, Bedeutung, Geltungsbereich

1. Verbesserung des Rechtsschutzes in der EG. Bei Schaffung der EG (jetzt: EU) bereitete die internationale Prozessführung, vor allem aber die Anerkennung und Vollstreckung ausländischer Entscheidungen, erhebliche Schwierigkeiten. Nicht selten wurden Urteile selbst der Nachbarstaaten einer Sachprüfung (révision au fond) unterzogen, wurde die Entscheidung nicht anerkannt, weil ein entsprechender Gerichtsstand im Inland nicht bekannt war oder war die Anerkennung ausländischer Entscheidungen ganz ausgeschlossen. Dieser Zustand war mit dem stufenweise zu verwirklichenden europäischen Binnenmarkt unvereinbar. Art. 220 EWGV (jetzt: Art. 253 EGV nF) verpflichtete daher die Mitgliedstaaten, über die Erleichterung der gegenseitigen Anerkennung und Vollstreckung richterlicher Entscheidungen und Schiedssprüche zu verhandeln. Mit dem Abschluss des EuGVÜ 1968 wurden diese Verhandlungen erfolgreich abgeschlossen. Auch die Grundkonzeption des Übereinkommens erwies sich als tragfähig und beispielgebend, so dass sich das EuGVÜ bis zu seiner Ablösung durch die Verordnung (EG) Nr. 44/2001 (die **EuGVO**)[1] zu einem der großen Vertragswerke entwickelte, die in erfolgreicher Weise den juristischen Rahmen für den wirtschaftlichen Binnenmarkt schufen. Durch Art. 65 EGV idF des **Vertrages von Amsterdam** vom 2. 10. 1997 (in Kraft für Deutschland seit 1. 5. 1999)[2] erhielt das EuGVÜ neben dem mit Art. 253 EGV nF beibehaltenen bisherigen Art. 220 EWGV eine neue juristische Grundlage.[3]

Das EuGVÜ geht über einen bloßen Anerkennungs- und Vollstreckungsvertrag weit hinaus. Es enthält in den Art. 2 bis 20 eine für alle Mitgliedstaaten verbindliche, einheitliche Regelung der **internationalen Entscheidungszuständigkeit**. Urteile, die nach seinem Inkrafttreten in den Mitgliedstaaten erlassen wurden, sind daher in den anderen Staaten grundsätzlich anzuerkennen, ohne dass die Frage der internationalen Zuständigkeit noch geprüft werden dürfte (s. u. Art. 33 EuGVO Rn. 2 ff.). Ebenfalls einheitlich und möglichst einfach geregelt ist die Anerkennung und Vollstreckung von EU-Urteilen in den Vertragsstaaten: Die Anerkennung tritt grundsätzlich ex lege ein; das Vollstreckungsverfahren besteht in einem grundsätzlich einseitigen Klauselerteilungsverfahren. Darüber hinaus regelte das EuGVÜ bereits Fragen der internationalen Rechtshängigkeit in einem anderen EU-Land (s. heute Art. 27 bis 30 EuGVO).

Durch die einheitliche Regelung von primären Entscheidungsnormen hat das Übereinkommen den grenzüberschreitenden Rechtsschutz der EU-Bürger innerhalb der Gemeinschaft verteilt,[4] wesentlich vereinfacht und bildet einen **ersten** wesentlichen **Schritt** auf dem Weg **zu einem vereinheitlichten Zivilprozessrecht in Europa**.[5] Erste Überlegungen zur Schaffung einer europäischen Zivilprozessordnung sind zwar angestellt worden;[6] sie sind aber über Ansätze zu Teilfragen nicht hinaus gekommen. Zudem lassen sich die im EuGVÜ (bzw. in der EuGVO) geregelten Sachbereiche für Fälle mit Auslandsberührung (s. Rn. 16 f.) relativ leicht von dem übrigen nationalen Verfahrensrecht abtrennen und vereinheitlichen. Die weitere Vereinheitlichung des Verfahrens, zB im Ablauf des erstinstanzlichen Verfahrens, des Säumnisverfahrens, der Beweiserhebung usw. führt stark hinein in nationale Besonderheiten und würde teilweise auch die Vereinheitlichung des unterschiedlichen materiellen Rechts erfordern.

2. Grundprinzipien des EuGVÜ bzw. der heutigen EuGVO sind danach Folgende:[7]
(1) Anwendung auf Zivil- und Handelssachen (Art. 1 Abs. 1) unabhängig von der nationalen Gerichts- oder Rechtswegorganisation,
(2) Schaffung einheitlicher Regeln der internationalen Entscheidungszuständigkeit zwischen den Vertragsstaaten,
(3) Anknüpfung an den Wohnsitz bzw. Sitz anstelle der Staatsangehörigkeit,
(4) Besonderer Schutz für Beklagte mit Wohnsitz in den Vertragsstaaten durch Ausschluss exorbitanter Gerichtsstände und Einführung einer Amtsprüfung der internationalen Zuständigkeit bereits im Erststaat.

Eine Schwäche der Regelung besteht jedoch darin, dass sie keinen Mechanismus enthält, um ein europäisches „**forum shopping**" auszuschließen oder einzuschränken, durch das der Kläger oder

---

[1] Andere kürzen EuGVVO oder Brüssel I-VO ab.
[2] BGBl. 1999 II S. 296.
[3] Vgl. *Kohler* IPRax 1997, 385 f.; *Besse* ZEuP 7 (1999) 107, 117 ff.; *Tarko* österr. JZ 1999, 401, 406; *Heß* NJW 2000, 23; *Wagner* IPRax 2007, 290.
[4] EuGHE 1990-I, 1845 = NJW 1991, 2621.
[5] Vgl. *Spellenberg* EuR 1980, 329; *Adolphsen*, FS 400 Jahre Universität Gießen, 2007, S. 87.
[6] Vgl. *Storme*, Rapprochement du droit judiciaire de l'Union européenne, 1994.
[7] Vgl. *Jenard* SchwJbIntR 1987, 83, 84 ff.

auch beide Parteien die materiellrechtlichen Unterschiede zwischen den Vertragsstaaten bewusst ausnutzen.[8] Eine Möglichkeit hierzu wäre, dem Gericht die Befugnis zuzusprechen, eine Sachentscheidung zu verweigern, wenn der Fall nach seiner Ansicht besser in einem anderen Staat verhandelt und entschieden werden könnte. Solche im anglo-amerikanischen Prozessrecht üblichen forum-non-conveniens-Befugnisse sind aber mit dem kontinentalen Verständnis von Rechtssicherheit im Rechtsschutz unvereinbar (s. u. Art. 2 Rn. 9). Das Übereinkommen setzt die EU-Staaten daher letztlich unter Zugzwang, zumindest größere Unterschiede im materiellen Zivil- und Handelsrecht auszugleichen.

3. Räumlicher Geltungsbereich, Inkrafttreten. a) Das **Brüsseler Übereinkommen vom 27. 9. 1968**[9] ist für die Bundesrepublik Deutschland im Verhältnis zu Belgien, Frankreich, Italien, Luxemburg und den Niederlanden zusammen mit dem AusfG vom 29. 7. 1972[10] am 1. 2. 1973 in Kraft getreten. Das AusfG wurde inzwischen durch das Allgemeine Anerkennungs- und Vollstreckungsausführungsgesetz (AVAG) vom 30. Mai 1988[11] ersetzt. Das Luxemburger Auslegungsprotokoll vom 3. 6. 1971 betr. die Auslegung des Übereinkommens durch den Europäischen Gerichtshof[12] ist am 1. 9. 1975 in Kraft getreten.[13] **6**

Das **EuGVÜ** galt stets in der **Bundesrepublik Deutschland** und in **Westberlin**;[14] seit dem Beitritt der **DDR** (einschl. Ostberlin) zur Bundesrepublik gemäß Art. 10 Abs. 1 des Einigungsvertrages vom 31. 8. 1990[15] gilt es im gesamten Gebiet des vereinigten Deutschlands.[16] **7**

Das Übereinkommen gilt **nicht außerhalb der Vertragsstaaten** in Staaten, die mit den Vertragsstaaten durch Zoll- oder Währungsunion, verbunden sind. Es gilt daher nicht in Andorra, Monaco, San Marino und nicht in der Vatikanstadt.[17] Liechtenstein ist zwar der EFTA beigetreten, hat das Luganer Übereinkommen aber nicht ratifiziert. **8**

b) Nach der Streichung von Art. 60 durch Art. 21 des 3. Beitrittsübereinkommens richtet sich die Festlegung des Geltungsbereiches des Übereinkommens im Einzelnen nach den völkerrechtlichen Erklärungen der Vertragsstaaten. Nach einer Erklärung der **Niederlande** gilt das Übereinkommen für Aruba,[18] dagegen nicht mehr für das 1975 unabhängig gewordene Surinam, auch nicht für die Niederländischen Antillen.[19] **9**

c) Durch das **1. Beitrittsübereinkommen vom 9. 10. 1978**[20] wurde der Geltungsbereich des EuGVÜ auf Dänemark, Großbritannien und Irland ausgedehnt. Es ist im Verhältnis der älteren Vertragsstaaten zu Dänemark am 1. 11. 1986,[21] zu Großbritannien am 1. 1. 1987[22] und zu Irland am 1. 6. 1988[23] in Kraft getreten. **10**

Grönland wurde aus dem Geltungsbereich der EG-Verträge ausgenommen (BGBl. II 1985 S. 73, 589). Entsprechend gilt auch das EuGVÜ nicht für Grönland. Dänemark hat nicht erklärt, dass das EuGVÜ für die Färöer gelten soll. **11**

Das **Vereinigte Königreich** hat nicht erklärt, dass sich das EuGVÜ auf die Kanalinseln, die Insel Man und die britischen Hoheitszonen auf Zypern erstrecken soll.[24] Das EuGVÜ gilt daher nicht auf der Kanalinsel Jersey,[25] auch nicht für Anguilla.[26] 1999 hat das Vereinigte Königreich (unter Widerspruch Spaniens) erklärt, dass das LugÜ auch für Gibraltar gilt.[27] **12**

---

[8] Krit. *Kohler*, in: *Schwind*, Europarecht, Internationales Privatrecht, Rechtsvergleichung, S. 125, 133.
[9] ABlEG Nr. L 299 vom 31. 12. 1972, S. 32; BGBl. II 1972 S. 774; 1973 II S. 60; vgl. dazu *Jenard*-Bericht.
[10] BGBl. I 1972 S. 1328.
[11] BGBl. I 1988 S. 662.
[12] BGBl. II 1972 S. 845.
[13] BGBl. II 1975 S. 1138.
[14] Vgl. *Kohler* IPRax 1989, 75.
[15] BGBl. II S. 889.
[16] Vgl. *Trunk* S. 9 ff.
[17] *Basedow* Hdb. IZVR I Kap. II Rn. 59; vgl. *Geimer/Schütze* I/1 § 17 II 2–5.
[18] BGBl. II 1986 S. 919.
[19] *Geimer/Schütze/Auer*, IRV, Einl. Rn. 19.
[20] ABlEG Nr. L 304 vom 30. 10. 1978; BGBl. II 1983 S. 803; dazu *Schlosser*-Bericht.
[21] BGBl. II 1986 S. 1020.
[22] BGBl. II 1986 S. 1146.
[23] BGBl. II 1988 S. 1146.
[24] Vgl. *Geimer/Schütze* I/1 § 17 II 6–8.
[25] BGH EWS 1994, 443.
[26] BGH RIW 2004, 862, 863.
[27] Vgl. BGBl. II 1999 S. 1014.

13 **d) Das 2. Beitrittsübereinkommen mit Griechenland** vom 25. 10. 1982 ist für die Bundesrepublik Deutschland, Belgien, Dänemark, Frankreich, Irland, Italien, Luxemburg, Niederlande und Griechenland am 1. 4. 1989 in Kraft getreten.[28]

14 **e) Das 3. Beitrittsübereinkommen mit Spanien und Portugal** vom 26. 5. 1989[29] ist im Anschluss an das Luganer Übereinkommen (s. dort Rn. 12) verhandelt worden. Es hat das EuGVÜ wesentlich an das Luganer Übereinkommen angepasst,[30] enthält aber zusätzliche Änderungen. Zuletzt wurde es von Belgien mit Wirkung vom 1. 10. 1997 ratifiziert.[31]

15 **f)** Zum 1. 1. 1995 sind der Europäischen Union Finnland, Österreich und Schweden beigetreten. Im Verhältnis zu allen drei früheren EFTA-Staaten galt bereits das Luganer Übereinkommen (s. Rn. 17). Das **vierte Beitrittsübereinkommen** mit diesen Staaten ist am 29. 11. 1996 in Brüssel unterzeichnet.[32] Für Deutschland ist es am 1. 1. 1999 in Kraft getreten.[33] Es gilt seither im Verhältnis zu Dänemark, den Niederlanden, Österreich und Schweden, seit 1. 4. 1999 im Verhältnis zu Finnland und Spanien, seit 1. 6. 1999 zu Italien, seit 1. 10. 1999 zu Griechenland und Portugal, seit 1. 12. 1999 zu Irland, seit 1. 5. 2000 zu Luxemburg, seit 1. 8. 2000 zu Frankreich und seit 1. 1. 2001 im Verhältnis zum Vereinigten Königreich.

Die Niederlande haben seine Geltung auf **Aruba** erstreckt.[34]

16 **g)** Am 16. 9. 1988 haben die EG-Staaten und die EFTA-Staaten in **Lugano** ein **Parallel-Übereinkommen** über die gerichtliche Zuständigkeit und die Vollstreckung gerichtlicher Entscheidungen in Zivil- und Handelssachen abgeschlossen.[35] Der EFTA gehörten damals an: Finnland, Island, Norwegen, Österreich, Schweden und die Schweiz.[36] Am 1. 9. 1991 ist Liechtenstein neues Mitglied der EFTA geworden. Mit dem Abschluss dieses Übereinkommens ist das Ziel eines einheitlichen „Europäischen Zivilprozessrechts" für fast alle Staaten des westlichen Europa in greifbare Nähe gerückt.[37] Es war am 1. 10. 1997 für alle EU-Staaten und alle EFTA-Staaten (ausgenommen Liechtenstein) in Kraft getreten. Gemäß Art. 60 LugÜ war außerdem **Polen** dem Luganer Übereinkommen zum 1. 2. 2000 beigetreten.[38] Nachdem Polen seit 1. 4. 2005 EU-Mitglied ist, gilt das LugÜ für Deutschland derzeit im Verhältnis zu Island, Norwegen und der Schweiz.

17 Trotz der inhaltlichen Angleichung war zwischen dem EuGVÜ und dem Luganer Übereinkommen zu unterscheiden. Innerhalb der EU-Staaten galt das „Brüsseler Übereinkommen" (zur Restgeltung s.u. Rn. 23), im Verhältnis zu und innerhalb der EFTA-Staaten das „Luganer Übereinkommen" (Art. 54b LugÜ). Im Ergebnis verbleibt ein Unterschied aber wohl nur insoweit, als sich die formelle Zuständigkeit des EuGH zur einheitlichen Auslegung auf das Brüsseler Übereinkommen und die EU-Staaten beschränkt.[39] Eine einheitliche Auslegung beider Übereinkommen soll durch die im Protokoll Nr. 2 zum LugÜ vorgesehenen Mechanismen gesichert werden. Nach Erklärungen der beteiligten Staaten soll der EuGH bei der Auslegung des EuGVÜ auch Rspr. zum Luganer Übereinkommen; die Gerichte der EFTA-Staaten sollen auch die Rspr. des EuGH beachten (s.u. Protokoll Nr. 2 zum LugÜ).

Anders als das EuGVÜ können dem LugÜ auch Drittstaaten beitreten (Art. 60 lit. c LugÜ).

18 **4. Neue EuGVO. a)** Auf Anregung des Ständigen Ausschusses, der nach dem Protokoll Nr. 2 zum LugÜ eingerichtet wurde, fand 1998/99 eine Revisionskonferenz für eine parallele Revision des EuGVÜ und des LugÜ statt.[40] Einen Vorschlag zur Revision des EuGVÜ hat die Kommission am

---

[28] ABlEG Nr. L 388 vom 31. 12. 1982; kodifizierte Fassung ABlEG Nr. C 97 vom 2. 4. 1983; BGBl. II 1988 S. 453; II 1989 S. 214; dazu Bericht von *Evrigenis/Kerameus* BT-Drucks. 10/5237 = ABlEG Nr. C 298 vom 24. 11. 1986.
[29] ABlEG Nr. L 285 vom 3. 10. 1989; vgl. *Jayme/Kohler* IPRax 1989, 337, 338; *Droz* Rev. crit. 1990, 1.
[30] Vgl. *Meijknecht* NILR 1993, 487.
[31] Vgl. *Dietze/Schnichels* EuZW 1997, 459, 460; *Kohler* IPRax 1997, 385, 387.
[32] Text in ABlEG Nr. C 15 vom 15. 1. 1997; vgl. *Wagner* RIW 1998, 590.
[33] BGBl. II 1998 S. 1411; vgl. BR-Drucks. 1004/97 vom 29. 12. 1997; BT-Drucks. 13/9955 vom 17. 2. 1998 u. BT-Drucks. 13/10878 vom 28. 5. 1998; zu den praktischen Auswirkungen s. *Wagner* RIW 1998, 590.
[34] BGBl. 2001 II, 40.
[35] Text in ABlEG Nr. L 319 vom 25. 11, 1988, S. 9ff.; dazu *Jenard/Möller* Bericht vom 28. 2. 1989.
[36] Die früheren Mitgliedsstaaten Dänemark, Finnland, Großbritannien, Österreich, Portugal und Schweden sind inzwischen EU-Mitglieder.
[37] *Urlesberger* (österr.) JBl. 1988, 223; *Volken* SchwJbIntR 1987, 97. Erster Kommentar von *Droz*, La Convention de Lugano ..., Rev. crit. 78 (1989), 1–51.
[38] BGBl. 2000 II S. 1246.
[39] Allgemein zu Beitritt und Beteiligung von Drittstaaten vgl. *Tosi*, EuGVÜ und Drittstaaten, 1988.
[40] Vgl. *Kohler* IPRax 1997, 385, 390; [1998] I. L. Pr. 149; *Wagner* IPRax 1998, 241; *Kerameus/Prütting* ZZP-Int. 3 (1998), 265; *Kohler/Stadler/Kerameus*, in: *Gottwald*, Revision des EuGVÜ, 1999.

22. 12. 1997 unterbreitet.⁴¹ Der Rat der Europäischen Union hat die von der Arbeitsgruppe zur Revision der Übereinkommen erzielten Ergebnisse am 30. 4. 1999 vorgelegt. Auf dieser Grundlage hat der Rat der EG die revidierte Fassung als Verordnung (EG) Nr. 44/2001 am 22. 12. 2000 erlassen. Die neue VO gilt seit 1. 3. 2002 unmittelbar in allen damaligen EU-Staaten (ausgenommen Dänemark).⁴²

b) Seit 1. 4. 2005 gilt die EuGVO auch in den zehn neuen Mitgliedsstaaten Estland, Lettland, **19** Litauen, Malta, Polen,⁴³ Slowakei, Slowenien, Tschechien, Ungarn und Zypern.⁴⁴ Seit 1. 1. 2007 ist sie auch im Verhältnis zu den neuen Mitgliedsstaaten Bulgarien und Rumänien in Kraft.⁴⁵

c) Durch Abkommen vom 19. 10. 2005⁴⁶ wurde inzwischen die Geltung der Brüssel I-VO **20** (EuGVO) im Verhältnis EG – **Dänemark** (ab 1. 7. 2007) vereinbart.

d) Ein Übereinkommen mit den EFTA-Staaten zur **Angleichung des Lugano-Übereinkom- 21 mens** an die EuGVO ist am 30. 10. 2007 in Lugano unterzeichnet worden,⁴⁶ᵃ nachdem der EuGH der EU die Kompetenz zum Abschluss eines entsprechenden Vertrages durch Gutachten vom 7. 2. 2006 zugesprochen hat.⁴⁷ Ein Inkrafttreten des neuen Luganer Übereinkommens dürfte daher nicht mehr lange auf sich warten lassen. Das neue Luganer Übereinkommen gibt den EU-Staaten zudem die Möglichkeit, dem Abkommen für ihre nicht-europäischen Territorien beizutreten, so dass am Ende wieder ein einheitlicher Rechtsraum stehen könnte.

e) Die Ausführung der neuen EuGVO hat der deutsche Gesetzgeber dem **AVAG** unterstellt und **22** dieses dazu durch Gesetz vom 30. 1. 2002 um einen Abschnitt 6 (§§ 55, 56 AVAG) ergänzt. Gleiches gilt für die Ausführung des Abkommens mit Dänemark (§ 1 Abs. 2 Nr. 2b AVAG). Das ergänzte AVAG wird im Anschluss an die EuGVO unter Nr. 4 erläutert.

5. Zeitlicher Geltungsbereich. a) Das **EuGVÜ** von 1968 ist ebenso wie die Beitrittsüberein- **23** kommen von 1978 und 1982 sowie das Protokoll von 1971 auf unbestimmte Zeit abgeschlossen (Art. 66; Art. 12 des Protokolls von 1971). In den sechs EWG-Gründerstaaten gilt das EuGVÜ nach Art. 54 für alle Klagen, die ab dem 1. 2. 1973 erhoben wurden. Wann die Klage erhoben wurde, entscheidet das Recht des jeweiligen Forum (s. u. Art. 21 Rn. 7).

Art. 34 Abs. 1 des 1. Beitrittsübereinkommens von 1978⁴⁸ und Art. 12 Abs. 1 des 2. Beitrittsübereinkommens von 1982 wiederholen für die neuen Mitglieder den Grundsatz, dass das EuGVÜ für die nach seinem Inkrafttreten erhobenen Klagen Anwendung findet, unter den Voraussetzungen des Art. 34 Abs. 3 auch auf vorher erhobene Klagen, über die nach dem Inkrafttreten entschieden wurde.

b) Seit Erlass der EuGVO gilt das EuGVÜ nur noch für Altentscheidungen sowie in den Gebie- **24** ten der Mitgliedsstaaten, die nicht der EU angehören (Art. 299 EGV). Die **EuGVO** gilt gemäß Art. 66 Abs. 1 für alle nach dem 1. 3. 2002 erhobenen Klagen; die Anerkennung und Vollstreckung für nach diesem Zeitpunkt erlassene Entscheidungen richtet sich auch dann nach der EuGVO, wenn die Klage vor diesem Zeitpunkt erhoben wurde (Art. 66 Abs. 2).

Entsprechend gilt die EuGVO in den Mitgliedsstaaten, die der EU nach dem 1. 3. 2002 beigetreten sind.

c) Das alte **Luganer Übereinkommen** (in Kraft seit 1. 3. 1995) gilt nur für fünf Jahre mit still- **25** schweigender Verlängerungsmöglichkeit (Art. 64 LugÜ, vgl. Schlussanh. B 3). Das neue Luganer Übereinkommen wird auf unbegrenzte Zeit geschlossen (Art. 74 Abs. 1).

6. Fälle mit Auslandsberührung. Da die internationale Zuständigkeit als logische Kategorie in **26** allen Fällen eine Rolle spielt, wird die Auffassung vertreten, das europäische Gerichtsstandssystem (EuGVO, EuGVÜ, LugÜ) sei im Inland in allen Fällen, auch in denen ohne Auslandsberührung, anwendbar.⁴⁹ Nach hM ist das Übereinkommen dagegen nur anwendbar, wenn der Fall aus der Sicht des einzelnen Mitgliedstaats Auslandsbeziehung aufweist. In Fällen ohne Auslandsberührung ist zwar die internationale Zuständigkeit logisch vorrangig zu prüfen. Würde man aber Art. 23 über

---

⁴¹ ABlEG Nr. C 33 vom 31. 1. 1998, S. 20.
⁴² Vgl. im Einzelnen *Magnus/Mankowski/Magnus* Introduction Rn. 46–87.
⁴³ Vgl. *Schubert-Panecka*, Die Europäisierung des internationalen Zivilverfahrensrechts in Polen, 2006.
⁴⁴ Vgl. *Heß* IPRax 2004, 374.
⁴⁵ Art. 4 II der Beitrittsakte, ABl. EU 2005 L 157/11; vgl. *Jayme/Kohler* IPRax 2006, 537, 541.
⁴⁶ ABlEG Nr. L 299/62. Nachdem Dänemark die Annahme am 18. 1. 2007 notifiziert hat, trat das Abkommen gemäß Art. 12 Abs. 2 am 1. 7. 2007 in Kraft.
⁴⁶ᵃ ABlEU 2007 L 339/3 vom 21. 12. 2007.
⁴⁷ Vgl. *Jayme/Kohler* IPRax 2006, 537, 549; *Schroeter* GPR 2006, 203.
⁴⁸ *Geimer* NJW 1976, 446; *Kropholler* Hdb. IZVR Bd. I Kap. III Rn. 637.
⁴⁹ *Geimer/Schütze*, EuZVR, Art. 2 Rn. 65; *Kropholler* Vor Art. 2 Rn. 6 f.; *Zöller/Geimer* Art. 2 EuGVO Rn. 14; vgl. *Geimer/Schütze/Auer*, IRV, Zuständigkeit Rn. 10 ff.

Gerichtsstandsvereinbarungen auch auf reine Inlandssachverhalte anwenden, so würden die nationalen Regeln, insbesondere der stärkere nationale Prorogationsschutz, ohne Not eingeschränkt.[50]

27 Die erforderliche Auslandsbeziehung besteht **in folgenden Fällen:**
(1) Eine Partei hat ihren Wohnsitz in einem Mitglieds- bzw. Vertragsstaat, die andere ihren Wohnsitz in einem anderen Mitgliedsstaat oder in einem Nichtmitgliedsstaat, oder
(2) der Beklagte wohnt in einem Mitgliedsstaat und
(a) der Sachverhalt enthält internationale Anknüpfungspunkte der in Art. 5, 6, 8 ff., 15 ff. oder 18 ff. EuGVO bezeichneten Art, oder
(b) die Gerichte eines anderen Mitgliedsstaats sind zur Entscheidung über ihre Zuständigkeit angerufen worden, oder
(3) eine Anknüpfung nach Art. 22 befindet sich in einem Mitgliedsstaat, oder
(4) der Kläger wohnt in einem Mitgliedsstaat und die Parteien haben eine Gerichtsstandsvereinbarung zugunsten eines anderen Mitgliedsstaats getroffen (Art. 23), oder
(5) die Sache ist vor dem Gericht eines anderen Mitgliedsstaats anhängig (Art. 27) oder ein Zusammenhang mit dem Rechtsstreit vor dem Gericht eines anderen Mitgliedsstaats (Art. 28) wird bejaht.

28 **7. Rechtsnatur. a) EuGVÜ.** Nach hM ist das EuGVÜ ein gewöhnlicher völkerrechtlicher Vertrag;[51] denn es wurde in Ausführung von Art. 220 aF des EWG-Vertrages geschlossen, und primäres Gemeinschaftsrecht sind nur die Gründungsverträge selbst.[52] Nach der Gegenmeinung ist das Übereinkommen ebenfalls primäres Gemeinschaftsrecht.[53] Zur Begründung wird auf seine Entstehung und die dem EuGH übertragene Auslegungskompetenz verwiesen. Qualifiziert man das EuGVÜ als primäres Gemeinschaftsrecht, so geht es ohne weiteres nationalem Recht vor. Aber auch die Gegenmeinung kommt letztlich zu keinem anderen Ergebnis, da sie das EuGVÜ als lex specialis ansieht, so dass es von späteren nationalen Regeln zum gleichen Bereich unberührt bleibt.[54] Nach beiden Ansichten hat das EuGVÜ damit Vorrang vor dem nationalen Recht und ist integrationsfreundlich, „autonom" auszulegen. Nur auf diese Weise kann das EuGVÜ wirklich auf Dauer ein vereinheitlichtes europäisches Zivilprozessrecht garantieren.

29 **b) Die EuGVO** ist unmittelbar geltendes sekundäres Gemeinschaftsrecht und hat damit ohne weiteres Vorrang vor nationalem Recht.[55]

30 **c)** Das ursprüngliche **LugÜ** und das Übereinkommen zur Anpassung an die EuGVO sind unstreitig gewöhnliche völkerrechtliche Verträge.

II. Auslegung von EuGVÜ und EuGVO durch den EuGH

31 **1. Auslegung des EuGVÜ. a) Vorabentscheidungsverfahren.** Um eine einheitliche Auslegung des EuGVÜ zu sichern, wurde dem EuGH in Art. 1 des Auslegungsprotokolls vom 3. 6. 1971 die Befugnis eingeräumt, auf Vorlage eines nationalen Rechtsmittelgerichts über die Auslegung des EuGVÜ, des Protokolls vom 27. 9. 1968 und des Auslegungsprotokolls selbst (nach dem Vorbild von Art. 177 EGV) durch Vorabentscheidung zu befinden. Zur Vorlage berechtigt und verpflichtet sind die Obersten Gerichtshöfe des Bundes (Art. 2 Nr. 1, Art. 3 Abs. 1 Auslegungsprotokoll), wenn eine einschlägige Auslegungsfrage zum Erlass einer Entscheidung erforderlich ist. Lediglich vorlageberechtigt, aber nicht verpflichtet sind andere Rechtsmittelgerichte (Art. 2 Nr. 2, Art. 3 Abs. 2 Auslegungsprotokoll). Vorlageberechtigt sind ferner die über die Beschwerde gegen die Erteilung einer Vollstreckungsklausel entscheidenden Gerichte (Art. 2 Nr. 3, Art. 3 Abs. 2 Auslegungsprotokoll; Art. 37 EuGVÜ). In der Bundesrepublik Deutschland sind diese mit den bereits genannten Gerichten identisch. Nicht vorlageberechtigt ist das BVerfG, da es über der allgemeinen Gerichtsbarkeit angesiedelt und daher iS der Gerichtsverfassung nicht als Oberster Gerichtshof des Bundes anzusehen ist.[56] Amtsgerichte und Landgerichte erster Instanz sind nicht vorlageberechtigt.[57] Art. 68

---

[50] OLG Hamm NJW-RR 1992, 439; *Linke*, IZPR, Rn. 123 f.; für Art. 23 ebenso *Kropholler* Art. 23 Rn. 2; aA *Geimer/Schütze/Auer*, IRV, Zuständigkeit Rn. 12.
[51] So *Bülow* RabelsZ 1965, 474; *Martiny* RabelsZ 45 (1981), 427, 431; *Schwartz*, FS Grewe, 1981, S. 551.
[52] *Runge*, Einführung in das Recht der Europäischen Gemeinschaften, 1972, S. 48; *Schweitzer/Hummer*, Europarecht, 5. Aufl. 1996, Rn. 19 („begleitendes Gemeinschaftsrecht").
[53] *Baumgärtel*, FS Kegel, 1977, S. 288; *Schlosser* NJW 1975, 2132; *ders.* RIW 1983, 473, 475; *Stein/Jonas/Schumann* Einl. Rn. 781 (Fn. 20).
[54] Vgl. *Geimer/Schütze/Auer*, IRV, Einl. Rn. 35 f.; *Geimer/Schütze*, EuZVR, Einl. Rn. 13 ff.; *Schlosser* Einl. Rn. 25.
[55] EuGHE 1978, 99; *Schweitzer*, Staatsrecht III, 8. Aufl. 2004, Rn. 342.
[56] *Kropholler* Einl. Rn. 34.
[57] Krit. *Geimer/Schütze/Auer*, IRV, Einl. Rn. 53 f.

EGV nF schränkt die Vorlage für die neue EuGVO ein. Sofern die richtige Auslegung des Gemeinschaftsrechts so offenkundig ist, dass daran kein vernünftiger Zweifel besteht, kann die Vorlage unterbleiben.[58]

b) Divergenzverfahren. Zusätzlich kann nach Art. 4 des Auslegungsprotokolls die „zuständige 32 Stelle", dh. in der Bundesrepublik Deutschland das Bundesamt für Justiz[59] bei dem EuGH beantragen, zu einer Auslegungsfrage Stellung zu nehmen, wenn die rechtskräftige Entscheidung eines beliebigen Gerichts von einer Entscheidung des EuGH oder eines vorlageberechtigten Gerichts eines anderen Vertragsstaats abweicht (Art. 4 Auslegungsprotokoll). Dieses Vorlageverfahren ist an den pourvoi dans l'entérêt de la loi angelehnt.[60] Dem deutschen Recht ist diese Art der Vorlage fremd; praktisch wurde sie bisher nicht genutzt. Die Entscheidung des EuGH in diesem Verfahren hat keine Auswirkung auf die Ausgangsentscheidung; berührt also weder deren Rechtskraft zwischen den Parteien (Art. 4 Abs. 2 Auslegungsprotokoll), noch bildet sie einen Wiederaufnahmegrund.[61] Die Entscheidung soll lediglich für künftige Verfahren eine einheitliche Auslegung sicherstellen.

Erstinstanzliche Gerichte sind nicht vorlageberechtigt.[62] Den Parteien selbst steht kein Rechtsbehelf zur Verfügung, um das nationale Gericht zur Vorlage an den EuGH zu zwingen.[63] 33

c) Vorlagevoraussetzungen. (1) Vorzulegen ist eine Frage zur **Auslegung des EuGVÜ**, des 34 **Zusatzprotokolls** zum EuGVÜ oder des **Auslegungsprotokolls.** Keiner Vorlage bedarf es, wenn vernünftige Zweifel an der Auslegung nicht bestehen.[64] Zur Auslegung nationalen Rechts ist der EuGH nicht befugt, auch nicht wenn es das EuGVÜ als Muster genommen hat.[65] Das Luganer Übereinkommen darf ebenfalls nicht zur Auslegung vorgelegt werden, und zwar auch nicht, soweit es mit dem Brüsseler EuGVÜ textgleich ist.[66] Der EuGH prüft jedoch, ob ein Begriff in dem Übereinkommen etc. autonom oder nach nationalem Recht auszulegen ist[67] und klärt Zweifel über den Umfang von Verweisungen des Übereinkommens auf nationales Recht. Auch die Auslegung der nach Art. 56 Abs. 1 EuGVÜ weiterhin wirksamen bilateralen Abkommen bleibt Sache der nationalen Gerichte.

(2) Die Auslegungsfrage muss in einem anhängigen Verfahren gestellt werden; die Verfahrensart ist gleichgültig. Ob das vorlegende Gericht zuständig war, prüft der EuGH nicht.[68]

(3) Das vorlegende Gericht muss die Entscheidung über die Auslegungsfrage für **vorgreiflich** an- 35 sehen (Art. 3 Abs. 1 Auslegungsprotokoll). Der EuGH kann dessen Ansicht insoweit nicht überprüfen.[69] Nach Art. 2 des deutschen ZustG vom 7. 8. 1972 (BGBl. II S. 845) hat der Vorlagebeschluss zusätzlich die auszulegende Vorschrift zu bezeichnen, die zu klärende Auslegungsfrage darzulegen und den Sach- und Streitstand in gedrängter Form darzustellen, soweit er für die Auslegungsfrage relevant ist.

d) Entscheidungswirkung. Die Vorabentscheidung des EuGH ist nur für das Ausgangsver- 36 fahren bindend, nicht aber allgemein verbindlich.[70] In anderen Verfahren können die Gerichte daher dieselbe Frage erneut vorlegen oder, soweit nicht vorlagepflichtig, selbst abweichend entscheiden.[71] In klaren Parallelfällen sieht der BGH allerdings regelmäßig von einer erneuten Vorlage ab.[72] Außerdem nimmt der EuGH für sich in Anspruch, in seinen Vorabentscheidungen eine authentische Vertragsauslegung zu geben, die in allen Mitgliedsstaaten einheitlich anzuwenden ist.

---

[58] EuGH NJW 1983, 1257, 1258; BGH ZIP 2007, 1676, 1678.
[59] Gemäß Art. 3 des ZustG (BGBl. II 1972 S. 845); geändert durch Art. 4 Abs. 9 des Gesetzes vom 17. 12. 2006 (BGBl. I S. 3171).
[60] Vgl. *Geimer/Schütze*, EuZVR, Einl. Rn. 83; *Herrmann* Hdb. IZPR I Kap. 1 Rn. 35 ff.; *Stein/Jonas/Schumann* Einl. Rn. 811.
[61] *Jenard*-Bericht S. 70.
[62] Vgl. LG Köln RIW 1980, 215; *Jenard*-Bericht S. 68 (Rz. 11 (1)).
[63] Krit. *Basedow* Hdb. IZVR I Kap. II Rn. 160; *Kropholler* Einl. Rn. 36.
[64] BGHZ 167, 83, 90 = NJW 2006, 1672, 1673 f.
[65] EuGHE 1995 I, 615 = EWS 1995, 197.
[66] OLG Hamburg RIW 1998, 889, 891 f.
[67] Vgl. EuGHE 1976, 1541 = NJW 1977, 489 (Auslegung des Begriffs „Zivil- und Handelssachen"); anders noch BGHZ 65, 291 = NJW 1976, 478.
[68] EuGHE 2005, I-10 327, 10 339 = NJW 2006, 3126, 3127 *(Burtscher v. Stauderer)*.
[69] EuGHE 1999, I-1636 Rz. 14 = EuZW 1999, 441; EuGHE 1997, I-1147 = IPRax 1999, 35; EuGHE 1997, I-1683 = IPRax 1998, 354.
[70] Vgl *Magnus/Mankowski/Magnus* Introduction Rn. 127; *Schlosser* NJW 1977, 457, 462 f.; aA wohl *Darmon*, in EuGH, Internationale Zuständigkeit, S. 3, 5; s. o. § 322 Rn. 75.
[71] Vgl. EuGHE 1977, 1517 = NJW 1978, 483 *(Geimer)*; *Kohler* in: *Schwind,* Europarecht..., S. 125, 139.
[72] BGH NJW 1978, 1113.

37 **2. Auslegung der EuGVO.** Da die EuGVO selbst EG-Recht ist, kann zu ihrer **Auslegung** der EuGH nach Art. 234 EG angerufen werden. Die Vorlageberechtigung ist aber durch Art. 68 EG auf letztinstanzliche Gerichte beschränkt.[73] Letztinstanzlich iS dieser Norm sind die Gerichte, die im konkreten Fall letztinstanzlich entscheiden.[74] Außer den obersten Bundesgerichten sind dies auch Landgericht und Oberlandesgericht bei nicht revisiblen Urteilen und das Amtsgericht bei nicht berufungsfähigen Urteilen. Soweit es eine Nichtzulassungsbeschwerde gibt, trifft die Vorlagepflicht das Gericht, das über diese Beschwerde zu entscheiden hat.[75] In Verfahren nach Art. 33 ff., 38 ff. EuGVO kann aber nur der BGH vorlegen, da Art. 44 EuGVO die Rechtsbeschwerde generell zulässt.[76] Auch nach Art. 68 Abs. 1 EG ist das Gericht bei Entscheidungserheblichkeit der Auslegungsfrage zur Vorlage verpflichtet. Trotz der schwächeren Formulierung gegenüber Art. 3 Abs. 1 des Auslegungsprotokolls zum EuGVÜ besteht kein Vorlageermessen.[77] Wie bisher können die Parteien des Ausgangsverfahrens eine Vorlage nicht erzwingen. Das Gericht kann von der Vorlage absehen, wenn am Ergebnis der Auslegung kein vernünftiger Zweifel bestehen kann.[78]

38 In der Sache ist die EuGVO autonom auszulegen.[79] Soweit die Regeln mit denen des EuGVÜ übereinstimmen, ist die bisherige Rechtsprechung des EuGH weiter heranzuziehen (s. Erwägungsgrund Nr. 19 S. 2).[80]

III. Allgemeine Auslegungsgrundsätze

39 EuGVÜ und EuGVO wollen die internationalen Zuständigkeiten vereinheitlichen und die Freizügigkeit gerichtlicher Entscheidungen in den EU-Staaten sicherstellen. Dieses Ziel wird grundsätzlich nur erreicht, wenn die Regelungen selbst aus sich heraus, also stets **autonom**, auszulegen sind.[81] Allerdings sind beide Regelungen nicht vollständig aus sich heraus verständlich. So verweisen sie teilweise selbst in konkreten Fällen auf nach nationalem Recht bestehende Beziehungen. Dementsprechend berücksichtigt der EuGH neben dem Text und dem Sinn und Zweck auch allgemeine, den Rechtsordnungen der Mitgliedsstaaten entstammende Rechtsgrundsätze (**rechtsvergleichende Auslegung**).[82] Er versucht dabei, einen Ausgleich zwischen Freizügigkeit und Verfahrensgerechtigkeit zu erzielen und den Parteien in der EU effektiven Rechtsschutz zu sichern.[83] In diesem Rahmen bilden die Berichte zu EuGVÜ, LugÜ sowie den Beitrittsübereinkommen sowie die Erwägungsgründe zur EuGVO eine wesentliche Auslegungshilfe.[84]

40 Eine generelle **Qualifikation der Begriffe** der Verordnung bzw. des Übereinkommens nach dem Recht des Entscheidungsstaates oder des Anerkennungsstaates scheidet damit aus. Eine Qualifikation nach dem **Recht des Anerkennungsstaates** behindert die Freizügigkeit der Titel innerhalb der EU und darf daher nur Anwendung finden, wenn sie ausdrücklich angeordnet ist, zB in Art. 34 Nr. 1 EuGVO. Eine Qualifikation nach dem **Recht des Entscheidungsstaates** ist aus demselben Grunde nur vorzunehmen, wenn die Regeln ausdrücklich[85] oder sinngemäß auf das Recht des Staates verweisen. Auch bei einer Qualifikation nach dem Recht des Entscheidungsstaates ist aber die volle Wirksamkeit des Regelwerkes zu gewährleisten.[86]

41 Fehlt eine Verweisung auf das Recht des Erststaates, so ist danach zu entscheiden, ob die Regelung für den konkreten Fall Hinweise für eine autonome oder eine nationale Qualifikation enthält.[87] Regelmäßig wird der autonomen Auslegung der Vorzug zu geben sein. Dabei sind aber die

---

[73] Vgl. *Magnus/Mankowski/Magnus* Introduction Rn. 117 ff. Die Kommission strebt allerdings an, dass diese Einschränkung aufgehoben wird.
[74] Vgl. *Kropholler* Einl. Rn. 30 ff.; krit. *Leible/Staudinger* EuLF 2000/01, 225, 226 f.; *Schack* IZVR, 4. Aufl., Rn. 106 c.
[75] *Baumbach/Lauterbach/Hartmann*, GVG, Anh. § 1 Rn. 4.
[76] *Thomas/Putzo/Hüßtege*, EuGVVO, Vorbem. Rn. 14.
[77] *Kropholler* Einl. Rn. 36.
[78] EuGHE 1982, 3415; BGH ZIP 2007, 1676, 1678; *Magnus/Mankowski/Magnus* Introduction Rn. 125.
[79] *Kropholler* Einl. Rn. 41.
[80] *Kropholler* Einl. Rn. 40.
[81] BGH ZIP 2007, 1676, 1677; *Geimer/Schütze/Auer*, IRV, Einl. Rn. 43 ff.; *Geimer/Schütze*, EuZVR, Einl. Rn. 55 ff.; *Hess* IPRax 2006, 348, 350 ff.; *Magnus/Mankowski/Magnus* Introduction Rn. 93–107; *Martiny* RabelsZ 45 (1981), 427 ff.; *Spellenberg* EuR 1980, 329, 339 ff.; krit. *Scholz* S. 122 ff., 175 ff.
[82] EuGHE 1976, 1541 *(Eurocontrol)* = NJW 1977, 489 (m. Anm. *Geimer* S. 492) = RIW 1977, 40 *(Linke)*; vgl. *Magnus/Mankowski/Magnus* Introduction Rn. 108; *Scholz* S. 139 ff., 201 f.; *Hess* IPRax 2006, 348, 352 f.
[83] Vgl. *Kohler*, in: *Schwind*, Europarecht … S. 125 ff.
[84] Vgl. *Schlosser* Einl. Rn. 27.
[85] Beispiele: Art. 52 (Wohnsitz); Art. 5 Nr. 4 (Zuständigkeit bei Adhäsionsklage); Art. 10 Abs. 1 und 3.
[86] EuGHE 1976, 1473, 1485 = NJW 1977, 491 (mit Anm. *Geimer*) = RIW 1977, 40 (mit Anm. *Linke*).
[87] Der EuGH qualifiziert je nach den Umständen des Falles, vgl. EuGHE 1976, 1541 = NJW 1977, 489.

bestehenden Divergenzen zwischen materiellem und Prozessrecht zu beachten, damit eine konsistente Rechtsschutzordnung entsteht.[88] Sinnvolle Lösungen können freilich selten durch begriffliches oder systematisches Vorgehen gewonnen werden, sondern können nur das Ergebnis einer problemorientierten, die Entscheidungsalternativen abwägenden Interessenabwägung sein.[89]

Kapitel I. Anwendungsbereich

Art. 1. (1) Diese Verordnung ist in Zivil- und Handelssachen anzuwenden, ohne dass es auf die Art der Gerichtsbarkeit ankommt. Sie erfasst insbesondere nicht Steuer- und Zollsachen sowie verwaltungsrechtliche Angelegenheiten.

(2) Sie ist nicht anzuwenden auf:

a) den Personenstand, die Rechts- und Handlungsfähigkeit sowie die gesetzliche Vertretung von natürlichen Personen, die ehelichen Güterstände, das Gebiet des Erbrechts einschließlich des Testamentsrechts;
b) Konkurse, Vergleiche und ähnliche Verfahren;
c) die soziale Sicherheit;
d) die Schiedsgerichtsbarkeit.

(3) In dieser Verordnung bedeutet der Begriff „Mitgliedstaat" jeden Mitgliedstaat mit Ausnahme des Königreichs Dänemark.

Schrifttum: *Audit,* L'arbitre, le juge et la Convention de Bruxelles, Mélanges en l'honneur de Y. Loussouarn, 1994, 15; *ders.,* Arbitration and the Brussels Convention, ArbInt 9 (1993), 1; *Bajons,* Internationale Zuständigkeit und anwendbares Recht in grenzüberschreitenden Erbrechtsfällen innerhalb des europäischen Justizraums, FS Heldrich, 2005, S. 495; *Berti,* Zum Ausschluss der Schiedsgerichtsbarkeit aus dem sachlichen Anwendungsbereich des Luganer Übereinkommens, FS O. Vogel, 1991, S. 337; *Dutta,* Kapitalersatzrechtliche Ansprüche im internationalen Zuständigkeitsrecht, IPRax 2007, 195; *Göranson,* Actio Pauliana outside Bankruptcy and the Brussels Convention, Essays in Honour of Voskuil, 1992, 89; *Haas,* Insolvenzverwalterklagen und EuGVÜ, NZG 1999, 1148; *Hascher,* Recognition and enforcement of judgments on the existence and validity of an arbitration clause under the Brussels Convention, ArbInt 13 (1997), 33; *Kaissis,* Europarecht und Schiedsgerichtsbarkeit, in: Les avantages de l'arbitrage en Grece et dans les pays Balkans, 1999, S. 117; *W. Lüke,* Europäisches Zivilverfahrensrecht – das System der Abstimmung zwischen EuInsÜ und EuGVÜ, FS Schütze, 1999, S. 467; *Mäsch/Fountoulakis,* Die Geltendmachung öffentlich-rechtlicher Forderungen durch den privaten Bürgen im System des Europäischen Zivilprozessrechts, GPR 2/05, 98; *Monaco,* Competence arbitrale et competence selon la Convention Communautaire de 1968, FS Lalive, 1993, S. 587; *Soltész,* Der Begriff der Zivilsache im Europäischen Zivilprozessrecht, 1998; *Stolz,* Zur Anwendbarkeit des EuGVÜ auf familienrechtliche Ansprüche, 1995; *Thomas,* The Arbitration Exclusion in the Brussels Convention 1968: An English Perspective, JIntArb. 7 (1990), 3, 43; *Weigand,* Die internationale Schiedsgerichtsbarkeit und das EuGVÜ, EuZW 1992, 529; *Weller,* Zur Abgrenzung von ehelichem Güterrecht und Unterhaltsrecht im EuGVÜ, IPRax 1999, 14.

Übersicht

	Rn.		Rn.
I. Zivil- und Handelssachen	1–5	a) Personenstand	10, 11
1. Begriff	1, 2	b) Unterhaltsstreitigkeiten	12
a) Anwendungsbereich	1	c) Eheliche Güterstände	13–15
b) Rechtsweg	2	d) Erbrecht	16
2. Abgrenzung	3–5	3. Insolvenzrechtliche Verfahren	17–20
a) Verwaltungsrechtliche Angelegenheiten	3, 4	a) Autonome Qualifizierung	18
		b) Nichtanwendung der EuGVO	19
b) Öffentlich-rechtliche Vorfragen	5	c) Prozessvergleich	20
II. Ausgeschlossene Rechtsgebiete	6–26	4. Soziale Sicherheit	21, 22
1. Allgemeines	6–8	5. Schiedsgerichtsbarkeit	23–26
2. Personenstand, eheliche Güterstände, Erbrecht	9–16	III. Geltungsbereich	27

I. Zivil- und Handelssachen

1. Begriff. a) Anwendungsbereich. Die EuGVO ist in allen Zivil- und Handelssachen an- 1 wendbar, soweit sie nicht nach Art. 1 Abs. 2 ausgeschlossen sind oder ihr Übereinkommen für be-

---

[88] Vgl. *Schlosser* Einl. Rn. 24.
[89] Vgl. *Scholz* S. 208 f.; zur Auslegung iS eines „effet utile" s. *Hess* IPRax 2006, 348, 357 ff.

EuGVO Art. 1 2, 3   B. Europäisches Zivilprozessrecht

sondere Rechtsgebiete vorgehen (s. Art. 71). Ein nationales Gericht darf daher seine internationale Zuständigkeit nur dann auf die EuGVO stützen, wenn der Streitgegenstand in den **sachlichen Anwendungsbereich** der Verordnung fällt.[1] Der Begriff der „Zivil- und Handelssachen" ist in der Verordnung weder definiert noch regelt sie seine Qualifikationsmethode. Damit die Verordnung aber in allen Mitgliedsstaaten möglichst einheitlich angewandt wird, ist dieser Begriff **autonom auszulegen**.[2] Die EuGVO gilt danach für Streitigkeiten, deren Rechtsnatur nach materiellrechtlichen Kriterien zivilrechtlicher Natur ist.[3] Hierzu zählen auch Verbandsklagen nach §§ 1 ff. UKlaG.[4] Gleiches gilt für Handelssachen.[5] Art. 13 Streitregelungsprotokoll und Art. 66 GPÜ legen ausdrücklich fest, dass das EuGVO für Streitigkeiten über Gemeinschaftspatente in modifizierter Form anwendbar ist.[6]

2   b) Unerheblich ist nach Art. 1 Abs. 1 S. 1, welchem **Rechtsweg** die Streitigkeit innerstaatlich zugewiesen ist. In den Anwendungsbereich fallen daher auch Streitverfahren der freiwilligen Gerichtsbarkeit,[7] Adhäsionsverfahren zu Strafprozessen (vgl. Art. 5 Nr. 4)[8] sowie Arbeitsgerichtsprozesse.[9] Gleichgültig ist schließlich, ob es sich um ein endgültiges oder ein einstweiliges oder summarisches Rechtsschutzverfahren handelt.[10] Deshalb sind auch das Mahnverfahren,[11] das selbständige Beweisverfahren[12] und Annexverfahren, wie das zur Kostenfestsetzung[13] erfasst.

3   **2. Abgrenzung. a)** Obgleich Art. 1 Abs. 1 S. 2 klarstellt, dass **verwaltungsrechtliche Angelegenheiten** nicht erfasst sind, bereitet deren Abgrenzung Schwierigkeiten. Nach Ansicht des EuGH können auch Entscheidungen in Verfahren zwischen einer Behörde und einer Privatperson unter das Übereinkommen fallen. Nicht erfasst sind dagegen Rechtsstreitigkeiten im Zusammenhang mit der Ausübung hoheitlicher Befugnisse.[14] Ein solcher Zusammenhang besteht bereits dann, wenn der Anspruch seinen Ursprung in einer hoheitlichen Tätigkeit hat.[15] Bejaht wurde die Ausübung hoheitlicher Befugnisse bei Schadenersatzansprüchen wegen Massakern, die deutsche Streitkräfte im Zweiten Weltkrieg verübten,[16] bei der „Beitreibung von Gebühren, die eine Privatperson einer öffentlichen, staatlichen oder internationalen Stelle schuldet, insbesondere wenn die Inanspruchnahme zwingend und ausschließlich ist, und die Gebührensätze, die Art ihrer Berechnung und das Erhebungsverfahren einseitig festgesetzt werden".[17] Keine Zivilsache ist die Klage auf Erteilung einer Zwangslizenz auf Patente (§ 24 PatG).[18] Dagegen wurde die Haftung des Lehrers an einer staatlichen Schule als Zivilsache angesehen, weil sie sich von der eines Lehrers an einer Privatschule sachlich nicht unterscheide.[19] Gehe eine Zollforderung kraft Legalzession auf einen Bürgen

---

[1] EuGHE 1977, 1517, 1526 (Rz. 5) = NJW 1978, 483 *(Geimer); Kropholler* Rn. 1.
[2] So zum EuGVÜ: EuGHE 1976, 1541 = NJW 1977, 489 *(Geimer);* EuGHE 1993, I-1963 = NJW 1993, 2091 = IPRax 1994, 37 (Rz. 18) (mit Anm. *Heß* S. 10); EuGH (15. 2. 07, C-292/05) (Rz. 29); vgl. *Geimer* EuR 1977, 341 ff.; *Geimer/Schütze/Safferling/Wolf,* IRV, Rn. 4 ff.; *Magnus/Mankowski/Rogerson* Rn. 12; *Soltész* S. 23 ff.
[3] *Zöller/Geimer* Art. 1 EuGVVO Rn. 19. Für Abgrenzung anhand der modifizierten Subjektstheorie (Sonderrechtstheorie) *Soltész* S. 142 ff., 190.
[4] (Zu §§ 13 ff. AGBG) BGHZ 109, 29 = NJW 1990, 317; *Schlosser* Rn. 6; *Rauscher/Mankowski* Rn. 4.
[5] Außerhalb der EuGVO liegen etwa Verfahren nach § 132 FGG oder nach § 14 Abs. 1 HGB.
[6] ABlEG Nr. L 401 vom 30. 12. 1989, S. 24, 36.
[7] *Martiny* Hdb. IZVR III I 2 Kap. II Rn. 33.
[8] EuGHE 2000, I-1935 (Rz 30) = NJW 2000, 2185; EuGHE 1993, I-1963 (Rz. 16) = NJW 1993, 2091; *Geimer/Schütze,* EuZVR, Rn. 35 ff.
[9] EuGHE 1982, 1981 = IPRax 1983, 173 (dazu *Mezger* S. 153).
[10] EuGHE 1979, 1055, 1066 (Rz. 8) = NJW 1979, 1100 (LS); EuGHE 1980, 731, 741 (Rz. 10) = IPRax 1981, 19 (dazu *Hausmann* S. 5).
[11] *Busl* IPRax 1986, 270; *Schlosser* Rn. 6.
[12] *Schlosser* Rn. 6.
[13] OLG Koblenz IPRax 1987, 24, 25.
[14] EuGHE 1976, 1541, 1555 = NJW 1977, 489; EuGHE 1993, I-1963 = NJW 1993, 2091; EuGHE 2004, I-1543 = IPRax 2004, 334 (dazu *Lorenz/Unberath* S. 298); BGHZ 155, 279 = NJW 2003, 3488 (Fall Distomo); vgl. *Geimer/Schütze/Safferling/Wolf,* IRV, Rn. 10 ff.
[15] EuGHE 1980, 3807, 3819 = IPRax 1981, 169, 173 (Rz. 15) (m. Anm. *Schlosser* S. 154) (Beitreibung von Kosten für die Beseitigung eines Wracks durch einen Hoheitsträger; vgl. auch *Dormann-Bessenich,* Der ausländische Staat als Kläger, 1993.
[16] EuGH (15. 2. 07, C-292/05) (Rz. 27 ff., 38 ff.) NJW 2007, 2464 = EuZW 2007, 252 = ZZPInt 11 (2006), 202 (m. Anm. *Dutta*).
[17] EuGHE 1976, 1541, 1551 = NJW 1977, 489; vgl. BGH NJW 1978, 1113 (Eurocontrol).
[18] *Adolphsen* Rn. 500; *Kropholler* Art. 22 Rn. 49.
[19] EuGHE 1993, I-1963 = JZ 1994, 252 *(Eichenhofer)* = IPRax 1994, 37, 39 (Rz. 29); vgl. *Soltész* S. 57 ff., 193 f.

über, so werde sie von diesem als private Forderung geltend gemacht.[20] Auch der Gebührenanspruch eines Strafverteidigers ist Zivilsache.[21]

Die Einordnung als Zivilsache durch das Erstgericht bindet das Gericht des Anerkennungsstaates nicht (s. u. Art. 33 Rn. 2). **4**

b) Dagegen bleibt die EuGVO anwendbar, wenn innerhalb eines zivilrechtlichen Streitgegenstandes nur eine **öffentlichrechtliche Vorfrage** zu beantworten ist. Öffentlichrechtliche Streitigkeiten, die in der Bundesrepublik Deutschland den Zivilgerichten zugewiesen sind, etwa aus Amtspflichtverletzungen, fallen nicht in den Anwendungsbereich der EuGVO. **5**

II. Ausgeschlossene Rechtsgebiete

1. Allgemeines. Art. 1 Abs. 2 schließt einige Sachgebiete ausdrücklich aus der Anwendung der EuGVO aus. Teils sind diese Gegenstände anderweitig geregelt oder sollen geregelt werden, teils wäre ihre Einbeziehung, etwa im Bereich des Ehe- und Erbrechts wegen der großen Unterschiede im materiellen und Kollisionsrecht sehr schwierig gewesen. **6**

Der EuGH legt die in Art. 1 Abs. 2 verwendeten Begriffe wiederum **autonom** aus.[22] Die Gebiete, die im Ausnahmekatalog des Art. 1 Abs. 2 und des Art. 57 aufgeführt sind, sind nur dann aus dem Anwendungsbereich der EuGVO ausgeschlossen, wenn der Streitgegenstand unmittelbar einem dieser Gebiete entstammt.[23] Anders ist es jedoch, wenn nur eine Vorfrage aus den ausgeschlossenen Bereichen inzidenter zu entscheiden ist.[24] Wird etwa auf Auseinandersetzung einer durch eine Gesellschafterinsolvenz aufgelösten OHG geklagt, so handelt es sich um eine gesellschaftsrechtliche Streitigkeit, die der EuGVO unterliegt[25] (vgl. auch Art. 22 Nr. 2). Ebenso fallen Leistungsklagen von Sozialversicherungsträgern, die diese aufgrund des kraft Gesetzes auf sie übergegangenen Ansprüche von Leistungsempfängern geltend machen, nicht in den Bereich „soziale Sicherheit", sondern unter die EuGVO.[26] Bei Auskunftsansprüchen ist auf den Hauptanspruch abzustellen, dessen Durchsetzung sie dienen sollen. Bei einer kumulativen Anspruchskonkurrenz genügt es, dass einer der Ansprüche unter das Übereinkommen fällt.[27] **7**

Darüber hinaus hat der EuGH geschwankt, ob die ausgeschlossenen Bereiche extensiv oder restriktiv zu verstehen sind. Den Bereich der „ehelichen Güterstände" und des „Personenstands" hat er zunächst ziemlich weit ausgelegt,[28] später aber Unterhaltsansprüche, die im Rahmen eines Scheidungsverfahrens geltend gemacht werden, unter das Übereinkommen fallen lassen.[29] Nach dem Zweck der EuGVO sind die **ausgeschlossenen Bereiche** im Zweifel **eng auszulegen**.[30] **8**

2. Personenstand, eheliche Güterstände, Erbrecht. Abs. 2 Lit. a schließt Ehesachen (§§ 606 ff.), Kindschaftssachen (§§ 640 ff.) und die klassischen Bereiche der freiwilligen Gerichtsbarkeit, insbesondere Vormundschafts-, Pflegschafts-, Betreuungs-, Verschollenheits- und Nachlasssachen vom Anwendungsbereich der EuGVO aus. Die EuGVO wird freilich durch die Verordnung über die Zuständigkeit und die Anerkennung und Vollstreckung von Entscheidungen in Ehesachen („Brüssel II a")[31] ergänzt; diese Verordnung ist im Schlussanhang unter Nr. B 4 erläutert. **9**

a) Zum Recht des **Personenstands,** der Rechts- und Handlungsfähigkeit sowie der gesetzlichen Vertretung natürlicher Personen gehören im Einzelnen Verfahren über die Anfechtbarkeit und Gültigkeit von Eheschließungen, das Getrenntleben von Ehegatten, Verschollenheitsverfahren, Verfahren über den Personenstand Minderjähriger, ihre Rechts- und Handlungsfähigkeit, die gesetzliche Vertretung von Minderjährigen oder Volljährigen, Entscheidungen über die Sorgerecht und das Umgangsrecht nach Trennung der Eltern oder nach Scheidung einschl. der Verfahren zur Herausgabe eines Kindes,[32] Entscheidungen über die Staatsangehörigkeit oder den Wohnsitz einer Person, **10**

---

[20] EuGHE 2003, I-4867, 4891 = RIW 2004, 385 = IPRax 2004, 334; *Mäsch/Fountoulakis* GPR 2005, 98.
[21] LG Paderborn EWS 1995, 248; *Soltész* S. 195 ff.
[22] EuGHE 1979, 733, 743 (Rz. 3) = RIW 1979, 273; EuGHE 1979, 1055, 1066 = NJW 1979, 1100 (LS); zust. *Geimer/Schütze,* EuZVR, Rn. 50; *Kropholler* Rn. 16.
[23] *Jenard*-Bericht S. 10 f.
[24] *Jenard*-Bericht S. 10; *Schlosser*-Bericht Nr. 51.
[25] *Schlosser*-Bericht Nr. 59.
[26] *Schlosser*-Bericht Nr. 60.
[27] *Schlosser* Rn. 13.
[28] EuGHE 1979, 1055 = NJW 1979, 1055.
[29] EuGHE 1980, 731, 739 ff. = IPRax 1981, 19.
[30] *Geimer/Schütze,* EuZVR, Rn. 49.
[31] AblEG Nr. L 160/19 vom 30. 6. 2000.
[32] BGHZ 88, 113 = NJW 1983, 2775, 2776.

Eingriffe in das elterliche Sorgerecht, sonstige Maßnahmen zum Schutz von Minderjährigen sowie Verfahren über die Annahme als Kind.

11 Von der Ausnahme betroffen ist nur der Status natürlicher Personen; Verfahren über Existenz oder Gründung **juristischer Personen** oder Personengesellschaften oder über die Rechte ihrer Organe sind dagegen allgemeine Zivilsachen.[33]

12 b) Aus Art. 5 Nr. 2 ergibt sich, dass **Unterhaltsstreitigkeiten** nicht unter die Ausnahme des Art. 1 Abs. 2 fallen.[34] Dies gilt auch, wenn diese mit einer Statusklage in Ehe- oder Kindschaftssachen verbunden sind.[35]

13 c) Der Begriff **„eheliche Güterstände"** umfasst die vermögensrechtlichen Streitigkeiten zwischen den Ehegatten während der Ehe oder nach deren Trennung oder Scheidung (einschließlich des Versorgungsausgleichs).[36] Erfasst sind auch Streitigkeiten über die gegenseitigen Verwaltungs- und Verfügungsrechte über das den Ehegatten gehörende Vermögen[37] oder Auseinandersetzungen mit Abkömmlingen, die sich aus dem Güterstand (zB einer fortgesetzten Gütergemeinschaft) ergeben.[38] Streitigkeiten über Hausrat und Ehewohnung fallen ebenfalls nicht unter das Übereinkommen.[39]

14 Schwierigkeiten macht die **Abgrenzung** güterrechtlicher **von Unterhaltsstreitigkeiten**. Ordnet ein Gericht in einem Scheidungsurteil die Zahlung von regelmäßigen oder pauschalen Beträgen und/oder die Übertragung von Eigentum von einem ehemaligen Ehegatten auf den anderen an, so haben solche Leistungen regelmäßig Unterhaltscharakter und fallen unter die EuGVO.[40]

15 Streitigkeiten **zwischen Ehegatten und Dritten** aus ehelichen Verfügungsbeschränkungen fallen dagegen idR nicht unter die EuGVO.[41] Streitigkeiten zwischen Eheleuten auf der Grundlage des allgemeinen Schuld- oder Sachenrechts, zB aus Arbeits- oder Gesellschaftsverträgen zwischen Ehegatten, fallen dagegen unter das Übereinkommen.[42] Auch Streitigkeiten zwischen **nichtehelichen oder gleichgeschlechtlichen Lebenspartnern** (nach dem LPartG) sind stets allgemeine Zivilsachen.[43] Gleiches gilt für Ansprüche aus Verlöbnisbruch.[44]

16 d) Zum **„Erbrecht** einschl. des Testamentsrechts" gehören alle Streitigkeiten über den Erwerb von Todes wegen. Schenkungen auf den Todesfall fallen nur dann in den Bereich des ausgeschlossenen Erbrechts, wenn sie nach Erbrecht abzuwickeln sind.[45] Nicht hierzu zählen Streitigkeiten wegen Erblasserschulden,[46] auch nicht Ansprüche der Erben eines Stifters (unter Lebenden) wegen unzulässiger Veränderungen eines Grundstücks.[47]

17 **3. Insolvenzrechtliche Verfahren** waren ursprünglich aus dem Anwendungsbereich ausgenommen, weil ein selbständiges EG-Konkursübereinkommen geplant war. Nach Entwürfen von 1980 und 1984[48] und der gescheiterten Zeichnung des Europäischen Insolvenzübereinkommens[49] vom 23. 11. 1995 wurde das europäische Insolvenzrecht als Verordnung des Rates Nr. 1346/2000 **(EuInsVO)** verabschiedet;[50] sie ist zum 31. 5. 2002 in Kraft getreten.

18 a) Die Begriffe „Konkurs, Vergleich und ähnliche Verfahren" sind **autonom** zu qualifizieren. Der EuGH versteht darunter „Verfahren, die ... auf der Zahlungseinstellung, der Zahlungsunfähig-

---

[33] *Kropholler* Rn. 22; *Schlosser* Rn. 15.
[34] BGH NJW 1980, 2022 = FamRZ 1980, 672; OLG Frankfurt IPRax 1981, 136 (m. Anm. *Schlosser* S. 120); *Geimer/Schütze*, EuZVR, Rn. 93; *Schlosser*-Bericht Rn. 41.
[35] EuGHE 1980, 731 = IPRax 1981, 19; OLG Düsseldorf IPRspr. 1983 Nr. 180; vgl. *Mezger* IPRax 1985, 300 und *Sonnenberger* IPRax 1985, 238.
[36] EuGHE 1979, 1055, 1066 (Rz. 7) = NJW 1979, 1100 (LS); *Schlosser*-Bericht Rn. 50; dazu *Hausmann* FamRZ 1980, 418.
[37] *Schlosser*-Bericht Nr. 50.
[38] *Kropholler* Rn. 26.
[39] *Geimer* IPRax 1992, 6; *Schlosser* Rn. 16; Hk-ZPO/*Dörner* Rn. 9.
[40] EuGHE 1997, I-1147 (Rz. 27) = IPRax 1999, 35 (dazu *Weller* S. 14); *Schlosser* Rn. 17.
[41] Vgl. *Geimer/Schütze*, EuZVR, Rn. 108.
[42] *Geimer/Schütze*, EuZVR, Rn. 102 ff.
[43] *Geimer/Schütze*, EuZVR, Rn. 114; aA *Rauscher/Mankowski* Rn. 14 f.
[44] BGH NJW 1996, 1411 = JZ 1997, 88 *(Gottwald)* = ZZPInt 2 (1997), 117 *(U. Wolf)*; aA *Geimer/Schütze*, EuZVR, Rn. 97.
[45] *Geimer/Schütze*, EuZVR, Rn. 117; *Kropholler* Rn. 28.
[46] *Schlosser* Rn. 18; *Rauscher/Mankowski* Rn. 17.
[47] Cour d'appel de Paris, J.D.I. 121 (1994), 671 (note *Huet*).
[48] Deutscher Text in: ZIP 1980, 581, 811 und KTS 1981, 167.
[49] Deutscher Text in: ZIP 1996, 976; vgl. *Balz* ZIP 1996, 948; *Funke* InVO 1996, 170; vgl. Bericht des Rates der EU, ZInsO 1999, 222.
[50] AblEG Nr. L 160/1 vom 30. 6. 2000.

keit oder der Erschütterung des Kredits des Schuldners beruhen und … in eine zwangsweise kollektive Liquidation der Vermögenswerte des Schuldners oder zumindest in eine Kontrolle durch die Gerichte münden".[51] Ausgeschlossen sind nur die Verfahren, die unmittelbar diesem Ziel dienen. Entsprechend verneinte der EuGH die Anwendbarkeit des EuGVÜ für eine „action en comblement du passif" gem. Art. 99 des französischen Gesetzes vom 13. 7. 1967 (Nr. 67–563) bzw. nach Art. 180 des Gesetzes Nr. 85–98 vom 25. 1. 1985, mit der im Konkurs einer Handelsgesellschaft auch das Vermögen des faktischen Leiters zur Gläubigerbefriedigung herangezogen werden soll.[52] Klagen des Insolvenzverwalters wegen Eigenkapitalersatz werden nicht als „Insolvenzverfahren" angesehen und sind von der EuGVO erfasst.[53]

b) In der Bundesrepublik Deutschland sind danach **nicht von der EuGVO** erfasst: Alle Insolvenzverfahren nach der InsO, das bisherige Konkursverfahren, Verfahren nach der Gesamtvollstreckungsordnung, das gerichtliche Vergleichsverfahren und seine Nachverfahren nach der VerglO, Anfechtungsklagen des Insolvenzverwalters,[54] auch im Fall des § 135 InsO,[55] die Maßnahmen der Aufsichtsbehörden gegenüber Kreditinstituten und Versicherungsunternehmen zur Vermeidung des Insolvenzverfahrens. Im Übrigen ist als Anhaltspunkt auf die Liste des früheren Entwurfs zu Art. 1 des EU-Konkursübereinkommens zu verweisen.[56] Normale Zivilsachen sind dagegen die Klagen auf Aussonderung oder Absonderung,[57] auf Feststellung einer wirksamen Aufrechnung in der Insolvenz, Klagen aus Masseansprüchen, Klagen auf Feststellung der streitigen Forderung zur Insolvenztabelle,[58] sowie (von den Anfechtungsklagen abgesehen) alle Aktivprozesse des Insolvenzverwalters gegen Dritte.[59] Hierzu gehören auch Rückzahlungsansprüche nach §§ 30, 31 GmbH, die der Insolvenzverwalter einklagt.[60] 19

c) Der Ausdruck „Vergleich" bezieht sich nur auf Verfahren zur Abwendung der Vermögensliquidation im Insolvenzverfahren, **nicht dagegen auf außergerichtliche Partei- oder Anwaltsvergleiche sowie gerichtliche Prozessvergleiche**, die auf dem freien Willen der Parteien beruhen.[61] Dass Prozessvergleiche unter die EuGVO fallen, ergibt sich unmittelbar aus Art. 58 EuGVO, für den außergerichtlichen Vergleich aus Art. 57 EuGVO sowie aus der Entstehungsgeschichte des EuGVÜ. 20

4. Soziale Sicherheit. Dieser Begriff ist wie in Art. 42 EGV und in der VO Nr. 1408/71 sowie der VO Nr. 883/2004 zu verstehen. Außerdem ist auf das Übereinkommen Nr. 102 der Internationalen Arbeitsorganisation (ILO) vom 28. 6. 1952 über die Mindestnormen der sozialen Sicherheit (BGBl. II 1957 S. 1321) zurückzugreifen. Ausgeschlossen sind danach Streitigkeiten über die kassenärztliche Behandlung, das Krankengeld, Leistungen der Mutterschaftsversicherung, die Invalidenversicherung, die Altersversicherungen, Leistungen an Hinterbliebene, Leistungen bei Arbeitsunfällen und Berufskrankheiten, Familienbeihilfen und Leistungen an Arbeitslose.[62] 21

Zu den Zivilsachen gehören dagegen Ansprüche gegen den Arbeitgeber auf Zahlung von Urlaubsgeld,[63] Streitigkeiten über die Behandlung von Kindergeld als Unterhalt sowie Regressansprüche von Sozialversicherungsträgern aufgrund einer Legalzession (zB bei Unfällen oder Unterhalt). 22

---

[51] EuGHE 1979, 733, 743 = NJW 1979, 1772; vgl. dazu OLG Frankfurt NJW 1978, 501 und BGH RIW 1980, 81.
[52] Ebenso OLG Hamm RIW 1994, 62; aA *Gruber* EWS 1994, 190; *Ebenroth/Kieser* KTS 1988, 19, 41 ff.; vgl. *Haas* NZG 1999, 1148.
[53] OLG Thüringen ZIP 1998, 96; *G. Schwarz*, FS 600 Jahre Würzburger Juristenfakultät, 2002, S. 503, 513 f.; *Kropholler* Art. 1 Rn. 35; *Zöller/Geimer* Art. 1 EuGVVO Rn. 38; *Schlosser* Rn. 21; *Rauscher/Mankowski* Rn. 20 c; vgl. OLG München ZIP 2006, 2402 (dazu *Ringe/Willemer* EWiR Art. 1 LugÜ 1/07, 153 u. *Dutta* IPRax 2007, 195, 196 ff.).
[54] BGH NJW 1990, 990 = ZIP 1990, 246 (dazu *H. Schmidt* EuZW 1990, 219); OLG München RIW 2002, 66, 67; *Flessner/Schulz* IPRax 1991, 162; *Rauscher/Mankowski* Rn. 19; *Czernich/Tiefenthaler* Rn. 19; *Saenger/Klockenbrink* IHR 2007, 60. S. aber die Vorlage des BGH an den EuGH (ZIP 2007, 1415 m. Anm. *Klöhn/Berner*).
[55] OLG München ZIP 2006, 2402, 2403.
[56] Vgl. *Schlosser*-Bericht Rn. 54; ferner *Grasmann* KTS 1990, 157 f., 175 f.; Oberstes Gericht Norwegens [1998] I. L. Pr. 83.
[57] *Rauscher/Mankowski* Rn. 21.
[58] Vgl. BGHZ 122, 373, 386 = NJW 1993, 2312; aA *Rauscher/Mankowski* Rn. 22.
[59] *Mankowski* NZI 1999, 56; *Haas* NZG 1999, 1148; *Rauscher/Mankowski* Rn. 20 c.
[60] OLG München ZIP 2006, 2402, 2403 (dazu *Ringe/Willemer* EWiR Art. 1 LugÜ 1/07, 153).
[61] *Kropholler* Rn. 34; *Rauscher/Mankowski* Rn. 18 b.
[62] BSGE 54, 250; *Jenard*-Bericht S. 12; *Rauscher/Mankowski* Rn. 23.
[63] *Kropholler* Rn. 39; *Schlosser* Rn. 22.

23 **5. Schiedsgerichtsbarkeit.** Da die EU-Staaten bereits Mitglieder des New Yorker UN-Übereinkommens über die Anerkennung und Vollstreckung ausländischer Schiedssprüche von 1958 und überwiegend des Genfer Europäischen Übereinkommens über die internationale Handelsschiedsgerichtsbarkeit von 1961 waren und sind, bestand nach Ansicht der Vertragsparteien kein Bedürfnis für eine weitere Regelung.[64] Da beide Übereinkommen die Anforderungen an Schiedsvereinbarungen nur indirekt und teilweise abweichend von den Erfordernissen einer Gerichtsstandsvereinbarung regeln, wird allerdings vorgeschlagen, das EuGVÜ durch ein (einheitliches) Europäisches Schiedsübereinkommen auf der Grundlage des UNCITRAL-Model Law zu ergänzen.[65]

24 Aus dem **Ausschluss der Schiedsgerichtsbarkeit** ergibt sich mittelbar die Freiheit, Schiedsvereinbarungen zu treffen und dadurch die internationale Zuständigkeit eines Vertragsstaats nach der EuGVO auszuschließen. Die Zulässigkeit solcher Vereinbarungen im Einzelnen richtet sich nach den internationalen Übereinkommen, hilfsweise nach dem autonomen nationalen Recht, in der Bundesrepublik Deutschland insbesondere den §§ 1025 ff. nF.

25 Vom Anwendungsbereich der EuGVO ausgeschlossen sind auch **gerichtliche Verfahren, die in Zusammenhang mit einem Schiedsverfahren** stehen,[66] dh. Verfahren zur Ernennung oder Abberufung von Schiedsrichtern,[67] zur Festlegung des Schiedsorts und zur Verlängerung einer Frist für die Fällung des Schiedsspruchs, und zwar unabhängig davon, ob die Existenz oder Gültigkeit der Schiedsvereinbarung streitig ist.[68] Ebenfalls ausgeschlossen sind Verfahren zur Vorabentscheidung materieller Rechtsfragen, wie sie das englische Recht kennt (sec. 45 Arbitration Act 1996), Verfahren mit dem Ziel, Wirksamkeit oder Unwirksamkeit eines Schiedsvertrages festzustellen,[69] den Parteien zu verbieten, ein Schiedsverfahren weiter zu betreiben. Ausgeschlossen sind schließlich Klagen der Schiedsrichter gegen die Parteien sowie Anträge auf Aufhebung, Nichtigerklärung,[70] Änderung, Anerkennung und Vollstreckung von Schiedssprüchen[71] einschl. gerichtlicher Entscheidungen, die Schiedssprüche bestätigen oder sachlich darauf beruhen.[72]

26 Hat ein staatliches Gericht einen **Schiedsvertrag übersehen** oder diesen für unwirksam gehalten und in der Hauptsache entschieden, so darf der Anerkennungsrichter die Anerkennung nicht verweigern, da die Art. 34, 35 insoweit keinen Grund für die Versagung der Anerkennung einer ausländischen Entscheidung enthalten.[73] Allenfalls in extremen Fällen kommt ein ordre public-Verstoß in Betracht.[74]

III. Geltungsbereich

27 Die EuGVO gilt seit 1. 4. 2005 auch in den zehn neuen Mitgliedsstaaten, seit 1. 1. 2007 auch in Bulgarien und Rumänien.

28 Art. 1 Abs. 3 stellt zwar klar, dass die EuGVO im Verhältnis zu **Dänemark** nicht unmittelbar gilt. Durch Abkommen zwischen der EG und Dänemark über die gerichtliche Zuständigkeit und die Anerkennung und Vollstreckung von Entscheidungen in Zivil- und Handelssachen vom 19. 10. 2005[75] wurde aber die Geltung der EuGVO im Verhältnis EG-Dänemark vereinbart. Nach Art. 2 Abs. 2 (a) dieses Abkommens soll Art. 1 Abs. 3 EuGVO keine Anwendung finden. Das Abkommen ist sechs Monate nach der Notifizierung des Abschlusses, dh. zum 1. 7. 2007 in Kraft getreten (Art. 12 Abs. 2).

---

[64] Vgl. *Bülow* RabelsZ 1965, 474, 476; *Jenard*-Bericht S. 13.
[65] *Volz*, Harmonisierung des Rechts der individuellen Rechtswahl ..., 1993, S. 57 ff., 76 ff.
[66] Vgl. *Kropholler* Rn. 43; *Schlosser*-Bericht Rn. 64, 65; *Monaco*, FS Lalive, 1993, S. 587; *Thomas* JIntArb. 1990, 43; krit. *Schlosser* Rn. 23.
[67] EuGHE 1991-I, 3855, 3901 (Rz. 19) = NJW 1993, 189 = IPRax 1992, 312 (dazu *Haas* S. 292) = J.D.I. 1992, 488 *(Huet)*; vgl. *Weigand* EuZW 1992, 529.
[68] EuGHE 1991-I, 3855, 3903 (Rz. 29); vgl. *Hascher* ArbInt. 13 (1997), 33, 38.
[69] *Hascher* ArbInt. 13 (1997), 33, 39; aA English High Court [1997] I.L. Pr. 144 (antisuit injunction wegen wirksamer Schiedsklausel).
[70] Vgl. OLG Stuttgart RIW 1988, 480, 482.
[71] BGHZ 104, 178 = NJW 1988, 3090, 3091; vgl. *Berti*, FS Vogel, 1991, S. 337.
[72] *Geimer/Schütze*, EuZVR, Rn. 159; aA *Schlosser* Rn. 24.
[73] *Kropholler* Rn. 47; *Rauscher/Mankowski* Rn. 31 a; vgl. aber *Schlosser*-Bericht Rn. 62.
[74] *Schlosser* Rn. 25.
[75] ABlEG Nr. L 299/62.

Kapitel II. Zuständigkeit

Abschnitt 1. Allgemeine Vorschriften

Art. 2. (1) Vorbehaltlich der Vorschriften dieser Verordnung sind Personen, die ihren Wohnsitz im Hoheitsgebiet eines Mitgliedstaats haben, ohne Rücksicht auf ihre Staatsangehörigkeit vor den Gerichten dieses Mitgliedstaats zu verklagen.

(2) Auf Personen, die nicht dem Mitgliedstaat, in dem sie ihren Wohnsitz haben, angehören, sind die für Inländer maßgebenden Zuständigkeitsvorschriften anzuwenden.

Schrifttum: *Bucher*, Kläger- und Beklagtenschutz im Recht der internationalen Zuständigkeit, 1997; *Coester-Waltjen*, Die Bedeutung des EuGVÜ und des Luganer Abkommens für Drittstaaten, FS Nakamura, 1996, S. 89; *Gaudemet-Tallon*, Le „forum non conveniens", une menace pour la convention de Bruxelles?, Rev. crit. 80 (1991), 491; *dies.*, Les frontières extérieures de l'espace judiciaire européen: quelques repères, Liber americorum Droz, 1996, S. 85; *Gottwald*, Das Wetterleuchten des Forum non conveniens, FS Jayme, 2004, S. 277; *Grolimund*, Drittstaatenproblematik des europäischen Zivilverfahrensrechts, 2000; *Hess*, Die allgemeinen Gerichtsstände der Brüssel I-Verordnung, FS Lindacher, 2007, S. 53; *Hogan*, The Brussels Convention, Forum non Conveniens and the Connecting Factors Problem, EuLRev. 20 (1995), 471; *Huber*, Forum non conveniens und EuGVÜ, RIW 1993, 977; *ders.*, Die englische forum-non-conveniens-Doktrin, 1994; *Kaye*, Nationality and the European Convention on the Jurisdiction and Enforcement of Judgments, I. C. L. Q. 37 (1988), 268; *North*, La liberté d'appréciation de la compétence (jurisdictional discretion) selon la Convention de Bruxelles, Hommage à F. Rigaux, 1993, S. 373; *Schlosser*, Jurisdiction in International Litigation – The Issue of Human Rights in Relation to National Law and to the Brussels Convention, Riv. dir. int. 74 (1991), 5; *Schwander*, Die Gerichtszuständigkeiten im Lugano-Übereinkommen, in: Schwander, Das Lugano-Übereinkommen, 1990, S. 61.

Übersicht

	Rn.		Rn.
I. Die Zuständigkeitsordnung der EuGVO	1–12	7. Nicht geregelte Fragen	12
1. Überblick	1	II. Der Wohnsitzgerichtsstand als Grundregel	13–20
2. Grundanknüpfung	2	1. Wohnsitz und Sitz	13–17
3. Prüfungsschritte	3–6	2. Kein Gerichtsstand des gewöhnlichen Aufenthalts	18
a) Anwendungsbereich	3		
b) Internationale Zuständigkeit	4	3. Maßgeblicher Zeitpunkt	19, 20
c) Besonderer Gerichtsstand	5		
d) Ausnahme von Art. 4 EuGVO	6	III. Regelung der örtlichen Zuständigkeit	21–23
4. Vorrang vor nationalem Recht	7, 8		
5. Keine forum non conveniens-Doktrin	9	IV. Gleichstellung von Ausländern	24
6. Notzuständigkeit	10, 11	V. Geltung gegenüber Drittstaaten	25–29

I. Die Zuständigkeitsordnung der EuGVO

1. Überblick. Titel II der EuGVO enthält ein in sich geschlossenes System einer einheitlichen 1 internationalen Zuständigkeitsordnung der Mitgliedstaaten.[1] Sein Ziel ist es, die Zuständigkeitsregeln in den Mitgliedstaaten zu vereinheitlichen, Häufungen der Gerichtsstände abzubauen und ein leicht feststellbares System der Gerichtsstände aufzustellen.[2] Die Art. 2–24 enthalten dabei unmittelbare Regelungen der internationalen Entscheidungszuständigkeit. Konsequenterweise verzichtet die Verordnung daher bei der Anerkennung und Vollstreckung weitgehend auf eine Überprüfung der Zuständigkeitsordnung (vgl. Art. 35 Abs. 1).

2. Grundanknüpfung für die internationale Entscheidungszuständigkeit ist für alle Klagen der 2 **Wohnsitz des Beklagten** in einem Mitgliedstaat.[3] Gleichgestellt ist der Sitz bei juristischen Personen und Gesellschaften (Art. 60). Diese Anknüpfung entspricht Art. 6 Abs. 1 EMRK.[4] Auf die Stellung als Gläubiger oder Schuldner nach materiellem Recht kommt es nicht an.[5] Entgegen der sonstigen Tendenz im IPR und in internationalen Verträgen verzichtet die EuGVO – von Art. 5 Nr. 2 abgesehen – auf die Anknüpfung an den gewöhnlichen Aufenthalt eines der Beteiligten. (Die

---

[1] *Kropholler* Vor Art. 2 Rn. 1.
[2] EuGHE 1997, I-3737, 3788 (Rz. 26) *(Benincasa)* = JZ 1998, 896 (mit Anm. *Mankowski*).
[3] Zum Gerechtigkeitsgehalt s. *Heß*, FS Lindacher, 2007, S. 53, 54 ff.
[4] *Adolphsen* Rn. 483.
[5] BGHZ 134, 201, 205 = NJW 1997, 870, 871.

EuGVO Art. 2 3–7   B. Europäisches Zivilprozessrecht

von der EU-Kommission vorgeschlagene Veränderung dieser Grundanknüpfung wurde nicht verwirklicht.[6] Auf die Staatsangehörigkeit der Parteien wird nur noch in wenigen Fällen abgestellt.[7] Irrelevant ist auch, ob der Kläger in einem Mitgliedstaat oder in einem Nichtmitgliedstaat wohnt.[8] Geregelt ist in den Art. 2–24 überwiegend nur die **internationale** Entscheidungszuständigkeit. In den Art. 5 ff. legt die Verordnung aber auch die **örtliche** Zuständigkeit fest. In beiden Fällen haben ihre Regelungen Vorrang vor dem autonomen nationalen Recht. Soweit die Verordnung keine Regelung der örtlichen Zuständigkeit enthält, richtet sich diese nach dem autonomen Recht, in der Bundesrepublik Deutschland also nach den §§ 12 ff. ZPO (s. u. Rn. 8).

3   **3. Prüfungsschritte. a)** Zuerst ist zu prüfen, ob die **EuGVO anwendbar** ist. Dazu muss
(1) die Verordnung nach Art. 1 **sachlich** anwendbar sein,
(2) die Klage **zeitlich** nach dem Inkrafttreten der EuGVO erhoben worden sein (vgl. Art. 1 Rn. 8 und Art. 66 Rn. 1 ff.) und
(3) der Beklagte seinen **Wohnsitz** im Hoheitsbereich eines Mitgliedstaates haben (oder so zu behandeln sein); für Gesellschaften und juristische Personen ist auf ihren Sitz abzustellen (Art. 59, 60).

4   **b)** Als zweites ist zu prüfen, welche Gerichte **international zuständig** sind. Nach der Grundregel des Art. 2 Abs. 1 sind die Gerichte des Wohnsitz- bzw. Sitzstaates für alle Klagen gegen den Beklagten zuständig (s. Rn. 12 f.). Am Sitz einer abhängigen Gesellschaft soll darüber hinaus auch eine auf Durchgriffshaftung gestützte Klage gegen die herrschende Gesellschaft erhoben werden können.[9]

5   **c)** Im allgemeinen Gerichtsstand des Art. 2 kann der Kläger beliebige Ansprüche gegen den Beklagten geltend machen, soweit nicht ein ausschließlicher Gerichtsstand nach Art. 22 oder Art. 23 dem entgegensteht. Vor anderen Gerichten als denen des Wohnsitzstaates kann der Beklagte dagegen gem. Art. 3 Abs. 1 nur verklagt werden, sofern ein **besonderer Gerichtsstand** nach den Art. 5 bis 24 EuGVO besteht oder sich die internationale Zuständigkeit aus einem Übereinkommen für besondere Rechtsgebiete gemäß Art. 71 Abs. 1 ergibt.[10] Als Ausnahmen vom Grundsatz des Art. 2 sind die besonderen Gerichtsstände nicht in erweiternder, über die in der EuGVO vorgesehenen Fälle hinaus auszulegen.[11] Voraussetzung ist allerdings, dass der Beklagte seinen Wohnsitz bzw. Sitz in einem Mitgliedstaat hat. Zwischen dem allgemeinen Gerichtsstand und besonderen Gerichtsständen hat der Kläger die Wahl (s. Art. 3 Rn. 1).

6   **d)** Hat der Beklagte keinen Wohnsitz in einer der Mitgliedstaaten, so bestimmt sich die **internationale Zuständigkeit** des jeweiligen Mitgliedstaates gem. **Art. 4 nach** dessen eigenem **autonomem Recht**.[12] Hiervon gibt es drei **Ausnahmen:** (1) Nach Art. 22 sind die dort genannten Gerichte ohne Rücksicht auf den Wohnsitz ausschließlich zuständig. (2) Nach Art. 23 genügt für Zuständigkeitsvereinbarungen, dass eine der Parteien ihren Wohnsitz in einem Mitgliedstaat hat. Abweichend von Art. 4 Abs. 1 ist also nicht erforderlich, dass der Beklagte seinen Wohnsitz in einem Mitgliedstaat hat. (3) Schließlich begründet Art. 6 Nr. 1 einen Gerichtsstand der Streitgenossenschaft, wenn nur einer der Beklagten seinen Wohnsitz im Gerichtsbezirk hat (s. Art. 6 Rn. 2 f.). In diesem Falle kann der Beklagte nach Art. 6 Nr. 3 EuGVO Widerklage gegen den Kläger erheben, ohne dass in dessen Person eine andere Anknüpfung gegeben ist.

7   **4. Vorrang der Verordnung vor dem autonomen nationalen Recht.** Die Zuständigkeitsregeln der EuGVO verdrängen die Bestimmungen der deutschen ZPO. Im Anwendungsbereich der EuGVO darf deshalb zur Begründung der internationalen Zuständigkeit nicht auf die ZPO oder nationale Sonderregeln zurückgegriffen werden.[13] Dies gilt sowohl für die in Art. 3 Abs. 2 aufgeführten exorbitanten Gerichtsstände als auch für andere der europäischen Zuständigkeitsordnung unbekannten Zuständigkeitsvorschriften.[14] Der EuGVO unbekannte internationale Zuständigkeiten

---

[6] Vgl. *Kohler*, in: *Gottwald* S. 9; krit. *Fricke* VersR 1999, 1055, 1056; für Übergang *Heß*, FS Lindacher, 2007, S. 53, 59.
[7] *Kaye*, Intern. Comp. L. Q. 37 (1988), 268.
[8] EuGHE 2000, I-5925 = IPRax 2000, 520 (Rn. 33 ff., 59 ff.) *(Group Josi)* (dazu *Staudinger* S. 483); AG Kerpen FamRZ 1997, 436.
[9] Vgl. *Möllers*, Internationale Zuständigkeit bei der Durchgriffshaftung, 1987, S. 85.
[10] Vgl. The Deichland, [1989] 3 W. L. R. 478 (C. A.).
[11] EuGHE 1993, I-139 = NJW 1993, 1251; EuGHE 1997, I-3737, 3788, 3794 (Rn. 13) = JZ 1998, 896 *(Mankowski)*.
[12] Vgl. Cour de Cass. [1997] I. L. Pr. 457.
[13] BGH RIW 1999, 456; *Kropholler* Vor Art. 2 Rn. 17; auch für das Mahnverfahren BGH NJW 1981, 2647.
[14] Etwa gem. §§ 20, 30, 31, 34 ZPO; vgl. ferner *Geimer/Schütze*, EuZVR, Rn. 141, 144.

können mithin nicht durch das nationale (deutsche) Prozessrecht ergänzt werden.[15] Soweit die EuGVO die Zuständigkeit abschließend regelt, darf keine zusätzliche Zuständigkeit aus dem „ordre public" hergeleitet werden.

Soweit die EuGVO nur die internationale Zuständigkeit regelt, bestimmt sich die örtliche Zuständigkeit in der Bundesrepublik Deutschland nach den §§ 12ff. ZPO. Enthält die EuGVO dagegen auch Regelungen über die örtliche Zuständigkeit, so verdrängen diese insoweit auch die autonomen Regeln über die örtliche Zuständigkeit. **8**

5. Keine forum non conveniens-Doktrin. Besteht nach der EuGVO eine internationale Zuständigkeit, so haben die Parteien einen uneingeschränkten Justizgewährungsanspruch; das angerufene Gericht muss tätig werden und darf seine Tätigkeit nicht als ein „forum non conveniens" verweigern.[16] Dies gilt auch, wenn eine der Parteien ihren Wohnsitz/Sitz in einem Drittstaat hat.[17] Nach Ansicht des englischen High Court folgt aus der unbedingten Justizgewährungspflicht zudem, dass Klagen wegen der Verletzung territorial begrenzter gewerblicher Schutzrechte auch vor den Gerichten anderer Mitgliedsstaaten erhoben werden können.[18] **9**

6. Eine **Notzuständigkeit** jenseits des normierten Zuständigkeitssystems ist nur dann eröffnet, wenn dem Kläger andernfalls der Rechtsschutz versagt bliebe. Dieser Fall kann eintreten, wenn eine in einem Mitgliedstaat erlassene Entscheidung in einem anderen Mitgliedstaat etwa wegen Verstoß gegen dessen ordre public nicht anerkannt wird und Rechtsschutz gerade in diesem Staate benötigt wird, weil die Vollstreckung nur dort möglich ist. Ist dieser Vollstreckungsstaat die Bundesrepublik Deutschland, so folgt aus der Justizgewährungspflicht nach dem Grundgesetz und Art. 6 Abs. 1 EMRK, dass eine inländische Notzuständigkeit eröffnet ist.[19] **10**

Im Übrigen ergeben die Art. 2, 3 und 22, dass das Zuständigkeitssystem der Verordnung sowohl für die Gerichte der Mitgliedsstaaten wie für die Parteien **zwingend** ist. Diese können – abgesehen von Gerichtsstandsvereinbarungen – weder Vereinbarungen über die Nichtanwendung der Zuständigkeitsregeln der Verordnung[20] treffen, noch eine Anwendung der Verordnung anstelle des nach Art. 4 anwendbaren autonomen nationalen Rechts vereinbaren. **11**

7. Nicht geregelte Fragen. Die EuGVO regelt weder die Grenzen der Gerichtsbarkeit (Jurisdiktionsgewalt) noch die Zulässigkeit des Rechtswegs, noch die sachliche Zuständigkeit.[21] Insoweit gilt das allgemeine Völkerrecht, das spezielle Vertragsrecht und das autonome nationale Recht. Lediglich Art. 6 Nr. 3 bestimmt für die Widerklage sinngemäß auch die sachliche Zuständigkeit. **12**

II. Der Wohnsitzgerichtsstand als Grundregel

1. Wohnsitz und Sitz. Art. 2 Abs. 1 enthält die Grundsatzentscheidung für den Beklagtengerichtsstand nach der Regel „actor sequitur forum rei".[22] Gleichwohl definiert die Verordnung den Begriff des Wohnsitzes nicht. **13**

a) Art. 59 Abs. 1 enthält lediglich eine Kollisionsnorm, wonach der *Wohnsitz* für *natürliche Personen* nach dem jeweils geltenden nationalen Recht, in Deutschland nach den §§ 7ff. BGB zu bestimmen ist.[23] Hat der Beklagte mehrere Wohnsitze, so genügt es, dass ein Wohnsitz in dem Mitgliedstaat besteht.[24] **14**

b) Nach Art. 60 Abs. 1 EuGVO steht der **Sitz von Gesellschaften** und juristischen Personen dem Wohnsitz gleich. Für Gesellschaften und juristische Personen enthält Art. 60 Abs. 1 eine autonome Regelung des „Wohnsitzes" und bietet zur Erleichterung der Rechtsverfolgung alternativ drei Anknüpfungen (1) an den satzungsmäßigen Sitz, (2) den Ort der Hauptverwaltung und (3) an den Ort der Hauptniederlassung. Für das Vereinigte Königreich und Irland sieht Art. 60 Abs. 2 Er- **15**

---

[15] Vgl. *Stein/Jonas/Schumann* Einl. Rn. 788; *Kropholler* Vor Art. 2 Rn. 17.
[16] EuGHE 2005, I-1383 (*Owusu*) = IPRax 2005, 244 (*Heinze/Dutta* S. 224) = JZ 2005, 887 (*Bruns*); *Gottwald*, FS Jayme, 2004, S. 277; *Huber* RIW 1993, 977; *Kropholler* Vor Art. 2 Rn. 20; *Magnus/Mankowski/Vlas* Rn. 6; *Schlosser*-Bericht Nr. 78; aA *North*, Hommage à Rigaux, 1993, S. 373.
[17] *Geimer/Schütze*, EuZVR, Rn. 43f.; *Coester-Waltjen*, FS Nakamura, 1996, S. 89, 107; vgl. *Geimer/Schütze/ Auer*, IRV, EuGVO Vor Art. 2 Rn. 25ff.
[18] English High Court, I. L. Pr. [1998], 10.
[19] Vgl. *Schütze*, FS Rechberger, 2005, S. 567; *Nagel/Gottwald*, IZPR, § 3 Rn. 397; *Zöller/Geimer* Art. 3 Rn. 2.
[20] *Zöller/Geimer* Rn. 3.
[21] *Kropholler* Vor Art. 2 Rn. 4; *Schlosser*-Bericht Nr. 81; für sachliche Zuständigkeit *Zöller/Geimer* Rn. 33.
[22] Vgl. EuGHE 2000, I-5925 = RIW 2000, 787, 788 (*Group Josi*); *Heß*, FS Lindacher, 2007, S. 53, 54.
[23] *Harris* C. J. Q. 20 (2001), 218, 219; krit. *Heß*, FS Lindacher, 2007, S. 53, 56ff. (unpraktikabel).
[24] *Rauscher/Mankowski* Rn. 5; *Zöller/Geimer* Rn. 7.

satzanknüpfungen vor (Näheres s.u. Art. 60). Danach können ggf. mehrere Mitgliedsstaaten konkurrierend zuständig sein.²⁵

16   c) Bei Handelsgesellschaften und Kaufleuten wird gem. Art. 5 Nr. 5, Art. 9 Abs. 2, Art. 15 Abs. 2 und Art. 18 Abs. 2 eine **Zweigniederlassung**, Agentur oder sonstige Niederlassung gleichsam dem Wohnsitz bzw. Sitz gleichgestellt.

17   d) Bei Klagen gegen eine **Partei kraft Amtes**, zB einen Insolvenzverwalter oder Testamentsvollstrecker, wurde vielfach auf deren persönlichen Wohnsitz abgestellt.²⁶ Nach § 19a ZPO (idF des Art. 18 EGInsO) ist nunmehr bei Klagen, die sich auf die Insolvenzmasse beziehen, der Sitz des Insolvenzgerichts maßgeblich, der selbst durch den allgemeinen Gerichtsstand des Schuldners bestimmt wird (§ 3 InsO). Dies sollte auch für die EuGVO gelten.²⁷ Entsprechend ist für Klagen gegen Testamentsvollstrecker oder Nachlassverwalter auf den letzten Wohnsitz des Erblassers bzw. den Sitz des Nachlassgerichts abzustellen. Lediglich bei Klagen gegen Treuhänder ist auf deren persönlichen Wohnsitz abzustellen. Ein bloßes Wahldomizil (s. Art. 33 Abs. 2) (ohne tatsächliche Grundlage) ist nicht als Wohnsitz iSv. Art. 2 EuGVO anzusehen.

18   **2. Kein Gerichtsstand des gewöhnlichen Aufenthalts.** Soweit der Wohnsitz mit dem Ort der tatsächlichen ständigen Niederlassung übereinstimmt, ist diese Regelung sachgerecht. Die Rechte der Einzelstaaten kennen aber vielfach einen abgeleiteten, gesetzlichen Wohnsitz, der hiervon abweicht. Der Ausschluss des Gerichtsstands des gewöhnlichen Aufenthalts (abweichend von § 20 ZPO) vermag in diesen Fällen nicht zu überzeugen, da er sogar zu Lasten des zu schützenden Beklagten wirken kann. Die Kommission hatte zwar vorgeschlagen, bei einer Revision des EuGVO generell vom Wohnsitz auf den gewöhnlichen Aufenthalt als Anknüpfungsmoment überzugehen,²⁸ doch ist die Arbeitsgruppe diesem Vorschlag nicht gefolgt.

19   **3. Maßgebender Zeitpunkt.** Die EuGVO legt nicht dar, zu welchem Zeitpunkt die internationale Zuständigkeit begründet sein muss. Maßgeblich wäre danach die jeweilige lex fori.²⁹ Nach deutschem Recht ist dies der Zeitpunkt der Klageerhebung, dh. der Zustellung der Klage an den Beklagten (§ 253 Abs. 1 ZPO). Nachdem Art. 30 aber für die Rechtshängigkeit auf den Zeitpunkt der Klageeinreichung (Anhängigkeit) abstellt, sollte dieser Zeitpunkt konsequenterweise auch für die Zuständigkeit gelten.³⁰

20   Entfällt die Anknüpfung später, so gilt der Grundsatz der „perpetuatio fori": die internationale Zuständigkeit besteht daher fort, auch wenn der Beklagte seinen Wohnsitz von einem Mitgliedsstaat in einen Nichtmitgliedsstaat verlegt.³¹ Gleiches gilt für das Fortbestehen der örtlichen Zuständigkeit in den Fällen der Art. 5 ff. EuGVO.³²

Wird die Klage zunächst vor einem international unzuständigen Gericht erhoben und erst anschließend die Zuständigkeitsanknüpfung erfüllt, so entfällt der Zuständigkeitsmangel ex nunc.

III. Regelung der örtlichen Zuständigkeit

21   Art. 2 Abs. 1 regelt nur die internationale Zuständigkeit; die örtliche Zuständigkeit innerhalb des Wohnsitzstaates des Beklagten ist daher dem autonomen Recht dieses Staates zu entnehmen.³³ In der Bundesrepublik Deutschland folgt die örtliche Zuständigkeit den §§ 12 ff. ZPO (auch § 14 UWG und § 17 WahrnG).

22   Folgt die internationale Zuständigkeit eines Nichtwohnsitzstaates aus den Art. 3, 5 ff., so regelt die EuGVO (mit Ausnahme des Art. 5 Nr. 6 und des Art. 22) zugleich auch die örtliche Zuständigkeit in diesem Mitgliedstaat. Insoweit werden die nationalen autonomen Vorschriften über die örtliche Zuständigkeit verdrängt.

23   Zuständigkeitsvereinbarungen nach Art. 23 verdrängen grundsätzlich alle nationalen Zuständigkeitsregeln.³⁴ Haben die Parteien allerdings zulässigerweise nur die internationale Zuständigkeit ver-

---

²⁵ *Zöller/Geimer* Rn. 19; *Rauscher/Staudinger* Art. 60 Rn. 1; krit. *Heß,* FS Lindacher, 2007, S. 53, 61.
²⁶ So BGHZ 88, 331 = NJW 1984, 739.
²⁷ AA *Geimer/Schütze/Auer,* IRV, EuGVO Rn. 5.
²⁸ Vgl. Art. 2 Abs. 1 idF des Vorschlags für einen Rechtsakt des Rates ... vom 22. 12. 1997 (ABlEG C 33/20 vom 31. 1. 1998).
²⁹ *Schlosser* Vor Art. 2 Rn. 8; aA *Geimer/Schütze/Auer,* IRV, EuGVO Vor Art. 2 Rn. 17 ff.
³⁰ *Rauscher/Mankowski* Rn. 3; *Czernich/Tiefenthaler* Rn. 4; bereits für das EuGVÜ: English Court of Appeal [1998] I. L. Pr. 290; vgl. BGH ZIP 2007, 1676, 1677.
³¹ *Kropholler* Vor Art. 2 Rn. 14; *Geimer/Schütze/Auer,* IRV, EuGVO Vor Art. 2 Rn. 20; *Czernich/Tiefenthaler* Rn. 5.
³² *Geimer/Schütze/Auer,* IRV, EuGVÜ Zuständigkeit Rn. 30; *Kropholler* Vor Art. 2 Rn. 14.
³³ *Rauscher/Mankowski* Rn. 7.
³⁴ *Geimer/Schütze,* EuZVR, Rn. 121 ff.; *Zöller/Geimer* Art. 23 Rn. 4, 32.

IV. Gleichstellung von Ausländern

Art. 2 Abs. 2 stellt Ausländer und Staatenlose[36] mit Wohnsitz in einem der Vertragsstaaten Inländern hinsichtlich der Zuständigkeitsvorschriften gleich. Dieser Personenkreis kann daher nach gleichen Regeln wie Inländer klagen und verklagt werden. Da die deutschen autonomen Zuständigkeitsregeln ohnehin nicht zwischen Inländern und Ausländern unterscheiden, ist diese Regel für die Bundesrepublik Deutschland ohne Bedeutung. Soweit ersichtlich ist sie derzeit auch für die anderen EG-Staaten irrelevant.[37] 24

V. Geltung gegenüber Drittstaaten

Da jeder Staat autonom bestimmt, für welche Rechtsstreitigkeiten er eine internationale Entscheidungszuständigkeit in Anspruch nimmt, enthält die EuGVO keine Regelung der internationalen Zuständigkeit von Nichtmitgliedsstaaten.[38] 25

Primär ordnet die EuGVO die internationale Zuständigkeit für Fälle, die Berührungspunkte zu zwei oder mehreren Mitgliedsstaaten aufweisen. Teilweise, wenngleich unvollständig, erfasst sie aber auch das Verhältnis zu Drittstaaten. Hat der **Beklagte** seinen **Wohnsitz in** einem **Mitgliedstaat,** so bestimmt sich die internationale Zuständigkeit dort stets nach Art. 2. Eine Verbindung zu einem weiteren Mitgliedstaat ist keine ungeschriebene Voraussetzung für die Anwendbarkeit.[39] Das nationale Recht ist insoweit nur heranzuziehen, um die örtliche Zuständigkeit zu bestimmen.[40] Die Art. 5 und 6, aber auch die Art. 8 ff. und 15 ff. gelten dagegen ausdrücklich nur gegenüber Personen mit Wohnsitz in einem Mitgliedsstaat für Klagen in einem anderen Mitgliedsstaat. Anders verhält es sich mit den Art. 22 und 23 (sowie 24). Die Zuständigkeit nach Art. 22 ist ausdrücklich „ohne Rücksicht auf den Wohnsitz" der Parteien gegeben. Eine Gerichtsstandsvereinbarung ist nach Art. 23 zu beurteilen, wenn „mindestens eine ihren Wohnsitz in dem Hoheitsgebiet eines Mitgliedsstaats hat". Die Bestimmung erfasst daher auch das Verhältnis zwischen einem Mitgliedstaat und einem Nichtmitgliedstaat (s. Art. 23 Rn. 5 ff.; Art. 24 Rn. 4). 26

Der **Kläger** mit Wohnsitz oder Sitz **in einem Drittstaat** kann sich auf die Zuständigkeiten der EuGVO berufen, soweit diese sachlich wie in Art. 22 oder in der Person des Beklagten oder kraft Vereinbarung erfüllt sind.[41] Nur soweit die EuGVO auf den Klägerwohnsitz abstellt, wie (praktisch überwiegend) bei Unterhaltsklagen in Art. 5 Nr. 2, ist sie für Personen mit Drittstaatwohnsitz irrelevant. 27

Zur Anerkennung von Entscheidungen aus Drittstaaten enthält die EuGVO keine Regeln. Jeder Staat kann daher Entscheidungen aus Drittstaaten auch dann anerkennen, wenn sie in Gerichtsständen ergangen sind, die der EuGVO fremd sind.[42] Eine in einem Mitgliedsstaat anerkennungsfähige Drittstaatsentscheidung genießt aber auch in anderen Mitgliedsstaaten zeitliche Priorität (Art. 34 Nr. 4). 28

Eine Ausnahme hiervon macht Art. 22. Liegt die dort vorgesehene Beziehung zu einem Mitgliedstaat vor, so findet Art. 22 auch dann Anwendung, wenn beide Parteien ihren Wohnsitz außerhalb eines Mitgliedsstaates haben.[43] Liegt die in Art. 22 genannte Anknüpfung in einem Mitgliedstaat und erlässt ein Nichtmitgliedstaat dennoch eine Entscheidung, so ist diese nach Art. 35 Abs. 1 in keinem Mitgliedsstaat anzuerkennen.[44] 29

Art. 3. (1) Personen, die ihren Wohnsitz im Hoheitsgebiet eines Mitgliedstaats haben, können vor den Gerichten eines anderen Mitgliedstaats nur gemäß den Vorschriften der Abschnitte 2 bis 7 dieses Kapitels verklagt werden.

---

[35] LG Mainz EWiR Art. 23 EuGVVO 1/05, 825; *Nagel/Gottwald* § 3 Rn. 133.
[36] *Geimer* WM 1976, 830, 831; *Jenard*-Bericht, 4. Kap. Abschn. 2.
[37] Vgl. *Rauscher/Mankowski* Rn. 8.
[38] *Geimer/Schütze*, EuZVR, Art. 2 Rn. 163; *Zöller/Geimer* Rn. 36.
[39] *Coester-Waltjen*, FS Nakamura, 1996, S. 89, 106 ff., 110; *Geimer/Schütze*, EuZVR, Einl. Rn. 124 f.; Art. 2 Rn. 73 ff.; *Kropholler* Vor Art. 2 Rn. 8.
[40] *Basedow* Hdb. IZVR I Kap. II Rn. 9, 147; *Geimer/Schütze*, EuZVR, Rn. 113, 117 ff.
[41] Vgl. *Gaudemet-Tallon*, Liber amicorum Droz, 1996, S. 85, 89.
[42] *Zöller/Geimer* Rn. 37.
[43] *Jenard*-Bericht zu Art. 16; *Kropholler* Art. 22 Rn. 6.
[44] *Geimer* WM 1980, 1105, 1108; *Zöller/Geimer* Rn. 39.

EuGVO Art. 3 1–6   B. Europäisches Zivilprozessrecht

(2) Gegen diese Personen können insbesondere nicht die in Anhang I aufgeführten innerstaatlichen Zuständigkeitsvorschriften geltend gemacht werden.

Schrifttum: *Scheich*, Exorbitante Gerichtsstände im Lichte des EuGVÜ, 1994.

I. Numerus clausus besonderer Zuständigkeiten

1   Art. 3 Abs. 1 legt fest, dass die besonderen Zuständigkeiten der Art. 5 bis 24 abschließend sind, soweit der Beklagte nicht in seinem Wohnsitzstaat, sondern in einem anderen Mitgliedsstaat verklagt werden soll. Die Art. 5 bis 24 treten neben eine nach Art. 2 Abs. 1 begründete internationale Zuständigkeit.[1] Bei konkurrierenden internationalen Zuständigkeiten hat der Kläger die Wahl, wo er Klage erhebt. Der Beklagte kann diese Wahl nicht beeinflussen.[2] Keine Wahlmöglichkeit hat der Kläger, soweit eine ausschließliche Zuständigkeit nach Art. 22 besteht.

2   Aus der abschließenden Regelung der Art. 5 ff. folgt aber nicht, dass die besonderen Gerichtsstände als Ausnahmen vom allgemeinen Wohnsitzgerichtsstand eng auszulegen wären.[3] Zwischenfeststellungsklagen (§ 256 Abs. 2 ZPO) sind stets zulässig, ohne dass insoweit ein unmittelbarer Gerichtsstand eröffnet sein müsste.[4]

II. Internationales Mahnverfahren

3   Die Zuständigkeitsordnung der EuGVO gilt sowohl für das nationale Mahnverfahren (s. Art. 1 Rn. 22) als für das neue Europäische Mahnverfahren (Art. 6 Abs. 1 EG-MahnVO). Ist Antragsgegner eines Europäischen Zahlungsbefehls ein Verbraucher, so sind nur die Gerichte des Mitgliedsstaats zuständig, in dem der Verbraucher seinen Wohnsitz hat (Art. 6 Abs. 2 EG-MahnVO). Danach ergeben sich folgende Fälle: (1) Beantragt ein Antragsteller mit Auslandswohnsitz (in einem beliebigen Staat) einen Mahnbescheid gegen einen Antragsgegner mit Inlandswohnsitz, so folgt die internationale Zuständigkeit aus Art. 2 Abs. 1, die örtliche Zuständigkeit aus § 690 Abs. 2 S. 2 ZPO.

(2) Beantragt ein inländischer Antragsteller zulässigerweise (§ 34 Abs. 1 AVAG)[5] einen Mahnbescheid gegen einen Antragsgegner mit Wohnsitz in einem anderen Mitgliedsstaat, so ist das zuständige Amtsgericht nach § 703 d Abs. 2 ZPO iVm. den Art. 3 Abs. 1 und Art. 5 ff. nach den Regeln für die Zuständigkeit in der Hauptsache zu bestimmen.[6] Gleiches gilt, wenn auch der Antragsteller keinen Wohnsitz im Inland hat, aber gegenüber dem Antragsgegner ein Gerichtsstand im Inland besteht.[7]

III. Ausschluss exorbitanter Gerichtsstände

4   **1.** Indem die Art. 5 ff. die internationale Zuständigkeit abschließend regeln und autonome nationale Zuständigkeitsnormen verdrängen, sind zugleich die sog. exorbitanten, dh. international unerwünschten Gerichtsstände **unter den Mitgliedsstaaten** ausgeschaltet. Ihre Auflistung in Anhang I hat daher für die EuGVO selbst nur deklaratorische Bedeutung.[8] Durch die Verweisung in den Anhang soll erreicht werden, dass Änderungen des innerstaatlichen Rechts insoweit keine Veränderung des Verordnungstextes selbst nach sich ziehen, sondern nach Art. 74 EuGVO einfach der Kommission zur Anpassung des Anhangs mitgeteilt werden können (Erwägungsgrund Nr. 29). Relevant wird die Auflistung nur für Übereinkommen mit Drittstaaten iS von Art. 72.

5   Da § 23 ZPO ganz ausgeschlossen wird, kann die internationale Zuständigkeit auch nicht auf den **Gerichtsstand des Streitobjekts** gemäß § 23 S. 1, 2. Fall ZPO gestützt werden.[9]

6   Art. 3 Abs. 1 gilt jedoch nicht für den einstweiligen Rechtsschutz, denn insoweit lässt Art. 31, der zum „Titel II. Zuständigkeit" gehört, den freien Rückgriff auf das nationale Recht zu (s. u. Art. 31 Rn. 5).

---

[1] *Geimer/Schütze/Auer*, IRV, EuGVO Rn. 1.
[2] *Bülow* RabelsZ 1965, 481.
[3] *Kropholler* Vor Art. 5 Rn. 3; *Geimer/Schütze*, EuZVR, Art. 5 Rn. 1; *Schlosser* Art. 4 Rn. 3; aA EuGHE 1988, 5565 = NJW 1988, 3088.
[4] *Schlosser* Art. 4 Rn. 4.
[5] BGBl. I 1988 S. 662 (s. Schlussanh. Nr. B 3).
[6] Vgl. dazu *Busl* IPRax 1986, 270, 272; *Hök* MDR 1988, 186.
[7] Vgl. BGH NJW 1981, 2647 = IPRax 1982, 159 (m. Anm. *v. Hoffmann*).
[8] *Geimer/Schütze/Auer*, IRV, EuGVO Rn. 4.
[9] *Kropholler* Rn. 4; *Schlosser* Rn. 2.

2. Aus Art. 4 Abs. 1 ergibt sich aber, dass die exorbitanten Gerichtsstände zu Lasten von **Personen mit Wohnsitz in einem Nichtmitgliedsstaat** bestehen bleiben.[10] Diese stehen danach für Klagen gegen Personen, die ihren Wohnsitz oder gewöhnlichen Aufenthalt in einem Drittstaat haben, weiter zur Verfügung; auch solche Entscheidungen sind nach Art. 33 in allen anderen Mitgliedstaaten – vorbehaltlich eines nach Art. 72 abgeschlossenen Übereinkommens – anzuerkennen. Diese Regelung ist zu sehr auf vertragliches Gegenseitigkeitsdenken fixiert und in Drittstaaten, vor allem in den USA, kritisiert worden.[11] Art. 4 Abs. 2 erweitert den Anwendungsbereich der nationalen Zuständigkeitsregeln auf alle in dem Nichtmitgliedstaat wohnenden Beklagten, auch auf Angehörige der Mitgliedstaaten.[12] Das Luganer Übereinkommen 1988 übernimmt diese Regelung uneingeschränkt und hat den Text des Art. 3 Abs. 2 lediglich um die exorbitanten Gerichtsstände der EFTA-Staaten erweitert. Zu einem sachlich angemesseneren Schritt, auf die exorbitanten Zuständigkeiten ganz zu verzichten, zumindestens gegenüber Staaten, die Urteile der EuGVO- bzw. LugÜ-Länder anerkennen, konnten sich die Staaten leider nicht durchringen.

Art. 4. (1) Hat der Beklagte keinen Wohnsitz im Hoheitsgebiet eines Mitgliedstaats, so bestimmt sich vorbehaltlich der Artikel 22 und 23 die Zuständigkeit der Gerichte eines jeden Mitgliedstaats nach dessen eigenen Gesetzen.

(2) Gegenüber einem Beklagten, der keinen Wohnsitz im Hoheitsgebiet eines Mitgliedstaats hat, kann sich jede Person, die ihren Wohnsitz im Hoheitsgebiet eines Mitgliedstaats hat, in diesem Staat auf die dort geltenden Zuständigkeitsvorschriften, insbesondere auf die in Anhang I aufgeführten Vorschriften, wie ein Inländer berufen, ohne dass es auf ihre Staatsangehörigkeit ankommt.

Schrifttum: *Coester-Waltjen,* Die Bedeutung des EuGVÜ und des Luganer Übereinkommens für Drittstaaten, FS Nakamura, 1996, S. 89; *Gaudemet-Tallon,* Les frontières extérieures de l'espace judiciaire européen, Liber amicorum Droz, 1996, S. 85; *Grolimund,* Drittstaatenproblematik des europäischen Zivilverfahrensrechts, 2000; *Schlosser,* Unzulässige Diskriminierung nach Bestehen oder Fehlen eines EG-Wohnsitzes im europäischen Zivilprozessrecht, FS Heldrich, 2005, S. 1007.

I. Autonomes Zuständigkeitsrecht gegenüber Beklagten mit Drittstaatwohnsitz

1. Anwendung autonomen Rechts. Da Art. 3 Abs. 1 nur Beklagte mit Wohnsitz in einem Mitgliedstaat schützt, stellt Art. 4 Abs. 1 konsequenterweise klar, dass gegenüber Beklagten mit Wohnsitz (Art. 59) bzw. Sitz (Art. 60) in einem Drittstaat das autonome Zuständigkeitsrecht des Forumstaats Anwendung findet. Hat ein Beklagter mehrere Wohnsitze bzw. Sitze, so findet Art. 4 Abs. 1 nur Anwendung, wenn keiner von ihnen in einem Mitgliedstaat liegt.[1] Aus Art. 4 Abs. 1 folgt iVm. den Art. 33 Abs. 1, 35, dass die in einem Mitgliedstaat gegenüber Beklagten mit Drittstaatswohnsitz ergangenen Entscheidungen in allen Mitgliedstaaten anzuerkennen und zu vollstrecken sind. Da Art. 4 Abs. 1 nur für die Zuständigkeitsvorschriften auf das autonome Recht verweist, folgt hieraus weiter, dass die Regeln der Verordnung über Rechtshängigkeit und Konnexität (Art. 27 bis 30) auch dann Anwendung finden, wenn in zwei Mitgliedstaaten konkurrierende Verfahren anhängig sind, deren Zuständigkeit sich auf das autonome Recht stützt.[2] Die Art. 27 ff. sind insoweit auch für Drittstaatsangehörige relevant.[3]

2. Anwendbarkeit von Zuständigkeiten der Verordnung. Art. 4 Abs. 1 legt selbst fest, dass von den Zuständigkeitsregeln der Verordnung Art. 22 auch gegenüber Beklagten mit Wohnsitz in einem Drittstaat Anwendung findet. Eine weitere Ausnahme bilden sinngemäß Gerichtsstandsvereinbarungen, die nach Art. 13, 17, 21 und 23 getroffen werden sowie rügelose Einlassungen nach Art. 24.[4] Eine weitere Ausnahme enthalten die Art. 9 Abs. 2 für Versicherer, Art. 15 Abs. 2 für Vertragspartner des Verbrauchers und Art. 18 Abs. 2 für Arbeitgeber, die in einem Mitgliedstaat nicht ihren Sitz, wohl aber eine Zweigniederlassung, Agentur oder sonstige Niederlassung unterhalten.

---

[10] EuGHE 2000, I-5925 *(Group Josi)* = RIW 2000, 787, 789 (Rn. 51); vgl. BGH NJW-RR 1988, 172.
[11] Vgl. *Schlosser* Art. 4 Rn. 1; *Einstein/Phipps* IPRax 2005, 365, 370.
[12] Krit. *Geimer/Schütze/Auer,* IRV, EuGVO Rn. 8.
[1] Vgl. The Deichland [1989] 3 W.L.R. 478, 488, 492, 499 (C.A.); *Geimer/Schütze/Auer,* IRV, EuGVO Art. 4 Rn. 3.
[2] *Geimer/Schütze/Auer,* IRV, EuGVO Art. 27 Rn. 3; *Jenard*-Bericht zu Art. 4; *Geimer,* FS Kralik, 1986, S. 179, 181; *Kropholler* Rn. 3.
[3] *Gaudemet-Tallon,* Liber amicorum Droz, 1996, S. 85, 91.
[4] *Gaudemet-Tallon,* Liber amicorum Droz, 1996, S. 85, 89 ff.; *Kropholler* Rn. 2.

II. Aufwertung exorbitanter Gerichtsstände

3   Aus der Verweisung von Art. 4 Abs. 1 auf das autonome Recht der Einzelstaaten folgt, dass gegenüber Beklagten mit Wohnsitz in einem Drittstaat die Zuständigkeit weiter auf die in Art. 3 Abs. 2 aufgelisteten exorbitanten Gerichtsstände gestützt werden kann. Zusätzlich legt Art. 4 Abs. 2 fest, dass sich in Ländern, in denen Zuständigkeitsvorschriften auf die Staatsangehörigkeit abstellen, jeder Kläger mit Inlandswohnsitz auf diese Regeln gegenüber Beklagten mit einem Drittstaatwohnsitz berufen kann. Dadurch erhalten die exorbitanten Heimatstaatsgerichtsstände einen noch breiteren Anwendungsbereich.[5] Da das autonome deutsche Zuständigkeitsrecht nicht zwischen Inländern und Ausländern unterscheidet, hat Art. 4 Abs. 2 in der Bundesrepublik Deutschland keine Bedeutung. Dagegen können sich in Ländern wie Frankreich und Luxemburg (dort jeweils Art. 14 Code civil) und Italien (dort Art. 4 Nr. 4 Codice de Procedura Civile) alle Kläger mit Inlandswohnsitz auf diese Gerichtsstandsprivilegien gegenüber Beklagten mit Drittstaatswohnsitz berufen.[6] Eine bloße Zweigniederlassung in einem Mitgliedstaat schließt die Anwendung von Art. 4 Abs. 2 nicht aus.[7]

4   Abhilfe könnte insoweit nur ein ausgewogenes Übereinkommen mit Drittstaaten schaffen, in dem auch diese ihrerseits auf die Anwendung der eigenen exorbitanten Gerichtsstände gegenüber Beklagten mit EU-Wohnsitz/Sitz verzichten.[8]

Abschnitt 2. Besondere Zuständigkeiten

Art. 5. Eine Person, die ihren Wohnsitz im Hoheitsgebiet eines Mitgliedstaats hat, kann in einem anderen Mitgliedstaat verklagt werden:

1. a) wenn ein Vertrag oder Ansprüche aus einem Vertrag den Gegenstand des Verfahrens bilden, vor dem Gericht des Ortes, an dem die Verpflichtung erfüllt worden ist oder zu erfüllen wäre;
   b) im Sinne dieser Vorschrift – und sofern nichts anderes vereinbart worden ist – ist der Erfüllungsort der Verpflichtung
      – für den Verkauf beweglicher Sachen der Ort in einem Mitgliedstaat, an dem sie nach dem Vertrag geliefert worden sind oder hätten geliefert werden müssen;
      – für die Erbringung von Dienstleistungen der Ort in einem Mitgliedstaat, an dem sie nach dem Vertrag erbracht worden sind oder hätten erbracht werden müssen;
   c) ist Buchstabe b) nicht anwendbar, so gilt Buchstabe a);
2. wenn es sich um eine Unterhaltssache handelt, vor dem Gericht des Ortes, an dem der Unterhaltsberechtigte seinen Wohnsitz oder seinen gewöhnlichen Aufenthalt hat, oder im Falle einer Unterhaltssache, über die im Zusammenhang mit einem Verfahren in Bezug auf den Personenstand zu entscheiden ist, vor dem nach seinem Recht für dieses Verfahren zuständigen Gericht, es sei denn, diese Zuständigkeit beruht lediglich auf der Staatsangehörigkeit einer der Parteien;
3. wenn eine unerlaubte Handlung oder eine Handlung, die einer unerlaubten Handlung gleichgestellt ist, oder wenn Ansprüche aus einer solchen Handlung den Gegenstand des Verfahrens bilden, vor dem Gericht des Ortes, an dem das schädigende Ereignis eingetreten ist oder einzutreten droht;
4. wenn es sich um eine Klage auf Schadensersatz oder auf Wiederherstellung des früheren Zustands handelt, die auf eine mit Strafe bedrohte Handlung gestützt wird, vor dem Strafgericht, bei dem die öffentliche Klage erhoben ist, soweit dieses Gericht nach seinem Recht über zivilrechtliche Ansprüche erkennen kann;
5. wenn es sich um Streitigkeiten aus dem Betrieb einer Zweigniederlassung, einer Agentur oder einer sonstigen Niederlassung handelt, vor dem Gericht des Ortes, an dem sich diese befindet;

---

[5] Vgl. *Juenger* Rev. crit. 1984, 37; *von Mehren* Rec. d. Cours 1980 II 9, 99; *Gaudemet-Tallon*, Liber amicorum Droz, 1996, S. 85, 92 ff.; *Schlosser*, FS Heldrich, 2005, S. 1007, 1010 f.
[6] Ebenso *Geimer/Schütze/Auer*, IRV, EuGVO Rn. 6; *Geimer/Schütze*, EuZVR, Art. 4 Rn. 6 und *Kropholler* Rn. 4.
[7] Cour de Cass. [1997] I. L. Pr. 457, 458.
[8] *Gaudemet-Tallon*, Liber amicorum Droz, 1996, S. 85, 93 f.; vgl. *v. Mehren* RabelsZ 61 (1997), 86; *Trooboff*, Liber amicorum Droz, 1996, S. 461.

Art. 5 EuGVO

6. wenn sie in ihrer Eigenschaft als Begründer, trustee oder Begünstigter eines trust in Anspruch genommen wird, der aufgrund eines Gesetzes oder durch schriftlich vorgenommenes oder schriftlich bestätigtes Rechtsgeschäft errichtet worden ist, vor den Gerichten des Mitgliedstaats, in dessen Hoheitsgebiet der trust seinen Sitz hat;
7. wenn es sich um eine Streitigkeit wegen der Zahlung von Berge- und Hilfslohn handelt, der für Bergungs- oder Hilfeleistungsarbeiten gefordert wird, die zugunsten einer Ladung oder einer Frachtforderung erbracht worden sind, vor dem Gericht, in dessen Zuständigkeitsbereich diese Ladung oder die entsprechende Frachtforderung
   a) mit Arrest belegt worden ist, um die Zahlung zu gewährleisten, oder
   b) mit Arrest hätte belegt werden können, jedoch dafür eine Bürgschaft oder eine andere Sicherheit geleistet worden ist;
   diese Vorschrift ist nur anzuwenden, wenn behauptet wird, dass der Beklagte Rechte an der Ladung oder an der Frachtforderung hat oder zur Zeit der Bergungs- oder Hilfeleistungsarbeiten hatte.

Schrifttum zu Nr. 1: a) Zur EuGVO: *Bajons,* Der Gerichtsstand des Erfüllungsortes, FS Geimer, 2002, S. 15; *Berg,* Autonome Bestimmung des Erfüllungsortes nach Art. 5 Nr. 1 EuGVVO, NJW 2006, 3035; *Bruhns,* Das Verfahrensrecht der internationalen Konzernhaftung, 2007; *Dörner,* Haftung für Gewinnzusagen, FS Kollhosser, 2004, S. 75; *Dutta,* Kapitalersatzrechtliche Ansprüche im internationalen Zuständigkeitsrecht, IPRax 2007, 195; *Eltzschig,* Art. 5 Nr. 1 b EuGVO: Ende oder Fortführung von forum actoris und Erfüllungsortbestimmung lege causae?, IPRax 2002, 491; *Emde,* Heimatgerichtsstand für Handelsvertreter und andere Betriebsvermittler?, RIW 2003, 505; *Fenge,* Zur europäischen internationalen Zuständigkeit in Fällen der Haftung für eine Schädigung in Vertragsnähe, FS Yessiou-Faltsi, 2007, S. 79; *Gsell,* Autonom bestimmter Gerichtsstand am Erfüllungsort nach der Brüssel I-Verordnung, IPRax 2002, 484; *Hager/Bentele,* Der Lieferort als Gerichtsstand, IPRax 2004, 73; *Hau,* Der Vertragsgerichtsstand zwischen judizieller Konsolidierung und legislativer Neukonzeption, IPRax 2000, 354; *Henk,* Die Haftung für culpa in contrahendo im IPR und IZVR, 2007; *Ignatova,* Art. 5 Nr. 1 EuGVO – Chancen und Perspektiven der Reform des Gerichtsstands am Erfüllungsort, 2005; *Kienle,* Eine ökonomische Momentaufnahme zu Art. 5 Nr. 1 lit. b) EuGVVO, IPRax 2005, 113; *Kindler,* Gesellschafterinnenhaftung in der GmbH und internationale Zuständigkeit nach der Verordnung (EG) Nr. 44/2001, FS Ulmer, 2003, S. 305; *Klemm,* Erfüllungsortvereinbarungen im Europäischen Zivilverfahrensrecht, 2005; *Kropholler/v. Hinden,* Die Reform des europäischen Gerichtsstands am Erfüllungsort (Art. 5 Nr. 1 EuGVÜ), GedS Lüderitz, 2000, S. 401; *Leipold,* Internationale Zuständigkeit am Erfüllungsort, GedS Lüderitz, 2000, S. 431; *ders.,* Zuständigkeitsvereinbarungen in Europa, in: Gottwald/Greger/Prütting, Dogmatische Grundfragen des Zivilprozesses, 2000, S. 51; *Lynker,* Der besondere Gerichtsstand am Erfüllungsort in der Brüssel I-Verordnung (Art. 5 Nr. 1 EuGVVO), 2006; *Martiny,* Internationale Zuständigkeit für „vertragliche Streitigkeiten", FS Geimer, 2002, S. 641; *Mumelter,* Der Gerichtsstand des Erfüllungsortes im Europäischen Zivilprozessrecht, 2007; *Oberhammer/Slonina,* Grenzüberschreitende Gewinnzusagen im europäischen Prozess- und Kollisionsrecht, FS Yessiou-Faltsi, 2007, S. 419; *Rauscher,* Zuständigkeitsfragen zwischen CISG und Brüssel I, FS Heldrich, 2005, S. 933; *M. Roth,* International Jurisdiction and Conflict of Laws in an Electronic World, FS Yessiou-Faltsi, 2007, S. 531; *Theis/Bronnen,* Der Gerichtsstand des Erfüllungsortes im europäischen Zivilprozessrecht, EWS 2004, 350; *Thorn,* Gerichtsstand des Erfüllungsortes und intertemporales Zivilverfahrensrecht, IPRax 2004, 354; *M. Wolf,* Das Willensmoment beim Gerichtsstand des Erfüllungsortes, FS Lindacher, 2007, S. 201.

b) Zum EuGVÜ: *Rochaix,* Probleme der gerichtlichen Zuständigkeitsregel für vertragliche Ansprüche im europäischen Zivilprozessrecht, Liber discipulorum Siehr, 2001, S. 187; *G. Schwarz,* International-zivilverfahrensrechtliche Probleme grenzüberschreitender Eigenkapitalersatzklagen, FS 600 Jahre Würzburger Juristenfakultät, 2002, S. 503.

Zu Nr. 2: *Jayme,* Fragen der internationalen Verbundszuständigkeit, IPRax 1984, 121; *ders.,* Betrachtungen zur internationalen Verbundszuständigkeit, FS Keller, 1989, S. 451; *Riegner,* Probleme der internationalen Zuständigkeit und des anwendbaren Rechts bei der Abänderung deutscher Unterhaltstitel nach dem Wegzug des Unterhaltsberechtigten ins EU-Ausland, FamRZ 2005, 1799; *Schlosser,* Unterhaltsansprüche vor den Gerichten der Alt-EWG-Staaten, FamRZ 1973, 424; *Schulze,* Internationale Annexzuständigkeit nach dem EuGVÜ, IPRax 1999, 21; *Trenk-Hinterberger,* Der Unterhaltsregress von Sozialleistungsträgern in der Rechtsprechung des Europäischen Gerichtshofs, FS D. Schwab, 2005, S. 1081.

Zu Nr. 3: *Bachmann,* Der Gerichtsstand der unerlaubten Handlung im Internet, IPRax 1998, 179; *Behr,* Internationale Tatortzuständigkeit für vorbeugende Unterlassungsklagen bei Wettbewerbsverträgen, GRURInt. 1992, 604; *Berger,* Die internationale Zuständigkeit bei Urheberrechtsverletzungen in Internet-Websites aufgrund des Gerichtsstands der unerlaubten Handlung nach Art. 5 Nr. 3 EuGVO, GRURInt. 2005, 465; *Bruhns,* Das Verfahrensrecht der internationalen Konzernhaftung, 2007; *Buchner,* Kläger- und Beklagtenschutz im Recht der internationalen Zuständigkeit, 1997; *Coester-Waltjen,* Internationale Zuständigkeit bei Persönlichkeitsrechtsverletzungen, FS Schütze, 1999, S. 175; *M. Ebner,* Markenschutz im internationalen Privat- und Zivilprozessrecht, 2004, S. 175 ff.; *V. Fricke,* Der Unterlassungsanspruch gegen Presseunternehmen zum Schutze des Persönlichkeitsrechts im IPR, 2003, S. 284 ff.; *Geimer,* Die Gerichtspflichtigkeit des Beklagten nach Art. 5 Nr. 1 und Nr. 3 EuGVÜ bei Anspruchskonkurrenz, IPRax 1986, 80; *Gottwald,* Europäische Gerichtspflichtigkeit kraft Sachzusammenhangs, IPRax 1989, 272; *Grabinski,* Zur Bedeutung des Europäischen Gerichtsstands- und Vollstreckungsübereinkommens ... in Rechtsstreitigkeiten über Patentverletzungen, GRUR Int. 2001, 199; *Hertz,* Jurisdiction in Contract and Tort under the Brussels Convention, 1998; *Hye-Knudsen,* Marken-, Patent- und Urheberrechtsverletzungen im europäischen Zivilprozessrecht, 2005; *Körner,* Internationale Rechtsdurchsetzung von Patenten und Marken nach europäischem Prozessrecht, FS Bartenbach, 2005, S. 401; *Kosmehl,* Welchen Wert hat der Gerichtsstand der unerlaubten Handlung im europäischen Zivilprozessrecht? Liber americorum Rauscher, 2005, S. 79; *Kubis,* Internationale Zuständigkeit bei Persönlichkeits- und Immaterialgüterrechtsverletzungen, 1999; *Kreuzer/Klötgen,* Die Shevill-Entscheidung des EuGH, IPRax 1997, 90; *Leipold,* Neues zum Gerichtsstand der unerlaubten Handlung nach Europäischem Zivilprozessrecht, FS Nemeth, 2003, S. 631; *Lohse,* Das Verhältnis von Vertrag und Delikt, 1991; *Mansel,* Gleichlauf der vertraglichen und der deliktischen Haftung, ZVglRWiss. 86 (1987), 1; ders., Gerichtliche Prüfungsbefugnisse im forum delicti, IPRax 1989, 84; *McLachlan/ Nygh,* Transnational Tort Litigation: Jurisdictional Principles, 1996; *Müller-Feldhammer,* Der Deliktsgerichtsstand des Art. 5 Nr. 3 EuGVÜ im internationalen Wettbewerbsrecht, EWS 1998, 162; *Pansch,* Der Gerichtsstand der unerlaubten Handlung bei der grenzüberschreitenden Verletzung gewerblicher Schutzrechte, EuLF 2000/01, 353; *Pichler,* Internationale Gerichtszuständigkeit im Online-Bereich, Jahrbuch junger Rechtswiss. 1998, 229, 246; *Reber,* Die internationale gerichtliche Zuständigkeit bei grenzüberschreitenden Urheberrechtsverletzungen, ZUM 2005, 194; *Reichhardt,* Internationale Zuständigkeit im Gerichtsstand der unerlaubten Handlung bei Verletzung europäischer Patente, 2006; *M. Schwarz,* Der Gerichtsstand der unerlaubten Handlung nach deutschem und europäischem Zivilprozessrecht, 1991; *Stadler,* Der Gerichtsstand des Erfüllungsortes nach Lugano- und Brüsseler Übereinkommen 1998; *Stauder,* Die internationale Zuständigkeit in Patentverletzungsklagen, FS Schricker, 2005, S. 917; *Tebbens/Schultsz/Pocar,* Die besonderen Zuständigkeiten aus unerlaubter Handlung und aus dem Betrieb einer Sekundärniederlassung, in EuGH, Internationale Zuständigkeit..., 1993, S. 77; *Uhl,* Internationale Zuständigkeit gemäß Art. 5 Nr. 3 des Brüsseler und Lugano-Übereinkommen, 2000; *Wagner,* Ehrenschutz und Pressefreiheit im europäischen Zivilverfahrens- und Internationalen Privatrecht, RabelsZ 62 (1998), 243; *Wandt,* in: *Schmidt/Salzer,* Kommentar EG-Produkthaftung, Bd. 2 Ausland und Regress, Produkthaftung mehrerer und Regress, Allg. Teil: Internationales Zivilprozessrecht, 1993; *Weiß,* Die Konkretisierung der Gerichtsstandsregeln des EuGVÜ, 1997, S. 83 ff.; *Weller,* Zur Handlungsortbestimmung im internationalen Kapitalanlegerprozess, IPRax 2000, 202; *Würthwein,* Zur Problematik der örtlichen und internationalen Zuständigkeit aufgrund unerlaubter Handlung, ZZP 106 (1993), 51.

Zu Nr. 4: *Kohler,* Adhäsionsverfahren und Brüsseler Übereinkommen 1968, in: *Will,* Schadenersatz im Strafverfahren, 1990, S. 74; *Schoibl,* Adhäsionsverfahren und Europäisches Zivilverfahrensrecht, FS Sprung, 2001, S. 321.

Zu Nr. 5: *Fawcett,* Methods of Carrying on Business and Article 5 (5) of the Brussels Convention, Eur. L. Rev. 1984, 326; ders., Jurisdiction and Subsidiaries, J. B. L. 1985, 16; ders., A New Approach to Jurisdiction over Companies in Private International Law, I. C. L. Q. 37 (1988), 645; *Geimer,* Die inländische Niederlassung als Anknüpfungspunkt für die internationale Zuständigkeit, WM 1976, 146; *Hunnings,* Agency and Jurisdiction in the EEC, J. B. L. 1982, 244; *Jaspert,* Grenzüberschreitende Unternehmensverbindungen im Zuständigkeitsbereich des EuGVÜ, Diss. Bielefeld, 1995; *Jayme,* Subunternehmervertrag und EuGVÜ, FS Pleyer, 1986, S. 371; *Kronke,* Der Gerichtsstand nach Art. 5 Nr. 5 EuGVÜ, IPRax 1989, 81; *Linke,* Der „klein-europäische" Niederlassungsgerichtsstand (Art. 5 Nr. 5 EuGVÜ), IPRax 1982, 46; *H. Müller,* Die Gerichtspflichtigkeit wegen doing business, 1992; *Otto,* Der prozessuale Durchgriff, 1993; *Pulkowski,* Außervertragliche Forderungen „aus dem Betrieb einer Zweigniederlassung" im Sinne von Art. 5 Nr. 5 Luganer Übereinkommen, IPRax 2004, 543; *Tebbens/Schultsz/Pocar,* Die besonderen Zuständigkeiten ... aus dem Betrieb einer Sekundärniederlassung, in EuGH, Internationale Zuständigkeit, 1993, S. 77; *Weiß,* Die Konkretisierung der Gerichtsstandsregeln des EuGVÜ, 1997, S. 119 ff.

Zu Nr. 6: *Bonomi,* Le trust en droit international privé, 2006; *Conrad,* Qualifikationsfragen des Trust im Europäischen Zivilprozessrecht, 2001; *Harris,* The trust in private international law, in: Reform and Development of Private International Law. Essays in honour of Peter North, 2002, S. 187.

I. Gerichtsstand des Erfüllungsortes

1   Für internationale Waren- und Dienstleistungsverträge hat der Gerichtsstand des Erfüllungsortes große praktische Bedeutung. Die Verordnung folgt dabei im Ansatz der Lösung des autonomen deutschen (§ 29 ZPO) und der Rechte anderer EG-Staaten.[1] Art. 5 Nr. 1 regelt mit der internationalen Zuständigkeit auch die örtliche Zuständigkeit.[2] Auf einen Gerichtsstand des Abschlussortes wurde bewusst verzichtet, um nicht dem wirtschaftlich stärkeren Vertragspartner, der den Abschluss an seinem Wohnsitz oder Sitz erreichen kann, regelmäßig einen Klägergerichtsstand einzuräumen.[3] Als Ausgleich zwischen Kläger- und Beklagteninteressen stellt die EuGVO dem Kläger neben dem Beklagtenwohnsitz alternativ den Gerichtsstand des Erfüllungsortes zur Verfügung. Seine Legitimation ist einfach: Am Leistungsort muss sich der Schuldner auch vor Gericht verantworten. Trotz

---
[1] *Magnus/Mankowski* Rn. 4.
[2] *Geimer/Schütze/Auer,* IRV, EuGVO Rn. 1.
[3] *Kropholler* Rn. 2; *Schack* IZVR Rn. 258.

dieses Bezugs wird der Gerichtsstand vorzugsweise dann in Anspruch genommen, wenn er faktisch einen Klägergerichtsstand bietet.[4]

Die ursprüngliche (an § 29 ZPO angelehnte) Regelung des Gerichtsstands des Erfüllungsortes in Art. 5 Nr. 1 EuGVÜ/LugÜ war Anlass für verbreitete **Kritik**.[5] Da diese Regelung auf den Ort abstellt, an dem die streitige Verpflichtung erfüllt worden ist oder zu erfüllen gewesen wäre, gibt es für Ansprüche aus gegenseitigen Verträgen unterschiedliche Gerichtsstände, sodass die Gefahr einander widersprechender Entscheidungen besteht. Außerdem hatte der EuGH in ständiger Rspr. entschieden, dass der maßgebliche Erfüllungsort nach der lex causae des Hauptvertrages zu bestimmen sei. Viele meinten, eine mit allen kollisionsrechtlichen Schwierigkeiten behaftete Art der Bestimmung des Erfüllungsortes sei unnötig schwierig. Außerdem wurde vielfach kritisiert, dass diese Art der Bestimmung vor allem im Anwendungsbereich des CISG, aber auch nach vielen anderen nationalen Rechten regelmäßig zu einem Verkäufer- bzw. Dienstleistergerichtsstand führe und deshalb zu sehr von der Grundregel des Art. 2, dem Gerichtsstand am Wohnsitz des Beklagten, abweiche. Manche haben deshalb für eine völlige Abschaffung dieses Gerichtsstandes plädiert.[6] Diese Kritik hat sich bei der Revision des EuGVÜ teilweise durchgesetzt.[7]

1. Vertragliche Ansprüche. Eröffnet ist der Gerichtsstand, wenn ein Vertrag oder Ansprüche aus einem Vertrag den Streitgegenstand bilden. Die Art. 8 bis 17 gehen allerdings für Versicherungsverträge, Verbraucherverträge und individuelle Arbeitsverträge vor. Im Gerichtsstand des Erfüllungsortes können nur Ansprüche aus einem Vertrag eingeklagt oder der Vertrag selbst zum Gegenstand des Verfahrens gemacht werden. Nach ständiger Rspr. des EuGH setzen vertragliche Ansprüche eine **freiwillig eingegangene Verpflichtung** voraus.[8] Daran fehlt es bei einer Regressforderung eines Bürgen gegen den Hauptschuldner, wenn dieser keine Ermächtigung zum Abschluss des Bürgschaftsvertrages erteilt hat.[9]

a) Qualifikation. Der EuGH legt den Begriff „Vertrag oder Ansprüche aus einem Vertrag" **autonom** (aus dem Sinnzusammenhang der EuGVO) aus,[10] weil nur dann die Rechte und Pflichten der Bewohner der EU-Mitgliedsstaaten vereinheitlicht werden. Außerdem verweist der EuGH darauf, dass der Gerichtsstand den engen Verbindungen zwischen dem Streitgegenstand und dem zuständigen Gericht Rechnung trägt. Durch den Gerichtsstand des Erfüllungsortes sollen die Schwierigkeiten, die sich aus einer Vertragserfüllung ergeben, vor ein und dasselbe Gericht gebracht werden können.[11] Abgelehnt wird damit eine Qualifikation nach der lex causae,[12] also dem Recht des Staates, dessen Recht nach den Kollisionsnormen des Gerichtsstaates anwendbar ist, da diese Qualifikation einer Vereinheitlichung der Zuständigkeitsregeln offensichtlich zuwiderlaufen würde. Aus dem gleichen Grund scheidet auch eine Qualifikation nach der jeweiligen lex fori[13] aus.

b) Erfasste Ansprüche. Erfasst sind von Art. 5 Nr. 1 sämtliche schuldrechtlichen Ansprüche, die auf einer freiwillig eingegangenen Verpflichtung beruhen.[14] Dabei ist ausschließlich das jeweilige Schuldverhältnis maßgebend.[15] Der Gerichtsstand des Erfüllungsortes bleibt bestehen, wenn der Abschluss eines Vertrages bestritten wird (vgl. auch Art. 81 Abs. 1 S. 2 CISG); andernfalls könnte sich der Beklagte durch einfaches Bestreiten dem Gerichtsstand entziehen.[16] Auch der Kläger kann den Vertragsschluss im Gegensatz zum Beklagten bestreiten.[17]

---

[4] Vgl. *Geimer/Schütze,* EuZVR, Rn. 3; Spellenberg IPRax 1981, 75, 76; *Magnus/Mankowski* Rn. 23 f.
[5] Vgl. *Jayme* IPRax 1995, 13; *Schack* ZEuP 1995, 655; *Kropholler* Rn. 23; *Rauscher/Leible* Rn. 32.
[6] *Rochaix,* Liber discipulorum Siehr, 2001, S. 187, 193.
[7] Vgl. *Kropholler/v. Hinden,* GedS Lüderitz, S. 401, 403 ff.; *Kohler,* in: *Gottwald* S. 12 ff., 32 f.
[8] EuGHE 2004, I-1543 = RIW 2004, 385, 386 *(Frahuil)* = ZZPInt 9 (2004), 168 *(Lehmann); Geimer/Schütze/Auer,* IRV, EuGVO Rn. 21; krit. *Magnus/Mankowski* Rn. 28.
[9] EuGHE 2004, I-1543 = RIW 2004, 385, 386 (Rz. 25 f.); vgl. aber *Rauscher/Leible* Rn. 26 a.
[10] EuGHE 1983, 987 = IPRax 1984, 85 (dazu *Schlosser* S. 65); EuGHE 1992-I, 3967 = JZ 1995, 90 *(Peiffer);* EuGHE 2004, I-1543 = IPRax 2004, 334 (dazu *Lorenz/Unberath* S. 298); *Schack* Rn. 261; vgl. *Rauscher/Leible* Rn. 14; *Geimer/Schütze,* EuZVR, Rn. 13; *Geimer/Schütze/Auer,* IRV, EuGVO Rn. 18 ff.; s. Art. 1 Rn. 18.
[11] EuGHE 1983, 987, 1002 (Rz. 11) = IPRax 1984, 85 (dazu *Schlosser* S. 65).
[12] *Spellenberg* ZZP 91 (1978), 41 ff.; krit. *Geimer/Schütze,* EuZVR, Rn. 15 ff.
[13] Dafür Cour d'Appel de Paris, Rev. crit. 1979, 444, 447 (note *Santa/Croze).*
[14] EuGHE 1992, I-3967 (Rz. 15) = RIW 1994, 680 (JZ 1995, 90 *(Pfeiffer);* EuGHE 2002, I-7337 = NJW 2002, 3159; EuGHE 2004, I-1543 = RIW 2004, 385; *Rauscher/Leible* Rn. 18 f.
[15] EuGHE 1976, 1497 = NJW 1977, 490 *(Geimer).*
[16] EuGHE 1982, 825, 834 (Rz. 7) = IPRax 1983, 31 (dazu *Gottwald* S. 13); BGH IPRax 1983, 67 (dazu *Stoll* S. 52); BAG RIW 1987, 464, 465; *Kropholler* Rn. 8; *Schack* Rn. 264; *Rauscher/Leible* Rn. 22; Hk-ZPO/Dörner Rn. 7; *Magnus/Mankowski* Rn. 38.
[17] English Court of Appeal [1997] I.L. Pr 544

EuGVO Art. 5 6–10   B. Europäisches Zivilprozessrecht

6   Der Anwendungsbereich von Art. 5 Nr. 1 wird weit ausgelegt.[18] Es fallen daher darunter Vertragsansprüche auf Erfüllung[19] (durch Tun oder Unterlassen), auf Abschluss des Hauptvertrages aus einem Vorvertrag,[20] auch auf Bestellung[21] oder Freigabe[22] von Sicherheiten, Ansprüche auf Schadensersatz[23] wegen Nicht- oder Schlechterfüllung oder sonstiger Vertragsverletzung,[24] Ansprüche auf Zahlung einer Vertragsstrafe,[25] auf Rückgewähr nach Ausübung eines vertraglichen oder gesetzlichen Rücktrittsrechts[26] oder Minderung,[27] Ansprüche auf Nichtigerklärung bzw. Feststellung der Nichtigkeit eines Vertrages nach Vertragsaufhebung,[28] vorbereitende Hilfsansprüche auf Auskunft[29] sowie Haftungsansprüche gegen Gesellschafter[30] oder Geschäftsführer.[31] Im Wechselrecht sind die Ansprüche gegen den Akzeptanten (Art. 28 Abs. 1 WG), gegen den Aussteller des Eigenwechsels (Art. 78 Abs. 1 WG) und des Indossatars gegen den Akzeptanten vertraglicher Natur.[32]

7   Ansprüche aus dem **Mitgliedschaftsverhältnis** in einem Verein hat der EuGH wegen dessen faktisch gleichartiger, enger Beziehungen vertraglichen Ansprüchen gleichgestellt.[33] Auch soll am Erfüllungsort für eine abhängige Gesellschaft ein vertragsbezogenes Durchgriffsbegehren gegen die **herrschende Gesellschaft** erhoben werden können.[34] **Konzerninnenansprüche**, zB aus einer Verlustübernahmepflicht (§ 302 AktG) sind vertraglicher Natur.[35]

8   Ansprüche aus **einseitigen Verpflichtungen** sind denen aus Verträgen gleichzustellen, wenn sie der Begünstigte geltend macht und damit gleichsam „annimmt".[36] Nach Ansicht des EuGH gilt dies auch bei Ansprüchen aus einer Gewinnzusage (zB § 661a BGB), selbst wenn der Mitteilende sich nicht binden will.[37] Ist der Empfänger der Mitteilung freilich Verbraucher, so ist Art. 15 Abs. 1 lit. c) vorrangig anzuwenden (s. u. Art. 15 Rn. 4).

9   Irrelevant ist, ob alle diese Ansprüche mittels **Leistungsklage** oder **positiver**[38] oder **negativer**[39] **Feststellungsklage** verfolgt werden. Der Gerichtsstand bleibt auch bei einer Zession der Forderung erhalten.[40]

10   **c) Vorvertragliche Ansprüche.** Ansprüche aus **culpa in contrahendo** fallen nach Ansicht des EuGH nicht unter Nr. 1, weil es bei ihnen an einer freiwillig eingegangenen Verpflichtung fehlt.[41] Sie sind danach nur noch ausnahmsweise vertraglich zu qualifizieren, wenn es trotz der Pflichtverletzung zum Vertragsschluss gekommen ist, zB bei einer Klage auf Vertragsaufhebung wegen vorvertraglicher Verletzung von Aufklärungspflichten.[42] Sachgerechter erscheint es freilich, wie vielfach im IPR, danach zu unterscheiden, ob Ersatz für die Verletzung von Aufklärungs- und Beratungs-

---

[18] OLG Oldenburg NJW 1976, 1044; *Geimer/Schütze*, EuZVR, Rn. 24; *Rauscher/Leible* Rn. 20; *Schack* Rn. 263; vgl. *Geimer/Schütze*, IRV, EuGVO Rn. 25 ff.
[19] BGH RIW 1991, 513; *Geimer/Schütze*, EuZVR, Rn. 24.
[20] *Rauscher/Leible* Rn. 29.
[21] OLG Köln IPRax 1985, 160 (Bewilligung einer Hypothek nach § 648 BGB) (m. Anm. *Schröder* S. 145).
[22] OLG Bremen RIW 1998, 63, 64 = EWiR § 32a GmbHG 1/98 (*Brödermann*).
[23] *Geimer/Schütze*, EuZVR, Rn. 24.
[24] EuGHE 1988, 1539 = RIW 1989, 139 = NJW 1989, 1424 (mißbräuchliche Vertragsauflösung) (arg. Art. 10 EVÜ bzw. Art. 32 Abs. 1 Nr. 5 EGBGB); Hk-ZPO/*Dörner* Rn. 8.
[25] OLG Hamm NJW 1990, 652; *Rauscher/Leible* Rn. 23.
[26] OLG Oldenburg WM 1976, 1497, 1508; *Schack* Rn. 263.
[27] *Geimer/Schütze/Auer*, IRV, EuGVO Rn. 25.
[28] Vgl. BGHZ 78, 257, 259 = NJW 1981, 1158; English Court of Appeal, [1998] I. L. Pr. 231.
[29] BGH IPRax 1989, 98 (dazu *Mansel* S. 84).
[30] BGH RIW 2003, 877; OLG Jena NZI 1999, 81 (dazu *Mankowski* S. 56); OLG Bremen RIW 1998, 63.
[31] OLG München RIW 1999, 871 = IPRax 2000, 416 (dazu *Haubold*, S. 375); *Rauscher/Leible* Rn. 25.
[32] *Bachmann* IPRax 1997, 153, 155 ff.; *Rauscher/Leible* Rn. 26; *Geimer/Schütze/Auer*, IRV, EuGVO Nr. 28.
[33] EuGHE 1983, 987, 1002 (Rz. 13) = IPRax 1984, 85 (dazu *Schlosser* S. 65).
[34] *Möllers*, Internationale Zuständigkeit bei der Durchgriffshaftung, 1987, S. 86.
[35] *Bruhns* S. 144, 149 ff.
[36] *Rauscher/Leible* Rn. 28; *Geimer/Schütze*, EuZVR, Rn. 54; vgl. *Magnus/Mankowski* Rn. 34.
[37] EuGHE 2005, I-481 (Rz. 55 f.) = NJW 2005, 811 (dazu *Leible* S. 796); BGH RIW 2006, 144, 146; *Dörner*, FS Kollhosser, 2004, S. 75, 83 ff.; *Magnus/Mankowski* Rn. 36.
[38] OLG München RIW 1996, 1035; *Geimer/Schütze*, EuZVR, Rn. 55; vgl. OLG Stuttgart IPRax 1999, 103 (m. Anm. *Ch. Wolf* S. 82).
[39] OLG München RIW 1996, 1035 (krit. *Klima*); *Geimer/Schütze*, EuZVR, Rn. 55; *Rauscher/Leible* Rn. 24.
[40] *Czernich/Tiefenthaler* Rn. 18; *Magnus/Mankowski* Rn. 66.
[41] EuGHE 2002, I-7357 = NJW 2002, 3159 = IPRax 2003, 143 (dazu *Mankowski* S. 127); *Geimer/Schütze/Auer*, IRV, EuGVO Rn. 32.
[42] *Kropholler* Rn. 18; *Rauscher/Leible* Rn. 27.

pflichten oder lediglich für die Verletzung deliktsähnlicher Obhuts- und Erhaltungspflichten verlangt wird.[43]

d) Nicht erfasste Ansprüche. Nicht unter Art. 5 Nr. 1 fallen Ansprüche aus gesetzlichen 11 Schuldverhältnissen,[44] aus Quasi-Kontrakten,[45] aus Geschäftsführung ohne Auftrag,[46] ungerechtfertigter Bereicherung (auch bei Leistungskondiktion nach anfänglicher Nichtigkeit eines Vertrages)[47] und aus Verlöbnisbruch.[48] Ansprüche im Rahmen der Produkthaftung zwischen dem Hersteller (der nicht Verkäufer ist) und einem späteren Erwerber der Sache fallen daher nicht unter Nr. 1.[49] Keine vertragliche Grundlage haben Schadenersatzansprüche des Empfängers von Waren gegen den tatsächlichen Verfrachter, der das Transportdokument nicht ausgestellt hat.[50] Zu den gesetzlichen Schuldverhältnissen gehören auch Ansprüche aus Gläubigeranfechtung.[51] Im Wechselrecht sind die Ansprüche des Wechselnehmers gegen den Aussteller (Art. 9 WG),[52] des Indossatars gegen den Aussteller und Indossanten gesetzlicher Natur und fallen nicht unter Art. 5 Nr. 1.[53]

Bei Konkurrenz von vertraglichen und deliktischen Ansprüchen ist streitig, ob Art. 5 Nr. 1 eine 12 Zuständigkeit für letztere mitbegründet.[54] Da der EuGH für den Deliktsgerichtsstand eine **Annexkompetenz** aber (bedauerlicherweise) **verneint** hat,[55] fällt es schwer anzunehmen, eine „autonome" Interpretation der Vertragshaftung umfasse auch alle deliktischen Ansprüche.[56] Entsprechend ist die Rechtskraft auf die Ansprüche begrenzt, die in die Kognitionsbefugnis des Gerichts fallen.[57]

2. Erfüllungsort für Kauf- und Dienstleistungsverträge. a) Einheitliche Bestimmung. 13 Da der EG-Vertrag vor allem die **Freizügigkeit des Waren- und Dienstleistungsverkehrs** erreichen will (vgl. Art. 23 ff., 49 ff. EGV), ist der Erfüllungsort in Art. 5 Nr. 1 b EuGVO nunmehr für den **Verkauf beweglicher Sachen** und für die Erbringung von **Dienstleistungen** (vorbehaltlich abweichender Parteivereinbarung) für alle Ansprüche aus dem Vertragsverhältnis **einheitlich** festgelegt worden.[58] Ob Ansprüche aus einem der beiden Vertragstypen streitig sind, ist wie stets in autonomer Auslegung zu bestimmen.[59]

Für den Verkauf beweglicher Sachen wird auf den Ort abgestellt, an dem sie nach dem Vertrag 14 tatsächlich geliefert worden sind oder hätten geliefert werden müssen. Für die Erbringung von Dienstleistungen wird auf den Ort abgestellt, an dem sie vertraglich erbracht worden sind oder hätten erbracht werden müssen.

Der **Erfüllungsort** ist danach, wie schon bisher im französischen Recht,[60] rein **faktisch**, los- 15 gelöst von dem rechtlichen Erfüllungsort nach dem anwendbaren materiellen Recht **zu ermitteln**.[61]

---

[43] *Schack* Rn. 263; *Schlosser* Rn. 5; *Hk-ZPO/Dörner* Rn. 10; *Magnus/Mankowski* Rn. 53 ff.; vgl. *Nickl*, Die Qualifikation der culpa in contrahendo im IPR, 1992; *Rauscher/Leible* Rn. 27; *Fenge*, FS Yessiou-Faltsi, 2007, S. 79, 84 ff.; *v. Hein* GPR 2/07, S. 54, 58; *Henk*, Die Haftung für culpa in contrahendo im IPR und IZVR, 2007.
[44] BGH NJW 1996, 1411; *Geimer/Schütze/Auer,* IRV, EuGVO Rn. 30.
[45] *Kropholler* Rn. 16.
[46] *Geimer/Schütze*, EuZVR, Rn. 46; *Magnus/Mankowski* Rn. 62; aA *Schlosser* IPRax 1984, 65, 66.
[47] English House of Lords [1998] I. L. Pr. 350; *Geimer/Schütze/Auer,* IRV, EuGVO Rn. 30; aA *Schlosser* IPRax 1984, 65, 66; *Rauscher/Leible* Rn. 21, 30.
[48] BGHZ 132, 105 = JZ 1997, 88 f. (m. krit. Anm. *Gottwald*) = ZZPInt 2 (1997), 117 (m. Anm. *U. Wolf*); aA *Rauscher/Leible* Rn. 20; krit. *Mankowski* IPRax 1997, 173.
[49] EuGHE 1992, I-3967 = RIW 1994, 680 = JZ 1995, 90 m. Anm. *Peifer*; *Beaumart*, Haftung in Absatzketten, 1999, S. 158 ff.; krit. *Hartley* Eur. L. Rev. 18 (1993), 506.
[50] EuGHE 1998, I-6534 = RIW 1999, 57, 59 (Rz. 16 ff.) = IPRax 2000, 210 (dazu *Koch* S. 186).
[51] Vgl. *Göranson*, Essays in honour of *Voskuil*, 1992, S. 89, 95.
[52] LG Frankfurt IPRax 1997, 174; *Martiny*, FS Geimer, 2002, S. 641, 668.
[53] *Bachmann* IPRax 1997, 153, 156 ff.; *Rauscher/Leible* Rn. 26.
[54] Bejahend: *Geimer/Schütze*, EuZVR, Rn. 50, 222; *Kropholler* Rn. 79; *Mansel* ZVglRWiss. 86 (1987), 1, 22; *Zöller/Geimer* Rn. 10 a; *Otte* S. 520 ff.
[55] EuGHE 1988, 5565 = NJW 1988, 3088 = IPRax 1989, 288; zust. *Geimer/Schütze/Auer,* IRV, EuGVO Rn. 29 f.
[56] So aber *Kropholler* Rn. 79; *Rauscher/Leible* Rn. 59; *Schlosser* Vor Art. 5 Rn. 2; *Zöller/Geimer* Rn. 10 a; auch *Schack* IZVR Rn. 349; abl. *Gottwald* IPRax 1989, 272, 274.
[57] *Geimer* WM 1986, 121.
[58] EuGH (C-386/05 v. 3. 5. 07), Rz. 26 *(Color Drack v. Lexx)* NJW 2007, 1799; *Hk-ZPO/Dörner* Rn. 12; *Kropholler* Rn. 45; *Czernich/Tiefenthaler* Rn. 8; *Rauscher*, FS Heldrich, 2005, S. 933, 945.
[59] EuGH (C-386/05 v. 3. 5. 07), NJW 2007, 1799 (Rz. 26); *Rauscher/Leible* Rn. 45.
[60] Vgl. *Kropholler/v. Hinden*, GedS Lüderitz, 2000, S. 401, 404 ff.
[61] EuGH NJW 2007, 1799, 1801 (Rz. 30) *(Piltz);* vgl. *Gsell* IPRax 2002, 484; *M. Wolf*, FS Lindacher, 2007, S. 201, 210; *Hk-ZPO/Dörner* Rn. 11; *Rauscher/Leible* Rn. 45 a (verordnungsautonom); *Czernich/Tiefenthaler* Rn 8.

EuGVO Art. 5 16–22   B. Europäisches Zivilprozessrecht

Danach ist regelmäßig auf den realen Ablieferungsort oder Dienstleistungsort als dem Ort der vertragscharakteristischen Leistung abzustellen,[62] nicht zuletzt um der Beweisnähe beim Streit um die ordnungsgemäße Erfüllung Rechnung zu tragen.[63] Dies kann allerdings nur gelten, wenn der Käufer bzw. Besteller die Ware bzw. Dienstleistung dort abgenommen hat.[64]

16   Art. 5 Nr. 1 b EuGVO gilt jedoch nur, wenn der **Erfüllungsort in einem Mitgliedsstaat** liegt. Liegt er in einem Drittstaat, so bleibt es wie bisher bei der kollisionsrechtlichen Anknüpfung und Bestimmung des Erfüllungsortes nach Art. 5 Nr. 1a EuGVO (s. u. Rn. 29 ff.).[65]

17   **b) Kauf beweglicher Sachen.** Erfasst sind alle Arten von Kaufverträgen über bewegliche Sachen, auch Werklieferungsverträge, soweit die Lieferpflicht die wesentliche Vertragspflicht bildet.[66]

18   Wird Ware an den **Wohnsitz** bzw. Sitz **des Käufers** geliefert, so kann dieser als Folge davon wegen sämtlichen Streitigkeiten aus dem Kaufvertrag an seinem eigenen Wohnsitz bzw. Sitz klagen. Der Käufer hat danach regelmäßig die Wahl, ob er den Schuldner an dessen Wohnsitz (gemäß Art. 2) oder an seinem eigenen Wohnsitz (gemäß Art. 5 Nr. 1b) verklagt. Dies soll auch gelten, wenn der Vertrag materiell dem UN-Kaufrecht (CISG) unterliegt.[67] Für den Verkäufer gibt es insoweit nur den allgemeinen Gerichtsstand am Wohnsitz des Käufers. Denn der Gerichtsstand des Erfüllungsortes nach Art. 5 Nr. 1 ist nur eröffnet, wenn er zur Gerichtspflichtigkeit in einem anderen Mitgliedsstaat als dem Wohnsitzstaat führt. Am Erfüllungsort der Kaufpreisforderung besteht auch kein Gerichtsstand für eine Klage aus einem erfüllungshalber begebenen Scheck.[68]

19   Allerdings ist diese Auslegung nicht zweifelsfrei, weil Nr. 1b darauf abstellt, wo die Sachen „nach dem Vertrag geliefert worden sind oder hätten geliefert werden müssen" und sich an sich aus dem Vertragsstatut ergibt, ob mit Absendung oder erst bei Ankunft der Ware geliefert worden ist.[69] Deshalb ist bei einem **Versendungskauf** davon auszugehen, dass Absendeort Erfüllungsort ist und sich daraus wie bisher ein Klägergerichtsstand für den exportierenden Verkäufer ergibt.[70] Etwas anderes soll gelten, wenn der Verkäufer am Zielort relevante Leistungen (Aufbau, Inbetriebnahme etc.) zu erbringen hat.[71]

20   Wird nicht geleistet, so sind alle Vertragsansprüche am **hypothetischen Erfüllungsort** einzuklagen. Ist dieser nicht evident, so ist er wohl anhand des Vertragsstatuts zu ermitteln, obwohl die neue Regel diese Anknüpfung gerade vermeiden wollte.[72]

21   Werden im Rahmen eines Kaufvertrages Teilmengen an verschiedene Lieferorte in einem einzigen Mitgliedsstaat geliefert, so ist der Lieferort entscheidend, an dem wirtschaftlich betrachtet die Hauptlieferung erfolgte. Lässt sich ein Ort der Hauptlieferung nicht feststellen, so kann der Kläger Ansprüche aus dem gesamten Vertrag vor dem Gericht des Lieferortes seiner Wahl einklagen.[73] Sind Teilmengen in verschiedene Länder zu liefern, so gibt es mehrere Erfüllungsorte.[74] Dort kann nur der jeweilige Teil des Kaufpreises bzw. Schadenersatzes eingeklagt werden.[75]

22   Keine Lösung gibt der neue Text für die Fälle der **Direktlieferung** an den Abnehmer des Käufers usw. Sinngemäß ist hier aber dem Vertrag die Vereinbarung zu entnehmen, dass nicht der reale Ablieferungsort beim Drittabnehmer Erfüllungsort für sämtliche Verträge sein soll, sondern (vorbe-

---

[62] *Buchner* EWS 2000, 147, 149; *Zöller/Geimer* Rn. 3, 4; *Geimer/Schütze/Auer*, IRV, EuGVO Rn. 64; *Rauscher/Leible* Rn. 51; Hk-ZPO/*Dörner* Rn. 16; vgl. *Magnus/Mankowski* Rn. 108 ff.

[63] *Hau* IPRax 2000, 354, 358.

[64] *Rauscher*, FS Heldrich, 2005, S. 933, 944 f.; *Kropholler* Rn. 34, 47; Hk-ZPO/*Dörner* Rn. 16, 22; *Czernich/Tiefenthaler* Rn. 36.

[65] OLG Frankfurt RIW 2004, 864; vgl. *Beraudo* J.D.I. 2001, 1033, 1044; krit. *Leipold*, GedS Lüderitz, 2000, S. 431, 450 f.; *Kropholler* Rn. 53; *Hau* IPRax 2000, 354, 360; *Rauscher/Leible* Rn. 56.

[66] *Rauscher/Leible* Rn. 46; *Geimer/Schütze*, EuZVR, Rn. 88; Hk-ZPO/*Dörner* Rn. 15; *Czernich/Tiefenthaler* Rn. 31; *Magnus/Mankowski* Rn. 70 ff.

[67] *Leipold*, GedS Lüderitz, 2000, S. 431, 447.

[68] BGH RIW 2003, 300, 301.

[69] Vgl. *Rauscher*, FS Heldrich, 2005, S. 933, 944; *Beraudo* J.D.I. 2001, 1033, 1045 f.; *Droz/Gaudemet-Tallon* Rev. crit. 2001, 601, 635 (no. 40); *Czernich/Tiefenthaler* Rn. 9, 27; *Magnus/Mankowski* Rn. 101 ff.

[70] *Piltz* NJW 2002, 789, 793; *Geimer/Schütze*, EuZVR, Rn. 87; *Czernich/Tiefenthaler* Rn. 33; auch *Kropholler* Rn. 49; aA *Hager/Bentele* IPRax 2004, 73, 76; Hk-ZPO/*Dörner* Rn. 17 (Zielort als Erfüllungsort).

[71] *Rauscher/Leible* Rn. 53; Hk-ZPO/*Dörner* Rn. 18.

[72] *Harris* C.J.Q. 20 (2001), 218, 220; *Droz/Gaudemet-Tallon* Rev. crit. 2001, 601, 635; *Piltz* NJW 2002, 789, 793; für autonome Bestimmung dagegen *Rauscher/Leible* Rn. 52; für Anknüpfung an Wohnsitz des Verkäufers *Czernich/Tiefenthaler* Rn. 37.

[73] EuGH NJW 2007, 1799, 1800 (Rz. 28 ff., 36 ff., 40 ff.) (m. Anm. *Piltz*) = EuZW 2007, 370 *(Leible/Reinert)* = IPRax 2007, 444 (dazu *Mankowski* S. 404).

[74] Vgl. *Kropholler* Rn. 50; *Geimer/Schütze*, EuZVR, Rn. 87; *Czernich/Tiefenthaler* Rn. 15.

[75] Hk-ZPO/*Dörner* Rn. 18; vgl. *Magnus/Mankowski* Rn. 115 ff.

haltlich einer abweichenden Vereinbarung) auf den rechtlichen Erfüllungsort beim Versendungskauf abzustellen ist.[76]

Eine Anknüpfung an den realen Ablieferungs- oder Aufenthaltsort der Ware muss auch ausscheiden, wenn der **Bestimmungsort zunächst offen** ist und erst während des Transports festgelegt oder abgeändert wird. Treffen die Parteien in diesen Fällen keine Erfüllungsortsvereinbarung, so sollte wiederum auf den rechtlichen Erfüllungsort abgestellt werden. 23

c) Dienstleistungsverträge. Wie alle Begriffe ist auch der **Begriff der Dienstleistungen** autonom auszulegen.[77] Er umfasst jede Art von gewerblichen oder freiberuflichen Diensten (keine abhängige Arbeit), Werklieferungen, Werkleistungen, Geschäftsbesorgungen, Frachtleistungen,[78] aber auch Vermittlertätigkeiten für Waren, Kredite und Kapitalanlagen.[79] Kreditverträge wurden im Rahmen des Art. 13 EuGVÜ nicht zu den Dienstleistungen gezählt, da sie aber als Finanzdienstleistungen einzuordnen sind, sollten sie nunmehr auch als Dienstleistungen iS des neuen Art. 5 Nr. 1 b angesehen werden;[80] ansonsten ergäbe ihr Ausschluss in Art. 63 Abs. 3 keinen Sinn. 24

Bei Dienstleistungen, die im Internet oder telefonisch erbracht werden, kann auch hier die Bestimmung des realen Leistungsorts Schwierigkeiten bereiten.[81] 25

Für alle Ansprüche aus solchen Dienstleistungsverträgen ist der **Erfüllungsort** nunmehr **einheitlich nach der vertragscharakteristischen Leistung** (vgl. Art. 4 Abs. 2 EVÜ; Art. 4 Rom I-VO-Entwurf) zu bestimmen; anders als bisher ist nicht mehr auf die jeweilige Hauptpflicht abzustellen.[82] Der Erfüllungsort der Dienstleistung gilt deshalb auch für die häufigeren Klagen auf Zahlung des Kaufpreises, Honorars oder Werklohns.[83] Ist die Dienstleistung in mehreren Mitgliedstaaten zu erbringen, ist als einziger Erfüllungsort der Ort zu bestimmen, an dem der Schwerpunkt der Tätigkeit liegt.[84] 26

d) Abweichende Parteivereinbarung. Art. 5 Nr. 1b EuGVO lässt weiterhin **abweichende Parteivereinbarungen** des Erfüllungsortes zu. Entsprechend der Rspr. des EuGH müssen diese den Erfordernissen des Vertragsstatuts genügen und einen Zusammenhang mit der Vertragswirklichkeit haben. Ihre Wirksamkeit richtet sich nach der lex causae.[85] Dass für alle Vertragspflichten nur ein einheitlicher Erfüllungsort vereinbart werden könnte,[86] lässt sich Nr. 1b nicht entnehmen. 27

Rein **abstrakte Erfüllungsortvereinbarungen** sind als Gerichtsstandsvereinbarungen zu qualifizieren und müssen daher der Form des Art. 23 EuGVO genügen.[87] Da solche Vereinbarungen aber auch in AGBs möglich sind, werden vermutlich viele Lieferanten oder Dienstleister vereinbaren, dass der „prozessuale Erfüllungsort" wie bisher an ihrem eigenen Wohnsitz bzw. Sitz liegt.[88] Um eine unzulässige, weil abstrakte Erfüllungsortvereinbarung handelt es sich insoweit nicht. Es darf daher bezweifelt werden, dass die Reform wirklich eine einfachere Bestimmung des Erfüllungsorts erlaubt und dazu beiträgt, den Verkäufer- bzw. Dienstleistergerichtsstand für Zahlungsklagen zurückzudrängen. 28

3. Erfüllungsort für alle anderen Verträge. a) Für Ansprüche aus Verträgen, die nicht von Nr. 1b erfasst sind, bleibt es gemäß Art. 5 Nr. 1c bei der **Bestimmung des Erfüllungsortes** gemäß 29

---

[76] So auch *Kropholler/v. Hinden*, GedS Lüderitz, 2000, S. 401, 407 (Erfüllung bei Auslieferung an einen vom Käufer beauftragten Frachtführer).
[77] BGH NJW 2006, 1806, 1807; vgl. Hk-ZPO/*Dörner* Rn. 21.
[78] Vgl. *Leipold*, GedS Lüderitz, 2000, S. 431, 446; *Rauscher/Leible* Rn. 49, 50; *Czernich/Tiefenthaler* Rn. 40.
[79] Vgl. *Magnus/Mankowski* Rn. 89 ff.
[80] So auch *Kropholler* Rn. 44; *Thomas/Putzo/Hüßtege* Rn. 8; *Micklitz/Rott* EuZW 2001, 325, 328; vgl. *Hau* IPRax 2000, 354, 359.
[81] *Droz/Gaudemet-Tallon* Rev. crit. 2001, 501, 636 (no. 42); vgl. *Magnus/Mankowski* Rn. 122 ff.
[82] BGH NJW 2006, 1806; *Leipold*, GedS Lüderitz, 2000, S. 431, 446 f.; *Hau* IPRax 2000, 354, 358 f.; *Rauscher/Leible* Rn. 51.
[83] Krit. *Harris* C.J.Q. 20 (2001), 218, 220; *Schack* IZVR Rn. 273 a (Preisgabe des Zuständigkeitsgleichgewichts).
[84] BGH NJW 2006, 1806, 1807 = MDR 2006, 1063 = RIW 2006, 861; krit. *Berg* NJW 2006, 3035, 3036; *Magnus/Mankowski* Rn. 120 f.
[85] EuGHE 1980, 89, 97 = IPRax 1981, 89 (dazu *Spellenberg* S. 75); EuGHE 1999, I-6307 = NJW 2000, 719; BGH NJW-RR 2005, 1518, 1520; *Kropholler/v. Hinden*, GedS Lüderitz, 2000, S. 401, 409; *Klemm* S. 90 f.; Hk-ZPO/*Dörner* Rn. 13; *Kropholler* Rn. 51; *Geimer/Schütze*, EuZVR, Rn. 124 ff.; *Czernich/Tiefenthaler* Rn. 23; *Rauscher*, FS Heldrich, 2005, S. 933, 945; krit. *Berg* NJW 2006, 3035, 3037.
[86] So *Rauscher*, FS Heldrich, 2005, S. 933, 946.
[87] EuGHE 1997, I-911 *(Mainschifffahrts-Genossenschaft/Les Gravières Rhénanes)* = NJW 1997, 1431; *Klemm*, S. 99 ff.; *Schack* IZVR Rn. 277; Hk-ZPO/*Dörner* Rn. 13; *Rauscher/Leible* Rn. 57; *Czernich/Tiefenthaler* Rn. 21.
[88] Krit. *Leipold*, GedS Lüderitz, 2000, S. 431, 449.

Nr. 1a **nach der lex causae.**[89] Nr. 1a betrifft alle Verträge, die nicht Warenkauf oder Dienstleistung zum Inhalt haben, Nr. 1c, sowie Warenkauf und Dienstleistung mit Erfüllungsort in einem Drittstaat.[90] Zu einem Verzicht auf den Gerichtsstand des Erfüllungsortes für diese Fälle, evtl. unter Festlegung des Wohnsitzgerichtsstands des Beklagten,[91] konnte sich der Verordnungsgeber nicht entschließen. Da Art. 5 Nr. 1a EuGVO den bisherigen Text von Art. 5 Nr. 1 EuGVÜ vollständig übernimmt, ist davon auszugehen, dass für die unter Nr. 1a und 1c fallenden Verträge die zu Art. 5 Nr. 1 EuGVÜ/LugÜ entwickelten Grundsätze fortgelten.[92] Da Grundregel (Nr. 1a) und Auffangregel (Nr. 1c) identisch sind, gibt es tatsächlich nur zwei Fälle; Art. 5 Nr. 1 ist unnötig schwierig aufgebaut.

30 **b) Maßgebliche Verpflichtung.** (1) Art. 5 Nr. 1a knüpft an den Ort an, an dem die Verpflichtung erfüllt worden ist oder zu erfüllen wäre. Nach hM bezieht sich Art. 5 Nr. 1 auf diejenige **(Haupt-)Pflicht,** die den Gegenstand der Klage bildet, nicht aber auf jede beliebige, sich aus dem Vertrag ergebende Verpflichtung.[93] Bei einem gegenseitigen Vertrag mit zwei Hauptpflichten führt dies notwendig zu einem gespaltenen Erfüllungsort. Werden Sekundäransprüche geltend gemacht, so ist an die verletzte Primärpflicht anzuknüpfen.[94] Irrelevant ist, dass ein konkurrierender Vertrag zwischen den Parteien eine abweichende Gerichtsstandsvereinbarung enthält.[95] Das nach Art. 5 Nr. 1a, c zuständige Gericht ist auch für eine Gewährleistungsklage nach Art. 6 Nr. 2 zuständig.[96] Ob ein Vertrag mehrere Hauptleistungspflichten mit unterschiedlichen Erfüllungsorten enthält,[97] ist eine Frage der Vertragsauslegung. Enthält ein Vertrag gleichrangige Hauptpflichten, die in verschiedenen Mitgliedsstaaten zu erfüllen sind, so ist das für eine Pflicht nach Art. 5 Nr. 1a zuständige Gericht nicht zuständig, auch über die andere Hauptpflicht zu entscheiden.[98] Bei einer Feststellungsklage, die den Vertrag insgesamt betrifft, ist auf den Erfüllungsort des Anspruchs abzustellen, auf den es dem Kläger hauptsächlich ankommt.[99] Erfüllungsort für Ansprüche aus einer „harten" Patronatserklärung ist der Sitz des Patrons.[100] Der Erfüllungsort für eine vom Verbraucher akzeptierte „isolierte Gewinnzusage" ist nach dem „Vertrags"statut (Art. 28 Abs. 2 EGBGB) zu bestimmen.[101] Der Erfüllungsort für die Einlagepflicht eines GmbH-Gesellschafters bzw. den Rückforderungsanspruch bei kapitalersatzrechtlichen Klagen liegt am Sitz der Gesellschaft.[102]

31 (2) Dagegen wird in der Literatur die Ansicht vertreten, **Erfüllungsort** sei nur der Ort, an dem die das ganze Vertragsverhältnis prägende, charakteristische Leistung zu erbringen ist.[103] Um zu einer einheitlichen Konzeption zu gelangen, sei lit. a) im Lichte von lit. b) auszulegen.[104] Ob dies möglich ist, erscheint freilich zweifelhaft. Denn die Begünstigung des Schuldners der vertragstypischen Leistung wollte der Verordnungsgeber eben nicht für alle Verträge einführen.[105] Auch bereitet die Bestimmung der charakteristischen Leistung bei gemischten Verträgen Schwierigkeiten. Stellt man dagegen auf die mit der Klage verfolgte Leistungspflicht ab, so werden diese Schwierigkeiten vermieden. Außerdem wird bei der traditionellen Sicht die enge Verbindung zwischen realem Erfüllungsort und zuständigem Gericht gewahrt.[106]

---

[89] BGHZ 165, 172 = JZ 2006, 519, 520 *(Schäfer); Magnus/Mankowski* Rn. 138 ff.; *Rauscher/Leible* Rn. 58; *Czernich/Tiefenthaler* Rn. 43; krit. *Hau* IPRax 2000, 354, 359.
[90] Deshalb hält *Mankowski* lit. c) nicht für überflüssig; *Magnus/Mankowski* Rn. 143.
[91] Hierfür *Leipold,* GedS Lüderitz, 2000, S. 431, 451 ff.; *Hau* IPRax 2000, 354, 360.
[92] *Rauscher/Leible* Rn. 33.
[93] EuGHE 1976, 1497, 1508 = NJW 1977, 490 = RIW 1997, 42 (m. Anm. *Linke*); EuGHE 1987, 239 = NJW 1987, 1131 (m. Anm. *Geimer*); BGH EuZW 1992, 518, 520; OLG Köln RIW 1988, 555, 557; LG Köln RIW 1988, 644, 645; LG Kaiserslautern IPRax 1987, 368 (m. Anm. *Mezger* S. 346) = NJW 1988, 652; *Geimer/Schütze,* EuZVR, Rn. 107; *Magnus/Mankowski* Rn. 131 ff.; *Rauscher/Leible* Rn. 35; *Schack* Rn. 320.
[94] EuGHE 1976, 1497, 1508 = NJW 1977, 490; BGHZ 134, 201 = NJW 1997, 870, 871; *Geimer/Schütze,* EuZVR, Rn. 108 f.
[95] Cour d. Cass., Rev. crit. 1990, 358.
[96] EuGHE 1990-I, 1845 = NJW 1991, 2621 = IPRax 1992, 310 (dazu *Coester-Waltjen* S. 290).
[97] Vgl. *Geimer/Schütze,* EuZVR, Rn. 57; *Schlosser* Rn. 7.
[98] EuGHE 1999, I-6747 = NJW 2000, 721 = RIW 1999, 953 (Rz. 36 ff.).
[99] OLG Stuttgart IPRax 1999, 103 (dazu *Ch. Wolf* S. 82).
[100] LG Düsseldorf RIW 2005, 629 *(Mecklenbrauck).*
[101] Vgl. EuGHE 2005, I-481 = NJW 2005, 811 (dazu *Leible* S. 796) = JZ 2005, 782; BGHZ 165, 172, 175 = NJW 2006, 230, 231 = JZ 2006, 519, 520 f. *(C. Schäfer); Mörsdorf-Schulte* JZ 2005, 770, 777; *Blobel* VuR 2005, 164, 166 f.
[102] Vgl. *Dutta* IPRax 2007, 195, 199.
[103] *Rauscher* S. 207 ff.; *Spellenberg* ZZP 91 (1978), 38, 51 ff.
[104] So *Kropholler* Rn. 31; *Hau* IPRax 2000, 354, 359.
[105] Vgl. *Rauscher/Leible* Rn. 36 f.; *Schlosser* Rn. 9.
[106] Vgl. EuGHE 1976, 1473, 1486 (Rz. 13) = NJW 1977, 491 (m. Anm. *Geimer); Geimer/Schütze/Auer,* IRV, EuGVO Rn. 40.

(3) Sind **Haupt- und Nebenpflichten** im Streit, so entscheidet die streitige Hauptpflicht über 32 die Zuständigkeit,[107] um einer Gerichtsstandsaufsplitterung entgegenzuwirken.[108] Bei einer negativen Feststellungsklage ist auf die behauptete Pflichtverletzung abzustellen.[109] Beim Streit über den **Bestand eines Vertrages** ist auf die charakteristische Hauptpflicht abzustellen.[110]

(4) Wird Schadenersatz wegen einer weltweit zu erfüllenden vertraglichen Pflicht zur **Unterlassung von Wettbewerb** verlangt, so kann kein Gericht bestimmt werden, mit dem der Sachverhalt vorhersehbar die engste Verbindung hätte (s. Erwägungsgründe Nr. 11 und 12), weil die Unterlassungspflicht nicht an einem Ort lokalisiert werden kann. Der EuGH hält daher Art. 5 Nr. 1 in einem solchen Fall überhaupt nicht für anwendbar.[111] 33

c) Maßgebliche Rechtsordnung zur Bestimmung des Erfüllungsorts. (1) Teilweise wird 34 die Ansicht vertreten, der Erfüllungsort sei auch bei Nr. 1a, c im Sinne eines autonomen prozessualen Erfüllungsortsbegriffs zu bestimmen.[112] Eine solche **autonome Qualifikation** würde zu einer einheitlichen europäischen Lösung führen und die teilweise schwierige Ermittlung des Erfüllungsorts nach dem anwendbaren Recht[113] entbehrlich machen.

Nach Ansicht des EuGH scheidet eine vertragsautonome Qualifikation aber vor einer Vereinheit- 35 lichung des anwendbaren materiellen Rechts aus.[114] Hieran hat er trotz gegenteiliger Erwartungen festgehalten.[115]

(2) Soll die Gerichtspflichtigkeit demnach am realen Leistungsort bestehen, so ist an die (mate- 36 rielle) **lex causae** anzuknüpfen. Dazu hat das befasste Gericht diese nach seinem Kollisionsrecht zu ermitteln und den Erfüllungsort nach diesem Recht zu bestimmen.[116] Für diese Qualifikation spricht, dass der Schuldner dort, wo er nach materiellem Recht leisten muss, auch gerichtlich zu belangen ist, also die allgemeine Rechtfertigung des Gerichtsstands des Erfüllungsortes. Auch die nationalen Rechte gehen entsprechend vor, die deutsche Rspr.[117] ebenso wie die der anderen Mitgliedstaaten.[118] Nach deutschem Kollisionsrecht ist das Vertragsstatut nach Art. 27, 28 EGBGB zu bestimmen. Dies gilt auch für im Internet geschlossene Verträge.[119] Nach materiellem deutschem Recht ist eine Kaufpreisschuld am Sitz/Wohnsitz des Käufers zu erfüllen (§ 269 Abs. 1 BGB). Die Pflicht, das Geld auf ein Konto an einem anderen Ort zu überweisen, ändert daran nichts. In seinem Geltungsbereich ist der Erfüllungsort nach dem Wiener UN-Kaufrechtsübereinkommen (CISG) zu bestimmen.[120] Lieferpflichten sind nach Art. 31 CISG bei der Niederlassung des Verkäufers zu erfüllen.[121] Da die Zahlungspflicht des Käufers nach Art. 57 Abs. 1a CISG am Aufenthaltsort (bzw. Niederlassungsort) des Verkäufers zu erfüllen ist, ergibt sich hieraus nach hM ein Verkäufergerichtsstand.[122] In seinem Geltungsbereich ist auch das Haager Übereinkommen betreffend das

---

[107] EuGHE 1987, 239 = IPRax 1987, 366, 368 (m. Anm. *Mezger* S. 346) = NJW 1987, 1131 (m. Anm. *Geimer*); *Geimer/Schütze/Auer*, IRV, EuGVO Rn. 42; *Kropholler* Rn. 32; *Rauscher/Leible* Rn. 37 a.
[108] *Kropholler* Rn. 14; *Geimer/Schütze/Auer*, IRV, EuGVO Rn. 42 ff.; *Czernich/Tiefenthaler* Rn. 17.
[109] Vgl. *Schlosser* Rn. 9.
[110] Krit. *Schlosser* Rn. 9.
[111] EuGHE 2002, I-1699 (*Besix v. WABAG*) (Rz. 48 ff.) = NJW 2002, 1407 = IPRax 2002, 392 (dazu *Heß* S. 376) = ZZPInt 7 (2002), 207 (*Hau*); krit. *Schack* IZVR Rn. 275.
[112] Für das EuGVÜ *Schack* Erfüllungsort Rn. 146; zust. *Otte* S. 776.
[113] Vgl. *Schack*, 2. FS Kegel, 1987, S. 505.
[114] EuGHE 1976, 1473, 1486 (Rz. 14) = NJW 1977, 491 (*Geimer*) = RIW 1977, 40 (*Linke*).
[115] EuGHE 1994, I-2913, 2949 = NJW 1995, 183 = JZ 1995, 244 (*Geimer*) = IPRax 1995, 31 (abl. *Jayme* S. 21) = ZEuP 1995, 655 (abl. *Schack*); EuGHE 1999, I-6342 (Rz. 19 ff.) = IPRax 2000, 399 (dazu *Hau*, S. 354) u. EuGHE 1999, I-6747 = NJW 2000, 721 (Rz. 33).
[116] EuGHE 1994, I-2913 = RIW 1994, 676 (Rz. 26); EuGHE 1976, 1473, 1486 (Rz. 13) = RIW 1977, 40 (*Linke*) = NJW 1977, 491 (*Geimer*); BGH RIW 2005, 307, 309; *Geimer/Schütze/Auer*, IRV, EuGVO Rn. 45; *Czernich/Tiefenthaler* Rn. 46.
[117] BGH NJW 1981, 1905; OLG Stuttgart NJW 1982, 529; OLG Köln IPRax 1985, 161 (dazu *Schröder* S. 145); OLG Karlsruhe RIW 1994, 1046 f.; LG Köln RIW 1988, 644 f.; *Stoll* IPRax 1983, 52, 54; aA *Schack* Rn. 195 ff., 223 ff.
[118] *Kropholler*, Hdb. IZVR I Kap. III Rn. 672; *Rauscher* S. 92 ff.; *v. Overbeck*, Liber amicorum *Droz*, 1996, S. 287 ff.
[119] Vgl. *Pichler*, Jahrbuch junger Zivilrechtswiss., 1998, S. 229, 241 ff.
[120] Vgl. OLG München RIW 2000, 712; vgl. *Rauscher*, FS Heldrich, 2005, S. 933, 935 ff.
[121] Vgl. BGHZ 134, 201 = NJW 1997, 870, 871. Zur Bedeutung von Incoterms s. *Rauscher*, FS Heldrich, 2005, S. 933, 942.
[122] BGHZ 74, 136 = NJW 1979, 1782; BGHZ 78, 257, 259 = NJW 1981, 1158; OLG Bamberg NJW 1977, 505; OLG Stuttgart RIW 1978, 545; OLG Hamm RIW 1980, 662; OLG Hamm RIW 1985, 406 = IPRax 1986, 104 (m. Anm. *Schack* S. 82); OLG Koblenz IPRax 1986, 105 (m. Anm. *Geimer* S. 85); OLG Düsseldorf IPRax 1987, 234 (dazu *Schack* S. 215); OLG München IPRax 1987, 307 (m. Anm. *Rehbinder* S. 289); OLG

auf internationale Kaufverträge über bewegliche Sachen anzuwendende Recht vom 15. 6. 1995 zu beachten.[123]

37 **d) Tatsächlicher und rechtlicher Erfüllungsort.** Über § 29 Abs. 1 ZPO hinaus stellt Art. 5 Nr. 1 a alternativ auf den Ort ab, an dem „erfüllt worden ist oder zu erfüllen wäre". Dieser Wortlaut spricht dafür, bis zur Erfüllung auf den rechtlichen, danach auf den tatsächlichen Erfüllungsort abzustellen.[124] Ein vom vereinbarten abweichender tatsächlicher Erfüllungsort ist nur dann relevant, wenn der Gläubiger die reale Leistung an diesem Ort als vertragsgemäß angenommen hat.[125]

38 **e) Vereinbarter Erfüllungsort und Gerichtsstandsvereinbarungen.** Soweit das anwendbare materielle Recht dies zulässt, können die Parteien den Erfüllungsort frei vereinbaren.[126] Die für Gerichtsstandsvereinbarungen in Art. 23 vorgeschriebene Form braucht dabei nicht eingehalten zu werden.[127] Da Art. 5 Nr. 1 a, c eine unmittelbare Verknüpfung zwischen dem Rechtsstreit und dem zur Entscheidung berufenen Gericht voraussetzt, während Art. 23 auf jeden objektiven Zusammenhang zwischen Rechtsstreit und vereinbartem Gericht verzichtet, sind diese unterschiedlichen Formerfordernisse nach Ansicht des EuGH sachlich gerechtfertigt.[128] Auch begründet die Vereinbarung des Erfüllungsorts lediglich einen zusätzlichen Gerichtsstand, schließt aber anders als die Gerichtsstandsabrede konkurrierende Gerichtsstände (und damit ein mögliches forum shopping) nicht aus. Rechtlich zulässig (wenngleich selten) ist es, die Vereinbarung über den Erfüllungsort einem anderen Statut als dem des Hauptvertrags zu unterstellen.[129]

39 Gerichtsstandsbegründende Wirkung haben auch im Rahmen von Nr. 1 a, c nur Vereinbarungen eines realen Erfüllungsortes; rein **„abstrakte" Vereinbarungen**, die nur den Gerichtsstand begründen sollen, fallen nicht unter Art. 5 Nr. 1, sind also nicht formlos gültig, sondern nach Art. 23 zu beurteilen.[130]

40 **4. Rechtslage nach EuGVÜ/LugÜ.** Soweit das Luganer Übereinkommen (bisherige Fassung) bzw. noch das EuGVÜ anwendbar ist, ist der Erfüllungsort kollisionsrechtlich zu bestimmen (s. o. Rn. 2, 17) und auf den Erfüllungsort der jeweils streitigen Hauptverpflichtung abzustellen; eine einheitliche Zuständigkeit für die Hauptpflichten aus einem gegenseitigen Vertrag besteht danach nicht.[131] Das Übereinkommen zur Anpassung des Luganer Übereinkommens an die Neufassung von Art. 5 Nr. 1 der EuGVO ist allerdings schon am 30. 10. 2007 unterzeichnet worden.[131a]

41 **5. Sonderregelung für Luxemburg.** Wer seinen Wohnsitz in Luxemburg hat und aufgrund einer Erfüllungsortvereinbarung in einem anderen Mitgliedstaat verklagt wird, kann die Unzuständigkeit dieses Gerichts geltend machen, wenn sich der tatsächliche Bestimmungsort für die Lieferung beweglicher Sachen oder die Erbringung von Dienstleistung in Luxemburg befindet. Dieser Vorbehalt findet sich nunmehr in Art. 63 Abs. 1 EuGVO.

Die Luxemburg-Klausel will erreichen, dass Verfahren mit Beteiligung einer Luxemburger Handelsgesellschaft nicht in einer zu großen Zahl der Luxemburger Justiz entzogen werden. Dieser Zweck trifft jedoch nicht zu, wenn die Gesellschaft in Luxemburg tatsächlich nur einen formellen Satzungssitz („Briefkasten") hat.[132]

Während der Vorbehalt für Personen mit Wohnsitz in Luxemburg nach Art. I Abs. 1 des Protokolls zum EuGVÜ jede Klage im Gerichtsstand des Erfüllungsorts erfasste, ist der Vorbehalt des Art. 63 Abs. 1 EuGVO nur noch auf Fälle der Lieferung beweglicher Sachen und der Erbringung von Dienstleistungen beschränkt. Nach Art. 63 Abs. 4 EuGVO gilt der Vorbehalt zudem nur für die Dauer von sechs Jahren ab Inkrafttreten der EuGVO, also nur bis 1. 3. 2008.

Koblenz RIW 1990, 218, 220; krit. LG Köln RIW 1988, 644, 646 f. = IPRax 1989, 290 (m. Anm. *Schwenzer* S. 274); aA *Rauscher*, FS Heldrich, 2005, S. 933, 945.
[123] Vgl. Cour de Cass. [1996] I. L. Pr. 493.
[124] *Geimer/Schütze/Auer*, IRV, EuGVO Rn. 46; *Schack* Rn. 338.
[125] *Geimer/Schütze/Auer*, IRV, EuGVO Rn. 46; *Schack* Rn. 339.
[126] EuGHE 1980, 89, 98 = IPRax 1981, 89; BGH IPRax 1981, 93 (dazu *Spellenberg* S. 73); *Magnus/Mankowski* Rn. 148; aA *Piltz* NJW 1979, 1074; *Pocar* RabelsZ 1978, 419.
[127] AA *Schack* Rn. 341.
[128] EuGHE 1980, 89, 96 = IPRax 1981, 89.
[129] BGH IPRax 1981, 91.
[130] EuGHE 1997, I-932 = RIW 1997, 415, 417 (Rz. 35) (*Holl*) = ZZPInt. 2 (1997), 161 (*P. Huber*) = JZ 1997, 839 (*Koch*) = EWiR Art. 17 EuGVÜ 1/97, 359 (*Schlosser*) = J. D. I. 1997, 625 (*Huet*); BGH EWS 1997, 322 = RIW 1997, 871.
[131] EuGHE 1976, 1497 = NJW 1977, 490 (*Geimer*); vgl. *Nagel/Gottwald*, IZPR, § 3 Rn. 44 ff.
[131a] AblEU 2007 L 339/3.
[132] BGH RIW 2003, 877, 878 = NJW 2003, 2609, 2610.

II. Gerichtsstand in Unterhaltssachen

1. Unterhaltssachen. Zur Erleichterung der Rechtsverfolgung stellt Art. 5 Nr. 2 dem Unterhaltsberechtigten alternativ zum Gerichtsstand des Art. 2 weitere Gerichtsstände zur Verfügung. Der Begriff Unterhaltssachen ist vertragsautonom,[133] und zwar nach Ansicht des EuGH weit auszulegen.[134] Für die Abgrenzung zu Ansprüchen auf güterrechtliche Auseinandersetzung oder Schadensersatz soll es darauf ankommen, ob der „auf ein familienrechtliches Band gestützten Zahlung Unterhaltsfunktion zukommen soll"[135] oder ob Vermögensauseinandersetzung oder Schadensersatz im Vordergrund stehen; entscheidend ist also der überwiegende Zweck. Danach würde auch die prestation compensatoire gemäß Art. 270 ff. französischer Code civil als Unterhalt eingeordnet. Selbst die Zahlung eines Pauschalbetrages und die Eigentumsübertragung an Gegenständen zur Abfindung eines nachehelichen Unterhaltsanspruchs sind als Unterhalt anzusehen.[136] Ebenso fallen vertragliche Unterhaltsansprüche unter Art. 5 Nr. 2, wenn sie dem Grunde nach auf dem familienrechtlichen Status beruhen; andernfalls richtet sich die Zuständigkeit für sie nach Art. 5 Nr. 1.[137] 42

Der Unterhaltsanspruch muss nicht auf eine laufende Zahlung gerichtet sein,[138] darf aber nicht auf dem Erbrecht beruhen, wie etwa der Anspruch auf den Dreißigsten gemäß § 1969 BGB (s. Art. 1 Rn. 12). Unterhalt iSd. Art. 5 Nr. 2 ist der Prozesskostenvorschuss nach § 1360a Abs. 4 BGB, selbst wenn das vorzufinanzierende Verfahren nach Art. 1 Abs. 2 Nr. 1 nicht unter das EuGVÜ fällt.[139] Unterhalt ist auch die Klage auf Erstattung der durch das begrenzte Realsplitting entstandenen Nachteile.[140] 43

2. Wohnsitz, gewöhnlicher Aufenthalt. Art. 5 Nr. 2 legt nicht nur die internationale, sondern auch die örtliche Zuständigkeit fest. Zuständig ist danach das Gericht am Wohnsitz (Art. 52) oder am Ort des gewöhnlichen Aufenthalts des Unterhaltsberechtigten.[141] (In Dänemark ist die Verwaltungsbehörde zuständig, Art. V a des Protokolls von 1968.) Diese zusätzliche Abweichung vom Gerichtsstandsystem des EuGVÜ beruht auf der Anpassung an das Haager Unterhaltsübereinkommen 1958 (jetzt 1973).[142] Der Begriff des gewöhnlichen Aufenthalts ist daher wie in den Unterhaltsübereinkommen auszulegen, und zwar als der Ort, an dem der Schwerpunkt der Bindungen der betreffenden Person, ihr Daseinsmittelpunkt liegt.[143] Zur Präzisierung des gewöhnlichen Aufenthalts kann weiter auf die Empfehlung des Ministerkomitees des Europarates vom 18. 1. 1972 zurückgegriffen werden. Danach hängt der gewöhnliche Aufenthalt nur von den tatsächlichen Umständen ab. Als Faustregel geht die deutsche Rspr. von einem Aufenthalt von sechs Monaten aus. 44

3. Unterhaltsberechtigter. Darunter ist in autonomer Auslegung jedermann zu verstehen, der Unterhalt begehrt, gleichgültig ob es sich um die erste Unterhaltsklage handelt oder der Anspruch bereits einmal zuerkannt wurde.[144] 45

4. Unterhalt im Entscheidungsverbund (Annexzuständigkeit). Durch das 1. Beitrittsübereinkommen 1978 (in Kraft getreten am 1. 11. 1986) wurde Art. 5 Nr. 2 um eine internationale Verbundzuständigkeit erweitert, da Unterhaltssachen häufig als Annex zu Statussachen geltend gemacht werden. Betroffen sind nach deutschem Recht der Verbund nach den §§ 621, 623 sowie nach § 643 ZPO.[145] Soweit die Scheidungszuständigkeit auf Art. 3 Brüssel II a-VO beruht, ergeben sich keine Probleme. Anders ist es im Anwendungsbereich von Art. 7 Brüssel II a-VO iVm. § 606a ZPO. Die Verbundzuständigkeit besteht dann nicht, wenn die internationale Zuständigkeit für die 46

---

[133] EuGHE 1980, 731 = NJW 1980, 1218 (LS) = IPRax 1981, 19 (m. Anm. *Hausmann* S. 5); BGH FamRZ 2008, 40, 41; *Geimer/Schütze/Auer*, IRV, EuGVO Rn. 63; Hk-ZPO/*Dörner* Rn. 29.
[134] EuGHE 1980, 731; *Kaye* I. C. L. Q. 1988, 268, 270; *Magnus/Mankowski* Rn. 158 ff.
[135] *Schlosser*-Bericht Nr. 96.
[136] EuGHE 1997, I-1147= IPRax 1999, 35 (dazu *Weller* S. 14); Hk-ZPO/*Dörner* Rn. 29.
[137] *Schlosser*-Bericht Nr. 92.
[138] *Schlosser*-Bericht Nr. 93.
[139] *Geimer/Schütze/Auer*, IRV, EuGVO Rn. 87; *Geimer/Schütze*, EuZVR, Rn. 116, 130; krit. *Jayme* FamRZ 1988, 790, 793; vgl. *Renke* FuR 1990, 149, 150; aA *Schlosser* Rn. 12.
[140] BGH FamRZ 2008, 40, 41 ff.
[141] Vgl. OLG Hamm FamRZ 1989, 1331; *Geimer/Schütze/Auer*, IRV, EuGVO Rn. 97.
[142] Art. 3 lit. b des Entwurfs einer UnterhaltsVO vom 15. 12. 2005 KOM (2005) 649 (endgültig) will nur noch an den gewöhnlichen Aufenthalt des Unterhaltsberechtigten anknüpfen und auf die Zuständigkeit am Wohnsitz verzichten; *Hess/Mack* JAmt 2007, 229, 230; krit. *Gottwald*, FS Lindacher, 2007, S. 13, 14 ff.
[143] *Geimer/Schütze/Auer*, IRV, EuGVO Rn. 100 ff.; Hk-ZPO/*Dörner* Rn. 32. Zum Unterhaltsabkommen von 1973 vgl. *Staudinger/Mankowski* (2003), Anh. I zu Art. 18 EGBGB.
[144] EuGHE 1997, I-1698 (Rz. 25) = IPRax 1998, 354 (dazu *Fuchs* S. 327); *Geimer/Schütze/Auer*, IRV, EuGVO Rn. 92; *Magnus/Mankowski* Rn. 165.
[145] *Henrich* IPRax 1985, 207; bereits *Jayme* IPRax 1984, 121, 124 (vor der Neufassung).

Statussache bei gemischt-nationalen Ehen auf die Staatsangehörigkeit einer der Parteien gestützt wird, wie in § 606a Abs. 1 Nr. 1 ZPO.[146] Da das Scheidungsgericht gemäß Art. 31 EuGVO weiterhin zum Erlass einstweiliger Anordnungen nach autonomen Regeln zuständig bleibt, lässt sich diese Lücke immerhin überbrücken. Jedoch sollte man Art. 5 Nr. 2 restriktiv auslegen: Beruht die internationale Zuständigkeit zwar auf den §§ 606a Abs. 1 Nr. 1, 621 Abs. 2 ZPO, besitzen aber beide Parteien die deutsche Staatsangehörigkeit, so sollte eine internationale Verbundzuständigkeit bejaht werden.[147]

47 Eine Verbundzuständigkeit besteht gemäß § 621 Abs. 1 und § 623 Abs. 1 S. 1 ZPO nicht nur für den gesetzlichen Kindesunterhalt und den gesetzlichen nachehelichen Ehegattenunterhalt, sondern auch für den Trennungsunterhalt des Ehegatten.[148]

48 Eine Verbundzuständigkeit besteht weiter für die Klage des Kindes auf Zahlung von (seit 1. 1. 2008) Mindestunterhalt mit der Vaterschaftsfeststellung gemäß §§ 642, 653 Abs. 1 S. 1 ZPO.[149] Auch in diesem Fall besteht keine Verbundzuständigkeit für den Unterhalt, wenn die internationale Zuständigkeit für das Statusverfahren gemäß § 640a Abs. 2 Nr. 1 ZPO nur auf der deutschen Staatsangehörigkeit einer der Parteien beruht.

49 **5. Klagen gegen den Unterhaltsberechtigten.** Art. 5 Nr. 2 will zwar primär die Rechtsverfolgung für den Unterhaltsberechtigten erleichtern, seine Gerichtsstände sind aber stets eröffnet, „wenn es sich um eine Unterhaltssache handelt". Die Parteistellung ist daher nach dem Wortlaut der Bestimmung irrelevant. Daher kann auch der Unterhaltsverpflichtete Klage oder Abänderungsklage am gewöhnlichen Aufenthaltsort des Unterhaltsberechtigten oder als Annex zu einer Statussache erheben.[150]

50 **6. Gerichtspflichtigkeit bei cessio legis.** Soweit ein nachrangiger Verwandter oder der Ehemann der Mutter Unterhalt leistet, geht nach deutschem Recht der Unterhaltsanspruch auf den Leistenden über (vgl. §§ 1607 Abs. 2 S. 2, 1615b BGB). Der Regressprozess ist in diesen Fällen Unterhaltssache und kann in den Gerichtsständen des Art. 5 Nr. 2 erhoben werden.

Zweifelhaft ist dagegen, ob Gleiches auch für den **Regressprozess der öffentlichen Hand** gilt, auf die der Unterhaltsanspruch kraft cessio legis übergegangen ist. Nach ihrem Wortlaut wäre die Bestimmung anwendbar, wenn die öffentliche Hand den übergegangenen Unterhaltsanspruch einklagt, nicht dagegen, wenn sie einen rechtstechnisch selbständigen Ersatzanspruch geltend macht. In beiden Fällen besteht aber kein Anlass, einen Gerichtsstand am Wohnsitz des Unterhaltsberechtigten, der häufig mit dem Sitz der Behörde übereinstimmt, zu eröffnen. Der EuGH hat Art. 5 Nr. 2 daher einschränkend ausgelegt, so dass sich Sozialhilfeträger etc. in keinem Fall auf Art. 5 Nr. 2 berufen können.[151]

51 **7. Abänderung von Unterhaltstiteln.** Sie fällt unter Art. 5 Nr. 2.[152] Die Zuständigkeit des angerufenen Gerichts ist neu zu bestimmen.[153] Eine Annexkompetenz des Gerichts des Vorprozesses besteht nicht.[154] Andernfalls zwänge man die Parteien, den Streit vor ein jetzt entferntes Gericht zu bringen. Die Parteien können aber die Zuständigkeit des Erstgerichts gemäß Art. 23 vereinbaren.

52 **8. Geplante Neuregelung.** Art. 5 Nr. 2 soll (nach dem ursprünglichen Plan schon zum 1. 1. 2008) durch die Art. 3–5 einer neuen VO des Rates über die Zuständigkeit und das anwendbare Recht in Unterhaltssachen[155] abgelöst werden. Für eine Unterhaltsklage soll dann (1) das Gericht am gewöhnlichen Aufenthalt des Gegners, (2) am gewöhnlichen Aufenthalt des Unterhaltsberechtigten, (3) das für eine verbundene Personenstandssache zuständige Gericht (außer bei Staatsangehö-

---

[146] *Magnus/Mankowski* Rn. 189; krit. *Jayme*, FS Keller, 1989, S. 451, 452f.
[147] So *Jayme*, FS Keller, 1989, S. 454; *Kropholler* Rn. 38; *Geimer/Schütze/Auer*, IRV, EuGVO Rn. 105; *Rahm/Künkel/Breuer* VIII 232; vgl. *Geimer/Schütze*, EuZVR, Rn. 135; aA *Kaye* S. 763, Fn. 1063.
[148] *Schulze* IPRax 1998, 21, 22f.; aA KG FamRZ 1998, 564 = IPRax 1998, 37.
[149] Vgl. Hk-ZPO/*Dörner* Rn. 36.
[150] *Geimer/Schütze*, EuZVR, Rn. 136; *Geimer/Schütze/Auer*, IRV, EuGVO Rn. 93; *Nagel/Gottwald* § 3 Rn. 58, 62; aA *Kropholler* Rn. 64; *Rahm/Künkel/Breuer* VIII 232; *Rauscher/Leible* Rn. 65; Hk-ZPO/*Dörner* Rn. 31; *Magnus/Mankowski* Rn. 168ff.
[151] EuGHE 2004, I-981 = NJW 2004, 1439 = JZ 2004, 407 (*Schlosser*) = IPRax 2004, 240 (dazu *Martiny* S. 195); OLG Dresden NJW 2007, 446; *Geimer/Schütze*, EuZVR, Rn. 137; *Magnus/Mankowski* Rn. 176ff.; *Kropholler* Rn. 41; *Schlosser* Rn. 13.
[152] OLG Frankfurt IPRax 1981, 136 (dazu *Schlosser* S. 120); AG München IPRax 1990, 60; *Magnus/Mankowski* Rn. 172ff.
[153] *Geimer/Schütze/Auer*, IRV, EuGVO Rn. 108; *Kropholler* Rn. 42ff.; *Schlosser* Rn. 13; s. § 323 ZPO Rn. 58.
[154] OLG Thüringen FamRZ 2000, 681; *Geimer/Schütze*, EuZVR, Rn. 138; *Kropholler* Rn. 46; *Rauscher/Leible* Rn. 68; vgl. OLG Nürnberg FamRZ 2005, 1691, 1692.
[155] Entwurf vom 15. 12. 2005, KOM (2005) 649 endgültig.

rigkeitszuständigkeit) sowie (4) das Gericht der Sorgerechtsklage zuständig sein. Außerdem werden Gerichtsstandsvereinbarungen (nicht bei Kindern unter 18 Jahren) sowie die rügelose Einlassung zugelassen.[156]

III. Deliktsgerichtsstand

1. Normzweck. Wer einen anderen rechtswidrig schädigt, ist am Ort der Tat rechenschaftspflichtig.[157] Sachlich rechtfertigt sich dieser zusätzliche Wahlgerichtsstand mit der größeren Beweisnähe und der häufigen Rechtsnähe.[158] Art. 5 Nr. 3 regelt nicht nur die internationale, sondern zugleich die örtliche Zuständigkeit und schließt insoweit einen Rückgriff auf die §§ 12 ff. ZPO aus. **53**

Vorrang vor Art. 5 Nr. 3 haben die in Sonderübereinkommen festgelegten Deliktsgerichtsstände, zB nach dem Übereinkommen zur Vereinheitlichung von Regeln über die zivilgerichtliche Zuständigkeit bei Schiffszusammenstößen vom 10. 5. 1952.[159] Auch Art. 5 Nr. 3 begründet keine ausschließliche, sondern lediglich eine konkurrierende Zuständigkeit. Der Deliktsgerichtsstand kann im Voraus oder nachträglich durch Parteivereinbarung nach Art. 23 ausgeschlossen werden. **54**

2. Unerlaubte oder dieser gleichgestellte Handlung. a) Qualifikation. Die Praxis hat den Begriff der unerlaubten Handlung zunächst überwiegend nach der lex fori,[160] teilweise der lex causae, dh. nach dem nach IPR maßgeblichen Recht, bestimmt.[161] Mit Entscheidung vom 27. 9. 1988 hat sich der EuGH aber begrüßenswerterweise für eine autonome Qualifikation ausgesprochen.[162] Diese Entscheidung ist konsequent, da der EuGH auch den Komplementärbegriff der „Ansprüche aus einem Vertrag" (Nr. 1) autonom bestimmt (s. Rn. 2). Solange freilich das materielle Deliktsrecht in den Vertragsstaaten nicht vereinheitlicht ist, können sich hieraus irritierende Divergenzen zwischen der deliktsrechtlichen Zuständigkeit und dem angewandten materiellen Recht ergeben. Allerdings hat der EuGH auch entschieden, dass die Kriterien, ob ein Ereignis wirklich eine unerlaubte Handlung bildet, sowie der Beweis für Bestehen und Ausmaß dem jeweiligen nationalen IPR unterstehen.[163] **55**

b) Sachlicher Anwendungsbereich. Der Begriff „unerlaubte Handlung" ist weit auszulegen. Unter ihn fallen alle Ansprüche auf Schadenshaftung aus außervertraglichen Rechtsverletzungen,[164] insbesondere Straßenverkehrsunfällen,[165] Fälle der Produkthaftung[166] einschl. der action directe,[167] Ansprüche wegen Umweltschäden,[168] unlauteren Wettbewerbs,[169] aus Kartelldelikten,[170] unrechtmäßigen kollektiven Arbeitskampfmaßnahmen,[171] aus der Verletzung von Immaterialgüterrechten,[172] Ansprüche gegen Gesellschafter wegen existenzvernichtenden Eingriffs[173] bzw. Ansprüche aus einem qualifiziert faktischen Konzern,[174] sowie Ansprüche aus sog. Konzernaußenhaf- **56**

---

[156] Vgl. *Dörner,* FS Yamauchi, 2006, S. 81, 86 ff.; *Hess/Mack* JAmt 2007, 229; *Linke* FPR 2006, 237, 238; krit. *Gottwald,* FS Lindacher, 2007, S. 13.
[157] *Zöller/Geimer* Rn. 21; *J. Schröder,* Internationale Zuständigkeit, 1971, S. 269.
[158] *Kropholler* Rn. 73; *Rauscher/Leible* Rn. 74.
[159] BGBl. II 1972 S. 663. Dazu eingehend *Geimer/Schütze,* EuZVR, Rn. 206; Auflistung der Spezialabkommen bei *Geimer/Schütze/Auer,* IRV EuGVO Rn. 93.
[160] OLG München RIW 1988, 647; KG VersR 1982, 499, 500.
[161] BGHZ 98, 263 = NJW 1987, 592, 594.
[162] EuGHE 1988, 5565 = NJW 1988, 3088, 3089 *(Geimer)* = RIW 1988, 901 *(Schlosser)* = IPRax 1989, 288 (dazu *Gottwald* S. 272) = WuB VII B 1 Art. 5 EuGVÜ 1.89 *(Welter);* bestätigt durch EuGHE 2002, I-8111 = NJW 2002, 3617; ebenso BGH NJW 2006, 689; *Geimer/Schütze/Auer,* IRV, EuGVO Rn. 123 ff.; *Kropholler* Rn. 72; *Rauscher/Leible* Rn. 78; *Magnus/Mankowski* Rn. 193.
[163] EuGHE 1995 I, 415 = NJW 1995, 1881 = ZZPInt 1 (1996), 145 *(Rauscher);* House of Lords [1996] I. L. Pr. 798.
[164] EuGHE 1998, I-6534 = RIW 1999, 57, 59 = IPRax 2000, 210 (dazu *Koch* S. 186); EuGHE 2002, I-8111 = NJW 2002, 3617; BGH RIW 2006, 310; *Kropholler* Rn. 72.
[165] *Kropholler* Rn. 74; *Magnus/Mankowski* Rn. 200.
[166] AG Neustadt IPRspr. 1984 Nr. 133; *Kropholler* Rn. 74; *Magnus/Mankowski* Rn. 200.
[167] *Beaumart* S. 145 ff.; *Peifer* JZ 1995, 91, 92 f.
[168] *Kohler,* in: Grenzüberschreitender Umweltschutz in Europa, 1984, S. 74; *Magnus/Mankowski* Rn. 200.
[169] Vgl. BGHZ 167, 91, 95 (Rz. 10) = NJW 2006, 2630, 2632 = JZ 2006, 1187; BGHZ 153, 82, 91 = NJW 2003, 426, 428; BGH NJW 1988, 1466; Comm. Liège J. Trib. 1983, 556.
[170] *Immenga/Mestmäcker/Rehbinder,* GWB, 3. Aufl. 2001, § 87 Rn. 43; vgl. BGH RIW 1980, 216 m. Anm. *Böhlke.*
[171] EuGHE 2004, I-1417 = RIW 2004, 543 = IPRax 2006, 161 (dazu *Franzen* S. 127).
[172] *Stauder* GRURInt. 1976, 473 ff. und FS Schricker, 2005, S. 917, 924; *Rauscher/Leible* Rn. 79.
[173] *Dutta* IPRax 2007, 195, 200.
[174] OLG Stuttgart ZIP 2007, 1210, 1212.

tung.[175] Erfasst sind neben Ansprüchen auf Geldersatz auch Ansprüche auf Unterlassung sowie Nebenansprüche auf Auskunft.[176] Unter Art. 5 Nr. 3 fallen auch Ersatzansprüche, die ohne konkreten Schadensnachweis bestehen.[177] Bei der Verletzung gewerblicher Schutzrechte sind auch Ansprüche auf Zahlung einer angemessenen Lizenzgebühr oder auf Gewinnherausgabe als Formen des abstrakten Schadenersatzes erfasst.[178] Auch presserechtliche Gegendarstellungsansprüche[179] und Unterlassungsansprüche von Verbraucherschutzvereinen[180] beruhen auf „unerlaubter Handlung".

57 Erfasst sind auch Handlungen, die unerlaubten Handlungen gleichstehen. Daher fallen unter Art. 5 Nr. 3 auch Fälle der **Gefährdungshaftung**,[181] der Halterhaftung im Straßenverkehr,[182] private **Aufopferungsansprüche** für rechtmäßiges Handeln, Ersatzansprüche wegen ungerechtfertigter Vollstreckung und Fälle privater Risikohaftung,[183] Ansprüche auf Unterlassung und Beseitigung etwa gemäß §§ 906, 1004 BGB[184] sowie die Konzernhaftung analog § 303 AktG.[185] Auch Ausgleichsansprüche gemäß § 426 BGB zwischen mehreren Tätern können im Deliktsgerichtsstand geltend gemacht werden.[186] Da die EuGVO bzw. das LugÜ Vorrang vor dem nationalen Recht haben, ist für eine Beschränkung durch den Umweltgerichtsstand des § 32a ZPO in ihrem Anwendungsbereich kein Raum.[187] Der Gerichtsstand hängt in diesen Fällen nicht von einem Gleichlauf zwischen internationaler Zuständigkeit und anzuwendendem Sachrecht ab.

58 Schwierigkeiten bereitet die autonome Qualifikation von Ansprüchen, die teils als vertraglich, teils als deliktisch angesehen werden, wie zB bei den Ansprüchen aus **culpa in contrahendo**. Sachgerecht erschiene es, die Verletzung von Aufklärungs- und Beratungspflichten vertraglich, von Obhuts- und Erhaltungspflichten dagegen deliktisch einzuordnen.[188] Der EuGH stellt freilich darauf ab, ob eine freiwillig eingegangene Verpflichtung vorliegt,[189] so dass Fälle der culpa in contrahendo (bzw. von §§ 241 Abs. 2, 311 Abs. 2 BGB) – entgegen dem deutschen Recht – in aller Regel deliktisch zu qualifizieren sind (s. o. Rn. 9).

59 c) Für Art. 5 Nr. 3 EuGVÜ war zweifelhaft, ob auch **vorbeugende Unterlassungs- und Feststellungsklagen** im Deliktsgerichtsstand erhoben werden konnten. Die Ergänzung von Art. 5 Nr. 3 EuGVO um die Worte „oder einzutreten droht", stellt klar, dass vorbeugende Unterlassungsklagen erfasst sind.[190] Abzustellen ist danach auf den voraussichtlichen Erfolgsort. Auch vorbeugende Unterlassungsklagen von Verbänden fallen unter Art. 5 Nr. 3.[191]

60 Da den Parteien gleiche Rechtsschutzmöglichkeiten einzuräumen sind, muss der Zulässigkeit der vorbeugenden Unterlassungsklage auch die Zulässigkeit einer **negativen Feststellungsklage** entsprechen, dass keine Rechtsverletzung vorliegt.[192]

61 Nicht unter Art. 5 Nr. 3 fallen **konkurrierende „nicht-deliktische" Ansprüche**, also vertragliche Ansprüche und Ansprüche aus ungerechtfertigter Bereicherung.[193] Eine Zuständigkeit kraft Sachzusammenhangs hat der EuGH abgelehnt. Art. 5 Nr. 3 bleibt aber offen für die deliktischen Ansprüche, die mit vertraglichen oder anderen gesetzlichen Ansprüchen konkurrieren, ohne

---

[175] *Bruhns* S. 287, 297 ff.
[176] *Schlosser* Rn. 16.
[177] House of Lords (England), [1996] I. L. Pr. 798.
[178] AA *Kubis* S. 107 ff.
[179] *Stadler* JZ 1994, 642, 648; *Geimer/Schütze*, EuZVR, Rn. 171; aA *Kubis* S. 144 ff.
[180] *Rauscher/Leible* Rn. 82; *Kohler*, in: *Gottwald* S. 21; vgl. OGH Österreich RIW 2001, 144 (Vorlage an den EuGH).
[181] *Kropholler* Rn. 74; *Rauscher/Leible* Rn. 79.
[182] *Geimer/Schütze,* EuZVR, Rn. 147.
[183] *Geimer/Schütze,* EuZVR, Rn. 156, 157; s. u. Art. 22 Rn. 28.
[184] BGH NJW 2006, 689 = MDR 2006, 692 = RIW 2006, 310.
[185] *Zimmer* IPRax 1998, 187, 190; aA OLG Düsseldorf IPRax 1998, 210.
[186] Vgl. OLG Stuttgart NJW-RR 2006, 1362.
[187] *Pfeiffer* ZZP 106 (1993), 159, 170 ff.
[188] So *Kropholler* Rn. 75.
[189] EuGHE 2002, I-7357 *(Tacconi)* = NJW 2002, 3159 = IPRax 2003, 143 (dazu *Mankowski* S. 127); *Nagel/Gottwald* § 3 Rn. 43.
[190] Vgl. BGH RIW 2006, 860.
[191] EuGHE 2002, I-8111 = IPRax 2003, 341 (dazu *Michailidou* S. 223); *Kropholler* Rn. 77.
[192] Ebenso *Hye-Knudsen* S. 115 ff.; *Kropholler* Rn. 78; *Rauscher/Leible* Rn. 82.
[193] EuGHE 1988, 5565 = NJW 1988, 3088, 3089 (krit. *Geimer*) = IPRax 1989, 288 (dazu *Gottwald*); EuGHE 1998, I-6511 = RIW 1999, 57; House of Lords [1998] I. L. Pr. 350; BGH MDR 2005, 587 = RIW 2005, 307 = EWiR Art. 5 EuGVÜ 2/05 *(Kröll)*; *Geimer/Schütze,* EuZVR, Rn. 161, 163, 165; *Würthwein* ZZP 106 (1993), 51, 72 ff.; für Zuständigkeit kraft Sachzusammenhangs *Mansel* IPRax 1989, 84, 85; vgl. BGH NJW 1985, 561 = IPRax 1986, 102 (m. Anm. *Geimer* S. 80).

gliedsstaates verhandelt werden können. Ob und inwieweit ein zivilrechtlicher Anspruch überhaupt in einem Adhäsionsverfahren eingeklagt werden kann, richtet sich ausschließlich nach der jeweiligen lex fori.[228] Da die meisten Staaten nicht zwischen Straftat und Ordnungswidrigkeit unterscheiden, kommt es auf die Art des Sanktionsverfahrens nicht an.[229] Für Deutschland gelten insoweit die §§ 403 ff. StPO.

Da das Übereinkommen in Zivilsachen ohne Rücksicht auf die Art der Gerichtsbarkeit anwendbar ist (Art. 1 Abs. 1 S. 1), begründet Art. 5 Nr. 4 nur dann einen zusätzlichen Gerichtsstand für unerlaubte Handlungen (neben Art. 2 und Art. 5 Nr. 3), wenn das Strafverfahren weder am Wohnsitz des Beklagten noch am Ort des schädigenden Ereignisses stattfindet.[230] **69**

Die autonomen Zuständigkeitsregeln für Strafverfahren nach den einzelnen Prozessordnungen bleiben von der EuGVO unberührt. Jedoch braucht ein im Gerichtsstand der Adhäsionsklage ergangenes Urteil wegen einer „fahrlässig begangenen Straftat" nicht anerkannt zu werden, wenn der Angeklagte nicht erschienen war und das Gericht entschieden hat, ohne dass der Angeklagte verteidigt wurde. Ob das Verfahren wegen einer fahrlässig begangenen Straftat stattfand, ist in vertragsautonomer Auslegung zu bestimmen.[231] Art. 61 EuGVO bzw. Art. II Abs. 2 des Protokolls vom 27. 9. 1968 (Schlussanh. 1 b) ordnen die Nichtanerkennung nicht zwingend an, sondern stellt sie in das Ermessen des Vollstreckungsstaates.[232] **70**

V. Gerichtsstand der Niederlassung

1. Bedeutung, Qualifikation. Der Gerichtsstand ist § 21 ZPO und vergleichbaren Bestimmungen anderer nationaler Rechte nachgebildet. Er ist gleichsam ein „verkleinerter Wohnsitzgerichtsstand",[233] weil in ihm **alle** auf den Betrieb der Niederlassung bezogenen Verfahren erhoben werden können. In gleicher Weise wie eine natürliche Person an ihrem Wohnsitz verklagt werden kann, muss ein Unternehmen sich auch am Ort seiner ständigen Niederlassung verklagen lassen. Der Gerichtsstand der Niederlassung beruht damit zwar auf einer Erweiterung des Wohnsitzprinzips auf Unternehmen, ist aber nicht vergleichbar mit der „doing business-Zuständigkeit" des US-amerikanischen Rechts,[234] für die anhaltende, beachtliche Aktivitäten des Beklagten im Forumstaat genügen. **71**

Um gleiche Rechte und Pflichten der Parteien in der EU zu begründen, ist auch dieser Gerichtsstand nach Ansicht des EuGH **vertragsautonom** zu bestimmen.[235] **72**

Der Gerichtsstand der Niederlassung ist nicht ausschließlich und **kann** – außerhalb von Versicherungs- und Verbrauchersachen – **ausgeschlossen werden.** **73**

2. Niederlassung, Zweigniederlassung, Agentur. Mit diesen Begriffen knüpft die EuGVO an eine dauernde Außenstelle eines Stammhauses an, die auf Dauer geplant Mittelpunkt geschäftlicher Aktivitäten ist, eine eigene Geschäftsführung hat und sich so ausgestaltet ist, dass von ihr aus Geschäfte mit Dritten betrieben werden können.[236] Die inländische Zweigstelle einer ausländischen Bank (§ 53 I KWG) erfüllt unstreitig diese Voraussetzungen. Es muss sich aber nicht um die Niederlassung eines gewerblichen (kaufmännischen) Unternehmens handeln; auch Freiberufler können eine Niederlassung im Ausland haben.[237] Ein Auslandsbüro oder eine bloße Kontakt- oder Anlaufadresse[238] ohne jegliche selbständige Geschäftstätigkeit sowie eine Verkaufsstelle ohne Geschäftsführung sind daher keine Niederlassung. **74**

Eine aktive Website im e-commerce kann nicht als eine Art „virtuelle" Niederlassung angesehen werden.[239] **75**

---

[228] *Kropholler* Rn. 98; *Magnus/Mankowski* Rn. 263 f.
[229] *Schlosser* Rn. 21; *Rauscher/Leible* Rn. 94.
[230] *Kropholler* Rn. 96; *Rauscher/Leible* Rn. 98.
[231] EuGHE 1981, 1391 = RIW 1981, 715 = IPRax 1982, 185 (m. Anm. *Habscheid* S. 173).
[232] Vgl. EuGHE 2000, I-1935 = JZ 2000, 723 (*v. Bar*); *Kropholler* Rn. 77.
[233] So *Geimer/Schütze*, EuZVR, Rn. 224; auch *Geimer/Schütze/Auer*, IRV, EuGVO Rn. 168; *Rauscher/Leible* Rn. 99.
[234] Vgl. *Casad/Richman*, Jurisdiction in civil actions, 3. Aufl. 1998; *Schack*, Jurisdictional Minimum Contacts Scrutinized, 1983, S. 37 ff.; ferner H. *Müller*, Die Gerichtspflichtigkeit wegen „doing business", 1992, S. 13 ff., 101 ff., 221 ff.; *Gottwald*, FS Geimer, 2002, S. 231; *Magnus/Mankowski* Rn. 270.
[235] EuGHE 1978, 2183, 2191 = RIW 1979, 56; *Rauscher/Leible* Rn. 102; *Magnus/Mankowski* Rn. 273.
[236] EuGHE 1978, 2183, 2193 (Rn. 12); *Czernich/Tiefenthaler* Rn. 95.
[237] *Nagel/Gottwald* § 3 Rn. 78.
[238] LG Wuppertal NJW-RR 1994, 191; *Rauscher/Leible* Rn. 105.
[239] *Berger*, in: Bauknecht/Brauer/Mück, Informatik 2001, S. 1002, 1005; *Nagel/Gottwald* § 3 Rn. 79; krit. *Magnus/Mankowski* Rn. 287.

76 Für eine Niederlassung ist wesentlich, dass sie durch das Stammhaus beaufsichtigt und geleitet wird.[240] Ein Alleinvertriebshändler, der wirtschaftlich auf eigene Rechnung handelt, ist daher nicht als „Niederlassung" anzusehen, auch wenn er faktisch von dem Hauptunternehmen abhängig ist, solange er eben nicht dessen Aufsicht und Leitung unterliegt.[241] Selbständige Kaufleute und keine Niederlassung sind aus dem gleichen Grunde auch Handelsvertreter nach den §§ 84 ff. HGB[242] sowie selbständige Handelsmakler (§§ 93 ff. HGB).[243]

77 Selbständige Handelsvertreter oder sonstige Firmen sind dagegen als **Agentur** des Stammhauses anzusehen, wenn sie als dessen Außenstelle auftreten, ihre Tätigkeit also darauf beschränken, Aufträge zu werben, entgegenzunehmen und weiterzuleiten.[244]

78 **3. Tochtergesellschaften.** Eine Tochtergesellschaft ist grundsätzlich ein selbständiges Unternehmen, das trotz der Weisungsbefugnis des herrschenden Unternehmens aufgrund eines Beherrschungsvertrages (vgl. § 308 AktG) seine gewöhnlichen Geschäfte in eigener Verantwortung abwickelt. Eine Tochtergesellschaft kann deshalb nicht als Niederlassung der Muttergesellschaft angesehen werden. Art. 5 Nr. 5 erlaubt deshalb generell keinen „zuständigkeitsrechtlichen Durchgriff" auf die Muttergesellschaft,[245] jedoch kommt ggf. eine Klage gegen das herrschende Unternehmen neben der gegen die Tochtergesellschaft nach Art. 6 Nr. 1 in Betracht.[246]

79 Jedoch kann die Muttergesellschaft, die in einem anderen Vertragsstaat mittels einer selbständigen Tochtergesellschaft tätig wird, am Sitz der Tochtergesellschaft verklagt werden, wenn diese den gleichen Namen wie die Muttergesellschaft führt, die gleiche Geschäftsführung hat, für Rechnung der Mutter verhandelt und Geschäfte abschließt und auf diese Weise im Handel **faktisch** als deren **Außenstelle** auftritt.[247] Auf die Identität der Geschäftsführung kann es freilich nicht ankommen.[248] Entscheidend ist der für einen objektiven externen Betrachter erweckte **Rechtsschein**.[249] Man wird daher annehmen können, dass sich ein herrschendes Unternehmen immer dann am Sitz seines Tochterunternehmens verklagen lassen muss, wenn dieses gegenüber dem Vertragspartner nur als eine unselbständige Außenstelle aufgetreten ist. Entsprechendes gilt auch für Schwestergesellschaften oder für die Muttergesellschaft als Niederlassung der Tochter. Auch ein selbständiger Handelsvertreter, der als Anlaufstelle für Kundenbeschwerden eines Unternehmens tätig wird, tritt als Teil dieses Unternehmens und damit als Niederlassung auf.[250]

80 **4. Betriebsbezogenheit der Streitigkeit.** Der Gerichtsstand der Niederlassung ist nur für „Streitigkeiten aus dem Betrieb" der Niederlassung eröffnet.[251] Diese Betriebsbezogenheit besteht beim Streit um vertragliche oder außervertragliche Rechte und Pflichten bezüglich der Führung der Niederlassung sowie um Verbindlichkeiten des Stammhauses, die im Vertragsstaat der Niederlassung zu erfüllen sind. Betriebsbezogen sind auch Verpflichtungen, die aus einer Tätigkeit entstehen, welche am Ort der Niederlassung für Rechnung des Stammhauses ausgeübt wird[252] oder die über die Niederlassung abgewickelt wird.[253] Es ist aber nicht vorausgesetzt, dass die betriebsbezogene Streitigkeit in dem Staat zu erfüllen ist, in dem sich die Zweigniederlassung befindet.[254] Andernfalls hätte Art. 5 Nr. 5 keine selbständige Bedeutung gegenüber Nr. 1. Hat der Kläger mit mehreren

---

[240] EuGHE 1976, 1497, 1509 (Rz. 20, 22) = NJW 1977, 490 *(Geimer);* EuGHE 1981, 819, 828 (Rz. 8) = IPRax 1982, 64 (m. Anm. *Linke* S. 46).
[241] EuGHE 1976, 1497, 1510; bestätigt durch EuGHE 1981, 819, 828 = RIW 1981, 341; *Kropholler* Rn. 104.
[242] EuGHE 1981, 819, 828 (Rz. 13) = NJW 1982, 507 (LS) = RIW 1981, 341 = IPRax 1982, 64 (m. Anm. *Linke* S. 46); *Kropholler* Rn. 105.
[243] LG Hamburg IPRspr. 1974 Nr. 154; *Rauscher/Leible* Rn. 106; *Magnus/Mankowski* Rn. 292 ff.
[244] Vgl. *Wach/Weberpals* AG 1989, 193, 197; *Rauscher/Leible* Rn. 106.
[245] *H. Müller* (Fn. 233) S. 173 f.; *Birk* RdA 1983, 143, 148; *Geimer/Schütze/Auer,* IRV, EuGVO Rn. 191 f; *Bruhns,* Das Verfahrensrecht der internationalen Konzernhaftung, 2005, S. 325 f.
[246] *Bruhns* (Fn. 244) S. 331 ff.
[247] EuGHE 1987, 4905 = NJW 1988, 625 = RIW 1988, 136, 137 (dazu *Geimer* S. 220) = IPRax 1989, 96 (m. Anm. *Kronke* S. 81) = EWiR Art. 5 EuGVÜ 1/88 *(Geimer);* vgl. eingehend Adams v. Cape Industries Plc. [1990] Ch. 433.
[248] OLG Düsseldorf IPRax 1997, 115, 117 (dazu *Thorn* S. 98); OLG Düsseldorf IPRax 1997, 118, 119.
[249] *Schlosser* Rn. 23; *Kropholler* Rn. 108; *Czernich/Tiefenthaler* Rn. 97; vgl. *Geimer/Schütze/Auer,* IRV, EuGVO Rn. 192.
[250] *Mankowski* RIW 1996, 1001, 1005.
[251] EuGHE 1978, 2183, 2193 = RIW 1979, 56; *Czernich/Tiefenthaler* Rn. 99; *Magnus/Mankowski* Rn. 296 ff.; vgl. LG Köln RIW 1980, 215, 216.
[252] EuGHE 1978, 2183, 2194.
[253] OLG München RIW 1999, 872.
[254] EuGHE 1995, I-961 = RIW 1995, 585; *Kropholler* Rn. 101.

Niederlassungen Beziehungen, kommt es auf die an, mit der die wesentlichen Kontakte bestanden.[255]

5. Abgrenzung. Maßgeblicher Zeitpunkt für das Bestehen einer Niederlassung ist der Zeitpunkt der Klageerhebung bzw. der Schluss der letzten mündlichen Tatsachenverhandlung.[256] Nach Auflösung der Niederlassung kann nicht mehr neu am bisherigen Ort geklagt werden. Art. 5 Nr. 5 findet nur in Verfahren **gegen** den Inhaber der Niederlassung Anwendung. Dagegen begründet die Bestimmung keinen Klägergerichtsstand für den Inhaber der Niederlassung.[257] 81

Schließlich setzt Art. 5 Nr. 5 voraus, dass der Beklagte (also der Inhaber des Stammhauses) seinen Wohnsitz oder Sitz in einem Mitgliedstaat hat. Andernfalls bestimmt sich die internationale Zuständigkeit gemäß Art. 4 Abs. 1 nach dem autonomen innerstaatlichen Recht, in der Bundesrepublik Deutschland also nach § 21 ZPO.[258] 82

VI. Gerichtsstand für trustrechtliche Klagen

1. Begriff. Der trust ist ein Rechtsinstitut des angloamerikanischen Rechts.[259] Er ermöglicht es Personen, die rechtlich nicht in der Lage sind, eine Eigentümerstellung auszuüben, dennoch den Nutzen aus den Vermögenswerten zu ziehen. Der trust ist mithin eine verdeckte Treuhand. Der oder die Treuhänder (trustees) sind die Inhaber von Rechten, dürfen diese aber nur zugunsten der Begünstigten (beneficiaries) oder eines gesetzlich erlaubten Zwecks ausüben. Der Nutzen soll den Begünstigten oder dem objektiven Zweck des trusts, nicht aber dem Treuhänder zufließen.[260] 83

2. Zweck des Gerichtsstands. Der trust bildet ein Zweckvermögen ohne eigene Rechtspersönlichkeit, hat jedoch einen Sitz, der nach dem IPR des Gerichtsstaates zu bestimmen ist (Art. 60 Abs. 3). Der Gerichtsstand soll daher sicherstellen, dass die Beteiligten an einem trust auch internationale Streitigkeiten am Sitz des trust austragen können. Insoweit entspricht der Gerichtsstand in etwa dem Gerichtsstand der Mitgliedschaft (§ 22 ZPO) und wurde durch das 1. Beitrittsübereinkommen 1978 in das EuGVÜ eingefügt.[261] 84

3. Betroffene trusts. Anwendbar ist der Gerichtsstand nur bei trusts, die aufgrund eines Gesetzes oder durch schriftlich vorgenommenes oder bestätigtes Rechtsgeschäft errichtet worden sind. Sog. „resulting trusts", die durch vermuteten oder hypothetischen Parteiwillen entstehen, und sog. „constructive trusts", die unmittelbar von Rechts wegen entstehen, eröffnen nicht den Gerichtsstand nach Art. 5 Nr. 6.[262] Die Bestimmung ist gleichfalls nicht anwendbar auf testamentarische trusts oder trustees in Insolvenzverfahren, da Erbrecht und Insolvenzverfahren nach Art. 1 Abs. 2 vom Anwendungsbereich der EuGVO generell ausgeschlossen sind.[263] 85

4. Art der Streitigkeiten. a) Aus dem Zweck des Art. 5 Nr. 6 folgt, dass die Regel nur auf Klagen bezüglich des **Innenverhältnisses** des trusts anwendbar ist.[264] Hierzu gehören Klagen zwischen mehreren trustees, Klagen von Personen, die die Rechtsstellung eines trustees für sich in Anspruch nehmen, Klagen von Begünstigten gegen einen trustee und schließlich Klagen des Gründers gegen den trustee.[265] 86

b) Anders als in gesellschaftsrechtlichen Streitigkeiten des Art. 16 Nr. 2 begründet Art. 5 Nr. 6 **keine ausschließliche Zuständigkeit** des Sitzstaates des trusts.[266] Nach seiner Wahl kann der Kläger den trustee auch an seinem Wohnsitz (Art. 2 Abs. 1) verklagen; auch Zuständigkeitsvereinbarungen sind zulässig. Insoweit enthält Art. 17 Abs. 2 eine Sonderregel für Gerichtsstandsvorschriften in schriftlich niedergelegten Trust-Bedingungen (s. Art. 17 Rn. 17). Art. 5 Nr. 6 regelt nur die in- 87

---

[255] Cour d'appel de Paris [1997] I. L. Pr. 552.
[256] OLG Saarbrücken RIW 1980, 796; krit. *Schlosser* Rn. 24; vgl. BGH ZIP 2007, 1676, 1677 f.
[257] *Geimer/Schütze/Auer*, IRV, EuGVO Rn. 180; *Nagel/Gottwald* § 3 Rn. 84; *Rauscher/Leible* Rn. 101; *Schlosser* Rn. 24; *Czernich/Tiefenthaler* Rn. 100.
[258] Cour d'appel de Paris, J. D. I. 121 (1994), 673 (*Huet*); *Geimer/Schütze*, EuZVR, Rn. 225; *Nagel/Gottwald* § 3 Rn. 84; Ausnahme zu Lasten von Versicherern nach Art. 9 Abs. 2 EuGVO bzw. Art. 8 Abs. 2 LugÜ.
[259] Vgl. *Kötz*, Trust und Treuhand, 1963, *Reimann*, Einführung in das US-amerikanische Privatrecht, 2. Aufl. 2004, S. 169 ff.
[260] Vgl. Halsbury's Laws of England, 4. Aufl. 1995, Vol. 48, para 501.
[261] Vgl. *Schlosser*-Bericht Nr. 109 ff.; *Magnus/Mankowski* Rn. 302 ff.
[262] *Kropholler* Rn. 120; vgl. Halsbury's Laws of England (Fn. 260), para 524, 584 ff.
[263] *Kropholler* Rn. 121; *Rauscher/Leible* Rn. 112; vgl. Graupner ZvglRWiss. 88 (1989), 149, 160 f.
[264] *Geimer/Schütze/Auer*, IRV, EuGVO Rn. 205; *Rauscher/Leible* Rn. 113.
[265] *Kropholler* Rn. 118.
[266] *Geimer/Schütze*, EuZVR, Rn. 262; *Kropholler* Rn. 119.

ternationale Zuständigkeit; die örtliche Zuständigkeit wird durch das jeweilige nationale Recht festgelegt.[267]

88 c) Für **Klagen im Außenverhältnis** des trusts gelten die allgemeinen Zuständigkeitsregeln. Denn nach außen, dh. im Rechtsverkehr mit Personen, die nicht Begünstigte oder Gründer des trust sind, tritt der trustee wie ein gewöhnlicher Rechtsinhaber auf.[268]

VII. Arrestgerichtsstand für Berge- und Hilfslohn

89 **1. Seerechtliche Zuständigkeiten.** Das EuGVÜ 1968 enthielt keine besonderen seerechtlichen Zuständigkeiten, sondern hatte diese den besonderen seerechtlichen Übereinkommen überlassen, die auch heute nach Art. 71 Abs. 1 EuGVO unberührt bleiben (s. Art. 71 Rn. 3 ff.).[269] Mit dem Beitritt Großbritanniens als Seehandelsnation zum EuGVÜ wurde die Seegerichtsbarkeit weder neu geregelt noch in das EuGVÜ aufgenommen; wohl aber wurde letzteres um zwei bisher nicht geregelte Fragen ergänzt. Die eine findet sich heute in Art. 5 Nr. 7, die andere in Art. 7 EuGVO. Durch Art. 71 Abs. 2 EuGVO ist sichergestellt, dass die Regeln der Brüsseler Seerechts-Übereinkommen in den Mitgliedstaaten auch gegenüber Bewohnern von Mitgliedstaaten Anwendung finden, die den Seerechts-Übereinkommen nicht beigetreten sind.

90 **2. Zahlungsklagen nach Beschlagnahme von Ladung oder Fracht für Bergung oder Hilfeleistung.** Art. 5 Nr. 7 eröffnet eine internationale und örtliche Zuständigkeit für Streitigkeiten wegen der Zahlung von Berge- und Hilfslohn für Berge- oder Hilfsleistungen, die zugunsten einer Ladung oder Frachtforderung erbracht worden sind, unter der Voraussetzung, dass der Beklagte behauptet, Rechte an der Ladung oder der Frachtforderung zu haben, oder zZ der Arbeiten gehabt zu haben. Die Regel ist vertragsautonom auszulegen.[270]

91 Zuständig ist entweder nach Buchstabe a) das Gericht, in dessen Zuständigkeitsbereich Ladung oder Frachtforderung mit Arrest belegt worden ist, oder nach Buchstabe b) das Gericht, in dessen Zuständigkeitsbereich Ladung oder Frachtforderung mit Arrest hätte belegt werden können, stattdessen jedoch eine Bürgschaft oder eine andere Sicherheit geleistet worden ist. Diese Regel gilt für persönliche Klagen und für Klagen „in rem".[271]

92 **3. Ausgeschlossene Ansprüche.** Ansprüche aus einem vom Reeder abgeschlossenen Bergungs- oder Hilfeleistungsvertrag fallen nicht unter Art. 5 Nr. 7, sondern unter dessen Nr. 1.[272] Unter Art. 5 Nr. 7 fallen auch nicht Klagen gegen den Bergeunternehmer.[273] Hierfür spricht nicht nur der Wortlaut, sondern auch der Sinn der Vorschrift, die lediglich dem Hilfeleistenden einen zusätzlichen Gerichtsstand eröffnen will.

Art. 6. Eine Person, die ihren Wohnsitz im Hoheitsgebiet eines Mitgliedstaats hat, kann auch verklagt werden:
1. wenn mehrere Personen zusammen verklagt werden, vor dem Gericht des Ortes, an dem einer der Beklagten seinen Wohnsitz hat, sofern zwischen den Klagen eine so enge Beziehung gegeben ist, dass eine gemeinsame Verhandlung und Entscheidung geboten erscheint, um zu vermeiden, dass in getrennten Verfahren widersprechende Entscheidungen ergehen könnten;
2. wenn es sich um eine Klage auf Gewährleistung oder um eine Interventionsklage handelt, vor dem Gericht des Hauptprozesses, es sei denn, dass die Klage nur erhoben worden ist, um diese Person dem für sie zuständigen Gericht zu entziehen;
3. wenn es sich um eine Widerklage handelt, die auf denselben Vertrag oder Sachverhalt wie die Klage selbst gestützt wird, vor dem Gericht, bei dem die Klage selbst anhängig ist;
4. wenn ein Vertrag oder Ansprüche aus einem Vertrag den Gegenstand des Verfahrens bilden und die Klage mit einer Klage wegen dinglicher Rechte an unbeweglichen Sachen gegen denselben Beklagten verbunden werden kann, vor dem Gericht des Mitgliedstaats, in dessen Hoheitsgebiet die unbewegliche Sache belegen ist.

---

[267] *Geimer/Schütze*, EuZVR, Rn. 263; *Geimer/Schütze/Auer*, IRV, EuGVO Rn. 199.
[268] *Rauscher/Leible* Rn. 113.
[269] Vgl. *Basedow* VersR 1978, 495.
[270] *Rauscher/Leible* Rn. 116.
[271] The Deichland, [1989] 3 W. L. R. 478, 487 (C. A.); *Rauscher/Leible* Rn. 115.
[272] *Rauscher/Leible* Rn. 116; *Kropholler* Rn. 125.
[273] *Rauscher/Leible* Rn. 116; aA *Kropholler* Rn. 126.

Schrifttum: *Adolphsen,* Renationalisierung von Patentstreitigkeiten in Europa, IPRax 2007, 15; *Albicker,* Der Gerichtsstand der Streitgenossenschaft 1996; *Banniza von Bazan,* Der Gerichtsstand des Sachzusammenhangs im EuGVÜ, dem Lugano-Übereinkommen und im deutschen Recht, 1995; *Brandes,* Der gemeinsame Gerichtsstand, 1998; *Coester-Waltjen,* Die Bedeutung des Art. 6 Nr. 2 EuGVÜ, IPRax 1992, 290; *Dageförde,* Aufrechnung und internationale Zuständigkeit, RIW 1990, 873; *Eickhoff,* Internationale Gerichtsbarkeit und internationale Zuständigkeit für Anfechtung und Widerklage, 1985; *Geimer,* Fora Connexitatis, WM 1979, 350; *ders.,* Härtetest für deutsche Dienstleister im Ausland, IPRax 1998, 175; *Gottwald,* Europäische Gerichtspflichtigkeit kraft Sachzusammenhangs, IPRax 1989, 272; *Kannengießer,* Die Aufrechnung im internationalen Privat- und Verfahrensrecht, 1998, S. 138 ff.; *Lange,* Der internationale Gerichtsstand der Streitgenossenschaft im Kennzeichenrecht, GRUR 2007, 107; *Mansel,* Streitverkündung und Interventionsklage im Europäischen internationalen Zivilprozessrecht (EuGVÜ/Lugano-Übereinkommen), in: Hommelhoff/Jayme/Mangold, Europäischer Binnenmarkt, Internationales Privatrecht und Rechtsangleichung, 1995, S. 161; *ders.,* Gerichtsstandsvereinbarung und Ausschluss der Streitverkündung durch Prozessvertrag, ZZP 109 (1996), 61; *ders.,* Gerichtspflichtigkeit von Dritten: Streitverkündung und Interventionsklage (Deutschland), in: Bajons/Mayr/Zeiler, Die Übereinkommen von Brüssel und Lugano, 1997, S. 177; *M. Meier,* Grenzüberschreitende Drittbeteiligung, 1994; *K. Otte,* Umfassende Streitentscheidung durch Beachtung von Sachzusammenhängen, 1998, S. 649 ff.; *Philip,* Set-offs and Counterclaims under the Brussels Judgments Convention, IPRax 1997, 97; *Rohner,* Die örtliche und internationale Zuständigkeit kraft Sachzusammenhangs, Diss. Bonn 1991, S. 80 ff.; *H. Roth,* Aufrechnung und internationale Zuständigkeit nach deutschem und europäischem Prozessrecht, RIW 1999, 819; *Schurig,* Der Wohnsitzgerichtsstand nach Art. 6 Nr. 1 EuGVVO und die Verschleifung von örtlicher und internationaler Zuständigkeit im europäischen Zivilverfahrensrecht, FS Musielak, 2004, S. 493; *Spellenberg,* Örtliche Zuständigkeit kraft Sachzusammenhangs, ZVglRWiss. 79 (1980), 89; *M. Stürner,* Zur Reichweite des Gerichtsstandes der Widerklage nach Art. 6 Nr. 3 EuGVVO, IPRax 2007, 21; *R. Stürner,* Die erzwungene Intervention Dritter im europäischen Zivilprozess, FS Geimer, 2002, S. 1307; *Wagner,* Die Aufrechnung im Europäischen Zivilprozessrecht, IPRax 1999, 65; *Weiß,* Die Konkretisierung der Gerichtsstandsregeln des EuGVÜ durch den EuGH, 1997, S. 145 ff.; *Winter,* Ineinandergreifen von EuGVVO und nationalem Zivilverfahrensrecht am Beispiel des Gerichtsstands des Sachzusammenhangs, Art. 6 EuGVVO, 2007.

I. Allgemeines

Art. 6 sieht weitere besondere internationale und örtliche Zuständigkeiten vor, die neben den allgemeinen Beklagtengerichtsstand nach Art. 2 treten. Gemeinsam ist diesen Zuständigkeiten, dass Klagen, die in Sachzusammenhang stehen, vor demselben Gericht verhandelt werden können, um widersprüchliche Entscheidungen zu vermeiden.[1] Die EuGVO erkennt diesen Gedanken aber nur enumerativ an; ein allgemeiner Gerichtsstand des Sachzusammenhangs ist ihr fremd. Er folgt auch nicht aus Art. 28, da diese Bestimmung voraussetzt, dass die jeweils angerufenen Gerichte aus anderen Gründen für die Entscheidung zuständig sind.[2] Zuständigkeitsvereinbarungen nach Art. 23 haben zudem Vorrang.

II. Gerichtsstand der Streitgenossenschaft

1. Anwendungsbereich. Das deutsche autonome Prozessrecht sieht einen Gerichtsstand der Streitgenossenschaft auf der Beklagtenseite nur in Einzelfällen vor, eröffnet aber in § 36 Nr. 3 die Möglichkeit, ein gemeinsames Gericht bestimmen zu lassen, wenn die Streitgenossen anders nicht gemeinsam verklagt werden könnten. Abweichend hiervon sieht Art. 6 Nr. 1 einen allgemeinen Gerichtsstand der Streitgenossenschaft vor, um mehrere Personen mit Wohnsitz in verschiedenen Mitgliedstaaten am Wohnsitz eines von ihnen verklagen zu können. Art. 6 Nr. 1 regelt sowohl die internationale als die örtliche Zuständigkeit.[3] Die Zuständigkeit gilt für sämtliche Klagearten. Wann Streitgenossenschaft zulässig ist, bestimmt dagegen weiter das nationale Prozessrecht, und zwar für die Kläger- ebenso wie für die Beklagtenseite, in der Bundesrepublik Deutschland also §§ 59 ff. ZPO, auf der Klägerseite zusätzlich § 147 ZPO.

Art. 6 Nr. 1 erfasst nach dem Wortlaut des Eingangssatzes nur den Fall, dass alle Beklagte ihren **Wohnsitz in einem Mitgliedstaat** haben. Der Sitz von Gesellschaften und juristischen Personen wird durch Art. 60 Abs. 1 EuGVO gleichgestellt.[4] Gegenüber Beklagten mit Wohnsitz in einem Nichtmitgliedstaat gilt nach Art. 4 Abs. 1 EuGVO nur das autonome innerstaatliche Prozessrecht. Da es im autonomen deutschen Recht keinen Gerichtsstand der Streitgenossenschaft gibt, könnte danach, sofern kein anderer gemeinsamer Gerichtsstand begründet ist, keine gemeinsame Klage ge-

---

[1] EuGHE 1988, 5565 = NJW 1988, 3088 *(Geimer)* = RIW 1988, 901 (m. Anm. *Schlosser* S. 987) = IPRax 1989, 288 (m. Anm. *Gottwald* S. 272).
[2] *Geimer* IZPR Rn. 1023, 1579; *Geimer/Schütze,* EuZVR, Rn. 2; *Kropholler* Rn. 1; vgl. *Magnus/Mankowski/Muir Watt* Rn. 10.
[3] BayObLG RIW 1997, 596, 597; *Kropholler* Rn. 5.
[4] Vgl. BayObLG RIW 1997, 596.

gen eine Person mit Wohnsitz in einem Mitgliedsstaat und in einem Nichtmitgliedsstaat erhoben werden.[5] Allerdings ist kaum einzusehen, warum ein Beklagter mit Wohnsitz in einem Mitgliedstaat in stärkerem Umfang gerichtspflichtig werden soll, als eine Person mit **Wohnsitz in einem Nichtmitgliedsstaat,** zumal die Art. 2ff. Personen mit Wohnsitz in einem der Mitgliedstaaten privilegieren, nicht aber benachteiligen wollten. Eine analoge Anwendung von Art. 6 Nr. 1 gegenüber Beklagten mit Wohnsitz in einem Nichtmitgliedsstaat erscheint daher sachgerecht.[6] Freilich hat der EuGH für den umgekehrten Fall entschieden, dass eine Partei mit Wohnsitz in einem Mitgliedstaat nicht nach Art. 6 Nr. 1 in einem anderen Mitgliedstaat verklagt werden kann, wenn dort ein Prozess gegen einen Mitbeklagten anhängig ist, der seinen Wohnsitz in einem Drittstaat hat.[7]

4   Art. 6 Nr. 1 begründet eine Zuständigkeit aber nur für Parteien, die nicht im Gerichtsstaat wohnen bzw. ihren Sitz haben. Soweit die Klage auch gegen mehrere inländische Streitgenossen ohne gemeinsamen Gerichtsstand gerichtet werden soll, muss der Gerichtsstand gemäß § 36 Nr. 3 ZPO bestimmt werden.[8]

5   Die Klage gegen die einbezogenen Streitgenossen bleibt auch dann zulässig, wenn die Klage gegen den im Gerichtsbezirk wohnhaften Beklagten unbegründet ist oder wenn sie nachträglich zurückgenommen wird oder sich unstreitig erledigt.[9] Die Klage gegen einen Zweitbeklagten mit Wohnsitz in einem anderen Mitgliedstaat ist auch dann zulässig, wenn die Klage gegen den im Gerichtsstaat wohnenden Erstbeklagten aus Gründen des nationalen Rechts bereits bei Klageerhebung unzulässig ist.[10]

6   **2. Zusammenhang der Klageansprüche.** Zwischen den Klagen muss ein gewisser – autonom zu bestimmender[11] – Zusammenhang bestehen, da es andernfalls nicht gerechtfertigt ist, einen Beklagten vor den Gerichten eines Nichtwohnsitzstaates zu verklagen. Der EuGH hat nach dem Vorschlag der Literatur auf die Formel in Art. 22 Abs. 3 EuGVÜ (heute: Art. 28 Abs. 3 EuGVO) zurückgegriffen. Danach muss eine so enge Beziehung zwischen den Klagen bestehen, dass eine gemeinsame Verhandlung und Entscheidung geboten erscheint, um zu vermeiden, dass in getrennten Verfahren widersprechende Entscheidungen ergehen können.[12] Die Neufassung des Art. 6 Nr. 1 in der EuGVO greift diese Formel im Text nun ausdrücklich auf. Das Vorliegen dieses Zusammenhangs ist vom Gericht in jedem Einzelfall zu prüfen.[13] Was diese Formel konkret bedeutet, ist aber nicht abschließend geklärt. In der Literatur finden sich sowohl Vorschläge, von den Anforderungen der §§ 59, 60 ZPO für die einfache Streitgenossenschaft Abstriche zu machen, wie umgekehrt strengere Anforderungen zu stellen. Gegenwärtig ist jedoch davon auszugehen, dass Art. 6 Nr. 1 auf alle Fälle der notwendigen wie der einfachen Streitgenossenschaft Anwendung findet.[14] In Fällen einfacher Streitgenossenschaft müssen zumindest gleichartige Pflichtverletzungen vorliegen.[15] Ausreichend soll auch sein, wenn die Ansprüche von einer gemeinsamen Vorfrage abhängen.[16] Otte verlangt einen einheitlichen Lebenssachverhalt; bloße Gleichartigkeit der Ansprüche rechtfertigt es nicht, jemand vor den Gerichten eines ihm fremden Vertragsstaates zu verklagen.[17] Soweit sich der Sachzusammenhang aus den materiellrechtlichen Ansprüchen zwischen den Beteiligten ergibt, handelt es sich um doppelrelevante Tatsachen, so dass grundsätzlich eine schlüssige Behauptung ausreicht, um die Zuständigkeit zu begründen.[18]

---

[5] *Jenard*-Bericht zu Art. 6 Nr. 1.
[6] *Kropholler* Rn. 7; aA *Czernich/Tiefenthaler* Rn. 6.
[7] EuGHE 1998, I-6511, 6534 (Rz. 44, 52) = RIW 1999, 57; vgl. Cour de Cass. [1999] I. L. Pr. 613; *Czernich/Tiefenthaler* Rn. 5.
[8] BayObLG RIW 1997, 596, 597.
[9] *Geimer/Schütze*, EuZVR, Rn. 25ff.; *Geimer/Schütze/Auer,* IRV, EuGVO Rn. 28.
[10] EuGHE 2006, I-6827 = NJW-RR 2006, 1568, 1569 (Rz. 31) *(Reisch v. Kiesel)* = RIW 2006, 683 = ZZPInt 11 (2006), 176 (m. Anm. *Würdinger).*
[11] EuGHE 1988, 5565 = NJW 1988, 3088, 3089 (Rn. 10); *Geimer/Schütze/Auer,* IRV, EuGVO Rn. 19ff.; für Anwendung der lex causae *Czernich/Tiefenthaler* Rn. 11.
[12] So bereits *Geimer* WM 1979, 350, 359; *Geimer/Schütze,* EuZVR, Rn. 18; *Kropholler* Rn. 7; *Magnus/Mankowski/Muir Watt* Rn. 24ff.; *Rohner* S. 80ff. (rechtsvergleichend).
[13] EuGHE 1988, 5565 = NJW 1988, 3088 *(Geimer)* = IPRax 1989, 288 (m. Anm. *Gottwald* S. 272) = WuB VII B 1 Art. 5 EuGVÜ 1.89 *(Welter).*
[14] *Kropholler* Rn. 10; eingehend *Otte* S. 649ff., 714ff., zum gewerblichen Rechtsschutz s. *Stauder* GRURInt. 1976, 465, 476.
[15] Irish Supreme Court, [1994] I. L. Pr. 405.
[16] *Czernich/Tiefenthaler* Rn. 11 (Bestimmung nach lex causae).
[17] *Otte* S. 716ff.
[18] *Czernich/Tiefenthaler* Rn. 7.

Soweit Ansprüche aus territorial begrenzten Patentrechten verfolgt werden, fehlt es an dem notwendigen Zusammenhang.[19] Bei einer Verletzung eines **europäischen „Bündelpatents"** ist zweifelhaft, ob mehrere Verletzer (insb. demselben Konzern angehörige Gesellschafter) mit Sitz in verschiedenen Staaten in einem Mitgliedstaat verklagt werden können. Eine Ansicht hält den Staat für zuständig, in dem „die Spinne im Netz sitzt", sich also für die Verletzung verantwortlicher Hauptniederlassung befindet.[20] Der EuGH hat dies jedoch abgelehnt. Denn trotz der Bündelung sei die Verletzung nach Art. 64 Abs. 3 des Münchener Übereinkommens über die Erteilung europäischer Patente jeweils nach dem einschlägigen nationalen Recht zu prüfen, so dass [sehr formal gedacht] die Gefahr einander (rechtlich) widersprechender Entscheidungen nicht bestehe.[21] 7

Art. 6 Nr. 1 setzt nicht voraus, dass die gegen die verschiedenen Beklagten erhobenen Klagen auf den gleichen Rechtsgrundlagen beruhen. Es genügt ein Zusammenhang, der die Gefahr widersprechender Entscheidungen heraufbeschwört.[22] Die Regel ist aber nicht anwendbar, wenn herrschendes und abhängiges Unternehmen als qualifiziert faktischer Konzern auf Schadenersatz in Anspruch genommen werden sollen.[23] Art. 6 Nr. 1 gilt dagegen, wenn mehrere Konzernunternehmen gemeinsam eine Markenverletzung in einer „Verletzerkette" begangen haben.[24] 8

3. Wohnsitzanknüpfung. Der Gerichtsstand der Streitgenossenschaft besteht nur am Wohnsitz bzw. Sitz eines Beklagten (gemäß Art. 59, 60) in einem Mitgliedstaat. Andere Zuständigkeitsnormen (zB Art. 5) gestatten eine Klage gegen Streitgenossen nur, wenn ihre Anknüpfungen in der Person jedes Streitgenossen erfüllt sind.[25] Nach Ansicht des englischen Court of Appeal soll es genügen, wenn der der Zuständigkeit vermittelnde Beklagte seinen Wohnsitz in dem Mitgliedstaat zur Zeit der Einreichung der Klage hatte.[26] 9

Art. 6 Nr. 1 darf nicht zur **Zuständigkeitserschleichung** herangezogen werden. Die in Art. 6 Nr. 2 enthaltene Schranke, wonach kein Gerichtsstand begründet wird, wenn die Klage nur erhoben wird, um den anderen Beklagten dem für sie zuständigen Gericht zu entziehen, ist auch im Rahmen von Nr. 1 zu beachten.[27] Schließlich gehen ausschließliche Gerichtsstandsvereinbarungen nach Art. 23 EuGVO vor und verdrängen Art. 6 Nr. 1.[28] Der Vorrang der Prorogation schließt jedoch nicht aus, andere Streitgenossen nach Zuständigkeitsbestimmung gemäß § 36 Nr. 3 ZPO vor dem prorogierten Gericht zu verklagen.[29] 10

III. Gerichtsstand der Gewährleistungs- und Interventionsklage

1. Bedeutung, Inlandsvorbehalt. Art. 6 Nr. 2 begründet für Garantie- und Interventionsklagen den **Gerichtsstand des Hauptprozesses.** Danach kann ein Drittbeteiligter vor einem Gericht eines Mitgliedstaats verklagt werden, wenn eine der Parteien des Hauptprozesses glaubt, gegen den Dritten einen Anspruch auf Gewährleistung, Schadloshaltung oder Freistellung zu haben. Wegen dieses Sachzusammenhangs mit dem Hauptprozess kann die Klage gegen den Dritten auch dann erhoben werden, wenn das Gericht nach allgemeinen Regeln für Klagen gegenüber dem Dritten nicht zuständig wäre. Dieser Sachzusammenhang genügt stets, um die Zuständigkeit gegenüber dem Dritten zu begründen, gleichgültig auf welcher Bestimmung die Zuständigkeit für den Hauptprozess beruht.[30] Nach Ansicht des englischen High Court hat das Gericht ein gewisses Ermessen, diesen Zusammenhang zu würdigen und seine Zuständigkeit ggf. abzulehnen.[31] Um eine einheitliche 11

---

[19] English Court of Appeal, [1997] I. L. Pr. 732.
[20] Gerechtshof Den Haag, GRUR Int. 1998, 737; vgl. *Stauder,* FS Schicker, 2005, S. 917, 925; *M. Ebner,* Markenschutz im internationalen Privat- und Prozessrecht, 2004, S. 204; *Kropholler* Rn. 11.
[21] EuGHE 2006, I-6535 = EuZW 2006, 573 = GRUR 2007, 47 = RIW 2006, 685 = IPRax 2007, 38, 40 f. (krit. *Adolphsen* S. 15) = JZ 2007 303 (krit. *Schlosser*); *Lange* GRUR 2007, 107; ablehn. *Kur* Int. Rev. Int. Property Law 2006, 844, 849; krit. *Adolphsen* ZZPInt 11 (2006), 137.
[22] EuGH *(Freeport)* NJW 2007, 3702, 3704 (Rz. 33 ff.) (m. Anm. *Sujecki*) in Klarstellung zu EuGHE 1998, I-6511 = IPRax 2000, 186 *(Koch);* aA *Magnus/Mankowski/Muir Watt* Rn. 26.
[23] OLG Stuttgart ZIP 2007, 1210, 1211.
[24] BGH RIW 2007, 624.
[25] *Gothot/Holleaux* Nr. 111; *Kropholler* Rn. 12; krit. *Kaye* S. 642; vgl. EuGH (11. 10. 2007) – C-98/06) Rz. 45.
[26] English Court of Appeal, [1998] I. L. Pr. 290.
[27] EuGHE 2006, I-6827 = ZZPInt 2006, 176 (m. Anm. *Würdinger*); *Geimer/Schütze,* EuZVR, Rn. 23; *Kropholler* Rn. 15; *Czernich/Tiefenthaler* Rn. 2.
[28] Hough v. P & O Containers, QB [1999], 834; *Kropholler* Rn. 17.
[29] BGH NJW 1988, 646; vgl. BayObLG RIW 1997, 596, 597.
[30] EuGHE 1990, I-1845 = NJW 1991, 2621 = IPRax 1992, 310 (dazu *Coester-Waltjen* S. 290).
[31] English High Court, [1999] I. L. Pr. 9, 16.

Auslegung der Begriffe „Klage auf Gewährleistung" und „Interventionsklage" zu erreichen, sind diese wiederum vertragsautonom zu interpretieren.[32]

12 Das **deutsche Prozessrecht** kennt keine Gewährleistungs- oder Interventionsklage, sondern nur die Möglichkeit der **Streitverkündung** gemäß §§ 72 ff. ZPO. An diesem System wollte die Bundesrepublik Deutschland festhalten. Deutsche können aber durchaus im Gerichtsstand des Art. 6 Nr. 2 in anderen EU-Mitgliedsstaaten verklagt werden.[33] Durch Art. 65 Abs. 1 EuGVO wird eine Sonderregelung getroffen. Sie gewährleistet, dass Garantieurteile in Deutschland und den anderen Staaten, die diese nicht kennen, anerkannt werden,[34] umgekehrt aber die Streitverkündungswirkungen in den Staaten, die das Institut der Streitverkündung nicht kennen. Eine grenzüberschreitende Streitverkündung in Deutschland ist in den anderen EU-Staaten und EFTA-Staaten beachtlich, wenn ihre Zulässigkeit nicht sinngemäß durch Gerichtsstandsvereinbarung nach Art. 23 EuGVO ausgeschlossen wurde.[35] Dagegen muss die internationale Zuständigkeit für das Erstverfahren nicht auf dem EuGVO/LugÜ-System beruhen.[36]

13 Für die **Schweiz** gilt der generell erklärte Vorbehalt in teleologischer Reduktion wohl nur, soweit das kantonale Prozessrecht nicht – wie in Genf und Waadt – die Gewährleistungsklage kennt.[37]

14 **2. Voraussetzungen der Garantieklage.** Art. 6 Nr. 2 ist nur anwendbar, wenn das Gericht für die Hauptklage selbst nach der Verordnung zuständig ist, da andernfalls Garantieurteile in exorbitanten Gerichtsständen ergehen würden und gemäß Art. 35 EuGVO anerkannt werden müssten.[38] Außerdem muss das Hauptverfahren in der Regel noch anhängig sein.[39] Keine Anwendung findet die Vorschrift nach ihrem ausdrücklichen Wortlaut, wenn die Klage nur erhoben wird, um den Drittbeteiligten dem sonst für ihn zuständigen Gericht zu entziehen, so dass im Ergebnis ein Sachzusammenhang zwischen den Klagen bestehen muss.[40]

15 Der Gerichtsstand des Art. 6 Nr. 2 wird im Zweifel **durch** eine **Gerichtsstandsvereinbarung** nach Art. 23 **ausgeschlossen**.[41] Bezieht sich eine Gerichtsstandsvereinbarung auf alle Streitigkeiten aus einem bestimmten Rechtsverhältnis, so umfasst sie auch etwaige Interventionsklagen.[42] Eine mehrfache Rechtshängigkeit kann im Verfahren nach Art. 28 beseitigt werden. Im Übrigen richtet sich die Durchführung des Gewährleistungs- bzw. Interventionsstreits nach der jeweiligen lex fori.[43] Das Gericht darf die Klage aber nicht als unzulässig abweisen, weil der Garantiebeklagte seinen Wohnsitz in einem anderen Mitgliedstaat hat.[44]

IV. Gerichtsstand der Widerklage

16 Gemäß Art. 6 Nr. 3 besteht für konnexe Widerklagen ein besonderer Gerichtsstand beim Gericht der Hauptklage. Diese Regelung gilt in der Sache auch für Versicherungs- und Verbrauchersachen (Art. 12 Abs. 2, 16 Abs. 3). Sinngemäß ist der Gerichtsstand nach Art. 6 Nr. 3 nur eröffnet, wenn die Zuständigkeit für die Hauptklage nach dem EuGVO begründet ist.[45]

17 **1. Anwendungsbereich.** Der Begriff der „Widerklage" ist autonom (als selbständiger Gegenangriff des Beklagten) zu bestimmen.[46] Nach dem Eingangssatz des Art. 6 muss der Widerbeklagte Wohnsitz bzw. Sitz in einem Mitgliedstaat haben. Da eine abweichende Interessenlage jedoch nicht zu erkennen ist, sollte Art. 6 Nr. 3 auf eine Widerklage gegen einen Kläger und Widerbeklagten mit Wohnsitz in einem Nichtmitgliedstaat analog angewandt werden.[47] Ein Rückgriff auf das sonst

---

[32] *Geimer/Schütze*, EuZVR, Rn. 39; *Jenard*-Bericht zu Art. 6 Nr. 2.
[33] *Kropholler* Rn. 20; *Nagel/Gottwald* § 3 Rn. 97.
[34] Vgl. *Geimer* IPRax 1998, 175.
[35] *v. Hoffmann/Hau* RIW 1997, 89, 91.
[36] AA *Geimer/Schütze/Auer*, IRV, EuGVO Art. 3 Rn. 7.
[37] *Walter* ZZP 107 (1994), 301, 307 ff.
[38] *Geimer/Schütze/Auer*, IRV, Rn. 30; *Droz*, Compétence judiciaire, Nr. 100; *Kropholler* Rn. 30.
[39] English High Court, [1999] I. L. Pr. 9.
[40] Vgl. EuGHE 2005, I-4509 = IPRax 2005, 535; English High Court (Q. B.) [1998] I. L. Pr. 713; *Magnus/Mankowski/Muir Watt* Rn. 35 ff.
[41] Vgl. EuGHE 1976, 1831; English High Court, [1998] I. L. Pr. 713; vgl. *v. Hoffmann/Hau* RIW 1997, 89, 91; *Kropholler* Rn. 34; *Rauscher/Leible* Rn. 22; *Magnus/Mankowski/Muir Watt* Rn. 38.
[42] BGH NJW 1970, 387.
[43] *Geimer/Schütze/Auer*, IRV, EuGVO Rn. 46 f.; *Kropholler* Rn. 29.
[44] EuGHE 1990 I, 1845 = IPRax 1992, 310 (dazu *Coester-Waltjen* S. 290).
[45] *Kropholler* Rn. 36; *Czernich/Tiefenthaler* Rn. 21; aA *Eickhoff* S. 101; *Rauscher/Leible* Rn. 24; *Geimer/Schütze/Auer*, IRV, EuGVO Rn. 59.
[46] Vgl. *Eickhoff* S. 92 ff.
[47] *Geimer* NJW 1986, 2991, 2993; *Kropholler* Rn. 37; aA *Eickhoff* S. 100; diff. *Geimer/Schütze/Auer*, IRV, EuGVO Rn. 60.

anwendbare autonome Prozessrecht (§ 33 ZPO)[48] erscheint daher entbehrlich. Unabhängig von Art. 6 Nr. 3 ist eine Widerklage auch zulässig, wenn das Gericht für die Widerklage als selbständige Klage nach dem EuGVO (etwa nach Art. 2, 5 Nr. 1 oder 3, Art. 23, 24) zuständig ist.[49] Sie ist unzulässig, soweit für sie eine ausschließliche Zuständigkeit nach Art. 22 besteht.[50]

Die Widerklage muss „auf denselben Vertrag oder Sachverhalt wie die Klage selbst" gestützt sein. **18** Auch dieses Kriterium ist vertragsautonom zu qualifizieren. In diesem Rahmen sind auch Wider-Widerklagen zulässig.[51] Da die Verordnung nicht den sonst verwandten Begriff des „Zusammenhangs" verwendet, ist „derselbe Sachverhalt" nach hM enger als der „Sachzusammenhang" in Art. 28 auszulegen und eine Widerklage nicht im gleichen Umfang wie nach § 33 ZPO zulässig.[52] Unstreitig genügt nicht, dass beide Ansprüche der Geschäftsbeziehung der Parteien entspringen, solange keine Verbindung durch einen Rahmenvertrag besteht.[53] Schließlich gilt Art. 24 EuGVO auch für die Widerklage.

Eine Widerklage gegen Dritte kann nicht auf Art. 6 Nr. 3, sondern nur auf allgemeine Zuständigkeiten gestützt werden.[54] Eine Widerklage mit arbeitsrechtlichen Gegenansprüchen[55] dürfte in der Regel daran scheitern, dass diese auf einen anderen Sachverhalt gestützt sind. **19**

Art. 6 Nr. 3 betrifft nur Fälle, in denen vom Gericht eine selbständige Verurteilung des Klägers **20** begehrt wird. Nicht geregelt sind die Voraussetzungen der **Prozessaufrechnung** mit einer Gegenforderung; sie unterliegen nur dem nationalen Recht (s. u. Art. 23 Rn. 70 ff.).[56]

2. Widerklage und Gerichtsstandsvereinbarung. Durch ausschließliche Gerichtsstandsver- **21** einbarung kann der Gerichtsstand der Widerklage ausgeschlossen werden.[57] Zweifelhaft ist aber, ob eine Gerichtsstandsvereinbarung regelmäßig zu dem Gerichtsstand der Widerklage ausschließt, wie dies die hM in Deutschland annimmt (s. Art. 23 Rn. 72). Soweit Hauptforderung und Gegenforderung aufrechenbar sind, handelt es sich nach englischer Ansicht sachlich um eine als Verteidigungsmittel unentziehbare Aufrechnung (s. Art. 23 Rn. 73). Diese Ansicht erscheint sachgerecht. Auch darüber hinaus folgt aus einer ausschließlichen Prorogation im Zweifel kein Widerklageverbot.[58]

3. Zusätzliche nationale Anforderungen. Da Art. 6 Nr. 3 auch die örtliche Zuständigkeit **22** regelt, können nach autonomem Recht bestehende ausschließliche Zuständigkeiten die Zulässigkeit der Widerklage nicht beeinträchtigen. Streitig ist, ob nationale Widerklageverbote neben Art. 6 Nr. 3 anzuwenden sind, etwa das Widerklageverbot nach § 595 Abs. 1 ZPO für den Urkunden- und Wechselprozess.[59] Da Art. 6 Nr. 3 nur einen Gerichtsstand zur Verfügung stellt, kann das nationale Prozessrecht weiterhin zusätzliche Widerklageverbote aufstellen.[60] Auch die weiteren nicht durch Art. 6 Nr. 3 geregelten Zulässigkeitsvoraussetzungen einer Widerklage werden durch das autonome Prozessrecht festgelegt, etwa die Zulässigkeit der Widerklage gegen Dritte (s. Rn. 18).[61]

V. Gerichtsstand für Immobiliargeschäfte

1. Verfahrensverbindung. Art. 6 Nr. 4 ist durch das Luganer Übereinkommen 1988 bzw. das **23** 3. Beitrittsübereinkommen 1989 neu aufgenommen worden. Die Vorschrift ergänzt Art. 22 Nr. 1 a und hat Ähnlichkeit mit § 25 ZPO. In demselben Umfang wie nach dieser Regel schuldrechtliche Ansprüche mit einer dinglichen Klage gegen denselben Beklagten verbunden werden können, soll das Gericht der lex rei sitae auch international für die schuldrechtliche Klage zuständig sein. In Be-

---

[48] Hierfür BGH NJW 1981, 2644 = RIW 1981, 703; vgl. *Rauscher/Leible* Rn. 25.
[49] *Kropholler* Rn. 39.
[50] *Eickhoff* S. 149; *Geimer/Schütze,* EuZVR, Rn. 64.
[51] *Eickhoff* S. 98.
[52] AG Trier IPRax 2007, 41, 42 (krit. *M. Stürner* S. 21); *Rauscher/Leible* Rn. 8, 26; *Kropholler* Rn. 38; für eine weite Auslegung dagegen *Geimer* IPRax 1986, 212.
[53] Cour de Cass., J. D. I. 122 (1995), 150; *Mankowski,* EWiR, Art. 6 EuGVÜ, 1/97, S. 511, 512; vgl. LG Köln RIW 1997, 956; AG Trier IPRax 2007, 41 (*M. Stürner* S. 21, 23).
[54] *Geimer/Schütze,* EuZVR, Rn. 61; *Rauscher/Leible* Rn. 28; s. aber *Eickhoff* S. 151 ff.; *Otte* S. 738.
[55] Hierfür *Schlosser* Rn. 10; abl. *Stadler* ZZP 110 (1997), 254.
[56] EuGHE 1995 I, 2053 (Rz. 16, 18) = NJW 1996, 42 (dazu *Bacher* S. 2140) = ZZP 109 (1996), 373 (*Mankowski*) = IPRax 1997, 114 (dazu *Philip* S. 97); vgl. LG München I IPRax 1996, 31, 32 f.; *Kropholler* Rn. 44 f.; *Nagel/Gottwald* § 3 Rn. 101; *Magnus/Mankowski/Muir Watt* Rn. 46 f.
[57] EuGHE 1976, 1831 = NJW 1977, 494; *Kropholler* Rn. 41.
[58] *Geimer/Schütze,* EuZVR, Rn. 62; aA *Kropholler* Art. 23 Rn. 98.
[59] *Geimer/Schütze,* EuZVR, Rn. 57; *Stein/Jonas/Schumann* § 33 Rn. 44; vgl. AG Mainz IPRax 1983, 299.
[60] LG Mainz IPRax 1984, 100 (m. krit. Anm. *Jayme*); ebenso *Rauscher/Leible* Rn. 28; aA *Schlosser* Rn. 10.
[61] *Kropholler* Rn. 40; *Rauscher/Leible* Rn. 28.

tracht kommt dies vor allem für die Klage auf Rückzahlung eines durch Hypothek oder Grundschuld gesicherten Darlehens.[62]

24   **2. Isolierte Forderungsklagen.** Art. 6 Nr. 4 enthält nur eine „unselbständige" Zuständigkeit und greift nicht bei einer isolierten Forderungsklage ein.[63]

Art. 7. Ist ein Gericht eines Mitgliedstaats nach dieser Verordnung zur Entscheidung in Verfahren wegen einer Haftpflicht aufgrund der Verwendung oder des Betriebs eines Schiffes zuständig, so entscheidet dieses oder ein anderes an seiner Stelle durch das Recht dieses Mitgliedstaats bestimmtes Gericht auch über Klagen auf Beschränkung dieser Haftung.

1   Art. 7 EuGVO entspricht unverändert dem bisherigen Art. 6a EuGVÜ.
   1. Klagen des Reeders auf Haftungsbeschränkung. Art. 7 eröffnet einen weiteren Gerichtsstand kraft Sachzusammenhangs für Klagen des Reeders auf Beschränkung seiner Haftung aus dem Betrieb eines Schiffes gemäß den §§ 485 ff. HGB bzw. dem (Brüsseler) Übereinkommen über die Beschränkung der Haftung für Seeforderungen vom 19. 11. 1976.[1] Diese Haftungsbeschränkung kann der Reeder in der Bundesrepublik als Beklagter als Einwendung geltend machen (vgl. §§ 305a, 786a ZPO), freilich nur unter Errichtung eines Haftungsfonds nach der Seerechtlichen Verteilungsordnung vom 25. 7. 1986.[2] Er kann aber auch ein Interesse daran haben, seine Haftungsbeschränkung durch selbständige Feststellungsklage gegen Anspruchsprätendenten vorab zu klären. Für diese selbständige Feststellungsklage eröffnet ihm Art. 7 EuGVO alle für eine Klage gegen ihn nach dem EuGVO eröffneten Gerichtsstände und damit auch den Gerichtsstand seines eigenen Wohnsitzes gemäß Art. 2 Abs. 1.[3] Damit erhält er zugleich die Möglichkeit, die Haftungsbeschränkung gegenüber allen Beteiligten konzentriert vor einem Gericht zu klären.[4] Diese Zuständigkeit ist nicht ausschließlich.[5] Der Reeder kann seine Klage also auch vor dem Wohnsitzgericht des Geschädigten (Art. 2 Abs. 1) oder vor jedem anderen Gericht erheben, in dem eine Klage gegen ihn erhoben werden kann. Der Gerichtsstand ist auch durch Zuständigkeitsvereinbarung (Art. 23) abdingbar. (Mit Eröffnung eines Seerechtlichen Verteilungsverfahrens werden diese Verfahren freilich gemäß § 8 Abs. 3 Seerechtliche Verteilungsordnung unterbrochen.)

2   **2. Klagen gegen den Schiffseigentümer.** Art. 7 gilt nicht für Klagen eines Geschädigten gegen den Schiffseigentümer, den Fondsverwalter oder andere Forderungsprätendenten noch für das Seerechtliche Verteilungsverfahren.[6] Für Klagen des Geschädigten gelten vielmehr nur die Art. 2–6.

Abschnitt 3. Zuständigkeit für Versicherungssachen

Schrifttum: *Fricke*, Europäisches Gerichtsstands- und Vollstreckungsübereinkommen revidiert, VersR 1999, 1065; *ders.*, Internationale Zuständigkeit und Anerkennungszuständigkeit in Versicherungssachen nach europäischem und deutschem Recht, VersR 1997, 399; *Fuchs*, Gerichtsstand für die Direktklage am Wohnsitz des Verkehrsunfallopfers?, IPRax 2007, 302; *Geimer*, Die Sonderrolle der Versicherungssachen im Brüssel I-System, FS Heldrich, 2005, S. 627; *Heiss*, Gerichtsstandsfragen in Versicherungssachen nach europäischem Recht, ZSR Beiheft 34 (2000), 105; *Hub*, Internationale Zuständigkeit in Versicherungssachen nach der VO 44/01/EG (EuGVVO), 2005; *Hunter*, Reinsurance Litigation and the Civil Jurisdiction and Judgments Act 1982, J.B.L. 1987, 344; *Kaye*, Business Insurance and Reinsurance under the European Judgments Convention, J.B.L. 1990, 517; *Looschelders*, Der Klägergerichtsstand am Wohnsitz des Versicherungsnehmers, IPRax 1998, 86; *A. Richter*, Das EWG-Übereinkommen über die gerichtliche Zuständigkeit und die Vollstreckung in Zivil- und Handelssachen aus versicherungsrechtlicher Sicht, VersR 1978, 801; *J. Richter*, Internationales Versicherungsvertragsrecht, 1980, S. 171 ff.

---

[62] *Droz* Rev. crit. 1989, 1, 17 f.; *Jenard/Möller*-Bericht Nr. 46, 47; *Kropholler* Rn. 47; *Hunter/Tilney* in: *Carpenter/Haymann*, The Lugano and San Sebastian Conventions, 1990, S. 59, 66 ff.
[63] *Rauscher/Leible* Rn. 35.
[1] BGBl. II 1986 S. 786. Dieses Übereinkommen ist gemäß seinem Art. 17 Abs. 4 an die Stelle des (Brüsseler) Internationalen Übereinkommens über die Beschränkung der Haftung der Eigentümer von Seeschiffen vom 10. 10. 1957 (BGBl. II 1972 S. 672) getreten. Vgl. allgemein *Puttfarken*, Beschränkte Reederhaftung, 1981.
[2] BGBl. I 1986 S. 1130.
[3] *Kropholler* RIW 1986, 929, 931 f.; *Schlosser*-Bericht Nr. 128.
[4] *Geimer/Schütze*, EuZVR, Rn. 4; *Schlosser*-Bericht Nr. 128.
[5] *Rauscher/Leible* Rn. 4.
[6] *Geimer/Schütze*, EuZVR, Rn. 5; *Rauscher/Leible* Rn. 1; *Schlosser*-Bericht Nr. 127.

Art. 8. Für Klagen in Versicherungssachen bestimmt sich die Zuständigkeit unbeschadet des Artikels 4 und des Artikels 5 Nummer 5 nach diesem Abschnitt.

I. Bedeutung der Sonderregelung

Die Gerichtsstandsvorschriften des 3. und 4. Abschnitts in Titel II sollen den schwächeren Marktpartner aus sozialen Gründen schützen. Nach verbreitetem nationalem Vorbild geht die EuGVO wie zuvor das EuGVÜ davon aus, dass Versicherungsnehmer und Verbraucher eines besonderen prozessualen Schutzes bedürfen. Zu diesem Zweck wurde für Versicherungssachen wie für Verbrauchersachen ein besonderes, abschließendes Gerichtsstandssystem geschaffen. Diese Zuständigkeiten werden auch noch bei der Urteilsanerkennung (Art. 35 Abs. 1) beachtet. Verstöße müssen aber im Erstverfahren gerügt werden, da sonst eine rügelose Einlassung (Art. 24) vorliegt.[1]

Die Regeln des 3. Abschnitts gelten für alle Versicherungssachen, unabhängig davon, ob der Versicherungsnehmer wirklich wirtschaftlich schwächer ist, und daher auch für den Bereich der Industrieversicherungen.[2] Das 1. Beitrittsübereinkommen 1978 hat lediglich den Bereich der See- und Luftfahrtversicherung weitgehend ausgenommen (Art. 13 Nr. 5, Art. 14). Verwirklicht wird der **prozessuale Schutz des Versicherungsnehmers** und der gleichgestellten Personen dadurch, dass diese grundsätzlich nur vor den Gerichten ihres Wohnsitzstaates verklagt werden können (Art. 12). Vertragliche Abweichungen hiervon sind nur in engen Grenzen zulässig (Art. 13). Für Klagen gegen den Versicherer stehen dem Versicherungsnehmer (Versicherten, Begünstigten) zwingend mehrere Gerichtsstände zur Wahl (Art. 9–11); auch hiervon kann nur in engen Grenzen durch Vereinbarung abgewichen werden (Art. 13).

II. Versicherungssachen

Der Begriff der Versicherungssachen ist vertragsautonom auszulegen.[3] Aus Art. 1 Abs. 1 S. 1 folgt, dass nur private Versicherungen erfasst sind, aus Art. 1 Abs. 2 Lit. c) zugleich, dass Sozialversicherungen ausscheiden. Rückversicherungen fallen nicht unter die Art. 8 ff.[4] Dagegen sind grundsätzlich alle gewerblichen und Transportversicherungen erfasst; für Transportversicherungen ist lediglich in Art. 14 die Möglichkeit abweichender Vereinbarungen eröffnet.[5] Erfasst werden in diesem Anwendungsbereich alle Streitgegenstände, die ihren Grund im Versicherungsverhältnis haben. Hierzu gehört auch die Direktklage des Geschädigten gegen den Versicherer (in Deutschland nach § 3 Nr. 1 PflVG) und der Rückgriff des Versicherers bei einem „kranken" Versicherungsverhältnis. Dagegen gelten nur die allgemeinen Vorschriften (Art. 2 ff.) für den Rückgriff des Versicherers gegen den Schädiger.[6]

In diesen Versicherungssachen gelten die Art. 8 ff. für sämtliche an dem Versicherungsverhältnis Beteiligte. Da Versicherungsverträge häufig Verträge zugunsten Dritter oder für fremde Rechnung sind, gelten die Regeln auch für und gegen versicherte Bezugsberechtigte, Eintrittsberechtigte und Gefahrpersonen[7] sowie deren Rechtsnachfolger.[8]

III. Zuständigkeitsvorbehalte

Art. 8 stellt klar, dass die Regeln über Versicherungssachen nur anzuwenden sind, wenn der jeweilige Beklagte seinen Wohnsitz bzw. Sitz in einem Mitgliedstaat hat. Für Beklagte mit Wohnsitz in einem Nichtmitgliedstaat gilt das autonome nationale Zuständigkeitsrecht.[9] Nach Art. 9 Abs. 2 werden Versicherer aus Drittstaaten, die eine Niederlassung in einem Mitgliedstaat haben, Versicherern mit Sitz in einem Mitgliedstaat gleichgestellt.

---

[1] *Rauscher/Staudinger* Rn. 2.
[2] *Rauscher/Staudinger* Rn. 15.
[3] *Geimer/Schütze/Auer*, IRV, EuGVO Rn. 14 f.; *Kropholler* Vor Art. 8 Rn. 5; *Geimer*, FS Heldrich, 2005, S. 627, 634.
[4] EuGHE 2000, I-5925 = IPRax 2000, 520 (Rz. 67) (dazu *Staudinger* S. 483) = RIW 2000, 787, 789 = ZZPInt 2001, 187 *(Geimer)*; *Geimer/Schütze/Auer*, IRV, EuGVO Rn. 16 f.; *Magnus/Mankowski/Heiss* Rn. 5; *Rauscher/ Staudinger* Rn. 14.
[5] *Geimer/Schütze/Auer*, IRV, Rn. 20.
[6] *Geimer/Schütze*, EuZVR, Rn. 19; *Kropholler* Vor Art. 8 Rn. 6; *Schlosser* Rn. 8; *Czernich/Heiss* Rn. 6.
[7] Vgl. *Geimer/Schütze/Auer*, IRV, EuGVO Rn. 27; *Geimer/Schütze*, EuZVR, Rn. 14, 16; *Kropholler* Vor Art. 8 Rn. 7.
[8] *Geimer/Schütze/Auer*, IRV, EuGVO Rn. 28; *Rauscher/Staudinger* Rn. 20; *Geimer*, FS Heldrich, 2005, S. 627, 634; aA *Schlosser* Rn. 9.
[9] *J. Richter* S. 179; *Geimer/Schütze/Auer*, IRV, EuGVO Rn. 8.

6 Konsequenterweise kann ein Versicherer mit Sitz in einem Mitgliedsstaat aufgrund des Vorbehalts zugunsten des Art. 5 Nr. 5 nicht nur vor den Gerichten seines Wohnsitzstaates, sondern auch in dem Staat verklagt werden, in dem er eine Niederlassung unterhält. Allerdings muss es sich um einen Streit aus einem von der Niederlassung abgeschlossenen Versicherungsvertrag oder um eine dort bearbeitete Schadensabwicklung handeln.[10] Ein gewerblich tätiger Versicherungsnehmer ist selbst ebenfalls am Ort seiner Niederlassung für darauf bezogene Streitigkeiten gerichtspflichtig.[11] Der Schadenregulierungsbeauftragte im Land des Drittgeschädigten ist grundsätzlich keine Niederlassung des Versicherers.[12]

Art. 9. (1) Ein Versicherer, der seinen Wohnsitz im Hoheitsgebiet eines Mitgliedstaats hat, kann verklagt werden:
a) vor den Gerichten des Mitgliedstaats, in dem er seinen Wohnsitz hat,
b) in einem anderen Mitgliedstaat bei Klagen des Versicherungsnehmers, des Versicherten oder des Begünstigten vor dem Gericht des Ortes, an dem der Kläger seinen Wohnsitz hat, oder
c) falls es sich um einen Mitversicherer handelt, vor dem Gericht eines Mitgliedstaats, bei dem der federführende Versicherer verklagt wird.

(2) Hat der Versicherer im Hoheitsgebiet eines Mitgliedstaats keinen Wohnsitz, besitzt er aber in einem Mitgliedstaat eine Zweigniederlassung, Agentur oder sonstige Niederlassung, so wird er für Streitigkeiten aus ihrem Betrieb so behandelt, wie wenn er seinen Wohnsitz im Hoheitsgebiet dieses Mitgliedstaats hätte.

1 Art. 9 ist durch das 1. Beitrittsübereinkommen 1978 neu gefasst worden. Er stellt ein grundsätzlich zwingendes System der Wahlgerichtsstände zur Verfügung, vor denen der Versicherer verklagt werden kann. Forum non conveniens-Überlegungen sind unzulässig.[1] Der Versicherungsnehmer muss seinen Wohnsitz in einem Mitgliedstaat haben.[2] Der Versicherer kann verklagt werden:

2 1. vor den Gerichten seines eigenen Wohnsitz- bzw. Sitzstaates (**lit. a**). Diese Regelung entspr. dem Grundsatz des Art. 2 Abs. 1. Die örtliche Zuständigkeit wird durch das autonome Recht bestimmt.[3]

3 2. vor dem Gericht am Wohnsitz des Versicherungsnehmers, des Versicherten oder des Begünstigten (**lit. b**). Mit diesem Klägergerichtsstand wird die internationale und die örtliche Zuständigkeit festgelegt. Die Beschränkung auf den Wohnsitz des Versicherungsnehmers[4] ist in Art. 9 Abs. 1 (b) EuGVO fallen gelassen worden. Bei Gruppenversicherungsverträgen kann daher jeder Versicherte in seinem eigenen Wohnsitzstaat klagen.[5] Abzustellen ist auf den Wohnsitz bei Klageeinreichung.[6]

4 3. für Klagen gegen mehrere Versicherer (nach der Neufassung durch das Beitrittsübereinkommen 1978) vor den Gerichten des Vertragsstaats, bei dem der federführende Versicherer (entweder nach lit. a oder nach lit. b) verklagt wird (**lit. c**). (Früher konnte die Klage am Sitz jeder Versicherung erhoben werden.) Dieser Gerichtsstand ähnelt dem in Art. 6 Nr. 1 festgelegten, stellt aber nicht wie dort auf den Wohnsitz eines beliebigen Beklagten ab.

5 Die Mitversicherer können grds. getrennt in den Gerichtsständen der Buchstaben a und b verklagt werden.[7] Um eine einheitliche Entscheidung zu erleichtern, können Mitversicherer nach Abs. 1 lit. c aber alle an dem Gerichtsstand (international und örtlich) verklagt werden, an dem der **federführende Versicherer** verklagt werden kann. In Deutschland besteht nach Maßgabe des Art. 14 EGVVG eine Prozessstandschaft des federführenden Versicherers.[8]

6 Aus der Verweisung des Art. 8 auf Art. 5 Nr. 5 ergibt sich, dass der Versicherer nicht nur in seinem Wohnsitzstaat, sondern auch **im Staat seiner Niederlassung** (wegen niederlassungsbezo-

---

[10] *Kropholler* Rn. 3; *Rauscher/Staudinger* Rn. 8.
[11] *Geimer/Schütze/Auer,* IRV, EuGVO Rn. 11.
[12] *Czernich/Heiss* Rn. 9.
[1] *Schlosser* Rn. 1; *Rauscher/Staudinger* Rn. 1.
[2] Cour d'appel Paris I. L. Pr. 1995, 17.
[3] *Geimer/Schütze/Auer,* IRV, EuGVO Rn. 5; *Rauscher/Staudinger* Rn. 2; *Magnus/Mankowski/Heiss* Rn. 1.
[4] Vgl. BGHZ 74, 248 = RIW 1979, 494; *Geimer/Schütze/Auer,* IRV, EuGVO Rn. 7.
[5] *Geimer,* FS Heldrich, 2005, S. 627, 635; *Fricke* VersR 1999, 1055, 1059; *Magnus/Mankowski/Heiss* Rn. 9.
[6] Krit. *Geimer,* FS Heldrich, 2005, S. 627, 635.
[7] *Kropholler* RIW 1986, 929, 932; *Rauscher/Staudinger* Rn. 6.
[8] Vgl. *Kropholler* Rn. 3 f.; *Rauscher/Staudinger* Rn. 7; *Magnus/Mankowski/Heiss* Rn. 14 ff.

gener Streitigkeiten) verklagt werden kann. Der Vorbehalt in Art. 8 zugunsten des Art. 5 Nr. 5 schließt aber die Zuständigkeit gemäß Art. 9 Abs. 1 lit. b nicht aus. Der Versicherer kann daher in seinem Sitzstaat, sowie in einem anderen Mitgliedstaat am Ort seiner Niederlassung oder am Wohnsitz des Versicherungsnehmers verklagt werden.[9]

Art. 9 Abs. 2 erweitert diese Regelung auf die Fälle, in denen der Versicherer seinen Hauptsitz in einem Nicht-EU-Staat, aber eine Niederlassung in einem EU-Staat hat. Ein solcher Versicherer kann sinngemäß nur an einem vom EuGVO zugelassenen Gerichtsstand verklagt werden (vgl. Art. 2 Abs. 1, 3 Abs. 1).[10] Der in Art. 8 Abs. 2 EuGVÜ aF vorgesehene Gerichtsstand des Agentenwohnsitzes ist nunmehr entfallen.   7

Art. 10. Bei der Haftpflichtversicherung oder bei der Versicherung von unbeweglichen Sachen kann der Versicherer außerdem vor dem Gericht des Ortes, an dem das schädigende Ereignis eingetreten ist, verklagt werden. Das Gleiche gilt, wenn sowohl bewegliche als auch unbewegliche Sachen in ein und demselben Versicherungsvertrag versichert und von demselben Schadensfall betroffen sind.

Art. 10 eröffnet für die Klage gegen den Versicherer zusätzlich zu Art. 9 einen weiteren internationalen und örtlichen Gerichtsstand, und zwar für die Haftpflichtversicherung und die Versicherung unbeweglicher Sachen vor dem Gericht des Schadensortes. Dieser Ort ist wie in Art. 5 Nr. 3 auszulegen, so dass sowohl am Handlungsort als am Erfolgsort geklagt werden kann.[1] Dieser Gerichtsstand gilt nach Satz 2 auch, wenn neben dem Haus- und Grundbesitz auch bewegliche Sachen versichert und vom gleichen Versicherungsfall betroffen sind. Derselbe Versicherungsvertrag liegt auch dann vor, wenn die beweglichen Sachen durch einen separaten Zusatzvertrag versichert worden sind.[2]   1

Unter den Voraussetzungen des Art. 13 Nr. 3 kann diese Zuständigkeit abbedungen werden.[3]   2

Art. 11. (1) Bei der Haftpflichtversicherung kann der Versicherer auch vor das Gericht, bei dem die Klage des Geschädigten gegen den Versicherten anhängig ist, geladen werden, sofern dies nach dem Recht des angerufenen Gerichts zulässig ist.
(2) Auf eine Klage, die der Geschädigte unmittelbar gegen den Versicherer erhebt, sind die Artikel 8, 9 und 10 anzuwenden, sofern eine solche unmittelbare Klage zulässig ist.
(3) Sieht das für die unmittelbare Klage maßgebliche Recht die Streitverkündung gegen den Versicherungsnehmer oder den Versicherten vor, so ist dasselbe Gericht auch für diese Personen zuständig.

I. Interventionsklage

Art. 11 Abs. 1 sieht wie Art. 6 Nr. 2 generell auch in Versicherungssachen einen Gerichtsstand der Interventionsklage vor. Für Deutschland, Österreich, Schweiz und Spanien ist dieser Gerichtsstand durch Art. 65 Abs. 1 S. 1 EuGVO bzw. Art. V des Protokolls Nr. 1 zum LugÜ ausgeschlossen (s. Art. 6 Rn. 10). Der Gerichtsstand kann aber gegenüber deutschen Versicherern in den anderen Mitgliedstaaten geltend gemacht werden.[1] Diese Urteile sind in Deutschland gem. Art. 65 Abs. 2 EuGVO anzuerkennen. In Deutschland kann dem Versicherer der Streit verkündet werden (§§ 72 ff. ZPO).   1

II. Direktklage

Nach der Umsetzung der Richtlinie 2000/26/EG vom 16. 5. 2000 (4. Kfz-Haftpflichtversicherungs-Richtlinie)[2] ist eine Direktklage des Geschädigten gegen den Kfz-Haftpflichtversicherer in allen Mitgliedstaaten zulässig.[3] Diese Direktklage kann der Geschädigte in allen nach den Art. 8 bis   2

---

[9] LG Stuttgart IPRax 1998, 100 (dazu *Looschelders* S. 86); *Magnus/Mankowski/Heiss* Rn. 17 ff.
[10] *Kohler* IPRax 1987, 201, 203; *Kropholler* Rn. 5; *Czernich/Heiss* Rn. 8.
[1] *Kropholler* Rn. 1; krit. für Immobilien *Czernich/Heiss* Rn. 1.
[2] Vgl. *Geimer/Schütze/Auer*, IRV, EuGVO Rn. 10 ff.; *Kropholler* Rn. 2.
[3] *Schlosser* Rn. 1; *Geimer/Schütze/Auer*, IRV, EuGVO Rn. 3; *Kropholler* Rn. 3; *Magnus/Mankowski/Heiss* Rn. 6.
[1] Vgl. *Geimer/Schütze/Auer*, IRV, EuGVO Rn. 6; *Geimer*, FS Heldrich, 2005, S. 627, 636 f.
[2] Vom 16. 5. 2000 (2000/26/EG), ABl. EG 2000 Nr. L 181/65; vgl. *Magnus/Mankowski/Heiss* Rn. 7.
[3] Vgl. BGH NJW 2007, 71, 72 (Rz 4) (*Staudinger*).

EuGVO Art. 12 1–3   B. Europäisches Zivilprozessrecht

für die Klage des Versicherungsnehmers eröffneten Gerichtsständen erheben. Nach Art. 13 zulässige Gerichtsstandsvereinbarungen binden den Geschädigten nicht. Der Geschädigte kann danach unstreitig am Wohnsitz des Versicherungsnehmers (Art. 9 Abs. 1 lit. b) klagen. Ob er aber auch als „Begünstiger" iS von Art. 9 Abs. 1 lit. b anzusehen ist, ist streitig. Die hM versteht unter Begünstigten nur solche Dritte, deren Recht durch den Versicherungsvertrag begründet wird. Der Direktanspruch werde aber als deliktischer Anspruch eingeordnet.[4] Der BGH stellt dagegen auf den Schutzzweck des Art. 11 Abs. 2 EuGVO ab. Diese Norm wolle mit der Richtlinie 2005/14/EG die Stellung des Geschädigten verbessern, so dass der Geschädigte den Direktanspruch gegen den Versicherer auch an seinem eigenen Wohnsitz einklagen könne.[5] Dieser Ansicht hat sich der EuGH angeschlossen.[6]

3   Ob eine Klagebefugnis besteht, bestimmt sich nach dem in der Hauptsache anwendbaren Recht.[7] Das deutsche Recht stellt insoweit in Art. 40 Abs. 4 EGBGB alternativ auf das Deliktsstatut (Tatortrecht) oder das Versicherungsstatut ab.

4   Bei einer Direktklage des Verletzten kann der Versicherer seine Regressansprüche gegen den Versicherungsnehmer oder einen Versicherten durch Streitverkündung gegen diese Personen sichern. Abs. 3 begründet insoweit eine Zuständigkeit des Direktklagegerichts, sofern eine Streitverkündung nach dem nationalen Prozessrecht (wie in Deutschland gemäß §§ 72 ff. ZPO) zulässig ist.

Art. 12. (1) Vorbehaltlich der Bestimmungen des Artikels 11 Absatz 3 kann der Versicherer nur vor den Gerichten des Mitgliedstaats klagen, in dessen Hoheitsgebiet der Beklagte seinen Wohnsitz hat, ohne Rücksicht darauf, ob dieser Versicherungsnehmer, Versicherter oder Begünstigter ist.

(2) Die Vorschriften dieses Abschnitts lassen das Recht unberührt, eine Widerklage vor dem Gericht zu erheben, bei dem die Klage selbst gemäß den Bestimmungen dieses Abschnitts anhängig ist.

I. Klagen des Versicherers

1   Aus Gründen des „Sozialschutzes" lässt Art. 12 Klagen des Versicherers nur vor den Gerichten des Wohnsitzstaates des Beklagten zu. Sachlich erfasst sind Klagen auf Zahlung rückständiger Prämien sowie wegen Regressansprüchen. Die Regel entspricht Art. 2 Abs. 1 EuGVO und schließt zugleich andere Gerichtsstände aus. Die örtliche Zuständigkeit bestimmt das nationale Prozessrecht.

2   Ausnahmen von Art. 12 Abs. 1 ergeben sich aus den Vorbehalten in Art. 8: Danach gilt Art. 12 Abs. 1 überhaupt nicht für Klagen des Versicherers gegen einen Beklagten mit Wohnsitz außerhalb eines Vertragsstaats (Art. 4 Abs. 1 EuGVO). Hat der Versicherungsstreit Bezug zu einer Auslandsniederlassung des Beklagten, so kann dieser auch vor dem Gericht des Ortes der Niederlassung verklagt werden.[1] Außerdem kommt eine Prorogation gemäß Art. 13 Nr. 1 oder 3 sowie eine rügelose Einlassung in Betracht.[2]

II. Widerklage des Versicherers

3   Durch Art. 12 Abs. 2 wird dem Versicherer zusätzlich die Möglichkeit der Widerklage eingeräumt, wie sie generell in Art. 6 Nr. 3 vorgesehen ist. Sinngemäß wird damit nur die konnexe Widerklage wie in Art. 6 Nr. 3 zugelassen.[3] Außerdem erhält der Vorbehalt zugunsten des Art. 11 Abs. 3 dem Versicherer die Möglichkeit der Streitverkündung bei einer Direktklage. Allerdings hat diese Möglichkeit für den Versicherer kaum große Bedeutung.

---

[4] *Geimer/Schütze/Auer*, IRV, EuGVO Art. 11 Rn. 17; MünchKomm/*Junker* Art. 40 EGBGB Rn. 234; zweifelnd *Zöller/Geimer* Art. 14 EuGVVO Rn. 8. Allerdings verweist Art. 40 Abs. 4 EGBGB auf das Delikts- oder das Versicherungsvertragsstatut (*Kropholler* Rn. 4).

[5] BGH NJW 2007, 71 (*Staudinger*) = RIW 2007, 72, 73 (Rz. 8) (Vorlage an den EuGH); ebenso *Schack* IZVR Rn. 284; *Rauscher/Staudinger* Rn. 4; *Czernich/Heiss* Rn. 4; *Magnus/Mankowski/Heiss* Rn. 7; krit. *Fuchs* IPRax 2007, 302.

[6] EuGH (C-463/06 vom 13. 12. 2007), Rn. 21 ff., 31 (FBTO Schadeverzekeringen).

[7] *Jenard*-Bericht zu Art. 10, 7. Abs.

[1] *Geimer/Schütze*, EuZVR, Rn. 1; *Kropholler* Rn. 2.

[2] *Geimer/Schütze/Auer*, IRV, EuGVO Rn. 3; *Geimer*, FS Heldrich, 2005, S. 627, 630.

[3] *Geimer/Schütze/Auer*, IRV, EuGVO Rn. 17; *Magnus/Mankowski/Heiss* Rn. 5 f.; *Geimer*, FS Heldrich, 2005, S. 627, 631.

Art. 13. Von den Vorschriften dieses Abschnitts kann im Wege der Vereinbarung nur abgewichen werden:
1. wenn die Vereinbarung nach der Entstehung der Streitigkeit getroffen wird,
2. wenn sie dem Versicherungsnehmer, Versicherten oder Begünstigten die Befugnis einräumt, andere als die in diesem Abschnitt angeführten Gerichte anzurufen,
3. wenn sie zwischen einem Versicherungsnehmer und einem Versicherer, die zum Zeitpunkt des Vertragsabschlusses ihren Wohnsitz oder gewöhnlichen Aufenthalt in demselben Mitgliedstaat haben, getroffen ist, um die Zuständigkeit der Gerichte dieses Staates auch für den Fall zu begründen, dass das schädigende Ereignis im Ausland eintritt, es sei denn, dass eine solche Vereinbarung nach dem Recht dieses Staates nicht zulässig ist,
4. wenn sie von einem Versicherungsnehmer geschlossen ist, der seinen Wohnsitz nicht in einem Mitgliedstaat hat, ausgenommen soweit sie eine Versicherung, zu deren Abschluss eine gesetzliche Verpflichtung besteht, oder die Versicherung von unbeweglichen Sachen in einem Mitgliedstaat betrifft, oder
5. wenn sie einen Versicherungsvertrag betrifft, soweit dieser eines oder mehrere der in Artikel 14 aufgeführten Risiken deckt.

Art. 13 lässt Zuständigkeitsvereinbarungen für Versicherungssachen nur in engen Grenzen zu. 1 Durch das 1. Beitrittsübereinkommen von 1978 ist die Bestimmung erweitert und um die Nr. 4 und 5 ergänzt worden. Obwohl sich die Zuständigkeit für Versicherungssachen ausschließlich nach den Art. 8 ff. bestimmt, stellt Art. 23 Abs. 5 nochmals klar, dass Gerichtsstandsvereinbarungen, die Art. 13 zuwiderlaufen ohne rechtliche Wirkung sind. Zwar enthält Abschn. 3 eine in sich geschlossene Regelung. Für die Form der in Art. 13 zugelassenen Gerichtsstandsvereinbarungen ist aber auf Art. 23 Abs. 1 S. 3 zurückzugreifen[1] (s. Art. 23 Rn. 21 bis 47).

1. Vereinbarung nach Entstehung der Streitigkeit. Eine Übervorteilung der schwächeren 2 Partei ist nicht mehr zu erwarten, wenn eine Vereinbarung nach Entstehung der Streitigkeit getroffen wird. Deshalb lässt Nr. 1 solche Vereinbarungen zu. Die Regelung entspricht § 38 Abs. 3 Nr. 1 ZPO. Eine Streitigkeit ist entstanden, wenn die Parteien über die Erledigung einer Frage aus dem Versicherungsvertrag oder über die Abwicklung eines Versicherungsfalles uneins sind; ein gerichtliches Verfahren muss noch nicht eingeleitet worden sein. Zugleich mit dem Hauptvertrag kann die Vereinbarung keinesfalls geschlossen werden.[2]

2. Vereinbarung zugunsten des Versicherungsnehmers oder eines Drittbeteiligten. Eine 3 Gerichtsstandsvereinbarung ist weiter zulässig, soweit den genannten Personen ein zusätzlicher Gerichtsstand (über die Art. 9 bis 11 hinaus) eingeräumt wird. Drittbegünstigte müssen am Abschluss der Gerichtsstandsvereinbarung, wie auch sonst bei Verträgen zugunsten Dritter, nicht beteiligt sein.[3]

3. Ausschluss des forum delicti. An dem Ort, an dem das schädigende Ereignis eintritt, kann 4 der Versicherer nach Art. 10 direkt, nach Art. 11 Abs. 1 auf Interventionsklage hin verklagt werden. Da das deutsche Recht eine Interventionsklage nicht kennt, ermöglicht es Art. 13 Nr. 3, dass der Versicherer diese Zuständigkeiten vertraglich ausschließen kann. Vorausgesetzt ist allerdings, dass Versicherungsnehmer und Versicherer zur Zeit des Vertragsschlusses ihren Wohnsitz oder gewöhnlichen Aufenthalt in demselben Mitgliedstaat haben. Vorausgesetzt ist weiter, dass die Vereinbarung nach dem Recht dieses Staates zulässig ist, in der Bundesrepublik Deutschland also nach den §§ 38, 40 ZPO. Die Vereinbarung wirkt nur zwischen den Vertragsparteien und den Drittbegünstigten und schließt damit die Gerichtsstände nach Art. 9 und 10 Abs. 1 aus. Unberührt bleibt die Direktklage des Geschädigten und die Möglichkeit des Versicherers, sich gegen diese zu verteidigen, Art. 11 Abs. 2, 3.[4]

4. Zuständigkeitsvereinbarung mit Versicherungsnehmer aus Nichtvertragsstaaten. 5 Nach dieser auf Wunsch des Vereinigten Königreichs eingefügten Ausnahme sind Zuständigkeitsvereinbarungen mit Versicherungsnehmern, die außerhalb eines Mitgliedstaats wohnen, zulässig.

---

[1] *Geimer/Schütze/Auer*, IRV, EuGVO Rn. 6.
[2] *Geimer/Schütze*, EuZVR, Rn. 1; *Schlosser* Rn. 1.
[3] EuGHE 1983, 2503 = IPRax 1984, 259, 261 (m. Anm. *Hübner* S. 237, 239); dazu auch *Geimer* NJW 1985, 533; *Jungermann*, Die Drittwirkung internationaler Gerichtsstandsvereinbarungen, 2006, S. 69 ff., 203 ff.; für Vereinbarungen auch zu Lasten Drittbegünstigter *Czernich/Heiss* Rn. 14; s. auch Art. 23 Rn. 51.
[4] *Geimer/Schütze/Auer*, IRV, EuGVO Rn. 24, *Kropholler* Rn. 4; *Geimer*, FS Heldrich, 2005, S. 627, 639.

Diese Regelung führt den Gedanken der Art. 3 und 4 fort, wonach Schutznormen des EuGVO nur zugunsten von Personen mit Wohnsitz in einem der Mitgliedsstaaten gelten. Art. 13 Nr. 4 sieht aber ausdrücklich zwei Ausnahmen vor, in denen Gerichtsstandsvereinbarungen unzulässig sind: (1) bei Versicherungen, zu deren Abschluss der Versicherungsnehmer gesetzlich verpflichtet ist[5] und (2) bei der Versicherung unbeweglicher Sachen in einem Mitgliedstaat. In beiden Fällen gelten zugunsten eines Versicherungsnehmers aus einem Nichtmitgliedstaat die Zuständigkeiten der Art. 9 bis 11 Abs. 1. Dieses Prorogationsverbot gilt unabhängig davon, ob das betroffene nationale Recht ein solches kennt.[6]

6   5. See- und Luftfahrtversicherungen. Für Großversicherungen, vor allem an Seeschiffen und Luftfahrzeugen ist auf Betreiben des Vereinigten Königreichs das Prorogationsverbot allgemein aufgehoben worden. Begründet wurde dies damit, dass die Versicherungsnehmer in diesen Fällen keines besonderen Schutzes bedürften oder ihren Wohnsitz außerhalb der Gemeinschaft hätten.[7] Welche Versicherungsverträge im Einzelnen vom Prorogationsverbot freigestellt sind, ergibt sich aus der Aufzählung in Art. 14.

Art. 14. Die in Artikel 13 Nummer 5 erwähnten Risiken sind die folgenden:
1. sämtliche Schäden
   a) an Seeschiffen, Anlagen vor der Küste und auf hoher See oder Luftfahrzeugen aus Gefahren, die mit ihrer Verwendung zu gewerblichen Zwecken verbunden sind,
   b) an Transportgütern, ausgenommen Reisegepäck der Passagiere, wenn diese Güter ausschließlich oder zum Teil mit diesen Schiffen oder Luftfahrzeugen befördert werden;
2. Haftpflicht aller Art, mit Ausnahme der Haftung für Personenschäden an Passagieren oder Schäden an deren Reisegepäck,
   a) aus der Verwendung oder dem Betrieb von Seeschiffen, Anlagen oder Luftfahrzeugen gemäß Nummer 1 Buchstabe a), es sei denn, dass – was die letztgenannten betrifft – nach den Rechtsvorschriften des Mitgliedstaats, in dem das Luftfahrzeug eingetragen ist, Gerichtsstandsvereinbarungen für die Versicherung solcher Risiken untersagt sind,
   b) für Schäden, die durch Transportgüter während einer Beförderung im Sinne von Nummer 1 Buchstabe b) verursacht werden;
3. finanzielle Verluste im Zusammenhang mit der Verwendung oder dem Betrieb von Seeschiffen, Anlagen oder Luftfahrzeugen gemäß Nummer 1 Buchstabe a), insbesondere Fracht- oder Charterverlust;
4. irgendein zusätzliches Risiko, das mit einem der unter den Nummern 1 bis 3 genannten Risiken in Zusammenhang steht;
5. unbeschadet der Nummern 1 bis 4 alle „Großrisiken" entsprechend der Begriffsbestimmung in der Richtlinie 73/239/EWG des Rates,[1] geändert durch die Richtlinie 88/357/EWG[2] und die Richtlinie 90/618/EWG,[3] in der jeweils geltenden Fassung.

1   Art. 14 listet im Einzelnen die Arten der See- und Luftfahrtversicherung auf, für die nach Art. 13 Nr. 5 Gerichtsstandsvereinbarungen bereits anfänglich und ohne Einschränkung zulässig sind.

2   **1. Kasko- und Wertversicherungen.** Nr. 1 betrifft die Kaskoversicherung (nicht die Haftpflichtversicherung) von Seeschiffen,[4] Anlagen vor der Küste und auf hoher See (wie Bohrinseln) sowie von Luftfahrzeugen, ferner die Wertversicherung von Transportgütern. Da Waren regelmäßig kombiniert zu Lande und zu See bzw. zur Luft transportiert werden, genügt es, dass die Güter nur zum Teil mit Schiff oder Flugzeug befördert werden. Ausgenommen von der Prorogationsfreiheit ist in Buchstabe b) die Versicherung des Reisegepäcks von Passagieren, da diese typischerweise wirtschaftlich schutzbedürftig sind.

---

[5] Überblick über betroffene Versicherungen in *Schlosser*-Bericht Nr. 138.
[6] *Kropholler* RIW 1986, 929, 932; *Geimer/Schütze/Auer*, IRV, EuGVO Rn. 33.
[7] Vgl. *Kohler* IPRax 1987, 201, 203.
[1] ABl. L 228 vom 16. 8. 1973, S. 3. Richtlinie zuletzt geändert durch die Richtlinie 2000/26/EG des Europäischen Parlaments und des Rates (ABl. L 181 vom 20. 7. 2000, S. 65).
[2] ABl. L 172 vom 4. 7. 1988, S. 1. Richtlinie zuletzt geändert durch die Richtlinie 2000/26/EG.
[3] ABl. L 330 vom 29. 11. 1990, S. 44.
[4] Zu Einzelheiten vgl. *Schlosser*-Bericht Nr. 141; *Geimer/Schütze/Auer*, IRV, EuGVO Rn. 4.

2. Haftpflichtversicherungen. Nr. 2 eröffnet die Prorogationsfreiheit auch für Haftpflichtversicherungen aller Art für Schäden, die durch die in Nr. 1 aufgeführten Transportgüter entstehen. Bei Luftfahrzeugen kann der Vertragsstaat, in dem diese registriert sind, aber Gerichtsstandsvereinbarungen untersagen. Ausgenommen von der Prorogationsfreiheit ist neben den Schäden am Reisegepäck der Passagiere auch die Haftung für deren Personenschäden.

3. Versicherung für finanzielle Verluste im Zusammenhang mit den in Nr. 1 genannten Transportmitteln. Es kann sich um jede Art kommerzielle oder nichtkommerzielle finanzielle Verluste handeln,[5] etwa der Verlust des Frachtanspruchs, des Charteranspruchs oder Schäden aus verspäteter Ankunft.

4. Zusatzversicherungen. Gemeint sind Zusatzversicherungen etwa für außerplanmäßige Betriebskosten, zusätzliche Hafengebühren oder für den Verlust einer Ladung, die während des Transports wertvoller wurde.[6] Das Zusatzrisiko muss nicht mit der gleichen Police versichert sein wie das Hauptrisiko.

5. Großrisiken. Da bei der Versicherung von Großrisiken ein Gerichtsstandsschutz auf der Seite des Versicherungsnehmers nicht geboten ist, lässt der neue Art. 14 Nr. 5 iVm. Art. 13 Nr. 5 EuGVO Gerichtsstandsvereinbarungen in Versicherungsverträgen über Großrisiken uneingeschränkt zu. Da Art. 13 Nr. 5 abweichende Vereinbarungen bereits zulässt, wenn der Versicherungsvertrag ein Großrisiko betrifft, kann sich die Vereinbarung auch auf mitversicherte Annexrisiken erstrecken.[7]

Abschnitt 4. Zuständigkeit bei Verbrauchersachen

Schrifttum: a) Zur EuGVO: *Berger*, Gerichtspflichtigkeit infolge Internetpräsenz, in: Bauknecht u. a., Information 2001, S. 1002; *Buchner*, E-commerce und effektiver Rechtsschutz, EWS 2000, 147; *Kleinknecht*, Die verbraucherschützenden Gerichtsstände im deutschen und europäischen Zivilprozessrecht, 2007; *Mankowski*, Gerichtsstand der rügelosen Einlassung in europäischen Verbrauchersachen?, IPRax 2001, 310; *Mronz*, Rechtsverfolgung im weltweiten E-Commerce, Die gerichtliche Durchsetzung von Verbraucherrechten bei Vertragsabschlüssen im Internet, 2004; *Oberhammer/Slonina*, Grenzüberschreitende Gewinnzusagen im europäischen Prozess- und Kollisionsrecht, FS Yessiou-Faltsi, 2007, S. 419; *Reich/Gambogi Cavalho*, Gerichtsstand bei internationalen Verbrauchervertragsstreitigkeiten im e-commerce, VuR 201, 269; *M. Roth*, International Jurisdiction and Conflict of Laws in an Electronic World, FS Yessiou-Faltsi, 2007, S. 531; *Scheuermann*, Internationales Zivilverfahrensrecht bei Verträgen im Internet, 2003; *Spindler*, Internationales Verbraucherrecht bei Verträgen im Internet, MMR 2000, 18; *Teuber*, Die internationale Zuständigkeit bei Verbraucherstreitigkeiten, 2003; *R. Wagner*, Internationale und örtliche Zuständigkeit in Verbrauchersachen im Rahmen des Brüsselers Übereinkommens und der Brüssel I-Verordnung, WM 2003, 116; *Wernicke/Hoppe*, Die neue EuGVVO, MMR 2002, 643.

b) Zum EuGVÜ: *Benicke*, Internationale Zuständigkeit deutscher Gerichte nach Art. 13, 14 EuGVÜ für Schadenersatzklagen geschädigter Anleger, WM 1997, 945; *de Bra*, Verbraucherschutz durch Gerichtsstandsregelungen im deutschen und europäischen Zivilprozessrecht, 1992, S. 121 ff.; *Jayme*, Die internationale Zuständigkeit bei Haustürgeschäften, FS Nagel, 1987, S. 123; *Koch*, Verbrauchergerichtsstand nach dem EuGVÜ und Vermögensgerichtsstand nach der ZPO bei Termingeschäften, RIW 1995, 71; *de Lousanoff*, Die Anwendung des EuGVÜ in Verbrauchersachen mit Drittstaatenbezug, GedS für Arens, 1993, S. 251; *Lüderitz*, „Verbraucherschutz" im internationalen Vertragsrecht – Ein Zuständigkeitsproblem, FS Riesenfeld, 1983, S. 147; *Lutz/Neumann*, Ausdehnung der Art. 13 ff. EuGVÜ auf Realkredite, RIW 1999, 827; *Mankowski*, Zur Auslegung des Art. 13 EuGVÜ, RIW 1997, 990; *Nasall*, Verbraucherschutz durch europäisches Verfahrensrecht, WM 1993, 1950; *Rauscher*, Prozessualer Verbraucherschutz im EuGVÜ?, IPRax 1995, 289; *Rudisch*, Grenzüberschreitender Schutz bei Verbrauchergeschäften im Gefüge von internationalem Privatrecht und internationalem Verfahrensrecht, in: *Schnyder* u. a., Internationales Verbraucherschutzrecht, 1995, S. 191; *Schaltinat*, Internationale Verbraucherstreitigkeiten, 1998; *Schlosser*, Zwingendes Verbraucherschutzrecht und europäisches Prozessrecht, FS Steindorff, 1990, S. 1379; *Schoibl*, Die Zuständigkeit für Verbrauchersachen nach europäischem Zivilverfahrensrecht, JBl 1998, 700 u. 767; *Thorn*, Verbrauchergerichtsstand nach EuGVÜ und örtliche Zuständigkeit, IPRax 1994, 426; *Wach/Weberpals*, Inländischer Gerichtsstand für Bereicherungsklagen gegen ausländische Brokerfirmen aus unverbindlichen Termin- und Differenzgeschäften, AG 1989, 193.

Art. 15. (1) Bilden ein Vertrag oder Ansprüche aus einem Vertrag, den eine Person, der Verbraucher, zu einem Zweck geschlossen hat, der nicht der beruflichen oder gewerblichen Tätigkeit dieser Person zugerechnet werden kann, den Gegenstand des Verfahrens, so bestimmt sich die Zuständigkeit unbeschadet des Artikels 4 und des Artikels 5 Nummer 5 nach diesem Abschnitt,

---

[5] *Geimer/Schütze/Auer*, IRV, EuGVO Rn. 14.
[6] Vgl. *Schlosser*-Bericht Nr. 147.
[7] Vgl. *Fricke* VersR 1999, 1055, 1059.

a) wenn es sich um den Kauf beweglicher Sachen auf Teilzahlung handelt,
b) wenn es sich um ein in Raten zurückzuzahlendes Darlehen oder ein anderes Kreditgeschäft handelt, das zur Finanzierung eines Kaufs derartiger Sachen bestimmt ist, oder
c) in allen anderen Fällen, wenn der andere Vertragspartner in dem Mitgliedstaat, in dessen Hoheitsgebiet der Verbraucher seinen Wohnsitz hat, eine berufliche oder gewerbliche Tätigkeit ausübt oder eine solche auf irgend einem Wege auf diesen Mitgliedstaat oder auf mehrere Staaten, einschließlich dieses Mitgliedstaats, ausrichtet und der Vertrag in den Bereich dieser Tätigkeit fällt.

(2) Hat der Vertragspartner des Verbrauchers im Hoheitsgebiet eines Mitgliedstaats keinen Wohnsitz, besitzt er aber in einem Mitgliedstaat eine Zweigniederlassung, Agentur oder sonstige Niederlassung, so wird er für Streitigkeiten aus ihrem Betrieb so behandelt, wie wenn er seinen Wohnsitz im Hoheitsgebiet dieses Staates hätte.

(3) Dieser Abschnitt ist nicht auf Beförderungsverträge mit Ausnahme von Reiseverträgen, die für einen Pauschalpreis kombinierte Beförderungs- und Unterbringungsleistungen vorsehen, anzuwenden.

I. Prozessualer Verbraucherschutz gegenüber EU-Anbieter

1   Die Neufassung von Art. 15 Abs. 1 EuGVO (gegenüber Art. 13 I EuGVÜ) dient dazu, den prozessualen Verbraucherschutz zu verallgemeinern. Wie bisher gilt der prozessuale Verbraucherschutz nach Art. 15 Abs. 1 Lit. a und b für den Kauf beweglicher Sachen auf Teilzahlung und für auf den Kauf beweglicher Sachen bezogene Kreditgeschäfte. Während der bisherige Art. 13 Nr. 3 für sonstige Dienstleistungs- und Lieferungsverträge nur galt, wenn ein schwierig nachzuweisender Inlandsbezug zum Wohnsitzstaat des Verbrauchers bestand, erfasst der neue Art. 15 Abs. 1 c EuGVO **Verträge jeglicher Art,**[1] die ein Verbraucher mit Wohnsitz in einem Mitgliedstaat abschließt, sofern diese nicht seiner beruflichen oder gewerblichen Tätigkeit zugerechnet werden können. Geschützt ist auch der „aktive", im Ausland handelnde Verbraucher. Durch diesen Auffangtatbestand werden auch time sharing-Verträge und Kreditverträge zum Erwerb von Immobilien für private Zwecke erfasst.[2]

2   Zu weit geraten sind die Art. 15ff. EuGVO freilich, soweit sie nach ihrem Wortlaut auch auf Verträge zwischen Privatpersonen anwendbar sind.[3]

3   Anders als das EuGVÜ verlangt Art. 15 Abs. 1 lit. c EuGVO nur, dass die **Tätigkeit** des anderen Vertragspartners **auf den Mitgliedstaat** oder mehrere Mitgliedsstaaten **„ausgerichtet"** ist und der zustande gekommene Vertrag in den Bereich dieser Tätigkeit fällt. Diese Formulierung knüpft an das US-amerikanische Zuständigkeitskriterium des „proposeful availment" an.[4] Auf diese Weise sollte vor allem der elektronische Handel über das Internet erfasst werden.[5] Nicht ausreichend ist es dagegen, wenn der Vertragspartner des Verbrauchers erst aufgrund des geschlossenen Vertrages eine Tätigkeit im Wohnsitzstaat des Verbrauchers ausüben soll, zuvor aber eine solche Tätigkeit dort weder ausgeübt hat noch seine Tätigkeit aus dem Wohnsitzstaat ausgerichtet hatte.[6]

4   Noch nicht abschließend geklärt ist, ob Art. 15 Abs. 1 lit. c für isolierte Gewinnzusagen iS des § 661a BGB gilt. Von Art. 13 Nr. 3 EuGVÜ/LugÜ waren Gewinnzusagen nicht erfasst.[7] Der EuGH hat die Gewinnzusage deshalb zwar vertraglich qualifiziert, konnte aber nur den allgemeinen Gerichtsstand des Erfüllungsorts bejahen.[8] Art. 15 Abs. 1 lit. c ist unzweifelhaft bei einer verkaufsakzessorischen Gewinnzusage anwendbar.[9] Da die Regel aber keine zusätzlichen Voraussetzungen mehr an den Vertrag zwischen Unternehmer und Verbraucher stellt („in allen anderen Fällen"), erscheint Art. 15 Abs. 1 lit. c auch bei isolierter Gewinnzusage (ohne gleichzeitige Warenbestellung) als anwendbar.[10]

---

[1] *Baumbach/Lauterbach/Hartmann* EuGVVO Übers. Rn. 5; *Kohler,* in: *Gottwald* S. 19; vgl. *Magnus/Mankowski/Nielsen* Rn. 5ff.
[2] So *Kropholler* Rn. 20.
[3] *Schack* IZVR Rn. 281; *Magnus/Mankowski/Nielsen* Rn. 20.
[4] Vgl. *Kohler,* in: *Gottwald* S. 19.
[5] *Micklitz/Rott* EuZW 2001, 325, 331; *Jametti Greiner* AJP 1999, 1135, 1138; *Beraudo* J.D.I. 2001, 1033, 1055f.; *Kohler,* in: *Gottwald* S. 20; *Kropholler* Rn. 23; vgl. *Jayme/Kohler* IPRax 2001, 501, 505.
[6] BGHZ 167, 83, 88f. = NJW 2006, 1672, 1673.
[7] Vgl. BGH RIW 2006, 144, 145f.
[8] EuGHE 2005, I-481 = NJW 2005, 811 (dazu *Leible* S. 796) = IPRax 2005, 239 (dazu *Lorenz/Unberath* S. 219); vgl. *Blobel* VuR 2005, 164.
[9] EuGHE 2002, I-6367 = NJW 2002, 2607; *Zöller/Geimer* Rn. 11.
[10] Vgl. Vorlage des OLG Wien an den EuGH (EuGH, C-180/06); EuGHE 2002, I-6367 = NJW 2002, 2697; OLG Rostock NJW-RR 2006, 209; *Rauscher/Staudinger* Art. 15 Rn. 9; *Blobel* VuR 2005, 164, 168; *Slonina*

Ein Ausrichten auf einen Mitgliedstaat liegt bei Vertragsangeboten mittels einer **interaktiven** 5
Website vor, es sei denn, durch eine Länderbegrenzung im Angebotstext oder aus der Verwendung
einer im Wohnsitzstaat des Verbrauchers nicht verständlichen Sprache ergebe sich das Gegenteil.[11]
Kein ausreichendes „Ausrichten" des Anbieters liegt bei Angeboten mittels einer passiven Website
vor.[12]

Wie bisher nimmt Art. 15 Abs. 3 reine Beförderungsverträge aus dem Bereich des prozessualen 6
Verbraucherschutzes aus. Doch werden nunmehr **Reiseverträge,** die eine Beförderung und Unterbringung zu einem Pauschalpreis vorsehen, als Ausnahme davon ausdrücklich erfasst. Die Regelung
will damit den Verbraucherschutz der Pauschalreise-Richtlinie 90/314/EWG[13] auch prozessual verwirklichen.[14]

Der prozessuale Verbraucherschutz gilt für Ansprüche aus einem Vertrag und für den Streit um 7
das Zustandekommen des Vertrages. Erfasst sind auch Bereicherungsansprüche als Folge der Rückabwicklung des Vertrages.[15] Ansprüche aus der Verletzung vorvertraglicher Pflichten unterfallen als
in der Regel deliktische Ansprüche nicht den Art. 15 ff.[16]

II. EU-Niederlassung eines Nicht-EU-Anbieters

Die Art. 15 ff. gelten grundsätzlich nur für Anbieter mit Wohnsitz/Sitz in der EU. Ebenso wie 8
Art. 9 Abs. 2 behandelt Art. 15 Abs. 2 aber den Vertragspartner eines Verbrauchers mit Wohnsitz
bzw. Sitz in einem Nichtmitgliedstaat wie einen „EU-Inländer", wenn er eine Niederlassung
in einem Mitgliedstaat unterhält.[17] Die Regel ist nicht anwendbar, wenn die Niederlassung
vor Klageeinreichung aufgelöst wird.[18] Sie gilt zudem nur für Klagen mit Bezug auf eine EU-Niederlassung. Besitzt der Anbieter keine EU-Niederlassung oder fehlt dieser sachliche Bezug, so
gelten nur die nationalen Zuständigkeitsregeln (Art. 4). Die nationalen Regeln gelten auch,
wenn sich EU-Niederlassung und Wohnsitz des Verbrauchers im gleichen Mitgliedstaat befinden.[19]

Eine selbständige Tochtergesellschaft ist nicht wie eine Niederlassung zu behandeln.[20] Wie bei 9
Art. 5 Nr. 5 kann es aber nur darauf ankommen, ob der zurechenbare **Rechtsschein** einer
Niederlassung besteht (s. Art. 5 Rn. 31).[21] Eine Repräsentanz nach § 53a KWG, die lediglich
als Übermittlungsbote tätig wird, ist jedenfalls nicht als Niederlassung anzusehen.[22] Ein eigenständig firmierendes Inlandsunternehmen ist ebenfalls keine Niederlassung, selbst wenn seine Tätigkeit hauptsächlich in der Vermittlung oder Werbung für das ausländische Unternehmen besteht.[23]

Die Streitigkeit muss Bezug zur Niederlassung haben. Nach hM muss die Niederlassung am Vertragsschluss beteiligt sein. Es genügt nicht, wenn in den Fällen des Abs. 1 lit. c) nur die Werbung 10
von der Niederlassung ausgeht.[24]

RdW 2006, 748; *Oberhammer/Slonina,* FS Yessiou-Faltsi, 2007, S. 419, 432 ff.; aA OLG Braunschweig NJW 2006, 161.
[11] BGHZ 167, 83, 90 = NJW 2006, 1672, 1673; *Magnus/Mankowski/Nielsen* Rn. 34 ff.; *Zöller/Geimer* Art. 17 EuGVVO Rn. 13; *Nagel/Gottwald* § 3 Rn. 113, 115; vgl. *Harris* C.J.Q. 20 (2001), 218, 220 f.; materiellrechtlich *Mankowski* RabelsZ 63 (1999), 203, 244 ff.
[12] *Hausmann* EuLF 2000, 40, 45; *Berger,* in: Informatik 2001, 1002, 1003 f.; *Nagel/Gottwald* § 3 Rn. 115; aA wohl *Baumbach/Lauterbach/Hartmann* EuGVVO Übers. Rn. 6 (umfasst Werbung über Internet-Websites); vgl. auch *Buchner* EWS 2000, 147, 150 ff.
[13] ABl. 1990 Nr. L 158/59.
[14] Vgl. *Micklitz/Rott* EuZW 2001, 325, 330.
[15] *Geimer/Schütze/Auer,* IRV, EuGVO Rn. 18; *Czernich/Tiefenthaler* Rn. 14; *Rauscher/Staudinger* Vorbem. Art. 15–17 Rn. 3; Hk-ZPO/*Dörner* Rn. 15.
[16] *Rauscher/Staudinger* Vorbem. Art. 15–17 Rn. 3; aA *Czernich/Tiefenthaler* Rn. 14.
[17] *Geimer* NJW 1986, 2991, 2992; *de Lousanoff,* GedS für *Arens,* 1993, S. 251, 256 ff.
[18] BGH ZIP 2007, 1676, 1677.
[19] OLG München RIW 1994, 59 (krit. *Geimer* S. 61).
[20] EuGHE 1994 I, 4275 = IPRax 1995, 315 (dazu *Rauscher* S. 289); vgl. *Magnus/Mankowski/Nielsen* Rn. 41.
[21] OLG Düsseldorf WM 1989, 50, 54; OLG Koblenz RIW 2006, 311, 312; *Wach/Weberpals* AG 1989, 193, 197; *Nasall* WM 1993, 1950, 1951; *Geimer* RIW 1994, 59, 61; *Geimer/Schütze,* EuZVR, Rn. 11; Hk-ZPO/ *Dörner* Rn. 2; für weite Auslegung: *Geimer/Schütze/Auer,* IRV, EuGVO Rn. 7 f.
[22] *De Lousanoff,* GedS für *Arens,* 1993, S. 251, 261 f.
[23] OLG München RIW 1994, 59.
[24] *Schlosser* Rn. 9; *Kropholler* Rn. 16.

Art. 16. (1) Die Klage eines Verbrauchers gegen den anderen Vertragspartner kann entweder vor den Gerichten des Mitgliedstaats erhoben werden, in dessen Hoheitsgebiet dieser Vertragspartner seinen Wohnsitz hat, oder vor dem Gericht des Ortes, an dem der Verbraucher seinen Wohnsitz hat.

(2) Die Klage des anderen Vertragspartners gegen den Verbraucher kann nur vor den Gerichten des Mitgliedstaats erhoben werden, in dessen Hoheitsgebiet der Verbraucher seinen Wohnsitz hat.

(3) Die Vorschriften dieses Artikels lassen das Recht unberührt, eine Widerklage vor dem Gericht zu erheben, bei dem die Klage selbst gemäß den Bestimmungen dieses Abschnitts anhängig ist.

I. Klagen des Verbrauchers

1 Dem Verbraucher stehen für seine Klage gegen eine Vertragspartei mit Wohnsitz in einem Mitgliedstaat folgende Gerichtsstände zur Wahl:
(1) kann er vor den Gerichten des Mitgliedsstaats klagen, in dessen Gebiet die **andere Partei** ihren **Wohnsitz/Sitz** hat. Festgelegt wird damit wie in Art. 2 nur die internationale, nicht die örtliche Zuständigkeit.

2 (2) aufgrund des Vorbehalts in Art. 13 Abs. 1 zugunsten von Art. 5 Nr. 5 kann der Verbraucher auch am Ort einer **Zweigniederlassung des Anbieters** klagen, wenn ein Bezug zu dieser Niederlassung besteht. Die Zweigniederlassung kann auch im Wohnsitzstaat des Verbrauchers liegen.[1]

3 (3) hat die andere Vertragspartei zwar nicht ihren Wohnsitz bzw. Sitz in einem Mitgliedstaat, wohl aber eine Zweigniederlassung, Agentur oder sonstige Niederlassung, so kann der Verbraucher nach Art. 13 Abs. 2 vor dem **Gericht des Ortes der Niederlassung** klagen, weil die Niederlassung insoweit wie ein Wohnsitz angesehen wird, allerdings beschränkt auf Streitigkeiten aus dem Betrieb der Niederlassung. Festgelegt sind damit die internationale und die örtliche Zuständigkeit.

4 (4) kann der Verbraucher vor dem Gericht des Mitgliedstaats klagen, an dem er seinen **eigenen Wohnsitz** hat. Festgelegt werden damit die internationale und die örtliche Zuständigkeit. Entscheidend ist der Wohnsitz des Verbrauchers zur Zeit der Klageerhebung.[2] Die frühere Fassung von Art. 14 Abs. 1 EuGVÜ/LugÜ regelt dagegen nur die internationale Zuständigkeit im Wohnsitzstaat des Verbrauchers; die örtliche Zuständigkeit ergibt sich insoweit aus dem nationalen Recht.

5 Verzieht der Verbraucher in einen anderen Mitgliedstaat, so kann er in sämtlichen Verbrauchersachen in seinem **neuen Wohnsitzstaat** Klage erheben. Dies gilt auch für die Fälle des Art. 13 Abs. 1 Nr. 3, da weder diese Bestimmung noch Art. 14 Abs. 1 voraussetzen, dass der Verbraucher die zum Abschluss des Vertrages erforderlichen Rechtshandlungen in dem neuen Wohnsitzstaat vorgenommen hat.[3] Diese Unbilligkeit kann durch Gerichtsstandsklausel in dem Verbrauchervertrag nur beseitigt werden, wenn Verbraucher und Vertragspartner im Zeitpunkt des Vertragsschlusses Wohnsitz oder gewöhnlichen Aufenthalt in demselben Mitgliedstaat hatten (s. Art. 15 Rn. 2).

6 Klagen des Verbrauchers in seinem Wohnsitzstaat nach Art. 14 Abs. 1, 2. Alternative setzen voraus, dass der Beklagte Wohnsitz/Sitz in einem Mitgliedstaat hat oder als Inhaber einer Zweigniederlassung nach Art. 13 Abs. 2 so zu behandeln ist.[4] Für Klagen gegen eine Vertragspartei mit **Wohnsitz nur in einem Drittstaat** gelten nur die autonomen nationalen Zuständigkeitsregeln.

7 Klagt der Verbraucher vor einem unzuständigen Gericht, kann sich der Anbieter uneingeschränkt nach Art. 24 rügelos einlassen.[5]

II. Klagen gegen den Verbraucher

8 Der Verbraucher selbst ist gemäß Art. 14 Abs. 2 nur vor den Gerichten seines eigenen **Wohnsitzstaates** gerichtspflichtig. Die örtliche Zuständigkeit folgt aus dem autonomen nationalen Recht. Entscheidend ist nicht der Wohnsitz zur Zeit des Vertragsschlusses, sondern der Wohnsitz zur Zeit der Klageerhebung; ein zwischenzeitlicher Wohnsitzwechsel geht zu Lasten der anderen

---

[1] *Geimer/Schütze/Auer*, IRV, EuGVO Rn. 4.
[2] KG NJW 2000, 2283; LG Konstanz IPRax 1994, 448 (dazu *Thorn* S. 426); *Geimer/Schütze/Auer*, IRV, EuGVO Rn. 12; *Schlosser* Rn. 2; aA *Geimer* RIW 1994, 59, 61 u. *Geimer/Schütze*, EuZVR, Rn. 13 (Gerichte der Hauptstadt).
[3] *Geimer/Schütze/Auer*, IRV, EuGVO Rn. 7; *Geimer/Schütze*, EuZVR, Rn. 6; *Kropholler* Rn. 2; aA *Schlosser*-Bericht Nr. 161; *Schlosser* Rn. 3 (Verstoß gegen Art. 6 EMRK).
[4] EuGHE 1994, I-4275 = RIW 1994, 1045 = EWS 1994, 353 = IPRax 1995, 315 (dazu *Rauscher* S. 289).
[5] *Mankowski* IPRax 2001, 310.

Vertragspartei (s. Rn. 4). Für Verbraucher mit Wohnsitz in einem Drittstaat gilt dieser Schutz nicht (s. Art. 4).

Verklagt der Verbraucher die andere Vertragspartei jedoch vor deren Wohnsitzgerichten oder vor dem Gericht des Ortes einer Niederlassung, so kann die andere Vertragspartei in diesem Verfahren eine **konnexe Widerklage** (s. Art. 6 Rn. 11 ff.) erheben; um eine Verbrauchersache muss es sich nicht handeln.[6]

Art. 17. Von den Vorschriften dieses Abschnitts kann im Wege der Vereinbarung nur abgewichen werden:
1. wenn die Vereinbarung nach der Entstehung der Streitigkeit getroffen wird,
2. wenn sie dem Verbraucher die Befugnis einräumt, andere als die in diesem Abschnitt angeführten Gerichte anzurufen, oder
3. wenn sie zwischen einem Verbraucher und seinem Vertragspartner, die zum Zeitpunkt des Vertragsabschlusses ihren Wohnsitz oder gewöhnlichen Aufenthalt in demselben Mitgliedstaat haben, getroffen ist und die Zuständigkeit der Gerichte dieses Mitgliedstaats begründet, es sei denn, dass eine solche Vereinbarung nach dem Recht dieses Mitgliedstaats nicht zulässig ist.

1. Verbraucherschutz. Vor ungünstigen Zuständigkeitsvereinbarungen wird der Verbraucher durch Art. 17 in gleicher Weise geschützt wie ein Versicherungsnehmer gemäß Art. 13 Nr. 1–3 EuGVO. Gerichtsstandsvereinbarungen sind danach nur unter engen Voraussetzungen zulässig. Sie müssen dann zusätzlich der Form des Art. 23 Abs. 1 genügen, da der 4. Abschnitt insoweit keine Regelung enthält.[1] Eine rügelose Einlassung des Verbrauchers ist darüber hinaus zulässig.[2]

2. Schutz des Vertragspartners. Art. 17 Nr. 3 dient dem Schutze des Vertragspartners des Verbrauchers. Haben beide Vertragsparteien zum Zeitpunkt des Vertragsschlusses Wohnsitz oder gewöhnlichen Aufenthalt in demselben Mitgliedstaat, so liegt zunächst ein reiner Inlandsfall vor. Verlegt der Verbraucher nachträglich seinen Wohnsitz ins Ausland, so könnte er nach Art. 16 Abs. 1 vor den Gerichten seines neuen Wohnsitzstaates klagen. Diese Möglichkeit soll nach Art. 17 Nr. 3 vertraglich ausgeschlossen werden können. Vorausgesetzt ist allerdings, dass der gemeinsame Wohnsitz- oder Aufenthaltsstaat eine solche Gerichtsstandsvereinbarung nach seinem autonomen Recht zulässt. Für Deutschland war dies nach § 6a Abs. 2 AbzG zulässig, ist dagegen nach § 38 Abs. 3 Nr. 2 ZPO unzulässig. War der Vertrag dagegen bei seinem Abschluss bereits ein Auslandsgeschäft, so kann sich der Vertragspartner nicht durch eine Gerichtsstandsklausel davor schützen, dass der Verbraucher nachträglich seinen Wohnsitz in einen weiteren Mitgliedstaat verlegt. Verlegt der Verbraucher seinen Wohnsitz nachträglich in einen Drittstaat, so gilt nach Art. 4 nur das autonome innerstaatliche Recht, auch für Zuständigkeitsvereinbarungen.

Art. 17 Nr. 2 schließt die Vereinbarung von Online-Verfahren zur Streitbeilegung[3] nicht aus, da Schiedsvereinbarungen von der EuGVO (Art. 1 Abs. 2 d) überhaupt nicht erfasst sind. Die von § 1031 Abs. 5 der deutschen ZPO verlangte besondere eigenhändig unterzeichnete Urkunde bildet insoweit freilich ein erhebliches Hindernis.

Abschnitt 5. Zuständigkeit für individuelle Arbeitsverträge

Schrifttum: a) Zur EuGVO: *Behr,* Internationale Zuständigkeit in Individualarbeitsrechtsstreitigkeiten im Europäischen Verfahrensrecht, GedS W. Blomeyer, 2004, S. 15; *Bosse,* Probleme des europäischen Internationalen Arbeitsprozessrechts, 2007; *Däubler,* Die internationale Zuständigkeit der deutschen Arbeitsgerichte, NZA 2003, 1297; *Junker,* Internationale Zuständigkeit und anwendbares Recht in Arbeitssachen, NZA 2005, 199; *ders.,* Internationale Zuständigkeit für Arbeitssachen nach der Brüssel I-Verordnung, FS Schlosser, 2005, S. 299; *ders.,* Gewöhnlicher Arbeitsort und vorübergehende Entsendung im IPR, FS Heldrich, 2005, S. 719; *ders,* Arbeitnehmereinsatz im Ausland – Anzuwendendes Recht und Internationale Zuständigkeit, 2007; *Leipold,* Einige Bemerkungen zur internationalen Zuständigkeit in Arbeitssachen nach Europäischem Zivilprozessrecht, GedS W. Blomeyer, 2004, S. 143; *Mankowski,* Europäisches Internationales Arbeitsprozessrecht, IPRax 2003, 21; *ders.,* Internationale Zuständigkeit, in: Dietrich/Neef/Schwab, Arbeitsrechts-Blattei, Arbeitsgerichtsbarkeit V E 160.5.5 (2007); *Müller,* Die internationale Zuständigkeit deutscher Arbeitsgerichte, 2004; *Trenner,* Internationale Gerichtsstände in grenzüberschreitenden Arbeitsvertragsstreitigkeiten, 2001; *Winterling,* Die Entscheidungszuständigkeit in Arbeitssachen im europäischen Zivilverfahrensrecht, 2006.

---

[6] *Geimer/Schütze/Auer,* IRV, EuGVO Rn. 15.
[1] *Kropholler* Rn. 1; *Rauscher/Mankowski* Rn. 5.
[2] OLG Koblenz IPRax 2001, 334 (krit. dazu *Mankowski* S. 310); *Nagel/Gottwald* § 3 Rn. 125; aA *Magnus/Mankowski/Nielsen* Rn. 15.
[3] Vgl. *Buchner* EWS 2000, 147, 153 f.

EuGVO Art. 18 1–6   B. Europäisches Zivilprozessrecht

b) Zum EuGVÜ: *Birk*, Die internationale Zuständigkeit in arbeitsrechtlichen Streitigkeiten nach dem Europäischen Gerichtsstand- und Vollstreckungsübereinkommen, RdA 1983, 143; *Franzen*, Internationale Gerichtsstandsvereinbarungen in Arbeitsverträgen zwischen EuGVÜ und autonomem internationalen Zivilprozessrecht, RIW 2000, 81; *Junker*, Die internationale Zuständigkeit deutscher Gerichte in Arbeitssachen, ZZPInt 3 (1998), 179; *Rauscher*, Arbeitnehmerschutz – ein Ziel des Brüsseler Übereinkommens, FS Schütze, 1999, S. 695.

Art. 18. (1) Bilden ein individueller Arbeitsvertrag oder Ansprüche aus einem individuellen Arbeitsvertrag den Gegenstand des Verfahrens, so bestimmt sich die Zuständigkeit unbeschadet des Artikels 4 und des Artikels 5 Nummer 5 nach diesem Abschnitt.

(2) Hat der Arbeitgeber, mit dem der Arbeitnehmer einen individuellen Arbeitsvertrag geschlossen hat, im Hoheitsgebiet eines Mitgliedstaats keinen Wohnsitz, besitzt er aber in einem Mitgliedstaat eine Zweigniederlassung, Agentur oder sonstige Niederlassung, so wird er für Streitigkeiten aus ihrem Betrieb so behandelt, wie wenn er seinen Wohnsitz im Hoheitsgebiet dieses Mitgliedstaats hätte.

1   Abschnitt 5 über die Zuständigkeit für individuelle Arbeitsverträge ist bei der Revision des EuGVÜ **neu** in die EuGVO **eingefügt** worden. Entsprechend wurden Ansprüche aus einem individuellen Arbeitsvertrag aus der Regelung über den Erfüllungsort in Art. 5 Nr. 1 herausgenommen. Die neue Regelung knüpft an die bisherige Rspr. des EuGH an, wonach der Erfüllungsort für Ansprüche aus einem individuellen Arbeitsvertrag einheitlich am Ort des gewöhnlichen Arbeitsortes liegt, hat die Zuständigkeitsregelung aber entsprechend den Regeln über die Zuständigkeit in Versicherungs- und Verbrauchersachen fortentwickelt und wie dort getrennt nach Klagen des Arbeitnehmers und des Arbeitgebers aufgebaut.[1]

2   Anwendbar sind die Art. 18 ff. für Streitigkeiten aus individuellen Arbeitsverträgen. Ob ein solcher vorliegt, ist in **autonomer Auslegung** zu bestimmen.[2] Ein Arbeitsvertrag verlangt, dass der Arbeitnehmer weisungsgebundene Arbeit erbringt. Dies ist auch bei faktischen Arbeitsverhältnissen, Teilzeit- oder Gelegenheitsarbeitsverhältnissen der Fall.[3] Ein Arbeitsvertrag iS des Art. 18 besteht auch bei Beamten und Angestellten des öffentlichen Dienstes, zumal es nach Art. 1 Abs. 1 S. 1 auf die Art der Gerichtsbarkeit für die Rechtsverfolgung nicht ankommt.[4] Nach dem Schutzzweck können auch Scheinselbständige, zB Franchisenehmer, als Arbeitnehmer einzustufen sein.[5] Eine Anwendung auf sonstige arbeitnehmerähnliche Personen (Vertragshändler, Künstler) scheidet dagegen aus.[6] Freie Handelsvertreter sind keine Arbeitnehmer.[7]

3   Vorstandsmitglieder einer Aktiengesellschaft sind keine Arbeitnehmer. Geschäftsführer einer GmbH sind es nur, wenn sie nicht gleichzeitig Gesellschafter sind.[8]

4   Obwohl dies der Schutz des Arbeitnehmers erfordern würde, können in den Gerichtsständen nach Art. 18 ff. **konkurrierende deliktische Ansprüche** (zB aus einem Arbeitsunfall) nicht geltend gemacht werden.[9] Ausgeschlossen sind auch Ansprüche der Arbeitnehmer gegenüber der Sozialversicherung (Art. 1 Abs. 2 lit. c EuGVO). Nicht erfasst sind ferner Ansprüche aus dem kollektiven Arbeitsrecht, also zwischen Tarifvertragsparteien oder Arbeitgeber und Betriebsrat.[10]

5   Anwendbar sind die Zuständigkeitsregeln gemäß Art. 18 Abs. 1 nur vorbehaltlich der Art. 4 und Art. 5 Nr. 5 EuGVO. Sie gelten also **nicht**, wenn der Beklagte seinen **Wohnsitz/Sitz in** einem **Drittstaat** hat. Nach Art. 4 Abs. 1 richtet sich die Zuständigkeit dann nach dem jeweiligen autonomen nationalen Recht.[11]

6   Handelt es sich um Streitigkeiten aus dem Betrieb einer **Zweigniederlassung**, so können Klagen nach Art. 5 Nr. 5 EuGVO von Arbeitgeber und Arbeitnehmer vor dem Gericht des Ortes der Zweigniederlassung erhoben werden.[12]

---

[1] Vgl. *Hausmann* EuLF 2000, 40, 46.
[2] *Rauscher/Mankowski* Rn. 4a; *Magnus/Mankowski/Esplugues Mota/Moreno* Rn. 4; vgl. *Bosse* S. 60 ff.
[3] *Geimer/Schütze/Auer*, IRV, EuGVO Rn. 17; *Rauscher/Mankowski* Rn. 4, 6; *Hk-ZPO/Dörner* Rn. 4; *Czernich/Czernich* Rn. 4; *Bosse* S. 77.
[4] *Rauscher/Mankowski* Rn. 8 f.
[5] *Rauscher/Mankowski* Rn. 4c; *Czernich/Czernich* Rn. 5.
[6] *Rauscher/Mankowski* Rn. 4b.
[7] *Rauscher/Mankowski* Rn. 8.
[8] *Rauscher/Mankowski* Rn. 8a ff.; *Czernich/Czernich* Rn. 6.
[9] *Rauscher/Mankowski* Rn. 2a; aA *Hk-ZPO/Dörner* Rn. 5.
[10] *Däubler* NZA 2003, 1297, 1299; *Musielak/Weth* Rn. 2.
[11] Vgl. *Bosse* S. 93 ff.
[12] Vgl. *Bosse* S. 98 ff.

Hat der Arbeitgeber **in einem EU-Mitgliedsstaat** keinen Wohnsitz/Sitz, sondern **nur** eine 7 **Zweigniederlassung**, so ist diese für Streitigkeiten aus ihrem Betrieb als Wohnsitz/Sitz zu behandeln (Art. 18 Abs. 2 EuGVO).[13] Arbeitnehmer, die bei einem Arbeitgeber mit Sitz in einem Drittstaat beschäftigt sind, genießen also den prozessualen Schutz des Art. 18 EuGVO, wenn sie bei einer Niederlassung in einem EU-Mitgliedsstaat beschäftigt sind.

Art. 19. Ein Arbeitgeber, der seinen Wohnsitz im Hoheitsgebiet eines Mitgliedstaats hat, kann verklagt werden:
1. **vor den Gerichten des Mitgliedstaats, in dem er seinen Wohnsitz hat, oder**
2. **in einem anderen Mitgliedstaat**
    a) **vor dem Gericht des Ortes, an dem der Arbeitnehmer gewöhnlich seine Arbeit verrichtet oder zuletzt gewöhnlich verrichtet hat, oder**
    b) **wenn der Arbeitnehmer seine Arbeit gewöhnlich nicht in ein und demselben Staat verrichtet oder verrichtet hat, vor dem Gericht des Ortes, an dem sich die Niederlassung, die den Arbeitnehmer eingestellt hat, befindet bzw. befand.**

1. Klage gegen den Arbeitgeber. Um dem Arbeitnehmer die Verfügung seiner Rechte zu erleichtern, sieht Art. 19 für Klagen gegen den Arbeitgeber (halb zwingend) zwei alternative Gerichtsstände vor:
(1) Die Gerichte des Mitgliedsstaats am Wohnsitz/Sitz des Arbeitgebers,[1] oder
(2) die Gerichte des aktuellen oder des früheren gewöhnlichen Arbeitsortes.[2]
Hat der Arbeitnehmer gewöhnlich nicht nur in ein und demselben Staat gearbeitet, so kann der Arbeitnehmer vor den Gerichten des Ortes klagen, an dem sich die Niederlassung befindet bzw. befand, die den Arbeitnehmer eingestellt hat.[3]

Diese Regelung entspricht praktisch ganz der sich bisher aus den Art. 2 und Art. 5 Nr. 1 EuG- 2 VÜ ergebenden Rechtslage. Ort, an dem der Arbeitnehmer gewöhnlich seine Arbeit verrichtet, ist der Ort, der den tatsächlichen Mittelpunkt seiner Berufstätigkeit bildet oder von dem aus er den wesentlichen Teil seiner Arbeitspflichten aus erfüllt oder erfüllt hat.[4] Im Streit mit einem ersten Arbeitgeber kann auch der Ort Arbeitsort sein, an dem der Arbeitnehmer im Interesse des ersten Arbeitgebers für einen zweiten Arbeitgeber aufgrund eines zweiten Arbeitsvertrages tätig wird.[5] Ein Arbeitsort auf dem an einem Mitgliedstaat angrenzenden Festlandsockel ist als Ort in dem betreffenden Staat zu behandeln.[6]

2. Zusätzlicher Gerichtsstand nach der Entsende-Richtlinie. Ein Arbeitnehmer, der in 3 einem EU-Mitgliedsstaat beschäftigt ist, aber in einen anderen zur Arbeit entsandt ist oder war, kann nach Art. 6 der Entsende-Richtlinie 96/71/EG[7] auch vor den Gerichten des Staates klagen, in den er entsandt worden ist oder war. Diese Bestimmung ist nicht in der EuGVO integriert worden,[8] aber gemäß Art. 67 EuGVO neben der EuGVO anwendbar.

In Deutschland ist Art. 6 RiLi durch **§ 8 AEntG** umgesetzt worden.[9] Diese Bestimmung lautet: 4

„Ein Arbeitnehmer, der in den Geltungsbereich dieses Gesetzes entsandt ist oder war, kann eine auf den Zeitraum der Entsendung bezogene Klage auf Gewährung der Arbeitsbedingungen nach §§ 1, 1a und 7 auch vor einem deutschen Gericht für Arbeitssachen erheben. Diese Klagemöglichkeit besteht auch für eine gemeinsame Einrichtung der Tarifvertragsparteien nach § 1 Abs. 3 in bezug auf die ihr zustehenden Beiträge."

---

[13] *Magnus/Mankowski/Esplugues Mota/Moreno* Rn. 9 ff.; *Bosse* S. 79 ff., 97.
[1] Vgl. *Bosse* S. 113 ff.
[2] Vgl. *Magnus/Mankowski/Esplugues Mota/Moreno* Rn. 9 ff; *Bosse* S. 160 ff, 220 ff.
[3] Vgl. *Bosse* S. 252 ff.
[4] EuGHE 1997, I-57 = IPRax 1999, 365, 367 (dazu *Mankowski* S. 332); EuGHE 2002, I-2013 (Rz. 49, 58) = IPRax 2003, 45 (dazu *Mankowski* S. 21) = ZZPInt 7 (2002), 220 *(Junker)*.
[5] EuGHE 2003, I-3573 = RIW 2003, 619 = IPRax 2004, 336 (dazu *Krebber* S. 309) = ZZPInt 8 (2003), 486 *(Junker)*.
[6] EuGHE 2002, I-2013 (Rz. 27 ff., 36).
[7] ABl 1997 Nr. L 18/1.
[8] Vgl. *Kohler*, in: Gottwald S. 18.
[9] Vgl. *Schlachter*, in ErfK, 8. Aufl. 2008, Nr. 30 AEntG § 8 Rn. 1.

Art. 20. (1) Die Klage des Arbeitgebers kann nur vor den Gerichten des Mitgliedstaats erhoben werden, in dessen Hoheitsgebiet der Arbeitnehmer seinen Wohnsitz hat.

(2) Die Vorschriften dieses Abschnitts lassen das Recht unberührt, eine Widerklage vor dem Gericht zu erheben, bei dem die Klage selbst gemäß den Bestimmungen dieses Abschnitts anhängig ist.

1 **1. Klage gegen den Arbeitnehmer.** Zum Schutz des Arbeitnehmers kann dieser nach Art. 20 Abs. 1 EuGVO nur vor den Gerichten seines Wohnsitzstaates verklagt werden.[1] Arbeitet der Arbeitnehmer tatsächlich in einem anderen Staat oder hat in einem anderen gearbeitet, so wird er durch diese Regelung stärker als nach Art. 5 Nr. 1 EuGVÜ geschützt, da er danach am gewöhnlichen Arbeitsort verklagt werden konnte.[2]

2 **2. Widerklage des Arbeitgebers.** Um die Kampfparität im Prozess zu wahren, kann der Arbeitgeber aber zusätzlich im Rahmen einer Klage des Arbeitnehmers gemäß Art. 19 EuGVO Widerklage erheben (Art. 20 Abs. 2 EuGVO). Für die Widerklage selbst ist Art. 6 Nr. 3 EuGVO zu beachten, sie muss also konnex sein, dh. auf denselben Vertrag oder Sachverhalt wie die Klage gestützt sein.[3] Eine Widerklage wegen beliebiger anderer Ansprüche ist dagegen unzulässig.

3 **3. Widerklage des Arbeitnehmers.** Nach allgemeiner Ansicht kann auch der Arbeitnehmer bei Klagen des Arbeitgebers eine konnexe Widerklage erheben.[4]

Art. 21. Von den Vorschriften dieses Abschnitts kann im Wege der Vereinbarung nur abgewichen werden,
1. wenn die Vereinbarung nach der Entstehung der Streitigkeit getroffen wird oder
2. wenn sie dem Arbeitnehmer die Befugnis einräumt, andere als die in diesem Abschnitt angeführten Gerichte anzurufen.

1 Die Bestimmung legt fest, dass die Gerichtsstände der Art. 19 und 20 halb zwingend sind. Abgewichen werden darf nur durch **Vereinbarung nach Entstehen der Streitigkeit** und nur zugunsten des Arbeitnehmers.[1] Ist die Streitigkeit bereits ausgebrochen, ist der Arbeitnehmer nicht mehr schutzbedürftig, wenn er sich trotzdem auf eine Gerichtsstandsvereinbarung einlässt. Hinsichtlich der Form muss diese Art. 23 Abs. 1 S. 3 lit. a entsprechen (Schriftform oder mündliche Vereinbarung mit schriftlicher Bestätigung). Die Formen von lit. b und lit. c können im Verhältnis Arbeitgeber – Arbeitnehmer nicht erfüllt werden.[2] Eine **rügelose Einlassung** des Arbeitnehmers (Art. 24) bleibt allerdings stets möglich.[3]

2 Teilweise wird Art. 21 analog angewendet, wenn das vereinbarte Gericht nicht in einem Mitgliedstaat, sondern in einem Drittstaat liegt. Dies folge aus dem Sinn und Schutzzweck des Art. 23 Abs. 5.[4] Grundsätzlich findet Art. 23 nur Anwendung, wenn die Zuständigkeit eines Mitgliedstaats vereinbart ist. Nach dem Schutzzweck wäre es aber eigenartig, wenn zwar nicht die Zuständigkeit eines anderen Mitgliedstaats, wohl aber die eines Drittstaats vereinbart werden kann und sich eine Unwirksamkeit der Derogationswirkung nur aus nationalem Recht ergeben könnte. Der analogen Anwendung ist deshalb zuzustimmen.[5] Allerdings ist auch nach dieser Auffassung ein Drittstaat nicht gehindert, die Prorogation nach seiner lex fori als wirksam anzusehen.[6]

3 Lässt sich der beklagte Arbeitnehmer auf ein Verfahren vor einem unzuständigen Gericht nicht ein, so hat das Gericht sich von Amts wegen für unzuständig zu erklären und die Klage abzuweisen (Art. 26 Abs. 1 EuGVO). Bejaht das Gericht allerdings fehlerhaft seine Zuständigkeit, so kann dies allenfalls durch Rechtsmittel gerügt werden. Dagegen ist der Verstoß im Anerkennungs- und Vollstreckungsverfahren unbeachtlich, da die Zuständigkeit der Gerichte des Ursprungsstaates nach

---

[1] Vgl. *Magnus/Mankowski/Esplugues Mota/Moreno* Rn. 1; *Bosse* S. 268 ff.
[2] *Kohler*, in: *Gottwald* S. 17; *Nagel/Gottwald* § 3 Rn. 128; zum erfolglosen Änderungsversuch s. *Rauscher/Mankowski* Rn. 2a.
[3] *Rauscher/Mankowski* Rn. 3; vgl. *Bosse* S. 276 ff.
[4] *Rauscher/Mankowski* Rn. 4.

[1] Vgl. *Bosse* S. 268 ff.
[2] *Rauscher/Mankowski* Rn. 6.
[3] *Geimer/Schütze* EuZVR Art. 24 Rn. 38; aA *Bosse*, S. 272 ff.; *Magnus/Mankowski/Esplugues Mota/Moreno* Rn. 2; *Rauscher/Mankowski* Art. 18 Rn. 2 (nur gegen Arbeitgeber).
[4] *Franzen* RIW 2000, 81, 86 f. (zu Art. 17 Abs. 5 EuGVÜ); *Rauscher/Mankowski* Rn. 7 f.
[5] Ebenso *Kropholler* Rn. 81 ff., 83; aA *Bosse*, S. 292 ff.
[6] *Geimer/Schütze/Auer*, IRV, EuGVO Rn. 3.

Art. 35 Abs. 3 EuGVO nicht nachgeprüft werden darf und die Zuständigkeiten nach Abschnitt 5 des Kapitel 2 in Art. 35 Abs. 1 EuGVO nicht als Ausnahmen von diesem Grundsatz aufgeführt sind.[7]

Abschnitt 6. Ausschließliche Zuständigkeiten

Art. 22. Ohne Rücksicht auf den Wohnsitz sind ausschließlich zuständig:
1. für Klagen, welche dingliche Rechte an unbeweglichen Sachen sowie die Miete oder Pacht von unbeweglichen Sachen zum Gegenstand haben, die Gerichte des Mitgliedstaats, in dem die unbewegliche Sache belegen ist.
Jedoch sind für Klagen betreffend die Miete oder Pacht unbeweglicher Sachen zum vorübergehenden privaten Gebrauch für höchstens sechs aufeinander folgende Monate auch die Gerichte des Mitgliedstaats zuständig, in dem der Beklagte seinen Wohnsitz hat, sofern es sich bei dem Mieter oder Pächter um eine natürliche Person handelt und der Eigentümer sowie der Mieter oder Pächter ihren Wohnsitz in demselben Mitgliedstaat haben;
2. für Klagen, welche die Gültigkeit, die Nichtigkeit oder die Auflösung einer Gesellschaft oder juristischen Person oder die Gültigkeit der Beschlüsse ihrer Organe zum Gegenstand haben, die Gerichte des Mitgliedstaats, in dessen Hoheitsgebiet die Gesellschaft oder juristische Person ihren Sitz hat. Bei der Entscheidung darüber, wo der Sitz sich befindet, wendet das Gericht die Vorschriften seines Internationalen Privatrechts an;
3. für Klagen, welche die Gültigkeit von Eintragungen in öffentliche Register zum Gegenstand haben, die Gerichte des Mitgliedstaats, in dessen Hoheitsgebiet die Register geführt werden;
4. für Klagen, welche die Eintragung oder die Gültigkeit von Patenten, Marken, Mustern und Modellen sowie ähnlicher Rechte, die einer Hinterlegung oder Registrierung bedürfen, zum Gegenstand haben, die Gerichte des Mitgliedstaats, in dessen Hoheitsgebiet die Hinterlegung oder Registrierung beantragt oder vorgenommen worden ist oder aufgrund eines Gemeinschaftsrechtsakts oder eines zwischenstaatlichen Übereinkommens als vorgenommen gilt.
Unbeschadet der Zuständigkeit des Europäischen Patentamts nach dem am 5. Oktober 1973 in München unterzeichneten Übereinkommen über die Erteilung europäischer Patente sind die Gerichte eines jeden Mitgliedstaats ohne Rücksicht auf den Wohnsitz der Parteien für alle Verfahren ausschließlich zuständig, welche die Erteilung oder die Gültigkeit eines europäischen Patents zum Gegenstand haben, das für diesen Staat erteilt wurde;
5. für Verfahren, welche die Zwangsvollstreckung aus Entscheidungen zum Gegenstand haben, die Gerichte des Mitgliedstaats, in dessen Hoheitsgebiet die Zwangsvollstreckung durchgeführt werden soll oder durchgeführt worden ist.

Schrifttum: Zu Nr. 1: *Coester-Waltjen/Ziegler*, Der Gerichtsstand der Belegenheit nach Art. 16 Nr. 1 EuGVÜ, Jura 1992, 609; *Grundmann*, Zur internationalen Zuständigkeit der Gerichte von Drittstaaten nach Art. 16 EuGVÜ, IPRax 1985, 249; *Hüßtege*, Internationale Zuständigkeit deutscher Gerichte bei der Überlassung von Räumen im Ausland, NJW 1990, 622; *ders.*, Ferienwohnungen im Ausland als Spielball der Gerichte, IPRax 2001, 31; *ders.*, Clubmitgliedschaften und Teilzeitwohnrechte im Anwendungsbereich des Art. 16 Nr. 1 EuGVÜ/Art. 22 Nr. 1 S. 1 EuGVVO, IPRax 2006, 124; *Kartzke*, Verträge mit gewerblichen Ferienhausanbietern, NJW 1994, 823; *Lagarde*, Les locations de vacances dans les conventions européennes de droit international privé, Etudes Bellet, 1993, 281; *Lehmann/Sánchez Lorenzo*, Der Rumpfgerichtsstand für dingliche Klagen nach Art. 16 Nr. 1 EuGVÜ (Art. 22 Nr. 2 EuGVVO), IPRax 2007, 190; *Leue*, Die grenzüberschreitende reine Mietzinsklage, NJW 1983, 1242; *Mankowski*, Timesharing und internationale Zuständigkeit am Belegenheitsort, EuZW 1996, 177; *Rauscher*, Die Ferienhausentscheidung des EuGH, NJW 1985, 892; *Schack*, Abwehr grenzüberschreitender Immissionen im dinglichen Gerichtsstand?, IPRax 2005, 262; *Schlosser*, Gläubigeranfechtungsklage nach französischem Recht und Art. 16 Nr. 1 EuGVÜ, IPRax 1991, 29; *Trenk-Hinterberger*, Mietstreitigkeiten im EWG-Gerichtsstands- und Vollstreckungsübereinkommen, ZMR 1978, 165; *M. Ulmer*, Neue Tendenzen bei der Auslegung des Art. 16 Nr. 1 EuGVÜ, IPRax 1995, 72; *Wehdeking*, Internationale Zuständigkeit der Zivilgerichte bei grenzüberschreitenden Immissionen, DZWiR 2004, 323; *Weiß*, Die Konkretisierung der Gerichtsstandsregeln des EuGVÜ durch den EuGH, 1997, S. 163 ff.; *Wenner*, Grundeigentum im Ausland – Gerichtsstand im Inland?, FS Jagenburg, 2002, S. 1013.

---

[7] *Hausmann* EuLF 2000, 40, 47; *Micklitz/Rott* EuZW 2001, 325, 332.

Zu Nr. 2: *Bauer,* Die internationale Zuständigkeit bei gesellschaftsrechtlichen Streitigkeiten, 2000; *Geimer,* Das Fehlen eines Gerichtsstandes der Mitgliedschaft als gravierender Mangel im Kompetenzsystem der Brüsseler und der Luganer Konvention, FS Schippel, 1996, S. 869; *Kaye,* Corporate Jurisdiction under the European Judgments Convention. C. J. Q. 1991, 220; *Killias,* Internationale Zuständigkeit für Klagen zwischen Gesellschaftern einer einfachen Gesellschaft, EuZW 2004, 26; *Schillig,* Die ausschließliche internationale Zuständigkeit für gesellschaftsrechtliche Streitigkeiten, IPRax 2005, 208.

Zu Nr. 4: *Adolphsen,* Europäisches und internationales Zivilprozessrecht in Patentsachen, 2005; *ders.,* Renationalisierung von Patentstreitigkeiten in Europa, IPRax 2007, 15; *Bukow,* Verletzungsklagen aus gewerblichen Schutzrechten, 2003; *Ebner,* Markenschutz im internationalen Privat- und Zivilprozessrecht, 2004; *Grabinski,* Zur Bedeutung des Europäischen Gerichtsstands- und Vollstreckungsübereinkommens (Brüsseler Übereinkommen) und des Lugano-Übereinkommens in Rechtsstreitigkeiten über Patentverletzungen, GRURInt. 2001, 199; *Hölder,* Grenzüberschreitende Durchsetzung Europäischer Patente, 2004; *Hye-Knudsen,* Marken-, Patent- und Urheberrechtsverletzungen im europäischen Internationalen Zivilprozessrecht, 2005; *Kieninger,* Internationale Zuständigkeit bei der Verletzung ausländischer Immaterialgüterrechte, GRURInt. 1998, 280; *Lundstedt,* Gerichtliche Zuständigkeit und Territorialitätsprinzip im Immaterialgüterrecht, GRURInt. 2001, 103; *Mäder,* Die Anwendung des Lugano-Übereinkommens im gewerblichen Rechtsschutz, 1999; *Meier-Beck,* Aktuelle Fragen des Patentverletzungsverfahrens, GRUR 2000, 355; *Neuhaus,* Das EuGVÜ und das LugÜ, soweit hiervon Streitigkeiten des gewerblichen Rechtsschutzes betroffen werden, Mitt. 1996, 257; *Scordamaglia,* Die Gerichtsstandsregelung im Gemeinschaftspatentübereinkommen und das Vollstreckungsübereinkommen von Lugano, GRURInt. 1990, 777; *Slonina,* Örtliche und internationale Zuständigkeit für Patentverletzungsklagen, SZZP 2005, 313; *Stauder,* Die Anwendung des EWG-Gerichtsstands- und Vollstreckungsübereinkommens auf Klagen im gewerblichen Rechtsschutz und Urheberrecht, GRURInt. 1976, 465 u. 510; *ders.,* Die ausschließliche internationale gerichtliche Zuständigkeit in Patentstreitigkeiten nach dem Brüsseler Übereinkommen, IPRax 1985, 76; *ders.,* Grenzüberschreitende Verletzungsverbote im gewerblichen Rechtsschutz und das EuGVÜ, IPRax 1998, 317; *Tetzner,* Die Verfolgung der Verletzung ausländischer Patente vor deutschen Gerichten ..., GRUR 1976, 669; *Vivant,* Das Europäische Gerichtsstands- und Vollstreckungsübereinkommen und die gewerblichen Schutzrechte, RIW 1991, 26; *Wadlow,* Intellectual property and the Judgments Convention, EuLRev 10 (1985), 305; *Zigann,* Entscheidungen inländischer Gerichte über ausländische gewerbliche Schutzrechte und Urheberrechte, 2002.

Zu Nr. 5: *Bommer,* Die Zuständigkeit für Widerspruchs- und Anfechtungsklagen im internationalen Verhältnis, 2001; *Halfmeier,* Die Vollstreckungsgegenklage im Recht der internationalen Zuständigkeit, IPRax 2007, 381; *Hess,* Auslandssachverhalte im Offenbarungsverfahren, Rpfleger 1996, 89; *König,* Die Oppositionsklage (§ 35 EO) und Art. 16 Nr. 5 EuGVVO, ÖJZ 2006, 931; *Nelle,* Anspruch, Titel und Vollstreckung im internationalen Rechtsverkehr, 2000; *Roth,* Die negative Feststellungsklage zur Abwehr drohender Zwangsvollstreckung, IPRax 1999, 50; *ders.,* Art. 16 Nr. 5 EuGVÜ, Drittwiderspruchsklage nach § 771 ZPO und Klage auf Auskehrung des unberechtigt Erlangten nach durchgeführter Zwangsversteigerung, IPRax 2001, 323; *Stoffel,* Ausschließliche Gerichtsstände des Lugano-Übereinkommens und SchKG-Verfahren, FS Vogel, 1991, S. 357.

Übersicht

	Rn.
I. Allgemeines	1–7
II. Gerichtsstand der belegenen Sache	8–21
1. Dingliche Rechte als Klagegegenstand	11–14
2. Miete und Pacht	15–21
a) Ausschließlicher Gerichtsstand	15–19
b) Kurzfristige Miet- oder Pachtverhältnisse	20
c) Luganer Übereinkommen 1988	21
III. Gerichtsstand für Gesellschaftssachen	22–30
IV. Gerichtsstand in Registersachen	31
V. Gerichtsstand für gewerbliche Schutzrechte	32–44
1. Betroffene Rechte	33
2. Betroffene Klagearten	34, 35
3. Nicht erfasste Klagearten	36–38
4. Zuständigkeitsanknüpfung	39–41
5. Europäische Patentübereinkommen	42, 43
VI. Gerichtsstand für Zwangsvollstreckungssachen	44–48

I. Allgemeines

1 Art. 22 EuGVO entspricht Art. 16 EuGVÜ/LugÜ mit nur wenigen Abänderungen.

2 Art. 22 regelt nur die **internationale,** nicht jedoch die örtliche **Zuständigkeit.**[1] Grund für die Einfügung dieser Tatbestände war (1) die größere Sachnähe der Gerichte am Ort des jeweiligen Anknüpfungspunktes gemäß Art. 16 Nr. 1–5,[2] (2) der regelmäßige Gleichlauf mit dem anwendba-

---

[1] Allgemeine Meinung: *Geimer/Schütze,* EuZVR, Rn. 20; *Kropholler* Rn. 1; *Rauscher/Mankowski* Rn. 5.
[2] EuGHE 1977, 2383, 2390 (Rz. 10, 11) = RIW 1978, 336.

ren Recht und (3) die Vereinfachung einer notwendigen Registereintragung. Der Katalog des Art. 22 enthält die abschließende Aufzählung der **ausschließlichen Gerichtsstände**.[3] Ausschließlichkeit bedeutet, dass der allgemeine (Art. 2) und die besonderen Gerichtsstände (Art. 3 iVm. 5 ff.) des Übereinkommens sowie die ausschließlichen Zuständigkeiten nach dem autonomen nationalen Recht der Mitgliedsstaaten verdrängt werden.[4] Die ausschließliche Zuständigkeit besteht jedoch nur, wenn das angerufene Gericht über die Streitsachen des Art. 22 Nr. 1 bis 5 als Hauptsache zu entscheiden hat.[5] Wegen der Ausschließlichkeit sind weder Vereinbarungen eines Erfüllungsortes (Art. 5 Nr. 1), Zuständigkeitsvereinbarungen (Art. 23 Abs. 1 u. 3) noch rügelose Einlassungen (Art. 24) zulässig.[6] Für Verfahren des einstweiligen Rechtsschutzes bleibt es bei Art. 31.[7]

Die **örtliche Zuständigkeit** ist nach dem nationalen Recht zu bestimmen.[8] Aus der Justizgewährungspflicht folgt, dass der international zuständige Staat auch ein örtlich zuständiges Gericht zur Verfügung stellen muss. Fehlt eine autonome Regelung, so ist Art. 22 sinngemäß auch auf die örtliche Zuständigkeit zu beziehen.[9] **3**

Ein Gericht eines Mitgliedsstaates muss sich gemäß Art. 25 für unzuständig erklären, wenn es entgegen Art. 22 angerufen wird. Eine Entscheidung, die unter Verstoß gegen Art. 22 ergeht, darf kein Gericht eines Mitgliedsstaates anerkennen (Art. 35 Abs. 1) oder vollstrecken (Art. 45 Abs. 1).[10] Dies gilt auch, wenn ein Urteil eines Nichtmitgliedsstaates die ausschließliche Zuständigkeit eines Mitgliedsstaatsgerichts verletzen würde.[11] Sind mehrere Gerichte von Mitgliedsstaaten ausschließlich zuständig, so ist die Kollision nach Art. 29 dahin zu lösen, dass sich das zuletzt angerufene Gericht zugunsten des zuerst angerufenen für unzuständig erklärt. **4**

Liegt einer der in Art. 22 genannten **Anknüpfungspunkte in einem Mitgliedsstaat,** so sind dessen Gerichte unabhängig vom Wohnsitz oder der Staatsangehörigkeit der Parteien international zuständig.[12] Wie sich aus den Eingangsworten des Art. 22 und dem Vorbehalt in Art. 4 Abs. 1 ergibt, gilt dies auch für Beklagte (und Kläger) mit Wohnsitz außerhalb der Mitgliedsstaaten.[13] Weitere Berührungspunkte zu einem Mitgliedsstaat neben den in Art. 22 genannten Anknüpfungspunkten sind nicht erforderlich.[14] **5**

Liegt der maßgebliche **Anknüpfungspunkt außerhalb eines der Mitgliedsstaaten,** findet Art. 22 keine Anwendung, da er nur für Gerichte der Mitgliedsstaaten gilt.[15] Liegt zusätzlich der Wohnsitz des Beklagten außerhalb der Mitgliedsstaaten, so bestimmt sich die Zuständigkeit gemäß Art. 4 Abs. 1 nach dem jeweiligen nationalen Recht. Hat jedoch der Beklagte seinen Wohnsitz in einem Mitgliedsstaat, so greift die Wohnsitzzuständigkeit gemäß Art. 2 EuGVO.[16] **6**

Problematisch ist die Frage, ob der Wohnsitzstaat Allzuständigkeit zu gewähren hat, oder ob er auf die **ausschließliche Zuständigkeit eines Drittstaates,** die sich aus den den Anknüpfungspunkten des Art. 22 entsprechenden Regeln des Rechts des Drittstaates ergibt, verweisen darf, Art. 22 also eine **„Reflexwirkung" zugunsten von Drittstaaten** hat. Existiert einer der Anknüpfungspunkte in einem Drittstaat, so müssen die Vertragsstaaten dessen ausschließliche Zuständigkeit im Hinblick auf eine ausgewogene Jurisdiktionsbereichsverteilung akzeptieren, da die Mitgliedsstaaten ja selbst bei Vorhandensein der Anknüpfungspunkte des Art. 22 in ihrem Hoheitsgebiet ohne Rücksicht auf den Wohnsitz ausschließliche Zuständigkeit beanspruchen.[17] **7**

---

[3] *Czernich/Tiefenthaler* Rn. 2 spricht von „internationalen Zwangszuständigkeiten".
[4] *Kropholler* Rn. 2; *Rauscher/Mankowski* Rn. 1.
[5] *Jenard*-Bericht zu Art. 16.
[6] EuGHE 1977, 2383, 2391 = RIW 1978, 336; *Jenard*-Bericht zu Art. 16.
[7] *Schlosser* Rn. 1; *Rauscher/Mankowski* Rn. 1.
[8] *Samtleben* NJW 1974, 1591; *Schlosser* Vor Art. 22 Rn. 2.
[9] *Schlosser* Rn. 2; aA *Geimer/Schütze,* EuZVR, Rn. 20 ff. (Gericht der Hauptstadt).
[10] *Hartley* S. 63 aE.
[11] *Hartley* S. 64; *Kropholler* Rn. 3.
[12] So für Nr. 1 LG Aachen NJW 1984, 1308.
[13] *Hartley* S. 63; *Kropholler* Rn. 6; *Coester-Waltjen,* FS Nakamura, 1996, S. 89, 102.
[14] OLG Hamburg RIW 1998, 889; *Kropholler* Rn. 7; *Piltz* NJW 1979, 1072; *Rauscher/Mankowski* Rn. 2 a.
[15] *Geimer/Schütze/Thiel/Tschauner,* IRV, EuGVO Rn. 7; *Czernich/Tiefenthaler* Rn. 7; anders die niederl. Rspr.: Rechtbank Rotterdam N.J. 1978 Nr. 621 m. Anm. *Schultsz;* Rechtbank Amsterdam N.J. 1976 Nr. 323 m. Anm. *Schultsz;* zust. *Grundmann* IPRax 1985, 249 ff.
[16] *Coester-Waltjen,* FS Nakamura, 1996, S. 89, 105 f.; Hk-ZPO/*Dörner* Rn. 5.
[17] Ähnlich *Gaudemet-Tallon,* Liber amicorum Droz, 1996, S. 85, 95 ff.; *Grundmann* IPRax 1985, 249; *Kropholler* Rn. 7; *Magnus/Mankowski/de Lima Pinheiro* Rn. 10; *Schlosser* Rn. 14; aA *Rauscher/Mankowski* Rn. 2 b; *Czernich/Tiefenthaler* Rn. 7

II. Gerichtsstand der belegenen Sache

8   Art. 22 Nr. 1 EuGVO entspricht weitgehend unverändert Art. 16 Nr. 1 EuGVÜ/LugÜ.
9   Da die Gerichte am Belegenheitsort eines Grundstücks durch ihre Sachnähe und durch das regelmäßig bestehende öffentliche Interesse an der Justizgewährung[18] zur Beurteilung von Grundstücksstreitigkeiten am besten geeignet erscheinen, wurde die ausschließliche Zuständigkeit am Ort der Belegenheit der unbeweglichen Sache in die EuGVO aufgenommen.
10 Die **Qualifikation** des Begriffes „unbewegliche Sachen" hat – dem Integrationsgedanken folgend – **vertragsautonom** zu erfolgen.[19] Angesichts der erheblichen Verschiedenheit der nationalen Rechte bereitet es zwar Schwierigkeiten, einheitlich zu bestimmen, welche Sachen und Rechte als „unbewegliche Sachen" anzusehen sind, so dass man geneigt sein könnte, die Abgrenzung zwischen unbeweglichen und beweglichen Sachen der jeweiligen **lex rei sitae** zu überlassen.[20] Diese Qualifikation ermöglicht es zwar, ausgehend von der im Regelfall einfach zu bestimmenden Lage des Grundstücks, damit in Zusammenhang stehende Sachen und Rechte, wie etwa die wesentlichen Bestandteile des Grundstücks oder grundstücksgleiche Rechte wie Erbbaurecht (§ 11 ErbbauVO) oder das Bergrecht (Art. 67 EGBGB), nach dem nationalen Recht am Lageort eindeutig zu bestimmen. Nach dem Sinn des Art. 22 muss aber der Bereich der ausschließlichen dinglichen Zuständigkeit im gesamten Geltungsbereich der Verordnung einheitlich und im Grundsatz eng festgelegt werden. Trotz der allgemein damit verbundenen Schwierigkeiten ist deshalb an der autonomen Auslegung festzuhalten.

11 **1. Dingliche Rechte als Klagegegenstand.** Welche Rechte „dingliche Rechte" sind, ist rechtsvergleichend – autonom zu bestimmen.[21] Dazu ist zunächst von dem übereinstimmenden Kern der nationalen Rechte auszugehen.[22] Nach deutschem Recht sind dingliche Rechte das Eigentum, die beschränkt dinglichen Rechte sowie dingliche Rechte an grundstücksgleichen Rechten. Dingliche Rechte an einer Sache wirken zu Lasten von jedermann.[23] Diese dinglichen Rechte selbst müssen Gegenstand der Klage sein. Bei einem Anspruch auf Grundbuchberichtigung ist dies der Fall. Wer eine Vormerkung gegen einen Dritten gemäß § 888 BGB geltend macht, klagt aus dinglichem Recht.[24]

12 Im deutschen Recht werden registrierte Schiffe wie Grundstücke behandelt. Im Rahmen von Art. 11 Nr. 1 dürfte dies aber nicht gelten, weil Streitigkeiten aus Schiffscharterverträgen ausschließlich am Registrierungsort geführt werden müssten.[25]
Ist lediglich ein persönlicher Anspruch auf Bestellung oder Nichtübertragung[26] oder Löschung eines dinglichen Rechts[27] Gegenstand der Klage, oder wird auf Feststellung der Nichtigkeit eines Grundstückskaufvertrages geklagt, findet Art. 22 Nr. 1 keine Anwendung. Das deutsche Recht abstrahiert dabei am stärksten.[28] Da die Rechte Dänemarks, Belgiens, Luxemburgs, Italiens und Spaniens zB bei einem Grundstückskaufvertrag das Eigentum inter partes mit dessen Abschluss übergehen lassen, klagt der Käufer, der die Herausgabe des Grundstücks verlangt, bereits aus einem dinglichen Recht, und ist an den Gerichtsstand des Art. 22 Nr. 1 gebunden. Ein niederländisches Gericht hielt Art. 22 Nr. 1 für anwendbar, wenn Miteigentümer um die öffentliche Versteigerung ihres Grundstücks streiten.[29]

---

[18] Alle sechs Gründerstaaten kennen den Gerichtsstand der belegenen Sache, vgl. EuGHE 1977, 2383, 2390 (Rz. 10, 11) = RIW 1978, 336.
[19] EuGHE 1990, I-27 = IPRax 1991, 45; EuGHE 1994, I-2535 = NJW 1995, 37; Hk-ZPO/*Dörner* Rn. 8; *Magnus/Mankowski/de Lima Pinheiro* Rn. 22.
[20] *Kropholler* Rn. 11; *Schlosser* Rn. 2; *Rauscher/Mankowski* Rn. 5 (Qualifikationsverweisung).
[21] EuGHE 1990, I-27 *(Reichert v. Dresdner Bank)* = IPRax 1991, 45 (Rz. 8) (dazu *Schlosser* S. 29); EuGHE 2000, I-393 = NJW 2000, 2009; EuGHE 2001, I-2771 = EWS 2001, 451; EuGH (C-343/04 vom 18. 5. 2006) RIW 2006, 624, 626 *(Knöfel); Rauscher/Mankowski* Rn. 6.
[22] *Kropholler* Rn. 14; *Schlosser*-Bericht Nr. 168; *ders., GedS für Bruns,* 1980, S. 63; aA *Geimer/Schütze,* EuZVR, Rn. 25 ff., 28, 48 ff.
[23] EuGHE 1994, 2535 = IPRax 1995, 99, 100 (Rz. 14) (dazu *J. Ulmer* S. 72).
[24] *Schlosser* Rn. 5; aA wohl *Geimer/Schütze/Thiel/Tschauner,* IRV, EuGVO Art. 22 Rn. 17.
[25] *Kropholler* Rn. 10; *Rauscher/Mankowski* Rn. 7 a; aA OLG Düsseldorf MDR 2005, 165, 166; *Geimer/Schütze,* EuZVR, Art. 22 Rn. 47.
[26] OLG Köln IPRax 1985, 161 (m. Anm. *Schröder* S. 145); LG Bonn IPRax 1997, 183; *Schlosser*-Bericht Nr. 169 ff.; *Czernich/Tiefenthaler* Rn. 7.
[27] BGH MDR 2005, 138 = ZZPInt 9 (2004), 206 *(Mankowski); Rauscher/Mankowski* Rn. 7; krit. *Lehmann/Sánchez Lorenzo* IPRax 2007, 190.
[28] Vgl. zB OLG Köln IPRax 1985, 161 (m. Anm. *Schröder* S. 145); *Kropholler* Rn. 21.
[29] Hof Amsterdam vom 29. 5. 1981, N. J. 1981 Nr. 555.

Nach seinem Sinn ist Art. 22 Nr. 1 eng auszulegen und **auf Klagen wegen des** 13
dinglichen Rechts zu beschränken. Schadensersatzklagen betreffend die Verletzung dinglicher
Rechte oder die Beschädigung eines Grundstücks,[30] an dem dingliche Rechte bestehen, oder auf
Abwehr von Immissionen[31] können daher ebenso wie die Klage auf Zahlung des Kaufpreises für ein
Grundstück[32] nicht auf Nr. 1 gestützt werden. Auch eine Klage auf Wiederherstellung des ursprünglichen Zustandes eines Gebäudes fällt nicht unter Nr. 1.[33] Eine Klage auf Feststellung, dass
jemand eine unbewegliche Sache als trustee hält, und auf Ausstellung von Schriftstücken, damit der
Kläger *legal owner* wird, fällt folglich ebenfalls nicht unter Nr. 1.[34]

Eine **Gläubigeranfechtung,** mit der eine beeinträchtigende Verfügung über eine unbewegliche 14
Sache rückgängig gemacht werden soll, fällt ebenfalls nicht unter Nr. 1.[35] Eine entsprechende Klage
wegen Insolvenzanfechtung fällt nach Art. 1 Abs. 2 lit. b bereits nicht in den Anwendungsbereich
der EuGVO.

2. Miete und Pacht. a) Der ausschließliche Gerichtsstand der Nr. 1 gilt ferner uneinge- 15
schränkt für Klagen, die die **Miete oder Pacht von unbeweglichen Gegenständen** zum Gegenstand haben. Diese Begriffe sind wiederum autonom auszulegen.[36] Da den Parteien im Anwendungsbereich des Art. 22 die Gerichtsstandswahl genommen ist, und sie möglicherweise an einem
Ort prozessieren müssen, der für keine von ihnen ihr Wohnort ist, dürfen die Vorschriften des
Art. 22 nicht weiter ausgelegt werden, als ihr Ziel es erfordert macht.[37] Anwendung finden muss
die Nr. 1 für Klagen, bei denen über das Bestehen oder die Auslegung eines Vertrages, der die Miete
oder Pacht unbeweglicher Gegenstände betrifft, den Ersatz für vom Mieter oder Pächter verursachte
Schäden, die Wiedereinräumung des Besitzes an den Vermieter bzw. Verpächter oder die Räumung
der Miet- bzw. Pachtsache gestritten wird.[38] Dies gilt auch, wenn ein Reiseveranstalter als Rechtsnachfolger des Vermieters Klage erhebt.[39] Ebenso fallen unter die Nr. 1 Klagen auf Zahlung des
Miet- oder Pachtzinses einschließlich der vom Mieter zu zahlenden Nebenkosten, wie Wasser-,
Gas- oder Stromabrechnung.[40] Dies gilt auch für Klagen aus **Untermietverträgen.**[41] Gehört das
Grundstück zu einem Trustvermögen, so gilt Art. 22 Nr. 1 für Miet- oder Pachtverträge des trustees
mit Dritten.[42] Liegt der Grundbesitz in zwei Mitgliedsstaaten (Bauernhof im Grenzbereich), so sind
die Gerichte der beteiligten Staaten für den Streit um die im jeweiligen Hoheitsgebiet gelegenen
Grundstücke zuständig. Eine Ausnahme soll nur gelten, wenn der Gesamtbesitz ganz überwiegend
in einem Mitgliedsstaat belegen ist.[43]

Unter Art. 22 Nr. 1 fallen auch Streitigkeiten aus Verträgen über die Teilzeitnutzung von Wohn- 16
gebäuden, sog. **Timesharing-Verträgen,** seien diese dinglich[44] (Nr. 1 a) oder schuldrechtlich (dann
Nr. 1 b) gestaltet. Nicht erfasst sind dagegen vereinsrechtliche oder gesellschaftsrechtliche Nutzungsrechte oder Streitigkeiten aus Verträgen, die vorwiegend durch Dienstleistungen geprägt sind.[45]
Nicht erfasst ist etwa eine Clubmitgliedschaft, wenn das Objekt für die Teilzeitnutzung nur nach
Typ und Ort festgelegt und ein Tausch des Nutzungsrechts vorgesehen ist.[46]

Art. 22 Nr. 1 ist eng auszulegen. Er findet daher keine Anwendung auf Klagen wegen der 17
mietähnlich zu berechnenden Entschädigung für die vertraglose Nutzung eines Grund-

---

[30] *Kropholler* Rn. 22; *Rauscher/Mankowski* Rn. 12; *Magnus/Mankowski/de Lima Pinheiro* Rn. 26.
[31] *Czernich/Tiefenthaler* Rn. 17.
[32] *Rauscher/Mankowski* Rn. 9.
[33] Cour de Cass. [1997] I. L. Pr. 457.
[34] EuGHE 1994, I-1717 = RIW 1994, 590 = IPRax 1995, 314 (dazu *Kaye* S. 286).
[35] EuGH 1990, I-27 = EuZW 1990, 134 = IPRax 1991, 45 (dazu *Schlosser* S. 29); *Kropholler* Rn. 18.
[36] *Rauscher/Mankowski* Rn. 13; *Schlosser* Rn. 7; *Czernich/Tiefenthaler* Rn. 19.
[37] EuGHE 1977, 2383 = RIW 1978, 336; EuGHE 1990, I-27 = IPRax 1991, 45 (dazu *Schlosser* S. 29);
EuGHE 1994, I-2535 = JZ 1995, 244 *(Geimer);* EuGHE 2000, I-393 (Rz. 21) = ZZPInt 2000, 240 *(Rauscher).*
[38] EuGHE 1977, 2383, 2390 (Rz. 12, 15) = NJW 1978, 1107 (LS) EuGHE 1985, 99, 128 (Rz. 29) = NJW
1985, 905, 906 (dazu *Rauscher* NJW 1985, 892 ff.).
[39] EuGHE 2000, I-393 (Rz. 37) = ZZPInt 2000, 240 *(Rauscher).*
[40] EuGHE 1985, 99, 128 (Rz. 29) = IPRax 1986, 97 (m. Anm. *Kreuzer* S. 75); BGH WM 1985, 1246 =
WuB VII B 1. Art. 16 EuGVÜ 1.86 *(Welter);* OLG München NJW-RR 1988, 1023; *Rauscher/Mankowski*
Rn. 20; *Kropholler* Rn. 25; für Anwendung auch im Verhältnis zu Drittstaaten *Grundmann* IPRax 1985, 249.
[41] *Schlosser* Rn. 9.
[42] *Schlosser* Rn. 11.
[43] EuGHE 1988, 3791 = RIW 1989, 644 = IPRax 1991, 44 (dazu *Kreuzer* S. 25).
[44] Vgl. *Tonner* WM 1998, 313; *Magnus/Mankowski/de Lima Pinheiro* Rn. 32.
[45] Vgl. LG Darmstadt RIW 1996, 422 = IPRax 1996, 121 (dazu *Jayme* S. 87); dazu *Mankowski* EuZW 1996,
177; *Schlosser* Rn. 10; allgemein s. *Tonner,* Das Recht des Time-sharing an Ferienimmobilien, 1997.
[46] EuGHE 2005, I-8681 = RIW 2006, 58 = IPRax 2006, 159 (dazu *Hüßtege* S. 124) = ZZPInt 10 (2005),
305 *(Mankowski);* *Rauscher/Mankowski* Rn. 17 c.

EuGVO Art. 22 18–23　　　　　　　　　　B. Europäisches Zivilprozessrecht

stücks.[47] Auch Hotelbeherbergungsverträge oder Verträge über die Bereitstellung eines Hotelzimmerkontingents sollen nicht darunter fallen.[48] Rechtsstreitigkeiten, die sich **nur mittelbar** auf die **Nutzung der Mietsache** beziehen, wie die um Ersatz für entgangene Urlaubsfreude oder Reisekosten, sind ebenfalls **nicht** vom Anwendungsbereich der Nr. 1 umfasst.[49] Ebenso zu beurteilen sind die Ansprüche aus der Verpachtung eines Ladengeschäfts, das in einer vom Verpächter von einem Dritten gemieteten unbeweglichen Sache betrieben wird,[50] unabhängig davon, ob das Bestehen dieses Vertrages selbst streitig ist.

18　　Im Anwendungsbereich des Art. 22 Nr. 1 ist die Rechtsnatur des geltend gemachten Anspruchs unerheblich;[51] erfasst sind auch Schadenersatzansprüche wegen Vertragsverletzung und Folgeansprüche aus arglistiger Täuschung über das Mietobjekt.[52]

19　　Nicht anzuwenden ist Art. 22 Nr. 1 auf den **Reisevermittlungsvertrag über** eine **Ferienwohnung**.[53] Art. 22 Nr. 1 findet sinngemäß ebenfalls keine Anwendung auf Verbandsklagen (§ 3 UKlaG) gegen einen deutschen Reiseveranstalter wegen Klauseln, die er bei der Vermietung von Ferienwohnungen im Ausland verwendet.[54]

20　　b) Die Dauer des Miet- oder Pachtverhältnisses ist ohne Belang, so dass auch Verträge über die Gebrauchsüberlassung einer **Ferienwohnung** unter die Zuständigkeitsnorm der Nr. 1 fallen.[55] Dies wurde vom EuGH vor allem mit der daraus resultierenden Rechtssicherheit begründet.

Abweichend vom EuGVÜ und vom LugÜ ist aber nunmehr die Ausnahme für Streitigkeiten aus **kurzfristigen Miet- oder Pachtverhältnissen zum vorübergehenden privaten Gebrauch** in einer Art Mittelweg geregelt.[56] In diesen Fällen darf nunmehr auch vor den Gerichten des Vertragsstaats am Wohnsitz des Beklagten geklagt werden, wenn (1) beide Parteien ihren Wohnsitz in demselben Mitgliedstaat haben und (2) der Mieter oder Pächter eine natürliche Person ist. Diese Fassung weicht vom bisherigen EuGVÜ ab. Denn danach mussten Eigentümer und Mieter oder Pächter natürliche Personen sein. Sie weicht aber auch vom Luganer Übereinkommen ab. Denn nach diesem kann bereits im Wohnsitzstaat geklagt werden, wenn nur der Mieter oder Pächter eine natürliche Person ist und keine der Parteien ihren Wohnsitz in dem Lagestaat der unbeweglichen Sache hat; dass beide Parteien ihren Wohnsitz in demselben Staat haben, wird nicht verlangt.

21　　c) Das **Luganer Übereinkommen 1988** räumt in seiner Fassung der Nr. 1b die Wahlfreiheit bereits unter den leichteren Voraussetzungen ein, dass (1) nur der Mieter eine natürliche Person ist, und (2) beide Vertragsparteien ihren Wohnsitz nicht im Staat haben, in dem das Mietobjekt belegen ist.[57] Jedoch braucht der Staat der belegenen Sache solche Entscheidungen nicht anerkennen, falls er einen Vorbehalt gemäß Art. I b des (1.) Protokolls erklärt hat. Ob EuGVO oder Luganer Übereinkommen anwendbar sind, richtet sich nach Art. 54b LugÜ (Art. 68 Abs. 2 EuGVO).

III. Gerichtsstand für Gesellschaftssachen

22　　Art. 22 Nr. 2 EuGVO entspricht unverändert Art. 16 Nr. 2 EuGVÜ.

23　　Art. 22 Nr. 2 nennt **Gesellschaften** und juristische Personen. Dies sind in Deutschland OHG, KG, Partnerschaftsgesellschaft, nichtrechtsfähiger Verein,[58] AG, GmbH, eingetragene Genossenschaft, KGaA, VVaG, bergrechtliche Gewerkschaft, eingetragener Verein, eingetragene Stiftungen und die Europäische Wirtschaftliche Interessenvereinigung, auch Gesellschaften bürgerlichen Rechts, die am Rechtsverkehr teilnehmen.[59] Die stille Gesellschaft (§ 230 HGB) ist als reine Innengesellschaft nicht erfasst.[60]

---

[47] EuGHE 1994, I-2535 = NJW 1995, 37 = IPRax 1995, 99 (dazu *Ulmer* S. 72).
[48] OLG Karlsruhe RIW 1999, 463, 464.
[49] EuGHE 1985, 99 (Rz. 28) = IPRax 1986, 97 (krit. *Kreuzer* S. 75, 80).
[50] EuGHE 1977, 2383 = NJW 1978, 1107 (LS).
[51] LG Bochum RIW 1986, 135 m. Anm. *Geimer*, für Klage auf Rückzahlung des Mietzinses.
[52] *Schlosser* Rn. 12.
[53] EuGHE 1992, I-1111, 1127 = NJW 1992, 1029 = IPRax 1993, 31; LG Hamburg NJW-RR 1987, 370; *Rauscher/Mankowski* Rn. 23.
[54] BGHZ 109, 29, 32 = EuZW 1990, 36m. Anm. *A. Nagel* = RIW 1990, 63.
[55] EuGHE 1985, 99 (Rz. 24) = IPRax 1986, 97 (dazu *Kreuzer* S. 75); EuGHE 2000, I-393 = NJW 2000, 2009 (Rz. 23 ff.); LG Hannover EuZW 1990, 452.
[56] *Rauscher/Mankowski* Rn. 24 ff.; *Zöller/Geimer* Art. 22 EuGVVO Rn. 11.
[57] Vgl. *Herbots/Kremlis*, Cahiers droit européen 1990, 1, 11 f.; *Jayme/Kohler* IPRax 1989, 337, 339.
[58] *Geimer/Schütze*, EuZVR, Rn. 147; *Magnus/Mankowski/de Lima Pinheiro* Rn. 45.
[59] *Wieczorek/Hausmann* Rn. 38; *Geimer/Schütze*, EuZVR, Rn. 148; *Rauscher/Mankowski* Rn. 28.
[60] *Geimer/Schütze*, EuZVR, Rn. 147; *Nagel/Gottwald* § 3 Rn. 191; aA *Rauscher/Mankowski* Rn. 28.

Die Beschränkung auf „**Klagen**" führt dazu, dass nur kontradiktorische Verfahren unter Art. 22 **24**
Nr. 2 fallen. Für einseitige Amtsverfahren, wie das Löschungsverfahren gemäß § 144 FGG oder die
Auflösung einer AG oder GmbH gemäß § 144 a FGG begründet Art. 22 Nr. 2 keine Zuständigkeit.[61]

Streitgegenstand der Klage muss sein: **25**
(1) Die Gültigkeit oder Nichtigkeit einer Gesellschaft oder juristischen Person. Diese Klagegegenstände betreffen die Wirksamkeit oder **Unwirksamkeit der Gründung** einer Gesellschaft oder juristischen Person.[62]

(2) Die **Auflösung einer Gesellschaft** oder juristischen Person. Nach dem Wortlaut der Be- **26**
stimmung sind die Klagen auf Ausschließung eines OHG-Gesellschafters gemäß § 140 HGB oder die Entziehung seiner Vertretungsmacht gemäß § 127 HGB nicht von ihr erfasst.[63] Abzugrenzen ist die Auflösung von der Liquidation im Insolvenzverfahren. Alle kontinentaleuropäischen Verfahren über die Zulässigkeit oder die Art und Weise der Durchführung des Insolvenzverfahrens einer Gesellschaft oder juristischen Person sind insolvenzrechtlich zu qualifizieren und daher gemäß Art. 1 Abs. 2 Nr. 2 vom Anwendungsbereich der EuGVO ausgeschlossen.[64] Die sonstigen Verfahren, deren Gegenstand es ist, die Auflösung der Gesellschaft festzustellen oder herbeizuführen,[65] fallen unter Art. 22 Nr. 2, selbst wenn präjudiziell insolvenzrechtliche Fragen zu entscheiden sind. Die „Auflösung" ist auch Verfahrensgegenstand, wenn etwa um die Liquidation des Gesellschaftsvermögens nach formeller Auflösung der Gesellschaft gestritten wird, zB über die Höhe des an einen Gesellschafter auszukehrenden Anteils.[66]

(3) Die Gültigkeit oder Nichtigkeit von **Organbeschlüssen**. Dabei handelt es sich vor allem um **27**
Gestaltungs- oder Feststellungsklagen, die Beschlüsse von Vorstand, Aufsichtsrat oder Gesellschafterversammlung betreffen. Die Regel erfasst auch Beschlüsse oder Akte eines gerichtlich bestellten Not-Geschäftsführers oder sonstigen Organs.[67]

(4) Art. 22 Nr. 2 begründet aber keinen umfassenden Gerichtsstand für alle gesellschaftsbezoge- **28**
nen, ja nicht einmal für alle gesellschaftsorganisatorischen Klagen.[68]
Soweit eine Klage nicht unter den abschließenden Katalog der Nr. 2 fällt, gelten die allgemeinen Zuständigkeitsvorschriften der Art. 2 ff. Dies gilt etwa für Klagen auf Ausschließung eines Gesellschafters oder auf Entzug der Vertretungsmacht oder Klagen der Gesellschaft gegen die Gesellschaft auf Auszahlung des Gewinns unterfallen den allgemeinen Zuständigkeitsregeln.[69]

Auch für Streitigkeiten der juristischen Person gegen ihre Mitglieder oder unter den Mitgliedern **29**
als solchen sieht Art. 22 Nr. 2 (abweichend von § 22 ZPO) keine besondere Zuständigkeit vor.[70]

Die Bestimmung des Sitzes wird nach dem neu eingefügten S. 2 nach dem jeweiligen nationalen **30**
Kollisionsrecht entschieden, also nicht nach Art. 60. Besteht nach nationalem Recht ein Doppelsitz, etwa bei einer in England registrierten private limited company mit Verwaltungssitz in Deutschland,[71] hat der Kläger die Wahl, an welchem Sitz er klagen will.[72]

IV. Gerichtsstand in Registersachen

Art. 22 Nr. 3 EuGVO begründet die internationale, nicht die örtliche Zuständigkeit der Ge- **31**
richte des Landes, in dem ein Register geführt wird, für Streitigkeiten betreffend die Gültigkeit von Eintragungen in ein solches Register. In Betracht kommen dabei vor allem Grund- und Hypothekenbücher, Handels- und Vereinsregister, sowie sonstige öffentliche Register. Die Zuständigkeit gilt nicht für den Streit um die materiellrechtlichen Wirkungen, die von einer Eintragung ausgeht.[73]

---

[61] *Rauscher/Mankowski* Rn. 34.
[62] Vgl. *Geimer,* FS Schippel, 1996, S. 869, 879.
[63] Hk-ZPO/*Dörner* Rn. 17; *Rauscher/Mankowski* Rn. 36; *Geimer/Schütze/Thiel/Tschauner,* IRV, EuGVO Rn. 42; für „extensive" Interpretation dagegen *Geimer/Schütze,* EuZVR, Rn. 181; zweifelnd *Kropholler* Rn. 36.
[64] *Schlosser*-Bericht Nr. 59.
[65] *Schlosser*-Bericht Nr. 59.
[66] *Schlosser*-Bericht Nr. 58; Hk-ZPO/*Dörner* Rn. 17.
[67] Papanicolaou v. Thielen, Irish High Court, [1997] I. L. Pr. 37.
[68] LG Mainz WM 2006, 2319, 2322.
[69] *Schlosser* Rn. 19; *Geimer,* FS Schippel, 1996, S. 869, 876 ff.; s. o. Fn. 63.
[70] Krit. *Geimer,* FS Schippel, 1996, S. 869, 871, 873.
[71] Vgl. MünchKommBGB/*Kindler,* Intern. Gesellschaftsrecht Rn. 407 ff.
[72] *Kropholler* Rn. 41.
[73] *Geimer/Schütze,* EuZVR, Rn. 218; *Kropholler* Rn. 42; *Nagel/Gottwald* § 3 Rn. 194; aA *Jenard* im Bericht zu Art. 16.

V. Gerichtsstand für gewerbliche Schutzrechte

32 Die in Art. 22 Nr. 4 EuGVO aufgeführten Klagegegenstände sind **vertragsautonom** zu bestimmen,[74] da eine andere Auslegung zu unterschiedlichen Rechten und Pflichten der betroffenen Personen in den einzelnen Mitgliedsländern führen könnte.

33 **1. Betroffene Rechte.** Zu den betroffenen Schutzrechten gehören Patente, Marken, Gebrauchsmuster, Geschmacksmuster und ähnliche Rechte. Dies sind jedoch nur solche, die dem gewerblichen Rechtsschutz dienen und entweder der Eintragung in ein Register oder der Hinterlegung bedürfen. Ein Beispiel dafür ist etwa das Sortenschutzrecht.

34 **2. Betroffene Klagearten.** Der Kreis der von Nr. 4 erfassten Klagearten ist wegen des Sinns der ausschließlichen Zuständigkeit eng zu ziehen.[75] Der Nr. 4 unterfallen Klagen, die die „Ordnungsgemäßheit"[76] der Eintragung betreffen. Zu den Streitigkeiten um die Eintragung oder Gültigkeit von Patenten, Marken, Mustern, Modellen und ähnlichen Rechten gehören Klagen, mit denen die Gültigkeit des Rechts oder das Bestehen der Hinterlegung bzw. Registrierung geklärt werden soll. In seiner Entscheidung vom 15. 11. 1983[77] nennt der EuGH als Beispiele Rechtsstreitigkeiten über die Gültigkeit, das Bestehen oder das Erlöschen des Patents oder über die Geltendmachung eines Prioritätsrechts aufgrund einer früheren Hinterlegung. Weiter sind zu nennen Anmelde-, Erteilungs-, Einspruchs-, Nichtigkeits-, Löschungsverfahren[78] und Verfahren auf Entziehung des Inlandsschutzes[79] einschließlich der jeweiligen Rechtsbehelfsverfahren.

35 Soweit die Eintragung oder Gültigkeit eines gewerblichen Schutzrechts im Streit steht, ist Art. 22 Nr. 4 auch dann anwendbar, wenn die einzelnen Verfahren, wie etwa das Eintragungsverfahren vor dem Patentamt, in Deutschland öffentlichrechtlich ausgestaltet sind, da eben diese Verfahren ausdrücklich unabhängig von ihrer Rechtsnatur in den Anwendungsbereich einbezogen sind.[80]

36 **3. Nicht erfasste Klagearten.** Streitigkeiten über die Inhaberschaft an einem gewerblichen Schutzrecht fallen nicht unter Nr. 4. Der Begriff des Rechtsstreits iSd. Nr. 4 „umfasst nicht eine Streitigkeit zwischen einem Arbeitnehmer, der eine Erfindung gemacht hat, für die ein Patent beantragt oder erteilt wurde, und seinem Arbeitgeber, wenn der Rechtsstreit ihre jeweiligen, sich aus ihrem Arbeitsverhältnis ergebenden Rechte aus diesem Patent betrifft".[81] Ebenso verhält es sich mit einer Klage auf Erteilung einer Zwangslizenz gemäß § 24 PatG. Die Zwangslizenz stellt einen Eingriff in das Ausschließlichkeitsrecht des Patentinhabers dar, berührt jedoch nicht die „Eintragung" oder „Gültigkeit".[82]

37 Die **allgemeinen** Bestimmungen des Übereinkommens (Art. 2 ff.) gelten für alle Klagen wegen gewerblicher Schutzrechte, die nicht deren Eintragung oder Gültigkeit betreffen.[83] Sie gelten damit: (1) für Verletzungsklagen aus gewerblichen Schutzrechten auf Schadensersatz (solange die Gültigkeit des Schutzrechts nicht bezweifelt wird),[84] Auskunft und Rechnungslegung sowie auf Unterlassung, und (2) für Vertragsprozesse, dh. Streitigkeiten aus Schutzrechtsübertragungen oder Lizenzverträgen.[85]

38 Wird im Patentverletzungsprozess der Nichtigkeitseinwand erhoben, so hängen die Folgen davon ab, ob über den Nichtigkeitseinwand im Verletzungsprozess entschieden werden kann. Ist dies nicht der Fall, muss der Verletzungsprozess ausgesetzt werden. Ist dies jedoch der Fall, so darf über die Nichtigkeit nur das nach Art. 22 Nr. 4 EuGVO zuständige Gericht entscheiden.[86]

---

[74] EuGHE 1983, 3663, 3676 (Rz. 19) = IPRax 1985, 92 (dazu *Stauder* S. 76); EuGHE 1979, 733, 743 = NJW 1979, 1772 (LS); *Wadlow* EuLRev 10 (1985), 305.
[75] EuGHE 1983, 3663, 3677 (Rz. 23) = RIW 1984, 483 = IPRax 1985, 92 (m. Anm. *Stauder* S. 76); auch der EuGH betont den restriktiven Charakter dieser Norm.
[76] EuGHE (Fn. 75) (Rz. 26).
[77] EuGHE (Fn. 75) (Rz. 24).
[78] OLG Stuttgart RIW 2001, 141.
[79] BGH RIW 2006, 860.
[80] *Kropholler* Rn. 45; *Schlosser* Rn. 21; *Stauder* GRURInt. 1976, 465, 467 u. IPRax 1985, 76, 78.
[81] EuGHE 1983, 3663 = IPRax 1985, 92 (m. Anm. *Stauder* S. 76); *Schlosser* Rn. 22.
[82] *Geimer/Schütze*, EuZVR, Rn. 235; *Kropholler* Rn. 47.
[83] *Stauder* GRURInt. 1976, 513 ff.; *Tetzner* GRUR 1976, 669 ff.
[84] EuGHE 2006, I-6509 (*GAT v. Luk*) (Rz. 16) = IPRax 2007, 36, 37 (dazu *Adolphsen* S. 15); krit. *Adolphsen* ZZPInt 11 (2006), 137; vgl. *Kieninger* GRURInt. 1998, 280.
[85] *Geimer/Schütze*, EuZVR, Rn. 226 ff.; *Stauder* GRURInt. 1976, 510, 513.
[86] EuGHE 2006, I-6509 (*GAT v. Luk*) (Rz. 21 ff., 31) = RIW 2006, 688 = IPRax 2007, 36, 37 f. (dazu *Adolphsen* S. 15) = JZ 2007, 299 (*Gottschalk*); vgl. *Nagel/Gottwald* § 3 Rn. 197; *Kropholler* Rn. 50; *Rauscher/Mankowski* Rn. 46 ff.; anders noch *Adolphsen*, Europäisches und internationales ZPR in Patentsachen, 2005, Rn. 503 ff.

4. Zuständigkeitsanknüpfung. Ausschließlich zuständig sind die Gerichte des Vertragsstaates, 39
in dem die Hinterlegung oder Registrierung beantragt oder vorgenommen worden ist oder aufgrund zwischenstaatlicher Übereinkommen als vorgenommen gilt. Bereits mit Stellung des Antrags greift also die ausschließliche Zuständigkeit ein.

Die Hinterlegung oder Registrierung iSd. Nr. 4 nach dem Madrider Übereinkommen vom 40
14. 4. 1891[87] über die internationale Registrierung von Fabrik- und Handelsmarken und nach dem Haager Übereinkommen vom 6. 11. 1925[88] über die internationale Hinterlegung beim internationalen Büro in Bern, das nach diesen Übereinkommen eingerichtet wurde, hat in den Vertragsstaaten die gleiche Wirkung, wie wenn die Marken, Muster oder Modelle dort unmittelbar hinterlegt worden wären. Für Streitigkeiten über deren Eintragung oder Gültigkeit in einem Vertragsstaat sind dann dessen Gerichte ausschließlich zuständig.

Wie Nr. 1 (s. Rn. 6) hat auch Nr. 4 eine **Reflexwirkung zugunsten von Drittstaaten.**[89] 41

5. Europäische Patentübereinkommen. Das Münchener Patentübereinkommen über die Er- 42
teilung europäischer Patente vom 5. 10. 1973[90] schuf erstmals gemeinsame Regelungen für die Erteilung europäischer Patente. Die Patentwirkungen behielten jedoch ihren nationalen Charakter. Art. 22 Nr. 4, Unterabs. 2, der auf Art. V d des Protokolls zum EuGVÜ zurückgeht,[91] stellt klar, dass die nationalen Gerichte für alle Verfahren, die die Erteilung oder Gültigkeit des europäischen Patents zum Gegenstand haben, ausschließlich zuständig sind.

Durch das Luxemburger Übereinkommen über das europäische Patent für den gemeinsamen 43
Markt (LPÜ) vom 15. 12. 1975[92] wurde ein für alle EU-Staaten einheitliches Patentrecht geschaffen. Das LPÜ wurde ersetzt durch die Vereinbarung über **Gemeinschaftspatente** (GPÜ; mit Streitregelungsprotokoll) vom 21. Dezember 1989.[93] Die in diesen Übereinkommen enthaltenen Zuständigkeitsregeln gehen nach Art. 71 Abs. 1 EuGVO diesem vor. Das Streitregelungsprotokoll verweist selbst aber mehrfach auf das EuGVÜ,[94] dh. nunmehr auf die EuGVO (Art. 68 Abs. 2). Soweit die Übereinkommen für Teilbereiche keine Regelung enthalten, gilt Art. 22 Nr. 4.[95]

VI. Gerichtsstand für Zwangsvollstreckungssachen

Verfahren, die die Zwangsvollstreckung aus Entscheidungen zum Gegenstand haben, sind 44
solche, „die sich aus der Inanspruchnahme von Zwangsmitteln, insbesondere bei der Herausgabe oder Pfändung von beweglichen Sachen im Hinblick auf die Vollstreckung von Entscheidungen oder Urkunden ergeben".[96] Der Kreis dieser Verfahren ist in autonomer Auslegung zu bestimmen.[97]

In Deutschland gehören dazu insbesondere Vollstreckungserinnerung (§ 766 ZPO), Vollstre- 45
ckungsabwehrklage (§ 767 ZPO),[98] Drittwiderspruchsklage (§ 771 ZPO), Vorzugsklage (§ 805 ZPO) und Widerspruchsklage (§ 878 ZPO), auch Anträge zur Einstellung oder Beschränkung der Vollstreckung (Vollstreckungsschutz), nicht jedoch die Gläubigeranfechtung[99] und die Abänderungsklage gemäß § 323 ZPO.[100] Auch eine vorbeugende negative Feststellungsklage, dass dem Beklagten

---

[87] BGBl. II 1922 S. 669.
[88] BGBl. II 1928 S. 175, 196.
[89] *Gaudemet-Tallon,* Liber amicorum Droz, 1996, S. 85, 95.
[90] BGBl. II 1976 S. 649 und 826; UN Treaty Series Nr. 17132; vgl. *Geimer/Schütze,* EuZVR, Rn. 244 ff.
[91] *Kropholler* Rn. 55.
[92] Das Luxemburger Patentübereinkommen ist nicht in Kraft getreten (*Busse,* Patentgesetz, 5. Aufl. 1999, Art I IntPatÜG Rn. 21).
[93] Vgl. Zweites Gesetz über Gemeinschaftspatente v. 20. 12. 1991, BGBl. II 1354. Das GPÜ ist bisher nicht in Kraft getreten (*Busse* [Fn. 92] Rn. 25).
[94] Vgl. *Stauder* GRURInt. 1986, 302, 305 ff.; *Trunk* S. 141 ff.
[95] Zum Anwendungsbereich im Einzelnen vgl. *Schlosser*-Bericht Nr. 173; *Stauder* GRURInt. 1976, 510, 515 ff.; *Scordamaglia* GRURInt. 1990, 777.
[96] EuGHE 1992, 2149 = IPRax 1993, 28, 30 (Rz. 27) (dazu *Schlosser* S. 17); LG Mainz WM 2006, 2319, 2322.
[97] *Kropholler* Rn. 61; für Beachtung nationaler Besonderheiten *Schlosser* Rn. 24; Hk-ZPO/*Dörner* Rn. 26.
[98] EuGHE 1985, 2273, 2278 (Rz. 19) = IPRax 1986, 232 (dazu *Geimer* S. 208, 209) = NJW 1985, 2892; BGH ZIP 1984, 1279; OLG Hamburg RIW 1998, 889, 890; *Geimer/Schütze/Thiel/Tschauner,* IRV, EuGVO Rn. 72; *Halfmeier* IPPRax 2007, 381; aA *Nelle,* Anspruch, Titel und Vollstreckung im internationalen Rechtsverkehr, 2000, S 367 ff. (für Zuständigkeit des Erstgerichts); für die österr. Oppositionsklage: *König* ÖJZ 2006, 931.
[99] EuGHE 1990, 27 = EuZW 1990, 134; EuGHE 1992, I-2149 = IPRax 1993, 28 (dazu *Schlosser* S. 17).
[100] BGH NJW 2007, 3432, 3434 (Rn. 21); *Geimer/Schütze/Thiel/Tschauner,* IRV, EuGVO Rn. 73; Hk-ZPO/*Dörner* Rn. 27.

aus dem Titel kein Anspruch zusteht, ist nicht erfasst.[101] Im Mitgliedstaat, in dem die Zwangsvollstreckung durchgeführt werden soll, kann mit der Vollstreckungsabwehrklage allerdings nicht die Aufrechnung mit einer Forderung geltend gemacht werden, für deren selbständige Geltendmachung die Gerichte dieses Mitgliedstaates unzuständig wären.[102] Es ist jedoch nicht Sinn des Art. 22 Nr. 5, parallele Vollstreckungsverfahren in mehreren Mitgliedstaaten auszuschließen. Die ausschließliche Zuständigkeit bezieht sich jeweils auf das Vollstreckungsverfahren in dem jeweiligen Mitgliedstaat.

46 Schadensersatzklagen wegen **ungerechtfertigter Vollstreckung** (nach §§ 717, 945 ZPO) oder auf Rückzahlung von Leistungen zur Abwendung der Vollstreckung oder Klagen eines Dritteigentümers auf Herausgabe des durch Zwangsvollstreckung ungerechtfertigt Erlangten[103] dienen nicht der Zwangsvollstreckung aus Entscheidungen, sondern wollen deren Folgen rückgängig machen. Da die Rechtmäßigkeit der Vollstreckung bloße Vorfrage ist, fallen sie nicht unter Art. 22 Nr. 5.[104]

47 Verfahren, die eine Vollstreckung lediglich vorbereiten oder erleichtern sollen, fallen nicht unter Nr. 5. Verfahren zur Vollstreckbarerklärung (Art. 38 ff.) fallen daher nicht unter Art. 22 Nr. 5.[105] Auch Verfahren zur Offenbarung vollstreckbaren Vermögens (§§ 807, 899 ZPO) (sei es vor oder nach Erlass eines Vollstreckungstitels) müssen deshalb nicht im (künftigen) Vollstreckungsstaat stattfinden[106] und können sich ggf. auch auf das (weltweite) Auslandsvermögen beziehen.[107] Unter Art. 22 Nr. 5 fällt lediglich das Widerspruchsverfahren nach § 900 Abs. 5 ZPO.[108] Für Maßnahmen des einstweiligen Rechtsschutzes ist Art. 31 ohnedies lex specialis zu Art. 22 Nr. 5 (s. Art. 24 Rn. 1, 3).

48 Nach hM fällt das **definitive Rechtsöffnungsverfahren** nach Art. 80 f. schweiz. SchKG unter Art. 16 Nr. 5 LugÜ, da darin (§ 767 ZPO vergleichbar) über Einwendungen des Schuldners gegen einen Titel (Tilgung, Stundung, Verjährung) entschieden wird.[109] Dagegen dient das sog. Verfahren auf **provisorische Rechtsöffnung** dem Erlass eines Zahlungsbefehls auf Antrag des Gläubigers ohne Prüfung des Anspruchs[110] und fällt daher nicht unter Nr. 5.[111]

Abschnitt 7. Vereinbarung über die Zuständigkeit

Art. 23. (1) Haben die Parteien, von denen mindestens eine ihren Wohnsitz im Hoheitsgebiet eines Mitgliedstaats hat, vereinbart, dass ein Gericht oder die Gerichte eines Mitgliedstaats über eine bereits entstandene Rechtsstreitigkeit oder über eine künftige aus einem bestimmten Rechtsverhältnis entspringende Rechtsstreitigkeit entscheiden sollen, so sind dieses Gericht oder die Gerichte dieses Mitgliedstaats zuständig. Dieses Gericht oder die Gerichte dieses Mitgliedstaats sind ausschließlich zuständig, sofern die Parteien nichts anderes vereinbart haben. Eine solche Gerichtsstandsvereinbarung muss geschlossen werden

a) schriftlich oder mündlich mit schriftlicher Bestätigung,
b) in einer Form, welche den Gepflogenheiten entspricht, die zwischen den Parteien entstanden sind, oder
c) im internationalen Handel in einer Form, die einem Handelsbrauch entspricht, den die Parteien kannten oder kennen mussten und den Parteien von Verträgen dieser Art in dem betreffenden Geschäftszweig allgemein kennen und regelmäßig beachten.

(2) Elektronische Übermittlungen, die eine dauerhafte Aufzeichnung der Vereinbarung ermöglichen, sind der Schriftform gleichgestellt.

(3) Wenn eine solche Vereinbarung von Parteien geschlossen wurde, die beide ihren Wohnsitz nicht im Hoheitsgebiet eines Mitgliedstaats haben, so können die Gerichte der

---

[101] Österr. OGH IPRax 1999, 47; LG Mainz WM 2006, 2319, 2322; aA *H. Roth* IPRax 1999, 50, 51.
[102] EuGHE 1985, 2267, 2277 (Rz. 13, 17) = NJW 1985, 2892; s. Art. 23 Rn. 72 ff.
[103] OLG Hamm IPRax 2001, 339 (dazu *H. Roth* S. 323, 324).
[104] BAG RIW 1987, 464, 467; *Geimer* NJW 1980, 1234, 1235; *Geimer/Schütze*, EuZVR, Rn. 272; *Kropholler* Rn. 62; aA *Eickhoff* S. 147 ff.; *A. Wolf* NJW 1973, 397, 401.
[105] *Kropholler* Rn. 63.
[106] *Heß* Rpfleger 1996, 89, 91; *Geimer/Schütze*, EuZVR, Rn. 273; *Kropholler* Rn. 61; *Wieczorek/Hausmann* Rn. 62; *Schlosser* Rn. 26; aA *Rauscher/Mankowski* Rn. 57.
[107] Vgl. Babanaft Co. S. A. v. Bassatne [1989] 2 W. L. R. 232, 248, 259 (C. A.).
[108] *Heß* Rpfleger 1996, 89, 91; ebenso *Rauscher/Mankowski* Rn. 57.
[109] *Walter* ZZP 107 (1994), 301, 313; *Kropholler* Rn. 64.
[110] Vgl. Art. 69 SchKG; *Sogo*, Internationale Vollstreckung unangefochtener provisorischer Rechtsöffnungsentscheide, IPRax 2006, 144.
[111] *Walter* ZZP 107 (1994), 301, 315 f.; *Schlosser* Rn. 28.

anderen Mitgliedstaaten nicht entscheiden, es sei denn, das vereinbarte Gericht oder die vereinbarten Gerichte haben sich rechtskräftig für unzuständig erklärt.

(4) Ist in schriftlich niedergelegten trust-Bedingungen bestimmt, dass über Klagen gegen einen Begründer, trustee oder Begünstigten eines trust ein Gericht oder die Gerichte eines Mitgliedstaats entscheiden sollen, so ist dieses Gericht oder sind diese Gerichte ausschließlich zuständig, wenn es sich um Beziehungen zwischen diesen Personen oder ihre Rechte oder Pflichten im Rahmen des trust handelt.

(5) Gerichtsstandsvereinbarungen und entsprechende Bestimmungen in trust-Bedingungen haben keine rechtliche Wirkung, wenn sie den Vorschriften der Artikel 13, 17 und 21 zuwiderlaufen oder wenn die Gerichte, deren Zuständigkeit abbedungen wird, aufgrund des Artikels 22 ausschließlich zuständig sind.

Schrifttum: a) Zur EuGVO: *Adolphsen,* Europäisches und internationales Zivilprozessrecht in Patentsachen, 2005; *Gebauer,* Zur Drittwirkung von Gerichtsstandsvereinbarungen bei Vertragsketten, IPRax 2001, 471; *Gottschalk/Breßler,* Missbrauchskontrolle von Gerichtsstandsvereinbarungen, ZEuP 2007, 56; *Hau,* Zu den Voraussetzungen gepflogenheitsgemäßer Einbeziehung von AGB-Gerichtsklauseln, IPRax 2005, 301; *Horn,* Einwand des Rechtsmissbrauchs gegen eine Gerichtsstandsvereinbarung iS des Art. 23 EuGVO?, IPRax 2006, 2; *Jungermann,* Die Drittwirkung internationaler Gerichtsstandsvereinbarungen nach EuGVÜ/EuGVO und LugÜ, 2006; *Leible,* Gerichtsstandsklauseln und EG-Klauselrichtlinie, RIW 2001, 422; *Leible/Röder,* Missbrauchskontrolle von Gerichtsstandsvereinbarungen im europäischen Zivilprozessrecht, RIW 2007, 481; *Leipold,* Zuständigkeitsvereinbarungen in Europa, in: Gottwald/Greger/Prütting, Dogmatische Grundfragen des Zivilprozesses, 2000, S. 51; *Lindacher,* Internationale Gerichtsstandsvereinbarungen in AGB unter dem Geltungsregime von Brüssel I, FS Schlosser, 2005, S. 491; *Merrett,* The enforcement of jurisdiction agreements under the Brussels regime, 55 ICLQ (2006), 315; *Mohs,* Drittwirkung von Schieds- und Gerichtsstandsvereinbarungen, 2006; *Mülbert,* Gerichtsstandsklauseln als materielle Satzungsbestandteile, ZZP 118 (2005), 313; *Reithmann/Martiny/Hausmann,* Internationales Vertragsrecht, 6. Aufl. 2004, Rn. 2963–3093; *Rühl,* Die Wirksamkeit von Gerichtsstands- und Schiedsvereinbarungen im Lichte der Ingmar-Entscheidung des EuGH, IPRax 2007, 294; *Samtleben,* Der Art. 23 EuGVO als einheitlicher Maßstab für internationale Gerichtsstandsvereinbarungen, FS Ansay, 2006, S. 343; *Schlosser,* Materiellrechtliche Wirkungen von (nationalen und internationalen) Gerichtsstandsvereinbarungen, FS Lindacher, 2007, S. 111; *Simotta,* Wie „international" muss eine Gerichtsstandsvereinbarung nach Art. 23 EuGVVO bzw. Art. 17 EuGVÜ/LugÜ sein?, FS Yessiou-Faltsi, 2007, S. 633; *H.J. Stadler,* Allgemeine Geschäftsbedingungen im internationalen Handel, 2003, S. 119 ff., 127 ff.; *M. Stürner,* Gerichtsstandsvereinbarungen und Europäisches Insolvenzrecht, IPRax 2005, 416; *Weigel/Blankenheim,* Europäische Gerichtsstandsklauseln – Missbrauchskontrolle und Vermeidung von Unklarheiten bei der Auslegung widersprechender Vereinbarungen, WM 2006, 664.

b) Zum EuGVÜ: *Aull,* Der Geltungsanspruch des EuGVÜ: „Binnensachverhalte" und internationales Zivilverfahrensrecht in der Europäischen Union, 1995; *Beraudo,* Convention de Bruxelles du 27 Septembre 1968, Juris-Classeur Droit International, Vol. 10, Fasc. 632 (1er cahier), 1988; *Borges,* Die europäische Klauselrichtlinie und der deutsche Zivilprozess, RIW 2000, 933; *Bork,* Gerichtsstandsklauseln in Satzungen von Kapitalgesellschaften, ZHR 157 (1993), 48; *Burgstaller,* Probleme der Prorogation nach dem Lugano-Übereinkommen, JBl. 1998, 691; *Coester-Waltjen,* Die Aufrechnung im internationalen Zivilprozessrecht, FS G. Lüke, 1997, S. 35; *Gebauer,* Internationale Zuständigkeit und Prozessaufrechnung, IPRax 1998, 79; *Geimer,* EuGVÜ und Aufrechnung, IPRax 1986, 208; *Girsberger,* Gerichtsstandsklauseln im Konnossement, IPRax 2000, 87; *Gottwald,* Grenzen internationaler Gerichtsstandsvereinbarungen, FS Firsching, 1985, S. 89; *ders.,* Die Prozessaufrechnung im europäischen Zivilprozess, IPRax 1986, 10; *ders.,* Internationale Gerichtsstandsvereinbarungen, FS Henckel, 1995, S. 295; *Hau,* Zur schriftlichen Bestätigung mündlicher Gerichtsstandsvereinbarungen, IPRax 1999, 24; *Heiss,* Die Form internationaler Gerichtsstandsvereinbarungen, ZfRV 2000, 202; *Hernández/Breton,* Internationale Gerichtsstandsklauseln in Allgemeinen Geschäftsbedingungen, 1993; *Kannengießer,* Die Aufrechnung im internationalen Privat- und Verfahrensrecht, 1998; *Killias,* Die Gerichtsstandsvereinbarung nach dem Lugano-Übereinkommen, 1993; *ders.,* Internationale Gerichtsstandsvereinbarungen mittels Schweigen auf kaufmännisches Bestätigungsschreiben?, Liber disciporum Siehr, 2001, S. 65; *Kim,* Internationale Gerichtsstandsvereinbarungen, 1995; *Kohler,* Internationale Gerichtsstandsvereinbarungen: Liberalität und Rigorismus im EuGVÜ, IPRax 1983, 265; *ders.,* Pathologisches im EuGVÜ: Hinkende Gerichtsstandsvereinbarungen nach Art. 17 Abs. 3, IPRax 1986, 340; *Kröll,* Gerichtsstandsvereinbarungen aufgrund Handelsbrauchs im Rahmen des GVÜ, ZZP 113 (2000), 135; *Kropholler/Pfeifer,* Das neue europäische Recht der Zuständigkeitsvereinbarung, FS Nagel, 1987, S. 187; *Kubis,* Gerichtspflicht durch Schweigen? – Prorogation, Erfüllungsortsvereinbarung und internationale Handelsbräuche, IPRax 1999, 10; *Leible,* Gerichtsstandsklauseln und EG-Klauselrichtlinie, RIW 2001, 422; *Leipold,* Zuständigkeitsvereinbarungen in Europa, Symposium für Schwab, 2000, S. 51; *Lindenmayr,* Vereinbarung über die internationale Zuständigkeit und das darauf anwendbare Recht, 2002; *Pfeiffer,* Gerichtsstandsklauseln und EG-Klauselrichtlinie, FS Schütze, 1999, S. 671; *ders.,* Handbuch der Handelsgeschäfte, 1999 (§ 22 III); *Rauscher,* Gerichtsstandsbeeinflussende AGB im Geltungsbereich des EuGVÜ, ZZP 104 (1991), 271; *Reiser,* Gerichtsstandsvereinbarungen nach IPR-Gesetz und Lugano-Übereinkommen, 1995; *G. Roth,* Internationalrechtliche Probleme bei Prorogation und Derogation, ZZP 93 (1980), 156; *H. Roth,* Aufrechnung und internationale Zuständigkeit nach deutschem und europäischem Prozessrecht, RIW 1999, 819; *Saenger,* Internationale Gerichtsstandsvereinbarungen nach EuGVÜ und LugÜ, ZZP 110 (1997), 477; *ders.,* Gerichtsstandsvereinbarun-

EuGVO Art. 23

B. Europäisches Zivilprozessrecht

gen nach EuGVÜ in international handelsgebräuchlicher Form, ZEuP 2000, 656; *ders.*, Wirksamkeit internationaler Gerichtsstandsvereinbarungen, FS Sandrock, 2000, S. 807; *F. Sandrock,* Die Vereinbarung eines „neutralen" internationalen Gerichtsstandes, 1997, S. 269 ff.; *O. Sieg,* Internationale Gerichtsstands- und Schiedsklauseln in Allgemeinen Geschäftsbedingungen, RIW 1998, 102; *Staehelin,* Gerichtsstandsvereinbarungen im internationalen Handelsverkehr Europas: Form und Willenseinigung nach Art. 17 EuGVÜ/LugÜ, 1994; *Staudinger/Hausmann,* Internationale Zuständigkeit; Gerichtsstands- und Schiedsvereinbarungen, Anhang II zu Art. 27–37 EGBGB, 2002; *Stöve,* Gerichtsstandsvereinbarungen nach Handelsbrauch, Art. 17 EuGVÜ und § 38 ZPO, 1993; *F. Vischer,* Lois d'application immediate als Schranken von Gerichtsstands- und Schiedsvereinbarungen, Studi per G. Broggini, 1997, 577; *Volz,* Harmonisierung des Rechts der individuellen Rechtswahl, der Gerichtsstandsvereinbarung und der Schiedsvereinbarung im Europäischen Wirtschaftsraum (EWR), 1993; *Wagner,* Prozessverträge, 1998, S. 376 ff.; *ders.,* Die Aufrechnung im Europäischen Zivilprozess, IPRax 1999, 65; *Weyland,* Zur Frage der Ausschließlichkeit internationaler Gerichtsstandsvereinbarungen, GedS für Arens, 1993, S. 417; *Wirth,* Gerichtsstandsvereinbarungen im internationalen Handelsverkehr, NJW 1978, 460.

Übersicht

	Rn.		Rn.
I. Anwendungsbereich des Art. 23 Abs. 1	1–13	5. Form nach den Gepflogenheiten der Parteien	41
1. Allgemeine Voraussetzungen	1	6. Form nach internationalen Handelsbräuchen	42–47
2. Prorogation zwischen Parteien mit Wohnsitz in Mitgliedsstaaten	2–4	a) Handelsbräuche	42–46
a) Grundsatz	2	b) Konnossement	47
b) Zuständigkeit eines Nichtmitgliedsstaats	3	7. Gerichtsstandsklausel mit Wirkung für Dritte	48–51
c) Wohnsitz im gleichen Mitgliedsstaat	4	a) Rechtsnachfolger	48
3. Prorogation zwischen Parteien mit Mitgliedsstaats- und Drittstaatswohnsitz	5–8	b) Empfänger der Ware	49
a) Gerichte eines weiteren Mitgliedsstaats	5	c) Trustbedingungen	50
b) Bezug nur zu einem Mitgliedsstaat	6, 7	d) Versicherungsverträge	51
c) Gerichte eines Nichtmitgliedsstaats	8	**IV. Grenzen der Zulässigkeit von Gerichtsstandsvereinbarungen**	52–63
4. Prorogation von Mitgliedsstaatsgerichten durch Parteien aus Drittstaaten	9	1. Bestimmtheitsgrundsatz	52–56
5. Derogationen	10–12	a) Rechtsverhältnis	52–54
a) Betroffene Vereinbarungen	10 a	b) Gericht	55
b) Derogation eines Nichtmitgliedsstaats	11	c) Keine Bestimmung des örtlich zuständigen Gerichts	56
c) Derogationsverbot des Abs. 5	12	2. Prorogationsbeschränkungen der EuGVO	57, 58
6. Maßgeblicher Zeitpunkt	13	a) Versicherungs- und Verbrauchersachen	57
II. Anforderungen an die Gerichtstandsabrede	14–20	b) Ausschließliche Zuständigkeiten	58
1. Vereinbarung der Parteien	14–17	3. Inhaltsschranken	59, 60
2. Einseitiges Rechtsgeschäft	18	a) Kein objektiver Zusammenhang	59
3. Kein Zusammenhang zwischen Rechtsverhältnis und Gericht	19	b) Missbrauchskontrolle	60
4. Abgrenzung zur Vereinbarung des Erfüllungsortes	20	4. Arbeitsverträge	61
		5. See- und Transportrecht	62, 63
		a) Seerecht	62
III. Form	21–51	b) Transportübereinkommen	63
1. Überblick	21–23	**V. Verhältnis zum nationalen Recht**	64–66
2. Schriftliche Vereinbarung	24–32	1. Prorogationsschranken der ZPO	64
a) Schriftliche Erklärungen	24	2. AGB-Kontrolle	65
b) Unterschrift	25	3. Sonstige nationale Schutznormen	66
c) Formlose Verlängerung	26	**VI. Wirkungen**	67–79
d) Allgemeine Geschäftsbedingungen	27–30	1. Zuständigkeit der prorogierten Gerichte	67–69
e) Sprache	31	2. Bindung des derogierten Gerichts	70
f) Personen mit Wohnsitz in Luxemburg	32	3. Aufrechnung	71–74
3. Schriftliche Bestätigung einer mündlichen Vereinbarung	33–39	4. Widerklage	75
a) Mündliche Gerichtsstandsvereinbarung	34, 35	5. Interventionsklage, Streitverkündung	76
b) Schriftliche Bestätigung	36	6. Einstweiliger Rechtsschutz	77
c) Formlose Vertragsverlängerung	37	7. Amtsprüfung	78
d) Bestätigende Partei	38	8. Schadenersatz bei prorogationswidriger Klage	79
e) Erhobener Widerspruch	39		
4. Elektronische Form	40		

I. Anwendungsbereich des Art. 23 Abs. 1

1. Allgemeine Voraussetzungen. Im Anwendungsbereich der EuGVO (s. Art. 1) sind Gerichtsstandsvereinbarungen nach Art. 23 Abs. 1 zu beurteilen, wenn (1) mindestens eine Partei ihren Wohnsitz bzw. Sitz in einem Mitgliedstaat hat, und (2) die Zuständigkeit eines Gerichts oder der Gerichte eines Mitgliedstaates vereinbart worden ist. Auf die Staatsangehörigkeit der Parteien kommt es nicht an. Bei mehrfachem Wohnsitz oder Sitz genügt, dass ein Wohnsitz oder Sitz in einem Mitgliedstaat liegt.[1] Der Anwendungsbereich des Art. 23 ist danach streitig und nicht ganz einfach zu bestimmen. De lege ferenda wäre es sinnvoll, ihn auf alle internationalen Prorogationen (und Derogationen) auszudehnen, die von einer Partei mit Wohnsitz in einem Mitgliedstaat oder mit Bezug auf ein Gericht eines Mitgliedstaats getroffen werden, um einen einheitlichen Maßstab für Zulässigkeit und Wirkung der Vereinbarung zu erhalten.[2] De lege lata ergibt sich eine sachgerechte Lösung, wenn man die beiden gesetzlichen Voraussetzungen konsequent auf alle denkbaren Fälle anwendet. Da der Anwendungsbereich des Art. 23 bzw. Art. 17 EuGVÜ/LugÜ bei keiner Überarbeitung eingeschränkt worden ist, besteht kein Anlass für eine restriktive Auslegung.

2. Prorogation zwischen Parteien mit Wohnsitz in Mitgliedsstaaten. a) Grundsatz. Nach Art. 23 Abs. 1 zu beurteilen sind unstreitig Gerichtsstandsvereinbarungen mit Bezug zu zwei oder mehreren Mitgliedstaaten. Erfasst ist daher der Fall, dass Parteien mit **Wohnsitz in verschiedenen Mitgliedstaaten** die Zuständigkeit eines beliebigen Mitgliedstaats vereinbaren.[3] Gleiches gilt, wenn beide Parteien in demselben Mitgliedstaat wohnen und die **Zuständigkeit eines anderen Mitgliedstaats** vereinbaren.[4] Auch in diesem Fall gelten nationale Prorogationsschranken nicht (s. Rn. 5).[5]

b) Vereinbaren Parteien mit Wohnsitz im gleichen oder in verschiedenen Mitgliedstaaten die **Zuständigkeit eines Nichtmitgliedstaats,** so richtet sich die Wirksamkeit der Prorogation nach dem Recht des gewählten Staates.[6] Art. 23 Abs. 1 ist schon nach seinem Wortlaut nicht einschlägig. Zur Derogationswirkung s. Rn. 11, 12.

c) Eine Vereinbarung zwischen Parteien mit **Wohnsitz im gleichen Mitgliedstaat** über die Zuständigkeit von Gerichten dieses Mitgliedstaats fällt als reiner **Inlandsfall** (s. Vor Art. 1 Rn. 25 f.) nicht unter Art. 23. Da die Art. 5–24 gemäß Art. 3 Abs. 1 nur bei einer Klage in einem anderen Mitgliedstaat Anwendung finden, ist eine solche Vereinbarung nur nach dem jeweiligen **nationalen Prozessrecht,**[7] in der Bundesrepublik Deutschland also nach den §§ 38, 40 ZPO zu beurteilen, sofern nicht gleichzeitig die Zuständigkeit eines anderen Mitgliedstaats derogiert wird (s. Rn. 11).

3. Prorogation zwischen Parteien mit Mitgliedstaat- und Drittstaatwohnsitz. a) Vereinbaren diese die Zuständigkeit der **Gerichte eines weiteren Mitglieds- bzw. Vertragsstaats,** so ist die Vereinbarung unstreitig nach Art. 23 Abs. 1 zu beurteilen. Unter Art. 23 fällt deshalb, wenn zwei deutsche Parteien die Zuständigkeit der Schweizer Gerichte vereinbaren.[8]

b) Ob die Gerichtsstandsvereinbarung auch Art. 23 Abs. 1 unterfällt, wenn sie **Bezug nur zu einem Mitgliedstaat** hat, also nur eine Partei ihren Wohnsitz in einem Mitgliedstaat hat und dieser Staat Gerichtsstaat ist, ist streitig. Nach verbreiteter Ansicht sollte die europäische Regelung den Rechtsschutz zwischen den Mitgliedstaaten erleichtern. Deshalb wurde ein Bezug zu mindestens zwei Mitgliedstaaten verlangt.[9] Die Regelung sei also nur anzuwenden, wenn der Mitgliedsstaats-Angehörige aufgrund der Vereinbarung entgegen der gesetzlichen Regelung in einem anderen Mitgliedstaat verklagt werden könne, Wohnsitzstaat und Gerichtsstaat also auseinanderfallen.[10]

Vereinbart ein Inländer mit einem US-Amerikaner für einen in Brüssel zu erfüllenden Vertrag die Zuständigkeit deutscher Gerichte, so wäre freilich die Vereinbarung nur bei einer prorogations-

---

[1] *Kropholler* Rn. 1 (Fn. 1); *Rauscher/Mankowski* Rn. 2 a.
[2] *Volz* S. 47 ff.
[3] OLG Karlsruhe NJW-RR 1993, 567; *Kropholler* Rn. 3; *Auli* S. 125 ff.
[4] *Kropholler* Rn. 3; *Nagel/Gottwald* § 3 Rn. 134; *Samtleben,* FS Ansay, 2006, S. 343, 358 f.; aA *Killias* S. 68 ff.
[5] *Auli* Jb. f. italien. R Bd. 2 (1989), 157, 159; aA Corte di Cass., Riv. dir. int. priv. proc. 1986, 863.
[6] *Czernich/Tiefenthaler* Rn. 11.
[7] *Auli* S. 104 ff.; *Nagel/Gottwald* § 3 Rn. 134; *Kropholler* Rn. 2; *Magnus/Mankowski/Magnus* Rn. 23; *Rauscher/Mankowski* Rn. 6; *Schack* IZVR Rn. 464; *Samtleben,* FS Ansay, 2006, S. 343, 356 f.; *Simotta,* FS Yessiou-Faltsi, 2007, S. 633, 656.
[8] *Auli* IPRax 1999, 226; *Nagel/Gottwald* § 3 Rn. 136; aA OLG Hamm IPRax 1999, 244.
[9] BGH RIW 1992, 140; österr. OGH JBl. 1998, 726 (dazu *Burgstaller* S. 691); OLG München IPRax 1991, 46 (dazu *Geimer* S. 31); *Kohler* IPRax 1983, 266; *Piltz* NJW 1979, 1072; *Schack* ZZP 107 (1994), 279, 288 f.; *Stein/Jonas/Bork* § 38 Rn. 22.
[10] *Samtleben* NJW 1974, 1594; *Stein/Jonas/Bork* § 38 Rn. 22.

widrigen Klage in Brüssel nach Art. 23 zu beurteilen, nicht aber bei einer vertragsgemäßen Inlandsklage. Da die EuGVO aber eine einheitliche Gerichtsstandsordnung zwischen den Mitgliedsstaaten aufstellen will, ist eine solche gespaltene Beurteilung nicht sachgerecht.[11] Daher muss es auch nach dieser Ansicht genügen, wenn durch die Vereinbarung der Gerichte des Mitgliedsstaates A gleichzeitig eine nach der EuGVO gegebene Zuständigkeit eines Mitgliedsstaates B derogiert wird.[12]

7   Das Erfordernis eines Bezugs zu einem zweiten Mitgliedstaat ist Art. 23 Abs. 1 aber nicht zu entnehmen. Eine Anwendung ohne diese Einschränkung entspricht nicht nur dem Wortlaut,[13] sondern auch der ratio der Bestimmung, nämlich die Prorogation eines Mitgliedsstaatsgerichts auch im Verhältnis zu Drittstaaten unter einheitlichen Voraussetzungen zuzulassen und insoweit die Parteiautonomie anzuerkennen. Art. 23 Abs. 1 ist daher auch anzuwenden, wenn nur eine Partei in einem Mitgliedstaat wohnt und Gerichte eines Mitgliedsstaats prorogiert werden.[14]

8   c) Art. 23 Abs. 1 erfasst nicht die Wahl der **Gerichte eines Nichtmitglieds- bzw. -vertragsstaats.** Über ihre Wirksamkeit entscheidet die lex fori des gewählten Staates. Eine analoge Anwendung von Art. 23 scheidet aus.[15] Davon zu unterscheiden ist, ob die Vereinbarung auch einen wirksamen Derogationseffekt hat (s. Rn. 11, 12).

9   **4. Prorogation von Gerichten eines Mitgliedsstaats durch Parteien aus Drittstaaten.** Hat keine der Parteien ihren Wohnsitz in einem Mitgliedstaat, so fällt die Vereinbarung nicht unter Art. 23 Abs. 1 S. 1, sondern ist gemäß Art. 4 EuGVO nach dem nationalen Recht des prorogierten Forum zu beurteilen.[16] Der durch das Beitrittsübereinkommen 1978 eingefügte Art. 23 Abs. 3 will jedoch gewährleisten, dass ein damit verbundener **Derogationseffekt** von den anderen Mitgliedsstaaten beachtet wird, selbst wenn ein anderer Mitgliedstaat nach seinem nationalen Recht (ausschließlich) zuständig wäre.[17]

> **Beispiel:** Ein Israeli und ein US-Amerikaner vereinbaren für Streitigkeiten aus einem Vertrag, der in der Bundesrepublik Deutschland zu erfüllen ist, die Zuständigkeit der französischen Gerichte.

Da keine der Parteien einen Wohnsitz in einem Mitgliedstaat hat, ist die Gültigkeit der Vereinbarung, wie dargelegt, nach nationalem (französischen) Recht zu beurteilen. Solange sich die französischen Gerichte nicht rechtskräftig für unzuständig erklärt haben, darf das deutsche Gericht nicht in dem gesetzlichen Gerichtsstand nach § 29 ZPO (iVm. Art. 4 Abs. 1 EuGVO) zur Sache verhandeln und entscheiden. Art. 23 Abs. 3 wird aber nur auf Rüge des Beklagten beachtet, da die rügelose Einlassung (Art. 24) der Prorogation vorgeht. Rügt der Beklagte, so wird ein deutsches Gericht analog § 148 ZPO (entsprechend dem Rechtsgedanken des Art. 27) den Rechtsstreit aussetzen, bis feststeht, dass das prorogierte Gericht seine Zuständigkeit bejaht, dann aber die Klage wegen fehlender internationaler Zuständigkeit abweisen.[18]

10   **5. Derogationen.** Art. 23 Abs. 1 regelt die Prorogation mit Derogationseffekt. Dieser ist daher grundsätzlich ebenso wie die Prorogation zu beurteilen. Sinngemäß muss dies auch für reine Derogationen gelten.[19]

10a   a) Unter Art. 23 Abs. 1 fällt daher eine Vereinbarung, an der wenigstens eine Partei mit Wohnsitz in einem Mitgliedstaat beteiligt ist und durch die die Zuständigkeit eines Mitgliedsstaats ausgeschlossen wird.[20] Nicht nach Art. 23 zu beurteilen sind rein nationale Vereinbarungen der Unklag-

---

[11] *Kropholler* Rn. 7.
[12] *Stein/Jonas/Bork* § 38 Rn. 22; *Aull* S. 150 ff.; krit. *Geimer/Schütze/Auer*, IRV, EuGVO Rn. 123 f.
[13] Für eine Anwendung bereits *Jenard*-Bericht zu Art. 17.
[14] EuGHE 2000, I-5925 = NJW 2000, 3121 = IPRax 2000, 520 (dazu *Staudinger* S. 483) = EuZP 2001, 943 (*Gebauer*); EuGHE 2000, I-9337 = NJW 2001, 501; *Aull* S. 158 f., 164 ff., 195; *Coester-Waltjen*, FS Nakamura, 1996, S. 89, 112; *Samtleben*, FS Ansay, 2006, S. 343, 350; Hk-ZPO/*Dörner* Rn. 7; *Gebauer/Wiedmann* Kap. 26 Rn. 110; *Killias* S. 54 ff.; *Kropholler* Rn. 4; *Czernich/Tiefenthaler* Rn. 17; *Magnus/Mankowski/Magnus* Rn. 24 f.; *Nagel/Gottwald* § 3 Rn. 136, 138; *Rauscher/Mankowski* Rn. 2, 3; *Schack* IRVR Rn. 464; *Zöller/Geimer* Rn. 12; *Simotta*, FS Yessiou-Faltsi, 2007, S. 633, 640 f., 644 ff.
[15] *Coester-Waltjen*, FS Nakamura, 1996, S. 89, 112 f.; *Samtleben*, FS Ansay, 2006, S. 343, 361; *Nagel/Gottwald* § 3 Rn. 137; *Rauscher/Mankowski* Rn. 3 a.
[16] *Kropholler* Rn. 12; *Czernich/Tiefenthaler* Rn. 10; *Kropholler/Pfeifer*, FS Nagel, 1987, S. 157, 160 f.; *Samtleben*, FS Ansay, 2006, S. 343, 359; *Nagel/Gottwald* § 3 Rn. 140.
[17] *Kropholler* Rn. 12; *Kropholler/Pfeifer*, FS Nagel, 1987, S. 157, 159 ff.; *Gebauer/Wiedmann* Kap. 26 Rn. 111.
[18] *Geimer/Schütze*, EuZVR, Rn. 229 f.; *Magnus/Mankowski/Magnus* Rn. 54; krit. zur Regelung *Samtleben*, FS Ansay, 2006, S. 343, 360.
[19] *Kropholler* Rn. 15; *Rauscher/Mankowski* Rn. 7; *Eickhoff*, Inländische Gerichtsbarkeit und internationale Zuständigkeit für Aufrechnung und Widerklage, 1985, S. 150; *Geimer/Schütze*, EuZVR, Rn. 141, 184.
[20] *Samtleben*, FS Ansay, 2006, S. 343, 353 ff.

barkeit und Schiedsvereinbarungen. Ein Verzicht auf jeglichen Rechtsschutz durch Derogation ist zumindest streng zu beurteilen,[21] erscheint aber eher als gänzlich unzulässig.[22]

b) Ob eine nach Art. 23 Abs. 1 zu beurteilende Prorogation in dem **derogierten Nichtmitgliedstaat** zulässig und wirksam ist, beurteilt nur dessen nationale Rechtsordnung.[23] Wird die Zuständigkeit eines Nichtmitgliedstaats vereinbart, so ist auch der Derogationseffekt bei abredewidriger Klage nach dem nationalen Recht des angerufenen Gerichts und nicht nach Art. 23 zu beurteilen.[24] Gleiches gilt für den umgekehrten Fall, dass zwei Parteien mit Inlandswohnsitz die Zuständigkeit eines Nichtmitgliedstaats ausschließen.

Beispiel: Zwei Deutsche vereinbaren nach einem Unfall in der Türkei die (ausschließliche) Zuständigkeit deutscher Gerichte.

Die Vereinbarung ist nur nach § 38 ZPO zu beurteilen, da der Unfall im Drittstaat keine Anknüpfung nach Art. 23 Abs. 1 erfüllt.

c) Die EuGVO stellt auch selbständige Regeln über den Derogationseffekt von Gerichtsstandsvereinbarungen auf.[25] Denn **Art. 23 Abs. 5** begrenzt die Derogationswirkung einer Vereinbarung, soweit darin Zuständigkeiten nach den Art. 13, 17, 21 und 22 EuGVO abbedungen werden. Weder aus dem Wortlaut noch aus dem Sinn dieser Norm ergibt sich, dass das Derogationsverbot nur im Verhältnis zu Mitgliedstaaten gilt. Im Gegenteil gilt Art. 22 ausdrücklich „ohne Rücksicht auf den Wohnsitz".[26] Auch wäre es ungereimt, in diesen Fällen eine Derogation innerhalb der Mittgliedsstaaten zu verbieten, zugunsten eines Drittstaats aber zuzulassen.[27] Das Gericht eines Drittstaates beurteilt freilich die Zulässigkeit einer Prorogation nur nach eigenem Recht; der Verstoß gegen die EuGVO kann aber zur Nichtanerkennung der Drittstaatentscheidung in den Mitgliedstaaten führen.

6. Maßgeblicher Zeitpunkt. Als Sachurteilsvoraussetzung muss die internationale Zuständigkeit bei Klageerhebung, spätestens aber bei Erlass der gerichtlichen Entscheidung vorliegen. Diese Regel wird teilweise unmittelbar auf Gerichtsstandsvereinbarungen angewandt.[28] Dies erscheint jedoch nicht sachgerecht; der Vertrauensschutz für die Parteien erfordert, ihre Vereinbarung nach dem Recht zur Zeit des **Abschlusses der Vereinbarung** zu beurteilen.[29] Etwaige Mängel können durch nachträgliche Vereinbarung oder rügelose Einlassung (Art. 24) geheilt werden.

II. Anforderungen an die Gerichtsstandsabrede

1. Vereinbarung der Parteien. Art. 23 verlangt, dass die Parteien die Entscheidungszuständigkeit eines Gerichts oder der Gerichte eines Mitgliedstaates „vereinbart" haben. Vereinbarung bedeutet eine übereinstimmende Willensäußerung der Parteien. Das Vorliegen dieser Voraussetzung muss nach dem Wortlaut und dem Zweck des Art. 23 für alle Mitgliedstaaten einheitlich (**„vertragsautonom"**) bestimmt werden.[30]

a) Form und materielle Einigung. Art. 23 selbst **enthält** zur Bestimmung der Willenseinigung **lediglich Formerfordernisse,** die gewährleisten sollen, dass die Einigung zwischen den Parteien „tatsächlich feststeht".[31] Daher ist vom Gericht zu prüfen, ob diese Einigung klar und deutlich zum Ausdruck gekommen ist.[32] Aus dieser Formel leiten manche ab, auch die **materielle Einigung** bestimme sich nach autonomen Anforderungen.[33] Jedoch enthält die EuGVO über die sich

---

[21] *Kropholler* Rn. 15.
[22] Vgl. *Schwab/Gottwald,* Verfassung und Zivilprozess, 1984, S. 33 f.; *Magnus/Mankowski/Magnus* Rn. 39.
[23] *Birk* RdA 1983, 143, 150.
[24] *Schlosser*-Bericht Nr. 176.
[25] AA *Schlosser,* FS Kralik, 1986, S. 287, 297 f.
[26] Vgl. *Gaudemet-Tallon,* Liber amicorum Droz, 1996, S. 85, 99.
[27] Ebenso *Schlosser* Rn. 30.
[28] So OLG Koblenz RIW 1987, 144, 146; OLG Köln RIW 1988, 555, 557 = NJW 1988, 2182; *Schlosser* Rn. 11; *Kropholler* Rn. 11.
[29] Ebenso *Geimer* IZPR Rn. 1645; *Stein/Jonas/Bork* § 38 Rn. 25; *Geimer/Schütze,* EuZVR, Rn. 28; *Rauscher/Mankowski* Rn. 9 b; *Magnus/Mankowski/Magnus* Rn. 59.
[30] EuGHE 1992, I-1745 = NJW 1992, 1671 (Rz. 13); *Karré-Abermann* ZEuP 1994, 142, 143; *Wagner* S. 383 f.; *Wieczorek/Hausmann* Rn. 23; *Nagel/Gottwald* § 3 Rn. 143.
[31] EuGHE 2000, I-9937 = NJW 2001, 501; *Rauscher/Mankowski* Rn. 39; *Magnus/Mankowski/Magnus* Rn. 75.
[32] EuGHE 1976, 1831, 1841 = NJW 1977, 494; EuGHE 1997, I-932, 939 = RIW 1997, 415, 416 (Rz. 14) = JZ 1997, 839 (m. Anm. *Koch*); BGHZ 167, 83, 86 = NJW 2006, 1672.
[33] *Kropholler* Rn. 18, 23 (nur für Vorfragen gelte das Vertragsstatut); *Czernich/Tiefenthaler* Rn. 20; *Rauscher/Mankowski* Rn. 39; *Hk-ZPO/Dörner* Rn. 13; *Geimer/Schütze,* EuZVR, Rn. 75; *Magnus/Mankowski/Magnus* Rn. 78; *Jungermann* S. 17 f.

aus der Form ergebenden Umstände hinaus keine Regeln über den Vertragsschluss. Insoweit gilt das nach Kollisionsrecht bestimmte Vertragsstatut. Soweit sich nicht aus Handelsbräuchen anderes ergibt (s. Rn. 40 ff.), ist die Wirksamkeit der Annahme im Wege der Sonderanknüpfung nach dem Heimatrecht des Annehmenden zu beurteilen.[34] Nach Ansicht des EuGH kann eine Gerichtsstandsabrede für Streitigkeiten zwischen der Gesellschaft und ihren gegenwärtigen und künftigen Aktionären in der **Satzung** einer Aktiengesellschaft enthalten sein.[35] Art. 17 Nr. 1 EuGVO steht dem nicht entgegen, da ein Aktionär kein Verbraucher iS des Art. 15 EuGVO ist.[36] Außerdem genügt es, wenn der Gerichtsstand stillschweigend vereinbart wird.[37] Die Richtigkeit dieser Auffassung ergibt sich aus dem Umkehrschluss zu Art. 63 Abs. 2 EuGVO, nach dem bei Personen mit Wohnsitz in Luxemburg die Vereinbarung stets ausdrücklich und besonders angenommen werden muss.[38] Das zuständige Gericht muss sich nicht aus dem Wortlaut der Vereinbarung ergeben; es genügt, dass Bestimmbarkeit anhand der vereinbarten Kriterien (zB Sitz einer Partei) besteht.[39]

16 b) Die Prüfung der **sonstigen Wirksamkeitsvoraussetzungen** einer Gerichtsstandsvereinbarung, wie etwa Geschäftsfähigkeit, Fehlen von Willensmängel, Stellvertretung, erfolgt aber nach der jeweils anwendbaren lex causae.[40] In jedem Fall ist die Wirksamkeit der **Gerichtsstandsvereinbarung unabhängig von** der Wirksamkeit des **Hauptvertrages**.[41] Das vereinbarte Gericht ist auch dann zuständig, wenn die Parteien über die Wirksamkeit des Vertrages streiten, dessen Bestandteil sie ist.[42]

17 c) Die **Auslegung** der Gerichtsstandsvereinbarung richtet sich regelmäßig nach dem Statut des Hauptvertrages, sofern kein besonderes Prorogationsstatut vereinbart worden ist.[43]

18 2. **Einseitiges Rechtsgeschäft.** Nach englischem Recht kann ein trust nicht nur durch Vertrag, sondern auch durch einseitiges Rechtsgeschäft begründet werden.[44] Um nun auch im Rahmen eines auf diese Art entstandenen trusts Gerichtsstandsklauseln zuzulassen, wurde im 1. Beitrittsübereinkommen 1978 Abs. 4 neu aufgenommen. Danach stehen einer Vereinbarung gemäß Art. 23 Abs. 1 diejenigen schriftlichen Trustbedingungen gleich, die Klagen gegen einen Begründer, trustee oder Begünstigten eines trusts – also das Innenverhältnis eines trusts – betreffen[45] (s. Art. 5 Rn. 62). Derartige trust-Bedingungen begründen (im Zweifel) eine ausschließliche Zuständigkeit der Gerichte am Sitz des trusts.

19 3. **Kein Zusammenhang zwischen Rechtsverhältnis und Gericht.** Nach Art. 23 begründet die bloße Vereinbarung der Parteien eine ausschließliche Zuständigkeit. Ein irgendwie gearteter Sachzusammenhang zwischen dem streitigen Rechtsverhältnis und dem vereinbarten Gericht ist nicht erforderlich,[46] (s. Rn. 57) so dass die Parteien ein „neutrales" Gericht vereinbaren können.

20 4. **Abgrenzung zur Vereinbarung des Erfüllungsortes.** Da der Gerichtsstand generell frei vereinbart werden kann, ist die Vereinbarung zur Sicherung der Parteiinteressen nach Art. 23 formbedürftig. Dies unterscheidet sie von der Vereinbarung des Erfüllungsortes, die formlos zulässig ist. Damit die Formen des Art. 23 nicht umgangen werden können, muss der vereinbarte Erfüllungsort daher eine reale Beziehung zur Vertragsabwicklung haben. Andernfalls ist die Vereinbarung als Gerichtsstandsvereinbarung anzusehen (s. o. Art. 5 Rn. 15).[47]

---

[34] *Adolphsen* ZZPInt 4 (1999), 243, 246; *Reithmann/Martiny/Hausmann* Rn. 2983; *Rauscher* ZZP 104 (1991), 271, 283; aA *Kröll* ZZP 113 (2000), 135, 143 ff.; *Pfeiffer*, Handbuch, § 22 Rn. 111; vgl. *Nagel/Gottwald* § 3 Rn. 144.
[35] EuGHE 1992, I-1745 = NJW 1992, 1671; dazu *Koch* IPRax 1993, 19 u. *Karré-Abermann* ZEuP 1994, 142; *Bork* ZHR 157 (1993), 48, 50 ff.
[36] *Mülbert* ZZP 118 (2005), 313, 327 ff., 334.
[37] BGH NJW 1994, 2699; *Reithmann/Martiny/Hausmann* Rn. 2982; *Kropholler* Rn. 25; *Magnus/Mankowski/Magnus* Rn. 78; OLG Frankfurt RIW 1976, 532 = NJW 1977, 506.
[38] *Geimer/Schütze*, EuZVR, Rn. 78.
[39] EuGHE 2000, I-9337, 9372 = ZIP 2001, 213, 214 (Rz. 10 ff.) *(Coreck Maritime v. Handelsveem)*.
[40] BGH NJW 2007, 2036, 2037 = RIW 2007, 312; *Kropholler* Rn. 28; *Rauscher/Mankowski* Rn. 41 ff.; *Gebauer/Wiedmann* Kap. 26 Rn. 114; *Wieczorek/Hausmann* Rn. 26; *Gottwald*, FS Henckel, 1995, S. 295, 300 ff.; vgl. *Geimer/Schütze*, EuZVR, Rn. 81; *Staehelin* S. 137 ff., 159 ff.
[41] EuGHE 1997, I-3767 (Rz. 21 ff.) = ZZPInt 3 (1998), 225 *(Koch)*; LG Mainz WM 2006, 2319, 1322 f.; *Geimer/Schütze*, EuZVR, Rn. 94; Hk-ZPO/*Dörner* Rn. 46; *Nagel/Gottwald* § 3 Rn. 157.
[42] EuGHE 1997, I-3767 = JZ 1998, 896; BGHZ 167, 83, 87 = NJW 2006, 1672, 1673.
[43] BGH RIW 1997, 149, 151 f.
[44] *Schlosser*-Bericht Nr. 178; Halsbury's Laws of England, 4th ed., Vol. 48, para 504, 506, 523.
[45] Hk-ZPO/*Dörner* Rn. 19; *Rauscher/Mankowski* Rn. 49.
[46] EuGHE 1997, I-3767, 3798 (Rz. 28) = JZ 1998, 896 *(Mankowski)*; *Czernich/Tiefenthaler* Rn. 3.
[47] EuGHE 1997, I-911 = NJW 1997, 1431; EuGHE 1999, I-6307 = NJW 2000, 719.

III. Form

1. Überblick. Da der bloße Wille der Parteien genügt, um eine ausschließliche Entscheidungs- 21 zuständigkeit zu begründen, stellt Art. 23 Abs. 1 strenge Formanforderungen, damit dieser Wille eindeutig und klar bestimmbar und die Rechtssicherheit gewahrt ist.[48] Nach der ursprünglichen Fassung des EuGVÜ bedurfte es zur Wahrung der Form entweder schriftlicher Vereinbarungen oder der schriftlichen Bestätigung einer mündlichen Vereinbarung. Diese strenge Vorschrift wurde für den internationalen Handel als zu restriktiv angesehen.[49] Anlässlich der Reform 1978 wurde deshalb als Erleichterung der Satz eingefügt, dass es genüge, wenn die Vereinbarung in einer Form geschlossen wurde, die einem internationalen Handelsbrauch entspricht, welche den Parteien bekannt sind oder welche als ihnen bekannt angesehen werden müssen.

Der Inhalt der einzelnen Formgebote ist gemeinschaftsrechtlich **autonom auszulegen,** da dies 22 der integrationsfördernden Zielsetzung der EuGVO am besten gerecht wird.[50] Die Beachtung der Formvorschriften des Art. 23 ist **Wirksamkeitsvoraussetzung,**[51] um eine unterschiedliche Behandlung der Formwirksamkeit in verschiedenen Mitgliedsstaaten zu vermeiden.

Die Regelung des Art. 23 ist abschließend. Kein Mitgliedstaat kann zusätzliche oder andere 23 Formanforderungen festlegen.[52] Die Ansicht, Art. 23 gelte nicht, wenn der Hauptvertrag einer strengeren Form unterliege,[53] lässt sich danach nicht halten.

2. Schriftliche Vereinbarung. a) Schriftliche Vereinbarung setzt voraus, dass schriftliche Erklä- 24 rungen aller Vertragsparteien vorliegen.[54] Diese müssen nicht in einer Vertragsurkunde enthalten sein, vielmehr reichen getrennte Schriftstücke, etwa ein Briefwechsel, ein Austausch von Fernschreiben oder Telefax-Schreiben[55] aus, wenn nur die Einigung über die Zuständigkeit aus den Schreiben selbst hervorgeht.[56] Es genügt nicht, dass eine Seite ein Vertragsformular oder einen Entwurf mit der Gerichtsstandsklausel (ohne eigene Unterschrift) der Gegenseite übersendet, diese ihn unterschreibt und zurücksendet; notwendig ist auch die Unterschrift des Klauselverwenders.[57]

b) Die Schriftstücke müssen **unterschrieben** sein, soweit nicht wie bei Telegramm, Telex, Tele- 25 fax oder Teletext eine Unterschrift ausscheidet.[58] In Art. 23 Abs. 2 EuGVO sind aber elektronische Übermittlungen der Schriftform ausdrücklich gleichgestellt (s. u. Rn. 36).

c) War der Hauptvertrag mit der Gerichtsstandsklausel zeitlich befristet mit schriftlicher Verlänge- 26 rungsmöglichkeit, wird aber formlos fortgesetzt, so soll die Gerichtsstandsklausel nur dann fortgelten, wenn der Hauptvertrag nach dem anwendbaren Sachrecht **formlos verlängert** werden kann. Diese Abweichung von der autonomen Lösung wird zu Recht kritisiert. Die getroffene Vereinbarung bleibt daher auch nach Ablauf eines befristeten Hauptvertrages wirksam. War die Gerichtsstandsklausel selbst befristet, so kann sie dagegen nur in den in Art. 23 Abs. 1 vorgesehenen Formen verlängert werden (s. Rn. 28).[59]

d) Das Schriftformerfordernis des Art. 23 kann auch durch Bezugnahme auf **allgemeine Ge-** 27 **schäftsbedingungen** erfüllt werden.[60] Ein von beiden Parteien unterzeichneter Vertragstext muss grundsätzlich ausdrücklich auf die Allgemeinen Geschäftsbedingungen verweisen.[61] Die bloße Bei-

---

[48] EuGHE 1997, I-3767, 3798 (Rz. 28 f.) = JZ 1998, 896; BGH RIW 2004, 938 = WM 2005, 1049, 1050.
[49] *Schlosser*-Bericht Nr. 179.
[50] *Geimer/Schütze,* EuZVR, Rn. 97; *Kropholler* Rn. 30.
[51] EuGHE 1976, 1831 = NJW 1977, 494; EuGHE 1976, 1851 = NJW 1977, 495; *Kropholler* Rn. 32; *Gebauer/ Wiedmann* Kap. 26 Rn. 115; *Czernich/Tiefenthaler* Rn. 26.
[52] EuGHE 1999, I-1597, 1653 = IPRax 2000, 119 (dazu *Girsberger* S. 87) = ZZPInt 1999, 233 *(Adolphsen)* = ZEuP 2000, 656 *(Saenger);* Rauscher/Mankowski Rn. 14.
[53] *Schlosser* Rn. 17.
[54] *Geimer/Schütze,* EuZVR, Rn. 104.
[55] LG Siegen NJW 1978, 2456 = RIW 1980, 286; *Rauscher/Mankowski* Rn. 15a.
[56] BGH RIW 2004, 938 = WM 2005, 1049, 1050 = NJW-RR 2005, 150; BGH NJW 1994, 2699 f.; OLG Köln RIW 1988, 555, 556.
[57] BGH RIW 2004, 938 = WM 2005, 1049, 1050; BGH NJW 2001, 1731 = IPRax 2002, 124 (abl. *Kröll* S. 113); aA *Reithmann/Martiny/Hausmann* Rn. 2988.
[58] BGH NJW 2001, 1731 = IPRax 2002, 124; aA *Schlosser* Rn. 19; *Zöller/Geimer* Rn. 13.
[59] *Jayme* IPRax 1989, 361, 362; *Killias* S. 163 f.
[60] EuGHE 1976, 1831, 1841 = NJW 1977, 494; *Magnus/Mankowski/Magnus* Rn. 96 f.; OLG Hamm RIW 1980, 662; *H. Schmidt* ZZP 103 (1990), 91, 97 f.; vgl. *H.-J. Stadler,* Allgemeine Geschäftsbedingungen im internationalen Handel, 2003, S. 83 ff., 117 ff.; 121 ff.
[61] EuGHE 1976, 1831, 1841, 1842 = NJW 1977, 494; BGH WM 1977, 795 = RIW 1977, 649; BayObLG NJW-RR 2002, 359; OLG Hamm RIW 1990, 1013, 1014; *Rauscher/Mankowski* Rn. 16; *Heiss* ZfRV 2000, 202, 207.

fügung der AGB ohne entsprechenden Hinweis im Vertragstext reicht für die Erfüllung des Formerfordernisses ebenso wenig aus wie der Abdruck auf der Rückseite einer Rechnung.[62] Der Abdruck in einem der Gegenseite vorliegenden Verkaufskatalog genügt nicht, wenn der Vertragstext nicht auf den Katalog verweist.[63] Der Abdruck der AGB auf der Rückseite des Vertrages genügt dem Formgebot nur, wenn auf der Vorderseite ausdrücklich und deutlich erkennbar auf sie hingewiesen wurde; nur dann ist sichergestellt, dass die andere Partei deren Verwendung tatsächlich zugestimmt hat.[64] Trotz eines Hinweises ist die Gerichtsstandsklausel unwirksam, wenn sie in unleserlicher Weise abgedruckt ist.[65] Objektive Mängel der Einigung über den Gerichtsstand können nicht durch eine AGB-Klausel überspielt werden, wonach der Vertragspartner den Text der AGBs gelesen und verstanden hat.[66] Auf die Gerichtsstandsklausel selbst muss innerhalb der AGB nicht gesondert hingewiesen werden.[67] Die Annahme eines Angebots unter Beifügung der AGB des Annehmenden führt aber nicht zur Vereinbarung einer darin enthaltenen Gerichtsstandsklausel.[68] Im kaufmännischen Verkehr ist es entbehrlich, den Text von AGB, auf die ausdrücklich verwiesen wird, zu übermitteln, wenn der Text unschwer durch Rückfrage beschafft werden kann.[69] Eine bloße Verweisung auf AGB, die auf andere (nicht beigefügte) AGB mit Gerichtsstandsklausel verweist, genügt dagegen nicht.[70] Ein ausdrücklicher Hinweis auf in einer Branche üblicherweise benutzte, von einer anerkannten Stelle aufgestellte AGB kann entbehrlich sein, wenn den Parteien diese AGB bekannt sind.

28 Da die **ADSp.** nicht kraft Handelsbrauch, sondern nur als AGB gelten,[71] bedürfen sie der Einbeziehung in den dargelegten Formen, damit der Gerichtsstand am Ort der beauftragten Handelsniederlassung des Spediteurs gemäß Ziff. 30.2 ADSp. vereinbart ist. Haben sich die Parteien auf die ADSp. nur formlos geeinigt, so gilt der gleiche Gerichtsstand freilich nach Ziff. 30.1 ADSp. über Art. 5 Nr. 1 EuGVO,[72] da Erfüllungsortvereinbarungen formlos gültig sind (s. Art. 5 Rn. 22).

29 Kommt der Vertrag nicht durch Unterzeichnung einer Urkunde zustande, sondern durch Angebot und Annahme in verschiedenen Urkunden, so genügt der Hinweis auf die AGB im Angebot, wenn die eine Partei diesem unter Anwendung normaler Sorgfalt nachgehen kann und die genannten AGB dieser Partei tatsächlich zugehen.[73] Eine Annahme unter Beifügung der eigenen Geschäftsbedingungen genügt nicht und führt nicht zur Vereinbarung der darin enthaltenen Gerichtsstandsklausel.[74] Eine stillschweigende oder mittelbare Verweisung auf frühere Schriftwechsel reicht nicht.[75] Art. 23 bezieht sich jedoch nur auf die in den AGB enthaltene Gerichtsstandsklausel, nicht aber auf die Frage, ob die AGB Bestandteil des Hauptvertrages geworden sind. Dies ist nach dem anwendbaren Sachrecht zu beurteilen.[76]

30 Für den **nichtkaufmännischen Verkehr** gelten dagegen strengere Anforderungen, da sonst dem Schutzbedürfnis des Nichtkaufmanns vor inhaltlich unausgewogenen oder ihm unbekannten AGB nicht ausreichend Rechnung getragen wird.

31 e) Die Parteien müssen ihre Erklärungen nicht in derselben **Sprache** abgeben. Bei Divergenzen kann es aber an einer tatsächlichen Einigung fehlen. Jedenfalls braucht eine Gerichtsstandsklausel nur zur Kenntnis genommen werden, wenn sie in einer für den Empfänger verständlichen Sprache

---

[62] OLG Hamburg IPRax 1985, 281 (m. Anm. *Samtleben* S. 261); LG Hamburg IPRax 1985, 282 (m. Anm. *Samtleben* S. 261); *Rauscher/Mankowski* Rn. 16a; *Gebauer/Wiedmann* Kap. 26 Rn. 116.
[63] BGH NJW 1996, 1819.
[64] *Kropholler* Rn. 35f., 38.
[65] Franz. Cour de Cass. [1998] I. L. Pr. 193, 194; vgl. *Rauscher/Mankowski* Rn. 16a.
[66] BGH NJW 1996, 1819.
[67] EuGHE 1976, 1831, 1841 = NJW 1977, 494; OLG Koblenz RIW 1987, 144, 146 = IPRax 1987, 308 (m. Anm. *Schwarz* S. 291); aA OLG Frankfurt RIW 1976, 533; LG Heidelberg RIW 1976, 534. Zur Bindung der Aktionäre an Klausel in der Satzung der Aktiengesellschaft s. OLG Karlsruhe NJW 1989, 2876.
[68] BGH NJW 1994, 2699; *Kropholler* Rn. 36.
[69] *Schlosser* Rn. 20; *Nagel/Gottwald* § 3 Rn. 146; aA *Czernich/Tiefenthaler* Rn. 32; vgl. *Staehelin* S. 91f.
[70] *Rauscher/Mankowski* Rn. 18; *Reithmann/Martiny/Hausmann* Rn. 3007; aA OLG München IPRax 1987, 307 (krit. *Rehbinder* S. 289); *Schlosser* Rn. 16.
[71] OLG Dresden IPRax 2000, 121, 122 (dazu *Haubold* S. 91).
[72] *Protsch*, Der Gerichtsstand und die Vollstreckung im internationalen Speditions- und Frachtrecht, 1989, S. 148.
[73] EuGHE 1976, 1831, 1842 (Rz. 12) = NJW 1977, 494; LG Celle RIW 1980, 286, 287; OLG Celle RIW 1985, 571, 572 = IPRax 1985, 284 (Anm. *Tebbens* S. 262); *Zöller/Geimer* Rn. 25.
[74] BGH NJW 1994, 2699 = RIW 1994, 508.
[75] EuGH (Fn. 73); *Zöller/Geimer* Rn. 26.
[76] *Geimer/Schütze*, EuZVR, Rn. 81, 83, 94; *Kohler* IPRax 1983, 266, 269; *Killias* S. 149ff.

abgefasst oder zumindest besonders darauf verwiesen ist.[77] Eine Abfassung in der Verhandlungssprache ist nicht notwendig.[78]

f) Für Personen mit Wohnsitz in Luxemburg ist eine Gerichtsstandsvereinbarung nach 32 Art. 63 Abs. 2 (derzeit bis 1. 3. 2008) nur wirksam, wenn diese sie schriftlich oder mündlich mit schriftlicher Bestätigung angenommen hat. Eine besondere Urkunde ist dazu nicht erforderlich. Abweichend von Art. I Abs. 2 des Protokolls zum EuGVÜ/LugÜ muss die Vereinbarung nicht mehr ausdrücklich erklärt und gegenüber anderen Vereinbarungen besonders herausgestellt worden sein.[79] Eine konkludente Vereinbarung oder eine Bezugnahme auf Geschäftsbedingungen genügt daher nunmehr auch im Verhältnis zu Luxemburg.[80]

3. Schriftliche Bestätigung einer mündlichen Vereinbarung. Die 2. Alt. des Art. 23 Abs. 1 33 S. 2 setzt einen zweistufigen Aufbau einer wirksamen Gerichtsstandsvereinbarung voraus. Erforderlich ist zunächst eine „mündliche Gerichtsstandsvereinbarung". Diese Vereinbarung bedarf der „nachträglichen schriftlichen Bestätigung" (sog. **halbe Schriftlichkeit**).

a) Mündliche Gerichtsstandsvereinbarung. Die mündliche Willenseinigung muss sich klar und 34 deutlich auf die Gerichtsstandsklausel erstrecken.[81] Es genügt jedoch, wenn der Gerichtsstand stillschweigend vereinbart wird (s. Rn. 14). Dies ist der Fall, wenn die Gerichtsstandsklausel in AGB enthalten ist, die der anderen Vertragspartei vorlagen und von denen sie bei Anwendung normaler Sorgfalt Kenntnis nehmen konnte.[82] Wichtig ist, dass auf die AGB bei Vertragsschluss ausdrücklich Bezug genommen wurde; die bloße Übersendung der AGBs mit der Auftragsbestätigung genügt nicht.[83]

Wird ein Vertrag im Rahmen **laufender Geschäftsbeziehungen** zwischen den Parteien münd- 35 lich geschlossen und steht fest, „dass diese Beziehungen in ihrer Gesamtheit den eine Gerichtsstandsklausel enthaltenden Allgemeinen Geschäftsbedingungen des Urhebers der Bestätigung unterliegen",[84] so ist die mündliche Vereinbarung stillschweigend getroffen.[85] Für eine Vereinbarung reicht es nicht aus, wenn eine Partei zwar bei den Vertragsverhandlungen auf ihre AGB hingewiesen hat, diese jedoch der anderen Partei erst bei der Bestätigung oder noch später zugehen.[86] Dies gilt auch, falls eine Partei sich bei der mündlichen Einigung pauschal mit den AGB des Verwenders einverstanden erklärt, diese aber nicht in Händen hält, da sie dann von deren Inhalt keine Kenntnis nehmen kann.[87] Die Form ist auch dann nicht gewahrt, wenn Allgemeine Geschäftbedingungen lediglich auf nicht beigefügte, weitere AGB verweisen, die ihrerseits dann die Gerichtsstandsklausel enthalten.[88] Das Gleiche gilt, falls in einer laufenden Geschäftsbeziehung eine Partei Bestätigungsschreiben oder Rechnungen mit einer Gerichtsstandsklausel übersendet, ohne dass sie je ausdrücklich auf die AGB verwiesen hat.[89] In allen vier Fällen lässt sich nicht feststellen, ob die Parteien sich über die Geltung der Klausel tatsächlich geeinigt haben.[90] Eine Vereinbarung kann daher nicht durch Schweigen auf eine modifizierte Annahmeerklärung[91] fingiert werden. Gleiches gilt für das Schweigen auf ein Bestätigungsschreiben.[92] Im kaufmännischen Verkehr ist dann aber die Form von Art. 23 Abs. 1 S. 3 lit. c (Handelsbrauch) erfüllt.

b) Schriftliche Bestätigung. Die schriftliche Bestätigung muss sich inhaltlich mit der vorheri- 36 gen Willenseinigung decken[93] und in zeitlichem Zusammenhang mit dem Vertragsschluss ste-

---

[77] *Kohler* IPRax 1991, 299, 301; *Killias* S. 159 f.; *Reithmann/Martiny/Hausmann* Rn. 3005; vgl. *Thomas/Putzo/Hüßtege* Rn. 8; *Magnus/Mankowski/Magnus* Rn. 86.
[78] S. aber OLG Hamm OLGR 2006, 327, 328.
[79] Vgl. EuGHE 1980, 1517 = RIW 1981, 58; OLG Schleswig-Holstein RIW 1997, 955.
[80] *Reithmann/Martiny/Hausmann* Rn. 3042.
[81] EuGHE 1976, 1831, 1842 = NJW 1977, 494; *Heiss* ZfRV 2000, 202, 207; *Magnus/Mankowski/Magnus* Rn. 103.
[82] BGH NJW 1994, 2699, 2700 = RIW 1994, 508; OLG Hamm NJW 1990, 652.
[83] *Reithmann/Martiny/Hausmann* Rn. 3012.
[84] EuGHE 1976, 1851, 1861 (Rz. 11) = NJW 1977, 495; vgl. für Konnossement EuGHE 1984, 2417, 2434 (Rz. 19) = IPRax 1985, 152 (dazu *Basedow* S. 113) = RIW 1984, 909 *(Schlosser).*
[85] Ebenso *Rauscher* ZZP 104 (1991), 271, 286.
[86] EuGHE 1976, 1851, 1861 (Rz. 10) = NJW 1977, 495; *Magnus/Mankowski/Magnus* Rn. 103.
[87] *Reithmann/Martiny/Hausmann* Rn. 3012.
[88] *Kropholler* Rn. 36, 43; aA OLG München RIW 1987, 998 = IPRax 1987, 307 (m. Anm. *Rehbinder* S. 289); *Schlosser* Rn. 16.
[89] *Geimer/Schütze,* EuZVR, Rn. 84 f., 89 f.; *Kropholler* Rn. 43; *Rauscher/Mankowski* Rn. 25 a.
[90] OLG Hamburg IPRax 1985, 281 = RIW 1984, 916; *Samtleben* IPRax 1985, 261.
[91] BGH NJW 1994, 2699 = RIW 1994, 508, 510.
[92] OLG Köln RIW 1988, 555, 556; *Geimer/Schütze,* EuZVR, Rn. 92, 116; *Kropholler* Rn. 45.
[93] OLG Köln RIW 1988, 555, 556; *Kropholler* Rn. 44; *Magnus/Mankowski/Magnus* Rn. 105; *Reithmann/Martiny/Hausmann* Rn. 3016.

hen.⁹⁴ An den Inhalt der Bestätigung sind die gleichen Anforderungen wie an den beiderseits schriftlichen Vertrag zu stellen (s. Rn. 23 ff.). Ist eine Gerichtsstandsklausel erstmals in einem Bestätigungsschreiben enthalten, so bedarf es zur Formwirksamkeit entweder einer erneuten Bestätigung durch die andere Partei,⁹⁵ oder, falls sich die Parteien nach dem ersten Bestätigungsschreiben mündlich einigen, der Bestätigung durch eine der Vertragsparteien. Dabei muss die schriftliche Bestätigung ausdrücklich auf die Gerichtsstandsklausel Bezug nehmen und kann nicht durch die Fiktion einer konkludenten Zustimmung ersetzt werden. Da die schriftliche Bestätigung keinen Beweis für die vorausgehende mündliche Einigung erbringt, birgt die „halbe" Schriftlichkeit erhebliche Risiken in sich und ist kaum zu empfehlen.⁹⁶ Fehlt eine schriftliche Bestätigung im Einzelfall bei laufender Geschäftsbeziehung, so soll der Schuldner durch § 242 BGB gehindert sein, sich hierauf zu berufen.⁹⁷ Sachgerechter dürfte es sein, diesen Fall (soweit möglich) mit Hilfe der internationalen Handelsbräuche (s. Rn. 37 ff.) zu lösen.

37 c) **Formlose Vertragsverlängerung.** Dient ein schriftlicher Vertrag, der eine Gerichtsstandsvereinbarung enthält und der für seine Verlängerung die Schriftform vorsieht, weiterhin als rechtliche Grundlage für die Vertragsparteien, obwohl er abgelaufen ist, so ist zu differenzieren. Den Formerfordernissen des Art. 23 ist zum einen genügt, sofern die Parteien nach dem anwendbaren Recht den ursprünglichen Vertrag ohne Einhaltung der Schriftform verlängern konnten. Zum anderen dann, sofern eine Partei diese Vereinbarung oder die Gesamtheit der stillschweigend übernommenen Vertragsbestimmungen, zu denen die Klausel gehört, schriftlich bestätigt hat, ohne dass die andere Partei, der diese Bestätigung zugegangen ist, Einwendungen erhoben hat.⁹⁸

38 d) **Bestätigende Partei.** Umstritten war bisher, ob die schriftliche Bestätigung von der Partei, der die Zuständigkeitsvereinbarung entgegengehalten werden soll, stammen muss. Eine verbreitete Ansicht hielt die Bestätigung der Partei, die sich auf die Vereinbarung beruft, nicht für ausreichend.⁹⁹ Der EuGH hat jetzt eine „von einer, gleich welcher der Parteien stammende schriftliche Bestätigung"¹⁰⁰ grundsätzlich für ausreichend erachtet. Diese Auslegung ist zutreffend, da sich zum einen für die anders lautende Meinung keine Anhaltspunkte im Wortlaut des Art. 23 finden lassen.¹⁰¹ Zum anderen ist Hauptzweck des Schriftformerfordernisses, den unbemerkten Eingang der Gerichtsstandsklausel in den Vertrag zu verhindern. Da im Falle der halben Schriftlichkeit der Verwender der Klausel die vorausgegangene mündliche Einigung in vollem Umfang beweisen muss,¹⁰² besteht diese Gefahr hier nicht.¹⁰³

39 e) **Erhobener Widerspruch.** Ausdrücklich offengelassen hat der EuGH¹⁰⁴ bisher die Frage, ob und inwieweit etwaige Einwendungen des Empfängers der Bestätigung zu berücksichtigen sind. Da in Art. 23 Abs. 1 S. 2 2. Alt. zur Formwirksamkeit nicht ausdrücklich vorausgesetzt ist, dass die Bestätigung unwidersprochen bleibt, wird die Gerichtsstandsvereinbarung mit Zugang des Bestätigungsschreibens wirksam. Ein etwaiger Widerspruch des Empfängers hat allenfalls eine Indizwirkung für die Frage, ob sich die Parteien tatsächlich geeinigt haben.¹⁰⁵

40 4. **Elektronische Form der Erklärungen.** Durch Art. 23 Abs. 2 werden Vertragserklärungen, die elektronisch übermittelt werden, ausdrücklich der Schriftform gleichgestellt, sofern die Art der Übermittlung eine dauerhafte Aufzeichnung der Vereinbarung ermöglicht. Erfasst werden von dieser Regelung Verträge, die mit Hilfe von Email geschlossen werden. Emails können gespeichert sowie über den Drucker ausgedruckt und damit dauerhaft aufgezeichnet werden.¹⁰⁶ Sinngemäß muss dann aber auch das Telefax von Abs. 2 erfasst sein, da es von vornherein schriftlich fixiert ist. Der

---

⁹⁴ OLG Düsseldorf IPRax 1999, 38 (dazu *Hau* S. 24); *Kropholler* Rn. 44; *Rauscher/Mankowski* Rn. 24.
⁹⁵ EuGHE 1976, 1851, 1861 = NJW 1977, 495; *Kropholler* Rn. 44; *Reithmann/Martiny/Hausmann* Rn. 3017.
⁹⁶ Vgl. *Killias* S. 172 ff.; *Schlosser* Rn. 21 (sachwidrige Form).
⁹⁷ LG Dortmund NJW-RR 1987, 959.
⁹⁸ EuGHE 1986, 3337 = NJW 1987, 2155 = RIW 1987, 313.
⁹⁹ OLG München NJW 1982, 1951 = RIW 1981, 848 OLG Celle RIW 1985, 571 = IPRax 1985, 284 (m. Anm. *Duintjer Tebbens* S. 262); *Hübner* IPRax 1984, 238.
¹⁰⁰ EuGHE 1985, 787, 799 = RIW 1985, 736 = WuB VII B 1. Art. 17 EuGVÜ 2.86 *(Welter)* = NJW 1985, 2893 (LS); EuGHE 1986, 3337, 3356 = NJW 1987, 2155; *Rauscher/Mankowski* Rn. 24.
¹⁰¹ *Reithmann/Martiny/Hausmann* Rn. 3019.
¹⁰² OLG Frankfurt RIW 1976, 107; *Geimer/Schütze,* EuZVR, Rn. 113; *Kropholler* Rn. 42.
¹⁰³ *Kropholler* Rn. 47; *Reithmann/Martiny/Hausmann* Rn. 3019.
¹⁰⁴ EuGHE 1985, 787 = RIW 1985, 736 = NJW 1985, 2893 (LS).
¹⁰⁵ *Geimer/Schütze,* EuZVR, Rn. 114; *Kropholler* Rn. 49; *Rauscher/Mankowski* Rn. 25; dagegen *Heiss* ZfRV 2000, 202, 207 ff. (vernichtende Wirkung).
¹⁰⁶ *Kropholler* Rn. 41; *Zöller/Geimer* Rn. 14; *Magnus/Mankowski/Magnus* Rn. 130.

Vertragsschluss durch Anklicken auf einer aktiven Website oder Ausfüllen eines markierten Feldes genügt nur dann den Anforderungen des Art. 23 Abs. 2 EuGVO, wenn der Anbieter die Möglichkeit gibt, die vollständige Bildschirmanzeige auszudrucken.[107] Soweit danach eine elektronische Übermittlung der Schriftform gleichgestellt ist, kann je nach den Umständen die „schriftliche" Gerichtsstandsvereinbarung durch Erklärung auf einer oder beiden Seiten in elektronischer Form geschlossen werden oder kann eine mündliche Gerichtsstandsvereinbarung in elektronischer Form „schriftlich bestätigt" werden. Bloße SMS-Nachrichten auf einem Mobil-Telefon genügen nicht der Schriftform, da sie jedenfalls regelmäßig nicht ausgedruckt werden können.[108]

5. Form nach den Gepflogenheiten der Parteien. In der Neufassung des Art. 23 Abs. 1 S. 2 lit. b ist eine Gerichtsstandsvereinbarung auch dann formwirksam, wenn sie den Gepflogenheiten entspricht, die zwischen den Parteien entstanden sind.[109] Diese Form wurde durch das Luganer Übereinkommen 1988 bzw. das 3. Beitrittsübereinkommen 1989 in bewusster Anlehnung an Art. 9 Abs. 1 CISG (UN-Kaufrecht) eingeführt. Gepflogenheiten sind alle Verhaltensweisen innerhalb einer längeren Geschäftsverbindung bezüglich der Form des Vertragsschlusses. Die Gepflogenheiten setzen eine tatsächliche Übung voraus, die auf einer Einigung der Parteien beruht; sie können die Schriftform, nicht die Einigung ersetzen.[110] Der laufende Abdruck von Gerichtsstandsklauseln auf Rechnungen oder Auftragsbestätigungen genügt daher nicht.[111] Praktisch erfasst sind damit aber meist nur die stillschweigende, mündliche Verlängerung einer abgelaufenen Vereinbarung sowie die Bindung aufgrund Schweigens auf ein Bestätigungsschreiben.[112] Ob eine entsprechende Übung zwischen den Parteien besteht, ist unter Beachtung aller Umstände zu entscheiden. Auf eine solche Übung kann bei länger dauernder Geschäftsbeziehung auf dieser Grundlage oder dann geschlossen werden, wenn es sich um Musterbedingungen eines Verbandes etc. handelt, die branchenüblicherweise verwendet werden.[113] Gepflogenheiten sind auch im nichtkaufmännischen Verkehr relevant.[114] Da stets zweifelhaft sein kann, ob entsprechende Gepflogenheiten zwischen den konkreten Parteien wirklich bestehen, empfiehlt sich weiterhin der Abschluss einer schriftlichen Vereinbarung (s. Rn. 23 ff.).[115]

6. Form nach internationalen Handelsbräuchen. a) Nach der Neufassung des Art. 23 Abs. 1 S. 2 durch das 1. Beitrittsübereinkommen 1978 ist eine **schriftliche Bestätigung entbehrlich,** wenn die Zuständigkeitsvereinbarung im internationalen Handelsverkehr in einer Form getroffen wurde, die den internationalen Handelsbräuchen, welche den Parteien bekannt sind oder als ihnen bekannt vorausgesetzt werden müssen, entspricht. Diese Regel ist Art. 9 Abs. 2 CISG nachgebildet. Was ein Handelsbrauch ist, ist autonom für den betreffenden Geschäftszweig zu bestimmen,[116] nach tatsächlicher Übung im internationalen Handel, Zustimmung der beteiligten Kreise und einer gewissen Dauer. Ob ein Handelsbrauch besteht, ist vom jeweiligen nationalen Gericht festzustellen.[117] Entscheidend ist nicht, ob der Handelsbrauch in allen Mitgliedsstaaten besteht, sondern ob ihn die Kaufleute des betreffenden Geschäftszweiges des internationalen Handels regelmäßig befolgen.[118] Eine bestimmte Form der Publizität durch Fachverbände etc. ist nicht erforderlich.[119] Ist der Fall, so schadet es nichts, wenn das Bestehen des Handelsbrauchs vor Gericht beanstandet wird.[120] Da die Einfügung der Vorschrift eine vom EuGH[121] eingeschlagene, restriktive Linie korrigieren sollte,[122] ist von einer **Formerleichterung im weiteren Sinne** auszugehen. Nach Art. 23 Abs. 1 S. 2 sind die internationalen Handelsbräuche auch auf die *materielle Willenseinigung* zu bezie-

---

[107] *Kropholler* Rn. 41.
[108] *Magnus/Mankowski/Magnus* Rn. 131.
[109] Vgl. *Droz* Rev. crit. 1989, 1, 22 ff.; *Jayme/Kohler* IPRax 1989, 337, 339.
[110] BGH RIW 2004, 938 = IPRax 2005, 338, 339 (dazu *Hau* S. 301 ff.).
[111] BGH RIW 2004, 938 = IPRax 2005, 338, 339 (dazu *Hau* S. 301); *Schlosser* Rn. 23.
[112] *Killias* S. 176 ff.
[113] *Rauscher* ZZP 104 (1991), 271, 286.
[114] *Geimer/Schütze*, EuZVR, Rn. 118; *Rauscher/Mankowski* Rn. 27 c; *Schlosser* Rn. 23.
[115] *Killias* S. 180.
[116] EuGHE 1997, I-932, 941 = RIW 1997, 415, 417 (Rz. 23) = IPRax 1999, 31 (dazu *Kubis* S. 10); *Rauscher/Mankowski* Rn. 31; vgl. *Rauscher*, FS Heldrich, 2005, S. 933, 952.
[117] EuGHE 1999, I-1597 (Rz. 23) = IPRax 2000, 119 (dazu *Girsberger* S. 87) = EuZW 1999, 441 (*Haß*) = ZZPInt. 4 (1999), 233 (*Adolphsen*).
[118] EuGHE 1999, I-1597 = WM 1999, 1187 (Rz. 27); *Czernich/Tiefenthaler* Rn. 47; *Magnus/Mankowski/Magnus* Rn. 117.
[119] EuGHE 1999, I-1597 = WM 1999, 1187 (Rz. 44 f.).
[120] EuGHE 1999, I-1597 = WM 1999, 1187 (Rz. 29 f.).
[121] EuGHE 1976, 1851 = NJW 1977, 495 = RIW 1977, 105 (m. Anm. *Müller* S. 163).
[122] *Schlosser*-Bericht Nr. 179

hen.[123] Trotz dieser Erleichterung bedarf es aber der tatsächlichen Einigung der Parteien. Bestehen in dem betreffenden Geschäftszweig entsprechende Handelsbräuche, die den Parteien bekannt sind oder bekannt sein müssen, so ist diese Einigung freilich zu vermuten.[124] Dies gilt insb., soweit sich die Gerichtsstandsklausel in einem nicht unterzeichneten Vordruck befindet.[125] Maßgeblicher Zeitpunkt für die Gültigkeit der erleichterten Form ist nicht wie bei Prozessvoraussetzungen der der Klageerhebung, sondern zum Schutz der Parteien der Zeitpunkt der Vereinbarung (s. Rn. 13).

43 (1) Mit dieser Regelung wird die englische Praxis **nicht** anerkannt, wonach aus einer **Rechtswahl** für die Hauptsache in der Regel auf eine **Gerichtsstandswahl** geschlossen werden kann.[126] In Art. 54 Abs. 3 EuGVÜ idF des 3. Beitrittsübereinkommens 1989 ist lediglich festgehalten, dass die internationale Zuständigkeit englischer und irischer Gerichte aufgrund entsprechender Altverträge weiterhin begründet bleibt.

44 (2) Ein Handelsbrauch, wonach das Schweigen auf eine **schriftliche Auftragsbestätigung,** die eine Gerichtsstandsklausel enthält, als Zustimmung gilt, besteht nicht.[127] Denn nach Art. 19 Abs. 1, 3 CISG (UN-Kaufrecht) gilt jede Ergänzung eines Angebots bezüglich der Beilegung von Streitigkeiten als wesentlich und als Ablehnung, verbunden mit einem neuen Angebot.

45 (3) Dagegen kann eine Gerichtsstandsvereinbarung im internationalen Handelsverkehr durch **Schweigen auf ein kaufmännisches Bestätigungsschreiben** formwirksam getroffen werden, sofern beide Parteien den entsprechenden Handelsbrauch kannten oder kennen mussten.[128] Schutz vor Überraschungen bietet das kognitive Element des Art. 23 Abs. 1, 3. Alt., wonach auch der anderen Partei der Handelsbrauch bekannt gewesen sein muss oder hätte sein können (s. Rn. 42).[129] Die Möglichkeit der Bindung an ein kaufmännisches Bestätigungsschreiben ist als bekannt anzusehen, wenn das Wohnsitzrecht des Schweigenden das kaufmännische Bestätigungsschreiben als Handelsbrauch kennt.[130]

46 (4) **Aufdrucke auf Rechnungen** können im internationalen Handel ebenfalls zu einer formwirksamen Vereinbarung führen. Voraussetzung ist ein entsprechender Handelsbrauch.[131]

Nach österreichischem Recht entsteht ein Gerichtsstand auch durch unbeanstandete Annahme einer Warenrechnung (**Faktura**), die eine Gerichtsstandsklausel enthält (§ 88 Abs. 2 JN). In Anhang I wird dieser Gerichtsstand nicht als exorbitant eingestuft und ausgeschlossen. Der auf der Warenrechnung abgedruckte Gerichtsstand kann daher grundsätzlich nach Handelsbrauch vereinbart sein, wenn der Vermerk nicht als vertragswidrig beanstandet wird. Voraussetzung ist jedoch, dass zumindest in der nationalen Rechtsordnung des Empfängers der Faktura ein entsprechender Handelsbrauch besteht.[132]

47 b) **Konnossement.** Da das Seerecht in Art. 1 Abs. 2 EuGVO nicht ausgenommen ist, sind Gerichtsstandsvereinbarungen in Seefrachtverträgen ebenfalls nach Art. 23 zu beurteilen. Deshalb war streitig, ob eine Gerichtsstandsklausel in einem üblicherweise einseitig vom Verfrachter ausgestellten Konnossement der Form des Art. 23 Abs. 1 S. 2 genügte. Noch zur alten Textfassung entschied der EuGH, dass die halbe Schriftlichkeit nur erfüllt ist, wenn die generellen Formerfordernisse insgesamt gewahrt sind.[133] Nach der Neufassung des Abs. 1 S. 2 genügt nunmehr eine Form entspr. „internationalen Handelsbräuchen" auch ohne laufende Geschäftsbeziehung. Gerichtsstandsklauseln in einseitig ausgestellten Konnossementen sind daher im Verhältnis Verfrachter und Befrachter allgemein wirksam.[134] Verweist das Konnossement nur auf die Bedingungen einer charter party mit Ge-

---

[123] *Rauscher* ZZP 104 (1991), 288; *P. Huber* ZZPInt. 2 (1997), 168, 170 f.; *Kröll* ZZP 113 (2000), 135, 143 ff.; *Rauscher/Mankowski* Rn. 35; *Wieczorek/Hausmann* Rn. 49; aA *Schlosser* Rn. 24 b; krit. *Staehelin* S. 15 ff., 33 ff.
[124] EuGHE 1999, I-1597 = WM 1999, 1187 (Rz. 20 f.) (dazu *Saenger* ZEuP 2000, 666).
[125] EuGHE 1999, I-1597 = WM 1999, 1187 (Rz. 36); vgl. *Adolphsen* ZZPInt. 4 (1999), 243, 247 ff.
[126] *Geimer/Schütze,* EuZVR, Rn. 13; *Schlosser*-Bericht Rn. 175; aA *Volken* SchwJbIntR 1987, 97, 109.
[127] BGH NJW 1994, 2699, 2700 = RIW 1994, 508, 510; *Schlosser* Rn. 26.
[128] EuGHE 1997, I-911, 941 = RIW 1997, 415 (Rz. 25) *(Holl)* = JZ 1997, 839 *(Koch)* = ZZPInt. 2 (1997), 161 *(P. Huber)* = IPRax 1993, 31 *(Kubis* S. 10) = EWiR Art. 17 EuGVÜ 1/97, 359 *(Schlosser);* BGH EWS 1997, 322 = RIW 1997, 871. Vgl. *Ebenroth* ZVglRWiss. 77 (1978), 161, 180 ff.; *Killias* S. 189; *ders., Liber discipulorum Siehr,* 2001, S. 65, 70 ff.; *Staehelin* S. 94 ff.
[129] *Geimer/Schütze,* EuZVR, Rn. 123; *Kropholler* Rn. 58; *Magnus/Mankowski/Magnus,* Rn. 122; *Rauscher/Mankowski* Rn. 34; zweifelnd *Kohler* IPRax 1983, 270.
[130] OLG Köln NJW 1988, 2182 = RIW 1988, 555, 557; *Stöve* S. 110 ff., 121 ff., 139 ff.; *Schlosser* Rn. 27; für autonomen Maßstab des Kennenmüssens dagegen *Rauscher/Mankowski* Rn. 34 a.
[131] *Schlosser* Rn. 24 b; abl. *Staehelin* S. 122 ff.
[132] *Stöve* S. 171 ff.; *Fasching* ZZP 105 (1992), 457, 461.
[133] EuGHE 1984, 2417, 2433, 2434 (Rz. 19) = RIW 1984, 909 (m. Anm. *Schlosser)* = IPRax 1985, 152 (mit krit. Anm. *Basedow* S. 133).
[134] *Kropholler* Rn. 54; *Rauscher/Mankowski* Rn. 36; *Kim* S. 185 f.; *Staehelin* S. 85 ff.; vgl. *Girsberger* IPRax 2000, 87, 89 f.; zur Bindung des Empfängers s. Rn. 46.

richtsstandsklausel, so kommt es darauf an, ob für diese Einbeziehung ein lokaler Handelsbrauch besteht.[135] Zur Wirkung gegen Dritte s. Rn. 49.

7. Gerichtsstandsklausel mit Wirkung für Dritte. Art. 23 verlangt, dass die Formvorschriften grundsätzlich von den Parteien des Rechtsstreits eingehalten werden. **48**

a) Der **Rechtsnachfolger** einer Partei ist dieser gleichzustellen,[136] so dass die Rechtsnachfolge keine Auswirkung auf die Formwirksamkeit hat. Auch Zuständigkeitsvereinbarungen in einem **Vertrag zugunsten Dritter** sind zulässig.[137] Es genügt, wenn die Form im Verhältnis zwischen den Vertragsparteien gewahrt ist. Als Rechtsnachfolger sind auch **Insolvenzverwalter**, Nachlassverwalter und andere Amtswalter anzusehen; sie sind an Gerichtsstandsklauseln der ursprünglichen Parteien gebunden.[138] Eine Wirkung zu Lasten nicht begünstigter Dritter scheidet dagegen aus. Im Einzelnen gilt Folgendes: **48 a**

b) Eine Gerichtsstandsklausel in einem **Konnossement** ist auch gegenüber dem Drittinhaber, also dem **Empfänger der Ware**, der selbst keine Gerichtsstandsvereinbarung getroffen hat, wirksam. Voraussetzung dafür ist nach der Rspr. des EuGH aber,[139] dass die Gerichtsstandsklausel zwischen dem Befrachter und dem Verfrachter gültig ist und der Drittinhaber nach dem anwendbaren nationalen Recht mit dem Erwerb des Konnossements in die Rechte und Pflichten des Befrachters eingetreten ist.[140] Nach deutschem Recht ist der Empfänger freilich „konstruktiv" nicht Rechtsnachfolger des Befrachters. Der EuGH verlangt in solchen Fällen eine Zustimmung des Konnossementsinhabers zur Gerichtsstandsklausel.[141] Da nach der Neufassung des Art. 23 Abs. 1 S. 3 lit. c) die Einhaltung internationaler Handelsbräuche zur Formwirksamkeit ausreicht, sind Gerichtsstandsklauseln in Konnossementen aber nach deutschem Recht jedenfalls dann für den Empfänger als bindend anzusehen, wenn dieser aus dem Konnossement geltend macht.[142] Gegenüber dem Reeder hat die Gerichtsstandsklausel im Konnossement nur dann Wirkung, wenn dieser am Konnossement mitgewirkt oder der Gerichtsstandsklausel nachträglich zugestimmt hat.[143] **49**

c) **Trustbedingungen.** Art. 23 Abs. 4 stellt schriftliche Trustbedingungen einer Vereinbarung gleich (s. o. Rn. 17). Zugleich enthält die Regel einen weiteren Fall der Wirkungserstreckung gegenüber Dritten. Da ein Trust durch einseitiges Rechtsgeschäft begründet werden kann, nimmt in diesem Fall weder der trustee noch der Begünstigte an der Aufstellung der Gerichtsstandsklausel teil.[144] **50**

d) **Versicherungsverträge.** Auch Art. 13 Nr. 2 sieht eine Wirkungserstreckung gegenüber Dritten vor. In Versicherungsverträgen können durch Vereinbarung mit dem Versicherungsnehmer Gerichtsstandsvereinbarungen auch **zugunsten** von Versicherten oder Begünstigten, die nicht mit ihm personengleich sind, getroffen werden, ohne dass diese am Abschluss beteiligt sein müssten.[145] Die begünstigten Dritten können sich auf die Gerichtsstandsklausel berufen, wenn sie ihr zwar nicht ausdrücklich durch ihre Unterschrift zugestimmt haben, aber „das Schriftformerfordernis ... im Verhältnis zwischen dem Versicherer und dem Versicherungsnehmer eingehalten worden und die Zustimmung des Versicherers zu der genannten Klausel klar zum Ausdruck gekommen ist".[146] **51**

IV. Grenzen der Zulässigkeit von Gerichtsstandsvereinbarungen

1. Bestimmtheitsgrundsatz. a) Rechtsverhältnis. Nach dem ausdrücklichen Wortlaut des Art. 23 muss sich die Vereinbarung entweder auf eine bereits entstandene Rechtsstreitigkeit oder auf **52**

---

[135] *Schlosser* Rn. 28.
[136] EuGHE 2000, I-9374 = NJW 2001, 501; BayObLG ZIP 2001, 1564; *Kropholler* Rn. 64; *Gebauer* IPRax 2001, 471; *Jungermann* S. 74 ff., 79 ff., 193 ff.
[137] *Geimer* NJW 1985, 533; MünchKommBGB/*Gottwald* § 328 Rn. 101; *Rauscher/Mankowski* Rn. 43 b; *Jungermann* S. 84 f., 131 ff., 137 ff., 164 ff.; enger *Geimer/Schütze*, EuZVR, S. 204 f. (nur Erweiterung, keine Lastwirkung) und Hk-ZPO/*Dörner* Rn. 44.
[138] Zustim. Reithmann/Martiny/Hausmann Rn. 3074.
[139] EuGHE 1984, 2417 = RIW 1984, 909 = IPRax 1985, 152; zust. *Geimer* NJW 1985, 534; *Schlosser* RIW 1984, 914.
[140] EuGHE 1984, 2417, 2435 (Rz. 26); EuGHE 1999, I-1597 = EuZW 1999, 441 *(Haß)* = WM 1999, 1187 (Rz. 41) = ZZPInt. 4 (1999), 233 *(Adolphsen);* vgl. *Jungermann* S. 218 ff.
[141] EuGHE 2000, I-9374 = NJW 2001, 501, 502 (Rz. 22 ff.).
[142] BGH RIW 2007, 312, 313 = NJW 2007, 2036, 2038; *Kropholler* Rn. 62, 67; *Kropholler/Pfeifer*, FS Nagel, 1987, S. 157, 164 f.; *Stöve* S. 162 ff.; *Nagel/Gottwald* § 3 Rn. 162.
[143] BGH RIW 2007, 312, 314.
[144] *Kropholler* Rn. 68; *Rauscher/Mankowski* Rn. 49.
[145] EuGHE 1983, 2503, 2518 (Rz. 1) = IPRax 1984, 259 (dazu *Hübner* S. 237).
[146] EuGHE 1983, 2503, 2517 (Rz. 20).

künftige Rechtsstreitigkeiten, die aus einem bestimmten Rechtsverhältnis resultieren, beziehen. Dadurch soll verhindert werden, dass eine Partei überraschenderweise in einem Vertrag die Zuständigkeit eines Gerichts für Rechtsstreitigkeiten begründet, die mit diesem Vertrag nichts zu tun haben.[147] Für andere Streitigkeiten als die, die aus dem Vertrag unmittelbar entstehen, ist die Klausel nur wirksam, wenn die diesen Streitigkeiten zugrundeliegenden Rechtsverhältnisse zum Zeitpunkt der Vereinbarung nach Art und Gegenstand hinreichend bestimmbar sind.[148] Das Rechtsverhältnis braucht noch nicht zu bestehen. Bestimmt ist es, wenn die Vereinbarung im Rahmen laufender Geschäftsbeziehungen (innerhalb eines Rahmenvertrages) wiederkehrende Geschäfte erfassen soll.[149]

53 Inwieweit eine Gerichtsstandsvereinbarung konkurrierende Ansprüche erfassen soll, ist durch Auslegung zu ermitteln.[150] Bei Anwendbarkeit deutschen Rechts ergreifen Prorogation bzw. Derogation stets konkurrierende **vertragliche und deliktische Ansprüche**.[151]

54 Die Gerichtsstandsvereinbarung gilt (ähnlich wie bei Art. 5 Nr. 1 (s. dort Rn. 3)) auch für **Streitigkeiten über die** Wirksamkeit oder **Unwirksamkeit des Vertrages**, in dem die Vereinbarung enthalten ist.[152]

55 **b) Gericht.** Grundsätzlich muss sich das zuständige Gericht aus der Gerichtsstandsklausel bestimmen lassen.[153] Die Parteien können jedoch auch wirksam eine Vereinbarung dahin treffen, dass zwei oder mehrere Gerichte alternativ zur Entscheidung über mögliche Rechtsstreitigkeiten berufen sein sollen, insbesondere dass jede Partei nur vor den Gerichten ihres Heimatstaates verklagt werden kann.[154] Auch einseitig begünstigende Gerichtsstandsvereinbarungen sind grundsätzlich gültig.[155] Diese Auslegung über den Wortlaut des Art. 23 hinaus ist nach dem Grundsatz der Parteiautonomie gerechtfertigt.[156] Das Gleiche gilt für eine Vereinbarung, dass die Gerichte am Wohnsitz des jeweiligen Klägers zuständig sein sollen.[157] Die Bestimmung des Gerichtsstands kann aber nicht einer Partei allein überlassen bleiben.[158]

56 **c) Keine Bestimmung des örtlich zuständigen Gerichts.** Wirksam ist auch die bloße Vereinbarung der internationalen Zuständigkeit. Das örtlich zuständige Gericht ist dann nach dem nationalen Verfahrensrecht des prorogierten Staates zu bestimmen.[159] Fehlt nach diesem Recht ein Anknüpfungspunkt für die örtliche Zuständigkeit, so ist umstritten, ob die Vereinbarung deshalb unwirksam ist, wenn nicht die Parteien nachträglich eine Ortsbestimmung treffen. Die Gegenansicht will die Vertragsstaaten völkerrechtlich verpflichten, für die Begründung einer örtlichen Zuständigkeit zu sorgen.[160] Die erste Lösung ignoriert den erklärten Willen der Parteien, die Gerichte eines Staates für international zuständig zu erklären, was nach dem Wortlaut des Art. 23 möglich sein muss. Der letzte Ansatz hilft nur teilweise weiter, da diese Autoren nicht sagen, was hinsichtlich einer Vereinbarung geschehen soll, solange ein Staat diese Verpflichtung nicht erfüllt hat. Richtig erscheint es daher, zwar grundsätzlich die Verpflichtung der Mitgliedstaaten, ein örtlich zuständiges Gericht zur Verfügung zu stellen, zu bejahen. Fehlt aber ein solches örtlich zuständiges Gericht, so ist auf eine örtliche Ersatzzuständigkeit, etwa am Wohnsitz der einen Partei oder am Sitz der Regierung abzustellen.[161]

57 **2. Prorogationsbeschränkungen in der EuGVO. a)** In **Versicherungs-, Verbraucher- und Arbeitssachen** entziehen die Art. 13, 17 und 21 die internationale Zuständigkeit zum Schut-

---

[147] EuGHE 1992, I-1745 = IPRax 1993, 32, 34 (Rz. 31).
[148] OLG Oldenburg IPRax 1999, 458, 459 (dazu *Kindler/Haneke* S. 435, 436); *Kropholler* Rn. 70; *Reithmann/Martiny/Hausmann* Rn. 3043.
[149] *Reithmann/Martiny/Hausmann* Rn. 3044; *Geimer/Schütze*, EuZVR, Rn. 158; weiter *Schlosser* Rn. 13.
[150] *Rauscher/Mankowski* Rn. 62; *Gebauer/Wiedmann* Kap. 26 Art. 122.
[151] OLG München RIW 1989, 901, 902; *Rauscher/Mankowski* Rn. 62a; *Geimer/Schütze*, EuZVR, Rn. 206; *Magnus/Mankowski/Magnus* Rn. 151 (im Zweifel).
[152] EuGHE 1997 I-3767, 3796, 3799 (Rz. 21, 32) = JZ 1998, 896 *(Mankowski)*; BGH NJW 2006, 1672, 1673; *Rauscher/Mankowski* Rn. 63.
[153] *Kropholler* Rn. 71; *Reithmann/Martiny/Hausmann* Rn. 3046.
[154] EuGHE 1978, 2133, 2143 Nr. 1 = NJW 1979, 1100 (LS) = RIW 1978, 814; EuGHE 2000, I-9337, 9344 = NJW 2001, 501; BGH NJW 1979, 2477 = RIW 1979, 713; *Reithmann/Martiny/Hausmann* Rn. 3049; *Kropholler* Rn. 73.
[155] *Weigel/Blankenheim* WM 2006, 664, 665.
[156] EuGHE 1978, 2133, 2141 Rz. 5 = NJW 1979, 1110 (LS).
[157] LG Frankfurt RIW 1986, 543; *Kropholler* Rn. 74; aA LG Wiesbaden IPRspr. 1978 Nr. 146.
[158] LG Braunschweig IPRspr. 1974 Nr. 174; *Kropholler* Rn. 65ff.
[159] LG Mainz WM 2006, 2319, 2322; *Kropholler* Rn. 76; *Reithmann/Martiny/Hausmann* Rn. 3050; *Nagel/Gottwald* § 3 Rn. 133.
[160] *Geimer* WM 1976, 832; *Geimer/Schütze*, EuZVR, Rn. 146.
[161] *Kohler* IPRax 1983, 265, 268 f.; *Kropholler* Rn. 78; *Reithmann/Martiny/Hausmann* Rn. 3050.

ze des sozial Schwächeren grundsätzlich der Parteidisposition und lassen nur einzeln aufgeführte Ausnahmen zu. **Art. 23 Abs. 5** stellt deklaratorisch nochmals klar, dass die in den Art. 13, 17, 21 und 22 vorgesehenen Prorogationsbeschränkungen allgemeine Gültigkeit haben. Zum Anwendungsbereich des Derogationsverbots s. Rn. 12. Danach zulässige Vereinbarungen müssen die Formerfordernisse des Art. 23 Abs. 1 erfüllen.[162] Doch kann die Zuständigkeit auch nachträglich durch rügelose Einlassung begründet werden (s. Art. 24 Rn. 3).

b) Ausschließliche Zuständigkeiten nach **Art. 22** können nicht abbedungen werden (s. Art. 22 **58** Rn. 1). Da hiervon nur die internationale Zuständigkeit betroffen ist, können die Parteien Vereinbarungen über die örtliche Zuständigkeit nach dem jeweiligen nationalen Recht treffen.[163]

3. Inhaltsschranken. a) Nach Art. 23 braucht zwischen dem streitigen Rechtsverhältnis und **59** dem vereinbarten Gericht **kein objektiver Zusammenhang** zu bestehen.[164] Das gegenteilige Erfordernis nach Art. 15 des Haager Übereinkommens über Gerichtsstandsvereinbarungen vom 25. 11. 1965[165] ist nicht übernommen worden. Die Parteien sind daher frei, die Zuständigkeit eines „neutralen" Gerichtsstaates zu vereinbaren. Anders als nach Art. 19 des Haager Übereinkommens über Zuständigkeitsvereinbarungen vom 30. 6. 2005[166] kann sich auch kein Mitgliedsstaat vorbehalten, Klagen, die zu ihm keine sachliche Verbindung haben, abzuweisen.

b) Missbrauchskontrolle. Art. 23 enthält anders als Art. 4 Abs. 3 des Haager Übereinkommens **60** über Gerichtsstandsvereinbarungen vom 5. 11. 1965 oder als Art. 5 Abs. 2 Schweizer IPRG 1987 keine Missbrauchskontrolle. Nach Art. 4 Abs. 3 Haager Übk. ist eine Vereinbarung unwirksam oder anfechtbar, die durch Missbrauch wirtschaftlicher Macht oder anderer unlauterer Mittel erzielt wurde. Nach Art. 5 Abs. 2 schweiz. IPRG ist eine Gerichtsstandsklausel unwirksam, die einer Partei missbräuchlich einen schweizerischen Gerichtsstand entzieht. Diese Regeln sind bewusst nicht in das europäische Recht übernommen worden. Als abschließendes Gemeinschaftsrecht verdrängt Art. 23 alle nationalen Prorogationsbeschränkungen (s. u. Rn. 62ff.).[167] Eine Prüfung der Angemessenheit der Gerichtsstandsklausel, der vom Verwender verfolgten Ziele und der Folgen für das anwendbare materielle Haftungsrecht ist daher ausgeschlossen.[168] Dies wird teilweise zu Unrecht mit der Begründung bestritten, die EuGVO habe Besonderheiten einzelner Rechtsgebiete nicht geregelt. Denn aus der Einfügung des Art. 17 Abs. 5 in das Luganer Übereinkommen ergibt sich, dass das LugÜ und die nachfolgenden europäischen Regeln jenseits der Formanforderungen bewusst auf eine spezielle europäische Missbrauchskontrolle verzichten.[169] Gleichwohl ist daran zu denken auch nach der EuGVO der **Gültigkeit einer Einigung inhaltliche Grenzen** zu setzen. Zur rechtsfortbildenden Entwicklung eines solchen Maßstabes ist es auch berechtigt, die zu den § 1025 Abs. 2 ZPO aF, § 138 BGB entwickelten Anforderungen an Schiedsvereinbarungen als immanente Schranken auch im Rahmen des Art. 23 heranzuziehen.[170] Hierfür spricht aber nicht, dass der EuGH zum Verbraucherschutz nach der Klauselrichtlinie 93/13/EWG eine Missbrauchskontrolle einer Gerichtsstandsklausel anerkannt hat.[171] Denn der prozessuale Verbraucherschutz ist nunmehr insoweit abschließend durch Art. 17 Nr. 1 EuGVO verwirklicht. Nach Ansicht des OLG München darf dem Handelsvertreter der durch die Art. 17, 18 der Richtlinie 86/653/EWG garantierte Schutz nicht durch eine Gerichtsstands- oder Schiedsvereinbarung entzogen werden.[172]

4. Arbeitsverträge. Gerichtsstandsvereinbarungen in Arbeitsverträgen sind nunmehr in **61** Art. 21 Nr. 1 EuGVO geregelt.

---

[162] OLG Koblenz RIW 1987, 144, 145 ff.; *Reithmann/Martiny/Hausmann* Rn. 3054; zur Wirkung zugunsten Dritter s. Rn. 43 ff.
[163] *Kropholler* Rn. 85; *Reithmann/Martiny/Hausmann* Rn. 3052.
[164] EuGHE 1999, I-1597 (Rz. 50) = IPRax 2000, 119 (dazu *Girsberger* S. 87); EuGHE 1980, 89, 97 (Rz. 4) = IPRax 1981, 89, 91 (dazu *Spellenberg* S. 75); *Geimer/Schütze*, EuZVR, Rn. 151, 177; *Rauscher/Mankowski* Rn. 12c; *F. Sandrock* S. 275 ff.
[165] Abgedruckt in Am. J. Comp. L. Bd. 13 (1964), 629.
[166] Franz. Text in JDI 133 (2006), 419.
[167] Vgl. *Gottwald*, FS Firsching, 1985, S. 89, 103 ff.; *Kropholler* Rn. 19; *Häuser/Welter* WM 1985, Sonderbeil. 8, S. 13; krit. *Wagner* S. 379 f. (ordre public).
[168] EuGHE 1999, I-1597 = WM 1999, 1187 Rz. 51 f.; LG Mainz WM 2006, 2319, 2322 f.
[169] LG Mainz WM 2006, 2319, 2323; *Geimer/Schütze*, EuZVR, Rn. 181.
[170] *Kropholler* Rn. 89; *Czernich/Tiefenthaler* Rn. 65; *Rauscher/Mankowski* Rn. 12 f.; *Schlosser* Rn. 31; *Wieczorek/Hausmann* Rn. 75; *Leible/Röder* RIW 2007, 481; gegen eine ungeschriebene Missbrauchskontrolle *Weigel/Blankenheim* WM 2006, 664, 666 f.; *Gottschalk/Breßler* ZEuP 2007, 56, 75 ff.
[171] EuGHE 2000, I-4941 *(Océano)* = NJW 2000, 2571 = JZ 2001, 245 *(Schwartze)* = IPRax 2001, 128 (dazu *Hau* S. 96); vgl. *Thomas/Putzo/Hüßtege* Rn. 18; *Staudinger/Coester* (2006) § 307 BGB Rn. 67, 72 ff.; *Leible* RIW 2001, 422; krit. *Borges* RIW 2000, 933.
[172] OLG München IPRax 2007, 322 (dazu *Rühl* S. 294).

EuGVO Art. 23 62–66   B. Europäisches Zivilprozessrecht

62   **5. See- und Transportrecht. a)** Da Art. 23 eine abschließende materielle Regelung der Prorogation enthält, kann auch im **Seefrachtrecht** nicht auf zwingendes nationales Recht, wie etwa § 662 HGB oder Art. 91 belgisches Seegesetz zurückgegriffen werden.[173] Allerdings gilt dies nur bis zum Inkrafttreten des Hamburger UN-Übereinkommens über die Beförderung von Gütern auf See von 1978,[174] da dieses gemäß Art. 71 Abs. 1 EuGVO Vorrang hätte. In seinen Art. 21 und 23 stellt es mehrere Gerichtsstände zwingend zur Wahl und lässt Gerichtsstandsvereinbarungen erst nach dem Entstehen einer Streitigkeit zu.[175]

63   **b)** Vorrangig (Art. 71 Abs. 1 EuGVO) zu beachten sind auch die Prorogationsbeschränkungen in den anderen internationalen **Transportübereinkommen:** (1) in Art. 31 Abs. 1, 41 Abs. 1 des Übereinkommens über den Beförderungsvertrag im internationalen Straßengüterverkehr 1956 (CMR); (2) in Art. 1, 2 des Übereinkommens über die zivilrechtliche Zuständigkeit bei Schiffszusammenstößen 1952; (3) in Art. 33 Abs. 1 Montrealer Übereinkommen zur Vereinheitlichung bestimmte Vorschriften über die Beförderung im internationalen Luftverkehr von 1999; (4) nach Art. 9 des Übereinkommens über die Personenbeförderung auf See von 1961; (5) nach Art. 17 Athener Übereinkommen über die Passagier- und Gepäckbeförderung auf See 1974; und (6) Art. 13 des Übereinkommens über die Haftung für Passagiergepäck zur See 1967.[176]

V. Verhältnis zum nationalen Recht

64   **1. Prorogationsschranken der ZPO.** Innerhalb seines Anwendungsbereichs ist Art. 23 lex specialis zu den §§ 38, 40 ZPO,[177] da die Verordnung Vorrang vor dem nationalen Recht genießt (Art. 48 Abs. 2 EGV).

Die Zulässigkeit, die Form und die Wirkungen einer Gerichtsstandsvereinbarung bestimmen sich daher im Anwendungsbereich des Art. 23 ausschließlich nach dieser Norm. Sowohl die Formfreiheit für Kaufleute nach § 38 Abs. 1 ZPO als auch die Einschränkung der Prorogationsfreiheit des § 38 Abs. 2 S. 3 ZPO sind insoweit nicht anwendbar.

65   **2. AGB-Kontrolle.** Ist deutsches Recht Vertragsstatut, so soll nach älteren Stellungnahmen auch gegenüber einer „europäischen" Gerichtsstandsvereinbarung eine Einbeziehungs- und Inhaltskontrolle der Gerichtsstandsabrede nach §§ 305c Abs. 1, 307 BGB stattfinden.[178] Eine solche Überprüfung scheidet jedoch aus, da die EuGVO die Inhaltsanforderungen an Gerichtsstandsvereinbarungen selbst abschließend regelt.[179] Auch §§ 305, 305a BGB finden keine Anwendung, da Art. 23 Abs. 1 mit seiner Verbindung von Form und Vereinbarung eigene Einbeziehungsvoraussetzungen enthält.[180]

66   **3. Sonstige nationale Schutznormen.** Auch sonstige nationale Prorogationsschranken werden durch die EuGVO verdrängt und sind in ihrem Anwendungsbereich unbeachtlich.[181] Dies gilt auch für § 53 Abs. 3 KWG und §§ 87 Abs. 1, 130 Abs. 2 GWB nF.[182] Aus der Gefahr der Umgehung international zwingend anwendbarer materieller Normen kann kein Derogationsverbot in der EU abgeleitet werden.[183] Auch nationale Regeln über die Verwendung bestimmter Sprachen beschränken mittelbar die Freiheit der Zuständigkeitsvereinbarung und sind daher im Anwendungsbereich des Art. 23 unbeachtlich.[184]

---

[173] In deutscher Übersetzung abgedruckt in European Transport Law 14 (1979), 533 ff.
[174] Vgl. *Basedow* Hdb. IZVR Bd. I Kap. II Rn. 159; *Rauscher/Mankowski* Rn. 12b.
[175] Vgl. *Schaps/Abraham*, Seerecht, Seehandelsrecht, 2. Teil, 4. Aufl. 1978.
[176] Vgl. *Schaps/Abraham*, Seerecht, Seehandelsrecht, 2. Teil, 4. Aufl. 1978.
[177] EuGHE 1979, 3423 = NJW 1980, 1218 (LS); BGH NJW 1980, 2022; OLG München NJW 1982, 1951; OLG Bamberg NJW 1977, 505; OLG München RIW 1981, 848; *Roth* ZZP 93 (1980), 156, 160 f.
[178] OLG Düsseldorf NJW-RR 1989, 1330; *Landfermann* RIW 1977, 448; *Wolf*, in: *Wolf/Horn/Lindacher*, AGBG, 4. Aufl. 1999, § 9 Rn. G 135.
[179] *Geimer/Schütze*, EuZVR, Rn. 72; *Gottwald*, FS Firsching, 1985, S. 89, 103; *Rauscher/Mankowski* Rn. 12; *Staudinger/Coester* (2006) § 307 BGB Rn. 470; aA *M. Wolf* JZ 1989, 695, 696.
[180] *Rauscher* ZZP 104 (1991), 271, 297.
[181] EuGHE 1999, I-1597, I-1597, 1656 = IPRax 2000, 111 (dazu *Girsberger* S. 87); *Geimer/Schütze*, EuZVR, Rn. 69 ff.; vgl. *Häusser/Welter* WM 1985, Sonderbeil. 8 (zu Börsentermingeschäften).
[182] *Kropholler* Rn. 22; zust. *Geimer/Schütze*, EuZVR, Rn. 71; *Langen/Bunte/Bornkamm*, Kommentar zum Kartellrecht, Bd. 1, 10. Aufl. 2006, § 87 Rn. 37; *Langen/Bunte/Stadler* § 130 Rn. 210; aA *Immenga/Mestmäcker/Rehbinder* GWB, Bd. 3, Aufl. 2001, § 130 Abs. 2 Rn. 259; unklar *Loewenheim/Meessen/Riesenkampff/Stockmann* Kartellrecht, Bd. 2, 2006, § 130 Rn. 82, 87.
[183] *Schlosser* Rn. 32.
[184] EuGHE 1981, 1671 = RIW 1981, 709 = NJW 1982, 507 (LS).

VI. Wirkungen

1. Zuständigkeit der prorogierten Gerichte. Inhalt und Reichweite einer Gerichtsstandsvereinbarung werden primär durch den Parteiwillen festgelegt.[185] Eine Vereinbarung für alle Streitigkeiten aus der Erfüllung eines Vertrages und seiner Auslegung erfasst regelmäßig auch konkurrierende gesetzliche, insbesondere deliktische Ansprüche. Denn andernfalls könnte eine als ausschließlich intendierte Prorogation häufig unterlaufen werden.[186] Das Gericht ist an die Gerichtsstandsvereinbarung gebunden und darf sich darüber nicht mit forum non conveniens-Überlegungen hinwegsetzen (s. o. Art. 2 Rn. 9). Das prorogierte Gericht ist auch zuständig, über eine Klage auf Feststellung der Wirksamkeit oder Unwirksamkeit des Vertrages zu entscheiden, in dem die Zuständigkeitsvereinbarung enthalten ist.[187] Nicht erfasst sind dagegen vollstreckungsrechtliche Klagen (§§ 767, 771 ZPO); für sie gilt Art. 22 Nr. 5. 67

Gemäß Art. 23 Abs. 1 S. 2 begründet eine Prorogation im Zweifel eine **ausschließliche Zuständigkeit.** Sie verdrängt dann andere Gerichtsstände der EuGVO, zB nach Art. 5 Nr. 1, 6 Nr. 1 oder 2. Die Parteien können aber abweichend eine zusätzliche Zuständigkeit vereinbaren, die lediglich konkurrierend neben die gesetzlichen Gerichtsstände der Verordnung tritt. 68

Was der Kläger darlegen muss, um sich auf eine Gerichtsstandsvereinbarung berufen zu können, richtet sich nach dem nationalen Recht des angerufenen Gerichts. In Deutschland ist danach die schlüssige Darlegung eines von der Vereinbarung erfassten Anspruchs erforderlich, aber auch ausreichend.[188] 69

2. Bindung des derogierten Gerichts. Klagt eine Partei entgegen der Vereinbarung vor dem derogierten Gericht eines Mitgliedsstaats, so prüft dieses die Wirksamkeit der Vereinbarung auf Rüge des Beklagten.[189] Eine Kompetenz-Kompetenz des (angeblich) vereinbarten Gerichts zur Entscheidung über die Wirksamkeit der Vereinbarung besteht nicht.[190] Hält das angerufene Gericht die Vereinbarung zu einem anderen Gericht für wirksam und lässt der Beklagte sich nicht gemäß Art. 24 rügelos auf das Verfahren ein, hat es sich für unzuständig zu erklären (Art. 26 Abs. 1).[191] Hält es sie für unwirksam, sich selbst aber für zuständig, so wird das Verfahren ohne Rücksicht auf die angebliche Gerichtsstandsvereinbarung fortgesetzt. Dagegen kann dem Kläger die Prozessführung vor dem derogierten Gericht nicht durch einstweilige Verfügung durch das vereinbarte Gericht untersagt werden (s. Art. 27 Rn. 18). Aus sec. 32 des UK Civil Jurisdiction and Judgments Act 1982 kann sich nichts anderes ergeben. Nach dessen Abs. 1 werden prorogationswidrige Urteile eines „Übersee-Staates" nicht im Vereinigten Königreich anerkannt; diese Regel gilt nach Abs. 4 aber nicht, soweit Urteile nach der EuGVO anzuerkennen sind. Art. 35 Abs. 1 EuGVO sieht aber keine Amtsprüfung einer Gerichtsstandsabrede im Anerkennungsstadium vor. 70

Nach Klageerhebung vor dem vereinbarten Gericht muss das später angerufene, derogierte Gericht sein Verfahren aussetzen, bis die Zuständigkeit des angerufenen Gerichts feststeht; danach hat es die Klage ohne Sachprüfung abzuweisen.[192] Die Entscheidungen des derogierten bzw. prorogierten Gerichts sind gemäß Art. 32 ff. im jeweils anderen Staat anzuerkennen.

3. Aufrechnung. Die Aufrechnung ist **bloßes Verteidigungsmittel** und keine Widerklage (s. o. Art. 6 Rn. 17). Da das Gericht aber über die Aufrechnungsforderung mit Rechtskraftwirkung (§ 322 Abs. 2 ZPO) entscheidet, stellt sich die Frage, ob die Aufrechnungsforderung doch ähnlich wie eine Widerklage zu behandeln ist und daher die internationale Zuständigkeit für die Gegenforderung voraussetzt. Im Rahmen des Art. 23 ist daher zu entscheiden, ob der Derogation eines inländischen Gerichtsstandes durch die ausschließliche Vereinbarung eines ausländischen Gerichtsstandes zugleich ein Aufrechnungsverbot zu entnehmen ist. 71

a) Der Kläger ist aber nur gegen eine Verteidigung mit einer streitigen Forderung zu schützen. Mit einer **rechtskräftig festgestellten** oder einer **unstreitigen Forderung** kann der Beklagte daher in jedem Fall aufrechnen.[193] Gleiches gilt bei **rügeloser Einlassung** des Klägers auf die zur Aufrechnung gestellte Gegenforderung (s. u. Art. 24 Rn. 2). 72

---

[185] EuGHE 1986, 1951, 1962 (Rz. 14) = IPRax 1987, 105 (dazu *Gottwald* S. 81).
[186] *v. Falkenhausen* RIW 1983, 420; für Unabhängigkeit konkurrierender deliktischer Ansprüche dagegen OLG Hamburg RIW 1982, 469; Cour d'Appel de Paris RIW 1989, 569 (m. krit. Anm. *Sterzing*).
[187] EuGHE 1997, I-3788, 3798 (Rz. 30) = RIW 1997, 775.
[188] BGH RIW 2004, 228, 229; BGH RIW 2004, 387.
[189] *Reithmann/Martiny/Hausmann* Rn. 3083; *Thomas/Putzo/Hüßtege* Rn. 22.
[190] *Mankowski* JZ 1999, 898, 900 f.
[191] *Geimer/Schütze*, EuZVR, Rn. 216; *Thomas/Putzo/Hüßtege* Rn. 22.
[192] *Reithmann/Martiny/Hausmann* Rn. 3084.
[193] *Reithmann/Martiny/Hausmann* Rn. 3088.

73 b) War die **Aufrechnungsforderung streitig,** so sollte nach der früheren Rechtsprechung des EuGH durch **Auslegung der Gerichtsstandsvereinbarung** ermittelt werden, ob ihr ein Aufrechnungsverbot zu entnehmen ist, oder ob die Aufrechnung im Einklang mit Sinn und Zweck der Vereinbarung steht.[194] Insoweit war es unerheblich, ob die Aufrechnungsforderung mit der Klageforderung in konnexem Zusammenhang stand oder nicht.[195] Außerdem hat der EuGH entschieden, dass eine Vollstreckungsabwehrklage nicht mit einer (streitigen) Aufrechnung mit einer Forderung begründet werden kann, die selbständig vor Gerichten eines anderen Mitgliedsstaats einzuklagen wäre.[196]

Im Urteil vom 13. 7. 1995 hat der EuGH dann aber erkannt, dass die Aufrechnung bloßes Verteidigungsmittel und keine Widerklage ist. Art. 6 Nr. 3 könne nicht analog angewandt werden, vielmehr regle die EuGVO überhaupt nicht, welche Verteidigungsmittel unter welchen Voraussetzungen im Verfahren geltend gemacht werden können; dies sei ausschließlich eine Frage des nationalen Rechts.[197]

Welche Schlussfolgerung hieraus für das deutsche Recht zu ziehen ist, ist zweifelhaft. Manche folgern aus der Entscheidung des EuGH, dass die nationalen Gerichte frei seien, ob sie eine internationale Zuständigkeit des erkennenden Gerichts für die Gegenforderung verlangen.[198] Folgt man dem, so wären die Grenzen für die Zuständigkeit der internationalen Prozessaufrechnung auch im EuGVO-Bereich dem autonomen Prozessrecht zu entnehmen, so dass die Aufrechnung mit streitigen Gegenforderungen analog § 33 ZPO generell auf **konnexe Ansprüche** beschränkt wäre.[199] ME ist diese Argumentation aber nicht stichhaltig. Denn wenn der EuGH die Analogie zur Widerklage verwirft und die Aufrechnung als bloßes Verteidigungsmittel einordnet, können auch nur Regeln über Verteidigungsmittel angewandt werden. Für die nationale Prozessaufrechnung gibt es aber kein Zuständigkeits- und Konnexitätserfordernis. § 145 Abs. 3 ZPO sieht bei inkonnexen Gegenforderungen lediglich die Befugnis des Gerichts zur Abtrennung und zum Erlass eines Vorbehaltsurteils vor. Hieraus folgt, jedenfalls für den EuGVO-Bereich, dass die Prozessgerichte für die aufgerechnete Gegenforderung des Beklagten international nicht zuständig sein müssen.[200] Entsprechend besteht **kein gesetzliches Aufrechnungsverbot** kraft nationalen Prozessrechts, wenn es an einer internationalen Zuständigkeit für die Aufrechnungsforderung fehlt.

74 c) Allerdings können die Parteien die Aufrechnung auch durch **vertragliche Vereinbarung** ausschließen. Insoweit legt der BGH[201] die Vereinbarung eines ausländischen Gerichtsstands regelmäßig dahin aus, dass sie nach dem Parteiwillen ein Aufrechnungsverbot beinhaltet. Dieses Ergebnis widerspricht aber dem Interesse der Parteien an einer ökonomischen Prozessführung und dem Gebot der Waffengleichheit der Parteien.[202] Zu bedenken ist dabei, dass die Möglichkeit eines set-off in England als ein reines für den Hauptprozess wesentliches Verteidigungsmittel verstanden wird, das dem Beklagten stets zur Verfügung steht.[203] Deshalb sollte man (ungeachtet der Nichtregelung durch die EuGVO) eine möglichst EU-einheitliche Auslegung finden. Soweit die Vereinbarung daher keine direkte Aussage zur Aufrechnungsbefugnis enthält, sollte aus ihr im Zweifel kein Aufrechnungsverbot abgeleitet werden.[204] Ergibt die Prüfung das Vorliegen eines Aufrechnungsverbots, so

---

[194] Vgl. EuGHE 1978, 2133, 2142, 2143 (Rz. 9) = RIW 1978, 814 = NJW 1979, 111 (L); EuGHE 1985, 787, 799 (Rz. 25) = NJW 1985, 2893 (LS); *Kannengießer* S. 145 ff.
[195] Vgl. EuGHE 1978, 2133, 2143 (Rz. 9 aE); EuGHE 1985, 787, 799 (Rz. 25).
[196] EuGHE 1985, 2267 = NJW 1985, 2892 = IPRax 1986, 232 (dazu *Geimer* S. 208).
[197] EuGHE 1995, I-2053 = NJW 1996, 42, 43 = IPRax 1997, 114 (dazu *Philip* S. 97) = ZZP 109 (1996), 373 *(Mankowski); Bacher* NJW 1996, 2140; vgl. *Kannengießer* S. 147 f.
[198] So *Jayme/Kohler* IPRax 1995, 343, 349; *Schlosser* Art. 2 Rn. 15; *Geimer/Schütze/Auer*, IRV, EuGVO Art. 6 Rn. 74.
[199] BGH NJW 1993, 2753; zust. Hk-ZPO/*Dörner* Rn. 28; wohl auch *Rauscher/Mankowski* Rn. 68; krit. dazu *Leipold* ZZP 107 (1994), 216; *Geimer* IPRax 1994, 82.
[200] Ebenso LG Köln EWiR Art. 6 EuGVÜ 1 (9), S. 511; *Coester-Waltjen* FS G. Lüke, 1997, S. 35, 48; *Gebauer/Wiedmann* Kap. 26 Rn. 124; *Reithmann/Martiny/Hausmann* Rn. 3090; *H. Roth* RIW 1999, 819, 822 f.; *Thomas/Putzo/Hüßtege* Art. 24 Rn. 7; *Czernich/Tiefenthaler* Rn. 76; *Kannengießer* S. 144 ff., 181.
[201] BGH NJW 1979, 2477, 2478; im Ergebnis wohl auch *Eickhoff*, Internationale Gerichtsbarkeit und internationale Zuständigkeit für Aufrechnung und Widerklage, 1985, S. 185.
[202] Vgl. EuGHE 1985, 787, 799; *Gottwald* IPRax 1986, 10, 11; *Pfaff* ZZP 96 (1983), 334.
[203] Vgl. *Kaye* S. 652 f.
[204] OLG Hamburg AWD 1973, 101; OLG Hamm MDR 1971, 217; LG Berlin IPRax 1998, 97 (dazu *Gebauer* IPRax 1998, 79, 83); *v. Falkenhausen* RIW 1982, 386, 389; *Geimer/Schütze*, EuZVR, Rn. 194; *Geimer* IPRax 1986, 208, 212; *Gottwald* IPRax 1986, 10, 12; *v. Hoffmann* AWD 1973, 168, 169; *Zöller/Geimer* Rn. 16; wohl auch *Kropholler* Rn. 106.

kann dieses durch rügelose Einlassung des Klägers auf die Aufrechnungsforderung überwunden werden.²⁰⁵

4. Widerklage. Der Gerichtsstand der **Widerklage** (Art. 6 Nr. 3) kann durch Vereinbarung ab- 75 bedungen werden, da die abschließende Ausnahmeregelung des Art. 23 Abs. 5 den Art. 6 Nr. 3 nicht nennt.²⁰⁶ Art. 23 enthält die Vermutung der ausschließlichen Zuständigkeit, schließt also die Widerklage vor einem anderen Gericht aus, sofern die Parteien nichts Abweichendes vereinbart haben.²⁰⁷ Bei Klageerhebung in einem nur dem Kläger wahlweise zustehenden Gerichtsstand kann der Beklagte aufgrund der Bindungswirkung der Vereinbarung dort nicht Widerklage erheben.²⁰⁸ Die Parteien haben es jedoch in der Hand, dem Gericht durch Unterlassung der Zuständigkeitsrüge (gemäß Art. 24) die volle Entscheidungskompetenz zu verschaffen.

5. Interventionsklage, Streitverkündung. Ist ein Gericht durch Vereinbarung derogiert, be- 76 steht seine Zuständigkeit auch nicht gemäß Art. 6 Nr. 2 für eine Gewährleistungs- oder Interventionsklage.²⁰⁹

Zweifelhaft ist, ob für die Streitverkündung dasselbe gilt. Nach autonomem deutschen Recht muss das Gericht, vor dem das Verfahren anhängig ist, gegenüber dem Streitverkündungsempfänger nicht örtlich zuständig sein.²¹⁰ Haben die Parteien freilich die deutsche internationale Zuständigkeit derogiert, so lässt sich die Ansicht vertreten, dass damit auch die Streitverkündung in Deutschland ausgeschlossen ist²¹¹ (s. o. Art. 6 Rn. 9).

6. Einstweiliger Rechtsschutz. Ist kein entgegenstehender Parteiwille ersichtlich, erstrecken 77 sich Gerichtsstandsvereinbarungen auch auf Verfahren des einstweiligen Rechtsschutzes.²¹² Das kraft Vereinbarung unzuständige Gericht kann seine Zuständigkeit jedoch gemäß Art. 31 aus seinem autonomen Recht herleiten. Im deutschen Recht besteht die Besonderheit, dass die Gerichtsstände für Arreste und einstweilige Verfügungen gemäß § 802 ZPO ausschließlich und damit gemäß § 40 Abs. 2 ZPO unabdingbar sind. Da diese Gerichtsstände an das Gericht der Hauptsache (§ 919, 1. Alt.; § 937 Abs. 1 ZPO) bzw. an den Ort der Belegenheit des Vollstreckungsgegenstandes anknüpfen, hängt die Zuständigkeit deutscher Gerichte davon ab, ob entweder ein deutsches Gericht Hauptsachegericht ist oder der Vollstreckungsgegenstand in Deutschland belegen ist.

7. Amtsprüfung. Wegen der Möglichkeit der rügelosen Einlassung (Art. 24) prüft das Gericht 78 das Bestehen einer abweichenden Gerichtsstandsvereinbarung grundsätzlich nur auf Rüge des Beklagten.²¹³ Eine Amtsprüfung findet jedoch nach Art. 26 Abs. 1 statt, wenn der Beklagte sich nicht auf das Verfahren einlässt. Außerdem ist von Amts wegen stets zu prüfen, ob die Vereinbarung gegen Art. 23 Abs. 5 verstößt.²¹⁴

8. Schadensersatz bei prorogationswidriger Klage. Eine prorogationswidrige Klage ist auf 79 Rüge oder auch von Amts wegen als unzulässig abzuweisen. Sofern nach dem nationalen Prozessrecht keine Kosten erstattet werden, erleidet der Prozessgegner durch die Verletzung des Prorogationsvertrages einen Schaden. Deshalb wird im common law und teilweise auch in Deutschland die Ansicht vertreten, wer schuldhaft vertragswidrig klage, mache sich schadensersatzpflichtig.²¹⁵ Nach bisher hM begründet die Gerichtsstandsvereinbarung lediglich eine Zuständigkeit und schließt sie aus, hat aber keinen weitergehenden schuldrechtlichen Inhalt.²¹⁶ Die prorogationswidrige Klage ist danach nicht pflichtwidrig,²¹⁷ sondern hat ausschließlich prozessuale Sanktionen. Einer Partei mit Sitz in einem Staat ohne (prinzipielle) Kostenerstattungspflicht kann nicht unterstellt werden, sie

---

²⁰⁵ EuGHE 1976, 1831 = NJW 1977, 494; EuGHE 1985, 787, 799 (Rz. 25, 27) = NJW 1985, 2893 (LS); vgl. *Dageförde* RIW 1990, 873, 877 ff.
²⁰⁶ *Kropholler* Rn. 98; *Czernich/Tiefenthaler* Rn. 77.
²⁰⁷ *Schlosser* Rn. 40; *Rauscher/Mankowski* Rn. 65.
²⁰⁸ Zum autonomen deutschen Recht BGHZ 52, 30 = NJW 1969, 1536 = AWD 1969, 188; aA *Rauscher* RIW 1985, 889.
²⁰⁹ Cass. Rev. crit. 1983, 405; *Kropholler* Rn. 101; *Schütze* RIW 1985, 966.
²¹⁰ *Stein/Jonas/Bork* § 72 Rn. 11.
²¹¹ *v. Hoffmann/Hau* RIW 1997, 89, 92; *Mansel* ZZP 109 (1996), 61, 74 f.; *Gebauer/Wiedmann* Kap. 26 Rn. 125; aA *Kropholler* Rn. 102.
²¹² *Geimer/Schütze*, EuZVR, Rn. 192; *Kropholler* Rn. 103; *Reithmann/Martiny/Hausmann* Rn. 3093; aA *Schlosser* Rn. 42.
²¹³ *Geimer* WM 1986, 118.
²¹⁴ EuGHE 1986, 1951 = IPRax 1987, 105 (m. Anm. *Gottwald* S. 81).
²¹⁵ *Merrett* LCLQ 55 (2006), 315; *Schlosser*, FS Lindacher, 2007, S. 111 ff.; *Geimer/Schütze*, EuZVR, Rn. 207 f.; *Geimer* IZPR Rn. 1122; zweifelnd *Rauscher/Mankowski* Rn. 74 d ff.
²¹⁶ *Rosenberg/Schwab/Gottwald* § 37 Rn. 24; *Stein/Jonas/Bork* § 38 Rn. 47.
²¹⁷ *Nagel/Gottwald* § 3 Rn. 160; *Schack* IZVR Rn. 772.

habe mit der Gerichtsstandsvereinbarung eine entsprechende Erstattungspflicht bei vertragswidriger Klage übernommen.[218] Allenfalls eine Ersatzpflicht nach § 826 BGB kommt in Betracht.[219] Ohne weiteres zulässig ist es freilich, zusätzlich zum Gerichtsstand einen Kostenerstattungsanspruch für den Fall abredewidriger Klage zu vereinbaren.[220]

Art. 24. Sofern das Gericht eines Mitgliedstaats nicht bereits nach anderen Vorschriften dieser Verordnung zuständig ist, wird es zuständig, wenn sich der Beklagte vor ihm auf das Verfahren einlässt. Dies gilt nicht, wenn der Beklagte sich einlässt, um den Mangel der Zuständigkeit geltend zu machen oder wenn ein anderes Gericht aufgrund des Artikels 22 ausschließlich zuständig ist.

Schrifttum: *Geimer,* Unterwerfung des Beklagten als Basis internationaler Zuständigkeit, FS Rechberger, 2005, S. 155; *Leipold,* Zuständigkeitsvereinbarung und rügelose Einlassung nach dem Europäischen Gerichtsstands- und Vollstreckungsübereinkommen, IPRax 1982, 222; *Mankowski,* Gerichtsstand der rügelosen Einlassung in europäischen Verbrauchersachen?, IPRax 2001, 310; *Th. Richter,* Die rügelose Einlassung des Verbrauchers im europäischen Zivilprozessrecht, NJW 2006, 578; *Sandrock,* Die Prorogation der internationalen Zuständigkeit eines Gerichts durch hilfsweise Sacheinlassung des Beklagten, ZVglRWiss. 78 (1979), 177; *Schütze,* Zur internationalen Zuständigkeit aufgrund rügeloser Einlassung, ZZP 90 (1977), 67; *Schulte-Beckhausen,* Internationale Zuständigkeit durch rügelose Einlassung im Europäischen Zivilprozessrecht, 1994.

I. Zuständigkeit kraft rügeloser Einlassung

1   **1. Bedeutung.** Die rügelose Einlassung vor dem Gericht eines Mitgliedsstaats begründet selbständig dessen Entscheidungskompetenz. Nach Ansicht des EuGH regelt die Bestimmung „die stillschweigende Zuständigkeitsvereinbarung".[1] Für eine rügelose Einlassung kommt es aber nicht darauf an, dass ein entsprechender Wille des Beklagten oder ein Annahmewille des Klägers festgestellt wird, vielmehr folgt die Begründung der Zuständigkeit aus der verfahrensrechtlich wirksamen Einlassung des Beklagten selbst. Die rügelose Einlassung enthält mithin keine konkludente Vereinbarung, sondern beruht auf dem Präklusionsprinzip.[2] Die Regelung des Art. 24 hat große praktische Bedeutung, da sie nachträgliche Zuständigkeitsrügen abschneidet.

2   **2. Anwendungsbereich.** Nach seinem Wortlaut regelt Art. 24 nur die rügelose Einlassung des Beklagten. Die Bestimmung gilt aber sinngemäß auch für die Einlassung des Klägers auf eine Widerklage oder auf eine zur Aufrechnung gestellte Gegenforderung (s. o. Art. 23 Rn. 68f.).[3]

3   Die rügelose Einlassung hat zuständigkeitsbegründende Wirkung in nahezu allen Fällen. Sie hat Vorrang auch vor den Zuständigkeitsregeln der Art. 8ff., 15ff. und 18ff. in Verbraucher-, Versicherungs- und Arbeitssachen sowie gegenüber einer ausschließlichen abweichenden Gerichtsstandsvereinbarung nach Art. 23.[4] Ohne Wirkung ist die rügelose Einlassung nach Art. 24 S. 2 lediglich gegenüber einer ausschließlichen Zuständigkeit nach Art. 22. Nur diese Zuständigkeit ist daher vom Gericht stets von Amts wegen zu prüfen (s. u. Art. 25).

4   Die rügelose Einlassung des Beklagten ist nach Art. 24 zu beurteilen, gleichgültig ob der Beklagte seinen Wohnsitz. Sitz in einem Mitgliedstaat hat oder nicht.[5] Die an den *Jenard*-Bericht anschließende Gegenmeinung will dagegen die rügelose Einlassung nur dann nach Art. 24 beurteilen, wenn der Beklagte seinen Wohnsitz in einem Mitgliedstaat hat; andernfalls will sie gemäß Art. 4 Abs. 1 auf das jeweilige autonome nationale Prozessrecht zurückgreifen.[6] Zwar enthält Art. 4 Abs. 1 keinen Vorbehalt zugunsten des Art. 24, doch erfasst Art. 23 Abs. 1 nach seinem ausdrücklichen Wortlaut alle Gerichtsstandsvereinbarungen, wenn eine der Parteien ihren Wohnsitz in einem Mitgliedstaat hat (s. Art. 23 Rn. 5ff.). Wegen des Sachzusammenhangs zwischen Art. 23 und 24 sollte

---

[218] *G. Wagner* Prozessverträge, 1998, S. 254ff., 257f.
[219] *Basedow,* in Handbuch des IZVR, Bd. 1, 1982, Kap. III Rn. 168, 586.
[220] *Pfeiffer,* FS Lindacher, 2007, S. 77.
[1] EuGHE 1985, 1779 = NJW 1985, 2893, 2894; dagegen zu Recht *Sandrock* ZVglRWiss. 1979, 177, 202 ff.
[2] *Schulte-Beckhausen* S. 68 ff., 90 ff.; *Lenenbach* RabelsZ 62 (1998), 162, 164 f.
[3] EuGHE 1985, 787, 800 = IPRax 1986, 27 (m. Anm. *Gottwald* S. 10) = NJW 1985, 2893 = RIW 1985, 313 (m. Anm. *Rauscher* S. 87); ergangen auf Vorlage des OLG Koblenz RIW 1984, 396.
[4] EuGHE 1981, 1671 = NJW 1982, 507 = RIW 1981, 709 = IPRax 1982, 234 (m. Anm. *Leipold* S. 222); OLG Köln RIW 2004, 866, 867; aA nur bei Aktivprozessen des Verbrauchers *Mankowski* IPRax, 2001, 310.
[5] *Kropholler* Rn. 1 f.; *Nagel/Gottwald* § 3 Rn. 172; *Schlosser* Rn. 1; *Magnus/Mankowski/Calvo Caravaca/Carrascosa González,* Rn. 29.
[6] So noch BGHZ 134, 127, 133 = JR 1997, 371 (*Probst*) = ZZP 97, 353 (*Pfeiffer*); BGH RIW 1997, 149, 150; *Schulte-Beckhausen* S. 117 ff.

der Anwendungsbereich des Art. 24 in gleicher Weise bestimmt werden.[7] Hat allerdings keine der Parteien ihren Wohnsitz in einem der Mitgliedsstaaten, so ist die rügelose Einlassung nur nach dem autonomen nationalen Prozessrecht zu beurteilen.

3. Verhältnis zum nationalen Prozessrecht. In seinem Anwendungsbereich verdrängt Art. 24 die nationalen Vorschriften zur rügelosen Einlassung, in der Bundesrepublik Deutschland also die §§ 39, 40 ZPO.[8] Die Wirkung der Einlassung tritt daher vor dem Amtsgericht auch ein, wenn die (weiterhin gebotene) Belehrung nach § 504 ZPO unterblieb.[9] Da die EuGVO jedoch keine vollständige Prozessordnung enthält, ist für die Frage, bis zu welchem Zeitpunkt der Beklagte die Einrede erheben kann[10] und wie der Begriff der Einlassung in dem von der EuGVO vorgegebenen Rahmen zu verstehen ist,[11] auf das nationale Prozessrecht des forum zurückzugreifen. Dagegen meint der BGH, die Gerichtspflichtigkeit des Beklagten beginne erst mit der rügelosen Einlassung (in der mündlichen Verhandlung); eine Präklusion durch das Verstreichenlassen einer Klageerwiderungsfrist trete daher nicht ein.[12] Eine Differenzierung zwischen autonomem und europäischem Recht ist in diesem Punkt aber nicht notwendig. 5

II. Anforderungen an die Einlassung

1. Einlassung ohne Rüge der internationalen Zuständigkeit. Wird Klage vor einem international unzuständigen Gericht erhoben, so wird dieses Gericht gemäß Art. 24 zuständig, wenn sich der Beklagte auf das Verfahren einlässt, ohne den Mangel der internationalen Zuständigkeit geltend zu machen. Der Tatbestand der Einlassung ist autonom auszulegen.[13] Nach dem Vorbehalt des Art. 24 S. 2 verhindert lediglich eine anderweitige ausschließliche Zuständigkeit nach Art. 22 eine zuständigkeitsbegründende Einlassung. 6

Die Rüge des Mangels der internationalen Zuständigkeit ist schon dann wirksam, wenn sie sich sinngemäß aus dem Vortrag des Beklagten ergibt.[14] Regelmäßig dürfte daher eine Rüge der örtlichen Zuständigkeit oder die Einrede des Schiedsvertrages (§ 1032 ZPO) genügen.[15] Verspätet ist die Rüge, wenn sie erst „nach Abgabe derjenigen Stellungnahme erhoben wird, die nach dem innerstaatlichen Prozessrecht als das erste Verteidigungsvorbringen vor dem angerufenen Gericht anzusehen ist".[16] Sie muss deshalb in der (ersten) Klageerwiderung des Beklagten enthalten sein.[17] In der bloßen Anzeige der Verteidigungsbereitschaft gemäß § 276 Abs. 1 S. 1 ZPO liegt noch keine Einlassung.[18] Wird die Unzuständigkeit in Deutschland nicht innerhalb einer gerichtlichen Klageerwiderungsfrist gerügt (§§ 275 Abs. 1 S. 1, 276 Abs. 1 S. 2 ZPO), so ist die Rüge nicht präkludiert. Der Beklagte kann die Unzuständigkeit noch bis zum Beginn der mündlichen Verhandlung rügen; § 296 Abs. 3 ZPO gilt insoweit nicht.[19] Wird die Rüge in der Klageerwiderung schriftlich erhoben, so muss sie im Termin zur mündlichen Verhandlung nicht ausdrücklich wiederholt werden, da auf das vorbereitende Vorbringen idR sinngemäß Bezug genommen wird (§ 137 Abs. 3 ZPO). Nach h.M. ist eine rügelose Einlassung auch in der Berufungsinstanz möglich. Will dies der Beklagte vermeiden, muss er die internationale Zuständigkeit erneut rechtzeitig rügen.[20] 7

2. Art der Einlassung. Eine zuständigkeitsbegründende Einlassung liegt vor, wenn der Beklagte verfahrensrechtliche Einwände erhebt, ohne den Mangel der internationalen Zuständigkeit 8

---

[7] So auch *Stein/Jonas/Bork,* § 39 Rn. 15; *Schlosser* Rn. 1; *Thomas/Putzo/Hüßtege* Rn. 1.
[8] BGH NJW 2007, 3501, 3502.
[9] *Geimer/Schütze,* EuZVR, Rn. 16 f.; *Kropholler* Rn. 5; *Rauscher/Staudinger* Rn. 13; *Thomas/Putzo/Hüßtege* Rn. 1; aA *Stein/Jonas/Bork* § 39 Rn. 15; *Lenenbach* RabelsZ 62 (1998), 162, 171.
[10] EuGHE 1981, 1671, 1686 (Rz. 16) = NJW 1982, 507.
[11] *Schütze* ZZP 90 (1977), 67, 76.
[12] BGHZ 134, 127, 134 ff. = RIW 1997, 149, 151.
[13] Österr. OGH ZfRV 2000, 197; *Kropholler* Rn. 7; *Magnus/Mankowski/Calvo Caravaca/Carrascosa González,* Rn. 9 ff.; *Schulte-Beckhausen* S. 151 ff.
[14] EuGHE 1981, 1671, 1685 (Rz. 15) = NJW 1982, 507.
[15] BGH NJW-RR 2005, 1518, 1519; *Schlosser* Rn. 3; *Rauscher/Staudinger* Rn. 20; aA *Zöller/Geimer* Rn. 3.
[16] EuGHE 1981, 1671, 1686 (Rz. 16) = NJW 1982, 507; *Lenenbach* RabelsZ 62 (1998), 162, 168.
[17] OLG Hamm RIW 1999, 540.
[18] LG Frankfurt EuZW 1990, 581.
[19] BGHZ 134, 127, 134 ff. = NJW 1997, 397, 398; OLG Köln NJW 1982, 2182; *Kropholler* Rn. 15; *Rauscher/Staudinger* Rn. 25; *Schulte-Beckhausen* S. 191 ff.; *Thomas/Putzo/Hüßtege* Rn. 6; *Wieczorek/Hausmann* Rn. 12.
[20] BGH NJW 2007, 3501, 3502 f.

zu rügen.[21] Eine Einlassung zur Hauptsache ist nicht erforderlich, aber ausreichend.[22] Aufrechnung und Widerklage sind als Einlassung zur Hauptsache anzusehen.[23]

9   **3. Zuständigkeitsrüge und hilfsweise Einlassung zur Hauptsache.** Bei einem rein begrifflichen Verständnis des Wortlauts von Art. 24 S. 2 1. Halbs. könnte es dem Beklagten schaden, wenn er sich neben der Rüge der internationalen Zuständigkeit hilfsweise (vorsorglich) auch zur Hauptsache einlässt, sonstige Verfahrensmängel rügt oder Widerklage erhebt. Ein solches Textverständnis wäre aber mit dem Interesse des Beklagten, eine ihm ungünstige Sachentscheidung (in Anwendung von Präklusionsregeln oder gar mittels Versäumnisurteil) zu verhindern, aber auch mit dem Interesse des Klägers an einer konzentrierten Prozessführung unvereinbar. Der EuGH hat deshalb stets festgehalten, dass eine hilfsweise Einlassung zur Sache keine Entscheidungszuständigkeit nach Art. 24 S. 1 begründet.[24]

Abschnitt 8. Prüfung der Zuständigkeit und der Zulässigkeit des Verfahrens

Art. 25. Das Gericht eines Mitgliedstaats hat sich von Amts wegen für unzuständig zu erklären, wenn es wegen einer Streitigkeit angerufen wird, für die das Gericht eines anderen Mitgliedstaats aufgrund des Artikels 22 ausschließlich zuständig ist.

Schrifttum: *Geimer,* Die Prüfung der internationalen Zuständigkeit, WM 1986, 117; *Schoibl,* Die Prüfung der internationalen Zuständigkeit und der Zulässigkeit des Verfahrens nach dem Brüsseler und dem Luganer Übereinkommen, FS Schütze, 1999, S. 777.

I. Begrenzte Amtsprüfung der internationalen Zuständigkeit

1   Da der Anerkennungs- und Vollstreckungsstaat in der EG die internationale Zuständigkeit des Urteilsstaats nach Art. 35 Abs. 1 und 3 grundsätzlich nicht mehr nachprüfen darf, erfordert der Schutz des Beklagten, dass das angerufene Gericht seine eigene Zuständigkeit von Amts wegen prüfen und feststellen muss. Die EuGVO beschränkt diese Amtsprüfung aber in sachgerechter Weise auf das gebotene Minimum. Soweit das Gericht gemäß Art. 24 durch rügelose Einlassung des Beklagten international zuständig wird, entfällt eine Amtsprüfung.[1] Art. 25 beschränkt sie daher bei Teilnahme des Beklagten am Verfahren auf die Fälle der Zuständigkeiten des Art. 22, über die die Parteien im öffentlichen Interesse nicht disponieren können. Nimmt der Beklagte am Verfahren dagegen nicht teil, so hat der Richter nach Art. 26 seine internationale Zuständigkeit umfassend zu prüfen.

II. Amtsprüfung der Zuständigkeiten des Art. 22

2   Aus dem Vorbehalt in Art. 4 Abs. 1 und dem Eingangssatz zu Art. 22 ergibt sich, dass die Amtsprüfung unabhängig vom Wohnsitz der Parteien erfolgt, sobald Anhaltspunkte für die ausschließliche Zuständigkeit eines anderen Mitgliedsstaats nach Art. 22 bestehen.[2] Denn die ausschließlichen Zuständigkeiten des Art. 22 sind im öffentlichen Interesse der Mitgliedstaaten auch gegenüber Parteien mit Wohnsitz in Drittstaaten zu wahren. Ausschließliche Zuständigkeiten, die Drittstaaten in Anspruch nehmen, sind dagegen unbeachtlich. Die Pflicht, sich für unzuständig zu erklären, besteht aber nicht für die Entscheidung über Vorfragen, die als selbständige Prozessgegenstände in die ausschließliche Zuständigkeit eines anderen Gerichts fallen würden.[3]

3   Aus der Pflicht zur Amtsprüfung folgt, dass der Richter zur Sache nur entscheiden darf, wenn er von der Existenz der tatsächlichen kompetenzbegründenden Umstände überzeugt ist.[4] Solange ihm diese Überzeugung fehlt, bestimmt das jeweilige nationale Recht, ob er diese Umstände selbst er-

---

[21] OLG Frankfurt IPRax 2000, 525; *Geimer/Schütze,* EuZVR, Rn. 5; *Sandrock* ZVglRWiss. 1979, 178.
[22] *Kropholler* Rn. 7; vgl. *Schulte-Beckhausen* S. 151 ff.
[23] *Schulte-Beckhausen* S. 173 ff.
[24] EuGHE 1981, 1671 = NJW 1982, 507 = IPRax 1982, 234; EuGHE 1981, 2431 = IPRax 1982, 238 (beide m. Anm. *Leipold* S. 223, 224); EuGHE 1982, 1189, 1205 = IPRax 1983, 77 (m. Anm. *Sauveplanne* S. 65); EuGHE 1983, 2503 = NJW 1984, 2760, 2761 = IPRax 1984, 259, 261 (m. Anm. *Hübner* S. 237, 239); BGHZ 98, 263, 270 = NJW 1987, 591, 593 = RIW 1986, 991; BGH NJW 1999, 2442; BGH NJW-RR 2005, 1518, 1520; OLG Düsseldorf MDR 2005, 165, 166; *Schulte-Beckhausen* S. 206 ff.
[1] OLG Köln NJW 1988, 2182.
[2] BGHZ 109, 29, 31 = EuZW 1990, 36, 37.
[3] *Bülow* RabelsZ 1965, 498; *Jenard*-Bericht zu Art. 19; *Kropholler* Rn. 1.
[4] *Geimer* WM 1986, 117, 119; *Schlosser*-Bericht Nr. 22.

mitteln muss oder sich damit begnügen kann, die Parteien aufzufordern, die notwendigen Tatsachen und Beweise beizubringen.[5] In Deutschland gilt letzteres (s. § 56 ZPO Rn. 2). Ist der Beklagte säumig, so gelten die vom Kläger vorgetragenen Tatsachen zur Zuständigkeit nicht als zugestanden. Bei doppelrelevanten Tatsachen genügt allerdings der schlüssige Vortrag des Klägers, um die Zuständigkeit zu begründen.[6]

Die Pflicht zur Amtsprüfung besteht in jeder Lage des Verfahrens und in allen Instanzen.[7] Rügepflichten des nationalen Verfahrensrechts, etwa wie vor dem niederländischen Kassationshof, werden durch Art. 25 verdrängt.[8]

Stellt das Gericht fest, dass eine ausschließliche Zuständigkeit von Gerichten eines anderen Mitgliedsstaats besteht, so hat es sich von Amts wegen für unzuständig zu erklären, dh. in Deutschland die Klage durch Prozessurteil abzuweisen. Eine Verweisung an das zuständige Gericht eines anderen Vertragsstaats sieht die EuGVO (noch) nicht vor.[9]

III. Einrede des Schiedsvertrags

Eine Pflicht zur Amtsprüfung, ob die Parteien den Rechtsweg durch eine Schiedsabrede ausgeschlossen haben, besteht nicht. Nach deutschem Recht wird das Bestehen eines Schiedsvertrages nur auf Einrede beachtet (§ 1032 Abs. 1 ZPO). Da alle EU-Staaten auch Vertragsstaaten des New Yorker UNÜ 1958 sind, haben ihre Gerichte dieses gemäß Art. 71 Abs. 1 EuGVO zu beachten.[10] Erhebt eine Partei entgegen einer Schiedsabrede Klage beim ordentlichen Gericht, so hat dieses die Klage auf Rüge als unzulässig abzuweisen (§ 1032 Abs. 1) bzw. die Parteien nach Art. II Abs. 3 UNÜ auf Antrag an das Schiedsgericht zu verweisen (s. Art. II UNÜ Rn. 21 ff.).

Art. 26. (1) Lässt sich der Beklagte, der seinen Wohnsitz im Hoheitsgebiet eines Mitgliedstaats hat und der vor den Gerichten eines anderen Mitgliedstaats verklagt wird, auf das Verfahren nicht ein, so hat sich das Gericht von Amts wegen für unzuständig zu erklären, wenn seine Zuständigkeit nicht nach dieser Verordnung begründet ist.

(2) Das Gericht hat das Verfahren so lange auszusetzen, bis festgestellt ist, dass es dem Beklagten möglich war, das verfahrenseinleitende Schriftstück oder ein gleichwertiges Schriftstück so rechtzeitig zu empfangen, dass er sich verteidigen konnte oder dass alle hierzu erforderlichen Maßnahmen getroffen worden sind.

(3) An die Stelle von Absatz 2 tritt Artikel 19 der Verordnung (EG) Nr. 1348/2000 des Rates vom 29. Mai 2000 über die Zustellung gerichtlicher und außergerichtlicher Schriftstücke in Zivil- oder Handelssachen in den Mitgliedstaaten,[1] wenn das verfahrenseinleitende Schriftstück oder ein gleichwertiges Schriftstück nach der genannten Verordnung, von einem Mitgliedstaat in einen anderen zu übermitteln war.

(4) Sind die Bestimmungen der Verordnung (EG) Nr. 1348/2000 nicht anwendbar, so gilt Artikel 15 des Haager Übereinkommens vom 15. November 1965 über die Zustellung gerichtlicher und außergerichtlicher Schriftstücke im Ausland in Zivil- und Handelssachen, wenn das verfahrenseinleitende Schriftstück oder ein gleichwertiges Schriftstück nach dem genannten Übereinkommen zu übermitteln war.

I. Zuständigkeitsprüfung zum Schutze des Beklagten

Nimmt der Beklagte nicht am Verfahren teil, so hat das Gericht zu seinem Schutze seine internationale Zuständigkeit von Amts wegen zu prüfen. Ist der Richter nicht vom Bestehen seiner Zuständigkeit überzeugt (s. Art. 25 Rn. 3), so hat er sich von Amts wegen für unzuständig zu erklären, in der Bundesrepublik Deutschland also die Klage durch Prozessurteil als unzulässig abzuweisen.

Art. 26 Abs. 1 greift ein, wenn (1) der Beklagte seinen Wohnsitz bzw. Sitz in einem Vertragsstaat hat, (2) er vor den Gerichten eines anderen Mitgliedstaats verklagt wird und (3) er sich nicht auf das Verfahren einlässt, insbesondere säumig ist. Zugunsten von Beklagten mit Wohnsitz im Ge-

---

[5] *Magnus/Mankowski/Queirolo* Rn. 10 ff.
[6] *Kropholler* Rn. 5; *Schlosser* Art. 25, 26 Rn. 1; *Schumann*, FS Nagel 1987, S. 402, 416 ff.
[7] EuGHE 1983, 3663, 3675 (Rz. 16) = RIW 1984, 483 = IPRax 1985, 92 (m. Anm. *Stauder* S. 76) = Rev. crit. 1984, 361 *(Bonet);* BGHZ 109, 29, 31 = EuZW 1990, 36, 37.
[8] EuGHE 1983, 3663, 3675 = IPRax 1985, 92.
[9] *Kropholler* Rn. 2; *Geimer/Schütze*, EuZVR, Rn. 11.
[10] Vgl. *Hascher* ArbInt. 13 (1997), 33, 60.
[1] ABl. L 160 vom 30. 6. 2000, S. 37.

richtsstaat oder in einem Nichtmitgliedsstaat ist Art. 26 Abs. 1 nicht anwendbar,[2] sondern nur das autonome Verfahrensrecht. In diesen Fällen besteht der Schutz des Art. 26 Abs. 1 selbst dann nicht, wenn der Beklagte EU-Bürger ist oder ihm gegenüber eine Zuständigkeit nach der Verordnung in Anspruch genommen wird.[3] In Deutschland spielt dies aber nur eine geringe Rolle, da alle Prozessvoraussetzungen stets von Amts wegen zu prüfen sind und Vortrag des Klägers auch zur internationalen Zuständigkeit bei Säumnis des Beklagten (im Rahmen des § 331 Abs. 1 S. 2 ZPO) nicht als zugestanden gilt.

3 Innerhalb des Anwendungsbereichs des Art. 26 Abs. 1 besteht die Pflicht zur Amtsprüfung in allen Fällen, in denen sich der Beklagte nicht auf das Verfahren einlässt. Er braucht also nicht unbedingt vor einem unzuständigen ausländischen Gericht nur zu dem Zweck zu erscheinen, um dessen Unzuständigkeit zu rügen. Besteht eine ausschließliche Zuständigkeit nach Art. 22, so beruht die Pflicht zur Amtsprüfung auf Art. 25. In allen anderen Fällen ist Art. 26 Abs. 1 maßgebend, da das Gericht durch rügelose Einlassung nach Art. 24 zuständig werden kann.[4]

4 Ein unter Verstoß gegen Art. 26 Abs. 1 ergehendes Sachurteil ist wirksam. Sofern nicht ein Versagungsgrund nach Art. 34 vorliegt, ist es in den anderen Mitgliedstaaten anzuerkennen und für vollstreckbar zu erklären. Will der Beklagte dies verhindern, so muss er bereits vor dem Erstgericht Rechtsmittel einlegen.[5] Insoweit besteht ein Einlassungszwang auch vor dem nach der EuGVO unzuständigen Gericht.

5 Bei der Amtsprüfung der internationalen Entscheidungszuständigkeit ist die **Bindung an** eine vorausgegangene **(negative) Zuständigkeitsentscheidung eines Gerichts eines EU-Mitgliedsstaats,** nach dessen Gründen ein deutsches Gericht international zuständig ist,[6] zu beachten. Denn ausländische Prozessurteile sind in der EU anzuerkennen (s. u. Art. 33 Rn. 4). Zwar stellt das Prozessurteil rechtskräftig nur das Fehlen der eigenen Zuständigkeit des entscheidenden Gerichts fest, nicht aber die lediglich als Vorfrage bejahte Zuständigkeit eines anderen Staates (s. § 322 ZPO Rn. 94, 102). Kommt aber die Zuständigkeit eines Drittstaates nicht in Betracht, so folgt aus der Einheit des Rechtsschutzsystems in der EU, dass das inländische Gericht seine Zuständigkeit bejahen muss (s. u. Art. 33 Rn. 4). Einer Lösung des sonst drohenden negativen Kompetenzkonflikts durch Eröffnung einer Notzuständigkeit[7] bedarf es daher nicht.

6 Die Amtsprüfung bezieht sich nur auf die **gesetzlichen Zuständigkeiten** nach der EuGVO. Eine Derogation des angerufenen Gerichts wird nur berücksichtigt, wenn sich diese aus dem Vortrag des Klägers oder sonstigem Prozessstoff ergibt.[8] Eine **Schiedsklausel** ist selbst dann nur beachtlich, wenn sie nach der lex fori von Amts wegen zu beachten ist. In Deutschland ist dies nach § 1032 Abs. 1 ZPO nicht der Fall. In beiden Fällen besteht also ebenfalls ein Einlassungszwang für den Beklagten, wenn er eine Sachentscheidung des angerufenen Gerichts verhindern will.

II. Aussetzung des Verfahrens und Zustellungsnachweis

7 **1. Aussetzung nach Art. 19 Europäische Zustellungsverordnung.** Da zwischen den EU-Staaten (ohne Dänemark) seit 31. 5. 2001 die **EG-Zustellungsverordnung Nr. 1348/2000** gilt, verweist der neue Art. 26 Abs. 3 EuGVO vorrangig auf Art. 19 EG-ZustVO. Eine Aussetzung nach Art. 15 Haager ZustÜ 1965 fand zuletzt nur noch im Verhältnis zu Dänemark statt, für das noch das bisherige EuGVÜ galt. Durch Staatsvertrag vom 19. 10. 2005 wurde aber vereinbart, dass die EuGVO[9] und die Europäische Zustellungsverordnung[10] ab 1. 7. 2007 auch im Verhältnis zu Dänemark anzuwenden sind.

8 **2. Aussetzung nach Art. 15 Haager Zustellungsübereinkommen. a) Anwendungsbereich.** Solange die Übereinkommen mit Dänemark noch nicht in Kraft getreten waren, galt Art. 26 Abs. 4 im Verhältnis zu Dänemark, das Vertragsstaat des HZÜ 1965 ist.

Im Anwendungsbereich des LugÜ ist der entsprechende Art. 20 Abs. 2 LugÜ im Verhältnis zu Island, Norwegen und der Schweiz anzuwenden, die sämtlich Vertragsstaaten des HZÜ 1965 sind.

---

[2] Krit. *Kropholler*, FS Ferid, 1988, S. 239, 243; *Schlosser*, FS Heldrich, 2005, S. 1007, 1012 ff. (Diskriminierung).
[3] Krit. *Geimer/Schütze*, EuZVR, Rn. 4, 6.
[4] Vgl. *Magnus/Mankowski/Queirolo* Rn. 17.
[5] *Geimer* WM 1976, 837; *Geimer/Schütze*, EuZVR, Rn. 13; *Kropholler* Rn. 2; *Magnus/Mankowski/Queirolo* Rn. 12 f.
[6] *Geimer* WM 1986, 117, 122.
[7] Dafür *Geimer* IZPR Rn. 1030, 1871.
[8] Vgl. *Geimer/Schütze*, EuZVR, Rn. 8; *Schlosser*-Bericht Nr. 22; *Magnus/Mankowski/Queirolo*, Rn. 12 f.
[9] Vgl. ABl EU L 120/22.
[10] Vgl. ABl EU L 120/23.

b) Grundsatz. Auf diese Regelung haben sich die Mitgliedsstaaten im Wege eines Kompromisses zwischen dem deutschen und dem französischen Zustellungssystem geeinigt. Art. 15 des Haager Zustellungsübereinkommens tritt zwischen dessen Vertragsstaaten an die Stelle der Regelung des Art. 26 Abs. 2. Danach ist das Verfahren auszusetzen, wenn sich der Beklagte nicht auf das Verfahren einlässt, bis dem Gericht die tatsächliche, nach dem Übereinkommen ordnungsgemäße Zustellung nachgewiesen ist. In den Ländern, die dem System der „remise au parquet" folgen, ist die Zustellung als solche bereits erfolgt, wenn das Schriftstück der Staatsanwaltschaft übermittelt worden ist. Die nachfolgende Benachrichtigung des eigentlichen Empfängers ist für den Lauf von Einlassungsfristen etc. irrelevant. Nach Art. 15 Abs. 1 Haager Übereinkommen genügt eine solche Art der Zustellung jedoch nicht. Vielmehr muss das Schriftstück in einer der Formen, die das Recht des **ersuchten Staates** bereitstellt, zugestellt worden sein. Der Nachweis hierfür ist in erster Linie durch Zustellungszeugnis der ersuchten Stelle zu führen. Eine rein formelle Zustellung darf also nicht als Grundlage für den Erlass eines Versäumnisurteils dienen.

c) Allerdings haben Deutschland und viele andere Staaten eine **Erklärung nach Art. 15 Abs. 2 des Haager Übereinkommens** abgegeben. Danach kann das Gericht den Rechtsstreit auch ohne Vorlage eines Zustellungszeugnisses entscheiden, wenn seit Einleitung eines ordnungsgemäßen Zustellungsverfahrens mindestens sechs Monate verstrichen sind und das Zeugnis trotz aller zumutbaren Schritte nicht zu erlangen war. Diese Erklärung haben von den EU-Staaten Belgien, Dänemark, Frankreich, Luxemburg, die Niederlande, Portugal, Spanien und das Vereinigte Königreich von Großbritannien und Nordirland, von den EFTA-Staaten Norwegen abgegeben. Auch Deutschland hat eine entspr. Erklärung schließlich doch am 19. 11. 1992 notifiziert.[11] Dieser Vorbehalt gilt noch im Verhältnis zu Norwegen (sowie bis zum Inkrafttreten des Vertrages vom 19. 10. 2005 im Verhältnis zu Dänemark). Eine öffentliche Zustellung nach § 203 Abs. 2 ZPO braucht seit der Erklärung gemäß Art. 15 Abs. 2 HZÜ nicht mehr abgewartet zu werden.[12]

3. Aussetzungspflicht nach Art. 26 Abs. 2. Diese Übergangsregel hat für neu eingeleitete Verfahren im Verhältnis zwischen Mitgliedsstaaten unmittelbar keinen Anwendungsbereich mehr, da entweder Art. 19 EuZustVO oder Art. 15 HZÜ 1965 gelten. Über die Verweisung in Art. 43 Abs. 4 hat die Regel aber weiterhin Bedeutung im Verhältnis zu Drittstaaten.

Art. 26 Abs. 2 dient dem Schutz des Beklagten vor dem Erlass einer Versäumnisentscheidung, obwohl er sich auf den Prozess gar nicht einlassen konnte. Deshalb hat das Gericht von Amts wegen zu prüfen, ob der Beklagte die Ladung zum Verfahren rechtzeitig erhalten hat (so für die Länder, die dem System der persönlichen Zustellung folgen) oder ob alle zur Unterrichtung des Beklagten erforderlichen Maßnahmen getroffen worden sind (so für die Länder, die dem System der remise au parquet folgen).[13] In beiden Fällen wird nur die Ordnungsmäßigkeit des Zustellungsverfahrens überprüft und daraus abgeleitet, dass sich der Beklagte verteidigen konnte. Ob der Beklagte von der Ladung bzw. von ihrer Mitteilung davon tatsächlich Kenntnis erlangt hat, ist irrelevant.

4. Ausführung der Zustellung. Im Einzelnen richtet sie sich zwischen den EU-Staaten (seit 1. 6. 2001) nach der EuZustVO; für Altfälle nach Art. IV des Protokolls vom 27. 9. 1968 zum EuGVÜ sowie im Verhältnis zu den EFTA-Staaten nach dem Protokoll *Nr. 1 über bestimmte Zuständigkeits-, Verfahrens- und Vollstreckungsfragen* zum LugÜ. Art. IV Abs. 1 verweist auf die zwischen den Vertragsstaaten bestehenden Übereinkommen und Vereinbarungen, also primär wieder auf das Haager Zustellungsübereinkommen 1965. Für die Altfälle gelten weiterhin die Zusatzvereinbarungen zur weiteren Vereinfachung des Rechtsverkehrs, die anstelle der Übermittlung über eine „zentrale Behörde" einen **„unmittelbaren Verkehr"** zwischen den Justizbehörden vorsehen. Solche Vereinbarungen bestehen innerhalb der EU mit Belgien, Dänemark, Frankreich, Luxemburg, den Niederlanden, Österreich und Schweden, ferner mit den EFTA-Staaten Norwegen und der Schweiz.[14] Eine unmittelbare Postzustellung an den Empfänger war auch nach diesen Vereinbarungen nicht zulässig.

Art. IV Abs. 2 des Protokolls zum EuGVÜ sieht ferner eine **Zustellung von Gerichtsvollzieher zu Gerichtsvollzieher** vor. In Deutschland war eine solche Zustellung unzulässig, da dieser Zustellungsart widersprochen wurde.[15]

---

[11] BGBl. II 1993 S. 703, 704.
[12] Vgl. *Schlosser* Art. 15 HZÜ Rn. 2.
[13] Vgl. *Jenard*-Bericht zu Art. 20; *Nagel/Gottwald* § 7 Rn. 80 ff.
[14] Nachw. bei *Jayme/Hausmann*, Internationales Privat- und Verfahrensrecht, 13. Aufl. 2006, Fn. 3 vor Nr. 227; vgl. *Droz* Rev. crit. 1989, 1, 31.
[15] Vgl. Art. 1 deutsches Zustimmungsgesetz, BGBl. II 1972 S. 773.

III. Aussetzungspflicht bei Streitigkeiten zwischen Seeleuten und Kapitän

15 Bei **Streitigkeiten zwischen dem Kapitän und einem Mitglied der Mannschaft** eines in Griechenland oder Portugal eingetragenen Seeschiffs ist gemäß Art. 64 EuGVO der für das Schiff zuständige diplomatische oder konsularische Vertreter zu unterrichten (und zwar (derzeit) bis zum 1. 3. 2008).

16 Schließlich besteht bei Streitigkeiten zwischen Seeleuten und dem Kapitän eines in Dänemark, Island und Norwegen eingetragenen Seeschiffes eine Pflicht, den Rechtsstreit auszusetzen, bzw. sich von Amts wegen für unzuständig zu erklären im Rahmen des **Art. V b des Protokolls zum EuGVÜ** (eingefügt gemäß Art. 29 des 1. Beitrittsübereinkommens 1978; geändert durch Art. 9 des 2. Beitrittsübereinkommens 1982 sowie durch das Luganer Übereinkommen 1988; vgl. Schlussanhang Nr. 1 b). Durch diese Regelung soll sichergestellt werden, dass die in den betroffenen nationalen Rechten vorgesehenen ausschließlichen Zuständigkeiten für Streitigkeiten zwischen einem Seemann und dem Kapitän gewahrt bleiben.[16]

Abschnitt 9. Rechtshängigkeit und im Zusammenhang stehende Verfahren

Schrifttum: *Baumgartner*, Related Actions, ZZPInt. 3 (1998), 203; *Böhm*, Der Streitgegenstandsbegriff des EuGH und seine Auswirkungen auf das österreichische Recht, in: *Bajons/Mayr/Zeiler*, Die Übereinkommen von Brüssel und Lugano, 1997, S. 141; *Dohm*, Die Einrede ausländischer Rechtshängigkeit im deutschen internationalen Zivilprozessrecht, 1996; *Geimer*, Kompetenzkonflikte im System des Europäischen Gerichtsstands- und Vollstreckungsübereinkommens, FS Kralik, 1986, S. 179; *ders.*, English Substituted Service and the Race to the Courthouses, FS Schütze, 1999, S. 205; *ders.*, Das europäische „Windhundprinzip" – Einige Bemerkungen zu Art. 21 EuGVÜ/LugÜ, FS Schweizer, 1999, S. 175; *Goebel*, Europäische Rechtshängigkeit und zivilprozessuales Rechtsmittelrecht, ZZPInt 7 (2002), 39; *Gottwald*, Streitgegenstand und Sinnzusammenhänge, Symposium für Schwab, 2000, S. 85; *Grabinski*, Angst vor dem Zitterrochen? – Zur Verfahrensaussetzung nach Art. 27, 28 VO (EG) Nr. 44/2001 in Patentverletzungsstreitigkeiten, FS Tilmann, 2003, S. 461; *Haas*, Rechtshängigkeitssperre und Sachzusammenhang, FS Ishikawa, 2001, S. 165; *Hau*, Positive Kompetenzkonflikte im internationalen Zivilprozessrecht, 1996; *Herzog*, Brussels and Lugano, Should you race to the courthouse or race for a judgment?, Am. J. Comp. L. 43 (1995), 379; *P. Huber*, Fragen zur Rechtshängigkeit im Rahmen des EuGVÜ, JZ 1995, 603; *Isenburg-Epple*, Die Berücksichtigung ausländischer Rechtshängigkeit nach dem EuGVÜ, 1992; *Jayme*, Rechtshängigkeit kraft Verbunds im Ausland und inländisches gesondertes Unterhaltsverfahren, IPRax 1987, 295; *Koch*, Unvereinbare Entscheidungen iS von Art. 27 Nr. 3 und 5 EuGVÜ und ihre Vermeidung, 1993; *Leipold*, Internationale Rechtshängigkeit, Streitgegenstand und Rechtsschutzinteresse – Europäisches und Deutsches Zivilprozessrecht im Vergleich, GedS für *Arens*, 1993, S. 227; *Lenenbach*, Gerichtsstand des Sachzusammenhangs nach Art. 21 EuGVÜ?, EWS 1995, 361; *Linke*, Ausgewählte Probleme der Rechtshängigkeit und der Urteilsanerkennung, in EuGH, Internationale Zuständigkeit..., 1993, S. 157; *W. Lüke*, Die Zuständigkeitsprüfung nach dem EuGVÜ, GedS. für *Arens*, 1993, S. 273; *Lüpfert*, Konnexität im EuGVÜ, 1997; *Mansel*, Inländische Rechtshängigkeitssperre durch ausländische Streitverkündung, IPRax 1990, 214; *McGuire*, Verfahrenskoordination und Verjährungsunterbrechung im Europäischen Prozessrecht, 2004; *Mittenzwei*, Die Verhinderung von Verfahrenskollisionen nach deutschem und europäischem Zivilprozessrecht, 2006; *Nieroba*, Die europäische Rechtshängigkeit nach dem EuGVVO (Verordnung (EG) Nr. 44/2001) an der Schnittstelle zum nationalen Zivilprozessrecht, 2006; *K. Otte*, Umfassende Streitentscheidung durch Beachtung von Sachzusammenhängen, 1998, S. 341 ff.; *ders.*, Verfahrenskoordination im EuGVÜ: Zur angemessenen Gewichtung von Feststellungs- und Leistungsklage, FS Schütze, 1999, S. 619; *S. Otto*, Die subjektiven Grenzen der Rechtshängigkeitssperre im deutschen und europäischen Zivilprozessrecht, 2007; *Pitz*, Torpedos unter Beschuss, GRURInt 2001, 32; *Prütting*, Die Rechtshängigkeit im internationalen Zivilprozessrecht und der Begriff des Streitgegenstandes nach Art. 21 EuGVÜ, GedS für Lüderitz, 2000, S. 623; *Rauscher*, Rechtshängigkeit nach dem EuGVÜ, IPRax 1985, 317; *ders.*, Ausländische Rechtshängigkeit und Rechtsschutzeinwand, IPRax 1986, 274; *Rüßmann*, Negative Feststellungsklage und Leistungsklage sowie der Zeitpunkt der endgültigen Rechtshängigkeit nach dem EuGVÜ, IPRax 1995, 76; *ders.*, Die Streitgegenstandslehre und die Rechtsprechung des EuGH, ZZP 111 (1998), 399; *Schack*, Widersprechende Urteile: Vorbeugen ist besser als Heilen, IPRax 1989, 139; *Schockweiler*, Rechtshängigkeit und Konnexität, in EuGH, Internationale Zuständigkeit ... 1993, S. 145; *Schütze*, Die Berücksichtigung der Rechtshängigkeit eines ausländischen Verfahrens nach dem EWG-Übereinkommen über die gerichtliche Zuständigkeit und die Vollstreckung gerichtlicher Entscheidungen, RIW 1975, 78; *ders.*, Lis pendens und related actions, EuJLawReform 4 (2002), 57; *Schütze/Kratzsch*, Aussetzung des Verfahrens wegen konnexer Verfahren nach Art. 22 EuGVÜ, RIW 2000, 939; *Schumann*, Internationale Rechtshängigkeit (Streitanhängigkeit), FS Kralik, 1986, S. 301; *Simons*, Grenzüberschreitende „Torpedoklagen", EuLF 2003, 289; *Stafyla*, Die Rechtshängigkeit des EuGVÜ, 1998; *Thode*, Windhunde und Torpedos – Anderweitige Rechtshängigkeit im europäischen Zivilprozess, BauR 2005, 1533; *Tiefenthaler*, Die Streitanhängigkeit nach Art. 21 Lugano-Übereinkommen, ZfRV 1997, 67; *Walker*, Die Streitgegenstandslehre und die Rechtsprechung des EuGH, ZZP 111 (1998), 429; *Wittwer*, Einwendungen und Kompensation unter Art. 21 EuGVÜ, ELR 2003, 310; *Ch. Wolf*, Rechtshängigkeit und Verfahrenskonnexität nach EuGVÜ, EuZW 1995, 365; *M. Wolf*, Einheitliche Urteilsgeltung im EuGVÜ, FS

---

[16] Vgl. *Kaye*, Civil Jurisdiction, S. 1242; *Schlosser*-Bericht Nr. 132.

Schwab, 1990, S. 561; *Zeuner,* Zum Verhältnis zwischen internationaler Rechtshängigkeit nach Art. 21 EuGVÜ und Rechtshängigkeit nach den Regeln der ZPO, FS G. Lüke, 1997, S. 1003.

Art. 27. (1) **Werden bei Gerichten verschiedener Mitgliedstaaten Klagen wegen desselben Anspruchs zwischen denselben Parteien anhängig gemacht, so setzt das später angerufene Gericht das Verfahren von Amts wegen aus, bis die Zuständigkeit des zuerst angerufenen Gerichts feststeht.**

(2) **Sobald die Zuständigkeit des zuerst angerufenen Gerichts feststeht, erklärt sich das später angerufene Gericht zugunsten dieses Gerichts für unzuständig.**

I. Europäische Rechtshängigkeit

1. Zweck. Da nach der EuGVO bzw. dem LugÜ die Gerichte mehrerer Mitglieds- bzw. Vertragsstaaten zuständig sein können, enthalten die Art. 27 bis 29 Regeln über die Beachtlichkeit der Rechtshängigkeit in einem anderen Mitgliedstaat. Zweck der Regelung ist es, für eine geordnete Rechtspflege innerhalb der Gemeinschaft zu sorgen. Parallelverfahren vor Gerichten verschiedener Mitgliedstaaten sollen verhindert und damit das Entstehen unvereinbarer Entscheidungen iS des Art. 34 Nr. 3 von vornherein ausgeschlossen werden.[1]

2. Anwendungsbereich. Die Regeln greifen ein, sobald Verfahren, die unter Art. 1 Abs. 1 fallen, in verschiedenen Mitgliedstaaten anhängig sind, unabhängig davon, ob die internationale Zuständigkeit der befassten Gerichte auf der EuGVO bzw. dem LugÜ oder auf dem autonomen nationalen Recht (Art. 4 Abs. 1) beruht.[2] Sie sind auch dann anzuwenden, wenn eine Partei (oder gar beide) ihren Wohnsitz oder Sitz in Drittstaaten haben.[3] Da die internationale Rechtshängigkeit nach dem autonomen Prozessrecht vieler Mitgliedstaaten nicht beachtet wird, hat die Regelung erhebliche praktische Bedeutung. Nicht geregelt durch Art. 27ff. wird die Relevanz der internationalen Rechtshängigkeit im Verhältnis zu Drittstaaten[4] sowie die der Schiedshängigkeit.[5] Insoweit gilt nur das jeweilige autonome Prozessrecht.

Die Art. 27ff. gelten für Entscheidungsverfahren, nicht dagegen für Verfahren der Vollstreckbarerklärung, insbesondere auch nicht von Entscheidungen aus Drittstaaten.[6]

3. Rechtshängigkeit. Art. 27 Abs. 1 legt für konkurrierende Verfahren den Vorrang der zuerst erhobenen Klage fest **(Prioritätsprinzip),** hat aber selbst keine zuständigkeitsbegründende Wirkung.[7] Betroffen sind alle Rechtsschutzverfahren, unabhängig von ihrer Bezeichnung als Klage- oder Antragsverfahren.[8] Welche Prozesshandlung Rechtshängigkeit bewirkt, bestimmt zwar nach wie vor die jeweilige lex fori (in Deutschland § 253 Abs. 1 ZPO). Damit die bestehenden Unterschiede zwischen den nationalen Prozessordnungen (Abstellen auf Einreichen der Klage, Antragstellung im Adhäsionsverfahren oder Ausstellen eines writ,[9] Eintragung in das Generalregister des Gerichts in Frankreich,[10] Zustellung der Klage, Einleitung eines Sühneverfahrens) es der Gegenpartei nicht ermöglichen, den ersten Kläger „auszuspielen", zu „überholen" und ein vermeidbares „forum shopping" zu betreiben,[11] stellt Art. 30 EuGVO ausdrücklich auf das erste Einreichen der Klageschrift bei Gericht oder bei der für die Zustellung an die Gegenseite verantwortlichen Stelle ab.

Soweit EuGVÜ oder LugÜ anwendbar sind, ist dagegen weiterhin der Zeitpunkt der endgültigen Rechtshängigkeit nach nationalem Recht relevant.[12]

---

[1] EuGHE 1987, 4861 (Rz. 8) = NJW 1989, 665 = RIW 1988, 818 (m. Anm. *Linke* S. 822, 823) = IPRax 1989, 157 (m. Anm. *Schack* S. 139); EuGHE 1998, I-3075 = IPRax 1999, 100, 101 (Rz. 13) (m. Anm. *Rauscher* S. 80) = ZZPInt. 3 (1998), 234 (m. Anm. *Adolphsen*); *Dohm* S. 31 ff.; *Magnus/Mankowski/Fentiman* Introduction to Arts. 27–30 Rn. 11 ff.
[2] *Kropholler* Vor Art. 21 Rn. 2; *Dohm* S. 142 ff.
[3] EuGHE 1991, I-3317 = IPRax 1993, 34 (dazu *Rauscher/Gutknecht* S. 21); *Coester-Waltjen,* FS Nakamura, 1996, S. 89, 100; *Hau* S. 124; vgl. *Otte* S. 350 ff.
[4] EuGHE 1994, I-117 = IPRax 1995, 240 (dazu *Kaye* S. 214); krit. *Magnus/Mankowski/Fentiman* Introduction to Arts. 27–30 Rn. 58 ff.
[5] Vgl. *Baur,* FS Fasching, 1988, S. 81.
[6] EuGHE 1994, I-117 = IPRax 1995, 240; English High Court (Q.B.) [1998] I.L. Pr. 391; vgl. *Otte* S. 353 ff.
[7] *Czernich/Tiefenthaler* Rn. 2.
[8] BGH NJW 1986, 662 = IPRax 1987, 314 (m. Anm. *Jayme* S. 295).
[9] Vgl. OLG Hamm NJW 1988, 3102, 3103 (m. Anm. *Geimer*).
[10] Vgl. OLG Hamm IPRax 1995, 104 (dazu *Rüßmann* S. 76).
[11] Positiver *Schlosser* Rn. 6.
[12] Vgl. EuGHE 1984, 2397 = RIW 1984, 737 (m. Anm. *Linke*); BGH NJW 1986, 662 = IPRax 1987, 314; BGH NJW 1983, 1269 = FamRZ 1983, 366; OLG Köln RIW 1977, 339, 340.

5   Durch eine Prozessaufrechnung wird Rechtshängigkeit nicht begründet.[13] Umgekehrt sollte aber die ausländische Rechtshängigkeit die Prozessaufrechnung (wie nach inländischem Recht) nicht ausschließen; Art. 27 Abs. 2 sollte deshalb nicht analog angewendet werden.[14]

6   **4. Identität der Streitgegenstände. a) Begriff des Streitgegenstandes.** Nach Ansicht des EuGH sind die in Art. 27 zur Umschreibung der Rechtshängigkeit verwendeten Begriffe **autonom** auszulegen.[15] Vor seiner Entscheidung wurde überwiegend versucht, die materielle Reichweite des Rechtshängigkeitseinwandes durch eine „Doppelqualifikation" zu lösen, dh. eine Identität des Streitgegenstands nur anzuerkennen, wenn sie nach beiden betroffenen nationalen Prozessrechten gegeben war.[16] Trotz ihrer Schwierigkeiten ist die autonome Auslegung im Interesse einer einheitlichen Handhabung der EuGVO jedoch vorzuziehen. Daher ist autonom zu bestimmen, ob die konkurrierenden Verfahren identische objektive und subjektive Streitgegenstände haben.

7   **b) Begriff „desselben" Anspruchs.** Um einander sachlich widersprechende (und gemäß Art. 34 Nr. 3 nicht anerkennungsfähige) Entscheidungen zu vermeiden, hat der EuGH den Begriff **„desselben Anspruchs" weit ausgelegt.**[17] Eine Beschränkung auf eine „formale Identität" hat der EuGH im Hinblick auf die französische Textfassung abgelehnt, die zwischen „le même objet et la même cause" (Gegenstand und Grundlage) unterscheidet.[18] Nach der von ihm angewandten sog. **Kernpunkttheorie** ist „derselbe Anspruch" bereits gegeben, wenn es in den Prozessen im Kern um denselben Streit (um die Rechtsfolgen aus ein und demselben Sachverhalt) geht. Dieser sei gegeben bei Klagen auf Erfüllung eines Kaufvertrages und auf Feststellung seiner Unwirksamkeit oder Auflösung.[19] Unabhängig von den gestellten Anträgen ist dies auch bei einander entgegengesetzten Klagen auf Zahlung des (Rest-)Kaufpreises und auf Rückzahlung einer Anzahlung wegen Rücktritts vom Kaufvertrag oder wegen Minderung oder auf Schadensersatz wegen Schlechtlieferung anzunehmen.[20] Identität bestehe auch zwischen der zuerst erhobenen negativen Feststellungsklage im Verhältnis zur nachfolgenden Leistungsklage.[21] Diese Rechtsprechung gilt für die EuGVO fort.

8   **c) Keine Anspruchsidentität.** Keine Anspruchsidentität besteht zwischen dem Anspruch auf Zahlung von Handelsvertreterprovision und dem auf Ersatz des Kündigungsschadens wegen unberechtigter Auflösung des Handelsvertretervertrages.[22]

9   Um sachlich unvereinbare Entscheidungen zu vermeiden, führt die negative Feststellungsklage zur Rechtshängigkeit des Anspruchs selbst und sperrt die spätere Leistungsklage vor einem anderen Gericht;[23] der Leistungsanspruch kann nur als Widerklage am Gericht der Feststellungsklage verfolgt werden.[24] Auf dieser Linie sollen sogar Aufrechnung[25] und selbständiges Einklagen der aufgerechneten Forderung sowie weitere Teilklagen in einem anderen Vertragsstaat ausgeschlossen sein.[26] Diese Ansicht geht indes zu weit, weil über solche in einem Sinnzusammenhang stehende Ansprüche, anders als es Art. 27 Abs. 1 verlangt, keine bindende Zuständigkeitsentscheidung ergehen kann.

10 Man kann zweifeln, ob es wirklich sachgerecht war, den Begriff der „europäischen Rechtshängigkeit" von den nationalen Streitgegenstands- und Rechtskraftgrenzen abzulösen (s. § 322 ZPO

---

[13] OLG München EWS 1997, 324 = RIW 1997, 872.
[14] AA OLG Hamburg RIW 1998, 889, 891.
[15] EuGHE 1987, 4861 (Rz. 11) = IPRax 1989, 157 (dazu *Schack* S. 139); EuGHE 1994, I-5439 (Rz. 30) = JZ 1995, 616, 618; EuGHE 1998, I-3075 = ZZPInt. 3 (1998), 246 *(Adolphsen)* = IPRax 1999, 100 (dazu *Rauscher* S. 80); OLG Köln RIW 2004, 627; *Koch* S. 67; aA *Dohm* S. 48 ff., 82 ff., 95, 311.
[16] So BGH Hamm RIW 1986, 383 = IPRax 1986, 233 (m. Anm. *Geimer* S. 208, 216); OLG München IPRax 1988, 164, 166 (zust. *Hausmann* S. 140 Fn. 3); *Schütze* RIW 1975, 78, 79; *Schumann*, FS Kralik, 1986, S. 301, 312; *Dohm* S. 98 ff.; aA *Habscheid*, FS Zweigert, 1981, S. 109, 112 (Recht des Zweitgerichts); vgl. *Kropholler* Rn. 4.
[17] Ebenso Scottish Court of Session [1997] I. L. Pr. 391; OLG Köln RIW 2004, 627, 628.
[18] Vgl. *Magnus/Mankowski/Fentiman* Rn. 10 ff.
[19] EuGHE 1987, 4861 = NJW 1989, 665; OLG München RIW 2000, 712, 714; *Kropholler* Rn. 9 ff.
[20] AA Cour d'appel Versailles EWS 1996, 366 m. Anm. *Klima*.
[21] BGHZ 134, 201 = NJW 1997, 870, 872; OLG München EWS 1994, 106 = RIW 1994, 511; OLG Hamm IPRax 1995, 104, 108 (dazu *Rüßmann* S. 76, 78 ff.); *Linke* RIW 1988, 822, 824; *Rauscher* IPRax 1985, 317, 319; *Lenenbach* EWS 1995, 361; *Magnus/Mankowski/Fentiman* Introduction to Arts. 27–30 Rn. 19 f., 30 ff.
[22] OLG München EWS 1997, 324.
[23] EuGHE 1994, I-5439, 5474 = JZ 1995, 616; dazu *Huber* JZ 1995, 603; *Wolf* EuZW 1995, 365; *Böhm* S. 141, 152 f.; *Hau* S. 134 ff.
[24] BGHZ 134, 201, 209 = NJW 1997, 870, 872 = JZ 1997, 797 *(P. Huber)* = RIW 1997, 421. Ist die Widerklage nach dem lex fori unzulässig, muss die Verteidigung gegen die Feststellungsklage zur Hemmung der Verjährung genügen; *Zeuner*, FS G. Lüke, 1997, S. 1003, 1019 f.
[25] Ablehn. *Schlosser* Rn. 4.
[26] *Koch* S. 77 ff.; ähnlich *Schlosser* Rn. 4.

Rn. 49 ff., 105 ff.), zumal sich eine Lösung nach Art. 22 angeboten hätte.[27] Die Lösung des EuGH kann dazu führen, dass „Rechtshängigkeit" eintritt, obgleich nach dem Recht der beteiligten Staaten keine rechtskräftige Entscheidung über die identische Vorfrage ergeht. Als Lösung wird vorgeschlagen, die Rechtshängigkeit nicht weiter reichen zu lassen als die umfassendste Rechtskraftwirkung nach den beteiligten Rechtsordnungen.[28] *Leipold* möchte den Rechtshängigkeitseinwand über die nach nationalem Recht bestimmten Rechtskraftgrenzen hinaus auch dann eingreifen lassen, wenn die Entscheidung im Erstverfahren das Rechtsschutzbedürfnis für den Zweitprozess praktisch befriedigt.[29] Da nur das erste Verfahren durchgeführt wird, kann es mE aber nur auf die Rechtskraft nach dem Recht des Erststaates ankommen. Das Fehlen eines Rechtsschutzbedürfnisses sollte nicht mit dem Rechtshängigkeits- und Rechtskrafthindernis vermischt werden. Besteht nur eine darüber hinausreichende Gefahr der Unvereinbarkeit, so sollte das Zweitgericht sein Verfahren nur gemäß Art. 28 Abs. 1 aussetzen.[30] Im Ergebnis ist der aus der Kernpunkttheorie folgenden **Konzentrationslast** gegenläufiger oder sich ergänzender Verfahren aus Anlass desselben Lebenssachverhalts aber zuzustimmen.[31]

Die Kernpunkttheorie ist kritisiert worden, weil sie es erlaubt, durch negative Feststellungsklagen in Staaten mit „langsamer" Justiz Verletzungs(Schadenersatz)klagen in Staaten mit „schnellerer" Justiz zu blockieren **(„Torpedoklagen")**.[32] Vorschläge, den Vorrang der negativen Feststellungsklage zugunsten einer innerhalb von sechs Monaten erhobenen Leistungsklage einzuschränken,[33] sind aber nicht aufgegriffen worden.[34] Doch gibt es Entscheidungen, die die negative Feststellungsklage im Gerichtsstand der unerlaubten Handlung nicht zugelassen haben.[35] **11**

d) Hauptsacheverfahren und einstweiliger Rechtsschutz. Keine Identität besteht zwischen Verfahren zur Hauptsache und den entsprechenden Verfahren des **einstweiligen Rechtsschutzes.** Denn Art. 31 EuGVO sieht ausdrücklich vor, dass einstweilige Maßnahmen auch vor Gerichten eines Mitgliedsstaats beantragt werden können, die nicht zur Entscheidung in der Hauptsache zuständig sind.[36] Parallele Verfahren des einstweiligen Rechtsschutzes können dagegen unter Art. 27 fallen, sofern sie tatsächlich denselben Streitgegenstand haben.[37] **12**

e) Identität der Parteien. Die Identität der Parteien ist autonom zu bestimmen; über sie entscheidet die materielle Rechtsstellung; auf die Parteirolle kommt es nicht an.[38] Bisher wird die Identität recht formal bestimmt, aber es gibt Vorschläge, darauf abzustellen, ob es unabhängig von den Streitparteien um die Befriedigung desselben Interesses geht.[39] Unterschiedliche Parteien sollen etwa handeln, wenn das Kind im Inland seinen Unterhalt einklagt, die Mutter den Unterhalt für das Kind im Ausland aber als eigenen Unterhaltsanspruch und nicht als Prozessstandschafterin für das Kind geltend macht.[40] Der Versicherer eines gesunkenen Schiffes und der Schiffseigentümer sind nicht miteinander identisch. Eine Klage des Schiffsversicherers gegen den Eigentümer der Schiffsladung und eine Klage dieses Eigentümers und seines Versicherers gegen den Schiffseigner und seinen Charterer jeweils auf Leistung eines Beitrags zu den Havarieschäden fallen nicht unter Art. 27, sofern nicht die Interessen beider Seiten identisch und voneinander untrennbar sind.[41] **13**

5. Rechtshängigkeit und Zuständigkeitsprüfung. Ist derselbe Rechtsstreit in zwei Mitgliedsstaaten anhängig, so ist Art. 27 von Amts wegen anzuwenden, sobald das Gericht von dem Erstverfahren Kenntnis erhält. Das später angerufene Gericht hat **weder** die **internationale Zu- 14**

---

[27] *Linke* RIW 1988, 822, 823; ähnl. *Isenburg-Epple* S. 212 ff.; *Leipold*, GedS für *Arens*, 1993, 1993, S. 227, 235 ff.; *Pfeiffer* JbJZRWiss. 1991, 71, 83 ff.; *Hau* S. 139 f.; *Tiefenthaler* ZfRV 1997, 67, 72 ff.; zust. dagegen *Schack* IPRax 1989, 139, 140 sowie ZZP 107 (1994), 279, 295 f.
[28] So *Wolf*, FS Schwab, 1990, S. 561, 571 f.
[29] *Leipold*, GedS für *Arens*, 1993, S. 227, 244 ff.
[30] AA *Koch* S. 87 f.
[31] *Gottwald*, Symposium für Schwab, 2000, S. 85, 93 f.
[32] *Pitz* GRURInt. 2001, 32; *Magnus/Mankowski/Fentiman* Introduction to Arts. 27–30 Rn. 49 ff.
[33] Hierfür *Otte/Prütting/Dedek* EuRevPL 2 (2000), 257, 266, 278; ähnlich auch Art. 21 Abs. 6 des Entwurfs eines Haager Übereinkommens (Interim text 2001).
[34] Vgl. *Kohler*, in: *Gottwald* S. 26 ff.
[35] Vgl. *Stauder*, FS Schricker, 2005, S. 917, 928.
[36] Vgl. *Kropholler* Rn. 8.
[37] *Eilers*, Maßnahmen des einstweiligen Rechtsschutzes, 1991, S. 220 f.
[38] EuGHE 1994, I-5439, 5473 (Rz. 31) = NJW 1995, 1883; *Czernich/Tiefenthaler* Rn. 7; vgl. *Dohm* S. 146 ff.
[39] So *S. Otto*, Die subjektiven Grenzen, 2007, S. 272 ff., 308 ff.
[40] BGH NJW 1986, 662 = IPRax 1987, 314 (m. Anm. *Jayme* S. 295, 297); *Schlosser* Rn. 3.
[41] EuGHE 1998, I-3075 = EuZW 1998, 443 = ZZPInt. 3 (1998), 246 (Rz. 25) (m. Anm. *Adolphsen*); dazu *Henssler/Dedek* EWiR Art. 21 EuGVÜ 1/98, 2/99.

ständigkeit des zuerst angerufenen Gerichts **zu überprüfen**[42] **noch** (anders als im autonomen deutschen Recht) eine **Anerkennungsprognose** zu stellen.[43] Ob dies auch gilt, wenn einzig der zweite Richter nach Art. 22 zuständig ist, ist streitig.[44] Da die Frage wohl nur für Grenzfälle praktisch werden kann, sollte man mE das erste Verfahren (zunächst) respektieren.

II. Rechtsfolgen doppelter Rechtshängigkeit

15   **1. Aussetzung des Verfahrens.** Nach der ursprünglichen Fassung des EuGVÜ hatte das später angerufene Gericht die Klage grundsätzlich sofort abzuweisen, konnte das Verfahren aber nach billigem Ermessen aussetzen, freilich nur, wenn die Zuständigkeit des ersten Gerichts bestritten war.

Diese sofortige Prozessabweisung (die auch § 261 Abs. 3 Nr. 1 ZPO vorsieht) war gefährlich, wenn sich das erste Verfahren letztlich doch als unzulässig erwies.[45] Denn dann musste im Inland mit erneuter Kostenlast neu geklagt werden. Gefahren drohten auch wegen des Ablaufs von Ausschlussfristen oder hinsichtlich materieller Nebenwirkungen der Rechtshängigkeit. Das Luganer Übereinkommen bzw. das 3. Beitrittsübereinkommen haben das Verhältnis von Aussetzung und Prozessabweisung daher zu Recht umgekehrt. Seither hat das später angerufene Gericht sein Verfahren zwingend auszusetzen, bis die Zuständigkeit des zuerst angerufenen Gerichts bindend feststeht (Abs. 1) oder die Rechtshängigkeit des ersten Verfahrens entfällt.[46]

16   **2. Prozessabweisung.** Erst wenn die Zuständigkeit des zuerst angerufenen Gerichts bindend feststeht, hat sich das später angerufene Gericht für unzuständig zu erklären, dh. praktisch die Klage durch Prozessurteil abzuweisen (Abs. 2).[47] Nicht gelöst wird mit dieser Lösung freilich das Problem einer Divergenz von Rechtshängigkeits- und Rechtskraftwirkung (s. Rn. 9). Beide Rechtsfolgen hat das Gericht von Amts wegen anzuordnen.[48]

17   **3. Grenzen der Rechtshängigkeitswirkung. a)** Die Rechtshängigkeitssperre besteht grundsätzlich unabhängig von der **Dauer des ausländischen Verfahrens,** auch wenn dieses ausgesetzt ist oder sonst nicht betrieben wird. Dieses strikte Prioritätsprinzip wird mitunter durch Erhebung einer negativen Feststellungsklage in einem Mitgliedstaat mit „langsamer" Justiz ausgenutzt, um eine rasche Verurteilung zu Unterlassung und Schadensersatz zu verhindern (sog. **Torpedo-Klagen**). Zwar wird darauf verwiesen, dass neben Art. 27 EuGVO auch Art. 6 Abs. 1 EMRK mit seiner Garantie eines Rechtsschutzes „innerhalb einer angemessenen Frist" zu beachten sei, so dass die Rechtshängigkeitssperre in Extremfällen entfallen müsse.[49] Der EuGH hat aber 2003 im Urteil Gasser/MISAT daran festgehalten, dass die Rechtshängigkeitssperre aus Gründen der Gleichheit der Justizgewährung in den EU-Mitgliedstaaten und der Rechtssicherheit zeitlich unbefristet zu beachten sei.[50] Hieran ist grundsätzlich festzuhalten.

18   **b)** Auch wenn das zweite angerufene Gericht aufgrund einer wirksamen Gerichtsstandsvereinbarung ausschließlich zuständig ist, darf es die frühere ausländische Rechtshängigkeit nicht ignorieren, sondern muss sein Verfahren zunächst aussetzen.[51]

19   **4. Klage gegen ausländische Prozessführung.** Aus der Regelung der Art. 26, 27 ergibt sich sinngemäß, dass das Gericht eines Mitgliedstaats nicht befugt ist, einer Partei die (Fortsetzung der) Prozessführung vor dem Gericht eines anderen Mitgliedstaats (im Klage- oder Verfügungsverfahren) zu untersagen. Die von englischen Gerichten in Anspruch genommene Befugnis sog. **antisuit-injunctions** zu erlassen,[52] ist unter Mitgliedstaaten mit dem Rechtsschutzsystem

---

[42] EuGHE 1991, I-3317 = IPRax 1993, 34, 36 (Rz. 26); *Schlosser* Rn. 10; *Dohm* S. 162 ff.
[43] BGH NJW 1995, 1758, 1759; *Kropholler* Rn. 15; *Geimer/Schütze,* EuZVR, Rn. 16 f.; *Stein/Jonas/Schumann* § 261 Rn. 24; *Dohm* S. 150 ff.; aA *Schütze* RIW 1975, 78, 80; *Wolf,* FS Schwab, 1990, S. 561, 573 (im Zweifel nur Aussetzung).
[44] Dafür *Dohm* S. 168 ff.; *Geimer/Schütze,* EuZVR, Rn. 18; aA *Kropholler* Rn. 11; *Hau* S. 157 f.
[45] Vgl. *Droz* Rev. crit. 1989, 1, 31 f.
[46] *Dohm* S. 189.
[47] Vgl. *Zeuner,* FS Lüke, 1997, S. 1003, 1005.
[48] Vgl. *Böhm* S. 141, 142 ff.
[49] Vgl. BGH RIW 1986, 217 = IPRax 1986, 293 (m. Anm. *Rauscher* S. 274); *Geimer/Schütze,* EuZVR, Rn. 47; *Rauscher/Leible* Rn. 18; *Dohm* S. 178 ff.
[50] EuGHE 2003, I-14 693 = IPRax 2004, 243 (dazu *Grothe* S. 205) = ZZPInt 2003, 510 *(Otte)* = RIW 2003, 289 (dazu *Thiele* S. 285); ebenso OLG München RIW 1998, 631.
[51] EuGHE 2003, I-14 693 = RIW 2003, 289 (dazu *Thiele* S. 285); LG Bonn RIW 2004, 460.
[52] Vgl. Airbus Industries v. Patel, House of Lords, I.L. Pr. 1999, 238; *Hau* S. 191 ff.; *Dicey, Morris & Collins,* Conflict of Laws, Vol. 1, 14th ed. 2006, No. 12-067.

der EuGVO nicht vereinbar.[53] Selbst wenn eine Partei einen auf Vertrag oder auf § 826 BGB gestützten Anspruch auf Unterlassung der anderweitigen Prozessführung hat, fehlt es infolge der Regelung des Art. 21 doch am Rechtsschutzbedürfnis für eine Klage oder einstweilige Verfügung.[54]

Art. 28. (1) Sind bei Gerichten verschiedener Mitgliedstaaten Klagen, die im Zusammenhang stehen, anhängig, so kann jedes später angerufene Gericht das Verfahren aussetzen.

(2) Sind diese Klagen in erster Instanz anhängig, so kann sich jedes später angerufene Gericht auf Antrag einer Partei auch für unzuständig erklären, wenn das zuerst angerufene Gericht für die betreffenden Klagen zuständig ist und die Verbindung der Klagen nach seinem Recht zulässig ist.

(3) Klagen stehen im Sinne dieses Artikels im Zusammenhang, wenn zwischen ihnen eine so enge Beziehung gegeben ist, dass eine gemeinsame Verhandlung und Entscheidung geboten erscheint, um zu vermeiden, dass in getrennten Verfahren widersprechende Entscheidungen ergehen könnten.

I. Aussetzung wegen Konnexität

1. Zweck. Art. 28 will über die Rechtshängigkeitssperre des Art. 27 hinaus verhindern, dass bei Verfahren in verschiedenen Mitgliedstaaten über sachlich zusammenhängende Streitgegenstände widersprechende Entscheidungen ergehen. Aufgrund der Rspr. des EuGH (s. Art. 27 Rn. 6ff.) ist die Abgrenzung zwischen identischen und nur konnexen Streitgegenständen freilich fließend geworden. Auf die Unterscheidung kommt es jedoch an, sobald ein Verfahren bereits in zweiter Instanz anhängig ist. Art. 28 setzt ebenso wie Art. 27 voraus, dass die Klagen vor Gerichten zweier oder mehrerer Mitgliedstaaten erhoben worden sind (s. Art. 27 Rn. 1). Die Regelung verbietet aber nicht, nach anderen Staatsverträgen oder dem autonomen Prozessrecht auf einen Rechtsstreit in einem Drittstaat Rücksicht zu nehmen.

2. Sachzusammenhang. Der Begriff des Sachzusammenhangs ist in Art. 28 Abs. 3 im Anschluss an das belgische Prozessrecht gesetzlich definiert. Seine Bejahung soll eine Frage der Zweckmäßigkeit sein;[1] der Begriff ist daher nach common sense breit auszulegen.[2] Die Gefahr widersprechender Entscheidungen besteht an sich nur, wenn die befassten Gerichte zur Sachentscheidung befugt sind. Ist das später angerufene Gericht unzuständig, so setzt es daher den Rechtsstreit nicht aus, sondern weist die Klage durch Prozessurteil ab[3] bzw. entscheidet nicht über eine unzulässig zur Aufrechnung gestellte Gegenforderung.[4] Die Zuständigkeit des Erstgerichts hat es dagegen grundsätzlich nicht zu überprüfen. Ein Sachzusammenhang wurde bejaht zwischen einer Klage auf Minderung des Kaufpreises und Schadensersatz und der weiteren Klage auf Zahlung des Restkaufpreises[5] oder zwischen einer Klage auf Schadensersatz nach einer Schiffskollision und einer Klage auf seerechtliche Haftungsbeschränkung wegen desselben Unfalls.[6] Ein Zusammenhang kann sich auch aus Einwendungen des Beklagten ergeben.[7] Besteht ein solcher Zusammenhang nur teilweise, kommt eine Teilaussetzung in Betracht.[8] Ein Zusammenhang fehlt, wenn die Klagen verschiedene Geschäfte betreffen und lediglich zwischen den beteiligten Gesellschaften enge Interessenverflechtungen bestehen.[9] Der Zusammenhang fehlt auch, wenn an den Verfahren nicht die gleichen Be-

---

[53] EuGHE 2004, I-3565 *(Turner v. Grovit)* = IPRax 2004, 425 (dazu *Rauscher* S. 405) = ZZPInt 9 (2004), 186 *(Hau)*; *Dutta/Heinze* ZEuP 13 (2005), 428; *Dohm* S. 206f.; aA Continental Bank N. A. v. Aekos Compania Navieva S. A., English Court of Appeal, [1994] I. L. Pr. 413; *Dicey, Morris & Collins,* Conflict of Laws (Fn. 50), No. 12–080f.
[54] *Geimer* WM 1986, 117, 122; *Hau* S. 216ff.; *Kurth,* Inländischer Rechtsschutz gegen Verfahren vor ausländischen Gerichten, 1989, S. 28f.
[1] Scottish Court of Session [1997] I. L. Pr. 391; vgl. *Magnus/Mankowski/Fentiman* Rn. 23, 26ff.
[2] Sarrio v. Kuwait Investment Authority A. C. [1999] 32, 39ff. (H.L. (E.)); *Dicey, Morris & Collins,* Conflict of Laws, Vol. 1, 14th ed. 2006, No. 12.064–12.065; krit. *Magnus/Mankowski/Fentiman* Rn. 15ff.
[3] *Geimer/Schütze/Försterling,* IRV, EuGVO Rn. 16.
[4] OLG Hamm NJW 1983, 523, 524.
[5] Cour d'appel Versailles EWS 1996, 336 m. Anm. *Klima;* s. aber Art. 27 Rn. 4.
[6] English Court of Appeal [1998] I. L. Pr. 440.
[7] *Schlosser* Rn. 3.
[8] *Klima* EWS 1996, 367.
[9] Cour Superieur de Luxembourg Nachschlagewerk I-22-B1; *Kropholler* Rn. 5.

klagten beteiligt sind und deshalb die Gefahr widersprüchlicher Entscheidungen nicht besteht.[10] Die Regelung ist deshalb in der jetzigen Form **nicht** geeignet, das erste Verfahren als **transnationalen Musterprozess** einzusetzen.[11]

3 **3. Aussetzung des Zweitverfahrens.** Werden danach konnexe Klagen in verschiedenen Mitgliedsstaaten erhoben, so kann jedes später angerufene Gericht sein Verfahren unabhängig vom Stand des ersten Verfahrens aussetzen. Die ursprüngliche, wenig sachgemäße Beschränkung der Aussetzungsmöglichkeit auf Fälle, in denen das erste Verfahren noch in erster Instanz anhängig ist, ist bei der Neuformulierung zu Recht bewusst fallen gelassen worden.[12]

4 Eine **Abweisung der zweiten Klage** im Hinblick auf die Zuständigkeit des zuerst angerufenen Gerichts kommt aber nach Art. 28 Abs. 2 EuGVO nur in Betracht, wenn beide Klagen in erster Instanz anhängig sind.[13] Gründe hierfür sind, dass nach den meisten Prozessordnungen keine neue Klage in zweiter Instanz erhoben werden kann und den Parteien nicht die erste Instanz genommen werden soll. Die Unzuständigerklärung ist weiterhin nur zulässig, wenn das zuerst angerufene Gericht (nach anderen Regeln) für die zweite Klage zuständig ist und nach seinem Recht eine Verbindung der Klagen möglich ist. Die Neufassung des Art. 28 Abs. 2 vermeidet die sprachlichen Ungenauigkeiten des bisherigen Art. 22 Abs. 2 EuGVÜ.

5 **Andere nationale Aussetzungsgründe** sind neben Art. 28 anwendbar.[14]

II. Unzuständigerklärung zur Prozessverbindung

6 Um eine Prozessverbindung der konnexen Verfahren zu ermöglichen, kann sich das später angerufene Gericht gemäß Art. 28 Abs. 2 auch für unzuständig erklären, dh. die Klage durch Prozessurteil abweisen. Diese Entscheidung steht im Ermessen des Gerichts; sie kann nur auf Antrag einer Partei ergehen. Weitere Voraussetzung ist, dass das zuerst angerufene Gericht für beide Klagen nach sonstigen Regeln zuständig ist und danach bei ihm eine Prozessverbindung möglich ist.[15] Art. 28 begründet selbst keine internationale Zuständigkeit wegen Sachzusammenhangs mit einer anderen Klage.[16]

7 Schließlich muss die Prozessverbindung nach dem Prozessrecht des später angerufenen Gerichts zulässig sein. Freilich ist diese Voraussetzung wenig durchdacht. Sinnvollerweise kann nur entscheidend sein, ob eine Prozessverbindung nach dem Recht des Erststaates zulässig ist. In diesem Sinne ist die Regel daher berichtigend auszulegen.[17] Das Abstellen auf das Recht des Zweitstaates wäre nur sinnvoll, wenn dessen Entscheidung (entsprechend der Regelung in Art. 35bis Abs. 2 Revidierte Rheinschiffahrtsakte) zugleich abdrängende und zuständigkeitsbegründende Wirkung hätte. Art. 28 Abs. 2 ermöglicht aber gerade keine internationale Verweisung an das Erstgericht mit zuständigkeitsbegründender Wirkung.[18]

Art. 29. Ist für die Klagen die ausschließliche Zuständigkeit mehrerer Gerichte gegeben, so hat sich das zuletzt angerufene Gericht zugunsten des zuerst angerufenen Gerichts für unzuständig zu erklären.

1 Art. 29 regelt (überflüssigerweise) den sehr seltenen Fall, dass eine ausschließliche Zuständigkeit der Gerichte mehrerer Mitgliedsstaaten besteht (zB gemäß Art. Nr. 2 iVm. Art. 60 Abs. 1 EuGVO infolge unterschiedlicher Auffassung über den Sitz einer Gesellschaft) und dort tatsächlich konkurrierende Klagen anhängig gemacht worden sind. Ist der Streitgegenstand beider Klagen identisch, so besteht bereits die Rechtshängigkeitssperre nach Art. 27. In Abweichung hiervon verlangt Art. 29 jedoch zwingend eine Unzuständigerklärung, dh. nach deutschem Recht eine Prozessabweisung durch das später angerufene Gericht.[1]

2 Der *Jenard*-Bericht wollte Art. 29 auch in den Fällen des Art. 28 anwenden. Die sofortige Abweisung einer lediglich konnexen Klage wäre aber mit dem Justizgewährungsanspruch des Klägers un-

---

[10] English Court of Appeal [1997] I. L. Pr. 441; vgl. aber EuGHE 1994, 5439 = JZ 1995, 616.
[11] AA *Schlosser* Rn. 3.
[12] *Kohler*, in: *Gottwald* S. 29; *Kropholler* Rn. 6; aA (zu Unrecht) *Zöller/Geimer* Rn. 5.
[13] OLG München RIW 2002, 66, 68; aA OLG Stuttgart RIW 2000, 954.
[14] *Schlosser* Rn. 5.
[15] English High Court (Q. B.) [1994] I. L. Pr. 694.
[16] EuGHE 1981, 1671 = NJW 1982, 507 (LS) = RIW 1981, 709 = IPRax 1982, 234 (m. Anm. *Leipold* S. 222, 225); mißverständlich *Stauder* GRUR Int. 1976, 465, 476.
[17] *Schlosser* Rn. 2.
[18] *Kropholler* Rn. 7.
[1] *Geimer/Schütze/Försterling* Rn. 5.

vereinbar. Zudem zeigt Art. 28 Abs. 2, dass auf die Verbindungsmöglichkeiten Rücksicht genommen werden muss. Die Regel passt daher nur für den Fall identischer Streitgegenstände.²

Art. 30. Für die Zwecke dieses Abschnitts gilt ein Gericht als angerufen:
1. **zu dem Zeitpunkt, zu dem das verfahrenseinleitende Schriftstück oder ein gleichwertiges Schriftstück bei Gericht eingereicht worden ist, vorausgesetzt, dass der Kläger es in der Folge nicht versäumt hat, die ihm obliegenden Maßnahmen zu treffen, um die Zustellung des Schriftstücks an den Beklagten zu bewirken, oder**
2. **falls die Zustellung an den Beklagten vor Einreichung des Schriftstücks bei Gericht zu bewirken ist, zu dem Zeitpunkt, zu dem die für die Zustellung verantwortliche Stelle das Schriftstück erhalten hat, vorausgesetzt, dass der Kläger es in der Folge nicht versäumt hat, die ihm obliegenden Maßnahmen zu treffen, um das Schriftstück bei Gericht einzureichen.**

Für die Anwendung der Art. 27 bis 29 kommt es entscheidend darauf an, welche der konkurrierenden Klagen zuerst anhängig gemacht worden ist. Zu Art. 21 EuGVÜ hatte der EuGH entschieden, dass diese Frage nicht einheitlich nach europäischem Recht beantwortet werden kann, vielmehr maßgeblich ist, wann die „endgültige" Rechtshängigkeit nach dem jeweiligen nationalen Prozessrecht eintritt.¹ Da die Rechtshängigkeit teilweise bereits bei Einreichung der Klage bei Gericht oder der für die Zustellung zuständigen Stelle, teilweise bereits mit Einleitung eines Sühneverfahrens, teilweise erst mit Zustellung der Klageschrift an den Beklagten eintritt, eröffnete sich dem Beklagten des zuerst in Gang gesetzten Verfahrens durchaus die Möglichkeit einer zuerst eingereichten Klage, von der er außerprozessual Kenntnis erlangte, durch Klageerhebung in einem anderen Vertragsstaat zuvor zu kommen und auf diese Weise gegebenenfalls auch forum shopping zu betreiben. 1

Diesem Missbrauch technischer Verfahrensunterschiede in der EU bereitet der neue Art. 30 EuGVO durch eine **einheitliche Regelung** ein Ende (vgl. Erwägungsgrund Nr. 15).² Denn danach gilt ein Gericht bereits als angerufen (1) mit Einreichung des einleitenden Schriftstücks bei Gericht, oder (2) mit Einreichung bei der für die Zustellung an den Beklagten zuständigen Stelle, wenn das einleitende Schriftstück erst danach bei Gericht einzureichen ist. In beiden Fällen gilt dies freilich nur, wenn der Kläger alle ihm obliegenden Maßnahmen trifft, damit die „endgültige Rechtshängigkeit" herbeigeführt werden kann, insb. also notwendige Kostenvorschüsse (in Deutschland gemäß § 12 GKG) unverzüglich einbezahlt. 2

Abschnitt 10. Einstweilige Maßnahmen einschließlich solcher, die auf eine Sicherung gerichtet sind

Art. 31. Die im Recht eines Mitgliedstaats vorgesehenen einstweiligen Maßnahmen einschließlich solcher, die auf eine Sicherung gerichtet sind, können bei den Gerichten dieses Staates auch dann beantragt werden, wenn für die Entscheidung in der Hauptsache das Gericht eines anderen Mitgliedstaats aufgrund dieser Verordnung zuständig ist.

Schrifttum: *Albrecht,* Das EuGVÜ und der einstweilige Rechtsschutz in England und in der Bundesrepublik Deutschland, 1991; *Collins,* Provisional and Protective Measures in International Litigation, RdC 234 (1992-III), 9; *Dedek,* Art. 24 EuGVÜ und provisorische Anordnungen zur Leistungserbringung, EWS 2000, 246; *Eilers,* Maßnahmen des einstweiligen Rechtsschutzes im europäischen Zivilrechtsverkehr, 1991; *Fohrer/Mattil,* Der „grenzüberschreitende" dingliche Arrest im Anwendungsbereich des EuGVÜ, WM 2002, 840; *Garcimartín Alférez,* Effects of the Brussels Convention upon the Spanish System: Provisional and Protective Measures, in: *Hommelhoff/Jayme/Mangold,* Europäischer Binnenmarkt, IPR und Rechtsangleichung, 1995, S. 129; *Gieseke,* Neue Entwicklungen zum Arrestgrund der Auslandsvollstreckung, EWS 1994, 149; *Gronstedt,* Grenzüberschreitende einstweiliger Rechtsschutz, 1994; *Grundmann,* Anerkennung und Vollstreckung ausländischer einstweiliger Maßnahmen nach IPRG und Lugano-Übereinkommen, 1996, S. 99 ff.; *Grunsky,* Zum Arrestgrund des § 917 Abs. 2 ZPO bei der Vollstreckung ausländischer Urteile, IPRax 1983, 210; *Heinze,* Internationaler einstweiliger Rechtsschutz, RIW 2003, 922; *Heiss,* Einstweiliger Rechtsschutz im europäischen Zivilrechtsverkehr (Art. 24 EuGVÜ), 1987; *Hogan,* The Judgments Convention and Mareva Injunctions in the United Kingdom and Ireland, European Law Review 1989, 191; *Hornung,* Auswirkungen der Einschränkung des Vermögensgerichtsstandes auf die internationale Zuständigkeit im dinglichen Arrestverfahren, ZVglRWiss 95 (1996), 305; *Kerameus,*

---

² *Geimer/Schütze/Försterling,* IRV, EuGVO Rn. 6; *Kropholler* Rn. 1.
¹ So EuGHE 1984, 2397 = NJW 1984, 2759.
² Vgl. *Markus* SZW 1999, 205, 214 ff.; *Kohler,* in: *Gottwald* S. 24.

Provisional remedies in transnational litigation, in: *Andolina,* Transnational Aspects of Procedural Law, Bd. 3, 1998, S. 1169; *Koch,* Neuere Probleme der internationalen Zwangsvollstreckung einschließlich des einstweiligen Rechtsschutzes, in: Schlosser, Materielles Recht und Prozessrecht, 1992, S. 171; *Kofmel Ehrenzeller,* Der vorläufige Rechtsschutz im internationalen Verhältnis, 2005, S. 239 ff.; *Kropholler/Hartmann,* Die Europäisierung des Arrestgrundes der Auslandsvollstreckung, FS Drobnig, 1998, S. 337; *Kurtz,* Grenzüberschreitender einstweiliger Rechtsschutz im Immaterialgüterrecht, 2004; *Maher/Rodger,* Provisional and Protective Remedies: The British Experience of the Brussels Convention, I. C. L. Q. 48 (1999), 302; *Mankowski,* Selbständiges Beweisverfahren und einstweiliger Rechtsschutz in Europa, JZ 2005, 1144; *Matthews,* Provisional and protective measures in England and Ireland at common law and under the convention, Civil Justice Q. 14 (1995), 190; *Meier,* Vorsorgliche Maßnahmen und Arrest nach dem Lugano-Übereinkommen, in *Schwander,* Das Lugano-Übereinkommen, 1990, S. 157; *Merkt,* Les mesures provisoires en droit international privé, 1993; *Morbach,* Einstweiliger Rechtsschutz in Zivilsachen, 1988; *Pålsson,* Interim relief under the Brussels and Lugano Conventions, Liber amicorum Siehr, 2000, S. 621; *Pansch,* Die einstweilige Verfügung zum Schutze des geistigen Eigentums im grenzüberschreitenden Verkehr, 2003; *Remien,* Einseitige Unterlassungsverfügungen im europäischen Binnenmarkt, WRP 1994, 25; *Sandrock,* Prejudgment Attachments: Securing International Loans or other Claims for Money, Intern. Lawyer 21 (1987), 1, 16–27; *Schütze,* Einstweilige Verfügungen und Arrest im internationalen Rechtsverkehr, insbesondere im Zusammenhang mit der Inanspruchnahme von Bankgarantien, WM 1980, 1438; *Schulz,* Einstweilige Maßnahmen nach dem EuGVÜ, ZEuP 2001, 805; *Sosnitza,* Einstweiliger Rechtsschutz im europäischen Binnenmarkt, in Sánchez Lorenzo u. a., La cooperation international en materia civil, 2003, S. 69; *Spellenberg/Leible,* Die Notwendigkeit vorläufigen Rechtsschutzes bei transnationalen Streitigkeiten, in: *Gilles,* Transnationales Prozessrecht, 1995, S. 293; *Stadler,* Erlass und Freizügigkeit einstweiliger Maßnahmen im Anwendungsbereich des EuGVÜ, JZ 1999, 1089; *Stickler,* Das Zusammenwirken von Art. 24 EuGVÜ und §§ 916 ff. ZPO, 1992; *Stürner,* Der einstweilige Rechtsschutz in Europa, FS Geiss, 2000, S. 199; *Thümmel,* Einstweiliger Rechtsschutz im Auslandsrechtsverkehr, NJW 1996, 1930; *Treichel,* Die französische Saisie-contrefaçon im europäischen Patentverletzungsprozess, GRURInt 2001, 690; *Wannenmacher,* Einstweilige Maßnahmen im Anwendungsbereich von Art. 31 EuGVVO in Frankreich und Deutschland, 2007; *Willeitner,* Vermögensgerichtsstand und einstweiliger Rechtsschutz im deutschen, niederländischen und europäischen Internationalen Zivilverfahrensrecht, 2003; *Ch. Wolf,* Konturen eines europäischen Systems des einstweiligen Rechtsschutzes, EWS 2000, 11; *Wolf/Lange,* Das Europäische System des einstweiligen Rechtsschutzes – doch noch kein System?, RIW 2003, 55; *Zeiler,* Europäisches Sicherungsverfahren, JBl. 1996, 636; *ders.,* Internationales Sicherungsverfahren, 1996.

I. Einstweilige Maßnahmen

1 **1. Allgemeines.** Art. 31 bezieht zwar den einstweiligen Rechtsschutz in die EuGVO mit ein, verzichtet aber auf eine selbständige Regelung und verweist für Voraussetzung, Form, Inhalt und Wirkung des einstweiligen Rechtsschutzes auf das jeweilige nationale Recht.[1] Art. 31 gilt für alle einstweiligen Maßnahmen, die in den sachlichen Anwendungsbereich der Verordnung fallen,[2] aber nur gegenüber Schuldnern mit Wohnsitz in einem Mitgliedstaat (Art. 4).

2 **2. Begriff.** Der Begriff „einstweilige Maßnahmen" ist autonom zu bestimmen.[3] Er erfasst im Anwendungsbereich der Verordnung alle Maßnahmen, die eine Veränderung der Sach- und Rechtslage verhindern sollen, um Rechte zu sichern und ihrer Überprüfung (auf Widerspruch oder Berufung) sowie andere Verfahren, die einen vorläufigen, grundsätzlich vom Ausgang eines Hauptverfahrens abhängigen Rechtsschutz bieten.[4] Der EuGH verlangt zusätzlich, dass die einstweilige Maßnahme das Hauptverfahren nicht voll vorwegnehmen darf. Deshalb müsse gewährleistet sein, dass ein zugesprochener Betrag bei Unterliegen im Hauptverfahren zurückgezahlt wird.[5] Betreffe die Maßnahme einzelne Vermögensgegenstände, müssten sie sich im örtlichen Zuständigkeitsbereich des angerufenen Gerichts befinden.[6] Nach deutschem Recht sind Arrest und einstweilige Verfügung einschließlich der Leistungsverfügung[7] sowie einstweilige (Unterhalts-)Anordnungen[8] in

---

[1] *Geimer/Schütze/Pörnbacher,* IRV, EuGVO Rn. 1; *Kofmel Ehrenzeller* S. 241 f.
[2] EuGHE 1979, 1055, 1067 = NJW 1979, 1100 (LS); EuGHE 1982, 1189 = IPRax 1983, 77 (m. Anm. *Sauveplanne* S. 65); *Heiss* S. 13.
[3] EuGHE 1998, I-7122, 7134 (Rz. 37) *(van Uden v. Deco-Line); Geimer/Schütze,* EuZVR, Rn. 14; *Heiss* S. 34 ff.; vgl. *Kropholler* Rn. 5; *Magnus/Mankowski/Pertegás Sender* Rn. 17 ff.
[4] EuGHE 2005, I-3481 = RIW 2005, 538, 539 f. (St. Paul Dairy v. Unibel Exser); *Geimer/Schütze/Pörnbacher,* IRV, EuGVO Rn. 6; *Geimer/Schütze,* EuZVR, Rn. 15.
[5] Krit. für Unterhaltsansprüche *Sosnitza* S. 69, 73.
[6] EuGHE 1998, I-7091 = IPPax 1999, 240 (Rz. 37 f.) (dazu *Heß/Vollkommer* S. 220) = RIW 1999, 776 *(Pörnbacher)* = ZZPInt. 4 (1999), 205 *(Spellenberg/Leible);* EuGHE 1999, I-2277 = ZZPInt. 4 (1999), 212, 219 (Rz. 42 ff.) *(Spellenberg/Leible)* = IPRax 2000, 411 (dazu *Heß* S. 370); krit. *Sosnitza* S. 69, 74 (territoriale Wirkungsbeschränkung).
[7] *Geimer/Schütze,* EuZVR, Rn. 20 ff.; *Heiss* S. 63 ff.; *Kropholler* Rn. 6.
[8] Vgl. EuGHE 1980, 731 = NJW 1980, 1218 (LS) = IPRax 1981, 19 (m. Anm. *Hausmann* S. 5).

ZPO-Sachen (§§ 127a, 620 Nr. 4, 6, 8, 621f, 641d ZPO) erfasst.[9] Eine englische freezing order (früher Mareva injunction) ist jedenfalls insoweit nicht von Art. 31 erfasst, als keine Hauptsachezuständigkeit in England besteht und außerhalb Englands belegenes Vermögen erfasst wird.[10]

Maßnahmen in vorgezogenen selbständigen Beweisverfahren (in Deutschland §§ 485ff. ZPO)[11] gehören nicht dazu. Denn ihr Ziel ist es, dem Antragsteller ein Urteil über die Zweckmäßigkeit einer Klage zu ermöglichen, nicht aber den bisherigen Zustand zu sichern.[12]

Nicht zu den einstweiligen Maßnahmen gehören Entscheidungen in **beschleunigten Verfahren**, wie dem Urkundenprozess oder wie das niederländische „Kortgeding".[13]   3

3. Rechtsschutzverfahren. Die EuGVO regelt nicht, in welchen Formen einstweiliger Rechtsschutz zu gewähren ist. Die Regeln der Art. 27ff. gelten nicht für Verfahren des einstweiligen Rechtsschutzes.[14] Die Rechtshängigkeit der Hauptsache im Ausland hat keinen Einfluss auf die internationale Zuständigkeit für das einstweilige Rechtsschutzverfahren.[15]   4

II. Internationale Zuständigkeit

1. Wahl zwischen EuGVO und nationalem Recht. Art. 31 erweitert die nach der EuGVO gegebenen Zuständigkeiten um die des jeweiligen autonomen nationalen Rechts. Zwischen diesen Zuständigkeiten kann der Antragsteller wählen.[16] Dies gilt auch, soweit die EuGVO für das Hauptverfahren ausschließliche Zuständigkeiten vorsieht. Bei mehrfacher Rechtshängigkeit bleibt das später angerufene Gericht zum Erlass einstweiliger Maßnahmen zuständig, selbst wenn es das Hauptverfahren gemäß Art. 27ff. aussetzt oder abweist.[17]   5

2. Gericht der Hauptsache. a) §§ 919, 937 ZPO. Gericht der Hauptsache ist nach §§ 919, 937 ZPO das Gericht, vor dem die Hauptsache erhoben werden kann oder bei dem sie tatsächlich anhängig ist.[18] Die tatsächliche Anhängigkeit der Hauptsache soll dagegen nicht genügen, wenn sich das angerufene Gericht zweifellos für unzuständig erklären müsste.[19] Eine bereits erhobene Hauptsacheklage schließt die Eilzuständigkeit konkurrierender Hauptsachegerichte nicht aus.[20] Ist das Gericht nach der EuGVO zur Entscheidung der Hauptsache zuständig, so ist es stets auch kompetent einstweilige oder sichernde Maßnahmen anzuordnen.[21] Ist das Gericht nach der EuGVO bzw. nach dem LugÜ nicht zuständig, genügt es aber, wenn es nach nationalem Recht zuständig ist. Umgekehrt entsteht freilich durch rügelose Einlassung auf das Verfahren des einstweiligen Rechtsschutzes keine Zuständigkeit für das Verfahren in der Hauptsache, so dass einstweiliger Rechtsschutz nicht vor einem Gericht beantragt werden kann, das nur nach Art. 24 EuGVO für die Hauptsache zuständig würde.[22]   6

Soweit die Parteien für bestimmte vertragliche Streitigkeiten einen **Schiedsvertrag** geschlossen haben, sollen sie eine Hauptsachezuständigkeit nach der EuGVO ausgeschlossen haben, so dass nur noch eine Zuständigkeit nach nationalem Recht in Betracht komme.[23] Dies überzeugt freilich nicht. Da eine Schiedsvereinbarung den einstweiligen Rechtsschutz vor den staatlichen Gerichten   7

---

[9] Zum Recht anderer Vertragsstaaten vgl. *Heiss* und *Morbach;* zum Prozesskostenvorschuss s. *Renke* FuR 1990, 149, 151f.
[10] Vgl. *Kropholler* Rn. 8; aA wohl *Kofmel Ehrenzeller* S. 247.
[11] *Thomas/Putzo/Hüßtege* Rn. 2; aA *Geimer/Schütze,* EuZVR, Rn. 13; *Mankowski* JZ 2005, 1144.
[12] EuGHE 2005, I-3481, 3497 = RIW 2005, 538, 540 *(St. Paul Dairy Industries v. Unibel Exser).*
[13] EuGHE 1999, I-2277 = ZZPInt. 4 (1999), 212, 219f. (Rz. 43, 53) *(Spellenberg/Leible);* s. aber *Ch. Wolf* EuZW 2000, 11, 14.
[14] *Geimer/Schütze,* EuZVR, Rn. 26.
[15] *Schlosser* Rn. 1; vgl. English Court of Appeal [1998] I.L. Pr. 41 („world-wide Mareva injunction"); *Dicey, Morris & Collins,* Conflict of Laws, Vol. 1, 14th ed. 2006, No. 8.001ff.; aA *Gronstedt* S. 140ff.
[16] *Rauscher/Leible* Rn. 2, 14; *Thomas/Putzo/Hüßtege* Rn. 1; *Nagel/Gottwald* § 15 Rn. 7; aA *Schlosser* Rn. 1.
[17] *Kropholler* Rn. 19.
[18] LG Frankfurt RIW 1989, 485; ablehn. *Schlosser* Rn. 3.
[19] OLG Koblenz RIW 1990, 316.
[20] *Rauscher/Leible* Rn. 17; *Schlosser* Rn. 19; *Gebauer/Wiedmann* Kap. 26 Rn. 152; *Nagel/Gottwald* § 15 Rn. 12; *Sosnitza* S. 69, 75; aA *Kropholler* Rn. 11; *Schack* Rn. 424.
[21] EuGHE 1998, I-7091, 7122 = RIW 1999, 776 = IPRax 1999, 240 (Rz. 19, 22); EuGHE 1999, I-2277 Rz. 46 (zu beiden Entscheidungen *Spellenberg/Leible* ZZPInt. 4 (1999), 221); *Kofmel Ehrenzeller* S. 248; *Kropholler* Rn. 10ff.
[22] EuGHE 1999, I-2277 Rz. 52 = IPRax 2000, 411 (dazu *Heß,* S. 370) = ZZPInt 4 (1999), 212 *(Spellenberg/Leible);* aA *Sosnitza* S. 69, 81.
[23] EuGHE 1998, I-7091 = IPRax 1999, 240 (Rz. 24); zust. *Kropholler* Rn. 13; *Magnus/Mankowski/Pertegás Sender* Rn. 12ff.

grundsätzlich nicht ausschließt (in Deutschland gemäß § 1033 ZPO), kann sie auch nicht die internationale Zuständigkeit für einstweilige Maßnahmen ausschließen oder beschränken.[24]

8   **b) Einstweilige Maßnahmen.** Mit der Verweisung auf nationale Zuständigkeiten beseitigt Art. 31 die Sperre des Art. 3 Abs. 1 und lässt einstweilige Maßnahmen in den sonst ausgeschlossenen **exorbitanten Zuständigkeiten** zu.[25] Soweit das nationale Recht aber das „Gericht der Hauptsache" für zuständig erklärt (wie in den §§ 919 (1. Fall), 937 Abs. 1 ZPO), ist streitig, ob dieses nur nach der EuGVO[26] oder auch quasi fiktiv nach nationalem Recht zu bestimmen ist. Nach der restriktiven Ansicht eröffnet Art. 31 nur Eilgerichtsstände nach autonomem Recht, begründet aber keine fiktive Hauptsachezuständigkeit.[27] Teilweise wird freilich auch § 23 ZPO insoweit als Eilgerichtsstand angesehen, als der Gläubiger in inländisches Vermögen vollstrecken will.[28] Da § 919 ZPO die Zuständigkeit selbständig und unabhängig von der Zuständigkeit für das Hauptverfahren regelt, nimmt die hM zu Recht an, die Hauptsachezuständigkeit könne in Deutschland in jedem Fall auch auf einen nach Art. 23 derogierten Gerichtsstand (arg. § 40 Abs. 2 ZPO) sowie auf § 23 ZPO gestützt werden.[29] Allerdings ist der Anwendungsbereich des § 23 ZPO durch das Erfordernis des Inlandsbezugs stark eingeschränkt.[30]

Zum Schutze des Prozessgegners unterstellt der EuGH, dass das Gericht seine Zuständigkeit nur auf autonome Zuständigkeitsregeln stützt, wenn es sich nicht ausdrücklich auf eine Hauptsachezuständigkeit nach der EuGVO beruft.[31]

Soweit in der Hauptsache ein Schiedsverfahren eingeleitet wurde oder eingeleitet werden kann, kann die Zuständigkeit für den Erlass einer einstweiligen Maßnahme ohne weiteres auf Art. 31 EuGVO und die Zuständigkeitsregeln des autonomen nationalen Rechts gestützt werden, sofern zwischen dem Gegenstand der Maßnahme und der **gebietsbezogenen Zuständigkeit** des Gerichts ein **realer Zusammenhang** besteht.[32]

9   Für **deutsche Arrestverfahren** hat der Streit nur geringe Bedeutung, da neben dem Gericht der Hauptsache alternativ auch das Amtsgericht der mit Arrest zu belegenden Sache (§ 919, 2. Fall ZPO) zuständig ist.[33]

10 Größere Bedeutung hat die Streitfrage für **einstweilige Verfügungen** bei Auslandswohnsitz des Schuldners (§§ 937 Abs. 1, 12 ff. ZPO), da hier das Amtsgericht, in dessen Bezirk sich der Streitgegenstand befindet, nur in dringenden Fällen nach § 942 ZPO zur Verfügung steht. Die in § 942 Abs. 1 ZPO vorgesehene Frist für ein Rechtfertigungsverfahren kann nicht gesetzt werden, wenn die Hauptsache im Ausland anhängig zu machen ist; die Zuständigkeit bleibt dennoch erhalten.[34] Es genügt, wenn das Gericht eine Frist zur Erhebung der Hauptsacheklage gemäß §§ 936, 926 ZPO setzt. Diese kann ohne weiteres auch in einem anderen Land erfolgen.[35] In Wettbewerbssachen können vorbeugende Abwehrverfügungen in jedem Fall beim Gericht des (drohenden) Handlungsortes (§ 14 Abs. 2 S. 1 UWG) beantragt werden (s. Art. 5 Rn. 35).

11 **Einstweilige Anordnungen** in Familiensachen erlässt das in erster Instanz zuständige Familiengericht (§§ 620a Abs. 4, 621 Abs. 3 ZPO). Diese Zuständigkeit besteht erst mit Anhängigkeit der Ehesache bzw. der Stellung eines entsprechenden Prozesskostenhilfeantrags (§ 620a Abs. 2 ZPO). Gleiches gilt nunmehr in den zu den Familiensachen gehörenden Kindschaftssachen (§§ 640a Abs. 2, 641d ZPO) und in Unterhaltssachen (§§ 642, 644 ZPO). Der Entwurf eines Gesetzes zur Reform des Verfahrens in Familiensachen regelt einstweilige Anordnungen in den §§ 53 ff. und 258 FamFG.

12 Eine **ausschließliche Gerichtsstandsvereinbarung** schließt Maßnahmen des einstweiligen Rechtsschutzes vor einem gesetzlich zuständigen Gericht nicht aus;[36] anders ist es nur, wenn eine ausschließliche Vereinbarung gerade für den einstweiligen Rechtsschutz getroffen wird.

---

[24] Ebenso *Rauscher/Leible* Rn. 19 f.; *Sosnitza* S. 69, 76.
[25] EuGHE 1998, I-7122 = IPRax 1999, 240 (Rz. 42) = ZZPInt. 4 (1999), 205 *(Spellenberg/Leible)*.
[26] So OLG Koblenz NJW 1976, 2081 (m. abl. Anm. *Schlafen)*; *Eilers* S. 200 ff.; *Puttfarken* RIW 1977, 360.
[27] So wohl *Schlosser* Rn. 2.
[28] *Eilers* S. 212.
[29] OLG Düsseldorf RIW 1999, 873; *Geimer/Schütze*, EuZVR, Rn. 27 ff.; *Kropholler* Rn. 17; *Rauscher/Leible* Rn. 27; *Nagel/Gottwald* § 15 Rn. 8 ff., 26; *Sosnitza* S. 69, 77.
[30] *Hornung* ZVglRWiss 95 (1996), 305, 310 ff.; *Nagel/Gottwald* § 15 Rn. 26.
[31] EuGHE 1999, I-2277 (Rz. 55) = IPRax 2000, 411 (dazu *Heß*, S. 370).
[32] EuGHE 1998, I-7122 = IPRax 1999, 240 (Rz. 48) = RIW 1999, 776; *Kropholler* Rn. 15; *Geimer/Schütze/Pörnbacher*, IRV, EuGVO Rn. 7; *Sosnitza* S. 69, 78 ff.; *Willeitner* S. 56 ff., 64 ff.
[33] Vgl. *Kropholler* Rn. 18.
[34] AA *Schlosser* Rn. 4.
[35] So auch *Schlosser* Rn. 10.
[36] *Rauscher/Leible* Rn. 33; *Reithmann/Martiny/Hausmann* Rn. 3093; *Magnus/Mankowski/Pertegás Sender* Rn. 15; *Schlosser* Rn. 42; aA *Geimer/Schütze*, EuZVR, Art. 23 Rn. 192.

III. Auswirkungen auf das deutsche Arrestverfahren

1. Kein Arrestgrund der Auslandsvollstreckung deutscher Titel in anderen Mitglieds- **13** **staaten.** In der derzeitigen Fassung des § 917 Abs. 2 ZPO ist als Arrestgrund nur noch anzusehen, wenn ein Urteil im Ausland vollstreckt werden müsste und die Gegenseitigkeit nicht verbürgt ist.[37] Die Gegenseitigkeit kann durch binationale oder multinationale Verträge oder durch die Regelung einer supranationalen Organisation gewährleistet sein. Sie besteht also aufgrund der EuGVO bzw. von EuGVÜ/LugÜ im Verhältnis zu den Mitglieds- bzw. Vertragsstaaten.[38] Dem Urteil des EuGH vom 10. 2. 1994,[39] der bei der alten Fassung des § 917 Abs. 2 ZPO einen Verstoß gegen das Diskriminierungsverbot des Art. 6 EGV beanstandet hatte, ist daher weiterhin Rechnung getragen.

§ 917 Abs. 1 ZPO gilt zwar grundsätzlich auch gegenüber einer Gegenpartei aus einem EU- **14** oder EFTA-Staat,[40] doch muss hier die konkrete Vollstreckungsgefährdung nachgewiesen werden. In der Verbringung wesentlichen Vermögens in einen anderen EU- oder EFTA-Staat kann man freilich nach der Prämisse des EuGH keine Gefährdung der Vollstreckung mehr sehen.[41]

Soll Vermögen in einen Drittstaat verbracht werden, so besteht der Arrestgrund nur, wenn das im Bereich der EuGVO-, EuGVÜ- bzw. Luganer Staaten belegene Vermögen nicht zur Vollstreckung ausreicht.[42]

2. Auslandsvollstreckung ausländischer Titel. Nach hM soll § 917 Abs. 2 ZPO nur die **15** Vollstreckung inländischer Titel erleichtern,[43] doch werden zunehmend Entscheidungen aus EuGVO- und LugÜ-Staaten zu Recht deutschen Titeln gleichgestellt.[44] Geht man entsprechend dem Sinn der Neufassung des § 917 Abs. 2 S. 2 ZPO von einem einheitlichen Rechtsschutzraum im EU-/EFTA-Bereich aus, so ist auch zugunsten von Titeln aus diesen Ländern § 917 Abs. 2 S. 1 ZPO anzuwenden, wenn der Titel ohne den Arrest in einem Drittstaat vollstreckt werden müsste.[45]

Kapitel III. Anerkennung und Vollstreckung

Schrifttum: a) Zur EuGVO: *Bajons*, Von der Internationalen zur Europäischen Urteilsanerkennung und -vollstreckung, FS Rechberger, 2005, S. 1; *Dutta/Heinze*, Anti-suit injunctions zum Schutz von Schiedsvereinbarungen, RIW 2007, 411; *Fleischhauer*, Vollstreckbare Notarkunden im europäischen Rechtsverkehr, Mitt-BayNot 2002, 15; *Geimer*, Gegenseitige Urteilsanerkennung im System der Brüssel I-Verordnung, FS Beys, 2003, S. 391; *Gottwald*, Auf dem Weg zur weiteren Vereinfachung der Anerkennung und Vollstreckung von Entscheidungen in Europa, Ritsumeikan L. Rev. 17 (2000), 49; *Heinze*, Grenzüberschreitende Vollstreckung englischer freezing injunctions, IPRax 2007, 343; *Hess/Zhuo*, Beweissicherung und Beweisbeschaffung im europäischen Justizraum, IPRax 2007, 183; *Kofmel Ehrenzeller*, Der vorläufige Rechtsschutz im internationalen Verhältnis, 2005, S. 253 ff.; *Kohler*, Systemwechsel im europäischen Anerkennungsrecht, in: Baur/Mansel, Systemwechsel im europäischen Kollisionsrecht, 2002, S. 197; *ders.*, Das Prinzip der gegenseitigen Anerkennung in Zivilsachen im europäischen Justizraum, ZSR 124 (2005) II, 263; *Matscher*, Die indirekte Wirkung des Art. 6 EMRK bei der Anerkennung und Vollstreckung ausländischer Entscheidungen, FS Kollhosser, 2004, S. 427; *Merlin*, Riconoscimento ed esecutività della decisione straniera nel Regolamento „Bruxelles I", Riv. dir. proc. 61 (2001), 433; *Schütze*, Zulässigkeit, Zustellung und Wirkungserstreckung von anti-suit injunctions in Deutschland, FS Yessiou-Faltsi, 2007, S. 625; *Stadler*, Die Revision des Brüsseler und des Lugano-Übereinkommens – Vollstreckbarerklärung und internationale Vollstreckung, in: Gottwald, Revision des EuGVÜ, 2000, S. 37; *Stoppenbrink*, Systemwechsel im internationalen Anerkennungsrecht: Von der EuGVVO zur geplanten Abschaffung des Exequatur, EuRevPL 2002, 641; *Wagner*, Vom Brüsseler Übereinkommen über die Brüssel I-Verordnung zum Europäischen Vollstreckungstitel, IPRax 2002, 75.

b) Zu EuGVÜ und LugÜ: *Baumann*, Die Anerkennung und Vollstreckung ausländischer Entscheidungen in Unterhaltssachen 1989; *Braun*, Der Beklagtenschutz durch Art. 27 Nr. 2 EuGVÜ, 1992; *Geimer*, Anerken-

---

[37] Krit. *Mankowski* RIW 2004, 587, 590.
[38] *Zöller/Vollkommer* § 917 ZPO Rn. 17; Hk-ZPO/*Dörner* Rn. 14.
[39] EuGHE 1994, I-467 = NJW 1994, 1271; dazu *Gieseke* EWS 1994, 149; *Geiger* IPRax 1994, 415; *Mankowski* NJW 1995, 307; *Schack* ZZP 108 (1995), 47; *Schlosser* ZEuP 1995, 253; *Thümmel* EuZW 1994, 242; *Wolf* JZ 1994, 1153.
[40] *Geimer/Schütze*, EuZVR, Rn. 45; *Nagel/Gottwald* § 15 Rn. 31.
[41] Vgl. *Thümmel* NJW 1996, 1930, 1934; *Kropholler/Hartmann*, FS Drobnig, 1998, S. 337, 341 f.
[42] *Kropholler/Hartmann*, FS Drobnig, 1998, S. 337, 342 ff.
[43] OLG Koblenz NJW 1976, 2081; OLG Frankfurt IPRax 1983, 227 (m. Anm. *Grunsky* S. 210); OLG München NJW-RR 1988, 1023; *Thomas/Putzo/Reichold* § 917 Rn. 5; *Dittmar* NJW 1978, 1720, 1722.
[44] OLG Hamburg VersR 1987, 356; OLG Düsseldorf NJW 1977, 2034; *Geimer/Schütze*, EuZVR, Rn. 49; *Rauscher/Leible* Rn. 32; *Rosenberg/Gaul/Schilken* § 75 II 2 a (Fn. 13).
[45] *Kropholler/Hartmann*, FS Drobnig, 1998, S. 337, 344 ff.; *Geimer/Schütze*, EuZVR, Rn. 52; *Rauscher/Leible* Rn. 32.

nung gerichtlicher Entscheidungen nach dem EWG-Übereinkommen, RIW 1976, 139; *ders.,* Nachprüfung der internationalen Zuständigkeit des Urteilsstaates in Versicherungs- und Verbrauchersachen, RIW/AWD 1980, 305; *Grundmann,* Anerkennung und Vollstreckung ausländischer einstweiliger Maßnahmen nach IPRG und Lugano-Übereinkommen, 1996; *Hausmann,* Zur Anerkennung und Vollstreckung von Maßnahmen des einstweiligen Rechtsschutzes im Rahmen des EG-Gerichtsstands- und Vollstreckungsübereinkommens, IPRax 1981, 79; *ders.,* Zur Anerkennung von Annex-Unterhaltsentscheidungen nach dem EG-Gerichtsstands- und Vollstreckungsübereinkommen, IPRax 1981, 5; *Hunnings,* Default Judgments in the EEC, Journal of Business Law 1985, 303; *Jametti Greiner,* Der Begriff der Entscheidung im schweizerischen internationalen Zivilverfahrensrecht, 1998, S. 286 ff.; *Kaye,* Stay of Enforcement Proceedings under the European Judgments Convention, J.B.L. 1991, 261; *Kerameus,* Das Brüsseler Vollstreckungsübereinkommen und das griechische Recht der Anerkennung und Vollstreckung von ausländischen Entscheidungen, FS Henckel, 1995, S. 423; *Kössinger,* Rechtskraftprobleme im deutsch-französischen Rechtsverkehr, 1993; *Kren,* Anerkennbare und vollstreckbare Titel nach [schweizer.] IPR-Gesetz und Lugano-Übereinkommen, FS Vogel, 1991, S. 419; *de Leval,* Une harmonisation des procedures d'exécution dans l'Union Européenne est-elle concevable?, in: Andolina, Transnational Aspects of Procedural Law, Bd. 2, 1998, S. 729; *Maack,* Englische antisuit injunctions im europäischen Zivilrechtsverkehr, 1999; *Pluyette,* La convention de Bruxelles et les droits de la défense, Etudes Bellet, 1993, S. 427; *Prütting,* Probleme des europäischen Vollstreckungsrechts, IPRax 1985, 137; *Schlosser,* Grenzüberschreitende Vollstreckung von Maßnahmen des einstweiligen Rechtsschutzes im EuGVÜ-Bereich, IPRax 1985, 321; *Schockweiler,* Gründe für die Versagung von Anerkennung und Vollstreckung, in: EuGH, Internationale Zuständigkeit und Urteilsanerkennung in Europa, 1993, S. 149; *Stürner,* Rechtliches Gehör und Klauselerteilung im Europäischen Vollstreckungsverfahren, IPRax 1985, 254; *ders.,* Das grenzüberschreitende Vollstreckungsverfahren in der Europäischen Union, FS Henckel, 1995, S. 863; *Verschuur,* Vrij verkeer van vonnissen, 1995; *Walder,* Anerkennung und Vollstreckung von Entscheidungen, in: *Schwander,* Das Lugano-Übereinkommen, 1990, S. 135; *Wastl,* Die Vollstreckung deutscher Titel auf der Grundlage des EuGVÜ in Italien, 1991; *M. Wolf,* Einheitliche Urteilsgeltung im EuGVÜ, FS Schwab, 1990, S. 561.

Art. 32. Unter „Entscheidung" im Sinne dieser Verordnung ist jede von einem Gericht eines Mitgliedstaats erlassene Entscheidung zu verstehen, ohne Rücksicht auf ihre Bezeichnung wie Urteil, Beschluss, Zahlungsbefehl oder Vollstreckungsbescheid, einschließlich des Kostenfestsetzungsbeschlusses eines Gerichtsbediensteten.

Übersicht

	Rn.		Rn.
I. Das Anerkennungs- und Vollstreckungssystem der EuGVO	1–7	2. Kostenfestsetzung, Nebenentscheidung	13, 14
1. Zweck der Regelung	1	3. Nicht rechtskräftige Entscheidungen	15
2. Anwendungsbereich	2, 3	4. Entscheidungen des einstweiligen Rechtsschutzes	16–18
3. Verhältnis zu anderen Übereinkommen	4	5. Zwischenentscheidungen im gerichtlichen Verfahren	19–22
4. Verhältnis zum autonomen Recht	5–7	a) Rechtsmittelentscheidungen	19
a) Vorrang vor autonomem Recht	5	b) Entscheidungen zum Verfahrensfortgang	20
b) Ausschluss neuer Leistungsklage	6	c) Musterentscheid nach dem KapMuG	21
c) Günstigkeitsprinzip	7	d) Über selbständig einklagbare Parteipflichten	22
II. Anerkennungsfähige Entscheidungen	8–24	6. Vollstreckungsakte	23
1. Endentscheidungen	8–12	7. Insolvenzrechtliche Entscheidungen	24
a) Jeder Art	8, 9		
b) Ausgeschlossene Sachgebiete	10, 11		
c) Exequaturentscheidungen	12		

I. Das Anerkennungs- und Vollstreckungssystem der EuGVO

1   **1. Zweck der Regelung.** Um die beabsichtigte Freizügigkeit von Entscheidungen innerhalb der Mitgliedstaaten zu erleichtern, enthält Titel III für alle Mitgliedstaaten einheitliche, einfache Regeln über die gegenseitige Anerkennung und Vollstreckung gerichtlicher Entscheidungen.

2   **2. Anwendungsbereich.** Kap. III des EuGVO findet auf **alle Entscheidungen eines Mitgliedstaats** Anwendung, gleichgültig, auf welche Rechtsgrundlage die Entscheidungszuständigkeit gestützt wurde.[1] Daher sind auch Entscheidungen gegen Angehörige von Drittstaaten, die gemäß Art. 4 Abs. 1 nicht den Gerichtsstandsregeln der Verordnung unterliegen, nach den Art. 33 ff. anzuerkennen und zu vollstrecken.[2] Zu Lasten von Drittstaatsangehörigen verzichtet die EuGVO weiterhin auf jegliche Begrenzung oder Kontrolle der internationalen Zuständigkeit.

---

[1] *Geimer/Schütze/Tschauner,* IRV, EuGVO Rn. 4.
[2] *Kropholler* Rn. 4; *Coester-Waltjen,* FS Nakamura, 1996, S. 89, 95; s. Art. 35 Rn. 3.

Auf **Entscheidungen aus Drittstaaten** ist die EuGVO dagegen **nicht** anzuwenden.³ Ihre Anerkennung und Vollstreckung richtet sich nach dem autonomen Recht des jeweiligen Anerkennungsstaates. Die Anerkennung einer Drittstaatsentscheidung hat aber eine Sperrwirkung nach Art. 34 Nr. 4 EuGVO (s. dort Rn. 36).

3. Verhältnis zu anderen Übereinkommen. In ihrem Anwendungsbereich geht die EuGVO bilateralen Verträgen zwischen den Mitgliedsstaaten vor; diese haben damit nur noch Bedeutung, soweit sie durch Art. 1 Abs. 2 ausgeschlossene Rechtsgebiete erfassen sowie für vor dem Inkrafttreten der EuGVO erlassene Entscheidungen (Art. 66, 70 Abs. 2 EuGVO). Bilaterale oder multinationale **Übereinkommen über besondere Rechtsgebiete** bleiben dagegen „unberührt" (Art. 71 Abs. 1). Nach der authentischen Interpretation durch Art. 71 Abs. 2 EuGVO bedeutet dies, dass diese Übereinkommen und die EuGVO nebeneinander gelten und sich der Titelgläubiger sowohl auf die EuGVO wie auf ein Übereinkommen über ein besonderes Rechtsgebiet stützen kann (s. Art. 71 Rn. 3, 7, 8).

4. Verhältnis zum autonomen Recht. a) Vorrang vor autonomem Recht. In ihrem Anwendungsbereich geht die EuGVO dem autonomen Anerkennungs- und Vollstreckungsrecht vor. Die Anerkennung und Vollstreckung kann daher niemals aufgrund zusätzlicher Anforderungen des autonomen Rechts versagt werden.⁴

b) Ausschluss neuer Leistungsklage. Das Anerkennungs- und Vollstreckbarerklärungsverfahren der EuGVO kann nicht durch eine erneute Leistungsklage im Inland umgangen werden.⁵ Dies gilt selbst dann, wenn die Vollstreckbarerklärung nach der europäischen Regelung teurer ist als ein neues Klageverfahren.⁶ Soweit eine Entscheidung gemäß Art. 33, 34 EuGVO nicht anerkannt werden kann, entfaltet sie keine Rechtskraftwirkung im Inland (s. § 328 ZPO Rn. 143, § 722 ZPO Rn. 28, 31); eine neue Inlandsklage ist dann zulässig.⁷

c) Günstigkeitsprinzip. Die EuGVO verpflichtet die Mitgliedsstaaten dazu, Entscheidungen anderer Mitgliedsstaaten anzuerkennen, sofern kein Ausschlussgrund nach den Art. 33, 34 vorliegt. Die Verordnung verbietet nach dem Günstigkeitsprinzip aber nicht den Rückgriff auf anerkennungsfreundlichere Regeln des autonomen Rechts.⁸

II. Anerkennungsfähige Entscheidungen

1. Endentscheidungen. a) Art. 32 definiert den Begriff der Entscheidung. Dieser Begriff ist, wie auch sonst die EuGVO, autonom auszulegen.⁹ Art. 32 ergibt, dass grundsätzlich **alle Arten** von Endentscheidungen staatlicher Gerichte, ohne Rücksicht auf ihre Bezeichnung, Form, die Verfahrensart, in der sie ergangen sind,¹⁰ und die funktionelle Zuständigkeit im Gericht¹¹ in den Mitgliedsstaaten anerkannt werden. Dies gilt auch für Prozessurteile (s. u. Art. 33 Rn. 4) und Versäumnisurteile.¹² Art. 65 Abs. 2 EuGVO stellt klar, dass auf Gewährleistungs- oder Interventionsklage hin ergangene Entscheidungen auch in den Mitgliedsstaaten anzuerkennen sind, die entspr. Klagen nicht kennen.¹³ Art. 62 (Abs. 1) EuGVO stellt das schwedische Amt für Beitreibung Gerichten gleich; Art. 62 (Abs. 2) idF des Abkommens vom 19. 10. 2005¹⁴ ordnet gleiches für dänische Verwaltungsbehörden in Unterhaltssachen an; nach Art. V a Abs. 1 des Protokolls Nr. 1 zum Luganer Übereinkommen gilt Entsprechendes für die isländischen und norwegischen Verwaltungsbehörden. Trotz des Wortlauts dürften Verbraucherverbandsklage-Entscheidungen aber nicht anzuerkennen sein, da ihre Wirkung territorial begrenzt ist.

Anzuerkennen sind auch **Entscheidungen in abgekürzter Form**, ohne Tatbestand und Entscheidungsgründe (vgl. § 313a ZPO). Aus den §§ 30, 31 AVAG, die eine nachträgliche Ergänzung

---

³ EuGHE 1994, I-117 = EuZW 1994, 278 *(Karl)* = IPRax 1995, 240 (dazu *Kaye* S. 214).
⁴ *Kropholler* Rn. 6.
⁵ *Kropholler* Rn. 7.
⁶ EuGHE 1976, 1759, 1762 = NJW 1977, 495 m. Anm. *Geimer* S. 2023; *Kropholler* Rn. 7.
⁷ *Geimer* NJW 1980, 1234 gegen LG Münster NJW 1980, 534.
⁸ *Thomas/Putzo/Hüßtege* Vor Art. 32–56 Rn. 5, Art. 34 Rn. 1; *Linke* IZPR Rn. 339; *Nagel/Gottwald* § 11 Rn. 4; aA *Martiny* Hdb. IZVR III/2 Kap. II Rn. 198 f.; *Rahm/Künkel/Breuer* VIII 254; *Rauscher/Leible* Rn. 3; *Schack* IZVR Rn. 808; *Geimer/Schütze/Tschauner*, IRV, EuGVO Rn. 5 u. Art. 34 Rn. 2.
⁹ BGH NJW-RR 2006, 143, 144; *Kropholler* Rn. 2; *Magnus/Mankowski/Wautelet* Rn. 4; vgl. *Jametti Greiner* S. 253 ff.
¹⁰ *Geimer* NJW 1976, 139, 144; *Jametti Greiner* S. 300 ff.; *Rauscher/Leible* Rn. 5 f.; *Czernich/Kodek* Rn. 7.
¹¹ *Schlosser* Rn. 4.
¹² BGH ZIP 2007, 396; *Magnus/Mankowski/Wautelet* Rn. 26 ff.
¹³ OLG Hamburg IPRax 1995, 391 (dazu *Mansel* S. 362); *Jenard/Möller*-Bericht Nr. 105.
¹⁴ ABl EU L 299/62.

EuGVO Art. 32 10–15   B. Europäisches Zivilprozessrecht

einer im Ausland benötigten Entscheidung vorsehen, folgt nichts anderes. Denn dadurch soll der Partei lediglich der Nachweis der Voraussetzungen der Art. 33, 34 im Ausland erleichtert werden, insbesondere wenn das Fehlen von Gründen dort als ordre public-Verstoß angesehen würde. Wie Art. 55 Abs. 1 zeigt, schließt dies nicht aus, den Nachweis anderweitig zu führen.[15]

10   b) Die Entscheidungen müssen in einer **Zivil- oder Handelssache** ergangen sein. Nicht unter Art. 32 fallen Entscheidungen in den nach Art. 1 Abs. 2 **ausgeschlossenen Sachgebieten**. Unterhaltsentscheidungen, die im Verbund mit dem Scheidungsurteil ergehen, sind anerkennungsfähig. Scheidungsurteile aus Mitgliedsstaaten sind nunmehr nach Art. 21 Abs. 2 Brüssel II-VO inzident formlos anzuerkennen. Nur wenn ein besonderes Feststellungsinteresse besteht, kann ein besonderes Anerkennungsverfahren nach Art. 21 Abs. 3 Brüssel II-VO iVm. § 32 IntFamRVG durchgeführt werden (s. § 328 Rn. 173).

11   Staatliche Urteile, die sich zB mit Fragen der Schiedsgerichtsbarkeit befassen, sind daher nicht nach der EuGVO anzuerkennen.[16] Anzuerkennen sind dagegen Entscheidungen, die unter Verneinung der Wirksamkeit oder Missachtung einer Schiedsabrede ergangen sind (s. Art. 34 Rn. 9).

12   c) **Exequaturentscheidungen** in Bezug auf Drittstaatsentscheidungen fallen nicht unter Art. 32.[17] Denn jeder Staat befindet selbst über die Anerkennung und Vollstreckbarerklärung ausländischer Entscheidungen. Durch eine sog. Doppelexequierung würden dagegen die gegenüber dem Entscheidungsstaat bestehenden Anerkennungsvoraussetzungen unter Umständen umgangen (s. § 328 ZPO Rn. 38, § 722 ZPO Rn. 16).

13   2. **Kostenfestsetzung, Nebenentscheidung.** Art. 32 erfasst nicht nur Entscheidungen zur Hauptsache, sondern auch Kostenfestsetzungen, in Deutschland gemäß §§ 104ff. ZPO oder § 11 RVG,[18] in Frankreich durch certificate de vérification, ordonnance de taxe[19] oder hinsichtlich der Anwaltskosten durch ordonnance exécutoire,[20] in den Niederlanden durch Vollstreckbarkeitsverfügung nach Art. 32 Tarifgesetz[21] sowie andere verselbständigte Nebenentscheidungen, sofern die Hauptentscheidung selbst unter die EuGVO fällt.[22] Anerkannt wird auch die Kostenfestsetzung für ein durch Prozessurteil abgeschlossenes Verfahren, obwohl das Prozessurteil selbst, jedenfalls nach hM, im Inland keine Bindungswirkung entfaltet (s. § 328 ZPO Rn. 38). Die bloße Gerichtskostenrechnung, die der Justizfiskus dem Schuldner der Gerichtskosten gemäß §§ 19, 22, 29 GKG erteilt,[23] und die Kostengrundentscheidung[24] sind dagegen keine vollstreckbaren Titel.

14   Fällt eine Hauptsacheentscheidung nur teilweise unter die EuGVO, wie etwa ein deutsches Verbundurteil hinsichtlich der Unterhaltsansprüche von Ehegatten und Kindern bzw. ein kombiniertes Abstammungs- und Regelunterhaltsurteil, so müsste an sich eine Kostenteilung durch den Anerkennungsrichter, notfalls analog § 287 ZPO, erfolgen.[25] Ein solches Vorgehen ist aber praktisch schwierig und schwerfällig. Zur Erleichterung der Abwicklung haben die Gerichte daher Kostenentscheidungen in solchen Fällen voll anerkannt.[26]

15   3. **Nicht rechtskräftige Entscheidungen.** Um die Effektivität des grenzüberschreitenden Rechtsschutzes zu verbessern, verzichtet die EuGVO wie viele andere neuere Übereinkommen bewusst auf das Rechtskrafterfordernis bzw. die „bindende Wirkung" einer Entscheidung und lässt die Anerkennung und Vollstreckung auch aus nur vorläufig vollstreckbaren Entscheidungen zu. Ob sie die Instanz abschließen oder nicht, ist gleichgültig. Auch eine vorläufige richterliche Zahlungsanordnung gemäß Art. 186ter ital. ZPO (idF von 1990) ist eine anerkennungsfähige Entscheidung.[27] Interessen des Schuldners werden lediglich im Rahmen der Art. 37, 46 berücksichtigt.

---

[15] *Kropholler* Rn. 13.
[16] *Jenard*-Bericht ABlEG C 59/43; *Schlosser*, FS Kralik, 1986, S. 287, 298.
[17] *Geimer/Schütze/Tschauner*, IRV, EuGVO Rn. 20; *Kropholler* Rn. 15; *Rauscher/Leible* Rn. 14; *Czernich/Kodek* Rn. 9; *Magnus/Mankowski/Wautelet* Rn. 33 ff.
[18] *Braun* S. 58 ff.; *Rauscher/Leible* Rn. 9; *Geimer/Schütze/Tschauner*, IRV, EuGVO Rn. 15. Zur notariellen Kostenrechnung s. Art. 50 Rn. 6.
[19] Vgl. *Reinmüller* IPRax 1990, 207, 208.
[20] BGH NJW-RR 2006, 143, 144 = JR 2006, 428 *(Gruber)*; OLG Bamberg (8. 12. 06, 3 W 110/06); *M. Schmidt* RIW 1991, 626; *Geimer/Schütze/Tschauner*, IRV, EuGVO Rn. 15; *Gruber* RDAI 2007, 69; aA LG Hamburg IPRax 1989, 162.
[21] Vgl. OLG Düsseldorf RIW 1996, 67.
[22] *Martiny* Hdb. IZVR III/2 Kap. II Rn. 46.
[23] OLG Schleswig RIW 1997, 513; *Rauscher/Leible* Rn. 9; *Geimer/Schütze/Tschauner*, IRV, EuGVO Rn. 16.
[24] OLG Hamm RIW 1994, 243, 245.
[25] Hierfür *Geimer* IPRax 1986, 215.
[26] Hierfür *Kropholler* Rn. 11.
[27] OLG Stuttgart EWS 1997, 250 = RIW 1997, 684; OLG Zweibrücken RIW 2006, 863, 864; *Schlosser* Rn. 3.

4. Entscheidungen des einstweiligen Rechtsschutzes. Entscheidungen des einstweiligen 16 Rechtsschutzes sind ebenfalls Titel iSd. Art. 32;[28] einstweilige Unterhaltsanordnungen unterfallen daher der EuGVO.[29] Jedoch hat der EuGH diese liberale Ordnung erheblich eingeschränkt. Nach seiner Ansicht können nur solche Entscheidungen anerkannt und vollstreckt werden, die nach Ladung des Gegners ergangen sind; ob es tatsächlich zu einem streitigen Verfahren kam oder der Gegner säumig blieb, ist dagegen gleichgültig.[30] Erforderlich ist also, dass der Gegner Gelegenheit hatte, auf die Entscheidung (nach Zustellung des verfahrenseinleitenden Schriftstücks oder Ladung zum Termin) einzuwirken. Zur Begründung verweist der EuGH darauf, dass Art. 34 Nr. 2 u. 4 sowie Art. 54 das Prinzip zugrunde liege, dass dem Schuldner vor einer Auslandsvollstreckung rechtliches Gehör gewährt werden müsse.[31] Diese zum EuGVÜ ergangene Entscheidung hat auch für die EuGVO Gültigkeit.[32] Aus der Neufassung des Art. 34 Nr. 2 (Pflicht zur Einlegung eines möglichen Rechtsbehelfs) folgt nichts anderes.[33] Diese Ansicht verhindert freilich eine Auslandsvollstreckung gerade eiliger Maßnahmen, die ohne mündliche Verhandlung („ex parte") angeordnet werden, obwohl den Interessen des Beklagten auch durch eine Beschränkung der Vollstreckung auf Sicherungsmaßnahmen oder zeitliche Beschränkungen Rechnung getragen werden könnte. Der vielfach bezweckte oder notwendige Überraschungseffekt kann daher nur erreicht werden, wenn der Erlass der Maßnahme in dem jeweiligen Vollstreckungsstaat, auch in mehreren gleichzeitig, beantragt wird.[34]

Sofern sie im streitigen Verfahren ergangen sind, können auch eine englische **freezing order** 17 (Mareva injunction)[35] und eine französische **ordonnance de référé**[36] anerkannt werden. Die Anerkennung und Vollstreckung ausgeschlossener ex parte-Entscheidungen kann auch nicht durch Rückgriff auf bilaterale Verträge erreicht werden.[37] Für das deutsche Recht stellt sich dieses Problem ohnehin nicht, da die meisten bilateralen Verträge Entscheidungen des einstweiligen Rechtsschutzes – abgesehen von einstweiligen Unterhaltsanordnungen, die aufgrund mündlicher Verhandlungen ergehen – nicht erfassen und der deutsch-niederländische Vertrag (Art. 3 lit. c) die fehlende Ladung des Beklagten als Anerkennungshindernis ansieht. Eine englische **antisuit injunction** wäre zwar eine Entscheidung iS des Art. 32; ihr Erlass gegenüber europäischen Gegnern ist aber mit dem Rechtsschutzsystem der EuGVO unvereinbar,[38] ihre Anerkennung widerspricht dem deutschen ordre public.[39] Ob eine anti-suit injunction zum Schutz einer Schiedsvereinbarung zulässig ist, ist bisher offen, sollte aber ebenfalls verneint werden.[40]

Das Gericht der Hauptsache ist nach der Rspr. des EuGH ohne weiteres zuständig, eine Eilmaß- 18 nahme mit extraterritorialer Wirkung zu erlassen.[41]

Da der EuGH verlangt, dass zwischen der Maßnahme des einstweiligen Rechtsschutzes und dem Gerichtsstaat eine reale Verbindung bestehen müsse, wenn das Gericht nicht für die Hauptsache zuständig ist, scheidet eine Anerkennung solcher Entscheidungen in einem anderen Mitgliedsstaat idR aus.[42]

---

[28] BGHZ 74, 278 = NJW 1980, 528 (franz. Arrestbefehl); BGH ZIP 2007, 396 (Rn. 7) (schwed. Arrestbeschluss) (dazu *Geimer* LMK 2007, 212640); *Jenard*-Bericht ABlEG C 59/43; *Schlosser* Rn. 6; *Magnus/Mankowski/Wautelet* Rn. 20ff.
[29] BGH NJW 1980, 2022.
[30] EuGHE 1995, I-2113 (Rz. 14) = IPRax 1996, 262 (dazu *Grunsky* S. 245).
[31] EuGHE 1981, 1553 = IPRax 1981, 95 (dazu *Hausmann* S. 79); EuGHE 1984, 3971 = RIW 1985, 235 (*Linke*) = IPRax 1985, 339 (dazu *Schlosser* S. 321); zust. *Braun* S. 45ff.
[32] BGH ZIP 2007, 396 (Rn. 7ff.) = RIW 2007, 217 (schwed. Arrestbeschluss); krit. *Geimer* LMK 2007, 212640.
[33] Zweifelnd *Czernich/Kodek* Rn. 10.
[34] *Kropholler* Rn. 24; zust. *Fahl*, Die Stellung des Gläubigers, 1993, S. 37ff.; krit. *Matscher* ZZP 95 (1982), 170, 227ff. (unausgereifte Regelung).
[35] OLG Karlsruhe ZZPInt. 1 (1996), 91 (m. Anm. *Zuckerman/Grunert*); *Nagel/Gottwald* § 11 Rn. 8; *Dicey, Morris & Collins*, Conflict of Laws, Vol. 1, 14th ed. 2006, No. 14–190; vgl. *Heinze* IPRax 2007, 343.
[36] OLG Hamm RIW 1994, 243, 244. Zur injunction payer nach Art. 1405 NCPC, s. *Jametti Geimer* S. 328f.
[37] So *Cheshire & North* S. 409.
[38] EuGHE 2004, I-3565 (*Turner v. Grovit*) = IPRax 2004, 425 (dazu *Rauscher* S. 405) = RIW 2004, 541 (dazu *Krause* S. 533).
[39] *Maack* S. 149ff., 156ff.; *Kropholler* Art. 34 Rn. 15; *Geimer/Schütze/Tschauner*, IRV, EuGVO Rn. 26; vgl. *Schütze*, FS Yessiou-Faltsi, 2007, S. 625, 629.
[40] Vgl. Vorlage des House of Lords an den EuGH, West Tankers v. RAS [2007] UKHL 4; *Dutta/Heinze* RIW 2007, 411.
[41] EuGHE 1998, I-7091, 7131 = JZ 1999, 1103; *Kofmel Ehrenzeller* S. 254.
[42] *Kropholler* Rn. 24; *Kofmel Ehrenzeller* S. 255ff.; vgl. *Zöller/Geimer* Rn. 8. Ablehn. *Sosnitza*, Einstweiliger Rechtsschutz, in: La cooperation judicial en materia civil, 2003, S. 69, 83f.

19 **5. Zwischenentscheidungen im gerichtlichen Verfahren. a) Rechtsmittelentscheidungen.** Entscheidungen, die ein Rechtsmittel für unbegründet erklären oder die angefochtene Entscheidung nur aufheben und den Rechtsstreit zurückverweisen, werden mit ihrem Inhalt ohne weiteres anerkannt;[43] sie eignen sich lediglich nicht zur Vollstreckbarerklärung.

20 **b) Entscheidungen zum Verfahrensfortgang.** Gerichtliche Entscheidungen über den Verfahrensfortgang, denen die Parteien ohne Mitwirkung des Gerichts nicht nachkommen können, fallen nicht unter Art. 32.[44] Beweisbeschlüsse sind daher keine Entscheidungen iSd. EuGVO, sondern nach den Regeln internationaler Rechtshilfe, insb. der EuBewVO und dem Haager Beweisübereinkommen 1970 zu beachten. Dies gilt auch für Maßnahmen der Beweissicherung und Beweisbeschaffung vor Einleitung eines Gerichtsverfahrens.[45]

21 c) Zweifelhaft ist, ob ein **Musterentscheid nach dem KapMuG** vom 16. 8. 2005[46] in den anderen EU-Mitgliedstaaten anzuerkennen ist. Denn darin stellt das Oberlandesgericht das Vorliegen einzelner anspruchsbegründender oder –ausschließender Voraussetzungen für die Haftung wegen falscher Kapitalmarktinformationen oder eine streitige Rechtsfrage mit Bindungswirkung für das erstinstanzliche Gericht fest (§ 16 Abs. 1 S. 1 KapMuG). Insoweit handelt es sich um eine prozessuale Zwischenentscheidung ohne Relevanz für das Ausland.

Der deutsche Gesetzgeber wollte aber erreichen, dass auch ausländische Gerichte an den Musterentscheid gebunden sind und hat in § 16 Abs. 1 S. 2, 3 KapMuG zusätzlich angeordnet, dass der Musterentscheid in Rechtskraft erwächst. Allerdings kann der deutsche Gesetzgeber nicht einseitig den Kreis anerkennungspflichtiger Entscheidungen erweitern, so dass zweifelhaft bleibt, ob der Musterentscheid im EU-Ausland anerkannt wird.[47]

22 **d) Über selbständig einklagbare Parteipflichten.** Anders verhält es sich dagegen, wenn die Entscheidung lediglich eine Parteipflicht zur Duldung einer Aufklärungsmaßnahme festlegt, etwa die Partei verpflichtet, Einsicht in Unterlagen zu gewähren, eine Inspektion ihrer Fabrik durch den Gegner oder einen Dritten (Sachverständigen) zu gestatten. Denn ein solcher Beschluss entscheidet vorläufig oder rechtskräftig über **Auskunfts- und Informationsansprüche zwischen den Parteien**, die vor allem in Deutschland auch selbständig eingeklagt werden können und mittels Stufenklage (§ 254 ZPO) häufig verfolgt werden. Dementsprechend ist eine französische ordonnance de référé (gemäß Art. 145, 484ff. N.C.P.C.) anerkennungs- und vollstreckungsfähig, durch die ein Sachverständiger ermächtigt wird, Betriebsanlagen zu besichtigen und sich Beweisunterlagen vorlegen zu lassen.[48]

23 **6. Vollstreckungsakte.** Vollstreckungsakte sind keine „Entscheidungen" iS des Art. 32.[49] Aus den Art. 38ff. ergibt sich sinngemäß, dass nur gerichtliche Titel zur Vollstreckung zugelassen, nicht aber Vollstreckungsakten grenzüberschreitende Wirkung verliehen werden soll. Im Vollstreckungsrecht gilt generell der Grundsatz der Territorialität. Jeder Staat kann nur mit Wirkung für das eigene Gebiet vollstrecken; ausländische Pfändungen haben daher keine Wirkung für inländisches Vermögen.[50] Dies schließt nicht aus, dass die materiellrechtlichen Folgen wirksamer ausländischer Vollstreckungsakte nach autonomem Recht im Inland zu beachten sind.[51]

24 **7. Insolvenzrechtliche Entscheidungen.** Sie fallen zwar gemäß Art. 1 Abs. 2 Nr. 2 aus dem Anwendungsbereich der EuGVO heraus (s. Art. 1 Rn. 17ff.). Soweit sie aber nach der Europäischen Insolvenzrechts-Verordnung Nr. 1346/2000 vom 29. 5. 2000[52] erlassen werden und der Vollstreckung bedürfen, können sie gemäß Art. 25 Abs. 1 S. 2 EuInsVO auf Antrag des (ausländischen) Insolvenzverwalters im Beschlussverfahren nach Art. 38ff. EuGVO für vollstreckbar erklärt werden.

---

[43] AA *Schlosser* Art. 32 Rn. 5.
[44] *Kropholler* Rn. 24; *Geimer/Schütze/Tschauner*, IRV, EuGVO Rn. 19.
[45] EuGHE 2005, I-3481 (Zeugenvernehmung vor dem Prozess) = IPRax 2007, 208 (krit. *Hess/Zhou* S. 183, 187f.); krit. auch *Mankowski* RIW 2005, 561, 566.
[46] BGBl I 2437.
[47] Vgl. *Nagel/Gottwald* § 11 Rn. 10.
[48] So zu Recht *Bloch* RIW 1989, 566; ähnl. *Schlosser* Rn. 9; *Jametti Greiner* S. 305.
[49] *Geimer/Schütze*, EuZVR, Rn. 49; *Geimer/Schütze/Tschauner*, IRV, EuGVO Rn. 20; *Schack* IZVR Rn. 957; aA *Schlosser* Rn. 5.
[50] *Nagel/Gottwald* § 17 Rn. 3, 16.
[51] *Schack* Rn. 958; *Nagel/Gottwald* § 17 Rn. 24, 30, 65.
[52] ABlEG L 160/1.

Abschnitt 1. Anerkennung

Art. 33. (1) Die in einem Mitgliedstaat ergangenen Entscheidungen werden in den anderen Mitgliedstaaten anerkannt, ohne dass es hierfür eines besonderen Verfahrens bedarf.

(2) Bildet die Frage, ob eine Entscheidung anzuerkennen ist, als solche den Gegenstand eines Streites, so kann jede Partei, welche die Anerkennung geltend macht, in dem Verfahren nach den Abschnitten 2 und 3 dieses Kapitels die Feststellung beantragen, dass die Entscheidung anzuerkennen ist.

(3) Wird die Anerkennung in einem Rechtsstreit vor dem Gericht eines Mitgliedstaats, dessen Entscheidung von der Anerkennung abhängt, verlangt, so kann dieses Gericht über die Anerkennung entscheiden.

Schrifttum: *Decker,* Die Anerkennung ausländischer Entscheidungen im Zivilprozess, Diss. Regensburg 1984, S. 147 ff.; *Geimer,* Das Anerkennungsverfahren gemäß Art. 26 Abs. 2 des EWG-Übereinkommens, JZ 1977, 145 u. 213; *M. Meier,* Grenzüberschreitende Drittbeteiligung, 1994.

I. Die Anerkennung ipso iure

1. Der Grundsatz automatischer Anerkennung. Nach Art. 33 Abs. 1 werden Entscheidungen eines Vertragsstaates in jedem anderen Vertragsstaat automatisch anerkannt. Die Entscheidung entfaltet daher gegenüber jedem Beteiligten rechtliche Wirkung, ohne dass sie zuvor registriert oder in einem sonstigen besonderen Verfahren im Inland akzeptiert werden müsste (vgl. Erwägungsgrund Nr. 16),[1] sofern kein Versagungsgrund nach Art. 34, 35 vorliegt. Diese Regelung entspricht dem autonomen deutschen Recht (s. § 328 ZPO Rn. 6), bricht aber mit der Tradition der romanischen Länder.[2] Die Entscheidung wirkt daher ab ihrem Erlass auch im Inland (s. § 328 ZPO Rn. 7); ihr Inhalt ist bei jeder inländischen Rechtsanwendung als Vorfrage zu beachten. 1

Wirkungserstreckung ex lege wird auch durch die EU-VollstrTitelVO (Art. 5) angeordnet. Von der herkömmlichen automatischen Anerkennung unterscheidet sich diese Direktwirkung aber dadurch, dass ihre Voraussetzungen im Anerkennungs- bzw. Vollstreckungsstaat nicht mehr geprüft werden dürfen[3] (s. u. Art. 34 Rn. 9).

2. Anerkennung als Wirkungserstreckung. a) Lehre von der Wirkungserstreckung. Die EuGVO definiert selbst nicht, was unter Anerkennung zu verstehen ist. Aus Art. 65 Abs. 2 S. 2 EuGVO ergibt sich aber sinngemäß, dass der EuGVO (wie zuvor der EuGVÜ) die Lehre von der Wirkungserstreckung zugrundeliegt. Ebenso wie zum autonomen Recht (s. § 328 ZPO Rn. 3) ist diese Ansicht vorherrschend.[4] Für die EuGVO ist zudem überwiegend anerkannt, dass die Inlandswirkungen durch das Recht des Anerkennungsstaates begrenzt sind.[5] Neuerdings wird freilich diskutiert, ob nicht als Folge der **Kernpunkttheorie** des EuGH zu Art. 21 EuGVÜ (Art. 27 EuGVO)[6] auch eine einheitliche europäische Rechtskraftkonzeption zu entwickeln sei,[7] die dann entsprechend dem französischen und englischen Rechtskreis auch präjudizielle Rechtsverhältnisse erfassen müsse.[8] 2

Die Wirkungserstreckung tritt ex lege ein. Teilweise wird vertreten, der Zweitstaat müsse die Art und Weise der Geltung der Rechtskraft im Erststaat beachten.[9] Teilweise wird dagegen eine einheitliche Berücksichtigung von Amts wegen analog Art. 27 Abs. 1 befürwortet.[10] ME entscheidet der Anerkennungsstaat, ob seine Gerichte diese Wirkung von Amts wegen oder nur auf Rüge beachten.

---

[1] *Kropholler* Rn. 1; *Rauscher/Leible* Rn. 2; *Magnus/Mankowski/Wautelet* Rn. 15 ff.
[2] Vgl. *Braun* S. 33 f.; *Geimer* JZ 1977, 145 f.
[3] *Kohler* ZSR 124 (2005) II, 263, 280.
[4] EuGHE 1988, 645, 666 = NJW 1989, 663, 664 (Rz. 11) = IPRax 1989, 159 (m. krit. Anm. *Schack* S. 139) = RIW 1988, 820 *(Linke); Rauscher/Leible* Rn. 3; *Geimer/Schütze/Tschauner,* IRV, EuGVO Rn. 2; Hk-ZPO/*Dörner* Rn. 3; *Musielak/Weth* Rn. 2; *Czernich/Kodek* Rn. 5.
[5] *Geimer/Schütze,* EuZVR, Rn. 1, 12 f.; *Kropholler* Vor Art. 33 Rn. 9; *Magnus/Mankowski/Wautelet* Rn. 7; *Nagel/Gottwald* § 11 Rn. 21; *Schlosser* Rn. 2; aA (für Gleichstellungslehre) *Schack* IZVR Rn. 796.
[6] Vgl. Art. 27 Rn. 7.
[7] Vgl. *Böhm,* Der Streitgegenstandsbegriff des EuGH, in: Bajons/Mayr/Zeiler, Die Übereinkommen von Brüssel und Lugano, 1997, S. 141, 155 ff.
[8] Vgl. *Koch,* Unvereinbare Entscheidungen iSd. Art. 27 Nr. 3 und 5 EuGVÜ, 1993, S. 160 ff.; *Gottwald,* Symposium für Schwab, 2000, S. 85, 95 ff.
[9] *Geimer/Schütze,* EuZVR, Rn. 35.
[10] *Hau* S. 81 f.

Denn die EuGVO regelt nicht generell die Verfahrensprinzipien, sondern überlässt die Art der Beschaffung des Prozessstoffs grundsätzlich dem jeweiligen nationalen Recht.

3 **b) Anerkannte Entscheidungswirkungen.** Anerkannt werden alle **prozessualen Entscheidungswirkungen**,[11] die (objektive und subjektive) materielle Rechtskraft (s. § 328 ZPO Rn. 137 ff.), die Präklusionswirkung (s. § 328 ZPO Rn. 144), Gestaltungswirkungen (s. § 328 ZPO Rn. 145 ff.) sowie prozessuale Drittwirkungen, wie Interventions- und Streitverkündungswirkung[12] (s. § 328 ZPO Rn. 148 ff.). Art. 65 Abs. 2 S. 2 EuGVO stellt klar, dass diese nach „deutschem" Prozessrecht eintretenden Wirkungen auch in den anderen Vertragsstaaten anerkannt werden.[13] Nach materiellem deutschen Recht lösen ausländische Entscheidungen auch Tatbestandswirkungen aus (s. § 328 ZPO Rn. 152 ff.). Die Vollstreckbarkeit wird nur im Rahmen des Europäischen Vollstreckungstitels anerkannt. Darüber hinaus muss sie im Verfahren nach den Art. 38 ff. neu verliehen werden. Eine neue Leistungsklage im Inland ist unzulässig, soweit diese Möglichkeit besteht[14] oder eine anzuerkennende Klageabweisung vorliegt.[15]

4 **c) Prozessurteile.** Streitig ist, ob anders als nach autonomem Recht (s. § 328 ZPO Rn. 42) auch Prozessurteile anzuerkennen sind.[16] Da die Art. 2 ff. einheitliche Regeln der internationalen Zuständigkeit enthalten, muss man annehmen, dass ein inländisches Gericht nicht ein ausländisches Gericht als zuständig ansehen darf, das seine Zuständigkeit bereits rechtskräftig verneint hat.[17] Eine Bindung zur Hauptsache kann vom Prozessurteil dagegen niemals ausgehen.

II. Selbständiges Anerkennungsverfahren

5 **1. Zweck des Verfahrens.** Der Grundsatz automatischer Anerkennung hat zur Folge, dass über die Anerkennungsfähigkeit als Vorfrage jeweils neu und divergierend befunden werden kann. Bei nicht vollstreckungsfähigen Entscheidungen,[18] aber auch sonst kann im Einzelfall aber ein Bedürfnis bestehen, die Anerkennungsfähigkeit bindend zu klären. Zu diesem Zweck sieht Art. 33 Abs. 2 auf Antrag die selbständige (rechtskraftfähige) Feststellung der Anerkennung in einem vereinfachten, der Klauselerteilung entsprechenden Verfahren vor.[19] Diese Regelung vereinfacht das Verfahren; sie gilt in allen Mitgliedsstaaten und schließt allgemeine Feststellungsklagen nach § 256 ZPO aus.

6 **2. Positiver Feststellungsantrag. a) Allgemeines.** Art. 33 Abs. 2 erlaubt eine positive Feststellung der Anerkennung der Entscheidung, nicht aber einen differenzierten Antrag bezüglich einzelner anerkennungsfähiger Entscheidungswirkungen.[20] Stellen kann den Antrag jede Partei, die die Anerkennung geltend macht. Dies kann eine Partei des Ausgangsverfahrens oder ihr Rechtsnachfolger, aber auch ein Dritter sein.[21] Vorausgesetzt ist, dass die anzuerkennende Entscheidung in den Anwendungsbereich der EuGVO fällt.[22]

7 **b) Rechtsschutzbedürfnis.** Der Antrag ist zulässig, sofern die Anerkennung zwischen den Parteien des Feststellungsverfahrens rechtlich relevant ist. Es genügt, dass ein **allgemeines Rechtsschutzbedürfnis** für diese Feststellung besteht. Ein besonderes Feststellungsinteresse wie in § 256 Abs. 1 ZPO muss nicht vorliegen.[23] Da die Parteien über die Anerkennungsvoraussetzungen nicht disponieren können, ist der Antrag entgegen dem Wortlaut des Abs. 2 auch zulässig, wenn zwischen ihnen über die Anerkennung kein Streit herrscht.[24] Jedoch trägt der Antragsteller gemäß § 26 S. 3 AVAG auf (beschränkte) Beschwerde die Kosten des Verfahrens, wenn der Gegner nicht durch sein

---

[11] Vgl. *Geimer/Schütze/Tschauner*, IRV, EuGVO Rn. 4 ff.; *Geimer* RIW 1976, 139, 142 f.; Hk-ZPO/*Dörner* Rn. 4 ff.; *Musielak/Weth* Rn. 2.
[12] Vgl. *v. Hoffmann/Hau* RIW 1997, 89, 93; *Schack* IZVR Rn. 776 ff.; *Nagel/Gottwald* § 11 Rn. 21 ff.
[13] Vgl. *Jenard/Möller*-Bericht Nr. 105.
[14] EuGHE 1976, 1759 = NJW 1977, 495 (LS) m. Anm. *Geimer* NJW 1977, 2023.
[15] OLG Frankfurt MDR 1985, 331.
[16] Dafür *Geimer/Schütze/Tschauner*, IRV, EuGVO Rn. 7; *Kropholler* vor Art. 33 Rn. 13; *Martiny* Hdb. IZVR III/2 Kap. II Rn. 47; *Nagel/Gottwald* § 11 Rn. 5; *Rauscher/Leible* Rn. 5; abl. *Geimer/Schütze* Rn. 16.
[17] Ebenso *Schlosser* Rn. 3; *Geimer/Schütze/Tschauner*, IRV, EuGVO Art. 32 Rn. 6.
[18] *Kropholler* Rn. 2; *Geimer/Schütze/Tschauner*, IRV, EuGVO Rn. 16.
[19] *Kropholler* Rn. 2.
[20] AA *Geimer* JZ 1977, 145, 148, 150 u. 213; wohl auch *Schlosser* Rn. 4 (Bezeichnung der zu erstreckenden Entscheidungswirkungen).
[21] *Kropholler* Rn. 3; *Schlosser* Rn. 4; *Geimer/Schütze/Tschauner*, IRV, EuGVO Rn. 22; *Magnus/Mankowski/Wautelet* Rn. 22 ff.
[22] *Geimer* JZ 1977, 145, 147.
[23] Ebenso *Rauscher/Leible* Rn. 14; *Geimer/Schütze/Tschauner*, IRV, EuGVO Rn. 17.
[24] *Geimer* JZ 1977, 213; *Kropholler* Rn. 4.

Verhalten Anlass gegeben hat, den Antrag zu stellen. Erstinstanzlich ist eine solche Kostenentscheidung nicht zulässig.²⁵

c) Keine negative Feststellung. Eine negative Feststellung kann die Partei, die sich der Anerkennung widersetzt, auch nach Art. 33 Abs. 2 nicht begehren.²⁶ Sofern ein konkretes Bedürfnis dafür besteht, kann diese Partei aber die Initiative ergreifen und eine allgemeine negative Feststellungsklage gemäß § 256 Abs. 1 ZPO erheben.²⁷

3. Verhältnis zur Klauselerteilung. Der Feststellungsantrag gemäß Art. 33 Abs. 2 kann selbständig, aber auch neben dem Antrag auf Vollstreckbarerklärung gestellt werden.²⁸ Denn der Beschluss, der die Klauselerteilung anordnet, stellt das Bestehen der Anerkennungsvoraussetzungen nur inzident für nachfolgende Vollstreckungsverfahren fest. Soweit es neben der Leistung auf die Feststellungswirkung des Titels ankommen kann, besteht daher ein Rechtsschutzbedürfnis für die zusätzliche Feststellung der Anerkennung.²⁹

4. Verhältnis zur Leistungsklage. Der Feststellungsantrag nach Art. 33 Abs. 2 kann nur mit dem Antrag auf Klauselerteilung verbunden werden. Dagegen ist eine hilfsweise Klagehäufung von Feststellungsantrag und ursprünglicher Leistungsklage für den Fall der Ablehnung der Anerkennung unzulässig,³⁰ da es sich nicht um dieselbe Prozessart (§ 260 ZPO) handelt.

5. Feststellungsverfahren. a) Allgemeines. Der Feststellungsantrag ist in dem Verfahren nach den Art. 38 ff., 53 ff. zu verfolgen. Der Vorsitzende ordnet jedoch nicht die Erteilung einer Vollstreckungsklausel an (§ 8 AVAG), sondern beschließt, dass die Entscheidung anzuerkennen ist (§ 25 Abs. 2 AVAG).

b) Zuständigkeit. Zuständig ist das Gericht am Wohnsitz des Schuldners (Art. 39 Abs. 2 S. 1; §§ 25 Abs. 1 iVm. § 3 Abs. 2 AVAG. Hat dieser keinen inländischen Wohnsitz, so ist anstelle des Vollstreckungsortes (Art. 39 Abs. 2 S. 2) auf den Ort des Feststellungsinteresses abzustellen.³¹ Ist dieser ungewiss, ist hilfsweise auf den allgemeinen Gerichtsstand des Antragstellers, notfalls auf den Sitz der Bundesregierung (analog § 15 Abs. 1 S. 2) abzustellen.³² Zur Zuständigkeit bei mehreren Antragsgegnern s. Art. 39 Rn. 8.

c) Verfahren erster Instanz. Wie das Klauselerteilungsverfahren ist auch das Anerkennungsverfahren in erster Instanz ein einseitiges Verfahren.³³ Aufgrund der Verweisung auf Abschnitte 2 und 3 wird in erster Instanz die Anerkennung festgestellt, ohne dass die Versagungsgründe der Art. 34 und 35 geprüft würden (Art. 41 S. 1).³⁴ Wird die Anerkennung eines Annex-Unterhaltsurteils begehrt, ist das Verfahren anders als bisher nicht auszusetzen, da Scheidungsurteile nach Art. 21 Abs. 2 Brüssel II-VO („Brüssel II a") in der EG automatisch anzuerkennen sind.³⁵

d) Beschwerde. Wird der Feststellungsantrag zurückgewiesen, so kann der Antragsteller beim Oberlandesgericht unbefristet Beschwerde einlegen (Art. 43 Abs. 1, §§ 11 Abs. 3, 25 Abs. 1 AVAG). Wird dem Antrag stattgegeben, kann der Gegner innerhalb eines Monats befristete Beschwerde einlegen (s. Art. 43 I, V, § 11 Abs. 3 AVAG).

e) Anerkennung einer anfechtbaren Entscheidung. Wird Beschwerde eingelegt, kann das Beschwerdegericht auf Antrag des Beschwerdeführers sein Verfahren gemäß Art. 33 Abs. 2, 37 Abs. 1, 46 Abs. 1 aussetzen, wenn (1) gegen die Entscheidung im Erststaat ein ordentlicher Rechtsbehelf eingelegt wurde oder (2) die Rechtsbehelfsfrist noch nicht abgelaufen ist.

f) Nachträgliche Aufhebung. Wird die **Entscheidung** anerkannt, aber im Erststaat **nachträglich aufgehoben oder abgeändert,** so kann die davon begünstigte Partei Aufhebung oder Änderung der bisherigen Feststellung bei dem Gericht beantragen, das diese Feststellung ausgesprochen hat (§§ 29 iVm. 27 AVAG).³⁶

---

[25] *Rauscher/Leible* Rn. 14; *Kropholler* Rn. 4.
[26] *Kropholler* Rn. 7; *Geimer/Schütze/Tschauner*, IRV, EuGVO Rn. 18; *Rauscher/Leible* Rn. 13; *Schack* IZVR Rn. 886; aA *Geimer/Schütze*, EuZVR, Rn. 85 f.; *Hk-ZPO/Dörner* Rn. 12; *Schlosser* Rn. 4; *Geimer* JZ 1977, 145, 149 (praeter conventionem).
[27] *Geimer/Schütze*, EuZVR, Rn. 85; *Kropholler* Rn. 7; *Czernich/Kodek* Rn. 13; aA *Martiny* Hdb. IZVR III/2 Kap. II Rn. 239; *Magnus/Mankowski/Wautelet* Rn. 28 ff.
[28] *Kropholler* Rn. 5; *Rauscher/Leible* Rn. 15; aA *Rahm/Künkel/Breuer* VIII 289.
[29] *Geimer/Schütze/Tschauner*, IRV, EuGVO Rn. 20.
[30] *Kropholler* Rn. 6; aA *Geimer* JZ 1977, 145, 148 u. NJW 1980, 1234, 1235.
[31] *Kropholler* Rn. 8; *Geimer/Schütze/Tschauner*, IRV, EuGVO Rn. 23.
[32] *Kropholler* Rn. 8; aA *Geimer* JZ 1977, 213 (jedes deutsche Landgericht).
[33] *Rauscher/Leible* Rn. 16; *Geimer/Schütze/Tschauner*, IRV, EuGVO Rn. 22.
[34] *Kropholler* Rn. 9.
[35] S. u. Art. 21 Brüssel IIa-VO Rn. 6.
[36] Einzelheiten bei *Geimer* JZ 1977, 213, 217.

III. Inzidentanerkennung

17 Art. 33 Abs. 3 stellt klar, dass sich die Parteien inzident auf eine ausländische Entscheidung berufen können und jedes befasste Gericht (aber auch jede Verwaltungsbehörde) die Anerkennungsvoraussetzungen selbständig prüfen und darüber inzident entscheiden kann, solange eine förmliche unanfechtbare Anerkennung gemäß Art. 33 Abs. 2, § 25 Abs. 1 AVAG nicht vorliegt. Auch wer die Anerkennung nur inzident begehrt, hat die in Art. 53f. vorgesehenen Urkunden vorzulegen.[37] In der Regel erfolgt die Inzidentanerkennung nur in den Entscheidungsgründen ohne Rechtskraftwirkung. Nach überwiegender Ansicht ist dies die einzige Möglichkeit der Inzidentanerkennung; eine rechtskräftige Feststellung der Anerkennungsfähigkeit sei dem Verfahren nach Art. 33 Abs. 2 vorbehalten.[38]

18 Der Wortlaut „kann entscheiden" schließt freilich nicht aus, die Frage der Anerkennung zum Gegenstand einer rechtskraftfähigen Zwischenfeststellung gemäß § 256 Abs. 2 ZPO zu machen.[39]

Art. 34. Eine Entscheidung wird nicht anerkannt, wenn
1. die Anerkennung der öffentlichen Ordnung (ordre public) des Mitgliedstaats, in dem sie geltend gemacht wird, offensichtlich widersprechen würde;
2. dem Beklagten, der sich auf das Verfahren nicht eingelassen hat, das verfahrenseinleitende Schriftstück oder ein gleichwertiges Schriftstück nicht so rechtzeitig und in einer Weise zugestellt worden ist, dass er sich verteidigen konnte, es sei denn, der Beklagte hat gegen die Entscheidung keinen Rechtsbehelf eingelegt, obwohl er die Möglichkeit dazu hatte;
3. sie mit einer Entscheidung unvereinbar ist, die zwischen denselben Parteien in dem Mitgliedstaat, in dem die Anerkennung geltend gemacht wird, ergangen ist;
4. sie mit einer früheren Entscheidung unvereinbar ist, die in einem anderen Mitgliedstaat oder in einem Drittstaat zwischen denselben Parteien in einem Rechtsstreit wegen desselben Anspruchs ergangen ist, sofern die frühere Entscheidung die notwendigen Voraussetzungen für ihre Anerkennung in dem Mitgliedstaat erfüllt, in dem die Anerkennung geltend gemacht wird.

Schrifttum: a) Zur EuGVO: *Bälz/Marienfeld,* Missachtung einer Schiedsklausel als Anerkennungshindernis iSv. Art. 34–35 EuGVVO?, RIW 2003, 51; *Basedow,* Die Verselbständigung des europäischen ordre public, FS Sonnenberger, 2004, S. 291; *Georganti,* Die Zukunft des ordre public-Vorbehalts im europäischen Zivilprozessrecht, 2006; *Martiny,* Die Zukunft des europäischen ordre public im Internationalen Privat- und Zivilverfahrensrecht, FS Sonnenberger, 2004, S. 523; *Rauscher,* Wie ordnungsgemäß muss die Zustellung für Brüssel I und Brüssel II sein?, FS Beys, 2003, S. 1285; *Renfert,* Über die Europäisierung des ordre public Klausel, 2003; *Roth,* Heilung von Zustellungsmängeln im internationalen Rechtsverkehr, FS Gerhardt, 2004, S. 799; *Stadler,* Ordnungsgemäße Zustellung im Wege der remise au parquet und die Heilung von Zustellungsmängeln nach der EuZustVO, IPRax 2006, 116; *Staudinger,* Der ordre public-Einwand im Europäischen Zivilverfahrensrecht, EuLF 2004, 273.

b) Zu EuGVÜ und LügÜ: *Bischof,* Die Zustellung im internationalen Rechtsverkehr in Zivil- oder Handelssachen, 1997, S. 321 ff.; *Braun,* Der Beklagtenschutz nach Art. 27 Nr. 2 EuGVÜ, 1992; *Bruns,* Der anerkennungsrechtliche ordre public in Europa und den USA, JZ 1999, 278; *Frank,* Das verfahrenseinleitende Schriftstück in Art. 27 Nr. 2 EuGVÜ, Lugano-Übereinkommen und in Art. 6 Haager Unterhaltsübereinkommen 1973, 1998; *R. Geimer,* Der doppelte Schutz des Beklagten, IPRax 1985, 6; *ders.,* Über die Kunst der Interessenabwägung auch im internationalen Verfahrensrecht, IPRax 1988, 271; *ders.,* Zur Nichtanerkennung ausländischer Urteile wegen nicht ordnungsgemäßen erststaatlichen Verfahrens, JZ 1969, 13; *ders.,* „Internationalpädagogik" oder wirksamer Beklagtenschutz?, FS Nakamura 1996, S. 159; *ders.,* English Substituted Service and the Race to the Courthouses, FS Schütze, 1999, S. 205; *ders.,* Präklusion von Zustellungsmängeln – Die Ausstrahlung der EuGVVO auf die Auslegung des Art. 27 Nr. 2 EuGVÜ/LügÜ, IPRax 2004, 97; *Haas,* Unfallversicherungsschutz und ordre public, ZZP 108 (1995), 219; *Hau,* Positive Kompetenzkonflikte im internationalen Zivilprozessrecht, 1996; *van Houtte,* May Court Judgments that disregard arbitration clauses and awards be enforced under the Brussels and Lugano Conventions?, Arb. Int 13 (1997), 85; *Jayme,* Nationaler ordre public und europäische Integration, 2000; *Koch,* Unvereinbare Entscheidung iSd. Art. 27 Nr. 3 und 5 EuGVÜ und ihre Ver-

---
[37] *Kropholler* Rn. 10; *Geimer/Schütze/Tschauner,* IRV, EuGVO Rn. 27; *Magnus/Mankowski/Wautelet* Rn. 34; *Rauscher/Staudinger* Art. 53 Rn. 1; aA *Schlosser* Rn. 2 u. Art. 53 Rn. 3.
[38] *Martiny* Hdb. IZVR III/2 Kap. II Rn. 222 f.; *Hk-ZPO/Dörner* Rn. 14; vgl. aber *Geimer/Schütze,* EuZVR, Rn. 88 ff.
[39] Ebenso *Geimer/Schütze/Tschauner,* IRV, EuGVO Rn. 28; *Geimer* JZ 1977, 145, 146; *Schlosser* Rn. 2, 5; *Czernich/Kodek* Rn. 16; *Nagel/Gottwald* § 11 Rn. 20; wohl auch *Rauscher/Leible* Rn. 17; aA *Thomas/Putzo/Hüßtege* Rn. 6.

meidung, 1993; *Kodek,* Österreichisches Mahnverfahren, ausländische Beklagte und das EuGVÜ, ZZPInt. 4 (1999), 125; *Kondring,* Die Bestimmung des sachlichen Anwendungsbereichs des EuGVÜ im Urteils- und Vollstreckungsverfahren, EWS 1995, 217; *ders.,* Die Heilung von Zustellungsfehlern im internationalen Zivilverkehr, 1995, S. 324 ff.; *Lenenbach,* Die Behandlung von Unvereinbarkeiten zwischen rechtskräftigen Zivilurteilen nach deutschem und europäischem Zivilprozessrecht, 1997; *Lindacher,* Klageerhebung durch grenzüberschreitende postalische Direktzustellung, FS Gáspárdy (Ünnepi Tanulmányok), 1997, S. 247; *Linke,* Die Kontrolle ausländischer Versäumnisentscheidungen im Rahmen des EG-Gerichtsstands- und Vollstreckungsübereinkommens – Des Guten zuviel?, RIW 1986, 409; *ders.,* Zur Rechtsstreitigkeit fiktiver Zustellungen im Sinne von Art. 27 Nr. 2 EuGVÜ, IPRax 1993, 295; *Lopez/Taruella,* Der ordre public im System von Anerkennung und Vollstreckung nach dem EuGVÜ, European Legal Forum 2000, 122; *Maack,* Englische antisuit injunctions im europäischen Zivilrechtsverkehr, 1999; *Otte,* Umfassende Streitentscheidung durch Beachtung von Sachzusammenhängen, 1998, S. 144 ff.; *Pisani,* Grenzen des anerkennungsrechtlichen ordre public-Vorbehalts im EuGVÜ am Beispiel englischer conditional fee agreements, IPRax 2001, 293; *Rauscher,* Keine EuGVÜ-Anerkennung ohne ordnungsgemäße Zustellung, IPRax 1993, 376; *ders.,* Neue Fragen zu Art. 27 Nr. 2 EuGVÜ?, IPRax 1997, 314; *Reichert,* Zur „Ordnungsgemäßen Zustellung" im Anerkennungsverfahren nach Art. Nr. 2 LugÜ und Art. 15 HZÜ, Liber disciplorum Siehr, 2001, S. 163; *Schumacher,* Zustellung nach Art. 27 EuGVÜ, IPRax 1985, 265; *Stürner,* Europäische Urteilsvollstreckung nach Zustellungsmängeln, FS Nagel, 1987, S. 446; *Völker,* Zur Dogmatik des ordre public, 1998; *Wiehe,* Zustellungen, Zustellungsmängel und Urteilsanerkennung am Beispiel fiktiver Inlandszustellungen, 1994; *M. Wolf,* Einheitliche Urteilsgeltung im EuGVÜ, FS Schwab, 1990, S. 561.

Übersicht

	Rn.		Rn.
I. Allgemeine Anerkennungsvoraussetzungen	1–10	c) Verfahrenseinleitendes Schriftstück	21
		d) Ordnungsgemäße Zustellung	22–26
1. Allgemeines	1	e) Rechtzeitige Zustellung	27–29
2. Anwendbarkeit der EuGVO	2	f) Fehlende Verteidigungsmöglichkeit	30
3. Wirksamkeit der Entscheidung	3	g) Nichteinlassung des Beklagten	31
4. Gerichtsbarkeit des Entscheidungsstaates	4	h) Nichteinlassung im Adhäsionsverfahren	32
5. Keine Prüfung von Amts wegen	5, 6	i) Nichteinlegung eines Rechtsbehelfs	33
6. Teilanerkennung	7	j) Rechtslage nach EuGVÜ/LugÜ	34
7. Beweislast	8	3. Kollision unvereinbarer Entscheidungen (Nr. 3 u. 4)	35–43
8. Keine Überprüfung europäischer Vollstreckungstitel	9, 10	a) Unvereinbarkeit	35
II. Die Versagungsgründe des Art. 34	11–44	b) Widerspruch gleichrangiger Entscheidungen	36
1. Der ordre public-Verstoß (Nr. 1)	11–14	c) Unvereinbare Inlandsentscheidung (Nr. 3)	37–41
a) Allgemeines	11	d) Frühere Drittstaatsentscheidung (Nr. 4)	42
b) Materielle Rechtsverstöße	12	e) Kollision von Mitgliedsstaatsentscheidungen	43
c) Verfahrensfehler	13, 14	4. Widerspruch zu IPR-Regeln des Anerkennungsstaates	44, 45
2. Nichteinlassung des Beklagten (Nr. 2)	15–34		
a) Schutz des Beklagten	18		
b) Gegenüber nicht kontradiktorischen Verfahren	19, 20		

I. Allgemeine Anerkennungsvoraussetzungen

1. Allgemeines. Entscheidungen eines Mitgliedsstaats iSd. Art. 32 sind anzuerkennen, sofern **1** nicht ein Versagungsgrund vorliegt. Die wichtigsten Versagungsgründe regelt Art. 34; er wird für Versicherungs- und Verbrauchersachen sowie Fälle ausschließlicher Zuständigkeit durch Art. 35 ergänzt. Außerdem setzt die Anerkennung nach der EuGVO voraus, dass die Verordnung anwendbar und die Entscheidung wirksam ist sowie kein Verstoß gegen Immunitäten vorliegt (s. Rn. 2 bis 4). Nach Art. 41 S. 1 werden sämtliche Versagungsgründe aber nicht mehr in erster Instanz, sondern erst auf Rüge im Beschwerdeverfahren geprüft. Hieraus folgt, dass Versagungsgründe auch bei einer Inzidentanerkennung nur auf Rüge geprüft werden.[1] Eine Amtsprüfung findet nur noch im Anwendungsbereich von EuGVÜ und LugÜ statt.

2. Anwendbarkeit der EuGVO. Eine Entscheidung wird nach der EuGVO nur anerkannt, **2** wenn sie in den Anwendungsbereich der Verordnung (Art. 1) fällt. Diese Frage ist auch im Anerkennungsstaat zu prüfen. Eine Bindung an die Qualifikation des Erstrichters besteht insoweit nicht.[2]

---

[1] *Rauscher/Leible* Rn. 3; aA *Geimer/Schütze/Tschauner,* IRV, EuGVO Rn. 1 (Amtsprüfung im Rechtsmittelverfahren); *Magnus/Mankowski/Francq* Rn. 7.

[2] *Geimer/Schütze,* EuZVR, Art. 32 Rn. 9; *Kropholler* Art. 32 Rn. 3; *Czernich/Kodek* Art. 32 Rn. 1; *Martiny* Hdb. IZVR. III/2 Kap. II Rn. 28; aA BGH NJW 1976, 478.

3. Wirksamkeit der Entscheidung. Anerkannt werden kann nur eine Entscheidung, die nach dem Recht des Erststaates wirksam ist (s. § 328 ZPO Rn. 56).[3]

4. Gerichtsbarkeit des Entscheidungsstaates. Fehlte dem Entscheidungsstaat die Gerichtsbarkeit über die Parteien oder den Streitgegenstand, so kann die Entscheidung nicht anerkannt werden (s. § 328 ZPO Rn. 57). Die EuGVO erwähnt diese Voraussetzung nicht. Es ist aber unstreitig, dass die nach Völkerrecht erforderliche Gerichtsbarkeit neben der Regelung der Verordnung zu beachten ist.[4] Notfalls kann man in einer Verletzung der Immunität nach Völkerrecht einen ordre public-Verstoß (Art. 34 Nr. 1) sehen.[5]

5. Keine Prüfung von Amts wegen. Im Rahmen von EuGVÜ und LugÜ sind sämtliche Anerkennungsvoraussetzungen von Amts wegen zu prüfen.[6] Dies gilt auch soweit einzelne Versagungsgründe, wie besonders Art. 27 Nr. 2 primär im Parteiinteresse liegen[7] oder soweit Anerkennungsvoraussetzungen wie die Rechtskraft nach autonomem Recht nur auf Rüge beachtet werden. Dies gilt nicht mehr für die EuGVO. Denn nach Art. 41 S. 1 dürfen Anerkennungshindernisse in erster Instanz nicht mehr geprüft werden. Geprüft werden sie erst auf Beschwerde des Beklagten und Antragsgegners, dh. praktisch gesehen nur noch auf Rüge bzw. Einrede.[8] Teilweise wird allerdings die Ansicht vertreten, Extremfälle eines krassen ordre public-Verstoßes (Beeinträchtigung von Staatsinteressen) dürfe bereits die erste Instanz von Amts wegen beachten.[9]

Hat sich der Beklagte zwischenzeitlich selbst auf die Entscheidung berufen, so ist ein Mangel nach Art. 34 Nr. 2 nach Treu und Glauben (venire contra factum proprium bzw. wegen Verwirkung) unbeachtlich.[10]

6. Teilanerkennung. Soweit eine Entscheidung nur teilweise unter die EuGVO fällt oder ein Versagungsgrund nur teilweise eingreift, kommt auch eine Teilanerkennung in Betracht.[11]

7. Beweislast. Für die EuGVO soll nach Art. 33 Abs. 1 eine Vermutung zugunsten der Anerkennung bestehen. Hieraus folgt, dass der Antragsgegner die Beweislast für das Vorliegen eines Versagungsgrundes nach den Art. 34, 35 trägt.[12]

8. Keine Überprüfung europäischer Vollstreckungstitel. Eine Entscheidung eines EU-Mitgliedsstaats, die im Ursprungsstaat als Europäischer Vollstreckungstitel bestätigt worden ist, ist nach Art. 5 EuVTVO in den anderen Mitgliedsstaaten nicht nur ohne Vollstreckbarerklärung zu vollstrecken; sie ist auch anzuerkennen, ohne dass die Anerkennung angefochten werden kann. Dem Europäischen Vollstreckungstitel können also im Zweitstaat die Versagungsgründe der Art. 34, 35 EuGVO nicht entgegengehalten werden.[13] Auch eine ordre public-Kontrolle (Art. 34 Nr. 1) ist ausgeschlossen.[14] Allerdings soll dies nur für die Zwecke der Vollstreckung (Art. 11 EuVTVO) und die Rechtskraft als deren gedankliche Voraussetzung gelten. Die Anerkennung von Gestaltungswirkungen soll sich weiter nach Art. 33 ff. EuGVO richten.[15] Allerdings ist derzeit schwer vorstellbar, dass von einem Titel über eine unbestrittene Forderung eine Gestaltungswirkung ausgeht.

Dem Europäischen Vollstreckungstitel gleichgestellt sind die besonders bescheinigten Entscheidungen über das Umgangsrecht nach Art. 41 EheGVO (Brüssel II a-VO) und zur Rückgabe des Kindes nach Art. 42 EheGVO (Brüssel II a-VO).

Auch gegen einen Europäischen Mahnbescheid können nach Art. 19 EG-MahnVO in einem anderen EU-Mitgliedstaat keine Einwendungen erhoben werden. Gleiches soll schließlich künftig nach Art. 25 EG-UnterhaltsVO für eine Unterhaltsentscheidung eines EU-Mitgliedsstaates gelten.

---

[3] *Geimer/Schütze*, EuZVR, Art. 33 Rn. 7, Art. 34 Rn. 2.
[4] *Kropholler* vor Art. 33 Rn. 5, Art. 34 Rn. 1; *Geimer/Schütze*, EuZVR, Rn. 6.
[5] So *Droz* Nr. 498.
[6] S. Voraufl. Art. 27 EuGVÜ Rn. 5; *Schack* IZVR Rn. 882.
[7] EuGHE 1996, I-4943 = NJW 1997, 1061 (Rz. 18); OLG Koblenz RIW 1991, 667, 668; *Stürner*, FS Nagel, 1987, S. 444, 452; aA *Geimer* IPRax 1988, 271, 275 (für Art. 27 Nr. 2).
[8] *Schlosser* Art. 34–36 Rn. 21; *Rauscher/Leible* Rn. 3; *Nagel/Gottwald* § 11 Rn. 28; aA (Amtsprüfung im Rechtsmittelverfahren) BGH (XII ZB 240/05 v. 12. 12. 07) Rn. 22 ff.; *Geimer/Schütze/Tschauner*, IRV, EuGVO Rn. 1; *Czernich/Kodek* Rn. 3.
[9] *Gebauer/Wiedmann* Kap. 26 Rn. 171; *Rauscher/Leible* Rn. 3.
[10] *Wiehe* S. 211 f.
[11] *Schlosser* Art. 33 Rn. 2.
[12] *Geimer/Schütze/Tschauner*, IRV, EuGVO Rn. 2; *Kropholler* Vor Art. 33 Rn. 7; *Rauscher/Leible* Rn. 3 a; aA *Geimer* RIW 1976, 139, 145.
[13] *Nagel/Gottwald* § 12 Rn. 2, 3; *Kropholler* Art. 5 EuVTVO Rn. 3; *Linke* IZVR Rn. 337 a.
[14] *Kropholler* Art. 5 EuVTVO Rn. 5.
[15] *Rauscher/Rauscher/Pabst* Art. 5 EG-VollstrTitelVO Rn. 8; Art. 11 EG-VollstrTitelVO Rn. 4.

II. Die Versagungsgründe des Art. 34

1. Der ordre public-Verstoß (Nr. 1). a) Allgemeines. Die Anerkennung einer Entscheidung scheidet aus, wenn sie dem ordre public des Anerkennungsstaates widersprechen würde, in Deutschland also dem deutschen ordre public. Der Anerkennungsstaat enthält sich eines allgemeinen Urteils über die ausländische Entscheidung; zu bewerten ist nur, ob die Anerkennung im Inland die genannten Folgen hätte. Was im einzelnen Bestandteil des ordre public ist, kann nur das nationale Recht festlegen. Jedoch folgt aus der Entstehungsgeschichte der EuGVO, dass der ordre public nur ausnahmsweise eingreifen soll[16] und im Sinne eines engen **ordre public international** auszulegen ist.[17] Der Text stellt auf den nationalen ordre public des Anerkennungsstaates ab; bei dessen Bestimmung ist der **gemeineuropäische Rahmen** zu berücksichtigen.[18] Die Kommission hatte deshalb vorgeschlagen, bei einer Revision des EuGVÜ auf eine ordre public-Kontrolle ganz zu verzichten.[19] Entgegen diesem Vorschlag ist die ordre public-Kontrolle beibehalten, aber ausdrücklich auf offensichtliche Verstöße beschränkt worden.[20] Das Maßnahmenprogramm des Rates vom 15. 1. 2001 sieht weiterhin ihre vollständige Abschaffung vor.[21] Die zum autonomen Recht entwickelten Grundsätze (s. § 328 ZPO Rn. 92 bis 104) gelten somit entsprechend,[22] zumal Art. 34 Nr. 1 jetzt ebenso wie § 328 Abs. 1 Nr. 4 ZPO einen offensichtlichen Verstoß verlangt.[23]

b) Materielle Rechtsverstöße. Gegen den ordre public kann die **materielle Rechtsanwendung** verstoßen (s. § 328 ZPO Rn. 96 ff.). Eine Wertsicherungsklausel in einem ausländischen Urteil verstößt nicht gegen den deutschen ordre public.[24] Gleiches gilt für die Vereinbarung eines Erfolgshonorars mit einem ausländischen Rechtsanwalt.[25] Ordre public-widrig ist die Anerkennung eines durch Betrug (fraud) oder sonstige Täuschung erschlichenen Urteils; in Deutschland ist der Beklagte nicht auf eine Abwehrklage nach § 826 BGB zu verweisen.[26] Ordre public-widrig sind wesentliche Verstöße gegen zwingendes nationales Wirtschaftsrecht[27] oder gegen zwingendes Recht der Europäischen Union.[28] Ein nationales Urteil, das ein Schutzrecht an Kraftfahrzeugersatzteilen anerkennt und Dritten untersagt, solche Ersatzteile herzustellen und zu vertreiben, verstößt nicht gegen den ordre public.[29] Ein Urteil gegen einen Bürgen verstößt nur dann gegen den ordre public, wenn dieser zweifelsfrei zum wehrlosen Objekt der Fremdbestimmung gemacht und auf unabsehbare Zeit auf das wirtschaftliche Existenzminimum verwiesen würde.[30] Ein Schadensersatzurteil gegen einen Lehrer, das entgegen § 105 Abs. 1 SGB VII (früher: §§ 637 Abs. 4, 636 RVO) ergangen ist, soll gegen den ordre public verstoßen.[31] Sachgerechter erschiene es, das Urteil anzuerkennen, aber den Versicherungsträger zur Freistellung zu verpflichten.[32] Die Nichtbeachtung der Haftungsbeschränkung eines Schiffeigentümers (gemäß Art. 4 des Londoner Übereinkommens von 1976) verstößt nicht gegen den deutschen ordre public.[33] Die Darlegungs- und Beweislast für den ordre public-Verstoß trägt der Schuldner.[34]

---

[16] BGH FamRZ 1990, 868, 869; vgl. *Völker* S. 290 ff.
[17] Für Beachtung eines Konventionsrahmens EuGHE 2000, I-2973 (Rz. 27) = NJW 2000, 2185 = IPRax 2001, 328 (dazu *Heß* S. 301); zur Bedeutung des EU-Rechts s. *Martiny* in: *v. Bar*, Europäisches Gemeinschaftsrecht und internationales Privatrecht, 1991, S. 211.
[18] *Zöller/Geimer* Rn. 7; *Magnus/Mankowski/Francq* Rn. 15; vgl. *Jayme*, Nationaler ordre public und europäische Integration, 2000; *Völker* S. 296; *I. Thoma*, Die Europäisierung und die Vergemeinschaftung des nationalen ordre public, 2007.
[19] Vorschlag für einen Rechtsakt vom 22. 12. 1997, ABlEG C 33/20, 27 (Art. 37 a des Entwurfs); hierfür auch *Leipold*, FS Stoll, 2001, S. 644; krit. *Bruns* JZ 1999, 278.
[20] Vgl. *Stadler*, in: *Gottwald* S. 43 ff.
[21] ABlEG Nr. C 12/1.
[22] *Kropholler* Rn. 4, 11; *Rauscher/Leible* Rn. 6.
[23] Vgl. *Geimer/Schütze/Tschauner*, IRV, EuGVO Rn. 6.
[24] BGHZ 122, 16, 19 = NJW 1993, 1801.
[25] BGHZ 118, 312, 332 = NJW 1992, 3096, 3101; *Pisani* IPRax 2001, 293, 297.
[26] BGH IPRax 1987, 236 (dazu *Grunsky* S. 219); *Schlosser* Art. 34–36 Rn. 5 b.
[27] *Kropholler* Rn. 13; *Schlosser* Art. 34–36 Rn. 4.
[28] *Geimer/Schütze*, EuZVR, Rn. 44.
[29] EuGHE 2000, I-2973 (Rz. 31 ff.) = NJW 2000, 2185; vgl. *Magnus/Mankowski/Francq* Rn. 23.
[30] BGHZ 140, 395 = ZIP 1999, 483 = RIW 1999, 457; *Dörner*, FS Sandrock, 2000, S. 205; *Geimer/Schütze/Tschauner*, IRV, EuGVO Rn. 27.
[31] BGHZ 123, 268 = NJW 1993, 3269.
[32] Vgl. *Haas* ZZP 108 (1995), 219, 226 ff.
[33] OLG Hamburg RIW 1995, 680.
[34] BGHZ 123, 268 = NJW 1993, 3269, 3270.

13 **c) Verfahrensfehler.** Der ordre public kann auch durch **Verstöße gegen rechtsstaatliche Anforderungen im** erststaatlichen **Verfahren** verletzt sein (s. § 328 ZPO Rn. 100 ff.).[35] Dies gilt insbesondere für Verletzungen des rechtlichen Gehörs (Art. 103 Abs. 1 GG). Dieser Grundsatz wird für den Zeitraum der Verfahrenseinleitung (ordnungsgemäße und rechtzeitige Zustellung des verfahrenseinleitenden Schriftstücks) abschließend von Art. 34 Nr. 2 erfasst;[36] spätere Verstöße gegen das Gebot, rechtliches Gehör zu gewähren, fallen dagegen unter den ordre public-Vorbehalt.[37] Freilich ist rechtliches Gehör im Ausland in der durch System und Struktur des ausländischen Verfahrensgangs bestimmten Form zu gewähren, sofern dabei Grundprinzipien der Rechtsstaatlichkeit gewahrt bleiben.[38] Zuständigkeitsfragen gehören nicht zum ordre public (Art. 35 Abs. 3). Die Missachtung einer Schiedsabrede verstößt ebenfalls nicht gegen den ordre public,[39] ebenso nicht das Fehlen einer Begründung.[40] Dagegen ist es wegen des Grundrechts auf ein faires Verfahren mit dem ordre public unvereinbar, den Anwalt im Adhäsionsverfahren zurückzuweisen, wenn der Beklagte in dem Strafverfahren wegen einer vorsätzlichen Tat nicht persönlich erschienen ist, also über die Garantie von Art. 61 EuGVO hinaus.[41]

14 Gegen den deutschen ordre public verstößt eine Entscheidung nur, wenn das zugrundeliegende Verfahren insgesamt nicht mehr als geordnetes, rechtsstaatliches Verfahren angesehen werden kann.[42] Wird ein Urteil nur in der Fremdsprache des Gerichts zugestellt, so ist der ordre public nicht verletzt, wenn der Beklagte im Verfahren anwaltlich vertreten war, deshalb mit einer Entscheidung rechnen musste und sich bei seinem Anwalt über den Inhalt informieren kann.[43] Das Fehlen einer Rechtsmittelmöglichkeit gegen ein erstinstanzliches Urteil verstößt nicht gegen den deutschen ordre public.[44] Auf die Frage, ob der Verfahrensfehler im Inland als gravierend angesehen würde, kommt es nicht an. Der Verstoß gegen ein Antragserfordernis oder das bloße Übergehen von tatsächlichem Vorbringen oder Beweisanträgen verstößt nicht gegen den ordre public,[45] sofern kein Fall von Willkür vorliegt.[46] Die Partei ist zudem gehindert, sich im Anerkennungsstadium auf einen Verfahrensfehler zu berufen, den sie im Erstverfahren nicht in zumutbarer Weise gerügt oder durch Rechtsmittel geltend gemacht hat.[47] Vom deutschen Recht abweichende Vorstellungen über den Umfang der materiellen Rechtskraft verstoßen ebenfalls nicht gegen den ordre public.[48] Mit dem deutschen ordre public unvereinbar ist eine **antisuit injunction,** die einer Partei die Prozessführung vor einem deutschen Gericht untersagt.[49]

15 **2. Nichteinlassung des Beklagten (Nr. 2).** Dieser Versagungsgrund soll das rechtliche Gehör des Beklagten bei der Verfahrenseinleitung gewährleisten. Die Bestimmung ist in der EuGVO verändert und nunmehr so gefasst worden, dass der Beklagte aus technischen Fehlern bei der Zustellung des verfahrenseinleitenden Schriftstücks keinen Nutzen ziehen kann.

16 Er gilt für alle Verfahren, die infolge der fehlenden Mitwirkung des Gegners einseitig geblieben sind,[50] selbst wenn für ihn ein angeblicher (nicht bevollmächtigter) Vertreter erschienen war,[51] also auch bei streitigen Verfahren, häufiger freilich bei Versäumnisentscheidungen, Vollstreckungsbescheiden[52] und einseitigen Verfahren zur Kosten- und Gebührenfestsetzung.[53]

---

[35] *Geimer* RIW 1976, 139, 148; *Kropholler* Rn. 13; *Geimer/Schütze/Tschauner,* IRV, EuGVO Rn. 10; *Czernich/Kodek* Rn. 8; *Magnus/Mankowski/Francq* Rn. 28 ff.
[36] EuGHE 1996, I-4943 = NJW 1997, 1061 (Rz. 23) = J.D.I. 1997, 621 *(Huet).*
[37] *Nagel/Gottwald* § 11 Rn. 31; *Thomas/Putzo/Hüßtege* Rn. 5; *Geimer/Schütze/Tschauner,* IRV, EuGVO Rn. 13.
[38] BGH FamRZ 1990, 868, 870 = EuZW 1990, 257, 259; *Schlosser* Art. 34–36 Rn. 2, 7.
[39] OLG Hamburg IPRax 1995, 391, 393; OLG Hamm RIW 1994, 243, 245; *Geimer/Schütze/Tschauner,* IRV, EuGVO Rn. 20; aA *Schlosser* Art. 34–36 Rn. 5 a.
[40] *Rauscher/Leible* Rn. 16; *Geimer/Schütze/Tschauner,* IRV, EuGVO Rn. 15.
[41] EuGHE 2000, I-1935 = NJW 2000, 1853 (Rz. 37 ff.) = ZIP 2000, 859 *(Geimer)* = JZ 2000, 723 *(v. Bar);* BGHZ 144, 390 = NJW 2000, 3289 = JZ 2000, 1067 *(Gross).*
[42] BGH NJW 1990, 2201, 2203 = IPRax 1992, 33 (dazu *Geimer* S. 5); OLG Hamm RIW 1994, 243, 245 f.
[43] OLG Köln RIW 2004, 866, 867.
[44] OLG Düsseldorf RIW 1995, 324, 325; *Geimer/Schütze/Tschauner,* IRV, EuGVO Rn. 19; *Rauscher/Leible* Rn. 17.
[45] OLG Düsseldorf RIW 1997, 329 = EuZW 1997, 284.
[46] OLG Hamm RIW 1994, 243, 245; *Geimer/Schütze/Tschauner,* IRV, EuGVO Rn. 17.
[47] BGH NJW 1990, 2201, 2203 = IPRax 1992, 33 (dazu *Geimer* S. 5, 14); *Schlosser* Art. 34–36 Rn. 4; *Geimer/Schütze/Tschauner,* IRV, EuGVO Rn. 9; *Rauscher/Leible* Rn. 18.
[48] OLG Hamm IPRax 1998, 202, 203 (dazu *Geimer* S. 175).
[49] Vgl. EuGHE 2004, I-3565 = IPRax 2004, 425 (dazu *Rauscher* S. 405); *Maack,* S. 156 ff., 184 ff.; *Geimer/Schütze/Tschauner,* IRV, EuGVO Rn. 21; *Rauscher/Leible* Rn. 17 a.
[50] *Linke* RIW 1986, 409; *Rauscher/Leible* Rn. 26.
[51] EuGHE 1996, I-4943 = ZZPInt. 2 (1997), 136 m. Anm. *H. Roth.*
[52] *Geimer/Schütze,* EuZVR, Rn. 96.
[53] OLG Düsseldorf RIW 1996, 67.

Verstöße gegen das rechtliche Gehör im weiteren Laufe des Verfahrens, etwa die Nichtzustellung einer Klageänderung, Klageerweiterung oder einer Berufungsschrift fallen nicht unter Nr. 2,[54] sondern allenfalls unter Art. 34 Nr. 1 (s. Rn. 12). **17**

a) Schutz des Beklagten. Art. 34 Nr. 2 will (anders als Art. 20) **jeden Beklagten** schützen, der sich vor Gerichten eines Mitgliedsstaats nicht ordnungsgemäß verteidigen konnte. In welchem Staat der Wohnsitz/Sitz des Beklagten liegt, im Urteilsstaat, in einem Drittstaat oder im Inland, ist gleichgültig.[55] **18**

b) Gegenüber nicht kontradiktorischen Verfahren. Soweit **Entscheidungen** ordnungsgemäß **in** einem **einseitigen Verfahren** erlassen werden (Arrest, einstweilige Verfügung), sind sie nach der Rspr. des EuGH[56] vom Anwendungsbereich von Kapitel III ausgenommen, also nicht als anerkennungsfähige „Entscheidungen" iS des Art. 32 anzusehen (s. Art. 32 Rn. 16).[57] ME ist diese Entscheidung nicht überzeugend: Sämtliche Mitgliedsstaaten kennen im autonomen Recht die Möglichkeit, einstweiligen Rechtsschutz in dringenden Fällen ohne vorherige Anhörung des Gegners zu gewähren.[58] **19**

Nicht ausgeschlossen sind dagegen im einseitigen Verfahren ergangene Entscheidungen, wenn diese vor ihrer Anerkennung und Vollstreckung im Zweitstaat Gegenstand eines kontradiktorischen Verfahrens im Urteilsstaat hätten sein können.[59]

Für **Annexentscheidungen,** wie zB Kostenfestsetzungsbeschlüsse nach § 104 ZPO und § 11 RVG, kommt es nur darauf an, ob die Hauptentscheidung anerkannt werden kann;[60] sie bedürfen keines eigenen einleitenden Schriftstücks. **20**

c) Verfahrenseinleitendes Schriftstück. Welches Schriftstück dem Beklagten zur Information bei Verfahrensbeginn zugestellt wird, bestimmt allein das Recht des Urteilsstaates.[61] Anders als nach Art. 6 HUVÜ 1973 muss das Schriftstück daher nicht notwendig die wesentlichen Klagegründe enthalten. Es genügt, dass der Beklagte über die wesentlichen Elemente des Rechtsstreits in Kenntnis gesetzt und ihm Gelegenheit zur Verteidigung gegeben wird.[62] Die Zustellung eines „gleichwertigen Schriftstücks" genügt. Nachdem jetzt auch nach englischem Recht die claim form selbst ins Ausland zugestellt wird,[63] ist allerdings der praktische Anwendungsfall für diese Erweiterung entfallen. Wird ein Prozess in Deutschland im Mahnverfahren begonnen, so ist der Mahnbescheid (§§ 692, 693 ZPO), nicht der Vollstreckungsbescheid (§ 700 ZPO) als verfahrenseinleitendes Schriftstück anzusehen.[64] Beim italienischen Mahnverfahren bilden „decreto ingiuntivo" und Antragsschrift gemeinsam das verfahrenseinleitende Schriftstück.[65] Selbständige vorbereitende Verfahren, wie ein selbständiges Beweisverfahren leiten das Hauptverfahren nicht ein.[66] Eine Klageerweiterung (§ 261 Abs. 2 ZPO) hat keinen verfahrenseinleitenden Charakter.[67] Gleiches gilt für eine Klageänderung.[68] **21**

d) Ordnungsgemäße Zustellung. Während Art. 27 Nr. 2 EuGVÜ/LugÜ zwingend verlangt, dass das verfahrenseinleitende Schriftstück ordnungsgemäß und rechtzeitig zugestellt worden ist, kommt es nach der EuGVO nur noch darauf an, dass das **Schriftstück so rechtzeitig** und in einer Weise zugestellt worden ist, **dass sich der Beklagte verteidigen konnte.** Verstöße gegen Zustellungsregeln führen nur in krassen Fällen zu einem Versagungsgrund, wenn der Beklagte als Folge des Mangels keine Möglichkeit hatte, sich zu verteidigen.[69] **22**

---

[54] BGH IPRax 1987, 236, 237 (dazu abl. *Grunsky* S. 219 f.); BGH FamRZ 1990, 868 = EuZW 1990, 257; OLG Köln RIW 2004, 865, 866; *Bischof* S. 330 ff.; *Rauscher/Leible* Rn. 24.
[55] *Kropholler* Rn. 24; *Rauscher/Leible* Rn. 25; *Geimer/Schütze*, EuZVR, Rn. 106.
[56] EuGHE 1981, 1593 = RIW 1981, 781; EuGHE 1984, 3971 = RIW 1985, 235.
[57] *Kropholler* Rn. 25; *Braun*, S. 45 ff.; aA *Geimer/Schütze*, EuZVR, Rn. 107.
[58] Ebenso *Rauscher/Leible* Rn. 26; vgl. *Eilers* S. 274 ff.
[59] EuGHE 1995, I-2053 = NJW 1996, 42 (Rz. 14) = ZZP 109 (1996), 373 *(Mankowski)*.
[60] *Kropholler* Rn. 26; *Braun* S. 58 ff.; *Schlosser* Art. 34–36 Rn. 10; *Geimer/Schütze*, EuZVR, Rn. 108.
[61] *Kropholler* Rn. 29; *Rauscher/Leible* Rn. 29; vgl. OLG Koblenz EuZW 1990, 486, 487; *Bischof* S. 350 ff.; aA (für vertragsautonome Auslegung) *Frank* S. 206 ff.
[62] EuGHE 1993, I-1963 = NJW 1993, 2091 = IPRax 1994, 37, 40 (Rz. 39) (dazu *Heß* S. 10).
[63] Vgl. *Zuckerman*, On Civil Procedure, 2 d ed. 2006, No. 3.12 f. und No. 4.182 ff.
[64] EuGHE 1981, 1593 = RIW 1981, 781; *Kropholler* Rn. 29; *Rauscher/Leible* Rn. 29.
[65] EuGHE 1995, I-2113 (Rz. 21) = NJW 1996, 42 = ZZP 109 (1996), 373 *(Mankowski)*.
[66] *Schlosser* Art. 34–36 Rn. 10; *Rauscher/Leible* Rn. 29.
[67] BGH WM 1986, 1370 = IPRax 1987, 236 (krit. dazu *Grunsky* S. 219); *Braun* S. 67 ff.; Hk-ZPO/*Dörner* Rn. 15; aA *Frank* S. 214 ff.
[68] *Braun* S. 73; *Bischof* S. 353 ff. (anders bei völlig überraschenden Änderungen); aA *Frank* S. 217 ff.
[69] *Roth*, FS Gerhardt, 2004, S. 799, 802; *Markus* SZW 1999, 205, 218; vgl. *Magnus/Mankowski/Francq* Rn. 46 ff.; auch *Schack*, IZVR Rn. 845.

23 Die EuGVO regelt selbst nicht die Anforderungen an die Zustellung, sondern verweist (sinngemäß) auf die Europäische Zustellungsverordnung, hilfsweise auf das Haager Zustellungsübereinkommen von 1965 und die dazu bestehenden Zusatzvereinbarungen, nochmals hilfsweise auf das autonome Recht.[70] Nach Art. 4 ff. EuZustVO können Schriftstücke entweder im Rechtshilfewege durch die Empfangsstelle oder nach Art. 14 EuZustVO unmittelbar durch die Post (durch Einschreiben mit Rückschein) zugestellt werden. Einer unmittelbaren Zustellung durch den Gerichtsvollzieher im Auftrag des ausländischen Klägers (Art. 15 EuZustVO) hat Deutschland widersprochen. In den zulässigen Fällen darf der Empfänger die Annahme verweigern, wenn das Schriftstück nicht in der Amtssprache des Empfangsstaates oder einer Sprache des Übermittlungsstaates abgefasst ist, die der Empfänger versteht (Art. 8 EuZustVO). Nach Art. 5 Abs. 2 genügt die Zustellung eines **fremdsprachigen Schriftstücks** nur, wenn der Empfänger zur Annahme bereit ist.[71] Das Fehlen einer Übersetzung begründet aber nur ein Annahmeverweigerungsrecht; macht der Empfänger davon nicht Gebrauch, kann er sich nachträglich nicht mehr auf den Mangel berufen.[72]

Die neue Europäische Zustellungsverordnung und das Haager Übereinkommen von 1985 greifen nur ein, wenn eine Auslandszustellung erforderlich ist. Deshalb genügt den Anforderungen des Art. 34 Nr. 2 auch eine fiktive Inlandszustellung per „remise au parquet".[73]

24 Eine ordnungsgemäße Zustellung indiziert, dass dem Beklagten ausreichend rechtliches Gehör gewährt wurde.[74]

25 Rein technische Fehler bei der Zustellung, die die Verteidigungsmöglichkeit nicht beeinträchtigen, sind für Art. 34 Nr. 2 irrelevant, so dass es insoweit auf eine für das EuGVÜ viel erörterte Heilungsmöglichkeit nicht mehr ankommt.

26 An einer Verteidigungsmöglichkeit fehlt es dagegen weiterhin bei einer Zustellung, bei der die Dokumente in einer dem Empfänger **nicht verständlichen Sprache** abgefasst sind. Die Amtssprache des Empfangsstaates muss der Empfänger aber verstehen bzw. muss sich selbst um eine Übersetzung in seine eigene Sprache bemühen.

Wird ein Schriftstück zugestellt, das den Sprachanforderungen von Art. 8 EuZustVO nicht genügt und lehnt der Empfänger deshalb die Annahme ab, so ist die Zustellung unwirksam und muss grundsätzlich wiederholt werden.[75] Nach Ansicht des EuGH tritt aber Heilung ein, wenn die geforderte Übersetzung unverzüglich nachgereicht wird.[76] Diese zu Art. 27 Nr. 2 EuGVÜ ergangene Entscheidung hat auch für die EuGVO Gültigkeit. Über den Wortlaut von Art. 34 Nr. 2 hinaus ist eine solche Verpflichtung auch dann zumutbar, wenn die bisherige Kommunikation zwischen den Parteien in dieser Sprache stattgefunden hat.[77]

27 e) **Rechtzeitige Zustellung.** Art. 34 Nr. 2 gewährt dem Schuldner vor allem den Schutz, dass die Zustellung rechtzeitig erfolgt sein muss. Das Erfordernis soll gewährleisten, dass der Beklagte nach der Zustellung ausreichend Zeit hatte, einen Anwalt mit seiner Vertretung zu beauftragen und seine Verteidigung vorzubereiten. Die Anerkennung kann daher scheitern, wenn die Zustellung zwar ordnungsgemäß, aber nicht rechtzeitig vor dem Termin erfolgte.[78] Bei einer Ersatzzustellung ist nicht der Zeitpunkt tatsächlicher Kenntnisnahme, sondern nur der der Möglichkeit dazu entscheidend.[79] Auch öffentliche oder in sonstiger Weise fiktive Zustellungen können rechtzeitig sein.[80] Wird an die letzte bekannte Adresse zugestellt, so ist Rechtzeitigkeit zu vermuten, wenn es der Schuldner zu vertreten hat, dass seine neue Anschrift nicht bekannt ist.[81]

28 Die Frage der **Rechtzeitigkeit** der Zustellung hat das Gericht des **Anerkennungsstaates** (ohne Bindung an Feststellungen des Erstrichters) zu bestimmen.[82] Sind die gesetzlichen Ladungs- oder

---

[70] VO (EG) Nr. 1348/2000, ABlEG Nr. L 160/37 vom 30. 6. 2000 (in Kraft seit 31. 5. 2001); ersetzt ab 13. 11. 2008 durch die VO (EG) Nr. 1393/2007 vom 13. 11. 2007 (ABlEU L 324/79).
[71] OLG Koblenz RIW 1991, 667, 668; OLG Bamberg WM 1987, 638 = RIW 1987, 541 *(Gerth)*; *Stürner*, FS Nagel, 1987, S. 444, 451.
[72] OLG Bamberg (28. 12. 06, 3 W 110/06).
[73] *Rauscher/Leible* Rn. 32.
[74] *Geimer/Schütze/Tschauner*, IRV, EuGVO Rn. 43.
[75] BGH RIW 2007, 213, 214 (Rn. 13).
[76] EuGHE 2005, I-9611 *(Leffler v. Berlin Chemie)* = JZ 2006, 248 *(Rauscher)* = ZEuP 2007, 353 *(Sujecki)*.
[77] *Geimer/Schütze/Tschauner*, IRV, EuGVO Rn. 44.
[78] *Nagel/Gottwald* § 11 Rn. 35.
[79] EuGHE 1981, 1593 = IPRax 1982, 14.
[80] BGH WM 1992, 286, 288; OLG Koblenz EuZW 1990, 486, 487 f.; *Wiehe* S. 224 ff.; *Geimer/Schütze/Tschauner*, IRV, EuGVO Rn. 39; auch *Rauscher/Leible* Rn. 36; aA *Linke* Rn. 408; *Schlosser* Art. 34–36 Rn. 17.
[81] BGH WM 1992, 286, 288 = IPRax 1993, 324 (dazu *Linke* S. 295).
[82] EuGHE 1981, 1593 = IPRax 1982, 14, 18 (Rz. 16) (dazu *Nagel* S. 5, 6); *Bischof* S. 461 ff.; *Schlosser* Art. 34–36 Rn. 17 c; *Geimer/Schütze/Tschauner*, IRV, EuGVO Rn. 39.

Einlassungsfristen des Vollstreckungsstaates nicht gewahrt, so ist dies ein wesentliches Indiz für die fehlende Rechtzeitigkeit.[83] Die Rechtzeitigkeit kann aber auch fehlen, selbst wenn keine gesetzliche Regel verletzt ist.[84] Entscheidend ist ausschließlich, ob der Beklagte tatsächlich genügend Zeit hatte, um seine Verteidigung vorzubereiten.[85] Ein Zeitraum von mehr als drei Wochen ist dafür ausreichend.[86] Werden fremdsprachige Schriftstücke formlos gemäß Art. 5 Abs. 2 HZÜ zugestellt, so muss eine ausreichende Zeit für die Beschaffung einer Übersetzung in eine dem Empfänger verständliche Sprache gewährt werden.[87] Wird die Klage im Entscheidungsstaat ordnungsgemäß an die Staatsanwaltschaft zugestellt („remise au parquet"), so kann die Entscheidung im Inland nur anerkannt werden, wenn die nachfolgende (tatsächliche) Mitteilung an den Beklagten rechtzeitig erfolgte[88] (vgl. Art. 15 HZÜ).

Die EuGVO regelt nicht, ob der Beklagte mit dem Einwand nicht rechtzeitiger Zustellung **29** präkludiert ist, wenn er diese Verspätung selbst zu vertreten hat. Der EuGH hat die Berücksichtigung außergewöhnlicher Umstände auf Seiten des Klägers wie des Beklagten zugelassen,[89] will aber ganz auf den Einzelfall abstellen.

f) Fehlende Verteidigungsmöglichkeit. Auch bei einer generell rechtzeitigen Zustellung fehlt **30** es aber an der Verteidigungsmöglichkeit, wenn das zugestellte Schriftstück grob irreführende Mitteilungen über das Verfahren enthält und dem Beklagten keine ausreichende Zeit bleibt, die Sachlage aufzuklären.[90]

g) Nichteinlassung des Beklagten. Die bisher aufgezeigten Mängel sind nur dann relevant, **31** wenn sich der Beklagte nicht auf das Verfahren eingelassen hat (s. § 328 ZPO Rn. 84). Der Begriff der Einlassung ist autonom zu bestimmen. ISd. Art. 34 Nr. 2 gilt jedes Verhandeln des Beklagten als Einlassung, aus dem sich ergibt, dass er Kenntnis vom Verfahren und der Möglichkeit einer Verteidigung hatte. Zur Sache muss der Beklagte nicht verhandeln; es genügt, dass er prozessuale Fragen, wie Ordnungsmäßigkeit oder Rechtzeitigkeit der Zustellung rügt.[91] Eine Nichteinlassung liegt auch dann vor, wenn für den Beklagten ein ohne sein Wissen bestellter Zwangsvertreter oder ein von einem Dritten beauftragter Anwalt erscheint.[92]

h) Nichteinlassung im Adhäsionsverfahren. Die Einlassung im Adhäsionsverfahren schließt **32** eine Berufung auf Art. 34 Nr. 2 aus.[93] Die Nichteinlassung im Adhäsionsverfahren regelt Art. 61 besonders. Danach kann sich ein Angeklagter wegen fahrlässiger Straftaten außerhalb seines Heimatstaates[94] von einem Verteidiger vertreten lassen, doch kann das Gericht das persönliche Erscheinen anordnen. Kommt der Angeklagte dieser Anordnung nicht nach und weist das Gericht daraufhin den Verteidiger zurück, so braucht ein Adhäsionsurteil nicht anerkannt und vollstreckt zu werden (s. Art. 5 Rn. 48). Nach einer Ansicht muss der Anerkennungsstaat dazu einen generellen normativen Vorbehalt erklären.[95] Überwiegend wird die Entscheidung über die Nichtanerkennung aber dem Gericht überlassen. Dieses hat einen Ermessensspielraum, kann also berücksichtigen, warum der Angeklagte nicht erschienen war und ob er ernsthafte Einwände gegen den zuerkannten zivilrechtlichen Anspruch vorträgt.[96]

i) Nichteinlegung eines Rechtsbehelfs. Nach der Neufassung des Art. 34 Nr. 2 schadet die **33** fehlerhafte oder unterbliebene Zustellung des verfahrenseinleitenden Schriftstücks nicht, wenn der

---

[83] Vgl. BGH WM 1986, 539; OLG Düsseldorf RIW 2001, 143, 144; *Schumacher* IPRax 1985, 265, 266.
[84] EuGHE 1985, 1779 = RIW 1985, 967 = NJW 1986, 1425 (L).
[85] OLG Düsseldorf NJW 2000, 3290; OLG Hamm RIW 1987, 871 = IPRax 1988, 289 (krit. dazu *Geimer* S. 271 f.: Folge: Rechtsunsicherheit); zust. dagegen *van Venrooy* IPRax 1989, 137; *Kropholler* Rn. 32.
[86] OLG Köln EWS 1994, 107; *Nagel/Gottwald* § 11 Rn. 35; vgl. *Rauscher/Leible* Rn. 35 und *Geimer/Schütze/Tschauner*, IRV, EuGVO Rn. 40 (mit Gegenbeispielen, bei denen sogar eine Woche als ausreichend angesehen wurde); gegen feste Ober- und Untergrenzen *Bischof* S. 454 ff.
[87] *Schlosser* Art. 34–36 Rn. 18; vgl. BGH NJW 1991, 641.
[88] OLG Köln RIW 1990, 229 f.; *Stürner*, FS Nagel, 1987, S. 444, 450; vgl. aber OLG Düsseldorf IPRax 1985, 289 f. (dazu krit. *Schumacher* S. 265, 266 f.); *Braun* S. 113 ff.; *Linke* RIW 1986, 409, 411.
[89] EuGHE 1985, 1779 = NJW 1986, 1425 (L) = RIW 1985, 967; vgl. *Linke* RIW 1986, 409, 412.
[90] *Stadler*, 50 Jahre BGH, Festgabe der Wissenschaft, Bd. 3, 2000, S. 645, 669.
[91] EuGHE 1993, I-1963 = NJW 1993, 2091; OLG Düsseldorf RIW 1996, 1043; OLG Hamm NJW-RR 1995, 189; *Geimer/Schütze*, EuZVR, Rn. 103; *Schlosser* Art. 34–36 Rn. 20; *Rauscher/Leible* Rn. 37; aA OLG Köln IPRax 1991, 114 (dazu *Linke* S. 92); *Braun* S. 88; *Kropholler* Rn. 27.
[92] EuGHE 1996, I-4943 = IPRax 1997, 333 (dazu *Rauscher* S. 314) = ZZPInt. 2 (1997), 136 (*H. Roth*) = J.D.I. 1997, 621 *(Huet)*; krit. *Kohler* ZEuP 1997, 1030, 1052 f.
[93] EuGHE 1993, I-1963 = NJW 1993, 2091.
[94] Krit. hierzu *Kaye*, I.C.L.Q. 1988, 268, 280.
[95] *Droz* Nr. 540 f.
[96] *Kropholler* Art. 61 Rn. 3; *Geimer/Schütze/Pörnbacher*, IRV, EuGVO Art. 61 Rn. 3.

Beklagte gegen die ergangene Entscheidung keinen Rechtsbehelf eingelegt hat, obwohl er die Möglichkeit dazu hatte. Relevant ist freilich nur ein Rechtsbehelf, mit dem der Beklagte den Zustellungsmangel hätte grundsätzlich rügen können, auch wenn die Rüge im konkreten Fall aus dem Beklagten zurechenbaren Gründen unzulässig war.[97] Durch diese Pflicht soll ausgeschlossen werden, dass eine Partei zwar vom Verfahren Kenntnis erhält, sich aber nicht daran beteiligt, um den Kläger nachträglich um seinen Sieg zu bringen. Allerdings soll der Anspruch auf rechtliches Gehör dadurch nicht beeinträchtigt werden.[98] Eine Pflicht zur Einlegung eines Rechtsbehelfs besteht deshalb nur, wenn der Beklagte durch eine rechtzeitige Zustellung der Entscheidung Kenntnis vom Verfahren erhielt und sich folglich im Erststaat hätte verteidigen können.[99] Sie besteht zudem gemäß Art. 76 Abs. 1 nur für nach dem 1. 3. 2002 erhobene Klagen.[100]

34 **j) Rechtslage nach EuGVÜ/LugÜ.** Nach Art. 27 Nr. 2 EuGVÜ/LugÜ muss die Zustellung ordnungsgemäß und rechtzeitig erfolgt sein. Der EuGH hat sich insoweit grds. jeder Auflockerung verschlossen und dem Beklagten gestattet, sich erst im Verfahren der Anerkennung bzw. Vollstreckbarerklärung auf den Mangel zu berufen, obwohl er in der Lage war, ihn bereits im Erstverfahren durch Einlegung eines Rechtsmittels zu rügen (s. Vorauf. Art. 27 EuGVÜ, Rn. 25). Dies hat zur Neufassung von Art. 34 Nr. 2 geführt. Erst jüngst hat der EuGH aber bei Zustellung ohne erforderliche Übersetzung eine Heilung zugelassen, wenn der Kläger die fehlende Übersetzung unverzüglich nachreicht.[101]

35 **3. Kollision unvereinbarer Entscheidungen (Nr. 3 u. 4). a) Unvereinbarkeit.** Nicht anzuerkennen ist eine ausländische Entscheidung, die mit einer vorrangigen Entscheidung zwischen denselben Parteien unvereinbar ist (s. § 328 ZPO Rn. 88ff.). Der Begriff Entscheidung bezieht sich auch auf Beschlüsse staatlicher Gerichte. Eine Kollision mit einem Schiedsspruch[102] oder einem Prozessvergleich[103] ist von Art. 34 Nr. 3 oder 4 nicht erfasst. Ergangen ist die Entscheidung, sobald sie nach der lex fori Wirkungen entfaltet. Rechtskräftig muss sie nicht notwendig sein.[104]

Wann Entscheidungen miteinander **unvereinbar** sind, ist zweifelhaft. Im Ansatz ist dieser Begriff **autonom** auszulegen (s. Art. 1 Rn. 21).[105] Eine klare Lösung erreicht man, wenn man auf einen Widerspruch in den Urteilswirkungen (Rechtsfolgen) abstellt.[106] Die Unvereinbarkeit ergibt sich dann aus dem Vergleich zwischen den anerkennungsfähigen Rechtskraft- und Gestaltungswirkungen des Erst- und des Zweitstaates.[107] Der Nachteil dieser Lösung ist, dass der Bereich der Unvereinbarkeit je nach dem Umfang der Urteilswirkungen in den einzelnen Rechtsordnungen unterschiedlich weit ausfällt[108] und schwierig festzustellen ist. Eine einheitliche Grenzziehung erscheint deshalb trotz ihrer Schwierigkeiten als vorzugswürdig (s. u. Rn. 37). Die Unvereinbarkeit kann sich daher auch aus den Entscheidungsgründen bzw. Widersprüchen bezüglich präjudizieller Rechtsverhältnisse ergeben (s. § 328 ZPO Rn. 91). Unvereinbar ist zB ein Urteil, das einen Vertrag für nichtig erklärt mit einem weiteren, das zum Schadensersatz wegen Nichterfüllung dieses Vertrages verurteilt.[109] Nicht unvereinbar ist ein Unterhaltsurteil mit einem späteren Abänderungsurteil.[110]

36 **b) Widerspruch gleichrangiger Entscheidungen.** Unvereinbarkeit besteht nur, wenn die Entscheidungen mit gleicher Wirkung zur gleichen Frage ergangen sind. Ein Beschluss, mit dem im Inland Prozesskostenhilfe mangels hinreichender Erfolgsaussicht abgelehnt wurde, steht daher der

---

[97] *Kropholler* Rn. 44; *Magnus/Mankowski/Francq* Rn. 59.
[98] *Gebauer/Wiedmann* Kap. 26 Rn. 180.
[99] EuGHE 2006, I-12041 (Rz. 34ff.) = NJW 2007, 825, 826f. *(ASML Netherlands v. Semiconductor Industry Services)* = ZZPInt 11 (2006), 190 (m. Anm. *Leible/Reinert*); dazu *Vogl* EWiR 2007, 79; weitergehend *Czernich/Kodek* Rn. 30.
[100] BGH RIW 2004, 941.
[101] EuGHE 2005, I-9611 = NJW 2006, 491 = JZ 2006, 248 *(Rauscher)* = IPRax 2006, 151 (dazu *Stadler* S. 116) = ZEuP 2007, 353 *(Sujecki)*.
[102] AA *van Houtte* Arb. Int. 13 (1997), 85, 89f.
[103] EuGHE 1994, I-2237 = NJW 1995, 38 = JZ 1994, 1007 *(Schlosser)*; dazu *Mankowski* EWS 1994, 379; *Lenenbach* S. 171f.; *Kropholler* Rn. 48; krit. *Frische*, Verfahrenswirkungen und Rechtskraft gerichtlicher Vergleiche, 2006, S. 134ff.
[104] *Kropholler* Rn. 53; *Koch* S. 21f.; aA *Lenenbach* S. 179; *Otte* S. 149.
[105] *Geimer/Schütze*, EuZVR, Rn. 139; *Kropholler* Rn. 49; *Lenenbach* S. 114ff.; *Hau* S. 99ff.; *Koch* S. 160ff.; *Otte* S. 150ff.; aA *Wolf*, FS Schwab, 1990, S. 561, 567.
[106] EuGHE 2002, I-4995 = NJW 2002, 2087; Hk-ZPO/*Dörner* Rn. 22.
[107] *Lenenbach* S. 151ff.; auch *Kropholler* Rn. 49. Gegen die Beachtung divergierender Interventionswirkungen *Otte* S. 214ff.
[108] Vgl. *Lenenbach* S. 164ff.
[109] *Jenard*-Bericht, zu Art. 27, C-59/45; *Koch* S. 23; *Magnus/Mankowski/Francq* Rn. 68; s. auch Art. 27 Rn. 4.
[110] *Baumann* S. 92; *Otte* S. 165; *Kropholler* Rn. 51.

Anerkennung einer ausländischen Entscheidung über den gleichen Anspruch zur Hauptsache nicht entgegen;[111] eine Entscheidung im einstweiligen Rechtsschutz (Arrest, einstweilige Verfügung) ist mit einer solchen im einstweiligen Rechtsschutz,[112] nicht dagegen mit einer abweichenden Hauptsacheentscheidung unvereinbar. Rechtskräftig muss die inländische Entscheidung nicht sein;[113] wird sie aber später aufgehoben, so entfällt das Anerkennungshindernis. Zweckmäßigerweise ist das Verfahren der Vollstreckungserklärung zunächst (analog Art. 46 Abs. 1 auf Antrag) auszusetzen.

c) Unvereinbare Inlandsentscheidung (Nr. 3). Steht die ausländische Entscheidung mit einer Entscheidung des Anerkennungsstaates in Widerspruch, so ist sie nach Art. 34 Nr. 3 in keinem Fall anzuerkennen, unabhängig von der zeitlichen Reihenfolge, in der die Entscheidungen ergangen sind.[114] Dies gilt auch, wenn die inländische Entscheidung unter Verstoß gegen die ausländische Rechtshängigkeit oder Rechtskraft ergangen ist (s. § 328 ZPO Rn. 81), wenngleich die Regelung der Art. 27 ff. diese Situation regelmäßig verhindern wird. Die ausländische Entscheidung wird erst anerkannt, wenn die spätere Inlandsentscheidung auf Restitutionsklage (§ 580 Nr. 7b ZPO) aufgehoben wurde. Entscheidend ist der Verstoß gegen eine inländische Entscheidung; die bloße inländische Rechtshängigkeit ist dagegen kein Grund, die Anerkennung zu versagen.[115] Besteht der Konflikt nur teilweise, so ist die Anerkennung nur teilweise zu versagen.[116]

Nach dem *Jenard*-Bericht soll Nr. 3 auch ausländische Entscheidungen erfassen, die alle Voraussetzungen für die Anerkennung im Anerkennungsstaat erfüllen.[117] Indes ist eine anerkennungsfähige Entscheidung selbst nach einer formellen Anerkennung nicht im Anerkennungsstaat „ergangen", so dass dieser Ansicht nicht zu folgen ist.[118]

Es genügt die sachliche Unvereinbarkeit; Identität der Streitgegenstände ist nicht erforderlich.[119]

Wie grundsätzlich alle Begriffe der EuGVO ist die Unvereinbarkeit nicht national, sondern autonom zu bestimmen, so dass nationale Rechtskraftregeln nicht ohne weiteres zugrunde gelegt werden können.[120] Teilweise wird daraus der Schluss gezogen, Art. 34 Nr. 3 EuGVO erfasse jede Art sachlicher Unvereinbarkeit (widersprüchliche Entscheidungen über Leistung und Gegenleistung, unabhängig von der Höhe der Ansprüche;[121] Leistung und ihre Rückforderung; abweichende Beurteilung von Haupt- und Nebenleistungen; von Teilleistungen; von Aufrechnung und Klage aus der Aufrechnungsforderung), etwa iS der französischen, griechischen oder englischen Rechtskraftdogmatik.[122] ME sollte sich eine autonome Lösung aber nicht ohne Not über die wesentlich engeren Rechtskraftgrenzen der überwiegenden Zahl der Mitgliedsstaaten und das darauf aufbauende Rechtsschutzsystem (etwa bei Teilklagen) hinwegsetzen. Die Unvereinbarkeit sollte sich daher jedenfalls im Ansatz an den Rechtskraftgrenzen der beteiligten Länder und einem darauf aufbauenden autonomen Konzept der materiellen Rechtskraft[123] orientieren. Nach dem Ziel der EuGVO, die Anerkennung zu fördern und zu erleichtern, sollte das Erfordernis der Unvereinbarkeit insgesamt eher eng und iS der großzügigsten Rechtsordnung ausgelegt werden.[124] Unvereinbarkeit besteht danach beim Widerspruch rechtskraftfähiger Entscheidungssätze und nur im Einzelfall auch bei besonders krassen Widersprüchen in den Entscheidungsgründen.

Nach Ansicht des EuGH besteht eine Unvereinbarkeit auch im Verhältnis von Scheidungsurteil und Urteil auf Zahlung von Trennungsunterhalt; das Unterhaltsurteil könne daher nur für die Zeit bis zur Rechtskraft des Scheidungsurteils anerkannt werden.[125] Aber diese Ansicht überzeugt nicht.

---

[111] BGHZ 88, 17 = NJW 1985, 568 = JZ 1983, 903 (m. Anm. *Kropholler*); *Otte* S. 165.
[112] EuGHE 2002, I-4995 = NJW 2002, 2087; *Rauscher/Leible* Rn. 46; *Magnus/Mankowski/Francq* Rn. 69; vgl. *Wolf/Lange* RIW 2003, 55, 58.
[113] *Kropholler* Rn. 3; aA *Schlosser* Art. 34–36 Rn. 24.
[114] EuGHE 1988, 645 = NJW 1989, 663; *Schlosser* Art. 34–36 Rn. 22; *Koch* S. 46 ff.; zust. *Kaye* S. 1483 („necessary counterbalance"); zu Recht krit. *Hau* S. 103 ff.; *Magnus/Mankowski/Francq* Rn. 71. Das Prioritätsprinzip gilt dagegen nach Art. 23 lit. e Brüssel IIa-VO.
[115] *Schlosser*, FS Nagel, 1987, S. 352, 357.
[116] *Schlosser* Art. 34–36 Rn. 26.
[117] *Jenard*-Bericht, zu Art. 27, C 59/45.
[118] Krit. auch *Cheshire & North*, Private International Law, 13th ed. 1999, S. 422.
[119] *Kropholler* Rn. 41; *Koch* S. 32; vgl. die Beispiele von Generalanwalt *Darmon* EuGHE 1988, 654, 655 f.
[120] *M. Wolf*, FS Schwab, 1990, S. 561, 567; aA *Schlosser* Art. 34–36 Rn. 22.
[121] *Lenenbach* S. 186 f.
[122] *Koch* S. 29 ff., 73 ff., 161.
[123] Hierfür *Böhm*, Der Streitgegenstandsbegriff des EuGH, in *Bajons/Mayr/Zeiler*, Die Übereinkommen von Brüssel und Lugano, 1997, S. 141, 156 ff.
[124] *M. Wolf*, FS Schwab, 1990, S. 561, 567; *Kropholler* Rn. 49; aA *Böhm* (Fn. 122), S. 141, 155.
[125] EuGHE 1988, 645, 668 (Rz. 21) = NJW 1989, 663, 664 = IPRax 1989, 159 (dazu abl. *Schack* S. 139, 141) = RIW 1988, 820 *(Linke)*.

Unterhaltspflichten bestehen häufig auch nach Scheidung. Eine gewisse (sprachliche) Unstimmigkeit besteht daher nur, wenn man mit der hM eine Identität von ehelichem und nachehelichem Unterhalt leugnet (s. § 323 ZPO Rn. 28). Um Lücken in der Unterhaltsleistung auszuschließen, nimmt die hM in Deutschland zudem an, dass ein Titel wegen Ehegattenunterhalts auch nach Scheidung zunächst wirksam bleibt, bis sich der Schuldner dagegen wehrt. Ein Titel nach § 620 ZPO muss gemäß § 620 f ZPO durch negative Feststellungsklage, ein Zahlungsurteil durch Vollstreckungsgegenklage (§ 767 ZPO) „beseitigt" werden (s. § 767 Rn. 62). Diese Wege hat der Schuldner zu beschreiten und die Einwendung nach § 767 ZPO entsprechend § 14 AVAG gegen die Anerkennung und Vollstreckung vorzubringen (s. § 722 ZPO Rn. 38). Ein Versagungsgrund nach Art. 34 Nr. 3 (oder 4) liegt dagegen nicht vor.

42   d) **Frühere Drittstaatsentscheidung (Nr. 4).** Ist eine Entscheidung eines Mitgliedstaats mit einer Entscheidung eines anderen Staates (eines weiteren Mitgliedstaats oder eines Drittstaats)[126] unvereinbar, so gilt für Entscheidungen über **denselben Streitgegenstand** nach Art. 34 Nr. 4 das **Prioritätsprinzip,** sofern die Drittstaatsentscheidung ihrerseits nach autonomem Recht (§ 328 ZPO) oder anderen Staatsverträgen im Inland anerkannt werden kann. Diese Regel wurde durch das 1. Beitrittsübereinkommen 1978 zum EuGVÜ eingefügt.[127] Ausländische Schiedssprüche sind Urteilen von Drittstaaten gleichzustellen.[128] Viele meinen, auch Nr. 4 sei iS der Nr. 3 (allgemeine Unvereinbarkeit) auszulegen.[129] Aber diese Ansicht widerspricht dem Wortlaut und greift unnötig in nationale Rechtskraftvorstellungen ein.

43   e) **Kollision von Mitgliedsstaatsentscheidungen.** Die EuGVO regelt nicht, was gilt, wenn unvereinbare Entscheidungen aus zwei verschiedenen Mitgliedstaaten vorliegen. Manche wollen den Fall über Art. 34 Nr. 1, andere nach Art. 34 Nr. 3 lösen.[130] Entsprechend der generell gültigen Regel ist der Konflikt daher nach allgemeinen Rechtskraftgrundsätzen und daher nach dem Prioritätsprinzip zu lösen.[131]

44   **4. Widerspruch zu IPR-Regeln des Anerkennungsstaates.** Die EuGVO hat das Anerkennungshindernis eines Widerspruchs zu zwingenden IPR-Regeln ersatzlos aufgegeben. Dies ist zu begrüßen.

45   Im verbliebenen Anwendungsbereich von Art. 27 Nr. 4 EuGVÜ/LugÜ ist der kollisionsrechtliche Vorbehalt zu beachten.[132] In Deutschland entfällt seine Prüfung aber aufgrund des Günstigkeitsprinzips, da § 328 ZPO einen entsprechenden Vorbehalt nicht (mehr) kennt.[133]

Art. 35. (1) Eine Entscheidung wird ferner nicht anerkannt, wenn die Vorschriften der Abschnitte 3, 4 und 6 des Kapitels II verletzt worden sind oder wenn ein Fall des Artikels 72 vorliegt.

(2) Das Gericht oder die sonst befugte Stelle des Mitgliedstaats, in dem die Anerkennung geltend gemacht wird, ist bei der Prüfung, ob eine der in Absatz 1 angeführten Zuständigkeiten gegeben ist, an die tatsächlichen Feststellungen gebunden, aufgrund deren das Gericht des Ursprungsmitgliedstaats seine Zuständigkeit angenommen hat.

(3) Die Zuständigkeit der Gerichte des Ursprungsmitgliedstaats darf, unbeschadet der Bestimmungen des Absatzes 1, nicht nachgeprüft werden. Die Vorschriften über die Zuständigkeit gehören nicht zur öffentlichen Ordnung (ordre public) im Sinne des Artikels 34 Nummer 1.

Schrifttum: a) Zur EuGVO: *Bälz/Marienfeld,* Missachtung einer Schiedsklausel als Anerkennungshindernis, RIW 2003, 51; *Schlosser,* Unzulässige Diskriminierung nach Bestehen oder Fehlen eines EG-Wohnsitzes im europäischen Zivilprozessrecht, FS Heldrich, 2005, S. 1007.

b) Zum EuGVÜ: *de Bra,* Verbraucherschutz durch Gerichtsstandsregelungen im deutschen und europäischen Zivilprozessrecht, 1992, S. 207 ff.; *Geimer,* Nachprüfung der internationalen Zuständigkeit des Urteilsstates in Versicherungs- und Verbrauchersachen, RIW 1980, 305; *Grunsky,* Probleme des EWG-Übereinkommens über die gerichtliche Zuständigkeit ..., JZ 1973, 641; *M.J. Schmidt,* Die Einrede der Schiedsgerichtsvereinbarung im Vollstreckbarerklärungsverfahren von EuGVÜ und Lugano-Übereinkommen, Festgabe für Sandrock,

---

[126] *Kropholler* Rn. 56.
[127] Vgl. *Schlosser*-Bericht Nr. 105.
[128] *Schlosser* Rn. 29 u. FS Kralik, 1986, S. 287, 298 f.
[129] *Geimer/Schütze,* EuZVR, Rn. 157; *Kropholler* Rn. 56; *Koch* S. 53 f.
[130] Vgl. *Lane* I. C. L. Q. 35 (1986), 629, 636.
[131] *Baumann* S. 92; *Geimer/Schütze,* EuZVR, Rn. 136 f.; *Kropholler* Rn. 46.
[132] Vgl. *Nagel/Gottwald* § 11 Rn. 58 f.
[133] *Nagel/Gottwald* § 11 Rn. 60.

1995, S. 205; *Schütze,* Die Nachprüfung der internationalen Zuständigkeit nach dem EWG-Übereinkommen ..., RIW 1974, 428.

I. Die Grundregel: Keine Nachprüfung der internationalen Zuständigkeit des Erststaates

1. Fortschritt des europäischen Rechts. Nach Art. 35 Abs. 3 darf die internationale Entscheidungszuständigkeit des Erstgerichts im Regelfall unter keinen Umständen nachgeprüft werden. (Die örtliche und sachliche Zuständigkeit ist ohnehin ein Internum des Entscheidungsstaates und wird nicht überprüft.) In der Vereinbarung eines einheitlichen Zuständigkeitssystems gemäß Art. 2 ff. und der gleichzeitigen Bindung an Zuständigkeitsentscheidungen liegt eine wesentliche Neuerung und ein Fortschritt des europäischen Zivilprozessrechts gegenüber der üblichen Regelung in Anerkennungs- und Vollstreckungsverträgen.[1]

2. Umfang der Bindung. a) Fehlerhafte Entscheidungen. Das Nachprüfungsverbot führt zur **Bindung an** richtige und an **fehlerhafte Entscheidungen** zur internationalen Zuständigkeit (Abs. 3). Ob diese auf die EuGVO, das LugÜ, Sonderverträge oder das autonome Recht gestützt wurden, ist irrelevant (s. Art. 32 Rn. 2).[2] Es verhält sich dabei ähnlich wie mit Irrtümern über die Zuständigkeit im innerstaatlichen Bereich nach § 513 Abs. 2 ZPO.[3] Ebenfalls spielt keine Rolle, ob der Fehler verzeihlich oder krass ist. Denn nach Abs. 3 2. Halbs., gehören die Zuständigkeitsregeln in keinem Fall zum ordre public.[4]

b) Exorbitante Zuständigkeit. Dies gilt auch, soweit exorbitante Zuständigkeiten nach autonomem Recht gegenüber Drittstaatsangehörigen gemäß Art. 4 aufrechterhalten sind[5] oder soweit ein Gericht zu Lasten eines Mitgliedsstaatsangehörigen gegen die Art. 2, 3 verstoßen hat.[6] Der BGH hat dem EuGH die Frage vorgelegt, ob die Inanspruchnahme der Zuständigkeit nach Art. 5 Nr. 4 EuGVÜ, gestützt allein auf die Staatsangehörigkeit des Opfers, gleichheitswidrig und damit trotz Art. 35 Abs. 3 EuGVO ordre public-widrig sei.[7] Der EuGH hat diese Frage verneint.[8] Manche meinen, Art. 35 Abs. 3 sei hinsichtlich der exorbitanten Zuständigkeiten zu Lasten von Drittstaatsangehörigen restriktiv auszulegen. Die Anerkennung solcher Zuständigkeiten dürfe durch den nationalen ordre public eingeschränkt werden, zB wenn die Zuständigkeit völkerrechtswidrig sei.[9] Da sich der Richter insoweit nicht an die EuGVO halten müsse, sei der Sinn des Art. 35 Abs. 3 nicht erfüllt. *Schlosser* meint, dies gelte zumindest für solche Zuständigkeiten, die der Anerkennungsstaat selbst nicht beanspruche und die gänzlich unvertretbar erscheinen.[10] Die Anerkennung eines gegen einen Drittstaatangehörigen in einem exorbitanten Gerichtsstand ergangenen Versäumnisurteils verstoße stets gegen den ordre public.[11] Das Nachprüfungsverbot entfalle jedenfalls bei einem Verstoß gegen Art. 6 Abs. 1 EMRK.[12] Solche Argumentationen scheitern aber wohl daran, dass die Mitgliedstaaten die Zuständigkeiten des Art. 3 Abs. 2 zwar als „unerwünscht", aber nicht als völkerrechtswidrig ansehen. Abhilfe ist daher nur möglich, wenn die jeweiligen exorbitanten Zuständigkeiten generell beseitigt würden.

c) Erweiterte Gerichtspflichtigkeit des Beklagten. Aus dieser Bindung folgt eine erweiterte Gerichtpflichtigkeit des Beklagten. Beachtet er eine rechtzeitige Ladung des Gerichts eines EU-Staates (vgl. Art. 34 Nr. 2) nicht, so hat sich ein Gericht zwar von Amts wegen für unzuständig zu erklären (Art. 26). Bejaht das Gericht seine Zuständigkeit jedoch fehlerhaft, so muss dies der Beklagte durch Rechtsmittel rügen (s. Art. 26 Rn. 4; Art. 34 Rn. 32); eine spätere Verteidigung im Zweitstaat ist unzulässig.[13]

---

[1] *Geimer* RIW 1976, 139, 146; *Kropholler* Rn. 4; *Magnus/Mankowski* Rn. 9 ff.
[2] *Kropholler* Rn. 1; *Geimer/Schütze,* EuZVR, Rn. 5; *Magnus/Mankowski* Rn. 9.
[3] Vgl. *Schlosser,* Einl. Rn. 4, Art. 34–36 Rn. 30.
[4] *Kropholler* Rn. 3; *Rauscher/Leible* Rn. 5; *Geimer/Schütze,* EuZVR, Rn. 2 ff.; *Magnus/Mankowski* Rn. 58 ff.
[5] Krit. *von Mehren* Rec. d. Cours 167 (1980-II) S. 98 ff.
[6] *Cheshire & North,* Private International Law, 13th ed. 1999, S. 404; *Geimer/Schütze,* EuZVR, Rn. 3; aA *Schütze* RIW 1974, 428, 430.
[7] BGH IPRax 1998, 205 (dazu *Piekenbrock* S. 177) = EWS 1999, 26, 27.
[8] EuGHE 2000, I-1935 = JZ 2000, 723, 724 (Rz. 31 ff.) (*v. Bar*) = IPRax, 406 (dazu *Piekenbrock,* S. 364) (zu Art. 28 Abs. 3 EuGVÜ).
[9] So *Stoll,* in: *Tomuschat/Neuhold/Kropholler,* Völkerrechtlicher Vertrag und Drittstaaten, 1988, S. 152, 153 f.; *Meessen* ebd. S. 157; *Kropholler* ebd. S. 158.
[10] *Schlosser* RabelsZ 47 (1983), 525, 529.
[11] Vgl. *Schlosser* Art. 34–36 Rn. 30 u. FS Kralik, 1986, S. 287, 296; *Gebauer/Wiedmann* Kap. 26 Rn. 184.
[12] *Gebauer/Wiedmann* Kap. 26 Rn. 184; *Rauscher/Leible* Rn. 5; *Schlosser,* FS Heldrich, 2005, S. 1007, 1010 f.
[13] *Geimer/Schütze,* EuZVR, Rn. 5; *Kropholler* Rn. 4.

5 d) **Ausnahmen. Keine Bindung des Zweitgerichts** besteht lediglich hinsichtlich des Anwendungsbereichs der EuGVO (s. Art. 34 Rn. 2) und der Gerichtsbarkeit des Erststaates (s. Art. 34 Rn. 4).

II. Kontrolle der internationalen Zuständigkeit in Sonderfällen

6 1. **Allgemeines. a) Grundsatz.** Die internationale Zuständigkeit des Erststaates ist nur in den in Abs. 1 aufgeführten Sonderfällen nachzuprüfen. Dieser Ausnahmekatalog gilt abschließend; er wird lediglich für Übergangsfälle (vor Inkrafttreten der jeweiligen Übereinkommen) durch Art. 66 Abs. 2 und die entspr. Regeln der Beitrittsübereinkommen ergänzt. Beim heutigen Stand der EU sind die Ausnahmen sachlich weitgehend nicht mehr gerechtfertigt und daher eng auszulegen.[14]

7 Diese Prüfung erfolgt wie die der anderen Versagungsgründe nur auf Rüge (s. Art. 34 Rn. 5). Ergibt sich ein Versagungsgrund, ist die Anerkennung abzulehnen.

8 b) **Sonderfälle. Nicht** im Zweitstaat **überprüft werden** die Wahrung des Luxemburg-Vorbehalts nach Art. 63 (s. Art. 5 Rn. 16), einer ausschließlichen Gerichtsstandsvereinbarung (Art. 23)[15] oder einer Schlichtungs- oder Schiedsvereinbarung,[16] auch wenn der vereinbarte Gerichtsstand oder Schiedsort in einem Nichtmitgliedstaat lag.[17] Selbst die Einhaltung der Art. 18–21 zum Schutz des Arbeitnehmers wird später nicht mehr beachtet.[18] Verstöße gegen diese Schranken können nur vor dem Erstgericht gerügt werden (s. Rn. 4).

9 2. **Versicherungssachen.** Nachzuprüfen ist die internationale Zuständigkeit in Fällen des Abschnitts 3, dh. in den Versicherungssachen der Art. 8 bis 14. Zur Begründung wird angeführt, diese Zuständigkeiten seien zwingender Natur und gehörten zum ordre public.[19] Sicherlich handelt es sich hier um besonders sensible Bereiche. Gleichwohl überzeugt es nicht, dass der Rechtsanwendung der Mitgliedstaaten hier stärker als in anderen Fällen zu misstrauen wäre und die Folgen einer evtl. Fehlentscheidung gravierender als in anderen Fällen sein sollten.[20]

10 Zweck der Regelung ist der Schutz des schwächeren Vertragspartners. Deshalb wird die Ansicht vertreten, Art. 35 Abs. 1 sei im Wege teleologischer Reduktion nur restriktiv anzuwenden, wenn dies dem Schutz des Versicherungsnehmers oder einer aus dem Versicherungsverhältnis begünstigten Person diene. Deshalb könnten sich nur der Versicherungsnehmer bzw. die Begünstigten als Beklagte auf Art. 35 Abs. 1 berufen.[21] Rspr. in diesem Sinn liegt bisher aber nicht vor.[22] Diese Einschränkung ist zwar wohl nur de lege ferenda vertretbar; denn weder in Art. 35 Abs. 1 noch in einer anderen Norm der EuGVO findet sich ein entsprechender Anhaltspunkt.

11 Beanstandet werden kann nach Art. 35 Abs. 1 in jedem Fall nur das Fehlen der internationalen Zuständigkeit; evtl. Verstöße gegen örtliche oder sachliche Zuständigkeitsnormen haben keine Auswirkung auf die Anerkennung.[23]

12 3. **Verbrauchersachen.** Nachzuprüfen ist auch die internationale Zuständigkeit in Verbrauchersachen (Abschnitt 4 = Art. 15 bis 17). Das zu Versicherungssachen Ausgeführte gilt entsprechend. Da diese Prüfung dem Schutz des privaten Endverbrauchers dienen soll, wird hier in der Lit. die gleiche restriktive Auslegung vertreten wie für Versicherungssachen (s. Rn. 10).[24]

Da in Verbrauchersachen auch eine rügelose Einlassung möglich ist, wird teilweise die Ansicht vertreten, zum Schutze des Verbrauchers müsse auch deren Wirksamkeit überprüft werden, obwohl sich Art. 24 in Abschnitt 7 befindet, den Art. 35 Abs. 1 nicht erwähnt.[25] Vom Schutzzweck des Art. 35 Abs. 1 ist dies geboten.

---

[14] *Schlosser* Art. 34–36 Rn. 31.
[15] OLG Koblenz NJW 1976, 488; *Kropholler* Rn. 14; *Rauscher/Leible* Rn. 13; *Magnus/Mankowski* Rn. 43.
[16] OLG Düsseldorf RIW 1998, 967; *Bälz/Marienfeld* RIW 2003, 51; *Geimer/Schütze*, EuZVR, Rn. 6, 33 ff.; *Magnus/Mankowski* Rn. 48 f.; *Rauscher/Leible* Rn. 14; aA *van Houtte* Arb. Int. 13 (1997), 85, 88; *Dicey, Morris & Collins*, Conflict of Laws, Vol. 1, 14th ed. 2006, No. 14–197 (ordre public-Verstoß).
[17] *Hartley* S. 96; aA *Schlosser*, FS Kralik, 1986, S. 287, 299; vgl. auch *Lane* I.C.L.Q. 35 (1986), 629, 638; *M.J. Schmidt*, Festgabe für Sandrock, 1995, S. 205; *Schlosser* Art. 34–36 Rn. 5 a (ordre public-Verstoß).
[18] *Kropholler* Rn. 10; *Rauscher/Leible* Rn. 12; *Magnus/Mankowski* Rn. 41.
[19] *Jenard*-Bericht, C 59/46.
[20] Ebenso *Geimer/Schütze*, EuZVR, Rn. 8; *Kropholler* Rn. 7; *Schütze* RIW 1974, 428, 429.
[21] *Geimer/Schütze/Tschauner*, IRV, EuGVO Rn. 5; *Gebauer/Wiedmann* Kap. 26 Rn. 186; *Schlosser* Art. 34–36 Rn. 32; *Rauscher/Leible* Rn. 6.
[22] Vgl. BGHZ 74, 248 = NJW 1980, 1223 (Klage gegen Versicherer).
[23] *Geimer/Schütze*, EuZVR, Rn. 9.
[24] *Geimer* RIW 1980, 305, 309; *Geimer/Schütze*, EuZVR, Rn. 51 f.
[25] *Gebauer/Wiedmann* Kap. 26 Rn. 187; *Rauscher/Leible* Rn. 6.

4. Ausschließliche Zuständigkeit nach Art. 22. Nach Art. 35 Abs. 1 muss der Zweitrichter schließlich prüfen, ob der Erstrichter die im öffentlichen Interesse bestehenden ausschließlichen Zuständigkeiten der Gerichte des Anerkennungsstaates oder eines anderen Mitgliedsstaates gemäß Art. 22 beachtet hat. Wegen des besonderen öffentlichen Interesses an der Regelung des Art. 22 soll dies auch gelten, wenn über die Entscheidung eines Drittstaates zu befinden ist.[26]

Von Drittstaaten beanspruchte ausschließliche Zuständigkeiten sind dagegen im Anerkennungsstadium unbeachtlich (s. Art. 22 Rn. 5), auch wenn der Beklagte seinen Wohnsitz in einem Mitgliedsstaat hat.[27]

Der Verstoß gegen Art. 22 ist von Amts wegen zu beachten. Nach Ansicht von *Geimer* soll die Zuständigkeit eines anderen Mitgliedsstaates immer beachtet werden (sofern dieser nicht hierauf verzichtet habe), dagegen sei der Anerkennungsrichter lediglich berechtigt, nicht verpflichtet, die Anerkennung wegen eines Verstoßes gegen eigene ausschließliche Zuständigkeiten des Inlandes zu versagen.[28] Dem Wortlaut des Art. 35 Abs. 1 entspricht aber allein eine Versagungspflicht; sie ist auch sachlich angemessen, da eine Interessenabwägung im Einzelfall mit dem Verlust an Rechtssicherheit erkauft wäre.

Da die Zuständigkeit gemäß Art. 22 Nr. 2 nach dem Kollisionsrecht der Mitgliedsstaaten zu bestimmen ist, kann der Fall eintreten, dass Erst- und Zweitstaat jeweils eine ausschließliche Zuständigkeit zu Recht für sich in Anspruch nehmen (s. Art. 60 Rn. 12). Nach Ansicht des *Jenard*-Berichts soll das Zweitgericht auch in diesem Fall befugt sein, seine eigene ausschließliche Zuständigkeit durchzusetzen und die Anerkennung zu versagen.[29] In der Literatur wird dagegen überwiegend eingewandt, ein Verstoß gegen Art. 22 Nr. 2 liege nicht vor, soweit das Erstgericht seine internationale Zuständigkeit zutreffend bejaht habe.[30] Würden entsprechende Klagen gleichzeitig anhängig gemacht, so entscheide nach Art. 27 das Prioritätsprinzip. Entsprechend sei auch die bereits ergangene Entscheidung im Zweitstaat anzuerkennen.[31]

5. Ausschluss exorbitanter Zuständigkeit gegenüber Drittstaaten. Art. 72 lässt zu, dass sich ein Mitgliedsstaat gegenüber einem Drittstaat vertraglich verpflichtet, keine Entscheidungen anzuerkennen, die in einem Mitgliedsstaat nur aufgrund einer exorbitanten Zuständigkeit gemäß Art. 3 Abs. 2 gegenüber einem Angehörigen des Drittstaates ergangen sind. Dementsprechend lässt Art. 35 Abs. 1 auch insoweit eine Nachprüfung der internationalen Zuständigkeit zu.[32]

6. Abweichung vom Luganer Übereinkommen. Hat das Gericht eines EU-Staates zu Lasten einer Person mit Wohnsitz/Sitz in einem EFTA-Staat irrtümlich die EuGVO oder das EuGVÜ angewendet, obgleich nach dem Luganer Übereinkommen (in einem Fall der Divergenz) keine Zuständigkeit besteht, so „kann" die Entscheidung gemäß Art. 28 Abs. 2, 54b Abs. 3 LugÜ nicht anerkannt und vollstreckt werden.[33] Nach dem Wortlaut gilt diese Regel zwischen allen Vertragsstaaten des LugÜ zugunsten der Urteilsschuldner mit Wohnsitz in einem EFTA-Staat, ist also auch in EU-Staaten zu beachten. In den Divergenzfällen kann die internationale Zuständigkeit insoweit daher abweichend von Art. 35 Abs. 3 EuGVO (bzw. Art. 28 Abs. 3 EuGVÜ) nachgeprüft werden.[34]

7. Übergangsfälle. Nach Art. 66 Abs. 2 werden Entscheidungen, die nach dem Inkrafttreten der EuGVO aufgrund einer zuvor erhobenen Klage ergangen sind, nach der EuGVO anerkannt und vollstreckt. Jedoch muss das Erstgericht in Anwendung der Art. 2 bis 24 oder eines zur Zeit der Klageerhebung geltenden bilateralen Vertrages international zuständig gewesen sein. Entsprechend hat der Zweitrichter die Zuständigkeit des Erstrichters zu überprüfen.[35] Ist diese danach zu verneinen, so ist weiter zu prüfen, ob die Entscheidung nach autonomem Recht (§ 328 Abs. 1 Nr. 1 ZPO) anerkannt werden kann.[36] Identische Regelungen gelten gemäß Art. 9 Abs. 2 des Abkom-

---

[26] *Kropholler* Rn. 12; *Czernich/Kodek* Rn. 8; krit. *Magnus/Mankowski* Rn. 27.
[27] *Kropholler* Rn. 11; *Geimer/Schütze*, EuZVR, Rn. 63 ff.; *Gebauer/Wiedmann* Kap. 26 Rn. 188.
[28] *Geimer/Schütze*, EuZVR, Rn. 56 f.
[29] *Jenard*-Bericht, C 59/57.
[30] *Martiny* Hdb. IZVR III/2 Kap. II Rn. 183; *Schlosser* Art. 34–36 Rn. 32.
[31] *Kropholler* Rn. 13; *Gebauer/Wiedmann* Kap. 26 Rn. 189.
[32] *Kropholler* Rn. 15; *Rauscher/Leible* Rn. 10.
[33] Zum Anerkennungsermessen s. *Trunk* Die Erweiterung des EuGVÜ-Systems am Vorabend des Europäischen Binnenmarkts, 1991, S. 54 ff.
[34] *Jenard/Möller*-Bericht Nr. 16, 5; *Kropholler* Rn. 17 f.; krit. *Jayme/Kohler* IPRax 1989, 337, 341; vgl. *Trunk* (Fn. 33), S. 58 ff.
[35] *Geimer/Schütze*, EuZVR, Rn. 67 f.; s. aber *Rauscher/Leible* Rn. 11 a.
[36] OLG Frankfurt RIW 1976, 107.

mens vom 16. 11. 2005[37] im Verhältnis zu Dänemark sowie gemäß Art. 54 Abs. 2 LugÜ im Verhältnis zu den EFTA-Staaten.

20 **8. Bindung an tatsächliche Feststellungen des Erstgerichts.** Auch soweit die internationale Zuständigkeit nachzuprüfen ist, ordnet Art. 35 Abs. 2 dennoch eine Bindung des Zweitrichters an die entsprechenden tatsächlichen Feststellungen des Erstgerichts an. Diese Bindung soll den Zuständigkeitsstreit einschränken und Versuche des Beklagten, die Vollstreckung aus einem anerkennungsfähigen Titel zu verschleppen, verhindern.[38] Dies gilt auch für die Auslegung von Verträgen oder von AGB.[39] Keine Bindung besteht dagegen an die rechtlichen Schlussfolgerungen des Erstgerichts;[40] andernfalls wäre eine Überprüfung auch ausgeschlossen.

21 Teilweise wird eine restriktive Auslegung vertreten: Danach sollen anerkennungsfreundliche Tatsachen jederzeit, also auch im Anerkennungsverfahren und im Widerspruch zu Feststellungen des Erstgerichts vorgebracht werden können.[41] Eine solche Einschränkung sieht die EuGVO jedoch nicht vor.

22 Schließlich ist streitig, ob Bindung an die tatsächlichen Feststellungen zugleich bedeutet, dass weiterer tatsächlicher Vortrag zur Zuständigkeit des Erststaates präkludiert ist, soweit er bereits vor dem Erstgericht hätte vorgebracht werden können.[42] Eine solche Präklusion würde zwar den Zuständigkeitsstreit beschränken, widerspricht aber dem Sinn des Art. 35 Abs. 1, eine Anerkennung dann zu versagen, wenn die internationale Zuständigkeit in den Sonderfällen tatsächlich fehlt.[43]

Art. 36. Die ausländische Entscheidung darf keinesfalls in der Sache selbst nachgeprüft werden.

1 **1. Verbot der révision au fond.** Die Regelung steht in der Tradition aller Anerkennungs- und Vollstreckungsverträge. Für die EuGVO ist sie selbstverständliche Folge der Art. 33 bis 35. Denn danach sind ausländische Entscheidungen anzuerkennen, sofern nicht ausnahmsweise die in den Art. 34 und 35 enumerativ aufgeführten Versagungsgründe vorliegen. Mit dieser Konzeption, im Grunde mit jeder echten Anerkennung ist eine freie Nachprüfung der ausländischen Entscheidung auf ihre sachliche Richtigkeit unvereinbar.[1] Die Regelung entspricht voll der des autonomen deutschen Rechts, auch wenn sie dort unmittelbar nur für die Vollstreckbarerklärung in § 723 Abs. 1 ZPO festgelegt ist (s. § 328 ZPO Rn. 92; § 723 ZPO Rn. 1). Während der Ausarbeitung des ursprünglichen EuGVÜ war die sachliche Nachprüfung im französischen Recht noch üblich. Die Cour de Cassation hat hierauf aber 1964 verzichtet.[2] Art. 36 hat insoweit lediglich klarstellende Bedeutung.

2 **2. Umfang des Verbots.** Der Anerkennungsrichter bzw. der Vollstreckungsrichter (Art. 45 Abs. 2) dürfen nicht nachprüfen, ob die Entscheidung in der Sache selbst aus tatsächlichen[3] oder rechtlichen[4] Gründen richtig oder falsch ist. Verfahrensfehler (einschl. Fehler der Beweiswürdigung) dürfen nur überprüft werden, soweit sie zu einem Versagungsgrund, zB nach Art. 34 Nr. 1 oder 2, führen. Hat das Erstgericht Existenz und Parteifähigkeit des Klägers bejaht, so dürfen diese im Anerkennungsstadium nicht mehr bezweifelt werden.[5] Auch die Anwendung des Kollisionsrechts darf nicht überprüft werden.

Art. 37. (1) Das Gericht eines Mitgliedstaats, vor dem die Anerkennung einer in einem anderen Mitgliedstaat ergangenen Entscheidung geltend gemacht wird, kann das Verfahren aussetzen, wenn gegen die Entscheidung ein ordentlicher Rechtsbehelf eingelegt worden ist.

(2) Das Gericht eines Mitgliedstaats, vor dem die Anerkennung einer in Irland oder im Vereinigten Königreich ergangenen Entscheidung geltend gemacht wird, kann das

---

[37] ABl EU L 299/62.
[38] *Martiny* Hdb. IZVR III/2 Kap. II Rn. 174; *Rauscher/Leible* Rn. 15; *Magnus/Mankowski* Rn. 51 ff.
[39] *Schlosser* Art. 34–36 Rn. 33.
[40] BGHZ 74, 248 = NJW 1980, 1223; *Rauscher/Leible* Rn. 17; *Czernich/Kodek* Rn. 11.
[41] *Geimer/Schütze*, EuZVR, Rn. 45; ablehn. *Kropholler* Rn. 23.
[42] Hierfür *Geimer/Schütze*, EuZVR, Rn. 45; *Rauscher/Leible* Rn. 15; *Hk-ZPO/Dörner* Rn. 5.
[43] Zu Recht abl. daher *Martiny* Hdb. IZVR III/2 Kap. II Rn. 175; *Kropholler* Rn. 21.
[1] Vgl. OLG Düsseldorf RIW 2004, 391.
[2] Arrêt Munzer, Cass. J. C. P. 1964 II 13590 *(Ancel)* = FamRZ 1965, 46 *(Sonnenberger)*.
[3] BGH IPRax 1985, 101, 102 (Berechnung einer Forderung).
[4] Vgl. BGHZ 88, 17 = IPRax 1984, 202, 203 f. (dazu *G. Roth* S. 183).
[5] Cour de Cass. [1996] I. L. Pr. 647, 648.

Verfahren aussetzen, wenn die Vollstreckung der Entscheidung im Ursprungsmitgliedstaat wegen der Einlegung eines Rechtsbehelfs einstweilen eingestellt ist.

I. Aussetzung der Anerkennung angefochtener Entscheidungen

1. Aussetzungsbefugnis zur Vermeidung widersprüchlicher Entscheidungen. Nach Art. 32 sind auch vorläufige und nichtrechtskräftige Entscheidungen in den anderen Mitgliedstaaten anzuerkennen (s. Art. 32 Rn. 14). Wird eine solche Entscheidung im Erststaat aufgehoben, im Zweitstaat aber der Beurteilung einer Vorfrage zugrunde gelegt, so besteht die Gefahr sachlicher Widersprüche. Um Nachteile für die im Erststaat vorläufig unterlegene Partei zu vermeiden, gibt Art. 37 dem Gericht des Zweitstaates daher die Befugnis, sein Verfahren zunächst auszusetzen und das Ergebnis des vorgreiflichen Rechtsmittelverfahrens im Erststaat abzuwarten.

Das Zweitgericht hat die Aussetzung **von Amts wegen** in Betracht zu ziehen, entscheidet darüber aber nach seinem **Ermessen** (unter Abwägung der Parteiinteressen).[1] Vor einer Aussetzung darf das Gericht prüfen, ob die Entscheidung überhaupt anzuerkennen wäre oder ob ein Versagungsgrund vorliegt.[2] *Schlosser* meint, das Gericht dürfe die Aussetzung in geeigneten Fällen davon abhängig machen, dass sich die an der Aussetzung interessierte Partei auf Interimsvereinbarungen einlässt.[3] Das Verfahren der Aussetzung und ihrer Aufhebung richtet sich nach dem nationalen Prozessrecht, in Deutschland nach den §§ 148 ff. ZPO.[4] Die Aussetzung endet mit der Entscheidung über den Rechtsbehelf im Erststaat.

2. Anwendungsbereich. Die Aussetzungsbefugnis besteht in jedem Fall der Inzidentanerkennung nach Art. 33 Abs. 1 und 3 (s. Art. 33 Rn. 17). Wird ein selbständiges Anerkennungsverfahren betrieben, so gilt für die Aussetzung des Verfahrens über Art. 33 Abs. 2 ebenfalls Art. 46.[5]

3. Ordentlicher Rechtsbehelf. Voraussetzung der Aussetzungsbefugnis ist die bereits erfolgte Einlegung eines ordentlichen Rechtsbehelfs gegen die anzuerkennende Entscheidung im Erststaat. Der Begriff des ordentlichen Rechtsbehelfs ist autonom[6] (s. Vor Art. 1 Rn. 38), und zwar weit auszulegen.[7] Er erfasst jeden Rechtsbehelf, der zur Aufhebung oder Abänderung der anzuerkennenden Entscheidung führen kann, sofern dieser Rechtsbehelf innerhalb einer gesetzlichen Frist einzulegen ist, die mit Erlass der Entscheidung beginnt.[8] Dementsprechend gehören auch der Einspruch gegen ein Versäumnisurteil und die Kassation der romanischen Rechtssysteme zu den ordentlichen Rechtsbehelfen.[9] Wiederaufnahmeverfahren,[10] Vollstreckungsabwehrklagen[11] oder die Einleitung eines Schiedsverfahrens zur Hauptsache[12] scheiden dagegen aus. Die Einleitung des Hauptsacheverfahrens ist kein Rechtsbehelf gegen eine Maßnahme des einstweiligen Rechtsschutzes.[13]

Soweit eine Entscheidung auf **unbefristete Beschwerde** aufgehoben werden kann, sollte eine Aussetzung ebenfalls möglich sein, sofern die Beschwerde bereits eingelegt ist.[14] Kein ordentlicher Rechtsbehelf ist dagegen die **Gegenvorstellung** gegen abänderbare letztinstanzliche Entscheidungen.[15]

II. Sonderregelung für common law-Staaten

Die Aussetzungsbefugnis nach Abs. 1 gilt an sich auch für Irland und das Vereinigte Königreich von Großbritannien und Nordirland.[16] Regelmäßig wird dort aber nicht zwischen ordentlichen und außerordentlichen Rechtsbehelfen unterschieden. Durch das 1. Beitrittsübereinkommen 1978 wurde deshalb versucht, mit Hilfe des jetzigen Art. 37 Abs. 2 ein praktikables Äquivalent in Form

---

[1] *Kropholler* Rn. 5; *Rauscher/Leible* Rn. 5.
[2] *Jenard*-Bericht C 59/47; *Kropholler* Rn. 5.
[3] *Schlosser* Rn. 1.
[4] *Kropholler* Rn. 5; Hk-ZPO/*Dörner* Rn. 2.
[5] *Gebauer/Wiedmann* Kap. 26 Rn. 193.
[6] Vgl. EuGHE 1977, 2175 = RIW 1978, 186 = NJW 1978, 1107 (L); *Magnus/Mankowsk/Wautelet* Rn. 9.
[7] *Kropholler* Rn. 4; *Rauscher/Leible* Rn. 3; Hk-ZPO/*Dörner* Rn. 3.
[8] EuGHE 1977, 2175 = RIW 1978, 186 = NJW 1978, 1107 (LS).
[9] OLG Düsseldorf RIW 2004, 391; *Kropholler* Rn. 3.
[10] OLG Karlsruhe RIW 1986, 467; *Kropholler* Rn. 3.
[11] *Rauscher/Leible* Rn. 4; aA *Schlosser* Art. 46 Rn. 2.
[12] OLG Hamm RIW 1994, 243, 245; Hk-ZPO/*Dörner* Rn. 3.
[13] *Schlosser* Art. 46 Rn. 2.
[14] *Kropholler* Rn. 4; *Rauscher/Leible* Rn. 4.
[15] Ebenso *Rauscher/Leible* Rn. 4.
[16] *Kropholler* Rn. 8.

EuGVO Art. 38

eines weiten Rechtsbehelfsbegriffs zu entwickeln.[17] Abzustellen ist daher für diese Staaten primär darauf, ob die Vollstreckung wegen des eingelegten Rechtsbehelfs einstweilen eingestellt wurde. Die Aussetzung bleibt aber Ermessensentscheidung des Gerichts. Es kann daher berücksichtigen, ob der Rechtsbehelf erst nach langer Zeit eingelegt wurde und ob er nur der Abhilfe spezieller Mängel dient.[18]

Abschnitt 2. Vollstreckung

Schrifttum: a) Zur EuGVO: *Bajons,* Von der internationalen zur europäischen Urteilsanerkennung und -vollstreckung, FS Rechberger, 2005, S. 1; *Becker,* Grundrechtsschutz bei der Anerkennung und Vollstreckbarerklärung im europäischen Zivilverfahrensrecht, 2004; *Geimer,* Exequaturerfahren, FS Georgiades, 2005, S. 489; *Graf,* Einwendungen im Vollstreckbarerklärungsverfahren nach der EuGVVO, wbl 2006, 97; *Hess/Bittmann,* Die Effektuierung des Exequaturverfahrens nach der Europäischen Gerichtsstands- und Vollstreckungsverordnung, IPRax 2007, 277; *Heß/Hub,* Die vorläufige Vollstreckbarkeit ausländischer Urteile im Binnenmarktprozess, IPRax 2003, 93; *Kennett,* The Enforcement of Judgments in Europe, 2000, S. 213; *Mauch,* Die Sicherungsvollstreckung gemäß Art. 47 EuGVVO, 2003; *Münzberg,* Berücksichtigung oder Präklusion sachlicher Einwendungen im Exequaturverfahren, FS Geimer, 2002, S. 745; *Schlosser,* Die transnationale Bedeutung von Vollstreckbarkeitsnuancierungen, FS Beys, 2003, S. 1471; *Smyrek,* Einheitlicher Rechtsraum – nur in der Theorie?, RIW 2005, 695; *Solomon,* Internationale Zuständigkeit zur Vollstreckbarerklärung ausländischer Entscheidungen, AG 2006, 832; *Stadler,* Die Revision des Brüsseler und des Lugano-Übereinkommens – Vollstreckbarerklärung und internationale Vollstreckung, in: Gottwald, Revision des EuGVÜ, 2000, S. 37; *Wagner,* Zur Vollstreckung deutscher dynamisierter Unterhaltstitel im Ausland, FS Sonnenberger, 2004, S. 727.

b) Zum EuGVÜ: *Baumann,* Die Anerkennung und Vollstreckung ausländischer Entscheidungen in Unterhaltssachen, 1989; *Cypra,* Die Rechtsbehelfe im Verfahren der Vollstreckbarerklärung nach dem EuGVÜ, 1996; *Fahl,* Die Stellung des Gläubigers und des Schuldners bei der Vollstreckung ausländischer Entscheidungen nach dem EuGVÜ, 1993; *v. Falck,* Implementierung offener ausländischer Vollstreckungstitel, 1998; *Feige,* Die Kosten des deutschen und französischen Vollstreckbarerklärungsverfahrens nach dem GVÜ, 1988; *Haedicke,* Die Vollstreckung deutscher Urteile in Frankreich auf der Grundlage des EuGVÜ, 1999; *Kerameus,* Enforcement in the International Context, RdC 264 (1997), 179; *Keßler,* Die Vollstreckbarkeit und ihr Beweis gemäß Art. 31 und 47 Nr. 1 EuGVÜ, 1998; *Mankowski,* Inlandskonkurs und Vollstreckbarerklärungsverfahren, ZIP 1994, 1577; *Nelle,* Anspruch, Titel und Vollstreckung im internationalen Rechtsverkehr, 2001; *H. Roth,* Herausbildung von Prinzipien im europäischen Vollstreckungsrecht, IPRax 1989, 14; *Stürner,* Das grenzüberschreitende Vollstreckungsverfahren in der Europäischen Union, FS Henckel, 1995, S. 863; *M. Wolff,* Vollstreckbarerklärung, in Hdb. IZVR III/2 Kap. IV (§ 3) Rz. 214–346.

Vorbemerkung

1   Das Verfahren der Vollstreckbarerklärung ist gegenüber EuGVÜ/LugÜ als Schritt zu einem einheitlichen europäischen Rechtsraum vereinfacht worden. In erster Instanz ist es nunmehr ganz auf die Prüfung des formellen Nachweises der erforderlichen Urkunden beschränkt (Erwägungsgrund Nr. 17; Art. 41) und entspricht damit weitgehend dem internen Verfahren zur Erteilung einer vollstreckbaren Ausfertigung bzw. dem englischen Registrierungsverfahren.[1] Die unveränderte Zuständigkeit des Vorsitzenden einer Zivilkammer des Landgerichts (Anhang II zu Art. 39 I) trägt dieser begrenzten Aufgabe freilich nicht Rechnung.[2] Denn eine Prüfung etwaiger Versagungsgründe findet erst im Beschwerdeverfahren statt (Erwägungsgrund Nr. 18).

2   Nach dem Maßnahmenprogramm des Rates vom 15. 1. 2001[3] soll dieses eingeschränkte Exequaturverfahren stufenweise ganz abgeschafft werden.

Art. 38. (1) Die in einem Mitgliedstaat ergangenen Entscheidungen, die in diesem Staat vollstreckbar sind, werden in einem anderen Mitgliedstaat vollstreckt, wenn sie dort auf Antrag eines Berechtigten für vollstreckbar erklärt worden sind.

(2) Im Vereinigten Königreich jedoch wird eine derartige Entscheidung in England und Wales, in Schottland oder in Nordirland vollstreckt, wenn sie auf Antrag eines Berechtigten zur Vollstreckung in dem betreffenden Teil des Vereinigten Königreichs registriert worden ist.

---

[17] Vgl. *Schlosser*-Bericht Nr. 204.
[18] *Kropholler* Rn. 7; *Rauscher/Leible* Rn. 6.
[1] Vgl. *Kennett,* Enforcement, S. 217; *Wagner* IPRax 2002, 75, 83.
[2] Für Änderung *Hess/Bittmann* IPRax 2007, 277, 279 f.
[3] ABlEG Nr. C 12/1.

Übersicht

	Rn.		Rn.
I. Das Klauselerteilungsverfahren	1–24	b) Antragsgegner	15
1. Einseitiges Antragsverfahren	1–6	c) Form	16
a) Zweck	1–3	d) Prüfungsumfang	17
b) Ausschließlichkeit	4	e) Fremdwährungstitel	18, 19
c) Mehrfache Klauselerteilung	5, 6	f) Kostenerstattung	20
2. Voraussetzungen der Vollstreckbarerklärung	7–12	g) Höhe der Kosten	21
		h) Unbegründeter Antrag	22
a) Vollstreckbare Entscheidung	7	4. Folgen der Klauselerteilung	23
b) Vollstreckbarkeit	8	5. Grenzüberschreitende Zwangsvollstreckung	24
c) Bestimmtheit	9, 10		
d) Keine Abänderung	11		
e) Zustellung	12	**II. Sonderregelung für das Vereinigte Königreich**	25–27
3. Vollstreckbarerklärungsverfahren	13–22		
a) Antragsberechtigte	14		

I. Das Klauselerteilungsverfahren

1. Einseitiges Antragsverfahren. a) Zweck. Entsprechend dem Auftrag nach Art. 293 nF 1 bzw. Art. 220 aF EGV wollte das EuGVÜ die zuvor bestehenden Förmlichkeiten für die gegenseitige Vollstreckung gerichtlicher Entscheidungen vereinfachen. Zu diesem Zweck hat es in allen Mitgliedsstaaten ein im Kern einheitliches, in erster Instanz einseitiges Klauselerteilungsverfahren eingeführt. Dieses Verfahren war weltweit beispielhaft und – von Sonderfällen abgesehen – das international einfachste Verfahren der Vollstreckbarerklärung ausländischer Entscheidungen.

Um die Freizügigkeit von Entscheidungen zu verbessern hat die EuGVO das Klauselerteilungsverfahren in erster Instanz nochmals dadurch vereinfacht, dass nur das formale Vorliegen eines vollstreckbaren Titels geprüft wird, aber keinerlei Prüfung von Anerkennungsversagungsgründen erfolgt (Art. 41 S. 1 EuGVO).

Dies ist aber nur ein Zwischenschritt. Denn die EU möchte das Verfahren der Vollstreckbarerklärung innerhalb der EU ganz abschaffen. Als erster Schritt dazu ist die VO Nr. 805/2004 über den Vollstreckungstitel für unbestrittene Forderungen erlassen worden. Soweit die Entscheidung eines EU-Mitgliedsstaates nach dieser Verordnung als **Europäischer Vollstreckungstitel** ausgefertigt worden ist, entfällt jedes Verfahren der Vollstreckbarerklärung (Art. 5 EuVTVO).

b) Ausschließlichkeit. Im Anwendungsbereich der EuGVO steht dem Gläubiger das Klauselerteilungsverfahren nach den Art. 38 ff. zur Verfügung; ein Rückgriff auf Verfahren des autonomen staatlichen Rechts ist ausgeschlossen.[1] Statt des Antrags auf Klauselerteilung kann der Gläubiger daher auch in zweifelhaften Fällen keine Vollstreckungsklage nach § 722 ZPO erheben; insoweit fehlt ihm das Rechtsschutzbedürfnis (s. § 722 ZPO Rn. 4). Ein Rückgriff auf bilaterale Anerkennungs- und Vollstreckungsverträge zwischen den Mitgliedsstaaten, hilfsweise auf das autonome Recht der einzelnen Staaten ist nur für Altentscheidungen sowie in ausgeschlossenen Rechtsgebieten (Art. 70) zulässig. Soweit eine Entscheidung eines Mitgliedsstaats im Inland (anzuerkennen und) zu vollstrecken ist, ist auch eine neue inländische Leistungsklage unzulässig (s. § 328 ZPO Rn. 142; § 722 ZPO Rn. 35). Dies gilt selbst dann, wenn das Klauselerteilungsverfahren nach nationalem Recht teurer ist als ein neues Verfahren zur Hauptsache.[2]

Soweit ein Titel als Europäischer Vollstreckungstitel ausgefertigt werden kann, hat der Gläubiger die Wahl, ob er den Titel im Ursprungsstaat nach Art. 6 EuVTVO als Europäischer Vollstreckungstitel bestätigen lässt, im Vollstreckungsstaat einen Antrag nach Art. 38 ff. EuGVO stellt (Art. 27 EuVTVO) oder beide Verfahren (allerdings wirtschaftlich kaum sinnvoll) gleichzeitig betreibt.[3]

c) Mehrfache Klauselerteilung. Der Gläubiger kann seinen Titel **in jedem Mitgliedsstaat** 5 oder jedem Drittstaat für vollstreckbar erklären lassen und dann in das jeweilige Vermögen des Schuldners nach den jeweiligen innerstaatlichen Möglichkeiten vollstrecken. Er kann frei entscheiden, in welchem Staat oder ob er in mehreren Staaten gleichzeitig die Vollstreckung betreiben will. Für die Klauselerteilung ist kein besonderes Rechtsschutzbedürfnis nachzuweisen.[4] Sie kann nicht

---

[1] *Kropholler* Rn. 1; *Geimer/Schütze*, EuZVR, Rn. 62; *Magnus/Mankowski/Kerameus* Rn. 14; *Rauscher/Leible* Art. 32 Rn. 3; *Wolff* Hdb. IZVR III/2 Kap. IV Rn. 343.
[2] EuGHE 1976, 1851 = NJW 1977, 495 m. Anm. *Geimer* S. 2023; *Geimer/Schütze*, EuZVR, Rn. 63. Das niederl. AusfG ist inzwischen geändert worden; vgl. *Basedow* RabelsZ 43 (1979), 364.
[3] *Rauscher/Leible* Art. 32 Rn. 1 a.
[4] *Schlosser* Rn. 5; *Rauscher/Mankowski* Rn. 5.

EuGVO Art. 38 6–9 B. Europäisches Zivilprozessrecht

versagt werden, weil keine Vollstreckungsmöglichkeit im Inland besteht oder die Vollstreckung in einem anderen Mitgliedstaat zulässig, ausreichend oder leichter möglich ist.[5]

6 Die **Gefahr der Doppelvollstreckung** ist kein Grund, die Klauselerteilung abzulehnen.[6] Ein § 733 ZPO vergleichbarer Schutz vor der Erteilung einer weiteren vollstreckbaren Ausfertigung in einem anderen Mitgliedstaat besteht nicht. Ist der Gläubiger bereits befriedigt, so kann sich der Schuldner gegen die weitere Vollstreckung in Deutschland mit Vollstreckungsgegenklage (§ 767 ZPO) wehren.[7] Ist im Ausland bereits ausreichend gepfändet, so kann sich der Schuldner gegen die weitere Inlandspfändung mit Erinnerung (§ 777 ZPO) wehren. In extremen Fällen kommt auch § 765a ZPO in Betracht.[8] Ob eine **Ersatzpflicht wegen ungerechtfertigter Vollstreckung** (in Deutschland gemäß §§ 717, 945 ZPO sowie § 28 AVAG) besteht, bestimmt das Recht des Vollstreckungsstaates.[9] Eine solche Schadensersatzklage kann in den Gerichtsständen der Art. 2 ff. erhoben werden; sie fällt nicht unter Art. 22 Nr. 5 (s. Art. 22 Rn. 46); im Falle des § 28 AVAG regelt dessen Abs. 2 eine ausschließliche Zuständigkeit.

7 **2. Voraussetzungen der Vollstreckbarerklärung. a) Vollstreckbare Entscheidung.** Vollstreckbar erklärt werden kann nur eine im Erststaat (Mitgliedstaat) vollstreckbare Entscheidung iSd. Art. 32 bzw. ein Prozessvergleich oder eine vollstreckbare Urkunde (Art. 57, 58), die dem Zweitrichter vorgelegt wird (s. Art. 40 Rn. 2). Welche Titel vollstreckbar sind sowie Art und Umfang der Vollstreckbarkeit, bestimmt das Prozessrecht des Erststaates.[10] Ein französisches Garantieurteil kann als Zahlungstitel des Garantieberechtigten gegen den Verpflichteten vollstreckt werden, wenn die Hauptverurteilung des Garantieberechtigten auf Zahlung lautet.[11] Der Kreis der vollstreckbaren Entscheidungen entspricht weitgehend dem der anerkennungsfähigen,[12] doch muss die Entscheidung zusätzlich einen vollstreckungsfähigen Inhalt haben.

8 **b) Vollstreckbarkeit.** Die Vollstreckbarkeit kann zur Zeit der Vollstreckbarerklärung **vorläufig oder endgültig** bestehen; sie muss gemäß Art. 53 nachgewiesen werden.[13] Eine Klausel kann nicht erteilt werden, solange die Vollstreckbarkeit (noch) nicht besteht oder wenn sie (durch Zeitablauf oder Aufhebung des Titels) wieder entfallen ist.[14] Zu prüfen ist nur, ob der Titel selbst formell vollstreckbar ist, nicht ob materiell noch eine Vollstreckungsberechtigung besteht.[15] Sofern sich der Wegfall der Vollstreckbarkeit nicht aus dem Titel selbst ergibt, sondern etwa aus der Einstellung eines Insolvenzverfahrens mangels Masse (gemäß Art. 109 franz. Gesetz Nr. 85–98), wegen der Anzeige von Masseunzulänglichkeit (nach § 210 InsO) oder wegen Tilgung der Forderung, kann der Schuldner eine endgültige Klauselerteilung nur verhindern, wenn er Aufhebung oder Änderung der Klausel durch Beschwerde gemäß Art. 43 Abs. 1, § 11 AVAG binnen Monatsfrist ab Zustellung der erstinstanzlichen Entscheidung begehrt.[16] Später kann er eine Aufhebung der Vollstreckbarerklärung nur im besonderen Verfahren nach § 27 AVAG betreiben. Vollstreckt der Gläubiger zuvor, obwohl er dazu materiell nicht mehr befugt war, so hat er dem Schuldner in Deutschland gemäß § 28 AVAG den entstandenen Schaden zu ersetzen.

9 **c) Bestimmtheit.** Einen vollstreckungsfähigen Inhalt hat der Titel nur, wenn er **ausreichend bestimmt** ist. Die Praxis der Gerichte der Mitgliedstaaten unterscheidet sich insoweit vor allem bei **Nebenforderungen**. Zinsen, Kosten, Mehrwertsteuer oder Beginn der Zinspflicht werden im Titel vielfach nur abstrakt („zuzüglich gesetzliche Zinsen"), nicht aber konkret festgelegt. Nach dem Zweck der Verordnung ist in diesen Fällen eine Rücksichtnahme auf die Tenorierungspraxis der Mitgliedstaaten geboten. Damit die Entscheidung im Inland in vollem Umfang vollstreckbar ist, hat der deutsche Exequaturrichter den nach ausländischem Recht ausreichend bestimmten **Titel** bei der Klauselerteilung ergänzend auszulegen und formal **an die deutsche Übung anzupassen**[17] (s. § 722 ZPO Rn. 17). Nur eine solche Anpassung wird der Aufgabe des

---

[5] *Geimer/Schütze,* EuZVR, Rn. 79; *Kropholler* Rn. 4; *Rauscher/Mankowski* Rn. 7.
[6] *Geimer* NJW 1980, 1234.
[7] *Geimer* NJW 1980, 1234.
[8] *Rauscher/Mankowski* Rn. 6.
[9] *Kropholler* Rn. 4; *Geimer/Schütze,* EuZVR, Rn. 94.
[10] OLG Düsseldorf RIW 1997, 330; *Kropholler* Rn. 7.
[11] OLG Hamburg IPRax 1995, 391 (dazu *Mansel* S. 362); OLG Düsseldorf RIW 1997, 330 = IPRax 1998, 478 (dazu *Reinmüller* S. 460).
[12] *Wolff* Hdb. IZVR III/2 Kap. IV Rn. 222.
[13] Vgl. OLG Zweibrücken RIW 2006, 863, 864.
[14] *Kropholler* Rn. 10; *Rauscher/Mankowski* Rn. 14 b.
[15] EuGHE 1999, I-2543 = ZZPInt. 4 (1999), 272 (Rz. 29) *(Mankowski); Rauscher/Mankowski* Rn. 11.
[16] EuGHE 1999, I-2543 = ZZPInt. 4 (1999), 272 (Rz. 32 f.) *(Mankowski).*
[17] BGH NJW 1990, 3084; OLG Zweibrücken IPRax 2006, 49 (dazu *H. Roth* S. 22); OLG Frankfurt RIW

Klauselerteilungsverfahrens, den ausländischen Titel hinsichtlich seiner Vollstreckbarkeit einem inländischen gleichzustellen, voll gerecht; die Anpassung schafft auch größere Rechtssicherheit und ist daher der bloßen Auslegung des Titels durch das konkrete Vollstreckungsorgan vorzuziehen.[18] Entsprechend kann ein französisches Garantieurteil als Zahlungsurteil für vollstreckbar erklärt werden.[19] Auch eine englische freezing order (Mareva injunction) ist ausreichend bestimmt.[20] Bei der Art der Vollstreckung ist die Gleichstellung zu beachten; in Zweifelsfällen sollte sie in der Klausel klargestellt werden.[21] Die Parteibezeichnungen können (auch ohne Antrag) ebenfalls verbessert werden.[22]

Voraussetzung für eine solche „ergänzende Auslegung" ist aber, dass der **ausländische Titel** zumindest **mittelbar eindeutig** über die Höhe eines Anspruchs befindet. Die Entscheidungsgrundlagen hierfür hat das Gericht gemäß § 293 ZPO oder durch Einholung einer Auskunft nach dem Europäischen Übereinkommen betr. Auskünfte über ausländisches Recht von 1968 (s. § 293 ZPO Rn. 33 ff.) zu beschaffen. Deshalb kann ein französisches Kassationsurteil für vollstreckbar erklärt werden, soweit es das Berufungsurteil aufhebt und dadurch das erstinstanzliche Urteil wieder herstellt.[23] Nur wenn eine eindeutige Auslegung nicht möglich ist, kann die Klausel gemäß Art. 42 nur für die bestimmbaren Teile des Titels erteilt werden;[24] im Übrigen ist die Vollstreckbarerklärung zu verweigern.[25] Eine Kostengrundentscheidung ist keine ausreichende Grundlage für eine Vollstreckbarerklärung einer Kostenrechnung eines Gerichtsvollziehers (huissiers).[26] 10

d) Keine Abänderung. Zu Ergänzungen oder **Abänderungen** des ausländischen Titels **inhaltlicher Art** ist das Gericht im Klauselerteilungsverfahren in keinem Fall befugt, weil dies auf eine unzulässige sachliche Nachprüfung (Art. 45 Abs. 2) hinauslaufen würde.[27] Ein in unbestimmter Höhe angedrohtes Zwangsgeld darf nach der ausdrücklichen Regelung des Art. 49 nur durch die Gerichte des Urteilsstaates endgültig festgesetzt werden. 11

e) Zustellung. Die vorherige Zustellung der Entscheidung ist nach der EuGVO (anders als nach Art. 47 EuGVÜ) keine Voraussetzung der Vollstreckbarerklärung mehr.[28] Die Bescheinigung des Erststaates gemäß Art. 54 (iVm. Anhang V) enthält nur eine Bestätigung über die Zustellung des verfahrenseinleitenden Schriftstücks, nicht aber über die Zustellung der Entscheidung. Art. 42 Abs. 2 EuGVO sieht zudem ausdrücklich vor, dass Vollstreckbarerklärung und Entscheidung dem Schuldner gleichzeitig zugestellt werden können. 12

3. Vollstreckbarerklärungsverfahren. In den ursprünglichen sechs EG-Staaten erfolgte die Vollstreckbarerklärung durch Klauselerteilung. Schon bei Beitritt des Vereinigten Königreichs stimmte diese Regelung formal nicht mehr, so dass die Regel um Abs. 2 ergänzt wurde (s. Rn. 25 f.). Die Formulierung passte auch nicht für Spanien und für die EFTA-Staaten. ZB wird der ausländische Titel in der Schweiz nicht mit einer Klausel versehen, vielmehr werden die Versagungsgründe durch den Rechtsöffnungsrichter inzident geprüft.[29] Nunmehr lautet der Text daher neutraler dahin, dass die ausländische Entscheidung für vollstreckbar erklärt wird.[30] Das jeweilige nationale Recht bestimmt dann die Form, in der dies geschieht. Für die Bundesrepublik Deutschland ändert sich dadurch nichts an dem bisherigen Klauselerteilungsverfahren. 13

a) Antragsberechtigte. Das Verfahren beginnt mit dem **Antrag eines Berechtigten** (Art. 38 Abs. 1; § 4 AVAG). Dies ist der Titelgläubiger oder ein Dritter, der nach dem Recht des Urteilsstaates den Titel geltend machen kann (zB ein Rechtsnachfolger, etwa gemäß § 325 ZPO).[31] Der Antrag kann **unbefristet** gestellt werden. Die im common law übliche Frist für die Vollstreckbarer- 14

1998, 474; v. Falck S. 148 ff.; Geimer/Schütze, EuZVR, Rn. 21 ff., 27; Kropholler Rn. 12; Schlosser Rn. 13; Rauscher/Mankowski Rn. 22 ff. Für Erweiterung der Formblätter in Anhang V: Hess/Bittmann IPRax 2007, 277, 280.
[18] BGHZ 112, 16, 17 f. = NJW 1993, 1801 = IPRax 1994, 367 (dazu H. Roth S. 350); H. Roth IPRax 1989, 14, 16.
[19] OLG Hamburg IPRax 1995, 391, 393 (dazu Mansel S. 362, 363).
[20] Vgl. OLG Karlsruhe ZZPInt. 1 (1996), 91, 94 (m. Anm. Zuckerman/Grunert).
[21] Schlosser Rn. 11; Kropholler Rn. 16; Rauscher/Mankowski Rn. 26.
[22] OLG Hamburg RIW 1994, 424 (dazu Sieg S. 973); Schlosser Rn. 13; Kropholler Rn. 16.
[23] Smyrek RIW 2005, 695, 696 gegen LG Stuttgart RIW 2005, 709.
[24] Vgl. OLG Saarbrücken NJW 1988, 3100 = IPRax 1989, 37 (dazu H. Roth S. 14); s. dagegen OLG Köln IPRax 2006, 51 (abl. H. Roth S. 22, 24).
[25] BGHZ 112, 16 ff. = NJW 1993, 1801.
[26] OLG Saarbrücken IPRax 1990, 232 (dazu Reinmüller S. 207); Rauscher/Mankowski Rn. 25 a.
[27] Geimer/Schütze, EuZVR, Rn. 19; Kropholler Rn. 16; H. Roth IPRax 1989, 14, 15.
[28] Rauscher/Mankowski Rn. 29; Kropholler Rn. 8; Gebauer/Wiedmann Kap. 26 Rn. 198; Czernich/Kodek Rn. 8.
[29] Volken SchwJbIntR 1988, 97, 121.
[30] Jenard/Möller-Bericht Rn. 69.
[31] Geimer/Schütze, EuZVR, Rn. 30; Rauscher/Mankowski Rn. 9; Kropholler Rn. 15.

klärung ausländischer Entscheidungen (Urteilsverjährung) ist nicht in das europäische Recht übernommen worden.

Durch die **Insolvenz des Schuldners** wird der Gläubiger nicht gehindert, einen Antrag auf Vollstreckbarerklärung zu stellen; ein laufendes Verfahren wird nicht nach § 240 ZPO unterbrochen.[32] Unterbrochen werden soll dagegen das Beschwerdeverfahren nach Art. 43 EuGVO iVm §§ 11 ff. AVAG als streitiges Verfahren.[33]

15 b) **Antragsgegner.** Das Verfahren erster Instanz ist ein **einseitiges Verfahren** (Art. 41 S. 2). Trotzdem ist der im Titel bezeichnete Schuldner oder sein Rechtsnachfolger (nach dem Recht des Urteilsstaates, § 7 Abs. 1 S. 1 AVAG) als **Antragsgegner** zu bezeichnen. In Zweifelsfällen hat der Gläubiger zu beweisen, dass der Antragsgegner mit der Person identisch ist, gegen die sich der Titel richtet.[34]

16 c) **Form.** Der Antrag kann schriftlich oder mündlich zu Protokoll der Geschäftsstelle des Landgerichts gestellt werden (§ 4 Abs. 2 AVAG). Der Antragsteller hat einen Zustellungsbevollmächtigten zu benennen (§ 5 AVAG; § 175 ZPO) und mit seinem Antrag die in Art. 53 bezeichneten Urkunden und Beweismittel vorzulegen (Art. 40 Abs. 3). Weitere Einzelheiten des inländischen Verfahrens ergeben sich aus den §§ 3 ff. AVAG.

17 d) **Prüfungsumfang.** Das Gericht prüft gemäß Art. 41 S. 1 nur, ob der Antrag die nötigen Förmlichkeiten erfüllt (s. Art. 41 Rn. 5 ff.). Im Ergebnis darf es den Titel nur ganz oder teilweise mit der Vollstreckungsklausel versehen, von den dargelegten Ausnahmen abgesehen (s. Rn. 7 f.) aber nicht abändern oder ergänzen. Das erstinstanzliche Verfahren endet mit der Anordnung (oder Ablehnung) der Klauselerteilung (§ 8 AVAG) und deren tatsächlicher Erteilung durch den Urkundsbeamten der Geschäftsstelle (§ 9 AVAG). Sicherheitsleistung darf nicht in erster Instanz, sondern gemäß Art. 38 Abs. 3 erst auf Beschwerde angeordnet werden.[35]

18 e) **Fremdwährungstitel.** EuGVO und AVAG regeln nicht, in welcher Weise Fremdwährungstitel für vollstreckbar zu erklären sind.[36] Bei einer **gewöhnlichen Geldforderung** ist der ausländische Titel hinsichtlich der darin titulierten Forderung (zB in Pfund, tschech. Kronen, Zloty etc.) unverändert für vollstreckbar zu erklären; eine Umrechnung der Fremdwährungsforderung in die inländische Währung findet im Klauselerteilungsverfahren nicht statt.[37] Nach § 244 BGB hat der Schuldner aber bei Zahlung im Inland eine Ersetzungsbefugnis und kann die Zahlung in € zum offiziellen Inlandswechselkurs vom Tag der Leistung erbringen; dies gilt auch für eine Leistung im Wege der Zwangsvollstreckung. Ist im Erststaat eine Verurteilung in € ergangen, die dort in Landeswährung zu zahlen war, so entscheidet das Recht des Erststaates, auf welchen Zeitpunkt und Kurswert bei der Vollstreckung im Inland abzustellen ist.[38] (Zum 1. 1. 2002 wurde die DM durch den Euro ersetzt; alle Angaben in DM oder in anderen betroffenen bisherigen Währungen wurden ex lege auf Euro umgestellt.[39])

19 Hat der Titel eine **echte Fremdwährungsschuld** zum Gegenstand, so scheidet eine Umrechnung stets aus. Da Fremdwährungsforderungen nach deutschem Devisenrecht bezahlt und vollstreckt werden können, bedarf es auch in diesem Fall keiner Ergänzung des Titels.

20 f) **Kostenerstattung.** Die EuGVO regelt nicht die Erstattung der im Klauselerteilungsverfahren entstehenden Kosten, schließt sie aber auch nicht aus. Es gilt folglich das autonome Recht eines jeden Vollstreckungsstaates.[40] In der Bundesrepublik Deutschland sind die Kosten nach § 8 Abs. 1 S. 4 AVAG, § 788 ZPO, im Vereinigten Königreich nach dem Civil Jurisdiction and Judgments Act 1982, sec. 4 (2), erstattungsfähige Vollstreckungskosten.[41] In anderen Mitgliedstaaten, zB in Frank-

---

[32] OLG Bamberg ZIP 2006, 1066 = IPRax 2007, 454 (dazu *Gruber* S. 46); OLG Saarbrücken IPRax 1995, 35 (dazu *Heß* S. 16); *Nagel/Gottwald* § 12 Rn. 138; aA *Mankowski* ZIP 1994, 1577; wohl auch *Czernich/Kodek* Art. 43 Rn. 13.
[33] OLG Köln ZIP 2007, 2287.
[34] OLG Köln, 16 W 28/95 vom 20. 4. 1995.
[35] OLG Düsseldorf RIW 1998, 969.
[36] *Kropholler* Rn. 16; *Schefold*, in: *Schimansky*, Bankrechts-Handbuch, Bd. III, 2. Aufl. 2001, § 115 Rn. 375 ff., 388; vgl. *Bachmann*, Fremdwährungsschulden in der Zwangsvollstreckung, 1994, S. 50 ff.
[37] *MünchKommBGB/Martiny*, 4. Aufl. 2006, Nach Art. 34 EGBGB Anh. I Rn. 68.
[38] BGH IPRax 1986, 157 (dazu *Mezger* S. 142) = WuB VII B 1. Art. 26, 31 EuGVÜ 1.85 *(Welter)*; BGH IPRax 1987, 172 (dazu *Mezger* S. 146) = WuB VII B 1. Art. 26, 31 EuGVÜ 1.86 *(Welter)* (für Frankreich Tag der effektiven Zahlung).
[39] Vgl. *MünchKommBGB/Grundmann* §§ 244, 245 Rn. 50 ff., 62.
[40] *Geimer/Schütze*, EuZVR, Rn. 99; *Czernich/Kodek* Rn. 13; krit. *Mezger*, GedS für *Constantinesco*, 1987, S. 503, 509.
[41] Vgl. *Feige*, Kosten des Vollstreckbarerklärungsverfahrens, 1988, S. 36 ff.; *Kropholler* Rn. 20.

reich, werden die in erster Instanz entstehenden Kosten[42] dagegen nicht erstattet.[43] Zweifelhaft ist, ob im Ausland nicht zuerkannte Kosten des Verfahrens der Vollstreckbarerklärung bei der inländischen Kostenfestsetzung berücksichtigt werden können. Teilweise wird dies bejaht, da § 788 ZPO nicht auf inländische Kosten beschränkt sei.[44] Damit dem Gläubiger eines deutschen Titels hieraus kein Nachteil entsteht, wurde vorgeschlagen, für die französischen Anwaltskosten, Übersetzungsauslagen etc. einen besonderen deutschen Kostenfestsetzungsbeschluss zu beantragen und aus diesem mit geringeren Kosten in Frankreich selbständig zu vollstrecken.[45]

Dem ist freilich nicht zu folgen. Über die Kosten der Vollstreckbarerklärung wird in jedem Land selbständig entschieden; sie sind gar keine Kosten der Zwangsvollstreckung.[46] Wird die Vollstreckungsklausel versagt, so trägt der Antragsteller die Verfahrenskosten. In der Bundesrepublik Deutschland werden sie ihm durch begründeten Beschluss auferlegt, § 8 Abs. 2 S. 2 AVAG.

g) Höhe der Kosten. Art. 52 EuGVO bzw. Art. III des Protokolls Nr. 1 zum LugÜ legen fest, **21** dass für die Erteilung der Klausel keine Gebühren oder Stempelabgaben nach dem Streitwert erhoben werden dürfen. Entsprechend werden in Deutschland für die Vollstreckbarerklärung in erster Instanz einheitlich 200 € Gerichtsgebühren verlangt (§ 3 Abs. 2 GKG iVm. Kostenverzeichnis Nr. 1510). Diese Regelung bezieht sich aber nur auf die Gerichtsgebühren, nicht auf die Anwaltskosten.[47] Für die Stellung des Antrags erhält ein Anwalt in Deutschland eine 1,3-Verfahrensgebühr gemäß § 2 Abs. 2 S. 1 RVG iVm. VV RVG Nr. 3100 nach dem Gegenstandswert (§ 13 RVG); zu erstatten sind auch die notwendigen Kosten eines ausländischen Verkehrsanwalts[48] sowie die Übersetzungskosten der einzureichenden Urkunden bei Verlangen des Gerichts.[49]

h) Unbegründeter Antrag. Zu den Folgen des unbegründeten Antrags, s. u. Art. 42 Rn. 5. **22**

4. Folgen der Klauselerteilung. Soweit eine Vollstreckungsklausel erteilt wird, ist die ausländische Entscheidung für die Vollstreckung voll einem inländischen Vollstreckungstitel **gleichgestellt**.[50] Formale Grundlage der Inlandsvollstreckung bildet anschließend nur die inländische Vollstreckungsklausel.[51] Denn aufgrund der Formalisierung des Vollstreckungsverfahrens hat eine Aufhebung des Titels im Ausland keine unmittelbare Inlandswirkung, sondern muss erst durch Antrag auf Aufhebung „der Zulassung der Zwangsvollstreckung" gemäß § 29 AVAG besonders geltend gemacht werden (s. § 722 ZPO Rn. 2, 45). **23**

5. Grenzüberschreitende Zwangsvollstreckung. Die EuGVO ermöglicht, aus Entscheidungen eines Mitgliedstaats in einem anderen Mitgliedstaat die dort vorgesehenen Vollstreckungsverfahren zu betreiben. Nicht geregelt ist dagegen die grenzüberschreitende Pfändung von Forderungen, wenn Schuldner und Drittschuldner ihren Wohnsitz/Sitz in verschiedenen Mitgliedstaaten haben. Soweit ein Mitgliedstaat in der Zustellung der Pfändung an den Drittschuldner aus einem anderen Mitgliedstaat einen Eingriff in seine Souveränität erblickt, kann die Forderung daher nur im Wohnsitzstaat des Drittschuldners gepfändet werden.[52] **24**

II. Sonderregelung für das Vereinigte Königreich

Das Vereinigte Königreich ist kein einheitliches Rechtspflegegebiet. Der Gläubiger muss daher **25** wählen, ob er seinen Titel in England und Wales, in Schottland und/oder Nordirland vollstrecken will. Dazu hat er nicht die Erteilung einer Vollstreckungsklausel, sondern gemäß Art. 38 Abs. 2 entsprechend dem internen Recht die **Registrierung** der Entscheidung in dem jeweiligen Gerichtsbezirk zu beantragen.

Einzelheiten der Antragstellung und der Registrierung sind im Civil Jurisdiction and Judgments **26** Act 1982, sec. 4, und in der Civil Jurisdiction and Judgments Order 2001, für Unterhaltstitel in

---

[42] Eingehend *Feige* (Fn 40), S. 57 ff.
[43] Vgl. *Feige*, Kosten des Vollstreckbarerklärungsverfahrens, S. 78; *Mezger* (Fn. 39).
[44] OLG Düsseldorf RIW 1990, 501; *Stein/Jonas/Münzberg*, ZPO, 22. Aufl., § 788 Rn. 9; *Spickhoff* IPRax 2002, 290; aA OLG Hamm IPRax 2002, 301.
[45] *Taupitz* IPRax 1990, 150, 151 f.; abl. *Feige* S. 79 ff. (für Schadensersatz nach Art. 1153 Abs. 4 cc).
[46] MünchKomm/*K. Schmidt* § 788 ZPO Rn. 17; vgl. *Geimer/Schütze*, EuZVR, Rn. 11, 99 (Verweisung auf § 788 systemwidrig!).
[47] *Geimer/Schütze*, EuZVR, Rn. 98.
[48] Vgl. *Feige* S. 41 ff., 44 ff.
[49] *Feige* S. 49 f.
[50] *Geimer/Schütze*, EuZVR, Rn. 8; für das Vereinigte Königreich ausdrücklich Civil Jurisdiction and Judgments Act 1982, sec. 4 (3).
[51] *Kropholler* Rn. 14; *Geimer/Schütze*, EuZVR, Rn. 6; *Rauscher/Mankowski* Rn. 3.
[52] *Kropholler* Rn. 5; vgl. *Gottwald* IPRax 1991, 285; *Nagel/Gottwald* § 17 Rn. 66 ff.; *Schack* IZVR Rn. 982 ff.; *Stürner*, FS Henckel, 1995, S. 863, 865 ff.

Judgments Act 1982, sec. 5[53] und R.S.C. Order 71, r. 26–32 sowie für England und Wales in dem Magistrates Court Act 1980 sowie in den Magistrates' Courts (Civil Jurisdiction and Judgments Act 1982) Rules 1986[54] geregelt. Der Antrag ist vom Gläubiger oder in seinem Namen von einem solicitor persönlich bei dem nach Art. 32 zuständigen Gericht, dh. im allgemeinen bei einem Master der Queens Bench Division des High Court zu stellen; er kann nicht schriftlich übersandt werden.[55]

27   Die Registrierungskosten sind nach sec. 4 (2) ausdrücklich erstattungsfähige Kosten. Ein registrierter Unterhaltstitel ist nach sec. 8 in inländischer Währung zu bezahlen, und zwar nach dem gültigen Wechselkurs am Tag der Registrierung der Entscheidung. Nach der Registrierung und deren Zustellung an den Schuldner wird die Entscheidung nach Ablauf der Beschwerdefrist vom Gericht wie eine inländische Entscheidung vollstreckt (sec. 4 (3)).

Art. 39. (1) Der Antrag ist an das Gericht oder die sonst befugte Stelle zu richten, die in Anhang II aufgeführt ist.
(2) Die örtliche Zuständigkeit wird durch den Wohnsitz des Schuldners oder durch den Ort, an dem die Zwangsvollstreckung durchgeführt werden soll, bestimmt.

Schrifttum: *H. Roth,* Gerichtsstand kraft Sachzusammenhangs in den Vollstreckbarerklärungsverfahren des europäischen Zivilprozessrechts, RIW 1987, 814.

1   Art. 39 EuGVO ist gegenüber Art. 32 EuGVÜ neu gefasst worden. Die Gerichte, die für die Vollstreckbarerklärung in den Mitgliedsstaaten zuständig sind, sind aus den gleichen Gründen wie bei Art. 4 in den Anhang (hier Anhang II) verwiesen worden. Nach Anhang II ist der Antrag in Deutschland an den Vorsitzenden einer Kammer des Landgerichts (wie bei EuGVÜ/LugÜ) zu richten.

2   **1. Sachliche Zuständigkeit. a)** Art. 32 legt die ausschließliche sachliche und örtliche Zuständigkeit für die Klauselerteilung in allen Mitgliedstaaten fest (so ausdrücklich § 3 Abs. 1 AVAG für die sachliche Zuständigkeit). Die internationale Zuständigkeit folgt aus dem Territorialitätsprinzip; die Gerichte jedes Mitgliedsstaates sind für die Vollstreckbarerklärung für diesen Staat zuständig.[1] In der Bundesrepublik **Deutschland** ist der Vorsitzende einer Kammer eines Landgerichts zuständig. Die Entscheidung durch den Vorsitzenden anstelle der Kammer (§§ 60, 75 GVG) dient der Vereinfachung[2] und Beschleunigung. Diese Zuständigkeit gilt auch, soweit arbeitsrechtliche oder unterhaltsrechtliche Entscheidungen für vollstreckbar zu erklären sind.[3] Für vollstreckbare Urkunden sieht § 55 Abs. 3 AVAG auch eine Zuständigkeit des Notars vor (s.u. Art. 57 Rn. 4). Von der Brüssel II-VO erfasste Entscheidungen erklärt in Deutschland das Familiengericht für vollstreckbar (Art. 29 Brüssel II-VO; §§ 10, 16 ff. IntFamRVG).

3   **b)** Im **Vereinigten Königreich** wird zunächst zwischen den selbständigen Gerichtsbezirken sowie außerdem zwischen allgemeinen und Unterhaltsansprüchen unterschieden. Da der Gläubiger seinen Antrag in Unterhaltssachen an den zuständigen Magistrates' Court stets über den Secretary of State zu richten hat, ist ihm die Durchführung des Verfahrens besonders erleichtert.[4]

4   **c)** In der **Schweiz** folgt die Zuständigkeit (nach dem Luganer Übereinkommen) dem internen Vollstreckungsrecht: Geldleistungen sind nach dem Bundesgesetz über Schuldbetreibung und Konkurs (SchKG Art. 80, 81), andere Schulden nach dem jeweiligen kantonalen Verfahrensrecht zu vollstrecken.[5] Das Rechtsöffnungsverfahren ist freilich mit Art. 31 ff. LugÜ nicht voll vereinbar. Entgegen dem Wortlaut des „Spiegelstrich Schweiz" sind die Titel nicht „im Rechtsöffnungsverfahren", sondern nach Art. 34 LugÜ auch in der Schweiz auf einseitigen Antrag für vollstreckbar zu erklären.[6] Freilich will die bislang überwiegende Auffassung anschließend ein volles Betreibungsverfahren mit streitiger Rechtsöffnung anschließen, womit man faktisch zu einem doppelten Exequatur

---

[53] Vgl. *Jacob,* Private International Litigation, 1988, Ch. 8.09; *Kaye,* Civil Jurisdiction and Enforcement of Foreign Judgments, 1987, S. 1586 ff.
[54] Abgedruckt bei *Kaye* (Fn. 52) S. 1903 ff.
[55] *Schlosser*-Bericht Nr. 208; *Kropholler* Rn. 19.
[1] *Solomon* AG 2006, 832, 840.
[2] *Geimer/Schütze,* EuZVR, Rn. 2.
[3] *Kropholler* Rn. 3.
[4] Zu Einzelheiten vgl. Civil Jurisdiction and Judgments Act 1982, S. 5.
[5] Vgl. *Fritzsche/Walder,* Schuldbetreibung und Konkurs nach schweizerischem Recht, Bd. 1, 1984.
[6] *Walter* ZZP 107 (1994), 301, 317 ff.; *Kropholler* Rn. 5.

gelangt.⁷ Dem Gläubiger wird jedoch gestattet, auf das einseitige Verfahren nach dem LugÜ zu verzichten und seinen Anspruch sogleich im Rechtsöffnungsverfahren durchzusetzen.⁸

2. Örtliche Zuständigkeit. a) Wohnsitz des Schuldners. Abs. 2 ist sprachlich einfacher gefasst worden; sachlich stellt die Bestimmung aber weiterhin primär auf den Wohnsitz (Art. 59, 60) und hilfsweise auf den Vollstreckungsort ab. Durch diese zwingende Anknüpfung wird dem Schuldner die Beschwerde gegen die Klauselerteilung erleichtert; zugleich werden divergierende Entscheidungen sonst konkurrierender Gerichte ausgeschlossen.⁹

Nach allgemeinen Grundsätzen kommt es auf den Wohnsitz des Schuldners zur Zeit der Antragstellung an; die Zuständigkeit entfällt nicht, wenn der Schuldner nachträglich aus dem Staat verzieht.¹⁰

Ist ein **Titel gegen mehrere Schuldner** mit Wohnsitz in verschiedenen inländischen Gerichtsbezirken gerichtet, so ist analog Art. 6 Nr. 1 jedes Wohnsitzgericht eines Schuldners für das Verfahren gegen alle zuständig.¹¹ Der Antragsteller hat die Wahl, wo er seinen Antrag stellt. Ob Konnexität wirklich vorliegt, darf im Klauselerteilungsverfahren nicht mehr überprüft werden. Eine gerichtliche Bestimmung des zuständigen Gerichts analog § 36 Nr. 3¹² kommt daher nicht in Betracht.¹³

b) Vollstreckungsort. Nur hilfsweise sind die Gerichte des gewünschten Vollstreckungsortes, also des Ortes des belegenen Vermögens zuständig. Der Gerichtsstand des Vermögens steht im Rahmen des Verfahrens nach Art. 38 ff. ohne Beschränkung durch einen sonstigen Inlandsbezug der Sache zur Verfügung.¹⁴ Der Gläubiger muss schlüssig behaupten, dort vollstrecken zu wollen; auf die konkreten Erfolgsaussichten kommt es nicht an.¹⁵ Dies gilt auch, wenn der Gläubiger lediglich mit künftigem Vermögenserwerb im Gerichtsbezirk rechnet oder wenn der Schuldner nur (kraft Gesetzes oder Vereinbarung) vollstreckungsfreies Vermögen im Gerichtsbezirk besitzt. Mit der Prüfung all dieser Fragen soll das Verfahren der Vollstreckbarerklärung nicht belastet werden. Soweit in einigen Mitgliedstaaten nur ein einziges Gericht zuständig ist, ist die Regelung des Abs. 2 gegenstandslos.

Art. 40. (1) Für die Stellung des Antrags ist das Recht des Vollstreckungsmitgliedstaats maßgebend.

(2) Der Antragsteller hat im Bezirk des angerufenen Gerichts ein Wahldomizil zu begründen. Ist das Wahldomizil im Recht des Vollstreckungsmitgliedstaats nicht vorgesehen, so hat der Antragsteller einen Zustellungsbevollmächtigten zu benennen.

(3) Dem Antrag sind die in Artikel 53 angeführten Urkunden beizufügen.

1. Der Antrag auf Vollstreckbarerklärung. a) Inhalt, Form, Sprache und sonstige Anforderungen an den Antrag auf Vollstreckbarerklärung richten sich nach dem internen Recht des jeweiligen Vollstreckungsstaates. Damit ein konkretes Verfahren in Gang gesetzt wird, muss der Antrag Antragsteller, Schuldner und das Gericht als Adressat bezeichnen, die ausländische Entscheidung benennen und den Antrag enthalten, die ausländische Entscheidung mit der Vollstreckungsklausel zu versehen (in Großbritannien: sie zu registrieren; in weiteren Mitgliedstaaten: sie für vollstreckbar zu erklären). Wohnt der Schuldner nicht im Gerichtsbezirk, sind Angaben zur Zuständigkeit nach Art. 39 Abs. 2 zu machen. Ferner ist das Wahldomizil (Rn. 7) bzw. der Zustellungsbevollmächtigte nach Art. 40 Abs. 2 anzugeben (s. Rn. 6 ff.).

Schließlich hat der Antragsteller gemäß Abs. 3 seinem Antrag die in Art. 53 genannten **Urkunden beizufügen** und zwar eine Ausfertigung des Titels (Art. 53 I), und die Bescheinigung nach Art. 54. Wird die Bescheinigung nach Art. 54 nicht vorgelegt, so kann das Gericht dem Antragsteller eine Nachfrist setzen oder in der in Art. 55 I vorgesehenen Weise vorgehen. Auf Antrag des Gläubigers kann auch der Schuldner gehört werden, § 6 Abs. 2 AVAG (s. Art. 34 Rn. 2). Notfalls können die Urkunden auch noch in der Beschwerdeinstanz nachgereicht werden.¹

---

⁷ *I. Meier* SchweizJZ 1993, 282; aA *Walter* ZZP 107 (1994), 301, 323 ff.
⁸ Vgl. *Walter* ZZP 107 (1994), 301, 323.
⁹ *Jenard*-Bericht C 59/49.
¹⁰ Vgl. BGH RIW 1998, 146, 147; *Rauscher/Mankowski* Rn. 6.
¹¹ *Kropholler* Rn. 11; *Rauscher/Mankowski* Rn. 7; *H. Roth* RIW 1987, 814, 816 f.
¹² So zum deutsch-österreichischen Vertrag: BayObLG NJW 1988, 2184.
¹³ *Kropholler* Rn. 11; *Rauscher/Mankowski* Rn. 7; aA OLG München NJW 1975, 504 m. Anm. *Geimer* S. 1086.
¹⁴ *Mankowski* RIW 1995, 56, 57 f.
¹⁵ *Kropholler* Rn. 8; *Rauscher/Mankowski* Rn. 10.
¹ OLG Köln RIW 1990, 229; *Kropholler* Rn. 9; *Rauscher/Mankowski* Rn. 13.

3 **b)** In Deutschland kann der Antrag schriftlich oder mündlich zu Protokoll der Geschäftsstelle des Landgerichts gestellt werden (§ 4 Abs. 2 AVAG). Entgegen § 184 GVG ist auch ein fremdsprachiger Antrag zulässig. Versteht das Gericht den Antrag nicht, so hat es dem Antragsteller aufzugeben, eine deutsche Übersetzung beizubringen (§ 4 Abs. 3 AVAG). Der Antrag kann persönlich oder durch einen Bevollmächtigten gestellt werden; ein Anwaltszwang besteht nicht. Praktisch ist ohne Anwalt aber nicht auszukommen.

4 In Unterhaltssachen kann der Antrag auch über die ausländische Übermittlungsstelle und die deutsche Empfangsstelle (jetzt: das Bundesamt für Justiz) nach Art. 5 UNUÜ 1956 gestellt werden.[2]
Einzelheiten zu den Anforderungen in den anderen Mitgliedstaaten sind dem jeweiligen nationalen Recht zu entnehmen.[3]

5 **c)** Der **Antrag** kann in der gleichen Form, in der er gestellt wurde, ohne Einwilligung des Antragsgegners (kostenpflichtig gem. § 269 Abs. 3 S. 2) **zurückgenommen** werden.[4]

6 **2. Wahldomizil, Zustellungsbevollmächtigter. a)** Die Verpflichtung des Antragstellers ein Wahldomizil zu begründen oder einen Zustellungsbevollmächtigten zu benennen, soll sicherstellen, dass das weitere Verfahren im Vollstreckungsstaat ohne die Notwendigkeit einer Auslandszustellung abgewickelt werden kann.[5] Wahldomizil bzw. Zustellungsbevollmächtigter garantieren eine rasche Mitteilung der gerichtlichen Entscheidung an den Antragsteller gemäß Art. 42 Abs. 1 und sollen sicherstellen, dass der Schuldner seinen Rechtsbehelf nach Art. 43 Abs. 1 einfach ohne Formalitäten im Ausland einlegen kann.[6] Letzteres trifft aber nur zu, soweit der Rechtsbehelf durch Parteizustellung an den Antragsteller einzulegen ist. Über die Art der Rechtsbehelfseinlegung entscheidet jedoch das nationale Recht. In Deutschland ist die als Rechtsbehelf vorgesehene Beschwerde gemäß § 11 Abs. 1 AVAG beim Oberlandesgericht einzulegen; dieses stellt sie dem Antragsteller von Amts wegen zu (§ 11 Abs. 4 AVAG). Zugestellt wird an den benannten Zustellungsbevollmächtigten (Art. 40 Abs. 2 S. 2 EuGVO).

7 **b)** Unter einem **Wahldomizil** versteht man die Begründung einer Zustellanschrift (im Vollstreckungsstaat). Da das deutsche Recht ein solches Institut nicht kennt, ist hier ein **Zustellungsbevollmächtigter** zu benennen. Nach § 5 Abs. 2 S. 1 AVAG (der § 184 Abs. 1 S. 1 ZPO entspricht) hat dieser im Gerichtsbezirk zu wohnen, doch kann der Vorsitzende Richter einen anderen Bevollmächtigten mit Inlandswohnsitz zulassen (§ 5 Abs. 2 S. 2 AVAG). Ist der Antragsteller durch einen inländischen Rechtsanwalt oder einen anderen Bevollmächtigten (grundsätzlich mit Wohnsitz im Gerichtsbezirk) vertreten, so entfällt die Pflicht, einen Zustellungsbevollmächtigten zu benennen (§ 5 Abs. 3 AVAG; vgl. § 184 Abs. 1 ZPO). Wird ein dienstleistender europäischer Rechtsanwalt als Bevollmächtigter tätig, so ist ebenfalls ein inländischer Zustellungsbevollmächtigter zu benennen (§ 31 Abs. 1 EuRAG); unterbleibt eine Benennung, so gilt der deutsche Rechtsanwalt, in dessen Einvernehmen der dienstleistende europäische Rechtsanwalt handelt, hilfsweise als Zustellungsbevollmächtigter (§ 5 Abs. 4 AVAG; §§ 28 Abs. 1, 31 Abs. 2 EuRAG).

8 **c)** Wie und bis wann das Wahldomizil zu begründen bzw. ein Zustellungsbevollmächtigter zu benennen ist, entscheidet primär das Recht des Vollstreckungsstaates. Enthält es keine Regelung, so hat die Begründung/Bestellung nach dem Zweck des Art. 40 spätestens bei der Zustellung der Entscheidung zu erfolgen, durch die der ausländische Titel für vollstreckbar erklärt, die Vollstreckung im Inland also zugelassen wird.[7]

9 **d)** Wird das Wahldomizil nicht rechtzeitig begründet bzw. der Zustellungsbevollmächtigte nicht bestellt, so treffen den Antragsteller grundsätzlich die im Recht des Vollstreckungsstaates vorgesehenen nachteiligen Folgen, solange diese mit den Zielen der EuGVO vereinbar sind.[8] In der Bundesrepublik Deutschland darf danach ein Antrag auf Vollstreckbarerklärung nicht zurückgewiesen oder abgelehnt werden. Der Antragsteller muss lediglich gemäß § 5 Abs. 1 AVAG iVm. § 184 ZPO hinnehmen, dass alle Zustellungen an ihn durch Aufgabe zur Post bewirkt werden, die Zustellungswirkungen also bereits mit dem Absenden vor Zugang der Sendung eintreten (s. § 184 ZPO).

---

[2] *Baumbach/Lauterbach/Hartmann* Schlussanh. V D Bem. zu § 3 AVAG.
[3] Für Großbritannien vgl. R. S. C. Order 71, Rn. 27 ff.; Nachw. für Italien, Belgien, Frankreich, Niederlande, Luxemburg, Dänemark, Irland und Großbritannien bei *Müller/Hök*, Einzug von Auslandsforderungen, 3. Aufl. 1989, S. 198 ff.; einzelne Hinweise auch im *Jenard*-Bericht C 59/49 f.
[4] *Kropholler* Rn. 2; *Rauscher/Mankowski* Rn. 5.
[5] EuGHE 1986, 2437 = IPRax 1987, 229, 230 (dazu *Jayme/Abend* S. 209).
[6] So EuGHE 1986, 2437 = IPRax 1987, 229, 230; *Kropholler* Rn. 5.
[7] EuGHE 1986, 2437 = IPRax 1987, 229, 230.
[8] EuGHE 1986, 2427 = IPRax 1987, 229, 231.

Art. 41. Sobald die in Artikel 53 vorgesehenen Förmlichkeiten erfüllt sind, wird die Entscheidung unverzüglich für vollstreckbar erklärt, ohne dass eine Prüfung nach den Artikeln 34 und 35 erfolgt. Der Schuldner erhält in diesem Abschnitt des Verfahrens keine Gelegenheit, eine Erklärung abzugeben.

1. Nur formale Prüfung der Urkunden. Die Bestimmung enthält den **Kern der Reform** 1 des Verfahrens der Vollstreckbarerklärung nach der EuGVO gegenüber EuGVÜ/LugÜ. Danach bedürfen Entscheidungen eines EU-Staates (außerhalb der VO über den Europäischen Vollstreckungstitel) zwar weiterhin der förmlichen Vollstreckbarerklärung. Doch erfolgt diese, sobald mit dem Antrag die in Art. 53 vorgesehenen Urkunden vorgelegt werden. Der zweite Halbsatz von S. 1 legt ausdrücklich fest, dass **Anerkennungsversagungsgründe in** dem einseitigen Klauselerteilungsverfahren **erster Instanz nicht geprüft** werden, und zwar auch dann nicht, wenn sich Anhaltspunkte für das Vorliegen eines Versagungsgrundes (ausnahmsweise) aus der vorgelegten Entscheidung selbst ergeben sollten.[1] Auch ein Verfassungsverstoß oder eine Verletzung von Art. 6 Abs. 1 EMRK wird erst auf Rechtsbehelf des Schuldners geprüft.[2]

Zurückgewiesen werden kann der Antrag auf Vollstreckbarerklärung also nur aus formalen Gründen. Nach Art. 55 Abs. 1 sollte aber dem Antragsteller zuvor eine Frist gesetzt werden, fehlende Urkunden oder sonstige Nachweise nachzubringen.[3] 2

2. Keine Beteiligung des Schuldners in erster Instanz. Art. 41 S. 2 stellt klar, dass den 3 Schuldner (wie bisher) in erster Instanz vor der Vollstreckbarerklärung kein rechtliches Gehör zu gewähren ist. Da die in Art. 34 und 35 EuGVO genannten Versagungsgründe ausnahmslos erst auf Rechtsbehelf gemäß Art. 43 geprüft werden, kann das Gericht erster Instanz infolgedessen auch eine etwa vom Antragsgegner vorsorglich eingereichte Schutzschrift sachlich nicht zur Kenntnis nehmen.[4] Nach § 55 Abs. 1 AVAG findet § 7 Abs. 1 S. 2, Abs. 2 AVAG keine Anwendung, sodass der Antragsgegner in Sonderfällen in erster Instanz nicht gehört werden darf.

3. Mündliche Verhandlung mit Antragsteller. Kann der Antragsteller nicht alle erforderlichen Nachweise urkundlich erbringen, so kann mit ihm oder seinem Bevollmächtigten eine mündliche Verhandlung mit seinem Einverständnis stattfinden, wenn dies der Beschleunigung des Verfahrens dient (§ 6 Abs. 2 S. 2 AVAG). 4

4. Pflicht zur unverzüglichen Entscheidung. Der Vorsitzende hat seine Entscheidung unverzüglich, dh. schnellstmöglich zu erlassen,[5] auch wenn schwierige Rechtsfragen zu entscheiden sind. Ist der Antrag begründet, wird angeordnet, dass der Titel mit der Vollstreckungsklausel zu versehen ist, § 8 AVAG. Dabei ist der Tenor bzw. die Verpflichtung in deutscher Sprache wiederzugeben, § 8 Abs. 1 S. 2 AVAG. Soweit erforderlich ist der Tenor dabei der deutschen Übung anzupassen (s. Art. 38 Rn. 7 ff.). 5

5. Prüfungskompetenz. Vor Erteilung der Vollstreckungsklausel hat der Vorsitzende von Amts 6 wegen zu prüfen:

a) seine Zuständigkeit (Art. 39),

b) die Wirksamkeit des ausländischen Titels und seine Vollstreckbarkeit im Erststaat, wobei Letzteres durch Vorlage der Bescheinigung nach Art. 54 nachgewiesen wird.

c) die sachliche (Art. 1, 69) und zeitliche (Art. 66) **Anwendbarkeit der EuGVO.**[6] Fehlt sie, so 7 ist zu prüfen, ob EuGVÜ oder LugÜ anwendbar sind. Scheidet dies aus, so ist für eine Vollstreckbarerklärung nach sonstigen Abkommen, hilfsweise nach autonomem Recht die jeweilige sachliche Zuständigkeit zu beachten. Ist eine Kammer des Landgerichts zuständig,[7] so ist an diese formlos abzugeben; ist das Amtsgericht zuständig,[8] so ist nach § 281 ZPO zu verweisen. Der Antrag auf Klauselerteilung kann jedoch – schon aus Kostengründen – nicht in eine Vollstreckungsklage (§§ 722, 723 ZPO) umgedeutet werden.[9] Wäre eine solche Klage zu erheben, so ist der Antrag abzuweisen.

---

[1] *Kropholler* Rn. 5; *Rauscher/Mankowski* Rn. 4; aA *Schlosser* Rn. 3.
[2] AA *Rauscher/Mankowski* Rn. 5.
[3] *Kropholler* Rn. 6; *Rauscher/Mankowski* Rn. 3.
[4] *Kropholler* Rn. 10; *Geimer/Schütze,* EuZVR, Rn. 7; *Zöller/Geimer* Rn. 3; *Thomas/Putzo/Hüßtege* Rn. 1; *Mennicke* IPRax 2000, 294, 297; aA in engen Grenzen *Rauscher/Mankowski* Rn. 9.
[5] *Kropholler* Rn. 2.
[6] *Magnus/Mankowski/Kerameus* Rn. 11.
[7] ZB nach § 1 AusfG zum deutsch-belgischen Abkommen; § 1 AusfG zum deutsch-britischen Abkommen.
[8] ZB nach Art. 1 AVO zum deutsch-italienischen Abkommen.
[9] BGH NJW 1979, 2477; BGH NJW 1995, 264; *Kropholler* Art. 40 Rn. 3; aA *Schlosser* Art. 38 Rn. 12 (mit Zustimmung des Antragstellers).

8 d) die **Gerichtsbarkeit des Erststaates** (s. § 328 ZPO Rn. 52) und des Vollstreckungsstaates. Die EuGVO erwähnt diese Voraussetzung nicht, schließt ihre Prüfung aber nicht aus (s. Art. 34 Rn. 4).

9 e) Da Versagungsgründe häufig aus den eingereichten Urkunden nicht ersichtlich sind und zur weiteren Beschleunigung der Zwangsvollstreckung in Europa, sind die **Versagungsgründe** nach Art. 41 EuGVO (seit 1. 3. 2002) **in erster Instanz nicht mehr**, sondern erst auf Beschwerde des Schuldners in zweiter Instanz **zu prüfen**.

10 f) Zusätzlich besteht das **Verbot der révision au fond**. Wie Art. 36 für die Anerkennung stellt Art. 41 Abs. 1 für die Vollstreckbarerklärung klar, dass die Entscheidung in der Sache selbst nicht nachgeprüft werden darf (s. Erl. zu Art. 36). Ist der Antragsteller im Erstverfahren als rechtsfähig angesehen und sind ihm Ansprüche zuerkannt worden, so ist das Gericht des Vollstreckungsstaates daran gebunden.[10] Eine Schiedseinrede ist gleichfalls unbeachtlich (s. o. Art. 35 Rn. 8).

11 g) **Rechtslage nach EuGVÜ/LugÜ**. Soweit eine Entscheidung nicht unter die EuGVO fällt, sondern nach EuGVÜ bzw. LugÜ aF für vollstreckbar zu erklären ist, sind die Versagungsgründe der Art. 27 und 28 gemäß Art. 34 Abs. 2 EuGVÜ/LugÜ bereits in erster Instanz von Amts wegen zu prüfen.

Allerdings besteht keine Amtsermittlungspflicht[11] (s. Art. 34 Rn. 5), so dass ein Antrag nur selten abzulehnen ist, wenn sich der Versagungsgrund aus den eingereichten Unterlagen ergibt; ein Entscheidungsermessen steht dem Vorsitzenden Richter dann nicht zu.[12] Bevor ein Antrag wegen fehlender Unterlagen abgelehnt wird, ist aber eine Frist zur Nachbesserung zu setzen (Art. 55).

Art. 42. (1) Die Entscheidung über den Antrag auf Vollstreckbarerklärung wird dem Antragsteller unverzüglich in der Form mitgeteilt, die das Recht des Vollstreckungsmitgliedstaats vorsieht.

(2) Die Vollstreckbarerklärung und, soweit dies noch nicht geschehen ist, die Entscheidung werden dem Schuldner zugestellt.

1 1. **Mitteilung der positiven Entscheidung an den Gläubiger.** Art. 42 Abs. 1 bestimmt, dass die Entscheidung über den Antrag dem Antragsteller in jedem Mitgliedstaat mitzuteilen ist; die Form der Mitteilung wird dem Recht des Vollstreckungsstaates überlassen. Für Deutschland ist dem Antragsteller nach § 10 Abs. 3 AVAG eine beglaubigte Abschrift der die Zwangsvollstreckung zulassenden Entscheidung, die mit der Vollstreckungsklausel versehene Ausfertigung des Titels und eine Bescheinigung über die bewirkte Zustellung an den Verpflichteten formlos zu übersenden sind.

2 2. **Zustellung der Vollstreckbarerklärung an den Schuldner.** Art. 42 Abs. 2 greift die bisher in Art. 36 Abs. 1 EuGVÜ angesprochene Zustellung der Vollstreckbarerklärung an den Schuldner auf und sieht vor, dass auch die Entscheidung selbst zuzustellen ist, soweit dies noch nicht geschehen ist. Der Schuldner soll sich sachgerecht gegen die Vollstreckbarerklärung wehren können; die vorherige Zustellung der Entscheidung ist aber keine Voraussetzung der Vollstreckbarerklärung.[1]

3 Dem Schuldner ist die Vollstreckbarerklärung und gegebenenfalls der Titel selbst stets förmlich zuzustellen, damit er in die Lage versetzt wird, den in Art. 43 Abs. 1 vorgesehenen Rechtsbehelf einzulegen und zugleich eindeutig feststeht, ab wann die Rechtsbehelfsfrist gemäß Art. 43 Abs. 5 EuGVO zu laufen beginnt.

4 3. **Zustellung des ablehnenden Beschlusses.** Da der ablehnende Beschluss für die Justizkasse Vollstreckungstitel wegen der Verfahrenskosten ist (§ 8 Abs. 2 S. 2 AVAG), ist er dem Antragsteller analog § 329 Abs. 3 ZPO förmlich zuzustellen,[2] und zwar an den Zustellungsbevollmächtigten bzw. Bevollmächtigten (Art. 33 Abs. 2, § 5 Abs. 1, 3 AVAG), hilfsweise an den Antragsteller durch Aufgabe zur Post (§ 5 Abs. 1 AVAG). Der Beschluss ist zu begründen, § 8 Abs. 2 S. 1 AVAG. Die Kosten trägt stets der Antragsteller, § 8 Abs. 2 S. 2 AVAG. § 91a ZPO kann auch dann nicht angewandt werden, wenn der Titel nach Antragstellung im Ausland aufgehoben wurde.[3]

---

[10] BGH NJW 1992, 627, 628.
[11] *Cypra*, Rechtsbehelfe, S. 91.
[12] OLG Köln MDR 1980, 1030.
[1] Vgl. *Stadler*, in: Gottwald S. 54 f. (parallel zu § 750 ZPO); *Rauscher/Mankowski* Rn. 7.
[2] *Kropholler* Rn. 2; *Geimer/Schütze*, EuZVR, Rn. 6 f.
[3] OLG Hamburg NJW 1987, 2165; *Kropholler* Art. 41 Rn. 3; aA *Schlosser* Art. 41 Rn. 5.

Gegen den Beschluss kann der Antragsteller den Rechtsbehelf nach Art. 43 Abs. 1, dh. Beschwerde gemäß § 11 AVAG einlegen. Wurde der Antrag aus formellen Gründen abgelehnt, kann er unter Behebung des Mangels neu gestellt werden.

4. Bindungswirkung der Entscheidung. a) Die Beschwerde des Antragstellers ist nach Art. 43 Abs. 1 EuGVO, § 11 AVAG innerhalb eines Monats nach Zustellung einzulegen. Mit Fristablauf wird die Versagung rechtskräftig.

b) Rechtskräftig wird die Ablehnung erst mit **Erschöpfung des Beschwerdeweges**. Ein neuer Antrag kann dann nur bei nachträglicher Veränderung der Sachlage gestellt werden.[4]

c) Wird dem **Antrag stattgegeben,** so steht nach Eintritt der Rechtskraft (Ablauf der Beschwerdefrist oder Zurückweisung der Beschwerde) fest, dass der Titel im Inland vollstreckbar ist. Über die Anerkennung des Titels wird dagegen nur inzident entschieden (s. o. Art. 33 Rn. 17). Wird der Titel im Ausland aufgehoben, so entfällt die inländische Vollstreckbarkeit nicht von selbst. Der Schuldner muss vielmehr Aufhebung der Klausel gemäß § 27 AVAG beantragen (s. o. Art. 38 Rn. 23). Aus § 28 Abs. 1 S. 2 AVAG folgt, dass Schadenersatz wegen ungerechtfertigter Vollstreckung in diesem Fall im Inland erst nach Aufhebung der Vollstreckungsklausel verlangt werden kann.[5]

Art. 43. (1) Gegen die Entscheidung über den Antrag auf Vollstreckbarerklärung kann jede Partei einen Rechtsbehelf einlegen.

(2) Der Rechtsbehelf wird bei dem in Anhang III aufgeführten Gericht eingelegt.

(3) Über den Rechtsbehelf wird nach den Vorschriften entschieden, die für Verfahren mit beiderseitigem rechtlichen Gehör maßgebend sind.

(4) Lässt sich der Schuldner auf das Verfahren vor dem mit dem Rechtsbehelf des Antragstellers befassten Gericht nicht ein, so ist Artikel 26 Absätze 2 bis 4 auch dann anzuwenden, wenn der Schuldner seinen Wohnsitz nicht im Hoheitsgebiet eines Mitgliedstaats hat.

(5) Der Rechtsbehelf gegen die Vollstreckbarerklärung ist innerhalb eines Monats nach ihrer Zustellung einzulegen. Hat der Schuldner seinen Wohnsitz im Hoheitsgebiet eines anderen Mitgliedstaats als dem, in dem die Vollstreckbarerklärung ergangen ist, so beträgt die Frist für den Rechtsbehelf zwei Monate und beginnt von dem Tage an zu laufen, an dem die Vollstreckbarerklärung ihm entweder in Person oder in seiner Wohnung zugestellt worden ist. Eine Verlängerung dieser Frist wegen weiter Entfernung ist ausgeschlossen.

1. Einheitliche Regelung der Rechtsbehelfe. Während EuGVÜ/LugÜ die Rechtsbehelfe von Schuldner (Art. 36) und Gläubiger (Art. 40) getrennt regeln, fasst Art. 43 EuGVO diese nun einheitlich zusammen. Art. 43 Abs. 1 lässt gegen jede positive wie negative Entscheidung der Einlegung eines Rechtsbehelfs zu. Zuständig ist das im Anhang III aufgeführte Gericht, in Deutschland das zuständige Oberlandesgericht. Dass § 55 Abs. 1 AVAG die Anwendung von § 11 Abs. 1 S. 2 AVAG, der dasselbe anordnet, ausschließt, ändert daran in der Sache aber nichts und beruht lediglich auf dem Wiederholungsverbot gegenüber europäischen Rechtsakten.

Der Rechtsbehelf heißt in Deutschland **Beschwerde**; seine Einzelheiten sind ergänzend in den §§ 11 ff. AVAG geregelt.

2. Der Rechtsbehelf für den Schuldner. a) Frist. Nach Art. 43 Abs. 5 hat der Schuldner den Rechtsbehelf gegen die Vollstreckbarerklärung innerhalb eines Monats nach Zustellung an sich einzulegen. Hat der Schuldner seinen Wohnsitz in einem anderen Mitgliedsstaat als dem, in dem die Vollstreckbarerklärung ausgesprochen wurde, so beträgt die Frist zwei Monate ab Zustellung an ihn in Person oder in seiner Wohnung. Andere Zustellungsformen sind nicht zugelassen.[1] Eine Fristverlängerung wegen weiter Entfernung ist ausdrücklich ausgeschlossen (Art. 43 Abs. 5 S. 1, 3 EuGVO). Nach § 55 Abs. 2 AVAG gilt die Zweimonatsfrist auch zugunsten von Schuldnern mit Wohnsitz in Dänemark oder einem Vertragsstaat des Lugano-Übereinkommens. Die Frist beginnt nur mit ordnungsgemäßer Zustellung; die bloße Kenntnis des Schuldners löst die Rechtsbehelfsfrist nicht aus.[2]

---

[4] *Schlosser* Art. 43 Rn. 22.
[5] AA *Schlosser* Art. 43 Rn. 23.
[1] *Geimer/Schütze/Zerr,* IRV, EuGVO Rn. 16; *Rauscher/Mankowski* Rn. 16.
[2] EuGHE 2006, I-1579 *(Verdoliva)* = RIW 2006, 304 = IPRax 2007, 215 (dazu *Heiderhoff* S. 202).

4 b) Form. Nach Art. 43 Abs. 2 ist der Rechtsbehelf beim Beschwerdegericht einzulegen, und zwar durch Einreichen einer Beschwerdeschrift oder durch Erklärung zu Protokoll der Geschäftsstelle, § 11 Abs. 1 AVAG. Da dies von § 569 Abs. 1 ZPO abweicht, legt § 11 Abs. 2 AVAG fest, dass auch eine beim Landgericht eingereichte Beschwerde die Frist wahrt.[3] Da das Landgericht die Beschwerde unverzüglich abzugeben hat, kann es ihr nicht abhelfen.[4] Die Beschwerde wird dem Gegner von Amts wegen zugestellt, § 11 Abs. 4 AVAG. Für die Einlegung der Beschwerde, aber auch für weitere schriftliche Anträge und Erklärungen beider Parteien im Verfahren besteht kein Anwaltszwang, § 78 Abs. 5 ZPO, § 13 Abs. 2 S. 1 AVAG. Die Beschwerde muss nicht begründet werden.[5]

5 c) Zulässige Einwendungen. Nach Art. 45 Abs. 1 EuGVO darf die Vollstreckbarerklärung auf Rechtsbehelf nur aus den Gründen der Art. 34 und 35 EuGVO versagt oder aufgehoben werden. Es dürfen also in dem nunmehr streitigen Verfahren lediglich die Anerkennungsversagungsgründe geprüft werden. Allerdings muss der angebliche Schuldner rügen können, dass er mit dem Titelschuldner nicht identisch ist.[6]

6 Dass die Entscheidung sachlich nicht mehr überprüft werden kann, stellt Art. 45 Abs. 2 EuGVO ausdrücklich klar. Sinngemäß folgt daraus, dass **Einwendungen, die vor Erlass der ausländischen Entscheidung** entstanden sind, ausgeschlossen sind.[7] Der Schuldner muss sie durch Rechtsmittel gegen die ausländische Entscheidung im Ursprungsstaat geltend machen.[8]

7 Nach § 12 AVAG (der in § 55 Abs. 1 AVAG nicht ausgeschlossen wird) kann der Schuldner auch **nachträglich entstandene Einwendungen** gegen den Anspruch selbst mit der Beschwerde geltend machen. Gemäß § 14 Abs. 1 AVAG ist er sogar gehalten, diese Einwendungen mit der Beschwerde vorzubringen, weil er anderenfalls mit ihnen bei einer später erhobenen Vollstreckungsgegenklage präkludiert ist.[9] So hat der BGH etwa den Einwand einer nachträglichen (ausländischen) Restschuldbefreiung beachtet.[10]

Diese Regelung ist aber mit dem neuen Art. 45 Abs. 1 S. 1 EuGVO nicht vereinbar. Denn danach darf das nach Art. 43 befasste Gericht die Vollstreckbarerklärung *nur* aus einem der in den Art. 34 und 35 EuGVO aufgeführten Gründen aufheben. Nun trifft es sicher zu, dass der Art. 45 Abs. 1 nicht alle denkbaren Beschwerdegründe regelt, etwa nicht den Fall, dass die Vollstreckbarerklärung aus formellen Gründen versagt wurde und der Antragsteller die nötigen Nachweise mit der Beschwerde vorbringt. Gleichwohl erscheint es zweifelhaft, daraus zu schließen, die bisherige Praxis der Zulassung nachträglicher Einwendungen könne unverändert fortgeführt werden.[11] Denn gerade im Hinblick auf Einwendungen des Schuldners formuliert Art. 45 Abs. 1 S. 1 ausdrücklich, dass nur die Versagungsgründe zu prüfen sind. Dieser (mit Art. 34 Abs. 2 EuGVÜ übereinstimmenden Formulierung) dürfte es eher entsprechen, dass nur „liquide" dh. unstreitige oder rechtskräftig festgestellte Einwendungen berücksichtigt werden dürfen.[12] Die Prüfung streitiger nachträglicher Einwendungen bleibt danach entweder einer späteren Vollstreckungsabwehrklage vorbehalten[13] oder sie ermöglichen es, nach Aufhebung der zu vollstreckenden Entscheidung im Ursprungsstaat eine Aufhebung der Vollstreckbarerklärung im Verfahren nach § 27 AVAG zu betreiben.[14]

8 Nicht zu den Versagungsgründen gehören aus deutscher Sicht **Abänderungsgründe**, da deren Berücksichtigung zu einer Durchbrechung der Rechtskraft, jedenfalls zu einer sachlichen Prüfung und Abänderung der ausländischen Entscheidungen führen würde.[15]

---

[3] Vgl. OLG Köln RIW 2004, 868, 869.
[4] OLG München NJW 1975, 504, 505; OLG Zweibrücken FamRZ 2007, 1582 f.
[5] OLG Stuttgart RIW 1988, 302; *Schlosser* Rn. 1.
[6] So zu Recht *H. Roth* IPRax 2007, 423; aA OLG Düsseldorf IPRax 2007, 453.
[7] *Geimer/Schütze/Zerr*, IRV, EuGVO Rn. 25; Hk-ZPO/*Dörner* Rn. 3.
[8] BGH NJW 1992, 627; *Kropholler* Rn. 26; Hk-ZPO/*Dörner* Rn. 3.
[9] Vgl. *Geimer/Schütze/Zerr*, IRV, EuGVO Rn. 26, 28.
[10] BGH NJW 2002, 960.
[11] So *Kropholler* Art. 45 Rn. 6, Art. 43 Rn. 27 ff.; für Beibehalt der bisherigen Praxis auch *Stadler*, in: Gottwald S. 57; *Schack*, IZVR, 4. Aufl., Rn. 955; *Wagner* IPRax 2002, 75, 83; *Baur/Stürner/Bruns* Rn. 55.14.
[12] BGH NJW 2007, 3432 = FamRZ 2007, 989, 991 f. (Rn. 23 ff., 26) (krit. *Gottwald*); OLG Dresden FamRZ 2007, 65.
[13] *Thomas/Putzo/Hüßtege* Art. 45 EuGVVO Rn. 3; *Geimer/Schütze/Zerr*, IRV, EuGVO Rn. 30; Hk-ZPO/*Dörner* Rn. 4; *Nagel/Gottwald* § 12 Rn. 123; *Gebauer/Wiedmann* Kap. 26 Rn. 222; *Geimer/Schütze*, EuZVR, Art. 45 Rn. 11; *Zöller/Geimer* Rn. 1; wohl auch *Rauscher/Mankowski* Art. 45 Rn. 6; aA *Hub* NJW 2001, 3145, 3147 (nur Rechtsbehelfe im Ursprungsstaat).
[14] *Nelle*, Anspruch, Titel und Vollstreckung im internationalen Rechtsverkehr, 2000, S. 435 ff., 447 ff.; *Thomas/Putzo/Hüßtege* Art. 45 EuGVVO Rn. 3.
[15] BGH FamRZ 2007, 989, 991 (Rn. 20 f.); vgl. bereits BGH FamRZ 1990, 504, 506; KG FamRZ 1990, 1376 *(Gottwald).*

3. Der Rechtsbehelf des Antragstellers. Wird die Klauselerteilung abgelehnt, so kann der 9
Antragsteller dagegen ebenfalls einen Rechtsbehelf einlegen, in Deutschland wiederum die Beschwerde. Eine Frist hierzu besteht weder nach Art. 43 EuGVO noch nach dem AVAG.[16]

4. Streitiges Beschwerdeverfahren. Gemäß Art. 43 Abs. 3 findet auf den Rechtsbehelf hin 10
ein kontradiktorisches Verfahren statt, bei dem dem Gegner zumindest schriftlich (vgl. § 13 Abs. 1 AVAG) Gehör zu gewähren ist. Es entscheidet stets der Senat, weil der Vorsitzende der Kammer des Landgerichts nicht als Einzelrichter iS der §§ 348, 568 ZPO tätig war.[17]

Regelmäßig entschied das Oberlandesgericht über die Beschwerde sachlich nach Anhörung des 11
Gegners **ohne mündliche Verhandlung** durch begründeten Beschluss, § 13 Abs. 1 AVAG. Nur wenn es nach seinem Ermessen[18] eine mündliche Verhandlung anordnet, besteht Anwaltszwang; die Beteiligten sind dann mit der Ladung aufzufordern, einen Anwalt zu bestellen, § 13 Abs. 2 S. 2 AVAG, § 215 Abs. 2 ZPO. Mehrere Verfahren zwischen denselben Parteien können miteinander verbunden werden.[19] Die Parteien können sich im Beschwerdeverfahren vergleichen.[20] Die Beschwerdeentscheidung ist stets beiden Parteien **von Amts wegen zuzustellen,** § 13 Abs. 3 AVAG.

Dieses Beschwerdeverfahren findet auch statt, wenn die Beschwerde offensichtlich begründet bzw. 12
unbegründet ist, zB wenn das erstinstanzliche Gericht die Vollstreckbarerklärung wegen angeblich unzureichender Unterlagen abgelehnt hat.[21] Da dem Gegner ohnehin nur schriftlich Gehör zu gewähren ist, besteht für ein Absehen von einem kontradiktorischen Verfahren auch dann, schon um Missbräuche auszuschließen, kein Anlass. Der Gläubiger kann notfalls vor der Vollstreckbarerklärung einstweiligen Rechtsschutz gemäß Art. 47 Abs. 1 beantragen.

Lässt sich der Schuldner auf das vom Gläubiger eingeleitete Beschwerdeverfahren nicht ein, so 13
ordnet Art. 43 Abs. 4 EuGVO an, dass das rechtliche Gehör des Schuldners dadurch zu wahren ist, dass Art. 26 Abs. 2 bis 4 anzuwenden sind. Dementsprechend ist das **Verfahren auszusetzen,** bis festgestellt ist, dass der Beklagte zur Teilnahme am Beschwerdeverfahren so rechtzeitig geladen wurde, dass er sich verteidigen konnte. Dazu muss festgestellt werden, dass die Beschwerde dem Gegner gemäß Art. 19 EuZustVO bzw. Art. 15 HZÜ 1965, hilfsweise Art. 26 Abs. 2 zugestellt wurde.[22] Wird nämlich durch das Beschwerdegericht die Vollstreckbarerklärung angeordnet, so kann der Schuldner hiergegen nur noch Rechtsbeschwerde nach Art. 44 EuGVO einlegen. Die Aussetzungspflicht will daher sicherstellen, dass die Rechte des Schuldners nicht schuldlos verkürzt werden,[23] gleichgültig in welchem Staat der Schuldner seinen Wohnsitz hat.

5. Verfahrenskosten. Ist die Beschwerde des Gläubigers erfolgreich, trägt der Schuldner die 14
Kosten nach §§ 13 Abs. 4 S. 2, 8 Abs. 1 S. 4 AVAG iVm. § 788 ZPO. Ist die Beschwerde des Schuldners erfolgreich, trägt der Gläubiger die Kosten nach § 91 ZPO. Bei erfolgloser Beschwerde gilt jeweils § 97 ZPO.[24] Der Gläubiger trägt auch dann die Kosten, wenn sein Antrag abgelehnt wird, weil der Titel im Ursprungsstaat nach Antragstellung der vorläufige Vollstreckbarkeit aberkannt wurde.[25] Das Beschwerdeverfahren kostet 300 € (KV GKG Nr. 1510, 1520). Der Anwalt jeder Seite erhält eine 1,6 Verfahrensgebühr (VV RVG Vorbem. 3.2.1 (1) Nr. 3, Nr. 3200) sowie bei mündlicher Verhandlung eine 1,2 Terminsgebühr (VV RVG Nr. 3202) jeweils aus dem Gegenstandswert (§ 2 RVG), dh. dem streitigen Wert des Titels.

Art. 44. Gegen die Entscheidung, die über den Rechtsbehelf ergangen ist, kann nur ein Rechtsbehelf nach Anhang IV eingelegt werden.

1. Einheitliche Regelung des weiteren Rechtsbehelfs. Die Bestimmung fasst die bisher in 1
Art. 37 Abs. 2 und 41 EuGVÜ/LugÜ vorgesehenen Rechtsbehelfe in einer Regel zusammen. Sie

---

[16] *Geimer/Schütze/Zerr,* IRV, EuGVO Rn. 14.
[17] OLG Zweibrücken OLGR 2005, 135; *Thomas/Putzo/Hüßtege* Rn. 18; *Geimer/Schütze/Zerr,* IRV, EuGVO Rn. 32.
[18] BGH IPRax 1985, 101 und BGH IPRax 1985, 101, 102 (zu beiden *Grunsky* S. 82); *Cypra,* Rechtsbehelfe, S. 78.
[19] OLG Hamburg RIW 1994, 424; *Schlosser* Rn. 1.
[20] *Schlosser* Rn. 1.
[21] EuGHE 1984, 3033 = IPRax 1985, 274 (dazu *Stürner* S. 254); *Kropholler* Rn. 9; *Schlosser* Rn. 21; *Thomas/Putzo/Hüßtege* Rn. 15; aA (für Aufhebung und Zurückverweisung an die erste Instanz im einseitigen Verfahren) OLG Düsseldorf IPRax 2004, 251 (zust. *Mankowski* S. 220, 222); *Geimer/Schütze,* EuZVR, Rn. 51; zweifelnd *Zöller/Geimer* Rn. 8.
[22] Vgl. *Geimer/Schütze/Zerr,* IRV, EuGVO Rn. 3a; *Rauscher/Mankowski* Rn. 11.
[23] Vgl. *Kropholler* Rn. 12; *Geimer/Schütze,* EuZVR, Rn. 53.
[24] OLG Zweibrücken RIW 2006, 863, 864; Hk-ZPO/*Dörner* Rn. 13; *Thomas/Putzo/Hüßtege* Rn. 21, 22.
[25] *Thomas/Putzo/Hüßtege* Rn. 21.

EuGVO Art. 45 1, 2   B. Europäisches Zivilprozessrecht

legt fest, dass gegen die Entscheidung über den Rechtsbehelf nach Art. 43 EuGVO nur ein Rechtsbehelf nach Anhang IV zulässig ist. Die EuGVO sagt zu der Art dieses Rechtsbehelfs selbst nichts, doch ergibt sich aus der Auflistung in Anhang IV, dass es sich wie bisher in allen Mitgliedsstaaten um eine Rechts- bzw. Kassationsbeschwerde handelt.

2 **2. Die deutsche Rechtsbeschwerde.** Das ZPO-Reformgesetz hat § 15 Abs. 1 AVAG neu gefasst, sodass die Rechtsbeschwerde nach Maßgabe des § 574 Abs. 1 Nr. 1, Abs. 2 ZPO stattfindet.

3 **a) Zulässigkeitsvoraussetzung.** Die Rechtsbeschwerde bedarf keiner Zulassung durch das Oberlandesgericht; sie ist gleichwohl nur zulässig, wenn die Sache grundsätzliche Bedeutung hat oder eine Fortbildung des Rechts oder die Sicherung einer einheitlichen Rechtsprechung eine Entscheidung des Rechtsbeschwerdegerichts erfordert (§ 574 Abs. 1 ZPO).[1] Rechtsbeschwerde kann auch dann eingelegt werden, wenn es um die Vollstreckung von Entscheidungen des einstweiligen Rechtsschutzes geht.[2]

Den Rechtsbehelf können nur Gläubiger oder Schuldner einlegen, nicht ein interessierter Dritter, selbst wenn dies das autonome Recht vorsehen sollte.[3]

4 **b) Form, Frist, Anschließung.** §§ 16 Abs. 1 AVAG legt fest, dass die Rechtsbeschwerde beim BGH einzulegen und § 16 Abs. 2 S. 2 AVAG, dass sie wie eine Rechtsbeschwerde gemäß § 575 Abs. 2 bis 4 ZPO zu begründen ist. Die Rechtsbeschwerde ist innerhalb eines Monats durch einen beim Bundesgerichtshof zugelassenen Rechtsanwalt[4] einzulegen und zu begründen. Der Gegner kann sich der Rechtsbeschwerde nach § 17 Abs. 2 S. 2 AVAG iVm. § 574 Abs. 4 ZPO durch Einreichen einer Rechtsbeschwerdeanschlussschrift anschließen.

5 **c) Verfahren.** Der Bundesgerichtshof kann über die Rechtsbeschwerde ohne mündliche Verhandlung entscheiden, § 17 Abs. 2 S. 1 AVAG. Er prüft nur, ob eine Rechtsverletzung vorliegt (§ 17 Abs. 2 S. 2 AVAG iVm. § 576 Abs. 3 ZPO). Eine unzulässige Rechtsbeschwerde wird verworfen, § 17 Abs. 2 S. 2 AVAG iVm. § 577 Abs. 1 ZPO. Wird die Rechtsbeschwerde für begründet erachtet, wird die angefochtene Entscheidung aufgehoben und entweder zurückverwiesen oder in der Sache selbst entschieden, § 577 Abs. 4, 5 ZPO. Lässt der BGH die Zwangsvollstreckung aus dem Titel erstmals zu, erteilt der Urkundsbeamte der Geschäftsstelle des BGH die Vollstreckungsklausel, § 17 Abs. 3 S. 1 AVAG.

6 **d) Kosten.** Das Rechtsbeschwerdeverfahren kostet nach KV GKG Nr. 1520 300 €. Der Rechtsanwalt beim BGH erhält wie im Revisionsverfahren eine 2,3-Verfahrensgebühr (VV RVG Vorbem. 3.2.2 iVm. Vorbem. 3.2.1 Abs. 1 Nr. 3 und VV Nr. 3208) sowie gegebenenfalls eine 1,5-Termingebühr (VV Nr. 3210).

Art. 45. (1) Die Vollstreckbarerklärung darf von dem mit einem Rechtsbehelf nach Artikel 43 oder Artikel 44 befassten Gericht nur aus einem der in den Artikeln 34 und 35 aufgeführten Gründe versagt oder aufgehoben werden. Das Gericht erlässt seine Entscheidung unverzüglich.

(2) Die ausländische Entscheidung darf keinesfalls in der Sache selbst nachgeprüft werden.

1 **1. Allgemeines.** Die Bestimmung hat keine direkte Parallele im bisherigen EuGVÜ/LugÜ. Sie legt für die zweite und dritte Instanz fest, aus welchen Gründen die Vollstreckbarerklärung abgelehnt werden darf und verpflichtet das Gericht unverzüglich zu entscheiden. In der Sache knüpft die Bestimmung damit an Art. 34 Abs. 2 und 3 EuGVÜ/LugÜ an.

2 **2. Prüfung der Versagungsgründe. a) Erst in der Rechtsbehelfsinstanz.** Abs. 1 S. 1 stellt klar, dass die Gründe für die Versagung der Anerkennung und Vollstreckung einer Entscheidung nach den Art. 34, 35 erst im Rechtsbehelfsverfahren geprüft werden dürfen. Wie bisher bleibt eine révision au fond gemäß Art. 45 Abs. 2 ausgeschlossen.[1] Je nach Entscheidung der jeweiligen Vorinstanz darf die Vollstreckbarerklärung nur aus den angegebenen Gründen unter Bestätigung der bisherigen Entscheidung versagt oder in Abänderung einer zulassenden Entscheidung aufgehoben werden.

---

[1] *Kropholler* Rn. 7; *Geimer/Schütze,* EuZVR, Art. 33 Rn. 120; *Rauscher/Mankowski* Rn. 4.
[2] *Geimer/Schütze,* EuZVR, Rn. 4.
[3] EuGHE 1993, I-1963 = NJW 1993, 2091, 2092; Hk-ZPO/*Dörner* Rn. 2.
[4] BGH NJW 2002, 2181; *Geimer/Schütze,* EuZVR, Rn. 12.
[1] OLG Düsseldorf RIW 2004, 391.

b) Formelle Versagungsgründe. Der Text des Art. 45 erfasst nicht die Fälle, in denen die erste Instanz die Vollstreckbarerklärung aus **formellen Gründen** (Unzuständigkeit, unvollständige Urkunden) versagt hat und diese auch auf Beschwerde nicht ausreichend vervollständigt werden. Selbstverständlich muss der Schuldner solche formellen Mängel rügen und jede Rechtsbehelfsinstanz die Vollstreckbarerklärung (je nachdem) in bestätigender Weise versagen oder in korrigierender Weise aufheben können.[2]

Zu den formellen Versagungsgründen gehört auch, dass der anzuerkennende **Titel** inzwischen **im Ursprungsstaat aufgehoben** worden ist. Eine nicht mehr existente Entscheidung kann und darf nicht mehr anerkannt und zur Vollstreckung zugelassen werden[3] (s. auch § 27 Abs. 1 AVAG).

c) Sachliche Einwendungen gegen den Titel. Dagegen entspricht es dem Willen des europäischen Gesetzgebers, dass die Rechtsbehelfsinstanzen nicht über (streitige) **nachträglich entstandene sachliche Einwendungen** entscheiden dürfen (s. o. Art. 43 Rn. 7). Folgt man dieser Ansicht, so darf der Schuldner, der das Vorbringen solcher Einwendungen unterlässt, auch nicht nach § 14 AVAG präkludiert werden.[4] Solange insoweit aber keine gesicherte Praxis besteht, sollte ein Schuldner den sicheren Weg gehen und mit der Beschwerde alle bis zum Ablauf der Beschwerdefrist entstandenen Einwendungen vorbringen und im Beschwerdeverfahren noch alle bis zu dessen Beendigung entstandenen Einwendungen nachtragen.

Art. 46. (1) Das nach Artikel 43 oder Artikel 44 mit dem Rechtsbehelf befasste Gericht kann auf Antrag des Schuldners das Verfahren aussetzen, wenn gegen die Entscheidung im Ursprungsmitgliedstaat ein ordentlicher Rechtsbehelf eingelegt oder die Frist für einen solchen Rechtsbehelf noch nicht verstrichen ist; in letzterem Fall kann das Gericht eine Frist bestimmen, innerhalb deren der Rechtsbehelf einzulegen ist.

(2) Ist die Entscheidung in Irland oder im Vereinigten Königreich ergangen, so gilt jeder im Ursprungsmitgliedstaat statthafte Rechtsbehelf als ordentlicher Rechtsbehelf im Sinne von Absatz 1.

(3) Das Gericht kann auch die Zwangsvollstreckung von der Leistung einer Sicherheit, die es bestimmt, abhängig machen.

1. Allgemeines. Die Bestimmung entspricht sachlich Art. 38 EuGVÜ, gibt die darin vorgesehenen Befugnisse aber auch dem nach Art. 44 EuGVO befassten Gericht, dem Rechtsbeschwerdegericht. Auf diese Weise soll vermieden werden, dass eine im Ursprungsstaat nur vorläufige Entscheidung endgültig für vollstreckbar erklärt wird.[1]

§ 36 AVAG ist auf Beschwerdeverfahren nach Art. 43 EuGVO nicht anwendbar, da es sich um eine Sonderbestimmung zur Ausführung des EuGVÜ und des LugÜ handelt, auf die in § 55 AVAG nicht Bezug genommen wird.[2]

2. Die Aussetzung. Sie setzt voraus, dass im Ursprungsstaat ein ordentlicher Rechtsbehelf bereits eingelegt ist oder noch eingelegt werden kann.

Wie bisher gibt Art. 46 Abs. 1 EuGVO den Gerichten ein Ermessen bei der Entscheidung über den Aussetzungsantrag („kann"). Die Gerichte dürfen daher die voraussichtliche Erfolgsaussicht des Rechtsbehelfs bei ihrer Entscheidung berücksichtigen.[3] Dabei werden primär nur solche Gründe berücksichtigt, die der Schuldner in der Vorinstanz des Erststaates nicht geltend machen konnte. Erscheint der Rechtsbehelf dem Gericht nicht als aussichtsreich, kann der Gläubiger durch Anordnung einer Sicherheitsleistung nach Art. 46 Abs. 3 EuGVO geschützt werden.[4]

3. Ordentlicher Rechtsbehelf. Weitere Voraussetzung der Aussetzung ist, dass der Schuldner im Urteilsstaat bereits einen ordentlichen Rechtsbehelf gegen die zu vollstreckende Entscheidung eingelegt hat oder noch einlegen kann. Der Begriff des ordentlichen Rechtsbehelfs ist autonom und

---

[2] OLG Köln RIW 2004, 868, 869; *Rauscher/Mankowski* Rn. 3; *Kropholler* Rn. 5 f.; *Gebauer/Wiedmann* Kap. 26 Rn. 217; Hk-ZPO/*Dörner* Rn. 2.
[3] BGH NJW 2007, 3432 = FamRZ 2007, 989, 990 f. (Rn. 15); *Rauscher/Mankowski* Rn. 14 a.
[4] *Gebauer/Wiedmann* Kap. 26 Rn. 222.
[1] *Gebauer/Wiedmann* Kap. 26 Rn. 223; vgl. *Stadler*, in: Gottwald S. 58.
[2] *Geimer/Schütze*, EuZVR, Rn. 1; aA anscheinend *Kropholler* Rn. 1.
[3] OLG Düsseldorf RIW 2004, 391; OLG Düsseldorf NJW-RR 2001, 1575; *Thomas/Putzo/Hüßtege* Rn. 3; *Nagel/Gottwald* § 12 Rn. 149.
[4] *Schlosser* Rn. 2; *Rauscher/Mankowski* Rn. 15; *Gebauer/Wiedmann* Kap. 26 Rn. 223.

EuGVO Art. 47   B. Europäisches Zivilprozessrecht

wie bei Art. 37 weit auszulegen[5] (s. Art. 37 Rn. 4). Beim Fehlen eines der Partei eingeräumten Rechtsbehelfs erfüllt auch ein von Amts wegen durchzuführendes Bestätigungsverfahren innerhalb der Instanz die Rechtsbehelfsvoraussetzung.[6] Da in Irland sowie in Großbritannien und Nordirland nicht zwischen ordentlichen und außerordentlichen Rechtsbehelfen unterschieden wird, gibt hier jeder statthafte Rechtsbehelf diese Möglichkeit (Abs. 2). Die Gefahr einer ungerechtfertigten Vollstreckung besteht aber auch, wenn der Titel im Erststaat zwar nicht aufgehoben, die Vollstreckung daraus aber etwa auf Vollstreckungsabwehrklage (§ 767 ZPO) für unzulässig erklärt wird. Deshalb ist eine Aussetzung auch zulässig, wenn diese oder eine vergleichbare Klage erhoben worden ist.[7]

6   **4. Anordnung einer Sicherheitsleistung. a) Erstmals durch Rechtsbehelfsinstanz.** Jedes Rechtsbehelfsgericht kann die Zulassung der Zwangsvollstreckung aus einem noch nicht endgültigen Titel von einer Sicherheitsleistung abhängig machen; auf die Erfolgsaussicht eines einstweiligen Rechtsbehelfs kommt es insoweit nicht an. Eine solche Anordnung ist entbehrlich, wenn der Titel bereits selbst die Pflicht zur Sicherheitsleistung vorsieht. Eine Sicherheitsleistung kommt allerdings auch in diesem Fall in Betracht, wenn die im Ursprungsstaat angeordnete Sicherheitsleistung voraussichtlich nicht ausreicht, um den etwaigen Schaden des Schuldners im Vollstreckungsstaat auszugleichen.[8]

7   **b) In der Endentscheidung.** Wie bisher darf die Sicherheitsleistung erst zusammen mit der Endentscheidung angeordnet, über sie aber nicht als vorläufige Maßnahem vorab entschieden werden.[9]

8   **c) Sicherheitsleistung des Schuldners.** Ergänzend zu Art. 46 gilt § 20 AVAG. Danach kann der Schuldner, gegen den nur Sicherungsvollstreckung betrieben werden darf, diese Vollstreckung durch eigene Leistung einer Sicherheit in Höhe des vollstreckbaren Betrages abwenden. Diese Befugnis besteht aber nur, solange der Schuldner noch Beschwerde gegen die Vollstreckbarerklärung einlegen kann und, wenn er sie eingelegt hat, solange über den Rechtsbehelf noch nicht entschieden ist (Art. 47 Abs. 3 EuGVO). Entscheidet das Beschwerdegericht bzw. das Rechtsbeschwerdegericht abschließend, so muss es selbst nach Art. 46 Abs. 3 EuGVO Sicherheitsleistung anordnen, wenn dem Schuldner weiterhin ein gewisser Schutz zuteil werden soll.

9   **5. Kein Rechtsbehelf.** Gegen die Aussetzung des Verfahrens und die Anordnung von Sicherheitsleistung sowie gegen die Ablehnung beider Maßnahmen steht kein Rechtsbehelf offen.[10]

Art. 47 (1) Ist eine Entscheidung nach dieser Verordnung anzuerkennen, so ist der Antragsteller nicht daran gehindert, einstweilige Maßnahmen einschließlich solcher, die auf eine Sicherung gerichtet sind, nach dem Recht des Vollstreckungsmitgliedstaats in Anspruch zu nehmen, ohne dass es einer Vollstreckbarerklärung nach Artikel 41 bedarf.

(2) Die Vollstreckbarerklärung gibt die Befugnis, solche Maßnahmen zu veranlassen.

(3) Solange die in Artikel 43 Absatz 5 vorgesehene Frist für den Rechtsbehelf gegen die Vollstreckbarerklärung läuft und solange über den Rechtsbehelf nicht entschieden ist, darf die Zwangsvollstreckung in das Vermögen des Schuldners nicht über Maßnahmen zur Sicherung hinausgehen.

Schrifttum: a) Zur EuGVO: *Heß/Hub,* Die vorläufige Vollstreckbarkeit ausländischer Urteile im Binnenmarktprozess, IPRax 2003, 93; *Mauch,* Die Sicherungsvollstreckung gemäß Art. 47 EuGVVO, Art. 39 EuGVÜ und Art. 39 Luganer Übereinkommen, 2003; *Schlosser,* Balance zwischen Effizienz und Schuldnerschutz in der Zwangsvollstreckung aus Titeln anderer EG-Mitgliedsstaaten, IPRax 2007, 239.

b) Zum EuGVÜ: *Coester-Waltjen,* Sicherungsvollstreckung nach Art. 39 EuGVÜ in Irland, IPRax 1990, 65; *Cypra,* Die Rechtsbehelfe im Verfahren der Vollstreckbarerklärung nach dem EuGVÜ, 1996; *Haas,* Beginn der Sicherungs(zwangs)vollstreckung nach Art. 39 Abs. 1 EuGVÜ, IPRax 1995, 223; *Luther,* Zur Auslegung von Art. 39 des Europäischen Gerichtsstands- und Vollstreckungsübereinkommens von 1968, IPRax 1982, 120; *Pirrung,* Vom Überraschungseffekt – Voraussetzungen der Sicherungsvollstreckung nach Art. 39 GVÜ, IPRax 1989, 18; *Prütting,* Probleme des Europäischen Vollstreckungsrechts, IPRax 1985, 137.

---

[5] EuGHE 1977, 2175 = NJW 1978, 1107 (LS); *Geimer/Schütze,* EuZVR, Rn. 6; *Thomas/Putzo/Hüßtege* Rn. 2; vgl. *Cypra* S. 114 ff.
[6] BGH NJW 1986, 3026; OLG Stuttgart EWS 1997, 250, 252.
[7] *Kropholler* Rn. 3; Hk-ZPO/*Dörner* Rn. 4; *Schlosser* Rn. 2; *Wolff* Hdb. IZVR III/2 Kap. IV Rn. 326; aA *Baur/Stürner/Bruns* Rn. 55.16 (Fn. 52); *Rauscher/Mankowski* Rn. 8; krit. *Matscher* ZZP 95 (1982), 170, 204 f.
[8] *Kropholler* Rn. 7; *Rauscher/Mankowski* Rn. 17 b; *Geimer/Schütze,* EuZVR, Rn. 13.
[9] Krit. *Stadler,* in: Gottwald S. 58.
[10] EuGHE 1991, I-4743, 4773 = EWS 1993, 119; Hk-ZPO/*Dörner* Rn. 2; *Rauscher/Mankowski* Rn. 22.

1. Allgemeines. Die Bestimmung regelt den einstweiligen Rechtsschutz für den Gläubiger, solange eine anzuerkennende Entscheidung noch nicht für vollstreckbar erklärt bzw. die Vollstreckbarerklärung noch nicht rechtskräftig ist. Art. 47 Abs. 1 EuGVO enthält eine neue Regelung. Die Abs. 2 und 3 entsprechen dem bisherigen Art. 39 EuGVÜ. 1

2. Einstweiliger Rechtsschutz vor Vollstreckbarerklärung. Hat ein Gläubiger eine vollstreckbare Entscheidung erlangt, die nach der EuGVO anerkennungsfähig ist, so kann er nach Art. 47 Abs. 1 EuGVO allein auf dieser Grundlage in anderen Mitgliedsstaaten einstweiligen Rechtsschutz gemäß dem Recht des jeweiligen Zweitstaates beanspruchen. Während Art. 31 EuGVO einstweilige Maßnahmen nach nationalem Recht bis zur Entscheidung einer Hauptsacheentscheidung zulässt, gibt Art. 47 Abs. 1 diese Befugnis bis zur endgültigen Vollstreckbarerklärung, und zwar bereits vor Antragstellung, ohne dass der Schuldner zuvor gehört werden müsste.[1] Die Bestimmung eröffnet dem Gläubiger selbst keine neuen Möglichkeiten, sondern verweist lediglich auf den nach autonomem nationalen Recht zulässigen einstweiligen Rechtsschutz.[2] In Deutschland sind dies (1) die Vorpfändung nach § 845 ZPO, (2) Arrest bzw. einstweilige Verfügung (§§ 916 ff., 935 ff. ZPO) und (3) die Sicherungsvollstreckung nach § 720 a ZPO.[3] Diese Maßnahmen können auch bei der Aussetzung des Vollstreckbarkeitsverfahrens nach Art. 46 Abs. 1 ergriffen werden.[4] 2

Bis zu seiner vollständigen Befriedigung kann der Gläubiger gleichzeitig in mehreren Mitgliedsstaaten vollstrecken und dementsprechend einstweiligen Rechtsschutz nach Abs. 1 EuGVO mehrfach in Anspruch nehmen. 3

Der ausländische Titel weist also (nach Vorlage der Urkunden gem. Art. 53, 54) den zu sichernden Anspruch nach.[5] Streitig ist, inwieweit die Anerkennung des Titels im Rahmen beantragter einstweiliger Maßnahmen inzident überprüft werden darf. Da Art. 47 Abs. 1 davon spricht, dass eine Entscheidung nach dieser Verordnung anzuerkennen ist, wird die Ansicht vertreten, es sei nicht nur der Anwendungsbereich der Verordnung (Art. 1) und das Vorliegen einer Entscheidung (Art. 32), sondern auch zu prüfen, ob ein Anerkennungsversagungsgrund nach Art. 34, 35 vorliegt.[6] Dies überzeugt nicht. Auch wenn Art. 47 Abs. 1 die Prüfung der Art. 34, 35 anders als Art. 41 S. 1 nicht ausdrücklich verbietet, folgt ein Ausschluss doch aus dem Sinn des Art. 41 S. 1: wenn selbst dem erstinstanzlichen Richter im Verfahren der Vollstreckbarerklärung nur eine formale Prüfung des Titels gestattet ist, stünde eine entsprechende Inzidentprüfung damit in einem sachlichen Wertungswiderspruch.[7] 4

3. Einstweilige Maßnahmen nach Vollstreckbarerklärung. a) Befugnis zur Sicherungsvollstreckung. Um die Effektivität und Leichtigkeit des Rechtsverkehrs in der EU zu erhöhen, bestimmt Art. 47 Abs. 2, dass der Gläubiger mit der erstinstanzlichen Klauselerteilung (Registrierung, Vollstreckbarerklärung) im Vollstreckungsstaat befugt ist, einstweiligen Rechtsschutz zu beantragen, insb. eine Sicherungsvollstreckung zu betreiben. Dadurch soll verhindert werden, dass der Schuldner sein Vermögen beiseiteschafft oder andere Gläubiger zugreifen und der Gläubiger nichts mehr vorfindet, wenn sein Titel endgültig vollstreckbar ist.[8] Eine Befriedigung durch Zwangsvollstreckung lässt die EuGVO zum Schutze des Schuldners aber nicht zu, da die Vollstreckbarerklärung (Registrierung) erstinstanzlich in einem einseitigen Verfahren erfolgt (s. Art. 38 Rn. 1 ff.), in dem noch keine Versagungsgründe geprüft werden (Art. 41 S. 1). 5

b) Mit Klauselerteilung. Die Befugnis zur Sicherungsvollstreckung entsteht **ex lege** mit der Klauselerteilung. Sie hängt nicht von zusätzlichen Voraussetzungen (Gefahr im Verzug, zu erwartender Nachteil) ab[9] und braucht vom Vollstreckungsrichter nicht besonders erteilt zu werden.[10] Die Einlegung des Rechtsbehelfs (der Beschwerde) durch den Schuldner hindert die Sicherungsvollstreckung nicht. Das nationale Recht darf das unbeschränkte Recht zur Sicherungsvollstreckung auch nicht sonst durch kürzere Fristen oder Genehmigungsvorbehalte beschränken.[11] Insoweit hat 6

---

[1] *Schlosser* Rn. 2; *Thomas/Putzo/Hüßtege* Rn. 2; *Czernich/Kodek* Rn. 2; *Layton/Mercer* No. 27.077.
[2] Zu den möglichen Maßnahmen s. *Rauscher/Mankowski* Rn. 3; *Nagel/Gottwald* § 15 Rn. 83 ff.
[3] *Geimer/Schütze*, EuZVR, Rn. 6; *Rauscher/Mankowski* Rn. 4; Hk-ZPO/*Dörner* Rn. 2.
[4] OGH IPRax 2007, 227 (dazu *Schlosser* S. 239).
[5] *Heß/Hub* IPRax 2003, 93, 94; *Gebauer/Wiedmann* Kap. 26 Rn. 229; *Geimer/Schütze* Rn. 1.
[6] *Kropholler* Rn. 5; Hk-ZPO/*Dörner* Rn. 2; *Rauscher/Mankowski* Rn. 7; *Geimer/Schütze/Pörnbacher*, IRV, EuGVO Rn. 11; *Thomas/Putzo/Hüßtege* Rn. 2; *Baumbach/Lauterbach/Hartmann* Rn. 1.
[7] *Gebauer/Wiedmann* Kap. 26 Rn. 229; *Heß/Hub* IPRax 2003, 93, 94.
[8] *Rauscher/Mankowski* Rn. 12, 14.
[9] *Kropholler* Rn. 9; Hk-ZPO/*Dörner* Rn. 3.
[10] EuGHE 1985, 3147 = RIW 1986, 300; *Pirrung* IPRax 1989, 18, 20; *Mauch*, Sicherungsvollstreckung, S. 37 f.; *Schack* Rn. 953.
[11] EuGHE (Fn. 10); *Kropholler* Rn. 9; *Rauscher/Mankowski* Rn. 17.

Art. 47 Abs. 2 Vorrang vor abweichendem innerstaatlichem Vollstreckungsrecht. Auf die Art des Titels (vorläufig oder bereits endgültig im Erststaat vollstreckbar),[12] Geldleistungs- oder andere Forderung[13] kommt es nicht an. In Deutschland wird die Befugnis zur Vollstreckung im Wortlaut der erteilten Vollstreckungsklausel (§ 9 Abs. 1 AVAG) ausdrücklich auf Sicherungsmaßnahmen beschränkt, solange keine Anordnung oder kein Zeugnis über die unbeschränkte Vollstreckbarkeit vorgelegt wird.

7   c) Bereits vor Zustellung. Die Befugnis zur Sicherungsvollstreckung entsteht nach Art. 47 Abs. 2 mit der Vollstreckbarerklärung erster Instanz. Eine **Zustellung des ausländischen Titels und/oder der Vollstreckbarerklärung** an den Schuldner ist nicht erforderlich. § 750 ZPO gilt insoweit nicht; der mögliche Überraschungseffekt ist beabsichtigt.[14] § 10 Abs. 1 AVAG (und Art. 42 Abs. 2) ordnen lediglich die Zustellung der Klausel an den Schuldner an, um die Beschwerdefrist des Art. 43 Abs. 5 in Gang zu setzen, macht die Zustellung aber nicht zur Voraussetzung des Vollstreckungsbeginns.[15] Eine **Vorpfändung** ist also entsprechend § 845 Abs. 1 S. 2 ZPO auch ohne vorherige Zustellung des Schuldtitels zulässig; Zustellung und Pfändung müssen aber bei einer Vorpfändung innerhalb der Frist des § 845 Abs. 2 ZPO nachgeholt werden.[16]

8   d) Zulässige Maßnahmen. Den Kreis der zulässigen Sicherungsmaßnahmen bestimmt das Prozessrecht des Vollstreckungsstaates.[17] In Deutschland darf der Gläubiger die in § 720a Abs. 1 und 2, § 845 ZPO sowie § 930 Abs. 1 und 2 ZPO vorgesehenen Maßnahmen bewirken. § 21 AVAG gibt dem Vollstreckungsgericht nahezu wortgleich mit § 930 Abs. 3 ZPO die Befugnis, die Versteigerung einer Sache und Hinterlegung des Erlöses anzuordnen, wenn die Sache von erheblicher Wertminderung bedroht oder ihre Aufbewahrung unverhältnismäßig teuer ist. ME ist diese Regelung auch dann mit Art. 47 Abs. 3 vereinbar, wenn noch anderes pfändbares Vermögen vorliegt.[18]

9   **Ausländische Arreste** werden im Inland durch Arrestpfändung vollstreckt. Für sie folgt die Beschränkung auf Sicherung bereits aus § 930 ZPO. Eine englische **freezing injunction** (Mareva injunction) ist kein Arrest, sondern eine einstweilige Verfügung; nach ihrer Vollstreckbarerklärung (s. o. Art. 32 Rn. 15) kann daher nicht gepfändet werden.[19] Zur Sicherung des angeordneten Verfügungsverbots hat der Kammervorsitzende gemäß § 938 ZPO geeignete Anordnungen zu treffen, etwa ein Verfügungsverbot über Bankkonten des Schuldners.[20]

10 e) Wegfall der Befugnis. Die Befugnis zur Sicherungsvollstreckung entfällt, wenn das Beschwerdegericht den Schuldtitel nicht mehr zur Zwangsvollstreckung zulässt, § 23 Abs. 3 AVAG.

11 4. Beschränkung auf Sicherungsmaßnahmen. a) Dauer. Der Befugnis zur Sicherungsvollstreckung korrespondiert nach Art. 47 Abs. 3 die Beschränkung auf Sicherungsmaßnahmen, solange über die Vollstreckbarkeit des Titels im Vollstreckungsstaat nicht auf Rechtsbehelf (Beschwerde) nach Art. 43 Abs. 1 streitig verhandelt und entschieden worden ist oder die Rechtsbehelfsfrist (s. Art. 43 Rn. 13 ff.) noch nicht abgelaufen ist.

12 b) Ex lege. Die Beschränkung auf Sicherungsmaßnahmen besteht ex lege. Sie gilt für alle Titel, auch für einstweilige Unterhaltsanordnungen.[21] In Deutschland wird sie ausdrücklich in der erteilten Vollstreckungsklausel festgehalten (§ 9 Abs. 1 AVAG). Sollte dennoch ein Vollstreckungsorgan die Beschränkung missachten oder Streit über die Zulässigkeit einer Maßnahme entstehen, so kann der Betroffene seine Einwendung gemäß § 19 AVAG durch Erinnerung (§ 766 ZPO) beim Vollstreckungsgericht (§ 764 ZPO) geltend machen.[22]

13 5. Abwendung der Sicherungsvollstreckung. Bereits eine Sicherungsvollstreckung, etwa die Pfändung von Bankkonten oder auch von Handelsgut, kann den Betrieb eines Schuldners empfindlich beeinträchtigen. Weder Art. 46 noch Art. 47 sehen Abhilfe vor. Doch § 20 Abs. 1 AVAG gibt dem Schuldner die Befugnis, die Sicherungsvollstreckung des Gläubigers durch eigene Sicherheits-

---

[12] *Kropholler* Rn. 3.
[13] *Schlosser* Rn. 1.
[14] LG Stuttgart RIW 1988, 564 *(Laborde)* = IPRax 1989, 41; LG Bonn RIW 2003, 388, 389 *(Krumscheid)*; *Geimer/Schütze*, EuZVR, Rn. 11; *Kropholler* Rn. 13; *Rauscher/Mankowski* Rn. 12; *Schlosser* Rn. 3; *Mauch* S. 225 f.; aA OLG Saarbrücken IPRax 1995, 244 (abl. *Haas* S. 223); *Pirrung* IPRax 1989, 18, 21; *Thomas/Putzo/Hüßtege* Rn. 5; *Zöller/Geimer* Rn. 2.
[15] *Fahl* S. 80 ff.
[16] Vgl. *Pirrung* IPRax 1989, 18, 21; *Zöller/Geimer* Rn. 1.
[17] *Kropholler* Rn. 12; *Rauscher/Mankowski* Rn. 12a; *Hk-ZPO/Dörner* Rn. 5.
[18] *Fahl* S. 90; aA *Kropholler* Rn. 13; *Rauscher/Mankowski* Rn. 18.
[19] *Schlosser* Rn. 5.
[20] *Schlosser* Rn. 5.
[21] Krit. *Matscher* ZZP 95 (1982), 170, 217; *Schlosser* Rn. 1 (Ausnahme wegen Art. 6 Abs. 1 EMRK).
[22] *Kropholler* Rn. 13; *Hk-ZPO/Dörner* Rn. 5.

leistung in Höhe des zu vollstreckenden Geldbetrages abzuwenden. Die EuGVO schließt eine solche ergänzende nationale Regelung nicht aus. Andere Beschränkungen der Sicherungsvollstreckung durch einstweilige Anordnungen sind dagegen unzulässig (s. Art. 46 Rn. 6). Die Abwendungsbefugnis besteht nur bei Geldleistungstiteln und nur solange die Vollstreckungsbefugnis nach Art. 47 Abs. 3 auf Sicherungsmaßnahmen beschränkt ist (s. Rn. 5).

Anders als nach § 720a Abs. 3 ZPO kann der Gläubiger eine Vollstreckung nicht durch eigene Sicherheitsleistung erzwingen. Weist der Schuldner die erforderliche Sicherheitsleistung nach, so ist die weitere Zwangsvollstreckung einzustellen; bereits getroffene Maßnahmen sind aufzuheben (§ 20 Abs. 2 AVAG). Eine Einstellung der Zwangsvollstreckung ohne Sicherheitsleistung, wie sie in den §§ 707, 719 ZPO vorgesehen ist, ist dagegen nicht zulässig.[23]

6. Unbeschränkte Vollstreckbarkeit und weitere Sicherung des Schuldners. a) Ex lege. 14
Sinngemäß folgt aus Art. 47 Abs. 3, dass die Vollstreckung aus dem Titel (unabhängig von seiner Art) unbeschränkt zulässig ist, sobald die Rechtsbehelfsfrist ungenützt verstrichen ist oder das Rechtsbehelfs-(Beschwerde-)gericht über den Rechtsbehelf entschieden hat.[24] Wird die Beschwerde des Schuldners zurückgewiesen oder die Vollstreckbarkeit auf Beschwerde des Gläubigers angeordnet, stellt § 22 Abs. 1 AVAG dies ausdrücklich klar. Diese unbeschränkte Vollstreckbarkeit entsteht ebenfalls ex lege und wird in Deutschland gegenüber den Vollstreckungsorganen durch ein Zeugnis des Urkundsbeamten der Geschäftsstelle des Oberlandesgerichts nachgewiesen, § 24 AVAG.

b) Sicherungsmöglichkeiten. Für den Schuldner entsteht aber die Gefahr, einen Vollstre- 15
ckungsschaden zu erleiden, wenn (1) der Titel im Erststaat noch Gegenstand eines Rechtsbehelfsverfahrens ist und später aufgehoben wird, (2) die Vollstreckbarkeit des Titels auf weiterem Rechtsbehelf (Rechtsbeschwerde) hin abgelehnt wird. Dem ersten Fall kann das Beschwerdegericht dadurch Rechnung tragen, dass es die (weitere) Zwangsvollstreckung nach Art. 46 Abs. 3 ausdrücklich von einer Sicherheitsleistung abhängig macht. Wird die angeordnete Sicherheit nicht geleistet, so darf die Vollstreckung zwar nicht fortgesetzt werden; die bisherigen Vollstreckungsakte werden aber nicht aufgehoben.[25]

c) Anordnung von Sicherheitsleistung. Für den zweiten Fall kommt nur eine analoge An- 16
wendung des Art. 46 Abs. 3 in Betracht. Der deutsche Gesetzgeber hat diese Analogie zulässigerweise in **§ 22 Abs. 2 AVAG** vorgesehen.[26] Auf **Antrag** des Schuldners kann das Beschwerdegericht danach anordnen, dass die Zwangsvollstreckung nicht oder nur gegen **Sicherheitsleistung** über Sicherungsmaßnahmen hinausgehen darf, und zwar bis zum Ablauf der Rechtsbeschwerdefrist oder bis zur Entscheidung über die Rechtsbeschwerde. Diese Anordnung darf nach § 22 Abs. 2 S. 2 und 3 nur ergehen, wenn (1) die weitere Vollstreckung dem Schuldner einen nicht zu ersetzenden Nachteil bringen würde und (2) im konkreten Fall eine Rechtsbeschwerde zulässigerweise eingelegt werden kann. Die anzuordnende Sicherheitsleistung soll den Anspruch wegen ungerechtfertigter Vollstreckung gemäß § 28 Abs. 1 AVAG sichern. Soweit eine solche Anordnung ergeht, bedarf es keiner Anordnung gemäß Art. 47 Abs. 3.[27]

d) Befugnisse des BGH. Die Möglichkeiten des § 22 Abs. 2 AVAG stehen auch dem BGH 17
nach Einlegung der Rechtsbeschwerde zu;[28] Anordnungen des Oberlandesgerichts kann er abändern oder aufheben, § 22 Abs. 3 AVAG. Auch diese Regelung hat keine unmittelbare Grundlage in der EuGVO.

Art. 48. (1) Ist durch die ausländische Entscheidung über mehrere mit der Klage geltend gemachte Ansprüche erkannt und kann die Vollstreckbarerklärung nicht für alle Ansprüche erteilt werden, so erteilt das Gericht oder die sonst befugte Stelle sie für einen oder mehrere dieser Ansprüche.

(2) Der Antragsteller kann beantragen, dass die Vollstreckbarerklärung nur für einen Teil des Gegenstands der Verurteilung erteilt wird.

1. Teil-Vollstreckungsklausel. Hat das Erstgericht über eine **objektive Anspruchshäufung** 1
(mehrere Streitgegenstände) entschieden, so hat das Zweitgericht für jeden der geltend gemachten

---

[23] OLG Hamm MDR 1978, 324; OLG Düsseldorf MDR 1985, 151 = RIW 1985, 492; *Kropholler* Rn. 13; *Fahl* S. 91.
[24] BGHZ 87, 259 = NJW 1983, 1979 = IPRax 1985, 156 (dazu *Prütting* S. 137); BGH NJW 1983, 1980.
[25] OGH IPRax 2007, 227 (dazu *Schlosser* S. 239).
[26] Vgl. *Cypra*, Rechtsbehelfe, S. 132 ff.
[27] OLG Hamburg RIW 1995, 680, 681.
[28] Vgl. BGH NJW 1983, 1980.

Ansprüche nach Art. 41 selbständig zu entscheiden, ob die Voraussetzungen der Vollstreckbarerklärung vorliegen. Fehlen sie für einen oder einen Teil der Ansprüche, so darf der Antrag nicht insgesamt abgelehnt werden; vielmehr ist die Vollstreckung **von Amts wegen** für den zulässigen Teil zuzulassen[1] (Art. 48 Abs. 1); ein Hilfsantrag auf entsprechende Teil-Vollstreckbarerklärung muss nun einzeln gestellt werden.[2] Nach § 9 Abs. 2 AVAG ist die Klausel dann ausdrücklich als Teil-Vollstreckungsklausel zu bezeichnen.

2 **2. Antrag auf Teil-Vollstreckungsklausel.** Der Antragsteller kann der objektiven Rechtslage selbst Rechnung tragen und die Klausel nach Art. 48 Abs. 2 nur für einen „Teil des Gegenstands der Verurteilung" beantragen. Diese Formulierung umfasst den in Abs. 1 geregelten Fall der Anspruchshäufung, ermöglicht aber auch eine **quantitative Teilung** einer teilbaren Forderung. Auf diese Weise kann der Antragsteller das teilweise Erlöschen der titulierten Forderung (zB durch Teilzahlung des Schuldners, Teilvollstreckung im Ausland) oder einen teilweisen Verstoß gegen den ordre public[3] berücksichtigen und dadurch einen Rechtsbehelf des Schuldners vermeiden. Auch aus Kostengründen (im Hinblick auf die streitwertabhängigen Anwaltsgebühren) kann er nur ein Teilexequatur erstreben.[4] Eine quantitative Teilklausel kann nur auf Antrag erteilt werden.[5] Auf Rechtsbehelf und begründete Einwendung des Schuldners gemäß Art. 43 muss ein Teilexequatur aber wohl auch ohne besonderen (nach § 139 ZPO angeregten) Antrag erteilt werden können. § 9 Abs. 2 AVAG gilt in jedem Falle.

3 Übersieht das Gericht eine Antragsbeschränkung, so ist eine überschießende Vollstreckbarerklärung gleichwohl wirksam. Gläubiger und Schuldner können den Fehler aber mit Beschwerde rügen.[6]

Art. 49. Ausländische Entscheidungen, die auf Zahlung eines Zwangsgelds lauten, sind im Vollstreckungsmitgliedstaat nur vollstreckbar, wenn die Höhe des Zwangsgelds durch die Gerichte des Ursprungsmitgliedstaats endgültig festgesetzt ist.

Schrifttum: *Gärtner,* Probleme der Auslandsvollstreckung von Nichtgeldleistungsentscheidungen im Bereich der Europäischen Gemeinschaft, 1991; *Gottwald,* Die internationale Zwangsvollstreckung, IPRax 1991, 285; *Koch,* Neuere Probleme der internationalen Zwangsvollstreckung einschließlich des einstweiligen Rechtsschutzes, in Schlosser (Hrsg.), Materielles Recht und Prozessrecht, 1992, S. 171; *ders.,* Internationaler Unterlassungsrechtsschutz, FS Siehr, 2000, S. 341; *Lindacher,* Internationale Unterlassungsvollstreckung, FS Gaul, 1997, S. 399; *Remien,* Rechtsverwirklichung durch Zwangsgeld, 1992; *ders.,* Astreinte, dwangsom und Zwangsgeld im Binnenmarkt, ERPL 1994, 399; *Stadler,* Inländisches Zwangsgeld bei grenzüberschreitender Handlungsvollstreckung, IPRax 2003, 430; *Stürner,* Das grenzübergreifende Vollstreckungsverfahren in der Europäischen Union, FS Henckel, 1995, S. 863; *Stutz,* Die internationale Handlungs- und Unterlassungsvollstreckung unter dem EuGVÜ, 1992; *Treibmann,* Die Vollstreckung von Handlungen und Unterlassungen im europäischen Zivilrechtsverkehr, 1994.

1 **1. Zweck.** Art. 49 greift eine Einzelheit aus der **Vollstreckung von Handlungs- und Unterlassungspflichten** auf.[1] Nach dem französischen Rechtssystem wird der Schuldner für den Fall der Nichtvornahme bzw. Zuwiderhandlung zu einem Zwangsgeld zugunsten des Gläubigers verurteilt („astreinte").[2] Diesen Titel kann der Gläubiger auch im Ausland vollstrecken. Art. 49 will insoweit aber eine ungerechtfertigte Auslandsvollstreckung ausschließen. Abweichend von Art. 38 genügt daher nicht, dass die Entscheidung im Erststaat vollstreckbar ist. Hinzukommen muss vielmehr die endgültige Festsetzung des Zwangsgelds im Entscheidungsstaat.[3] Grund für diese zusätzliche Voraussetzung ist, dass Zwangsgelder häufig zunächst pauschal nach Durchschnittssätzen oder gesetzlichen Höchstbeträgen angedroht oder (vorläufig) festgesetzt werden. Erst bei der endgültigen Festsetzung werden dann der individuelle Grad der Vorwerfbarkeit der Nichterfüllung bzw. Zuwiderhandlung berücksichtigt, so dass der Schuldner oft weniger als nach der ersten Entscheidung zu bezahlen hat. Vielfach ist für die endgültige Festsetzung auch das für die Hauptsache selbst zuständige Prozessgericht zuständig. Soweit die dwangsom bei besonderem Interesse sogleich endgültig festgesetzt wor-

---

[1] Vgl. EuGHE 1997, I-1147 = IPRax 1999, 35, 37 (Rn. 22); OLG Saarbrücken NJW 1988, 3100, 3102; *v. Falck* S. 66 f.; *Geimer/Schütze,* EuZVR, Rn. 1, 6.
[2] *Rauscher/Mankowski* Rn. 3.
[3] *Rauscher/Mankowski* Rn. 2.
[4] *Geimer/Schütze,* EuZVR, Rn. 3; *Rauscher/Mankowski* Rn. 5.
[5] *Kropholler* Rn. 1; *Fahl* S. 48 ff.; *Wolff,* Hdb. IZVR, III/2 Kap. IV Rn. 335; aA *Pirrung* DGVZ 1973, 178, 181.
[6] *Rauscher/Mankowski* Rn. 7.

[1] Vgl. *Schack* Rn. 976 („bedenkliche Ausnahme").
[2] „Dwangsom" im niederländischen Recht (Art. 611a WBRV).
[3] Vgl. OLG Köln RIW 2004, 868, 870.

den ist, genügt dies für die Vollstreckung im Ausland; ein Bestätigungsverfahren braucht nicht durchgeführt zu werden.[4]

Sinngemäß weist Art. 49 das Verfahren bis zur endgültigen Zwangsgeldfestsetzung dem Entscheidungsstaat zu. Ob die endgültige Festsetzung sofort im Leistungsurteil oder erst später erfolgt, ist gleichgültig.[5] Der Richter im Vollstreckungsstaat darf daher den ursprünglichen Titel abweichend von einer evtl. sonst nach autonomem Recht bestehenden Befugnis weder korrigieren noch ergänzen und die Höhe des Zwangsgeldes nicht endgültig festsetzen.[6]

2. Anwendungsbereich. a) Nicht eindeutig ist, welche **Art von Zwangsgeldentscheidungen** Art. 49 wirklich erfasst. Der *Jenard*-Bericht[7] nimmt auf Art. 7 des deutsch-niederländischen Abkommens Bezug. Dort ist ausdrücklich von der „Verurteilung des Schuldners zur Zahlung einer Zwangssumme an den Gläubiger für den Fall..., dass der Schuldner der Verpflichtung, eine Handlung vorzunehmen oder zu unterlassen, zuwiderhandelt", die Rede. Danach ist jedenfalls ein Zwangsgeld nach Art der *astreinte* des französischen Rechtskreises erfasst und nach den Art. 38 ff., 49 für vollstreckbar zu erklären.[8] Ob die Verpflichtung, die durch das Zwangsgeld erzwungen werden soll, im Vollstreckungsstaat vollstreckbar ist, ist dagegen gleichgültig.[9] Im englischen Text ist von einem „judgment which orders a periodic payment by way of a penalty" die Rede. Diese Wendung beruht darauf, dass eine astreinte für jeden Tag der Nichterfüllung oder Zuwiderhandlung geschuldet wird.[10] Gleichwohl ist nicht erforderlich, dass tatsächlich mehrere Summen verwirkt und endgültig festgesetzt werden.

b) Offengelassen wurde bei den Beratungen, ob Art. 49 auch **Zwangsgeldentscheidungen des deutschen Rechts** (nach §§ 888, 890 ZPO) erfasst, da das Zwangsgeld hier der Staats-(Justiz-)kasse zufließt (§ 1 Abs. 1 Nr. 3 JBeitrO).[11] Qualifiziert man die Forderung der Justizkasse als öffentlichrechtlich, so würde sie aus dem Anwendungsbereich der EuGVO (Art. 1 Abs. 1) herausfallen.[12] Gegen diese Auslegung spricht freilich der Wortlaut des Art. 49, der in seiner deutschen, gleichberechtigt rechtsverbindlichen Fassung (s. Art. 75 Rn. 1) gerade von Zwangsgeld spricht; ein Zwangsgeld (nach deutschem Recht) fließt aber immer der Staatskasse zu. Eine Beschränkung auf astreintes französischen Rechts ist dem deutschen Wortlaut nicht zu entnehmen. ME sollte daher die strengere Durchführung des Ausgleichsprinzips im Schadensersatzrecht, die der deutschen Lösung zugrundeliegt, nicht die grenzüberschreitende Vollstreckung von deutschen Handlungs- und Unterlassungsurteilen, zu deren Durchsetzung das Zwangsgeld dient, ausschließen. Auch deutsche Zwangsgeldfestsetzungen zugunsten der Justizkasse sollten daher in anderen Vertragsstaaten für vollstreckbar erklärt werden können.[13]

Andere meinen, der Richter in Staaten des französischen Systems müsse den **deutschen Titel** im Ausland funktional **an** die privatrechtliche **astreinte anpassen,** so dass das „Ordnungsgeld" bei einer Vollstreckung im Ausland dem deutschen Gläubiger zufließen würde.[14] Für eine solche „Anpassung" fehlt freilich jede Rechtsgrundlage. Richtiger erscheint, Art. 49 funktionell „europäisch-einheitlich" auszulegen.[15] Solange kein einheitliches europäisches Zwangsmittel eingeführt wird, sollten die bestehenden Zwangsmittel in allen Vertragsstaaten vollstreckt werden. Rspr. zu dieser Frage liegt aber bisher nicht vor.

3. Vollstreckung von Nichtgeldleistungsurteilen. Eine allgemeine Regelung enthält die EuGVO nicht.

a) Wer weder deutsche Zwangsgelder im Ausland vollstrecken noch den deutschen Titel im Ausland „anpassen" will, schließt de lege lata eine grenzüberschreitende Vollstreckung aus.[16] Erst der

---

[4] OLG Köln RIW 2004, 868, 870 f.; *Schlosser* Rn. 5; *Rauscher/Mankowski* Rn. 7, 7 a.
[5] Vgl. *Schlosser*-Bericht Nr. 213 (1. Abs.).
[6] *Geimer/Schütze,* EuZVR, Rn. 1; *Thomas/Putzo/Hüßtege* Rn. 4; *Gärtner* S. 151 ff.
[7] *Jenard*-Bericht, zu Art. 43, C 59/53.
[8] Vgl. *Mezger*, GedS für Constantinesco, 1983, S. 503, 506; *Schlosser* Rn. 4 f.
[9] *Hartley* S. 84.
[10] *Kaye* S. 1523; vgl. *Rauscher/Mankowski* Rn. 4 a.
[11] *Schlosser*-Bericht Nr. 213 (2. Abs.).
[12] So *Geimer/Schütze,* EuZVR, Rn. 2; unentschieden *Layton/Mercer* No. 27.093; zu Auswegen vgl. *Mezger,* GedS für Constantinesco, 1983, S. 507 f.
[13] Ebenso *Kropholler* Rn. 1; *Hk-ZPO/Dörner* Rn. 1; *Rauscher/Mankowski* Rn. 4; *Geimer/Schütze,* EuZVR, Rn. 2; *Remien* S. 317 ff.; *v. Falck,* Implementierung offener ausländischer Vollstreckungstitel, 1998, S. 181 ff.; *Lindacher,* FS Gaul, 1997, S. 399, 407; *Stutz,* S. 21 f.; de lege ferenda für einheitl. europäische Lösung *Gärtner*, S. 223 ff.
[14] *Koch* S. 171, 200; *Schack* Rn. 977; *Stutz* S. 70 ff.; *Treibmann* S. 129 ff.
[15] *Gärtner* S. 175 ff., 180.
[16] Vgl. *Kropholler* Rn. 2.

titulierte Schadenersatz wegen Nichterfüllung oder die Verurteilung zu den Kosten einer Ersatzvornahme kann dann gemäß Art. 38 ff. für vollstreckbar erklärt werden.

7 **b)** Aus deutscher Sicht hat der Gläubiger die Wahl, ob er im Urteilsstaat ein Zwangsgeld beantragt und anschließend den Geldtitel im Vollstreckungsstaat vollstrecken lässt oder ob er den Nichtleistungstitel für vollstreckbar erklären lässt und die Zwangsmittel des Vollstreckungsstaates neu beantragt.[17] Mit Zwangsmitteln des Vollstreckungsstaates befasst sich Art. 49 nicht.

8 Die Zwangsgeldandrohung im Erststaat führt nicht dazu, dass Zwangsmittel des Zweitstaates unzulässig wären.[18] Der Gläubiger darf aber nicht doppelt vollstrecken.

Art. 50. Ist dem Antragsteller im Ursprungsmitgliedstaat ganz oder teilweise Prozesskostenhilfe oder Kosten- und Gebührenbefreiung gewährt worden, so genießt er in dem Verfahren nach diesem Abschnitt hinsichtlich der Prozesskostenhilfe oder der Kosten- und Gebührenbefreiung die günstigste Behandlung, die das Recht des Vollstreckungsmitgliedstaats vorsieht.

1 **1. Wirkung von Prozesskostenhilfe im Ausland für die Vollstreckbarerklärung.** Art. 50 EuGVO erstreckt die im Erststaat gewährte Prozesskostenhilfe auf sämtliche Verfahren des Abschnitts 2. Dem Antragsteller steht also Prozesskostenhilfe kraft Gesetzes nicht nur in erster Instanz, sondern auch für das Beschwerde- und das Rechtsbeschwerdeverfahren und das Verfahren der Sicherungsvollstreckung nach Art. 47[1] zu, infolge der Verweisung in Art. 33 Abs. 2 auch für das selbständige Anerkennungsverfahren. Nicht erfasst ist die eigentliche Zwangsvollstreckung; insoweit muss der Antragsteller stets Prozesskostenhilfe im Zweitstaat beantragen.[2]

Soweit noch Art. 44 Abs. 1 EuGVÜ/LugÜ anwendbar ist, ist die ex lege-Wirkung auf das erstinstanzliche Verfahren der Vollstreckbarerklärung beschränkt.[3]

2 **a) Zweck.** Dadurch soll erreicht werden, dass ein armer Gläubiger, in der Praxis vor allem ein Unterhaltsgläubiger, nicht gezwungen ist, dem Antrag auf Vollstreckbarerklärung ein Prozesskostenhilfeverfahren im Vollstreckungsstaat vorausgehen zu lassen. Die grenzüberschreitende Wirkung der Bewilligung im Erststaat soll dem armen Gläubiger vielmehr alle Vorteile sichern, die das rasche Klauselerteilungsverfahren generell mit sich bringt.[4]

3 **b) Voraussetzung der Erstreckung.** Die Erstreckung tritt ein, wenn dem Antragsteller Prozesskostenhilfe nach nationalem Recht für das Erkenntnisverfahren im Erst-(Entscheidungs-)staat gewährt wurde. Ob diese Hilfe zu Recht gewährt wurde, die Bewilligungsvoraussetzung des Erststaates fortbestehen oder diejenigen des Vollstreckungsstaates erfüllt sind, darf nicht überprüft werden.[5] Der Antragsteller hat lediglich die Bescheinigung nach Art. 54 mit Anhang V vorzulegen, die in Nr. 5 bestätigt, ob er Kostenhilfe im Urteilsstaat genießt. Wird die Bescheinigung nicht vorgelegt, hat das Gericht nach Art. 55 vorzugehen.

4 **c) Günstigste Behandlung.** Inhaltlich ist der armen Partei die günstigste Behandlung des Vollstreckungsstaates zu gewähren. Die EuGVO legt daher keinen einheitlichen (Mindest-)Standard fest und verpflichtet die Vertragsstaaten nicht, überhaupt eine staatliche Prozesskostenhilfe oder ein bestimmtes Befreiungs- oder Leistungssystem einzuführen.[6] In Deutschland bedeutet günstigste Behandlung Gewährung von Prozesskostenhilfe ohne Eigenbeteiligung (§§ 114, 115 ZPO) unter Beiordnung eines Rechtsanwalts (§ 121 Abs. 2 ZPO) mit der Wirkung des § 122 ZPO,[7] selbst wenn Prozesskostenhilfe im Erststaat nur gegen Leistungen aus Einkommen oder Vermögen gewährt wurde.[8] Die Wirkungserstreckung in diesem Umfang auf das Verfahren der Vollstreckbarerklärung weicht von § 114 ZPO ab. Denn danach muss Prozesskostenhilfe für Vollstreckungsverfahren besonders bewilligt werden (s. § 119 ZPO Rn. 29 ff.).

---

[17] OLG Karlsruhe ZZPInt. 1 (1996), 91, 95; OLG Köln IPRax 2003, 446, 447 (dazu *Stadler* S. 430); *Stürner*, FS Henckel, 1995, S. 863, 870; Hk-ZPO/*Dörner* Rn. 2; *Rauscher/Mankowski* Rn. 8; *Thomas/Putzo/Hüßtege* Rn. 1.
[18] *Rauscher/Mankowski* Rn. 9; aA *v. Falck* S. 186 f.; *Remien* S. 330; vgl. *Czernich/Kodek* Rn. 3 (Häufung von Zwangsmitteln zu vermeiden).
[1] *Thomas/Putzo/Hüßtege* Rn. 3.
[2] AA *Schlosser* Rn. 2.
[3] Vgl. *Rauscher/Mankowski* Rn. 4; *Geimer/Schütze*, EuZVR, Rn. 1.
[4] *Jenard*-Bericht, zu Art. 44, C 59/54; *Rauscher/Mankowski* Rn. 1.
[5] *Geimer/Schütze*, EuZVR, Rn. 3; *Kropholler* Rn. 4.
[6] *Kropholler* Rn. 2; *Geimer/Schütze*, EuZVR, Rn. 5; *Rauscher/Mankowski* Rn. 2.
[7] *Schlosser* Rn. 1; *Rauscher/Mankowski* Rn. 4; Hk-ZPO/*Dörner* Rn. 2.
[8] *Rauscher/Mankowski* Rn. 5.

2. Neue Gewährung von Kostenhilfe. a) Außerhalb von Art. 50. Soweit die erststaatliche 5
Bewilligung nach Art. 50 Wirkung im Zweitstaat hat, ist ein neues Bewilligungsverfahren unzulässig.[9] Soweit Art. 50 nicht eingreift, kann der Antragsteller nach dem Recht des Vollstreckungsstaates erstmalig Kostenhilfe für das Verfahren der Vollstreckbarerklärung beantragen, gleichgültig ob er sie im Erststaat nicht erhalten hat oder nicht erhalten konnte.[10]

Art. 50 erleichtert die Rechtsverfolgung nur für den Antragsteller. Der Antragsgegner muss in jedem Fall Prozesskostenhilfe nach dem Recht des Zweitstaates beantragen.[11] 6

In Deutschland kann daher jede Partei **Prozesskostenhilfe nach den §§ 114 ff. ZPO** für die 7
inländischen Verfahren beantragen. Der Ausschluss juristischer Personen mit Sitz in der EU (§ 116 S. 1 Nr. 2 ZPO) dürfte gegen Art. 12 EGV verstoßen.[12]

b) Wirkungen anderer Staatsverträge. Ergänzend können sich die Parteien in allen Vertrags- 8
staaten auf die sonstigen Staatsverträge berufen. Von Bedeutung ist vor allem Art. 15 des Haager Unterhalts-Vollstreckungs-Übereinkommens 1973, denn die dort vorgesehene Wirkungserstreckung ex lege besteht weitergehend als nach Art. 50 in „jedem Anerkennungs- und Vollstreckungsverfahren", dh. auch für die Zwangsvollstreckung selbst (s.u. Art. 15 HUVÜ 1973 Rn. 2). In Betracht kommt auch Armenrecht nach Art. 20 ff. Haager Zivilprozess-Übereinkommen 1954.[13] Die EuGVO schließt den Rückgriff auf diese Verträge gemäß Art. 70 Abs. 1 nur aus, soweit sie in Art. 50 selbst eine Regelung enthält.

Art. 51. Der Partei, die in einem Mitgliedstaat eine in einem anderen Mitgliedstaat ergangene Entscheidung vollstrecken will, darf wegen ihrer Eigenschaft als Ausländer oder wegen Fehlens eines inländischen Wohnsitzes oder Aufenthalts eine Sicherheitsleistung oder Hinterlegung, unter welcher Bezeichnung es auch sei, nicht auferlegt werden.

1. Sicherheitsleistung im Vollstreckungsstaat. a) Hintergrund. Nationale Gesetze sehen 1
noch vielfach vor, dass Ausländer für Prozesskosten eine besondere Sicherheit leisten müssen, wenngleich bereits die Haager Übereinkommen über den Zivilprozess von 1905 und 1954 ein Verbot der Ausländersicherheit enthalten. In den Kreis der Bestimmungen, die eine prozessuale Gleichbehandlung von In- und Ausländern erreichen wollen, gehört auch Art. 51.

b) Verbot der Ausländersicherheitsleistung. Er legt fest, dass für die Kosten des gesamten 2
Vollstreckbarerklärungsverfahrens keine Sicherheitsleistung **wegen der Ausländereigenschaft** des Gläubigers oder seines fehlenden Inlandswohnsitzes oder -aufenthalts verlangt werden darf. Die §§ 110 ff. ZPO sind daher nicht anwendbar. Auf die Staatsangehörigkeit, Wohnsitz oder Aufenthalt des Gläubigers kommt es nicht an, so dass auch Angehörige von Drittstaaten begünstigt werden, wenn der Titel eines Mitgliedstaats vollstreckt werden soll.[1] Wird ein Unterhaltstitel im Rechtshilfeweg nach dem UN-Übereinkommen über die Geltendmachung von Unterhaltsansprüchen im Ausland vom 20. 6. 1956[2] vollstreckt, so folgt die Kostenbefreiung des Berechtigten aus Art. 9 Abs. 2 dieses Übereinkommens und nicht aus der EuGVO (s. Schlussanh. Nr. 3 c).

c) Sicherheitsleistung aus anderen Gründen. Von der Sicherheitsleistung **aus anderen** 3
Gründen ist der „ausländische" Antragsteller dagegen nicht befreit.[3] Zu erbringen sind die im ausländischen Titel selbst angeordnete Sicherheitsleistung für Prozesskosten oder Vollstreckungsschäden, eine im Rechtsbehelfsverfahren nach Art. 46 Abs. 3 (iVm. § 22 Abs. 2 und 3 AVAG) angeordnete Sicherheitsleistung sowie Sicherheiten, die im konkreten Vollstreckungsverfahren zu erbringen sind.

d) Kostenvollstreckung aus ablehnendem Beschluss. Wird die Zwangsvollstreckung des 4
ausländischen Titels auf Rechtsbehelf des Schuldners nicht zugelassen, so muss der Schuldner in-

---

[9] *Geimer/Schütze*, EuZVR, Rn. 3; *Thomas/Putzo/Hüßtege* Rn. 2; vgl. aber OLG Hamm FamRZ 2006, 967 (krit. *Gottwald*).
[10] *Kropholler* Rn. 6; Hk-ZO/*Dörner* Rn. 2.
[11] *Geimer/Schütze*, EuZVR, Rn. 2; *Rauscher/Mankowski* Rn. 7.
[12] Vgl. *Nagel/Gottwald* § 4 Rn. 98.
[13] *Geimer/Schütze*, EuZVR, Rn. 6.
[1] *Geimer/Schütze*, EuZVR, Rn. 4; Hk-ZPO/*Dörner* Rn. 1; *Rauscher/Mankowski* Rn. 3; *Wolff*, Hdb. IZVR III/2, Kap. IV Rn. 304.
[2] BGBl. II 1959 S. 150.
[3] *Kropholler* Rn. 3; *Geimer/Schütze*, EuZVR, Rn. 3; *Rauscher/Mankowski* Rn. 2.

folge der Befreiung seinen Kostentitel notfalls vollstrecken. Wohnt der Gläubiger im Inland, so ist dies ohne weiteres möglich, wohnt er in einem Mitgliedstaat, so kann die Vollstreckung nach den Art. 38 ff. betrieben werden. Ist der Gläubiger Angehöriger eines Vertragsstaats des Haager Zivilprozess-Übereinkommens 1954 und hat er dort seinen Wohnsitz, so kann der Schuldner eine Vollstreckung nach Art. 18, 19 HZPÜ unschwer erreichen (s. Schlussanh. Nr. 4).

5   Die Befreiung des Antragstellers von der Pflicht zur Sicherheitsleistung gefährdet aber ggf. den Kostenerstattungsanspruch des Antragsgegners, wenn der Antragsteller in einem anderen Drittstaat ansässig ist.[4]

6   **2. Sicherheitsleistung im Urteilsstaat.** Da die EuGVO (insoweit) nur die Vollstreckbarerklärung regelt, befasst es sich nicht mit Fragen der Sicherheitsleistung von Ausländern für Prozesskosten oder Vollstreckungsschäden vor dem Erstgericht. Für diese gilt das im jeweiligen Mitgliedstaat geltende autonome Recht und das jeweilige Vertragsrecht.[5] Zu beachten ist insbesondere Art. 17 HZPÜ 1954 mit seinem Verbot der Sicherheitsleistung zu Lasten von Ausländern.

Art. 52. Im Vollstreckungsmitgliedstaat dürfen im Vollstreckbarerklärungsverfahren keine nach dem Streitwert abgestuften Stempelabgaben oder Gebühren erhoben werden.

1   Die Bestimmung entspricht Art. III des Protokolls zum EuGVÜ vom 27. 9. 1968 bzw. des 1. Protokolls zum LugÜ. In Deutschland betragen die **Gerichtskosten** für die Vollstreckbarerklärung in erster Instanz 200 € (KV GKG Nr. 1510), für das Beschwerdeverfahren und das Rechtsbeschwerdeverfahren je 300 € (KV GKG Nr. 1520).

2   Art. 52 bezieht sich nicht auf die **Anwaltskosten**.[1] Für die Stellung des Antrags erhält der Anwalt in Deutschland gemäß VV RVG Nr. 3100 eine 1,3-Verfahrensgebühr aus dem Gegenstandswert (§ 13 RVG); außerdem sind die notwendigen Kosten eines ausländischen Verkehrsanwalts sowie die Übersetzungskosten der einzureichenden Urkunden zu bezahlen.

3   In der Beschwerdeinstanz erhält der Anwalt eine 1,6-Verfahrensgebühr (VV RVG Vorb. 3.2.1 Abs. 1 Nr. 3, VV Nr. 3200) sowie eine 1,2-Terminsgebühr (VV RVG Nr. 3202). Im Rechtsbeschwerdeverfahren erhält der Anwalt beim BGH eine 2,3-Verfahrensgebühr (Vorb. 3.2.1 Abs. 1 Nr. 3, Vorb. 3.2.2, VV Nr. 3208) und eine 1,5-Terminsgebühr (VV Nr. 3210).

Abschnitt 3. Gemeinsame Vorschriften

Art. 53. (1) Die Partei, die die Anerkennung einer Entscheidung geltend macht oder eine Vollstreckbarerklärung beantragt, hat eine Ausfertigung der Entscheidung vorzulegen, die die für ihre Beweiskraft erforderlichen Voraussetzungen erfüllt.

(2) Unbeschadet des Artikels 55 hat die Partei, die eine Vollstreckbarerklärung beantragt, ferner die Bescheinigung nach Artikel 54 vorzulegen.

1   Die Art. 53–56 regeln die förmlichen urkundlichen Nachweise, die der Antragsteller erfüllen muss, damit die Entscheidung für vollstreckbar erklärt werden kann (s. o. Art. 41 EuGVO). Art. 53 Abs. 1 entspricht dem bisherigen Art. 46 Nr. 1 EuGVÜ, Art. 55 entspricht sachlich dem bisherigen Art. 48 EuGVÜ, Art. 56 sachlich dem bisherigen Art. 49 EuGVÜ. Die neuen Art. 53 Abs. 2 und 54 EuGVO erleichtern den Nachweis der Förmlichkeiten aber dadurch, dass die Partei neben der Ausfertigung der Entscheidung lediglich die **Bescheinigung nach Art. 54** iVm. Anhang V der EuGVO vorzulegen hat. In dieser Bescheinigung bestätigt das Gericht des Ursprungsstaates alle für die Vollstreckbarerklärung relevanten Tatsachen. Kann die Bescheinigung im Einzelfall nicht vorgelegt werden, so eröffnet Art. 55 die Möglichkeit eines anderweitigen Nachweises bzw. des Verzichts auf Einzelnachweise.

2   Die beweiskräftige **Ausfertigung der Entscheidung**, die nach Art. 53 Abs. 1 EuGVO vorzulegen ist, besteht nach deutschem Recht in einer Ausfertigung der Entscheidung gemäß § 317 Abs. 3 ZPO. Diese Ausfertigung muss nicht bei den Akten verbleiben, sondern kann dem Antragsteller nach Vollstreckbarerklärung zurückgegeben werden.[1]

---

[4] *Geimer/Schütze*, EuZVR, Rn. 5; *Rauscher/Mankowski* Rn. 3.
[5] *Kropholler* Rn. 1.
[1] *Kropholler* Rn. 1; *Rauscher/Mankowski* Rn. 3.
[1] BGHZ 75, 167 = NJW 1980, 527; *Rauscher/Staudinger* Rn. 2; Hk-ZPO/*Dörner* Rn. 3.

Art. 54. Das Gericht oder die sonst befugte Stelle des Mitgliedstaats, in dem die Entscheidung ergangen ist, stellt auf Antrag die Bescheinigung unter Verwendung des Formblatts in Anhang V dieser Verordnung aus.

Um die Vollstreckbarerklärung für den Gläubiger zu erleichtern, sieht Art. 54 EuGVO vor, dass das Ursprungsgericht die bisher durch Urkunden nach Art. 46 Nr. 2 und Art. 47 Nr. 1 und 2 durch separate Urkunden nachzuweisenden Tatsachen durch Angaben auf dem Formblatt des Anhangs V bescheinigt. Im Einzelnen bestätigt die Bescheinigung: (1) den Ursprungsstaat, (2) die ausstellende Stelle, (3) das entscheidende Gericht, (4) Datum und Aktenzeichen der Entscheidung, die Parteien des Verfahrens, (5) die Vollstreckbarkeit der Entscheidung im Ursprungsstaat, (6) das Datum der Zustellung des verfahrenseinleitenden Schriftstücks und (7) welcher Partei Prozesskostenhilfe gewährt wurde.[1] 1

Die Bescheinigung enthält keine Angaben zur Zustellung der Entscheidung, da diese Zustellung keine Voraussetzungen der Vollstreckbarerklärung ist (s. o. Art. 42 Rn. 2 f.). 2

Die Bescheinigung muss nicht unbedingt von dem Erstgericht, sondern kann von jeder anderen sonst befugten Stelle des Erststaates ausgestellt werden. In Deutschland wird die Bescheinigung für inländische Titel gemäß § 56 S. 1 und 2 AVAG von der für die Erteilung einer vollstreckbaren Ausfertigung des Titels zuständigen Stelle des Gerichts des ersten Rechtszuges oder des Rechtsmittelgerichtes ausgestellt (s. §§ 724 ff. ZPO). 3

Die Ausstellung der Bescheinigung kostet in Deutschland 10 € gem. KV GKG Nr. 1511. 4

§ 56 S. 3 AVAG lässt gegen die Entscheidung über die Ausstellung der Bescheinigung dieselben Rechtsbehelfe zu wie gegen die Entscheidung über die Erteilung der Vollstreckungsklausel, also Beschwerde und Rechtsbeschwerde gemäß Art. 43, 44 EuGVO. 5

Art. 55. (1) Wird die Bescheinigung nach Artikel 54 nicht vorgelegt, so kann das Gericht oder die sonst befugte Stelle eine Frist bestimmen, innerhalb deren die Bescheinigung vorzulegen ist, oder sich mit einer gleichwertigen Urkunde begnügen oder von der Vorlage der Bescheinigung befreien, wenn es oder sie eine weitere Klärung nicht für erforderlich hält.

(2) Auf Verlangen des Gerichts oder der sonst befugten Stelle ist eine Übersetzung der Urkunden vorzulegen. Die Übersetzung ist von einer hierzu in einem der Mitgliedstaaten befugten Person zu beglaubigen.

1. Nachweiserleichterung. Die Bestimmung entspricht sachlich voll Art. 48 EuGVÜ. Danach werden Beweiserleichterungen nur für die grundsätzlich durch das Formblatt nach Art. 54 nachweisbaren Tatsachen gewährt. Der zu vollstreckende Titel muss dagegen stets in Ausfertigung vorgelegt werden. 1

Werden die übrigen Nachweise nicht durch das Formblatt erbracht, so darf der Antrag nicht ohne weiteres abgewiesen werden.[1] Das Gericht hat vielmehr entweder (1) eine Nachfrist zu setzen, (2) sich mit dem Nachweis durch gleichwertige Urkunden zu begnügen oder (3) von der Vorlage der Bescheinigung zu befreien, wenn es sie für eine weitere Klärung nicht für erforderlich hält, weil die Tatsachen anderweitig nachgewiesen sind. 2

Diese Möglichkeiten bestehen alternativ, aber wohl auch kumulativ. Eine Nachfrist ist großzügig zu bemessen und kann nach § 224 Abs. 2 ZPO auch verlängert werden.[2] Wird ein Antrag nach ergebnislosem Fristablauf abgewiesen, so kann er unter Vorlage der Urkunden neu gestellt werden.[3] Die Alternativen (2) und (3) ermöglichen letztlich eine Befreiung vom Urkundenbeweis und eine freie Beweiswürdigung, insbesondere wenn Urkunden vernichtet wurden.[4] Gleichwertig können im Einzelfall Privaturkunden sein. Ein Verzicht auf die Vorlage ist aber nur zulässig, wenn der Nachweis anderweitig erbracht ist bzw. eine Ersatzbeschaffung unzumutbar ist. Fehlende Urkunden können auch noch in der Rechtsbehelfs-(Beschwerde-)instanz vorgelegt werden.[5]

---

[1] Für Verleihung von Bindungswirkung de lege ferenda: *Hess/Bittmann* IPRax 2007, 277, 280.
[1] AA Hk-ZPO/*Dörner* Rn. 5; *Geimer/Schütze*, EuZVR, Rn. 5 (sofortige Abweisung nur, wenn Nachbesserung ausgeschlossen).
[2] *Schlosser* Rn. 3.
[3] *Kropholler* Rn. 2; *Schlosser* Rn. 2.
[4] Vgl. *Jenard*-Bericht, zu Art. 48, C 59/56.
[5] OLG Koblenz EuZW 1990, 486; *Geimer/Schütze*, EuZVR, Rn. 6; *Thomas/Putzo/Hüßtege* Rn. 3.

3 **2. Beglaubigte Übersetzungen. a)** Alle in Art. 53, 54 genannten Urkunden sind auf Verlangen des Gerichts in beglaubigter Übersetzung, und zwar nach § 4 Abs. 4 AVAG zuzüglich zweier Abschriften, vorzulegen. Die Urkunden können zulässigerweise in der Originalsprache vorgelegt werden; in jeder Lage des Verfahrens kann das Gericht und wird es auch meist eine Vorlage von Übersetzungen aufgeben, wenn es den Antrag sonst nicht zuverlässig prüfen kann.[6] (Zur Zulässigkeit eines fremdsprachigen Antrags s. Art. 33 Rn. 3.) Wird eine beglaubigte Übersetzung verlangt, so genügt (abweichend von § 142 Abs. 3 ZPO) die Beglaubigung in einem der Mitgliedsstaaten.[7] Wohnt der Antragsteller in einem der Mitgliedsstaaten, so kann er die Übersetzung in seinem Heimatstaat anfertigen lassen und in allen Mitgliedsstaaten für die Vollstreckung benützen. Das Gericht kann sich aber auch mit einer unbeglaubigten Übersetzung begnügen.[8]

4 **b)** Die **Übersetzungskosten** sind nach Anordnung des Gerichts notwendige Auslagen der Rechtsverfolgung. Über ihre Erstattungsfähigkeit entscheidet das nationale Recht des Vollstreckungsstaates (s. Art. 38 Rn. 20). In Deutschland sind sie nach den §§ 8 Abs. 1 S. 4; 55 Abs. 1 AVAG erstattungsfähig.[9]

Art. 56. Die in Artikel 53 und in Artikel 55 Absatz 2 angeführten Urkunden sowie die Urkunde über die Prozessvollmacht, falls eine solche erteilt wird, bedürfen weder der Legalisation noch einer ähnlichen Förmlichkeit.

1 Der Freizügigkeit von Entscheidungen zwischen den Mitgliedsstaaten dient schließlich die Befreiung von der Legalisation oder einer ähnlichen Förmlichkeit, also auch von der Apostille nach dem Haager Übereinkommen zur Befreiung ausländischer öffentlicher Urkunden von der Legalisation vom 5. 10. 1961 (Art. 3 ff.), die dem Nachweis der Echtheit der Urkunde dient.
2 Die Echtheit der entsprechenden Urkunden ist nach den Regeln des jeweiligen Prozessrechts des Vollstreckungsstaates zu beurteilen. Damit werden die entsprechenden ausländischen Urkunden inländischen gleichgestellt.[1] In Deutschland sind die §§ 437, 438 ZPO anzuwenden.
3 Von dem Echtheitsnachweis befreit ist auch die Prozessvollmacht für die in den Art. 33 ff., 38 ff. vorgesehenen Verfahren. Auf das Erkenntnisverfahren im Erststaat bezieht sich die Vorschrift nicht. Für den Nachweis einer gesetzlichen Vertretungsmacht gilt die Regelung entsprechend.[2]

Kapitel IV. Öffentliche Urkunden und Prozessvergleiche

Art. 57. (1) Öffentliche Urkunden, die in einem Mitgliedstaat aufgenommen und vollstreckbar sind, werden in einem anderen Mitgliedstaat auf Antrag in dem Verfahren nach den Artikeln 38 ff. für vollstreckbar erklärt. Die Vollstreckbarerklärung ist von dem mit einem Rechtsbehelf nach Artikel 43 oder Artikel 44 befassten Gericht nur zu versagen oder aufzuheben, wenn die Zwangsvollstreckung aus der Urkunde der öffentlichen Ordnung (ordre public) des Vollstreckungsmitgliedstaats offensichtlich widersprechen würde.

(2) Als öffentliche Urkunden im Sinne von Absatz 1 werden auch vor Verwaltungsbehörden geschlossene oder von ihnen beurkundete Unterhaltsvereinbarungen oder -verpflichtungen angesehen.

(3) Die vorgelegte Urkunde muss die Voraussetzungen für ihre Beweiskraft erfüllen, die in dem Mitgliedstaat, in dem sie aufgenommen wurde, erforderlich sind.

(4) Die Vorschriften des Abschnitts 3 des Kapitels III sind sinngemäß anzuwenden. Die befugte Stelle des Mitgliedstaats, in dem eine öffentliche Urkunde aufgenommen worden ist, stellt auf Antrag die Bescheinigung unter Verwendung des Formblatts in Anhang VI dieser Verordnung aus.

Schrifttum: *Fleischhauer*, Vollstreckbare Notarurkunden im europäischen Rechtsverkehr, MittBayNot 2002, 15; *Geimer*, Freizügigkeit notarieller Urkunden im Europäischen Wirtschaftsraum, IPRax 2000, 366; *ders.*, In-

---
[6] *Kropholler* Rn. 3.
[7] *Rauscher/Staudinger* Rn. 3; *Geimer/Schütze*, EuZVR, Rn. 13.
[8] BGHZ 75, 167 = NJW 1980, 527, 528; *Geimer/Schütze*, EuZVR, Rn. 14; *Hk-ZPO/Dörner* Rn. 6.
[9] *Hk-ZPO/Dörner* Rn. 7; *Geimer/Schütze*, EuZVR, Rn. 2.
[1] *Geimer/Schütze*, EuZVR, Rn. 1; *Kropholler* Rn. 1; aA *Schlosser* Rn. 1.
[2] *Geimer/Schütze*, EuZVR, Rn. 2; *Kropholler* Rn. 2; *Rauscher/Staudinger* Rn. 1.

ternationale Durchsetzung vollstreckbarer Urkunden, in: Rechberger, Die vollstreckbare Urkunde, 2002, S. 69; Lambert, Die europäische öffentliche Urkunde, FS Weißmann, 2003, S. 477; Leutner, Die vollstreckbare Urkunde im europäischen Rechtsverkehr, 1997; Rechberger, Perspektiven der grenzüberschreitenden Zirkulation und Vollstreckung notarieller Urkunden in Europa, FS Geimer, 2002, S. 903; ders., Die Vollstreckung notarieller Urkunden nach der EuGVVO, FS Weißmann, 2003, S. 771; Schütze, Internationalprivat- und -prozessrechtliche Probleme des notariell für vollstreckbar erklärten Anwaltsvergleichs, DZWir 1993, 133; Stürner, Die notarielle Urkunde im europäischen Rechtsverkehr, DNotZ 1995, 343; Trittmann/Merz, Die Durchsetzbarkeit des Anwaltsvergleichs im Rahmen des EuGVÜ/LugÜ, IPRax 2001, 178.

Übersicht

	Rn.		Rn.
I. Vollstreckbare Urkunden als Vollstreckungstitel	1–12	1. Klauselerteilung	13, 14
1. Allgemeines	1	2. Zuständigkeiten	15
2. Vollstreckbare öffentliche Urkunden	2–6	3. Vorzulegende Urkunden	16
a) Öffentliche Urkunden	3	4. Rechtsbehelfe	17
b) Zulässige Urkunden	4	5. Ordre public-Prüfung	18
c) Notwendige Beteiligung des Schuldners	5	6. Wirksamkeit	19
d) Ordnungsgemäße Aufnahme	6	7. Einwendungen des Schuldners	20–24
3. Urkunden über zivilrechtliche Ansprüche	7	a) Ordre public-Verstoß	20
4. Aufnahme in einem Mitgliedsstaat	8, 9	b) Formelle Mängel	21
5. Vollstreckbarkeit	10–12	c) Andere Einwendungen	22
II. Verfahren der Vollstreckbarerklärung	13–24	d) Pflicht zur Einwendung	23
		e) Nachträgliche Aufhebung	24

I. Vollstreckbare Urkunden als Vollstreckungstitel

1. Allgemeines. In vielen EU-Staaten, nicht aber in allen ist es üblich, sich durch private Erklärung in besonderer Form der Zwangsvollstreckung ohne gerichtliches Verfahren zu unterwerfen.[1] Mit vielen neueren Vollstreckungsverträgen[2] lässt die EuGVO die Auslandsvollstreckung auch aus solchen Titeln zu Recht zu. In der Regel werden solche Erklärungen abgegeben, um einen Rechtsstreit und die dadurch entstehenden Kosten zu vermeiden und um dem Gläubiger einen rascheren Vollstreckungszugriff zu ermöglichen. Die Regelung dient daher der Vereinfachung und Freizügigkeit des Rechtsverkehrs zwischen den Mitgliedsstaaten. Die Verpflichtungen als solche wirken ohne weiteres in jedem Mitgliedsstaat, bedürfen also keiner förmlichen Anerkennung.[3] Die Art. 33 ff. sind daher nicht anwendbar. 1

2. Vollstreckbare öffentliche Urkunden. Erfasst von Art. 57 werden im Ergebnis alle vollstreckbaren Urkunden, die in den Mitgliedsstaaten aufgenommen wurden. Im Einzelnen gilt folgendes: 2

a) Öffentliche Urkunden. Besondere **Anforderungen an** eine „öffentliche Urkunde" stellt Art. 57 nicht auf, sondern verweist in Abs. 3 für die notwendige „Beweiskraft" auf das Recht des Aufnahmestaates.[4] Dessen Recht legt also mit den förmlichen Errichtungsvoraussetzungen fest, welche Art (vollstreckbarer) öffentlicher Urkunden es gibt.[5] Das deutsche Recht definiert öffentliche Urkunden in § 415 Abs. 1 ZPO. Aber dies besagt für Art. 57 letztlich wenig, weil nur ein kleiner Kreis dieser Urkunden der Zwangsvollstreckung dient. Schottland kennt keine vollstreckbaren Urkunden im kontinentalen Sinn; der Schuldner kann aber bestimmte Leistungspflichten öffentlich registrieren lassen; der Registerauszug berechtigt dann zur Vollstreckung; er steht einer Urkunde nach Art. 57 gleich.[6] Ein vollstreckbarer Schuldschein dänischen Rechts („Gaeldsbrev") fällt nicht unter Art. 57, da ihm als Privaturkunde keine erhöhte Beweiskraft zukommt,[7] wohl aber der vollstreckbare Unterhaltsvertrag schwedischen Rechts.[8] 3

---

[1] Vgl. Leutner S. 57 ff., 138 ff., 178 ff.
[2] Vgl. die Nachw. im Jenard-Bericht, zu Art. 50, C 59/56.
[3] Vgl. Leutner S. 36 f.; Rechberger, FS Weißmann, 2003, S. 771, 773 f.
[4] AA Magnus/Mankowski/Vékás Rn. 3 (autonome Konzeption).
[5] Rechtsvergleichende Übersicht bei Geimer/Schütze, EuZVR, Rn. 1 ff. u. Leutner S. 57 ff.; Magnus/Mankowski/Vékás Rn. 8.
[6] Schlosser-Bericht Nr. 226.
[7] EuGHE 1999, I-3715, 3730 ff. = IPRax 2000, 409 (dazu Geimer S. 366).
[8] OLG Düsseldorf FamRZ 2002, 1422 (Gottwald).

4 **b) Zulässige Urkunden.** Das Recht des Errichtungsstaates bestimmt, wegen welcher **Ansprüche** und in welche Vermögensgegenstände sich der Schuldner der Vollstreckung unterwerfen kann.[9] Die in einem Mitgliedstaat zulässig errichtete Urkunde muss in den anderen Mitgliedstaaten vollstreckt werden, auch wenn dieser Staat in seinem autonomen Recht keine vollstreckbare Urkunde kennt.[10]

5 **c) Notwendige Beteiligung des Schuldners.** Art. 57 Abs. 1 verlangt, dass die Urkunde aufgenommen worden sein muss. Manches spricht dafür hieraus abzuleiten, dass nur solche Urkunden erfasst sind, die von einer Person öffentlichen Glaubens aufgenommen werden und bei denen sich die Vollstreckbarkeit aus einer Beteiligung des Schuldners (Zustimmung oder Unterwerfungserklärung) ergibt.[11]

6 **d) Ordnungsgemäße Aufnahme.** Soll eine Urkunde nur in einem Zweitstaat mit einem dort zulässigen Inhalt verwendet werden, so muss sie gleichwohl **im Erststaat** nach den dort geltenden Regeln **ordnungsgemäß** errichtet werden. Ist sie danach unzulässig oder nicht vollstreckbar, so kann sie auch im Zweitstaat nicht für vollstreckbar erklärt werden.[12] Eine Unterwerfung des jeweiligen Eigentümers eines Grundstücks unter die sofortige Zwangsvollstreckung (§ 800 ZPO) kann also nach Art. 57 nur dann in ein inländisches Grundbuch eingetragen und vollstreckt werden, wenn der Erststaat eine solche Möglichkeit kennt.[13] Lässt das Recht des Aufnahmestaates eine Vollstreckung gegen den Eigentümer auch ohne Grundbucheintragung zu, so ist eine Vollstreckung gegen ihn auch im Inland ohne vorherige Klage auf Duldung der Zwangsvollstreckung zulässig, sofern er das Grundstück nicht lastenfrei ohne eine solche Unterwerfung erworben hat.

7 **3. Urkunden über zivilrechtliche Ansprüche.** Art. 57 gilt nur im Anwendungsbereich der EuGVO, also nur für zivil- und handelsrechtliche Ansprüche (Art. 1 Abs. 1);[14] gleichgültig ist dagegen die Art der Beurkundung. Auch Urkunden über Ansprüche aus ausgeschlossenen zivilrechtlichen Gebieten (Art. 1 Abs. 2) sind aus praktischen Gründen erfasst.[15] Vollstreckbare Urkunden wegen öffentlichrechtlicher Forderungen, zB eines deutschen Notars wegen seiner Kosten gemäß §§ 154, 155 KostO können – anders als die zivilrechtlichen Ansprüche niederländischer Notare[16] – nicht in anderen Mitgliedstaaten vollstreckt werden.[17] Unbenannte Urkunden, aus denen der Schuldgrund nicht ersichtlich ist, sind für vollstreckbar zu erklären. Die „ordonnance executoire" über französische Anwaltsgebühren ist gerichtliche Entscheidung iS. des Art. 32, keine öffentliche Urkunde.[18]

8 **4. Aufnahme in einem Mitgliedstaat.** Die Urkunde muss weiter in einem Mitgliedstaat (s. Art. 60) aufgenommen worden sein; der Wohnsitz der Parteien ist gleichgültig.[19] Urkunden der Konsuln, die in Drittstaaten aufgenommen werden, gelten als im Entsendestaat errichtet (vgl. §§ 10 Abs. 3, 16 ff. KonsG),[20] vorausgesetzt der Konsul war berechtigt, im Empfangsstaat solche Beurkundungen für den Heimatstaat vorzunehmen.[21]

9 Urkunden aus Drittländern, die nach Maßgabe anderer Abkommen in einem Mitgliedstaat für vollstreckbar erklärt werden, können nicht über Art. 57 in weiteren Mitgliedstaaten vollstreckt werden[22] (zum Verbot des Doppelexequatur für gerichtliche Entscheidungen s. § 722 ZPO Rn. 18).

10 **5. Vollstreckbarkeit.** Erforderlich ist weiter, dass die beurkundete Verpflichtung im Aufnahmestaat – vorbehaltlich der Klauselerteilung – ohne weitere Mithilfe eines Richters vollstreckt werden könnte.[23] Nach deutschem Recht muss sich der Schuldner gemäß § 794 Abs. 1 Nr. 5 ZPO vor

---

[9] Vgl. *Geimer* DNotZ 1975, 463, 472.
[10] *Geimer/Schütze*, EuZVR, Rn. 18.
[11] *Leutner* S. 200 ff.
[12] *Kropholler* Rn. 6; *Thomas/Putzo/Hüßtege* Rn. 4; *Magnus/Mankowski/Vékás* Rn. 8; aA *Geimer* DNotZ 1975, 463, 471 f.
[13] Vgl. *Kropholler* Rn. 7; *Schlosser* Rn. 3.
[14] *Geimer/Schütze*, EuZVR, Rn. 23; vgl. OLG Düsseldorf FamRZ 2003, 1422.
[15] *Geimer/Schütze*, EuZVR, Rn. 24; *Schlosser* Rn. 5; aA *Thomas/Putzo/Hüßtege* Rn. 1; *Rauscher/Staudinger* Rn. 1.
[16] Vgl. *Luijten* DNotZ 1965, 12, 24.
[17] *Kropholler* Rn. 1; *Schlosser* Rn. 1; aA *Geimer/Schütze*, EuZVR, Rn. 2 f. (autonome Qualifikation).
[18] BGH NJW-RR 2006, 144; *Reinmüller* IPRax 1989, 142, 143; aA wohl *Zöller/Geimer* Rn. 2.
[19] *Nagel/Gottwald* § 12 Rn. 159; *Rauscher/Staudinger* Rn. 7; *Czernich/Kodek* Rn. 4.
[20] *Kropholler* Rn. 5; *Geimer/Schütze*, EuZVR, Rn. 26; *Thomas/Putzo/Hüßtege* Rn. 3.
[21] Vgl. Wiener Übereinkommen über konsularische Beziehungen vom 24. 4. 1963, BGBl. II 1969 S. 1585, Art. 5 f. Zur Beurkundung durch deutsche Konsuln im Einzelnen s. *Hecker/Müller-Chorus*, Handbuch der konsularischen Praxis, 2003.
[22] *Geimer/Schütze*, EuZVR, Rn. 25.
[23] *Leutner* S. 203 ff.; Hk-ZPO/*Dörner* Rn. 5.

einem deutschen Gericht oder Notar ausdrücklich der sofortigen Zwangsvollstreckung aus der Urkunde unterworfen haben. Der Regelfall ist die vom Notar nach den §§ 1 ff. BeurkG; §§ 1, 20 BNotO öffentlich beurkundete Erklärung.

Daneben treten Vergleiche vor Gütestellen (§ 794 Abs. 1 Nr. 1 ZPO) und Einigungsstellen (s. u. Art. 58 Rn. 1), **Urkunden** der Amtsgerichte und **der Jugendämter** nach § 62 Nr. 2 und 3 BeurkG bzw. § 60 SGB VIII wegen Unterhalts für minderjährige Kinder sowie Entbindungskosten und Unterhalt für die Mutter des nichtehelichen Kindes. Dass diese Titel erfasst sind, stellt Art. 57 Abs. 2 ausdrücklich klar. In Frankreich, Italien und den Beneluxstaaten sind notarielle Urkunden dagegen per se vollstreckbar.[24] Der **Anwaltsvergleich** ist zunächst keine vollstreckbare Urkunde; er wird dazu aber, sobald er vom Gericht oder vom Notar für vollstreckbar erklärt worden ist (§§ 796a ff. ZPO).[25] Vollstreckungstitel ist erst der gerichtliche Beschluss gemäß § 794 Abs. 1 Nr. 4b ZPO.

Nach Art. 57 Abs. 4 (iVm. Anh. VI) ist die Vollstreckbarkeit der Urkunde im Aufnahmestaat durch eine einheitliche Bescheinigung nachzuweisen. Die Bescheinigung erteilt in Deutschland die Stelle, die die öffentliche Urkunde aufgenommen hat (§ 56 S. 1 AVAG).

II. Verfahren der Vollstreckbarerklärung

1. Klauselerteilung. a) Die vollstreckbare Urkunde eines anderen Mitgliedsstaats (nicht deren vorgelegte Übersetzung, § 9 Abs. 3 AVAG)[26] wird im einseitigen Klauselerteilungsverfahren der Art. 38 ff. für vollstreckbar erklärt.

b) Allerdings kann eine vollstreckbare Urkunde alternativ dazu nach Art. 25 EuVTVO im Ursprungsstaat als Europäischer Vollstreckungstitel bestätigt werden. Ist dies geschehen, ist sie in allen EU-Mitgliedsstaaten (außer Dänemark) unmittelbar Vollstreckungstitel, ohne dass es einer Vollstreckbarerklärung im Zweitstaat bedürfte (Art. 25 Abs. 2 EuVTVO).

2. Zuständigkeiten. Nach Abs. 1 S. 1 werden öffentliche Urkunden im Verfahren nach den Art. 38 ff. EuGVO für vollstreckbar erklärt. Zuständig ist dementsprechend nach Art. 39 Abs. 1 in Deutschland entsprechend den Angaben in Anhang II entweder der **Vorsitzende einer Kammer des Landgerichts** oder ein **Notar**.

3. Vorzulegende Urkunden. Nach Abs. 4 gelten die Art. 53–56 entsprechend. Der Antragsteller hat daher eine beweiskräftige Ausfertigung der (vollstreckbaren) Urkunde vorzulegen (Art. 53 Abs. 1). Ihre Vollstreckbarkeit im Aufnahmestaat kann er durch Vorlage der Bescheinigung nach Art. 57 Abs. 4 nachweisen. Auch die vollstreckbare Urkunde bedarf keiner Legalisation (Art. 56).

Soweit EuGVÜ bzw. altes LugÜ gelten, ist die Vollstreckbarkeit nach deren Art. 50 Abs. 3 nachzuweisen; eine einheitliche Bescheinigung gibt es insoweit aber nicht.

4. Rechtsbehelfe. Im Streitfall stehen die Rechtsbehelfsverfahren der Art. 43, 44 zur Verfügung. Wie bei gerichtlichen Entscheidungen steht ausschließlich dieses Verfahren zur Verfügung; ein Rückgriff auf andere Verfahren ist unzulässig.[27]

5. Ordre public-Prüfung. Die in einem Mitgliedsstaat wirksam errichtete vollstreckbare Urkunde ist in jedem anderen Mitgliedsstaat in erster Instanz auf Antrag für vollstreckbar zu erklären, ohne dass irgendwelche Versagungsgründe geprüft würden. Im Rechtsbehelfsverfahren kann die Vollstreckbarerklärung nur versagt oder wieder aufgehoben werden, wenn die Zwangsvollstreckung aus der Urkunde der öffentlichen Ordnung des Vollstreckungsstaates offensichtlich widersprechen würde (Art. 57 Abs. 1 S. 2).

Dieser Vorbehalt ist auch hier eng auszulegen.[28] Inhaltlich gelten die Ausführungen zu Art. 34 Nr. 1 (s. dort Rn. 9 ff. sowie § 328 ZPO Rn. 92 ff.). In Betracht kommen Verstöße gegen den materiellen und den verfahrensrechtlichen[29] ordre public. Nicht nachzuprüfen – weil bei einer Parteiverpflichtung nur von untergeordneter Bedeutung – ist die internationale Zuständigkeit der Urkundsperson.[30] Art. 34 Nr. 3 und 5 sind nicht analog anzuwenden (s. o. Art. 34 Rn. 31 ff.).

---

[24] *Geimer/Schütze* I/1 § 151 IV 3, § 173 III 3 (m. rechtsvergleichenden Nachweisen).
[25] *Geimer* IPRax 2000, 366, 367; *Trittmann/Merz* IPRax 2001, 178, 180; *Geimer/Schütze*, EuZVR, Rn. 6; Hk-ZPO/*Dörner* Rn. 6; *Rauscher/Staudinger* Rn. 5; *Schack* Rn. 816; *Nagel/Gottwald* § 12 Rn. 160.
[26] Vgl. EuGHE 1985, 1981, 1988 f. = NJW 1986, 657 (L).
[27] *Geimer/Schütze*, EuZVR, Rn. 53.
[28] *Kropholler* Rn. 11; *Leutner* S. 231 ff.
[29] *Leutner* S. 233 ff.; Hk-ZPO/*Dörner* Rn. 10.
[30] *Kropholler* Rn. 10; *Leutner* S. 215 ff.; vgl. *Geimer/Schütze*, EuZVR, Rn. 28; aA *Schlosser* Rn. 2 (Heimatrecht entscheidet über Folgen von Verstößen).

EuGVO Art. 58 B. Europäisches Zivilprozessrecht

19 **6. Wirksamkeit.** Zu prüfen ist zusätzlich, ob die vorgelegte Urkunde echt, dh. **wirksam** aufgenommen ist, insbesondere ob die Urkundsperson innerhalb ihrer Befugnisse gehandelt hat.[31]

20 **7. Einwendungen des Schuldners. a) Ordre public-Verstoß.** Art. 57 Abs. 1 S. 2 EuGVO sieht vor, dass die Vollstreckbarerklärung öffentlicher Urkunden nur aus Gründen des offensichtlichen Verstoßes gegen den **ordre public** des Vollstreckungsstaates versagt oder aufgehoben werden darf.

21 **b) Formelle Mängel.** Gewiss ist der Text insoweit zu eng gefasst, als die Vollstreckbarerklärung auch dann ausscheidet, wenn die vorgelegte **Urkunde nicht echt** ist oder im Aufnahmestaat **nicht vollstreckbar** ist.[32]

22 **c) Andere Einwendungen.** Zweifelhaft ist aber, ob die Bestimmung zulässt, dass andere Einwendungen, die sonst mittels Vollstreckungsabwehrklage oder eines vergleichbaren Rechtsbehelfs geltend zu machen sind, im Beschwerdeverfahren vorgebracht werden können. Da vollstreckbare Urkunden den Anspruch nicht rechtskräftig feststellen, sieht § 12 Abs. 2 AVAG vor, dass der Verpflichtete alle Einwendungen gegen den Anspruch ohne Beschränkung auf nachträglich entstandene Einwendungen geltend machen kann. § 12 Abs. 2 AVAG unterstellt, dass auch ausländischen öffentlichen Urkunden keine Präklusionswirkung zukommt, was aber nicht notwendig der Fall ist.[33] Solche Wirkungen müssten dann auch im Inland beachtet werden.

23 **d) Pflicht zur Einwendung.** Auch bei vollstreckbaren Urkunden soll der Schuldner gemäß § 14 AVAG verpflichtet sein, **Einwendungen mittels Beschwerde** gegen die Klauselerteilung **vorzubringen**.[34] Denn § 14 AVAG bezieht sich auf jeden Schuldtitel. Legt der Schuldner keine Beschwerde ein, ist er nach Fristablauf mit seiner Rechtsverfolgung im Vollstreckungsstaat präkludiert (s. Art. 43 Rn. 6). Eine solche Präklusion ist bei vollstreckbaren Urkunden allerdings überraschend,[35] da die Klauselerteilung für eine inländische Urkunde keine entsprechenden Folgen auslöst (vgl. § 797 Abs. 4 ZPO). Deshalb ist an eine restriktive Auslegung des § 14 AVAG zu denken, die nicht rechtskraftfähige Titel bzw. Titel, die nicht auf einem gerichtlichen Verfahren beruhen, ausschließt.[36]

Darüber hinaus ist die Regelung aber mit Art. 57 Abs. 1 S. 2 nicht vereinbar, da die Vollstreckbarerklärung danach nur wegen eines ordre public-Verstoßes abgelehnt werden darf. Jedenfalls die Berücksichtigung streitiger Einwendungen scheidet deshalb aus.[37]

24 **e) Nachträgliche Aufhebung.** Auch bei vollstreckbaren Urkunden kann die Vollstreckungsklausel aufgehoben werden, wenn die **Urkunde im Erststaat nachträglich aufgehoben** oder geändert worden ist, § 27 AVAG.[38] Sinngemäß muss dies auch gelten, wenn die Zwangsvollstreckung aus der Urkunde im Erststaat für unzulässig erklärt wurde. Bei ungerechtfertigter Vollstreckung aus einer Urkunde ist der Scheingläubiger ersatzpflichtig, § 28 AVAG.

Art. 58. Vergleiche, die vor einem Gericht im Laufe eines Verfahrens geschlossen und in dem Mitgliedstaat, in dem sie errichtet wurden, vollstreckbar sind, werden in dem Vollstreckungsmitgliedstaat unter denselben Bedingungen wie öffentliche Urkunden vollstreckt. Das Gericht oder die sonst befugte Stelle des Mitgliedstaats, in dem ein Prozessvergleich geschlossen worden ist, stellt auf Antrag die Bescheinigung unter Verwendung des Formblatts in Anhang V dieser Verordnung aus.

Schrifttum: *Dürrenmatt-Atteslander,* Der Prozessvergleich im internationalen Verhältnis, 2006; *Frische,* Verfahrenswirkungen und Rechtskraft gerichtlicher Vergleiche, 2006, S. 130 ff.; *Koch,* Anerkennungsfähigkeit ausländischer Prozessvergleiche, FS Schumann, 2001, S. 267; *Mankowski,* Prozessvergleiche im europäischen Rechtskehr, EWS 1994, 379; *Meier,* Gerichtliche Vergleiche, Klageanerkennung und vollstreckbare Urkunden nach dem Lugano-Übereinkommen, in: Schwander, Das Lugano-Übereinkommen, 1990, S. 184.

---

[31] *Geimer/Schütze,* EuZVR, Rn. 14; *Wolff,* Hdb. IZVR III/2, Kap. IV Rn. 107; krit. *Kaye* S. 1683.
[32] Hk-ZPO/*Dörner* Rn. 11.
[33] Vgl. *Nelle,* Anspruch, Titel und Vollstreckung, S. 279 f.
[34] Für Beschränkung auf nachträglich entstandene Einwendungen *Czernich/Kodek* Rn. 8.
[35] *Wolfsteiner,* Die vollstreckbare Urkunde, 1978, S. 203 f.; krit. auch *Leutner* S. 277 ff.
[36] S. *Geimer/Schütze/Tschauner,* IRV, EuGVO Rn. 22; *Geimer* IPRax 2003, 337; *Frische,* Verfahrenswirkungen und Rechtskraft gerichtlicher Vergleiche, 2006, S. 178 ff., 196 ff.
[37] *Nelle,* Anspruch, Titel und Vollstreckung im internationalen Rechtsverkehr, 2000, S. 484 ff.; *Leutner,* Die vollstreckbare Urkunde im europäischen Rechtsverkehr, 1997, S. 279 ff.; Hk-ZPO/*Dörner* Rn. 12; Thomas/Putzo/*Hüßtege* Rn. 8; für Beschränkung auf „liquide" Einwendungen auch *Geimer/Schütze,* EuZVR, Rn. 56; *Gottwald* FamRZ 2002, 1423.
[38] Thomas/Putzo/*Hüßtege* Rn. 9; *Geimer/Schütze/Tschauner,* IRV, EuGVO Rn. 23.

1. Prozessvergleich als Vollstreckungstitel. Gerichtsverfahren werden vielfach durch Parteivergleich beendet. Soweit ein solcher Vergleich in einem Mitgliedstaat als Erststaat Vollstreckungstitel[1] ist, wie zB in Deutschland gemäß § 794 Abs. 1 Nr. 1 ZPO, wird er in den anderen Mitgliedstaaten wie eine vollstreckbare öffentliche Urkunde nach den Art. 57, 38 ff. zur Zwangsvollstreckung zugelassen. Der Vergleich muss im Laufe eines gerichtlichen Verfahrens (nicht notwendig vor einem „Richter") abgeschlossen worden sein. Art. 58 gilt weiterhin für Prozessvergleiche über Unterhaltsansprüche.[2] Entscheidend ist ein formeller Vergleich; auf ein Nachgeben kommt es nicht an. Ein durch Gerichtsbeschluss nach § 278 Abs. 6 S. 2 ZPO festgestellter Vergleich ist keine Gerichtsentscheidung, sondern bleibt Vergleich.[3] Vergleiche vor Gütestellen (§§ 794 Abs. 1 Nr. 1, 797a ZPO) sowie vor Einigungsstellen nach § 15 Abs. 7 UWG sind als vollstreckbare Urkunden anzusehen.[4] Der Vergleich vor einem Mediator, an den der Richter den Fall nach § 278 Abs. 5 S. 2 ZPO verwiesen hat, ist weder gerichtlicher Vergleich[5] noch als solcher vollstreckbare Urkunde. Vergleiche im Prozesskostenhilfeverfahren nach § 118 Abs. 1 S. 3 ZPO oder im Güteverfahren nach § 278 Abs. 2 ZPO oder § 54 Abs. 3 ArbGG sind dagegen Vergleiche vor einem Richter; ein Abschluss im streitigen Klageverfahren ist nicht erforderlich. Ist der Vergleich als solcher nicht vollstreckbar, erlässt aber das Gericht ein dem Vergleich entsprechendes Urteil,[6] so ist dieses unmittelbar nach Art. 32, 33 ff., 38 ff. anzuerkennen und zu vollstrecken. Um Zweifel über die Vollstreckbarkeit auszuschließen, wird diese nach Art. 58 EuGVO (iVm. Anh. V) vom Gericht des Ursprungsstaates auf einem einheitlichen Vordruck bescheinigt.

2. Zivil- und Handelssachen. Nur die in Zivil- und Handelssachen abgeschlossenen Prozessvergleiche sind nach Art. 58 zu vollstrecken. Wie bei Art. 57 (s. o. Rn. 6) kann der Vergleich auch ein sonst nach Art. 1 Abs. 2 ausgeschlossenes Rechtsgebiet (insb. das Erbrecht) betreffen,[7] zumal die Art des Anspruchs aus dem Vergleich häufig nichts ändert.

Ein gerichtlich bestätigter **Vergleich im Insolvenzverfahren** fällt nicht unter Art. 1 EuGVO; er ist nach Art. 25 Abs. 1 S. 1 EuInsVO anzuerkennen und wird nach Art. 25 Abs. 1 S. 2 EuInsVO im Verfahren nach den Art. 38 ff. EuGVO für vollstreckbar erklärt.[8]

3. Vollstreckbarerklärungsverfahren. Die Klauselerteilung erfolgt wie bei vollstreckbaren Urkunden im Verfahren nach Art. 38 ff. (s. Art. 57 Rn. 10 ff.). Eine neue Leistungsklage wegen des verglichenen Anspruchs oder aus dem Vergleich ist unzulässig.[9] Sofern der Vergleich formell wirksam ist, darf die Vollstreckung entsprechend Art. 57 Abs. 1 S. 2 nur wegen eines ordre public-Verstoßes abgelehnt werden. Auf die internationale Zuständigkeit des Gerichts, vor dem der Vergleich abgeschlossen wurde, kommt es nicht an. Ein Verstoß gegen Art. 22 ist nicht zu prüfen.[10] Art. 34 Nr. 3 und 5 sind nicht analog anzuwenden[11] (s. Art. 34 Rn. 31 ff.). Nach dem Günstigkeitsprinzip ist ein Rückgriff auf bilaterale Abkommen allerdings theoretisch möglich. Ein Rückgriff auf das autonome Recht scheidet aus, da dieses keine Vollstreckbarerklärung von Prozessvergleichen kennt (s. § 722 Rn. 9 ZPO). Ein formelles Anerkennungsverfahren nach Art. 33 Abs. 2 findet nicht statt (s. Art. 57 Rn. 1).

4. Ausfertigung als Europäischer Vollstreckungstitel. Alternativ zum Verfahren nach Art. 58, 38 ff. EuGVO kann ein gerichtlicher Vergleich über eine Geldforderung nach Art. 3 Abs. 1 S. 1, Art. 4 Nr. 2, Art. 24 EuVTVO im Erststaat als Europäischer Vollstreckungstitel bestätigt werden. Er ist dann als solcher in allen EU-Mitgliedstaaten (außer Dänemark) vollstreckbar, ohne dass es einer Vollstreckbarerklärung im Zweitstaat bedürfte (Art. 24 Abs. 2 EuVTVO).[12]

---

[1] Rechtsvergleichende Nachw. bei *Koch*, FS Schumann, 2001, S. 273; *Geimer/Schütze* I/1 § 173 III 3.
[2] *Rauscher/Staudinger* Rn. 1; Hk-ZPO/*Dörner* Rn. 1.
[3] *Rauscher/Staudinger* Rn. 9; Hk-ZPO/*Dörner* Rn. 2; *Frische* S. 150.
[4] *Kropholler* Rn. 1; *Rauscher/Staudinger* Rn. 9; *Frische* S. 153 ff.; aA *Geimer/Schütze*, EuZVR, Rn. 7 (für Anwendung von Art. 58).
[5] *Rauscher/Staudinger* Rn. 7; Hk-ZPO/*Dörner* Rn. 2.
[6] So zB in Frankreich u. in England, vgl. *Kaye*, Civil Jurisdiction, S. 1682.
[7] *Geimer/Schütze*, EuZVR, Rn. 9; *Schlosser* Rn. 1; aA *Kropholler* Rn. 2; *Rauscher/Staudinger* Rn. 2.
[8] Vgl. *Leible/Staudinger* KTS 2000, 533, 566 ff.; *Gottwald/Gottwald* Ins. Hdb., 3. Aufl., § 132 Rn. 74; MünchKommInsO/*Reinhart* Art. 25 EuInsVO Rn. 3.
[9] *Geimer/Schütze*, EuZVR, Rn. 16; *Rauscher/Staudinger* Rn. 12.
[10] *Rauscher/Staudinger* Rn. 14; aA *Frische* S. 161 ff. (Fortsetzung des Verfahrens bei Unwirksamkeit des Vergleichs).
[11] *Frische* S. 164 ff.
[12] Vgl. *Frische* S. 125 ff.

Kapitel V. Allgemeine Vorschriften

Art. 59. (1) Ist zu entscheiden, ob eine Partei im Hoheitsgebiet des Mitgliedstaats, dessen Gerichte angerufen sind, einen Wohnsitz hat, so wendet das Gericht sein Recht an.

(2) Hat eine Partei keinen Wohnsitz in dem Mitgliedstaat, dessen Gerichte angerufen sind, so wendet das Gericht, wenn es zu entscheiden hat, ob die Partei einen Wohnsitz in einem anderen Mitgliedstaat hat, das Recht dieses Mitgliedstaats an.

1 **1. Wohnsitz als Grundanknüpfung.** Die Zuständigkeitsordnung der EuGVO knüpft generell an den Wohnsitz des Beklagten an; auf den gewöhnlichen Aufenthalt soll es nur in Einzelfällen (zB Art. 5 Nr. 2), auf die Staatsangehörigkeit der Parteien unmittelbar gar nicht ankommen. Eine einheitliche Definition des Wohnsitzes enthält die Verordnung jedoch nicht, weil man diese wegen der Unterschiede in den nationalen Rechten für gefährlich hielt.[1] Während das europäische Recht seine Begriffe sonst einfach voraussetzt und deren inhaltliche Klärung der Rspr. überlässt,[2] hat das EuGVÜ für den Wohnsitzbegriff eine Verweisungslösung gewählt. Obwohl diese schon mehrfach kritisiert wurde, weil sie ihr Ziel, Kompetenzkonflikte zu vermeiden, nicht vollständig erreicht,[3] hat die EuGVO an ihr festgehalten. Die Literatur plädiert vielfach für einen Übergang zur Anknüpfung an den gewöhnlichen Aufenthalt.[4] Freilich entstünden dann neue Schwierigkeiten (Personen ohne gewöhnlichen Aufenthalt; am Aufenthaltsort immune Personen).

2 Aus der Gegenüberstellung von Wahldomizil (Art. 40 Abs. 2) und Wohnsitz folgt jedenfalls, dass eine bloße **Zustelladresse** kein Wohnsitz iSd. EuGVO ist.[5]

3 **2. Kollisionsrechtliche Bestimmung des Wohnsitzes.** Art. 59 definiert den Wohnsitz nicht selbst, sondern verweist auf die jeweils geltenden[6] Sachnormen der beteiligten Mitgliedstaaten, und zwar liegt Abs. 1 das Territorialitätsprinzip zugrunde.[7] Verwiesen wird primär auf prozessuale Normen;[8] hilfsweise auf die Wohnsitzregeln des Zivilrechts.[9]

4 Da das englische Recht den Wohnsitzbegriff nicht kennt, hat der Civil Jurisdiction and Judgment Act 1982, s. 41 ff., für Zwecke des EuGVÜ, heute der EuGVO, Regeln über das „domicile" aufgestellt. Erforderlich ist danach ein Aufenthalt (residence), der nach Art und Umständen auf eine nähere Beziehung (substantial connection) hinweist; ein dreimonatiger Aufenthalt führt zu einer „Wohnsitz"-Vermutung, s. 41 (6).

5 **3. Wohnsitz im Gerichtsstaat. a) Entscheidung nach lex fori:** Über seine eigene Zuständigkeit, zB nach Art. 2 Abs. 1 entscheidet das Gericht nach eigenem Recht. In Deutschland sind die §§ 7 ff. BGB anzuwenden.[10] Dies gilt auch für den gesetzlichen Wohnsitz abhängiger Personen.[11] Ergänzend gilt für exterritoriale Deutsche der letzte inländische Wohnsitz, hilfsweise der Sitz der Bundesregierung, § 15 ZPO.[12] Ob eine Person tatsächlich abhängig ist (Kind, Ehegatte etc.) ist nach allgemeinen IPR-Regeln zu bestimmen.[13]

6 **b) Positiver Kompetenzkonflikt.** Divergenzen zwischen den Rechten der Mitgliedstaaten können dazu führen, dass ein Beklagter einen Wohnsitz in mehreren Mitgliedstaaten hat. Nach deutschem Recht kann eine Person auch tatsächlich mehrfache Wohnsitze haben, § 7 Abs. 2 BGB.[14] Der Kläger hat dann die Wahl, wo er klagt (vgl. § 35 ZPO) und kann insoweit „forum shopping" betreiben.[15] Positive Kompetenzkonflikte sind nach Art. 27 zu lösen.[16]

---

[1] *Jenard*-Bericht, 4. Kap. A 3, C 59/15; *Geimer/Schütze/Pörnbacher/Thiel*, IRV, EuGVO Rn. 3.
[2] Für vollständige Streichung de lege ferenda *Basedow* Hdb. IZVR I Kap. II Rn. 162.
[3] *Basedow* Hdb. IZVR I Kap. II Rn. 29; *Kropholler* Rn. 3.
[4] *Rauscher/Staudinger* Rn. 9; *Schlosser* Rn. 1.
[5] *Kropholler* Rn. 1; *Geimer/Schütze/Pörnbacher/Thiel*, IRV, EuGVO Rn. 4.
[6] *Geimer/Schütze*, EuZVR, Rn. 1, 6; *Rauscher/Staudinger* Rn. 1.
[7] Vgl. *Basedow* Hdb. IZVR I Kap. II Rn. 28; *Jenard*-Bericht, C 59/16 ff.
[8] *Geimer/Schütze*, EuZVR, Rn. 8.
[9] *Kropholler* Rn. 1; *Geimer/Schütze/Pörnbacher/Thiel*, IRV, EuGVO Rn. 7.
[10] OLG Hamm FamRZ 1989, 1331; *Rauscher/Staudinger* Rn. 1; *Geimer/Schütze/Pörnbacher/Thiel*, IRV, EuGVO Rn. 3.
[11] *Rauscher/Staudinger* Rn. 5; *Geimer/Schütze/Pörnbacher/Thiel*, IRV, EuGVO Rn. 13.
[12] *Geimer/Schütze*, EuZVR, Rn. 9; *Kropholler* Rn. 6.
[13] *Rauscher/Staudinger* Rn. 5; *Geimer/Schütze/Pörnbacher/Thiel*, IRV, EuGVO Rn. 13.
[14] Vgl. OLG Koblenz IPRax 1987, 308, 309 (dazu *Schwarz* S. 291, 292); MünchKommBGB/*J. Schmitt* § 7 Rn 36, 37. *Schlosser* Rn. 3; Hk-ZPO/*Dörner* Rn. 6.
[15] *Schlosser* Rn. 3; Hk-ZPO/*Dörner* Rn. 6.
[16] *Rauscher/Staudinger* Rn. 7.

c) Negativer Kompetenzkonflikt. Denkbar ist schließlich, dass der Aufenthalt des Schuldners 7 in keinem der fraglichen Staaten die Wohnsitzanforderungen erfüllt bzw. jeder den Wohnsitz im anderen Staat als gegeben ansieht. Da die EuGVO keine ausdrückliche Ersatzanknüpfung vorsieht, wird zur Lösung teilweise auf den (in Art. 5 Nr. 2, 15 Nr. 3 vorgesehenen) gewöhnlichen Aufenthalt abgestellt,[17] teilweise eine Wohnsitzverweisung zugunsten des angerufenen Gerichts,[18] teilweise eine Notzuständigkeit in jedem der beteiligten Mitgliedstaaten angenommen.[19]

d) Wohnsitz und Anerkennung. Soweit die internationale Zuständigkeit gemäß Art. 35 Abs. 1 8 nachzuprüfen ist, können unterschiedliche Wohnsitzbegriffe sogar die Anerkennung einer Entscheidung verhindern.[20]

4. Wohnsitz in einem anderen Mitgliedstaat. Fehlt ein inländischer Wohnsitz, so ist das 9 Bestehen eines Wohnsitzes in einem anderen Mitgliedstaat nach dessen Sachrecht zu beurteilen (Abs. 2). Der Sachverständigenausschuss hat diese Lösung gewählt, um Kompetenzkonflikte zu verhindern,[21] wenn ein Wohnsitz nach der lex fori verneint wird, obwohl er nach dem ausländischen Recht tatsächlich doch besteht.[22] Die Existenz eines Wohnsitzes in einem anderen Mitgliedstaat entscheidet darüber, ob der Richter im Erststaat seine autonomen Zuständigkeitsregeln anwenden darf (Art. 4) oder nicht.

5. Wohnsitz im Drittstaat. Nicht geregelt ist, nach welchem Recht das Bestehen eines Wohn- 10 sitzes festzustellen ist, der möglicherweise in einem Drittstaat (Nichtmitgliedstaat) liegt. Für die Zuständigkeitsordnung der EuGVO ist nur entscheidend, ob ein Wohnsitz in einem Mitgliedstaat besteht oder nicht. Fehlt es daran, ist nach Art. 4 das autonome Zuständigkeitsrecht anzuwenden.[23] Falls nötig ist der Wohnsitz im Drittstaat somit nach den IPR-Regeln des angerufenen Gerichts zu bestimmen.[24]

6. Sonderfälle. a) Abhängiger Wohnsitz. Soweit eine Person kraft Gesetzes ohne Rücksicht 11 auf ihren Willen und ihr Verhalten den Wohnsitz einer anderen teilt, stellte der frühere Art. 52 Abs. 3 EuGVÜ nicht auf das Recht des Wohnsitzstaates, sondern auf das Heimatrecht (die Staatsangehörigkeit) der Beteiligten ab. Diese Regelung wurde vielfach kritisiert und 1989 gestrichen. Als Folge davon ist nunmehr der Wohnsitz jeder Partei nach dem Territorialitätsprinzip der Abs. 1 und 2 zu bestimmen.[25]

b) Mehrstaater. Bei Mehrstaatern gelten die allgemeinen IPR-Regeln der lex fori.[26] Nach 12 Art. 5 Abs. 1 S. 1 EGBGB ist auf die effektive Staatsangehörigkeit abzustellen; nach Art. 5 Abs. 1 S. 2 EGBGB hat die deutsche Staatsangehörigkeit aber stets Vorrang.

Art. 60. (1) Gesellschaften und juristische Personen haben für die Anwendung dieser Verordnung ihren Wohnsitz an dem Ort, an dem sich
a) ihr satzungsmäßiger Sitz,
b) ihre Hauptverwaltung oder
c) ihre Hauptniederlassung
befindet.

(2) Im Falle des Vereinigten Königreichs und Irlands ist unter dem Ausdruck „satzungsmäßiger Sitz" das registered office oder, wenn ein solches nirgendwo besteht, der place of incorporation (Ort der Erlangung der Rechtsfähigkeit) oder, wenn ein solcher nirgendwo besteht, der Ort, nach dessen Recht die formation (Gründung) erfolgt ist, zu verstehen.

(3) Um zu bestimmen, ob ein trust seinen Sitz in dem Vertragsstaat hat, bei dessen Gerichten die Klage anhängig ist, wendet das Gericht sein Internationales Privatrecht an.

---

[17] *Kropholler* Rn. 9; *Geimer/Schütze/Pörnbacher/Thiel,* IRV, EuGVO Rn. 12; krit. *Rauscher/Staudinger* Rn. 7.
[18] *Geimer/Schütze,* EuZVR, Rn. 20; *Schlosser* Rn. 3.
[19] So *Basedow* Hdb. IZVR I Kap. II Rn. 29.
[20] *Basedow* Hdb. IZVR I Kap. II Rn. 30.
[21] *Geimer/Schütze,* EuZVR, Rn. 18.
[22] *Jenard*-Bericht, 4. Kap. A 3 (4), C 59/17.
[23] *Geimer/Schütze,* EuZVR, Rn. 19; *Geimer/Schütze/Pörnbacher/Thiel,* IRV, EuGVO Rn. 10.
[24] *Kropholler* Rn. 5; Hk-ZPO/*Dörner* Rn. 8.
[25] *Kropholler* Rn. 11; vgl. *Trunk,* Die Erweiterung des EuGVÜ-Systems am Vorabend des Europäischen Binnenmarkts, 1991, S. 66 ff.
[26] *Jenard*-Bericht, 4. Kap. A 3 (4), C 59/18.

EuGVO Art. 60 1–9 B. Europäisches Zivilprozessrecht

Schrifttum: *Haas,* Betätigungsfreiheit ausländischer Kapitalgesellschaften im Inland, DB 1997, 1501; *Olano,* Der Sitz der Gesellschaft im Internationalen Zivilverfahrens- und Insolvenzrecht der EU und der Schweiz, 2004; *A. Schnyder,* Der Sitz von Gesellschaften im Internationalen Zivilverfahrensrecht, FS Schütze, 1999, S. 767.

1   **1. Der Sitz juristischer Personen.** Die Bestimmung legt wie zuvor Art. 53 EuGVÜ/LugÜ aF fest, wo sich der **Sitz von Gesellschaften und juristischen Personen** befindet. Art. 53 Abs. 1 S. 2 EuGVÜ/LugÜ aF verweist zur Bestimmung auf das internationale Privatrecht des jeweiligen Gerichtsstaates.
a) Gleichstellung mit Wohnsitz. Art. 60 will juristische Personen und (parteifähige) Gesellschaften im Rechtsverkehr zwischen den EU-Staaten natürlichen Personen gleichstellen. Zu diesem Zweck wird der Sitz juristischer Personen dem Wohnsitz gleichgestellt. Diese Regel ist analog auf andere Vereinigungen oder Sondervermögen anzuwenden, die zumindest passiv parteifähig sind (vgl. § 50 Abs. 2 ZPO), da auch für sie ein allgemeiner Gerichtsstand bestimmt werden muss.[1] Art. 60 bezieht sich auf Art. 2 und damit nur die internationale Zuständigkeit.[2] Art. 60 gilt nicht nur für Klageverfahren, sondern als allgemeine Regel auch für Verfahren der Anerkennung und Vollstreckbarerklärung.[3]

3   **b)** Nicht in Art. 60 geregelt sind die Vorfragen, (1) ob eine juristische Person oder Gesellschaft in ihrem Heimatstaat **parteifähig** ist, und (2) ob die in einem Mitgliedsstaat oder einem Drittstaat bestehende juristische Person oder Gesellschaft im Gerichtsstaat in ihrer Rechts- und Parteifähigkeit **anzuerkennen** ist. Beide Fragen sind nach nationalem Recht zu lösen.[4]

4   Die **Parteifähigkeit** richtet sich nach dem jeweiligen innerstaatlichen Recht. In Deutschland sind juristische Personen als rechtsfähige Subjekte (§ 50 Abs. 1 ZPO), Personenhandelsgesellschaften nach den §§ 124 Abs. 1, 161 Abs. 2 HGB parteifähig.

5   Existenz und Rechtsfähigkeit einer im Ausland gegründeten **juristischen Person oder Gesellschaft** werden in Deutschland nicht ohne weiteres mit der Rechtsfähigkeit anerkannt, die ihnen im Heimatstaat verliehen wurde. Nach hM war in Deutschland nach der sog. **Sitztheorie** auf das Recht am tatsächlichen Sitz der Hauptverwaltung abzustellen.[5] Eine Gesellschaft, die nach ausländischem Recht gegründet und im Ausland registriert ist, ihren effektiven Verwaltungssitz aber im Inland hat oder ihn hierher verlegt, ist danach in Deutschland ggf. nicht rechts- und parteifähig, sofern sie nicht nach deutschem Gesellschaftsrecht neu gegründet wird.[6]

6   Für Gesellschaften, die in einem EU-Mitgliedsstaat gegründet worden sind, ist die Sitztheorie aufgrund der Niederlassungsfreiheit nach den Art. 43, 48 EGV nicht anzuwenden.[7] Es gilt vielmehr die sog. **europarechtliche Gründungstheorie.**[8] Jede in einem EU-Staat wirksam gegründete Gesellschaft behält danach ihre Rechts- und Parteifähigkeit, auch wenn sie ihre Geschäftstätigkeit in einen anderen EU-Staat verlegt oder sie von Anfang an nicht im Gründungsstaat ausübt (sog. **Scheinauslandsgesellschaft**).[9]

7   Dasselbe gilt, soweit ein Staatsvertrag (konstitutiv) die Rechtsfähigkeit juristischer Personen abweichend vom autonomen Recht nach dem Gründungsrecht (dem statutarischen Sitz) anerkennt.[10]

8   Im Verhältnis zu **Gesellschaften aus** anderen **Drittstaaten** ist dagegen die Sitztheorie weiterhin anwendbar.[11] Soweit eine solche Gesellschaft aber ein Handelsgewerbe im Inland betreibt, entsteht mit dem Statutenwechsel mangels abweichender Vereinbarung eine rechts- und parteifähige offene Handelsgesellschaft (§ 124 HGB).[12]

9   **c) Alternative Anknüpfung des Ortes.** Da in den Mitgliedsstaaten der europäischen Gemeinschaft aber insoweit teilweise die Sitztheorie (Anknüpfung an den tatsächlichen Hauptverwaltungs-

---

[1] *Kropholler* Rn. 1; *Geimer/Schütze/Pörnbacher/Thiel,* IRV, EuGVO Rn. 2.
[2] *Schlosser* Rn. 1.
[3] *Rauscher/Staudinger* Rn. 5; *Geimer/Schütze/Pörnbacher/Thiel,* IRV, EuGVO Rn. 1.
[4] *Geimer/Schütze,* EuZVR, Rn. 1; *Rauscher/Staudinger* Rn. 4.
[5] BGHZ 97, 269, 271 = NJW 1986, 2194; KG RIW 1997, 597; OLG Hamm RIW 1997, 236, 237; MünchKommBGB/*Kindler* IntGesR Rn. 400ff., 433ff., 540, 562.
[6] BGH ZIP 2000, 967 = IPRax 2000, 423 (dazu *Behrens* S. 384); *Schlosser* Rn. 3; abl. *Haas* DB 1997, 1501 ff.
[7] Vgl. EuGHE 1999, I-1459 = NJW 1999, 2027; EuGHE 2002, I-9919 = NJW 2002, 3614; EuGHE 2003, I-10155 = NJW 2003, 3331.
[8] MünchKommBGB/*Kindler* IntGesR Rn. 341 ff.
[9] *Nagel/Gottwald* § 4 Rn. 19.
[10] So nach Art. XXV (5) deutsch-amerikan. Freundschaftsvertrag vom 7. 5. 1956 (BGBl. II 1956 S. 487, 500). Vgl. BGHZ 153, 353 = NJW 2003, 1607; MünchKommBGB/*Kindler* IntGesR Rn. 313 ff.; sowie Art. 31 EWR-Abk.; vgl. BGHZ 164, 148 = RIW 2005, 943 *(Leible/Hoffmann); Rauscher/Staudinger* Rn. 4.
[11] BGHZ 153, 353 = NJW 2003, 1607; *Rauscher/Staudinger* Rn. 4; *Nagel/Gottwald* § 4 Rn. 20.
[12] MünchKommBGB/*Kindler* IntGesR Rn. 352.

sitz) und die Gründungstheorie gegenüberstanden, kam es in der Praxis im Einzelfall zu negativen und positiven Zuständigkeitskonflikten.[13] Um die Transparenz der Regelung zu verbessern und solche Konflikte zu beheben (Erwägungsgrund (11) S. 2), knüpft der neue Art. 60 Abs. 1 EuGVO unter Übernahme der Anknüpfungen in Art. 48 Abs. 1 EGV alternativ (1) an den satzungsmäßigen Sitz, (2) an den Ort der Hauptverwaltung oder (3) an den Ort der Hauptniederlassung an.[14] Auf diese Weise entfallen negative Kompetenzkonflikte; zugleich wird die allgemeine Gerichtspflichtigkeit juristischer Personen erweitert.[15]

Da die in Abs. 1 verwendeten Anknüpfungsbegriffe dem **englischen und irischen Recht** nicht ganz entsprechen, legt Art. 60 Abs. 2 näher fest, wie dort der satzungsmäßige Sitz zu bestimmen ist. Anzuknüpfen ist primär an den Ort der Erlangung der Rechtsfähigkeit, hilfsweise an das Gründungsrecht.[16]

d) Liegen diese Orte in verschiedenen Mitgliedsstaaten, so hat eine Gesellschaft **mehrere Sitze**.[17] Auch nach dem anwendbaren nationalen Recht kann eine Gesellschaft mehrere Sitze haben.[18] Die Art. 2 ff. sind dann anwendbar, wenn einer der Sitze nach dem Recht des betroffenen Staates in einem Mitgliedstaat liegt.[19] Hat eine Gesellschaft mehrere Sitze in verschiedenen Mitgliedstaaten, so hat der Kläger die Wahl, wo er klagt; eine Zweitklage ist nach den Art. 27 ff. zu behandeln.[20] Eine Zweigniederlassung ist mit dem Sitz nicht gleichzustellen.[21]

Art. 60 Abs. 1 gilt nicht zur Bestimmung des Sitzes einer Gesellschaft iS des Art. 22 Nr. 2. Nach Art. 22 Nr. 2 S. 2 gilt insoweit das IPR des Forumstaates. Wird eine unter Art. 22 Nr. 2 fallende Auflösungsklage im Staat des tatsächlichen satzungsmäßigen Sitzes erhoben, so soll der Staat des satzungsmäßigen Sitzes die **Anerkennung des Auflösungsurteils** nach Art. 35 Abs. 1 **verweigern** können, weil seine ausschließliche Zuständigkeit verletzt ist.[22] Da das Erstgericht seine Zuständigkeit aber nach der EuGVO zu Recht bejaht hat, erscheint es sachgerechter, die erste Entscheidung anzuerkennen (s. Art. 35 Rn. 16).

Liegt der tatsächliche Sitz in einem Mitgliedstaat, der statutarische Sitz dagegen in einem Drittstaat, so ist zweckmäßigerweise ebenso zu verfahren und Art. 22 Nr. 2 eine Reflexwirkung zugunsten des Drittstaates zuzuerkennen.[23]

2. Der Sitz eines trust. a) Allgemeines. Ein trust ist nach common law weder juristische Person noch Gesellschaft, sondern eine nicht rechtsfähige Vermögensmasse. Da Art. 5 Nr. 6 für Streitigkeiten aus dem Innenverhältnis zwischen trustee, beneficiaries und Gründern einen fakultativen Gerichtsstand am Sitz des trust zur Verfügung stellt (s. Art. 5 Rn. 58 ff.), regelt Abs. 3 (wie bisher Art. 53 Abs. 2 EuGVÜ), wie der Sitz zu bestimmen ist. Dies war erforderlich, da der Sitz hier nicht Streitigkeiten für oder gegen den trust betrifft.

b) Bestimmung nach IPR. Wie nach Abs. 1 ist der Sitz des trust nach dem eigenen IPR[24] des angerufenen Gerichtsstaats zu bestimmen. Nach deutschem Recht ist je nach Art des trust auf den tatsächlichen Verwaltungssitz oder auf die Lage des trust-Vermögens abzustellen.[25] Im englischen Recht ist der Sitz des trust (domicile of trust) definiert im Civil Jurisdiction and Judgments Act 1982, s. 45. Danach kommt es darauf an, mit welcher Rechtsordnung der trust die engste tatsächliche Verbindung hat. Eine Sitzbestimmung ist entbehrlich, wenn die trust-Bedingungen eine ausschließliche Gerichtsstandsklausel (Art. 23 Abs. 1 S. 2) enthalten (s. Art. 23 Rn. 50).

Art. 61. Unbeschadet günstigerer innerstaatlicher Vorschriften können Personen, die ihren Wohnsitz im Hoheitsgebiet eines Mitgliedstaats haben und die vor den Strafgerichten eines anderen Mitgliedstaats, dessen Staatsangehörigkeit sie nicht besitzen, wegen einer fahrlässig begangenen Straftat verfolgt werden, sich von hierzu befugten Personen

---

[13] Vgl. *Kohler*, in: Gottwald S. 10; *Geimer/Schütze*, EuZVR, Rn. 1.
[14] *Micklitz/Rott* EuZW 2001, 325, 327; *Rauscher/Staudinger* Rn. 1.
[15] *Schack*, IZVR Rn. 253; *Rauscher/Staudinger* Rn. 1.
[16] *Rauscher/Staudinger* Rn. 6; *Geimer/Schütze/Pörnbacher/Thiel*, IRV, EuGVO Rn. 6.
[17] Vgl. *Schlosser*-Bericht Nr. 75.
[18] So für England: The Deichland [1989] 3 W. L. R. 478, 488 (C. A.).
[19] *Schlosser* Rn. 3.
[20] *Geimer/Schütze*, EuZVR, Rn. 2; *Kropholler* Rn. 2; *Rauscher/Staudinger* Rn. 1; Hk-ZPO/*Dörner* Rn. 6.
[21] Cour de Cass. [1997] I. L. Pr. 457, 458.
[22] *Basedow* Hdb. IZVR I Kap. II Rn. 40; *Jenard*-Bericht zu Art. 53, C 59/57.
[23] *Gaudemet-Tallon*, Liber amicorum Droz, 1996, S. 85, 96 f.
[24] *Geimer/Schütze/Pörnbacher/Thiel*, IRV, EuGVO Rn. 8; *Kropholler* Rn. 4; *Rauscher/Staudinger* Rn. 7; krit. *Schlosser* Rn. 7.
[25] Vgl. *Kropholler* Rn. 7; *Rauscher/Staudinger* Rn. 7.

vertreten lassen, selbst wenn sie persönlich nicht erscheinen. Das Gericht kann jedoch das persönliche Erscheinen anordnen; wird diese Anordnung nicht befolgt, so braucht die Entscheidung, die über den Anspruch aus einem Rechtsverhältnis des Zivilrechts ergangen ist, ohne dass sich der Angeklagte verteidigen konnte, in den anderen Mitgliedstaaten weder anerkannt noch vollstreckt zu werden.

1   Die Bestimmung entspricht sachlich unverändert Art. II des Protokolls zum EuGVÜ vom 27. 9. 1968 bzw. Art. II des Protokolls Nr. 1 zum LugÜ. Zur Erl. s. Art. 34 Rn. 32.

Art. 62. Bei den summarischen Verfahren betalningsföreläggande (Mahnverfahren) und handräckning (Beistandsverfahren) in Schweden umfasst der Begriff „Gericht" auch die schwedische kronofogdemyndighet (Amt für Beitreibung).

1   Die Bestimmung entspricht Art. V a Abs. 2 des Protokolls zum EuGVÜ vom 27. 9. 1968 idF des 4. Beitrittsübereinkommens. Zur Erl. s. Art. 32 Rn. 8.

Art. 63. (1) Eine Person, die ihren Wohnsitz im Hoheitsgebiet Luxemburgs hat und vor dem Gericht eines anderen Mitgliedstaats aufgrund des Artikels 5 Nummer 1 verklagt wird, hat die Möglichkeit, die Unzuständigkeit dieses Gerichts geltend zu machen, wenn sich der Bestimmungsort für die Lieferung beweglicher Sachen oder die Erbringung von Dienstleistungen in Luxemburg befindet.

(2) Befindet sich der Bestimmungsort für die Lieferung beweglicher Sachen oder die Erbringung von Dienstleistungen nach Absatz 1 in Luxemburg, so ist eine Gerichtsstandsvereinbarung nur rechtswirksam, wenn sie schriftlich oder mündlich mit schriftlicher Bestätigung im Sinne von Artikel 23 Absatz 1 Buchstabe a) angenommen wurde.

(3) Der vorliegende Artikel ist nicht anwendbar auf Verträge über Finanzdienstleistungen.

(4) Dieser Artikel gilt für die Dauer von sechs Jahren ab Inkrafttreten dieser Verordnung.

1   Wie bisher Art. I des Protokolls zum EuGVÜ bzw. des 1. Protokolls zum LugÜ enthält die Bestimmung eine Sonderregelung für Luxemburg hinsichtlich des **Gerichtsstands des Erfüllungsortes** und für Gerichtsstandsvereinbarungen, sofern sich der Bestimmungsort für die Lieferung beweglicher Sachen oder für die Erbringung von Dienstleistungen in Luxemburg befindet.[1] Diese Regelung ist jetzt aber auf sechs Jahre (also bis 29. 2. 2008) befristet.

2   Zur Rechtfertigung der bisherigen Regelung wurde angeführt, dass der nach der lex causae bestimmte Erfüllungsort regelmäßig nicht in Luxemburg liegen würde und dies zu einer Benachteiligung der Luxemburger Schuldner führen müsste. In Art. 63 Abs. 1 ist das Privileg von Personen mit Wohnsitz aber eingeschränkt worden: Nur soweit Art. 5 Nr. 1b eingreift und der Bestimmungsort für die Lieferung beweglicher Sachen oder die Erbringung von Dienstleistungen in Luxemburg liegt, der vereinbarte Erfüllungsort dagegen in einem anderen Mitgliedstaat kann der Luxemburger Beklagte die Unzuständigkeit des angerufenen Gerichts rügen. Diese Fälle dürften nicht allzu häufig sein.[2]

3   Verträge über Finanzdienstleistungen werden nach Abs. 3 ausdrücklich von dem Privileg ausgenommen.

4   Damit der Schutzzweck des Abs. 1 nicht durch eine **Gerichtsstandsvereinbarung** unterlaufen werden kann, legt Art. 63 Abs. 2 fest, dass Gerichtsstandsvereinbarungen in Verträgen über die Lieferung beweglicher Sachen oder die Erbringung von Dienstleistungen nur wirksam sind, wenn sie von der Luxemburger Seite schriftlich angenommen oder eine mündliche Vereinbarung ausdrücklich schriftlich bestätigt wurde. Eine elektronische Übermittlung sollte ebenfalls ausreichen, da Art. 23 Abs. 2 diese Form der Schriftform gleichstellt.[3]

5   Ob eine Person ihren Wohnsitz in Luxemburg hat, richtet sich nach den Art. 59, 60 EuGVO, so dass sich auch eine Luxemburger „Briefkastenfirma" auf Art. 63 berufen kann.[4]

---

[1] Vgl. OLG Düsseldorf RIW 2006, 633, 634.
[2] Vgl. *Rauscher/Staudinger* Rn. 3.
[3] *Geimer/Schütze/Pörnbacher*, IRV, EuGVO Rn. 6; *Rauscher/Staudinger* Rn. 6.
[4] *Geimer/Schütze/Pörnbacher*, IRV, EuGVO Rn. 2; *Rauscher/Staudinger* Rn. 4.

Art. 64. (1) Bei Streitigkeiten zwischen dem Kapitän und einem Mitglied der Mannschaft eines in Griechenland oder in Portugal eingetragenen Seeschiffs über die Heuer oder sonstige Bedingungen des Dienstverhältnisses haben die Gerichte eines Mitgliedstaats zu überprüfen, ob der für das Schiff zuständige diplomatische oder konsularische Vertreter von der Streitigkeit unterrichtet worden ist. Sie können entscheiden, sobald dieser Vertreter unterrichtet ist.

(2) Dieser Artikel gilt für die Dauer von sechs Jahren ab Inkrafttreten dieser Verordnung.

Die Bestimmung hat ihr Vorbild in der Sonderregelung des Art. V b des Protokolls zum EuGVÜ. Anders als nach dieser Bestimmung gilt die Sonderregelung des Art. 64 nur für in Griechenland oder in Portugal eingetragene Seeschiffe. Außerdem ist sie nunmehr nach Abs. 2 auf sechs Jahre (also bis 29. 2. 2008) befristet. 1

Art. 65. (1) Die in Artikel 6 Nummer 2 und Artikel 11 für eine Gewährleistungs- oder Interventionsklage vorgesehene Zuständigkeit kann in Deutschland, Österreich und Ungarn nicht geltend gemacht werden. Jede Person, die ihren Wohnsitz in einem anderen Mitgliedstaat hat, kann vor Gericht geladen werden

a) in Deutschland nach den §§ 68 und 72 bis 74 der Zivilprozessordnung, die für die Streitverkündung gelten,
b) in Österreich nach § 21 der Zivilprozessordnung, der für die Streitverkündung gilt,
c) in Ungarn nach den §§ 58 bis 60 der Zivilprozessordnung (Polgári perrendtartás), die für die Streitverkündung gelten.

(2) Entscheidungen, die in den anderen Mitgliedstaaten aufgrund des Artikels 6 Nummer 2 und des Artikels 11 ergangen sind, werden in Deutschland, Österreich und Ungarn nach Kapitel III anerkannt und vollstreckt. Die Wirkungen, welche die in diesen Staaten ergangenen Entscheidungen nach Absatz 1 gegenüber Dritten haben, werden auch in den anderen Mitgliedstaaten anerkannt.

Die Bestimmung entspricht unverändert Art. V des Protokolls zum EuGVÜ bzw. Art. V des 1. Protokolls zum LugÜ. Zur Erl. s. Art. 6 EuGVO Rn. 9, Art. 11 EuGVO Rn. 1, Art. 32 EuGVO Rn. 8 und Art. 33 EuGVO Rn. 3. 1

Obwohl sich das Fehlen einer Gewährleistungs- oder Interventionsklage letztlich zu Ungunsten deutscher Parteien auswirkt, hat der deutsche Gesetzgeber die Gewährleistungs- oder Interventionsklage nicht in das autonome deutsche Recht übernommen. 2

Kapitel VI. Übergangsvorschriften

Art. 66. (1) Die Vorschriften dieser Verordnung sind nur auf solche Klagen und öffentliche Urkunden anzuwenden, die erhoben bzw. aufgenommen worden sind, nachdem diese Verordnung in Kraft getreten ist.

(2) ist die Klage im Ursprungsmitgliedstaat vor dem Inkrafttreten dieser Verordnung erhoben worden, so werden nach diesem Zeitpunkt erlassene Entscheidungen nach Maßgabe des Kapitels III anerkannt und zur Vollstreckung zugelassen,

a) wenn die Klage im Ursprungsmitgliedstaat erhoben wurde, nachdem das Brüsseler Übereinkommen oder das Übereinkommen von Lugano sowohl im Ursprungsmitgliedstaat als auch in dem Mitgliedstaat, in dem die Entscheidung geltend gemacht wird, in Kraft getreten war;
b) in allen anderen Fällen, wenn das Gericht aufgrund von Vorschriften zuständig war, die mit den Zuständigkeitsvorschriften des Kapitels II oder eines Abkommens übereinstimmen, das im Zeitpunkt der Klageerhebung zwischen dem Ursprungsmitgliedstaat und dem Mitgliedstaat, in dem die Entscheidung geltend gemacht wird, in Kraft war.

1. Zeitliche Geltung der EuGVO. a) Allgemeiner Grundsatz. Die EuGVO ist als Ganzes nur auf Klagen anwendbar, die nach ihrem Inkrafttreten (1. 3. 2002) erhoben (dh. zugestellt)[1] und 1

---

[1] OLG Düsseldorf RIW 2006, 633.

auf öffentliche Urkunden, die nach diesem Zeitpunkt aufgenommen wurden. Diese Regel entspricht einem allgemeinen Grundsatz des intertemporalen Zivilprozessrechts. Für Klagen, die in diesem Zeitpunkt, der sich nach dem jeweiligen nationalen Prozessrecht bestimmt,[2] bereits anhängig waren, bleibt es aus Gründen des Vertrauensschutzes bei der bisherigen (autonomen) Zuständigkeitsordnung.

Für öffentliche Urkunden stellt Abs. 1 auf den Tag der Aufnahme (Beurkundung) ab, nicht auf einen evtl. späteren Tag der Vollstreckbarerklärung.[3] Da der Prozessvergleich vor Gericht beurkundet wird, kommt es auch insoweit auf den Tag des Abschlusses an.

2 **b) Neue Mitgliedsstaaten.** In neu beigetretenen Mitgliedsstaaten gilt die EuGVO jeweils ab dem Tag des Beitritts.[4] Eventuell kommt auch eine entsprechende Anwendung von Abs. 2 in Betracht.[5]

3 **c) Frühere Gerichtsstandsvereinbarungen.** Mit ihrem Inkrafttreten ist die EuGVO auch auf Gerichtsstands- und Erfüllungsortsvereinbarungen anzuwenden, die schon vorher abgeschlossen wurden. Nach Ansicht des EuGH sind solche Vereinbarungen ab diesem Zeitpunkt nach Art. 23 Abs. 1 bzw. Art. 5 Nr. 1 zu beurteilen, auch wenn sie nach autonomem Recht zuvor unwirksam waren.[6] Nichts anderes gilt, wenn die Anforderungen an eine Gerichtsstandsabrede verschärft werden.[7]

4 **2. Anerkennung und Vollstreckung von bei Inkrafttreten anhängigen Fällen. a) Eingeschränkte Anwendbarkeit.** Abs. 2 erweitert den zeitlichen Anwendungsbereich der Art. 33 ff., 38 ff. auf die Fälle, die bei Inkrafttreten der EuGVO anhängig waren, aber erst nachher (endgültig sachlich)[8] entschieden wurden. Abzustellen ist auf den Tag des Erlasses der Entscheidung, nicht auf den Eintritt der Rechtskraft.[9] Die damit verbundene beträchtliche Erleichterung der internationalen Vollstreckung wird aber nur gewährt, wenn das Erstgericht nach Ansicht des Zweitgerichts in Anwendung der EuGVO oder eines einschlägigen Abkommens international zuständig war.[10] Insoweit hat der Zweitrichter – abweichend von Art. 35 Abs. 3 – die internationale Zuständigkeit des Erstgerichts selbständig ohne Bindung an die tatsächlich geprüften Normen[11] zu überprüfen. Besteht eine Zuständigkeit nach einem Abkommen, so ist es gerechtfertigt, Anerkennung und Vollstreckung nach dem EuGVÜ abzuwickeln. Fehlt eine solche Zuständigkeit, so bleibt die Anerkennung und Vollstreckung nach autonomem Recht zulässig.

5 Art. 66 Abs. 2 bezieht sich nach seinem Wortlaut nur auf Entscheidungen (Art. 32), nicht auf Prozessvergleiche. Es gibt aber keinen Grund, Prozessvergleiche nur unter strengeren Voraussetzungen als Entscheidungen anzuerkennen.[12]

6 **3. Rechtshängigkeit in Übergangsfällen.** Art. 66 regelt nicht Fälle, in denen die erste Klage vor Inkrafttreten, die zweite Klage dagegen nach dem Inkrafttreten der EuGVO zwischen den Mitgliedsstaaten erhoben wird. Da eine Abweisung der zweiten Klage nach Art. 27 EuGVÜ nur gerechtfertigt ist, wenn die Entscheidung des Erstprozesses im Zweitstaat anerkannt wird, ist Art. 27 in diesen Fällen nur anzuwenden, wenn die Zuständigkeit des Erstgerichts auf einer von der EuGVO (Art. 2 bis 24) anerkannten Zuständigkeit beruht. Hat das Erstgericht über seine Zuständigkeit noch nicht entscheiden, ist Art. 27 EuGVÜ nur vorläufig anzuwenden und das Zweitverfahren zunächst auszusetzen. Im Ergebnis ist daher Art. 66 Abs. 2 entsprechend anzuwenden.[13]

---

[2] Für Anwendung von Art. 30 jedoch *Burgstaller/Neumayr* Rn. 4.
[3] *Kropholler* Rn. 2; *Rauscher/Staudinger* Rn. 5; *Geimer/Schütze/Pörnbacher*, IRV, EuGVO Rn. 10; aA *Schlosser* Rn. 15.
[4] *Kropholler* Rn. 1; *Rauscher/Staudinger* Rn. 2; vgl *Becker/Müller* IPRax 2006, 432.
[5] *Geimer/Schütze/Pörnbacher*, IRV, EuGVO Rn. 7, 8.
[6] EuGHE 1979, 3423, 3429 = RIW 1980, 285 = NJW 1980, 1218 (LS); *Geimer/Schütze*, EuZVR, Rn. 1; *Rauscher/Staudinger* Rn. 7; krit. *Kropholler* Rn. 3.
[7] *Rauscher/Staudinger* Rn. 8; *Geimer/Schütze/Pörnbacher*, IRV, EuGVO Rn. 6.
[8] *Geimer/Schütze*, EuZVR, Rn. 2; vgl. BGH FamRZ 2007, 989, 990 (Rn. 12).
[9] *Kropholler* Rn. 4; *Rauscher/Staudinger* Rn. 10; aA *Geimer* RIW 1976, 139, 149.
[10] Vgl. OLG München NJW 1975, 504 m. Anm. *Geimer* S. 1086; OLG Celle RIW 1979, 131; OLG Frankfurt RIW 1976, 107; *Geimer/Schütze*, EuZVR, Rn. 2.
[11] *Basedow*, Hdb. IZVR I, Kap. II Rn. 120; *Kropholler* Rn. 7.
[12] *Rauscher/Staudinger* Rn. 9.
[13] EuGHE 1997, I-5451 (Rz. 18 f., 27) = ZZPInt. 3 (1998), 234 (m. Anm. *Adolphsen*) = IPRax 1999, 100 (dazu *Rauscher* S. 80); *Rauscher/Staudinger* Rn. 15; *Geimer/Schütze/Pörnbacher*, IRV, EuGVO Rn. 4.

Kapitel VII. Verhältnis zu anderen Rechtsinstrumenten

Art. 67. Diese Verordnung berührt nicht die Anwendung der Bestimmungen, die für besondere Rechtsgebiete die gerichtliche Zuständigkeit oder die Anerkennung und Vollstreckung von Entscheidungen regeln und in gemeinschaftlichen Rechtsakten oder in dem in Ausführung dieser Akte harmonisierten einzelstaatlichen Recht enthalten sind.

1. Vorrang des besonderen Gemeinschaftsrechts. Art. 67 räumt Zuständigkeits-, Anerkennungs- und Vollstreckungsregeln von Richtlinien,[1] die in oder als Folge von Rechtssetzungsakten der EU für besondere Rechtsgebiete ergehen, den Vorrang vor der EuGVO ein. Dies gilt gleichermaßen für unmittelbar geltende Verordnungen wie für nationale Umsetzungsmaßnahmen. Sekundäres Gemeinschaftsrecht im Anwendungsbereich der EuGVO besteht bisher lediglich für Gemeinschaftsmarken (s. u. Rn. 2), Gemeinschaftsgeschmacksmuster (Rn. 3), in der Richtlinie über die Entsendung von Arbeitnehmern (s. u. Rn. 4) sowie in der Verordnung zum Schutz vor den Auswirkungen der extraterritorialen Anwendung von einem Drittland erlassener Rechtsakte (s. u. Rn. 5). Vorgesehen sind solche Regelungen auch im Streitregelungsprotokoll für Gemeinschaftspatente,[2] sowie im Entwurf einer Rats-Verordnung über die Haftung von Luftfahrtunternehmen bei Unfällen (Art. 7).[3]

2. Verfahren über Gemeinschaftsmarken. Nach Art. 90 EU-MarkenVO[4] ist das EuGVÜ (dh. jetzt die EuGVO, Art. 68 Abs. 2) mit gewissen Einschränkungen auch auf Verfahren „betreffend Gemeinschaftsmarken und Anmeldungen aus Gemeinschaftsmarken sowie auf Verfahren, die gleichzeitige oder aufeinanderfolgende Klagen aus Gemeinschaftsmarken und aus internationalen Marken" betreffen, anzuwenden.

Die internationale Zuständigkeit der Gemeinschaftsmarkengerichte ist in Art. 93, 94 EU-MarkenVO näher festgelegt.

3. Verfahren über Gemeinschaftsgeschmacksmuster. Nach Art. 79 VO (EG) Nr. 6/2002 (vom 12. 12. 2001) über das Gemeinschaftsgeschmacksmuster[5] ist das EuGVÜ auch auf Verfahren anzuwenden, die Gemeinschaftsgeschmacksmuster und Anmeldungen eingetragener Gemeinschaftsgeschmacksmuster betreffen.

Die internationale Zuständigkeit für solche Klagen ist in Art. 82 der VO (EG) Nr. 6/2002 näher geregelt.

4. Entsendung von Arbeitnehmern. Art. 6 der Entsenderichtlinie 96/71/EG vom 16. 12. 1996[6] lautet:

„Zur Durchsetzung des Rechts auf die in Artikel 3 gewährleisteten Arbeits- und Beschäftigungsbedingungen kann eine Klage in dem Mitgliedstaat erhoben werden, in dessen Hoheitsgebiet der Arbeitnehmer entsandt ist oder war; dies berührt nicht die Möglichkeit, gegebenenfalls gemäß den geltenden internationalen Übereinkommen über die gerichtliche Zuständigkeit in einem anderen Staat Klage zu erheben."

Sinn der Regelung ist es, dass die Schutzstandards des Empfangsstaats unabhängig von dem sonst auf das Arbeitsverhältnis anwendbaren Recht auch prozessual durchgesetzt werden können.

Die Regelung gilt auch bei der Entsendung innerhalb der EU, ist hier aber wegen der direkt geltenden Art. 18 ff. EuGVO ohne praktische Bedeutung. Relevant wird der Gerichtsstand aber, wenn die Entsendung von einem Drittstaat aus erfolgt. Deutschland hat die Richtlinie in § 8 AEntG umgesetzt (s. o. Art. 19 Rn. 3).

5. Schutz vor extraterritorialen Auswirkungen von Rechtsakten von Drittländern. Wer am internationalen Handels- oder Kapitalverkehr zwischen der Europäischen Gemeinschaft und Drittländern teilnimmt und dabei durch extraterritorial wirkende Akte eines Drittstaates (aufgrund näher aufgeführter Gesetze) geschädigt wird, wird primär dadurch geschützt, dass entsprechende Gerichts- oder Verwaltungsentscheidungen nicht anerkannt oder vollstreckt werden (Art. 4 EG-VO Nr. 2271/96 des Rates zum Schutz vor den Auswirkungen der extraterritorialen Anwendung von

---

[1] *Geimer/Schütze/Pörnbacher,* IRV, EuGVO Rn. 1.
[2] ABlEG L Nr. 401 vom 30. 12. 1989; BGBl. II 1991 S. 1354.
[3] Vgl. *Jayme/Kohler* IPRax 1996, 377, 382 f.
[4] Verordnung (EG) Nr. 40/94, ABlEG 1994 Nr. L 11/1; abgedruckt in *Jayme/Hausmann* Nr. 164.
[5] ABlEG L 3 vom 5. 1. 2002, S. 1.
[6] ABlEG L 18/1 vom 21. 1. 1997.

einem Drittland erlassener Rechtsakte vom 22. 11. 1996).[7] Zusätzlich hat der Geschädigte nach Art. 6 der VO einen Anspruch auf Ersatz aller dadurch entstandenen Schäden, und zwar gegen die Stelle, die den Schaden verursacht oder die in deren Auftrag gehandelt hat oder die als deren Vermittler aufgetreten ist. Nach Art. 6 Abs. 3 dieser VO gilt das EuGVÜ für die Geltendmachung dieses Ersatzanspruchs. Nach Art. 6 Abs. 3 S. 2 kann sich der Kläger auf jede Zuständigkeit nach Art. 2–18 stützen sowie gemäß Art. 57 Abs. 3 EuGVÜ außerdem in jedem Staat klagen, in dem der Beklagte Vermögenswerte besitzt. Diese Verweisungen gelten nach Art. 68 Abs. 2 EuGVO als Verweise auf die entsprechenden Regeln der EuGVO.

Art. 68. (1) Diese Verordnung tritt im Verhältnis zwischen den Mitgliedstaaten an die Stelle des Brüsseler Übereinkommens, außer hinsichtlich der Hoheitsgebiete der Mitgliedstaaten, die in den territorialen Anwendungsbereich dieses Übereinkommens fallen und aufgrund der Anwendung von Artikel 299 des Vertrags zur Gründung der Europäischen Gemeinschaft von der vorliegenden Verordnung ausgeschlossen sind.

(2) Soweit diese Verordnung die Bestimmungen des Brüsseler Übereinkommens zwischen den Mitgliedstaaten ersetzt, gelten Verweise auf dieses Übereinkommen als Verweise auf die vorliegende Verordnung.

1 Die Bestimmung stellt klar, dass die EuGVO mit ihrem Inkrafttreten zwischen den Mitgliedsstaaten (außer Dänemark) an die Stelle des EuGVÜ tritt. Ausgenommen sind lediglich die Gebiete der Mitgliedstaaten, die nach Art. 299 EG von Gemeinschaftsrechtsakten nicht erfasst werden (s. o. Vor Art. 1 Rn. 11f., 23). Allerdings ist die EuGVO ab 1. 7. 2007 im Verhältnis zu Dänemark auf vertraglicher Grundlage anwendbar (s. o. Vor Art. 1 Rn. 20).

2 Die EuGVO gilt auch, soweit in Rechtsnormen der Gemeinschaften auf das EuGVÜ verwiesen wird (zB. in Art. 25 Abs. 1 EuInsVO, Art. 54b LugÜ, Art. 90 MarkenVO u. Art. 79 GeschmacksmusterVO). Der europäische Gesetzgeber wollte sich dadurch eine Änderung der einzelnen Verweisungsnormen ersparen. Die gewählte Regelungstechnik ist aber wenig transparent.[1]

Art. 69. Diese Verordnung ersetzt unbeschadet des Artikels 66 Absatz 2 und des Artikels 70 im Verhältnis zwischen den Mitgliedstaaten die nachstehenden Abkommen und Verträge:
– das am 8. Juli 1899 in Paris unterzeichnete belgisch-französische Abkommen über die gerichtliche Zuständigkeit, die Anerkennung und die Vollstreckung von gerichtlichen Entscheidungen, Schiedssprüchen und öffentlichen Urkunden;
– das am 28. März 1925 in Brüssel unterzeichnete belgisch-niederländische Abkommen über die Zuständigkeit der Gerichte, den Konkurs sowie die Anerkennung und die Vollstreckung von gerichtlichen Entscheidungen, Schiedssprüchen und öffentlichen Urkunden;
– das am 23. November 1927 in Lissabon unterzeichnete Abkommen zwischen der Tschechoslowakischen Republik und Portugal über die Anerkennung und Vollstreckung gerichtlicher Entscheidungen, das zwischen der Tschechischen Republik und Portugal noch in Kraft ist;
– das am 3. Juni 1930 in Rom unterzeichnete französisch-italienische Abkommen über die Vollstreckung gerichtlicher Urteile in Zivil- und Handelssachen;
– das am 2. Juli 1930 in Sofia unterzeichnete Abkommen zwischen Bulgarien und Belgien über bestimmte justizielle Fragen;
– das am 18. Januar 1934 in Paris unterzeichnete britisch-französische Abkommen über die gegenseitige Vollstreckung gerichtlicher Entscheidungen in Zivil- und Handelssachen mit Protokoll;
– das am 2. Mai 1934 in Brüssel unterzeichnete britisch-belgische Abkommen über die gegenseitige Vollstreckung gerichtlicher Entscheidungen in Zivil- und Handelssachen mit Protokoll;
– das am 9. März 1936 in Rom unterzeichnete deutsch-italienische Abkommen über die Anerkennung und Vollsteckung gerichtlicher Entscheidungen in Zivil- und Handelssachen;

---

[7] Krit. auch *Geimer/Schütze/Pörnbacher*, IRV, Rn. 2.
[1] ABlEG 1996 Nr. L 309/1; vgl. *Geimer/Schütze*, EuZVR, Rn. 4. Allerdings befasst sich die EuGVO sonst nicht mit der Anerkennung von Drittstaatsentscheidungen (*Rauscher/Mankowski* Rn. 2).

- das am 16. Dezember 1954 in Wien unterzeichnete Abkommen zwischen der Föderativen Volksrepublik Jugoslawien und der Republik Österreich über die justizielle Zusammenarbeit;
- das am 23. März 1956 in Sofia unterzeichnete Abkommen zwischen der Volksrepublik Bulgarien und der Föderativen Volksrepublik Jugoslawien über gegenseitige Rechtshilfe, das zwischen Bulgarien und Slowenien noch in Kraft ist;
- das am 16. Dezember 1954 in Wien unterzeichnete Abkommen zwischen der Föderativen Volksrepublik Jugoslawien und der Republik Österreich über die justizielle Zusammenarbeit;
- das am 25. Oktober 1957 in Wien unterzeichnete belgisch-österreichische Abkommen über die gegenseitige Anerkennung und Vollstreckung von gerichtlichen Entscheidungen und öffentlichen Urkunden betreffend Unterhaltsverpflichtungen;
- das am 30. Juni 1958 in Bonn unterzeichnete deutsch-belgische Abkommen über die gegenseitige Anerkennung und Vollstreckung von gerichtlichen Entscheidungen, Schiedssprüchen und öffentlichen Urkunden in Zivil- und Handelssachen;
- den am 7. Oktober 1958 in Bukarest unterzeichneten Vertrag zwischen der Volksrepublik Rumänien und der Volksrepublik Ungarn über die Rechtshilfe in Zivil-, Familien- und Strafsachen;
- den am 25. Oktober 1958 in Prag unterzeichneten Vertrag zwischen der Volksrepublik Rumänien und der Tschechoslowakischen Republik über die Rechtshilfe in Zivil-, Familien- und Strafsachen, der zwischen Rumänien und der Slowakei noch in Kraft ist;
- das am 3. Dezember 1958 in Sofia unterzeichnete Abkommen zwischen der Volksrepublik Bulgarien und der Volksrepublik Rumänien über die Rechtshilfe in Zivil-, Familien- und Strafsachen;
- das am 6. März 1959 in Budapest unterzeichnete Abkommen zwischen der Volksrepublik Polen und der Volksrepublik Ungarn über die Rechtshilfe in Zivil-, Familien- und Strafsachen;
- das am 17. April 1959 in Rom unterzeichnete niederländisch-italienische Abkommen über die Anerkennung und Vollstreckung gerichtlicher Entscheidungen in Zivil- und Handelssachen;
- den am 6. Juni 1959 in Wien unterzeichneten deutsch-österreichischen Vertrag über die gegenseitige Anerkennung und Vollstreckung von gerichtlichen Entscheidungen, Vergleichen und öffentlichen Urkunden in Zivil- und Handelssachen;
- das am 16. Juni 1959 in Wien unterzeichnete belgisch-österreichische Abkommen über die gegenseitige Anerkennung und Vollstreckung von gerichtlichen Entscheidungen, Schiedssprüchen und öffentlichen Urkunden auf dem Gebiet des Zivil- und Handelsrechts;
- das am 18. Juni 1959 in Athen unterzeichnete Abkommen zwischen der Föderativen Volksrepublik Jugoslawien und dem Königreich Griechenland über die gegenseitige Anerkennung und Vollstreckung gerichtlicher Entscheidungen;
- das am 6. Februar 1960 in Warschau unterzeichnete Abkommen zwischen der Volksrepublik Polen und der Föderativen Volksrepublik Jugoslawien übe die Rechtshilfe in Zivil- und Strafsachen, das nun zwischen Polen und Slowenien in Kraft ist;
- das am 18. März 1960 in Belgrad unterzeichnete Abkommen zwischen der Föderativen Volksrepublik Jugoslawien und der Republik Österreich über die gegenseitige Anerkennung und die Vollstreckung von Schiedssprüchen und schiedsgerichtlichen Vergleichen in Handelssachen;
- das am 14. Juli 1960 in Bonn unterzeichnete deutsch-britische Abkommen über die gegenseitige Anerkennung und Vollstreckung von gerichtlichen Entscheidungen in Zivil- und Handelssachen;
- den am 18. Oktober 1960 in Belgrad unterzeichneten Vertrag zwischen der Volksrepublik Rumänien und der Föderativen Volksrepublik Jugoslawien über Rechtshilfe mit Protokoll, der zwischen Rumänien und Slowenien noch in Kraft ist;
- den am 14. Juli 1961 in Wien unterzeichneten britisch-österreichischen Vertrag über die gegenseitige Anerkennung und Vollstreckung gerichtlicher Entscheidungen in Zivil- und Handelssachen und das am 6. März 1970 in London unterzeichnete Protokoll;
- das am 10. Oktober 1961 in Wien unterzeichnete Abkommen zwischen der Föderativen Volksrepublik Jugoslawien und der Republik Österreich über die gegenseitige Anerkennung und die Vollstreckung gerichtlicher Entscheidungen in Unterhaltssachen;

- den am 4. November 1961 in Athen unterzeichneten Vertrag zwischen der Bundesrepublik Deutschland und dem Königreich Griechenland über die gegenseitige Anerkennung und Vollstreckung von gerichtlichen Entscheidungen, Vergleichen und öffentlichen Urkunden in Zivil- und Handelssachen;
- das am 4. Dezember 1961 in Warschau unterzeichnete Abkommen zwischen der Volksrepublik Bulgarien und der Volksrepublik Polen über die Rechtshilfe in Zivil-, Familien- und Strafsachen;
- das am 6. April 1962 in Rom unterzeichnete belgisch-italienische Abkommen über die Anerkennung und Vollstreckung von gerichtlichen Entscheidungen und anderen vollstreckbaren Titeln in Zivil- und Handelssachen;
- den am 30. August 1962 in Den Haag unterzeichneten deutsch-niederländischen Vertrag über gegenseitige Anerkennung und Vollstreckung gerichtlicher Entscheidungen und anderer Schuldtitel in Zivil- und Handelssachen;
- das am 6. Februar 1963 in Den Haag unterzeichnete niederländisch-österreichische Abkommen über die gegenseitige Anerkennung und Vollstreckung von gerichtlichen Entscheidungen und öffentlichen Urkunden auf dem Gebiet des Zivil- und Handelsrechts;
- das am 11. Dezember 1963 in Wien unterzeichnete polnisch-österreichische Abkommen über die gegenseitigen Beziehungen in Zivilsachen und über Urkunden;
- den am 20. Januar 1964 in Belgrad unterzeichneten Vertrag zwischen der Tschechoslowakischen Sozialistischen Republik und der Sozialistischen Föderativen Republik Jugoslawien über die Schlichtung von Rechtsbeziehungen in Zivil-, Familien- und Strafsachen, der zwischen der Tschechischen Republik, der Slowakei und Slowenien noch in Kraft ist;
- das am 7. Februar 1964 in Rom unterzeichnete britisch-italienische Abkommen über die gegenseitige Anerkennung und Vollstreckung gerichtlicher Entscheidungen in Zivil- und Handelssachen und das am 14. Juli 1970 in Rom unterzeichnete Zusatzprotokoll;
- das am 17. November 1965 in Wien unterzeichnete Abkommen zwischen der Sozialistischen Republik Rumänien und der Republik Österreich über die Rechtshilfe in Zivil- und Familiensachen sowie über die Gültigkeit und Zustellung von Schriftstücken mit Protokoll;
- das am 16. Mai 1966 in Sofia unterzeichnete Abkommen zwischen der Volksrepublik Bulgarien und der Volksrepublik Ungarn über die Rechtshilfe in Zivil-, Familien- und Strafsachen;
- das am 15. Juli 1966 in Wien unterzeichnete französisch-österreichische Abkommen über die Anerkennung und die Vollstreckung von gerichtlichen Entscheidungen und öffentlichen Urkunden auf dem Gebiet des Zivil- und Handelsrechts;
- das am 5. April 1967 in Warschau geschlossene polnisch-französische Abkommen über das anwendbare Recht, die Rechtsprechung und die Vollstreckung gerichtlicher Entscheidungen im Bereich des Personenstands- und Familienrechts;
- das am 17. November 1967 in Den Haag unterzeichnete britisch-niederländische Abkommen über die gegenseitige Anerkennung und Vollstreckung gerichtlicher Entscheidungen in Zivilsachen;
- das am 28. Mai 1969 in Paris unterzeichnete französisch-spanische Abkommen über die Anerkennung und Vollstreckung von gerichtlichen Entscheidungen und Schiedssprüchen in Zivil- und Handelssachen;
- das am 18. Mai 1971 in Paris unterzeichnete Abkommen zwischen den Regierungen Jugoslawiens und Frankreichs über Anerkennung und die Vollstreckung gerichtlicher Entscheidungen in Zivil- und Handelssachen;
- das am 29. Juli 1971 in Luxemburg unterzeichnete luxemburgisch-österreichische Abkommen über die Anerkennung und die Vollstreckung von gerichtlichen Entscheidungen und öffentlichen Urkunden auf dem Gebiet des Zivil- und Handelsrechts;
- das am 16. November 1971 in Rom unterzeichnete italienisch-österreichische Abkommen über die Anerkennung und Vollstreckung von gerichtlichen Entscheidungen in Zivil- und Handelssachen, von gerichtlichen Vergleichen und von Notariatsakten;
- das am 19. Oktober 1972 in Bukarest unterzeichnete Abkommen zwischen der Sozialistischen Republik Rumänien und der Hellenischen Republik über die Rechtshilfe in Zivil- und Strafsachen mit Protokoll;

- das am 11. November 1972 in Bukarest unterzeichnete Abkommen zwischen der Sozialistischen Republik Rumänien und der Italienischen Republik über die Rechtshilfe in Zivil- und Strafsachen;
- das am 22. Mai 1973 in Madrid unterzeichnete italienisch-spanische Abkommen über die Rechtshilfe und die Anerkennung und Vollstreckung gerichtlicher Entscheidungen in Zivil- und Handelssachen;
- das am 12. Dezember 1973 in Belgrad unterzeichnete Abkommen zwischen der Sozialistischen Föderativen Republik Jugoslawien und dem Königreich Belgien über die Anerkennung und Vollstreckung gerichtlicher Entscheidungen in Unterhaltssachen;
- das am 5. November 1974 in Paris unterzeichnete Abkommen zwischen der Sozialistischen Republik Rumänien und der Französischen Republik über die Rechtshilfe in Zivil- und Handelssachen;
- das am 30. Oktober 1975 in Bukarest unterzeichnete Abkommen zwischen der Sozialistischen Republik Rumänien und dem Königreich Belgien über die Rechtshilfe in Zivil- und Handelssachen;
- das am 10. April 1976 in Athen unterzeichnete Abkommen zwischen der Volksrepublik Bulgarien und der Hellenischen Republik über die Rechtshilfe in Zivil- und Strafsachen;
- das am 25. November 1976 in Sofia unterzeichnete Abkommen zwischen der Volksrepublik Bulgarien und der Tschechoslowakischen Sozialistischen Republik über die Rechtshilfe und die Regelung von Beziehungen in Zivil-, Familien- und Strafsachen;
- das am 11. Oktober 1977 in Kopenhagen unterzeichnete Übereinkommen zwischen Dänemark, Finnland, Island, Norwegen und Schweden über die Anerkennung und Vollstreckung gerichtlicher Entscheidungen in Zivilsachen;
- das am 15. Juni 1978 in London unterzeichnete Abkommen zwischen der Sozialistischen Republik Rumänien und dem Vereinigten Königreich Großbritannien und Nordirland über die Rechtshilfe in Zivil- und Handelssachen;
- das am 8. Oktober 1979 in Budapest unterzeichnete ungarisch-griechische Abkommen über die Rechtshilfe in Zivil- und Strafsachen;
- das am 24. Oktober 1979 in Athen unterzeichnete polnisch-griechische Abkommen über die Rechtshilfe in Zivil- und Handelssachen;
- das am 30. Oktober 1979 in Bukarest unterzeichnete Zusatzprotokoll zum Abkommen zwischen der Sozialistischen Republik Rumänien und dem Königreich Belgien über die Rechtshilfe in Zivil- und Handelssachen;
- das am 30. Oktober 1979 in Bukarest unterzeichnete Abkommen zwischen der Sozialistischen Republik Rumänien und dem Königreich Belgien über die Anerkennung und Vollstreckung gerichtlicher Entscheidungen in Unterhaltssachen;
- das am 31. Juli 1980 in Budapest unterzeichnete ungarisch-französische Abkommen über die Rechtshilfe in Zivil- und Familiensachen und über die Anerkennung und Vollstreckung gerichtlicher Entscheidungen sowie die Rechtshilfe in Strafsachen und die Auslieferung;
- den am 22. Oktober 1980 in Athen unterzeichneten Vertrag zwischen der Tschechoslowakischen Sozialistischen Republik und der Hellenischen Republik über die Rechtshilfe in Zivil- und Strafsachen, der zwischen der Tschechischen Republik, der Slowakei und Griechenland noch in Kraft ist;
- das am 6. November 1980 in Bukarest unterzeichnete Abkommen zwischen der Sozialistischen Republik Rumänien und dem Königreich Belgien über die Anerkennung und Vollstreckung gerichtlicher Entscheidungen in Scheidungssachen;
- das am 30. November 1981 in Nikosia unterzeichnete Abkommen zwischen der Republik Zypern und der Volksrepublik Ungarn über die Rechtshilfe in Zivil- und Strafsachen;
- der am 23. April 1982 in Nikosia unterzeichnete Vertrag zwischen der Tschechoslowakischen Sozialistischen Republik und der Republik Zypern über die Rechtshilfe in Zivil- und Strafsachen, das zwischen der Tschechischen Republik, der Slowakei und Zypern noch in Kraft ist;
- das am 16. September 1982 in Stockholm unterzeichnete österreichisch-schwedische Abkommen über die Anerkennung und die Vollstreckung von Entscheidungen in Zivilsachen;

- das am 29. April 1983 in Nikosia unterzeichnete Abkommen zwischen der Volksrepublik Bulgarien und der Republik Zypern über die Rechtshilfe in Zivil- und Strafsachen;
- den am 14. November 1983 in Bonn unterzeichneten deutsch-spanischen Vertrag über die Anerkennung und Vollstreckung von gerichtlichen Entscheidungen und Vergleichen sowie vollstreckbaren öffentlichen Urkunden in Zivil- und Handelssachen;
- das am 17. Februar 1984 in Wien unterzeichnete österreichisch-spanische Abkommen über die Anerkennung und die Vollstreckung von gerichtlichen Entscheidungen, Vergleichen und vollstreckbaren öffentlichen Urkunden in Zivil- und Handelssachen;
- das am 5. März 1984 in Nikosia unterzeichnete Abkommen zwischen der Republik Zypern und der Republik Griechenland über die rechtliche Zusammenarbeit in Zivil-, Familien-, Handels- und Strafsachen;
- den am 10. Mai 1984 in Paris unterzeichneten Vertrag zwischen der Regierung der Tschechoslowakischen Sozialistischen Republik und der Regierung der Französischen Republik über die Rechtshilfe und die Anerkennung und Vollstreckung gerichtlicher Entscheidungen in Zivil-, Familien- und Handelssachen, der zwischen der Tschechischen Republik, der Slowakei und Frankreich noch in Kraft ist;
- das am 19. September 1984 in Nikosia unterzeichnete Abkommen zwischen der Republik Zypern und der Sozialistischen Föderativen Republik Jugoslawien über die Rechtshilfe in Zivil- und Strafsachen, das nun zwischen Zypern und Slowenien in Kraft ist;
- den am 6. Dezember 1985 in Prag unterzeichneten Vertrag zwischen der Tschechoslowakischen Sozialistischen Republik und der Italienischen Republik über die Rechtshilfe in Zivil- und Strafsachen, der zwischen der Tschechischen Republik, der Slowakei und Italien noch in Kraft ist;
- das am 17. November 1986 in Wien unterzeichnete finnisch-österreichische Abkommen über die Anerkennung und die Vollstreckung von Entscheidungen in Zivilsachen;
- den am 4. Mai 1987 in Madrid unterzeichneten Vertrag zwischen der Tschechoslowakischen Sozialistischen Republik und dem Königreich Spanien über die Rechtshilfe sowie die Anerkennung und Vollstreckung gerichtlicher Entscheidungen in Zivilsachen, der zwischen der Tschechischen Republik, der Slowakei und Spanien noch in Kraft ist;
- den am 21. Dezember 1987 in Warschau unterzeichneten Vertrag zwischen der Tschechoslowakischen Sozialistischen Republik und der Volksrepublik Polen über die Rechtshilfe und die Schlichtung von Rechtsbeziehungen in Zivil-, Familien-, Arbeits- und Strafsachen, der zwischen der Tschechischen Republik, der Slowakei und Polen noch in Kraft ist;
- das am 18. Januar 1989 in Sofia unterzeichnete Abkommen zwischen der Volksrepublik Bulgarien und der Regierung der Französischen Republik über die gegenseitige Rechtshilfe in Zivilsachen;
- den am 28. März 1989 in Bratislava unterzeichneten Vertrag zwischen der Tschechoslowakischen Sozialistischen Republik und der Volksrepublik Ungarn über die Rechtshilfe und die Schlichtung von Rechtsbeziehungen in Zivil-, Familien- und Strafsachen, der zwischen der Tschechischen Republik, der Slowakei und Ungarn noch in Kraft ist;
- das am 28. April 1989 in Warschau unterzeichnete polnisch-italienische Abkommen über gerichtliche Hilfe und die Anerkennung und Vollstreckung gerichtlicher Entscheidungen in Zivilsachen;
- das am 18. Mai 1990 in Rom unterzeichnete Abkommen zwischen der Volksrepublik Bulgarien und der Italienischen Republik über die Rechtshilfe und die Vollstreckung von Entscheidungen in Zivilsachen;
- den am 29. Oktober 1992 in Prag unterzeichneten Vertrag zwischen der Tschechischen Republik und der Slowakischen Republik über die von Gerichten geleistete Rechtshilfe sowie Schlichtung bestimmter rechtlicher Beziehungen in Zivil- und Strafsachen;
- das am 11. November 1992 in Tallinn unterzeichnete Abkommen zwischen der Republik Lettland, der Republik Estland und der Republik Litauen über Rechtshilfe und Rechtsbeziehungen;
- das am 26. Januar 1993 in Warschau unterzeichnete Abkommen zwischen der Republik Polen und der Republik Litauen über Rechtshilfe und Rechtsbeziehungen in Zivil-, Familien-, Arbeits- und Strafsachen;

– das am 23. Mai 1993 in Sofia unterzeichnete Abkommen zwischen der Republik Bulgarien und dem Königreich Spanien über die gegenseitige Rechtshilfe in Zivilsachen;
– das am 23. Februar 1994 in Riga unterzeichnete Abkommen zwischen der Republik Lettland und der Republik Polen über Rechtshilfe und Rechtsbeziehungen in Zivil-, Familien-, Arbeits- und Strafsachen;
– den am 11. Juli 1994 in Bukarest unterzeichneten Vertrag zwischen Rumänien und der Tschechischen Republik über die Rechtshilfe in Zivilsachen;
– das am 14. November 1996 in Nikosia unterzeichnete Abkommen zwischen der Republik Zypern und der Republik Polen über die rechtliche Zusammenarbeit in Zivil- und Strafsachen;
– das am 17. November 1997 in Bukarest unterzeichnete Abkommen zwischen Rumänien und dem Königreich Spanien über die gerichtliche Zuständigkeit und die Anerkennung und Vollstreckung von Entscheidungen in Zivil- und Handelssachen;
– das am 17. November 1997 in Bukarest unterzeichnete Abkommen zwischen Rumänien und dem Königreich Spanien – Zusatzabkommen zum Haager Übereinkommen über den Zivilprozess (Den Haag, 1. März 1954);
– das am 27. November 1998 in Tallinn unterzeichnete estnisch-polnische Abkommen über die Rechtshilfe und Rechtsbeziehungen in Zivil-, Arbeits- und Strafsachen;
– den am 15. Mai 1999 in Bukarest unterzeichneten Vertrag zwischen Rumänien und der Republik Polen über die Rechtshilfe und die Rechtsbeziehungen in Zivilsachen; und, insoweit als er in Kraft ist,
– den am 24. November 1961 in Brüssel unterzeichneten belgisch-niederländisch-luxemburgischen Vertrag über die gerichtliche Zuständigkeit, den Konkurs, die Anerkennung und die Vollstreckung von gerichtlichen Entscheidungen, Schiedssprüchen und öffentlichen Urkunden.

Die Bestimmung entspricht dem bisherigen Art. 55 EuGVÜ/LugÜ. Sie wurde 2002 um die Großbritannien und 2004 um die die zehn neuen Mitgliedstaaten betreffenden Abkommen ergänzt. Die gegenwärtige Fassung listet alle bilateralen Verträge auf, die durch die EuGVO vollständig ersetzt werden.[1] Nicht aufgeführt sind die bilateralen Abkommen mit dem Vereinigten Königreich. In der Sache sind sie aber ebenfalls durch die EuGVO ersetzt worden.[2] **1**

Für Deutschland sind die bilateralen Anerkennungs- und Vollstreckungsverträge mit Belgien, Griechenland, Italien, den Niederlanden, Österreich und Spanien, über Art. 55 LugÜ auch die Abkommen mit Norwegen und der Schweiz betroffen.

Der Vorbehalt zugunsten des Art. 70 bedeutet, dass diese bilateralen Abkommen und Verträge anwendbar bleiben **2**
(1) für von der EuGVO ausgeschlossenen Rechtsgebiete,
(2) für Altentscheidungen oder öffentliche Urkunden aus der Zeit vor dem Inkrafttreten, und schließlich
(3) in den Übergangsfällen des Art. 66 Abs. 2 zur Prüfung der internationalen Zuständigkeit.[3]

Art. 70. (1) Die in Artikel 69 angeführten Abkommen und Verträge behalten ihre Wirksamkeit für die Rechtsgebiete, auf die diese Verordnung nicht anzuwenden ist.

(2) Sie bleiben auch weiterhin für die Entscheidungen und die öffentlichen Urkunden wirksam, die vor Inkrafttreten dieser Verordnung ergangen oder aufgenommen sind.

1. Weitere Rechtsgebiete in bilateralen Verträgen. a) Die Norm entspricht Art. 56 EuGVÜ/LugÜ. Die in Art. 69 aufgelisteten Abkommen werden durch die EuGVO nur ersetzt, soweit ihr sachlicher Anwendungsbereich deckungsgleich ist. Obwohl sich alle Abkommen auf Zivil- und Handelssachen beziehen, meinen sie indessen nicht doch nicht dasselbe; teilweise werden vielmehr Sachgebiete geregelt, die in Art. 1 Abs. 2 EuGVO ausdrücklich ausgenommen sind, teilweise werden auch die gleichen Begriffe in bilateralen Verträgen in einem weiteren Sinne verstanden.[1] In beiden Fällen bleiben die bilateralen Abkommen weiterhin anwendbar und sind ohne Berücksichtigung der EuGVO auszulegen. **1**

---

[1] Rauscher/Mankowski Rn. 2.
[2] Rauscher/Mankowski Rn. 4.
[3] Rauscher/Mankowski Rn. 3.
[1] EuGHE 1977, 1517 = NJW 1978, 483 (m. Anm. Geimer); BGH NJW 1978, 1113.

EuGVO Art. 71 B. Europäisches Zivilprozessrecht

2 **b)** Der Anwendungsbereich der bilateralen Abkommen wird freilich durch die Brüssel IIa-Verordnung (EheGVO) vom 27. 11. 2003[2] weiter eingeschränkt. Sie sind also seit 1. 3. 2005 nicht mehr in Ehesachen und – soweit erfasst – in Sorgerechtsverfahren anwendbar (s. Art. 59 Abs. 1 EheGVO).
Mit Erlass der geplanten Verordnungen zum Familienvermögensrecht und zum Erbrecht (sog. Brüssel III- bzw. Brüssel IV-Verordnungen) würden die bilateralen Verträge Deutschlands mit EU-Staaten für Neufälle gegenstandslos.

3 **c)** Für die die Bundesrepublik Deutschland betreffenden Abkommen gilt im Verhältnis zur EuGVO und zur Brüssel II-VO derzeit (2007) Folgendes:
(1) Das **deutsch-italienische Abkommen** vom 9. 3. 1936 gilt noch für Erbrechtsstreitigkeiten (Art. 2 Nr. 6) sowie für Streitigkeiten aus dem ehelichen Güterrecht.

4 (2) Das **deutsch-belgische Abkommen** vom 30. 6. 1958 gilt weiter in allen die Rechts- oder Handlungsfähigkeit oder die gesetzliche Vertretung betreffenden Angelegenheiten (Art. 4 des Abkommens) sowie für Erbschaftsstreitigkeiten (Art. 3 Abs. 1 Nr. 8 des Abkommens).

5 (3) Das **deutsch-britische Abkommen** vom 14. 7. 1960 gilt weiter für Erbschaftsangelegenheiten, Verfahren in Bezug auf die Nachlassverwaltung (Art. IV Abs. 1 (c) des Abkommens) und Hilfsverfahren zu Schiedssachen.

6 (4) Der **deutsch-griechische Vertrag** vom 4. 11. 1961 gilt weiter für Erbschaftsstreitigkeiten (vgl. Art. 4 Abs. 2 des Vertrages).

7 (5) Der **deutsch-niederländische Vertrag** vom 30. 8. 1962 gilt weiter für Entscheidungen im Bereich des Erbrechts, des Personenstands und der gesetzlichen Vertretung (dagegen nicht in Ehe- und Familienstandssachen) (vgl. Art. 1 Abs. 3 b des Vertrages).

8 (6) Der **deutsch-österreichische Vertrag** vom 6. 6. 1959 gilt weiter für Erbrechtsstreitigkeiten sowie für Personenstandssachen (ohne Ehe- und Familienstandssachen, Art. 14 Abs. 1 Nr. 1 des Vertrages).

9 (7) Der **deutsch-spanische Vertrag** vom 14. 11. 1983 gilt noch für Erbschaftsangelegenheiten (Art. 7 Abs. 1 Nr. 13).

10 **d)** Im Verhältnis zum Luganer Übereinkommens gilt Folgendes:
(8) Das **deutsch-schweizerische Abkommen** vom 2. 11. 1929 gilt weiter für nichtvermögensrechtliche Streitigkeiten (Art. 3 des Abkommens) sowie für Erbschaftsstreitigkeiten.

11 (9) Der **deutsch-norwegische Vertrag** vom 17. 6. 1977 bleibt anwendbar für Erbrechtsstreitigkeiten.

12 **2. Teilweise anzuerkennende Entscheidungen.** Soweit Entscheidungen partiell nach der EuGVO bzw. dem EuGVÜ/LugÜ, partiell nach einem bilateralen Abkommen anzuerkennen und zu vollstrecken sind, hängt das Vorgehen von dem nationalen Exequaturverfahren ab. Fällt die Entscheidung in Deutschland insgesamt unter das AVAG, so wird die Vollstreckungsklausel einheitlich gemäß § 9 AVAG erteilt, ohne dass klargestellt werden müsste, welche Verträge die konkrete Rechtsgrundlage der Entscheidung bilden.[3] Fällt die Entscheidung teilweise unter die EuGVO und AVAG, teilweise aber unter ein anderes Verfahren der Vollstreckbarerklärung, so kann wie nach Art. 48 von Amts wegen (oder auf Antrag) nur für den unter das EuGVO fallenden Teil zur Zwangsvollstreckung zugelassen werden. Für den anderen Teil muss ein weiteres Exequaturverfahren beantragt werden.[4]

13 **3. Altfälle.** Die in Art. 69 aufgeführten bilateralen Abkommen bleiben schließlich für Fälle wirksam, die vor Inkrafttreten der EuGVO abgeschlossen wurden, zumal sich die EuGVO keine Rückwirkung beilegt (Art. 76). Durch diese Regel soll gewährleistet werden, dass die Anerkennung und Vollstreckung von Altfällen nicht gegenüber dem früheren Rechtszustand erschwert wird.[5]

Art. 71. (1) Diese Verordnung lässt Übereinkommen unberührt, denen die Mitgliedstaaten angehören und die für besondere Rechtsgebiete die gerichtliche Zuständigkeit, die Anerkennung oder die Vollstreckung von Entscheidungen regeln.
(2) Um eine einheitliche Auslegung des Absatzes 1 zu sichern, wird dieser Absatz in folgender Weise angewandt:

---

[2] ABlEU L Nr. 338/1.
[3] *Baumann*, Die Anerkennung und Vollstreckung ausländischer Entscheidungen in Unterhaltssachen, 1989, S. 175 f.; *Geimer/Schütze*, EuZVR, Rn. 13.
[4] *Baumann* (Fn. 3), S. 174; *Geimer/Schütze*, EuZVR, Rn. 12.
[5] *Kropholler* Rn. 2.

a) Diese Verordnung schließt nicht aus, dass ein Gericht eines Mitgliedstaats, der Vertragspartei eines Übereinkommens über ein besonderes Rechtsgebiet ist, seine Zuständigkeit auf ein solches Übereinkommen stützt, und zwar auch dann, wenn der Beklagte seinen Wohnsitz im Hoheitsgebiet eines Mitgliedstaats hat, der nicht Vertragspartei eines solchen Übereinkommens ist. In jedem Fall wendet dieses Gericht Artikel 26 dieser Verordnung an.

b) Entscheidungen, die in einem Mitgliedstaat von einem Gericht erlassen worden sind, das seine Zuständigkeit auf ein Übereinkommen über ein besonderes Rechtsgebiet gestützt hat, werden in den anderen Mitgliedstaaten nach dieser Verordnung anerkannt und vollstreckt.

Sind der Ursprungsmitgliedstaat und der ersuchte Mitgliedstaat Vertragsparteien eines Übereinkommens über ein besonderes Rechtsgebiet, welches die Voraussetzungen für die Anerkennung und Vollstreckung von Entscheidungen regelt, so gelten diese Voraussetzungen. In jedem Fall können die Bestimmungen dieser Verordnung über das Verfahren zur Anerkennung und Vollstreckung von Entscheidungen angewandt werden.

Die Art. 71 EuGVO entsprechenden Regeln von **Artikel 57 Abs. 2–5 des Luganer Übereinkommens 1988** lauten:

(2) ¹Dieses Übereinkommen schließt nicht aus, daß ein Gericht eines Vertragsstaats, der Vertragspartei eines Übereinkommens nach Absatz 1 ist, seine Zuständigkeit auf ein solches Übereinkommen stützt, und zwar auch dann, wenn der Beklagte seinen Wohnsitz in dem Hoheitsgebiet eines Vertragsstaats hat, der nicht Vertragspartei eines solchen Übereinkommens ist. ²In jedem Fall wendet dieses Gericht Artikel 20 an.

(3) Entscheidungen, die in einem Vertragsstaat von einem Gericht erlassen worden sind, das seine Zuständigkeit auf ein in Absatz 1 bezeichnetes Übereinkommen gestützt hat, werden in den anderen Vertragsstaaten nach Titel III anerkannt und vollstreckt.

(4) Außer den in Titel III vorgesehenen Gründen kann die Anerkennung oder Vollstreckung versagt werden, wenn der ersuchte Staat nicht Vertragspartei eines in Absatz 1 bezeichneten Übereinkommens ist und wenn die Person, gegen die die Anerkennung oder Vollstreckung geltend gemacht wird, ihren Wohnsitz in diesem Staat hat, es sei denn, daß die Entscheidung nach einer anderen Rechtsvorschrift des ersuchten Staates anerkannt oder vollstreckt werden kann.

(5) ¹Sind der Ursprungsstaat und der ersuchte Staat Vertragsparteien eines in Absatz 1 bezeichneten Übereinkommens, welches die Voraussetzungen für die Anerkennung und Vollstreckung von Entscheidungen regelt, so gelten diese Voraussetzungen. ²In jedem Fall können die Bestimmungen des vorliegenden Übereinkommens über das Verfahren zur Anerkennung und Vollstreckung von Entscheidungen angewandt werden.

Schrifttum: *Hohloch,* Grenzüberschreitende Unterhaltsvollstreckung, FPR 2001, 147 u. 2004, 315; *Mankowski,* Spezialabkommen und EuGVÜ, EWS 1996, 301; *ders.,* Im Dschungel der für die Vollstreckbarerklärung ausländischer Unterhaltsentscheidungen einschlägigen Abkommen, IPRax 2000, 188; *Philipp,* The Brussels Convention and Arrest of Ships, FS Lalive, 1993, 151.

I. Rechtslage nach der EuGVO

1. Allgemeines. Neben allgemeinen Anerkennungs- und Vollstreckungsverträgen gab es schon immer meist multilaterale Übereinkommen für Spezialgebiete, zB für Unterhaltsforderungen oder Einzelbereiche des Land- und Seetransportrechts, die jeweils von besonderen Organisationen gefördert und ausgearbeitet worden sind.[1] Diese Abkommen haben unterschiedlichsten Inhalt: neben materiellem Einheitsrecht finden sich etwa einzelne Zuständigkeitsnormen, oder sie regeln nur Fragen der Anerkennung und Vollstreckung für Sonderbereiche, zB für Unterhalt oder Prozesskosten,[2] oder sowohl die internationale Zuständigkeit wie Fragen der Anerkennung und Vollstreckung. Da an den Spezialübereinkommen vielfach Drittstaaten beteiligt sind, konnten und wollten weder EuGVÜ noch EuGVO in solche vertraglichen Rechte und Pflichten eingreifen. Sonderübereinkommen sollen vielmehr „unberührt" bleiben, dh. grundsätzlich Vorrang vor dem europäischen

---

[1] Vgl. *Jenard/Möller*-Bericht Nr. 79.
[2] Vgl. *Jenard*-Bericht, zu Art. 57, C 59/60; *Schlosser*-Bericht Nr. 238.

EuGVO Art. 71 2   B. Europäisches Zivilprozessrecht

Regelwerk haben.[3] Art. 71 EuGVO entspricht sachlich Art. 57 Abs. 1 u. 2 EuGVÜ. Während die Mitgliedstaaten nach dem EuGVÜ frei waren, neue Spezialabkommen abzuschließen,[4] gilt der Vorrang für Übereinkommen für besondere Rechtsgebiete nur für die am 1. 3. 2002 bereits bestehenden. Über den Abschluss neuer Übereinkommen und ihr Verhältnis zur EuGVO entscheidet die EU.[5]

2 **2. Die Spezialübereinkommen.** Mit der EuGVO konkurrierende Normen enthalten (in zeitlicher Reihenfolge) folgende Übereinkommen:[6]
(1) Revidierte Rheinschiffahrtsakte vom 17. 10. 1868 (s. § 328 ZPO Rn. 23);
(2) Warschauer Übereinkommen zur Vereinheitlichung von Regeln über die Beförderung im internationalen Luftverkehr vom 12. 10. 1929 (RGBl. II 1933 S. 1039) nebst Änderungsprotokoll vom 28. 9. 1955 (BGBl. II 1958 S. 291) und Zusatzabkommen vom 18. 9. 1961 (BGBl. II 1963 S. 1159) sowie Zusatzprotokollen vom 8. 3. 1971 und 25. 9. 1975;[7]
(3) Brüsseler Abkommen zur Vereinheitlichung von Regeln über die Zuständigkeit bei Schiffszusammenstößen auf See vom 10. 5. 1952 (BGBl. II 1972 S. 663);[8]
(4) Brüsseler Übereinkommen zur Vereinheitlichung von Regeln über den Arrest in Seeschiffe vom 10. 5. 1952 (BGBl. II 1972 S. 653);[9]
(5) Römisches Abkommen über die Regelung der von ausländischen Flugzeugen verursachten Flur- und Gebäudeschäden vom 7. 10. 1952;
(6) Londoner Abkommen über deutsche Auslandsschulden vom 27. 2. 1953 (BGBl. II 1953 S. 331);
(7) (a) Haager Übereinkommen über den Zivilprozess vom 1. 3. 1954 (BGBl. II 1958 S. 576), Art. 18 f.;
    (b) Haager Übereinkommen über die Zustellung gerichtlicher und außergerichtlicher Schriftstücke im Ausland in Zivil- oder Handelssachen vom 15. 11. 1965 (BGBl. II 1977 S. 1452);
    (c) Haager Übereinkommen über die Beweisaufnahme im Ausland in Zivil- oder Handelssachen vom 18. 3. 1970 (BGBl. II 1977 S. 1472);
(8) Genfer Übereinkommen über den Beförderungsvertrag im internationalen Straßengüterverkehr (CMR) vom 19. 5. 1956 (BGBl. II 1961 S. 1119);[10]
(9) Übereinkommen über die Schiffbarmachung der Mosel vom 27. 10. 1956 (BGBl. II 1956 S. 1837);
(10) Europäisches Übereinkommen über den Internationalen Transport gefährlicher Güter auf dem Land (ADR) vom 30. 9. 1957 (BGBl. II 1969 S. 1489);
(11) Haager Übereinkommen über die Anerkennung und Vollstreckung von Entscheidungen auf dem Gebiet der Unterhaltspflicht gegenüber Kindern vom 15. 4. 1958 (BGBl. II 1963 S. 1005) (Schlussanh. Nr. 3 b);
(12) Pariser Übereinkommen über die Haftung gegenüber Dritten auf dem Gebiet der Kernenergie vom 29. 7. 1960 nebst Pariser Zusatzprotokoll vom 28. 1. 1964 einschl. des Brüsseler Zusatzübereinkommens vom 31. 1. 1963 (BGBl. II 1975 S. 957; II 1976 S. 310);
(13) Übereinkommen über Zusammenarbeit zur Sicherung der Luftfahrt „Eurocontrol" vom 13. 12. 1960 (BGBl. 1962 II 2273);
(14) Brüsseler Übereinkommen über die Haftung der Inhaber von Reaktorschiffen vom 25. 5. 1962 nebst Zusatzprotokoll (BGBl. II 1975 S. 977);
(15) Brüsseler Internationales Übereinkommen zur Vereinheitlichung von Regeln über die Beförderung von Reisegepäck im Seeverkehr vom 27. 5. 1967;
(16) Brüsseler Internationales Übereinkommen zur Vereinheitlichung von Regeln über Schiffsgläubigerrechte und Schiffshypotheken vom 27. 5. 1967;

---

[3] *Jenard*-Bericht zu Art. 57, C 59/60; *Kropholler* Rn. 3.
[4] *Schlosser* Rn. 1.
[5] Vgl. *Harris* C. J. Q. 20 (2001), 218, 223; *Kennett* I. C. L. Q. 50 (2001), 725, 736; *Rauscher/Mankowski* Rn. 3.
[6] Vgl. die Übersichten im *Schlosser*-Bericht, Art. 57 Anm. 59 und daran anschließend bei *Basedow* Hdb. IZVR I Kap. II Rn. 134; *Geimer/Schütze*, EuZVR, Rn. 28 ff.; *Kropholler* Rn. 2.
[7] Das Warschauer Übereinkommen ist inzwischen durch das Montrealer Übereinkommen vom 28. 5. 1999 (BGBl. 2004 II 459) (s. u. Schlußanhang Nr. C 2 c) ersetzt worden.
[8] Vgl. Irish Supreme Court [1997] I. L. Pr. 52.
[9] Vgl. EuGHE 1994, I-5439 = JZ 1995, 616 (dazu *P. Huber* S. 603) = IPRax 1996, 108 (dazu *Schack* S. 80); *Philipp*, FS Lalive, 1993, S. 151. Das neue Genfer Übereinkommen über den Arrest in Seeschiffe vom 12. 3. 1999 ist noch nicht in Kraft getreten.
[10] Vgl. *Koller*, Transportrecht, 6. Aufl. 2007, Schlussanh. Nr. 2 a.

(17) Baseler Europäisches Übereinkommen zur Staatenimmunität vom 16. 5. 1972 (BGBl. 1990 II 1400);
(18) Genfer Übereinkommen über den Vertrag über den Internationalen Landtransport von Reisenden und Gepäck (CVR) vom 1. 3. 1973;
(19) Haager Übereinkommen über die Anerkennung und Vollstreckung von Unterhaltsentscheidungen vom 2. 10. 1973 (BGBl. II 1986 S. 826) (Schlussanh. Nr. 3a);
(20) Athener Übereinkommen über den Transport von Passagieren und Gepäck zur See vom 13. 12. 1974;
(21) Münchener Übereinkommen über die Erteilung europäischer Patente vom 5. 10. 1973 nebst Zusatzprotokoll (BGBl. II 1976 S. 649, 826 und 982);[11]
(22) Luxemburger Übereinkommen über das europäische Patent für den gemeinsamen Markt vom 15. 12. 1975 (BGBl. II 1979 S. 833);
(23) Hamburger UN-Übereinkommen über die Beförderung von Gütern auf See vom 30. 3. 1978 (I. L. M 17 (1978), 608);
(24) Übereinkommen über den Internationalen Eisenbahnverkehr (COTIV) vom 9. 5. 1980 (BGBl. II 1985 S. 130) mit Anhang A Einheitliche Rechtsvorschriften über die internationale Eisenbahnbeförderung von Personen und Gepäck (CIV) und Anhang B Einheitliche Rechtsvorschriften für den Vertrag über die internationale Eisenbahnbeförderung von Gütern (CIM);
(25) Übereinkommen der Vereinten Nationen über den internationalen multimodalen Gütertransport vom 24. 5. 1980;
(26) Internationales Übereinkommen von 1992 über die zivilrechtliche Haftung für Ölverschmutzungsschäden (BGBl. II 1996 S. 671) (= Neufassung des Übereinkommens von 1969) nebst Internationalem Übereinkommen von 1971 über die Errichtung eines Internationalen Fonds zur Entschädigung von Ölverschmutzungsschäden idF des Protokolls von 1992 (BGBl. II 1996 S. 686);[12]
(27) Montrealer Übereinkommen zur Vereinheitlichung bestimmter Vorschriften über die Beförderung im internationalen Luftverkehr vom 28. 5. 1999 (BGBl. 2004 II S. 459).

3. „Unberührtheit" der Spezialabkommen. a) Authentische Interpretation. Bei einer **3** Konventionskonkurrenz zwischen den gleichen Vertragsstaaten hat das Spezialabkommen Vorrang, sofern es einen solchen beansprucht. Der Vorrang erstreckt sich sinngemäß auf nationale Umsetzungsgesetze.[13] Zweifelhafter ist dagegen, ob ein nicht am Sonderabkommen beteiligter Mitgliedsstaat internationale Zuständigkeiten nach dem Spezialabkommen zu respektieren und das Urteil zu vollstrecken hat. Die Lösung dieser Fragen war lange offen. In Art. 25 Abs. 2 des 1. Beitrittsübereinkommens 1978 ist zur einheitlichen Auslegung des Art. 57 Abs. 1 eine authentische Interpretation geschaffen worden; diese findet sich heute in Art. 71 Abs. 2. Hieraus ergeben sich folgende Einzellösungen:

b) Gerichtsstandsregeln. Enthält das Sonderabkommen keine Gerichtsstandsregeln, so finden **4** die Art. 2 ff. EuGVO Anwendung. Umgekehrt haben Zuständigkeitsnormen der Sonderabkommen stets Vorrang vor der EuGVO, auch wenn sie keine Parallele in der EuGVO haben oder nach Art. 3 Abs. 2 EuGVO ausgeschlossen wären.[14] Die EuGVO bleibt aber anwendbar, soweit die Voraussetzungen des Sonderabkommens im konkreten Fall nicht erfüllt sind. So verlangt etwa das unter (4) aufgeführte Übereinkommen über den Arrest in Seeschiffe anders als Art. 5 Nr. 7 EuGVO eine tatsächliche Arrestanordnung, um die Zuständigkeit zu begründen.[15] Regelt das Spezialabkommen nur einzelne Fragen, so können die übrigen nach der EuGVO zu beantworten sein.[16] Allerdings kann die Auslegung des Sonderabkommens ergeben, dass die EuGVO-Norm sinngemäß ausgeschlossen ist. So lässt etwa Art. 31 Abs. 1 CMR die Vereinbarung einer zusätzlichen internationalen Zuständigkeit zu, regelt aber keine Form. Da diese Vereinbarung nicht ausschließlich sein darf, wird überwiegend die Ansicht vertreten, die auf eine ausschließliche Vereinbarung abstellende Form des Art. 23 Abs. 1 brauche nicht beachtet zu werden.[17]

---

[11] Vgl. *Stauder* GRUR Int. 1976, 510, 517.
[12] Vgl. *Ramming* TranspR 2007, 13, 14.
[13] *Rauscher/Mankowski* Rn. 2.
[14] *Rauscher/Mankowski* Rn. 11.
[15] The Deichland [1989] 3 W. L. R. 478, 489, 498 (C. A.).
[16] EuGHE 1994, I-5439 = JZ 1995, 616 (dazu *Huber* S. 603) = IPRax 1996, 108 (dazu *Schack* S. 80); *Kropholler* Rn. 7; vgl. *Otte*, Umfassende Streitentscheidung, 1998, S. 362 ff.; *Rauscher/Mankowski* Rn. 8.
[17] *Koller* (Fn. 10), CMR Art. 31 Rn. 5; *Rauscher/Mankowski* Rn. 14; aA *Kropholler* Rn. 14; *Haubold* IPRax 2000, 91, 93.

5   Schwieriger ist die in Abs. 2 lit. a) gefundene Lösung für die Geltung eines Spezialabkommens gegenüber einem Beklagten, der seinen **Wohnsitz in einem Mitgliedsstaat** der EuGVO hat, **der nicht dem Sonderabkommen beigetreten** ist. Zunächst geht diese Lösung dahin, dass die Normen der Sonderabkommen entgegen Art. 2 Abs. 1 EuGVO auch in diesem Fall eine Entscheidungszuständigkeit begründen. Die Mitgliedsstaaten der EuGVO nehmen die Anwendung der Sonderabkommen hin und sehen darin keinen Verstoß gegen die EuGVO.[18] Dieses Ergebnis wird freilich durch die in Abs. 2 lit. a) S. 2 angeordnete Anwendung des Art. 26 in Frage gestellt. Problemlos ist die dort vorgesehene Amtsprüfung der internationalen Zuständigkeit, wenn sich der Beklagte nicht auf das Verfahren einlässt. Art. 26 sieht aber weiter vor, dass die Klage abzuweisen ist, wenn keine Zuständigkeit nach der EuGVO besteht.[19] Soll deshalb der Sinn von Abs. 2 lit. a) gewahrt bleiben, so muss man wohl annehmen, dass Art. 71 Abs. 2 lit. a) in Verbindung mit den Regeln der besonderen Abkommen selbst eine Zuständigkeit nach der EuGVO begründet.

6   **c) Anerkennung und Vollstreckung nach der EuGVO.** Art. 71 Abs. 2 lit. b) legt weiter fest, dass Entscheidungen, die aufgrund von Zuständigkeitsnormen nach Sonderabkommen ergangen sind, in allen EuGVO-Mitgliedsstaaten im Verfahren nach den Art. 33 ff., 38 ff. anzuerkennen und zu vollstrecken sind. Enthält das Spezialabkommen keine Vollstreckungsregelung, so ist nicht etwa auf das autonome Recht zurückzugreifen, sondern stets die EuGVO anzuwenden.[20] Nur diese Lösung ist mit dem in Art. 35 Abs. 3 EuGVO niedergelegten Grundprinzip vereinbar, weil sonst nachgeprüft werden müsste, auf welche Norm das Gericht seine Zuständigkeit gestützt hat.

7   **d) Nebeneinander von Anerkennungs- und Vollstreckungsverfahren.** Ist das Anerkennungs- und Vollstreckungsverfahren sowohl in der EuGVO als im Spezialabkommen geregelt, so verweist Art. 71 Abs. 2 lit. b) S. 2 auf das Spezialabkommen. Bei diesem Ergebnis bleibt es aber nur, sofern das Spezialabkommen seinerseits Vorrang beansprucht. Enthält es dagegen selbst das Günstigkeitsprinzip, wie zB Art. 11 HUVÜ 1958 und Art. 23 HUVÜ 1973, so besteht keine Notwendigkeit, die Anwendung der EuGVO auszuschließen. In solchen Fällen gelten beide Verfahren wahlweise nebeneinander.[21] Diese Wahlmöglichkeit ist für Deutschland aber praktisch irrelevant, da Entscheidungen nach der EuGVO und dem HUVÜ 1973 einheitlich nach dem AVAG von 2001 vollstreckt werden[22] und das HUVÜ 1958 weitgehend durch das HUVÜ 1973 ersetzt worden ist.

8   **e) Vollstreckungsvoraussetzungen nach Spezialabkommen – Vollstreckung nach EuGVO.** Art. 71 Abs. 2 lit. b) S. 2 ermöglicht schließlich, dass eine unter ein Sonderabkommen fallende Entscheidung im Klauselerteilungsverfahren der Art. 38 ff. zur Zwangsvollstreckung zugelassen wird, die Anerkennungs- und Vollstreckungsvoraussetzungen aber nur dem Sonderabkommen entnommen werden. Diese Bestimmung beschäftigt also das Günstigkeitsprinzip auch im Verhältnis von EuGVO und Spezialabkommen. Praktische Bedeutung hätte diese Kombination aber nur, wenn ein Sonderabkommen die Anerkennung liberaler als die EuGVO regeln würde. Verfahrensmäßige Bedeutung hat diese Kombinationsmöglichkeit immerhin in Mitgliedsstaaten, in denen die Vollstreckbarerklärung nach dem HUVÜ 1973 schwieriger ist als nach den Art. 38 ff. EuGVO. In der Bundesrepublik Deutschland gilt dagegen einheitlich das Klauselerteilungsverfahren nach dem AVAG.

9   **f) Rechtshängigkeit.** Soweit ein Spezialabkommen nur Regeln über internationale Zuständigkeit und/oder die Anerkennung von Entscheidungen enthält, sind die Art. 27, 28 EuGVO uneingeschränkt anwendbar.[23]

III. Regelung des Luganer Übereinkommens

10   **1. Allgemeines.** Art. 57 LugÜ übernimmt die zum EuGVÜ entwickelte und gemäß Art. 71 EuGVO weiter geltende Lösung für sein eigenes Verhältnis zu Spezialabkommen, allerdings nur unter dem Vorbehalt des Abs. 4. Die Abs. 1 bis 3 enthalten insoweit lediglich redaktionelle Textabweichungen.

---

[18] *Basedow,* Hdb. IZVR I, Kap. II Rn. 140; *Kropholler* Rn. 9; *Schlosser*-Bericht Nr. 245.
[19] Vgl. OLG Dresden, RIW 1999, 968 = IPRax 2000, 121 (krit. dazu *Haubold* IPRax 2000, 91).
[20] *Basedow,* Hdb. IZVR I, Kap. II Rn. 142; *Geimer/Schütze,* EuZVR, Rn. 18, 21.
[21] BGH FamRZ 2007, 989, 990 (Rz. 14); OLG Koblenz EuZW 1990, 486; *Basedow* Hdb. IZVR I Kap. II Rn. 144; *Baumann,* Die Anerkennung und Vollstreckung ausländischer Entscheidungen in Unterhaltssachen, 1989, S. 171; *Geimer/Schütze/Baumann,* Art. 23 HUVÜ Anm. IV 2 (S. 795, 164); *Geimer/Schütze,* EuZVR, Rn. 22; *Kropholler* Rn. 5; *Schlosser* Rn. 5.
[22] Vgl. *Hohloch* FPR 2001, 147, 151 u. 2004, 315, 320; *Nagel/Gottwald* § 13 Rn. 32.
[23] EuGHE 1994, I-5439 = JZ 1995, 616 = IPRax 1996, 108, 110 (Rz. 25 ff.) (dazu *Schack* S. 80, 81); *Kropholler* Rn. 7, 16; vgl. *Otte,* Umfassende Streitentscheidung, 1998, S. 362 ff.

2. Nachprüfung der internationalen Zuständigkeit nach Sonderabkommen. Die EU- 11
Staaten erkennen in Art. 71 Abs. 2 lit. a) internationale Entscheidungszuständigkeiten aufgrund von
Spezialübereinkommen definitiv an, auch soweit sie nicht selbst Vertragsstaat eines solchen Übereinkommens sind.[24] Dagegen glaubten die EFTA-Staaten dieser Lösung zum Schutz von Personen mit
Wohnsitz in einem EFTA-Staat nicht zustimmen zu können. Art. 57 Abs. 2 des Luganer Übereinkommens sieht zwar zunächst ebenfalls die Drittwirkung der Zuständigkeitsregeln von Sonderabkommen vor. Diese werden also auch in jedem EFTA-Staat ohne Rücksicht daraufhin angewandt,
ob der Wohnsitzstaat des Beklagten Vertragsstaat des Spezialabkommens ist. Ein Anerkennungs-
oder Vollstreckungsstaat, der nicht Vertragspartei des angewandten Sonderabkommens ist, darf aber
später – abweichend von Art. 35 EuGVO – die internationale Zuständigkeit des Erstgerichts nach
Art. 57 Abs. 4 LugÜ überprüfen und braucht die Entscheidung nur anzuerkennen und zu vollstrecken, wenn sich dies aus einer sonstigen Norm seines eigenen Rechts ergibt; eine internationale
Zuständigkeit muss folglich in spiegelbildlicher Anwendung der Zuständigkeitsnormen des Vollstreckungsstaates gegeben sein.[25] Allerdings gilt dieser Vorbehalt nur, wenn der Vollstreckungsgegner
seinen Wohnsitz im Vollstreckungsstaat hat.[26] Die Entscheidung wird also nicht „automatisch" ausgeschlossen, sondern die Vollstreckung nur nach eingehender Würdigung durch den Vollstreckungsrichter nicht zugelassen. Begründet wird diese Ausnahme damit, dass die EFTA-Staaten anders als
die EU-Staaten keine Rechtsgemeinschaft bilden.[27] Diese Ausnahme ist zu bedauern. Denn der
Schutz vor angeblich exorbitanten Zuständigkeiten in Sonderabkommen wird mit der (partiellen)
Preisgabe des Art. 35 Abs. 3, also eines Grundprinzips des gesamten Übereinkommens, erkauft.

3. Sekundäres EU-Gemeinschaftsrecht, das künftig die Anerkennung und Vollstreckung aus- 12
ländischer Entscheidungen regelt, wird in Nr. 1 des 3. Protokolls zum Luganer Übereinkommen
(Schlussanh. Nr. 1i) den Sonderübereinkommen gleichgestellt.[28] In einer Zusatzerklärung zu diesem Protokoll haben die EU-Staaten überdies erklärt, dass sie die Einheit des durch das Luganer
Übereinkommen geschaffenen Rechtssystems nicht beeinträchtigen wollen und bei der Ausarbeitung von Gemeinschaftsrecht die Regeln des Übereinkommens beachten werden.

Art. 72. Diese Verordnung lässt Vereinbarungen unberührt, durch die sich die Mitgliedstaaten vor Inkrafttreten dieser Verordnung nach Artikel 59 des Brüsseler Übereinkommens verpflichtet haben, Entscheidungen der Gerichte eines anderen Vertragsstaats des genannten Übereinkommens gegen Beklagte, die ihren Wohnsitz oder gewöhnlichen Aufenthalt im Hoheitsgebiet eines dritten Staates haben, nicht anzuerkennen, wenn die Entscheidungen in den Fällen des Artikels 4 des genannten Übereinkommens nur in einem der in Artikel 3 Absatz 2 des genannten Übereinkommens angeführten Gerichtsstände ergehen können.

Die Bestimmung entspricht sachlich Art. 59 Abs. 1 EuGVÜ. Vorausgesetzt ist aber ausdrücklich, 1
dass solche völkerrechtlichen Vereinbarungen vor Inkrafttreten der EuGVO vereinbart wurden.
Neue Vereinbarungen sind ausgeschlossen.

Relevante Übereinkommen sind, soweit ersichtlich, nur das britisch-kanadische Übereinkommen 2
von 1984 und das britisch-australische Übereinkommen vom 23. 8. 1990.

Nach Art. IX der **britisch-kanadischen Civil and Commercial Judgments Convention** 3
1984, die am 1. 1. 1987 in Kraft getreten ist, erkennt das Vereinigte Königreich Urteile, die gegen
kanadische Staatsangehörige in exorbitanten Gerichtsständen ergangen sind, nicht an.[1] Diese Regelung ist auf das LugÜ erstreckt worden. Das Abkommen zwischen dem Vereinigten Königreich und
Australien vom 23. 8. 1990 enthält eine dem britisch-kanadischen Abkommen entsprechende Regelung (ohne Erstreckung auf Art. 59 LugÜ).[2] Ein Entwurf eines britisch-amerikanischen Anerkennungs- und Vollstreckungsabkommens hatte eine entsprechende Verpflichtung gegenüber US-
Bürgern vorgesehen; der Entwurf ist aber gescheitert und nicht weiter verfolgt worden.[3]

---

[24] *Jenard/Möller*-Bericht Nr. 81.
[25] *Coester-Waltjen,* FS Nakamura, 1996, S. 89, 97 (Fn. 15) meint, auch die EU-Staaten könnten sich auf diesen Vorbehalt berufen.
[26] Vgl. *Carpenter* in: Carpenter/Haymann, The Lugano and San Sebastian Conventions, 1990, S. 17, 29.
[27] *Droz* Rev. crit. 1989, 34; *Jenard/Möller*-Bericht Nr. 82; vgl. auch *Volken* SchJbIntR 1988, 97, 124.
[28] *Jenard/Möller*-Bericht Nr. 84.
[1] Statutes of Canada 1984, 32–33 Eliz II C 32, p. 1180; vgl. (1984) Cmnd. 9337; *Patchett,* Recognition of Commercial Judgments and Awards in the Commonwealth, 1984, S. 32 ff.
[2] Vgl. *Layton/Mercer* No. 32.046.
[3] Text in International Legal Materials 16 (1977), 71; vgl. *Basedow,* Hdb. IZVR I, Kap. II Rn. 151; *von Mehren* Rec. d. Cours 167 (1980 II) 111.

Kapitel VIII. Schlussvorschriften

Art. 73. Die Kommission legt dem Europäischen Parlament, dem Rat und dem Wirtschafts- und Sozialausschuss spätestens fünf Jahre nach Inkrafttreten dieser Verordnung einen Bericht über deren Anwendung vor. Diesem Bericht sind gegebenenfalls Vorschläge zur Anpassung der Verordnung beizufügen.

1   Die Bestimmung hat keine Parallele im EuGVÜ, sondern beruht auf Art. 211 EG.

Art. 74. (1) Die Mitgliedstaaten notifizieren der Kommission die Texte, durch welche die Listen in den Anhängen I bis IV geändert werden. Die Kommission passt die betreffenden Anhänge entsprechend an.

(2) Aktualisierungen oder technische Anpassungen der in den Anhängen V und VI wiedergegebenen Formblätter werden nach dem in Artikel 75 Absatz 2 genannten Beratungsverfahren beschlossen.

1   Die Bestimmung hat keinen Vorläufer im EuGVÜ. Sie will erreichen, dass Änderungen von Zuständigkeiten oder anderen technischen Regeln des nationalen Rechts umgesetzt werden können, ohne dass es einer förmlichen Änderung der EuGVO bedarf.

Art. 75. (1) Die Kommission wird von einem Ausschuss unterstützt.

(2) Wird auf diesen Absatz Bezug genommen, so gelten die Artikel 3 und 7 des Beschlusses 1999/468/EG.

(3) Der Ausschuss gibt sich eine Geschäftsordnung.

1   Diese ebenfalls neue Bestimmung regelt, wer neben der Kommission in der Europäischen Gemeinschaft für die Weiterentwicklung der EuGVO zuständig ist.

Art. 76. Diese Verordnung tritt am 1. März 2002 in Kraft.

1   Entgegen dem Wortlaut, aber in Übereinstimmung mit Art. 1 Abs. 3 der Verordnung gilt die EuGVO in allen Mitgliedsstaaten mit Ausnahme von Dänemark.
In Mitgliedstaaten, die der EU nach dem 1. 3. 2002 beigetreten sind oder noch beitreten werden, gilt die Verordnung jeweils ab dem Tag des Beitritts (s. o. Vorbem. vor Art. 1 Rn. 18 ff.).

Geschehen zu Brüssel am 22. Dezember 2000. Im Namen des Rates
Der Präsident
C. PIERRET

Anhang I

Innerstaatliche Zuständigkeitsvorschriften im Sinne von Artikel 3 Absatz 2 und Artikel 4 Absatz 2
Die innerstaatlichen Zuständigkeitsvorschriften im Sinne von Artikel 3 Absatz 2 und Artikel 4 Absatz 2 sind die folgenden:
- in Belgien: Artikel 15 des Zivilgesetzbuches *(Code civil – Burgerlijk Wetboek)* sowie Artikel 638 der Zivilprozessordnung *(Code judiciaire – Gerechtelijk Wetboek)*;
- in Bulgarien: Artikel 4 Absatz 1 des Gesetzbuchs über internationale privatrechtliche Beziehungen;
- in der Tschechischen Republik: Artikel 86 des Gesetzes Nr. 99/1963 Coll., Zivilprozessordnung (občanský soudní řád), in geänderter Fassung;
- in Deutschland: § 23 der Zivilprozessordnung;
- in Estland: Artikel 139 Absatz 2 der Zivilprozessordnung (tsiviilkohtumenetluse seadustik);
- in Griechenland: Artikel 40 der Zivilprozessordnung *(Κώδικας Πολιτικής Δικονομίας)*;
- in Frankreich: Artikel 14 und 15 des Zivilgesetzbuches *(Code civil)*;

- in Irland: Vorschriften, nach denen die Zuständigkeit durch Zustellung eines verfahrenseinleitenden Schriftstücks an den Beklagten während dessen vorübergehender Anwesenheit in Irland begründet wird;
- in Italien: Artikel 3 und 4 des Gesetzes Nr. 218 vom 31. Mai 1995;
- in Zypern: Abschnitt 21 Absatz 2 des Gerichtsgesetzes Nr. 14 von 1960 in geänderter Fassung;
- in Lettland: Abschnitt 27 sowie die Absätze 3, 5, 6 und 9 des Abschnitts 28 der Zivilprozessordnung (Civilprocesa likums);
- in Litauen: Artikel 31 der Zivilprozessordnung (Civilinio proceso kodeksas);
- in Luxemburg: Artikel 14 und 15 des Zivilgesetzbuches *(Code civil);*
- in Ungarn: Artikel 57 der Gesetzesverordnung Nr. 13 von 1979 über Internationales Privatrecht (a nemzetközi magánjogról szóló 1979. évi 13. törvényerejű rendelet);
- in Malta: Artikel 742, 743 und 744 der Gerichtsverfassungs- und Zivilprozessordnung – Kap. 12 (Kodiċi ta' Organizzazzjoni u Proċedura Ċivili – Kap. 12) und Artikel 549 des Handelsgesetzbuches – Kap. 13 (Kodiċi tal-kummerċ – Kap. 13);
- in Österreich: § 99 der Jurisdiktionsnorm;
- in Polen: Artikel 1103 und 1110 der Zivilprozessordnung (Kodeks postępowania cywilnego);
- in Portugal: Artikel 65 und Artikel 65 A der Zivilprozessordnung *(Código de Processo Civil)* und Artikel 11 der Arbeitsprozessordnung *(Código de Processo de Trabalho);*
- in Rumänien: Artikel 148–157 des Gesetzes Nr. 105/1992 über internationale privatrechtliche Beziehungen;
- in Slowenien: Artikel 48 Absatz 2 des Gesetzes über internationales Privatrecht und die Prozessordnung (Zakon o medarodnem zasebnem pravu in postopku) in Bezug auf Artikel 47 Absatz 2 der Zivilprozessordnung (Zakon o pravdnem postopku) und Artikel 58 Absatz 1 des Gesetzes über internationales Privatrecht und die Prozessordnung (Zakon o medarodnem zasebnem pravu in postopku) in Bezug auf Artikel 57 Absatz 1 und Artikel 47 Absatz 2 der Zivilprozessordnung (Zakon o pravdnem postopku);
- in der Slowakei: die Artikel 37 bis 37 Buchstabe e) des Gesetzes Nr. 97/1963 über Internationales Privatrecht und die entsprechenden Verfahrensvorschriften;
- in Finnland: Kapitel 10 § 1 Absatz 1 Sätze 2, 3 und 4 der Prozessordnung *(oikeudenkäymiskaari / rättegångsbalken);*
- in Schweden: Kapitel 10 § 3 Absatz 1 Satz 1 der Prozessordnung *(rättegångsbalken);*
- im Vereinigten Königreich: Vorschriften, nach denen die Zuständigkeit begründet wird durch:
    a) die Zustellung eines verfahrenseinleitenden Schriftstücks an den Beklagten während dessen vorübergehender Anwesenheit im Vereinigten Königreich;
    b) das Vorhandensein von Vermögenswerten des Beklagten im Vereinigten Königreich oder
    c) die Beschlagnahme von Vermögenswerten im Vereinigten Königreich durch den Kläger.

Anhang II

Anträge nach Artikel 39 sind bei folgenden Gerichten oder sonst befugten Stellen einzubringen:
- in Belgien beim *tribunal de première instance* oder bei der *rechtbank van eerste aanleg* oder beim *erstinstanzlichen* Gericht;
- in Bulgarien beim „Софийски градски съд"
- in der Tschechischen Republik beim ‚okresní soud' oder ‚soudní exekutor';
- in Deutschland
    a) beim Vorsitzenden einer Kammer des Landgerichts;
    b) bei einem Notar für die Vollstreckbarerklärung einer öffentlichen Urkunde;
- in Estland beim ‚maakohus' oder ‚linnakohusv;
- in Griechenland beim Μονομελές Πρωτοδικείο;
- in Spanien beim *Juzgado de Primera Instancia;*
- in Frankreich:
    a) beim ‚*greffier en chef'* des ‚*tribunal de grande instance*';

b) beim Präsidenten der *chambre départementale des notaires* im Fall eines Antrags auf Vollstreckbarerklärung eines Notariatsakts;
- in Irland beim *High Court;*
- in Italien bei der *Corte d'apello;*
- in Zypern beim ‚Επαρχιακό Δικαστήριο' oder im Fall von Unterhaltsurteilen beim ‚Οικογενειακό Δικαστήριο';
- in Lettland beim ‚rajona (pils tas) tiesa';
- in Litauen beim ‚Lietuvos apeliacinis teismas';
- in Luxemburg beim Präsidenten des *tribunal d'arrondissement;*
- in Ungarn beim ‚megyei bíróság székhelyén működő helyi bíróság', und in Budapest beim ‚Budai Központi Kerületi Bíróság';
- in Malta beim ‚Prim' Awla tal-Qorti Civili' oder ‚Qorti tal-Maġistrati ta' Għawdex fil-ġurisdizzjoni superjuri tagħha' bzw., im Fall von Unterhaltsurteilen, beim ‚Reġistratur tal-Qorti' auf Befassung durch den ‚Ministru responsabbli għall-Ġustizzja';
- in den Niederlanden beim *voorzieningenrechter van de rechtbank;*
- in Österreich beim Bezirksgericht;
- in Polen beim ‚Sąd Okręgowy';
- in Portugal beim *Tribunal de Comarca;*
- in Rumänien beim *‚Tribunal';*
- in Slowenien beim ‚okrožno sodišče';
- in der Slowakei beim ‚okresný súd';
- in Finnland beim käräjäoikeus/tingsrätt;
- in Schweden beim *Svea hovrätt;*
- im Vereinigten Königreich:
  a) in England und Wales beim *High Court of Justice* oder für Entscheidungen in Unterhaltssachen beim *Magistrates' Court* über den *Secretary of State;*
  b) in Schottland beim *Court of Session* oder für Entscheidungen in Unterhaltssachen beim *Sheriff Court* über den *Secretary of State;*
  c) in Nordirland beim *High Court of Justice* oder für Entscheidungen in Unterhaltssachen beim *Magistrates' Court* über den *Secretary of State;*
  d) In Gibraltar beim *Supreme Court of Gibraltar* oder für Entscheidungen in Unterhaltssachen beim *Magistrates' Court* über den *Attorney General of Gibraltar.*

Anhang III

Die Rechtsbehelfe nach Artikel 43 Absatz 2 sind bei folgenden Gerichten der Mitgliedstaaten einzulegen:
- in Belgien:
  a) im Falle des Schuldners beim *tribunal de première instance* oder bei der *rechtbank van eerste aanleg* oder beim *erstinstanzlichen* Gericht;
  b) im Falle des Antragstellers bei der *cour d'appel* oder beim *hof van beroep;*
- in Bulgarien beim ‚Апелативен съд – София'
- in der Tschechischen Republik beim ‚okresní soud';
- in Deutschland beim Oberlandesgericht;
- in Estland beim ‚ringkonnakohus';
- in Griechenland beim Εφετείο;
- in Spanien bei der *Audiencia Provincial;*
- in Frankreich:
  a) beim ‚*cour d'appel*' in Bezug auf Entscheidungen zur Genehmigung des Antrags;
  b) beim vorsitzenden Richter des ‚*tribunal de grande instance*' in Bezug auf Entscheidungen zur Ablehnung des Antrags;
- in Irland beim *High Court;*
- in Italien bei der *corte d'appello;*
- in Zypern beim ‚Επαρχιακό Δικαοιήριο' oder im Fall von Unterhaltsurteilen beim ‚Οικογενειακό Δικαοιήριο';
- in Lettland beim ‚Apgabaltiesa';
- in Litauen beim ‚Lietuvos apeliacinis teismas';
- in Luxemburg bei der *Cour supérieure de Justice* als Berufungsinstanz für Zivilsachen;
- in Ungarn beim ‚megyei bíróság'; in Budapest beim ‚Fővárosi Bíróság';

- in Malta beim ‚Qorti ta'l-Appell' nach dem in der Zivilprozessordnung (Kodiċi ta' Organizzazzjoni u Proċedura Ċivili – Kap. 12) festgelegten Verfahren oder, im Fall von Unterhaltsurteilen, durch ‚ċitazzjoni' vor dem ‚Prim' Awla tal-Qorti ivili jew il-Qorti tal-Maġistrati ta' Għawdex fil-ġurisdizzjoni superjuri tagħha';
- in den Niederlanden:
  a) im Falle des Schuldners bei der *arrondissementsrechtbank;*
  b) im Falle des Antragstellers beim *gerechtshof;*
- in Österreich beim Bezirksgericht;
- in Polen beim ‚Sąd Apelacyjny';
- in Portugal beim *Tribunal de Relação;*
- in Rumänien beim ‚Curte de Apel';
- in Slowenien beim ‚okrožno sodišče';
- in der Slowakei beim ‚okresný súd';
- in Finnland *hovioikeus/hovrätt;*
- in Schweden beim *Svea hovrätt;*
- im Vereinigten Königreich:
  a) in England und Wales beim *High Court of Justice* oder für Entscheidungen in Unterhaltssachen beim *Magistrates' Court;*
  b) in Schottland beim *Court of Session* oder für Entscheidungen in Unterhaltssachen beim *Sheriff Court;*
  c) in Nordirland beim *High Court of Justice* oder für Entscheidungen in Unterhaltssachen beim *Magistrates' Court;*
  d) in Gibraltar beim *Supreme Court of Gibraltar* oder für Entscheidungen in Unterhaltssachen beim *Magistrates' Court.*

Anhang IV

Nach Artikel 44 können folgende Rechtsbehelfe eingelegt werden:
- in Belgien, Griechenland, Spanien, Frankreich, Italien, Luxemburg und den Niederlanden: die Kassationsbeschwerde;
- in Bulgarien: ‚обжалване пред Върховния касационен съд';
- in der Tschechischen Republik: ein ‚dovolání' und ‚žaloba pro zmate nost';
- in Deutschland: die Rechtsbeschwerde,
- in Estland: ein ‚kassatsioonkaebus';
- in Irland: ein auf Rechtsfragen beschränkter Rechtsbehelf beim *Supreme Court,*
- in Zypern: ein Rechtsbehelf beim obersten Gericht;
- in Lettland: ein Rechtsbehelf beim ‚Augstākā tiesa';
- in Litauen: ein Rechtsbehelf beim ‚Lietuvos Aukščiausiasis Teismas';
- in Ungarn: ein ‚felülvizsgálati kérelem';
- in Malta: Bei keinem anderen Gericht können weitere Rechtsbehelfe eingelegt werden; bei Unterhaltsurteilen ‚Qorti ta'l-Appell' nach dem in der Gerichtsverfassungs- und Zivilprozessordnung (kodiċi ta' Organizzazzjoni u Procedura Ċivili – Kap. 12) für Rechtsbehelfe festgelegten Verfahren;
- in Österreich: der Revisionsrekurs;
- in Polen: mit einer Kassationsbeschwerde beim ‚Sąd Najwyższy';
- in Portugal: ein auf Rechtsfragen beschränkter Rechtsbehelf,
- in Rumänien: ein ‚contestatie in anulare' oder ein ‚revizuire';
- in Slowenien: ein Rechtsbehelf beim ‚Vrhovno sodiš e republike Slovenije';
- in der Slowakei: ein ‚dovolanie';
- in Finnland: ein Rechtsbehelf beim *korkein oikeus/högsta domstolen,*
- in Schweden: ein Rechtsbehelf beim *Högsta domstolen,*
- im Vereinigten Königreich: ein einziger auf Rechtsfragen beschränkter Rechtsbehelf.

Anhang V

Bescheinigung nach den Artikeln 54 und 58 der Verordnung betreffend gerichtliche Entscheidungen und Prozessvergleiche
(Deutsch, alemán, allemand, tedesco, ...)

1 Ursprungsmitgliedstaat _____
2 Gericht oder sonst befugte Stelle, das/die die vorliegende Bescheinigung ausgestellt hat
2.1 Name _____
2.2 Anschrift _____
2.3 Tel./Fax/E-mail _____
3 Gericht, das die Entscheidung erlassen hat/vor dem der Prozessvergleich geschlossen wurde*
3.1 Bezeichnung des Gerichts _____
3.2 Gerichtsort _____
4 Entscheidung/Prozessvergleich*
4.1 Datum _____
4.2 Aktenzeichen _____
4.3 Die Parteien der Entscheidung/des Prozessvergleichs*
4.3.1 Name(n) des (der) Kläger(s) _____
4.3.2 Name(n) des (der) Beklagten _____
4.3.3 gegebenenfalls Name(n) (der) anderen(r) Partei(en) _____
4.4 Datum der Zustellung des verfahrenseinleitenden Schriftstücks, wenn die Entscheidung in einem Verfahren erging, auf das sich der Beklagte nicht eingelassen hat
4.5 Wortlaut des Urteilsspruchs/des Prozessvergleichs* in der Anlage zu dieser Bescheinigung
5 Namen der Parteien, denen Prozesskostenhilfe gewährt wurde _____

Die Entscheidung/der Prozessvergleich* ist im Ursprungsmitgliedstaat vollstreckbar (Artikel 38 und 58 der Verordnung) gegen:
Name:
Geschehen zu _____ am _____
Unterschrift und/oder Dienstsiegel

Anhang VI

Bescheinigung nach Artikel 57 Absatz 4 der Verordnung betreffend öffentliche Urkunden
(Deutsch, alemán, allemand, tedesco, ...)

1 Ursprungsmitgliedstaat _____
2 Befugte Stelle, die die vorliegende Bescheinigung ausgestellt hat
2.1 Name _____
2.3 Tel./Fax/E-mail _____
3 Befugte Stelle, aufgrund deren Mitwirkung eine öffentliche Urkunde vorliegt
3.1 Stelle, die an der Aufnahme der öffentlichen Urkunde beteiligt war (falls zutreffend)
3.1.1 Name und Bezeichnung dieser Stelle _____
3.1.2 Sitz dieser Stelle _____
3.2 Stelle, die die öffentliche Urkunde registriert hat, (falls zutreffend)
3.2.1 Art der Stelle _____
3.2.2 Sitz dieser Stelle _____
4 Öffentliche Urkunde
4.1 Bezeichnung der Urkunde _____
4.2 Datum _____

---

* Nichtzutreffendes streichen.

1a) EuGVÜ; 1.b) Lux. Protokoll vom 27. 8. 1968　　　　　　　　　　　　　　　LuxProt.

4.2.1 an dem die Urkunde aufgenommen wurde _____
4.2.2 falls abweichend: an dem die Urkunde registriert wurde _____
4.3　Aktenzeichen _____
4.4　Die Parteien der Urkunde
4.4.1 Name des Gläubigers _____
4.4.2 Name des Schuldners _____
5　　Wortlaut der vollstreckbaren Verpflichtung in der Anlage zu dieser Bescheinigung

Die öffentliche Urkunde ist im Ursprungsmitgliedstaat gegen den Schuldner vollstreckbar (Artikel 57 Absatz 1 der Verordnung)

Geschehen zu _____ am _____
Unterschrift und/oder Dienstsiegel

a) Brüsseler Übereinkommen über die gerichtliche Zuständigkeit und die Vollstreckung gerichtlicher Entscheidungen in Zivil- und Handelssachen (EuGVÜ)

Vom 27. 9. 1968 (BGBl. II 1972 S. 773) idF der Beitrittsübereinkommen vom 9. 10. 1978 (BGBl. II 1983 S. 802); vom 25. 10. 1982 (BGBl. II 1988 S. 453; II 1989 S. 214); vom 26. 5. 1989 (BGBl. II 1994 S. 518) und vom 16. 7. 1998 (BGBl. II 1998, 1411). Eine konsolidierte Fassung ist abgedruckt in ABlEG vom 26. 1. 1998, C 27/3 ff.

Das Brüsseler Übereinkommen (EuGVÜ) ist zum 1. 3. 2002 durch die VO (EG) Nr. 44/2001, **1**
die EuGVO oder Brüssel I-VO abgelöst worden (Art. 68 Abs. 1, 76 Abs. 1 EuGVO).

Das EuGVÜ gilt seither nur noch für vorher erhobene Klagen oder aufgenommene öffentliche **2**
Urkunden (Art. 66 Abs. 1 EuGVO).

Es gilt außerdem in den Hoheitsgebieten der Mitgliedsstaaten, die nicht der EU angehören **3**
(Art. 68 Abs. 1 EuGVO) (s. o. Vor Art. 1 EuGVO Rn. 23).

Auf die Unterschiede zwischen EuGVÜ und EuGVO im Einzelnen ist bei der Erläuterung der **4**
EuGVO hingewiesen. Ergänzend wird auf die ausführliche Kommentierung in der 2. Auflage dieses Kommentars verwiesen.

b) Luxemburger Protokoll betreffend die Auslegung des Übereinkommens vom 27. September 1968 über die gerichtliche Zuständigkeit und die Vollstreckung gerichtlicher Entscheidungen in Zivil- und Handelssachen durch den Gerichtshof

Vom 3. Juni 1971 (BGBl. 1972 II S. 846) idF des 4. Beitrittsübereinkommens
Vom 29. 11. 1996 (BGBl. 1998 II S. 1418 bzw. ABl vom 26. 1. 1998, C 27/28)

Die Auslegungskompetenz bezüglich der neuen EuGVO (VO (EG) Nr. 44/2001) ergibt sich nicht mehr aus diesem Protokoll, sondern direkt aus den Art. 68, 234 EGV (s. o. Vor Art. 1 EuGVO Rn. 36).

Das Auslegungsprotokoll wird hier gleichwohl noch abgedruckt, da die Gerichte derzeit noch eine Reihe von Streitfragen zur Auslegung des bisherigen EuGVÜ zu entscheiden haben.

Art. 1. (1) Der Gerichtshof der Europäischen Gemeinschaften entscheidet über die Auslegung des am 27. September 1968 in Brüssel unterzeichneten Übereinkommens über die gerichtliche Zuständigkeit und die Vollstreckung gerichtlicher Entscheidungen in Zivil- und Handelssachen des dem Übereinkommen beigefügten, am selben Tag und am selben Ort unterzeichneten Protokolls und über die Auslegung des vorliegenden Protokolls.

(2) Der Gerichtshof der Europäischen Gemeinschaften entscheidet ebenfalls über die Auslegung des Übereinkommens über den Beitritt des Königreichs Dänemark, Irlands und des Vereinigten Königreichs Großbritannien und Nordirland zum Übereinkommen vom 27. September 1968 und zum vorliegenden Protokoll.

LuxProt. 1b) Lux. Protokoll vom 27. 8. 1968

(3) Der Gerichtshof der Europäischen Gemeinschaften entscheidet ebenfalls über die Auslegung des Übereinkommens über den Beitritt der Republik Griechenland zum Übereinkommen vom 27. September 1968 und zum vorliegenden Protokoll in der Fassung des Übereinkommens von 1978.

(4) Der Gerichtshof der Europäischen Gemeinschaften entscheidet ebenfalls über die Auslegung des Übereinkommens über den Beitritt des Königreichs Spanien und der Portugiesischen Republik zum Übereinkommen vom 27. September 1968 und zum vorliegenden Protokoll in der Fassung der Übereinkommen von 1978 und 1982.

(5) Der Gerichtshof der Europäischen Gemeinschaften entscheidet ebenfalls über die Auslegung des Übereinkommens über den Beitritt der Republik Österreich, der Republik Finnland und des Königreichs Schweden zum Übereinkommen vom 27. September 1968 und zum vorliegenden Protokoll in der Fassung der Übereinkommen von 1978, 1982 und 1989.

1   Zur Erl. s. vor Art. 1 EuGVO Rn. 30 ff.

Art. 2. Folgende Gerichte können dem Gerichtshof eine Auslegungsfrage zur Vorabentscheidung vorlegen:
1. – in Belgien: die „Cour de Cassation" – „Hof van Cassatie" und der „Conseil d'État" – „Raad van State",
   – in Dänemark: „højesteret",
   – in der Bundesrepublik Deutschland: die obersten Gerichtshöfe des Bundes,
   – in Griechenland: „τα Ανώτατα Δικαστήρια",
   – in Spanien: „el Tribunal Supremo",
   – in Frankreich: die „Cour de Cassation" und der „Conseil d'État",
   – in Irland: der „Supreme Court",
   – in Italien: die „Corte Suprema die Cassazione",
   – in Luxemburg: die „Cour supérieure de Justice siégeant comme Cour de Cassation",
   – in Österreich: der „Oberste Gerichtshof", der „Verwaltungsgerichtshof" und der „Verfassungsgerichtshof",
   – in den Niederlanden: der „Hoge Raad",
   – in Portugal: „O Supremo Tribunal de Justicia" und „O Supremo Tribunal Administrativo",
   – in Finnland: „korkein oikeus/högsta domstolen" und „korkein hallintooikeus/högsta förvaltningsdomstolen",
   – in Schweden: „Högsta domstolen", „Regeringsrätten", „Arbetsdomstolen" und „Marknadsdomstolen",
   – im Vereinigten Königreich: das „House of Lords" und die nach Artikel 37 Absatz 2 oder Artikel 41 des Übereinkommens befassten Gerichte;
2. die Gerichte der Vertragsstaaten, sofern sie als Rechtsmittelinstanz entscheiden;
3. in den in Artikel 37 des Übereinkommens vorgesehenen Fällen die in dem genannten Artikel angeführten Gerichte.

Art. 3. (1) Wird eine Frage zur Auslegung des Übereinkommens oder einer anderen in Artikel 1 genannten Übereinkunft in einem schwebenden Verfahren bei einem der in Artikel 2 Nummer 1 angeführten Gerichte gestellt und hält dieses Gericht eine Entscheidung darüber zum Erlass seines Urteils für erforderlich, so ist es verpflichtet, diese Frage dem Gerichtshof zur Entscheidung vorzulegen.

(2) Wird eine derartige Frage einem der in Artikel 2 Nummern 2 und 3 angeführten Gerichte gestellt, so kann dieses Gericht unter den in Absatz 1 festgelegten Voraussetzungen diese Frage dem Gerichtshof zur Entscheidung vorlegen.

1   Zur Erl. s. vor Art. 1 EuGVO Rn. 30, 33 ff.

Art. 4. (1) ¹Die zuständige Stelle eines Vertragsstaats kann bei dem Gerichtshof beantragen, dass er zu einer Auslegungsfrage, die das Übereinkommen oder eine andere in Artikel 1 genannte Übereinkunft betrifft, Stellung nimmt, wenn Entscheidungen von Gerichten dieses Staates der Auslegung widersprechen, die vom Gerichtshof oder in einer Entscheidung eines der in Artikel 2 Nummern 1 und 2 angeführten Gerichte eines anderen Vertragsstaats gegeben wurde. ²Dieser Absatz gilt nur für rechtskräftige Entscheidungen.

(2) Die vom Gerichtshof auf einen derartigen Antrag gegebene Auslegung hat keine Wirkung auf die Entscheidungen, die den Anlass für den Antrag auf Auslegung bildeten.

(3) Den Gerichtshof können um eine Auslegung nach Absatz 1 die Generalstaatsanwälte bei den Kassationsgerichtshöfen der Vertragsstaaten oder jede andere von einem Vertragsstaat benannte Stelle ersuchen.

(4) Der Kanzler des Gerichtshofes stellt den Antrag den Vertragsstaaten, der Kommission und dem Rat der Europäischen Gemeinschaften zu, die binnen zwei Monaten nach dieser Zustellung beim Gerichtshof Schriftsätze einreichen oder schriftliche Erklärungen abgeben können.

(5) In dem in diesem Artikel vorgesehenen Verfahren werden Kosten weder erhoben noch erstattet.

Zur Erl. s. vor Art. 1 EuGVO Rn. 31. **1**

Art. 5. (1) Soweit dieses Protokoll nichts anderes bestimmt, gelten die Vorschriften des Vertrages zur Gründung der Europäischen Wirtschaftsgemeinschaft und des dem Vertrag beigefügten Protokolls über die Satzung des Gerichtshofes, die anzuwenden sind, wenn der Gerichtshof im Wege der Vorabentscheidung zu entscheiden hat, auch für das Verfahren zur Auslegung des Übereinkommens und der anderen in Artikel 1 genannten Übereinkünfte.

(2) Die Verfahrensordnung des Gerichtshofes wird, soweit erforderlich, gemäß Artikel 188 des Vertrages zur Gründung der Europäischen Wirtschaftsgemeinschaft angepasst und ergänzt.

Vgl. Verfahrensordnung des Gerichtshofs vom 19. 6. 1991 (ABl L 176/7) (m. spät. Änd.); **1** Art. 103 ff. Vorabentscheidungsverfahren fallen wegen ihrer Bedeutung weiter in die Zuständigkeit des EuGH und nicht in die des Gerichtshofs erster Instanz.

Art. 6 bis Art. 14 *(nicht abgedruckt)*

2. Luganer Übereinkommen über die gerichtliche Zuständigkeit und die Vollstreckung gerichtlicher Entscheidungen in Zivil- und Handelssachen

Vom 16. 9. 1988 (ABlEG Nr. L 319 vom 25. 11. 1988; BGBl. 1994 II S. 2658)

(Auszug)

Schrifttum: *Bajons,* Das Luganer Parallelübereinkommen zum EuGVÜ, ZRvgl 1993, 45; *Beraudo,* Convention de Lugano, J.-Cl., Droit international, Fasc. 635–2 bis 635–4, 1991; *Burgstaller/Ritzberger,* Lugano-Übereinkommen, in: Burgstaller, Internationales Zivilverfahrensrecht, Kap. 2, 2000; *Czernich/Tiefenthaler,* Die Übereinkommen von Lugano und Brüssel, 1997; *Donzallaz,* La Convention de Lugano, Bd. I, 1996; *Droz,* La Convention de Lugano parallèle, Rev. crit. 78 (1989), 1; *Dutzak* (ed.), The Lugano and San Sebastian Conventions, 1990; *Furrer,* Das Lugano-Übereinkommen als europarechtliches Instrument, AJP 1997, 486; *Gillard* (ed.), L'espace judiciaire européen – La Convention de Lugano, 1992; *Heerstrassen,* Die künftige Rolle von Präjudizien des EuGH im Verfahren des Luganer Übereinkommens, RIW 1993, 179; *Lechner/Mayr,* Das Übereinkommen von Lugano, 1996; *Mayr/Lechner,* Die Zuständigkeits- und Vollstreckungsübereinkommen von Lugano, Liechtensteinische JZ 1997, 17; *Mercier/Dutoit,* L'europe judiciaire: les Conventions de Bruxelles et de Lugano, 1991; *Schmidt-Parzefall,* Die Auslegung des Parallelübereinkommens von Lugano, 1995; *Schwander,* Das Lugano-Übereinkommen, 1990, S. 37; *Trunk,* Die Erweiterung des EuGVÜ-Systems am Vorabend des Europäischen Binnenmarktes, 1991, S. 27 ff.; *Volken,* Das Lugano-Übereinkommen, Entstehungsgeschichte und Regelungsbereich, in: Schwander, Das Lugano-Übereinkommen, 1990, S. 37; *Walter,* Wechselwirkung zwischen europäischem und nationalem Zivilprozeßrecht: Lugano-Übereinkommen und Schweizer Recht, ZZP 107 (1994), 301.

Präambel

DIE HOHEN VERTRAGSPARTEIEN DIESES ÜBEREINKOMMENS – IN DEM BESTREBEN, in ihren Hoheitsgebieten den Rechtsschutz der dort ansässigen Personen zu verstärken,
IN DER ERWÄGUNG, daß es zu diesem Zweck geboten ist, die internationale Zuständigkeit ihrer Gerichte festzulegen, die Anerkennung von Entscheidungen zu erleichtern und ein beschleunigtes Verfahren einzuführen, um die Vollstreckung von Entscheidungen, öffentlichen Urkunden und gerichtlichen Vergleichen sicherzustellen,
IM BEWUSSTSEIN der zwischen ihnen bestehenden Bindungen, die im wirtschaftlichen Bereich durch die Freihandelsabkommen zwischen der Europäischen Wirtschaftsgemeinschaft und den Mitgliedstaaten der Europäischen Freihandelsassoziation bestätigt worden sind,
UNTER BERÜCKSICHTIGUNG des Brüsseler Übereinkommens vom 27. September 1968 über die gerichtliche Zuständigkeit und die Vollstreckung gerichtlicher Entscheidungen in Zivil- und Handelssachen in der Fassung der infolge der verschiedenen Erweiterungen der Europäischen Gemeinschaften geschlossenen Beitrittsübereinkommen,
IN DER ÜBERZEUGUNG, daß die Ausdehnung der Grundsätze des genannten Übereinkommens auf die Vertragsstaaten des vorliegenden Übereinkommens die rechtliche und wirtschaftliche Zusammenarbeit in Europa verstärken wird,
IN DEM WUNSCH, eine möglichst einheitliche Auslegung des Übereinkommens sicherzustellen –
HABEN in diesem Sinne BESCHLOSSEN, dieses Übereinkommen zu schließen, und SIND WIE FOLGT ÜBEREINGEKOMMEN:

Titel I bis Titel VI. (in die Darstellung zur EuGVO eingearbeitet)

Titel VII. Verhältnis zum Brüsseler Übereinkommen und zu anderen Abkommen

Art. 54 b. (1) [1]Dieses Übereinkommen läßt die Anwendung des am 27. September 1968 in Brüssel unterzeichneten Übereinkommens über die gerichtliche Zuständigkeit und die Vollstreckung gerichtlicher Entscheidungen in Zivil- und Handelssachen und des am

3. Juni 1971 in Luxemburg unterzeichneten Protokolls über die Auslegung des genannten Übereinkommens durch den Gerichtshof in der Fassung der Übereinkommen, mit denen die neuen Mitgliedstaaten der Europäischen Gemeinschaften jenem Übereinkommen und dessen Protokoll beigetreten sind, durch die Mitgliedstaaten der Europäischen Gemeinschaften unberührt. ²Das genannte Übereinkommen und dessen Protokoll zusammen werden nachstehend als „Brüsseler Übereinkommen" bezeichnet.

(2) Dieses Übereinkommen wird jedoch in jedem Fall angewandt

a) in Fragen der gerichtlichen Zuständigkeit, wenn der Beklagte seinen Wohnsitz in dem Hoheitsgebiet eines Vertragsstaats hat, der nicht Mitglied der Europäischen Gemeinschaften ist, oder wenn die Gerichte eines solchen Vertragsstaats nach den Artikeln 16 oder 17 zuständig sind;

b) bei Rechtshängigkeit oder im Zusammenhang stehenden Verfahren im Sinne der Artikel 21 und 22, wenn Verfahren in einem den Europäischen Gemeinschaften nicht angehörenden und in einem den Europäischen Gemeinschaften angehörenden Vertragsstaat anhängig gemacht werden;

c) in Fragen der Anerkennung und Vollstreckung, wenn entweder der Ursprungsstaat oder der ersuchte Staat nicht Mitglied der Europäischen Gemeinschaften ist.

(3) Außer aus den in Titel III vorgesehenen Gründen kann die Anerkennung oder Vollstreckung versagt werden, wenn sich der der Entscheidung zugrunde liegende Zuständigkeitsgrund von demjenigen unterscheidet, der sich aus diesem Übereinkommen ergibt, und wenn die Anerkennung oder Vollstreckung gegen eine Partei geltend gemacht wird, die ihren Wohnsitz in einem nicht den Europäischen Gemeinschaften angehörenden Vertragsstaat hat, es sei denn, daß die Entscheidung anderweitig nach dem Recht des ersuchten Staates anerkannt oder vollstreckt werden kann.

1. Allgemeines. Die EU- und die EFTA-Staaten bilden zusammen einen weitgehend freien Markt. Das Luganer Übereinkommen soll daher das erreichte wirtschaftliche Miteinander auf der Ebene des Rechtsverkehrs ergänzen.[1] Da sich das EuGVÜ von 1968 als fortschrittliche Ordnung im Grundsatz bewährt hatte, lag es nahe, seinen Anwendungsbereich auf die EFTA-Staaten zu erstrecken. Die Eröffnung einer unmittelbaren Beitrittsmöglichkeit schied jedoch aus, da dem EuGH als Organ der EU eine beherrschende Stellung bei der Auslegung des EuGVÜ eingeräumt wurde. Deshalb hat man sich für ein weitgehend identisches „Parallel"-Übereinkommen entschieden.[2] Beide Übereinkommen gelten also grds. unabhängig voneinander. Art. 54b regelt jedoch das Verhältnis zwischen beiden. Diese Regelung und die erweiterte Überschrift zu Titel VII sind nur Bestandteil des Luganer Übereinkommens 1988.

2. Geltungsbereich von EuGVÜ und EuGVO. Nach Abs. 1 gilt in den (alten und neuen) EU-Staaten im Verhältnis zu anderen EU-Staaten und zu Drittstaaten (die nicht EFTA-Staaten sind) nur das Brüsseler EuGVÜ,[3] nunmehr ersetzt durch die EuGVO (Art. 68 Abs. 1).

3. Geltungsbereich des Luganer Übereinkommens. Das Luganer Übereinkommen gilt innerhalb der EFTA-Staaten, aber auch zwischen EU-Staaten und EFTA-Staaten. Wann letzteres der Fall ist, wird durch Abs. 2 näher festgelegt. Danach gilt das Luganer Übereinkommen, wenn (1) der Beklagte seinen Wohnsitz in einem EFTA-Staat hat oder dessen Gerichte nach Art. 16, 17 LugÜ ausschließlich zuständig sind, (2) Verfahren in EU-Staaten und EFTA-Staaten anhängig gemacht werden oder (3) eine Anerkennung oder Vollstreckung im Verhältnis EU-EFTA erfolgen soll. Insoweit beansprucht das Luganer Übereinkommen den Vorrang auch gegenüber der EuGVO (Brüssel I-Verordnung).

4. Zeitliche Geltung. Im Verhältnis zu Norwegen und zur Schweiz[4] gilt das LugÜ seit dem 1. 3. 1995, im Verhältnis zu Island seit 1. 12. 1995 und im Verhältnis zu Polen seit 1. 2. 2000 (seit 1. 4. 2005 gilt vorrangig die EuGVO).

5. Nachprüfung der internationalen Zuständigkeit in Divergenzfällen. Soweit sich die Regeln über die Entscheidungszuständigkeit in beiden Regelwerken unterscheiden, kann zum Schutz von Personen mit Wohnsitz in einem EFTA-Staat ihnen gegenüber nur die Zuständigkeits-

---

[1] *Jenard/Möller*-Bericht Nr. 10 ff.; *Droz* Rev. crit. 1989, 1, 4 f.
[2] *Jenard/Möller*-Bericht Nr. 11 ff.; *Volken* SchwJbIntR 1988, 97, 100.
[3] *Jenard/Möller*-Bericht Nr. 15; *Droz* Rev. crit. 1989, 1, 7; *Herbots/Kremlis*, Cahiers droit européen, 1990, 1, 14 f.
[4] Vgl. OLG Koblenz RIW 1997, 328.

LugÜ 6, 7   2. Lugano-Übereinkommen

ordnung des Luganer Übereinkommens geltend gemacht werden.[5] Der Anerkennungs- und Vollstreckungsrichter hat dazu in jedem Vertragsstaat (auch in EU-Staaten) von Amts wegen zu prüfen, ob ein Divergenzfall besteht und ob die durch das Lugano Übereinkommen nicht gedeckte Zuständigkeit ggf. aus anderen Gründen (bilaterales Abkommen; autonomes Recht) gerechtfertigt ist (s. Art. 35 EuGVO Rn. 18).

Nach seinem Sinn und Zweck erfasst Art. 54b Abs. 3 nur generelle Zuständigkeitsdivergenzen zwischen beiden Übereinkommen, gestattet dagegen nicht, jede einzelne sonstige Zuständigkeitsentscheidung zu überprüfen. Eine solche Auslegung wäre mit Art. 28 Abs. 4 LugÜ, der Art. 28 Abs. 3 EuGVÜ entspricht, nicht vereinbar.

6   Während zwischen EuGVÜ und LugÜ praktische Divergenzen nur in Arbeitssachen (Art. 5 Nr. 1) sowie bei Mietverträgen über Ferienwohnungen (Art. 16 Nr. 1) denkbar waren, hat die Reform des EuGVÜ und seine Ablösung durch die VO (EG) Nr. 44/2001 (Brüssel I-VO bzw. EuGVO) zu einem bedauernswerten, stärkeren Auseinanderfallen der beiden Ordnungen geführt. Allerdings war von Anfang an beabsichtigt, das Lugano-Übereinkommen an die neu gefasste EuGVO anzupassen. Die EFTA-Staaten und die EU haben sich am 28. 3. 2007 auf den endgültigen Text eines revidierten Lugano-Übereinkommens verständigt. Das neue Übereinkommen führt zu einer vollständigen Anpassung an die EuGVO.

7   Das **revidierte Lugano-Übereinkommen** (vom 30. 10. 2007)[6] regelt sein Verhältnis zur EuGVO (VO (EG) Nr. 44/2001) in Art. 64. Diese Bestimmung lautet:

Art. 64. 1. Dieses Übereinkommen lässt die Anwendung folgender Rechtsakte durch die Mitgliedstaaten der Europäischen Gemeinschaft unberührt: der Verordnung (EG) Nr. 44/2001 des Rates über die gerichtliche Zuständigkeit und die Anerkennung und Vollstreckung von Entscheidungen in Zivil- und Handelssachen einschließlich deren Änderungen, des am 27. September 1968 in Brüssel unterzeichneten Übereinkommens über die gerichtliche Zuständigkeit und die Vollstreckung gerichtlicher Entscheidungen in Zivil- und Handelssachen und des am 3. Juni 1971 in Luxemburg unterzeichneten Protokolls über die Auslegung des genannten Übereinkommens durch den Gerichtshof der Europäischen Gemeinschaften in der Fassung der Übereinkommen, mit denen die neuen Mitgliedstaaten der Europäischen Gemeinschaften jenem Übereinkommen und dessen Protokoll beigetreten sind, sowie des am 19. Oktober 2005 in Brüssel unterzeichneten Abkommens zwischen der Europäischen Gemeinschaft und dem Königreich Dänemark über die gerichtliche Zuständigkeit und die Anerkennung und Vollstreckung von Entscheidungen in Zivil- und Handelssachen.

2. Dieses Übereinkommen wird jedoch in jedem Fall angewandt

a) in Fragen der gerichtlichen Zuständigkeit, wenn der Beklagte seinen Wohnsitz im Hoheitsgebiet eines Staates hat, in dem dieses Übereinkommen, aber keines der in Absatz 1 aufgeführten Rechtsinstrumente gilt, oder wenn die Gerichte eines solchen Staates nach Artikel 22 oder 23 dieses Übereinkommens zuständig sind;

b) bei Rechtshängigkeit oder im Zusammenhang stehenden Verfahren im Sinne der Artikel 27 und 28, wenn Verfahren in einem Staat anhängig gemacht werden, in dem dieses Übereinkommen, aber keines der in Absatz 1 aufgeführten Rechtsinstrumente gilt, und in einem Staat, in dem sowohl dieses Übereinkommen als auch eines der in Absatz 1 aufgeführten Rechtsinstrumente gilt;

c) in Fragen der Anerkennung und Vollstreckung, wenn entweder der Ursprungsstaat oder der ersuchende Staat keines der in Absatz 1 aufgeführten Rechtsinstrumente anwendet.

3. Außer aus den in Titel III vorgesehenen Gründen kann die Anerkennung oder Vollstreckung versagt werden, wenn sich der der Entscheidung zugrunde liegende Zuständigkeitsgrund von demjenigen unterscheidet, der sich aus diesem Übereinkommen ergibt, und wenn die Anerkennung oder Vollstreckung gegen eine Partei geltend gemacht wird, die ihren Wohnsitz in einem Staat hat, in dem dieses Übereinkommen, aber keines der in Absatz 1 aufgeführten Rechtsinstrumente gilt, es sei denn, dass die Entscheidung anderweitig nach dem Recht des ersuchten Staates anerkannt oder vollstreckt werden kann.

---

[5] *Jenard/Möller*-Bericht Nr. 16, 5° (S. 30 f.); *Droz* Rev. crit. 1989, 1, 33 f.; *Volken* SchwJbIntR 1988, 97, 124.
[6] ABlEU 2007 L 339/3.

3. Gesetz zur Ausführung zwischenstaatlicher Verträge und zur Durchführung von Verordnungen und Abkommen der Europäischen Gemeinschaft auf dem Gebiet der Anerkennung und Vollstreckung in Zivil- und Handelssachen (Anerkennungs- und Vollstreckungsausführungsgesetz – AVAG)

Vom 19. 2. 2001 (BGBl. I S. 288)

zuletzt geändert durch Gesetz vom 17. 4. 2007 (BGBl. I S. 529)

Gesetzesmaterialien: (a) zum AVAG 1988: Gesetzesentwurf der Bundesregierung vom 20. 6. 1986, BT-Drucks. 10/5711, BR-Drucks. 156/87 und BT-Drucks. 11/351; Beschlussempfehlung und Bericht des Rechtsausschusses vom 24. 2. 1988, BT-Drucks. 11/1885; Inhaltsübersicht in ZRP 1988, 267.

(b) zum AVAG 2001: Gesetzentwurf der Bundesregierung vom 13. 11. 2000, BT-Drucks. 14/4591.

(c) zum IntFamRVG 2005: Gesetzentwurf der Bundesregierung vom 20. 10. 2004, BT-Drucks. 15/3981.

(d) zum ÄndG 2007: Gesetzentwurf der Bundesregierung vom 11. 8. 2006, BR-Drucks. 547/06.

Schrifttum: *Baumann,* Die Anerkennung und Vollstreckung ausländischer Entscheidungen in Unterhaltssachen, 1989 (§ 9); *Böhmer,* AVAG, in: Das gesamte Familienrecht – Das internationale Recht, 1994 (Nr. 8.4.2.1); *ders.,* Der deutsch-spanische Vollstreckungsvertrag und das Allgemeine Ausführungsgesetz, IPRax 1988, 334; *Clemens,* Zu den Wirkungen von Geständnis, Nichtbestreiten und Anerkenntnis im Klauselerteilungsverfahren, 1996; *Geimer,* Das neue Gesetz zur Ausführung zwischenstaatlicher Anerkennungs- und Vollstreckungsverträge, NJW 1988, 2157; *Hök,* Das Allgemeine Gesetz zur Ausführung zwischenstaatlicher Vollstreckungsverträge, JurBüro 1988, 1453 und 1989, 159; *Hub,* Die Neuregelung der Anerkennung und Vollstreckung in Zivil- und Handelssachen und das familienrechtliche Anerkennungs- und Vollstreckungsverfahren, NJW 2001, 3145.

Zum Ausführungsgesetz zum EuGVÜ (AGGVÜ) vom 29. 7. 1972 (BGBl. I, S. 1328), das als Muster für das AVAG diente: Amtliche Begründung zum Ausführungsgesetz, BT-Drucks. VI/3426 vom 10. 5. 1972; *Pirrung,* Zum Gesetz zur Ausführung des EWG-Gerichtsstands- und Vollstreckungsübereinkommens ..., DGVZ 1973, 178; *A. Wolf,* Das Ausführungsgesetz zu dem EWG-Gerichtsstands- und Vollstreckungsübereinkommen, NJW 1973, 397.

Vorbemerkung

1. Zweck des AVAG. Vor 1988 hatte die Bundesrepublik Deutschland für jeden Anerkennungs- und Vollstreckungsvertrag ein besonderes Ausführungsgesetz erlassen. Um die praktische Anwendung der Übereinkommen zu erleichtern und zu vereinfachen, hat der Gesetzgeber 1988 nach dem Vorbild des AGGVÜ ein „allgemeines" Anerkennungs- und Vollstreckungsausführungsgesetz geschaffen. Allerdings war dieses Gesetz nicht auf alle, sondern nur auf die in § 35 AVAG aF genannten Staatsverträge anwendbar. 1

Nachdem die Brüssel II-Verordnung Nr. 1437/2000 erlassen worden war, bestand auch insoweit ein Bedarf an Durchführungsregeln. Der Gesetzgeber hat diese in das AVAG eingestellt und dieses wegen des neuen familienrechtlichen Gegenstandes teilweise neu gefasst. Allerdings war diese Eingliederung sehr unübersichtlich und nicht geglückt.[1] Der Erlass der Brüssel IIa-Verordnung Nr. 2201/2003 hätte weitere umfangreiche Sonderregeln erfordert. Der Gesetzgeber hat ihn daher zum Anlass genommen, die Familiensachen aus dem AVAG wieder auszugliedern und insoweit ein eigenes Ausführungsgesetz, das IntFamRVG, zu erlassen. 2

2. Ausführung des EuGVÜ/LugÜ und der EuGVO. Das AVAG dient weiterhin vorrangig der Ausführung von EuGVÜ und LugÜ (§ 1 Abs. 1 Nr. 1 a und b). Das Gesetz ist auf die Regelung dieser Verträge zugeschnitten. Seit 2001 dient es auch der Ausführung der Brüssel I-VO Nr. 44/2001, der EuGVO (§ 1 Abs. 1 Nr. 2 AVAG). Obwohl das EuGVÜ und das alte LugÜ zugunsten der EuGVO zunehmend an Bedeutung verlieren, ist die Ausführung der EuGVO in § 55 AVAG nur als Sonderfall geregelt. Seit 1. 7. 2007 unterfällt ihm auch das Abkommen der EU mit Dänemark (s. o. EuGVO Vorbem. Rn. 20), in dem die Anwendung der EuGVO-Regeln vertraglich vorgesehen ist. 3

3. Ausführungen weiterer Staatsverträge. Wie bisher dient auch das neu gefasste AVAG der Ausführung weiterer Staatsverträge, nämlich (a) des HUVÜ 1973 (§§ 37 ff. AVAG), (b) des deutsch- 4

---

[1] Vgl. *Hub* NJW 2001, 3145, 3150.

norwegischen Anerkennungsvertrages (§§ 40 ff. AVAG), (c) des deutsch-israelischen Anerkennungsvertrages (§§ 45 ff. AVAG) und des deutsch-spanischen Anerkennungsvertrages (§ 1 Nr. 1 f AVAG), die sämtlich auf einer ähnlichen Grundkonzeption wie das EuGVÜ beruhen.

5   Für die älteren Anerkennungs- und Vollstreckungsverträge gelten, soweit sie noch anwendbar sind, weiterhin die jeweiligen besonderen Ausführungsgesetze. Der deutsche Gesetzgeber wäre zwar frei, die von diesen Verträgen erfassten Entscheidungen dem einfachen Klauselerteilungsverfahren des AVAG zu unterstellen, aber er wollte die Vollstreckung auf der Grundlage der älteren (an Bedeutung verlierenden) Verträge nicht einseitig erleichtern.

6   **4. Ergänzende Erläuterungen.** Das AVAG regelt die technischen Details der Verfahren insbesondere nach den Art. 33, 38 ff. EuGVO bzw. Art. 26 ff., 31 ff. EuGVÜ/LugÜ außerordentlich genau, so dass nur wenige Bestimmungen noch weiterer Erläuterung bedürfen. Regelmäßig ist bei der Kommentierung der EuGVO auch das AVAG ausreichend berücksichtigt worden. Zur leichteren Orientierung wird bei den einzelnen Paragraphen daher auf diese Darstellung verwiesen und werden nur noch ergänzend einige mehr technische Hinweise gebracht.

Teil 1. Allgemeines

Abschnitt 1. Anwendungsbereich; Begriffsbestimmungen

§ 1. Anwendungsbereich. (1) Diesem Gesetz unterliegen
1. die Ausführung folgender zwischenstaatlicher Verträge (Anerkennungs- und Vollstreckungsverträge):
   a) Übereinkommen vom 27. September 1968 über die gerichtliche Zuständigkeit und die Vollstreckung gerichtlicher Entscheidungen in Zivil- und Handelssachen (BGBl. 1972 II S. 773);
   b) Übereinkommen vom 16. September 1988 über die gerichtliche Zuständigkeit und die Vollstreckung gerichtlicher Entscheidungen in Zivil- und Handelssachen (BGBl. 1994 II S. 2658);
   c) Haager Übereinkommen vom 2. Oktober 1973 über die Anerkennung und Vollstreckung von Unterhaltsentscheidungen (BGBl. 1986 II S. 825);
   d) Vertrag vom 17. Juni 1977 zwischen der Bundesrepublik Deutschland und dem Königreich Norwegen über die gegenseitige Anerkennung und Vollstreckung gerichtlicher Entscheidungen und anderer Schuldtitel in Zivil- und Handelssachen (BGBl. 1981 II S. 341);
   e) Vertrag vom 20. Juli 1977 zwischen der Bundesrepublik Deutschland und dem Staat Israel über die gegenseitige Anerkennung und Vollstreckung gerichtlicher Entscheidungen in Zivil- und Handelssachen (BGBl. 1980 II S. 925);
   f) Vertrag vom 14. November 1983 zwischen der Bundesrepublik Deutschland und Spanien über die Anerkennung und Vollstreckung von gerichtlichen Entscheidungen und Vergleichen sowie vollstreckbaren öffentlichen Urkunden in Zivil- und Handelssachen (BGBl. 1987 II S. 34);
2. die Durchführung folgender Verordnungen und Abkommen der Europäischen Gemeinschaft:
   a) der Verordnung (EG) Nr. 44/2001 des Rates vom 22. Dezember 2000 über die gerichtliche Zuständigkeit und die Anerkennung und Vollstreckung von Entscheidungen in Zivil- und Handelssachen (ABl. EG 2001 Nr. L 12 S. 1);
   b) des Abkommens vom 19. Oktober 2005 zwischen der Europäischen Gemeinschaft und dem Königreich Dänemark über die gerichtliche Zuständigkeit und die Anerkennung und Vollstreckung von Entscheidungen in Zivil- und Handelssachen (ABl. EU Nr. L 299 S. 62).

(2) ¹Die Regelungen der in Absatz 1 Nr. 2 genannten Verordnung werden als unmittelbar geltendes Recht der Europäischen Gemeinschaft durch die Durchführungsbestimmungen dieses Gesetzes nicht berührt. ²Unberührt bleiben auch die Regelungen der zwischenstaatlichen Verträge; dies gilt insbesondere für die Regelungen über
1. den sachlichen Anwendungsbereich,
2. die Art der Entscheidungen und sonstigen Titel, die im Inland anerkannt oder zur Zwangsvollstreckung zugelassen werden können,
3. das Erfordernis der Rechtskraft der Entscheidungen,

3. Anerkennungs- und Vollstreckungsausführungsgesetz §§ 2–5 AVAG

4. die Art der Urkunden, die im Verfahren vorzulegen sind, und
5. die Gründe, die zur Versagung der Anerkennung oder Zulassung der Zwangsvollstreckung führen.

§ 2. Begriffsbestimmungen. Im Sinne dieses Gesetzes sind
1. unter Mitgliedstaaten die Mitgliedstaaten der Europäischen Union und
2. unter Titeln Entscheidungen, gerichtliche Vergleiche und öffentliche Urkunden, auf welche der jeweils auszuführende Anerkennungs- und Vollstreckungsvertrag, die jeweils durchzuführende Verordnung oder das jeweils durchzuführende Abkommen Anwendung findet,

zu verstehen.

Abschnitt 2. Zulassung der Zwangsvollstreckung aus ausländischen Titeln

§ 3. Zuständigkeit. (1) Für die Vollstreckbarerklärung von Titeln aus einem anderen Staat ist das Landgericht ausschließlich zuständig.

(2) ¹Örtlich zuständig ist ausschließlich das Gericht, in dessen Bezirk der Verpflichtete seinen Wohnsitz hat, oder, wenn er im Inland keinen Wohnsitz hat, das Gericht, in dessen Bezirk die Zwangsvollstreckung durchgeführt werden soll. ²Der Sitz von Gesellschaften und juristischen Personen steht dem Wohnsitz gleich.

(3) Über den Antrag auf Erteilung der Vollstreckungsklausel entscheidet der Vorsitzende einer Zivilkammer.

§ 3 Abs. 1 wiederholt die in Art. 39 EuGVO iVm. Anhang II bzw. in Art. 32 EuGVÜ/LugÜ vorgesehene Zuständigkeit. Richtet sich der Titel gegen mehrere Schuldner, so ist trotz der Ausschließlichkeit der Zuständigkeit jedes Wohnsitzgericht eines Schuldners zuständig (s. Art. 39 EuGVO Rn. 7). 1

Der Wohnsitz ist für natürliche Personen nach Art. 59 EuGVO, für Gesellschaften und juristische Personen nach Art. 60 EuGO zu bestimmen. 2

§ 4. Antragstellung. (1) Der in einem anderen Staat vollstreckbare Titel wird dadurch zur Zwangsvollstreckung zugelassen, dass er auf Antrag mit der Vollstreckungsklausel versehen wird.

(2) Der Antrag auf Erteilung der Vollstreckungsklausel kann bei dem zuständigen Gericht schriftlich eingereicht oder mündlich zu Protokoll der Geschäftsstelle erklärt werden.

(3) Ist der Antrag entgegen § 184 des Gerichtsverfassungsgesetzes nicht in deutscher Sprache abgefasst, so kann das Gericht dem Antragsteller aufgeben, eine Übersetzung des Antrags beizubringen deren Richtigkeit von einer
1. in einem Mitgliedstaat der Europäischen Union oder in einem anderen Vertragsstaat des Abkommens über den Europäischen Wirtschaftsraum oder
2. in einem Vertragsstaat des jeweils auszuführenden Anerkennungs- und Vollstreckungsvertrags

hierzu befugten Person bestätigt worden ist.

(4) Der Ausfertigung des Titels, der mit der Vollstreckungsklausel versehen werden soll, und seiner Übersetzung, soweit eine solche vorgelegt wird, sollen zwei Abschriften beigefügt werden.

S. Art. 38 EuGVO Rn. 13ff., Art. 40 EuGVO Rn. 1ff. Eine Übersetzung nach Abs. 3 kann nicht nur in erster Instanz, sondern auch in der Rechtsmittelinstanz verlangt werden, wenn das Gericht oder der anzuhörende Vollstreckungsschuldner die fremde Sprache nicht beherrscht.[1] 1

Dem Antrag sind die Urkunden gemäß Art. 53, 54 EuGVO bzw. Art. 46, 47 EuGVÜ/LugÜ beizufügen. 2

§ 5. Zustellungsempfänger. (1) Hat die antragstellende Person in dem Antrag keinen Zustellungsbevollmächtigten im Sinn des § 184 Abs. 1 Satz 1 der Zivilprozessordnung

---

[1] *Baumbach/Lauterbach/Hartmann* Bem. zu § 3 AVAG.

benannt, so können bis zur nachträglichen Benennung alle Zustellungen an sie durch Aufgabe zur Post (§ 184 Abs. 1 Satz 2 und Abs. 2 der Zivilprozessordnung) bewirkt werden.

(2) Absatz 1 gilt nicht, wenn die antragstellende Person einen Verfahrensbevollmächtigten für das Verfahren bestellt hat, an den im Inland zugestellt werden kann.

(3) ¹Absatz 1 gilt nicht, wenn der Antragsteller einen bei einem deutschen Gericht zugelassenen Rechtsanwalt oder eine andere Person zu seinem Bevollmächtigten für das Verfahren bestellt hat. ²Der Bevollmächtigte, der nicht bei einem deutschen Gericht zugelassener Rechtsanwalt ist, muss im Bezirk des angerufenen Gerichts wohnen; das Gericht kann von diesem Erfordernis absehen, wenn der Bevollmächtigte einen anderen Wohnsitz im Inland hat.

(4) § 31 des Gesetzes über die Tätigkeit europäischer Rechtsanwälte in Deutschland vom 9. März 2000 (BGBl. I S. 182) bleibt unberührt.

1   S. Art. 40 EuGVO Rn. 6 ff.

§ 6. Verfahren. (1) Das Gericht entscheidet ohne Anhörung des Verpflichteten.

(2) ¹Die Entscheidung ergeht ohne mündliche Verhandlung. ²Jedoch kann eine mündliche Erörterung mit dem Antragsteller oder seinem Bevollmächtigten stattfinden, wenn der Antragsteller oder der Bevollmächtigte hiermit einverstanden ist und die Erörterung der Beschleunigung dient.

(3) Im ersten Rechtszug ist die Vertretung durch einen Rechtsanwalt nicht erforderlich.

1   Vgl. Art. 41 EuGVO.
Bei Rücknahme des Antrags auf Vollstreckbarerklärung sowie bei Erledigungserklärung durch den Antragsteller trägt dieser die Kosten.¹

§ 7. Vollstreckbarkeit ausländischer Titel in Sonderfällen. (1) ¹Hängt die Zwangsvollstreckung nach dem Inhalt des Titels von einer dem Berechtigten obliegenden Sicherheitsleistung, dem Ablauf einer Frist oder dem Eintritt einer anderen Tatsache ab oder wird die Vollstreckungsklausel zugunsten eines anderen als des in dem Titel bezeichneten Berechtigten oder gegen einen anderen als den darin bezeichneten Verpflichteten beantragt, so ist die Frage, inwieweit die Zulassung der Zwangsvollstreckung von dem Nachweis besonderer Voraussetzungen abhängig oder ob der Titel für oder gegen den anderen vollstreckbar ist, nach dem Recht des Staates zu entscheiden, in dem der Titel errichtet ist. ²Der Nachweis ist durch Urkunden zu führen, es sei denn, dass die Tatsachen bei dem Gericht offenkundig sind.

(2) ¹Kann der Nachweis durch Urkunden nicht geführt werden, so ist auf Antrag des Berechtigten der Verpflichtete zu hören. ²In diesem Falle sind alle Beweismittel zulässig. ³Das Gericht kann auch die mündliche Verhandlung anordnen.

1   Wird die Vollstreckungsklausel gegen einen **Rechtsnachfolger des Schuldners** beantragt, so richtet sich die Frage, ob der Titel gegen den Rechtsnachfolger „umgeschrieben" werden kann, gemäß § 7 Abs. 1 AVAG nach dem Recht des Erststaates.¹

2   Entsprechendes gilt auch für die **Rechtsnachfolger auf der Gläubigerseite**,² s. auch Art. 41 EuGVO Rn. 4.

§ 8. Entscheidung. (1) ¹Ist die Zwangsvollstreckung aus dem Titel zuzulassen, so beschließt das Gericht, dass der Titel mit der Vollstreckungsklausel zu versehen ist. ²In dem Beschluss ist die zu vollstreckende Verpflichtung in deutscher Sprache wiederzugeben. ³Zur Begründung des Beschlusses genügt in der Regel die Bezugnahme auf die durchzuführende Verordnung der Europäischen Gemeinschaft oder den auszuführenden Anerkennungs- und Vollstreckungsvertrag sowie auf von dem Antragsteller vorgelegte

---

¹ S. OLG Hamburg RIW 1989, 568 und NJW 1987, 2165.
¹ OLG Hamm IPRax 1998, 202, 203; OLG Hamburg NJW-RR 1995, 191; OLG Düsseldorf RIW 1999, 540, 541.
² *Geimer/Schütze*, EuZVR, Art. 38 Rn. 30.

3. Anerkennungs- und Vollstreckungsausführungsgesetz §§ 9, 10 AVAG

Urkunden. ⁴Auf die Kosten des Verfahrens ist § 788 der Zivilprozessordnung entsprechend anzuwenden.

(2) ¹Ist der Antrag nicht zulässig oder nicht begründet, so lehnt ihn das Gericht durch mit Gründen versehenen Beschluss ab. ²Die Kosten sind dem Antragsteller aufzuerlegen.

Der Vorsitzende entscheidet durch **Beschluss**.¹ Entscheidet er versehentlich durch Urteil, so 1 steht dem Schuldner nach dem Meistbegünstigungsgrundsatz auch das Rechtsmittel der Berufung zu (s. § 511 Rn. 47).

Grundlage der Zwangsvollstreckung im Inland ist nur die inländische Entscheidung über die 2 Vollstreckbarerklärung.² Deshalb ist der zu vollstreckende Tenor nach § 8 Abs. 1 S. 2 AVAG in deutscher Sprache wiederzugeben. Außerdem ist er notfalls zu konkretisieren, damit er inländischen Bestimmtheitsanforderungen genügt (s. Art. 38 EuGVO Rn. 9 f.).

Zur **Ablehnung** s. Art. 42 EuGVO Rn. 5. 3

Zu den **Kosten** des Verfahrens s. Art. 38 Rn. 20 f. **Zuständig** für die **Kostenfestsetzung** ist 4 nach § 8 Abs. 1 S. 4 AVAG iVm. § 788 Abs. 2 S. 1 ZPO das Amtsgericht als Vollstreckungsgericht.³

§ 9. Vollstreckungsklausel. (1) Auf Grund des Beschlusses nach § 8 Abs. 1 erteilt der Urkundsbeamte der Geschäftsstelle die Vollstreckungsklausel in folgender Form:

„Vollstreckungsklausel nach § 4 des Anerkennungs- und Vollstreckungsausführungsgesetzes vom 19. Februar 2001 (BGBl. I S. 288). Gemäß dem Beschluss des ... (Bezeichnung des Gerichts und des Beschlusses) ist die Zwangsvollstreckung aus ... (Bezeichnung des Titels) zugunsten ... (Bezeichnung des Berechtigten) gegen ... (Bezeichnung des Verpflichteten) zulässig.

Die zu vollstreckende Verpflichtung lautet:

... (Angabe der dem Verpflichteten aus dem ausländischen Titel obliegenden Verpflichtung in deutscher Sprache; aus dem Beschluss nach § 8 Abs. 1 zu übernehmen). Die Zwangsvollstreckung darf über Maßregeln zur Sicherung nicht hinausgehen, bis der Gläubiger die gerichtliche Anordnung oder ein Zeugnis vorlegt, dass die Zwangsvollstreckung unbeschränkt stattfinden darf."

Lautet der Titel auf Leistung von Geld, so ist der Vollstreckungsklausel folgender Zusatz anzufügen:

„Solange die Zwangsvollstreckung über Maßregeln zur Sicherung nicht hinausgehen darf, kann der Schuldner die Zwangsvollstreckung durch Leistung einer Sicherheit in Höhe von ... (Angabe des Betrages, wegen dessen der Berechtigte vollstrecken darf) abwenden."

(2) Wird die Zwangsvollstreckung nur für einen oder mehrere der durch die ausländische Entscheidung zuerkannten oder in einem anderen ausländischen Titel niedergelegten Ansprüche oder nur für einen Teil des Gegenstands der Verpflichtung zugelassen, so ist die Vollstreckungsklausel als „Teil-Vollstreckungsklausel nach § 4 des Anerkennungs- und Vollstreckungsausführungsgesetzes vom 19. Februar 2001 (BGBl. I S. 288)" zu bezeichnen.

(3) ¹Die Vollstreckungsklausel ist von dem Urkundsbeamten der Geschäftsstelle zu unterschreiben und mit dem Gerichtssiegel zu versehen. ²Sie ist entweder auf die Ausfertigung des Titels oder auf ein damit zu verbindendes Blatt zu setzen. ³Falls eine Übersetzung des Titels vorliegt, ist sie mit der Ausfertigung zu verbinden.

§ 10. Bekanntgabe der Entscheidung. (1) Im Falle des § 8 Abs. 1 sind dem Verpflichteten eine beglaubigte Abschrift des Beschlusses, eine beglaubigte Abschrift des mit der Vollstreckungsklausel versehenen Titels und gegebenenfalls seiner Übersetzung sowie der gemäß § 8 Abs. 1 Satz 3 in Bezug genommenen Urkunden von Amts wegen zuzustellen.

(2) ¹Muss die Zustellung an den Verpflichteten im Ausland oder durch öffentliche Bekanntmachung erfolgen und hält das Gericht die Beschwerdefrist nach § 11 Abs. 3

---

[1] OLG Hamm MDR 1978, 324.
[2] BGHZ 122, 16, 18 = NJW 1993, 1801.
[3] OLG München FamRZ 2002, 408.

Satz 1 nicht für ausreichend, so bestimmt es in dem Beschluss nach § 8 Abs. 1 oder nachträglich durch besonderen Beschluss, der ohne mündliche Verhandlung ergeht, eine längere Beschwerdefrist. ²Die Bestimmungen über den Beginn der Beschwerdefrist bleiben auch im Falle der nachträglichen Festsetzung unberührt.

(3) ¹Dem Antragsteller sind eine beglaubigte Abschrift des Beschlusses nach § 8, im Falle des § 8 Abs. 1 ferner die mit der Vollstreckungsklausel versehene Ausfertigung des Titels und eine Bescheinigung über die bewirkte Zustellung, zu übersenden. ²In den Fällen des Absatzes 2 ist die festgesetzte Frist für die Einlegung der Beschwerde auf der Bescheinigung über die bewirkte Zustellung zu vermerken.

1 Zur Zustellung an den Schuldner s. Art. 42 EuGVO Rn. 2 ff.; zur Rechtsbehelfsfrist Art. 43 Rn. 3 ff.; zur Mitteilung an den Antragsteller s. Art. 42 EuGVO Rn. 1, 4.

Abschnitt 3. Beschwerde, Vollstreckungsgegenklage

§ 11. Einlegung der Beschwerde; Beschwerdefrist. (1) ¹Die Beschwerde gegen die im ersten Rechtszug ergangene Entscheidung über den Antrag auf Erteilung der Vollstreckungsklausel wird bei dem Beschwerdegericht durch Einreichen einer Beschwerdeschrift oder durch Erklärung zu Protokoll der Geschäftsstelle eingelegt. ²Beschwerdegericht ist das Oberlandesgericht. ³Der Beschwerdeschrift soll die für ihre Zustellung erforderliche Zahl von Abschriften beigefügt werden.

(2) Die Zulässigkeit der Beschwerde wird nicht dadurch berührt, dass sie statt bei dem Beschwerdegericht bei dem Gericht des ersten Rechtszuges eingelegt wird; die Beschwerde ist unverzüglich von Amts wegen an das Beschwerdegericht abzugeben.

(3) ¹Die Beschwerde des Verpflichteten gegen die Zulassung der Zwangsvollstreckung ist innerhalb eines Monats, im Falle des § 10 Abs. 2 Satz 1 innerhalb der nach dieser Vorschrift bestimmten längeren Frist einzulegen. ²Die Beschwerdefrist beginnt mit der Zustellung nach § 10 Abs. 1. Sie ist eine Notfrist.

(4) Die Beschwerde ist dem Beschwerdegegner von Amts wegen zuzustellen.

1 Wie die EuGVO fasst das neue AVAG die Rechtsmittel gegen den positiven und den negativen Beschluss in einer Bestimmung zusammen. Die Beschwerde ist ähnlich wie eine sofortige Beschwerde ausgestaltet. Die **Beschwerdefrist** beträgt aber einen Monat.

2 Das erstinstanzliche Gericht hat **keine Abhilfebefugnis**.[1] Dies folgt mittelbar auch aus § 11 Abs. 2, 2. Hs. AVAG, da eine fehlerhaft beim erstinstanzlichen Gericht eingelegte Beschwerde unverzüglich an das Beschwerdegericht abzugeben ist.[2]

3 Betrifft der zugrunde liegende Titel eine **Familiensache**, ist der zuständige Familiensenat funktional zuständig.[3]

§ 12. Einwendungen gegen den zu vollstreckenden Anspruch im Beschwerdeverfahren.
(1) Der Verpflichtete kann mit der Beschwerde, die sich gegen die Zulassung der Zwangsvollstreckung aus einer Entscheidung richtet, auch Einwendungen gegen den Anspruch selbst insoweit geltend machen, als die Gründe, auf denen sie beruhen, erst nach dem Erlass der Entscheidung entstanden sind.

(2) Mit der Beschwerde, die sich gegen die Zulassung der Zwangsvollstreckung aus einem gerichtlichen Vergleich oder einer öffentlichen Urkunde richtet, kann der Verpflichtete die Einwendungen gegen den Anspruch selbst ungeachtet der in Absatz 1 enthaltenen Beschränkung geltend machen.

1 S. Art. 43 EuGVO Rn. 5 ff. Nach Ansicht des XII. Senats des BGH hindert Art. 45 EuGVO den nationalen Gesetzgeber nicht daran, das Vollstreckungsverfahren so auszugestalten, dass **materielle Einwendungen**, die auf Vollstreckungsabwehrklage geprüft werden können, bereits im Rechtsbehelfsverfahren der Vollstreckbarerklärung vorgebracht werden müssen und geprüft werden können.

---

[1] OLG München NJW 1975, 504, 505; OLG Köln IHR 2005, 217, 218; *Geimer/Schütze*, EuZVR, Art. 43 Rn. 41; *Kropholler* Art. 43 Rn. 10; *Thomas/Putzo/Hüßtege* Art. 43 Rn. 1; *Rauscher/Mankowski* Art. 43 Rn. 6 c.
[2] AA *H. Roth* IPRax 2005, 438 u. IPRax 2006, 22, 24 – Abhilfe analog § 572 Abs. 1 ZPO.
[3] OLG Zweibrücken OLGR 2005, 135.

3. Anerkennungs- und Vollstreckungsausführungsgesetz **§§ 13–15 AVAG**

Er hat die Frage aber letztlich doch offen gelassen und nur entschieden, dass jedenfalls liquide, dh. unstreitige oder rechtskräftig festgestellte Einwendungen zu berücksichtigen sind.[1]

Neben sachlichen Einwendungen können auch **formelle Mängel** im Beschwerdeverfahren gerügt werden. Gerügt werden kann auch, dass das erstinstanzliche Gericht nicht zuständig war.[2] Dies gilt auch im Anwendungsbereich der EuGVO, denn § 571 Abs. 2 S. 2 ZPO gilt insoweit nicht und Art. 45 EuGVO befasst sich mit formellen Mängeln überhaupt nicht und will deren Prüfung daher auch nicht ausschließen.[3]

§ 13. Verfahren und Entscheidung über die Beschwerde. (1) ¹Das Beschwerdegericht entscheidet durch Beschluss, der mit Gründen zu versehen ist und ohne mündliche Verhandlung ergehen kann. ²Der Beschwerdegegner ist vor der Entscheidung zu hören.

(2) ¹Solange eine mündliche Verhandlung nicht angeordnet ist, können zu Protokoll der Geschäftsstelle Anträge gestellt und Erklärungen abgegeben werden. ²Wird die mündliche Verhandlung angeordnet, so gilt für die Ladung § 215 der Zivilprozessordnung.

(3) Eine vollständige Ausfertigung des Beschlusses ist dem Berechtigten und dem Verpflichteten auch dann von Amts wegen zuzustellen, wenn der Beschluss verkündet worden ist.

(4) ¹Soweit nach dem Beschluss des Beschwerdegerichts die Zwangsvollstreckung aus dem Titel erstmals zuzulassen ist, erteilt der Urkundsbeamte der Geschäftsstelle des Beschwerdegerichts die Vollstreckungsklausel. § 8 Abs. 1 Satz 2 und 4, §§ 9 und 10 Abs. 1 und 3 Satz 1 sind entsprechend anzuwenden. ²Ein Zusatz, dass die Zwangsvollstreckung über Maßregeln zur Sicherung nicht hinausgehen darf, ist nur aufzunehmen, wenn das Beschwerdegericht eine Anordnung nach diesem Gesetz (§ 22 Abs. 2, § 40 Abs. 1 Nr. 1 oder § 45 Abs. 1 Nr. 1) erlassen hat. ³Der Inhalt des Zusatzes bestimmt sich nach dem Inhalt der Anordnung.

§ 14. Vollstreckungsgegenklage. (1) Ist die Zwangsvollstreckung aus einem Titel zugelassen, so kann der Verpflichtete Einwendungen gegen den Anspruch selbst in einem Verfahren nach § 767 der Zivilprozessordnung nur geltend machen, wenn die Gründe, auf denen seine Einwendungen beruhen, erst
1. nach Ablauf der Frist, innerhalb deren er die Beschwerde hätte einlegen können, oder
2. falls die Beschwerde eingelegt worden ist, nach Beendigung dieses Verfahrens
entstanden sind.

(2) ¹Die Klage nach § 767 der Zivilprozessordnung ist bei dem Gericht zu erheben, das über den Antrag auf Erteilung der Vollstreckungsklausel entschieden hat. ²Soweit die Klage einen Unterhaltstitel zum Gegenstand hat, ist das Familiengericht zuständig; für die örtliche Zuständigkeit gelten die Vorschriften der Zivilprozessordnung für Unterhaltssachen.

S. Art. 43 EuGVO Rn. 7, Art. 45 EuGVO Rn. 5. 1

Abschnitt 4. Rechtsbeschwerde

§ 15. Statthaftigkeit und Frist. (1) Gegen den Beschluss des Beschwerdegerichts findet die Rechtsbeschwerde statt, wenn gegen diese Entscheidung, wäre sie durch Endurteil ergangen, die Revision gegeben wäre oder wenn das Beschwerdegericht von einer Entscheidung des Gerichtshofs der Europäischen Gemeinschaften abgewichen ist und der angefochtene Beschluss auf dieser Abweichung beruht.

(2) Die Rechtsbeschwerde ist innerhalb eines Monats einzulegen.

(3) Die Rechtsbeschwerdefrist ist eine Notfrist und beginnt mit der Zustellung des Beschlusses (§ 13 Abs. 3).

---

[1] BGH NJW 2007, 3432 = FamRZ 2007, 989, 991 (krit. *Gottwald*); krit. *Hess* IPRax 2008, 25.
[2] OLG München FamRZ 2003, 462.
[3] *Rauscher/Mankowski* Art. 45 Brüssel I-VO Rn. 3; aA *Thomas/Putzo/Hüßtege*, 28. Aufl., AVAG Vorb. 4; *Heiderhoff* IPRax 2004, 99, 101.

AVAG §§ 16–19   B. Europäisches Zivilprozessrecht

1 S. Art. 44 EuGVO Rn. 2 ff.

2 Die Rechtsbeschwerde muss durch einen beim BGH zugelassenen Rechtsanwalt eingelegt werden (§ 78 Abs. 1 S. 4 ZPO).[1]

3 Die Rechtsbeschwerde bedarf keiner Zulassung durch das OLG; der BGH prüft aber die Zulässigkeit gemäß § 15 Abs. 1 AVAG. Diese Zulässigkeitsvoraussetzungen müssen in der Begründung der Rechtsbeschwerde dargelegt werden (§ 575 Abs. 3 Nr. 1 ZPO).[2]

§ 16. Einlegung und Begründung. (1) Die Rechtsbeschwerde wird durch Einreichen der Beschwerdeschrift bei dem Bundesgerichtshof eingelegt.

(2) [1]Die Rechtsbeschwerde ist zu begründen. § 575 Abs. 2 bis 4 der Zivilprozessordnung ist entsprechend anzuwenden. [2]Soweit die Rechtsbeschwerde darauf gestützt wird, dass das Beschwerdegericht von einer Entscheidung des Gerichtshofs der Europäischen Gemeinschaften abgewichen sei, muss die Entscheidung, von der der angefochtene Beschluss abweicht, bezeichnet werden.

(3) Mit der Beschwerdeschrift soll eine Ausfertigung oder beglaubigte Abschrift des Beschlusses, gegen den sich die Rechtsbeschwerde richtet, vorgelegt werden.

1 S. Art. 44 EuGVO Rn. 4.

§ 17. Verfahren und Entscheidung. (1) [1]Der Bundesgerichtshof kann nur überprüfen, ob der Beschluss auf einer Verletzung des Rechts der Europäischen Gemeinschaft, eines Anerkennungs- und Vollstreckungsvertrags, sonstigen Bundesrechts oder einer anderen Vorschrift beruht, deren Geltungsbereich sich über den Bezirk eines Oberlandesgerichts hinaus erstreckt. [2]Er darf nicht prüfen, ob das Gericht seine örtliche Zuständigkeit zu Unrecht angenommen hat.

(2) [1]Der Bundesgerichtshof kann über die Rechtbeschwerde ohne mündliche Verhandlung entscheiden. [2]Auf das Verfahren über die Rechtsbeschwerde sind § 574 Abs. 4, § 576 Abs. 3 und § 577 der Zivilprozessordnung entsprechend anzuwenden.

(3) [1]Soweit die Zwangsvollstreckung aus dem Titel erstmals durch den Bundesgerichtshof zugelassen wird, erteilt der Urkundsbeamte der Geschäftsstelle dieses Gerichts die Vollstreckungsklausel. [2]§ 8 Abs. 1 Satz 2 und 4, § 9 und § 10 Abs. 1 und 3 Satz 1 gelten entsprechend. [3]Ein Zusatz über die Beschränkung der Zwangsvollstreckung entfällt.

1 Zur Nichtannahme der Rechtsbeschwerde s. Art. 44 EuGVO Rn. 2. Eine Änderung der ausländischen Entscheidung ist auch im Rechtsbeschwerdeverfahren zu berücksichtigen.[1] Verweist der BGH das Verfahren an das Oberlandesgericht zurück, so ist dieses analog § 563 Abs. 2 ZPO an die Rechtsauffassung des BGH gebunden.[2] Zu den Kosten des Verfahrens s. Art. 44 EuGVO Rn. 6.

Abschnitt 5. Beschränkung der Zwangsvollstreckung auf Sicherungsmaßregeln und unbeschränkte Fortsetzung der Zwangsvollstreckung

§ 18. Beschränkung kraft Gesetzes. Die Zwangsvollstreckung ist auf Sicherungsmaßregeln beschränkt, solange die Frist zur Einlegung der Beschwerde noch läuft und solange über die Beschwerde noch nicht entschieden ist.

1 S. Art. 47 EuGVO.

§ 19. Prüfung der Beschränkung. Einwendungen des Verpflichteten, dass bei der Zwangsvollstreckung die Beschränkung auf Sicherungsmaßregeln nach der durchzuführenden Verordnung der Europäischen Gemeinschaft, nach dem auszuführenden Anerkennungs- und Vollstreckungsvertrag, nach § 18 dieses Gesetzes oder auf Grund einer auf diesem Gesetz beruhenden Anordnung (§ 22 Abs. 2, §§ 40, 45) nicht eingehalten werde, oder Einwendungen des Berechtigten, dass eine bestimmte Maßnahme der Zwangsvollstre-

---

[1] BGH NJW 2002, 2181.
[2] BGH MDR 2004, 1074, 1075 = FamRZ 2004, 1023, 1024.
[1] BGH NJW 1980, 2022.
[2] BGH IPRax 1986, 157, 158.

ckung mit dieser Beschränkung vereinbar sei, sind im Wege der Erinnerung nach § 766 der Zivilprozessordnung bei dem Vollstreckungsgericht (§ 764 der Zivilprozessordnung) geltend zu machen.

S. Art. 47 EuGVO Rn. 12.

§ 20. **Sicherheitsleistung durch den Verpflichteten.** (1) Solange die Zwangsvollstreckung aus einem Titel der auf Leistung von Geld lautet, nicht über Maßregeln der Sicherung hinausgehen darf, ist der Verpflichtete befugt, die Zwangsvollstreckung durch Leistung einer Sicherheit in Höhe des Betrages abzuwenden, wegen dessen der Berechtigte vollstrecken darf.

(2) Die Zwangsvollstreckung ist einzustellen und bereits getroffene Vollstreckungsmaßregeln sind aufzuheben, wenn der Verpflichtete durch eine öffentliche Urkunde die zur Abwendung der Zwangsvollstreckung erforderliche Sicherheitsleistung nachweist.

S. Art. 47 EuGVO Rn. 13.

§ 21. **Versteigerung beweglicher Sachen.** Ist eine bewegliche Sache gepfändet und darf die Zwangsvollstreckung nicht über Maßregeln zur Sicherung hinausgehen, so kann das Vollstreckungsgericht auf Antrag anordnen, dass die Sache versteigert und der Erlös hinterlegt werde, wenn sie der Gefahr einer beträchtlichen Wertminderung ausgesetzt ist oder wenn ihre Aufbewahrung unverhältnismäßige Kosten verursachen würde.

S. Art. 47 EuGVO Rn. 8.

§ 22. **Unbeschränkte Fortsetzung der Zwangsvollstreckung; besondere gerichtliche Anordnungen.** (1) Weist das Beschwerdegericht die Beschwerde des Verpflichteten gegen die Zulassung der Zwangsvollstreckung zurück oder lässt es auf die Beschwerde des Berechtigten die Zwangsvollstreckung aus dem Titel zu, so kann die Zwangsvollstreckung über Maßregeln zur Sicherung hinaus fortgesetzt werden.

(2) ¹Auf Antrag des Verpflichteten kann das Beschwerdegericht anordnen, dass bis zum Ablauf der Frist zur Einlegung der Rechtsbeschwerde (§ 15) oder bis zur Entscheidung über diese Beschwerde die Zwangsvollstreckung nicht oder nur gegen Sicherheitsleistung über Maßregeln zur Sicherung hinausgehen darf. ²Die Anordnung darf nur erlassen werden, wenn glaubhaft gemacht wird, dass die weitergehende Vollstreckung dem Verpflichteten einen nicht zu ersetzenden Nachteil bringen würde. ³§ 713 der Zivilprozessordnung ist entsprechend anzuwenden.

(3) ¹Wird Rechtsbeschwerde eingelegt, so kann der Bundesgerichtshof auf Antrag des Verpflichteten eine Anordnung nach Absatz 2 erlassen. ²Der Bundesgerichtshof kann auf Antrag des Berechtigten eine nach Absatz 2 erlassene Anordnung des Beschwerdegerichts abändern oder aufheben.

S. Art. 47 EuGVO Rn. 5ff., 14ff.

§ 23. **Unbeschränkte Fortsetzung der durch das Gericht des ersten Rechtszuges zugelassenen Zwangsvollstreckung.** (1) Die Zwangsvollstreckung aus dem Titel, den der Urkundsbeamte der Geschäftsstelle des Gerichts des ersten Rechtszuges mit der Vollstreckungsklausel versehen hat, ist auf Antrag des Berechtigten über Maßregeln zur Sicherung hinaus fortzusetzen, wenn das Zeugnis des Urkundsbeamten der Geschäftsstelle dieses Gerichts vorgelegt wird, dass die Zwangsvollstreckung unbeschränkt stattfinden darf.

(2) Das Zeugnis ist dem Berechtigten auf seinen Antrag zu erteilen,
1. wenn der Verpflichtete bis zum Ablauf der Beschwerdefrist keine Beschwerdeschrift eingereicht hat,
2. wenn das Beschwerdegericht die Beschwerde des Verpflichteten zurückgewiesen und keine Anordnung nach § 22 Abs. 2 erlassen hat,
3. wenn der Bundesgerichtshof die Anordnung des Beschwerdegerichts nach § 22 Abs. 2 aufgehoben hat (§ 22 Abs. 3 Satz 2) oder
4. wenn der Bundesgerichtshof den Titel zur Zwangsvollstreckung zugelassen hat.

(3) Aus dem Titel darf die Zwangsvollstreckung, selbst wenn sie auf Maßregeln der Sicherung beschränkt ist, nicht mehr stattfinden, sobald ein Beschluss des Beschwerdegerichts, dass der Titel zur Zwangsvollstreckung nicht zugelassen werde, verkündet oder zugestellt ist.

§ 24. Unbeschränkte Fortsetzung der durch das Beschwerdegericht zugelassenen Zwangsvollstreckung. (1) Die Zwangsvollstreckung aus dem Titel, zu dem der Urkundsbeamte der Geschäftsstelle des Beschwerdegerichts die Vollstreckungsklausel mit dem Zusatz erteilt hat, dass die Zwangsvollstreckung auf Grund der Anordnung des Gerichts nicht über Maßregeln zur Sicherung hinausgehen darf (§ 13 Abs. 4 Satz 3), ist auf Antrag des Berechtigten über Maßregeln zur Sicherung hinaus fortzusetzen, wenn das Zeugnis des Urkundsbeamten der Geschäftsstelle dieses Gerichts vorgelegt wird, dass die Zwangsvollstreckung unbeschränkt stattfinden darf.

(2) Das Zeugnis ist dem Berechtigten auf seinen Antrag zu erteilen,
1. wenn der Verpflichtete bis zum Ablauf der Frist zur Einlegung der Rechtsbeschwerde (§ 15 Abs. 2) keine Beschwerdeschrift eingereicht hat,
2. wenn der Bundesgerichtshof die Anordnung des Beschwerdegerichts nach § 22 Abs. 2 aufgehoben hat (§ 22 Abs. 3 Satz 2) oder
3. wenn der Bundesgerichtshof die Rechtsbeschwerde des Verpflichteten zurückgewiesen hat.

1   S. Art. 47 EuGVO Rn. 14.

Abschnitt 6. Feststellung der Anerkennung einer ausländischen Entscheidung

§ 25. Verfahren und Entscheidung in der Hauptsache. (1) Auf das Verfahren, das die Feststellung zum Gegenstand hat, ob eine Entscheidung aus einem anderen Staat anzuerkennen ist, sind die §§ 3 bis 6, § 8 Abs. 2, die §§ 10 bis 12, § 13 Abs. 1 bis 3, die §§ 15 und 16 sowie § 17 Abs. 1 bis 3 entsprechend anzuwenden.

(2) Ist der Antrag auf Feststellung begründet, so beschließt das Gericht, dass die Entscheidung anzuerkennen ist.

1   Vgl. Art. 33 EuGVO Rn. 5 ff. Das Feststellungsverfahren ist für Titel nach dem HUVÜ 1973 und dem deutsch-norwegischen Vertrag ausgeschlossen, §§ 39, 44 Abs. 4 AVAG.

§ 26. Kostenentscheidung. ¹In den Fällen des § 25 Abs. 2 sind die Kosten dem Antragsgegner aufzuerlegen. Dieser kann die Beschwerde (§ 11) auf die Entscheidung über den Kostenpunkt beschränken. ²In diesem Falle sind die Kosten dem Antragsteller aufzuerlegen, wenn der Antragsgegner nicht durch sein Verhalten zu dem Antrag auf Feststellung Veranlassung gegeben hat.

1   Zur Kostenregelung s. Art. 43 EuGVO Rn. 14.

Abschnitt 7. Aufhebung oder Änderung der Beschlüsse über die Zulassung der Zwangsvollstreckung oder die Anerkennung

§ 27. Verfahren nach Aufhebung oder Änderung des für vollstreckbar erklärten ausländischen Titels im Ursprungsstaat. (1) Wird der Titel in dem Staat, in dem er errichtet worden ist, aufgehoben oder geändert und kann der Verpflichtete diese Tatsache in dem Verfahren der Zulassung der Zwangsvollstreckung nicht mehr geltend machen, so kann er die Aufhebung oder Änderung der Zulassung in einem besonderen Verfahren beantragen.

(2) Für die Entscheidung über den Antrag ist das Gericht ausschließlich zuständig, das im ersten Rechtszug über den Antrag auf Erteilung der Vollstreckungsklausel entschieden hat.

(3) ¹Der Antrag kann bei dem Gericht schriftlich oder durch Erklärung zu Protokoll der Geschäftsstelle gestellt werden. ²Über den Antrag kann ohne mündliche Verhandlung entschieden werden. ³Vor der Entscheidung, die durch Beschluss ergeht, ist der Berechtigte zu hören. ⁴§ 13 Abs. 2 und 3 gilt entsprechend.

3. Anerkennungs- und Vollstreckungsausführungsgesetz §§ 28–30 AVAG

(4) ¹Der Beschluss unterliegt der Beschwerde nach den §§ 567 bis 577 der Zivilprozessordnung. ²Die Notfrist für die Einlegung der sofortigen Beschwerde beträgt einen Monat.

(5) ¹Für die Einstellung der Zwangsvollstreckung und die Aufhebung bereits getroffener Vollstreckungsmaßregeln sind die §§ 769 und 770 der Zivilprozessordnung entsprechend anzuwenden. ²Die Aufhebung einer Vollstreckungsmaßregel ist auch ohne Sicherheitsleistung zulässig.

S. Art. 33 EuGVO Rn. 16; Art. 38 EuGVO Rn. 23; die Regelung ist auf das HUVÜ 1973 nicht anzuwenden, § 39 AVAG. 1

Eine Änderung des ausländischen Schuldtitels im Inland (s. § 323 Rn. 119 ff.) berechtigt nicht, die Aufhebung der Vollstreckungsklausel im Verfahren nach § 27 AVAG zu beantragen; der Schuldner muss vielmehr Vollstreckungsgegenklage (§ 767) erheben. 2

§ 28. Schadensersatz wegen ungerechtfertigter Vollstreckung. (1) ¹Wird die Zulassung der Zwangsvollstreckung auf die Beschwerde (§ 11) oder die Rechtsbeschwerde (§ 15) aufgehoben oder abgeändert, so ist der Berechtigte zum Ersatz des Schadens verpflichtet, der dem Verpflichteten durch die Vollstreckung des Titels oder durch eine Leistung zur Abwendung der Vollstreckung entstanden ist. ²Das Gleiche gilt, wenn die Zulassung der Zwangsvollstreckung nach § 27 aufgehoben oder abgeändert wird, sofern die zur Zwangsvollstreckung zugelassene Entscheidung zum Zeitpunkt der Zulassung nach dem Recht des Staats, in dem sie ergangen ist, noch mit einem ordentlichen Rechtsmittel angefochten werden konnte.

(2) Für die Geltendmachung des Anspruchs ist das Gericht ausschließlich zuständig, das im ersten Rechtszug über den Antrag, den Titel mit der Vollstreckungsklausel zu versehen, entschieden hat.

Die Ersatzpflicht nach § 28 Abs. 1 S. 1 gilt anders als nach § 717 ZPO für alle Titel, die nach dem AVAG für vollstreckbar erklärt werden, auch für die Vollstreckung aus öffentlichen Urkunden.¹ 1

§ 29. Aufhebung oder Änderung ausländischer Entscheidungen, deren Anerkennung festgestellt ist. Wird die Entscheidung in dem Staat, in dem sie ergangen ist, aufgehoben oder abgeändert und kann die davon begünstigte Partei diese Tatsache nicht mehr in dem Verfahren über den Antrag auf Feststellung der Anerkennung (§ 25) geltend machen, so ist § 27 Abs. 1 bis 4 entsprechend anzuwenden.

Abschnitt 8. Vorschriften für Entscheidungen deutscher Gerichte und für das Mahnverfahren

§ 30. Vervollständigung inländischer Entscheidungen zur Verwendung im Ausland. (1) ¹Will eine Partei ein Versäumnis- oder Anerkenntnisurteil, das nach § 313b der Zivilprozessordnung in verkürzter Form abgefasst worden ist, in einem anderen Vertrags- oder Mitgliedstaat geltend machen, so ist das Urteil auf ihren Antrag zu vervollständigen. ²Der Antrag kann bei dem Gericht schriftlich oder durch Erklärung zu Protokoll der Geschäftsstelle gestellt werden. ³Über den Antrag wird ohne mündliche Verhandlung entschieden.

(2) Zur Vervollständigung des Urteils sind der Tatbestand und die Entscheidungsgründe nachträglich abzufassen, von den Richtern besonders zu unterschreiben und der Geschäftsstelle zu übergeben; der Tatbestand und die Entscheidungsgründe können auch von Richtern unterschrieben werden, die bei dem Urteil nicht mitgewirkt haben.

(3) ¹Für die Berichtigung des nachträglich abgefassten Tatbestands gilt § 320 der Zivilprozessordnung entsprechend. ²Jedoch können bei der Entscheidung über einen Antrag auf Berichtigung auch solche Richter mitwirken, die bei dem Urteil oder der nachträglichen Anfertigung des Tatbestands nicht mitgewirkt haben.

(4) Die vorstehenden Absätze gelten entsprechend für die Vervollständigung von Arrestbefehlen, einstweiligen Anordnungen und einstweiligen Verfügungen, die in einem

---

¹ *Wolfsteiner*, Die vollstreckbare Urkunde, 1978, Rn. 82.30.

anderen Vertrags- oder Mitgliedstaat geltend gemacht werden sollen und nicht mit einer Begründung versehen sind.

1   S. Art. 32 EuGVO Rn. 9.

§ 31. Vollstreckungsklausel zur Verwendung im Ausland. Vollstreckungsbescheide, Arrestbefehle und einstweilige Verfügungen, deren Zwangsvollstreckung in einem anderen Vertrags- oder Mitgliedstaat betrieben werden soll, sind auch dann mit der Vollstreckungsklausel zu versehen, wenn dies für eine Zwangsvollstreckung im Inland nach § 796 Abs. 1, § 929 Abs. 1 und § 936 der Zivilprozessordnung nicht erforderlich wäre.

§ 32. Mahnverfahren mit Zustellung im Ausland. (1) ¹Das Mahnverfahren findet auch statt, wenn die Zustellung des Mahnbescheids in einem anderen Vertrags- oder Mitgliedstaat erfolgen muss. ²In diesem Falle kann der Anspruch auch die Zahlung einer bestimmten Geldsumme in ausländischer Währung zum Gegenstand haben.

(2) Macht der Antragsteller geltend, dass das Gericht auf Grund einer Gerichtsstandsvereinbarung zuständig sei, so hat er dem Mahnantrag die erforderlichen Schriftstücke über die Vereinbarung beizufügen.

(3) Die Widerspruchsfrist (§ 692 Abs. 1 Nr. 3 der Zivilprozessordnung) beträgt einen Monat.

1   Zum grenzüberschreitenden Mahnverfahren s. § 688 Rn. 17 ff.; *Hök* JurBüro 1991, 1145, 1303, 1441 u. 1605. Die Bestimmung ist eigentlich ein Fremdkörper im AVAG, da sie ein grenzüberschreitendes Mahnverfahren zulässt bzw. das Verfahren dazu modifiziert, mit der Anerkennung und Vollstreckung ausländischer Entscheidungen aber nichts zu tun hat.

2   Eine besondere Regelung über die Bestellung eines inländischen Zustellungsbevollmächtigten enthält das AVAG nicht mehr. Es gilt vielmehr mittelbar § 184 ZPO.

Abschnitt 9. Verhältnis zu besonderen Anerkennungsverfahren; Konzentrationsermächtigung

§ 33. Verhältnis zu besonderen Anerkennungsverfahren. Soweit nicht anders bestimmt, bleibt Artikel 7 des Familienrechtsänderungsgesetzes vom 11. August 1961 (BGBl. I S. 1221), zuletzt geändert durch Artikel 3 § 5 des Gesetzes vom 25. Juni 1998 (BGBl. I S. 1580), unberührt.

§ 34. Konzentrationsermächtigung. (1) ¹Die Landesregierungen werden für die Ausführung von Anerkennungs- und Vollstreckungsverträgen nach diesem Gesetz und für die Durchführung der in § 1 Abs. 1 Nr. 2 genannten Verordnungen und Abkommen ermächtigt, durch Rechtsverordnung die Entscheidung über Anträge auf Erteilung der Vollstreckungsklausel zu ausländischen Titeln in Zivil- und Handelssachen, über Anträge auf Aufhebung oder Abänderung dieser Vollstreckungsklausel und über Anträge auf Feststellung der Anerkennung einer ausländischen Entscheidung für die Bezirke mehrerer Landgerichte einem von ihnen zuzuweisen, sofern dies der sachlichen Förderung oder schnelleren Erledigung der Verfahren dient. ²Die Ermächtigung kann für die Übereinkommen über die gerichtliche Zuständigkeit und die Vollstreckung gerichtlicher Entscheidungen in Zivil- und Handelssachen vom 27. September 1968 (BGBl. 1972 II S. 773) und vom 16. September 1988 (BGBl. 1994 II S. 2658) und die Verordnung (EG) Nr. 44/2001 sowie das Abkommen vom 19. Oktober 2005 zwischen der Europäischen Gemeinschaft und dem Königreich Dänemark über die gerichtliche Zuständigkeit und die Anerkennung Vollstreckung von Entscheidungen in Zivil- und Handelssachen jeweils allein ausgeübt werden.

(2) Die Landesregierungen können die Ermächtigung durch Rechtsverordnung auf die Landesjustizverwaltungen übertragen.

Teil 2. Besonderes

Abschnitt 1. Übereinkommen über die gerichtliche Zuständigkeit und die Vollstreckung gerichtlicher Entscheidungen in Zivil- und Handelssachen vom 27. September 1968 und vom 16. September 1988

§ 35. Sonderregelungen über die Beschwerdefrist. (1) [1]Die Frist für die Beschwerde des Verpflichteten gegen die Entscheidung über die Zulassung der Zwangsvollstreckung beträgt zwei Monate und beginnt von dem Tage an zu laufen, an dem die Entscheidung dem Verpflichteten entweder in Person oder in seiner Wohnung zugestellt worden ist, wenn der Verpflichtete seinen Wohnsitz oder seinen Sitz in einem anderen Vertragsstaat dieser Übereinkommen hat. [2]Eine Verlängerung dieser Frist wegen weiter Entfernung ist ausgeschlossen. [3]§ 10 Abs. 2 und 3 Satz 2 sowie § 11 Abs. 3 Satz 1 und 2 finden in diesen Fällen keine Anwendung.

§ 36. Aussetzung des Beschwerdeverfahrens. (1) [1]Das Oberlandesgericht kann auf Antrag des Verpflichteten seine Entscheidung über die Beschwerde gegen die Zulassung der Zwangsvollstreckung aussetzen, wenn gegen die Entscheidung im Ursprungsstaat ein ordentliches Rechtsmittel eingelegt oder die Frist hierfür noch nicht verstrichen ist; im letzteren Falle kann das Oberlandesgericht eine Frist bestimmen, innerhalb deren das Rechtsmittel einzulegen ist. [2]Das Gericht kann die Zwangsvollstreckung auch von einer Sicherheitsleistung abhängig machen.

(2) Absatz 1 ist im Verfahren auf Feststellung der Anerkennung einer Entscheidung (§§ 25 und 26) entsprechend anzuwenden.

Abschnitt 2. Haager Übereinkommen vom 2. Oktober 1973 über die Anerkennung und Vollstreckung von Unterhaltsentscheidungen

§ 37. Einschränkungen der Anerkennung und Vollstreckung. (1) Die Anerkennung und Vollstreckung von öffentlichen Urkunden aus einem anderen Vertragsstaat findet nur statt, wenn der andere Vertragsstaat die Erklärung nach Artikel 25 des Übereinkommens abgegeben hat.

(2) Die Anerkennung und Vollstreckung von Entscheidungen aus einem anderen Vertragsstaat in Unterhaltssachen zwischen Verwandten in der Seitenlinie und zwischen Verschwägerten ist auf Verlangen des Verpflichteten zu versagen, wenn nach den Sachvorschriften des Rechts des Staates, dem der Verpflichtete und der Berechtigte angehören, eine Unterhaltspflicht nicht besteht; dasselbe gilt, wenn sie keine gemeinsame Staatsangehörigkeit haben und nach dem am gewöhnlichen Aufenthaltsort des Verpflichteten geltenden Recht eine Unterhaltspflicht nicht besteht.

Entsprechend Art. 26 I Abs. 1 Nr. 2 HUVÜ 1973 hat Deutschland sich vorbehalten, Unterhaltstitel gegenüber Seitenverwandten und Verschwägerten nicht anzuerkennen und zu vollstrecken. § 39 II füllt den völkerrechtlichen Vorbehalt innerstaatlich aus. Die Regelung geht dem allgemeinen ordre public-Vorbehalt (§ 328 I Nr. 4 ZPO) vor. Denn sie macht die Versagung von Anerkennung und Vollstreckung vom Verlangen der Verpflichteten abhängig.[1] 1

§ 38. Sonderregelungen für das Beschwerdeverfahren. (1) Die Frist für die Beschwerde des Verpflichteten gegen die Zulassung der Zwangsvollstreckung beträgt zwei Monate, wenn die Zustellung an den Verpflichteten im Ausland erfolgen muss.

(2) § 10 Abs. 2 Satz 1 ist nur auf die Zustellung durch öffentliche Bekanntmachung anzuwenden.

(3) Die Vorschriften über die Aussetzung des Verfahrens vor dem Oberlandesgericht und die Zulassung der Zwangsvollstreckung gegen Sicherheitsleistung (§ 36 Abs. 1) sind entsprechend anzuwenden.

---

[1] *Gottwald* FamRZ 1991, 581.

AVAG §§ 39–44

§ 39. **Weitere Sonderregelungen.** Die Vorschriften über die Feststellung der Anerkennung einer Entscheidung (§§ 25 und 26), über die Aufhebung oder Änderung dieser Feststellung (§ 29 in Verbindung mit § 27) sowie über das Mahnverfahren (§ 32) finden keine Anwendung.

Abschnitt 3. Vertrag vom 17. Juni 1977 zwischen der Bundesrepublik Deutschland und dem Königreich Norwegen über die gegenseitige Anerkennung und Vollstreckung gerichtlicher Entscheidungen und anderer Schuldtitel in Zivil- und Handelssachen

§ 40. **Abweichungen von § 22.** (1) Weist das Oberlandesgericht die Beschwerde des Verpflichteten gegen die Zulassung der Zwangsvollstreckung zurück oder lässt es auf die Beschwerde des Berechtigten die Zwangsvollstreckung aus dem Titel zu, so entscheidet es abweichend von § 22 Abs. 1 zugleich darüber, ob die Zwangsvollstreckung über Maßregeln zur Sicherung hinaus fortgesetzt werden kann:

1. Ist bei einer auf eine bestimmte Geldsumme lautenden Entscheidung der Nachweis, dass die Entscheidung rechtskräftig ist, nicht geführt, so ordnet das Oberlandesgericht an, dass die Vollstreckung erst nach Vorlage einer norwegischen Rechtskraftbescheinigung nebst Übersetzung (Artikel 14 Abs. 1 Nr. 2 und 6 und Abs. 2 des Vertrags) unbeschränkt stattfinden kann.
2. Ist der Nachweis, dass die Entscheidung rechtskräftig ist, geführt oder ist der Titel ein gerichtlicher Vergleich, so ordnet das Oberlandesgericht an, dass die Zwangsvollstreckung unbeschränkt stattfinden darf.

(2) § 22 Abs. 2 und 3 bleibt unberührt.

§ 41. **Abweichungen von § 23.** (1) Die Zwangsvollstreckung aus dem Titel, den der Urkundsbeamte der Geschäftsstelle des Landgerichts mit der Vollstreckungsklausel versehen hat, ist auf Antrag des Berechtigten auch dann über Maßregeln zur Sicherung hinaus fortzusetzen (§ 23 Abs. 1), wenn eine gerichtliche Anordnung nach § 40 Abs. 1 Nr. 1 oder § 22 Abs. 2 und 3 vorgelegt wird und die darin bestimmten Voraussetzungen erfüllt sind.

(2) Ein Zeugnis gemäß § 23 Abs. 1 ist dem Berechtigten auf seinen Antrag abweichend von § 23 Abs. 2 Nr. 1 nur zu erteilen, wenn der Verpflichtete bis zum Ablauf der Beschwerdefrist keine Beschwerdeschrift eingereicht hat und wenn

1. der Berechtigte bei einer auf eine bestimmte Geldsumme lautenden Entscheidung nachweist, dass die Entscheidung rechtskräftig ist (Artikel 14 Abs. 1 Nr. 2 und 6 und Abs. 2 des Vertrags),
2. die Entscheidung nicht auf eine bestimmte Geldsumme lautet oder
3. der Titel ein gerichtlicher Vergleich ist.

§ 23 Abs. 2 Nr. 2 bis 4 findet keine Anwendung.

(3) § 23 Abs. 3 bleibt unberührt.

§ 42. **Abweichungen von § 24.** ¹Die Zwangsvollstreckung aus dem Titel, zu dem der Urkundsbeamte der Geschäftsstelle des Oberlandesgerichts die Vollstreckungsklausel erteilt hat, ist abweichend von § 24 Abs. 1 auf Antrag des Berechtigten nur im Rahmen einer gerichtlichen Anordnung nach § 40 oder § 22 Abs. 2 und 3 fortzusetzen. ²Eines besonderen Zeugnisses des Urkundsbeamten der Geschäftsstelle bedarf es nicht.

§ 43. **Folgeregelungen für das Rechtsbeschwerdeverfahren.** (1) Auf das Verfahren über die Rechtsbeschwerde sind neben den in § 17 Abs. 3 aufgeführten Vorschriften auch die §§ 40 und 42 sinngemäß anzuwenden.

(2) ¹Hat der Bundesgerichtshof eine Anordnung nach Absatz 1 in Verbindung mit § 40 Abs. 1 Nr. 1 erlassen, so ist in Abweichung von § 17 Abs. 4 Satz 3 ein Zusatz aufzunehmen, dass die Zwangsvollstreckung über Maßregeln zur Sicherung nicht hinausgehen darf. ²Der Inhalt des Zusatzes bestimmt sich nach dem Inhalt der Anordnung.

§ 44. **Weitere Sonderregelungen.** (1) Hat der Verpflichtete keinen Wohnsitz im Inland, so ist für die Vollstreckbarerklärung von Entscheidungen und gerichtlichen Vergleichen auch das Landgericht örtlich zuständig, in dessen Bezirk der Verpflichtete Vermögen hat.

(2) Ist die Entscheidung auf die Leistung einer bestimmten Geldsumme gerichtet, so bedarf es für die Zulassung zur Zwangsvollstreckung nicht des Nachweises, dass die Entscheidung rechtskräftig ist (Artikel 10 Abs. 2 und Artikel 17 Abs. 1 Satz 2 des Vertrags).

(3) ¹Auf das Verfahren über die Beschwerde des Verpflichteten gegen die Zulassung der Zwangsvollstreckung findet § 12 Abs. 2 keine Anwendung. ²§ 12 Abs. 1 gilt für die Beschwerde, die sich gegen die Zulassung der Zwangsvollstreckung aus einem gerichtlichen Vergleich richtet, sinngemäß.

(4) Die Vorschriften über die Feststellung der Anerkennung einer Entscheidung (§§ 25 und 26) und über die Aufhebung oder Änderung dieser Feststellung (§ 29 in Verbindung mit § 27) finden keine Anwendung.

Abschnitt 4. Vertrag vom 20. Juli 1977 zwischen der Bundesrepublik Deutschland und dem Staat Israel über die gegenseitige Anerkennung und Vollstreckung gerichtlicher Entscheidungen in Zivil- und Handelssachen

§ 45. Abweichungen von § 22. (1) Weist das Oberlandesgericht die Beschwerde des Verpflichteten gegen die Zulassung der Zwangsvollstreckung zurück oder lässt es auf die Beschwerde des Berechtigten die Zwangsvollstreckung aus dem Titel zu, so entscheidet es abweichend von § 22 Abs. 1 zugleich darüber, ob die Zwangsvollstreckung über Maßregeln zur Sicherung hinaus fortgesetzt werden kann:

1. Ist der Nachweis, dass die Entscheidung rechtskräftig ist, nicht geführt, so ordnet das Oberlandesgericht an, dass die Vollstreckung erst nach Vorlage einer israelischen Rechtskraftbescheinigung nebst Übersetzung (Artikel 15 Abs. 1 Nr. 2 und 7 des Vertrags) unbeschränkt stattfinden darf.
2. Ist der Nachweis, dass die Entscheidung rechtskräftig ist, erbracht oder hat die Entscheidung eine Unterhaltspflicht zum Gegenstand oder ist der Titel ein gerichtlicher Vergleich, so ordnet das Oberlandesgericht an, dass die Zwangsvollstreckung unbeschränkt stattfinden darf.

(2) § 22 Abs. 2 und 3 bleibt unberührt.

§ 46. Abweichungen von § 23. (1) Die Zwangsvollstreckung aus dem Titel, den der Urkundsbeamte der Geschäftsstelle des Landgerichts mit der Vollstreckungsklausel versehen hat, ist auf Antrag des Berechtigten auch dann über Maßregeln zur Sicherung hinaus fortzusetzen (§ 23 Abs. 1), wenn eine gerichtliche Anordnung nach § 45 Abs. 1 Nr. 1 oder § 22 Abs. 2 und 3 vorgelegt wird und die darin bestimmten Voraussetzungen erfüllt sind.

(2) Ein Zeugnis gemäß § 23 Abs. 1 ist dem Berechtigten auf seinen Antrag abweichend von § 23 Abs. 2 Nr. 1 nur zu erteilen, wenn der Verpflichtete bis zum Ablauf der Beschwerdefrist keine Beschwerdeschrift eingereicht hat und wenn

1. der Berechtigte den Nachweis führt, dass die Entscheidung rechtskräftig ist (Artikel 21 des Vertrags),
2. die Entscheidung eine Unterhaltspflicht zum Gegenstand hat (Artikel 20 des Vertrags) oder
3. der Titel ein gerichtlicher Vergleich ist.

§ 23 Abs. 2 Nr. 2 bis 4 findet keine Anwendung.

(3) § 23 Abs. 3 bleibt unberührt.

§ 47. Abweichungen von § 24. ¹Die Zwangsvollstreckung aus dem Titel, zu dem der Urkundsbeamte der Geschäftsstelle des Oberlandesgerichts die Vollstreckungsklausel erteilt hat, ist abweichend von § 24 Abs. 1 auf Antrag des Berechtigten nur im Rahmen einer gerichtlichen Anordnung nach § 45 oder § 22 Abs. 2 und 3 fortzusetzen. ²Eines besonderen Zeugnisses des Urkundsbeamten der Geschäftsstelle bedarf es nicht.

§ 48. Folgeregelungen für das Rechtsbeschwerdeverfahren. (1) Auf das Verfahren über die Rechtsbeschwerde sind neben den in § 17 Abs. 3 aufgeführten Vorschriften auch die §§ 45 und 47 sinngemäß anzuwenden.

(2) ¹Hat der Bundesgerichtshof eine Anordnung nach Absatz 1 in Verbindung mit § 45 Abs. 1 Nr. 1 erlassen, so ist in Abweichung von § 17 Abs. 4 Satz 3 ein Zusatz aufzunehmen, dass die Zwangsvollstreckung über Maßregeln zur Sicherung nicht hinausgehen darf. ²Der Inhalt des Zusatzes bestimmt sich nach dem Inhalt der Anordnung.

§ 49. Weitere Sonderregelungen. (1) Hat der Verpflichtete keinen Wohnsitz im Inland, so ist für die Vollstreckbarerklärung von Entscheidungen und gerichtlichen Vergleichen auch das Landgericht örtlich zuständig, in dessen Bezirk der Verpflichtete Vermögen hat.

(2) ¹Auf das Verfahren über die Beschwerde des Verpflichteten gegen die Zulassung der Zwangsvollstreckung findet § 12 Abs. 2 keine Anwendung. ²§ 12 Abs. 1 gilt für die Beschwerde, die sich gegen die Zulassung der Zwangsvollstreckung aus einem gerichtlichen Vergleich richtet, sinngemäß.

Abschnitt 5. §§ 50 bis 54 (weggefallen)

Abschnitt 6. Verordnung (EG) Nr. 44/2001 des Rates vom 22. Dezember 2000 über die gerichtliche Zuständigkeit und die Anerkennung und Vollstreckung von Entscheidungen in Zivil- und Handelssachen und Abkommen vom 19. Oktober 2005 zwischen der Europäischen Gemeinschaft und dem Königreich Dänemark über die gerichtliche Zuständigkeit und die Anerkennung und Vollstreckung von Entscheidungen in Zivil- und Handelssachen

§ 55. Abweichungen von Vorschriften des Allgemeinen Teils; ergänzende Regelungen.
(1) Die §§ 3, 6 Abs. 1, § 7 Abs. 1 Satz 2 und Abs. 2, § 11 Abs. 1 Satz 2 und Abs. 3 Satz 1 erster Halbsatz und Satz 2 sowie § 18 finden keine Anwendung.

(2) Die Beschwerde gegen die Zulassung der Zwangsvollstreckung ist einzulegen
1. innerhalb eines Monats nach Zustellung, wenn der Verpflichtete seinen Wohnsitz im Inland hat;
2. innerhalb von zwei Monaten nach Zustellung, wenn der Verpflichtete seinen Wohnsitz im Ausland hat.

Die Frist beginnt mit dem Tag, an dem die Vollstreckbarerklärung dem Verpflichteten entweder persönlich oder in seiner Wohnung zugestellt worden ist. Eine Verlängerung dieser Frist wegen weiter Entfernung ist ausgeschlossen. Dementsprechend finden § 10 Abs. 2 und 3 Satz 2 sowie § 11 Abs. 3 Satz 1 zweiter Halbsatz keine Anwendung, wenn der Verpflichtete seinen Wohnsitz im Ausland hat.

(3) ¹In einem Verfahren, das die Vollstreckbarerklärung einer notariellen Urkunde zum Gegenstand hat, kann diese Urkunde auch von einem Notar für vollstreckbar erklärt werden. ²Die Vorschriften für das Verfahren der Vollstreckbarerklärung durch ein Gericht gelten sinngemäß.

§ 56. Bescheinigungen zu inländischen Titeln. ¹Die Bescheinigungen nach den Artikeln 54, 47 und 58 der Verordnung werden von dem Gericht, der Behörde oder der mit öffentlichem Glauben versehenen Person ausgestellt, der die Erteilung einer vollstreckbaren Ausfertigung des Titels obliegt. ²Soweit danach die Gerichte für die Ausstellung der Bescheinigung zuständig sind, wird diese von dem Gericht des ersten Rechtszuges und, wenn das Verfahren bei einem höheren Gericht anhängig ist, von diesem Gericht ausgestellt. ³Funktionell zuständig ist die Stelle, der die Erteilung einer vollstreckbaren Ausfertigung des Titels obliegt. ⁴Für die Anfechtbarkeit der Entscheidung über die Ausstellung der Bescheinigung gelten die Vorschriften über die Anfechtbarkeit der Entscheidung über die Erteilung der Vollstreckungsklausel sinngemäß.

Artikel 3. Inkrafttreten; Außerkrafttreten

Dieses Gesetz tritt am 1. März 2001 in Kraft. Gleichzeitig tritt das Anerkennungs- und Vollstreckungsausführungsgesetz vom 30. Mai 1988 (BGBl. I S. 662), zuletzt geändert durch Artikel 3 Abs. 11 des Gesetzes vom 28. Oktober 1996 (BGBl. I S. 1546), außer Kraft.

4. Verordnung (EG) Nr. 2201/2003 des Rates über die Zuständigkeit und die Anerkennung und Vollstreckung von Entscheidungen in Ehesachen und in Verfahren betreffend die elterliche Verantwortung und zur Aufhebung der Verordnung (EG) Nr. 1347/2000

Vom 27. 11. 2003 (AblEG Nr. L 338 S. 1)

geändert durch VO (EG) 2116/2004 vom 2. 12. 2004 (ABl EU L 367 S. 1)

Schrifttum: a) Zur Verordnung Nr. 2201/2003 (EheGVO; Brüssel II a-VO): *Andrae,* Zur Abgrenzung des räumlichen Anwendungsbereichs von EheVO, MSA, KSÜ und autonomen IZPR/IPR, IPRax 2006, 82; *dies.,* Familiensachen mit Auslandsberührung, in: Garbe/Ullrich, Prozesse in Familiensachen (§ 11), 2007, S. 780; *Boele-Woelki/González Beilfuss,* Brussels IIbis – Its Impact and Application in the Member States, 2007; *Borrás/Kerameus,* Brussels II bis Regulation, 2007; *Dilger,* Die Regelungen zur internationalen Zuständigkeit in Ehesachen in der Verordnung (EG) 2201/2003, 2004; *Dörner,* Internationale Scheidungszuständigkeit und Anerkennung von Scheidungsurteilen nach der EG-Verordnung Nr. 2201/2003, in: Großfeld/Yamauchi u. a., Probleme des deutschen, europäischen und japanischen Rechts, 2006, S. 17; *ders.,* Verordnung (EG) 2201/2003, in: *Saenger,* Hk-ZPO, 2. Aufl. 2007, S. 2127; *Dornblüth,* Die europäische Regelung der Anerkennung und Vollstreckbarerklärung von Ehe- und Kindschaftsentscheidungen, 2003; *Fleige,* Die Zuständigkeit für Sorgerechtsentscheidungen, 2006; *H. Frank,* Europäische Gerichtsstands- und Vollstreckungsverordnung in Ehesachen und Verfahren betreffend die elterliche Verantwortung (EuEheVO 2005 – Brüssel II a), in: Gebauer/Wiedmann, Zivilrecht unter europäischem Einfluss (Kap. 27), 2005, S. 1185; *Garbe/Ullrich/Andrae,* Prozesse in Familiensachen (Kap. 11), 2007; *Geimer/Schütze/Dilger u. a.,* EuEheVO, in: Internationaler Rechtsverkehr in Zivil- und Handelssachen, 29. Lfg. 2005; *Gottwald,* Probleme der Vereinheitlichung des Internationalen Familienverfahrensrechts ohne gleichzeitige Kollisionsvereinheitlichung, in: Freitag/Leible u. a., Internationales Familienrecht für das 21. Jahrhundert (Symposium für Spellenberg), 2005, S. 55; *Gruber, Andrae* u. *Benicke,* Europäische Ehe- und Sorgerechtsverordnung ... – EheVO 2003, in: Dauner-Lieb/Heidel/Ring, BGB, Bd. 1 AT mit EGBGB (AnwK-BGB), 2005, S. 1867; *Gruber,* Die neue EheVO und die deutschen Ausführungsgesetze, IPRax 2005, 293; *Kress,* Internationale Zuständigkeit für elterliche Verantwortung in der Europäischen Union, 2006; *Kropholler,* Europäisches Internationales Zivilprozessrecht ohne gleichzeitige Kollisionsrecht – ein Torso. Das Beispiel der Kinderschutzmaßnahmen, FS Schlosser, 2005, S. 449; *Laborde,* Abschaffung des Exequaturverfahrens im Europäischen Internationalen Familienverfahrensrecht?, in: Freitag/Leible, Internationales Familienrecht, 2005, S. 77; *Looschelders,* Die Europäisierung des internationalen Verfahrensrechts für Entscheidungen über die elterliche Verantwortung, JR 2006, 45; *McEleavy,* Free movement of persons and cross-border relationships, Int. Law Forum 7 (2005), 153; *Meyer-Götz/Noltemeier,* Internationale Scheidungszuständigkeit im europäischen Eheverfahrensrecht, FPR 2004, 282; *dies.,* Internationales Verfahrensrecht für Familiensachen in der Europäischen Union, FPR 2004, 296; *F. Mohs,* Brüssel II a – Die neue EG-Verordnung zum internationalen Familienverfahrensrecht, FamPRA.ch 2005, 39; *Motzer,* Die Restzuständigkeiten deutscher Familiengerichte nach inländischem Verfahrensrecht, FamRBint 2007, 20; *Musielak/Borth,* ZPO, 5. Aufl. 2007, S. 2750; *Nagel/Gottwald,* Internationales Zivilprozessrecht, 6. Aufl. 2007, S. 149 ff., 553 ff., 635 ff.; *Pirrung,* Brücke zwischen internationaler und europäischer Rechtsvereinheitlichung – das Beispiel des internationalen Kindschaftsrechts in der Brüssel II a-Verordnung, in: Freitag/Leible, Internationales Familienrecht, 2005, S. 89; *ders.,* Internationale Zuständigkeit in Sorgerechtssachen nach der Verordnung (EG) 2201/2003, FS Schlosser, 2005, S. 695; Practice Guide for the Application of the new Brussels II Regulation (up-dated version 1 June 2005); *Rausch,* Ehesachen mit Auslandsbezug vor und nach „Brüssel II a", FuR 2004, 154; *Rauscher/Rauscher,* Europäisches Zivilprozessrecht, Bd. 1, 2. Aufl. 2005, S. 773; *A. Schulz,* Die Verordnung (EG) Nr. 2201/2003 (Brüssel II a) – eine Einführung, NJW 2004, Beil. zu H. 18; *Staudinger/Spellenberg,* Internationales Verfahrensrecht in Ehesachen, 14. Bearb. 2005, S. 1 ff.; *Thomas/Putzo/Hüßtege,* ZPO, 28. Aufl. 2007, S. 1597; *Thorpe,* Judicial Activism – The Spur of the Brussels Regulation, The Judges' Newsletter X (2005), 59; *Verschraegen,* Die Brüssel II a-Verordnung: ein Danaergeschenk?, in: König/Mayr, Europäisches Zivilverfahrensrecht in Österreich, 2007, S. 91.

b) Zur Verordnung Nr. 1347/2000: *Becker-Eberhardt,* Die Sinnhaltigkeit der Zuständigkeitsordnung der EG-VO Nr. 1347/2000, FS Beys, 2003, S. 93; *Borrás,* Erläutender Bericht zu dem Übereinkommen, ABlEG 1998 C 221/27 ff., 65 ff.; *Coester-Waltjen,* Die internationale Zuständigkeit und Anerkennung von Sorgerechtsentscheidungen in der Europäischen Union, in: Wagner, Aktuelle Entwicklungen des europäischen und internationalen Zivilverfahrensrechts, 2002, S. 163; *Gördes,* Internationale Zuständigkeit, Anerkennung und Vollstreckung von Entscheidungen über die elterliche Verantwortung, 2004; *Gruber,* Maßgebliche Rechtsquellen im neuen internationalen Sorge- und Umgangsrecht, Rpfleger 2002, 545; *Hau,* Internationales Eheverfahrensrecht in der Europäischen Union, FamRZ 1999, 484; *ders.,* Das System der internationalen Entscheidungszuständigkeit im europäischen Eheverfahrensrecht, FamRZ 2000, 1333; *ders.,* Europäische und autonome Zuständigkeitsgründe in Ehesachen mit Auslandsbezug, ERA-Forum 1/2003, 9; *Hausmann,* Neues internationales Eheverfahrensrecht in der Europäischen Union, EuLF 2000/01, S. 271 u. 345; *Kohler,* Internationales Verfahrensrecht für Ehesachen in der Europäischen Union, NJW 2001, 10; *Neumayr/Anzinger,* Verordnung über die Zuständig-

und die Anerkennung und Vollstreckung von Entscheidungen in Ehesachen ..., in: *Burgstaller* (Hrsg.), Internationales Zivilverfahrensrecht (Kap. 41), 2001; *Niklas,* Die europäische Zuständigkeitsordnung in Ehe- und Kindschaftssachen, 2003; *Polyzogopoulos,* Internationale Zuständigkeit und Anerkennung von Entscheidungen in Ehesachen in der Europäischen Union, in: *Gottwald,* Aktuelle Entwicklungen ..., 2002, S. 133; *Puszkajler,* Das internationale Scheidungs- und Sorgerecht nach Inkrafttreten der Brüssel II-Verordnung, IPRax 2001, 81; *Schlosser,* EU-Zivilprozessrecht, 2. Aufl. 2003, S. 358; *Spellenberg,* Der Anwendungsbereich der EheGVO („Brüssel II") in Statussachen, FS Schumann, 2001, S. 423; *ders.,* Die Zuständigkeit für Eheklagen nach der EheGVO, FS Geimer, 2002, S. 1257; *Sumampouw,* Parental responsibility under Brussels II, Liber amicorum Siehr, 2000, S. 729; *Vogel,* Internationales Familienrecht – Änderungen und Auswirkungen durch die neue EU-Verordnung, MDR 2000, 1045; *Winkel,* Grenzüberschreitendes Sorge- und Umgangsrecht und dessen Vollstreckung, 2001.

Vorbemerkung

1 **1. Grenzen des EuGVÜ.** Das Brüsseler EuGVÜ von 1968 hatte zum Ziel, die Freizügigkeit von Entscheidungen mit vermögensrechtlichem Charakter in den Mitgliedstaaten der Europäischen Gemeinschaft sicherzustellen. Auch in der EuGVO sind zwar Unterhaltsentscheidungen, nicht aber statusrechtliche Entscheidungen im Bereich des Familienrechts einbezogen (Art. 1 Abs. 2 Nr. 1 EuGVO). Es hat sich aber gezeigt, dass die unterschiedliche Lösung familienrechtlicher Fragen und die fehlende Freizügigkeit nationaler Entscheidungen in diesem Bereich ebenfalls Einfluss auf die Niederlassungsfreiheit in Europa hat. Schon bei Ausarbeitung des Brüsseler Übereinkommens von 1968 war diese Problematik bekannt. Personenstandsrechtliche Fragen wurden gleichwohl bewusst ausgeklammert, weil insoweit damals noch erhebliche Abweichungen zwischen den Rechtsordnungen der einzelnen Mitgliedstaaten bestanden.

2 In der Zwischenzeit sind die Rechtsordnungen auch im Familienrecht in Bewegung geraten und verlangen grenzüberschreitende Familienbande innerhalb der Europäischen Gemeinschaft zwischen Angehörigen unterschiedlicher Mitgliedsstaaten sicherere Antworten, als sie von den nationalen Rechten gegeben werden. Da das Haager Übereinkommen über die Anerkennung von Ehescheidungen und Ehetrennungen vom 1. 6. 1970[1] weder von Deutschland noch von Frankreich akzeptiert worden ist, wurde seit Beginn der 90-er Jahre in der Europäischen Gemeinschaft das Ziel verfolgt, die Zusammenarbeit in allen Fragen der Ziviljustiz zu erweitern.[2] Ein erster Entwurf für eine Erweiterung des Brüsseler Übereinkommens auf eherechtliche Fragen wurde am 2. Oktober 1993 von einer Sachverständigengruppe in Heidelberg vorgelegt.[3] Auf der Grundlage von Art. K.3 des Vertrages von Maastricht (Art. 31 EGV nF) hat der Rat der EU sodann ein Übereinkommen über die Zuständigkeit und die Anerkennung und Vollstreckung von Entscheidungen in Ehesachen am 28. 5. 1998 genehmigt,[4] das aber nicht ratifiziert wurde. Denn durch den Vertrag von Amsterdam hat die justizielle Zusammenarbeit in Art. 65 lit. a EGV eine neue Rechtsgrundlage erhalten. Auf der Grundlage der Art. 61 Buchstabe c) und 67 Abs. 1 EGV[5] hat der Rat nicht nur die EuGVO (Brüssel I-VO) erlassen, sondern auch die zuvor als Übereinkommen vorgesehenen Regelungen unter formellen Anpassungen an die reformierte EuGVO am 29. 5. 2000 als Verordnung beschlossen.[6]

3, 4 **2. Die Brüssel II-Verordnung.** Ziel der Brüssel II-Verordnung ((EG) Nr. 1347 (2000) war es, das System des Brüsseler EuGVÜ von 1968 auf eherechtliche Fragen und Streitigkeiten über das Sorgerecht über gemeinschaftliche Kinder zu erweitern.[7] Die innere Zusammengehörigkeit mit dem Brüsseler Übereinkommen von 1968 zeigte sich daran, dass in großem Umfang gleich lautende Begriffe verwendet wurden und diese auch nach dem Willen des europäischen Verordnungsgebers grundsätzlich dieselbe Bedeutung haben sollten.[8]

5 **3. Die Brüssel IIa-Verordnung.** Die Brüssel II-VO war im Bereich des Familienrechts aber nur ein erster Schritt. Sie regelte keineswegs alle denkbaren Entscheidungen in Ehesachen und Sorgerechtssachen, einschließlich der im deutschen Recht bekannten Verbundverfahren (§ 623 ZPO). Die Verordnung erfasste vielmehr nur Entscheidungen über die Auflösung der Ehe und über die elterliche Verantwortung für die gemeinsamen Kinder. Entscheidungen über andere Scheidungsfol-

---

[1] Abgedruckt in *Jayme/Hausmann,* Internationales Privat- und Verfahrensrecht, 11. Aufl., Nr. 183 (nicht mehr in späteren Auflagen).
[2] Vgl. *Beaumont/Moir* Eur. L. Rev. 20 (1995), 268.
[3] Vgl. *Jayme* IPRax 1994, 67.
[4] ABlEG Nr. C 221/1; dazu erläuternder Bericht *Borrás* ABlEG Nr. C 221/27.
[5] Krit. zu dieser Kompetenz *Becker-Eberhard,* FS Beys, 2003, S. 93, 94 f.
[6] Vgl. AnwK-BGB/*Gruber* Vorbem. 2; *Gördes* S. 45; *Polyzogopoulos* S. 133, 135, 137.
[7] *Borrás* ABlEG Nr. C 221/30.
[8] So *Borrás* ABlEG Nr. C 221/30.

gen waren von der Verordnung nicht erfasst (so ausdrücklich Nr. (10) der Erwägungsgründe im Eingang zur Verordnung).

Die Beschränkung auf Sorgerechtsverfahren über gemeinsame Kinder erwies sich rasch als zu eng. Außerdem zeigten die Verhandlungen in Den Haag, dass die Durchsetzung des Umgangsrechts und der Rückführung häufig von einem Elternteil entführtes Kindes eines besonderen Vorgehens bedurften. Schon nach drei Jahren wurde die VO (EG) Nr. 1347/2000 daher durch die VO (EG) Nr. 2201/2003 vom 27. 11. 2003, die sog. **Brüssel II a-VO**, (mit Wirkung vom 1. 3. 2005) ersetzt.[9]   **6**

4. Vermeidung doppelter Rechtshängigkeit. Die Verordnung will nicht nur die Freizügigkeit von Scheidungsurteilen und Sorgerechtsentscheidungen sicherstellen, sondern auch erreichen, dass doppelte Scheidungsverfahren bei Ehen von Angehörigen aus zwei EU-Staaten vermieden werden.[10] Diesem Zweck dient die Regelung des Art. 19.   **7**

5. Reformvorhaben. Die VO (EG) Nr. 2201/2003 soll entsprechend einem Vorschlag der Kommission vom 17. 7. 2006 hinsichtlich der Zuständigkeit in Ehesachen geändert und durch Vorschriften über das anwendbare Recht in Ehesachen durch eine sog. **Rom III-Verordnung** ergänzt werden.[11] Da der Vorschlag zum 1. 3. 2008 in Kraft treten sollte, sind die Änderungen bzw. Ergänzungen nachfolgend bereits berücksichtigt.   **8**

Ansprüche aus dem *ehelichen Güterrecht* (§ 23b Abs. 1 S. 2 Nr. 9, 10 GVG) sind bisher sowohl von der EuGVO ausgeschlossen (Art. 1 Abs. 2 Nr. 1 EuGVO) als auch von der Brüssel IIa-VO (EheGVO) nicht erfasst. Internationale Zuständigkeit, Anerkennung und Vollstreckung richten sich insofern weiterhin nach autonomem Recht. Eine internationale Zuständigkeit für ein Scheidungsverfahren nach Art. 3 ff. Brüssel IIa-VO begründet lediglich über die §§ 621 Abs. 2, 623 ZPO eine internationale Verbundzuständigkeit für Ansprüche aus dem Güterrecht.[12] Der europäische Gesetzgeber bereitet aber eine eigene Verordnung zum Güterrecht (**„Brüssel III"**) vor.[13]   **9**

Nach dem Aktionsprogramm des Rates, das im Zusammenhang mit der Verabschiedung des Amsterdamer Vertrages beraten wurde, soll innerhalb dieser Fünfjahresfrist ein weiterer Rechtsakt erlassen werden, der sich mit dem Gebiet des *Erbrechts* beschäftigt (**„Brüssel IV"**).[14]   **10**

DER RAT DER EUROPÄISCHEN UNION —
gestützt auf den Vertrag zur Gründung der Europäischen Gemeinschaft, insbesondere auf Artikel 61 Buchstabe c) und Artikel 67 Absatz 1,
auf Vorschlag der Kommission,[15]
nach Stellungnahme des Europäischen Parlaments,[16]
nach Stellungnahme des Europäischen Wirtschafts- und Sozialausschusses,[17]
in Erwägung nachstehender Gründe:

(1) Die Europäische Gemeinschaft hat sich die Schaffung eines Raums der Freiheit, der Sicherheit und des Rechts zum Ziel gesetzt, in dem der freie Personenverkehr gewährleistet ist. Hierzu erlässt die Gemeinschaft unter anderem die Maßnahmen, die im Bereich der justiziellen Zusammenarbeit in Zivilsachen für das reibungslose Funktionieren des Binnenmarkts erforderlich sind.

(2) Auf seiner Tagung in Tampere hat der Europäische Rat den Grundsatz der gegenseitigen Anerkennung gerichtlicher Entscheidungen, der für die Schaffung eines echten europäischen Rechtsraums unabdingbar ist, anerkannt und die Besuchsrechte als Priorität eingestuft.

---

[9] Vgl. *Borrás*, From Brussels II to Brussels IIbis, in: Boele-Woelki/González Beilfuss, S. 3.
[10] Vgl. *Pirrung* ZEuP 1999, 834; zur bisherigen Rechtslage vgl. die Übersicht bei *Heiderhoff*, Die Berücksichtigung ausländischer Rechtshängigkeit in Ehescheidungsverfahren, 1998, S. 81 ff.
[11] KOM (2006) 399 endgültig; BT-Drucks. 16/2784.
[12] *Hau* FamRZ 2000, 1333, 1337.
[13] Vgl. Grünbuch zu den Kollisionsnormen im Güterrecht unter besonderer Berücksichtigung der gerichtlichen Zuständigkeit und der gegenseitigen Anerkennung vom 17. 7. 2006, KOM (2006), 400 endg; *Lipp*, Inhalte und Probleme einer „Brüssel III-Verordnung" im Familienvermögensrecht, in: Gottwald (Hrsg.), Perspektiven der justiziellen Zusammenarbeit, 2004, S. 21.
[14] Vgl. Aktionsplan IPRax 1999, 288, 290.
[15] ABl. C 203 E vom 27. 8. 2002, S. 155.
[16] Stellungnahme vom 20. November 2002, ABl. EU C 25 E/171.
[17] ABl. C 61 vom 14. 3. 2003, S. 76.

(3) Die Verordnung (EG) Nr. 1347/2000 des Rates vom 29. Mai 2000[18] enthält Vorschriften für die Zuständigkeit und die Anerkennung und Vollstreckung von Entscheidungen in Ehesachen sowie von aus Anlass von Ehesachen ergangenen Entscheidungen über die elterliche Verantwortung für die gemeinsamen Kinder der Ehegatten. Der Inhalt dieser Verordnung wurde weitgehend aus dem diesbezüglichen Übereinkommen vom 28. Mai 1998 übernommen.[19]

(4) Am 3. Juli 2000 hat Frankreich eine Initiative im Hinblick auf den Erlass einer Verordnung des Rates über die gegenseitige Vollstreckung von Entscheidungen über das Umgangsrecht vorgelegt.[20]

(5) Um die Gleichbehandlung aller Kinder sicherzustellen, gilt diese Verordnung für alle Entscheidungen über die elterliche Verantwortung, einschließlich der Maßnahmen zum Schutz des Kindes, ohne Rücksicht darauf, ob eine Verbindung zu einem Verfahren in Ehesachen besteht.

(6) Da die Vorschriften über die elterliche Verantwortung häufig in Ehesachen herangezogen werden, empfiehlt es sich, Ehesachen und die elterliche Verantwortung in einem einzigen Rechtsakt zu regeln.

(7) Diese Verordnung gilt für Zivilsachen, unabhängig von der Art der Gerichtsbarkeit.

(8) Bezüglich Entscheidungen über die Ehescheidung, die Trennung ohne Auflösung des Ehebandes oder die Ungültigerklärung einer Ehe sollte diese Verordnung nur für die Auflösung einer Ehe und nicht für Fragen wie die Scheidungsgründe, das Ehegüterrecht oder sonstige mögliche Nebenaspekte gelten.

(9) Bezüglich des Vermögens des Kindes sollte diese Verordnung nur für Maßnahmen zum Schutz des Kindes gelten, das heißt i) für die Bestimmung und den Aufgabenbereich einer Person oder Stelle, die damit betraut ist, das Vermögen des Kindes zu verwalten, das Kind zu vertreten und ihm beizustehen, und ii) für Maßnahmen bezüglich der Verwaltung und Erhaltung des Vermögens des Kindes oder der Verfügung darüber. In diesem Zusammenhang sollte diese Verordnung beispielsweise für die Fälle gelten, in denen die Eltern über die Verwaltung des Vermögens des Kindes im Streit liegen. Das Vermögen des Kindes betreffende Maßnahmen, die nicht den Schutz des Kindes betreffen, sollten weiterhin unter die Verordnung (EG) Nr. 44/2001 des Rates vom 22. Dezember 2000 über die gerichtliche Zuständigkeit und die Anerkennung und Vollstreckung von Entscheidungen in Zivil- und Handelssachen[21] fallen.

(10) Diese Verordnung soll weder für Bereiche wie die soziale Sicherheit oder Maßnahmen allgemeiner Art des öffentlichen Rechts in Angelegenheiten der Erziehung und Gesundheit noch für Entscheidungen über Asylrecht und Einwanderung gelten. Außerdem gilt sie weder für die Feststellung des Eltern-Kind-Verhältnisses, bei der es sich um eine von der Übertragung der elterlichen Verantwortung gesonderte Frage handelt, noch für sonstige Fragen im Zusammenhang mit dem Personenstand. Sie gilt ferner nicht für Maßnahmen, die im Anschluss an von Kindern begangenen Straftaten ergriffen werden.

(11) Unterhaltspflichten sind vom Anwendungsbereich dieser Verordnung ausgenommen, da sie bereits durch die Verordnung (EG) Nr. 44/2001 geregelt werden. Die nach dieser Verordnung zuständigen Gerichte werden in Anwendung des Artikels 5 Absatz 2 der Verordnung (EG) Nr. 44/2001 in der Regel für Entscheidungen in Unterhaltssachen zuständig sein.

(12) Die in dieser Verordnung für die elterliche Verantwortung festgelegten Zuständigkeitsvorschriften wurden dem Wohle des Kindes entsprechend und insbesondere nach dem Kriterium der räumlichen Nähe ausgestaltet. Die Zuständigkeit sollte vorzugsweise dem Mitgliedstaat des gewöhnlichen Aufenthalts des Kindes vorbehalten sein außer in

---

[18] ABl. L 160 vom 30. 6. 2000, S. 19.
[19] Bei der Annahme der Verordnung (EG) Nr. 1347/2000 hatte der Rat den von Frau Professorin Alegria Borras erstellten erläuternden Bericht zu dem Übereinkommen zur Kenntnis genommen (ABl. C 221 vom 16. 7. 1998, S. 27).
[20] ABl. C 234 vom 15. 8. 2000, S. 7.
[21] ABl. L 12 vom 16. 1. 2001, S. 1. Zuletzt geändert durch die Verordnung (EG) Nr. 1496/2002 der Kommission (ABl. L 225 vom 22. 8. 2002, S. 13).

bestimmten Fällen, in denen sich der Aufenthaltsort des Kindes geändert hat oder in denen die Träger der elterlichen Verantwortung etwas anderes vereinbart haben.

(13) Nach dieser Verordnung kann das zuständige Gericht den Fall im Interesse des Kindes ausnahmsweise und unter bestimmten Umständen an das Gericht eines anderen Mitgliedstaats verweisen, wenn dieses den Fall besser beurteilen kann. Allerdings sollte das später angerufene Gericht nicht befugt sein, die Sache an ein drittes Gericht weiterzuverweisen.

(14) Die Anwendung des Völkerrechts im Bereich diplomatischer Immunitäten sollte durch die Wirkungen dieser Verordnung nicht berührt werden. Kann das nach dieser Verordnung zuständige Gericht seine Zuständigkeit aufgrund einer diplomatischen Immunität nach dem Völkerrecht nicht wahrnehmen, so sollte die Zuständigkeit in dem Mitgliedstaat, in dem die betreffende Person keine Immunität genießt, nach den Rechtsvorschriften dieses Staates bestimmt werden.

(15) Für die Zustellung von Schriftstücken in Verfahren, die auf der Grundlage der vorliegenden Verordnung eingeleitet wurden, gilt die Verordnung (EG) Nr. 1348/2000 des Rates vom 29. Mai 2000 über die Zustellung gerichtlicher und außergerichtlicher Schriftstücke in Zivil- oder Handelssachen in den Mitgliedstaaten.[22]

(16) Die vorliegende Verordnung hindert die Gerichte eines Mitgliedstaats nicht daran, in dringenden Fällen einstweilige Maßnahmen einschließlich Schutzmaßnahmen in Bezug auf Personen oder Vermögensgegenstände, die sich in diesem Staat befinden, anzuordnen.

(17) Bei widerrechtlichem Verbringen oder Zurückhalten eines Kindes sollte dessen Rückgabe unverzüglich erwirkt werden; zu diesem Zweck sollte das Haager Übereinkommen vom 24. Oktober 1980, das durch die Bestimmungen dieser Verordnung und insbesondere des Artikels 11 ergänzt wird, weiterhin Anwendung finden. Die Gerichte des Mitgliedstaats, in den das Kind widerrechtlich verbracht wurde oder in dem es widerrechtlich zurückgehalten wird, sollten dessen Rückgabe in besonderen, ordnungsgemäß begründeten Fällen ablehnen können. Jedoch sollte eine solche Entscheidung durch eine spätere Entscheidung des Gerichts des Mitgliedstaats ersetzt werden können, in dem das Kind vor dem widerrechtlichen Verbringen oder Zurückhalten seinen gewöhnlichen Aufenthalt hatte. Sollte in dieser Entscheidung die Rückgabe des Kindes angeordnet werden, so sollte die Rückgabe erfolgen, ohne dass es in dem Mitgliedstaat, in den das Kind widerrechtlich verbracht wurde, eines besonderen Verfahrens zur Anerkennung und Vollstreckung dieser Entscheidung bedarf.

(18) Entscheidet das Gericht gemäß Artikel 13 des Haager Übereinkommens von 1980, die Rückgabe abzulehnen, so sollte es das zuständige Gericht oder die Zentrale Behörde des Mitgliedstaats, in dem das Kind vor dem widerrechtlichen Verbringen oder Zurückhalten seinen gewöhnlichen Aufenthalt hatte, hiervon unterrichten. Wurde dieses Gericht noch nicht angerufen, so sollte dieses oder die Zentrale Behörde die Parteien entsprechend unterrichten. Diese Verpflichtung sollte die Zentrale Behörde nicht daran hindern, auch die betroffenen Behörden nach nationalem Recht zu unterrichten.

(19) Die Anhörung des Kindes spielt bei der Anwendung dieser Verordnung eine wichtige Rolle, wobei diese jedoch nicht zum Ziel hat, die diesbezüglich geltenden nationalen Verfahren zu ändern.

(20) Die Anhörung eines Kindes in einem anderen Mitgliedstaat kann nach den Modalitäten der Verordnung (EG) Nr. 1206/2001 des Rates vom 28. Mai 2001 über die Zusammenarbeit zwischen den Gerichten der Mitgliedstaaten auf dem Gebiet der Beweisaufnahme in Zivil- oder Handelssachen[23] erfolgen.

(21) Die Anerkennung und Vollstreckung der in einem Mitgliedstaat ergangenen Entscheidungen sollten auf dem Grundsatz des gegenseitigen Vertrauens beruhen und die Gründe für die Nichtanerkennung auf das notwendige Minimum beschränkt sein.

(22) Zum Zwecke der Anwendung der Anerkennungs- und Vollstreckungsregeln sollten die in einem Mitgliedstaat vollstreckbaren öffentlichen Urkunden und Vereinbarungen zwischen den Parteien „Entscheidungen" gleichgestellt werden.

---

[22] ABl. L 160 vom 30. 6. 2000, S. 37.
[23] ABl. L 174 vom 27. 6. 2001, S. 1.

EheGVO Art. 1

(23) Der Europäische Rat von Tampere hat in seinen Schlussfolgerungen (Nummer 34) die Ansicht vertreten, dass Entscheidungen in familienrechtlichen Verfahren „automatisch unionsweit anerkannt" werden sollten, „ohne dass es irgendwelche Zwischenverfahren oder Gründe für die Verweigerung der Vollstreckung geben" sollte. Deshalb sollten Entscheidungen über das Umgangsrecht und über die Rückgabe des Kindes, für die im Ursprungsmitgliedstaat nach Maßgabe dieser Verordnung eine Bescheinigung ausgestellt wurde, in allen anderen Mitgliedstaaten anerkannt und vollstreckt werden, ohne dass es eines weiteren Verfahrens bedarf. Die Modalitäten der Vollstreckung dieser Entscheidungen unterliegen weiterhin dem nationalen Recht.

(24) Gegen die Bescheinigung, die ausgestellt wird, um die Vollstreckung der Entscheidung zu erleichtern, sollte kein Rechtsbehelf möglich sein. Sie sollte nur Gegenstand einer Klage auf Berichtigung sein, wenn ein materieller Fehler vorliegt, dh., wenn in der Bescheinigung der Inhalt der Entscheidung nicht korrekt wiedergegeben ist.

(25) Die Zentralen Behörden sollten sowohl allgemein als auch in besonderen Fällen, einschließlich zur Förderung der gütlichen Beilegung von die elterliche Verantwortung betreffenden Familienstreitigkeiten, zusammenarbeiten. Zu diesem Zweck beteiligen sich die Zentralen Behörden an dem Europäischen Justiziellen Netz für Zivil- und Handelssachen, das mit der Entscheidung des Rates vom 28. Mai 2001 zur Einrichtung eines Europäischen Justiziellen Netzes für Zivil- und Handelssachen[24] eingerichtet wurde.

(26) Die Kommission sollte die von den Mitgliedstaaten übermittelten Listen mit den zuständigen Gerichten und den Rechtsbehelfen veröffentlichen und aktualisieren.

(27) Die zur Durchführung dieser Verordnung erforderlichen Maßnahmen sollten gemäß dem Beschluss 1999/468/EG des Rates vom 28. Juni 1999 zur Festlegung der Modalitäten für die Ausübung der der Kommission übertragenen Durchführungsbefugnisse[25] erlassen werden.

(28) Diese Verordnung tritt an die Stelle der Verordnung (EG) Nr. 1347/2000, die somit aufgehoben wird.

(29) Um eine ordnungsgemäße Anwendung dieser Verordnung sicherzustellen, sollte die Kommission deren Durchführung prüfen und gegebenenfalls die notwendigen Änderungen vorschlagen.

(30) Gemäß Artikel 3 des dem Vertrag über die Europäische Union und dem Vertrag zur Gründung der Europäischen Gemeinschaft beigefügten Protokolls über die Position des Vereinigten Königreichs und Irlands haben diese Mitgliedstaaten mitgeteilt, dass sie sich an der Annahme und Anwendung dieser Verordnung beteiligen möchten.

(31) Gemäß den Artikeln 1 und 2 des dem Vertrag über die Europäische Union und dem Vertrag zur Gründung der Europäischen Gemeinschaft beigefügten Protokolls über die Position Dänemarks beteiligt sich Dänemark nicht an der Annahme dieser Verordnung, die für Dänemark nicht bindend oder anwendbar ist.

(32) Da die Ziele dieser Verordnung auf Ebene der Mitgliedstaaten nicht ausreichend erreicht werden können und daher besser auf Gemeinschaftsebene zu erreichen sind, kann die Gemeinschaft im Einklang mit dem in Artikel 5 des Vertrags niedergelegten Subsidiaritätsprinzip tätig werden. Entsprechend dem in demselben Artikel genannten Verhältnismäßigkeitsprinzip geht diese Verordnung nicht über das für die Erreichung dieser Ziele erforderliche Maß hinaus.

(33) Diese Verordnung steht im Einklang mit den Grundrechten und Grundsätzen, die mit der Charta der Grundrechte der Europäischen Union anerkannt wurden. Sie zielt insbesondere darauf ab, die Wahrung der Grundrechte des Kindes im Sinne des Artikels 24 der Grundrechtscharta der Europäischen Union zu gewährleisten –

HAT FOLGENDE VERORDNUNG ERLASSEN:

Kapitel I. Anwendungsbereich und Begriffsbestimmungen

Art. 1. Anwendungsbereich. (1) Diese Verordnung gilt, ungeachtet der Art der Gerichtsbarkeit, für Zivilsachen mit folgendem Gegenstand:

---

[24] ABl. L 174 vom 27. 6. 2001, S. 25.
[25] ABl. L 184 vom 17. 7. 1999, S. 23.

a) die Ehescheidung, die Trennung ohne Auflösung des Ehebandes und die Ungültigerklärung einer Ehe,
b) die Zuweisung, die Ausübung, die Übertragung sowie die vollständige oder teilweise Entziehung der elterlichen Verantwortung.

(2) Die in Absatz 1 Buchstabe b) genannten Zivilsachen betreffen insbesondere:
a) das Sorgerecht und das Umgangsrecht,
b) die Vormundschaft, die Pflegschaft und entsprechende Rechtsinstitute,
c) die Bestimmung und den Aufgabenbereich jeder Person oder Stelle, die für die Person oder das Vermögen des Kindes verantwortlich ist, es vertritt oder ihm beisteht,
d) die Unterbringung des Kindes in einer Pflegefamilie oder einem Heim,
e) die Maßnahmen zum Schutz des Kindes im Zusammenhang mit der Verwaltung und Erhaltung seines Vermögens oder der Verfügung darüber.

(3) Diese Verordnung gilt nicht für
a) die Feststellung und die Anfechtung des Eltern-Kind-Verhältnisses,
b) Adoptionsentscheidungen und Maßnahmen zur Vorbereitung einer Adoption sowie die Ungültigerklärung und den Widerruf der Adoption,
c) Namen und Vornamen des Kindes,
d) die Volljährigkeitserklärung,
e) Unterhaltspflichten,
f) Trusts und Erbschaften,
g) Maßnahmen infolge von Straftaten, die von Kindern begangen wurden.

1. Verfahren der Ehetrennung. a) Nach Art. 1 Abs. 1 lit. a erfasst die VO die zivilgerichtlichen Verfahren der Trennung von Eheleuten ex nunc oder ex tunc, nämlich (1) Ehescheidung, (2) Trennung ohne Auflösung des Ehebandes und (3) Ungültigerklärung der Ehe. Diese Termini sind autonom auszulegen.
Wie sich aus Art. 2 Nr. 1 ergibt, gilt die Verordnung für alle entsprechenden staatlichen Verfahren in den Mitgliedstaaten, gleichgültig ob sie formell vor einem Gericht oder einer Verwaltungsbehörde stattfinden.[1]
Verfahren vor kirchlichen „Gerichten" sind nicht erfasst.[2]
Die VO gilt auch nicht für Privatscheidungen.[3]

b) Ehescheidung ist die Auflösung des zivilrechtlichen Ehebandes ex nunc. Erfasst ist nur die Auflösung der traditionellen heterosexuellen Ehe, auch der polygamen Ehe,[4] nicht die einer homosexuellen Verbindung, unabhängig davon, ob sie ebenfalls als „Ehe" oder „Lebenspartnerschaft" oder in anderer Weise bezeichnet wird.[5]

c) Trennung ohne Auflösung des Ehebandes betrifft formalisierte Verfahren vor Gericht oder Behörde, die regelmäßig eine Vorstufe zur Scheidung bilden und ein Recht zum Getrenntleben geben. Einbezogen sind Verfahren zur Bestätigung einer Trennungsvereinbarung der Ehegatten.[6] Erfasst sind auch scheidungsersetzende Trennungsverfahren.[7] Soweit sie das Eheband auflösen, sind sie freilich der Scheidung zuzuordnen.

d) Ungültigerklärung der Ehe. Hierunter fallen Verfahren, bei denen die Ehe wegen Mängeln des Eheschließungsaktes aufgelöst wird.[8] Ob dies ex tunc oder nur ex nunc geschieht, ist gleichgültig.[9]
Nicht erfasst sind dagegen Verfahren der Ungültigerklärung nach dem Tod eines oder beider Ehegatten.[10]

---

[1] *Rauscher/Rauscher* Rn. 4; Hk-ZPO/*Dörner* Rn. 2; *Polyzogopoulos* S. 133, 138.
[2] OLG Frankfurt FamRBint 2006, 79; *Rauscher/Rauscher* Nr. 5; Hk-ZPO/*Dörner* Rn. 4; *Geimer/Schütze/Dilger* Rn. 4.
[3] *Rauscher/Rauscher* Rn. 6; Hk-ZPO/*Dörner* Rn. 4.
[4] *Geimer/Schütze/Dilger,* IRV, Rn. 4.
[5] *Rauscher/Rauscher* Rn. 3; AnwK-BGB/*Gruber* Rn. 3; *Geimer/Schütze/Dilger,* IRV, Rn. 6 ff.; *Thomas/Putzo/Hüßtege* Vorbem. Art. 1 Rn. 5; Hk-ZPO/*Dörner* Rn. 7; *Wagner* IPRax 2001, 282; auch *Staudinger/Spellenberg* Rn. 11.
[6] AnwK-BGB/*Gruber* Rn. 4.
[7] So *Rauscher/Rauscher* Rn. 1; AnwK-BGB/*Gruber* Rn. 4; *Geimer/Schütze/Dilger,* IRV, Rn. 10.
[8] Hk ZPO/*Dörner* Rn. 6.
[9] AnwK-BGB/*Gruber* Rn. 5; *Geimer/Schütze/Dilger,* IRV, Rn. 11.
[10] AnwK-BGB/*Gruber* Rn. 6; *Geimer/Schütze/Dilger,* IRV, Rn. 19; *Rauscher/Rauscher* Rn. 1; *Staudinger/Spellenberg* Rn. 7; *Geimer/Schütze,* EuZVR, Rn. 14; krit. *Schlosser* Rn. 2.

8 e) Ob die VO Klagen auf **Feststellung** der Nichtigkeit einer Ehe oder **des** sonstigen **Bestehens oder Nichtbestehens einer Ehe** erfasst, ist streitig. Die Art. 1 Abs. 1 lit. a und Art. 3 Abs. 1 EheGVO regeln Anwendungsbereich und internationale Zuständigkeit nur für rechtsgestaltende Klagen mit dem Ziel der Eheauflösung, erwähnen aber keine Feststellungsanträge. Gleichwohl sollen Feststellungsanträge nach §§ 606 Abs. 1 S. 1, 632 Abs. 1 ZPO nach wohl überwiegender Ansicht wegen des engen Sachzusammenhangs mit der Eheauflösung vom Anwendungsbereich der VO erfasst werden. Denn es hänge von Zufälligkeiten bei der Gestaltung des anwendbaren nationalen Rechts ab, ob Mängel der Eheschließung mit einem Antrag auf Ungültigerklärung oder auf Feststellung des Nichtbestehens einer Ehe zu verfolgen sind. Auch gehe es nicht an, nur dem Ehegatten Rechtsschutz nach der Verordnung zu gewähren, der die Unwirksamkeit der Ehe geltend machen wolle; daher müssten auch positive Feststellungsanträge einbezogen werden.[11]

Die Gegenansicht beruft sich dagegen auf den eindeutigen Wortlaut der Art. 1 und Art. 3 Brüssel IIa-VO, der gegenüber der VO Nr. 1347/2000 nicht geändert worden sei. Die VOen erfassten eben nur Klagen, die auf eine Statusänderung gerichtet seien.[12]

9 d) Weitgehend Einigkeit besteht dagegen, dass eine Klage auf **Herstellung des ehelichen Lebens** (§ 606 Abs. 1 S. 1 ZPO) nicht unter die EheGVO fällt, sondern nur nach dem jeweiligen autonomen Prozessrecht zu beurteilen ist.[13] Entsprechendes gilt für das negative Gegenstück, die Klage auf Feststellung des Rechts zum Getrenntleben.[14]

10 e) Von den **Scheidungsfolgesachen** erfasst die VO nur Verfahren über die elterliche Verantwortung (Art. 1 Abs. 1 lit. b, Abs. 2 EheGVO). Die Verfolgung von Unterhaltssachen richtet sich nach Art. 5 Nr. 2, 38 ff. EuGVO. Alle anderen **Nebenfolgen** der Scheidung (Namensführung) und alle anderen Scheidungsfolgesachen (Zugewinnausgleich; sonstige güterrechtliche Auseinandersetzung; Hausrats- und Wohnungsteilung; Versorgungsausgleich) unterfallen derzeit nur dem autonomen nationalen Recht (Erwägungsgrund Nr. 8).[15] Dieses regelt die Voraussetzungen eines Entscheidungsverbundes.

11 f) Soweit das **Scheidungsverschulden** nach dem anwendbaren Recht nicht nur in den Entscheidungsgründen, sondern im Tenor festzustellen ist, gehört dies zur Zuständigkeit für die Scheidung selbst.[16]

12 2. Verfahren über die elterliche Verantwortung. a) Die VO erfasst neben den Ehetrennungsverfahren **Zivilsachen über die** Zuweisung, Ausübung, Übertragung sowie die vollständige oder teilweise Entziehung der **elterlichen Verantwortung** (Art. 1 Abs. 1 lit. b EheGVO). Der Begriff der elterlichen Verantwortung findet sich erstmals in Art. 18 der UN-Kinderkonvention vom 20. 11. 1989[17] und nachfolgend in Art. 26 des Haager Übereinkommens vom 29. 5. 1993 und im Haager Kinderschutzübereinkommen vom 19. 10. 1996 (KSÜ).[18] Im Anschluss an die Art. 3 und 4 KSÜ (wenngleich mit Unterschieden im Detail) definiert Art. 2 Nr. 7 EheGVO, was darunter zu verstehen ist, und listet die VO in Art. 1 Abs. 2 und 3 im Einzelnen auf, welche Verfahren erfasst und welche nicht erfasst sind.

13 b) Während die VO Nr. 1347/2000 nur Sorgerechtsverfahren über gemeinsame Kinder erfasste, soweit sie Folgesachen einer Ehetrennung waren, findet die VO Nr. 2201/2003 auf sämtliche Sorgerechtsverfahren Anwendung, auch auf die nichtehelicher Kinder und auf **selbstständige Verfahren**[19] über die elterliche Verantwortung ohne Rücksicht, ob eine Verbindung zu einem Verfahren in Ehesachen besteht (Erwägungsgrund Nr. 5).[20]

---

[11] *Rauscher/Rauscher* Rn. 7; *Thomas/Putzo/Hüßtege* Rn. 2; *AnwK-BGB/Gruber* Rn. 9; *Hau* FamRZ 1999, 484, 485; *Geimer/Schütze*, EuZVR, Rn. 13; *Schlosser* Rn. 2 (analoge Anwendung); *Musielak/Borth* Rn. 1; *Schack*, IZVR Rn. 371.
[12] *Staudinger/Spellenberg* Rn. 8; *Hk-ZPO/Dörner* Rn. 8; *Garbe/Ullrich/Andrae* § 11 Rn. 95; *Gördes* S. 52; *Helms* FamRZ 2001, 259; *Nagel/Gottwald* § 3 Rn. 208; *Dilger* Rn. 131–155; *Geimer/Schütze/Dilger*, IRV, Rn. 14 f.
[13] *AnwK-BGB/Gruber* Rn. 13; *Dilger* Rn. 156; *Geimer/Schütze/Dilger*, IRV, Rn. 17; *Dornblüth* S. 40; *Musielak/Borth* Rn. 1; *Thomas/Putzo/Hüßtege* Rn. 3; aA *Schlosser* Rn. 2.
[14] *Geimer/Schütze/Dilger* Rn. 18.
[15] *Hk-ZPO/Dörner* Rn. 9; *AnwK-BGB/Gruber* Vorbem. 7 und Art. 1 Rn. 18; *Rauscher/Rauscher* Rn. 9; *Staudinger/Spellenberg* Rn. 9; *Geimer/Schütze*, EuZVR, Rn. 15.
[16] *Staudinger/Spellenberg* Rn. 10; *Rauscher/Rauscher* Rn. 9; aA *Dilger* Rn. 95; *Geimer/Schütze*, EuZVR, Rn. 14; *Geimer/Schütze/Dilger*, IRV, Rn. 21; *Thomas/Putzo/Hüßtege* Rn. 3.
[17] BGBl. 1992 II 122.
[18] *Kress* S. 42.
[19] *Finger* FamRBint 2005, 13, 14.
[20] *Rauscher/Rauscher* Rn. 11.

c) Elterliche Verantwortung besteht nur, soweit sie für ein Kind ausgeübt wird (Art. 2 Nr. 8 **14** EheGVO). Nicht mehr erfasst ist die Personen- oder Vermögenssorge für ein betreuungsbedürftiges volljähriges **Kind**.[21] Gleiches gilt, wenn ein Kind aufgrund einer Eheschließung voll geschäftsfähig wird.[22] Eine Altersgrenze, ab der eine Person nicht mehr Kind ist, legt die EheGVO nicht selbst fest. Da die Volljährigkeit in den meisten Mitgliedsstaaten der EU mit 18 Jahren eintritt und das KSÜ das vollendete 18. Lebensjahr ebenfalls als Altersgrenze ansieht, soll diese einheitlich auch für die EheGVO gelten und nicht das Personalstatut nach dem jeweilgen IPR angewandt werden.[23]

d) Träger der elterlichen Verantwortung sind nicht nur die leiblichen Eltern oder die Adop- **15** tiveltern, sondern jeder Dritte, der die Personen- oder Vermögenssorge wahrzunehmen hat (Vormund, Pfleger, Beistand, Umgangsberechtigter).[24] Ein Mitsorgerecht oder „Mitspracherecht" genügt.[25] Wer die elterliche Verantwortung trägt, richtet sich nicht nach der VO, sondern bestimmt als kollisionsrechtliche Vorfrage das IPR des angerufenen Forum.[26]

e) Die Konkretisierung des Anwendungsbereiches. Was unter „Zuweisung, Ausübung, **16** Übertragung und vollständiger oder teilweiser Entziehung der elterlichen Verantwortung" (Art. 1 Abs. 1 lit. b) zu verstehen ist, wird durch den Positivkatalog des Art. 1 Abs. 2 konkretisiert und durch den Negativkatalog des Art. 1 Abs. 3 abgegrenzt.
(1) Zur elterlichen Verantwortung gehören primär **Sorgerecht** und **Umgangsrecht** (Abs. 2 lit. a; Art. 2 Nr. 7), und zwar für eheliche und nichteheliche Kinder.[27] Zum Sorgerecht gehören Personen- und Vermögenssorge.[28] Art. 2 Nr. 9 stellt klar, dass dazu auch das Aufenthaltsbestimmungsrecht gehört. Erfasst sind nicht nur Streitigkeiten zwischen den Eltern, sondern auch Maßnahmen gegen sie.[29] Nach Art. 1 Abs. 2 lit. d ist die Unterbringung des Kindes in einer Pflegefamilie oder einem Heim eingeschlossen. Das Umgangsrecht des nicht sorgeberechtigten Elternteils wird als Teil der elterlichen Verantwortung angesehen. Zum Sorge- bzw. Umgangsrecht gehört auch das Recht, die Herausgabe des Kindes zu verlangen.[30] Art. 2 Nr. 10 legt ausdrücklich fest, dass das Umgangsrecht das Recht einschließt, das Kind für eine begrenzte Zeit (zB Urlaubsreise) von seinem gewöhnlichen Aufenthaltsort zu entfernen.
(2) Da Träger der elterlichen Verantwortung auch Dritte sein können, werden in Abs. 2 lit. b ausdrücklich Vormundschaft und Pflegschaft einbezogen. Unter „entsprechenden Rechtsinstituten" sind die Beistandschaft (§ 1712 BGB) zu verstehen, nicht aber die Betreuung, da ein Betreuer nur für einen Volljährigen bestellt werden kann (§ 1896 BGB).
(3) Erfasst sind die **Bestimmung des Sorgeberechtigten** und des gesetzlichen Vertreters (Abs. 2 lit. c) bei Trennung der Eltern, bei Verhinderung oder bei der Bestellung von Vormund oder Pfleger.[31]
(4) Abs. 2 lit. d nennt als Sorgerechtsregelungen die **Unterbringung** des Kindes in einer Pflegefamilie oder in einem Heim.
(5) Schließlich bezieht Abs. 2 lit. e alle **Schutzmaßnahmen** im Zusammenhang mit der **Verwaltung oder Erhaltung des Kindesvermögens** oder der Verfügung darüber ein. Betroffen sind also gerichtliche Genehmigungen für Vermögenstransaktionen. Ansprüche, die aus der Verwaltung des Kindesvermögens entstehen, fallen dagegen unter die Brüssel I-VO (EuGVO) (Erwägungsgrund Nr. 9).

f) Nicht erfasst von der „elterlichen Verantwortung" ist die **Begründung des elterlichen Sta- 17 tus** (Feststellung der Abstammung; Anfechtung des Eltern-Kind-Verhältnisses (Abs. 3 lit. a), Adoptionsentscheidungen (Abs. 3 lit. b), die Namensführung des Kindes (Abs. 3 lit. c), die Volljährigkeitserklärung (Abs. 3 lit. d) sowie Trusts und Erbschaften (Abs. 3 lit. f).

Unterhaltspflichten sind ausgenommen (Abs. 3 lit. e), weil sie prozessual in der EuGVO **18** (Art. 2, 5 Nr. 2, Art. 38 ff.) geregelt sind (Erwägungsgrund Nr. 11).

---

[21] *Rauscher/Rauscher* Rn. 13; aA *Schlosser* Rn. 3; *Geimer/Schütze,* EuZVR, Rn. 21.
[22] *Looschelders* JR 2006, 45, 46.
[23] So *Geimer/Schütze/Dilger,* IRV, Rn. 13; *Staudinger/Spellenberg* Rn. 29; Hk-ZPO/*Dörner* Rn. 11; *Garbe/Ullrich/Andrae* § 11 Rn. 177, 183; *Rauscher/Rauscher* Rn. 13; aA (nach Art. 7 EGBGB) AnwK-BGB/*Gruber* Art. 2 Rn. 3; *Thomas/Putzo/Hüßtege* Rn. 7.
[24] *Rauscher/Rauscher* Rn. 15; Hk-ZPO/*Dörner* Rn. 12.
[25] OLG Naumburg FamRZ 2007, 1586.
[26] *Geimer/Schütze/Dilger,* IRV, Rn. 24; vgl. OLG Celle FamRZ 2007, 1587.
[27] AnwK-BGB/*Gruber* Rn. 20.
[28] *Kress* S. 79 ff.
[29] Vgl. BGH FamRZ 2008, 45.
[30] *Staudinger/Spellenberg* Rn. 26.
[31] *Rauscher/Rauscher* Rn. 17.

19 Außerdem betrifft die VO **nur Zivilsachen**. Maßnahmen als Folge von Straftaten, die ein Kind begangen hat, fallen daher nicht in den Anwendungsbereich (Abs. 3 lit. g). Erwägungsgrund Nr. 10 (S. 1) stellt überdies klar, dass die VO weder für den Bereich soziale Sicherheit noch für allgemeine öffentliche Maßnahmen der Erziehung und Gesundheit noch für Fragen des Asylrechts und der Einwanderung gilt.

Art. 2. Begriffsbestimmungen. Für die Zwecke dieser Verordnung bezeichnet der Ausdruck

1. „Gericht" alle Behörden der Mitgliedstaaten, die für Rechtssachen zuständig sind, die gemäss Artikel 1 in den Anwendungsbereich dieser Verordnung fallen;
2. „Richter" einen Richter oder Amtsträger, dessen Zuständigkeiten denen eines Richters in Rechtssachen entsprechen, die in den Anwendungsbereich dieser Verordnung fallen;
3. „Mitgliedstaat" jeden Mitgliedstaat mit Ausnahme Dänemarks;
4. „Entscheidung" jede von einem Gericht eines Mitgliedstaats erlassene Entscheidung über die Ehescheidung, die Trennung ohne Auflösung des Ehebandes oder die Ungültigerklärung einer Ehe sowie jede Entscheidung über die elterliche Verantwortung, ohne Rücksicht auf die Bezeichnung der jeweiligen Entscheidung, wie Urteil oder Beschluss;
5. „Ursprungsmitgliedstaat" den Mitgliedstaat, in dem die zu vollstreckende Entscheidung ergangen ist;
6. „Vollstreckungsmitgliedstaat" den Mitgliedstaat, in dem die Entscheidung vollstreckt werden soll;
7. „elterliche Verantwortung" die gesamten Rechte und Pflichten, die einer natürlichen oder juristischen Person durch Entscheidung oder kraft Gesetzes oder durch eine rechtlich verbindliche Vereinbarung betreffend die Person oder das Vermögen eines Kindes übertragen wurden. Elterliche Verantwortung umfasst insbesondere das Sorge- und das Umgangsrecht;
8. „Träger der elterlichen Verantwortung" jede Person, die die elterliche Verantwortung für ein Kind ausübt;
9. „Sorgerecht" die Rechte und Pflichten, die mit der Sorge für die Person eines Kindes verbunden sind, insbesondere das Recht auf die Bestimmung des Aufenthaltsortes des Kindes;
10. „Umgangsrecht" insbesondere auch das Recht, das Kind für eine begrenzte Zeit an einen anderen Ort als seinen gewöhnlichen Aufenthaltsort zu bringen;
11. „widerrechtliches Verbringen oder Zurückhalten eines Kindes" das Verbringen oder Zurückhalten eines Kindes, wenn
    a) dadurch das Sorgerecht verletzt wird, das aufgrund einer Entscheidung oder kraft Gesetzes oder aufgrund einer rechtlich verbindlichen Vereinbarung nach dem Recht des Mitgliedstaats besteht, in dem das Kind unmittelbar vor dem Verbringen oder Zurückhalten seinen gewöhnlichen Aufenthalt hatte,
    und
    b) das Sorgerecht zum Zeitpunkt des Verbringens oder Zurückhaltens allein oder gemeinsam tatsächlich ausgeübt wurde oder ausgeübt worden wäre, wenn das Verbringen oder Zurückhalten nicht stattgefunden hätte. Von einer gemeinsamen Ausübung des Sorgerechts ist auszugehen, wenn einer der Träger der elterlichen Verantwortung aufgrund einer Entscheidung oder kraft Gesetzes nicht ohne die Zustimmung des anderen Trägers der elterlichen Verantwortung über den Aufenthaltsort des Kindes bestimmen kann.

I. Zweck

1 Um Auslegungszweifel auszuschließen, enthält Art. 2 nach dem Muster von Gesetzen aus common law-Staaten gesetzliche Definitionen einiger, aber nicht aller der von der Verordnung verwendeten Grundbegriffe. Die meisten von ihnen bedürfen keiner weiteren Erläuterung.

II. Einzelne Definitionen

2 **1. Gericht und Richter (Nr. 1, 2).** Schon aus dem Eingangssatz zu Art. 1 Abs. 1 sowie Erwägungsgrund Nr. 7 folgt, dass die Zivilsachen „Ehetrennung" und „elterliche Verantwortung" in allen Mitgliedsstaaten erfasst sein sollen, unabhängig von der „Gerichtsbarkeit" und unabhängig davon, ob ein Gericht oder eine Verwaltungsbehörde hierfür zuständig ist (Nr. 1). Entsprechend ist jeder zuständige Amtsträger „Richter" iS der VO (Nr. 2).

2. Mitgliedsstaat (Nr. 3). Die VO gilt in jedem EG-Mitgliedsstaat außer in Dänemark. Von etwaigen Plänen, eine Geltung auf staatsvertraglicher Grundlage wie bei EuGVO und EuZVO herbeizuführen, ist bislang nichts bekannt geworden. 3

3. Entscheidung (Nr. 4). a) Ehescheidung. Dieser Begriff soll „jede von einem Gericht ... erlassene Entscheidung über die Ehescheidung" erfassen. Zum textgleichen Art. 13 Abs. 1 der VO (EG) Nr. 1347/2000 war aber im Hinblick auf deren Erwägungsgrund Nr. 15 anerkannt, dass nur Entscheidungen erfasst werden sollen, die eine Ehescheidung anordnen bzw. neu regeln. Obwohl sich dieser Erwägungsgrund in der neuen EheGVO nicht mehr findet und auch der deutsche Text des Art. 21 Abs. 1 EheGVO neutral formuliert ist, folgt aus den anderen Sprachfassungen, dass in Ehesachen nur statusändernde Entscheidungen nach der VO anerkannt werden.[1] 4

Antragsabweisende Entscheidungen sollen gar nicht anerkannt werden,[2] so dass der in einem Mitgliedsstaat erfolglose Scheidungskläger ggf. sogleich in einem anderen Mitgliedsstaat die Scheidung beantragen könnte.[3] Wenn Klageabweisungen aber gar keine Entscheidungen iS der Verordnung sind, besteht kein Grund, die Anerkennung klagabweisender Entscheidung nach autonomem Recht auszuschließen.[4] 5

b) Elterliche Verantwortung. Für Entscheidungen zur elterlichen Verantwortung gelten diese Einschränkungen nicht, da schon Art. 13 Abs. 1 der VO (EG) Nr. 1347/2000 insoweit klarstellt, das „jede ... Entscheidung über die elterliche Verantwortung ..." anzuerkennen sei.[5] In der Abweisung eines Antrags auf Änderung des Sorgerechts liege die positive Bestätigung der bisherigen Regelung.[6] 6

Kapitel II. Zuständigkeit

Abschnitt 1. Ehescheidung, Trennung ohne Auflösung des Ehebandes und Ungültigerklärung einer Ehe

Art. 3. Allgemeine Zuständigkeit. (1) Für Entscheidungen über die Ehescheidung, die Trennung ohne Auflösung des Ehebandes oder die Ungültigerklärung einer Ehe, sind die Gerichte des Mitgliedsstaats zuständig,

a) in dessen Hoheitsgebiet
- beide Ehegatten ihren gewöhnlichen Aufenthalt haben oder
- die Ehegatten zuletzt beide ihren gewöhnlichen Aufenthalt hatten, sofern einer von ihnen dort noch seinen gewöhnlichen Aufenthalt hat, oder
- der Antragsgegner seinen gewöhnlichen Aufenthalt hat oder
- im Fall eines gemeinsamen Antrags einer der Ehegatten seinen gewöhnlichen Aufenthalt hat oder
- der Antragsteller seinen gewöhnlichen Aufenthalt hat, wenn er sich dort seit mindestens einem Jahr unmittelbar vor der Antragstellung aufgehalten hat, oder
- der Antragsteller seinen gewöhnlichen Aufenthalt hat, wenn er sich dort seit mindestens sechs Monaten unmittelbar vor der Antragstellung aufgehalten hat und entweder Staatsangehöriger des betreffenden Mitgliedsstaats ist oder, im Fall des Vereinigten Königreichs und Irlands, dort sein „domicile" hat;

b) dessen Staatsangehörigkeit beide Ehegatten besitzen, oder, im Fall des Vereinigten Königreichs und Irlands, in dem sie ihr gemeinsames „domicile" haben.

(2) Der Begriff „domicile" im Sinne dieser Verordnung bestimmt sich nach dem Recht des Vereinigten Königreichs und Irlands.

---

[1] *Rauscher/Rauscher* Rn. 9.
[2] Hk-ZPO/*Dörner* Rn. 4; *Staudinger/Spellenberg* Rn. 2; *Zöller/Geimer* Rn. 4 f.; AnwK-BGB/*Gruber* Rn. 2; *Geimer/Schütze/Dilger*, IRV, Rn. 6; *Gebauer/Wiedmann/Frank* Kap. 27 Rn. 18.
[3] *Rauscher/Rauscher* Rn. 10.
[4] *Gebauer/Wiedmann/Frank* Kap. 27 Rn. 19; Hk-ZPO/*Dörner* Rn. 5; *Helms* FamRZ 2001, 257, 259.
[5] *Gebauer/Wiedmann/Frank* Kap. 27 Rn. 18; *Geimer/Schütze/Dilger*, IRV, Rn. 7.
[6] *Rauscher/Rauscher* Rn. 9 (2. Abs.).

EheGVO Art. 3 1–7   B. Europäisches Zivilprozessrecht

I. Das Regelungssystem

1   **1. Regelung der internationalen Zuständigkeit.** Art. 3 regelt die internationale Zuständigkeit für die von Art. 1 Abs. 1 erfassten Statusverfahren in Ehesachen. Die örtliche Zuständigkeit legt die Verordnung nicht, auch nicht indirekt fest; sie ergibt sich somit aus dem autonomen Recht, in Deutschland aus § 606 ZPO.[1]

2   **2. Kein allgemeiner Gerichtsstand.** Anders als EuGVÜ und EuGVO kennt auch die neue Brüssel II a-VO keinen allgemeinen Gerichtsstand für eheliche Statussachen, sondern sieht sieben verschiedene Anknüpfungskriterien vor, ohne dabei eine Rangordnung festzulegen.[2] Alle Kriterien des Art. 3 kommen alternativ in Betracht; auch die Einreihung unter Buchstabe a) oder Buchstabe b) begründet keine Rangordnung.[3]

3   Bei der Festlegung der internationalen Zuständigkeiten bestanden unterschiedliche Auffassungen, inwieweit neben dem Beklagtengerichtsstand auch Klägergerichtsstände sowie Staatsangehörigkeitsforen legitim sind. Die Problematik ergibt sich daraus, dass ein Ehegatte oft aufgrund der ehelichen Krise in den Mitgliedsstaat zurückkehrt, dessen Staatsangehörigkeit er besitzt oder in dem er vor der Eheschließung wohnte. Auch stellte sich die Frage, ob Ehegatten ein Scheidungsverfahren nur im Land ihres gewöhnlichen Aufenthalts oder auch in ihrem Heimatstaat betreiben können. Die gefundene Lösung ist jedenfalls hinsichtlich der Klägergerichtsstände und des Statusgerichtsstands ein Kompromiss.

4   **3. Abschließende Regelung.** Die in Art. 3 vorgesehenen internationalen Zuständigkeiten sind gemäß Art. 6 gegenüber Ehegatten mit gewöhnlichem Aufenthalt bzw. domicile im Hoheitsgebiet eines Mitgliedsstaats (derzeit) abschließend bzw. ausschließlich. Die Zuständigkeiten sind von Amts wegen zu prüfen (Art. 17 EheGVO).

5   Eine Zuständigkeit wird nicht durch Gerichtsstandsvereinbarung oder durch rügelose Einlassung auf das Verfahren vor einem anderen Gericht begründet.[4] Diese starre Regelung kann nicht befriedigen, zumindest soweit die Eheleute daran gehindert werden, in einem forum legis zu klagen.[5]

II. Die einzelnen Zuständigkeiten

6   **1. Gemeinsamer gewöhnlicher Aufenthalt der Ehegatten im Gerichtsstaat.** a) Unproblematisch ist die Zuständigkeit am Ort des gewöhnlichen Aufenthalts beider Ehegatten zum Zeitpunkt der Antragstellung (Art. 3 Abs. 1 lit. a, Spiegelstrich 1). Sie entspricht § 606 a Abs. 1 Nr. 2 ZPO. Eine solche Anknüpfung an den Lebensmittelpunkt der Parteien ist in den meisten anderen Mitgliedstaaten vorgesehen.[6] Die Staatsangehörigkeiten der Parteien ist insoweit irrelevant, so dass auch Drittstaatsangehörige erfasst sind.[7] Diese Zuständigkeit ist sachgerecht, aber neben dem reinen Beklagtengerichtsstand (Rn. 7) eigentlich ohne eigenständige Bedeutung.[8]

7   b) Wie der **gewöhnliche Aufenthalt** zu bestimmen ist, definiert die EheGVO nicht näher. Da eine kollisionsrechtliche Verweisung wie beim Wohnsitz in Art. 59 EuGVO nicht vorgesehen ist, ist der Begriff **autonom** zu bestimmen.[9] Abzustellen ist also wie in den Haager Übereinkommen auf den „gewöhnlichen Mittelpunkt der Lebensinteressen" zur Zeit der Antragstellung. Es genügt ein faktisch begründeter Lebensmittelpunkt; ein rechtsgeschäftlicher Wille, einen solchen Mittelpunkt zu schaffen, ist nicht erforderlich.[10] Ausreichend ist, dass dieser Lebensmittelpunkt für beide Parteien im gleichen Staat bzw. bei Mehrrechtsstaaten im gleichen Rechtsgebiet (Art. 66 lit. a EheGVO) liegt, auch wenn sie getrennt le-

---

[1] *Geimer/Schütze/Dilger*, IRV, Rn. 3; AnwK-BGB/*Gruber* Vorbem. 8; *Polyzogopoulos* S. 133, 144.
[2] Zum Sinn der Anknüpfungen s. *Becker-Eberhard*, FS Beys, 2003, S. 93, 99 ff.
[3] *Kohler* NJW 2001, 10, 11; *Becker-Eberhard*, FS Beys, 2003, S. 93, 108 ff.; *Meyer-Götz/Noltemeier* FPR 2004, 282, 283; *Polyzogopoulos* S. 133, 141; *Rauscher/Rauscher* Rn. 6; *Thomas/Putzo/Hüßtege* Rn. 1; AnwK-BGB/*Gruber* Rn. 4; *Gebauer/Wiedmann/Frank* Kap. 27 Rn. 23.
[4] *Borrás* Bericht Rn. 28.
[5] Vgl. *Gottwald*, Symposium Spellenberg, S. 55, 65, 68 ff.
[6] *Rauscher/Rauscher* Rn. 11.
[7] *Thomas/Putzo/Hüßtege* Rn. 2.
[8] AnwK-BGB/*Gruber* Rn. 10; *Dilger* Rn. 232; *Gottwald*, Symposium Spellenberg, S. 55, 60; *Gördes* S. 57; *Becker-Eberhard*, FS Beys, 2003, S. 93, 103; *Meyer-Götz/Noltemeier* FPR 2004, 282, 284.
[9] *Gebauer/Wiedmann/Frank* Kap. 27 Rn. 24; *Geimer/Schütze/Dilger*, IRV, Rn. 8; *Rauscher/Rauscher* Rn. 12; Hk-ZPO/*Dörner* Rn. 12; *Thomas/Putzo/Hüßtege* Rn. 2; *Hau* FamRZ 2000, 1333, 1334.
[10] Hk-ZPO/*Dörner* Rn. 12; BGH NJW 1981, 520.

ben.[11] Eine Mindestdauer ist nicht erforderlich.[12] Die vorwiegend bei Minderjährigen angewandte Regel, dass nach sechs Monaten ein Aufenthalt zum gewöhnlichen erstarkt, ist lediglich eine Faustregel; maßgebend sind letztlich die Umstände des Einzelfalles.[13] Bei Personen mit international wechselnden Arbeitsorten und mehreren Wohnsitzen in verschiedenen Staaten kann es schwierig sein, einen solchen Lebensmittelpunkt zu bestimmen.[14] Die Zuständigkeit bleibt erhalten, wenn einer der Eheleute seinen gewöhnlichen Aufenthalt nach Eintritt der Rechtshängigkeit in einen anderen Staat verlegt.[15]

2. Der Gerichtsstand des letzten gemeinsamen gewöhnlichen Aufenthalts. Dieser Gerichtsstand kann je nach Sachlage Kläger- oder Beklagtengerichtsstand sein. Er ist nach Art. 3 Abs. 1 Buchstabe a), Spiegelstrich 2 eröffnet, wenn einer der Ehegatten den früheren gemeinsamen Lebensmittelpunkt beibehalten hat.[16] Diese Lösung hat ihre Entsprechung im autonomen deutschen Recht in § 606a Abs. 1 Nr. 4 iVm. § 606 Abs. 2 S. 1 ZPO. Wie beim gemeinsamen Aufenthalt nach Spiegelstrich 1 genügt, dass sich beide Eheleute im gleichen Mitgliedstaat aufhielten; einen „gemeinsamen" Haushalt mussten sie nicht haben.[17]

Der Gerichtsstand entfällt, wenn auch der zweite Ehegatte den bisherigen gewöhnlichen Aufenthalt aufgegeben und ins Ausland verzogen ist. Der Gerichtsstand lebt nicht wieder auf, wenn anschließend einer der Ehegatten an den früheren gewöhnlichen Aufenthalt zurückkehrt.[18]

Diese Zuständigkeit hat als Antragstellergerichtsstand große praktische Bedeutung bei gemischtnationaler Ehe, wenn der ausländische Ehegatte beim Scheitern der Ehe in seinen Heimatstaat zurückkehrt.[19] Sie ermöglicht eine sofortige sachnahe Prozessführung am letzten ehelichen „Wohnsitz", unabhängig von der Staatsangehörigkeit der Beteiligten.[20] Als Antragsgegnergerichtsstand ist die Regelung ohne Relevanz, weil sich die Zuständigkeit dann bereits aus Spiegelstrich 3 ergibt.

Der weichende Ehegatte kann den Gerichtsstand des Antragstellers erst durchkreuzen, wenn nach der Rückkehr in seine Heimat sechs Monate vergangen sind[21] (s. u. Rn. 21). Die Bedeutung dieses Gerichtsstands wird in Deutschland freilich durch das materielle Scheidungsrecht eingeschränkt. Denn soweit nach Art. 17 Abs. 1, 14 Abs. 1 Nr. 2 EGBGB materielles deutsches Recht gilt, müssen die Ehegatten idR wenigstens ein Jahr getrennt leben, bevor die Ehe geschieden werden kann (§§ 1565 Abs. 2, 1566 Abs. 1 BGB). Klagt der im Inland verbliebene Ehegatte früher, riskiert er eine sachliche Abweisung seines Scheidungsantrags,[22] wartet er, so kann der weichende Ehegatte in seinem Heimatstaat klagen und dort vielfach eine Scheidung nach seinem Heimatrecht erreichen.

3. Aufenthalt des Antragsgegners. Problemlos ist auch die Anknüpfung an den gewöhnlichen Aufenthalt des Antragsgegners in Abs. 1 Buchstabe a), 3. Spiegelstrich.[23] Sie kennt auch das deutsche Recht in § 606a Abs. 1 Nr. 4 iVm. § 606 Abs. 2 S. 2 ZPO.

Dieser Gerichtsstand setzt einen gewöhnlichen Aufenthalt des Antragsgegners nur bei Antragstellung (Klageerhebung) voraus. Ein späterer Wegfall dieses Aufenthalts schadet nicht.[24] Umgekehrt genügt es, wenn der Antragsgegner seinen gewöhnlichen Aufenthalt erst während des Verfahrens im Gerichtsstaat begründet.[25] Da sich der Gegner an diesem Ort leicht verteidigen kann, genügt auch ein unfreiwilliger gewöhnlicher Aufenthalt (als Folge einer längeren Freiheitsstrafe).[26]

Der Gerichtsstand am gewöhnlichen Aufenthalt des Antragsgegners gleicht an sich von seinem Gerechtigkeitsgehalt dem allgemeinen Beklagtengerichtsstand. Für den Antragsteller ist er in Ehesachen aber häufig von geringem Interesse, weil er bei einer entsprechenden Klage nicht nur die prozessualen Hürden der Prozessführung im Ausland bewältigen muss, sondern vielfach auch mit einer

---

[11] *Staudinger/Spellenberg* Rn. 17.
[12] *Rauscher/Rauscher* Rn. 13; *Dilger* Rn. 224; *Spellenberg*, FS Geimer, 2002, S. 1257, 1266; *Thomas/Putzo/Hüßtege* Rn. 2; vgl. *Geimer/Schütze/Dilger*, IRV, Rn. 19.
[13] *Geimer/Schütze/Dilger*, IRV, Rn. 17 f.; *Meyer-Götz/Noltemeier* FPR 2004, 282, 284.
[14] Für doppelten oder gar mehrfachen gewöhnlichen Aufenthalt im Einzelfall: *Geimer/Schütze/Dilger*, IRV, Rn. 22.
[15] AnwK-BGB/*Gruber* Rn. 7; aA *Gebauer/Wiedmann/Frank* Kap. 27 Rn. 25.
[16] Vgl. OLG Zweibrücken FamRZ 2006, 1043; AG Leverkusen FamRZ 2006, 950.
[17] AnwK-BGB/*Gruber* Rn. 17.
[18] AnwK-BGB/*Gruber* Rn. 18; *Thomas/Putzo/Hüßtege* Rn. 5.
[19] AnwK-BGB/*Gruber* Rn. 19.
[20] *Meyer-Götz/Noltemeier* FPR 2004, 282, 284.
[21] *Rauscher/Rauscher* Rn. 16.
[22] *Johannsen/Henrich/Jaeger* Eherecht 4. Aufl. 2003, § 1565 BGB Rn. 47.
[23] Vgl. *Hau* FamRZ 2000, 1333, 1334 f.; krit. dagegen *Rauscher/Rauscher* Rn. 17.
[24] AnwK-BGB/*Gruber* Rn. 20.
[25] AnwK-BGB/*Gruber* Rn. 21.
[26] *Gördes* S. 58.

Scheidung nach der ausländischen lex fori konfrontiert wird. Je nach Sachlage kann allerdings auch die Prozessführung im Ausland einfacher, schneller und kostengünstiger, die Anwendung des ausländischen Scheidungsrechts vorteilhafter sein.

14 **4. Aufenthalt eines Ehegatten bei gemeinsamem Antrag.** Diese Zuständigkeit bei gemeinsamem Antrag besteht am gewöhnlichen Aufenthalt einer der Parteien, ohne dass es einer bestimmten Aufenthaltsdauer bedürfte. Je nach Fallgestaltung eröffnet Abs. 1 Buchstabe a), 4. Spiegelstrich daher einen Kläger- oder einen Beklagtengerichtsstand. Da sich beide Ehegatten auf diesen Gerichtsstand einigen müssen und vorrangige Interessen Dritter nicht berührt werden, ist dieser Gerichtsstand sachgerecht.[27] Er ist im deutschen Recht von § 606a Abs. 1 Nr. 4 ZPO abgedeckt.

15 Der „gemeinsame" Antrag kann durchaus in getrennten Schriftsätzen gestellt werden.[28] Das Erfordernis ist auch sonst nicht wörtlich zu nehmen. Einer gemeinsamen Antragsschrift (die das deutsche Recht nicht kennt) bedarf es nicht. Es genügt, wenn ein Ehegatte den Scheidungsantrag stellt und der andere vorab oder nachträglich zustimmt.[29] Dies verlangt aber eine ausdrückliche der lex fori genügende[30] Erklärung; eine bloße rügelose Einlassung oder Säumnis des Antragsgegners genügt nicht.[31]

16 Nicht zweifelsfrei ist die Abgrenzung des „gemeinsamen Antrags" von Antrag und Gegenantrag nach Art. 4 EheGVO. Kennt ein Scheidungsrecht verschiedene Scheidungsgründe, so kann der Gegner zwar der Scheidung als solcher zustimmen, die Scheidung aber aus einem anderen Grund (zB wegen Verschuldens unter Ausschluss nachehelichen Unterhalts) beantragen. Eine solche Reaktion ist grundsätzlich nicht als „gemeinsames" Vorgehen zu werten, es sei denn, das anwendbare Scheidungsrecht behandle Scheidungsantrag und Widerklage als gemeinsames Scheidungsbegehren.[32]

17 **5. Generelles forum actoris.** Einen reinen Klägergerichtsstand auf der Grundlage des gewöhnlichen Aufenthalts des Antragstellers sieht der 5. Spiegelstrich in Abs. 1 lit. a vor.[33] Hat der Antragsteller beim Scheitern der Ehe den bisherigen gemeinsamen gewöhnlichen Aufenthalt verlassen oder hatten die Ehegatten nie einen gewöhnlichen gemeinsamen Aufenthalt, so kann der Antragsteller in dem Staat **seines** neuen gewöhnlichen Aufenthalts klagen, wenn er sich in diesem Staat mindestens **ein Jahr** unmittelbar vor der Antragstellung aufgehalten hat, und zwar ohne Rücksicht auf seine eigene Staatsangehörigkeit[34] bzw. sein domicile.

18 Diese Zuständigkeit überschneidet sich formell mit den Zuständigkeiten nach Spiegelstrich 1, 2 und 4. Selbstständige Bedeutung kommt ihr freilich zu, soweit Ehegatten den früheren gemeinsamen gewöhnlichen Aufenthaltsort verlassen haben und dort auch nicht klagen wollen. Dem Verordnungsgeber erschien es für Scheidungsverfahren nicht als sachgerecht, in einem solchen Fall nur den Gerichtsstand am Aufenthaltsort des Beklagten zu eröffnen (Spiegelstrich 3). Die Möglichkeit, den Gerichtsstand am letzten gemeinsamen Aufenthaltsort aufrechtzuerhalten, obwohl sich dort kein Ehegatte mehr aufhält, hat er verworfen und stattdessen dem Antragsteller die Möglichkeit eröffnet, ohne weitere Voraussetzungen nach einem Jahr in seinem eigenen neuen gewöhnlichen Aufenthaltsstaat klagen zu können.

19 Leben beide Ehegatten nicht mehr in dem früheren gemeinsamen Aufenthaltsstaat, so stehen sich zwar die neuen Aufenthaltsstaaten als potentiell gleichwertige fora gegenüber[35] und der Gesetzgeber handelt durchaus sachgerecht, wenn er dem Antragsteller nach einiger Zeit einen Klägergerichtsstand eröffnet.[36] Der Gerichtsstand ist aber nicht auf diesen Fall beschränkt, sondern steht alternativ zur Verfügung, wenn der Antragsgegner sich noch am letzten gemeinsamen ehelichen Wohnsitz aufhält. Insoweit ist der Gerichtsstand sachlich zweifelhaft, weil er dem ggf. einseitig aus der Ehe ausbrechenden Antragsteller ein forum shopping und eine Ehescheidung nach einer Rechtsordnung ermöglicht, die zu dem gemeinsamen ehelichen Leben keinerlei Bezug hat. Da am letzten gemeinsamen gewöhnlichen Aufenthaltsort jedoch keine Wartefrist besteht, kann der andere Ehegatte dort

---

[27] *Rauscher/Rauscher* Rn. 19.
[28] *Thomas/Putzo/Hüßtege* Rn. 7.
[29] *Thomas/Putzo/Hüßtege* Rn. 7; *Rauscher/Rauscher* Rn. 20; *Gördes* S. 58; *Becker-Eberhard*, FS Beys, 2003, S. 93, 105.
[30] *Rauscher/Rauscher* Rn. 21.
[31] *Dilger* Rn. 238; *Staudinger/Spellenberg* Rn. 21; *Thomas/Putzo/Hüßtege* Rn. 7; aA wohl *Hau* FamRZ 2000, 1333, 1335; *Becker-Eberhard*, FS Beys, 2003, S. 93, 105.
[32] Vgl. für das schweizerische Recht *Reusser* FamRZ 2001, 595, 597; *Staudinger/Spellenberg* Rn. 23.
[33] Vgl. *Hau* FamRZ 2000, 1333, 1334 f.
[34] *Thomas/Putzo/Hüßtege* Rn. 8.
[35] So *Rauscher/Rauscher* Rn. 24.
[36] Vgl. *Rauscher/Rauscher* Rn. 16, 23 f.

uU schneller klagen und auf diese Weise die Klage am einseitig gewählten Aufenthaltsort blockieren[37] (s. aber Rn. 10).

Eröffnet ist der Klägergerichtsstand nach einem einjährigen gewöhnlichen Aufenthalt in dem **20** neuen „Heimatstaat". Ein anfänglich schlichter Aufenthalt ist in die Jahresfrist nicht mit einzurechnen.[38] Diese **Jahresfrist** muss grundsätzlich bereits bei Klageerhebung abgelaufen sein; andernfalls ist die Klage als unzulässig abzuweisen. Jedoch genügt es, wenn die Frist bei einer vorzeitigen Klage vor der mündlichen Verhandlung abläuft, auf die der Antrag frühestens abgewiesen werden könnte.[39] Andernfalls müsste der Antrag als unzulässig abgewiesen, könnte aber sogleich zulässigerweise neu gestellt werden. Bei der Abweisung als unzulässig sollte es aber bleiben, wenn nach dem unzulässigen Erstantrag ein zulässiger Zweitantrag gestellt wurde.[40]

6. Forum actoris im Heimatstaat. Noch problematischer ist der Klägergerichtsstand nach **21** Abs. 1 lit. a Spiegelstrich 6. Kehrt der Ehegatte einer gemischt-nationalen Ehe nach deren Scheitern in sein Heimatland zurück, so kann er schon nach mindestens **sechs Monaten** gewöhnlichen Aufenthalts Scheidungsantrag stellen. Er muss dazu entweder Staatsangehöriger des betreffenden Mitgliedstaats sein oder im Fall des Vereinigten Königreichs oder Irlands dort sein „domicile" haben. Ob dies der Fall ist, bestimmt sich gemäß Art. 3 Abs. 2 EheGVO nach dem Recht des Vereinigten Königreichs oder Irlands. Danach hat eine Person ein domicile of origin oder ein domicile of choice.[41]

Nach dem Text besteht die Zuständigkeit nur, wenn die sechsmonatige Wartefrist bei Klageerhebung bereits abgelaufen war. Allerdings muss es – wie auch sonst – genügen, dass die Wartefrist bei **22** einer mündlichen Verhandlung abgelaufen ist. Andernfalls könnte der Antragsteller nach Abweisung seinen Antrag sofort neu stellen.[42] Einzuschränken ist insoweit aber die Prioritätsregel der Rechtshängigkeit des Art. 19 EheGVO. Wurde in der Zwischenzeit ein zulässiger Antrag in einem anderen Mitgliedstaat gestellt, so muss es bei der Abweisung wegen der ursprünglichen Unzuständigkeit bleiben.[43]

Besitzt der Antragsteller **mehrere Staatsangehörigkeiten,** so genügt es für Spiegelstrich 6, **23** wenn eine davon die des Gerichtsstaats ist; die effektive muss es nicht sein.[44] Dies gilt einheitlich in allen EU-Staaten.[45] Ob Flüchtlinge und Staatenlose im Rahmen von Spiegelstrich 6 Staatsangehörigen gleichzustellen sind, ist zweifelhaft.[46]

Das forum actoris im Heimatstaat konkurriert mit der Zuständigkeit kraft gemeinsamer Staatsangehörigkeit nach Art. 3 Abs. 1 lit. b EuGVO. In diesem Fall kann jeder Ehegatte im Heimatstaat **24** unabhängig von einem Aufenthalt, dh auch sofort nach Begründung eines gewöhnlichen Aufenthalts klagen. Relevanz hat das forum actoris nach Spiegelstrich 6 daher nur bei gemischt-nationalen Ehen. In diesem Fall erhält der weichende Ehegatte den Klägergerichtsstand an seinem neuen Aufenthaltsort bei Zuzug in seinen Heimatstaat nach sechs Monaten, bei Zuzug in einen anderen Mitgliedstaat erst nach einem Jahr. Mag sein, dass hierin für jeden Unionsbürger die Chance liegt, in seinem Heimatstaat schneller einen Scheidungsantrag stellen zu können.[47] Dies ändert aber nichts an der darin liegenden Ungleichbehandlung, zumal Gastarbeiter der zweiten Generation häufig ihr Leben lang in einem Staat gelebt haben, ohne dessen Staatsangehörigkeit zu besitzen.[48] Die ungleiche Wartefrist nach dem 5. und 6. Spiegelstrich ist auch sonst sachlich nicht gerechtfertigt und verstößt gegen das Diskriminierungsverbot des Art. 12 Abs. 1 EGV.[49] Hat ein Ehegatte den bisherigen gemeinsamen gewöhnlichen Aufenthalt beibehalten, so kann er zudem das Heimatstaatforum durch eine sofortige Klage im bisherigen gemeinsamen Aufenthaltsstaat blockieren[50] (s. aber o. Rn. 10).

---

[37] *Kohler* NJW 2001, 10, 11; *Polyzogopoulos* S. 133, 143.
[38] *Staudinger/Spellenberg* Rn. 26 f.; *Thomas/Putzo/Hüßtege* Rn. 8.
[39] *Staudinger/Spellenberg* Rn. 27; *Rauscher/Rauscher* Rn. 25; aA *Thomas/Putzo/Hüßtege* Rn. 8.
[40] *Thomas/Putzo/Hüßtege* Rn. 8.
[41] Vgl. *Dicey, Morris & Collins,* Conflict of Laws, Vol. 1. 14th ed. 2006, No. 6–002 ff.
[42] *Zöller/Geimer* Rn. 8.
[43] *Hau* FamRZ 2000, 1333, 1339; *HkZPO/Dörner* Rn. 14; *Zöller/Geimer* Rn. 9 ff.; zustim. auch *Staudinger/Spellenberg* Rn. 124.
[44] *Thomas/Putzo/Hüßtege* Rn. 10; *Zöller/Geimer* Rn. 19; *Gördes* S. 62; krit. *Staudinger/Spellenberg* Rn. 104.
[45] *Staudinger/Spellenberg* Rn. 101.
[46] Ja: *Staudinger/Spellenberg* Rn. 107; nein: *Zöller/Geimer* Rn. 19.
[47] So *Rauscher/Rauscher* Rn. 30.
[48] Vgl. *Hau* FamRZ 2000, 1333, 1337.
[49] *Schack* RabelsZ 65 (2001), 615, 623; *Hausmann* EuLF 2000/01, 345, 352; *Hau* FamRZ 2000, 1333, 1335 f.; *Spellenberg,* FS Geimer, 2002, S. 1257, 1270; *Becker-Eberhard,* FS Beys, 2003, S. 93, 107; *Staudinger/Spellenberg* Rn. 29; *Thomas/Putzo/Hüßtege* Rn. 9; *Hk-ZPO/Dörner* Rn. 8; *Zöller/Geimer* Rn. 14, 18.
[50] *Polyzogopoulos* S. 133, 143.

25 **7. Staatsangehörigkeitszuständigkeit.** Schließlich können die Gerichte des Heimatstaates nach Art. 3 Abs. 1 lit. b unabhängig vom aktuellen (gewöhnlichen) Aufenthaltsort der Ehegatten angerufen werden, wenn beide Ehegatten eine gemeinsame Staatsangehörigkeit besitzen.[51] Auch hier genügt eine gemeinsame „nicht effektive" Staatsangehörigkeit.[52] Flüchtlinge und Staatenlose können insoweit den Staatsangehörigen nicht gleichgestellt werden.[53] Im Vereinigten Königreich und in Irland tritt an die Stelle der Staatsangehörigkeit das Kriterium des domicile.

26 Indem Art. 3 Abs. 1 lit. b EheGVO Ehegatten gleicher Nationalität sogleich ein (weiteres) Heimatforum eröffnet, verstößt Art. 3 Abs. 1 lit. b EheGVO nicht gegen das Diskriminierungsverbot des Art. 12 Abs. 1 EGV. Denn es ist durchaus sachgerecht, dass gemeinsamer Aufenthaltsstaat und gemeinsamer Heimatstaat stets zuständig sind, über den ehelichen Status zu entscheiden.[54] Das gemischt-nationale Ehepaar wird insoweit in zulässiger Weise schlechter gestellt. Soweit die Regel dem gemischt-nationalen Ehepaar aber nicht einmal einvernehmlich die Möglichkeit eröffnet, ohne Umzug die Gerichte eines Heimatstaates anzurufen, geht sie über das berechtigte Anliegen nach Eindämmung von forum shopping hinaus.[55]

III. Schwächen des Zuständigkeitssystems

27 **1. Forum shopping.** Art. 3 Abs. 1 EheGVO stellt sieben alternative internationale Gerichtsstände zur Verfügung. Da mehrere davon vielfach gleichzeitig eröffnet sind,[56] besteht derzeit die Gefahr des forum shopping, und zwar nicht nur für die eigentliche Scheidung, sondern vor allem für Folgesachen (Unterhalt; güterrechtliche Auseinandersetzung). Der Vorschlag, in einem neuen Kapitel II a einheitliche Kollisionsnormen einzuführen, würde die daraus resultierenden Gefahren zumindest einschränken.

28 **2. Rechtsschutzdefizite. a)** Soweit die Zuständigkeiten einen gewöhnlichen Aufenthalt eines oder beider Ehegatten voraussetzen, dieser aber eine gewisse Integrationsabsicht voraussetzt, kann der Fall eintreten, dass einer oder gar beide Ehegatten (zeitweise) keinen gewöhnlichen Aufenthalt haben und dann bei einer gemischt-nationalen Ehe überhaupt kein Gericht zuständig ist.[57]

29 **b)** Nicht einsichtig ist, warum Gerichtsstandsvereinbarungen oder eine rügelose Einlassung generell ausgeschlossen sind, obgleich die gesetzlichen Anknüpfungen keineswegs immer eine Prozessführung in dem Mitgliedstaat zulassen, der mit dem Fall sachlich die engste Beziehung hat oder in dem die Prozessführung für die Beteiligten am einfachsten wäre.[58] Der geplante Art. 3 a will Gerichtsstandsvereinbarungen zwar zulassen, aber in derart engen Grenzen, dass nicht alle problematischen Zuständigkeitsfälle wenigstens einvernehmlich lösbar wären.

30 **c)** Schließlich bleibt das Unbehagen, dass sich ein Ehepaar mit gleicher Staatsangehörigkeit jederzeit an die Heimatgerichte wenden kann, während ein gemischt-nationales Ehepaar nur die Gerichte des Aufenthaltsstaates anrufen kann. Die Erweiterung der Zuständigkeiten um einen einseitigen Heimatgerichtsstand erschiene daher sachgerecht.[59]

[Art. 3 a*. Gerichtsstandsvereinbarung bei Ehescheidungen und Trennungen ohne Auflösung des Ehebandes. 1. Ehegatten, die die Ehescheidung oder Trennung ohne Auflösung des Ehebandes beantragen möchten, können einvernehmlich festlegen, dass ein Gericht oder die Gerichte eines bestimmten Mitgliedstaates zuständig sind, sofern ein enger Bezug zu diesem Mitgliedstaat gegeben ist. Dies ist dann der Fall, wenn

a) einer der in Artikel 3 genannten Zuständigkeitsgründe zutrifft oder
b) dieser Mitgliedstaat der letzte gemeinsame gewöhnliche Aufenthaltsort der Ehegatten während mindestens drei Jahren war oder

---

[51] Krit. *Hau* FamRZ 2000, 1333, 1335 f. (Diskriminierung gemischt-nationaler Ehen).
[52] *Zöller/Geimer* Rn. 19; *Thomas/Putzo/Hüßtege* Rn. 11; *Geimer/Schütze/Dilger*, IRV, Rn. 28.
[53] *Geimer/Schütze/Dilger*, IRV, Rn. 39 ff., 45.
[54] *Dilger* IPRax 2006, 617, 620; *ders.* Rn. 426 ff.; *Thomas/Putzo/Hüßtege* Rn. 11; krit. *Hau* FamRZ 2000, 1333, 1335 f.; *Gördes* S. 60 f.
[55] *Gottwald*, Symposium Spellenberg, S. 55, 61 f.
[56] Vgl. AG Leverkusen FamRZ 2006, 940.
[57] *Spellenberg*, FS Geimer, 2002, S. 1257, 1267; *Gottwald*, Symposium Spellenberg, S. 55, 67.
[58] Vgl. *Gottwald*, Symposium Spellenberg, S. 55, 68.
[59] *Staudinger/Spellenberg* Rn. 14; *Gottwald*, Symposium Spellenberg, S. 55, 64; aA *Becker-Eberhard*, FS Beys, 2003, S. 93, 103, 108; *Schack* RabelsZ 65 (2001), 615, 622.

* Entsprechend dem Vorschlag des Rates zur Änderung der VO (EG) 2201/2003 vom 17. 7. 2006, KOM (2006) 399 endg., sog. „Rom III-Verordnung".

c) einer der Ehegatten die Staatsangehörigkeit dieses Mitgliedstaats besitzt bzw. im Fall des Vereinigten Königreichs und Irlands sein bzw. ihr „domicile" im Hoheitsgebiet dieser Staaten hat.
2. Die Gerichtsstandsvereinbarung bedarf der Schriftform und ist von den Ehegatten spätestens bei Anrufung des Gerichts zu unterzeichnen.]

Art. 4. Gegenantrag. Das Gericht, bei dem ein Antrag gemäß Artikel 3 *und 3a* anhängig ist, ist auch für einen Gegenantrag zuständig, sofern dieser in den Anwendungsbereich dieser Verordnung fällt.

Art. 4 stellt klar, dass der Antragsgegner bei dem Gericht des Antrags auch Gegenanträge (Widerklage) erheben kann, soweit der Gegenstand in den Anwendungsbereich der Verordnung fällt. Wird etwa Scheidung aus einem bestimmten Grunde begehrt, so kann per Gegenantrag Scheidung aus einem anderen Grunde, Eheaufhebung oder Ehenichtigerklärung verlangt werden. Dadurch soll eine doppelte Rechtshängigkeit vermieden werden.[1] 1

Art. 4 regelt nicht Anträge über nicht von Art. 1 Abs. 1 lit. a erfasste Gegenstände. Insoweit richten sich die Zuständigkeit und die Zulässigkeit von Verbundverfahren nach autonomem Recht, Staatsverträgen bzw. der EuGVO.[2] 2

Art. 5. Umwandlung einer Trennung ohne Auflösung des Ehebandes in eine Ehescheidung. Unbeschadet des(r) Artikels 3 *und 3a* ist das Gericht eines Mitgliedstaats, das eine Entscheidung über eine Trennung ohne Auflösung des Ehebandes erlassen hat, auch für die Umwandlung dieser Entscheidung in eine Ehescheidung zuständig, sofern dies im Recht dieses Mitgliedstaats vorgesehen ist.

Hat einer Ehescheidung zunächst eine Entscheidung über die Trennung der Eheleute von Tisch 1 und Bett vorauszugehen, so legt Art. 5 die Zuständigkeit für die nachfolgende Ehescheidung fest. Diese kann bei den nach Art. 3 oder Art. 3a zuständigen Gerichten, aber auch bei einem Gericht des Mitgliedstaates begehrt werden, dessen Gericht die Entscheidung über die Trennung ohne Auflösung des Ehebandes erlassen hat.

Art. 6. Ausschließliche Zuständigkeit nach den Artikeln 3, 4 und 5. Gegen einen Ehegatten, der
a) seinen gewöhnlichen Aufenthalt im Hoheitsgebiet eines Mitgliedstaats hat oder
b) Staatsangehöriger eines Mitgliedstaats ist oder im Fall des Vereinigten Königreichs und Irlands sein „domicile" im Hoheitsgebiet eines dieser Mitgliedstaaten hat,
darf ein Verfahren vor den Gerichten eines anderen Mitgliedstaats nur nach Maßgabe der Artikel 3, 4 und 5 geführt werden.

Aus Art. 6 ergibt sich der Vorrang der Art. 3 ff. EheGVO vor dem nationalen Zuständigkeitsrecht.[1] Zusätzlich legt die Bestimmung fest, dass die Zuständigkeiten nach Art. 2 bis 6 (als Antragsgegnerzuständigkeiten)[2] zum Schutz des Antragsgegners ausschließlichen Charakter haben, so dass Zuständigkeitsvereinbarungen oder eine Zuständigkeit kraft rügeloser Einlassung ausscheiden. Allerdings gilt diese Ausschließlichkeit nur, sofern der gegnerische Ehegatte seinen gewöhnlichen Aufenthalt im Hoheitsgebiet eines Mitgliedstaates hat[3] oder Angehöriger eines Mitgliedstaats ist oder beim Vereinigten Königreich oder Irland dort sein domicile hat.[4] Ist eine dieser Voraussetzungen erfüllt, so entfaltet Art. 6 eine relative Sperrwirkung gegen eine Prozessführung in einem anderen Mitgliedstaat. Im Heimatstaat (auch in mehreren bei mehrfacher Staatsangehörigkeit) ist dagegen ein Rückgriff auf das autonome Zuständigkeitsrecht eröffnet.[5] Die Sperrwirkung entfällt nicht, wenn der Heimatstaat keine Zuständigkeit bereitstellt.[6] 1

---

[1] *Geimer/Schütze/Dilger* Rn. 1; Hk-ZPO/*Dörner* Rn. 1; *Thomas/Putzo/Hüßtege* Rn. 1; *Rauscher/Rauscher* Rn. 1.
[2] *Thomas/Putzo/Hüßtege* Rn. 2; *Rauscher/Rauscher* Rn. 8; *Geimer/Schütze/Dilger* Rn. 3.
[1] *Motzer* FamRBint 2007, 20, 21.
[2] *Becker-Eberhard,* FS Beys, 2003, S. 93, 113.
[3] Vgl. *Hau* FamRZ 2000, 1333, 1340.
[4] Vgl. *Geimer/Schütze/Dilger* Rn. 8 f.
[5] *Geimer/Schütze/Dilger* Rn. 15 f.; *Thomas/Putzo/Hüßtege* Rn. 2.
[6] Hk-ZPO/*Dörner* Rn. 5; krit. *Gottwald,* Symposium Spellenberg, S. 55, 65 f.

EheGVO Art. 7 1, 2 B. Europäisches Zivilprozessrecht

2   Lebt ein deutsch-französisches Ehepaar dagegen in New York, so ist die Restzuständigkeit Deutschlands oder Frankreichs nach Art. 7 eröffnet.[7] Nach Art. 6 lit. b kann der französische Ehegatte aber nicht in Deutschland, der deutsche nicht in Frankreich verklagt werden.[8]
3   Keine Ausschließlichkeit wird konsequenterweise auch gegenüber Drittstaatsangehörigen mit gewöhnlichem Aufenthalt im Drittstaat beansprucht.[9]
4   Nach dem Vorschlag zur Änderung der VO (EG) 2201/2003 vom 17. 7. 2006 soll Art. 6 gestrichen werden, um Rechtsschutzlücken zu beseitigen.[10]

Art. 7. Restzuständigkeit. (1) Soweit sich aus den Artikeln 3, 4 und 5 keine Zuständigkeit eines Gerichts eines Mitgliedstaats ergibt, bestimmt sich die Zuständigkeit in jedem Mitgliedstaat nach dem Recht dieses Staates.

(2) Jeder Staatsangehörige eines Mitgliedstaats, der seinen gewöhnlichen Aufenthalt im Hoheitsgebiet eines anderen Mitgliedstaats hat, kann die in diesem Staat geltenden Zuständigkeitsvorschriften wie ein Inländer gegenüber einem Antragsgegner geltend machen, der seinen gewöhnlichen Aufenthalt nicht im Hoheitsgebiet eines Mitgliedstaats hat oder die Staatsangehörigkeit eines Mitgliedstaats besitzt oder im Fall des Vereinigten Königreichs und Irlands sein „domicile" nicht im Hoheitsgebiet eines dieser Mitgliedstaaten hat.

Nach dem Vorschlag zur Änderung der VO (EG) 2201/2003 vom 17. 7. 2006 erhält Artikel 7 folgende Fassung:

Art. 7. Restzuständigkeit. Hat keiner der Ehegatten seinen gewöhnlichen Aufenthaltsort in einem Mitgliedstaat und fehlt es an einer gemeinsamen Staatsangehörigkeit eines Mitgliedstaats bzw. im Fall des Vereinigten Königreichs und Irlands an einem „domicile" im Hoheitsgebiet dieser Staaten, in folgenden Fällen dennoch die Gerichte eines Mitgliedstaates zuständig:
a) Die Ehegatten hatten ihren früheren gemeinsamen gewöhnlichen Aufenthaltsort für mindestens drei Jahren im Hoheitsgebiet eines Mitgliedstaats oder
b) einer der Ehegatten besitzt die Staatsangehörigkeit dieses Mitgliedstaats bzw. hat im Fall des Vereinigten Königreichs und Irlands sein bzw. ihr „domicile" im Hoheitsgebiet dieser Staaten.

I. Restzuständigkeit de lege lata

1   **1. Internationale Zuständigkeit nach autonomem Recht.** Diese Bestimmung hat die gleiche Funktion wie Art. 4 Abs. 2 EheGVO.[1] Sie legt fest, dass jeder Mitgliedstaat außerhalb der Zuständigkeitsregeln der EheGVO, insb. gegenüber Drittstaaten seine internationale Zuständigkeit nach autonomem Recht bestimmt. Da die Zuständigkeit gemäß Art. 3 weit gezogen ist, ist diese Regelung eine Auffangzuständigkeit und wird zutreffend mit Restzuständigkeit überschrieben. Ein Rückgriff auf Art. 7 ist aber nur zulässig, soweit nicht die Sperrwirkung des Art. 6 EheGVO greift. In Betracht kommen danach Fälle, in denen der Antragsgegner keinen gewöhnlichen Aufenthalt in einem Mitgliedstaat hat und der Antragsteller die Qualifikationen des Art. 3 für einen Gerichtsstand an seinem (gewöhnlichen) Aufenthalt nicht erfüllt, also keine Zuständigkeit nach Art. 3 besteht.[2] Dies gilt auch zugunsten von Drittstaatsangehörigen.[3]

2   **2. In Deutschland relevante Restzuständigkeiten.** Für Deutschland kommen Restzuständigkeiten nach § 606a Abs. 1 S. 1 Nr. 1, 3 und 4 ZPO in Betracht.[4] Denn nach Nr. 1 besteht eine Heimatzuständigkeit deutscher Gerichte bereits, wenn ein Ehegatte Deutscher ist oder bei der Eheschließung war, während Art. 2 Abs. 1 Buchstabe b) die gemeinsame Staatsangehörigkeit beider Ehegatten verlangt.[5] Diese Restzuständigkeit ist aber nur eröffnet, wenn der andere Ehegatte kein Angehöriger eines EU-Mitgliedstaats (ohne Dänemark) ist oder die Eheleute ihren gewöhnlichen

---

[7] *Kohler* NJW 2001, 10, 11.
[8] Vgl. *Thomas/Putzo/Hüßtege* Rn. 2; Hk-ZPO/*Dörner* Rn. 3, 5; *Geimer/Schütze/Dilger* Rn. 15.
[9] *Rauscher/Rauscher* Rn. 6.
[10] Zum restriktiveren Vorschlag des Deutschen Rates für IPR s. *Bauer* IPRax 2006, 202, 204.
[1] *Geimer/Schütze/Dilger* Rn. 1; krit. *Rauscher/Rauscher* Rn. 1, 2.
[2] EuGH (C-68/07 v. 29. 11. 07), FamRZ 2008, 128 (Rz. 16 ff., 20); *Becker-Eberhard*, FS Beys, 2003, S. 93, 116; *Geimer/Schütze/Dilger* Rn. 3.
[3] EuGH (C-68/07 v. 29.11. 07), FamRZ 2008, 128 (Rz. 24 ff.).
[4] Vgl. *Motzer* FamRBint 2007, 20, 21 f.
[5] Vgl. *Jayme/Kohler* IPRax 1998, 417, 420.

Aufenthalt in einem Drittstaat hatten.[6] § 606a Abs. 1 S. 1 Nr. 3 ZPO eröffnet die Zuständigkeit, wenn der Ehegatte Staatenloser mit gewöhnlichem Aufenthalt im Inland ist. Diese Situation wird von der EheGVO überhaupt nicht erfasst. Und schließlich genügt es nach § 606a Abs. 1 S. 1 Nr. 4 ZPO, wenn ein Ehegatte seinen gewöhnlichen Aufenthalt im Inland hat, ohne dass die qualifizierenden Voraussetzungen von Art. 2 Abs. 1 Buchstabe a), 2., 5. oder 6. Gedankenstrich vorliegen. Deutscher muss er nicht sein.

Auf **Restzuständigkeiten in anderen Mitgliedstaaten** ist hier aus Raumgründen nicht einzugehen.[7]

3. Gleichstellung von Mitgliedstaatsangehörigen mit Inländern. Art. 7 Abs. 2 will sicherstellen, dass der Antragsteller, der Staatsangehöriger eines Mitgliedstaats ist, und seinen gewöhnlichen Aufenthalt im Gebiet eines anderen Mitgliedstaats hat, in allen Fällen, in denen eine Restzuständigkeit greift, wie ein Inländer dieses Staates behandelt wird. Hierdurch soll eine Diskriminierung der Angehörigen der anderen Mitgliedsstaaten vermieden werden.[8] Die beiden Voraussetzungen, die Art. 7 Abs. 2 hierfür aufstellt, ergeben sich daraus, dass andernfalls die Sperrwirkung des Art. 6 greifen würde. Diese Voraussetzungen sind, dass der Antragsgegner (1) weder seinen gewöhnlichen Aufenthalt im Gebiet eines Mitgliedstaats hat, noch (2) die Staatsangehörigkeit eines Mitgliedsstaats besitzt bzw. im Fall von Großbritannien und Irland dort sein domicile hat. Diese Gleichstellung nützt daher nur gegenüber Angehörigen von Drittstaaten[9] und benachteiligt diese insoweit als Antragsgegner.[10]

Nimmt ein Gericht eine Restzuständigkeit zu Unrecht in Anspruch, ist dies nach den Art. 22, 24 EheGVO kein Grund, dem Scheidungsurteil die Anerkennung zu versagen.[11]

II. Restzuständigkeit de lege ferenda

Der künftige Art. 7 verweist nicht mehr auf das autonome Recht der Mitgliedstaaten, sondern regelt die Restzuständigkeit selbst. Erfasst werden Fälle einer gemischt-nationalen Ehe, bei denen keiner der Ehegatten bei Antragstellung seinen gewöhnlichen Aufenthalt in einem Mitgliedstaat hat.

Damit die Gerichte eines Mitgliedstaats zuständig sind, bedarf es aber einer gewissen Beziehung zu diesem Staat. Diese kann alternativ darin bestehen, dass
(1) die Eheleute mindestens drei Jahre lang ihren gewöhnlichen Aufenthalt in dem Mitgliedsstaat hatten, oder
(2) einer der Ehegatten dessen Staatsangehöriger ist bzw. im Fall des Vereinigten Königreichs oder Irlands dort sein „domicile" hat.

Abschnitt 2. Elterliche Verantwortung

Schrifttum: *Busch/Rölke*, Europäisches Kinderschutzrecht mit offenen Fragen, FamRZ 2004, 1338; *Coester*, Kooperation statt Konfrontation: die Rückgabe entführter Kinder nach der Brüssel II a-Verordnung, FS Schlosser, 2005, S. 135; *Coester-Waltjen*, Die Bedeutung des „gewöhnlichen Aufenthalts" im Haager Entführungsabkommen, in Aufbruch nach Europa, 75 Jahre MPI für Privatrecht, 2001, S. 543; *dies.*, Die Berücksichtigung der Kindesinteressen in der neuen EU-Verordnung „Brüssel II a", FamRZ 2005, 241; *Ekström*, Child protection within the European Union – Council Regulation (EC) No. 2201/2003 on parental responsibility, The Judges' Newsletter X (2005), 42; *Finger*, Internationale gerichtliche Zuständigkeiten in kindschaftsrechtlichen Streitverfahren nach Brüssel II a, FamRBint. 2005, 13 u. 36; *Fleige*, Die Zuständigkeit für Sorgerechtsentscheidungen und die Rückführung von Kindern nach Entführungen nach Europäischem IZVR, 2006; *Francq*, Parental responsibility under „Brussels II", ERA-Forum 1/2003, 54; *Garbe/Ullrich/Andrae*, Prozesse in Familiensachen, 2007; *Gruber*, Zur Konkurrenz zwischen einem selbständigen Sorgerechtsverfahren und einem Verbundverfahren nach der EheVO, IPRax 2004, 507; *Kress*, Internationale Zuständigkeit für elterliche Verantwortung in der Europäischen Union, 2006; *Looschelders*, Die Europäisierung des internationalen Verfahrensrechts für Entscheidungen über die elterliche Verantwortung, JR 2006, 45; *Martiny*, Kindesentziehung – „Brüssel II" und die Staatsverträge, ERA-Forum 1/2003, 97; *Pirrung*, Internationale Zuständigkeit in Sorgerechtssachen nach der Verordnung (EG) 2201/2003, FS Schlosser, 2005, S. 695; *Rausch*, Elterliche Verantwortung – Verfahren mit Auslandsbezug vor und nach „Brüssel II a", FuR 2005, 53 u. 112; *Rauscher*, Parental Responsibility Cases under the new Coun-

---

[6] *Motzer* FamRBint 2007, 20, 22; s. die Beispiele bei *Thomas/Putzo/Hüßtege* Art. 6 Rn. 2; *Rauscher/Rauscher* Rn. 6 Fn. 13.
[7] Vgl. den Überblick bei *Borrás* Bericht Rn. 47.
[8] Hk-ZPO/*Dörner* Rn. 8 f.; *Rauscher/Rauscher* Rn. 10, 15; *Geimer/Schütze/Dilger* Rn. 5.
[9] Vgl. *Hau* FamRZ 2000, 1333, 1340 f.; *Meyer-Götz/Noltemeier* FPR 2004, 282, 285.
[10] *Polyzogopoulos* S. 133, 143; *Thomas/Putzo/Hüßtege* Rn. 3; krit. *Becker-Eberhard*, FS Beys, 2003, S. 93, 117; *Gottwald*, Symposium Spellenberg, S. 55, 70.
[11] *Motzer* FamRBint 2007, 20, 22.

EheGVO Art. 8 1–6 B. Europäisches Zivilprozessrecht

cil Regulation „Brüssels IIA", EuLF 2005, I-37; *Schulz,* Internationale Regelungen zum Sorge- und Umgangsrecht, FamRZ 2003, 336 und FPR 2004, 299; *dies.,* Die Zeichnung des Haager Kinderschutz-Übereinkommens von 1996 und der Kompromiss zur Brüssel IIa-Verordnung, FamRZ 2003, 1351; *Simotta,* Die internationale Zuständigkeit für Verfahren betreffend die elterliche Verantwortung für die gemeinsamen Kinder der Ehegatten (Art. 3f. EheVO), FS Jelinek, 2002, S. 291; *Solomon,* „Brüssel IIa" – Die neuen europäischen Regeln zum internationalen Verfahrensrecht zu Fragen der elterlichen Verantwortung, FamRZ 2004, 1409; *Teixera de Sousa,* Ausgewählte Probleme aus dem Anwendungsbereich der VO (EG) Nr. 2201/2003, FamRZ 2005, 1612.

Art. 8. Allgemeine Zuständigkeit. (1) Für Entscheidungen, die die elterliche Verantwortung betreffen, sind die Gerichte des Mitgliedstaats zuständig, in dem das Kind zum Zeitpunkt der Antragstellung seinen gewöhnlichen Aufenthalt hat.

(2) Absatz 1 findet vorbehaltlich der Artikel 9, 10 und 12 Anwendung.

1 **1. Zuständigkeit des Aufenthaltsstaates des Kindes.** Für alle Entscheidungen zur elterlichen Verantwortung sind generell die Gerichte des Mitgliedstaates international zuständig, in dem das Kind bei Antragstellung seinen gewöhnlichen Aufenthalt hat (Art. 8 Abs. 1). Die Staatsangehörigkeit des Kindes ist irrelevant.[1] Die örtliche und sachliche Zuständigkeit richtet sich nach dem jeweiligen nationalen Recht.[2]

2 Der gewöhnliche Aufenthalt ist autonom wie nach Art. 5 Abs. 1 KSÜ bzw. Art. 1 MSA zu bestimmen.[3] Entscheidend ist also der Lebensmittelpunkt des Kindes.[4] Dieser ist unabhängig von dem des Sorgeberechtigten[5] und bei mehreren Kindern für jedes Kind separat zu bestimmen.[6] Diese Zuständigkeit soll dazu beitragen, dass das Verfahren sachnah und ohne großen Aufwand durchgeführt werden kann und dient damit dem Kindeswohl.[7] Nach hM kann ein Kind nur einen gewöhnlichen Aufenthalt haben.[8] Vereinbaren die Sorgeberechtigten einen wechselnden Aufenthalt in verschiedenen Staaten, so soll der gewöhnliche Aufenthalt dort bleiben, wo er sich vor dieser Vereinbarung befand.[9]

3 Abzustellen ist auf den gewöhnlichen Aufenthalt **bei Antragstellung**. Es gilt der Grundsatz der perpetuatio fori. Eine nachträgliche Verlegung des gewöhnlichen Aufenthalts in einen anderen Staat lässt die Zuständigkeit nicht entfallen.[10] Wird der gewöhnliche Aufenthalt erst während des anhängigen Verfahrens begründet (solange der Antrag noch nicht als unzulässig abgewiesen ist), so führt dies zur Zuständigkeit nach Art. 8 Abs. 1, sofern noch kein Verfahren im bisherigen Aufenthaltsstaat anhängig gemacht wurde.[11]

4 **2. Ausnahmen.** Die Grundregel gilt nach Art. 8 Abs. 2 nur, sofern nicht die Art. 9, 10 oder 12 eingreifen.

5 **a) Änderung einer vor einem Umzug erlassenen Umgangsentscheidung.** Begründet das Kind als Folge eines rechtmäßigen Umzugs einen neuen gewöhnlichen Aufenthalt, so wäre das Gericht im neuen Staat für eine Änderung der bisherigen Umgangsregelung zuständig. Dies erschien dem Verordnungsgeber nicht als angemessen. Für eine Übergangszeit von drei Monaten nach dem Umzug bleibt daher nach Art. 9 Abs. 1 das Gericht des früheren Aufenthaltsstaats für eine Änderung zuständig, sofern sich der Umgangsberechtigte weiterhin in diesem Staat aufhält.

6 **b) Zuständigkeit bei Kindesentführung.** Wird ein Kind aktiv oder passiv entführt, so bleiben die Gerichte des früheren gewöhnlichen Aufenthaltsstaats nach Art. 10 zuständig. Die Zuständigkeit endet erst, wenn
(1) das Kind im neuen Mitgliedstaat einen gewöhnlichen Aufenthalt erlangt hat, und zusätzlich
(2) jeder Sorgeberechtigte zugestimmt hat, oder

---

[1] *Fleige* S. 214; *Finger* FamRBint 2005, 13, 14.
[2] *Solomon* FamRZ 2004, 1409, 1411; *Fleige* S. 285; *Geimer/Schütze/Dilger* Vor Art. 8 Rn. 2.
[3] *Solomon* FamRZ 2004, 1409, 1411; *Kress* S. 108 ff.; *Coester-Waltjen,* in: Aufbruch nach Europa, S. 543, 550 ff.; *Fleige* S. 211 f.; *Geimer/Schütze/Dilger* Rn. 3.
[4] BGH FamRZ 2008, 45, 46; OLG Nürnberg FamRZ 2007, 1588, 1589 ff.; *Garbe/Ullrich/Andrae* § 11 Rn. 189; *Thomas/Putzo/Hüßtege* Rn. 4; vgl. Staudinger/Kropholler (2003) Art. 19 EGBGB Vorbem. 128 ff., 139.
[5] BGH FamRZ 1997, 1070 (zu Art. 1 MSA); *Looschelders* JR 2006, 45, 46.
[6] *Thomas/Putzo/Hüßtege* Rn. 1.
[7] *Coester-Waltjen* FamRZ 2005, 241, 242; *v. Hoffmann/Thorn* IPR § 8 Rn. 99.
[8] Vgl. OLG Nürnberg FamRZ 2007, 1588, 1590; OLG Karlsruhe FamRZ 2003, 955; *Baetge* IPRax 2005, 335, 336 f.
[9] OLG Rostock FamRZ 2001, 642, 643; Hk-ZPO/*Dörner* Rn. 4.
[10] *Geimer/Schütze/Dilger* Rn. 4; *Thomas/Putzo/Hüßtege* Rn. 5; *Kress* S. 111 ff.; *Fleige* S. 216 ff.; *Looschelders* JR 206, 45, 46.
[11] *Garbe/Ullrich/Andrae* § 11 Rn. 193; *Solomon* FamRZ 2004, 1409, 1411; aA *Thomas/Putzo/Hüßtege* Rn. 5.

(3) das Kind sich ein Jahr lang in dem neuen Staat aufhält, ohne dass der Sorgeberechtigte einen Rückgabeantrag gestellt hat.

c) Vereinbarung der Zuständigkeit des Ehescheidungsgerichts. Ein Gericht, das nach Art. 3 zuständig ist, über die Ehetrennung zu entscheiden, ist unabhängig vom gewöhnlichen Aufenthalt des Kindes für eine Sorgerechtsentscheidung als Scheidungsfolge nach Art. 12 zuständig, wenn
(1) wenigstens einem der Ehegatten das Sorgerecht zusteht, und
(2) die Ehegatten bzw. die Sorgeberechtigten diese Zuständigkeit anerkannt haben, und
(3) diese Zuständigkeit dem Wohl des Kindes entspricht.

Art. 9. Aufrechterhaltung der Zuständigkeit des früheren gewöhnlichen Aufenthaltsortes des Kindes. (1) Beim rechtmäßigen Umzug eines Kindes von einem Mitgliedstaat in einen anderen, durch den es dort einen neuen gewöhnlichen Aufenthalt erlangt, verbleibt abweichend von Artikel 8 die Zuständigkeit für eine Änderung einer vor dem Umzug des Kindes in diesem Mitgliedstaat ergangenen Entscheidung über das Umgangsrecht während einer Dauer von drei Monaten nach dem Umzug bei den Gerichten des früheren gewöhnlichen Aufenthalts des Kindes, wenn sich der laut der Entscheidung über das Umgangsrecht umgangsberechtigte Elternteil weiterhin gewöhnlich in dem Mitgliedstaat des früheren gewöhnlichen Aufenthalts des Kindes aufhält.

(2) Absatz 1 findet keine Anwendung, wenn der umgangsberechtigte Elternteil im Sinne des Absatzes 1 die Zuständigkeit der Gerichte des Mitgliedstaats des neuen gewöhnlichen Aufenthalts des Kindes dadurch anerkannt hat, dass er sich an Verfahren vor diesen Gerichten beteiligt, ohne ihre Zuständigkeit anzufechten.

1. Neuregelung. Es handelt sich um eine Neuregelung ohne Entsprechung weder in der VO (EG) Nr. 1347/2000 noch im KSÜ. Ihre Bedeutung dürfte aber gering sein.[1]

2. Abänderungszuständigkeit. a) Art. 9 Abs. 1 sieht eine Abänderungszuständigkeit des früheren Aufenthaltsstaats für eine dort bereits ergangene Umgangsentscheidung vor, obwohl das Kind sich bereits in einem anderen Mitgliedsstaat (gewöhnlich) aufhält. Die Zuständigkeit besteht nur für eine Anpassung der Umgangsentscheidung an die neuen Umstände.[2] Sie besteht nicht für eine Erstentscheidung zum Umgangsrecht und nicht für andere Fragen der elterlichen Verantwortung.[3] Sie besteht auch nicht bei einem Umzug in einen Drittstaat, insoweit soll der Grundsatz der perpetuatio fori nicht gelten.[4]

b) Diese perpetuatio jurisdictionis hat fünf Voraussetzungen:
(1) Das Kind muss in einem **anderen Mitgliedsstaat** umgezogen sein, dort also seinen gewöhnlichen Aufenthalt begründet haben.[5] Bei einem Umzug in einen Drittstaat greift die Regel nicht.[6] Solange noch kein neuer gewöhnlicher Aufenthalt begründet ist, ist der Ursprungsstaat nach Art. 8 zuständig.[7]
(2) Der Umzug muss rechtmäßig erfolgt sein. Ist das Kind gegen den Willen eines Sorgeberechtigten in den neuen Staat verbracht worden, liegt ein Fall von Kindesentführung iS von Art. 2 Nr. 11 vor, der von Art. 10 erfasst wird.[8]
(3) Der frühere Aufenthalts-Mitgliedsstaat muss eine Entscheidung zum Umgangsrecht erlassen haben; eine bloße Vereinbarung der Sorgeberechtigten über das Umgangsrecht genügt nicht.[9]
(4) Im Zeitpunkt der Antragstellung (iS des Art. 16) darf die Verlegung des gewöhnlichen Aufenthalts maximal drei Monate zurückliegen. Die Entscheidung selbst kann später ergehen.[10]

---

[1] *Pirrung,* FS Schlosser, 2005, S. 695, 698; *Rauscher/Rauscher* Rn. 2.
[2] *Garbe/Ullrich/Andrae* § 11 Rn. 197; *Fleige* S. 223; *Geimer/Schütze/Dilger* Rn. 11.
[3] *Gruber* IPRax 2005, 293, 297; *Solomon* FamRZ 2004, 1409, 1412; *Hk-ZPO/Dörner* Rn. 4; *Rauscher/Rauscher* Rn. 5, 11, 13; *Thomas/Putzo/Hüßtege* Rn. 2; *Kress* S. 114 ff.
[4] *v. Hoffmann/Thorn* § 8 Rn. 99 a; *Rauscher/Rauscher* Rn. 8 (Abs. 3).
[5] *Fleige* S. 231 f.; *Geimer/Schütze/Dilger* Rn. 5 f.; für extensive Auslegung *Looschelders* JR 2006, 45, 46 f.
[6] *Coester-Waltjen* FamRZ 2005, 241, 244; *Thomas/Putzo/Hüßtege* Rn. 2; *Geimer/Schütze/Dilger* Rn. 7.
[7] *Hk-ZPO/Dörner* Rn. 6.
[8] Vgl. *Fleige* S. 229 f.; *Geimer/Schütze/Dilger* Rn. 4; *Rauscher/Rauscher* Rn. 4; *AnwK-BGB/Gruber* Rn. 5.
[9] *Gruber* IPRax 2005, 293, 297; *Thomas/Putzo/Hüßtege* Rn. 2; *Geimer/Schütze/Dilger* Rn. 3.
[10] *Solomon* FamRZ 2004, 1409, 1412; *Gruber* IPRax 2005, 293, 297; *Fleige* S. 234 f.; *Geimer/Schütze/Dilger* Rn. 12; *Hk-ZPO/Dörner* Rn. 9; *AnwK-BGB/Gruber* Rn. 2.

EheGVO Art. 10 1, 2   B. Europäisches Zivilprozessrecht

(5) Schließlich muss der Umgangsberechtigte seinen gewöhnlichen Aufenthalt schon vor dem Umzug des Kindes im Entscheidungsstaat gehabt und diesen Aufenthalt beibehalten haben.[11]

4   c) Sind diese Voraussetzungen erfüllt, besteht eine Abänderungszuständigkeit nur für die Gerichte des früheren Aufenthaltsstaates (Art. 8 Abs. 2); der Zuzugsstaat ist nicht zuständig.[12] Das zuständige Gericht des früheren Aufenthaltsstaats kann das Verfahren aber nach Art. 15 verweisen.[13]

5   d) Die Abänderungszuständigkeit entfällt nach Art. 9 Abs. 2, wenn sich der Umgangsberechtigte in dem neuen Aufenthaltsstaat auf ein Verfahren, das das Umgangsrecht zum Gegenstand hat, rügelos eingelassen hat.[14] Die deutsche Übersetzung „ohne ihre Zuständigkeit anzufechten" ist rechtstechnisch ungenau. Gleiches gilt, wenn der Umgangsberechtigte das Verfahren in dem neuen Aufenthaltsstaat selbst eingeleitet hat.[15]

Art. 10. Zuständigkeit in Fällen von Kindesentführung. Bei widerrechtlichem Verbringen oder Zurückhalten eines Kindes bleiben die Gerichte des Mitgliedstaats, in dem das Kind unmittelbar vor dem widerrechtlichen Verbringen oder Zurückhalten seinen gewöhnlichen Aufenthalt hatte, so lange zuständig, bis das Kind einen gewöhnlichen Aufenthalt in einem anderen Mitgliedstaat erlangt hat und

a) jede sorgeberechtigte Person, Behörde oder sonstige Stelle dem Verbringen oder Zurückhalten zugestimmt hat

oder

b) das Kind sich in diesem anderen Mitgliedstaat mindestens ein Jahr aufgehalten hat, nachdem die sorgeberechtigte Person, Behörde oder sonstige Stelle seinen Aufenthaltsort kannte oder hätte kennen müssen und sich das Kind in seiner neuen Umgebung eingelebt hat, sofern eine der folgenden Bedingungen erfüllt ist:

  i) Innerhalb eines Jahres, nachdem der Sorgeberechtigte den Aufenthaltsort des Kindes kannte oder hätte kennen müssen, wurde kein Antrag auf Rückgabe des Kindes bei den zuständigen Behörden des Mitgliedstaats gestellt, in den das Kind verbracht wurde oder in dem es zurückgehalten wird;

  ii) ein von dem Sorgeberechtigten gestellter Antrag auf Rückgabe wurde zurückgezogen, und innerhalb der in Ziffer i) genannten Frist wurde kein neuer Antrag gestellt;

  iii) ein Verfahren vor dem Gericht des Mitgliedstaats, in dem das Kind unmittelbar vor dem widerrechtlichen Verbringen oder Zurückhalten seinen gewöhnlichen Aufenthalt hatte, wurde gemäß Artikel 11 Absatz 7 abgeschlossen;

  iv) von den Gerichten des Mitgliedstaats, in dem das Kind unmittelbar vor dem widerrechtlichen Verbringen oder Zurückhalten seinen gewöhnlichen Aufenthalt hatte, wurde eine Sorgerechtsentscheidung erlassen, in der die Rückgabe des Kindes nicht angeordnet wird.

1   **1. Zuständigkeit des früheren Aufenthaltsstaats bei Kindesentführung. a)** Wird ein Kind iS des Art. 2 Nr. 11 entführt und wird in dem Mitgliedstaat, in den das Kind verbracht wurde, ein neuer gewöhnlicher Aufenthalt begründet, so bleibt dennoch die internationale Zuständigkeit des früheren Aufenthaltsstaates für Verfahren über die elterliche Verantwortung grundsätzlich bestehen. Dadurch soll verhindert werden, dass der Entführer durch sein eigenes rechtswidriges Handeln einen Zuständigkeitswechsel zu seinen Gunsten herbeiführen kann.[1] Die Regelung ist an Art. 7 KSÜ angelehnt, weicht aber im Detail davon ab.[2]

2   **b)** Solange das Kind nach einer Entführung keinen gewöhnlichen Aufenthalt im neuen Mitgliedstaat begründet hat, folgt die Zuständigkeit des vormaligen Aufenthaltsstaats aus Art. 8 Abs. 1.[3] Stellt der Sorgeberechtigte (Art. 2 Nr. 8) hierauf gestützt einen Antrag, so bleibt der frühere Auf-

---

[11] *Solomon* FamRZ 2004, 1409, 1412; *Gruber* IPRax 2005, 293, 297; *Kress* S. 116; *Fleige* S. 233; Hk-ZPO/*Dörner* Rn. 8; *Geimer/Schütze/Dilger* Rn. 8; krit. *Rauscher/Rauscher* Rn. 7.
[12] *Solomon* FamRZ 2004, 1409, 1412; Hk-ZPO/*Dörner* Rn. 2; *Rauscher/Rauscher* Rn. 9, 12; *Thomas/Putzo/Hüßtege* Rn. 3.
[13] AnwK-BGB/*Gruber* Rn. 6; *Geimer/Schütze/Dilger* Rn. 13; *Rauscher/Rauscher* Rn. 9.
[14] *Geimer/Schütze/Dilger* Rn. 9; AnwK-BGB/*Gruber* Rn. 6; *Thomas/Putzo/Hüßtege* Rn. 4; *Gruber* IPRax 2005, 293, 297; *Kress* S. 117.
[15] *Rauscher/Rauscher* Rn. 14; Hk-ZPO/*Dörner* Rn. 11.
[1] *Kress* S. 150; *Solomon* FamRZ 2005, 1409, 1416 f.; Hk-ZPO/*Dörner* Rn. 1.
[2] *Pirrung*, FS Schlosser, 2005, S. 695, 701; *Rauscher/Rauscher* Rn. 3.
[3] *Fleige* S. 290.

enthaltsstaat nach dem Grundsatz der perpetuatio fori zuständig, auch wenn der Aufenthalt des Kindes im Verbringungsstaat nach Antragstellung zum gewöhnlichen Aufenthalt erstarkt.[4]

c) Trotz des Verbringens in einen anderen Mitgliedstaat unter Verletzung des Allein- oder Mit- **3** Sorgerechts kann das Kind aber in diesem Staat einen neuen gewöhnlichen Aufenthalt haben, wenn es sich dort eingelebt hat,[5] sozial integriert ist. Daran fehlt es, wenn das Kind nach der Entführung versteckt wird.[6] Der neue Lebensmittelpunkt kann auch dann entstehen, wenn das Kind zunächst gegen seinen eigenen Willen entführt wurde.[7] Dann wäre der neue Aufenthaltsstaat nach Art. 8 Abs. 1 zuständig. Dies wird durch Art. 10 verhindert, der nach Art. 8 Abs. 2 dessen Abs. 1 vorgeht. Besteht noch keine Sorgerechtsentscheidung, kann der in seinem Sorgerecht Verletzte daher eine Entscheidung in dem früheren Aufenthaltsstaat des Kindes (der regelmäßig auch sein eigener Aufenthaltsstaat ist) beantragen.[8]

d) Art. 10 greift aber nur, wenn das Kind ursprünglich seinen gewöhnlichen Aufenthalt in einem **4** Mitgliedstaat hatte. Hielt es sich ursprünglich in einem Drittstaat auf, so folgt die Zuständigkeit von altem und/oder neuem Aufenthaltsstaat entweder aus einem Übereinkommen (zB aus Art. 7 KSÜ) oder (hilfsweise) aus den jeweiligen autonomen nationalen Zuständigkeitsregeln.[9]

2. Wegfall der Zuständigkeit des früheren Aufenthaltsstaates. Die internationale Zustän- **5** digkeit des bisherigen Aufenthaltsstaats endet, wie dargelegt, nicht bereits dadurch, dass das Kind einen neuen gewöhnlichen Aufenthalt in dem Verbringungsstaat erlangt. Die Zuständigkeit endet aber, wenn zusätzlich zu dem neuen Lebensmittelpunkt eine weitere Voraussetzung erfüllt ist. Es genügt, dass eine der zusätzlichen Alternativen erfüllt ist.

a) Zustimmung aller Sorgeberechtigten. Ein Zuständigkeitswechsel tritt ebenso wie nach **6** Art. 7 Abs. 1 lit. a KSÜ ein, wenn (1) das Kind einen neuen gewöhnlichen Aufenthalt hat und (2) alle sorgeberechtigten Personen oder Behörden dem Verbringen in den neuen Staat bzw. dem Zurückhalten dort letztlich zugestimmt haben (lit. a). Zustimmen müssen alle „Träger der elterlichen Verantwortung" (Art. 2 Nr. 8); die „sorgeberechtigten Personen" sind mit ihnen identisch. Der nur Umgangsberechtigte ist ebenfalls sorgeberechtigt iS dieser Regel.[10] Die Sorgeberechtigten können ihre Zustimmung ausdrücklich oder konkludent erklären. Es genügt, wenn der Sorgeberechtigte in Kenntnis der Sach- und Rechtslage bewusst untätig bleibt.[11]

b) Einjähriger schlichter Aufenthalt. Ein Zuständigkeitswechsel tritt (alternativ zu a)) (ähn- **7** lich wie nach Art. 7 Abs. 1 lit. b KSÜ) ein, wenn das Kind
(1) seinen gewöhnlichen Aufenthalt im neuen Staat erlangt und
(2) sich dort mindestens ein Jahr rein tatsächlich aufgehalten haben, nachdem der Sorgeberechtigte, dessen Recht verletzt wurde, den Aufenthaltsort des Kindes kannte oder hätte kennen müssen,
(3) sich das Kind in der neuen Umgebung eingelebt hat, und
(4) der Sorgeberechtigte innerhalb dieses Jahres keinen Rückgabeantrag gestellt, einen gestellten Antrag zurückgenommen oder nicht rechtzeitig wieder gestellt hat (lit. i, ii), ein Rückgabeverfahren im alten Aufenthaltsstaat gemäß Art. 11 Abs. 7 ergebnislos abgeschlossen wurde (iii) oder der frühere Aufenthaltsstaat eine Sorgerechtsentscheidung erlässt, die keine zusätzliche Rückgabeanordnung enthält.

Da der gewöhnliche Aufenthalt idR eine faktische Integration erfordert, dürfte dem Erfordernis des „Einlebens" kaum zusätzliche Bedeutung zukommen.[12] Die Jahresfrist beginnt eindeutig nicht mit der Entführung, sondern läuft (wie in Art. 7 KSÜ) erst ab Kenntnis oder vorwerfbarer Unkenntnis des Sorgeberechtigten vom neuen Aufenthaltsort.[13]

Lehnt der neue Aufenthaltsstaat (Zufluchtsstaat) ab, das Kind zurückzugeben, bleibt das Gericht **8** des alten Aufenthaltsstaates nach Art. 10 iVm. Art. 11 Abs. 8 zuständig, eine Rückgabe des Kindes anzuordnen, die im neuen Aufenthaltsstaat vollstreckbar ist.[14]

---

[4] *Thomas/Putzo/Hüßtege* Rn. 1.
[5] *Solomon* FamRZ 2004, 1409, 1417; *Garbe/Ullrich/Andrae* § 11 Rn. 190 f.
[6] *v. Hoffmann/Thorn* § 8 Rn. 99 c.
[7] *Thomas/Putzo/Hüßtege* Rn. 2.
[8] *Gruber* IPRax 2005, 293, 300; *Fleige* S. 290 f.; *Geimer/Schütze/Dilger* Rn. 4; Hk-ZPO/*Dörner* Rn. 7.
[9] *Thomas/Putzo/Hüßtege* Rn. 2.
[10] *Rauscher/Rauscher* Rn. 11 (Abs. 3).
[11] *Kress* S. 151; *Rauscher/Rauscher* Rn. 12; aA *Geimer/Schütze/Dilger* Rn. 11 f. (nur ausdrückliche Zustimmung).
[12] *Geimer/Schütze/Dilger* Rn. 16; Hk-ZPO/*Dörner* Rn. 11; *Rauscher/Rauscher* Rn. 15.
[13] *Kress* S. 152; *Solomon* FamRZ 2004, 1409, 1417; *Geimer/Schütze/Dilger* Rn. 15.
[14] *Garbe/Ullrich/Andrae* § 11 Rn. 719.

9 c) Folgen. Endet die Zuständigkeit des früheren Aufenthaltsstaates, so ist der neue Aufenthaltsstaat zuständig, über die elterliche Verantwortung zu entscheiden.

Art. 11. Rückgabe des Kindes. (1) Beantragt eine sorgeberechtigte Person, Behörde oder sonstige Stelle bei den zuständigen Behörden eines Mitgliedstaats eine Entscheidung auf der Grundlage des Haager Übereinkommens vom 25. Oktober 1980 über die zivilrechtlichen Aspekte internationaler Kindesentführung (nachstehend „Haager Übereinkommen von 1980" genannt), um die Rückgabe eines Kindes zu erwirken, das widerrechtlich in einen anderen als den Mitgliedstaat verbracht wurde oder dort zurückgehalten wird, in dem das Kind unmittelbar vor dem widerrechtlichen Verbringen oder Zurückhalten seinen gewöhnlichen Aufenthalt hatte, so gelten die Absätze 2 bis 8.

(2) Bei Anwendung der Artikel 12 und 13 des Haager Übereinkommens von 1980 ist sicherzustellen, dass das Kind die Möglichkeit hat, während des Verfahrens gehört zu werden, sofern dies nicht aufgrund seines Alters oder seines Reifegrads unangebracht erscheint.

(3) Das Gericht, bei dem die Rückgabe eines Kindes nach Absatz 1 beantragt wird, befasst sich mit gebotener Eile mit dem Antrag und bedient sich dabei der zügigsten Verfahren des nationalen Rechts.
Unbeschadet des Unterabsatzes 1 erlässt das Gericht seine Anordnung spätestens sechs Wochen nach seiner Befassung mit dem Antrag, es sei denn, dass dies aufgrund außergewöhnlicher Umstände nicht möglich ist.

(4) Ein Gericht kann die Rückgabe eines Kindes aufgrund des Artikels 13 Buchstabe b) des Haager Übereinkommens von 1980 nicht verweigern, wenn nachgewiesen ist, dass angemessene Vorkehrungen getroffen wurden, um den Schutz des Kindes nach seiner Rückkehr zu gewährleisten.

(5) Ein Gericht kann die Rückgabe eines Kindes nicht verweigern, wenn der Person, die die Rückgabe des Kindes beantragt hat, nicht die Gelegenheit gegeben wurde, gehört zu werden.

(6) Hat ein Gericht entschieden, die Rückgabe des Kindes gemäß Artikel 13 des Haager Übereinkommens von 1980 abzulehnen, so muss es nach dem nationalen Recht dem zuständigen Gericht oder der Zentralen Behörde des Mitgliedstaats, in dem das Kind unmittelbar vor dem widerrechtlichen Verbringen oder Zurückhalten seinen gewöhnlichen Aufenthalt hatte, unverzüglich entweder direkt oder über seine Zentrale Behörde eine Abschrift der gerichtlichen Entscheidung, die Rückgabe abzulehnen, und die entsprechenden Unterlagen, insbesondere eine Niederschrift der Anhörung, übermitteln. Alle genannten Unterlagen müssen dem Gericht binnen einem Monat ab dem Datum der Entscheidung, die Rückgabe abzulehnen, vorgelegt werden.

(7) Sofern die Gerichte des Mitgliedstaats, in dem das Kind unmittelbar vor dem widerrechtlichen Verbringen oder Zurückhalten seinen gewöhnlichen Aufenthalt hatte, nicht bereits von einer der Parteien befasst wurden, muss das Gericht oder die Zentrale Behörde, das/die die Mitteilung gemäß Absatz 6 erhält, die Parteien hiervon unterrichten und sie einladen, binnen drei Monaten ab Zustellung der Mitteilung Anträge gemäß dem nationalen Recht beim Gericht einzureichen, damit das Gericht die Frage des Sorgerechts prüfen kann.
Unbeschadet der in dieser Verordnung festgelegten Zuständigkeitsregeln schließt das Gericht den Fall ab, wenn innerhalb dieser Frist keine Anträge bei dem Gericht eingegangen sind.

(8) Ungeachtet einer nach Artikel 13 des Haager Übereinkommens von 1980 ergangenen Entscheidung, mit der die Rückgabe des Kindes verweigert wird, ist eine spätere Entscheidung, mit der die Rückgabe des Kindes angeordnet wird und die von einem nach dieser Verordnung zuständigen Gericht erlassen wird, im Einklang mit Kapitel III Abschnitt 4 vollstreckbar, um die Rückgabe des Kindes sicherzustellen.

Schrifttum: *Coester,* Kooperation statt Konfrontation: Die Rückgabe entführter Kinder nach der Brüssel IIa-Verordnung, FS Schlosser, 2005, S. 135; *Dutta/Scherpe,* Die Durchsetzung von Rückführungsansprüchen nach dem Haager Kindesentführungsübereinkommen durch deutsche Gerichte, FamRZ 2006, 901; *Finger,* Internationale Kindesentführung, FuR 2005, 443.

Die einschlägigen Vorschriften des **Haager Übereinkommens über die zivilrechtlichen Aspekte internationaler Kindesentführung** vom 25. 10. 1980 (BGBl. 1990 II, S. 207) lauten:

Kapitel III. Rückgabe von Kindern

Art. 8. *(1) Macht eine Person, Behörde oder sonstige Stellte geltend, ein Kind sei unter Verletzung des Sorgerechts verbracht oder zurückgehalten worden, so kann sie sich entweder an die für den gewöhnlichen Aufenthalt des Kindes zuständige zentrale Behörde oder an die zentrale Behörde eines anderen Vertragsstaats wenden, um mit deren Unterstützung die Rückgabe des Kindes sicherzustellen.*

(2) Der Antrag muß enthalten
a) Angaben über die Identität des Antragstellers, des Kindes und der Person, die das Kind angeblich verbracht oder zurückgehalten hat;
b) das Geburtsdatum des Kindes, soweit es festgestellt werden kann;
c) die Gründe, die der Antragsteller für seinen Anspruch auf Rückgabe des Kindes geltend macht;
d) alle verfügbaren Angaben über den Aufenthaltsort des Kindes und die Identität der Person, bei der sich das Kind vermutlich befindet.
Der Antrag kann wie folgt ergänzt oder es können ihm folgende Anlagen beigefügt werden:
e) eine beglaubigte Ausfertigung einer für die Sache erheblichen Entscheidung oder Vereinbarung;
f) eine Bescheinigung oder eidesstattliche Erklärung (Affidavit) über die einschlägigen Rechtsvorschriften des betreffenden Staates; sie muß von der zentralen Behörde oder einer sonstigen zuständigen Behörde des Staates, in dem sich das Kind gewöhnlich aufhält, oder von einer dazu befugten Person ausgehen;
g) jedes sonstige für die Sache erhebliche Schriftstück.

Art. 9. *Hat die zentrale Behörde, bei der ein Antrag nach Artikel 8 eingeht, Grund zu der Annahme, dass sich das Kind in einem anderen Vertragsstaat befindet, so übermittelt sie den Antrag unmittelbar und unverzüglich der zentralen Behörde dieses Staates; sie unterrichtet davon die ersuchende zentrale Behörde oder gegebenenfalls den Antragsteller.*

Art. 10. *Die zentrale Behörde des Staates, in dem sich das Kind befindet, trifft oder veranlaßt alle geeigneten Maßnahmen, um die freiwillige Rückgabe des Kindes zu bewirken.*

Art. 11. *(1) In Verfahren auf Rückgabe von Kindern haben die Gerichte oder Verwaltungsbehörden eines jeden Vertragsstaats mit der gebotenen Eile zu handeln.*

(2) Hat das Gericht oder die Verwaltungsbehörde, die mit der Sache befaßt sind, nicht innerhalb von sechs Wochen nach Eingang des Antrags eine Entscheidung getroffen, so kann der Antragsteller oder die zentrale Behörde des ersuchten Staates von sich aus oder auf Begehren der zentralen Behörde des ersuchenden Staates eine Darstellung der Gründe für die Verzögerung verlangen. Hat die zentrale Behörde des ersuchten Staates die Antwort erhalten, so übermittelt sie diese der zentralen Behörde des ersuchenden Staates oder gegebenenfalls dem Antragsteller.

Art. 12. *(1) Ist ein Kind im Sinn des Artikels 3 widerrechtlich verbracht oder zurückgehalten worden und ist bei Eingang des Antrags bei dem Gericht oder der Verwaltungsbehörde des Vertragsstaats, in dem sich das Kind befindet, eine Frist von weniger als einem Jahr seit dem Verbringen oder Zurückhalten verstrichen, so ordnet das zuständige Gericht oder die zuständige Verwaltungsbehörde die sofortige Rückgabe des Kindes an.*

(2) Ist der Antrag erst nach Ablauf der in Absatz 1 bezeichneten Jahresfrist eingegangen, so ordnet das Gericht oder die Verwaltungsbehörde die Rückgabe des Kindes ebenfalls an, sofern nicht erwiesen ist, daß das Kind sich in seine neue Umgebung eingelebt hat.

(3) Hat das Gericht oder die Verwaltungsbehörde des ersuchten Staates Grund zu der Annahme, dass das Kind in einen anderen Staat verbracht worden ist, so kann das Verfahren ausgesetzt oder der Antrag auf Rückgabe des Kindes abgelehnt werden.

Art. 13. *(1) Ungeachtet des Artikels 12 ist das Gericht oder die Verwaltungsbehörde des ersuchten Staates nicht verpflichtet, die Rückgabe des Kindes anzuordnen, wenn die Person, Behörde oder sonstige Stelle, die sich der Rückgabe des Kindes widersetzt, nachweist,*
a) dass die Person, Behörde oder sonstige Stelle, der die Sorge für die Person des Kindes zustand, das Sorgerecht zur Zeit des Verbringens oder Zurückhaltens tatsächlich nicht ausgeübt, dem Verbringen oder Zurückhalten zugestimmt oder dieses nachträglich genehmigt hat, oder
b) dass die Rückgabe mit der schwerwiegenden Gefahr eines körperlichen oder seelischen Schadens für das Kind verbunden ist oder das Kind auf andere Weise in eine unzumutbare Lage bringt.

(2) Das Gericht oder die Verwaltungsbehörde kann es ferner ablehnen, die Rückgabe des Kindes anzuordnen, wenn festgestellt wird, daß sich das Kind der Rückgabe widersetzt und dass es ein Alter und eine Reife erreicht hat, angesichts deren es angebracht erscheint, seine Meinung zu berücksichtigen.

(3) Bei Würdigung der in diesem Artikel genannten Umstände hat das Gericht oder die Verwaltungsbehörde die Auskünfte über die soziale Lage des Kindes zu berücksichtigen, die von der zentralen Behörde oder einer anderen zuständigen Behörde des Staates des gewöhnlichen Aufenthalts des Kindes erteilt worden sind.

Art. 14. *Haben die Gerichte oder Verwaltungsbehörden des ersuchten Staates festzustellen, ob ein widerrechtliches Vorbringen oder Zurückhalten im Sinn des Artikels 3 vorliegt, so können sie das im Staat des gewöhnlichen Aufenthalts des Kindes geltende Recht und die gerichtlichen oder behördlichen Entscheidungen, gleichviel ob sie dort förmlich anerkannt sind oder nicht, unmittelbar berücksichtigen; dabei brauchen sie die besonderen Verfahren zum Nachweis dieses Rechts oder zur Anerkennung ausländischer Entscheidungen, die sonst einzuhalten wären, nicht zu beachten.*

Art. 15. *Bevor die Gerichte oder Verwaltungsbehörden eines Vertragsstaats die Rückgabe des Kindes anordnen, können sie vom Antragsteller die Vorlage einer Entscheidung oder sonstigen Bescheinigung der Behörden des Staates des gewöhnlichen Aufenthalts des Kindes verlangen, aus der hervorgeht, daß das Verbringen oder Zurückhalten widerrechtlich im Sinn des Artikels 3 war, sofern in dem betreffenden Staat eine derartige Entscheidung oder Bescheinigung erwirkt werden kann. Die zentralen Behörden der Vertragsstaaten haben den Antragsteller beim Erwirken einer derartigen Entscheidung oder Bescheinigung soweit wie möglich zu unterstützen.*

Art. 16. *Ist den Gerichten oder Verwaltungsbehörden des Vertragsstaats, in den das Kind verbracht oder in dem es zurückgehalten wurde, das widerrechtliche Verbringen oder Zurückhalten des Kindes im Sinn des Artikels 3 mitgeteilt worden, so dürfen sie eine Sachentscheidung über das Sorgerecht erst treffen, wenn entschieden ist, daß das Kind aufgrund dieses Übereinkommens nicht zurückzugeben ist, oder wenn innerhalb angemessener Frist nach der Mitteilung kein Antrag nach dem Übereinkommen gestellt wird.*

Art. 17. *Der Umstand, daß eine Entscheidung über das Sorgerecht im ersuchten Staat ergangen oder dort anerkennbar ist, stellt für sich genommen keinen Grund dar, die Rückgabe eines Kindes nach Maßgabe dieses Übereinkommens abzulehnen; die Gerichte oder Verwaltungsbehörden des ersuchten Staates können jedoch bei der Anwendung des Übereinkommens die Entscheidungsgründe berücksichtigen.*

Art. 18. *Die Gerichte oder Verwaltungsbehörden werden durch die Bestimmungen dieses Kapitels nicht daran gehindert, jederzeit die Rückgabe des Kindes anzuordnen.*

Art. 19. *Eine aufgrund dieses Übereinkommens getroffene Entscheidung über die Rückgabe des Kindes ist nicht als Entscheidung über das Sorgerecht anzusehen.*

Art. 20. *Die Rückgabe des Kindes nach Artikel 12 kann abgelehnt werden, wenn sie nach den im ersuchten Staat geltenden Grundwerten über den Schutz der Menschenrechte und Grundfreiheiten unzulässig ist.*

1. Zweck der Regelung. Die EheGVO hat zwar Vorrang vor dem HKEntfÜ (Art. 60 lit. c EheGVO), regelt aber die Rückführung entführter Kinder nicht selbst. Die Zuständigkeit für die Entscheidung über die elterliche Verantwortung folgt auch im Entführungsfall aus Art. 8 EheGVO.[1] Art. 11 enthält insoweit überhaupt keine Entscheidungszuständigkeit. Die ausführliche Norm stellt vielmehr zwischen den Mitgliedsstaaten **zusätzliche Anforderungen an Verfahren zur Rückgabe eines entführten Kindes** nach dem HKEntfÜ 1980 auf,[2] um das Verfahren zu beschleunigen und die Ausnahmetatbestände des HKEntfÜ einzuschränken.[3] Solche Sonderregeln lässt Art. 36 HKEntfÜ ausdrücklich zu.

2. Die Kindesrückgabe nach dem HKEntfÜ. a) Nach diesem Übereinkommen ordnet das Gericht oder die Behörde des Staates, in dem sich das Kind gegenwärtig befindet, auf Antrag dessen sofortige Rückgabe an, wenn das Kind in diesen Staat widerrechtlich verbracht worden ist oder dort zurückgehalten wird (Art. 8, 12 HKEntfÜ). Das Gericht hat grundsätzlich innerhalb von sechs Wochen nach Eingang des Antrags zu entscheiden (Art. 11 Abs. 2 HKEntfÜ).

b) Ist zwischen der Entführung und dem Rückgabeantrag noch kein Jahr vergangen, ist die Rückgabe nach Art. 12 Abs. 1 HKEntfÜ grundsätzlich (also auch in Zweifelsfällen)[4] anzuordnen.

---

[1] *Looschelders* JR 2006, 45, 49.
[2] *Thomas/Putzo/Hüßtege* Rn. 1; Hk-ZPO/*Dörner* Rn. 1, 2; *Fleige* S. 298; *Looschelders* JR 2006, 45, 49; vgl. OLG Naumburg FamRZ 2007, 1586.
[3] *Solomon* FamRZ 2005, 1409, 1416; Hk-ZPO/*Dörner* Rn. 5.
[4] OLG Naumburg FamRZ 2007, 1586, 1587.

Wird der Antrag verspätet gestellt, kann die Rückgabe abgelehnt werden, wenn erwiesen ist, dass sich das Kind in die neue Umgebung eingelebt hat (Art. 12 Abs. 2 HKEntfÜ).

c) Die Rückgabe des Kindes darf nur aus den in Art. 13 HKEntfÜ aufgeführten Gründen (Nichtausübung des Sorgerechts, Genehmigung des neuen Aufenthalts,[5] schwerwiegender körperlicher oder seelischer Schaden für das Kind; unzumutbare Lage) abgelehnt werden. Gegen den Willen des Kindes wird die Rückgabe nicht angeordnet, wenn seine Meinung nach Alter und Reife beachtlich ist (Art. 13 Abs. 2 HKEntfÜ).[6] Schließlich kann die Rückgabe wegen der zu befürchtenden Verletzung von Menschenrechten abgelehnt werden (Art. 20 HKEntfÜ).[7]

3. Die zusätzlichen Verfahrensanforderungen. a) Anhörung des Kindes. Damit sich die Rückgabeentscheidung am Kindeswohl orientiert, muss das Kind (in Deutschland auch sein Verfahrenspfleger)[8] während des Verfahrens nach Art. 11 Abs. 2 angehört werden. Anzuhören hat je nach der lex fori das Gericht selbst oder die von ihm beauftragte Behörde.[9]

Die Anhörung darf nur wegen des Alters oder der mangelnden Reife des Kindes, nicht wegen Eilbedürftigkeit unterbleiben.[10]

b) Verfahrensdauer. Art. 11 Abs. 3 verlangt, dass der Rückgabeantrag in einem beschleunigten Verfahren behandelt und über ihn spätestens innerhalb von sechs Wochen, vorbehaltlich außergewöhnlicher Umstände, entschieden wird.[11] Diese Anforderungen werden in § 38 IntFamRVG für alle Rechtszüge konkretisiert. Sanktionen bei längerer Verfahrensdauer fehlen jedoch.[12] Eine Vollstreckbarkeit innerhalb von sechs Wochen wird nicht vorgeschrieben,[13] zumal die Rückgabeentscheidung erst mit Rechtskraft wirksam und vollstreckbar wird (§ 40 Abs. 1 IntFamRVG). Das OLG kann aber gemäß § 40 Abs. 3 IntFamRVG schon zuvor die sofortige Vollziehung der Rückgabeentscheidung anordnen,[14] wenn das Rechtsmittel als offensichtlich unbegründet erscheint.

4. Einschränkung der Gründe für die Verweigerung der Rückgabe. a) Maßnahmen zum Schutz des Kindes. Nach Art. 13 Abs. 1 lit. b HKEntfÜ darf die Rückgabe des Kindes wegen schwerwiegender Gefahren für dessen Leib oder Seele verweigert werden.[15] Art. 11 Abs. 4 EheGVO schränkt diesen Weigerungsgrund ein. Danach ist die Rückgabe trotz solcher Gefahren anzuordnen, wenn der Antragsteller nachweist, dass **angemessene Vorkehrungen** getroffen wurden, um das Kind nach seiner Rückkehr zu schützen. Praktisch gesehen kann das Gericht den Erlass der Rückgabeanordnung daher von der Einhaltung gewisser Rahmenbedingungen abhängig machen, durch die das Rückgabehindernis des Art. 13 Abs. 1 lit. b HKEntfÜ entfällt.[16] Welche Vorkehrungen gemeint sind, ist nicht näher geregelt.[17] In Betracht kommt etwa die Verständigung der Eltern über den Umgang (und das Sorgerecht) in einer protokollierten Vereinbarung bzw. in „undertakings" gegenüber dem Gericht[18] oder der Erlass von Schutzmaßnahmen durch das Gericht im Herkunftsstaat („mirror orders").[19] Bei Gefahr von körperlichen Misshandlungen oder sexuellem Missbrauch kommt auch die Anordnung eines Kontaktverbots in Betracht.[20] Das Gericht kann auch selbst (gemäß Art. 55 EheGVO) Kontakt mit den Behörden des bisherigen Aufenthaltsstaats aufnehmen, etwa um dem Entführer, gegen den etwa ein Haftbefehl vorliegt, eine Rückkehr in den früheren Aufenthaltsstaat zu erleichtern.[21] Ob die nachgewiesenen Vorkehrungen ausreichend angemessen sind, entscheidet das Gericht, das über den Rückgabeantrag befindet.

---

[5] Vgl. OLG Karlsruhe FamRZ 2006, 1699, 1700.
[6] Vgl. OLG Karlsruhe FamRZ 2006, 1403 (ab 10 Jahren); *Looschelders* JR 2006, 45, 50.
[7] Vgl. *Looschelders* JR 2006, 45, 50.
[8] OLG Naumburg FamRZ 2007, 1586, 1587.
[9] *Rauscher/Rauscher* Rn. 6; AnwK-BGB/*Gruber* Rn. 2; *Geimer/Schütze/Dilger* Rn. 4; Hk-ZPO/*Dörner* Rn. 3; *Schulz* FamRZ 2003, 1351, 1352.
[10] *Rauscher/Rauscher* Rn. 6 (Abs. 4).
[11] Vgl. *Fleige* S. 301.
[12] Hk-ZPO/*Dörner* Rn. 6.
[13] AA *Geimer/Schütze/Dilger* Rn. 8.
[14] *Gruber* FamRZ 2005, 1603, 1606; Hk-ZPO/*Dörner* Rn. 7.
[15] Vgl. OLG Nürnberg FamRZ 2007, 1588, 1591 f.
[16] Hk-ZPO/*Dörner* Rn. 9; *Rauscher/Rauscher* Rn. 12; *Thomas/Putzo/Hüßtege* Rn. 4; *Looschelders* JR 2006, 45, 49.
[17] Krit. *Coester*, FS Schlosser, 2005, S. 135, 138 f., 140 f.
[18] *Rauscher/Rauscher* Rn. 12; *Fleige* S. 304 f.; zum HKEntfÜ s. *Mäsch* FamRZ 2002, 1069.
[19] Hk-ZPO/*Dörner* Rn. 9; *Geimer/Schütze/Dilger* Rn. 14; vgl. OLG Naumburg FamRZ 2007, 1586, 1587.
[20] *Looschelders* JR 2006, 45, 49; Hk-ZPO/*Dörner* Rn. 9; *Geimer/Schütze/Dilger* Rn. 14.
[21] *Rauscher/Rauscher* Rn. 12; *Coester*, FS Schlosser, 2005, S. 135, 142; *Looschelders* JR 2006, 45, 49; vgl. OLG Rostock FamRZ 2002, 46, 48.

EheGVO Art. 12

8 **b) Rechtliches Gehör zu Einwänden.** Art. 11 Abs. 5 EheGVO bekräftigt, dass dem Antragsteller aus Gründen des rechtlichen Gehörs Gelegenheit gegeben werde, zu den Einwänden von Antragsgegner und/oder Kind gegen eine Rückgabe Stellung zu nehmen, bevor der Antrag abgelehnt wird.

9 **5. Benachrichtigung von der Rückgabeweigerung a) der Zentralen Behörde** des früheren Aufenthaltsstaats. Wird die Rückgabe des Kindes nach Art. 13 HKEntfÜ abgelehnt, muss diese Entscheidung (samt Unterlagen und der Niederschrift über die Anhörung der Beteiligten – Antragsteller, Antragsgegner und Kind) gemäß Art. 11 Abs. 6 unverzüglich, spätestens innerhalb eines Monats der zentralen Behörde oder dem zuständigen Gericht des früheren Aufenthaltsstaats übermittelt werden (vgl. Art. 6 ff. HKEntfÜ). Bei der Übermittlung einer inländischen Entscheidung ins Ausland ist gleichzeitig der deutschen Zentralen Behörde eine Abschrift der Entscheidung zu übersenden (§ 39 IntFamRVG), damit diese ihren Aufgaben nach Art. 7 HKEntfÜ nachkommen kann.[22] Zentrale Behörde in Deutschland ist (seit 1. 1. 2007) das Bundesamt für Justiz in Bonn.

10 **b) der Parteien.** Nach Art. 11 Abs. 7 hat die Zentrale Behörde oder das Gericht des früheren Aufenthaltsstaats die Parteien von der Entscheidung über die Rückgabeverweigerung zu benachrichtigen, nachdem sie selbst die entsprechende Mitteilung nach Abs. 6 erhalten haben. Diese Pflicht zur Benachrichtigung entfällt, wenn die Gerichte des früheren Aufenthaltsstaates bereits unmittelbar vor der Entführung auf Antrag einer der Parteien mit dem Fall befasst werden.

11 Mit der Benachrichtigung sollen die Parteien „eingeladen" werden, innerhalb von drei Monaten nach Mitteilung Sorgerechtsanträge nach nationalem Recht bei dem Gericht des früheren Aufenthaltsstaats zu stellen. Dieses Gericht kann gemäß Art. 11 Abs. 8 erneut über die Rückgabe des Kindes, aber auch gemäß Art. 10 über alle sonstigen Fragen der elterlichen Verantwortung entscheiden.[23]

12 Nach dem Wortlaut der Abs. 6 und 7 besteht diese Pflicht zur Benachrichtigung nur bei Ablehnung der Rückgabe gemäß Art. 13 HKEntfÜ. Da die Interessenlage vergleichbar ist, sollte eine Benachrichtigung auch erfolgen, wenn die Rückgabe nach Art. 13 Abs. 2 oder 20 HKEntfÜ abgelehnt wird.[24]

13 Wird innerhalb von drei Monaten kein Antrag gestellt, „schließt das Gericht den Fall ab" (Art. 11 Abs. 7, Unterabs. 2). Das Kind bleibt im neuen Aufenthaltsstaat. Die Verteilung des Sorgerechts wird nicht verändert. Der neue Aufenthaltsstaat kann aber gemäß Art. 8 Abs. 1 bzw. Art. 10 lit. b (iii) zuständig werden, eine neue Sorgerechtsentscheidung zu erlassen.[25]

14 **6. Anerkennung einer Sorgerechtsentscheidung des früheren Aufenthaltsstaates.** Die Ablehnung der Rückgabe des Kindes im (summarischen) Eilverfahren nach Art. 13 HKEntfÜ hat keinen Einfluss auf die fortbestehende internationale Zuständigkeit des früheren Aufenthaltsstaates gemäß Art. 8 und schließt daher im Hauptsacheverfahren dessen erneute (abweichende) Entscheidung nicht aus (Erwägungsgrund 17 S. 3).[26] Solange diese Zuständigkeit besteht, kann das dort zuständige Gericht eine neue Sorgerechtsentscheidung erlassen und eine Rückgabe des Kindes anordnen. Art. 11 Abs. 8 stellt klar, dass eine solche Entscheidung (trotz der vorherigen Rückgabeverweigerung) im neuen Aufenthaltsstaat anzuerkennen und zu vollstrecken ist.[27] Die Ansicht des früheren Aufenthaltsstaates zum Kindeswohl soll sich also im Ergebnis durchsetzen.[28]

15 Soweit diese Rückgabeentscheidung entsprechend Art. 42 EheGVO bescheinigt wurde, ist sie in dem neuen Aufenthaltsstaat sogar ohne Vollstreckbarerklärung vollstreckbar (Erwägungsgrund 17 S. 4).

Art. 12. Vereinbarung über die Zuständigkeit. (1) Die Gerichte des Mitgliedstaats, in dem nach Artikel 3 *und 3a* über einen Antrag auf Ehescheidung, Trennung ohne Auflösung des Ehebandes oder Ungültigerklärung einer Ehe zu entscheiden ist, sind für alle Entscheidungen zuständig, die die mit diesem Antrag verbundene elterliche Verantwortung betreffen, wenn

---

[22] *Gruber* FamRZ 2005, 1603, 1607; *Geimer/Schütze/Dilger* Rn. 17.
[23] *Thomas/Putzo/Hüßtege* Rn. 7; *Rauscher/Rauscher* Rn. 23.
[24] *Solomon* FamRZ 2004, 1409, 1417; *Geimer/Schütze/Dilger* Rn. 20; Hk-ZPO/*Dörner* Rn. 10; *Thomas/Putzo/Hüßtege* Rn. 7; aA *Rauscher/Rauscher* Rn. 17.
[25] Hk-ZPO/*Dörner* Rn. 12.
[26] *Gebauer/Wiedmann/Frank* Kap. 27 Rn. 47; *Thomas/Putzo/Hüßtege* Rn. 8; AnwK-BGB/*Gruber* Rn. 8 (Abs. 2).
[27] *Thomas/Putzo/Hüßtege* Rn. 8; *Rauscher/Rauscher* Rn. 32; *Looschelders* JR 2006, 45, 50; *Gruber* FamRZ 2005, 1603, 1607.
[28] *v. Hoffmann/Thorn* IPR § 8 Rn. 118 a.

a) zumindest einer der Ehegatten die elterliche Verantwortung für das Kind hat und

b) die Zuständigkeit der betreffenden Gerichte von den Ehegatten oder von den Trägern der elterlichen Verantwortung zum Zeitpunkt der Anrufung des Gerichts ausdrücklich oder auf andere eindeutige Weise anerkannt wurde und im Einklang mit dem Wohl des Kindes steht.

(2) Die Zuständigkeit gemäß Absatz 1 endet,

a) sobald die stattgebende oder abweisende Entscheidung über den Antrag auf Ehescheidung, Trennung ohne Auflösung des Ehebandes oder Ungültigerklärung einer Ehe rechtskräftig geworden ist,

b) oder in den Fällen, in denen zu dem unter Buchstabe a) genannten Zeitpunkt noch ein Verfahren betreffend die elterliche Verantwortung anhängig ist, sobald die Entscheidung in diesem Verfahren rechtskräftig geworden ist,

c) oder sobald die unter den Buchstaben a) und b) genannten Verfahren aus einem anderen Grund beendet worden sind.

(3) Die Gerichte eines Mitgliedstaats sind ebenfalls zuständig in Bezug auf die elterliche Verantwortung in anderen als den in Absatz 1 genannten Verfahren, wenn

a) eine wesentliche Bindung des Kindes zu diesem Mitgliedstaat besteht, insbesondere weil einer der Träger der elterlichen Verantwortung in diesem Mitgliedstaat seinen gewöhnlichen Aufenthalt hat oder das Kind die Staatsangehörigkeit dieses Mitgliedstaats besitzt, und

b) alle Parteien des Verfahrens zum Zeitpunkt der Anrufung des Gerichts die Zuständigkeit ausdrücklich oder auf andere eindeutige Weise anerkannt haben und die Zuständigkeit in Einklang mit dem Wohl des Kindes steht.

(4) Hat das Kind seinen gewöhnlichen Aufenthalt in einem Drittstaat, der nicht Vertragspartei des Haager Übereinkommens vom 19. Oktober 1996 über die Zuständigkeit, das anzuwendende Recht, die Anerkennung, Vollstreckung und Zusammenarbeit auf dem Gebiet der elterlichen Verantwortung und der Maßnahmen zum Schutz von Kindern ist, so ist davon auszugehen, dass die auf diesen Artikel gestützte Zuständigkeit insbesondere dann in Einklang mit dem Wohl des Kindes steht, wenn sich ein Verfahren in dem betreffenden Drittstaat als unmöglich erweist.

Schrifttum: *Pabst,* Gerichtsstandsvereinbarungen im Sorgerechtsstreit?, Liber amicorum Rauscher, 2005, S. 115.

I. Internationale Verbundzuständigkeit für die elterliche Verantwortung

Art. 12 regelt die internationale Zuständigkeit für Sorgerechtsverfahren für ein gemeinsames Kind beider Ehegatten als Annexzuständigkeit bzw. Verbundzuständigkeit zum Statusverfahren. Die Regelung des Art. 12 Abs. 2 entspricht der des Art. 3 Abs. 2 der VO (EG) Nr. 1347/2000 („Brüssel II") sowie Art. 10 Abs. 1 KSÜ.[1]

1. Zuständigkeit des Aufenthaltsstaats des Kindes. Hat das Kind seinen gewöhnlichen Aufenthalt in dem Staat, in dem nach Art. 3 zulässigerweise der Statusprozess zwischen den Eltern anhängig ist, so sind die Gerichte dieses Staates für die Entscheidung über das Sorgerecht bzw. in der Terminologie der EheGVO („Brüssel IIa-VO") über die elterliche Verantwortung nach Art. 8 Abs. 1 uneingeschränkt zuständig.[2]

2. Zuständigkeit des vom Aufenthaltsstaat verschiedenen Scheidungsstaates. a) Selbständige Verbundzuständigkeit. Hat das Kind seinen gewöhnlichen Aufenthalt nicht in dem Mitgliedstaat, in dem das Ehetrennungsverfahren anhängig ist,[3] so besteht die Verbundzuständigkeit nach Art. 12 Abs. 1 nur unter den weiteren Voraussetzungen, dass (1) zumindest einem Ehegatten die elterliche Sorge zusteht und (2) die Zuständigkeit der Gerichte für das Statusverfahren von den Ehegatten „anerkannt" worden ist und im Einklang mit dem Wohl des Kindes steht. Außerdem muss die Entscheidung über die elterliche Verantwortung mit dem Scheidungsantrag sachlich ver-

---

[1] *Pirrung,* FS Schlosser, 2005, S. 695, 699; *Looschelders* JR 2006, 45, 47; *Geimer/Schütze/Dilger* Rn. 3.
[2] *Fleige* S. 242; *Looschelders* JR 2006, 45, 47; *Geimer/Schütze/Dilger* Rn. 4.
[3] Vgl. *Geimer/Schütze/Dilger* Rn. 11.

bunden sein.⁴ Die Regel gilt auch, wenn das Kind seinen gewöhnlichen Aufenthalt in einem Drittstaat hat.⁵

4 In der beiderseitigen Anerkennung der Zuständigkeit liegt eine Art Gerichtsstandsvereinbarung.⁶ Anders als sonst steht deren Wirkung aber unter dem Vorbehalt des Kindeswohls (Art. 12 Abs. 1 lit. b).⁷ Diese Einschränkung durch das Kindeswohl ist Art. 10 Abs. 1 KSÜ entnommen.⁸
Die Träger der elterlichen Sorge müssen die Zuständigkeit ausdrücklich oder doch „auf andere eindeutige Weise" (also auch konkludent) anerkannt haben. Abweichend von Art. 9 Abs. 2 genügt eine bloße rügelose Einlassung nicht.⁹ Der Antragsgegner muss seine Anerkennung daher nach Verfahrensbeginn erklären.¹⁰

5 **b) Kindeswohl.** Nicht ausreichend ist, dass die Sorgeberechtigten die Zuständigkeit „anerkennen", ihre Ausübung muss zusätzlich im Einklang mit dem Kindeswohl stehen.¹¹ Es kommt also darauf an, ob das Gericht über ausreichende Sachnähe verfügt, um die für das materielle Kindeswohl maßgeblichen Umstände zu ermitteln.¹²
Zwar hat die EheGVO gemäß Art. 60 Vorrang vor dem MSA 1961 und gemäß Art. 61 vor dem KSÜ 1996, doch wurde Wert darauf gelegt, dass in der Sache Übereinstimmung besteht.

6 **3. Ende der Zuständigkeit.** Die Annexzuständigkeit für die Entscheidung über das Sorgerecht endet in allen Fällen gemäß Art. 12 Abs. 2, der Art. 10 Abs. 2 KSÜ von 1996 nachgebildet, mit dieser Regel aber nicht identisch ist.¹³ Vorgesehen sind drei Fälle:
(1) die Rechtskraft der stattgebenden oder abweisenden Entscheidung in der Ehesache,
(2) ist zum Zeitpunkt der Rechtskraft der Ehesache ein Verfahren über das Sorgerecht noch anhängig, so bleibt die Zuständigkeit bestehen, bis auch die Entscheidung in diesem Verfahren rechtskräftig geworden ist, und schließlich
(3) endet die Zuständigkeit, wenn entweder die Ehesache oder die Sorgerechtssache aus anderen Gründen beendet worden sind, zB wegen Rücknahme des Scheidungsantrags, Rücknahme des Sorgerechtsantrags oder Tod eines Ehegatten.¹⁴

II. Zuständigkeit für isolierte Sorgerechtsverfahren

7 **1. Besondere Zuständigkeit.** Ist kein Ehetrennungsverfahren anhängig, können die Gerichte eines Mitgliedsstaates für ein isoliertes Sorgerechtsverfahren (über Art. 8 ff. hinaus) zuständig werden, wenn
a) das Kind eine wesentliche Bindung an diesen Staat besitzt,
b) die Beteiligten die Zuständigkeit des Gerichts bei der Anrufung eindeutig anerkannt haben und
c) die Zuständigkeit dem Kindeswohl entspricht.

8 **2. Voraussetzungen.** Diese Zuständigkeit ist ein Novum gegenüber der VO Nr. 1347/2000 und dem KSÜ.¹⁵ Sie hat nach Art. 12 Abs. 3 im Einzelnen folgende Voraussetzungen:
(1) das Kind muss seinen gewöhnlichen Aufenthalt in einem anderen Staat als dem Gerichtsstaat haben.

9 (2) das Kind muss eine wesentliche Bindung zum Gerichtsstaat besitzen. Diese kann u. a. auf dem gewöhnlichen Aufenthalt eines Sorgeberechtigten in dem Gerichtsstaat oder auf der Staatsangehörigkeit des Kindes beruhen. Auch andere Umstände sollen relevant werden können,¹⁶ zB grö-

---

⁴ *Pabst*, Liber amicorum Rauscher, 2005, S. 111, 121.
⁵ *Pabst*, Liber amicorum Rauscher, 2005, S. 115, 120.
⁶ Dies betonen AnwK-BGB/*Gruber* Rn. 1 ff.; *Gebauer/Wiedmann/Frank* Kap. 27 Rn. 48; *Pabst*, Liber amicorum Rauscher, 2005, S. 115, 126; ablehn. Hk-ZPO/*Dörner* Rn. 10.
⁷ *Pabst*, Liber amicorum Rauscher, 2005, S. 115, 117.
⁸ Abgedruckt in RabelsZ 62 (1998), 502, 505; erläutert von *Siehr* RabelsZ 62 (1998), 464, 483.
⁹ *Thomas/Putzo/Hüßtege* Rn. 12; AnwK-BGB/*Gruber* Rn. 7; *Geimer/Schütze/Dilger* Rn. 19 f.; *Rauscher/Rauscher* Rn. 13 (Abs. 4); *Coester-Waltjen* FamRZ 2005, 241, 242 f.; *Looschelders* JR 2006, 45, 47; *Pirrung*, FS Schlosser, 2005, S. 695, 700; *Pabst*, Liber amicorum Rauscher, 2005, S. 115, 127; *Gebauer/Wiedmann/Frank* Kap. 27 Rn. 49; zweifelnd Hk-ZPO/*Dörner* Rn. 11; aA *Fleige* S. 246.
¹⁰ *Pabst*, Liber amicorum Rauscher, 2005, S. 115, 128.
¹¹ *Fleige* S. 247 ff.; *Geimer/Schütze/Dilger* Rn. 24; Hk-ZPO/*Dörner* Rn. 13.
¹² *Looschelders* JR 2006, 45, 47.
¹³ *Fleige* S. 252 f.; *Rauscher/Rauscher* Rn. 18.
¹⁴ *Geimer/Schütze/Dilger* Rn. 28; *Rauscher/Rauscher* Rn. 22.
¹⁵ *Geimer/Schütze/Dilger* Rn. 29; *Rauscher/Rauscher* Rn. 24; *Pabst*, Liber amicorum Rauscher, 2005, S. 115, 122 f.
¹⁶ AnwK-BGB/*Gruber* Rn. 12; *Rauscher/Rauscher* Rn. 27.

ßere Vermögenswerte oder der gewöhnliche Aufenthalt anderer Bezugspersonen des Kindes, zB der Großeltern oder des nicht sorgeberechtigten Elternteils.[17]

(3) alle Parteien des Verfahrens (nicht alle Beteiligte)[18] müssen die Zuständigkeit des Gerichts anerkannt haben. Nach dem Wortlaut ist auf den Zeitpunkt der Antragstellung abzustellen. Aus praktischen Gründen muss eine spätere Zustimmung der Gegenseite aber genügen, solange der Antrag nicht abgewiesen ist.[19] Eine vor Anrufung des Gerichts getroffene Vereinbarung kann bis zur Antragstellung widerrufen werden.[20] Das Kind selbst muss nicht zustimmen, da es nicht Partei des Verfahrens ist.[21]

(4) Das Erfordernis des Kindeswohls soll vor allem ein daran ausgerichtetes Verfahren gewährleisten.[22] Nach der ergänzenden Auslegungsregel des Abs. 4 wird vermutet, dass die Zuständigkeit nach Abs. 3 dem Kindeswohl entspricht, wenn sich das Kind in einem Drittstaat aufhält, der nicht dem KSÜ 1996 beigetreten ist und ein Sorgerechtsverfahren in diesem Drittstaat nicht durchgeführt werden kann.[23]

Art. 13. Zuständigkeit aufgrund der Anwesenheit des Kindes. (1) Kann der gewöhnliche Aufenthalt des Kindes nicht festgestellt werden und kann die Zuständigkeit nicht gemäß Artikel 12 bestimmt werden, so sind die Gerichte des Mitgliedstaats zuständig, in dem sich das Kind befindet.

(2) Absatz 1 gilt auch für Kinder, die Flüchtlinge oder, aufgrund von Unruhen in ihrem Land, ihres Landes Vertriebene sind.

1. Subsidiäre Auffangzuständigkeit. Art. 13 greift nur ein, wenn eine internationale Zuständigkeit nach Art. 8 Abs. 1 nicht besteht bzw. der gewöhnliche Aufenthalt des Kindes nicht festgestellt werden kann, aber auch keine Zuständigkeit kraft Anerkennung der Beteiligten in den Fällen von Art. 12 Abs. 1 u. Abs. 3 besteht.[1]

2. Zuständigkeit kraft Anwesenheit. a) Zuständigkeitsbegründend nach Art. 13 Abs. 1 ist die **einfache** physische **Anwesenheit** des Kindes.[2]

b) Vorausgesetzt ist aber, dass das Kind keinen gewöhnlichen Aufenthalt hat (dann greift Art. 8 Abs. 1 ein) oder dieser nicht festgestellt werden kann. Sinngemäß nicht erfasst sind aber die in den Art. 9 und 10 geregelten Umzugs- und Entführungsfälle.[3] Bei ihnen hat das Kind seinen gewöhnlichen Aufenthalt zunächst noch im Ursprungsstaat, nach Wegfall der in den Art. 9 und 10 genannten Voraussetzungen verfestigt sich der neue Aufenthalt (zumeist) zum gewöhnlichen Aufenthalt. Kann der gewöhnliche Aufenthalt zu Beginn des Verfahrens nicht festgestellt werden, entfällt die Zuständigkeit nicht, wenn später ein gewöhnlicher Aufenthalt festgestellt wird.[4]

c) Schwierigkeiten kann die Abgrenzung der Zuständigkeiten nach Art. 12 und Art. 13 bereiten. Erkennen die Beteiligten die Zuständigkeit des Ehetrennungsgerichts (Art. 12 Abs. 1) oder eines anderen drittstaatlichen Gerichts (Art. 12 Abs. 3) erst an, nachdem das nach Art. 13 zuständige Gericht bereits angerufen ist, so muss das später angerufene Gericht sein Verfahren nicht nur nach Art. 19 Abs. 2 aussetzen. Die spätere Anrufung des nach Art. 12 zuständigen Gerichts oder die später erklärte „Anerkennung" der Zuständigkeit sollte auch den Gerichtsstand des Art. 13 nicht mehr entfallen lassen.[5] Das nach Art. 13 zuständige Gericht kann sein Verfahren aber uU gemäß Art. 15 an das später angerufene Gericht „verweisen".[6]

Für ein auf „Antrag" eingeleitetes Sorgerechtsverfahren ergibt sich daraus eine angemessene Lösung. Wenn ein Beteiligter einen „Antrag" im schlichten Aufenthaltsstaat stellt, erkennt er sinngemäß die Zuständigkeit zum anderen Mitgliedstaat nicht an.[7] Bei Verfahren, die vollständig von

---

[17] *Fleige* S. 255.
[18] *Hk-ZPO/Dörner* Rn. 22; *Rauscher/Rauscher* Rn. 28.
[19] *AnwK-BGB/Gruber* Rn. 14; *Thomas/Putzo/Hüßtege* Rn. 12; *Hk-ZPO/Dörner* Rn. 12.
[20] *AnwK-BGB/Gruber* Rn. 14.
[21] *Fleige* S. 257.
[22] *Hk-ZPO/Dörner* Rn. 13.
[23] *Fleige* S. 249 ff.; *Hk-ZPO/Dörner* Rn. 23.
[1] *Hk-ZPO/Dörner* Rn. 1; *Rauscher/Rauscher* Rn. 1.
[2] *Hk-ZPO/Dörner* Rn. 2; *Fleige* S. 260; *Rauscher/Rauscher* Rn. 7 (Abs. 2); *Zöller/Geimer* Rn. 1.
[3] Vgl. *Rauscher/Rauscher* Rn. 4.
[4] *Fleige* S. 260 f., 264.
[5] *Hk-ZPO/Dörner* Rn. 3; *Geimer/Schütze/Dilger* Rn. 5; *Rauscher/Rauscher* Rn. 6.
[6] *Geimer/Schütze/Dilger* Rn. 6; *Rauscher/Rauscher* Rn. 5 (Abs. 3); *Zöller/Geimer* Rn. 2.
[7] *Rauscher/Rauscher* Rn. 5.

Amts wegen eingeleitet werden, ergibt sich hieraus noch keine Lösung. Weiß das Gericht, dass in einem anderen Mitgliedstaat ein Ehetrennungsverfahren anhängig ist, so können die Beteiligten zur Erklärung aufgefordert werden, ob sie dort eine Sorgerechtsentscheidung anstreben. Von Amts wegen wird ein Verfahren allerdings meist nur in Fürsorgefällen eingeleitet. Soweit es um die Person des Kindes geht, dürfte es dann kaum dem Kindeswohl entsprechen, das die Zuständigkeit des Aufenthaltsstaats entfällt und diese auf einen Staat übergeht, der die Verhältnisse nicht sachnah beurteilen kann.[8] In wirklich dringenden Fällen ist der Aufenthaltsstaat überdies nach Art. 20 zuständig, so dass es auf Art. 13 nicht ankommt.[9]

6   Anders als Art. 8 Abs. 1 stellt Art. 13 nicht auf den Zeitpunkt der Antragstellung ab; der Grundsatz der perpetuatio fori gilt daher nicht.[10] Die Zuständigkeit entfällt daher, wenn sich das Kind nicht mehr im Gerichtsstaat aufhält oder wenn sein gewöhnlicher Aufenthalt in einem anderen Mitgliedsstaat festgestellt werden kann.

7   **3. Zuständigkeit für Flüchtlings- und Vertriebenenkinder. a)** Darüber, wo Flüchtlinge und Vertriebene ihren gewöhnlichen Aufenthalt haben, wird vielfach gestritten, insb. wenn sie kein unbefristetes Aufenthaltsrecht im Aufenthaltsstaat haben oder dieser ihre soziale Integration erschwert. Ein Fortbestand des gewöhnlichen Aufenthalts in dem Staat, aus dem sie geflüchtet oder vertrieben worden sind, wäre kaum sachgerecht. Eine Zuständigkeit des Zufluchtsstaates nach Art. 8 Abs. 1 kann zweifelhaft sein. Für alle diese Fälle bietet Art. 13 Abs. 2 eine Zuständigkeit kraft schlichten Aufenthalts.

8   **b)** In Art. 1 des UN-Abkommens über die Rechtsstellung der Flüchtlinge vom 28. 7. 1951 (BGBl 1953 II, S. 560) wird definiert, wer Flüchtling ist. Diese Definition ist auch hier heranzuziehen.[11] Nicht erforderlich ist, dass die Kinder ohne Eltern geflohen sind oder vertrieben wurden.[12]

9   **c)** Obwohl Art. 13 Abs. 2 von Vertriebenen aus „ihrem Land" spricht, sollte aus praktischen Gründen nicht auf eine Vertreibung aus dem Heimatstaat, sondern aus dem Land des bisherigen gewöhnlichen Aufenthalts abgestellt werden.[13]

Art. 14. Restzuständigkeit. Soweit sich aus den Artikeln 8 bis 13 keine Zuständigkeit eines Gerichts eines Mitgliedstaats ergibt, bestimmt sich die Zuständigkeit in jedem Mitgliedstaat nach dem Recht dieses Staates.

1   Parallel zu Art. 7 EheGVO für Eheverfahren sieht Art. 14 eine Restzuständigkeit für Verfahren zur elterlichen Verantwortung vor. Die Regel greift nur ein, wenn sich aus den Art. 8 bis 13 keine internationale Zuständigkeit irgendeines Mitgliedsstaates ergibt.[1]

2   Die Regel kann also nur greifen, wenn das Kind seinen (gewöhnlichen) **Aufenthalt in einem Drittstaat** hat.

Von den Zuständigkeitsregeln des jeweiligen Staats sind diejenigen von Staatsverträgen vorrangig anzuwenden.

3   In Betracht kommen eine Zuständigkeit nach den Art. 5 ff. KSÜ 1996 (arg. Art. 52 Abs. 3 KSÜ)[2] (nach dessen Inkrafttreten für Deutschland), hilfsweise eine Zuständigkeit nach Art. 1 ff. MSA 1961.[3]

4   Das autonome deutsche Recht kennt Zuständigkeiten
(1) für die Feststellung des Bestehens oder Nichtbestehens der elterlichen Sorge (§ 640 Abs. 2 Nr. 3 iVm. § 640 a ZPO),
(2) die internationale Verbundzuständigkeit des Scheidungsgerichts (§ 621 Abs. 2 S. 1 iVm. § 606 Abs. 1 S. 1 ZPO),
(3) für isolierte Sorgerechtsverfahren (§§ 43 Abs. 1, 35 b FGG).[4]

5   Die Verbundzuständigkeit bleibt auch nach Rechtskraft des Scheidungsurteils bestehen.

---

[8] Vgl. *Rauscher/Rauscher* Rn. 5.
[9] *Rauscher/Rauscher* Rn. 5.
[10] Hk-ZPO/*Dörner* Rn. 4.
[11] *Rauscher/Rauscher* Rn. 9 (Abs. 1); Hk-ZPO/*Dörner* Rn. 6.
[12] Hk-ZPO/*Dörner* Rn. 6.
[13] *Rauscher/Rauscher* Rn. 9 (Abs. 2).
[1] *Rauscher/Rauscher* Rn. 6; *Geimer/Schütze/Dilger* Rn. 1; vgl. *Gruber* Rpfleger 2002, 545, 548 (zu Art. 8 VO Nr. 1347/2000).
[2] *Teixeira de Sousa* FamRZ 2005, 1612, 1615.
[3] *Motzer* FamRBint 2007, 20, 23 f.; *Andrae* IPRax 2006, 82, 84; krit. *Rauscher/Rauscher* Rn. 3 f.; zweifelnd *Pirrung*, FS Schlosser, 2005, S. 695, 702; vgl. BGH FamRZ 2005, 1540, 1542 ff.
[4] Vgl. *Motzer* FamRBint 2007, 20, 24.

Die Zuständigkeit für ein isoliertes Sorgerechtsverfahren ist nicht ausschließlich (§ 35 b Abs. 3 FGG); ein im Aufenthaltsstaat des Kindes zeitlich vorrangig eingeleitetes Verfahren ist daher zu beachten.[5]

Schwierigkeiten können sich wieder aus der Abgrenzung zu Art. 12 EheGVO ergeben. Hält sich **6** das Kind in einem Drittstaat auf, kommt auf Art. 12 Abs. 1 oder 3 in Betracht, wenn die Zuständigkeit des Gerichts der Ehesache oder eines sonstigen Gerichts, mit dem das Kind verbunden ist, anerkannt wird und zusätzlich festgestellt wird, dass diese Zuständigkeiten dem Kindeswohl entsprechen. Wie bei Art. 13 ist darauf abzustellen, dass derjenige, der selbst ein Gericht anruft, nicht gleichzeitig die Zuständigkeit eines anderen Gerichts „anerkennen" kann.[6]

Wohl nur theoretisch ist der Fall, dass ein deutsches Gericht seine Zuständigkeit wegen fehlenden **7** Kindeswohls nach Art. 12 Abs. 3 EheGVO ablehnt, über Art. 14 EheGVO aber nach autonomem Recht gemäß § 35 b Nr. 1 FGG bejaht.[7]

Art. 14 regelt nur die internationale Zuständigkeit; die örtliche Zuständigkeit folgt aus den **8** §§ 10 ff. IntFamRVG.

Art. 15. Verweisung an ein Gericht, das den Fall besser beurteilen kann. (1) In Ausnahmefällen und sofern dies dem Wohl des Kindes entspricht, kann das Gericht eines Mitgliedstaats, das für die Entscheidung in der Hauptsache zuständig ist, in dem Fall, dass seines Erachtens ein Gericht eines anderen Mitgliedstaats, zu dem das Kind eine besondere Bindung hat, den Fall oder einen bestimmten Teil des Falls besser beurteilen kann,

a) die Prüfung des Falls oder des betreffenden Teils des Falls aussetzen und die Parteien einladen, beim Gericht dieses anderen Mitgliedstaats einen Antrag gemäß Absatz 4 zu stellen, oder

b) ein Gericht eines anderen Mitgliedstaats ersuchen, sich gemäß Absatz 5 für zuständig zu erklären.

(2) Absatz 1 findet Anwendung

a) auf Antrag einer der Parteien oder

b) von Amts wegen oder

c) auf Antrag des Gerichts eines anderen Mitgliedstaats, zu dem das Kind eine besondere Bindung gemäß Absatz 3 hat.

Die Verweisung von Amts wegen oder auf Antrag des Gerichts eines anderen Mitgliedstaats erfolgt jedoch nur, wenn mindestens eine der Parteien ihr zustimmt.

(3) Es wird davon ausgegangen, dass das Kind eine besondere Bindung im Sinne des Absatzes 1 zu dem Mitgliedstaat hat, wenn

a) nach Anrufung des Gerichts im Sinne des Absatzes 1 das Kind seinen gewöhnlichen Aufenthalt in diesem Mitgliedstaat erworben hat oder

b) das Kind seinen gewöhnlichen Aufenthalt in diesem Mitgliedstaat hatte oder

c) das Kind die Staatsangehörigkeit dieses Mitgliedstaats besitzt oder

d) ein Träger der elterlichen Verantwortung seinen gewöhnlichen Aufenthalt in diesem Mitgliedstaat hat oder

e) die Streitsache Maßnahmen zum Schutz des Kindes im Zusammenhang mit der Verwaltung oder der Erhaltung des Vermögens des Kindes oder der Verfügung über dieses Vermögen betrifft und sich dieses Vermögen im Hoheitsgebiet dieses Mitgliedstaats befindet.

(4) Das Gericht des Mitgliedstaats, das für die Entscheidung in der Hauptsache zuständig ist, setzt eine Frist, innerhalb deren die Gerichte des anderen Mitgliedstaats gemäß Absatz 1 angerufen werden müssen.

Werden die Gerichte innerhalb dieser Frist nicht angerufen, so ist das befasste Gericht weiterhin nach den Artikeln 8 bis 14 zuständig.

(5) Diese Gerichte dieses anderen Mitgliedstaats können sich, wenn dies aufgrund der besonderen Umstände des Falls dem Wohl des Kindes entspricht, innerhalb von sechs Wochen nach ihrer Anrufung gemäß Absatz 1 Buchstabe a) oder b) für zuständig erklären. In diesem Fall erklärt sich das zuerst angerufene Gericht für unzuständig. Anderenfalls ist das zuerst angerufene Gericht weiterhin nach den Artikeln 8 bis 14 zuständig.

---

[5] *Motzer* FamRBint 2007, 20, 24.
[6] Vgl. *Geimer/Schütze/Dilger* Rn. 2.
[7] Vgl. *Coester-Waltjen* FamRZ 2005, 241, 244; *Rauscher/Rauscher* Rn. 5 (Abs. 2).

EheGVO Art. 15 1-6

(6) Die Gerichte arbeiten für die Zwecke dieses Artikels entweder direkt oder über die nach Artikel 53 bestimmten Zentralen Behörden zusammen.

Schrifttum: *Klinkhammer,* Internationale Verweisung von Kindschaftssachen nach der Brüssel IIa-VO, FamRBint 2006, 88; *Schlosser,* Neue Perspektiven der Zusammenarbeit von Gerichten verschiedener EG-Staaten im Kindschaftsrecht, FS D. Schwab, 2005, S. 1255.

1 **1. Verweisung durch das forum non conveniens. a)** Die Zuständigkeiten des europäischen Zivilprozessrechts binden das angerufene Gericht im Interesse der Rechtssicherheit: Ist es zuständig, muss es zur Sache entscheiden und darf die Parteien nicht an ein anderes Gericht „verweisen".[1] Art. 15 EheGVO enthält hierzu in Anlehnung an Art. 8 KSÜ und das im common law bekannte Rechtsinstitut des forum non conveniens eine bemerkenswerte Ausnahme.[2]

2 **b)** Art. 15 Abs. 1 erlaubt dem zuständigen Gericht aber nicht einfach, den Parteien eine Sachentscheidung zu verweigern, weil aus seiner Sicht der Fall von den Gerichten eines anderen Mitgliedsstaates besser entschieden werden kann. Vorgesehen ist auch keine das andere Gericht bindende Verweisung. Art. 15 Abs. 1 und 2 sehen vielmehr eine Art „kooperativen Zuständigkeitstransfer" vor.[3] Diese flexible Ordnung will erreichen, dass Sonderfällen Rechnung getragen und erreicht werden kann, dass ein dem Kindeswohl am besten entsprechendes Gericht entscheidet.[4]

3 **c)** Diese Verweisung kann (1) auf Antrag einer der Parteien, (2) vom Gericht von Amts wegen, oder (3) auf Antrag des Gerichts eines anderen Mitgliedsstaates erfolgen, zu dem das Kind besondere Bindungen hat (Art. 15 Abs. 2 S. 1 EheGVO). Soll von Amts wegen oder auf Antrag des Gerichts eines anderen Mitgliedsstaates an dieses verwiesen werden, so muss mindestens eine der Parteien zustimmen (Art. 15 Abs. 2 S. 2 EheGVO). Das Kind selbst,[5] aber auch das Jugendamt[6] ist nicht Partei iS dieser Vorschrift.

4 Diese Zustimmung ist grundsätzlich auch bei Amtsverfahren erforderlich. Denn ein Verfahren soll nicht gegen den Willen aller formell (und materielle) Beteiligten in einen anderen Staat verwiesen werden können. Dass sich in einem reinen Amtsverfahren das Verweisungsproblem stellt, bevor das Gericht Betroffene formell beteiligt[7] und deren Interessen und die des Kindes ermittelt hat, erscheint unwahrscheinlich.

5 **2. Voraussetzungen der Verweisung. a)** Das zunächst angerufene oder von Amts wegen tätige Gericht muss nach den Art. 8–14 EheGVO **zuständig** sein. Eine Restzuständigkeit gemäß Art. 14 EheGVO nach autonomem Recht genügt (arg. Abs. 4 S. 2 und Abs. 5 S. 3).[8] Abweichend vom deutschen Recht (§ 17a Abs. 2 GVG und § 281 ZPO) darf ein unzuständiges Gericht nicht an ein zuständiges verweisen, sondern hat sich nach Art. 17 EheGVO für unzuständig zu erklären, in Deutschland Klage oder Antrag also als unzulässig abzuweisen.[9]

6 **b)** Das Kind muss in einem anderen Mitgliedsstaat eine **besondere Bindung** haben.[10] Für das Vorliegen einer solchen Bindung stellt Art. 15 Abs. 3 eine gesetzliche Vermutung auf. Die in Abs. 3 genannten fünf Fälle sind Regelbeispiele, aber nicht abschließend zu verstehen.[11] Die besondere Bindung besteht danach:
(1) wenn das Kind nach Rechtshängigkeit des Verfahrens seinen gewöhnlichen Aufenthalt in dem anderen Mitgliedsstaat erwirbt (lit. a),
(2) wenn das Kind seinen gewöhnlichen Aufenthalt vorher dort hatte (lit. b),
(3) wenn es Staatsangehöriger des anderen Mitgliedsstaats ist (lit. c),
(4) wenn ein Träger der elterlichen Verantwortung seinen gewöhnlichen Aufenthalt in dem anderen Mitgliedsstaat hat (lit. d), oder
(5) wenn es um den Schutz oder die Erhaltung von Kindesvermögen in dem anderen Mitgliedsstaat geht (lit. e).

---

[1] Vgl. EuGHE 2005, I-1383 = IPRax 2005, 244 *(Dutta/Heinze)* (*Owusu*-Fall).
[2] *Solomon* FamRZ 2004, 1409, 1413 f.; *Fleige* S. 265; *Geimer/Schütze/Dilger* Rn. 1.
[3] *Rauscher/Rauscher* Rn. 1.
[4] Hk-ZPO/*Dörner* Rn. 1.
[5] *Fleige* S. 267.
[6] *Klinkhammer* FamRBint 2006, 88, 89.
[7] Vgl. *Rauscher/Rauscher* Rn. 13 (Abs. 2).
[8] *Geimer/Schütze/Dilger* Rn. 3; Hk-ZPO/*Dörner* Rn. 1, 4; *Rauscher/Rauscher* Rn. 4; *Solomon* FamRZ 2004, 1409, 1414; *Fleige* S. 267.
[9] *Rauscher/Rauscher* Rn. 4 (Abs. 2); *Geimer/Schütze/Dilger* Rn. 3; *Solomon* FamRZ 2004, 1409, 1414.
[10] Vgl. *Fleige* S. 276 ff.; *Geimer/Schütze/Dilger* Rn. 6 ff.
[11] *Fleige* S. 281; *Klinkhammer* FamRBint 2006, 88 f.; AnwK-BGB/*Gruber* Rn. 5; aA *Rauscher/Rauscher* Rn. 6.

c) Aufgrund dieser besonderen Bindung muss das Gericht der Ansicht sein, das andere Gericht **7**
sei **besser geeignet,** den ganzen Fall oder einen Teil davon zu entscheiden.[12]

d) Die Verweisung muss dem **Wohl des Kindes** entsprechen.[13] Über die sich aus Abs. 3 erge- **8**
benden Bindungen ist auf besondere persönliche Umstände oder Eigenschaften des Kindes, etwa
fehlende oder unzureichende Sprachkenntnisse abzustellen.[14]

e) Schließlich soll die Verweisung ein **Ausnahmefall** bleiben (s. auch Erwägungsgrund 13 S. 1). **9**
Nicht jede Verlegung des gewöhnlichen Aufenthalts während eines Verfahrens oder jedes Auseinanderfallen von gewöhnlichem Aufenthalt von Kind und Sorgeberechtigten soll zur Verweisung führen. Das angerufene Gericht hat daher alle Umstände für und gegen eine Verweisung abzuwägen; die Umstände für eine Verweisung müssen deutlich überwiegen, dh. das Zweitgericht muss deutlich besser in der Lage sein, den Fall zu entscheiden.[15] Dies soll nur dann der Fall sein, wenn der zu beurteilende Sachverhalt ausschließlich oder doch ganz überwiegend im Bereich der Zuständigkeit des Zweitgerichts geklärt werden kann.[16]

3. Verweisungsverfahren. a) Kommt das Gericht zum Ergebnis, dass die Verweisungsvorausset- **10**
zungen vorliegen, so stehen ihm zwei Möglichkeiten offen:
(1) Das Gericht kann sein Verfahren aussetzen und die Parteien auffordern, das geeignetere Gericht des anderen Mitgliedsstaates innerhalb einer bestimmten Frist anzurufen (Abs. 1 lit. a iVm. Abs. 4 S. 1). Wird das Gericht innerhalb dieser Frist nicht angerufen, bleibt das Gericht zuständig (Abs. 4 S. 2) und muss sein Verfahren fortsetzen.[17] Dies gilt auch, wenn die Initiative vom ausländischen Zweitgericht ausgegangen ist und eine der Parteien der Verweisung zugestimmt hatte.[18]
(2) Das Gericht kann sich selbst an das Gericht des anderen Mitgliedsstaats wenden und dieses ersu- **11**
chen, das Verfahren zu übernehmen und sich für zuständig zu erklären (Abs. 1 lit. b iVm. Abs. 5).
Gegen die Zwischenentscheidung „Verweisungsbeschluss" können die Parteien Rechtsmittel ein- **12**
legen, in Deutschland Beschwerde gemäß § 19 FGG.[19]

b) Wird das Gericht des anderen Mitgliedsstaates von den Parteien oder von dem bisher befassten **13**
Gericht angerufen, so kann es sich innerhalb von sechs Wochen für zuständig erklären. Dazu muss es sich prüfen, ob besondere Umstände des Falles und das Kindeswohl die Übernahme rechtfertigen; an die Beurteilung durch das Erstgericht ist das Zweitgericht nicht gebunden.[20] Erklärt sich das zweite Gericht für zuständig, geht die Zuständigkeit für den Fall auf dieses über; das zuerst angerufene Gericht erklärt sich für unzuständig (Abs. 5 S. 2).[21]
Gegen die endgültige Entscheidung, durch die sich das Gericht für unzuständig erklärt und den **14**
Antrag zurückweist bzw. sein Verfahren einstellt, ist nach § 621 e ZPO die befristete Beschwerde eröffnet.[22]
Verweigert das Zweitgericht die Übernahme, bleibt das Erstgericht zuständig (Abs. 5 S. 3) und **15**
hat sein Verfahren fortzusetzen.[23]

c) Lehnt das Gericht eine von einer Partei beantragte Verweisung ab, so setzt es sein Verfahren **16**
fort. Die Ablehnung der Verweisung ist eine unanfechtbare Zwischenentscheidung.[24]

d) Eine **Weiterverweisung** des Falles an das Gericht eines dritten Staates ist (gemäß Erwägungs- **17**
grund 13 S. 2) nicht zulässig,[25] wohl aber (falls nötig) an das örtlich zuständige Gericht innerhalb des Zweitstaates.[26] Hält das Zweitgericht das Gericht eines anderen Staates für geeigneter, den Fall zu übernehmen, so kann es dem Erstgericht seine Gründe hierfür direkt oder über die Zentrale Behörde mitteilen (Abs. 6) und eine entsprechende Verweisung anregen.

---

[12] *Klinkhammer* FamRBint 2006, 88, 89; *Geimer/Schütze/Dilger* Rn. 12.
[13] Vgl. *Fleige* S. 275.
[14] *Klinkhammer* FamRBint 2006, 88, 89.
[15] *Solomon* FamRZ 2004, 1409, 1414; Hk-ZPO/*Dörner* Rn. 8; *Fleige* S. 273.
[16] KG FamRZ 2006, 1618, 1619.
[17] *Geimer/Schütze/Dilger* Rn. 15; *Rauscher/Rauscher* Rn. 18.
[18] *Rauscher/Rauscher* Rn. 18.
[19] KG FamRZ 2006, 1618; *Schlosser*, FS D. Schwab, 2005, S. 1255, 1265.
[20] Hk-ZPO/*Dörner* Rn. 12.
[21] Vgl. *Fleige* S. 268 f.; *Geimer/Schütze/Dilger* Rn. 19; *Rauscher/Rauscher* Rn. 19 (Abs. 3).
[22] *Klinkhammer* FamRBint 2006, 88, 91.
[23] *Klinkhammer* FamRBint 2006, 88, 90; *Geimer/Schütze/Dilger* Rn. 20; AnwK-BGB/*Gruber* Rn. 7.
[24] *Klinkhammer* FamRBint 2006, 88, 91.
[25] *Solomon* FamRZ 2004, 1409, 1414; *Geimer/Schütze/Dilger* Rn. 21; AnwK-BGB/*Gruber* Rn. 6.
[26] *Rauscher/Rauscher* Rn. 19 (Abs. 2).

18   **4. Zusammenarbeit der Gerichte.** Gerade in Fällen der Verweisung ist nach Abs. 6 eine Zusammenarbeit direkt zwischen den beteiligten Gerichten oder über die Zentralen Behörden (Art. 53 f.) (in Deutschland das Bundesamt für Justiz) geboten, damit unnötiger Leerlauf vermieden und möglichst rasch eine dem Kindeswohl entsprechende Lösung herbeigeführt wird. Die Art der Zusammenarbeit ist den Gerichten selbst überlassen.

Abschnitt 3. Gemeinsame Bestimmungen

Schrifttum: *Andrae,* Anerkennung und Vollstreckung von Entscheidungen sowie die Beachtung der früheren Rechtshängigkeit nach der EheVO (Brüssel II-Verordnung), ERA-Forum 1/2003, 28; *Gruber,* Die neue „europäische Rechtshängigkeit" bei Scheidungsverfahren, FamRZ 2000, 1129; *Hausmann,* Neues internationales Eheverfahrensrecht in der Europäischen Union, EuLF 2000/01, 345; *Wagner,* Ausländische Rechtshängigkeit in Ehesachen unter besonderer Berücksichtigung der EG-Verordnungen Brüssel II und Brüssel II a, FPR 2004, 286.

Art. 16. Anrufung eines Gerichts. (1) Ein Gericht gilt als angerufen

a) zu dem Zeitpunkt, zu dem das verfahrenseinleitende Schriftstück oder ein gleichwertiges Schriftstück bei Gericht eingereicht wurde, vorausgesetzt, dass der Antragsteller es in der Folge nicht versäumt hat, die ihm obliegenden Maßnahmen zu treffen, um die Zustellung des Schriftstücks an den Antragsgegner zu bewirken,

oder

b) falls die Zustellung an den Antragsgegner vor Einreichung des Schriftstücks bei Gericht zu bewirken ist, zu dem Zeitpunkt, zu dem die für die Zustellung verantwortliche Stelle das Schriftstück erhalten hat, vorausgesetzt, dass der Antragsteller es in der Folge nicht versäumt hat, die ihm obliegenden Maßnahmen zu treffen, um das Schriftstück bei Gericht einzureichen.

1   **Zeitpunkt des Eintritts der Rechtshängigkeit.** Übereinstimmend mit Art. 30 EuGVO bestimmt Art. 16 den Zeitpunkt des Eintritts der Rechtshängigkeit in autonomer Weise in gleicher Weise wie schon zuvor Art. 11 Abs. 1 der Brüssel II-VO (Nr. 1347/2000).[1] Entscheidend ist danach abweichend von §§ 261 Abs. 1, 253 Abs. 1 ZPO nicht der Zeitpunkt der Zustellung beim Gegner, sondern der der Anhängigkeit des Antrags. Je nach nationaler Verfahrensordnung tritt die Anhängigkeit mit der Einreichung des einleitenden Schriftsatzes bei Gericht oder bei der die Zustellung an den Beklagten zu bewirkenden sonstigen Stelle ein.

2   Weitere Voraussetzung ist in beiden Fällen, dass der Antragsteller in der Folge alles ihm obliegende vornimmt, damit entweder der Antrag dem Antragsgegner zugestellt oder bei Gericht eingereicht wird. Nach deutschem Recht muss der Antragsteller dazu unverzüglich den Kostenvorschuss (§ 12 GKG) einbezahlen. Stellt der Antragsteller einen Antrag auf Gewährung von Prozesskostenhilfe, so muss er sogleich alle zur Entscheidung notwendigen Angaben machen.[2]

3   Reicht der Antragsteller nicht die erforderliche Zahl von Abschriften ein (vgl. § 253 Abs. 5 ZPO), so entsteht ihm hieraus kein größerer Nachteil, weil diese auf seine Kosten von der Geschäftsstelle angefertigt werden (§ 17 Abs. 1 GKG iVm. Kostenverzeichnis Nr. 9000 Nr. 1).[3]

Art. 17. Prüfung der Zuständigkeit. Das Gericht eines Mitgliedstaats hat sich von Amts wegen für unzuständig zu erklären, wenn es in einer Sache angerufen wird, für die es nach dieser Verordnung keine Zuständigkeit hat und für das das Gericht eines anderen Mitgliedstaats aufgrund dieser Verordnung zuständig ist.

1   Parallel zu Art. 25 EuGVO sieht Art. 17 vor, dass ein in Ehetrennungs- oder Sorgerechtssachen angerufenes Gericht eines Mitgliedstaates seine internationale Zuständigkeit von Amts wegen zu prüfen hat. Diese Amtsprüfung besteht aber nur, wenn das Ehetrennungsverfahren bzw. das Sorgerechtsverfahren der eigentliche Gegenstand des Prozesses sind, nicht dagegen wenn es sich dabei nur um Vorfragen handelt. Amtsprüfung bedeutet, wie sonst, nicht Amtsermittlung, sondern nur Prüfung sich ergebender Zweifel.[1]

---

[1] Hierzu ausführlich *Wagner* FPR 2004, 286; ferner *Rauscher/Rauscher* Rn. 2; vgl. KG FamRZ 2005, 1686, 1687.
[2] *Gruber* FamRZ 2000, 1129, 1133.
[3] AA *Gruber* FamRZ 2000, 1129, 1133.
[1] *Rauscher/Rauscher* Rn. 13; Hk-ZPO/*Dörner* Rn. 2; *Thomas/Putzo/Hüßtege* Rn. 1.

Nach Art. 17 hat sich das Gericht eines Mitgliedstaats von Amts wegen für unzuständig zu erklären und den Antrag abzuweisen, wenn es nach dieser Verordnung nicht zuständig ist und das Gericht eines anderen Mitgliedstaats zuständig ist. Sind nach Art. 3 ff., 8 ff. der Verordnung jedoch die Gerichte mehrerer Mitgliedstaaten zuständig, so hat der Antragsteller die Wahl, in welchem Staat er das Verfahren einleitet. Ist das Gericht freilich unzuständig, so muss es sich für unzuständig erklären und den Antrag ohne Rücksicht auf die Zuständigkeit eines anderen Staates abweisen.[2]

Art. 17 greift auch nicht, wenn das Gericht eines Mitgliedstaats aufgrund einer in Art. 7, 14 vorbehaltenen Restzuständigkeit angerufen wird, tatsächlich aber die Gerichte eines anderen Mitgliedstaats zuständig sind. Insoweit richtet sich die Art der Prüfung der internationalen Zuständigkeit nach autonomem Recht.

Art. 18. Prüfung der Zulässigkeit. (1) Lässt sich ein Antragsgegner, der seinen gewöhnlichen Aufenthalt nicht in dem Mitgliedstaat hat, in dem das Verfahren eingeleitet wurde, auf das Verfahren nicht ein, so hat das zuständige Gericht das Verfahren so lange auszusetzen, bis festgestellt ist, dass es dem Antragsgegner möglich war, das verfahrenseinleitende Schriftstück oder ein gleichwertiges Schriftstück so rechtzeitig zu empfangen, dass er sich verteidigen konnte, oder dass alle hierzu erforderlichen Maßnahmen getroffen wurden.

(2) Artikel 19 der Verordnung (EG) Nr. 1348/2000 findet statt Absatz 1 Anwendung, wenn das verfahrenseinleitende Schriftstück oder ein gleichwertiges Schriftstück nach Maßgabe jener Verordnung von einem Mitgliedstaat in einen anderen zu übermitteln war.

(3) Sind die Bestimmungen der Verordnung (EG) Nr. 1348/2000 nicht anwendbar, so gilt Artikel 15 des Haager Übereinkommens vom 15. November 1965 über die Zustellung gerichtlicher und außergerichtlicher Schriftstücke im Ausland in Zivil- und Handelssachen, wenn das verfahrenseinleitende Schriftstück oder ein gleichwertiges Schriftstück nach Maßgabe des genannten Übereinkommens ins Ausland zu übermitteln war.

1. Allgemeines. Art. 18 entspricht sachlich Art. 26 EuGVO, wobei der Inhalt von Art. 26 Abs. 1 und 2 sachgerechter zusammengefasst wird.

2. Pflicht zur Aussetzung. Zum Schutze eines Antragsgegners, der in einem Mitgliedstaat verklagt wird, in dem er nicht seinen gewöhnlichen Aufenthalt hat, sieht Art. 18 Abs. 1 vor, dass das Gericht sein Verfahren auszusetzen hat, bis feststeht, dass der Antragsgegner das verfahrenseinleitende Schriftstück rechtzeitig erhalten hat oder dass alle erforderlichen Maßnahmen hierzu getroffen worden sind. Diese Regel gilt aber nur, soweit nicht die Abs. 2 und 3 eingreifen.

Nach Abs. 2 soll primär Art. 19 EuZVO vom 29. 5. 2000[1] gelten. Dieser sieht zunächst eine mit Art. 18 Abs. 1 inhaltsgleiche Regelung vor, ergänzt diese aber in Abs. 2 dahin, dass nach Ablauf von wenigstens sechs Monaten auch ohne Zustellungsnachweis sachlich entschieden werden darf. Die EuZVO trat am 31. 5. 2001 (Art. 25 EuZVO), die Brüssel II-VO bereits am 1. 3. 2001 in Kraft.

Lediglich für die geringe Übergangszeit sowie ggf. bei Nichtgeltung in dem einen oder anderen Mitgliedstaat sah Art. 18 Abs. 3 vor, dass das Verfahren nach Art. 15 des Haager Zustellungsübereinkommen auszusetzen ist. Zum Haager Zustellungsübereinkommen haben Deutschland und andere Staaten die Erklärung nach Art. 15 Abs. 2 abgegeben, wonach ohne Vorlage eines Zustellungszeugnisses entschieden werden darf, wenn seit Einleitung der Zustellung mindestens sechs Monate verstrichen sind und das Zustellungszeugnis nicht zu erlangen war (s.o. Art. 26 EuGVO Rn. 10). Da das Haager Übereinkommen in allen Mitgliedstaaten, mit Ausnahme von Irland, gilt, hat Abs. 1 nach dem Inkrafttreten der EheGVO nur eine Restbedeutung im Verhältnis zu Irland.

Art. 19. Rechtshängigkeit und abhängige Verfahren. (1) Werden bei Gerichten verschiedener Mitgliedstaaten Anträge auf Ehescheidung, Trennung ohne Auflösung des Ehebandes oder Ungültigerklärung einer Ehe zwischen denselben Parteien gestellt, so setzt das später angerufene Gericht das Verfahren von Amts wegen aus, bis die Zuständigkeit des zuerst angerufenen Gerichts geklärt ist.

(2) Werden bei Gerichten verschiedener Mitgliedstaaten Verfahren bezüglich der elterlichen Verantwortung für ein Kind wegen desselben Anspruchs anhängig gemacht, so

---

[2] So zu Recht *Rauscher/Rauscher* Rn. 10, 11.
[1] AB1EG Nr. L 160/37 vom 30. 6. 2000.

setzt das später angerufene Gericht das Verfahren von Amts wegen aus, bis die Zuständigkeit des zuerst angerufenen Gerichts geklärt ist.

(3) Sobald die Zuständigkeit des zuerst angerufenen Gerichts feststeht, erklärt sich das später angerufene Gericht zugunsten dieses Gerichts für unzuständig.
In diesem Fall kann der Antragsteller, der den Antrag bei dem später angerufenen Gericht gestellt hat, diesen Antrag dem zuerst angerufenen Gericht vorlegen.

Schrifttum: *Gruber,* Die neue „europäische Rechtshängigkeit bei Scheidungsverfahren", FamRZ 2000, 1129; *Burkhardt,* Internationale Rechtshängigkeit und Verfahrensstruktur bei Eheauflösungen, Diss. Heidelberg 1997; *Heiderhoff,* Die Berücksichtigung ausländischer Rechtshängigkeit in Ehescheidungsverfahren, 1998; *Safferling,* Rechtshängigkeit in deutsch-französischen Scheidungsverfahren, 1996; *Wagner,* Ausländische Rechtshängigkeit in Ehesachen unter besonderer Berücksichtigung der EG-Verordnungen Brüssel II und Brüssel II a, FuR 2004, 286.

1 **1. Allgemeines.** Die Bestimmung ist Art. 27 EuGVO (Art. 21 EuGVÜ) nachgebildet, enthält aber im Hinblick auf die Besonderheiten der Ehetrennungs- und Sorgerechtsverfahren in den Abs. 2 und 3 davon abweichende Regelungen.

2 **2. Vorrang des ersten Verfahrens.** Den Konflikt mehrerer rechtshängiger Ehetrennungs- und Sorgerechtsverfahren vor den Gerichten von Mitgliedstaaten löst Abs. 1 nach dem Grundsatz prior temporis.[1] Das zuerst angerufene Gericht soll Vorrang haben. Ein später angerufenes Gericht setzt sein Verfahren von Amts wegen aus, bis die Zuständigkeit des zuerst angerufenen Gerichts geklärt ist und erklärt sich erst für unzuständig, wenn die Zuständigkeit des zuerst angerufenen Gerichts feststeht (Abs. 3 S. 1). Auf diese Weise soll ein negativer Kompetenzkonflikt vermieden werden. Diese Regelung gilt für alle von der Brüssel II-VO erfassten Verfahren. Ein früheres Verfahren auf Trennung von Tisch und Bett blockiert also ein nachfolgendes Scheidungsverfahren.[2] Dieses kann erst nach rechtskräftigem Abschluss des ausländischen Trennungsverfahrens zulässig durchgeführt werden. Auf eine Anerkennungsprognose kommt es anders als nach autonomem Recht nicht an.[3]

Art. 20. Einstweilige Maßnahmen einschließlich Schutzmaßnahmen. (1) Die Gerichte eines Mitgliedstaats können in dringenden Fällen ungeachtet der Bestimmungen dieser Verordnung die nach dem Recht dieses Mitgliedstaats vorgesehenen einstweiligen Maßnahmen einschließlich Schutzmaßnahmen in Bezug auf in diesem Staat befindliche Personen oder Vermögensgegenstände auch dann anordnen, wenn für die Entscheidung in der Hauptsache gemäß dieser Verordnung ein Gericht eines anderen Mitgliedstaats zuständig ist.

(2) Die zur Durchführung des Absatzes 1 ergriffenen Maßnahmen treten außer Kraft, wenn das Gericht des Mitgliedstaats, das gemäß dieser Verordnung für die Entscheidung in der Hauptsache zuständig ist, die Maßnahmen getroffen hat, die es für angemessen hält.

Schrifttum: *Andrae,* Zur Abgrenzung des räumlichen Anwendungsbereichs von EheVO, MSA, KSÜ und autonomem IZPR/IPR, IPRax 2006, 82; *Fuchs/Tölg,* Die einstweiligen Maßnahmen nach der EheVO (EuGVVO II), ZfRV 2002, 95; *Spellenberg,* Einstweilige Maßnahmen nach Art. 12 Brüssel II-VO, FS Beys, 2003, S. 1583.

1 **1. Autonomes Kompetenzrecht für einstweilige Maßnahmen.** Art. 20 legt (übereinstimmend mit Art. 31 EuGVO bzw. vorher Art. 24 EuGVÜ) fest, dass die Gerichte der Vertragsstaaten einstweilige Maßnahmen einschließlich von Sicherungsmaßnahmen nicht nur bei Bestehen einer Entscheidungskompetenz nach dieser Verordnung erlassen können, sondern auch wenn lediglich eine Kompetenz nach dem jeweiligen nationalen autonomen Kompetenzrecht besteht. Nach hM ist Art. 20 nicht selbst Grundlage für eine Eilzuständigkeit.[1] Nach anderer Ansicht hat der Verweis auf die nach dem Recht des Mitgliedsstaates vorgesehenen Maßnahmen keine zuständigkeitsrechtliche Relevanz, sondern bezieht sich allein auf die Art der zu verhängenden Maßnahmen; die Zuständigkeit folgt dann direkt aus Art. 20 Abs. 1.[2]

---

[1] Vgl. *Hau* FamRZ 2000, 1333, 1339; *Tödter* FamRZ 2005, 1687 (zu Art. 11 I Brüssel II-VO); *Rauscher/Rauscher* Rn. 2.
[2] OLG Zweibrücken FamRZ 2006, 1043, 1044; Hk-ZPO/*Dörner* Rn. 8.
[3] *Gruber* FamRZ 2000, 1129, 1132.
[1] *Gebauer/Wiedmann/Frank* Kap. 27 Rn. 63.
[2] *Andrae* IPRax 2006, 82, 86; *Garbe/Ullrich/Andrae* § 11 Rn. 226.

Folgt man der hM scheidet eine internationale Eilzuständigkeit nach autonomem Recht aber aus, soweit vorrangige Staatsverträge eingreifen. Dies gilt etwa für Art. 9 MSA, soweit dieser nicht durch das KSÜ verdrängt wird.[3] Eine Kompetenz kann sich dagegen nicht aus den Art. 11, 12 KSÜ ergeben, da dessen Anwendung durch die Art. 61, 62 Abs. 2 EheGVO ausgeschlossen ist.[4]

Vorausgesetzt ist dabei aber, dass ein Eheverfahren in einem Mitgliedsstaat anhängig ist oder anhängig gemacht werden soll oder das Kind, um das es geht, seinen gewöhnlichen Aufenthalt in einem Mitgliedsstaat der EG hat.[5] Hat das Kind seinen Aufenthalt in einem Drittstaat folgt die Zuständigkeit auch für Eilmaßnahmen direkt aus Art. 14 EheGVO iVm. dem nationalen Recht oder aus dem KSÜ oder dem MSA.[6]

2. Einschränkungen der autonomen Kompetenz. Abweichend von Art. 31 EuGVO sieht Art. 20 vor, dass eine Kompetenz nach autonomem Recht nur (1) in dringenden Fällen und (2) nur in Bezug auf die in dem betreffenden Staat befindlichen Personen und Güter in Anspruch genommen werden darf.[7] Wegen dieser zweiten Einschränkung dürfte sich die Frage der Anerkennungsfähigkeit einer einstweiligen Maßnahme in einem anderen Mitgliedstaat selten stellen.

Eine Eilzuständigkeit besteht in allen Fällen nur für dringende Fälle, ähnlich wie bei Art. 9 MSA. Die Maßnahmen dürfen danach keinen Aufschub dulden, um einen Schaden von dem Kind abzuwenden, ohne dass ein Tätigwerden eines sonst nach der EheGVO zuständigen Gerichts angewartet werden kann. Dringende Schutzmaßnahmen können auch isoliert, ohne anhängiges Hauptverfahren angeordnet werden.[8] Soweit zur Sicherung des Kindeswohls dringender Handlungsbedarf besteht, können angeordnete Schutzmaßnahmen auch endgültigen Charakter haben, zB bei Genehmigung eines dringenden ärztlichen Eingriffs.[9]

3. Anwendungsbereich der einstweiligen Maßnahmen. Art. 20 erfasst zunächst nur einstweilige Rechtsschutzmaßnahmen, die aus Anlass eines von der Verordnung (nach Art. 1) erfassten Verfahrens ergriffen werden. Streitig ist, ob die Maßnahmen selbst unter die EheGVO fallen, also Statusfragen oder Fragen der elterlichen Verantwortung betreffen müssen.[10] Der Streit hat geringe praktische Bedeutung. Unstreitig erfasst sind (seltene) einstweilige Anordnungen zur Gestaltung des Getrenntlebens.[11] Nach beiden Ansichten sind umgekehrt einstweilige Anordnungen zur Auseinandersetzung des Güterstandes unzulässig.[12] Unzulässig ist über Art. 20 EheGVO auch einstweiliger Rechtsschutz in Unterhaltssachen, weil insoweit Art. 5 Nr. 2 und Art. 31 EuGVO bzw. die künftige UnterhaltsVO Vorrang haben.[13] Erfasst sind dagegen Anordnungen nach dem Gewaltschutzgesetz sowie (trotz des vermögensrechtlichen Kerns) zur vorläufigen Wohnungszuweisung.[14] Streitig ist, ob auch die Hausratsverteilung nach § 1361a BGB bzw. § 18a HausratsVO erfasst ist. Will man die vorläufige Wohnungszuweisung zur Sicherung des (Status des) Getrenntlebens erfassen, so muss Entsprechendes auch für die (vorläufige) Hausratsteilung gelten.[15]

4. Anwendungsbereich in Deutschland. Einstweilige Anordnungen nach §§ 620 ff. ZPO können gemäß § 620a Abs. 2 S. 1 ZPO erlassen werden, sobald die Ehesache anhängig oder ein Antrag auf Bewilligung der Prozesskostenhilfe eingereicht ist. Bei Anhängigkeit der Ehesache greift bereits die Zuständigkeit nach der EheGVO; bei bloßer Stellung des PKH-Antrags besteht dagegen eine Zuständigkeit nach Art. 20 EheGVO iVm. § 620a Abs. 2 S. 1 ZPO.

Darüber hinaus können isolierte Verfahren zur Regelung der elterlichen Sorge für ein gemeinschaftliches Kind, zur Regelung des Umgangs eines Elternteils mit dessen Kind und zur Regelung des Getrenntlebens der Ehegatten nach den §§ 935, 940, 936 ZPO bzw. nach dem FGG gemäß

---

[3] *Andrae* IPRax 2006, 82, 86.
[4] *Andrae* IPRax 2006, 82, 86.
[5] *Garbe/Ullrich/Andrae* § 11 Rn. 225.
[6] *Andrae* IPRax 2006, 82, 85.
[7] Vgl. *Spellenberg*, FS Beys, 2003, S. 1583, 1585; *Rauscher/Rauscher* Rn. 2 f.; AnwK-BGB/*Gruber* Rn. 8.
[8] *Andrae* IPRax 2006, 82, 86.
[9] *Garbe/Ullrich/Andrae* § 11 Rn. 225.
[10] Hierfür: *Geimer/Schütze/Dilger* Rn. 11 f.; *Rauscher/Rauscher* Rn. 9 ff. Dagegen *Borrás* Bericht Rn. 59; *Spellenberg*, FS Beys, 2003, S. 1583, 1586; *Schlosser* Art. 12 Rn. 2; *Geimer/Schütze*, EuZVR, Art. 12 Rn. 1; *Thomas/Putzo/Hüßtege* Rn. 4.
[11] *Spellenberg*, FS Beys, 2003, S. 1583, 1593.
[12] *Geimer/Schütze/Dilger* Rn. 16; AnwK-BGB/*Gruber* Rn. 3.
[13] *Rauscher/Rauscher* Rn. 11; AnwK-BGB/*Gruber* Rn. 3; *Spellenberg*, FS Beys, 2003, S. 1583, 1590.
[14] *Spellenberg*, FS Beys, 2003, S. 1583, 1588; *Geimer/Schütze/Dilger* Rn. 14.
[15] *Spellenberg*, FS Beys, 2003, S. 1583, 1593; AnwK-BGB/*Gruber* Rn. 4 f.; aA *Geimer/Schütze/Dilger* Rn. 16.

EheGVO Art. 20a–e

Art. 20 ohne Rücksicht auf die EheGVO anhängig gemacht werden. Diese Eilzuständigkeit besteht auch in Fällen der Kindesentführung.[16] Inhaltlich sind die Maßnahmen nicht beschränkt, vielmehr können alle Regelungen der elterlichen Verantwortung erfolgen.

8   Art. 20 schließt den in § 620 ZPO aufgeführten Katalog der einstweiligen Anordnungen nicht ein. Es können also auch in grenzüberschreitenden europäischen Fällen alle in § 620 ZPO vorgesehenen einstweiligen Anordnungen erlassen werden.

9   **5. Außerkrafttreten.** Auf Art. 20 gestützte Eilmaßnahmen treten nach Abs. 2 außer Kraft, wenn das nach den Art. 3 bis 15 zuständige Gericht eine Entscheidung in der Hauptsache erlassen hat. Das Gericht der Hauptsache hat also „das letzte Wort".[17]

10 **6. Anerkennung und Vollstreckung.** Auch einstweilige Maßnahmen sind Entscheidungen iS von Art. 21 Abs. 1 und in den anderen Mitgliedstaaten automatisch anzuerkennen und im Verfahren der Art. 28 ff. für vollstreckbar zu erklären, auch wenn sie in der Definition der „Entscheidung" in Art. 2 Nr. 4 EheGVO nicht erfasst sind.[18]

Nach dem Vorschlag zur Änderung der VO (EG) 2201/2003 vom 17. 7. 2006 (Entwurf einer **Rom III-Verordnung**) soll nach Art. 20 folgendes Kapitel eingefügt werden:

Kapitel II a. Anwendbares Recht bei Ehescheidung und Trennung ohne Auflösung des Ehebandes

Art. 20 a. Rechtswahl durch die Parteien. *1. Die Ehegatten können bei Ehescheidung und Trennung ohne Auflösung des Ehebandes einvernehmlich das anwendbare Recht bestimmen. Folgende Rechtsordnungen kommen hierfür in Frage:*

a) das Recht des Staates, in dem die Ehegatten ihren letzten gemeinsamen gewöhnlichen Aufenthalt hatten, sofern einer von beiden dort seinen gewöhnlichen Aufenthalt hat,
b) das Recht des Staates, dessen Staatsangehörigkeit beide Ehegatten besitzen, oder – im Fall des Vereinigten Königreichs und Irlands – in dem sie ihr gemeinsames „domicile" haben,
c) das Recht des Staates, in dem die Ehegatten während mindestens fünf Jahren ihren gewöhnlichen Aufenthalt hatten,
d) das Recht des Mitgliedstaates, in dem der Antrag gestellt wird.

2. Eine Rechtswahlvereinbarung bedarf der Schriftform und ist von beiden Ehegatten spätestens bei Anrufung des Gerichts zu unterzeichnen.

Art. 20 b. Anwendbares Recht in Ermangelung einer Rechtswahl durch die Parteien. *In Ermangelung einer Rechtswahl gemäß Artikel 20 a richtet sich das Scheidungsverfahren oder Verfahren zur Trennung ohne Auflösung des Ehebandes nach dem Recht des Staates,*

a) in dem die Ehegatten ihren gemeinsamen gewöhnlichen Aufenthalt haben, oder ersatzweise
b) in dem die Ehegatten ihren letzten gemeinsamen gewöhnlichen Aufenthalt hatten, sofern einer von ihnen dort noch seinen gewöhnlichen Aufenthalt hat, oder ersatzweise
c) dessen Staatsangehörigkeit beide Ehegatten besitzen bzw. – im Falle des Vereinigten Königreichs und Irlands – in dem sie ihr gemeinsames „domicile" haben, oder ersatzweise
d) in dem der Antrag gestellt wird.

Art. 20 c. Anwendung ausländischen Rechts. *Ist das Recht eines anderen Mitgliedstaates anwendbar, kann sich das Gericht über das Europäische Justizielle Netz in Zivil- und Handelssachen sachdienliche Informationen beschaffen.*

Art. 20 d. Ausschluss der Rück- und Weiterverweisung. *Unter dem nach dieser Verordnung anwendbaren Recht eines Staates sind die Rechtsnormen dieses Staates unter Ausschluss derjenigen des Internationalen Privatrechts zu verstehen.*

Art. 20 e. Ordre Public. *Die Anwendung einer Bestimmung des nach dieser Verordnung bezeichneten Rechts kann nur bei einem offenkundigen Verstoß gegen die öffentliche Ordnung des Staates des angerufenen Gerichts versagt werden.*

---

[16] *Fleige* S. 296.
[17] AnwK-BGB/*Gruber* Rn. 11; *Spellenberg*, FS Beys, 2003, S. 1583.
[18] AnwK-BGB/*Gruber* Rn. 12; aA AnwK-BGB/*Andrae* Art. 21 Rn. 4.

Kapitel III. Anerkennung und Vollstreckung

Schrifttum: *Andrae,* Anerkennung und Vollstreckung von Entscheidungen sowie die Beachtung der früheren Rechtshängigkeit nach der EheVO (Brüssel II-Verordnung), ERA-Forum 1/2003, S. 28; *Coester-Waltjen,* Die internationale Zuständigkeit und Anerkennung von Sorgerechtsentscheidungen in der Europäischen Union, in: Gottwald, Aktuelle Entwicklungen im europäischen und internationalen Zivilverfahrensrecht, 2002, S. 162; *Dornblüth,* Die europäische Regelung der Anerkennung und Vollstreckbarerklärung von Ehe- und Kindschaftsentscheidungen, 2003; *Gördes,* Internationale Zuständigkeit, Anerkennung und Vollstreckung von Entscheidungen über die elterliche Verantwortung, 2004; *Helms,* Die Anerkennung ausländischer Entscheidungen im europäischen Verfahrensrecht, FamRZ 2001, 257; *Krömer,* Anerkennung ausländischer Entscheidungen in Ehesachen nach der EU-Erweiterung, StAZ 2005, 149; *Schlauß,* Fehlende persönliche Anhörung des Kindes durch den ausländischen Richter – ein Anerkennungshindernis?, FPR 2006, 228; *Spellenberg,* Anerkennung eherechtlicher Entscheidungen nach der Brüssel II-VO, ZZPInt 6 (2001), 109; *Sturm,* Brüssel II-VO und der europäische Standesbeamte, StAZ 2002, 193; *Völker/Steinfatt,* Die Kindesanhörung als Fallstrick bei der Anwendung der Brüssel II a-Verordnung, FPR 2005, 415; *Wagner,* Die Anerkennung und Vollstreckung von Entscheidungen nach der Brüssel II-Verordnung, IPRax 2001, 73.

Die Regelungen der EheGVO über Anerkennung und Vollstreckung sind den Art. 33 ff. EuGVO **1** nachgebildet. Um eine Einheitlichkeit des europäischen Rechtsraums zu erreichen, sollten die Bestimmungen daher ebenso wie die der EuGVO ausgelegt werden, soweit die EheGVO keine Besonderheiten vorsieht.

Abschnitt 1. Anerkennung

Art. 21. Anerkennung einer Entscheidung. (1) Die in einem Mitgliedstaat ergangenen Entscheidungen werden in den anderen Mitgliedstaaten anerkannt, ohne dass es hierfür eines besonderen Verfahrens bedarf.

(2) Unbeschadet des Absatzes 3 bedarf es insbesondere keines besonderen Verfahrens für die Beschreibung in den Personenstandsbüchern eines Mitgliedstaats auf der Grundlage einer in einem anderen Mitgliedstaat ergangenen Entscheidung über Ehescheidung, Trennung ohne Auflösung des Ehebandes oder Ungültigerklärung einer Ehe, gegen die nach dem Recht dieses Mitgliedstaats keine weiteren Rechtsbehelfe eingelegt werden können.

(3) Unbeschadet des Abschnitts 4 kann jede Partei, die ein Interesse hat, gemäß den Verfahren des Abschnitts 2 eine Entscheidung über die Anerkennung oder Nichtanerkennung der Entscheidung beantragen.

Das örtlich zuständige Gericht, das in der Liste aufgeführt ist, die jeder Mitgliedstaat der Kommission gemäß Artikel 68 mitteilt, wird durch das nationale Recht des Mitgliedstaats bestimmt, in dem der Antrag auf Anerkennung oder Nichtanerkennung gestellt wird.

(4) Ist in einem Rechtsstreit vor einem Gericht eines Mitgliedstaats die Frage der Anerkennung einer Entscheidung als Vorfrage zu klären, so kann dieses Gericht hierüber befinden.

1. Grundsatz automatischer Anerkennung. Übereinstimmend mit Art. 33 Abs. 1 EuGVO **1** sind Entscheidungen gemäß Art. 21 Abs. 1 EheGVO in allen anderen Mitgliedstaaten automatisch (ipso iure) anzuerkennen. Wie innerhalb des EuGVÜ gilt auch hier der *Grundsatz der Wirkungserstreckung.*[1]

Anerkannt werden nur Entscheidungen, die nach Art. 1 Abs. 1 in den Anwendungsbereich der **2** Verordnung fallen. Mit der Statusentscheidung verbundene vermögensrechtliche Entscheidungen zu Scheidungsfolgen werden nicht von Art. 21 EheGVO erfasst.[2]

Im Bereich der Ehesachen werden danach nur Entscheidungen anerkannt, die den **ehelichen 3 Status ändern,** also in Deutschland die Ehe scheiden (§ 1564 BGB) oder aufheben (§ 1313 BGB).[3] Nicht erfasst sind eigenartigerweise klageabweisende Urteile; diese sind nur nach autono-

---

[1] *Andrae,* ERA-Forum 1/03, S. 28, 37; AnwK-BGB/*Andrae* Rn. 16; *Geimer/Schütze/Paraschas* Rn. 26; *Gördes* S. 77; *Helms* FamRZ 2001, 257, 258.
[2] Hk-ZPO/*Dörner* Rn. 5.
[3] AnwK-BGB/*Andrae* Rn. 11; *Helms* FamRZ 2001, 257, 258; Hk-ZPO/*Dörner* Rn. 4; *Rauscher/Rauscher* Art. 2 Rn. 9; *Wagner* IPRax 2001, 73, 76.

EheGVO Art. 21 4–11   B. Europäisches Zivilprozessrecht

mem Recht anzuerkennen.[4] Auch Entscheidungen, die das Bestehen oder Nichtbestehen einer Ehe feststellen, sind trotz der Sachnähe zur Scheidung nicht einbezogen.[5]

4   Im Bereich der **elterlichen Verantwortung** sind nur zivilrechtliche Entscheidungen erfasst. Wird ein Kind durch eine einheitliche Entscheidung in sofortige Obhut genommen und außerhalb der eigenen Familie in einer Pflegefamilie untergebracht, so ist dies eine zivilrechtliche Entscheidung i. S. von Art. 1 Abs. 1 EheGVO, auch wenn die Entscheidung im Rahmen eines öffentlichen Kinderschutzes ergangen ist.[6]

5   Anerkannt werden wie nach der EuGVO *alle prozessualen Entscheidungswirkungen,* also die objektive und subjektive materielle Rechtskraft, die Präklusionswirkung und bei Entscheidungen über den Bestand der Ehe und die Verteilung des Sorgerechts besonders wichtig die Gestaltungswirkungen (s. § 328 ZPO Rn. 157 ff.). Diese Gestaltungswirkungen werden auch vor Eintritt der Rechtskraft im Entscheidungsstaat anerkannt.[7] Soweit die Gestaltungswirkung Ehescheidung im Ursprungsstaat erst mit Registrierung im Personenstandsregister eintritt, kommt dem Urteil zuvor auch im Ausland keine Gestaltungswirkung zu.[8] Nicht anerkannt wird die Vollstreckbarkeit, sie muss im Verfahren nach den Art. 28 ff. EheGVO neu verliehen werden.[9]

6   **2. Kein Feststellungsverfahren nach Art. 7 FamRÄndG.** Art. 21 Abs. 2 legt ausdrücklich fest, dass im Verhältnis zu den Mitgliedstaaten der EG die Anerkennung einer Entscheidung in Ehesachen auch für die Beischreibung in den Personenstandsbüchern nicht mehr von einem besonderen Anerkennungsverfahren abhängig gemacht werden darf. Voraussetzung für die nunmehr formlose Inzidentanerkennung ist lediglich, dass die Entscheidung rechtskräftig ist, also nach dem Recht des Entscheidungsstaates dagegen keine weiteren Rechtsbehelfe eingelegt werden können.[10] Diese Rechtskraft wird grundsätzlich durch die Bescheinigung gemäß Art. 39 iVm. Anhang I nachgewiesen.[11]

Sinngemäß folgt aus Art. 21 Abs. 1 und 2 EheGVO, dass Entscheidungen auch von anderen Behörden als Standesämtern inzident und formlos anzuerkennen sind.[12]

7   **3. Besonderes Feststellungsverfahren.** Die generelle Entbehrlichkeit eines besonderen förmlichen Anerkennungsverfahrens schließt nicht aus, dass im Einzelfall Streit über die Anerkennungsfähigkeit einer Entscheidung herrscht. Für solche Fälle sieht Art. 21 Abs. 3 (in Parallele zu Art. 33 Abs. 2 EuGVO) iVm. § 32 IntFamRVG vor, dass jede Partei, die ein Interesse daran hat, im Beschlussverfahren nach den Art. 28 ff. die (deklaratorische) Feststellung[13] beantragen kann, dass eine Entscheidung anzuerkennen oder nicht anzuerkennen ist.[14] Dies gilt insb., wenn der Standesbeamte eine Beischreibung ablehnt.

8   Eine Durchführung des Feststellungsverfahrens nach Art. 7 § 1 FamRÄndG ist dagegen unzulässig.[15] Abweichend von Art. 33 Abs. 2 EuGVO sieht Art. 21 Abs. 3 EheGVO ausdrücklich auch einen negativen Feststellungsantrag vor.

9   Parteien des Feststellungsverfahrens müssen nicht die des Verfahrens im Ursprungsstaat sein; das Verfahren kann vielmehr – wie das nach Art. 7 § 1 FamRÄndG – auch von Dritten beantragt werden, wenn ihre Rechtsstellung von der anzuerkennenden Statusentscheidung abhängt[16] oder sie wie die Verwaltungsbehörde iS des § 1316 BGB oder das Jugendamt ein Interesse an der Feststellung haben.[17] Würde man allerdings dem Standesbeamten selbst ein Antragsrecht einräumen,[18] so bliebe von Art. 21 Abs. 2 praktisch wenig übrig.

10   Die Feststellung kann vor Eintritt der Rechtskraft beantragt werden;[19] bei Einlegung eines Rechtsbehelfs im Ursprungsstaat kann das Verfahren aber nach Art. 35 EheGVO ausgesetzt werden.

11   Örtlich zuständig ist das in §§ 10 ff. IntFamRVG bestimmte Familiengericht.

---

[4] *Geimer/Schütze/Paraschas* Rn. 8 f.
[5] AnwK-BGB/*Andrae* Rn. 12; *Geimer/Schütze/Paraschas* Rn. 4.
[6] EuGH (C-435/06 v. 27. 11. 07), FamRZ 2008, 125 (Rz. 24 ff., 53).
[7] Hk-ZPO/*Dörner* Rn. 3.
[8] *Geimer/Schütze/Paraschas* Rn. 28.
[9] *Geimer/Schütze/Paraschas* Rn. 27.
[10] *Gebauer/Wiedmann/Frank* Kap. 27 Rn. 64.
[11] *Geimer/Schütze/Paraschas* Rn. 57; vgl. *Sturm* StAZ 2002, 193.
[12] *Geimer/Schütze/Paraschas* Rn. 63.
[13] *Wagner* IPRax 2001, 73, 79.
[14] Vgl. *Geimer/Schütze/Paraschas* Rn. 35.
[15] *Geimer/Schütze/Paraschas* Rn. 23, 36; *Nagel/Gottwald* § 11 Rn. 70; *Helms* FamRZ 2001, 257, 261.
[16] *Helms* FamRZ 2001, 257, 261; *Nagel/Gottwald* § 11 Rn. 70; HK-ZPO/*Dörner* Rn. 7.
[17] *Gebauer/Wiedmann/Frank* Kap. 27 Rn. 65.
[18] So *Helms* FamRZ 2001, 257, 261; krit. *Gebauer/Wiedmann/Frank* Kap. 27 Rn. 65 Rn. 108.
[19] *Geimer/Schütze/Paraschas* Rn. 24.

Für Entscheidungen, die aufgrund ihrer Bescheinigung als „europäischer Vollstreckungstitel" anzuerkennen sind (Art. 41, 42 EheGVO) scheidet das Verfahren nach Art. 21 Abs. 3 aus, da die Anerkennung in diesen Fällen nicht angefochten werden kann.[20]

4. Inzidententscheidung über Vorfragen. Schließlich legt Art. 21 Abs. 4 (in Parallele zu Art. 33 Abs. 3 EuGVO) fest, dass ein Gericht eines Mitgliedstaats formlos über die Anerkennung einer Entscheidung befinden kann, wenn sich diese Frage als Vorfrage in einem anderen Rechtsstreit stellt.[21] Die Inzidentfeststellung ist nicht den Familiengerichten vorbehalten.[22] Die Befugnis zur Inzidentanerkennung besteht auch für Behörden.[23]

Bei Ablehnung einer Beischreibung oder Zweifeln über deren Zulässigkeit soll danach nach hM ein Verfahren nach §§ 45 ff. PStG eingeleitet werden können, in dem inzident über die Anerkennung entschieden wird.[24]

Die inzidente Anerkennung erwächst in Deutschland nicht in Rechtskraft. Falls ein besonderes Interesse an einer rechtskraftfähigen Feststellung besteht, kann diese nach § 256 Abs. 2 ZPO durch Zwischenfeststellungsklage (-antrag) begehrt werden. Das Feststellungsverfahren nach Art. 21 Abs. 3 EheGVO schließt eine solche Zwischenfeststellungsklage nicht aus.[25] Da für eine Statusentscheidung aber die Familiengerichte ausschließlich zuständig sind (§ 606 Abs. 1 S. 1 ZPO), kann ein Zwischenfeststellungsantrag nur vor Familiengerichten gestellt werden.[26]

5. Aufhebung oder Änderung der Entscheidung im Erststaat. Aus dem Grundsatz automatischer Anerkennung folgt sinngemäß, dass von einer im Erststaat aufgehobenen Entscheidung keine Wirkungserstreckung im Inland mehr ausgehen kann. Ist ein Feststellungsverfahren noch anhängig, ist die Änderung der Sachlage stets zu beachten.

Ist über die Anerkennung aber im Inland bereits rechtskräftig entschieden, so kann die Aufhebung bzw. Änderung gegenüber der formellen Anerkennung im Verfahren nach § 34 Abs. 1 S. 2 IntFamRVG geltend gemacht werden.

Auf Antrag entscheidet das Familiengericht, das zuvor über die Feststellung der Anerkennung befunden hat (§ 34 Abs. 2 IntFamRVG).

6. Abänderung der Entscheidung im Zweitstaat. Bei Änderung der Sachlage kann eine Entscheidung eines Erststaates über die elterliche Verantwortung in einem Zweitstaat geändert werden. Voraussetzung ist, dass der Zweitstaat nunmehr nach den Art. 8 ff. EheGVO international zuständig ist. Die EheGVO selbst regelt die Abänderung nicht. Ändert sich die Sachlage nachträglich, steht Art. 26 EheGVO einer Abänderung nicht entgegen. Ob und inwieweit eine Abänderung zulässig ist, bestimmt das Recht des Zweitstaates.[27] In Deutschland ist eine Änderung von Sorgerechtsentscheidungen wegen nachträglicher Änderung der Umstände in § 1696 BGB vorgesehen.

Art. 22. Gründe für die Nichtanerkennung einer Entscheidung über eine Ehescheidung, Trennung ohne Auflösung des Ehebandes oder Ungültigerklärung einer Ehe. Eine Entscheidung, die die Ehescheidung, die Trennung ohne Auflösung des Ehebandes oder die Ungültigerklärung einer Ehe betrifft, wird nicht anerkannt,
a) wenn die Anerkennung der öffentlichen Ordnung des Mitgliedstaats, in dem sie beantragt wird, offensichtlich widerspricht;
b) wenn dem Antragsgegner, der sich auf das Verfahren nicht eingelassen hat, das verfahrenseinleitende Schriftstück oder ein gleichwertiges Schriftstück nicht so rechtzeitig und in einer Weise zugestellt wurde, dass er sich verteidigen konnte, es sei denn, es wird festgestellt, dass er mit der Entscheidung eindeutig einverstanden ist;
c) wenn die Entscheidung mit einer Entscheidung unvereinbar ist, die in einem Verfahren zwischen denselben Parteien in dem Mitgliedstaat, in dem die Anerkennung beantragt wird, ergangen ist; oder

---

[20] *Geimer/Schütze/Paraschas* Rn. 38.
[21] *Gördes* S. 79; s. o. Art. 33 EuGVO Rn. 17 f.
[22] *Geimer/Schütze/Paraschas* Rn. 61; aA *Gebauer/Wiedmann/Frank* Kap. 27 Rn. 66.
[23] *Geimer/Schütze/Paraschas* Rn. 63.
[24] AnwK-BGB/*Gruber* Rn. 19; *Geimer/Schütze/Paraschas* Rn. 37; aA *Nagel/Gottwald* § 11 Rn. 70.
[25] *Geimer/Schütze/Paraschas* Rn. 62; *Rauscher/Rauscher* Rn. 15.
[26] *Helms* FamRZ 2001, 257, 262; *Geimer/Schütze/Paraschas* Rn. 62; Hk-ZPO/*Dörner* Rn. 9; *Nagel/Gottwald* § 11 Rn. 71; *Rauscher/Rauscher* Rn. 15 (Abs. 3); *Sturm* StAZ 2002, 193, 199; aA (keine Beschränkung) *Vogel* MDR 2000, 1045, 1049.
[27] *Geimer/Schütze/Paraschas* Rn. 31.

EheGVO Art. 22 1–5   B. Europäisches Zivilprozessrecht

d) wenn die Entscheidung mit einer früheren Entscheidung unvereinbar ist, die in einem anderen Mitgliedstaat oder in einem Drittstaat zwischen denselben Parteien ergangen ist, sofern die frühere Entscheidung die notwendigen Voraussetzungen für ihre Anerkennung in dem Mitgliedstaat erfüllt, in dem die Anerkennung beantragt wird.

I. Allgemeines

1   Die Gründe für die Nichtanerkennung einer Entscheidung entsprechen Art. 15 Abs. 1 der VO Nr. 1347/2000 und sind Art. 34 EuGVO nachgebildet. Sie sind abschließend. Der IPR-Vorbehalt des früheren Art. 27 Nr. 4 EuGVÜ ist durch den nachfolgenden Art. 25 EheGVO ausgenommen. Außerdem unterscheidet die Brüssel II-VO zwischen der Anerkennung von Ehetrennungsentscheidungen (in Art. 22) und Entscheidungen zur elterlichen Verantwortung (in Art. 23). Der Grund hierfür liegt darin, dass über das Sorgerecht für die Kinder nicht notwendig in dem Verfahren zur Ehesache mit den Ehegatten als Parteien entschieden werden muss, vielmehr insoweit auch Verfahren unter Beteiligung von Jugendämtern, Staatsanwaltschaften etc. in Betracht kommen. Wegen dieser Besonderheiten wird zwischen beiden Entscheidungsgruppen unterschieden.

2   Die Versagungsgründe sind von Amts wegen zu prüfen; liegt ein Grund vor, scheidet eine Anerkennung aus.[1] Amtsprüfung beinhaltet aber wie sonst auch keine Amtsermittlung. Eine Prüfung erfolgt nur, wenn Anhaltspunkte für das Vorliegen eines Versagungsgrundes vorliegen.[2]

II. Die Versagungsgründe bei Ehetrennungsentscheidungen (Abs. 1)

3   **1. Der ordre public-Verstoß.** Die Anerkennung einer Ehetrennungsentscheidung scheidet aus, wenn sie dem ordre public des Anerkennungsstaates offensichtlich widersprechen würde. Ein solcher Widerspruch kann nach dem Zweck der EheGVO innerhalb der Europäischen Gemeinschaften nur ausnahmsweise eingreifen. Wie nach Art. 34 Nr. 1 EuGVO und § 328 Abs. 1 Nr. 4 ZPO kann sich der Widerspruch aus einer materiellen Rechtsanwendung oder aus einem Verstoß des erststaatlichen Verfahrens gegen rechtsstaatliche Anforderungen ergeben (s.o. Art. 34 EuGVO Rn. 11 ff.). Kein Fall des ordre public ist es, wenn geschieden wird, obwohl eine Scheidung nach dem Recht des Anerkennungsstaates unzulässig wäre (Art. 25). Deshalb kommt ein materieller ordre public-Verstoß bei Ehescheidungen kaum in Betracht.[3]

Hat die betroffene Partei bei prozessualen Verstößen gegen die Entscheidung im Ursprungsstaat kein Rechtsmittel eingelegt, ist die Berufung auf den ordre public-Verstoß nicht abgeschnitten.[4]

4   **2. Nichteinlassung des Antragsgegners. a)** Der Versagungsgrund soll das rechtliche Gehör des Antraggegners bei der Verfahrenseinleitung gewährleisten. Verstöße gegen das rechtliche Gehör im weiteren Verlauf des Verfahrens fallen nicht unter diesen Versagungsgrund, sondern allenfalls unter die ordre public-Klausel nach Buchstabe a) (s.o. Art. 34 EuGVO Rn. 17). Anders als nach § 328 Abs. 1 Nr. 2 ZPO ist dieser Versagungsgrund nicht auf Rüge, sondern von Amts wegen zu prüfen.[5]

5   Art. 27 Nr. 2 EuGVÜ verlangte kumulativ, dass das verfahrenseinleitende Schriftstück ordnungsgemäß und rechtzeitig zugestellt wurde (s. Vorauf. Art. 27 EuGVÜ Rn. 26). Diese Lösung hat sich in der Praxis nicht bewährt. Sie wurde daher auch für die EuGVO geändert (vgl. Art. 34 Nr. 2 EuGVO). Entsprechend kann die Vollstreckbarerklärung nur versagt werden, wenn dem Antragsgegner das verfahrenseinleitende Schriftstück nicht so rechtzeitig in einer Weise zugestellt wurde, dass er sich verteidigen konnte. Damit eine Verteidigung möglich ist, muss das verfahrenseinleitende Schriftstück die wesentlichen Gründe für den Antrag in der Ehesache enthalten.[6] Formelle Zustellungsfehler schaden nicht, wenn sie die Verteidigungsmöglichkeiten nicht beeinträchtigt haben. Relevant werden dürfte vor allem eine fehlende Übersetzung, wenn der Empfänger die Gerichtssprache des Ursprungsstaates nicht versteht.[7] Eine fehlerhafte Zustellung durch einfachen Brief beeinträchtigt nicht die Verteidigungsmöglichkeit und darf daher nicht einfach missachtet werden.[8]

---

[1] *Geimer/Schütze/Paraschas* Rn. 2; AnwK-BGB/*Andrae* Rn. 1.
[2] *Gebauer/Wiedmann/Frank* Kap. 27 Rn. 70.
[3] *Helms* FamRZ 2001, 257, 263; AnwK-BGB/*Andrae* Rn. 4; *Rauscher/Rauscher* Rn. 8.
[4] *Geimer/Schütze/Paraschas* Rn. 9; AnwK-BGB/*Andrae* Rn. 5.
[5] *Helms* FamRZ 2001, 257, 264; AnwK-BGB/*Andrae* Rn. 7; *Rauscher/Rauscher* Rn. 10.
[6] AnwK-BGB/*Andrae* Rn. 9; *Geimer/Schütze/Paraschas* Rn. 16.
[7] AnwK-BGB/*Andrae* Rn. 11; *Geimer/Schütze/Paraschas* Rn. 23.
[8] So aber *Rauscher/Rauscher* Rn. 13.

Jedoch fehlt dem Antragsteller in diesem Fall meist die Möglichkeit den rechtzeitigen Zugang zu beweisen.

Wie viel Zeit für die Vorbereitung der Verteidigung (ab Zustellung) zur Verfügung stehen musste, sagt die Verordnung nicht. Die nationalen Einlassungsfristen bieten einen Anhaltspunkt, sind aber nur ein Indiz. Außergewöhnliche Umstände des Einzelfalls (Schwierigkeit und Dauer der Übersetzung; Schwierigkeit der Beauftragung eines Verfahrensbevollmächtigten; Krankenhausaufenthalt usw.) sind zu berücksichtigen.[9]

b) Die unzureichende Zustellung führt freilich nur dann zu einem Anerkennungsversagungsgrund, wenn sich der Antragsgegner nicht auf das Verfahren eingelassen hat. Nach dem Normzweck ist unter einer **Einlassung** jedes Verhalten gegenüber dem Gericht zu verstehen, aus dem sich ergibt, dass der Antragsgegner Kenntnis vom Verfahren und der Möglichkeit zur Verteidigung hatte. Die bloße Rüge fehlerhafter oder nicht rechtzeitiger Zustellung ist allerdings keine Einlassung.[10]

c) Abweichend von Art. 34 EuGVO schließt Art. 22 Buchstabe b) den Versagungsgrund aber nicht aus, wenn der Antragsgegner gegen die Entscheidung *keinen Rechtsbehelf eingelegt* hat, obwohl er die Möglichkeit dazu hatte. Die Bestimmung lässt den Versagungsgrund dagegen entfallen, wenn festgestellt werden kann, dass der Antragsgegner mit der Entscheidung **eindeutig einverstanden** ist. Dieses Einverständnis kann sicherlich aus dem späteren konkludenten Verhalten abgeleitet werden, etwa einer Berufung auf das Scheidungsurteil bei der Geltendmachung nachehelichen Unterhalts, Betreiben der nachehelichen güterrechtlichen Auseinandersetzung oder bei der Anmeldung einer neuen Eheschließung. Das bloße Unterlassen der Rechtsmitteleinlegung reicht dagegen nicht aus.[11]

3. Unvereinbarkeit mit Entscheidungen des Anerkennungsstaates. a) Nicht anzuerkennen ist die ausländische Entscheidung, wenn sie mit einer Entscheidung unvereinbar ist, die zwischen denselben Parteien in dem Anerkennungsstaat ergangen ist. Ob Unvereinbarkeit besteht, ist autonom zu bestimmen,[12] s. o. Art. 34 EuGVO Rn. 37 ff.

Teilweise wird angenommen, eine Unvereinbarkeit könne sich nicht aus dem Inhalt einer den Status nicht verändernden Entscheidung ergeben, da nach Art. 21 nur statusändernde Entscheidungen anzuerkennen seien.[13] Aber diese Ansicht trägt dem Bedürfnis nach praktischer Konkordanz nicht ausreichend Rechnung. Wurde deshalb im Inland etwa das Bestehen der Ehe rechtskräftig festgestellt, so scheidet die Anerkennung einer die Ehe auflösenden Entscheidung eines anderen Mitgliedsstaates aus.[14]

Auf die Priorität der inländischen Entscheidung kommt es nicht an. Allerdings soll die Unvereinbarkeit entfallen, wenn die Ehe im Ausland aus anderen Gründen geschieden wurde.[15] Aber dies überzeugt nicht. Ist eine Scheidungsklage im Inland (selten) abgewiesen worden, weil die Ehe nicht gescheitert ist, so ist damit eine Scheidung wegen Ehebruch, Grausamkeit etc. sachlich unvereinbar.

Die Entscheidung des anderen Mitgliedsstaates kann dagegen anerkannt werden, wenn sie auf der inländischen Entscheidung aufbaut und die Ehe wegen eines Scheiterns der Ehe nach Rechtskraft der inländischen Entscheidung geschieden hat.[16]

Unvereinbarkeit ist dagegen gegeben, wenn die Ehe im Anerkennungsstaat (Inland) geschieden, im anderen Mitgliedsstaat nur getrennt wurde.[17] Dagegen soll die Ehetrennung im Anerkennungsstaat (Inland) die Anerkennung einer Scheidung aus einem anderen Mitgliedsstaat nicht ausschließen; beides sei „autonom" miteinander vereinbar.[18] Aber dies ist nur unter der Prämisse annehmbar, dass statuserhaltende Entscheidungen nach der EheGVO weder anzuerkennen noch bei der Unvereinbarkeit zu beachten seien. Akzeptiert man die zweite Prämisse nicht, so liegt die Unvereinbarkeit auf der Hand. Anders ist es freilich, wenn die Scheidung der Ehetrennung im Anerkennungsstaat nach dem anwendbaren Scheidungsrecht zulässigerweise nachfolgt.[19]

---

[9] AnwK-BGB/*Andrae* Rn. 10; *Geimer/Schütze/Paraschas* Rn. 19.
[10] *Geimer/Schütze/Paraschas* Rn. 25; AnwK-BGB/*Andrae* Rn. 8; *Rauscher/Rauscher* Rn. 10.
[11] AnwK-BGB/*Andrae* Rn. 12; *Geimer/Schütze/Paraschas* Rn. 27; *Gebauer/Wiedmann/Frank* Kap. 27 Rn. 68; Hk-ZPO/*Dörner* Rn. 3; *Nagel/Gottwald* § 11 Rn. 75; aA *Spellenberg* ZZPInt 6 (2001), 109, 135.
[12] *Geimer/Schütze/Paraschas* Rn. 40; *Rauscher/Rauscher* Rn. 16.
[13] HK-ZPO/*Dörner* Rn. 5; *Kohler* NJW 2001, 10, 13; *Gördes* S. 85 f.
[14] AnwK-BGB/*Andrae* Rn. 13; *Geimer/Schütze/Paraschas* Rn. 34; *Helms* FamRZ 2001, 257, 265; *Rauscher/Rauscher* Rn. 18; *Gebauer/Wiedmann/Frank* Kap. 27 Rn. 69.
[15] *Geimer/Schütze/Paraschas* Rn. 37.
[16] AnwK-BGB/*Andrae* Rn. 16; *Geimer/Schütze/Paraschas* Rn. 19.
[17] *Geimer/Schütze/Paraschas* Rn. 41.
[18] So *Geimer/Schütze/Paraschas* Rn. 41; *Rauscher/Rauscher* Rn. 17; *Thomas/Putzo/Hüßtege* Rn. 3.
[19] *Helms* FamRZ 2001, 257, 265.

EheGVO Art. 23 1, 2   B. Europäisches Zivilprozessrecht

13   Eine Nichtigerklärung einer Ehe (ex tunc) oder eine Aufhebung (wegen Willensmängeln bei der Eingehung) ist mit einer Scheidung im Anerkennungsstaat (ex nunc) vereinbar. Bei einer Nichtigerklärung oder Aufhebung im Anerkennungsstaat kann eine Scheidung in einem anderen Mitgliedsstaat freilich nicht anerkannt werden, weil eine zu scheidende Ehe nicht (mehr) besteht. Gleiches muss gelten, wenn im Anerkennungsstaat die Nichtigkeit oder das Nichtbestehen einer Ehe rechtskräftig festgestellt wurde.[20]

14   Eine Inlandsentscheidung des Anerkennungsstaates hat stets Vorrang, unabhängig von der zeitlichen Reihenfolge, in der die Entscheidungen ergangen sind.[21] Insoweit entspricht die Brüssel II-VO der EuGVO (s.o. Art. 34 EuGVO Rn. 37).

15   **4. Unvereinbarkeit mit Entscheidung eines anderen Staates.** Ist die Entscheidung in einem anderen Mitgliedstaat oder in einem Drittstaat ergangen, so gilt nach Art. 22 Buchstabe d) das Prioritätsprinzip (nach dem Erlass der Entscheidung).[22] Die frühere Entscheidung setzt sich durch, sofern sie selbst die Anerkennungsvoraussetzungen erfüllt. Der in der EuGVO nicht geregelte Fall der Kollision von Entscheidungen verschiedener Mitgliedstaaten wird durch Art. 22 Buchstabe d) ausdrücklich ebenfalls nach dem Prioritätsprinzip gelöst.

Art. 23. Gründe für die Nichtanerkennung einer Entscheidung. über die elterliche Verantwortung. Eine Entscheidung über die elterliche Verantwortung wird nicht anerkannt,

a) wenn die Anerkennung der öffentlichen Ordnung des Mitgliedstaats, in dem sie beantragt wird, offensichtlich widerspricht, wobei das Wohl des Kindes zu berücksichtigen ist;

b) wenn die Entscheidung – ausgenommen in dringenden Fällen – ergangen ist, ohne dass das Kind die Möglichkeit hatte, gehört zu werden, und damit wesentliche verfahrensrechtliche Grundsätze des Mitgliedstaats, in dem die Anerkennung beantragt wird, verletzt werden;

c) wenn der betreffenden Person, die sich auf das Verfahren nicht eingelassen hat, das verfahrenseinleitende Schriftstück oder ein gleichwertiges Schriftstück nicht so rechtzeitig und in einer Weise zugestellt wurde, dass sie sich verteidigen konnte, es sei denn, es wird festgestellt, dass sie mit der Entscheidung eindeutig einverstanden ist;

d) wenn eine Person dies mit der Begründung beantragt, dass die Entscheidung in ihre elterliche Verantwortung eingreift, falls die Entscheidung ergangen ist, ohne dass diese Person die Möglichkeit hatte, gehört zu werden;

e) wenn die Entscheidung mit einer späteren Entscheidung über die elterliche Verantwortung unvereinbar ist, die in dem Mitgliedstaat, in dem die Anerkennung beantragt wird, ergangen ist;

f) wenn die Entscheidung mit einer späteren Entscheidung über die elterliche Verantwortung unvereinbar ist, die in einem anderen Mitgliedstaat oder in dem Drittstaat, in dem das Kind seinen gewöhnlichen Aufenthalt hat, ergangen ist, sofern die spätere Entscheidung die notwendigen Voraussetzungen für ihre Anerkennung in dem Mitgliedstaat erfüllt, in dem die Anerkennung beantragt wird; oder

g) wenn das Verfahren des Artikels 56 nicht eingehalten wurde.

1   **Versagungsgründe für Entscheidungen zur elterlichen Verantwortung.** Die Regel entspricht Art. 15 Abs. 2 der Vorgängerverordnung Nr. 1347/2000. Die sechs Versagungsgründe sind Art. 23 KSÜ nachgebildet.[1]

2   **1. Der ordre public-Verstoß (Buchstabe a)).** Wie bei den Entscheidungen zur Ehetrennung kann eine Entscheidung über das Sorgerecht gegen den ordre public des Anerkennungsstaates verstoßen, und zwar wegen der darin getroffenen materiellen Rechtsanwendung oder, weil das zugrunde liegende Verfahren gegen rechtsstaatliche Anforderungen verstoßen hat (s. o. Art. 34 EuGVO Rn. 13 f.). Da Sorgerechtsentscheidungen (in Übereinstimmung mit dem KSÜ 1996) generell am Wohl des Kindes auszurichten sind, ist bei dem Urteil über den ordre public-Verstoß das Wohl des Kindes (nach den im Anerkennungsstaat herrschenden Vorstellungen)[2] zu berücksichti-

---

[20] *Rauscher/Rauscher* Rn. 17 (2. Abs.).
[21] *Rauscher/Rauscher* Rn. 16; *Geimer/Schütze/Paraschas* Rn. 30.
[22] Krit. *Geimer/Schütze/Paraschas* Rn. 45.
[1] *Fleige* S. 312; HK-ZPO/*Dörner* Rn. 1.
[2] HK-ZPO/*Dörner* Rn. 2; *Geimer/Schütze/Paraschas* Rn. 7.

gen.³ Ordre public-widrig ist etwa der Entzug der elterlichen Sorge wegen fehlender Religionszugehörigkeit.⁴ Das Fehlen einer schriftlichen Begründung ist kein ordre public-Verstoß.⁵ Ein Verstoß gegen die Art. 8 ff. Brüssel II-VO verletzt ebenfalls nicht den ordre public (Art. 24 S. 2 Brüssel II-VO).⁶ Sinngemäß kann auch eine durch „Verweisung" nach Art. 15 Brüssel II-VO begründete Zuständigkeit nicht gegen den ordre public verstoßen.⁷

2. Versagung des Gehörs des Kindes (Buchstabe b)). Zu den rechtsstaatlichen Anforderungen an ein Verfahren gehört auch, dass dem materiell Betroffenen darin rechtliches Gehör gewährt wird. Da ein Sorgerechtsverfahren zwischen den Ehegatten, oder zwischen einem oder beiden Ehegatten und einer Behörde (Jugendamt, Staatsanwaltschaft usw.) ablaufen kann, hat das betroffene Kind keine Parteistellung, sondern ist in der bisherigen Terminologie der deutschen freiwilligen Gerichtsbarkeit nur materiell Beteiligter. Die Notwendigkeit, dem Kind (etwa ab dem 3. Lebensjahr)⁸ Gehör zu gewähren, ist durch Buchstabe b) aus dem allgemeinen verfahrensrechtlichen ordre public ausgegliedert worden. Mit dieser Sonderregel will der Verordnungsgeber dem in Deutschland durch Art. 12 des Übereinkommens über die Rechte des Kindes vom 20. 11. 1989⁹ gewährleisteten Recht auf persönliche Anhörung den Rang eines Versagungsgrundes geben und insoweit einen einheitlichen Maßstab aufstellen. Allerdings ergibt sich aus Erwägungsgrund 19, dass sich die Art der Anhörung des Kindes weiterhin nach der jeweiligen lex fori richtet. Während das Kind in Deutschland nach § 50 b FGG vom Gericht persönlich anzuhören und ihm zur Wahrung seiner Interessen zusätzlich ein Verfahrenspfleger nach § 50 FGG zu bestellen ist, wird es in anderen Staaten vor der Gerichtsverhandlung von einem Sozialarbeiter angehört, der dem Gericht Bericht erstattet. Dies ist demnach ausreichend und kein Verstoß gegen den ordre public. Denn einheitliche Anforderungen an die Anhörung sind nicht eingeführt worden.¹⁰ 3

Ausgenommen vom Erfordernis der Anhörung sind nur dringende Fälle. Über den Wortlaut hinaus kann die Anhörung eines kleinen Kindes unterbleiben, wenn diese im Hinblick auf Alter und Reifegrad als wenig sachdienlich erscheint (s. Art. 41 Abs. 2 lit. c Brüssel II-VO). Eine Grenzziehung ab schulpflichtigem Alter¹¹ ist eher noch zu hoch. In der Regel kann sich vielmehr auch ein Kindergartenkind zu Fragen seines „Wohls" äußern. Schließlich soll eine Anhörung entbehrlich sein, wenn das Kind mit der beabsichtigten Entscheidung ausdrücklich einverstanden ist.¹² 4

3. Nichteinlassung der betreffenden Person. Da das Gehör der materiell Beteiligten (Kind, Eltern) bereits durch die Buchstaben b) und d) abgesichert ist, erfasst Buchstabe c) das Gehör für formell am Verfahren Beteiligte.¹³ Die Garantie beschränkt sich nicht auf den „Verfahrensgegner".¹⁴ Im Hinblick auf die Kritik an der Kumulationslösung zu Art. 27 Nr. 2 EuGVÜ verlangt auch diese Regel nur, dass das verfahrenseinleitende Schriftstück so rechtzeitig und in einer Weise zugestellt worden ist, dass sich der Betroffene verteidigen konnte. Ist dies geschehen, so kommt es auf die Ordnungsgemäßheit der Zustellung nicht mehr an. Insoweit gilt das zu Art. 22 Rn. 4 ff. Ausgeführte entsprechend. 5

Außerdem entfällt der Versagungsgrund dann, wenn der Betroffene mit der Entscheidung *eindeutig einverstanden* ist. Dieses Einverständnis kann sich aus dem späteren Verhalten des Betroffenen ergeben. Zweifelhaft ist, ob es bereits daraus abgeleitet werden kann, dass der Betroffene gegen die Entscheidung keinen möglichen Rechtsbehelf eingelegt hat, obgleich er von der Entscheidung Kenntnis hatte.¹⁵ 6

Über den Wortlaut hinaus kann die Notwendigkeit zur Anhörung eines formell Beteiligten wie bei der des Kindes wegen der besonderen Eilbedürftigkeit der Entscheidung entfallen.¹⁶ 7

---

³ *Geimer/Schütze/Paraschas* Rn. 13 ff.
⁴ *Garbe/Ullrich/Andrae* § 11 Rn. 611; vgl. OLG Koblenz OLGR 2005, 50.
⁵ *Schulte-Bunert* FamRZ 2007, 1608, 1611 (II 3).
⁶ *Geimer/Schütze/Paraschas* Rn. 9.
⁷ *Solomon* FamRZ 2004, 1409, 1418.
⁸ Vgl. BVerfG FamRZ 2007, 105, 107; *Geimer/Schütze/Paraschas* Rn. 18.
⁹ BGBl. 1992 II S. 122, 127.
¹⁰ *Schlauß* FPR 2006, 228, 230; *Gebauer/Wiedmann/Frank* Kap. 27 Rn. 72; Hk-ZPO/*Dörner* Rn. 3; aA (generelle Geltung von § 50 b FGG) *Völker/Steinfatt* FPR 2005, 415; *Garbe/Ullrich/Andrae* § 11 Rn. 617; *Rauscher/Rauscher* Rn. 9.
¹¹ Vgl. *Schlauß* FPR 2006, 228, 230.
¹² *Geimer/Schütze/Paraschas* Rn. 21.
¹³ *Geimer/Schütze/Paraschas* Rn. 22; AnwK-BGB/*Andrae* Rn. 5.
¹⁴ So aber Hk-ZPO/*Dörner* Rn. 4.
¹⁵ Bejahend: Hk-ZPO/*Dörner* Rn. 4; *Rauscher/Rauscher* Rn. 9 (Abs. 2); verneinend: *Geimer/Schütze/Paraschas* Rn. 24 (nur Indiz).
¹⁶ *Geimer/Schütze/Paraschas* Rn. 25.

8 4. Eingriff in die elterliche Verantwortung einer nicht beteiligten Person (Buchstabe d)). Ist etwa im Verfahren zwischen den Ehegatten die elterliche Sorge geregelt worden, obgleich diese dem Jugendamt, Pflegeeltern, Großeltern oder einem Vormund etc. zusteht, so kann der betroffene Dritte die Versagung der Anerkennung der Sorgerechtsentscheidung beantragen, wenn ihm bei Einleitung des Verfahrens zwischen den Eltern oder später bei der mündlichen Verhandlung kein Gehör gewährt wurde.[17] Auch insoweit handelt es sich (wie zu Buchstabe b)) um die Gewährleistung des rechtlichen Gehörs für einen materiell Beteiligten.

9 5. Unvereinbare Entscheidungen. Anders als die Regelung in Art. 22 Buchstabe c) und d) erfasst die in Art. 23 Buchstabe e) und f) nur die Kollision zwischen der anzuerkennenden Entscheidung und einer später ergangenen Sorgerechtsentscheidung. Der Verordnungsgeber geht davon aus, dass frühere Entscheidungen in dem später eingeleiteten Sorgerechtsverfahren bereits berücksichtigt worden sind[18] und die letzte Entscheidung am ehesten dem Kindeswohl entspricht.[19] Auch dann weicht die Regelung von den sonstigen Grundsätzen der Behandlung von Urteilskollisionen ab. Den Vorrang hat die spätere Entscheidung über die elterliche Verantwortung **(Posterioritätsprinzip).** Ist sie in dem Anerkennungsstaat ergangen, so hat sie stets Vorrang (Buchstabe e)). Die Unvereinbarkeit kann sich aus einer späteren Statusentscheidung (Feststellung oder Anfechtung der Vaterschaft) oder einer späteren Sorgerechtsentscheidung ergeben.[20]

10 Ist sie in einem anderen Mitgliedstaat oder in einem Drittstaat ergangen, in dem das Kind seinen gewöhnlichen Aufenthalt hat, so hat sie dann Vorrang, wenn die spätere Entscheidung ihrerseits die Anerkennungsvoraussetzungen im Anerkennungsstaat erfüllt (Buchstabe f)). Die spätere Entscheidung eines EG-Mitgliedsstaates hat Vorrang unabhängig vom gewöhnlichen Aufenthalt des Kindes.[21]

11 6. Verfahrenswidrige Unterbringung des Kindes. Eine grenzüberschreitende Unterbringung eines Kindes in einem Heim oder Pflegefamilie wird in dem anderen Mitgliedstaat nach Buchstabe g) nicht anerkannt, wenn dabei das Konsultationsverfahren mit der Zentralbehörde bzw. der sonst zuständigen Behörde des Unterbringungsstaates gemäß Art. 56 EheGVO nicht eingehalten wurde.

Art. 24. Verbot der Nachprüfung der Zuständigkeit des Gerichts des Ursprungsmitgliedstaats. Die Zuständigkeit des Gerichts des Ursprungsmitgliedstaats darf nicht überprüft werden. Die Überprüfung der Vereinbarkeit mit der öffentlichen Ordnung gemäß Artikel 22 Buchstabe a) und Artikel 23 Buchstabe a) darf sich nicht auf die Zuständigkeitsvorschriften der Artikel 3 bis 14 erstrecken.

1 In Übereinstimmung mit Art. 35 EuGVO legt Art. 24 fest, dass die internationale Zuständigkeit des Gerichts eines Mitgliedstaats in den von der Verordnung erfassten Angelegenheiten nicht nachgeprüft werden darf. Anders als Art. 35 EuGVO enthält Art. 24 von diesem Verbot keinerlei Ausnahmen.

2 S. 2 der Bestimmung legt ausdrücklich fest, dass die Missachtung der in den Art. 3 bis 14 vorgesehenen internationalen Entscheidungszuständigkeiten in keinem Fall dazu berechtigt, einen ordre public-Verstoß anzunehmen.[1]

3 Hieraus folgt wie für das EuGVO eine erweiterte Gerichtspflichtigkeit des Antraggegners. Bejaht das Gericht seine Zuständigkeit fehlerhaft, so muss dies der Antragsgegner durch Rechtsbehelfe rügen; eine spätere Verteidigung im Zweitstaat ist unzulässig (s. o. Art. 35 EuGVO Rn. 4).

4 Teilweise wird freilich angenommen, eine Begründung der Zuständigkeit nach Art. 15 könne nachgeprüft werden.[2] Allerdings macht es wenig Sinn, einen im Einvernehmen der Gerichte und am Kindeswohl orientierten Zuständigkeitswechsel im Anerkennungsstadium wieder in Frage zu stellen. Auch ist kaum vorstellbar, dass eine solche „konzertierte Aktion" ordre public-widrig sein sollte.

---

[17] HK-ZO/*Dörner* Rn. 5; *Geimer/Schütze/Paraschas* Rn. 28 f.; *Vogel* MDR 2000, 1045, 1050.
[18] So *Borrás* Bericht Rn. 73.
[19] Hk-ZPO/*Dörner* Rn. 6; *Rauscher/Rauscher* Rn. 13; AnwK-BGB/*Andrae* Rn. 7.
[20] Hk-ZPO/*Dörner* Rn. 6.
[21] *Rauscher/Rauscher* Rn. 16; Hk-ZPO/*Dörner* Rn. 7; aA *Thomas/Putzo/Hüßtege* Rn. 6; *Geimer/Schütze/Paraschas* Rn. 36 f.
[1] *Geimer/Schütze/Paraschas,* IRV, Rn. 4 f.; *Helms* FamRZ 2001, 257, 262.
[2] So *Solomon* FamRZ 2004, 1409, 1418; *Fleige* S. 313.

Art. 25. Unterschiede beim anzuwendenden Recht. Die Anerkennung einer Entscheidung darf nicht deshalb abgelehnt werden, weil eine Ehescheidung, Trennung ohne Auflösung des Ehebandes oder Ungültigerklärung einer Ehe nach dem Recht des Mitgliedstaats, in dem die Anerkennung beantragt wird, unter Zugrundelegung desselben Sachverhalts nicht zulässig wäre.

Die EheGVO enthält anders als noch Art. 27 Nr. 4 EuGVÜ keinen IPR-Vorbehalt für Personenstandssachen. Auf eine solche Regelung wurde bewusst verzichtet, da sie die Freizügigkeit von Ehetrennungsentscheidungen innerhalb der Mitgliedstaaten der Europäischen Gemeinschaften untergraben würde. Damit Unterschiede in den Ehetrennungsvoraussetzungen auch nicht als Bestandteil des materiellen ordre public ausgelegt werden, sieht Art. 25 ausdrücklich vor, dass die Entscheidung über eine Ehetrennung selbst dann anzuerkennen ist, wenn die Ehe bei Vorliegen desselben Sachverhalts im Anerkennungsstaat nicht aufgelöst werden könnte. Zum „Recht" des Anerkennungsstaates gehört auch sein internationales Privatrecht. Unterschiede, die sich aus unterschiedlichen Kollisionsnormen ergeben, berechtigen daher ebenfalls nicht, die Anerkennung zu versagen.[1] 1

Auf Entscheidungen zur elterlichen Verantwortung erstreckt sich Art. 25 nicht. Rechtsanwendungsdifferenzen könnten daher insoweit die Versagung der Anerkennung nach Art. 23 lit. a) rechtfertigen.[2] 2

Art. 26. Ausschluss einer Nachprüfung in der Sache. Die Entscheidung darf keinesfalls in der Sache selbst nachgeprüft werden.

1. Verbot der révision au fond. Die Bestimmung enthält das in allen Anerkennungsregelungen übliche Verbot der *révision au fond*. Sie bezieht sich auf Ehe- und auf Kindschaftssachen[1] und entspricht Art. 36 EuGVO. Zur näheren Auslegung darf daher auf die Erl. zu Art. 36 EuGVO verwiesen werden. Da das Scheidungsrecht in den Mitgliedstaaten nicht vereinheitlicht ist, dürfte von dieser Regelung ein Druck zumindest zur Vereinheitlichung des Kollisionsrechts ausgehen.[2] Ein entsprechender Vorschlag ist mit dem Entwurf zu Art. 20a ff. (vom 17. 7. 2006) bereits vorgelegt worden. 1

2. Abänderung im Anerkennungsstaat. Art. 26 schließt nicht aus, dass im Anerkennungsstaat später aufgrund veränderter Tatsachen eine neue Sorgerechtsentscheidung bzw. eine neue Maßnahme in Bezug auf die elterliche Verantwortung beschlossen werden kann.[3] Nach Art. 27 EheGVO kann in einem solchen Fall sogar die Aussetzung des Anerkennungsverfahrens in Betracht kommen.[4] Art. 27 KSÜ 1996 sieht ausdrücklich vor, dass das Verbot der révision au fond eine Überprüfung der getroffenen Maßnahme wegen späterer Veränderungen nicht ausschließt. In diesem Sinne ist auch Art. 26 EheGVO zu verstehen.[5] 2

Art. 27. Aussetzung des Verfahrens. (1) Das Gericht eines Mitgliedstaats, vor dem die Anerkennung einer in einem anderen Mitgliedstaat ergangenen Entscheidung beantragt wird, kann das Verfahren aussetzen, wenn gegen die Entscheidung ein ordentlicher Rechtsbehelf eingelegt wurde.

(2) Das Gericht eines Mitgliedstaats, bei dem die Anerkennung einer in Irland oder im Vereinigten Königreich ergangenen Entscheidung beantragt wird, kann das Verfahren aussetzen, wenn die Vollstreckung der Entscheidung im Ursprungsmitgliedstaat wegen der Einlegung eines Rechtsbehelfs einstweilen eingestellt ist.

Durch die Anerkennung bzw. Vollstreckung können endgültige Tatsachen geschaffen werden. Dies ist dann nicht berechtigt, wenn gegen die Entscheidung im Ausgangsstaat ein Rechtsmittel eingelegt worden ist und daher die Möglichkeit besteht, dass die Entscheidung nochmals geändert oder aufgehoben wird. Parallel zu Art. 37 EuGVO sieht deshalb Art. 27 vor, dass das Gericht eines 1

---

[1] *Borrás* Bericht Rn. 76; *Gebauer/Wiedmann/Frank* Kap. 27 Rn. 79; *Geimer/Schütze/Paraschas* Rn. 2.
[2] *Geimer/Schütze/Paraschas* Rn. 4.
[1] *Geimer/Schütze/Paraschas* Rn. 3.
[2] Vgl. *Kohler* NJW 2001, 10, 15.
[3] So *Borrás* Bericht Rn. 78.
[4] *Gebauer/Wiedmann/Frank* Kap. 27 Rn. 80.
[5] Hk-ZPO/*Dörner* Rn. 1; *Geimer/Schütze/Paraschas* Rn. 6.

Staates, vor dem die Anerkennung der in einem anderen Staat ergangenen Entscheidung inzident[1] beantragt wird, sein Verfahren zunächst aussetzen kann. Für das Verfahren der Vollstreckbarerklärung ist das Gleiche in Art. 35 (parallel zu Art. 46 EuGVO) vorgesehen. Der Streit, ob Art. 27 für das selbstständige Anerkennungsverfahren des Art. 21 Abs. 3 direkt gilt[2] oder wegen der darin enthaltenen Verweisung nur der inhaltsgleiche Art. 35,[3] ist müssig.

2   Für die Beischreibung in Personenstandsbücher hat Art. 21 Abs. 1 keine Bedeutung. Denn nach Art. 21 Abs. 2 Brüssel II-VO kann eine Beischreibung aufgrund eines Ehetrennungsurteils erst erfolgen, wenn die Entscheidung nach dem Recht des Ursprungsstaats rechtskräftig geworden ist. Vor Eintritt der Rechtskraft gehen von einer Statusentscheidung aber selten Rechtswirkungen aus.

3   Die Aussetzung kommt aber in Betracht beim Streit um die Anerkennungsfähigkeit einer Sorgerechtsentscheidung, weil hier die Zuteilung der elterlichen Verantwortung an einen der Ehegatten oder eine Behörde auch vor Rechtskraft bereits Wirkungen hat (vgl. für das deutsche Recht §§ 16, 24 Abs. 1 FGG).

4   Die Regelung des Abs. 2 soll den Besonderheiten des innerstaatlichen Rechtszuges im Vereinigten Königreich und in Irland Rechnung tragen.[4]

5   Nach dem ausdrücklichen Wortlaut steht die Aussetzung (in Deutschland gemäß § 148 ZPO) im Ermessen des Gerichts.[5]

Abschnitt 2. Antrag auf Vollstreckbarerklärung

Schrifttum: *Dornblüth*, Die europäische Regelung der Anerkennung und Vollstreckbarerklärung von Ehe- und Kindschaftsentscheidungen, 2003; *Schulte-Bunert*, Die Vollstreckung von Entscheidungen über die elterliche Verantwortung nach der VO (EG) 2001/2003 in Verbindung mit dem IntFamRVG, FamRZ 2007, 1608.

Art. 28. Vollstreckbare Entscheidungen. (1) Die in einem Mitgliedstaat ergangenen Entscheidungen über die elterliche Verantwortung für ein Kind, die in diesem Mitgliedstaat vollstreckbar sind und die zugestellt worden sind, werden in einem anderen Mitgliedstaat vollstreckt, wenn sie dort auf Antrag einer berechtigten Partei für vollstreckbar erklärt wurden.

(2) Im Vereinigten Königreich wird eine derartige Entscheidung jedoch in England und Wales, in Schottland oder in Nordirland erst vollstreckt, wenn sie auf Antrag einer berechtigten Partei zur Vollstreckung in dem betreffenden Teil des Vereinigten Königreichs registriert worden ist.

1   **1. Verfahren der Vollstreckbarerklärung.** Traditionellerweise führt die „automatische" Anerkennung einer Entscheidung nicht zur Erstreckung auch der Vollstreckbarkeit. Diese muss vielmehr in jedem Vollstreckungsstaat auf Antrag besonders verliehen werden. Das Verfahren hierzu ist – wie auch sonst in der EG – gegenüber der Vollstreckungsklage (§ 722 ZPO) erleichtert und besteht in einem vereinfachten Klauselerteilungsverfahren.[1] Das entsprechende Verfahren ist noch kein Teil der eigentlichen Zwangsvollstreckung, sondern soll hierfür nur die Voraussetzungen schaffen.[2] Die Regeln über die Vollstreckbarerklärung der Art. 28 ff. entsprechen weitgehend wörtlich den Art. 38 ff. EuGVO.[3] Die Zuständigkeit für die Vollstreckbarerklärung in erster Instanz liegt aber nicht beim Landgericht, sondern bei dem Familiengericht am Sitz des Oberlandesgerichts (Art. 29 Abs. 1, Art. 68; §§ 10–12 IntFamRVG).

2   **2. Entscheidungen über die elterliche Verantwortung.** Art. 28 erfasst nur die Vollstreckbarerklärung von Entscheidungen über die elterliche Verantwortung, weil Entscheidungen über die Eheauflösung (vom Kostenpunkt abgesehen) keiner Vollstreckung bedürfen. Da Entscheidungen, die die elterliche Sorge verteilen, keiner Vollstreckung bedürfen, kommen nur Umgangsregelungen oder Herausgabetitel in Betracht[4] (einschl. entsprechender Regelungen in öffentlichen Urkunden und Parteivereinbarungen, Art. 46 EheGVO). Wie bei der EuGVO sind Entscheidungen eines Mit-

---

[1] *Geimer/Schütze/Paraschas* Rn. 3.
[2] So *Rauscher/Rauscher* Rn. 2.
[3] So Hk-ZPO/*Dörner* Rn. 1.
[4] So *Borrás* Bericht Rn. 79.
[5] *Geimer/Schütze/Paraschas* Rn. 10.
[1] AnwK-BGB/*Andrae* Vorbem. Art. 28–36 Rn. 1.
[2] *Geimer/Schütze/Paraschas* Rn. 1.
[3] *Winkel* S. 117 ff.; *Geimer/Schütze/Paraschas* Rn. 3.
[4] *Schulte-Bunert* FamRZ 2007, 1608, 1609 f. (II 1).

gliedsstaats zur elterlichen Verantwortung auch dann erfasst, wenn dafür keine Zuständigkeit nach der EheGVO bestand (s.o. Art. 24 Rn. 1, 2).

3. Antragsberechtigter. Den Vollstreckungsantrag kann die aus dem Titel berechtigte Partei **3** stellen, dh. ein Elternteil, der sonstige Sorgeberechtigte oder die nach nationalem Recht zuständige staatliche Stelle, zB Staatsanwaltschaft oder Jugendamt.[5]

4. Kostenfestsetzungsbeschlüsse. Nach Art. 49 sollen die Bestimmungen des gesamten Kapi- **4** tels III über Anerkennung und Vollstreckung auch für die Kostenfestsetzung und die Vollstreckung eines Kostenfestsetzungsbeschlusses für alle nach dieser Verordnung eingeleiteten Verfahren gelten. Dies gilt danach nicht nur für Kostenfestsetzungsbeschlüsse in Sorgerechtsverfahren, sondern auch in Ehetrennungsverfahren.[6]

5. Besonderheiten des Vereinigten Königreichs. Art. 28 Abs. 2 entspricht Art. 38 Abs. 2 **5** EuGVO und soll den Besonderheiten im Vereinigten Königreich Rechnung tragen.

6. Voraussetzungen der Vollstreckbarerklärung. a) Erste Voraussetzung ist ein Antrag des **6** Berechtigten (s. Art. 30). Dies muss nicht die Partei sein, die den Titel erstritten hat; es genügt, dass der Antragsteller Rechte aus der Entscheidung herleiten kann. Je nach nationalem Recht können auch staatliche Stellen den Antrag stellen.[7]

b) Zweite Voraussetzung ist nach dem Wortlaut von Art. 28 Abs. 1, dass der Titel im Ursprungs- **7** staat vollstreckbar ist. Erforderlich ist nur die abstrakte (generelle) Vollstreckbarkeit.[8] Vorläufige Vollstreckbarkeit genügt.[9]

Der Nachweis der Vollstreckbarkeit in Sorgerechtssachen kann einfach durch Vorlage der Be- **8** scheinigung nach Art. 37 Abs. 1 lit. b iVm. Art. 39 auf dem Formblatt in Anhang II geführt werden.[10]

Für die Kostenentscheidung bzw. Kostenfestsetzung in Ehesachen gibt es dagegen keine derartige Erleichterung.[11]

c) Dritte Voraussetzung ist die Zustellung der Entscheidung durch den Ursprungsstaat. Innerhalb **9** der EG-Mitgliedstaaten hat diese nach der EuZVO (VO Nr. 1348/2000) zu erfolgen.[12] Der Zustellungsadressat ist nach dem Zweck der Zustellung nicht nach dem Recht des Ursprungsstaates, sondern autonom zu bestimmen. Zuzustellen ist danach stets an den Vollstreckungsgegner bzw. dessen gesetzlichen Vertreter.[13] Abweichend von Art. 38 Abs. 1 EuGVO verzichtet die EheGVO auf die Möglichkeit eines überraschenden Zugriffs im Ausland, weil dieser gerade in Sorgerechtsangelegenheiten idR nicht dem Kindeswohl entsprechen würde.[14]

Eine bislang fehlende Zustellung kann während des gesamten Verfahrens der Vollstreckbarerklä- **10** rung nachgeholt und nachträglich nachgewiesen werden.[15]

In Sorgerechtssachen kann die Zustellung wiederum einfach durch Vorlage des Formblattes in **11** Anhang II (Nr. 9.2.1) nachgewiesen werden. Für Kostenentscheidungen in Ehesachen fehlt eine entsprechende Vereinfachung.[16]

Art. 29. Örtlich zuständiges Gericht. (1) Ein Antrag auf Vollstreckbarerklärung ist bei dem Gericht zu stellen, das in der Liste aufgeführt ist, die jeder Mitgliedstaat der Kommission gemäß Artikel 68 mitteilt.

(2) Das örtlich zuständige Gericht wird durch den gewöhnlichen Aufenthalt der Person, gegen die die Vollstreckung erwirkt werden soll, oder durch den gewöhnlichen Aufenthalt eines Kindes, auf das sich der Antrag bezieht, bestimmt.

---

[5] *Borrás* Bericht Rn. 81; *Wagner* IPRax 2001, 73, 79; *Gebauer/Wiedmann/Frank* Kap. 27 Rn. 82.
[6] *Geimer/Schütze/Paraschas* Rn. 12; *Nagel/Gottwald* § 12 Rn. 173; *Gebauer/Wiedmann/Frank* Kap. 27 Rn. 82; *Rauscher/Rauscher* Rn. 8; *Thomas/Putzo/Hüßtege* Vor Art. 28–35 Rn. 1; zur Brüssel II-VO: BGHZ 163, 248, 264 = FamRZ 2005, 1540, 1545; *Wagner* IPRax 2001, 73, 79.
[7] AnwK-BGB/*Andrae* Rn. 5; *Rauscher/Rauscher* Rn. 9; *Thomas/Putzo/Hüßtege* Rn. 3.
[8] *Geimer/Schütze/Paraschas* Rn. 14; *Rauscher/Rauscher* Rn. 10; AnwK-BGB/*Andrae* Rn. 2.
[9] *Rauscher/Rauscher* Rn. 11; Hk-ZPO/*Dörner* Rn. 3.
[10] *Geimer/Schütze7Paraschas* Rn. 16; Hk-ZPO/*Dörner* Rn. 3.
[11] *Rauscher/Rauscher* Rn. 12.
[12] Hk-ZPO/*Dörner* Rn. 4; *Rauscher/Rauscher* Rn. 13.
[13] *Geimer/Schütze/Paraschas* Rn. 21; *Rauscher/Rauscher* Rn. 13.
[14] *Geimer/Schütze/Paraschas* Rn. 19; *Rauscher/Rauscher* Rn. 13.
[15] *Geimer/Schütze/Paraschas* Rn. 23; *Rauscher/Rauscher* Rn. 14; *Thomas/Putzo/Hüßtege* Rn. 5; AnwK-BGB/*Andrae* Rn. 4.
[16] *Geimer/Schütze/Paraschas* Rn. 22; *Rauscher/Rauscher* Rn. 14 (Abs. 2).

Befindet sich keiner der in Unterabsatz 1 angegebenen Orte im Vollstreckungsmitgliedstaat, so wird das örtlich zuständige Gericht durch den Ort der Vollstreckung bestimmt.

1 **1. Sachliche Zuständigkeit des Familiengerichts.** Der Antrag auf Vollstreckbarerklärung ist in Deutschland beim Familiengericht am Sitz des Oberlandesgerichts bzw. in Berlin beim Familiengericht Pankow/Weißensee zu stellen (§ 12 Abs. 1 IntFamRVG).[1]

2 **2. Örtliche Zuständigkeit für Vollstreckbarerklärung.** Örtlich zuständig ist nach Art. 29 Abs. 2 EheGVO, hilfsweise nach § 10 IntFamRVG entweder (Nr. 1) das Familiengericht, das für den gewöhnlichen Aufenthaltsort des Vollstreckungsgegners oder das für den gewöhnlichen Aufenthaltsort des betroffenen Kindes zuständig ist, oder hilfsweise (Nr. 2) das Gericht, in dessen Bezirk ein Fürsorgebedürfnis besteht. Der Antragsteller kann zwischen beiden Zuständigkeiten wählen.[2] Befinden sich beide Orte nicht in dem Vollstreckungsstaat, so richtet sich die örtliche Zuständigkeit nach dem Ort der Vollstreckung.

3 **3. Örtliche Zuständigkeit für selbstständiges Anerkennungsverfahren.** Für selbstständige Feststellungsverfahren auf Anerkennung bzw. Nichtanerkennung einer Entscheidung nach Art. 21 Abs. 3 richtet sich die örtliche Zuständigkeit gemäß Abs. 3, Unterabs. 2 nach dem innerstaatlichen Recht des betroffenen Mitgliedstaates. Auch insoweit gilt § 10 IntFamRVG.

Art. 30. Verfahren. (1) Für die Stellung des Antrags ist das Recht des Vollstreckungsmitgliedstaats maßgebend.

(2) Der Antragsteller hat für die Zustellung im Bezirk des angerufenen Gerichts ein Wahldomizil zu begründen. Ist das Wahldomizil im Recht des Vollstreckungsmitgliedstaats nicht vorgesehen, so hat der Antragsteller einen Zustellungsbevollmächtigten zu benennen.

(3) Dem Antrag sind die in den Artikeln 37 und 39 aufgeführten Urkunden beizufügen.

1 **1. Anforderungen an den Antrag auf Vollstreckbarerklärung.** Art. 30 Abs. 1 EheGVO entspricht Art. 40 Abs. 1 EuGVO. Die formalen Anforderungen an den Antrag auf Vollstreckbarerklärung richten sich nach dem Recht des Staates, in dem die Vollstreckung erwirkt werden soll.[1]

2 Der Antrag kann nach § 16 Abs. 2 IntFamRVG beim zuständigen Familiengericht schriftlich eingereicht oder mündlich zu Protokoll der Geschäftsstelle erklärt werden. Zuständig ist der Urkundsbeamte der Geschäftsstelle (§ 153 GVG), nicht der Rechtspfleger.[2] Für das Verfahren auf Vollstreckbarerklärung der Kostenfestsetzung in Ehesachen besteht kein Anwaltszwang (§ 18 Abs. 2 IntFamRVG).

3 Gemäß Art. 30 Abs. 3 EheGVO hat der Antragsteller seinem Antrag die in Art. 37 und 39 genannten Urkunden beizufügen.

4 **2. Wahldomizil. Zustellungsbevollmächtigter.** Entsprechend Art. 40 Abs. 2 EuGVO hat der Antragsteller auch nach Art. 30 Abs. 2 EheGVO ein Wahldomizil zu begründen bzw. in Deutschland einen Zustellungsbevollmächtigten zu benennen (s.o. Art. 40 EuGVO Rn. 7 ff.). Solange der Antragsteller keinen Zustellungsbevollmächtigten benannt hat, kann an ihn durch Aufgabe zur Post (§ 184 ZPO) zugestellt werden (§ 17 Abs. 1 IntFamRVG). Eine Zustellung im Ausland nach der EuZVO bleibt freilich zulässig.[3] Als Zustellungsbevollmächtigter gilt ein bevollmächtigter inländischer Rechtsanwalt oder jede andere Person mit Wohnsitz und Geschäftsraum im Inland (§ 17 Abs. 2 IntFamRVG).

Art. 31. Entscheidung des Gerichts. (1) Das mit dem Antrag befasste Gericht erlässt seine Entscheidung ohne Verzug und ohne dass die Person, gegen die die Vollstreckung erwirkt werden soll, noch das Kind in diesem Abschnitt des Verfahrens Gelegenheit erhalten, eine Erklärung abzugeben.

(2) Der Antrag darf nur aus einem der in den Artikeln 22, 23 und 24 aufgeführten Gründen abgelehnt werden.

(3) Die Entscheidung darf keinesfalls in der Sache selbst nachgeprüft werden.

---

[1] Vgl. *Schulte-Bunert* FamRZ 2007, 1608, 1610 (II 2); *Gruber* FamRZ 2005, 1603, 1608.
[2] *Geimer/Schütze/Paraschas* Rn. 3.
[1] *Geimer/Schütze/Paraschas* Rn. 1; *Rauscher/Rauscher* Rn. 1.
[2] *Schulte-Bunert* FamRZ 2007, 1608, 1610 (II 2).
[3] *Rauscher/Rauscher* Rn. 5; AnwK-BGB/*Andrae* Rn. 4.

1. Allgemeines. Art. 31 entspricht weitgehend Art. 41 EuGVO. Das Gericht soll unverzüglich entscheiden. Von einer Fristsetzung wurde mangels Sanktionsmöglichkeit abgesehen.[1]

2. Einseitiges Klauselerteilungsverfahren. Um die Effektivität der Vollstreckung zu erhöhen, wird der Schuldner zu dem Antrag nach Art. 28 ff. (ebenso wie nach Art. 41 EuGVO) nicht gehört, § 18 Abs. 1 S. 1 IntFamRVG, auch nicht ausnahmsweise.[2] Eine einseitige mündliche Verhandlung mit dem Antragsteller oder ihrem Bevollmächtigten findet nur ausnahmsweise mit deren Einverständnis statt, wenn dies der Beschleunigung dient, § 18 Abs. 1 S. 2 IntFamRVG.

3. Prüfungskompetenz. Für die Prüfungskompetenz des Familiengerichts gelten die Ausführungen zu Art. 41 EuGVO entsprechend (s.o. Art. 41 EuGVO Rn. 6 ff.). Das Gericht prüft von Amts wegen

a) seine Zuständigkeit (Art. 29),
b) die Wirksamkeit des Titels und seine Vollstreckbarkeit im Erststaat sowie das Vorliegen der erforderlichen urkundlichen Nachweise (Art. 30 Abs. 3),
c) den sachlichen Anwendungsbereich des Art. 28,
d) die Gerichtsbarkeit des Erststaates und des Vollstreckungsstaates, und
e) die in Art. 22, 23 aufgeführten Versagungsgründe.

Abweichend von Art. 41 S. 1 EuGVO werden die Versagungsgründe der Art. 22 und 23 von Amts wegen bereits in erster Instanz geprüft.[3]

4. Verbot der révision au fond. Parallel zu Art. 45 Abs. 2 EuGVO sieht Art. 31 Abs. 3 ausdrücklich das Verbot der révision au fond vor. Wie Art. 26 für die Anerkennung stellt die Bestimmung klar, dass die Entscheidung auch im Verfahren der Vollstreckbarerklärung nicht in der Sache selbst nachgeprüft werden darf (s.o. Art. 26).

5. Inhalt des Beschlusses. a) Der Beschluss, der dem Antrag stattgibt, muss § 20 IntFamRVG genügen. Die zu vollstreckende Verpflichtung ist darin in deutscher Sprache wiederzugeben (§ 20 Abs. 1 S. 2 IntFamRVG). Die Vollstreckungsklausel wird jedoch nicht mit Erlass des Beschlusses, sondern erst nach Eintritt von dessen formeller Rechtskraft erteilt (§ 22 IntFamRVG).[4]

b) Für die **Kosten** des Verfahrens der Vollstreckbarerklärung gilt nach § 20 Abs. 2 IntFamRVG die Regel des § 13a Abs. 1 und 3 FGG entsprechend; für die Kostenentscheidung in Ehesachen gilt § 788 ZPO (§ 20 Abs. 2, Hs. 2 IntFamRVG). Wird der Antrag abgewiesen, trägt der Antragsteller in Ehesachen die Kosten dieses Verfahrens, § 20 Abs. 3 IntFamRVG.

c) Der Beschluss wird erst mit Rechtskraft wirksam (§ 22 IntFamRVG).

6. Einstweilige Anordnungen. Soweit erforderlich kann das Gericht in jedem Verfahrensstadium auf Antrag oder von Amts wegen vor Wirksamkeit seiner Entscheidung, die erst mit Rechtskraft eintritt (§ 22 S. 1 IntFamRVG), einstweilige Anordnungen erlassen, § 15 IntFamRVG, insbesondere um den Aufenthalt des Kindes zu sichern.[5] § 621g ZPO gilt entsprechend.

Art. 32. Mitteilung der Entscheidung. Die über den Antrag ergangene Entscheidung wird dem Antragsteller vom Urkundsbeamten der Geschäftsstelle unverzüglich in der Form mitgeteilt, die das Recht des Vollstreckungsmitgliedstaats vorsieht.

Art. 32 entspricht wörtlich und sachlich voll Art. 42 EuGVO.
Einzelheiten zum Vorgehen in Deutschland sind in den §§ 21–23 IntFamRVG geregelt.

Art. 33. Rechtsbehelf. (1) Gegen die Entscheidung über den Antrag auf Vollstreckbarerklärung kann jede Partei einen Rechtsbehelf einlegen.

(2) Der Rechtsbehelf wird bei dem Gericht eingelegt, das in der Liste aufgeführt ist, die jeder Mitgliedstaat der Kommission gemäß Artikel 68 mitteilt.

(3) Über den Rechtsbehelf wird nach den Vorschriften entschieden, die für Verfahren mit beiderseitigem rechtlichen Gehör maßgebend sind.

---

[1] *Borrás*-Bericht S. 27; *Geimer/Schütze/Paraschas* Rn. 4; *Wagner* IPRax 2001, 73, 79; *Gebauer/Wiedmann/Frank* Kap. 27 Rn. 85.
[2] AnwK-BGB/*Andrae* Rn. 2; *Rauscher/Rauscher* Rn. 2; *Geimer/Schütze/Paraschas* Rn. 2.
[3] *Wagner* IPRax 2001, 73, 80; *Looschelders* JR 2006, 45, 48; *Garbe/Ullrich/Andrae* § 11 Rn. 589; *Rauscher/Rauscher* Rn. 4.
[4] *Geimer/Schütze/Paraschas* Rn. 10.
[5] *Garbe/Ullrich/Andrae* § 11 Rn. 594.

(4) Wird der Rechtsbehelf von der Person eingelegt, die den Antrag auf Vollstreckbarerklärung gestellt hat, so wird die Partei, gegen die die Vollstreckung erwirkt werden soll, aufgefordert, sich auf das Verfahren einzulassen, das bei dem mit dem Rechtsbehelf befassten Gericht anhängig ist. Lässt sich die betreffende Person auf das Verfahren nicht ein, so gelten die Bestimmungen des Artikels 18.

(5) Der Rechtsbehelf gegen die Vollstreckbarerklärung ist innerhalb eines Monats nach ihrer Zustellung einzulegen. Hat die Partei, gegen die die Vollstreckung erwirkt werden soll, ihren gewöhnlichen Aufenthalt in einem anderen Mitgliedstaat als dem, in dem die Vollstreckbarerklärung erteilt worden ist, so beträgt die Frist für den Rechtsbehelf zwei Monate und beginnt mit dem Tag, an dem die Vollstreckbarerklärung ihr entweder persönlich oder in ihrer Wohnung zugestellt worden ist. Eine Verlängerung dieser Frist wegen weiter Entfernung ist ausgeschlossen.

1 **1. Zusammenfassung der Rechtsbehelfe.** In Übereinstimmung mit Art. 43 EuGVO regelt Art. 33 einheitlich den Rechtsbehelf gegen eine Entscheidung über die Zulassung der Vollstreckung, mag die Entscheidung positiv oder negativ ausgefallen sein.[1]

2 **2. Rechtsbehelf mit beiderseitigem Gehör.** Wie nach der EuGVO kann die jeweils betroffene Partei gegen die positive oder negative Entscheidung einen Rechtsbehelf einlegen (Art. 33 Abs. 1), über den in einem streitigen Verfahren („mit beiderseitigem rechtlichem Gehör") (Art. 33 Abs. 3) entschieden wird. Eine mündliche Verhandlung ist aber nicht erforderlich (§ 26 Abs. 1 IntFamRVG).

3 **Beschwerdeberechtigt** sind nicht nur die in erster Instanz Beteiligten, sondern auch materiell Betroffene. Bei einer Entscheidung zur elterlichen Verantwortung kann daher auch das Kind[2] oder eine staatliche Stelle (in Deutschland das Jugendamt) beschwerdeberechtigt sein.[3]

4 **3. Zuständigkeit des Oberlandesgerichts.** Einzulegen ist der Rechtsbehelf in Deutschland beim Oberlandesgericht (Art. 33 Abs. 2 iVm. Anh. II). Die konkrete Ausgestaltung des Rechtsbehelfs ist wie in der EuGVO dem Recht des Vollstreckungsstaates überlassen. In Deutschland findet ein Beschwerdeverfahren statt (§§ 24 ff. IntFamRVG), für das vor einer mündlichen Verhandlung (enger als nach § 78 Abs. 3 ZPO) kein Anwaltszwang besteht (§ 26 Abs. 2 S. 1 IntFamRVG).

5 **4. Frist.** Der Rechtsbehelf gegen die Ablehnung der Vollstreckbarerklärung ist unbefristet;[4] der Rechtsbehelf gegen die Vollstreckbarerklärung muss innerhalb eines Monats nach ihrer Zustellung beim Vollstreckungsgegner von diesem eingelegt werden (Art. 33 Abs. 5 S. 1). Hat der Vollstreckungsgegner seinen gewöhnlichen Aufenthalt in einem anderen Mitgliedstaat als dem Vollstreckungsstaat, so beträgt die Rechtsbehelfsfrist zwei Monate (Art. 33 Abs. 5 S. 2). Eine weitere Fristverlängerung wegen weiterer Entfernung wird ausdrücklich durch Art. 33 Abs. 5 S. 3 (wie in der EuGVO) ausgeschlossen.

6 Hat der Beschwerdeführer seinen gewöhnlichen Aufenthalt in einem Drittstaat, müsste nach Art. 33 Abs. 5 S. 1 EheGVO an sich eine Rechtsbehelfsfrist von einem Monat gelten. Da das Verbot der Fristverlängerung insoweit nicht besteht, hat der deutsche Gesetzgeber diese Frist durch § 24 Abs. 3 Nr. 2 IntFamRVG pauschal auf zwei Monate (unter Ausschluss der Fristverlängerung) erweitert. Dies dient der Vereinfachung und steht wohl noch im Einklang mit Art. 33 Abs. 5 EheGVO.[5]

7 **5. Einlassungsfrist für Antragsgegner und Verfahrensaussetzung.** Legt der Antragsteller den Rechtsbehelf ein, so legt Art. 33 Abs. 4 (parallel zu Art. 43 Abs. 3 EuGVO) fest, dass das Verfahren streitig abzuwickeln ist. Der Vollstreckungsgegner wird daher aufgefordert, sich auf das Verfahren vor dem Rechtsbehelfsgericht einzulassen. Beteiligt er sich nicht an dem Verfahren, so ist Art. 18 zu beachten. Das Verfahren ist danach so lange auszusetzen, bis feststeht, dass die Aufforderung dem Antragsgegner in einer Weise zugestellt wurde, dass er sich verteidigen konnte. Entsprechend Art. 18 Abs. 2 und Abs. 3 kann nach Ablauf von sechs Monaten auch entschieden werden, wenn ein Zustellungsnachweis nicht zu erlangen ist.

---

[1] *Geimer/Schütze/Paraschas* Rn. 2; *Rauscher/Rauscher* Rn. 1.
[2] *Thomas/Putzo/Hüßtege* Rn. 1; *Hk-ZPO/Dörner* Rn. 2.
[3] *Geimer/Schütze/Paraschas* Rn. 4 f.; *AnwK-BGB/Andrae* Rn. 3; *Wagner* IPRax 2001, 73, 80; *Garbe/Ullrich/Andrae* § 11 Rn. 590; gegen eine (isolierte) Beschwerdeberechtigung antragsbefugter Behörden *Rauscher/Rauscher* Rn. 3 (Abs. 2).
[4] *Wagner* IPRax 2001, 73, 80; *Gebauer/Wiedmann/Frank* Kap. 27 Rn. 88.
[5] So *Geimer/Schütze/Paraschas*, IRV, Rn. 9; *Rauscher/Rauscher* Rn. 8; aA *Gruber* FamRZ 2005, 1603, 1609; offen AnwK-BGB/*Andrae* Rn. 10 („nicht völlig konform").

6. Zulässige Einwendungen des Schuldners. Der Schuldner kann gegen die Zulassung der 8 Vollstreckung einwenden, der Titel habe nicht für vollstreckbar erklärt werden dürfen, weil ein Versagungsgrund vorliegt. Doch darf die Entscheidung nicht in der Sache selbst nachgeprüft werden (Art. 31 Abs. 3). Nach Erlass der ausländischen Entscheidung entstandene Einwendungen kann der Schuldner dagegen auch mit dem Rechtsbehelf gegen die Vollstreckbarerklärung vorbringen.[6] Präkludiert sind jedoch Einwendungen, die der Schuldner im Erststaat mittels Rechtsmittel gegen die Entscheidung hätte geltend machen können.[7]

7. Beschwerde des Antragstellers. Der Antragsteller kann sinngemäß vorbringen, dass die 9 Vollstreckbarerklärung zu Unrecht abgelehnt wurde. Der mögliche Vollstreckungsgegner kann bei seiner Anhörung Einwendungen gegen die Vollstreckbarerklärung, auch nachträglich entstandene Einwendungen gegen den Anspruch vorbringen.

8. Wirksamkeit. Die Entscheidung des Oberlandesgerichts wird erst mit Rechtskraft wirksam, 10 § 27 Abs. 1 S. 1 IntFamRVG. Das Oberlandesgericht kann aber (auf Antrag oder von Amts wegen) die sofortige Wirksamkeit anordnen, § 27 Abs. 2 IntFamRVG.

Art. 34. Für den Rechtsbehelf zuständiges Gericht und Anfechtung der Entscheidung über den Rechtsbehelf. Die Entscheidung, die über den Rechtsbehelf ergangen ist, kann nur im Wege der Verfahren angefochten werden, die in der Liste genannt sind, die jeder Mitgliedstaat der Kommission gemäß Artikel 68 mitteilt.

1. Allgemeines. Art. 34 entspricht sachlich Art. 44 EuGVO, wobei die Rechtsbehelfe gegen 1 positive und negative Entscheidungen wie dort in einer Bestimmung zusammengefasst sind.

2. Rechtsbeschwerde. Der weitere Rechtsbehelf ist in Deutschland die Rechtsbeschwerde, 2 § 28 IntFamRVG (entsprechend Art. 44 EuGVO). Ebenso wie die EuGVO legt auch Art. 34 keine Zuständigkeit für diesen Rechtsbehelf fest und enthält keine weiteren Vorschriften über die nähere Ausgestaltung.

3. Rechtsbeschwerdeverfahren. Einzelheiten des Rechtsbeschwerdeverfahrens regeln die 3 §§ 28 ff. IntFamRVG.

4. Verfahren in den anderen Mitgliedstaaten. Die Rechtsbehelfsverfahren in den anderen 4 Mitgliedstaaten sind aus dem „Europäischen Justizatlas" ersichtlich. Dieser kann im Internet unter „http://ec.europa.eu/justice_home/judicialatlascivil/html/pdf/manual_cv_de.pdf" aufgerufen werden.

Art. 35. Aussetzung des Verfahrens. (1) Das nach Artikel 33 oder Artikel 34 mit dem Rechtsbehelf befasste Gericht kann auf Antrag der Partei, gegen die die Vollstreckung erwirkt werden soll, das Verfahren aussetzen, wenn im Ursprungsmitgliedstaat ein ordentlicher Rechtsbehelf gegen die Entscheidung eingelegt wurde oder die Frist für einen solchen Rechtsbehelf noch nicht verstrichen ist. In letzterem Fall kann das Gericht eine Frist bestimmen, innerhalb deren der Rechtsbehelf einzulegen ist.

(2) Ist die Entscheidung in Irland oder im Vereinigten Königreich ergangen, so gilt jeder im Ursprungsmitgliedstaat statthafte Rechtsbehelf als ordentlicher Rechtsbehelf im Sinne des Absatzes 1.

1. Allgemeines. Art. 35 entspricht Art. 46 Abs. 1 und 2 EuGVO. 1

2. Aussetzung des Verfahrens bei Rechtsbehelf im Erststaat. Damit im Zweitstaat keine 2 Vollstreckung durchgeführt wird, obwohl die zu vollstreckende Entscheidung im Erststaat keinen Bestand hat, sieht Art. 35 Abs. 1 vor, dass das mit Beschwerde oder Rechtsbeschwerde angerufene Gericht sein Verfahren der Vollstreckbarerklärung **auf Antrag** des Vollstreckungsgegners aussetzen kann, wenn gegen die Entscheidung im Erststaat ein ordentlicher Rechtsbehelf eingelegt wurde oder die Frist für einen solchen Rechtsbehelf noch nicht abgelaufen ist. Über den Antrag entscheidet das Gericht nach pflichtgemäßem Ermessen entsprechend den mutmaßlichen Erfolgsaussichten des Rechtsbehelfs; eine Pflicht zur Aussetzung besteht nicht.[1]

Eine Aussetzung gegen Sicherheitsleistung ist nicht vorgesehen. Sie käme nicht bei Sorgerechts- 3 entscheidungen, wohl aber bei Kostenentscheidungen in Betracht. Da über die Grundverpflichtung

---

[6] *Thomas/Putzo/Hüßtege* Rn. 13.
[7] *Thomas/Putzo/Hüßtege* Rn. 13.
[1] So *Borrás* Bericht Rn. 94; *Thomas/Putzo/Hüßtege* Rn. 4; *Rauscher/Rauscher* Rn. 6.

EheGVO Art. 36, 37

bereits rechtskräftig entschieden ist, besteht wohl kein Bedürfnis für eine analoge Anwendung von Art. 46 Abs. 3 EuGVO.[2]

4 **3. Fristsetzung zur Einlegung eines Rechtsmittels.** Ist noch kein Rechtsmittel eingelegt, kann das Gericht seine Aussetzung mit einer Fristsetzung zur Einlegung eines Rechtsmittels verbinden, Art. 35 Abs. 1 S. 2. Allerdings bedarf es dieser Fristsetzung wohl nur, wenn das Rechtsmittel im Erststaat unbefristet eingelegt werden darf.

5 **4. Besonderheiten von Irland und des Vereinigten Königreichs.** Art. 35 Abs. 2 entspricht Art. 46 Abs. 2 EuGVO und soll den Besonderheiten in den beiden darin genannten Staaten Rechnung tragen.

Art. 36. Teilvollstreckung. (1) Ist mit der Entscheidung über mehrere geltend gemachte Ansprüche entschieden worden und kann die Entscheidung nicht in vollem Umfang zur Vollstreckung zugelassen werden, so lässt das Gericht sie für einen oder mehrere Ansprüche zu.

(2) Der Antragsteller kann eine teilweise Vollstreckung beantragen.

1 **1. Allgemeines.** Art. 36 entspricht inhaltlich voll Art. 48 EuGVO.

2 **2. Teilvollstreckbarerklärung.** Die Regelung legt fest, dass die Vollstreckung von Amts wegen im zulässigen Teil zuzulassen ist und dass der Antragsteller bereits selbst möglichen Einwendungen Rechnung tragen und einen Antrag auf Teilvollstreckungsklausel stellen kann.

Abschnitt 3. Gemeinsame Bestimmungen für die Abschnitte 1 und 2

Art. 37. Urkunden. (1) Die Partei, die die Anerkennung oder Nichtanerkennung einer Entscheidung oder deren Vollstreckbarerklärung erwirken will, hat Folgendes vorzulegen:

a) eine Ausfertigung der Entscheidung, die die für ihre Beweiskraft erforderlichen Voraussetzungen erfüllt,
und
b) die Bescheinigung nach Artikel 39.

(2) Bei einer im Versäumnisverfahren ergangenen Entscheidung hat die Partei, die die Anerkennung einer Entscheidung oder deren Vollstreckbarerklärung erwirken will, ferner Folgendes vorzulegen:

a) die Urschrift oder eine beglaubigte Abschrift der Urkunde, aus der sich ergibt, dass das verfahrenseinleitende Schriftstück oder ein gleichwertiges Schriftstück der Partei, die sich nicht auf das Verfahren eingelassen hat, zugestellt wurde,
oder
b) eine Urkunde, aus der hervorgeht, dass der Antragsgegner mit der Entscheidung eindeutig einverstanden ist.

1 **1. Vereinfachung der Nachweise.** Art. 37 entspricht sachlich Art. 53 EuGVO, wobei den Besonderheiten der von der EheGVO erfassten Familiensachen Rechnung getragen wird.

2 **2. Vorzulegende Urkunden.** In allen Fällen vorzulegen ist
(1) eine Ausfertigung der zu vollstreckenden Entscheidung, keine bloße Abschrift oder Fotokopie, und
(2) die in Art. 39 in den Anh. I oder II vorgesehene Bescheinigung, aus der sich Rechtskraft, Vollstreckbarkeit und Gewährung von Prozesskostenhilfe ergeben.
Die Vorlage dieser in allen Mitgliedstaaten einheitlichen Bescheinigungen erleichtert die Entscheidung über die Vollstreckbarerklärung erheblich, da sich das Gericht idR auf die Angaben in der Bescheinigung verlassen darf.

3 **3. Zusätzliche Nachweise bei Versäumnisentscheidungen.** Bei Versäumnisentscheidungen sind darüber hinaus vorzulegen
(1) ein urkundlicher Nachweis, dass das verfahrenseinleitende Schriftstück zugestellt worden ist, oder alternativ
(2) eine Urkunde, wonach der Antragsgegner mit der Entscheidung eindeutig einverstanden ist (s. Art. 22 lit. b und Art. 23 lit. c). Zwar spricht nur Art. 22 vom Antragsgegner und Art. 23 von

---

[2] AA *Rauscher/Rauscher* Rn. 6 (Abs. 2); *Geimer/Schütze/Paraschas* Rn. 10.

der „betreffenden Person". Das Wortlautargument, aber auch der Zweck rechtfertigen keine Beschränkung auf Ehesachen.[1]

Art. 38. Fehlen von Urkunden. (1) Werden die in Artikel 37 Absatz 1 Buchstabe b) oder Absatz 2 aufgeführten Urkunden nicht vorgelegt, so kann das Gericht eine Frist setzen, innerhalb deren die Urkunden vorzulegen sind, oder sich mit gleichwertigen Urkunden begnügen oder von der Vorlage der Urkunden befreien, wenn es eine weitere Klärung nicht für erforderlich hält.

(2) Auf Verlangen des Gerichts ist eine Übersetzung der Urkunden vorzulegen. Die Übersetzung ist von einer hierzu in einem der Mitgliedstaaten befugten Person zu beglaubigen.

1. **Allgemeines.** Art. 38 entspricht sachlich Art. 55 EuGVO. 1

2. **Befreiung von einzelnen Nachweisen.** Kann die Bescheinigung nach Art. 39 oder eine 2 die Vollstreckbarerklärung von Versäumnisentscheidungen notwendige Urkunde nicht vorgelegt werden, so kann das Gericht dem Antragsteller eine Nachfrist setzen (analog §§ 139 Abs. 5, 142 Abs. 1 ZPO),[1] sich mit gleichwertigen Urkunden begnügen (s. o. Art. 55 EuGVO Rn. 2) oder von der Vorlage der Urkunden ganz befreien, wenn es eine weitere Klärung nicht für erforderlich hält. Durch diese Erleichterungen soll sichergestellt werden, dass ein an sich begründeter Vollstreckungsantrag nicht aus lediglich formellen Gründen abgewiesen werden muss. Die Nachfrist ist wie bei der EuGVO großzügig zu bemessen und kann entsprechend § 224 Abs. 2 ZPO auch verlängert werden (s. o. Art. 55 EuGVO Rn. 1).

3. **Beglaubigte Übersetzungen.** Das Gericht des Vollstreckungsstaates kann eine beglaubigte 3 Übersetzung aller vorzulegenden Urkunden verlangen. Die Vorlage der Übersetzung kann das Gericht in jeder Lage des Verfahrens verlangen, wenn es den Antrag sonst nicht zuverlässig überprüfen kann.

Art. 39. Bescheinigung bei Entscheidungen in Ehesachen und bei Entscheidungen über die elterliche Verantwortung. Das zuständige Gericht oder die zuständige Behörde des Ursprungsmitgliedstaats stellt auf Antrag einer berechtigten Partei eine Bescheinigung unter Verwendung des Formblatts in Anhang I (Entscheidungen in Ehesachen) oder Anhang II (Entscheidungen über die elterliche Verantwortung) aus.

Die Ausstellung der in Art. 39 genannten Bescheinigungen erleichtert auch die Beischreibung 1 des neuen Personenstandes in den Personenstandsbüchern ohne förmliches Anerkennungsverfahren (gemäß Art. 21 Abs. 2). Denn aus der Bescheinigung ist auch ersichtlich, ob die Statusscheidung bereits in Rechtskraft erwachsen ist.

In Deutschland erteilt der Urkundsbeamte der Geschäftsstelle die Bescheinigung nach § 48 2 Abs. 1 IntFamRVG.

Für das Verfahren zur Ausstellung der Bescheinigung wird eine Gebühr von 10 € erhoben, § 51 3 Abs. 3 IntFamRVG.

Abschnitt 4. Vollstreckbarkeit bestimmter Entscheidungen über das Umgangsrecht und bestimmter Entscheidungen, mit denen die Rückgabe des Kindes angeordnet wird

Vorbemerkung zu Art. 40–45

Dieser Abschnitt geht auf die französische Initiative zur erleichterten Anerkennung von Um- 1 gangsrechten vom 26. 6. 2000 zurück.[1] Entsprechend verzichtet die Verordnung für Entscheidungen zum Umgangsrecht und über die Rückgabe des Kindes nach Art. 11 Abs. 8 in den Art. 41 und 42 auf eine Vollstreckbarerklärung gemäß Art. 28 ff. EheGVO. Das Exequaturverfahren ist insoweit abgeschafft.[2] Beide Entscheidungen sind daher praktisch weitere Fälle eines Europäischen Vollstre-

---

[1] Hk-ZPO/*Dörner* Rn. 6; *Geimer/Schütze/Paraschas* Rn. 7; aA *Rauscher/Rauscher* Rn. 10 (Abs. 2).
[1] Hk-ZPO/*Dörner* Art. 37 Rn. 2.
[1] Vgl. *Heß* IPRax 2000, 361; *Jayme/Kohler* IPRax 2000, 454, 458; *Bauer* IPRax 2002, 179; *Fleige* S. 315.
[2] *Mayr/Czernich* Rn. 340.

EheGVO Art. 40, 41 B. Europäisches Zivilprozessrecht

ckungstitels.³ Nach Erteilung der besonderen Bescheinigung (Art. 41 Abs. 1 S. 2, Art. 42 Abs. 1 S. 1 EheGVO) können sie in jedem Mitgliedstaat der EG (ohne Dänemark) wie inländische Titel ohne weiteres vollstreckt werden (Erwägungsgrund 23).

2 Einwendungen gegen die Anerkennung dieser Titel, auch der Einwand der ordre-public-Widrigkeit, können im Vollstreckungsstaat nicht mehr erhoben werden.⁴ Die Art. 41, 42 drücken dies sprachlich unscharf so aus, dass „die Anerkennung [nicht] angefochten werden kann".⁵ Die entsprechenden Titel dürfen auch von Amts wegen keiner weiteren Prüfung unterzogen werden.⁶

Art. 40. Anwendungsbereich. (1) Dieser Abschnitt gilt für
a) das Umgangsrecht
und
b) die Rückgabe eines Kindes infolge einer die Rückgabe des Kindes anordnenden Entscheidung gemäß Artikel 11 Absatz 8.

(2) Der Träger der elterlichen Verantwortung kann ungeachtet der Bestimmungen dieses Abschnitts die Anerkennung und Vollstreckung nach Maßgabe der Abschnitte 1 und 2 dieses Kapitels beantragen.

1 Art. 40 beschränkt diese erleichterte Vollstreckbarkeit im EU-Ausland auf zwei Entscheidungsarten: (1) über das Umgangsrecht (Abs. 1 lit. a) und (2) über die Rückgabe des Kindes nach Art. 11 Abs. 8 (Abs. 1 lit. b).

2 **1. Entscheidungen zum Umgangsrecht.** Das Umgangsrecht ist in Art. 2 Nr. 10 Brüssel II-VO definiert. Erfasst sind nur entsprechende Entscheidungen;¹ eine analoge Anwendung auf andere Entscheidungen zur Ausübung von Teilen des Sorgerechts scheidet aus.²

3 **2. Entscheidungen zur Rückgabe des Kindes.** Privilegiert sind nur Entscheidungen über die Rückgabe gemäß Art. 11 Abs. 8 EheGVO. Eine analoge Anwendung auf andere Rückgabeentscheidungen ist nicht möglich.³

4 **3. Bescheinigung im Ursprungsstaat oder Vollstreckbarerklärung.** Wie sich aus Art. 40 Abs. 2 ergibt, kann der Berechtigte frei wählen, ob er sich den Titel im Ursprungsstaat gemäß Art. 41, 42 EheGVO bescheinigen lässt, um dann damit in jedem anderen EG-Mitgliedstaat (ohne Dänemark) vollstrecken zu können, oder ob er den traditionellen Weg der Vollstreckbarerklärung nach Art. 28 ff. EheGVO geht.⁴ Ein entsprechender Antrag darf daher nicht wegen fehlenden Rechtsschutzbedürfnisses abgelehnt werden.

5 Entgegen dem Wortlaut von Abs. 2 besteht die Wahlmöglichkeit nicht nur für Träger der elterlichen Verantwortung sondern sinngemäß auch für andere Umgangsberechtigte.⁵

Art. 41. Umgangsrecht. (1) Eine in einem Mitgliedstaat ergangene vollstreckbare Entscheidung über das Umgangsrecht im Sinne des Artikels 40 Absatz 1 Buchstabe a), für die eine Bescheinigung nach Absatz 2 im Ursprungsmitgliedstaat ausgestellt wurde, wird in einem anderen Mitgliedstaat anerkannt und kann dort vollstreckt werden, ohne dass es einer Vollstreckbarerklärung bedarf und ohne dass die Anerkennung angefochten werden kann.

Auch wenn das nationale Recht nicht vorsieht, dass eine Entscheidung über das Umgangsrecht ungeachtet der Einlegung eines Rechtsbehelfs von Rechts wegen vollstreckbar ist, kann das Gericht des Ursprungsmitgliedstaats die Entscheidung für vollstreckbar erklären.

---

³ *Wagner* NJW 2005, 1157, 1158; *Nagel/Gottwald* § 12 Rn. 30; *Geimer/Schütze/Paraschas,* IRV, Art. 40 Rn. 3; *Thomas/Putzo/Hüßtege* Vor Art. 40–45 Rn. 1.
⁴ *Thomas/Putzo/Hüßtege* Art. 41 Rn. 1; *AnwK-BGB/Benicke* Art. 40–45 Rn. 3.
⁵ *Solomon* FamRZ 2004, 1409, 1418.
⁶ *Gebauer/Wiedmann/Frank* Kap. 27 Rn. 95.
¹ *Rauscher/Rauscher* Rn. 11 ff.
² *Thomas/Putzo/Hüßtege* Rn. 1.
³ *Thomas/Putzo/Hüßtege* Rn. 2; *Rauscher/Rauscher* Rn. 15 f.
⁴ Hk-ZPO/*Dörner* Rn. 2; *Gruber* FamRZ 2005, 1603, 1607; *Thomas/Putzo/Hüßtege* Rn. 3; *Rauscher/Rauscher* Rn. 17; *Geimer/Schütze/Paraschas* Rn. 12.
⁵ *Geimer/Schütze/Paraschas* Rn. 13; *Rauscher/Rauscher* Rn. 17.

(2) Der Richter des Ursprungsmitgliedstaats stellt die Bescheinigung nach Absatz 1 unter Verwendung des Formblatts in Anhang III (Bescheinigung über das Umgangsrecht) nur aus, wenn
a) im Fall eines Versäumnisverfahrens das verfahrenseinleitende Schriftstück oder ein gleichwertiges Schriftstück der Partei, die sich nicht auf das Verfahren eingelassen hat, so rechtzeitig und in einer Weise zugestellt wurde, dass sie sich verteidigen konnte, oder wenn in Fällen, in denen bei der Zustellung des betreffenden Schriftstücks diese Bedingungen nicht eingehalten wurden, dennoch festgestellt wird, dass sie mit der Entscheidung eindeutig einverstanden ist;
b) alle betroffenen Parteien Gelegenheit hatten, gehört zu werden, und
c) das Kind die Möglichkeit hatte, gehört zu werden, sofern eine Anhörung nicht aufgrund seines Alters oder seines Reifegrads unangebracht erschien.
Das Formblatt wird in der Sprache ausgefüllt, in der die Entscheidung abgefasst ist.

(3) Betrifft das Umgangsrecht einen Fall, der bei der Verkündung der Entscheidung einen grenzüberschreitenden Bezug aufweist, so wird die Bescheinigung von Amts wegen ausgestellt, sobald die Entscheidung vollstreckbar oder vorläufig vollstreckbar wird. Wird der Fall erst später zu einem Fall mit grenzüberschreitendem Bezug, so wird die Bescheinigung auf Antrag einer der Parteien ausgestellt.

1. Ausfertigung einer Umgangsentscheidung als Europäischer Vollstreckungstitel. 1
a) Die Entscheidung muss das Umgangsrecht iS des Art. 40 Abs. 1 lit. a regeln. Das Umgangsrecht kann auch einer Person eingeräumt werden, die nicht Träger der elterlichen Verantwortung ist, zB Großeltern oder Stiefeltern. Werden Sorgerecht und Umgangsrecht in einer Entscheidung geregelt, gilt die vereinfachte Vollstreckbarkeit nur für das Umgangsrecht.[1]

b) Diese Umgangsentscheidung muss im Ursprungsstaat **vollstreckbar** sein. Kennt dessen Recht 2 keine vorläufige Vollstreckbarkeit (trotz Einlegung eines Rechtsmittels), kann sie das Gericht des Ursprungsstaats nach seinem Ermessen gemäß Art. 41 Abs. 1 S. 2 EheGVO dennoch für vollstreckbar erklären, um die bewusste Verzögerung der Vollstreckung zu verhindern.[2]

c) Im EU-Ausland vollstreckbar ist die Entscheidung erst, nachdem das Gericht des Ursprungs- 3 staates dafür eine „Bescheinigung über das Umgangsrecht" auf dem Formblatt in Anhang III ausgestellt hat. Zuständig hierfür ist in Deutschland im ersten Rechtszug der Familienrichter, in zweiter oder dritter Instanz der Vorsitzende des Senats für Familiensachen beim OLG bzw. BGH (§ 48 Abs. 2 IntFamRVG).

Vor der Ausstellung der Bescheinigung ist zu prüfen, ob die drei in Art. 41 Abs. 2 genannten 4 Voraussetzungen erfüllt sind, die sämtlich der Gewährleistung rechtlichen Gehörs dienen.
(1) Handelt es sich um eine im **Versäumnisverfahren** ergangene Entscheidung muss der Partei, die 5 sich nicht eingelassen hat, das verfahrenseinleitende Schriftstück so rechtzeitig und in einer Art und Weise zugestellt werden, dass sie sich verteidigen konnte (lit. a). Fehlt eine solche Zustellung, genügt es, wenn die betroffene Partei mit der Entscheidung eindeutig einverstanden ist. Festgestellt werden muss also, dass kein Anerkennungshindernis nach Art. 23 lit. c vorliegt.[3]
(2) In allen Fällen müssen die **Parteien** (bzw. die Beteiligten) Gelegenheit zum rechtlichen Gehör 6 gehabt haben (lit. b). Notwendig ist nur die Gelegenheit zum Gehör; eine tatsächliche Anhörung muss nicht stattgefunden haben. Wer als Beteiligter anzuhören ist und wie die Anhörung zu gestalten ist, richtet sich nach dem Recht des Ursprungsstaates.[4]
(3) Außerdem muss das **Kind** selbst die Möglichkeit zum Gehör gehabt haben (lit. c), es sei denn 7 wegen des Alters oder des Reifegrades sei eine Anhörung unangebracht gewesen. Auch hier richtet sich die Art der Anhörung nach dem Recht des Ursprungsstaates.[5] In Deutschland sind die §§ 50, 50b FGG zu beachten. Abs. 2 S. 1 lit. c) legt zwar selbst die Ausnahmen von der Anhörungspflicht fest. Dies genügt aber nicht, um für die Art der Anhörung selbst einen autonomen (gemeineuropäischen) Maßstab zu entwickeln.[6]

---

[1] Hk-ZPO/*Dörner* Rn. 2; *Solomon* FamRZ 2004, 1409, 1419.
[2] Hk-ZPO/*Dörner* Rn. 4; *Rauscher/Rauscher* Rn. 7; *Geimer/Schütze/Paraschas* Rn. 2.
[3] Hk-ZPO/*Dörner* Rn. 7; *Geimer/Schütze/Paraschas*, IRV, Rn. 6.
[4] *Rauscher/Rauscher* Rn. 20f.
[5] Hk-ZPO/*Dörner* Rn. 8; *Geimer/Schütze/Paraschas*, IRV, Rn. 5; krit. *Völker/Steinfatt* FPR 2005, 415, 416ff.
[6] *Geimer/Schütze/Paraschas*, IRV, Rn. 5; aA *Rauscher/Rauscher* Rn. 22.

8 **d) Ausstellung von Amts wegen oder auf Antrag.** Die Bescheinigung über das Umgangsrecht wird auf dem Formblatt in Anhang III erteilt; dieses wird in der Sprache des Entscheidungsstaates ausgefüllt (Art. 41 Abs. 2 S. 2). Aufgrund der einheitlichen Gestaltung ist der Inhalt der Bescheinigung auch ohne Übersetzung verständlich. Lediglich Angaben über Modalitäten für die Ausübung des Umgangsrechts müssen übersetzt werden (Art. 45 Abs. 2).

9 (1) Hat der Fall bei Erlass der Entscheidung bereits grenzüberschreitende Bezüge, erteilt das Gericht die Bescheinigung von Amts wegen, sobald die Entscheidung zumindest vorläufig vollstreckbar ist (Art. 41 Abs. 3 S. 1 EheGVO). Kennt das Recht des Ursprungsstaates keine vorläufige Vollstreckbarkeit, kann diese nach Art. 41 Abs. 1 S. 2 dennoch angeordnet und die Bescheinigung erteilt werden.[7]

10 Ein grenzüberschreitender Bezug besteht, wenn der Umgang grenzüberschreitend im Verhältnis zu einem Mitgliedsstaat oder einem Drittstaat durchzuführen ist.[8] Nicht ausreichend ist dagegen die Möglichkeit, dass ein Inlandsfall etwa wegen der ausländischen Staatsangehörigkeit eines Beteiligten zum Auslandsfall wird. Die Bescheinigung ist jedoch sogleich zu erteilen, wenn ein Umzug eines Beteiligten ins Ausland unmittelbar bevorsteht.[9] Nach dem Wortlaut („sobald") könnte man annehmen, die Bescheinigung sei auch dann von Amts wegen zu erteilen, wenn die Vollstreckbarkeit erst nach Erlass der Entscheidung eintritt. Aber eine solche Auslegung wäre ziemlich unpraktikabel und muss daher ausscheiden.[10]

11 (2) Erhält der Fall erst später eine internationale Dimension, zB weil ein Elternteil in einen anderen Mitgliedsstaat verzieht, wird die Bescheinigung nachträglich auf Parteiantrag (Art. 41 Abs. 3 S. 2 EheGVO) (nach Gewährung rechtlichen Gehörs)[11] erteilt. Antragsberechtigt ist jeder Adressat der Umgangsregelung.[12]

12 **e) Zuständig** für die Ausstellung der Bescheinigung ist das Gericht des Ursprungsstaates, und zwar in Deutschland im ersten Rechtszug der Familienrichter des Familiengerichts, in zweiter oder dritter Instanz der Vorsitzende des Senats für Familiensachen (§ 48 Abs. 2 IntFamRVG). Die örtliche Zuständigkeit richtet sich nach den §§ 10, 12 IntFamRVG.

Art. 42. Rückgabe des Kindes. (1) Eine in einem Mitgliedstaat ergangene vollstreckbare Entscheidung über die Rückgabe des Kindes im Sinne des Artikels 40 Absatz 1 Buchstabe b), für die eine Bescheinigung nach Absatz 2 im Ursprungsmitgliedstaat ausgestellt wurde, wird in einem anderen Mitgliedstaat anerkannt und kann dort vollstreckt werden, ohne dass es einer Vollstreckbarerklärung bedarf und ohne dass die Anerkennung angefochten werden kann.

Auch wenn das nationale Recht nicht vorsieht, dass eine in Artikel 11 Absatz 8 genannte Entscheidung über die Rückgabe des Kindes ungeachtet der Einlegung eines Rechtsbehelfs von Rechts wegen vollstreckbar ist, kann das Gericht des Ursprungsmitgliedstaats die Entscheidung für vollstreckbar erklären.

(2) Der Richter des Ursprungsmitgliedstaats, der die Entscheidung nach Artikel 40 Absatz 1 Buchstabe b) erlassen hat, stellt die Bescheinigung nach Absatz 1 nur aus, wenn

a) das Kind die Möglichkeit hatte, gehört zu werden, sofern eine Anhörung nicht aufgrund seines Alters oder seines Reifegrads unangebracht erschien,

b) die Parteien die Gelegenheit hatten, gehört zu werden, und

c) das Gericht beim Erlass seiner Entscheidung die Gründe und Beweismittel berücksichtigt hat, die der nach Artikel 13 des Haager Übereinkommens von 1980 ergangenen Entscheidung zugrunde liegen.

Ergreift das Gericht oder eine andere Behörde Maßnahmen, um den Schutz des Kindes nach seiner Rückkehr in den Staat des gewöhnlichen Aufenthalts sicherzustellen, so sind diese Maßnahmen in der Bescheinigung anzugeben.

Der Richter des Ursprungsmitgliedstaats stellt die Bescheinigung von Amts wegen unter Verwendung des Formblatts in Anhang IV (Bescheinigung über die Rückgabe des Kindes) aus.

Das Formblatt wird in der Sprache ausgefüllt, in der die Entscheidung abgefasst ist.

---

[7] *Geimer/Schütze/Paraschas*, IRV, Rn. 2, 9.
[8] *Rauscher/Rauscher* Rn. 24 (Abs. 1).
[9] *Rauscher/Rauscher* Rn. 24 (Abs. 2).
[10] *Rauscher/Rauscher* Rn. 23 (Abs. 2).
[11] *Garbe/Ullrich/Andrae* § 11 Rn. 596.
[12] *Rauscher/Rauscher* Rn. 25.

1. Allgemeines. Rückgabeentscheidungen nach Art. 11 Abs. 8 EheGVO und nur diese und keine anderen Rückgabeentscheidungen[1] sind nach Ausstellung der Bescheinigung über die Rückgabe des Kindes im Erlassstaat in allen anderen EG-Mitgliedsstaaten (ohne Dänemark) wie ein Europäischer Vollstreckungstitel ohne weiteres anzuerkennen und zu vollstrecken. **1**

2. Voraussetzungen für die Ausstellung der Bescheinigung. a) Es muss sich um eine vollstreckbare Rückgabeentscheidung nach Art. 11 Abs. 8 EheGVO handeln. Nach der ausdrücklichen Regelung des Art. 42 Abs. 1, Unterabs. 2 EheGVO kann die erstinstanzliche Entscheidung aber auch dann für vollstreckbar erklärt werden, wenn gegen sie ein Rechtsbehelf eingelegt wurde und die Entscheidung nach nationalem Recht erst mit Eintritt formeller Rechtskraft vollstreckbar wäre. So verhält es sich nach deutschem Recht gemäß § 40 Abs. 1 IntFamRVG, wobei das Beschwerdegericht allerdings vorab die sofortige Vollziehung der angefochtenen Rückgabeentscheidung anordnen kann (§ 40 Abs. 3 IntFamRVG). Die Erteilung der Bescheinigung ist bei Einlegung eines Rechtsbehelfs fakultativ und kommt wohl nur in Betracht, wenn das Beschwerdegericht eine sofortige Vollziehung anordnen würde. Beides hängt aber nicht voneinander ab, vielmehr entscheidet das erstinstanzliche Gericht selbst darüber, ob die sofortige Rückgabe des Kindes ungeachtet des eingelegten Rechtsmittels den Interessen der Beteiligten und dem Wohl des Kindes gerecht wird. **2**

b) Wie bei einer Umgangsentscheidung muss das **Kind** vor Erlass der Entscheidung die Möglichkeit zum Gehör gehabt haben. Auch hier kann je nach Alter und Reifegrad davon abgesehen werden (s. Art. 41 Rn. 7). **3**

c) Weiter müssen die **Parteien** Gelegenheit zum Gehör gehabt haben (s. Art. 41 Rn. 6). Eine besondere Gehörsicherung bei Versäumnisentscheidungen ist insoweit entbehrlich.[2] **4**

d) Schließlich muss das Gericht die Gründe und Beweismittel berücksichtigt haben, die das Gericht im Verbringungsstaat veranlasst haben, gemäß Art. 13 HEntfÜ den Erlass einer Anordnung zur Rückführung des Kindes zu verweigern. Diese Berücksichtigung muss sich ausdrücklich aus den Gründen der Entscheidung ergeben.[3] **5**

3. Ausstellung der Bescheinigung. a) Liegen die Voraussetzungen zu 2 a–d vor, stellt das Gericht des Ursprungsstaates die Bescheinigung auf dem Formblatt nach Anhang IV von Amts wegen aus (Art. 42 Abs. 2, Unterabs. 3). Ein Ermessen des Gerichts besteht nicht. **6**

b) Sofern Vorkehrungen getroffen wurden, um den Schutz des Kindes nach seiner Rückkehr zu gewährleisten (s. Art. 11 Abs. 4 EheGVO), sind diese in der Bescheinigung anzugeben (Art. 42 Abs. 2, Unterabs. 2 EheGVO). Damit die Interessen des Kindes wirklich gewahrt werden, muss der entsprechende Teil der Bescheinigung (Nr. 14) in die Sprache des Vollstreckungsstaates übersetzt (s. Art. 45 Abs. 2 EheGVO) und die Übersetzung beglaubigt werden.[4] **7**

c) Die Bescheinigung wird in erster Instanz vom Familienrichter, in zweiter und dritter Instanz vom Vorsitzenden des Senats für Familiensachen erteilt (s. o. Art. 41 Rn. 11). **8**

4. Vollstreckung der Entscheidung. Ist die Entscheidung mit der Bestätigung gemäß Abs. 2 versehen, so wird sie in jedem Mitgliedstaat der EG wie eine inländische Entscheidung vollstreckt. Sie ist also anzuerkennen und zu vollstrecken, ohne dass irgendwelche Anerkennungshindernisse oder sachliche Einwendungen vorgebracht werden könnten.[5] **9**

Aus Art. 47 Abs. 2 S. 2 EheGVO folgt aber, dass aus Gründen des Kindeswohls eine spätere Entscheidung stets Vorrang hat, soweit sie mit der älteren Entscheidung unvereinbar ist. Insoweit kann der Erlass einer späteren Entscheidung sogar der Vollstreckung einer bescheinigten Entscheidung entgegengesetzt werden.[6] **10**

Eine Vollstreckung kann darüber hinaus selbst im extremen Einzelfall nicht aus ordre public-Gründen verweigert werden.[7] **11**

Die Vollstreckung selbst richtet sich nach dem Recht des Vollstreckungsstaates (Art. 47 Abs. 1 EheGVO), in Deutschland nach § 44 IntFamRVG. **12**

---

[1] OLG Celle FamRZ 2007, 1587, 1588; *Fleige* S. 316 ff.; Hk-ZPO/*Dörner* Rn. 2; *Rauscher/Rauscher* Rn. 2.
[2] *Rauscher/Rauscher* Rn. 10.
[3] Hk-ZPO/*Dörner* Rn. 7; *Geimer/Schütze/Paraschas* Rn. 6; *Rauscher/Rauscher* Rn. 11.
[4] *Fleige* S. 320; *Geimer/Schütze/Paraschas* Rn. 10.
[5] Hk-ZPO/*Dörner* Rn. 8; *Geimer/Schütze/Paraschas* Rn. 1; vgl. *Fleige* S. 325.
[6] *Fleige* S. 327.
[7] *Geimer/Schütze/Paraschas* Rn. 1; *Fleige* S. 328 ff.; aA *Looschelders* JR 2006, 45, 51 (bei Rückgabeweigerung nach Art. 20 HKEntfÜ); offen gelassen bei *Rauscher/Rauscher* Rn. 3.

Art. 43. Klage auf Berichtigung. (1) Für Berichtigungen der Bescheinigung ist das Recht des Ursprungsmitgliedstaats maßgebend.

(2) Gegen die Ausstellung einer Bescheinigung gemäß Artikel 41 Absatz 1 oder Artikel 42 Absatz 1 sind keine Rechtsbehelfe möglich.

1 **1. Kein Rechtsbehelf gegen Ausstellung der Bescheinigung.** Gegen die Ausstellung der Bescheinigungen nach Art. 41 und 42 ist im Ursprungsstaat kein Rechtsbehelf statthaft (Art. 43 Abs. 2 EheGVO). Ein Rechtsbehelf kann nur gegen die bescheinigte Entscheidung selbst eingelegt werden.[1] Dies dient der Vereinfachung und Beschleunigung des Verfahrens.

2 Hat das erstinstanzliche Gericht die Bescheinigung trotz des in der Sache zulässigen Rechtsbehelfs erteilt und wird dieser Rechtsbehelf eingelegt, so sollte das Rechtsmittelgericht aber die Möglichkeit haben, die Vollstreckbarkeit der erstinstanzlichen Entscheidung auszusetzen.[2]

3 **2. Rechtsbehelf gegen Versagung der Bescheinigung.** Art. 43 steht einem Rechtsbehelf gegen die Versagung der Bescheinigung nicht entgegen. Zulässig sind die in jedem Mitgliedstaat gegen die Ablehnung von Verfahrensanträgen zulässigen Rechtsbehelfe.[3] In Deutschland steht insoweit die Beschwerde nach §§ 24 ff. IntFamRVG offen.

4 **3. Berichtigung der Bescheinigung.** Die erteilte Bescheinigung kann nach Art. 43 Abs. 1 nach dem Recht des Ausstellungsstaates berichtigt werden. Gemäß § 49 IntFamRVG gilt in Deutschland § 319 ZPO entsprechend. Nach Erwägungsgrund 24 S. 2 soll Gegenstand „einer Klage auf Berichtigung" ein „materieller Fehler" sein, wenn die Bescheinigung den Inhalt der Entscheidung nicht korrekt wiedergibt. In der deutschen Terminologie sind dies Schreibfehler und andere offenbare Unrichtigkeiten. Diese können auf unbefristeten Antrag oder von Amts wegen beseitigt werden.[4] Da für die Vollstreckung nach Art. 45 Abs. 1 lit. a eine Ausfertigung der Entscheidung und nach Abs. 1 lit. b die Bescheinigung vorzulegen sind, dient die Berichtigung nur der Beseitigung eines Rechtsscheins und einer die Vollstreckung uU störenden Divergenz.[5] Nach § 319 Abs. 3 ZPO gibt es gegen die Berichtigung sofortige Beschwerde; gegen die Ablehnung der Berichtigung ist kein Rechtsmittel statthaft.

Art. 44. Wirksamkeit der Bescheinigung. Die Bescheinigung ist nur im Rahmen der Vollstreckbarkeit des Urteils wirksam.

1 Wie Art. 11 EuVTVO bestimmt Art. 44 EheGVO, dass die Bescheinigung nach Art. 41 und 42 nur die Vollstreckbarerklärung ersetzt, der bestätigten Entscheidung aber keine weitergehende Wirkung noch eine höhere Bestandskraft im Ausland verschafft, als sie sie im Inland hat.[1]

Art. 45. Urkunden. (1) Die Partei, die die Vollstreckung einer Entscheidung erwirken will, hat Folgendes vorzulegen:

a) eine Ausfertigung der Entscheidung, die die für ihre Beweiskraft erforderlichen Voraussetzungen erfüllt,
und
b) die Bescheinigung nach Artikel 41 Absatz 1 oder Artikel 42 Absatz 1.

(2) Für die Zwecke dieses Artikels
– wird der Bescheinigung gemäß Artikel 41 Absatz 1 eine Übersetzung der Nummer 12 betreffend die Modalitäten der Ausübung des Umgangsrechts beigefügt;
– wird der Bescheinigung gemäß Artikel 42 Absatz 1 eine Übersetzung der Nummer 14 betreffend die Einzelheiten der Maßnahmen, die ergriffen wurden, um die Rückgabe des Kindes sicherzustellen, beigefügt.
Die Übersetzung erfolgt in die oder in eine der Amtssprachen des Vollstreckungsmitgliedstaats oder in eine andere von ihm ausdrücklich zugelassene Sprache. Die Übersetzung ist von einer hierzu in einem der Mitgliedstaaten befugten Person zu beglaubigen.

---

[1] *Rauscher/Rauscher* Rn. 1; *Geimer/Schütze/Paraschas* Rn. 3.
[2] *Rauscher/Rauscher* Rn. 2.
[3] *Geimer/Schütze/Paraschas* Rn. 9; *Rauscher/Rauscher* Rn. 3.
[4] *Geimer/Schütze/Paraschas* Rn. 8.
[5] *Fleige* S. 324.
[1] *Geimer/Schütze/Paraschas* Rn. 1; *Rauscher/Rauscher* Rn. 1.

1. Vorzulegende Urkunden.
Wer eine „bescheinigte" Entscheidung in einem anderen Mitgliedsstaat vollstrecken will, muss (1) eine Ausfertigung der Entscheidung und (2) die Bescheinigung im Original mit seinem Vollstreckungsantrag vorlegen. Vorzulegen sind Ausfertigungen der Entscheidung, nicht bloße Abschriften oder Kopien.[1] Insoweit besteht eine unabdingbare Vorlagepflicht.[2]

Art. 45 soll nur Mindestvoraussetzungen aufstellen. Das Recht des Vollstreckungsstaates soll daher (gemäß Art. 47 Abs. 1) die Vorlage weiterer Unterlagen anordnen können.[3] Art. 47 Abs. 1 bezieht sich aber auf die Zwangsvollstreckung selbst, nicht auf das Zwischenverfahren der Vollstreckbarerklärung. Dessen Voraussetzungen sind in der EheGVO abschließend geregelt.

2. Übersetzung von Ergänzungen der Bescheinigung.
Einer Bescheinigung über das Umgangsrecht ist nach Art. 45 Abs. 2 Strich 1 die Anordnung über die Modalitäten der Ausübung des Umgangsrechts beizufügen. Diese Anordnung ist in eine Amtssprache des Vollstreckungsstaates (oder eine sonstige dort zugelassene Sprache) zu übersetzen, und von einer in einem beliebigen Mitgliedstaat dazu befugten Person zu beglaubigen[4] (Art. 45 Abs. 2 Unterabs. 2).

Einer Bescheinigung über die Rückgabe des Kindes ist eine Beschreibung der einzelnen Maßnahmen beizufügen, die getroffen werden, um die Rückgabe des Kindes bzw. seinen Schutz nach der Rückgabe sicher zu stellen.[5] Auch diese Bescheinigung muss in beglaubigter Weise in eine im Vollstreckungsstaat zugelassene Sprache übersetzt sein.

3. Prüfung der Urkunden.
Die Vollstreckungsorgane dürfen nur überprüfen, ob die vorgelegten Urkunden formell ordnungsgemäß sind, nicht aber ob sie inhaltlich zu Recht erteilt werden.[6]

Abschnitt 5. Öffentliche Urkunden und Vereinbarungen

Art. 46. Öffentliche Urkunden, die in einem Mitgliedstaat aufgenommen und vollstreckbar sind, sowie Vereinbarungen zwischen den Parteien, die in dem Ursprungsmitgliedstaat vollstreckbar sind, werden unter denselben Bedingungen wie Entscheidungen anerkannt und für vollstreckbar erklärt.

1. Einbeziehung öffentlicher Urkunden und vollstreckbarer Parteivereinbarungen.
Wie bereits Art. 13 Abs. 3 der Brüssel II-VO sieht Art. 46 EheGVO (und Erwägungsgrund 22) (Brüssel IIa-VO) vor, dass öffentliche Urkunden und Parteivereinbarungen wie Entscheidungen gemäß Art. 21 ff. anerkannt und gemäß Art. 28 ff. für vollstreckbar erklärt werden.

Die sich aus der Urkunde oder der Vereinbarung ergebenden Rechte haben also in allen EG-Staaten (außer Dänemark) Gültigkeit und müssen nicht mehr eingeklagt werden.[1]

Alle diese Titel werden unter denselben „Bedingungen" wie Entscheidungen anerkannt. Während solche Titel nach Art. 57, 58 EuGVO nur wegen Verstoßes gegen den ordre public zurückgewiesen werden können, sind nach Art. 46 EheGVO alle Versagungsgründe der Art. 22, 23 EheGVO zu beachten.

Der praktische Unterschied dürfte allerdings gering sein, da ein Teil der Versagungsgründe auf Urkunden gar nicht anwendbar ist.[2] Mittelbar ergibt sich aus Art. 46 EheGVO zudem, dass solche konsensualen Rechtsakte und Titel inhaltlich nicht mehr nach IPR-Regeln, sondern gemäß Art. 21 ff., 28 ff. EheGVO anzuerkennen sind.[3]

2. Einbezogene Titel.
a) Anzuerkennen sind **öffentliche Urkunden,** die in den Anwendungsbereich der VO fallen und die in einem Mitgliedsstaat errichtet wurden. Ob eine solche Urkunde vorliegt, ist wie bei Art. 57 EuGVO autonom zu verstehen. Es bedarf also der Aufnahme durch eine öffentliche Urkundsperson.[4] Staatsangehörigkeit und gewöhnlicher Aufenthalt der Beteiligten sind irrelevant.[5]

---

[1] *Geimer/Schütze/Paraschas* Rn. 3; *Rauscher/Rauscher* Rn. 5.
[2] *Geimer/Schütze/Paraschas* Rn. 2; *Rauscher/Rauscher* Rn. 2.
[3] *Geimer/Schütze/Paraschas* Rn. 5.
[4] *Geimer/Schütze/Paraschas* Rn. 4; *Rauscher/Rauscher* Rn. 9.
[5] *Rauscher/Rauscher* Rn. 10.
[6] Hk-ZPO/*Dörner* Rn. 4; *Rauscher/Rauscher* Rn. 2.
[1] *Geimer/Schütze/Paraschas* Rn. 1.
[2] *Geimer/Schütze/Paraschas* Rn. 17; *Zöller/Geimer* Art. 1 EG-VO Ehesachen Rn. 42.
[3] *Rauscher/Rauscher* Rn. 1 (Abs. 2).
[4] *Rauscher/Rauscher* Rn. 3; *Geimer/Schütze/Paraschas* Rn. 7; AnwK-BGB/*Andrae* Rn. 5f.
[5] *Rauscher/Rauscher* Rn. 4; AnwK-BGB/*Andrae* Rn. 9.

EheGVO Art. 47   B. Europäisches Zivilprozessrecht

5   **b) Vollstreckbare Parteivereinbarungen** sind ebenfalls anzuerkennen. Prototyp ist der Prozessvergleich (der freilich zugleich öffentliche Urkunde ist). Art. 46 EheGVO verlangt aber (anders als noch Art. 13 Abs. 3 EheGVO) keinen Abschluss vor einem Richter oder einer öffentlichen Behörde, sondern lediglich Vollstreckbarkeit im Ursprungsstaat.[6] In Skandinavien vollstreckbare Privaturkunden sind daher ebenfalls anzuerkennen.[7]

6   Die Definition des **Ursprungsstaates** in Art. 2 Nr. 5 passt für die Titel des Art. 46 nicht. Ursprungsstaat ist daher bei Prozessvergleichen der Staat, vor dessen Gericht der Vergleich geschlossen wurde, auch wenn darüber kein Verfahren anhängig war. Bei öffentlichen Urkunden ist auf den Aufnahmestaat abzustellen.[8] Konsularische Urkunden sind dem Entsendestaat zuzuordnen.[9] Bei außergerichtlichen Vereinbarungen ist nicht auf den Abschlussort, sondern darauf abzustellen, welchem Recht die Vereinbarung nach IPR unterliegt[10] bzw. nach welchem Recht sie wirksam und vollstreckbar ist.[11]

7   **3. Vollstreckbarkeit.** Beide Arten von Titeln werden nach dem Wortlaut von Art. 46 vollstreckbar erklärt, wenn sie im Ursprungsstaat vollstreckbar sind. Danach wären lediglich rechtsgestaltende oder bloße deklaratorische Vereinbarungen ohne vollstreckbaren Inhalt nicht erfasst.[12] Aber dies hätte bei Vereinbarungen zum Sorgerecht die Folge, dass davon nur die vollstreckbare Teilvereinbarung zum Umgangsrecht, nicht aber die eigentliche Sorgerechtsvereinbarung in den anderen Mitgliedstaaten anerkannt würde. Ein solches wenig sinnvolles Ergebnis kann freilich nicht gewollt sein. Auf die Vollstreckbarkeit der Urkunde bzw. Vereinbarung kann es daher nur ankommen, soweit sie einen solchen Inhalt hat.[13] Ansonsten ist auf die Gültigkeit bzw. Verbindlichkeit des Titels nach dem Recht des Ursprungsstaates abzustellen.

8   **4. Anerkennung.** Die erfassten Titel werden gemäß Art. 21 Abs. 1 automatisch anerkannt. Soweit erforderlich kann auch ein Feststellungsantrag nach Art. 21 Abs. 3 gestellt werden.[14]

9   **5. Vollstreckbarerklärung.** Die erfassten Urkunden und Parteivereinbarungen müssen im Vollstreckungsstaat nach Art. 28 ff. für vollstreckbar erklärt werden. Die Vollstreckbarkeit im Ursprungsstaat wird nicht in andere Mitgliedsstaaten der EG erstreckt.[15]

10 Gegen positive oder negative Entscheidungen können wie sonst auch Beschwerde und Rechtsbeschwerde nach Art. 33, 34 EheGVO (§§ 24 ff., 28 ff. IntFamRVG) eingelegt werden.

11 Entsprechend Art. 37 Abs. 1 EheGVO hat der Antragsteller eine Ausfertigung der Urkunde bzw. der vollstreckbaren Parteivereinbarung vorzulegen.[16]

12 Die Regelung des Art. 39 über die Bescheinigung und die Formulare in Anhang I und II passen auf beide Titelarten nicht unmittelbar. Der Ursprungsstaat muss daher eine individuell angepasste Bescheinigung erteilen.[17] In analoger Anwendung auch des § 48 Abs. 1 IntFamRVG stellt die Bescheinigung der Urkundsbeamte der Geschäftsstelle des Familiengerichts aus.

Abschnitt 6. Sonstige Bestimmungen

Art. 47. Vollstreckungsverfahren. (1) Für das Vollstreckungsverfahren ist das Recht des Vollstreckungsmitgliedstaats maßgebend.

(2) Die Vollstreckung einer von einem Gericht eines anderen Mitgliedstaats erlassenen Entscheidung, die gemäß Abschnitt 2 für vollstreckbar erklärt wurde oder für die eine Bescheinigung nach Artikel 41 Absatz 1 oder Artikel 42 Absatz 1 ausgestellt wurde, erfolgt im Vollstreckungsmitgliedstaat unter denselben Bedingungen, die für in diesem Mitgliedstaat ergangene Entscheidungen gelten.

Insbesondere darf eine Entscheidung, für die eine Bescheinigung nach Artikel 41 Absatz 1 oder Artikel 42 Absatz 1 ausgestellt wurde, nicht vollstreckt werden, wenn sie mit einer später ergangenen vollstreckbaren Entscheidung unvereinbar ist.

---

[6] *Thomas/Putzo/Hüßtege* Rn. 3; AnwK-BGB/*Andrae* Rn. 8.
[7] *Rauscher/Rauscher* Rn. 2; *Gebauer/Wiedmann/Frank* Kap. 27 Rn. 97.
[8] *Geimer/Schütze/Paraschas* Rn. 12.
[9] *Geimer/Schütze/Paraschas* Rn. 13; AnwK-BGB/*Andrae* Rn. 9.
[10] *Rauscher/Rauscher* Rn. 5.
[11] *Geimer/Schütze/Paraschas* Rn. 16; AnwK-BGB/*Andrae* Rn. 10.
[12] So *Rauscher/Rauscher* Rn. 6 f.; AnwK-BGB/*Andrae* Rn. 2.
[13] *Geimer/Schütze/Paraschas* Rn. 4, 10.
[14] *Rauscher/Rauscher* Rn. 8.
[15] *Rauscher/Rauscher* Rn. 9.
[16] *Geimer/Schütze/Paraschas* Rn. 18.
[17] AnwK-BGB/*Andrae* Rn. 14.

1. Vollstreckung nach dem Recht des Vollstreckungsstaates. Entscheidungen eines Mit- 1
gliedsstaates, die nach Art. 28 ff. für vollstreckbar erklärt wurden oder die nach Erteilung der Bescheinigung gemäß Art. 41, 42 vollstreckbar sind, werden in jedem Mitgliedstaat wie inländische Entscheidungen vollstreckt.[1] Das eigentliche Vollstreckungsverfahren richtet sich zwangsläufig nach dem Recht des jeweiligen Vollstreckungsstaates.[2]

2. Vollstreckung in Deutschland. a) Zuständig für die Vollstreckung ist in Deutschland das in 2
den §§ 10, 12 IntFamRVG vorgesehene Familiengericht. Die Verfahrensregeln richten sich nach § 14 IntFamRVG. Je nach Gegenstand des Verfahrens verweist diese Norm auf die Regeln der ZPO für Ehesachen bzw. auf die Regeln für FG-Familiensachen.

b) Die eigentliche Zwangsvollstreckung von **Sorgerechtsentscheidungen** (Umgangsrecht) erfolgt nach § 44 IntFamRVG. Zu Einzelheiten s. dort. 3

Soweit eine Sorgerechtsentscheidung (zum Umgangsrecht) vollstreckt werden soll, kann das Familiengericht Ordnungsgeld androhen und bei Zuwiderhandlung festsetzen. Ist dieses Verfahren nicht erfolgversprechend, kann nach grundsätzlicher Androhung auch Ordnungshaft angeordnet werden. Aufgrund besonderer gerichtlicher Verfügung darf (unabhängig) vom festgesetzten Ordnungsmittel sogar unmittelbarer Zwang gebraucht werden (§ 44 Abs. 3 IntFamRVG).[3] Die Vollstreckung durch Ordnungsmittel ermöglicht es, schuldhafte Verstöße auch dann zu ahnden, wenn die getroffene Handlung oder Unterlassung wegen Zeitablauf nicht mehr erzwungen werden kann (s. u. § 44 IntFamRVG Rn. 1).[4]

c) Obwohl auch **Kostenfestsetzungsbeschlüsse** anzuerkennen und zu vollstrecken sind 4
(Art. 49 EheGVO), regelt das IntFamRVG deren Vollstreckung nicht. Es gelten daher die allgemeinen Regeln über die Vollstreckung von Geldforderungen (§§ 704 ff. ZPO).[5]

3. Ausschluss der Vollstreckbarkeit durch spätere Entscheidung. Ein nach Art. 41, 42 zu 5
vollstreckender Umgangs- oder Herausgabetitel darf nicht (mehr) vollstreckt werden, wenn ein späterer vollstreckbarer Titel vorliegt, der mit dem früheren Titel unvereinbar ist. Der spätere Titel hat stets Vorrang, gleichgültig, ob es sich um eine inländische oder ausländische Entscheidung (auch eines Drittstaates) handelt.[6]

Art. 48. Praktische Modalitäten der Ausübung des Umgangsrechts. (1) Die Gerichte des Vollstreckungsmitgliedstaats können die praktischen Modalitäten der Ausübung des Umgangsrechts regeln, wenn die notwendigen Vorkehrungen nicht oder nicht in ausreichendem Maße bereits in der Entscheidung der für die Entscheidung der in der Hauptsache zuständigen Gerichte des Mitgliedstaats getroffen wurden und sofern der Wesensgehalt der Entscheidung unberührt bleibt.

(2) Die nach Absatz 1 festgelegten praktischen Modalitäten treten außer Kraft, nachdem die für die Entscheidung in der Hauptsache zuständigen Gerichte des Mitgliedstaats eine Entscheidung erlassen haben.

1. Notwendigkeit von Detailregelungen. Nach deutscher Praxis ist ein Titel nur und nur insoweit vollstreckbar, als sich alle Pflichten unmittelbar aus dem Titel selbst ergeben. Das deutsche Recht weicht insoweit von den Rechten vieler anderer EG-Staaten ab. Damit ausländische Umgangsentscheidungen dennoch im Inland vollstreckt werden können, gestattet Art. 48 EheGVO eine Anpassung an die inländischen Tenorierungsgewohnheiten[1] bzw. eine Konkretisierung der im EG-Ausland erlassenen Umgangsregelung. Das Gericht darf daher die Vollstreckung einer aus deutscher Sicht unbestimmten Entscheidung nicht ablehnen, soweit es sie konkretisieren kann.[2] Dies gilt gleichermaßen, wenn der Umgangstitel nach Art. 28 ff. EheGVO für vollstreckbar erklärt wurde oder wenn nach Art. 41 EheGVO mit einer Bescheinigung versehen wurde und daher keiner Vollstreckbarerklärung bedarf. 1

2. Festsetzung von Modalitäten im Vollstreckungsstaat. Der Vollstreckungsstaat ist weder 2
zu einer neuen Sachentscheidung, noch zu einer sachlichen Überprüfung (Art. 31 Abs. 3 EheGVO)

---

[1] *Schlauß* FPR 2006, 228, 231; *Rauscher/Rauscher* Rn. 1.
[2] *Geimer/Schütze/Paraschas* Rn. 3.
[3] Vgl. *Rausch* FuR 2005, 115.
[4] AnwK-BGB/*Benicke* Art. 47, 48 Rn. 2.
[5] *Geimer/Schütze/Paraschas* Rn. 8; *Rauscher/Rauscher* Rn. 3.
[6] *Geimer/Schütze/Paraschas* Rn. 16.
[1] AnwK-BGB/*Benicke* Rn. 1; Hk-ZPO/*Dörner* Rn. 1; *Rauscher/Rauscher* Rn. 1.
[2] *Geimer/Schütze/Paraschas* Rn. 2.

oder zu einer Änderung der zu vollstreckenden Entscheidung befugt.³ Das Gericht des Vollstreckungsstaates darf aber und muss ggf. unter Respektierung des „Wesensgehalts" der Entscheidung aus seiner Sicht regelungsbedürftige, aber nicht festgelegte Modalitäten des Umgangs (hinsichtlich Zeit, Dauer, Ort, Art der Durchführung, Abholperson, Ausübung nur in Begleitung Dritter, Beginn eines Wochenendzyklus etc.) festlegen.⁴

3 **3. Zuständigkeit.** Soweit ein Umgangstitel nach Art. 28 ff. für vollstreckbar zu erklären ist, setzt das dafür nach §§ 10 ff. IntFamRVG zuständige Familiengericht zugleich die notwendigen praktischen Modalitäten fest. Für einen nach Art. 41 EheGVO vollstreckbaren Titel ist ebenfalls das nach §§ 10 ff. IntFamRVG zuständige Gericht befugt, Modifikationen anzuordnen.⁵ Das Verfahren folgt den Regeln für FG-Familiensachen, § 14 Nr. 2 IntFamRVG.

4 **4. Außerkrafttreten.** Die ergänzenden Anordnungen des Vollstreckungsstaates gelten nur solange, bis das in der Hauptsache zuständige Gericht eine andere Regelung (auch zu diesen Details) getroffen hat (Art. 48 Abs. 2). Gericht der Hauptsache kann gemäß Art. 8 EheGVO je nach Sachlage das Gericht des bisherigen Entscheidungsstaates oder auch das Gericht des Vollstreckungsstaates sein.⁶ Soweit der neue Titel der Vollstreckbarerklärung nach Art. 28 ff. EheGVO bedarf, treten die Ergänzungen des Vollstreckungsstaates erst außer Kraft, wenn dies geschehen ist.⁷

Art. 49. Kosten. Die Bestimmungen dieses Kapitels mit Ausnahme der Bestimmungen des Abschnitts 4 gelten auch für die Festsetzung der Kosten für die nach dieser Verordnung eingeleiteten Verfahren und die Vollstreckung eines Kostenfestsetzungsbeschlusses.

1 **1. Anerkennung und Vollstreckung von Kostentiteln.** Entsprechend Art. 13 Abs. 2 EheGVO werden nach Art. 49 EheGVO Kostenfestsetzungen und Kostenfestsetzungsbeschlüsse in den von der EheGVO erfassten Verfahren nach den Art. 21 ff. anerkannt und nach den Art. 28 ff. für vollstreckbar erklärt. Eine Bescheinigung der Titel der Art. 41, 42 hinsichtlich der Kosten ist ausgeschlossen, vielmehr müssen die Kostenentscheidungen stets für vollstreckbar erklärt werden.¹ Erfasst sind die Kostengrundentscheidungen (Verteilung zwischen den Parteien) und die Kostenfeststellungsbeschlüsse (der Höhe nach), nicht aber Kostenfestsetzungen des Anwalts gegen die eigene Partei.² Auch reine Gerichtskostenrechnungen fallen nicht unter Art. 49.³

2 **2. Anwendungsbereich im Einzelnen.** Art. 49 bezieht sich auf die Kosten für alle „nach dieser Verordnung eingeleiteten Verfahren".⁴

3 In Ehesachen sind daher alle Kostenentscheidungen erfasst, auch wenn der Scheidungsantrag abgewiesen wurde und das klageabweisende Urteil nach der Verordnung nicht anzuerkennen ist.⁵ Soweit in einem Verbundurteil über Sachen entschieden wurde, die nicht unter die EheGVO fallen, sind die Kosten soweit möglich aufzuteilen (abtrennbare Kosten, anteilige Aufteilung nach Streitwerten). Soweit dies nicht möglich ist, ist die gesamte Kostenentscheidung nach Art. 49 anzuerkennen und für vollstreckbar zu erklären.⁶

4 **3. Kosten der Vollstreckbarerklärung.** Art. 49 regelt nicht, ob und inwieweit die Kosten des Verfahrens der Vollstreckbarerklärung zu erstatten sind. Insoweit gilt das Recht des jeweiligen Vollstreckungsstaates,⁷ in Deutschland gilt § 20 Abs. 2 IntFamRVG. In Sorgerechtssachen gilt danach § 13a FGG, in Ehesachen § 788 ZPO.

Art. 50. Prozesskostenhilfe. Wurde dem Antragsteller im Ursprungsmitgliedstaat ganz oder teilweise Prozesskostenhilfe oder Kostenbefreiung gewährt, so genießt er in dem Verfahren nach den Artikeln 21, 28, 41, 42 und 48 hinsichtlich der Prozesskostenhilfe

---

³ *Rauscher/Rauscher* Rn. 2; *Geimer/Schütze/Paraschas* Rn. 1.
⁴ *Geimer/Schütze/Paraschas* Rn. 1; *Hk-ZPO/Dörner* Rn. 3.
⁵ *Rauscher/Rauscher* Rn. 3.
⁶ *Geimer/Schütze/Paraschas* Rn. 3.
⁷ *Rauscher/Rauscher* Rn. 4.
¹ *Rauscher/Rauscher* Rn. 1; *AnwK-BGB/Andrae* Rn. 1; *Thomas/Putzo/Hüßtege* Rn. 2; *Hk-ZPO/Dörner* Rn. 1.
² *Rauscher/Rauscher* Rn. 2; *AnwK-BGB/Andrae* Rn. 2.
³ *Thomas/Putzo/Hüßtege* Rn. 1; *Geimer/Schütze/Paraschas* Rn. 4; *AnwK-BGB/Andrae* Rn. 2.
⁴ Vgl. BGH FamRZ 2005, 1540, 1545 = NJW 2005, 3424 (zu Art. 13 Abs. 2 Brüssel II-VO).
⁵ *Geimer/Schütze/Paraschas* Rn. 2; *AnwK-BGB/Andrae* Rn. 2; *Thomas/Putzo/Hüßtege* Rn. 1.
⁶ BGH FamRZ 2005, 1540, 1545; *Geimer/Schütze/Paraschas* Rn. 3; *Rauscher/Rauscher* Rn. 4 (Abs. 2); aA für Berücksichtigung des Schwerpunkts des Kostentitels: *Gebauer/Wiedmann/Frank* Kap. 27 rn. 100.
⁷ *Zöller/Geimer* Rn. 5.

oder der Kostenbefreiung die günstigste Behandlung, die das Recht des Vollstreckungsmitgliedstaats vorsieht.

1. Allgemeines. Art. 50 entspricht sachlich Art. 30 der EheGVO, geht aber nicht so weit wie Art. 50 EuGVO.

2. Erstreckung von PKH auf das erstinstanzliche Verfahren. Die Gewährung von Prozesskostenhilfe oder Kostenbefreiung für das Erkenntnisverfahren im Erststaat erstreckt sich danach ipso iure auf das erstinstanzliche Klauselerteilungsverfahren im Vollstreckungsstaat. Es bedarf keines neuen Antrags und keiner neuen Bewilligung.[1] Da die Verweisung Art. 21 Abs. 3 einschließt, erstreckt sich die Gewährung auch auf das selbstständige Anerkennungsverfahren erster Instanz. Nachgewiesen wird die Bewilligung im Erststaat durch die Bescheinigung nach Art. 39. Wie nach der EuGVO soll dadurch erreicht werden, dass eine nicht gezwungen ist, dem Antrag auf Vollstreckbarerklärung einen Prozesskostenhilfeantrag im Vollstreckungsland vorzuschalten. Ob die Kostenhilfe im Erststaat zu Recht oder Unrecht gewährt wurde, darf im Vollstreckungsstaat nicht nachgeprüft werden.[2]

3. Gewährung der national günstigsten Behandlung. Wie nach der EuGVO ist der armen Partei im Vollstreckungsstaat die günstigste Behandlung zu gewähren, auch wenn die Hilfe im Erststaat nur teilweise oder eingeschränkt gewährt wurde. Auch die EheGVO legt keinen einheitlichen Mindeststandard fest und verpflichtet die Mitgliedstaaten der EU nicht, ein bestimmtes Befreiungssystem einzuführen. Die Richtlinie 2002/8/EG vom 27. 1. 2003 legt aber Mindeststandards für die Prozesskostenhilfe in grenzüberschreitenden Fällen fest.[3] In Deutschland bedeutet günstigste Behandlung Gewährung von Prozesskostenhilfe ohne Eigenbeteiligung unter Beiordnung eines Rechtsanwalts[4] (s. o. Art. 50 EuGVO Rn. 6).

4. Prozesskostenhilfe für Rechtsbehelfsverfahren. Da Art. 50 lediglich für Verfahren nach den Art. 21, 28, 41, 42 und 49 gilt, erstreckt sich die Gewährung der Kostenhilfe oder die Gebührenbefreiung nur auf Verfahren erster Instanz, nicht dagegen auf die Beschwerdeverfahren nach Art. 33, 34 EheGVO[5] und die eigentliche Vollstreckung aus dem Titel.[6] Insoweit kann und muss der Vollstreckungsgläubiger falls erforderlich neue Kostenhilfe nach dem Recht des Vollstreckungsstaates beantragen. Art. 50 schließt einen solchen Antrag nicht aus.[7] Für die Bundesrepublik Deutschland s. o. Art. 50 EuGVO Rn. 8, 9.

Art. 51. Sicherheitsleistung, Hinterlegung. Der Partei, die in einem Mitgliedstaat die Vollstreckung einer in einem anderen Mitgliedstaat ergangenen Entscheidung beantragt, darf eine Sicherheitsleistung oder Hinterlegung, unter welcher Bezeichnung es auch sei, nicht aus einem der folgenden Gründe auferlegt werden:

a) weil sie in dem Mitgliedstaat, in dem die Vollstreckung erwirkt werden soll, nicht ihren gewöhnlichen Aufenthalt hat, oder

b) weil sie nicht die Staatsangehörigkeit dieses Staates besitzt oder, wenn die Vollstreckung im Vereinigten Königreich oder in Irland erwirkt werden soll, ihr „domicile" nicht in einem dieser Mitgliedstaaten hat.

1. Allgemeines. Art. 51 entspricht sachlich Art. 31 Brüssel II-VO bzw. Art. 51 EuGVO.

2. Befreiung von der Pflicht zur Ausländersicherheitsleistung. Vom Vollstreckungsgläubiger mit Wohnsitz in einem anderen Mitgliedstaat darf im Verfahren der Vollstreckbarerklärung keine Sicherheitsleistung oder Hinterlegung verlangt werden, weil er nicht seinen gewöhnlichen Aufenthalt im Vollstreckungsstaat hat oder nicht die Staatsangehörigkeit des Vollstreckungsstaates besitzt bzw. im Vollstreckungsstaat nicht sein „domicile" hat. Jede Form der cautio iudicatum solvi ist danach verboten,[1] auch und gerade für Drittstaatsangehörige und Staatenlose, die einen Titel eines anderen EG-Staates vollstrecken wollen.[2] Für eine Befreiung nach Art. 51 kommt es nur darauf an,

---

[1] *Geimer/Schütze/Paraschas* Rn. 4.
[2] Hk-ZPO/*Dörner* Rn. 2; AnwK-BGB/*Andrae* Rn. 1; *Rauscher/Rauscher* Rn. 2.
[3] Vgl. *Gottwald*, FS Rechberger, 2005, S. 173; *Jastrow* MDR 2004, 75; *Nagel/Gottwald* § 4 Rn. 108 ff.
[4] *Rauscher/Rauscher* Rn. 3.
[5] Hk-ZPO/*Dörner* Rn. 1.
[6] AnwK-BGB/*Andrae* Rn. 2; *Rauscher/Rauscher* Rn. 1; *Geimer/Schütze/Paraschas* Rn. 3.
[7] *Geimer/Schütze/Paraschas* Rn. 6.
[1] *Geimer/Schütze/Paraschas* Rn. 2; *Rauscher/Rauscher* Rn. 2; AnwK-BGB/*Andrae* Rn. 1.
[2] *Geimer/Schütze/Paraschas* Rn. 3; *Rauscher/Rauscher* Rn. 3.

dass der Titel eines anderen EG-Mitgliedsstaates vollstreckt werden soll; über § 110 ZPO hinaus ist der gewöhnliche Aufenthalt des Vollstreckungsgläubigers irrelevant.[3]

3 **3. Sicherheitsleistung aus anderen Gründen.** Von der Pflicht zur Sicherheitsleistung aus anderen Gründen (zB nach § 89 ZPO) ist der Vollstreckungsgläubiger durch Art. 51 dagegen nicht befreit[4] (s. o. Art. 51 EuGVO Rn. 3).

Art. 52. Legalisation oder ähnliche Förmlichkeit. Die in den Artikeln 37, 38 und 45 aufgeführten Urkunden sowie die Urkunde über die Prozessvollmacht, falls eine solche erteilt wird, bedürfen weder der Legalisation noch einer ähnlichen Förmlichkeit.

1 **1. Allgemeines.** Art. 52 entspricht Art. 35 der Brüssel II-VO und sachlich Art. 56 EuGVO.

2 **2. Befreiung von der Legalisation.** Nach Art. 52 bedürfen weder die vorzulegenden Originalurkunden noch die Übersetzungen, sowie eine Urkunde über die Prozessvollmacht im Rahmen des Exequaturverfahrens der Legalisation oder einer ähnlichen Förmlichkeit; befreit ist also auch von der Apostille nach dem Haager Übereinkommen zur Befreiung ausländischer öffentlicher Urkunden von der Legalisation von 1961 (s. o. Art. 56 EuGVO Rn. 1). Die Befreiung muss sinngemäß auch für die Bescheinigung nach Art. 39 EheGVO gelten.[1]

3 Diese Befreiung gilt für die Beischreibung in Personenstandsbüchern, für das Anerkennungsverfahren, das Verfahren der Vollstreckbarerklärung und die Vollstreckung der Titel nach Art. 40 ff.[2]

4 **3. Gleichstellung mit inländischen öffentlichen Urkunden.** Durch die Befreiung vom Echtheitsnachweis werden die entsprechenden öffentlichen Urkunden anderer EG-Staaten inländischen öffentlichen Urkunden gleichgestellt; für sie gilt daher die Echtheitsvermutung nach § 437 Abs. 1 ZPO.[3]

5 Nicht gleichgestellt werden Privaturkunden. Für eine privatschriftlich im Ausland erteilte Prozessvollmacht bedarf es daher der Legalisation.[4]

Kapitel VI. Zusammenarbeit zwischen den Zentralen Behörden bei Verfahren betreffend die elterliche Verantwortung

Art. 53. Bestimmung der Zentralen Behörden. Jeder Mitgliedstaat bestimmt eine oder mehrere Zentrale Behörden, die ihn bei der Anwendung dieser Verordnung unterstützen, und legt ihre räumliche oder sachliche Zuständigkeit fest. Hat ein Mitgliedstaat mehrere Zentrale Behörden bestimmt, so sind die Mitteilungen grundsätzlich direkt an die zuständige Zentrale Behörde zu richten. Wurde eine Mitteilung an eine nicht zuständige Zentrale Behörde gerichtet, so hat diese die Mitteilung an die zuständige Zentrale Behörde weiterzuleiten und den Absender davon in Kenntnis zu setzen.

1 **1. Einrichtung Zentraler Behörden.** Damit in den Verfahren über die elterliche Verantwortung stets das Kindeswohl sichergestellt ist, besteht ein gewisser Bedarf an Abstimmung und Zusammenarbeit zwischen den Behörden der beteiligten Mitgliedstaaten. Um diese sicherzustellen, übernimmt die Brüssel II a-VO das System der Einrichtung Zentraler Behörden aus Art. 6 f. HK-EntfÜ, Art. 2 ESÜ sowie Art. 29 f. KSÜ.

2 Diese Zentralen Behörden arbeiten im **direkten Verkehr** zusammen (§ 6 Abs. 1 S. 2 IntFamRVG), um die Aufgaben gemäß Art. 54 ff. EheGVO zu erfüllen.

3 **2. Zentrale Behörde in Deutschland.** Deutschland hat eine Zentrale Behörde errichtet, die für alle internationalen Sorgerechts- und Kinderschutzangelegenheiten zuständig ist. Seit 1. 1. 2007 ist Zentrale Behörde das Bundesamt für Justiz (§ 3 IntFamRVG). Diese in Bonn neu errichtete Behörde hat die Aufgaben übernommen, für die zuvor der Generalbundesanwalt zuständig war.[1]

4 **3. Zentrale Behörde in den anderen Mitgliedsstaaten.** Informationen zu den Zentralen Behörden der anderen Mitgliedsstaaten sind im Internet erhältlich unter http://europa.eu.int/ comm/justice_home/judicialatlascivil.

---

[3] Vgl. *Geimer/Schütze/Paraschas* Rn. 4.
[4] *Geimer/Schütze/Paraschas* Rn. 5.
[1] *Rauscher/Rauscher* Rn. 1 (Abs. 2).
[2] *Geimer/Schütze/Paraschas* Rn. 2.
[3] *Geimer/Schütze/Paraschas* Rn. 2; AnwK-BGB/*Andrae* Rn. 1.
[4] *Geimer/Schütze/Paraschas* Rn. 3; *Rauscher/Rauscher* Rn. 2.
[1] Vgl. *Wagner* IPRax 2007, 87.

4. VO (EG) Nr. 2201/2003 — Art. 54–56 EheGVO

Art. 54. Allgemeine Aufgaben. Die Zentralen Behörden stellen Informationen über nationale Rechtsvorschriften und Verfahren zur Verfügung und ergreifen Maßnahmen, um die Durchführung dieser Verordnung zu verbessern und die Zusammenarbeit untereinander zu stärken. Hierzu wird das mit der Entscheidung 2001/470/EG eingerichtete Europäische Justizielle Netz für Zivil- und Handelssachen genutzt.

Die Zentralen Behörden sollen sich gegenseitig die einschlägigen nationalen Rechtsnormen zur Verfügung stellen und Maßnahmen ergreifen, die die Durchführung der Verordnung erleichtern. 1

Die Zusammenarbeit soll im Rahmen des **Europäischen Justiziellen Netzes** (EJN) in Zivil- und Handelssachen vom 28. 5. 2001 (AB1EG Nr. L 174/25 vom 27. 6. 2001) erfolgen. Deutsche Kontaktstelle im Rahmen des EJN ist gleichfalls das Bundesamt für Justiz. 2

Art. 55. Zusammenarbeit in Fällen, die speziell die elterliche Verantwortung betreffen. Die Zentralen Behörden arbeiten in bestimmten Fällen auf Antrag der Zentralen Behörde eines anderen Mitgliedstaats oder des Trägers der elterlichen Verantwortung zusammen, um die Ziele dieser Verordnung zu verwirklichen. Hierzu treffen sie folgende Maßnahmen im Einklang mit den Rechtsvorschriften dieses Mitgliedstaats, die den Schutz personenbezogener Daten regeln, direkt oder durch Einschaltung anderer Behörden oder Einrichtungen:

a) Sie holen Informationen ein und tauschen sie aus über
  i) die Situation des Kindes,
  ii) laufende Verfahren oder
  iii) das Kind betreffende Entscheidungen.
b) Sie informieren und unterstützen die Träger der elterlichen Verantwortung, die die Anerkennung und Vollstreckung einer Entscheidung, insbesondere über das Umgangsrecht und die Rückgabe des Kindes, in ihrem Gebiet erwirken wollen.
c) Sie erleichtern die Verständigung zwischen den Gerichten, insbesondere zur Anwendung des Artikels 11 Absätze 6 und 7 und des Artikels 15.
d) Sie stellen alle Informationen und Hilfen zur Verfügung, die für die Gerichte für die Anwendung des Artikels 56 von Nutzen sind.
e) Sie erleichtern eine gütliche Einigung zwischen den Trägern der elterlichen Verantwortung durch Mediation oder auf ähnlichem Wege und fördern hierzu die grenzüberschreitende Zusammenarbeit.

Die Zentralen Behörden werden von Amts wegen oder auf Antrag eines Trägers der elterlichen Verantwortung tätig. Anforderungen an den Antrag ergeben sich aus Art. 57 Abs. 1 1

Die Zentralen Behörden arbeiten mit den Zentralen Behörden der anderen Mitgliedstaaten zusammen. Eine unmittelbare Zusammenarbeit von Jugendamt oder Gericht mit der Zentralen Behörde eines anderen Mitgliedsstaates oder gar direkt zwischen den Gerichten ist unzulässig.[1] 2

Als entsprechende Maßnahmen kann die deutsche Zentrale Behörde **gerichtliche Verfahren** zur Ausführung des HKEntfÜ und des ESÜ **einleiten,** § 6 Abs. 2 IntFamRVG, sowie alle notwendigen Schritte unternehmen, um den **Aufenthalt des Kindes zu ermitteln,** § 7 IntFamRVG. 3

Die weiteren in den Buchstaben a) bis e) aufgeführten Aufgaben der Zentralen Behörde werden in den §§ 4–8 IntFamRVG konkretisiert.

Das Verfahren der Zentralen Behörde ist **Justizverwaltungsverfahren** (§ 3 Abs. 2 IntFamRVG). Soweit die Zentrale Behörde ein Tätigwerden ablehnt, kann nach § 8 IntFamRVG das OLG (Köln[2]) angerufen werden. Das OLG entscheidet unanfechtbar im Verfahren nach §§ 23 ff. EGGVG (§ 8 Abs. 3 IntFamRVG). 4

Nach § 9 IntFamRVG unterstützt das **Jugendamt** (über § 50 SGB VIII hinaus) die Gerichte und die Zentrale Behörde bei allen Maßnahmen nach dem IntFamRVG. 5

Art. 56. Unterbringung des Kindes in einem anderen Mitgliedstaat. (1) Erwägt das nach den Artikeln 8 bis 15 zuständige Gericht die Unterbringung des Kindes in einem Heim oder in einer Pflegefamilie und soll das Kind in einem anderen Mitgliedstaat untergebracht werden, so zieht das Gericht vorher die Zentrale Behörde oder eine andere zu-

---
[1] Hk-ZPO/*Dörner* Rn. 2; krit. *Busch/Rölke* FamRZ 2004, 1338, 1341.
[2] Als das für den Sitz des Bundesamts für Justiz in Bonn zuständige OLG.

EheGVO Art. 56 1–9

ständige Behörde dieses Mitgliedstaats zurate, sofern in diesem Mitgliedstaat für die innerstaatlichen Fälle der Unterbringung von Kindern die Einschaltung einer Behörde vorgesehen ist.

(2) Die Entscheidung über die Unterbringung nach Absatz 1 kann im ersuchenden Mitgliedstaat nur getroffen werden, wenn die zuständige Behörde des ersuchten Staates dieser Unterbringung zugestimmt hat.

(3) Für die Einzelheiten der Konsultation bzw. der Zustimmung nach den Absätzen 1 und 2 gelten das nationale Recht des ersuchten Staates.

(4) Beschließt das nach den Artikeln 8 bis 15 zuständige Gericht die Unterbringung des Kindes in einer Pflegefamilie und soll das Kind in einem anderen Mitgliedstaat untergebracht werden und ist in diesem Mitgliedstaat für die innerstaatlichen Fälle der Unterbringung von Kindern die Einschaltung einer Behörde nicht vorgesehen, so setzt das Gericht die Zentrale Behörde oder eine zuständige Behörde dieses Mitgliedstaats davon in Kenntnis.

1 Einzelheiten zur grenzüberschreitenden Unterbringung von Kindern in Deutschland auf Veranlassung eines nach den Art. 8 ff. EheGVO zuständigen Gerichts (oder einer zuständigen Behörde) eines anderen EG-Mitgliedsstaats sind in den §§ 45–47 IntFamRVG geregelt.

2 Eine **Heimunterbringung in Deutschland** kommt etwa nach einer Entführung nach Deutschland in Betracht, wenn die deutschen Behörden die Rückgabe des Kindes nach Art. 13 HKEntfÜ ablehnen. Über die **Heimunterbringung** entscheidet gemäß Art. 10 iVm. Art. 1 Abs. 2 lit. d) EheGVO das zuständige Gericht des früheren Aufenthaltsstaates.[1]

3 Die Anordnung der Heimunterbringung durch ein ausländisches Gericht kommt auch gemäß Art. 8 Abs. 1 EheGVO in Betracht, wenn das Kind seinen gewöhnlichen Aufenthalt nach Einleitung eines Sorgerechtsverfahrens wechselt.

4 Nach Art. 56 Abs. 2 EheGVO muss die **zuständige Behörde** des ersuchten Staates der Heimunterbringung zustimmen, bevor diese von dem nach den Art. 8 ff. EheGVO zuständigen Gericht angeordnet werden darf.
Zuständige Behörde in Deutschland ist nach § 45 S. 1 IntFamRVG der überörtliche Träger der öffentlichen Jugendhilfe, in dessen Bezirk das Kind untergebracht werden soll, hilfsweise der überörtliche Träger zu dessen Bereich die Zentrale Behörde einen engen Bezug feststellt. Zuständig ist also das jeweilige **Landesjugendamt** (§ 69 Abs. 1 S. 3, Abs. 3 SGB VIII).[2]

5 § 46 IntFamRVG konkretisiert das in Art. 56 vorgesehene **Konsultationsverfahren** zur Einleitung dieser Zustimmung, in dem zahlreiche Voraussetzungen (vom Kindeswohl bis zur Kostenübernahme) abgeklärt werden müssen.

6 Einer **Unterbringung mit Freiheitsentziehung** darf nach § 46 Abs. 2 IntFamRVG nur zugestimmt werden, wenn (1) im ersuchenden Staat ein Gericht entscheidet, und (2) eine entsprechende Unterbringung aufgrund des mitgeteilten Sachverhalts auch in Deutschland zulässig wäre.

7 Nach § 47 Abs. 1 S. 1 IntFamRVG darf der Träger der überörtlichen Jugendhilfe seine Zustimmung nur mit **Genehmigung des Familiengerichts** erteilen. Dadurch wird eine Parallelität zu § 1631b BGB hergestellt und Art. 104 Abs. 1 S. 2 GG Rechnung getragen.[3] Das Familiengericht prüft, ob die Unterbringung dem Kindeswohl entspricht, sich die Gründe für die Unterbringung aus einem Bericht der ausländischen Behörde (ggf. ergänzend aus ärztlichen Zeugnissen oder Gutachten) ergeben, das Kind im Verfahren angehört wurde, soweit dies nicht nach Alter und Reife unangebracht erscheint (§ 47 Abs. 1 S. 2 iVm. § 46 Abs. 1 Nr. 1–3 IntFamRVG) und sonst kein Hindernis für die Anerkennung der beabsichtigten Unterbringung erkennbar ist, § 47 Abs. 1 S. 2 Nr. 2 IntFamRVG. Der (zu begründende) Beschluss des OLG ist unanfechtbar, § 47 Abs. 3 IntFamRVG.

8 Bei einer Unterbringung in einer **Pflegefamilie** ist in Art. 56 Abs. 4 nur ein Informationsverfahren vorgesehen, wenn es im Unterbringungsstaat dazu keiner Mitwirkung einer Behörde bedarf. Nach deutschem Recht bedarf eine Pflegeperson zur Aufnahme eines fremden Kindes stets der Erlaubnis durch den örtlichen Träger der Jugendhilfe (§§ 44, 87a SGB VIII), so dass diese Art der Unterbringung hier ausscheidet.

9 **Örtlich zuständig** ist das Familiengericht am Sitz des OLG, in dessen Bezirk das Kind untergebracht werden soll, § 47 Abs. 2 IntFamRVG.

---

[1] Vgl. *Gruber* FamRZ 2005, 1603, 1610 (Fn. 106).
[2] HK-ZPO/*Dörner* Rn. 4; *Rauscher/Rauscher* Rn. 3.
[3] HK-ZPO/*Dörner* Rn. 5; *Rauscher/Rauscher* Rn. 1 (Abs. 2).

Art. 57. Arbeitsweise. (1) Jeder Träger der elterlichen Verantwortung kann bei der Zentralen Behörde des Mitgliedstaats, in dem er seinen gewöhnlichen Aufenthalt hat, oder bei der Zentralen Behörde des Mitgliedstaats, in dem das Kind seinen gewöhnlichen Aufenthalt hat oder in dem es sich befindet, einen Antrag auf Unterstützung gemäß Artikel 55 stellen. Dem Antrag werden grundsätzlich alle verfügbaren Informationen beigefügt, die die Ausführung des Antrags erleichtern können. Betrifft dieser Antrag die Anerkennung oder Vollstreckung einer Entscheidung über die elterliche Verantwortung, die in den Anwendungsbereich dieser Verordnung fällt, so muss der Träger der elterlichen Verantwortung dem Antrag die betreffenden Bescheinigungen nach Artikel 39, Artikel 41 Absatz 1 oder Artikel 42 Absatz 1 beifügen.

(2) Jeder Mitgliedstaat teilt der Kommission die Amtssprache(n) der Organe der Gemeinschaft mit, die er außer seiner/seinen eigenen Sprache(n) für Mitteilungen an die Zentralen Behörden zulässt.

(3) Die Unterstützung der Zentralen Behörden gemäß Artikel 55 erfolgt unentgeltlich.

(4) Jede Zentrale Behörde trägt ihre eigenen Kosten.

1. Unterstützungsantrag eines Trägers der elterlichen Verantwortung. Jeder Träger der elterlichen Verantwortung kann in grenzüberschreitenden Fällen Unterstützungsmaßnahmen gemäß Art. 55 beantragen, und zwar (1) bei der Zentralen Behörde seines eigenen (gewöhnlichen) Aufenthaltsstaates, oder (2) bei der Zentralen Behörde des Staates, in dem das Kind seinen gewöhnlichen Aufenthalt, oder (3) in dem das Kind seinen schlichten Aufenthalt hat, Art. 57 Abs. 1 S. 1. 1

Den Antragsteller trifft eine **Mitwirkungspflicht.** Er hat daher dem Antrag alle ihm verfügbaren, relevanten Informationen beizufügen, Art. 57 Abs. 1 S. 2. Dazu gehört die Vorlage bereits ergangener Entscheidungen zur elterlichen Verantwortung und der Stellungnahmen des Jugendamtes.[1] 2

Soweit **Unterstützung bei** der Anerkennung oder **Vollstreckung** einer Entscheidung begehrt wird, muss dem Antrag zusätzlich zur Entscheidung die entsprechende Bescheinigung nach Art. 39 (für das Verfahren der Vollstreckbarerklärung) oder nach Art. 41 Abs. 1 bzw. Art. 42 Abs. 1 (für die unmittelbare Vollstreckung) vorgelegt werden.[2] 3

Die Unterstützung nach Art. 55 erfolgt unentgeltlich (Art. 57 Abs. 3), wobei jede Zentrale Behörde ihre eigenen Kosten trägt (Art. 57 Abs. 4). 4

2. Sprache des Antrags. Eine Zentrale Behörde muss nur tätig werden, wenn der Antrag in ihrer Amtssprache oder einer zusätzlich zugelassenen Amtssprache gestellt wird (arg. Art. 57 Abs. 2). 5

Das deutsche Bundesamt für Justiz kann bei aus dem Ausland eingehenden Ersuchen ein Tätigwerden ablehnen, solange Mitteilungen und Schriftstücke nicht in deutscher Sprache abgefasst sind oder eine deutsche Übersetzung beigefügt ist, § 4 Abs. 1 IntFamRVG. 6

Bei ausgehenden Ersuchen veranlasst das Bundesamt für Justiz notwendige Übersetzungen auf Kosten des Antragstellers, soweit sie dieser noch nicht bereitgestellt hat, § 5 Abs. 1 IntFamRVG. Auf Antrag kann das Amtsgericht am gewöhnlichen Aufenthalt des Antragstellers von den Übersetzungskosten befreien, wenn der Antragsteller Prozesskostenhilfe ohne eigenen Beitrag erhalten würde, § 5 Abs. 2 IntFamRVG. 7

Art. 58. Zusammenkünfte. (1) Zur leichteren Anwendung dieser Verordnung werden regelmäßig Zusammenkünfte der Zentralen Behörden einberufen.

(2) Die Einberufung dieser Zusammenkünfte erfolgt im Einklang mit der Entscheidung 2001/470/EG über die Einrichtung eines Europäischen Justiziellen Netzes für Zivil- und Handelssachen.

Zum Europäischen Justiziellen Netz s. Art. 54 Rn. 2. 1

---

[1] *Rauscher/Rauscher* Rn. 1.
[2] *Rauscher/Rauscher* Rn. 2; Hk-ZPO/*Dörner* Rn. 1.

Kapitel V. Verhältnis zu anderen Rechtsinstrumenten

Schrifttum: *Andrae,* Zur Abgrenzung des räumlichen Anwendungsbereichs von EheVO, MSA, KSÜ und autonomen IZPR/IPR, IPRax 2006, 82; *Lortie,* The Communitarisation of Family Law – The Hague Conventions and the New Brussels II Regulation, in The Judges' Newsletter X (2005), 47; *Siehr,* Die Eheverordnung von 2003 und das MSA von 1961, FS D. Schwab, 2005, S. 1267; *Teixeira de Sousa,* Ausgewählte Probleme der Verordnung (EG) Nr. 2201/2003 und des Haager Übereinkommens vom 19. 10. 1996 über den Schutz von Kindern, FamRZ 2005, 1612.

Art. 59. Verhältnis zu anderen Rechtsinstrumenten. (1) Unbeschadet der Artikel 60, 61, 62 und des Absatzes 2 des vorliegenden Artikels ersetzt diese Verordnung die zum Zeitpunkt des Inkrafttretens dieser Verordnung bestehenden, zwischen zwei oder mehr Mitgliedstaaten geschlossenen Übereinkünfte, die in dieser Verordnung geregelte Bereiche betreffen.

(2) a) Finnland und Schweden können erklären, dass das Übereinkommen vom 6. Februar 1931 zwischen Dänemark, Finnland, Island, Norwegen und Schweden mit Bestimmungen des internationalen Verfahrensrechts über Ehe, Adoption und Vormundschaft einschließlich des Schlussprotokolls anstelle dieser Verordnung ganz oder teilweise auf ihre gegenseitigen Beziehungen anwendbar ist. Diese Erklärungen werden dieser Verordnung als Anhang beigefügt und im *Amtsblatt der Europäischen Union* veröffentlicht. Die betreffenden Mitgliedstaaten können ihre Erklärung jederzeit ganz oder teilweise widerrufen.

b) Der Grundsatz der Nichtdiskriminierung von Bürgern der Union aus Gründen der Staatsangehörigkeit wird eingehalten.

c) Die Zuständigkeitskriterien in künftigen Übereinkünften zwischen den in Buchstabe a) genannten Mitgliedstaaten, die in dieser Verordnung geregelte Bereiche betreffen, müssen mit den Kriterien dieser Verordnung im Einklang stehen.

d) Entscheidungen, die in einem der nordischen Staaten, der eine Erklärung nach Buchstabe a) abgegeben hat, aufgrund eines Zuständigkeitskriteriums erlassen werden, das einem der in Kapitel II vorgesehenen Zuständigkeitskriterien entspricht, werden in den anderen Mitgliedstaaten gemäß den Bestimmungen des Kapitels III anerkannt und vollstreckt.

(3) Die Mitgliedstaaten übermitteln der Kommission
a) eine Abschrift der Übereinkünfte sowie der einheitlichen Gesetze zur Durchführung dieser Übereinkünfte gemäß Absatz 2 Buchstaben a) und c),
b) jede Kündigung oder Änderung dieser Übereinkünfte oder dieser einheitlichen Gesetze.

Art. 60. Verhältnis zu bestimmten multilateralen Übereinkommen. Im Verhältnis zwischen den Mitgliedstaaten hat diese Verordnung vor den nachstehenden Übereinkommen insoweit Vorrang, als diese Bereiche betreffen, die in dieser Verordnung geregelt sind:

a) Haager Übereinkommen vom 5. Oktober 1961 über die Zuständigkeit der Behörden und das anzuwendende Recht auf dem Gebiet des Schutzes von Minderjährigen,
b) Luxemburger Übereinkommen vom 8. September 1967 über die Anerkennung von Entscheidungen in Ehesachen,
c) Haager Übereinkommen vom 1. Juni 1970 über die Anerkennung von Ehescheidungen und der Trennung von Tisch und Bett,
d) Europäisches Übereinkommen vom 20. Mai 1980 über die Anerkennung und Vollstreckung von Entscheidungen über das Sorgerecht für Kinder und die Wiederherstellung des Sorgeverhältnisses
und
e) Haager Übereinkommen vom 25. Oktober 1980 über die zivilrechtlichen Aspekte internationaler Kindesentführung.

1 Die EheGVO hat seit 1. 3. 2005 Vorrang auch vor dem Haager Minderjährigenschutzübereinkommen von 1961 (MSA). Soweit Kinder ihren gewöhnlichen Aufenthalt in Vertragsstaaten haben,

die nicht Mitgliedsstaaten der EG sind, wie in der Schweiz, der Türkei und in Macao (China), bleibt das MSA anwendbar.[1] Das MSA bleibt auch anwendbar, soweit Kinder ihren gewöhnlichen Aufenthalt in Deutschland haben, aber (auch) die schweizerische, türkische oder chinesische Staatsangehörigkeit besitzen.[2] Die (ausländische) Zuständigkeit für Sorgerechtsverfahren nach Art. 1 MSA ist ausschließlich; sie geht der Verbundzuständigkeit aufgrund eines inländischen Scheidungsverfahrens vor.[3]

Der Vorrang gilt allerdings nur für die in der EheGVO geregelten Bereiche (Art. 60 EheGVO), nämlich internationale Zuständigkeit, Anerkennung und Vollstreckung. Für die hier nicht geregelten Fragen, zB öffentlichrechtliche Einzelmaßnahmen zum Schutz des Minderjährigen[4] und das anwendbare Recht, bleibt das MSA anwendbar (Art. 62 Abs. 1 EheGVO). **2**

Das Haager Kindesentführungsübereinkommen (HKEntfÜ) wird nicht verdrängt. Die Regeln über die Rückgabe des Kindes werden lediglich durch Art. 11 EheGVO modifiziert.[5] **3**

Art. 61. Verhältnis zum Haager Übereinkommen vom 19. Oktober 1996 über die Zuständigkeit, das anzuwendende Recht, die Anerkennung, Vollstreckung und Zusammenarbeit auf dem Gebiet der elterlichen Verantwortung und der Maßnahmen zum Schutz von Kindern. Im Verhältnis zum Haager Übereinkommen vom 19. Oktober 1996 über die Zuständigkeit, das anzuwendende Recht, die Anerkennung, Vollstreckung und Zusammenarbeit auf dem Gebiet der elterlichen Verantwortung und der Maßnahmen zum Schutz von Kindern ist diese Verordnung anwendbar,

a) wenn das betreffende Kind seinen gewöhnlichen Aufenthalt im Hoheitsgebiet eines Mitgliedstaats hat;

b) in Fragen der Anerkennung und der Vollstreckung einer von dem zuständigen Gericht eines Mitgliedstaats ergangenen Entscheidung im Hoheitsgebiet eines anderen Mitgliedstaats, auch wenn das betreffende Kind seinen gewöhnlichen Aufenthalt im Hoheitsgebiet eines Drittstaats hat, der Vertragspartei des genannten Übereinkommens ist.

1. Vorrang der EheGVO vor dem KSÜ. Art. 61 regelt das Verhältnis der EheGVO zum KSÜ 1996 eigenständig. Nach Art. 61 lit. a hat die EheGVO **Vorrang** vor dem KSÜ (in Übereinstimmung mit Art. 52 KSÜ), soweit das betroffene Kind seinen gewöhnlichen Aufenthalt in einem Mitgliedstaat der EG (ohne Dänemark) hat.[1] Da sich Art. 62 Abs. 2 EheGVO nur auf die in Art. 60 genannten Übereinkommen, nicht dagegen auf das in Art. 61 genannte KSÜ bezieht, ist dessen Anwendung insoweit völlig ausgeschlossen. Freilich gilt dies nur im Verhältnis der EG-Mitgliedsstaaten. **1**

Hat das Kind seinen gewöhnlichen Aufenthalt in einem Vertragsstaat des KSÜ, der nicht Mitgliedstaat der EG ist, so ergibt sich eine internationale Zuständigkeit nur aus dem KSÜ.[2] Dies gilt auch bei einem widerrechtlichen Verbringen des Kindes in diesen Staat; Art. 10 EheGVO gilt insoweit nicht. Wird das Kind dagegen in einen reinen Drittstaat verbracht, so bleibt Art. 10 EheGVO anwendbar.[3] Gleiches gilt für die Anwendung von Art. 12 EheGVO.[4] **2**

Soweit eine gemäß Art. 53 ff. EheGVO bzw. Art. 29 ff. KSÜ erforderliche Zusammenarbeit von einem Staat erbracht werden soll, der nur Vertragsstaat des KSÜ ist, erbringt dieser sie nach dem KSÜ.[5] **3**

2. Anerkennung und Vollstreckung von Sorgerechtsentscheidungen bei Drittstaatsaufenthalt des Kindes. Nach Art. 61 lit. b beansprucht die EheGVO (Art. 28 ff.) Vorrang vor dem KSÜ (Art. 23 ff.) auch, soweit es um die Anerkennung und Vollstreckung der Sorgerechtsentscheidung eines EG-Mitgliedstaats geht, die ergangen ist, obwohl das Kind seinen gewöhnlichen Aufenthalt in einem Drittstaat hat, der Vertragsstaat des KSÜ ist.[6] **4**

---

[1] *Andrae* IPRax 2006, 82, 84; *Motzer* FamRBint 2007, 20, 23; aA wohl *Solomon* FamRZ 2004, 1409, 1414.
[2] *Garbe/Ullrich/Andrae* § 11 Rn. 175, 179.
[3] *Motzer* FamRBint 2007, 20, 23.
[4] *Garbe/Ullrich/Andrae* § 11 Rn. 180.
[5] AnwK-BGB/*Gruber* Rn. 2.
[1] *Teixeira de Sousa* FamRZ 2005, 1612.
[2] *Solomon* FamRZ 2004, 1409, 1415; *Teixeira de Sousa* FamRZ 2005, 1612, 1614.
[3] *Teixeira de Sousa* FamRZ 2005, 1612, 1613.
[4] *Teixeira de Sousa* FamRZ 2005, 1612, 1615.
[5] *Teixeira de Sousa* FamRZ 2005, 1612, 1613.
[6] AnwK-BGB/*Gruber* Rn. 1.

EheGVO Art. 62, 63

Art. 62. Fortbestand der Wirksamkeit. (1) Die in Artikel 59 Absatz 1 und den Artikeln 60 und 61 genannten Übereinkünfte behalten ihre Wirksamkeit für die Rechtsgebiete, die durch diese Verordnung nicht geregelt werden.

(2) Die in Artikel 60 genannten Übereinkommen, insbesondere das Haager Übereinkommen von 1980, behalten vorbehaltlich des Artikels 60 ihre Wirksamkeit zwischen den ihnen angehörenden Mitgliedstaaten.

1   **1. Vorrang der EheGVO.** Die EheGVO (Brüssel IIa-VO) kann sinnvollerweise Vorrang vor den in den Art. 59, 60 und 61 genannten Übereinkommen nur insoweit beanspruchen, als sie selbst Regelungen enthält. Dies folgt auch aus dem Text der Art. 59 Abs. 1 und 60. Art. 62 Abs. 1 stellt dies nochmals ausdrücklich klar.[1]

2   **2. Anwendbares Kollisionsrecht.** Keine Regelung enthält die EheGVO (VO Nr. 2201/2003) zum anwendbaren Recht. Entsprechend stellt Art. 62 EheGVO klar, dass insoweit (1) Art. 2 MSA 1961[2] und (2) Art. 15 Abs. 1 KSÜ 1996 fortgelten.[3] Das HKEntfÜ 1980 enthält keine Kollisionsnormen.

3   **3. Wirksamkeit zwischen den Mitgliedsstaaten.** Auch Art. 62 Abs. 2 stellt erneut klar, dass die in Art. 60 genannten Übereinkommen für die von der EheGVO nicht erfassten Bereiche zwischen den Mitgliedsstaaten weiter gelten.[4]

Art. 63. Verträge mit dem Heiligen Stuhl. (1) Diese Verordnung gilt unbeschadet des am 7. Mai 1940 in der Vatikanstadt zwischen dem Heiligen Stuhl und Portugal unterzeichneten Internationalen Vertrags (Konkordat).

(2) Eine Entscheidung über die Ungültigkeit der Ehe gemäß dem in Absatz 1 genannten Vertrag wird in den Mitgliedstaaten unter den in Kapitel III Abschnitt 1 vorgesehenen Bedingungen anerkannt.

(3) Die Absätze 1 und 2 gelten auch für folgende internationalen Verträge (Konkordate) mit dem Heiligen Stuhl:

a) Lateranvertrag vom 11. Februar 1929 zwischen Italien und dem Heiligen Stuhl, geändert durch die am 18. Februar 1984 in Rom unterzeichnete Vereinbarung mit Zusatzprotokoll,

b) Vereinbarung vom 3. Januar 1979 über Rechtsangelegenheiten zwischen dem Heiligen Stuhl und Spanien,

c) Vereinbarung zwischen dem Heiligen Stuhl und Malta über die Anerkennung von zivilrechtlichen Wirkungen von Ehen, die nach kanonischem Recht geschlossen wurden, sowie von diese Ehen betreffenden Entscheidungen der Kirchenbehörden und -gerichte, einschließlich des Anwendungsprotokolls vom selben Tag, zusammen mit dem zweiten Zusatzprotokoll vom 6. Januar 1995.

(4) Für die Anerkennung der Entscheidungen im Sinne des Absatzes 2 können in Spanien, Italien oder Malta dieselben Verfahren und Nachprüfungen vorgegeben werden, die auch für Entscheidungen der Kirchengerichte gemäß den in Absatz 3 genannten internationalen Verträgen mit dem Heiligen Stuhl gelten.

(5) Die Mitgliedstaaten übermitteln der Kommission

a) eine Abschrift der in den Absätzen 1 und 3 genannten Verträge,

b) jede Kündigung oder Änderung dieser Verträge.

1   **1. Normzweck.** Der Heilige Stuhl hat mit Italien, Malta, Portugal und Spanien Konkordate geschlossen, die Regelungen über nach katholischem Ritus geschlossene und zivilrechtlich anerkannte Ehen, vor allem über deren Ungültigkeitserklärung enthalten. Soweit nach diesen Konkordaten die kirchlichen Gerichte für eine Ungültigkeitserklärung zuständig sind, will Art. 63 EheGVO sicherstellen, dass diese kirchengerichtlichen Entscheidungen auch in den anderen Mitgliedstaaten anerkannt werden. Da das kanonische Recht keine Scheidung kennt, bezieht sich Art. 63 nicht auf Scheidungen.[1]

---

[1] Vgl. *Rauscher/Rauscher* Rn 1.
[2] *Kropholler*, FS Schlosser, 2005, S. 449, 453 und 455; *Pirrung*, FS Schlosser, 2005, S. 695, 697.
[3] *Solomon* FamRZ 2005, 1409, 1415.
[4] Krit. zur Regelung *Rauscher/Rauscher* Rn. 3.
[1] *Spellenberg*, FS Schumann, 2001, S. 423, 435; *Geimer/Schütze/Bischoff* Rn. 1.

2. Vorrang der Konkordate. Art. 63 Abs. 1 und 3 stellen klar, dass die entsprechenden Mitgliedsstaaten alle zivilrechtlichen Verpflichtungen aus den Konkordaten erfüllen können, ohne gegen die EheGVO zu verstoßen. Denn die EheGVO soll nur „unbeschadet" der Konkordate gelten. Soweit nach den Konkordaten eine ausschließliche Zuständigkeit für die Ungültigkeitserklärung kanonisch geschlossener Ehen besteht, sind die betreffenden Staaten nicht verpflichtet, Entscheidungen anderer Mitgliedsstaaten anzuerkennen.[2] Dies trifft nur für Portugal zu, nicht dagegen für Italien und Spanien, da die Kirchengerichte hier nur eine konkurrierende Zuständigkeit für die Ungültigkeitserklärung der Ehe haben.[3]

3. Anerkennung kirchengerichtlicher Ungültigkeitserklärungen. Nach Art. 63 Abs. 2 und 3 sind dem jeweiligen Konkordat entsprechende Entscheidungen von Kirchengerichten, die die Ungültigerklärung der Ehe aussprechen, auch in den anderen EG-Mitgliedstaaten anzuerkennen. Die Anerkennung erfolgt unter den Voraussetzungen der Art. 21, 22, 24–27 EheGVO.

Anzuerkennen ist eine Entscheidung, sobald sie im Konkordatsstaat (Ursprungsstaat) selbst unmittelbare rechtliche Wirkung entfaltet.[4] In Portugal ergangene Ungültigkeitserklärungen bedürfen der staatlichen Bestätigung (Vollstreckbarerklärung).[5] Anzuerkennen ist daher letztlich nur diese. In den anderen Konkordatsstaaten (Italien, Spanien, Malta) bedarf die kirchliche Entscheidung der staatlichen Delibation (unter sachlicher Überprüfung). Hier wird nur die staatliche Delibationsentscheidung anerkannt.[6]

4. Delibationsvorbehalte. Die Regelung des Abs. 4 ist für Deutschland irrelevant. Nach ihr können die Konkordatsstaaten Italien, Malta und Spanien portugiesische kirchliche Ungültigkeitserklärungen einem Bestätigungsverfahren wie in Portugal unterziehen.[7]

Kapitel VI. Übergangsvorschriften

Art. 64. (1) Diese Verordnung gilt nur für gerichtliche Verfahren, öffentliche Urkunden und Vereinbarungen zwischen den Parteien, die nach Beginn der Anwendung dieser Verordnung gemäß Artikel 72 eingeleitet, aufgenommen oder getroffen wurden.

(2) Entscheidungen, die nach Beginn der Anwendung dieser Verordnung in Verfahren ergangen sind, die vor Beginn der Anwendung dieser Verordnung, aber nach Inkrafttreten der Verordnung (EG) Nr. 1347/2000 eingeleitet wurden, werden nach Maßgabe des Kapitels III der vorliegenden Verordnung anerkannt und vollstreckt, sofern das Gericht aufgrund von Vorschriften zuständig war, die mit den Zuständigkeitsvorschriften des Kapitels II der vorliegenden Verordnung oder der Verordnung (EG) Nr. 1347/2000 oder eines Abkommens übereinstimmen, das zum Zeitpunkt der Einleitung des Verfahrens zwischen dem Ursprungsmitgliedstaat und dem ersuchten Mitgliedstaat in Kraft war.

(3) Entscheidungen, die vor Beginn der Anwendung dieser Verordnung in Verfahren ergangen sind, die nach Inkrafttreten der Verordnung (EG) Nr. 1347/2000 eingeleitet wurden, werden nach Maßgabe des Kapitels III der vorliegenden Verordnung anerkannt und vollstreckt, sofern sie eine Ehescheidung, Trennung ohne Auflösung des Ehebandes oder Ungültigerklärung einer Ehe oder eine aus Anlass eines solchen Verfahrens in Ehesachen ergangene Entscheidung über die elterliche Verantwortung für die gemeinsamen Kinder zum Gegenstand haben.

(4) Entscheidungen, die vor Beginn der Anwendung dieser Verordnung, aber nach Inkrafttreten der Verordnung (EG) Nr. 1347/2000 in Verfahren ergangen sind, die vor Inkrafttreten der Verordnung (EG) Nr. 1347/2000 eingeleitet wurden, werden nach Maßgabe des Kapitels III der vorliegenden Verordnung anerkannt und vollstreckt, sofern sie eine Ehescheidung, Trennung ohne Auflösung des Ehebandes oder Ungültigerklärung einer Ehe oder eine aus Anlass eines solchen Verfahrens in Ehesachen ergangene Entscheidung über die elterliche Verantwortung für die gemeinsamen Kinder zum Gegenstand haben und Zuständigkeitsvorschriften angewandt wurden, die mit denen des Kapitels II der vorliegenden Verordnung oder der Verordnung (EG) Nr. 1347/2000 oder

---

[2] *Geimer/Schütze/Bischoff* Rn. 5; *Spellenberg*, FS Schumann, 2001, S. 423, 435.
[3] *Geimer/Schütze/Bischoff* Rn. 6.
[4] *Geimer/Schütze/Bischoff* Rn. 4; *Rauscher/Rauscher* Rn. 7.
[5] *Spellenberg*, FS Schumann, 2001, S. 423, 435; *Geimer/Schütze/Bischoff* Rn. 4; vgl. *Sturm* StAZ 2002, 193, 195.
[6] *Geimer/Schütze/Bischoff* Rn. 4; *Rauscher/Rauscher* Rn. 7; AnwK-BGB/*Gruber* Rn. 2; *Helms* FamRZ 2001, 257, 259.
[7] Krit. *Rauscher/Rauscher* Rn. 8.

eines Abkommens übereinstimmen, das zum Zeitpunkt der Einleitung des Verfahrens zwischen dem Ursprungsmitgliedstaat und dem ersuchten Mitgliedstaat in Kraft war.

1 **1. Intertemporale Geltung der EheGVO.** Art. 64 EheGVO regelt den zeitlichen Anwendungsbereich der Verordnung parallel zu Art. 42 EheGVO (Nr. 1347/2000) sowie zu Art. 66 EuGVO bzw. Art. 54 EuGVÜ. Dabei wird zwischen der Anwendung insgesamt und der Anerkennung und Vollstreckung bereits ergangener Entscheidungen und zusätzlich nach dem Zeitpunkt des Inkrafttretens der EheGVO (Nr. 1347/2000) unterschieden.

2 **2. Geltung der Zuständigkeitsregeln (Art. 3–20).** Gemäß Art. 64 Abs. 1 gilt die EheGVO insgesamt für gerichtliche Verfahren, die nach „dem Beginn der Anwendung" der VO, also am oder nach dem 1. 3. 2005 eingeleitet wurden. Für öffentliche Urkunden oder Vergleiche gilt die Verordnung, wenn sie ab diesem Datum errichtet bzw. geschlossen wurden. Für Verfahren, Urkunden und Vergleiche aus Mitgliedsstaaten, die der EG erst später beigetreten sind, ist auf den Beitrittstag abzustellen.[1]

3 Bei gerichtlichen Verfahren richtet sich der Zeitpunkt der Verfahrenseinleitung einheitlich nach Art. 16[2] und nicht nach der jeweiligen lex fori.[3]

4 Ist ein Verfahren vor dem Anwendungsbeginn, ein zweites Verfahren aber in einem anderen EG-Mitgliedstaat nach dem Anwendungsbeginn eingeleitet worden, so ist Art. 19 EheGVO von dem zweiten Gericht anzuwenden, wenn sich die Zuständigkeit des zuerst angerufenen Gerichts auf eine mit Art. 3 ff., 8 ff. EheGVO übereinstimmende Regelung stützt. Andernfalls gilt Art. 19 EheGVO nicht. Hat das Erstgericht über seine Zuständigkeit noch nicht entschieden, ist Art. 19 Abs. 1 zunächst nur vorläufig anzuwenden.[4]

5 **3. Geltung der Regeln über Anerkennung und Vollstreckung.** Nach den Abs. 2–4 wird der zeitliche Anwendungsbereich der VO auf Entscheidungen vorverlagert, die zwar vor dem 1. 3. 2005, aber nach dem Inkrafttreten der EheGVO (Nr. 1347/2000), also nach dem 1. 3. 2001 erlassen wurden, wenn sich die internationale Zuständigkeit des Gerichts aus einem mit der EheGVO übereinstimmenden Staatsvertrag oder einer europäischen Verordnung ergab. Wurde das Verfahren nach dem 1. 3. 2001 eingeleitet, ist die Entscheidung aber vor dem 1. 3. 2005 ergangen, muss das Verfahren in den Anwendungsbereich der EheGVO (Nr. 1347/2000) fallen.

6 Wurde das Verfahren vor dem 1. 3. 2001 eingeleitet und ist die Entscheidung danach, aber vor dem 1. 3. 2005 ergangen, so muss die Entscheidung in den Anwendungsbereich der EheGVO (Nr. 1347/2000) fallen und die internationale Zuständigkeit des Gerichts auf eine Regel gestützt worden sein, die mit der EheGVO (der Brüssel IIa-VO), der EheGVO (Nr. 1347/2000) oder einem Staatsvertrag zwischen den beteiligten Staaten übereinstimmt.[5] Für neue Beitrittsstaaten gibt es insoweit keine Rückwirkung.[6]

7 Auf vor dem 1. 3. 2001 ergangene Entscheidungen oder zuvor errichtete Urkunden oder abgeschlossene Vergleiche finden die Anerkennungs- und Vollstreckungsregeln der EheGVO keine Anwendung. Es gelten evtl. bilaterale Verträge, die lex fori sowie Art. 7 § 1 FamRÄndG.[7]

Kapitel VII. Schlussbestimmungen

Art. 65. Überprüfung. Die Kommission unterbreitet dem Europäischen Parlament, dem Rat und dem Europäischen Wirtschafts- und Sozialausschuss spätestens am 1. Januar 2012 und anschließend alle fünf Jahre auf der Grundlage der von den Mitgliedstaaten vorgelegten Informationen einen Bericht über die Anwendung dieser Verordnung, dem sie gegebenenfalls Vorschläge zu deren Anpassung beifügt.

1 Der Entwurf des Übereinkommens vom 28. 5. 1998 sah in Art. 45 eine Auslegungszuständigkeit des EuGH entsprechend einem Protokoll (wie beim EuGVÜ) vor, um eine einheitliche Auslegung

---

[1] *Geimer/Schütze/Dilger* Rn. 16; *Rauscher/Rauscher* Rn. 2.
[2] *Geimer/Schütze/Dilger* Rn. 4; AnwK-BGB/*Gruber* Rn. 1; Hk-ZPO/*Dörner* Rn. 2; *Rauscher/Rauscher* Rn. 4; *Thomas/Putzo/Hüßtege* Rn. 2.
[3] So *Wagner* IPRax 2001, 73, 80; *Hausmann* EuLF 2001, 271, 275.
[4] *Geimer/Schütze/Dilger* Rn. 5.
[5] HK-ZPO/*Dörner* Rn. 4, 5; *Rauscher/Rauscher* Rn. 7–14; *Geimer/Schütze/Dilger* Rn. 6–14; *Sturm* StAZ 2002, 193, 196.
[6] *Rauscher/Rauscher* Rn. 2.
[7] *Geimer/Schütze/Dilger* Rn. 15; *Rauscher/Rauscher* Rn. 15; *Thomas/Putzo/Hüßtege* Rn. 7; *Sturm* StAZ 2002, 193, 196.

der Verordnung zu gewährleisten. Diese Regelung ist in der EheGVO fallen gelassen worden, weil sich eine (allerdings eingeschränkte) **Vorlagepflicht an den EuGH** jetzt unmittelbar aus Art. 68 EGV nF ergibt.[1]

Ergänzend ist in Art. 65 vorgesehen, dass die Kommission alle fünf Jahre über die Anwendung der Verordnung in den Mitgliedstaaten berichtet und ggf. Anpassungsvorschläge unterbreitet. 2

Art. 66. Mitgliedstaaten mit zwei oder mehr Rechtssystemen. Für einen Mitgliedstaat, in dem die in dieser Verordnung behandelten Fragen in verschiedenen Gebietseinheiten durch zwei oder mehr Rechtssysteme oder Regelwerke geregelt werden, gilt Folgendes:

a) Jede Bezugnahme auf den gewöhnlichen Aufenthalt in diesem Mitgliedstaat betrifft den gewöhnlichen Aufenthalt in einer Gebietseinheit.

b) Jede Bezugnahme auf die Staatsangehörigkeit oder, im Fall des Vereinigten Königreichs, auf das „domicile" betrifft die durch die Rechtsvorschriften dieses Staates bezeichnete Gebietseinheit.

c) Jede Bezugnahme auf die Behörde eines Mitgliedstaats betrifft die zuständige Behörde der Gebietseinheit innerhalb dieses Staates.

d) Jede Bezugnahme auf die Vorschriften des ersuchten Mitgliedstaats betrifft die Vorschriften der Gebietseinheit, in der die Zuständigkeit geltend gemacht oder die Anerkennung oder Vollstreckung beantragt wird.

Mitgliedstaat mit mehreren Rechtssystemen ist insoweit derzeit nur das Vereinigte Königreich 1 (mit Rechtseinheiten England und Wales, Schottland sowie Nordirland).[1]

Die Regelung ist aus Art. 41 EheGVO (Nr. 1347/2000) übernommen und hat ihr Vorbild in 2 Art. 48 KSÜ.[2] Sie überlässt es nicht dem Mehrrechtsstaat, wie innerhalb seiner Staaten anzuknüpfen ist, sondern legt die Unteranknüpfungen selbst fest.

Art. 67. Angaben zu den Zentralen Behörden und zugelassenen Sprachen. Die Mitgliedstaaten teilen der Kommission binnen drei Monaten nach Inkrafttreten dieser Verordnung Folgendes mit:

a) die Namen und Anschriften der Zentralen Behörden gemäß Artikel 53 sowie die technischen Kommunikationsmittel,

b) die Sprachen, die gemäß Artikel 57 Absatz 2 für Mitteilungen an die Zentralen Behörden zugelassen sind,

und

c) die Sprachen, die gemäß Artikel 45 Absatz 2 für die Bescheinigung über das Umgangsrecht zugelassen sind.

Die Mitgliedstaaten teilen der Kommission jede Änderung dieser Angaben mit.
Die Angaben werden von der Kommission veröffentlicht.

Zentrale Behörde ist seit 1. 1. 2007 das **Bundesamt für Justiz** in Bonn; zuvor war es der Generalbundesanwalt beim Bundesgerichtshof. 1

Zulässige Sprache nach Art. 57 Abs. 2 für eine Kommunikation mit dem Bundesamt für Justiz ist 2 nur die **deutsche Sprache**. Die Zentrale Behörde kann ein Tätigwerden ablehnen, wenn ein eingehendes Ersuchen nicht in deutscher Sprache verfasst oder ihm eine Übersetzung ins Deutsche beigefügt ist, § 4 Abs. 1 IntFamRVG. Für Bescheinigungen nach Art. 45 Abs. 2 ist ebenfalls nur die deutsche Sprache zugelassen.

Bei ausgehenden Ersuchen veranlasst die Zentrale Behörde fehlende Übersetzungen auf Kosten 3 des Antragstellers, § 5 Abs. 1 IntFamRVG.

Art. 68. Angaben zu den Gerichten und den Rechtsbehelfen. Die Mitgliedstaaten teilen der Kommission die in den Artikeln 21, 29, 33 und 34 genannten Listen mit den zuständigen Gerichten und den Rechtsbehelfen sowie die Änderungen dieser Listen mit.

Die Kommission aktualisiert diese Angaben und gibt sie durch Veröffentlichung im *Amtsblatt der Europäischen Union* und auf andere geeignete Weise bekannt.

---

[1] Vgl. *Kohler* NJW 2001, 10, 14.
[1] *Geimer/Schütze/Bischoff*, IRV, Rn. 1.
[2] *Rauscher/Rauscher* Rn. 1.

Art. 69. Änderungen der Anhänge. Änderungen der in den Anhängen I bis IV wiedergegebenen Formblätter werden nach dem in Artikel 70 Absatz 2 genannten Verfahren beschlossen.

Art. 70. Änderungen der Anhänge. (1) Die Kommission wird von einem Ausschuss (nachstehend „Ausschuss" genannt) unterstützt.

(2) Wird auf diesen Absatz Bezug genommen, so gelten die Artikel 3 und 7 des Beschlusses 1999/468/EG.

(3) Der Ausschuss gibt sich eine Geschäftsordnung.

Art. 71. Aufhebung der Verordnung (EG) Nr. 1347/2000. (1) Die Verordnung (EG) Nr. 1347/2000 wird mit Beginn der Geltung dieser Verordnung aufgehoben.

(2) Jede Bezugnahme auf die Verordnung (EG) Nr. 1347/2000 gilt als Bezugnahme auf diese Verordnung nach Maßgabe der Entsprechungstabelle in Anhang VI.

Art. 72. In-Kraft-Treten. Diese Verordnung tritt am 1. August 2004 in Kraft. Sie gilt ab 1. März 2005 mit Ausnahme der Artikel 67, 68, 69 und 70, die ab dem 1. August 2004 gelten.

Diese Verordnung ist in allen ihren Teilen verbindlich und gilt gemäß dem Vertrag zur Gründung der Europäischen Gemeinschaft unmittelbar in den Mitgliedstaaten.

Geschehen zu Brüssel am 27. November 2003.

Im Namen des Rates
Der Präsident
R. CASTELLI

Anhang I. Bescheinigung gemäß Artikel 39 über Entscheidungen in Ehesachen[1]

1. Ursprungsmitgliedstaat
2. Ausstellendes Gericht oder ausstellende Behörde
    2.1. Bezeichnung
    2.2. Anschrift
    2.3. Telefon/Fax/E-Mail
3. Angaben zur Ehe
    3.1. Ehefrau
        3.1.1. Name, Vornamen
        3.1.2. Anschrift
        3.1.3. Staat und Ort der Geburt
        3.1.4. Geburtsdatum
    3.2. Ehemann
        3.2.1. Name, Vornamen
        3.2.2. Anschrift
        3.2.3. Staat und Ort der Geburt
        3.2.4. Geburtsdatum
    3.3. Staat, Ort (soweit bekannt) und Datum der Eheschließung
        3.3.1. Staat der Eheschließung
        3.3.2. Ort der Eheschließung (soweit bekannt)
        3.3.3. Datum der Eheschließung
4. Gericht, das die Entscheidung erlassen hat
    4.1. Bezeichnung des Gerichts
    4.2. Gerichtsort
5. Entscheidung
    5.1. Datum
    5.2. Aktenzeichen

---

[1] Verordnung (EG) Nr. 2201/2003 des Rates vom 27. November 2003 über die Zuständigkeit und Anerkennung und Vollstreckung von Entscheidungen in Ehesachen und in Verfahren betreffend die elterliche Verantwortung und zur Aufhebung der Verordnung (EG) Nr. 1347/2000.

5.3. Art der Entscheidung
   5.3.1. Scheidung
   5.3.2. Ungültigerklärung der Ehe
   5.3.3. Trennung ohne Auflösung des Ehebandes
5.4. Erging die Entscheidung im Versäumnisverfahren?
   5.4.1. Nein
   5.4.2. Ja[2]
6. Namen der Parteien, denen Prozesskostenhilfe gewährt wurde
7. Können gegen die Entscheidung nach dem Recht des Ursprungsmitgliedstaats weitere Rechtsbehelfe eingelegt werden?
   7.1. Nein
   7.2. Ja
8. Datum der Rechtswirksamkeit in dem Mitgliedstaat, in dem die Entscheidung erging
   8.1. Scheidung
   8.2. Trennung ohne Auflösung des Ehebandes
Geschehen zu .... am .... Unterschrift und/oder Dienstsiegel

Anhang II. Bescheinigung gemäß Artikel 39 über Entscheidungen über die elterliche Verantwortung[1]

1. Ursprungsmitgliedstaat
2. Ausstellendes Gericht oder ausstellende Behörde
   2.1. Bezeichnung
   2.2. Anschrift
   2.3. Telefon/Fax/E-Mail
3. Träger eines Umgangsrechts
   3.1. Name, Vornamen
   3.2. Anschrift
   3.3. Geburtsdatum und -ort (soweit bekannt)
4. Träger der elterlichen Verantwortung, die nicht in Nummer 3 genannt sind[2]
   4.1.
      4.1.1. Name, Vornamen
      4.1.2. Anschrift
      4.1.3. Geburtsdatum und -ort (soweit bekannt)
   4.2.
      4.2.1. Name, Vornamen
      4.2.2. Anschrift
      4.2.3. Geburtsdatum und -ort (soweit bekannt)
   4.3.
      4.3.1. Name, Vornamen
      4.3.2. Anschrift
      4.3.3. Geburtsdatum und -ort (soweit bekannt)
5. Gericht, das die Entscheidung erlassen hat
   5.1. Bezeichnung des Gerichts
   5.2. Gerichtsort
6. Entscheidung
   6.1. Datum
   6.2. Aktenzeichen
   6.3. Erging die Entscheidung im Versäumnisverfahren?
      6.3.1. Nein
      6.3.2. Ja[3]

---

[2] Die in Artikel 37 Absatz 2 genannten Urkunden sind vorzulegen.
[1] Verordnung (EG) Nr. 2201/2003 des Rates vom 27. November 2003 über die Zuständigkeit und Anerkennung und Vollstreckung von Entscheidungen in Ehesachen und in Verfahren betreffend die elterliche Verantwortung und zur Aufhebung der Verordnung (EG) Nr. 1347/2000.
[2] Im Fall des gemeinsamen Sorgerechts kann die in Nummer 3 genannte Person auch in Nummer 4 genannt werden.
[3] Die in Artikel 37 Absatz 2 genannten Urkunden sind vorzulegen.

7. Kinder, für die die Entscheidung gilt[4]
   7.1. Name, Vornamen und Geburtsdatum
   7.2. Name, Vornamen und Geburtsdatum
   7.3. Name, Vornamen und Geburtsdatum
   7.4. Name, Vornamen und Geburtsdatum
8. Namen der Parteien, denen Prozesskostenhilfe gewährt wurde
9. Bescheinigung über die Vollstreckbarkeit und Zustellung
   9.1. Ist die Entscheidung nach dem Recht des Ursprungsmitgliedstaats vollstreckbar?
      9.1.1. Ja
      9.1.2. Nein
   9.2. Ist die Entscheidung der Partei, gegen die vollstreckt werden soll, zugestellt worden?
      9.2.1. Ja
         9.2.1.1. Name, Vornamen der Partei
         9.2.1.2. Anschrift
         9.2.1.3. Datum der Zustellung
      9.2.2. Nein
10. Besondere Angaben zu Entscheidungen über das Umgangsrecht, wenn die Vollstreckbarkeitserklärung gemäß Artikel 28 beantragt wird. Diese Möglichkeit ist in Artikel 40 Absatz 2 vorgesehen:
   10.1. Modalitäten der Ausübung des Umgangsrechts (soweit in der Entscheidung angegeben)
      10.1.1. Datum, Uhrzeit
         10.1.1.1. Beginn
         10.1.1.2. Ende
      10.1.2. Ort
      10.1.3. Besondere Pflichten des Trägers der elterlichen Verantwortung
      10.1.4. Besondere Pflichten des Umgangsberechtigten
      10.1.5. Etwaige Beschränkungen des Umgangsrechts
11. Besondere Angaben zu Entscheidungen über die Rückgabe von Kindern, wenn die Vollstreckbarkeitserklärung gemäß Artikel 28 beantragt wird. Diese Möglichkeit ist in Artikel 40 Absatz 2 vorgesehen:
   11.1. In der Entscheidung wird die Rückgabe der Kinder angeordnet.
   11.2. Rückgabeberechtigter (soweit in der Entscheidung angegeben)
      11.2.1. Name, Vornamen
      11.2.2. Anschrift

Geschehen zu .... am .... Unterschrift und/oder Dienstsiegel

Anhang III. Bescheinigung gemäß Artikel 41 Absatz 1 über Entscheidungen über das Umgangsrecht[1]

1. Ursprungsmitgliedstaat
2. Ausstellendes Gericht bzw. ausstellende Behörde
   2.1. Bezeichnung
   2.2. Anschrift
   2.3. Telefon/Fax/E-Mail
3. Träger eines Umgangsrechts
   3.1. Name, Vornamen
   3.2. Anschrift
   3.3. Geburtsdatum und -ort (soweit vorhanden)
4. Träger der elterlichen Verantwortung, die nicht in Nummer 3 genannt sind[2,3]

---

[4] Gilt die Entscheidung für mehr als vier Kinder, ist ein weiteres Formblatt zu verwenden.

[1] Verordnung (EG) Nr. 2201/2003 des Rates vom 27. November 2003 über die Zuständigkeit und Anerkennung und Vollstreckung von Entscheidungen in Ehesachen und in Verfahren betreffend die elterliche Verantwortung und zur Aufhebung der Verordnung (EG) Nr. 1347/2000.

[2] Im Fall des gemeinsamen Sorgerechts kann die in Nummer 3 genannte Person auch in Nummer 4 genannt werden.

[3] Das Feld ankreuzen, das der Person entspricht, gegenüber der die Entscheidung zu vollstrecken ist.

4.1.
    4.1.1. Name, Vornamen
    4.1.2. Anschrift
    4.1.3. Geburtsdatum und -ort (soweit bekannt)
4.2.
    4.2.1. Name, Vornamen
    4.2.2. Anschrift
    4.2.3. Geburtsdatum und -ort (soweit bekannt)
4.3. Andere
    4.3.1. Name, Vornamen
    4.3.2. Anschrift
    4.3.3. Geburtsdatum und -ort (soweit bekannt)
5. Gericht, das die Entscheidung erlassen hat
    5.1. Bezeichnung des Gerichts
    5.2. Gerichtsort
6. Entscheidung
    6.1. Datum
    6.2. Aktenzeichen
7. Kinder, für die die Entscheidung gilt[4]
    7.1. Name, Vornamen und Geburtsdatum
    7.2. Name, Vornamen und Geburtsdatum
    7.3. Name, Vornamen und Geburtsdatum
    7.4. Name, Vornamen und Geburtsdatum
8. Ist die Entscheidung im Ursprungsmitgliedstaat vollstreckbar?
    8.1. Ja
    8.2. Nein
9. Im Fall des Versäumnisverfahrens wurde das verfahrenseinleitende Schriftstück oder ein gleichwertiges Schriftstück der säumigen Person so rechtzeitig und in einer Weise zugestellt, dass sie sich verteidigen konnte, oder, falls es nicht unter Einhaltung dieser Bedingungen zugestellt wurde, wurde festgestellt, dass sie mit der Entscheidung eindeutig einverstanden ist.
10. Alle betroffenen Parteien hatten Gelegenheit, gehört zu werden.
11. Die Kinder hatten die Möglichkeit, gehört zu werden, sofern eine Anhörung nicht aufgrund ihres Alters oder ihres Reifegrads unangebracht erschien.
12. Modalitäten der Ausübung des Umgangsrechts (soweit in der Entscheidung angegeben)
    12.1. Datum, Uhrzeit
        12.1.1. Beginn
        12.1.2. Ende
    12.2. Ort
    12.3. Besondere Pflichten des Trägers der elterlichen Verantwortung
    12.4. Besondere Pflichten des Umgangsberechtigten
    12.5. Etwaige Beschränkungen des Umgangsrechts
13. Namen der Parteien, denen Prozesskostenhilfe gewährt wurde

Geschehen zu .... am .... Unterschrift und/oder Dienstsiegel

Anhang IV. Bescheinigung gemäß Artikel 42 Absatz 1 über Entscheidungen über die Rückgabe des Kindes[1]

1. Ursprungsmitgliedstaat
2. Ausstellendes Gericht oder ausstellende Behörde
    2.1. Bezeichnung
    2.2. Anschrift
    2.3. Telefon/Fax/E-Mail

---

[4] Gilt die Entscheidung für mehr als vier Kinder, ist ein weiteres Formblatt zu verwenden.
[1] Verordnung (EG) Nr. 2201/2003 des Rates vom 27. November 2003 übe die Zuständigkeit und Anerkennung und Vollstreckung von Entscheidungen in Ehesachen und in Verfahren betreffend die elterliche Verantwortung und zur Aufhebung der Verordnung (EG) Nr. 1347/2000.

3. Rückgabeberechtigter (soweit in der Entscheidung angegeben)
   3.1. Name, Vornamen
   3.2. Anschrift
   3.3. Geburtsdatum und -ort (soweit bekannt)
4. Träger der elterlichen Verantwortung[2]
   4.1. Mutter
      4.1.1. Name, Vornamen
      4.1.2. Anschrift
      4.1.3. Geburtsdatum und -ort (soweit bekannt)
   4.2. Vater
      4.2.1. Name, Vornamen
      4.2.2. Anschrift
      4.2.3. Geburtsdatum und -ort (soweit bekannt)
   4.3. Andere
      4.3.1. Name, Vornamen
      4.3.2. Anschrift (soweit bekannt)
      4.3.3. Geburtsdatum und -ort (soweit bekannt)
5. Beklagte Partei (soweit bekannt)
   5.1. Name, Vornamen
   5.2. Anschrift (soweit bekannt)
6. Gericht, das die Entscheidung erlassen hat
   6.1. Bezeichnung des Gerichts
   6.2. Gerichtsort
7. Entscheidung
   7.1. Datum
   7.2. Aktenzeichen
8. Kinder, für die die Entscheidung gilt[3]
   8.1. Name, Vornamen und Geburtsdatum
   8.2. Name, Vornamen und Geburtsdatum
   8.3. Name, Vornamen und Geburtsdatum
   8.4. Name, Vornamen und Geburtsdatum
9. In der Entscheidung wird die Rückgabe des Kindes angeordnet.
10. Ist die Entscheidung im Ursprungsmitgliedstaat vollstreckbar?
    10.1. Ja
    10.2. Nein
11. Die Kinder hatten die Möglichkeit, gehört zu werden, sofern eine Anhörung nicht aufgrund ihres Alters oder ihres Reifegrads unangebracht erschien.
12. Die Parteien hatten die Möglichkeit, gehört zu werden.
13. In der Entscheidung wird die Rückgabe der Kinder angeordnet, und das Gericht hat in seinem Urteil die Gründe und Beweismittel berücksichtigt, auf die sich die nach Artikel 13 des Haager Übereinkommens vom 25. Oktober 1980 über die zivilrechtlichen Aspekte internationaler Kindesentführung ergangene Entscheidung stützt.
14. Gegebenenfalls die Einzelheiten der Maßnahmen, die von Gerichten oder Behörden ergriffen wurden, um den Schutz des Kindes nach seiner Rückkehr in den Mitgliedstaat seines gewöhnlichen Aufenthalts sicherzustellen
15. Namen der Parteien, denen Prozesskostenhilfe gewährt wurde

Geschehen zu .... **am** .... **Unterschrift und/oder Dienstsiegel**

---

[2] Dieser Punkt ist fakultativ.
[3] Gilt die Entscheidung für mehr als vier Kinder, ist ein weiteres Formblatt zu verwenden.

Anhang V. Entsprechungstabelle zur Verordnung (EG) Nr. 1347/2000

Aufgehobene Artikel	Entsprechende Artikel des neuen Textes	Aufgehobene Artikel	Entsprechende Artikel des neuen Textes
1	1, 2	27	34
2	3	28	35
3	12	29	36
4		30	50
5	4	31	51
6	5	32	37
7	6	33	39
8	7	34	38
9	17	35	52
10	18	36	59
11	16, 19	37	60, 61
12	20	38	62
13	2, 49, 46	39	
14	21	40	63
15	22, 23	41	66
16		42	64
17	24	43	65
18	25	44	68, 69
19	26	45	70
20	27	46	72
21	28	Anhang I	68
22	21, 29	Anhang II	68
23	30	Anhang III	68
24	31	Anhang IV	Anhang I
25	32	Anhang V	Anhang II
26	33		

Anhang VI

Erklärungen Schwedens und Finnlands nach Artikel 59 Absatz 2 Buchstabe a) der Verordnung des Rates über die Zuständigkeit und Anerkennung und Vollstreckung von Entscheidungen in Ehesachen und in Verfahren betreffend die elterliche Verantwortung und zur Aufhebung der Verordnung (EG) Nr. 1347/2000.

Erklärung Schwedens

Gemäß Artikel 59 Absatz 2 Buchstabe a) der Verordnung des Rates über die Zuständigkeit und Anerkennung und Vollstreckung von Entscheidungen in Ehesachen und in Verfahren betreffend die elterliche Verantwortung und zur Änderung der Verordnung (EG) Nr. 1347/2000 erklärt Schweden, dass das Übereinkommen vom 6. Februar 1931 zwischen Dänemark, Finnland, Island, Norwegen und Schweden mit Bestimmungen des internationalen Verfahrensrechts über Ehe, Adoption und Vormundschaft einschließlich des Schlussprotokolls anstelle dieser Verordnung ganz auf die Beziehungen zwischen Schweden und Finnland anwendbar ist.

Erklärung Finnlands

Gemäß Artikel 59 Absatz 2 Buchstabe a) der Verordnung des Rates über die Zuständigkeit und Anerkennung und Vollstreckung von Entscheidungen in Ehesachen und in Verfahren betreffend die elterliche Verantwortung und zur Änderung der Verordnung

(EG) Nr. 1347/2000 erklärt Finnland, dass das Übereinkommen vom 6. Februar 1931 zwischen Finnland, Dänemark, Island, Norwegen und Schweden mit Bestimmungen des internationalen Verfahrensrechts über Ehe, Adoption und Vormundschaft einschließlich des Schlussprotokolls anstelle dieser Verordnung in den gegenseitigen Beziehungen zwischen Finnland und Schweden in vollem Umfang zur Anwendung kommt.

5. Gesetz zur Aus- und Durchführung bestimmter Rechtsinstrumente auf dem Gebiet des internationalen Familienrechts
(Internationales Familienrechtsverfahrensgesetz – IntFamRVG)

Vom 26. 1. 2005 (BGBl. I S. 162)
zuletzt geändert durch Gesetz vom 17. 4. 2007 (BGBl. I S. 529)

Schrifttum: *Finger*, Das internationale Familienrechtsverfahrensgesetz, ZfJ 2005, 144; *ders.*, Internationale gerichtliche Zuständigkeit in kindschaftsrechtlichen Streitigkeiten nach Brüssel IIa (II), FamRBint 2005, 36; *Gruber*, Das neue Internationale Familienrechtsverfahrensgesetz, FamRZ 2005, 1603; *ders.*, Die neue EheVO und die deutschen Ausführungsgesetze, IPRax 2005, 293; *Odendahl*, Die neuen Regelungen im internationalen Familienrecht, ZFE 2005, 273; *Ramser*, The impact and application of the Brussel II bis Regulation in Germany, in: Boele-Woelki/González Beilfuss, Brussels IIbis – Its impact and application in the Member States, 2007, S. 123; *S. Schlauß*, Das neue Gesetz zum internationalen Familienrecht – das Internationale Familienrechtsverfahrensgesetz, 2005; *ders.*, Neuordnung des Internationalen Familienrechts – der Entwurf eines Familienrechts-Ausführungsgesetzes, FPR 2004, 279.

Materialien: Entwurf eines Gesetzes zum Europäischen Familienrecht, BT-Drucks. 15/3981 vom 20. 10. 2004.

Inhaltsübersicht

§§

Abschnitt 1. Anwendungsbereich; Begriffsbestimmungen
Anwendungsbereich 1
§ 2 Begriffsbestimmungen 2

Abschnitt 2. Zentrale Behörde; Jugendamt
Bestimmung der Zentralen Behörde 3
Übersetzungen bei eingehenden Ersuchen 4
Übersetzungen bei ausgehenden Ersuchen 5
Aufgabenerfüllung durch die Zentrale Behörde .. 6
Aufenthaltsermittlung 7
Anrufung des Oberlandesgerichts 8
Mitwirkung des Jugendamts an Verfahren 9

Abschnitts 3. Gerichtliche Zuständigkeit und Zuständigkeitskonzentration
Örtliche Zuständigkeit für die Anerkennung und Vollstreckung 10
Örtliche Zuständigkeit nach dem Haager Kindesentführungsübereinkommen 11
Zuständigkeitskonzentration 12
Zuständigkeitskonzentration für andere Familiensachen 13

Abschnitt 4. Allgemeine gerichtliche Verfahrensvorschriften
Familiengerichtliches Verfahren 14
Einstweilige Anordnungen 15

Abschnitt 5. Zulassung der Zwangsvollstreckung, Anerkennungsfeststellung und Wiederherstellung des Sorgeverhältnisses
Unterabschnitt 1. Zulassung der Zwangsvollstreckung im ersten Rechtszug
Antragstellung 16
Zustellungsbevollmächtigter 17
Einseitiges Verfahren 18
Besondere Regelungen zum Europäischen Sorgerechtsübereinkommen 19
Entscheidung 20

§§

Bekanntmachung der Entscheidung 21
Wirksamwerden der Entscheidung 22
Vollstreckungsklausel 23

Unterabschnitt 2. Beschwerde
Einlegung der Beschwerde; Beschwerdefrist 24
Einwendungen gegen den zu vollstreckenden Anspruch 25
Verfahren und Entscheidung über die Beschwerde 26
Anordnung der sofortigen Wirksamkeit 27

Unterabschnitt 3. Rechtsbeschwerde
Statthaftigkeit der Rechtsbeschwerde 28
Einlegung und Begründung der Rechtsbeschwerde 29
Verfahren und Entscheidung über die Rechtsbeschwerde 30
Anordnung der sofortigen Wirksamkeit 31

Unterabschnitt 4. Feststellung der Anerkennung
Anerkennungsfeststellung 32

Unterabschnitt 5. Wiederherstellung des Sorgerechtsverhältnisses
Anordnung auf Herausgabe des Kindes 33

Unterabschnitts 6. Aufhebung oder Änderung von Beschlüssen
Verfahren auf Aufhebung oder Änderung 34
Schadensersatz wegen ungerechtfertigter Vollstreckung 35

Unterabschnitt 7. Vollstreckungsgegenklage
Vollstreckungsgegenklage bei Titeln über Verfahrenskosten 36

Abschnitt 6. Verfahren nach dem Haager Kindesentführungsübereinkommen
Anwendbarkeit 37
Beschleunigtes Verfahren 38
Übermittlung von Entscheidungen 39

Gottwald 1653

IntFamRVG §§ 1–4

B. Europäisches Zivilprozessrecht

§§	§§
Wirksamkeit der Entscheidung; Rechtsmittel 40	Abschnitt 9. Bescheinigungen zu inländischen Entscheidungen nach der Verordnung (EG) Nr. 2201/2003
Bescheinigung über Widerrechtlichkeit 41	
Einreichung von Anträgen bei dem Amtsgericht 42	
Prozesskosten- und Beratungshilfe 43	Ausstellung von Bescheinigungen 48
Abschnitt 7. Vollstreckung	Berichtigung von Bescheinigungen 49
Ordnungsmittel; unmittelbarer Zwang 44	**Abschnitt 10. Kosten**
Abschnitt 8. Grenzüberschreitende Unterbringung	Anzuwendende Vorschriften 50
	Gerichtsgebühren 51
	Kostenschuldner 52
Zuständigkeit für die Zustimmung zu einer Unterbringung 45	Ausschluss der Kostenerhebung; Vorschuss 53
Konsultationsverfahren 46	Übersetzungen 54
Genehmigung des Familiengerichts 47	**Abschnitt 11. Übergangsvorschriften**
	Übergangsvorschriften zu der Verordnung (EG) Nr. 2201/ 2003 55
	Übergangsvorschriften zum Sorgerechtsübereinkommens-Ausführungsgesetz 56

Abschnitt 1. Anwendungsbereich; Begriffsbestimmungen

§ 1. Anwendungsbereich. Dieses Gesetz dient

1. der Durchführung der Verordnung (EG) Nr. 2201/2003 des Rates vom 27. November 2003 über die Zuständigkeit und die Anerkennung und Vollstreckung von Entscheidungen in Ehesachen und in Verfahren betreffend die elterliche Verantwortung und zur Aufhebung der Verordnung (EG) Nr. 1347/2000 (ABl. EU Nr. L 338 S. 1);
2. der Ausführung des Haager Übereinkommens vom 25. Oktober 1980 über die zivilrechtlichen Aspekte internationaler Kindesentführung (BGBl. 1990 II S. 207) – im Folgenden: Haager Kindesentführungsübereinkommen;
3. der Ausführung des Luxemburger Europäischen Übereinkommens vom 20. Mai 1980 über die Anerkennung und Vollstreckung von Entscheidungen über das Sorgerecht für Kinder und die Wiederherstellung des Sorgeverhältnisses (BGBl. 1990 II S. 220) – im Folgenden: Europäisches Sorgerechtsübereinkommen.

1   Um eine einfache, schnelle und effiziente Anwendung der EheGVO (Brüssel IIa-VO) in Deutschland sicher zu stellen, hat der deutsche Gesetzgeber ein eigenes Gesetz, das IntFamRVG, erlassen. Das Gesetz dient zugleich der Ausführung des HKEntfÜ 1980 und des ESÜ 1980 und harmonisiert auf diese Weise die gleichzeitige Anwendung dieser drei Rechtsinstrumente in Deutschland.

§ 2. Begriffsbestimmungen. Im Sinne dieses Gesetzes sind „Titel" Entscheidungen, Vereinbarungen und öffentliche Urkunden, auf welche die durchzuführende EG-Verordnung oder das jeweils auszuführende Übereinkommen Anwendung findet.

Abschnitt 2. Zentrale Behörde; Jugendamt

§ 3. Bestimmung der Zentralen Behörde. (1) Zentrale Behörde nach
1. Artikel 53 der Verordnung (EG) Nr. 2201/2003,
2. Artikel 6 des Haager Kindesentführungsübereinkommens,
3. Artikel 2 des Europäischen Sorgerechtsübereinkommens
ist das Bundesamt für Justiz.

(2) Das Verfahren der Zentralen Behörde gilt als Justizverwaltungsverfahren.

1   Das Bundesamt für Justiz ist seit 1. 1. 2007 für alle administrativen Fragen des internationalen Rechtsverkehrs in Zivilsachen zuständig und an die Stelle des Generalbundesanwalts beim BGH getreten (Art. 4 (11) des Gesetzes vom 21. 12. 2006, BGBl. I S. 3171).

§ 4. Übersetzungen bei eingehenden Ersuchen. (1) Die Zentrale Behörde, bei der ein Antrag aus einem anderen Staat nach der Verordnung (EG) Nr. 2201/2003 oder nach dem Europäischen Sorgerechtsübereinkommen eingeht, kann es ablehnen, tätig zu werden, solange Mitteilungen oder beizufügende Schriftstücke nicht in deutscher Sprache abgefasst oder von einer Übersetzung in diese Sprache begleitet sind.

(2) Ist ein Schriftstück nach Artikel 24 Abs. 1 des Haager Kindesentführungsübereinkommens ausnahmsweise nicht von einer deutschen Übersetzung begleitet, so veranlasst die Zentrale Behörde die Übersetzung.

§ 5. Übersetzungen bei ausgehenden Ersuchen. (1) Beschafft die antragstellende Person erforderliche Übersetzungen für Anträge, die in einem anderen Staat zu erledigen sind, nicht selbst, veranlasst die Zentrale Behörde die Übersetzungen auf Kosten der antragstellenden Person.

(2) Das Amtsgericht, in dessen Bezirk die antragstellende Person ihren gewöhnlichen Aufenthalt oder bei Fehlen eines gewöhnlichen Aufenthalts im Inland ihren tatsächlichen Aufenthalt hat, befreit die antragstellende Person auf Antrag von einer Erstattungspflicht, wenn diese die persönlichen und wirtschaftlichen Voraussetzungen für die Gewährung von Prozesskostenhilfe ohne einen eigenen Beitrag zu den Kosten nach den Vorschriften der Zivilprozessordnung erfüllt.

Soweit das Jugendamt den Antrag für vermögenslose Kinder stellt, ist es analog § 116 Abs. 1 ZPO auf Antrag von den Kosten für erforderliche Übersetzungen zu befreien.[1]

§ 6. Aufgabenerfüllung durch die Zentrale Behörde. (1) Zur Erfüllung der ihr obliegenden Aufgaben veranlasst die Zentrale Behörde mit Hilfe der zuständigen Stellen alle erforderlichen Maßnahmen. Sie verkehrt unmittelbar mit allen zuständigen Stellen im In- und Ausland. Mitteilungen leitet sie unverzüglich an die zuständigen Stellen weiter.

(2) Zum Zweck der Ausführung des Haager Kindesentführungsübereinkommens und des Europäischen Sorgerechtsübereinkommens leitet die Zentrale Behörde erforderlichenfalls gerichtliche Verfahren ein. Im Rahmen dieser Übereinkommen gilt sie zum Zweck der Rückgabe des Kindes als bevollmächtigt, im Namen der antragstellenden Person selbst oder im Weg der Untervollmacht durch Vertreter gerichtlich oder außergerichtlich tätig zu werden. Ihre Befugnis, zur Sicherung der Einhaltung der Übereinkommen im eigenen Namen entsprechend zu handeln, bleibt unberührt.

§ 7. Aufenthaltsermittlung. (1) Die Zentrale Behörde trifft alle erforderlichen Maßnahmen einschließlich der Einschaltung von Polizeivollzugsbehörden, um den Aufenthaltsort des Kindes zu ermitteln, wenn dieser unbekannt ist und Anhaltspunkte dafür vorliegen, dass sich das Kind im Inland befindet.

(2) Soweit zur Ermittlung des Aufenthalts des Kindes erforderlich, darf die Zentrale Behörde bei dem Kraftfahrt-Bundesamt erforderliche Halterdaten nach § 33 Abs. 1 Satz 1 Nr. 2 des Straßenverkehrsgesetzes erheben und die Leistungsträger im Sinne der §§ 18 bis 29 des Ersten Buches Sozialgesetzbuch um Mitteilung des derzeitigen Aufenthalts einer Person ersuchen.

(3) Unter den Voraussetzungen des Absatzes 1 kann die Zentrale Behörde die Ausschreibung zur Aufenthaltsermittlung durch das Bundeskriminalamt veranlassen. Sie kann auch die Speicherung eines Suchvermerks im Zentralregister veranlassen.

(4) Soweit andere Stellen eingeschaltet werden, übermittelt sie ihnen die zur Durchführung der Maßnahmen erforderlichen personenbezogenen Daten; diese dürfen nur für den Zweck verwendet werden, für den sie übermittelt worden sind.

§ 8. Anrufung des Oberlandesgerichts. (1) Nimmt die Zentrale Behörde einen Antrag nicht an oder lehnt sie es ab, tätig zu werden, so kann die Entscheidung des Oberlandesgerichts beantragt werden.

(2) Zuständig ist das Oberlandesgericht, in dessen Bezirk die Zentrale Behörde ihren Sitz hat.

(3) Das Oberlandesgericht entscheidet im Verfahren der freiwilligen Gerichtsbarkeit. § 21 Abs. 2 und 3, die §§ 23 und 24 Abs. 3, die §§ 25 und 28 Abs. 2 und 3, § 30 Abs. 1

---

[1] OLG Stuttgart FamRZ 2007, 1185.

Satz 1 sowie § 199 Abs. 1 des Gesetzes über die Angelegenheiten der freiwilligen Gerichtsbarkeit gelten sinngemäß. Die Entscheidung des Oberlandesgerichts ist unanfechtbar.

1 Zentrale Behörde ist das Bundesamt für Justiz mit Sitz in Bonn. Zuständiges Oberlandesgericht ist daher (seit 1. 1. 2007) das OLG Köln.

§ 9. Mitwirkung des Jugendamts an Verfahren. (1) Unbeschadet der Aufgaben des Jugendamts bei der grenzüberschreitenden Zusammenarbeit unterstützt das Jugendamt die Gerichte und die Zentrale Behörde bei allen Maßnahmen nach diesem Gesetz. Insbesondere
1. gibt es auf Anfrage Auskunft über die soziale Lage des Kindes und seines Umfelds,
2. unterstützt es in jeder Lage eine gütliche Einigung,
3. leistet es in geeigneten Fällen Unterstützung bei der Durchführung des Verfahrens, auch bei der Sicherung des Aufenthalts des Kindes,
4. leistet es in geeigneten Fällen Unterstützung bei der Ausübung des Rechts zum persönlichen Umgang, der Heraus- oder Rückgabe des Kindes sowie der Vollstreckung gerichtlicher Entscheidungen.

(2) Zuständig ist das Jugendamt, in dessen Bereich sich das Kind gewöhnlich aufhält. Solange die Zentrale Behörde oder ein Gericht mit einem Herausgabe- oder Rückgabeantrag oder dessen Vollstreckung befasst ist, oder wenn das Kind keinen gewöhnlichen Aufenthalt im Inland hat, oder das zuständige Jugendamt nicht tätig wird, ist das Jugendamt zuständig, in dessen Bereich sich das Kind tatsächlich aufhält.

(3) Das Gericht unterrichtet das zuständige Jugendamt über Entscheidungen nach diesem Gesetz auch dann, wenn das Jugendamt am Verfahren nicht beteiligt war.

Abschnitt 3. Gerichtliche Zuständigkeit und Zuständigkeitskonzentration

§ 10. Örtliche Zuständigkeit für die Anerkennung und Vollstreckung. Örtlich ausschließlich zuständig für Verfahren nach
– Artikel 21 Abs. 3 und Artikel 48 Abs. 1 der Verordnung (EG) Nr. 2201/2003 sowie für die Zwangsvollstreckung nach den Artikeln 41 und 42 der Verordnung (EG) Nr. 2201/2003,
– dem Europäischen Sorgerechtsübereinkommen
ist das Familiengericht, in dessen Zuständigkeitsbereich zum Zeitpunkt der Antragstellung
1. die Person, gegen die sich der Antrag richtet, oder das Kind, auf das sich die Entscheidung bezieht, sich gewöhnlich aufhält oder
2. bei Fehlen einer Zuständigkeit nach Nummer 1 das Interesse an der Feststellung hervortritt oder das Bedürfnis der Fürsorge besteht,
3. sonst das im Bezirk des Kammergerichts zur Entscheidung berufene Gericht.

§ 11. Örtliche Zuständigkeit nach dem Haager Kindesentführungsübereinkommen. Örtlich zuständig für Verfahren nach dem Haager Kindesentführungsübereinkommen ist das Familiengericht, in dessen Zuständigkeitsbereich
1. sich das Kind beim Eingang des Antrags bei der Zentralen Behörde aufgehalten hat oder
2. bei Fehlen einer Zuständigkeit nach Nummer 1 das Bedürfnis der Fürsorge besteht.

§ 12. Zuständigkeitskonzentration. (1) In Verfahren über eine in den §§ 10 und 11 bezeichnete Sache sowie in Verfahren über die Vollstreckbarerklärung nach Artikel 28 der Verordnung (EG) Nr. 2201/2003 entscheidet das Familiengericht, in dessen Bezirk ein Oberlandesgericht seinen Sitz hat, für den Bezirk dieses Oberlandesgerichts.

(2) Im Bezirk des Kammergerichts entscheidet das Familiengericht Pankow/Weißensee.

(3) Die Landesregierungen werden ermächtigt, diese Zuständigkeit durch Rechtsverordnung einem anderen Familiengericht des Oberlandesgerichtsbezirks oder, wenn in

einem Land mehrere Oberlandesgerichte errichtet sind, einem Familiengericht für die Bezirke aller oder mehrerer Oberlandesgerichte zuzuweisen. Sie können die Ermächtigung auf die Landesjustizverwaltungen übertragen.

Die Zuständigkeitskonzentration soll dazu beitragen, dass Gerichte und Anwälte besonders sachkundig sind und eine vorhandene Sachkunde gefördert und genutzt werden kann.[1]

§ 13. Zuständigkeitskonzentration für andere Familiensachen. (1) Das Familiengericht, bei dem eine in den §§ 10 bis 12 bezeichnete Sache anhängig wird, ist von diesem Zeitpunkt an ungeachtet des § 621 Abs. 2 der Zivilprozessordnung für alle dasselbe Kind betreffenden Familiensachen nach § 621 Abs. 1 Nr. 1 bis 3 der Zivilprozessordnung einschließlich der Verfügungen nach § 44 dieses Gesetzes und nach § 33 des Gesetzes über die Angelegenheiten der freiwilligen Gerichtsbarkeit zuständig. Die Zuständigkeit nach Absatz 1 Satz 1 tritt nicht ein, wenn der Antrag offensichtlich unzulässig ist. Sie entfällt, sobald das angegangene Gericht auf Grund unanfechtbarer Entscheidung unzuständig ist; Verfahren, für die dieses Gericht hiernach seine Zuständigkeit verliert, sind nach näherer Maßgabe des § 281 Abs. 2 und 3 Satz 1 der Zivilprozessordnung von Amts wegen an das zuständige Gericht abzugeben.

(2) Bei dem Familiengericht, das in dem Oberlandesgerichtsbezirk, in dem sich das Kind gewöhnlich aufhält, für Anträge der in Absatz 1 Satz 1 genannten Art zuständig ist, kann auch eine andere Familiensache nach § 621 Abs. 1 Nr. 1 bis 3 der Zivilprozessordnung anhängig gemacht werden, wenn ein Elternteil seinen gewöhnlichen Aufenthalt in einem anderen Mitgliedstaat der Europäischen Union oder in einem anderen Vertragsstaat des Europäischen Sorgerechtsübereinkommens oder des Haager Kindesentführungsübereinkommens hat.

(3) Im Falle des Absatzes 1 Satz 1 hat ein anderes Familiengericht, bei dem eine dasselbe Kind betreffende Familiensache nach § 621 Abs. 1 Nr. 1 bis 3 der Zivilprozessordnung im ersten Rechtszug anhängig ist oder anhängig wird, dieses Verfahren von Amts wegen an das nach Absatz 1 Satz 1 zuständige Gericht abzugeben. Auf übereinstimmenden Antrag beider Elternteile sind andere Familiensachen, an denen diese beteiligt sind, an das nach Absatz 1 oder Absatz 2 zuständige Gericht abzugeben. § 281 Abs. 2 Satz 1 bis 3 und Abs. 3 Satz 1 der Zivilprozessordnung gilt entsprechend.

(4) Das Familiengericht, das gemäß Absatz 1 oder Absatz 2 zuständig oder an das die Sache gemäß Absatz 3 abgegeben worden ist, kann diese aus wichtigen Gründen an das nach den allgemeinen Vorschriften zuständige Familiengericht abgeben oder zurückgeben, soweit dies nicht zu einer erheblichen Verzögerung des Verfahrens führt. Als wichtiger Grund ist es in der Regel anzusehen, wenn die besondere Sachkunde des erstgenannten Gerichts für das Verfahren nicht oder nicht mehr benötigt wird. § 281 Abs. 2 und 3 Satz 1 der Zivilprozessordnung gilt entsprechend. Die Ablehnung einer Abgabe nach Satz 1 ist unanfechtbar.

(5) § 46 des Gesetzes über die Angelegenheiten der freiwilligen Gerichtsbarkeit bleibt unberührt.

§ 13 IntFamRVG sieht eine weitere Zuständigkeitskonzentration vor, die den Verbundregeln der ZPO und § 621 Abs. 2 ZPO vorgeht.[1]

Abschnitt 4. Allgemeine gerichtliche Verfahrensvorschriften

§ 14. Familiengerichtliches Verfahren. Soweit nicht anders bestimmt, entscheidet das Gericht
1. über eine in den §§ 10 und 12 bezeichnete Ehesache nach den hierfür geltenden Vorschriften der Zivilprozessordnung,
2. über die übrigen in den §§ 10, 11, 12 und 47 bezeichneten Angelegenheiten als Familiensachen im Verfahren der freiwilligen Gerichtsbarkeit; § 621a Abs. 1, §§ 621c und 621f der Zivilprozessordnung gelten entsprechend.

---
[1] *Finger* FamRBint 2005, 36, 37; *Gruber* FamRZ 2005, 1603, 1604.
[1] *Finger* FamRBint 2005, 36, 37.

§ 15. Einstweilige Anordnungen. Das Gericht kann auf Antrag oder von Amts wegen einstweilige Anordnungen treffen, um Gefahren von dem Kind abzuwenden oder eine Beeinträchtigung der Interessen der Beteiligten zu vermeiden, insbesondere um den Aufenthaltsort des Kindes während des Verfahrens zu sichern oder eine Vereitelung oder Erschwerung der Rückgabe zu verhindern; § 621 g der Zivilprozessordnung gilt entsprechend.

1 Das Gericht kann etwa anordnen, dass das Kind bis zu einem bestimmten Zeitpunkt im Inland verbleibt und ein entsprechendes **Ausreiseverbot** unter Mitteilung an die Grenzpolizeibehörde erlassen. Ergänzend kann angeordnet werden, dass Ausweise des Kindes abzugeben bzw. zu hinterlegen sind und dass der inländische Sorgeberechtigte sich regelmäßig (täglich, wöchentlich) beim zuständigen Polizeirevier zu melden hat.[1]

Abschnitt 5. Zulassung der Zwangsvollstreckung, Anerkennungsfeststellung und Wiederherstellung des Sorgeverhältnisses

Unterabschnitt 1. Zulassung der Zwangsvollstreckung im ersten Rechtszug

§ 16. Antragstellung. (1) Mit Ausnahme der in den Artikeln 41 und 42 der Verordnung (EG) Nr. 2201/2003 aufgeführten Titel wird der in einem anderen Staat vollstreckbare Titel dadurch zur Zwangsvollstreckung zugelassen, dass er auf Antrag mit der Vollstreckungsklausel versehen wird.

(2) Der Antrag auf Erteilung der Vollstreckungsklausel kann bei dem zuständigen Familiengericht schriftlich eingereicht oder mündlich zu Protokoll der Geschäftsstelle erklärt werden.

(3) Ist der Antrag entgegen § 184 des Gerichtsverfassungsgesetzes nicht in deutscher Sprache abgefasst, so kann das Gericht der antragstellenden Person aufgeben, eine Übersetzung des Antrags beizubringen, deren Richtigkeit von einer

1. in einem Mitgliedstaat der Europäischen Union oder
2. in einem anderen Vertragsstaat eines auszuführenden Übereinkommens

hierzu befugten Person bestätigt worden ist.

1 Entsprechend Art. 28 EheGVO bedürfen Sorgerechtsentscheidungen der Vollstreckbarerklärung, soweit es sich nicht um nach Art. 41, 42 EheGVO bescheinigte Entscheidungen handelt.
2 Die §§ 16–36 IntFamRVG gelten sowohl für Entscheidungen nach der EheGVO („Brüssel II a") als für Entscheidungen nach dem ESÜ (§ 1 Nr. 3 IntFamRVG).

§ 17. Zustellungsbevollmächtigter. (1) Hat die antragstellende Person in dem Antrag keinen Zustellungsbevollmächtigten im Sinne des § 184 Abs. 1 Satz 1 der Zivilprozessordnung benannt, so können bis zur nachträglichen Benennung alle Zustellungen an sie durch Aufgabe zur Post (§ 184 Abs. 1 Satz 2, Abs. 2 der Zivilprozessordnung) bewirkt werden.

(2) Absatz 1 gilt nicht, wenn die antragstellende Person einen Verfahrensbevollmächtigten für das Verfahren bestellt hat, an den im Inland zugestellt werden kann.

1 Abweichend von § 5 Abs. 2 S. 1 AVAG genügt es, dass der Zustellungsbevollmächtigte Wohnsitz oder Geschäftsraum im Inland hat; im Gerichtsbezirk muss er nicht wohnen.[1]

§ 18. Einseitiges Verfahren. (1) Im Anwendungsbereich der Verordnung (EG) Nr. 2201/2003 erhält im erstinstanzlichen Verfahren auf Zulassung der Zwangsvollstreckung nur die antragstellende Person Gelegenheit, sich zu äußern. Die Entscheidung ergeht ohne mündliche Verhandlung. Jedoch kann eine mündliche Erörterung mit der antragstellenden oder einer von ihr bevollmächtigten Person stattfinden, wenn diese hiermit einverstanden ist und die Erörterung der Beschleunigung dient.

---

[1] *Finger* FamRBint 2005, 36, 38; *Gruber* FamRZ 2005, 1603, 1605.
[1] *Gruber* FamRZ 2005, 1603, 1608.

(2) Abweichend von § 78 Abs. 2 der Zivilprozessordnung ist in Ehesachen im ersten Rechtszug eine anwaltliche Vertretung nicht erforderlich.

Entsprechend Art. 31 Abs. 1 EheGVO findet in erster Instanz nur ein einseitiges Verfahren mit dem Antragsteller statt. 1

Abweichend von § 78 Abs. 2 ZPO besteht insoweit auch in Ehesachen kein Anwaltszwang. 2

Für die Vollstreckbarerklärung im Rahmen des ESÜ ist dagegen ein zweiseitiges Verfahren vorgesehen (Art. 10 Abs. 1 b, 15 Abs. 1 ESÜ); § 18 IntFamRVG gilt insoweit nicht.[1] 3

§ 19. Besondere Regelungen zum Europäischen Sorgerechtsübereinkommen. Die Vollstreckbarerklärung eines Titels aus einem anderen Vertragsstaat des Europäischen Sorgerechtsübereinkommens ist auch in den Fällen der Artikel 8 und 9 des Übereinkommens ausgeschlossen, wenn die Voraussetzungen des Artikels 10 Abs. 1 Buchstabe a oder b des Übereinkommens vorliegen, insbesondere wenn die Wirkungen des Titels mit den Grundrechten des Kindes oder eines Sorgeberechtigten unvereinbar wären.

§ 20. Entscheidung. (1) Ist die Zwangsvollstreckung aus dem Titel zuzulassen, so beschließt das Gericht, dass der Titel mit der Vollstreckungsklausel zu versehen ist. In dem Beschluss ist die zu vollstreckende Verpflichtung in deutscher Sprache wiederzugeben. Zur Begründung des Beschlusses genügt in der Regel die Bezugnahme auf die Verordnung (EG) Nr. 2201/2003 oder den auszuführenden Anerkennungs- und Vollstreckungsvertrag sowie auf die von der antragstellenden Person vorgelegten Urkunden.

(2) Auf die Kosten des Verfahrens ist § 13 a Abs. 1 und 3 des Gesetzes über die Angelegenheiten der freiwilligen Gerichtsbarkeit entsprechend anzuwenden; in Ehesachen gilt § 788 der Zivilprozessordnung entsprechend.

(3) Ist der Antrag nicht zulässig oder nicht begründet, so lehnt ihn das Gericht durch mit Gründen versehenen Beschluss ab. Für die Kosten gilt Absatz 2; in Ehesachen sind die Kosten dem Antragsteller aufzuerlegen.

§ 21. Bekanntmachung der Entscheidung. (1) Im Falle des § 20 Abs. 1 sind der verpflichteten Person eine beglaubigte Abschrift des Beschlusses, eine beglaubigte Abschrift des noch nicht mit der Vollstreckungsklausel versehenen Titels und gegebenenfalls seiner Übersetzung sowie der gemäß § 20 Abs. 1 Satz 3 in Bezug genommenen Urkunden von Amts wegen zuzustellen. Ein Beschluss nach § 20 Abs. 3 ist der verpflichteten Person formlos mitzuteilen.

(2) Der antragstellenden Person sind eine beglaubigte Abschrift des Beschlusses nach § 20, im Falle des § 20 Abs. 1 ferner eine Bescheinigung über die bewirkte Zustellung zu übersenden. Die mit der Vollstreckungsklausel versehene Ausfertigung des Titels ist der antragstellenden Person erst dann zu übersenden, wenn der Beschluss nach § 20 Abs. 1 wirksam geworden und die Vollstreckungsklausel erteilt ist.

(3) In einem Verfahren, das die Vollstreckbarerklärung einer die elterliche Verantwortung betreffenden Entscheidung zum Gegenstand hat, sind Zustellungen auch an den gesetzlichen Vertreter des Kindes, an den Vertreter des Kindes im Verfahren, an das Kind selbst, soweit es das 14. Lebensjahr vollendet hat, an einen Elternteil, der nicht am Verfahren beteiligt war, sowie an das Jugendamt zu bewirken.

(4) Handelt es sich bei der für vollstreckbar erklärten Maßnahme um eine Unterbringung, so ist der Beschluss auch dem Leiter der Einrichtung oder der Pflegefamilie bekannt zu machen, in der das Kind untergebracht werden soll.

Zustellungen in andere EG-Staaten sind nach der EuZVO (Nr. 1348/2000), ab 13. 11. 2008 nach der VO (EU) Nr. 1393/2007 ergänzt durch die §§ 1067 ff. ZPO zu bewirken. 1

§ 22. Wirksamwerden der Entscheidung. Der Beschluss nach § 20 wird erst mit seiner Rechtskraft wirksam. Hierauf ist in dem Beschluss hinzuweisen.

---

[1] *Finger* FamRBint 2005, 36, 38 f.

§ 23. Vollstreckungsklausel. (1) Auf Grund eines wirksamen Beschlusses nach § 20 Abs. 1 erteilt der Urkundsbeamte der Geschäftsstelle die Vollstreckungsklausel in folgender Form:

„Vollstreckungsklausel nach § 23 des Internationalen Familienrechtsverfahrensgesetzes vom 26. Januar 2005 (BGBl. 1 S. 162). Gemäß dem Beschluss des ... (Bezeichnung des Gerichts und des Beschlusses) ist die Zwangsvollstreckung aus ... (Bezeichnung des Titels) zugunsten ... (Bezeichnung der berechtigten Person) gegen ... (Bezeichnung der verpflichteten Person) zulässig.

Die zu vollstreckende Verpflichtung lautet:

... (Angabe der aus dem ausländischen Titel der verpflichteten Person obliegenden Verpflichtung in deutscher Sprache; aus dem Beschluss nach § 20 Abs. 1 zu übernehmen)."

(2) Wird die Zwangsvollstreckung nur für einen oder mehrere der durch den ausländischen Titel zuerkannten oder in einem anderen ausländischen Titel niedergelegten Ansprüche oder nur für einen Teil des Gegenstands der Verpflichtung zugelassen, so ist die Vollstreckungsklausel als „Teil-Vollstreckungsklausel nach § 23 des Internationalen Familienrechtsverfahrensgesetzes vom 26. Januar 2005 (BGBl. 1 S. 162)" zu bezeichnen.

(3) Die Vollstreckungsklausel ist von dem Urkundsbeamten der Geschäftsstelle zu unterschreiben und mit dem Gerichtssiegel zu versehen. Sie ist entweder auf die Ausfertigung des Titels oder auf ein damit zu verbindendes Blatt zu setzen. Falls eine Übersetzung des Titels vorliegt, ist sie mit der Ausfertigung zu verbinden.

Unterabschnitt 2. Beschwerde

§ 24. Einlegung der Beschwerde; Beschwerdefrist. (1) Gegen die im ersten Rechtszug ergangene Entscheidung findet die Beschwerde zum Oberlandesgericht statt. Die Beschwerde wird bei dem Oberlandesgericht durch Einreichen einer Beschwerdeschrift oder durch Erklärung zu Protokoll der Geschäftsstelle eingelegt.

(2) Die Zulässigkeit der Beschwerde wird nicht dadurch berührt, dass sie statt bei dem Oberlandesgericht bei dem Gericht des ersten Rechtszugs eingelegt wird; die Beschwerde ist unverzüglich von Amts wegen an das Oberlandesgericht abzugeben.

(3) Die Beschwerde gegen die Zulassung der Zwangsvollstreckung ist einzulegen

1. innerhalb eines Monats nach Zustellung, wenn die beschwerdeberechtigte Person ihren gewöhnlichen Aufenthalt im Inland hat;
2. innerhalb von zwei Monaten nach Zustellung, wenn die beschwerdeberechtigte Person ihren gewöhnlichen Aufenthalt im Ausland hat. Die Frist beginnt mit dem Tag, an dem die Vollstreckbarerklärung der beschwerdeberechtigten Person entweder persönlich oder in ihrer Wohnung zugestellt worden ist. Eine Verlängerung dieser Frist wegen weiter Entfernung ist ausgeschlossen.

(4) Die Beschwerdefrist ist eine Notfrist.

(5) Die Beschwerde ist dem Beschwerdegegner von Amts wegen zuzustellen.

1 Beschwerdeberechtigt sind alle Personen, denen der Beschluss über die Vollstreckbarerklärung gemäß § 21 Abs. 1, 3 IntFamRVG zuzustellen war.[1]

2 Bei Titeln über die Rückgabe eines Kindes nach dem HKEntfÜ hat § 30 IntFamRVG Vorrang.

§ 25. Einwendungen gegen den zu vollstreckenden Anspruch. Die verpflichtete Person kann mit der Beschwerde gegen die Zulassung der Zwangsvollstreckung aus einem Titel über die Erstattung von Verfahrenskosten auch Einwendungen gegen den Anspruch selbst insoweit geltend machen, als die Gründe, auf denen sie beruhen, erst nach Erlass des Titels entstanden sind.

§ 26. Verfahren und Entscheidung über die Beschwerde. (1) Der Senat des Oberlandesgerichts entscheidet durch Beschluss, der mit Gründen zu versehen ist und ohne mündliche Verhandlung ergehen kann.

---

[1] *Gruber* FamRZ 2005, 1603, 1608.

(2) Solange eine mündliche Verhandlung nicht angeordnet ist, können zu Protokoll der Geschäftsstelle Anträge gestellt und Erklärungen abgegeben werden. Wird in einer Ehesache die mündliche Verhandlung angeordnet, so gilt für die Ladung § 215 der Zivilprozessordnung.

(3) Eine vollständige Ausfertigung des Beschlusses ist den Beteiligten auch dann von Amts wegen zuzustellen, wenn der Beschluss verkündet worden ist.

(4) § 20 Abs. 1 Satz 2, Abs. 2 und 3, § 21 Abs. 1, 2 und 4 sowie § 23 gelten entsprechend.

§ 27. Anordnung der sofortigen Wirksamkeit. (1) Der Beschluss des Oberlandesgerichts nach § 26 wird erst mit seiner Rechtskraft wirksam. Hierauf ist in dem Beschluss hinzuweisen.

(2) Das Oberlandesgericht kann in Verbindung mit der Entscheidung über die Beschwerde die sofortige Wirksamkeit eines Beschlusses anordnen.

Unterabschnitt 3. Rechtsbeschwerde

§ 28. Statthaftigkeit der Rechtsbeschwerde. Gegen den Beschluss des Oberlandesgerichts findet die Rechtsbeschwerde zum Bundesgerichtshof nach Maßgabe des § 574 Abs. 1 Nr. 1, Abs. 2 der Zivilprozessordnung statt.

§ 29. Einlegung und Begründung der Rechtsbeschwerde. § 575 Abs. 1 bis 4 der Zivilprozessordnung ist entsprechend anzuwenden. Soweit die Rechtsbeschwerde darauf gestützt wird, dass das Oberlandesgericht von einer Entscheidung des Gerichtshofs der Europäischen Gemeinschaften abgewichen sei, muss die Entscheidung, von der der angefochtene Beschluss abweicht, bezeichnet werden.

§ 30. Verfahren und Entscheidung über die Rechtsbeschwerde. (1) Der Bundesgerichtshof kann nur überprüfen, ob der Beschluss auf einer Verletzung des Rechts der Europäischen Gemeinschaft, eines Anerkennungs- und Vollstreckungsvertrags, sonstigen Bundesrechts oder einer anderen Vorschrift beruht, deren Geltungsbereich sich über den Bezirk eines Oberlandesgerichts hinaus erstreckt. Er darf nicht prüfen, ob das Gericht seine örtliche Zuständigkeit zu Unrecht angenommen hat.

(2) Der Bundesgerichtshof kann über die Rechtsbeschwerde ohne mündliche Verhandlung entscheiden. § 574 Abs. 4, § 576 Abs. 3 und § 577 der Zivilprozessordnung sind entsprechend anzuwenden; in Angelegenheiten der freiwilligen Gerichtsbarkeit bleiben § 574 Abs. 4 und § 577 Abs. 2 Satz 1 bis 3 der Zivilprozessordnung sowie die Verweisung auf § 556 in § 576 Abs. 3 der Zivilprozessordnung außer Betracht.

(3) § 20 Abs. 1 Satz 2, Abs. 2 und 3, § 21 Abs. 1, 2 und 4 sowie § 23 gelten entsprechend.

§ 31. Anordnung der sofortigen Wirksamkeit. Der Bundesgerichtshof kann auf Antrag der verpflichteten Person eine Anordnung nach § 27 Abs. 2 aufheben oder auf Antrag der berechtigten Person erstmals eine Anordnung nach § 27 Abs. 2 treffen.

Unterabschnitt 4. Feststellung der Anerkennung

§ 32. Anerkennungsfeststellung. Auf das Verfahren über einen gesonderten Feststellungsantrag nach Artikel 21 Abs. 3 der Verordnung (EG) Nr. 2201/2003 oder nach dem Europäischen Sorgerechtsübereinkommen, eine Entscheidung, eine Vereinbarung oder eine öffentliche Urkunde aus einem anderen Staat anzuerkennen oder nicht anzuerkennen, sind die Unterabschnitte 1 bis 3 entsprechend anzuwenden.

Unterabschnitt 5. Wiederherstellung des Sorgeverhältnisses

§ 33. Anordnung auf Herausgabe des Kindes. Liegt im Anwendungsbereich des Europäischen Sorgerechtsübereinkommens ein vollstreckungsfähiger Titel auf Herausgabe des Kindes nicht vor, so stellt das Gericht nach § 32 fest, dass die Sorgerechtsentscheidung oder die von der zuständigen Behörde genehmigte Sorgerechtsvereinbarung aus dem anderen Vertragsstaat anzuerkennen ist, und ordnet zur Wiederherstellung des Sorgeverhältnisses auf Antrag an, dass die verpflichtete Person das Kind herauszugeben hat.

Unterabschnitt 6. Aufhebung oder Änderung von Beschlüssen

§ 34. Verfahren auf Aufhebung oder Änderung. (1) Wird der Titel in dem Staat, in dem er errichtet worden ist, aufgehoben oder abgeändert und kann die verpflichtete Person diese Tatsache in dem Verfahren der Zulassung der Zwangsvollstreckung nicht mehr geltend machen, so kann sie die Aufhebung oder Änderung der Zulassung in einem besonderen Verfahren beantragen. Das Gleiche gilt für den Fall der Aufhebung oder Änderung von Entscheidungen, Vereinbarungen oder öffentlichen Urkunden, deren Anerkennung festgestellt ist.

(2) Für die Entscheidung über den Antrag ist das Familiengericht ausschließlich zuständig, das im ersten Rechtszug über den Antrag auf Erteilung der Vollstreckungsklausel oder auf Feststellung der Anerkennung entschieden hat.

(3) Der Antrag kann bei dem Gericht schriftlich oder durch Erklärung zu Protokoll der Geschäftsstelle gestellt werden. Die Entscheidung ergeht durch Beschluss.

(4) Auf die Beschwerde finden die Unterabschnitte 2 und 3 entsprechend Anwendung.

(5) Im Falle eines Titels über die Erstattung von Verfahrenskosten sind für die Einstellung der Zwangsvollstreckung und die Aufhebung bereits getroffener Vollstreckungsmaßregeln die §§ 769 und 770 der Zivilprozessordnung entsprechend anzuwenden. Die Aufhebung einer Vollstreckungsmaßregel ist auch ohne Sicherheitsleistung zulässig.

§ 35. Schadensersatz wegen ungerechtfertigter Vollstreckung. (1) Wird die Zulassung der Zwangsvollstreckung aus einem Titel über die Erstattung von Verfahrenskosten auf die Rechtsbeschwerde aufgehoben oder abgeändert, so ist die berechtigte Person zum Ersatz des Schadens verpflichtet, welcher der verpflichteten Person durch die Vollstreckung des Titels oder durch eine Leistung zur Abwendung der Vollstreckung entstanden ist. Das Gleiche gilt, wenn die Zulassung der Zwangsvollstreckung nach § 34 aufgehoben oder abgeändert wird, sofern der zur Zwangsvollstreckung zugelassene Titel zum Zeitpunkt der Zulassung nach dem Recht des Staates, in dem er ergangen ist, noch mit einem ordentlichen Rechtsbehelf angefochten werden konnte.

(2) Für die Geltendmachung des Anspruchs ist das Gericht ausschließlich zuständig, das im ersten Rechtszug über den Antrag, den Titel mit der Vollstreckungsklausel zu versehen, entschieden hat.

Unterabschnitt 7. Vollstreckungsgegenklage

§ 36. Vollstreckungsgegenklage bei Titeln über Verfahrenskosten. (1) Ist die Zwangsvollstreckung aus einem Titel über die Erstattung von Verfahrenskosten zugelassen, so kann die verpflichtete Person Einwendungen gegen den Anspruch selbst in einem Verfahren nach § 767 der Zivilprozessordnung nur geltend machen, wenn die Gründe, auf denen ihre Einwendungen beruhen, erst

1. nach Ablauf der Frist, innerhalb deren sie die Beschwerde hätte einlegen können, oder
2. falls die Beschwerde eingelegt worden ist, nach Beendigung dieses Verfahrens

entstanden sind.

(2) Die Klage nach § 767 der Zivilprozessordnung ist bei dem Gericht zu erheben, das über den Antrag auf Erteilung der Vollstreckungsklausel entschieden hat.

Abschnitt 6. Verfahren nach dem Haager Kindesentführungsübereinkommen

§ 37. Anwendbarkeit. Kommt im Einzelfall die Rückgabe des Kindes nach dem Haager Kindesentführungsübereinkommen und dem Europäischen Sorgerechtsübereinkommen in Betracht, so sind zunächst die Bestimmungen des Haager Kindesentführungsübereinkommens anzuwenden, sofern die antragstellende Person nicht ausdrücklich die Anwendung des Europäischen Sorgerechtsübereinkommens begehrt.

§ 38. **Beschleunigtes Verfahren.** (1) Das Gericht hat das Verfahren auf Rückgabe eines Kindes in allen Rechtszügen vorrangig zu behandeln. Mit Ausnahme von Artikel 12 Abs. 3 des Haager Kindesentführungsübereinkommens findet eine Aussetzung des Verfahrens nicht statt. Das Gericht hat alle erforderlichen Maßnahmen zur Beschleunigung des Verfahrens zu treffen, insbesondere auch damit die Entscheidung in der Hauptsache binnen der in Artikel 11 Abs. 3 der Verordnung (EG) Nr. 2201/2003 genannten Frist ergehen kann.

(2) Das Gericht prüft in jeder Lage des Verfahrens, ob das Recht zum persönlichen Umgang mit dem Kind gewährleistet werden kann.

(3) Die Beteiligten haben an der Aufklärung des Sachverhalts mitzuwirken, wie es einem auf Förderung und Beschleunigung des Verfahrens bedachten Vorgehen entspricht.

Das Gebot Rückgabeverfahren „vorrangig" zu behandeln verpflichtet nicht zu einem absoluten Vorrang, sondern nur zur Vorzugsbehandlung gegenüber durchschnittlichen Fällen, wie bei Kündigungsstreitigkeiten gemäß § 61 a Abs. 1 ArbGG.[1] **1**

Da das Rückgabeverfahren nach dem FGG abzuwickeln ist (§ 14 Nr. 2 IntFamRVG), hat das Gericht alle Umstände von Amts wegen zu ermitteln (§ 12 FGG). Die in § 38 Abs. 3 IntFamRVG vorgesehene Mitwirkungspflicht der Beteiligten schwächt die allgemeine Aufklärungspflicht des Gerichts ab.[2] **2**

§ 39. **Übermittlung von Entscheidungen.** Wird eine inländische Entscheidung nach Artikel 11 Abs. 6 der Verordnung (EG) Nr. 2201/2003 unmittelbar dem zuständigen Gericht oder der Zentralen Behörde im Ausland übermittelt, ist der Zentralen Behörde zur Erfüllung ihrer Aufgaben nach Artikel 7 des Haager Kindesentführungsübereinkommens eine Abschrift zu übersenden.

§ 40. **Wirksamkeit der Entscheidung; Rechtsmittel.** (1) Eine Entscheidung, die zur Rückgabe des Kindes in einen anderen Vertragsstaat verpflichtet, wird erst mit deren Rechtskraft wirksam.

(2) Gegen eine im ersten Rechtszug ergangene Entscheidung findet nur das Rechtsmittel der sofortigen Beschwerde zum Oberlandesgericht nach § 22 des Gesetzes über die Angelegenheiten der freiwilligen Gerichtsbarkeit statt; § 28 Abs. 2 und 3 jenes Gesetzes gilt sinngemäß. Ein Rechtsmittel gegen eine Entscheidung, die zur Rückgabe des Kindes verpflichtet, steht nur dem Antragsgegner, dem Kind, soweit es das 14. Lebensjahr vollendet hat, und dem beteiligten Jugendamt zu. Eine weitere Beschwerde findet nicht statt.

(3) Das Beschwerdegericht hat nach Eingang der Beschwerdeschrift unverzüglich zu prüfen, ob die sofortige Vollziehung der angefochtenen Entscheidung über die Rückgabe des Kindes anzuordnen ist. Die sofortige Vollziehung soll angeordnet werden, wenn die Beschwerde offensichtlich unbegründet ist oder die Rückgabe des Kindes vor der Entscheidung über die Beschwerde unter Berücksichtigung der berechtigten Interessen der Beteiligten mit dem Wohl des Kindes zu vereinbaren ist. Die Entscheidung über die sofortige Vollziehung kann während des Beschwerdeverfahrens abgeändert werden.

§ 41. **Bescheinigung über Widerrechtlichkeit.** Über einen Antrag, die Widerrechtlichkeit des Verbringens oder des Zurückhaltens eines Kindes nach Artikel 15 Satz 1 des Haager Kindesentführungsübereinkommens festzustellen, entscheidet das Familiengericht,
1. bei dem die Sorgerechtsangelegenheit oder Ehesache im ersten Rechtszug anhängig ist oder war, sonst
2. in dessen Bezirk das Kind seinen letzten gewöhnlichen Aufenthalt im Geltungsbereich dieses Gesetzes hatte, hilfsweise
3. in dessen Bezirk das Bedürfnis der Fürsorge auftritt.

Die Entscheidung ist zu begründen.

---

[1] *Gruber* FamRZ 2005, 1603, 1605.
[2] *Gruber* FamRZ 2005, 1603, 1605.

§ 42. Einreichung von Anträgen bei dem Amtsgericht. (1) Ein Antrag, der in einem anderen Vertragsstaat zu erledigen ist, kann auch bei dem Amtsgericht als Justizverwaltungsbehörde eingereicht werden, in dessen Bezirk die antragstellende Person ihren gewöhnlichen Aufenthalt oder, mangels eines solchen im Geltungsbereich dieses Gesetzes, ihren tatsächlichen Aufenthalt hat. Das Gericht übermittelt den Antrag nach Prüfung der förmlichen Voraussetzungen unverzüglich der Zentralen Behörde, die ihn an den anderen Vertragsstaat weiterleitet.

(2) Für die Tätigkeit des Amtsgerichts und der Zentralen Behörde bei der Entgegennahme und Weiterleitung von Anträgen werden mit Ausnahme der Fälle nach § 5 Abs. 1 Kosten nicht erhoben.

§ 43. Prozesskosten- und Beratungshilfe. Abweichend von Artikel 26 Abs. 2 des Haager Kindesentführungsübereinkommens findet eine Befreiung von gerichtlichen und außergerichtlichen Kosten bei Verfahren nach diesem Übereinkommen nur nach Maßgabe der Vorschriften über die Beratungshilfe und Prozesskostenhilfe statt.

Abschnitt 7. Vollstreckung

§ 44. Ordnungsmittel; unmittelbarer Zwang. (1) Ein im Inland zu vollstreckender Titel nach Kapitel III der Verordnung (EG) Nr. 2201/2003, dem Haager Kindesentführungsübereinkommen oder dem Europäischen Sorgerechtsübereinkommen wird, sofern er nicht auf die Erstattung von Verfahrenskosten lautet, durch Festsetzung eines Ordnungsmittels nach Maßgabe dieses Abschnitts vollstreckt. Bei Zuwiderhandlung gegen die Anordnung soll das Gericht ein Ordnungsgeld festsetzen. Verspricht die Festsetzung eines Ordnungsgelds keinen Erfolg, soll das Gericht Ordnungshaft anordnen. Das Ordnungsmittel kann ohne vorherige Durchführung eines Verfahrens nach § 52a des Gesetzes über die Angelegenheiten der freiwilligen Gerichtsbarkeit festgesetzt werden. Bei Festsetzung des Ordnungsmittels sind der verpflichteten Person zugleich die Kosten des Verfahrens aufzuerlegen.

(2) Das Ordnungsgeld muss, bevor es festgesetzt wird, angedroht werden. Es soll zugleich mit der inländischen Entscheidung angedroht werden. Das einzelne Ordnungsgeld darf den Betrag von fünfundzwanzigtausend Euro nicht übersteigen. Die Festsetzung der Ordnungshaft soll angedroht werden, wenn nicht die Durchsetzung der Entscheidung besonders eilbedürftig ist oder die Befürchtung besteht, dass die Vollziehung der Haft vereitelt wird. Für den Vollzug der Haft gelten die §§ 901, 904 bis 906, 909, 910, 913 der Zivilprozessordnung entsprechend.

(3) Auf Grund einer besonderen Verfügung des Gerichts kann unabhängig von dem festgesetzten Ordnungsmittel auch Gewalt gebraucht werden. Eine Gewaltanwendung gegen ein Kind darf nicht zugelassen werden, wenn das Kind herausgegeben werden soll, um das Umgangsrecht auszuüben. Der Vollstreckungsbeamte ist befugt, erforderlichenfalls die Unterstützung der polizeilichen Vollzugsorgane nachzusuchen. Die Kosten fallen der verpflichteten Person zur Last. Wird das Kind nicht vorgefunden, so kann das Gericht die verpflichtete Person anhalten, eine eidesstattliche Versicherung über dessen Verbleib abzugeben. § 883 Abs. 2 bis 4, § 900 Abs. 1 und §§ 901, 902, 904 bis 910 sowie 913 der Zivilprozessordnung sind entsprechend anzuwenden.

(4) Die Androhung eines Ordnungsmittels ist nicht isoliert anfechtbar. Die Beschwerde gegen die Festsetzung von Ordnungshaft hat keine aufschiebende Wirkung.

(5) Für Verfügungen nach den Absätzen 1 bis 4 ist das Oberlandesgericht zuständig, sofern es die Anordnung für vollstreckbar erklärt, erlassen oder bestätigt hat.

(6) Ist ein Kind heraus- oder zurückzugeben, so hat das Gericht die Vollstreckung von Amts wegen durchzuführen, es sei denn, die Anordnung ist auf Herausgabe des Kindes zum Zweck des Umgangs gerichtet. Auf Antrag der berechtigten Person kann das Gericht hiervon absehen.

1 § 44 IntFamRVG sieht für die Vollstreckung von Sorgerechtsentscheidungen eines anderen EG-Mitgliedsstaates abweichend von und mit Vorrang vor § 33 FGG keine Zwangsmittel, sondern **Ordnungsmittel** mit Sanktionscharakter bei Verstößen vor. Die Neuerung besteht darin, dass Ordnungsmittel auch dann festgesetzt und vollstreckt werden können, wenn die eigentlich zu

vollstreckende Handlung oder Unterlassung wegen Zeitablaufs nicht mehr vorgenommen werden kann.[1] Dadurch wird die Abschreckung vor Verstößen und damit der Rechtsschutz für das Kind und den verletzten Elternteil vor allem bei der Durchsetzung von Umgangsentscheidungen verbessert.[2] Für inländische Umgangstitel bleibt es dagegen bei der bloßen Vollstreckung gemäß § 33 FGG.[3] (Nach der FG-Reform sollen allerdings gemäß § 89 FamFG künftig auch nationale Entscheidungen durch Ordnungsmittel vollstreckt werden.)

Wie alle Ordnungsmittel können auch die in § 44 IntFamRVG vorgesehenen nur festgesetzt werden, wenn der Verpflichtete seine Pflicht **schuldhaft** verletzt hat. Ob dies der Fall ist, hat das Gericht nach § 12 FGG (künftig: § 26 FamFG) aufzuklären. Die ermittelten Umstände würdigt das Gericht in freier Weise.[4] 2

Ordnungsmittel sind (1) Ordnungsgeld, (2) Ordnungshaft und (3) Gewalt (unmittelbarer Zwang). 3

Ordnungsgeld ist vor einer Festsetzung vorher anzudrohen, es sei denn die Durchsetzung der Entscheidung sei besonders eilbedürftig, § 44 Abs. 2 S. 1 und 4 IntFamRVG. Die Androhung erfolgt im Inland in der Sachentscheidung, bei einer ausländischen Entscheidung im Beschluss zur Erteilung der Vollstreckungsklausel, § 44 Abs. 2 S. 2 IntFamRVG. Der Durchführung eines Vermittlungsverfahrens nach § 52a FGG (künftig: § 165 FamFG) bedarf es nicht (§ 44 Abs. 1 S. 3 IntFamRVG). Das einzelne Ordnungsgeld darf 25 000 € nicht übersteigen, § 44 Abs. 2 S. 3 IntFamRVG. 4

Auch die **Ordnungshaft** ist gemäß § 44 Abs. 2 S. 3 IntFamRVG grundsätzlich vorher anzudrohen. Ordnungshaft ist anzuordnen, wenn die Festsetzung von Ordnungsgeld keinen Erfolg verspricht, § 44 Abs. 1 S. 3 IntFamRVG. 5

Gewaltanwendung gegen ein Kind zur Ausübung des Umgangsrechts ist unzulässig, § 44 Abs. 3 Abs. 3 S. 2 IntFamRVG, wohl aber zur Vollstreckung eines Rückgabetitels.[5] 6

Die Vollstreckung erfolgt grundsätzlich auf **Antrag**. Eine Entscheidung über die Herausgabe oder Rückgabe des Kindes wird dagegen (auch) von Amts wegen vollstreckt, sofern es sich nicht um eine Herausgabe zum Zwecke des Umgangs handelt. Auf Antrag des Berechtigten kann das Gericht aber von der Vollstreckung von Amts wegen absehen, § 44 Abs. 6 S. 2 IntFamRVG. 7

Zuständig für die Androhung und Festsetzung eines Ordnungsmittels ist das Familiengericht. 8

Gegen die Festsetzung eines Ordnungsmittels kann der Verpflichtete einfache **Beschwerde** gemäß § 19 FGG (künftig sofortige Beschwerde nach § 87 Abs. 4 FamFG) zum OLG einlegen. Die Beschwerde gegen die Festsetzung von Ordnungshaft hat (parallel zu § 24 Abs. 1 S. 2 FGG) keine aufschiebende Wirkung, § 44 Abs. 4 S. 2 IntFamRVG. 9

Hat das OLG eine Anordnung für vollstreckbar erklärt, erlassen oder bestätigt, so droht es selbst die Ordnungsmittel an und setzt sie fest, § 44 Abs. 5 IntFamRVG. Gegen Verfügungen des OLG gibt es kein Rechtsmittel.[6] 10

Abschnitt 8. Grenzüberschreitende Unterbringung

§ 45. Zuständigkeit für die Zustimmung zu einer Unterbringung. Zuständig für die Erteilung der Zustimmung zu einer Unterbringung eines Kindes nach Artikel 56 der Verordnung (EG) Nr. 2201/2003 im Inland ist der überörtliche Träger der öffentlichen Jugendhilfe, in dessen Bereich das Kind nach dem Vorschlag der ersuchenden Stelle untergebracht werden soll, andernfalls der überörtliche Träger, zu dessen Bereich die Zentrale Behörde den engsten Bezug festgestellt hat. Hilfsweise ist das Land Berlin zuständig.

§ 46. Konsultationsverfahren. (1) Dem Ersuchen soll in der Regel zugestimmt werden, wenn
1. die Durchführung der beabsichtigten Unterbringung im Inland dem Wohl des Kindes entspricht, insbesondere weil es eine besondere Bindung zum Inland hat,
2. die ausländische Stelle einen Bericht und, soweit erforderlich, ärztliche Zeugnisse oder Gutachten vorgelegt hat, aus denen sich die Gründe der beabsichtigten Unterbringung ergeben,

---

[1] *Gruber* FamRZ 2005, 1603, 1609.
[2] *Finger* FamRBint 2005, 36, 41; *Ramser*, in: Boele-Woelki/Gonzáles Beilfuss, S. 123, 129.
[3] Krit. *Gruber* FamRZ 2005, 1603, 1610.
[4] *Gruber* FamRZ 2005, 1603, 1610.
[5] *Gruber* FamRZ 2005, 1603, 1610; vgl. OLG Nürnberg FamRZ 2007, 1588, 1592.
[6] *Gruber* FamRZ 2005, 1603, 1610.

3. das Kind im ausländischen Verfahren angehört wurde, sofern eine Anhörung nicht auf Grund des Alters oder des Reifegrades des Kindes unangebracht erschien,
4. die Zustimmung der geeigneten Einrichtung oder Pflegefamilie vorliegt und der Vermittlung des Kindes dorthin keine Gründe entgegenstehen,
5. eine erforderliche ausländerrechtliche Genehmigung erteilt oder zugesagt wurde,
6. die Übernahme der Kosten geregelt ist.

(2) Im Falle einer Unterbringung, die mit Freiheitsentziehung verbunden ist, ist das Ersuchen ungeachtet der Voraussetzungen des Absatzes 1 abzulehnen, wenn
1. im ersuchenden Staat über die Unterbringung kein Gericht entscheidet oder
2. bei Zugrundelegung des mitgeteilten Sachverhalts nach innerstaatlichem Recht eine Unterbringung, die mit Freiheitsentziehung verbunden ist, nicht zulässig wäre.

(3) Die ausländische Stelle kann um ergänzende Informationen ersucht werden.

(4) Wird um die Unterbringung eines ausländischen Kindes ersucht, ist die Stellungnahme der Ausländerbehörde einzuholen.

(5) Die zu begründende Entscheidung ist auch der Zentralen Behörde und der Einrichtung oder der Pflegefamilie, in der das Kind untergebracht werden soll, mitzuteilen. Sie ist unanfechtbar.

§ 47. Genehmigung des Familiengerichts. (1) Die Zustimmung des überörtlichen Trägers der öffentlichen Jugendhilfe nach den §§ 45 und 46 ist nur mit Genehmigung des Familiengerichts zulässig. Das Gericht soll die Genehmigung in der Regel erteilen, wenn
1. die in § 46 Abs. 1 Nr. 1 bis 3 bezeichneten Voraussetzungen vorliegen und
2. kein Hindernis für die Anerkennung der beabsichtigten Unterbringung erkennbar ist.
§ 46 Abs. 2 und 3 gilt entsprechend.

(2) Örtlich zuständig ist das Familiengericht am Sitz des Oberlandesgerichts, in dessen Zuständigkeitsbereich das Kind untergebracht werden soll, für den Bezirk dieses Oberlandesgerichts. § 12 Abs. 2 und 3 gilt entsprechend.

(3) Der zu begründende Beschluss ist unanfechtbar.

Abschnitt 9. Bescheinigungen zu inländischen Entscheidungen nach der Verordnung (EG) Nr. 2201/2003

§ 48. Ausstellung von Bescheinigungen. (1) Die Bescheinigung nach Artikel 39 der Verordnung (EG) Nr. 2201/2003 wird von dem Urkundsbeamten der Geschäftsstelle des Gerichts des ersten Rechtszugs und, wenn das Verfahren bei einem höheren Gericht anhängig ist, von dem Urkundsbeamten der Geschäftsstelle dieses Gerichts ausgestellt.

(2) Die Bescheinigung nach den Artikeln 41 und 42 der Verordnung (EG) Nr. 2201/2003 wird beim Gericht des ersten Rechtszugs von dem Familienrichter, in Verfahren vor dem Oberlandesgericht oder dem Bundesgerichtshof von dem Vorsitzenden des Senats für Familiensachen ausgestellt.

§ 49. Berichtigung von Bescheinigungen. Für die Berichtigung der Bescheinigung nach Artikel 43 Abs. 1 der Verordnung (EG) Nr. 2201/2003 gilt § 319 der Zivilprozessordnung entsprechend.

Abschnitt 10. Kosten

§ 50. Anzuwendende Vorschriften. Für die Gerichtskosten sind die Vorschriften der Kostenordnung anzuwenden, soweit in diesem Abschnitt nichts anderes bestimmt ist. Bei der Anordnung von Ordnungshaft gilt § 119 Abs. 6 der Kostenordnung entsprechend.

§ 51. Gerichtsgebühren. (1) Für ein erstinstanzliches Verfahren nach diesem Gesetz über Anträge auf
1. Erlass einer gerichtlichen Anordnung auf Rückgabe des Kindes oder über das Recht zum persönlichen Umgang,

2. Erteilung der Vollstreckungsklausel zu ausländischen Titeln,
3. Feststellung, ob Entscheidungen aus einem anderen Staat anzuerkennen sind, einschließlich der Anordnungen nach § 33 zur Wiederherstellung des Sorgeverhältnisses,
4. Aufhebung oder Änderung einer Entscheidung in den in den Nummern 2 und 3 genannten Verfahren

wird eine Gebühr von 200 Euro erhoben.

(2) Für ein Verfahren über ein Rechtsmittel in der Hauptsache wird eine Gebühr von 300 Euro erhoben.

(3) Für das Verfahren über den Antrag auf Ausstellung einer Bescheinigung nach § 48 wird eine Gebühr von 10 Euro erhoben.

§ 52. Kostenschuldner. Im Falle des § 44 Abs. 6 Satz 1 ist eine Haftung des Kindes für die Kosten der Vollstreckung ausgeschlossen. In Verfahren nach § 51 Abs. 1 Nr. 1 ist abweichend von § 2 der Kostenordnung nur der Beteiligte zur Zahlung der Gerichtskosten verpflichtet, den das Gericht nach billigem Ermessen bestimmt; das Kind darf nicht zur Zahlung der Kosten verpflichtet werden.

§ 53. Ausschluss der Kostenerhebung; Vorschuss. (1) Gerichtskosten werden nicht erhoben, soweit deren Erhebung nach dem Europäischen Sorgerechtsübereinkommen oder dem Haager Kindesentführungsübereinkommen ausgeschlossen ist.

(2) § 8 der Kostenordnung ist nicht anzuwenden.

§ 54. Übersetzungen. Die Höhe der Vergütung für die von der Zentralen Behörde veranlassten Übersetzungen richtet sich nach dem Justizvergütungs- und -entschädigungsgesetz.

Abschnitt 11. Übergangsvorschriften

§ 55. Übergangsvorschriften zu der Verordnung (EG) Nr. 2201/2003. Dieses Gesetz findet sinngemäß auch auf Verfahren nach der Verordnung (EG) Nr. 1347/2000 des Rates vom 29. Mai 2000 über die Zuständigkeit und die Anerkennung und Vollstreckung von Entscheidungen in Ehesachen und in Verfahren betreffend die elterliche Verantwortung für die gemeinsamen Kinder der Ehegatten (ABl. EG Nr. L 160 S. 19) mit folgender Maßgabe Anwendung:

Ist ein Beschluss nach § 21 an die verpflichtete Person in einem weder der Europäischen Union noch dem Übereinkommen vom 16. September 1988 über die gerichtliche Zuständigkeit und die Vollstreckung gerichtlicher Entscheidungen in Zivil- und Handelssachen (BGBl. 1994 II S. 2658) angehörenden Staat zuzustellen und hat das Familiengericht eine Beschwerdefrist nach § 10 Abs. 2 und § 50 Abs. 2 Satz 4 und 5 des Anerkennungs- und Vollstreckungsausführungsgesetzes bestimmt, so ist die Beschwerde der verpflichteten Person gegen die Zulassung der Zwangsvollstreckung innerhalb der vom Gericht bestimmten Frist einzulegen.

§ 56. Übergangsvorschriften zum Sorgerechtsübereinkommens-Ausführungsgesetz. Für Verfahren nach dem Haager Kindesentführungsübereinkommen und dem Europäischen Sorgerechtsübereinkommen, die vor Inkrafttreten dieses Gesetzes eingeleitet wurden, finden die Vorschriften des Sorgerechtsübereinkommens-Ausführungsgesetzes vom 5. April 1990 (BGBl. 1 S. 701), zuletzt geändert durch Artikel 2 Abs. 6 des Gesetzes vom 19. Februar 2001 (BGBl. 1 S. 288, 436), weiter Anwendung. Für die Zwangsvollstreckung sind jedoch die Vorschriften dieses Gesetzes anzuwenden. Hat ein Gericht die Zwangsvollstreckung bereits eingeleitet, so bleibt seine funktionelle Zuständigkeit unberührt.

C. Völkerrechtliche Verträge

1. Internationales Unterhaltsprozessrecht

Vorbemerkungen

Das internationale Unterhaltsrecht und Unterhaltsprozessrecht ist derzeit noch recht unübersichtlich gestaltet. **1**
Prozessual sind Unterhaltsstreitigkeiten in der EU von der EuGVO (Brüssel I-VO) erfasst. Eine einheitliche kollisionsrechtliche Regelung fehlt.
Mit dem Entwurf einer VO über die Zuständigkeit und das anwendbare Recht in Unterhaltssachen vom 15. 12. 2005[1] plant die EU insoweit eine umfassende, einheitliche Regelung, die auch Fragen der grenzüberschreitenden Zwangsvollstreckung regeln soll. **2**
Die Haager Konferenz für Internationales Privatrecht hat bereits am 23. 11. 2007 eine neue Unterhaltskonvention vereinbart. Diese soll in ihrem Anwendungsbereich die Haager Vollstreckungsübereinkommen von 1973 und 1958 ersetzen (Art. 48 Convention 2007) und das UNNÜ 1956 vollständig ablösen (Art. 49 Convention 2007). Das neue Übereinkommen regelt die Geltendmachung von Unterhalt im Ausland und die Anerkennung und Vollstreckung ausländischer Entscheidungen zusammen in einem Vertragswerk.[2] **3**
Derzeit gelten vorzugsweise im Verhältnis zu Drittstaaten die nachfolgend erläuterten Haager Übereinkommen.

a) Haager Übereinkommen über die Anerkennung und Vollstreckung von Unterhaltsentscheidungen (HUVÜ 1973)

Vom 2. 10. 1973 (BGBl. II 1986 S. 826)

(Auszug)

Vertragsstaaten: Australien (1. 2. 2002), Dänemark, Estland (seit 1. 4. 1998), Finnland, Frankreich, Griechenland (seit 1. 2. 2004), Großbritannien, Italien, Litauen (1. 10. 2003), Luxemburg, Niederlande, Norwegen, Polen (seit 1. 7. 1996), Portugal, Schweden, Schweiz, Slowakei, Spanien, Tschechische Republik, Türkei.

Schrifttum: *Baumann,* Anerkennung und Vollstreckung ausländischer Unterhaltsentscheidungen, 1989 (zit. Anerkennung); *ders.,* Kommentar zum HUVÜ, in Geimer/Schütze, Internationaler Rechtsverkehr, Bd. IV, 1989, S. 795.83 f.; *Brückner,* Unterhaltsregress im internationalen Privat- und Verfahrensrecht, 1994; *Eschenbruch/Klinkhammer/Dörner,* Der Unterhaltsprozess, 4. Aufl. 2006, S. 1342; *Galster,* Zur Vollstreckung übergeleiteter Unterhaltstitel im Ausland nach dem Haager Übereinkommen, IPRax 1990, 146; *Grotheer,* Die Praxis des grenzüberschreitenden Rechtsverkehrs in Kindesunterhaltssachen, Diss. Bremen, 1997; *Hohloch,* Grenzüberschreitende Unterhaltsvollstreckung, FF 2001, 147 u. FPR 2004, 315; *Kropholler/Blobel,* Unübersichtliche Gemengelagen im IPR durch EG-Verordnungen und Staatsverträge – dargestellt am Beispiel des internationalen Unterhaltsvollstreckungsrechts, FS Sonnenberger, 2004, S. 453; *Martiny,* Anerkennung nach multilateralen Staatsverträgen, in: Handbuch des Internationalen Zivilverfahrensrechts (Hdb. IZVR) Bd. III/2 Kap. II (§ 3), 1984; *ders.,* Maintenance obligations in the Conflict of Laws, Rec. d. Cours 247 (1994-III), S. 131, 248 ff.; *Rahm/Künkel/Breuer,* Handbuch des Familiengerichtsverfahrens, Kap. VIII 3 Unterhaltssachen, Lfg. 41, 2002; *Staudinger/Kropholler,* BGB, Anh. III D zu Art. 18 EGBGB, 14. Bearb., 2003; *Verwilghen,* Erläuternder Bericht zum Übereinkommen über die Anerkennung und Vollstreckung von Unterhaltsentscheidungen, BT-Drucks. 10/258; *Wolff,* Vollstreckbarerklärung, in: Hdb. IZVR Bd. III/2 Kap. IV (§ 6), 1984.

---

[1] KOM (2005), 649 endg.; vgl. *Gottwald,* FS Lindacher, 2007, S. 13; *Hess/Mack* JAmt 2007, 229; *Linke* FPR 2006, 237; *Dörner* IPRax 2006, 550.

[2] Convention on the International Recovery of Child Support and other Forms of Family Maintenance concluded 23 November 2007. Vgl. *R. Wagner,* Zum Stand der Vereinheitlichung des internationalen Zivilverfahrensrechts, in Gottwald, Perspektiven der justiziellen Zusammenarbeit, 2004, S. 249, 262 f.; *Kropholler/Blobel,* FS Sonnenberger, 2004, S. 453, 459.

Kapitel I. Anwendungsbereich des Übereinkommens

Art. 1. (1) Dieses Übereinkommen ist anzuwenden auf Entscheidungen über Unterhaltspflichten aus Beziehungen der Familie, Verwandtschaft, Ehe oder Schwägerschaft, einschließlich der Unterhaltspflicht gegenüber einem nichtehelichen Kind, die von Gerichten oder Verwaltungsbehörden eines Vertragsstaates erlassen worden sind entweder
1. zwischen einem Unterhaltsberechtigten und einem Unterhaltsverpflichteten oder
2. zwischen einem Unterhaltsverpflichteten und einer öffentliche Aufgaben wahrnehmenden Einrichtung, die die Erstattung der einem Unterhaltsberechtigten erbrachten Leistung verlangt.

(2) Es ist auch anzuwenden auf Vergleiche auf diesem Gebiet, die vor diesen Behörden und zwischen diesen Personen geschlossen worden sind.

1   Das Übereinkommen erfasst – anders als sein Vorgänger, das HUVÜ 1958 – **alle familienrechtlichen Unterhaltsansprüche** (nach dem Recht eines der beteiligten Vertragsstaaten, auch nach Legalzession) einschließlich der Erstattungsansprüche öffentlicher Leistungsträger.[1] Inhaber schuldrechtlicher Ausgleichsansprüche[2] von Schadensersatzansprüchen (zB nach § 844 Abs. 2 BGB)[3] und von erbrechtlichen Unterhaltsansprüchen[4] sind nicht einbezogen. Für vertragliche Unterhaltsansprüche gilt das Übereinkommen, soweit sie lediglich den gesetzlichen Anspruch näher konkretisieren.[5]

2   Das Übereinkommen gilt für **sämtliche Unterhaltstitel,** für Entscheidungen von Gerichten und Verwaltungsbehörden (Art. 1 Abs. 1) und für vor diesen geschlossene Vergleiche (Art. 1 Abs. 2 und Art. 21). Außergerichtliche Vergleiche fallen nicht unter das Übereinkommen.[6] Vollstreckbare Urkunden sind nur bei förmlicher Gegenseitigkeitserklärung (Art. 25) einbezogen. Der Titel muss nicht zu wiederkehrenden Leistungen verpflichten, auch einmalige Zahlungen (Abfindung, Sonderbedarf) fallen unter das Übereinkommen, soweit kein Vorbehalt (Art. 26 Abs. 1 Nr. 3) eingelegt wurde.[7]

3   Aufgrund des nach Art. 26 Abs. 1 Nr. 2 erklärten Vorbehalts werden Titel über eine **Unterhaltspflicht in der Seitenlinie** in der Bundesrepublik nicht nach dem Übereinkommen anerkannt.

Art. 2. (1) Das Übereinkommen ist auf Entscheidungen und Vergleiche ohne Rücksicht auf ihre Bezeichnung anzuwenden.

(2) Es ist auch auf Entscheidungen oder Vergleiche anzuwenden, durch die eine frühere Entscheidung oder ein früherer Vergleich geändert worden ist, selbst wenn diese Entscheidung oder dieser Vergleich aus einem Nichtvertragsstaat stammt.

(3) Es ist ohne Rücksicht darauf, ob der Unterhaltsanspruch international oder innerstaatlich ist, und unabhängig von der Staatsangehörigkeit oder dem gewöhnlichen Aufenthalt der Parteien anzuwenden.

1   Abs. 1 bekräftigt, dass es **nicht** auf die **Entscheidungsform** ankommt.
2   Nach Abs. 2 erfasst das HUVÜ auch **Abänderungstitel**. Diese Klarstellung entscheidet den (inzwischen beigelegten) Streit, ob ausländische Titel überhaupt abgeändert werden dürfen (s. § 323 ZPO Rn. 127 ff.). Zugleich wird angeordnet, dass der ursprüngliche Titel auch aus einem Nichtvertragsstaat stammen darf.[1] Bloße Zusatztitel sind von Abänderungstiteln zu unterscheiden.

Art. 3. Betrifft die Entscheidung oder der Vergleich nicht nur die Unterhaltspflicht, so bleibt die Wirkung des Übereinkommens auf die Unterhaltspflicht beschränkt.

---

[1] *Baumann* Anerkennung S. 15 f.; *Kropholler/Blobel,* FS Sonnenberger, 2004, S. 453, 465.
[2] *Geimer/Schütze/Baumann* Anm. III 1.
[3] *Verwilghen*-Bericht Nr. 15; *Galster* IPRax 1990, 146, 147.
[4] *Kropholler/Blobel,* FS Sonnenberger, 2004, S. 453, 464.
[5] *Henrich,* Internationales Familienrecht, 2. Aufl. 2000, S. 208; *Baumann* Anerkennung S. 12 f.
[6] *Galster* IPRax 1990, 146, 147.
[7] Erklärt für Estland, Großbritannien, Italien, Luxemburg, Polen und die Türkei, vgl. *Jayme/Hausmann,* Intern. Privat- und Verfahrensrecht, 13. Aufl., S. 504 Fn 8.
[1] *Baumann* Anerkennung S. 18.

1a) Haager Übereinkommen 1–4 **Art. 4 HUVÜ 1973**

1. Annexunterhaltsentscheidungen. Das HUVÜ 1973 erfasst nur Unterhaltsentscheidungen; 1 es gilt nicht für Status- und andere Entscheidungen, die im Verfahrensverbund und in der gleichen Urkunde enthalten sind.[1] Der Annex-Unterhaltstitel sollte zweckmäßigerweise auch isoliert anerkannt werden, ohne dass die vorgreifliche Statusentscheidung (förmlich) anerkannt werden müsste (s. § 328 ZPO Rn. 207; s. aber Art. 5 Rn. 7). Eine isolierte Anerkennung wird teilweise auf Art. 3,[2] teilweise auf Art. 8[3] gestützt. Andere wollen auf den Einzelfall abstellen und bei Scheidung oder nichtehelicher Vaterschaft auf die Wahrscheinlichkeit einer Anerkennung der Statusentscheidung abstellen.[4]

2. Kostenentscheidung. Unstreitig bezieht sich das HUVÜ 1973 auch auf die korrespondie- 2 rende Kostenentscheidung (Kostenfestsetzungsbeschluss).[5] Bei Verbundentscheidungen fällt nur der auf den Unterhalt fallende Kostenanteil unter das Übereinkommen. Notfalls bestehen gegen eine Kostenteilung (nach § 287 ZPO) durch den Anerkennungsrichter keine Bedenken. Die Kostenentscheidung wird dadurch nicht geändert, sondern lediglich teilweise im Inland anerkannt.[6]

Kapitel II. Voraussetzungen der Anerkennung und Vollstreckung von Entscheidungen

Art. 4. (1) Die in einem Vertragsstaat ergangene Entscheidung ist in einem anderen Vertragsstaat anzuerkennen oder für vollstreckbar zu erklären/zu vollstrecken,
1. wenn sie von einer Behörde erlassen worden ist, die nach Artikel 7 oder 8 als zuständig anzusehen ist, und
2. wenn gegen sie im Ursprungsstaat kein ordentliches Rechtsmittel mehr zulässig ist.

(2) Vorläufig vollstreckbare Entscheidungen und einstweilige Maßnahmen sind, obwohl gegen sie ein ordentliches Rechtsmittel zulässig ist, im Vollstreckungsstaat anzuerkennen oder für vollstreckbar zu erklären/zu vollstrecken, wenn dort gleichartige Entscheidungen erlassen und vollstreckt werden können.

1. Voraussetzungen. Kapitel II regelt die Voraussetzungen der **Anerkennung und Vollstreck-** 1 **barerklärung.** Art. 4 und 6 enthalten Anerkennungsvoraussetzungen, Art. 5 Versagungsgründe, ergänzt durch das Günstigkeitsprinzip nach Art. 23. Ein praktischer Unterschied ist mit der unterschiedlichen sprachlichen Formulierung nicht verbunden.[1]

2. Zuständigkeit. Die **Anerkennungszuständigkeit** gemäß Art. 7 oder 8 ist nach Abs. 1 Nr. 1 2 erste Anerkennungsvoraussetzung; das Erstgericht hat diese Regeln nicht zu beachten.[2] Das Zweitgericht ist an die tatsächlichen Feststellungen des Erstgerichts zur Zuständigkeit gebunden (Art. 9).

3. Unanfechtbarkeit mit ordentlichen Rechtsmitteln, nach deutschem Recht formelle 3 Rechtskraft, ist nach Abs. 1 Nr. 2 zweite Anerkennungsvoraussetzung. Der Kreis ordentlicher Rechtsmittel ist autonom[3] und wie zu den Art. 37, 46 EuGVO zu bestimmen; er umfasst alle fristgebundenen Rechtsmittel (einschl. Kassation, aber ohne Verfassungsbeschwerde). Rechtskräftige Entscheidungen sind vorbehaltlos anzuerkennen.

4. Vorläufig vollstreckbare und **einstweilige Entscheidungen** sind nach Abs. 2 ebenfalls an- 4 zuerkennen, aber nur bei Gleichartigkeit des Rechtsschutzsystems im Vollstreckungsstaat.[4] Anerkannt werden (abweichend von der EuGVO) auch einstweilige Entscheidungen, die ohne Anhörung des Gegners ergangen sind.[5] In der Bundesrepublik Deutschland werden vorläufig vollstreckbare Unterhaltsurteile (§ 708 Nr. 8 ZPO) und einstweilige Unterhaltsanordnungen (§ 620 Nr. 4 und 6 ZPO) und Verfügungen (§ 935 ZPO) ohne Sicherheitsleistung vollstreckt. Der Vorbehalt

---

[1] Cour d'Appel Paris [1997] I. L. Pr. 150.
[2] So *Henrich,* Internationales Familienrecht, 2. Aufl. 2000, S. 214; *Rahm/Künkel/Breuer* Handbuch Kap. VIII Rn. 276; *Staudinger/Kropholler* Anh. III zu Art. 18 EGBGB Rn. 156; aA *Göppinger/Wax/Linke,* Unterhaltsrecht, Rn. 3289; vgl. *Schack* IZVR Rn. 1024; *Nagel/Gottwald* § 13 Rn. 25; *Eschenbruch/Klinkhammer/Dörner* Rn. 8065.
[3] So *Beitzke* ZfJ 1986, 481.
[4] So *Geimer/Schütze/Baumann* Anm. II 2.
[5] *Baumann* Anerkennung S. 13.
[6] Ebenso *Geimer* IPRax 1986, 208, 215 (Fn. 61); aA *Geimer/Schütze/Baumann* Anm. III 2.
[1] AA *Geimer/Schütze/Baumann* Anm. I.
[2] *Baumann* Anerkennung S. 25.
[3] *Baumann* Anerkennung S. 22.
[4] *Eschenbruch/Klinkhammer/Dörner* Rn. 8064; *Linke* IZVR Rn. 380; *Nagel/Gottwald* § 13 Rn. 24.
[5] *Baumann* Anerkennung S. 23.

spielt insoweit keine Rolle.[6] Nicht anerkannt werden kann aber eine englische freezing order, da das deutsche Recht eine solche Entscheidung nicht kennt.[7] Da die Vollstreckbarkeit neu verliehen wird, sind Beschränkungen der Vollstreckung im Erststaat unbeachtlich.

5   **5. Aufgehobene Entscheidungen.** Anerkannt werden kann eine Entscheidung nur, solange sie besteht. Ist sie auf Rechtsmittel aufgehoben worden, scheidet eine Anerkennung aus.[8] Die bloße Einlegung eines Rechtsmittels hindert die Anerkennung dagegen nicht. Auf Antrag des Verpflichteten kann lediglich das Beschwerdegericht anordnen, dass die Zwangsvollstreckung nicht über Maßnahmen der Sicherung hinausgehen darf (§ 22 Abs. 2 AVAG).

Art. 5. Die Anerkennung oder Vollstreckung der Entscheidung darf jedoch versagt werden,
1. wenn die Anerkennung oder Vollstreckung mit der öffentlichen Ordnung des Vollstreckungsstaats offensichtlich unvereinbar ist oder
2. wenn die Entscheidung das Ergebnis betrügerischer Machenschaften im Verfahren ist oder
3. wenn ein denselben Gegenstand betreffendes Verfahren zwischen denselben Parteien vor einer Behörde des Vollstreckungsstaats anhängig und als erstes eingeleitet worden ist oder
4. wenn die Entscheidung unvereinbar ist mit einer Entscheidung, die zwischen denselben Parteien über denselben Gegenstand entweder in dem Vollstreckungsstaat oder in einem anderen Staat ergangen ist, im letztgenannten Fall jedoch nur, sofern diese Entscheidung die für die Anerkennung und Vollstreckung im Vollstreckungsstaat erforderlichen Voraussetzungen erfüllt.

1   1. An **Versagungsgründen** für Anerkennung und Vollstreckung sieht Art. 5 vor:
(1) den Verstoß gegen den **ordre public** (s. § 328 ZPO Rn. 98 ff.);[1] der in Nr. 2 besonders aufgeführte Fall des Betruges ist in Deutschland Unterfall des ordre public.[2] Auf etwaige Verfahrensverstöße im Ausland kann sich der Antragsgegner nur berufen, wenn er sie im Erstverfahren nicht geltend machen konnte. Kein ordre public-Verstoß liegt darin, dass die Vaterschaft im Ausland ohne medizinische Untersuchung aufgrund der Aussage der Kindesmutter festgestellt wurde.[3]

2   (2) **frühere Anhängigkeit** eines Verfahrens mit demselben Gegenstand im Vollstreckungsstaat (Nr. 3).[4]

3   (3) **Unvereinbarkeit** mit einer anderen Entscheidung zwischen den Parteien. Ist die Entscheidung nicht im Vollstreckungsstaat ergangen, muss sie dort anerkannt werden können (Nr. 4). Die Entscheidungen müssen denselben Gegenstand betreffen. Die Anerkennung der Unterhaltsentscheidung darf deshalb anders als nach Art. 34 Nr. 3 EuGVO nicht versagt werden, weil sie mit einer logisch vorrangigen Statusentscheidung in Widerspruch steht oder die Statusentscheidung nicht anerkannt werden kann.[5]

4   Ein Abänderungsurteil ist mit einer ursprünglichen Entscheidung vereinbar.[6]

5   Solange eine unvereinbare inländische Entscheidung besteht, hat sie Vorrang, auch wenn sie in Missachtung ausländischer Rechtshängigkeit ergangen ist.[7] Das Prioritätsprinzip gilt nur bei Kollision mehrerer ausländischer Entscheidungen.

6   2. Wird ein Versagungsgrund festgestellt, so entfällt die staatsvertragliche Anerkennungspflicht; die Anerkennung ist zu versagen. Dem Gericht steht (trotz des Wortlauts „darf...versagt werden") **kein Ermessen** zu, die Entscheidung gleichwohl anzuerkennen.[8] Eine Anerkennung kommt nur nach dem Günstigkeitsprinzip des Art. 23 in Betracht.

---

[6] Vgl. OLG Düsseldorf FamRZ 1994, 1480 f.
[7] OLG Karlsruhe FamRZ 2001, 1623, 1624; *Eschenbruch/Klinkhammer/Dörner* Rn. 8064.
[8] *Baumann* Anerkennung S. 24.
[1] Vgl. BGH NJW 1990, 2197 = ZZP 103 (1990), 471 m. Anm. *Geimer; Baumann* Anerkennung S. 110 ff.
[2] *Staudinger/Kropholler*, Anh. III zu Art. 18 EGBGB Rn. 169; *Kropholler/Blobel*, FS Sonnenberger, 2004, S. 453, 468; *Eschenbruch/Klinkhammer/Dörner* Rn. 8067; vgl. OLG Zweibrücken FamRZ 2005, 997, 998.
[3] OLG Düsseldorf FamRZ 1998, 694.
[4] Vgl. OLG Hamm FamRZ 1993, 189, 190; *Eschenbruch/Klinkhammer/Dörner* Rn. 8068.
[5] *Geimer/Schütze/Baumann* Anm. IV 1; *Nagel/Gottwald* § 13 Rn. 27.
[6] *Geimer/Schütze/Baumann* Anm. IV 3.
[7] *Rahm/Künkel/Breuer* Kap. VIII Rn. 282; aA *Geimer/Schütze/Baumann* Anm. IV 4.
[8] *Staudinger/Kropholler* Anh. III zu Art. 18 EGBGB Rn. 166; *Eschenbruch/Klinkhammer/Dörner* Rn. 8067; aA *Geimer/Schütze/Baumann* Art. 4 Anm. I, Art. 5 Anm. IV 4 a.

Allerdings soll ein Unterhaltsurteil in einer **Verbundentscheidung** nur dann anerkannt werden können, wenn auch die gleichzeitig ergangene Statusentscheidung anerkannt werden kann. Ein Urteil über Unterhalt für ein nichteheliches Kind wird daher nur anerkannt, wenn auch die Vaterschaftsfeststellung anzuerkennen ist.[9] 7

Art. 6. Eine Versäumnisentscheidung wird nur anerkannt oder für vollstreckbar erklärt/ vollstreckt, wenn das das Verfahren einleitende Schriftstück mit den wesentlichen Klagegründen der säumigen Partei nach dem Recht des Ursprungsstaats zugestellt worden ist und wenn diese Partei eine nach den Umständen ausreichende Frist zu ihrer Verteidigung hatte; Artikel 5 bleibt unberührt.

Als zusätzliche Anerkennungsvoraussetzung verlangt Art. 6 **bei Versäumnisentscheidungen**, dass dem Beklagten bei **Einleitung des Verfahrens rechtliches Gehör** gewährt wurde. Erforderlich ist die Zustellung 1
(1) einer substantiierten Klageschrift; die Forderung von „Unterhalt" genügt, nicht aber eine allgemeine Ladung zu einem Gerichtstermin.[1]
(2) Die Zustellung muss ordnungsgemäß nach dem Recht des Erststaates erfolgt sein; bei Auslandszustellung ggf. unter Beachtung der EuZVO bzw. des Haager Zustellungs-Übereinkommens 1965. Dieses Übereinkommen schließt eine Zustellung per *remise au parquet* nicht aus, sondern stellt in Art. 15 lediglich zusätzliche Anforderungen. Verweigert der Empfänger die Annahme der Klageschrift ohne Grund, so muss er sich so behandeln lassen, als sei ordnungsgemäß zugestellt worden.[2]
(3) Ab Zustellung muss dem Beklagten eine (im Einzelfall) ausreichende Verteidigungsfrist, beurteilt nach dem Recht des Anerkennungsstaates, verblieben sein. Zur Auslegung der Voraussetzungen (2) und (3) s. Art. 34 EuGVO Rn. 22 ff., 34.

Eine **fehlerhafte Zustellung** der Versäumnisentscheidung selbst hindert Anerkennung und Vollstreckung dagegen nicht. 2

Art. 7. Eine Behörde des Ursprungsstaats ist als zuständig im Sinn des Übereinkommens anzusehen,
1. **wenn der Unterhaltsverpflichtete oder der Unterhaltsberechtigte zur Zeit der Einleitung des Verfahrens seinen gewöhnlichen Aufenthalt im Ursprungsstaat hatte oder**
2. **wenn der Unterhaltsverpflichtete und der Unterhaltsberechtigte zur Zeit der Einleitung des Verfahrens Staatsangehörige des Ursprungsstaats waren oder**
3. **wenn sich der Beklagte der Zuständigkeit dieser Behörde entweder ausdrücklich oder dadurch unterworfen hat, dass er sich, ohne die Unzuständigkeit geltend zu machen, auf das Verfahren in der Sache selbst eingelassen hat.**

Art. 7 sieht drei generelle Anerkennungszuständigkeiten vor: 1
(1) den **gewöhnlichen Aufenthalt**[1] von Unterhaltsschuldner oder -gläubiger,[2]
(2) die Zuständigkeit des **gemeinsamen Heimatstaates**, 2
(3) die (ausdrückliche oder stillschweigende) **rügelose Einlassung**. Eine ausdrückliche Unterwerfung kann auch auf einer (wirksamen oder unwirksamen) Prorogation beruhen.[3] 3
Art. 7 (und 8) regelt nur die internationale Zuständigkeit; welches Gericht sachlich und örtlich zuständig war, bestimmt die jeweilige lex fori.[4] 4

Art. 8. Die Behörden eines Vertragsstaats, die über eine Unterhaltsklage entschieden haben, sind als zuständig im Sinn des Übereinkommens anzusehen, wenn der Unterhalt infolge einer von einer Behörde dieses Staates ausgesprochenen Scheidung, Trennung ohne Auflösung des Ehebandes, Nichtigkeit oder Ungültigkeit der Ehe geschuldet und

---

[9] OLG Hamm FamRZ 2004, 719; vgl. *Gottwald* FamRZ 2006, 968; *Schack* IZVR Rn. 1024.
[1] *Geimer/Schütze/Baumann* Anm. III 2; *Nagel/Gottwald* § 13 Rn. 28; vgl. OLG Hamm FamRZ 2004, 1889.
[2] OLG Zweibrücken FamRZ 2005, 997, 998.
[1] Zur näheren Auslegung s. Art. 5 EuGVO Rn. 44 sowie *Geimer/Schütze/Baumann* Anm. II 3; *Baumann* Anerkennung S. 26 f.
[2] Vgl. Cour d'appel Paris [1997] I. L. Pr. 150.
[3] Vgl. *Geimer/Schütze/Baumann* Anm. III; *Martiny* Hdb. IZVR III/2 Kap. II Rn. 356.
[4] *Galster* IPRax 1990, 146, 147.

wenn die diesbezügliche Zuständigkeit der Behörde nach dem Recht des Vollstreckungsstaats anerkannt wird; Artikel 7 bleibt unberührt.

1   Die **Verbundzuständigkeit in Scheidungssachen** ist nach Art. 8 eine zusätzliche Anerkennungszuständigkeit, sofern nicht bereits Art. 7 erfüllt ist. Art. 8 gilt jedoch nur, soweit der Vollstreckungsstaat selbst eine Verbundzuständigkeit anerkennt, in Deutschland gemäß § 621 ZPO (künftig: § 137 FamFG). Art. 8 greift auch beim Unterhalt für eheliche Kinder (§ 621 Abs. 1 Nr. 4 ZPO); deren Unterhalt wird zwar unabhängig von der Scheidung geschuldet, prozessual aber gleichfalls „infolge" der Scheidung im Verbund geregelt.[1]

2   Keine Verbundzuständigkeit besteht in **Kindschaftssachen**. Die internationale Entscheidungszuständigkeit bei unterschiedlicher Staatsangehörigkeit der Beteiligten gemäß §§ 640a Abs. 2 Nr. 1, 643 ZPO geht daher über die Anerkennungszuständigkeit der Art. 7, 8 hinaus.

Art. 9. Die Behörde des Vollstreckungsstaats ist an die tatsächlichen Feststellungen gebunden, auf die die Behörde des Ursprungsstaats ihre Zuständigkeit gestützt hat.

Art. 10. Betrifft die Entscheidung mehrere Ansprüche in einer Unterhaltsklage und kann die Anerkennung oder Vollstreckung nicht für alle Ansprüche bewilligt werden, so hat die Behörde des Vollstreckungsstaats das Übereinkommen auf denjenigen Teil der Entscheidung anzuwenden, der anerkannt oder für vollstreckbar erklärt/vollstreckt werden kann.

1   Diese Regelung von **Teilanerkennung/Teilexequatur** entspricht Art. 48 Abs. 1 EuGVO; ein Teilantrag ist in Art. 14 vorgesehen.

Art. 11. Ist in der Entscheidung die Unterhaltsleistung durch regelmäßig wiederkehrende Zahlungen angeordnet, so ist die Vollstreckung sowohl für die bereits fälligen als auch für die künftig fällig werdenden Zahlungen zu bewilligen.

Art. 12. Die Behörde des Vollstreckungsstaats darf die Entscheidung auf ihre Gesetzmäßigkeit nicht nachprüfen, sofern das Übereinkommen nicht etwas anderes bestimmt.

1   Art. 12 enthält ausdrücklich das Verbot der **révision au fond**. Einschränkungen dieses Verbots finden sich in den Art. 18, 19 für Erstattungstitel öffentlicher Leistungsträger.

Kapitel III. Verfahren der Anerkennung und Vollstreckung von Entscheidungen

Art. 13. Das Verfahren der Anerkennung oder Vollstreckung der Entscheidung richtet sich nach dem Recht des Vollstreckungsstaats, sofern das Übereinkommen nicht etwas anderes bestimmt.

1   In **Deutschland** steht das **Klauselerteilungsverfahren** nach §§ 3 ff. AVAG (§ 1 Abs. 1 Nr. 1 c AVAG) zur Verfügung (s. Schlussanh. Nr. B 4). In erster Instanz wird die Klausel im einseitigen Verfahren erteilt. Antragsberechtigt ist der Gläubiger des Titels. Ist der Titel im Ausland durch einen Amtsvormund erwirkt worden, so sollte der Antrag im Inland durch den Unterhaltsberechtigten, gesetzlich vertreten durch den normalen Inhaber der Vermögenssorge, gestellt werden können.[1] Der Antrag kann jederzeit zurückgenommen werden.[2]

2   Wie auch sonst ist eine gesetzliche **Indexierung** bei der Vollstreckbarerklärung zu berücksichtigen.[3] Ein unbestimmter Titel, der sich nicht präzisieren lässt, kann allerdings nicht für vollstreckbar erklärt werden.[4]

3   Gegen die Klauselerteilung kann der Schuldner **Beschwerde** einlegen, kann und muss dabei auch nicht präkludierte sachliche Einwendungen gegen den Titel vorbringen. Bis zum Ablauf der

---

[1] AA *Geimer/Schütze/Baumann* Anm. I.
[1] Vgl. AG Stuttgart IPRax 1989, 53 (m. Anm. *Jayme*).
[2] OLG Zweibrücken FamRZ 2005, 997.
[3] OLG Hamm FamRZ 2004, 1889, 1890; *Baumann* Anerkennung S. 19 f.; *Eschenbruch/Klinkhammer/Dörner* Rn. 8069.
[4] OLG Karlsruhe IPRax 2002, 527, 528; *Eschenbruch/Klinkhammer/Dörner* Rn. 8067.

Beschwerdefrist ist nur eine Sicherungsvollstreckung zulässig (§ 18 AVAG). Die §§ 37 ff. AVAG enthalten Sonderregeln zur Ausführung des HUVÜ 1973, insbesondere kann das Beschwerdegericht sein Verfahren aussetzen oder die Vollstreckung von einer Sicherheitsleistung abhängig machen, wenn im Erststaat ein Rechtsmittel gegen die Entscheidung eingelegt worden ist (§ 38 Abs. 3 AVAG).

Wird die **Entscheidung** im Erststaat **aufgehoben,** kann Aufhebung der Klausel nach § 27 AVAG beantragt werden. Der Gläubiger hat den Vollstreckungsschaden zu ersetzen, § 28 AVAG. 4

Eine **erneute Leistungsklage** anstelle des Klauselerteilungsverfahrens ist unzulässig (s. § 722 ZPO Rn. 43), es sei denn, der ausländische Titel kann nicht anerkannt bzw. für vollstreckbar erklärt werden.[5] 5

Zur Vollstreckbarerklärung in anderen Vertragsstaaten s. *Geimer/Schütze/Baumann* Anm. III 3. 6

Art. 14. Es kann auch die teilweise Anerkennung oder Vollstreckung einer Entscheidung beantragt werden.

Zur Erl. s. Art. 10. 1

Art. 15. Der Unterhaltsberechtigte, der im Ursprungsstaat ganz oder teilweise Prozeßkostenhilfe oder Befreiung von Verfahrenskosten genossen hat, genießt in jedem Anerkennungs- oder Vollstreckungsverfahren die günstigste Prozeßkostenhilfe oder die weitestgehende Befreiung, die im Recht des Vollstreckungsstaats vorgesehen ist.

Art. 15 ordnet eine **Wirkungserstreckung** einer **ausländischen Prozesskostenbewilligung** 1 oder sonstigen Befreiung auf das Inland ex lege an. Der Unterhaltsberechtigte muss lediglich seine Berechtigung im Erststaat, nicht aber seine tatsächliche Bedürftigkeit,[1] nachweisen, Art. 17 Nr. 4. Dadurch soll erreicht werden, dass eine arme Partei im Inland sogleich eine Vollstreckungsklausel ohne erneutes Prozesskostenhilfeverfahren beantragen kann. Zur Vereinfachung des Verfahrens genügt eine bloße Teilbewilligung im Erststaat. Mit diesem Vereinfachungs- und Beschleunigungszweck wäre die Notwendigkeit eines erneuten inländischen Bewilligungsaktes unvereinbar.[2] Ein möglicher Wegfall der Bedürftigkeit nach der Bewilligung im Ausland ist zudem gerade in Unterhaltssachen eine Ausnahme, die das Übereinkommen wohl bewusst vernachlässigen konnte.

Ebenso wie nach Art. 50 EuGVO (aber abweichend von Art. 44 EuGVÜ/LugÜ) hat die ausländische Bewilligung Wirkung für alle Anerkennungs- und Vollstreckungsverfahren; sie wirkt also auch für streitige Beschwerdeverfahren und für das Zwangsvollstreckungsverfahren selbst.[3] 2

Art. 16. In den durch das Übereinkommen erfaßten Verfahren braucht für die Zahlung der Verfahrenskosten keine Sicherheit oder Hinterlegung, unter welcher Bezeichnung auch immer, geleistet zu werden.

Die Regelung entspricht Art. 9 Abs. 2 HUVÜ 1958. Im deutschen Beschlussverfahren des AVAG findet § 110 ZPO aber ohnehin keine Anwendung. 1

Art. 17. (1) Die Partei, die die Anerkennung einer Entscheidung geltend macht oder ihre Vollstreckung beantragt, hat folgende Unterlagen beizubringen:
1. eine vollständige, mit der Urschrift übereinstimmende Ausfertigung der Entscheidung;
2. die Urkunden, aus denen sich ergibt, daß gegen die Entscheidung im Ursprungsstaat kein ordentliches Rechtsmittel mehr zulässig ist und, gegebenenfalls, daß die Entscheidung dort vollstreckbar ist;
3. wenn es sich um eine Versäumnisentscheidung handelt, die Urschrift oder eine beglaubigte Abschrift der Urkunde, aus der sich ergibt, daß das das Verfahren einleitende Schriftstück mit den wesentlichen Klagegründen der säumigen Partei nach dem Recht des Ursprungsstaats ordnungsgemäß zugestellt worden ist;
4. gegebenenfalls jedes Schriftstück, aus dem sich ergibt, daß die Partei im Ursprungsstaat Prozeßkostenhilfe oder Befreiung von Verfahrenskosten erhalten hat;

---
[5] Vgl. AG Stuttgart IPRax 1989, 53 (m. Anm. *Jayme*).
[1] OLG Zweibrücken FamRZ 2005, 997, 998.
[2] AA *Staudinger/Kropholler* Anh III zu Art. 18 EGBGB Rn. 198; *Linke* IZPR Rn. 252.
[3] *Geimer/Schütze/Baumann* Anm. zu Art. 15.

5. eine beglaubigte Übersetzung der genannten Urkunden, wenn die Behörde des Vollstreckungsstaats nicht darauf verzichtet.

(2) Werden die genannten Urkunden nicht vorgelegt oder ermöglicht es der Inhalt der Entscheidung der Behörde des Vollstreckungsstaats nicht, nachzuprüfen, ob die Voraussetzungen dieses Übereinkommens erfüllt sind, so setzt sie eine Frist für die Vorlegung aller erforderlichen Urkunden.

(3) Eine Legalisation oder ähnliche Förmlichkeit darf nicht verlangt werden.

1 Der Anerkennungsrichter darf nur die **Vorlage** der in Art. 17 genannten **Unterlagen** verlangen, sich nach nationalem Recht aber mit weniger begnügen.[1] Sind die Unterlagen zunächst unvollständig, ist nach Abs. 3 eine Nachfrist zu setzen. Soweit ein Nachweis durch Urkunden aber nicht möglich ist, ist nach § 6 Abs. 2 AVAG vorzugehen.

2 Vorzulegen sind:
(1) eine (authentische) **Ausfertigung der** vollständigen **Entscheidung** (Nr. 1) (s. Art. 53 EuGVO Rn. 2),

3 (2) bei rechtskräftigen Entscheidungen ein **Rechtskraftzeugnis,** bei nicht rechtskräftigen Titeln (Art. 4 Abs. 2) ein **Vollstreckbarkeitszeugnis.** Wie nach der EuGVO (s. Art. 54 Rn. 2), aber abweichend von Art. 47 Nr. 1 EuGVÜ/LugÜ, wird ein Nachweis über die Zustellung der Entscheidung nicht verlangt.[2] Nach § 10 Abs. 1 AVAG ist dem Schuldner aber der Titel samt Klausel nach der Vollstreckbarerklärung zuzustellen.

4 (3) bei **Versäumnisentscheidungen** die Zustellungsurkunde bezüglich des verfahrenseinleitenden Schriftstücks.[3]

5 (4) ein Nachweis der im Erststaat gewährten **Prozesskostenhilfe** (wegen der Wirkungserstreckung nach Art. 15).

6 (5) regelmäßig **beglaubigte Übersetzungen** dieser Urkunden (Nr. 5); das Gericht kann auf Übersetzung oder deren Beglaubigung verzichten; für den Antrag selbst s. § 4 Abs. 3 AVAG.

7 Der Nachweis der **Zustellung** der ausländischen Entscheidung ist **nicht** erforderlich.[4]

Kapitel IV. Ergänzende Bestimmungen über öffentliche Aufgaben wahrnehmende Einrichtungen

Art. 18. Ist die Entscheidung gegen einen Unterhaltsverpflichteten auf Antrag einer öffentliche Aufgaben wahrnehmenden Einrichtung ergangen, welche die Erstattung der einem Unterhaltsberechtigten erbrachten Leistungen verlangt, so ist diese Entscheidung nach dem Übereinkommen anzuerkennen und für vollstreckbar zu erklären/zu vollstrecken,

1. wenn die Einrichtung nach dem Recht, dem sie untersteht, die Erstattung verlangen kann;
2. wenn das nach dem internationalen Privatrecht des Vollstreckungsstaats anzuwendende innerstaatliche Recht eine Unterhaltspflicht zwischen dem Unterhaltsberechtigten und dem Unterhaltsverpflichteten vorsieht.

1 Erstattungsansprüche öffentlicher Leistungsträger (im weitesten Sinne) fallen nach Art. 1 Abs. 1 Nr. 2 in den Anwendungsbereich des Übereinkommens. Kap. IV sieht insoweit aber ergänzende Regeln für Anerkennung und Vollstreckung vor.

2 Art. 18 regelt den Fall, dass der öffentliche Leistungsträger einen **eigenen Erstattungstitel gegen den Unterhaltspflichtigen** erstritten hat. Dieser Erstattungstitel ist unter den allgemeinen Voraussetzungen der Art. 4 ff. anzuerkennen und für vollstreckbar zu erklären, soweit zusätzlich darin

(1) die Erstattung von **Leistungen,** die dem Unterhaltsberechtigten tatsächlich erbracht wurden oder künftig erbracht werden (vgl. Art. 11)[1] angeordnet wird,
(2) ein **Erstattungsanspruch** besteht (Nr. 1) und

---

[1] *Geimer/Schütze/Baumann* Anm. I; auch *Wolff* Hdb. IZVR III/2 Kap. IV Rn. 493.
[2] *Wolff* Hdb. IZVR III/2 Kap. IV Rn. 492.
[3] Vgl. OLG Zweibrücken FamRZ 2005, 997.
[4] OLG Düsseldorf FamRZ 1998, 694 u. 2006, 803, 804.
[1] *Geimer/Schütze/Baumann* Anm. III 1.

(3) dem Erstattungstitel tatsächlich ein **Unterhaltsanspruch** zugrunde liegt. Maßgebend ist hierfür das nach dem Kollisionsrecht des Vollstreckungsstaates bestimmte Unterhaltsstatut. In Deutschland ist es nach dem Haager Übereinkommen über das auf Unterhaltspflichten anwendbare Recht vom 2. 10. 1973 zu bestimmen.[2]

Die Voraussetzungen zu (1) und (2) sind durch eine öffentliche Einrichtung gemäß Art. 20 urkundlich nachzuweisen. 3

Art. 19. Eine öffentliche Aufgaben wahrnehmende Einrichtung darf, soweit sie dem Unterhaltsberechtigten Leistungen erbracht hat, die Anerkennung oder Vollstreckung einer zwischen dem Unterhaltsberechtigten und dem Unterhaltsverpflichteten ergangenen Entscheidung verlangen, wenn sie nach dem Recht, dem sie untersteht, kraft Gesetzes berechtigt ist, an Stelle des Unterhaltsberechtigten die Anerkennung der Entscheidung geltend zu machen oder ihre Vollstreckung zu beantragen.

Art. 19 erfasst den Fall, dass der Unterhaltsberechtigte einen Titel erlangt hat, der öffentliche 1 Leistungsträger aber nach seinem Sitzrecht berechtigt ist, diesen Titel des Unterhaltsberechtigten geltend zu machen.

Ist dies der Fall, kann er nach Art. 19 die Vollstreckbarerklärung auch in anderen Vertragsstaaten 2 beantragen, wenn
(1) die Einrichtung öffentliche Aufgaben wahrnimmt,
(2) dem Unterhaltsberechtigten Leistungen erbracht wurden oder fortlaufend weiter erbracht werden,
(3) der Leistungsträger berechtigt ist, den Titel des Berechtigten geltend zu machen (sei es aufgrund Rechtsnachfolge, Einziehungsermächtigung oder Vollstreckungsstandschaft). In Deutschland muss der Leistungsträger Rechtsnachfolger nach Rechtshängigkeit sein (§ 325 ZPO); zusätzlich muss ihm eine Vollstreckungsklausel (§ 727 ZPO) erteilt worden sein.

Nach Art. 20 sind die Voraussetzungen zu (1) bis (3) zusätzlich zu Art. 17 urkundlich nachzuweisen. 3

Art. 20. Die öffentliche Aufgaben wahrnehmende Einrichtung, welche die Anerkennung geltend macht oder die Vollstreckung beantragt, hat die Urkunden vorzulegen, aus denen sich ergibt, daß sie die in Artikel 18 Nummer 1 oder Artikel 19 genannten Voraussetzungen erfüllt und daß die Leistungen dem Unterhaltsberechtigten erbracht worden sind; Artikel 17 bleibt unberührt.

Kapitel V. Vergleiche

Art. 21. Die im Ursprungsstaat vollstreckbaren Vergleiche sind unter denselben Voraussetzungen wie Entscheidungen anzuerkennen und für vollstreckbar zu erklären/zu vollstrecken, soweit diese Voraussetzungen auf sie anwendbar sind.

Kapitel VI. Verschiedene Bestimmungen

Art. 22. Bestehen nach dem Recht eines Vertragsstaats Beschränkungen für die Überweisung von Geldbeträgen, so hat dieser Vertragsstaat der Überweisung von Geldbeträgen, die zur Erfüllung von Unterhaltsansprüchen oder zur Deckung von Kosten für Verfahren nach diesem Übereinkommen bestimmt sind, den größtmöglichen Vorrang zu gewähren.

Die Vorschrift richtet sich an die Vertragsstaaten; sie gewährt dem Gläubiger keine unmittelbaren 1 Rechte; dieser hat vielmehr das Devisenrecht der beteiligten Staaten zu beachten.

Art. 23. Dieses Übereinkommen schließt nicht aus, daß eine andere internationale Übereinkunft zwischen dem Ursprungsstaat und dem Vollstreckungsstaat oder das nichtvertragliche Recht des Vollstreckungsstaats angewendet wird, um die Anerkennung oder Vollstreckung einer Entscheidung oder eines Vergleichs zu erwirken.

---

[2] BGBl. II 1986 S. 837; s. MünchKommBGB/*Siehr* Art. 18 EGBGB Anh. I; *Staudinger/Mankowski* (2003) Anh. I zu Art. 18 EGBGB.

HUVÜ 1973 Art. 24–26   C. Völkerrechtliche Verträge

1   Um die internationale Geltendmachung von Unterhaltsansprüchen möglichst zu erleichtern, sieht Art. 23 ausdrücklich das **Günstigkeitsprinzip** vor:[1] Ein nach dem HUVÜ 1973 nicht anerkennungsfähiger Titel darf danach nach anderen zwischen den Vertragsstaaten geltenden Regeln oder dem autonomen Recht anerkannt und vollstreckt werden.

2   Da das Anerkennungsrecht eine Einheit bildet, sind die günstigsten Anerkennungsvoraussetzungen in Deutschland **von Amts wegen** anzuwenden. Freilich besteht insoweit ein Vermischungsverbot: Vorschriften, die eine innere Einheit bilden, dürfen nicht geteilt; aus unterschiedlichen Verträgen darf keine willkürliche Kombination gebildet werden.

3   Zwischen unterschiedlichen Anerkennungs- und Vollstreckungsverfahren muss der **Antragsteller wählen**; in Deutschland besteht eine solche Möglichkeit jedoch faktisch nicht.[2]

4   Zulässig ist es, nach Art. 23 HUVÜ 1973 iVm. Art. 71 Abs. 2 lit. b EuGVO[3] bzw. Art. 57 Abs. 2 EuGVÜ (idF des 3. Beitrittsübereinkommens 1989) bzw. Art. 57 Abs. 5 LugÜ die Anerkennungsvoraussetzungen dem HUVÜ 1973, das Anerkennungsverfahren dagegen der EuGVO bzw. dem EuGVÜ/LugÜ[4] zu entnehmen. Da das AVAG für alle diese Regelwerke gilt, ergeben sich hieraus in Deutschland aber kaum Vorteile.[5]

Art. 24. (1) Dieses Übereinkommen ist unabhängig von dem Zeitpunkt anzuwenden, in dem die Entscheidung ergangen ist.

(2) Ist die Entscheidung ergangen, bevor dieses Übereinkommen zwischen dem Ursprungsstaat und dem Vollstreckungsstaat in Kraft getreten ist, so ist sie im letztgenannten Staat nur hinsichtlich der nach diesem Inkrafttreten fällig werdenden Zahlungen für vollstreckbar zu erklären/zu vollstrecken.

Nach Abs. 1 ist das Übereinkommen auch auf **Altentscheidungen** anwendbar. Nach Abs. 2 gilt es jedoch nicht für Zahlungen, die im Zeitpunkt seines Inkrafttretens fällig sind.[1] Insoweit gilt zwischen den Vertragsstaaten das HUVÜ 1958 bzw. das sonst vorher anwendbare Recht.

Art. 25. Jeder Vertragsstaat kann jederzeit erklären, daß er in seinen Beziehungen zu den Staaten, die dieselbe Erklärung abgegeben haben, alle vor einer Behörde oder einer Urkundsperson errichteten öffentlichen Urkunden, die im Ursprungsstaat aufgenommen und vollstreckbar sind, in das Übereinkommen einbezieht, soweit sich dessen Bestimmungen auf solche Urkunden anwenden lassen.

1   **Öffentliche Urkunden** sind bisher von der Bundesrepublik Deutschland, den Niederlanden und Schweden einbezogen worden.[1]

2   Im **Verhältnis zu anderen Vertragsstaaten** ist eine Vollstreckbarerklärung öffentlicher Urkunden nach dem HUVÜ 1973 unmöglich. Eine Vollstreckung kommt aber nach der EuGVO (Art. 57) bzw. dem EuGVÜ/LugÜ (Art. 51) sowie bilateralen Anerkennungs- und Vollstreckungsverträgen in Betracht.

Art. 26. (1) Jeder Vertragsstaat kann sich nach Artikel 34 das Recht vorbehalten, weder anzuerkennen noch für vollstreckbar zu erklären/zu vollstrecken:
1. Entscheidungen und Vergleiche über Unterhaltsleistungen, die ein Unterhaltsverpflichteter, der nicht der Ehegatte oder der frühere Ehegatte des Unterhaltsberechtigten ist, für die Zeit nach der Eheschließung oder nach dem vollendeten einundzwanzigsten Lebensjahr des Unterhaltsberechtigten schuldet;
2. Entscheidungen und Vergleiche in Unterhaltssachen
   a) zwischen Verwandten in der Seitenlinie;
   b) zwischen Verschwägerten;
3. Entscheidungen und Vergleiche, die die Unterhaltsleistung nicht durch regelmäßig wiederkehrende Zahlungen vorsehen.

---

[1] OLG Düsseldorf FamRZ 2006, 803, 804; *Linke* IZVR Rn. 20; *Martiny* Hdb.IZVR III/1 Rn. 224 ff.; *Nagel/Gottwald* § 13 Rn. 32; *Rahm/Künkel/Breuer*, Handbuch des Familiengerichtsverfahrens, Kap. VIII Rn. 272.
[2] *Geimer/Schütze/Baumann* Anm. III, III 2.
[3] *Linke* IZVR Rn. 344.
[4] Vgl. *Kropholler/Blobel*, FS Sonnenberger, 2004, S. 453, 475 f.
[5] Vgl. *Hohloch* FF 2001, 147, 151.
[1] OLG Düsseldorf FamRZ 1994, 1480 f.
[1] Vgl. *Rahm/Künkel/Breuer*, Handbuch des Familiengerichtsverfahrens, Kap. VIII Rn. 275.

(2) Ein Vertragsstaat, der einen Vorbehalt gemacht hat, kann nicht verlangen, daß das Übereinkommen auf Entscheidungen und Vergleiche angewendet wird, die er durch seinen Vorbehalt ausgeschlossen hat.

Art. 26 lässt **drei einschränkende Vorbehalte** zu. Soweit ein Staat einen Vorbehalt erklärt hat, gilt nach Abs. 2 der Grundsatz der Gegenseitigkeit. 1

Abs. 1 Nr. 1 ermöglicht eine Beschränkung auf Ansprüche von Ehegatten und unverheirateten Kindern unter 21 Jahren. Diesen Vorbehalt haben Dänemark, Finnland, Portugal und Schweden erklärt. 2

Nach Nr. 2 können Unterhaltsansprüche zwischen **Verwandten in der Seitenlinie und Verschwägerten** ausgeschlossen werden. Einen Ausschluss für Unterhaltspflichten in der Seitenlinie haben Dänemark, Deutschland, Finnland, Großbritannien, Luxemburg, Niederlande, Norwegen, Schweden, Slowakei, Tschechische Republik und Türkei erklärt. Ansprüche von Verschwägerten haben auch Dänemark, Deutschland, Finnland, Großbritannien, Luxemburg, Norwegen, Portugal, Schweden, Slowakei, Tschechische Republik und Türkei ausgeschlossen. Der deutsche Ausschluss richtet sich nunmehr nach § 37 Abs. 2 AVAG. 3

Einmalige Zahlungen haben, Estland, Großbritannien, Italien, Luxemburg, Polen und die Türkei vom Anwendungsbereich des Übereinkommens ausgeschlossen.[1] 4

Art. 27. Sieht das Recht eines Vertragsstaats in Unterhaltssachen zwei oder mehr Rechtsordnungen vor, die für verschiedene Personenkreise gelten, so ist eine Verweisung auf das Recht dieses Staates als Verweisung auf die Rechtsordnung zu verstehen, die nach dem Recht dieses Staates für einen bestimmten Personenkreis gilt.

Art. 28. (1) Besteht ein Vertragsstaat aus zwei oder mehr Gebietseinheiten, in denen verschiedene Rechtsordnungen für die Anerkennung und Vollstreckung von Unterhaltsentscheidungen gelten, so ist
1. eine Verweisung auf das Recht, das Verfahren oder die Behörde des Ursprungsstaats als Verweisung auf das Recht, das Verfahren oder die Behörde der Gebietseinheit zu verstehen, in der die Entscheidung ergangen ist;
2. eine Verweisung auf das Recht, das Verfahren oder die Behörde des Vollstreckungsstaats als Verweisung auf das Recht, das Verfahren oder die Behörde der Gebietseinheit zu verstehen, in der die Anerkennung oder Vollstreckung beantragt wird;
3. eine Verweisung nach den Nummern 1 und 2 auf das Recht oder das Verfahren des Ursprungsstaats oder des Vollstreckungsstaats in dem Sinn zu verstehen, daß auch auf die einschlägigen Rechtsvorschriften und -grundsätze des Vertragsstaats, die für dessen Gebietseinheiten gelten, verwiesen ist;
4. eine Verweisung auf den gewöhnlichen Aufenthalt des Unterhaltsberechtigten oder des Unterhaltsverpflichteten im Ursprungsstaat als Verweisung auf den gewöhnlichen Aufenthalt in der Gebietseinheit zu verstehen, in der die Entscheidung ergangen ist.

(2) Jeder Vertragsstaat kann jederzeit erklären, daß er eine oder mehrere dieser Vorschriften auf eine oder mehrere Bestimmungen dieses Übereinkommens nicht anwenden wird.

Art. 29. Dieses Übereinkommen ersetzt in den Beziehungen zwischen den Staaten, die Vertragsparteien sind, das Haager Übereinkommen vom 15. April 1958 über die Anerkennung und Vollstreckung von Entscheidungen auf dem Gebiet der Unterhaltspflicht gegenüber Kindern.

Zum derzeitigen Geltungsbereich s. vor Art. 1.

Kapitel VII. Schlußbestimmungen

Art. 30–37 *(nicht abgedruckt)*

---

[1] Vgl. *Jayme/Hausmann*, Internationales Privat- und Verfahrensrecht, 13. Aufl., S. 504 Fn. 8.

b) Haager Übereinkommen über die Anerkennung und Vollstreckung von Entscheidungen auf dem Gebiet der Unterhaltspflicht gegenüber Kindern (HUVÜ 1958)

Vom 15. 4. 1958 (BGBl. II 1961 S. 1006)

(Auszug)

Materialien: Denkschrift zu dem Übereinkommen, BT-Drucks. III/2583; Begründung zum Ausführungsgesetz, BT-Drucks. III/2584.

Schrifttum: *Baumann,* Die Anerkennung und Vollstreckung ausländischer Entscheidungen in Unterhaltssachen, 1989; *Gross,* Zur Vollstreckbarerklärung von Unterhaltsentscheidungen gemäß dem Haager Übereinkommen vom 15. 4. 1958, DAVorm. 1984, 549; *Kropholler/Blobel,* Unübersichtliche Gemengelage im IPR, FS Sonnenberger, 2004, S. 453; *Lansky,* Das Haager Übereinkommen vom 15. 4. 1958 über die Anerkennung und Vollstreckung von Entscheidungen auf dem Gebiet der Unterhaltspflicht gegenüber Kindern, Diss. Bonn, 1960; *Martiny,* Anerkennung nach multilateralen Staatsverträgen, in: Hdb. IZVR III/2 Kap. II (§ 2), 1984; *Staudinger/Kropholler,* BGB, Anh. III B zu Art. 18 EGBGB, 14. Bearb., 2003; *Wolff,* Vollstreckbarerklärung, in: Hdb. IZVR III/2 Kap. IV (§ 5), 1984.

Vorbemerkung

1   Da das HUVÜ 1973 nach seinem Art. 20 Vorrang vor dem HUVÜ 1958 hat, gilt das HUVÜ 1958 nur noch im Verhältnis zu Belgien, Liechtenstein, Österreich, Surinam und Ungarn. Da Belgien, Österreich und Ungarn Mitglied der EU sind und insoweit die EuGVO gilt bzw. vorher EuGVÜ oder LugÜ galten, hat das Übereinkommen im Verhältnis zu diesen Staaten praktische Bedeutung nur noch für Altentscheidungen vor dem Beitritt zur EU. Uneingeschränkt gilt das Übereinkommen daher nur noch im Verhältnis zu Liechtenstein und Surinam.

2   Im Verhältnis zu den anderen Vertragsstaaten (Dänemark, Finnland, Frankreich, Italien, Niederlande, Norwegen, Portugal, Schweden, Schweiz, Slowakei, Spanien, Tschechische Republik und Türkei) gilt das ältere Übereinkommen nur noch für eventuelle Rückstände aus der Zeit vor dem 1. 4. 1987.

Art. 1. (1) Zweck dieses Übereinkommens ist es, in den Vertragsstaaten die gegenseitige Anerkennung und Vollstreckung von Entscheidungen über Klagen internationalen oder innerstaatlichen Charakters sicherzustellen, die den Unterhaltsanspruch eines ehelichen, unehelichen oder an Kindes Statt angenommenen Kindes zum Gegenstand haben, sofern es unverheiratet ist und das 21. Lebensjahr noch nicht vollendet hat.

(2) Enthält die Entscheidung auch einen Ausspruch über einen anderen Gegenstand als die Unterhaltspflicht, so bleibt die Wirkung des Übereinkommens auf die Unterhaltspflicht beschränkt.

(3) Dieses Übereinkommen findet auf Entscheidungen in Unterhaltssachen zwischen Verwandten in der Seitenlinie keine Anwendung.

1   1. Das Übereinkommen will die Anerkennung und Vollstreckung von Entscheidungen über Kindesunterhalt sichern. Es beschränkt sich aber auf Titel über **Unterhaltsansprüche für unverheiratete Kinder unter 21 Jahren** (zur Zeit des Vertragsschlusses also auf Minderjährige). Unterhaltsansprüche von Seitenverwandten, die es nach dem Recht einiger Staaten gibt, sind ausgeschlossen (Art. 1 Abs. 3). Diese Beschränkungen waren in der Praxis hinderlich und Anlass, das verbesserte HUVÜ 1973 auszuarbeiten, das zwischen den Vertragsstaaten Vorrang hat.

2   2. Ist eine Unterhaltsentscheidung Teil eines **Verbundurteils** mit einer Statussache, so erfasst das HUVÜ 1958 nur die Unterhaltsentscheidung (Abs. 2).

3   3. **Abänderungsurteile** werden wie Erstentscheidungen anerkannt und vollstreckt (Art. 8).

Art. 2. Unterhaltsentscheidungen, die in einem der Vertragsstaaten ergangen sind, sind in den anderen Vertragsstaaten, ohne daß sie auf ihre Gesetzmäßigkeit nachgeprüft werden dürfen, anzuerkennen und für vollstreckbar zu erklären,

1. wenn die Behörde, die entschieden hat, nach diesem Übereinkommen zuständig war;
2. **wenn die beklagte Partei** nach dem Recht des Staates, dem die entscheidende Behörde angehört, ordnungsgemäß geladen oder vertreten war;

jedoch darf im Fall einer Versäumnisentscheidung die Anerkennung und Vollstreckung versagt werden, wenn die Vollstreckungsbehörde in Anbetracht der Umstände des Falles der Ansicht ist, daß die säumige Partei ohne ihr Verschulden von dem Verfahren keine Kenntnis hatte oder sich in ihm nicht verteidigen konnte;
3. wenn die Entscheidung in dem Staat, in dem sie ergangen ist, Rechtskraft erlangt hat;
jedoch werden vorläufig vollstreckbare Entscheidungen und einstweilige Maßnahmen trotz der Möglichkeit, sie anzufechten, von der Vollstreckungsbehörde für vollstreckbar erklärt, wenn in dem Staat, dem diese Behörde angehört, gleichartige Entscheidungen erlassen und vollstreckt werden können;
4. wenn die Entscheidung nicht in Widerspruch zu einer Entscheidung steht, die über denselben Anspruch und zwischen denselben Parteien in dem Staat erlassen worden ist, in dem sie geltend gemacht wird;
die Anerkennung und Vollstreckung darf versagt werden, wenn in dem Staat, in dem die Entscheidung geltend gemacht wird, vor ihrem Erlaß dieselbe Sache rechtshängig geworden ist;
5. wenn die Entscheidung mit der öffentlichen Ordnung des Staates, in dem sie geltend gemacht wird, nicht offensichtlich unvereinbar ist.

1. Das Übereinkommen sieht folgende **Voraussetzungen für Anerkennung und Vollstreckung** vor:
(1) **Anerkennungszuständigkeit** gemäß Art. 3,
(2) **ordnungsgemäße Ladung des Beklagten**; im Säumnisfalle auch Unkenntnis von der Ladung oder sonstige Unmöglichkeit der Verteidigung. Erfasst sind damit Fälle der öffentlichen oder der Ersatzzustellung, auch die nicht rechtzeitige Ladung. In Arglistfällen (vorsätzliches Verhindern der Zustellung) soll diese Schutznorm aber nicht anwendbar sein.[1] War der Beklagte im Verfahren vertreten, werden Fehler der Ladung geheilt.[2]
(3) **Rechtskraft der Entscheidung**; nicht rechtskräftige oder einstweilige Entscheidungen genügen nur, wenn der Anerkennungsstaat selbst solche Entscheidungen erlässt und vollstreckt;
(4) kein **Widerspruch gegen** eine bereits vorliegende **Entscheidung des Anerkennungsstaates**;[3] bei Rechtshängigkeit im Anerkennungsstaat besteht ein Versagungsermessen;
(5) kein **ordre public-Verstoß** (s. § 328 ZPO Rn. 98 ff.). Abweichend von § 328 ZPO darf (1) die Entscheidung selbst (nicht deren Anerkennung) und (2) die Entscheidung selbst (und nicht ihre Folgen) nicht offensichtlich gegen den ordre public verstoßen. Praktische Konsequenzen dürften diese Unterschiede aber kaum haben.

2. Einen **IPR-Vorbehalt** für Statusfragen sieht das Übereinkommen nicht vor.

Art. 3. Nach diesem Übereinkommen sind für den Erlass von Unterhaltsentscheidungen folgende Behörden zuständig:
1. die Behörden des Staates, in dessen Hoheitsgebiet der Unterhaltspflichtige im Zeitpunkt der Einleitung des Verfahrens seinen gewöhnlichen Aufenthalt hatte;
2. die Behörden des Staates, in dessen Hoheitsgebiet der Unterhaltsberechtigte im Zeitpunkt der Einleitung des Verfahrens seinen gewöhnlichen Aufenthalt hatte;
3. die Behörde, deren Zuständigkeit sich der Unterhaltspflichtige entweder ausdrücklich oder dadurch unterworfen hat, daß er sich, ohne die Unzuständigkeit geltend zu machen, zur Hauptsache eingelassen hat.

1. Als reiner Anerkennungs- und Vollstreckungsvertrag sieht das Übereinkommen **keine Entscheidungszuständigkeiten** vor.
2. **Anerkennungszuständigkeit** besteht nach dem HUVÜ 1958 für die Gerichtsstände
(1) des gewöhnlichen Aufenthalts des Beklagten,
(2) des gewöhnlichen Aufenthalts des Klägers,
(3) der Gerichtsstandsvereinbarung (ausdrückliche Unterwerfung) oder der rügelosen Einlassung.

---
[1] Nagel/Gottwald § 13 Rn. 50; Staudinger/Kropholler Anh. III zu Art. 18 EGBGB Rn. 68.
[2] Nagel/Gottwald § 13 Rn. 49; Staudinger/Kropholler Anh. III zu Art. 18 EGBGB Rn. 64.
[3] Vgl. Schack IPRax 1986, 218, 219; Staudinger/Kropholler Anh. III zu Art. 18 EGBGB Rn. 76 ff.

Art. 4. Die Partei, die sich auf eine Entscheidung beruft oder ihre Vollstreckung beantragt, hat folgende Unterlagen beizubringen:
1. eine Ausfertigung der Entscheidung, welche die für ihre Beweiskraft erforderlichen Voraussetzungen erfüllt;
2. die Urkunden, aus denen sich ergibt, daß die Entscheidung vollstreckbar ist;
3. im Fall einer Versäumnisentscheidung eine beglaubigte Abschrift der das Verfahren einleitenden Ladung oder Verfügung und die Urkunden, aus denen sich die ordnungsmäßige Zustellung dieser Ladung oder Verfügung ergibt.

Art. 5. Die Prüfung der Vollstreckungsbehörde beschränkt sich auf die in Artikel 2 genannten Voraussetzungen und die in Artikel 4 aufgezählten Urkunden.

1   Eine **révision au fond** ist damit sinngemäß ausgeschlossen.

Art. 6. (1) Soweit in diesem Übereinkommen nichts anderes bestimmt ist, richtet sich das Verfahren der Vollstreckbarerklärung nach dem Recht des Staates, dem die Vollstreckungsbehörde angehört.

(2) Jede für vollstreckbar erklärte Entscheidung hat die gleiche Geltung und erzeugt die gleichen Wirkungen, als wenn sie von einer zuständigen Behörde des Staates erlassen wäre, in dem die Vollstreckung beantragt wird.

1   In der Bundesrepublik Deutschland werden Entscheidungen nach § 2 AusfG (abgedruckt im Anschluss an das Übereinkommen) im **fakultativen Beschlussverfahren** (s. § 722 ZPO Rn. 7) für vollstreckbar erklärt. Sachlich zuständig ist das Amtsgericht (Familiengericht) (§ 1 AusfG). „Indexierte" Titel können dabei ausgelegt und entgegen früherer Rspr. konkretisiert werden[1] (s. § 722 ZPO Rn. 21).
2   Nachträgliche **Einwendungen** gegen den Anspruch kann und muss der Schuldner im Beschlussverfahren vorbringen, § 4 Abs. 2 AusfG; ansonsten ist er damit präkludiert.
3   Ist die Entscheidung mit der Vollstreckungsklausel versehen, steht sie für die Vollstreckung einer inländischen gleich.

Art. 7. Ist in der Entscheidung, deren Vollstreckung beantragt wird, die Unterhaltsleistung durch regelmäßig wiederkehrende Zahlungen angeordnet, so wird die Vollstreckung sowohl wegen der bereits fällig gewordenen als auch wegen der künftig fällig werdenden Zahlungen bewilligt.

Art. 8. Die Voraussetzungen, die in den vorstehenden Artikeln für die Anerkennung und Vollstreckung von Entscheidungen im Sinne dieses Übereinkommens festgelegt sind, gelten auch für Entscheidungen einer der in Artikel 3 bezeichneten Behörden, durch die eine Verurteilung zu Unterhaltsleistungen abgeändert wird.

1   Eine **Abänderungsentscheidung** ist wie eine Erstentscheidung anzuerkennen, wenn sie von einer der in Art. 3 genannten Behörden erlassen wurde. Damit ist implizit anerkannt, dass eine Unterhaltsentscheidung in einem anderen Staat abgeändert werden darf und die Abänderungsentscheidungen sowohl in Drittstaaten wie im Erststaat anzuerkennen sind.[1]

Art. 9. (1) Ist einer Partei in dem Staat, in dem die Entscheidung ergangen ist, das Armenrecht gewährt worden, so genießt sie es auch in dem Verfahren, durch das die Vollstreckung der Entscheidung erwirkt werden soll.

(2) In den in diesem Übereinkommen vorgesehenen Verfahren braucht für die Prozeßkosten keine Sicherheit geleistet zu werden.

(3) In den unter dieses Übereinkommen fallenden Verfahren bedürfen die beigebrachten Urkunden keiner weiteren Beglaubigung oder Legalisation.

---

[1] *Dopffel* IPRax 1986, 277, 281; *Eschenbruch/Klinkhammer/Dörner* Rn. 8078; *Staudinger/Kropholler* Anh. III zu Art. 18 EGBGB Rn. 113 ff.
[1] *Nagel/Gottwald* § 13 Rn. 55 ff.; vgl. *Staudinger/Kropholler* Anh. III zu Art. 18 EGBGB Rn. 111 ff.

1c) Ausführungsgesetz zu dem Haager Übereinkommen § 1 AGHUVÜ 1958

Die **Bewilligung von Armenrecht/Prozesskostenhilfe** im Erststaat erstreckt sich nach Abs. 1 auf das Vollstreckbarerklärungsverfahren (einschließlich Rechtsmittel) im Zweitstaat. 1

Der Antragsteller braucht keine **Sicherheit für Prozesskosten** zu leisten (Abs. 2). 2

Die nach Art. 4 vorzulegenden Urkunden sind von der Pflicht zur Beglaubigung oder Legalisation befreit. 3

Art. 10. Die Vertragsstaaten verpflichten sich, den Transfer der auf Grund von Unterhaltsverpflichtungen gegenüber Kindern zugesprochenen Beträge zu erleichtern.

Art. 11. Dieses Übereinkommen hindert den Unterhaltsberechtigten nicht, sich auf sonstige Bestimmungen zu berufen, die nach dem innerstaatlichen Recht des Landes, in dem die Vollstreckungsbehörde ihren Sitz hat, oder nach einem anderen zwischen den Vertragsstaaten in Kraft befindlichen Abkommen auf die Vollstreckung von Unterhaltsentscheidungen anwendbar sind.

Art. 11 sieht ausdrücklich das **Günstigkeitsprinzip** vor. Der Unterhaltsberechtigte, aber auch der Schuldner[1] können sich also auf andere Staatsverträge und das autonome Recht des Vollstreckungsstaates stützen. 1

Praktisch relevant ist die **Vollstreckung nach der EuGVO**[2] bzw. nach EuGVÜ/LugÜ, die in aller Regel einfacher ist als die nach dem HUVÜ 1958.[3] Jedenfalls seit der Klarstellung durch das 1. Beitrittsübereinkommen zum EuGVÜ können die Anerkennungsvoraussetzungen des HUVÜ 1958 mit dem Klauselerteilungsverfahren nach dem EuGVÜ kombiniert werden (s. Art. 71 EuGVO Rn. 8). Prozessvergleiche und vollstreckbare Urkunden können zudem nicht nach dem HUVÜ 1958, wohl aber nach der EuGVO (Art. 57, 58) vollstreckt werden. 2

Art. 12. Dieses Übereinkommen findet keine Anwendung auf Entscheidungen, die vor seinem Inkrafttreten ergangen sind.

Art. 13–17 *(nicht abgedruckt)*

Art. 18. (1) Jeder Vertragsstaat kann bei Unterzeichnung oder Ratifizierung dieses Übereinkommens oder bei seinem Beitritt einen Vorbehalt machen hinsichtlich der Anerkennung und Vollstreckung von Entscheidungen einer Behörde eines anderen Vertragsstaates, deren Zuständigkeit durch den Aufenthaltsort des Unterhaltsberechtigten begründet ist.

(2) Ein Staat, der diesen Vorbehalt macht, kann nicht verlangen, daß dieses Übereinkommen auf Entscheidungen seiner Behörden angewandt wird, deren Zuständigkeit durch den Aufenthaltsort des Unterhaltsberechtigten begründet ist.

Art. 19 *(nicht abgedruckt)*

c) Ausführungsgesetz zu dem Haager Übereinkommen 1958

Vom 18. 7. 1961 (BGBl. I 1961 S. 1033, zuletzt geändert durch Gesetz vom 27. 7. 2001 (BGBl. I S. 1887)

Erster Abschnitt. Vollstreckbarerklärung ausländischer Entscheidungen

§ 1. (1) Für die Vollstreckbarerklärung von Entscheidungen, die über Unterhaltsansprüche von Kindern in einem der Vertragsstaaten des Haager Übereinkommens vom 15. April 1958 über die Anerkennung und Vollstreckung von Entscheidungen auf dem Gebiet der Unterhaltspflicht gegenüber Kindern ergangen sind (Artikel 1, 4 bis 8, 12 des Übereinkommens), ist sachlich das Amtsgericht zuständig.

---

[1] *Schack* IPRax 1986, 218, 219.
[2] Vgl. *Nagel/Gottwald* § 13 Rn. 42; *Staudinger/Kropholler* Anh. III zu Art. 18 EGBGB Rn. 120 ff.
[3] *Klinkhardt* ZfJ 1984, 161, 164.

(2) Örtlich zuständig ist das Gericht, bei dem der Schuldner seinen allgemeinen Gerichtsstand hat, und beim Fehlen eines solchen das Gericht, in dessen Bezirk sich Vermögen des Schuldners befindet oder die Zwangsvollstreckung durchgeführt werden soll.

§ 2. (1) Für die Vollstreckbarerklärung der in § 1 Absatz 1 genannten Entscheidungen gelten § 1063 Absatz 1 und § 1064 Absatz 2 der Zivilprozessordnung entsprechend.

(2) Dem Antrag soll die für die Zustellung erforderliche Zahl von Abschriften beigefügt werden.

(3) ¹Wird die mündliche Verhandlung angeordnet, so ist der Termin den Parteien von Amts wegen bekanntzumachen. ²Im Verfahren vor den Landgerichten soll die Bekanntmachung die Aufforderung gemäß § 215 der Zivilprozeßordnung enthalten.

(4) ¹Der Beschluss unterliegt der Beschwerde nach den §§ 567 bis 577 der Zivilprozessordnung. ²Die §§ 707, 717, 1065 der Zivilprozessordnung gelten entsprechend.

1   Das **Amtsgericht** entscheidet im **fakultativen Beschlussverfahren**. Da es sich um eine Familiensache handelt, ist das Familiengericht zuständig.[1] In Familiensachen (§ 621 Abs. 1 Nr. 4, 5, 10 ZPO), die die früheren Kindschaftssachen[2] einschließen, gibt es gegen den Beschluss die sofortige Beschwerde zum Oberlandesgericht. § 2 Abs. 5 eröffnet gegen die Vollstreckbarerklärung eine Rechtsbeschwerde an den Bundesgerichtshof, soweit bei einer Entscheidung im Urteilsverfahren die Revisionsvoraussetzungen erfüllt wären (§ 1065 Abs. 1 ZPO).

§ 3. ¹Hängt die Vollstreckung nach dem Inhalt der Entscheidung von einer dem Gläubiger obliegenden Sicherheitsleistung, dem Ablauf einer Frist oder dem Eintritt einer anderen Tatsache ab, so ist die Frage, inwieweit die Vollstreckbarerklärung von dem Nachweis besonderer Voraussetzungen abhängig ist, nach dem Recht zu entscheiden, das für das Gericht des Urteilsstaates maßgebend ist. ²Der Nachweis ist durch öffentliche oder öffentlich beglaubigte Urkunden zu führen, sofern nicht die Tatsachen bei dem Gericht offenkundig sind. ³Kann er in dieser Form nicht erbracht werden, so ist mündliche Verhandlung anzuordnen.

§ 4. (1) In dem Verfahren der Vollstreckbarerklärung einer Entscheidung kann der Schuldner auch Einwendungen gegen den Anspruch selbst insoweit geltend machen, als die Gründe, auf denen sie beruhen, erst nach dem Erlaß der Entscheidung entstanden sind.

(2) Ist eine Entscheidung für vollstreckbar erklärt, so kann der Schuldner Einwendungen gegen den Anspruch selbst in einem Verfahren nach § 767 der Zivilprozeßordnung nur geltend machen, wenn die Gründe, auf denen sie beruhen, erst
1. nach Ablauf der Frist, innerhalb derer er Beschwerde hätte einlegen können, oder
2. falls die Beschwerde eingelegt worden ist, nach Beendigung dieses Verfahrens
entstanden sind.

§ 5. (1) Ist die Entscheidung, deren Vollstreckbarerklärung beantragt wird, nach dem Recht des Staates, in dem sie ergangen ist, noch nicht rechtskräftig, so kann das Verfahren der Vollstreckbarerklärung ausgesetzt werden, wenn der Schuldner nachweist, daß er gegen die Entscheidung einen Rechtsbehelf eingelegt hat, der den Eintritt der Rechtskraft hemmt.

(2) Die Entscheidung über den Antrag auf Vollstreckbarerklärung ist auszusetzen,
1. wenn der Schuldner nachweist, daß die Zwangsvollstreckung in dem Staat, in dem die Entscheidung ergangen ist, eingestellt ist und dass er die Voraussetzungen erfüllt hat, von denen die Einstellung abhängt;
2. wenn der Unterhaltsanspruch vor Erlaß der Entscheidung, deren Vollstreckbarerklärung beantragt wird, im Inland rechtshängig geworden ist und eine rechtskräftige inländische Entscheidung noch nicht vorliegt.

§ 6. Aus den für vollstreckbar erklärten Entscheidungen (§ 1 Abs. 1) findet die Zwangsvollstreckung statt, sofern die Entscheidung über die Vollstreckbarkeit rechtskräftig oder für vorläufig vollstreckbar erklärt ist.

---

[1] OLG Rostock IPRax 2000, 214 (mit Anm. *Mankowski* S. 188).
[2] Vgl. BGH NJW 1980, 292.

Zweiter Abschnitt. Aufhebung oder Abänderung der Vollstreckbarerklärung

§ 7. (1) Wird eine der in § 1 Absatz 1 bezeichneten Entscheidungen in dem Staat, in dem sie ergangen ist, nach der Vollstreckbarerklärung aufgehoben oder abgeändert und kann der Schuldner diese Tatsache in dem Verfahren der Vollstreckbarerklärung nicht mehr geltend machen, so kann er die Aufhebung oder Abänderung der Vollstreckbarerklärung in einem besonderen Verfahren beantragen.

(2) [1] Für die Entscheidung über den Antrag ist das Gericht ausschließlich zuständig, das in dem Verfahren der Vollstreckbarerklärung im ersten Rechtszug entschieden hat. [2] Über den Antrag kann ohne mündliche Verhandlung entschieden werden; vor der Entscheidung ist der Gläubiger zu hören. [3] Die Entscheidung ergeht durch Beschluss, der dem Gläubiger und dem Schuldner von Amts wegen zuzustellen ist. [4] Der Beschluss unterliegt der Beschwerde nach den §§ 567 bis 577 der Zivilprozessordnung.

(3) [1] Für die Einstellung der Zwangsvollstreckung und die Aufhebung bereits getroffener Vollstreckungsmaßregeln gelten §§ 769, 770 der Zivilprozeßordnung entsprechend. [2] Die Aufhebung einer Vollstreckungsmaßregel ist auch ohne Sicherheitsleistung zulässig.

Dritter Abschnitt. Besondere Vorschriften für deutsche gerichtliche Entscheidungen

§ 8. Ist zu erwarten, daß ein Versäumnis- oder Anerkenntnisurteil, durch das über einen Unterhaltsanspruch von Kindern (Artikel 1 des Übereinkommens) entschieden wird, in einem der Vertragsstaaten geltend gemacht werden soll, so darf das Urteil nicht in abgekürzter Form (§ 313 b der Zivilprozeßordnung) hergestellt werden.

§ 9. (1) [1] Will eine Partei ein Versäumnis- oder Anerkenntnisurteil, das über einen Unterhaltsanspruch von Kindern ergangen und nach § 313 b der Zivilprozeßordnung in abgekürzter Form hergestellt ist, in einem der Vertragsstaaten geltend machen, so ist das Urteil auf ihren Antrag zu vervollständigen. [2] Der Antrag kann bei dem Gericht schriftlich eingereicht oder mündlich zu Protokoll der Geschäftsstelle gestellt werden. [3] Über den Antrag wird ohne mündliche Verhandlung entschieden.

(2) Zur Vervollständigung des Urteils sind der Tatbestand und die Entscheidungsgründe nachträglich anzufertigen, von den Richtern besonders zu unterschreiben und der Geschäftsstelle zu übergeben; der Tatbestand und die Entscheidungsgründe können auch von Richtern unterschrieben werden, die bei dem Urteil nicht mitgewirkt haben.

(3) [1] Für die Berichtigung des nachträglich angefertigten Tatbestandes gilt § 320 der Zivilprozeßordnung entsprechend. [2] Jedoch können bei der Entscheidung über einen Antrag auf Berichtigung auch solche Richter mitwirken, die bei dem Urteil oder der nachträglichen Anfertigung des Tatbestandes nicht mitgewirkt haben.

(4) Für die Vervollständigung des Urteils werden Gerichtsgebühren nicht erhoben.

§ 10. [1] Einer einstweiligen Anordnung oder einer einstweiligen Verfügung, durch die über einen Unterhaltsanspruch von Kindern entschieden wird und die in einem der Vertragsstaaten geltend gemacht werden soll, ist eine Begründung beizufügen. [2] § 9 ist entsprechend anzuwenden.

§ 11. Vollstreckungsbescheide und einstweilige Verfügungen, die über einen Unterhaltsanspruch von Kindern erlassen sind und auf Grund deren ein Gläubiger die Zwangsvollstreckung in einem der Vertragsstaaten betreiben will, sind auch dann mit der Vollstreckungsklausel zu versehen, wenn dies für eine Zwangsvollstreckung im Inland nach § 796 Abs. 1, §§ 936, 929 Abs. 1 der Zivilprozessordnung nicht erforderlich wäre.

d) New Yorker UN-Übereinkommen über die Geltendmachung von Unterhaltsansprüchen im Ausland (UNUÜ 1956)

Vom 20. 6. 1956 (BGBl. II 1959 S. 150)

(Auszug)

Materialien: Denkschrift der Bundesregierung, BT-Drucks. III/425 vom 9. 6. 1958.

Schrifttum: *Böhmer/Siehr,* Das gesamte Familienrecht, Bd. 2 (Abschnitt 8.6), 2. Lfg., 1980; *Katsanou,* Übereinkommen über die Geltendmachung von Unterhaltsansprüchen im Ausland – „New Yorker-Unterhaltsübereinkommen", FPR 2006, 255; *Klinkhardt,* Einige Erfahrungen mit der Geltendmachung der Unterhaltsansprüche nichtehelicher Kinder im Ausland, ZBlJugR 1984, 161, 209; *Lansky,* Neue Wege zur Geltendmachung von Unterhaltsansprüchen im Ausland, FamRZ 1979, 193; *Staudinger/Kropholler,* BGB, Anh. III F zu Art. 18 EGBGB, 14. Bearb., 2003.

Vorbemerkung

1   Das UNUÜ 1956 ist für die Bundesrepublik Deutschland am 19. 8. 1959 in Kraft getreten. Es gilt im Verhältnis zu 57 Staaten (s. Angaben bei § 328 ZPO Rn. 120 ff.).

2   Die Haager Konferenz für Internationales Privatrecht hat am 23. 11. 2007 ein neues Übereinkommen über die Internationale Durchsetzung von Kindesunterhalt und anderen Formen von Familienunterhalt[1] vereinbart. Es enthält in den Art. 4 ff. eine vollständige, modernere Neuregelung des UNUÜ 1956 und soll dieses zwischen den Vertragsstaaten ganz ersetzen (Art. 49 Convention 2007).

Art. 1. Gegenstand des Übereinkommens. (1) [1]Dieses Übereinkommen hat den Zweck, die Geltendmachung eines Unterhaltsanspruches zu erleichtern, den eine Person (im folgenden als Berechtigter bezeichnet), die sich im Hoheitsgebiet einer Vertragspartei befindet, gegen eine andere Person (im folgenden als Verpflichteter bezeichnet), die der Gerichtsbarkeit einer anderen Vertragspartei untersteht, erheben zu können glaubt. [2]Dieser Zweck wird mit Hilfe von Stellen verwirklicht, die im folgenden als Übermittlungs- und Empfangsstellen bezeichnet werden.

(2) Die in diesem Übereinkommen vorgesehenen Möglichkeiten des Rechtsschutzes treten zu den Möglichkeiten, die nach nationalem oder internationalem Recht bestehen, hinzu; sie treten nicht an deren Stelle.

1   **1.** Das UNUÜ hat den **Zweck,** dem Unterhaltsberechtigten die Verwirklichung seines gesetzlichen Unterhaltsanspruchs zu erleichtern, wenn Berechtigter und Verpflichteter ihren gewöhnlichen Aufenthalt in verschiedenen Staaten haben. Dazu verpflichtet es die Vertragsstaaten zur Gewährung von Amts- und Rechtshilfe zur außergerichtlichen oder gerichtlichen Geltendmachung und Vollstreckung der Unterhaltsansprüche. Auf die Staatsangehörigkeit oder den Wohnsitz der Beteiligten kommt es nicht an.

2   Nach dem **Vorbild** des amerikanischen Uniform Reciprocal Enforcement of Support Act, eines Mustergesetzes, sieht Art. 1 Abs. 1 zu diesem Zweck vor, dass jeder Vertragsstaat Übermittlungsstellen und eine Empfangsstelle[1] einrichtet.

3   **2.** Der Berechtigte kann sein Gesuch um Durchsetzung seines Anspruchs gemäß Art. 3 bei der **Übermittlungsstelle** seines Aufenthaltsstaates einreichen. Diese Übermittlungsstelle leitet das Gesuch an die Empfangsstelle im Aufenthaltsstaat des Verpflichteten weiter (Art. 4, 5). Übermittlungsstelle ist in der Bundesrepublik Deutschland seit 1. 1. 2008 das **Bundesamt für Justiz** in Bonn (Art. 2 ZustG nF). Bis dahin war es noch das Bundesverwaltungsamt (Art. 4 (8), Art. 5 S. 2 Gesetz vom 17. 12. 2006, BGBl. I 3171).[2] Der Berechtigte kann sein Gesuch aber gebührenfrei beim **Amtsgericht** einreichen, in dessen Bezirk er sich gewöhnlich aufhält (Art. 3 ZustG).

---

[1] Convention on the International Recovery of Child Support and Other Forms of Family Maintenance, concluded 23 November 2007.

[1] Vollständige Angaben zu den Übermittlungs- und Empfangsstellen aller Vertragsstaaten bei *Böhmer/Siehr* S. 14 ff.; *Geimer/Schütze/Bülow/Mecke* S. 794 ff.; *Piller/Hermann* Nr. 3 f. (S. 9 ff.).

[2] Vgl. *Wagner* IPRax 2007, 87, 88.

3. Die **Empfangsstelle** ist daraufhin verpflichtet, den Anspruch des Berechtigten durchzusetzen 4 (Art. 6), und zwar gebühren- und auslagenfrei (Art. 9). Je nach Sachlage hat sie den Unterhaltsanspruch im Namen des Berechtigten zu regeln, einzuklagen, die Vollstreckbarerklärung eines anerkennungsfähigen Titels und die eigentliche Vollstreckung zu betreiben. Empfangsstelle in der Bundesrepublik Deutschland ist seit 1. 1. 2008 das **Bundesamt für Justiz** in Bonn (Art. 2 ZustG nF). Der Berechtigte kann in seinem Antrag bestimmen, in welcher Weise die Empfangsstelle vorgehen soll, um den Anspruch durchzusetzen.[3] Das Gesuch ist keine Klage; ein bestimmter Antrag wie nach § 253 ZPO ist daher nicht erforderlich.[4]

4. Das **Verwaltungsverfahren** von Übermittlungs- und Empfangsstellen ist in den Bundeseinheitlichen Richtlinien der Länder in der Bekanntmachung über die Geltendmachung von Unterhaltsansprüchen im Ausland vom 1. 8. 1983 geregelt.[5] 5

5. Die **Rechtshilfe** nach dem Übereinkommen kann **jeder Unterhaltsberechtigte** (Kinder, 6 sonstige Verwandte, Ehegatten für ehelichen oder nachehelichen Unterhalt, Lebenspartner) in Anspruch nehmen, nicht ein Sozialhilfeträger nach gesetzlicher Überleitung.[6] Ein gesetzlicher Unterhaltsanspruch (nach dem anwendbaren Recht) muss ernsthaft in Betracht kommen. Den Übermittlungs- und Empfangsstellen ist eine Schlüssigkeitsprüfung verwehrt; offensichtlich unbegründete oder mutwillige Anträge dürfen sie jedoch zurückweisen (Art. 4 Abs. 1).[7]

Das Übereinkommen bietet dem Berechtigten gemäß Art. 1 Abs. 2 ein **zusätzliches Rechtshilfeverfahren**, seinen Anspruch zu verwirklichen. Die sonst mögliche unmittelbare Rechtsverfolgung durch eigene direkte Klage oder Vollstreckung wird durch dieses Verfahren nicht eingeschränkt.[8] 7

Art. 2. Bestimmung der Stellen. (1) Jede Vertragspartei bestimmt in dem Zeitpunkt, an dem sie ihre Ratifikations- oder Beitrittsurkunde hinterlegt, eine oder mehrere Gerichts- oder Verwaltungsbehörden, die in ihrem Hoheitsgebiet als Übermittlungsstellen tätig werden.

(2) Jede Vertragspartei bestimmt in dem Zeitpunkt, an dem sie ihre Ratifikations- oder Beitrittsurkunde hinterlegt, eine öffentliche oder private Stelle, die in ihrem Hoheitsgebiet als Empfangsstelle tätig wird.

(3) Jede Vertragspartei unterrichtet den Generalsekretär der Vereinten Nationen unverzüglich über die Bestimmungen, die sie gemäß den Absätzen 1 und 2 getroffen hat, und über die Änderungen, die nachträglich in dieser Hinsicht eintreten.

(4) Die Übermittlungs- und Empfangsstellen dürfen mit den Übermittlungs- und Empfangsstellen anderer Vertragsparteien unmittelbar verkehren.

Art. 3. Einreichung von Gesuchen bei der Übermittlungsstelle. (1) Befindet sich ein Berechtigter in dem Hoheitsgebiet einer Vertragspartei (im folgenden als Staat des Berechtigten bezeichnet) und untersteht der Verpflichtete der Gerichtsbarkeit einer anderen Vertragspartei (im folgenden als Staat des Verpflichteten bezeichnet), so kann der Berechtigte bei einer Übermittlungsstelle des Staates, in dem er sich befindet, ein Gesuch einreichen, mit dem er den Anspruch auf Gewährung des Unterhalts gegen den Verpflichteten geltend macht.

(2) Jede Vertragspartei teilt dem Generalsekretär mit, welche Beweise nach dem Recht des Staates der Empfangsstelle für den Nachweis von Unterhaltsansprüchen in der Regel erforderlich sind, wie diese Beweise beigebracht und welche anderen Erfordernisse nach diesem Recht erfüllt werden müssen.

(3) ¹Dem Gesuch sind alle erheblichen Urkunden beizufügen einschließlich einer etwa erforderlichen Vollmacht, welche die Empfangsstelle ermächtigt, in Vertretung des Berechtigten tätig zu werden oder eine andere Person hierfür zu bestellen. ²Ferner ist ein

---

[3] *Geimer/Schütze/Bülow/Mecke* Art. 3 Anm. 52.
[4] Vgl. *Katsanou* FPR 2006, 255, 257.
[5] Abgedruckt in den Amtsblättern der Justizverwaltung von 1983, bei *Geimer/Schütze/Bülow/Mecke*, S. 794.61 ff. und *Piller/Hermann*, Justizverwaltungs-Vorschriften, Nr. 3f.
[6] *Geimer/Schütze/Bülow/Mecke* Art. 1 Anm. 33; *Katsanou* FPR 2006, 255, 256.
[7] *Böhmer/Siehr* Art. 1 Anm. 3; *Geimer/Schütze/Bülow/Mecke*, IRV, Art. 4 Anm. 61.
[8] *Böhmer/Siehr* Einf. 4 (S. 7 f.); *Kropholler/Blobel*, FS Sonnenberger, 2004, S. 453, 461; *Katsanou* FPR 2006, 255, 256.

Lichtbild des Berechtigten und, falls verfügbar, auch ein Lichtbild des Verpflichteten beizufügen.

(4) Die Übermittlungsstelle übernimmt alle geeigneten Schritte, um sicherzustellen, daß die Erfordernisse des in dem Staate der Empfangsstelle geltenden Rechts erfüllt werden; das Gesuch muß unter Berücksichtigung dieses Rechts mindestens folgendes enthalten:

a) den Namen und die Vornamen, die Anschrift, das Geburtsdatum, die Staatsangehörigkeit und den Beruf oder die Beschäftigung des Berechtigten sowie gegebenenfalls den Namen und die Anschrift seines gesetzlichen Vertreters;

b) den Namen und die Vornamen des Verpflichteten; ferner, soweit der Berechtigte hiervon Kenntnis hat, die Anschriften des Verpflichteten in den letzten fünf Jahren, sein Geburtsdatum, seine Staatsangehörigkeit und seinen Beruf oder seine Beschäftigung;

c) nähere Angaben über die Gründe, auf die der Anspruch gestützt wird, und über Art und Höhe des geforderten Unterhalts und sonstige erhebliche Angaben, wie zum Beispiel über die finanziellen und familiären Verhältnisse des Berechtigten und des Verpflichteten.

1   Die einzureichenden **Urkunden sind** sämtlich in die Gerichtssprache des Empfangsstaates (grds. kostenpflichtig) **zu übersetzen**.[1] Ob sie legalisiert werden müssen, richtet sich nach der lex fori des Empfangsstaates.[2] Mehrsprachige Formulare sind bisher nicht eingeführt worden.[3]

Art. 4. Übersendung der Vorgänge. (1) Die Übermittlungsstelle übersendet die Vorgänge der Empfangsstelle des Staates des Verpflichteten, es sei denn, daß sie zu der Überzeugung gelangt, das Gesuch sei mutwillig gestellt.

(2) Bevor die Übermittlungsstelle die Vorgänge übersendet, überzeugt sie sich davon, daß die Schriftstücke in der Form dem Recht des Staates des Berechtigten entsprechen.

(3) Die Übermittlungsstelle kann für die Empfangsstelle eine Äußerung darüber beifügen, ob sie den Anspruch sachlich für begründet hält; sie kann auch empfehlen, dem Berechtigten das Armenrecht und die Befreiung von Kosten zu gewähren.

1   Leitet die Übermittlungsstelle das Gesuch des Berechtigten (wegen Mutwilligkeit) nicht weiter, sondern weist es zurück, so kann dieser nach § 23 EGGVG Antrag auf gerichtliche Entscheidung stellen.[1]

2   Die Übermittlungsstelle kann das Gesuch sachlich prüfen und der Empfangsstelle eine bestimmte Erledigung empfehlen. Dies erleichtert der Empfangsstelle die Rechtsverfolgung, bindet aber weder sie noch die Gerichte des Empfangsstaates.[2]

Art. 5. Übersendung von Urteilen und anderen gerichtlichen Titeln. (1) Die Übermittlungsstelle übersendet gemäß Artikel 4 auf Antrag des Berechtigten endgültige oder vorläufige Entscheidungen und andere gerichtliche Titel, die der Berechtigte bei einem zuständigen Gericht einer Vertragspartei wegen der Leistung von Unterhalt erwirkt hat, und, falls notwendig und möglich, die Akten des Verfahrens, in dem die Entscheidung ergangen ist.

(2) Die in Absatz 1 erwähnten Entscheidungen und gerichtlichen Titel können anstelle oder in Ergänzung der in Artikel 3 genannten Urkunden übersandt werden.

(3) Die in Artikel 6 vorgesehenen Verfahren können entsprechend dem Recht des Staates des Verpflichteten entweder Verfahren zum Zwecke der Vollstreckbarerklärung (Exequatur oder Registrierung) oder eine Klage umfassen, die auf einen gemäß Absatz 1 übersandten Titel gestützt wird.

1   Das Übereinkommen regelt Fragen der Anerkennung und Vollstreckung ausländischer Unterhaltstitel nicht selbst, sondern verweist auf das jeweilige nationale Recht.

---

[1] Vgl. *Staudinger/Kropholler* Anh. III zu Art. 18 EGBGB Rn. 252; krit. *Klinkhardt* ZfJ 1984, 161, 165 u. 1984, 209, 211.
[2] *Geimer/Schütze/Bülow/Mecke* Art. 3 Anm. 54.
[3] Vgl. *Katsanou* FPR 2006, 255, 257.
[1] *Geimer/Schütze/Bülow/Mecke* Art. 4 Anm. 61; *Staudinger/Kropholler* Anh. III zu Art. 18 EGBGB Rn. 253; *Katsanou* FPR 2006, 255, 257.
[2] *Geimer/Schütze/Bülow/Mecke* Art. 4 Anm. 64; *Katsanou* FPR 2006, 255, 257.

Art. 6. Aufgaben der Empfangsstelle. (1) Die Empfangsstelle unternimmt im Rahmen der ihr von dem Berechtigten erteilten Ermächtigung und in seiner Vertretung alle geeigneten Schritte, um die Leistung von Unterhalt herbeizuführen; dazu gehört insbesondere eine Regelung des Anspruchs im Wege des Vergleichs und, falls erforderlich, die Erhebung und Verfolgung einer Unterhaltsklage sowie die Vollstreckung einer Entscheidung oder eines anderen gerichtlichen Titels auf Zahlung von Unterhalt.

(2) ¹Die Empfangsstelle unterrichtet laufend die Übermittlungsstelle. ²Kann sie nicht tätig werden, so teilt sie der Übermittlungsstelle die Gründe hierfür mit und sendet die Vorgänge zurück.

(3) Ungeachtet der Vorschriften dieses Übereinkommens ist bei der Entscheidung aller Fragen, die sich bei einer Klage oder in einem Verfahren wegen Gewährung von Unterhalt ergeben, das Recht des Staates des Verpflichteten einschließlich des internationalen Privatrechts dieses Staates anzuwenden.

Die **Empfangsstelle** (das Bundesamt für Justiz) wird als **Bevollmächtigter des Unterhaltsberechtigten** tätig.¹ Ist Unterhaltsklage zu erheben, so tritt der Berechtigte selbst als Kläger auf. Die Empfangsstelle wird aufgrund der ihr nach Art. 3 Abs. 3 erteilten Vollmacht lediglich als Vertreter des Berechtigten tätig; sie kann auch einen Rechtsanwalt oder ein Jugendamt zum Prozessbevollmächtigten bestellen.² Mit der Verfolgung von Unterhaltsansprüchen Minderjähriger werden meist die Jugendämter beauftragt.

Unterhaltsklage und Vollstreckungsverfahren im Empfangsstaat richten sich nach der (dortigen) lex fori. In der Regel hat die Empfangsstelle eine umfassende Vollmacht zur Prozessführung. Vor dem Abschluss eines Vergleichs sollte sie aber intern die Zustimmung des Unterhaltsberechtigten einholen.³

Art. 6 Abs. 3 regelt nicht selbstständig das **materielle Unterhaltsstatut**, sondern verweist lediglich darauf, dass dieses nach dem IPR des Gerichtsstaates zu bestimmen ist.⁴

Art. 7. Rechtshilfeersuchen. Kann nach dem Recht der beiden in Betracht kommenden Vertragsparteien um Rechtshilfe ersucht werden, so gilt folgendes:

a) Ein Gericht, bei dem eine Unterhaltsklage anhängig ist, kann Ersuchen um Erhebung weiterer Beweise, sei es durch Urkunden oder durch andere Beweismittel, entweder an das zuständige Gericht der anderen Vertragspartei oder an jede andere Behörde oder Stelle richten, welche die andere Vertragspartei, in deren Hoheitsgebiet das Ersuchen erledigt werden soll, bestimmt hat.

b) Um den Parteien die Anwesenheit oder Vertretung in dem Beweistermin zu ermöglichen, teilt die ersuchte Behörde der beteiligten Empfangs- und Übermittlungsstelle sowie dem Verpflichteten den Zeitpunkt und den Ort der Durchführung des Rechtshilfeersuchens mit.

c) Rechtshilfeersuchen werden mit möglichster Beschleunigung erledigt; ist ein Ersuchen nicht innerhalb von vier Monaten nach Eingang bei der ersuchten Behörde erledigt, so werden der ersuchenden Behörde die Gründe für die Nichterledigung oder Verzögerung mitgeteilt.

d) Für die Erledigung von Rechtshilfeersuchen werden Gebühren oder Kosten irgendwelcher Art nicht erstattet.

e) Die Erledigung eines Rechtshilfeersuchens darf nur abgelehnt werden:
 1. wenn die Echtheit des Ersuchens nicht feststeht;
 2. wenn die Vertragspartei, in deren Hoheitsgebiet das Ersuchen erledigt werden soll, dessen Ausführung für geeignet hält, ihre Hoheitsrechte oder ihre Sicherheit zu gefährden.

Art. 7 setzt voraus, dass zwischen den betroffenen Staaten Rechtshilfe aufgrund eines Vertrages oder vertragslos geleistet wird. Im Rahmen des UNUÜ 1956 ist dann zusätzlich alternativ (Art. 1 Abs. 2) die Regelung des Art. 7 zu beachten. Die Regelung gilt auch für Verfahren der Vollstreckbarerklärung.¹

---

¹ *Geimer/Schütze/Mecke* Vorbem. III 4; *Staudinger/Kropholler* Anh. III zu Art. 18 EGBGB Rn. 260.
² *Geimer/Schütze/Bülow/Mecke* Art. 6 Anm. 82.
³ Vgl. *Katsanou* FPR 2006, 255, 257.
⁴ Vgl. *Katsanou* FPR 2006, 255, 256.
¹ *Geimer/Schütze/Bülow/Mecke* Art. 7 Anm. 87; *Staudinger/Kropholler* Anh. III zu Art. 18 EGBGB Rn. 266.

Art. 8. Änderung von Entscheidungen. Dieses Übereinkommen gilt auch für Gesuche, mit denen eine Änderung von Unterhaltsentscheidungen begehrt wird.

1   Im Inland kommen die Abänderungsklage (§ 323 ZPO) (künftig nach §§ 238 ff. FamFG) und das Vereinfachte Verfahren der §§ 6411 ff. ZPO in Betracht. Da die Änderung auch auf Antrag des Verpflichteten erfolgen kann, haben Übermittlungs- und Empfangsstellen auch seinen Antrag zu bearbeiten.[1]

Art. 9. Befreiungen und Erleichterungen. (1) In Verfahren, die auf Grund dieses Übereinkommens durchgeführt werden, genießen die Berechtigten die gleiche Behandlung und dieselben Befreiungen von der Zahlung von Gebühren und Auslagen wie die Bewohner oder Staatsangehörigen des Staates, in dem das Verfahren anhängig ist.

(2) Die Berechtigten sind nicht verpflichtet, wegen ihrer Eigenschaft als Ausländer oder wegen Fehlens eines inländischen Aufenthalts als Sicherheit für die Prozesskosten oder andere Zwecke eine Garantieerklärung beizubringen oder Zahlungen oder Hinterlegungen vorzunehmen.

(3) Die Übermittlungs- und Empfangsstellen erheben für ihre Tätigkeit, die sie auf Grund dieses Übereinkommens leisten, keine Gebühren.

1   1. Nach Abs. 1 erhält der Unterhaltsberechtigte **Prozesskostenhilfe** für den Unterhaltsprozess oder die Vollstreckung in dem Empfangsstaat. Vertragsstaatsangehöriger muss er nicht sein. Für den Unterhaltspflichtigen kann Prozesskostenhilfe nur nach Art. 20 ff. HZPÜ 1954 bzw. dem autonomen Recht gewährt werden. (In Deutschland ist nach § 114 ZPO jeder Partei, unabhängig von Staatsangehörigkeit, Wohnsitz oder Aufenthalt Prozesskostenhilfe zu gewähren.)

Für das inländische Verfahren vor der Übermittlungsstelle kann als Verwaltungsverfahren keine Prozesskostenhilfe gewährt werden.[1]

2   2. Nach Abs. 2 ist der Berechtigte in dem durch Rechtshilfe anhängig gemachten Verfahren von der für Ausländer bestehenden Pflicht zur **Sicherheitsleistung für Prozesskosten** für Ausländer befreit. Da der Berechtigte nicht Angehöriger eines Vertragsstaats sein muss, geht die Befreiung über Art. 17 HZPÜ 1954 und § 110 Abs. 2 Nr. 1 ZPO hinaus.

3   3. Die Tätigkeit der Übermittlungs- und Empfangsstellen selbst ist **gebührenfrei**; auch **Auslagen** dürfen nicht berechnet werden.[2]

Art. 10. Überweisung von Geldbeträgen. Bestehen nach dem Recht einer Vertragspartei Beschränkungen für die Überweisung von Geldbeträgen in das Ausland, so gewährt diese Vertragspartei der Überweisung von Geldbeträgen, die zur Erfüllung von Unterhaltsansprüchen oder zur Deckung von Ausgaben für Verfahren nach diesem Übereinkommen bestimmt sind, den größtmöglichen Vorrang.

Art. 11–21 *(nicht abgedruckt)*

e) Gesetz zur Geltendmachung von Unterhaltsansprüchen im Verkehr mit ausländischen Staaten (Auslandsunterhaltsgesetz – AUG)

Vom 19. 12. 1986 (BGBl. I S. 2563), zuletzt geändert durch Gesetz vom 17. 12. 2006 (BGBl. I S. 3171)

Materialien: BT-Drucks. 10/3662; Beschlussempfehlung und Bericht des Rechtsausschusses des Bundestages, BT-Drucks. 10/6351.

Schrifttum: *Bach*, Zehn Jahre Auslandsunterhaltsgesetz, FamRZ 1996, 1250; *Baumann*, Die Anerkennung und Vollstreckung ausländischer Entscheidungen in Unterhaltssachen, 1989, S. 107 ff.; *Böhmer*, Das Auslandsun-

---

[1] *Geimer/Schütze/Bülow/Mecke* Art. 8 Anm. 93; *Staudinger/Kropholler* Anh. III zu Art. 18 EGBGB Rn. 267; aA *Katsanou* FPR 2006, 255, 257.
[1] *Katsanou* FPR 2006, 255, 258.
[2] *Geimer/Schütze/Bülow/Mecke* Art. 9 Anm. 97.

terhaltsgesetz, IPRax 1987, 139; *Müller-Freienfels,* Zweistaatliche Unterhaltsprozesse (insb. im amerikanisch-deutschen Verhältnis), FS Kegel, 1987, S. 389; *Mockenhaupt,* Zur Geltendmachung deutscher Kindesunterhaltsurteile und -ansprüche in den Vereinigten Staaten, DAVorm. 1985, 1; *Sich,* Die zwischenstaatliche Durchsetzung von Unterhaltsansprüchen im deutsch/US-amerikanischen Verhältnis nach den Normen des Auslandsunterhaltsgesetzes und des Uniform Interstate Family Support Act, 2004; *Staudinger/Kropholler,* EGBGB/IPR, Anh. III G zu Art. 18 EGBGB, 2003; *Uhlig/Berard,* Die Geltendmachung von Unterhaltsansprüchen im Inland und Ausland nach dem Auslandsunterhaltsgesetz, NJW 1987, 1521; *Wicke,* Der Gang des Verfahrens nach dem Auslandsunterhaltsgesetz, FPR 2006, 240.

Vorbemerkung

Das AUG verfolgt das gleiche Anliegen wie das UNUÜ 1956. Es will die Person des Unterhaltsverpflichteten **durch Amtshilfe ermitteln** und soweit nötig zugleich die gerichtliche **Durchsetzung des Anspruchs** erleichtern. Mit seiner Regelung will das AUG den Abschluss von Anerkennungsverträgen entbehrlich machen. Dazu folgt es dem System der Parallelgesetzgebung mit förmlicher Gegenseitigkeitserklärung, das im anglo-amerikanischen Rechtskreis verbreitet ist.¹ Es will damit die Verfolgung von Unterhaltsansprüchen im Verhältnis zu den Staaten vereinfachen, die sich dem UNUÜ 1956 nicht angeschlossen haben.² Durch seine Parallel-Gesetzgebung sichert das AUG Deutschen die Vorteile des (Revised) Uniform Reciprocal Support Enforcement (Model) Act (RURESA) der USA und der Maintenance Orders (Reciprocal Enforcement) der Commonwealth-Länder.³ 1

Die **Staaten,** mit denen **Gegenseitigkeitserklärungen** nach § 1 Abs. 2 ausgetauscht wurden,⁴ sind in der Gegenseitigkeitstabelle zu § 328 ZPO Rn. 120 bis 141 aufgeführt. 2

Das **materielle Unterhaltsrecht** wird durch das AUG nicht berührt.⁵ 3

Als **Sonderrecht** hat das AUG Vorrang vor den §§ 328, 722, 723 ZPO, soweit es Anerkennung und Vollstreckbarerklärung abweichend regelt.⁶ 4

Erster Teil. Allgemeines

§ 1. (1) Unterhaltsansprüche, die auf gesetzlicher Grundlage beruhen, können nach dem in diesem Gesetz vorgesehenen Verfahren geltend gemacht werden, wenn eine Partei im Geltungsbereich dieses Gesetzes und die andere Partei in einem Staat ihren gewöhnlichen Aufenthalt hat, mit dem die Gegenseitigkeit verbürgt ist.

(2) Mit Staaten, in denen ein diesem Gesetz entsprechendes Gesetz in Kraft ist, ist die Gegenseitigkeit im Sinne dieses Gesetzes verbürgt, wenn der Bundesminister der Justiz dies festgestellt und im Bundesgesetzblatt bekanntgemacht hat.

(3) Staaten im Sinne dieses Gesetzes sind auch Teilstaaten und Provinzen von Bundesstaaten.

Zweck. Das Gesetz will die Verwirklichung gesetzlicher Unterhaltsansprüche in grenzüberschreitenden Fällen erleichtern. Es erfasst die auf (ehelicher oder nichtehelicher) Verwandtschaft oder Ehe beruhenden Unterhaltspflichten, auch auf öffentliche Rechtsträger übergeleitete Ansprüche,¹ nicht dagegen Ansprüche die ausschließlich auf rechtsgeschäftlicher Grundlage beruhen, auch nicht deliktische Unterhaltsrenten (zB nach § 844 Abs. 2 BGB).² 1

Das AUG lässt **andere Rechtsschutzwege,** insbes. die eigene Leistungsklage bzw. Vollstreckungsklage des Unterhaltsberechtigten unberührt³ (vgl. § 6). 2

§ 2. (1) ¹Die gerichtliche und außergerichtliche Geltendmachung der Unterhaltsansprüche erfolgt über die Zentrale Behörde als Empfangs- und Übermittlungsbehörde.

---

¹ *Böhmer* IPRax 1987, 139; *Uhlig/Berard* NJW 1987, 1521 (die dort S. 1523 Fn. 16 angegebenen Staaten gehören sämtlich zu diesem Rechtskreis).
² *Böhmer* IPRax 1987, 139; *Wicke* FPR 2006, 240.
³ *Sich* S. 23 ff.; *Bach* FamRZ 1996, 1250 f.; *Wicke* FPR 2006, 240, 241.
⁴ Vgl. *Reichel* FamRZ 1990, 1329.
⁵ *Uhlig/Berard* NJW 1987, 1521, 1522.
⁶ *Baumann* S. 109 f.
¹ *Bach* FamRZ 1996, 1250, 1251; *Wicke* FPR 2006, 240, 241.
² *Baumann* S. 109.
³ *Uhlig/Berard* NJW 1987, 1521, 1523.

²Die Zentrale Behörde verkehrt unmittelbar mit den im Ausland dafür bestimmten Stellen und mit den im Geltungsbereich dieses Gesetzes zuständigen Behörden.

(2) Die Aufgaben der Zentralen Behörde nimmt das Bundesamt für Justiz wahr.

1 Zentrale Behörde war bis Ende 2006 der Generalbundesanwalt beim Bundesgerichtshof; seit 1. 1. 2007 ist das Bundesamt für Justiz in Bonn für alle administrativen Aufgaben im Bereich der internationalen rechtlichen Zusammenarbeit zuständig (Art. 4 (10) des Gesetzes vom 21. 12. 2006, BGBl. I S. 3171).

Zweiter Teil. Ausgehende Gesuche

Vorbemerkung

Die §§ 3 bis 5 regeln das Verfahren bei Fehlen eines inländischen Titels, § 6 das Verfahren bei Vorliegen eines inländischen gerichtlichen Titels.

§ 3. (1) Für die Entgegennahme und Prüfung von Gesuchen unterhaltsberechtigter Personen ist das Amtsgericht als Justizverwaltungsbehörde zuständig, in dessen Bezirk der Berechtigte seinen gewöhnlichen Aufenthalt hat.

(2) ¹Das Gesuch soll alle Angaben enthalten, die für die Geltendmachung des Anspruchs von Bedeutung sein können. ²Hierzu gehören:

1. der Familienname und die Vornamen, die Anschrift, der Tag der Geburt, die Staatsangehörigkeit und der Beruf oder die Beschäftigung des Berechtigten sowie gegebenenfalls der Name und die Anschrift seines gesetzlichen Vertreters,
2. der Familienname und die Vornamen des Verpflichteten; ferner, soweit der Berechtigte hiervon Kenntnis hat, die Anschriften des Verpflichteten in den letzten fünf Jahren, den Tag seiner Geburt, seine Staatsangehörigkeit und sein Beruf oder seine Beschäftigung,
3. nähere Angaben über die Gründe, auf die der Anspruch gestützt wird, über die Art und Höhe des geforderten Unterhalts und über die finanziellen und familiären Verhältnisse des Berechtigten und, soweit möglich, des Verpflichteten.

³Die zugehörigen Personenstandsurkunden und anderen sachdienlichen Schriftstücke sollen beigefügt werden. ⁴Das Gericht kann von Amts wegen alle erforderlichen Ermittlungen anstellen.

(3) ¹Das Gesuch ist vom Antragsteller, von dessen gesetzlichem Vertreter oder von einem Rechtsanwalt unter Beifügung einer Vollmacht zu unterschreiben; die Richtigkeit der Angaben ist vom Antragsteller oder von dessen gesetzlichem Vertreter eidesstattlich zu versichern. ²Dem Gesuch nebst Anlagen sind von einem beeidigten Übersetzer beglaubigte Übersetzungen in die Sprache des zu ersuchenden Staates beizufügen. ³Besonderen Anforderungen des zu ersuchenden Staates an Form und Inhalt des Gesuchs ist Rechnung zu tragen, soweit nicht zwingende Vorschriften des deutschen Rechts entgegenstehen.

1 Das Gesuch soll die in § 3 Abs. 2 AUG aufgeführten Angaben enthalten. In den USA ist darüber hinaus die Angabe der Sozialversicherungsnummer des Verpflichteten hilfreich.[1] Praktisch erleichtert es auch die Rechtsverfolgung, wenn der Unterhalt in der Währung des Staates des Verpflichteten geltend gemacht wird.[2]

2 Alle dem Gesuch beizufügenden Urkunden sind in die Sprache des Empfangsstaates zu übersetzen. Diese Übersetzungen hat der Unterhaltsberechtigte grundsätzlich auf eigene Kosten zu beschaffen; § 12 AUG gilt insoweit nicht. Für das inländische Verwaltungsverfahren gibt es keine Prozesskostenhilfe nach §§ 114 ff. ZPO.[3] Zum Teil übernehmen aber die Bundesländer die Übersetzungskosten.[4]

3 Ist die Vaterschaft des Antragsgegners noch offen, kann das Gesuch auch mit dem Antrag auf Vaterschaftsfeststellung als Vorfrage verbunden werden.[5]

---

[1] *Wicke* FPR 2006, 240, 241.
[2] *Wicke* FPR 2006, 240, 241 f.
[3] KG NJW-RR 1993, 69; *Wicke* FPR 2006, 240, 242; *Bach* FamRZ 1996, 1250, 1251.
[4] Vgl. *Niclas* JAmt 2001, 213.
[5] *Bach* FamRZ 1996, 1950, 1252 f. (insoweit aber kostenpflichtig!); *Wicke* FPR 2006, 240, 241.

§ 4. (1) Der Leiter des Amtsgerichts oder der im Rahmen der Verteilung der Justizverwaltungsgeschäfte bestimmte Richter prüft, ob die Rechtsverfolgung nach deutschem innerstaatlichen Recht hinreichende Aussicht auf Erfolg bieten würde.

(2) ¹Bejaht er die Erfolgsaussicht, so stellt er hierüber eine Bescheinigung aus, veranlaßt deren Übersetzung in die Sprache des zu ersuchenden Staates und übersendet die Bescheinigung sowie das Gesuch nebst Anlagen und Übersetzungen mit je drei beglaubigten Abschriften unmittelbar an die Zentrale Behörde. ²Andernfalls lehnt er das Gesuch ab. ³Die ablehnende Entscheidung ist zu begründen und dem Antragsteller mit einer Rechtsmittelbelehrung zuzustellen; sie ist nach § 23 des Einführungsgesetzes zum Gerichtsverfassungsgesetz anfechtbar.

In der Praxis werden zweisprachige Formulare für die Bescheinigung verwendet.[1]   **1**

§ 5. (1) ¹Die Zentrale Behörde prüft, ob das Gesuch den förmlichen Anforderungen des einzuleitenden ausländischen Verfahrens genügt. ²Sind diese erfüllt, so leitet sie das Gesuch zusammen mit einer Übersetzung des Auslandsunterhaltsgesetzes an die dafür im Ausland bestimmte Stelle weiter. ³§ 4 Absatz 2 Satz 2 und 3 ist entsprechend anzuwenden.

(2) Die Zentrale Behörde verfolgt die ordnungsgemäße Erledigung des Gesuchs.

Ist das Gesuch an die zuständige Stelle des Auslandes weitergeleitet, verfolgt diese den Unterhaltsanspruch außergerichtlich und gerichtlich in eigener Verantwortung. Die Zentrale Behörde des Inlandes ist insoweit nach § 5 Abs. 2 auf Sachstandsanfragen beschränkt.[1]   **1**

§ 6. ¹Liegt über den Unterhaltsanspruch bereits eine inländische gerichtliche Entscheidung oder ein sonstiger gerichtlicher Schuldtitel vor, so kann der Unterhaltsberechtigte unbeschadet des Gesuchs nach § 3 ein Gesuch auf Registrierung der Entscheidung im Ausland stellen. ²Die §§ 3, 4 und 5 sind entsprechend anzuwenden; eine Prüfung der Gesetzmäßigkeit des vorgelegten inländischen gerichtlichen Schuldtitels findet nicht statt.

Das Verfahren nach § 6 setzt nach seinem Wortlaut voraus, dass ein gerichtlicher Schuldtitel des   **1**
Inlandes vorliegt. In der Praxis werden aber zumeist auch Urkunden der Jugendämter (§§ 59, 60 SGB VIII) und notarielle Urkunden (§ 794 Abs. 1 Nr. 5 ZPO) registriert.[1]

Dritter Teil. Eingehende Gesuche

Erster Abschnitt. Inhalt der Gesuche und Aufgaben der Zentralen Behörde

§ 7. (1) ¹Das eingehende Gesuch soll alle Angaben enthalten, die für die Geltendmachung des Anspruchs von Bedeutung sein können. ²§ 3 Abs. 2 Satz 2 ist entsprechend anzuwenden.

(2) ¹Das Gesuch soll vom Antragsteller, von dessen gesetzlichem Vertreter oder von einem Rechtsanwalt unter Beifügung einer Vollmacht unterschrieben und mit einer Stellungnahme des ausländischen Gerichts versehen sein, das den Antrag entgegengenommen und geprüft hat. ²Die gerichtliche Stellungnahme soll sich auch darauf erstrecken, welcher Unterhaltsbetrag nach den Verhältnissen am Wohnort des Berechtigten erforderlich ist. ³Das Gesuch und die Anlagen sollen in zwei Stücken übermittelt werden.

(3) ¹Die zugehörigen Personenstandsurkunden, andere sachdienliche Schriftstücke sowie, falls verfügbar, ein Lichtbild des Verpflichteten sollen beigefügt und sonstige Beweismittel genau bezeichnet sein. ²Dem Gesuch nebst Anlagen sollen Übersetzungen in die deutsche Sprache beigefügt sein; die Zentrale Behörde kann im Verkehr mit bestimmten Staaten oder im Einzelfall von diesem Erfordernis absehen und die Übersetzung selbst besorgen.

---

[1] *Wicke* FPR 2006, 240, 242; vgl. *Bach* FamRZ 1996, 1250, 1251.
[1] *Wicke* FPR 2006, 240, 242.
[1] *Bach* FamRZ 1996, 1250, 1252; *Wicke* FPR 2006, 240, 242.

§ 8. (1) ¹Die Zentrale Behörde unternimmt alle geeigneten Schritte, um für den Berechtigten die Leistung von Unterhalt durchzusetzen. ²Sie hat hierbei die Interessen und den Willen des Berechtigten zu beachten.

(2) ¹Die Zentrale Behörde gilt als bevollmächtigt, im Namen des Berechtigten selbst oder im Wege der Untervollmacht durch Vertreter außergerichtlich oder gerichtlich tätig zu werden. ²Hierzu gehört insbesondere eine Regelung des Anspruchs im Wege des Vergleichs oder der Anerkennung und, falls erforderlich, die Erhebung und Verfolgung einer Unterhaltsklage sowie das Betreiben der Vollstreckung eines Titels auf Zahlung von Unterhalt.

(3) Soweit zur Ermittlung des Aufenthalts des Schuldners erforderlich, darf die Zentrale Behörde bei dem Kraftfahr-Bundesamt erforderliche Halterdaten nach § 33 Abs. 1 Satz 1 Nr. 2 des Straßenverkehrsgesetzes erheben.

1 Die Zentrale Behörde hat zunächst die Anschrift des Unterhaltsschuldners zu überprüfen, ggf. zu ermitteln. Ist der Schuldner Angehöriger der US-Armee ist bei deren Verbindungsstelle in Heidelberg bzw. Ramstein nachzufragen.[1]

Zweiter Abschnitt. Besondere Vorschriften für das gerichtliche Verfahren

§ 9. ¹Bietet die beabsichtigte Rechtsverfolgung hinreichende Aussicht auf Erfolg und erscheint sie nicht mutwillig, so wird für Verfahren auf Grund von eingehenden Gesuchen nach diesem Gesetz auch ohne ausdrücklichen Antrag des Unterhaltsberechtigten Prozeßkostenhilfe mit der Maßgabe bewilligt, daß Zahlungen an die Landes- oder Bundeskasse nicht zu leisten sind. ²Durch die Bewilligung der Prozeßkostenhilfe nach diesem Gesetz wird der Antragsteller endgültig von der Zahlung der in § 122 Abs. 1 der Zivilprozeßordnung genannten Kosten befreit, sofern die Bewilligung nicht nach § 124 Nr. 1 der Zivilprozeßordnung aufgehoben wird.

1 Unterhaltsgläubiger sind in der Regel bedürftig. Deshalb sind Verfahren nach dem RURESA kostenlos. Entsprechend erhält der Antragsteller in der Bundesrepublik Deutschland Prozesskostenhilfe, ohne dass (abweichend von den §§ 114, 115 ZPO) seine persönlichen und wirtschaftlichen Verhältnisse zu prüfen wären.[1] Zweifelhaft ist allerdings, ob dies auch gilt, wenn der Anspruch im Ausland auf eine staatliche Stelle übergegangen ist.
2 Das Gesuch nach § 7 ersetzt den besonderen PKH-Antrag.
3 Zur Vereinfachung ist die PKH-Bewilligung nach § 9 S. 2, abgesehen vom Fall der Täuschung (§ 124 Nr. 1 ZPO), endgültig.
4 PKH ist nach § 9 für die gesamte Rechtsverfolgung zur Durchsetzung des Unterhaltsanspruchs zu gewähren, also für das Erkenntnisverfahren, die Vollstreckungsklage und das eigentliche Zwangsvollstreckungsverfahren einschließlich aller Rechtsbehelfsverfahren.[2] Die Prozesskostenhilfe für das Klageverfahren umfasst auch notwendige Auslagen, dh. die Kosten für die Übersetzung von Unterlagen in die deutsche Gerichtssprache.[3]

§ 10. (1) ¹Gerichtliche Unterhaltsentscheidungen aus Staaten, mit denen die Gegenseitigkeit gemäß § 1 verbürgt ist, werden entsprechend § 722 Abs. 1 und § 723 Abs. 1 der Zivilprozeßordnung für vollstreckbar erklärt. ²Das Vollstreckungsurteil ist nicht zu erlassen, wenn die Anerkennung der ausländischen Entscheidung nach § 328 Abs. 1 Nr. 1 bis 4 der Zivilprozeßordnung ausgeschlossen ist.

(2) ¹Ist die ausländische Entscheidung für vollstreckbar zu erklären, so kann das Gericht auf Antrag einer Partei in dem Vollstreckungsurteil den in der ausländischen Entscheidung festgesetzten Unterhaltsbetrag hinsichtlich der Höhe und der Dauer der zu leistenden Zahlungen abändern. ²Ist die ausländische Entscheidung rechtskräftig, so ist eine Abänderung nur nach Maßgabe des § 323 der Zivilprozeßordnung zulässig.

---

[1] Sich S. 59; *Wicke* FPR 2006, 240, 243.
[1] *Uhlig/Berard* NJW 1987, 1521, 1524.
[2] *Uhlig/Berard* NJW 1987, 1521, 1524.
[3] KG NJW-RR 1993, 69; *Bach* FamRZ 1996, 1250, 1253.

(3) **Für die Klage auf Erlaß des Vollstreckungsurteils ist ausschließlich das Amtsgericht zuständig, bei dem der Schuldner seinen allgemeinen Gerichtsstand hat und, beim Fehlen eines solchen im Inland, das Gericht, in dessen Bezirk sich Vermögen des Schuldners befindet.**

1. **Vollstreckungsklage.** Da das AUG ausländische Staaten erfassen will, mit denen kein Anerkennungs- und Vollstreckungsabkommen besteht, erfolgt die Vollstreckbarerklärung der Unterhaltstitel mittels Vollstreckungsklage nach den §§ 722, 723 Abs. 1 ZPO. Anwendbar ist diese Klage für alle (endgültigen oder vorläufigen) gerichtlichen Unterhaltsentscheidungen, die in einem streitigen Verfahren ergangen sind. Da nicht auf § 723 Abs. 2 ZPO verwiesen wird, kommt es auf den Eintritt der Rechtskraft nicht an. Folglich sind support orders nach anglo-amerikanischem Recht erfasst.[1] Das AUG gilt nur, soweit die Gegenseitigkeit (regelmäßig durch übereinstimmende Erklärungen) förmlich festgestellt wurde; daher entfällt ihre Prüfung (entgegen § 328 Abs. 1 Nr. 5 ZPO) für den Einzelfall. 1

2. **Zuständigkeit.** Abweichend von § 722 Abs. 2 ZPO ist **sachlich** das **Amtsgericht** ausschließlich zuständig. Die örtliche Zuständigkeit ist ebenfalls ausschließlich wie in § 722 Abs. 2 ZPO geregelt (s. dort Rn. 25). In Übereinstimmung mit der Rechtsprechung zu § 722 ZPO wird das Verfahren ausdrücklich dem **Familiengericht** zugewiesen, wenn die Angelegenheit nach inländischem Prozessrecht Familiensache wäre (s. § 722 ZPO Rn. 27 f.). 2

3. **Einwendungen.** Soweit keine Präklusion entsprechend § 767 Abs. 2 ZPO greift, kann der Schuldner im Rahmen der Vollstreckungsklage Einwendungen gegen den Anspruch (Erfüllung, Verjährung, Verwirkung) vorbringen[2] (s. o. § 722 Rn. 46). 3

4. **Abänderung.** Abs. 2 lässt ausdrücklich zu, dass die Entscheidung dem Grunde nach inzidenter anerkannt, auf Antrag aber gleichzeitig mit der Vollstreckbarerklärung hinsichtlich der Unterhaltshöhe und -dauer abgeändert[3] wird; bei rechtskräftigen Entscheidungen sind dabei die Schranken des § 323 ZPO zu beachten (s. § 722 ZPO Rn. 48).[4] 4

§ 11. [1]**Eine ausländische Entscheidung, die ohne Anhörung des Schuldners, vorläufig und vorbehaltlich der Bestätigung durch das ersuchte Gericht ergangen ist, gilt als Gesuch im Sinne des § 7.** [2]**Die §§ 8 und 9 sind entsprechend anzuwenden.**

Eine Unterhaltsentscheidung, die in einem ex parte-Verfahren ergangen ist, zB eine provisional maintenance order nach kanadischem Recht, wird im Inland (entspr. § 328 Abs. 1 Nr. 2 ZPO) nicht anerkannt. Sie gilt aber als formgerecht gestelltes Gesuch nach § 7.[1] Das inländische Gericht entscheidet daher neu über den Unterhaltsantrag ohne Bindung an die vorläufige ausländische Entscheidung. 1

Vierter Teil. Kosten

§ 12. Für das außergerichtliche Verfahren einschließlich der Entgegennahme und Behandlung der Gesuche durch die Justizbehörden werden weder Gebühren erhoben noch wird die Erstattung von Auslagen verlangt.

Für das gerichtliche Verfahren gelten die allgemeinen Regeln, ergänzt durch § 9. Im Verfahren vor dem OLG ist § 30 EGGVG zu beachten.[1] 1

---

[1] *Baumann*, S. 111 f.; *Uhlig/Berard* NJW 1987, 1521, 1524; *Wicke* FPR 2006, 240, 243.
[2] *Bach* FamRZ 1996, 1250, 1254.
[3] *Uhlig/Berard* NJW 1987, 1521, 1525; *Wicke* FPR 2006, 240, 243.
[4] Gegen jede Abänderung auf „Einwendung" *Sich* S. 103; *Wicke* FPR 2006, 240, 244.
[1] *Uhlig/Berard* NJW 1987, 1521, 1525.
[1] *Uhlig/Berard* NJW 1987, 1521, 1525.

2. Internationales Transportrecht

a) Genfer Übereinkommen über den Beförderungsvertrag im internationalen Straßengüterverkehr (CMR)

Vom 19. 5. 1956 (BGBl. II 1961 S. 1119)

(Auszug)

Art. 31 [Internationale Zuständigkeit; Rechtshängigkeit; Rechtskraft; Vollstreckbarkeit; Sicherheitsleistung]. (1) ¹Wegen aller Streitigkeiten aus einer diesem Übereinkommen unterliegenden Beförderung kann der Kläger, außer durch Vereinbarung der Parteien bestimmte Gerichte von Vertragsstaaten, die Gerichte eines Staates anrufen, auf dessen Gebiet

a) der Beklagte seinen gewöhnlichen Aufenthalt, seine Hauptniederlassung oder die Zweigniederlassung oder Geschäftsstelle hat, durch deren Vermittlung der Beförderungsvertrag geschlossen worden ist, oder

b) der Ort der Übernahme des Gutes oder der für die Ablieferung vorgesehene Ort liegt.

²Andere Gerichte können nicht angerufen werden.

(2) Ist ein Verfahren bei einem nach Absatz 1 zuständigen Gericht wegen einer Streitigkeit im Sinne des genannten Absatzes anhängig oder ist durch ein solches Gericht in einer solchen Streitsache ein Urteil erlassen worden, so kann eine neue Klage wegen derselben Sache zwischen denselben Parteien nicht erhoben werden, es sei denn, daß die Entscheidung des Gerichtes, bei dem die erste Klage erhoben worden ist, in dem Staat nicht vollstreckt werden kann, in dem die neue Klage erhoben wird.

(3) ¹Ist in einer Streitsache im Sinne des Absatzes 1 ein Urteil eines Gerichtes eines Vertragsstaates in diesem Staat vollstreckbar geworden, so wird es auch in allen anderen Vertragsstaaten vollstreckbar, sobald die in dem jeweils in Betracht kommenden Staat hierfür vorgeschriebenen Formerfordernisse erfüllt sind. ²Diese Formerfordernisse dürfen zu keiner sachlichen Nachprüfung führen.

(4) Die Bestimmungen des Absatzes 3 gelten für Urteile im kontradiktorischen Verfahren, für Versäumnisurteile und für gerichtliche Vergleiche, jedoch nicht für nur vorläufig vollstreckbare Urteile sowie nicht für Verurteilungen, durch die dem Kläger bei vollständiger oder teilweiser Abweisung der Klage neben den Verfahrenskosten Schadenersatz und Zinsen auferlegt werden.

(5) Angehörige der Vertragsstaaten, die ihren Wohnsitz oder eine Niederlassung in einem dieser Staaten haben, sind nicht verpflichtet, Sicherheit für die Kosten eines gerichtlichen Verfahrens zu leisten, das wegen einer diesem Übereinkommen unterliegenden Beförderung eingeleitet wird.

Art. 33 [Schiedsgerichtsklausel]. Der Beförderungsvertrag kann eine Bestimmung enthalten, durch die die Zuständigkeit eines Schiedsgerichtes begründet wird, jedoch nur, wenn die Bestimmung vorsieht, daß das Schiedsgericht dieses Übereinkommen anzuwenden hat.

Art. 41 [Zwingendes Recht]. (1) ¹Unbeschadet der Bestimmungen des Artikels 40 ist jede Vereinbarung, die unmittelbar oder mittelbar von den Bestimmungen dieses Übereinkommens abweicht, nichtig und ohne Rechtswirkung. ²Die Nichtigkeit solcher Vereinbarungen hat nicht die Nichtigkeit der übrigen Vertragsbestimmungen zur Folge.

(2) *(nicht abgedruckt)*

b) Gesetz zu dem Übereinkommen vom 19. 5. 1956 (CMRG)

(idF des ÄnderungsG v. 5. 7. 1989, BGBl. II S. 586)

Art. 1a. Für Rechtsstreitigkeiten aus einer dem Übereinkommen unterliegenden Beförderung ist auch das Gericht zuständig, in dessen Bezirk der Ort der Übernahme des Gutes oder der für die Ablieferung des Gutes vorgesehene Ort liegt.

Schrifttum: *Basedow*, in Münchner Kommentar zum HGB, Bd. 7, 1997, Bd. 7a, 2000; *Fremuth*, Gerichtsstände im grenzüberschreitenden Speditions- und Landfrachtrecht, TransportR 1983, 35; *Haubold*, Internationale Zuständigkeit nach CMR und EuGVÜ/LugÜ, IPRax 2000, 91; *Helm*, in Großkomm/HGB, Bd. 5/2, 3. Aufl. 1979 (Anh. III nach § 452); *Herber/Piper*, CMR. Internationales Straßentransportrecht, 1996; *Koller*, Transportrecht, 6. Aufl. 2007; *Lau*, Zur Schiedsgerichtsbarkeit im Transportwesen der Bundesrepublik Deutschland, TransportR 1986, 1; *Legros*, Les conflits de normes juridictionnelles en matière de contrats de transport internativnaux de merchandises, JDI 134 (2007), 1081; *Lenz*, Straßengütertransportrecht, 1988; *Martiny*, Hdb. IZVR Bd. III/2, Kap. II Anerkennung nach multilateralen Staatsverträgen (§ 5), 1984; *Müller/Hök*, Die Zuständigkeit deutscher Gerichte und die Vollstreckbarkeit inländischer Urteile im Ausland nach der CMR, RIW 1988, 773; *Protsch*, Der Gerichtsstand und die Vollstreckung im internationalen Speditions- und Frachtrecht, 1989; *Thume*, Kommentar zur CMR, 1994.

1. Allgemeines. Art. 31 CMR regelt als **zwingendes Recht** (Art. 41 Abs. 1 CMR) einige Fragen des internationalen Zivilprozessrechts. Für die in Abs. 1 aufgeführten Streitigkeiten[1] hat diese Regelung Vorrang gegenüber der EuGVO (s. Art. 71 EuGVO Rn. 2 ff.).[2] Erfasst sind vertragliche wie außervertragliche Ansprüche.[3] Bei Anspruchsgrundlagenkonkurrenz besteht daher ein einheitlicher Gerichtsstand. Für nicht geregelte Fragen gilt das allgemeine nationale Recht.[4] **1**

Vertragsstaaten[5] sind außer Deutschland: Belgien, Bosnien-Herzegowina, Bulgarien, Dänemark, Estland, Finnland, Frankreich, Georgien, Griechenland, Großbritannien mit Gibraltar (ohne Nordirland und Insel Man), Italien, Iran, Irland, Jugoslawien, Kasachstan, Kirgisistan, Kroatien, Lettland, Litauen, Luxemburg, Marokko, Mazedonien, Moldau, Niederlande, Norwegen, Österreich, Polen, Portugal, Rumänien, Russische Föderation, Schweden, Schweiz, Slowakei, Slowenien, Spanien, Tadschikistan, Tschechische Republik, Türkei, Tunesien, Turkmenistan, Ungarn, Usbekistan und Weißrussland. **2**

2. Internationale Zuständigkeit. a) Ausschließlichkeit. Abs. 1 legt abschließend und zwingend die **ausschließliche internationale Zuständigkeit** der Gerichte der Vertragsstaaten fest. Diese Zuständigkeiten können nicht vertraglich abbedungen werden.[6] Danach sind alternativ zuständig **3**
(1) die Gerichte im Staat des gewöhnlichen Aufenthalts,[7] der Hauptniederlassung oder derjenigen Zweigniederlassung oder Geschäftsstelle des Beklagten, über die der Beförderungsvertrag geschlossen wurde,
(2) die Gerichte im Staat des (tatsächlichen) Übernahme- oder (vertraglich vereinbarten) Ablieferungsorts,
(3) die Gerichte eines anderen prorogierten Vertragsstaats.[8]

Hauptniederlassung ist der Ort, von dem aus Geschäfte tatsächlich zentral geführt werden, nicht der registermäßige Sitz.[9] Der Gerichtsstand der Hauptniederlassung ist stets eröffnet. **4**

Der Gerichtsstand der Zweigniederlassung bzw. Geschäftsstelle ist nur eröffnet, wenn der streitige Beförderungsvertrag durch deren Vermittlung geschlossen wurde.[10] Zu den Geschäftsstellen gehö- **5**

---

[1] Zum Anwendungsbereich MünchKommHGB/*Basedow* Art. 31 CMR Rn. 3 ff.; *Haubold* IPRax 2000, 91, 93.
[2] *Helm* Anm. 2; *Koller* Art. 31 CMR Rn. 1; MünchKommHGB/*Basedow* Art. 31 CMR Rn. 9 ff.; s. aber OLG Dresden RIW 1999, 968 = IPRax 2000, 121 (krit. dazu *Haubold* S. 91) (zu Art. 57 Abs. 2 S. 1; 20 LugÜ).
[3] *Koller* Art. 31 CMR Rn. 1; *Lenz* Rn. 1111; *Müller/Hök* RIW 1988, 773, 775; MünchKommHGB/*Basedow* Art. 31 CMR Rn. 3.
[4] LG München I RIW 1991, 150.
[5] Vgl. *Jayme/Hausmann*, Intern. Privat- und Verfahrensrecht, 13. Aufl., S. 350 Fn. 1.
[6] *Koller* Art. 31 CMR Rn. 2; *Mankowski* TransportR 1993, 213, 217.
[7] Vgl. MünchKommHGB/*Basedow* Art. 31 CMR Rn. 18.
[8] Vgl. *Koller* Art. 31 CMR Rn. 5; *Haubold* IPRax 2000, 91, 92.
[9] *Thume/Demuth* Art. 31 CMR Rn. 17; MünchKommHGB/*Basedow* Art. 31 CMR Rn. 19.
[10] *Thume/Demuth* Art. 31 CMR Rn. 19.

ren, wie bei Art. 33 Abs. 1 MÜ, auch selbstständige Agenturen, deren sich der Frachtführer regelmäßig zum Abschluss bedient.[11]

6 b) **Fakultative Gerichtsstandsvereinbarung.** Aus Art. 31 Abs. 1 CMR ergibt sich, dass der prorogierte Gerichtsstand nur eine zusätzliche, keine ausschließliche Zuständigkeit eröffnet.[12]

7 c) **Formanforderungen** an die Prorogation bestehen nicht; es gilt daher nationales Recht. Für die Vereinbarungen deutscher Gerichte gilt die deutsche lex fori (§ 38 ZPO).[13] Eine Eintragung der Vereinbarung im Frachtbrief ist danach nicht erforderlich. Die Form des Art. 23 EuGVO braucht nicht gewahrt zu werden.[14]

Nachträgliche Gerichtsstandsvereinbarungen sowie die rügelose Einlassung sollen durch Art. 31 Abs. 1 CMR nicht berührt werden.[15]

8 d) **Gerichtsstand und Erfüllungsort nach Ziff. 30 ADSp.** Ziff. 30.2 ADSp. (von 1999) sieht für Spediteurgeschäfte einen Gerichtsstand am Ort der Handelsniederlassung des beauftragten Spediteurs vor; für Ansprüche gegen den Spediteur soll dieser Gerichtsstand ausschließlich sein. Diese AGB-Regelung gilt nur kraft Vereinbarung. Sie kann die zwingende Regelung der internationalen Zuständigkeit nach Art. 31 Abs. 1 CMR nicht derogieren und ist insoweit unwirksam.[16]

Über Ziff. 30.2 ADSp. kann daher nur die örtliche Zuständigkeit oder ein zusätzlicher internationaler Gerichtsstand[17] bestimmt werden, sofern die internationale Zuständigkeit in Deutschland liegt. Im Anwendungsbereich des Art. 23 EuGVO bedarf eine Gerichtsstandsabrede aber der dort vorgesehenen Form (s. Art. 23 EuGVO Rn. 21 ff.).[18] Eine formlose Vereinbarung ist daher nur in Inlandsfällen nach § 38 Abs. 1 ZPO zulässig.

Über Ziff. 30.1 ADSp. wird dagegen zulässigerweise formlos ein Erfüllungsort und damit mittelbar ein Gerichtsstand bestimmt. Diese Regel verstößt weder gegen Art. 31 Abs. 1 CMR noch gegen Art. 23 Abs. 1 EuGVO, da eine Vereinbarung des Erfüllungsorts nach Art. 5 Nr. 1 EuGVO formlos zulässig ist[19] (s. Art. 5 EuGVO Rn. 38 f.).

9 e) **Verfahren des einstweiligen Rechtsschutzes** sind von Art. 31 Abs. 1 CMR nicht ausgenommen („alle Streitigkeiten").[20]

10 f) In den Vertragsstaaten sind diese Zuständigkeiten **von Amts wegen zu beachten.** Ein Nichtvertragsstaat kann sich autonom für zuständig erklären. Die Anerkennung seiner Entscheidung kann in Deutschland aber an § 328 Abs. 1 Nr. 1 ZPO scheitern.

11 3. **Örtliche Zuständigkeit.** Sie ist in Art. 31 Abs. 1 CMR nicht geregelt, sondern ergibt sich aus dem nationalen Recht.[21] Durch ÄndG vom 5. 7. 1989 ist sie in Art. 1a des Gesetzes zum Übereinkommen gesetzlich festgelegt worden;[22] die zuvor vertretenen Hilfslösungen sind daher obsolet.

12 4. **Rechtshängigkeit, Rechtskraft.** Art. 31 Abs. 2 CMR ordnet an, dass der Eintritt der Rechtshängigkeit bzw. Rechtskraft zwischen denselben Parteien in einem Vertragsstaat in den anderen Vertragsstaaten zu beachten ist. Zu beachten ist bereits die Anhängigkeit, dh. die eingereichte, noch nicht zugestellte Klage. Diese Regel verhindert ein „Wettrennen" um die internationale Zustellung[23] und ist vor allem im Verhältnis zu Vertragsstaaten von Bedeutung, die die internationale Rechtshängigkeit sonst nicht beachten.

---

[11] *Thume/Demuth* Art. 31 CMR Rn. 21; *Koller* Art. 31 CMR Rn. 3; nur bei Rechtsschein: MünchKommHGB/*Basedow* Art. 31 CMR Rn. 21.
[12] OLG Oldenburg TranspR 2000, 128; *Koller*, Art. 31 CMR Rn. 5; *Lenz* Rn. 1115; *Rauscher/Mankowski* Art. 71 EuGVO Rn. 14; *Kropholler* Art. 71 EuGVO Rn. 14.
[13] *Thume/Demuth* Art. 31 CMR Rn. 29.
[14] (Zu Art. 17 EuGVÜ) OLG Düsseldorf RIW 1990, 752; LG Aachen RIW 1976, 588; *Koller* Art. 31 CMR Rn. 5; *Müller/Hök* RIW 1988, 773, 776; *Rauscher/Mankowski* Art. 71 EuGVO Rn. 14; *Thume/Demuth* Art. 31 CMR Rn. 31; aA *Kropholler* Art. 71 EuGVO Rn. 14; MünchKommHGB/*Basedow* Art. 31 CMR Rn. 25 (der auf Art. 11, 31 EGBGB abstellt); *Haubold* IPRax 2000, 91, 93; *Czernich/Tiefenthaler* Art. 71 EuGVO Rn. 2.
[15] *Thume/Demuth* Art. 31 CMR Rn. 33 f.
[16] *Thume/Demuth* Art. 31 CMR Rn. 45; aA anscheinend *Baumbach/Hopt*, HGB, ADSp. 65 Rn. 1.
[17] *Koller* ADSp Ziff. 30 Rn. 5, Art. 31 CMR Rn. 6.
[18] *Thume/Demuth* Art. 31 CMR Rn. 47.
[19] BGH NJW 1985, 560, 561.
[20] AA (arg. Art. 24 zu EuGVÜ) MünchKommHGB/*Basedow* Art. 31 CMR Rn. 26; vgl. auch *Matscher* ZZP 95 (1982), 170, 221 f.
[21] BGHZ 79, 332 = NJW 1981, 1902; *Thume/Demuth* Art. 31 CMR Rn. 11; *Müller/Hök* RIW 1988, 773, 774; MünchKommHGB/*Basedow* Art. 31 CMR Rn. 16.
[22] Vgl. *Hök* JurBüro 1990, 5.
[23] MünchKommHGB/*Basedow* Art. 31 CMR Rn. 32.

2c) Vereinheitlichung best. Vorschriften   **Art. 33 Montr. Übereink.**

5. Vollstreckbarkeit. a) Art. 31 Abs. 3 u. 4 CMR sehen vor, dass endgültig vollstreckbare **13** (nicht notwendig rechtskräftige) Urteile (auch Versäumnisurteile und Vollstreckungsbescheide)[24] sowie Prozessvergleiche eines Vertragsstaats über eine Streitigkeit des Abs. 1 auch in den anderen Vertragsstaaten ohne sachliche Nachprüfung (Verbot der révision au fond) vollstreckbar sind. Ausgeschlossen von der Vollstreckung sind Klagabweisungen, soweit sie über die Verfahrenskosten hinaus als Prozessstrafe Schadensersatz oder Zinsen zuerkennen; gewöhnliche Schadensersatzurteile sind dagegen anzuerkennen.[25]

b) Die Vollstreckbarkeit tritt erst ein, wenn die „Formerfordernisse" des Vollstreckungsstaates erfüllt sind. Die Entscheidung muss also nach nationalem Recht zur Vollstreckung zugelassen werden.[26] **14** Titel eines EU-Staates sind nach den Art. 38ff. EuGVÜ für vollstreckbar zu erklären (s. Art. 71 EuGVO Rn. 8),[27] Titel anderer Vertragsstaaten auf Vollstreckungsklage nach den §§ 722, 723 ZPO oder nach dem in dem sonst einschlägigen Staatsvertrag vorgesehenen Verfahren. Das Recht des Wirkungsstaates gilt auch für die Frage, wie eine bloße Anerkennung geltend zu machen ist.[28]

c) Bei der Anerkennung bzw. Vollstreckbarerklärung darf danach geprüft werden, **15**
(1) ob eine Streitigkeit nach Art. 31 Abs. 1 CMR vorliegt,
(2) ob die Entscheidung im Erststaat endgültig vollstreckbar ist und keine Prozessstrafe bei Klagabweisung vorsieht,
(3) ob das Erstgericht nach Art. 31 Abs. 1 CMR international zuständig war[29] (innerhalb der EuGVO entfällt diese Prüfung, Art. 35 Abs. 3 EuGVO),
(4) ob die Entscheidung gegen den ordre public (§ 328 Abs. 1 Nr. 4 ZPO) verstößt. Da die CMR das materielle Vertrags- und Haftungsrecht vereinheitlicht hat, kommt nur eine Versagung bei groben Verfahrensfehlern in Betracht[30] (s. § 328 ZPO Rn. 110ff.).

6. Sicherheitsleistung. Art. 31 Abs. 5 CMR befreit für Streitigkeiten nach Abs. 1 von der **16** Pflicht zur Sicherheitsleistung für Prozesskosten. Für Angehörige eines Vertragsstaats entfällt daher die Verpflichtung zur Ausländersicherheit nach § 110 ZPO. Die Pflicht entfällt auch vor den Gerichten des Heimatstaates,[31] also in allen Fällen, in denen die ZPO sonst allgemein eine Kostensicherheit vorsieht. Eine Befreiung von der Vorschusspflicht nach §§ 12, 17 GKG ist nicht vorgesehen.

7. Schiedsgerichtsvereinbarungen lässt Art. 33 CMR zu, sofern das Schiedsgericht materiell **17** die CMR anwenden soll; andernfalls ist die Klausel nach Art. 41 CMR nichtig.[32] Eine besondere Form der Vereinbarung wird nicht verlangt.[33] Die Vollstreckbarerklärung von CMR-Schiedssprüchen erfolgt nach allgemeinen Regeln.

c) Übereinkommen zur Vereinheitlichung bestimmter Vorschriften über die Beförderung im internationalen Luftverkehr (Montrealer Übereinkommen)

Vom 28. 5. 1999 (BGBl. 2004 II S. 458)

(Auszug)

Art. 33. Gerichtsstand. 1. Die Klage auf Schadensersatz muss im Hoheitsgebiet eines der Vertragsstaaten erhoben werden, und zwar nach Wahl des Klägers entweder bei dem Gericht des Ortes, an dem sich der Wohnsitz des Luftfrachtführers, seine Hauptniederlassung oder seine Geschäftsstelle befindet, durch die der Vertrag geschlossen worden ist, oder bei dem Gericht des Bestimmungsorts.

---

[24] *Müller/Hök* RIW 1988, 773, 775.
[25] *Martiny* Hdb. IZVR III/2 Kap. II Rn. 436; vgl. *Thume/Demuth* Art. 31 CMR Rn. 60ff.; *Koller* Art. 31 CMR Rn. 10; MünchKommHGB/*Basedow* Art. 31 CMR Rn. 35.
[26] Vgl. *Müller/Hök* RIW 1988, 773, 775 f.
[27] *Martiny* Hdb. IZVR III/2 Kap. II Rn. 443; *Thume/Demuth* Art. 31 CMR Rn. 58; MünchKommHGB/ *Basedow* Art. 31 CMR Rn. 38.
[28] *Müller/Hök* RIW 1988, 773, 775.
[29] *Martiny* (Fn. 26) Rn. 440.
[30] *Martiny* (Fn. 26) Rn. 441; *Müller/Hök* RIW 1988, 773, 776.
[31] *Helm* Anm. 8; *Koller* Art. 31 Rn. 11; MünchKommHGB/*Basedow* Art. 31 CMR Rn. 39.
[32] *Helm* Art. 33 Anm.; *Koller* Art. 33 Rn. 1.
[33] *Thume/Demuth* Art. 33 Rn. 1 f.

2. Die Klage auf Ersatz des Schadens, der durch Tod oder Körperverletzung eines Reisenden entstanden ist, kann bei einem der in Absatz 1 genannten Gerichte oder im Hoheitsgebiet eines Vertragsstaats erhoben werden, in dem der Reisende im Zeitpunkt des Unfalls seinen ständigen Wohnsitz hatte und in das oder aus dem der Luftfrachtführer Reisende im Luftverkehr gewerbsmäßig befördert, und zwar entweder mit seinen eigenen Luftfahrzeugen oder aufgrund einer geschäftlichen Vereinbarung mit Luftfahrzeugen eines anderen Luftfrachtführers, und in dem der Luftfrachtführer sein Gewerbe von Geschäftsräumen aus betreibt, deren Mieter oder Eigentümer er selbst oder ein anderer Luftfrachtführer ist, mit dem er eine geschäftliche Vereinbarung geschlossen hat.

3. Im Sinne des Absatzes 2 bedeutet

a) „geschäftliche Vereinbarung" einen Vertrag zwischen Luftfrachtführern über die Erbringung gemeinsamer Beförderungsdienstleistungen für Reisende im Luftverkehr mit Ausnahme eines Handelsvertretervertrags,

b) „ständiger Wohnsitz" den Hauptwohnsitz und gewöhnlichen Aufenthalt des Reisenden im Zeitpunkt des Unfalls. Die Staatsangehörigkeit des Reisenden ist in dieser Hinsicht nicht entscheidend.

4. Das Verfahren richtet sich nach dem Recht des angerufenen Gerichts.

Art. 34. Schiedsverfahren. 1. [1]Die Parteien des Vertrags über die Beförderung von Gütern können nach Maßgabe dieses Artikels vereinbaren, dass Streitigkeiten über die Haftung des Luftfrachtführers nach diesem Übereinkommen in einem Schiedsverfahren beigelegt werden. [2]Eine derartige Vereinbarung bedarf der Schriftform.

2. Das Schiedsverfahren wird nach Wahl des Anspruchstellers an einem der in Artikel 33 genannten Gerichtsstände durchgeführt.

3. Der Schiedsrichter oder das Schiedsgericht hat dieses Übereinkommen anzuwenden.

4. Die Absätze 2 und 3 gelten als Bestandteil jeder Schiedsklausel oder -vereinbarung; abweichende Bestimmungen sind nichtig.

Art. 45. Beklagter. [1]Soweit der ausführende Luftfrachtführer die Beförderung vorgenommen hat, kann eine Klage auf Schadenersatz nach Wahl des Klägers gegen diesen Luftfrachtführer, den vertraglichen Luftfrachtführer oder beide, gemeinsam oder gesondert, erhoben werden. [2]Ist die Klage nur gegen einen dieser Luftfrachtführer erhoben, so hat dieser das Recht, den anderen Luftfrachtführer aufzufordern, sich an dem Rechtsstreit zu beteiligen; Rechtswirkungen und Verfahren richten sich nach dem Recht des angerufenen Gerichts.

Art. 46. Weiterer Gerichtsstand. Eine Klage auf Schadenersatz nach Artikel 45 kann nur im Hoheitsgebiet eines der Vertragsstaaten, und zwar nach Wahl des Klägers entweder bei einem der Gerichte erhoben werden, bei denen eine Klage gegen den vertraglichen Luftfrachtführer nach Artikel 33 erhoben werden kann, oder bei dem Gericht des Ortes, an dem der ausführende Luftfrachtführer seinen Wohnsitz oder seine Hauptniederlassung hat.

Art. 49. Zwingendes Recht. Alle Bestimmungen des Beförderungsvertrags und alle vor Eintritt des Schadens getroffenen besonderen Vereinbarungen, mit denen die Parteien durch Bestimmung des anzuwendenden Rechts oder durch Änderung der Vorschriften über die Zuständigkeit von diesem Übereinkommen abweichen, sind nichtig.

Art. 55. Verhältnis zu anderen mit dem Warschauer Abkommen zusammenhängenden Übereinkünften. Dieses Übereinkommen geht allen Vorschriften vor, die für die Beförderung im internationalen Luftverkehr gelten

1. zwischen Vertragsstaaten dieses Übereinkommens aufgrund dessen, dass diese Staaten gemeinsam Vertragsparteien folgender Übereinkünfte sind:

   a) Abkommen zur Vereinheitlichung von Regeln über die Beförderung im internationalen Luftverkehr, unterzeichnet in Warschau am 12. Oktober 1929 (im Folgenden als „Warschauer Abkommen" bezeichnet);

   b) Protokoll zur Änderung des Abkommens zur Vereinheitlichung von Regeln über die Beförderung im internationalen Luftverkehr, unterzeichnet in Warschau am

2c) Vereinheitlichung best. Vorschriften 1–4 **Art. 55 Montr. Übereink.**

12. Oktober 1929, beschlossen in Den Haag am 28. September 1955 (im Folgenden als „Haager Protokoll" bezeichnet);

c) Zusatzabkommen zum Warschauer Abkommen zur Vereinheitlichung von Regeln über die von einem anderen als dem vertraglichen Luftfrachtführer ausgeführte Beförderung im internationalen Luftverkehr, unterzeichnet in Guadalajara am 18. September 1961 (im folgenden als „Abkommen von Guadalajara" bezeichnet);

...

Schrifttum: *Koller,* Transportrecht, 6. Aufl. 2007; *Reuschle,* Übereinkommen zur Vereinheitlichung bestimmter Vorschriften über die Beförderung im internationalen Luftverkehr (Montrealer Übereinkommen), 2005; *Saenger,* Harmonisierung des internationalen Luftprivatrechts, NJW 2000, 169; *Schmid/Müller-Rostin,* In-Kraft-Treten des Montrealer Übereinkommens von 1999, NJW 2003, 3516.

1. Allgemeines. Das neue Montrealer Übereinkommen (MÜ) ersetzt (Art. 55 MÜ) und ergänzt das Warschauer Abkommen von 1929 und das Zusatzabkommen von Guadalajara von 1961. 1
Seine Regeln zur internationalen Zuständigkeit gehen der EuGVO (Art. 71 Abs. 1) bzw. dem LugÜ (Art. 57) vor.[1]
Die Gerichtsstandsregelung des Art. 33 MÜ will wie die bisherige Regelung (Art. 28 WA) erreichen, dass Schadenersatzklagen nach den Art. 17 ff. MÜ die Haftungsordnung des Abkommens zugrunde gelegt wird. Deshalb wird zwingend (Art. 33 Abs. 1, 49 MÜ) die Klageerhebung in einem Vertragsstaat verlangt.[2] Für andere Ansprüche gilt diese Beschränkung nicht, insbes. nicht für Klagen des Luftfrachtführers.[3] Art. 33 MÜ gilt nur für Klagen gegen den Luftfrachtführer, nicht auch für Klagen gegen dessen Leute.[4]

2. Internationale Zuständigkeiten. Art. 33 MÜ regelt nur die internationale Zuständigkeit, 2 nicht auch die örtliche Zuständigkeit.[5] Schadenersatzklagen können danach nach Wahl des Klägers zwingend erhoben werden vor den Gerichten des Staates

(1) am Wohnsitz/Sitz des Luftfrachtführers,
(2) der Hauptniederlassung des Luftfrachtführers,
(3) derjenigen Geschäftsstelle, durch die der Beförderungsvertrag geschlossen wurde (eine selbstständige IATA-Agentur genügt),[6]
Ob ein Verkaufsautomat als Geschäftsstelle anzusehen ist, ist streitig.[7]
(4) des Bestimmungsortes (Zielflughafen).
Maßgebend ist die Vereinbarung der Parteien. Abzustellen ist auf den Ort der letzten vertraglichen Landung.[8] Bei Vereinbarung eines Hin- und Rückflugs ist dies der Abflugort; dies gilt auch bei sukzessiver Beförderung durch mehrere Luftfrachtführer.[9]
(5) Eine Klage auf Schadenersatz wegen Tod oder Körperverletzung des Reisenden kann nach 3
Art. 33 Abs. 2 MÜ (neu) zusätzlich zu den Gerichtsständen zu 1–04 auch in dem Staat erhoben werden, in dem der Reisende zZ des Unfalls seinen Wohnsitz (Hauptwohnsitz und gewöhnlichen Aufenthalt) hatte. Dies gilt aber nur, wenn der Luftfrachtführer in oder aus diesem Staat gewerbsmäßig Reisende mit eigenen oder gleichgestellten Luftfahrzeugen beförderte.[10]
Gerichtsstandsvereinbarungen vor Eintritt des Schadensfalles sind unzulässig (Art. 49 MÜ).[11] Mit 4
der zwingenden Zuständigkeitsordnung nach Wahl des Klägers sachlich unvereinbar ist eine Abweisung der Klage wegen „forum non conveniens".[12]

---

[1] *Reuschle* Art. 33 Rn. 4.
[2] Vgl. *Giemulla/Mölls/Ehlers* Art. 28 WA Rn. 1; MünchKommHGB/*Kronke* Art. 28 WA Rn. 2.
[3] Vgl. OLG München RIW 1983, 127; *Geimer/Schütze/Ehlers* S. 792.65 (2.); *Reuschle* Art. 33 Rn. 12; MünchKommHGB/*Kronke* Art. 28 WA Rn. 5.
[4] Vgl. BGH NJW 1982, 524 = IPRax 1983, 124 (m. Anm. *Reifarth* S. 107); MünchKommHGB/*Kronke* Art. 28 WA Rn. 6; aA *Reuschle* Art. 33 Rn. 9.
[5] *Koller* Art. 28 WA Rn. 1, 5; vgl. MünchKommHGB/*Kronke* Art. 28 WA Rn. 20; so auch die US-Auffassung, s. *Geimer/Schütze/Ehlers* S. 792.65 (3.); in Schottland: Abnett v. British Railways [1994] I.L.Pr. 764; aA *Reuschle* Art. 33 Rn. 8.
[6] BGH NJW 1976, 1587; BGHZ 84, 339 = NJW 1983, 516, 518 (dazu *Giemulla/Mölls* S. 1953) = IPRax 1984, 27 (dazu *Nagel* S. 13, 14); *Geimer/Schütze/Ehlers* S. 792.67 (4.3); MünchKommHGB/*Kronke* Art. 28 WA Rn. 16; vgl. *Reuschle* Art. 33 Rn. 19 ff.
[7] Dafür *Giemulla/Dettling-Ott* Art. 28 Rn. 17; dagegen *Reuschle* Art. 33 MÜ Rn. 22.
[8] BGH NJW 1976, 1587; *Giemulla/Mölls/Ehlers* Art. 28 WA Rn. 25.
[9] BGH NJW 1976, 1586; *Reuschle* Art. 33 Rn. 27; *Giemulla/Mölls/Ehlers* Art. 28 WA Rn. 26 ff.
[10] Vgl. *Reuschle* Art. 33 Rn. 29 f.
[11] *Ruhwedel* S. 186; *Giemulla/Mölls/Ehlers* Art. 28 Rn. 4.
[12] AA MünchKommHGB/*Kronke* Art. 28 WA Rn. 24.

d) Übereinkommen über den internationalen Eisenbahnverkehr (COTIF) mit Anhang A Einheitliche Rechtsvorschriften für den Vertrag über die internationale Eisenbahnbeförderung von Personen und Gepäck (CIV) und Anhang B Einheitliche Rechtsvorschriften für den Vertrag über die internationale Eisenbahnbeförderung von Gütern (CIM)

in der Fassung des Änderungsprotokolls vom 3. 6. 1999 (BGBl. 2002 II S. 2149)

(Auszug)

Schrifttum a) zum COTIF 1980: *Helm*, in Großkommentar HGB, Bd. V/2 (§ 460 Anh. II, III), 3. Aufl. 1981; *Martiny*, Anerkennung nach multilateralen Staatsverträgen, in Hdb. IZVR Bd. III/2, Kap. II (§ 6), 1984; *Mutz*, Eisenbahntransportrecht, in Münchner Kommentar zum HGB, Bd. 7, 1997, S. 1513 ff.; *Wei*, The „enforcement clause": A new development in the recognition and enforcement of foreign judgments, Am. J. Comp. L. 31 (1983), 520.

b) zum COTIF 1999: *Freise*, Die Reform des internationalen Eisenbahn-Personenverkehrsrechts – CIV 1999, GedS Helm, 2001, S. 59; *Koller*, Transportrecht, 6. Aufl. 2007, S. 1739 (zu CIM 1999); *Kunz*, Das neue Übereinkommen über den internationalen Eisenbahnverkehr, TranspR 2005, 329; *Mutz*, Schwerpunkte der COTIF-Revision, GedS Helm, 2001, S. 243.

Vertragsstaaten: Albanien, Algerien, Belgien, Bosnien-Herzegowina, Bulgarien, Dänemark, Deutschland, Finnland, Frankreich, Griechenland, Irak, Iran, Irland, Italien, Kroatien, Lettland, Libanon, Liechtenstein, Litauen, Luxemburg, Marokko, Mazedonien, Monaco, Niederlande, Norwegen, Österreich, Polen, Portugal, Rumänien, Schweden, Schweiz, Serbien, Slowakei, Slowenien, Spanien, Syrien, Tschechische Republik, Tunesien, Türkei, Ukraine, Ungarn und Vereinigtes Königreich von Großbritannien und Nordirland.

COTIF (1999)
Titel II. Gemeinsame Bestimmungen

Art. 11. Prozeßauktion. Bei Klagen auf Grund der Einheitlichen Rechtsvorschriften CIV, der Einheitlichen Rechtsvorschriften CIM, der Einheitlichen Rechtsvorschriften CUV oder der Einheitlichen Rechtsvorschriften CUI kann eine Sicherheitsleistung für die Kosten des Rechtsstreites nicht gefordert werden.

Art. 12. Vollstreckung von Urteilen. Arrest und Pfändung.

§ 1. Urteile, auch Versäumnisurteile, die auf Grund des Übereinkommens vom zuständigen Gericht gefällt worden und nach den für das urteilende Gericht maßgebenden Gesetzen vollstreckbar geworden sind, werden in jedem der anderen Mitgliedstaaten vollstreckbar, sobald die in dem Staat, in dem die Vollstreckung erfolgen soll, vorgeschriebenen Förmlichkeiten erfüllt sind. Eine sachliche Nachprüfung des Inhaltes ist nicht zulässig. Diese Bestimmungen gelten auch für gerichtliche Vergleiche.

§ 2. § 1 findet keine Anwendung auf nur vorläufig vollstreckbare Urteile und auf Urteile, die dem Kläger wegen seines Unterliegens im Rechtsstreit außer den Kosten eine Entschädigung auferlegen.

§ 3. Stehen einem Beförderungsunternehmen aus einer Beförderung, auf welche die Einheitlichen Rechtsvorschriften CIV oder die Einheitlichen Rechtsvorschriften CIM anzuwenden sind, Forderungen gegen ein anderes Beförderungsunternehmen zu, das nicht demselben Mitgliedstaat angehört, so können diese Forderungen nur auf Grund einer Entscheidung der Gerichte des Mitgliedstaates mit Arrest belegt oder gepfändet werden, dem das Unternehmen angehört, das Gläubiger der zu pfändenden Forderung ist.

§ 4. Forderungen auf Grund von Verträgen, auf welche die Einheitlichen Rechtsvorschriften CUV oder die Einheitlichen Rechtsvorschriften CUI anzuwenden sind, können nur auf Grund der Entscheidung der Gerichte des Mitgliedstaates mit Arrest belegt oder gepfändet werden, dem das Unternehmen angehört, das Gläubiger der zu pfändenden Forderung ist.

§ 5. Eisenbahnfahrzeuge können in einem anderen Mitgliedstaat als demjenigen, in dem der Halter seinen Sitz hat, nur auf Grund einer Entscheidung der Gerichte dieses Staates mit Arrest belegt oder gepfändet werden. Der Ausdruck „Halter" bezeichnet denjenigen, der als Eigentümer oder sonst Verfügungsberechtigter das Eisenbahnfahrzeug dauerhaft als Beförderungsmittel wirtschaftlich nutzt.

1. **Vollstreckbarerklärung. a)** Auch Art. 12 § 1 COTIF 1999 regelt für den Eisenbahn-Personen/Gepäck-Verkehr und den Eisenbahn-Frachtverkehr einheitlich die **Anerkennung und Vollstreckung** von gerichtlichen Entscheidungen über Ansprüche aus einem internationalen Eisenbahnvertrag. Als Spezialabkommen hat das COTIF Vorrang vor der EuGVO (s. Art. 71 Rn. 1 ff.).[1] Die „Vollstreckungsklausel" des Art. 12 § 1 begründet eine beschränkte Gegenseitigkeit im Verhältnis zu den Staaten, mit denen keine allgemeinen Anerkennungs- und Vollstreckungsverträge bestehen.[2]

b) Anzuerkennen und zu vollstrecken sind alle **Entscheidungen,** die im Erststaat **vollstreckbar** sind, einschließlich der Versäumnisurteile. Rechtskraft ist nicht erforderlich. § 2 schließt neben den nur vorläufig vollstreckbaren auch klagabweisende Urteile aus, die eine Prozessstrafe zu Lasten des Klägers aussprechen.[3] **Prozessvergleiche** werden durch § 1 S. 3 ausdrücklich gerichtlichen Entscheidungen gleichgestellt.

c) Art. 12 § 1 regelt sinngemäß die Anerkennungs- und Vollstreckungsversagungsgründe selbst abschließend; die §§ 328, 723 ZPO sind nicht anwendbar.[4] Die Bestimmung schließt aber den Rückgriff auf andere Regelungen nicht aus. Vorläufig vollstreckbare Entscheidungen können daher nach der EuGVO (Art. 32, 38 ff.), ggf. auch nach anderen Staatsverträgen oder nach autonomem Recht anerkannt und vollstreckt werden.[5]

d) Nach § 1 S. 1 ist die Vollstreckbarerklärung nur von den „vorgeschriebenen Förmlichkeiten" abhängig; nach S. 2 ist eine révision au fond ausdrücklich untersagt. Dementsprechend dürfen nur geprüft werden
(1) die Wirksamkeit des Titels und die Vollstreckbarkeit nach dem Recht des Erststaates,
(2) die internationale Zuständigkeit des ausländischen Gerichts nach dem COTIF und seinen Anlagen.[6] Zuständig sind nach Art. 46 CIM bzw. Art. 57 CIV grds. die Gerichte des von den Parteien vereinbarten Staates, hilfsweise die Gerichte des Staates, in dem die in Anspruch genommene Eisenbahn ihren Sitz bzw. ihre Hauptniederlassung hat,
(3) ein Verstoß gegen den inländischen ordre public. Obgleich Art. 12 § 1 keine Regelung enthält, wird der ordre public doch als ungeschriebener Versagungsgrund anerkannt. Streitig ist allerdings, in welchem Umfang. Da CIV und CIM materielles Einheitsrecht enthalten und eine sachliche Nachprüfung durch § 1 S. 2 ausgeschlossen ist, kommt somit nur eine Prüfung des prozessualen ordre public in Betracht[7] (s. § 328 ZPO Rn. 104 ff.).
Diese Grundsätze gelten für die Anerkennung entsprechend.[8]

2. Ein besonderes **Vollstreckbarerklärungsverfahren** sieht Art. 12 § 1 nicht vor, sondern verweist auf die „vorgeschriebenen Förmlichkeiten" des Vollstreckungsstaates. Zwischen den EU-Staaten und den EFTA-Staaten werden Entscheidungen daher im Verfahren der Art. 33 ff., 38 ff. EuGVO bzw. Art. 26 ff., 31 ff. LugÜ anerkannt und vollstreckt (s. Art. 71 EuGVO Rn. 8).[9] Die §§ 722, 723 ZPO gelten nur, soweit auch kein bilateraler Staatsvertrag anwendbar ist.[10]

---

[1] *Helm* § 460 Anh. II Art. 56 CIM aF Anm.
[2] *Wei* Am. J. Comp. L. 31 (1983), 520.
[3] Vgl. *Martiny* Rn. 453.
[4] *Helm* § 460 Anh. II Art. 56 CIM aF Anm.; *Martiny* Rn. 460.
[5] *Martiny* Rn. 456, 460.
[6] *Martiny* Rn. 457.
[7] *Martiny* Rn. 459.
[8] *Martiny* Rn. 455.
[9] *Martiny* Rn. 461.
[10] *Martiny* Rn. 464.

Titel V. Schiedsgerichtsbarkeit

Art. 28. Zuständigkeit

§ 1. Streitigkeiten zwischen Mitgliedstaaten über Auslegung oder Anwendung dieses Übereinkommens sowie Streitigkeiten zwischen Mitgliedstaaten und der Organisation über Auslegung oder Anwendung des Protokolls über die Vorrechte und Immunitäten können auf Ersuchen einer der Parteien einem Schiedsgericht unterbreitet werden. Die Parteien bestimmen die Zusammensetzung des Schiedsgerichtes und das schiedsgerichtliche Verfahren nach freiem Ermessen.

§ 2. Andere Streitigkeiten über die Auslegung oder Anwendung dieses Übereinkommens oder anderer gemäß Artikel 2 § 2 im Rahmen der Organisation ausgearbeiteter Übereinkommen können, wenn sie nicht gütlich beigelegt oder der Entscheidung der ordentlichen Gerichte unterbreitet worden sind, im Einverständnis der beteiligten Parteien einem Schiedsgericht unterbreitet werden. Für die Zusammensetzung des Schiedsgerichtes und das schiedsgerichtliche Verfahren gelten die Artikel 29 bis 32.

§ 3. Jeder Staat, der einen Antrag auf Beitritt zum Übereinkommen stellt, kann sich dabei das Recht vorbehalten, die §§ 1 und 2 ganz oder teilweise nicht anzuwenden.

§ 4. Der Staat, der einen Vorbehalt gemäß § 3 eingelegt hat, kann jederzeit durch Mitteilung an den Depositar darauf verzichten. Der Verzicht wird einen Monat nach dem Tag wirksam, an dem der Depositar den Mitgliedstaaten davon Kenntnis gegeben hat.

Art. 29. Schiedsvertrag. Gerichtskanzlei. Die Parteien schließen einen Schiedsvertrag, der insbesondere
a) den Streitgegenstand,
b) die Zusammensetzung des Gerichtes und die für die Ernennung des oder der Schiedsrichter vereinbarten Fristen und
c) den als Sitz des Gerichtes vereinbarten Ort

bestimmt. Der Schiedsvertrag muß dem Generalsekretär mitgeteilt werden, der die Aufgaben einer Gerichtskanzlei wahrnimmt.

Art. 30. Schiedsrichter

§ 1. Der Generalsekretär stellt eine Liste der Schiedsrichter auf und hält sie auf dem laufenden. Jeder Mitgliedstaat kann zwei seiner Staatsangehörigen in die Liste der Schiedsrichter eintragen lassen.

§ 2. Das Schiedsgericht besteht gemäß dem Schiedsvertrag aus einem, drei oder fünf Schiedsrichtern. Die Schiedsrichter werden unter den Personen gewählt, die in der in § 1 erwähnten Liste eingetragen sind. Sieht der Schiedsvertrag jedoch fünf Schiedsrichter vor, so kann jede Partei einen nicht in der Liste eingetragenen Schiedsrichter wählen. Sieht der Schiedsvertrag einen Einzelschiedsrichter vor, so wird er im gegenseitigen Einverständnis der Parteien gewählt. Sieht der Schiedsvertrag drei oder fünf Schiedsrichter vor, so wählt jede Partei jeweils einen oder zwei Schiedsrichter; diese bezeichnen im gegenseitigen Einverständnis den dritten oder den fünften Schiedsrichter, der den Vorsitz des Schiedsgerichtes führt. Sind die Parteien über die Bezeichnung des Einzelschiedsrichters oder die gewählten Schiedsrichter über die Bezeichnung des dritten oder des fünften Schiedsrichters nicht einig, so wird dieser durch den Generalsekretär bezeichnet.

§ 3. Sofern die Parteien nicht dieselbe Staatsangehörigkeit haben, muß der Einzelschiedsrichter, der dritte oder der fünfte Schiedsrichter eine andere Staatsangehörigkeit haben als die Parteien.

§ 4. Die Beteiligung einer Drittpartei am Streitfall hat keinen Einfluß auf die Zusammensetzung des Schiedsgerichtes.

Art. 31 Verfahren. Kosten

§ 1. Das Schiedsgericht bestimmt das Verfahren unter Berücksichtigung insbesondere der folgenden Bestimmungen:
a) Es untersucht und beurteilt die Streitsache auf Grund des Vorbringens der Parteien, ohne daß es bei seiner Entscheidung über Rechtsfragen an die Auslegung durch die Parteien gebunden ist;

b) es kann nicht mehr oder nichts anderes zusprechen, als der Kläger verlangt, und nicht weniger, als der Beklagte als geschuldet anerkannt hat;
c) der Schiedsspruch wird mit entsprechender Begründung vom Schiedsgericht abgefaßt und den Parteien durch den Generalsekretär zugestellt;
d) vorbehaltlich einer gegenteiligen Bestimmung zwingenden Rechtes an dem Ort, an dem das Schiedsgericht seinen Sitz hat, und vorbehaltlich gegenteiliger Vereinbarung der Parteien ist der Schiedsspruch endgültig.

§ 2. Die Honorare der Schiedsrichter werden vom Generalsekretär festgelegt.

§ 3. Der Schiedsspruch setzt die Kosten und Auslagen fest und bestimmt, in welchem Verhältnis sie und die Honorare der Schiedsrichter unter die Parteien aufzuteilen sind.

Art. 32 Verjährung. Vollstreckbarkeit

§ 1. Die Einleitung des schiedsgerichtlichen Verfahrens hat für die Unterbrechung der Verjährung dieselbe Wirkung, wie sie nach dem anzuwendenden materiellen Recht für die Klageerhebung beim ordentlichen Gericht vorgesehen ist.

§ 2. Der Schiedsspruch des Schiedsgerichtes wird in jedem Mitgliedstaat vollstreckbar, sobald die in dem Staat, in dem die Vollstreckung erfolgen soll, vorgeschriebenen Förmlichkeiten erfüllt sind. Eine sachliche Nachprüfung des Inhaltes ist nicht zulässig.

Einheitliche Rechtsvorschriften für den Vertrag über die internationale Eisenbahnbeförderung von Personen (CIV - Anhang A zum Übereinkommen)

Titel I. Allgemeine Bestimmungen

Art. 1. Anwendungsbereich

§ 1. Diese Einheitlichen Rechtsvorschriften gelten für jeden Vertrag über die entgeltliche oder unentgeltliche Beförderung von Personen auf der Schiene, wenn der Abgangs- und der Bestimmungsort in zwei verschiedenen Mitgliedstaaten liegen. Dies gilt ohne Rücksicht auf den Wohnsitz oder den Sitz und die Staatszugehörigkeit der Parteien des Beförderungsvertrages.

§ 2. Schließt eine internationale Beförderung, die Gegenstand eines einzigen Vertrages ist, in Ergänzung der grenzüberschreitenden Beförderung auf der Schiene eine Beförderung auf der Straße oder auf Binnengewässern im Binnenverkehr eines Mitgliedstaates ein, so finden diese Einheitlichen Rechtsvorschriften Anwendung.

§ 3. Schließt eine internationale Beförderung, die Gegenstand eines einzigen Vertrages ist, in Ergänzung der Beförderung auf der Schiene eine Beförderung zur See oder eine grenzüberschreitende Beförderung auf Binnengewässern ein, so finden diese Einheitlichen Rechtsvorschriften Anwendung, sofern die Beförderung zur See oder auf Binnengewässern auf Linien durchgeführt wird, die in die in Artikel 24 § 1 des Übereinkommens vorgesehene Liste der Linien eingetragen sind.

§ 4. Diese Einheitlichen Rechtsvorschriften finden hinsichtlich der Haftung des Beförderers bei Tötung und Verletzung von Reisenden auch auf Personen Anwendung, die eine gemäß den Einheitlichen Rechtsvorschriften CIM beförderte Sendung begleiten.

§ 5. Diese Einheitlichen Rechtsvorschriften finden keine Anwendung auf Beförderungen zwischen Bahnhöfen auf dem Gebiet von Nachbarstaaten, wenn die Infrastruktur dieser Bahnhöfe von einem oder mehreren Infrastrukturbetreibern, die einem einzigen dieser Staaten zugehören, betrieben wird.

§ 6. Jeder Staat, der Vertragspartei eines anderen mit diesen Einheitlichen Rechtsvorschriften vergleichbaren Übereinkommens über die durchgehende internationale Beförderung von Personen auf der Schiene ist und der einen Antrag auf Beitritt zum Übereinkommen stellt, kann sich dabei vorbehalten, diese Einheitlichen Rechtsvorschriften nur auf Beförderungen auf einem Teil der in seinem Gebiet gelegenen Eisenbahninfrastruktur anzuwenden. Dieser Teil der Eisenbahninfrastruktur muß genau bezeichnet sein und an eine Eisenbahninfrastruktur eines Mitgliedstaates anschließen. Hat ein Staat einen solchen Vorbehalt eingelegt, so gelten diese Einheitlichen Rechtsvorschriften nur,

a) wenn der im Beförderungsvertrag vorgesehene Abgangs- oder Bestimmungsort sowie der vorgesehene Beförderungsweg zur bezeichneten Eisenbahninfrastruktur gehören, oder

b) wenn die bezeichnete Eisenbahninfrastruktur die Eisenbahninfrastruktur zweier Mitgliedstaaten verbindet und sie im Beförderungsvertrag als Beförderungsweg für einen Transitverkehr vereinbart wurde.

§ 7. Der Staat, der einen Vorbehalt gemäß § 6 eingelegt hat, kann ihn jederzeit durch Mitteilung an den Depositar zurücknehmen. Die Rücknahme wird einen Monat nach dem Tag wirksam, an dem der Depositar die Mitgliedstaaten darüber unterrichtet hat. Der Vorbehalt wird wirkungslos, wenn das in § 6 Satz 1 genannte Übereinkommen für diesen Staat außer Kraft tritt.

Titel VI. Geltendmachung von Ansprüchen

Art. 57. Gerichtsstand

§ 1. Auf diese Einheitlichen Rechtsvorschriften gegründete Ansprüche können vor den durch Vereinbarung der Parteien bestimmten Gerichten der Mitgliedstaaten oder vor den Gerichten des Mitgliedstaates geltend gemacht werden, auf dessen Gebiet der Beklagte seinen Wohnsitz oder seinen gewöhnlichen Aufenthalt oder seine Hauptniederlassung oder die Zweigniederlassung oder Geschäftsstelle hat, die den Beförderungsvertrag geschlossen hat. Andere Gerichte können nicht angerufen werden.

§ 2. Ist ein Verfahren bei einem nach § 1 zuständigen Gericht wegen eines auf diese Einheitlichen Rechtsvorschriften gegründeten Anspruches anhängig oder ist durch ein solches Gericht in einer solchen Streitsache ein Urteil erlassen worden, so kann eine neue Klage wegen derselben Sache zwischen denselben Parteien nicht erhoben werden, es sei denn, daß die Entscheidung des Gerichtes, bei dem die erste Klage erhoben worden ist, in dem Staat nicht vollstreckt werden kann, in dem die neue Klage erhoben wird.

I. Internationale Zuständigkeit

1 Art. 57 CIV 1999 löst den bisherigen Art. 52 CIV 1980 ab. Er regelt wie dieser die internationale Entscheidungszuständigkeit für Ansprüche aus einem Vertrag über die internationale Eisenbahnbeförderung von Personen (Art. 1 § 1 CIV), und zwar für beide Vertragsparteien.

2 Wie Art. 31 CMR regelt Art. 57 § 1 CIV abschließend und ausschließlich die internationale Zuständigkeit der Gerichte der Mitgliedstaaten.

3 Nach der Neuregelung sind zu Entscheidungen über Ansprüche aus dem Personenbeförderungsvertrag, die unter Art. 1 CIV fallen, primär die Gerichte des Mitgliedstaats zuständig, die durch **Parteivereinbarung** bestimmt worden sind. Nähere Anforderungen an die Gerichtsstandsvereinbarungen stellen die CIV nicht auf. Abzustellen ist daher insoweit auf die lex fori des vereinbarten Mitgliedstaates.

4 Hilfsweise sind die Gerichte des Mitgliedstaates international zuständig, in dem der Beklagte seinen Wohnsitz, gewöhnlichen Aufenthalt, seine Hauptniederlassung, Zweigniederlassung oder eine Geschäftsstelle hat, die den Beförderungsvertrag abgeschlossen hat.[1]

5 Nach Art. 57 § 1 S. 2 CIV können andere Gerichte nicht angerufen werden. Daher scheidet auch eine rügelose Einlassung von einem sonst unzuständigen Gericht aus.

II. Rechtshängigkeits- und Rechtskraftsperre

6 Nach Art. 57 § 2 CIV schließt ein vor einem nach Art. 57 § 1 CIV zuständigen Gericht anhängiges Verfahren wegen eines Anspruchs aus einem internationalen Eisenbahn-/Personenbeförderungsvertrag eine Klage vor einem anderen Gericht aus, es sei denn das Urteil in dem anhängigen Verfahren könnte im Zweitstaat nicht anerkannt und vollstreckt werden.

7 Gleiches gilt nach Art. 57 § 2 CIV für die Beachtung der entsprechenden Rechtskraftwirkung.

8 Ob Rechtshängigkeit oder Rechtskraft zwischen den beteiligten Mitgliedstaaten zu beachten sind oder nicht, richtet sich nach den sonstigen zwischen diesen Mitgliedstaaten bestehenden Anerkennungs- und Vollstreckungsregeln. COTIF und CIV selbst regeln diese Fragen nicht.

---

[1] Vgl. *Kunz* TranspR 2005, 329, 334.

Titel VII. Beziehungen der Beförderer untereinander

Art. 63. Rückgriffsverfahren

§ 1. Ein Beförderer, gegen den gemäß Art. 62 Rückgriff genommen wird, kann die Rechtmäßigkeit der durch den Rückgriff nehmenden Beförderer geleisteten Zahlung nicht bestreiten, wenn die Entschädigung gerichtlich festgesetzt worden ist, nachdem dem erstgenannten Beförderer durch gehörige Streitverkündung die Möglichkeit gegeben war, dem Rechtsstreit beizutreten. Das Gericht der Hauptsache bestimmt die Fristen für die Streitverkündung und für den Beitritt.

§ 2. Der Rückgriff nehmende Beförderer hat sämtliche Beförderer, mit denen er sich nicht gütlich geeinigt hat, mit ein und derselben Klage zu belangen; andernfalls erlischt das Rückgriffsrecht gegen die nicht belangten Beförderer.

§ 3. Das Gericht hat in ein und demselben Urteil über alle Rückgriffe, mit denen es befaßt ist, zu entscheiden.

§ 4. Der Beförderer, der sein Rückgriffsrecht gerichtlich geltend machen will, kann seinen Anspruch vor dem zuständigen Gericht des Staates erheben, in dem einer der beteiligten Beförderer seine Hauptniederlassung oder die Zweigniederlassung oder Geschäftsstelle hat, durch die der Beförderungsvertrag geschlossen worden ist.

§ 5. Ist die Klage gegen mehrere Beförderer zu erheben, so hat der klagende Beförderer die Wahl unter den gemäß § 4 zuständigen Gerichten.

Einheitliche Rechtsvorschriften für den Vertrag über die internationale Eisenbahnbeförderung von Gütern (CIM - Anhang B zum Übereinkommen)

Titel IV. Geltendmachung von Ansprüchen

Art. 46. Gerichtsstand

§ 1. Auf diese Einheitlichen Rechtsvorschriften gegründete Ansprüche können vor den durch Vereinbarung der Parteien bestimmten Gerichten der Mitgliedstaaten oder vor den Gerichten eines Staates geltend gemacht werden, auf dessen Gebiet
a) der Beklagte seinen Wohnsitz oder gewöhnlichen Aufenthalt, seine Hauptniederlassung oder die Zweigniederlassung oder Geschäftsstelle hat, durch die der Beförderungsvertrag geschlossen worden ist, oder
b) der Ort der Übernahme des Gutes oder der für die Ablieferung vorgesehene Ort liegt.
Andere Gerichte können nicht angerufen werden.

§ 2. Ist ein Verfahren bei einem nach § 1 zuständigen Gericht wegen eines auf diese Einheitlichen Rechtsvorschriften gegründeten Anspruches anhängig oder ist durch ein solches Gericht in einer solchen Streitsache ein Urteil erlassen worden, so kann eine neue Klage wegen derselben Sache zwischen denselben Parteien nicht erhoben werden, es sei denn, daß die Entscheidung des Gerichtes, bei dem die erste Klage erhoben worden ist, in dem Staat nicht vollstreckt werden kann, in dem die neue Klage erhoben wird.

Die Regelung des Art. 46 CIM 1999 entspricht voll der des Art. 57 CIV 1999 und ist wie dieser ebenfalls Art. 31 CMR nachgebildet.[1] 1

Wie Art. 57 CIV regelt auch Art. 46 CIM die internationale Zuständigkeit abschließend. 2

Wie bei Art. 57 CIV sind auch für Streitigkeiten aus einem internationalen Eisenbahnfrachtvertrag nach Art. 46 § 1 CIM primär die Gerichte des Mitgliedstaats international zuständig, der von den Parteien des Frachtvertrages vereinbart worden ist.[2] Anforderungen an die Gerichtsstandsvereinbarungen ergeben sich ggf. aus der lex fori des vereinbarten Mitgliedstaates. 3

Vorgesehen ist auch nur hilfsweise eine internationale Zuständigkeit in dem Mitgliedstaat, in dem der Beklagte Wohnsitz, gewöhnlichen Aufenthalt oder seine Hauptniederlassung oder die Zweigniederlassung oder Geschäftsstelle hat, die den Eisenbahn-/Güterbeförderungsvertrag geschlossen hat (Art. 46 § 1 lit. a CIM). 4

---

[1] *Koller* Art. 47 CIM Rn 1.
[2] *Mutz*, Geds Helm, 2001, S. 243, 256.

5   Darüber hinaus sind aber auch die Gerichte des Mitgliedstaates zuständig, in dem der für die Übernahme des Gutes vorgesehene Ort oder der Ablieferungsort des Gutes liegt (Art. 46 § 1 lit. b CIM).

6   Diese Zuständigkeiten sind ausschließlich. Eine internationale Zuständigkeit kann daher nicht in einem anderen Staat durch rügelose Einlassung begründet werden.

Art. 51. Rückgriffsverfahren

§ 1. Ein Beförderer, gegen den gemäß Artikel 50 Rückgriff genommen wird, kann die Rechtmäßigkeit der durch den Rückgriff nehmenden Beförderer geleisteten Zahlung nicht bestreiten, wenn die Entschädigung gerichtlich festgesetzt worden ist, nachdem dem erstgenannten Beförderer durch gehörige Streitverkündung die Möglichkeit gegeben war, dem Rechtsstreit beizutreten. Das Gericht der Hauptsache bestimmt die Fristen für die Streitverkündung und für den Beitritt.

§ 2. Der Rückgriff nehmende Beförderer hat sämtliche Beförderer, mit denen er sich nicht gütlich geeinigt hat, mit ein und derselben Klage zu belangen; andernfalls erlischt das Rückgriffsrecht gegen die nicht belangten Beförderer.

§ 3. Das Gericht hat in ein und demselben Urteil über alle Rückgriffe, mit denen es befaßt ist, zu entscheiden.

§ 4. Der Beförderer, der sein Rückgriffsrecht gerichtlich geltend machen will, kann seinen Anspruch vor dem zuständigen Gericht des Staates erheben, in dem einer der beteiligten Beförderer seine Hauptniederlassung oder die Zweigniederlassung oder Geschäftsstelle hat, durch die der Beförderungsvertrag geschlossen worden ist.

§ 5. Ist die Klage gegen mehrere Beförderer zu erheben, so hat der klagende Beförderer die Wahl unter den gemäß § 4 zuständigen Gerichten.

e) Revidierte Rheinschiffahrtsakte (Mannheimer Akte)

Vom 17. 10. 1868 (BGBl. II 1969 S. 598)

(Auszug)

Schrifttum: *Wolff*, in Handbuch des Internationalen Zivilverfahrensrechts, Bd. III/2, Kap. IV § 7, 1984, S. 515.

1   **1. Rheinschifffahrtsgerichte. a)** Die **Vollstreckung** der Entscheidungen ausländischer Rheinschifffahrtsgerichte ist insoweit wie folgt geregelt:

Art. 40. (1) Erkenntnisse und Beschlüsse der Rheinschiffahrtsgerichte eines Uferstaates sollen in jedem andern Rheinuferstaat unter Beobachtung der in demselben vorgeschriebenen Formen vollstreckbar sein.

(2) In bezug auf die Zustellung sollen sowohl die gedachten Erkenntnisse und Beschlüsse als Vorladungen und alle sonstigen Verfügungen in den bei den Rheinschifffahrtsgerichten anhängigen Sachen in allen Uferstaaten so angesehen werden, als ob sie von einer Behörde des eigenen Staates erlassen seien.

(3) Vorladungen und Zustellungen an Personen, welche in einem der Rheinuferstaaten einen bekannten Wohnsitz haben, müssen in letzterem bewirkt werden.

2   b) Die **Form** der Vollstreckbarerklärung richtet sich nach dem Gesetz über das gerichtliche Verfahren in Binnenschifffahrts- und Rheinschifffahrtssachen vom 27. 9. 1952 (BGBl. I, S. 641).

§ 21. Entscheidungen außerdeutscher Rheinschiffahrtsgerichte werden auf Grund einer von dem Rheinschiffahrtsobergericht Köln mit der Vollstreckungsklausel (§ 724 der Zivilprozeßordnung, § 451 der Strafprozeßordnung) kostenfrei zu versehenden Ausfertigung vollstreckt.

3   **2. Moselschiffahrtsgerichte.** Diese Regelungen gelten entsprechend für Entscheidungen der außerdeutschen **Moselschiffahrtsgerichte.** Der Vertrag über die Schiffbarmachung der Mosel vom 27. 10. 1956 (BGBl. II, S. 1838) sieht insoweit vor:

Art. 34. (1) In geeigneten Orten an oder in der Nähe der Mosel und, insoweit jede Regierung es für notwendig hält, werden Gerichte eingesetzt, die in den in Artikel 35 genannten Angelegenheiten entscheiden.

(2) Die drei Regierungen der Vertragsstaaten unterrichten sich gegenseitig über die Einrichtung von Moselschiffahrtsgerichten auf ihrem Gebiet und über Änderungen in der Zahl, dem Amtssitz und der Zuständigkeit dieser Gerichte.

(3) Das Verfahren vor diesen Gerichten ist das gleiche wie vor den Rheinschiffahrtsgerichten gemäß Artikel 32 bis 40 der Revidierten Rheinschiffahrtsakte.

f) Internationales Übereinkommen zur Vereinheitlichung von Regeln über die zivilgerichtliche Zuständigkeit bei Schiffszusammenstößen

Vom 10. 5. 1952 (BGBl. 1972 II, S. 653, 663)

(Auszug)

Art. 1. (1) Eine Klage wegen eines Anspruchs aus dem Zusammenstoß zwischen Seeschiffen oder zwischen Seeschiffen und Binnenschiffen kann nur erhoben werden

a) entweder bei dem Gericht, in dessen Bezirk der Beklagte seinen gewöhnlichen Aufenthalt oder eine gewerbliche Niederlassung hat;
b) oder bei dem Gericht des Ortes, wo ein Arrest in das beschuldigte Schiff oder in ein anderes dem Beklagten gehörendes Schiff, das rechtmäßig mit Arrest belegt werden kann, vollzogen ist, oder wo ein Arrest hätte vollzogen werden können und der Beklagte eine Bürgschaft oder eine andere Sicherheit gestellt hat;
c) oder bei dem Gericht des Ortes des Zusammenstoßes, sofern sich der Zusammenstoß im Gebiet eines Hafens oder in inneren Gewässern ereignet hat.

(2) Es bleibt dem Kläger überlassen zu entscheiden, vor welchem der in Absatz 1 bezeichneten Gerichte er die Klage erheben will.

(3) Der Kläger darf auf Grund derselben Tatsachen keine weitere Klage gegen denselben Beklagten bei einem anderen Gericht erheben, ohne auf seine Rechte aus dem früheren Verfahren zu verzichten.

Art. 2. Artikel 1 läßt das Recht der Parteien unberührt, eine Klage auf Grund eines Schiffszusammenstoßes bei dem Gericht zu erheben, dessen Zuständigkeit sie vereinbart haben, oder die Rechtsstreitigkeit einem Schiedsverfahren zu unterwerfen.

Art. 3. (1) Widerklagen aus demselben Schiffszusammenstoß können bei dem Gericht erhoben werden, das für die Klage gemäß Artikel 1 zuständig ist.

(2) Sind mehrere Kläger vorhanden, so kann jeder Kläger seine Klage bei dem Gericht anhängig machen, welches bereits mit einer Klage gegen dieselbe Partei auf Grund desselben Schiffszusammenstoßes befaßt worden ist.

(3) Sind an einem Schiffszusammenstoß mehrere Schiffe beteiligt, so schließt dieses Übereinkommen nicht aus, daß ein auf Grund dieses Übereinkommens mit einer Klage befaßtes Gericht sich nach den Bestimmungen seines innerstaatlichen Rechts für die Entscheidung über weitere Klagen aus demselben Vorfall für zuständig erklärt.

Art. 4. Dieses Übereinkommen findet auf eine Klage auf Ersatz des Schadens, den ein Schiff durch Ausführung oder Unterlassung eines Manövers oder durch Nichtbeachtung einer Vorschrift einem anderen Schiff oder den an Bord des Schiffes befindlichen Personen oder Sachen zugefügt hat, auch dann Anwendung, wenn ein Zusammenstoß nicht stattgefunden hat.

Art. 5. Dieses Übereinkommen läßt die in den einzelnen Vertragsstaaten geltenden Vorschriften über Zusammenstöße unberührt, an welchen Kriegsschiffe oder Schiffe beteiligt sind, welche dem Staat gehören oder in seinen Diensten stehen.

Art. 6. Dieses Übereinkommen läßt die Rechte unberührt, die aus Beförderungsverträgen oder aus anderen Verträgen entstehen.

Art. 7. Dieses Übereinkommen gilt nicht für Fälle, die durch die Revidierte Rheinschiffahrts-Akte vom 17. Oktober 1868 erfaßt sind.

Art. 8. Die Bestimmungen dieses Übereinkommens gelten für alle beteiligten Personen, wenn alle beteiligten Schiffe Staaten der Hohen Vertragsparteien angehören.
Jedoch besteht Einverständnis darüber:
(1) daß jeder Vertragsstaat die Anwendung des Übereinkommens auf beteiligte Personen, die einem Nichtvertragsstaat angehören, von der Voraussetzung der Gegenseitigkeit abhängig machen kann;
(2) daß das innerstaatliche Recht und nicht dieses Übereinkommen Anwendung findet, wenn alle beteiligten Personen demselben Staat wie das mit der Sache befaßte Gericht angehören.

1   Das Übereinkommen gilt im Verhältnis zu Rumänien (BGBl. II 1996 S. 240; vgl. BGBl. 1994 II S. 1235).

g) Hamburger UN-Übereinkommen über die Güterbeförderung auf See
Vom 31. 3. 1978

Deutscher Text in TransportR 1992, 430, 436. Die Hamburg Rules sind am 1. 11. 1992 völkerrechtlich in Kraft getreten. Sie enthalten Gerichtsstandsregeln (Art. 21) und Regeln über die Schiedsvereinbarung (Art. 22). Art. 21 hat Vorrang gegenüber der EuGVO/LugÜ (s. Art. 71 EuGVO Rn. 1 ff.). Deutschland hat das Übereinkommen (bisher) nicht ratifiziert.

Schrifttum: *Mankowski,* Jurisdiction Clauses und Paramount Clauses nach dem Inkrafttreten der Hamburg Rules, TransportR 1992, 301.

3. Internationales Beweisrecht

Schrifttum: *Blanchard,* Die prozessualen Schranken der Formfreiheit: Beweismittel und Beweiskraft im EG-Schuldvertragsübereinkommen in deutsch-französischen Vertragsfällen, Diss. Heidelberg 2002; *Blaschczok,* Das Haager Übereinkommen über die Beweisaufnahme im Ausland in Zivil- oder Handelssachen, Diss. Hamburg 1986; *Beckmann,* Das Haager Beweisübereinkommen und seine Bedeutung für die pretrial-discovery, IPRax 1990, 201; *Berger,* Die EG-Verordnung über die Zusammenarbeit der Gerichte auf dem Gebiet der Beweisaufnahme in Zivil- und Handelssachen, IPRax 2001, 522; *v. Bodungen/Jestaedt,* Deutsche Bedenken gegen „Discovery" mit extraterritorialen Wirkungen in US-Prozeß, FS Stiefel, 1987, S. 65; *Böckstiegel/Schlafen,* Die Haager Reformübereinkommen über die Zustellung und die Beweisaufnahme im Ausland, NJW 1978, 1073; *Böhmer,* Spannungen im deutsch-amerikanischen Rechtsverkehr in Zivilsachen, NJW 1990, 3049; *Bosch,* Das Bankgeheimnis im Konflikt zwischen US-Verfahrensrecht und deutschem Recht, IPRax 1984, 127; *Brentrup,* Entscheidung des US Supreme Court im Fall Aerospatiale über den Anwendungsbereich des Haager Beweisübereinkommens, VersR 1987, 971; *Bülow/Böckstiegel/Geimer/Schütze,* Der internationale Rechtsverkehr in Zivil- und Handelssachen, Loseblattsammlung, Bd. I und II, Stand: März 2005; *Coester-Waltjen,* Internationales Beweisrecht, 1983; *Cohn,* Beweisaufnahme im Wege der zivilprozessualen Rechtshilfe durch das englische Gericht, ZZP 80 (1967), 230; *Collins,* The Hague Evidence Convention and discovery: A serious misunderstanding?, International and Comparative Law Quarterly 1986, 765; Deutsche Denkschrift zum Haager Beweisübereinkommen, BT Drucks. 7/4892 S. 38 ff., ebenfalls abgedruckt bei *Wieczorek/Schütze,* ZPO, 5. Bd.: EGZPO, GVG, EGGVG – Internationales Zivilprozeßrecht, 2. Aufl. 1980 (zitiert: Denkschrift); *Daoudi,* Extraterritoriale Beweisbeschaffung im Deutschen Zivilprozess, Diss. Münster 2000; *Eschenfelder,* Beweiserhebung im Ausland und ihre Verwendung im inländischen Zivilprozess – Zur Bedeutung des US-amerikanischen Discovery-Verfahrens für das deutsche Erkenntnisverfahren, Diss. Heidelberg 2002; *Frei,* Schweizerische Unternehmen in den USA als Diener zweier Herren: Amerikanische Verfahrenspflichten und schweizerische Geheimhaltung, SJZ 82 (1986), 73; *Geimer, Ewald,* Internationale Beweisaufnahme, Diss. Regensburg 1997 (zit. *Geimer* Beweisaufnahme); *Geimer, Gregor,* Neuordnung des internationalen Zustellungsrechts, Diss. Regensburg 1998 (zit. *Geimer* Zustellungsrecht); *Geimer, Reinhold,* Konsularische Beweisaufnahme, FS Matscher, 1993, S. 133; *ders.,* Internationales Zivilprozeßrecht, 5. Aufl. 2005 (zit. *Geimer* Rn.); *Geimer/Schütze,* Europäisches Zivilverfahrensrecht, 2. Aufl. 2004; *Gerber,* Extraterritorial Discovery and the Conflict of Procedural Systems: Germany and the United States, American Journal of Comparative Law 1986, 745; *Gottwald,* Grenzen zivilgerichtlicher Maßnahmen mit Austauschwirkung, FS Habscheid, 1989, S. 119; *Greger,* Discovery von Amtsgericht?, ZRP 1988, 164; *Habscheid* (Herausgeber), Der Justizkonflikt mit den Vereinigten Staaten von Amerika, Berichte von Rolf Stürner, Dieter G. Lange und Yasuhei Taniguchi, 1986; *Hau,* Gerichtssachverständige in Fällen mit Auslandsbezug, RIW 2003, 822; *Heck,* Die Haager Konvention über die Beweisaufnahme im Ausland aus der Sicht der amerikanischen Prozeßgerichte sowie der amerikanischen Regierung, ZVglRWiss. 84 (1985), 208; *ders.,* Entscheidung des Obersten Gerichtshofs der Vereinigten Staaten von Amerika zum Haager Übereinkommen über die Beweisaufnahme im Ausland, NJW 1987, 2128; *Heidenberger,* Neue Interpretation des Haager Beweisübereinkommens durch die US-Regierung, RIW 1984, 841; *ders.,* Ein Beispiel amerikanischer Rechtsprechung zum Haager Beweisaufnahmeübereinkommen, RIW 1985, 270; *ders.,* Haager Beweisübereinkommen und Urkundenvorlage deutscher Parteien in USA, RIW 1985, 437; *ders.,* U.S. Supreme Court wird über die Anwendung des Haager Beweisübereinkommens entscheiden, RIW 1986, 489; *ders.,* Fall Anschütz zum Haager Beweisübereinkommen, RIW 1987, 50; *ders.,* Entscheidung des US-Supreme Court über die Anwendung des Haager Beweisübereinkommens, RIW 1987, 540; *ders.,* Die Supreme Court-Entscheidung zum Haager Beweisübereinkommen, RIW 1987, 666; *ders.,* Fall Anschütz an Prozeßgericht zurückverwiesen, RIW 1988, 310; *Heß/Müller,* Die Verordnung 1206/01/EG zur Beweisaufnahme im Ausland, ZZPInt. 6 (2001), 149; *v. Hülsen,* Vorlage von Dokumenten für US-Zivilprozesse (Pre Trial Discovery), AWD 1974, 315; *ders.,* Gebrauch und Mißbrauch US-amerikanischer „pre-trial discovery" und die internationale Rechtshilfe, RIW 1982, 225; *ders.,* Kanadische und Europäische Reaktionen auf die US „pre-trial discovery", RIW 1982, 537; *Hopt/Kulms/von Hein,* Rechtshilfe und Rechtsstaat, 2006; *Jacoby,* Das Erforschungsverfahren im Amerikanischen Zivilprozeß, Vorschläge für eine Reform der ZPO, ZZP 74 (1961), 145; *Jastrow,* Europäische Zustellung und Beweisaufnahme 2004 – Neuregelungen im deutschen Recht und konsularische Beweisaufnahme, IPRax 2004, 11; *Jayme,* Extraterritoriale Beweisverschaffung für inländische Verfahren und Vollstreckungshilfe durch ausländische Gerichte, FS Reinhold Geimer, 2002, S. 375; *Jessnitzer,* Sachverständigentätigkeit im innerstaatlichen und im internationalen Rechtsverkehr, Rpfleger 1975, 344; *Junker,* Der lange Arm amerikanischer Gerichte: Gerichtsgewalt, Zustellung und Jurisdictional Discovery, IPRax 1986, 197; *ders.,* Die faktische Geschäftsführung („gérance de fait") in Frankreich und ihre Gefahren für deutsche Unternehmer, RIW 1986, 337; *ders.,* Discovery im deutsch-amerikanischen Rechtsverkehr – Entwicklungslinien und Perspektiven, RIW 1987, 1; *ders.,* Discovery im deutsch-amerikanischen Rechtsverkehr, 1987 (zitiert: *Junker* Discovery); *ders.,* Justizkonflikt mit den USA, RIW 1987, 1752; *ders.,* Der deutsch-amerikanische Rechtshilfeverkehr in Zivilsachen – Zustellungen und Beweisaufnahmen, JZ 1989, 121; *Kaufmann/Kohler,* Conflits en matière d'obtention de preuves a l'étranger, Schweizerisches Jahrbuch für Internationales Recht XLI (1985), 110; *Koch,* Zur Praxis der Rechtshilfe im amerikanisch-deutschen Prozeßrecht – Ergebnisse einer Umfrage zu den Haager Zustellungs- und Beweisübereinkommen, IPRax 1985, 245; *ders.,* US-Supreme Court hält Haager Beweisübereinkommen nur für fakultativ, IPRax 1987, 328; *Lange,* Justizkonflikt (s. *Habscheid,* Der Justizkonflikt mit den Vereinigten Staaten von Amerika); *ders.,* Zur ausschließlichen Geltung des Haager Beweisaufnahmeübereinkommens bei Rechtshilfeersuchen aus den USA, RIW 1984, 504; *Linke,* Internationales Zivilprozeßrecht, 4. Aufl. 2006; *Lorenz,* Die Neuregelung der pre-trial-Discovery im US-amerikanischen Zivilprozeß – Inspiration für den deutschen und europäischen Zivilprozeß?, ZZP 111 (1998), 35; *Lowenfeld,* Discovery-Verfahren und internationale Rechtshilfe, IPRax 1984, 51; *Mann,* Prozeßhandlungen gegenüber ausländischen Staaten und Staatsorganen, NJW 1990, 618; *Martens,* Erfahrungen mit Rechtshilfeersuchen aus den USA nach dem Haager Beweisaufnahme-Übereinkommen, RIW 1981, 725; *Meilicke,* Beweissicherungsverfahren bei Auslandssachverhalten, NJW 1984, 2017; *Mentz,* Das „Pre-Trial-Discovery" Verfahren im US-amerikanischen Zivilprozeßrecht, RIW 1981, 73; *Mössle,* Extraterritoriale Beweisverschaffung im internationalen Wirtschaftsrecht, Diss. Tübingen 1990; *Müller, Achim,* Grenzüberschreitende Beweisaufnahme im Europäischen Justizraum, Diss. Tübingen 2004; *Musielak,* Beweiserhebung bei auslandsbelegenen Beweismitteln, FS Reinhold Geimer, 2002, S. 761; *Nagel,* Nationale und internationale Rechtshilfe im Zivilprozeß; das europäische Modell, 1971 (zitiert: Nagel Rechtshilfe); *ders.,* Sachverständigenbeweis im Rahmen internationaler Rechtshilfe, IPRax 1981, 47; *ders.,* Zur Erledigung von Rechtshilfeersuchen im Wege der internationalen Rechtshilfe, IPRax 1982, 138; *ders.,* Richterliche Unabhängigkeit und Justizverwaltung bei der internationalen Rechtshilfe, IPRax 1984, 239; *Nagel/Bajons,* Beweis – Preuve – Evidence – Grundzüge des zivilprozessualen Beweisrechts in Europa, 2003; *Nagel/Gottwald,* Internationales Zivilprozessrecht, 6. Aufl. 2007; *Paulus,* Discovery, Deutsches Recht und Haager Beweisübereinkommen, ZZP 104 (1991), 397; *Pfeil/Kammerer,* Deutsch-amerikanischer Rechtshilfeverkehr in Zivilsachen, 1987; *Schaaff,* Discovery und andere Mittel der Sachverhaltsaufklärung im englischen Pre-Trial-Verfahren im Vergleich zum deutschen Zivilprozeß, Diss. Köln 1983; *Schabenberger,* Der Zeuge im Ausland im deutschen Zivilprozeß, Diss. Freiburg 1996; *Schack,* Internationale Zuständigkeit als Strafe für die Nichtbefolgung von discovery-Befehlen, IPRax 1984, 168; *ders.,* Internationales Zivilverfahrensrecht, 4. Aufl. 2006; *Schlosser,* Internationale Rechtshilfe und rechtsstaatlicher Schutz von Beweispersonen, ZZP 94 (1981), 369; *ders.,* Internationale Rechtshilfe und richterliche Unabhängigkeit, GedS Constantinesco, 1983, S. 653; *ders.,* Der Justizkonflikt zwischen den USA und Europa, 1985 (zit. Schlosser Justizkonflikt); *ders.,* EU-Zivilprozessrecht, 2. Aufl. 2003; *Schütze,* Deutsches Internationales Zivilprozeßrecht, 2. Aufl. 2005; *ders.,* Rechtsverfolgung im Ausland, Probleme des ausländischen und internationalen Zivilprozessrechts, 3. Aufl. 2002; *ders.,* Zur Verteidigung im Beweiserhebungsverfahren in US-amerikanischen Zivilprozessen, WM 1986, 633; *ders.,* Die Anerkennung und Vollstreckungserklärung US-amerikanischer Schadensersatzurteile in Produkthaftungssachen in der Bundesrepublik Deutschland, FS Nagel, 1987, S. 392; *ders.,* Deutsch-amerikanische Urteilsanerkennung, 1992; *Schurtmann/Walter,* Der amerikanische Zivilprozeß, Ein Überblick für die Praxis, 1978; *Soltész,* Der Begriff der Zivilsache im Europäischen Zivilprozeßrecht, Diss. Freiburg 1999; *Späth,* Die Parteiöffentlichkeit des Zivilprozesses, Diss. Hamburg 1995; *Stadler, Astrid,* Der Schutz des Unternehmensgeheimnisses im deutschen und US-amerikanischen Zivilprozeß und Rechtshilfeverfahren, Diss. Konstanz 1988; *dies.,* Grenzüberschreitende Beweisaufnahme in der europäischen Union, FS Reinhold Geimer, 2002, S. 1281; *Stiefel,* „Discovery" – Probleme und Erfahrungen im Deutsch-Amerikanischen Rechtshilfeverkehr, RIW 1979, 509; *Stiefel/Petzinger,* Deutsche Parallelprozesse zur Abwehr amerikanischer Beweiserhebungsverfahren?, RIW 1983, 242; *ders.,* Rechtshilfe nach dem Haager Beweisübereinkommen für Common Law-Länder, JZ 1981, 521; *ders.,* Die Gerichte und Behörden der USA und die Beweisaufnahme in Deutschland, ZVglRWiss. 81 (1982), 159; *ders.,* Das ausländische Beweissicherungsverfahren, IPRax 1984, 299; *ders.,* Justizkonflikt (s. *Habscheid,* Der Justizkonflikt mit den Vereinigten Staaten von Amerika); *Trittmann,* Anwendungsprobleme des Haager Beweisübereinkommens im Rechtshilfeverkehr zwischen der Bundesrepublik und den Vereinigten Staaten von Amerika, Diss. Frankfurt am Main 1988; *Trittmann/Leitzen,* Haager Beweisübereinkommen und pre trial discovery, IPRax 2003, 7; *Thümmel,* Einstweiliger Rechtsschutz im Auslandsrechtsverkehr, NJW 1996, 1930; *Unterreitmayer,* Der Rechtshilfeverkehr mit dem Ausland in Zivil- und Handelssachen, Rpfleger 1972, 117; *Veltins,* Anwendung der Regeln des Haager Beweisübereinkommens in internationalen Gerichtsverfahren mit den USA nur noch in Ausnahmefällen, DB 1987, 2396; *Volken,* Die internationale Rechtshilfe in Zivilsachen, 1996; *Wazlawik,* Der Anwendungsbereich des Haager Beweisübereinkommens und seine Beachtung im Rahmen der pre-trial discovery durch US-amerikanische Gerichte, IPRax 2004, 396; *v. Westphalen,* „Punitive Damages" in US-amerikanischen Produkthaftungsklagen und der Vorbehalt des Art. 12 EGBGB, RIW 1981, 141; *Wussow,* Zur Sachverständigentätigkeit im Ausland bei anhängigen (deutschen) Beweissicherungsverfahren, FS Korbion, 1986, S. 493.

a) Haager Übereinkommen über die Beweisaufnahme im Ausland in Zivil- oder Handelssachen

Vom 18. 3. 1970 (BGBl. 1977 II S. 1472)

Vorbemerkung

1 **1. Allgemeines.** Im Rahmen der Europäischen Union gab es bislang keine alle Mitgliedstaaten bindende Vereinbarung über die Beweisaufnahme. Das **Haager Übereinkommen** über die Beweisaufnahme im Ausland in Zivil- oder Handelssachen vom 18. 3. 1970 (HBewÜ)[1] galt nur zwischen elf Mitgliedstaaten. Deshalb wurde (auf Initiative der Bundesrepublik Deutschland)[2] durch

---

[1] Zur Geschichte und Entwicklung des Abkommens *Trittmann* S. 125 ff.
[2] ABl. C 314 v. 3. 11. 2000 S. 2.

3a) Beweisaufnahme im Ausland **1 Vor Art. 1 HBewÜ**

den Rat der Europäischen Union die Verordnung **(EG) Nr. 1206/2001 vom 28. Mai 2001**[3] über die Zusammenarbeit zwischen den Gerichten der Mitgliedstaaten auf dem Gebiet der Beweisaufnahme in Zivil- oder Handelssachen (EG-BeweisVO) erlassen.[4] Diese gilt gemäß deren Art. 1 Abs. 1, 3 nicht für Dänemark. Im Verhältnis zwischen den EU-Mitgliedstaaten hat nach Art. 21 Abs. 1 EG-BeweisVO die Verordnung Vorrang vor den Bestimmungen des HBewÜ. Damit hat das Haager Übereinkommen für die Bundesrepublik Deutschland[5] in erster Linie noch **im Verhältnis zu folgenden Vertragsstaaten Bedeutung:**[6] Argentinien,[7] Australien,[8] Barbados,[9] China (einschl. Macau),[10] Dänemark,[11] Israel,[12] Mexiko,[13] Monaco,[14] Norwegen,[15] Schweiz,[16] Singapur,[17] Sri Lanka,[18] Südafrika,[19] Türkei,[20] Ukraine,[21] Venezuela,[22] Vereinigte Staaten,[23] und Weißrussland.[24] Im Verhältnis der EU-Mitgliedstaaten, die auch Vertragsstaaten des HBewÜ sind, also Bulgarien,[25] Estland,[26] Finnland,[27] Frankreich,[28] Griechenland,[29] Italien,[30] Lettland,[31] Litauen,[32] Luxemburg,[33] Niederlande,[34] Polen,[35] Portugal,[36] Rumänien,[37] Schweden,[38] Slowakei,[39] Slowenien,[40] Spanien,[41] Tschechische Republik,[42] Ungarn,[43] Vereinigtes Königreich[44] und Zypern,[45] bleibt hinsichtlich der

---

[3] ABl. L 174 v. 27. 6. 2001 S. 1.
[4] Dazu *Berger* IPRax 2001, 522 ff.
[5] Vgl. Bek. v. 21. 6. 1979 (BGBl. II S. 780) und v. 21. 8. 2001 (BGBl. II S. 1004).
[6] Das Haager Beweisübereinkommen vom 18. 3. 1970 ersetzt die Art. 8 bis 16 des Abkommens über den Zivilprozeß v. 17. 7. 1905 sowie des Übereinkommens über den Zivilprozeß v. 1. 3. 1954 (Art. 29 HBewÜ). Im Verhältnis zu den Ländern, die dem HBewÜ nicht beigetreten sind, gilt noch das Abkommen über den Zivilprozeß. Siehe dazu Erl. zu den Art. 8–16 HZPÜ 1954. Im Hinblick auf erklärte Vorbehalte und sonstige Erklärungen der Vertragsstaaten sind dem Internetauftritt der Haager Konferenzen unter www.hcch.net aktuelle Informationen entnehmbar.
[7] Vgl. Bek. v. 30. 8. 1988 (BGBl. II S. 823).
[8] Vgl. Bek. v. 23. 9. 1993 (BGBl. II S. 2398).
[9] Vgl. Bek. v. 5. 5. 1982 und v. 9. 11. 1982 (BGBl. II S. 539, 998).
[10] Vgl. Bek. v. 1. 7. 1998 (BGBl. II S. 1729), v. 21. 8. 2001 (BGBl. II S. 1004) und v. 8. 7. 2002 (BGBl. II S. 2923).
[11] Vgl. Bek. v. 5. 9. 1980 (BGBl. II S. 1290) und v. 12. 11. 1980 (BGBl. II S. 1440).
[12] Vgl. Bek. v. 5. 9. 1980 (BGBl. II S. 1290) und v. 5. 6. 1981 (BGBl. II S. 374).
[13] Vgl. Bek. v. 26. 3. 1990 (BGBl. II S. 298).
[14] Vgl. Bek. v. 3. 12. 1986 (BGBl. II S. 1135).
[15] Vgl. Bek. v. 5. 9. 1980 (BGBl. II S. 1290) und v. 12. 11. 1980 (BGBl. II S. 1440).
[16] Vgl. Bek. v. 6. 6. 1995 (BGBl. II S. 532), v. 21. 8. 2001 (BGBl. II S. 1004) und v. 29. 11. 2004 (BGBl. 2005 II S. 9).
[17] Vgl. Bek. v. 21. 10. 1981 (BGBl. II S. 962).
[18] Vgl. Bek. v. 14. 12. 2001 (BGBl. 2002 II S. 153).
[19] Vgl. Bek. v. 2. 12. 1997 (BGBl. II S. 2225).
[20] Vgl. Bek. v. 1. 2. 2005 (BGBl. II S. 329).
[21] Vgl. Bek. v. 12. 4. 2002 (BGBl. II S. 1161).
[22] Vgl. Bek. v. 29. 9. 1994 (BGBl. II S. 3647).
[23] Vgl. Bek. v. 5. 9. 1980 (BGBl. II S. 1290).
[24] Vgl. Bek. v. 12. 4. 2002 (BGBl. II S. 1161).
[25] Vgl. Bek. v. 21. 8. 2001 (BGBl. II S. 1004).
[26] Vgl. Bek. v. 28. 8. 1996 (BGBl. II S. 2494).
[27] Vgl. Bek. v. 5. 9. 1980 (BGBl. II S. 1290), v. 19. 2. 1981 (BGBl. II S. 123) und v. 5. 7. 1982 (BGBl. II S. 682).
[28] Vgl. Bek. v. 5. 9. 1980 (BGBl. II S. 1290) und v. 20. 5. 1987 (BGBl. II S. 306).
[29] Vgl. Bek. v. 11. 5. 2005 (BGBl. II S. 603).
[30] Vgl. Bek. v. 9. 11. 1982 (BGBl. II S. 998).
[31] Vgl. Bek. v. 27. 11. 1995 (BGBl. 1996 II S. 16).
[32] Vgl. Bek. v. 14. 12. 2001 (BGBl. 2002 II S. 153).
[33] Vgl. Bek. v. 5. 9. 1980 (BGBl. II S. 1290).
[34] Vgl. Bek. v. 17. 7. 1981 (BGBl. II S. 573) und 3. 12. 1986 (BGBl. II S. 1135).
[35] Vgl. Bek. v. 28. 8. 1996 (BGBl. II S. 2495) und v. 9. 12. 1997 (BGBl. II S. 161).
[36] Vgl. Bek. v. 5. 9. 1980 (BGBl. II S. 1290) und v. 21. 8. 2001 (BGBl. II S. 1004).
[37] Vgl. Bek. v. 7. 11. 2005 (BGBl. II S. 1277).
[38] Vgl. Bek. v. 5. 9. 1980 (BGBl. II S. 1290), v. 12. 11. 1980 (BGBl. II S. 1440) und v. 21. 8. 2001 (BGBl. II S. 1004).
[39] Vgl. Bek. v. 5. 9. 1980 (BGBl. II S. 1290) und v. 23. 9. 1993 (BGBl. II S. 2398).
[40] Vgl. Bek. v. 14. 12. 2001 (BGBl. 2002 II S. 153).
[41] Vgl. Bek. v. 23. 9. 1987 (BGBl. II S. 615).
[42] Vgl. Bek. v. 5. 9. 1980 (BGBl. II S. 1290) und v. 23. 9. 1993 (BGBl. II S. 2398).
[43] Vgl. Bek. v. 1. 2. 2005 (BGBl. II S. 329).
[44] Vgl. Bek. v. 5. 9. 1980 (BGBl. II S. 1290), v. 12. 11. 1980 (BGBl. II S. 1440), v. 20. 3. 1986 (BGBl. II S. 578), v. 3. 12. 1986 (BGBl. II S. 1135), v. 20. 5. 1987 (BGBl. II S. 306) und v. 21. 8. 2001 (BGBl. II S. 1004).
[45] Vgl. Bek. v. 12. 6. 1984 (BGBl. II S. 567) und v. 13. 9. 1984 (BGBl. II S. 919).

Vornahme solcher gerichtlichen Handlungen, die nicht als Akte der Beweisaufnahme iSd. Art. 1 Abs. 1 EG-BeweisVO einzuordnen sind, das HBewÜ unmittelbar anwendbar.[46] Insofern kommt etwa die Durchsetzung der Beweisanordnungen des inländischen Gerichts durch das ausländische Gericht, ohne das letzteres selbst die Beweisaufnahme durchführt, in Betracht.[47] Zu beachten ist, dass aufgrund von Zusatzvereinbarungen, Art. 28, 31 und 32, sowie aufgrund von Erklärungen und Vorbehalten iSd. Art. 23, 27 und 33 eine von den Bestimmungen des HBewÜ abweichende Regelung anwendbar sein kann (siehe dazu die Erl. bei den entsprechenden Vorschriften des Übereinkommens).

2 **2. Kein Anwendungsvorrang des HBewÜ.** Nach wie vor umstritten ist die Frage, ob Beweisaufnahmesachverhalte zwischen Vertragsstaaten nur auf der Grundlage des Übereinkommens vom 18. 3. 1970 (einschließlich von Zusatzabkommen) abzuwickeln sind oder ob daneben noch andere Wege gangbar bleiben. So nehmen vor allem Gerichte in den USA den Standpunkt ein, dass Beweisübereinkommen vom 18. 3. 1970 hindere das Gericht nicht, im direkten Wege Beweise auf fremden Territorien zu erheben.[48] Der Supreme Court of the United States[49] (zumindest die Mehrheitsmeinung) sieht das HBewÜ als fakultative Ergänzung, nicht als ausschließlichen Ersatz anderer Methoden an, Beweismaterial aus dem Ausland zu erhalten. Das Gericht ist der Auffassung, der Grundsatz internationaler Rücksichtnahme (international comity) verlange eine genaue Analyse der wechselseitigen Interessen der beteiligten Staaten, insbesondere der Souveränitätsinteressen und der Wahrscheinlichkeit effektiver Anwendung, wenn darüber zu entscheiden ist, ob das Übereinkommen angewendet werden soll. Demgegenüber vertreten die in der Minderheit gebliebenen Richter die Auffassung, dem Beweisübereinkommen gebühre Vorrang vor anderen Wegen der Beweisbeschaffung aus dem Ausland und es dürfe nur dann übergangen werden, wenn ein Vorgehen danach zwecklos erscheine oder wenn es sich als unzureichend erweise.[50] Die überwiegende Zahl der kontinental-europäischen Staaten einschließlich der Bundesrepublik Deutschland sieht im HBewÜ eine verbindliche Festlegung des Verfahrens der Beschaffung von auslandsbelegenen Beweismitteln und wertet ein abweichendes Vorgehen als Verstoß gegen die ratio legis des Abkommens sowie als Souveränitätsverletzung.[51] Der Ansicht, dass das Gericht eines Vertragsstaates sich immer des HBewÜ bedienen müsse, wenn sich ein Beweismittel im Ausland befindet, hat sich auch ein Teil des deutschen Schrifttums angeschlossen.[52] Zu berücksichtigen ist jedoch, dass weder dem Vertragstext (Wortlaut Art. 1 Abs. 1: „kann") noch dem Sinn des HBewÜ eine solche Exklusivität zu entnehmen ist.[53] Es bestünde für die Vertragsstaaten auch kein Anlass, einem Abkommen über die Erleichterung des internationalen Rechtshilfeverkehrs beizutreten, wenn dadurch nach der inländischen Verfahrensordnung vorgesehene Möglichkeiten der Beweisaufnahme außer Kraft gesetzt bzw. erschwert würden. Vielmehr bleibt nach der Konzeption des Abkommens das innerstaatlich vorgesehene Recht der Beschaffung (auch) ausländischer Beweismittel unberührt.[54] Seine Grenze findet dies freilich dann, wenn im direkten Wege unter Verstoß gegen allgemeines Völkerrecht und der darin zum Ausdruck kommenden Souveränitätsanspruch auf fremden Territorien Amtshandlungen zur Beweiserhebung vorgenommen werden.[55] Das gilt auch für das in diesem Zusammenhang häufig genannte und etwa in den USA praktizierte Institut der pre-trial discovery[56]. Dabei wird im Ver-

---

[46] *Schlosser* EU-ZPR Art. 1 EuBVO Rn. 5.
[47] *Jayme,* FS Reinhold Geimer, 2002, S. 375, 379; zweifelnd *Schlosser* EU-ZPR Art. 1 Rn. 3, Art. 1 EuBVO Rn. 5.
[48] Vgl. dazu *Stürner* JZ 1987, 988; *Veltins* DB 1987, 2396; *Lange* RIW 1984, 504; *Koch* IPRax 1985, 245, 247 ff.; *v. Hülsen* RIW 1982, 537; *Heidenberger* RIW 1984, 841; *ders.* RIW 1985, 270, 437; *ders.* RIW 1986, 489; *ders.* RIW 1987, 50, 540, 666; *ders.* RIW 1988, 310; *Heck* ZVglRWiss. 84 (1985), 208; *ders.* NJW 1987, 2128; *Junker* RIW 1987, 1, 6; *ders.* BB 1987, 1752; *Gerber,* American Journal of Comparative Law, 1986, 746; *Trittmann* S. 213 ff.; *Greger* ZRP 1988, 164; *Beckmann* IPRax 1990, 201; *v. Bodungen/Jestaedt,* FS Stiefel, 1987, S. 65; *Gottwald,* FS Habscheid, 1989, S. 119, 125 ff.; *Schlosser* EU-ZPR Art. 1 HBÜ Rn. 5 ff.
[49] JZ 1987, 984, 985 f.
[50] JZ 1987, 984, 987.
[51] *Daoudi* S. 77; *Stürner* JZ 1987, 44, 45; *ders.* Justizkonflikt S. 6, 10 ff., 22 ff.; aA *Schlosser* EU-ZPR Art. 1 HBÜ Rn. 5 ff. m. weit. Nachw.
[52] *Heck* ZVglRWiss. 84 (1985), 208; *Stadler* S. 308 ff., 319; siehe auch *Musielak,* FS Reinhold Geimer, 2002, S. 761, 765 f.
[53] *Musielak,* FS Reinhold Geimer, 2002, S. 761, 765 f.
[54] *Schack* Rn. 725; *Schlosser* Justizkonflikt S. 30; *ders.,* EU-ZPR, Art. 1 HBÜ Rn. 5; *Wazlawik* IPRax 2004, 396 f.; *Geimer* Rn. 2361, 2380; *Musielak,* FS Reinhold Geimer, 2002, S. 761, 765 ff.; *Zöller/Geimer* § 363 ZPO Rn. 38 ff.; *Gottwald,* FS Habscheid, 1989, S. 119 ff.; *Koch* IPRax 1985, 245, 247.
[55] *Musielak,* FS Reinhold Geimer, 2002, S. 761, 765 f.; *Schlosser,* EU-ZPR, Art. 1 HBÜ Rn. 5.
[56] Dazu *Pfeil/Kammerer* S. 228 ff.; *Schack,* Einführung in das US-amerikanische Zivilprozessrecht, 3. Aufl. 2003, S. 44 ff.; *Wazlawik* IPRax 2004, 396 ff.; *Trittmann* S. 40 ff.; *Stürner* ZVglRWiss. 81 (1982), 159, 190 ff.; *ders.*

3a) Beweisaufnahme im Ausland 1 Art. 1 HBewÜ

fahrensstadium zwischen Klageerhebung und Hauptverhandlung von einer Prozesspartei gefordert, Beweismittel, zB Urkunden oder Zeugen, etwa auch aus dem Ausland, zu beschaffen, ohne dass vorher das Gericht den Weg der Rechtshilfe geht. Weigert sich die Partei, diesem Verlangen zu entsprechen, können ihr Prozessnachteile bis hin zur Verurteilung aufgrund einer entsprechenden Geständnisfiktion drohen.[57] Das gleiche kann auch geschehen, wenn die Erledigung eines Rechtshilfeersuchens von den deutschen Behörden abgelehnt wird, etwa weil sich ein Zeuge auf ein Zeugnisverweigerungsrecht beruft und daraufhin das amerikanische Prozessgericht der Partei vorwirft, sie habe es unterlassen, den Zeugen (beispielsweise einen eigenen Angestellten) zum Verzicht auf sein Aussageverweigerungsrecht zu bewegen (dazu Art. 11 Rn. 3).[58] In diesem Zusammenhang ist nämlich zu berücksichtigen, dass die Bundesrepublik Deutschland die Möglichkeit des Art. 23 wahrgenommen und in Art. 14 AusfGHBewÜ erklärt hat, in ihrem Hoheitsgebiet Rechtshilfeersuchen nicht zu erledigen, die ein Verfahren der pre-trial discovery of documents zum Gegenstand haben (Art. 23 Rn. 4). Wird also in einem solchen gerichtlichen Vorverfahren die Vorlage von Urkunden angeordnet, dann muss das US-Gericht damit rechnen, dass ein entsprechendes Rechtshilfeersuchen von der deutschen Zentralen Behörde zurückgewiesen wird.[59]

Die dargestellten durch unterschiedliche nationale Rechtsordnungen verursachten Schwierigkeiten haben zu einem Rechtszustand geführt, der als „Justizkonflikt mit den Vereinigten Staaten von Amerika"[60] bezeichnet wird. Die nicht nennenswerte Veränderung der gerichtlichen Praxis im Hinblick auf im Jahre 1993 vorgenommene Novellierung der US-amerikanischen pre-trial discovery[61] oder etwa der Erlass den Konflikt nur verschärfender so genannter blocking statutes[62] durch einige europäische Staaten, wonach die „freiwillige" Aussage von Beweispersonen außerhalb der Haager Übereinkommen unter Strafe gestellt wird, lässt nicht erwarten, dass diese Schwierigkeiten in näherer Zukunft beseitigt sind.[63] 3

Kapitel I. Rechtshilfeersuchen

Art. 1. (1) In Zivil- oder Handelssachen kann die gerichtliche Behörde eines Vertragsstaats nach seinen innerstaatlichen Rechtsvorschriften die zuständige Behörde eines anderen Vertragsstaats ersuchen, eine Beweisaufnahme oder eine andere gerichtliche Handlung vorzunehmen.

(2) Um die Aufnahme von Beweisen, die nicht zur Verwendung in einem bereits anhängigen oder künftigen gerichtlichen Verfahren bestimmt sind, darf nicht ersucht werden.

(3) Der Ausdruck „andere gerichtliche Handlung" umfaßt weder die Zustellung gerichtlicher Schriftstücke noch Maßnahmen der Sicherung oder der Vollstreckung.

I. Normzweck

Durch die Bestimmung des Absatzes 1 wird die grundlegende Verpflichtung der Vertragsstaaten geschaffen, auf Ersuchen gerichtlicher Behörden (Rn. 4) anderer Vertragsstaaten Beweis zu erheben oder andere gerichtliche Handlungen vorzunehmen. Diese Regelung entspricht im Wesentlichen Art. 8 HZPÜ 1954 und tritt für die dem Übereinkommen beigetretenen Vertragsstaaten gemäß Art. 29 an dessen Stelle. Absatz 2 bestimmt eine Voraussetzung für das Ersuchen, während durch Absatz 3 der Begriff der „anderen gerichtlichen Handlung" inhaltlich eingeschränkt wird (Rn. 2). 1

Justizkonflikt S. 11 ff.; *Schurtmann/Walter* S. 56 ff.; *Trittmann/Leitzen* IPRax 2003, 7 ff.; *Lowenfeld* IPRax 1984, 51; *Mentz* RIW 1981, 73; *Maxeiner* RIW 1990, 440, 443 f.; *Lorenz* ZZP 111 (1998), 35, 46 ff.; *Volken* S. 128 ff. Zum englischen Recht *Schaaff* S. 39 ff.

[57] Vgl. *Junker* Discovery S. 39 ff.; ders. IPRax 1986, 197, 205, 207; *Stadler* S. 67 ff.; *Stürner* Justizkonflikt S. 13; *v. Hülsen* RIW 1982, 225, 229, 537, 548 f.
[58] *Pfeil/Kammerer* S. 378.
[59] *Pfeil/Kammerer* S. 233 ff. Die Durchführung einer pre-trial discovery steht allerdings der Anerkennung eines darauf gestützten Urteils nach § 328 Abs. 1 Nr. 4 ZPO nicht entgegen; vgl. BGHZ 118, 312, 323 f. = NJW 1992, 3096; *Musielak/Musielak* § 328 ZPO Rn. 27; aA *Linke* Rn. 421 f.
[60] So der Titel des Tagungsberichts der Wissenschaftlichen Vereinigung für Internationales Verfahrensrecht, Verfahrensrechtsvergleichung und Schiedsgerichtswesen, 1986; vgl. auch *Schlosser*, Der Justizkonflikt zwischen den USA und Europa, 1985; *Schack* Rn. 734 ff.; *Volken* S. 99 ff.
[61] *Trittmann/Leitzen* IPRax 2003, 7, 10; vgl. auch *Reimann* IPRax 1994, 152, 154.
[62] *Junker* Discovery S. 395 f.; *Heidenberger* RIW 1985, 437, 441; ders. 1986, 489, 493; *v. Hülsen* RIW 1982, 537, 542 f.; *Nagel/Gottwald* § 8 Rn. 69, § 5 Rn. 311 ff.
[63] Vgl. *Lorenz* ZZP 111 (1998), 35, 51 ff.; *Nagel/Gottwald* § 8 Rn. 74 ff.; *Schack* Rn. 734.

II. Anwendungsbereich

2 1. Beweisaufnahme. Was das Übereinkommen unter einer „**Beweisaufnahme**" versteht, wird durch Art. 3 Abs. 1 lit. e bis g erläutert.[1] Dabei kann, weil die ersuchte Behörde nach Art. 9 bei der Erledigung des Gesuchs nach den eigenen prozessrechtlichen Regelungen verfährt, auch um eine solche Beweisaufnahme ersucht werden, wie sie das innerstaatliche Recht der ersuchenden Behörde nicht vorsieht.[2] In Absatz 1 wird als weiterer Gegenstand eines Rechtshilfeersuchens zwar eine „**andere gerichtliche Handlung**" genannt, jedoch fehlt es an einer entsprechenden Definition; Absatz 3 stellt lediglich klar, was der Begriff nicht umfasst. Man wird darunter in Anlehnung an die in § 2 Abs. 1 S. 2, 3 ZRHO vorgenommene Bestimmung Maßnahmen zu verstehen haben, die zur Förderung eines gerichtlichen Verfahrens dienen,[3] soweit sie nicht ausdrücklich nach Absatz 3 ausgeschlossen sind. Als „andere gerichtliche Handlungen" kommen danach beispielsweise in Betracht: die Vornahme eines Güteversuchs, die Bekanntgabe gerichtlicher Aufforderungen oder Mitteilungen, ein Ersuchen um Aktenübersendung (zB § 97 ZRHO) oder die Entgegennahme von Parteierklärungen.[4] Zu den „innerstaatlichen Rechtsvorschriften", welche von Absatz 1 in Bezug genommen werden, gehören in Deutschland auch jene der ZRHO.[5]

3 2. Zivil- oder Handelssache. Der Begriff der „Zivil- oder Handelssache" wird im Übereinkommen nicht definiert. Es fehlt auch an einer übergeordneten Instanz, welche eine autonome einheitliche Auslegung gewährleistet.[6] Die Frage, ob es sich im Einzelfall um eine Zivil- oder Handelssache handelt, wird in der Folge unterschiedlich danach bestimmt, ob entweder dem HBewÜ ein weiter Anwendungsbereich einzuräumen ist oder aber den Vertragsstaaten ein weitgehender Schutz der eigenen Rechtssphäre zu gewähren ist. So wird bei Bejahung eines weiten Geltungsbereichs des Übereinkommens eine Qualifikation nach dem Recht des ersuchenden Staates vorgenommen,[7] während die andere Ansicht die Zivil- oder Handelssache nach der Rechtsordnung bestimmt, die für die ersuchte Behörde gilt.[8] Zu berücksichtigen ist jedoch, dass regelmäßig die Behörde des ersuchenden Staates ohnehin erst auf die Bestimmungen des HBewÜ zurückgreifen und ein entsprechendes Ersuchen betreiben wird, wenn es sich bei der Angelegenheit nach eigenem Recht um eine Zivil- oder Handelssache handelt.[9] Ferner wäre eine Unterscheidung nach dem Recht des ersuchten Staates für die das Rechtshilfeersuchen betreibende Behörde mit der Schwierigkeit verbunden, eine aufwendige Qualifikation nach den Regelungen der ihr fremden Rechtsordnung vorzunehmen und widerspräche dem mit dem Übereinkommen verfolgten Ziel der Erleichterung des internationalen Rechtshilfeverkehrs. Im Interesse einer ausgeglichenen Anwendung des Übereinkommens im zwischenstaatlichen Verhältnis ist daher der Begriff der Zivil- oder Handelssache alternativ zu bestimmen; sofern es sich um eine Zivil- oder Handelssache entweder nach dem Recht des ersuchenden oder aber dem des ersuchten Staates handelt, findet das HBewÜ Anwendung.[10] Maßgebend bei der Einordnung der Streitigkeit zum Zivil- oder Handelsrecht ist dabei nicht die Art des Verfahrens oder der Gerichtsbarkeit (vgl. § 2 Abs. 1 ZRHO), sondern das ihr zugrunde liegende materielle Recht.[11] Da nach dem materiellen Recht der USA kartellrechtliche Schadensersatzkla-

---

[1] Denkschrift III B, zu Art. 1.
[2] *Schlosser* EU-ZPR Art. 1 HBÜ Rn. 2.
[3] *Bülow/Böckstiegel/Geimer/Schütze* A I 1 a, 100.16 f. Zur Frage, ob discovery der USA als „Beweisaufnahme" oder als „andere gerichtliche Handlung" aufzufassen ist, siehe *Trittmann* S. 133 f.
[4] Vgl. Denkschrift III A 4 b; *Bülow/Böckstiegel/Geimer/Schütze* A I 1 a, 100.16 f.; *Blaschczok* S. 94 f.; *Schlosser* EU-ZPR Art. 1 HBÜ Rn. 3; *Volken* S. 95 Rn. 100.
[5] *Schlosser* EU-ZPR Art. 1 HBÜ Rn. 2 (zB „fishing discovery").
[6] *Schlosser* EU-ZPR Art. 1 HBÜ Rn. 2, Art. 1 HZÜ Rn. 1; vgl. *Rauscher/v. Hein* Art. 1 EG-BewVO Rn. 1; *Stein/Jonas/Berger* Rn. 18.
[7] *Bülow/Böckstiegel/Geimer/Schütze* A I 1 a, 100.8 f., zur gleichen Frage beim HZPÜ 1954; *Böckstiegel/Schlafen* NJW 1978, 1073, 1074; *Stein/Jonas/Berger* Rn. 16.
[8] *Junker* RIW 1986, 337; *ders.* IPRax 1986, 197, 206; *ders.* Discovery S. 254 ff.; *Hollmann* RIW 1982, 784, 785 f.; *Schabenberger* S. 92; *Zöller/Geimer* § 363 ZPO Rn. 85; vgl. auch *Pfeil/Kammerer* S. 187 ff.; *Blaschczok* S. 97 ff.; *Soltész* S. 189 ff. (zum EuGVÜ).
[9] In diesem Sinne *Schlosser* EU-ZPR Art. 1 HZÜ Rn. 2.
[10] *Schlosser* EU-ZPR Art. 1 HZÜ Rn. 2; *Basedow*, Materielles Recht und Prozeßrecht und die Auswirkungen der Unterscheidung im Recht der internationalen Zwangsvollstreckung, 1992, S. 131 ff.; vgl. auch *Stein/Jonas/Berger* Rn. 17; für eine vertragsautonome Interpretation: *Nagel/Gottwald* § 8 Rn. 31; *Schack* Rn. 726, 605; für eine Doppelqualifikation nach dem Recht des ersuchenden und ersuchten Staates: Re State of Norway's Application's [1989] 1 All ER 745, 757; dazu *Koch* IPRax 1990, 257 ff.
[11] *Bülow/Böckstiegel/Geimer/Schütze* A I 1 a, 100.8 f. m. weit. Nachw.; *Rauscher/v. Hein* Art. 1 EG-BewVO Rn. 1.

gen, in denen ein dreifacher Schadensersatz gefordert wird (treble damage), und die Geltendmachung von punitive damages[12] als zivilrechtliche Streitigkeiten eingeordnet werden,[13] können sie daher nicht wegen des in ihnen auch enthaltenen Strafelementen von der Anwendung des Übereinkommens ausgeschlossen werden.[14] Sind Vertragsstaaten des HBewÜ zugleich EU-Mitgliedstaaten, für die die EuGVO I anwendbar ist, gilt in deren Verhältnis zueinander die durch die Rechtsprechung des EuGH autonom bestimmte Begrifflichkeit der Zivil- und Handelssache als beachtlich.[15] Damit kann im Einzelfall eine in Deutschland als öffentlich-rechtlich qualifizierte Streitigkeit im Verhältnis zu einem anderen Mitgliedstaat als Zivilsache anzunehmen sein.[16]

3. Gerichtliche Behörde. Die Bestimmung des Begriffs der „gerichtlichen Behörde" nach Absatz 1 ist nach dem Recht des Staates vorzunehmen, von dem das Ersuchen ausgeht.[17] Dementsprechend ist nach deutschem Rechtsverständnis der maßgebliche Gesichtspunkt in der Befugnis zur Ausübung richterlicher Gewalt zu sehen, dh. in der Berechtigung, konkrete Rechtsfragen mit verbindlicher Wirkung für die Verfahrensbeteiligten zu entscheiden. Behörden, die lediglich Untersuchungsaufgaben wahrnehmen, sind folglich keine gerichtlichen Behörden iSd des Übereinkommens. Deutsche Schiedsgerichte können nur über § 1050 S. 1 ZPO die Unterstützung eines Gerichts beantragen.[18] Die amerikanischen Grand Juries werden ebenso wenig als gerichtliche Behörden angesehen[19] wie Steuer- oder Kartellverwaltungsbehörden.[20] Dagegen sind etwa englische officers of court berechtigt, Rechtshilfeersuchen nach dem HBewÜ zu stellen.[21] Aus dem Zusammenhang von Art. 1 Abs. 1 iVm. Art. 9 Abs. 1 folgt, dass die für die Erledigung des Rechtshilfeersuchens zuständige Stelle ebenfalls eine gerichtliche Behörde ist, welche im Übrigen nicht mit der Zentralen Behörde iSd. Art. 2 (ebenda Rn. 1 ff.) übereinstimmt. Letztere nimmt das Rechtshilfeersuchen entgegen und leitet es nach Art. 2 Abs. 1 S. 1 der zuständigen Behörde zur Erledigung zu. Sofern die ersuchte Behörde bekannt ist, soll sie nach Art. 3 Abs. 1 lit. a im Rechtshilfeersuchen angegeben werden.

4. Verwendung in gerichtlichem Verfahren. Die Beweise, um deren Aufnahme ersucht wird, müssen zur Verwendung in einem gerichtlichen Verfahren bestimmt sein. In Absatz 2 ist jedoch ausdrücklich klargestellt, dass dieses Verfahren **noch nicht anhängig** sein muss. Es genügt, dass es in Aussicht genommen ist.[22] Deshalb fallen in den Anwendungsbereich des Übereinkommens auch Rechtshilfeersuchen im Rahmen eines **selbstständigen Beweisverfahrens** iSd. §§ 485 ff. ZPO,[23] des ähnlichen amerikanischen preservation of evidence[24] und im Verfahren des

---

[12] Vgl. dazu BGHZ 118, 312, 334 ff. = NJW 1992, 3096 = JZ 1993, 261 m. krit. Anm. *Deutsch*.
[13] BGHZ 118, 312, 336 ff. = NJW 1992, 3096; OLG München RIW 1981, 555, 556; OLG München NJW 1989, 3102 m. Anm. *Greger*; *Martens* RIW 1981, 725, 731; *Stürner* ZVglRWiss. 81 (1982), 159, 197 f.; *Pfeil/Kammerer* S. 190 f., 193 f.; *Schack* Rn. 818, 869 (richtiger Ansatzpunkt ordre-public-Vorbehalt des § 328 Abs. 1 Nr. 4 ZPO; s. dazu *Musielak/Musielak* § 328 ZPO Rn. 27). Zu Klagen auf punitive damages vgl. auch *Junker* Discovery S. 261 ff.; *Böhmer* NJW 1990, 3049; *Thümmel* RIW 1988, 613; *Mörsdorf/Schulte*, Funktion und Dogmatik US-amerikanischer punitive damages, 1999; *Brockmeier*, Punitive damages, multiple damages und deutscher ordre public, 1999.
[14] *Schlosser* EU-ZPR Art. 1 HZÜ Rn. 2; *Stein/Jonas/Berger* Rn. 20 m. weit. Nachw.; vgl. auch *Junker* IPRax 1986, 197, 206, der diese Klagen auch bei Anwendung deutscher Rechtsgrundsätze generell für zivilrechtliche Streitigkeiten hält. AA dagegen *Schütze* WM 1986, 633, 635; *Stiefel* RIW 1979, 509, 512; *v. Hülsen* RIW 1982, 537, 550; *Hollmann* RIW 1982, 784, 786. Das BVerfG (JZ 1995, 716 m. Anm. *Stadler*) hat zu Art. 13 Abs. 1 HZÜ festgestellt, dass die Gewährung von Rechtshilfe durch Zustellung einer Klage, mit der Ansprüche auf punitive damages geltend gemacht werden, nicht durch das Grundgesetz geschützte Rechte verletzt. Der BGH (BGHZ 118, 312, 338) vertritt der Auffassung, dass ein Urteil, das dem Kläger punitive damages in einer nicht unerheblichen Höhe zuerkennt, regelmäßig in Deutschland nicht vollstreckbar sei; dazu *Rosengarten* NJW 1996, 1935.
[15] *Schlosser* EU-ZPR Art. 1 HBÜ Rn. 2, Art. 1 HZÜ Rn. 2; *Rauscher/v. Hein* Art. 1 EG-BewVO Rn. 1; einschränkend *Stein/Jonas/Berger* Rn. 18.
[16] EuGH NJW 1993, 2091 = IPRax 1994, 37 (Beamtenhaftung); *Schlosser* Eu-ZPR Art. 1 HZÜ Rn. 2.
[17] *Stein/Jonas/Berger* Rn. 21; aA *Junker* Discovery S. 275 f.
[18] Denkschrift III B, zu Art. 1; *Stein/Jonas/Berger* Rn. 21; *Schlosser* EU-ZPR Art. 1 HBÜ Rn. 2.
[19] *Stiefel* RIW 1979, 509, 512 m. Nachw. Zum Begriff der gerichtlichen Behörde vgl. auch *Junker* Discovery S. 275 ff.
[20] *Stein/Jonas/Berger* Rn. 21; *Junker* Discovery S. 276.
[21] *Schlosser* EU-ZPR Art. 1 HBÜ Rn. 2; *Stein/Jonas/Berger* Rn. 21.
[22] Denkschrift III B, zu Art. 1.
[23] *Ahrens*, FS Schütze, 1999, S. 8 ff.; *Stadler*, FS Reinhold Geimer, 2002, S. 1281, 1303. Sollen vor einem anhängigen Rechtsstreit Beweise im Ausland gesichert werden, dann stellt sich die Frage, welche gerichtliche Behörde für das Ersuchen zuständig ist. Für eine Zuständigkeit des Gerichts, das für den künftigen Rechtsstreit zuständig ist, aufgrund einer analogen Anwendung der §§ 486 Abs. 1, 919, 937 Abs. 1 ZPO *Stürner* IPRax 1984, 299, 300; dagegen *Schütze* Rechtsverfolgung Rn. 201.
[24] *Blaschczok* S. 104; *Pfeil/Kammerer* S. 206.

einstweiligen Rechtsschutzes.[25] Da das pre-trial discovery Verfahren die Erhebung der Klage voraussetzt, ist ein diesbezügliches Ersuchen ebenfalls Teil eines bereits anhängigen Prozesses.[26]

Art. 2. (1) [1]Jeder Vertragsstaat bestimmt eine Zentrale Behörde, die von einer gerichtlichen Behörde eines anderen Vertragsstaats ausgehende Rechtshilfeersuchen entgegennimmt und sie der zuständigen Behörde zur Erledigung zuleitet. [2]Jeder Staat richtet die Zentrale Behörde nach Maßgabe seines Rechts ein.

(2) Rechtshilfeersuchen werden der Zentralen Behörde des ersuchten Staates ohne Beteiligung einer weiteren Behörde dieses Staates übermittelt.

I. Normzweck

1   Zur Vereinfachung des Rechtshilfeverkehrs wird durch die Vorschrift des Absatzes 1 die Verpflichtung der Vertragsstaaten zur Einrichtung Zentraler Behörden bestimmt. Die Regelung in Absatz 2 dient der Klarstellung, dass sich die ersuchende Behörde, ohne die zur Erledigung des Rechtshilfeersuchens berufene Behörde ausfindig machen zu müssen (vgl. Art. 3 Abs. 1 lit. a), unmittelbar an die Zentrale Behörde wenden kann. Die Bundesrepublik Deutschland hat von der durch Art. 24 Abs. 2 des Übereinkommens eingeräumten Möglichkeit Gebrauch gemacht, mehrere Zentrale Behörden zu bestimmen (Rn. 3). Nach § 7 AusfGHBewÜ nehmen die Aufgaben der Zentralen Behörde die von den Landesregierungen bestimmten Stellen wahr, wobei **jedes Bundesland** nur **eine Zentrale Behörde** einrichten darf.

II. Anwendungsbereich

2   **1. Allgemeines.** Die wesentliche Aufgabe der Zentralen Behörde besteht in der **Überprüfung** des einzelnen eingehenden Rechtshilfeersuchens auf seine Übereinstimmung mit dem Übereinkommen, vgl. Art. 5. Hierbei ist insbesondere darauf zu achten, dass das Beweisthema genügend bestimmt wurde, dh. die konkreten Tatsachen angibt, um deren Feststellung es geht (Art. 3 Rn. 1).[1] Nach der Entgegennahme und Überprüfung des ausländischen Rechtshilfeersuchens leitet die Zentrale Behörde dieses an die zuständige Behörde weiter. Für die Erledigung eines Ersuchens ist nach § 8 AusfGHBewÜ die „**zuständige Behörde**" in der Bundesrepublik Deutschland das Amtsgericht, in dessen Bezirk die Amtshandlung vorzunehmen ist.[2]

3   **2. Zentrale Behörden in Deutschland.** In den Bundesländern sind als Zentrale Behörden bestimmt worden:[3] **Präsident des Amtsgerichts Freiburg,** Holzmarkt 2, 79098 Freiburg; **Bayerisches Staatsministerium der Justiz,** Prielmayerstraße 7, 80335 München; **Senatsverwaltung für Justiz von Berlin,** Salzburger Str. 21–25, 10825 Berlin; **Ministerium der Justiz des Landes Brandenburg,** Heinrich-Mann-Allee 107, 14460 Potsdam; **Der Präsident des Landgerichts Bremen,** Domsheide 16, 28195 Bremen; **Der Präsident des Amtsgerichts Hamburg,** Sievekingplatz 1, 20355 Hamburg; **Hessisches Ministerium der Justiz,** Luisenstraße 13, 65185 Wiesbaden; **Ministerium für Justiz, Bundes- und Europaangelegenheiten des Landes Mecklenburg-Vorpommern,** Demmlerplatz 14, 19503 Schwerin; **Niedersächsisches Justizministerium,** Am Waterlooplatz 1, 30169 Hannover; **Der Präsident des Oberlandesgerichts Düsseldorf,** Cecilienallee 3, 40474 Düsseldorf; **Ministerium der Justiz in Rheinland-Pfalz,** Ernst-Ludwig-Straße 3, 55116 Mainz; **Ministerium der Justiz des Saarlandes,** Zähringerstraße 12, 66119 Saarbrücken; **Der Präsident des Oberlandesgerichts Dresden,** Postfach 120732, 01008 Dresden; **Ministerium der Justiz des Landes Sachsen-Anhalt,** Wilhelm-Höpfner-Ring 6, 39116 Magdeburg; **Justizminister des Landes Schleswig-Holstein,** Lorentzendamm 35, 24103 Kiel; **Thüringer Justizministerium,** Alfred-Hess-Straße 8, 99094 Erfurt.

---

[25] *Schlosser* EU-ZPR Art. 1 HBÜ Rn. 2.
[26] OLG München RIW 1981, 555, 557; *Trittmann* S. 135; *Stein/Jonas/Berger* Rn. 28; *Martens* RIW 1981, 725, 726 (zum amerikanischen Recht); *Schaaff* S. 23 (zum englischen Recht).
[1] Vgl. *Stürner* JZ 1981, 521, 522; *Schlosser* ZZP 94 (1981), 369, 375 ff.; *v. Hülsen* RIW 1982, 537, 553; *Martens* RIW 1981, 725, 730 f.; *Mann* JZ 1981, 840.
[2] *Stürner* JZ 1981, 521, 524 f. weist darauf hin, dass die Frage, welches Amtsgericht örtlich zuständig sei, dadurch nicht entschieden werde, weil nicht geklärt sei, ob zB der Wohnort, der Beschäftigungsort oder der Aufenthaltsort eines Zeugen den maßgebenden Anknüpfungspunkt bilde, und schlägt vor, § 8 des AusfGHBewÜ mit Hilfe der §§ 12, 13 und 36 Nr. 3 ZPO zu konkretisieren. Die Auswahl trifft die Zentrale Behörde; vgl. *Schlosser* EU-ZPR Art. 1 HBÜ Rn. 3.
[3] Bek. v. 23. 12. 1994 (BGBl. 1995 II S. 77) und v. 21. 8. 2001 (BGBl. II S. 1004).

3a) Beweisaufnahme im Ausland **4 Art. 2 HBewÜ**

Zur Wahrung des Normzwecks (Rn. 1) empfiehlt es sich, ein bei einer unzuständigen Zentralen Behörde in Deutschland eingehendes Rechtshilfeersuchen unverzüglich der zuständigen weiterzuleiten.

3. Zentrale Behörden der Vertragsstaaten. In den anderen Vertragsstaaten gibt es jeweils nur **4** eine Zentrale Behörde, welche überwiegend das Justizministerium oder das Höchste Gericht des Staates ist.[4] Davon auszunehmen ist die Schweiz, in der gemäß Art. 24 Abs. 2 in jedem Kanton eine Zentrale Behörde besteht.[5] Das Vereinigte Königreich hat für Schottland eine weitere Zentrale Behörde eingerichtet.[6] Der nach Art. 2 vorgesehene **Beförderungsweg** für Rechtshilfeersuchen ist aufgrund nach Art. 31, 32 des Übereinkommens fortgeltender zwischenstaatlicher Zusatzvereinbarungen mit Dänemark,[7] Frankreich,[8] Luxemburg,[9] Niederlande,[10] Norwegen[11] und Schweden[12] teilweise abweichend geregelt. Im Übrigen ist es mit der Bestimmung des Art. 2 des Übereinkommens vereinbar, dass ein Rechtshilfeersuchen der Zentralen Behörde von einem Verfahrensbeteiligten als Boten des ersuchenden Gerichts übermittelt wird.[13] In den Vertragsstaaten sind als **Zentrale Behörden**[14] bestimmt worden: **Argentinien:** Ministerio de Relaciones Exteriores, Comercio Internacional y Culto – Dirección General de Asuntos Juridicos –, Esmeralda 1214, 4 P, C1007 ABP, Buenos Aires; **Australien:** Secretary to the Attorney-General's Department of the Commonwealth of Australia (Robert Garran Offices, National Circuit, Barton Act, 2600); zur Entgegennahme von Rechtshilfeersuchen sind aufgrund Erklärung nach Art. 24 auch die Registrars of the State and Territory Supreme Courts (Urkundsbeamten der Obersten Gerichtshöfe der Staaten und Territorien) befugt;[15] **Barbados:** The Registrar of the Supreme Court of Barbados, Law Courts, Bridgetown/Barbados;[16] **Bulgarien:** Ministry of Justice and European Legal Integration, Slavyanska 1, 1040 Sofia;[17] **China** (einschl. Macau): Bureau of International Judicial Assistance; Ministry of Justice, 10, Chaoyangmen Nandajie, Chaoyang District, Beijing P. C., 100020 People's Republic of China; für Macau ist zur Entgegennahme von Rechtshilfeersuchen auch die Staatsanwaltschaft der Sonderverwaltungsregion Macau befugt;[18] **Dänemark:** Justitsministeriet, Slotsholmsgade 10, 1216 Kobenhavn K;[19] **Estland:** Ministry of Justice of Estonia, Tonismägi 5a, EE-0100 Tallinn, Estonia; **Finnland:** Oikeusministeriö (Ministry of Justice), Etelaesplanadi 10, 00130 Helsinki, Finnland, Postanschrift: Oikeusministeriö PL 25, 00023 Valtioneuvosto, Finnland;[20] **Frankreich:** Bureau de l'entraide judiciaire civile et commerciale, Direction des Affaires Civiles et du Sceau, 13, Place Vendôme, 75042 Paris Cedex 01, Frankreich;[21] **Griechenland:** Ipourgio Dikeosinis (Justizministerium), Mesogion 96, 11527 Athen, Griechenland;[22] **Israel:** Director of the Courts, 22 Kanfei Neshe-

---

[4] Vgl. *Bülow/Böckstiegel/Geimer/Schütze* A I 3b, 371.2f., Fn. 2; *Stein/Jonas/Berger* Rn. 32; Die aktuell zuständige Zentrale Behörde des jeweiligen Vertragsstaates und sonstige Informationen sind dem Internetauftritt der Haager Konferenzen unter www.hcch.net entnehmbar.

[5] Vgl. Bek. v. 6. 6. 1995 (BGBl. II S. 532). Ersuchen um Beweisaufnahme können auch dem Eidgenössischen Justiz- und Polizeidepartement in Bern übermittelt werden, das sie an die jeweils zuständige Zentrale Behörde weiterleitet.

[6] Vgl. Bek. v. 21. 8. 2001 (BGBl. II S. 1004).

[7] Vgl. Art. 2 der deutsch-dänischen Vereinbarung zur Vereinfachung des Rechtshilfeverkehrs v. 1. 6. 1910 (RGBl. S. 871, 873) idF der Vereinbarung v. 6. 1. 1932 (RGBl. II S. 20).

[8] Vgl. Art. 4 der deutsch-französischen Vereinbarung zur weiteren Vereinfachung des Rechtshilfeverkehrs nach dem HZPÜ 1954 v. 6. 5. 1961 (BGBl. II S. 1040).

[9] Vgl. Art. 2 der deutsch-luxemburgischen Vereinbarung zur weiteren Vereinfachung des Rechtshilfeverkehrs v. 1. 8. 1909 (RGBl. S. 907, 910).

[10] Vgl. Art. 4 iVm. Art. 1 des deutsch-niederländischen Vertrags zur weiteren Vereinfachung des Rechtshilfeverkehrs nach dem HZPÜ 1954 v. 30. 8. 1962 (BGBl. 1964 II S. 468).

[11] Vgl. Art. 5 iVm. Art. 1 der deutsch-norwegischen Vereinbarung zur weiteren Vereinfachung des Rechtshilfeverkehrs nach dem HZPÜ 1954 v. 17. 6. 1977 (BGBl. 1979 II S. 1292).

[12] Vgl. Art. 2 Abs. 2 der deutsch-schwedischen Vereinbarung zur weiteren Vereinfachung des Rechtshilfeverkehrs v. 1. 2. 1910 (RGBl. S. 455).

[13] OLG München RIW 1981, 555, 556.

[14] Die Adressen sind der aktuellen Fassung des ZRHO-Länderteils zu entnehmen.

[15] Vgl. Bek. v. 23. 9. 1993 (BGBl. II S. 2398).

[16] Vgl. Bek. v. 9. 11. 1982 (BGBl. II S. 998).

[17] Vgl. Bek. v. 21. 8. 2001 (BGBl. II S. 1004).

[18] Vgl. Bek. v. 1. 7. 1998 (BGBl. II S. 1729), v. 21. 8. 2001 (BGBl. II S. 1004) und v. 8. 7. 2002 (BGBl. II S. 2923).

[19] Vgl. Bek. v. 5. 9. 1980 (BGBl. II S. 1290).

[20] Vgl. Bek. v. 5. 9. 1980 (BGBl. II S. 1290) und v. 5. 7. 1982 (BGBl. II S. 682).

[21] Vgl. Bek. v. 5, 9, 1980 (BGBl. II S. 1290) und v. 20. 5. 1987 (BGBl. II S. 306).

[22] Vgl. Bek. v. 11. 5. 2005 (BGBl. II S. 603).

rim St., Jerusalem 95464, P.O.B. 34142, Israel;[23] **Italien:** Ufficio unico degli ufficiali giudiziari presso la Corte di appello di Roma, Via C. Poma 5, 00195 Roma, Italien;[24] **Lettland:** Ministry of Justice, Brivibas Boulevard 34, LV-1536, Riga;[25] **Litauen:** Teisingemo Ministerija (Ministry of Justice), Gedimino pr. 30/1, 2600 Vilnius, Litauen;[26] **Luxemburg:** Parquet général près la Cour supérieure de justice, Boîte postale 15, 2010 Luxemburg, Luxemburg;[27] **Mexiko:** Dirección General de Asuntos Jurídicos de la Secretária de Relaciones Exteriores, Ricardo Flores Magón No. 1, Tlatelolco, 06995 México, D.F.;[28] **Monaco:** Direction des Services judiciaires, MC 98025 Monaco, Cedex;[29] **Niederlande:** Raad voor de Rechtspraak, Juliana van Stolberglaan 4, 2595 CL Den Haag, Niederlande, für die Niederländischen Antillen und Aruba ist zur Entgegennahme auch berechtigt: Procurator General, L.G. Smith Boulevard 42–44, Oranjestad, Aruba;[30] **Norwegen:** Königliches Justiz- und Polizeiministerium, Postbox 8005 Dep., N-0030 Oslo, Norwegen;[31] **Polen:** Ministerstwo Sprawiedliwo ci (Department of Justice), Al. Ujazdowskie 11, 00–950 Warszawa, Polska; daneben sind die örtlichen Wojewodschaftsgerichte zur Entgegennahme eines Ersuchens berechtigt;[32] **Portugal:** Direcção Geral da Administração da Justiça, Av. 5 de Outubro, n° 125, 1069–044 Lisboa, Portugal;[33] **Rumänien:** Ministerul Justitiei al Romaniei, Directial relatii internationale si drepturile omolui, Serviciul de asistenta internationala in materie civila, comerciala si dreptul familiei, Str. Apolodor 17, Bucuresti; **Schweden:** Justitiedepartementet, Enheten för brottmålsärenden och internationellt rättsligt samarbete Centralmyndigheten, 10333 Stockholm, Schweden;[34] **Schweiz:** für jeden Kanton besteht eine Zentrale Behörde, jedoch können Ersuchen auch an das Eidgenössische Justiz- und Polizeidepartement, Bundeshaus West, 3003 Bern, Schweiz, gerichtet werden, welches diese an die zuständigen Zentralen Behörden weiterleitet;[35] **Singapur:** The Registrar, Supreme Court of the Republic of Singapore, 1 Supreme Court Lane, Singapore 178879;[36] **Slowakei:** Ministerstvo spravodlivosti Slovenskej republiky (Justizministerium der Slowakischen Republik), Zupné námestie 13, 81311 Bratislava, Slovak Republic;[37] **Slowenien:** Ministrstvo za Pravosodje (Ministry of Justice of the Republic of Slovenia), Županičeva 3, 1000 Ljubljana, Slowenien;[38] **Spanien:** Subdirección General de Cooperación Jurídica Internacional Ministerio de Justicia, Calle San Bernardo, 62, 28015 Madrid, Spanien;[39] **Sri Lanka:** Ministry of Foreign Affairs, World Trade Centre, West Tower, Level 34/35, Echelon Square, Colombo 1, Sri Lanka;[40] **Südafrika:** Director-General of the Department of Justice, Private Bag X81, Pretoria 0001, Südafrika;[41] **Tschechische Republik:** Ministerstvo spravedlnosti České republiky, 128 10 Praha 2, Vyšehradská 16;[42] **Türkei:** T.C. Adalet Bakanlığı, Uluslararası Hukuk ve Dış Jlişkiler Genel Müdürlü ü, Milli Müdafaa Cad. 22, Bakanlıklar 06659 Ankara, Türkiye/Türkei;[43] **Ukraine:** Ministry of Justice, wul. Horodezkoho, 13, 01001 Kiew, Ukraine;[44] **Ungarn:** Igazságügyi Minisztérium (Justizministerium der Republik Ungarn), Kossuth Lajos tér 4, Postafiok 54, 1055 Budapest, Ungarn;[45] **Venezuela:** El Ministerio Relaciones Exteriores – MRE, Conde Carmelitas, Tore P.B., 1010 Caracas;[46] **Vereinigtes Königreich:** für England, Wales, Nordirland und Gibraltar: The Foreign and Commonwealth

---

[23] Vgl. Bek. v. 5. 9. 1980 (BGBl. II S. 1290) und v. 5. 6. 1981 (BGBl. II S. 374).
[24] Vgl. Bek. v. 9. 11. 1982 (BGBl. II S. 998).
[25] Vgl. Bek. v. 27. 11. 1995 (BGBl. 1996 II S. 16).
[26] Vgl. Bek. v. 14. 12. 2001 (BGBl. 2002 II S. 153).
[27] Vgl. Bek. v. 5. 9. 1980 (BGBl. II S. 1290).
[28] Vgl. Bek. v. 26. 3. 1990 (BGBl. II S. 298).
[29] Vgl. Bek. v. 3. 12. 1986 (BGBl. II S. 1135).
[30] Vgl. Bek. v. 17. 7. 1981 (BGBl. II S. 573) und v. 3. 12. 1986 (BGBl. II S. 1135).
[31] Vgl. Bek. v. 5. 9. 1980 (BGBl. II S. 1290) und v. 12. 11. 1980 (BGBl. II S. 1440).
[32] Vgl. Bek. v. 28. 8. 1996 (BGBl. II S. 2495) und v. 9. 12. 1997 (BGBl. II S. 161).
[33] Vgl. Bek. v. 5. 9. 1980 (BGBl. II S. 1290) und v. 21. 8. 2001 (BGBl. II S. 1004).
[34] Vgl. Bek. v. 5. 9. 1980 (BGBl. II S. 1290) und v. 21. 8. 2001 (BGBl. II S. 1004).
[35] Vgl. Bek. v. 6. 6. 1995 (BGBl. II S. 532) und v. 21. 8. 2001 (BGBl. II S. 1004).
[36] Vgl. Bek. v. 21. 10. 1981 (BGBl. II S. 962).
[37] Vgl. Bek. v. 23. 9. 1993 (BGBl. II S. 2398).
[38] Vgl. Bek. v. 14. 12. 2001 (BGBl. 2002 II S. 153).
[39] Vgl. Bek. v. 23. 9. 1987 (BGBl. II S. 615), v. 23. 12. 1994 (BGBl. 1995 II S. 77) und v. 11. 8. 1999 (BGBl. II S. 788).
[40] Vgl. Bek. v. 14. 12. 2001 (BGBl. 2002 II S. 153).
[41] Vgl. Bek. v. 2. 12. 1997 (BGBl. II S. 2225).
[42] Vgl. Bek. v. 5. 9. 1980 (BGBl. II S. 1290) und v. 23. 9. 1993 (BGBl. II S. 2398).
[43] Vgl. Bek. v. 1. 2. 2005 (BGBl. II S. 329).
[44] Vgl. Bek. v. 13. 11. 2001 (BGBl. 2002 II S. 1161).
[45] Vgl. Bek. v. 1. 2. 2005 (BGBl. II S. 329).
[46] Vgl. Bek. v. 29. 9. 1994 (BGBl. II S. 3647).

3a) Beweisaufnahme im Ausland   1, 2 **Art. 3 HBewÜ**

Office, King Charles Street, London SW1A 2AH, Great Britain, sowie für Schottland: The Scottish Executive Justice Department Civil Justice & International Division, St Andrew's House, Regent Road, Edinburgh EH3 9DQ, Scotland;[47] **Vereinigte Staaten:** Office of International Judicial Assistance, Department of Justice, Washington D.C. 20530, USA;[48] **Weißrussland:** Ministry of Justice of the Republic of Belarus, 220084 Minsk, ul. Kollektornaya, 10;[49] **Zypern:** Permanent Secretary, Ministry of Justice and Public Order, CY-1461 Nicosia, Cyprus.[50]

Art. 3. (1) Ein Rechtshilfeersuchen enthält folgende Angaben:
a) die ersuchende und, soweit bekannt, die ersuchte Behörde;
b) den Namen und die Anschrift der Parteien und gegebenenfalls ihrer Vertreter;
c) die Art und den Gegenstand der Rechtssache sowie eine gedrängte Darstellung des Sachverhalts;
d) die Beweisaufnahme oder die andere gerichtliche Handlung, die vorgenommen werden soll.

(2) Das Rechtshilfeersuchen enthält außerdem je nach Sachlage
e) den Namen und die Anschrift der zu vernehmenden Personen;
f) die Fragen, welche an die zu vernehmenden Personen gerichtet werden sollen, oder die Tatsachen, über die sie vernommen werden sollen;
g) die Urkunden oder die anderen Gegenstände, die geprüft werden sollen;
h) den Antrag, die Vernehmung unter Eid oder Bekräftigung durchzuführen, und gegebenenfalls die dabei zu verwendende Formel;
i) den Antrag, eine besondere Form nach Artikel 9 einzuhalten.

(3) In das Rechtshilfeersuchen werden gegebenenfalls auch die für die Anwendung des Artikels 11 erforderlichen Erläuterungen aufgenommen.

(4) Eine Legalisation oder eine ähnliche Förmlichkeit darf nicht verlangt werden.

I. Normzweck

Im Gegensatz zum HZÜ in Art. 3 Abs. 1 ist nach dem HBewÜ die Verwendung von Formblättern oder Mustertexten für ein Rechtshilfeersuchen nicht vorgesehen. Die Vorschrift des Art. 3 bestimmt insofern die Anforderungen, denen ein Ersuchen zu genügen hat. Dabei ist durch Absatz 1 der zwingend notwendige Inhalt genannt, während gemäß Absatz 2 in Abhängigkeit von der jeweiligen Sachlage weitere Angaben und nach Absatz 3 gegebenenfalls Erläuterungen über Aussageverweigerungsrechte oder Aussageverbote (Art. 11) zu machen sind. Absatz 4 dient im Sinne der Zielsetzung des Übereinkommens der Vereinfachung und Erleichterung und damit der Beschleunigung des Rechtshilfeverkehrs. 1

II. Inhalt des Ersuchens

Die Angaben nach Absatz 1 sind zwingend in das Ersuchen aufzunehmen.[1] Dies gilt nach **Absatz 1 lit. a** hinsichtlich Nennung der ersuchten Behörde jedoch nur, sofern diese bekannt ist. Der nach **Absatz 2** vorgesehene Inhalt des Rechtshilfeersuchens richtet sich nach der Art der Beweisaufnahme, dem Beweisthema und sonstigen Sachumständen. Enthält ein Rechtshilfeersuchen nicht die in Absatz 2 genannten Angaben, dann muss dies deshalb nicht notwendigerweise dazu führen, dass das Rechtshilfeersuchen abgelehnt wird. Vielmehr kommt es darauf an, welche Mängel ein Ersuchen im Einzelfall aufweist. Dass beispielsweise die Anschrift des zu vernehmenden Zeugen entgegen **Absatz 2 lit. e** nicht genannt wird, rechtfertigt eine Zurückweisung des Ersuchens nicht, wenn der ersuchten Behörde die Adresse bekannt ist und sie deshalb den Zeugen zur Vernehmung laden kann.[2] Dagegen sind die **Bestimmtheitsanforderungen,** die sich aus **Absatz 2 lit. f** hinsichtlich des Beweisthemas ergeben, sehr sorgfältig zu beachten. Dadurch kann am besten einer nach deutschem Rechtsverständnis zu weitgehenden Tatsachenermittlung entgegengewirkt werden, 2

---

[47] Vgl. Bek. v. 5. 9. 1980 (BGBl. II S. 1290), v. 20. 5. 1987 (BGBl. II S. 306) und v. 21. 8. 2001 (BGBl. II S. 1004).
[48] Vgl. Bek. v. 5. 9. 1980 (BGBl. II S. 1290).
[49] Vgl. Bek. v. 12. 4. 2002 (BGBl. II S. 1161).
[50] Vgl. Bek. v. 12. 6. 1984 (BGBl. II S. 567) und v. 13. 9. 1984 (BGBl. II S. 919).
[1] *Stein/Jonas/Berger* Rn. 34.
[2] OLG München RIW 1981, 555, 556.

wie sie etwa im amerikanischen pre-trial discovery Verfahren vorkommt (fishing discovery).[3] Notwendig ist ferner, dass die im Rechtshilfeersuchen mitgeteilte Sachverhaltsdarstellung iSd. **Absatz 1 lit. c** und die Tatsachen, über die eine Person vernommen werden soll, so genau bezeichnet werden, dass die Vernehmung sachgerecht durchzuführen ist und Zusatzfragen gestellt werden können.[4]

3   Soll an Stelle einer unzulässigen pre-trial discovery of documents eine **Zeugenvernehmung über den Inhalt von Urkunden** durchgeführt werden, ist in gleicher Weise darauf zu achten, dass substantiierte Vernehmungstatsachen mitgeteilt werden, weil sonst der Zweck des Ausschlusses einer ausforschenden Beweisermittlung (vgl. Art. 23 Rn. 2, 3) weitgehend vereitelt würde.[5] Ob ein Fragenkatalog für die Vernehmung in das Rechtshilfeersuchen aufzunehmen ist, hängt davon ab, in welchem Land und nach welchem Verfahren der Beweis zu erheben ist. Im Verkehr mit den Ländern des anglo-amerikanischen Rechtskreises sind die Fragen einzeln anzuführen.[6]

4   Bei ausgehenden Ersuchen, also **Rechtshilfeersuchen deutscher Gerichte,** ist in Anlehnung an Absatz 3 die Regelung des **§ 37 ZRHO** zu beachten. Nach Absatz 2 dieser Vorschrift sind bei Ersuchen um Vernehmung von Zeugen und Sachverständigen die einschlägigen deutschen Gesetzesbestimmungen über das Aussageverweigerungsrecht wörtlich anzuführen. Auf ein Aussageverweigerungsrecht ist hinzuweisen. Zugleich ist die Bitte auszusprechen, die zu vernehmende Person über dieses Recht zu belehren. Zur eidlichen Vernehmung siehe § 37 Abs. 3 und 4 ZRHO.

Art. 4. (1) Das Rechtshilfeersuchen muß in der Sprache der ersuchten Behörde abgefaßt oder von einer Übersetzung in diese Sprache begleitet sein.

(2) Jeder Vertragsstaat muß jedoch, sofern er nicht den Vorbehalt nach Artikel 33 gemacht hat, ein Rechtshilfeersuchen entgegennehmen, das in französischer oder englischer Sprache abgefaßt oder von einer Übersetzung in eine dieser Sprachen begleitet ist.

(3) [1]Ein Vertragsstaat mit mehreren Amtssprachen, der aus Gründen seines innerstaatlichen Rechts Rechtshilfeersuchen nicht für sein gesamtes Hoheitsgebiet in einer dieser Sprachen entgegennehmen kann, muß durch eine Erklärung die Sprache bekanntgeben, in der ein Rechtshilfeersuchen abgefaßt oder in die es übersetzt sein muß, je nachdem, in welchem Teil seines Hoheitsgebiets es erledigt werden soll. [2]Wird dieser Erklärung ohne hinreichenden Grund nicht entsprochen, so hat der ersuchende Staat die Kosten einer Übersetzung in die geforderte Sprache zu tragen.

(4) Neben den in den Absätzen 1 bis 3 vorgesehenen Sprachen kann jeder Vertragsstaat durch eine Erklärung eine oder mehrere weitere Sprachen bekanntgeben, in denen ein Rechtshilfeersuchen seiner Zentralen Behörde übermittelt werden kann.

(5) Die einem Rechtshilfeersuchen beigefügte Übersetzung muß von einem diplomatischen oder konsularischen Vertreter, von einem beeidigten Übersetzer oder von einer anderen hierzu befugten Person in einem der beiden Staaten beglaubigt sein.

I. Normzweck

1   Die in Art. 4 getroffene Regelung bezweckt die Erleichterung des Rechtshilfeverkehrs durch die Vermeidung von Sprachproblemen, indem gemäß Absatz 1 Ersuchen in der Amtssprache der ersuchten Behörde abzufassen sind oder von einer Übersetzung in dieser Sprache begleitet sein müssen.[1] Es wird zugleich ausgeschlossen, dass die zur Rechtshilfe berufene Behörde die Kosten einer etwa notwendig werdenden Übersetzung tragen muss.[2] Damit für weniger geläufige Sprachen das Verfahren durch aufwendige Übersetzungen nicht kostenträchtig erschwert wird, ist nach Absatz 2 die Verpflichtung der Vertragsstaaten begründet, auch solche Rechtshilfeersuchen zu erledigen, die in englischer oder französischer Sprache abgefasst oder von einer entsprechenden Übersetzung begleitet sind. Freilich haben die aufgrund der Vorschrift möglichen Vorbehalte (Rn. 2) der Vertragsstaaten die Absicht der weiteren Verfahrenserleichterung weitgehend vereitelt. Weiter enthält Artikel 4 Regelungen betreffend Vertragsstaaten mit mehreren Amtssprachen (Abs. 3), ermöglicht durch entsprechende Erklärung die Zulassung weiterer Sprachen, in denen das Ersuchen abgefasst sein darf

---

[3] *Martens* RIW 1981, 725, 730; vgl. OLG Celle OLGR 2007, 658.
[4] *v. Hülsen* RIW 1982, 537, 551; *Schlosser* ZZP 94 (1981), 369, 385; *Stein/Jonas/Berger* Rn. 34 f.
[5] Deshalb ist die insoweit zu großzügige Entscheidung des OLG München RIW 1981, 555, 557 abzulehnen; ebenso *Mann* JZ 1981, 840; vgl. auch *Stürner* JZ 1981, 521, 522; *Stein/Jonas/Berger* Rn. 35 aE.
[6] Denkschrift III B, zu Art. 3.
[1] *Bülow/Böckstiegel/Geimer/Schütze* A I 3 a, 370.2; *Geimer* Beweisaufnahme S. 78 f.; *Blaschczok* S. 110.
[2] *Stein/Jonas/Berger* Rn. 38.

3a) Beweisaufnahme im Ausland **2 Art. 4 HBewÜ**

(Abs. 4), und legt als formelles Erfordernis die Beglaubigung einer beigefügten Übersetzung fest (Abs. 5).

II. Regelungen der einzelnen Vertragsstaaten

Aufgrund von Vorbehalten und Erklärungen der einzelnen Vertragsstaaten zum Übereinkommen ist hinsichtlich der Sprache, in der Rechtshilfeersuchen abzufassen sind, folgendes zu berücksichtigen:[3]

- **Argentinien:** Rechtshilfeersuchen in französischer oder englischer Sprache werden nicht entgegengenommen;[4]
- **Australien:** Die Anwendung von Art. 4 Abs. 2 wurde ausgeschlossen, weshalb Ersuchen nur in englischer Sprache zugelassen sind bzw. von einer Übersetzung in dieser Sprache begleitet sein müssen;[5]
- **Barbados:** Ein Vorbehalt nach Art. 4 Abs. 2, Art. 33 wurde nicht erklärt;[6]
- **Bulgarien:** Die Anwendung von Art. 4 Abs. 2 wurde ausgeschlossen;[7]
- **Bundesrepublik Deutschland:** Rechtshilfeersuchen, die nach Kapitel I des Übereinkommens zu erledigen sind, müssen gemäß Art. 4 Abs. 1, 5 des Übereinkommens in deutscher Sprache abgefasst oder von einer Übersetzung in diese Sprache begleitet sein (vgl. § 9 AusfGHBewÜ);[8]
- **China:** Art. 4 Abs. 2 ist für die Sonderverwaltungsregion Macau nicht anwendbar; nach Art. 4 Abs. 3 wurde erklärt, dass die Sonderverwaltungsregion Macau nur in chinesischer oder portugiesischer Sprache abgefasste oder von einer entsprechenden Übersetzung begleitete Ersuchen entgegennimmt;[9]
- **Dänemark:** Rechtshilfeersuchen in französischer Sprache werden nicht entgegengenommen, wohl aber solche in englischer Sprache; Rechtshilfeersuchen können ferner in norwegischer und schwedischer Sprache abgefasst sein; Dänemark übernimmt keine Verpflichtung, in einer anderen Sprache als dänisch abgefasste Beweisstücke zurückzusenden;[10]
- **Estland:** Es wurde kein Vorbehalt nach Art. 4 Abs. 2, Art. 33 erklärt;[11]
- **Finnland:** Rechtshilfeersuchen in französischer Sprache werden nicht entgegengenommen; durch die Annahme der Rechtshilfeersuchen in englischer Sprache wird keine Verpflichtung eingegangen, das Ersuchen in englischer Sprache zu erledigen oder die Ergebnisse der Beweisaufnahme in dieser Sprache zu übermitteln oder die Erledigungsstücke übersetzen zu lassen; Rechtshilfeersuchen werden in schwedischer Sprache entgegengenommen, die Antwort wird in schwedischer Sprache abgefasst, wenn dies im Zusammenhang mit dem Rechtshilfeersuchen ausdrücklich verlangt worden ist;[12]
- **Frankreich:** Es werden nur Rechtshilfeersuchen erledigt, die in französischer Sprache abgefasst sind oder die von einer Übersetzung in diese Sprache begleitet sind;[13]
- **Griechenland:** Rechtshilfeersuchen müssen in griechischer Sprache vorgelegt werden oder von einer Übersetzung in die griechische Sprache begleitet sein;[14]
- **Israel:** Ein Vorbehalt nach Art. 4 Abs. 2, Art. 33 wurde nicht erklärt;[15]
- **Italien:** Es wurde kein Vorbehalt nach Art. 4 Abs. 2, Art. 33 erklärt;[16]
- **Lettland:** Ein Vorbehalt nach Art. 4 Abs. 2, Art. 33 wurde nicht erklärt;[17]
- **Litauen:** Rechtshilfeersuchen werden nur dann entgegengenommen, wenn sie in litauischer, englischer, französischer oder russischer Sprache abgefasst sind oder, wenn die Rechtshilfeersuchen in keiner dieser Sprachen abgefasst sind, wenn sie und die beiliegenden Schriftstücke von

---

[3] Im Hinblick auf erklärte Vorbehalte und sonstige Erklärungen der Vertragsstaaten sind aktuelle Informationen den Internetseiten der Haager Konferenzen unter www.hcch.net entnehmbar.
[4] Vgl. Bek. v. 30. 8. 1988 (BGBl. II S. 823).
[5] Vgl. Bek. v. 23. 9. 1993 (BGBl. II S. 2398).
[6] Vgl. Bek. v. 5. 5. 1982 und v. 9. 11. 1982 (BGBl. II S. 539, 998).
[7] Vgl. Bek. v. 21. 8. 2001 (BGBl. II S. 1004).
[8] Vgl. Bek. v. 21. 6. 1979 (BGBl. II S. 780).
[9] Vgl. Bek. v. 1. 7. 1998 (BGBl. II S. 1729), v. 21. 8. 2001 (BGBl. II S. 1004) und v. 8. 7. 2002 (BGBl. II S. 2923).
[10] Vgl. Bek. v. 5. 9. 1980 (BGBl. II S. 1290, 1440).
[11] Vgl. Bek. v. 28. 8. 1996 (BGBl. II S. 2494).
[12] Vgl. Bek. v. 5. 9. 1980 (BGBl. II S. 1290) und v. 19. 2. 1981 (BGBl. II S. 123).
[13] Vgl. Bek. v. 5. 9. 1980 (BGBl. II S. 1290).
[14] Vgl. Bek. v. 11. 5. 2005 (BGBl. II S. 603).
[15] Vgl. Bek. v. 5. 9. 1980 (BGBl. II S. 1290) und v. 5. 6. 1981 (BGBl. II S. 347).
[16] Vgl. Bek. v. 9. 11. 1982 (BGBl. II S. 998).
[17] Vgl. Bek. v. 27. 11. 1995 (BGBl. 1996 II S. 16).

einer Übersetzung in die litauische, englische, französische oder russische Sprache begleitet sind;[18]
- **Luxemburg:** Es wurde kein Vorbehalt nach Art. 4 Abs. 2, Art. 33 erklärt; zudem werden nach Art. 4 Abs. 4 auch in deutscher Sprache abgefasste Rechtshilfeersuchen entgegengenommen;[19]
- **Mexiko:** Rechtshilfeersuchen, die nicht in spanischer Sprache abgefasst oder von einer Übersetzung in dieser Sprache begleitet sind, werden nicht entgegengenommen;[20]
- **Monaco:** Es werden nur Rechtshilfeersuchen angenommen, die in französischer Sprache abgefasst oder von einer Übersetzung in diese Sprache begleitet sind;[21]
- **Niederlande:** Es werden Rechtshilfeersuchen entgegengenommen, die außer in niederländischer auch in deutscher, englischer oder französischer Sprache abgefasst oder von einer Übersetzung in eine dieser Sprachen begleitet sind; es besteht keine Verpflichtung, die Erledigungsstücke eines Rechtshilfeersuchens zu übersetzen;[22]
- **Norwegen:** Rechtshilfeersuchen in französischer Sprache werden nicht entgegengenommen;[23]
- **Polen:** Rechtshilfeersuchen in französischer oder englischer Sprache werden nicht entgegengenommen;[24]
- **Portugal:** Es werden keine Rechtshilfeersuchen in französischer oder englischer Sprache entgegengenommen;[25]
- **Rumänien:** Ein Vorbehalt nach Art. 4 Abs. 2, Art. 33 wurde bislang nicht erklärt;[26]
- **Schweden:** Es wurde kein Vorbehalt nach Art. 4 Abs. 2, Art. 33 erklärt; Rechtshilfeersuchen in dänischer und norwegischer Sprache werden ebenfalls entgegengenommen;[27]
- **Schweiz:** Rechtshilfeersuchen und ihre Anlagen müssen in der Sprache der ersuchten Behörde, dh. in deutscher, französischer oder italienischer Sprache abgefasst oder von einer Übersetzung in eine dieser Sprachen begleitet sein, je nachdem in welchem Teil der Schweiz sie zu erledigen sind; die Bestätigung der Erledigung wird in der Amtssprache der ersuchten Behörde abgefasst;[28]
- **Singapur:** Es werden nur in englischer Sprache abgefasste Rechtshilfeersuchen entgegengenommen;[29]
- **Slowakei:** Es wurde kein Vorbehalt nach Art. 4 Abs. 2, Art. 33 erklärt;[30]
- **Slowenien:** Ein Vorbehalt nach Art. 4 Abs. 2, Art. 33 wurde nicht erklärt;[31]
- **Spanien:** Rechtshilfeersuchen, die nicht in spanischer Sprache abgefasst oder von einer entsprechenden Übersetzung begleitet sind, werden nicht entgegengenommen;[32]
- **Sri Lanka:** Ein Rechtshilfeersuchen soll in englischer Sprache abgefasst sein oder, wenn es in französischer Sprache abgefasst ist, von einer Übersetzung in die englische Sprache begleitet sein;[33]
- **Südafrika:** Rechtshilfeersuchen in französischer Sprache werden nicht entgegengenommen; iSd. Art. 4 Abs. 1 können Rechtshilfeersuchen auch in einer der folgenden Sprachen übermittelt werden: Pedi, Sotho, Tswana, Swazi, Venda, Tsonga, Afrikaans, Ndebele, Xhosa und Zulu;[34]
- **Tschechische Republik:** Es wurde kein Vorbehalt nach Art. 4 Abs. 2, Art. 33 erklärt;[35]
- **Türkei:** Die Türkei behält sich das Recht vor, Artikel 4 Abs. 2 in ihrem Hoheitsgebiet nicht durchzuführen; nach Kapitel I des Übereinkommens zu erledigende Rechtshilfeersuchen müssen im Einklang mit Artikel 4 Abs. 1 und 5 auf Türkisch abgefasst oder von einer Übersetzung in die türkische Sprache begleitet sein;[36]

---

[18] Vgl. Bek. v. 14. 12. 2001 (BGBl. 2002 II S. 153).
[19] Vgl. Bek. v. 5. 9. 1980 (BGBl. II S. 1290).
[20] Vgl. Bek. v. 26. 3. 1990 (BGBl. II S. 298).
[21] Vgl. Bek. v. 3. 12. 1986 (BGBl. II S. 298).
[22] Vgl. Bek. v. 17. 7. 1981 (BGBl. II S. 573).
[23] Vgl. Bek. v. 5. 9. 1980 (BGBl. II S. 1290).
[24] Vgl. Bek. v. 28. 8. 1996 (BGBl. II S. 2495) und v. 9. 12. 1997 (BGBl. II S. 161).
[25] Vgl. Bek. v. 5. 9. 1980 (BGBl. II S. 1290).
[26] Vgl. Bek. v. 5. 11. 2005 (BGBl. II S. 1277).
[27] Vgl. Bek. v. 5. 9. 1980 (BGBl. II S. 1290).
[28] Vgl. Bek. v. 6. 6. 1995 (BGBl. II S. 532) und v. 21. 8. 2001 (BGBl. II S. 1004).
[29] Vgl. Bek. v. 21. 10. 1981 (BGBl. II S. 962).
[30] Vgl. Bek. v. 5. 9. 1980 (BGBl. II S. 1290) und v. 23. 9. 1993 (BGBl. II S. 2398).
[31] Vgl. Bek. v. 14. 12. 2001 (BGBl. 2002 II S. 153).
[32] Vgl. Bek. v. 23. 9. 1987 (BGBl. II S. 615).
[33] Vgl. Bek. v. 14. 12. 2001 (BGBl. 2002 II S. 153).
[34] Vgl. Bek. v. 2. 12. 1997 (BGBl. II S. 2225).
[35] Vgl. Bek. v. 5. 9. 1980 (BGBl. II S. 1290) und v. 23. 9. 1993 (BGBl. II S. 2398).
[36] Vgl. Bek. v. 1. 2. 2005 (BGBl. II S. 329).

- **Ukraine:** Rechtshilfeersuchen müssen in ukrainischer Sprache abgefasst oder ihnen muss eine Übersetzung in ukrainischer Sprache beigefügt sein; die Anwendung von Art. 4 Abs. 2 ist ausgeschlossen;[37]
- **Ungarn:** Ein Vorbehalt nach Art. 4 Abs. 2, Art. 33 wurde nicht erklärt;[38]
- **Venezuela:** Es werden nur Rechtshilfeersuchen sowie die ihnen beigefügten Schriftstücke und anderen Beweismittel entgegengenommen, wenn diese ordnungsgemäß in die spanische Sprache übersetzt sind;[39]
- **Vereinigtes Königreich:** Rechtshilfeersuchen in französischer Sprache werden nicht entgegengenommen;[40]
- **Vereinigte Staaten:** In französischer Sprache abgefasste Rechtshilfeersuchen werden entgegengenommen, jedoch werden sie wegen der notwendig werdenden Übersetzung nicht so schnell erledigt wie ein Rechtshilfeersuchen in englischer Sprache; Rechtshilfeersuchen, die in Puerto Rico zu erledigen sind, werden auch in spanischer Sprache entgegengenommen;[41]
- **Weißrussland:** Die Anwendung des Artikels 4 Abs. 2 des Übereinkommens wurde vollständig ausgeschlossen;[42]
- **Zypern:** Es werden keine Rechtshilfeersuchen in französischer Sprache entgegengenommen.[43]

Art. 5. Ist die Zentrale Behörde der Ansicht, daß das Ersuchen nicht dem Übereinkommen entspricht, so unterrichtet sie unverzüglich die Behörde des ersuchenden Staates, die ihr das Rechtshilfeersuchen übermittelt hat, und führt dabei die Einwände gegen das Ersuchen einzeln an.

I. Normzweck

Nach Art. 2 nimmt die in jedem Vertragsstaat eingerichtete Zentrale Behörde Rechtshilfeersuchen aus den anderen Vertragsstaaten entgegen und übermittelt diese der zuständigen Behörde zur Erledigung. Im Rahmen dieser Funktion steht der Zentralen Behörde nach Art. 5 ein Prüfungsrecht hinsichtlich formaler Mängel des Ersuchens zu. Durch diese Regelung soll zur Vermeidung von Verzögerungen sichergestellt werden, dass Verstöße eingehender Ersuchen gegen Bestimmungen des Übereinkommens bereits unmittelbar durch die **Zentrale Behörde** und nicht erst durch das erledigende Gericht gerügt werden.[1] Die Zentrale Behörde ist verpflichtet, die Einwände gegen das Ersuchen der übermittelnden Behörde des ersuchenden Staates unverzüglich mitzuteilen. 1

II. Einwände gegen das Ersuchen

1. Mitteilung der Einwände. Sofern ein Ersuchen den Anforderungen des Übereinkommens nicht entspricht, teilt die Zentrale Behörde dies der ersuchenden ausländischen Behörde mit. Ob dies als **förmliche Ablehnung** des Rechtshilfeersuchens zu werten ist oder ob neben der Unterrichtung der Behörde des ersuchenden Staates noch eine förmliche Ablehnung in Fällen ausgesprochen werden muss, in denen zwingende Gründe einer Erledigung des Rechtshilfeersuchens entgegenstehen, ist zumindest nach dem Wortlaut der Bestimmung zweifelhaft.[2] Andererseits kann die Frage, ob dem Ersuchen entsprochen wird, schon aus Gründen des Rechtsschutzes (Rn. 4) nicht offen bleiben. Deshalb ist die Entscheidung, ein Rechtshilfeersuchen nicht zur Erledigung weiterzugeben, auch dann als (förmliche) Ablehnung und damit als ein Justizverwaltungsakt iSv. § 23 EGGVG aufzufassen, wenn die deutsche Zentrale Behörde dies nicht ausdrücklich ausspricht und sich gemäß Art. 5 darauf beschränkt, der ausländischen Behörde die Gründe mitzuteilen, die der Ausführung des Rechtshilfeersuchens entgegenstehen. 2

2. Prüfungskompetenz der ersuchten Behörde. Der Zweckrichtung der Bestimmung (Rn. 1) würde es entsprechen, das **zuständige Gericht** (Art. 2 Rn. 2 aE) ohne weitere Prüfung 3

---

[37] Vgl. Bek. v. 12. 4. 2002 (BGBl. II S. 1161).
[38] Vgl. Bek. v. 1. 2. 2005 (BGBl. II S. 329).
[39] Vgl. Bek. v. 29. 9. 1994 (BGBl. II S. 3647).
[40] Vgl. Bek. v. 5. 9. 1980 (BGBl. II S. 1290).
[41] In den zum Vereinigten Königreich gehörenden Verwaltungsgebieten gelten teilweise abweichende Regelungen, vgl. Bek. v. 5. 9. 1980 (BGBl. II S. 1290), v. 12. 11. 1980 (BGBl. II S. 1440) und v. 3. 12. 1986 (BGBl. II S. 1135).
[42] Vgl. Bek. v. 12. 4. 2002 (BGBl. II S. 1161).
[43] Vgl. Bek. v. 13. 9. 1984 (BGBl. II S. 919).
[1] Denkschrift III B, zu Art. 5.
[2] Nagel IPRax 1982, 138.

für verpflichtet zu halten, ihm von der Zentralen Behörde zugeleitete Rechtshilfeersuchen zu erledigen.³ Jedoch kann aus einer Weitergabe durch die Zentrale Behörde nicht geschlossen werden, dass das Rechtshilfeersuchen von ihr unter jedem denkbaren Gesichtspunkt geprüft worden ist und keinerlei Bedenken gegen die Zulässigkeit bestehen können. Vielmehr stellt § 59 Abs. 6 ZRHO ausdrücklich klar, dass das **ersuchte Gericht** keineswegs der Verpflichtung enthoben ist, seinerseits zu **prüfen**, ob die **Erledigung des Ersuchens zulässig** ist.⁴ Stellt das Amtsgericht Gründe fest, die gegen eine Erledigung des Rechtshilfeersuchens sprechen, dann darf es jedoch nicht in eigener Zuständigkeit das Ersuchen ablehnen, sondern muss die Entscheidung der Zentralen Behörde herbeiführen (§ 59 Abs. 6 S. 2 ZRHO). Gelangt die Zentrale Behörde aufgrund einer erneuten Prüfung zu einem positiven Ergebnis und gibt das Ersuchen dem Amtsgericht zur Erledigung zurück, dann ist das Gericht an diese Entscheidung gebunden. Dies folgt aus der Kompetenz der Zentralen Behörde, die ihr im Rahmen des Übereinkommens zugewiesen worden ist.⁵

4   **3. Rechtsschutz.** Sowohl in der Ablehnung eines Rechtshilfeersuchens und der gleichzustellenden Nichtausführung wegen Verstoßes gegen das Übereinkommen (Rn. 2) wie auch in der Weitergabe an das Amtsgericht zur Erledigung liegt eine Entscheidung der Zentralen Behörde, die einen **Justizverwaltungsakt** darstellt. Dieser kann von demjenigen mit Erfolg **angefochten** werden (vgl. § 23 EGGVG), der dadurch in seinen Rechten verletzt wird, § 24 Abs. 1 EGGVG.⁶ Dies kann auch ein Zeuge sein, der geltend macht, dass er in seinen Rechten verletzt werde, wenn er zu einer Aussage für ein ausländisches Gerichtsverfahren gezwungen wird.⁷ Auch einem Arbeitgeber, dessen Arbeitnehmer über betriebliche Vorgänge als Zeuge aussagen soll, ist das Recht zuzubilligen, die Entscheidung der Zentralen Behörde anzufechten, wenn er geltend machen kann, dass durch eine unzulässige Offenbarung von Betriebsinterna das Recht am eingerichteten und ausgeübten Gewerbebetrieb verletzt werde.⁸ Bei Rechtshilfeersuchen, die nach den Bestimmungen des Übereinkommens abgewickelt werden, kann die Unzulässigkeit von Beweisanordnungen ausländischer Gerichte nur im Wege einer Anfechtung der Entscheidung der Zentralen Behörde über das Rechtshilfeersuchen vorgenommen werden. Insofern wäre eine Klage oder eine einstweilige Verfügung, die sich gegen die Beweisanordnung selbst richtet, als unzulässig anzusehen.⁹

Art. 6. Ist die ersuchte Behörde nicht zuständig, so wird das Rechtshilfeersuchen von Amts wegen unverzüglich an die nach den Rechtsvorschriften ihres Staates zuständige Behörde weitergeleitet.

I. Normzweck

1   Durch die Bestimmung wird die ersuchte Behörde ermächtigt, ein fehlgeleitetes Rechtshilfeersuchen an die zuständige Behörde weiterzugeben. Damit dient Art. 6 der Beschleunigung des Rechtshilfeverkehrs.¹ Freilich wird nur der seltene Fall erfasst, dass die Zentrale Behörde das Ersuchen an ein unzuständiges Gericht übermittelt hat.²

II. Anwendungsbereich

2   Der Zentralen Behörde steht nach Art. 5 ein Prüfungsrecht hinsichtlich formaler Mängel des Ersuchens zu. Bestehen hinsichtlich einer solchen Prüfung Zweifel beim ersuchten Gericht, ist die Entscheidung der Zentralen Behörde herbeizuführen (Art. 5 Rn. 3). Davon ausgenommen ist die Situation, dass die Zentrale Behörde das Ersuchen an die unzuständige Behörde übermittelt hat. Insofern hat das Gericht, welches ein Rechtshilfeersuchen erhält, zu prüfen, ob es örtlich und sachlich zuständig ist. Dies bestimmt § 8 AusfGHBewÜ, wonach das Amtsgericht zuständig ist, in dessen

---

³ *Martens* RIW 1981, 725, 730; aA *Schlosser,* GedS für Constantinesco, S. 653, 655 ff.
⁴ *Nagel* IPRax 1982, 138.
⁵ OLG München RIW 1981, 554, 556 = JZ 1981, 540; *Martens* RIW 1981, 725, 730; aA *Schlosser,* GedS für Constantinesco, S. 653, 655 ff.
⁶ OLG München RIW 1981, 554, 556 = JZ 1981, 540; *Nagel* IPRax 1982, 138; *v. Hülsen* RIW 1982, 537, 553; *Schütze* WM 1986, 633, 634; *Stürner* ZVglRWiss. 81 (1982), 159, 206; *Zöller/Gummer* § 23 EGGVG Rn. 15.
⁷ *Zöller/Gummer* § 23 EGGVG Rn. 15; *Martens* RIW 1981, 725, 731 f.
⁸ OLG München RIW 1981, 554, 556 = JZ 1981, 540; *Martens* RIW 1981, 725, 731 f.; *Zöller/Geimer* § 363 ZPO Rn. 122, 126.
⁹ *Stiefel/Petzinger* RIW 1983, 242, 247 f.
¹ Denkschrift III B, zu Art. 6.
² AllgM; *Stein/Jonas/Berger* Rn. 43; *Schlosser* EU-ZPR Art. 6 HBÜ Rn. 1.

3a) Beweisaufnahme im Ausland   **Art. 7, 8 HBewÜ**

Bezirk die Amtshandlung vorzunehmen ist. Kommt das Gericht dabei zur Feststellung der Unzuständigkeit, zB weil die zu vernehmende Person inzwischen den Wohnsitz gewechselt hat,[3] dann hat es das Ersuchen unverzüglich an das Gericht abzugeben, welches es für zuständig hält. Der Zentralen Behörde ist nach § 58 Abs. 1 ZRHO iVm. § 57 Abs. 4 ZRHO eine Abgabenachricht zu erteilen.

Art. 7. [1]**Die ersuchende Behörde wird auf ihr Verlangen von dem Zeitpunkt und dem Ort der vorzunehmenden Handlung benachrichtigt, damit die beteiligten Parteien und gegebenenfalls ihre Vertreter anwesend sein können.** [2]**Diese Mitteilung wird auf Verlangen der ersuchenden Behörde den Parteien oder ihren Vertretern unmittelbar übersandt.**

I. Normzweck

Zwar ist im Beweisübereinkommen nicht ausdrücklich das Recht der Parteien oder ihrer Vertreter auf Teilnahme an der Beweisaufnahme im Ausland festgeschrieben worden, jedoch folgt mittelbar aus Art. 7 eine derartige Berechtigung.[1] Zur Wahrung der Parteiöffentlichkeit bestimmt die Vorschrift auf Verlangen die Verpflichtung zur Benachrichtigung der ersuchenden Behörde über Zeitpunkt und Ort der vorzunehmenden Handlung. Zur Verfahrensbeschleunigung kann nach Satz 2 die Mitteilung auch unmittelbar den Parteien oder ihren Vertretern zu übersenden sein.   1

II. Anwendungsbereich

Ein deutsches Gericht, das eine Beweisaufnahme im Ausland durchführen lassen will, hat bei Vorbereitung des Rechtshilfeersuchens zu klären, ob die Parteien von ihrem Teilnahmerecht Gebrauch machen wollen und deshalb auf eine Benachrichtigung von dem Beweistermin Wert legen, § 38 Abs. 2 S. 1 ZRHO. Hierbei soll darauf hingewiesen werden, dass die Benachrichtigung von dem Termin die Erledigung des Ersuchens in der Regel erheblich verzögert. Daher empfiehlt es sich, eine solche Mitteilung nur dann zu verlangen, wenn tatsächlich die Absicht besteht, den Termin wahrzunehmen. Haben die Beteiligten einen Verzicht auf Teilnahme nicht erklärt, dann hat das ersuchende deutsche Gericht nach § 38 Abs. 4 ZRHO zu verlangen, vom Zeitpunkt und Ort der Beweisaufnahme rechtzeitig unterrichtet zu werden (§ 363 ZPO Rn. 14). Die Mitteilung den Parteien nach Art. 7 S. 2 unmittelbar übersenden zu lassen, empfiehlt sich insbesondere, wenn sie sich im ersuchten Staat aufhalten. In diesem Fall ist die genaue Anschrift der Beteiligten im Ersuchungsschreiben anzugeben (§ 38 Abs. 6 ZRHO). Für die Übersendung der Mitteilung sind nicht die Regelungen des HZÜ anzuwenden.[2]   2

Art. 8. [1]**Jeder Vertragsstaat kann erklären, daß Mitglieder der ersuchenden gerichtlichen Behörde eines anderen Vertragsstaats bei der Erledigung eines Rechtshilfeersuchens anwesend sein können.** [2]**Hierfür kann die vorherige Genehmigung durch die vom erklärenden Staat bestimmte zuständige Behörde verlangt werden.**

I. Normzweck

Nur wenn ein Vertragsstaat entsprechend Art. 8 erklärt hat, dass Mitglieder des ersuchenden Gerichts bei der Erledigung des Rechtshilfeersuchens anwesend sein dürfen, ist diesen eine Teilnahme gestattet. Die Vorschrift des ersten Satzes dient bei entsprechender Erklärung eines Vertragsstaates der formellen Unmittelbarkeit der Beweisaufnahme (§ 355 ZPO Rn. 1).[1] Satz 2 räumt die Möglichkeit ein, die Anwesenheit der Mitglieder der ersuchenden Behörde unter den Vorbehalt der Genehmigung der vom erklärenden Staate bestimmten zuständigen Behörde zu stellen.   1

II. Anwendungsbereich

Erklärungen iSd. Art. 8 S. 1, dass Mitglieder des ersuchenden Gerichts bei der Erledigung des Ersuchens anwesend sein dürfen, haben bisher abgegeben: Frankreich,[2] Israel,[3] Luxemburg,[4] Schwe-   2

---

[3] *Schlosser* EU-ZPR Art. 6 HBÜ Rn. 1; *Stein/Jonas/Berger* Rn. 43.
[1] Denkschrift III B, zu Art. 7.
[2] *Schlosser* EU-ZPR Art. 7 HBÜ Rn. 1; *Stein/Jonas/Berger* Rn. 48.
[1] *Stein/Jonas/Berger* Rn. 50; *Pfeil/Kammerer* S. 274 f.
[2] Vgl. Bek. v. 5. 9. 1980 (BGBl. II S. 1290).
[3] Vgl. Bek. v. 5. 6. 1981 (BGBl. II S. 374).
[4] Vgl. Bek. v. 5. 9. 1980 (BGBl. II S. 1290).

den,[5] Vereinigtes Königreich[6] und Zypern.[7] Dagegen machen Australien,[8] Bulgarien,[9] Dänemark,[10] Estland,[11] Finnland,[12] Griechenland,[13] Italien,[14] Litauen,[15] Niederlande,[16] Polen,[17] Schweiz,[18] Spanien,[19] Südafrika,[20] die Vereinigten Staaten[21] und Weißrussland[22] eine solche Teilnahme von einer vorherigen Genehmigung nach Art. 8 S. 2 abhängig. In der Bundesrepublik Deutschland können nach § 10 AusfGHBewÜ die Mitglieder des ausländischen Gerichts bei der Erledigung des Ersuchens anwesend sein, wenn eine Genehmigung der Zentralen Behörde erteilt wurde.[23]

3 Die Vorschrift des Art. 8 gibt den teilnehmenden Richtern eines ausländischen Staates **kein Recht auf Mitwirkung** bei der Beweisaufnahme.[24] Ob das Gericht bei der Erledigung des Rechtshilfeersuchens den Mitgliedern des ersuchenden Gerichts dennoch eine aktive Teilnahme einräumt und beispielsweise gestattet, bei einer Zeugenvernehmung Fragen zu stellen, richtet sich nach den Vorschriften, die der Beweisaufnahme zugrunde liegen (Art. 9 Rn. 2).

4 Die Anwesenheit deutscher Richter bei einer Beweisaufnahme im Ausland bedarf gemäß § 38a Abs. 2 S. 1 ZRHO der Genehmigung der Bundesregierung. Diese **Genehmigung** ist über die Landesjustizverwaltung einzuholen. In dem Antrag auf Erteilung ist nach § 38a Abs. 4 ZRHO die Notwendigkeit der Teilnahme darzulegen und ein Abdruck des beabsichtigten Rechtshilfeersuchens beizufügen. Sofern der Vertragsstaat eine Erklärung iSd. Art. 8 S. 1 nicht abgegeben hat, bedarf es zusätzlich iSd. § 38a Abs. 2 S. 2 ZRHO einer entsprechenden Zustimmung des ausländischen Staates, in dem die Beweisaufnahme stattfinden soll.

Art. 9. (1) **Die gerichtliche Behörde verfährt bei der Erledigung eines Rechtshilfeersuchens nach den Formen, die ihr Recht vorsieht.**

(2) **Jedoch wird dem Antrag der ersuchenden Behörde, nach einer besonderen Form zu verfahren, entsprochen, es sei denn, daß diese Form mit dem Recht des ersuchten Staates unvereinbar oder ihre Einhaltung nach der gerichtlichen Übung im ersuchten Staat oder wegen tatsächlicher Schwierigkeiten unmöglich ist.**

(3) **Das Rechtshilfeersuchen muß rasch erledigt werden.**

I. Normzweck

1 Die Vorschrift dient der Vereinfachung der Rechtshilfe zwischen den Vertragsstaaten und bestimmt gemeinsam mit Art. 10 das anzuwendende Verfahrensrecht bei der Erledigung eines Rechtshilfeersuchens: Grundsätzlich verfährt nach Absatz 1 das Gericht nach dem Recht am Ort seines Sitzes (lex fori). Die in Art. 9 Abs. 2 getroffene Bestimmung findet ihr Vorbild in Art. 14 Abs. 2 HZPÜ 1954. Gegenüber dem früheren Recht ist die Regelung jedoch insofern eingeschränkt, als nicht nur darauf abgestellt wird, dass die „besondere Form" nicht mit dem Gesetz des ersuchten Staates unvereinbar sein darf. Es genügt bereits, dass sie nach der gerichtlichen Übung im ersuchten Staat oder wegen tatsächlicher Schwierigkeiten nicht möglich ist. Diese weiterreichende Einschränkung einer Zulassung „besonderer Formen" wurde im Hinblick auf den Beitritt der Common-Law-

---

[5] Vgl. Bek. v. 5. 9. 1980 (BGBl. II S. 1290).
[6] Wobei in den zum Vereinigten Königreich gehörenden Verwaltungsgebieten teilweise abweichende Regelungen gelten können, vgl. Bek. v. 5. 9. 1980 (BGBl. II S. 1290), v. 12. 11. 1980 (BGBl. II S. 1440), v. 20. 3. 1986 (BGBl. II S. 578), v. 3. 12. 1986 (BGBl. II S. 1135) und v. 20. 5. 1987 (BGBl. II S. 306).
[7] Vgl. Bek. v. 13. 9. 1984 (BGBl. II S. 919).
[8] Vgl. Bek. v. 23. 9. 1993 (BGBl. II S. 2398).
[9] Vgl. Bek. v. 21. 8. 2001 (BGBl. II S. 1004).
[10] Vgl. Bek. v. 5. 9. 1980 (BGBl. II S. 1290).
[11] Vgl. Bek. v. 28. 8. 1996 (BGBl. II S. 2495).
[12] Vgl. Bek. v. 5. 9. 1980 (BGBl. II S. 1290).
[13] Vgl. Bek. v. 11. 5. 2005 (BGBl. II S. 603).
[14] Vgl. Bek. v. 9. 11. 1982 (BGBl. II S. 998).
[15] Vgl. Bek. v. 14. 12. 2001 (BGBl. 2002 II S. 153).
[16] Vgl. Bek. v. 17. 7. 1981 (BGBl. II S. 573).
[17] Vgl. Bek. v. 9. 12. 1997 (BGBl. II S. 161).
[18] Vgl. Bek. v. 6. 6. 1995 (BGBl. II S. 532).
[19] Vgl. Bek. v. 23. 9. 1987 (BGBl. II S. 615).
[20] Vgl. Bek. v. 2. 12. 1997 (BGBl. II S. 2225).
[21] Vgl. Bek. v. 5. 9. 1980 (BGBl. II S. 1290).
[22] Vgl. Bek. v. 12. 4. 2002 (BGBl. II S. 1161).
[23] Vgl. auch Bek. v. 21. 6. 1979 (BGBl. II S. 780).
[24] *Böckstiegel/Schlafen* NJW 1978, 1073, 1074; *Geimer* Beweisaufnahme S. 226f.; *Schlosser* EU-ZPR Art. 8 HBÜ Rn. 1; *Blaschczok* S. 125f.; *Stein/Jonas/Berger* Rn. 51.

3a) Beweisaufnahme im Ausland 2, 3 Art. 9 HBewÜ

Staaten und den dort geltenden vom kontinentalen Recht wesentlich abweichenden Beweisvorschriften vorgenommen.¹ Zur bestmöglichen Verwertung der Beweisaufnahme durch das ersuchende Gericht besteht jedoch regelmäßig ein Interesse, die Erhebung der Beweise weitestgehend den Formen des (ihm bekannten) Rechts des übrigen Verfahrens anzupassen.² Im Hinblick auf das mit dem Übereinkommen verfolgte Ziel der Erleichterung des internationalen Rechtshilfeverkehrs sowie zur Wahrung einer ausgeglichenen Anwendung des Übereinkommens wird man daher die Vorschriften über die Ablehnung eines Antrags, in einer besonderen Form zu verfahren, eng auszulegen haben.³

II. Anwendungsbereich

1. Beweisaufnahme nach der lex fori. Grundsätzlich verfährt gemäß Absatz 1 die ersuchte 2 Behörde bei der Erledigung des Rechtshilfeersuchens nach den Formen, die ihr Recht vorsieht. Das in Deutschland nach § 8 AusfGHBewÜ zuständige Amtsgericht nimmt dementsprechend die ersuchte Beweisaufnahme oder andere gerichtliche Handlungen nach den Regelungen vor, die für den deutschen Zivilprozess gelten. Dabei sind die besonderen Bestimmungen der ZRHO zu berücksichtigen (§ 363 ZPO Rn. 1). So ist etwa von der nach § 377 Abs. 3 ZPO vorgesehenen Möglichkeit der schriftlichen Beantwortung der Beweisfrage nur auf ausdrücklichen Wunsch der ersuchenden Behörde Gebrauch zu machen, § 84 ZRHO.

2. Beweisaufnahme nach besonderer Form. Gemäß Absatz 2 ist einem Antrag auf Durch- 3 führung nach einer besonderen Form zu entsprechen, soweit kein Ausschlusstatbestand eingreift. Zwar nimmt die Vorschrift insofern **tatsächliche Schwierigkeiten** bei der Durchführung nach einer besonderen Form in Bezug, jedoch sind solche Schwierigkeiten, die behebbar sind, nicht ausreichend. Vielmehr muss es dem ersuchten Gericht unmöglich sein, dem Begehren nach Beachtung einer besonderen Form zu entsprechen.⁴ Dies ist nicht schon dann der Fall, wenn die Form der Beweisaufnahme nach der Rechtsordnung des ersuchten Staates nicht vorgesehen ist, sondern erforderlich ist in Anlehnung an Art. 21 lit. d und § 83 Abs. 1 ZRHO ein Verstoß gegen zwingende innerstaatliche Regelungen.⁵ Insofern ist bei der Erledigung eines Antrags auf Beachtung einer besonderen Form den Grundsätzen der deutschen Rechtsordnung Rechnung zu tragen. Dies gilt beispielsweise für das Begehren eines englischen oder US-amerikanischen Gerichts auf Vernehmung eines **Zeugen im Wege des Kreuzverhörs** (cross examination), weil die dabei zu beachtenden umfangreichen Regelungen dem deutschen Zivilprozessrecht fremd sind.⁶ Dass im Strafprozess ein Kreuzverhör auch nach deutschem Recht möglich ist (§ 239 StPO), kann insofern für Rechtshilfeersuchen in Zivil- oder Handelssachen nicht ausschlaggebend sein.⁷ Jedoch ist es auch nach deutschem Prozessrecht gemäß § 397 Abs. 2 ZPO möglich, den Parteien und ihren Anwälten zu gestatten, an Zeugen unmittelbar Fragen zu richten. Von dieser Möglichkeit sollte insbesondere bei Beteiligung angloamerikanischer Rechtsanwälte großzügig Gebrauch gemacht werden, wenngleich sich der deutsche Richter nicht die Vernehmung der Zeugen völlig aus der Hand nehmen lassen und sie den Anwälten allein übertragen sollte,⁸ weil dies dann doch zu einem Kreuzverhör führen kann. Wird von der ersuchenden Behörde ein **Wortprotokoll über die Vernehmung** von Zeugen erbeten, dann hat ein deutsches Gericht diesen Wunsch zu erfüllen.⁹ Ebenso ist in Anlehnung an § 128a ZPO nach § 83 Abs. 2 ZRHO die Beweisaufnahme im Wege der Videokonferenz oder etwa die Aufzeichnung der Vernehmung¹⁰ auf Video statthaft, wobei auch hierbei nach deutschem Recht bestehende Einschränkungen etwa zum Schutz des Persönlichkeitsrechts zu berücksichtigen

---

[1] *Nagel* Rechtshilfe S. 135 f.
[2] *Geimer* Beweisaufnahme S. 89.
[3] Denkschrift III B, zu Art. 9; *Junker* Discovery S. 335 f.; *Stein/Jonas/Berger* Rn. 54; *Geimer* Beweisaufnahme S. 89 f.
[4] Wird ein Rechtshilfeersuchen mangelhaft ausgeführt, dann muss das erkennende Gericht versuchen, die Mängel zu beheben, und darf nicht allein wegen derselben die Beweisaufnahme als gescheitert ansehen; vgl. OLG Celle NJW-RR 1994, 830.
[5] *Stein/Jonas/Berger* Rn. 54; *Junker* Discovery S. 336 f.; *Geimer* Rn. 2466; enger *Schlosser* EU-ZPR Art. 10 HBÜ 2 („klarer Verbotssatz pro ordre public ähnlichem Gewicht").
[6] *Nagel* Rechtshilfe S. 135 f.; *Blaschczok* S. 140; einschränkender *Stürner* JZ 1981, 521, 524 (Ablehnung erscheint uU als vertretbar); für Durchführung *Nagel/Gottwald* § 8 Rn. 46; *Schlosser* ZZP 94 (1981), 369, 387 ff.; *Trittmann* S. 139 ff.; *Junker* Discovery S. 338; *Stein/Jonas/Berger* Rn. 55; *Heß/Müller* ZZP Int. 6 (2001), 149, 154.
[7] AA *Schlosser* ZZP 94 (1981), 369, 387 ff.; *Trittmann* S. 139 ff.; *Junker* Discovery S. 338; *Stein/Jonas/Berger* Rn. 55.
[8] Dafür *Martens* RIW 1981, 725, 732; *v Hülsen* RIW 1982, 537, 554.
[9] *Stürner* JZ 1981, 521, 524; *Schlosser* ZZP 94 (1981), 369, 372 Fn. 7; *Martens* RIW 1981, 725, 733.
[10] *Blaschczok* S. 141 f.; *Stein/Jonas/Berger* Rn. 55.

sind. Staaten, deren Rechtsordnung nicht die eidliche Vernehmung von Zeugen und Parteien kennt, können den Antrag auf Abnahme eines Eides ablehnen.[11] Deutsche Gerichte haben bei Erledigung ausländischer Rechtshilfeersuchen die §§ 82ff. ZRHO zu beachten. Da ohnehin die formelle Verwertbarkeit einer ausländischen Beweisaufnahme nach deutschem Recht nicht gehindert ist (§ 369 ZPO Rn. 3f.), soll nach § 20 ZRHO bei von Deutschland ausgehenden Rechtshilfeersuchen grundsätzlich die Beachtung von deutschen Formvorschriften nicht verlangt und auf Vorschriften deutscher Prozessgesetze nur verwiesen werden, wenn es im Einzelfall geboten erscheint (zB Belehrung über das Zeugnisverweigerungsrecht).

3. Beschleunigungsgebot. Absatz 3 beabsichtigt die Verfahrensbeschleunigung indem angeordnet wird, das Rechtshilfeersuchen rasch zu erledigen sind. Ähnlich wie im Rahmen der EG-BeweisVO, bei der eine zügige Übermittlung der Rechtshilfeersuchen sowie der Durchführung der Beweisaufnahme angestrebt wird,[12] ist als Verbesserung gegenüber dem HZPÜ 1954 die Beschleunigung und damit Erleichterung des Rechtshilfeverkehrs als wesentliche Neuerung in das HBewÜ an mehreren Stellen (zB Art. 5, 6, 7 S. 2) aufgenommen worden.[13] Freilich fehlt es naturgemäß an einem wirksamen Mittel zur Durchsetzung dieser Zielsetzung im zwischenstaatlichen Bereich, so dass der Regelung des Absatzes 3 wenig Bedeutung[14] beizumessen ist.

Art. 10. Bei der Erledigung des Rechtshilfeersuchens wendet die ersuchte Behörde geeignete Zwangsmaßnahmen in den Fällen und in dem Umfang an, wie sie das Recht des ersuchten Staates für die Erledigung eines Ersuchens inländischer Behörden oder eines zum gleichen Zweck gestellten Antrags einer beteiligten Partei vorsieht.

I. Normzweck

1   Die Vorschrift bezweckt gemeinsam mit Art. 9 (ebenda Rn. 1) die Erleichterung des internationalen Rechtsverkehrs unter Berücksichtigung der unterschiedlichen Methoden der Informationsbeschaffung der Vertragsstaaten und ermöglicht den ersuchten Behörden die Anwendung des ihnen bekannten innerstaatlichen Rechts. Art. 10 verpflichtet dementsprechend die ersuchte Behörde, bei Erledigung eines Rechtshilfeersuchens hinsichtlich von **Zwangsmaßnahmen** in gleicher Weise zu verfahren, wie sie dies im innerstaatlichen Rechtshilfeverkehr tut. An dieser Verpflichtung hat sich gegenüber § 11 Abs. 1 HZPÜ 1954 trotz der unterschiedlichen Fassungen beider Bestimmungen nichts geändert.[1]

II. Anwendungsbereich

2   **1. Zwangsmaßnahmen nach innerstaatlichem Recht.** Unabhängig von den Möglichkeiten der Zwangsanwendung der Rechtsordnung, der die ersuchende Behörde untersteht, wendet die ersuchte Behörde ihre im innerstaatlichen Rechtshilfeverkehr vorgesehenen Zwangsmaßnahmen bei Erledigung eines ausländischen Rechtshilfeersuchens an. Dementsprechend verfahren deutsche Gerichte, die Ersuchen aus dem Ausland erledigen, grundsätzlich nach den Vorschriften, die für den deutschen Zivilprozess gelten (vgl. Art. 9 Rn. 2). Ein deutscher Richter kann etwa zur **Feststellung der Abstammung** nach § 372a Abs. 2 ZPO eine Untersuchung erzwingen, auch wenn im Recht des ersuchenden Staates entsprechende Zwangsmaßnahmen nicht vorgesehen sind. Maßnahmen des Zwangs sehen vor §§ 372a Abs. 2,[2] 378 Abs. 2, 380 Abs. 1, 2, 390 Abs. 2, 3, 409 Abs. 1 ZPO. Gegen die Festsetzung eines Ordnungsmittels kann in diesen Fällen sofortige Beschwerde nach § 380 Abs. 3 ZPO oder § 390 Abs. 3 ZPO eingelegt werden.[3] Soweit (etwa im ersuchenden Vertragsstaat anwendbare) Zwangsmaßnahmen nach innerstaatlichem Recht nicht vorgesehen sind, scheidet deren Anwendung aus. Da nach deutschem Recht eine erzwingbare prozes-

---

[11] *Nagel*, Internationales Zivilprozeßrecht, 3. Aufl. 1991, Rn. 598.
[12] *Geimer* IZPR Rn. 2378 c.
[13] Denkschrift III A. 1.
[14] *Stadler*, FS Reinhold Geimer, 2002, 1281, 1292 („bloßer Programmsatz"). Im Rahmen der EG-BewVO erfährt der Grundsatz der Verfahrensbeschleunigung durch Art. 10 Abs. 1 eine stärkere Bedeutung, wenn ausdrücklich eine unverzügliche Erledigung innerhalb einer 90-Tage-Frist angeordnet wird. Freilich bleibt auch hier ein Verstoß weitgehend sanktionslos, ausführlich dazu *Rauscher/v. Hein* EuZPR Art. 10 EG-BewVO Rn. 2.
[1] Denkschrift III B, zu Art. 10.
[2] OLG Frankfurt NJW-RR 1988, 714.
[3] Vgl. OLG Düsseldorf FamRZ 1986, 191.

suale Pflicht zur **Vorlage von Urkunden** für die Parteien nicht besteht,[4] kann deshalb der deutsche Richter – anders als im US-amerikanischen Zivilprozess[5] – eine Beweisaufnahme nicht durchführen, die sich auf eine Urkunde bezieht, deren Vorlage verweigert wird.[6] Das gleiche gilt für eine **Augenscheinseinnahme,** wenn von der Ausnahme bei der Abstammungsuntersuchung (§ 372a ZPO) abgesehen wird.

Im umgekehrten Fall einer Beweisaufnahme in einem Staat, dessen Recht zB die zwangsweise Durchsetzung von Untersuchungen zur Feststellung der Abstammung nicht kennt, bleibt dem deutschen Richter nur die Möglichkeit, eine etwaige Weigerung, sich untersuchen zu lassen, im Rahmen der Beweiswürdigung zu werten.[7] Insofern wäre es unzulässig, wenn das deutsche Gericht wegen der nach ausländischem Recht möglichen Verweigerung der Untersuchung Ordnungsmittel verhängen würde.[8]

2. Zwangsmaßnahmen bei Beweisaufnahme nach besonderer Form. Grundsätzlich wird vorausgesetzt, dass die Beweisaufnahme iSd. Art. 9 Abs. 1 in den Formen der Rechtsordnung des ersuchten Gerichts erfolgt, wenn die Anwendung von Zwang in Rede steht.[9] Durch Art. 10 wird die Frage nicht ausdrücklich entschieden, ob auch **Zwangsmaßnahmen,** deren Grundlage sich im Recht des ersuchten Gerichts findet, anzuwenden sind, wenn einem Antrag nach **Art. 9 Abs. 2** entsprochen wird und das danach anzuwendende Recht solche Zwangsmaßnahmen nicht kennt. Jedoch ist eine solche Vorgehensweise im bloßen Interesse einer möglichst wirkungsvollen Rechtshilfe abzulehnen.[10] Vielmehr ist aus der Formulierung des Art. 10, dass Zwangsmaßnahmen in den Fällen und in dem Umfang des inländischen Rechtshilfeverkehrs anzuwenden sind, zu schließen, dass die Anwendung von Zwang dann ausscheidet, wenn kein innerstaatlich geregelter Fall gegeben ist.[11] Im Übrigen ist zweifelhaft, ob bei einer nach besonderer (ausländischer) Form vorgenommenen Beweiserhebung in Deutschland eine ausreichend bestimmte Gesetzesgrundlage nach deutschem Recht für die Anwendung von Zwang besteht.[12]

Art. 11. (1) Ein Rechtshilfeersuchen wird nicht erledigt, soweit die Person, die es betrifft, sich auf ein Recht zur Aussageverweigerung oder auf ein Aussageverbot beruft,
a) das nach dem Recht des ersuchten Staates vorgesehen ist oder
b) das nach dem Recht des ersuchenden Staates vorgesehen und im Rechtshilfeersuchen bezeichnet oder erforderlichenfalls auf Verlangen der ersuchten Behörde von der ersuchenden Behörde bestätigt worden ist.

(2) Jeder Vertragsstaat kann erklären, daß er außerdem Aussageverweigerungsrechte und Aussageverbote, die nach dem Recht anderer Staaten als des ersuchenden oder des ersuchten Staates bestehen, insoweit anerkennt, als dies in der Erklärung angeben ist.

I. Normzweck

Zur weitgehenden Wahrung ihrer Rechte sieht Art. 11 Abs. 1 vor, dass eine zu vernehmende Person sowohl nach dem Recht des ersuchenden als auch des ersuchten Staates Aussageverweigerungsrechte oder Aussageverbote geltend machen kann. Dies gilt unabhängig davon, ob die ersuchte Behörde iSd. Art. 9 Abs. 1 die Beweisaufnahme nach der lex fori vornimmt oder gemäß Art. 9 Abs. 2 dem Antrag, nach einer besonderen Form zu verfahren, entsprochen wird. Die deutsche Übersetzung des Übereinkommenstextes gibt die Tatbestandsmerkmale mit den Begriffen „Recht zur Aussageverweigerung" und „Aussageverbot" nur unzureichend wieder.[1] Die Vorschrift

---
[4] *Thomas/Putzo/Reichold* § 142 ZPO Rn. 5.
[5] Vgl. *Stiefel* RIW 1979, 509, 512 f.
[6] *Stürner* JZ 1981, 521, 524; *Junker* RIW 1986, 337, 347. Es bleibt dann nur, dem ausländischen Gericht die Weigerung mitzuteilen und es ihm zu überlassen, hieraus Folgerungen zu ziehen.
[7] Vgl. BGH JZ 1987, 42, 43 f. m. Anm. *Stürner;* dazu auch *Schröder* JZ 1987, 605; *Stürner* JZ 1987, 607.
[8] *Stürner* JZ 1981, 521, 523; *Schlosser* EU-ZPR Art. 10 HBÜ Rn. 2.
[9] *Stein/Jonas/Berger* Rn. 58.
[10] So aber *Pfeil/Kammerer* S. 277; vgl. auch *Martens* RIW 1982, 725, 729.
[11] *Blaschczok* S. 129 ff.; *Stein/Jonas/Berger* Rn. 58; *Heß/Müller* ZZP Int. 6 (2001), 149, 154 ff.; *Junker* Discovery S. 324 f.
[12] *Geimer* Rn. 2359, 2445 f.; *Stein/Jonas/Berger* Rn. 58.
[1] *Nagel/Gottwald* § 8 Rn. 48; *Stürner* JZ 1981, 521, 523 Fn. 19; *Stadler,* FS Reinhold Geimer, 2002, S. 1281, 1295. Sowohl der englische („may refuse to give evidence in so far as he has a privilege or duty to refuse to give the evidence") als auch der französische Text („personne qu'elle vise invoque une dispense ou une interdiction de déposer...") sind weiter gefasst.

betrifft nämlich nicht nur die Fälle, in denen ein Zeuge die Aussage verweigern oder ein Aussageverbot geltend machen kann. Vielmehr sind alle Rechte erfasst, nach denen eine Auskunftsperson die Mitwirkung an einer Beweisaufnahme ablehnen darf, indem sie sich beispielsweise darauf beruft, dass sie nicht verpflichtet sei, dem Gericht eine Urkunde vorzulegen.[2]

II. Anwendungsbereich

1. Ausgehende Ersuchen. Das Recht zur Ablehnung, auszusagen oder in anderer Weise an der Beweisaufnahme mitzuwirken, kann sich nach dem eigenen Recht der ersuchten Behörde ergeben oder aus der Rechtsordnung des ersuchenden Staates. Damit die das Ersuchen erledigende Behörde festzustellen vermag, ob Ablehnungsgründe nach einem ihr fremden Recht gegeben sind, empfiehlt es sich, im Rechtshilfeersuchen die in Betracht kommenden Vorschriften aufzuführen. Bei **Rechtshilfeersuchen deutscher Gerichte,** die sich auf die Vernehmung von Zeugen und Sachverständigen beziehen, sind deshalb nach § 37 ZRHO die einschlägigen deutschen **Gesetzesbestimmungen** (§§ 383 ff. ZPO) über Aussageverweigerungsrechte **wörtlich anzuführen** und auf ein bestehendes Aussageverweigerungsrecht hinzuweisen. Ferner ist der ausländischen Behörde mitzuteilen, dass nach deutschem Recht das Aussageverweigerungsrecht ein Eidesverweigerungsrecht einschließt, und zu bitten, die zu vernehmende Person auch über dieses Recht zu belehren, § 37 Abs. 2 S. 1 ZRHO. Bei Ersuchen um **Vernehmung oder Beeidigung einer Partei** ist nach § 37 Abs. 4 ZRHO anzuführen, dass die Partei berechtigt ist, die Aussage oder den Eid zu verweigern, sowie die Bitte auszusprechen, die Partei gemäß §§ 453 Abs. 2, 446 ZPO zu belehren; der wesentliche Inhalt dieser Vorschriften ist in das Ersuchen aufzunehmen. Auf welche Weise derjenige, der ein Weigerungsrecht geltend macht, darzulegen hat, dass die dafür zu erfüllenden Voraussetzungen auf ihn zutreffen, muss den nach Art. 9 im Einzelfall anzuwendenden Verfahrensvorschriften entnommen werden.[3]

2. Eingehende Ersuchen. Nach deutschem Recht kann ein Zeuge gemäß § 384 Nr. 3 ZPO die Aussage auf Fragen verweigern, deren Beantwortung ihn zwingen würde, ein eigenes **Geschäftsgeheimnis** oder ein fremdes, zu dessen Wahrung er verpflichtet ist, zu offenbaren.[4] Folglich kann auch ein Arbeitnehmer ablehnen, entsprechende Geheimnisse seines Arbeitgebers bekanntzumachen.[5] Auf diese Rechte kann sich auch ein Zeuge gegenüber dem deutschen Gericht berufen, das im Rahmen eines **pre-trial discovery Verfahrens** Rechtshilfe leistet.[6] Für eine einschränkende Auslegung der deutschen Vorschriften bei amerikanischen Rechtshilfeersuchen,[7] um Irritationen US-amerikanischer Richter[8] vorzubeugen, in deren Recht eine wesentlich engere Regelung derartiger Aussageverweigerungsmöglichkeiten besteht,[9] fehlt eine tragfähige Grundlage (siehe auch Vorb. Rn. 2). Erforderlich wäre insofern, dass die Bundesrepublik Deutschland auf der Grundlage des Art. 28 lit. d des Übereinkommens vereinbart, von Art. 11 abzuweichen. Bisher ist eine solche Vereinbarung jedoch nicht getroffen worden. Gerichte, deren nationales Recht dem deutschen Recht vergleichbare Befugnisse zur Verweigerung der Aussage oder Mitwirkung an der Beweisaufnahme nicht aufweisen, müssen deshalb bei einer Beweiserhebung in Deutschland, die nach dem Haager Beweisübereinkommen durchgeführt wird, die aus Art. 11 Abs. 1 folgende Befugnis, sich auf die aus der ZPO ergebenden Zeugnisverweigerungsrechte zu berufen, hinnehmen. Sanktionen des ersuchenden Gerichts gegenüber den Parteien, etwa mit dem Vorwurf, diese hätten nicht hinreichend auf die Zeugen eingewirkt, auf ein Aussageverweigerungsrecht zu verzichten, sollten insofern unterbleiben.[10]

Wegen der sehr verschieden weitgehenden Aussageverweigerungsrechte der einzelnen Prozessordnungen kommt es vor, dass von einem deutschen Zeugen aufgrund einer Anwendung ausländischen Rechts in Deutschland gefordert wird, über Tatsachen auszusagen, für die im deutschen

---

[2] *Schlosser* EU-ZPR Art. 11 HBÜ Rn. 1; *Stadler,* FS Reinhold Geimer, 2002, S. 1281, 1295.
[3] Denkschrift III B, zu Art. 11.
[4] *Musielak/Huber* § 384 ZPO Rn. 5; vgl. auch *Stadler* S. 110 ff.; *Gottwald* BB 1979, 1780; *Stürner* JZ 1985, 453; vgl. OLG Celle OLGR 2007, 658.
[5] *Schlosser* ZZP 95 (1982), 364, 365; *Musielak/Huber* § 384 ZPO Rn. 5; vgl. auch § 383 Abs. 1 Nr. 6 ZPO.
[6] Vgl. LG München ZZP 95 (1982), 362 m. zust. Anm. *Schlosser;* AG München RIW 1981, 850; OLG Celle OLGR 2007, 658; *Stürner* ZVglRWiss. 81 (1982), 159, 203 f.
[7] Sie wird von *Koch* IPRax 1985, 245, 248 empfohlen.
[8] *Lowenfeld* IPRax 1984, 51, 53.
[9] Vgl. *Stadler* S. 128 ff.; *Stiefel/Petzinger* RIW 1983, 242, 244; *Schlosser* ZZP 94 (1981), 369, 401 f.; *Martens* RIW 1981, 725, 733; *Lowenfeld* IPRax 1984, 51, 53.
[10] *Stürner* JZ 1981, 521, 523; *Stiefel* RIW 1979, 509, 513; *v. Hülsen* RIW 1982, 537, 553; vgl. auch *Schlosser* EU-ZPR Art. 11 HBÜ Rn. 1.

3a) Beweisaufnahme im Ausland   1 **Art. 12 HBewÜ**

Recht ein Zeugnisverweigerungsrecht besteht oder die sogar unter eine Verschwiegenheitspflicht des Zeugen fallen. In solchen Fällen kann ein **Unterlassungsanspruch des durch die Offenbarung Betroffenen** bestehen, der im Wege der Klage oder auch durch einstweilige Verfügung verfolgt werden könnte. Aufgrund dessen kann dem Zeugen die Aussage zu untersagen sein.[11] Bestehen beim deutschen Richter Zweifel über die Befugnis zur Aussageverweigerung nach dem Recht der ersuchenden Behörde, kann iSd. Art. 11 Abs. 1 lit. b eine Bestätigung eingeholt werden.[12]

Der Begriff der Erledigung des Rechtshilfeersuchens bezieht sich sowohl auf die Tätigkeit der 5
Zentralen Behörde, als auch auf das zur Durchführung der Rechtshilfe nach § 9 AusfGHBewÜ zuständige Amtsgericht.[13] Soweit das Rechtshilfeersuchen nicht erledigt wird, ist dies gemäß Art. 13 Abs. 2 der ersuchenden Behörde mitzuteilen (Art. 13 Rn. 2).

3. Entscheidung über Aussageverweigerungsrechte. Die Entscheidung der Frage, ob Zeug- 6
nisverweigerungsrechte oder Befugnisse, die Mitwirkung an der Beweisaufnahme abzulehnen, eingreifen, obliegt naturgemäß der die Beweisaufnahme durchführenden Behörde, in der Bundesrepublik Deutschland also dem **Rechtshilfegericht**.[14] In Fällen aber, in denen eine Vorschrift über Zeugnisverweigerung aus objektiven Gründen geschaffen worden ist und nicht zur Disposition der Berechtigten steht,[15] in denen Beweisverbote eingreifen oder wenn sich die Auskunftsperson sicher auf ein zweifelsfrei gegebenes Weigerungsrecht berufen wird,[16] kann bereits die **Zentrale Behörde** das Rechtshilfeersuchen als nicht erledigungsfähig zurückweisen.[17]

4. Erklärung nach Absatz 2. Von der nach **Art. 11 Abs. 2** vorgesehenen Möglichkeit, eine 7
entsprechende Erklärung abzugeben, hat bisher die **Niederlande** Gebrauch gemacht. Danach ist nur der mit der Erledigung des Rechtshilfeersuchens beauftragte Richter befugt zu entscheiden, ob eine von der Erledigung dieses Rechtshilfeersuchens betroffene Person sich auf ein Recht zur Aussageverweigerung oder auf ein Aussageverbot berufen kann, das nach dem Recht eines anderen Staates als des ersuchenden Staates besteht; das niederländische Recht kennt kein solches Recht oder Verbot.[18] Ferner gilt für **Bulgarien,** dass der das Ersuchen erledigende Richter befugt ist, Aussageverweigerungsrechte und Aussageverbote anzuerkennen, die nach dem Recht eines Drittstaats bestehen, sofern das Rechtshilfeersuchen Angaben zu den Aussageverweigerungsrechten und Aussageverboten nach dem Recht dieses Drittstaats enthält.[19]

Art. 12. (1) Die Erledigung eines Rechtshilfeersuchens kann nur insoweit abgelehnt werden, als

a) die Erledigung des Ersuchens im ersuchten Staat nicht in den Bereich der Gerichtsgewalt fällt oder
b) der ersuchte Staat die Erledigung für geeignet hält, seine Hoheitsrechte oder seine Sicherheit zu gefährden.

(2) Die Erledigung darf nicht allein aus dem Grund abgelehnt werden, daß der ersuchte Staat nach seinem Recht die ausschließliche Zuständigkeit seiner Gerichte für die Sache in Anspruch nimmt oder ein Verfahren nicht kennt, das dem entspricht, für welches das Ersuchen gestellt wird.

I. Normzweck

Die Vorschrift des Art. 12 Abs. 1 lehnt sich an Art. 11 Abs. 3 HZPÜ 1954 an.[1] Der in Absatz 1 1
lit. b genannte Ablehnungsgrund der Gefährdung von „Hoheitsrechten" ist in gleicher Weise wie die entsprechende Regelung im HZPÜ 1954 als Formulierung des **ordre-public-Vorbehalts** zu

---

[11] LG Kiel RIW 1983, 206; *Stiefel/Petzinger* RIW 1983, 242, 247; *Bosch* IPRax 1981, 127, 130; *Schütze* WM 1986, 633, 636; *ders.* Rechtsverfolgung Rn. 198.
[12] *Schlosser* EU-ZPR Art. 11 HBÜ Rn. 3; *Stein/Jonas/Berger* Rn. 65.
[13] *Schlosser* EU-ZPR Art. 11 HBÜ Rn. 2.
[14] LG München ZZP 95 (1982), 362 f. m. zust. Anm. *Schlosser; Nagel/Gottwald* § 8 Rn. 49 f.; *Stein/Jonas/Berger* Rn. 64.
[15] Dazu *Nagel* Rechtshilfe S. 140 Fn. 307.
[16] OLG Hamburg RIW 2002, 717, 718; *Geimer* Rn. 2464.
[17] Vgl. *Schlosser* EU-ZPR Art. 11 HBÜ Rn. 2: Nur wenn sicher feststeht, dass ein Gesuch wegen Geltendmachung von Aussageverweigerungsrechten nicht erledigt werden kann.
[18] Vgl. Bek. v. 17. 7. 1981 (BGBl. II S. 573).
[19] Vgl. Bek. v. 21. 8. 2001 (BGBl. II S. 1004).
[1] Denkschrift III B, zu Art. 12.

verstehen.² Die Bestimmung nennt nur die Gründe, aus denen ein Ersuchen wegen einer Kollision mit bestimmten nationalen Interessen abgelehnt werden kann,³ und nicht etwa – wie der Wortlaut („... kann nur insoweit abgelehnt werden ...") nahe legt – eine abschließende Aufzählung aller in Betracht kommenden Ablehnungsgründe. Denn ein Ersuchen darf zB auch zurückgewiesen werden, wenn es den nach Art. 3 und 4 zu stellenden Anforderungen nicht entspricht (Art. 3 Rn. 2), wenn die Voraussetzungen des Art. 11 erfüllt sind oder wenn es sich um ein Ersuchen handelt, das aufgrund einer nach Art. 23 abgegebenen Erklärung nicht erledigt wird.⁴ Wenn jedoch der ersuchte Staat nach seiner Rechtsordnung für die Sache eine ausschließliche internationale Zuständigkeit seiner Gerichte annimmt oder ein zugrunde liegendes entsprechendes Verfahren nicht vorgesehen ist, wird durch Absatz 2 dem Interesse des ersuchenden Vertragsstaates an der Durchführung des Verfahrens der Vorrang eingeräumt (Rn. 3).⁵

II. Anwendungsbereich

1. Ablehnungsgründe nach Absatz 1. Eine Ablehnung der Erledigung eines Rechtshilfeersuchens nach Art. 12 Abs. 1 lit. a kommt etwa in Betracht, wenn die zu vernehmende Person nicht der innerstaatlichen Gerichtsbarkeit unterliegt.⁶ Rechtshilfeersuchen verletzen iSd. Art. 12 Abs. 1 lit. b dann den ordre public, wenn durch ihre Erledigung tragende Prinzipien der deutschen Rechtsordnung verletzt würden.⁷ Insbesondere in Bezug auf Rechtshilfeersuchen amerikanischer Gerichte im Rahmen von pre-trial discovery Verfahren wird im deutschen Schrifttum die Frage diskutiert, ob nicht ausreichend substantiierte Beweisfragen als unzulässiger Ausforschungsbeweis angesehen werden müssten, denen der ordre public-Vorbehalt entgegensteht.⁸ Eine zu weitgehende, insbesondere auch Rechte verfahrensbeteiligter Dritter betreffende Ausforschung kann ebenso im Widerspruch zum ordre public stehen wie der Versuch, Tatsachen zu ermitteln, deren Geheimhaltung im nationalen Wirtschaftsinteresse liegt.⁹ Jedoch wird weitaus eher die Zurückweisung eines Ersuchens dann deshalb in Betracht zu ziehen sein, weil es nicht den Anforderungen des Art. 3 Abs. 2 lit. f genügt (ebenda Rn. 2) oder etwa durch den ersuchten Vertragsstaat nach Art. 23 ein Vorbehalt erklärt wurde. Zu weit geht es aber, Rechtshilfeersuchen einen ordre public-Einwand entgegenzusetzen, die durch Klagen veranlasst sind, in denen ein dreifacher Schadensersatz gefordert wird (treble damage) oder durch die punitive damages¹⁰ geltend gemacht werden (dazu auch Art. 1 Rn. 3).¹¹ Denn selbst wenn man derartige Klagen für unvereinbar mit tragenden Grundsätzen des deutschen Rechts hält,¹² darf nicht schon ein Rechtshilfeersuchen, das durch eine derartige Klage ausgelöst wurde, für unzulässig angesehen werden, wenn es an sich inhaltlich nicht zu beanstanden ist.¹³

2. Ausschließliche Zuständigkeit des ersuchten Staates. Nach Art. 12 Abs. 2 muss ein Staat auch dann Rechtshilfe leisten, wenn er für seine eigenen Gerichte in der Streitsache eine ausschließliche Zuständigkeit in Anspruch nimmt oder kein dem Ersuchen zugrunde liegendes entsprechendes Verfahren in seiner Rechtsordnung vorgesehen ist. Durch diese Regelung im Überein-

---

² *Stiefel* RIW 1979, 509, 514; *Stürner* ZVglRWiss. 81 (1982), 159, 205; *Schütze* WM 1986, 633, 635; *Schlosser* ZZP 94 (1981), 369, 380f.; *Coester-Waltjen*, Deutsches internationales Zivilprozeßrecht und die punitive damages nach US-amerikanischem Recht, in Heldrich/Kono, Herausforderungen des Internationalen Zivilverfahrensrechts, 1994, S. 26; *Pfeil/Kammerer* S. 215; *Junker* Discovery S. 268 ff.
³ Vgl. Denkschrift III B, zu Art. 12.
⁴ Vgl. *Geimer* Beweisaufnahme S. 83 f.
⁵ *Stein/Jonas/Berger* Rn. 68.
⁶ *Stein/Jonas/Berger* Rn. 69.
⁷ BGHZ 48, 327, 331 = NJW 1968, 354; *Nagel* Rechtshilfe S. 191.
⁸ Bejahend *Schütze* WM 1986, 633, 635; *ders.*, FS Stiefel, 1987, S. 697, 703; verneinend BGHZ 118, 312, 323f. = NJW 1992, 3096 m. weit. Nachw.; *Martens* RIW 1981, 725, 729; differenzierend *Schlosser* ZZP 94 (1981), 369, 382ff.; *ders.* EU-ZPR Art. 12 HBÜ Rn. 2; *Pfeil/Kammerer* S. 218f., 225f.
⁹ *Schlosser* ZZP 94 (1981), 369, 380f.; *Pfeil/Kammerer* S. 218f., 225f.
¹⁰ Vgl. dazu BGHZ 118, 312, 334ff. = NJW 1992, 3096 = JZ 1993, 261 m. krit. Anm. *Deutsch*.
¹¹ So aber *Stiefel* RIW 1979, 509, 518; *v. Hülsen* RIW 1982, 537, 550; wie hier *Schlosser* EU-ZPR Art. 12 HBÜ Rn. 1; *Trittmann* S. 144f.; *Stürner* ZVglRWiss. 81 (1982), 159, 205f.; vgl. aber auch BGHZ 48, 327, 331 = NJW 1968, 354.
¹² *v. Westphalen* RIW 1981, 141. Zu den wesentlichen Unterschieden hinsichtlich der Methoden der Sachverhaltsermittlung zwischen USA und Deutschland: *Trittmann/Leitzen* IPRax 2003, 7ff.; dazu auch *Wazlawik* IPRax 2004, 396ff.
¹³ *Stürner* ZVglRWiss. 81 (1982), 159, 205f.; *Trittmann* S. 144f.; OLG Celle OLGR 2007, 658; vgl. auch BVerfG ZIP 1995, 70; RIW 2007, 211, 212; WM 2007, 1392, 1394f. (Die Zustellung solcher Klagen im Wege der Rechtshilfe verstößt nicht gegen den ordre public.).

3a) Beweisaufnahme im Ausland **Art. 13, 14 HBewÜ**

kommen ist der noch zu Art. 11 Abs. 3 HZPÜ 1954 geäußerten Ansicht, dass es eine Verletzung von Hoheitsrechten bedeute, wenn ein Staat Rechtshilfe in Fällen leisten solle, in denen er eine ausschließliche Zuständigkeit seiner Gerichte beanspruche,[14] die Grundlage entzogen. Soweit nach deutschen Gesetzen eine internationale Zuständigkeit nicht gegeben war oder sonstige Versagungsgründe eingreifen, bleibt die Möglichkeit offen, dem ausländischen Urteil iSd. § 328 Abs. 1 ZPO (ebenda Rn. 63 ff.) die Anerkennungsfähigkeit abzusprechen.[15]

Art. 13. (1) Die ersuchte Behörde leitet die Schriftstücke, aus denen sich die Erledigung eines Rechtshilfeersuchens ergibt, der ersuchenden Behörde auf demselben Weg zu, den diese für die Übermittlung des Ersuchens benutzt hat.

(2) Wird das Rechtshilfeersuchen ganz oder teilweise nicht erledigt, so wird dies der ersuchenden Behörde unverzüglich auf demselben Weg unter Angabe der Gründe für die Nichterledigung mitgeteilt.

I. Normzweck

Die Vorschrift bestimmt die Vorgehensweise nach Erledigung des Rechtshilfeersuchens. Die **1** schriftlichen Ergebnisse der Beweisaufnahme oder sonstigen gerichtlichen Handlung sind dem ersuchenden Gericht auf demselben Weg zuzuleiten, den es selbst bei der Übermittlung des Ersuchens gewählt hatte. Diese Vorgehensweise gilt nach Absatz 2 unter Angabe der Gründe auch für den Fall der Nichterledigung des Ersuchens.

II. Anwendungsbereich

Regelmäßig werden eingehende Rechtshilfeersuchen der Zentralen Behörde iSd. Art. 2 Abs. 2 **2** (ebenda Rn. 1) übermittelt, welche diese an die zur Erledigung berufenen zuständigen Behörden weiterleitet. In Deutschland ist gemäß § 8 AusfGHBewÜ für die Erledigung das Amtsgericht zuständig, in dessen Bezirk die gerichtliche Handlung vorzunehmen ist. Hat das Amtsgericht die zur Erledigung erforderlichen Handlungen vorgenommen, kann es sich dann nicht unmittelbar an die ersuchende Behörde des ausländischen Staates wenden, weil die Entscheidung über die Verwendbarkeit der Ergebnisse im Ausland der Exekutive, mithin der Justizverwaltung vorbehalten bleibt.[1] Die Akten sind gemäß § 64 Abs. 2 ZRHO iVm. § 9 Abs. 4, § 88 S. 4 ZRHO der Zentralen Behörde zuzuleiten, die dann darüber entscheidet, ob die Ergebnisse der Beweisaufnahme oder sonstigen gerichtlichen Handlung dem ersuchenden Staat zugänglich gemacht werden. Die Zentrale Behörde übersendet anschließend die Niederschriften über die erbetenen Amtshandlungen nebst Anlagen unter Beifügung des Rechtshilfeersuchens der ersuchenden Behörde, § 88 ZRHO. Soweit ein Ersuchen iSd. Art. 13 Abs. 2 ganz oder teilweise nicht erledigt wird, ist unter substantiierter Angabe der Gründe (zB nach Art. 11, 12) entsprechend zu verfahren (vgl. auch Art. 5 Rn. 2 ff.).[2]

Art. 14. (1) Für die Erledigung eines Rechtshilfeersuchens darf die Erstattung von Gebühren und Auslagen irgendwelcher Art nicht verlangt werden.

(2) Der ersuchte Staat ist jedoch berechtigt, vom ersuchenden Staat die Erstattung der an Sachverständige und Dolmetscher gezahlten Entschädigungen sowie der Auslagen zu verlangen, die dadurch entstanden sind, daß auf Antrag des ersuchenden Staates nach Artikel 9 Absatz 2 eine besondere Form eingehalten worden ist.

(3) ¹Eine ersuchte Behörde, nach deren Recht die Parteien für die Aufnahme der Beweise zu sorgen haben und die das Rechtshilfeersuchen nicht selbst erledigen kann, darf eine hierzu geeignete Person mit der Erledigung beauftragen, nachdem sie das Einverständnis der ersuchenden Behörde eingeholt hat. ²Bei der Einholung dieses Einverständnisses gibt die ersuchte Behörde den ungefähren Betrag der Kosten an, die durch diese Art der Erledigung entstehen würden. ³Durch ihr Einverständnis verpflichtet sich die ersuchende Behörde, die entstehenden Kosten zu erstatten. ⁴Fehlt das Einverständnis, so ist die ersuchende Behörde zur Erstattung der Kosten nicht verpflichtet.

---

[14] *Schlosser* ZZP 94 (1981), 369, 382.
[15] Denkschrift III B, zu Art. 12; *Stein/Jonas/Berger* Rn. 68; *Stürner* ZVglRWiss. 81 (1982), 159, 205.
[1] *Geimer* Rn. 2467; *Stein/Jonas/Berger* Rn. 75.
[2] *Stein/Jonas/Berger* Rn. 76.

I. Normzweck

1 In Anlehnung an Art. 16 Abs. 1 HZPÜ 1954 stellt Absatz 1 den **Grundsatz** auf, dass für die Erledigung eines Rechtshilfeersuchens Gebühren und Auslagen irgendwelcher Art durch den ersuchten Staat nicht verlangt werden dürfen. Dieser Grundsatz wird durch eine Reihe von **Ausnahmen** durchbrochen, die sich in Absatz 2 und 3 sowie Art. 26 finden (Rn. 3 ff.). Zu beachten sind außerdem gemäß Art. 31 weiterhin anzuwendende Zusatzabkommen, die auch Art. 14 modifizieren. Solche Abkommen sind zwischen der Bundesrepublik Deutschland und Dänemark, Frankreich, Luxemburg, den Niederlanden, Norwegen, Schweden sowie der Schweiz geschlossen worden (Art. 31 Rn. 1 ff.). Darüber hinaus kann nach Art. 28 lit. f eine von Art. 14 abweichende Vereinbarung zwischen Vertragsstaaten getroffen werden.

II. Anwendungsbereich

2 **1. Allgemeines.** Grundsätzlich ist die Beweisaufnahme oder sonstige gerichtliche Handlung von der ersuchten Behörde durchzuführen, ohne dass ein Kostenerstattungsanspruch gegenüber einem der Verfahrensbeteiligten[1] oder dem ersuchenden Staat entsteht. Nur ausnahmsweise (Rn. 3 ff.) entsteht ein Anspruch auf Erstattung der Kosten gegen den ersuchenden Vertragsstaat, was dieser dann freilich nach den Regelungen seiner Rechtsordnung den Parteien in Rechnung stellen kann.[2] In keinem Fall darf die Rechtshilfe von der Leistung eines Kostenvorschusses abhängig gemacht werden.[3]

3 **2. Ausnahme von der Kostenerstattungsfreiheit nach Absatz 2.** Entstehen dem ersuchten Staat dadurch Kosten, dass zur Erledigung eines Rechtshilfeersuchens **Sachverständige** oder **Dolmetscher** hinzugezogen werden, dann kann er nach Art. 14 Abs. 2 von dem ersuchenden Staat Ersatz dieser Kosten fordern. Diese Kostenerstattungspflicht ist unabhängig davon, ob auf Antrag der ersuchenden Behörde iSd. Art. 9 Abs. 2 nach einer besonderen Form verfahren worden ist.[4] Wird solch eine **besondere Beweisaufnahmeform** praktiziert, dann sind auch die dadurch veranlassten Auslagen der ersuchten Behörde erstattungsfähig. Hierzu gehören ebenso die Kosten, die dadurch verursacht werden, dass ein Wortprotokoll auf Verlangen des ersuchenden Gerichts angefertigt wird.[5] Muss aufgrund einer besonderen Verfahrensform die Notwendigkeit für einen Zeugen anerkannt werden, sich von einem Rechtsanwalt beraten zu lassen,[6] und müssen deshalb die dadurch entstehenden Kosten nach dem Recht des ersuchten Staates ihm ersetzt werden, wie dies in Deutschland zB nach § 19 Abs. 1 Nr. 3 iVm. § 7 JVEG vorgesehen ist, dann hat der ersuchende Staat diese Auslagen ebenfalls zu erstatten.

4 **3. Ausnahme von der Kostenerstattungsfreiheit nach Absatz 3.** Die in Art. 14 Abs. 3 getroffene Regelung schafft zugunsten der Länder des common law eine weitere Ausnahme. In diesen Ländern ist die Durchführung einer Beweisaufnahme weitgehend Sache der Parteien.[7] Deshalb überlassen die Gerichte dieser Länder den Beweis im Rahmen von Rechtshilfeersuchen regelmäßig dazu befähigten Personen (examiners), die meist Rechtsanwälte sind.[8] Die dadurch entstehenden, häufig nicht unerheblichen Kosten sind von dem ersuchenden Staat zu ersetzen, wenn er vorher sein Einverständnis mit diesem Verfahren erklärt hat. Bei fehlender Zustimmung darf das Ersuchen abgelehnt werden.[9]

5 **4. Ausnahme von der Kostenerstattungsfreiheit nach Art. 26.** Durch Art. 26 wurde für die Vertragsstaaten die Möglichkeit geschaffen, aus verfassungsrechtlichen Gründen von einem ersuchenden Staat die Erstattung der Kosten zu verlangen, die bei Erledigung eines Rechtshilfeersu-

---

[1] *Schlosser* EU-ZPR Art. 14 HBÜ Rn. 1; *Stein/Jonas/Berger* Rn. 82.
[2] *Geimer* Beweisaufnahme S. 99; *Schlosser* EU-ZPR Art. 14 HBÜ Rn. 1.
[3] *Stein/Jonas/Berger* Rn. 82.
[4] *Stein/Jonas/Berger* Rn. 79; aA *Martens* RIW 1981, 725, 732, der den Relativsatz in Art. 14 Abs. 2 nicht nur auf den Begriff „Auslagen", sondern auch auf die Wendung „der an Sachverständige und Dolmetscher gezahlten Entschädigung" bezieht. Diese Interpretation wird aber weder durch den Sinn noch durch den Wortlaut der Regelung gedeckt (vgl. Denkschrift III B, zu Art. 14); s. auch die von einer gegenteiligen Auffassung ausgehende Erklärung der Niederlande zu Art. 14, vgl. Bek. v. 17. 7. 1981 (BGBl. II S. 573).
[5] *v. Hülsen* RIW 1982, 537, 554.
[6] Eine solche Notwendigkeit kann sich insbesondere im Rahmen eines amerikanischen pre-trial discovery Verfahrens ergeben; vgl. *Schlosser* ZZP 95 (1982), 364, 365.
[7] Vgl. *Coester-Waltjen* S. 21.
[8] *Böckstiegel/Schlafen* NJW 1978, 1073, 1077.
[9] *Schlosser* EU-ZPR Art. 14 HBÜ Rn. 1; *Böckstiegel/Schlafen* NJW 1978, 1073, 1077; *Stein/Jonas/Berger* Rn. 80.

chens durch die Zustellung der Ladung, die Entschädigung der vernommenen Person und die Anfertigung eines Protokolls über die Beweisaufnahme entstehen. Diese Regelung geht auf das Begehren der USA zurück, die wegen ihrer besonderen Verfassungslage auf diese Ausnahme bestanden haben. Bei den Verhandlungen über das Übereinkommen wurde jedoch überwiegend die Erwartung geäußert, dass die Vereinigten Staaten die notwendigen öffentlichen Mittel zur Verfügung stellen, um sich nicht auf diese Bestimmung berufen zu müssen.[10] Von den Niederlanden ist bei Hinterlegung der Ratifikationsurkunde erklärt worden, dass sie von dem Staat, der von der Vorschrift des Art. 26 Abs. 1 Gebrauch macht, die Erstattung der in jenem Absatz genannten Kosten ebenfalls verlangen werden (vgl. Art. 26 Abs. 2).[11]

Kapitel II. Beweisaufnahme durch diplomatische oder konsularische Vertreter und durch Beauftragte

Art. 15. (1) In Zivil- oder Handelssachen kann ein diplomatischer oder konsularischer Vertreter eines Vertragsstaats im Hoheitsgebiet eines anderen Vertragsstaats und in dem Bezirk, in dem er sein Amt ausübt, ohne Anwendung von Zwang Beweis für ein Verfahren aufnehmen, das vor einem Gericht eines von ihm vertretenen Staates anhängig ist, wenn nur Angehörige desselben Staates betroffen sind.

(2) Jeder Vertragsstaat kann erklären, daß in dieser Art Beweis erst nach Vorliegen einer Genehmigung aufgenommen werden darf, welche die durch den erklärenden Staat bestimmte zuständige Behörde auf einen von dem Vertreter oder in seinem Namen gestellten Antrag erteilt.

Art. 16. (1) Ein diplomatischer oder konsularischer Vertreter eines Vertragsstaats kann außerdem im Hoheitsgebiet eines anderen Vertragsstaats und in dem Bezirk, in dem er sein Amt ausübt, ohne Anwendung von Zwang Beweis für ein Verfahren aufnehmen, das vor einem Gericht eines von ihm vertretenen Staates anhängig ist, sofern Angehörige des Empfangsstaats oder eines dritten Staates betroffen sind,

a) wenn eine durch den Empfangsstaat bestimmte zuständige Behörde ihre Genehmigung allgemein oder für den Einzelfall erteilt hat und
b) wenn der Vertreter die Auflagen erfüllt, welche die zuständige Behörde in der Genehmigung festgesetzt hat.

(2) Jeder Vertragsstaat kann erklären, daß Beweis nach dieser Bestimmung ohne seine vorherige Genehmigung aufgenommen werden darf.

Art. 17. (1) In Zivil- oder Handelssachen kann jede Person, die zu diesem Zweck ordnungsgemäß zum Beauftragten bestellt worden ist, im Hoheitsgebiet eines Vertragsstaats ohne Anwendung von Zwang Beweis für ein Verfahren aufnehmen, das vor einem Gericht eines anderen Vertragsstaats anhängig ist,

a) wenn eine von dem Staat, in dem Beweis aufgenommen werden soll, bestimmte zuständige Behörde ihre Genehmigung allgemein oder für den Einzelfall erteilt hat und
b) wenn die Person die Auflagen erfüllt, welche die zuständige Behörde in der Genehmigung festgesetzt hat.

(2) Jeder Vertragsstaat kann erklären, daß Beweis nach dieser Bestimmung ohne seine vorherige Genehmigung aufgenommen werden darf.

Art. 18. (1) ¹Jeder Vertragsstaat kann erklären, daß ein diplomatischer oder konsularischer Vertreter oder ein Beauftragter, der befugt ist, nach Artikel 15, 16 oder 17 Beweis aufzunehmen, sich an eine von diesem Staat bestimmte zuständige Behörde wenden kann, um die für diese Beweisaufnahme erforderliche Unterstützung durch Zwangsmaßnahmen zu erhalten. ²In seiner Erklärung kann der Staat die Auflagen festlegen, die er für zweckmäßig hält.

(2) Gibt die zuständige Behörde dem Antrag statt, so wendet sie die in ihrem Recht vorgesehenen geeigneten Zwangsmaßnahmen an.

---

[10] Denkschrift III B, zu Art. 14.
[11] Vgl. Bek. v. 17. 7. 1981 (BGBl. II S. 573).

Art. 19. ¹Die zuständige Behörde kann, wenn sie die Genehmigung nach Artikel 15, 16 oder 17 erteilt oder dem Antrag nach Artikel 18 stattgibt, von ihr für zweckmäßig erachtete Auflagen festsetzen, insbesondere hinsichtlich Zeit und Ort der Beweisaufnahme. ²Sie kann auch verlangen, daß sie rechtzeitig vorher vom Zeitpunkt und Ort benachrichtigt wird; in diesem Fall ist ein Vertreter der Behörde zur Teilnahme an der Beweisaufnahme befugt.

Art. 20. Personen, die eine in diesem Kapitel vorgesehene Beweisaufnahme betrifft, können einen Rechtsberater beiziehen.

Art. 21. Ist ein diplomatischer oder konsularischer Vertreter oder ein Beauftragter nach Artikel 15, 16 oder 17 befugt, Beweis aufzunehmen,

a) so kann er alle Beweise aufnehmen, soweit dies nicht mit dem Recht des Staates, in dem Beweis aufgenommen werden soll, unvereinbar ist oder der nach den angeführten Artikeln erteilten Genehmigung widerspricht, und unter denselben Bedingungen auch einen Eid abnehmen oder eine Bekräftigung entgegennehmen;
b) so ist jede Ladung zum Erscheinen oder zur Mitwirkung an einer Beweisaufnahme in der Sprache des Ortes der Beweisaufnahme abzufassen oder eine Übersetzung in diese Sprache beizufügen, es sei denn, daß die durch die Beweisaufnahme betroffene Person dem Staat angehört, in dem das Verfahren anhängig ist;
c) so ist in der Ladung anzugeben, daß die Person einen Rechtsberater beiziehen kann, sowie in einem Staat, der nicht die Erklärung nach Artikel 18 abgegeben hat, daß sie nicht verpflichtet ist, zu erscheinen oder sonst an der Beweisaufnahme mitzuwirken;
d) so können die Beweise in einer der Formen aufgenommen werden, die das Recht des Gerichts vorsieht, vor dem das Verfahren anhängig ist, es sei denn, daß das Recht des Staates, in dem Beweis aufgenommen wird, diese Form verbietet;
e) so kann sich die von der Beweisaufnahme betroffene Person auf die in Artikel 11 vorgesehenen Rechte zur Aussageverweigerung oder Aussageverbote berufen.

Art. 22. Daß ein Beweis wegen der Weigerung einer Person mitzuwirken nicht nach diesem Kapitel aufgenommen werden konnte, schließt ein späteres Rechtshilfeersuchen nach Kapitel I mit demselben Gegenstand nicht aus.

Erläuterungen zu den Artikeln 15 bis 22

I. Normzweck

1 Gegenüber dem Haager Übereinkommen über den Zivilprozeß vom 1. 3. 1954[1] ist die maßgebliche Neuerung[2] des HBewÜ, dass zur weiteren Erleichterung des internationalen Rechtsverkehrs diplomatische oder konsularische Vertreter nach Art. 15, 16 oder ordnungsgemäß zum Beauftragten bestellte Personen gemäß Art. 17 im Ausland ohne Inanspruchnahme der Gerichte dieses Staates direkt Beweis erheben können. Während kontinental-europäische Vertragsstaaten unter dem Gesichtspunkt der Beeinträchtigung ihrer Souveränität dieser Vorgehensweise eher skeptisch gegenüber stehen, messen Länder des common law dieser Möglichkeit eine größere Bedeutung bei.[3] Dem unterschiedlichen Rechtsverständnis tragen Art. 28 lit. g und Art. 33 Abs. 1 Rechnung, indem Vorschriften den Vertragsstaaten einräumen, Vorbehalte zu allen Bestimmungen des II. Kapitels zu erklären bzw. sie auszuschließen. Davon ist teilweise rege Gebrauch gemacht worden (Rn. 3). Von Bedeutung ist in diesem Zusammenhang auch Art. 5 lit. j des Wiener Übereinkommens über konsularische Beziehungen vom 24. April 1963,[4] wonach konsularische Beamte Rechtshilfeersuchen gemäß den bestehenden internationalen Übereinkünften erledigen können. Bei Fehlen solcher Übereinkünfte bestimmen sich die Schranken der grundsätzlich eingeräumten Befugnis der Konsuln zur Durchführung von Beweisaufnahmen – wie auch § 4 KonsG für deutsche konsularische Beamte bestätigt[5] – nach dem Recht des Staates, in dem sie ihre Aufgaben wahrnehmen. Nach Art. 18 kann jeder der Vertragsstaaten erklären, dass bei der Beweisaufnahme durch konsularische oder dip-

---

[1] BGBl. 1958 II S. 577.
[2] Vgl. Denkschrift III B, Vorb. zu Art. 15 bis 22; *Geimer* Rn. 2426; *Schack* Rn. 731.
[3] Vgl. Denkschrift III B, Vorb. zu Art. 15 bis 22; *Stürner* IPRax 1984, 299; *Geimer* Rn. 442.
[4] BGBl. 1969 II S. 1585.
[5] Vgl. Denkschrift III B, Vorb. zu Art. 15 bis 22.

lomatische Vertreter oder Beauftragte Unterstützung durch nach seinem Recht vorgesehene Zwangsmaßnahmen gewährt wird. Die Bestimmungen der Art. 19 bis 21 enthalten Regelungen über die Vorgehensweise bei der Beweisaufnahme zum Schutz der von ihr betroffenen Personen sowie über den Umfang der Befugnisse der konsularischen oder diplomatischen Vertreter oder Beauftragten. Die Vorschrift des Art. 22 stellt klar, dass für den Fall des Scheiterns der Beweisaufnahme, der Weg über ein Rechtshilfeersuchen offen bleibt.

II. Anwendungsbereich

1. Beweisaufnahme. Im Unterschied zur Regelung des Art. 1 Abs. 1, 3 für das Kapitel I bestimmen Art. 15 bis 17 den Anwendungsbereich des Kapitels II enger. Danach sind diplomatische oder konsularische Vertreter oder ordnungsgemäß zum Beauftragten bestellte Personen nur zur Aufnahme von Beweisen und nicht zu anderen gerichtlichen Handlungen befugt.[6] Die Beweisaufnahme erfolgt grundsätzlich ohne Zwangsanwendung, jedoch ist im Rahmen des Art. 18 eine Unterstützung durch Zwangsmaßnahmen seitens des Empfangsstaates möglich. Ferner muss sich nach den Art. 15 bis 17 die Beweiserhebung auf ein bereits anhängiges Verfahren im Entsendestaat beziehen; ein künftiges gerichtliches Verfahren ist anders als bei Rechtshilfeersuchen (Art. 1 Abs. 2) nicht ausreichend. Dementsprechend ist im Rahmen eines selbstständigen Beweisverfahrens nach §§ 485 ff. ZPO außerhalb eines Streitverfahrens die Anwendung der Art. 15 ff. ausgeschlossen.[7] Eine Beweisaufnahme nach **Art. 15 Abs. 1** ist auf Angehörige des Staates beschränkt, dessen diplomatischer oder konsularischer Vertreter die Beweisaufnahme durchführt. Ob eine Person diesem Staat angehört, bestimmt sich aufgrund allgemeiner Grundsätze nach dem Recht des Staates, in dem sie vernommen werden soll.[8] Personen, die neben der Staatsangehörigkeit des Entsendestaates nach dem Recht des Empfangsstaates auch dessen Staatsangehörigkeit besitzen, dürfen nicht gemäß Art. 15 Abs. 1 vernommen werden.[9] Demgegenüber ist im Rahmen einer Genehmigung iSd. **Art. 16 Abs. 1, Art. 17 Abs. 1** auch eine Vernehmung Angehöriger des Empfangsstaates oder eines dritten Staates möglich.[10] In Anlehnung an die im anglo-amerikanischen Rechtskreis gebräuchliche Vorgehensweise ist nach Art. 17 Abs. 1 eine Beweisaufnahme durch Beauftragte (commissioners) vorgesehen. Dabei handelt es sich regelmäßig um Rechtsanwälte oder sonstige rechtskundige Personen (zB auch ein Mitglied des Prozessgerichts iSd. § 361 ZPO),[11] die vom Prozessgericht ernannt werden.[12] Daneben ist auch eine Ernennung durch den ersuchten Staat denkbar.[13] Die Durchführung der Beweisaufnahme bestimmt sich für den Beauftragten nach dem Umfang der vom Empfangsstaat erteilten Genehmigung sowie nach den auch für diplomatische und konsularische Vertreter geltenden Regelungen der Art. 19 bis 21. Zu beachten ist, dass diplomatische oder konsularische Vertreter und Beauftragte iSd. Art. 21 lit. d Beweise nach den Formen des Entsendestaates aufnehmen können, es sei denn, diese sind in dem Staat, in dem der Beweis aufgenommen werden soll, verboten. Nach Art. 21 lit. a dürfen alle Beweise aufgenommen werden, soweit dies nicht mit dem Recht des Empfangsstaates unvereinbar ist. Dementsprechend müssen solche Beweisaufnahmen, die in der Bundesrepublik Deutschland durchgeführt werden, zwingende Vorschriften des deutschen Rechts etwa zum Schutz der zu vernehmenden Person beachten. Insofern gelten die Ausführungen zu Art. 9 entsprechend (vgl. Art. 9 Rn. 3). Im Übrigen sind die Vorschriften der §§ 11 bis 13 AusfGHBewÜ zu beachten.

2. Vorbehalte der einzelnen Vertragsstaaten. Von der Möglichkeit, Vorbehalte zu Bestimmungen des Kapitels II zu erklären, haben fast alle Vertragsstaaten in einem mehr oder weniger

---

[6] *Junker* Discovery S. 280, 408; *Geimer* Rn. 2437; *Pfeil/Kammerer* S. 203.
[7] *Stein/Jonas/Berger* Rn. 85; *Böckstiegel/Schlafen* NJW 1978, 1073, 1076.
[8] Denkschrift III B, zu Art. 15; *Geimer* Beweisaufnahme S. 141.
[9] *Stein/Jonas/Berger* Rn. 85; Denkschrift III B, zu Art. 15.
[10] Nach § 11 AusfGHBewÜ ist grundsätzlich eine Vernehmung deutscher Staatsangehöriger durch ausländische Konsularbeamte unzulässig, vgl. *Schack* Rn. 732. Im Rechtsverkehr zwischen Deutschland und den USA darf jedoch aufgrund deutsch-amerikanischen Notenwechsels aus dem Jahr 1980 (IPRax 1993, 224) ein Konsul der Vereinigten Staaten auf deutschem Boden auch deutsche Staatsangehörige befragen, wenn dabei kein Zwang ausgeübt wird, vgl. *Geimer*, FS Matscher, 1993, S. 142 ff.; *Schlosser* EU-ZPR Vor Art. 15 HBÜ Rn. 1 m. weit. Nachw.; *Nagel/Gottwald* § 8 Rn. 54. Gleiches gilt im Verhältnis zum Vereinigten Königreich aufgrund des deutsch-britischen Abkommens v. 20. 3. 1928 (RGBl. II S. 623), welches freilich aufgrund der EG-BewVO nur noch für die früher zu Großbritannien gehörenden Staaten Bedeutung hat, vgl. Art. 23 Rn. 1 f.
[11] *Böckstiegel/Schlafen* NJW 1978, 1073, 1077; *Nagel/Gottwald* § 8 Rn. 60; *Schack* Rn. 732; *Stein/Jonas/Berger* Rn. 92; vgl. auch Rn. 3 „Vereinigte Staaten".
[12] *Geimer* Rn. 458; *Blaschczok* S. 171, 173; *Junker* Discovery S. 226, 234.
[13] *Stein/Jonas/Berger* Rn. 89; *Böckstiegel/Schlafen* NJW 1978, 1073, 1077.

großen Umfang Gebrauch gemacht. Aufgrund solcher Erklärungen ergibt sich hinsichtlich der einzelnen Staaten folgende Rechtslage:
- **Argentinien:**[14] Die Anwendung des Kapitels II wurde ausgeschlossen.
- **Australien:**[15] Ein diplomatischer oder konsularischer Vertreter darf gemäß Art. 15 erst nach Genehmigung Beweis aufnehmen, die der Secretary to the Attorney-General's Department of the Commonwealth of Australia auf Antrag erteilt. Im Rahmen des Art. 16 kann eine Genehmigung unter Auflagen erteilt werden.
- **Barbados:** Es wurden keine Vorbehalte zu Kapitel II des Übereinkommens erklärt.
- **Bulgarien:**[16] Die Anwendung des Kapitels II Art. 16, 17, 18 und 19 des Übereinkommens ist ausgeschlossen.
- **China** (einschl. Macau):[17] Die Anwendung des Kapitels II ist mit Ausnahme des Art. 15 ausgeschlossen.
- **Dänemark:**[18] Ein diplomatischer oder konsularischer Vertreter kann nach Art. 15 eine Beweisaufnahme vornehmen, wenn die Genehmigung des Justizministeriums dazu vorliegt. Das Justizministerium erteilt die Genehmigung zur Vornahme von Beweisaufnahmen gemäß Art. 16. Einer Beweisaufnahme durch Beauftragte iSd. Art. 17 wird nicht zugestimmt.
- **Deutschland:**[19] Die Bundesregierung hat Erklärungen im Sinne der §§ 11 bis 13 AusfGHBewÜ abgegeben.
- **Estland:**[20] Zuständige Behörde für die Erteilung von Genehmigungen nach Art. 16 und 17 ist das Justizministerium.
- **Finnland:**[21] Die in Art. 16 und 17 des Übereinkommens genannten Beweisaufnahmen können ohne vorherige Genehmigung der finnischen Behörden vorgenommen werden.
- **Frankreich:**[22] Genehmigung nach Art. 16 und 17 erteilt das Justizministerium, Referat Internationale Rechtshilfe, 13, Place Vendôme, Paris 1er. Diese für den Einzelfall erteilten und gegebenenfalls mit besonderen Auflagen verbundenen Genehmigungen werden unter folgenden allgemeinen Bedingungen erteilt:
- Die Beweisaufnahmen finden ausschließlich in den Räumlichkeiten der Botschaften oder Konsulate statt.
- Datum und Uhrzeit der Beweisaufnahmen werden dem Referat Internationale Rechtshilfe so rechtzeitig mitgeteilt, dass dieses sich gegebenenfalls dabei vertreten lassen kann.
- Die Beweisaufnahmen finden in einem der Öffentlichkeit zugänglichen Raum statt.
- Die von der Beweisaufnahme betroffenen Personen werden ordnungsgemäß durch amtliche Urkunde geladen, die in französischer Sprache abgefasst oder der eine Übersetzung in die französische Sprache beigefügt ist; in dieser Urkunde wird angegeben,
 - dass die Beweisaufnahme entsprechend den Bestimmungen des und im Rahmen eines Gerichtsverfahrens vorgenommen wird, das vor einem namentlich bezeichneten Gericht eines Vertragsstaates anhängig ist;
 - dass das Erscheinen freiwillig ist und dass ein Nichterscheinen eine Strafverfolgung in dem ersuchenden Staat nicht zur Folge hat;
 - dass die Prozessparteien gegebenenfalls der Beweisaufnahme zugestimmt haben; anderenfalls sind die Gründe für ihren Widerspruch anzugeben;
 - dass die von der Beweisaufnahme betroffene Person mit einem Rechtsanwalt als Beistand erscheinen kann;
 - dass die von der Beweisaufnahme betroffene Person sich auf ein Recht zur Aussageverweigerung oder auf ein Aussageverbot berufen kann.
Eine Abschrift dieser Ladungen wird dem Justizministerium zugeleitet.
- Das Referat Internationale Rechtshilfe wird über jede auftretende Schwierigkeit unterrichtet.
- **Griechenland:**[23] Im Einklang mit Art. 18 wurde erklärt, dass die erforderliche Unterstützung für die Durchführung der Beweisaufnahme nach den Art. 15, 16 und 17 bereitgestellt wird, sofern diese im Einklang mit dem griechischen Recht erfolgt.

---

[14] Vgl. Bek. v. 30. 8. 1988 (BGBl. II S. 823).
[15] Vgl. Bek. v. 23. 9. 1993 (BGBl. II S. 2398).
[16] Vgl. Bek. v. 21. 8. 2001 (BGBl. II S. 1004).
[17] Vgl. Bek. v. 1. 7. 1998 (BGBl. II S. 1729), v. 21. 8. 2001 (BGBl. II S. 1004) und v. 8. 7. 2002 (BGBl. II S. 2923).
[18] Vgl. Bek. v. 5. 9. 1980 (BGBl. II S. 1290).
[19] Vgl. Bek. v. 21. 6. 1979 (BGBl. II S. 780).
[20] Vgl. Bek. v. 28. 8. 1996 (BGBl. II S. 2494).
[21] Vgl. Bek. v. 5. 9. 1980 (BGBl. II S. 1290).
[22] Vgl. Bek. v. 5. 9. 1980 (BGBl. II S. 1290).
[23] Vgl. Bek. v. 11. 5. 2005 (BGBl. II S. 603).

- **Israel:**[24] Zuständig für die Erteilung von Genehmigungen nach Art. 16 und 17 ist die Zentrale Behörde (Art. 2 Rn. 4).
- **Italien:**[25] Ein diplomatischer oder konsularischer Vertreter oder ein Beauftragter, der nach Art. 15, 16 oder 17 Beweis aufnimmt, kann sich an das Appellationsgericht des Ortes, an dem ein Verfahren stattfinden soll, wenden, um die für diese Beweisaufnahme erforderliche Unterstützung durch Zwangsmaßnahmen nach Art. 18 zu erhalten.
- **Lettland:** Es wurden keine Vorbehalte zu Kapitel II des Übereinkommens erklärt.
- **Litauen:**[26] Nur nach vorheriger Genehmigung durch das Ministerium der Justiz der Republik Litauen (Art. 2 Rn. 4) kann ein diplomatischer oder konsularischer Vertreter oder ordnungsgemäß Beauftragter eines Vertragsstaats gemäß Art. 16, 17 ohne Anwendung von Zwang Beweis aufnehmen, sofern litauische Staatsangehörige im Sinne des Gesetzes über die Staatsangehörigkeit der Republik Litauen betroffen sind. Aus der Genehmigung der Beweisaufnahme durch das Ministerium der Justiz der Republik Litauen muss hervorgehen, dass
    - Beweis von diplomatischen oder konsularischen Vertretern nur in den Räumlichkeiten der Botschaft oder konsularischen Einrichtung des von ihm/ihr vertretenen Staates aufgenommen werden darf;
    - das Ministerium der Justiz der Republik Litauen über Zeit und Ort der Beweisaufnahme zu unterrichten ist;
    - Beweis in litauischer oder einer anderen Sprache aufzunehmen ist, die die an der Beweisaufnahme mitwirkende oder Beweis aufnehmende Person versteht, und ihm eine Übersetzung in die litauische oder eine andere Sprache beizufügen ist, die diese Person versteht;
    - das Schriftstück über die Beweisaufnahme, das in einer Sprache verfasst ist, die die an der Beweisaufnahme mitwirkende Person versteht, von dieser Person zu unterzeichnen ist. Die Abschrift dieses Schriftstücks ist dem Ministerium der Justiz der Republik Litauen zuzuleiten.
- **Luxemburg:**[27] Genehmigungen nach Art. 16 und 17 erteilt die Staatsanwaltschaft (Art. 2 Rn. 4). Diese für den Einzelfall erteilte und gegebenenfalls mit besonderen Auflagen verbundene Genehmigung wird unter folgenden allgemeinen Bedingungen erteilt:
    - Die Beweisaufnahmen nach Art. 16 finden ausschließlich in den Räumlichkeiten der Botschaften oder Konsulate statt.
    - Ort, Datum und Uhrzeit der Beweisaufnahmen werden der Staatsanwaltschaft so rechtzeitig mitgeteilt, dass diese sich gegebenenfalls dabei vertreten lassen kann.
    - Die von der Beweisaufnahme betroffenen Personen werden ordnungsgemäß durch amtliche Urkunden geladen, die in französischer oder deutscher Sprache abgefasst oder der eine Übersetzung in eine dieser Sprachen beigefügt ist. In dieser Urkunde wird angegeben,
        - dass die Beweisaufnahme entsprechend den Bestimmungen des und im Rahmen eines Gerichtsverfahrens vorgenommen wird, das vor einem namentlich bezeichneten Gericht eines Vertragsstaates anhängig ist;
        - dass das Erscheinen freiwillig ist und dass ein Nichterscheinen eine Strafverfolgung in dem ersuchenden Staat nicht zur Folge hat;
        - dass die Prozessparteien der Beweisaufnahme zustimmen oder sich dieser aus darzulegenden Gründen widersetzen;
        - dass die von der Beweisaufnahme betroffene Person mit einem Rechtsanwalt als Beistand erscheinen kann;
        - dass die von der Beweisaufnahme betroffene Person sich auf ein Recht zur Aussageverweigerung oder auf ein Aussageverbot berufen kann.
- **Mexiko:**[28] Zu Art. 17 und 18 ist in Bezug auf die „Beauftragten" und die Anwendung von Zwangsmaßnahmen durch diplomatische oder konsularische Vertreter ein ausdrücklicher und umfassender Vorbehalt gemacht worden.
- **Monaco:**[29] Das Rechtsamt (Art. 2 Rn. 4) wird nach Art. 16 und 17 als die zuständige Behörde bestimmt. Diese kann je nach Fall den Konsularbehörden eines Vertragsstaats genehmigen, ohne Anwendung von Zwang Beweis für ein Verfahren aufzunehmen, welches vor einem Gericht des von ihnen vertretenen Staates anhängig ist, sofern andere Personen als die Angehörigen dieses Staates betroffen sind, oder den ordnungsgemäß als Beauftragte bestimmten Personen genehmi-

---

[24] Vgl. Bek. v. 5. 6. 1981 (BGBl. II S. 374).
[25] Vgl. Bek. v. 9. 11. 1982 (BGBl. II S. 998).
[26] Vgl. Bek. v. 14. 12. 2001 (BGBl. 2002 II S. 153).
[27] Vgl. Bek. v. 9. 11. 1982 (BGBl. II S. 998).
[28] Vgl. Bek. v. 26. 3. 1990 (BGBl. II S. 298).
[29] Vgl. Bek. v. 3. 12. 1986 (BGBl. II S. 1135).

gen, ohne Anwendung von Zwang Beweis für ein Verfahren aufzunehmen, das vor einem Gericht eines Vertragsstaats anhängig ist.
Diese für den Einzelfall erteilte und ggf. mit besonderen Auflagen verbundene Genehmigung wird unter folgenden Bedingungen erteilt:
– Die Beweisaufnahmen haben ausschließlich in den Räumlichkeiten der Konsulate stattzufinden, wenn diese im Fürstentum liegen, in allen anderen Fällen in den Räumlichkeiten des Justizpalasts von Monaco;
– Datum und Uhrzeit der Beweisaufnahmen sind dem Rechtsamt so rechtzeitig mitzuteilen, dass dieses sich vertreten lassen und gegebenenfalls Räumlichkeiten im Justizpalast von Monaco zur Verfügung stellen kann;
– die von der Beweisaufnahme betroffenen Personen sind ordnungsgemäß durch amtliche Urkunde zu laden, die in französischer Sprache abgefasst oder der eine Übersetzung in diese Sprache beizufügen ist; in dieser Urkunde ist anzugeben,
  – dass die Beweisaufnahme nach den Bestimmungen des und im Rahmen eines Gerichtsverfahrens vorgenommen wird, das vor einem namentlich bezeichneten Gericht eines Vertragsstaats anhängig ist;
  – dass das Erscheinen freiwillig ist und dass ein Nichterscheinen eine Strafverfolgung im ersuchenden Staat nicht zur Folge haben kann;
  – dass die von der Beweisaufnahme betroffene Person einen Rechtsanwalt als Beistand beiziehen kann;
  – dass die Prozessparteien gegebenenfalls der Beweisaufnahme zugestimmt haben; andernfalls sind die Gründe für ihren Widerspruch anzugeben;
  – dass die von der Beweisaufnahme betroffene Person sich auf ein Recht zur Aussageverweigerung oder auf ein Aussageverbot berufen kann.
Eine Abschrift der Ladungen ist dem Rechtsamt zuzuleiten, welches auch über jede auftretende Schwierigkeit zu unterrichten ist.
– **Niederlande:**[30] Es kann ein Beweis nach Art. 16 ohne vorherige Genehmigung aufgenommen werden. Die Genehmigung nach Art. 17 ist beim Präsidenten des Bezirksgerichts zu beantragen, in dessen Zuständigkeitsbereich Beweis aufgenommen werden soll. Werden Zeugen oder Sachverständige gehört, so ist dies der Bezirk, in dem die Zeugen oder Sachverständigen oder die Mehrzahl von ihnen ihren Wohnsitz oder ständigen Aufenthalt haben. Gibt der Präsident dem Antrag statt, so kann er Auflagen machen, die er für den ordnungsgemäßen Ablauf der Beweisaufnahme oder Anhörung für zweckdienlich hält. Er kann entscheiden, dass die Beweisaufnahme oder Anhörung im Gerichtsgebäude unter Aufsicht eines von ihm bestimmten Richters stattfindet. Im Übrigen wird die Genehmigung nur erteilt, wenn folgende Bedingungen erfüllt sind:
– Der betreffende Zeuge oder Sachverständige muss in guter und gehöriger Form geladen worden sein; die Ladung muss in niederländischer Sprache abgefasst oder von einer Übersetzung in diese Sprache begleitet sein. Außerdem ist darin folgendes anzugeben:
  – Der Sachverhalt und eine Zusammenfassung des Verfahrens, aufgrund dessen die Beweisaufnahme oder die Anhörung erforderlich ist, sowie der ersuchende Richter;
  – die Tatsache, dass das Erscheinen ohne Anwendung von Zwang erfolgt, dass die Weigerung zu erscheinen, einen Eid abzulegen, sein Ehrenwort zu geben oder auszusagen weder in den Niederlanden, noch in dem Staat, in dem das Verfahren anhängig ist, eine Maßnahme oder eine Strafe irgendeiner Art gegen die betreffende Person nach sich ziehen kann;
  – die Tatsache, dass die betroffene Person einen Rechtsberater beiziehen kann;
  – die Tatsache, dass sich die betroffene Person auf ein Recht zur Aussageverweigerung oder auf ein Aussageverbot berufen kann;
  – die Tatsache, dass die mit der Ladung verbundenen Kosten vom Kommissar erstattet werden.
– Dem Präsidenten ist eine Abschrift der Ladung zuzuschicken.
– Im Antrag ist anzugeben, weshalb die Beweisaufnahme einem Kommissar übertragen wurde, sowie dessen amtliche Eigenschaft, es sei denn, dass ein in den Niederlanden zugelassener Rechtsanwalt dazu ernannt worden ist.
– Die Kosten für die Erledigung der Beweisaufnahme, also die Kosten für die Zeugen, Sachverständigen oder Dolmetscher, sind in vollem Umfang zu erstatten.
– **Norwegen:**[31] Genehmigungen nach Art. 15, 16 und 17 werden vom Königlichen Justiz- und Polizeiministerium (Art. 2 Rn. 4) erteilt. Nach Art. 15 kann eine Beweisaufnahme durch diplo-

---

[30] Vgl. Bek. v. 17. 7. 1981 (BGBl. II S. 573).
[31] Vgl. Bek. v. 5. 9. 1980 (BGBl. II S. 1290).

matische oder konsularische Vertreter nur erfolgen, wenn auf Antrag eine vorherige Genehmigung dazu erteilt worden ist.
- **Polen:**[32] Die Anwendung des Kapitels II, ausgenommen Artikel 15, ist ausgeschlossen.[33]
- **Portugal:**[34] Die Anwendung des Kapitels II mit Ausnahme des Art. 15 ist ausgeschlossen. Beweisaufnahmen nach Art. 15 dürfen erst nach Vorliegen einer Genehmigung vorgenommen werden, die auf einen von dem diplomatischen oder konsularischen Vertreter gestellten Antrag das Justizministerium, Abteilung Justizdienste, erteilt.
- **Schweden:**[35] Zuständig für Genehmigungen nach Art. 15 bis 17 ist die Zentrale Behörde (Art. 2 Rn. 4). Nach Art. 15 Abs. 2 kann ein diplomatischer oder konsularischer Vertreter eine Beweisaufnahme nur mit Genehmigung dieser Behörde vornehmen.
- **Schweiz:**[36] Eine Beweisaufnahme iSd. Art. 15, 16, 17 bedarf einer vorherigen Genehmigung des Eidgenössischen Justiz- und Polizeidepartements (Art. 2 Rn. 4). Der Antrag auf Genehmigung ist an die Zentrale Behörde des Kantons zu richten, in dem die Beweisaufnahme stattfinden soll.
- **Singapur:**[37] Das gesamte Kapitel II des Übereinkommens findet keine Anwendung.
- **Slowakei:**[38] Beweisaufnahmen nach Art. 16 können unter der Voraussetzung der Gegenseitigkeit ohne vorherige Genehmigung vorgenommen werden. Ein diplomatischer oder konsularischer Vertreter oder ein Beauftragter, der befugt ist, nach Art. 15, 16 oder 17 Beweis aufzunehmen, kann unter der Voraussetzung der Gegenseitigkeit das zuständige slowakische Gericht oder slowakische Staatsnotariat durch Übermittlung der Akte über das Justizministerium der Slowakischen Republik in Preßburg (Art. 2 Rn. 4) um gerichtliche Maßnahmen nach Art. 18 ersuchen.
- **Slowenien:** Es wurden keine Vorbehalte zu Kapitel II des Übereinkommens erklärt.
- **Spanien:**[39] Nach den Art. 16 und 17 kann ohne vorherige Genehmigung der spanischen Behörde in den Räumlichkeiten der diplomatischen oder konsularischen Vertretung des ersuchenden Staates Beweis aufgenommen werden.
- **Sri Lanka:**[40] Nach Art. 33 ist die Anwendung des Kapitels II des Übereinkommens ganz ausgeschlossen.
- **Südafrika:**[41] Die Anwendung von Art. 15 und 16 ist ausgeschlossen. Zuständige Behörde iSd. Art. 17 und 18 ist die zuständige Kammer des Obersten Gerichtshofs von Südafrika. Ein Beauftragter, der befugt ist, nach Art. 17 Beweis aufzunehmen, kann sich an die genannte Behörde wenden, um den Beweis durch Zwangsmaßnahmen zu erlangen, die sich nach den südafrikanischen Regeln für Zwangsmaßnahmen im innerstaatlichen Verfahren richten müssen.
- **Tschechische Republik:**[42] Beweisaufnahmen nach Art. 16 können unter der Voraussetzung der Gegenseitigkeit ohne vorherige Genehmigung vorgenommen werden. Ein diplomatischer oder konsularischer Vertreter oder ein Beauftragter, der befugt ist, nach Art. 15, 16 oder 17 Beweis aufzunehmen, kann unter der Voraussetzung der Gegenseitigkeit das zuständige tschechische Gericht oder tschechische Staatsnotariat durch Übermittlung der Akte über das Justizministerium der Tschechischen Republik in Prag um gerichtliche Maßnahmen nach Art. 18 ersuchen.
- **Türkei:**[43] Das Ministerium der Justiz (Art. 2 Rn. 4) wurde als zuständige Behörde für die Erteilung der in den Art. 16 und 17 vorgesehenen Genehmigungen bestimmt.
- **Ukraine:**[44] Die Anwendung des Kapitels II des Übereinkommens mit Ausnahme der Artikel 15, 20, 21 und 22 ist ausgeschlossen.
- **Ungarn:** Es wurden keine Vorbehalte zu Kapitel II des Übereinkommens erklärt.
- **Venezuela:**[45] Es wurde ausgeschlossen, dass die in Kapitel II vorgesehenen Beauftragten an der Beweisaufnahme mitwirken.

---

[32] Vgl. Bek. v. 28. 8. 1996 (BGBl. II S. 2495) und v. 9. 12. 1997 (BGBl. II S. 161).
[33] Vgl. Bek. v. 28. 8. 1996 (BGBl. II S. 2495).
[34] Vgl. Bek. v. 5. 9. 1980 (BGBl. II S. 1290) und v. 21. 8. 2001 (BGBl. II S. 1004).
[35] Vgl. Bek. v. 5. 9. 1980 (BGBl. II S. 1290) und v. 21. 8. 2001 (BGBl. II S. 1004).
[36] Vgl. Bek. v. 6. 6. 1995 (BGBl. II S. 532) und v. 21. 8. 2001 (BGBl. II S. 1004).
[37] Vgl. Bek. v. 21. 10. 1981 (BGBl. II S. 962).
[38] Vgl. Bek. v. 5. 9. 1980 (BGBl. II S. 1290) und v. 23. 9. 1993 (BGBl. II S. 2398).
[39] Vgl. Bek. v. 23. 9. 1987 (BGBl. II S. 615).
[40] Vgl. Bek. v. 14. 12. 2001 (BGBl. 2002 II S. 153).
[41] Vgl. Bek. v. 2. 12. 1997 (BGBl. II S. 2225).
[42] Vgl. Bek. v. 5. 9. 1980 (BGBl. II S. 1290) und v. 23. 9. 1993 (BGBl. II S. 2398).
[43] Vgl. Bek. v. 1. 2. 2005 (BGBl. II S. 329).
[44] Vgl. Bek. v. 13. 11. 2001 (BGBl. 2002 II S. 1161).
[45] Vgl. Bek. v. 29. 9. 1994 (BGBl. II S. 3647).

– **Vereinigtes Königreich:**[46] Zuständige Behörde für Genehmigungen nach Art. 16 und 17 ist das Ministerium für Auswärtige und Commonwealth Angelegenheiten (Art. 2 Rn. 4); zuständige Behörde nach Art. 18 ist der Präsident des Obersten Gerichtshofes für England und Wales, für Schottland der Kronanwalt von Schottland und für Nordirland der Urkundsbeamte des Obersten Gerichtshofes von Nordirland, Royal Courts of Justice in Belfast.[47] Ein diplomatischer oder konsularischer Vertreter oder Beauftragter, der befugt ist, nach Art. 15, 16 oder 17 Beweis aufzunehmen, kann sich an diese Behörden wenden, um die für diese Beweisaufnahme erforderliche Unterstützung durch Zwangsmaßnahmen zu erhalten, sofern der Vertragsstaat, dessen diplomatischer oder konsularischer Vertreter oder Beauftragter den Antrag stellt, eine Erklärung über die Gewährung entsprechender Erleichterungen nach Art. 18 abgegeben hat.[48]

– **Vereinigte Staaten:**[49] Beweis nach Art. 16 und 17 kann ohne vorherige Genehmigung aufgenommen werden. Ein amerikanisches Rechtshilfegericht kann als Beauftragten (commissioner) auch einen Richter des deutschen Prozessgerichts ernennen.[50] Ein diplomatischer oder konsularischer Vertreter oder ein Beauftragter, der befugt ist, nach Art. 15, 16 oder 17 Beweis aufzunehmen, kann die für diese Beweisaufnahme erforderliche Unterstützung durch Zwangsmaßnahmen beantragen. Die zuständige Behörde im Sinne des Art. 18 ist das Bezirksgericht der Vereinigten Staaten, in dessen Bezirk eine Person sich ständig aufhält oder angetroffen wird. Dieses Gericht kann die Person anweisen, ihre Aussage zu machen oder ihre Erklärung abzugeben oder ein Schriftstück oder eine Sache zur Verwendung in einem Verfahren vor einem ausländischen Gericht beizubringen. In der Anweisung kann verfügt werden, dass die Aussage oder Erklärung vor einer von dem Gericht ernannten Person gemacht oder das Schriftstück oder die Sache einer solchen Person vorgelegt wird.

– **Weißrussland:**[51] Im Einklang mit den Art. 16 und 17 wurde erklärt, dass ein diplomatischer oder konsularischer Vertreter oder jede Person, die ordnungsgemäß zum Beauftragten bestellt worden ist, nach vorheriger Genehmigung durch die zuständigen Behörden und unter den Auflagen, welche die zuständigen Behörden festgesetzt haben, ohne Anwendung von Zwang Beweis aufnehmen kann. Das Oberste Gericht Weißrusslands und das Oberste Wirtschaftsgericht Weißrusslands wurden entsprechend ihrer jeweiligen Zuständigkeit als Behörden für die Zwecke der genannten Artikel des Übereinkommens bestimmt. Im Rahmen des Art. 18 wurde bestimmt, dass ein diplomatischer oder konsularischer Vertreter oder ein Beauftragter, der befugt ist, nach Art. 15, 16 oder 17 Beweis aufzunehmen, sich an die zuständige Behörde Weißrusslands wenden kann, um die für die Beweisaufnahme erforderliche Unterstützung in Zivil- und Handelssachen zu erhalten. Insofern sind das Oberste Gericht Weißrusslands und das Oberste Wirtschaftsgericht Weißrusslands innerhalb ihres jeweiligen Zuständigkeitsbereichs als zuständige Behörden auch für die Zwecke des Art. 18 bestimmt worden.

– **Zypern:**[52] Zuständig für die Erteilung von Genehmigungen nach Art. 16 und 17 ist das Justizministerium (Art. 2 Rn. 4). Ein diplomatischer oder konsularischer Vertreter oder ein Beauftragter, der befugt ist, nach Art. 15, 16 oder 17 Beweis aufzunehmen, kann sich an den Obersten Gerichtshof wenden, um die für diese Beweisaufnahme erforderliche Unterstützung durch Zwangsmaßnahmen zu erhalten, sofern der ersuchende Vertragsstaat eine Erklärung abgegeben hat, dass er seinerseits entsprechende Erleichterungen nach Art. 18 einräumt.[53]

4 **3. Kosten.** Für die Fälle des Kapitels II sind kostenrechtliche Bestimmungen nicht getroffen worden. Soweit für den Staat, in dem Beweis erhoben wird, Kosten entstehen, kann er in den Genehmigungsbedingungen ihre Erstattung vorsehen (vgl. Rn. 3 „Niederlande").[54] Insofern kommt etwa bei der Beiziehung eines Rechtsberaters iSd. Art. 20 eine Auflage gemäß Art. 19 in Betracht, welche eine Pflicht zur Erstattung der dafür entstehenden Kosten bestimmt.[55]

---

[46] Vgl. Bek. v. 5. 9. 1980 (BGBl. II S. 1290).
[47] Die zuständigen Behörden für Gibraltar, Akrotiri und Dhekelia auf Zypern, Falklandinseln und Nebengebieten sowie für die Insel Man ergeben sich aus der Bek. v. 5. 9. 1980 (BGBl. II S. 1290), für die Kaimaninseln aus der Bek. v. 12. 11. 1980 (BGBl. II S. 1440) und für Jersey aus der Bek. v. 20. 5. 1987 (BGBl. II S. 306).
[48] Die Bundesrepublik Deutschland hat eine solche Erklärung nicht abgegeben. Vgl. auch Erl. zu Art. 24 bis 30.
[49] Vgl. *Pfeil/Kammerer* S. 258 ff.
[50] *Pfeil/Kammerer* S. 258 ff.
[51] Vgl. Bek. v. 12. 4. 2002 (BGBl. II S. 1161).
[52] Vgl. Bek. v. 13. 9. 1984 (BGBl. II S. 919).
[53] Die Bundesrepublik Deutschland hat eine solche Erklärung nicht abgegeben.
[54] Denkschrift III B, zu Art. 19 bis 22.
[55] *Stein/Jonas/Berger* Rn. 98, 99.

Kapitel III. Allgemeine Bestimmungen

Art. 23. Jeder Vertragsstaat kann bei der Unterzeichnung, bei der Ratifikation oder beim Beitritt erklären, daß er Rechtshilfeersuchen nicht erledigt, die ein Verfahren zum Gegenstand haben, das in den Ländern des „Common Law" unter der Bezeichnung „pre-trial discovery of documents" bekannt ist.

I. Normzweck

Das Verfahren der pre-trial discovery hat in den Ländern des common law unterschiedliche Ausgestaltungen erfahren. So kennzeichnet es etwa im US-amerikanischen Zivilprozess das Verfahrensstadium, in dem die Parteien vom Gegner oder Dritten umfangreiche schriftliche oder mündliche Informationen oder die Vorlage von Urkunden verlangen können. Es bleibt dabei weitgehend den Parteien überlassen, welche Urkunden vorgelegt und welche Informationen preisgegeben werden sollen, wenn nur ein einleuchtender Grund für das Vorlagebegehren genannt wird und die zu beschaffenden Informationen in irgendeiner Weise geeignet sind, zu verwertbarem Beweismaterial zu führen (fishing expeditions).[1] Der Gegner ist im Interesse der Offenlegung und Ermittlung der objektiven Wahrheit zur Mitwirkung verpflichtet.[2] Demgegenüber kann nach englischem Recht im Rahmen der discovery eine Partei von der anderen zwar die Vorlage von Urkunden verlangen,[3] jedoch müssen diese Urkunden ausreichend bestimmt sein und beispielsweise zur Ergänzung einer Zeugenaussage erforderlich erscheinen.[4] Insofern wird von Amts wegen genau geprüft, ob die Voraussetzungen für eine Vorlagepflicht erfüllt sind, und die Vorlage wird nur angeordnet, wenn insbesondere konkrete Angaben über die Urkunde von der Partei gemacht werden, die deren Vorlage begehrt.[5] Da im amerikanischen pre-trial discovery Verfahren weitgehend eine ähnlich strenge Kontrolle[6] fehlt, ist aufgrund der Erfahrungen der englischen Gerichte mit amerikanischen Rechtshilfeersuchen auf Vorschlag des Vereinigten Königreichs die Vorschrift des Art. 23 ins Übereinkommen aufgenommen worden.[7] Durch die Bestimmung sollte nach britischer Auffassung einem Missbrauch dieser weit reichenden Möglichkeiten der Parteien eines amerikanischen Zivilprozesses entgegengewirkt und die Ausforschung etwa von Wirtschafts- und Industriegeheimnissen verhindert werden.[8] Die meisten Vertragsstaaten haben eine Erklärung nach Art. 23 abgegeben, wobei von einigen Staaten die Erledigung entsprechender Rechtshilfeersuchen völlig ausgeschlossen wurde und von anderen in einem eingeschränkten Umfang eine Erledigung vorgesehen ist (Rn. 4 f.).

II. Anwendungsbereich

1. Reichweite eines Vorbehalts nach Art. 23. Der Anwendungsbereich des Art. 23 ist in mehrfacher Hinsicht umstritten. Der Wortlaut pre-trial discovery of documents rückt dabei zunächst ins Blickfeld. Zu berücksichtigen ist nämlich, dass pre-trial discovery einen zur Informationsbeschaffung bestimmten Verfahrensabschnitt benennt,[9] während die Formulierung der Vorschrift nur eine bestimmte Vorgehensweise bei der Informationsbeschaffung innerhalb dieses Verfahrensstadiums erfasst.[10] Dies lässt darauf schließen, dass es bei Art. 23 nur um die Erledigung

---

[1] Vgl. *Schurtman/Walter* S. 57; *Stürner*, Die Aufklärungspflicht der Parteien im Zivilprozeß, 1976, S. 17, 24.
[2] *Schack* Rn. 737, 739; *Nagel/Gottwald* § 8 Rn. 67; *Geimer* Rn. 2358.
[3] Ausführlich dazu *v. Hülsen* RIW 1982, 225, 232.
[4] Vgl. *Schaaff* S. 39 ff.; *Cohn* ZZP 80 (1967), 230, 236 f.; *v. Hülsen* RIW 1982, 537, 542 f.; *Stürner*, Die Aufklärungspflicht der Parteien im Zivilprozeß, 1976, S. 17 ff.
[5] *Pfeil/Kammerer* S. 235.
[6] Amerikanische Gerichte können zwar unter bestimmten Voraussetzungen die Vorlagepflicht durch Schutzverfügungen beschränken, von dieser Möglichkeit wird jedoch bisher in der Praxis nur zurückhaltend Gebrauch gemacht, vgl. *Pfeil/Kammerer* S. 231 f. Der Supreme Court (JZ 1987, 984, 986) hat sich dafür ausgesprochen, dass die Gerichte ausländische Prozessparteien besonders gegen die Gefahr einer Benachteiligung durch unnötige und unangemessen belastende discovery in Schutz nehmen sollten. Zu den Konsequenzen dieses Appells *Veltins* DB 1987, 2396, 2397. Zu der im Jahre 1993 vorgenommenen Neuregelung der pre-trial discovery vgl. *Lorenz* ZZP 111 (1998), 35, 51 ff.; *Trittmann/Leitzen* IPRax 2003, 7 ff.
[7] *Pfeil/Kammerer* S. 234 f.; *Trittmann* S. 157 ff.; *Stiefel* RIW 1979, 509, 510 f.; vgl. auch Bericht über die Sitzung der Expertenkommission der Haager Konferenz für Internationales Privatrecht vom 17.–20. 4. 1989, RabelsZ 54 (1990), 364, 367 f.
[8] *Pfeil/Kammerer* S. 235.
[9] Dazu ausführlich *Hopt/Kulms/von Hein* S. 92 f.
[10] *Schlosser* EU-ZPR Art. 23 HBÜ Rn. 3; *Stein/Jonas/Berger* Rn. 103.

von Rechtshilfeersuchen geht, deren Gegenstand die Vorlage entsprechender Schriftstücke ist.[11] Damit wären durch die Erklärung eines Vorbehalts nach dieser Regelung Ersuchen nicht erfasst, die sich auf ein anderes Beweismittel wie etwa die Vernehmung von Zeugen beziehen, welche dann zB ausführlich über den Inhalt und die Umstände des Entstehens einer Urkunde berichten.[12] Weiter wird unter dem Gesichtspunkt der Vermeidung von Ausforschungsbeweisen (Rn. 1) teilweise der Anwendungsbereich der Vorschrift derart beschränkt, dass es nur um die Vorlage nicht näher bezeichneter Schriftstücke gehen könne und dass deshalb nur solche Rechtshilfeersuchen aufgrund einer entsprechenden Erklärung nach Art. 23 nicht zu erledigen seien, in denen vorzulegende Urkunden nicht genau genug bezeichnet sind.[13]

3 In der Tat widerspricht es der Zweckrichtung des Art. 23 (Rn. 1), wenn einerseits eine weit reichende Ausforschung von Beweisen vermieden werden soll, auf der anderen Seite aber eine Beschränkung nur auf das Beweismittel der Urkunde vorgenommen wird. Insofern wäre es sinnvoll, grundsätzlich alle Rechtshilfeersuchen, denen unabhängig vom Beweismittel ein pretrial discovery Verfahren zugrunde liegt, als von der Vorschrift erfasst anzusehen.[14] In diesem Zusammenhang erscheint es auch sachgerecht, wenn ein Vorbehalt nach Art. 23 grundsätzlich jede Form einer unbestimmten und nicht erkennbar auf konkret streitigen Tatsachen beruhenden Ausforschung von Beweisen einschließt und damit die sonst gewissermaßen legitime Möglichkeit von Wirtschaftsspionage vermieden würde.[15] Jedoch ist der Wortlaut der Vorschrift eindeutig und lässt auf dieser Grundlage im Interesse einer weitgehend übereinstimmenden Interpretation durch die Vertragsstaaten keine teleologische Reduktion zu.[16] Zum Schutz vor der Preisgabe von geheimen Informationen greifen nach Art. 11 die Aussageverweigerungsrechte oder Aussageverbote für zu vernehmende Personen sowohl nach dem Recht des ersuchenden als auch nach der Rechtsordnung des ersuchten Staates ein (Art. 11 Rn. 3).[17] Nach deutschem Recht kann ein Zeuge demgemäß nach § 384 Nr. 3 ZPO die Aussage auf Fragen verweigern, deren Beantwortung ihn zwingen würde, ein eigenes Geschäftsgeheimnis oder ein fremdes, zu dessen Wahrung er verpflichtet ist, zu offenbaren.[18] Ferner beschränken zusätzlich die Bestimmtheitsanforderungen des Art. 3 die Möglichkeit, Rechtshilfeersuchen anzubringen, die eine Ausforschung von Beweisen vorsehen (Art. 3 Rn. 2ff.).[19] Es bedarf daher keiner Auslegung des Art. 23 derart, dass grundsätzlich jede ausforschende Beweisermittlung durch eine Erklärung iSd. Vorschrift ausgeschlossen ist.[20] Im Hinblick auf die Beschaffung von Urkunden kann, sofern ein uneingeschränkter Vorbehalt nach Art. 23 erklärt worden ist, auch nicht angenommen werden, dies sei lediglich dahin zu verstehen, dass nur solche Rechtshilfeersuchen nicht erledigt werden dürften, welche auf pre-trial discovery of documents Verfahren beruhen und (kumulativ) einen ausforschenden Charakter haben. Vielmehr ist durch die Vorschrift ganz generell die Möglichkeit geschaffen worden, durch eine entsprechende Erklärung die Erledigung von Rechtshilfeersuchen schlechthin abzulehnen, deren Gegenstand auf eine pre-trial discovery **of documents** zurückzuführen ist.[21] Dementsprechend kann jeder Vertragsstaat die Erledigung solcher Rechtshilfeersuchen völlig ausschließen, er kann dies jedoch auch – wie vielfach geschehen (Rn. 5) – in einem eingeschränkten Umfang tun, etwa nur für den Fall, das ein Ersuchen auf die Ausforschung von Beweisen gerichtet ist.

4 **2. Erklärungen der Vertragsstaaten.** Da die von der Bundesrepublik Deutschland zu Art. 23 abgegebene Erklärung den Rahmen dieser Bestimmung völlig ausschöpft,[22] ist sie im Verhältnis

---

[11] *Stein/Jonas/Berger* Rn. 103.
[12] So OLG München RIW 1981, 555, 557; *Martens* RIW 1981, 725, 728; *Schlosser* ZZP 94 (1981), 369, 396; aA *Junker* Discovery S. 284ff.; *ders.* JZ 1989, 121, 128; *Beckmann* IPRax 1990, 201, 203f.
[13] In diese Richtung gehen die Überlegungen von *Stürner* ZVglRWiss. 81 (1982), 159, 201; *Junker* Discovery S. 284ff.; *ders.* JZ 1989, 121, 128; *Beckmann* IPRax 1990, 201, 203f.; zustimmend *Schlosser* ZZP 101 (1988), 327, 330f.; *ders.* EU-ZPR Art. 23 HBÜ Rn. 5; *Stein/Jonas/Berger* Rn. 104; *Paulus* ZZP 104 (1991), 397, 411 wobei insoweit gefordert wird, Art. 23 auf alle Rechtshilfeersuchen anzuwenden, die – unabhängig von der Art des geforderten Beweises – einen Ausforschungscharakter aufweisen.
[14] *Stein/Jonas/Berger* Rn. 104; *v. Hülsen* RIW 1982, 225, 232; vgl. auch *Nagel/Gottwald* § 8 Rn. 71.
[15] *Schlosser* EU-ZPR Art. 23 HBÜ Rn. 3f.; *ders.* ZZP 101 (1988), 330; *ders.* RdC 284 (2000), 130ff.; *Stein/Jonas/Berger* Rn. 104; *Paulus* ZZP 104 (1991), 397, 411; *Junker* Discovery S. 295ff.; *Beckmann* IPRax 1990, 201, 205; vgl. auch *Reufels* RIW 1999, 667, 770.
[16] *Nagel/Gottwald* § 8 Rn. 71; OLG Celle OLGR 2007, 658.
[17] *Nagel/Gottwald* § 8 Rn. 74; vgl. auch *Paulus* ZZP 104 (1991), 397, 412; *Martens* RIW 1981, 725, 728.
[18] *Musielak/Huber* § 384 ZPO Rn. 5; vgl. auch *Stadler* S. 110ff.; *Gottwald* BB 1979, 1780; *Stürner* JZ 1985, 453.
[19] Dazu *Pfeil/Kammerer* S. 233ff., 253; *Geimer* Rn. 2475; OLG Celle OLGR 2007, 658.
[20] Insoweit auch *Schlosser* EU-ZPR Art. 23 HBÜ Rn. 4; ähnlich *Stein/Jonas/Berger* Rn. 104.
[21] *Geimer* Rn. 2473, 2489; *Nagel/Gottwald* § 8 Rn. 71; *Mössle* S. 472.
[22] Vgl. Bek. v. 21. 6. 1979 (BGBl. II S. 780) und § 14 Abs. 1 AusfGHBewÜ.

3a) Beweisaufnahme im Ausland   5 Art. 23 HBewÜ

zu den anderen Vertragsstaaten berechtigt, Rechtshilfeersuchen nicht zu erledigen, die eine Urkundenvorlage in einem pre-trial discovery Verfahren zum Gegenstand haben, vgl. § 14 Abs. 1 AusfGHBewÜ. Solange die nach § 14 Abs. 2 AusfGHBewÜ vorgesehene Rechtsverordnung nicht erlassen ist, durch die Einschränkungen der umfassenden Ablehnung getroffen werden sollen, bleibt es bei der generellen Zurückweisung jedes Ersuchens, das aufgrund pre-trial discovery of documents ergeht.[23] Diese Verordnung lässt schon lange auf sich warten; der Grund für die Verzögerung liegt in grundlegenden Meinungsverschiedenheiten zwischen Bund und Ländern über die zu treffenden Regelungen. Deshalb lässt sich der Zeitpunkt des Inkrafttretens nicht absehen.[24]

Erklärungen nach Art. 23 haben neben Deutschland eine Vielzahl weiterer Vertragsstaaten abgegeben. Einen **uneingeschränkten Vorbehalt** haben dabei Argentinien,[25] Australien,[26] Bulgarien,[27] Griechenland,[28] Italien,[29] Litauen,[30] Luxemburg,[31] Monaco,[32] Polen,[33] Portugal,[34] Spanien,[35] Sri Lanka,[36] Südafrika,[37] Türkei[38] und die Ukraine[39] erklärt. Verschiedene Vertragsstaaten haben einen **modifizierten Vorbehalt** erklärt. Die Erklärungen zu Art. 23 wurden dabei (zum Teil noch nachträglich) durch Erläuterungen ergänzt, aus denen sich überwiegend zur Vermeidung von Ausforschungsbeweisen ergibt, dass die Erledigung eines Rechtshilfeersuchens nur ausgeschlossen ist, wenn nicht bestimmte Angaben über einen unmittelbaren und engen Zusammenhang mit dem Gegenstand des Rechtsstreits gemacht werden. So sieht etwa die Erklärung Frankreichs vor, dass der Vorbehalt zu Art. 23 keine Anwendung findet, „wenn die angeforderten Urkunden in dem Rechtshilfeersuchen erschöpfend aufgezählt sind und mit dem Streitgegenstand in unmittelbarem und klarem Zusammenhang stehen".[40] Anders hat das Vereinigte Königreich ergänzt, dass unter Rechtshilfeersuchen iSd. Art. 23 auch jedes Ersuchen zu verstehen ist, auf Grund dessen eine Person darlegen soll, welche Schriftstücke im Zusammenhang mit dem Verfahren sich in ihrem Besitz, ihrem Gewahrsam oder ihrer Verfügungsgewalt befinden oder befunden haben, oder Schriftstücke vorlegen soll, die zwar im Rechtshilfeersuchen nicht einzeln bezeichnet werden, sich aber nach Auffassung des ersuchten Gerichts im Besitz, im Gewahrsam oder in der Verfügungsgewalt dieser Person befinden oder wahrscheinlich befinden.[41] Im Einzelnen haben mehr oder weniger ähnliche Erläuterungen abgegeben China,[42] Dänemark,[43] Estland,[44] Finnland,[45] Mexiko,[46] Niederlande,[47] Norwegen,[48] Schwe-

---

[23] OLG München RIW 1981, 554, 555; *Pfeil/Kammerer* S. 237, 250; *Schack*, Einführung in das US-amerikanische Zivilprozeßrecht, 2003, S. 56 Fn. 435; *Geimer* Rn. 2489; vgl. OLG Celle OLGR 2007, 658.

[24] Vgl. *Trittmann/Leitzen* IPRax 2003, 7, 9, 12; *Böhmer* NJW 1990, 3049, 3053; *Koch/Kirchner* AG 1988, 127, 130 ff.; *Trittmann* S. 163, 280 ff.; *Schlosser* EU-ZPR Art. 23 HBÜ Rn. 3; *Schack* Rn. 744; *Reufels/Scherer* IPRax 2005, 456; *Nagel/Gottwald* § 8 Rn. 12. Im Schrifttum wird auch die Meinung vertreten, die Verordnung entbehrlich sei und deshalb besser auf sie verzichtet werden sollte; vgl. *Junker* Discovery S. 284 ff.; *ders.* JZ 1989, 121, 128; *Beckmann* IPRax 1990, 201, 205; kritisch auch *Greger* ZRP 1988, 164, 166 f.

[25] Vgl. Bek. v. 30. 8. 1988 (BGBl. II S. 823).
[26] Vgl. Bek. v. 23. 9. 1993 (BGBl. II S. 2398).
[27] Vgl. Bek. v. 21. 8. 2001 (BGBl. II S. 1004).
[28] Vgl. Bek. v. 11. 5. 2005 (BGBl. II S. 603).
[29] Vgl. Bek. v. 9. 11. 1982 (BGBl. II S. 998).
[30] Vgl. Bek. v. 14. 12. 2001 (BGBl. 2002 II S. 153).
[31] Vgl. Bek. v. 5. 9. 1980 (BGBl. II S. 1290).
[32] Vgl. Bek. v. 3. 12. 1986 (BGBl. II S. 1290).
[33] Vgl. Bek. v. 28. 8. 1996 (BGBl. II S. 2495).
[34] Vgl. Bek. v. 5. 9. 1980 (BGBl. II S. 1290).
[35] Vgl. Bek. v. 23. 9. 1987 (BGBl. II S. 615).
[36] Vgl. Bek. v. 14. 12. 2001 (BGBl. 2002 II S. 153).
[37] Vgl. Bek. v. 2. 12. 1997 (BGBl. II S. 2225).
[38] Vgl. Bek. v. 1. 2. 2005 (BGBl. II S. 329).
[39] Vgl. Bek. v. 12. 4. 2002 (BGBl. II S. 1161).
[40] Vgl. Bek. v. 5. 9. 1980 (BGBl. II S. 1290) und Bek. v. 20. 5. 1987 (BGBl. II S. 306).
[41] Vgl. Bek. v. 5. 9. 1980 (BGBl. II S. 1290).
[42] Vgl. Bek. v. 1. 7. 1998 (BGBl. II S. 1729). In Bezug auf die Sonderverwaltungsregion Macau wurde jedoch ein uneingeschränkter Vorbehalt erklärt, vgl. Bek. v. 21. 8. 2001 (BGBl. II S. 1004).
[43] Vgl. Bek. v. 5. 9. 1980 (BGBl. II S. 1290) und v. 12. 11. 1980 (BGBl. II S. 1440).
[44] Vgl. Bek. v. 28. 8. 1996 (BGBl. II S. 2494).
[45] Vgl. Bek. v. 5. 9. 1980 (BGBl. II S. 1290) und v. 19. 2. 1981 (BGBl. II S. 123).
[46] Vgl. Bek. v. 26. 3. 1990 (BGBl. II S. 298).
[47] Vgl. Bek. v. 17. 7. 1981 (BGBl. II S. 573).
[48] Vgl. Bek. v. 5. 9. 1980 (BGBl. II S. 1290) und v. 12. 11. 1980 (BGBl. II S. 1440).

den,[49] Schweiz,[50] Singapur,[51] Venezuela[52] und Zypern.[53] Dagegen wurde **kein Vorbehalt** nach Art. 23 von Barbados, Israel, Lettland, der Slowakischen Republik, Slowenien, der Tschechischen Republik, Ungarn, den Vereinigten Staaten und Weißrussland erklärt.

Art. 24. (1) [1]**Jeder Vertragsstaat kann außer der Zentralen Behörde weitere Behörden bestimmen, deren Zuständigkeit er festlegt.** [2]**Rechtshilfeersuchen können jedoch stets der Zentralen Behörde übermittelt werden.**

(2) Bundesstaaten steht es frei, mehrere Zentrale Behörden zu bestimmen.

I. Normzweck

1   Die Regelung des Art. 24 Abs. 1 S. 1 trägt den verschiedenartigen innerstaatlichen Verwaltungs- und Gerichtsorganisationsstrukturen der Vertragsstaaten Rechnung, indem die Möglichkeit eröffnet wird, neben der Zentralen Behörde iSd. Art. 2 weitere für bestimmte Gebiete zuständige Behörden zu bestimmen.[1] Absatz 1 S. 2 stellt klar, dass die ersuchende Stelle jedoch nicht verpflichtet ist, sich an diese Behörden zu wenden. Die Bestimmung des Absatzes 2 berücksichtigt, dass in Bundesstaaten wie Deutschland die Organisation der Justiz der Länderkompetenz unterfallen kann.

II. Anwendungsbereich

2   Von der durch Art. 24 Abs. 1 eröffneten Möglichkeit hat das Vereinigte Königreich Gebrauch gemacht und noch weitere Behörden bestimmt, denen Zuständigkeiten nach dem Übereinkommen übertragen worden sind.[2] Australien hat die Registrars of the State and Territory Supreme Courts (Urkundsbeamten der Obersten Gerichtshöfe der Staaten und Territorien) als weitere Behörden festgelegt.[3] In Polen sind neben der Zentralen Behörde auch die Wojewodschaftsgerichte zur Entgegennahme von Rechtshilfeersuchen ermächtigt.[4] Ähnlich wurden auch durch China[5] und die Niederlande[6] weitere Behörden eingerichtet. Von der nach Art. 24 Abs. 2 eröffneten Möglichkeit haben Deutschland und die Schweiz Gebrauch gemacht (Art. 2 Rn. 3 f.).

Art. 25. Jeder Vertragsstaat, in dem mehrere Rechtssysteme bestehen, kann bestimmen, daß die Behörden eines dieser Systeme für die Erledigung von Rechtshilfeersuchen nach diesem Übereinkommen ausschließlich zuständig sind.

I. Normzweck

1   Zur Vereinfachung des Rechtshilfeverkehrs räumt die Vorschrift den Vertragsstaaten mit mehreren Rechtssystemen die Möglichkeit ein, den Behörden eines dieser Systeme die ausschließliche Zuständigkeit zur Erledigung von Rechtshilfeersuchen zuzuweisen. Dabei wurde in erster Linie an die Vereinigten Staaten gedacht, denen auf diese Weise die Möglichkeit eingeräumt werden sollte, ausländische Rechtshilfeersuchen zur Erledigung an die amerikanischen Bundesgerichte zu übermitteln.[1]

II. Anwendungsbereich

2   Zu Art. 25 hat das Vereinigte Königreich folgende Erklärungen abgegeben: Für Guernsey ist zuständige Behörde der Gerichtsvollzieher, der stellvertretende Gerichtsvollzieher, jeder ehrenamtliche

---

[49] Vgl. Bek. v. 5. 9. 1980 (BGBl. II S. 1290), v. 12. 11. 1980 (BGBl. II S. 1440) und v. 21. 8. 2001 (BGBl. II S. 1004).
[50] Vgl. Bek. v. 6. 6. 1995 (BGBl. II S. 532).
[51] Vgl. Bek. v. 21. 10. 1981 (BGBl. II S. 962).
[52] Vgl. Bek. v. 29. 9. 1994 (BGBl. II S. 3647).
[53] Vgl. Bek. v. 12. 6. 1984 (BGBl. II S. 567).
[1] Vgl. Denkschrift III B, zu Art. 23 bis 26 iVm. II B, zu Art. 2, 18.
[2] Vgl. Bek. v. 5. 9. 1980 (BGBl. II S. 1290), v. 12. 11. 1980 (BGBl. II S. 1440), v. 3. 12. 1986 (BGBl. II S. 1135), v. 20. 5. 1987 (BGBl. II S. 306) und v. 21. 8. 2001 (BGBl. II S. 1004).
[3] Vgl. Bek. v. 23. 9. 1993 (BGBl. II S. 2398).
[4] Vgl. Bek. v. 28. 8. 1996 (BGBl. II S. 2495) und v. 9. 12. 1997 (BGBl. II S. 161).
[5] Vgl. Bek. v. 21. 8. 2001 (BGBl. II S. 1004).
[6] Vgl. Bek. v. 17. 7. 1981 (BGBl. II S. 573) und v. 3. 12. 1986 (BGBl. II S. 1135).
[1] Vgl. Denkschrift III B, zu Art. 23 bis 26. Die Vereinigten Staaten haben bislang eine Erklärung betreffend Art. 25 nicht abgegeben.

3a) Beweisaufnahme im Ausland

Richter des Königlichen Gerichts von Guernsey, der Vorsitzende oder ein ehrenamtlicher Richter des Gerichts von Alderney und der Seneschall des Gerichts von Sark oder sein Stellvertreter.[2] Für Jersey ist zuständige Behörde der Königliche Gerichtshof.[3]

Art. 26. (1) Jeder Vertragsstaat kann, wenn sein Verfassungsrecht dies gebietet, vom ersuchenden Staat die Erstattung der Kosten verlangen, die bei der Erledigung eines Rechtshilfeersuchens durch die Zustellung der Ladung, die Entschädigung der vernommenen Person und die Anfertigung eines Protokolls über die Beweisaufnahme entstehen.

(2) Hat ein Staat von den Bestimmungen des Absatzes 1 Gebrauch gemacht, so kann jeder andere Vertragsstaat von diesem Staat die Erstattung der entsprechenden Kosten verlangen.

Die Vorschrift des Art. 26 Abs. 1 sieht als weitere Ausnahme vom Grundsatz der Kostenerstattungsfreiheit nach Art. 14 Abs. 1 (ebenda Rn. 1) vor, dass für die genannten Fälle die Erstattung der Kosten vom ersuchenden Staat verlangt werden kann. Absatz 2 nimmt eine ausgleichende Funktion wahr und räumt den anderen Vertragsstaaten einen Kostenerstattungsanspruch gegen den Staat ein, der von Absatz 1 Gebrauch gemacht hat. **1**

Zu Art. 26 haben die Niederlande erklärt, dass sie von dem Staat, der von den Bestimmungen dieses Artikels Gebrauch gemacht hat, die Erstattung der in Art. 26 Abs. 1 genannten Kosten verlangen wird.[1]

Art. 27. Dieses Übereinkommen hindert einen Vertragsstaat nicht,
a) zu erklären, daß Rechtshilfeersuchen seinen gerichtlichen Behörden auch auf anderen als den in Artikel 2 vorgesehenen Wegen übermittelt werden können;
b) nach seinem innerstaatlichen Recht oder seiner innerstaatlichen Übung zuzulassen, daß Handlungen, auf die dieses Übereinkommen anwendbar ist, unter weniger einschränkenden Bedingungen vorgenommen werden;
c) nach seinem innerstaatlichen Recht oder seiner innerstaatlichen Übung andere als die in diesem Übereinkommen vorgesehenen Verfahren der Beweisaufnahme zuzulassen.

I. Normzweck

Durch Art. 27 soll gewährleistet werden, dass zusätzliche Möglichkeiten und Erleichterungen für eine Beweisaufnahme im Rechtshilfeweg nach nationalem Recht gegenüber den Bestimmungen des Übereinkommens erhalten bleiben oder geschaffen werden können.[1] So kann nach Art. 27 lit. a erklärt werden, dass Rechtshilfeersuchen zusätzlich zu dem einseitig nicht abdingbaren Weg über die Zentrale Behörde auch auf anderem Weg übermittelt werden können. Nach Art. 27 lit. b können Vertragsstaaten nach ihrem innerstaatlichen Recht oder ihrer innerstaatlichen Übung vorgesehene geringere Anforderungen an die Beweisaufnahme oder sonstige gerichtliche Handlung für ausländische Verfahren stellen. Weiter können über diejenigen des Abkommens hinaus weitere Arten der Beweisaufnahme zugelassen werden, Art. 27 lit. c.[2] **1**

II. Anwendungsbereich

Nach Art. 27 lit. a haben Dänemark[3] und Mexiko[4] erklärt, die Übermittlung von Rechtshilfeersuchen auch auf dem konsularischen Weg zuzulassen. Ferner ist auf die Erklärungen des Vereinigten Königreichs[5] hinzuweisen, „daß nach Recht und Übung des Vereinigten Königreichs die nach Art. 16 und 17 erwähnte vorherige Genehmigung für diplomatische oder konsularische Vertreter oder Beauftragte eines Vertragsstaates, der die Einholung der Genehmigung zum Zweck der Beweisaufnahme nach den Art. 16 und 17 nicht verlangt, nicht erforderlich ist". **2**

---
[2] Vgl. Bek. v. 20. 3. 1986 (BGBl. II S. 578).
[3] Vgl. Bek. v. 20. 5. 1987 (BGBl. II S. 306).
[1] Vgl. Bek. v. 17. 7. 1981 (BGBl. II S. 573).
[1] Vgl. Denkschrift III B, zu Art. 27.
[2] Vgl. Denkschrift III B, zu Art. 27.
[3] Vgl. Bek. v. 5. 9. 1980 (BGBl. II S. 1290).
[4] Vgl. Bek. v. 26. 3. 1990 (BGBl. II S. 298).
[5] Vgl. Bek. v. 5. 9. 1980 (BGBl. II S. 1290) und v. 12. 11. 1980 (BGBl. II S. 1440).

Art. 28. Dieses Übereinkommen schließt nicht aus, daß Vertragsstaaten vereinbaren, von folgenden Bestimmungen abzuweichen:
a) Artikel 2 in bezug auf den Übermittlungsweg für Rechtshilfeersuchen;
b) Artikel 4 in bezug auf die Verwendung von Sprachen;
c) Artikel 8 in bezug auf die Anwesenheit von Mitgliedern der gerichtlichen Behörde bei der Erledigung von Rechtshilfeersuchen;
d) Artikel 11 in bezug auf die Aussageverweigerungsrechte und Aussageverbote;
e) Artikel 13 in bezug auf die Übermittlung von Erledigungsstücken;
f) Artikel 14 in bezug auf die Regelung der Kosten;
g) den Bestimmungen des Kapitels II.

1   Soweit durch die Vertragsstaaten entsprechende Vereinbarungen getroffen wurden, sind diese bei der jeweiligen Vorschrift aufgeführt.

Art. 29. Dieses Übereinkommen tritt zwischen den Staaten, die es ratifiziert haben, an die Stelle der Artikel 8 bis 16 des am 17. Juli 1905 in Den Haag unterzeichneten Abkommens über den Zivilprozeß und des am 1. März 1954 in Den Haag unterzeichneten Übereinkommens über den Zivilprozeß, soweit diese Staaten Vertragsparteien jenes Abkommens oder jenes Übereinkommens sind.

1   Siehe dazu die Ausführungen bei Art. 8–16 HZPÜ 1954.

Art. 30. Dieses Übereinkommen berührt weder die Anwendung des Artikels 23 des Abkommens von 1905 noch die Anwendung des Artikels 24 des Übereinkommens von 1954.

1   Die in Art. 30 zitierten Bestimmungen des Abkommens von 1905 und des Übereinkommens von 1954 betreffen die Pflicht zur Erstattung von Kosten in Fällen von Rechtshilfeersuchen für Verfahren, in denen einer Partei Armenrecht (Prozesskostenhilfe) gewährt worden ist. Nach Art. 23 Abs. 2 HZPÜ 1954 sind nur die an Zeugen oder Sachverständige gezahlten Entschädigungen sowie die durch eine etwaige Anwendung des Art. 14 Abs. 2 HZPÜ 1954 (Erledigung des Ersuchens auf Antrag der ersuchenden Behörde nach einer besonderen Form) erforderlich gewordenen Auslagen zu erstatten, während nach Art. 24 Abs. 2 HZPÜ 1954 die Erstattungspflicht auf die an Sachverständige gezahlten Entschädigungen beschränkt wird.

Art. 31. Zusatzvereinbarungen zu dem Abkommen von 1905 und dem Übereinkommen von 1954, die Vertragsstaaten geschlossen haben, sind auch auf das vorliegende Übereinkommen anzuwenden, es sei denn, daß die beteiligten Staaten etwas anderes vereinbaren.

I. Normzweck

1   Die Bundesrepublik Deutschland (bzw. das Deutsche Reich) hat zu dem Haager Abkommen über den Zivilprozeß vom 17. 7. 1905 bzw. zum Haager Übereinkommen über den Zivilprozeß vom 1. 3. 1954 mit Dänemark, Frankreich,[1] Luxemburg,[2] Niederlande,[3] Norwegen, Polen,[4] Schweden[5] und der Schweiz Zusatzabkommen geschlossen, die nach Art. 31 weiterhin Geltung haben und bestimmte Regelungen des HBewÜ modifizieren. Zu berücksichtigen ist in diesem Zusammenhang, dass im Verhältnis zwischen den EU-Mitgliedstaaten mit Ausnahme Dänemarks die EG-BeweisVO nach deren Art. 21 Abs. 1 Vorrang vor den Bestimmungen des HBewÜ hat. Damit ha-

---

[1] Deutsch-französische Vereinbarung v. 6. 5. 1961 zur weiteren Vereinfachung des Rechtshilfeverkehrs nach dem HZPÜ 1954 (BGBl. II S. 1040).
[2] Deutsch-luxemburgische Vereinbarung zur weiteren Vereinfachung des Rechtshilfeverkehrs v. 1. 8. 1909 (RGBl. S. 907, 910); vgl. auch Bek. v. 27. 6. 1960 (BGBl. II S. 1853).
[3] Deutsch-niederländischer Vertrag v. 30. 8. 1962 zur weiteren Vereinfachung des Rechtshilfeverkehrs nach dem HZPÜ 1954 (BGBl. 1964 II S. 468).
[4] Deutsch-polnische Vereinbarung v. 14. 12. 1992 zur weiteren Erleichterung des Rechtsverkehrs nach dem Haager Übereinkommen vom 1. März 1954 über den Zivilprozeß (BGBl. II 1994 S. 361).
[5] Deutsch-schwedische Vereinbarung zur weiteren Vereinfachung des Rechtshilfeverkehrs v. 1. 2. 1910 (RGBl. S. 455); vgl. auch die Bek. v. 27. 6. 1960 (BGBl. II S. 1853).

3a) Beweisaufnahme im Ausland　　　　　　　　　　　　　　**1 Art. 32 HBewÜ**

ben die Zusatzabkommen in erster Linie noch Bedeutung im Verhältnis zu Dänemark, Norwegen und der Schweiz (Rn. 2).

II. Anwendungsbereich

1. Zusatzabkommen. Aus den genannten Zusatzabkommen ergeben sich im Verhältnis 2 Deutschlands zu den Vertragsstaaten, für die nicht die EG-BeweisVO anwendbar ist, folgende Besonderheiten:
- **Dänemark:**[6] Abweichend von Art. 2 ist den deutschen und den dänischen gerichtlichen Behörden der unmittelbare Geschäftsverkehr miteinander gestattet für die Mitteilung gerichtlicher und außergerichtlicher Urkunden sowie für die Erledigung von Ersuchungsschreiben.
- **Norwegen:**[7] Rechtshilfeersuchen können auch im unmittelbaren Verkehr der beiderseitigen Behörden übersandt werden. Gerichtliche und außergerichtliche Schriftstücke können ebenfalls im unmittelbaren Verkehr übersandt werden, und zwar wenn die Zustellung an Personen in der Bundesrepublik Deutschland bewirkt werden soll, von den zuständigen norwegischen Justizbehörden an den Präsidenten des Landgerichts oder Amtsgerichts, in dessen Bezirk sich der Empfänger aufhält, und wenn die Zustellung an Personen in Norwegen bewirkt werden soll, von den zuständigen deutschen Justizbehörden an das herredsrett oder das byrett, in dessen Bezirk sich der Empfänger aufhält. Rechtshilfeersuchen, die sich auf eigene Staatsangehörige beziehen, können durch diplomatische oder konsularische Vertreter des ersuchenden Staates unmittelbar und ohne Anwendung von Zwang ausgeführt werden. Abweichend von Art. 14 ist mit Norwegen vereinbart worden, dass **Auslagen,** die durch die Erledigung eines Rechtshilfeersuchens in einer besonderen Form nach Art. 9 Abs. 2 entstehen, nicht zu erstatten sind.
- **Schweiz:**[8] Für die Mitteilung gerichtlicher und außergerichtlicher Urkunden sowie die Erledigung von Ersuchungsschreiben ist der unmittelbare Geschäftsverkehr zwischen den Behörden gestattet.

2. Verfahren. Das Ersuchen um Rechtshilfe ist sowohl in Fällen, in denen diplomatische oder 3 konsularische Vertreter der Bundesrepublik das Ersuchen erledigen, wie auch im unmittelbaren Verkehr mit den ausländischen Behörden nach § 27 ZRHO den Prüfungsstellen gemäß § 9 ZRHO zusammen mit einem Begleitbericht (§ 7 Nr. 2 ZRHO iVm. § 23 ZRHO) vorzulegen. Dabei sind etwaige Begleitschreiben (§§ 7 Nr. 1a, 22 ZRHO) und gegebenenfalls gefertigten Denkschriften (§§ 7 Nr. 3, 24 ZRHO) beizufügen.

Art. 32. Unbeschadet der Artikel 29 und 31 berührt dieses Übereinkommen nicht die Übereinkommen, denen die Vertragsstaaten angehören oder angehören werden und die Bestimmungen über Rechtsgebiete enthalten, die durch dieses Übereinkommen geregelt sind.

I. Normzweck

Die Bestimmung des Art. 32 bewirkt, dass zB die Art. 8 bis 14 des deutsch-britischen Abkommens über den Rechtsverkehr vom 20. 3. 1928[1] in Geltung bleiben und dem Haager Übereinkommen über die Beweisaufnahme vorgehen. Das deutsch-britische Abkommen gilt nicht nur für Großbritannien und Nordirland sowie die Gebiete, für deren internationale Beziehungen Großbritannien zuständig ist,[2] sondern auch für die ganz überwiegende Mehrzahl der inzwischen selbstständig gewordenen Staaten, die früher zu Großbritannien gehörten oder davon vertreten wurden.[3] In der Folge hat das deutsch-britische Abkommen aufgrund des Vorranges der EG-BeweisVO zwar

---

[6] Deutsch-dänische Vereinbarung zur Vereinfachung des Rechtshilfeverkehrs v. 1. 6. 1910 (RGBl. S. 871, 873) idF der Vereinbarung v. 6. 1. 1932 (RGBl. II S. 20); vgl. auch die Bek. v. 27. 6. 1960 (BGBl. II S. 1853).
[7] Deutsch-norwegische Vereinbarung v. 17. 6. 1977 zur weiteren Vereinfachung des Rechtshilfeverkehrs nach dem HZPÜ 1954 (BGBl. 1979 II S. 1292).
[8] Deutsch-schweizerische Vereinbarung v. 30. 4. 1910 zur weiteren Vereinfachung des Rechtshilfeverkehrs (RGBl. S. 674); vgl. Nr. 6 der Bek. v. 27. 6. 1960 (BGBl. II S. 1853).
[1] RGBl. II S. 623. Vgl. auch Nr. 19 der Bek. v. 13. 3. 1953 über die Wiederanwendung deutsch-britischer Vorkriegsverträge (BGBl. II S. 116) sowie die Bek. v. 13. 4. 1960 (BGBl. II S. 1518) und v. 21. 1. 1970 (BGBl. II S. 43).
[2] Vgl. die Bek. v. 13. 4. 1960 (BGBl. II S. 1518) und v. 21. 1. 1970 (BGBl. II S. 43) sowie *Bülow/Böckstiegel/Geimer/Schütze* A II, 520.3, 29 f.
[3] Vgl. die Übersicht bei *Bülow/Böckstiegel/Geimer/Schütze* A II, 520.5 ff.

nicht mehr maßgeblich im Verhältnis zum Vereinigten Königreich Bedeutung, jedoch gilt es u. a. im Verhältnis zu Australien,[4] Kanada,[5] Neuseeland[6] und Singapur[7] weiter.[8]

II. Anwendungsbereich des deutsch-britischen Abkommens

2 Für eine Beweisaufnahme im Ausland sieht das deutsch-britische Abkommen nach dessen Art. 8 drei verschiedene Wege vor, und zwar
- die Erledigung durch die ausländische Behörde unter Vermittlung der Auslandsvertretung des ersuchenden Staates (Art. 9),
- die Erledigung durch die Auslandsvertretung des ersuchenden Staates in eigener Zuständigkeit ohne Anwendung von Zwang (Art. 11) und
- die Erledigung durch die Auslandsvertretung des ersuchenden Staates unter Anwendung von Zwang (Art. 12).

3 Die in Art. 11 des Abkommens vorgesehene Möglichkeit einer Beweisaufnahme durch diplomatische oder konsularische Beamte ist unabhängig von der Staatsangehörigkeit der zu vernehmenden Person vorgesehen. Die in Art. 12 des Abkommens getroffene Regelung sieht vor, dass das zuständige Gericht (in der Bundesrepublik Deutschland das Amtsgericht)[9] ersucht werden kann, die Beweisaufnahme von einem diplomatischen oder konsularischen Beamten des ersuchenden Teiles vornehmen zu lassen. Sofern es sich um Angehörige des ersuchenden Teiles handelt, hat das ersuchte Gericht die erforderlichen Maßnahmen zu treffen, um sicherzustellen, dass die Zeugen oder die sonstigen zu vernehmenden Personen erscheinen und ihre Aussagen machen sowie dass die Urkunden vorgelegt werden. Dabei hat das Gericht von den ihm zur Verfügung stehenden Zwangsmaßnahmen[10] Gebrauch zu machen, wenn dies erforderlich ist.

Art. 33. (1) [1]Jeder Staat kann bei der Unterzeichnung, bei der Ratifikation oder beim Beitritt die Anwendung des Artikels 4 Absatz 2 sowie des Kapitels II ganz oder teilweise ausschließen. [2]Ein anderer Vorbehalt ist nicht zulässig.

(2) Jeder Vertragsstaat kann einen Vorbehalt, den er gemacht hat, jederzeit zurücknehmen; der Vorbehalt wird am sechzigsten Tag nach der Notifikation der Rücknahme unwirksam.

(3) Hat ein Staat einen Vorbehalt gemacht, so kann jeder andere Staat, der davon berührt wird, die gleiche Regelung gegenüber dem Staat anwenden, der den Vorbehalt gemacht hat.

1 Von der Möglichkeit, iSd. Art. 33 Vorbehalte zu Bestimmungen des Kapitels II zu erklären, haben fast alle Vertragsstaaten in einem mehr oder weniger großen Umfang Gebrauch gemacht. Im Einzelnen dazu Art. 22 Rn. 3.

Art. 34. Jeder Staat kann eine Erklärung jederzeit zurücknehmen oder ändern.

Art. 35–42

[Diese Bestimmungen enthalten überwiegend technische Regeln über zu notifizierende Gegenstände und über das Inkrafttreten des Abkommens; auf einen Abdruck wurde verzichtet.]

---

[4] Vgl. RGBl. 1932 II S. 307, BGBl. 1955 II S. 699 und BGBl. 1957 II S. 744.
[5] Vgl. RGBl. 1935 II S. 848 und BGBl. 1954 II S. 15.
[6] Vgl. RGBl. 1929 II S. 637 und BGBl. 1953 II S. 118.
[7] Vgl. RGBl. 1929 II S. 736 und BGBl. 1976 II S. 576.
[8] *Schlosser* EU-ZPR Art. 32 HBÜ Rn. 1, Art. 25 HZÜ Rn. 3.
[9] Art. 2 Abs. 1 der Verordnung zur Ausführung des deutsch-britischen Abkommens über den Rechtsverkehr v. 5. 3. 1929 (RGBl. II S. 135).
[10] Vgl. Art. 2 Abs. 2 der Verordnung v. 5. 3. 1929 (RGBl. II S. 135).

b) Gesetz zur Ausführung des Haager Übereinkommens vom 15. November 1965 über die Zustellung gerichtlicher und außergerichtlicher Schriftstücke im Ausland in Zivil- oder Handelssachen und des Haager Übereinkommens vom 18. März 1970 über die Beweisaufnahme im Ausland in Zivil- oder Handelssachen

Vom 22. 12. 1977 (BGBl. I S. 3105)

(Auszug)

§§ 1 bis 6 *(vom Abdruck wurde abgesehen)*

§ 7. ¹Die Aufgaben der Zentralen Behörde (Artikel 2, 24 Abs. 2 des Übereinkommens) nehmen die von den Landesregierungen bestimmten Stellen wahr. ²Jedes Land kann nur eine Zentrale Behörde einrichten.

§ 8. Für die Erledigung von Rechtshilfeersuchen ist das Amtsgericht zuständig, in dessen Bezirk die Amtshandlung vorzunehmen ist.

§ 9. Rechtshilfeersuchen, die durch das Amtsgericht zu erledigen sind (Kapitel I des Übereinkommens), müssen in deutscher Sprache abgefaßt oder von einer Übersetzung in diese Sprache begleitet sein (Artikel 4 Abs. 1, 5 des Übereinkommens).

§ 10. Mitglieder des ersuchenden ausländischen Gerichts können bei der Erledigung eines Rechtshilfeersuchens durch das Amtsgericht anwesend sein, wenn die Zentrale Behörde dies genehmigt hat.

§ 11. ¹Eine Beweisaufnahme durch diplomatische oder konsularische Vertreter ist unzulässig, wenn sie deutsche Staatsangehörige betrifft. ²Betrifft sie Angehörige eines dritten Staates oder Staatenlose, so ist sie nur zulässig, wenn die Zentrale Behörde sie genehmigt hat (Artikel 16 Abs. 1 des Übereinkommens). ³Eine Genehmigung ist nicht erforderlich, wenn der Angehörige eines dritten Staates zugleich die Staatsangehörigkeit des Staates des ersuchenden Gerichts besitzt.

§ 12. (1) ¹Ein Beauftragter des ersuchenden Gerichts (Artikel 17 des Übereinkommens) darf eine Beweisaufnahme nur durchführen, wenn die Zentrale Behörde sie genehmigt hat. ²Die Genehmigung kann mit Auflagen verbunden werden.

(2) ¹Das Gericht, das für die Erledigung eines Rechtshilfeersuchens in derselben Angelegenheit nach § 8 zuständig wäre, ist befugt, die Vorbereitung und die Durchführung der Beweisaufnahme zu überwachen. ²Ein Mitglied dieses Gerichts kann an der Beweisaufnahme teilnehmen (Artikel 19 Satz 2 des Übereinkommens).

§ 13. Für die Erteilung der Genehmigung nach den §§ 10, 11 und 12 (Artikel 19 des Übereinkommens) ist die Zentrale Behörde des Landes zuständig, in dem die Beweisaufnahme durchgeführt werden soll.

§ 14. (1) Rechtshilfeersuchen, die ein Verfahren nach Artikel 23 des Übereinkommens zum Gegenstand haben, werden nicht erledigt.

(2) Jedoch können, soweit die tragenden Grundsätze des deutschen Verfahrensrechts nicht entgegenstehen, solche Ersuchen unter Berücksichtigung der schutzwürdigen Interessen der Betroffenen erledigt werden, nachdem die Voraussetzungen der Erledigung und das anzuwendende Verfahren durch Rechtsverordnung näher geregelt sind, die der Bundesminister der Justiz mit Zustimmung des Bundesrates erlassen kann.

§§ 15–17 *(vom Abdruck wurde abgesehen)*

c) Haager Übereinkommen über den Zivilprozeß

Vom 1. 3. 1954 (BGBl. 1958 II S. 576)

(Auszug)

I. Zustellung gerichtlicher und außergerichtlicher Schriftstücke

Art. 1–7 *(vom Abdruck wurde abgesehen)*

II. Rechtshilfeersuchen

Art. 8. In Zivil- oder Handelssachen kann das Gericht eines Vertragsstaates gemäß seinen innerstaatlichen Rechtsvorschriften die zuständige Behörde eines anderen Vertragsstaates ersuchen, eine Beweisaufnahme oder eine andere gerichtliche Handlung innerhalb ihrer Zuständigkeit vorzunehmen.

Art. 9. (1) [1]Die Rechtshilfeersuchen werden durch den Konsul des ersuchenden Staates der Behörde übermittelt, die von dem ersuchten Staat bezeichnet wird. [2]Diese Behörde hat dem Konsul die Urkunde zu übersenden, aus der sich die Erledigung des Ersuchens oder der Grund ergibt, aus dem das Ersuchen nicht hat erledigt werden können.

(2) Schwierigkeiten, die aus Anlaß der Übermittlung des Ersuchens entstehen, werden auf diplomatischem Wege geregelt.

(3) Jeder Vertragstaat kann in einer an die anderen Vertragstaaten gerichteten Mitteilung verlangen, daß die in seinem Hoheitsgebiet zu erledigenden Rechtshilfeersuchen ihm auf diplomatischem Wege übermittelt werden.

(4) Die vorstehenden Bestimmungen hindern nicht, daß zwei Vertragstaaten vereinbaren, für die Übermittlung von Rechtshilfeersuchen den unmittelbaren Verkehr zwischen ihren Behörden zuzulassen.

Art. 10. Vorbehaltlich anderweitiger Vereinbarung muß das Rechtshilfeersuchen in der Sprache der ersuchten Behörde oder in der zwischen den beiden beteiligten Staaten vereinbarten Sprache abgefaßt oder aber von einer Übersetzung in eine dieser Sprachen begleitet sein, die durch einen diplomatischen oder konsularischen Vertreter des ersuchenden Staates oder einen beeidigten Übersetzer des ersuchten Staates beglaubigt ist.

Art. 11. (1) [1]Das Gericht, an welches das Ersuchen gerichtet wird, ist verpflichtet, ihm zu entsprechen und dabei dieselben Zwangsmittel anzuwenden wie bei der Erledigung eines Ersuchens der Behörden des ersuchten Staates oder eines zum gleichen Zweck gestellten Antrags einer beteiligten Partei. [2]Diese Zwangsmittel brauchen nicht angewendet zu werden, wenn es sich um das persönliche Erscheinen der Parteien des Rechtsstreits handelt.

(2) Die ersuchende Behörde ist auf ihr Verlangen von der Zeit und dem Ort der auf das Ersuchen vorzunehmenden Handlung zu benachrichtigen, damit die beteiligte Partei ihr beizuwohnen in der Lage ist.

(3) Die Erledigung des Rechtshilfeersuchens kann nur abgelehnt werden:
1. wenn die Echtheit des Ersuchens nicht feststeht;
2. wenn die Erledigung des Ersuchens in dem ersuchten Staat nicht in den Bereich der Gerichtsgewalt fällt;
3. wenn der Staat, in dessen Hoheitsgebiet das Ersuchen durchgeführt werden soll, die Erledigung für geeignet hält, seine Hoheitsrechte oder seine Sicherheit zu gefährden.

Art. 12. Ist die ersuchte Behörde nicht zuständig, so ist das Ersuchen von Amts wegen an das zuständige Gericht desselben Staates nach dessen Rechtsvorschriften abzugeben.

Art. 13. In allen Fällen, in denen das Ersuchen von der ersuchten Behörde nicht erledigt wird, hat diese die ersuchende Behörde hiervon unverzüglich zu benachrichtigen, und zwar im Falle des Artikels 11 unter Angabe der Gründe, aus denen die Erledigung des Ersuchens abgelehnt worden ist, und im Falle des Artikels 12 unter Bezeichnung der Behörde, an die das Ersuchen abgegeben wird.

Art. 14. (1) Das Gericht hat bei der Erledigung eines Ersuchens in den Formen zu verfahren, die nach seinen Rechtsvorschriften anzuwenden sind.

(2) Jedoch ist dem Antrag der ersuchenden Behörde, nach einer besonderen Form zu verfahren, zu entsprechen, sofern diese Form den Rechtsvorschriften des ersuchten Staates nicht zuwiderläuft.

Art. 15. Die vorstehenden Artikel schließen es nicht aus, daß jeder Staat Ersuchen unmittelbar durch seine diplomatischen oder konsularischen Vertreter erledigen lassen darf, wenn Abkommen zwischen den beteiligten Staaten dies zulassen oder wenn der Staat, in dessen Hoheitsgebiet das Ersuchen erledigt werden soll, dem nicht widerspricht.

Art. 16. (1) Für die Erledigung von Ersuchen dürfen Gebühren oder Auslagen irgendwelcher Art nicht erhoben werden.

(2) Der ersuchte Staat ist jedoch vorbehaltlich anderweitiger Vereinbarung berechtigt, von dem ersuchenden Staat die Erstattung der an Zeugen oder Sachverständige gezahlten Entschädigungen sowie der Auslagen zu verlangen, die dadurch entstanden sind, daß wegen Nichterscheinens von Zeugen die Mitwirkung eines Gerichtsbeamten erforderlich war oder daß nach Artikel 14 Absatz 2 verfahren worden ist.

Erläuterungen zu den Artikeln 8 bis 16

Die Art. 8 bis 16 des Übereinkommens von 1954 werden durch das HBewÜ nach dessen Art. 29 zwischen den Staaten ersetzt, die Vertragsparteien beider Abkommen sind. Im Verhältnis zwischen diesen Staaten sind folglich die Art. 8 bis 16 des Übereinkommens von 1954 nicht anwendbar. Daher sind diese Bestimmungen nur noch für den Rechtshilfeverkehr zwischen der Bundesrepublik Deutschland und folgenden Staaten maßgebend:[1] **Ägypten, Armenien, Bosnien-Herzegowina, Georgien, Japan, Kirgistan, Kroatien, Libanon, Marokko, Mazedonien, Republik Moldau, Russische Föderation, Serbien-Montenegro, Suriname, Usbekistan** und **Vatikanstadt.** Auch **Belgien** und **Österreich** sind Vertragsstaaten des Haager Übereinkommens von 1954, jedoch sind im Verhältnis zu Deutschland in Rechtsangelegenheiten betreffend eine Beweisaufnahme die insoweit vorrangigen Regelungen der EG-BeweisVO zu beachten, Art. 21 Abs. 1 EG-BeweisVO (vgl. Vorb. HBewÜ Rn. 1, siehe auch die Erläuterungen zu den §§ 1072 ff. ZPO).

Das Übereinkommen von 1954 tritt gemäß dessen Art. 29 im Verhältnis zwischen den Staaten, die es ratifiziert haben, an die Stelle des am 17. 7. 1905 in Den Haag unterzeichneten Übereinkommens über den Zivilprozeß. Nur noch im Verhältnis zwischen der Bundesrepublik Deutschland und **Island** gilt das **Abkommen von 1905**[2] weiter.[3]

Die Vorschrift des **Art. 8** entspricht Art. 1 Abs. 1 HBewÜ (vgl. ebenda Rn. 1 f.). Anders als nach Art. 2 HBewÜ sind Rechtshilfeersuchen nach **Art. 9** auf dem konsularischen und ausnahmsweise auf dem diplomatischen Wege zu übermitteln. Von dem Vorbehalt nach Art. 9 Abs. 3, nach dem jeder Vertragsstaat verlangen kann, dass die in seinem Hoheitsgebiet zu erledigenden Rechtshilfeersuchen ihm auf diplomatischen Wege übermittelt werden, haben Japan, die Russische Föderation und Vatikanstadt Gebrauch gemacht.[4]

Nach **Art. 10** müssen Rechtshilfeersuchen wie nach Art. 4 Abs. 1 HBewÜ grundsätzlich in der Amtssprache des ersuchten Staates abgefasst oder in diese Sprache übersetzt werden, wobei die Übersetzung durch einen diplomatischen oder konsularischen Vertreter des ersuchenden Staates oder einen beeideten Übersetzer des ersuchten Staates beglaubigt werden muss.

Grundsätzlich verfährt das ersuchte Gericht bei Erledigung eines Rechtshilfeersuchens nach **Art. 14 Abs. 1** in den Formen des eigenen Rechts. Dem entspricht es auch, dass in **Art. 11 Abs. 1** das ersuchte Gericht verpflichtet wird, die Zwangsmittel anzuwenden, welche die eigene

---

[1] Vgl. *Bülow/Böckstiegel/Geimer/Schütze* A I 1 a, 100.6 ff.
[2] RGBl. 1909 S. 409.
[3] Der Text des Abkommens ist abgedruckt bei *Bülow/Böckstiegel/Geimer/Schütze* A I 1 Anh. a, 201.1 ff.
[4] *Bülow/Böckstiegel/Geimer/Schütze* A I 1 b, 101.11 Fn. 49.

AusfG HZPÜ §§ 1–13　　　　　　　　　　　　　　　　　　　C. Völkerrechtliche Verträge

Rechtsordnung vorsieht. Nur wenn die ersuchende Behörde beantragt, nach einer besonderen Form zu verfahren, hat die ersuchte Behörde diesem Antrag zu entsprechen, sofern dies nicht den Rechtsvorschriften des ersuchten Staates zuwiderläuft, **Art. 14 Abs. 2.** Insofern gelten die Erläuterungen zu Art. 9 Abs. 1, 2 HBewÜ sowie Art. 10 HBewÜ entsprechend. Wie auch in Art. 7 S. 1 HBewÜ (ebenda Rn. 2) besteht eine Verpflichtung der ersuchten Behörde, auf Verlangen der ersuchenden Behörde von der Zeit und dem Ort der auf das Ersuchen vorzunehmenden Handlung zu benachrichtigen (**Art. 11 Abs. 2**). Ebenso entspricht die Regelung des **Art. 12** der Bestimmung des Art. 6 HBewÜ (ebenda Rn. 2).

6　Die **Erledigung** von Rechtshilfeersuchen **durch diplomatische oder konsularische Vertreter** des eigenen Staates wie es in Vereinbarungen zwischen Deutschland und Belgien[5] sowie Österreich[6] vorgesehen war, wird von Japan toleriert, wenn eigene Staatsangehörige vernommen oder zur Vorlegung von Urkunden angehalten werden sollen und bei deren Ausführung kein Zwang angewendet wird (vgl. **Art. 15**). Die Russische Förderation und Vatikanstadt lehnen dagegen die Erledigung von Rechtshilfeersuchen durch die deutschen Auslandsvertretungen ab.[7]

7　Im Rechtshilfeverkehr mit der Russischen Förderation werden aufgrund einer Abrede der Regierungen Gebühren und Auslagen beiderseits nicht erstattet, sofern nicht Kosten für Sachverständige in Rede stehen.[8] Nach Art. 24 Abs. 2 sind in Fällen, in denen einem Angehörigen eines Vertragsstaates für ein Verfahren das Armenrecht (Prozesskostenhilfe) bewilligt worden ist, dem ersuchten Staat Auslagen für ein Rechtshilfeersuchen nicht zu erstatten. Davon ausgenommen sind Entschädigungen, die an Sachverständige gezahlt worden sind.

Art. 17–33 *(vom Abdruck wurde abgesehen)*

d) Gesetz zur Ausführung des Haager Übereinkommens vom 1. 3. 1954 über den Zivilprozeß

Vom 18. 12. 1958 (BGBl. I S. 939) idF vom 27. 7. 2001 (BGBl. I S. 1887)

(Auszug)

§ 1. ¹Für die Entgegennahme von Zustellungsanträgen (Artikel 1 Abs. 1 des Übereinkommens) oder von Rechtshilfeersuchen (Artikel 8, Artikel 9 Abs. 1), die von einem ausländischen Konsul innerhalb der Bundesrepublik Deutschland übermittelt werden, ist der Präsident des Landgerichts zuständig, in dessen Bezirk die Zustellung bewirkt oder das Rechtshilfeersuchen erledigt werden soll. ²An die Stelle des Landgerichtspräsidenten tritt der Amtsgerichtspräsident, wenn der Zustellungsantrag oder das Rechtshilfeersuchen in dem Bezirk des Amtsgerichts erledigt werden soll, das seiner Dienstaufsicht untersteht.

§ 2. (1) Für die Erledigung von Zustellungsanträgen oder von Rechtshilfeersuchen ist das Amtsgericht zuständig, in dessen Bezirk die Amtshandlung vorzunehmen ist.

(2) ¹Die Zustellung wird durch die Geschäftsstelle des Amtsgerichts bewirkt. ²Diese hat auch den Zustellungsnachweis (Artikel 1 Abs. 1, Artikel 5 des Übereinkommens) zu erteilen.

§ 3 *(aufgehoben)*

§§ 4 bis 13 *(vom Abdruck wurde abgesehen)*

---

[5] Art. 7 der deutsch-belgischen Vereinbarung v. 25. 4. 1959 zur weiteren Vereinfachung des Rechtsverkehrs nach dem HZPÜ 1954 (BGBl. II S. 1524). Nach Art. 4 Abs. 1 dieser Vereinbarung werden Rechtshilfeersuchen im unmittelbaren Verkehr zwischen den Landesjustizverwaltungen der Bundesrepublik Deutschland und dem belgischen Justizministerium übersandt.

[6] Art. 6 der deutsch-österreichischen Vereinbarung v. 6. 6. 1959 zur weiteren Vereinfachung des rechtlichen Verkehrs nach dem HZPÜ 1954 (BGBl. II S. 1523). Nach Art. 4 dieser Vereinbarung werden Rechtshilfeersuchen im unmittelbaren Verkehr zwischen den Behörden beider Länder übersandt.

[7] *Bülow/Böckstiegel/Geimer/Schütze* A I 1 b, 101.15 Fn. 67.

[8] *Bülow/Böckstiegel/Geimer/Schütze* G I, 900.69 f. Fn. 299 (unter II a).

4. Völkervertragliches Zustellungsrecht

Schrifttum: *Bajons,* Internationale Zustellung und Recht auf Verteidigung, FS Schütze, 1999, S. 49 ff.; *Bischof,* Die Zustellung im internationalen Rechtsverkehr in Zivil- oder Handelssachen, 1997; *Böckstiegel/Schlafen,* Die Haager Reformübereinkommen über die Zustellung und die Beweisaufnahme im Ausland, NJW 1978, 1073; *Bülow/Böckstiegel/Geimer/Schütze,* Der Internationale Rechtsverkehr in Zivil- und Handelssachen, Loseblatt (Stand Januar 2006); *Geimer,* Neuordnung des Internationalen Zustellungsrechts, 1999; *Hök,* Grenzüberschreitende Zustellung, ZAP Fach 25, 141; *Jayme/Hausmann,* Internationales Privat- und Verfahrensrecht, 13. Aufl., 2006; *Junker,* Der deutsch-amerikanische Rechtshilfeverkehr in Zivilsachen – Zustellungen und Beweisaufnahmen, JZ 1989, 121; *Linke,* Die Probleme der internationalen Zustellung, in: *Gottwald,* Grundfragen der Gerichtsverfassung, 1999; *Pfeil/Kammerer,* Deutsch-amerikanischer Rechtshilfeverkehr in Zivilsachen, 1987; *Pfennig,* Die internationale Zustellung in Zivil- und Handelssachen (1988); *Schack,* Einheitliche und zwingende Regeln der internationalen Zustellung, FS Geimer, 2002, S. 931; *Schlosser,* EuGVÜ und HZÜ, 1996; zur **EG-ZustellVO** siehe Schrifttum Vorbem §§ 1067–1071.

Übersicht

	Rn.		Rn.
I. Allgemeines	1	A. Zusatzvereinbarungen iSd. Art. 24 des Übereinkommens vom 15. 11. 1965 über die Zustellung gerichtlicher und außergerichtlicher Schriftstücke im Ausland in Zivil- und Handelssachen	15–25
II. Internationales Abkommen vom 17. 7. 1905 über den Zivilpzozess			
III. Haager Übereinkommen vom 1. 3. 1954 über den Zivilprozess – HZPÜ	5–7	1. Belgien	15
1. Geltungsbereich	5	2. Dänemark	16
2. Text des HZPÜ – Auszug	6	3. Frankreich	17
3. Gesetz vom 18. 12. 1958 zur Ausführung des HZPÜ	7	4. Luxemburg	18
		5. Niederlande	19
IV. Übereinkommen vom 15. 11. 1965 über die Zustellung gerichtlicher und außergerichtlicher Schriftstücke im Ausland in Zivil- oder Handelssachen – HZÜ	8–13	6. Norwegen	20
		7. Österreich	21
		8. Polen	22
1. Geltungsbereich	8	9. Schweden	23
2. Text des HZPÜ	9	10. Schweiz	24
3. Erklärungen und Vorbehalte der Vertragsstaaten	10	11. Tschechische Republik	25
4. Deutsche Zentrale Behörden nach Art. 2 HZÜ	11	B. Sonstige bilaterale Verträge	26–35
		1. Griechenland	26
5. Zentrale Behörden der anderen Vertragsstaaten nach Art. 2 HZÜ	12	2. Liechtenstein	28
		3. Marokko	29
6. Gesetz vom 22.12. 1977 zur Ausführung des HZÜ und des HBÜ	13	4. Tunesien	30
		5. Tschechoslowakei	32
V. Bilaterale Verträge	14–35	6. Türkei	33
		7. Vereinigtes Königenreich	35

I. Allgemeines

Mit der Internationalen Zustellung befassen sich **multilaterale und bilaterale Völkerverträge;** soweit diese außer der Zustellung auch andere Bereiche der internationalen Rechtshilfe behandeln, sind im Folgenden nur die auf die Zustellung bezogenen Vorschriften abgedruckt. Bestehen zu einem ausländischen Staat konkurrierende vertragliche Regelungen, so kann die Zustellung wahlweise nach allen geltenden Bestimmungen erfolgen; die Gültigkeit früherer Völkerverträge bleibt grundsätzlich unberührt,[1] soweit keine abweichende Regelung getroffen ist, wie zB in Art. 29 HZPÜ 1954 im Verhältnis zu dem Übereinkommen vom 17. 7. 1905 sowie in Art. 22, 23 HZÜ für das Verhältnis zum HZPÜ 1954. Soweit der Geltungsbereich von Verträgen auf **Kolonien** erstreckt worden ist und diese unabhängig geworden sind, kann von einer Fortgeltung der Erstre- 1

---

[1] S. Art. 25 HZÜ; *Böckstiegel/Schlafen* S. 1074.

ckung nur ausgegangen werden, wenn die neuen unabhängigen Staaten dies ausdrücklich bekannt gemacht haben.

2 Das Verhältnis völkerrechtlicher Regelungen zu der **Verordnung (EG) Nr. 1348/2000** vom 29. 5. 2000 (EG-ZustellVO) bestimmt sich im Verhältnis der Mitgliedstaaten (EU ohne Dänemark; zu den **(überseeischen) Gebieten** der Mitgliedstaaten Vorbem §§ 1067–1071 Rn. 3) bestimmt sich nach Art. 20 EG-ZustellVO (dazu Vorbem §§ 1067–1071 Rn. 7). Die bilateralen Verträge zur Erleichterung der Zustellung im Rahmen des HZÜ sind weiter in Kraft (Art. 20 Abs. 2 EG-ZustellVO) selbst wenn es die Bundesrepublik Deutschland bisher unterlassen hat, diese Verträge gemäß Art. 20 Abs. 3 EG-ZustellVO) der Kommission zu übermitteln.

3 Aktuelle **praktische Hinweise** zur Durchführung internationaler Zustellungen ergeben sich insbesondere aus dem Länderteil der **ZRHO** (dazu Vorbem §§ 1067–1071 Rn. 13f.)

II. Internationales Abkommen vom 17. 7. 1905 über den Zivilprozess – Bekanntmachung vom 24. 4. 1909 (RGBl. S. 409)

4 Dieses Abkommen ist ersetzt durch das HZPÜ 1954 und gilt nach Art. 29 HZPÜ nur noch im Verhältnis zu Island (Bek. v. 5. 6. 1926, RGBl. II S. 553) und Estland (Bek. v. 30. 12. 1929 RGBl. 1930 II S. 1). Der Text ist auszugsweise in der 1. Aufl. abgedruckt.

III. Haager Übereinkommen vom 1. 3. 1954 über den Zivilprozess – HZPÜ – Gesetz vom 18. 12. 1958 (BGBl. II S. 576)

1. Geltungsbereich[2]

5 Das HZPÜ ist für die Bundesrepublik Deutschland am 1. 1. 1960 (Bek. v. 2. 12. 1959 – BGBl. II S. 1388) in Kraft getreten. Es ersetzt im Verhältnis zwischen den Vertragsparteien[3] das Abkommen von 1905. Das HZPÜ wird seinerseits im Verhältnis zwischen den Vertragsparteien ersetzt, und zwar die für die Zustellung maßgebenden Art. 1–7 durch das unter IV. teilweise abgedruckte **HZÜ 1965**, so dass das HZPÜ insoweit nur noch im Verhältnis zwischen den Vertragsstaaten von Bedeutung ist, die (noch) nicht dem **HZÜ 1965** (IV.) beigetreten sind (Rn. 1). Sie sind in der nachfolgenden Aufstellung **fett gedruckt**. „EWÜ"=Erklärung über die Weiteranwendung. Änderungen der Souveränitätslage in [eckigen Klammern]. Art 8–16 HZPÜ werden ersetzt durch das HBÜ vom 18. 3. 1970 (BGBl. II 1977 S. 1452, 1472, dazu im Anhang IZPR C.3.). Zum Vorrang der **EG-ZustellVO** im Verhältnis zu EU-Mitgliedstaaten und ihren (überseeischen) Gebieten Rn. 2.

Vertragsparteien[4]	in Kraft am	BGBl. II	S.
Ägypten	16. 11. 1981	1981	1028
Argentinien	9. 7. 1988	1988	939
Armenien	29. 1. 1997	1997	554
Belarus (EWÜ)	27. 7. 1990	1994	83
Belgien	23. 6. 1958	1959	1388
Bosnien/Herzegowina (EWÜ)	6. 3. 1992	1994	83
(China) für *Macau*	20. 12. 1999	2003	789
Dänemark	18. 11. 1958	1959	1388
Finnland	12. 4. 1957	1959	1388
Frankreich	22. 6. 1959	1959	1388
– *Französische Gemeinschaft: St. Pierre und Miquelon, [Französische Somaliküste], Neukaledonien, Französisch-Polynesien*	28. 2. 1961	1961	355
– *Guadeloupe, Martinique, Französisch-Guayana, Réunion*	17. 7. 1961	1961	355
– *[Sahara-Departements Oasis und Souara]*	18. 10. 1962	1962	854

---

[2] Fundstellennachweis B BGBl. II 2005 S. 384; vgl. auch Status Table auf der web-site der Haager Konferenz: http://www.hcch.net/index_en.php?act=conventions.status&cid=33.
[3] Alle Vertragsstaaten des Abkommens von 1905 mit Ausnahme von Island und Estland.
[4] Stand 13. 7. 2006.

4. Völkervertragliches Zustellungsrecht

Vertragsparteien[5]	in Kraft am	BGBl. II	S.
Israel	19. 8. 1968	1968	809
Italien	12. 4. 1957	1959	1388
Japan	26. 7. 1970	1970	751
[Jugoslawien, ehemaliges]	11. 12. 1962	1963	1328
Jugoslawien	26. 4. 2001	2002	323
Kirgisistan	14. 8. 1997	1997	1521
Kroatien (EWÜ)	8. 10. 1991	1993	1936
Lettland	12. 9. 1993	1993	1936
Libanon	7. 1. 1975	1975	42
Litauen	17. 7. 2003	2003	1542
Luxemburg	12. 4. 1957	1959	1388
Marokko	14. 9. 1972	1972	1472
Mazedonien, früh. jugoslawische Republik (EWÜ)	17. 9. 1991	1996	1222
Moldau	3. 11. 1993	1994	83
Niederlande	27. 6. 1959	1959	1388
– *Aruba*	1. 1. 1986	1987	255
– *Niederländische Antillen*	2. 4. 1968	1968	95
Norwegen	20. 7. 1958	1959	1388
Österreich	12. 4. 1957	1959	1388
Polen	13. 3. 1963	1963	1466
Portugal	31. 8. 1967	1967	2299
– *Portugiesische überseeische Gebiete*	23. 4. 1968	1968	809
– *[Macau] (Beendigung)siehe auch China*	20. 12. 1999	2003	789
Rumänien	29. 1. 1972	1972	78
Russische Föderation[6]	26. 7. 1967	1967	2046
Schweden	19. 2. 1958	1959	1388
Schweiz	5. 7. 1957	1959	1388
[Serbien und Montengro] (EWÜ)	27. 4. 1992	2002	323
Slowakei (EWÜ)	1. 1. 1993	1993	1936
Slowenien (EWÜ)	25. 6. 1991	1993	934
[Sowjetunion, ehem.]	26. 7. 1967	1967	2046
Spanien	19. 11. 1961	1961	1660
Suriname	7. 9. 1977	1977	641
Tschechische Republik (EWÜ)	1. 1. 1993	1993	934
[Tschechoslowakei, ehemalige]	11. 8. 1966	1966	767
Türkei	11. 7. 1973	1973	1415
Ukraine (EWÜ)	24. 8. 1991	2000	18
Ungarn	18. 2. 1966	1966	84
Usbekistan	2. 12. 1996	1996	2757
Vatikanstaat	17. 5. 1967	1967	1536
Zypern	1. 3. 2001	2001	499

2. Text des HZPÜ – Auszug -

I. Zustellung gerichtlicher und außergerichtlicher Schriftstücke

Art. 1. (1) [1] *In Zivil- oder Handelssachen wird die Zustellung von Schriftstücken, die für eine im Ausland befindliche Person bestimmt sind, innerhalb der Vertragstaaten auf einen Antrag bewirkt, der von dem Konsul des ersuchenden Staates an die von dem ersuchten Staat zu bezeichnende Behörde gerichtet wird.* [2] *Der Antrag, in dem die Behörde, von der das übermittelte Schriftstück ausgeht, die Namen und die Stellung der Parteien, die Anschrift des Empfängers sowie die Art des zuzustellenden Schriftstücks anzugeben sind, muß in der Sprache der ersuchten Behörde abgefaßt sein.*[7] [3] *Diese Behörde hat dem Konsul die Urkunde zu übersenden, welche die Zustellung nachweist oder den Grund angibt, aus dem die Zustellung nicht hat bewirkt werden können.*

---

[5] Stand 13. 7. 2006.
[6] Vertragspartei war bis zu ihrer Auflösung die Sowjetunion: BGBl. II 1992 S. 1016.
[7] S. dazu *Finger* NJW 1985, 2684.

(2) Schwierigkeiten, die aus Anlaß des Antrags des Konsuls entstehen, werden auf diplomatischem Wege geregelt.

(3) Jeder Vertragstaat kann in einer an die anderen Vertragstaaten gerichteten Mitteilung verlangen, daß der Antrag, eine Zustellung in seinem Hoheitsgebiet zu bewirken, mit den in Absatz 1 bezeichneten Angaben auf diplomatischem Wege an ihn gerichtet werde.

(4) Die vorstehenden Bestimmungen hindern nicht, daß zwei Vertragstaaten vereinbaren, den unmittelbaren Verkehr zwischen ihren Behörden zuzulassen.

Art. 2. ¹ *Die Zustellung wird durch die Behörde bewirkt, die nach den Rechtsvorschriften des ersuchten Staates zuständig ist.* ² *Diese Behörde kann sich, abgesehen von den in Artikel 3 vorgesehenen Fällen, darauf beschränken, die Zustellung durch einfache Übergabe des Schriftstücks an den Empfänger zu bewirken, wenn er zur Annahme bereit ist.*

Art. 3. *(1) Dem Antrag ist das zuzustellende Schriftstück in zwei Stücken beizufügen.*

(2) ¹ *Ist das zuzustellende Schriftstück in der Sprache der ersuchten Behörde oder in der zwischen den beiden beteiligten Staaten vereinbarten Sprache abgefaßt oder ist es von einer Übersetzung in eine dieser Sprachen begleitet, so läßt die ersuchte Behörde, falls in dem Antrag ein dahingehender Wunsch ausgesprochen ist, das Schriftstück in der durch ihre innerstaatlichen Rechtsvorschriften für die Bewirkung gleichartiger Zustellungen vorgeschriebenen Form oder in einer besonderen Form, sofern diese ihren Rechtsvorschriften nicht zuwiderläuft, zustellen.* ² *Ist ein solcher Wunsch nicht ausgesprochen, so wird die ersuchte Behörde zunächst versuchen, das Schriftstück nach Artikel 2 durch einfache Übergabe zuzustellen.*

(3) Vorbehaltlich anderweitiger Vereinbarung ist die in Absatz 2 vorgesehene Übersetzung von dem diplomatischen oder konsularischen Vertreter des ersuchenden Staates oder von einem beeidigten Übersetzer des ersuchten Staates zu beglaubigen.

Art. 4. *Eine in den Artikeln 1, 2 und 3 vorgesehene Zustellung kann nur abgelehnt werden, wenn der Staat, in dessen Hoheitsgebiet sie bewirkt werden soll, sie für geeignet hält, seine Hoheitsrechte oder seine Sicherheit zu gefährden.*

Art. 5. *(1) Zum Nachweis der Zustellung dient entweder ein mit Datum versehenes und beglaubigtes Empfangsbekenntnis des Empfängers oder ein Zeugnis der Behörde des ersuchten Staates, aus dem sich die Tatsache, die Form und die Zeit der Zustellung ergibt.*

(2) Das Empfangsbekenntnis oder das Zeugnis ist auf eines der beiden Stücke des zuzustellenden Schriftstücks zu setzen oder damit zu verbinden.

Art. 6. *(1) Die vorstehenden Artikel schließen es nicht aus:*
1. *daß Schriftstücke den im Ausland befindlichen Beteiligten unmittelbar durch die Post übersandt werden dürfen;*
2. *daß die Beteiligten Zustellungen unmittelbar durch die zuständigen Gerichtsbeamten oder andere zuständige Beamte des Bestimmungslandes bewirken lassen dürfen;*
3. *daß jeder Staat Zustellungen an die im Ausland befindlichen Personen unmittelbar durch seine diplomatischen oder konsularischen Vertreter bewirken lassen darf.*

(2) ¹ *Eine solche Befugnis besteht jedoch in jedem Falle nur dann, wenn sie durch Abkommen zwischen den beteiligten Staaten eingeräumt wird oder wenn beim Fehlen solcher Abkommen der Staat, in dessen Hoheitsgebiet die Zustellung zu bewirken ist, ihr nicht widerspricht.* ² *Dieser Staat kann jedoch einer Zustellung gemäß Absatz 1 Nr. 3 nicht widersprechen, wenn das Schriftstück einem Angehörigen des ersuchenden Staates ohne Anwendung von Zwang zugestellt werden soll.*

Art. 7. *(1) Für Zustellungen dürfen Gebühren oder Auslagen irgendwelcher Art nicht erhoben werden.*

(2) Der ersuchte Staat ist jedoch vorbehaltlich anderweitiger Vereinbarung berechtigt, von dem ersuchenden Staat die Erstattung der Auslagen zu verlangen, die in den Fällen des Artikels 3 dadurch entstanden sind, daß bei der Zustellung ein Gerichtsbeamter mitgewirkt hat oder daß bei ihr eine besondere Form angewendet worden ist.

IV. Armenrecht

Art. 24. *(1) Ist einem Angehörigen eines Vertragstaates für ein Verfahren das Armenrecht bewilligt worden, so hat der ersuchende Staat für Zustellungen jeglicher Art, die sich auf dieses Verfahren beziehen und die in einem anderen Vertragstaat zu bewirken sind, dem ersuchten Staat Kosten nicht zu erstatten.*

4. Völkervertragliches Zustellungsrecht 7, 8 VölkZustR

(2) Das gleiche gilt für Rechtshilfeersuchen mit Ausnahme der Entschädigungen, die an Sachverständige gezahlt sind.

VII. Schlußbestimmungen

Art. 29. *Dieses Übereinkommen tritt im Verhältnis zwischen den Staaten, die es ratifiziert haben, an die Stelle des am 17. Juli 1905 in Den Haag unterzeichneten Übereinkommens über den Zivilprozeß.*

Art. 30. *(1) Dieses Übereinkommen gilt ohne weiteres für das Mutterland jedes Vertragstaates.*

(2) ¹ Wünscht ein Vertragstaat die Inkraftsetzung in allen oder einzelnen sonstigen Hoheitsgebieten, deren internationale Beziehungen er wahrnimmt, so notifiziert er seine hierauf gerichtete Absicht durch eine Urkunde, die beim Ministerium für Auswärtige Angelegenheiten der Niederlande hinterlegt wird. ² Dieses übermittelt jedem Vertragstaat auf diplomatischem Wege eine beglaubigte Abschrift.

(3) Erhebt ein Staat binnen sechs Monaten nach dieser Mitteilung keinen Einspruch, so tritt dieses Übereinkommen zwischen ihm und jedem Hoheitsgebiet in Kraft, für das der Staat, der dessen internationale Beziehungen wahrnimmt, die Notifizierung vorgenommen hat.

3. Gesetz vom 18. 12. 1958 zur Ausführung des Haager Übereinkommens vom 1. 3. 1954 über den Zivilprozeß (BGBl. I S. 939)

7

Zustellungsanträge und Rechtshilfeersuchen
(Artikel 1 bis 16 des Übereinkommens)

§ 1. ¹ *Für die Entgegennahme von Zustellungsanträgen (Artikel 1 Abs. 1 des Übereinkommens) oder von Rechtshilfeersuchen (Artikel 8, Artikel 9 Abs. 1), die von einem ausländischen Konsul innerhalb der Bundesrepublik Deutschland übermittelt werden, ist der Präsident des Landgerichts zuständig, in dessen Bezirk die Zustellung bewirkt oder das Rechtshilfeersuchen erledigt werden soll.* ² *An die Stelle des Landgerichtspräsidenten tritt der Amtsgerichtspräsident, wenn der Zustellungsantrag oder das Rechtshilfeersuchen in dem Bezirk des Amtsgerichts erledigt werden soll, das seiner Dienstaufsicht untersteht.*

§ 2. *(1) Für die Erledigung von Zustellungsanträgen oder von Rechtshilfeersuchen ist das Amtsgericht zuständig, in dessen Bezirk die Amtshandlung vorzunehmen ist.*

(2) ¹ Die Zustellung wird durch die Geschäftsstelle des Amtsgerichts bewirkt. ² Diese hat auch den Zustellungsnachweis (Artikel 1 Abs. 1, Artikel 5 des Übereinkommens) zu erteilen.

§ 3 *(aufgehoben durch Art. 9 Nr. 2 des Gesetzes v. 27. 6. 2000, BGBl. I S. 897)*

IV. Übereinkommen vom 15. 11. 1965 über die Zustellung gerichtlicher und außergerichtlicher Schriftstücke im Ausland in Zivil- oder Handelssachen – HZÜ – Gesetz vom 22. 12. 1977 (BGBl. II S. 1452)

1. Geltungsbereich.[8]

8

In Kraft für die Bundesrepublik Deutschland seit 26. 6. 1979 (Bek. v. 21. 6. 1979, BGBl. II S. 779).[9] Vertragsstaaten und deren Gebiete, im Verhältnis zu denen die EG-ZustellVO Vorrang hat (Rn. 2), sind mit **(EU)** gekennzeichnet. „EWÜ"=Erklärung über die Weiteranwendung.

Vertragsparteien	in Kraft am	BGBl. II	S.
Ägypten	10. 2. 1969	1980	907
Antigua und Barbuda[10] (EWÜ)	1. 11. 1981	1987	613
Argentinien	1. 12. 2001	2002	2436
Bahamas[11]	1. 2. 1998	1998	288

---

[8] Fundstellennachweis B BGBl. II 2005 S. 530; vgl. auch Status Table auf der web-site der Haager Konferenz: http://www.hcch.net/index_en.php?act=conventions.status&cid=17.
[9] Weitere Bekanntmachungen BGBl. 1991 II S. 1396, 1993 II S. 703, 1995 II S. 755, 1999 II S. 714; 2001 II S. 270, 2002 II S. 2436, 2005 II S. 898; dazu *Pfeil/Kammerer* S. 23 ff., 33 ff., 49 ff.; *Pfennig* S. 41 f., 134 ff.
[10] Weitere Bek. BGBl. 1988 II S. 966.
[11] Weitere Bek. BGBl. 1999 II S. 400.

Vertragsparteien	in Kraft am	BGBl. II	S.
Barbados	1. 10. 1969	1980	907
Belarus	1. 2. 1998	1998	288
Belgien (EU)	18. 1. 1971	1980	907
Botsuana	1. 9. 1969	1980	907
Bulgarien	1. 8. 2000	2001	270
China (Volksrepublik)[12]	1. 1. 1992	1992	146
– Hongkong (s. auch Vereinigtes Königreich)	1. 7. 1997	2003	583
– Macau[13] (s. auch Portugal)	20. 12. 1999	2003	789
Dänemark	1. 10. 1969	1980	907
Estland[14] (EU)	1. 10. 1996	1996	2758
Finnland[15] (EU)	10. 11. 1969	1980	907
Frankreich[16] (EU)	1. 9. 1972	1980	907
Griechenland[17] (EU)	18. 9. 1983	1983	575
Irland[18] (EU)	4. 6. 1994	1996	2758
Israel	13. 10. 1972	1980	907
Italien (EU)	24. 1. 1982	1982	522
Japan	27. 7. 1970	1980	907
Kanada	1. 5. 1989	1989	807
Korea, Republik	1. 8. 2000	2001	270
Kroatien	1. 11. 2006	[19]	
Kuwait	1. 12. 2002	2003	205
Lettland[20] (EU)	15. 10. 1995	1995	1065
Litauen (EU)	1. 6. 2001	2002	2436
Luxemburg (EU)	7. 9. 1975	1980	907
Malawi	1. 12. 1972	1980	907
Mexiko[21]	1. 6. 2000	2001	270
Niederlande[22] (EU)	2. 1. 1976	1980	907
– Aruba[23]	27. 7. 1986	1987	214
Norwegen	1. 10. 1969	1980	907
Pakistan	1. 8. 1989	1990	1650
Polen (EU)	1. 9. 1996	1996	2531
Portugal[24] (EU)	25. 2. 1974	1980	907
[– Macau] (ehem./Beendigung)siehe China	20. 12. 1999	2003	789
Rumänien	1. 3. 2004	2004	644
Russische Föderation[25]	1. 12. 2001	2002	2436
San Marino	1. 11. 2002	2003	205
Schweden[26] (EU)	1. 10. 1969	1980	907

---

[12] Weitere Bek. BGBl. 1996 II S. 2531; BGBl. 2001 II S. 270.
[13] Weitere Bek. BGBl. 2002 II 2436; BGBl. 2002 II 2862.
[14] Weitere Bek. BGBl. 1998 II S. 288.
[15] Weitere Bek. BGBl. 1982 II S. 722.
[16] Frankreich hat erklärt, dass das Übereinkommen sowohl für die departements d'outre mere (Gouadeloupe, Martinique, Réunion, Französisch-Guayana) als auch für die territoires d'outre mere (zur unterschiedlichen Reichweite der EG-ZustellVO siehe Vorbem zu §§ 1067–1071 Rn. 2) Anwendung findet; keine Bekanntmachung im BGBl.; Circulaire vom 1. 2. 2006, http://www.hcch.net/index_en.php?act=status.comment&csid=401&disp=resdn.
[17] Weitere Bek. BGBl. 1990 II S. 1650; BGBl. 1999 II 945; BGBl. 2001 II 270.
[18] Weitere Bek. BGBl. 2002 II S. 2436.
[19] Bei Drucklegung noch nicht im BGBl. II bekannt gemacht; siehe Status Table http://www.hcch.net/index_en.php?act=conventions.status&cid=17.
[20] Weitere Bek. BGBl. 2002 II 2436.
[21] Weitere Bek. BGBl. 2002 II 2436.
[22] Weitere Bek. BGBl. 1987 II S. 214; BGBl. 1989 S. 863; BGBl. 2002 II S. 2436.
[23] Das Übereinkommen gilt angesichts der ausdrücklich begrenzten Erstreckung auf Aruba offensichtlich nicht für die übrigen Niederländischen Antillen. Für sämtliche Antillen einschließlich Aruba gilt auch nicht die EG-ZustellVO, Vorbem §§ 1067–1071 Rn. 2.
[24] Weitere Bek. BGBl. 1999 II S. 400.
[25] Weitere Bek. BGBl. 2005 II S. 335.
[26] Weitere Bek. BGBl. 2002 II S. 2436.

Vertragsparteien	in Kraft am	BGBl. II	S.
Schweiz[27]	1. 1. 1995	1995	755
Seychellen	1. 7. 1981	1981	1029
Slowakei[28] **(EU)** (EWÜ)	1. 1. 1993	1993	2164
Slowenien **(EU)**	1. 6. 2001	2002	2436
Spanien[29] **(EU)**	3. 8. 1987	1987	613
Sri Lanka	1. 6. 2001	2002	2436
St. Vincent und die Grenadinen	27. 10. 1979	[30]	
Tschechische Republik **(EU)** (EWÜ)	1. 1. 1993	1993	2164
[Tschechoslowakei, ehemalige]	1. 6. 1982	1982	722
Türkei	28. 4. 1972	1980	907
Ukraine[31]	1. 12. 2001	2002	2436
Ungarn **(EU)**	1. 4. 2005	2005	591
Venezuela[32]	1. 7. 1994	1995	755
Vereinigtes Königreich[33] **(EU)**	10. 2. 1969	1980	907
– *Anguilla*	28. 9. 1982	1982	1055
– *Bermuda*	19. 7. 1970	1980	907
– *Britische Jungferninseln*	19. 7. 1970	1980	907
– *Falkland-Inseln und Nebengebiete*	19. 7. 1980	1980	907
– *Gibraltar* **(EU)**	19. 7. 1970	1980	907
– *Guernsey*	19. 7. 1970	1980	907
[– Hongkong] (ehem /Beendigung) s. auch China	19. 7. 1970 1. 7. 1997	1980 2003	907 583
– *Insel Man*	19. 7. 1970	1980	907
– *Jersey*	19. 7. 1970	1980	907
– *Kaiman-Inseln*	19. 7. 1970	1980	907
– *Montserrat*	19. 7. 1970	1980	907
– *Pitcairn*	19. 7. 1970	1980	907
– *St. Christoph-Nevis*	1. 5. 1983	1983	321
– *St. Helena und Nebengebiete*	19. 7. 1970	1980	907
– *Turks- und Caicos-Inseln*	19. 7. 1970	1980	907
Vereinigte Staaten[34]	10. 2. 1969	1980	907
– *District of Columbia*	10. 2. 1969	1980	907
– *Vereinigte Staaten, Einzelstaaten*	10. 2. 1969	1980	907
– *Guam*	10. 2. 1969	1980	907
– *Jungferninseln (USA)*	10. 2. 1969	1980	907
– *Nördliche Marianen*	30. 5. 1994	1995	757
– *Puerto Rico*	10. 2. 1969	1980	907
Zypern[35] **(EU)**	1. 6. 1983	1984	506

Die Sonderbestimmungen zu den einzelnen Staaten ergeben sich aus den jeweiligen Bekanntmachungen im BGBl. II. Für die Bundesrepublik Deutschland ergeben sie sich aus dem Ausführungsgesetz Rn. 12 und der Bekanntmachung Rn. 13.

---

[27] Weitere Bek. BGBl. 2002 II S. 2436; BGBl 2005 II S. 9.
[28] Weitere Bek. BGBl. 1996 II S. 2531.
[29] Weitere Bek. BGBl. 1995 II S. 755; BGBl. 1996 II S. 2531; BGBl. 1999 II S. 714.
[30] Keine Bekanntmachung im BGBl. II. Mitgliedschaft durch Staatennachfolge (Unabhängigkeit vom Vereinigten Königreich); vgl. Status Table http://www.hcch.net/index_en.php?act=conventions.status&cid=17.
[31] Weitere Bek. BGBl. 2005 II S. 9.
[32] Weitere Bek. BGBl. 1995 II S. 1065.
[33] Weitere Bek. BGBl. II 1980 S. 1281; BGBl. 1982 II S. 1055; BGBl. 1983 II S. 321; BGBl. 1990 II S. 1650; BGBl. 2001 II S. 270; die Erstreckung auf Belize (BGBl. 1980 II S. 915) ist aufgrund Unabhängigkeit gegenstandslos; zu Antigua und Barbuda sowie zu St. Vincent und die Grenadinen siehe dort.
[34] Weitere Bek. BGBl. 1995 II S. 755; BGBl. 2004 II S. 644.
[35] Weitere Bek. BGBl. 2004 II 644.

2. Text des HZÜ

Art. 1. (1) Dieses Übereinkommen ist in Zivil- oder Handelssachen in allen Fällen anzuwenden, in denen ein gerichtliches oder außergerichtliches Schriftstück zum Zweck der Zustellung in das Ausland zu übermitteln ist.

(2) Das Übereinkommen gilt nicht, wenn die Anschrift des Empfängers des Schriftstücks unbekannt ist.

Kapitel I. Gerichtliche Schriftstücke

Art. 2. (1) Jeder Vertragsstaat bestimmt eine Zentrale Behörde,[36] die nach den Artikeln 3 bis 6 Anträge auf Zustellung von Schriftstücken aus einem anderen Vertragsstaat entgegenzunehmen und das Erforderliche zu veranlassen hat.

(2) Jeder Staat richtet die Zentrale Behörde nach Maßgabe seines Rechts ein.

Art. 3. (1) Die nach dem Recht des Ursprungsstaats zuständige Behörde oder der nach diesem Recht zuständige Justizbeamte richtet an die Zentrale Behörde des ersuchten Staates einen Antrag, der dem diesem Übereinkommen als Anlage beigefügten Muster entspricht, ohne daß die Schriftstücke der Legalisation oder einer anderen entsprechenden Förmlichkeit bedürfen.

(2) ¹Dem Antrag ist das gerichtliche Schriftstück oder eine Abschrift davon beizufügen. ²Antrag und Schriftstück sind in zwei Stücken zu übermitteln.

Art. 4. Ist die Zentrale Behörde der Ansicht, daß der Antrag nicht dem Übereinkommen entspricht, so unterrichtet sie unverzüglich die ersuchende Stelle und führt dabei die Einwände gegen den Antrag einzeln an.

Art. 5. (1) Die Zustellung des Schriftstücks wird von der Zentralen Behörde des ersuchten Staates bewirkt oder veranlaßt, und zwar

a) entweder in einer der Formen, die das Recht des ersuchten Staates für die Zustellung der in seinem Hoheitsgebiet ausgestellten Schriftstücke an dort befindliche Personen vorschreibt,

b) oder in einer besonderen von der ersuchenden Stelle gewünschten Form, es sei denn, daß diese Form mit dem Recht des ersuchten Staates unvereinbar ist.

(2) Von dem Fall des Absatzes 1 Buchstabe b abgesehen, darf die Zustellung stets durch einfache Übergabe des Schriftstücks an den Empfänger bewirkt werden, wenn er zur Annahme bereit ist.

(3) Ist das Schriftstück nach Absatz 1 zuzustellen, so kann die Zentrale Behörde verlangen,[37] daß das Schriftstück in der Amtssprache oder einer der Amtssprachen des ersuchten Staates abgefaßt oder in diese übersetzt ist.

(4) Der Teil des Antrags, der entsprechend dem diesem Übereinkommen als Anlage beigefügten Muster den wesentlichen Inhalt des Schriftstücks wiedergibt, ist dem Empfänger auszuhändigen.

Art. 6. (1) Die Zentrale Behörde des ersuchten Staates oder jede von diesem hierzu bestimmte Behörde stellt ein Zustellungszeugnis aus, das dem diesem Übereinkommen als Anlage beigefügten Muster entspricht.

(2) ¹Das Zeugnis enthält die Angaben über die Erledigung des Antrags; in ihm sind Form, Ort und Zeit der Erledigung sowie die Person anzugeben, der das Schriftstück übergeben worden ist. ²Gegebenenfalls sind die Umstände anzuführen, welche die Erledigung verhindert haben.

(3) Die ersuchende Stelle kann verlangen, daß ein nicht durch die Zentrale Behörde oder durch eine gerichtliche Behörde ausgestelltes Zeugnis mit einem Sichtvermerk einer dieser Behörden versehen wird.

(4) Das Zeugnis wird der ersuchenden Stelle unmittelbar zugesandt.

Art. 7. (1) ¹Die in dem diesem Übereinkommen beigefügten Muster vorgedruckten Teile müssen in englischer oder französischer Sprache abgefaßt sein. ²Sie können außerdem in der Amtssprache oder einer der Amtssprachen des Ursprungsstaats abgefaßt sein.

(2) Die Eintragungen können in der Sprache des ersuchten Staates oder in englischer oder französischer Sprache gemacht werden.

Art. 8. (1) Jedem Vertragsstaat steht es frei, Personen, die sich im Ausland befinden, gerichtliche Schriftstücke unmittelbar durch seine diplomatischen oder konsularischen Vertreter ohne Anwendung von Zwang zustellen zu lassen.

---

[36] Siehe die Übersicht Rn. 10.
[37] Siehe die Übersicht Rn. 11.

(2) Jeder Staat kann erklären,[38] *daß er einer solchen Zustellung in seinem Hoheitsgebiet widerspricht, außer wenn das Schriftstück einem Angehörigen des Ursprungsstaats zuzustellen ist.*

Art. 9. *(1) Jedem Vertragsstaat steht es ferner frei, den konsularischen Weg zu benutzen, um gerichtliche Schriftstücke zum Zweck der Zustellung den Behörden eines anderen Vertragsstaats, die dieser hierfür bestimmt hat, zu übermitteln.*

(2) Wenn außergewöhnliche Umstände dies erfordern, kann jeder Vertragsstaat zu demselben Zweck den diplomatischen Weg benutzen.

Art. 10. *Dieses Übereinkommen schließt, sofern der Bestimmungsstaat keinen Widerspruch erklärt,*[39] *nicht aus,*

a) daß gerichtliche Schriftstücke im Ausland befindlichen Personen unmittelbar durch die Post übersandt werden dürfen,

b) daß Justizbeamte, andere Beamte oder sonst zuständige Personen des Ursprungsstaats Zustellungen unmittelbar durch Justizbeamte, andere Beamte oder sonst zuständige Personen des Bestimmungsstaats bewirken lassen dürfen,

c) daß jeder an einem gerichtlichen Verfahren Beteiligte Zustellungen gerichtlicher Schriftstücke unmittelbar durch Justizbeamte, andere Beamte oder sonst zuständige Personen des Bestimmungsstaats bewirken lassen darf.

Art. 11. *Dieses Übereinkommen schließt nicht aus, daß Vertragsstaaten vereinbaren, zum Zweck der Zustellung gerichtlicher Schriftstücke andere als die in den vorstehenden Artikeln vorgesehenen Übermittlungswege zuzulassen, insbesondere den unmittelbaren Verkehr zwischen ihren Behörden.*

Art. 12. *(1) Für Zustellungen gerichtlicher Schriftstücke aus einem Vertragsstaat darf die Zahlung oder Erstattung von Gebühren und Auslagen für die Tätigkeit des ersuchten Staates nicht verlangt werden.*

(2) Die ersuchende Stelle hat jedoch die Auslagen zu zahlen oder zu erstatten, die dadurch entstehen

a) daß bei der Zustellung ein Justizbeamter oder eine nach dem Recht des Bestimmungsstaats zuständige Person mitwirkt,

b) daß eine besondere Form der Zustellung angewendet wird.

Art. 13. *(1) Die Erledigung eines Zustellungsantrags nach diesem Übereinkommen kann nur abgelehnt werden, wenn der ersuchte Staat sie für geeignet hält, seine Hoheitsrechte oder seine Sicherheit zu gefährden.*

(2) Die Erledigung darf nicht allein aus dem Grund abgelehnt werden, daß der ersuchte Staat nach seinem Recht die ausschließliche Zuständigkeit seiner Gerichte für die Sache in Anspruch nimmt oder ein Verfahren nicht kennt, das dem entspricht, für das der Antrag gestellt wird.

(3) Über die Ablehnung unterrichtet die Zentrale Behörde unverzüglich die ersuchende Stelle unter Angabe der Gründe.

Art. 14. *Schwierigkeiten, die aus Anlaß der Übermittlung gerichtlicher Schriftstücke zum Zweck der Zustellung entstehen, werden auf diplomatischem Weg beigelegt.*

Art. 15. *(1) War zur Einleitung eines gerichtlichen Verfahrens eine Ladung oder ein entsprechendes Schriftstück nach diesem Übereinkommen zum Zweck der Zustellung in das Ausland zu übermitteln und hat sich der Beklagte nicht auf das Verfahren eingelassen, so hat der Richter das Verfahren auszusetzen, bis festgestellt ist,*

a) daß das Schriftstück in einer der Formen zugestellt worden ist, die das Recht des ersuchten Staates für die Zustellung der in seinem Hoheitsgebiet ausgestellten Schriftstücke an dort befindliche Personen vorschreibt, oder

b) daß das Schriftstück entweder dem Beklagten selbst oder aber in seiner Wohnung nach einem anderen in diesem Übereinkommen vorgesehenen Verfahren übergeben worden ist

und daß in jedem dieser Fälle das Schriftstück so rechtzeitig zugestellt oder übergeben worden ist, daß der Beklagte sich hätte verteidigen können.

(2) Jedem Vertragsstaat steht es frei zu erklären,[40] *daß seine Richter ungeachtet des Absatzes 1 den Rechtsstreit entscheiden können, auch wenn ein Zeugnis über die Zustellung oder die Übergabe nicht eingegangen ist, vorausgesetzt,*

---

[38] Siehe die Übersicht Rn. 11.
[39] Siehe die Übersicht Rn. 11.
[40] Siehe die Übersicht Rn. 11.

a) daß das Schriftstück nach einem in diesem Übereinkommen vorgesehenen Verfahren übermittelt worden ist,
b) daß seit der Absendung des Schriftstücks eine Frist verstrichen ist, die der Richter nach den Umständen des Falles als angemessen erachtet und die mindestens sechs Monate betragen muß, und
c) daß trotz aller zumutbaren Schritte bei den zuständigen Behörden des ersuchten Staates ein Zeugnis nicht zu erlangen war.

(3) Dieser Artikel hindert nicht, daß der Richter in dringenden Fällen vorläufige Maßnahmen einschließlich solcher, die auf eine Sicherung gerichtet sind, anordnet.

Art. 16. (1) War zur Einleitung eines gerichtlichen Verfahrens eine Ladung oder ein entsprechendes Schriftstück nach diesem Übereinkommen zum Zweck der Zustellung in das Ausland zu übermitteln und ist eine Entscheidung gegen den Beklagten ergangen, der sich nicht auf das Verfahren eingelassen hat, so kann ihm der Richter in bezug auf Rechtsmittelfristen die Wiedereinsetzung in den vorigen Stand bewilligen, vorausgesetzt,
a) daß der Beklagte ohne sein Verschulden nicht so rechtzeitig Kenntnis von dem Schriftstück erlangt hat, daß er sich hätte verteidigen können, und nicht so rechtzeitig Kenntnis von der Entscheidung, daß er sie hätte anfechten können, und
b) daß die Verteidigung des Beklagten nicht von vornherein aussichtslos scheint.

(2) Der Antrag auf Wiedereinsetzung in den vorigen Stand ist nur zulässig, wenn der Beklagte ihn innerhalb einer angemessenen Frist stellt, nachdem er von der Entscheidung Kenntnis erlangt hat.

(3) Jedem Vertragsstaat steht es frei zu erklären,[41] daß dieser Antrag nach Ablauf einer in der Erklärung festgelegten Frist unzulässig ist, vorausgesetzt, daß diese Frist nicht weniger als ein Jahr beträgt, vom Erlaß der Entscheidung an gerechnet.

(4) Dieser Artikel ist nicht auf Entscheidungen anzuwenden, die den Personenstand betreffen.

Kapitel II. Außergerichtliche Schriftstücke

Art. 17. Außergerichtliche Schriftstücke, die von Behörden und Justizbeamten eines Vertragsstaats stammen, können zum Zweck der Zustellung in einem anderen Vertragsstaat nach den in diesem Übereinkommen vorgesehenen Verfahren und Bedingungen übermittelt werden.

Kapitel III. Allgemeine Bestimmungen

Art. 18. (1) Jeder Vertragsstaat kann außer der Zentralen Behörde weitere Behörden bestimmen, deren Zuständigkeit er festlegt.

(2) Die ersuchende Stelle hat jedoch stets das Recht, sich unmittelbar an die Zentrale Behörde zu wenden.

(3) Bundesstaaten steht es frei, mehrere Zentrale Behörden zu bestimmen.

Art. 19. Dieses Übereinkommen schließt nicht aus, daß das innerstaatliche Recht eines Vertragsstaats außer den in den vorstehenden Artikeln vorgesehenen auch andere Verfahren zuläßt, nach denen Schriftstücke aus dem Ausland zum Zweck der Zustellung in seinem Hoheitsgebiet übermittelt werden können.

Art. 20. Dieses Übereinkommen schließt nicht aus, daß Vertragsstaaten vereinbaren, von folgenden Bestimmungen abzuweichen:
a) Artikel 3 Absatz 2 in bezug auf das Erfordernis, die Schriftstücke in zwei Stücken zu übermitteln,
b) Artikel 5 Absatz 3 und Artikel 7 in bezug auf die Verwendung von Sprachen,
c) Artikel 5 Absatz 4,
d) Artikel 12 Absatz 2.

Art. 21. (1) Jeder Vertragsstaat notifiziert dem Ministerium für Auswärtige Angelegenheiten der Niederlande bei der Hinterlegung seiner Ratifikations- oder Beitrittsurkunde oder zu einem späteren Zeitpunkt
a) die Bezeichnung der Behörden nach den Artikeln 2 und 18,
b) die Bezeichnung der Behörde, die das in Artikel 6 vorgesehene Zustellungszeugnis ausstellt,
c) die Bezeichnung der Behörde, die Schriftstücke entgegennimmt, die nach Artikel 9 auf konsularischem Weg übermittelt werden.

(2) Er notifiziert gegebenenfalls auf gleiche Weise
a) seinen Widerspruch gegen die Benutzung der in den Artikeln 8 und 10 vorgesehenen Übermittlungswege,
b) die in den Artikeln 15 Absatz 2 und 16 Absatz 3 vorgesehenen Erklärungen,
c) jede Änderung der vorstehend erwähnten Behördenbezeichnungen, Widersprüche und Erklärungen.

---

[41] Siehe die Übersicht Rn. 11.

Art. 22. Dieses Übereinkommen tritt zwischen den Staaten, die es ratifiziert haben, an die Stelle der Artikel 1 bis 7 des am 17. Juli 1905 in Den Haag unterzeichneten Abkommens über den Zivilprozeß und des am 1. März 1954 in Den Haag unterzeichneten Übereinkommens über den Zivilprozeß, soweit diese Staaten Vertragsparteien jenes Abkommens oder jenes Übereinkommens sind.

Art. 23. (1) Dieses Übereinkommen berührt weder die Anwendung des Artikels 23 des am 17. Juli 1905 in Den Haag unterzeichneten Abkommens über den Zivilprozeß noch die Anwendung des Artikels 24 des am 1. März 1954 in Den Haag unterzeichneten Übereinkommens über den Zivilprozeß.

(2) Diese Artikel sind jedoch nur anwendbar, wenn die in diesen Übereinkünften vorgesehenen Übermittlungswege benutzt werden.

Art. 24. Zusatzvereinbarungen zu dem Abkommen von 1905 und dem Übereinkommen von 1954, die Vertragsstaaten geschlossen haben, sind auch auf das vorliegende Übereinkommen anzuwenden, es sei denn, daß die beteiligten Staaten etwas anderes vereinbaren.

Art. 25. Unbeschadet der Artikel 22 und 24 berührt dieses Übereinkommen nicht die Übereinkommen, denen die Vertragsstaaten angehören oder angehören werden und die Bestimmungen über Rechtsgebiete enthalten, die durch dieses Übereinkommen geregelt sind.

Art. 26. (1) Dieses Übereinkommen liegt für die auf der Zehnten Tagung der Haager Konferenz für Internationales Privatrecht vertretenen Staaten zur Unterzeichnung auf.

(2) Es bedarf der Ratifikation; die Ratifikationsurkunden werden beim Ministerium für Auswärtige Angelegenheiten der Niederlande hinterlegt.

Art. 27. (1) Dieses Übereinkommen tritt am sechzigsten Tag nach der gemäß Artikel 26 Absatz 2 vorgenommenen Hinterlegung der dritten Ratifikationsurkunde in Kraft.

(2) Das Übereinkommen tritt für jeden Unterzeichnerstaat, der es später ratifiziert, am sechzigsten Tag nach Hinterlegung seiner Ratifikationsurkunde in Kraft.

Art. 28. (1) [1] Jeder auf der Zehnten Tagung der Haager Konferenz für Internationales Privatrecht nicht vertretene Staat kann diesem Übereinkommen beitreten, nachdem es gemäß Artikel 27 Absatz 1 in Kraft getreten ist. [2] Die Beitrittsurkunde wird beim Ministerium für Auswärtige Angelegenheiten der Niederlande hinterlegt.

(2) Das Übereinkommen tritt für einen solchen Staat nur in Kraft, wenn keiner der Staaten, die es vor dieser Hinterlegung ratifiziert haben, dem Ministerium für Auswärtige Angelegenheiten der Niederlande binnen sechs Monaten, nachdem ihm das genannte Ministerium diesen Beitritt notifiziert hat, einen Einspruch notifiziert.

(3) Erfolgt kein Einspruch, so tritt das Übereinkommen für den beitretenden Staat am ersten Tag des Monats in Kraft, der auf den Ablauf der letzten in Absatz 2 erwähnten Frist folgt.

Art. 29. (1) [1] Jeder Staat kann bei der Unterzeichnung, bei der Ratifikation oder beim Beitritt erklären, daß sich dieses Übereinkommen auf alle oder auf einzelne der Hoheitsgebiete erstreckt, deren internationale Beziehungen er wahrnimmt. [2] Eine solche Erklärung wird wirksam, sobald das Übereinkommen für den Staat in Kraft tritt, der sie abgegeben hat.

(2) Jede spätere Erstreckung dieser Art wird dem Ministerium für Auswärtige Angelegenheiten der Niederlande notifiziert.

(3) Das Übereinkommen tritt für die Hoheitsgebiete, auf die es erstreckt wird, am sechzigsten Tag nach der in Absatz 2 erwähnten Notifikation in Kraft.

Art. 30. (1) Dieses Übereinkommen gilt für die Dauer von fünf Jahren, vom Tag seines Inkrafttretens nach Artikel 27 Absatz 1 an gerechnet, und zwar auch für die Staaten, die es später ratifizieren oder ihm später beitreten.

(2) Die Geltungsdauer des Übereinkommens verlängert sich, außer im Fall der Kündigung, stillschweigend um jeweils fünf Jahre.

(3) Die Kündigung wird spätestens sechs Monate vor Ablauf der fünf Jahre dem Ministerium für Auswärtige Angelegenheiten der Niederlande notifiziert.

(4) Sie kann sich auf bestimmte Hoheitsgebiete beschränken, für die das Übereinkommen gilt.

(5) Die Kündigung wirkt nur für den Staat, der sie notifiziert hat. Für die anderen Vertragsstaaten bleibt das Übereinkommen in Kraft.

Art. 31. Das Ministerium für Auswärtige Angelegenheiten der Niederlande notifiziert den in Artikel 26 bezeichneten Staaten sowie den Staaten, die nach Artikel 28 beigetreten sind,
a) jede Unterzeichnung und Ratifikation nach Artikel 26;
b) den Tag, an dem dieses Übereinkommen nach Artikel 27 Absatz 1 in Kraft tritt;
c) jeden Beitritt nach Artikel 28 und den Tag, an dem er wirksam wird;
d) jede Erstreckung nach Artikel 29 und den Tag, an dem sie wirksam wird;
e) jede Behördenbezeichnung, jeden Widerspruch und jede Erklärung nach Artikel 21;
f) jede Kündigung nach Artikel 30 Absatz 3.

3. Erklärungen und Vorbehalte der Vertragsstaaten

10 Folgende Vertragsstaaten haben Erklärungen gemäß Art. 5 Abs. 3 (Amtssprache), 8 Abs. 2 (konsularische Zustellungen nur an Angehörige des Ursprungsstaats), 10 (Abwehr unmittelbarer Zustellungen durch die Post), 15 Abs. 2 (Entscheidung ohne Zustellungszeugnis), 16 Abs. 2 (Frist für Wiedereinsetzung) sowie sonstige Erklärungen abgegeben. Auf eine Kurzbeschreibung des Inhalts der Erklärungen wird verzichtet, ebenso auf eine Angabe der Fundstellen im BGBl. II. Die Erklärungen sind in vollem Wortlaut abrufbar mit Status Table des HZÜ auf der web-site der Haager Konferenz für IPR[42] durch Anklicken der Spalte „Res/D/N" zum jeweiligen Mitgliedstaat. Es ist zu beachten, dass für Zustellungen aus Deutschland für die mit **(EU)** gekennzeichneten Staaten die EG-ZustellVO gilt, und damit diese Vorbehalte keine Anwendung finden; Bedeutung haben die Vorbehalte dieser Staaten aus deutscher Sicht jedoch im Anerkennungsstadium, weil die Verletzung eines Vorbehalts durch einen dritten Vertragsstaat gegenüber einem EU-Staat der Anerkennung des Urteils in Deutschland entgegenstehen kann.[43]

Erklärungen bzw. Vorbehalte wurden abgegeben zu Artikel

Vertragsparteien	5 III	8 II	10	15 II	16 III	Weitere Artikel
Ägypten		x	x			
Antigua und Barbuda						keine
Argentinien	x		x	x	x	
Bahamas						keine
Barbados						keine
Belarus						keine
Belgien **(EU)**		x		x	x	
Botsuana	x		x	x		
Bulgarien	x	x	x	x	x	
China (Volksrepublik)	x	x	x	x	x	
– Hongkong			x	x		
– Macau	x	x		x	x	
Deutschland **(EU)**	x	x	x	x	x	
Dänemark		x	x	x	x	
Estland **(EU)**		x	x	x	x	
Finnland **(EU)**			x			2, 9
Frankreich **(EU)**[44]	x			x	x	
Griechenland **(EU)**	x		x	x		
Irland **(EU)**			x	x		
Israel			x		x	
Italien **(EU)**	x					12
Japan			x	x		
Kanada	x	x	x	x	x	2, 11, 12
Korea, Republik	x	x	x			
Kroatien	x	x	x	x	x	6, 9

---

[42] http://www.hcch.net/index_en.php?act=conventions.status&cid=17.
[43] ZB: Versagung der Anerkennung eines in den U.S.A. ergangenen Urteils gegen eine Partei, der die Klage in Estland entgegen dem zu Art. 10 HZÜ erklärten estnischen Vorbehalt durch eingeschriebenen Brief zugestellt wurde, gemäß § 328 Abs. 1 Nr. 2 ZPO („nicht ordnungsgemäß").
[44] Für die départements d'outre-mer gilt ebenfalls der Vorrang der EG-ZustellVO, nicht hingegen für die territoires d'outre-mer (vgl. Rn. 2).

Vertragsparteien	5 III	8 II	10	15 II	16 III	Weitere Artikel
Kuwait		x	x	x	x	6, 9, 18
Lettland (EU)						keine
Litauen (EU)		x	x	x	x	
Luxemburg (EU)	x	x		x	x	
Malawi						keine
Mexiko	x	x	x	x	x	6, 12
Niederlande (EU)[45]				x	x	
Norwegen		x	x	x	x	
Pakistan		x		x	x	
Polen (EU)		x	x			
Portugal (EU)[46]		x		x	x	
Rumänien		x			x	
Russische Föderation	x	x	x	x		2, 3, 6, 9, 12
San Marino		x	x	x		
Schweden (EU)	x	x				
Schweiz	x	x	x	x		1
Seychellen		x	x	x	x	
Slowakei (EU)		x	x	x		29
Slowenien (EU)						keine
Spanien (EU)[47]				x	x	
Sri Lanka		x	x	x		7
St. Vincent und die Grenadinen						keine
Tschechische Republik (EU)		x	x	x		29
Türkei		x	x	x	x	
Ukraine		x	x	x	x	
Ungarn (EU)	x	x	x	x	x	2, 6, 9
Venezuela	x	x	x	x	x	
Vereinigtes Königreich (EU)[48]	x		x[49]	x	x	2, 18
Vereinigte Staaten				x	x	2, 29
Zypern (EU)		x	x	x	x	

4. Deutsche Zentrale Behörden nach Art. 2 HZÜ[50]

Baden-Württemberg: Präsident des Amtsgerichts Freiburg, Holzmarkt 2, 79098 Freiburg
Tel.: +49 (76 1)2 05–0 Fax: +49 (761)2 05–18 04 e-mail: poststelle@agfreiburg.justiz.bwl.de
Bayern: Präsidentin des Oberlandesgerichts München, Prielmayerstrasse 5, 80097 München
Tel.: +49 (89) 55 97–02 Fax: +49 (89) 55 97–35 75 e-mail: poststelle@olg-m.bayern.de
Berlin: Senatsverwaltung für Justiz von Berlin, Salzburger Str. 21–25, 10825 Berlin
Tel.: +49 (30) 90 13–0 Fax: +49 (30) 90 13–20 00 e-mail: poststelle@senjust.verwalt-berlin.de
Brandenburg: Ministerium der Justiz und für Europaangelegenheiten des Landes Brandenburg, Heinrich-Mann-Allee 107, 14 460 Potsdam
Tel.: +49 (33 1)8 66–0 Fax: +49 (33 1)8 66–30 80/30 81 e-mail: poststelle@mdje.brandenburg.de
Bremen: Der Präsident des Landgerichts, Domsheide 16, 28195 Bremen
Tel.: +49 (42 1)3 61–42 04 Fax: +49 (42 1)3 61 67 13
e-mail: poststelle@landgericht.bremen.de, office@landgericht.bremen.de
Hamburg: Präsident des Amtsgerichts Hamburg, Sievekingplatz 1, 20355 Hamburg
Tel.: +49 (4 0)4 28 43-0 Fax: +4 9(4 0)4 28 43-23 83 e-mail: poststelle@ag.justiz.hamburg.de

---

[45] Für Aruba gilt nicht der Vorrang der EG-ZustellVO.
[46] Vorrang der EG-ZustellVO ausschließlich Azoren und Madeira (vgl. Rn. 2).
[47] Vorrang der EG-ZustellVO einschließlich Canarische Inseln, Melilla, Ceuta (vgl. Rn. 2).
[48] Für Gebiete außerhalb von England&Wales, Schottland und Nordirland Vorrang der EG-ZustellVO nur für Gibraltar (vgl. Rn. 2).
[49] Steht nicht der Zustellung im Parteibetrieb entgegen; Schreiben des Foreign and Commonwealth Office vom 11. 9. 1980 an das Permanent Bureau of the Hague Conference on PIL.
[50] Vgl. Bekanntmachung vom 21. 6. 1979, BGBl. II S. 779 mit Aktualisierungen nach dem Stand vom 1. 10. 2006.

Hessen: Oberlandesgericht Frankfurt am Main, Zeil 42, Postfach 10 01 01, 60313 Frankfurt am Main
Tel.: +49 (69) 13 67 01 Fax: +49 (69) 13 67 29 76
Mecklenburg-Vorpommern: Justizministerium des Landes Mecklenburg-Vorpommern, Demmlerplatz 14, 19053 Schwerin
Tel.: +49 (38 5)5 88–0 Fax: +49 (38 5)5 88–34 53 e-mail: poststelle@jm.mv-regierung.de
Niedersachsen: Niedersächsisches Justizministerium, Am Waterlooplatz 1, 30169 Hannover
Tel.: +49 (51 1)1 20–0 Fax: +49 (51 1)1 20–51 70/51 81 e-mail: poststelle@mj.niedersachsen.de
Nordrhein-Westfalen: Präsident des Oberlandesgerichts Düsseldorf, Cecilienallee 3, 40474 Düsseldorf
Tel.: +49(2 11) 49 71–0 Fax: +49(2 11) 49 71–5 48 e-mail: poststelle@olg-duesseldorf.nrw.de
Rheinland-Pfalz: Ministerium der Justiz des Landes Rheinland-Pfalz, Ernst-Ludwig-Str. 3, 55116 Mainz
Tel.: +49 (61 31) 16–0 Fax: +49 (61 31) 16–48 87 e-mail: poststelle@min.jm.rlp.de
Saarland: Ministerium der Justiz des Saarlandes, Zähringerstr. 12, 66119 Saarbrücken
Tel.: +49 (68 1)5 01–00 Fax: +49 (68 1)5 01–58 55 e-mail: poststelle@justiz.saarland.de
Sachsen: Präsident des Oberlandesgerichts Dresden, Schloßplatz 1, 01067 Dresden
Tel.: +49 (35 1)4 46–0 Fax: +49 (35 1)4 46–12 99 e-mail: verwaltung-olg@olg-justiz.sachsen.de
Sachsen-Anhalt: Ministerium der Justiz, Hegelstr. 40–42, 39104 Magdeburg
Tel.: +49 (39 1)5 67–01 Fax: +49 (39 1)5 67–61 80 e-mail: poststelle@mj.lsa-net.de
Schleswig-Holstein: Ministerium für Justiz, Frauen, Jugend und Familie des Landes Schleswig-Holstein, Lorentzendamm 35, 24103 Kiel
Tel.: +49 (43 1)9 88–0 Fax: +49 (43 1)9 88–38 70 e-mail: poststelle@jumi.landsh.de
Thüringen: Thüringer Justizministerium, Werner-Seelenbinder-Str. 5, 99096 Erfurt
Tel.: +49(3 61) 37–9 50 00 Fax: +49(3 61) 37–9 58 88 e-mail: poststelle@tjm.thueringen.de

5. Zentrale Behörden der anderen Vertragsstaaten nach Art. 2 HZÜ

12 Alle Vertragsstaaten haben gemäß Art. 2 HZÜ eine oder mehrere (bei Bundesstaaten) Zentrale Behörden bestimmt. Deren Anschriften, sowie die Anschriften weiterer Behörden iSd. Art. 6 Abs. 1, Art. 9 und/oder Art. 18 HZÜ finden sich in ständig aktualisierter Fassung im **Status Table zum HZÜ auf der web-site der Haager Konferenz für IPR**[51] und können dort durch Anklicken in der Spalte „Auth" zum jeweiligen Vertragsstaat aufgerufen werden. Auf den Abdruck dieser sich häufig ändernden Anschriften wird daher verzichtet.

Im Verhältnis zu Vertragsstaaten des HZÜ, zu denen die **EG-ZustellVO** Vorrang hat (Rn. 2) haben die Zentralen Behörden nach Art. 2 HZÜ keine Bedeutung. Es sind für Zwecke der Zustellung die Übermittlungsstellen gemäß Art. 2 EG-ZustellVO zu befassen (dazu § 1068 ZPO Rn. 31 ff.).

13 **6. Gesetz vom 22. 12. 1977 zur Ausführung des Haager Übereinkommens vom 15. 11. 1965 über die Zustellung gerichtlicher und außergerichtlicher Schriftstücke im Ausland in Zivil- oder Handelssachen und des Haager Übereinkommens vom 18. 3. 1970 über die Beweisaufnahme im Ausland in Zivil- oder Handelssachen (BGBl. I S. 3105)**

§ 1. [1]*Die Aufgaben der Zentralen Behörde (Artikel 2, 18 Abs. 3 des Übereinkommens) nehmen die von den Landesregierungen bestimmten Stellen wahr.* [2]*Jedes Land kann nur eine Zentrale Behörde einrichten.*

§ 2. Für die Entgegennahme von Zustellungsanträgen, die von einem ausländischen Konsul innerhalb der Bundesrepublik Deutschland übermittelt werden (Artikel 9 Abs. 1 des Übereinkommens), sind die Zentrale Behörde des Landes, in dem die Zustellung bewirkt werden soll, und die Stellen zuständig, die gemäß § 1 des Gesetzes zur Ausführung des Haager Übereinkommens vom 1. März 1954 über den Zivilprozeß vom 18. Dezember 1958 (BGBl. I S. 939) zur Entgegennahme von Anträgen des Konsuls eines ausländischen Staates zuständig sind.

§ 3. Eine förmliche Zustellung (Artikel 5 Abs. 1 des Übereinkommens) ist nur zulässig, wenn das zuzustellende Schriftstück in deutscher Sprache abgefaßt oder in diese Sprache übersetzt ist.

---

[51] http://www.hcch.net/index_en.php?act=conventions.status&cid=17.

§ 4. (1) ¹ Die Zentrale Behörde ist befugt, Zustellungsanträge unmittelbar durch die Post erledigen zu lassen, wenn die Voraussetzungen für eine Zustellung gemäß Artikel 5 Abs. 1 Buchstabe a des Übereinkommens erfüllt sind. ² In diesem Fall händigt die Zentrale Behörde das zu übergebende Schriftstück der Post zur Zustellung aus. ³ Die Vorschriften der Zivilprozeßordnung über die Zustellung von Amts wegen gelten entsprechend.

(2) ¹ Im übrigen ist für die Erledigung von Zustellungsanträgen das Amtsgericht zuständig, in dessen Bezirk die Zustellung vorzunehmen ist. ² Die Zustellung wird durch die Geschäftsstelle des Amtsgerichts bewirkt.

§ 5. Das Zustellungszeugnis (Artikel 6 Abs. 1, 2 des Übereinkommens) erteilt im Fall des § 4 Abs. 1 die Zentrale Behörde, im übrigen die Geschäftsstelle des Amtsgerichts.

§ 6. ¹ Eine Zustellung durch diplomatische oder konsularische Vertreter (Artikel 8 des Übereinkommens) ist nur zulässig, wenn das Schriftstück einem Angehörigen des Absendestaates zuzustellen ist. ² Eine Zustellung nach Artikel 10 des Übereinkommens findet nicht statt.

V. Bilaterale Verträge

Bilaterale Vereinbarungen über die Zustellung in Zivil- und Handelssachen bestehen im Verhältnis zu den folgenden Staaten.[52] Sie gehen dem HZPÜ, dem HZÜ und der EG-ZustellVO vor, soweit sie deren Durchführung erleichtern.

Staat	Übereinkommen vom	Unten Rn.
Australien	20. 3. 1928	37
Bahamas	20. 3. 1928	37
Barbados	20. 3. 1928	37
Belgien	25. 4. 1959	15
Dänemark	1. 6. 1910	16
Dominica	20. 3. 1928	37
Fidschi	20. 3. 1928	37
Frankreich	6. 5. 1961	17
Gambia	20. 3. 1928	37
Grenada	20. 3. 1928	37
Griechenland	11. 5. 1938	26, 27
Guyana	20. 3. 1928	37
Jamaika	20. 3. 1928	37
Kanada	20. 3. 1928	37
Kenia	20. 3. 1928	37
Lesotho	20. 3. 1928	37
Liechtenstein	29. 5. 1958	28
Luxemburg	1. 8. 1909	18
Malawi	20. 3. 1928	37
Malaysia	20. 3. 1928	37
Malta	20. 3. 1928	37
Marokko	29. 10. 1985	29
Mauritius	20. 3. 1928	37
Nauru	20. 3. 1928	37
Neuseeland	20. 3. 1928	37
Niederlande	30. 8. 1962	19
Nigeria	20. 3. 1928	37
Norwegen	17. 6. 1977	20
Österreich	6. 6. 1959	21
Polen	14. 12. 1992	22
Salomonen	20. 3. 1928	37
Sambia	20. 3. 1928	37
Schweden	1. 2. 1910	23
Schweiz	30. 4. 1910	24
Seychellen	20. 3. 1928	37

---

[52] Fundstellennachweis B BGBl. 2005 II S. 822.

Staat	Übereinkommen vom	Unten Rn.
Sierra Leone	20. 3. 1928	37
Singapur	20. 3. 1928	37
St. Lucia	20. 3. 1928	37
St. Vincent und die Grenadinen	20. 3. 1928	37
Swasiland	20. 3. 1928	37
Tansania	20. 3. 1928	37
Trinidad und Tobago	20. 3. 1928	37
Tschechische Republik	2. 2. 2000	25
Tschechoslowakei, ehemalige	27. 11. 1973	32
Tunesien	19. 7. 1966, 29. 4. 1969	30, 31
Türkei	28. 5. 1929, 26. 8. 1931	33, 34
Vereinigtes Königreich	20. 3. 1928	35, 36
Zypern	20. 3. 1928	37

A. Zusatzvereinbarungen iSd. Art. 24 des Übereinkommens vom 15. 11. 1965 über die Zustellung gerichtlicher und außergerichtlicher Schriftstücke im Ausland in Zivil- und Handelssachen

1. Belgien – Vereinbarung vom 25. 4. 1959 zur weiteren Vereinfachung des Rechtsverkehrs nach dem Haager Übereinkommen vom 1. 3 1954 über den Zivilprozeß

15   In Kraft am 1. 1. 1960 (Bek. v. 23. 12. 1959 – BGBl. II S. 1524).

Art. 1. (1) *In Zivil- und Handelssachen werden gerichtliche und außergerichtliche Schriftstücke, die von einem der beiden Staaten ausgehen, im unmittelbaren Verkehr übersandt, und zwar,*

1. *wenn sie für Personen in der Bundesrepublik Deutschland bestimmt sind, von den Procureurs généraux oder von den Procureurs du Roi an den Präsidenten des Landgerichts oder Amtsgerichts, in dessen Bezirk sich der Empfänger aufhält,*

2. *wenn die Zustellung an Personen in Belgien bewirkt werden soll, von den zuständigen deutschen Justizbehörden an den Procureur du Roi, in dessen Zuständigkeitsbereich sich der Empfänger aufhält.*

(2) Die genannten Behörden bedienen sich für Zustellungsanträge nach Artikel 1 Absatz 1 des Haager Übereinkommens und bei dem weiteren Schriftwechsel ihrer Landessprache.

Art. 2. Ist die Behörde, der das Schriftstück übersandt worden ist, nicht zuständig, so gibt sie es von Amts wegen an die zuständige Behörde ab und benachrichtigt hiervon unverzüglich die ersuchende Behörde.

Art. 3. (1) *Die Zustellung durch einfache Übergabe und die förmliche Zustellung von Schriftstücken wird gemäß den Artikeln 2, 3, 4 und 5 des Haager Übereinkommens ausgeführt.*

(2) Hat die ersuchende Behörde nicht, wie in Artikel 3 Absatz 2 des Haager Übereinkommens vorgesehen, den Wunsch ausgesprochen, das Schriftstück in der Form zuzustellen, die nach den innerstaatlichen Rechtsvorschriften der ersuchten Behörde für die Bewirkung gleichartiger Zustellungen vorgeschrieben ist, und kann eine Zustellung nicht durch einfache Übergabe nach Artikel 2 des Haager Übereinkommens bewirkt werden, so sendet die ersuchte Behörde das Schriftstück unverzüglich der ersuchenden Behörde zurück und teilt ihr die Gründe mit, aus denen die einfache Übergabe nicht möglich war.

(3) Hat die ersuchende Behörde ihrem Antrag, ein Schriftstück in der Form, die nach den innerstaatlichen Rechtsvorschriften der ersuchten Behörde für die Bewirkung gleichartiger Zustellungen vorgeschrieben ist, oder in einer besonderen Form zuzustellen, eine Übersetzung des Schriftstücks nicht beigefügt, so wird diese von der ersuchten Behörde auf Kosten der ersuchenden beschafft.

(4) Die beiden Staaten verzichten gegenseitig auf die Erstattung von Auslagen, die in den Fällen des Artikels 3 des Haager Übereinkommens dadurch entstanden sind, daß bei der Zustellung ein Gerichtsbeamter mitgewirkt hat oder daß bei ihr eine besondere Form beachtet worden ist.

2. Dänemark – Vereinbarung vom 1. 6. 1910 zur weiteren Vereinfachung des Rechtshilfeverkehrs

In Kraft am 15. 6. 1910 (Bek. v. 3. 6. 1910, RGBl. 1910 II S. 871, 873). Weitere Vereinbarung v. 1. 6. 1914, in Kraft am 1. 7. 1914 (Bek. v. 6. 6. 1914, RGBl. 1914 II S. 205; Änderungsvereinbarung vom 6. 1. 1932, RGBl. II S. 20). Wiederanwendung (Bek. v. 30. 6. 1953 – BGBl. II S. 186). Weiteranwendung (Bek. v. 27. 6. 1960 – BGBl. II S. 1853).

Art. 1. Gemäß den Vorbehalten im Artikel 1 Abs. 4 und im Artikel 9 Abs. 4 des Haager Abkommens über den Zivilprozeß vom 17. Juli 1905 ist den deutschen und den dänischen gerichtlichen Behörden der unmittelbare Geschäftsverkehr miteinander in allen Fällen gestattet, in denen durch das Abkommen der Rechtshilfeverkehr in Zivil- und Handelssachen für die Mitteilung gerichtlicher und außergerichtlicher Urkunden sowie für die Erledigung von Ersuchungsschreiben geregelt ist.

Art. 2. (1) Auf Seiten des Reichs sind für die unmittelbare Übermittlung von Zustellungs- und sonstigen Rechtshilfeersuchen alle gerichtlichen Behörden, für ihre Entgegennahme die Landgerichtspräsidenten zuständig.

(2) Auf seiten Dänemarks sind für die unmittelbare Übermittlung von Zustellungs- und sonstigen Rechtshilfeersuchen alle gerichtlichen Behörden zuständig, für ihre Entgegennahme:
a) außerhalb Kopenhagens:
das Gericht des Ortes, wo die Zustellung zu bewirken oder die nachgesuchte Handlung vorzunehmen ist;
b) in Kopenhagen:
bei Zustellungsersuchen der Präsident des Kopenhagener Stadtgerichts und bei sonstigen Rechtshilfeersuchen das Justizministerium.

Art. 3. (1) In dem unmittelbaren Geschäftsverkehre werden die Schreiben der beiderseitigen Behörden in deren Landessprache abgefaßt.

(2) ¹Die im Artikel 3 Abs. 1 des Haager Abkommens über den Zivilprozeß vorgesehenen Übersetzungen sind zu beglaubigen. ²Die Beglaubigung erfolgt durch einen diplomatischen oder konsularischen Vertreter des ersuchenden Staates oder durch einen beeidigten oder amtlich bestellten Dolmetscher des ersuchenden oder ersuchten Staates. ³Sind den im genannten Artikel des Haager Abkommens über den Zivilprozeß erwähnten Schriftstücken derartig beglaubigte Übersetzungen nicht beigegeben, so werden die erforderlichen Übersetzungen von der ersuchten Behörde auf Kosten der ersuchenden Behörde beschafft.

3. Frankreich – Vereinbarung vom 6. 5. 1961 zur weiteren Vereinfachung des Rechtsverkehrs nach dem Haager Übereinkommen vom 1. 3. 1954 über den Zivilprozeß

In Kraft am 7. 1. 1961 (Bek. v. 25. 7. 1961 – BGBl. II S. 1040).

Art. 1. (1) Gerichtliche und außergerichtliche Schriftstücke, die von einem der beiden Staaten ausgehen, werden im unmittelbaren Verkehr übersandt, und zwar,
1. wenn sie für Personen in der Bundesrepublik Deutschland bestimmt sind, von den Procureurs de la République (Staatsanwaltschaften) an den Präsidenten des Landgerichts oder Amtsgerichts, in dessen Bezirk sich der Empfänger aufhält;
2. wenn die Zustellung an Personen in Frankreich bewirkt werden soll, von den zuständigen deutschen Justizbehörden an den Procureur de la République près le Tribunal de grande instance (Staatsanwaltschaft bei dem Gericht erster Instanz), in dessen Zuständigkeitsbereich sich der Empfänger aufhält.

(2) Die genannten Behörden bedienen sich für die Zustellungsanträge nach Artikel 1 Absatz 1 des Haager Übereinkommens und bei dem weiteren Schriftwechsel ihrer Landessprache.

Art. 2. Ist die Behörde, der das Schriftstück übersandt worden ist, nicht zuständig, so gibt sie es von Amts wegen an die zuständige Behörde ab und benachrichtigt hiervon unverzüglich die ersuchende Behörde.

Art. 3. (1) Hat die ersuchende Behörde nicht, wie in Artikel 3 Absatz 2 des Haager Übereinkommens vorgesehen, den Wunsch ausgesprochen, das Schriftstück in der Form zuzustellen, die nach den innerstaatlichen Rechtsvorschriften der ersuchten Behörde für die Bewirkung gleichartiger Zustellungen vorgeschrieben ist, und kann eine Zustellung nicht durch einfache Übergabe nach Artikel 2 des Haager Übereinkommens bewirkt werden, so sendet die ersuchte Behörde das Schriftstück unverzüglich der ersuchenden Behörde zurück und teilt ihr die Gründe mit, aus denen die einfache Übergabe nicht möglich war.

(2) ¹ Hat die ersuchende Behörde ihrem Antrag, ein Schriftstück in der Form, die nach den innerstaatlichen Rechtsvorschriften der ersuchten Behörden für die Bewirkung gleichartiger Zustellungen vorgeschrieben ist, oder in einer besonderen Form zuzustellen, eine Übersetzung des Schriftstücks nicht beigefügt, so wird diese von der ersuchten Behörde beschafft. ² Die Kosten der Übersetzung werden der ersuchten Behörde erstattet.

(3) Die in Artikel 3 Absatz 2 des Haager Übereinkommens vorgesehene Übersetzung ist von einem vereidigten Übersetzer des ersuchenden oder des ersuchten Staates zu beglaubigen.

4. Luxemburg – Vereinbarung vom 1. 8. 1909 zur weiteren Vereinfachung des Rechtshilfeverkehrs

18 In Kraft am 1. 9. 1909 (Bek. v. 16. 8. 1909 – RGBl. II S. 907, 910). Wiederanwendung (Bek. v. 30. 6. 1954 – BGBl. II S. 718); Weiteranwendung (Bek. v. 27. 6. 1960 – BGBl. II S. 1853).

Art. 1. Gemäß den Vorbehalten im Artikel 1 Abs. 4 und im Artikel 9 Abs. 4 des Haager Abkommens über den Zivilprozeß vom 17. Juli 1905 ist den deutschen und den luxemburgischen gerichtlichen Behörden der unmittelbare Geschäftsverkehr miteinander in allen Fällen gestattet, in denen durch das Abkommen der Rechtshilfeverkehr in Zivil- und Handelssachen für die Mitteilung gerichtlicher und außergerichtlicher Urkunden sowie für die Erledigung von Ersuchungsschreiben geregelt ist.

Art. 2. (1) Zuständig für den unmittelbaren Geschäftsverkehr sind auf seiten des Reichs: alle gerichtlichen Behörden, für die Entgegennahme von Zustellungs- und sonstigen Rechtshilfeersuchen jedoch nur die Landgerichtspräsidenten; auf seiten Luxemburgs: der Generalstaatsanwalt in Luxemburg sowie die Staatsanwälte in Luxemburg und Diekirch, für die Entgegennahme der Ersuchen jedoch nur die bezeichneten Staatsanwälte.

(2) Im Falle der örtlichen Unzuständigkeit der ersuchten Behörde ist das Ersuchen von Amts wegen an die zuständige Behörde abzugeben und die ersuchende Behörde hiervon unverzüglich zu benachrichtigen.

Art. 3. (1) In dem unmittelbaren Geschäftsverkehr sind die Schreiben der beiderseitigen Behörden sowie die im Artikel 3 des Haager Abkommens über den Zivilprozeß bezeichneten Schriftstücke in deutscher Sprache abzufassen.

(2) Die luxemburgischen Behörden können sich auch der französischen Sprache bedienen; doch müssen in diesem Falle die im Artikel 3 bezeichneten Schriftstücke von einer deutschen Übersetzung begleitet sein.

Art. 4. Die Bestimmungen des Artikel 3 dieser Erklärung finden Anwendung auf die im Artikel 19 des Haager Abkommens über den Zivilprozeß bezeichneten Schriftstücke, die den auf diplomatischem Wege zu stellenden Anträgen wegen Vollstreckbarkeitserklärung von Kostenentscheidungen beizufügen sind.

Art. 5. (1) Gemäß dem Vorbehalt im Artikel 7 Abs. 2 des Haager Abkommens über den Zivilprozeß soll die Erstattung der durch die Mitwirkung eines Vollziehungsbeamten in den Fällen des Artikel 3 des Abkommens entstandenen Auslagen nicht verlangt werden, wenn der in diesem Artikel vorgesehene Antrag nur für den Fall gestellt war, daß das im Artikel 2 des Abkommens geregelte Verfahren nicht zum Ziele führt.

(2) ¹ Ferner soll gemäß dem Vorbehalt im Artikel 16 Abs. 2 des Abkommens die Erstattung der Auslagen für Zeugenentschädigungen und für die wegen Nichterscheinens eines Zeugen erforderlich gewordene Mitwirkung eines Vollziehungsbeamten nicht verlangt werden. ² Das Gleiche gilt in Ansehung der im Artikel 23 Abs. 2 des Abkommens erwähnten Auslagen für Zeugenentschädigungen.

Art. 6. Soweit nach dem Haager Abkommen über den Zivilprozeß in Verbindung mit dem Artikel 5 dieser Erklärung Kosten in Rechnung gestellt werden können, werden sie nach den Vorschriften berechnet, die in dem ersuchten Staate für gleiche Handlungen in einem inländischen Verfahren gelten.

5. Niederlande – Vertrag vom 30. 8. 1962 zur weiteren Vereinfachung des Rechtsverkehrs nach dem Haager Übereinkommen vom 1. 3. 1954 über den Zivilprozeß

19 In Kraft am 3. 5. 1964 (Bek. v. 20. 4. 1964 – BGBl. II S. 468).

Art. 1. (1) Gerichtliche und außergerichtliche Schriftstücke, die von einem der beiden Staaten ausgehen, werden im unmittelbaren Verkehr übersandt, und zwar,

a) wenn sie für Personen in der Bundesrepublik Deutschland bestimmt sind, von den zuständigen niederländischen Justizbehörden an den Präsidenten des Landgerichts oder Amtsgerichts, in dessen Bezirk sich der Empfänger aufhält,

b) wenn die Zustellung an Personen in den Niederlanden bewirkt werden soll, von den zuständigen deutschen Justizbehörden an den Officier van Justitie bij de Arrondissements-Rechtbank (Staatsanwalt bei dem Arrondissementsgericht), in deren Bezirk sich der Empfänger aufhält.

(2) Die genannten Behörden bedienen sich für die Anträge und bei dem weiteren Schriftwechsel ihrer Landessprache.

Art. 2. Ist die Behörde, der das Schriftstück übersandt worden ist, nicht zuständig, so gibt sie es von Amts wegen an die zuständige Behörde ab und benachrichtigt hiervon unverzüglich die ersuchende Behörde.

Art. 3. (1) Die Zustellung (Mitteilung) durch einfache Übergabe und die förmliche Zustellung (förmliche Mitteilung) von Schriftstücken wird gemäß den Artikeln 2, 3, 4 und 5 des Haager Übereinkommens ausgeführt.

(2) Hat die ersuchende Behörde nicht, wie in Artikel 3 Absatz 2 des Haager Übereinkommens vorgesehen, den Wunsch ausgesprochen, das Schriftstück in der Form, die nach den innerstaatlichen Rechtsvorschriften der ersuchten Behörde für die Bewirkung gleichartiger Zustellungen (Mitteilungen) vorgeschrieben ist, oder in einer besonderen Form zuzustellen (mitzuteilen), und kann eine Zustellung (Mitteilung) nicht durch einfache Übergabe nach Artikel 2 des Haager Übereinkommens bewirkt werden, so sendet die ersuchte Behörde das Schriftstück unverzüglich der ersuchenden Behörde zurück und teilt ihr die Gründe mit, aus denen die einfache Übergabe nicht möglich war.

(3) ¹ Hat die ersuchende Behörde dem Antrag, ein Schriftstück in der Form, die nach den innerstaatlichen Rechtsvorschriften der ersuchten Behörde für die Bewirkung gleichartiger Zustellungen (Mitteilungen) vorgeschrieben ist, oder in einer besonderen Form zuzustellen (mitzuteilen), eine Übersetzung des Schriftstücks nicht beigefügt, so wird diese von der ersuchten Behörde beschafft. ² Etwa entstehende Übersetzungskosten werden nicht erstattet; der Betrag dieser Kosten ist jedoch der ersuchenden Behörde mitzuteilen.

(4) Die in Artikel 3 Absatz 2 des Haager Übereinkommens vorgesehene Übersetzung kann auch von einem vereidigten Übersetzer des ersuchenden Staates beglaubigt werden.

(5) Die beiden Staaten verzichten gegenseitig auf die Erstattung von Auslagen, die in den Fällen des Artikels 3 des Haager Übereinkommens dadurch entstanden sind, daß bei der Zustellung (Mitteilung) ein Gerichtsbeamter mitgewirkt hat oder daß bei ihr eine besondere Form beachtet worden ist; der Betrag dieser Auslagen ist jedoch der ersuchenden Behörde mitzuteilen.

6. Norwegen – Vereinbarung vom 17. 6. 1977 zur weiteren Vereinfachung des Rechtshilfeverkehrs nach dem Haager Übereinkommen vom 1. 3. 1954 über den Zivilprozeß

In Kraft am 1. 1. 1980 (Bek. v. 23. 11. 1979 – BGBl. II S. 1292).

Art. 1. In Zivil- und Handelssachen können gerichtliche und außergerichtliche Schriftstücke, die von einem der beiden Staaten ausgehen, auch im unmittelbaren Verkehr übersandt werden, und zwar
1. wenn die Zustellung an Personen in der Bundesrepublik Deutschland bewirkt werden soll, von den zuständigen norwegischen Justizbehörden an den Präsidenten des Landgerichts oder Amtsgerichts, in dessen Bezirk sich der Empfänger aufhält,
2. wenn die Zustellung an Personen in Norwegen bewirkt werden soll, von den zuständigen deutschen Justizbehörden an das herredsrett oder das byrett, in dessen Bezirk sich der Empfänger aufhält.

Art. 2. ¹ Ist die Behörde, der das Schriftstück übersandt worden ist, nicht zuständig, so gibt sie es von Amts wegen an die zuständige Behörde ab. ² Sie benachrichtigt hiervon unverzüglich die ersuchende Behörde auf demselben Wege, auf dem ihr das Ersuchen zugegangen ist.

Art. 3. (1) ¹ In dem Antrag soll angegeben werden, ob die Zustellung durch einfache Übergabe des Schriftstücks an den Empfänger (Artikel 2 des Haager Übereinkommens) oder in der Form, die durch die Rechtsvorschriften der ersuchten Behörde vorgeschrieben ist, oder in einer besonderen Form (Artikel 3 Absatz 2 des Haager Übereinkommens) bewirkt werden soll. ² Der Wunsch, die Zustellung in einer der in Artikel 3 Absatz 2 des Haager Übereinkommens vorgesehenen Formen zu bewirken, kann auch nur hilfsweise für den Fall ausgesprochen werden, daß die einfache Übergabe nicht möglich ist, weil der Empfänger zur Annahme des Schriftstücks nicht bereit ist.

(2) ¹ Hat die ersuchende Behörde nicht, wie in Artikel 3 Absatz 2 des Haager Übereinkommens vorgesehen, den Wunsch ausgesprochen, das Schriftstück in einer der in Artikel 3 Absatz 2 des Haager Übereinkommens angeführten Formen zuzustellen, und kann die Zustellung nicht durch einfache Übergabe nach Artikel 2 des Haager Übereinkommens bewirkt werden, so sendet die ersuchte Behörde das Schriftstück unverzüglich der ersu-

chenden Behörde zurück und teilt ihr die Gründe mit, aus denen die einfache Übergabe nicht möglich war. ² *Ist jedoch das zuzustellende Schriftstück von einer Übersetzung begleitet, so wird die Zustellung nach den innerstaatlichen Rechtsvorschriften der ersuchten Behörde für die Bewirkung gleichartiger Zustellungen durchgeführt.*

(3) ¹ *Hat die ersuchende Behörde ihrem Antrag nach Absatz 1, ein Schriftstück in den in Artikel 3 Absatz 2 des Haager Übereinkommens vorgesehenen Formen zuzustellen, eine Übersetzung ausnahmsweise nicht beigefügt, so wird diese von der ersuchten Behörde beschafft.* ² *Die Kosten der Übersetzung werden von der ersuchenden Behörde erstattet.*

(4) *Die in Artikel 3 Absatz 2 des Haager Übereinkommens vorgesehene Übersetzung kann auch von einem vereidigten Übersetzer des ersuchenden Staates beglaubigt werden.*

(5) ¹ *Die beiden Staaten verzichten gegenseitig auf die Erstattung von Auslagen, die in den Fällen des Artikels 3 Absatz 2 des Haager Übereinkommens dadurch entstanden sind, daß bei der Zustellung ein Gerichtsbeamter mitgewirkt hat oder eine besondere Form beachtet worden ist.* ² *Jedoch teilt die ersuchte norwegische Behörde der ersuchenden deutschen Behörde den Betrag dieser Auslagen mit.*

Art. 4. (1) ¹ *Die diplomatischen oder konsularischen Vertreter eines jeden der beiden Staaten können Zustellungen ohne Anwendung von Zwang (Artikel 6 Absatz 1 Nummer 3 in Verbindung mit Absatz 2 Satz 2 des Haager Übereinkommens) auch dann bewirken, wenn die Empfänger neben der Staatsangehörigkeit des Entsendestaates auch die eines dritten Staates besitzen.* ² *Kommen für die Beurteilung der Staatsangehörigkeit der Person, an die zugestellt werden soll, verschiedene Rechte in Betracht, so ist das Recht des Staates maßgebend, in dem der Zustellungsantrag ausgeführt werden soll.*

(2) *Im Verhältnis zwischen beiden Staaten sind die in Artikel 6 Absatz 1 Nummern 1 und 2 des Haager Übereinkommens vorgesehenen unmittelbaren Zustellungsarten ebenso wie die unmittelbare Zustellung durch die diplomatischen oder konsularischen Vertreter an Personen, welche die Staatsangehörigkeit des Empfangsstaates oder eines dritten Staates besitzen, nicht zulässig.*

Art. 14. *Die vorstehenden Vereinbarungen schließen nicht aus, daß Zustellungsanträge, Rechtshilfeersuchen oder Anträge auf Bewilligung des Armenrechts auf dem im Haager Übereinkommen vorgesehenen Wege (Artikel 1 Absatz 1, Artikel 9 Absatz 1, Artikel 23 Absatz 1) übermittelt werden.*

7. Österreich – Vereinbarung vom 6. 6. 1959 zur weiteren Vereinfachung des rechtlichen Verkehrs nach dem Haager Übereinkommen vom 1. 3. 1954 über den Zivilprozeß

In Kraft am 1. 1. 1960 (Bek. v. 18. 12. 1959 – BGBl. II S. 1523).

Art. 1. (1) *In Zivil- und Handelssachen werden die Zustellungsanträge (die Ersuchen um Zustellung) im unmittelbaren Verkehr der beiderseitigen Behörden übersandt.*

(2) *Für die Entgegennahme von Ersuchen um Zustellung (Zustellungsanträgen) ist das Amtsgericht (das Bezirksgericht) zuständig, in dessen Bezirk die Zustellung bewirkt werden soll.*

(3) *Ist die ersuchte Behörde nicht zuständig, so hat sie den Zustellungsantrag (das Ersuchen um Zustellung) von Amts wegen an die zuständige Behörde abzugeben und die ersuchende Behörde von der Abgabe unverzüglich zu benachrichtigen.*

Art. 2. ¹ *Die ersuchte Behörde hat die Zustellung in der durch ihre innere Gesetzgebung für gleichartige Zustellungen vorgeschriebenen Form zu bewirken.* ² *Auf Wunsch der ersuchenden Behörde hat sie die Zustellung in einer besonderen Form durchzuführen, sofern diese ihrer Gesetzgebung nicht zuwiderläuft.*

Art. 3. *Die beiden Staaten verzichten gegenseitig auf die Erstattung von Auslagen, die bei einer Zustellung entstanden sind.*

8. Polen. Vereinbarung vom 14. Dezember 1992 zur weiteren Erleichterung des Rechtsverkehrs nach dem Haager Übereinkommen vom 1. März 1954 über den Zivilprozeß

In Kraft am 1. 12. 1993 (Bek. v. 21. 2. 1994, BGBl. II S. 361).

Art. 1. (1) *Gerichtliche und außergerichtliche Schriftstücke, die von einem der beiden Staaten ausgehen, werden im unmittelbaren Verkehr übersandt, und zwar,*

1. wenn die Zustellung an Personen in der Republik Polen bewirkt werden soll, von den zuständigen Justizbehörden an den Präsidenten des Wojewodschaftsgerichts, in dessen Zuständigkeitsbereich sich der Empfänger aufhält;
2. wenn sie für Personen in der Bundesrepublik Deutschland bestimmt sind, von den zuständigen polnischen Justizbehörden an den Präsidenten des Landgerichts oder Amtsgerichts, in dessen Bezirk sich der Empfänger aufhält.

(2) Die in Absatz 1 genannten Behörden bedienen sich für die Zustellungsanträge des Musters, das von den Justizministerien beider Staaten festgelegt wird. Den weiteren Schriftwechsel führen beide Seiten in ihrer Amtssprache.

Art. 2. *Ist die Behörde, der das Schriftstück übersandt worden ist, nicht zuständig, so gibt sie es von Amts wegen an die zuständige Behörde ab und benachrichtigt hiervon unverzüglich die ersuchende Behörde.*

Art. 3. *(1) In dem Antrag soll angegeben werden, ob die Zustellung durch einfache Übergabe des Schriftstücks an den Empfänger (Art. 2 des Haager Übereinkommens) oder in der Form, die durch die Rechtsvorschriften der ersuchten Behörde vorgeschrieben ist, oder in einer besonderen Form (Art. 3 Abs. 2 des Haager Übereinkommens) bewirkt werden soll. Der Wunsch, die Zustellung in einer der in Artikel 3 Absatz 2 des Haager Übereinkommens vorgesehenen Form zu bewirken, kann auch nur hilfsweise für den Fall ausgesprochen werden, daß die einfache Übergabe nicht möglich ist, weil der Empfänger zur Annahme des Schriftstücks nicht bereit ist.*

(2) Hat die ersuchende Behörde nicht, wie in Artikel 3 Absatz 2 des Haager Übereinkommens vorgesehen, den Wunsch ausgesprochen, das Schriftstück in der Form zuzustellen, die nach den innerstaatlichen Rechtsvorschriften der ersuchten Behörde für die Bewirkung gleichartiger Zustellungen vorgeschrieben ist, und kann eine Zustellung nicht durch einfache Übergabe nach Artikel 2 des Haager Übereinkommens bewirkt werden, so sendet die ersuchte Behörde das Schriftstück unverzüglich der ersuchenden Behörde zurück und teilt ihr die Gründe mit, aus denen die einfache Übergabe nicht möglich war. Ist jedoch das zuzustellende Schriftstück von einer Übersetzung begleitet, so wird die Zustellung nach den innerstaatlichen Rechtsvorschriften der ersuchten Behörde für die Bewirkung gleichartiger Zustellungen durchgeführt.

(3) Hat die ersuchende Behörde ihrem Antrag, ein Schriftstück in der Form, die nach den innerstaatlichen Rechtsvorschriften der ersuchten Behörde für die Bewirkung gleichartiger Zustellungen vorgeschieben ist, oder in einer besonderen Form zuzustellen, eine Übersetzung des Schriftstücks nicht beigefügt, so ist das zuzustellende Schriftstück an die ersuchende Behörde mit der Bitte um Beifügung einer Übersetzung zurückzuleiten.

(4) Die in Artikel 3 Absatz 2 des Haager Übereinkommens vorgesehene Übersetzung kann auch von einem vereidigten oder amtlich zugelassenen Übersetzer des ersuchenden Staates beglaubigt werden.

9. Schweden – Vereinbarung vom 1. 2. 1910 zur weiteren Vereinfachung des Rechtshilfeverkehrs

In Kraft am 1. 3. 1910 (Bek. v. 9. 2. 1910 – RGBl. S. 455). Weiteranwendung (Bek. v. 27. 6. 1960 – BGBl. II S. 1853).

Art. 1. *Gemäß den Vorbehalten im Artikel 3 Abs. 2, im Artikel 10 und im Artikel 19 Abs. 2 Nr. 3 des Haager Abkommens über den Zivilprozeß vom 17. Juli 1905 können die in diesen Artikeln vorgeschriebenen Übersetzungen der dort bezeichneten Schriftstücke auch von einem beeidigten Dolmetscher des ersuchenden Staates beglaubigt werden.*

Art. 2. *(1) Gemäß dem Vorbehalt im Artikel 6 Abs. 2 des Haager Abkommens über den Zivilprozeß kann jeder Teil Zustellungen im Gebiete des anderen Teiles in allen Fällen, wo es sich nicht um dessen Angehörige handelt, ohne Anwendung von Zwang durch seine diplomatischen oder konsularischen Vertreter unmittelbar bewirken lassen.*

(2) Das Gleiche gilt gemäß dem Vorbehalt im Artikel 15 des Abkommens für die Erledigung von Ersuchungsschreiben.

Art. 3. *(1) Gemäß dem Vorbehalt im Artikel 7 Abs. 2 des Haager Abkommens über den Zivilprozeß soll die Erstattung der durch die Mitwirkung eines Vollziehungsbeamten in den Fällen des Artikel 3 des Abkommens entstandenen Auslagen nicht verlangt werden.*

(2) Das Gleiche gilt gemäß dem Vorbehalt im Artikel 16 Abs. 2 des Abkommens in Ansehung der Auslagen für die wegen Nichterscheinens eines Zeugen erforderlich gewordene Mitwirkung eines Vollziehungsbeamten.

Art. 4. *Soweit nach dem Haager Abkommen über den Zivilprozeß in Verbindung mit dem Artikel 3 dieser Erklärung Kosten in Rechnung gestellt werden können, werden sie nach den Vorschriften berechnet, die in dem ersuchten Staate für gleiche Handlungen in einem inländischen Verfahren gelten.*

10. Schweiz – Erklärung vom 30. 4. 1910 zur weiteren Vereinfachung des Rechtshilfeverkehrs

In Kraft am 1. 6. 1910 (Bek. v. 7. 5. 1910 – RGBl. S. 674). Weiteranwendung (Bek. v. 27. 6. 1960 – BGBl. II 1853).

Art. 1. *Gemäß den Vorbehalten im Artikel 1 Abs. 4 und im Artikel 9 Abs. 4 des Haager Abkommens über den Zivilprozeß vom 17. Juli 1905 wird in allen Fällen, in denen durch das Abkommen der Rechtshilfeverkehr in Zivil- und Handelssachen für die Mitteilung gerichtlicher und außergerichtlicher Urkunden sowie für die Erledigung von Ersuchungsschreiben geregelt ist, der zwischen den deutschen und den schweizerischen gerichtlichen Behörden auf Grund der Vereinbarung vom 1./10. Dezember 1878 bestehende unmittelbare Geschäftsverkehr beibehalten.*

Art. 2. *(1) In dem unmittelbaren Geschäftsverkehre werden die Schreiben der beiderseitigen Behörden in deren Landessprache abgefaßt.*
(2) ¹ *Die Bestimmungen des Artikel 3 des Haager Abkommens über den Zivilprozeß wegen Abfassung oder Übersetzung der dort bezeichneten Schriftstücke bleiben unberührt.* ² *Sind diesen Schriftstücken die vorgeschriebenen Übersetzungen nicht beigegeben, so werden sie von der ersuchten Behörde auf Kosten der ersuchenden Behörde beschafft.*

Art. 3. *(1) Die Bestimmungen des Artikel 2 Abs. 2 dieser Erklärung finden Anwendung auf die im Artikel 19 des Haager Abkommens über den Zivilprozeß bezeichneten Schriftstücke, die den auf diplomatischem Wege zu stellenden Anträgen wegen Vollstreckbarkeitserklärung von Kostenentscheidungen beizufügen sind.*
(2) Gemäß dem Vorbehalt im Artikel 19 Abs. 3 des Haager Abkommens über den Zivilprozeß soll die dort vorgesehene Bescheinigung des höchsten Justizverwaltungsbeamten über die Zuständigkeit der Behörde, welche die Erklärung über die Rechtskraft der Kostenentscheidung abgibt, nicht verlangt werden, wenn die Erklärung nach dem Beglaubigungsvertrage vom 14. Februar 1907 keiner Beglaubigung bedarf.

Art. 4. *Soweit nach dem Haager Abkommen über den Zivilprozeß Kosten in Rechnung gestellt werden können, werden sie nach den Vorschriften berechnet, die in dem ersuchten Staate für gleiche Handlungen in einem inländischen Verfahren gelten.*

11. Tschechische Republik – Vertrag vom 2. Februar 2000 zur weiteren Erleichterung des Rechtshilfeverkehrs nach den Haager Übereinkommen vom 1. März 1954 über den Zivilprozess, vom 15. November 1965 über die Zustellung gerichtlicher und außergerichtlicher Schriftstücke im Ausland in Zivil- und Handelssachen und vom 18. März 1970 über die Beweisaufnahme im Ausland

Gesetz vom 17. 11. 2001, BGBl. II S. 1210; in Kraft am 1. 4. 2002 (Bek. vom 10. 4. 2002 – BGBl. II S. 1158);

Art. 1 *(zu Artikel 11 Zustellungsübereinkommen). Gerichtliche und außergerichtliche Schriftstücke, die von den zuständigen Behörden von einem der beiden Staaten ausgehen, werden im unmittelbaren Verkehr übersandt, und zwar,*
1. *wenn die Zustellung an Personen in der Bundesrepublik Deutschland bewirkt werden soll, von den zuständigen tschechischen Behörden an den Präsidenten des Landgerichts oder Amtsgerichts, in dessen Bezirk der Empfänger seinen Aufenthalt oder Sitz hat;*
2. *wenn die Zustellung an Personen in der Tschechischen Republik bewirkt werden soll, von den zuständigen deutschen Behörden an das tschechische Gericht, in dessen Bezirk der Empfänger seinen Aufenthalt oder Sitz hat. Zuständiges tschechisches Gericht ist das Bezirksgericht (okresní soud), in Prag das Stadtbezirksgericht (obvodní soud) und in Brünn das Stadtgericht (městský soud).*

Art. 2. *Ist die Behörde, der das Schriftstück übersandt worden ist, nicht zuständig, so gibt sie es von Amts wegen an die zuständige Behörde ab und benachrichtigt hiervon unverzüglich die ersuchende Behörde.*

B. Sonstige bilaterale Verträge

1. Griechenland – a) Abkommen vom 11. 5. 1938 über die gegenseitige Rechtshilfe in Angelegenheiten des bürgerlichen und Handels-Rechts

In Kraft am 17. 7. 1939 (Bek. v. 28. 6. 1939 – RGBl. II S. 848). Wiederanwendung (Bek. v. 26. 6. 1952 – BGBl. II S. 634).

Art. 1. (1) ¹ *In Zivil- und Handelssachen erfolgt die Zustellung von Schriftstücken, die für eine im Gebiet des anderen Staates befindliche Person bestimmt sind, auf einen Antrag, der von dem Konsul des ersuchenden Staates im Deutschen Reich dem Präsidenten des Landgerichts, in Griechenland dem Staatsanwalt bei dem Gerichtshof erster Instanz übermittelt wird, in dessen Bezirk die Zustellung erfolgen soll.* ² *Der Antrag hat die Behörde, von der er ausgeht, den Namen und die Stellung der Parteien, die Anschrift des Empfängers und die Art des zuzustellenden Schriftstücks zu bezeichnen.* ³ *Der Antrag ist in der amtlichen Sprache des ersuchenden Staates abzufassen.*⁵³ ⁴ *Eine Übersetzung des Antrags in die Sprache des ersuchten Staates ist beizufügen; dabei sind die von den beiden Regierungen einander mitzuteilenden doppelsprachigen Vordrucke zu benutzen.*

(2) Die Urkunde, durch die die Zustellung nachgewiesen wird, ist dem Konsul zu übersenden; gegebenenfalls ist ihm der die Zustellung hindernde Umstand mitzuteilen.

Art. 2. ¹ *Für die Zustellung hat die zuständige Behörde des ersuchten Staates Sorge zu tragen.* ² *Diese Behörde kann sich, abgesehen von den im Artikel 3 vorgesehenen Fällen, darauf beschränken, die Zustellung durch Übergabe des Schriftstückes an den Empfänger zu bewirken, sofern er zur Annahme bereit ist.*

Art. 3. (1) ¹ *Ist das zuzustellende Schriftstück in der Sprache des ersuchten Staates abgefaßt oder ist es von einer Übersetzung in diese Sprache begleitet, so läßt die ersuchte Behörde, falls in dem Antrag ein dahingehender Wunsch ausgesprochen ist, das Schriftstück in der durch ihre innere Gesetzgebung für die Bewirkung gleichartiger Zustellungen vorgeschriebenen Form oder in einer besonderen Form, sofern diese ihrer Gesetzgebung nicht zuwiderläuft, zustellen.* ² *Ist ein solcher Wunsch nicht ausgesprochen, so wird die ersuchte Behörde zunächst die Übergabe nach den Vorschriften des Artikels 2 zu bewirken suchen.*

(2) Die im vorstehenden Absatz vorgesehene Übersetzung ist von dem diplomatischen oder konsularischen Vertreter oder einem beeidigten Dolmetscher des ersuchenden oder ersuchten Staates zu beglaubigen.

Art. 4. Die Ausführung der in den Artikeln 1, 2, 3 vorgesehenen Zustellung kann nur abgelehnt werden, wenn der ersuchte Staat sie für geeignet hält, seine Hoheitsrechte oder seine Sicherheit zu gefährden.

Art. 5. (1) *Der Nachweis der Zustellung erfolgt entweder durch ein mit Datum versehenes und beglaubigtes Empfangsbekenntnis des Empfängers oder durch ein Zeugnis der Behörde des ersuchten Staates, aus dem sich die Tatsache, die Form und die Zeit der Zustellung ergeben.*

(2) Ist das zuzustellende Schriftstück in zwei gleichen Stücken übermittelt worden, so ist das Empfangsbekenntnis oder das Zeugnis auf eins der beiden Stücke zu setzen oder damit zu verbinden.

Art. 6. Jeder der beiden Staaten hat die Befugnis, Zustellungen an eigene Staatsangehörige, die sich im Gebiete des anderen Staates befinden, durch seine diplomatischen und konsularischen Vertreter ohne Anwendung von Zwang bewirken zu lassen.

b) Verordnung vom 31. 5. 1939 zur Ausführung des deutsch-griechischen Abkommens über die gegenseitige Rechtshilfe in Angelegenheiten des bürgerlichen und Handels-Rechts (RGBl. II S. 847)

Art. 1 Zustellungsanträge und Rechtshilfeersuchen

§ 1. Für die Erledigung der in den Artikeln 1 und 7 des Abkommens vorgesehenen Angelegenheit ist das Amtsgericht zuständig, in dessen Bezirk die Amtshandlung vorgenommen werden soll.

§ 2. Für die Übermittlung eines Zustellungsantrags oder eines Rechtshilfeersuchens durch den Konsul des Reichs beträgt die Gebühr 1,50 Reichsmark.

---

⁵³ S. dazu *Peppler* NJW 1976, 2158.

§ 3. *Die für die Erhebung von Auslagen geltenden reichs- und landesrechtlichen Vorschriften finden auf die gemäß Artikel 25 Abs. 1 Sätze 2 und 3 des Abkommens von der ersuchten griechischen Behörde mitgeteilten Auslagen entsprechende Anwendung.*

2. Liechtenstein – Vereinbarung vom 17. 2./29. 5. 1958 über den unmittelbaren Geschäftsverkehr in Zivil- und Strafsachen zwischen den Justizbehörden der Bundesrepublik Deutschland und des Fürstentums Liechtenstein

28 In Kraft am 22. 5. 1958 (Bek. v. 25. 3. 1959 – BAnz. Nr. 73/59).

Die Botschaft der Bundesrepublik Deutschland beehrt sich . . ., der Gesandtschaft des Fürstentums Liechtenstein vorzuschlagen, in Rechtshilfeangelegenheiten gegenseitig den unmittelbaren Geschäftsverkehr zwischen den Justizbehörden der Bundesrepublik Deutschland und des Fürstentums Liechtenstein in dem gleichen Umfang zuzulassen, wie er zwischen den Justizbehörden der Bundesrepublik Deutschland und der Schweiz besteht.

Auf Grund einer Note der Gesandtschaft des Fürstentums Liechtenstein vom 22. Mai 1958 ist das Politische Departement in der Lage, der Botschaft der Bundesrepublik Deutschland mitzuteilen, daß die Fürstliche Regierung bereit ist, der vorgeschlagenen Regelung in dem Sinne zuzustimmen, daß ab 22. Mai 1958 in Rechtshilfeangelegenheiten der direkte Geschäftsverkehr zwischen den Justizbehörden des Fürstentums Liechtenstein und der Bundesrepublik Deutschland in gleichem Umfange zugelassen sein wird, wie er bereits zwischen den Justizbehörden der Schweiz und der Bundesrepublik Deutschland besteht.

3. Marokko – Vertrag vom 29. 10. 1985 über die Rechtshilfe und Rechtsauskunft in Zivil- und Handelssachen

29 Gesetz vom 25. 11. 1988 (BGBl. II S. 1054); in Kraft am 23. 6. 1994 (Bek. v. 24. 6. 1994, BGBl. II S. 1192)

Kapitel II. Zustellung gerichtlicher und außergerichtlicher Schriftstücke

Art. 3. (1) *Gerichtliche und außergerichtliche Schriftstücke in Zivil- und Handelssachen, die von einem der beiden Staaten ausgehen, werden im unmittelbaren Verkehr übersandt, und zwar,*

a) *wenn sie für Personen in der Bundesrepublik Deutschland bestimmt sind, vom Justizministerium des Königreichs Marokko (Abteilung Zivilsachen) an das Justizministerium des betreffenden Landes der Bundesrepublik Deutschland;*

b) *wenn sie für Personen im Königreich Marokko bestimmt sind, von der zuständigen Landesjustizverwaltung an das Justizministerium des Königreichs Marokko (Abteilung Zivilsachen).*

(2) *Der Zustellungsantrag hat zu bezeichnen*

a) *das Gericht oder die Behörde, von dem oder von der er ausgeht,*

b) *die genaue Bezeichnung und die Stellung der Parteien,*

c) *die genaue Anschrift des Empfängers,*

d) *die Art der zuzustellenden Schriftstücke,*

e) *Termin oder Ort der Ladung, die im Schriftstück vermerkten Fristen, das Gericht, das die Entscheidung erlassen hat, sowie gegebenenfalls alle anderen zweckdienlichen Angaben.*

Art. 4. (1) *Dem Antrag ist das zuzustellende Schriftstück in zwei Stücken beizufügen.*

(2) *Die Zustellung wird durch die Behörde bewirkt, die nach den Rechtsvorschriften des ersuchten Staates zuständig ist.*

(3) *Die durch diese Behörde zu bewirkende Zustellung kann sich, abgesehen von den in Artikel 5 aufgeführten Fällen, auf die einfache Übergabe der Schriftstücke an den Empfänger beschränken, wenn er zur Annahme bereit ist.*

Art. 5. Falls in dem Antrag ein dahingehender Wunsch ausgesprochen wird, bewirkt die ersuchte Behörde die Zustellung des Schriftstücks in der durch ihre innerstaatlichen Rechtsvorschriften für die Bewirkung gleichartiger Zustellungen vorgeschriebenen Form oder in einer besonderen Form, sofern diese ihren Rechtsvorschriften nicht zuwiderläuft.

Art. 6. (1) *Zum Nachweis der Zustellung dient entweder ein mit Datum versehenes und beglaubigtes Empfangsbekenntnis des Empfängers oder ein Zeugnis des ersuchten Staates, aus dem sich die Tatsache, die Form und die Zeit der Zustellung ergeben.*

(2) Das Empfangsbekenntnis oder das Zeugnis ist auf eine der beiden Ausfertigungen des zuzustellenden Schriftstücks zu setzen oder damit zu verbinden; sie werden nach Maßgabe des Artikels 3 dem Justizministerium des ersuchenden Staates übersandt.

Art. 7. *Ungeachtet der vorstehenden Artikel kann jeder Staat Zustellungen an eigene Staatsangehörige, die sich im Hoheitsgebiet des anderen Staates befinden, unmittelbar durch seine diplomatischen oder konsularischen Vertreter bewirken lassen.*

Art. 8. *(1) Die Zustellung in einer der in Artikel 5 vorgesehenen Formen kann auch hilfsweise für den Fall beantragt werden, daß die einfache Übergabe nicht möglich ist, weil der Empfänger zur Annahme des Schriftstücks nicht bereit ist.*

(2) Hat der ersuchende Staat nicht, wie in Artikel 5 vorgesehen, den Wunsch ausgesprochen, das Schriftstück in den in jenem Artikel vorgesehenen Formen zuzustellen, und kann eine Zustellung nicht durch einfache Übergabe nach Artikel 4 bewirkt werden, so sendet der ersuchte Staat das Schriftstück unverzüglich an den ersuchenden Staat zurück und teilt diesem die Gründe mit, aus denen die einfache Übergabe nicht möglich war.

Art. 9. *(1) Ist zur Einleitung eines gerichtlichen Verfahrens des Zivil- oder Handelsrechts in dem einen Staat eine Klage, eine Vorladung oder ein anderes Schriftstück dem Beklagten in dem anderen Staat zuzustellen, so darf das Gericht, wenn sich der Beklagte auf das Verfahren nicht einläßt, keine Entscheidung erlassen, bevor nicht festgestellt ist, daß das Schriftstück dem Beklagten auf einem der in diesem Vertrag vorgesehenen Wege zugestellt worden ist.*

(2) Die Zustellung muß so rechtzeitig erfolgt sein, daß der Beklagte in der Lage war, sich zu verteidigen.

(3) Sind jedoch seit der Übermittlung eines Zustellungsantrags an die Empfangsstelle des ersuchten Staates sechs Monate vergangen, so darf das Gericht, auch wenn die Voraussetzungen des Absatzes 1 nicht erfüllt sind, eine Entscheidung erlassen, sofern festgestellt wird, daß im ersuchenden Staat alle Maßnahmen getroffen worden sind, damit das Ersuchen hätte erledigt werden können.

(4) Die Bestimmungen dieses Artikels stehen dem Erlaß einstweiliger Maßnahmen einschließlich solcher, die auf eine Sicherstellung gerichtet sind, nicht entgegen.

Art. 10. *Die beiden Staaten verzichten gegenseitig auf die Erstattung von Auslagen, die in den Fällen des Artikels 5 dadurch entstanden sind, daß bei der Zustellung ein Justizbeamter mitgewirkt hat oder daß bei ihr eine besondere Form beachtet worden ist.*

Art. 28. *(1) Die Justizministerien können in ihrer Landessprache korrespondieren.*

(2) Sofern ein deutsches Justizministerium Absender ist, ist eine Übersetzung nach dessen Wahl in französischer oder arabischer Sprache beizufügen.

(3) Sofern das marokkanische Justizministerium Absender ist, ist eine Übersetzung nach dessen Wahl in französischer oder deutscher Sprache beizufügen.

Art. 29. *(1) Zuzustellende Schriftstücke, Rechtshilfeersuchen, Prozeßkostenentscheidungen und Kostenfestsetzungen sowie Prozeßkostenhilfeanträge und die ihnen beigefügten Ersuchen um die erforderlichen Auskünfte und deren Anlagen können in der Sprache des ersuchenden Staates abgefaßt sein.*

(2) Die Erledigungsstücke können in der Sprache des ersuchten Staates abgefaßt sein.

(3) Sind Vorgänge, die in den anderen Staat übermittelt werden sollen, nicht in dessen Landessprache abgefaßt, so gilt Artikel 28 Abs. 2 und 3 entsprechend; ausgenommen von dieser Regelung sind die Erledigungsstücke.

Art. 30. *(1) Übersetzungen sind von einem diplomatischen oder konsularischen Vertreter des ersuchenden Staates oder einem beeidigten Übersetzer des ersuchenden Staates zu beglaubigen.*

(2) Die Übersetzung der Korrespondenz nach Artikel 28 bedarf keiner Beglaubigung.

(3) Übersetzungskosten werden nicht erstattet.

4. Tunesien – a) Vertrag vom 19. 7. 1966 über Rechtsschutz und Rechtshilfe, die Anerkennung und Vollstreckung gerichtlicher Entscheidungen in Zivil- und Handelssachen sowie über die Handelsschiedsgerichtsbarkeit

30 Gesetz vom 29. 4. 1969 (BGBl. II S. 889); in Kraft am 13. 3. 1970 (Bek. v. 2. 3. 1970, BGBl. II S. 125).[54]

Zweiter Teil. Rechtshilfe in Zivil- und Handelssachen

Art. 8. In Zivil- und Handelssachen stellen die Behörden des einen Staates Personen, die sich in seinem Hoheitsgebiet befinden, auf Antrag der Gerichte oder Behörden des anderen Staates gerichtliche oder außergerichtliche Schriftstücke zu.

Art. 9. (1) Der Antrag auf Zustellung ist von dem Konsul des ersuchenden Staates der zuständigen Empfangsstelle des ersuchten Staates zu übermitteln.

(2) Diese Empfangsstelle ist:
1. in der Bundesrepublik Deutschland der Präsident des Landgerichts oder der Präsident des Amtsgerichts, in dessen Bezirk sich der Empfänger aufhält,
2. in der Tunesischen Republik der Procureur Général de la République (Generalstaatsanwalt der Republik).

Art. 10. Der Antrag auf Zustellung hat zu bezeichnen:
1. das Gericht oder die Behörde, von dem oder von der er ausgeht,
2. den Namen und die Stellung der Parteien,
3. die genaue Anschrift des Empfängers,
4. die Art des zuzustellenden Schriftstücks.

Art. 11. (1) Der Zustellungsantrag und das zuzustellende Schriftstück müssen entweder in der Sprache des ersuchten Staates abgefaßt oder von einer Übersetzung in diese Sprache begleitet sein.

(2) Die Übersetzungen sind von einem amtlich bestellten oder vereidigten Übersetzer oder von einem diplomatischen oder konsularischen Vertreter eines der beiden Staaten als richtig zu bescheinigen.

(3) Der Antrag und seine Anlagen bedürfen keiner Legalisation und vorbehaltlich des Absatzes 2 keiner ähnlichen Förmlichkeit.

Art. 12. (1) Die Zustellung wird durch die Behörde bewirkt, die nach dem Recht des ersuchten Staates zuständig ist.

(2) Die ersuchte Behörde läßt das Schriftstück zustellen:
1. in der durch ihre innerstaatlichen Rechtsvorschriften für die Bewirkung gleichartiger Zustellungen vorgeschriebenen Form; die ersuchte Behörde darf jedoch zunächst versuchen, die Zustellung durch einfache Übergabe des Schriftstücks an den Empfänger zu bewirken, wenn dieser zur Annahme bereit ist; oder
2. in einer von dem ersuchenden Gericht oder der ersuchenden Behörde gewünschten besonderen Form, sofern diese dem Recht des ersuchten Staates nicht zuwiderläuft.

Art. 13. (1) Die Zustellung kann nur abgelehnt werden, wenn der ersuchte Staat sie für geeignet hält, seine Hoheitsrechte oder seine Sicherheit zu gefährden.

(2) Die Zustellung darf nicht allein deshalb abgelehnt werden, weil der ersuchte Staat für die Sache, in welcher der Zustellungsantrag gestellt wird, die ausschließliche Zuständigkeit für seine Gerichte in Anspruch nimmt oder weil sein Recht ein Verfahren dieser Art nicht kennt.

Art. 14. (1) Zum Nachweis der Zustellung dient entweder ein mit Datum versehenes und vom Empfänger unterzeichnetes sowie von der ersuchten Behörde beglaubigtes Empfangsbekenntnis oder ein Zeugnis der Behörde des ersuchten Staates, aus dem sich die Tatsache, die Form und die Zeit der Zustellung ergeben.

(2) Die ersuchte Behörde übersendet die Urkunde, durch welche die Zustellung nachgewiesen wird, dem Konsul des ersuchenden Staates.

(3) Kann die Zustellung nicht bewirkt werden, so übersendet die ersuchte Behörde dem Konsul des ersuchenden Staates eine Urkunde, aus der sich der die Zustellung hindernde Umstand ergibt.

---

[54] BayObLG Rpfleger 1978, 446, 447.

Art. 15. (1) Für Zustellungen dürfen Gebühren oder Auslagen irgendwelcher Art nicht erhoben werden.

(2) ¹ Der ersuchte Staat ist jedoch berechtigt, von dem ersuchenden Staat die Erstattung der Auslagen zu verlangen, die dadurch entstanden sind, daß bei der Zustellung eine besondere Form nach Artikel 12 Abs. 2 Nr. 2 eingehalten worden ist. ² Der ersuchende Staat erstattet diese Kosten unverzüglich ohne Rücksicht darauf, ob er sie von den beteiligten Parteien zurückerhält oder nicht.

Art. 16. ¹ Jeder der beiden Staaten hat die Befugnis, Zustellungen an eigene Staatsangehörige, die sich im Hoheitsgebiete des anderen Staates befinden, durch seine diplomatischen oder konsularischen Vertreter ohne Anwendung von Zwang bewirken zu lassen. ² Kommen für die Beurteilung der Staatsangehörigkeit des Empfängers verschiedene Rechte in Betracht, so ist das Recht des Staates maßgebend, in dem die Zustellung bewirkt werden soll.

Art. 17. (1) ¹ Ist zur Einleitung eines gerichtlichen Verfahrens des Zivil- oder Handelsrechts in dem einen Staate eine Klage, eine Vorladung oder ein anderes Schriftstück dem Beklagten in dem anderen Staate zuzustellen, so darf das Gericht, wenn sich der Beklagte auf das Verfahren nicht einläßt, keine Entscheidung erlassen, bevor nicht festgestellt ist, daß die Klage, die Vorladung oder das andere Schriftstück
1. dem Beklagten auf einem der in diesem Vertrage vorgesehenen Wege zugestellt oder
2. ihm tatsächlich ausgehändigt worden ist.
² Die Zustellung oder Aushändigung muß so rechtzeitig erfolgt sein, daß der Beklagte in der Lage war, sich zu verteidigen.

(2) Sind jedoch seit der Übermittlung eines Zustellungsantrages an die Empfangsstelle des ersuchten Staates (Artikel 9) acht Monate vergangen, so darf das Gericht, auch wenn die Voraussetzungen des Absatzes 1 nicht erfüllt sind, eine Entscheidung erlassen, sofern festgestellt wird, daß im ersuchenden Staat alle Maßnahmen getroffen worden sind, damit das Ersuchen hätte erledigt werden können.

(3) Die Bestimmungen dieses Artikels stehen dem Erlaß einstweiliger Maßnahmen einschließlich solcher, die auf eine Sicherstellung gerichtet sind, nicht entgegen.

Protokoll

1. Die in dem Artikel 7 Abs. 4, den Artikeln 11 und 20 sowie dem Artikel 38 Abs. 1 Nr. 5 vorgesehenen Übersetzungen werden beiderseits in französischer Sprache abgefaßt.

b) Gesetz vom 29. 4. 1969 zur Ausführung des Vertrages vom 19. 7. 1966 zwischen der Bundesrepublik Deutschland und der Tunesischen Republik über Rechtsschutz und Rechtshilfe, die Anerkennung und Vollstreckung gerichtlicher Entscheidungen in Zivil- und Handelssachen sowie über die Handelsschiedsgerichtsbarkeit (BGBl. I S. 333)

In Kraft am 13. 3. 1970 (Bek. v. 25. 3. 1970 – BGBl. I S. 307).

§ 3. (1) Für die Erledigung von Zustellungsanträgen (Artikel 8 des Vertrages) oder von Rechtshilfeersuchen (Artikel 18 des Vertrages) ist das Amtsgericht zuständig, in dessen Bezirk die Amtshandlung vorzunehmen ist.

(2) ¹ Die Zustellung wird durch die Geschäftsstelle des Amtsgerichts bewirkt. ² Diese hat auch den Nachweis über die Zustellung oder über deren Undurchführbarkeit (Artikel 14 des Vertrages) zu erteilen.

(3) ¹ Werden die zuzustellenden Schriftstücke nicht angenommen, weil sie nicht in deutscher Sprache abgefaßt oder von einer deutschen Übersetzung begleitet sind, so hat die Geschäftsstelle, bevor die Zustellung bewirkt wird, eine deutsche Übersetzung zu beschaffen, wenn der Empfänger dies verlangt. ² Die durch die Übersetzung entstandenen Auslagen werden von dem Empfänger erhoben. ³ Von der Erhebung der Auslagen ist ganz oder teilweise abzusehen, wenn dies mit Rücksicht auf die wirtschaftlichen Verhältnisse des Empfängers oder sonst aus Billigkeitsgründen geboten erscheint.⁵⁵ ⁴ Im übrigen gelten die Vorschriften über Kosten im Bereich der Justizverwaltung.

§ 4 (aufgehoben durch Art. 9 des Gesetzes v. 27. 6. 2000, BGBl. I S. 897)

---

⁵⁵ OLG Nürnberg FamRZ 1960, 204, 205.

5. Tschechoslowakei, ehemalige – Notenwechsel vom 23. 11./27. 11. 1973 zur Frage der Gewährung von Rechtshilfe – Bulletin Nr. 158/73 S. 1577.

Vom Abdruck wird abgesehen.

6. Türkei – a) Abkommen vom 28. 5. 1929 über den Rechtsverkehr in Zivil- und Handelssachen

Gesetz vom 3. 1. 1930 (RGBl. II S. 6). In Kraft am 18. 11. 1931 (Bek. v. 20. 8. 1931 – RGBl. II S. 539). Wiederanwendung (Bek. v. 29. 5. 1952 – BGBl. II S. 608).[56]

Art. 9. *(1)* ¹ *In Zivil- oder Handelssachen erfolgen die Zustellungen von Schriftstücken, die von den Behörden des einen Staates ausgehen und für eine im Gebiete des anderen Staates befindliche Person bestimmt sind, auf einen Antrag, der vom Konsul des ersuchenden Staates an die vom ersuchten Staat zu bezeichnende Behörde gerichtet wird.* ² *Der Antrag hat die Behörde, von der das übermittelte Schriftstück ausgeht, den Namen sowie die Stellung der Parteien, die Anschrift des Empfängers und die Art des in Rede stehenden Schriftstücks anzugeben und ist in der Sprache des ersuchten Staates abzufassen.* ³ *Eine nach Maßgabe des Artikel 4 Abs. 2 b beglaubigte Übersetzung des zuzustellenden Schriftstücks ist dem Antrag beizufügen.*

(2) ¹ *Die Behörde, an die der Antrag gerichtet ist, hat dem Konsul die Urkunde zu übersenden, die die Zustellung nachweist oder die den die Zustellung hindernden Umstand angibt.* ² *Im Falle ihrer örtlichen Unzuständigkeit hat sie den Antrag von Amts wegen an die zuständige Behörde abzugeben und den Konsul hiervon unverzüglich zu benachrichtigen.*

Art. 10. *(1)* ¹ *Für die Zustellung hat die zuständige Behörde des ersuchten Staates Sorge zu tragen.* ² *Diese Behörde kann sich, abgesehen von den in Abs. 2 vorgesehenen Fällen, darauf beschränken, die Zustellung durch Übergabe des Schriftstücks an den Empfänger zu bewirken, sofern er zur Annahme bereit ist.*

(2) Auf Antrag der ersuchenden Behörde hat die ersuchte Behörde das zuzustellende Schriftstück in der durch ihre innere Gesetzgebung für die Bewirkung gleichartiger Zustellungen vorgeschriebenen Form oder in einer besonderen Form zuzustellen, sofern diese ihrer Gesetzgebung nicht zuwiderläuft.

Art. 11. Der Nachweis der Zustellung erfolgt entweder durch eine mit Datum versehene und beglaubigte Empfangsbestätigung des Empfängers oder durch ein Zeugnis der Behörde des ersuchten Staates, aus dem sich die Tatsache, die Form und die Zeit der Zustellung ergibt.

Art. 12. (1) In Zivil- oder Handelssachen kann sich die Gerichtsbehörde des einen Staates gemäß den Vorschriften ihrer Gesetzgebung mittels Rechtshilfeersuchens an die zuständige Behörde des anderen Staates wenden, um die Vornahme einer Prozeßhandlung oder anderer gerichtlicher Handlungen innerhalb ihres Geschäftskreises nachzusuchen.

(2) ¹ *Das Rechtshilfeersuchen wird durch den Konsul des ersuchenden Staates der von dem ersuchten Staate zu bezeichnenden Behörde übermittelt.* ² *Eine Übersetzung in die Sprache des ersuchten Staates ist beizufügen; diese ist durch einen diplomatischen oder konsularischen Vertreter des ersuchenden Staates oder durch einen beeidigten Dolmetscher des ersuchenden oder ersuchten Staates zu beglaubigen.*

(3) ¹ *Die Behörde, an die das Rechtshilfeersuchen gerichtet ist, hat dem Konsul die Urkunde zu übersenden, aus der sich die Erledigung des Ersuchens oder die die Erledigung hindernden Umstände ergeben.* ² *Im Falle ihrer örtlichen Unzuständigkeit hat sie das Ersuchen von Amts wegen an die zuständige Behörde abzugeben und den Konsul hiervon unverzüglich zu benachrichtigen.*

Art. 13. (1) ¹ *Die Gerichtsbehörde, an die das Rechtshilfeersuchen gerichtet ist, ist verpflichtet, ihm zu entsprechen, und hat dabei dieselben Zwangsmittel anzuwenden wie bei der Erledigung eines Ersuchens der Landesbehörden.* ² *Zwangsmittel brauchen nicht angewendet zu werden, wenn es sich um das persönliche Erscheinen der streitenden Parteien handelt.*

(2) ¹ *Die ersuchte Behörde hat bei Erledigung des Rechtshilfeersuchens in Ansehung der zu beobachtenden Form die Gesetze ihres Landes anzuwenden.* ² *Indessen ist dem Antrag der ersuchenden Behörde, nach einer besonderen Form zu verfahren, zu entsprechen, wenn diese Form der Gesetzgebung des ersuchten Staates nicht zuwiderläuft.*

(3) Die ersuchende Behörde ist auf ihr Verlangen von Zeit und Ort der Erledigung des Ersuchens zu benachrichtigen, damit die interessierte Partei in die Lage versetzt wird, dabei zugegen zu sein.

---

[56] S. dazu *Pfennig* S. 44.

Art. 14. Alle Schwierigkeiten, die etwa aus Anlaß eines Zustellungsantrages des Konsuls oder eines durch ihn übermittelten Rechtshilfeersuchens entstehen, werden auf diplomatischem Wege geregelt.

Art. 15. ¹ Die Erledigung eines Zustellungsantrages oder eines Rechtshilfeersuchens kann abgelehnt werden, wenn der Staat, in dessen Gebiet die Erledigung stattfinden soll, sie für geeignet hält, seine Hoheitsrechte, seine Sicherheit oder die öffentliche Ordnung zu gefährden. ² Die Erledigung von Ersuchen kann ferner abgelehnt werden, wenn die Echtheit der Urkunde nicht festgestellt ist oder wenn im Gebiete des ersuchten Staates die Erledigung des Ersuchens nicht in den Bereich der Gerichtsgewalt fällt.

Art. 16. (1) Für die Erledigung von Zustellungsanträgen und von Rechtshilfeersuchen dürfen Gebühren und Auslagen irgendwelcher Art nicht erhoben werden.

(2) Indessen kann der ersuchte Staat von dem ersuchenden die Erstattung von Zeugen- und Sachverständigengebühren verlangen sowie derjenigen Auslagen, die durch die Mitwirkung eines Vollziehungsbeamten entstehen, wenn eine solche dadurch notwendig wird, daß Zeugen freiwillig nicht erscheinen; endlich derjenigen Auslagen, die gegebenenfalls infolge Anwendung einer besonderen Form bei Erledigung der Zustellungen oder Rechtshilfeersuchen erforderlich werden.

Art. 17. (1) Jeder der beiden Staaten hat die Befugnis, Zustellungen an eigene Staatsangehörige, die sich in dem Gebiete des anderen Staates befinden, durch seine diplomatischen oder konsularischen Vertreter ohne Anwendung von Zwang bewirken zu lassen.
(2) Das gleiche gilt für die Erledigung von Rechtshilfeersuchen.
(3) Ergeben sich bei Anwendung dieses Artikels Schwierigkeiten, so wird gemäß Artikel 9 und 12 verfahren.

b) Verordnung vom 26. 8. 1931 zur Ausführung des deutsch-türkischen Abkommens über den Rechtsverkehr in Zivil- und Handelssachen

(RGBl. 1931 II 537).

Art. 1. ¹ Für die Erledigung der im Artikel 9 und 12 des Abkommens vorgesehenen Angelegenheiten ist das Amtsgericht zuständig, in dessen Bezirk die Amtshandlung vorgenommen werden soll. ² Für die Entgegennahme der Zustellungsanträge und Rechtshilfeersuchen ist der Präsident des dem Amtsgericht übergeordneten Landgerichts zuständig.

7. Vereinigtes Königreich – a) Abkommen vom 20. 3. 1928 über den Rechtsverkehr

Gesetz vom 3. 12. 1928 (RGBl. II S. 623). In Kraft am 16. 3. 1929 (Bek. v. 4. 3. 1929 – RGBl. II S. 133). Ausgedehnt auf **Nordirland** (Bek. v. 1. 6. 1929 – RGBl. II S. 401), **Schottland** (Bek. v. 22. 11. 1930 – RGBl. II S. 1273), **Kanalinseln und Insel Man** (Bek. v. 18. 4. 1935 – RGBl. II S. 410). Wiederanwendung (Bek. v. 13. 3. 1953 – BGBl. II S. 116).[57] Ausgedehnt auf **Anguilla, Bermuda Britische Jungferninseln, Falkland-Inseln, Gibraltar, Montserrat** (Bek. v. 12. 5.5 1960 BGBl. II S. 1518), **Kaiman-Inseln** (Bek. v. 21. 1. 1970, BGBl. II S. 43), **St. Christoph–Nevis** (BGBl. 1983 II S. 321). Zur **Weiteranwendung** in seither selbstständig gewordenen Staaten siehe Rn. 38.

I. Vorbemerkung

Art. 1. Dieses Abkommen findet nur auf Zivil- und Handelssachen einschließlich nichtstreitiger Sachen Anwendung.

II. Zustellung gerichtlicher und außergerichtlicher Schriftstücke

Art. 2. Wenn gerichtliche oder außergerichtliche Schriftstücke, die in dem Gebiet eines der vertragschließenden Teile ausgestellt sind, auf das dieses Abkommen Anwendung findet, Personen, Gesellschaften oder Körperschaften in dem Gebiete des anderen Teiles zugestellt werden sollen, auf das dieses Abkommen Anwendung findet, so können sie, unbeschadet der Bestimmungen der nachstehenden Artikel 6 und 7, dem Empfänger auf einem der in den Artikeln 3 und 5 vorgesehenen Wege zugestellt werden.

---

[57] S. dazu *Pfennig* S. 44 f.

Art. 3.

a) Der Zustellungsantrag wird übermittelt:
in Deutschland durch einen britischen konsularischen Beamten an den Präsidenten des deutschen Landgerichts,
in England durch einen deutschen diplomatischen oder konsularischen Beamten an den Senior Master des Höchsten Gerichtshofs in England.

b) [1] Das Übermittlungsschreiben, das den Namen der Behörde, von der das übermittelte Schriftstück ausgeht, die Namen und Bezeichnungen der Parteien, die Anschrift des Empfängers und die Art des in Frage stehenden Schriftstücks angibt, ist in der Sprache des ersuchten Landes abzufassen. [2] Wenn in einem besonderen Falle die ersuchte gerichtliche Behörde gegenüber dem diplomatischen oder konsularischen Beamten, der den Antrag übermittelt hat, einen dahingehenden Wunsch äußert, wird dieser Beamte eine Übersetzung des zuzustellenden Schriftstücks zur Verfügung stellen.

c) [1] Die Zustellung ist durch die zuständige Behörde des ersuchten Landes zu bewirken. [2] Mit Ausnahme des im Abs. d dieses Artikels vorgesehenen Falles kann die Behörde ihre Tätigkeit darauf beschränken, die Zustellung durch Übergabe des Schriftstücks an den Empfänger zu bewirken, sofern er zur Annahme bereit ist.

d) Ist das zuzustellende Schriftstück in der Sprache des ersuchten Landes abgefaßt oder ist es von einer Übersetzung in dieser Sprache begleitet, so läßt die ersuchte Behörde, falls in dem Antrag ein dahingehender Wunsch ausgesprochen ist, das Schriftstück in der durch die innere Gesetzgebung für die Wirkung gleichartiger Zustellungen vorgeschriebenen Form oder in einer besonderen Form zustellen, sofern diese ihrer Gesetzgebung nicht zuwiderläuft.

e) Die in diesem Artikel vorgesehene Übersetzung ist von dem diplomatischen oder konsularischen Beamten des ersuchenden Teiles oder durch einen beamteten oder beeidigten Dolmetscher eines der beiden Länder zu beglaubigen.

f) Die Ausführung des Zustellungsantrags kann nur abgelehnt werden, wenn der vertragschließende Teil, in dessen Gebiet sie erfolgen soll, sie für geeignet hält, seine Hoheitsrechte oder seine Sicherheit zu gefährden.

g) [1] Die Behörde, die den Zustellungsantrag empfängt, hat dem diplomatischen oder konsularischen Beamten, der ihn übermittelt hat, die Urkunde zu übersenden, durch die die Zustellung nachgewiesen wird oder aus der sich der die Zustellung hindernde Umstand ergibt. [2] Der Nachweis der Zustellung wird durch ein Zeugnis der Behörde des ersuchten Landes erbracht, aus dem sich die Tatsache, die Art und Weise und der Zeitpunkt der Zustellung ergibt. [3] Ist ein zuzustellendes Schriftstück in zwei gleichen Stücken übermittelt worden, so ist das Zustellungszeugnis auf eines der beiden Stücke zu setzen oder damit zu verbinden.

Art. 4. (1) Für Zustellungen sind Gebühren irgendwelcher Art von dem einen vertragschließenden Teile an den anderen nicht zu entrichten.

(2) [1] Jedoch muß der ersuchende Teil in den im Artikel 3 vorgesehenen Fällen dem ersuchten Teil alle Kosten und Auslagen erstatten, die nach Maßgabe des örtlichen Rechtes an die mit der Ausführung der Zustellung betrauten Personen zu zahlen sind, sowie alle Kosten und Auslagen, die dadurch erwachsen, daß die Zustellung in einer besonderen Form bewirkt wird. [2] Diese Kosten und Auslagen sollen die gleichen sein, wie sie bei den Gerichten des ersuchten Teiles in solchen Fällen üblich sind. [3] Die Erstattung dieser Kosten und Auslagen wird durch die gerichtliche Behörde, die die Zustellung bewirkt hat, von dem ersuchenden diplomatischen oder konsularischen Beamten bei der Übermittlung des im Artikel 3 g vorgesehenen Zeugnisses erfordert.

Art. 5. Das zuzustellende Schriftstück kann dem Empfänger, sofern er nicht ein Angehöriger des vertragschließenden Teiles ist, in dessen Gebiet die Zustellung erfolgen soll, auch ohne Mitwirkung der Behörden dieses Landes zugestellt werden:

a) durch einen diplomatischen oder konsularischen Beamten des Teiles, in dessen Gebiet das Schriftstück ausgestellt ist, oder

b) durch einen Vertreter, der von einem Gerichte des Landes, in dem das Schriftstück ausgestellt ist, oder von der Partei, auf deren Antrag das Schriftstück ausgestellt ist, allgemein oder für einen besonderen Fall bestellt ist, mit der Maßgabe, daß die Wirksamkeit einer durch einen solchen Vertreter bewirkten Zustellung von den Gerichten des Landes, wo die Zustellung so bewirkt wird, nach dem Rechte dieses Landes zu beurteilen ist.

Art. 6. Schriftstücke können auch durch die Post übermittelt werden in Fällen, wo diese Art der Übermittlung nach dem Rechte des Landes gestattet ist, in welchem das Schriftstück ausgestellt ist.

Art. 7. Die Bestimmungen der Artikel 2, 3, 4, 5 und 6 stehen dem nicht entgegen, daß die beteiligten Personen die Zustellung unmittelbar durch die zuständigen Beamten des Landes bewirken, in dem das Schriftstück zugestellt werden soll.

b) Verordnung vom 5. 3. 1929 zur Ausführung des deutsch-britischen Abkommens über den Rechtsverkehr (RGBl. II S. 135)

Art. 1. Für die Erledigung der in den Artikeln 3 und 9 des Abkommens vorgesehenen Angelegenheiten ist das Amtsgericht zuständig, in dessen Bezirk die Amtshandlung vorgenommen werden soll.

c) Anwendung des deutsch-britischen Abkommens vom 20. 3. 1928 und der Verordnung vom 5. 3. 1929 auf selbstständige Nachfolgestaaten vormals britischer Gebiete

Australien: Bek. vom 17. 12. 1932 über die Ausdehnung des Abkommens auf den Australischen Bund ab 3. 1. 1933 – RGBl. 1932 II 307; Bek. vom 6. 6. 1955 über die Wiederanwendung – BGBl. 1955 II 699; Bek. vom 24. 10. 1955 und 24. 7. 1956 über die Durchführung des Rechtsverkehrs – BGBl. 1955 II 918; 1956 II 890; Bek. vom 18. 7. 1957 über die Ausdehnung des Geltungsbereichs – BGBl. 1957 II 744.
Bahamas: Bek. vom 18. 11. 1929 über die Ausdehnung des Abkommens auf die Bahamas ab 25. 11. 1929 – RGBl. 1929 II 736; Bek. vom 13. 4. 1960 über die Wiederanwendung – BGBl. 1960 II 1518; Bek. vom 15. 6. 1978 über die Weiteranwendung, in Kraft am 26. 5. 1978 – BGBl. 1978 II 915.
Barbados: Bek. vom 18. 11. 1929 über die Ausdehnung des Abkommens auf Barbados 25. 11. 1929 – RGBl. 1929 II 736; Bek. vom 13. 4. 1960 über die Wiederanwendung – BGBl. 1960 II 1518; Bek. vom 14. 5. 1971 über die Weiteranwendung – BGBl. 1971 II 467.
Dominica: Bek. vom 18. 11. 1929 über die Ausdehnung des Abkommens auf Dominica ab 25. 11. 1929 – RGBl. 1929 II 736; Bek. vom 13. 4. 1960 über die Wiederanwendung – BGBl. 1960 II 1518; Bek. vom 13. 1. 1986 über die Weiteranwendung – BGBl. 1986 II 416.
Fidschi: Bek. vom 18. 11. 1929 über die Ausdehnung des Abkommens auf Fidschi ab 25. 11. 1929 – RGBl. 1929 II 736; Bek. vom 13. 4. 1960 über die Wiederanwendung – BGBl. 1960 II 1518; Bek. vom 7. 8. 1972 über die Weiteranwendung – BGBl. 1972 II 904.
Gambia: Bek. vom 18. 11. 1929 über die Ausdehnung des Abkommens auf Gambia ab 25. 11. 1929 – RGBl. 1929 II 736; Bek. vom 13. 4. 1960 über die Wiederanwendung – BGBl. 1960 II 1518; Bek. vom 27. 10. 1969 über die Weiteranwendung – BGBl. 1969 II 2177.
Grenada: Bek. vom 18. 11. 1929 über die Ausdehnung des Abkommens auf Grenada ab 25. 11. 1929 – RGBl. 1929 II 736; Bek. vom 13. 4. 1960 über die Wiederanwendung – BGBl. 1960 II 1518; zur Weiteranwendung siehe Note vom 19. 8. 1974.
Guyana: Bek. vom 13. 4. 1960 über die Wiederanwendung – BGBl. 1960 II 1518.
Jamaika: Bek. vom 18. 11. 1929 über die Ausdehnung des Abkommens auf Jamaika ab 25. 11. 1929 – RGBl. 1929 II 736; Bek. vom 18. 8. 1966 über die Wieder- und Weiteranwendung – BGBl. 1966 II 835.
Kanada: Bek. vom 29. 11. 1935 über die Ausdehnung des Abkommens auf Kanada ab 1. 8. 1935 – RGBl. 1935 II 848; Bek. vom 14. 12. 1953 über die Wiederanwendung – BGBl. 1954 II 15.
Kenia: Bek. vom 13. 4. 1960 über die Wiederanwendung – BGBl. 1960 II 1518.
Lesotho: Bek. vom 31. 3. 1930 über die Ausdehnung des Abkommens auf Lesotho ab 14. 4. 1930 – RGBl. 1930 II 687; Bek. vom 13. 4. 1960 über die Wiederanwendung – BGBl. 1960 II 1518; Bek. vom 26. 6. 1974 über die Weiteranwendung – BGBl. 1974 II 987.
Malawi: Bek. vom 18. 11. 1929 über die Ausdehnung des Abkommens auf Malawi ab 25. 11. 1929 – RGBl. 1929 II 736; Bek. vom 30. 7. 1957 über die Wiederanwendung – BGBl. 1975 II 1276; Bek. vom 18. 5. 1967 über die Weiteranwendung – BGBl. 1967 II 1748.
Malaysia: Bek. vom 18. 11. 1929 über die Ausdehnung des Abkommens auf Malaysia ab 25. 11. 1929 – RGBl. 1929 II 736; Bek. vom 13. 4. 1960 über die Wiederanwendung – BGBl. 1960 II 1518; Bek. vom 28. 4. 1976 über die Weiteranwendung – BGBl. 1976 II 576.
Malta: Bek. vom 9. 6. 1931 über die Ausdehnung des Abkommens auf Malta ab 15. 2. 1931 – RGBl. 1931 II 500; Bek. vom 26. 7. 1961 über die Wiederanwendung – BGBl. 1961 II 1108; Bek. vom 6. 2. 1968 über die Weiteranwendung – BGBl. 1968 II 95.
Mauritius: Bek. vom 18. 11. 1929 über die Ausdehnung des Abkommens auf Mauritius ab 25. 11. 1929 – RGBl. 1929 II 736; Bek. vom 26. 7. 1961 über die Wiederanwendung – BGBl. 1961 II 1108; Bek. vom 15. 6. 1972 über die Weiteranwendung – BGBl. 1972 II 695.
Nauru: Bek. vom 17. 12. 1932 über die Ausdehnung des Abkommens auf Nauru ab 3. 1. 1933 – RGBl. 1932 II 307; Bek. vom 24. 10. 1955 über die Wiederanwendung – BGBl. 1955 II 918; Bek. vom 22. 7. 1982 über die Wiederanwendung – BGBl. 1982 II 750.

Neuseeland: Bek. vom 31. 8. 1929 über die Ausdehnung des Abkommens auf Neuseenland ab 1. 1. 1930 – RGBl. 1929 II 637; Bek. vom 13. 3. 1953 über die Wiederanwendung – BGBl. 1953 II 118.
Nigeria: Bek. vom 31. 3. 1930 über die Ausdehnung des Abkommens auf Nigeria ab 14. 4. 1930 – RGBl. 1930 II 686; Bek. vom 13. 4. 1960 über die Wiederanwendung – BGBl. 1960 II 1518; Bek. vom 30. 1. 1967 über die Wiederanwendung – BGBl. 1967 II 827.
Salomonen: Bek. vom 31. 3. 1930 über die Ausdehnung des Abkommens auf die Salomonen ab 14. 4. 1930 – RGBl. 1930 II 686; Bek. vom 13. 4. 1960 über die Wiederanwendung – BGBl. 1960 II 1518; Bek. vom 23. 9. 1980 über die Wiederanwendung – BGBl. 1980 II 1346.
Sambia: Bek. vom 30. 7. 1957 über die Wiederanwendung des deutsch-britischen Abkommens über den Rechtsverkehr auf die Föderation von Rhodesien und Nyassaland, BGBl. 1957 II 1276.
Seychellen: Bek. vom 18. 11. 1929 über die Ausdehnung des Abkommens auf die Seychellen ab 25. 11. 1929 – RGBl. 1929 II 736; Bek. vom 13. 4. 1960 über die Wiederanwendung – BGBl. 1960 II 1518; Bek. vom 5. 12. 1977 über die Wiederanwendung – BGBl. 1977 II 1271.
Sierra Leone: Bek. vom 18. 11. 1929 über die Ausdehnung des Abkommens auf Sierra Leone ab 25. 11. 1929 – RGBl. 1929 II 736; Bek. vom 13. 4. 1960 über die Wiederanwendung – BGBl. 1960 II 1518; Bek. vom 23. 9. 1967 über die Wiederanwendung – BGBl. 1967 II 2366.
Singapur: Bek. vom 18. 11. 1929 über die Ausdehnung des Abkommens auf Singapur ab 25. 11. 1929 – RGBl. 1929 II 736; Bek. vom 13. 4. 1960 über die Wiederanwendung – BGBl. 1960 II 1518; Bek. vom 29. 4. 1976 über die Wiederanwendung – BGBl. 1976 II 576.
St. Lucia: Bek. vom 18. 11. 1929 über die Ausdehnung des Abkommens auf St. Lucia ab 25. 11. 1929 – RGBl. 1929 II 736; Bek. vom 13. 4. 1960 über die Wiederanwendung – BGBl. 1960 II 1518; Bek. vom 1. 12. 1983 über die Wiederanwendung – BGBl. 1983 II 798.
St. Vincent und die Grenadinen: Bek. vom 18. 11. 1929 über die Ausdehnung des Abkommens auf St. Vincent und die Grenadinen ab 15. 11. 1929 – RGBl. 1929 II 736; Bek. vom 13. 4. 1960 über die Wiederanwendung – BGBl. 1960 II 1518; Bek. vom 18. 8. 1987 über die Wiederanwendung – BGBl. 1987 II 523.
Swasiland: Bek. vom 31. 3. 1930 über die Ausdehnung des Abkommens auf Swasiland ab 15. 11. 1929 – RGBl. 1930 II 686; Bek. vom 13. 4. 1960 über die Wiederanwendung – BGBl. 1960 II 1518; Bek. vom 30. 3. 1971 über die Wiederanwendung – BGBl. 1971 II 224.
Tansania: Bek. vom 13. 4. 1960 über die Wiederanwendung – BGBl. 1960 II 1518.
Trinidad und Tobago: Bek. vom 18. 11. 1929 über die Ausdehnung des Abkommens auf Trinidad und Tobago ab 15. 11. 1929 – RGBl. 1929 II 736; Bek. vom 28. 11. 1961 über die Wiederanwendung – BGBl. 1961 II 1681; Bek. vom 25. 11. 1966 über die Wiederanwendung – BGBl. 1966 II 1564.
Zypern: Bek. vom 18. 11. 1929 über die Ausdehnung des Abkommens auf Zypern ab 15. 11. 1929 – RGBl. 1929 II 736; Bek. vom 13. 4. 1960 über die Wiederanwendung – BGBl. 1960 II 1518; Bek. vom 23. 4. 1975 über die Wiederanwendung – BGBl. 1975 II 1129.

5. Die Vollstreckbarerklärung von Kostenentscheidungen nach dem Haager Übereinkommen über den Zivilprozess

Vom 1. 3. 1954 (BGBl. II 1958 S. 577)

(Auszug)

Schrifttum: *Bülow*, Das Haager Übereinkommen vom 1. 3. 1954 über den Zivilprozess, in: *Geimer/Schütze*, Internationaler Rechtsverkehr in Zivil- und Handelssachen, Teil A I 1 (Stand 1981); *ders.*, Der Antrag auf Vollstreckbarerklärung einer Kostenentscheidung nach Art. 18 des Haager Abkommens über den Zivilprozess, Rpfleger 1955, 301; *Wolff*, Vollstreckbarerklärung, Hdb. IZVR Bd. III/2 Kap. IV (§ 4), 1984.

Art. 18. (1) War der Kläger oder Intervenient von der Sicherheitsleistung, der Hinterlegung oder der Vorschusspflicht auf Grund des Artikels 17 Absatz 1 und 2 oder der im Staate der Klageerhebung geltenden Rechtsvorschriften befreit, so wird eine Entscheidung über die Kosten des Prozesses, die in einem Vertragsstaat gegen ihn ergangen ist, gemäß einem auf diplomatischem Wege zu stellenden Antrag in jedem anderen Vertragsstaat durch die zuständige Behörde kostenfrei für vollstreckbar erklärt.

(2) Das gleiche gilt für gerichtliche Entscheidungen, durch die der Betrag der Kosten des Prozesses später festgesetzt wird.

(3) Die vorstehenden Bestimmungen hindern nicht, dass zwei Vertragsstaaten vereinbaren, die beteiligte Partei selbst dürfe den Antrag auf Vollstreckbarerklärung unmittelbar stellen.

Art. 19. (1) Die Kostenentscheidungen werden ohne Anhörung der Parteien gemäß den Rechtsvorschriften des Landes, in dem die Vollstreckung betrieben werden soll, unbeschadet eines späteren Rekurses der verurteilten Partei für vollstreckbar erklärt.

(2) Die für die Entscheidung über den Antrag auf Vollstreckbarerklärung zuständige Behörde hat ihre Prüfung darauf zu beschränken:
1. ob die Ausfertigung der Kostenentscheidung nach den Rechtsvorschriften des Landes, in dem sie ergangen ist, die für ihre Beweiskraft erforderlichen Voraussetzungen erfüllt;
2. ob die Entscheidung nach diesen Rechtsvorschriften die Rechtskraft erlangt hat;
3. ob der entscheidende Teil der Entscheidung in der Sprache der ersuchten Behörde oder in der zwischen den beiden beteiligten Staaten vereinbarten Sprache abgefasst oder aber von einer Übersetzung in eine dieser Sprachen begleitet ist, die vorbehaltlich anderweitiger Vereinbarung durch einen diplomatischen oder konsularischen Vertreter des ersuchenden Staates oder einen beeidigten Übersetzer des ersuchten Staates beglaubigt ist.

(3) [1]Den Erfordernissen des Abatzes 2 Nr. 1 und 2 wird genügt entweder durch eine Erklärung der zuständigen Behörde des ersuchenden Staates, dass die Entscheidung die Rechtskraft erlangt hat oder durch die Vorlegung ordnungsmäßig beglaubigter Urkunden, aus denen sich ergibt, dass die Entscheidung die Rechtskraft erlangt hat. [2]Die Zuständigkeit dieser Behörde ist vorbehaltlich anderweitiger Vereinbarung durch den höchsten Justizverwaltungsbeamten des ersuchenden Staates zu bescheinigen. [3]Die Erklärung und die Bescheinigung, die vorstehend erwähnt sind, müssen gemäß Absatz 2 Nr. 3 abgefaßt oder übersetzt sein.

(4) [1]Die für die Entscheidung über den Antrag auf Vollstreckbarerklärung zuständige Behörde hat, sofern die Partei dies gleichzeitig beantragt, den Betrag der in Absatz 2 Nr. 3 erwähnten Kosten der Bescheinigung, der Übersetzung und der Beglaubigung bei der Vollstreckbarerklärung zu berücksichtigen. [2]Diese Kosten gelten als Kosten des Prozesses.

1. Zweck. Die Rechtsverfolgung der Auslandspartei war Ende des 19. Jahrhunderts durch die 1 verbreitete Verpflichtung zur Sicherheitsleistung stark behindert. Schon im ersten Haager Übereinkommen über den Zivilprozess von 1896 war daher vorgesehen, dass die Vertragsstaaten einen ausländischen Kläger von der Pflicht zur Sicherheitsleistung befreien, zugleich aber die Vollstreckung von **Kostenentscheidungen gegen den unterlegenen Kläger** im gesamten Geltungsbereich des Übereinkommens sicherstellen, und zwar gleichgültig, ob die Kostenentscheidung in der Hauptsacheentscheidung oder wie in Deutschland in einem besonderen Kostenfestsetzungsbeschluss erfolgt. Die Regelung gilt unabhängig davon, ob der Kläger sonst eine Sicherheit hätte leisten müssen. Im Übereinkommen von 1905 wurde die Regelung erweitert und in das Übereinkommen von 1954 unverändert übernommen.[1] Auf andere Kostenentscheidungen ist das Verfahren nicht anwendbar. Aus der Bezugnahme auf Art. 17 ergibt sich zudem, dass Art. 18 nur gilt, wenn der Kläger als Ausländer vor Gerichten eines Staates, in dem er keinen Wohnsitz hat, aufgetreten ist.[2] Welche (gerichtlichen und außergerichtlichen) Kosten zu erstatten sind, bestimmt das Recht des Urteilsstaates.[3]

2. Verfahren der Vollstreckbarerklärung. a) Das Verfahren ist ähnlich wie das Klauselerteilungsverfahren nach den Art. 31 ff. EuGVÜ erstinstanzlich ein einseitiges Verfahren. Jedoch ist der **Antrag** nach Art. 18 Abs. 1 grds. **auf diplomatischem Weg** zu stellen. Der Vollstreckungsstaat wird im Verfahren dann als Prozessstandschafter für den Kostengläubiger tätig. Diese Verfahrensabwicklung ist für heutige Verhältnisse überaus umständlich. Eine Vereinfachung des Verfahrens sieht das Haager Übereinkommen zur Erleichterung des internationalen Zugangs zu Gericht von 1980 vor, das die Bundesrepublik aber noch nicht ratifiziert hat.[4] Das erstinstanzliche Gericht erteilt die Vollstreckungsklausel gem. Art. 19 Abs. 1, ohne beide Parteien anzuhören. Ein Verstoß gegen Art. 103 Abs. 1 GG liegt darin nicht[5] (s. Art. 34 EuGVÜ Rn. 1).

b) Ein **unmittelbarer Antrag des Kostengläubigers** ist nur zulässig, soweit er vertraglich besonders zugelassen worden ist. Dies gilt im Verhältnis zu Belgien, Frankreich, den Niederlanden, Norwegen, Österreich und der Schweiz aufgrund von Zusatzvereinbarungen zum Haager Übereinkommen, im Verhältnis zu Italien nach Art. 15 des deutsch-italienischen Abkommens (s. Schlussanh. Nr. 5 e), zur Türkei nach Art. 3 deutsch-türkisches Rechtshilfeabkommen.

c) Sachlich zuständig ist nach § 4 Abs. 1 AusfG stets das **Amtsgericht. Örtlich** zuständig ist das Gericht des allgemeinen Gerichtsstands des Schuldners oder des Vermögens, § 4 Abs. 2 AusfG.

d) Vor der Vollstreckbarerklärung hat das Gericht gem. Art. 19 Abs. 2 nur rein **formelle Voraussetzungen** zu prüfen, nämlich
(1) ob die vorgelegte Ausfertigung der Kostenentscheidung die nötige Beweiskraft hat, also echt ist,
(2) ob sie nach dem Recht des Erststaates rechtskräftig ist, und
(3) der Tenor in beglaubigter Übersetzung in eine zulässige Gerichtssprache vorliegt.
Außerdem ist selbstverständlich zu prüfen, ob die Kostenentscheidung in den Anwendungsbereich des Übereinkommens fällt. **Materielle Versagungsgründe** sieht Art. 19 Abs. 2 bewusst nicht vor. Ob damit auch eine ordre public-Prüfung ausgeschlossen ist, ist streitig.[6] Im Ergebnis spricht mehr für die (stillschweigende) Zulässigkeit einer solchen, wohl selten zu bejahenden Prüfung.[7]

3. Rechtsmittel. a) Nach § 6 AusfG steht dem **Kostenschuldner** gegen die Vollstreckbarerklärung als „Rekurs" die **sofortige Beschwerde** ohne Rücksicht auf den Beschwerdewert zu. Mit der Beschwerde können **materielle Einwendungen** (zB Erfüllung, Aufrechnung) geltend gemacht werden.[8] Nach § 6 Abs. 1 AusfG iVm. § 568 Abs. 2 ZPO ist auch eine weitere sofortige Beschwerde zulässig.

b) Wurde der **Antrag abgelehnt,** unterliegt die Entscheidung der **einfachen Beschwerde** und weiteren Beschwerde. Bei einem Antrag auf diplomatischem Weg ist anstelle des Kostenschuldners der Staatsanwalt beschwerdebefugt (§ 6 Abs. 2 S. 2 AusfG).

4. Kosten. Das auf diplomatischem Weg eingeleitete Verfahren ist nach Art. 18 Abs. 1 kostenfrei, unabhängig davon, ob eine Vollstreckungsklausel erteilt wird.[9] Sinngemäß gilt dies auch bei einem Direktantrag des Kostengläubigers. Für den „Antragsteller" ist das Verfahren kostenfrei, bis

---

[1] *Geimer/Schütze/Bülow* S. 100.22.
[2] Vgl. OLG Frankfurt IPRax 1984, 32 (mit Anm. *Pauckstadt* S. 17); *Geimer/Schütze/Bülow* S. 100.24; *Wolff* Rn. 362.
[3] *Wolff* Rn. 363.
[4] *Wolff* Rn. 394 ff.
[5] *Geimer/Schütze/Bülow* S. 100.29.
[6] Ja: *Linke,* Internationales Zivilprozessrecht, 4. Aufl., Rn. 439 (keine Anerkennungsprüfung); *Pauckstadt* IPRax 1984, 17, 18; nein: *Baumbach/Lauterbach/Albers/Hartmann* Art. 19 Bem. 1; *Geimer/Schütze/Bülow* S. 100.30.
[7] *Wolff* Rn. 368.
[8] *Baumbach/Lauterbach/Albers/Hartmann* Art. 19 Bem. 1; *Geimer/Schütze/Bülow* S. 101.10 Fn. 96.
[9] *Wolff* Rn. 385.

die Vollstreckbarerklärung erfolgt, dh. unter Umständen auch das Verfahren in den Beschwerdeinstanzen. Für eine erfolglose Beschwerde des Kostenschuldners besteht dagegen keine Kostenfreiheit.[10] Die Kostenfreiheit bezieht sich nicht auf die unmittelbaren Parteikosten. Die in Art. 19 Abs. 4 aufgeführten Kosten sind aber zu Lasten des Kostenschuldners bei der Klauselerteilung (oder bei der späteren Kostenfestsetzung) zu berücksichtigen. Unterliegt der Kostengläubiger im Beschwerdeverfahren, so trägt er die außergerichtlichen Kosten des Gegners nach § 91 ZPO.[11]

5. Verhältnis zu anderen Staatsverträgen. Das Haager Übereinkommen bleibt zwar von der EuGVO unberührt (Art. 71 Abs. 1 EuGVO). Da es aber keine ausschließliche Geltung beanspruchen, kann der Kostengläubiger nach seiner Wahl auch nach Art. 38 ff. EuGVO vorgehen.[12] Jedoch richten sich die Anerkennungsvoraussetzungen gemäß Art. 71 Abs. 2 (b) EuGVO nach dem Haager Übereinkommen. Gegenüber bilateralen Verträgen haben die Art. 18, 19 dagegen Vorrang, soweit das Haager Übereinkommen geringere Anforderungen an die Vollstreckbarerklärung stellt.[13] Durch den Beitritt der Türkei zum Haager Übereinkommen hat sich an der bisherigen Rechtslage sachlich nichts geändert, da die Art. 3, 4 deutsch-türkischer Rechtshilfevertrag 1929 iVm. Art. 2, 3 AVO (RGBl. II 1930 S. 7, 8 u. II 1931 S. 537) eine sachlich identische Lösung enthielten.

Gesetz zur Ausführung des Haager Übereinkommens vom 1. 3. 1954 über den Zivilprozeß

Vom 18. Dezember 1958 (BGBl. I S. 939), in der bereinigten Fassung BGBl. Teil III Nr. 319–9, zuletzt geändert durch Gesetz vom 27. 7. 2001 (BGBl. I S. 1887)

(Auszug)

Vollstreckbarerklärung von Kostenentscheidungen (Artikel 18 und 19 des Übereinkommens)

§ 4. (1) Kostenentscheidungen, die gegen einen Kläger ergangen sind (Artikel 18 des Übereinkommens), werden ohne mündliche Verhandlung durch Beschluß des Amtsgerichts für vollstreckbar erklärt.

(2) Örtlich zuständig ist das Amtsgericht, bei dem der Kostenschuldner seinen allgemeinen Gerichtsstand hat, und beim Fehlen eines solchen das Amtsgericht, in dessen Bezirk sich Vermögen des Kostenschuldners befindet oder die Zwangsvollstreckung durchgeführt werden soll.

§ 5. (1) ¹Ist der Antrag, die Kostenentscheidung für vollstreckbar zu erklären, auf diplomatischem Wege gestellt (Artikel 18 Abs. 1 und 2 des Übereinkommens), so hat das Amtsgericht eine von Amts wegen zu erteilende Ausfertigung seines Beschlusses der Landesjustizverwaltung einzureichen. ²Die Ausfertigung ist, falls dem Antrag stattgegeben wird, mit der Vollstreckungsklausel zu versehen. ³Dem Kostenschuldner wird der Beschluß nur auf Betreiben des Kostengläubigers zugestellt.

(2) Hat der Kostengläubiger selbst den Antrag auf Vollstreckbarerklärung bei dem Amtsgericht unmittelbar gestellt (Artikel 18 Abs. 3), so ist der Beschluß diesem und dem Kostenschuldner von Amts wegen zuzustellen.

§ 6. (1) Gegen den Beschluss, durch den die Kostenentscheidung für vollstreckbar erklärt wird, steht dem Kostenschuldner die Beschwerde nach den §§ 567 bis 577 der Zivilprozessordnung zu.

(2) ¹Der Beschluß, durch den der Antrag auf Vollstreckbarerklärung abgelehnt wird, unterliegt der Beschwerde nach §§ 567 bis 577 der Zivilprozeßordnung. ²Die Beschwerde steht, sofern der Antrag auf diplomatischem Wege gestellt ist, dem Staatsanwalt zu.

---

[10] *Wolff* Rn. 386.
[11] *Wolff* Rn. 387.
[12] *Nagel/Gottwald* § 13 Rn. 219; *Wolff* Rn. 391.
[13] *Baumbach/Lauterbach/Albers/Hartmann* Art. 18 Bem. 1; *Pauckstadt* IPRax 1984, 17, 19; für Wahlfreiheit dagegen *Wolff* Rn. 393.

³Hat der Kostengläubiger selbst den Antrag bei dem Amtsgericht unmittelbar gestellt, so ist er berechtigt, die Beschwerde einzulegen.

§ 7. Aus der für vollstreckbar erklärten Kostenentscheidung findet die Zwangsvollstreckung nach der Zivilprozeßordnung statt; § 798 der Zivilprozeßordnung ist entsprechend anzuwenden.

§ 8. (1) ¹Sollen von einem Kläger, gegen den eine Kostenentscheidung ergangen ist (Artikel 18 des Übereinkommens), in einem Vertragsstaat Gerichtskosten eingezogen werden, so ist deren Betrag für ein Verfahren der Vollstreckbarerklärung (Artikel 18 Abs. 2) von dem Gericht der Instanz ohne mündliche Verhandlung durch Beschluß festzusetzen. ²Die Entscheidung ergeht auf Antrag der für die Beitreibung der Gerichtskosten zuständigen Behörde.

(2) ¹Der Beschluss, durch den der Betrag der Gerichtskosten festgesetzt wird, unterliegt der Beschwerde nach den §§ 567 bis 577 der Zivilprozessordnung. ²Die sofortige Beschwerde kann durch Erklärung zu Protokoll der Geschäftsstelle oder schriftlich ohne Mitwirkung eines Rechtsanwalts eingelegt werden.

6. Bilaterale Anerkennungs- und Vollstreckungsverträge

a) Vertrag zwischen der Bundesrepublik Deutschland und dem Staat Israel über die gegenseitige Anerkennung und Vollstreckung gerichtlicher Entscheidungen in Zivil- und Handelssachen

Vom 20. 7. 1977

(BGBl. II 1980 S. 925, 1531)

(Auszug)

Materialien: Zum Vertrag (Vertragsgesetz) BT-Drucks. VIII/3866; zum Ausführungsgesetz BT-Drucks. VIII/3867.

Schrifttum: *Pirrung,* Zu den Anerkennungs- und Vollstreckungsverträgen der Bundesrepublik Deutschland mit Israel und Norwegen, IPRax 1982, 130; *Scheftelowitz,* Israelische Rechtshilfe in Zivilsachen, RIW 1982, 172; *Schütze,* Der deutsch-israelische Anerkennungs- und Vollstreckungsvertrag, in: Internationale Wirtschafts-Briefe 1981, S. 741–744 = 6 IsraelGr. 3, S. 13–16; *Siehr,* Die Anerkennung und Vollstreckung israelischer Zivilentscheidungen in der Bundesrepublik Deutschland, RabelsZ 50 (1986), 586; *ders.,* Das forum non conveniens nun auch in Israel, RIW 1988, 909.

Vorbemerkung

Der Vertrag ist am 1. 1. 1981 in Kraft getreten. Er enthält keine Entscheidungszuständigkeiten, folgt aber für das Anerkennungs- und Vollstreckungsverfahren dem EuGVÜ.[1] Das ursprüngliche AusfG ist daher 1988 durch das AVAG (s. Schlußanh. Nr. B 4) ersetzt worden.   **1**

Erster Abschnitt. Grundsatz der Anerkennung und Vollstreckung

Art. 1. In Zivil- und Handelssachen werden Entscheidungen der Gerichte in einem Vertragsstaat im anderen Vertragsstaat unter den in diesem Vertrag vorgesehenen Bedingungen anerkannt und vollstreckt.

1. Der Vertrag erfasst Entscheidungen in Zivil- und Handelssachen nach Maßgabe der Art. 2 bis 4, entsprechende Kostenentscheidungen (Art. 23) sowie Prozessvergleiche (Art. 2 Abs. 1 S. 1). Es genügt, dass eine Zivil- oder Handelssache alternativ nach dem Recht eines der Vertragsstaaten vorliegt.[2]   **1**

2. Die Entscheidungen müssen von Gerichten der Vertragsstaaten erlassen worden sein. In Israel sind dies neben den staatlichen auch die religiösen Gerichte.[3] Erfasst sind auch Entscheidungen der Gerichte in den Autonomiegebieten „Palästina".[4]   **2**

Art. 2. (1) ¹Unter Entscheidungen im Sinne dieses Vertrages sind alle gerichtlichen Entscheidungen ohne Rücksicht auf ihre Benennung (Urteile, Beschlüsse, Vollstreckungsbefehle) und ohne Rücksicht darauf zu verstehen, ob sie in einem Verfahren der streitigen oder der freiwilligen Gerichtsbarkeit ergangen sind; hierzu zählen auch die gerichtlichen Vergleiche. ²Ausgenommen sind jedoch diejenigen Entscheidungen der freiwilligen Gerichtsbarkeit, die in einem einseitigen Verfahren erlassen sind.

(2) Gerichtliche Entscheidungen sind insbesondere auch

1. die Beschlüsse eines Rechtspflegers, durch die der Betrag des für ein Kind zu leistenden Unterhalts festgesetzt wird, die Beschlüsse eines Urkundsbeamten oder eines Rechtspflegers, durch die der Betrag der Kosten des Verfahrens später festgesetzt wird, und Vollstreckungsbefehle;

---

[1] *Nagel/Gottwald* § 13 Rn. 401, 409; *Geimer/Schütze/Pirrung,* IRV, Überbl. I (S. 625.1).
[2] *Siehr* RabelsZ 50 (1986), 586, 593.
[3] *Nagel/Gottwald* § 13 Rn. 402; *Siehr* RabelsZ 50 (1986), 586, 592.
[4] OLG München FamRZ 2000, 1172.

2. Entscheidungen des Registrars im Versäumnisverfahren, im Urkundenprozeß, in Kostensachen und in arbeitsrechtlichen Angelegenheiten.

1 Das Übereinkommen erfasst gerichtliche Entscheidungen jeder Art mit Ausnahme solcher im einseitigen FG-Verfahren (Art. 2 Abs. 1 S. 2) und im Adhäsionsverfahren (Art. 4 Abs. 1 Nr. 3).
2 Erfasst sind auch **Prozessvergleiche** (Art. 2 Abs. 1 S. 1, 2. Halbs.), nicht aber deutsche **vollstreckbare Urkunden**. In Unterhaltssachen ermöglicht es die vollstreckbare Urkunde lediglich, ein Verfahren nach dem UNUÜ 1956 in Israel in Gang zu setzen.[5]

Zweiter Abschnitt. Anerkennung gerichtlicher Entscheidungen

Art. 3. Die in Zivil- oder Handelssachen über Ansprüche der Parteien ergangenen Entscheidungen der Gerichte in dem einen Staat, die nicht mehr mit einem ordentlichen Rechtsmittel angefochten werden können, werden in dem anderen Staat anerkannt.

1 1. Anerkennungsfähig sind nach Art. 3 grundsätzlich nur **rechtskräftige Entscheidungen**.
2 2. Die Regelung ist freilich irreführend. Denn nach Art. (4 Abs. 2), 20, 21 des Vertrages **werden auch nicht rechtskräftige Entscheidungen vollstreckt**. Eine Vollstreckung ohne gleichzeitige inzidente Anerkennung ist aber nicht möglich.[6]

Art. 4. (1) Die Bestimmungen dieses Vertrages finden keine Anwendung:
1. auf Entscheidungen in Ehesachen oder anderen Familienstandssachen und auf Entscheidungen, die den Personenstand oder die Handlungsfähigkeit von Personen zum Gegenstand haben, sowie auf Entscheidungen in Angelegenheiten des ehelichen Güterrechts;
2. auf Entscheidungen auf dem Gebiet des Erbrechts;
3. auf Entscheidungen, die in einem gerichtlichen Strafverfahren über Ansprüche aus einem Rechtsverhältnis des Zivil- und Handelsrechts ergangen sind;
4. auf Entscheidungen, die in einem Konkursverfahren, einem Vergleichsverfahren zur Abwendung des Konkurses oder einem entsprechenden Verfahren ergangen sind, einschließlich der Entscheidungen, durch die für ein solches Verfahren über die Wirksamkeit von Rechtshandlungen gegenüber den Gläubigern erkannt wird;
5. auf Entscheidungen in Angelegenheiten der sozialen Sicherheit;
6. auf Entscheidungen in Atomhaftungssachen;
7. auf einstweilige Verfügungen oder Anordnungen und auf Arreste.

(2) Ungeachtet der Vorschriften des Absatzes 1 ist dieser Vertrag auf Entscheidungen anzuwenden, die Unterhaltspflichten zum Gegenstand haben.

1 Der Kreis **ausgeschlossener Sachgebiete** folgt Art. 1 Abs. 2 EuGVO, geht aber mit den Nr. 3, 6 und 7 darüber hinaus. Das ausgeschlossene Gebiet muss den Streitgegenstand bilden; ist es nur Vorfrage, ist die Entscheidung vorbehaltlich Art. 6 Abs. 2 anzuerkennen. Entscheidungen aus ausgeschlossenen Gebieten können aber nach autonomem Recht (§ 328 ZPO bzw. § 16a FGG) anerkannt werden.[7]
2 Aus Abs. 2 ergibt sich, dass **alle Unterhaltsentscheidungen** unter den Vertrag fallen, also auch einstweilige Unterhaltsanordnungen und Verfügungen; zur Vollstreckung s. Art. 20.

Art. 5. (1) Die Anerkennung darf nur versagt werden:
1. wenn für die Gerichte im Entscheidungsstaat keine Zuständigkeit im Sinne des Artikels 7 oder aufgrund einer Übereinkunft, der beide Vertragsstaaten angehören, gegeben ist;
2. wenn die Anerkennung der Entscheidung der öffentlichen Ordnung des Anerkennungsstaats widerspricht;
3. wenn die Entscheidung auf betrügerischen Machenschaften während des Verfahrens beruht;

---

[5] *Siehr* RabelsZ 50 (1986), 586, 591.
[6] *Rosenberg/Gaul/Schilken* § 12 I 1.
[7] Vgl. *Siehr* RabelsZ 50 (1986), 586, 599 ff.

6a) Bilaterale Verträge: Israel Art. 6, 7 dt.-israel. Vertr.

4. wenn die Anerkennung der Entscheidung geeignet ist, die Hoheitsrechte oder die Sicherheit des Anerkennungsstaats zu beeinträchtigen;
5. wenn ein Verfahren zwischen denselben Parteien und wegen desselben Gegenstandes vor einem Gericht im Anerkennungsstaat anhängig ist und wenn dieses Gericht zuerst angerufen wurde;
6. wenn in dem Anerkennungsstaat bereits eine mit einem ordentlichen Rechtsmittel nicht anfechtbare Entscheidung vorliegt, die unter denselben Parteien und wegen desselben Gegenstandes ergangen ist.

(2) Hat sich der Beklagte auf das Verfahren nicht eingelassen, so darf die Anerkennung der Entscheidung auch versagt werden, wenn
1. das der Einleitung des Verfahrens dienende Schriftstück dem Beklagten
   a) nach den Gesetzen des Entscheidungsstaats nicht wirksam oder
   b) unter Verletzung einer zwischenstaatlichen Übereinkunft oder
   c) nicht so rechtzeitig, daß er sich hätte verteidigen können,
   zugestellt worden ist;
2. der Beklagte nachweist, daß er sich nicht hat verteidigen können, weil ohne sein Verschulden das der Einleitung des Verfahrens dienende Schriftstück entweder überhaupt nicht oder nicht rechtzeitig genug zu seiner Kenntnis gelangt ist.

1. **Versagungsgründe für die Anerkennung** sind: 1
(1) die **fehlende Anerkennungszuständigkeit** nach Art. 7 bzw. nach multilateralen Abkommen,
(2) der Verstoß gegen den **ordre public** des Anerkennungsstaates (s. § 328 ZPO RdNr. 84 ff.); die 2 Nr. 3 und 4 enthalten Sonderfälle, die ohne weiteres vom ordre public erfasst sind,
(3) ein Verstoß gegen eine zeitlich **vorrangige Rechtshängigkeit** (Nr. 5) oder das Vorliegen einer 3 **rechtskräftigen Entscheidung** über den Streitgegenstand im Anerkennungsstaat (Nr. 6); ergänzend ist Art. 22 zu beachten,
(4) die **Nichteinlassung des Beklagten** nach nicht ordnungsgemäßer oder nicht rechtzeitiger La- 4 dung.[8] Formell muss die Zustellung dem Haager Zustellungsübereinkommen 1965 genügen.[9] Zustellungsmängel bei verfahrenseinleitenden Schriftstücken heilen nach hM nicht mit tatsächichem Zugang des Schriftstückes (s. o. § 328 ZPO RdNr. 71). Außerdem unterscheidet Abs. 2 zwischen der objektiven Rechtzeitigkeit der Ladung und tatsächlicher rechtzeitiger Kenntnis des Beklagten,
(5) die abweichende Beurteilung einer **IPR-Vorfrage** in Statussachen gemäß Art. 6 Abs. 2. 5

2. Die Versagungsgründe sind **von Amts wegen zu prüfen**. Nur das Fehlen der subjektiv 6 rechtzeitigen Kenntnis der Ladung ist vom Beklagten zu rügen und nachzuweisen. Die Überprüfung der Anerkennungszuständigkeit ist gemäß Art. 8 Abs. 2 eingeschränkt. Außerdem gilt das Günstigkeitsprinzip (s. Art. 8 RdNr. 1).

Art. 6. (1) Die Anerkennung darf nicht allein deshalb versagt werden, weil das Gericht, das die Entscheidung erlassen hat, nach den Regeln seines internationalen Privatrechts andere Gesetze angewendet hat, als sie nach dem internationalen Privatrecht des Anerkennungsstaats anzuwenden gewesen wären.

(2) ¹Die Anerkennung darf jedoch aus dem in Absatz 1 genannten Grunde versagt werden, wenn die Entscheidung auf der Beurteilung eines ehe- oder sonstigen familienrechtlichen Verhältnisses, der Rechts- oder Handlungsfähigkeit der gesetzlichen Vertretung oder eines erbrechtlichen Verhältnisses beruht. ²Das gleiche gilt für eine Entscheidung, die auf der Beurteilung der Rechts- oder Handlungsfähigkeit einer juristischen Person, einer Gesellschaft oder einer Vereinigung beruht, sofern diese nach dem Recht des Anerkennungsstaats errichtet ist und in diesem Staat ihren satzungsmäßigen oder tatsächlichen Sitz oder ihre Hauptniederlassung hat. ³Die Entscheidung ist dennoch anzuerkennen, wenn sie auch bei Anwendung des internationalen Privatrechts des Anerkennungsstaats gerechtfertigt wäre.

Art. 7. (1) Die Zuständigkeit der Gerichte im Entscheidungsstaat wird im Sinne des Artikels 5 Absatz 1 Nummer 1 anerkannt:

---

[8] Vgl. *Siehr* RabelsZ 50 (1986), 586, 596.
[9] OLG Köln RIW 1995, 683 = IPRax 1997, 175 (dazu *Kondring* S. 158).

1. wenn zur Zeit der Einleitung des Verfahrens der Beklagte im Entscheidungsstaat seinen Wohnsitz oder gewöhnlichen Aufenthalt oder, falls es sich um eine juristische Person, eine Gesellschaft oder eine Vereinigung handelt, seinen satzungsmäßigen oder tatsächlichen Sitz oder seine Hauptniederlassung hatte;
2. wenn der Beklagte im Entscheidungsstaat eine geschäftliche Niederlassung oder eine Zweigniederlassung hatte und für Ansprüche aus deren Betriebe belangt worden ist;
3. wenn der Beklagte sich durch eine Vereinbarung für ein bestimmtes Rechtsverhältnis der Zuständigkeit der Gerichte des Staates, in dem die Entscheidung ergangen ist, unterworfen hat, es sei denn, daß eine solche Vereinbarung nach dem Recht des Staates, in dem die Entscheidung geltend gemacht wird, unzulässig ist; eine Vereinbarung im Sinne dieser Vorschrift liegt nur vor, wenn eine Partei ihre Erklärung schriftlich abgegeben und die Gegenpartei sie angenommen hat oder wenn eine mündlich getroffene Vereinbarung von einer Partei schriftlich bestätigt worden ist, ohne daß die Gegenpartei der Bestätigung widersprochen hat;
4. wenn die Klage einen Unterhaltsanspruch zum Gegenstand hatte und wenn der Unterhaltsberechtigte zur Zeit der Einleitung des Verfahrens in dem Entscheidungsstaat seinen Wohnsitz oder gewöhnlichen Aufenthalt hatte oder wenn die Zuständigkeit mit Rücksicht auf die Verbindung mit einer Ehesache oder Familienstandssache begründet war;
5. wenn die Klage auf eine unerlaubte Handlung oder auf eine Handlung, die nach dem Recht des Entscheidungsstaats einer unerlaubten Handlung gleichgestellt wird, gegründet worden ist, wenn die Tat im Hoheitsgebiet des Entscheidungsstaats begangen worden ist und wenn der Täter sich bei Begehung der schädigenden Handlung im Hoheitsgebiet des Entscheidungsstaats aufgehalten hatte;
6. wenn die Klage auf eine unerlaubte Handlung im Geschäftsverkehr oder auf die Verletzung eines Patents, Gebrauchsmusters, Warenzeichens, Sortenschutzrechts, gewerblichen Musters oder Modells oder Urheberrechts im Entscheidungsstaat gegründet worden ist;
7. wenn mit der Klage ein Recht an einer unbeweglichen Sache oder ein Anspruch aus einem Recht an einer solchen Sache geltend gemacht worden ist und wenn die unbewegliche Sache im Entscheidungsstaat belegen ist;
8. wenn für den Fall, daß der Beklagte in den beiden Staaten weder seinen Wohnsitz noch seinen gewöhnlichen Aufenthalt hatte, sich zur Zeit der Einleitung des Verfahrens in dem Staat, in dem die Entscheidung ergangen ist, Vermögen des Beklagten befunden hat;
9. wenn es sich um eine Widerklage gehandelt hat, bei welcher der Gegenanspruch mit der im Hauptprozeß erhobenen Klage im rechtlichen Zusammenhang stand, und wenn für die Gerichte des Entscheidungsstaats eine Zuständigkeit im Sinne dieses Vertrages zur Entscheidung über die im Hauptprozeß erhobene Klage selbst anzuerkennen ist;
10. wenn mit der Klage ein Anspruch auf Schadensersatz oder auf Herausgabe des Erlangten deshalb geltend gemacht worden ist, weil eine Vollstreckung aus einer Entscheidung eines Gerichts im anderen Staat betrieben worden war, die in diesem Staat aufgehoben oder abgeändert worden ist;
11. wenn der Beklagte sich vor dem Gericht des Staates, in dem die Entscheidung ergangen ist, auf das Verfahren zur Hauptsache eingelassen hat, für die sonst eine Zuständigkeit des Gerichts, die nach diesem Vertrag anzuerkennen wäre, nicht gegeben ist; dies gilt jedoch nicht, wenn der Beklagte vor der Einlassung zur Hauptsache erklärt hat, daß er sich auf das Verfahren nur im Hinblick auf Vermögen im Staat des angerufenen Gerichts einlasse.

(2) Die Zuständigkeit der Gerichte im Entscheidungsstaat wird jedoch nicht anerkannt, wenn die Gerichte im Anerkennungsstaat nach seinem Recht für die Klage, die zur Entscheidung geführt hat, ausschließlich zuständig sind.

1 1. Art. 7 enthält einen weitreichenden, abschließenden Katalog der **Anerkennungszuständigkeiten.** Anerkannt werden der Gerichtsstand
   (1) des Wohnsitzes/Sitzes oder gewöhnlichen Aufenthalts,
   (2) der Zweigniederlassung,
   (3) der Gerichtsstandsvereinbarung. Diese muss nach dem Recht beider Vertragsstaaten zulässig und in schriftlicher oder halbschriftlicher Form geschlossen worden sein. Eine Bindung der

Gerichte des Anerkennungsstaates an Feststellungen zur Zulässigkeit nach dem Recht des Anerkennungsstaates besteht nur, wenn solche Feststellungen erfolgt sind.[10] Maßstab für die Zulässigkeit nach deutschem Recht ist § 38 ZPO.[11]

(4) der Unterhaltssache. Diese kann (wie nach EuGVO und HUVÜ 1973) am Wohnsitz oder gewöhnlichem Aufenthalt des Klägers erhoben worden sein; auch die Verbundzuständigkeit in Scheidungs- und Kindschaftssachen wird ausdrücklich anerkannt,

(5) der unerlaubten Handlung (einschließlich der Gefährdungshaftung), wenn der Täter im Entscheidungsstaat gehandelt hat. Eine am Erfolgsort ergangene Entscheidung kann nicht nach dem Übereinkommen, in Deutschland aber nach § 328 Abs. 1 Nr. 1 iVm. § 32 ZPO anerkannt werden,[12]

(6) der unerlaubten Handlung im Geschäftsverkehr bzw. der Verletzung gewerblicher Schutzrechte,

(7) der unbeweglichen belegenden Sache,

(8) des Vermögens, wenn der Beklagte in keinem der Vertragsstaaten Wohnsitz oder gewöhnlichen Aufenthalt hatte,

(9) der konnexen Widerklage,

(10) der Klage auf Ersatz des Vollstreckungsschadens,

(11) der rügelosen Einlassung.[13] Eine auf das Inlandsvermögen beschränkte Einlassung genügt nicht.

2. Nicht vorgesehen sind im Vertrag der Gerichtsstand des Erfüllungsortes. 2

3. **Ausgeschlossen** ist die Anerkennung, soweit der Anerkennungsstaat eine eigene **ausschließ-** 3
liche internationale Zuständigkeit beansprucht (Abs. 2), zB nach § 24 ZPO.[14]

Art. 8. (1) Wird die in einem Staat ergangene Entscheidung in dem anderen Staat geltend gemacht, so darf nur geprüft werden, ob einer der in Artikel 5 oder 6 Absatz 2 genannten Versagungsgründe vorliegt.

(2) Das Gericht in dem Staat, in dem die Entscheidung geltend gemacht wird, ist bei der Beurteilung der Zuständigkeit des Gerichts im Entscheidungsstaat (Artikel 5 Absatz 1 Nummer 1) an die tatsächlichen und rechtlichen Feststellungen, aufgrund deren das Gericht seine Zuständigkeit angenommen hat, gebunden.

(3) Darüber hinaus darf die Entscheidung nicht nachgeprüft werden.

Das Übereinkommen schließt eine weitergehende Anerkennung nach autonomem Recht des 1
Günstigkeitsprinzips nicht aus.[15]

Durch die in Abs. 2 angeordnete tatsächliche und rechtliche Bindung wird eine Kontrolle der 2
Zuständigkeitsentscheidung häufig ausgeschlossen.[16] Die freie Prüfung der Zuständigkeit kann nur erfolgen, wenn das (israelische) Gericht dazu keinerlei Feststellungen getroffen und seine Zuständigkeit einfach unterstellt hat.[17] Das Gericht im Zweitstaat prüft aber, ob tatsächlich eine Anerkennungsnotwendigkeit gem. Art. 7 Abs. 1 besteht und ihr keine ausschließliche Zuständigkeit nach Art. 7 Abs. 2 entgegensteht.[18]

Art. 9. (1) Die in einem Vertragsstaat ergangenen Entscheidungen werden in dem anderen Vertragsstaat anerkannt, ohne daß es hierfür eines besonderen Verfahrens bedarf.

(2) Bildet die Frage, ob eine Entscheidung anzuerkennen ist, als solche den Gegenstand eines Streites, so kann jede Partei, welche die Anerkennung geltend macht, in dem Verfahren nach dem Dritten Abschnitt die Feststellung beantragen, daß die Entscheidung anzuerkennen ist.

(3) Wird die Anerkennung in einem Rechtsstreit vor dem Gericht eines Vertragsstaats, dessen Entscheidung von der Anerkennung abhängt, verlangt, so kann dieses Gericht über die Anerkennung entscheiden.

---

[10] BGH RIW 2005, 540, 541.
[11] BGH RIW 2005, 540, 542.
[12] Vgl. *Siehr* RabelsZ 50 (1986), 586, 601.
[13] Zu den Anforderungen s. BGH RIW 2002, 63, 64 f.
[14] *Siehr* RabelsZ 50 (1986), 586, 594 f.
[15] *Siehr* RabelsZ 50 (1986), 586, 589 u. 596.
[16] *Siehr* RabelsZ 50 (1986), 586, 595.
[17] BGH RIW 2002, 63, 64.
[18] BGH RIW 2005, 540, 541.

1 Die Anerkennung erfolgt nach Abs. 1 ex lege. In der Regel entscheidet das Gericht über die Anerkennung gemäß Abs. 3 nur inzident als Vorfrage.

2 Die Anerkennung kann nach Abs. 2 selbstständig im Beschlussverfahren (Klauselerteilungsverfahren) gemäß Art. 10 ff. beantragt werden.

Dritter Abschnitt.

I. Vollstreckung rechtskräftiger Entscheidungen und gerichtlicher Vergleiche

Art. 10. Entscheidungen der Gerichte in dem einen Staat, auf die dieser Vertrag anzuwenden ist, sind in dem anderen Staat zur Zwangsvollstreckung zuzulassen, wenn

1. sie in dem Entscheidungsstaat vollstreckbar sind;
2. sie in dem Staat, in dem die Zwangsvollstreckung durchgeführt werden soll (Vollstreckungsstaat), anzuerkennen sind.

1 Fällt ein israelischer Titel unter das Übereinkommen, so ist eine neue Inlandsklage unzulässig, solange die Anerkennung dieses Titels nicht rechtskräftig abgelehnt wurde (s. § 722 ZPO Rn. 28, 31).

Art. 11. Das Verfahren, in dem die Zwangsvollstreckung zugelassen wird, und die Zwangsvollstreckung selbst richten sich, soweit in diesem Vertrag nichts anderes bestimmt ist, nach dem Recht des Vollstreckungsstaats.

1 In der Bundesrepublik Deutschland erfolgt die Vollstreckbarerklärung im zunächst einseitigen **Klauselerteilungsverfahren** nach dem AVAG (§ 1 Abs. 1 Nr. 1 e) (vgl. Art. 38 ff. EuGVO). Die Zuständigkeit ist in Art. 14 festgelegt, der Prüfungsumfang in Art. 16. Bis zum Ablauf der Beschwerdefrist ist die Vollstreckung wie nach EuGVÜ auf eine Sicherungsvollstreckung beschränkt (§§ 45, 46 AVAG).

2 In Israel gilt ergänzend die Verordnung über die Vollstreckung ausländischer Urteile (Vertrag mit der Bundesrepublik Deutschland) 1981 (Nr. 4237 vom 24. 5. 1981)[19] sowie das Foreign Judgments Enforcement Law von 1958 mit Änderung von 1977.[20]

Art. 12. Ist der Partei, welche die Zwangsvollstreckung betreiben will, in dem Entscheidungsstaat das Armenrecht bewilligt worden, so genießt sie das Armenrecht ohne weiteres nach den Vorschriften des Vollstreckungsstaats für das Verfahren, in dem über die Zulassung der Zwangsvollstreckung entschieden wird, und für die Zwangsvollstreckung.

1 Zur Vereinfachung wird **zugunsten des Titelgläubigers** das Armenrecht/die Prozesskostenhilfe im Erststaat auf das Verfahren der Vollstreckbarerklärung und die eigentliche Zwangsvollstreckung im Zweitstaat erstreckt.

Art. 13. Den Antrag, die Zwangsvollstreckung zuzulassen, kann jeder stellen, der in dem Entscheidungsstaat berechtigt ist, Rechte aus der Entscheidung geltend zu machen.

Art. 14. (1) Der Antrag, die Zwangsvollstreckung zuzulassen, ist

1. in der Bundesrepublik Deutschland an das Landgericht,
2. im Staat Israel an den District Court in Jerusalem, der sowohl sachlich als auch örtlich ausschließlich zuständig ist,

zu richten.

(2) Örtlich zuständig ist in der Bundesrepublik Deutschland das Landgericht, in dessen Bezirk der Schuldner seinen Wohnsitz und bei Fehlen eines solchen Vermögen hat oder die Zwangsvollstreckung durchgeführt werden soll.

(3) Jede Vertragspartei kann durch eine Erklärung gegenüber der anderen Vertragspartei ein anderes Gericht als zuständig im Sinne des Absatzes 1 bestimmen.

---

[19] Abgedruckt bei *Geimer/Schütze/Pirrung* S. 625.16.
[20] Abgedruckt bei *Scheftelowitz*, Israelisches Handels- und Wirtschaftsrecht, 1984, S. 145.

Bei einer **Schuldnermehrheit** kann der Antrag gegen alle bei dem für einen Schuldner örtlich zuständigen Gericht gestellt werden.[21]

Nach einer Erklärung des Ministeriums für Auswärtige Angelegenheiten des Staates Israel können Anträge, die Zwangsvollstreckung zuzulassen, abweichend von Art. 14 Abs. 1 Nr. 2 bei jedem zuständigen Gericht Israels gestellt werden (BGBl. II 1990 S. 3).

Art. 15. (1) Die Partei, welche die Zulassung zur Zwangsvollstreckung beantragt, hat beizubringen:
1. eine von dem Gericht in dem Staat, in dem die Entscheidung ergangen ist, hergestellte beglaubigte Abschrift der Entscheidung;
2. den Nachweis, daß die Entscheidung rechtskräftig ist;
3. den Nachweis, daß die Entscheidung nach dem Recht des Entscheidungsstaats vollstreckbar ist;
4. wenn der Antragsteller nicht der in der Entscheidung benannte Gläubiger ist, den Nachweis seiner Berechtigung;
5. die Urschrift oder beglaubigte Abschrift der Zustellungsurkunde oder einer anderen Urkunde, aus der sich ergibt, daß die Entscheidung der Partei, gegen welche die Zwangsvollstreckung betrieben werden soll, zugestellt worden ist;
6. die Urschrift oder eine beglaubigte Abschrift der Urkunde, aus der sich ergibt, daß die den Rechtsstreit einleitende Klage, Vorladung oder ein anderes der Einleitung des Verfahrens dienendes Schriftstück dem Beklagten nach dem Recht des Entscheidungsstaats zugestellt worden ist, sofern sich der Beklagte auf das Verfahren, in dem die Entscheidung ergangen ist, nicht zur Hauptsache eingelassen hat;
7. eine Übersetzung der vorerwähnten Urkunden in die oder eine Sprache des Vollstreckungsstaats, die von einem amtlich bestellten oder vereidigten Übersetzer oder einem dazu befugten Notar eines der beiden Staaten als richtig bescheinigt sein muß.

(2) Die in dem vorstehenden Absatz angeführten Urkunden bedürfen keiner Legalisation und vorbehaltlich des Absatzes 1 Nummer 7 keiner ähnlichen Förmlichkeit.

Die Entscheidung muss nicht begründet sein und braucht keine Rechtsmittelbelehrung zu enthalten.[22]

Die Zustellung der Entscheidung, die nach Abs. 1 Nr. 5 nachzuweisen ist, muss nicht den Regeln des Haager ZustÜ 1965 entsprechen. Der Nachweis kann auch noch nach Stellung des Antrags auf Vollstreckbarerklärung nachgebracht werden.[23]

Art. 16. (1) Bei der Entscheidung über den Antrag auf Zulassung der Zwangsvollstreckung hat sich das angerufene Gericht auf die Prüfung zu beschränken, ob die nach Artikel 15 erforderlichen Urkunden beigebracht sind und ob einer der in Artikel 5 oder 6 Absatz 2 genannten Versagungsgründe vorliegt.

(2) ¹Gegen die Zulassung der Zwangsvollstreckung kann der Schuldner auch vorbringen, es stünden ihm Einwendungen gegen den Anspruch selbst zu aus Gründen, die erst nach Erlaß der Entscheidung entstanden seien. ²Das Verfahren, in dem die Einwendungen geltend gemacht werden können, richtet sich nach dem Recht des Staates, in dem die Zwangsvollstreckung durchgeführt werden soll. ³Darüber hinaus darf die Entscheidung nicht nachgeprüft werden.

(3) Die Entscheidung über den Antrag auf Zulassung der Zwangsvollstreckung ist auszusetzen, wenn der Schuldner nachweist, daß die Vollstreckung gegen ihn einzustellen sei und daß er die Voraussetzungen erfüllt hat, von denen die Einstellung abhängt.

Abs. 2 sieht ausdrücklich vor, dass der Schuldner (nicht präkludierte) sachliche **Einwendungen gegen den** titulierten **Anspruch** im Verfahren der Vollstreckbarerklärung vorbringen kann. Nach §§ 12, 14 AVAG kann und muss er dies durch Beschwerde gegen die Zulassung des Titels zur Zwangsvollstreckung tun.

---

[21] *Roth* RIW 1987, 814, 817 f.
[22] BGH RIW 2002, 63, 65.
[23] BGH RIW 2002, 63, 66.

Art. 17. Das Gericht kann auch nur einen Teil der Entscheidung zur Zwangsvollstreckung zulassen,
1. wenn die Entscheidung einen oder mehrere Ansprüche betrifft und die betreibende Partei beantragt, die Entscheidung nur hinsichtlich eines oder einiger Ansprüche oder hinsichtlich eines Teils des Anspruchs zur Zwangsvollstreckung zuzulassen;
2. wenn die Entscheidung einen oder mehrere Ansprüche betrifft und der Antrag nur wegen eines oder einiger Ansprüche oder nur hinsichtlich eines Teils des Anspruchs begründet ist.

Art. 18. Wird die Entscheidung zur Zwangsvollstreckung zugelassen, so ordnet das Gericht erforderlichenfalls zugleich die Maßnahmen an, die zum Vollzug der Entscheidung notwendig sind.

Art. 19. Die Vollstreckung gerichtlicher Vergleiche richtet sich nach den Artikeln 10 bis 18; jedoch sind die Vorschriften des Artikels 15 Absatz 1 Nummer 2 und 6 nicht anzuwenden.

II. Vollstreckung nicht rechtskräftiger Entscheidungen in Unterhaltssachen

Art. 20. Entscheidungen, die Unterhaltspflichten zum Gegenstand haben, sind in entsprechender Anwendung der Artikel 10 bis 18 zur Zwangsvollstreckung zuzulassen, auch wenn sie noch nicht rechtskräftig sind.

1   Der Vertrag **privilegiert Unterhaltsentscheidungen.** Entgegen der Grundregel des Art. 3 werden in Unterhaltssachen auch nichtrechtskräftige und einstweilige Entscheidungen anerkannt und nach dem Vertrag vollstreckt.[24]

III. Vollstreckung anderer nicht rechtskräftiger Entscheidungen

Art. 21. ¹Andere Entscheidungen, die noch nicht rechtskräftig sind, werden in entsprechender Anwendung der Artikel 10 bis 18 zur Zwangsvollstreckung zugelassen. ²Jedoch sind in diesem Falle nur solche Maßnahmen zulässig, die der Sicherung des betreibenden Gläubigers dienen.

1   Nichtrechtskräftige Entscheidungen (außer Unterhaltssachen) werden im anderen Vertragsstaat vollstreckbar erklärt, aber nur zur Sicherungsvollstreckung zugelassen (§§ 45, 46 AVAG).

Vierter Abschnitt. Sonstige Bestimmungen

Art. 22. (1) Die Gerichte in dem einen Staat werden auf Antrag einer Prozeßpartei die Klage zurückweisen oder, falls sie es für zweckmäßig erachten, das Verfahren aussetzen, wenn ein Verfahren zwischen denselben Parteien und wegen desselben Gegenstandes in dem anderen Staat bereits anhängig ist und in diesem Verfahren eine Entscheidung ergehen kann, die in ihrem Staat nach den Vorschriften dieses Vertrages anzuerkennen sein wird.

(2) Jedoch können in Eilfällen die Gerichte eines jeden Staates die in ihrem Recht vorgesehenen einstweiligen Maßnahmen, einschließlich solcher, die auf eine Sicherung gerichtet sind, anordnen, und zwar ohne Rücksicht darauf, welches Gericht mit der Hauptsache befaßt ist.

1   Damit nicht nachträglich ein Rechtskrafthindernis (Art. 5 Abs. 1 Nr. 6) geschaffen werden kann, ist die **Rechtshängigkeit im anderen Vertragsstaat** zu beachten. Das Zweitgericht weist die Klage ab oder setzt sein Verfahren zunächst aus.

2   Die internationale Rechtshängigkeit hindert nicht, Maßnahmen des **einstweiligen Rechtsschutzes** zu erlassen. Abs. 2 begründet insoweit für jeden Vertragsstaat eine **internationale Entscheidungszuständigkeit.**[25] Die örtliche Zuständigkeit ist nach autonomem Recht zu bestimmen.

---

[24] Vgl. *Matscher* ZZP 95 (1982), 170, 200.
[25] *Eilers,* Maßnahmen des einstweiligen Rechtsschutzes im europäischen Zivilrechtsverkehr, 1991, S. 176 ff.

Art. 23. Die Anerkennung oder Vollstreckung einer Entscheidung über die Kosten des Prozesses kann aufgrund dieses Vertrages nur bewilligt werden, wenn er auf die Entscheidung in der Hauptsache anzuwenden wäre.

Art. 24. Die Anerkennung oder Zulassung der Zwangsvollstreckung kann verweigert werden, wenn 25 Jahre vergangen sind, seitdem die Entscheidung mit ordentlichen Rechtsmitteln nicht mehr angefochten werden konnte.

Entsprechend dem common law enthält der Vertrag eine Regelung über die **Urteilsverjährung**. Die Frist von 25 Jahren stellt deutsche Titel in Israel israelischen Titeln gleich;[26] sie weicht nur wenig von der dreißigjährigen Verjährungsfrist des § 197 Abs. 1 Nr. 3 BGB ab.

Art. 25. (1) Dieser Vertrag berührt nicht die Bestimmungen anderer zwischenstaatlicher Übereinkünfte, die zwischen beiden Staaten gelten und die für besondere Rechtsgebiete die Anerkennung und Vollstreckung gerichtlicher Entscheidungen regeln.

(2) Die Anerkennung und die Vollstreckung von Schiedssprüchen bestimmen sich nach den zwischenstaatlichen Übereinkünften, die für beide Staaten in Kraft sind.

Zu beachten sind Art. 18, 19 Haager Übereinkommen über Zivilprozeß 1954 (Schlussanh. Nr. C 3), Art. 28 MÜ (Schlussanh. Nr. C 2 c) und Art. 24 des deutsch-israelischen Abkommens vom 17. 12. 1973 über soziale Sicherheit (BGBl. II 1975 S. 246, 443 mit DV-Vereinbarung vom 20. 11. 1978, BGBl. II 1980 S. 575).

Für die Anerkennung und Vollstreckung von Schiedssprüchen gilt das New Yorker UN-Übereinkommen.

Art. 26. (1) Die Vorschriften dieses Vertrages sind nur auf solche gerichtlichen Entscheidungen und Vergleiche anzuwenden, die nach dem Inkrafttreten dieses Vertrages erlassen oder errichtet werden und Sachverhalte zum Gegenstand haben, die nach dem 1. Januar 1966 entstanden sind.

(2) Die Anerkennung und Vollstreckung von Schuldtiteln, die nicht unter diesen Vertrag oder andere Verträge, die zwischen beiden Staaten gelten oder gelten werden, fallen, bestimmt sich weiter nach allgemeinen Vorschriften.

Abs. 2 stellt ausdrücklich klar, dass für die nicht erfassten Bereiche das autonome innerstaatliche Recht gilt, in Deutschland also §§ 328, 722f. ZPO, Art. 7 § 1 FamRÄndG. In Israel gilt das Gesetz über die Zwangsvollstreckung ausländischer Urteile von 1958.[27]

Fünfter Abschnitt. Schlußvorschriften

Art. 27 bis 31 *(nicht abgedruckt)*

b) Vertrag zwischen der Bundesrepublik Deutschland und der Tunesischen Republik über Rechtsschutz und Rechtshilfe, die Anerkennung und Vollstreckung gerichtlicher Entscheidungen in Zivil- und Handelssachen sowie über die Handelsschiedsgerichtsbarkeit

Vom 19. 7. 1966 (BGBl. II 1969 S. 890)

(Auszug)

Materialien: Denkschrift zum Vertrag, BT-Drucks. V/3167.

Schrifttum: *Arnold*, Die Problematik von Rechtshilfeabkommen – Der deutsch-tunesische Rechtshilfe- und Vollstreckungsvertrag, NJW 1970, 1478; *Ganske*, Der deutsch-tunesische Rechtshilfe- und Vollstreckungsvertrag in Zivil- und Handelssachen, AWD 1970, 145.

---

[26] Vgl. *Siehr* RabelsZ 50 (1986), 586, 597.
[27] Text abgedruckt bei *Scheftelowitz*, Israelische Zivilprozeßvorschriften 1981, S. 124, und *ders.*, Israelisches Handels- und Wirtschaftsrecht, 1984, S. 145.

Erster Titel. Rechtsschutz in Zivil- und Handelssachen

Kapitel I. Freier Zutritt zu den Gerichten

Art. 1. ¹In Zivil- und Handelssachen haben die Angehörigen des einen Vertragsstaates freien Zutritt zu den Gerichten des anderen Staates und können vor dessen Gerichten unter denselben Bedingungen und in derselben Weise wie die eigenen Staatsangehörigen als Kläger oder Beklagte auftreten. ²Sie können insbesondere im Rahmen der gesetzlichen Vorschriften sich durch frei gewählte Rechtsanwälte oder andere Personen als Bevollmächtigte vertreten oder als Beistände unterstützen lassen.

Art. 2. (1) Den Angehörigen eines Staates stehen für die Anwendung dieses Titels juristische Personen, Gesellschaften oder Vereinigungen gleich, die nach dem Recht eines der beiden Staaten errichtet sind und in einem dieser Staaten ihren Sitz haben.

(2) Ihre Fähigkeit, vor den Gerichten dieses Staates als Kläger oder Beklagte aufzutreten, wird auch im Hoheitsgebiete des anderen Staates anerkannt.

Kapitel II. Befreiung von der Sicherheitsleistung für die Prozeßkosten

Art. 3. (1) ¹In Zivil- und Handelssachen darf den Angehörigen des einen Staates, die vor den Gerichten des anderen Staates als Kläger oder Intervenienten auftreten, wegen ihrer Eigenschaft als Ausländer oder mangels eines inländischen Wohnsitzes oder Aufenthalts eine Sicherheitsleistung oder Hinterlegung, unter welcher Bezeichnung es auch sei, nicht auferlegt werden. ²Diese Befreiung wird nur solchen Angehörigen eines Staates gewährt, die in einem der beiden Staaten ihren Wohnsitz oder gewöhnlichen Aufenthalt haben.

(2) Das gleiche gilt für Vorschüsse, die von den Klägern oder Intervenienten zur Deckung der Gerichtskosten einzufordern wären.

Kapitel III. Gewährung des Armenrechts

Art. 4. In Zivil- und Handelssachen werden die Angehörigen des einen Staates in dem anderen Staate zum Armenrecht ebenso wie die eigenen Staatsangehörigen zugelassen, sofern sie sich nach den gesetzlichen Vorschriften des Staates richten, in dem das Armenrecht nachgesucht wird.

Art. 5. (1) Die Bescheinigung des Unvermögens ist von der zuständigen Behörde des gewöhnlichen Aufenthaltsortes des Antragstellers und beim Fehlen eines solchen von der zuständigen Behörde seines derzeitigen Aufenthaltsortes auszustellen.

(2) Liegt der Ort des gewöhnlichen oder derzeitigen Aufenthalts des Antragstellers nicht in einem der beiden Staaten, so kann die Bescheinigung auch durch den zuständigen diplomatischen oder konsularischen Vertreter des Staates, dem der Antragsteller angehört, ausgestellt werden.

(3) Hält der Antragsteller sich nicht in dem Staat auf, in dem das Armenrecht nachgesucht wird, so ist die Bescheinigung des Unvermögens von einem diplomatischen oder konsularischen Vertreter des Staates, in dem sie vorgelegt werden soll, kostenfrei zu legalisieren; die im Absatz 2 vorgesehene Bescheinigung des diplomatischen oder konsularischen Vertreters bedarf keiner Legalisation.

Art. 6. (1) Die Behörde, die für die Ausstellung der Bescheinigung des Unvermögens zuständig ist, kann bei den Behörden des Staates, dem der Antragsteller angehört, Auskünfte über seine Vermögenslage einholen.

(2) Die Gerichte oder Behörden, die über den Antrag auf Bewilligung des Armenrechts zu entscheiden haben, sind an die Bescheinigung des Unvermögens nicht gebunden und berechtigt, ergänzende Angaben zu verlangen.

Art. 7. (1) Hält sich der Antragsteller nicht in dem Staat auf, in dem das Armenrecht nachgesucht werden soll, so kann sein Antrag auf Bewilligung des Armenrechts zusammen mit der Bescheinigung des Unvermögens und gegebenenfalls mit weiteren für die Behandlung des Antrags sachdienlichen Unterlagen durch den Konsul seines Staates der zuständigen Empfangsstelle des anderen Staates übermittelt werden.

(2) Diese Empfangsstelle ist:
1. in der Bundesrepublik Deutschland der Präsident des Landgerichts oder der Präsident des Amtsgerichts,
2. in der Tunesischen Republik der Procureur de la République près le tribunal de première instance (Staatsanwalt bei dem Gericht erster Instanz),

in dessen Bezirk das Armenrecht nachgesucht werden soll.

(3) Ist die Stelle, welcher der Antrag auf Bewilligung des Armenrechts übermittelt worden ist, nicht zuständig, so gibt sie das Ersuchen von Amts wegen der zuständigen Empfangsstelle ab und benachrichtigt hiervon unverzüglich den Konsul.

(4) Die Bestimmungen, die in den Artikeln 20 und 23 für Rechtshilfeersuchen vorgesehen sind, gelten auch für die Übermittlung von Anträgen auf Bewilligung des Armenrechts und ihrer Anlagen.

Zweiter Titel. Rechtshilfe in Zivil- und Handelssachen *(nicht abgedruckt)*

Dritter Titel. Anerkennung und Vollstreckung gerichtlicher Entscheidungen in Zivil- und Handelssachen

Kapitel I. Anerkennung gerichtlicher Entscheidungen

Art. 27. (1) In Zivil- und Handelssachen werden Entscheidungen der Gerichte des einen Staates in dem anderen Staat anerkannt, wenn sie die Rechtskraft erlangt haben.

(2) [1]Unter Entscheidungen im Sinne dieses Kapitels sind alle gerichtlichen Entscheidungen ohne Rücksicht auf ihre Benennung (Urteile, Beschlüsse, Vollstreckungsbefehle) und ohne Rücksicht darauf zu verstehen, ob sie in einem Verfahren der streitigen oder der freiwilligen Gerichtsbarkeit ergangen sind. [2]Ausgenommen sind jedoch diejenigen Entscheidungen der freiwilligen Gerichtsbarkeit, die in einem einseitigen Verfahren erlassen sind.

(3) Als gerichtliche Entscheidungen gelten auch die Beschlüsse der Urkundsbeamten, durch die der Betrag der Kosten des Prozesses später festgesetzt wird.

(4) Einstweilige Anordnungen, die auf eine Geldleistung lauten, werden anerkannt, auch wenn sie die Rechtskraft noch nicht erlangt haben.

1. Der Vertrag erfasst alle **Entscheidungen über zivilrechtliche Ansprüche**, unabhängig von der Entscheidungsform und der Prozessart einschließlich der Kostenfestsetzungsbeschlüsse. Ausgenommen sind Entscheidungen in einseitigen fG-Verfahren; diese können aber gemäß Nr. 2 des Zusatzprotokolls zum Vertrag nach autonomem Recht (§ 16a FGG) anerkannt werden.

2. Diese Entscheidungen müssen **rechtskräftig** sein. Dadurch werden vorläufig vollstreckbare Entscheidungen des einstweiligen Rechtsschutzes ausgeschlossen. **Einstweilige Unterhaltsanordnungen** fallen jedoch unter das Abkommen (Abs. 4), nach der Interessenlage wohl auch einstweilige Unterhaltsverfügungen. Tunesische Entscheidungen werden erst mit Ablauf der Kassationsbeschwerdefrist oder der Kassationsentscheidung rechtskräftig.[1]

3. Der Vertrag gilt nicht für die nach Art. 28 **ausgeschlossenen Sachgebiete**.

Art. 28. (1) In Angelegenheiten, die den Ehe- oder Familienstand, die Rechts- oder Handlungsfähigkeit oder die gesetzliche Vertretung einer Person betreffen, gilt dieser Titel nur für Entscheidungen in Ehe- oder Unterhaltssachen.

(2) Dieser Titel findet keine Anwendung:
1. auf Entscheidungen, die in einem Konkurs-, einem Vergleichs- oder einem entsprechenden Verfahren ergangen sind, einschließlich der Entscheidungen, durch die für

---

[1] Denkschrift zu Art. 27; *Cramer/Frank*, Auslegung und Qualifikation bilateraler Anerkennungs- und Vollstreckungsverträge mit Nicht-EG-Staaten, 1987, S. 199 f.

ein solches Verfahren über die Wirksamkeit von Rechtshandlungen des Schuldners gegenüber den Gläubigern erkannt wird;
2. auf Entscheidungen in Angelegenheiten der sozialen Sicherheit.

1   1. Ausgeschlossen sind Personenstandssachen.[2] Von Ehe- und Familiensachen werden nur Entscheidungen in **Ehe- und Unterhaltssachen** anerkannt (Abs. 1). In Verbindung mit Art. 29 Abs. 1 Nr. 2 werden in Tunesien Unterhaltsentscheidungen für nichteheliche Kinder nur nach freiwilliger Anerkennung der Vaterschaft anerkannt.[3]

2   2. Ausgeschlossen sind Entscheidungen in **Insolvenzsachen**.

3   3. Ausgeschlossen sind Entscheidungen zur **sozialen Sicherheit**; sie sind in der Regel bereits keine Zivil- und Handelssachen.

4   4. Nach Nr. 2 des **Zusatzprotokolls** zum Vertrag können jedoch nach Abs. 1 ausgeschlossene Entscheidungen nach autonomem Recht (§ 328 ZPO) anerkannt werden.

Art. 29. (1) Die Anerkennung der Entscheidung darf nur versagt werden:
1. wenn für die Gerichte des Entscheidungsstaates eine Zuständigkeit im Sinne der Artikel 31 und 32 nicht anzuerkennen ist;
2. wenn die Anerkennung der öffentlichen Ordnung des Anerkennungsstaates widerspricht;
3. wenn die Entscheidung durch betrügerische Machenschaften erwirkt worden ist;
4. wenn ein Verfahren zwischen denselben Parteien und wegen desselben Gegenstandes vor einem Gericht des Anerkennungsstaates anhängig ist und wenn dieses Gericht zuerst angerufen wurde;
5. wenn die Entscheidung mit einer im Anerkennungsstaat ergangenen rechtskräftigen Entscheidung unvereinbar ist.

(2) ¹Hat sich der Beklagte auf das Verfahren nicht eingelassen, so kann die Anerkennung der Entscheidung auch versagt werden, wenn die Klage, die Vorladung oder ein anderes der Einleitung des Verfahrens dienendes Schriftstück dem Beklagten nicht nach dem Recht des Entscheidungsstaates und, wenn er sich im Zeitpunkt der Einleitung des Verfahrens im Anerkennungsstaat befand, nicht auf einem der in den Artikeln 8 bis 16 vorgesehenen Wege zugestellt worden ist. ²Auch wenn die Zustellung auf diese Weise durchgeführt worden ist, darf die Anerkennung versagt werden, wenn der Beklagte nachweist, daß er ohne sein Verschulden von der Klage, der Vorladung oder dem anderen der Einleitung des Verfahrens dienenden Schriftstück nicht zeitig genug Kenntnis erhalten hat.

(3) ¹Die Anerkennung von Entscheidungen, durch welche die Kosten dem mit der Klage abgewiesenen Kläger auferlegt wurden, kann nur abgelehnt werden, wenn sie der öffentlichen Ordnung des Anerkennungsstaates widerspricht. ²Diese Bestimmung ist auch auf die in Artikel 27 Absatz 3 angeführten Entscheidungen anzuwenden.

1   1. Versagungsgründe für die Anerkennung sind nach dem Vertrag **abschließend** (vgl. Art. 33):
(1) das Fehlen der **Anerkennungszuständigkeit** gemäß Art. 31, 32;
2   (2) ein Verstoß gegen den **ordre public** des Anerkennungsstaates; das Erschleichen der Entscheidung durch betrügerische Machenschaften ist dabei – wie nach common law – besonders erwähnt (Nr. 3);
3   (3) eine Missachtung der zeitlich **vorrangigen Rechtshängigkeit** im Anerkennungsstaat (Nr. 4) und Unvereinbarkeit mit einer **rechtskräftigen Entscheidung** des Anerkennungsstaates (Nr. 5);
4   (4) **Nichteinlassung des Beklagten** nach nicht ordnungsgemäßer oder nicht rechtzeitiger Ladung (Abs. 2). Die Ordnungsmäßigkeit richtet sich nach dem Recht des Erststaates; hielt sich der Beklagte bei der Zustellung im Anerkennungsstaat auf, müssen die Art. 8 bis 16 des Vertrages beachtet worden sein.
5   (5) die im Ergebnis abweichende Beurteilung einer **IPR-Vorfrage** in Statusfragen (Art. 30 Abs. 2).

---

[2] *Cramer/Frank* S. 51 ff.
[3] *Nagel/Gottwald* § 13 Rn. 533.

2. Die Versagungsgründe sind **von Amts wegen zu prüfen.** Lediglich die Nichtrechtzeitigkeit 6
der Ladung (Abs. 2 S. 2) ist vom Beklagten zu rügen und zu beweisen. Wird ein Versagungsgrund
festgestellt, entfällt die vertragliche Pflicht zur Anerkennung („darf versagt werden"). Die Anerkennung ist zugleich zu versagen, sofern nicht nach günstigerem autonomem Recht eine Anerkennung
zulässig ist.

3. **Kostenentscheidungen** gegen den unterlegenen Kläger (einschl. der Kostenfestsetzungsbe- 7
schlüsse) sind – nach dem Vorbild der Art. 18, 19 HZPÜ 1954 – stets anzuerkennen (Abs. 3). Ihre
Anerkennung darf nur wegen eines Verstoßes gegen den ordre public abgelehnt werden.

Art. 30. (1) Die Anerkennung darf nicht allein deshalb versagt werden, weil das Gericht,
das die Entscheidung erlassen hat, nach den Regeln seines internationalen Privatrechts
andere Gesetze angewendet hat, als sie nach dem internationalen Privatrecht des Anerkennungsstaates anzuwenden gewesen wären.

(2) ¹Die Anerkennung darf jedoch aus dem in Absatz 1 genannten Grunde versagt
werden, wenn die Entscheidung auf der Beurteilung eines ehe- oder sonstigen familienrechtlichen Verhältnisses, der Rechts- oder Handlungsfähigkeit, der gesetzlichen Vertretung oder eines erbrechtlichen Verhältnisses eines Angehörigen des Anerkennungsstaates
beruht. ²Das gleiche gilt für eine Entscheidung, die auf der Beurteilung der Rechts-
oder Handlungsfähigkeit einer juristischen Person, einer Gesellschaft oder einer Vereinigung beruht, sofern diese nach dem Recht des Anerkennungsstaates errichtet ist und in
diesem Staate ihren Sitz oder ihre Hauptniederlassung hat. ³Die Entscheidung ist dennoch anzuerkennen, wenn sie auch bei Anwendung des internationalen Privatrechts des
Anerkennungsstaates gerechtfertigt wäre.

Art. 31. (1) Die Zuständigkeit der Gerichte des Entscheidungsstaates wird im Sinne des
Artikels 29 Absatz 1 Nummer 1 anerkannt:
1. wenn zur Zeit der Einleitung des Verfahrens der Beklagte in dem Entscheidungsstaate
   seinen Wohnsitz oder gewöhnlichen Aufenthalt oder, falls es sich um eine juristische
   Person, eine Gesellschaft oder eine Vereinigung handelt, seinen Sitz oder seine Hauptniederlassung hatte;
2. wenn der Beklagte im Entscheidungsstaat eine geschäftliche Niederlassung oder
   Zweigniederlassung hatte und für Ansprüche aus deren Betriebe belangt worden ist;
3. wenn die Klage das Bestehen eines Arbeitsverhältnisses oder Ansprüche aus einem
   Arbeitsverhältnis zum Gegenstand hatte und wenn der Betrieb oder die Arbeitsstelle,
   wo die Arbeit zu leisten war, im Entscheidungsstaat lag; wurde der Arbeitnehmer von
   seinem Unternehmen oder Betrieb aus zu einer Tätigkeit in den anderen Staat oder in
   einen dritten Staat entsandt oder wurde der Arbeitnehmer von seinem Unternehmen
   oder Betrieb zu einer Tätigkeit in dem anderen Staat oder einem dritten Staat eingesetzt und erhielt er von dem Unternehmen oder Betrieb aus auch seine Anweisungen,
   so sind die Gerichte des Staates zuständig, in dem das Unternehmen oder der Betrieb
   seinen Sitz hatte;
4. wenn die Klage einen Unterhaltsanspruch zum Gegenstand hatte und wenn der Unterhaltsberechtigte zur Zeit der Einleitung des Verfahrens in dem Entscheidungsstaat
   seinen Wohnsitz oder gewöhnlichen Aufenthalt hatte;
5. wenn die Klage auf eine unerlaubte Handlung oder auf eine Handlung, die nach dem
   Recht des Entscheidungsstaates einer unerlaubten Handlung gleichgestellt wird, gegründet worden ist und wenn der Täter sich bei Begehung der schädigenden Handlung im Hoheitsgebiete des Entscheidungsstaates aufgehalten hatte;
6. wenn mit der Klage ein Recht an einer unbeweglichen Sache oder ein Anspruch aus
   einem Recht an einer solchen Sache geltend gemacht worden ist und wenn die unbewegliche Sache im Entscheidungsstaat belegen ist;
7. wenn die Klage in einer Erbschaftsstreitigkeit erhoben worden ist und wenn der Erblasser Angehöriger des Entscheidungsstaates war oder wenn der Erblasser Angehöriger
   eines dritten Staates war und seinen letzten Wohnsitz im Entscheidungsstaate hatte,
   und zwar ohne Rücksicht darauf, ob zu dem Nachlaß bewegliche oder unbewegliche
   Sachen gehören;
8. wenn es sich um eine Widerklage gehandelt hat, bei welcher der Gegenanspruch mit
   der im Hauptprozeß erhobenen Klage im rechtlichen Zusammenhang stand, und
   wenn für die Gerichte des Entscheidungsstaates eine Zuständigkeit im Sinne dieses

Vertrages zur Entscheidung über die im Hauptprozeß erhobene Klage selbst anzuerkennen ist;
9. wenn mit der Klage ein Anspruch auf Schadensersatz oder auf Herausgabe des Erlangten deshalb geltend gemacht worden ist, weil eine Vollstreckung aus einer Entscheidung eines Gerichts des anderen Staates betrieben worden war, die in diesem Staat aufgehoben oder abgeändert worden ist.

(2) Die Zuständigkeit der Gerichte des Entscheidungsstaates wird jedoch nicht anerkannt, wenn nach dem Recht des Anerkennungsstaates dessen Gerichte für die Klage, die zu der Entscheidung geführt hat, ausschließlich zuständig sind.

1 1. In **vermögensrechtlichen Streitigkeiten** sieht der Vertrag folgende **Anerkennungszuständigkeiten** vor:
(1) des Wohnsitzes/Sitzes,[4] Hauptniederlassung oder gewöhnlichen Aufenthalts des Beklagten,
(2) der Zweigniederlassung (nicht der Agentur oder des Handelsvertreters),
(3) des Arbeitsortes für arbeitsrechtliche Streitigkeiten; bei Tätigkeit im Drittstaat unter Anweisung auch der Sitz des Unternehmers,[5]
(4) Wohnsitz oder gewöhnlicher Aufenthalt des Berechtigten für Unterhaltsklagen,
(5) der unerlaubten Handlung (einschließlich der Gefährdungshaftung), wenn der Täter im Entscheidungsstaat gehandelt hat. Beim Verkehrsunfall ist Täter der Fahrer, nicht der Halter.
(6) der unbeweglichen belegenen Sache,
(7) in Erbschaftssachen des Heimatstaates, nur bei Erblassern aus Drittstaaten des letzten Wohnsitzes,
(8) der konnexen Widerklage,
(9) des Vollstreckungsstaates für Schadensersatz wegen ungerechtfertigter Vollstreckung wegen Aufhebung des Titels im Erststaat.

2 2. Keine Anerkennungszuständigkeit begründen, für den Handel besonders nachteilig, der Erfüllungsort, die Gerichtsstandsvereinbarung[6] und die rügelose Einlassung.

3 3. Soweit eine **ausschließliche internationale Zuständigkeit des Zweitstaates** besteht, ist die Anerkennung zu versagen. Nach dem Zusatzprotokoll gilt dieser Vorbehalt nicht für staatliche Unternehmen oder Gesellschaften, für die Tunesien sonst eine ausschließliche Zuständigkeit beansprucht.

Art. 32. (1) In Ehesachen sind die Gerichte des Entscheidungsstaates im Sinne dieses Titels zuständig, wenn beide Ehegatten nicht die Staatsangehörigkeit des Anerkennungsstaates besitzen; gehören beide Ehegatten einem dritten Staate an, so wird die Zuständigkeit der Gerichte des Entscheidungsstaates nicht anerkannt, wenn die Entscheidung nicht in dem dritten Staate anerkannt würde.

(2) Besaß auch nur einer der beiden Ehegatten die Staatsangehörigkeit des Anerkennungsstaates, so sind die Gerichte des Entscheidungsstaates im Sinne dieses Titels zuständig, wenn der Beklagte zur Zeit der Einleitung des Verfahrens seinen gewöhnlichen Aufenthalt im Entscheidungsstaat hatte oder wenn die Ehegatten ihren letzten gemeinsamen gewöhnlichen Aufenthalt im Entscheidungsstaat hatten und einer der Ehegatten zur Zeit der Einleitung des Verfahrens sich im Entscheidungsstaat aufhielt.

1 Die **internationale Anerkennungszuständigkeit in Ehesachen** besteht
(1) wenn kein Ehegatte Angehöriger des Zweitstaates ist,
2 (2) wenn beide Ehegatten Angehörige **eines** Drittstaates sind, und die Entscheidung im Heimatstaat anerkannt wird; gehören die Ehegatten verschiedenen Drittstaaten an, sollte analog § 606a Abs. 1 Nr. 4 ZPO die Anerkennung in einem Heimatstaat genügen.[7]
3 (3) wenn **ein** Ehegatte Angehöriger des Zweitstaates ist, muß zusätzlich entweder
   a) der Beklagte bei Verfahrensbeginn seinen gewöhnlichen Aufenthalt im Entscheidungsstaat gehabt haben, oder
   b) müssen beide Ehegatten ihren gemeinsamen Aufenthalt im Entscheidungsstaat gehabt haben und sich einer von ihnen noch dort aufhalten.

---

[4] Zum tunesischen Recht vgl. *Cramer/Frank* S. 108 f.
[5] Vgl. *Cramer/Frank* S. 134 ff.
[6] *Cramer/Frank* S. 137 (Nichtigkeit nach Art. 3 tun. CPCC); *Nagel/Gottwald* § 13 Rn. 544.
[7] *Cramer/Frank* S. 191.

Nicht anerkannt wird eine Entscheidung, wenn **beide Ehegatten Angehörige des Zweitstaa- 4 tes** sind, selbst wenn beide ihren Wohnsitz im Erststaat haben.[8]

Art. 33. Wird die in einem Staate ergangene Entscheidung in dem anderen Staate geltend gemacht, so darf nur geprüft werden, ob einer der in Artikel 29 und in Artikel 30 Absatz 2 genannten Versagungsgründe vorliegt.

Kapitel II. Vollstreckung gerichtlicher Entscheidungen

Art. 34. Gerichtliche Entscheidungen, die in einem Staate vollstreckbar und in dem anderen Staate nach Maßgabe des vorstehenden Kapitels anzuerkennen sind, werden in diesem Staate vollstreckt, nachdem sie dort für vollstreckbar erklärt worden sind.

Art. 35. Das Verfahren und die Wirkungen der Vollstreckbarerklärung richten sich nach dem Recht des Vollstreckungsstaates.

1. In Deutschland erfolgt die Vollstreckung nach § 5 AusfG im sog. **fakultativen Beschlussver-** 1 **fahren** (s. § 722 ZPO Rn. 6). Die sachliche und örtliche Zuständigkeit richtet sich jedoch nach Art. 37 des Vertrages.

Art. 36. Den Antrag auf Vollstreckbarerklärung kann jeder stellen, der in dem Entscheidungsstaate Rechte aus der Entscheidung herleiten kann.

Art. 37. (1) Der Antrag auf Vollstreckbarerklärung ist zu richten:
1. in der Bundesrepublik Deutschland an das Landgericht,
2. in der Tunesischen Republik an das Tribunal de première instance (Gericht erster Instanz).

(2) Örtlich zuständig ist das Landgericht oder das Tribunal de première instance, in dessen Bezirk der Schuldner seinen Wohnsitz hat oder die Zwangsvollstreckung durchgeführt werden soll; unter mehreren örtlich zuständigen Gerichten hat die betreibende Partei die Wahl.

Art. 38. (1) Die Partei, welche die Vollstreckbarerklärung beantragt, hat beizubringen:
1. eine Ausfertigung der Entscheidung mit Gründen, welche die für ihre Beweiskraft erforderlichen Voraussetzungen nach dem Recht des Entscheidungsstaates erfüllt;
2. eine Urkunde, aus der sich ergibt, daß die Entscheidung nach dem Recht des Entscheidungsstaates vollstreckbar ist;
3. eine Urkunde, aus der sich ergibt, daß die Entscheidung nach dem Recht des Entscheidungsstaates die Rechtskraft erlangt hat;
4. die Urschrift oder eine beglaubigte Abschrift der Urkunde, aus der sich ergibt, daß die den Rechtsstreit einleitende Klage, Vorladung oder ein anderes der Einleitung des Verfahrens dienendes Schriftstück dem Beklagten nach dem Recht des Entscheidungsstaates oder gegebenenfalls auf einem der in den Artikeln 8 bis 16 vorgesehenen Wege zugestellt worden ist, sofern sich der Beklagte auf das Verfahren, in dem die Entscheidung ergangen ist, nicht eingelassen hat;
5. eine Übersetzung der vorerwähnten Urkunden in die Sprache des Vollstreckungsstaates, die von einem amtlich bestellten oder vereidigten Übersetzer oder einem diplomatischen oder konsularischen Vertreter eines der beiden Staaten als richtig bescheinigt sein muß.

(2) Die in dem vorstehenden Absatz angeführten Urkunden bedürfen keiner Legalisation und vorbehaltlich des Absatzes 1 Nummer 5 keiner ähnlichen Förmlichkeit.

Art. 39. (1) Das Gericht, bei dem die Vollstreckbarerklärung beantragt wird, hat sich auf die Prüfung zu beschränken:
1. ob die nach Artikel 38 erforderlichen Urkunden beigebracht sind;
2. ob einer der in Artikel 29 Absatz 1 und 2 und in Artikel 30 Absatz 2 genannten Versagungsgründe vorliegt.

---

[8] Vgl. AG Mönchengladbach IPRax 1984, 101 (m. Anm. *Jayme*).

(2) Darüber hinaus darf die Entscheidung nicht nachgeprüft werden.

(3) ¹Die Vollstreckung von Entscheidungen, durch welche die Kosten dem mit der Klage abgewiesenen Kläger auferlegt wurden, kann nur abgelehnt werden, wenn sie der öffentlichen Ordnung des Vollstreckungsstaates widerspricht. ²Diese Bestimmung ist auch auf die in Artikel 27 Absatz 3 angeführten Entscheidungen anzuwenden.

1   1. Die Bestimmung wiederholt in der Sache für die Vollstreckbarerklärung, was die Art. 29, 30 bereits für die Anerkennung regeln.

2   2. Aus § 7 AusfG ergibt sich, dass der Schuldner zulässige **Einwendungen gegen den** titulierten **Anspruch** im Beschlußverfahren vorbringen kann und muss. Eine spätere Vollstreckungsgegenklage (§ 767 ZPO) kann nur auf Einwendungen gestützt werden, die im Beschlussverfahren nicht mehr vorgebracht werden konnten.⁹

3   3. Wird ein tunesischer **Titel nachträglich aufgehoben** oder geändert, kann die Vollstreckbarerklärung im Beschlussverfahren nach § 9 AusfG aufgehoben werden. Ein zwischenzeitlich entstandener Vollstreckungsschaden ist nach § 10 AusfG zu ersetzen.

Art. 40. Das Gericht kann auch nur einen Teil der Entscheidung für vollstreckbar erklären:
1. wenn die Entscheidung einen oder mehrere Ansprüche betrifft und die betreibende Partei beantragt, die Entscheidung nur hinsichtlich eines oder einiger Ansprüche oder hinsichtlich eines Teils des Anspruchs für vollstreckbar zu erklären;
2. wenn die Entscheidung mehrere Ansprüche betrifft und der Antrag nur wegen eines oder einiger Ansprüche begründet ist.

Art. 41. Wird die Entscheidung für vollstreckbar erklärt, so ordnet das Gericht zugleich die Maßnahmen an, die erforderlich sind, um der ausländischen Entscheidung die gleichen Wirkungen beizulegen, die sie haben würde, wenn sie von den Gerichten des Vollstreckungsstaates erlassen worden wäre.

Kapitel III. Vollstreckung gerichtlicher Vergleiche und öffentlicher Urkunden

Art. 42. (1) Vergleiche, die in einem Verfahren vor dem Gericht des einen Staates abgeschlossen und zu gerichtlichem Protokoll genommen worden sind, werden in dem anderen Staate wie gerichtliche Entscheidungen vollstreckt, wenn sie in dem Staate, in dem sie errichtet wurden, vollstreckbar sind.

(2) Für den Antrag, den Vergleich für vollstreckbar zu erklären, und für das weitere Verfahren gelten die Artikel 35 bis 41 entsprechend.
Bei der Entscheidung über den Antrag auf Vollstreckbarerklärung hat sich das angerufene Gericht auf die Prüfung zu beschränken:
1. ob die erforderlichen Urkunden beigebracht sind;
2. ob die Parteien nach dem Recht des Vollstreckungsstaates berechtigt sind, über den Gegenstand des Verfahrens einen Vergleich zu schließen;
3. ob die Vollstreckung der öffentlichen Ordnung des Vollstreckungsstaates widerspricht.

Art. 43. (1) Öffentliche Urkunden, die in dem einen Staate aufgenommen und vollstreckbar sind, können in dem anderen Staate für vollstreckbar erklärt werden.

(2) Das Gericht des Vollstreckungsstaates hat sich auf die Prüfung zu beschränken, ob die Ausfertigung der öffentlichen Urkunde die für ihre Beweiskraft erforderlichen Voraussetzungen nach dem Recht des Staates erfüllt, in dem die Urkunde aufgenommen worden ist, und ob die Vollstreckbarerklärung der öffentlichen Ordnung des Vollstreckungsstaates widerspricht.

Kapitel IV. Sonstige Bestimmungen

Art. 44. (1) Die Gerichte des einen Staates werden auf Antrag einer Prozeßpartei die Klage zurückweisen oder, falls sie es für zweckmäßig erachten, das Verfahren aussetzen, wenn ein Verfahren zwischen denselben Parteien und wegen desselben Gegenstandes in

---

⁹ Vgl. *Nagel/Gottwald* § 13 Rn. 557.

dem anderen Staate bereits anhängig ist und in diesem Verfahren eine Entscheidung ergehen kann, die in ihrem Staate anzuerkennen sein wird.

(2) Jedoch können in Eilfällen die Gerichte eines jeden Staates die in ihrem Recht vorgesehenen einstweiligen Maßnahmen einschließlich solcher, die auf eine Sicherung gerichtet sind, anordnen, und zwar ohne Rücksicht darauf, welches Gericht mit der Hauptsache befaßt ist.

Nach Abs. 1 ist die **internationale Rechtshängigkeit** im anderen Vertragsstaat zu beachten und die Klage je nach Sachlage (durch Prozessurteil) abzuweisen oder, in Zweifelsfällen, das Verfahren zunächst auszusetzen (s. o. Art. 27 EuGVO RdNr. 15f.). 1

Abs. 2 sieht – ungeachtet der Rechtshängigkeit der Hauptsache im anderen Vertragsstaat eine **internationale Entscheidungszuständigkeit** für Maßnahmen des einstweiligen Rechtsschutzes vor.[10] 2

Art. 45. Dieser Titel berührt nicht die Bestimmungen anderer Verträge, die zwischen beiden Staaten gelten und die für besondere Rechtsgebiete die Anerkennung und Vollstreckung gerichtlicher Entscheidungen regeln.

Art. 46. Die Vorschriften dieses Titels sind nur auf solche gerichtlichen Entscheidungen und Vergleiche sowie auf solche öffentlichen Urkunden anzuwenden, die nach dem Inkrafttreten dieses Vertrages erlassen oder errichtet werden.

Vierter Titel. Schiedsvereinbarungen und Schiedssprüche in Handelssachen

Kapitel I. Anerkennung von Schiedsvereinbarungen

Art. 47. (1) Jeder der beiden Staaten erkennt eine schriftliche Vereinbarung an, durch die sich die Parteien verpflichten, einem schiedsrichterlichen Verfahren alle oder einzelne Streitigkeiten zu unterwerfen, die zwischen ihnen aus einem bestimmten Rechtsverhältnis bereits entstanden sind oder etwa künftig entstehen werden, und zwar ohne Rücksicht darauf, ob das Rechtsverhältnis vertraglicher oder nichtvertraglicher Art ist.

(2) Unter einer schriftlichen Vereinbarung im Sinne des vorstehenden Absatzes ist eine Schiedsabrede oder eine Schiedsklausel zu verstehen, sofern die Abrede oder die Klausel von den Parteien unterzeichnet oder in Briefen, Telegrammen oder Fernschreiben, welche die Parteien gewechselt haben, oder in einer Niederschrift des Schiedsgerichts enthalten ist.

(3) Die Schiedsvereinbarung ist nur anzuerkennen:
1. wenn das Rechtsverhältnis, aus dem die Streitigkeit entsteht, nach dem Recht des Anerkennungsstaates als Handelssache anzusehen ist;
2. wenn die Vereinbarung zwischen Personen getroffen worden ist, von denen bei Abschluß der Vereinbarung die eine Partei ihren Wohnsitz oder gewöhnlichen Aufenthalt oder, falls es sich um eine juristische Person oder eine Gesellschaft handelt, ihren Sitz oder ihre Hauptniederlassung in dem einen Staat und die andere Partei in dem anderen Staat hatte;
3. wenn die Streitigkeit nach dem Recht des Anerkennungsstaates auf schiedsrichterlichem Wege geregelt werden kann.

Art. 48. In schiedsrichterlichen Verfahren, die auf einer Vereinbarung im Sinne des Artikels 47 beruhen, können Angehörige eines der beiden Staaten oder eines dritten Staates zu Schiedsrichtern bestellt werden.

Art. 49. (1) Den Parteien einer Schiedsvereinbarung steht es frei zu bestimmen:
1. daß der oder die Schiedsrichter einer Liste zu entnehmen sind, die eine von den Parteien namentlich zu bezeichnende internationale Organisation für die Schiedsgerichtsbarkeit führt;

---

[10] *Eilers*, Maßnahmen des einstweiligen Rechtsschutzes im europäischen Zivilrechtsverkehr, 1991, S. 176 ff.

2. daß jede Partei einen Schiedsrichter ernennt und die beiden Schiedsrichter ihrerseits einen dritten Schiedsrichter ernennen; der dritte Schiedsrichter muß entweder in der Schiedsvereinbarung bestimmt oder auf Grund der Schiedsvereinbarung bestimmbar sein, insbesondere durch Angaben über seine Fähigkeiten, sein Fachgebiet, seinen Wohnsitz oder seine Staatsangehörigkeit.

(2) den Parteien steht es ferner frei:
1. den Ort festzulegen, an dem das schiedsrichterliche Verfahren durchgeführt werden soll;
2. die Verfahrensregeln zu bestimmen, die von dem oder den Schiedsrichtern eingehalten werden sollen;
3. vorbehaltlich zwingender Rechtsvorschriften das Recht zu bestimmen, das die Schiedsrichter in der Sache anwenden sollen.

Art. 50. Wird ein Gericht eines der beiden Staaten wegen einer Streitigkeit angerufen, hinsichtlich deren die Parteien eine Vereinbarung im Sinne des Artikels 47 getroffen haben, so hat das Gericht die Parteien auf Antrag einer von ihnen auf das schiedsrichterliche Verfahren zu verweisen, sofern es nicht feststellt, daß die Vereinbarung hinfällig, unwirksam oder nicht erfüllbar ist.

Kapitel II. Anerkennung und Vollstreckung von Schiedssprüchen

Art. 51. Schiedssprüche, die auf Grund einer nach Artikel 47 anzuerkennenden Schiedsvereinbarung ergangen sind, werden in jedem der beiden Staaten anerkannt und vollstreckt.

Art. 52. (1) Die Anerkennung oder Vollstreckung des Schiedsspruchs darf nur versagt werden:
1. wenn die Anerkennung oder Vollstreckung des Schiedsspruchs der öffentlichen Ordnung des Anerkennungsstaates widerspricht;
2. wenn die Streitigkeit nach dem Recht des Anerkennungsstaates nicht auf schiedsrichterlichem Wege geregelt werden kann;
3. wenn eine gültige Schiedsvereinbarung nicht vorliegt; dieser Versagungsgrund ist jedoch nicht zu berücksichtigen, wenn die Partei, die sich auf ihn beruft, ihn während der Dauer des Schiedsverfahrens, auf das sie sich eingelassen hat, zwar gekannt, aber nicht geltend gemacht hat oder wenn ein Gericht des Staates, in dessen Hoheitsgebiet oder nach dessen Recht der Schiedsspruch ergangen ist, eine auf diesen Grund gestützte Aufhebungsklage abgewiesen hat;
4. wenn der Schiedsspruch durch betrügerische Machenschaften erwirkt worden ist;
5. wenn der Partei, gegen die der Schiedsspruch geltend gemacht wird, das rechtliche Gehör nicht gewährt wurde.

(2) Vergleiche, die vor einem Schiedsgericht geschlossen worden sind, stehen Schiedssprüchen gleich.

Art. 53. Das Verfahren und die Wirkungen der Vollstreckbarerklärung richten sich nach den Artikeln 35 ff.

Art. 54 bis 57 *(nicht abgedruckt)*

Protokoll

Bei der Unterzeichnung des Vertrages zwischen der Bundesrepublik Deutschland und der Tunesischen Republik über Rechtsschutz und Rechtshilfe, die Anerkennung und Vollstreckung gerichtlicher Entscheidungen in Zivil- und Handelssachen sowie über die Handelsschiedsgerichtsbarkeit haben die unterzeichneten, mit ordnungsgemäßen Vollmachten ausgestatteten Bevollmächtigten außerdem die folgenden Bestimmungen vereinbart, die als Bestandteil des genannten Vertrages betrachtet werden:

1. Die in Artikel 7 Absatz 4, den Artikeln 11 und 20 sowie dem Artikel 38 Absatz 1 Nummer 5 vorgesehenen Übersetzungen werden beiderseits in französischer Sprache abgefaßt.

2. Die in dem Artikel 27 Absatz 2 Satz 2 erwähnten oder durch Artikel 28 Absatz 1 ausgenommenen Entscheidungen, die in dem einen Staate ergangen sind, können in dem anderen Staate gemäß dessen innerstaatlichen Rechtsvorschriften einschließlich der Regeln des internationalen Privatrechts anerkannt werden.
3. Ändert ein Staat seine Gerichtsorganisation, so teilt er dem anderen Staate die neuen zuständigen Behörden mit, die an die Stelle der in diesem Vertrage vorgesehenen Behörden treten.
4. Als eine ausschließliche Zuständigkeit im Sinne des Artikels 31 Absatz 2 ist es nicht anzusehen, wenn das Recht eines Vertragsstaates für Verfahren von öffentlichen Unternehmen (offices) oder Gesellschaften, die im Eigentum dieses Staates stehen (sociétés nationales) oder an deren Kapitel dieser Staat beteiligt ist, seine Gerichte für ausschließlich zuständig erklärt.
5. Ein Versagungsgrund gemäß Artikel 47 Absatz 3 Nummer 3 ist nicht allein deshalb gegeben, weil die Schiedsvereinbarung von öffentlichen Unternehmen (offices) oder von Gesellschaften geschlossen worden ist, die im Eigentum dieses Staates stehen (sociétés nationales) oder an deren Kapital dieser Staat beteiligt ist.

Ausführungsgesetz zu dem Vertrag vom 29. 4. 1969

(BGBl. I S. 333; zuletzt geändert durch Gesetz vom 27. 7. 2001 (BGBl. I S. 1887, 1913)

Erster Abschnitt. Armenrecht

§ 1

(1) ¹Ein deutscher Staatsangehöriger, der das Armenrecht für eine Klage vor einem Gericht der Tunesischen Republik auf dem in Artikel 7 des Vertrages vorgesehenen Weg nachsuchen will, kann seinen Antrag auf Bewilligung des Armenrechts zusammen mit den erforderlichen Unterlagen bei dem Amtsgericht einreichen, in dessen Bezirk er seinen gewöhnlichen Aufenthalt und beim Fehlen eines solchen seinen derzeitigen Aufenthalt hat. ²Er kann das Gesuch bei diesem Gericht auch zu Protokoll der Geschäftsstelle erklären.

(2) Ist der Antragsteller außerstande, ohne Beeinträchtigung des für ihn und seine Familie notwendigen Unterhalts die Kosten für die erforderlichen Übersetzungen (Artikel 7 Abs. 4 in Verbindung mit Artikel 20 Abs. 1 und 2 des Vertrages und der Nummer 1 des Protokolls) aufzubringen, so werden diese Übersetzungen von dem Amtsgericht beschafft, es sei denn, daß die Rechtsverfolgung von vornherein aussichtslos oder mutwillig erscheint.

(3) ¹Im Falle des Absatzes 2 ist der Antragsteller von der Zahlung der Auslagen befreit; er ist jedoch zur Nachzahlung des Betrages verpflichtet, sobald er ohne Beeinträchtigung des für ihn und seine Familie notwendigen Unterhalts dazu imstande ist. ²Im übrigen gelten die Vorschriften über Kosten im Bereich der Justizverwaltung.

(4) Für die Tätigkeiten bei der Entgegennahme und der Weiterleitung eines Antrags nach Absatz 1 werden im übrigen Kosten nicht erhoben.

§ 2

Für die Übermittlung eines Antrags auf Bewilligung des Armenrechts (Artikel 7 Absatz 1 des Vertrages) durch den konsularischen Vertreter der Bundesrepublik Deutschland werden Gebühren und Auslagen nicht erhoben.

Zweiter Abschnitt. Zustellungsanträge und Rechtshilfeersuchen *(nicht abgedruckt)*

Dritter Abschnitt. Vollstreckung gerichtlicher Entscheidungen und anderer Schuldtitel

Erster Titel. Vollstreckbarerklärung von tunesischen gerichtlichen Entscheidungen und von anderen tunesischen Schuldtiteln

§ 5

(1) Für die Vollstreckbarerklärung gerichtlicher Entscheidungen (Artikel 27, 28 und 34 bis 41 des Vertrages) gerichtlicher Vergleiche (Artikel 42 des Vertrages) und öffentlicher

Urkunden (Artikel 43 des Vertrages) gelten § 1063 Abs. 1 und § 1064 Abs. 2 der Zivilprozeßordnung entsprechend.

(2) Dem Antrag soll die für die Zustellung erforderliche Zahl von Abschriften beigefügt werden.

(3) ¹Wird die mündliche Verhandlung angeordnet, so ist der Termin den Parteien von Amts wegen bekanntzumachen. ²Die Bekanntmachung soll die Aufforderung gemäß § 215 der Zivilprozeßordnung enthalten.

(4) ¹Der Beschluss unterliegt der Beschwerde nach den §§ 567 bis 577 der Zivilprozessordnung; die Notfrist für die Einlegung der Beschwerde beträgt einen Monat. ²Die §§ 707, 717, 1065 der Zivilprozeßordnung gelten entsprechend.

§ 6

(1) ¹Hängt die Vollstreckung der gerichtlichen Entscheidung oder des anderen Schuldtitels nach deren Inhalt von einer dem Gläubiger obliegenden Sicherheitsleistung, dem Ablauf einer Frist oder dem Eintritt einer anderen Tatsache ab oder wird die Vollstreckbarerklärung zugunsten eines anderen als des in der gerichtlichen Entscheidung oder in dem Schuldtitel bezeichneten Gläubigers oder gegen einen anderen als den darin bezeichneten Schuldner nachgesucht, so wird die Frage, inwieweit die Vollstreckbarerklärung von dem Nachweis besonderer Voraussetzungen abhängig oder ob die gerichtliche Entscheidung oder der Schuldtitel für oder gegen den anderen vollstreckbar ist, nach tunesischem Recht beurteilt. ²Die danach erforderlichen Nachweise sind durch öffentliche oder öffentlich beglaubigte Urkunden zu führen, sofern nicht die Tatsachen bei dem Gericht offenkundig sind. ³Kann der Nachweis in dieser Form nicht erbracht werden, so ist mündliche Verhandlung anzuordnen; er kann in diesem Falle mit anderen Beweismitteln geführt werden.

§ 7

(1) In dem Verfahren der Vollstreckbarerklärung einer gerichtlichen Entscheidung kann der Schuldner auch Einwendungen gegen den Anspruch selbst insoweit geltend machen, als die Gründe, auf denen sie beruhen, erst nach dem Erlaß der gerichtlichen Entscheidung entstanden sind.

(2) In dem Verfahren der Vollstreckbarerklärung eines gerichtlichen Vergleichs oder einer öffentlichen Urkunde kann der Schuldner Einwendungen gegen den Anspruch selbst ungeachtet der in Absatz 1 enthaltenen Beschränkung geltend machen.

(3) Ist eine gerichtliche Entscheidung oder ein anderer Schuldtitel vollstreckbar erklärt, so kann der Schuldner Einwendungen gegen den Anspruch selbst in einem Verfahren nach § 767 der Zivilprozeßordnung nur geltend machen, wenn die Gründe, auf denen sie beruhen,
1. nach Ablauf der Frist, innerhalb derer er Beschwerde hätte einlegen können, oder
2. falls die Beschwerde eingelegt worden ist, nach Beendigung dieses Verfahrens entstanden sind.

§ 8

Aus den für vollstreckbar erklärten gerichtlichen Entscheidungen oder anderen Schuldtiteln findet die Zwangsvollstreckung statt, sofern die Entscheidung über die Vollstreckbarkeit rechtskräftig oder für vorläufig vollstreckbar erklärt ist.

Zweiter Titel. Aufhebung oder Änderung der Vollstreckbarerklärung

§ 9

(1) Wird nach der Vollstreckbarerklärung eine gerichtliche Entscheidung oder ein anderer Schuldtitel in der Tunesischen Republik aufgehoben oder geändert und kann der Schuldner diese Tatsache in dem Verfahren der Vollstreckbarerklärung nicht mehr geltend machen, so kann er die Aufhebung oder Änderung der Vollstreckbarerklärung in einem besonderen Verfahren beantragen.

(2) ¹Für die Entscheidung über den Antrag ist das Landgericht ausschließlich zuständig, das über die Vollstreckbarerklärung entschieden hat. ²Über den Antrag kann ohne mündliche Verhandlung entschieden werden; vor der Entscheidung ist der Gläubiger zu

hören. ³Die Entscheidung ergeht durch Beschluß, der dem Gläubiger und dem Schuldner von Amts wegen zuzustellen ist. ⁴Der Beschluss unterliegt der Beschwerde nach den §§ 567 bis 577 der Zivilprozessordnung; die Notfrist für die Einlegung der sofortigen Beschwerde beträgt einen Monat.

(3) ¹Für die Einstellung der Zwangsvollstreckung und die Aufhebung bereits getroffener Vollstreckungsmaßregeln gelten §§ 769, 770 der Zivilprozeßordnung entsprechend. ²Die Aufhebung einer Vollstreckungsmaßregel ist auch ohne Sicherheitsleistung zulässig.

§ 10

(1) Soweit die Vollstreckbarerklärung einer gerichtlichen Entscheidung oder eines anderen Schuldtitels nach § 9 aufgehoben oder geändert wird, ist der Gläubiger, unbeschadet weitergehender Ansprüche, zur Erstattung des von dem Schuldner auf Grund des Schuldtitels Gezahlten oder Geleisteten verpflichtet; § 717 Abs. 3 Satz 3 der Zivilprozeßordnung gilt entsprechend.

(2) Soweit die Vollstreckbarerklärung einer einstweiligen Anordnung (Artikel 27 Abs. 4, Artikel 34 des Vertrages) nach § 9 aufgehoben oder geändert wird, weil die Anordnung in der Tunesischen Republik als ungerechtfertigt aufgehoben oder geändert worden ist, hat der Gläubiger den Schaden zu ersetzen, der dem Schuldner durch die Vollstreckung der für vollstreckbar erklärten einstweiligen Anordnung oder durch eine zur Abwendung der Vollstreckung gemachte Leistung entstanden ist.

(3) Für die Geltendmachung der Ansprüche ist das Landgericht ausschließlich zuständig, das über die Vollstreckbarerklärung entschieden hat.

§ 11

(1) ¹Sollen von einer Partei, gegen die eine Kostenentscheidung ergangen ist, in der Tunesischen Republik Gerichtskosten eingezogen werden, so ist deren Betrag für ein Verfahren der Vollstreckbarerklärung (Artikel 34 ff. des Vertrages) von dem Gericht der Instanz ohne mündliche Verhandlung durch Beschluß festzusetzen. ²Die Entscheidung ergeht auf Antrag der für die Beitreibung der Gerichtskosten zuständigen Behörde.

(2) Der Beschluss, durch den der Betrag der Gerichtskosten festgesetzt wird, unterliegt der Beschwerde nach den §§ 567 bis 577 der Zivilprozessordnung; die sofortige Beschwerde ist binnen einer Notfrist von einem Monat einzulegen und kann auch schriftlich oder durch Erklärung zu Protokoll der Geschäftsstelle eingelegt werden.

§ 12

Ist zu erwarten, daß ein Versäumnis- oder Anerkenntnisurteil in der Tunesischen Republik geltend gemacht werden soll, so soll das Urteil nicht in abgekürzter Form (§ 313 b der Zivilprozeßordnung) hergestellt werden.

§ 13

(1) ¹Will eine Partei ein Versäumnis- oder Anerkenntnisurteil, das nach § 313 b der Zivilprozeßordnung in abgekürzter Form hergestellt ist, in der Tunesischen Republik geltend machen, so ist das Urteil auf ihren Antrag zu vervollständigen. ²Der Antrag kann bei dem Gericht schriftlich oder durch Erklärung zu Protokoll der Geschäftsstelle gestellt werden. ³Über den Antrag wird ohne mündliche Verhandlung entschieden.

(2) Zur Vervollständigung des Urteils sind der Tatbestand und die Entscheidungsgründe nachträglich anzufertigen, von den Richtern besonders zu unterschreiben und der Geschäftsstelle zu übergeben; der Tatbestand und die Entscheidungsgründe können auch von Richtern unterschrieben werden, die bei dem Urteil nicht mitgewirkt haben.

(3) ¹Für die Berichtigung des nachträglich angefertigten Tatbestandes gilt § 320 der Zivilprozeßordnung entsprechend; jedoch beträgt die Frist, innerhalb deren die Berichtigung beantragt werden kann, einen Monat. ²Bei der Entscheidung über einen Antrag auf Berichtigung können auch solche Richter mitwirken, die bei dem Urteil oder der nachträglichen Anfertigung des Tatbestandes nicht mitgewirkt haben.

(4) Für die Vervollständigung des Urteils werden Gerichtsgebühren nicht erhoben.

Sonstige Verträge 1–6   C. Völkerrechtliche Verträge

§ 14

[1]Einstweiligen Anordnungen oder einstweiligen Verfügungen (Artikel 27 Abs. 4 des Vertrages), die in der Tunesischen Republik geltend gemacht werden sollen, ist eine Begründung beizufügen. [2]§ 13 ist entsprechend anzuwenden.

§ 15

Vollstreckungsbescheide (Artikel 27 Abs. 2 des Vertrages) und einstweilige Verfügungen (Artikel 27 Abs. 4 des Vertrages), auf Grund deren ein Gläubiger die Zwangsvollstreckung in der Tunesischen Republik betreiben will, sind auch dann mit der Vollstreckungsklausel zu versehen, wenn dies für eine Zwangsvollstreckung im Inland nach § 796 Abs. 1, §§ 936, 929 Abs. 1 der Zivilprozeßordnung nicht erforderlich wäre.

c) Restbedeutung der übrigen bilateralen Anerkennungs- und Vollstreckungsverträge

1   Die übrigen bilateralen Anerkennungs- und Vollstreckungsverträge[1] sind weitestgehend durch
(a) das Regelwerk von EuGVO (Brüssel I-VO) und LugÜ sowie zuvor schon durch das EuGVÜ, sowie
(b) durch die EheGVO (Brüssel IIa-VO)
ersetzt worden.
Sie sind nur noch
(a) für Altentscheidungen anwendbar, die vor dem jeweiligen Stichtag erlassen wurden, sowie
(b) für die gemäß § 1 Abs. 2 EuGVO/EuGVÜ/LugÜ von diesen geschlossenen und
(c) für die von der EheGVO nicht erfassten Familiensachen.
Die Verträge sind danach noch für Güterstandssachen, Erbschaftssachen und Hilfsverfahren für Schiedssachen anwendbar.[2]

2   Im Einzelnen handelt es sich um die Restbedeutung folgender Verträge:

3   (1) Das **deutsch-belgische Abkommen** vom 30. 6. 1958 über die gegenseitige Vernehmung und Vollstreckung in gerichtlichen Entscheidungen, Schiedssprüchen und öffentlichen Urkunden in Zivil- und Handelssachen (BGBl. 1961 II, 2408) findet noch Anwendung in Güterstands- und Erbschaftssachen, in Ehesachen auf vor dem 1. 3. 2001 ergangene Entscheidungen und in allgemeinen Zivil- und Handelssachen nur auf vor dem 1. 2. 1973 ergangene Entscheidungen.[3]
Für Text und Erl. s. Vorauflage, Bd. 3, S. 2317, und *Geimer/Schütze*, Internationale Urteilsanerkennung, Bd. II, 1971, S. 251 ff.

4   (2) Das **deutsch-britische Abkommen** vom 14. 7. 1960 über die gegenseitige Anerkennung und Vollstreckung von gerichtlichen Entscheidungen in Zivil- und Handelssachen (BGBl. 1961 II 301) ist für nach dem 1.1.1987 ergangene Entscheidungen nur noch für Erbschaftssachen anzuwenden.[4]
Für Text und Erl. s. Vorauflage, Bd. 3, S. 2340, *Geimer/Schütze*, Internationale Urteilsanerkennung, Bd II, 1971, S. 313 ff.

5   (3) Der **deutsch-griechische Vertrag** vom 4. 11. 1961 über die gegenseitige Anerkennung und Vollstreckung von gerichtlichen Entscheidungen, Vergleichen und öffentlichen Urkunden (BGBl. 1963 II 109) gilt in allgemeinen Zivil- und Handelssachen nur noch für vor dem 1. 4. 1989 ergangene Entscheidungen, in Ehe- und Familiensachen nur für vor dem 1. 3. 2001 ergangene Entscheidungen.[5]
Für Text und Erl. s. Vorauflage, Bd. 3, S. 2330; und *Pouliadis* IPRax 1985, 357.

6   (4) Das **deutsch-italienische Abkommen** vom 9. 3. 1936 über die Anerkennung und Vollstreckung gerichtlicher Entscheidungen in Zivil- und Handelssachen (RGBl. 9937 II 154) gilt seit 1. 2. 1973 in allgemeinen Zivilsachen nur noch in Erbschaftsstreitigkeiten und Güterechtssachen; seit 1. 3. 2001 hat in Ehe- und Sorgerechtssachen die Verordnung (EG) Nr. 1347/

---

[1] Vgl. *Waehler* in Handbuch des Internationalen Zivilverfahrensrechts, Bd. II/2, 1984, Kap. III, S. 213 ff.
[2] Vgl. *Stein/Jonas/Münzberg* § 723 Rn. 50.
[3] *Nagel/Gottwald* § 13 Rn. 300; *Baumbach/Lauterbach/Albers/Hartmann*, Schlussanhang V B4 Vorbem. 1.
[4] *Nagel/Gottwald* § 13 Rn. 330; *Baumbach/Lauterbach/Albers/Hartmann*, Schlussanhang V B5 Vorbem.
[5] *Nagel/Gottwald* § 13 Rn. 380; *Baumbach/Lauterbach/Albers/Hartmann*, Schlussanhang V B2 Vorbem.

6c) Bilaterale Beträge **7–11 Sonstige Verträge**

2000 („Brüssel II"), seit 1. 3. 2005 die Verordnung (EG) Nr. 2201/2003 („Brüssel IIa") Vorrang.[6]
Für Text und Erl. s. Vorauflage, Bd. 3, S. 2363 und *Luther,* Das deutsch-italienische Vollstreckungsabkommen, 1966.

(5) Der **deutsch-niederländische Vertrag** über die gegenseitige Anerkennung und Vollstreckung gerichtlicher Entscheidungen und anderer Schuldtitel in Zivil- und Handelssachen vom 30. 8. 1962 (BGBl. 1905 II 20) ist auf nach dem 1. 2. 1973 ergangene Entscheidungen nur noch in Erbrechtsstreitigkeiten anwendbar.[7]
Für Text u. Erl. s. Vorauflage, Bd. 3, S. 2370.

(6) Der **Vertrag zwischen der Bundesrepublik Deutschland und dem Königreich Norwegen** über die gegenseitige Anerkennung und Vollstreckung gerichtlicher Entscheidungen und anderer Schuldtitel in Zivil- und Handelssachen vom 17. 6. 1977 (BGBl. 1981 II 342) gilt seit Inkrafttreten des Lugano-Übereinkommens am 1. 3. 1995 nur noch in Erbrechtssachen sowie für Altentscheidungen.[8]
Für Text und Erl. s. Vorauflage, Bd. 3, S. 2382, sowie *Geimer/Schütze/Pirrung,* IRV (Stand 1983), S. 645.1.

(7) Der **deutsch-österreichische Vertrag** vom 6. 6. 1959 über die gegenseitige Anerkennung und Vollstreckung in gerichtlichen Entscheidungen, Vergleichen und öffentlichen Urkunden in Zivil- und Handelssachen (BGBl. 1960 II 1245) ist am 1. 9. 1996 weitgehend durch das Lugano-Übereinkommen vom 16. 9. 1988 abgelöst worden; deren Geltung wurde zum 1. 1. 1999 durch das EuGVÜ und zum 1. 4. 2002 durch die EuGVO abgelöst. Der Vertrag ist daher neben Altentscheidungen[9] nur noch für (streitige) Kindschaftssachen und Erbrechtsstreitigkeiten anwendbar.[10]
Für Text und Erl. s. Vorauflage, Bd. 3, S. 2394.

(8) Das **deutsch-schweizerische Abkommen** über die gegenseitige Anerkennung und Vollstreckung in gerichtlichen Entscheidungen und Schiedssprüchen vom 2. 11. 1929 (RGBl. 1930 II 1066) hat seit Inkrafttreten des Lugano-Übereinkommens zum 1. 3. 1995 nur noch Bedeutung für Status- und Erbschaftssachen.[11]
Für Text und Erl. s. Vorauflage, Bd. 3, S. 2407, sowie *Geimer/Schütze/Müller,* IRV (Stand 1978), S. 660.1.

(9) Der **deutsch-spanische Vertrag** über die Anerkennung und Vollstreckung in gerichtlichenm Entscheidungen und Vergleichen sowie vollstreckbaren öffentlichen Urkunden in Zivil-und Handelssachen vom 14. 11. 1973 (BGBl. 1987 II 34) war seit dem Inkrafttreten des EuGVÜ im Verhältnis zu Spanien am 1. 12. 1994 nur noch in Ehe-, Familien- und Erbrechtssachen anwendbar. Seit dem 1. 3. 2001 hat die VO (EG) Nr. 1347/2000, seit dem 1. 3. 2005 die VO (EG) Nr. 2201/2003 (EheGVO) Vorrang auch in Ehe- und Sorgerechtsstreitigkeiten. Der deutsch-spanische Vertrag gilt danach nur noch in Kindschafts- und Erbrechtsstreitigkeiten.[12]
Für Text und Erl. s. Vorauflage Bd. 3, S. 2414 ff.; *Geimer/Schütze/Karl,* IRV (Lfg. 15), S. 663.45.

---

[6] *Nagel/Gottwald* § 13 Rn. 420; *Stein/Jarras/Münzberg* § 723 Rn. 58; *Baumbach/Lauterbach/Albers/Hartmann,* Schlussanhang V B6 Rn. 1
[7] *Nagel/Gottwald* § 13 Rn. 435; *Baumbach/Lauterbach/Albers/Hartmann,* Schlussanhang V B7 Rn. 1
[8] *Nagel/Gottwald* § 13 Rn. 452; *Baumbach/Lauterbach/Albers/Hartmann,* Schlussanhang V B10 Vorbem.
[9] s. OLG Düsseldorf IPRax 2007, 463.
[10] *Nagel/Gottwald* § 13 Rn. 460; *Baumbach/Lauterbach/Albers/Hartmann,* Schlussanhang V B3 Vorbem. 1.
[11] *Nagel/Gottwald* § 13 Rn. 490; *Baumbach/Lauterbach/Albers/Hartmann,* Schlussanhang V B1 Vorbem.; *Stein/Jarrass/Münzberg* § 723 Rn 53.
[12] *Nagel/Gottwald* § 13 Rn. 511; *Baumbach/Lauterbach/Albers/Hartmann,* Schlussanhang V B11 Rn. 1.

Sachregister

Bearbeiter: Bettina Resch
Fett gedruckte Zahlen ohne Zusatz bezeichnen die Paragraphen der ZPO, solche mit Zusatz beziehen sich auf das jeweils angegebene Gesetz bzw. auf den Schlussanhang in Band 3.
Mager gedruckte Zahlen bezeichnen die Randnummern.

Abänderung, ausländische Entscheidungen **323** 127 ff.; Berufungsurteil **528** 21, 26; Beweisbeschluss **360** 4; Kostenfestsetzung **107** 7; Pfändungsbeschluss **850 c** 18; **850 g** 2 ff.; Unterhaltstitel **654** 6 ff.; vorläufige Vollstreckbarkeit **717** 4 ff.; wiederkehrende Leistungen **323** 65
Abänderungsklage 323 1 ff.
–, **Arten,** Feststellungsurteile **323** 14, künftige wiederkehrende Leistungen **323** 11 ff.; **655** 2 ff., Prozessvergleiche **323** 12 ff.; **794** 106, Unterhaltstitel **323** 12 ff.; **654** 6 ff., Unterhaltstitel, ausländischer **323** 127 ff., Versorgungsausgleichsentscheidungen **323** 142
–, **Begründetheit,** Bindungswirkung **323** 91 ff., nachträgliche Änderung **323** 81 ff., wesentliche Änderung der Verhältnisse **323** 69 ff., Zeitpunkt der Abänderung **323** 104 ff.
–, **einstweilige Anordnung Zwangsvollstreckung 769** 4
–, **Entscheidung,** einstweilige Einstellung der Zwangsvollstreckung **323** 125, Urteil **323** 121
–, **Familiensache 621** 14 ff.
–, **Kindesunterhalt 642** 23 ff.
–, **Prozessvoraussetzungen 323** 60 ff.
–, **Rechtskraft 323** 6 ff.
–, **Schlichtungsverfahren 15 a EGZPO** 4 ff.
–, **Streitwertbestimmung 3** 17
Abberufung, ehrenamtlicher Richter **113 GVG** 2 ff.
Abernten gepfändeter Früchte **824** 2
Abfindung bei Kündigungen, Pfändbarkeit **850** 20 ff.; **850 i** 5 ff.
Abgabe
– der Beweisaufnahme **365** 2
–, eidesstattliche Versicherung **889** 6; **900** 2 ff.; **902** 2 ff.
–, **Familiensachen 621** 158
–, **Streitgericht 700** 26 ff.
–, **Unzuständigkeit 281** 24
–, **Verfahren nach Mahnverfahren 696** 6; **698** 1
– einer **Willenserklärung,** Fiktion der Abgabe **894** 2 ff., Wertbestimmung **3** 19
Abgabeantrag im Mahnverfahren **696** 2, 15
Abgabeverfügung im Mahnverfahren **696** 39
Abgekürztes Urteil, Anerkenntnis-, Versäumnis-, Verzichtsurteil **313 b** 3 ff.; Berufungsurteil **540** 14; nach Mahnverfahren **697** 35; Revisionsurteil **564** 2
Abgeordneter, Erzwingungshaft **905** 2; Pfändung, Beschränkung **850** 26, 27, Vernehmung, Ort **382** 2 ff.

Abgesonderte Verhandlung, Wiederaufnahme **590** 4; Zulässigkeit der Klage **280** 2 ff.
Abhilfe bei Beschwerde **572** 1 ff.; bei Gehörsverletzung **318** 3; **319** 23; **320** 4, 11; **321** 10 ff.; **321 a** 5 ff.; **329** 13 ff.; **511** 34 f.
Abhilfeverfahren
–, sofortige Beschwerde **572** 3 ff., Entscheidung **572** 8, Mängel im Verfahren **572** 14, Vorlagepflicht **572** 10
Abkürzung von Fristen **134** 4
Ablehnung
– des Dolmetschers **191 GVG** 2 f.
– des Gerichtsvollziehers **155 GVG** 5
– der Parteivernehmung **446** 2; **536** 9
– des Rechtspflegers **49** 4
– des Referendars **49** 2
– des Richters **42** 1 ff., Ablehnung von Amts wegen **48** 2 ff., Ablehnungsgesuch **44** 1 ff., Entscheidung über Ablehnungsgesuch **45** 1 ff., Rechtsmittel **46** 1 ff., Selbstablehnung **48** 2 ff., Verfahren **42** 27, Verfahren, unaufschiebbare Amtshandlung **47** 2 ff., Verlust des Ablehnungsrechts **43** 1 ff.
– des Sachverständigen **406** 2 ff.
– des Schiedsrichters **1036** 8 ff., 14 ff., 26 ff.
– des Urkundsbeamten **49** 1 ff., 2
Ablehnungsbeschwerde des Schiedsrichters **567** 3 ff.
Ablehnungsgesuch, Anfechtung **574** 3 ff.; Frist **43** 1 ff.; Rechtsschutzbedürfnis **42** 4 f., 8 ff.; des Schiedsrichters **44** 1 ff.; Zuständigkeit **45** 3
Ablehnungsgründe, Frist **43** 1 ff.
Ablehnungsverfahren, Anfechtung **46** 1; bei Sachverständigen **406** 2 ff.; Zuständigkeit **45** 3, 6 f.
Ablieferung
– durch Gerichtsvollzieher, Erlös **819** 6, Geld **815** 2, Sache **817** 10
Abmahnung, Entfernung **88** 2 f.; Klage **93** 6
Abnahme
– von Eiden, Schiedsrichter **1042**; **1049** 54 ff., 79; **1050** 4 ff., 7, sonstige **478–484**
– von eidesstattlicher Versicherung, Schiedsrichter **1042** 79; **1050** 7, sonstige **899** ff.; **902**
–, **Klage auf –,** Streitwert **3** 22
Abordnung siehe *Richter*
Abschlagzahlung, Arbeitseinkommen **850 e** 2
Abschrift, Anschlusspfändungsprotokoll **826** 4; beglaubigte **133** 4, 7; Gerichtsvollzieherakten **760** 10; Haftbefehl **909** 2; Kosten **91** 78, 81, 82; Parteiakten **299** 4, 11, 13; Schriftsätze **133** 1 ff.; Urkundsprozess **593** 4

1817

Sachregister

fett = §§/Art.

Absolute Revisionsgründe 547 1 ff.; fehlende Entscheidungsgründe **547** 16; fehlerhafte Vertretung einer Partei **547** 14; Mitwirkung eines abgelehnten Richters **547** 12 ff.; Mitwirkung eines ausgeschlossenen Richters **547** 11 ff.; unvorschriftsmäßige Besetzung des Gerichts **547** 5 ff.; Verletzung des Öffentlichkeitsprinzips **547** 15; Verletzung von Zuständigkeitsvorschriften **547** 13
Absonderung, Klage Insolvenzverwalter, Gerichtsstand **19 a** 2, 8
Abstammung, Feststellung **640** 4 ff.; Untersuchung **372 a** 2 ff.
Abstammungsklage 640 ff.
Abstandnahme vom Urkunden- und Wechselprozess **596** 2 ff.
Abstimmung, Gericht **192 ff. GVG;** Präsidium **21 e GVG** 58; Schiedsgericht **1052** 8 ff.
Abtrennung im Normalverfahren **145** 4 ff.; im Verbundverfahren **628** 3 ff.
Abtretung, Prozessstandschaft **Vor 50** 45; Rechtskrafterstreckung **325** 26; Rechtsnachfolge, vollstreckbare Ausfertigung **727** 21; streitbefangener Anspruch **265** 34 ff.
Abweichung, Abweichungsverbot **318** 3, 5; in Rechtsfrage, Zuständigkeitsbestimmung **36** 26, 48
Abweisung, Anerkenntnisurteil **306** 22; im Nachverfahren **302** 12 ff.; **600** 22; Rechtskrafterstreckung **322** 24 ff.; Scheidungsantrag **93 a** 14; Urkundenprozess **597** 2, 3 ff.; Versäumnisurteil gegen Beklagten **331** 32 ff.; Versäumnisurteil gegen Kläger **330** 31; Verzichtsurteil **306** 5; Wiederaufnahmeantrag **589** 1 f.
Abwendungsbefugnis, Aktenlageentscheidung **251 a**; **251 a** 10; Arrestvollziehung **923** 2 ff.; der Vollstreckung durch Gläubiger **711** 2 ff.; der Vollstreckung durch Schuldner **712** 2 ff.
Abwickler, Kanzleiabwickler **91** 72
Actio pro socio siehe *Prozessstandschaft*
Adhäsionsverfahren, Anerkenntnis **307** 3; EuGVO **Art. 1, 27 EuGVO;** Grundurteil **304** 4
Adoption, Anerkennung ausländischer **328** 63; Feststellungsklage **640** 4 ff.
Agentur, Gerichtsstand **1 Brüssel I–VO** 4 ff.; **21 Brüssel I–VO** 4 ff.
Akten, Entscheidung nach Lage der Akten **251 a** 10
Aktenauszug 91 4, 19, 33, 34
Akteneinsicht
–, Datenträgerarchiv **299 a** 3 ff.
– im Gerichtsverfahren durch Dritte **299** 19 ff., durch Parteien **299** 4 ff.
– bei Gerichtsvollzieher **760** 5
–, Justizverwaltungsakt **23 EGGVG**
–, vorläufige Aufzeichnungen **160 a** 3 f., 7
Aktenlageentscheidung, Berufung **539** 18; Folgesachen **629** 2, 7; Säumnis der Parteien **251 a** 25; Säumnis einer Partei **331 a** 1, 5; Unzulässigkeit **335** 3 ff.
Aktenvermerk, Abhilfeverfahren **572** 4 ff.; Amtsstellenaushändigung **173** 2, 3; Einschreiben mit Rückschein **175** 3; Empfangsbekenntniszustellung **174** 2 ff.; öffentliche Zustellung **186** 4;

Postaushändigung **184** 3; Zustellungsauftrag **176** 3
Aktie, Aufgebotsverfahren **1003;** Herausgabe, Vollstreckung **884** 2 ff.; Pfändung **821** 5 ff.; **859** 2, 3 ff.
Aktiengesellschaft
–, Gerichtsstand **17** 2
–, Gesamtrechtsnachfolge **325** 13
–, Parteifähigkeit **50** 10 ff.
–, Vorstand als Handelsrichter **109 GVG** 4, Pfändungsschutz **850** 28 f.
Aktionär, Pfändung Bezugsrecht **857** 44; Zeuge **373** 6, 10
Aktivlegitimation, Abänderungsklage **323** 6, 60, 62, 67; Ehebestandsfeststellungsklage **632** 7 ff.; Rechtsnachfolge **325** 13, 17, 20, 26; Urkundenprozess **592** 2 ff., 15; Wegfall **265** 64, 68 f., 93 ff., 104 ff.
Akzessorietät, Pfändungspfandrecht **804** 24
Alleinverwaltung, Gesamtgut, Vollstreckung **740** 22
Allgemeine Geschäftsbedingungen, Anfechtung **546** 8; Prorogation **38** 21 f.; Schiedsklauseln **1031** 4, 32–36; Streitwert **3** 26; Unterlassungsklage **2 UKlaG**
Allgemeiner Gerichtsstand 12 ff.
Allgemeines Persönlichkeitsrecht, Gegendarstellungen durch Presse **935** 146; nichtöffentliche Verhandlung **170, 171 b GVG;** Schiedsfähigkeit **1030** 20
Allgemeinkundigkeit, Beweisbedürftigkeit **291** 5; Urkundenprozess **592** 9 ff.
Altenteil, Streitwert **3** 27
Alternative Abweisungsgründe, materielle Rechtskraft **322** 145, 155
Alternative Klagenhäufung 260 9
Alternative Streitbeilegung siehe *außergerichtliche Streitbeilegung*
Altersversorgung, Pfändbarkeit, künftige Rente **850; 850 i**
Amtsbetrieb, Zustellung **166** 20; Zwangsvollstreckung **704** 1 f.
Amtsenthebung, ehrenamtlicher Richter **113 GVG** 2
Amtsermittlung, ausländisches Recht **293** 16 ff.; Ehesachen **616** 2 ff.; **620 a** 31 f.; Kindschaftschen **640** 66 ff., 75 ff.; PKH-Verfahren **118** 12, 17; Versäumnis **230** 2
Amtsgeheimnis, Aussagepflicht **385** 6 ff.; Datenübermittlung **12 EGGVG;** Zeugnisverweigerungsrecht **383** 31 ff.
Amtsgericht
–, Belehrung **499** 2 ff.
–, Ladungen **497** 2 ff.
–, Richter **22 GVG** 2 ff.
–, Schriftsatz, schriftlich **496** 2, zu Protokoll der Geschäftsstelle **496** 3 ff.
–, Verfahren **495** 1 ff., nach billigem Ermessen bis 600 € **495 a** 1 ff.
–, Zusammensetzung, Einzelrichter **22 GVG** 2 ff.
–, Zuständigkeit, gemeinsames – in Familien- und Vormundschaftssachen **23 c GVG** 1 ff., Hinweis bei Unzuständigkeit **504** 2 ff., nach-

1818

mager = Randnummer

Sachregister

trägliche sachliche Unzuständigkeit **506** 2 ff., sonstige Zuständigkeiten **27 GVG** 1 ff., Zuständigkeit in Zivilsachen **23 ff. GVG**
–, **Zustellung,** Protokoll **498** 1 f.
Amtsgerichtliches Verfahren 495 1 ff., siehe *Amtsgericht*
Amtshandlung, abgelehnter Richter **47** 2–5; außerhalb Gerichtsbezirk **166 GVG** 2 f.; Rechtshilfeersuchen **157 GVG** 2
Amtshilfe bei Akteneinsicht **299** 11, 13, 20, 29, 33 f.; bei Rechtshilfeersuchen **Vor 156 ff. GVG**
Amtsmaßnahme siehe *Amtsermittlung*
Amtspflichtverletzung, Amtsenthebung, Handelsrichter **113 GVG** 2 ff.; Rechtsweg **13 GVG** 32; Restitutionsklage **580** 35; Schiedsverfahren **1035** 8 f.; **1059** 22 ff., 29 ff.; Zuständigkeit **71 GVG** 7
Amtsprüfung, Beistandschaft **53 a** 6; Postulationsfähigkeit **78** 1, 9 f.; Vollmacht **88** 7; **609** 3, 5
Amtsrichter 22 GVG; 23 GVG; auswärtige Kammer für Handelssachen **106 GVG**
Amtsschweigepflicht, Zeugenvernehmung **376** 2 ff.
Amtssitz, Gerichtsstand **17 ff.**
Amtsstelle 173 3
Amtszustellung, Mahnverfahren **693** 3
Andere Art der Verwertung 825 3 ff.; Forderungen **844** 2 ff.
Änderung des Beschlusses **329** 10; in Ehesachen **620 b** 2 ff.; der Klage siehe *Klageänderung;* der Partei **263** 67 ff., 70 ff.; der Sicherheitsleistung **108** 71; des Streitgegenstandes **263** 7 ff.; des Termins **227** 3 ff.; von Verbundentscheidungen **629 a** 3 ff.
Änderungsklage, Zwangsvollstreckung **767** 4
Anerkenntnis, Abgrenzung zum Geständnis **288** 8; Anfechtung **307** 20, 25; Berufung **511** 8; Ehesachen **617** 2; Handelskammer **349** 12; Nebenintervenient **67** 5 f., 16; **69** 5, 7; notwendige Streitgenossenschaft **62** 41 ff., 51; Protokollierung **160** 4; Prozessvollmacht **81** 2 ff.; Räumungsverfahren über Wohnraum **93 b** 16; im schriftlichen Vorverfahren **307** 26; schriftliches, Belehrung **277** 8; sofortiges Anerkenntnis, Kosten, Einzelfälle **93** 15 ff.; Teilanerkenntnis **307** 12; Vollstreckungsabwehrklage **767** 40; Widerruf **307** 20; Zulässigkeit **307** 19 ff.
Anerkenntnisurteil 307 2 ff.; abgekürztes **307** 2; **313 b** 3; ohne Antrag **307** 5; Berufungsverfahren **540** 8; Erklärung **307** 5 ff.; isolierte Kostenanfechtung **99** 4; Kosten **93** 5 ff.; ohne mündliche Verhandlung **307** 26; Rechtsmittel **307** 25; im schriftlichen Vorverfahren **307** 26; Unwirksamkeit **307** 16 ff.; Verkündung **307** 24; Vollstreckbarkeit **708** 8; Widerruf/Anfechtung **307** 20
Anerkenntnisvorbehaltsurteil 599 3 f.; **600** 13 ff.
Anerkennung
–, **Anerkennungsverträge 328** 15 ff.
–, **Anerkennungswirkungen 328** 144 ff.
–, **ausländischer Entscheidung 25 ff. AVAG,** Aufhebung **27 ff. AVAG**

– **ausländischer Schiedssprüche 1061** 4, 31 ff.
– **ausländischer Urteile 328** 1 ff., Ehesachen **606 a** 45 ff., Kindschaftssachen **640 a** 9
– **nach Brüssel II a–VO** siehe dort
– **nach Brüssel I–VO** siehe dort
– **durch Drittschuldner 840** 11 ff.
–, **Ehesachen 328** 177 ff.
–, **Pflichtteilsanspruch 852** 3
–, **Urkunden 439** 4; **510** 2 ff.
–, **Vaterschaft** siehe *Vaterschaftsanerkennung*
–, **Voraussetzung der Anerkennung 328** 60 ff.
Anerkennung und Vollstreckung deutscher Urteile im Ausland **Anh. zu § 723;** nach Brüssel I VO siehe dort; nach Brüssel II a–VO siehe dort
Anerkennungs- und Vollstreckungsausführungsgesetz (AVAG) Schlussanh. B 3
Anerkennungsprognose, Ehesachen **606 a** 52 ff.
Anerkennungsverbote 328 1 ff.
Anfangsbeweis, Parteivernehmung **448** 2 ff.
Anfechtung, Anerkenntnis **307** 25; Aufgebotsverfahren **957** 5 ff., Frist **958** 2; Ausschlussurteil **957** 2 ff.; Berufung/Revision **511** 542 ff.; Berufungsverzicht **515** 22; der Ehelichkeit siehe *Ehelichkeit;* isolierte Kosten **99** 1; Klage auf vorzugsweise Befriedigung **805** 18; Mahntragszurückweisung **691** 30 ff.; Prozesshandlungen **Einl.** 372 ff.; Prozessvergleich **794; 794** 4 ff.; Revisionszulassungsablehnung **544** 3 ff.; Urteilsberichtigung **319** 21, 23; **320** 11; **321** 15; der Vaterschaft, Kosten **93 c** 4; siehe *Vaterschaftsanerkennung;* des Vaterschaftsanerkenntnisses **153** 1; Verzicht **306** 1; Wiederaufnahmeverfahren **579 f.; 583; 588**
Angehörige, Ersatzzustellung **178 Abs. 1 Nr. 1** 5 ff.; Räumungsvollstreckung **885** 16, 20
Angriffs- und Verteidigungsmittel
– im Berufungsverfahren, fortdauernde Präklusion **531** 4 ff., verspätetes Vorbringen **530** 1 ff., Zulassung neuer – **531** 17 ff., Zurückweisung **531** 1 ff.
–, **Beschränkung durch Gericht 146** 2 ff.
– **nach dem Schluss der mündlichen Verhandlung 296 a** 6 ff.
–, **Verspätung 296** 1 ff., siehe dort
Anhängigkeit, Arrestverfahren **919** 5; Ehesachen **642** 2 ff.; Ehescheidung **622** 2; Familiensachen **621; 621** 13 ff.; Insolvenzverfahren **19 a** 6; Klage **117** 8; Mahnverfahren, Abgabe **696** 2; Nebenintervention **66** 3; Prorogation **38** 30; selbständiges Beweisverfahren **486** 2 ff.; Urkundenprozess, Verfahrenswechsel **596** 4; nach Verweisung **281** 24, 43; Zwischenfeststellungsklage **256** 77 ff.
Anhörung, Abgabe eidesstattliche Versicherung **901** 2; Anwaltsprozess **137** 6; Arrestverfahren **922** 2, 4; Ehesachen **613** 11; Fristenänderung **225** 5; **226** 3; Geschäftsverteilungsbeschluss **21 g GVG** 1 ff; Mahnantrag **691** 27; Mietverhältnisfortsetzung **308 a** 6; Pfändung **850 b** 17; **850 i** 4; Sachverhaltsaufklärung **141** 16, 19; Sachverständigenablehnung **406** 11; Vollstreckungserinnerung **766** 17; Vollstreckungsklauselerteilung **730** 1 ff.; Zwangsvollstreckung **793** 16

1819

Sachregister

fett = §§/Art.

Anhörungsrüge Einl. 249; **321 a** 5 ff.
Anhörungsrügengesetz 2004 Einl. **172** ff.
Ankündigung, Forderungspfändung, Drittschuldner **845** 11, 16; Zwangsvollstreckung, juristische Person des öffentlichen Rechts **882 a**
Anlagen
–, **Bezugnahme,** im Schriftsatz **130** 3, im Sitzungsprotokoll **164** 1; **297** 3 ff., 9
–, **Schriftsätze 133** 4, 7 f.
Anlagenhaftung, Gerichtsstand **32 a** 3 ff.
Anlass zur Klageerhebung **93** 6 ff.; Unterhaltsklage, Kosten **93 d** 7
Anmeldung
– **von Ansprüchen,** Aufgebotsverfahren **947** 3; **951**; **953** 2 ff.; **957** 6; **996**; **1008**; **1016**, Verteilungsverfahren **873** 5; **874** 5 ff.
Annahme der Erbschaft **239** 11, 22, 28; **305**; **778** 4; **991** Abs. 3; als Kind **640** 4 ff.
Annahmeverweigerungsrecht
–, **EG-ZustellVO 1070** 4 ff., Frist bei Zustellung im Ausland **1070** 9 ff., Frist bei Zustellung nach Deutschland **1070** 28 ff.
Annahmeverzug, Wertbestimmung **3** 29; Zwangsvollstreckung bei Zug-um-Zug-Leistung **756** 6 ff.; **765** 5 ff.
Annexzuständigkeit, Ehesachen **606 a**; Lebenspartnerschaftssachen **661** 28 ff.
Anordnungen von Amts wegen, Aktenvorlegung **142–144** 19 ff.; Beschränkung, Angriffs- und Verteidigungsmittel **146** 2 ff.; persönliches Erscheinen **141** 1 ff.; Urkundenvorlegung **142–144** 8 ff.
Anrechnung, Kindergeld, Unterhaltsberechnung **645** 6
Anscheinsbeweis 286 48 ff.
Anschlussberufung 524 1 ff.; Anschließungsfrist **524** 32 f.; bedingte – **524** 27 ff.; Erklärung **524** 34 ff.; Kosten **524** 59; nachträgliche Änderungen **524** 48; Rechtsfolgen **524** 50 ff.; Rechtsmittel **524** 58; Verzicht **524** 30; Voraussetzungen **524** 6 ff.; Wirkungsverlust **524** 53 ff.
Anschlussbeschwerde 567 34 ff.
–, **Rechtsbeschwerde,** Gegenanschließung **574** 21, Verfahren **574** 20, Zulässigkeit **574** 18
–, **sofortige Beschwerde,** Entscheidung **567** 39, Verfahren **567** 38, Zulässigkeit **567** 36
Anschlusspfändung 826 1; Verbot **803** 32 ff., 68
Anschlussrevision 554 1 ff.; Entscheidung **554** 14 ff.; Kosten **554** 17; Zulässigkeit **554** 3 ff.
Anspruchshäufung 260 1 ff.
Anspruchskonkurrenz, Familiensachen **621** 123 ff.
Anteilsrechte, Pfändung **857** 15
Antragstellung, Änderung **264** 6 ff.; Arrestverfahren **920** 2 ff.; Aufhebung und Zurückweisung **538** 66 ff.; Befangenheit **43** 4; Berufung **519** 3 ff.; **520**, Bindung **528** 5 ff.; Bestimmtheit **253** 45 ff.; Bindung an Anträge **308** 2 ff.; durch Erklärung zu Protokoll der Geschäftsstelle **129 a** 3 ff.; Hauptverhandlung, Verlesung/Erklärung **297** 3 ff.; Mahnverfahren siehe dort; Revision **549** 2; **551**; durch Schriftsatz **129** 1 ff.; Terminsverlegung **227** 18; Vollstreckung siehe *Vollstre-*

ckungsauftrag; Vollstreckungsabwendung **711** 6; **712** 2 ff.; **714** 2 f.
Anwaltliche Vertretung siehe *Postulationsfähigkeit*
Anwaltsbestellung, Klagezustellung **271** 23 ff.; Terminsladung **215** 1 ff.; Tod des Anwalts **244** 3 ff.
Anwaltsgebühren, Arrestverfahren **922**; Gerichtsstand, Erfüllungsort **29** 3; Klagenerhebung **34** 2, 6; PKH-Verfahren **118**
Anwaltskosten
–, **Erstattung,** Erkenntnisverfahren **91** 18, 27, 30 f., 34, Vollstreckungsverfahren **788**
Anwaltsprozess 78, siehe *Postulationsfähigkeit*
Anwaltsvergleich siehe *Vergleich*
Anwaltswechsel, Kosten **90; 109** f.
Anwaltszustellung, Klageerhebung **253** 37 ff.; Sicherheitsleistung **108**
Anwaltszwang, Arten **78** 24 ff.; Ausnahmen **78** 74 ff.; **79** 6; Behördenprivileg **78** 16; Belehrung **277** 7 ff.; Berufungsrücknahme **516** 7; Berufungsverfahren, Verzicht **515** 8 ff.; Beschwerdeverfahren **569** 13 ff.; **571** 19 ff.; Ehesachen **620 a** 10 ff.; Familiensachen **621 b**; Gütetermin **278** 15; Kostenfestsetzung **104** 52; Lebenspartnerschaftssachen **78** 24 ff.; Mahnverfahren **702** 1, 4, 6; PKH **121** 3; Schiedsverfahren **1042** 61 ff.; Vollstreckungsbescheid, Einspruch **700** 12, 16 ff.; für Zeugen **387** 8
Anwartschaftsrecht, Drittwiderspruchsklage **771** 21; Pfändung **857** 18; Wertbestimmung **3** 31
Anwendungsbereich, Brüssel IIa-VO **EheG-VO;** Brüssel I–VO **EuGVO;** ZPO Einl. **408** ff.
Anwesenheit
– **des Gläubigers bei Zwangsvollstreckung 758** 23 ff., gegen Willen Schuldner **758** 25, Kosten **758** 36, Rechtsbehelfe **758** 30, zulässige Handlungen Gläubiger **758** 28
Apostille, ausländische Urkunden **438**
Apotheke, Pfändungsschutz **811** 45
Arbeitseinkommen, Pfändung **833** 2 ff.
Arbeitsgerät, Pfändungsschutz **811**
Arbeitsgericht Einl. 7; Abwendungsbefugnis Vollstreckung **712** 11; Antrag auf vorläufige Vollstreckung **714** 5; Erinnerung gegen Zwangsvollstreckungsmaßnahmen **766** 8; Mahnverfahren **688** 42; Schadensersatz/Bereicherungsanspruch vorläufige Vollstreckbarkeit **717** 32; vorläufige Einstellung der Zwangsvollstreckung **707** 28; vorläufige Vollstreckbarkeit ohne Sicherheitsleistung **708** 21
Arbeitsgerichtliches Verfahren 253 186 ff.
Architekt, Gerichtsstand, Erfüllungsort **29**; Kammerzuständigkeit **348** 10 ff.
Archivierung, Prozessakten **299 a**
Arglist, Berufungsverzichtseinrede **515** 32; Drittwiderspruchsklage **771** 46, 51; Einwand bei Anerkenntnis- und Verzichtsurteil **306** 1; **307** 21; Schiedsverfahren **1032** 22 ff.
Arrest
–, **Anordnung der Klageerhebung 926** 3 ff.
–, **Antragsrücknahme 269** 90
–, **Aufhebung** der Arrestvollziehung **934** 2 ff., wegen veränderter Umstände **927** 2 ff.,
–, **Klagerücknahme 269** 94 f.

1820

–, **Vollstreckungsklausel** 929 2 f.
–, **Vollziehung** 928 3 ff., bei persönlichem Arrest 933 2, Vollziehung in bewegliches Vermögen und Forderungen 930 2 ff., Vollziehung in eingetragene Schiff und Luftfahrzeuge 931 2 ff., Vollziehung in unbewegliches Vermögen 932 2 ff., Vollziehungsfrist 929 4 ff.
–, **Widerspruch** 924 2 ff.
Arrestanspruch 916 4 ff.
Arrestatorium 829 31
Arrestgericht 919 2 ff.
Arrestgesuch 920 8 ff.
Arrestgrund bei dinglichem Arrest 917 3 ff.; bei persönlichem Arrest 918 2 ff.
Arresthypothek 932 2 ff.
Arrestpfandrecht 930
Arrestverfahren, Abwendungsbefugnis 923 2 ff.; Arresturteil, Arrestbeschluss 922 2 ff.; Entscheidung nach Widerspruch 925 2 ff.; Entscheidung über Gesuch 921 2 ff.; Widerspruch 924 2 ff.
Arzt, Anscheinsbeweis 286 68; Begutachtungspflicht 407; Pfändungsschutz 811; 850; 850 i; selbständiges Beweisverfahren 485 9; Zeugnisverweigerungsrecht 383; 385; 386
Ärztliches Zeugnis, Abstammungsfeststellung 372 a
Asylbewerber, gewöhnlicher Aufenthalt 606 a 21
Aufbewahrung, bestrittener Urkunden 443; gepfändeter Sachen 930 Abs. 3 8 f.
Aufenthalt, Gerichtsstand Aufenthaltsort 16; 20
Aufgebot
– der Gesamtgläubiger 1001 2 ff.
– des Grundstückseigentümers, Glaubhaftmachung 980, Verfahren 977 ff.; 981 1 ff.
– von Schiffseigentümern 981 a 1 ff.
– der Schiffsgläubiger 1002 2 ff.
– von Schiffshypothekengläubigern 987 a 3 ff.
– von Vormerkungsberechtigten/Vorkaufsberechtigten 988 3 ff.
– zum Zwecke der Ausschließung eines Grundpfandgläubigers 982–987
– zum Zwecke der Ausschließung von Nachlassgläubigern 989–1000
– zum Zwecke der Kraftloserklärung einer Urkunde 1003–1023
Aufgebotsverfahren
–, Anmeldung 951 2, Wirkung 953 2 ff.
–, Antrag 947 3 ff.; 954 2 ff.
–, Bekanntmachung, Ausschlussurteil 949 1 ff.; 956 1, öffentliche 948 2 ff.
–, Frist 950 1
–, Vorbehalt für die Landesgesetzgebung 1024 1 ff.
–, Zuständigkeit 946 21 ff.
– zum Zwecke der Kraftloserklärung einer Urkunde 946 1 ff.; 952 2 ff.
Aufhebung
– des angefochtenen Urteils, Revisionsverfahren 562 1 ff.
–, Arrest und einstweilige Verfügung gegen Sicherheitsleistung 939 1 ff.
–, Aussetzung des Verfahrens 155
–, Austauschpfändung 811 b

–, Beschluss 318; 329
– der Ehe 631 2 ff., Ehe vor 1. Juli 1998 631 22 ff., Tod des Ehegatten 631 11
–, **einstweilige Anordnungen,** Ehesachen 620 b
–, Insolvenzverfahren 240
–, Maßnahmen gegen Abwesende 381 14
–, Pfändungs- und Überweisungsbeschluss 836 Abs. 2 5 ff.
–, PKH-Bewilligung 124
–, Prozessvergleich siehe dort
–, Schiedsspruch 1059 5 ff.
–, Termin 227 3 ff., 11 ff.
–, Vollstreckungsbescheid 700 26 ff.
–, Vollstreckungsmaßregeln 776 5 ff.
–, Vorbehaltsurteil 302
–, vorläufige Vollstreckbarkeit 717 4 ff.
–, Vorwegpfändung 811 d II 3 ff.
Aufhebungsklage im Arrestverfahren 926 18 ff.; Eheverfahren siehe dort
Aufklärung, Fristsetzung 273 12 ff.; persönliches Erscheinen 141 7 ff., 16 ff.; Richterpflicht 42; Sachverständiger 404 a; Verspätung 296 170
Auflassung, Wertbestimmung 3 35
Auflassungsvormerkung, Wertbestimmung 3 36
Aufnahme des Verfahrens, Form 250 1 ff.; nach Insolvenzverfahren 240 24 ff.; durch Nachlasspflegschaft 243 1 ff.; nach Prozessunfähigkeit 241 13 ff.; durch Testamentsvollstreckung 243 1 ff.; nach Tod der Partei 239 22 ff., Verzögerung der Aufnahme 239 38 ff.
Aufopferungsanspruch, Rechtsweg 13 GVG
Aufrechnung in Berufung 533 19 ff.; s. a. *Prozessaufrechnung*
Aufrechterhaltung der Ehe, Untersuchungsgrundsatz 616 17 ff.; der Ordnung, Sitzung 176–183 GVG; Versäumnisurteil 343 8
Aufruf der Sache, Termin 220 2; vor Versäumnisurteil 330, siehe dort; vor Versteigerungszuschlag 817 8
Aufschub der Verwertung siehe *Verwertung*
Aufsichtsratsmitglieder, Zeugnisverweigerungsrecht 383 31 ff.
AUG Schlussanh. C 1 e, s. a. *Auslandsunterhaltsgesetz*
Augenschein 144 1 ff.; 284 53; Abstammung, Untersuchung 372 a 2 ff.; Begriff 371 2 ff.; Beweisaufnahme 372 2 ff.; Ortstermin 219 2; Protokollierung 160 12 f.; selbständiges Beweisverfahren 485 1
Ausbleiben, Aufgebotstermin 954; einer Partei 331 a; beider Parteien 251 a 6 ff.; Sachverständiger 409 2; im Vernehmungstermin, Partei 454; Zeuge 380 f.
Ausfallhaftung, Zwangsvollstreckung, Versteigerung 817 19
Ausfertigung
–, Begriff 169 2 ff.
–, Beschluss 317; 329
–, Erteilung 299 19
–, Form 169 2 ff.; 317 10
–, Kosten 788 10 ff.
–, Urteil 317 4
–, vollstreckbare Ausfertigung 725 1, bedingte Leistungen 726 1

1821

Sachregister

fett = §§/Art.

–, vollstreckbare Ausfertigung Urkunden 797 1 ff., andere Urkunden 797 36 ff., notarielle Urkunden 797 4 ff.
–, Zeugenladung 377 2
–, Zustellung 166 11 ff.; 624 13 ff.
Ausforschungsbeweis 284 78 ff., s. a. *Beweisverbote*
Ausforschungsfragen 397 5 f.
Ausforschungspfändung 829 18
Ausforschungsverbot 328 78 ff.; Ablehnung Beweisantrag 284 90 ff.
Ausgleichsansprüche, Ansprüche des Schuldners 804 41; Ansprüche Dritter 804 48; Kostenerstattung 788 51; Pfändungspfandrecht 804 40
Auskunft, einstweilige Verfügung 940 8; Eintragung im Schuldnerverzeichnis 915; 915 b; 915 e–g; Familiensachen 621; PKH-Verfahren 118 7 ff., 15; Wertbestimmung 3 38; vom Zeugen 377 2 ff.; Zwangsvollstreckung (Stichwörter) 788 24
Auskunftsklage, Drittschuldnererklärung 840 20 ff.; PKH 114 57 ff.; Rechtsweg 13 GVG; Stufenklage 254 13 ff.; Überweisung einer Forderung 836 11 ff.
Auslagen
–, Erstattung 118 21 ff.
–, Rechtshilfebehörde 164 GVG
–, Vorschuss, Sachverständigenladung 379; 402, Zeugenladung 379 2 ff.
Ausländer als Drittschuldner 829 59 ff., 88; Ehesachen 606 a; Gerichtsstand 13; gewöhnlicher Aufenthalt 606 15 ff., 19 ff.; PKH 114 18 ff.; Sicherheitsleistung 110 1 ff.
Ausländersicherheit
–, Prozesskostensicherheit 110 1 ff., Höhe 112 2 ff., nachträgliche 111 1 ff.
Ausländische öffentliche Urkunde, Legalisation 438 3 f.
Ausländische Währung, Klageantrag 253 98 ff.; Zwangshypothek 867 22; Zwangsvollstreckung aus Titeln mit ausl. Währung 803 3 ff.
Ausländisches Recht, Anfechtung 545 5, 12; Anwendung 293 7 ff.; Beweiswürdigung 286 32; Ermittlung 293 16 ff.; PKH-Verfahren 114 18 ff.; vorläufiger Rechtsschutz 293 56
Ausländisches Urteile, Abänderungsklage 323; Anerkennung 328; 606 a; 640 a; Vollstreckbarkeit 722 1 ff.; Zwangsvollstreckung 722 f.
Ausland-Rechtsauskunftsgesetz 293 34
Auslandsunterhaltsgesetz 328
Auslandszustellung 168 2; 183; Einlassungsfrist 274 14, schriftliches Vorverfahren 276 37 f.; Einspruchsfrist 339 7; Mahnverfahren Vor 688 46; 688 17 ff.; Vollstreckungsbescheid 699 64; Zustellungsbevollmächtigter 184 2
Auslegung, Anschlussberufung 524 36; Berufungsschrift 519 18; Kostengrundentscheidung 104 19, 55; Pfändungs- und Überweisungsbeschluss 829 28 ff.; 835; PKH-Antrag 114 86 ff.; Prozesshandlung Einl. 391; Prozessvergleich 794, siehe dort; Schiedsspruch 1058 4 ff.; Vollstreckungstitel 704 8
Ausnahmegerichte 16 GVG 3 ff.

Aussage
–, Ermächtigung 385 6 ff.
–, Genehmigung, Minister 382 6, Richter 376 11 f.
–, Protokolle 160 9; 373
–, Verpflichtung 373 24 f.
Ausschließliche Zuständigkeit, Klage auf Erteilung der Vollstreckungsklausel 731 7; Nichtigkeits- und Restitutionsklagen 584 1 ff.; Zwangsvollstreckung 802 1; siehe *Zuständigkeit*
Ausschließlicher Gerichtsstand 12 27; Arrestverfahren 802; 924; einstweilige Verfügung 937 2; Prorogation 40; Zwangsvollstreckung 802
Ausschließung
– im Aufgebotsverfahren 977 ff.
– von Bevollmächtigten 157 10 ff.
– der Öffentlichkeit 171 b GVG; 172 GVG; 174 GVG; 175 GVG
– des Richters 41 1 ff., Ausschlussgründe 41 13 ff., Rechtsfolgen 41 26
Ausschlussurteil 952 2 ff.; Anfechtungsklage 957 5 ff.; Frist 958 2
Außergerichtliche Streitbeilegung Einl. 48 ff.
Außergerichtlicher Vergleich siehe *Vergleich*
Außergerichtliches Geständnis 288 12 f.
Aussetzung Vor 39 6; bei abgeschnittenem Verkehr 247 2 ff.; Aufhebung der Aussetzung wegen Verzögerung 155 1 ff.; in Ehesachen 152 4 ff.; 154 1 ff.; in Kindschaftssachen 154 1 ff.; Rechtsmittel 252 5 ff., Beschwerde 252 15 ff.; Ruhen Vor 39 7; sonstige Gründe 148 24 ff.; Unterbrechung Vor 39 5; einer Vaterschaftsanfechtungsklage 153 1 ff.; wegen Verdachts einer Straftat 149 3 ff.; Verfahren 248 1 ff.; bei Vertretung durch Bevollmächtigten 246 2 ff.; der Verwertung siehe dort; wegen Vorgreiflichkeit 148 1 ff.; Wirkung 249 1 ff.
Aussichtslosigkeit, Pfändung 807
Austauschpfändung 811 a 1 ff.; Antrag 811 a 9; Ersatzleistung 811 a 11; Kosten 811 a 16; Rechtsbehelfe 811 a 15; Rechts-/Sachmängel des Ersatzstücks 811 a 14; Verfahren Zulassung 811 a 9; Vollstreckungsverfahren 811 a 12; Voraussetzungen 811 a 2; vorläufige 811 b 1 ff.
Auswärtiges Amt, Anerkennungsmonopol 328
Auszahlung, Versteigerungserlös 819; Verteilungsverfahren 882
AVAG Schlussanh. B 3

BAföG, Anrechnung PKH 115 23
Bagatellbetrag, Vollstreckungsschutz 765 a 34
Bagatellstreitwert 2 6, 21
Bagatellverordnung Einl. 448, s. a. *EG-Bagatellverordnung*
Bankbürgschaft, Sicherheitsleistung 108 23 ff.
Bankguthaben, Pfändung 829; 850 20; Unpfändbarkeit 850 20
Bargeld, Pfändung 808 3, 31
Basiszins, Mahnverfahren 688 9
Bauhandwerkersicherungshypothek, Arrestverfahren 940 5 ff.; Wertbestimmung 3 40
Baulandsachen, Anwaltszwang 78 42
Baumbachsche Formel Vor 91 1 ff.; 100 31 ff.
Bausachen, Zuständigkeit 348 50

mager = Randnummer

Sachregister

Bauspargthaben, Pfändung **829** 25 ff., 30
Beamte, Klagen von und gegen **13 GVG** 17 ff.; Pfändung Bezüge **850** 26; als Sachverständige **408** 4; Zeugenvernehmung **376** 2 ff.; Zuständigkeit **71 GVG** 7
Beauftragter Richter siehe *Richter*
Bedingte Leistungen, Arrest **916** 7; vollstreckbare Ausfertigung **726** 7 ff.
Bedürftigkeitsbescheinigung, PKH-Richtlinie **1077** 22 ff.
Beeidigung
–, Belehrung **480**
–, Dolmetscher **189 GVG**
–, Eidesformel **481**
–, Eidesnorm **392**
–, Nacheid **392**
– bei Parteivernehmung **452**
–, Sachverständige **410** 2 ff.
–, Schiedsverfahren, gerichtliche Unterstützung **1050** 6 ff.
–, Verbot **391**; **393**
–, Verzicht, Ehesachen **617** 4, Parteivernehmung **452** 4, Sachverständiger **410** 2 ff., Zeugen **391** 3
–, Zeugen **391** 2 ff.
Beendete Gütergemeinschaft, Zwangsvollstreckung **743** f.
Befangenheit des Richters **42** 4 ff.; Verlust Ablehnungsrecht **43**
Befriedigung, Einstellung der Zwangsvollstreckung **775** 22 ff.; Einstellung der Zwangsvollstreckung/Versteigerung **818**; Immobiliarvollstreckung, Zwangshypothek **868** 4; Immobiliarvollstreckung, Vollstreckungsgegenklage **767**; Klage auf vorzugsweise Befriedigung **805** 33, 39; Löschung aus Schuldnerverzeichnis nach Befriedigung **915 a** 11; Überweisung an Zahlungs Statt **835** 24 ff.
Befristete Erinnerung siehe *Erinnerung*
Beginn
–, Fristen **221** f., siehe dort
– der mündlichen Verhandlung **137** 2
–, Rechtshängigkeit **261** 9 ff.
– im schriftlichen Verfahren **128** 28 ff.
– des Termins **220** 2
–, Zwangsvollstreckung **750** 2 ff., Befristung, Sicherheitsleistung **751** 9 ff., Wartefrist **798** 2 ff., Zug um Zug Leistung **756** 11 ff.
Beglaubigung
–, Abschrift, Beweiskraft bei öffentlicher Urkunde **435** 2, öffentliche Urkunde **435** 2, Zustellung **166** 11 ff.
– durch Gerichtsvollzieher bei Zustellung **192** 3 ff.
– durch Geschäftsstelle **169** 2 ff.
– durch Notar **440** 4
–, Prozessvollmacht **80** 17 f.
– durch Rechtsanwalt **169** 10
Begründung, Alternativbegründung **300** 4, 6; Anschlussberufung **524** 12 ff.; Berufung **520**; Beschluss **329** 2, 13 ff.; Beschwerde **571** 3 ff.; Beschwerdeentscheidung **572** 25 ff.; Einspruch **340** 10; einstweilige Anordnung, Ehesachen **620 d**; Entbehrlichkeit Entscheidungsgründe **313 a** 4; Klageschrift **253** 66 ff.; Kostenfestsetzungsbeschluss **104** 48 f.; Nichtzulassungsbeschwerde **544** 8, 10 ff.; Revision **551**; Schiedsspruch **1054** 18 ff.; Terminsverlegung **227** 20; Verzicht auf Entscheidungsgründe **313 a** 4; Wiedereinsetzungsantrag **236** 10 ff.
Behauptungslast 286 134
Behörde, Aussetzung aufgrund Behördlicher Verfahren **148** 24; Einschreiten bei Zwangsvollstreckung **789** 1 ff.; Parteifähigkeit **50** 21; als Sachverständige **404** 3; Urkunden **415**; **417** f.; **432**; **437** f.; Vertreter **51** 30
Behördenprivileg, Befreiung vom Anwaltszwang **78** 27
Beibringungsfrist, Beweisaufnahme **356** 2 ff.; Prozessvollmacht **88** 9 ff.; Urkunden, ausländische Beweisaufnahme **364** II 2 f.
Beibringungsgrundsatz, Durchbrechung **142**–**144** 21 ff., bei Parteivertretung **448** 3 ff.; siehe *Prozessmaxime*
Beiladung, Kindschaftssachen **640 e** 5 f.; bei Mehrfachpfändung **856** 5; notwendige **64** 10; Schiedsverfahren **1042** 51 f.
Beiordnung Rechtsanwalt im Anwaltsprozess **121** 3; Beiordnungsverfahren **121** 14 ff.; Notanwalt **78 c** 2 ff.; im Parteiprozess **121** 4 ff.; Prozesskostenhilfe **121** 1 ff.; Scheidungssache **625** 3 ff.; Sonderformen der Beiordnung **121** 34 ff.
Beiordnung Richter 70 GVG 6 ff.
Beisitzer siehe *Gericht*
Beistand des Kindes **53** 4 ff.; der Partei **90** 1 ff.
Beitritt, Kindschaftssachen **640 e** 11 ff.; Nebenintervention **70** 1 ff.; Pfändungsklage des Gläubigers **856** 2 f.; nach Streitverkündung **74** 2 f.; zum Vergleichsabschluss **794** 28
Beiziehung von Akten, Berufungsgericht **541** 3; Terminsvorbereitung **273** 26; Urkundenbeweis **432** 2 ff.
Bekanntmachung, Aufgebotsverfahren **957**; **1009**; Termin **214**; Versteigerungstermin **816** 4 ff.
Beklagter, Berufungsschrift **519** 12 ff.; Klageänderung **263** 67 ff.; PKH bei Stufenklage **114** 36; Versäumnisurteil **331**; Wechsel **268** 77 ff.
Belegenheitsgerichtsstand 29 a
Belehrung, Anerkenntnisfolgen **499** 2 ff.; Beeidigung **480**; Klagezustellung **276** 13 ff.; **277** 7 ff.; rügelose Einlassung **39**; Unzuständigkeit Amtsgericht **504** 5 ff.; Verteidigungsanzeige **335** 14; Zeugen **395** 2; Zeugnisverweigerungsrecht **383** f.
Belehrung/Hinweispflichten, Pflichten des Richters **139**
Beratung und Abstimmung des Gerichts **192**–**197 GVG**
Beratungshilfe 114 11 ff.; im Familienverfahren **621** 126
Berechnung, Fristen **222**, siehe dort; Geldforderung **803** 3 ff.; pfändbares Arbeitseinkommen **850 e** 2 ff.; PKH-Raten **115**; Sicherheitsleistung **108** 8 ff.; Streitwert **3 ff.**; Verteilungsverfahren **873** 6
Bereicherungsanspruch, vorläufige Vollstreckung **717** 28 ff.
Bereitschaftsdienst, Richter **22 c GVG** 1 ff.

1823

Sachregister

fett = §§/Art.

Berichterstatter 197 GVG, siehe *Richter*
Berichtigung, Beweisbeschluss 360 4 ff.; Klage 264 6 ff.; Kostenentscheidung 91 8; 319 4 ff., 9; Kostenfestsetzungsbeschluss 104 72 ff., 112 ff.; Parteibezeichnung 263 69; Protokoll 164; Prozesshandlungen 263 372 ff.; Schiedsspruch 1058 13 f.; Tatbestand 320 4 ff.; tatsächliches Vorbringen 264 6 ff.; Urteil 319 4 ff.; Verteilungsplan 874 14 ff., Widerspruch 876 13 ff.; Verweisungsbeschluss 281 34 ff.; Zustellungsurkunde 182 3
Berufung
– gegen Anerkenntnisurteile 511 8
–, **Angriffs-/Verteidigungsmittel,** Verspätung 530 1 ff., Zulassung neuer Angriffs-/Verteidigungsmittel 531 17 ff., zurückgewiesene 531 3 ff.
–, **Anschlussberufung** 524 1 ff., bedingte Anschlussberufung 524 27, Erklärung 524 34 ff., Frist 524 32 f., Gegenstand 524 15 ff., Hauptrechtsmittel 524 6 ff., Kosten 524 59 ff., nachträgliche Änderungen 524 48 f., Rechtsfolgen 524 50, Rechtsmittel 524 58, Verzicht auf Anschlussberufung 524 30 ff., Wirkungsverlust 524 53 ff.
–, **Antrag,** Bindung 528 4 ff., Verbesserungsverbot 528 21 ff., Verschlechterungsverbot 528 26
–, **Aufrechnung** 533 19 ff.
–, **Berufungsbegründung** 520 1 ff., Angriff gegen Rechtsanwendung 520 42 f., Angriff gegen tatsächliche Feststellungen 520 46 ff., Anträge 520 26 ff., Begründungsfrist 520 5 ff., Begründungszwang 520 4, Einreichung 520 25, Form 520 23, 67, Inbezugnahme von Schriftstücken/Akten 520 60 ff., neue Angriffs- und Verteidigungsmittel 520 50 ff., Rechtsfolgen mangelhafter Begründung 520 69, Sonderfälle 520 66, Umfang der Begründung 520 56 ff., „verspätetes" Vorbringen 520 64 ff.
–, **Berufungsbegründungsfrist** 520 5 ff., Fristbeginn 520 5, Fristende 520 8, Fristverlängerung 520 9 ff., Widereinsetzung in den vorigen Stand 520 22
–, **Berufungsfrist** 517 1 ff., Fristbeginn bei mangelnder Zustellung 517 18 ff., Fristbeginn bei Urteilsberichtigung 517 15 ff., Fristbeginn bei Urteilsergänzung 518 2 ff., Fristbeginn durch Urteilszustellung 517 4 ff., Fristende 517 21
–, **Berufungsgründe** 513 1 ff., neue Tatsachenfeststellungen 513 13, objektive Unrichtigkeit 513 6 ff., Rechtsverletzung 513 8 ff., Zuständigkeitsprüfung 513 14 ff.
–, **Berufungsschrift** 519 1 ff., Auslegung 519 18, bedingte Einlegung 519 37 ff., beiderseitige Einlegung 519 42, Einreichung 519 20 ff., Form 519 3 ff., Inhalt 519 9 ff., mehrfache Einlegung 519 32 ff., Rechtsfolgen mangelhafter Einlegung 519 45 ff., Umdeutung 519 19, Vollmacht 519 7 ff.
–, **Berufungsurteil** 540 1 ff.
–, **Beteiligte, Berufungsbeklagte** 511 30
–, **Beteiligte, Berufungskläger** 511 20 ff., Beitritt 511 24, Nebenintervenient 511 25, Rechtsnachfolger 511 23, sonstige 511 29

– gegen echtes Versäumnisurteil 511 9, Berufungsunfähigkeit 514 3 ff., eingeschränkte Berufungsfähigkeit 514 10 ff.
– gegen Endurteile 511 6
– im Familienverfahren 621 d 7
– gegen formfehlerhafte Entscheidungen 511 11
–, **Klageänderung** 533 7 ff.
– gegen Nichturteile 511 12
–, **Prozessakten** 541 1 ff.
–, **Prüfungsumfang** 529 2 ff., Bindung an erstinstanzliche Tatsachenfeststellungen 529 10 ff., Umfang der Neufeststellung 529 35, Wegfall der Bindung 529 15 ff., 32 ff.
–, **Rücknahme** 516 1 ff., beschränkte Rücknahme 516 17 ff., Erklärung 516 4 ff., Rechtsfolgen 516 21 ff., Vereinbarung über Rücknahme 516 34 ff.
– gegen Scheinurteile 511 13
–, **Statthaftigkeit** 511 5 ff., Rechtsfolgen Unstatthaftigkeit 511 31, Rechtsmittel 511 33
– gegen unechtes Versäumnisurteil 511 9
–, **Verfahren,** allgemeine Verfahrensgrundsätze 525 1 ff., Berufungsrichter 526 2 ff., Berufungsrichter, Einzelrichter 527 1 ff., Beweiserhebung 538 4 ff., gerichtliches Geständnis 535 1 ff., Kosten 511 93 f., Parteivernehmung 536 1 ff., Rechtsfolgen der Nichtzulassung 511 92, Rechtsfolgen der Zulassung 511 89 ff., Rügen der Unzulässigkeit 532 3 ff., Sachentscheidung 538 12 ff., Terminsbestimmung 523 1 ff., Verlust des Rügerechts 534 1 ff., Zulässigkeitsprüfung 522 3 ff., Zulässigkeitsprüfung, Verwerfung 522 9 ff., Zulassungspflicht 511 83, Zulassungspflicht, Entscheidung 511 85 ff., Zurückweisungsbeschluss 522 19 ff., Zurückweisungsbeschluss, Rechtsmittel 522 33 ff., Zuständigkeit 511 81
–, **Versäumnisverfahren** 539 1 ff.
–, **Verzicht** 515 2 f., Erklärung 515 4, Teilverzicht 515 24 ff., vertraglicher Verzicht 515 35, Verzicht nach Berufungseinlegung 515 22 f., Verzicht nach Erlass erstinstanzliches Urteil 515 17 ff., Verzicht vor Erlass erstinstanzliches Urteil 515 8 ff., Widerruf 515 30 ff.
– gegen Verzichtsurteile 511 8
–, **Vollstreckbarkeit,** vorläufige 537 2 ff.
–, **Wertberufung** 511 44 ff., Beschwerdegegenstand 511 46 ff., Glaubhaftmachung 511 56 f., Rechtsmittel 511 60, Wertbestimmung 511 53 ff.
–, **Widerklage** 533 33 ff.
–, **Zulassungsberufung** 511 61 ff., Divergenz 511 73 ff., Rechtsfortbildung 511 72, Rechtssache von Grundsätzliche Bedeutung 511 66 ff.
–, **Zurückverweisung** 538 3 ff., Antrag 538 19 ff., bei Einspruchsverwerfung durch Erstgericht 538 46 ff., Entscheidung 538 66 ff., Kosten 538 78 ff., bei Prozessurteil des Erstgerichts 538 47 ff., bei Sachurteil des Erstgerichts 538 53 ff., bei unzulässigem Teilurteil 538 64 f., bei Urkunden-/Wechselprozess 538 60 ff., bei Verfahrensmängeln 538 21 ff., bei Versäumnisurteil 538 63, Wirkung 538 75 ff.

mager = Randnummer **Sachregister**

–, Zustellung 521 1 ff.
– gegen Zwischenentscheidung 512 1 ff.
– gegen Zwischenurteile 511 10
Berufungsfrist, ausländische, Anerkennung **328** 1 ff.
Berufungsgericht 526 1 ff.; Heilung von Besetzungsmängeln **526** 31; Kosten **526** 35; Rechtsbehelfe **526** 32 ff.; Rücknahme durch Kollegium **526** 22 ff.; Übertragung auf Einzelrichter **526** 3 ff.; Vorbereitender Einzelrichter **527** 3 ff.
Beruhen, Subsumtion **545** 14; **546** 4 ff.
Bescheidene Lebens- und Haushaltsführung, Unpfändbarkeit **811** 23 ff.
Bescheinigung, gescheitertes Schlichtungsverfahren **15 a EGZPO** 38; Zustellung **169** 1; **195** 7
Beschlagnahme, Zwangsvollstreckung, Früchte **810** 2 ff., Mobilien **865** 12 ff.
Beschleunigungsgrundsatz, Schiedsverfahren **1042** 72 ff.; siehe *Prozessmaxime*
Beschluss
–, **Anfechtung,** Beschwerde, Anschlussbeschwerde **567** 4 ff., 34 ff.
–, **Arrestverfahren 922** 6 ff.
–, **Ausfertigung 329** 2
–, **Begriff 329** 2 ff.
–, **Begründung 329** 4
–, **Berichtigung 329** 13 ff.
–, **Ergänzung 321** 13 ff.
–, **Protokollierung 160** 14
–, **Rechtskraft 329; 329** 10 ff.
–, **Unanfechtbarkeit 329**
–, **Verkündung 329**
–, **Vollstreckungstitel 794** 120, 121 f., 129
–, **Zustellung 329; 329** 1 ff.
–, **Zwangsvollstreckung,** Beginn **798** 11, Titel **794** 123
Beschränkte Haftung
–, **Vollstreckungsabwehrklage 785** 10 ff.
–, **Vorbehaltsurteil 305**
–, **Zwangsvollstreckung,** Erbenhaftung **781** 2 ff., Erbenhaftung, Vorbehalt **780** 2 ff., Nachlassverwaltung und Nachlassinsolvenzverfahren **784** 2 ff.
Beschränkung
–, **Berufungsanträge 520** 31 ff.
–, **Berufungszulassung 511** 63
–, **Beschwerdeweg 567** 32 f.
–, **Einspruch 340**
–, **einstweilige Einstellung der Zwangsvollstreckung 717** 4 ff.
–, **Hauptsache 98** 9 ff.
–, **Klageantrag 264** 17 ff.
–, **Prozessvollmacht 83**
–, **Revisionszulassung 543** 35 ff.
–, **Streitverkündung 72** 3 ff.
–, **Widerspruch 694** 16 f.
–, **Wiedereinsetzungsantrag 238** 1 ff.
–, **Zwangsvollstreckung,** Erbenhaftung **781; 782,** Pfandrecht **777** 18, durch Vollstreckungsorgan **775; 776**
Beschwer, Berufungsverfahren, Einzelfälle **Vor 511** 26 ff.; Revisionsverfahren **542** 20 ff.; sofortiges Beschwerdeverfahren **567** 26

Beschwerde
–, **Rechtsbeschwerde 568** 13 ff., Anschlussbeschwerde **574** 18 ff., Begründetheit **576** 13 ff., Begründungsfrist **575** 10, Begründungspflicht **575** 9 ff., einstweilige Anordnung **575** 19 f., Entscheidung **576** 21 ff., Erledigung **575** 21; **576** 12, Form **575** 6 ff., Frist **575** 4, Postulationsfähigkeit **575** 6, Rechtsbeschwerdegericht **574** 2, Rechtsbeschwerdegründe **576** 2 ff., Rücknahme **575** 21; **576** 12, Sonderfälle **574** 14 ff., Verfahren **576** 3 f., Verzicht **575** 21, Wirkung **575** 19, Zulässigkeit **574** 3; **576** 5 ff., Zuständigkeit **575** 3
–, **sofortige Beschwerde,** Abhilfeverfahren **572** 3 ff., Anschlussbeschwerde **567** 34 ff., aufschiebende Wirkung **570** 2 ff., Begründetheit **572** 24 ff., Begründungszwang **571** 3 ff., Beschwerdegericht **567** 3, Beschwerdegericht, Einzelrichter **568** 3 ff., Beschwerdegericht, Übertragung auf Kollegium **568** 7 ff., Beschwerdegründe **571** 7 ff., einstweilige Anordnung **570** 4 ff., Entscheidung **572** 35 ff., Erledigung **569** 22, Form **569** 11 ff., Frist **569** 3 ff., gegen Kostenentscheidungen **567** 32, Postulationsfähigkeit **569** 13 ff.; **570** 19 ff., Präklusion verspäteten Vorbringens **570** 12 f., Rechtsmittel **573** 1 ff., Reformatio in peius **572** 31 ff., Rücknahme **569** 20; **570** 14 ff., Statthaftigkeit **567** 4, Verfahren **572** 15 ff., Verzicht **567** 27; **569** 21, Zulässigkeit **572** 18 ff., Zuständigkeit **569** 2
– **bei Zwangsvollstreckung aus ausländischen Titeln 11 AVAG**
Beschwerdeberechtigung, Beschwerde **567** 26; Familiensachen **621 e** 9 ff.; PKH-Verfahren **127** 14 ff.
Beschwerdefrist, Familiensachen **621 e** 28; Nichtzulassungsbeschwerde **544** 7
Beschwerdegegenstand, Berufung siehe dort
Beschwerdegericht
–, **Beschlüsse; Erinnerung 766** 18, 21
–, **sofortige Beschwerde 567** 3, Einzelrichter **568** 3 ff., Übertragung auf Kollegium **568** 7 ff.
Besetzung, BGH 124 GVG; Gericht **22 GVG;** Landgericht **59 GVG; 75 GVG;** Oberlandesgericht **112 GVG; 115 GVG**
Besitz, Drittwiderspruchsklage **771** 38; Gläubiger von Schuldnersachen **777** 4; Schutz, einstweilige Verfügung **940** 5 ff.; Streitwert **6** 3; Vermutung bei Ehegatten und Lebenspartnern **739**
Besitzklagen, Feststellungsklage, Feststellungsfähigkeit **256** 11; Gerichtsstand, unbewegliche Sache **24;** vorläufige Vollstreckbarkeit **708** 14, 16
Besitzstörungsklage, Streitwert **3** 46
Besondere Gerichte 14 GVG 2 ff.; Arbeitsgericht **14 GVG** 15; Ortsgericht, hessische **14 GVG** 19; Patentgericht **14 GVG** 18; Schiedsgericht **14 GVG** 20; Schiffahrtsgerichte **14 GVG** 4 ff.
Besonderer Gerichtsstand 12; Bergung **30;** Haustürgeschäfte **29 c;** Mahnantrag **690** 8 f.; siehe *Zuständigkeit*
Besorgnis der Befangenheit **42** 4 f.; des Beweisverlustes, selbständiges Beweisverfahren **485 ff.;**

1825

Sachregister

fett = §§/Art.

der Nichterfüllung, Klageerhebung **259**; der Vollstreckungsvereitelung **917** 5 f.
Bestechung, Restitutionsgrund **580** 20 f., **35**
Bestellung, Betreuer **53** 5; Prozesspfleger **53** 5; Rechtsanwalt **78** 1 f., 9 ff.; Schiedsrichter **1035** 6 ff.; Sequester **848** 4
Bestimmbarkeit, Klage auf wiederkehrende Leistung **258** 6 ff.
Bestimmtheit, Klageantrag **253** 89 ff.
Bestimmung, Berichterstatter **21 g** GVG 5; Fristen und Termine siehe dort; zuständiges Gericht **36** f.
Bestrafungsantrag 888 23 ff.
Bestreiten, ausdrücklich **138** 19 f.; mit Nichtwissen **138** 27 ff.; pauschal **138** 19; Schiedsverfahren **1046** 5; schlüssig **138** 24
Betagte Ansprüche, Arrestverfahren **916** 8; Feststellungsklage **256** 29 ff.; Vollstreckungsklausel **726** 7 ff.
Betagte Forderungen, andere Verwertung **844** 2 ff.; Pfändung **829** 12 ff.
Beteiligung, Nebenintervenient **71** 11
Betreuer als Zeuge **373** 9
Betreuung, Ehesachen **607** 2 ff.; PKH-Verfahren **114** 46; Prozessunfähigkeit **51 ff.**; Verfahren, Anwaltsbeiordnung **121** 14 ff.
Betriebsgeheimnis, Ausschluss der Öffentlichkeit **172** GVG 6 ff.
Betriebskostenabrechnung, Zwangsvollstreckung **887** 3 ff.
Beugemittel, Erwirkungsvollstreckung **888** 25 ff.; Zeugnisverweigerung **390** II 11 ff.; Zwangsvollstreckung auf Duldung/Unterlassung **890** 34 ff.
Beurkundung, Berufungseinlegung **519** 3 ff., 43 ff.; Tatbestand des Urteils **314** 3 ff.; **540** 6 ff.; Vaterschaftsanerkennung **641 c**; Zustellung **166** 3
Bevollmächtigte, Prozessbevollmächtigte siehe dort; Zustellungsbevollmächtigte siehe dort
Bewegliche Sachen, Arrestverfahren **930** 2; Herausgabe von Dritten **886**; Herausgabeanspruch, Pfändung **897**; Mehrfachpfändung **854**
Bewegliches Vermögen, bewegliche Sache, Zwangsvollstreckung, Herausgabe **883** 3 ff.; Definition **803** 15; Pfändung in **803** 1 ff.
Beweisantritt
–, Urkundenvorlegung durch Beweisführer **420** 4, durch Gegner **421** 1 ff., durch Gegner, Vorlagepflicht **422** 1 ff.; siehe *Beweismittel*
Beweisaufnahme 284 7 ff.
–, Arten **284** 19 ff.
– im Ausland **363** 2 ff., ausländische Beweisaufnahme **369** 2 ff., Haager Übereinkommen Schlussanh. C 3 a, Parteimitwirkung **364** 2 ff.
–, beauftragter Richter **361** 2 ff., Weiterübertragung **365** 2 ff.
–, Beibringungsfrist **356** 2 ff.
–, Berufungsverhandlung **538** 4 ff.
–, Beschluss **358** 2 ff.
–, Beweiserhebung, Verfahren **284** 80 ff.
–, Beweismittel **284** 49 ff.
–, ersuchter Richter **362** 2 ff., Weiterübertragung **365** 2 ff.

–, Gegenstand **284** 40 ff.
–, Geheimverfahren **285** 10 ff.
–, Haupttermin **279** 17 ff.
–, internationales Beweisrecht **284** 106 f., EG-BeweisVO Vor **1072–1075** 1 ff., völkervertragliche Rechtshilfe Vor **1072–1075** 6 f.
– vor mündlicher Verhandlung **358 a** 2 ff.
–, Parteiöffentlichkeit **357** 2 ff.
–, Richter, Befugnisse **400** 2 ff.
–, Übertragung **355** 14 ff.
–, Unmittelbarkeit **355** 2 ff., Heilung **355** 18, Rechtsmittel **355** 19
–, Verfahren der Beweiserhebung, Fortsetzung mündliche Verhandlung **370** 2 ff., Prozessgericht **355** 5 ff.
–, Verhandlung, Ausbleiben der Partei **367** 2 ff., neuer Termin **368** 2
–, Verwertung, Beweisergebnisse anderer Gerichte **355** 8 ff.
–, Zwischenstreit **366** 2 ff.
Beweisbeschluss 358 2 ff.; Änderung **360** 2 ff.; Inhalt **359** 2 ff.; Parteivernehmung **450** 1 ff.
Beweiskraft, Abstammungsgutachten **372 a** 4 ff.; 640; DNA-Analyse **372 a** 4 ff., 8; Einschreiben mit Rückschein **174** 8, 13; Protokoll der Verhandlung **165** 14 ff.; Protokoll Vollstreckungshandlung **762** 22; Tatbestand **314** 3 ff.; Urkunden **415–418**; **440**; Zustellungsurkunde **178**; **182**; **193**
Beweislast 286 93 ff.; Beweiserleichterungen **286** 129 ff.; Beweislastverträge **286** 161 ff.; Einzelfälle **286** 140 ff.; Vermutungen **286** 132
Beweislastumkehr 286 123 ff.
Beweismittel 284 49 ff.; Augenschein **142–144** 21 ff.; **284** 53; **371** 2 ff.; Parteivernehmung **284** 57; **445** 1 ff.; Sachverständige **142–144** 21 ff.; **284** 55; **402** 2 ff., Tatsachenfeststellungen **355** 11 ff.; Urkunden **142–144** 1 ff.; **284** 56; **415** 1 ff.; Verzicht, Urkundenvorlegung **436** 1 f.; Zeuge **284** 54; **373** 2 ff.
Beweisnot, Parteieinvernahme **448** 1 ff.
Beweisregeln, fremdes Recht **293** 1 ff.; gesetzliche **286** 24 ff.; Gewohnheitsrecht **293** 1 ff.; Londoner Übereinkommen **293** 33 ff.
Beweissicherung, einstweilige Verfügung **940**
Beweissicherungsverfahren siehe *Selbständiges Beweisverfahren*
Beweisverbote 284 62 ff.
Beweisvereitelung 286 80 ff.
Beweisverordnung Einl. **442**
Beweisverträge 286 161 ff.
Beweiswürdigung, freie **286** 1 ff.; Parteivernehmung **453** 1 ff.
Beweiszeichen 284 56
Bewilligung, Fiktion der Abgabe **894** 2 ff., **14**; öffentliche Zustellung **186**; PKH-Verfahren **119**; Räumungsfristen **721**; **794 a**
Bewirkungshandlung Einl. **376**
Bezifferung, Antrag bei Stufenklage **254** 6 ff.
Bezugnahme, Anlagen am Schriftsatz **130**; Antragsverlesung **297** 3 ff.; Anwaltsschriftsatz **253** 30 ff.; Berufungsbegründung **520** 60 ff.; Beweisbeschluss **377** 2; Urkunden **423** 1; Urteilstatbestand **313** 6 ff., 9; **540** 7; in der Ver-

1826

handlung auf Schriftstücke **137** 7 f.; Verkündung des Urteils **311** 4 ff.
BGB-Gesellschaft
–, **Parteifähigkeit 736** 1
–, **Zwangsvollstreckung 736** 4 ff., wegen Gesamtschuld **736** 21, gegen Gesellschafter **736** 30, wegen Gesellschaftsschuld **736** 20, Mobiliarvollstreckung in GbR **736** 29, Rechtsbehelfe **736** 36
Bilanzaufstellung, Erwirkungsvollstreckung **888** 2, 6
Bild- und Tonübertragung 128 a 1 ff.; Öffentlichkeit **169** GVG 44 ff.
Billiges Ermessen, vereinfachtes Verfahren **495 a**
Billigkeitsentscheidung, übereinstimmende Erledigung **91 a** 11 ff.; Unterhaltsklagen **93 d** 8
Billigkeitsklausel, Ehesachen, Kosten **93 a** 9 ff.; Pfändung **850 b**, **850 i**; Rücknahme Scheidungsantrag **626** 8; vorläufige Vollstreckbarkeit **710**; **711**; **712**
Bindung
– keine Bindung, Prozesskosten **308** 23 ff.
– an Entscheidung, Strafgericht Einl. 4
– an frühere Entscheidungen **318** 2 ff.
– an Parteianträge **308** 2 ff., Berufungsanträge **528** 1 ff., Rechtsfolgen bei Verletzung der Bindung **308** 18 ff., Verbesserungsverbot **528** 21 ff., Verschlechterungsverbot **528** 26 ff.
Bindungswirkung, Beschwerdeentscheidungen **127** 17, 30 ff.; Haftpflichtprozess **325** 61 ff.; innerprozessuale **318** 3 ff.; Nebenintervention **68** 6 ff.; Rechtswegentscheidung **17 a** GVG 9 ff.; Vorbehaltsurteil **302** 9
Blankettbeschluss 850 16
Blankounterschrift, Privaturkunden **416** 4 ff.; Rechtsanwalt, Berufungsschrift **519** 3 f.
Blankowechsel, Pfändung **831** 2; **857** 42
Börsenschiedsgerichte, Schiedsfähigkeit **1030** 4 ff.
Briefhypothek, Pfändung **830** 9 ff.; **857** 33 ff.; Überweisung **837**; Vollstreckung des Bestellungsanspruch **897** II
Briefkasten, Ersatzzustellung **180** 4 ff.
Bruchteilsgemeinschaft, Pfändung der Anteile aus Eigentum **848** 1; Prozessführungsbefugnis **62** 24 ff.
Brüssel I-VO/EuGVO Einl. 426, 431 ff.; **Schlussanh. B 1**
–, **Anerkennung Schlussanh. B 1 32** 8 ff.; **Schlussanh. B 1 33** 1 ff.; **Schlussanh. B 1 35** 1 ff., Aussetzung **Schlussanh. B 1 37** 1 ff., Verbot révision au fond **Schlussanh. B 1 36** 1, Versagungsgründe **Schlussanh. B 1 34** 11 ff.
–, „Anhängigkeit" **Schlussanh. B 1 30** 1 f.
–, **Anwendungsbereich Schlussanh. B 1** 1 ff., 6 ff.
–, **Ausfertigungsvorlegung,** beweiskräftige Entscheidung/Urkunden **Schlussanh. B 1 53–56** 1 f.
–, **Auslegung des EuGH Schlussanh. B 1 31** ff.
–, **Aussetzung/Beendigung des Verfahrens wegen** Konnexität **Schlussanh. B 1 28,** Prozessverbindung **Schlussanh. B 1 28** 6 ff.

–, **einstweilige Maßnahmen Schlussanh. B 1 31** 1 ff.
–, **Prioritätsgrundsatz Schlussanh. B 1 29** 1 f.
–, **Prozessvergleich** als Vollstreckungstitel **Schlussanh. B 1 58**
–, **Rechtshängigkeit Schlussanh. B 1 27** 1 ff., entgegenstehende **Schlussanh. B 1 27** 15 ff.
–, **Übergangsvorschriften/Schlussbestimmung Schlussanh. B 1 66–76**
–, **vollstreckbare Urkunden Schlussanh. B 1 57** 1 ff., Verfahren **Schlussanh. B 1 57** 13 ff.
–, **Vollstreckung Schlussanh. B 1 32** 1 ff., Aufhebung/Aussetzung Vollstreckbarerklärung **Schlussanh. B 1 45–46** 1 ff., Ausländersicherheit, Verbot **Schlussanh. B 1 51** 2, einstweilige Maßnahmen nach Vollstreckbarerklärung **Schlussanh. B 1 47** 5 ff., einstweiliger Rechtsschutz vor Vollstreckbarerklärung **Schlussanh. B 1 47** 2 ff., Gebühren **Schlussanh. B 1 52** 1 ff., Klauselerteilungsverfahren **Schlussanh. B 1 38** 1 ff., Prozesskostenhilfewirkung **Schlussanh. B 1 50** 1 ff., Rechtsbehelf **Schlussanh. B 1 43** 1 ff., Rechtsbehelf gegen Rechtsbehelf **Schlussanh. B 1 44** 1 ff., Sonderregelung UK **Schlussanh. B 1 38** 25 ff., Verfahren/Zuständigkeit **Schlussanh. B 1 39–42** 1 ff., von Zwangsgeld **Schlussanh. B 1 49** 1 ff.
–, **Zuständigkeit,** rügelose Einlassung **Schlussanh. B 1 24** 1 ff.
–, **Zuständigkeit, allgemeine,** anwendbares Recht **Schlussanh. B 1 59** 1 ff., Drittstaatwohnsitz **Schlussanh. B 1 4** 1 ff., Gesellschaften **Schlussanh. B 1 60** 1 ff., Sonderregelungen **Schlussanh. B 1 61–65,** Wohnsitz **Schlussanh. B 1 2** 1 ff.
–, **Zuständigkeit, ausschließliche,** belegene Sache **Schlussanh. B 1 22** 8 ff., Gesellschaftsrecht **Schlussanh. B 1 22** 22 ff., gewerbliche Schutzrechte **Schlussanh. B 1 22** 32 ff., Registersachen **Schlussanh. B 1 22** 31, Zwangsvollstreckung **Schlussanh. B 1 22** 44 ff.
–, **Zuständigkeit, besondere,** Adhäsionsverfahren **Schlussanh. B 1 5** 68 ff., Arbeitsverhältnisse **Schlussanh. B 1 5** 18–21 1 ff., Berge-Hilfslohn **Schlussanh. B 1 5** 89 ff., Delikt **Schlussanh. B 1 5** 53 ff., Erfüllungsort **Schlussanh. B 1 5** 1 ff., Gewährleistungs-Interventionsklage **Schlussanh. B 1 6** 11 ff., Immobiliargeschäfte **Schlussanh. B 1 6** 23 ff., Niederlassung **Schlussanh. B 1 5** 71 ff., numerus clausus **Schlussanh. B 1 3** 1 ff., Schiffshaftpflicht **Schlussanh. B 1 7** 1 ff., Streitgenossenschaft **Schlussanh. B 1 6** 2 ff., Trust **Schlussanh. B 1 5** 83 ff., Unterhaltssachen **Schlussanh. B 1 5** 42 ff., Verbrauchersachen **Schlussanh. B 1 15–17** 1 ff., Versicherungssachen **Schlussanh. B 1 8–14** 1 ff., Widerklage **Schlussanh. B 1 6** 16 ff.
–, **Zuständigkeitsprüfung** durch Gericht **Schlussanh. B 1 25, 26** 1 ff.
–, **Zuständigkeitsvereinbarung Schlussanh. B 1 23** 1 ff.

Sachregister

fett = §§/Art.

Brüssel II a–VO Einl. 437
–, Anerkennung 21 **Brüssel II a–VO** 1 ff., Verbot der révision au fond 26 **Brüssel II a–VO** 1, Verbot der Zuständigkeitsüberprüfung 24 **Brüssel II a–VO** 1 ff., Versagung wegen Unterschiede des anzuwendenden Rechts 25 **Brüssel II a–VO** 1 f., Versagungsgründe bei Ehescheidung etc. 22 **Brüssel II a–VO** 3 ff., Versagungsgründe bei elterlicher Verantwortung 23 **Brüssel II a–VO** 2 ff.
–, Anrufung des Gerichts 16 **Brüssel II a–VO** 1 ff.
–, anwendbares Recht 20 a–e **Brüssel II a–VO**
–, Anwendungsbereich der Verordnung 1 **Brüssel II a–VO** 1 ff.
–, Aussetzung des Verfahrens, Einlegung von Rechtsmitteln 27 **Brüssel II a–VO** 1, Prioritätsprinzip 19 **Brüssel II a–VO** 1, verfahrenseinleitendes Schriftstück 18 **Brüssel II a–VO** 2
–, Definitionen 2 **Brüssel II a–VO** 2 ff.
–, einstweilige Maßnahmen 20 **Brüssel II a–VO** 1 ff.
–, Formblatt 39 **Brüssel II a–VO**
–, Kosten 49 **Brüssel II a–VO**
–, Prozesskostenhilfe 50 **Brüssel II a–VO**
–, Prüfung von Amts wegen, Zulässigkeit 18 **Brüssel II a–VO** 1, Zuständigkeit 17 **Brüssel II a–VO** 1
–, Sicherheitsleistung 51 **Brüssel II a–VO**
–, Urkunden 37, 38 **Brüssel II a–VO**, Legalisation 52 **Brüssel II a–VO**, öffentliche 46 **Brüssel II a–VO**, Vorlage 45 **Brüssel II a–VO**
–, Verweisung, forum non conviniens 15 **Brüssel II a–VO** 1 ff., Verfahren 15 **Brüssel II a–VO** 10 ff.
–, Vollstreckung, Entscheidung über Vollstreckbarkeit 31 **Brüssel II a–VO** 1 ff., Rechtsbehelf gegen Entscheidung 33, 34 **Brüssel II a–VO**, Verfahren 30 **Brüssel II a–VO** 1 ff., Verfahren, Besonderheiten (Kinder) 40–45 **Brüssel II a–VO**, vollstreckbare Entscheidung 28 **Brüssel II a–VO** 2 ff., Vollstreckbarerklärung 28 **Brüssel II a–VO** 1, Zuständigkeit 29 **Brüssel II a–VO** 1 ff.
–, Vollstreckungsverfahren, anzuwendendes Recht 47 **Brüssel II a–VO**
–, Zusammenarbeit der Zentralen Behörden 53– **Brüssel II a–VO**
–, Zuständigkeit, allgemeine 3 **Brüssel II a–VO** 1 ff., Aufenthalt Antragsgegner 3 **Brüssel II a–VO** 11 ff., forum actoris 3 **Brüssel II a–VO** 17 ff., forum actoris Heimatstaat 3 **Brüssel II a–VO** 21 ff., forum shopping 3 **Brüssel II a–VO** 27 ff., Gegenantrag 4 **Brüssel II a–VO** 1, gemeinsamer Antrag 3 **Brüssel II a–VO** 14 ff., gemeinsamer gewöhnlicher Aufenthalt 3 **Brüssel II a–VO** 6 f., letzter gemeinsamer gewöhnlicher Aufenthalt 3 **Brüssel II a–VO** 8 ff., Staatsangehörigkeit 3 **Brüssel II a–VO** 25 f.
–, Zuständigkeit, ausschließliche 6 **Brüssel II a–VO** 1 ff.
–, Zuständigkeit, elterliche Verantwortung, Auffangzuständigkeit 13 **Brüssel II a–VO** 1 ff.,

Gewöhnlicher Aufenthalt des Kindes 8 **Brüssel II a–VO** 1 ff., Kindesentführung 10 **Brüssel II a–VO** 1 ff., Restzuständigkeit 14 **Brüssel II a–VO** 1 ff., Umzug des Kindes 9 **Brüssel II a–VO** 1 ff.
–, Zuständigkeit, Rückgabe von Kindern 11 **Brüssel II a–VO** 1 ff.
–, Zuständigkeitsrest, Restzuständigkeit 7 **Brüssel II a–VO** 1
–, Zuständigkeitsvereinbarung 12 **Brüssel II a–VO**, isolierte Sorgerechtsverfahren 12 **Brüssel II a–VO** 7 ff., Verbundzuständigkeit für elterliche Verantwortung 12 **Brüssel II a–VO** 1 ff.
Bruttolohn, Pfändung 850 e 2; Vollstreckungstitel 704 9
Buchhypothek, Pfändung 830 19 ff.; Überweisung 837
Bund, Parteifähigkeit 50 20 ff.; Zwangsvollstreckung gegen Forderungen aus Bundverhältnis 832 6
Bundesgerichtshof
–, Besetzung 132 **GVG** 29 ff.; 139 **GVG**
–, Großer Senat 132 **GVG** 1 ff., Divergenzvorlage 132 **GVG** 3 ff., Rechtsfortbildungsvorlage 132 **GVG** 21 ff., Verfahren 138 **GVG** 2 ff.
–, Sicherheitsleistung 123 **GVG** 1 ff.
–, Zuständigkeit 133 **GVG** 2 ff.
Bundeskonsul, Ersuchen, Auslandsbeweisaufnahme 363 8 ff.
Bundesminister als Sachverständiger 408 4; Vernehmungsort 382 4; Vertretung 18 7 ff.; als Zeuge 376 10
Bundespräsident, Beeidigung 479 4; Ernennung Richter 125 **GVG**; Terminsort 219 5; Vernehmung 375 7; Zeugnisverweigerungsrecht 376 IV
Bundesrat, Haftverbot 904 f.; Vernehmung einzelner Mitglieder 382 4
Bundesrecht, Revisionsgrund bei Verletzung 545 2 f., 10 ff., 14
Bundesregierung, Pfändung Bezüge 850 26; als Sachverständige 408 4; Vernehmungsort 382 4; Verschwiegenheitspflicht 376 10
Bundesverfassungsgericht, Prüfungskompetenz 1 **GVG** 39 ff.
Bürgschaft, Erlöschen durch gerichtliche Anordnung, als Sicherheitsleistung 715; notwendige Streitgenossenschaft 62 15; Rechtskrafterstreckung 325 67; Sicherheitsleistung 108 23 ff.; Streitverkündung 72; Vollstreckungsabwehrklage 767 59
Büroorganisation, Wiedereinsetzungsverfahren 233 41, 59, 61
Bürovorsteher 157

Cessio legis, Rechtsnachfolge, vollstreckbare Ausfertigung 727 22
CIM – Einheitliche Rechtsvorschriften für den Vertrag über die internationale Eisenbahnbeförderung von Gütern Schlussanh. C 2 d
CIV – Einheitliche Rechtsvorschriften für den Vertrag über die internationale Eisen-

bahnbeförderung von Personen und Gepäck Schlussanh. C 2 d
Class action, Ordre-public-Verstoß 328 98 ff.
CMR – Genfer Übereinkommen im internationalen Straßengüterverkehr Schlussanh. C 2 a
Computer, Computerfax 130 f.; Pfändung, Arbeitsgerät 811
Contempt of court 328
COTIF – Übereinkommen über den internationalen Eisenbahnverkehr Schlussanh. C 2 d

Darlegungspflicht, Anerkenntnis 93 10; ausländisches Recht 138 5 ff.; 363 2; PKH-Antrag 117 13 ff.; Substantiierungslast 138 18 ff.; Verwertungsaufschub 813 a 3
Datei, Beweismittel 371 9; elektronische 299 a 3 ff.; als Schriftsatz 129 12; 130 a
Datenträger, Löschung 160 a 8
Datenträgerarchiv 299 a 3 ff.
Datenübermittlung
–, Auskunftsanspruch 21 EGGVG 2 ff., Ausnahmen 21 EGGVG 8 f.
– an ausländische öffentliche Stellen 16 EGGVG 2 ff.
– in anderen Fällen 17 EGGVG 2 ff., zusammenhängende Daten 18 EGGVG 2 ff.
–, Rechtsschutz 22 EGGVG 2 ff.
–, Unterrichtung, Empfänger 20 EGGVG 1 ff.; 21 EGGVG 7
– von Amts wegen 12 EGGVG 2 ff.; 13 EGGVG 2 ff., Erforderlichkeit 19 EGGVG 5 ff., Übermittlungsgründe 13 EGGVG 2 ff., Zweckbindung 19 EGGVG 2 ff.
– in Zivilsachen 15 EGGVG 4 ff.
Dauer, Geschäftsjahr 21 e GVG; Haft 913
Dauerpfändung, Unterhaltsansprüche 850 d 33 ff.
Dauerwohnrecht, Pfändung 857 17
DDR-Entscheidung 328 190 ff.
DDR-Urteile, Abänderungsklage 323 133; 328 52; Anerkennung 328 52; Vollstreckbarkeitserklärungen 722 14 ff.
Deckname, Parteibezeichnung 253 46 ff.
Demnächst, Zustellung 167 9 ff.
Denkgesetze, Beweiswürdigung 286 56 ff.
Derogation siehe *Zuständigkeitsvereinbarung*
Detektiv, Kostenerstattung 788 24 ff.
Deutsche Bahn AG, Gerichtsstand 17 7; Rechtsweg 13 GVG
Deutsche Sprache, Gerichtssprache 1075; 184 GVG
Deutsche Staatsangehörigkeit, Anerkennung ausländischer Urteile 328; internationale Zuständigkeit, Ehesachen 606 a
Deutsches IPR, Anfechtung 545 12; Anwendung 293 16 ff.
Devolutiveffekt, Beschwerde 570 2; Einspruch 338 19; Rechtsbeschwerde 575 14 ff., 19
Dienstaufsicht 22 GVG 7 ff.
Dienstbarkeiten, Pfändung 857; Streitwert 7
Dienstsiegel, Gerichtsvollzieher 808 33 ff.
Dingliche Rechte, Aufgebotsverfahren, Ausschluss 892–987; Gerichtsstand 24

Dingliche Sicherung, Zwangsvollstreckung, Widerspruch 777 4 ff.
Dinglicher Arrest 917 3 ff.; Antrag 920
Dinglicher Gerichtsstand 24–26; Prorogationsverbot 40 7 ff.; Sachzusammenhang 25; Wohnungseigentum 24
Diplomaten, Deutsche Gerichtsbarkeitsbefreiung 18–20 GVG
Dispache, Schuldtitel 795
Dispositionsmaxime, Familiensachen nach FGG 621 e 3 ff.; siehe *Verfahrensgrundsätze*
Distanzverfahren, gerichtlicher Vergleich 794 37 ff., 45
Divergenz, Divergenzvorlage, BGH 132 GVG 3 ff.; siehe *Berufung*
DNA-Analyse, Beweiskraft 372 a 8 ff.
Dokumente, elektronische Beweiskraft 130 a 1 ff.; 371 a 1 ff., gerichtliche 130 b 1 ff.
Dolmetscher 185 GVG 2 ff.; Ausschließung 191 GVG 1 ff.; Eid 189 GVG 1 ff.
Domizilprinzip, Auslandsprorogation 38 8
Doppelehe, Aufhebung 631
Doppelexequatur 722 22 ff.
Doppelfunktionalität 14 23
Doppelpfändung bei Anwartschaftsrecht 857; in körperliche Gegenstände 808 36
Doppelstreitverkündung 74 9
Doppeltrelevante Tatsache 12 56
Drittschadensliquidation, gewillkürte Prozessstandschaft Vor 50 55 ff.
Drittschuldner 829 59 ff.; Drittschuldnermehrheit 804 31 ff.; Forderungsmitteilung 806 a 2 ff.; Mehrfachpfändung 853 2 ff.; Pfändungsschutz 850 e; Schadensersatzpflicht 840 21 ff.; Zahlungsverbot 829 59 ff.; Zustellung 850 g 7 f.
Drittschuldnererklärung 840 1 ff.; Schadensersatzpflicht 840 21 ff.
Drittwiderspruchsklage 771 1 ff.
– des Ehegatten 774 1 ff.
–, Einwendungen 771 46 ff., Mithaftung 771 47, rechtshindernde/rechtsvernichtende 771 46, Verwirkung 771 51, wirtschaftliche Identität 771 50
– des Nacherben 773 1 ff.
–, Schadensersatz 771 68
– eine die Veräußerung hinderndes Recht 771 16, Anwartschaftsrecht 771 21, beschränkte dingliche Rechte 771 33, Besitz 771 38, Ehegattenzustimmung § 1365 771 45, Eigentum 771 17, Eigentumsvorbehalt 771 20, Factoring 771 32, Inhaberschaft des Rechts 771 18, Insolvenz/Gläubigeranfechtung 771 43, Leasing 771 30, Mitberechtigung 771 19, schuldrechtliche Ansprüche 771 39, Sondervermögen 771 44, Treuhand 771 24, Zurückbehaltungsrecht 771 37
– bei Veräußerungsverbot 772 1 ff., Beseitigung Veräußerungsverbot 772 17, Rechtsbehelfe 772 17
–, Verfahren 771 52 ff., Begründetheit 771 62, Einstellung Zwangsvollstreckung 771 68, Erledigung der Hauptsache 771 64, Streitgenossenschaft 771 65, Urteil 771 71 ff., Zulässigkeit 771 58, Zuständigkeit 771 54

Sachregister

fett = §§/Art.

–, Verhältnis zu anderen Rechtsbehelfen 771 9
–, Wertbestimmung 3 54
Drittwirkung der Rechtskraft 325 7 ff.
Duldung, Vornahme einer Handlung, Zwangsvollstreckung 890 2 ff.; der Zwangsvollstreckung siehe dort
Duldungspflicht, Abstammungsuntersuchung 372 a 13 ff., 17
Duldungstitel, Pfändung bei Dritten 809 2 ff.; gegen Testamentsvollstrecker 748 17, 20; Zwangsvollstreckung 794; 795; 890
Durchbrechung der Rechtskraft 322 207 ff.
Durchsuchung
–, Entbehrlichkeit der Anordnung 758 a 30, Einverständnis 758 a 30, Gefahr im Verzug 758 a 37, nach Abs. 2 758 a 41
– durch Gerichtsvollzieher 758 3 ff., Anwesenheit Gläubiger 758 23, Kosten 758 31, Öffnung Türen/Behältnisse 758 8
–, Rechtsbehelfe 758 a 70
–, Richtervorbehalt 758 a 1 ff., Begriff Durchsuchung 758 a 26, Begriff Wohnung 758 a 4, Duldungspflicht Dritter 758 a 10 ff., Wohnungsdurchsuchung 758 a 4 ff.
–, Verfahren 758 a 49 ff., Anordnung 758 a 46 ff., Entscheidung 758 a 60, Zuständigkeit 758 a 54
Dynamisierender Unterhaltstitel siehe *Unterhaltstitel*

Echtheit
–, Beweismittelbeschränkung, Urkundsprozess 595 2 ff.
–, Feststellung der Echtheit 256 26 f.
–, Schriftenvergleich 441 f.
–, Urkunden, öffentliche, ausländische 438 2 ff., öffentliche, inländische 437 2 ff., private 439 2 ff.; 440 2 ff.
EG-BagatellVO Anh. 2 zu Buch 11 1 ff.; geringfügige Forderung **Anh. 2 zu Buch 11** 12; Text **Anh. 2 zu Buch 11** nach 36; Verfahren **Anh. 2 zu Buch 11** 11 ff.; Vollstreckung **Anh. 2 zu Buch 11** 34 ff.
EG-BeweisVO, Ausführungsbestimmungen **Vor 1072–1075** 1 ff.; Ersuchen um Beweisaufnahme **1072** 4 ff., Teilnahmerechte **1073** 4 ff.; Ersuchen um unmittelbare Beweisaufnahme **1072** 38 ff., Durchführung **1073** 19 ff.; Sprache, eingehender Ersuche **1075** 1 ff.; Text **Anh. zu §§ 1072–1075;** Verfahren bei aktiver Rechtshilfe, in Deutschland **1074** 13 ff.; Verfahren bei passiver Rechtshilfe, in Deutschland **1074** 56 ff.; Zuständigkeit, in Deutschland **1074** 3 ff.
EG-MahnVO Anh. 1 zu Buch 11 1 ff.; Europäischer Zahlungsbefehl, Schaffung **Anh. 1 zu Buch 11** 6 ff., Vollstreckung **Anh. 1 zu Buch 11** 30 ff.; Text **Anh. 1 zu Buch 11** nach 35
EG-ZustellVO
–, Annahmeverweigerungsrecht **1070** 4 ff.
–, Ausführungsbestimmungen **Vor 1067–1071** 1 ff.
–, diplomatische und konsularische Zustellung **1067** 3 ff.
–, Parteizustellung aus dem Ausland **1071** 1 ff.

–, Text Anh. zu **§§ 1067 ff.**
–, Zuständigkeit, Empfangsstelle **1069** 15 ff., Ländervorbehalt **1069** 26 ff., Übermittlungsstelle **1069** 6 ff., Zentralstelle **1069** 21 ff.
–, Zustellung durch die Post **1068** 6 ff., Versandform aus dem EU-Ausland **1068** 25 ff., Versandformen ins EU-Ausland **1068** 12 ff.
Ehe, Amtsermittlung 616; Feststellungsklage 606; 632; Unterhaltsgerichtsstand 642 6 ff.; Zwangsvollstreckung Eheschließung 888 19 f.; 894 22
Eheaufhebung, Aussetzung 152; Gerichtsstand 606 12 ff.; Kosten 93 a 19 ff.
Ehefähigkeitszeugnis, Ehemündigkeit, Erklärung durch FamG 621 119
Ehefeststellungsklage 632; Säumnis des Klägers 330; 612; Widerklage 632 10
Ehefolgesachen 623 7 ff.
–, Abtrennung 628 4 ff.
–, Anerkennung, ausländischer Urteile 328
–, Anwaltszwang 78 57
–, Entscheidungsverbund, einheitliche Entscheidung 629 2 ff.
–, Kosten 93 a
–, PKH-Verfahren 624 4 ff.
–, Prozessfortführung nach Rücknahme Scheidungsantrag 626 6 ff., nach Scheidungsabweisung 629 10 ff., nach Tod einer Partei 619 3 ff.
–, Vergleich 98 37
–, Vollmacht 624 2 f.
–, Vollstreckbarkeit 629 d 6 ff.
Ehegatte 632 1 ff.
–, Anhörung, elterliche Sorge 613 5 ff.
–, Anschlussrechtsmittel, Verbundverfahren 629 a 32, 40
–, Anteilspfändung, Gesamtgut 860
–, Aufgebotsverfahren, Gütergemeinschaft 999
–, DDR-Güterstand 628 29 f.
–, Drittwiderspruchsklage 774 1 ff.
–, eidesstattliche Versicherung 807 27
–, Eigentumsvermutung 739 2
–, Pfändung, gesetzlicher Unterhaltsansprüche 850 d, Taschengeldanspruch 850 b 6
–, Prozesskostenvorschuss 620 93 ff., Unterhalt 127 a
–, Prozessstandschaft Vor 50 44 ff.
–, Vorbehalt beschränkter Haftung 305
–, Wohnraumherausgabe, Vollstreckung 885 23 ff.
–, Zeugnisverweigerungsrecht 383 16
–, Zuständigkeit, international 606 a
–, Zwangsvollstreckung 739–745, ausländischer Ehegatte 739 22 ff., Gewahrsamsvermutung 739 2 ff.
EheGVO siehe *Brüssel IIa–VO*
Eheherstellungsklage 606 6 ff.
Ehelichkeit, Anfechtung Vaterschaft 640 42 ff.; Feststellungsklage, Kindschaftssachen 640 4 ff.
Ehenichtigkeitsklage 632 1 ff.
Ehereformgesetz 621 1
Ehesachen 606–632
–, Amtsermittlung 616
–, Anwaltszwang 78 57
–, Beiordnung Anwalt 121 8 ff.
–, Berufungsverzicht 515 7 ff.

mager = Randnummer

Sachregister

–, Erledigung, Tod 619 3 ff.
–, Feststellungsklage 632
–, Güteverhandlung 612 2
–, Klageänderung 611 2
–, Kosten 93 a 1 ff., Abweisung Scheidungsantrag 93 a 14 ff., Scheidung/Folgesachen 93 a 3 ff.
–, Öffentlichkeit, Ausschluss 170 GVG; 173 GVG
–, Prorogation, Verbot 40 10
–, Prozessfähigkeit 607
–, Säumnis 612 6 ff.
–, Urteil, ausländisches, Anerkennung 328 177 ff.
–, Urteilsbegründung 313 a 7
–, Verfahrensverbindung 610
–, Vergleich 98 37
–, Vollmacht 609
–, Vollstreckbarkeit 704 16
–, Zuständigkeit 606; 23 a, b GVG
–, Zustellung, Urteil 618; 621 c
Ehescheidung 622–630; Abweisung 629 b f.; Antrag 622 2 ff., Rücknahme 626 2 ff.; Anwaltsbeiordnung 625; einvernehmliche Scheidung 630; Entscheidungsverbund 629 2 ff.; Folgesachenentscheidung 628 3 ff.; Kosten 93 a; PKH-Verfahren 624 4 ff.; Privatscheidung 606 a 52 ff., Anerkennung 328; Verbundverfahren 629 2 ff.; Vergleich 98 37; Zuständigkeit, international 606 a
Ehestörungsklage 606 8, 9
Eheunterhalt, einstweilige Anordnung 644
Ehevertrag, Zuständigkeit 621 107 ff.
EheVO siehe *Brüssel II-VO*
Ehewohnung, Benutzungsklage, Abgrenzung von Herstellungsklage 606 6; einstweilige Anordnung 620 72 ff.; Familiensache 621 84 ff.; Folgesache 623 7 ff.
Ehrenamtliche Richter, Amtsenthebung 113 GVG 2 ff.; Entschädigung 107 GVG 1 f.; Ernennung 108 f. GVG; Rechte und Pflichten 112 GVG 1 ff.; Seeplätze 110 GVG; Übergangsvorschriften 6 EGGVG 2 ff.
Eid 478 1 ff.; vor beauftragten/ersuchten Richter 479 1 ff.; Belehrung 480 1 ff.; Eidleistung 481 1 ff., sprach-/hörbehinderte Personen 483 2 ff.
Eidesdelikt, Partei 452
Eidesgleiche Bekräftigung 484 1 ff.
Eidespflicht 391 2; des Sachverständigen 410 3 ff.
Eidesstattliche Versicherung 807 1 ff.
–, Durchsuchungsverweigerung 807 17
–, Glaubhaftmachung Aussichtslosigkeit Pfändung 807 14
–, Insolvenzsperre 899 25 f.
–, nach bürgerlichem Recht 889 2 ff.
–, Offenbarungspflicht 807 2, 38 ff.
–, Offenbarungspflichtige 807 25 ff., gelöschte Gesellschaften 807 35, gesetzliche Vertreter Gesellschaften 807 31, gesetzliche Vertreter natürlicher Personen 807 29, Schuldner 807 25
–, Rechtsbehelfe 900 50 ff.
–, Rechtsschutzbedürfnis 807 19
–, Verfahren 900 2 ff., amtlicher Vordruck 807 54, Nachbesserungsverfahren 903 19 ff.
– des Verhafteten 902 2 ff.

–, Vollstreckungsschutz 765 a 67
–, wiederholte 903 4 ff.
–, wiederholtes Nichtantreffen 807 18
–, Zuständigkeit 899 2 ff.
Eidesverbot 391 2
Eidesverweigerung, Partei 453 2; 536 3 ff.; Zeuge 390
Eigentümer, Aufgebotsverfahren, Grundstück 977–981; 984; Drittwiderspruchsklage 771 17, Eigentumsvorbehalt 771 20; sofortige Zwangsvollstreckung, Unterwerfungserklärung 799; 800 4; Urheber 77
Eigentümerhypothek, Aufhebung der Immobiliarzwangsvollstreckung 868
Eigentümerhypothek/-grundschuld, Pfändung 857 33 ff.
Eigentums- und Vermögensgemeinschaft, DDR, Zwangsvollstreckung 744 a 6
Eigentumsvermutung bei Ehegatten, Zwangsvollstreckung 739
Eigentumsvorbehalt, Drittwiderspruchsklage 771 20; Klage auf vorzugsweise Befriedigung 805 15; Pfändung Anwartschaftsrecht 857 18, 28; Pfändungsschutz 811 53 ff.
Eingang bei Gericht, Rückwirkung 167
Eingangsstempel, Berufung 519 25
Eingeschränktes Grundurteil 304
Einheitliche Entscheidung, notwendige Streitgenossenschaft 62 41 ff.
Einigungsversuch vor Erhebung Klage, landesrechtlicher Vorbehalt 15 a EGZPO 1 ff.
Einigungsvertrag, Erinnerung bei Zwangsvollstreckung 766 5; Vollstreckungsgegenklage bei Zwangsvollstreckung 767 102
Einlassung
–, Brüssel I–VO siehe dort
–, Fiktion, Einwilligung 267 4 ff.
–, Frist 274 9 ff., Abkürzung 226, Berufungsverfahren 523 10, Nichteinhaltung 274 16 f., Revisionsverfahren 553 2, Urkunden/Wechselprozess 604 2 ff.
–, rügelose 39
–, Zuständigkeit, internationale 328
Einrede
–, Arglist siehe dort
–, Ausländersicherheitsleistung 110
–, Berufungsverzicht 515 8 ff.
–, Berufungszurücknahme 516 4 ff.
–, entgegenstehende Rechtskraft 322 84 ff.
–, Erben 305; 782 f.
–, PKH-Verfahren 114 69
–, rechtzeitiges Vorbringen 282 34
–, Schiedsvereinbarung 1032 1 ff.
–, Schiedsverfahren, ausländischer Schiedsspruch 1061 4 ff., inländischer Schiedsspruch 1060 3 ff.
–, Urkundprozess 595 6; 600 21 ff.
Einschreiben mit Rückschein 175 1 ff.; Zustellung ins Ausland 183 5 ff.
Einschreiten von Behörden bei Zwangsvollstreckung 789 1 ff.
Einseitige Erledigungserklärung des Beklagten 91 a 115; des Klägers 91 a 75 ff.
Einsicht
–, Akten siehe dort

1831

Sachregister

fett = §§/Art.

–, **Schuldnerverzeichnis** 915 8 ff.
–, **Teilungsplan** 875 6
–, **Urkunden,** im Aufgebotsverfahren **1016; 1022** Abs. 2, in Geschäftsstelle **131 Abs. 3; 134 Abs. 2**
–, **Zwangsvollstreckungsverfahren,** des Gerichtsvollziehers **806 a** 13 ff.
Einspruch
–, **Berufungsverfahren,** Zurückverweisungsbeschluss **538** 46
–, **Rücknahme 346** 5 f.
– gegen Versäumnisurteil **338** 3 ff., Einspruchstermin **341 a** 1 ff., Frist **339** 1 ff., Kosten **344** 3 ff., neue Entscheidung **343** 4 ff., Prüfung **341** 1 ff., Schrift **340** 1 ff., Wirkung **342** 3 ff., Zustellung Einspruchsschrift **340 a** 2 ff.
–, **Verzicht 346** 3 f.
Einspruchsschrift 340 1 ff.
Einspruchstermin 341 a 1 ff.
Einstellung
–, **Beschränkung 775** 5 ff., siehe *Einstellung*
– bei Drittwiderspruchsklage **771** 68
– der Versteigerung **818** 1
–, **Zwangsvollstreckung,** Nachweis der Sicherheitsleistung **775** 16
– der Zwangsvollstreckung **775** 5 ff., Befriedigung **775** 17, einstweilige Einstellung **775** 14, Einzahlungs/Überweisungsnachweis **775** 22, Fortsetzung der Vollstreckung **775** 28, Hinterlegung durch öffentliche Urkunde **775** 16, Rechtsbehelfe **775** 29, gegen Sicherheitsleistung **775** 15, Stundung **775** 17, Verfahren **775** 22 ff., Vollstreckungshindernde Entscheidung **775** 10, Zuständigkeit **775** 24
Einstweilige Anordnung
–, **Beschwerdegericht 570** 4 ff.
–, **Ehesachen 620–620 g,** Anwaltszwang **620 a** 10, Aufhebung **620 b** 2 ff., elterliche Sorge **620** 14 ff., Gewaltschutz **620** 91, Kosten **93 a; 620 g,** PKH-Verfahren **620 a** 4, Rechtsmittel **620 c,** Umgangsregelung **620** 26 ff., Unterhalt bei Regelung des Getrenntlebens **620** 64, Zuständigkeit, international **606 a**
–, **Erinnerung 766** 43
–, **Erinnerung** gegen Vollstreckungsklauselerteilung **732** 19 f.
–, **Familiensachen als Vollstreckungstitel 794** 125
– im sofortigen Beschwerdeverfahren **570** 5
–, **Klage auf vorzugsweise Befriedigung 805** 37
–, **Klage gegen Vollstreckungsklausel 768** 11; **769** 1 ff., Anordnungen im Urteil **770** 1, Kosten/Gebühren **769** 36, Rechtsbehelfe **769** 33, Schadensersatz **769** 38, Verfahren des Vollstreckungsgerichts **769** 29, Verfahren Prozessgericht **769** 19, Voraussetzungen **769** 14, Zuständigkeit Prozessgericht **769** 9, Zuständigkeit Vollstreckungsgericht **769** 13
–, **Klauselerteilung 732** 19 f.
–, **Prozesskostenvorschuss,** Familiensachen **621 f,** Unterhaltssachen **127 a**
–, **Räumung,** Besonderheiten **885** 28
–, **Rechtsbeschwerdegericht 574** 2

–, **Unterhalt 641 d** 8 ff., Aufhebung **641 e** 1 ff.; **644** 1 ff., Kosten **641 d** 34, Rechtsmittel **641 d** 21 ff.
–, **Vollstreckungsgegenklage 767** 31; **769** 1 ff., Anordnungen im Urteil **770** 1, des Erben **785** 21, Kosten/Gebühren **769** 36, Rechtsbehelfe **769** 33, Schadensersatz **769** 38, Verfahren des Vollstreckungsgerichts **769** 29, Verfahren Prozessgericht **769** 19, Voraussetzungen **769** 14, Zuständigkeit Prozessgericht **769** 9, Zuständigkeit Vollstreckungsgericht **769** 13
–, **Vollstreckungsschutz 765 a** 82
– bei Widerspruch im Arrestverfahren **924** 15
–, **Zwangsvollstreckung 765 a; 766**
–, **Zwangsvollstreckungseinstellung 769** f.
Einstweilige Einstellung der Zwangsvollstreckung 707 6 ff.; bei Abänderungsklage **323** 125 f.; Antrag **707** 6; Arbeitsgericht **707** 28; Kosten **707** 27; materielle Entscheidungskriterien **707** 11 ff.; Rechtsbehelfe **707** 22; Wirkung der Einstellung **707** 20
Einstweilige Verfügung 935 1 ff.; **936** 2 ff.
–, **andere Rechtsgebiete 935** 1 ff.
–, **Arbeitsrecht 935** 108 ff.
–, **Aufhebung,** gegen Sicherheitsleistung **939** 2 ff.
–, **Bankrecht 935** 26 ff.
–, **Einzelfälle 938** 22 ff.
–, **Familienrecht 935** 54 ff.
–, **Gesellschafts-, Wettbewerbs- und Wirtschaftsrecht 935** 63 ff.
–, **Grundstücke/Schiffe 941** 1 ff., Sonderzuständigkeit **942** 2 ff.
–, **Inhalt 938** 1 ff.
–, **Räumung Wohnraum (Räumungsverfügung) 940 a** 2 ff.
–, **Regelung einstweiliger Zustand (Regelungsverfügung) 940** 5 ff.
–, **Schadensersatzpflicht 945** 4 ff.
–, **Verfügungsanspruch 935** 7 ff.
–, **Verfügungsgrund 935** 16 ff.
–, **Vollziehung 938** 49 ff.
–, **Zuständigkeit 937** 2 ff., Dringlichkeitsentscheidung **944** 1 ff., Gericht der Hauptsache **943** 1 ff.
Einstweilige Zulassung, vollmachtloser Vertreter **89; 779** 8 ff.
Einstweiliger Rechtsschutz, Einführung **Vor 916 ff.** 1 ff.; Verfahrensgrundsätze **Vor 916 ff.** 10 ff.; Verhältnis Arrest und einstweilige Verfügung **Vor 916 ff.** 33 ff.
Einvernehmensrechtsanwalt 78; 88
Einverständnis, Einzelrichter, Berufungsverfahren **527** 3 ff.; Entscheidung durch Vorsitzenden, Handelskammerverfahren **349** 8 ff.; Schriftliches Verfahren **128** 28 ff.; Vernehmung der beweisbelasteten Partei **447;** Video-Verhandlung **128 a**
Einweisungsverfügung, Herausgabevollstreckung **885**
Einwendungen der Arglist siehe dort; Ausschluss **767** 73 ff.; gegen Drittwiderspruchsklage **771** 46 ff.; Eidesstattliche Versicherung **900** 14 ff.; Erbe in Zwangsvollstreckung **781; 786;** Grund- und Nachverfahren **304** 18 ff.; inländisches

Schiedsverfahren **1060** 4 ff.; gegen Klauselerteilung 732; 768; 797 20 ff.; gegen Kostenerstattungspflicht, sofortige Beschwerde 104 72 ff.; Mehrfachpfändung 856; Nachverfahren 600 12 ff.; Nebenintervenient 68 6 ff.; Pfändungs- und Überweisungsbeschluss, Drittschuldnereinwendungen 835 20 ff.; PKH-Verfahren 127 13 ff.; gegen Protokoll 162 7; Rechtzeitigkeit 282 8; Überpfändung 803 60 ff.; Urkundsprozess, Beweismittel 595 2 ff.; Vollstreckungsbescheid 796 6; Wechselprozess 602 6 f.
Einwilligung, Abstandnahme Urkundsprozess 596 1 ff.; Akteneinsicht Dritter 299 32; Aufrechnung in Berufungsinstanz 533 19 ff.; Berufungsrücknahme, Vertrag 516 34 ff.; von Dritten in Pfändung 809 4; Klageänderung 263 28 ff.; Klagerücknahme 269 21; Parteiänderung 263 28; Sicherheitsrückgabe 109 4; Sprungrevision 566 5 ff.; Vermutung 267 4 ff.
Einzelrechtsnachfolge, Rechtskrafterstreckung 325 26 ff.
Einzelrichter
–, obligatorischer **348 a** 3 ff., Rückübertragung an Kammer **348 a** 37 ff., Übertragungsverfahren **348 a** 28 ff.
–, originärer 348 6 ff.; 22 GVG 2 ff., Übernahme der Kammer 348 10 ff.
–, Rechtsmittel 350 1 f.
Einzelschiedsrichter 1035 35 ff.
Einziehung, Gerichtskosten, beim Gegner 125; durch Gerichtsvollzieher **806 b** 4 ff.
Einziehungsermächtigung, Überweisung zur Einziehung 835 11 ff.
Eisenbahn, Zwangsvollstreckung 871
Elektronische Form, Aktenausdruck 298 5 ff.; Beweiskraft **371 a** 1 ff.; Dokumente **130 a** 1 ff.; 317 11; Gerichtsakten **298 a** 3 ff.
Elterliche Sorge, Anhörung 613 11 ff.; Beschwerde **621 e**; Bestandsfeststellungsklage **640 f.**; einstweilige Anordnung 620; **621 g**; Übertragung **621** 26 ff.; **623** 8 ff.; Unverheiratete **621** 31; Vorabentscheidung 627; Zuständigkeit **621** 26 ff.
Empfangsbekenntnis 135; Inhalt 174 8 ff.; Zustellung von Anwalt zu Anwalt 195 7
Empfangsstelle, EG-ZustellVO **1069** 15 ff.; PKH-Ersuchen **1077** 20
Endurteil 300 2 ff.; Berufung 511 6 ff.; Bindung des Gerichts 318 2 ff.; bei Prozessverbindung 300 7
Entbindung von Gutachtenerstattung 408 3; von Schweigepflicht 385 Abs. 2 6 ff.
Entbindungskosten, Klage auf Erstattung als isolierter Unterhaltsanspruch 644
Entfernung von Gerichtstafel 949; Person von Verhandlungsort 158; 177 GVG 8
Entscheidung
– nach Lage der Akten **251 a** 10 ff.; **331 a** 1 ff., Rechtsbehelf **331 a** 23, Unzulässigkeit Versäumnisurteil 335 22 ff.
Entscheidungsgründe, Bekanntgabe 311 4 ff.; Berufungsurteil 540 5 ff.; Beschluss 329 5 ff.; Entbehrlichkeit **313 a** f.; Nebeninterventionswirkung 68 6 ff.; Schiedsspruch **1054** 18 ff.;

schriftliches Verfahren 128 33 f.; Urteil siehe dort; Urteilsaufbau 313 14 f., Ausnahmen **313 a** 1 ff.; Verzicht **313 a**
Entscheidungsreife 300 2 ff.; Aktenentscheidung **251 a** 10 ff.; **331 a** 16 ff.; Grundurteil 304 8; Revisionsverfahren 563 21 ff.; Teilurteil 301 8; Vorbehaltsurteil 302 2
Entscheidungsverbund siehe *Verbundverfahren*
Entscheidungsverkündung siehe *Verkündung*
Erbbiologisches Gutachten, Abstammungsfeststellung **372 a** 4 ff.; Kindschaftssachen 640 35 ff., 42 ff.
Erbe, Aufgebotsverfahren gegen Nachlassgläubiger **989** ff.; Drittwiderspruchsklage 771 44; eidesstattliche Versicherung 807 25 ff.; Einreden, Zwangsvollstreckung 782 f.; Gerichtsstand 27; Haftungsvorbehalt, Urteil 305 3; Miterbenanteilspfändung 859 15 ff.; Pfändung, Nacherbschaft 863 2 ff.; Rechtskrafterstreckung **325 ff.**; Rechtsnachfolgeklausel 727 14; 728; Vollstreckungsgegenklage, bei Haftungsbeschränkung 785; Vorbehalt der beschränkten Haftung 305; 780 f.
Erbengemeinschaft, Zwangsvollstreckung 747 21
Erbenhaftung/Zwangsvollstreckung
–, beschränkte Erbhaftung Zwangsvollstreckung 781 2 ff.
–, Einreden gegen Nachlassgläubiger 782 7 ff., gegen persönlichen Gläubiger 783 2 ff.
–, Nachlassverwaltung/Nachlassinsolvenzverfahren 784 2 ff.
–, Vollstreckungsabwehrklage 785 1 ff.
– als Vorbehalt gegen Zwangsvollstreckung 780 2 ff., Entbehrlichkeit Vorbehalt 780 9, Verfahren 780 15 ff., Wirkung 780 22
–, Zwangsvollstreckung vor Annahme 788 3 ff.
Erbpachtrecht, Zwangsvollstreckung 857 17; 859 15 ff.
Erbrecht, Gerichtsstand 27; Nachlassverbindlichkeiten, Gerichtsstand 27; Zwangsvollstreckung vor Erbschaftsannahme 778
Erbschaftskäufer, Aufgebotsantragsrecht **1000** 6 ff.; Gerichtsstand 27
Erbschaftsnießbrauch siehe *Nießbrauch*
Erbschein, Anerkennung ausländischer Erbschein 328; Beweiskraft 417 5; Erteilung zur Zwangsvollstreckung 792 6; 896
Erbteil, Pfändung 859 15 ff.
Erfüllung, Erfüllungseinwand, vertretbare Handlungen 887 17 ff.; bei Klage aus ausländischem Schiedsspruch **1061**; bei Klage bei Mehrfachpfändung 856 10; bei vereinfachter Regelunterhaltsfeststellung 648; 650; Vollstreckungsgegenklage 767 58 ff.
Erfüllungsort
–, Gerichtsstand 29 2 ff., gesetzlicher Erfüllungsort 29 19 ff., vertraglich vereinbarter Erfüllungsort 29 97 ff.
Ergänzung 321; 721; des Antrags 264 6 ff.; Beschluss 321; 329; Beweisbeschluss 360 4; Protokoll **160 a** 3 ff.; Schiedsspruch **1058** 13 f.; schriftliches Vorbringen 273 12 ff.; Teilungsplan

Sachregister

fett = §§/Art.

874 14ff.; Urteil, vorläufige Vollstreckbarkeit **716**; s. a. *Urteilsergänzung*
Ergänzungsrichter 192 GVG 4
Ergänzungsurteil 321
Erhebung der Klage siehe dort
Erinnerung
- gegen Art und Weise der Zwangsvollstreckung **766** 10ff., Antrag **766** 37, Arbeitsgerichtsverfahren **766** 65, Beispielskatalog **766** 19, Beschlüsse des Beschwerdegerichts **766** 18, Beschlüsse des Vollstreckungsgerichts **766** 14, Besondere Verfahren (Abs. 2) **766** 56ff., einstweilige Anordnung **766** 43, Einzelfälle **766** 20, 21, Entscheidung **766** 47, Erinnerungsbefugnis **766** 24, bei genügender Sicherheit des Gläubigers **777** 4ff., Gerichtsvollzieherhandeln **766** 12, Grundbuchamt **766** 13, Mängelrüge **766** 29ff., Prozessgericht **766** 13, Rechtsmittel **766** 50, Verfahren **766** 36ff., Verfahrensbeteiligte **766** 39, Verhältnis zu anderen Rechtsbehelfen **766** 4, Zulässigkeit und Begründetheit **766** 44, Zuständigkeit **766** 36, Zwangsvollstreckungsmaßnahme vor 1. 10. 1990 **766** 66
-, einstweilige Anordnung **732** 19f.
-, Kostenfestsetzungsverfahren, befristete Erinnerung **104** 112ff.
-, sofortige Beschwerdeentscheidung, Beschwerdegericht **573** 1ff., Rechtspfleger **573** 8ff.
- gegen Vollstreckungsklausel **732** 7ff.
Erinnerungsbefugnis 766 24; Dritter **766** 27; Gläubiger **766** 26; Schuldner **766** 25
Erkenntnisverfahren Einl. 18ff.
Erklärungslast
-, mündliche Verhandlung, Gegner **138** 18ff., Nichtbestreiten **138** 23ff., Nichtwissen **138** 27ff.
Erklärungspflicht, Drittschuldner, bei Forderungspfändung **840** 1ff.; Teilungsplan **875** 2ff.
Erlass, Mahnbescheid **692** 13ff.; Schiedsspruch **1054** 38ff.
Erledigung der Hauptsache
-, einseitige Erledigungserklärung des Beklagten **91a** 115
-, einseitige Erledigungserklärung des Klägers **91a** 75ff.
-, Einzelfallregelung **91a** 134ff.
-, Gebühren **91a** 158
- der Hauptsache bei Drittwiderspruchsklage **771** 64
-, Rechtsbeschwerde **576** 21, Rechtsstreit **577** 12
-, sofortige Beschwerde **569** 22
-, teilweise Erledigung **91a** 116ff.
-, übereinstimmende Erledigungserklärung **91a** 25ff., erledigendes Ereignis **91a** 4, Erledigungserklärung **91a** 3, Interessenabwägung **91a** 11ff., Kosten **91a** 1ff.
-, Wertbestimmung **3** 68
Erledigung des Rechtsmittels 91a 126ff.
Erlös, Hinterlegung **720; 805 Abs. 4; 827; 854 Abs. 2; 858 Abs. 5; 885; 930**
Ermahnung der Partei **451**; des Zeugen **395** 2

Ermessensentscheidung bei Anordnung des Parteierscheinens **141** 9; bei Aussetzung **148** 14; **149** 9; Friständerung **224** 4f.; Klagetrennung **145** 7; Kostenentscheidung **92** 21; Parteivernehmung **448** 2ff.; Prüfung **28 EGGVG** 18ff.; Schadensschätzung **287** 7ff.; Zwangsvollstreckungseinstellung **707** 11ff.
Ermittlung fremden Rechts, Beweisaufnahme **284** 32
Ermittlung fremdes Recht 293 16ff.
Ermittlungsgrundsatz siehe *Prozessmaxime*
Ernennung, Handelsrichter **108–110 GVG**; Sachverständigen **404f.**; Schiedsrichter **1035** 6ff.
Eröffnung der mündlichen Verhandlung **136** 1f.
Erörterung, Beweisergebnis **279** 18; PKH-Verfahren **118** 17ff.; Sach- und Streitverhältnis **136** 1ff.; **139** 12ff.; selbständiges Beweisverfahren **490; 492**
Ersatzvornahme, ausländische Titel **722** 24ff.; vertretbare Handlung **887** 33ff.
Ersatzzustellung durch Einlegung in Postkasten **180** 4ff.; in Gemeinschaftseinrichtungen **178** 24ff.; im Geschäftsraum **178** 19ff.; durch Niederlegung **181** 4ff.; Rechtsfolgen, fehlerhafte Zustellung **178** 29; verbotene **178** 26ff.; in Wohnung und Haus **178** 1ff.
Ersetzungsbefugnis, alternative Klagehäufung **260** 24; Vollstreckungsgläubiger nach Überweisung der gepfändeten Forderung **835** 12; Zwangsvollstreckung **807** 14
Erstattungsanspruch, Aufhebung vorläufige Vollstreckbarkeit **717** 7ff.; s. a. *Schadensersatz*
Ersuchter Richter siehe *Richter*
Erteilung, Rechtskraftzeugnis **706** 2ff.; Vollstreckbare Ausfertigung **724ff.**; Vollstreckungsklausel **731** 6ff., ausländische Titel **328**
Erwachsenheitssumme 511, siehe *Berufungssumme*
Erweiterung, Berufung, Angriffs- und Verteidigungsmittel **531** 17ff.; Klage **264** 11ff.; Partei **263** 67ff.; Verbundverfahren, Rechtsmittel **629a** 12ff.
Erwirkungshandlung, einseitige Erledigungserklärung **91a** 2ff.; Widerruf **Einl.** 376, 380ff.
Erwirkungsvollstreckung 887; 888; 891
Erzwingung, Abstammungsuntersuchung **372a** 4ff.; eidesstattliche Versicherung **901** 10ff.; Haft, Unzulässigkeit **904;** Unterlassung/Duldung **890;** Unvertretbare Handlungen **888** 23ff.; Verfahrensaufnahme **239** 29ff.; bei Zeugnisverweigerung **390** 7, 11ff.
Erzwingungshaft 904
EuGVÜ siehe *Brüssel I–VO*
Europäischer Vollstreckungstitel Vor 1079ff. 1ff.
-, **Anwendungsbereich Vor 1079ff.** 20ff.
-, **Bestätigung inländischer Titel,** Arten der Bestätigung **1079** 2ff., Berichtigung Titel **1081** 4f., Entscheidung **1080** 1ff., Rechtsbehelfe **1080** 60ff., Widerruf **1081** 5f., Zuständigkeit **1079** 16ff., Zustellung **1080** 59
-, **Einstellung der Zwangsvollstreckung 1085** 1ff.

–, **Vollstreckungsabwehrklage 1086** 1 ff.
–, **Zwangsvollstreckung aus EuVT in Deutschland,** Antrag zur Verweigerung der Zwangsvollstreckung – Beschränkung durch Rechtsbehelf im Ursprungsstaat **1084** 4 ff., Antrag zur Verweigerung der Zwangsvollstreckung – Unvereinbarkeit mit früher Entscheidung **1084** 1 ff., Übersetzung **1083** 1, Verfahren **1082** 1 ff.
Europäisches Justizielles Netz 16 a EGGVG 2 ff.
Europäisches Mahnverfahren Vor 688 46 ff.; EG-MahnVO siehe dort
Europäisches Zivilprozessrecht Einl. 426 ff.; Brüssel I–VO/EuGVO, siehe dort **Schlussanh. B**
EuÜ Anh. zu § 1061 Nr. 2 1 ff.
Eventualmaxime 277
Eventual-Widerklage siehe *Widerklage*
EWIV, Zwangsvollstreckung **736** 42
Exequaturverfahren 722 f.; bei ausländischen Schiedssprüchen **1061** 4 ff.; bei Schiedssprüchen **1053**
Existenzminimum, Vollstreckungsschutz **765 a** 36
Experimentierklausel 119 GVG 25 ff.
Exterritorialität, diplomatische Missionen **18 GVG** 1 ff.; konsularische Vertretungen **19 GVG** 1 ff.; weitere **20 GVG** 1 ff.

Factoring, Drittwiderspruchsklage **771** 32
Faires Verfahren Einl. 193, 219 ff.
Faksimilestempel, Mahnverfahren **690; 692**; vorbereitender Schriftsatz **130** 2
Fälligkeit, offene vollstreckbare Ausfertigung **726** 13
Familiengericht Einl. 6; 23 b GVG 3 ff.; Besetzung **23 b GVG** 17 ff.; Landesregelungsermächtigung **23 c GVG** 1 ff.
Familiensachen
–, **Anerkennung 606 a,** internationale Anerkennungszuständigkeit **606 a** 52 ff.
–, **Anerkennung und Vollstreckung ausländischer Entscheidungen 621** 153 ff.
–, **Arten,** eheliches Güterrecht **621** 100 ff., Ehewohnung und Hausrat **621** 84, elterliche Sorge **621** 26 ff., Entbindungskosten u. ä. **621** 118, Erteilung besonderer Genehmigungen **621** 119, Gewaltschutz **621** 120, Herausgabe Kind **621** 45 ff., Kindschaftssachen **621** 117, Stundung der Ausgleichsforderung **621** 116, Umgang **621** 40 ff., Unterhalt **621** 50 ff., Versorgungsausgleich **621** 82 f.
–, **Begriff 23 b GVG** 6 ff.
–, **Beschwerdeverfahren 620 c** 22 ff.; **621 e** 57 ff., Begründungspflicht **620 d** 1 ff., Kosten **621 e** 74 ff., Rechtsbeschwerde **621 e** 70 ff.
–, **besondere Prozessvollmacht 609** 1 ff.
–, **eheliches Güterrecht 621** 100, Verfahren **621 b** 1
–, **Ehewohnung/Hausrat 621** 84, einstweilige Anordnung **620** 72
–, **einstweilige Anordnung 620** 1 ff., Antrag **620 a** 2 ff., Aufhebung und Änderung des Beschlusses **620 b** 1 ff., Außerkrafttreten **620 f** 1 ff., Aussetzung der Vollziehung **620 e** 1 ff., Begründungspflicht **620 d** 1 ff., Ehewohnung und Hausrat **620** 72, elterliche Sorge **620** 14 ff., Getrenntleben **620** 67, Gewaltschutz **620** 91, Herausgabe persönlicher Gegenstände **620** 84 ff., Kindesherausgabe **620** 32 ff., Kostenentscheidung und Kosten **620** 97; **620 a** 41; **620 f** 1 ff., Kostenvorschuss **620** 93, Prozesskostenhilfe **620 a** 43, Rechtsmittel **620 c** 1 ff., Streitwert **620 g** 15 ff., Umgang **620** 26 ff., Unterhalt **620** 35 ff., Verfahren **620 a** 27 ff., im Verfahren nach § 621 **621 g** 1 ff., Vollstreckung **620 a** 41, Zuständigkeit **620 a** 19 ff.
–, **Gewaltschutzgesetz Vor 620** 1 f.; **621** 120
–, **Herausgabe Kind 621** 45 ff., einstweilige Anordnung **620** 32 ff.
–, **Kosten 97** 25
–, **Kostenvorschuss 621 f** 1 ff.
–, **Nebenstreitigkeiten 621** 123 ff., Auskunftsansprüche **621** 128, Beratungshilfe **621** 126, Honorarklage RA **621** 127, Kostenfestsetzungsverfahren **621** 125, kraft prozessualen Zusammenhangs **621** 132 ff., Prozesskostenhilfe **621** 124, Zwangsvollstreckung **621** 141 ff.
–, **Rechtsmittel Vor 621 d** 1 ff., Berufung **621 d** 7 ff., bei einstweiliger Anordnung **620 c** 2 ff., Einzelfälle bei einstweiliger Anordnung **620 c** 15, Rechtsbeschwerde **621 d** 12 f.; **621 e** 70 ff., Zulassungsrevision **621 d** 5 f.
–, **Regelung elterliche Sorge 621** 26 ff., einstweilige Anordnung **620** 14
–, **Stundung der Ausgleichsforderung 621** 116
–, **Umgang 621** 40 ff., einstweilige Anordnung **620** 26 ff.
–, **Unterhalt 621** 50 ff., einstweilige Anordnung **620** 35 ff.
–, **Verfahren,** anzuwendende Vorschriften **621 a** 1 ff.; **621 b** 1, Aussetzung des Verfahrens auf Antrag des Klägers **614** 1 ff., Aussetzung des Verfahrens von Amts wegen **614** 2 ff., Einschränkung Parteidisposition **617** 1 ff., Erledigung durch Ehegattentod **619** 1 ff., Fristen **611** 15, Ladung **612** 3 ff., Landgerichtsverfahren **608** 1 ff., persönliches Erscheinen **613** 5, Prozessfähigkeit/Prozessstandschaft **607** 2 ff., Untersuchungsgrundsatz **616** 1 ff., Verbindung von Verfahren **610** 1 ff., Vorbringen neuer Klagegründe **611** 2, Widerklage **610** 3; **612** 14, Wirkung der Aussetzung **614** 14, Zurückweisung von Angriffs- und Verteidigungsmitteln **615** 3; **621 d** 2, Zustellung der Urteile **618**
–, **Vergleich,** Kosten **98** 36 ff.
–, **Versäumnisurteil 612** 6 ff.
–, **Versorgungsausgleich 621** 82 ff.
–, **Vollstreckung 621** 141 ff., ausländsicher Entscheidungen **621** 151
–, **Zuständigkeit 606** 1 ff.; **621** 175, Definition Ehesache **606** 2, des FamG **621** 10 ff., internationale **606 a** 1 ff., örtliche **606** 12; **621** 158 ff.
–, **Zustellung 621 c** 1
Familienverfahren, Zustellung, Reform **Einl. 184** ff.
Fernschreiben 694 10

1835

Sachregister

fett = §§/Art.

Feststellungsinteresse 256 35
Feststellungsklage 256 1ff.; Drittrechtsverhältnis 256 33ff.; Feststellungsinteresse 256 35ff.; Feststellungsurteil, Rechtskraft 322 183ff.; Gegenwärtigkeit 256 28ff.; Rechtsverhältnis 256 10ff.; Streitwert 256 90ff.; Verfahren 256 64ff.; auf Wirksamkeit eines Vergleichs 794 109; Zwischenfeststellungsklage 256 75ff.
FGG-Reform Einl. 184ff.
FGG-Verfahren, Antragsrücknahme 269 92
Fiktion der Zustellung ins Ausland 184 2ff.
Firmenübernahme, vollstreckbare Ausfertigung 729 7
Fiskus 18 2ff.
Flucht in die Säumnis 340 23ff.
Forderungspfändung, Vollstreckungsschutz 765a 49
Forderungsprätendentenstreit 75 1ff.
Formelle Rechtskraft siehe *Rechtskraft*
Formlose Mitteilung 270 8f.
Fortsetzung, Mietverhältnis 308a 2ff.
Forum, Erfüllungsort 29 2ff.
Forum shopping, Brüssel IIa-VO 3 **Brüssel IIa-VO** 27
Fragerecht der Parteien, Zeugenvernehmung 397 2ff.
Freibeweis 284 26ff.
Freie Beweiswürdigung 286 6ff.
Freigabe, gepfändeter Gegenstand 804 26
freihändige Veräußerung durch Gerichtsvollzieher 825 9
Freiwillige Gerichtsbarkeit Einl. 5
Freiwillige Leistung des Schuldners 754 26; Annahme durch GV 754 26; Eigentumsübergang 754 48; Ersatzleistung 754 51; Pfändung durch Dritte 754 54; bei Pfändung Geld 815 19; Rechtsbehelfe 754 56
Fremdes Recht, Ermittlung 293 ff.
Frist
–, Änderung durch Richter 224 4, Verfahren 225 1ff.
–, **richterliche**, Feiertage 222 5, Fristbeginn 221 2ff., Fristberechnung 222 2ff.
–, **Verkürzung** 224 1ff.
–, **Verlängerung** 224 1ff.
–, **Zwischenfristen**, Abkürzung 226 1ff.
Fristberechnung 222 1ff.
Fristbestimmung 255 4ff.
Früchte, Pfändung ungetrennter Früchte 810 1ff.
Früher erster Termin 272 6, 16, 27ff.
Funktionelle Zuständigkeit 1 9

GbR siehe *BGB-Gesellschaft*
Gebote siehe *Versteigerung*
Gebühren, einstweilige Anordnung Familienverfahren 620g 15ff.; einverständliche Scheidung 630 28; Erledigung der Hauptsache 91a 158; Urkunden und Wechselprozess 596 8; Wiederaufnahme des Verfahrens 590 10
Gebührenstreitwert 2 5, 9, 22
Gebührenwert 3ff.
Gegenseitigkeit 328 2
Gegenstandswert 2 5, 9
Gegenvorstellung 567 7ff.

Geld, Ablieferung durch Gerichtsvollzieher siehe dort
Geldforderung, Definition 803 3; Pfändung einer Geldforderung 829 1ff.; Pfändung wegen – 803 1ff.
Geltungsbereich, Zivilprozessordnung 3 **EGZPO** 1f.
Generalklausel, Schuldnerschutz 765a 1ff.
Genfer Übereinkommen über den Beförderungsvertrag im internationalen Straßengüterverkehr, CMR Schlussanh. C 2a
Gerichtliche Bestimmung siehe *Zuständigkeit*
Gerichtsaufbau Einl. 36ff.
Gerichtsbarkeit 12–22 GVG; Befreiung von – Vor 18–20 GVG 2ff.
Gerichtsbezirk, Amtshandlung außerhalb 166 **GVG**
Gerichtssprache 184 GVG 2ff.
Gerichtsstand
–, **allgemeiner** 12 28, Behördensitz 19 2ff., bergrechtliche Gewerkschaften 17 15, exterritoriale Deutsche 15 2ff., Fiskus 18 2ff., Insolvenzverwalter 19a 2ff., juristische Person 17 2ff., juristische Person, Zusatzgerichtsstand 17 17, Wohnsitz 13 3ff., Wohnsitzlose Person 16 2ff.
–, **ausschließlicher** 12 27, dinglicher 24 2ff., dinglicher, persönliche Klage 26 2ff., dinglicher, Sachzusammenhang 25 2ff., Kapitalmarktinformationen 32b 3ff., Mietsachen 29a 4ff., Umweltsachen 32a 2ff.
–, **Begriff** 12 4ff.
–, **besonderer** 12 29, Aufenthaltsort 20 2ff., Bergungsansprüche 30 3ff., Erbschaft 27 2ff., Erbschaft, erweiterter 28 2ff., Erfüllungsort 29 2ff., Hauptprozess 34 2ff., Haustürgeschäfte 29c 3ff., Mitgliedschaft 22 2ff., Niederlassung 21 2ff., unerlaubte Handlung 32 2ff., Unterhalt 23a 2ff., Vermögen 23 2ff., Vermögensverwaltung 31 2ff., Widerklage 33 2ff., Wohnungseigentum 29b 3ff.
–, **gerichtlich bestimmter** 12 33; 36 2ff., Verfahren 37 2ff.
–, **gesetzlicher** 12 26
–, **Sachzusammenhang** 12 35ff.
–, **Tatsachenvortrag** 12 55ff.
–, **Wahlgerichtsstand** 12 34, Unterhaltsklagen 35a 2ff.
–, **Wahlrecht** 35 2ff.
Gerichtsstandsvereinbarung 12 32; 38 4ff.; Unwirksamkeit 40 4ff.; Unzulässigkeit 40 4ff.; Wirksamkeitsvoraussetzungen 38 11ff.; Wirkung 38 40ff.
Gerichtsverfassung GVG
Gerichtsverfassungsgesetz
–, **Anwendungsbereich**, räumlicher **Vorb. EGGVG** 5, sachlicher 2 **EGGVG** 1ff., Sondergerichtsaufgaben 3 **EGGVG** 3ff., Sonderzuweisung Berlin/Hamburg 4a **EGGVG** 1, zeitlicher **Vorb. EGGVG** 3f.
Gerichtsvollzieher
–, **Ablieferung von gepfändetem Geld** 815 2ff., freiwillige Zahlung 815 19, an Gläubiger 815 2ff., Hinterlegung 815 7ff., Kosten 815 21,

mager = Randnummer

Sachregister

Rechtsbehelfe **815** 20, als Zahlung des Schuldners **815** 13 ff.
–, Akteneinsicht/-abschrift 760 1 ff., Rechtsbehelfe **760** 18
–, Anwesenheitsrecht des Gläubigers 758 23, Kosten **758** 31, gegen den Willen des Schuldners **758** 25
–, Aufgaben 154 GVG 6 ff.
–, Ausschließung 155 GVG 3 ff.
–, Befragungsrecht 806 a 14
–, Durchsuchung 758 3, Kosten **758** 31, Öffnung Türen/Behältnisse **758** 8, Richtervorbehalt **758 a** 1 ff.
–, Erledigungsverfahren Vollstreckung in bewegliche Sachen 806 b 1 ff., Einziehung Teilbeträge **806 b** 4 ff.
–, Ermächtigung 755 1 ff., Besitz vollstreckbare Ausfertigung **755** 3, Rechtsbehelfe **755** 12
–, Gewaltanwendung 758 14 ff., Kosten **758** 31
–, Haftung 154 GVG 20
–, Mitteilungsverpflichtung 806 a 2 ff., 16
–, Protokoll über Vollstreckungshandlung siehe dort
–, Übergabe, Quittung **757** 24, Rechtsbehelfe **757** 38, Titel **757** 3 ff., Vermerk **757** 29
–, Verfolgungsrecht 808 40
–, Vollstreckung zur Unzeit 758 a 77
–, Weisungsabhängigkeit 154 GVG 8 ff.
–, weitere Tätigkeiten in Zwangsvollstreckung 754 60 ff., als bevollmächtigter Vertreter **754** 62, Stundung/Nachlass/Vergleich/Ersatzleistungen **754** 61
–, Zug-um-Zug-Leistung 756 25
–, Zuziehung von Zeugen 759 1 ff., Notwendigkeit **759** 4 ff., Rechtsbehelfe **759** 28, Zeuge **759** 12 ff.
–, Zwangsvollstreckung durch – 753 1 ff., Auftrag **753** 13, s.a. *Vollstreckungsauftrag,* Zuständigkeit **753** 7
Gesamtgut
–, Pfändung des Anteils 860 2 ff.
–, Zwangsvollstreckung 740 4 ff., Alleinverwaltung **740** 21, gegen Ehegatten **740** 39 ff., erforderlicher Titel **740** 14, Erwerbsgeschäft **741** 3 ff., gemeinschaftliche Verwaltung **740** 31, wegen Gesamtgutverbindlichkeiten **740** 8, Rechtsbehelfe **740** 43 ff., Sonder-/Vorbehaltsgut **740** 34
Gesamthand, Pfändung des Anteils **859** 3 ff.
Gesamtrechtsnachfolge, Rechtskrafterstreckung **325** 20 ff.; Rechtsnachfolge, vollstreckbare Ausfertigung **727** 27
Gesamtschulden, Gesellschafter GbR; Vollstreckung **736** 21
Geschäftsbücher, Pfändungsschutz **811** 47
Geschäftsstelle, Amtspflicht **129 a** 3 ff.; Arrestgesuch **920** 8 ff.; Aufgebotsantrag **947** 3 ff.; Aussetzungsgesuch **248** 2; Beschwerdeeinlegung **569** 2, 11 f.; Erklärung zu Protokoll **153 GVG** 4 ff.; Errichtung **153 GVG** 4 ff.; Klage beim Amtsgericht **496** 2 ff.; PKH-Antrag und Stellungnahme **117** 2; Sachverständigenablehnung **406** 9; im Streitverfahren nach Abgabe **696** 26; Urkundsbeamter **153 GVG** 9 ff.

Geschäftsunkosten 91 43 ff.
Geschäftsverteilung Vor 21 a GVG 1 ff.
Geschäftsverteilungsplan 21 e GVG 6 ff.
Geschichte, Zivilprozessrecht **Einl.** 66 ff.
Gesellschaft, Gesellschaft Bürgerlichen Rechts siehe *BGB-Gesellschaft*
Gesellschaftsanteil, Pfändung **857** 43
Gesellschaftsschuld, Vollstreckung wegen **736** 20
Gesetz 12 EGZPO 1
Gesetzliche Vertretung, Geschäftsunfähiger **51, 52** 3 ff., 10 ff., 16 ff.
Gesetzlicher Richter Einl. 197
Gestaltungsklage, Gestaltungsurteil, Rechtskraft **322** 188 ff.
Gestaltungsrechte, Ausübung/Präklusion Drittwiderspruchsklage **767** 80
Geständnis
–, außergerichtliches 288 38
–, Berufungsverfahren 535 1 ff.
–, Fiktion, Nichtbestreiten des Vorbringens **138** 23 ff., Versäumnisurteil **331** 11
–, gerichtliches 288 5 ff., Besonderheiten **289** 1 ff.
–, Widerruf 290 4 ff.
Getrennte Verhandlung siehe *Prozesstrennung*
Gewährleistung, Erwerb aufgrund Pfändung **806** 1 ff.
Gewahrsam
–, Alleingewahrsam 808 8
–, Begriff 808 6
–, Erbenbesitz 808 10
–, Geschäfts-/Betriebsrauminhaber 808 16
– des Schuldners 808 6
–, Vermutung bei Zwangsvollstreckung, Ehegatten/Lebenspartner **739** 2, mit Auslandsbezug **739** 22 ff.
–, Wohnungsinhaber 808 13
Gewaltanwendung
– durch Gerichtsvollzieher 758 14 ff., Hinzuziehung Polizeibeamte **758** 20, Kosten **758** 34
Gewaltschutzgesetz 620 91; **621** 9; **Vor 629** 1 ff.; unmittelbarer Zwang in Verfahren nach dem Gewaltschutzgesetz **892 a** 1 ff.
Gewohnheitsrecht, Völkerrecht **12** 82
Glaubhaftmachung 294 4 ff.; Begriff **284** 23; **920** 12 ff.
Gläubigerstreit 75 3 ff.
Großer Senat 132 GVG; 138 GVG
Grundgesetz Einl. 190 ff.; Prozessprinzipien **Einl.** 255 ff.; Vollstreckungsverfahren **Einl.** 259 ff.
Grundpfandrecht siehe *Pfandrecht*
Grundrechte Einl. 192 ff.
Grundschulden, Pfändung **857** 31
Grundstück, Herausgabe **885** 2 ff.; Zwangsvollstreckung herrenloses Grundstück **787** 2 ff.; Zwangsvollstreckung in **866** 1 ff.
Grundstücksgleiche Rechte, Zwangsvollstreckung **870** 1 ff.
Grundurteil 304 5 ff.
Gutachten, Sachverständiger **407** 2 ff.
Gutachtenkosten 91 5, 18, 19, 23, 30
Gutachtenverweigerungsrecht 408 2 ff.

1837

Sachregister

fett = §§/Art.

Gütergemeinschaft
–, **beendete,** Vollstreckbare Ausfertigung **744** 3, Zwangsvollstreckung **743** 3
–, **fortgesetzte,** Beendigung **745** 4, Zwangsvollstreckung **745** 2
Güterstand 78 25, 55 ff.
Gütestelle, Definition **794** 114; Vergleiche, Vollstreckung **794** 114 ff.
Güteverhandlung 278 17 ff.
Gutgläubiger Erwerb, Pfändungspfandrecht **804** 27
Gütliche Streitbeilegung 278 7 ff.

Haager Übereinkommen über den Zivilprozess Schlussanh. **C** 3 c; Ausführungsgesetz Schlussanh. **C** 3 d
Haager Übereinkommen über die Anerkennung und Vollstreckung von Entscheidungen auf dem Gebiet der Unterhaltspflicht gegenüber Kindern, Ausführungsgesetz Schlussanh. **C** 1 c; HUVÜ 1958 Schlussanh. **C** 1 b
Haager Übereinkommen über die Anerkennung und Vollstreckung von Unterhaltsentscheidungen, HUVÜ 1973 Schlussanh. **C** 1 a
Haager Übereinkommen über die Beweisaufnahme (HBewÜ) Schlussanh. **C** 3 a; Ausführungsgesetz Schlussanh. **C** 3 b
Haager Zustellungsübereinkommen Schlussanh. **4** IV
Haft, Anordnung **909** 2 ff.; Aufschub **906** 2 ff.; Befehl **901** 4 ff., siehe dort; Dauer **913** 1; Hafterneuerung **911** 2 ff.; Unterbrechung **905** 2 ff.; unzulässige **904;** Verfahren, vorherige Anzeige **910** 2 ff.; wiederholte **914** 2 ff.
Haftbefehl, eidesstattliche Versicherung **902** 2 ff.; Erlass **901** 4 ff.; Rechtsbehelfe **901** 18 ff.; Vollstreckung/Protokoll **762** 10
Haftungsbeschränkende Klage siehe *Erbenhaftung*
Hamburger UN-Übereinkommen über die Güterbeförderung auf See Schlussanh. **C** 2 g
Handelssachen, Begriff **95** GVG 5 ff.; Kammer für Handelssachen siehe dort
Handlungsvollstreckung siehe *Unterlassung*
Handlungsvornahme, Urteil **510 b** 1 ff.
Härteklausel, Vollstreckungsschutz siehe dort
Hauptintervention 64 4 ff.
Haupttermin 272 21 ff.; **277** 39 f.; Ablauf **279** 3 ff.; Beweisaufnahme **279** 17 ff.; neuer Termin **279** 20; richterliche Hinweispflicht **279** 21
Hausbesetzer 940 2, 5, 9 ff.; **940 a** 2 ff.
Hausrat, Pfändung **812** 2
Haustiere, Unpfändbarkeit **811 c** 1 ff.
Heilung
–, **Verfahrensmängel,** Amtsprüfung **56** 1 ff., Aufhebung des Urteils **538** 19, 21 ff., Revision **545** 2 ff.
–, **Zustellungsmängel 178** 29
Herausgabe
– einer bestimmten Menge vertretbarer Sachen **884** 2 ff.

–, **bewegliche Sache 883** 3 ff.
– von **Grundstücken/Schiffen 885** 2 ff.
– bei Herausgabeansprüchen von Sachen im Gewahrsam eines Dritten **886** 2 ff.
–, **Kinder,** Vollstreckungsschutz **765 a** 24
–, **Klage gegen Vollstreckungsklausel 768** 12
–, **Vollstreckungsschutz 765 a** 53
– **bei Zwangsvollstreckung in Gegenstände im Gewahrsam eines Dritten,** Entbehrlichkeit Herausgabeerklärung **809** 12, Herausgabebereitschaft **809** 5, Kosten **809** 19, Rechtsbehelfe **809** 19, unter Bedingungen **809** 9, Verfahren **809** 14
Herausgabeanspruch
–, **Pfändung 846** 2 ff., auf bewegliche Sache **847** 2 ff., auf Schiff **847 a** 1 ff., auf unbewegliche Sache **848** 2 ff.
Hilfsantrag, Teilurteil **301** 12
Hinterlegung, Erlös, Klage auf vorzugsweise Befriedigung/einstweilige Anordnung **805** 37; bei gepfändetem Geld **815** 7 ff.; Sicherheitsleistung **108** 20 ff.
Hinweispflichten, andere **139** 18 ff.; Einzelfälle **139** 22 ff.; Form **139** 56 ff.; Rechtsmittel **139** 59; richterliche **139** 11 ff.; richterliche –, im Haupttermin **279** 21; Zeitpunkt **139** 55
Honorarklage des Prozessbevollmächtigten 91 45 ff.; im Familienverfahren **621** 127
Hypothekenforderung, Pfändung **830** 9 ff.

ICC-Schiedsgerichtshof Vor **1025** 85
Immaterialgüterrechte, Pfändung **857** 16
Immobiliarvollstreckung, Umfang **864** 2 ff.
Immunität Vor **18–20** GVG 2 ff.
Indizienbeweis 284 24
Inkassobüro 91 33
Innerprozessuale Präklusion 767 84 ff.
Insolvenzstatistik 39 EGGVG 2 ff.
Insolvenzverfahren, Antragsrücknahme **269** 91; Pfändung einer Forderung **829** 79; Unterbrechung des Verfahrens **240** 1 ff.; Vollstreckungsschutz **765 a** 19 ff.
Insolvenzverwalter, Rechtsnachfolger, vollstreckbare Ausfertigung **727** 19, 30
Instantielle Zuständigkeit 1 10 f.
Interesse, Akteneinsicht durch Dritte bei **299** 30 ff.; des Beklagten an Sachentscheidung bei einseitig Erledigungserklärung **91 a** 11 ff.; Beweissicherung **485** 13 ff.; an Einsicht in Aufgebotsanmeldungen **996;** bei gewillkürter Prozessstandschaft Vor **50** 41 ff.; bei Nebenintervention **66** 5; an weiterer vollstreckbarer Ausfertigung **733** 11, 13
Interimsvergleich siehe *Vergleich*
Internationale Schiedsgerichtsbarkeit Vor **1025** 17 f.
Internationale Zuständigkeit, allgemein **1** 7 ff.; Familienverfahren **606 a** 1 ff.; Lebenspartnerschaftssachen **661** 29 ff.
Internationales Familienrechtsverfahrensgesetz (IntFamRVG) Schlussanh. **B** 5
Internationales Transportrecht siehe *CMR*
Internationales Zivilprozessrecht Einl. **416**
Inter-Omnes-Wirkung 325 6

mager = Randnummer

Sachregister

Inter-Partes-Wirkung 325 1
Interventionsklage gegen Vollstreckungsmaßnahmen durch Erben 785 14; siehe auch *Drittwiderspruchsklage*
Interventionsprozess 64 16; Aussetzung Erstprozess 65 1 f.
Interventionswirkung 68 3 ff.; 69 14
Iura novit curia Einl. 306 f.; 293 2 ff.

Justizgewährungsanspruch Einl. 16 f.
Justizkommunikationsgesetz, 2005 Einl. 174 ff.
Justizmodernisierungsgesetz, 1. Gesetz 2004 Einl. 158 ff.; 2. Gesetz 2007 Einl. 178 ff.
Justizverwaltung 23 EGGVG 7 ff.
Justizverwaltungsakte
–, **Antrag,** Anfechtungsantrag 28 EGGVG 2 ff., Folgenbeseitigungsantrag 28 EGGVG 6 ff., Fortsetzungsfeststellungsantrag 28 EGGVG 9 ff., Verpflichtungsantrag 28 EGGVG 13 ff.
–, **Definition** 23 EGGVG 3
–, **Einzelfälle** 23 EGGVG 22 ff.
–, **Ermessensentscheidungen,** Rechtsschutz 28 EGGVG 18 ff.
–, **Kosten** 30 EGGVG 2 ff.
–, **Kostenjustizverwaltungsakte** 30 a EGGVG 2 ff.
–, **Prozesskostenhilfe** 29 EGGVG 10
–, **Rechtsschutz** 23 EGGVG 11 ff., Antrag 24 EGGVG 2 ff., Antrag, Form 26 EGGVG 7 ff., Antrag, Frist 26 EGGVG 2 ff., Entscheidung 28 EGGVG 2 ff.; 29 EGGVG 1 ff., Vorschaltverfahren 24 EGGVG 7 ff., Wiedereinsetzung 26 EGGVG 9 ff., Zuständigkeit 25 EGGVG 2 ff.
–, **Untätigkeitsbeschwerde** 27 EGGVG 2 ff.
–, **vorläufiger Rechtsschutz** 23 EGGVG 18 ff.

Kammer für Handelssachen 349 2 ff.
–, **Antrag auf Verhandlung** 96 GVG 2 ff.
–, **auswärtige Kammer** 106 GVG 1 ff.
–, **Begriff Handelssache** 95 GVG 5 ff.
–, **Beschwerdesachen** 104 GVG 1 ff.
–, **Bildung** 93 GVG 2, Besetzung 105 GVG 1 ff.
–, **Hauptintervention,** Wirkung 103 GVG 1 ff.
–, **Rechtsmittel** 350 1 f.
–, **Richter,** ehrenamtliche 107–114 GVG
–, **Verweisung,** an Kammer für Handelssachen 98 GVG 2 ff., an Zivilkammer 97 GVG 2 ff., Antrag 101 2 ff., aus Zivilkammer 96 GVG 2 ff., nachträgliche Unzuständigkeit 99 GVG 1 ff.
–, **Verweisungsbeschluss,** Unanfechtbarkeit 102 GVG 2 ff.
–, **Vorsitzender** 349 1 ff.
–, **Widerklage,** Zuständigkeit 98 GVG 5 ff.
–, **Zuständigkeit,** 2. Instanz 100 GVG 2 ff., örtliche 93 GVG 4 f., Verhältnis zu Zivilkammer 94 GVG 1 ff.
Kapitalanleger-Musterverfahren, Gesetz 2005 Einl. 177 ff.; Musterentscheid, Rechtskrafterstreckung 325 1 ff.
Kartellabsprache, einstweilige Verfügung 940 5; Gerichtsstand, unerlaubte Handlung 32 27; Schiedsfähigkeit 1030 13 ff., Zuständigkeit 1062 3 ff.

Kausalität, Anscheinsbeweis 286 48 ff.; freie richterliche Überzeugung 287 9 ff., 13; Restitutionsklage 580 13 f.; Revision, Gesetzesverletzung 547 3, 23
Kinder siehe *Kindschaftssachen*
Kindergeld
–, **Anrechnung,** Lebensunterhalt 850 d 21 ff., PKH-Einkommen 115 15 ff., Sozialhilfe 850 f 5 ff., 28, Unterhaltsfestsetzung 645 5 f.
–, **Pfändbarkeit** 829 7 ff., 59 ff.; 850 a 18; 850 i 38, 42 ff.
Kindesentführung, Haager Kindesentführungsübereinkommen siehe dort; internationale Zuständigkeit, Brüssel II a–VO 10 Brüssel II a–VO 1 ff.
Kindesherausgabe
–, **einstweilige Anordnung** 621 g 3 ff.
–, **Klage,** internationale Zuständigkeit 640 a 4, Vollstreckung 704 5 ff., 11; 722 13 ff.; 883 11, 14 ff., 22 ff., Zuständigkeit 621; 621 5, 117
–, **Rückgabe,** internationale Zuständigkeit 11 ff. Brüssel II a–VO; siehe *Herausgabe*
Kindesumgang, einstweilige Anordnung 621 g 3; Familiensache 621 4, 17, 40 ff.; Folgesache 623 9 f.
Kindesunterhalt, einstweilige Anordnung 644 1 ff.; Gerichtsstand 642 2 ff.; Zuständigkeit 621 50, 72 ff.
Kindeswohlgefährdung, Übertragung elterliche Sorge 623 8 f.
Kindschaftsrechtsreformgesetz 621 2 ff.
Kindschaftssachen Vor 640 1 ff.
–, **Beiladung** 640 e 1 ff., notwendige 640 e 5 ff., Rechtsfolgen 640 e 7 ff.
–, **Definition** 640 4 ff.
–, **einstweilige Anordnung** 641 d 8 ff., Aufhebung 641 d 1 ff., Kosten 641 d 34, Rechtsfolge nach Klagerücknahme/Klageabweisung 641 d 1 ff., Rechtsmittel 641 d 21 ff., Schadensersatz 641 g 1 ff.
–, **elterliche Sorge** 640 65 ff.
–, **Eltern-Kind-Verhältnis** 640 4 ff.
–, **Klagenhäufung** 640 c 2 ff.
–, **Restitutionsklage** 641 i 4 ff.
–, **Streitverkündung** 640 18, Wirkung 640 d 21
–, **Vaterschaftsanfechtung** 640 42 ff.
–, **Verfahren** 640 66 ff., Anerkennungsbeurkundung 641 c 1 ff., Aussetzung 640 f 1 ff., Klagerücknahme/Erledigung 640 87, Parteiherrschaft 640 d 1 ff., Prozessfähigkeit 641 b 1 ff., Urteil 641 h 1 ff., Versäumnisurteil 640 92
–, **Widerklage** 640 c 6 ff.
–, **Wirkung,** ausländische Urteile 640 h 20, des Urteils 640 h 3 ff., der Vaterschaftsanerkennung 641 c 5
–, **Zuständigkeit** 640 a 1 ff., internationale 640 4 ff., örtliche 640 10 ff.
Klage
– **wegen Besorgnis nicht rechtzeitiger Leistung** 259 1 ff.
– **auf Erteilung der Vollstreckungsklausel** 731 1, einstweilige Anordnung 732 19 f., Rechtsbehelf/Erinnerung 732 7 ff., Verfahren 731 6, Zuständigkeit 731 7

1839

Sachregister

fett = §§/Art.

- auf Herstellung des ehelichen Lebens 606 6 ff.
- auf künftige Zahlung 257 1 ff.
- auf Leistung des Interesses 893 1 ff.
- auf Räumung 257 1 ff.
- gegen Vollstreckungsklausel 768 1 ff., siehe *Vollstreckungsklausel*
- auf Vornahme einer Handlung 510 b 1 ff.
- auf vorzugsweise Befriedigung 805 1 ff., Antrag 805 28, bestehender Eigentumsvorbehalt 805 15, bestehendes Anfechtungsrecht 805 18, bestehendes Pfandrechts 805 8, bestehendes Treuhandverhältnis 805 16, bestehendes Vorzugsrecht 805 13, einstweilige Anordnung 805 37, Entscheidung 805 34, Fälligkeit der Forderung 805 23, fehlender Besitz Dritter 805 24, Kosten 805 40, Rechtsbehelfe 805 41, Streitgenossenschaft 805 31, Voraussetzungen 805 1, Vorrangigkeit 805 21
- auf wiederkehrende Leistung 258 5 ff., Abänderung 258 17 ff.

Klageänderung 263 1 ff.
- in Berufung 263 43 ff.; 533 7 ff.
- keine Klageänderung 264 1 ff., § 264 Nr. 1 264 6 ff., § 264 Nr. 2 264 11 ff., § 264 Nr. 3 264 25 ff.
–, Rechtsfolgen 263 47 ff.
- in Revision 263 43 ff.
–, Sonderfälle 263 56 ff.
–, Zulässigkeitsvoraussetzungen 263 26 ff., Einwilligung 263 28 ff., Einwilligung, vermutete 267 4 ff., Sachdienlichkeit 263 31 ff.

Klageantrag, Änderung 263 7 ff.; 264 6 ff.; bestimmter 253 66 f., 89 ff.; in Feststellungsklage 253 152; Schiedsverfahren 1046 2 ff.; unbezifferter 253 117–131

Klagearten Vor 253 20 ff.

Klageerhebung
–, Mängel 253 154 ff., in Form 253 156 ff., im Inhalt der Klageschrift 253 174 ff., in Zustellung 253 169 ff.
–, mündlich 253 41
–, schriftlich 253 8 ff.

Klageerweiterung 263 7 ff.; 264; 264 2 ff.; Berufungsverfahren 520 36 ff.; 531 17 ff.; Rechtshängigkeit 261 31–35; Revision 559 19–21; Verweisung 506 2 ff.

Klageerwiderung 277 2 ff.; Belehrung 277 7 ff.; Frist 276 34 ff.; 278 10 ff.

Klagenhäufung 260 1 ff.; Alternative 260 22 ff.; eventuelle 260 10 ff.; kummulative 260 8 ff.; objektive 260 4 ff.; Streitwert 260 56 ff.; subjektive 260 7; Verfahren 260 43 ff.; Zulässigkeitsvoraussetzungen 260 32 ff.

Klagerücknahme 269 1 ff.; Einrede nicht erstatteter Kosten 269 80 ff.; Klagerücknahmeversprechen 269 12 ff.; Kosten 269 41 ff.; Wirkung 269 37 ff.; Zulässigkeitsvoraussetzungen 269 14 ff., Einwilligung 269 21 ff.

Klageschrift 253 3 ff.
–, arbeitsgerichtliches Verfahren 253 186 ff.
–, Erhebung der Klage 253 8 ff.
–, Inhalt 253 45 ff., Antrag 253 88 ff., Bezeichnung der Parteien 253 46 ff., Bezeichnung des Gerichts 253 64 f., nicht notwendiger 253 184 ff., Streitgegenstandsbezeichnung 253 66 ff.

Klauselerinnerung 766 4 ff.

Klauselerteilungsverfahren 797 20 ff.; Brüssel I-VO siehe dort

Klauselumschreibung 727 ff.

Kompetenzkonflikt 11 1 ff.; in Familiensachen 621 16 ff., 2537; Gerichtliche Bestimmung 36 2 ff.; Rechtsweg Vor 17 GVG

Konkurrenzklauseln, Schiedsvereinbarung 1029 96 ff.

Kontaktstellen, Europäisches Justizielles Netz 16 a EGGVG 3 ff.

Koordinierungsstelle, Europäisches Justizielles Netz 16 a EGGVG 5 ff.

Körperliche Sachen, Pfändung 808 3

Korrespondenzanwalt, Kosten 91 29, 35, 44, 46 ff.

Kostbarkeiten 808 3 ff.

Kosten
–, Anfechtung der Vaterschaft 93 c 4 ff.
–, Anfechtung Kostenentscheidung 99 2 ff.
–, Berufungszulassung 511 93 f.
–, Des Rechtsstreits 91 18 ff.
–, Ehesachen 93 a 1 ff.
–, einstweilige Anordnung Familiensachen 620 97
–, erfolgloser Angriffs- und Verteidigungsmittel 96 3 ff.
–, Klagerücknahme 269 41 ff.
–, Kostenerstattung 91 3
–, Kostengrundentscheidung 91 5 ff.
–, Kostenpflicht 91 3 ff.
–, Kostenteilung, teilweises Obsiegen 92 3 ff.
–, Kostentragung 91 3
–, Nachverfahren 600 25
–, Nebenintervention 101 3 ff.
–, Notwendigkeit 91 38 ff., Einzelfälle 91 78 ff.
–, Räumungsklage 93 b 1 ff.
–, Rechtsmittelkosten 97 2 ff.
–, Säumnis 95 2 ff.
–, Scheidungsverbund 623 51 ff., Rechtsmittel 629 a 56 ff.; 629 b 16
–, sofortiges Anerkenntnis 93 1 ff.
–, Streitgenossen 100 2 ff.
–, Stufenklage 254 32
–, übergegangenem Anspruch 94 3 ff.
–, Unterhaltsklagen 93 d 4 ff.
–, Urkunden und Wechselprozess 596 7
–, Vergleich 98 2 ff.
–, Verschulden 95 2 ff.
–, Verweisung bei Unzuständigkeit 281 60 ff.
–, Wiederaufnahme des Verfahrens 590 10
–, Zwangsvollstreckung 788 1 ff., Ausgleichsansprüche 788 51, Definition 788 10, Kostenbeitreibung 788 27 ff., Kostenerstattung 788 39, Kostenfestsetzung 788 34, Kostentragungspflicht 788 25, Kostentragungspflicht des Gläubigers 788 46, Rechtsbehelf 788 33, Überblickstabelle 788 24, Zeitpunkt Kostenverursachung 788 22

Kostenaufhebung 92 3 ff.

Kostenbeitreibung siehe *Kosten*

Kostenbeschwerde 567 32 ff.

mager = Randnummer

Sachregister

Kostenentscheidung, Anfechtung 99 2 ff., Anerkenntnisurteil 99 17; im Anordnungsverfahren 620 g 2 ff.; bei Anschlussberufung 524 18; ausländische 328 228 ff.; im Berufungsurteil 539 21; Beschwerde 567 32 ff.; im Ergänzungsurteil 321 16; bei Erledigung 99 2 ff.; bei Erledigung 91 a 11; im Grundurteil 304 7; Maßstäbe der Kostenlastverteilung Vor 91 24 ff.; nach Berufungszurücknahme 516 35 ff.; im PKH-Beschwerdeverfahren 127 34 f.; im PKH-Bewilligungsverfahren 118 21 ff.; sofortige Beschwerde siehe dort; Streitgenossen 100 2 ff.; bei Teilurteil 301 25 f.; Urteilsergänzung 321 16; von Amts wegen 91 3 f., 6; 308; bei Wiederaufnahmeklage 590 10; Wohnraumräumungsklage 721 7
Kostenerstattung siehe *Kosten*
Kostenfestsetzung, Änderung des Beschlusses, nach Streitwertfestsetzung 107 3 ff.; Antrag 103 36 ff.; Erinnerung 767 28; Grundlage 103 3 ff.; Kostenfestsetzungsbeschluss 104 47 ff.; Quotelung 106 2 ff.; sofortige Beschwerde 104 72 ff.; vereinfachtes Verfahren 105 3 ff.; Verfahren 103 26 ff.; 104 2 ff., Familiensachen 621 125; Vollstreckung 794 120; Zwangsvollstreckung 104 138 f.; 788 34 ff.; 795 a 1
Kostenlastverteilung, Maßstäbe Vor 91 24 ff.
Kostenrechtsmodernisierungsgesetz 2004 Einl. 155 ff.
Kostenteilung 92 3 ff.; bei Rücknahme des Scheidungsantrags 626 7
Kostentragungspflicht siehe *Kosten*
Kostenvorschuss, Justizverwaltungsstreitigkeiten 30 EGGVG 6; Mahnverfahren 690 41; 692 2; PKH bei Anspruch auf 115 179–189; schriftliche Zeugenvernehmung 377 15; staatliches Aushilfsverfahren Schiedsgericht 1050 36; Unterhaltssache 127 a 4 ff.
Künstlername, Zwangsvollstreckung 750 34

Ladung 63 4
– der Parteien 274 2 ff.
– zum Termin 214 2, Anwaltsprozess 215 1 ff., Entbehrlichkeit 218 1 ff.
–, Zustellung 274 8 ff.
Ladungsfrist 217 2 ff.
Lage der Akten siehe *Aktenlage*
Länderfiskus 18 25 ff.
Landesrecht, Vorbehalte Zivilprozessrecht 14, 15 EGZPO 1 ff.
Landgericht, Beiordnung 70 GVG 6 ff.; Besetzung 59 GVG 2 ff.; Präsident 59 GVG 5 ff.; Vertretung 70 GVG 2 ff.
Landwirtschaft, Pfändungsschutz 811 30; 851 a 2 ff.
Leasing, Drittwiderspruchsklage 771 30
Lebenspartnerschaftssachen Vor 661 1 ff.; Definition 661 3 ff.; internationale Zuständigkeit 661 29; Kosten 661 40; Verfahren 661 28; Zwangsvollstreckung 739 2 ff.
Legitimationspapiere, Pfändung 808 4
Leistungsurteile, Rechtskraft 322 176 ff.; Vollstreckungsgegenklage 767 25
Lizenzverträge, Pfändung 857 7 ff., 15 ff.

Lohn, Pfändung 833 2 ff.
Londoner Übereinkommen 1968 293 33 ff.
Luftverkehr, Montrealer Übereinkommen Schlussanh. C 2 c
Luganer Übereinkommen Schlussanh. B 2

Mahnantrag 690 3 ff.; Zurückweisung 691 2 ff.
Mahnbescheid 692 4 ff., siehe *Mahnverfahren*
Mahnverfahren Vor 688 1 ff.
–, Antrag 690 3 ff.
–, arbeitsgerichtliches Mahnverfahren Vor 688 42 ff.
–, Auslandsbezug, Mahnbescheid 692 12, Zustellung 692 6
–, europäisches Mahnverfahren Vor 688 46 ff.
–, Kosten Vor 688 27; 690 41
–, Mahnbescheid 692 4 ff.
–, maschinelle Bearbeitung 689 2 ff.; 703 b 1 f.; 703 c 1 ff., Antrag 690 13 ff.
–, Nachbesserung Antrag 691 2
–, Rechtsbehelfe 691 30 ff.
–, Rücknahme 690 46
–, Überleitung in streitiges Verfahren 696 2 ff., Anspruchsbegründung 697 2, Ausbleiben der Anspruchsbegründung 697 24 ff., Einleitung des Streitverfahrens 697 2 ff., Verweisung 696 33 ff., Wirkung der Abgabe 696 17 ff., Zurücknahme des Widerspruchs 697 29 ff., Zurücknahme Streitantrag 696 24 ff.
–, Urkunden-, Wechsel- und Scheckmahnbescheid 703 a 1 ff.
–, Verfahren Vor 688 7 ff., 14 ff.
–, Verfahren nach Widerspruch 696 2 ff.
–, Verspätung 692 23
–, Widerspruch 694 2 ff.
–, Widerspruchsfrist 694 5 ff.
–, Widerspruchsrücknahme 692 21 f.
–, Zulässigkeit 688 2 ff.
–, Zurückweisung 691 2 ff.
–, Zuständigkeit 689 6 ff., internationale 703 d 5 ff.
–, Zustellung im Ausland 32 AVAG
–, Zustellung Mahnbescheid 693 2 ff.
Mahnverordnung Einl. 446
Mannheimer Akte Schlussanh. C 2 e
Mediationsverfahren Einl. 64 f.
Mehrfachpfändung, Anspruch auf bewegliche Sache 854 2 ff.; Anspruch auf Schiff 855 a 1 ff.; Anspruch auf unbewegliche Sache 855 2 f.; Erlösverteilung 827 6; Geldforderung 853 2 ff.; Klageerhebung 856 1 ff.; körperliche Gegenstände 808 47; Kosten 827 11; mehrfache gleichzeitige Pfändung 827 9; Protokoll 762 16; Rechtsbehelfe 827 10; Verfahren 827 1 ff.; Zuständigkeit 827 3
Mehrkosten durch Anwaltsbeiordnung 121 2, 26; bei Kostenfestsetzung 104 28; bei Verweisung 281 60 ff.
Meistbegünstigungsprinzip 91 a 14 ff.
Menschenrechtskonvention 328 16, 98 ff.
Mietverhältnis, Fortsetzung 308 a 2 ff.; Pfändungsschutz Mietzins 851 b 2 ff.
Mikrofilm 299 a 3 ff.
Mindestgebot siehe *Versteigerung*

1841

Sachregister

fett = §§/Art.

Miteigentumsanteile, Pfändung **808** 5
Miterben siehe *Erbengemeinschaft*
Mitteilung, Ersatzzustellung, Briefkasten **180** 6; formlose **270** 8 f.; Gerichtsvollziehers **763** 4 ff.; von Klagezustellung **271** 22; schriftliche, Schiedsverfahren **1028** 2 ff.; schriftliche Ersatzzustellung, über Niederlegung **181** 6 ff.; von Urkunden **135;** des Widerspruchs gegen Mahnbescheid **694** 24; **695;** in Zivilsachen **12** EGGVG; Zustellung im Ausland **183** 7; Zustellungsurkunde **182** 8
Mobiliarvollstreckung 803 ff.
Montrealer Übereinkommen über die Beförderung im internationalen Luftverkehr Schlussanh. C 2 c
Mündliche Verhandlung 128 1 ff.; **279** 3 ff.
–, Aussetzung siehe dort
–, Entfernung von Personen **158** 1 f.
–, freigestellte **128** 14 ff.
–, frühzeitige **272** 27 ff.
–, Ladung **274** 2 ff.
–, Leitung, durch Vorsitzenden **136** 1 ff., materielle Prozessleitung **139** 1 ff.
– nach Beweisaufnahme **285** 3 ff.
–, Protokollaufnahme siehe dort
–, Schiedsverfahren **1047** 3 ff.
–, Verlauf **137** 1 ff., Vortrag der Parteien **137** 6 ff.
–, Wiedereröffnung siehe dort
Musterprozessabrede 325 92 f.; **1** UKlaG
Musterschiedsvereinbarung Vor **1025** 68 ff.
Musterverfahren, Musterentscheid, Rechtskrafterstreckung **325 a** 1 ff.; Zuständigkeit OLG **118** GVG 1

Nacheid 392 1 f.
Nacherbe, Drittwiderspruchsklage **773** 1 ff.
Nacherbfolge, Rechtskraft **326** 1 ff.; vollstreckbare Ausfertigung **728** 1
Nachlass
–, Zwangsvollstreckung bei Nachlassverwaltung/Nachlassinsolvenzverfahren **784** 2 ff.
–, Zwangsvollstreckung bei Testamentsvollstrecker **748** 1 ff., gegen den Erben **748** 25, in den Nachlass **748** 15, Rechtsbehelfe **748** 28, Umschreibung Titel **749** 8, vollstreckbare Ausfertigung **749** 4 ff.
–, Zwangsvollstreckung in ungeteilten Nachlass **747** 17, in Erbengemeinschaft **747** 21, in Miterben **747** 22, Rechtsbehelfe **747** 24, Titel **747** 9
Nachlasspflegschaft, Zwangsvollstreckung **747** 7
Nachlassverwalter, Verfahrensunterbrechung **241** 11; vollstreckbare Ausfertigung **727** 20, 32
nachträgliche sachliche Unzuständigkeit 506 1 ff.
Nachtzeit, Zwangsvollstreckung **758 a** 77
Nachverfahren 600 1 ff.; Bindung an Vorbehaltsurteil **600** 12 f.; Entscheidung **600** 21; Fortwirkung der Verhandlung **600** 7; Kosten **600** 25 f.; Schadensersatz **600** 24; Vorbehaltsurteil **302** 12 ff.; Zuständigkeit **600** 6
Namenspapiere, Verwertung/Umschreibung **822** 1 ff.

Nebenforderungen, Antragserfordernis **308** 5, 11 ff.; Klageänderung **264** 17 ff., 33 ff.; im Mahnverfahren **690** 16; Streitwert **4** 97; im Verteilungsverfahren **873** 6; **874** 8 ff.; bei Wechselklagen **605** 3
Nebenintervenient 66 1 ff.; Beitritt **66** 22 ff.; Rechtsfolgen **66** 19 ff.; Rechtsstellung **67** 2 ff.; Voraussetzungen **66** 3 ff.; Wirkung **68** 1 ff.; Zulassung **66** 21
Nebenintervention
–, **Beitritt 70** 1 ff.
–, **Kosten 101** 3 ff.
–, streitgenössische **69** 3 ff., Beitritt **69** 15, in Berufung **511** 25, Interventionswirkung **69** 14, Kosten **102** 32, Rechtsfolgen **69** 8 ff., Zulassung **69** 15
–, Wirkung **68** 1 ff.
–, Zulassung **71** 1 ff.
–, Zurückweisung **71** 3 ff.
–, Zuziehung zum Hauptverfahren **71** 11
–, Zwischenverfahren **71** 9
Ne-bis-in-idem-Lehre 91 42; **322** 10 ff.; **323** 10 f.
Negative Feststellungsklage, einstweilige Anordnung Zwangsvollstreckung **769** 4
New Yorker UN-Übereinkommen über die Geltendmachung von Unterhaltsansprüchen im Ausland, UNUÜ 1956 Schlussanh. C 1 d
Nicht rechtsfähiger Verein, Zwangsvollstreckung **735** 4 ff.
Nichtbestehen der Ehe 632 1 ff.
Nichtigkeitsklage
–, **Beweismittel 579** 2
–, **Gehörverletzung 579** 17 ff.
–, **Klagefrist 585** 1 ff.
–, **Klageschrift 587** 1 ff., Inhalt **588** 1 ff.
–, Kosten und Gebühren **590** 10
–, Mängel der Parteifähigkeit **579** 15 f.
–, Mängel durch Gericht **579** 4 ff.
–, nicht vorschriftsmäßige Vertretung **579** 10 ff.
–, Prüfung von Amts wegen Zulässigkeit **589** 1 ff., Glaubhaftmachung **589** 3
–, Rechtsmittel **591** 1 f.
–, Verfahren **585** 1 ff., erneute Verhandlung zur Hauptsache **590** 2 ff., neue Entscheidung **590** 6
–, Vertretungsmängel **585** 16 ff.
–, Zuständigkeit **584** 1 ff., Anfechtung von Urteilen **584** 2 ff., Anfechtung von Vollstreckungsbescheiden **584** 9 ff.
Nichturteil 578 1 ff.; Berufung **511** 12
Nichtverhandeln, Versäumnisurteil **333** 1 ff.
Nichtwissen 138 27 ff.
Nichtzulassung der Berufung siehe dort; Revision siehe dort
Nichtzulassungsbeschwerde
–, **Grundgesetz** Einl. 254
–, **Revisionsverfahren 544** 1 ff., abgekürztes Verfahren **544** 25 ff., Entscheidung **544** 21 ff., Entscheidungswirkungen **544** 23, Rechtsmittel **544** 22, Verfahren **544** 16 ff., Voraussetzungen **544** 3 ff.

mager = Randnummer

Sachregister

Nießbrauch
–, Pfändung 857 17
–, **Vermögen/Erbschaft,** Rechtsbehelfe 737 16, vollstreckbare Ausfertigung 738 1, Zwangsvollstreckung 737 3 ff.
Notanwalt, Auswahl 78 c 2 ff.; Bestellung 78 b 1 ff.
Notar, Einkommenspfändung 850 i 5 ff.; Pfändung 829 7 ff.; Pfändungsschutz Arbeitsmittel 811 60 ff.; Verschwiegenheitspflicht 376 4, 6; Zeugnisverweigerungsrecht 383 31 ff.; Zuständigkeit im Schiedsverfahren 1053 24 ff.; 1062 3 ff.
Notfrist, Fristverlängerung 224 3
Notfristzeugnis 706 6 ff.

Oberlandesgericht
–, **Besetzung** 115 GVG 2 ff.
–, **Familiensenat** 119 GVG 16
–, **Musterverfahren** 118 GVG 1
–, **Senate** 116 GVG 2 ff., Besetzung 122 GVG 2 ff.
–, **Zuständigkeit** 119 GVG 1 ff., bei Anwendung ausländischen Rechts 119 GVG 12 ff., bei ausländischem Gerichtsstand 119 GVG 7 ff., gegen Endurteile FamG 119 GVG 3 ff., gegen Entscheidungen LG 119 GVG 17 ff., sonstige 119 GVG 19 ff.
Oberstes Landesgericht 8 EGGVG 1 ff.; Bayrisches Oberstes Landesgericht 8 EGGVG 14 ff.; Besetzung 10 EGGVG 1 ff.
Obmann, Schiedsgericht Vor 1034 58 ff.
Offene Fälligkeit, Vollstreckbare Ausfertigung 726 13
Offenkundige Tatsachen 291 3 ff.
Öffentliche Versteigerung siehe *Versteigerung*
Öffentliche Zustellung siehe *Zustellung*
Öffentlichkeit 169 GVG 1 ff.
–, **Ausschlussgründe,** Art. 6 EMRK 169 GVG 30, Gefährdung der öffentliche Ordnung 172 GVG 3, Gefährdung der Sittlichkeit 172 GVG 4, Gefährdung der Staatssicherheit 172 GVG 2, Gefährdung einzelner Personen 172 GVG 5, Geheimnisverletzung 172 GVG 6, aus GVG 169 GVG 29, Jugendlichenvernehmung 172 GVG 12, Platzmangel 169 GVG 31, Schutz der Privatsphäre 171 b GVG 3 ff.
–, **nicht öffentliche Verhandlungen,** Familiensachen 170 GVG 3 ff.
–, **Parteiöffentlichkeit** 169 GVG 71 ff.
–, **Rechtsfolgen bei Verletzung** 169 GVG 64 ff.
–, **Ton- und Filmaufzeichnungen** 169 GVG 44 ff.
–, **Urteilsverkündung** 173 GVG 3 ff.
–, **Verhandlung über Ausschluss** 174 GVG 2 ff.
–, **Zutrittsversagung** 175 GVG 3 ff.
Ordentliche Gerichte 12 GVG 4 ff.; besondere Gerichte 14 GVG 1 ff.; besondere Zuweisung 13 GVG 16 ff.; landesrechtliche Zuweisung 13 a GVG 1 ff.; Rechtsprechungsübersicht, Einzelfälle 13 GVG 30 ff.; Zuständigkeit 13 GVG 4 ff.
Ordnung, Maßnahmen zur Aufrechterhaltung 177 GVG 2 ff.

Ordnungsgeld, Erzwingung von Handlungen in Zwangsvollstreckung 890 2 ff.
Ordnungshaft, Erzwingung von Handlungen in Zwangsvollstreckung 890 2 ff.
Ordnungsmittel, Beschwerde 181 GVG 4 ff.; Protokollierung 182 GVG 2 ff.; Ungebühr 178 GVG 4 ff.; Vollstreckung 179 GVG 3 ff.
Ordre-public-Verstoß 328 98 ff.

Pachtzins, Pfändungsschutz 851 b 2 ff.
Pariser Vereinbarung über die Anwendung des EuÜ siehe *EuÜ*
Partei kraft Amtes, Prozesskostenhilfe 116 6 ff.; Begriff Vor 50 1 ff.; Bestimmung Vor 50 12 ff.; nichtexistente Partei Vor 50 26 ff.; Prozessführungsbefugnis Vor 50 41 ff.; Vermögensverwaltung Vor 50 29 ff.
Parteiantrag, Bindung 308 2 ff.
Parteibeitritt 75 7, 12; 263 23, 47 ff., 67 ff.
Parteibezeichnung
– für Zwangsvollstreckung 750 16 ff., Berichtigung 750 61, Mängel 750 52, Namensänderung 750 55, Verwechslungsgefahr 750 55
Parteienmehrheit, Zwangsvollstreckung 750 47
Parteifähigkeit 50 3 ff.
–, **Ausländer** 50 66, Scheinauslandsgesellschaften 50 73 ff., Staatenlose 50 74
– **nicht(voll)rechtsfähiger Gebilde** 50 23 ff., Erbengemeinschaft 50 47, Gesamthandsgesellschaft 50 24 ff., Gewerkschaften 50 46, nicht eingetragener Verein 50 35 ff., politische Parteien 50 33 f., Reederei 50 31 ff., Verwalter 50 50, Wohnungseigentümergemeinschaft 50 32, Zweigniederlassung 50 48
– **kraft Rechtsfähigkeit** 50 6 ff.
–, **Rechtsfolgen** 50 52 ff.
Parteihäufung, einfache Streitgenossenschaft 59 3; notwendige Streitgenossenschaft 62 3 ff.
Parteiöffentlichkeit, Beweisaufnahme 357 2 ff.
Parteiprozess 79 1 ff.
Parteivernehmung, Antrag 447 1 ff.; Ausbleiben der Partei 454 2 f.; Beeidigung 452 1 ff.; Berufungsinstanz 536 1 ff.; Beweisantritt 445 4 ff.; Beweisbeschluss 450 1 ff.; Beweismittel 284 57; Beweiswürdigung 453 1 f.; Prozessunfähige 455 1 f.; Streitgenossen 449 1 ff.; Unzulässigkeit 445 10; von Amts wegen 448 2 ff.; Weigerung des Gegners 446 2 ff.
Parteiwechsel, gewillkürter 263 67 ff.; Streitwert 263 106 ff.
Partnerschaftsgesellschaft, Zwangsvollstreckung 736 2 ff.
Patentanwalt, Kostenerstattung 91 18 ff., 22, 33; Zeugnisverweigerungsrecht 383 6, 31 ff.
Patentgericht 14 GVG 18
Patentrechte, Pfändung 857 16
Perpetuatio fori 261 80 ff.
Personengesellschaft
–, **BGB-Gesellschaft,** Anteilspfändung 857 15; 859 3, Gesellschafterklage 62 14, Klageschrift 253 58, Mitgliedschaftsgerichtsstand 22 2, 6, 8, Parteifähigkeit 50 24 ff., PKH 116 20 ff., Prorogationsfähigkeit 38 15, 17, 18, im Schiedsverfahren 1029 44 ff., Streitgenossenschaft 62 14,

1843

Sachregister

fett = §§/Art.

27, Vertretung **51** 31 ff., Zwangsvollstreckung **736**
–, **KG** siehe *BGB-Gesellschaft*
–, **OHG-Gesellschaft** siehe *BGB-Gesellschaft*
–, **Zwangsvollstreckung 736** 38
Persönlicher Arrest 918
Persönliches Erscheinen, Anordnung **141** 1 ff.
Pfändbare Beträge, Unpfändbarkeit **850 ff.**
Pfandrecht, Drittwiderspruchsklage **771** 33; Klage auf vorzugsweise Befriedigung **805** 8
Pfändung 833 2 ff.
–, **Anspruch des Schenkers 852** II
– **in bewegliche Sachen 803** 29 ff., Pfändungspfandrecht **803** 59; **804** 1 ff., Überpfändung **803** 60 ff., zwecklose Pfändung **803** 69 ff.
–, **Dienstbezüge 832** 5 ff.
–, **Forderungen,** Vollstreckungsschutz **765 a** 49
–, **fortlaufende Bezüge 850 e; 851 d, e**
–, **Gehör des Schuldners** siehe *Anhörung*
– einer **Geldforderung 829** 16 ff., Stellung Drittschuldner **829** 59 ff., Stellung Gläubiger **829** 42 ff., Stellung Schuldner **829** 49 ff., Wirkung **829** 42 ff.
–, **gepfändetes Geld 815** 1 ff., Ablieferung an Gläubiger **815** 2 ff., freiwillige Zahlung **815** 19, Hinterlegung **815** 7 ff., als Zahlung des Schuldners **815** 13
–, **Gesamtgutanteile 860** 2
– **bei Gewahrsam des Dritten 809** 5, Entbehrlichkeit Herausgabeerklärung **809** 12, Herausgabebereitschaft **809** 8, Kosten **809** 19, Rechtsbehelfe **809** 14, unter Bedingungen **809** 9, Verfahren **809** 14
– **bei Gewahrsam des Gläubigers 809** 3, Kosten **809** 19, Rechtsbehelfe **809** 14, Verfahren **809** 14
–, **Grundschulden 830** 9 ff.
–, **Grundstücke 864 ff.**
–, **Hausrat 812** 1 ff.
–, **Haustiere 811 c** 1 f.
–, **Hypothekenforderung 830** 9 ff.
–, **indossable Papiere 831** 4 ff.
–, **Klage bei mehrfacher 856**
–, **Miet- und Pachtzinsforderungen 829** 7 ff.
–, **Pflichtteilsanspruch 852** 2
–, **Pflichtteilsansprüche 748** 5
–, **Rechtsbehelfe,** Drittwiderspruchsklage **771,** Klage auf vorzugsweise Befriedigung **805,** Vollstreckungserinnerung **766,** Vollstreckungsgegenklage **767**
–, **Schätzung des Werts 813** 2 ff.
–, **Schiffe 858**
–, **Schiffshypothekenforderung 830 a** 2 ff.
– **beim Schuldner in körperliche Gegenstände 808** 1 ff., Belassung der Sache beim Schuldner **808** 45, Doppelpfändung **808** 36, Mehrfachpfändung **808** 47, ungetrennte Früchte **810** 1 ff., Verfahren **808** 27 ff., Verfahrensverstöße **808** 46, Wegnahme der Sache **808** 44, Wirkung **808** 43 ff., Zuständigkeit **808** 26
–, **übertragbare Forderung 828** 6 ff.; **829** 7 ff.
–, **ungetrennte Früchte 810** 1 ff., 2 ff., Rechtsbehelfe **810** 12, vorrangige Realgläubiger **810** 10

Pfändungsbeschluss, Pfändung einer Geldforderung **829** 25 ff.
Pfändungsbeschränkung siehe *Pfändungsschutz*
Pfändungsgrenzen, Arbeitseinkommen **850 c** 2 ff.
Pfändungspfandrecht 803 59; **804** 1 ff.; Akzessorietät **804** 24; Ausgleichsansprüche **804** 40; Entstehung **804** 15 ff.; Freigabe **804** 26; gutgläubiger Erwerb **804** 27; Heilungsmöglichkeiten **804** 21 ff.; Rangordnung **804** 31; Rechtsnachfolge, vollstreckbare Ausfertigung **727** 24; Rechtsnatur **804** 4 ff.; Wegfall von Verfahrensvoraussetzungen **804** 25; Wirkung **804** 28 ff.
Pfändungsprotokoll, Gerichtsvollzieher/Vollstreckungshandlung **762** 9, körperliche Gegenstände **808** 42
Pfändungsschutz 850 1 ff.; Altersrenten **851 c** 2 ff.; Arbeitseinkommen **850** 20 ff.; Bankguthaben **850 k** 5 ff.; bedingt pfändbare Bezüge **850 b** 3 ff.; Berechnung der Pfändbaren Bezüge **850 e** 2 ff.; Härteklauseln **850 f** 2 ff.; Landwirte **851 a** 2 ff.; Miet-/Pachtzinsen **851 b** 2 ff.; Pflichtteilsanspruch **852** 2 ff.; Schenkungsanspruch **852** 2 ff.; Sozialleistungen **850 i** Anhang; unpfändbare Bezüge **850 a** 4 ff.; Unterhaltsansprüche **850 d** 1 ff.; Verlust Pfändungsschutz, Verschleiertes Arbeitseinkommen **850 h** 1 ff.; Verzicht **811** 13; Zugewinnausgleichsanspruch **852** 2 ff.; s. a. *Unpfändbarkeit*; s. a. *Vollstreckungsschutz*
Pfändungsversuch, erfolgloser/Protokoll **762** 12
Pfandveräußerung, Gewährleistung **806** 1 ff.
Pflichtteilsanspruch, Pfändung **748** 5
Photografien, Entbehrlichmachung der Augenscheinseinnahme **371** 6
PKH-Richtlinie Einl. **444**
–, **anwendbare deutsche Vorschriften 1076** 1 ff.
–, **ausgehende Ersuchen 1077** 1 ff., Bedürftigkeitsbescheinigung **1077** 22 ff., formelle Prüfung **1077** 10 f., Formulare **1077** 7 ff., materielle Prüfung **1077** 12 ff., Sprache **1077** 18 ff., Übermittlungsstelle **1077** 3 ff.
–, **eingehende Ersuchen 1078** 1 ff., Bedürftigkeit **1078** 13 f., Empfangsstelle **1078** 4 ff., Im weiteren Rechtszug **1078** 15 ff., Verfahren **1078** 6 ff.
Post 174 2 ff.; **175** 3 ff.
–, **Aufgaben der Geschäftsstelle 168** 9
–, **Niederlegung 181** 4 ff.
–, **Zustellungsauftrag,** durch Gericht **176** 3, durch Gerichtsvollzieher **194** 2 ff.
Postulationsfähigkeit, Anwaltsprozess **78** 1 ff.; Aufforderung zur Anwaltsbestellung **271** 23 ff.; ausländischer Rechtsanwalt **78** 82 ff.; Ausnahmen vom Anwaltszwang **78** 74 ff.; Familienverfahren **78** 55 ff.; Prozessagenten **157** 1 ff.; sofortige Beschwerde **569** 13 ff.; **570** 19 ff.
Präjudizwirkung, Interventionswirkung **68** 15; Nebeninterventionsgrund **66** 15; rechtskräftige Entscheidung **322** 50 f., 101; Zwischenfeststellungsklage **256** 80; **322** 101
Präklusion, Rechtskraft **322** 139 ff.; sofortige Beschwerde **571** 12 ff.; Vollstreckungsgegenklage siehe dort

mager = Randnummer

Sachregister

Präsident, Landgericht 59 GVG 5 ff.
Präsidium 21 a GVG 2 ff.
–, **Amtsgericht** 22 a GVG 1 ff.
–, **Aufgaben** 21 e GVG 2 ff.
–, **Beschlussfähigkeit** 21 i GVG 2 ff.
–, **Geschäftsverteilung** 21 e GVG 6 ff.
–, **Größe** 21 d GVG 2 ff.
–, **Verfahren** 21 e GVG 48 ff.
–, **Vertretung** 21 c GVG 2 ff., des Präsidenten 21 h GVG 1 ff., im Geschäftsverteilungsplan 21 e GVG 40 ff.
–, **Wahl** 21 b GVG 2 ff., Wahlordnung 21 b GVG nach 27
–, **Zusammensetzung** 21 a GVG 4 ff.
Prätendentenstreit 75 1 ff.
Presse, Berichterstattung über öffentliche Verhandlung 169 GVG 11 ff., 42, 44, 48, 51; Zeugnisverweigerungsrecht 383 25 ff.
Prognoseentscheidung, Beweismaß 286 46
Prorogation siehe *Zuständigkeitsvereinbarung*
Protokoll
–, **Besonderheiten,** Amtsgerichtsverfahren 510 a 1 ff.
– der **Geschäftsstelle,** Anträge 129 a 3 ff.
– in **mündlicher Verhandlung** 159 1 ff., Berichtigung 164 1 ff., Beweiskraft 165 1 ff., Entbehrlichkeit von Feststellungen 161 3 ff., Genehmigung 162 1 ff., Inhalt 160 1 ff., Unterschrift 163 1 ff., vorläufige Aufzeichnung 160 a 1 ff.
– über **Vollstreckungshandlungen des Gerichtsvollzieher** 762 1 ff., siehe *Vollstreckungshandlung*
Prozessagent 157 1 ff.
Prozessakten, Berufungsverfahren 541 1 ff.
Prozessantrag, Bestimmtheit 253 66 ff.
Prozessauffassung Einl. 11 ff.
Prozessaufrechnung, Rechtskraft 322 194 ff.; Rechtsnatur 145 18 ff.
Prozessbetrieb 63 1 ff.
Prozessfähigkeit 51; Anfechtungsklagen 640 b 6 ff.; Arten 52 6 ff.; Ausländer 55 1 ff.; Beistand des Kinder 53 a 4 ff.; Betreuung/Pflegschaft 53 2 ff.; Ehesachen 607 2, 5 ff.; gesetzliche Vertretung 52 16 ff.; Gütergemeinschaft 52 Anh. 10 ff.; Gütertrennung 52 Anh. 3; organschaftliche Vertretung 52 23 ff.; Prozesspfleger 57 1 ff.; Prozesspfleger bei herrenlosen Grundstücken/Schiffen 58 1 ff.; Prüfung von Amts wegen 56 1 ff.; Rechtsfolgen 52 35 ff.; Umfang 52 3 ff.; Zugewinngemeinschaft 52 Anh. 5 ff.
Prozessförderungspflicht
– der **Parteien** 282 4 ff., Mitteilungspflichten 282 30 ff., Zulässigkeitsrügen 282 33 ff.
Prozessführung, Prozessleitung 136 1 ff.
Prozessführungsbefugnis Vor 50 41 ff.
Prozesshandlungen
–, **Begriff** Einl. 372 ff., Bedingungsfeindlichkeit Einl. 386, besondere Ermächtigung 54 1 ff., Bewirkungshandlung Einl. 380 ff., Erwirkungshandlung Einl. 376 ff., Unwiderruflichkeit Einl. 388, Willensmängel Einl. 393 ff.
–, **Nachholung** 231 1 ff.
–, **Versäumung der Vornahme** 230 2 ff.

Prozesshindernis Vor 253 13 f.
Prozesshindernisse, anderweitige Rechtshängigkeit 261 43 ff.; Schiedsvereinbarung siehe *Schiedseinrede;* Zulässigkeit des Rechtsweges 17 GVG 8 ff.
Prozesskosten, Einführung Vor 91 1 ff.
Prozesskostenhilfe
–, **Antrag** 117 2 ff.
–, **Auslandsbezug** 116 20 ff., PKH-Richtlinie 1076 1 ff.
–, **Beiordnung Rechtsanwalt** 121 1 ff., siehe dort
–, **Beurteilungszeitpunkt** 114 108 ff.
–, **Bewilligungsbeschluss,** Abänderung 120 12 ff., Aufhebung 124 2 ff., Entscheidung 127 2 ff., Zahlungen 120 2 ff.
–, **Bewilligungsverfahren** 118 2 ff.
– **im Familienverfahren** 621 124, einstweiligen Rechtsschutz 620 a 43, Scheidungsverbund 624 4 ff.
–, **Formular** 117 17 ff.
–, **Gerichtskosten,** Einziehung beim Gegner 125 2 ff.
–, **Kosten** 118 21 ff.
–, **Kostenerstattung** an den Gegner 123 2 ff., Rechtsanwaltskosten 126 2 ff.
–, **Partei kraft Amtes** 116 6 ff.
–, **Parteiantrag,** keine Bindung 308 23 ff.
–, **PKH-Richtlinie** siehe dort
–, **Rechtsmittel** 127 14 ff.
–, **Rechtszugbeschränkung** 119 2 ff., höherer Rechtszug 119 34 ff.
–, **Voraussetzungen,** Aufwendungen 115 24 ff., Einkommen 115 2 ff., Erfolgsaussicht 114 62 ff., Mutwilligkeit 114 85 f., persönlicher Anwendungsbereich 114 42 ff., persönliche/wirtschaftliche Verhältnisse 114 57 ff., sachlicher Anwendungsbereich 114 14 ff., Tabellenanwendung 115 47 ff., Vermögen 115 52 ff.
–, **Vorschuss,** Unterhaltssachen 127 a 4 ff.
–, **Wirkung der PKH,** für den Begünstigten 122 2 ff., für den Gegner 122 18 ff.
Prozesskostensicherheit 110 1 ff.; Frist 113 2 ff.; Höhe der Prozesskostensicherheit 112 2 ff.; nachträgliche Prozesskostensicherheit 111 3 ff.
Prozesskostenvorschuss siehe *Kostenvorschuss*
Prozessleitung
–, **Beanstandung** 140 1 ff.
–, **materielle** 139 1 ff., siehe *Hinweispflicht*
– durch **Vorsitzenden** außerhalb der mündlichen Verhandlung 136 10 ff., in der mündlichen Verhandlung 136 1 ff.
Prozessmaxime, Begriff Einl. 271 ff.; Dispositions- und Offizialmaxime Einl. 274 ff.; Einschränkung im Vollstreckungsrecht Einl. 366 ff.; Konzentrationsmaxime Einl. 318 ff.; Mündlichkeitsgrundsatz Einl. 332 ff.; Öffentlichkeitsgrundsatz Einl. 362 ff.; Unmittelbarkeitsgrundsatz Einl. 352 ff.; Verhandlungs- und Untersuchungsmaxime Einl. 290 ff.
Prozesspartei 253 46 ff.
Prozesspfleger 53 3 ff.; 57 6 ff.; herrenloses Grundstück/Schiff 58 4 ff.

1845

Sachregister

fett = §§/Art.

Prozessrechtsvergleichung Einl. 424 f.
Prozessrechtsverhältnis Einl. 29 ff.
Prozessstandschaft, gesetzliche **Vor 50** 44 ff.; gewillkürte **Vor 50** 55 ff.; Rechtskrafterstreckung **325** 46 ff.; vollstreckbare Ausfertigung **727** 8, 34
Prozesstrennung 145 1 ff.; Aufhebung **150** 1 ff.
Prozessunfähigkeit, Betreuung/Pflegschaft **53** 2 ff.; Parteivernehmung **455** 1 f.
Prozessurteil, Rechtskraft **322** 172 ff.
Prozessverbindung 147 3 ff.; Aufhebung **150** 1 ff.
Prozessvergleich, Kosten **98** 2 ff.; Natur siehe *Vergleich;* Vollstreckbarkeit, vollstreckbare Ausfertigung **726** 20; Vollstreckungsgegenklage **767** 27
Prozessverträge Einl. 395 ff.
Prozessvollmacht 80 1 ff.; Beschränkung **83** 2 ff.; Dauer **86** 1 ff.; **87** 10 f.; Erstreckung auf Nebenverfahren **82** 1 ff.; Fehlen der Vollmacht **89** 2 ff.; gesetzlicher Umfang **81** 2 ff.; Kündigung **87** 3 ff.; Mangel der Vollmacht **88** 2 ff.; Mehrzahl von Bevollmächtigten **84** 1 ff.; Nachweispflicht **80** 6; öffentliche Beglaubigung **80** 17; Verschuldenszurechnung **85** 9 ff.; Wirkung **85** 1 ff.
Prozessvoraussetzung Vor 253 1 ff.
Prozesszweck, Zivilgericht **Einl.** 8 ff.
Prüfungsumfang
–, **Berufungsgericht 529** 1 ff., Bindung an erstinstanzliche Tatsachenfeststellung **529** 10 ff., Umfang der Neufeststellung **529** 35 ff., Wegfall der Bindung **529** 15 ff.

Quittung nach Zwangsvollstreckung **757** 24
Quotelung
–, **Beschwerdewert bei Kosten- 567** 33
–, **Kosten 92** 3 ff., Nebenintervenient **101** 3, 7, Streitgenossen **100** 30 ff.
–, **Kostengrundentscheidung 106** 2 ff.

Rangordnung, Pfändungspfandrecht **804** 31
Räumung, Kosten **93 b** 3 ff.; Vollstreckungsschutz **765 a** 53
Räumungsfrist 721 1 ff.; materielle Entscheidungskriterien **721** 8 ff.; Rechtsbehelfe **721** 14
Räumungsklage 257 1 ff.
Rechtliches Gehör Einl. 199 ff.; Abhilfeverfahren **321 a** 1 ff.
Rechtsanwalt 78 9 ff.; **177 GVG** 3
–, ausländischer **78** 82 ff.
–, **Begutachtungspflicht 407** 2 f.
–, **Beiordnung 78 b** 3 ff.
–, **Beiordnung im PKH-Verfahren,** Anwaltsprozeß **121** 3, Parteiprozeß **121** 4
– in Scheidungssachen **625** 3 ff.
Rechtsberatungsgesetz Anh. UKlaG
Rechtsbeschwerde Vor 567 5 ff.; **Vor 574** ff.
– im Familienverfahren **621 d** 12 f.; **621 e** 1 ff.
– nach sofortiger Beschwerde **568** 14 ff., Rechtsbeschwerdegericht **574** 2, Sonderfälle **574** 14 ff., Zulässigkeit **574** 3 ff.
– bei Zwangsvollstreckung aus ausländischen Titeln **15 AVAG;** siehe *das jeweilige Verfahren*

Rechtsdienstleistungsgesetz Einl. 189; **Anh. UKlaG** 12 ff.
Rechtsfortbildung, richterliche **286** 119; Vorlage **BGH 132 GVG** 21 ff.
Rechtshängigkeit 261 1 ff.; ausländische **12** 75 ff.; Wirkung **262** 1 ff.
Rechtshängigkeitssperre 261 43 ff.; **17 GVG** 8 ff.; ausländische Rechtshängigkeit **261** 74
Rechtshilfe
–, **Ablehnung 158 GVG** 2 ff.
–, **Definition Vor 156 ff. GVG** 2 ff.
–, **europäische,** EG-BeweisVO **Vor 1072–1075** 1 ff.
–, **internationale Vor 156 ff. GVG** 9 ff.
–, **Verfahren 157 GVG** 2 ff.
–, **Verpflichtung 156 GVG** 2 ff.
–, **völkervertragliche Vor 1072–1075** 6 f.
–, **Zuständigkeit,** Oberlandesgericht **159 GVG** 2 ff., Rechtshilfegericht **157 GVG** 2 ff.
Rechtskraft
–, **Abänderungsklage 323** 6
–, **Aufrechnung 322** 194 ff.
–, **Durchbrechung 322** 207 ff.
–, **Einzelfälle 322** 171 ff.
–, **formelle 705** 2 ff.
–, **Gutglaubensschutz 325** 95 ff.
–, **materielle 322** 1 ff., objektive Grenzen **322** 84 ff., Rechtskraftfähigkeit **322** 25 ff., Rechtskraftwirkung **322** 38 ff., subjektive Grenzen **322** 137 f., subjektive Grenzen, inter partes Wirkung **325** 1, zeitliche Grenzen **322** 139 ff.
–, **Nacherbfolge 326** 1 ff.
–, **Rechtskrafterstreckung 325** 2 ff., kraft Gesetzes **325** 57 ff., bei Prozessstandschaft **325** 46 ff., infolge rechtlicher Abhängigkeit **325** 68 ff., auf Rechtsnachfolger **325** 13 ff., bei Verbands- & Musterklagen **325 a** 1 ff., kraft Vereinbarung **325** 90 ff.
–, **Testamentsvollstreckung 327** 1 ff.
Rechtskraftfähigkeit 322 25 ff.
Rechtskraftwirkung 322 38 ff.
Rechtskraftzeugnis 706 2 ff.
Rechtsmittel
–, **allgemeines Rechtsmittelbedürfnis Vor 511** 76
–, **Beschwer/Einzelfälle Vor 511** 26 ff.
– **gegen einstweilige Anordnung im Familienverfahren 620 c** 1 ff.
–, **Geschichte Vor 511** 4 ff.
–, **Kosten 97** 1 ff., erfolgloses Rechtsmittel **97** 2 ff., erfolgreiches Rechtsmittel **97** 12 ff., Familiensachen **97** 25, neues Vorbringen **97** 16 ff.
–, **Unrichtigkeitsbehauptung Vor 511** 69
– **gegen Urteile 1. Instanz,** Anschlussberufung **524** 1 ff., Berufung **511** 1 ff.
– **bei Wiederaufnahme des Verfahrens 591** 1 f.
–, **Zulässigkeitsvoraussetzungen** allgemein **Vor 511** 10 ff.
–, **Zulassung Vor 511** 68
Rechtsmittelbelehrung, Grundsatz **231** 1; **Vor 511** 9; Justizverwaltungsakt **26 EGGVG** 6; Mahnverfahren **Vor 688** 24; Ordnungsmittelverhängung **178 GVG** 18; vereinfachtes Kindesunterhaltsverfahren **649** 7

1846

mager = Randnummer

Sachregister

Rechtsmittelgericht siehe *Berufung, Revision*
Rechtsmittelkosten siehe *Berufung, Revision*
Rechtsmittelstreitwert 2 8, 20
Rechtsmittelverzicht, Anschlussberufung 515 8 ff.; 524 30; Berufung 515 17, 22, 24; Beschwerde 567 27; Protokollierung 160 16; Revision 565 6; im Verbundverfahren 629 a 39 ff.; vertraglicher siehe *Berufung, Revision;* Verzicht auf Berufung 524 31; Verzicht Sprungrevision 566 12; Widerruf des Verzichts siehe *Berufung, Revision*
Rechtsnachfolger
–, Rechtskrafterstreckung 325 13 ff., Einzelrechtsnachfolge 325 26 ff., Gesamtrechtsnachfolge 325 20 ff., Schuldnachfolge 325 34 ff.
–, vollstreckbare Ausfertigung 727 5 ff., im Berufungsverfahren 511 23
–, Zeitpunkt 325 42 ff.
Rechtspfleger, Ausschließung/Ablehnung 49 4; Beschluss, Rechtsbehelf 573 8 ff.; Vollstreckungserinnerung 766
Rechtsschutzbedürfnis, Rechtsschutzgarantie Einl. 240
Rechtsschutzgarantie Einl. 240 ff.
Rechtsschutzinteresse Vor 253 25
Rechtsverletzung
–, Anfechtung durch Berufung 513 8 ff.
–, Revisionsverfahren, AGB 546 8, Begriff 546 1 ff., Beweiswürdigung 546 15, Denkgesetze 546 5, Erfahrungssätze 546 5, Ermessen des Berufungsgerichts 546 14, Formularverträge 546 8, Gerichtsentscheidungen 546 6, Grundbucheintragungen 546 6, 7, Handelsbrauch 546 17, Prozesshandlungen 546 11, Rechtsnormen 546 4, Satzungen 546 8, Tatsachensubsumtion 546 13, unbestimmte Rechtsbegriffe 546 4, Willenserklärungen 546 9
Rechtsweg Einl. 2; Bindungswirkung 17 a GVG 2 ff.; Entscheidung 17 GVG 3 ff.; Verweisungsbeschluss 17 b GVG 1 ff.
Rechtswegentscheidung, Bindungswirkung 17 a GVG 2 ff.; Verweisungsbeschluss 17 b GVG 1 ff.
Rechtswegerschöpfung Einl. 191 f.
Referendare 10 GVG 1 ff.
Reform, Zivilprozessrecht 2002 Einl. 126 ff.
Reformatio in peius, sofortiges Beschwerdeverfahren 572 31 ff.
Regelunterhalt, Abänderungsklage 323 11 ff.; Ehe 642 ff., einstweilige Anordnung 644 1 ff.; Minderjähriger 645 4 ff.; Streitwert 3 122; Verbundzuständigkeit 642 23 ff.; Vollstreckung 704 3 ff., 9, 16
Regelunterhaltsverfahren siehe *Regelunterhalt*
Reisekosten 91 44; des Sachverständigen 413 2 ff.; der Zeugen 401 7
Reisekostenvorschuss 141 23
Replik auf Klageerwiderung 277 14, Frist 276 37 ff.
Restitutionsklage
–, Abgrenzung zur Nichtigkeitsklage 580 10 f.
–, Ergebnisfehlerrestitution 580 43 ff., Einzelfälle 580 47 f., Entscheidungserheblichkeit 580 50 ff., Errichtungszeitpunkt 580 49, Feststellungsurteil 580 66, Gestaltungsurteil 580 67, Sachverständigengutachten 580 45, Unterlassungsurteil 580 64, Urkunden 580 44, Vorausentscheidungen 580 54 ff., Vorsorgungsausgleich 580 65
–, Grundlagen 580 1 ff.
–, Klagefrist 585 1 ff., bei Vertretungsmängel 585 16 ff.
–, **Klageschrift** 587 1 ff., Inhalt 588 1 ff.
–, Kosten und Gebühren 590 10
–, **Prüfung von Amts wegen Zulässigkeit** 589 1 ff., Glaubhaftmachung 589 3
– wegen Rechtskraftverstoß 580 40 ff.
–, **Rechtsmittel** 591 1 f.
–, **unverschuldete Unmöglichkeit** 582 1 ff., erfolglose Geltendmachung 582 10, Vorausentscheidung und Vollstreckungsbescheid 582 11
– wegen **Urteilsaufhebung** 580 36 ff., vergleichbare Entscheidungen 580 36
–, **Vaterschaftsfeststellung** 641 i 1 ff.
–, **Verfahren** 585 1 ff., erneute Verhandlung zur Hauptsache 590 2 ff., neue Entscheidung 590 6
–, **Verfahrensfehlerrestitution** 580 13 ff., dolose Beeinflussung des Gerichts 580 24 ff., dolose Beeinflussung des Parteiverhaltens 580 31 ff., Kausalitätserfordernis 580 13, maßgebliche Straftatbestände 580 15 ff.
–, **Verletzung von Menschenrechten** 580 73
–, **Voraussetzung Strafurteil** 581 1 ff., berichtigende Auslegung § 581 Abs. 1 581 11, Beweismittel 581 15, Bindungswirkung Strafurteil 581 7, Disziplinarrecht 581 6, Restitutionsklage ohne Strafurteil 581 8 ff., Strafbefehl 581 6, strafrechtlicher Schuldspruch 581 4
–, **Vorentscheidungen** 583 1 ff.
–, **Zuständigkeit** 584 1 ff., Anfechtung von Urteilen 584 2 ff., Anfechtung von Vollstreckungsbescheiden 584 9 ff.
Revidierte Rheinschifffahrtsakte Schlussanh. C 2 e
Revisibles Gesetz, Revisionsverfahren, nicht revisibles Gesetz 560 1 ff.
Revisibles Recht, Revisionsverfahren 545 2 ff., nicht revisibles Recht 545 10 ff.
Revision
–, Anschlussrevision 554 1 ff.
–, **Entscheidung,** Aufhebungsbeschluss 562 1 ff., Sachentscheidung Revisionsgericht 563 19 ff., Teilaufhebung 562 3 ff., Wahlmöglichkeit bei nicht revisiblem Recht 563 28, Zurückverweisungsbeschluss an Berufungsgericht 563 2 ff., Zurückweisungsbeschluss 561 1 ff.
– im Familienverfahren 621 d 5
–, Nichtzulassungsbeschwerde 544 2 ff.
–, **Revisionsbegründung** 551 1 ff., Form 551 5 ff., Frist 551 8 ff., Inhalt 551 17 ff., Zustellung 551 25
–, **Revisionseinlegung** 549 1 ff., Form 549 2 f., Zuständigkeit 549 5, Zustellung 550 1 ff.
–, **Revisionsfrist** 548 1 ff., Fristbeginn 548 2, Fristende 548 3
–, **Revisionsgründe** 545 1 ff., absolute Revisionsgründe 547 1 ff., siehe dort, Kausalität der Gesetzesverletzung 545 14, nicht revisibles

1847

Sachregister

fett = §§/Art.

Recht **545** 10 ff., Rechtsverletzung **546** 1 ff., revisibles Recht **545** 2 ff., Zuständigkeitsrüge 1. Instanz **545** 15
–, **Sprungrevision 566** 1 ff., Entscheidung **566** 21 ff., Verfahren **566** 17 ff., Zulässigkeit **566** 2 ff.
–, **Statthaftigkeit 542** 1 ff., Beschwer **542** 20 ff.
–, **Urteilsbegründung,** Rüge von Verfahrensmängeln **564** 1 ff.
–, **Verfahren,** allgemeine Verfahrensgrundsätze **555** 1 ff., Berücksichtigung neuer Tatsachen **559** 24 ff., Prüfungsumfang, absolute Verfahrensmängel **557** 22 ff., Prüfungsumfang, Anfallwirkung **557** 2 ff., Prüfungsumfang, nicht revisible Gesetze **560** 1 ff., Prüfungsumfang, rügbare Verfahrensmängel **557** 28 ff., Prüfungsumfang, tatsächliche Feststellungen **559** 1 ff., Prüfungsumfang, Vorentscheidung 1. Instanz **557** 12 ff., Sachprüfung **557** 37 ff., Terminsbestimmung **553** 1, Verlust des Rügerechts **556** 1 ff., Verweis auf Berufungsvorschriften **564** 1 ff., Verwerfungsbeschluss **552** 5 ff., Zulässigkeitsprüfung **552** 1 ff., Zurückweisungsbeschluss **552 a** 1 ff.
–, **Versäumnisverfahren 555** 13 ff.
–, **Vollstreckbarkeit,** vorläufige **558** 1 ff.
–, **Zulassungsrevision 543** 1 ff., Wirkung der Nichtzulassung **543** 53, Wirkung der Zulassung **543** 45 ff., Zulassungsentscheidung **543** 28 ff., Zulassungsgründe **543** 3 ff.
Révision au fond 27 Brüssel II a–VO 1
Rheinschifffahrtsakte, revidierte **Schlussanh. C 2 e**
Richter, abgeordneter **59 GVG** 13; Ablehnung **42** 1 ff.; Ausschluss von der Ausübung Richteramt **41** 1 ff.; beauftragter **229** 2 ff., Beweisaufnahme **361** 2 ff.; ehrenamtlicher **107–114 GVG;** erkennender **309** 2 ff.; ersuchter **229** 2 ff., Beweisaufnahme **362** 2 ff.; auf Lebenszeit **59 GVG** 11; auf Probe **59 GVG** 12; vorsitzender **59 GVG** 7 ff.
Richterliche Unabhängigkeit 1 GVG 1 ff.
Richtervorbehalt, Durchsuchung **758 a** 1 ff.
Richterwechsel 309 10
Rubrum 313 7
Rücknahme, Rechtsbeschwerde **575** 21, Sachantrag **577** 12; sofortige Beschwerde **569** 20; **570** 14
Rückschein, Zustellung durch Einschreiben **175** 6, ins Ausland **183** 5 ff.
Rückwirkung der Zustellung 167 2 ff.
Rügelose Einlassung 39 2 ff.
Rügeloses Verhandeln 39 4; Ausnahme **40** 4 ff.
Rügerecht, Berufungsverfahren der Unzulässigkeit der Klage **532** 1 ff., Verlust Rügerecht **534** 1 ff.; Revisionsverfahren, Verlust Rügerecht **556** 1 ff.
Ruhen des Verfahrens 251 2 ff.; Säumnis der Parteien **251 a** 37

Sachantrag, Bindung des Gerichts **308;** Verlesen **297** 3, 7; Zurückweisung **296 a;** Zustellung Schriftsatz **270** 2 ff.
Sachdienlichkeit, Berufungsverfahren, Aufrechnung **533** 19 ff., Widerklage **533** 33 ff.; Klageänderung **263** 31 ff.

Sachentscheidung, Berufungsgericht **538** 12 ff.; Revisionsgericht **563** 19 ff.
Sachliche Zuständigkeit, allgemein siehe *Zuständigkeit* **1** 8; Wechselprozess **603** 3
Sachnähe, Rechtswegzuweisung, Rechtsprechungsübersicht **13 GVG** 30 ff.
Sachrüge 551, siehe *Revision*
Sachverhalt, persönliches Erscheinen zur Klärung **141**
Sachverständigenbeweis 144 21 ff.; **284** 55; **402** 2 ff.
–, **Ablehnung 406** 2 ff.
–, **Ausbleiben 409** 2 ff.
–, **Auswahl 404** 2 ff., durch beauftragten Richter **405** 2 ff.
–, **Beeidigung 410** 2 ff.
–, **Beweisantritt 403** 2 ff.
–, **Gutachterverweigerungsrecht 408** 2 ff., Rechtsfolgen **409** 2 ff.
–, **schriftliches Gutachten 411** 2 ff.
–, **Tätigkeit,** neues Gutachten **412** 2 ff., Pflichten **407** 2 ff., sonstige Pflichte **407 a** 2 ff., Umfang **405** 2 ff.
–, **Verwertung 411 a** 2 ff.
Sachverständigenentschädigung 413 2 ff.
Sachverständiger Zeuge 414 2 ff.
Sachzusammenhang, Familiensachen **620 a;** **621** 123; Unterhaltssache **642** 23 ff.; Widerklage **33** 20 ff.
Sammelbezeichnung, Zwangsvollstreckung **750** 50
Sammeltermin 216 7
Säumnis, Aufruf der Sache **220** 4; beider Parteien **251 a** 4 ff.; Kosten **95** 2 ff.; Prozesshandlung **230** 1 ff.; siehe *Versäumnisurteil*
Schadensermittlung 287 5 ff.; Verfahren **287** 22 ff.
Schadensersatz, Zwangsvollstreckung, ausländische Titel **28 AVAG**
Schadensersatzpflicht, Arrest- oder Verfügungsgläubigers **945** 4 ff., Schiedsverfahren **1041** 49 ff.; Einstellung Zwangsvollstreckung nach Drittwiderspruchsklage **771** 68; Klage auf Feststellung der Vaterschaft **641 g** 1 ff.; Klage gegen Vollstreckungsklausel **768** 12; Nachverfahren **600** 24 ff.; ungerechtfertigte Einstellung Zwangsvollstreckung **769** 38; vorläufige Vollstreckung **717** 7 ff.
Schadensschätzung 287 14 ff.
Schätzung, Wert der gepfändeten Sache **813** 2 ff.
Scheck, Aufgebotsverfahren **1003;** Pfändung **821; 831**
Scheckmahnverfahren 703 a
Scheckprozess 605 a 1 ff.
Scheidungssachen
–, **Antrag 622** 2
–, **Antragsschrift 622** 9 ff.
–, **antragsunabhängige Folgesachen 623** 27 ff.
–, **Auskunfts- und Stufenklage 623** 24 ff.
–, **Auslandsbezug 623** 5
–, **beiderseitiger Antrag 622** 7
–, **einverständliche Scheidung 630** 1 ff., Antragschrift **630** 9 ff., Einigung Scheidungsfolgesachen **630** 13 ff., Streitwert und Gebühren **630**

mager = Randnummer

Sachregister

26 ff., Verfahren **630** 25, vollstreckbarer Schuldtitel **630** 22 ff., Widerruf der Einigung **630** 20 f., Widerruf der Zustimmung **630** 12, Zustimmung **630** 10
–, **einzelne Folgensachen**, eheliches Güterrecht **623** 21, Ehewohnung/Hausrat **623** 20, Sorgerecht/Sorgepläne **623** 8, Unterhalt **623** 13, Zugewinnausgleich **623** 22
–, **elterliche Sorge/Vorwegentscheidung 627** 1
–, **fakultativer Verbund 623** 33 ff., Klageerweiterung in Berufung **623** 39, übergeleitete Verfahren **623** 36, verspätete Geltendmachung **623** 38
–, **Kosten**, Abweisung des Antrags **93 a** 14 ff., Scheidungsurteil **93 a** 3 ff.
–, **notwendiger Verbund 623** 31 f.
–, **Rechtmittel gegen Verbundurteile 629 a** 3 ff., 56 ff., Anschlussrechtsmittel **629 a** 15 ff., Kosten **629 b** 16, Rechtsmittelerweiterung **629 a** 12 ff., Rechtsmittelverzicht **629 a** 39, Verfahren **629 a** 52 ff., Wirkung/Anwendungsbereich **629 a** 26
–, **Rechtskraft 629 a** 45 ff.; **629 d** 1 ff.
–, **Rücknahme Scheidungsantrag 626** 2 ff., Fortführung Folgesachen **626** 13, Wirkung **626** 6
–, **Scheidungsverbund 623** 1 ff.; **624** 12, Abtrennung **623** 48 f., Aufhebung (Berufung) und Zurückverweisung **629 b** 2 ff., Beiordnung RA **625** 9, Beteiligung Dritter **624** 13, Einbeziehung von Folgesachen **623** 31 ff., Ende des Verbunds **623** 50, erweiterte Aufhebung (Revision) **629 c** 3 ff., Kosten **623** 51 ff., Prozesskostenhilfe **624** 4, Verbundurteil **629** 2 ff., Verfahren **623** 40 ff., Verfahren nach Zurückverweisung **629 b** 14, Versäumnisurteil **629** 7 ff., Wiederaufnahme **629 a** 51
–, **Vorwegnahme Scheidungsantrag 628** 3 ff., Abtrennung **628** 4 ff., Kosten **628** 27, unzumutbare Härte **628** 12, Verfahren **628** 16 ff., Wirkung der Abtrennung **628** 21 ff.
–, **Wertbestimmung 3** 113
–, **Zustellung 622** 3
–, **Zustellungsmängel 622** 5
Scheinurteil, Berufung **511** 13
Schiedsabrede 1029 44 ff.
Schiedsantrag, Änderung **1046** 19 ff.; Inhalt **1044** 13 ff.; **1046** 2 ff.; Sprache **1045** 1 ff.
Schiedseinrede 1032 4 ff.
Schiedsfähigkeit 1030
Schiedsgericht
–, **Ablehnung 1036** 5 ff.; **1037** 5 ff.
–, **Bestellung**, gesetzliches Verfahren **1034** 34 ff., vereinbartes Verfahren **1035** 6 ff.
–, **Bildung Vor 1034** 1 ff.
–, **Definition Vor 1025** 1 ff.
–, **Prüfungsumfang staatliches Gericht 1026** 1 ff., Rechtsmittel **1065** 1 ff., Verfahren **1063** 1 ff., Zuständigkeit **1062** 1 ff.
–, **Rügerecht 1027** 3 ff.
–, **Verfahren**, Anwendungsbereich **1025** 2 ff., Empfangszuständigkeit **1028** 2 ff., Zugangsfiktion **1028** 17 ff.
–, **Zusammensetzung 1034** 3 ff.

–, **Zuständigkeit**, Entscheidung **1040** 4 ff., gesetzliche Korrekturmaßnahmen **1040** 46 ff., international **1025** 16 ff., rügelose Einlassung **1040** 33 ff.
Schiedsgerichtsbarkeit, Abkommen über allgemeine Fragen des Handels- und der Seeschifffahrt zwischen BRD und der Union der Sozialistischen Sowjetrepubliken **Anh. zu § 1061** Nr. 5; außervertragliche **1066** 1 ff.; EuÜ **Anh. zu § 1061** Nr. 2; Freundschafts-, Handels- und Schifffahrtsvertrag zwischen der BRD und USA **Anh. zu § 1061** Nr. 6; Genfer Abkommen zur Vollstreckung ausländischer Schiedssprüche **Anh. zu § 1061** Nr. 4; internationale **Anh. zu § 1061**; Pariser Vereinbarung über die Anwendung des Europäischen Übereinkommens über die internationale Handelsschiedsgerichtsbarkeit **Anh. zu § 1061** Nr. 3; UnÜ **Anh. zu § 1061** Nr. 1
Schiedsgutachten 1029
Schiedsorganisationsvertrag Vor 1034 67 ff.
Schiedsort 1025
Schiedsrichter 1037 5 ff.; Ablehnung **1036** 5 ff.; Amtsbeendigung **1038** 5 ff.; Bestellung **1035** 6 ff.; Ersatzbestellung **1039** 4 ff.
Schiedsrichtervertrag Vor 1034 3 ff.
Schiedsspruch 1064 1 ff.
–, **Abstimmung 1052** 8 ff.
–, **Änderung**, Ergänzung **1058** 13 ff., Klarstellung **1058** 4 ff.
–, **Anerkennung und Vollstreckung**, Inländischer Schiedsspruch **1060** 7 ff.
–, **Anwendbares Recht 1051** 5 ff.
–, **ausländische Schiedssprüche Anh. zu § 1061** ff.
–, **Beratung 1052** 2 ff.
–, **Form 1054** 5 ff.
–, **Rechtsbehelf**, Aufhebungsantrag **1059** 6 ff., Aufhebungsverfahren **1059** 53 ff.
–, **Vollstreckbarerklärung 794** 128
–, **Vollstreckungstitel 794** 127
–, **Wirkungen 1055** 3 ff.
Schiedsstellen, ausländische Schiedssprüche **1061** 4 ff.
Schiedsvereinbarung
–, **Auslandsbezug 1029** 27 ff.
–, **Beendigung 1029** 120 ff.
–, **Definition 1029** 7 ff.
–, **Form 1031** 10 ff.
–, **Inhalt**, ergänzender **1029** 99 ff., Konkurrenzklauseln **1029** 96 ff., notwendiger **1029** 93 ff., Schiedsfähigkeit **1030** 5 ff.
–, **Inhaltskontrolle 1029** 21 ff.
–, **Parteien 1029** 44 ff.
–, **Wirkung**, materiell **1029** 117 ff., prozessual **1029** 116
Schiedsverfahren Einl. 58 ff.
–, **Beweiserhebung 1042** 104 ff.; **1049** 1 ff., 43 ff., gerichtliche Unterstützung **1050** 4 ff., Sachverständige **1049** 9 ff.
–, **Durchführung 1042** 1 ff., Beendigung **1056** 4 ff., Beginn **1044** 4 ff., mündliche Verhandlung **1047** 3 ff., schriftliches Verfahren **1047** 13 ff., Stillstand **1056** 36 ff.

1849

Sachregister

fett = §§/Art.

–, **einstweiliger Rechtsschutz** 1033 3 ff.; 1041 1 ff., Schadensersatz 1041 49 ff., staatsgerichtliche Kontrolle 1041 29 ff.
–, **einstweiliger staatlicher Rechtsschutz** 1033 19 ff.
–, **Kosten** 1057 3 ff.
–, **Mehrparteienverfahren** 1035 64 ff.
–, **Säumnis einer Partei** 1048 5 ff.
–, **Schiedsort** 1043 1 ff.
–, **Unzulässigkeit** 1032 4 ff.
Schiedsvergleich 1053 8 ff.; außer „schieds"-gerichtlicher Vergleich 1053 57; Inhaltskontrolle 1053 24 ff.; Rechtswirkungen 1053 32 ff.
Schiff, Herausgabevollstreckung 885 7; Vertreter bei herrenlosem Schiff 58 3 ff.; Zwangsvollstreckung 787 2 ff.
Schifffahrt
–, **Haftungsbeschränkung** 305 a
–, **Handelssache** 95 GVG
–, **internationale Regelungen**, Hamburger UN-Übereinkommen über die Güterbeförderung auf See **Schlussanh. C 2 g**, Mannheimer Akte **Schlussanh. C 2 e**, Übereinkommen zur Vereinheitlichung von Regeln über die zivilgerichtliche Zuständigkeit bei Schiffszusammenstößen **Schlussanh. C 2 f**
–, **Sondergericht** 14 GVG
Schifffahrtsgerichte 14 GVG 4 ff.
Schiffseigentümer, Aufgebotsverfahren 981 a
Schiffsgläubiger, Aufgebotsvefahren 1002
Schiffshypothek, Pfändung 830 a 2 ff.
Schiffspart, Zwangsvollstreckung 858 4 ff.
Schlichtungsverfahren, autoritäres **Einl.** 55 ff.; konsensuales **Einl.** 51 ff.; Kosten 15 a EGZPO 42; landesrechtliche Ausgestaltung 15 a EGZPO 35 ff.; Verjährungshemmung 15 a EGZPO 41; als Zulässigkeitsvoraussetzung 15 a EGZPO 4 ff.
Schlüssigkeitsprüfung, Mahnverfahren 688 8 ff.; Urkundsprozess 592 9 ff., 12; Versäumnisurteil 331 10
Schlussurteil 301
Schriftform, elektronisches Dokument 130 a
Schriftliche Begutachtung 411; selbstständiges Beweisverfahren 485 13 ff.
Schriftliches Verfahren 128 27 ff.; Schiedsverfahren 1047 13 ff.
Schriftliches Vorverfahren 272; 276
Schriftsätze, Abschriften 133 1 ff.; elektronische Dokumente 130 a 1 ff.; Inhalt 130 2 ff.; nachgereichte 133 7 f.; vorbereitende 129 1 ff.
Schriftsatzfrist 132 4 ff.; 283 5 ff.
Schriftvergleich, Urkunden, Echtheit 441 2 ff.; Würdigung 442 1
Schuldbeitritt, gesetzlicher, vollstreckbare Ausfertigung 729 13
Schuldnachfolge, Rechtskrafterstreckung 325 34 ff.
Schuldnerschutz, Zwangsräumung 765 a; Zwangsvollstreckung 850 ff.
Schuldnerverzeichnis
–, **Auskunft** 915 b 3 ff., Abdrucke 915 d 2 ff.; 915 e 1 ff.; 915 g 2 ff., Listen 915 f 2 ff.; 915 g 2 ff.

–, **Eintragung** 915 2 ff.
–, **Löschung der Eintragung** 915 a 4 ff.
–, **Rechtsbehelfe** 915 c 2 ff.
Schuldübernahme, Rechtskrafterstreckung 325 34 ff.; Rechtsnachfolge, vollstreckbare Ausfertigung 727 34
Schwankungsklauseln, vollstreckbare Ausfertigung 726 10
Schweigepflicht, Entbindung 385 6 ff.; öffentliche Bedienstete 376
Selbstablehnung, Richter 48
Selbständiges Beweisverfahren, Antrag 486 1, Inhalt/Form 487 1 ff.; Beschluss 490 1 f.; Beweisaufnahme 492 1 f.; Hauptprozess, Wirkung 493 1 ff.; Klageerhebungsfrist 494 a 2 ff.; Ladung zum Termin 491 1; materiell-rechtliche Wirkung 485 19; prozessuale Wirkung 485 17 ff.; gegen Unbekannt 494 1 f.; Zulässigkeit 485 1 ff.; Zuständigkeit 486 1 ff.
Selbstbindung, Berufungsgericht 563 9 ff.
Selbstentscheidung, Berufungsgericht 538 12 ff.; Beschwerdegericht 572 35 ff.; Revisionsgericht 563 2 ff., 19 ff.
Senate, Oberlandesgericht siehe dort
Sequester, Gerichtsvollzieheramt 154 GVG; als Schuldnervertreter 848 3
Sicherheitsleistung 108–113
–, **Art und Höhe** 108 1 ff., Bürgschaft 108 23 ff., gerichtliche Bestimmung 108 5 ff., Hinterlegung 108 20 ff., Parteivereinbarung 108 18 f.
–, **Ausländersicherheit**, Anfängliche 110 1 ff., Frist 113 2 ff., Höhe 112 2 ff., nachträgliche 111 1 ff.
–, **Kosten** 108 66
–, **Nachforderung** 324 1 ff.
–, **Rechtsbehelf** 108 68
–, **Rückgabe der Sicherheit** 109 2 ff.
–, **Wegfall** 108 65
–, **Wirkung** 108 38 ff.
Sicherheitsrückgabe 109; 720 a
Sicherungshypothek 866 ff.; Arrestverfahren 932; Eintragung ohne Sicherheitsleistung 720 a
Sicherungsvollstreckung 720 a; Auskunftspflicht 836 11 ff.; Verwertungsaufschub 813 a; Wartefrist 750 11, 87 ff.
Siegel, Gerichtssiegel, Ausfertigung 317 10; Pfandsiegel 808 34
Signatur, elektronische 130 a; 292 a
Simultanzulassung 78 4
Sitz, BGH 123 GVG; Insolvenzgericht 19 a; Schiedsgericht 1025; siehe *Gerichtsstand*
Sitzungspolizei 176 GVG 2 ff.; Maßnahmen 177 GVG 2 ff.; Ordnungsmittel 178 GVG 2 ff.
Sofortige Beschwerde
–, **Erkennungsverfahren** siehe *Beschwerde*
–, **Rechtsmittel**, befristete Erinnerung 104 112 ff., Kostenfestsetzungsverfahren 104 72 ff.
–, **Zwangsvollstreckungsverfahren** 793 1 ff., Rechtsbehelfe 793 20 ff., Verfahren 793 7 ff.
Sofortige Zwangsvollstreckung, Unterwerfungserklärung 794 234 ff.
Sofortiges Anerkenntnis 93; Kosten, Einzelfälle 93 15 ff.
Software, Pfändung 808 5

mager = Randnummer

Sachregister

Soldaten, Aufenthaltsgerichtsstand **606** 12 ff.; **606 a** 14 ff.; Ladung **214**
Sondergericht 14 GVG
Sonderrechtstheorie 13 GVG 8
Sondervermögen, Drittwiderspruchsklage **771** 44
Sonder/Vorbehaltsgut, Zwangsvollstreckung **742** 18
Sorgerechtsverfahren siehe *Familienverfahren*
Sozialhilfe, Pfändungsschutz **850 f, 850 i**
Sparguthaben, Pfändung **829**
Sparkassenbrief, Pfändung **829**
Sparkassenbuch, Kraftloserklärung **1023**; Zwangsvollstreckung **821**
Sprachbehinderung, Eidesleistung **483**; Kommunikationshilfsmittel **186** GVG
Sprache bei Gericht **184** GVG 3 ff.
Spruchkörper, Geschäftsverteilung **21 g** GVG 2 ff.; Vorsitz **21 f** GVG 2 ff.
Spruchreife 300
Sprungrevision 566 1 ff.; Einwilligung des Gegners **566** 5; Endurteile **566** 2; Entscheidung **566** 21 ff.; Verfahren **566** 17 ff.; Zulässigkeit **566** 2 ff.; Zulassungsantrag **566** 8
Staat, Immunität **20** GVG
Staatenlose, Ausländersicherheit **110,** siehe dort; Zuständigkeit, Ehesachen **606 a** 34
Staatsanwaltschaft, Datenübermittlung **12 f.** GVG
Staatsgäste, Immunität **20** GVG
Staatssicherheitsgefährdung, Ausschluss der Öffentlichkeit von Verhandlung **172** GVG
Statthaftigkeit, Anschlussberufung **554** 4 f.; Berufung **511** 5 ff.; Beschwerde **567** 4 ff., 36; Revision **542** 2 ff.; Wiederaufnahmeklage **589**
Statussachen siehe *Kindschaftssachen*
Statuten 293, siehe *Ermittlung fremden Rechts*
Steuerberater, Zeugnisverweigerungsrecht **383** 31 ff.
Steuerberatung, Kammerzuständigkeit **348** 6, 10 ff.
Steuererklärung, Klage auf Zustimmung **888** 4 ff.
Stiefeltern, Sorgerecht **621** 26 ff.
Stiftung, öffentlich-rechtliche, Zwangsvollstreckung **882 a**; Parteifähigkeit **50** 22; Vertretung **51** 25
Stille Gesellschaft, Parteifähigkeit **50** 25 ff.; Zwangsvollstreckung **737** 45
Stillstand
– **der Rechtspflege,** Verfahrensunterbrechung **245**
– **des Verfahrens,** Nichtbetreibung durch Parteien **251** 10, 18, Terminsbestimmung **216**
Straßengüterverkehr, CMR **Schlussanh. C 2 a**
Streitbefangene Sache 265; Erwerb/Rechtsnachfolge, Vollstreckbare Ausfertigung **727** 37
Streitbeilegung, außergerichtliche siehe *Schlichtungsverfahren*
Streitgegenstand, Begriff **Vor 253** 32 ff.
Streitgehilfe, streitgenössische Nebenintervention **69** 10
Streitgenossenschaft
–, **Begriff 59** 3; **62** 3
– **bei Drittwiderspruchsklage 771** 65
–, **einfache 60** 1 ff., Beendigung **59** 23, Prozessuale Stellung **61** 2 ff., Voraussetzungen **59** 8 ff., Wirkungen **59** 22
– **bei Klage auf vorzugsweise Befriedigung 805** 31
–, **Kosten 100** 2 ff.
–, **notwendige 62** 2 ff., wegen einheitlicher Feststellung **62** 5 ff., wegen sonstiger Gründe **62** 24 ff., Wirkungen **62** 41 ff.
–, **Parteivernehmung 449** 1 ff.
–, **Überblick 59** 4
Streitgenössische Nebenintervention 69, s. a. *Nebenintervention*
Streithilfe siehe *Nebenintervention*
Streitschlichtung, außergerichtliche **278** 41 ff.
Streitverkündung
–, **Doppelstreitverkündung 74** 9
– **bei Forderungspfändung 841** 4 ff.
–, **Form 73** 1 ff.
–, **mit ausländischem Vorprozess 74** 10
–, **Urheberbenennung,** Beseitigungsklagen **77** 1 ff., Besitz **76** 1 ff., Unterlassungsklagen **77** 1 ff.
–, **Verfahren 72** 15 ff.
–, **Voraussetzungen 72** 3 ff.
–, **Wirkung 74** 1 ff., im anhängigen Prozess **74** 2 ff., im Folgeprozess **74** 6 ff.
Streitwert 2–9; Berechnungszeitpunkt **4**; einstweilige Anordnung Familienverfahren **620 g** 15; einvernehmliche Scheidung **630** 26; Einzelfälle **3**; Feststellungsklage **256** 90 ff.; Klageänderung **263** 100 ff.; Klagenhäufung **260** 56 ff.; Parteiwechsel **263** 106 ff.; Stufenklage **254** 36
Streitwertgrenze, LG-Zuständigkeit **71** GVG
Strengbeweis 284 26
Stufenklage 254 1 ff.
–, **Gebühren 254** 34
–, **Kosten 254** 32
–, **Streitwert 254** 36
–, **Verfahren 254** 17 ff.
–, **Voraussetzung,** materiell-rechtlich **254** 13 ff., prozessual **254** 6 ff.
Stumme siehe *Taube*
Subjektive Klagenhäufung siehe *Streitgenossenschaft*
Subjektstheorie 13 GVG 8
Substantiierung, Anspruch, Klageschrift **253** 66 ff., 89 ff.; Hinweispflicht, Richter **139**
Substantiierungslast 282 15, 23; **286** 136
Suggestivfragen 397 5
Summarisches Verfahren siehe *Arrest- und einstweilige Verfügung* **916**
Suspensiveffekt, Revision **544** 16; Sprungrevision **566** 2 ff.

Tabellen, Beweiskraft **416** 3 ff.
Tage, Fristberechnung **222**
Tagungsort, Schiedsrichter **1043** 4 ff., 14; **1054** 36
Taschengeldanspruch, eidesstattliche Versicherung **807** 49; Pfändbarkeit **850 b** 12 ff.; relative Unpfändbarkeit **850 b** 6
Taschenpfändung 758 a
Tatbestand, Berichtigung **320** 4 ff.; Beweiskraft **314** 3 ff., Entkräftung **314** 6 ff.; Urteilsaufbau **313** 10 ff., Ausnahmen **313 a** 1 ff.

1851

Sachregister

fett = §§/Art.

Tatsachen, Beibringungsgrundsatz siehe *Prozessmaxime;* Erklärungspflicht **138** 1 ff.; Geständnis **288** 21; materielle Rechtskraft **322;** offenkundige **291** 3 ff.; Rechtfortbildungstatsachen **291** 20ff.; vermutete **292** 4ff.; Zeugenbeweis **373** 2 ff.
Tatsachenfeststellungen, Anfechtung in Berufung **513** 13
Tatsachenvermutung 292
Taube, Stumme, Eidesleistung **483;** Sprachmittler **186 GVG**
Teilklage, Grundurteil **304** 26; Rechtskraft **322** 127
Teilung, Nachlass **747; 997;** Prozesskosten **92**
Teilungsplan, Anfertigung **874** 2ff.; Ausführung **876** 13ff.
Teilungsversteigerung, Drittwiderspruchsklage **771;** Vollstreckungsschutz **765 a** 18
Teilurteil 301 3 ff.; Angemessenheit **301** 23 ff.; Berufungsverfahren **538** 64; Einzelfragen **301** 12ff.; Rechtskraft **322** 124ff.
Teilvergleich siehe *Vergleich*
Teilverzicht siehe *Verzicht*
Teilzahlungsgeschäfte, Versteigerungsbesonderheiten **817** 24
Telefax, Einreichung der Klage **253** 11
Telefon, Berufung **519** 24; Einspruch gegen Vollstreckungsbescheid **700** 12ff., 16; unerlaubtes Mithören **284** 62ff.
Tenor 313 9; Verkündung **310**
Tenorierungsfehler, Urteilsberichtigung **319**
Termin, Änderung **227** 1 ff.; Beginn, Aufruf der Sache **220** 2; Bestimmung **216** 1 ff.; früher erster Termin **272** 6; Ladung **214** 2; Ort **219** 1 ff.; Urteilsverkündung **310** 2ff.; Verfahren **275** 3 ff.; Vorbereitung **273** 4 ff.
Terminsvollmacht 83 2 ff.
Testamentsvollstrecker
–, **Aufgebotsantragsteller 991**
–, **Rechtsnachfolger,** vollstreckbare Ausfertigung **727** 14; **728** 7
–, **Verfahrensaufnahme 243** 3 ff.
–, **Zwangsvollstreckung 748** 1, einzelne Nachlassgegenstände **748** 3, Pflichtteilsansprüche **748** 5
Testamentsvollstreckung, Rechtskraft **327** 1 ff.
Titel
–, **Auslegung bei Zwangsvollstreckung 750** 24
– **gegen GbR 736** 8
–, **Übergabe nach Leistung 757** 3, bei Drittleistung **757** 14, Herausgabepflicht **757** 3, mehrere Schuldner **757** 17, Rechtsbehelfe **757** 38, Vermerk **757** 29, vollständige Leistung **757** 3
–, **Vermerk nach Zwangsvollstreckung 757** 29
Titelergänzende Klauseln, Vollstreckbare Ausfertigung **726** 26
Titelumschreibung, Gesamtgut **742** 7, beendete Gütergemeinschaft **744** 5; Testamentsvollstreckung **749** 8 ff.
Tod, Ehegatte **619;** gesetzlicher Vertreter **241** 8; **246** 10ff., 16; Prozessbevollmächtigter **86** 4; Schuldner, Zwangsvollstreckung nach Tod des Schuldners **779** 2ff.

Tonbandaufnahmen, Beweisverwertung **286** 71; Gerichtsverhandlung **169 GVG;** Protokollierung **160 a** 3 ff.; **163** 2 ff.; Verwahrung **160 a** 3 ff.
Transportübereinkommen siehe *CMR*
Trennung, Kindschaftssachen **640 c** 3 ff.; Prozesse **145;** von Tisch und Bett **606 a** 11
Treuhand, Drittwiderspruchsklage **771** 24; Klage auf vorzugsweise Befriedigung **805** 16

Übergangsvorschriften, Zivilprozessordnung **20–34 EGZPO**
Übermittlungsstelle, EG-ZustellVO **1069** 6 ff.; PKH-Ersuchen **1077** 3 ff.
Übersetzungskosten 91 74 ff.
Übertragung auf Einzelrichter **354 a** 1 ff.
Überweisung
– an Zahlung statt **835** 24
–, **Faustpfandforderung 838** 2 ff.
– **einer Geldforderung 835** 4 ff., Stellung des Drittschuldners **835** 20, Stellung des Gläubigers **835** 11, Stellung des Schuldners **835** 18
–, **Hypothekenforderung 837** 2 ff.
–, **Schiffshypothekenforderung 837 a** 1 ff.
–, **Überweisungsbeschluss,** Wirkung **836** 2 ff.
–, **Vollstreckungsabwendung 839** 2 ff.
Umdeutung 308 6; Berufungsschrift **519** 19; Beweisantrag **373** 18; Prozesshandlung **Einl.** 392; Rechtsmittelerklärung **511** 82, 87; „weitere Beschwerde" in Rechtsbeschwerde **574** 1 ff.
Umschreibung des Titels siehe *Titelumschreibung*
Unbekannt, Zwangsvollstreckung für/gegen **750** 6
UNCITRAL, Internationale Handelsschiedsgerichtsbarkeit **Vor 1025** 108
Ungebühr, Definition **178 GVG** 4ff.; Ordnungsmittel **178 GVG** 10ff.; Protokollierung **182 GVG** 2 ff.
Unkenntnis der deutschen Sprache 184 GVG 2ff.; Dolmetscher **185 GVG** 4 ff.
Unmittelbarkeit, Beweisaufnahme **355** 2 ff.
Unpfändbare Sachen 811 1 ff.
–, **Eigentumslage 811** 17
–, **Einzelfälle 811** 61 ff., Apotheken **811** 45, Bestattungsgegenstände **811** 49, Bücher **811** 46, Dienstkleidung/Ausrüstung **811** 43, Eigentumsvorbehalt **811** 53ff., Eigentumsvorbehalt einfacher **811** 53, 55, Eigentumsvorbehalt erweiterter **811** 56, Eigentumsvorbehalt gesicherte Forderungen **811** 54, Eigentumsvorbehalt verlängerter **811** 55, 56, Gegenstände für Erwerbstätigkeit **811** 34, gesetzliche Verbote **811** 51, Haushalts-/Geschäftsbücher/Familienpapiere **811** 47, Haustiere **811 c** 1, Landwirtschaft **811** 30ff., Nahrungs-/Feuerungs-/Beleuchtungsmittel **811** 28, notwendige/gesundheitl. Hilfsmittel **811** 48, persönlicher Gebrauch/Einrichtung **811** 23 ff., Vieh/Futtermittel **811** 29
–, **nachträgliche Pfändbarkeit 811** 18
–, **nachträgliche Unpfändbarkeit 811** 19
–, **Rechtsbehelfe 811** 52
–, **Unpfändbarkeitskatalog 811** 23 ff.
–, **Verfahren 811** 20
–, **Verstoß 811** 22
–, **Verzicht auf Pfändungsschutz 811** 13

mager = Randnummer

Sachregister

Unrichtigkeiten siehe *Ergänzungsansprüche*
Unterbrechung
– durch Anwaltsverlust **244** 1 ff., 3 ff.
– durch Insolvenzverfahren **240** 1 ff., Dauer **240** 21 ff., Voraussetzungen **240** 9 ff.
– durch Nacherbfolge **242** 3 ff.
– durch Prozessunfähigkeit **241** 2 ff.
– durch Stillstand der Rechtspflege **245** 2 ff.
–, Tod durch Partei **239** 1 ff.
–, Verfahren **249** 1 ff.
Unterhalt, Klageerhebung, Kosten **93 d** 4 ff.
Unterhaltstitel
–, Abänderung **323** 11 ff., ausländischer Titel **323** 127 ff.
–, Zwangsvollstreckung im Ausland **790** 1 ff., Beginn **798** 11, Titel **794** 121, bei weggefallener Minderjährigkeit **798 a** 1
Unterhaltsverfahren Vor 642 1 ff.
–, Abänderungsklage **654** 6, bei wiederkehrenden Unterhaltsleistungen **654** 2 ff., Klage gegen Abänderungsbeschluss **656** 2 ff.
–, Auskunftsersuchen des Gerichts **643** 2 ff.
–, Betrag; Erinnerung gegen Beschluss **767** 29
–, einstweilige Anordnung **644** 1 ff.
–, Formulare **659** 1 ff.
–, **Minderjährige Vor 645** 1 ff.; **651** 1 ff., Antrag **646** 1 ff., Einwendungen **648** 1 ff., Rechtsmittel **652** 1 ff., Überleitung zum streitigen Verfahren **650** 1 ff., Unterhaltsfeststellungsbeschluss **649** 1 ff., vereinfachtes Verfahren **645** 1 ff.; **647** 1 ff.; **657**
– bei Vaterschaftsfeststellung **653** 11
–, Zuständigkeit **642** 2 ff., Gerichtsstand des Elternteils **642** 16, internationale **642** 30 ff., sachliche **642** 29, Übertragungsverordnungen **660** 1 ff., Verbundzuständigkeit **642** 23, Wahlrecht **642** 17, Wohnsitz des Kindes **642** 15
Unterlassung, AGB **1 UKlaG** 1 ff., Vollstreckungsschutz **765 a** 65; Zwangsvollstreckung **890** 3 ff.
Unterlassungsklagegesetz
–, Anspruchsberechtigung **3 a UKlaG** 1 ff.
–, **Auskunftsanspruch,** Anspruchsberechtigter **13 UKlaG** 5, Anspruchsberechtigter, sonstige **13 a UKlaG** 3 f., Anspruchsgegner **13 UKlaG** 4, Inhalt, Verfahren **13 UKlaG** 6 ff., zur Klagevorbereitung **13 UKlaG** 1 ff.
–, Bundesverwaltungsamt **4 UKlaG** 5 ff.
–, Einführung **Vor 1 UKlaG** 1 ff.
–, einstweilige Verfügung **5 UKlaG** 29 ff.
–, grenzüberschreitende Verbandsklage **3 UKlaG** 36 ff.
–, innergemeinschaftliche Verstöße **4 a UKlaG** 1 ff.
–, Klagebefugnis **3 UKlaG** 2 ff., Bundesverwaltungsamt **4 UKlaG** 5 ff., Dritte **4 UKlaG** 31 ff., Gerichte **4 UKlaG** 37 ff., Industrie-, Handels- und Handwerkkammern **3 UKlaG** 35 ff., Verbände zur Förderung gewerblicher oder selbständiger beruflicher Interessen **3 UKlaG** 19 ff., Verbraucherverbände **3 UKlaG** 12 ff.
–, **Kundenbeschwerden,** außergerichtliche Streitbeilegung **14 UKlaG** 1 ff.
–, Rechtsvergleichung **Vor 1 UKlaG** 40 ff.
–, Überleitungsvorschriften **16 UKlaG** 1
–, **Unterlassungs- und Widerrufsanspruch AGB 1 UKlaG** 2 ff., Besonderheiten im Urteil **9 UKlaG** 1 ff., Besonderheiten im Verfahren **8 UKlaG** 3 ff., gegen Empfehler **1 UKlaG** 33 ff., gegen Verwender **1 UKlaG** 19 ff., internationaler Bezug **1 UKlaG** 48 ff., Prüfungsgegenstand **1 UKlaG** 9 ff., Verjährung **1 UKlaG** 42
–, Urheberrechtsgesetz **2 a UKlaG** 1 ff.
–, Urteil, Wirkungen **11 UKlaG** 1 ff.
–, **Verbraucherschutzwidrige Praktiken,** Anwendungsbereich **2 UKlaG** 7 ff., Besonderheiten im Verfahren, Einigungsstelle **12 UKlaG** 1 ff., Internationaler Bezug **2 UKlaG** 47 ff., Unterlassungsanspruch **2 UKlaG** 40 ff.
–, **Verfahren 5 UKlaG** 1 ff., Abmahnung **5 UKlaG** 9 ff., Feststellungsklage **5 UKlaG** 6 ff., Streitwert **5 UKlaG** 34 ff.
–, **Veröffentlichung,** Kosten **7 UKlaG** 3, Urteilsformel **7 UKlaG** 1 ff.
–, **Zivilprozessrecht,** Anwendungsbereich **5 UKlaG** 1 ff.
–, Zuständigkeit **3 UKlaG** 7 ff.; **6 UKlaG** 1 ff., Arbeitsrecht **15 UKlaG** 1, internationale **6 UKlaG** 7 ff., Konzentrationsermächtigung **6 UKlaG** 10, örtliche **6 UKlaG** 5, sachliche **6 UKlaG** 6
–, **Zwangsvollstreckung,** Unterlassungs- und Widerrufstitel **5 UKlaG** 15 ff., Vollstreckungsgegenklage **10 UKlaG** 1 ff.
Unterwerfungserklärung, Grundstückseigentümer **800** 4; notarielle Urkunde **794** 130 ff.; Rechtsnatur **794** 144 f., 180 ff.; unter sofortige Zwangsvollstreckung, Anwaltsvergleich **796 a** 4; Unterwerfung im eigenen Namen gegen Dritte **794** 152; Unterwerfung in fremden Namen **794** 151
UNÜ, ausländische Schiedssprüche **Anh. zu § 1061 Nr. 1** 1 ff.
UNUÜ 1956 Schlussanh. C 1 d
Unvertretbare Handlungen, Zwangsvollstreckung **888**
Unzeit, Vollstreckung **758 a** 77
Unzulässigkeit der Klage in Berufung **532** 1 ff.; der Vollstreckungsklausel **724** 1 ff., 9 ff.
Unzuständigkeit
–, Bindende Entscheidung **11** 2 ff.
–, Verweisung **281** 5 ff., Kosten **281** 60 ff., Verweisungsbeschluss **281** 40, Wirkung **281** 43 ff.
Urheberbenennung, Besitzer **76** 2; Eigentumsbeeinträchtigungsklage **77**
Urkunden
–, Beseitigung, Rechtsfolgen **444** 2 ff.
–, Beweisantritt durch Behörden **432** 2 ff., durch Beweisführer **420** 4 ff., durch Beweisgegner **421** 1 ff., durch Beweisgegner, Vorlagepflicht **422** 1 ff., durch Dritte **428** 2 ff.
–, Beweismittel **142** 142; **284** 56
–, Einsicht **131** 1 ff.
–, elektronische Dokumente **416 a** 2 ff.
–, Erklärung, Amtsgerichtsverfahren **510** 2 ff.
–, **Erteilung zur Zwangsvollstreckung 792** 1 ff.
–, **Mahnbescheid** siehe *Mahnverfahren*

1853

Sachregister

fett = §§/Art.

–, **Mängel,** Beweiskraft **419** 2 ff.
–, **Mittelung von Anwalt zu Anwalt 135** 1 ff.
–, **öffentliche 415** 1 ff., amtliche Dokumente **417** 2 ff., beglaubigte Abschrift **435** 2, Beweiskraft **418** 2 ff., Echtheit, ausländischer Urkunden **438** 2 ff., Echtheit, inländischer Urkunden **437** 2 ff., Urschrift **435** 3
–, **Privaturkunden 416** 2 ff., Beweis der Echtheit **440** 2 ff., Erklärung über Echtheit **439** 2 ff.
–, **Protokoll über Vollstreckungshandlung 762** 19 ff.
–, **vollstreckbare Ausfertigung 797** 1 ff., andere Urkunden **797** 36 ff., notarielle Urkunden **797** 4 ff.
–, **vollstreckbare Urkunden,** Ansprüche **794** 195 ff., Beurkundungsverfahren **794** 138, Erinnerung **767** 34, Form **794** 185, Hypotheken-/Grund-/Rentenschulden **800** 2 ff., Rechtsnachfolge **799** 1, Unterwerfungserklärung **794** 145, 180, Vollstreckungsbeginn **798** 11, Vollstreckungstitel **794** 130, 235 ff., Vollstreckungsvoraussetzungen **794** 176 ff., Zugang **794** 194, Zuständigkeit **794** 141
–, **vorbereitender Schriftsatz 131** 1 ff.
–, **Vorlagepflicht des Dritten 428** 1 ff., Antrag zur Vorlegung **430** 1, Frist **431** 2 ff.
–, **Vorlagepflicht des Gegners,** Anordnung **425** 1 f., Antrag zur Vorlegung **424** 1 ff., Rechtsfolgen bei Nichtvorlegung **427** 1 ff., Vernehmung über Verbleib **426** 1 ff.
Urkundenbeweis siehe *Beweismittel*
Urkundenprozess
–, **Abstehen vom Urkundsprozess 596** 1 ff.
–, **Berufungsverfahren 538** 60
–, **Beweismittel 592** 9 ff.; **595** 2 ff.
–, **Klageabweisung 592** 17 ff., als im Urkundsprozess unstatthaft **597** 3 ff., als unbegründet **597** 9 ff., als unzulässig **597** 2 f.
–, **Klageschrift 593** 1 ff.
–, **Kosten und Gebühren 596** 7 f.
–, **Verhältnis zum Nachverfahren 560** 2 ff.
–, **Verhältnis zum ordentlichen Verfahren Vor 592** 5
–, **Vorbehaltsurteil 599** 1 ff.
–, **Widerklage 595** 1 ff.
–, **Zulässigkeit 592** 1 ff., klagbare Ansprüche **592** 2, Zurückweisung von Einwendungen **598** 1 ff.
–, **Zweck Vor 592** 1 ff.
Urkundsbeamter der Geschäftsstelle 153 GVG 9 ff.
Urschrift, Beifügung im Schriftsatz **131**; notarielle Urkunde **435** 2; Urkundenbeweis, Vorlage **435** 3
Urteil Vor 300 1 ff.
–, **Arten Vor 300** 2 ff., Anerkenntnisurteil **307** 2 ff., Betragsverfahren **304** 32 ff., Endurteil **300** 2 ff., Endurteil bei Prozessverbindung **300** 7, Grundurteil **304** 5, Teilurteil **301** 3 ff., Teilurteil, Angemessenheit **301** 23 ff., Teilurteil, Haupt-/Hilfsanträge **301** 12 ff., Versäumnisurteil **330 ff.,** Verzichtsurteil **306** 4 ff., Vorbehaltsurteil **302** 2 ff., Vorbehaltsurteil; beschränkte Haftung **305** 3 ff., Vorbehaltsurteil; seerechtliche Beschränkung **305 a** 3 ff., Zwischenurteil **303** 2 ff., Zwischenurteil über Grund **304** 2 ff.
–, **Ausfertigung 317** 1 ff.
–, **Berichtigung,** offenbare Unrichtigkeit **319** 4 ff., Verfahren **319** 14 ff., Wirkung **319** 19 ff.
–, **Ergänzung 321** 4 ff., Antrag **321** 10 ff.
–, **erkennende Richter 309** 2 ff.
–, **Form/Inhalt 311** 3 ff.; **313** 1 ff., in abgekürzter Form **313 a** 3 ff., Unterschrift des Richters **315** 1 ff., bei Versäumnis/Anerkenntnis/Verzichtsurteil **313 b** 3 ff.
–, **Rechtskraft,** einzelne Urteilsarten **322** 171 ff.
–, **Übermittlung** an Gerichtsstelle **315** 8 ff.
–, **Verkündungstermin 310** 2 ff., Abwesenheit der Parteien **312** 1 ff.
–, **Verkündungsvermerk 315** 11
–, **Zustellung 317** 3 ff.
Urteilsberichtigung, Berufungsfrist **517** 15 ff.; siehe *Berichtigung*
Urteilsergänzung, Berufungsfrist **517** 2 ff.

Vaterschaft, einstweilige Unterhaltsanordnung, Glaubhaftmachung **641 d** 14
Vaterschaftsanerkennung 640 3 ff.; Anfechtung **640** 42 ff.; Anfechtungsklage, Vertretung durch Beistand **53 a** 4 ff.; Untersuchungsgrundsatz, Einschränkung **640 d** 1 ff.
Vaterschaftsfeststellung, einstweilige Unterhaltsanordnung **641 d** 14; negative Feststellungsklage **641 h**; Streitverkündung **640 e** 18; Zuständigkeit **640 a**; **653**
Veranlassung zur Klageerhebung, sofortiges Anerkenntnis **93;** zur Sicherheitsleistung, Rückgabe **109**
Veranlassungsprinzip, Kosten siehe dort
Veräußerung des streitbefangenen Grundstücks **266** 6 ff., Rechtsfolgen **266** 15 ff.; der streitbefangenen Sache **265** 16 ff., Rechtsfolgen **265** 69 ff.
Veräußerung hinderndes Recht siehe *Drittwiderspruchsklage*
Veräußerungsverbot, Beseitigung Veräußerungsverbot **772** 17; Drittwiderspruchsklage **772** 1 ff.; einstweilige Verfügung **938; 941**
Verband, Parteifähigkeit **50** 38 ff.
Verbandsklage, Klagebefugnis **Vor 50** 77 ff.
Verbesserungsverbot, Bindung an Berufungsanträge **528** 21 ff.
Verbindung, Aufgebote **959** 1; Ehesachen **610** 5 ff.; Kindschaftssachen **640 c** 3 ff.; von Prozessen **147; 150,** Endurteil **300** 7
Verbot, Aufgebotsverfahren, Zahlung **1019 ff.;** an Drittschuldner siehe *Drittwiderspruchsklage 771;* durch einstweilige Verfügung **938** 40; Überpfändung **803** 60 ff.; Verbindung **260** 36
Verbraucher, Haustürgeschäfte, Gerichtsstand **29 c**
Verbundverfahren siehe *Familiensachen 628*
Verdacht einer Straftat, Aussetzung des Verfahrens **149** 3 ff.
Verein
–, **nicht rechtsfähiger,** Gerichtsstand **17** 4, Offenbarungspflicht **807** 25 ff., Parteifähigkeit **50** 35 ff., Zwangsvollstreckung gegen **735**

mager = Randnummer

Sachregister

–, **rechtsfähiger,** Gerichtsstand **17** 2; **22** 2, Parteifähigkeit **50** 10
–, **Rechtsfähiger,** Vertretung **51** 23 ff.
Vereinfachte Verfahren, Unterhaltsänderung **655–660;** Unterhaltsfestsetzung für Minderjährige **645–660**
Vereinfachter Kostenfestsetzungsbeschluss 105
Vereinigte BGH-Senate 132 GVG
Vereinsgerichte 1029 44 ff.
Verfahren vor den Amtsgerichten, nachträgliche sachliche Unzuständigkeit **507;** siehe *Zuständigkeit*
Verfahrensfehler siehe *Verfahrensmängel*
Verfahrensgrundsätze
– im **Erkenntnisverfahren** Einl. **271** ff., Berufungsverfahren **525** 1 ff., Revisionsverfahren **555** 1 ff.
– im **Vollstreckungsverfahren** Einl. **366** ff.; **704;** siehe *Prozessmaxime*
Verfahrensmängel, Begriff **295** 2 ff.; Heilung **295** 32 ff.; Revision **543** 18 ff.; Zurückverweisungsbeschluss **538** 21 ff.
Verfahrensrügen 295 2 ff.; Einzelfälle **295** 12 ff.; Heilung **295** 32 ff.; Verfahrensfehler **295** 2 ff.; Verzicht **295** 5 ff.
Verfallklauseln, vollstreckbare Ausfertigung **726** 15
Verfassungsbeschwerde 322 214; **Vor 578** 32 ff.; **705** 4
Verfügung, Begriff **329** 15 f.; Zustellung **329** 15
Verfügungsanspruch, Regelungsverfügung **940** 5 ff.; Sicherungsverfügung **935** 7 ff.
Verfügungsbefugnis, Prozessstandschaft siehe dort
Verfügungsgrund, Regelungsverfügung **940** 1 ff.; Sicherungsverfügung **935** 1 ff.
Verfügungsverbot, Forderungspfändung **829** 49 ff.; Pfändung bewegliche Sachen **803** 53
Vergleich
–, **Anwaltsvergleich 794** 129; **796 a** 3, Vollstreckbarerklärung durch Notar **796 c** 1 ff., Vollstreckbarerklärung durch Prozessgericht **796 b** 1 ff., Zuständigkeit **796 a** 10
–, **außergerichtlicher Vergleich 794** 18, 48, Kosten **98** 23 ff.
–, **gerichtlicher Vergleich 794** 2, Beurkundung **794** 43, im Distanzverfahren **794** 37 ff., 45, Form **794** 34, Vollstreckbarerklärung **795 b** 1, Voraussetzungen **794** 20 ff.
–, **Gütestellenvergleich,** Vollstreckungsklausel **797 a** 1 ff.
–, **Interimsvergleich 794** 68
–, **nicht gerichtlich vollstreckbare Vergleiche 794** 113, Gütestelle **794** 114
–, **Prozessvergleich 278** 36 ff., Bedingungen/Befristung/Betagung **794** 58, 63, Beurkundungswirkung **794** 80, Inhalt **794** 51, Kosten **98** 2 ff., Nachweisfunktion **794** 84, Rechtsnatur **794** 8 ff., sonstige **794** 111, Verknüpfung von Bedingungen **794** 64, Vollstreckungsklausel **794** 100, Vollstreckungstitel **794** 87 ff., Widerrufsvorbehalt **794** 58, Wirkung **794** 70

–, **Räumungsvergleich,** Zuständigkeit **794** 7, Zwangsvollstreckung **794 a** 1 ff.
–, **Wertbestimmung,** sachliche Zuständigkeit **3** 127
–, **Zwischenvergleich 794** 69
Vergleichskosten 98 2 ff.
Vergleichstheorie, Prozessvergleich **794** 30
Verhaftung von Beamten **909** f.; durch Gerichtsvollzieher **909;** wegen Ungebühr **177 GVG** 9; wiederholte Verhaftung **911; 914**
Verhältnismäßigkeitsgrundsatz, Vollstreckungsschutz **765 a** 30
Verhandlung, Begriff **333** 1 ff.; Nichtverhandeln **333** 4 ff.; unvollständig verhandeln **334** 1 ff.; siehe *mündliche Verhandlung*
Verhandlungsbeschränkung 146
Verhandlungsgrundsatz siehe *Prozessmaxime*
Verhandlungstermin 332 1 ff.; Nichtverhandeln, Versäumnisurteil **333** 4 ff.
Verjährung
–, **Einrede,** Kostenfestsetzungsverfahren **104** 42
–, **Hauptsacheerledigung 91 a** 30
–, **Hemmung** durch PKH-Gesuch **117** 7, Rechtshängigkeit **262** 5 ff., Rückwirkung **167** 9, 12, Ruhen des Verfahrens **251** 6
Verkehrsanwalt, PKH-Beiordnung **121** 3 f., 14 ff.
Verkündung
–, **Aktenlageentscheidung 251 a** 10 ff.; **331 a** 10 ff.
–, **Beschlüsse 329** 6
–, **Protokollierung 160** 15
–, **Termine,** Entbehrlichkeit der Ladung **218** 1
– **des Urteils** im Termin **310** 2 ff., durch Zustellung **310** 9 ff.
–, **Verfügungen 329** 15 f.
–, **Vermerk auf Urteil 315** 11 ff.
Verkündungstermin 310 2 ff.
Verkündungsvermerk 315 11
Verlesung von Anträgen **297** 7 f.
Vermögensgemeinschaft siehe *Eigentums- und Vermögensgemeinschaft*
Vermögensnießbrauch siehe *Nießbrauch*
Vermögensübergang, Rechtsnachfolger **729** 5, vollstreckbare Ausfertigung **727** 15, 29
Vermögensverzeichnis, Anfertigung **807** 2 ff.; Verfahren, eidesstattliche Versicherung **900**
Vermutungen
–, **Echtheit Urkunden,** ausländischer **438; 440,** inländischer **437; 440**
–, **Ehegattenbesitz 739** 2 ff.
–, **gesetzliche 292** 3 ff., tatsächliche **292** 27 ff., widerlegbare **292** 11 ff.
Vernichtung, Räumungsgegenstand **885** 11; Urkunden **444**
Verpflichtung zur Abgabe Eidesstattliche Versicherung **900** 15; zur Gutachtenerstellung **407;** zur Streitverkündung bei Forderungspfändung **841;** zur Übernahme des Rechtsstreit, Grundstücksveräußerung **266** 22; zur Urkundenvorlegung **422; 423; 424; 429**
Versäumnis, Prozesshandlung **230** 2 ff.
Versäumniskosten 344

1855

Sachregister

fett = §§/Art.

Versäumnisurteil
– **gegen Beklagten 331** 4 ff., in mündlicher Verhandlung **331** 4 ff., Rechtsbehelf **331** 53 ff., im schriftlichen Vorverfahren **331** 41 ff.
–, **Berufung 511** 9; **514** 1 ff.; **538** 63, gegen Berufungsbeklagten **539** 10 ff., gegen Berufungskläger **539** 3 ff., Kosten **539** 21, Rechtsbehelfe **539** 19 f., Verfahren **539** 1 ff.
– **gegen Kläger 330** 5 ff., ausländischer Kläger **330** 40, Rechtsbehelf **330** 37 ff., Voraussetzungen **330** 23 ff.
–, **Kosten 344** 3 ff.
–, **Revision 555** 13 ff.
–, **Säumnis 330** 10 ff., nach Vollstreckungsbescheid **345** 30
–, **sonstige Verfahren**, Widerklage **347** 1 ff., Zwischenstreit **347** 8 ff.
–, **unechtes 330** 19
–, **Unzulässigkeit**, Entscheidung nach Lage der Akten **335** 22 ff., Rechtsmittel **336** 1 ff., Zurückweisungsgründe **335** 3 ff.
–, **Vertagung 337** 2 ff.
–, **zweites Versäumnisurteil 345** 5 ff.
Verschlechterungsverbot, Beschwerdeverfahren **572** 31 ff.; Bindung an Berufungsanträge **528** 26 ff.; Familiensachenbeschwerde **621 e** 45 ff.; Revisionsverfahren **557** 9
Versicherung an Eides Statt, Restitutionsklage **580** 13 ff.; s. a. *eidesstattliche Versicherung*
Versorgungsausgleich, Beteiligung, Versorgungsträger **624** 13 ff.; Verbundverfahren **623** 27; Vorabentscheidung **628** 3 ff.; Zuständigkeit, Familiengericht **621** 82 f.
Verspätung, Angriffs-/Verteidigungsmittel im Berufungsverfahren **530** 1 ff., Erstverfahren **296** 1 ff.; Entscheidung **296** 177 ff.; Prozeßförderpflichten, Zurückweisung bei Verletzung **296** 134 ff.; Zulässigkeitsrügen, Zurückweisung **296** 150 ff.; Zurückweisung nach Fristablauf **296** 40 ff.; Zurückweisungsvoraussetzungen **296** 163 ff.
Versteigerung
–, **anderweitige Versteigerung 817** 17
–, **anderweitige Verwertung 825**
–, **Arrestverfahren 930** 8 ff.
–, **Aufschub 813 a**
–, **Einstellung 818**
–, **Forderungen 844** 8 ff.
–, **öffentliche 814** 1 ff., Ablieferung der Sache **817** 10, Einstellung **818** 1, Erlösempfang **819** 1, Kosten **814** 10; **817** 28, Mindestgebot **817 a** 1 ff., Rechtsbehelfe **817** 27, Teilzahlungsgeschäfte **817** 24, Voraussetzungen **814** 4 ff., Zeit und Ort **816** 1 ff., Zuschlag an Gläubiger **817** 20, Zuschlag/Gebote **817** 2, Zuständigkeit **814** 7
–, **öffentliche Bekanntmachung 816** 4 ff.
–, **Ort 816** 3
–, **Sachen 814 ff.**
–, **Wertpapiere 821–823**
Versteigerungserlös siehe *Versteigerung, öffentliche*
Verstrickung, Beendigung **803** 40; Entstehung **803** 32
Vertagung 227; Abstandnahme vom Urkundenprozeß **596** 3; Antrag auf Versäumnisurteil **337** 2 ff.; eidesstattliche Versicherung **900** 33 ff.; mangels Entscheidungsreife **251 a** 34 ff.
Verteidigungsanzeige 276 19 ff.
Verteilung
–, **Erlös bei Mehrfachpfändung 827** 6 ff.; **854** 6 ff.
–, **Mehrfachpfändung**, bewegliche Sache **854** 6, unbewegliche Sache **855** 2
–, **Sicherungshypothek auf mehrere Grundstücke 867** 59 ff.
Verteilungsverfahren
–, **Säumnis 877** 2 ff.
–, **Teilungsplan**, Planausführung **876** 13 ff., Termin **875** 2 ff., Verfahren **874** 2 ff., Widerspruch **876** 2 ff.
–, **Verteilungsgericht 873** 2 ff.
–, **Widerspruchsklage 878** 2 ff., Urteil **880** 2 ff., Verfahren nach Urteil **882** 2 ff., Versäumnisurteil **881** 2 f., Zuständigkeit **879** 2 ff.
–, **Zwangsvollstreckung**, Voraussetzungen **872** 2 ff.
Vertretbare Handlung
–, **nicht vertretbare Handlung 888** 2 ff.
–, **Zwangsvollstreckung 887** 2 ff., Einzelfälle **887** 44 ff., Ersatzvornahme **887** 33 ff.
Vertreterbestellung, herrenloses Grundstück **58**; selbständiges Beweisverfahren **494** 2; Tod des Schuldners **779** 8 ff.; Zwangsvollstreckungsverfahren **787** 5
Vertreterverschulden
–, **Kindschaftssachen 640** 67, 75
–, **Wiedereinsetzungsverfahren 233** 19, 24 ff.
–, **Zurechnung**, Bevollmächtigter **85** 9 ff., gesetzlicher Vertreter **51** 32 f.
Verurteilungsstreitwert 2 10
Verwahrung, Anwaltsvergleich **796 a** 10; Arrestverfahren **931** 3; Beendigung **885** 23 ff.; Protokoll der Vollstreckungshandlung **762** 21; durch Sequester **938** 30 ff.; Urkunden **443**; Vollstreckbarer Ausfertigung **797** 36 ff.
Verwaltung, Pfändung in Grundstücke **864**; Sequester **938** 30 ff.; Zwangsvollstreckung in unveräußerliche Rechte **857** 46 ff.
Verweigerung der Abstimmung der Richter **195** GVG; Anerkennung ausländischer Urteile **328**; der Annahme bei Zustellung **179** 3 ff.; Gutachtertätigkeit **408** 2 ff.; der körperlichen Untersuchung **372 a** 22 ff.; der Parteivernehmung **446**; **453** f.; **536**; Schiedsrichteramt **1038** 17 ff.; Urkundenvorlegung **432** 8
Verweisung des Rechtsstreits 17 b GVG 1 ff.
Verwerfung, Berufung **522**, s. a. dort; Beschwerde **572**, s. a. dort; Einspruch **341**, s. a. *Versäumnisurteil*; Revision **552**, s. a. dort
Verwertung
–, **andere Verwertungsarten 825** 1 ff., bei Teilzahlungsgut **825** 19, durch andere Personen **825** 14 ff., durch Gerichtsvollzieher **825** 3 ff., freihändige Veräußerung **825** 9, Zuweisung **825** 11
–, **Aufschub 813 a** 1 ff., Gläubigerwiderspruch **813 a** 15, Kosten **813 a** 19, Rechtsbehelfe **813 a** 19, Verfahren **813 a** 2 ff., Verzug **813 a** 18
–, **Aussetzung 813 b** 1 ff., Kosten **813 b** 20, mehrmalige Anordnung **813 b** 14, nachträgliche

mager = Randnummer

Sachregister

Aufhebung **813 b** 14, Rechtsbehelfe **813 b** 19, Verfahren **813 b** 3, 8 ff., Wirkung **813 b** 17
–, **ungetrennter Früchte 824** 1
–, **Wertpapiere 821** 1, siehe dort
Verwertungsaufschub, gerichtlicher **813 b**; durch Gerichtsvollzieher **813 a**
Verwirkung, Drittwiderspruchsklage **771** 51
Verzicht
–, **Berufungsverzicht 515** 1 ff., Erklärung **515** 4 ff., Teilverzicht **515** 24 ff., vertragliche Verpflichtung **515** 35, Verzicht nach Berufungseinlegung **515** 22 f., Verzicht nach Erlass erstinstanzliches Urteil **515** 17 ff., Verzicht vor Erlass erstinstanzliches Urteil **515** 8 ff., Widerruf **515** 30 ff.
–, **Einwendungen Vollstreckungsgegenklage 767** 72
–, **Rechtsbeschwerde 576** 21
–, **sofortige Beschwerde 567** 27; **570** 21
–, **Vollstreckungsschutz 765 a** 97; **811** 13
– auf Zustellung Titel bei Zwangsvollstreckung **750** 86
Verzichtsurteil 306 4 ff.; in Berufung **511** 8
Verzögerung des Rechtsstreits siehe *verspätetes Vorbringen*
Videoverhandlung 128 1 ff.
Völkerrechtliche Verträge
–, **Anerkennungs- und Vollstreckungsverträge,** Israel **Schlussanh. C 6 a,** Tunesien **Schlussanh. C 6 b,** im Übrigen **Schlussanh. C 6 c**
–, **Beweisrecht,** Haager Übereinkommen über Beweisaufnahme **Schlussanh. C 3 a,** Haager Übereinkommen über Zivilprozess **Schlussanh. C 3 c**
–, **Rechtshilfe,** Bilaterale Verträge mit: Griechenland, Liechtenstein, Marokko, Tunesien, Türkei, Vereinigtes Königreich **Schlussanh. C 4 VB**
–, **Transportrecht,** CMR **Schlussanh. C 2 a,** COTIF **Schlussanh. C 2 d,** Hamburger UNÜ **Schlussanh. C 2 g,** Mannheimer Akte **Schlussanh. C 2 e,** Montrealer Übk **Schlussanh. C 2 c,** Übk Schiffszusammenstöße **Schlussanh. C 2 f**
–, **Unterhaltsprozessrecht,** AUG **Schlussanh. C 1 e,** HUVÜ 1958 **Schlussanh. C 1 b,** HUVÜ 1973 **Schlussanh. C 1 a,** UNUÜ 1956 **Schlussanh. C 1 d**
–, **Vollstreckbarerklärung von Kostenentscheidungen Schlussanh. C 5**
–, **Zustellungsrecht,** bilaterale Verträge mit: Belgien, Dänemark, Frankreich, Luxemburg, Niederlande, Norwegen, Österreich, Polen, Schweden, Schweiz, Tschechische Republik **Schlussanh. C 4 VA,** HZPÜ **Schlussanh. C 4 III,** HZÜ **Schlussanh. C 4 IV**
Vollleistung, Herausgabe Titel **757** 3 ff.; Quittung **757** 24
Vollmacht, vollmachtsloser Vertreter **89** 2 ff., Haftung **89** 13 ff.; siehe *Prozessvollmacht*
Vollstreckbare Ausfertigung 724 1
–, **Anhörung Schuldner 730** 1 ff.
–, **Gerichtsvollzieher/Ermächtigung 755** 3
–, **Gütergemeinschaft 742** 4 ff.

–, **Klausel 724** 3; **725** 1 ff.
–, **Nacherben/Testamentsvollstrecker 727** 14, 27; **728** 1 ff., Zuständigkeit **728** 11
–, **Nießbraucher 738** 1 ff.
–, **Rechtsbehelfe 724** 50 ff.
–, **Rechtsnachfolger,** Abtretung **727** 21, cessio legis **727** 22, Erwerb der streitbefangenen Sache **727** 37 ff., Insolvenzverwalter **727** 19, 30, Nachlassverwalter **727** 20, 32, Pfändungspfandrecht **727** 24, Prozessstandschaft **727** 8, 34, Schuldnachfolger **727** 35, Verfahren **727** 48 ff., Vermögensübernehmer **727** 15 ff., 29, Zwangsverwalter **727** 20, 33
–, **Rückforderung der Ausfertigung 724** 48
–, **Schuldbeitritt 729** 13 ff.
–, **Testamentsvollstrecker 749** 1 ff., Umschreibung **749** 8 ff.
–, **Titel 724** 8, 30 ff.
–, **Verfahren 724** 18
–, **Vermerk auf Urteil 734** 1
–, **Vermögens- und Firmenübernehmer 729** 5 ff.
–, **weitere vollstreckbare Ausfertigung 733** 10 ff., berechtigtes Interesse **733** 13, Verfahren **733** 16, Zuständigkeit **733** 16
–, **Zuständigkeit 724** 13
Vollstreckbare Ausfertigung Vollstreckbare Ausfertigung, Rechtsnachfolger **727** 5 ff.
Vollstreckbare Endurteile 704 3 ff.
Vollstreckbare Urkunde 794 f.; **797**; **799** ff.
–, **Brüssel I–VO** siehe dort
–, **vollstreckbare Ausfertigung 797** 1 ff., andere Urkunden **797** 36 ff., notarielle Urkunden **797** 4 ff.; siehe dort
Vollstreckbarerklärung
–, **Anwaltsvergleich 796 a** 12, Vollstreckbarerklärung durch Notar **796 c** 1 ff., Vollstreckbarerklärung durch Prozessgericht **796 b** 1 ff., Zuständigkeit **796 a** 10
–, **gerichtlicher Vergleich 795 b** 1
–, **Schiedssprüche 1059**; **1060,** Zuständigkeit **1062**
–, **Schiedsvergleich 1053**
Vollstreckbarkeit
–, **ausländischer Urteile 722** 1 ff., Definition ausl. Urteil **722** 13 ff., Doppelexequatur **722** 22 ff., Entscheidung **722** 35, europäischer Vollstreckungstitel **Vor 1079 ff.** 1 ff., Rechtsbehelfe **722** 40 ff., Verfahren **722** 24 ff., Vollstreckung **722** 49, Vollstreckungsfähigkeit **722** 20, Vollstreckungsklage **722** 5 ff., Zuständigkeit **722** 25
–, **vorläufige im Berufungsverfahren 537** 1 ff., im Revisionsverfahren **558** 1 ff.
Vollstreckung, ausländischer Urteile **722** 49; in bewegliche Sachen, Vollstreckungsschutz **765 a** 47; Forderungspfändung siehe dort; Haft **906**; **909**; Kosten **788** 28 ff.; Ordnungsmittel **179 GVG**
Vollstreckungsabwehrklage 767, siehe *Vollstreckungsgegenklage*
Vollstreckungsankündigung gegen juristische Personen des öffentlichen Rechts **882 a**
Vollstreckungsantrag 753, siehe *Vollstreckungsauftrag*

1857

Sachregister

fett = §§/Art.

Vollstreckungsauftrag 754 1 ff.
–, Ablehnung **753** 47
–, Erledigung **753** 35
–, **Form, Inhalt 753** 13 ff.; **754** 4, 10
–, freiwillige Leistung **754** 26, Annahme GV **754** 26 ff., Eigentumsübergang **754** 48, Ersatzleistung **754** 51, Pfändung durch Dritte **754** 54, Rechtsbehelfe **754** 56
–, Rücknahme **753** 42
–, Ruhen **753** 45
–, **Wünsche zur Durchführung 754** 24
Vollstreckungsbeginn 751 1; Befristung **751** 9; Rechtsbehelfe **751** 33; Sicherheitsleistung **751** 15; Verzicht **751** 31
Vollstreckungsbescheid 699 2 ff.
–, Antrag **699** 2 ff.
–, Einspruch **700** 12 ff., Einspruchsfrist **700** 14, Einspruchsrücknahme **700** 23, Verfahren nach Einspruch **700** 26 ff.
–, Erinnerung **767** 32
–, Erlass VB **699** 34 ff.
–, Rechtsbehelfe **699** 65 f.
–, Überleitung in streitiges Verfahren **700** 33, Säumnis Antragsgegner **700** 41 ff., Verfahren bei Ausbleiben der Anspruchsbegründung **700** 39
–, Vollmacht **703** 1 ff.
–, Vollstreckungstitel **794** 126
–, Wirkung **700** 7 ff., Wegfall, Wirkung, Mahnbescheid **701** 2 ff.
–, Zurückweisung des Antrags **699** 28 ff.
–, Zustellung VB **699** 51 ff.
–, Zwangsvollstreckung **700** 2; **796** 1 ff., Präklusion **796** 6, Zuständigkeit **796** 8
Vollstreckungserinnerung siehe *Erinnerung*
Vollstreckungsgegenklage 767 1 ff.
– bei beschränkter Haftung **786** 1 ff., fortgesetzte Gütergemeinschaft **786** 3, GbR **786** 10, Haftungsbeschränkende Verträge **786** 12, Masseschuldenhaftung **786** 13, nicht rechtsfähiger Verein **786** 11, See- und binnenschifffahrtsrechtliche Haftungsbeschränkung **786a** 1 ff., Vermögensnießbrauch **786** 9
–, Einigungsvertrag **767** 102
– Einwendungen **767** 58 ff., Abtretung/Forderungsübergang **767** 58, Erfüllung **767** 60, Erlass/Verzicht/Rücktritt **767** 62, materiellrechtliche **767** 58, unerhebliche **767** 69 ff., Verjährungseinrede **767** 59, Verzicht **767** 72, Vollstreckungsstandschaft **767** 67, Widerruf **767** 63
– des Erben **785** 1 ff., einstweilige Anordnung **785** 21, haftungsbeschränkende Klage **785** 10, Interventionsklage gegen Vollstreckungsmaßnahmen **785** 14
–, Familiensache **621** 143; **767** 50
– im Familienverfahren **621** 143
–, innerprozessuale Präklusion **767** 84
–, Präklusion **767** 73 ff., Erhebung von Einreden **767** 79, Gestaltungsrechte **767** 80, maßgeblicher Zeitpunkt **767** 76, Nachschieben neuer Einwendungen **767** 42, wiederholte Vollstreckungsgegenklage **767** 90, Wirkungen **767** 90

–, Prozessvergleich **794** 105
–, Rechtsmittel **767** 99
– gegen Titel **767** 25 ff.
–, Verfahren **767** 39 ff., Antrag **767** 40, Klagebegehren **767** 39, Zuständigkeit **767** 46 ff.
–, Verhältnis zu anderen Rechtsbehelfen **767** 4 ff.
– bei Vollstreckung aus ausländischen Titeln **14 AVAG**
–, Wirkungen **767** 91 ff., Klageabweisendes Urteil **767** 98, stattgebendes Urteil **767** 91
–, Zulässigkeit und Begründetheit **767** 43, 56 ff.
Vollstreckungsgericht
–, Beschlüsse, Erinnerung **766** 14, 20
–, Prozessvergleich **764** 1 ff., funktionelle Zuständigkeit **764** 9 ff., örtliche Zuständigkeit **764** 26, Rechtsfolgen bei Unzuständigkeit **764** 33 ff., sachliche Zuständigkeit **764** 2 ff., Übertragung auf Rechtspfleger **764** 20, Verfahren **764** 40
– bei Zwangsvollstreckung in Forderung **828** 6 ff., örtliche Zuständigkeit **828** 12, sachliche Zuständigkeit **828** 6
–, **Zwangsvollstreckungskostenfestsetzung 788**
Vollstreckungsgläubiger, Auskunftsanspruch an Drittschuldner **840** 20 ff.; Forderungsmitteilung **806a** 2 ff.; Ratenvollstreckung, Einverständnis **806b** 7; Rechtsnachfolge **727** 13 ff.; Schadensersatzpflicht **717** 7 ff.; Streitverkündungspflicht **841** 4 ff.; Vorpfändung **845** 2 ff.; Zuschlag **817** 8 f., Befreiung von der Barzahlungsverpflichtung **817** 20 ff.
Vollstreckungshandlung
–, Gerichtsvollzieher/Protokoll **762** 4 ff., Berichtigung **762** 23, Beweiskraft **762** 22, erfolgloser Pfändungsversuch **762** 12, Haftbefehl **762** 10, Kosten **762** 24, Mängel **762** 26, Mehrfachpfändung **762** 16, neue Anschrift Schuldner **762** 6, Pfändungsprotokoll **762** 9, Vermerk sonstiger Aufforderungen **763** 1 ff., Verwahrung **762** 21
–, Mitteilungen **767** 3, Protokollabschrift **767** 4, Übersendung Pfändungsprotokoll **767** 7
Vollstreckungsklage, ausländisches Urteil **722** 5 ff.
Vollstreckungsklausel 725 1 ff.
–, Anwaltsvergleich **796a** 12
–, Ausfertigung **724** 1 ff.; **725** 2
– auf ausländischen Titeln **9 AVAG**
–, bedingte Leistungen **726** 7, offene Fälligkeit **726** 1, offene Titel **726** 4, Prozessvergleiche **726** 20, Schwankungsklauseln **726** 10, titelergänzende Klauseln **726** 26, Verfahren **726** 29, Verfallklauseln **726** 15
–, gerichtlicher Vergleich **795b** 1
–, Gütestellenvergleich **797a** 2
–, Klage auf Erteilung **731** 2
–, **Klage gegen Vollstreckungsklausel 768** 1 ff., Abgrenzung andere Rechtsbehelfe **768** 4, Ausgleichsansprüche **768** 12, einstweilige Anordnung **768** 11, Verfahren **768** 6
–, Prozessvergleich **794** 100
–, Zug-um-Zug-Leistung siehe dort

1858

mager = Randnummer

Sachregister

Vollstreckungsmaßregeln
–, **Aufhebung** 776 5, einstweiliger Fortbestand 776 8, Rechtsfolgen 776 7, Zuständigkeit 776 6
Vollstreckungsschuldner, Anhörungsausschluss 834; Auskunftspflicht 836 11 ff.; Durchsuchung 758 3 ff.; Gewahrsam 808; Herausgabeverweigerung 838 2 ff.; Rechtsnachfolge 727 5 ff.; Tod, Fortsetzung der Vollstreckung 779 6 ff.; Verfügungsverbot, Pfändung Forderung 829 49 ff.
Vollstreckungsschutz 765 a 1 ff.
–, **Arten der Vollstreckung,** eidesstattliche Versicherung/Haft 765 a 67, Forderungspfändung 765 a 49, Geldvollstreckung in bewegliche Sachen 765 a 47 ff., Handlungs/Unterlassungsvollstreckung 765 a 65, Herausgabe/Räumungspfändung 765 a 53
–, **einstweilige Anordnung** 765 a 82
–, **Generalklausel** 765 a 12
–, **Gläubigerbelange** 765 a 41
–, **Härtefälle,** Bagatellpfändung 765 a 34, Existenzminimum Schuldner 765 a 36, Gefährdung Leben/Gesundheit 765 a 27, Sittenwidrigkeit 765 a 28, Treu und Glauben 765 a 38, Verhältnismäßigkeit 765 a 30, Vorratspfändung 765 a 29
–, **Insolvenz** 765 a 19
–, **juristische Personen** 765 a 17
–, **Maßnahmen** 765 a 86 ff., Aufschub durch Gerichtsvollzieher 765 a 104
– **bei Pfändung in Forderung** siehe *Zwangsvollstreckung/Pfändungsschutz*
–, **Rechtsmittel** 765 a 94
–, **Teilungsversteigerung** 765 a 18
–, **Verfahren** 765 a 69 ff., Antrag 765 a 69, Beschluss 765 a 99 ff., Zuständigkeit 765 a 78
–, **Verzicht** 765 a 97
Vollstreckungsstandschaft 750 7; 767 67
Vollstreckungstitel 794 1 ff.; anzuwendende Vorschriften 795 1 ff., europäischer **Vor** 1079 ff. 1 ff., siehe dort; landesrechtliche Besonderheiten 801 1 ff.
Vollstreckungstitelverordnung Einl. 434 f.
Vollstreckungsurteil 723 1 ff.
Vollstreckungsverfahren Einl. 18 ff.
Vollstreckungsverträge Einl. 403 ff.
Vollstreckungsvoraussetzung
–, **Rechtsfolgen bei Fehlen einer Voraussetzung** 750 93, Heilung von Mängeln 750 97
–, **Titel, weitere Vollstreckungstitel** 794 1 ff., einstweilige Anordnung in Familiensachen 794 125, Kostenfestsetzungsbeschlüsse 794 120, selbständige Beschlüsse 794 122, Unterhalt Minderjähriger 794 121, Vergleich 794 4 ff., 129, vollstreckbare Schiedssprüche 794 127, vollstreckbare Urkunden 794 130, Vollstreckungsbescheide 794 126
Vollziehung, Arrest 923; 928 ff.; Aussetzung, Ehesachen 620 e; einstweiliger Rechtsschutz, Schiedsverfahren 1041 11 ff.; Haftbefehl 909 2 ff.
Voraus/ab/wegentscheidung 582 1 ff.; elterliche Sorge 627 2 ff.; Scheidungsantrag 628 21 ff.
Voraussetzung der Zwangsvollstreckung siehe *Zwangsvollstreckung*

Vorbehalt
–, **Aufrechnung im Urteil** 302 6 ff., siehe *Vorbehaltsurteil*
– **der beschränkten Haftung,** Erbrecht 305; 780; 781, Seerecht 305 a
–, **Urkundenmahnverfahren** 703 a
–, **Urkundsprozess** siehe *Vorbehaltsurteil*
Vorbehaltsurteil 302 2 ff.; bei beschränkter Haftung, Erbrecht 305 3 ff., Seerecht 305 a 3 ff.; Nachverfahren 302 12 ff.; Nachverfahren zum Urkundsprozess 600 21 ff.; im Urkundsprozess 599 1 ff.
Vorerbe, Aufgebot 998; Rechtskrafterstreckung auf Nacherben 326
Vorgreiflichkeit, Aussetzung des Verfahrens 148 3 ff.; Rechtskrafterstreckung auf Dritte 325; Zwischenfeststellungsverfahren 256 80
Vorlagebeschluss 572
Vorlagepflicht
–, **Akten,** Auf Anordnung 143
–, **Urkunden,** bei Bezugnahme 423 1 ff., durch Dritte 429 1 ff., durch Gegner 422 1 ff., vor beauftragten/ersuchten Richter 434 2
Vorläufige Vollstreckbarkeit
–, **Antrag** 714 1 ff., Arbeitsgericht 714 5, Glaubhaftmachung 714 4, Zeitpunkt 714 2
–, **Außerkrafttreten** 717 4 ff.
–, **Bereicherungsanspruch** 717 28 ff.
–, **einstweilige Einstellung** 719 1 ff., bei Berufung 719 3 ff., bei Revision 719 11 ff., bei Versäumnisurteil 719 7 ff.
–, **Schadensersatzanspruch** 717 7
–, **Schuldnerschutzanordnung** 712 2 ff., Arbeitsgerichtsprozess 712 11, Ausnahme 712 5, Rechtsfolgen 712 10, Sicherheitsleistung des Schuldners 712 4, unterbleiben der Anordnung 713 2 ff.
– **gegen Sicherheit** 709 2, Abwendungsbefugnis 711 2 ff., Ausnahmen 710 3 ff., Hinterlegungspflicht bei Abwendung 720 1 ff., Rückgabe der Sicherheit 715 2 ff., Versäumnisurteil 709 9
– **ohne Sicherheitsleistung** 708 1 ff., Arbeitsgerichtsprozess 708 21 ff., Einzelfälle 708 8 ff.
–, **Sicherungsvollstreckung** 720 a 2 ff.
–, **Vorabentscheidung in Berufungsinstanz**
–, **Wirkung** 708 4 ff.
Vorläufiger Rechtsschutz, Arrest und einstweilige Verfügung 916 ff., siehe dort
Vornahme einer Handlung, Duldung bei Zwangsvollstreckung 890 ff.; Urteil 510 b 1 ff.
Vorpfändung 845 2 ff.; Kontoguthaben 850 k 17 ff.
Vorratspfändung 850 d; 850 i; Vollstreckungsschutz 765 a 29
Vorschuss, Notanwalt 78 c 13; für Zeugen und Sachverständige 379; 402
Vorsitz im Spruchkörper 21 f GVG
Vorverfahren, schriftliches 272 7; 276 1 ff.
Vorwegpfändung 811 d
Vorzugsrechte 805, siehe *Klage auf vorzugsweise Befriedigung*
Vorzugsweise Befriedigung 805, siehe *Klage auf vorzugsweise Befriedigung*

1859

Sachregister

fett = §§/Art.

Wahlanfechtung, Präsidium Gericht **21 b GVG**
Wahlgerichtsstand, Ausübung Wahlrecht **35;** Vereinbarung **38**
Wahrheitspflicht 138 1 ff.
Wartefrist, Verzicht **798** 12; bei Zwangsvollstreckung **798** 1 ff.
Wechselmahnverfahren 703 a
Wechselprozess 602 ff.; Abstandnahme **596;** Ansprüche aus Wechseln **602** 2; Beweismittel **605** 1 ff.; Klageschrift **604** 1 ff.; Ladungsfrist **604** 2; Verhältnis zum ordentlichen und Urkundsverfahren **602** 6; Zuständigkeit **603** 1 ff.
WEG-Sachen, Zuständigkeit **72 GVG** 13 ff.
Weitere Beschwerde siehe *Anschlussbeschwerde*
Weitere Vollstreckbare Ausfertigung 733 10 ff.; berechtigtes Interesse **733** 13; Rechtsbehelfe **733** 21; Zuständigkeit **733** 16
Wert, Bestimmung siehe dort
Wertberechnung 3–9
Wertberufung siehe *Berufung*
Wertbestimmung
–, **Zuständigkeit,** Besitz einer Sache **6** 3 ff., Bestimmungszeitpunkt **4** 4 ff., nach freiem Ermessen **3** 1 ff., Grunddienstbarkeit **7** 3 ff., mehrere Ansprüche **5** 3 ff., Nebenforderungen **4** 18 ff., Pacht-Mietverhältnis **8** 4 ff., Pfandrechte **6** 15 ff., Sicherstellung Forderung **6** 15 ff., Widerklage **5** 30 ff., wiederkehrende Leistungen **9** 3 ff., Zuständigkeitsstreitwert **2** 4
– in Zwangsvollstreckung, Schätzung **813** 2 ff.
Wertpapiere
–, **Aufgebot 1010 ff.**
–, **Pfändung 808** 4, indossables Papier **831** 1 ff.
–, **Sicherheitsleistung 108**
–, **Urkundenprozess 592**
–, **Verwertung 821 ff.,** Inhaberpapier **823** 1, Umschreibung Namenspapier **822** 1
Wettbewerbssachen, Gerichtsstand, unerlaubte Handlung **32;** Handelssachen **95 GVG**
Widerklage, Begriff **33** 8 ff.; in Berufung **33** 16; **533** 33 ff.; Ehefeststellungsklage **632** 4; Familiensachen **33** 5; **621;** Gerichtsstand, besonderer **33** 1 ff.; in Revision **33** 17; Schiedsverfahren **1046** 31 ff.; Urkundenprozess **595;** Versäumnisurteil **347** 1 ff.; Voraussetzungen **33** 12 ff.; Wertbestimmung **5** 30 ff.; Zuständigkeit **33** 3 ff.
Widerruf
–, **Anerkenntnis und Verzicht** siehe dort
–, **Berufungsverzicht 515** 4 ff.
–, **Erledigungserklärung 91 a** 38 f.
–, **Geständnis 290**
–, **Prozesshandlungen** Einl. **388**
–, **Prozessvollmacht 86** 2 ff.
–, **Zustimmung,** Scheidung **630** 12, schriftliches Verfahren **128** 31
Widerspruch, Arrest- und einstweilige Verfügung **924** 7 ff.; **925** 2 ff.; eidesstattliche Versicherung **900** 43, 47; Mahnbescheid **694** 2 ff.; Nebenintervention **68** 21; Teilungsplan **876** 2 ff.; Versäumnisurteil **881;** Zwangsvollstreckungsbeschränkung **777**
Widersprüchliches Verhalten, faires Verfahren Einl. **231**
Widerspruchsfrist, Mahnbescheid **694** 5 ff.

Widerspruchsklage
– gegen Teilungsplan **878** 2 ff., Urteil **880** 2 ff., Verfahren nach Urteil **882** 2 ff., Versäumnisurteil **881** 2 f., Zuständigkeit **879** 2 ff.
Widerstand bei Zwangsvollstreckung **892**
Wiederaufnahme 578–591; Beschluss **578** 19; Beschwer **578** 31 ff.; bindende Vorentscheidung **578** 43; isolierte Kostenanfechtung **578** 24; Nichtigkeitsklage **579** 1 ff.; Nichturteil **578** 4; Rechtsbehelf/Titelerschleichung **Vor 578** 10 ff.; Rechtskraft **Vor 578** 1 ff.; Schiedsspruch **578** 18 a; Urteil **578** 14 ff.; Verfahren **578** 25; Verfassungsbeschwerde **Vor 578** 32 ff.; Vollstreckungsbescheid **578** 18; Widerruf von Prozesshandlungen **578** 38; Wiederaufnahmegründe als Einrede **578** 35; wirkungsloses Urteil **578** 9
Wiedereinsetzung in den vorigen Stand 233–238
–, **Anschlussberufung 524** 32
–, **Anwendungsbereich 233** 1 ff.
–, **Berufungsverfahren 522** 16 ff.
–, **Frist 234** 3 ff.
–, **Kosten 238** 16 ff.
– **nach öffentlicher Zustellung 185** 15
–, **Rechtsbehelfe 238** 13 ff.
–, **Tatbestandsberichtigung 320** 7
–, **Urteilsergänzung 321** 11
–, **Verfahren 233** 9 ff.; **236** 3 ff.; **238** 1 ff., Antrag **233** 17, Einzelfälle **233** 27 ff., Fristversäumung **233** 9, Grund **233** 20 ff., Nachholung der Prozesshandlung **236** 14, Von Amts wegen **236** 16
–, **Versäumung Berufungsbegründungsfrist 520** 22
–, **Zuständigkeit 237** 1 ff.
Wiedereröffnung der Verhandlung 156 3 ff.
Willenserklärung, Fiktion der Abgabe **894** 2 ff., Eintragung ins Grundbuch/Schiffsregister **895** 2 ff.
Willensmängel, Geständnis **290** 5 ff.; Prozesshandlungen **Einl. 393** f.
Willkürliche Entscheidung, Grundgesetz Einl. **234 ff.**
Wohnraum, einstweilige Verfügung, Räumung **940 a;** Herausgabevollstreckung **885** 3, 7 ff.; Klage auf künftige Räumung **257** 3, 8 ff.; **259** 8; Räumungsfrist **721** 3 ff.
Wohnsitz siehe *Gerichtsstand*
Wohnungsdurchsuchung siehe *Durchsuchung*
Wohnungseigentümergemeinschaft, Parteifähigkeit **50** 32; Zwangsvollstreckung **750** 47 ff.

Zahlungsverkehr, Gerichte/Justizbehörden **Anh. EGGVG**
Zentrale Behörde, Brüssel II a–VO **53 ff.** Brüssel II a–VO; IntFamRVG Schlussanh. **B 5 § 3**
Zentralstelle, EG-ZustellVO **1069** 21 ff.
Zeugen 284 54; **373–401;** Abgeordnete **376** 2 ff.; Beamte **376** 4; Beeidigung **391** 2 ff.; Beweisbeschluss **359** 3 ff.; Beweiswürdigung **286** 6 ff.; Bundespräsident **376** 10 ff.; informelle Befragung, Gütetermin **278** 25; Ladung **273** 24 f.; Minister **376** 10 ff.; Richter **376** 3; selbständiges Beweisverfahren **485** 8; **487** 5; vom Hörensagen

mager = Randnummer

Sachregister

284 54; Zwangsvollstreckung/Zuziehung 759 4ff.
Zeugenbeeidigung 391 2ff.
Zeugenbeweis 284 54
–, **Ausbleiben des Zeugen** 380 2ff., Entschuldigungsgründe 381 2ff., wiederholtes Ausbleiben 380 10ff.
–, **Auslagenvorschuss** 379 2ff.
–, **Beweisantritt** 373 2ff.
–, **Beweisaufnahme**, beauftragter Richter 375 1ff., ersuchter Richter 375 1ff.
–, **Fragerecht**, der Parteien 397 2ff.
–, **Ladung** 377 2ff.
–, **schriftlicher** 377 7ff.
–, **Unterlagen**, Zur Aussageerleichterung 378 2ff.
–, **Vernehmung**, Amtsverschwiegenheit 376 2ff., durch Schiedsgericht 1042 104ff., Einzelvernehmung 394 3ff., Ort 382 2ff., uneidliche 393 1ff., Wahrheitsermahnung 395 2ff., wiederholte/nachträgliche 398 2ff., zur Person 395 2ff., zur Sache 396 2ff.
–, **Verzicht** 399 2ff.
–, **wiederholter**, Berufungsverfahren 529 30ff.
Zeugenentschädigung 401 2ff.
Zeugensäumnis 380 2ff.; Entschuldigung 381 2ff.
Zeugnisverweigerungsrecht
– vor beauftragten/ersuchten Richter 389 2ff.
–, **Belehrung** 383 40ff.
–, **Erklärung** 386 2ff.
–, **Familienverfahren** 383; 621
–, **Glaubhaftmachung** 386 5
–, **persönliche Gründe** 383 4ff., Ausnahmen 385 2ff.
–, **Rechtsfolgen** 390 2ff.
–, **sachliche Gründe** 384 2ff., Ausnahmen 385 2ff.
–, **Schiedsverfahren** 1050 6ff.
–, **Zwangsmittel** 390 2ff.
–, **Zwischenstreit** 387 2ff., schriftliche Zeugnisverweigerung 388 2, vor beauftragten ersuchten Richter 389 2ff.
Zinsen siehe *Nebenforderungen*
Zivilkammer, Besetzung 75 GVG 1ff.; Landgericht 60 GVG 1ff.
Zivilprozess, Zuständigkeit 23 GVG 3ff.
Zivilprozessrecht Einl. 23ff.
–, **internationales** Schlussanh. A 1ff., europäisches **Schlussanh. B**, siehe dort, Haager Übereinkommen **Schlussanh. C 3 c**
Zubehör, Herausgabevollstreckung 885 32; Zwangsvollstreckung unbewegliches Vermögen 865 3ff.
Zugang, Heilung von Mängeln bei Zustellung 189 2ff.; Schiedsverfahren, Unbekannter Aufenthalt der Partei 1028 2ff.
Zugangsfiktion, Zustellung, Einlegen in Postkasten 180 6, Verweigerung der Annahme bei 179 7f.
Zugewinngemeinschaft, Familiensache 621; Pfändung, Ausgleichsanspruch 929; 935; Tod des Ehegatten 619 3ff.

Zug-um-Zug-Leistung
–, **vollstreckungsgerichtliche Anordnungen** 765 1ff., Heilung von Mängeln 765 13, Vollstreckungsbeginn 765 5
–, **Zwangsvollstreckung** 756 1ff., Angebot der Gegenleistung 756 11, Annahmeverzug 756 35, Erteilung Vollstreckungsklausel 756 1, Mangelhafte Gegenleistung 756 34, Prüfung GV 756 25, Rechtsbehelfe 756 53, Urkundsnachweis 756 42ff.
Zulässigkeit der Klage, abgesonderte Verhandlung 280 2ff.; Berufungsverfahren, Entscheidung 538 47ff.; Revisionsverfahren, Entscheidung 552 5ff.; Zulässigkeitsrüge 283 33ff.
Zulassungsberufung 511, siehe *Berufung*
Zulassungsrevision 543, siehe *Revision*
Zurückbehaltungsrecht, Anerkenntnis 93 8; in Berufung 533 22; Drittwiderspruchsklage 771 37; Zwangsvollstreckungsbeschränkung 777 9
Zurücknahme
– **der Berufung** 516 1ff., Beschränkte Rücknahme 516 17ff., Rechtsfolgen 516 21ff., Rücknahmeerklärung 516 4ff., Vertragliche Verpflichtung 516 34ff.
– **der Beschwerde** 572 39
– **des Einspruchs**, Versäumnisurteil 346 5f., Vollstreckungsbescheid 700 23ff.
–, **Mahnantrag** 690 46
–, **Revision** 565 7
–, **Scheidungsantrag** 626 2ff.
–, **Streitantrag**, Mahnverfahren 696 24ff.
–, **Widerspruch**, Gegen Mahnbescheid 697 29ff.
Zurückverweisungsbeschluss
–, **Berufung** 538 1ff., Antrag 538 19ff., Entscheidung 538 66ff., Kosten 538 78, Wirkung 538 75ff.
–, **Beschwerde** 572 39
–, **Revision an Berufungsgericht** 563 2ff.
–, **Scheidungsurteil** 629 b; 629 c
–, **Sprungrevision** 566 24
–, **Versäumnisurteil** 538 66ff.
Zurückweisung, Angriffs- und Verteidigungsmittel 296; 531; 1059, siehe *Verspätung*; Antrag auf Vollstreckungsbescheid 699 28ff.; Aufrechnung, Berufungsverfahren 533 4, 19ff.; Ehesache 615; von Einwendungen, Urkundenprozess 598 1ff.; von Gesuchen 567 7f.; Mahnantrag 691, siehe dort; Nebenintervention 71, siehe dort; Revision 561, siehe dort; Terminsänderungsanträge 227, siehe *Termin*; Vollstreckungsabwendungsantrag 712 2ff.
Zurückweisungsbeschluss, Berufung 522 19ff.; Revision 541 1ff.; 552 a 1ff.
Zuschlag 817 20ff.
Zuschlag und Ablieferung siehe *Versteigerung*
Zuschlagsbeschwerde 569
Zuständigkeit
–, **ausschließliche** siehe *ausschließliche Zuständigkeit*
–, **Drittwiderspruchsklage** 771 54ff.
–, **Eheliches Güterrecht** 23 a GVG 10
–, **Ehesachen** 23 a GVG 9

1861

Sachregister

fett = §§/Art.

–, **Erinnerung,** einstweilige Anordnung **769** 9, 13; siehe dort
–, **Familiensachen 23 b GVG 3** ff.
–, **funktionelle 1** 9
–, **Gewaltschutzsachen 23 a GVG** 12
–, **instantielle 1** 10, 1. Instanz **71 GVG 1** ff., 2. Instanz **72 GVG 1** ff.
–, **internationale,** allgemein **1** 7, Bedeutung **12** 68 ff., Begriff **12** 57 ff., Forum non vonveniens **12** 104, Forum shopping **12** 103, Rechtsfolgen bei Unzuständigkeit **12** 72 ff., Rechtsquellen **12** 82 ff.
–, **Kindschaftssachen 23 a GVG** 3
–, **Lebenspartnerschaftssachen 661** 29 ff.; **23 a GVG** 11
–, **örtliche 1** 13; **12** ff., s. a. *Gerichtsstand*
–, **Revisibilität 545** 15 ff.
–, **rügelose Einlassung 39** 2 ff.
–, **sachliche 1** 8, Prüfung von Amts wegen **1** 22 ff., Rechtsfolgen Unzuständigkeit **1** 30, Rechtsmittel **1** 33, Sonderfälle **1** 18, Wertbestimmung **2** 1 ff.
–, **Unterhaltssachen 23 a GVG** 4
–, **Vollstreckungsgegenklage,** einstweilige Anordnung **769** 9, 13; siehe dort
–, **Vollstreckungsgericht** siehe dort
–, **Zivilsache,** Streitwertabhängige Zuständigkeit **23 GVG** 3 ff., Streitwertunabhängige Zuständigkeit **23 GVG** 6 ff.
Zuständigkeitsstreitwert 2 4, 17
Zuständigkeitsvereinbarung, Brüssel I–VO **2 Brüssel I–VO**; internationale, Familiensachen **606 a** 14 ff.; Kaufleute **38; 40,** siehe *Prorogation und Derogation*
Zustellung 166 1 ff.
–, **Amtszustellung 166** 20
– von Anwalt zu Anwalt **195**
–, **Art,** auf elektronischem Wege **174** 19 ff., durch Einschreiben mit Rückschein **175** 2 ff., durch Gerichtsvollzieher **192** 2 ff., durch Telekopie **174** 15 ff., gegen Empfangsbekenntnis **174** 2 ff., von Anwalt zu Anwalt **195** 3 ff.
–, **Aufgebotsverfahren 994–1000** 5 ff.
–, **Auftrag 176** 1 ff.
–, **Ausführung,** Beliehene **176** 6, Geschäftsstelle **168** 1 ff.
– **ins Ausland 183** 1 ff., Ausländische Behörde **183** 9 ff., Einschreiben mit Rückschein **183** 5 ff., exterritoriale Deutsche **183** 13 f., in Europäische Union **183** 15, Zustellungsbevollmächtigter **184** 2 ff., Zustellungsmängel **183** 16 ff.; siehe *EG-ZustellVO*
–, **Auslandsbezug 166** 28, deutsches internationales Zustellungsrecht **Vor 1067–1071** 9 ff., EG-ZustellVO **Vor 1067–1071** 1 ff., siehe dort, Völkervertragliches Zustellungsrecht **Vor 1067–1071** 7 ff., weitere EG-Verordnungen **Vor 1067–1071** 5 ff.
–, **Beglaubigung 169** 2 ff.
–, **Berufungsschrift- und Begründung 521** 1 ff.
–, **Empfänger,** Aushändigung an der Amtsstelle **173** 2 ff., Bevollmächtigte **171** 2 ff., gesetzliche Vertreter **170** 2 ff., Prozessbevollmächtigte **172** 3 ff., Soldaten **166** 26

–, **Ersatzzustellung** siehe dort
–, **Formulare 190** 1 ff.
–, **Heilung von Mängeln 189** 1 ff.
–, **internationale Schlussanh.** 4
–, **Klageschrift 271** 1 ff., unverzüglich **271** 4 ff.
–, **Mängel,** Heilung **189** 1 ff., Zustellung an Prozessbevollmächtigte **172** 20, Zustellung ins Ausland **183** 16 ff.
–, **Objekte 166** 8 ff.
–, **Objekte der Zustellung,** Beschlüsse **329** 2 ff., Mitteilungen siehe dort, Verfügungen **329** 15 ff.
–, **öffentliche 185** 4 ff., Ausführung **186** 2 ff., Veröffentlichung **187** 1 ff., Zeitpunkt **188** 2 ff.
–, **Ort 177** 2 ff.
–, **Parteizustellung 166** 21 ff.; **191** 1 ff., Auftrag **194** 2 ff., Ausführung **193** 2 ff., Durch Gerichtsvollzieher **192** 1 ff.
–, **Revisionsschrift- und Begründung 550** 1 f.; **551** 25
–, **Schriftsätze ohne Sachanträge 270** 1 ff.
–, **Urteil im Familienverfahren 618**
–, **verweigerte Annahme 179** 3 ff.
–, **Wirkung,** Rückwirkung **167** 1 ff.
–, **Zeitpunkt,** Bescheinigung **169** 1 ff., Zustellungszeit **177** 3
–, **Zustellung für Zwangsvollstreckung 750** 9, 65 ff., Art und Zeitpunkt **750** 65, Klausel **750** 72, Kündigung **750** 75, Nachweisurkunden **750** 73, Titel **750** 70, Verzicht **750** 86
–, **Zustellungsadressat** siehe dort
Zustellungsadressat
–, **Zwangsvollstreckung 750** 80, gesetzlicher Vertreter **750** 83, Prozessbevollmächtigter **750** 81
Zustellungsbevollmächtigter 184; von Anwalt zu Anwalt **195;** Zustellung im Ausland **276** 13
Zustellungsfiktion, Zustellung ins Ausland **184** 2 ff.
Zustellungsurkunde 182 3 ff.; Beweiskraft **182** 15 f.; Mängel **182** 17
Zustellungsvereitelung 179 3 ff.
Zustellungsverordnung Einl. 440
Zustimmung, Klageänderung **263** 28; Klagetrennung **145** 8 ff.; Parteiänderung **263** 70; Rechtsnachfolge **265** 70; Scheidung **630** 10; schriftliche Verfahren **128** 28 ff.; Streitgenossenschaft **61;** Wirkung bei Streitgenossenschaft **61** 2 ff.
Zutritt zur öffentlichen Verhandlung **175 GVG**
Zuweisung zu verwertender Gegenstände 825 11
Zuwiderhandlung gegen Duldungs- und Unterlassungspflicht **890** 9 ff.; gegen Gewaltschutzanordnung **892 a** 5
Zuziehung von Zeugen siehe *Zeugen*
Zwangsgeld, Vollstreckung unvertretbarer Handlungen **888** 25 ff.
Zwangshaft, Erzwingung eidesstattliche Versicherung **901;** Vollstreckung unvertretbarer Handlungen **888** 25 ff.
Zwangshypothek 866 3; Eintragungshindernisse **867** 28 ff.; Eintragungsverfahren **867** 37 ff.; Eintragungsvoraussetzungen **867** 5 ff.; Erwerb durch Eigentümer **868** 2 ff.; Gesamtbelastungsverbot **867** 59 ff.; Rechtsbehelfe **867** 72 ff.

mager = Randnummer

Sachregister

Zwangsräumung 765 a
Zwangsversteigerung 866 4; 869 1; besondere Härtegründe 765 a
Zwangsverwalter, Partei kraft Amtes 51; Rechtsnachfolger, Vollstreckbare Ausfertigung 727 20, 33
Zwangsverwaltung 866 5; 869 1; Nießbrauch 737 14
Zwangsvollstreckung 704–945
–, **Abgabe einer Willenserklärung,** Eigentumsübertragung 897 2 ff., Eintragung ins Grundbuch/Schiffsregister 895 2 ff., Erteilung von Urkunden 896 2 ff., Fiktion 894 2 ff., Gutgläubiger Erwerb 898 2 ff.
– **im Ausland,** deutsche Titel 30 AVAG
– **aus ausländischen Titeln,** Antragstellung 4 AVAG, Anwendungsbereich 1, 35 ff. AVAG, Befristung/Bedingung 7 AVAG, Bekanntgabe 10 AVAG, Beschränkung 18 ff. AVAG, Entscheidung 8 AVAG, Rechtsbehelfe 11 ff. AVAG, Verfahren 6 AVAG, Zuständigkeit 3 AVAG
–, **beschränkte Haftung, Vollstreckungsabwehrklage** 786 3 ff., GbR 786 10, Haftungsbeschränkende Verträge 786 12, Masseschuldenhaftung 786 13, nicht rechtsfähiger Verein 786 11, Vermögensnießbrauch 786 9
–, **Beschränkung** 775 5 ff., Befriedigung 775 17, einstweilige Einstellung 775 14, Einzahlungs/Überweisungsnachweis 775 22, Fortsetzung der Vollstreckung 775 28, gegen Sicherheitsleistung 775 15, Hinterlegung durch öffentliche Urkunde 775 16, Nachweis der Sicherheitsleistung 775 16, Rechtsbehelfe 775 29, Stundung 775 17, Verfahren 775 22 ff., Vollstreckungshindernde Entscheidung 775 10, Zuständigkeit 775 24
–, **Eigentums- und Vermögensgemeinschaft** 744 a 1 ff., Definition 744 a 6
–, **Einschreiten von Behörden** 789 1 ff.
–, **Einstellung** 775 5 ff., s. a. Beschränkung
–, **Eisenbahn** 871 1 ff.
–, **Erbrecht, Nachlassinsolvenzverfahren** 784 2 ff.
–, **Erbrecht, Nachlassverwaltung** 784 2 ff.
–, **Erbrecht, Vollstreckungsabwehrklage des Erben** 785 1 ff., einstweilige Anordnung 785 21, haftungsbeschränkende Klage 785 10, Interventionsklage gegen Vollstreckungsmaßnahmen 785 14
–, **Erbrecht, vor Erbschaftsannahme** 778 3 ff., Rechtsbehelfe 779 11 ff., Trennung Haftungsmassen 778 6 ff.
–, **Erbschaft, beschränkte Erbenhaftung** 781 2 ff., Einreden des Erben gegen Nachlassgläubiger 782 7 ff., Einreden des Erben gegen persönliche Gläubiger 783 2 ff., Vorbehalt 780 2 ff.
–, **Erbschaft, Fortsetzung nach Tod des Schuldners** 779 2 ff.
– **wegen Erwirkung von Duldungen/ Unterlassungen** 890 3 ff., Verfahren 891 3
– **wegen Erwirkung von Handlungen,** Abgabe eidesstattliche Versicherung 889 2 ff., Ausschluss der Zwangsvollstreckung 888 a 1 ff., Ersatzvornahme 887 33 ff., nicht vertretbare Handlungen 888 2 ff., Verfahren 891 3, Vertretbare Handlung 887 2 ff., Vertretbare Handlung, Einzelfälle 887 44 ff.
–, **EWIV** 736 42
–, **Familiensachen** 621 141 ff.
–, **fortgesetzte Gütergemeinschaft** 745 2 ff.
–, **freiwillige Leistung des Schuldners** 754 26, Eigentumsübergang 754 48, Ersatzleistungen 754 51, Pfändung durch Dritte 754 54, Rechtsbehelfe 754 56
–, **GbR** 736 1, für 736 8, gegen Gesellschafter 736 30, Rechtsbehelfe 736 36, stille Gesellschaft 736 45, wegen Gesellschaftsschuld 736 20
– **wegen Geldforderung in andere Vermögensrechte** 857 2 ff., Anteilsrechte 857 15, Anwartschaftsrecht 857 18, 28, Erbschaftsnutzungen 861 2 ff., Gesamtanteile 860 2 ff., Gesamthandanteile 859 3 ff., Gesellschaftsanteil 857 43, Grundschulden 857 31, Hypotheken 857 40, Immaterialgüterrechte 857 16, Nießbrauch, Dienstbarkeiten 857 17, Pfandrechte 857 30, Rückübereignungsansprüche 857 24, Schiffspart 858 2 ff.
– **wegen Geldforderung in bewegliches Vermögen** 803 15; 804 4 ff., Beendigung Verstrickung 803 40, Pfändung 803 29 ff., Pfändungspfandrecht 803 59, Überpfändung 803 60 ff., Verfügungsverbot 803 53 803 53, Verstrickung 803 32, zwecklose Pfändung 803 69 ff.
– **wegen Geldforderung in Forderung, Pfändungsschutz,** Altersrenten 851 c 2 ff.; 851 d, Arbeitseinkommen 850 1 ff., Arbeitseinkommen, Härteklausel 850 f 2 ff., Arbeitseinkommen, Pfändbarkeitsberechnung 850 e 2 ff., Arbeitseinkommen, Pfändbarkeitsberechnung, Änderung 850 g 2 ff., Arbeitseinkommen, Pfändungsgrenzen 850 c 2 ff., Arbeitseinkommen, verschleierter 850 h 2 ff., bedingt pfändbare Bezüge 850 b 3 ff., Kontoguthaben 850 k 5 ff.; 850 l 1 ff., Landwirte 851 a 2 ff., Miet-, Pachtzinsen 851 b 2 ff., Pflichtteilsanspruch 852 2 ff., Schenkungsanspruch 852 2 ff., sonstige Vergütung 850 i 2 ff., Sozialleistungen Anh. zu § 850 i, Unpfändbare Bezüge 850 a 4 ff., Unterhaltsansprüche 850 d 1 ff., Zugewinnausgleichsanspruch 852 2 ff.
– **wegen Geldforderung in Herausgabeansprüche,** Herausgabeanspruch bewegliche Sachen 847 2 ff., Herausgabeanspruch, bewegliche Sachen, Mehrfachpfändung 854 2 ff., Herausgabeanspruch Schiff 847 a 1 ff., Herausgabeanspruch Schiff, Mehrfachpfändung 855 a 1 f., Herausgabeanspruch unbewegliche Sachen 848 2 ff., Herausgabeanspruch unbewegliche Sachen, Mehrfachpfändung 855 2 ff., zur Einziehung 846 2 ff.; 849 1
– **wegen Geldforderung in körperliche Sachen** 808 2 ff., Benachrichtigung des Schuldners 808 41, Doppelpfändung 808 36, Gewahrsam des Gläubigers 809 3, Gewahrsamsbegriff 808 3, 6, herausgabebereiter Dritter 809 5, Kosten 808 51, Mehrfachpfändung 808 47, Pfändung Software 808 30, Pfändungsprotokoll 808

Sachregister

fett = §§/Art.

42, Pfändungsverlauf **808** 26 ff., Rechtsbehelfe **808** 50, Verfolgungsrecht **808** 40, Wirkung Pfändung **808** 43 ff., Zuständigkeit **808** 26
- **wegen Geldforderung in unbewegliches Vermögen 867** 5 ff., Gegenstand **864** 1 ff., Grundstücksgleiche Rechte **870** 1, Luftfahrzeuge/Schiffe **865** 65 ff., Verhältnis zur Mobiliarvollstreckung **865** 3 ff., Zwangshypothek **866** 3, Zwangsversteigerung **866** 4, Zwangsverwaltung **866** 5
- **wegen Geldforderungen,** Begriff **803** 3
- **wegen Geldforderungen in Forderungen 834** 1 ff., Abwendungsbefugnis, Überweisung **839** 2 ff., andere Verwertungsart **844** 1 ff., Anspruchsverzicht nach PfüB **843** 2 ff., Auskunfts-, Herausgabepflichten Schuldner **836** 11 ff., Briefhypothekenforderung, Pfändung **830** 9 ff., Drittschuldner, Schadensersatzpflicht **840** 21 ff., Drittschuldnererklärung **840** 1 ff., Drittschuldnerstellung **829** 59 ff., Forderung, Übertragbarkeit **851** 1 ff., Hypothekenforderung, Überweisung **837** 2 ff., Inhibitorium **829** 49 ff., Mehrfachpfändung **853** 2 ff., Mehrfachpfändung, Klage **856** 1 ff., Pfandrechtseinrede **838** 2 ff., Pfändung, Arbeitseinkommen **833** 2 ff., Pfändung, Buchhypothekenforderung **830** 19 ff., Pfändung einer Forderung **829** 7 ff., Pfändung, fortlaufende Bezüge **832** 5 ff., Pfändung im Insolvenzverfahren **829** 79 f., Pfändung, indossable Papiere **831** 1 ff., Pfändung, Kontoguthaben **833** a 1 ff., Pfändung, Kosten **829** 90, Pfändung mit Auslandsbezug **829** 86 ff., Pfändung, Rechtsbehelfe **829** 81 ff., Pfändungsbeschluss **829** 25 ff., Pfändungsbeschluss, Rechtskraft **829** 57 f., Pfändungsverfahren **829** 16 ff., Pfändungswirkung **829** 42 ff., Schadensersatz, verzögerte Beitreibung **842** 3 ff., Schiffshypothekenforderung, Pfändung **830** a 2 ff., Schiffshypothekenforderung, Überweisung **837** a 2, Streitverkündungspflicht **841** 4 ff., Überweisung an Zahlungsstatt **835** 24 ff., Überweisung, Geldforderung **835** 4 ff., Überweisung, Wirkung **836** 2 ff., Vorpfändung **845** 2 ff., Zuständigkeit **828** 6 ff.
- **durch Gerichtsvollzieher 753** 1 ff., Ablehnung des Auftrags **735** 47, Auftrag **753** 13, Erledigung des Auftrags **753** 35, Rechtsbehelfe **754** 53, Zurücknahme des Auftrags **735** 42, Zuständigkeit **753** 7
- **in Gesamtgut 740** 4 ff., Alleinverwaltung **740** 21, Beendete Gütergemeinschaft **743** 3 ff., Erwerbsgeschäft **741** 3 ff., gegen Gütergemeinschaft **740** 39 ff., gemeinschaftliche Verwaltung **740** 31, Gesamtgutsverbindlichkeiten **740** 8, Rechtsbehelfe **740** 43, Sonder-/Vorbehaltsgut **740** 34 ff., Titel **740** 14, vollstreckbare Ausfertigung beendete Gütergemeinschaft **744** 3 ff., Vollstreckbare Ausfertigung Gütergemeinschaft **742** 4
- **, Gewaltschutzgesetz 892** a 2 ff.
- **wegen Herausgabe von Sachen,** bei Gewahrsam eines Dritten **886** 2 ff., bestimmte Menge vertretbarer Sachen **884** 2 ff., bewegliche Sachen **883** 3 ff., Grundstücke/Schiffe **885** 2 ff., Verfahren **891** 3
- **, herrenlose Grundstücke/Schiffe 787** 1 ff.
- **gegen juristische Personen des öffentlichen Rechts,** wegen einer Geldforderung **882** a 6 ff.
- **, Klage auf Leistung des Interesses 893** 4 ff.
- **, Kosten 788** 1 ff., Ausgleichsansprüche **788** 51, Definition **788** 10, Kostenbeitreibung **788** 27 ff., Kostenerstattung **788** 39, Kostenfestsetzung **788** 34, Kostentragungspflicht **788** 25, Kostentragungspflicht des Gläubigers **788** 46, Rechtsbehelf **788** 33, Überblickstabelle **788** 24, Zeitpunkt Kostenverursachung **788** 22
- **, Kostenfestsetzungsbeschlüsse 795** a 1, Beginn der Zwangsvollstreckung **798** 11
- **, nicht rechtsfähiger Verein 735** 1, für **735** 18, gegen **735** 8
- **, OHG/KG 736** 38
- **, Partnerschaft 736** 42
- **aus Räumungsvergleich 794** a 1 ff.
- **, Schiff/Schiffsbauwerk 870** a 2 ff.
- **, See- und binnenschifffahrtsrechtliche Haftungsbeschränkung 786** a 1 ff.
- **, Sicherungsvollstreckung 750** 87
- **, sofortige Beschwerde** siehe dort
- **, Teilvollstreckung 752** 1, Sicherheitsleistung **752** 3
- **, Testamentsvollstreckung 748** 8 ff., Vollstreckbare Ausfertigung **749** 4 ff.
- **, ungeteilter Nachlass 747** 2 ff., Nachlasspflegschaft **747** 7
- **, Unzeit 758** a 77 f.
- **, Vermögens- und Erbschaftsnießbrauch 737** 3 ff., Rechtsbehelfe **737** 16
- **, Verteilungsverfahren 872** 1 ff., siehe dort
- **, Vollstreckungsauftrag 754** 1, Form **754** 4, Inhalt **754** 10, Wünsche zur Durchführung **754** 24
- **, Vollstreckungsbedingungen 751** 4 ff., Befristung **751** 9 ff., Rechtsfolgen **751** 33, Sicherheitsleistung **751** 15 ff., Verzicht **751** 31
- **, Vollstreckungsbescheid 796** 1 ff.
- **, Vollstreckungsmaßregeln,** Aufhebung **776** 1 ff.
- **, Vollstreckungsstandschaft 750** 7
- **, Vollstreckungstitel 704** 3 ff.; **750** 13
- **, Voraussetzungen 750** 1 ff., Auslegung Titel **750** 24 f., Firma **750** 35, für/gegen Unbekannt **750** 6, Künstlername **750** 34, Mehrheit von Gläubigern/Schuldnern **750** 47, Parteibezeichnung **750** 16, Rechtsfolgen **750** 93 ff., Sammelbezeichnung **750** 50, Titel **704** 3 ff.; **750** 13, Zustellung **750** 9, 65 ff.
- **, Wartefrist 750** 87
- **, Widerstand gegen Vollstreckung** durch Schuldner **892** 2 ff.
- **, Zug um Zug 756** 6 ff., Angebot der Gegenleistung **756** 11, Annahmeverzug **756** 35, mangelhafte Gegenleistung **756** 34, Prüfung GV **756** 25, Rechtsbehelfe **756** 53, Urkundsnachweis **756** 42 ff.
- **, Zuständigkeit, ausschließliche 802** 1 f.

mager = Randnummer

Sachregister

Zwangsweise Vorführung, Aufhebung der Anordnung 381; Zeuge 380

Zweigniederlassung, Gerichtsstand 21; Parteifähigkeit **50** 48 f.

Zweites Versäumnisurteil 345 5 ff.; Berufung **514** 10 ff.; Mahnverfahren **700** 41 ff.

Zwischenentscheid, Schiedsgericht **1040; 1052**

Zwischenentscheidungen, Berufung **512** 1 ff.

Zwischenfeststellungsklage 256 75 ff.

Zwischenfrist, Abkürzung **226** 1 ff.

Zwischenstreit, Beweisaufnahme **366** 2 ff.; Familienverfahren **621** 123 ff.; Versäumnisurteil **347** 8 ff.; Zeugnisverweigerungsrecht **387** 2 ff., schriftliches **388** 1 ff.

Zwischenurteil 303 2 ff.; Arten, Betragsverfahren **303** 32 ff., Grundurteil **303** 5 ff.; in Berufung **511** 10; Bindung des Gerichts **318** 2 ff.; über Zulässigkeit **280** 5 ff.

Zwischenverfahren, Nebenintervention **71** 9, Kosten **71** 12; Richterablehnung **46**

Zwischenvergleich 794, siehe *Vergleich*